	174 而	198 豆	九 画	鳥⇒155鸟	
144 田	175 页(頁)	車⇒98车	220 首	魚⇒219鱼	
145 罒(㓁网)	176 至(至)	199 酉(酉)	221 音(音)	十二画	
146 皿 血は185	177 虍 ト は15	200 辰(辰)	222 革	戠⇒142只	
147 禸	178 虫	201 豕(豕豖)	頁⇒175页	黃⇒235黄	
148 钅(金)	179 肉(肉)	圣⇒160圣	223 面	236 黹 业は140	
149 矢	月は121	臣⇒172臣	224 韭 非は215	237 黒(黑)	
150 生	网⇒145罒	202 卤(鹵)	臤⇒105⺐	238 鼎	
151 禾	耒⇒168耒	貝⇒107贝	昜⇒77昜	黽⇒117㔾	
152 戉	180 缶	見⇒108见	咼⇒205呙	239 黍	
153 白	181 舌	203 里	韋⇒91韦	十三画	
154 瓜(瓜)	182 臼	204 足(𧾷)	225 骨(骨)	240 鼓	
155 鸟(鳥)	⺣⇒117	205 呙(咼)	飠⇒69饣	鼎⇒238	
156 用	183 竹(⺮)	邑⇒34阝	226 香	黽⇒217黾	
氏氐⇒	184 自	206 釆	227 鬼(鬼)	睪⇒159睪	
122氏	185 血(皿)	207 豸	風⇒124风	黽⇒117㔾	
157 皮	皿は146	208 谷	228 飛	褮⇒128	
158 癶	瓜⇒154瓜	209 身(身)	十 画	241 鼠(鼠)	
159 睪(睪)	186 行 彳は63	辵⇒44辶	艸⇒136艹	十四画	
160 圣(至)	187 舟(舟)	舛⇒188舛	229 高(高)	齊⇒166齐	
氺⇒127水	188 舛(舛)	210 龟(龜龜)	⺈は7	黸⇒141⺍	
161 矛 ⺈は28	豕⇒201豕	211 角(角)	230 鬲(鬲)	242 鼻(鼻)	
貝⇒192艮	189 色	八 画	231 髟	十五画	
162 疋(疋)	190 羽(羽)	212 青(青)	馬⇒78马	齒⇒216齿	
母⇒126毋	191 聿(聿)	213 卓	門⇒57门	鼠⇒241鼠	
六 画	192 艮(艮艮)				
163 羊(羊⺶)	良は194	214 雨			
164 米	业⇒140业	長			
165 亦(繼)	艸⇒49艹	215 非			
166 齐(齊)	糸糹⇒81纟				
167 衣(衣)	七 画	216 齿			
衤は133	193 辛(辛)	門		龜⇒210龟	
艮⇒194艮	立は130	217 黾(黽)	234 鹿(鹿)	十九画	
168 耒(耒)	言訁⇒10讠	飠⇒69饣	广は43	繼⇒165亦	
169 耳(耳)	194 艮(艮艮)	金⇒148钅	广は43		
170 老 耂は93	艮は192	非⇒215非	235 黄(黃)		
171 聿	195 麦(麥麥)	218 隹(隹)	麥⇒195麦		
172 臣	196 走	阜⇒33阝	卤⇒202卤		
173 西(襾西)	197 赤	219 鱼(魚)	黑⇒237黑		

中日大辞典

第三版

愛知大学中日大辞典編纂所　編

大修館書店

中日大辞典

総目次

- i　まえがき，編者のことば，増訂に際して
- ii　凡例……1～6
- iii　部首索引，部首の表・検字表……1～112
- iv　辞典本文……1～2243
- v　日本語索引……1～77
- vi　付録
  - 1　トーマス・ウェード式ローマ字，注音字母対照表……1
  - 2　部首名称一覧表……3
  - 3　省・自治区・直轄市・特別行政区及びその別称……4
  - 4　少数民族名一覧表……5
  - 5　中国重要記念日，二十四節気・旧暦主要節句一覧表……6
  - 6　中国歴史略表……7
  - 7　親族関係名称と関係図……8
  - 8　北京伝統的住宅の配置図解……14
  - 9　中国政治機構一覧表……15
  - 10　国名・首都名一覧表……17
  - 11　度量衡の単位名称……21
  - 12　化学元素表……22
  - 13　中国略図……23

部首の表……表紙見返し
漢語拼音字母，トーマス・ウェード式ローマ字，注音字母対照表……裏表紙見返し

まえがき

2006年の愛知大学創立60周年記念事業の項目に『中日大辞典』の新版刊行が採用され、あらためて新版編集委員会が編纂所内に組織された。

新版編集委員会委員長　安部悟、委員　顧明耀・黄英哲・藤森猛・吉川剛、編集主幹　今泉潤太郎。

第二版刊行中も編纂業務は継続していたが、以後、鋭意改訂作業につとめ、漸くここに版をあらため、『中日大辞典』第三版を出すに至った。とくにこの間、安部悟氏は中日大辞典編纂所長として指導力を発揮し、この辞典の完成に尽力された。

20世紀末から21世紀10年代にかけての20年間、変化の著しい中国の相貌がどのように語彙の面に現れているかを知る為の手懸かりを提供するのは、この辞典の大きな役割である。第三版は新語と百科項目の充実に一段と意を用いた。なお、初版以来の『中日大辞典』の性格は堅持したが、親字・見出し語・訳語・用例の全てにわたって見直した。辞典の構成上で変わったのは、異なる字音を有する親字の扱いで、集中を廃し字音別にそれぞれ立項した点である。詳しくは凡例4を見られたい。

第三版の作製に際して多くの人々から長短期間にわたる様々な御支援御協力をいただいたことに対して、ここに心から感謝の意を表すると共に以下に記してその労を謝する。

中国では主として愛知大学協定校の教員諸氏から、語彙の選択・発音の表記・新語の採録など編集上多岐にわたり専門的な御助力を得た。

王華馥氏・劉叔新氏（以上南開大学）・劉青然氏・張大誠氏（以上北京言語大学）・李宗惠氏（中国人民大学）。

とくに最終段階に至り編集・校正に於て顧明耀氏（西安交通大学）の6年間にわたるたゆまぬ努力に対し深い謝意を表すものである。

学外では舩越國昭氏は校正に、竹村光葉氏は校正・日本語索引作成に御協力いただき感謝の意を表す。

とくに松山昭治氏は十数年にわたり自発的に大量の新語資料カードを作成・提供されたが、刊行を目前にして惜しくも逝去された。衷心より感謝すると共に謹んで御冥福をお祈り申し上げる。

また近田尚巳氏・山田克利氏・前田克彦氏の長年にわたる編集協力・辞典本文及び付録の校正に対して、感謝の意を表する。小川朋子氏・村司香子氏の最終段階に於ける印刷・校正業務の正確な処理に対して感謝の意を表したい。

終わりに、印刷・製本の凸版印刷の関係者各位に対し謝意を表する。また大修館書店編集部黒崎昌行氏には第二版・第三版と長年にわたりお世話になった。心から感謝の意を表する。

1930年代初の東亜同文書院に於ける中国語辞典編集の計画はあらためて愛知大学に引き継がれ、1968年に初めて『中日大辞典』として達成された。刊行以来40余年にわたり、『中日大辞典』は幸いにも広く世に受け入れられてきた。この第三版の刊行が21世紀に飛躍せんとする愛知大学の発展に些かなりとも寄与する所あれば、初版以来ひたすらこの辞典の編集に携わってきた者として、これに過ぎる喜びはない。

2009年11月15日

編集主幹　今泉潤太郎

編者のことば

発端：昭和初期以前に中国語を学んだ人にとって最大の悩みは教科書・参考書・辞書がすこぶる不備だったことである。

中国にりっぱな辞典"辞源""辞海"のあらわれたのはそれぞれ1915年・1937年であった。それとても両者とも文語を対象としたものであって、中国語辞典としてはおそらく最初のものであった周銘三編"国語辞典"（総ページ281の小型のもの）は1922年、"王雲五大辞典"は1930年、"標準語大辞典"は1935年であり、本格的な中国語辞典"国語辞典"の出現は1936年であった。

中国語辞典が出版されたのは、むしろ日本の方がはやく、大正のはじめごろすでに石山福治氏の中国語辞典があった。しかし、それは学生のわたくしが使ってもはなはだ不備を覚えたものであった。（1935同氏は本文1750頁におよぶものを出版された）。その後、昭和年代になってからは、1928年に"井上支那語辞典"、1945年に宮島・矢野氏"ポケット中国語辞典"、1941年に竹田復氏"支那語辞典"など近代的な中国語辞典があらわれて、一応需要にこたえてくれたのであったが、それとても時勢の推移と要求の増大高度化に応じ難くなっていた。

外国語の辞書をつくることは、もとより容易なことではない。明治中葉以来、すでにわが国における西洋諸国語、特に英・独・仏語の辞典がほぼ完備していたのは、わが国におけるそれらの外国語の研究が進んでいたからであるが、実はそれらの諸国ではそれぞれの国語の研究が進んでおり、りっぱな辞典ができていたからだからともいいうる。

しかし、中国においては従来学者は古文を重んじ、口語を軽んずる風があったので、中国語に対する中国の学者の研究はじゅうぶんではなかった。このような状況の下で石山氏や宮島氏・井上翠氏・竹田復氏らの辞典がよし多くの不備の点があったにせよ、中国語の辞典を編んだということは容易ではなかったことと思う。さはいえ、このような不備不完全な状態は克服されねばならないことを痛感したのであった。

従来、東亜同文書院は常時十数名の日中両国人の中国語教師を擁していたので、中国語辞典をわれわれの手で編むことは可能であり、またその責任もあると感じていた。そこでわたくしはわれわれの手で中国語辞典を編纂することを発起し推進した。編纂方針は井上辞典を出発点とし、これに必要な語彙を補充して現実の要請に応じ得る中国語辞典を作ろうというのであった。編纂業務は教学の余暇全員によって進められた。後に中日事変・太平洋戦争のために業務は停頓したが、敗戦後、敵産として中華民国へ接収されたときは、粗資料カード約14万枚あり、語数としては7～8万語であったろうか。当時の語彙蒐集は次の諸氏によって進められていた。次に記してその労を謝する。

鈴木析郎　熊野正平　野崎駿平　坂本一郎　影山巍　岩尾正利　内山雅夫　山口左熊　木田弥三旺　金丸一夫　尾坂徳司　外に中国人講師八名（特に姓名を略す）

原稿カードの返還：戦後ややおちついた1953年7月愛知大学長（元東亜同文書院大学長）本間喜一氏から、辞典原稿をかえしてもらうよう願出ようと熱心に説かれた。わたしは原稿カード引渡しの際、接収委員鄭振鐸氏に対し「もし事情が許すようになったら、われわれの手でこの辞典を完成させてもらいたい」と口頭ながら申入れてあったことを思い出し、願出て見ることにした。願書は日本中国友好協会理事長内山完造氏に依頼し中国科学院長郭沫若氏に送られた。同氏の斡旋により原稿カードは中国人民保衛世界平和委員会劉貫一氏から「日中文化交流のため改めて日本人民に贈る」という主旨で、1954年9月引揚船興安丸に託して送りとどけられた。受入れの窓口であった日本中国友好協会は、この事業のもとの関係者を招致して協議した結果、もとの関係者が多く、かつ完成に熱意をもつ愛知大学にこれを委ねることになった。愛知大学では、この意義ある歴史的な事業を完成するため、その任にあたることを決意し、付託にこたえることとなった。

編纂業務の再開：本格的に中日辞典編纂業務が再開されたのは1955年4月であった。再開に当っては編纂委員会が組織され、わたくしが1933年以来この事業を発起し推進にあたって来た一人であったので編纂委員長を命ぜられ、専任者として元東亜同文書院大学予科教授内山雅夫氏、北京中国大学卒業張禄沢女史、愛知大学中国文学科卒業今泉潤太郎氏らを聘し、兼務専門委員として愛知大学教授桑島信一氏およびわたくしを加え、さらに学内外に協力委員数氏を委嘱し、一応の陣

容をととのえた。1957年にはさらに専任者として元外務省通訳官遠藤秀造氏、元NHK海外局宗内鴻氏、東北大学中国文学科特別研究生終了の志村良治氏、愛知大学経済学士杉本晃氏らを加え、その後さらに欧陽可亮氏も短期間であったがこれに加わり、編集陣容は充実された。この事業の完成はすべて上述の人人の御尽力によるもので深くその労を謝する次第である。特に内山雅夫氏のこの業務全般にわたっての綿密な企画運営と13年間1日の如きたゆまぬ精進、張禄沢女史、欧陽可亮氏によって多くの疑問が解決され語彙の採否が決定されたこと、今泉氏は途中2年間研究のためこの業務から離れたが、その後の長年月にわたり自発的に協力され、原稿カードおよびゲラの整理・漢字索引の研究作成や印刷全般にわたっての注意深い処理などに対して重ねて謝意を表したい。

なお、本学内外の下記諸氏から語彙蒐集の援助を受けたことを記して謝意を表する。

前神戸外国語大学教授(現関西大学教授)坂本一郎氏・前一橋大学教授熊野正平氏・前東北大学教授故野崎駿平氏・松山市西石井渡辺美登里氏・NHK国際局佐藤堅一氏・中国研究所米沢秀夫氏・欧陽可亮氏

以上のうち坂本氏・佐藤氏は数年にわたり多数の新語を寄せられ、渡辺夫人はこの事業を新聞で知られ、年来中国において収録された中国料理に関する語彙多数を送って下さった。中国研究所からは御好意により資料カードを拝借することができた。本学内においては浅井敦・杉本出雲・向山寛夫(現国学院大教授)諸氏から援助を受けたことに対し謝意を表する。

本学学生諸君からも多大の援助を受けた。その人数も多数にのぼるので、一一姓名を記さず、一括してここに謝意を表する。なお、伊藤克子氏には本辞典印刷段階の1966・67年の間根気のいるゲラの整理などを極めて正確に処理していただいたことを記して謝意を表する。

このようにして編集は順調にすすめられたものの、事業の大きさに比し編集陣容ははなはだ貧弱といわざるを得なかった。従って語彙の蒐集・選択においても所期の目標に達し得なかったことは残念に思っている。

一方においては幸なことには、五四運動以後大いに進んだ中国における中国語研究は、中華人民共和国成立後は、文字改革の気運が高まり、中国語の研究が急速に発展し、多くの出版物もあらわれ、辞典は"学文化字典""同音字典""新華字典"など小字典ながらすぐれたものがあらわれた。この外"機工辞典"その他の多数の専門辞書もあらわれて、豊富な資料が自由に入手することができた。わが国においても香坂・太田氏の"現代中日辞典"・鐘ヶ江氏の"中国語辞典"・倉石氏の"岩波中国語辞典"などが相ついで出版された。われわれのこの"中日大辞典"も以上のものから多大の恩恵を受けたことをしるして日中両国の多くの学者諸氏に感謝の意を表する。

上述の如く、内外の事情はこの事業に有利に推移したようであるが、その反対に完成期をさきへ押しやるような事情も少なくはなかった。それは先ず完成期を1961年とした最初の見とおしが甘すぎたこと・中国における文字改革を全面的にとり入れたため多くの手なおし、書き改めを必要としたこと・3千字以上の新旧活字を鋳造したこと・桑島氏が病気のため早い時期にこの陣容から離脱したこと・1963年後半からは経費節約のため編さん陣容を縮小して別途人件費を必要としない鈴木・内山・張・今泉の4名としたことなどで当初予定の二倍以上、すなわち13年を経た今日ようやく完成を見るに至った。

中国からの援助：中国方面からは、1956年2月北京の中国人民対外文化協会より同音字典・簡明字典・中国語文その他の資料の寄贈を受けた。1955年12月中国学術視察団副団長馮乃超氏が愛知大学を訪問され、「為中日両国文化交流打好堅実的基礎」という題字を下さった。1958年4月には中国法律家代表団、1964年6月には中国経済友好訪日代表団、同12月には中国法律家代表団韓幽桐氏らがいずれも中日大辞典編纂室を訪れて激励して下さった。また1966年豊橋市長河合陸郎氏の訪中にあたっては、郭沫若氏は同氏に託して雄渾な墨跡「激濁揚清」を下さって激励して下さった。またわたくしが1958年に訪中した時には呂叔湘教授・文字改革委員会荘棟氏らから文字改革に関し多くの御教示をいただいた。何れも感激に堪えない。

編纂印刷資金に対する本学内外の援助：商業的採算に乗りにくいこの事業は、財政上の困難は免れ得なかった。幸にしてこの間1956年7月には文部省科学助成金機関研究費が交付され、1957年には朝日新聞社・中日新聞社および某氏(本人の希望により特に名を秘す)から多額の助成金が交付され、他にある二名の方から貧者の一灯なりと称して小額ながら交付されて編集を援助して下さった。この日中文化交流に理解ある御好意はまことに有難いことであった。

編纂は以上の如くして1966年4月には一応完了したのであるが、出版は資金の関係で目途が立たなかったが、本間名誉学長の数年にわたる奔走は稔り、4月に日本通運社長福島敏行氏の御好意により多数の予約をいただき、また時あたかも愛知大学創立二十周年に当たるので記念事業の一環としてこの辞典出版を採用することになり、評議会の決議により出版費の大半が保障されたので印刷出版に踏み切った。その後、朝日新聞社・毎日新聞社からもそれぞれ多数の予約をいただいた。この両新聞社の予約はそれぞれ予約者の名義で中国へ寄贈して中国の好意を謝する予定である。

印刷出版：出版計画はすべて株式会社大安に依託し、印刷は図書印刷株式会社に依頼した。両社ともこの事業の日中文化交流・日中友好的性格に賛同し誠心誠意この辞典の完成に尽力された。株式会社大安は印刷所との交渉・印刷進行に関する計画・校正・予約・販売に関する計画・実施など一切をひき受け、図書印刷株式会社では中国の簡化漢字およびわが国では常用しない旧漢字など3千字以上の活字を新鋳するなど多大の犠牲を惜しまれず、大安・図書印刷・編纂者は常に緊密な連絡をとって円滑な進行をはかった。

校正は二三校を志村良治・荘司格一・長谷川良一・立間祥介・平田敏子・西山敏雄・井沢忠夫氏らのご協力を願った。

本間喜一氏は原稿カードを贈って下さった中国に対して、東亜同文書院大学の最後の学長として、また愛知大学の事業としての出版に対する責任を感ぜられてもろもろ配慮され、ついにこの事業を完成され、その責任を全うされた。すなわちこの事業は全く本間先生の熱意によってはじまり、御配慮によって完成したものであることを痛感し、茲にあらためて敬意と謝意とを表するものである。

なお、その間1955年11月に学長に就任し、1959年2月物故された小岩井浄氏も愛知大学の窮屈な財政の中から編纂費を支出するため配慮され、また終始われわれ編纂員を激励し、その完成を期待して種々御尽力下さった。茲に謹んで感謝の意を表し、御冥福を祈る。

1967年11月

愛知大学中日大辞典編纂処

編纂委員長　鈴　木　択　郎

増訂に際して

　かねてより、日新月異の中国の進展に応じて、いかに増改訂をすべきかを考えておられた鈴木択郎先生が、本辞典の改訂を始めたいと内山雅夫氏及び私に相談されたのはいつ頃だったか。1968年2月の中日大辞典刊行を機に郭沫若氏に願い出ていた辞典関係者訪中希望が1973年6月漸く実現、南開大学・北京大学・復旦大学で中国の専門家と長時間に亘り意見を交わすことができ貴重な経験を得たのだが、これを改訂に活かしたいと思っておられた。結局、鈴木先生は教授を辞し、胃切除の身をおして辞典改訂に専念する決意を固められた。幸い久曽神昇学長（当時）はじめ大学当局の賛同を得、1975年4月、中日大辞典編纂処を再び設置、編集主任　鈴木択郎、編集委員長　今泉潤太郎、編集委員　陶山信男、黄巽、荒川清秀、白井啓介の諸氏（1986年1月現在）による中日大辞典改訂編集委員会を発足させた。内山氏は参加されなかったが、この年の8月逝去された。心から御冥福を祈る。

　今回の改訂は、あくまで現行版の枠内内での全面的増訂であるため、最近の"漢語詞彙的統計与分析"・"国家標準信息交換用漢字編碼字符集"・"統一漢字部首表"・"起筆統計表"・"漢語拼音正詞法基本規則（試用稿）"等の資料や最新の工具書を参照した抜本的改訂は将来に期することとした。改訂も軌道にのった82年1月、鈴木先生が急逝された。青天の霹靂である。先生の発意で始まり、情熱で進められてきた仕事であり、余人を以っては代え難いが、我々が引き継ぎ完成させる他なかった。ただ、本文の大部分に眼を通されていた事は不幸中の幸いであった。

　増訂版は現行版にもまして日中友好合作・学術交流の所産である。前述の南開大学等に於ける辞典座談会をはじめ、交流の拡大に伴い増えてきた中国訪問学者や中国研修教員から多くの激励や援助を受けた。高臨渡氏・黄民氏の終始変わらぬ真摯な協力に対し謝意を表するとともに、高氏の御冥福を祈る。

　北京語言学院劉青然氏・諸在明氏・蔡振生氏、中国人民解放軍外国語学院楊春臣氏らの協力に対し感謝の意を表する。特に、北京農業機械化学院黄志明氏は二年間も編集に協力された後帰国、間もなく病を得て逝去された。ここに御冥福を祈るとともに衷心より謝意を表する。池上貞一氏、井芹貞夫氏、岩尾正利氏、大林洋五氏、木田弥三旺氏、中山欽司氏、浜田国貞氏、森博達氏らの一方ならぬ協力に対し謝意を表する。特に名古屋市立大学薬学部稲垣勲氏の専門面での協力に対し感謝の意を表するとともに御冥福を祈る。この十年間、多数の本学学生の協力を仰いだ。この増訂版もまた学生諸君の協力の賜物である。ここに心からの謝意を表する。また当初より各種の事務を処理された松田文美子氏、1981年印刷段階に入り面倒な問題を解決しつつ校正に精進された加藤宣昭氏、日語索引・検字表など最終段階の業務を遂行された影山裕子氏らの協力に対し衷心から感謝の意を表する。本書の印刷・製本は凸版印刷株式会社に依頼した。同社はそのCTSを駆使して本書を完成させた。増訂版の発行はこれを大修館書店にゆだねた。またこれまで中日大辞典発行に尽力された燎原書店に対し感謝の意を表する。

　ここに見られる中日大辞典増訂版が世に出るまでには長年月に及ぶ学内外の多数の人達から様々な援助があった。衷心より感謝の意を表する。終りにあらためて謹んで鈴木択郎先生の御冥福を祈る。

1986年2月1日　　　　　　　　　　　　　　　　　　　　　　増訂版編集委員長　今泉　潤太郎

増訂版の補訂に当って

　1985年12月、国家語言文字委員会・国家教育委員会・広播電視部の連名で発表された"関于普通話異読詞審音表的通知"及び1986年10月、用字混乱を是正するため改めて人民日報に発表された簡化字総表の説明（国家語言文字委員会による）には、新たに前者には52字、後者は7字についてそれぞれ重要なる決定がなされている。昨年出版した増訂版には時間的にこれら決定を盛り込むことは不可能であった。増訂版は幸い好評裡に迎えられ、いま増刷の必要が生じたので、この際これらを全面的に取り入れるとともに、新たに付録として審音表一覧を加え、更に本文の内容を追補し、表装も一新したので、ここに版を改め本書を増訂第二版とする。

1987年2月1日

凡　　例

1．見出しについて

A）**簡体字**を含む**規範化された漢字**合計8,921字を**親字**とする。**繁体字**（簡化される以前のもの2,865字）と**異体字**（親字と同音・同義・異形のもの、異体字整理により廃止された1,055字を含む2,054字）もそれぞれ親字に併記され、総計13,840字が収載されている。

規範化された**字体**は印刷通用漢字字形表にもとづく。

なお、2009年8月、教育部・国家語言文字工作委員会発表の通用規範漢字表（案）には本辞典に未収載の漢字が若干ある。詳細は愛知大学中日大辞典編纂所ホームページ　http://leo.aichi-u.ac.jp/~jiten/

B）親字とその親字で始まる**見出し語**を見出しとし、〔　〕で示した。

見出し語は単語・熟語に限定せず広く**慣用的構文・常套句・造語成分**なども含んでいる。

2．発音について

発音は漢語拼音字母にもとづく**ローマ字**と**声調符号**により示した。

3．引きかたについて

親字・見出し語は漢語拼音字母の**アルファベット順**に配列されているので、**字音が分かっている場合**には、アルファベットからただちに本文にあたるのが便利である。

字音が分からない場合には、**部首検字表**を用いて字形から引く。

ウェード式ローマ字や**注音字母**（注音符号）から引く場合は、**うら表紙見返しの発音符号の対照表**でアルファベットを知ることができる。

4．親字について

A）親字は**アルファベット順・声調順・画数順**に配列してある。たとえば、

　　　　〔爱〕ài　は　〔包〕bāo　より前……**アルファベット順**
　　　　〔哀〕āi　は　〔爱〕ài　より前……**声調順**
　　　　〔艾〕ài　は　〔爱〕ài　より前……**画数順**

ただし、同音・同声調で、**字形**に共通部分を持つ親字群は、そのうち画数の最も少ないものを先頭に纏めて配列した。たとえば、

　　　　〔爱〕〔嗳〕〔嫒〕〔叆〕〔瑷〕〔锿〕

いずれも**字音**は ài、**字形**〔爱〕を共通部分とするもの。

簡体字を含む規範化された漢字は**前**に、**繁体字**は ・ で区切りその後に、**異体字**は（　）に囲んでその後に並記した。たとえば、

　　　　〔农・農（辳）〕nóng

农　は簡体字、・農　は繁体字、（辳）は異体字を示す。

B）親字が異なる字音をもつものは別の見出しとして掲げ、それぞれ注釈の後に → で相手を示した。たとえば、

〔血〕xiě … → xuè　　〔血〕xuè … → xiě

ただし，同義異読の場合は〈又音〉として示した．たとえば，

〔幞〕fú 〈又音〉pú
〔幞〕pú　　fú の又音．

C）親字は ①②③…に分けて注釈し，必要に応じて下位区分の ⓐⓑⓒ…，さらに ⒤ⅱⅲ…を設けた．
　また意味が大きく異なる場合（来源を別にするものも含む）・複数の繁体字を持つ場合・異体字を持つ場合は，(I)(II)(III)… を用いて区分し，それぞれ注釈を施してある．たとえば，

〔甲〕jiǎ　　(I)①十干の第一位．きのえ．②…
　　　　　　(II)①甲殻… ②…
　　　　　　(III)旧保甲制度で一定の戸数をいう．

〔历・歷〔歷・歷〕・曆〔厤〕〕lì　　(I)〔歷〔歷・歷〕〕①経(^)つ．経(^)る．… ②…
　　　　　　　　　　　　　　　(II)〔曆〔厤〕〕①暦(法)．②…

なお，注釈の**用例中**の親字は，〜で示してある．たとえば，

〔理〕lǐ　　①道理．条理．〔道〜〕道理．
〔道〜〕は〔道理〕の略．

5．見出しの注釈

A）見出しの注釈で**中国語**を混用する場合は，〔　〕に囲んで示し，その訳語は（　）で示した．**混用された中国語の発音は必要部分の後に施した．**たとえば，

〔地质时代〕dìzhì shídài　　地地質時代：〔前寒武紀〕（先カンブリア紀）の〔太古宙 zhòu〕（原生代）から…

B）注釈の集中

同義語についてはゆるく定義し，⇒ で主要な見出しに**導き**，主要な見出しは ＝ で同義語を示し**集中**して注釈を施した．たとえば，

〔惸〕qióng　　⇒〔煢〕
〔煢〕qióng　　＝〔惸〕〈文〉①（兄弟がなく）孤独である．②…

乙部　yǐbù　　⇒〔史 shǐ 部〕
史部　shǐbù　　＝〔乙 yǐ 部〕漢籍の伝統的…

また，**注釈を他の見出しに集中**する場合は，→ で他の見出しに導いた．たとえば

〔莉〕lì　　→〔茉 mò 莉〕
茉莉　mòlì　　植…

飞天十响　fēitiān shíxiǎng　　→〔爆 bào 竹〕

爆竹　bàozhú　…〔飞 fēi 天十响〕と称し…

C）見出しの**関連語・反義語**の示しかた

それぞれゆるく定義し，注釈の後に**関連語**は　→　で示し，**反義語**は　↔　で示した。たとえば，

〔币・幣〕bì　…　→〔钞〕
听写　tīngxiě　…　→〔默 mò 写①〕
土法　tǔfǎ　…　↔〔洋 yáng 法〕
洋法　yángfǎ　…　↔〔土 tǔ 法〕

6．軽声の表示

常に軽声であるものは声調をつけない。場合により軽声となるものには，その音節の前に　・　をつけて示した。
たとえば，

葡萄　pútao
衣裳　yīshang
成分　chéng・fèn
明天　míng・tiān

7．ル化の表示

A）すべてその音節の後に　**r**　をつけて示した。

味儿　wèir
凑趣儿　còuqùr
剧本（儿）　jùběn(r)

B）接尾字の**-ル，-子**

-ル，-子を伴う見出しについては，**注釈の前に〔-ル〕，〔-子〕を付して示した。**たとえば，

〔根〕gēn　①〔-ル〕樹根．〔树 shù～〕木の根．

〔根〕は〔根儿〕とも用い，〔树根〕は〔树根儿〕とも用いることを示す。

8．見出し語について

A）見出し語の**配列**

見出し語は親字の後に発音順（アルファベット順）・声調順（1声・2声・3声・4声・軽声の順）・画数順に配列してある。たとえば，

〔机・機〕jī　①…　②…　③ …
机变　jībiàn　⎫
机播　jībō　　⎬　アルファベット順
　⋮　　　⋮　　⎪
机程　jīchéng ⎭

3

```
机窗    jīchuāng  ⎫
机床    jīchuáng  ⎬ 声調順
  ⋮      ⋮       ⎭
机心    jīxīn     ⎫
机芯    jīxīn     ⎬ 画数順
```

B）同形で異なる発音・意味をもつ見出し語

別の見出しとして掲げ，それぞれ注釈の後に → で相手を示した．たとえば，

```
教学  jiāoxué  教える．…  →jiàoxué
教学  jiàoxué  教えることと学ぶこと．  →jiāoxué
```

C）一部にローマ字を含む見出し語

見出し語で，一部にローマ字を含むものは採録した．ただしローマ字を語頭にもつものは例文中にのみ採録した．たとえば，

```
卡拉OK   kǎlā ok    〈音訳〉カラオケ．
恤衫     xùshān     〈音義訳〉シャツ．〔T~〕〔T恤〕Tシャツ．
```

D）見出し語の注釈

派生語はふつう基本となる見出し語の用例として示してある．ただし，注釈が複雑で長いもの，関連語をもつものなど，場合により別の見出し語として列記した．たとえば，

```
绿色  lǜsè  ①緑色(の)．…〔~长城〕…〔~警察〕…〔~植物〕…
            ②安全である．…〔~包装〕…〔~壁垒〕…
绿色产业    lǜsè chǎnyè
绿色革命    lǜsè gémìng
绿色和平组织  lǜsè hépíng zǔzhī
     ⋮       ⋮
```

注釈の用例中に用いられるその見出し語は，字数にかかわりなく ～ で示してある．たとえば，

```
虚座以待  xūzuò yǐdài〈成〉座席をあけて待つ．  …〔您来了，我们~〕
```

とあるのは〔您来了，我们虚座以待〕の略．

E）見出し語の発音

ローマ字つづりは2音節・3音節は続け，4音節以上は原則として単語による分かち書きとした．たとえば，

```
傻劲儿          shǎjìnr
傻角            shǎjué
傻拉瓜唧         shǎla guājī
傻老            shǎlǎo
傻老婆等呆汉子    shǎlǎopo děng dāihànzi
    ⋮               ⋮
```

一部に異なる発音をもつ見出し語は，主な発音の後に , で区切り，同じ発音は 〜 で示し異なる発音を併記した。たとえば，

　　　　　　　　　阿房宮 ēfánggōng, 旧〜páng〜

9．用例出典の示しかた

引用文の後に（ ）で囲んで示した。たとえば，

　　　〔说・説〕yuè　〔悦〕に通じ用いられた．〔学而时习之, 不亦〜乎〕(論語・学而)…

　　　吧唧　bāji　①ぐちゃぐちゃ言わせて…　②〈方〉すぱすぱ…〔拿了支烟放在唇间〜着〕(老・駱12)

なお，以下のものは略示した。

毛・実	毛沢東・実践論		艾・百	艾蕪・百煉成鋼
毛・矛	〃　・矛盾論		馮・苦	馮徳英・苦菜花
毛・新	〃　・新民主主義論		孔・新	孔厥・新児女英雄伝
魯・Q	魯迅・阿Q正伝		李・野	李英儒・野火春風闘古城
梅・舞	梅蘭芳・舞台生活四十年		梁・紅	梁斌・紅旗譜
茅・子	茅盾　・子夜		馬・呂	馬烽・呂梁英雄伝
茅・林	〃　・林家舗子		曲・林	曲波・林海雪原
茅・霜	〃　・霜葉紅似二月花		楊・青	楊沫・青春之歌
老・駱	老舎・駱駝祥子		徐・平	徐光燿・平原烈火
老・四	〃　・四世同堂		元	元雑劇
老・方	〃　・方珍珠		董廂	董解元・西廂記諸宮調
老・茶	〃　・茶館		王廂	王実甫・西廂記
丁・太	丁玲・太陽照在桑乾河上		三	三国志演義
巴・滅	巴金・滅亡		水	水滸伝
巴・家	〃　・家		西	西遊記
趙・小	趙樹理・小二黒結婚		金	金瓶梅
趙・才	〃　・李有才板話		儒	儒林外史
趙・荘	〃　・李家荘的変遷		紅	紅楼夢
李・引	李広田・引力		鏡	鏡花縁
周・暴	周立波・暴風驟雨		児	児女英雄伝
周・上	周而復・上海的早晨		官	官場現形記
柳・創	柳青・創業史		老	老残遊記

10．記号・略号について

A）記号類

〔　〕	中国語であることを示す		〜	見出し・見出し語の発音の略
（　）	異体字・省略部分・例文中の訳語・説明の補足・ルビ・出典など		・	繁体字・場合による軽声・説明の並列
《　》	例文中の書名		：	説明の補足など
『　』	書名		↔	反義語
［　］	接尾語［−ル］・［−子］・［−ル, −子］など		…	省略
" "	説明の強調		⇒	同義語
			＝	集中された同義語

→ 参照語
⇀ 親字の異読参照
×× 不定のものの例示
同上 すぐ上の見出し語
同下 すぐ下の見出し語
同前 注釈中で直前の語

B) **略号**

語の特性を示すもの。

〈方〉方言　　　　　　〈歇〉歇后語（謎かけ言葉）　〈擬〉擬声・擬態語
〈文〉文語　　　　　　〈挨〉挨拶用語　　　　　　〈音訳〉音訳語
〈口〉口語　　　　　　〈慣〉慣用語　　　　　　　〈音義訳〉音義訳語
〈白〉古白話　　　　　〈謙〉謙譲語　　　　　　　〈又音〉またの音
〈牘〉旧書簡文用語　　〈尊〉尊敬語　　　　　　　〈梵〉梵語
〈公〉旧公文用語　　　〈罵〉罵り語　　　　　　　〈度〉度量衡
〈成〉成語　　　　　　〈喩〉比喩　　　　　　　　〈姓〉姓
〈諺〉諺語　　　　　　〈転〉転用

語の分野を示すもの。

語 言語　　　　　　経 経済　　　　　　ス スポーツ
哲 哲学　　　　　　商 商業　　　　　　数 数学
宗 宗教　　　　　　建 建築　　　　　　物 物理
史 歴史　　　　　　機 機械　　　　　　化 化学
周 周　　　　　　　工 工業　　　　　　天 天文
漢 漢　　　　　　　電 電気　　　　　　気 気象
︙ ︙　　　　　　　電算 コンピュータ　　生命 生命
清 清　　　　　　　鉱 鉱業　　　　　　植 植物
民国 中華民国　　　農 農林　　　　　　動 動物
古 古代　　　　　　食 食物　　　　　　鳥 鳥類
旧書 アヘン戦争以前　服 服飾　　　　　　虫 昆虫
旧 中華人民共和国以前　紡 紡織　　　　　　魚貝 魚貝類
人 人名　　　　　　染 染色　　　　　　生理 生理学
地 地名・地理　　　色 色名　　　　　　医 医学
書 書名　　　　　　美 美術　　　　　　中医 中国医学・漢方薬
軍 軍事　　　　　　音 音楽　　　　　　薬 薬物
法 法律　　　　　　劇 演劇・映画

部　首　索　引

この索引は**部首の表**と**検字表**からなっている。

A) 部首の表

字形から所属の部首がすぐ分かるように，旧来の214種の部首にとらわれず243種の部首とした。たとえば，人とイの**分離**，**歺の新設**など。

部首の配列は**画数順**，同画数のものは**五起筆の順**，すなわち，
てん、（ヽ丶），よこ一（ノ丶），たて｜，はらいノ（ノ丶），おれ乛（乙¬フ丁」しし）による。

以下に掲げる部首の画数は，次ように数えてある。

言言は2画讠	食食は3画饣	牙　は4画牙	玄　は5画玄	鳥は5画鸟	舛　は6画舛	魚は8画鱼
冂　は2画	昜　は3画昜	ᄧ　は4画収	衤　は5画衤	睪　は5画罒	艮目は6画艮	骨は9画骨
又　は2画㐅	馬　は3画马	貝　は4画贝	⺮　は5画艹	巠　は5画圣	艮良は7画良	鬼は9画鬼
ム　は2画ム	幺　は3画幺	見　は4画见	龍　は5画龙	卍　は5画	麥　は7画麦	鹿は11画鹿
阜　は2画阝	糸糹は3画纟	長　は4画长	业　は5画业	継　は6画⺌	辰　は7画辰	黃は11画黄
邑　は2画阝	礻示は4画礻	⺧　は4画⺧	⺌　は5画⺌	齊　は6画齐	豕豖は7画豕	黒は12画黑
丬　は3画丬	韋　は4画韦	氏氐は4画氏	戠　は5画只	衣　は6画衣	鹵　は7画卤	鼎は12画
辶辵は3画辶	玉　は4画王	風　は4画风	⺷罒は5画罒	臣　は6画	咼　は7画咼	鼠は13画鼠
艹艸は3画艹	車　は4画车	母　は4画毋	内　は5画	西　は6画西	龜龟は7画龟	
門門は3画门	比　は4画比	水　は4画水	金　は5画钅	頁　は6画页	齒　は8画齿	
凵卩は3画匚	瓦　は4画瓦	凰　は5画⺍	瓜　は5画瓜	至　は6画至	黽　は8画黾	

B) 検字表

同一部首に属する字を**画数順**に配列した。

簡体字・繁体字・異体字（**日本の漢字を含む**）と字音及び辞典本文ページ数を示してある。
　繁体字は・をつけ，**異体字**は（　）で囲んだ。書体の異なる**日本の漢字**は△をつけて示したが，**辞典本文には収載されていない**。

旧来の**所属部首にとらわれず，見た感じの部首**にも入れて重出させてある。
　画数のまぎらわしい字は画数をまちがえても引けるように重出させてある。
　画数が少ない字で所属の部首が分からないもの・起筆が分からないものは，できるだけ、，一，｜，ノ，乛の各部首に重出させてある。

なお，漢字の　〇　は口（国構え）に属する。

部首の表

一画
1 、(′ ヽ ヽ \)
2 一(一)
3 丨
4 丿(ノ)
5 乛(乙→ㄱ 乛 亅 乚 乁)

二画
6 冫(ハ八)
　八は18
7 亠(亠亠)
　高は229
8 冫(ミ)
9 冖
10 讠(言言)
11 二(二)
12 十(十 + 忄)
13 厂
14 匚(匚)
15 卜(卜)
　虎は177
16 冂(冂冂)
17 刂(巜)
　刀は36
18 八(八)
19 人(入入)
　亻は22
20 乂 爻は110
21 𠂉 气は112
22 亻 人は19
23 勹(勹)
　刀は36
24 勹
25 几(几)
　殳は125
26 儿(ㄦ)

27 匕(七)
　比は100
28 ㄱ 矛は161
29 又(又又)
30 夂(夊)
31 厶(厶)
32 卩(巴)
33 阝(阜)左
34 阝(邑)右
35 凵
36 刀 刂は17
　⺈は23
37 力
38 了

三画
39 氵 水は127
40 忄 心は88
41 灬 ⺌は75
42 宀 穴は129
43 广 麻は233
　鹿は234
44 辶(辶辵)
45 干(于)
46 土(士)
47 士
　匚⇒14匚
48 工(工工)
49 艹(艹艹)
50 大(大)
51 廾(廾)
52 尢(兀)
53 寸
54 弋 戈は99
55 扌 手は113
56 丬(爿)
57 門(門門)
58 口

59 口
60 巾
61 山
　厶⇒31厶
62 川 巜は82
63 彳 行は186
64 彡
65 夕
66 㔾(㔾卩)
67 夂(攵夂夊)
68 犭 犬は96
69 食(食飠)
70 ヨ(彐ヨ彑)
71 尸
72 弓
73 已(巳已)
74 屮(屮屮)
75 小(⺌⺍)
　⺍は41
76 女
77 勿(昜)
　夊⇒30夊
78 馬(馬)
79 子
　阝左⇒33
　阝右⇒34
80 幺(幺乡)
81 糸(糸糸)
82 巜 川は62

四画
83 灬 火は85
84 斗
85 火 灬は83
　辶⇒44辶
86 文(文)
87 方
88 心(忄)
　忄は40
89 戸(戸戶)

90 礻(礻示)
91 韋(韋)
92 王(王玉)
　艹⇒49艹
93 耂 老は170
94 木
95 支(支)
96 犬 犭は68
97 歹
98 車(車)
99 戈 弋は54
100 比(比)
　匕は27
101 瓦(瓦)
102 牙(牙)
103 止
104 支(支)
　攵は115
105 攴(攴)
106 日(日)
　⺼⇒56爿
107 貝(貝)
108 見(見)
　罒⇒145罒
　内⇒147
109 父(父)
110 爻(爻乂)
　⺄は20
111 牛(牛牛)
112 气 ⺡は21
113 手(扌)
　扌は55
114 毛
115 攵 支は104
116 長(長)
117 臼(臼臼臼)
　臼は182
　㔾⇒66㔾
118 片

119 斤
120 爪(爫)
121 月(月月)
　肉は179
122 氏(氏氐)
123 欠
124 風(風)
125 殳(殳)
　几は25
　疋⇒162
　幺⇒80幺
126 毋(母)
127 水(氵)
　氵は39

五画
128 ⺍(興)
129 穴(穴)
　宀は42
130 立(立)
　辛は193
131 疒
132 玄(玄)
133 礻 衣は167
134 夫(夫)
　示⇒90礻
　玉⇒92王
135 北
　比⇒100比
　瓦⇒101瓦
　牙⇒102牙
136 艹(艹)
137 甘
138 石
139 龍(龍龒)
140 业(业)
　龠は236
141 ⺍(臨)
142 只(戠)
143 目(且目)

⽹は145	174 而	198 豆	九　画	鳥⇒155鸟
144 田	175 页(頁)	車⇒98车	220 首	魚⇒219鱼
145 ⽹(⺳网)	176 至(⾄)	199 酉(⾣)	221 音(⾳)	十二画
146 皿　血は185	177 虍　⼘は15	200 辰(⾠)	222 革	歯⇒142齿
147 疒	178 虫	201 豕(豖豕)	頁⇒175页	黄⇒235黄
148 钅(金)	179 肉(⾁)	歪⇒160亚	223 面	236 黹　业は140
149 矢	月は121	臣⇒172臣	224 韭　非は215	237 黒(黑)
150 生	网⇒145⽹	202 卤(鹵)	⾂⇒105臣	238 鼎
151 禾	耒⇒168耒	貝⇒107贝	昜⇒77⺆	鼡⇒117臼
152 戊	180 缶	見⇒108见	咼⇒205呙	239 黍
153 白	181 舌	203 里	韋⇒91韦	十三画
154 瓜(⽠)	182 臼	204 足(⻊)	225 骨(骨)	240 鼓
155 鸟(鳥)	臼は117	205 呙(咼)	食飠⇒69饣	鼎⇒238
156 用	183 竹(⺮)	邑⇒34阝	226 香	黽⇒217黾
氏氐⺝⇒	184 自	206 釆	227 鬼(鬼)	睪⇒159罕
122氏	185 血(⾎)	207 豸	風⇒124风	鼡⇒117臼
157 皮	皿は146	208 谷	228 飛	鹵⇒128卤
158 癶	瓜⇒154瓜	209 身(⾝)	十　画	241 鼠(鼠)
159 罕(睪)	186 行　彳は63	辵⇒44辶	艹⇒136艹	十四画
160 亚(亞)	187 舟(⾈)	舛⇒188舛	229 高(髙)	齊⇒166齐
氺⇒127水	188 舛(舜)	210 龟(龜龜)	⼇は7	⽖は141爫
161 矛　マは28	豕⇒201豕	211 角（角）	230 髙(髙)	242 鼻(鼻)
艮⇒192艮	189 色	八　画	231 髟	十五画
162 疋(⻊)	190 羽(⽻)	212 青(靑)	馬⇒78马	歯⇒216齿
母⇒126毋	191 聿	213 卓	鬥⇒57门	鼠⇒241鼠
六　画	192 艮(⾉艮)	⾂⇒105臣	鼡⇒117臼	十六画
163 羊(⺶羋)	艮は194	214 雨(⻗)	韋⇒91韦	龍龍
164 米	业⇒140业	長⇒116长	骨⇒225骨	⇒139龙
165 亦(繼)	艸⇒49艹	215 非(⾮)	232 鬯	龜⇒210龟
166 齐(齊)	糸糹⇒81纟	韭⇒224	鬼⇒227鬼	十七画
167 衣(⾐)	七　画	216 齿(齒)	十一画	243 龠
衤⇒133	193 辛(⾟)	門⇒57门	233 麻(麻)	十八画
168 耒(耒)	立は130	217 黾(黽)	广は43	龜⇒210龟
169 耳(⽿)	言訁⇒10讠	飠⇒69饣	234 鹿(鹿)	十九画
170 老　耂は93	194 良(⾉艮)	金⇒148钅	广は43	繼⇒165亦
171 覀	艮は192	非⇒215非	235 黄(黃)	
172 臣	195 麦(麥麦)	218 隹(隹)	麥⇒195麦	
173 西(⻏覀)	196 走	阜⇒33阝	鹵⇒202卤	
	197 赤	219 鱼(魚)	黒⇒237黑	

检 字 表

(1) 、(丨丿乛乙丶)

字	拼音	页码
丫	yā	1912
(丫)	yā	1912
义	yì	1992
(凡)	fán	484
丸	wán	1732
叉	chā	182
	chá	184
	chǎ	188
	chà	188
之	zhī	2141
斗	dǒu	427
	dòu	428
卞	biàn	104
方	fāng	492
丹	dān	347
为	wéi	1748
	wèi	1756
心	xīn	1865
头	tóu	1699
	tou	1704
主	zhǔ	2181
(冰)	bīng	117
必	bì	95
永	yǒng	2024
兆	zhào	2119
产	chǎn	194
充	chōng	247
亥	hài	665
州	zhōu	2174
辛	xīn	1872
弃	qì	1354
(并)	bīng	117
	bìng	122
育	yō	2022
	yù	2055
亲	qīn	1385
	qìng	1404
彦	yàn	1935
(為)	wéi	1748
	wèi	1756
(產)	chǎn	194
(產)	chǎn	194

(2) 一(㇀)

字	拼音	页码
一	yī	1963

【一画～二画】

字	拼音	页码
二	èr	466
丁	dīng	411
	zhēng	2131
七	qī	1333
刁	diāo	404
三	sān	1470
亍	chù	266
下	xià	1809
上	shǎng	1504
	shàng	1504
(卄)	niàn	1247
丌	jī	783
丈	zhàng	2111
兀	wū	1770
	wù	1787
才	cái	161
才△	cái	161
与	yú	2046
	yǔ	2051
	yù	2053
与△	yú	2046
	yǔ	2051
	yù	2053
万	mò	1203
	wàn	1737

【三　画】

字	拼音	页码
亍	zhù	2184
丰	fēng	519
天	tiān	1669
夫	fū	530
	fú	531
元	qí	1339
开	kāi	934
井	jǐng	896
元	yuán	2060
无	mó	1200
	wú	1774
云	yún	2073
弌	yī	1980
韦	wéi	1749
专	zhuān	2189
丐	gài	553
丏	miǎn	1182
(卐)	wàn	1739
(考)	zhě	2122
廿	niàn	1247
卝	kuàng	986
卅	sà	1468
(卋)	shì	1558
不	dǔn	449
支	zhī	2142
五	wǔ	1781
(帀)	zā	2077
市	fú	532
冇	mǒu	1209
不	bù	137
不	fōu	530
歹	dǎi	341
友	yǒu	2035
反△	fǎn	486
尤	yóu	2029
丑	chǒu	254
丑△	chǒu	254
巨	jù	918
车	chē	212
	jū	913
(左)	zài	2082
屯	tún	1718
	zhūn	2201
互	hù	723
(毌)	guàn	634
毋	wú	1780
牙	yá	1916

【四　画】

字	拼音	页码
平	píng	1316
灭	miè	1189
末	me	1158
	mò	1203
未	wèi	1756
击	jī	783
卡	kǎ	934
	qiǎ	1357
正	zhēng	2131
	zhèng	2136
卉	huì	761
(牙)	yá	1916
世	shì	1558
(再)	zài	2081
(再)	zài	2081
且	dàn	353
且	jū	913
	qiě	1383
(冊)	cè	179
(卌)	xì	1803
册	cè	179
丙	bǐng	121
左	zuǒ	2234
丛	cóng	295
龙	lóng	1099
丕	pī	1295
丘	qiū	1406
右	yòu	2043
东	dōng	420
丝	sī	1608

【五　画】

字	拼音	页码
夹	gā	549
	jiā	810
	jiá	814
弍	èr	471
(丟)	diū	419
卍	wàn	1739
亚	yà	1919
共	gòng	600
亘	gèn	587
再	zài	2081
吏	lì	1048
两△	liǎng	1064
(亙)	gèn	587
(丗)	xì	1803
灰	huī	754
在	zài	2082
百	bǎi	40
	bó	129
有	yǒu	2036
	yòu	2044
存	cún	303
死	sǐ	1610
夷	yí	1984
尧	yáo	1949
丞	chéng	229

(2)~(4) 一 丨 丿

【六 画】

来 lái	1000
寿 shòu	1573
吞 tūn	1717
忑 tè	1661
(卋)shì	1558
严 yán	1925
(所)suǒ	1636
巫 wū	1773
丽 lí	1035
lì	1048
甫 fǔ	539
亚△yà	1919
束 shù	1584
更 gēng	587
gèng	589
吾 wú	1780
两 liǎng	1064
系 jì	803
xì	1803
·夾 gā	549
jiā	810
jiá	814
豕 shǐ	1555
(豕)shǐ	1555
尨 máng	1151
méng	1172
páng	1281
求 qiú	1408

【七画~九画】

並△bīng	117
bìng	122
表 biǎo	111
丧 sāng	1482
sàng	1483
冓 gòu	607
(冓)gòu	607
忝 tiǎn	1676
·柬 dōng	420
事 shì	1560
画 huà	735
畫△huà	735
枣 zǎo	2088
(面)miàn	1184
歫 jié	868

【十画以上】

(亟)jí	793
qì	1355
萫 huā	730
xū	1892
巷 hàng	674
xiàng	1838
歪 wāi	1727
面 miàn	1184
妻 qī	1336
qì	1355
(函)hán	667
亟 jí	793
qì	1355
柬 jiǎn	825
專△zhuān	2189
(並)bìng	122
艳 yàn	1935
(焉)yān	1923
夏 jiǎ	816
xià	1816
蚕 cán	171
哥 gē	577
孬 nāo	1228

【十画以上】

(些)xiē	1857
焉 yān	1923
爽 shuǎng	1593
戛 jiá	814
甭 bì	98
棘 jí	796
·棗 zǎo	2088
(戛)jiá	814
爾 ěr	464
鼻 ào	21
硋 ài	9
暨 jì	805
奭 shì	1565
·憂 yōu	2027
噩 è	461
囊 tuó	1723
(曁)jì	805
整 zhěng	2134
囊 nāng	1227
náng	1227
蘀 dào	371

(3) 丨

卜 bo	134
bǔ	134
丫 yā	1912
上 shǎng	1504
shàng	1504
个 gě	582
gè	582
韦 wéi	1749
丰 fēng	519
市 fú	532
冈 gāng	564
(丹)rǎn	1429
中 zhōng	2163
zhòng	2171
书 shū	1576
(以)yǐ	1989
北 běi	76
(收)shōu	1565
卌 xì	1803
旧 jiù	908
帅 shuài	1590
归 guī	641
甲 jiǎ	814
由 yóu	2030
申 shēn	1522
冉 rǎn	1429
电 diàn	398
央 yāng	1938
史 shǐ	1553
四 sì	1613
(目)yǐ	1989
(冊)cè	179
出 chū	256
凹 āo	18
wā	1724
(卌)xì	1803
凸 tū	1704
丱 guàn	634
师 shī	1541
半 mǐ	1178
児△ér	462
串 chuàn	273
临 lín	1079

(4) 丿 (𠂊)

幽 yōu	2028

【一画~三画】

乂 yì	1992
九 jiǔ	904
乃 nǎi	1220
儿 ér	462
之 zhī	2141
义 yì	1992
个 gě	582
gè	582
千 qiān	1358
乇 tuō	1718
(几)fán	484
丸 wán	1732
么 ma	1139
me	1158
(么)yāo	1947
久 jiǔ	906
乏 fá	477
及 jí	790
爻 yáo	1949
公 gōng	593
壬 rén	1442
午 wǔ	1785
牛 miú	1254
夭 yāo	1947
夘 mǎo	1155
片 piān	1304
piàn	1306
卅 sà	1468
币 bì	94
凹 wā	1724
升 shēng	1530
长 cháng	197
zhǎng	2109
反 fǎn	486
丹 dān	347
尹 yǐn	2008
氏 shì	1555
zhī	2142
屯△tún	1718
zhūn	2201
勿 wù	1787

(4)～(5) 丿 乛

乌	wū	1770	乔	qiáo	1378	看	kān	943
	wù	1788	(重)	chóng	248		kàn	945
(卆)	cù	298		zhòng	2172	重	chóng	248
	zú	2225	乓	pāng	1280		zhòng	2172
氹	qiú	1408	乒	pīng	1316	臾	yú	2049
	róu	1452	华	huá	731	(卑)	bēi	74
卬	áng	17		huà	735	鬼	guǐ	645
及	jí	790	甪	lù	1110	禹	yǔ	2053
【四　画】			(角)	lù	1110	盾	dùn	450
乎	hū	714	向	xiàng	1837	訄	qiú	1408
乏	fá	477	凶	xìn	1873	胤	yìn	2013
矢	shǐ	1554	尕	gǎ	550	乘	chéng	231
失	shī	1539	(朵)	duǒ	454		shèng	1538
乍	gǎ	550	后	hòu	709	•烏	wū	1770
生	shēng	1531	旮	gā	549		wù	1788
乍	zhà	2098	旭	xù	1896	虒	sī	1609
禾	hé	682	【六画～七画】			(鬼)	guǐ	645
右	yòu	2043	我	wǒ	1769	梟	xiāo	1843
丘	qiū	1406	(吞)	tūn	1717	•喬	qiáo	1378
(氏)	shì	1555	秀	xiù	1890	粤	yuè	2072
	zhī	2142	奡	ào	19	奥	ào	19
斥	chì	243	兵	bīng	119	(奧)	ào	19
卮	zhī	2145	囪	cōng	293	(粵)	yuè	2072
甩	shuǎi	1589	(兔)	tù	1711	熏	xūn	1908
鸟	diǎo	406	(巵)	zhī	2145		xùn	1912
	niǎo	1248	乇	chuò	284	(鏊)	ào	19
印	yìn	2011	岛	dǎo	363	(5) 乛（乙→乛 フ		
乐	lè	1026	系	jì	803	丨乚乀）		
	yuè	2070		xì	1803	乙	yǐ	1988
匆	cōng	292	卵	luǎn	1120	【一画～二画】		
尔	ěr	464	(朵)	duǒ	454	厶	mǒu	1209
卯	guàn	634	乖	guāi	624		sī	1606
册	cè	179	垂	chuí	278	(ㄙ)	mǒu	1209
尕	gǎ	550	忝	tiǎn	1676		sī	1606
孕	yùn	2075	秉	bǐng	121	刁	diāo	404
【五　画】			岳	yuè	2071	乃	nǎi	1220
伞	sǎn	1480	臾	yú	2049	乜	miē	1189
朱	zhū	2177	卑	bēi	74		niè	1250
(耒)	lěi	1029	质	zhì	2160	了	le	1027
缶	fǒu	530	所	suǒ	1636		liǎo	1072
先	xiān	1817	枭	xiāo	1843	习	xí	1798
丢	diū	419	【八画以上】			卫	wèi	1755
舌	shé	1517	拜	bài	45	也	yě	1957
有	yǒu	2036	(乘)	chéng	231	飞	fēi	503
	yòu	2044		shèng	1538			

(亾)	wáng	1739			
	wú	1773			
乞	qǐ	1345			
马	mǎ	1134			
及	jí	790			
幺	yāo	1947			
乡	xiāng	1829			
子	zǐ	2207			
	zi	2217			
孑	jué	925			
孓	jié	864			
【三　画】					
以	yǐ	1989			
双	shuāng	1591			
邓	dèng	379			
予	yú	2046			
	yǔ	2051			
尹	yǐn	2008			
丑	chǒu	254			
丑ᐞ	chǒu	254			
夬	guài	625			
卍	wàn	1739			
(卐)	wàn	1739			
巴	bā	24			
办	bàn	52			
为	wéi	1748			
	wèi	1756			
书	shū	1576			
及	jí	790			
【四　画】					
对	duì	444			
弁	biàn	104			
司	sī	1607			
引	yǐn	2008			
弗	fú	532			
民	mín	1190			
凹	āo	18			
	wā	1724			
(疋)	pǐ	1302			
卵	guàn	634			
尕	gǎ	550			
发	fā	472			
	fà	480			
凸	tū	1704			
(氹)	dàng	360			

3

丝 sī	1608	羌 qiāng	1372	chài	192	亢 kàng	948
【五画以上】		兑 duì	448	cī	284	立 lì	1045
买 mǎi	1140	谷 gǔ	613	眷 juàn	924	主 zhǔ	2181
乱 dū	431	yù	2055	着 zhāo	2115	市 shì	1556
乩 jī	783	弟 dì	391	zháo	2115	玄 xuán	1899
争 zhēng	2132	tì	1668	zhe	2125	产 chǎn	194
尕 gǎ	550	卷 juǎn	923	zhuó	2204	交 jiāo	843
(朵) duǒ	454	juàn	924	益 yì	1998	齐 jì	802
丞 chéng	229	並△bìng	122	瓶 píng	1322	qí	1339
乱 luàn	1120	(并) bìng	117	兼 jiān	823	zī	2205
(乸) mǎo	1155	bìng	122	(羞) xiū	1888	亦 yì	1995
肃 sù	1625	单 chán	192	兽 shòu	1576	衣 yī	1980
(直) zhí	2147	dān	347	曾△céng	182	yì	1996
事 shì	1560	shàn	1499	zēng	2094	妄 wàng	1743
巫 jí	793	(尫) wāng	1739	【十画以上】		充 chōng	247
qì	1355	(恖) cōng	292	曾 céng	182	亥 hài	665
乳 rǔ	1458	【七画～九画】		zēng	2094	【五画～七画】	
毑 jiě	870	卷△juǎn	923	(着) zhāo	2115	辛 xīn	1872
姆 nǎ	1218	juàn	924	zháo	2115	亨 hēng	697
虱 shī	1543	煎 jiān	824	zhe	2125	亩 mǔ	1210
函 hán	667	塑 sù	1627	zhuó	2204	玄 xuán	1899
承 chéng	229	差 chā	182	奠 diàn	404	(衣) yī	1980
卺 jǐn	882	chà	189	尊 zūn	2232	yì	1996
(乹) gān	554	chāi	191	(尊) zūn	2232	弃 qì	1354
•乾 gān	554	chài	192	普 pǔ	1331	忘 wàng	1743
乾 qián	1368	cī	284	善 shàn	1499	肓 huāng	746
(乾) gān	554	美 měi	1165	孳 zī	2207	变 biàn	104
•亂 luàn	1120	慈 cí	286	(曾) céng	182	享 xiǎng	1835
(辥) xiá	1809	(並) bìng	122	zēng	2094	京 jīng	892
		前 qián	1364	誊 téng	1663	卒 cù	298
(6) 丷(八)		酋 qiú	1411	豢 huàn	746	zú	2225
【一画～六画】		养 yǎng	1944	•養 yǎng	1944	兖 yǎn	1929
丫 yā	1912	叛 pàn	1279	(贕) tuí	1715	夜 yè	1961
(丫) yā	1912	耢 juǎn	924	嬎 chǎn	196	育 yō	2022
兮 xī	1790	juàn	924	夒 kuí	990	yù	2055
为 wéi	1748	首 shǒu	1572	蠲 juān	923	氓 máng	1150
wèi	1756	(荅) dā	310			méng	1172
兰 lán	1004	dá	312	(7) 亠(亠)		帝 dì	394
半 bàn	53	兹 cí	286	【一画～四画】		彦 yàn	1935
(半) bàn	53	zī	2206	亡 wáng	1739	亭 tíng	1687
羊 yáng	1939	总 zǒng	2218	卞 biàn	104	亮 liàng	1068
关 guān	626	羞 xiū	1888	六 liù	1096	亮△liàng	1068
(关) xiào	1856	(差) chā	182	lù	1110	(高) xiǎng	1835
并 bīng	117	chà	189	文 wén	1761	(畒) mǔ	1210
bìng	122	chāi	191	方 fāng	492	(畝) mǔ	1210

哀 āi	4	蛮 mán	1145	(亹) mén	1171	凄 qī	1336
(㡳) yǎn	1929	(䢫) qǐng	1402	wěi	1755	(净) jìng	899
(㡳) yè	1961	就 jiù	911	亹 mén	1171	准 zhǔn	2201
奕 yì	1996	裒 póu	1328	wěi	1755	凋 diāo	405
弈 yì	1996	蛮^ mán	1145	·齋 jī	789	(凋) diāo	405
(变) biàn	104	裏 lǐ	1040			恣 zì	2217
【八画～九画】		禀 bǐng	122	**(8) 丷(氵)**		瓷 cí	286
旁 páng	1280	亶 dǎn	353	【一画～六画】		弱 ruò	1466
(衺) xié	1859	dàn	353	习 xí	1798	(浼) měi	1167
爷 yé	1957	(稟) bǐng	122	江 gāng	566	凑 còu	295
(亮) liàng	1068	褱 yì	1996	头 tóu	1699	减 jiǎn	827
恋 liàn	1060	(弃) qì	1354	tou	1704	(飡) cān	169
恋^ liàn	1060	雍 yōng	2023	冬 dōng	422	盗 dào	368
高 gāo	568	·齐 jī	802	冯 féng	527	【十画以上】	
亳 bó	131	qí	1339	píng	1321	(溧) lì	1051
衰 cuī	300	zī	2205	冱 hù	724	·馮 féng	527
shuāi	1588	膏 gāo	573	冲 chōng	245	píng	1321
衷 zhōng	2169	gào	576	chòng	250	(凖) zhǔn	2201
·畝 mǔ	1210	裹 guǒ	654	兆 zhào	2119	(瘦) shuāng	1591
(亲) zá	2078	豪 háo	675	沧 chuàng	277	·凔 chuàng	277
衮 gǔn	648	(豪) háo	675	次 cì	290	澌 sī	1610
离 lí	1036	(膏) gāo	573	决 jué	925	(凴) píng	1321
(変) biàn	104	gào	576	冰 bīng	117	凛 lǐn	1080
畜 chù	266	斋 jī	789	尽 jǐn	881	(凜) lǐn	1080
xù	1896	(褎) xiù	1892	jìn	884	·澤 duó	454
(产) chǎn	194	袤 xiù	1892	冻 dòng	425	·憑 píng	1321
商 shāng	1502	褒 bāo	64	况 kuàng	987	凝 níng	1252
(高) gāo	568	【十四画以上】		冷 lěng	1032	(凟) dú	435
毫 háo	675	(裊) niǎo	1249	泽 duó	454	·鼕 dōng	422
烹 pēng	1292	(褻) bāo	64	(泯) mǐn	1192	**(9) 冖**	
孰 shú	1581	彈 duǒ	455	冶 yě	1958		
(衮) gǔn	648	嬴 yíng	2017	枣 zǎo	2088	冗 rǒng	1452
(產) chǎn	194	雍 yōng	2023	冽 liè	1075	写 xiě	1861
斋^ zhāi	2099	·齋 zhāi	2099	洗 xiǎn	1823	xiè	1862
(袠) zhì	2159	藝 xiè	1863	净 jìng	899	写^ xiě	1861
率 lǜ	1118	襄 xiāng	1834	【七画～九画】		xiè	1862
shuài	1590	赢 yíng	2017	(涂) tú	1707	军 jūn	929
望 wàng	1744	羸 léi	1029	咨 zī	2205	农 nóng	1257
(望) wàng	1744	臝 luǒ	1128	凉 liáng	1062	(肎) kěn	963
袤 mào	1158	彈 duǒ	455	liàng	1069	(宐) yí	1985
·牵 qiān	1362	嬴 yíng	2017	清 qīng	1404	罕 hǎn	669
(衺) xié	1859	(甕) wèng	1767	咨 zī	2205	冠 guān	632
【十画～十三画】		(齋) jī	788	凌 líng	1085	guàn	635
啻 chì	245	饔 yōng	2024	凇 sōng	1619	(冦) kòu	975
褻 xiè	1863	(臝) luǒ	1128	·凍 dòng	425	軍 jūn	929

字	拼音	页码	字	拼音	页码	字	拼音	页码	字	拼音	页码
(冥)	míng	1198	(訦)	chén	221	诒	yí	1984	詹	zhān	2103
(冣)	zuì	2231	讲	jiǎng	840	诊	zhěn	2129	诡	guǐ	644
冢	zhǒng	2171	讳	huì	761	诈	zhà	2098	诤	zhèng	2141
冥	míng	1198	讵	jù	918	诉	hé	682	(詧)	chá	188
冤	yuān	2059	讶	yà	1920	诉	sù	1625	询	xún	1910
(冨)	fù	548	讴	ōu	1266	诌	zhōu	2174	(詾)	xiōng	1885
冤△	yuān	2059	(謳)	ōu	1266	诋	dǐ	384	诣	yì	1998
幂	mì	1181	讷	nè	1232	·詆	dǐ	384	诩	xǔ	1895
(罩)	zhào	2119	·訥	nè	1232	诐	bì	97	·詡	xǔ	1895
(寫)	xiě	1861	讻	xiōng	1885	诒	yí	1985	【七　画】		
	xiè	1862	论	lún	1122	译	yì	1995	说	shuì	1599
(羃)	mì	1181		lùn	1124	词	cí	285		shuō	1602
(冪)	mì	1181	讼	sòng	1620	(䛐)	cí	285		yuè	2071
(10) 讠(言言)			许	hǔ	720	诏	zhào	2117	(讓)	ràng	1430
言	yán	1923		xǔ	1895	【六　画】			诪	zhōu	2175
言△	yán	1923	讹	é	456	誉	yù	2059	(諄)	bèi	80
【二画〜三画】			䜣	xīn	1869	誊	téng	1663		bó	131
计	jì	799	讽	fěng	527	详	xiáng	1834	(誌)	zhì	2158
订	dìng	415	设	shè	1518	诧	chà	189	读△	dú	434
讣	fù	541	诀	jué	925	该	gāi	550	诫	jiè	873
认	rèn	1444	訳△	yì	1995	(詶)	chóu	254	誓	shì	1564
訇	hōng	701	【五　画】			诨	hùn	767	语	yǔ	2052
讥	jī	779	·許	zhǔ	2184	诔	lěi	1029		yù	2056
逑	qiú	1408	(註)	zhù	2186	试	shì	1559	诬	wū	1773
讦	jié	864	(詠)	yǒng	2024	诗	shī	1542	诹	lián	1055
讨	tǎo	1659	评	píng	1320	诖	guà	622	·誠	chéng	228
让	ràng	1430	·評	píng	1320	诙	huī	755	诮	qiào	1381
讧	hòng	708	诚	jiàn	833	诘	jí	792	·誚	qiào	1381
訚	yín	2007	证	zhèng	2140		jié	866	误	wù	1789
讪	shàn	1498	诂	gǔ	612	·誇	kuā	979	(誤)	wù	1789
议	yì	1993	奢	zhé	2122	诚	chéng	228	罚	fá	478
讫	qì	1354	·詎	jù	918	诳	kuāng	985	诰	gào	575
(託)	tuō	1718	诃	hē	681	诔	lián	1055	诱	yòu	2045
训	xùn	1911	·訶	hē	681	饶	náo	1228	诲	huì	764
狺	yín	2007	(詞)	hē	681	訾	zī	2207	(語)	huà	737
讯	xùn	1911		kē	954		zǐ	2210	诞	dàn	353
·訊	xùn	1911	·訝	yà	1920	诠	quán	1422	诳	kuáng	986
记	jì	800	訾	zī	2207	詮	quán	1422	诶	ê	461
诇	dàn	353		zǐ	2210	·詒	yí	1985		ế	461
	yí	1984	诅	zǔ	2226	诜	shēn	1524		ě	461
讱	rèn	1443	识	shí	1548	话	huà	737		è	461
【四　画】				zhì	2158	诟	gòu	607		ēi	461
㤆	zhǔ	2184	詈	lì	1051	·誄	lěi	1029		éi	462
访	fǎng	498	诩	xiòng	1887	诛	zhū	2177		ěi	462
			诎	qū	1413	诞	dàn	353		èi	462

(10) 讠

诵 sòng	1622	·谁 shéi	1521	谞 xū	1893	谬 miù	1199
·認 rèn	1444	shuí	1594	【十 画】		·謬 miù	1199
【八 画】		(譧)qiān	1364	谦 qiān	1364	隐 yǐn	2011
谈 tán	1647	谀 yú	2049	·謎 mèi	1167	【十二画】	
谅 liàng	1069	谄 chǎn	196	mí	1177	谱 pǔ	1332
谆 zhūn	2201	諂 chǎn	196	谥 shì	1565	·譜 pǔ	1332
谇 suì	1633	调 diào	407	谤 bàng	59	·識 shí	1548
谊 yì	1999	tiáo	1678	谧 mì	1180	·譊 náo	1228
谉 shěn	1528	【九 画】		謇 jiǎn	829	(譆)xī	1798
请 qǐng	1402	谜 mèi	1167	·講 jiǎng	840	(譁)huá	732
·請 qǐng	1402	mí	1177	謷 áo	19	(譂)cháo	211
诹 zōu	2221	谘 zī	2206	謊 huǎng	753	警 jǐng	898
诸 zhū	2178	谙 ān	13	(譁)huá	732	谭 tán	1649
诺 nuò	1265	谚 yàn	1935	謹^jǐn	883	·譚 tán	1649
读 dòu	431	·諺 yàn	1935	谟 mó	1200	谮 zèn	2094
dú	434	谛 dì	394	(謩)mó	1200	谰 lán	1005
䜣 zhà	2099	(誼)xuān	1899	(謰)lián	1055	(譌)é	456
诼 zhuó	2204	·諢 hùn	767	(謌)gē	577	谯 qiáo	1379
·諑 zhuó	2204	谝 piǎn	1306	谠 dǎng	359	qiào	1382
·諓 jiàn	833	諸 zhū	2178	谐 xié	1860	谲 jué	928
谑 xià	1816	谎 huǎng	753	谡 sù	1627	(譔)zhuàn	2195
·謔 xià	1816	谋 móu	1208	·謖 sù	1627	·譏 jī	779
诽 fěi	508	谌 chén	221	譁 huì	761	(證) zhèng	2140
淑 chù	266	谐 xié	1860	谣 yáo	1950	【十三画～十四画】	
课 kè	963	谏 jiàn	836	謚 shì	1565	议 yì	1993
谒^yè	1963	谑 xuè	1908	謏 xiǎo	1855	(譜)pǔ	1332
(罸)fá	478	谍 dié	410	谢 xiè	1863	譲^ràng	1430
·諍 zhèng	2141	谙 nán	1225	谦 qiān	1364	鹰 yīng	2020
·論 lún	1122	谔 è	460	罋 wèi	1756	護 hù	722
lùn	1124	谒 yè	1963	·謠 yáo	1950	潚 yàn	1937
谂 shěn	1528	谡 xǐ	1801	·譸 zhōu	2174	誉 yù	2059
·諗 shěn	1528	谓 wèi	1758	【十一画】		谴 qiǎn	1370
·誹 fěi	508	·譁 huì	761	谫 jiǎn	827	(譟)zào	2090
·誒 ē	461	謠^yáo	1950	谪 zhé	2122	·譯 yì	1995
é	461	谖 xuān	1899	謷 áo	19	譞 xuān	1899
ě	461	·諼 xuān	1899	·謰 lián	1055	(譭)huǐ	760
è	461	谕 yù	2056	(謩)mó	1200	谵 zhān	2103
è	461	·諭 yù	2056	謦 qǐng	1404	·譫 zhān	2103
ēi	461	(諡)shì	1565	(譁)huá	732	譬 pì	1303
éi	462	謏 xiǎo	1855	謹 jǐn	883	辩 biàn	108
ěi	462	·誸 yú	2049	(謰)lián	1055	辯 biàn	108
èi	462	谢 xiè	1863	謳 ōu	1266	譸 zhōu	2175
诿 wěi	1754	讽 fěng	527	(謼)hū	714	譖 zèn	2094
谁 shéi	1521	諞 piǎn	1306	谩 mán	1145	譴 qiǎn	1370
shuí	1594	谗 chán	193	màn	1148	【十五画～十六画】	

字	拼音	页码
(讜)jiǎn		827
•諗 shěn		1528
(讁)zhé		2122
讟 dú		435
•讀 dòu		431
dú		434
•讆 wèi		1756
(讆)wèi		1756
讋 zhé		2122
讞 yàn		1937
(讇)chǎn		196
讎 chóu		254
•讐 chóu		254
(讐)chóu		252
(讎)chóu		252
(讐)chóu		252
•讏 wèi		1756
讙 huān		740
•變 biàn		104
•讔 yǐn		2011
【十七画以上】		
•讓 ràng		1430
讙 huān		740
(讙)huān		739
•讕 lán		1005
讖 chèn		223
(讛)yì		1994
•讒 chán		193
(讚)zàn		2084
•讞 yàn		1937
(讜)dǎng		359
(讝)zhān		2103
•讟 dú		435

(11) 二 (二)

字	拼音	页码
二 èr		466
【一画~三画】		
三 sān		1470
干 gān		554
gàn		563
于 yú		2046
亍 chù		266
亏 kuī		988
五 wǔ		1781
井 jǐng		896
亓 qí		1339
天 tiān		1669
夫 fū		530
fú		531
(冄)rǎn		1429
元 yuán		2060
无 mó		1200
wú		1774
云 yún		2073
专 zhuān		2189
互 hù		723
平 píng		1316
弍 èr		471
未 wèi		1756
末 me		1158
mò		1203
击 jī		783
示 shì		1557
戋 jiān		820
【四画以上】		
夹 gā		549
jiā		810
jiá		814
弐ˆèr		471
亚 yà		1919
亘 gèn		587
(亙)gèn		587
(次)cì		290
亜ˆyà		1919
来 lái		1000
丧 sāng		1482
sàng		1483
武 wǔ		1785
些 xiē		1857
•亞 yà		1919
吞 tūn		1717
忝 tiǎn		1676
竺 zhú		2181
(叄)zhāi		2099
(亟)jí		793
qì		1355
(帝)dì		394
(咨)zī		2205
(商)shāng		1502
鼋 yuán		2061

(12) 十 (⊢ + †)

字	拼音	页码
嫒 ài		9
嫒 dài		346
•鼋 yuán		2061
十 shí		1544
【一画~四画】		
(卄)niàn		1247
千 qiān		1358
计 jì		799
廿 niàn		1247
卅 sà		1468
午 wǔ		1785
什 shén		1525
shí		1546
升 shēng		1530
(卆)cù		298
zú		2225
支 zhī		2142
半 bàn		53
(半)bàn		53
平 píng		1316
卉 huì		761
叶 xié		1858
yè		1960
古 gǔ		611
(朮)zhú		2180
卍 wàn		1739
(卐)wàn		1739
早 zǎo		2087
伞 sǎn		1480
华 huá		731
huà		735
协 xié		1858
【五画~七画】		
孛 bèi		80
bó		130
(丧)shì		1558
克 kè		960
芈 mǐ		1178
(皁)zào		2089
丧 sāng		1482
sàng		1483
单 chán		192
dān		347
卨 shàn		1499
卒 cù		298
zú		2225
(卆)cù		298
zú		2225
丧 sāng		1482
sàng		1483
直 zhí		2147
(直)zhí		2147
卓 zhuó		2203
來 lái		1000
乖 guāi		624
阜 fù		544
卑 bēi		74
卖 mài		1142
协 xié		1858
举 jǔ		917
•計 jì		799
贲 bēn		83
bì		97
哉 zāi		2080
南 nā		1215
nán		1223
剋 kēi		963
•剋 kè		960
卑ˆbēi		74
【八画~九画】		
索 suǒ		1637
(栽)zāi		2080
栽 zāi		2080
载 zǎi		2080
zài		2083
真 zhēn		2126
(喪)sāng		1482
sàng		1483
(尅)kè		960
隼 sǔn		1634
皋 gāo		573
啬 sè		1486
章 zhāng		2109
(悟)wǔ		1785
【十画以上】		
(準)zhǔn		2201
•賁 bēn		83
bì		97

(12)～(15) 十厂匸卜

㢑	zì	2217	厌	yàn	1934	(歷)	lì	1051	(匳)	lián	1052
博	bó	132	厔	zhì	2157	·歷	lì	1044	·匱	guì	647
辜	gū	609	厍	shè	1519	·曆	lì	1044		kuì	990
(惪)	dé	373	成	chéng	224	【十五画以上】			赜	zé	2092
·喪	sāng	1482	辰	chén	220	·壓	yā	1913	(奩)	lián	1052
	sàng	1483	严	yán	1925		yà	1920	(匿)	nì	1242
伞	sǎn	1480	(厓)	yá	1917	厯	lì	1045	(匵)	dú	435
(傘)	sǎn	1480	(厛)	tīng	1685	·厣	yàn	1937	·賾	zé	2092
(翠)	zhào	2119	厕	cè	179	(龐)	páng	1281	(醫)	yī	1983
兢	jīng	896	【七画～十一画】			㒸	yǎn	1930	鼴	nì	1242
·准	zhǔn	2201	·厍	shè	1519	·魘	yè	1963	(15)卜(卜)		
·载	zǎi	2080	庞	páng	1281	·厴	yǎn	1930			
	zài	2083	威	wēi	1745	(饜)	yàn	1937	卜	bo	134
献	xiàn	1828	厘	lí	1035	魇	yǎn	1930		bǔ	134
·斋	sè	1486	厚	hòu	712	·魘	yè	1963	【一画～五画】		
彘	zhì	2163	原	yuán	2063	·魇	yàn	1935	上	shǎng	1504
嘏	gǔ	612	厝	cuò	307	·黡	yǎn	1930		shàng	1504
	jiǎ	817	靥	yè	1963	(14)匚(匚)			卟	fǔ	541
(彘)	zhì	2163	厢	xiāng	1831				仆	pū	1328
囊	nāng	1227	厣	yǎn	1930	【一画～八画】				pú	1330
	náng	1227	·厕	cè	179	区	ōu	1266	卡	kǎ	934
·颦	pín	1314	厥	jué	928		qū	1411		qiǎ	1357
·颦	pín	1314	厩	jiù	910	匹	pǐ	1302	扑	pū	1328
矗	chù	267	(厫)	áo	18	巨	jù	918	占	zhān	2101
(矗)	chù	267	厨	chú	264	叵	pǒ	1324		zhàn	2104
(13)厂			厦	shà	1492	匝	zā	2077	外	wài	1728
				xià	1816	匜	yí	1984	处	chǔ	264
厂	ān	9	(厤)	lì	1044	(叵)	kàng	950		chù	266
	chǎng	203	雁	yàn	1937	匡	kuāng	985	卢	lú	1107
【一画～六画】			(厪)	jǐn	883	匠	jiàng	841	(朩)	shū	1579
厅	tīng	1685		qín	1389	匣	xiá	1808	贞	zhēn	2125
仄	zè	2092	【十二画～十四画】			医	yī	1983	乩	jī	783
厄	è	458	愿	yuàn	2068	匦	guǐ	644	忐	tǎn	1649
反^	fǎn	486	(厨)	chú	264	(叵)	pǒ	1324	卤	lǔ	1109
历	lì	1044	厮	sī	1610	匼	kē	954	卣	yǒu	2043
压^	yā	1913	·厲	lì	1048	【八画以上】			【六画以上】		
	yà	1920	(歷)	lì	1044	匿	nì	1242	叔	shū	1579
厉	lì	1048	(厭)	yàn	1934	匪	fěi	508	卦	guà	622
戊	wù	1788	(饜)	yàn	1937	匮	guì	647	卧	wò	1769
灰^	huī	754	魇	yǎn	1930		kuì	990	卓	zhuó	2203
戍	shù	1584	靥	yè	1963	·區	ōu	1266	虎	hǔ	720
戌	qu	1418	魇	yàn	1935		qū	1411		hù	724
	xū	1892	(鴈)	yàn	1937	匾	biǎn	104	(卧)	mǔ	1210
压	yā	1913	(厀)	xiè	1864	·甄	guǐ	644	訃	fù	541
	yà	1920	(厯)	lì	1044	(匯)	huì	760	赴	fù	541

9

•貞 zhēn	2125	mò	1205	刲 kuī	988	(剠) qíng	1400
战 zhàn	2105	胄 zhòu	2176	(刦) jié	865	剂^jì	802
卨 xiè	1863	冓 gòu	607	刵 èr	471	剒 cuò	307
桌 zhuō	2202	(冓) gòu	607	刺 cī	284	剚 zì	2217
•卤 lǔ	1109	勖 xù	1897	cì	291	•剗 chǎn	195
•卨 xiè	1863	(勗) xù	1897	刳 kū	975	chàn	196
(离) xiè	1863	冕 miǎn	1184	刮 bāi	31	(剷) chǎn	195
睿 ruì	1465	**(17) 刂(巛)**		到 dào	365	剞 jī	787
(16) 冂(冂刂)		**【二画～四画】**		刿 guì	646	剕 fèi	511
【二画～四画】		刈 yì	1993	剀 kǎi	942	•剛 gāng	564
丹 dān	347	刊 kān	942	剎 chà	189	剔 tī	1663
円^yuán	2062	刌 cǔn	305	shā	1488	•釗 zhāo	2113
冉 rǎn	1429	刘 liú	1090	刽 guì	646	剑^jiàn	834
(冄) rǎn	1429	划 huá	730	制 zhì	2159	剟 duō	454
冇 mǒu	1209	huà	735	刮 guā	620	剥 bāo	64
冈 gāng	564	刑 xíng	1877	剁 duò	455	bō	128
内 nèi	1233	刓 wán	1733	(剁) duò	455	剧 jù	920
(內) nèi	1233	列 liè	1074	刷 shuā	1587	(剝) bāo	64
且 jū	913	刚 gāng	564	shuà	1588	bō	128
qiě	1383	则 zé	2090	**【七 画】**		(剨) huō	769
丙 bǐng	121	创 chuāng	274	前 qián	1364	(剳) zhá	2097
冉 rǎn	1429	chuàng	276	剃 tì	1668	副 fù	547
册 cè	179	刖 yuè	2070	剄 jǐng	893	•剮 guǎ	621
(冊) cè	179	刎 wěn	1765	剋 kēi	963	剩^shèng	1539
(回) huí	756	**【五 画】**		•剋 kè	960	**【十画～十二画】**	
再 zài	2081	判 pàn	1279	剅 lóu	1103	割 gē	578
同 tóng	1692	刬 chàn	196	剌 lā	997	•剴 kǎi	942
tòng	1698	(刦) jié	865	lá	997	•創 chuāng	274
(両) liǎng	1064	(刘) yì	1994	là	998	chuàng	276
网 wǎng	1741	(刪) shān	1497	剄 jǐng	897	剩 shèng	1539
肉 ròu	1453	别 bié	114	削 xiāo	1840	(剷) chǎn	195
【五画以上】		biè	116	xuē	1903	剻 kuǎi	981
两 liǎng	1064	别^bié	114	•则 zé	2090	剽 piāo	1308
囧 jiǒng	903	biè	116	剐 guǎ	621	(剹) lù	1114
罔 wǎng	1741	删 shān	1497	(剉) cuò	307	剿 chāo	209
(罔) wǎng	1741	钊 zhāo	2113	剑 jiàn	834	jiǎo	855
•冈 gāng	564	利 lì	1049	剎^chà	189	劁 lín	1077
•兩 liǎng	1064	刨 bào	71	shā	1488	劂 jué	928
周 zhōu	2174	páo	1283	剑 chǒu	255	(劄) zhá	2097
雘 huò	778	(刟) shào	1515	(剉) duò	455	劁 qiāo	1378
典 diǎn	395	刭 jǐng	897	**【八画～九画】**		製 zhì	2159
冒 mào	1156	刜 fú	532	剜 wān	1732	剮 guā	621
		【六 画】		剡 shàn	1499	劃 huá	730
		剂 jì	802	yǎn	1930	huà	735
				剖 pōu	1327	**【十三画以上】**	

(17) 刂

劐 huō	769
·劌 guì	646
·劇 jù	920
·劍 jiàn	834
·創 guì	646
·劉 liú	1090
·劑 jì	802
劓 yì	2001
劗 jiǎn	829
劖 chán	193
·劗 jiǎn	829
劘 mó	1203
(劚) zhú	2181
劙 lí	1039

(18) 八（八丷）

八 bā	21
六 liù	1096
lù	1110
兮 xī	1790
父 fǔ	539
fù	541
公 gōng	593
分 fēn	511
fèn	517
兴 xīng	1875
xìng	1882
共 gōng	598
gòng	600
(呉) wú	1780
兵 bīng	119
谷 gǔ	613
yù	2055
岔 chà	189
其 jī	785
qí	1341
具 jù	919
(具) jù	919
典 diǎn	395
(氓) wāng	1739
贫 pín	1313
(酋) qiú	1411
翁 wēng	1767
(異) yì	1996
·貧 pín	1313

粪 fèn	519
冀 xùn	1912
·輿 yú	2046
yǔ	2051
yù	2053
舉 yú	2051
冀 jì	807
興 xīng	1875
xìng	1882
·糞 fèn	519
·舉 yú	2051
翼 yì	1997

(19) 人（人入）

人 rén	1435
入 rù	1459

【一画～二画】

个 gě	582
gè	582
(亾) wáng	1739
亡 wú	1773
今 jīn	875
认 rèn	1444
仄 zè	2092
今 jīn	875
内 nèi	1233
(內) nèi	1233
从 cóng	293
介 jiè	871
仑 lún	1122
公 gōng	593
以 yǐ	1989
夬 guài	625
队 duì	444
仓 cāng	172

【三画～四画】

令 líng	1081
lǐng	1086
lìng	1088
仝 tóng	1692
(仝) tóng	1692
(令) líng	1081
lǐng	1086
lìng	1088
(以) yǐ	1989

(叺) yǐ	1989
仒 rénmínbì	1438
丛 cóng	295
(尒) ěr	464
伞 sǎn	1480
夹 gā	549
jiā	810
jiá	814
全 quán	1420
会 huì	761
kuài	981
企 qǐ	1349
合 gě	582
hé	683
夷 yí	1984
众 zhòng	2172
余 tǔn	1718
余 cuān	299

【五画～六画】

含 hán	666
佥 qiān	1362
佘 shé	1517
余 yú	2046
巫 wū	1773
(佘) mìng	1198
·夾 gā	549
jiā	810
jiá	814
坐 zuò	2239
籴 dí	383
念 niàn	1247
贪 tān	1645
金 jīn	876
舍 shě	1518
shè	1519
舍 shě	1518
shè	1519
(臥) wò	1769
命 mìng	1198
·侖 lún	1122
·兩 liǎng	1064
來 lái	1000
昃 zè	2092
龠 cào	179
㕡 sǒng	1620

臾 yú	2049

【七画～九画】

食 shí	1552
sì	1617
yì	1998
弇 yǎn	1930
俞 yú	2050
yù	2056
(俞) chǒu	255
耸 sǒng	1620
·倉 cāng	172
·閃 shǎn	1498
俎 zǔ	2228
拿 ná	1215
(舒) ná	1215
衾 qīn	1388
斜 xié	1860
盒 hé	686
龛 kān	944

【十画以上】

畲 shē	1516
畬 shē	1516
yú	2047
舒 shū	1578
翕 xī	1797
·傘 sǎn	1480
(傘) sǎn	1480
禽 qín	1389
僉 qiān	1362
·會 huì	761
kuài	981
僰 bó	133
(舖) pū	1329
pù	1333
盦 ān	13
(舘) guǎn	632
龠 yuè	2072
·糴 dí	383

(20) 乂

义 yì	1992
义 yì	1992
刈 yì	1993
交 yáo	1949
冈 gāng	564

凶 xiōng	1885	仆 pū	1328	伐 fá	478	佗 tuó	1722
杀 shā	1487	pú	1330	伕 fū	531	住 zhù	2185
shài	1493	仉 zhǎng	2110	传 chuán	270	位 wèi	1758
网 wǎng	1741	化 huā	724	zhuàn	2194	佉 qū	1413
囟 xìn	1873	huà	734	伝△chuán	270	佞 nìng	1254
(兇)xiōng	1885	化△huā	724	zhuàn	2194	伛 yǔ	2051
希 xī	1793	huà	734	伟 wěi	1752	(佢)qú	1414
肴 yáo	1949	仇 chóu	252	休 xiū	1887	佤 wǎ	1726
赵 zhào	2119	qiú	1408	伍 wǔ	1784	何 hé	686
•殺 shā	1487	仍 réng	1446	伎 jì	803	估 gū	608
shài	1493	仅 jǐn	881	伏 fú	533	gù	617
弑 shì	1560	jìn	884	优 yōu	2027	伾 pī	1295
		仂 lè	1025	伩△jiǎ	816	体 tī	1663
(21) 丿		仏 fó	529	jià	819	tǐ	1667
乞 qǐ	1345	**【三 画】**		(佢)qú	1414	佐 zuǒ	2236
气 qì	1350	仪 yí	1984	佤 wǎ	1726	(佈)bù	155
午 wǔ	1785	仨 sā	1467	伢 yá	1917	伢 yá	1917
矢 shǐ	1554	(仭)rú	1457	伛 yǔ	2051	佬 lǎo	1102
失 shī	1539	仕 shì	1555	伡 chē	215	似△shì	1560
乍 gǎ	550	付 fù	541	仳 pǐ	1302	sì	1617
生 shēng	1531	仗 zhàng	2111	仲 zhòng	2171	仳 pǐ	1302
乍 zhà	2098	代 dài	341	价 jià	817	佧 kǎ	934
年 nián	1243	们 mén	1171	jiè	872	(佔)zhàn	2104
朱 zhū	2177	men	1171	jie	875	伸 shēn	1522
缶 fǒu	530	仙 xiān	1816	伦 lún	1122	攸 yōu	2028
每△měi	1164	(伪)wěi	1752	伧 cāng	173	但 dàn	353
每 měi	1164	仟 qiān	1361	chen	223	佃 diàn	403
卸 xiè	1863	(仛)tuō	1720	份 fèn	518	tián	1675
怎 zěn	2093	仫 mù	1214	(伀)zhōng	2169	伷 zhòu	2176
复 fù	544	仡 gē	576	仵 wǔ	1785	(佗)tuō	1720
(啎)wǔ	1785	yì	1994	件 jiàn	832	(佀)shì	1560
•無 mó	1200	他 tā	1638	任 rén	1442	sì	1617
wú	1774	仔 zǎi	2080	rèn	1445	(佮)gě	582
舞 wǔ	1786	zī	2205	伥 chāng	196	gè	582
(緐)fán	485	zǐ	2209	伤 shāng	1501	伶 líng	1081
pó	1324	仞 rèn	1443	华 huá	731	(你)nǐ	1240
毓 yù	2059	伋 jí	791	huà	735	佚 yì	1997
		奴 nú	1260	仰 yǎng	1944	作 zuō	2233
(22) 亻		**【四 画】**		伃 yú	2046	zuò	2236
【一画～二画】		伫 zhù	2184	伊 yī	1982	佑 yòu	2044
亿 yì	1994	伙 huǒ	776	似 shì	1560	仰△yǎng	1944
仁 rén	1442	仿 fǎng	498	sì	1617	伯 bǎi	43
什 shén	1525	伉 kàng	949	**【五 画】**		bó	129
shí	1546	伈 xǐn	1873	伴 bàn	56	佣 yōng	2022
仃 dīng	412	伪 wěi	1752	(佇)zhù	2184	yòng	2027

你 nǐ	1240	佼 jiǎo	853	俏 qiào	1381	倻 yē	1956
佟 tóng	1696	yáo	1949	修 xiū	1889	借 jiè	873
低 dī	380	侊 guāng	639	俚 lǐ	1042	偌 ruò	1466
(低)dī	380	仳 cǐ	290	俣 yǔ	2053	值 zhí	2149
佝 gōu	604	侦 zhēn	2125	保 bǎo	66	(値)zhí	2149
侜 zhòu	2176	侗 dòng	425	俜 pīng	1316	(倳)zì	2217
伺 cì	292	tóng	1694	促 cù	298	·俩 liǎ	1051
sì	1617	tǒng	1696	(侶)lǚ	1115	liǎng	1068
佛 fó	529	侣 lǚ	1115	俗 sú	1624	(倈)lái	1002
fú	532	侃 kǎn	944	俭 jiǎn	825	倷 nǎi	1221
伽 gā	549	侧 cè	179	俘 ᐃmóu	1208	倴 bèn	86
jiā	809	zè	2092	俄 é	457	倚 yǐ	1992
qié	1383	zhāi	2099	俐 lì	1050	俺 ǎn	13
彼 bǐ	92	侩 kuài	981	俘 fú	534	倒 dǎo	363
伲 nì	1241	侁 shēn	1524	侮 wǔ	1786	dào	366
【六 画】		佺 quán	1422	·係 xì	1803	倢 jié	868
佯 yáng	1940	佩 pèi	1288	俊 jùn	932	倾 qīng	1399
(佡)bìng	122	佾 yì	1998	俟 qí	1344	倘 cháng	202
佻 tiāo	1676	凭 píng	1321	sì	1617	tǎng	1655
佽 cì	291	侹 tǐng	1688	俑 yǒng	2025	俶 chù	266
佗 chà	189	侏 zhū	2177	俛 fǔ	540	tì	1669
佼 jiǎo	851	侨 qiáo	1378	miǎn	1183	倬 zhuō	2202
侪 chái	191	侮ᐃwǔ	1786	侵 qīn	1387	俳 pái	1271
依 yī	1981	侜 zhōu	2174	侯 hóu	708	(脩)xiū	1889
侅 gāi	551	佫 hè	690	hòu	713	(倏)shū	1580
侘 tuō	1720	侈 chǐ	242	(侷)jú	915	倐 shū	1580
侬 nóng	1259	侊 guǐ	645	恘 tān	1646	俱 jù	919
侠 xiá	1808	侔 móu	1208	【八 画】		倮 luǒ	1128
侍 shì	1562	【七 画】		倌 guān	631	倡 chāng	197
佳 jiā	811	俀 tuì	1716	倥 kōng	968	chàng	206
佶 jí	793	tuō	1720	kǒng	969	俛 mǐn	1192
佬 lǎo	1024	信 xìn	1873	倦 juàn	924	·們 mén	1171
供 gōng	598	俍 liáng	1062	倍 bèi	82	men	1171
gòng	601	俤 dì	392	惊 jìng	902	·個 gě	582
佴 èr	471	俦 chóu	253	liàng	1069	gè	582
nài	1222	俅 qiú	1409	倅 cuì	301	倮 luó	1126
价ᐃjià	817	·俥 chē	215	俯 fǔ	540	候 hòu	713
使 shǐ	1553	俨 yǎn	1930	(倣)fǎng	498	(倸)cǎi	167
侘 tà	1640	俪 lì	1049	倓 tán	1648	·倫 lún	1122
侉 kuǎ	980	便 biàn	106	俸 fèng	529	倹ᐃjiǎn	825
佰 bǎi	43	pián	1306	俵 biāo	113	(俉)shá	1492
侑 yòu	2044	俩 liǎ	1051	倩 qiàn	1371	俟ᐃqí	1344
例 lì	1050	liǎng	1068	债 zhài	2101	sì	1617
侄 zhí	2150	·俠 xiá	1808	(倖)xìng	1884	倭 wō	1769
侹 kuāng	985	侄 zhí	2150	·倀 chāng	196	俾 bǐ	94

偶 yǔ	2053	·偉 wěi	1752	傀 guī	644	儆 jǐng	898
倪 ní	1240	偎 wēi	1746	kuǐ	990	傈 sù	1627
倜 tì	1669	(偘)kǎn	944	(傑)jié	868	(儇)xiān	1816
(偺)zá	2079	偁 chēng	224	·偈 zhòu	2176	·傴 yǔ	2051
zán	2084	偷 tōu	1698	(傎)diān	395	僚 liáo	1070
(偝)bèi	80	偅 zhōng	2169	傩 nuó	1265	(儍)shá	1492
俛 fǔ	540	偢 chǒu	255	【十一画】		(雇)gù	619
miǎn	1183	偟 huáng	747	僧ˆsēng	1487	僭 jiàn	836
(俛)fǔ	540	俾 bǐ	94	·傭 yōng	2022	·僕 pú	1330
·係 xì	1803	傀 kuǐ	990	債 zhài	2101	(僻)chuǎn	273
健 jiàn	835	偶 yǔ	2053	傲 ào	20	·僞 wěi	1752
倨 jù	920	(偺)zá	2079	僅 jǐn	881	僬 jiāo	850
倔 jué	928	zán	2084	jìn	884	(儁)jùn	932
juè	929	偬 zǒng	2220	傳 chuán	270	·僑 qiáo	1378
【九 画】		假 jiǎ	816	zhuàn	2194	·像 xiàng	1839
偻 lóu	1104	jià	819	僄 piào	1311	(傢)xiàng	1839
lǚ	1116	偓 wò	1770	傴 yǔ	2051	僝 chán	194
停 tíng	1687	【十 画】		僡 xiāo	1844	【十三画】	
傧 chèn	222	·傢 jiā	811	(儵)shū	1580	(儍)shǎ	1492
僞ˆwěi	1752	傧 bīn	116	(條)tāo	1656	·儀 yí	1984
偏 piān	1304	傍 bàng	59	·僂 lóu	1104	僯 lín	1077
俵ˆbiào	113	(儌)xiào	1856	lǚ	1116	億 yì	1994
(偰)xiè	1863	儲 chǔ	266	煲 bāo	64	僅 tà	1640
偾 fèn	518	催 quán	928	催 cuī	300	僨 fèn	518
倻 yē	1956	傣 dǎi	341	傒 xī	1797	儎 zài	2083
做 zuò	2242	儎 zài	2083	(傷)jùn	932	僵 jiāng	839
鸺 xiū	1888	傲 ào	20	傻 shǎ	1492	價 jià	817
(偪)bī	89	·備 bèi	80	(偬)zǒng	2220	jiè	872
偭 miǎn	1184	傎 diān	395	(働)dòng	423	jie	875
(徧)piān	1304	傅 fù	549	·傷 shāng	1501	(儅)dàng	359
偃 yǎn	1933	傈 lì	1051	儕 chì	245	·儂 nóng	1259
偕 xié	1860	偃 yǎn	1933	(傑)jié	868	儇 xuān	1899
偿 cháng	202	倘 tǎng	1656	像 xiàng	1839	僶 mǐn	1192
·偵 zhēn	2125	(傌)mà	1139	傾 qīng	1399	儉 jiǎn	825
悠 yōu	2028	偕 xié	1860	僇 lù	1114	儈 kuài	981
·條 tiáo	1677	傉 nù	1262	【十二画】		儊 zhòu	2177
(脩)xiū	1889	傡 xiāo	1844	僯 lín	1077	(儌)jiǎo	853
·側 cè	179	堡 bǎo	69	傅 zǔn	2233	儋 dān	352
zè	2092	bǔ	137	僧 sēng	1487	僻 pì	1303
zhāi	2099	pù	1333	僦 jiù	912	【十四画～十五画】	
偈 jì	806	·偉 wěi	1752	僮 tóng	1696	儐 bīn	116
jié	869	傒 xī	1797	zhuàng	2198	·儕 chái	191
偶 ǒu	1267	(傜)yáo	1951	·僥 jiǎo	853	儒 rú	1457
偲 cāi	160	·傖 cāng	173	yáo	1949	僭 jiàn	836
sī	1609	chen	223	僖 xī	1798	儓 tái	1643

(22)～(26) 亻ㄣㄅ几儿

·儔 chóu	253	(矦) hóu	708	匍 pú	1330	(兜) dōu	426	
(儗) nǐ	1241	hòu	713	匐 fèng	529	(髠) kūn	991	
儇 xuān	1899	·負 fù	543	敷 fiào	529	·凯 kǎi	942	
·儘 jǐn	881	勉 miǎn	1183	(媛) fiào	529	麂 jǐ	798	
條 xiū	1888	·魚 yú	2047	(匈) xiōng	1885	(凴) píng	1321	
·優 yōu	2027	(奐) huàn	744	㑒 chú	263	鳳 fèng	527	
·償 cháng	202	急 jí	793	匏 páo	1283	凳 dèng	379	
儡 lěi	1029	勉△miǎn	1183	匐 fú	537	(26) 儿(儿)		
【十六画以上】		【九画以上】		(处) chǔ	264			
·儲 chǔ	266	(龟) guī	643	chù	266	儿 ér	462	
·儱 lǒng	1102	jūn	931	够 gòu	607	【一画～四画】		
·儭 chèn	222	qiū	1407	(夠) gòu	607	兀 jī	783	
儳 chàn	196	象 xiàng	1839	儹 fēn	515	兀 wū	1770	
儴 ráng	1429	(象) xiàng	1839	(勪) fēn	515	wù	1787	
(儵) tiáo	1678	(象) xiàng	1839	(25) 几(几)		元 yuán	2060	
(儵) shū	1580	(彙) huì	760			无 mó	1200	
儺 nuó	1265	詹 zhān	2103	几 jī	779	wú	1774	
儷 lì	1049	夐 xiòng	1887	jǐ	797	允 yǔn	2075	
儸 luó	1126	·龜 guī	643	凡 fán	484	兄 xiōng	1886	
(儹) zǎn	2084	jūn	931	(凢) fán	484	充 chōng	247	
儻 tǎng	1656	qiū	1407	冗 rǒng	1452	兆 zhào	2119	
儼 yǎn	1930	(燄) yàn	1936	风 fēng	520	尧 yáo	1949	
儽 lěi	1029	(24) 勹		凤 fèng	527	光 guāng	636	
(儾) nàng	1228			殳 shū	1576	(兇) xiōng	1885	
(23) 勹(勹)		勺 sháo	1513	(処) chǔ	264	先 xiān	1817	
		(勺) sháo	1513	chù	266	【五画～六画】		
【三画～八画】		匀 yún	2074	朵 duǒ	454	兑 duì	448	
刍 chú	263	勿 wù	1787	夙 sù	1624	壳 mài	1142	
危 wēi	1745	匁 jiū	903	凫 fú	534	克 kè	960	
负 fù	543	勾 gōu	602	壳 ké	957	児△ér	462	
争 zhēng	2132	gòu	606	qiào	1381	兕 sì	1617	
色 sè	1485	(匃) gài	553	秃 tū	1705	(皃) mào	1158	
shǎi	1493	句 gōu	604	(壳) ké	957	(兎) tù	1711	
龟 guī	643	jù	919	qiào	1381	兊△duì	448	
jūn	931	(勾) gài	553	虎 hǔ	720	兖 yǎn	1929	
qiū	1407	匆 cōng	292	hù	724	(虎) hǔ	720	
奂 huàn	744	包 bāo	60	凯 kǎi	942	hù	724	
免 miǎn	1182	包△bāo	60	咒 zhòu	2176	兕 sì	1617	
角 jiǎo	851	旬 xún	1910	凭 píng	1321	(尫) wāng	1739	
jué	926	匈 xiōng	1885	·風 fēng	520	兒 ní	1240	
(角) jiǎo	851	匉 pēng	1291	靰 jī	783	·兒 ér	462	
jué	926	甸 diàn	403	(亮) liàng	1068	免 miǎn	1182	
鱼 yú	2047	(匊) jū	914	亮 liàng	1068	(免) miǎn	1182	
(免) miǎn	1182	匋 táo	1657	虒 sī	1609	兔 tù	1711	
兔 tù	1711	匎 hōng	701	凰 huáng	747	(兔) miǎn	1182	

(兔)tù	1711	(旣)jì	804	xì	1803	廷 tíng	1687
【七画以上】		麀 yōu	2029	(叓)shǐ	1553	延 yán	1926
亮△liàng	1068	颖 yǐng	2017	观 guān	628	(廸)dí	383
(兗)yǎn	1929	肄 yì	2001	guàn	634	(廻)huí	756
胤 yìn	2013	疑 yí	1988	欢 huān	739	延△yán	1926
党 dǎng	358	(隸)lì	1051	【五画~九画】		(廹)pǎi	1274
竞 jìng	901	·颍 yǐng	2017	变 biàn	104	pò	1324
(亮)liàng	1068	(頴)yǐng	2017	取 qǔ	1415	(廼)nǎi	1220
(郳)ní	1240	·颕 yǐng	2017	叔 shū	1579	(迴)huí	756
晃 huǎng	753	·顛 diān	395	受 shòu	1574	建 jiàn	834
huàng	753	(28) 矛		艰 jiān	823	廷 tǐng	1689
竟 jìng	901			叛 pàn	1279	(誕)dàn	353
兜 dōu	426	予 yú	2046	蚤 zǎo	2088	蜑 dàn	354
·凫 fú	534	yǔ	2051	爰 yuán	2063	(31) 厶(厶)	
兢 jīng	896	矛 máo	1155	(爰)yuán	2063		
霓 ní	1240	甬 yǒng	2025	叙 xù	1896	厶 mǒu	1209
·競 jìng	901	勇 yǒng	2025	叟 sǒu	1622	sī	1606
(27) 匕(七)		勇△yǒng	2025	(叚)jiǎ	816	(厶)mǒu	1209
		柔 róu	1452	jià	819	sī	1606
匕 bǐ	90	(圅)hán	667	蚤 zǎo	2088	【一画~六画】	
【二画~八画】		恿 yǒng	2025	难 nán	1225	么 ma	1139
化 huā	724	毹 róng	1452	nàn	1227	me	1158
huà	734	豫 yù	2058	·隻 zhī	2144	(厺)yāo	1947
比 bǐ	90	(29) 又(又)		桑 sāng	1482	云 yún	2073
它 tā	1638			剟 duō	454	公 gōng	593
庀 pǐ	1302	又 yòu	2043	曼 màn	1147	仏△fó	529
北 běi	76	【一画~四画】		【十画以上】		勾 gōu	602
龙 lóng	1099	叉 chā	182	(傻)shuāng	1591	gòu	606
尼 ní	1238	chá	184	(叕)duō	454	厹 qiú	1408
此 cǐ	289	chǎ	188	(叡)zhā	2097	róu	1452
旨 zhǐ	2153	chà	188	叠 dié	411	允 yǔn	2075
壱△yī	1984	支 zhī	2142	聚 jù	921	广△guǎng	639
皂 zào	2089	反△fǎn	486	(叡)ruì	1465	去 qù	1417
顷 qǐng	1402	友 yǒu	2035	(叢)cóng	295	弁 biàn	104
乖 guāi	624	(収)shōu	1565	燮 xiè	1865	払△fú	533
嘉崙 jiālún	1124	反 fǎn	486	矆 huò	778	台 tāi	1641
(眞)zhēn	2126	及 jí	790	·叢 cóng	295	tái	1641
巤 chàng	206	凤 fèng	527	·雙 shuāng	1591	弘 hóng	701
能 nài	1222	双 shuāng	1591	矍 jué	929	(丢)diū	419
néng	1237	劝 quàn	1423	·雙 shuāng	1593	贠 yùn	2077
【九画以上】		圣 shèng	1536	籰 yuè	2072	会 huì	761
·頃 qǐng	1402	对 duì	444	(30) 廴(廴)		kuài	981
匙 chí	241	发 fā	472			牟 móu	1208
shi	1565	fà	480	(辿)chān	192	mù	1214
颖 yǐng	2017	戏 hū	715	(廵)xún	1910	丢 diū	419

毘 dū	431	**(32) 卩(㔾)**		(阯)zhǐ	2152	yǔn	2075
县 xiàn	1826	**【一画～五画】**		阳 yáng	1943	险 xiǎn	1824
xuán	1899	卫 wèi	1755	阶 jiē	860	除 chú	263
矣 yǐ	1991	厄 è	458	阪 bǎn	50	(陞)shēng	1530
私 sī	1606	仓 cāng	172	阴 yīn	2003	降△jiàng	841
叁 sān	1480	卬 áng	17	**【五画～六画】**		xiáng	1835
参 cān	168	卮 zhī	2145	陀 tuó	1722	陷△xiàn	1828
cēn	181	印 yìn	2011	陆 liù	1098	陪 péi	1286
shēn	1524	卯 mǎo	1155	lù	1110	陬 zōu	2221
(叄)zhāi	2099	爷 yé	1956	际 jì	803	·陸 liù	1098
昙 tán	1647	(卩)yìn	2011	阿 ā	1	lù	1110
(虽)suī	1630	危 wēi	1745	ē	456	陵 líng	1085
【七画以上】		却 què	1425	陇 lǒng	1102	·陳 chén	220
(畝)mǔ	1210	卵 luǎn	1120	陈 chén	220	隅 yú	2049
炱 tái	1643	即 jí	793	陆 diàn	402	險△xiǎn	1824
枲 xǐ	1801	邵 shào	1515	yán	1927	·陰 yīn	2003
鬼 guǐ	645	**【六画以上】**		阻 zǔ	2226	陲 chuí	279
垒 lěi	1029	卷 juǎn	923	阼 zuò	2238	陴 pí	1301
套 tào	1659	juàn	924	陁 tuó	1723	隆△lóng	1102
·貟 yùn	2077	(卻)què	1425	附 fù	542	陶 táo	1657
畚 běn	86	(卹)xù	1896	(阫)è	458	yáo	1949
能 nài	1222	畚 jǐn	882	陉 xíng	1882	陷 xiàn	1828
néng	1237	(卻)què	1425	陂 bēi	74	**【九画～十一画】**	
垒 hǎi	665	卸 xiè	1863	pí	1300	(陻)yīn	2006
(鬼)guǐ	645	(卽)jí	793	pō	1323	隋 suí	1630
(挈)jiǎ	817	(卿)jí	793	陔 gāi	551	·階 jiē	860
·參 cān	168	卿 qīng	1400	陕 shǎn	1498	(隄)dī	382
cēn	181	(卿)qīng	1400	陋 lòu	1105	·陽 yáng	1943
(叅)cān	168	(䢰)xī	1798	陌 mò	1205	隈 wēi	1746
cēn	181	齽 niè	1251	陑 gài	553	隅 yú	2049
欸 āi	5	**(33) 阝(阜)**		降 jiàng	842	(陰)yīn	2003
ǎi	6	阜 fù	544	xiáng	1835	隊 duì	444
ê	461	**【二画～四画】**		(隁)guǐ	645	随 suí	1630
ế	461	队 duì	444	限 xiàn	1826	隤 tuí	1715
ê̌	461	阢 wù	1787	**【七画～八画】**		隍 huáng	747
ề	461	阡 qiān	1361	院 yuàn	2067	陴 pí	1301
ēi	461	㪚 dǒu	428	陡 dǒu	428	隗 kuí	989
éi	462	防 fáng	495	陛 bì	97	wěi	1755
ěi	462	·陣 zhèn	2129	(陧)niè	1250	
èi	462	陉 zhì	2161	隆 lōng	1099	
皱 cūn	303	(阬)kēng	964	·陝 shǎn	1498	lóng	1102
·麽 ma	1139	阱 jǐng	897	陘 xíng	1882	隐 yǐn	2010
me	1158	阮 ruǎn	1462	(陗)qiào	1381	(隖)wù	1788
毼 qiè	1385	(陁)è	458	陧 niè	1250	隘 ài	9
		阵 zhèn	2129	陨 yuán	2062	㪚 áo	18

(陜)xiá	1808	邦 bāng	57	làng	1011	部 bù	158
隔 gé	580	邢 xíng	1878	郓 yùn	2077	郭 guō	650
(隔)gé	580	邟 xǔ	1895	郏 jiá	814	(郳)ní	1240
隙 xì	1806	邪 xié	1859	邢 xíng	1878	(郰)zōu	2221
·隕 yuán	2062	yé	1957	耶 yē	1956	都 dōu	426
yǔn	2075	邠 bīn	116	yé	1957	dū	431
·隑 gài	553	(邦)bāng	57	郝 shī	1543	郡 ruò	1466
隗 kuí	989	邬 wū	1772	(邢)xíng	1878	郪 qī	1336
wěi	1755	(邨)cūn	303	邽 guī	642	郴 chēn	217
隘 liú	1095	扈 hù	723	邶 gōng	598	·邮 yóu	2030
【十一画以上】		(扈)hù	723	郅 zhì	2157	郫 pí	1301
障 zhàng	2112	那 nā	1215	邻 kuài	981	(郷)xiāng	1829
(隨)yōng	2023	nǎ	1217	郃 hé	686	【九画～十画】	
(隔)gé	580	nà	1218	郎 xí	1799	郓 yùn	2077
·際 jì	803	něi	1232	郄 qiè	1385	(都)dōu	426
(隙)xì	1806	nèi	1236	xì	1806	dū	431
隟 xì	1806	(那)nā	1215	郕 chéng	228	鄄 juàn	925
隧 suì	1633	nǎ	1217	邾 zhū	2178	掷 zhì	2161
·隨 suí	1630	nà	1218	郁 yù	2056	鄢 yǎn	1933
·隤 tuí	1715	něi	1232	(郵)xù	1896	鄂 è	460
隩 ào	20	nèi	1236	郈 hòu	712	郫 pí	1301
yù	2059	【五　画】		郇 huán	743	鄅 yǔ	2053
(隣)lín	1077	邲 bì	95	xún	1910	鄃 shū	1581
·險 xiǎn	1824	邯 hán	666	郇 xún	1910	鄚 mào	1158
(隩)ào	20	邳 pī	1295	【七　画】		鄖 méi	1162
yù	2059	邴 bǐng	121	(郎)láng	1009	(鄙)bǐ	94
隰 xí	1800	邪 xié	1859	làng	1011	(鄉)xiāng	1829
·隱 yǐn	2010	yé	1957	郝 hǎo	679	鄗 hào	681
(隋)jī	789	邶 bèi	78	鄌 wú	1780	廓 táng	1653
(隴)zhì	2161	邺 yè	1960	郦 lì	1049	鄭 mào	1158
隳 huī	756	邮 yóu	2030	郅 zhì	2157	鄏 rǔ	1459
·隴 lǒng	1102	邯 nà	1220	·郏 jiá	814	·鄖 yún	2075
		邺 chū	261	鄖 yún	2075	·鄔 wū	1772
(34) 阝(邑)		邻 lín	1077	郢 yǐng	2017	鄒 zōu	2221
邑 yì	1997	邱 qiū	1407	郛 fú	534	·鄉 xiāng	1829
【二画～四画】		(邱)qiū	1406	郗 chī	238	【十一画～十三画】	
邓 dèng	379	邸 dǐ	384	xī	1794	鄣 zhāng	2109
邝 kuàng	986	(邸)dǐ	384	郤 xì	1806	鄠 hù	724
邙 máng	1150	邹 zōu	2221	郕 chéng	228	廊 yōng	2023
邗 hán	666	邵 shào	1515	郜 gào	576	鄜 fū	531
邘 yú	2046	邰 tái	1642	郡 jùn	933	鄢 yān	1923
邛 qióng	1404	【六　画】		(郷)xiāng	1829	鄞 yín	2008
邕 yōng	2023	郑 zhèng	2141	【八　画】		(鄙)bǐ	94
邡 fāng	495	郊 jiāo	846	鄲 dān	351	鄙 bǐ	94
祁 qí	1340	郎 láng	1009	郯 tán	1648	鄯 shàn	1500

•鄰	lín	1077	(36) 刀		劝 quàn	1423	(勑) chì	245
鄫	zēng	2094			功 gōng	592	舸 gě	582
•鄲	dān	351	刀 dāo	361	夯 bèn	86	(脅) xié	1859
鄱	pó	1324	刁 diāo	404	hāng	672	勐 měng	1174
•鄭	zhèng	2141	刃 rèn	1443	劢 mài	1141	勘 kān	943
•鄦	xǔ	1895	(刄) rèn	1443	加 jiā	807	勒 lè	1025
•鄮	mào	1158	(刅) rèn	1443	另 lìng	1088	lēi	1027
•鄧	dèng	379	(刄) liǎng	1064	务 wù	1789	勚 yì	1999
隥	dèng	379	切 qiē	1382	幼 yòu	2044	勔 miǎn	1184
•鄩	xún	1910		qiè	1383	动 dòng	423	勖 xù	1897
•鄴	yè	1960	分 fēn	511	牞 jiū	904	•動 dòng	423
蹠	zhí	2151		fèn	517	(劢) jìn	887	•務 wù	1789
鄶	kuài	981	叨 dāo	362	劣 liè	1076	【十画以上】
【十四画以上】		dáo	362	【五画～六画】		(勞) lǚ	1116
鄹	zōu	2221		tāo	1656	劳 ᴬláo	1013	•勞 láo	1013
•酅	kuàng	986	召 zhào	2117	穷 qióng	1404	募 mù	1214
酃	yōu	2028	忍 rěn	1442	劫 jié	865	勤 ᴬqín	1389
酃	líng	1086	忍 rěn	1442	劳 láo	1013	•勛 xūn	1908
酆	fēng	520	初 chū	261	励 lì	1048	•勝 shèng	1537
•擲	zhì	2161	(刦) jié	865	助 zhù	2185	勤 qín	1389
酇	cuó	306	鸦 diāo	405	男 nán	1222	(勣) jì	807
	zàn	2085	券 quàn	1424	劬 qú	1414	势 shì	1561
•酈	lì	1049		xuàn	1902	劲 jìn	887	勚 yì	1999
蹠	zhí	2151	(刧) jié	865		jìng	899	(勠) lù	1114
酄	quān	1419	(兎) tù	1711	劭 shào	1515	(勦) chāo	209
鄹	xī	1798	(剏) chuàng	276	努 nǔ	1261		jiǎo	855
•酇	cuó	306	(荔) lì	1045	(効) xiào	1856	•勱 mài	1141
	zàn	2085	(剏) chuàng	276	劾 hé	689	•勥 jiàng	843
(35) 凵			剪 jiǎn	826	(勁) jìn	887	勰 xié	1859
凶	xiōng	1885	棼 fén	516		jìng	899	辦 bàn	52
出	kuài	981	劗 lí	1038	刦 jié	866	勵 lì	1048
出	chū	256	(勦) chāo	209	劻 kuāng	985	(勳) xūn	1908
凹	āo	18		jiǎo	855	势 shì	1561	勷 ráng	1429
	wā	1724	劈 pī	1297	【七画～九画】		xiāng	1834
凸	tū	1704		pǐ	1302	勃 bó	130	•勸 quàn	1423
氹	dàng	360	(劍) jiàn	834	(勅) chì	245	(38) 了	
画	huà	735	•釁 xìn	1875	•劲 jìn	887		
画 ᴬ	huà	735	(37) 力			jìng	899	了 le	1027
(函)	hán	667			勋 xūn	1908		liǎo	1072
函	hán	667	力 lì	1043	(勛) jìn	876	孑 jié	864
菡	hàn	672	【二画～四画】		勉 miǎn	1183	孓 jué	925
凿	záo	2087	为 wéi	1748	勇 yǒng	2025	丞 chéng	229
(畫)	huà	735		wèi	1756	勇 ᴬyǒng	2025	亨 hēng	697
			办 bàn	52	(勌) juàn	924	函 hán	667
			仂 lè	1025	勍 qíng	1400	承 chéng	229

(39) 氵

亟 jí	793	沁 qìn	1390	(沒) méi	1158	泱 yāng	1938
亟 qì	1355	沈 chén	218	mò	1205	泅 qiú	1408
香 jǐn	882	shěn	1528	(沿) yán	1927	泂 jiǒng	903
烝 zhēng	2134	沉 chén	218	汾 fén	515	泆 yì	1997

(39) 氵

【二 画】

		沣 fēng	520	沇 yǎn	1929	泠 líng	1081
		汪 wāng	1739	泽 zé	2091	泐 lì	1050
汁 zhī	2144	汫 jǐng	897	(決) jué	925	涎 xián	1822
汀 tīng	1685	汧 qiān	1362	泐 lè	1025	泊 bó	130
汇 huì	760	沅 yuán	2061	**【五 画】**		pō	1323
汈 diāo	405	沅 wǔ	1785	泮 pàn	1279	(泝) sù	1627
汉 hàn	669	沄 yún	2074	(溿) pàn	1279	泡 pāo	1282
氾 fán	484	沌 tuán	1713	泞 nìng	1254	pào	1285
fàn	490	沩 wéi	1749	沱 tuó	1722	沿 yán	1927
(氾) fàn	490	沘 bǐ	92	注 zhù	2186	泜 zhī	2142
氿 guǐ	644	沔 miǎn	1182	泣 qì	1355	泖 mǎo	1155
jiǔ	906	沚 zhǐ	2152	沛 pèi	1288	泺 luò	1128
【三 画】		沛 pèi	1288	泫 xuàn	1902	pō	1323
汗 hán	666	沐 mù	1212	泌 bì	95	泃 jū	913
hàn	670	汰 tài	1645	mì	1179	泾 jīng	889
(汙) wū	1772	沥 lì	1045	泻 xiè	1862	治 zhì	2158
污 wū	1772	沏 qī	1336	㳠 mǐ	1178	泥 ní	1238
(汚) wū	1772	沌 dùn	450	泳 yǒng	2024	nì	1241
江 jiāng	837	zhuàn	2194	法 fǎ	478	泯 mǐn	1192
汏 dà	340	沤 ōu	1266	沫 mò	1204	泽 zé	2091
汥 wàn	1739	ōu	1268	沫 mèi	1167	沸 fèi	509
汕 shàn	1499	(沍) hù	724	浅 jiān	820	泓 hóng	701
汔 qì	1354	沙 shā	1488	qiǎn	1369	泐 lè	1025
汐 xī	1790	shà	1492	沽 gū	608	泇 jiā	809
(汛) fàn	490	(冲) chōng	245	沾 zhān	2101	沼 zhǎo	2117
汍 wán	1733	汩 gǔ	613	泔 gān	559	波 bō	125
汛 xùn	1912	汨 mì	1179	泄 xiè	1862	泼 pō	1323
汜 sì	1613	汭 ruì	1464	泷 lóng	1101	**【六 画】**	
池 chí	239	泛 fàn	490	shuāng	1593	洣 mǐ	1178
汝 rǔ	1458	汹 xiōng	1885	(泛) fǎ	478	洋 yáng	1940
汤 shāng	1501	汽 qì	1353	河 hé	687	洴 píng	1322
tāng	1652	沃 wò	1769	沭 shù	1584	洮 táo	1658
汲 jí	791	沦 lún	1122	(沭) shù	1584	洨 xiáo	1844
汊 chà	188	沂 yí	1985	泸 lú	1108	浐 chǎn	195
【四 画】		沟 gōu	603	泪 lèi	1030	浏 liú	1090
汴 biàn	104	沸 jǐ	798	沮 jū	913	济 jǐ	798
沆 hàng	674	(次) xián	1822	jǔ	916	jì	802
汶 wèn	1766	沨 fēng	524	jù	919	洲 zhōu	2174
沩 wéi	1749	沧 cāng	173	油 yóu	2031	浓 nóng	1259
沪 hù	722	没 méi	1158	(況) kuàng	987	浒 hǔ	720
		mò	1205	泗 sì	1616	xǔ	1895

(39) 氵

浑 hún	766	洙 zhū	2178	娑 suō	1635	淡 dàn	354
浃 jiā	811	浍 huì	763	涅 hǎilǐ	1042	涪 fú	537
浅△jiān	820	kuài	981	lǐ	1042	涫 guàn	635
qiǎn	1369	涎 xián	1822	涅 niè	1250	(凉)liáng	1062
荡 dàng	360	洫 xù	1896	泥 zhuó	2204	liàng	1069
洱 ěr	466	洎 jì	804	涡 guō	649	淳 chún	283
洼 wā	1724	染 rǎn	1429	wō	1767	济△jǐ	798
洁 jié	866	洺 míng	1194	涠 wéi	1750	jì	802
洪 hóng	707	洛 luò	1128	涓 juān	922	液 yè	1963
洹 huán	743	浆 jiāng	842	浥 yì	1997	淤 yū	2045
洒 sǎ	1468	洵 xún	1910	涢 yún	2075	淬 cuì	301
洏 ér	464	(洶)xiōng	1885	涔 cén	181	(淁)xiè	1863
浇 wū	1773	浏 mǎo	1155	浮 fú	534	淯 yù	2056
洊 jiàn	833	浔 xún	1910	浠 xī	1794	深 shēn	1524
泼 tà	1640	津 jīn	880	浴 yù	2055	浪 làng	1011
洌 liè	1075	泓 hóng	701	涐 é	457	添 tiān	1674
浇 jiāo	847	浕 jìn	885	涂 tú	1707	清 qīng	1393
柒 qī	1336	洳 rù	1462	海 hǎi	661	(淸)qīng	1393
洭 kuāng	985	【七　画】		浛 hán	667	渍 zì	2217
涕 tì	1669	涕 tì	1668	浩 hào	681	鸿 hóng	706
洸 guāng	639	浣 huàn	745	垔 yìn	2013	渚 zhǔ	2184
泚 cǐ	290	浓 hóng	707	涎 xián	1822	(淩)líng	1085
浈 zhēn	2125	流 liú	1091	浜 bīn	116	淇 qí	1341
浉 shī	1542	浪 làng	1011	浜 bāng	58	菏 hé	689
(洩)xiè	1862	涞 lái	1002	(泣)lì	1047	凄 qī	1336
洇 yīn	2002	涛 tāo	1656	淤 yóu	2035	渎 dú	435
浊 zhuó	2204	浦 pǔ	1331	涣 huàn	744	淋 lín	1079
洄 huí	760	涍 bó	130	浼 měi	1167	lìn	1081
洞 dòng	425	浭 gēng	587	涤 dí	384	·涞 lái	1002
tóng	1694	酒 jiǔ	907	涌 chōng	247	淞 sōng	1619
测 cè	180	涝 lào	1025	yǒng	2025	淅 xī	1796
洮 táo	1658	涑 sù	1625	浚 jùn	932	涿 zhuō	2203
洽 qià	1357	浯 wú	1780	xùn	1912	涯 yá	1917
浍 kuài	981	·浃 jiā	811	涘 sì	1617	淹 yān	1920
治 zhì	2158	浙 zhè	2124	浸 jìn	887	(滚)gǔn	648
活 huó	769	(抄)sā	1467	涨 zhǎng	2110	·淺 jiān	820
洧 wěi	1755	shā	1491	zhàng	2112	qiǎn	1369
海△hǎi	661	suō	1635	淰 niǎn	1246	渐 jiān	824
洑 fú	534	涟 lián	1055	涩 sè	1486	jiàn	836
fù	544	·泾 jīng	889	【八　画】		(涵)hán	667
浒 jiàn	832	泪 lèi	1030	泚 bàn	57	淌 tǎng	1656
派 pā	1268	消 xiāo	1840	淙 cóng	295	渋△sè	1486
pài	1275	涉 shè	1520	涳 kōng	968	涉△shè	1520
洗 xǐ	1800	涓 jiàn	833	渀 wò	1770	淖 nào	1232
xiǎn	1823	润 rùn	1465	淀 diàn	404	挲 sā	1467

shā	1491	湔 jiān	824	渴 kě	959	shuāng	1593
suō	1635	溇 lóu	1104	渭 wèi	1758	滚 gǔn	648
淑 shū	1579	滋 zī	2206	滑 huá	732	滈 hào	681
淏 hào	681	渲 xuàn	1903	湍 tuān	1712	漷 huǒ	776
混 hún	767	渟 tíng	1688	溅 jiān	820	kuò	993
hùn	767	游 yóu	2034	jiàn	833	漓 lí	1037
淢 guó	653	(滚) gǔn	648	溇 yuán	2063	溏 táng	1653
淠 pì	1303	渡 dù	438	湓 pén	1291	潴 chù	266
涸 hé	690	(湻) chún	283	溆 xù	1896	xù	1896
渴 kě	959	湾 wān	1732	湮 yān	1923	溟 míng	1198
渑 miǎn	1184	湉 tián	1675	yǎn	1930	滘 jiào	859
shéng	1535	•浑 hún	766	渝 yú	2050	溱 qín	1389
涎 tiǎn	1676	(湊) còu	295	(湌) cān	169	zhēn	2128
渊 yuān	2060	渤 bó	131	(减) jiǎn	827	滟 yàn	1936
涫 xiáo	1844	滢 yíng	2017	湃 pài	1275	•溝 gōu	603
淫 yín	2007	渱 hòng	708	湫 jiǎo	855	溹 suǒ	1638
(淨) jìng	899	渍 fén	516	qiū	1408	溘 kè	963
淦 gàn	563	(渚) zhǔ	2184	(湼) niè	1250	滠 shè	1521
•淪 lún	1122	湛 zhàn	2107	溲 sōu	1622	(渺) miǎo	1188
涘 sì	1617	港 gǎng	567	湟 huáng	748	湛 zhàn	2107
(淛) zhè	2124	湖 hú	718	•淵 yuān	2060	滢 yíng	2017
淮 huái	738	滞 zhì	2162	(渢) fēng	524	漭 mǎng	1151
•渊 yuān	2060	渫 xiè	1863	(涣) huàn	744	满 mǎn	1146
淝 féi	508	渣 zhā	2096	(湧)△ yǒng	2025	漢△ hàn	669
(淚) lèi	1030	湘 xiāng	1832	(湧) yǒng	2025	漠 mò	1206
渔 yú	2049	湎 miǎn	1184	溉 gài	554	滞△ zhì	2162
淴 hū	716	落 tǎ	1639	湣 mǐn	1192	涟 lián	1055
淘 táo	1657	湢 bì	98	湄 méi	1162	溥 pǔ	1331
(淊) yān	1920	湮 yān	1923	渥 wò	1770	(滋) zī	2206
渗 shèn	1529	yīn	2006	wū	1773	溧 lì	1051
涵 hán	667	湝 jiē	860	湑 xǔ	1895	滇 diān	395
婆 pó	1324	•湞 zhēn	2125	xù	1898	滆 gé	581
梁 liáng	1063	渥 shēng	1534	滁 chú	264	(滆) gé	581
涮 shuàn	1590	溃 huì	764	【十 画】		•滅 miè	1189
淈 gǔ	615	kuì	990	(溠) zhà	2099	源 yuán	2065
渌 lù	1111	•渦 guō	649	溢 yì	1999	溽 rù	1462
(淥) lù	1111	wō	1767	溯 sù	1627	(溼) shī	1543
漭 dàng	361	温 wēn	1760	滓 zǐ	2210	裟 shā	1491
tāng	1652	湜 shí	1553	溶 róng	1451	滤 lù	1117
淄 zī	2207	湿 shī	1543	(滚) shēn	1524	滥 làn	1009
【九 画】		湨 jú	916	滨 bīn	116	溦 wēi	1746
溠 zhà	2099	•湯 shāng	1501	寖 jìn	888	滉 huàng	754
渼 měi	1167	tāng	1652	深 luán	1120	•潍 wéi	1749
漾 yǎng	1945	•测 cè	180	滂 pāng	1280	溷 hùn	767
yàng	1947	渺 miǎo	1188	滝△ lóng	1101	(溷) hùn	767

(39) 氵

溻 tā	1639	满 mǎn	1146	渗 shèn	1529	沩 wéi	1749
(温)wēn	1760	漧 gān	559	潍 wéi	1752	潘 pān	1276
(滑)huá	732	漤 lǎn	1007	澉 gǎn	562	洁 jié	866
·滇 yún	2075	溥 tuán	1713	漏 lòu	1105	㶲 wǔ	1785
滔 tāo	1657	涟 lián	1055	·涨 zhǎng	2110	滗 bì	98
溪 xī	1797	漕 cáo	176	zhàng	2112	潲 shào	1516
滏 fǔ	539	漂 piāo	1308	潋 lóng	1102	澳 ào	20
·滄 cāng	173	piǎo	1310	潦 liáo	1071	(滥)hào	681
滃 wēng	1767	piào	1311	【十二画】		潟 xì	1806
wěng	1767	(淩)líng	1086	潽 pū	1330	(溉)gài	554
滗 bì	98	潇 xiāo	1844	潾 lín	1077	澓 fú	539
溲 sōu	1622	漖 jiào	859	·涝 lào	1025	(潴)zhū	2179
溴 xiù	1892	漆 qī	1338	潼 tóng	1696	澢 lǔ	1110
·狮 shī	1542	·滞 zhì	2162	澈 chè	216	澄 chéng	232
滗 yōng	2023	漚 ōu	1266	澐 yún	2074	dèng	379
溵 yīn	2006	òu	1268	洰 pá	1270	·泼 pō	1323
(滛)yín	2007	·渐 jiān	824	潜 qián	1369	潏 jué	928
(滇)diān	395	jiàn	836	潔^jié	866	yù	2059
溜 liū	1089	·汇 huì	760	潔 jié	866	浔 xún	1910
liù	1098	(潄)shù	1587	浇 jiāo	847	潺 chán	194
滪 yù	2058	漱 shù	1587	顽 hòng	708	(潠)xùn	1912
滩 tān	1646	湉 chún	283	(澉)gǎn	562	·涨 zhǎng	2110
溺 nì	1242	滬 hù	722	·濆 fén	516	zhàng	2112
niào	1249	滷 lǔ	1109	澍 shù	1586	滢 lóng	1102
滁 chú	264	漌 hū	715	澎 péng	1293	【十三画】	
滍 zhì	2162	滮 biāo	111	潮 cháo	210	澶 chán	194
【十一画】		漊 lóu	1104	澌 sī	1610	(澶)chán	194
漾 yàng	1947	漫 màn	1148	潵 sǎ	1468	·濂 lián	1056
演 yǎn	1934	漶 huàn	745	潸 shān	1498	·澾 tà	1640
滚 kòu	975	漍 yì	1997	(漕)shān	1498	·濆 fén	516
·浐 chǎn	195	漯 luò	1131	潭 tán	1649	(澣)huàn	745
漳 zhāng	2109	tà	1641	潦 lǎo	1024	·鸿 hóng	706
滴 dī	382	漍 guó	653	liáo	1070	濑 lài	1003
漷 huǒ	776	漼 cuǐ	301	潏 jué	928	·濛 méng	1172
kuò	993	(潊)xù	1896	(潛)qián	1369	(澀)sè	1486
(滚)gǔn	648	潋 liàn	1060	澜 lán	1005	濒 bīn	116
漓 lí	1037	漎 yóu	2035	(澁)sè	1486	濋 jù	922
漉 lù	1114	涤 dí	384	澧 huì	765	澡 zǎo	2088
漩 xuán	1901	滫 xiǔ	1890	溃 huì	764	澠 miǎn	1184
·浒 hǔ	720	(漑)gài	554	kuì	990	shéng	1535
xǔ	1895	潐 gàn	563	澫 wàn	1739	潞 lù	1113
·渍 zì	2217	漈 jì	807	(澂)chéng	232	濉 suī	1630
滢 yíng	2017	潴 zhū	2179	潤 rùn	1465	澧 lǐ	1040
潢 huáng	752	漪 yī	1984	涧 jiàn	833	濃 nóng	1259
·汉 hàn	669	渔 yú	2049	·沩 wéi	1750	澜 wéi	1750

·澤	zé	2091	濰	wéi	1752	灌	guàn	635	怄	òu	1268
澴	huán	742	濯	zhuó	2205	瀾	lán	1005	忳	tún	1718
·澮	huì	763	【十五画～十六画】			瀹	yuè	2072	忡	chōng	247
	kuài	981	·瀁	yǎng	1945	㶉	liàn	1060	忪	sōng	1618
·濁	zhuó	2204		yàng	1947	瀰	mí	1176		zhōng	2169
澨	shì	1565	·瀋	shěn	1528	(瀲)	fǎ	478	怆	chuàng	277
激	jī	789	瀋	shěn	1528	瀲	lí	1037	(恼)	xiōng	1885
(澳)	ào	20	·瀉	xiè	1862	瀽	shè	1521	忤	wǔ	1785
澹	dàn	356	瀍	chán	194	瀼	qián	1369	忾	kài	942
	tán	1649	瀌	biāo	111	灃	fēng	520	怅	chàng	205
澥	xiè	1864	瀅	yíng	2017	灏	hào	681	忻	xīn	1869
·澦	yù	2058	瀔	gǔ	617	(瀸)	yōng	2023	忺	xiān	1819
·澱	diàn	404	瀆	dú	435	灘	tān	1646	快	kuài	981
澼	pì	1303	濫	làn	1009	灑	sǎ	1468	忸	niǔ	1256
【十四画】			瀘	lú	1108	瓚	zàn	2085	(忸)	niǔ	1256
(瀁)	yǎng	1945	瀐	jiān	820	灚	yàn	1936	【五 画】		
	yàng	1947		jiàn	833	灞	bà	31	怦	pēng	1291
·濘	nìng	1254	瀑	pù	1333	灝	hào	681	(怦)	pēng	1291
·濱	bīn	116	漍	guó	653	灅	lěi	1029	怔	zhēng	2131
濠	háo	676	灈	xī	1797					zhèng	2140
·濟	jǐ	798	(滩)	wǔ	1785	灎	xī	1797	怯	qiè	1385
	jì	802	·濼	luò	1128	灣	wān	1732	怙	hù	724
澉	gǔ	617		pō	1323	(灠)	lǎn	1007	怵	chù	266
·濤	tāo	1656	·瀏	liú	1090	灤	luán	1120	(怵)	chù	266
·鴻	hóng	706	瀂	lǔ	1110	(灨)	gàn	563	怖	bù	157
濡	rú	1458	瀡	suǐ	1632	灧	yàn	1936	(恆)	héng	697
濫	làn	1009	瀧	lóng	1101	(灩)	yàn	1936	怗	tiē	1682
(濳)	qián	1369		shuāng	1593				怛	dá	312
濔	mǐ	1178	瀛	yíng	2017	忄			怏	yàng	1946
(濬)	jùn	932	瀠	yíng	2017	【一画～四画】			(怳)	huǎng	753
	xùn	1912	·瀟	xiāo	1844	忆	yì	1994	怜	lián	1056
·澩	dàng	361	瀚	hàn	672	刀	dāo	362	(悅)	yuè	2071
	tāng	1652	瀨	lài	1003	忙	máng	1150	性	xìng	1883
·濕	shī	1543	瀬	lài	1003	忓	gān	557	怍	zuò	2239
·濃	nóng	1259	瀝	lì	1045	忖	cǔn	305	怕	pà	1270
(濶)	kuò	993	(瀦)	zhū	2179	忏	chàn	196	怞	zhòu	2176
(潕)	wǔ	1785	瀣	xiè	1865	伋	jí	791	怪	guài	625
·澮	huì	763	瀘	lú	1108	忪	sōng	1618	怿	yì	1995
	kuài	981	瀕	bīn	116		zhōng	2169	怡	yí	1985
濮	pú	1330	瀲	zàn	2085	怀	biàn	104	佛	fú	532
濞	bì	100	【十七画以上】			(忼)	kāng	948	怊	chāo	208
·澀	sè	1486	瀵	fèn	519	忱	chén	220	怩	ní	1240
·濜	jìn	885	瀽	jiǎn	829	忤	wǔ	1785	【六 画】		
·瀟	xiāo	1844	瀼	ráng	1429	怾	zhì	2158	(侘)	chà	189
瀡	suǐ	1632		ràng	1431	怀	huái	738	恼	nǎo	1229
						忧	yōu	2027			

(40) 忄

骇 hài	665	悝 kuī	988	惙 chuò	284	(愠) yùn	2077
恽 yùn	2077	lǐ	1042	惨 cǎn	171	·愷 kǎi	942
恼 náo	1228	悃 kǔn	991	惯 guàn	635	慆 tāo	1657
恇 kuāng	985	悁 juàn	924	【九　画】		(慆) tāo	1657
恫 tòng	1698	悒 yì	1997	楼 lóu	1104	·愴 chuàng	277
恃 shì	1562	(悞) wù	1789	愔 yīn	2005	·愾 kài	942
恒 héng	697	悇 xiān	1819	(惇) dūn	448	慥 zào	2090
恓 xī	1792	悔 huǐ	760	·惲 yùn	2077	愧 kuì	990
恢 huī	755	悛 quān	1418	·慊 qiè	1385	(愼) shèn	1529
恹 yān	1921	恨 hèn	696	煸 biǎn	104	·惆 zhōu	2176
(恠) guài	625	【八　画】		愤 fèn	518	【十一画】	
(悥) héng	697	惓 quán	1422	愊 bì	98	憎 zēng	2094
恍 huǎng	753	惮 dàn	354	喋 dié	410	慷 kāng	948
恺 kǎi	942	悰 cóng	295	慌 huāng	747	慵 yōng	2023
恫 dòng	426	悾 kōng	968	惰 duò	455	(慨) kǎi	942
tōng	1689	惋 wǎn	1735	愐 miǎn	1184	傲 ào	21
恻 cè	180	惊 jīng	892	(煸) biǎn	104	惭 cán	171
恰 qià	1357	惇 dūn	448	惴 zhuì	2200	悭 qiān	1363
(悋) lìn	1081	悴 cuì	302	·恻 cè	180	慪 òu	1268
怡 yí	1985	惦 diàn	403	惺 xīng	1877	慓 piāo	1308
恬 tián	1675	惬 qiè	1385	愦 kuì	990	(懞) měng	1174
侨 jiāo	848	悻 xìng	1884	愣 lèng	1034	(慽) qī	1337
悔 huǐ	760	情 qíng	1400	愠 yùn	2077	楼 lóu	1104
恤 xù	1896	(情) qíng	1400	愕 è	461	慢 màn	1149
恪 kè	961	·怅 chàng	205	愒 kài	942	·恸 tòng	1698
恟 xiōng	1885	惜 xī	1795	愎 bì	98	(燦) chì	245
恂 xún	1910	(惏) lán	1006	愀 qiǎo	1381	(慘) cǎn	171
恉 zhǐ	2153	慚 cán	171	愉 yú	2050	(慴) shè	1521
恨 hèn	696	(悽) qī	1336	惶 huáng	748	·慣 guàn	635
(恊) xié	1858	惝 chǎng	205	愧 kuì	990	【十二画】	
【七　画】		tǎng	1656	惸 qióng	1406	·憐 lián	1056
悩 nǎo	1229	(惝) chǎng	205	(憫) mǐn	1192	憎 zēng	2094
悦 yuè	2071	tǎng	1656	慨 kǎi	942	憧 chōng	247
悌 tì	1669	悱 fěi	509	·惱 nǎo	1229	憱 cù	299
悢 liàng	1069	(悱) fěi	509	【十　画】		憤 fèn	518
悚 chóu	253	悼 dào	368	慊 qiàn	1371	懂 dǒng	423
悚 sǒng	1620	惘 wǎng	1742	qiè	1385	憯 cǎn	172
悖 bèi	80	惧 jù	920	·愜 qiè	1385	憬 jǐng	898
悟 wù	1790	惕 tì	1669	慑 shè	1521	憓 huì	765
悂 pī	1297	惨 tiǎn	1676	傲 ào	21	·憫 mǐn	1192
悄 qiāo	1377	悸 jì	804	愫 sù	1626	慣 kuì	990
qiǎo	1380	惟 wéi	1750	慎 shèn	1529	憚 dàn	354
悯 mǐn	1192	惆 chóu	253	(愽) bó	132	憮 wǔ	1785
悭 qiān	1363	惚 hū	716	(愯) lì	1051	憍 jiāo	848
悍 hàn	671	惛 hūn	766	(惲) hùn	767	憔 qiáo	1379

懊 ào	20	巢^cháo	209	官 guān	629	xiǔ	1890
【十三画以上】		营^yíng	2016	宛 wǎn	1735	xiù	1892
·憐 lián	1056	酷 kù	979	yuān	2059	宿 sù	1627
·憶 yì	1994	鲎 hòu	714	【六画~七画】		xiǔ	1890
懍 lǐn	1081	誉 yù	2059	(叟)sǒu	1622	xiù	1892
(懔)lǐn	1081	戰^zhàn	2105	宣 xuān	1898	(寃)yuān	2059
懑 fèn	518	黉 hóng	708	(寋)sài	1470	(寬)yuān	2059
·懞 méng	1172	(獸)shòu	1576	室 shì	1562	·甯 níng	1251
憷 chù	267	嚴^yán	1925	宦 huàn	745	nìng	1253
懒 lǎn	1007	**(42) 宀**		宫 gōng	599	寒 hán	667
懆 cǎo	179			宪 xiàn	1828	寅 cóng	295
·懌 yì	1995	【一画~四画】		宥 yòu	2044	富 fù	548
憹 náo	1228	宀 zhù	2184	宬 chéng	228	(寗)níng	1251
懁 xuān	1899	宁 níng	1251	客 kè	961	nìng	1253
憾 hàn	672	nìng	1253	宰 zǎi	2080	寔 shí	1553
·憸 xiān	1819	(宁)zhù	2184	(寇)kòu	975	寓 yù	2058
(懊)ào	20	穴 xué	1903	害 hài	665	寐 mèi	1167
懈 xiè	1864	它 tā	1638	宽 kuān	983	(寢)qǐn	1390
(懈)xiè	1864	宄 guǐ	644	宜 yí	1986	【十画~十一画】	
懦 nuò	1266	(冗)rǒng	1452	宸 chén	220	·寖 jìn	888
·懤 chóu	253	(宊)dìng	416	家 jiā	811	·寧 níng	1251
懨 yān	1921	宇 yǔ	2051	jiā	820	níng	1253
懵 měng	1174	守 shǒu	1571	jie	875	(寢)níng	1251
(懞)méng	1174	宅 zhái	2100	宵 xiāo	1842	nìng	1253
·懶 lǎn	1007	字 zì	2210	(宫)gōng	599	塞 sāi	1469
·懷 huái	738	安 ān	9	宴 yàn	1935	sài	1469
(懷)huái	738	(宜)yí	1985	容 róng	1450	sè	1486
(懽)huān	739	灾 zāi	2080	(害)hài	665	寋 qiān	1364
懺 chàn	196	完 wán	1733	宬 chéng	228	寞 mò	1206
·懾 shè	1521	宋 sòng	1620	宾 bīn	116	寬^kuān	983
(懺)chōng	247	宏 hóng	707	bīn	117	寝 qǐn	1390
·懼 jù	920	牢 láo	1012	(寃)yuān	2059	(實)zhì	2162
(41) ⺌		【五 画】		(寃)yuān	2059	寬 kè	963
		实 shí	1550	寡 qún	1427	(寧)níng	1251
兴 xīng	1875	宓 fú	536	案 àn	15	nìng	1253
xìng	1882	mì	1179	【八画~九画】		蜜 mì	1180
劳^láo	1013	実^shí	1550	密 mì	1179	寨 zhài	2101
岢 xué	1903	宗 zōng	2217	寇 kòu	975	寋 sài	1470
觉 jiào	857	宝 bǎo	64	(寂)zuì	2231	搴 qiān	1364
jué	926	定 dìng	416	寅 yín	2008	寛^kuān	983
举 jǔ	917	宕 dàng	360	寄 jì	805	賓 bīn	116
单^chán	192	宠 chǒng	250	寂 jì	805	bīn	117
dān	347	宜 yí	1985	(寞)míng	1198	寡 guǎ	621
shàn	1499	宙 zhòu	2176	(寀)cài	167	寤 wù	1790
挙^jǔ	917	审 shěn	1528	(宿)sù	1627	·寢 qǐn	1390

察 chá	188	庑 wǔ	1785	庳 bì	97	·廣 guǎng	639
(賓) bīn	116	庀 bì	96	康 kāng	947	·廟 miào	1189
bìn	117	床 chuáng	275	庸 yōng	2023	·廠 chǎng	203
寮 liáo	1071	庋 guǐ	644	鹿 lù	1114	廛 chán	194
·實 shí	1550	库 kù	978	【九画~十画】		庑 wǔ	1785
【十二画以上】		序 xù	1896	(廋) sōu	1622	·賡 gēng	587
審 xiān	1820	庇 běn	86	廊 láng	1009	·慶 qìng	1404
·叢 cóng	295	庞 páng	1281	(廂) xiāng	1831	·廢 fèi	510
·寬 kuān	983	店 diàn	402	(厠) cè	179	【十三画以上】	
賓^ bīn	116	庙 miào	1189	(庽) yù	2058	廩 lǐn	1081
bìn	117	府 fǔ	540	(廅) ē	456	(廪) lǐn	1081
寮 liáo	1070	底 de	374	庳 bēi	75	廯 xiè	1864
·審 shěn	1528	dǐ	384	bì	97	蟅 zhè	2125
寯 jùn	933	(底) de	374	庾 yǔ	2053	應 yīng	2013
·寫 xiě	1861	dǐ	384	廋 sōu	1622	yìng	2018
xiè	1862	庖 páo	1283	庋 guǐ	644	膺 yīng	2013
(窨) ān	13	庚 gēng	587	廆 wěi	1755	鷹 yīng	2014
褰 qiān	1364	废 fèi	510	賡 gēng	587	龐 páng	1281
寰 huán	742	【六画~八画】		(鹿) lù	1114	盧 lú	1107
·憲 xiàn	1828	庠 xiáng	1835	(廢) fèi	510	鹰 yìng	2020
謇 jiǎn	829	庤 zhì	2161	廉 lián	1056	廳 tīng	1685
·賽 sài	1470	度 dù	437	廓 kuò	993	鷹 yīng	2014
襄 yì	2001	duó	454	廊 láng	1009		
蹇 jiǎn	829	庭 tíng	1687	廒 áo	18	**(44) 辶(辶辵)**	
寵 chǒng	250	麻 xiū	1888	(廈) shà	1492	辵 chuò	284
·寶 bǎo	64	庶 shù	1586	xià	1816	【二画~三画】	
·騫 qiān	1364	(庶) shù	1586	廀 yōu	2029	边 biān	100
(寶) bǎo	64	(庹) shù	1586	廌 zhì	2162	辺^ biān	100
·蹇 xiān	1820	席 xí	1799	(廕) yìn	2013	辽 liáo	1070
(43) 广		·庫 kù	978	【十一画~十二画】		迂 yū	2045
广 ān	9	(庬) páng	1281	廓 kuò	993	达 dá	311
guǎng	639	庯 bū	134	(廄) jiù	910	迈 mài	1141
【二画~五画】		(庋) guǐ	644	(廐) jiù	910	过 guō	649
庁^ tīng	1685	廅 ē	456	廒 áo	18	guò	655
庀 pǐ	1302	座 zuò	2241	廑 jǐn	883	迅 xùn	1912
広^ guǎng	639	庭 tíng	1687	qín	1389	辿 chān	192
庄 zhuāng	2195	唐 táng	1652	·廎 qǐng	1402	迁 qiān	1361
庆 qìng	1404	廊 láng	1009	廙 yì	1997	迄 qì	1354
圹 guǎng	640	庹 tuǒ	1723	(廔) lóu	1104	(迤) yí	1984
应 yīng	2013	麻 mā	1132	腐 fǔ	541	yǐ	1991
yìng	2018	má	1132	廖 liào	1074	巡 xún	1910
応^ yīng	2013	庵 ān	13	(廉) lián	1056	【四 画】	
yìng	2018	廎 qǐng	1402	(廐) jiù	910	这 zhè	2123
庐 lú	1107	庾 yǔ	2053	(廚) chú	264	zhèi	2125
		庳 bēi	75	(廝) sī	1610	远 háng	673

(44) 辶

进 jìn	885	kuò	992	(濂) bēn	82	遨 áo	18
运 yùn	2075	追 zhuī	2199	bèn	86	•遠 yuǎn	2066
违 wéi	1749	(逈) jiǒng	903	逴 chuō	283	遘 gòu	607
远 yuǎn	2066	追 hòu	712	(遏) tì	1669	•蓮 lián	1055
(迊) yíng	2015	逢 páng	1281	遇 yù	2058	蓬 péng	1293
还 hái	660	(迻) yí	1986	逻 luó	1126	遣 qiǎn	1370
huán	740	退 tuì	1716	(週) zhōu	2174	遢 tā	1639
迍 zhūn	2201	逊 xùn	1912	逶 wēi	1745	違 wéi	1749
连 lián	1052	【七　画】		笾 biān	101	遝 tà	1640
迓 yà	1920	递 dì	392	進 jìn	885	遥 yáo	1950
迕 wǔ	1785	•這 zhè	2123	逸 yì	1999	(遙) yáo	1950
近 jìn	886	zhèi	2125	逸△ yì	1999	•遞 dì	392
返 fǎn	489	莲 lián	1055	(逩) guī	641	溜 liú	1095
迎 yíng	2015	逦 lǐ	1043	逮 dǎi	341	liù	1098
迟 chí	240	逗 dòu	430	dài	346	(遅) chí	240
【五　画】		•連 lián	1052	逯 lù	1111	潠 xùn	1912
述 shù	1584	逋 bū	134	【九　画】		【十一画～十二画】	
(迒) shù	1584	速 sù	1625	遒 qiú	1411	適 shì	1564
迓 yà	1920	逐 zhú	2181	道 dào	368	遮 zhē	2120
迪 dí	383	逑 qiú	1409	遂 suí	1632	遨 áo	18
迥 jiǒng	903	逝 shì	1564	suì	1633	遭 zāo	2086
迭 dié	410	(逕) jìng	899	(遊) yóu	2034	•遷 qiān	1361
迮 zé	2092	逍 xiāo	1842	運 yùn	2075	•遞 dì	394
迤 yí	1984	逌 yóu	2035	遍 biàn	107	(潡) dùn	450
yǐ	1991	(迴) huí	756	•達 dá	311	溜 liú	1095
迎 yíng	2015	(過) guò	655	遰 dì	394	liù	1098
迫 pǎi	1274	逞 chěng	233	逼 bī	89	•遲 chí	240
pò	1324	(逞) chěng	233	(逥) zhēn	2125	遴 lín	1077
迩 ěr	464	途 tú	1708	遄 chuán	273	•導 dǎo	362
(迯) táo	1658	造 zào	2089	遇 yù	2058	遵 zūn	2233
迢 tiáo	1678	透 tòu	1703	遏 è	461	戴 dài	346
迦 jiā	809	逷△ dì	392	遗 wèi	1760	(遶) rào	1431
迨 dài	343	逢 féng	527	yí	1987	•邁 mài	1141
【六　画】		逸△ yì	1999	遻 è	461	遐 xiá	1809
迸 bèng	88	逜 kuò	993	•違 wéi	1749	遷△ qiān	1361
bǐng	121	逖 tì	1669	•過 guō	649	潦 liáo	1070
送 sòng	1620	逛 guàng	640	guò	655	•遺 wèi	1760
迷 mí	1176	通 tōng	1689	逾 yú	2050	yí	1987
逆 nì	1241	tòng	1698	遑 huáng	748	暹 xiān	1820
迹 jì	804	逡 qūn	1427	遁 dùn	450	遹 yù	2059
(迺) nǎi	1220	【八　画】		逸 yì	1999	•遲 chí	240
•迴 huí	756	逭 huàn	745	遐 xiá	1808	•選 xuǎn	1901
逃 táo	1658	(迸) bèng	88	遅△ chí	240	【十三画以上】	
选 xuǎn	1901	bǐng	121	【十　画】		邅 zhān	2103
适 shì	1564	逵 kuí	989	(遡) sù	1627	(邅) zhān	2103

逶 wěi	1755	轩 xuān	1898	寺 sì	1617	yùn	2076
遽 jù	922	旱 hàn	670	圭 guī	642	坎 kǎn	944
·還 hái	660	旰 gàn	563	芏 dù	436	坞 wù	1788
huán	740	肝 gān	557	在 zài	2082	块 kuài	983
邌 zào	2090	【五画以上】		圳 zhèn	2129	坠 zhuì	2200
篷 péng	1293	(并) bīng	117	尘 chén	218	(坳) ào	20
邀 yāo	1949	bìng	122	击 jī	783	【五 画】	
邂 xiè	1864	幸 xìng	1884	圪 gē	576	垰 bàn	57
避 bì	98	矸 gān	558	圾 jī	783	pǎn	1279
邃 suì	1633	盂 yú	2046	地 de	374	(坢) pàn	1279
·邇 ěr	464	秆 gǎn	559	dì	387	幸 xìng	1884
·邈 miǎo	1188	预 hān	665	场 cháng	201	坨 tuó	1722
·邊 biān	100	竿 gān	558	chǎng	204	垃 lā	993
邋 lā	997	竽 yú	2046	圯 yí	1984	坪 píng	1321
·邐 lǐ	1043	赶 gǎn	559	圮 pǐ	1302	坩 gān	559
·邏 luó	1126	·軒 xuān	1898	【四 画】		莹 yíng	2016
邋 dài	346	酐 gān	558	灶 zào	2089	坷 kē	953
·邊 biān	101	(豻) hān	665	坟 fén	516	kě	959
		(閈) hàn	670	坑 kēng	964	坯 pī	1295
(45) 干(亍)		(釬) hàn	671	坊 fāng	495	㘿 bù	157
干 gān	554	頇 hān	665	fáng	497	奎 lǒng	1102
gàn	563	軒 qián	1369	坛 tán	1647	坫 diàn	402
于 yú	2046	幹 gàn	563	杜 dù	436	垆 lú	1108
【二画~四画】		骭 gàn	563	坏 huài	739	坦 tǎn	1649
平 píng	1316	(骿) gàn	563	(坏) pī	1295	坤 kūn	991
(平) píng	1316	鼾 hān	666	坂△bǎn	50	(坰) tān	1645
刊 kān	942			圾 lì	1045	坰 jiōng	903
邗 hán	666	(46) 土(圡)		址 zhǐ	2152	(垇) ào	20
邘 yú	2046	土 tǔ	1708	走 zǒu	2221	垂 chuí	278
汗 hán	666	【一画~三画】		坝 bà	30	(坿) fù	542
hàn	670	(考) zhě	2122	赤 chì	243	(坵) qiū	1406
忓 gān	557	压△yā	1913	坍 tān	1645	者 zhě	2122
宇 yǔ	2051	yà	1920	肚 dǔ	435	垇 wā	1724
芋 yù	2055	(卟) yán	1928	dù	437	坼 chè	217
(扞) hàn	671	去 qù	1417	圾 zōng	2218	坻 chí	240
(扦) gǎn	561	凷 kuài	981	坐 zuò	2239	dǐ	386
闬 hàn	670	击 jī	783	垄 bèn	86	坭 ní	1240
年 nián	1243	玍 gǎ	550	坋 fèn	518	坠 zhuì	2200
犴 àn	13	圣 shèng	1536	(坋) bèn	86	坡 pō	1323
hān	665	圹 kuàng	986	坌 lǔn	1124	坶 mǔ	1210
奸 jiān	821	圩 wéi	1750	圻 qí	1340	(坳) ào	20
罕 hǎn	669	xū	1892	yín	2006	【六 画】	
玕 gān	557	圬 wū	1773	坂 bǎn	50	垟 yáng	1942
杆 gān	557	压 yā	1913	均 jūn	931	垞 chá	184
gǎn	559	yà	1920			(垵) ǎn	13

(46) 土

堖 nǎo	1229	埂 gěng	588	堌 gù	618	堰 yàn	1935
垓 gāi	551	埗 bù	158	袁 yuán	2063	堎 yāo	1948
型 xíng	1879	盐 yán	1928	堵 dǔ	435	堙 yīn	2006
垚 yáo	1949	埤 hàn	671	埸 yì	1998	堉 tuó	1723
封 fēng	524	埋 mái	1140	•堅 jiān	821	堧 ruán	1462
垩 è	459	mán	1145	埝 niàn	1248	(堦)jiē	860
垭 yā	1916	埘 shí	1550	埗 bù	158	堤 dī	382
垣 yuán	2063	埕 chéng	231	•埨 lǔn	1124	(喆)zhé	2122
垯 da	340	(垾)chéng	231	埵 duǒ	455	•場 cháng	201
垮 kuǎ	980	埙 xūn	1908	堆 duī	443	chǎng	204
垫 diàn	403	埚 guō	649	埏 shān	1498	•堝 guō	649
垤 dié	410	袁 yuán	2063	yán	1927	壘△lěi	1029
垙 qiāo	1377	(垧)jiōng	903	(堍)tù	1711	塄 léng	1032
垱 dàng	360	(望)guà	622	堍 tù	1711	(堿)jiǎn	828
垌 dòng	426	埒 liè	1076	埸 nì	1242	塅 duàn	441
tóng	1694	埏 shān	1498	(埳)kǎn	944	堡 bǎo	69
哉 zāi	2080	yán	1927	埤 pí	1301	bǔ	137
垲 kǎi	942	城 chéng	228	pì	1303	pù	1333
城 chéng	228	(堿)tù	1711	堋 bèng	88	埤 pí	1301
埏 shān	1498	(埒)liè	1076	péng	1292	pì	1303
yán	1927	(堁)què	1426	(埰)cài	167	堠 hòu	714
垡 fá	478	埃 āi	4	埭 dài	346	堍 tù	1711
(者)zhě	2122	【八 画】		埽 sào	1485	堕 duò	455
垍 jì	804	•執 zhí	2146	(堉)sào	1485	huī	756
垧 shǎng	1504	埠 shàn	1499	墮 duò	455	墍 jì	805
垢 gòu	607	培 péi	1287	huī	756	(塮)xù	1898
垕 hòu	712	埻 zhǔn	2202	堀 kū	976	•堖 nǎo	1229
垭 wā	1724	(堃)kūn	991	【九 画】		【十 画】	
垛 duǒ	454	堉 yù	2056	•報 bào	69	•塗 tú	1707
duò	455	•垩 yā	1916	(堘)chéng	232	塑 sù	1627
(垛)duǒ	454	•堊 è	459	堍 wān	1732	•塋 yíng	2016
duò	455	埴 zhí	2150	垣 gèng	589	塞 sāi	1469
垝 guǐ	645	臺 zhí	2150	(堩)gèng	589	sài	1469
垠 yín	2006	(埴)zhí	2150	堵 chūn	281	sè	1486
垦 kěn	964	(墷)zhí	2150	塚△zhǒng	2171	塝 bàng	59
垕 wū	1773	堇 jǐn	883	•堯 yáo	1949	(塙)què	1426
垒 lěi	1029	基 jī	785	(堵)dǔ	435	塘 táng	1653
【七 画】		(埜)yě	1958	堭 huāng	747	(塚)zhǒng	2171
垽 yìn	2013	埼 qí	1344	菫 jǐn	883	塄 lǎng	1011
垸 yuàn	2068	掩 ǎn	13	(塟)zàng	2086	塃 jìn	889
堉 xù	1896	埮 lèng	1034	堞 dié	410	塨 gōng	599
垓 gāi	551	域 yù	2056	堪 kān	943	墓 mù	1214
埌 làng	1012	堑 qiàn	1371	塔 da	340	填 tián	1675
埔 bù	159	埫 shǎng	1504	tǎ	1639	堰 yàn	1935
pǔ	1331	堂 táng	1654	•堅 jiān	821	塥 gé	581

30

塬	yuán	2065	·墮	duò	455	戴	dài	346	嘉	jiā	810
·塒	shí	1550		huī	756	(燻)	xūn	1908	·臺	tái	1641
·塤	xūn	1908	·樅	zōng	2218	【十五画以上】			·賣	mài	1142
塌	tā	1639	朅	qiè	1385	(壕)	háo	676	(壽)	shòu	1573
堽	gāng	566	墜	dì	394	·壙	kuàng	986	(蠹)	dù	438
·塏	kǎi	942	【十二画】			·壘	lěi	1029	(隸)	lì	1051
(塩)	yán	1928	墡	shàn	1501	壟	lǒng	1102	熹	xī	1798
塩△	yán	1928	增	zēng	2094	(壠)	lǒng	1102	(甄)	pǐ	1302
塮	xiè	1864	墩	dūn	449	壞	huài	739	聲	shēng	1534
塕	wěng	1767	(墪)	dūn	449	(擁)	wā	1724	·燾	dào	368
·塢	wù	1788	廛	chán	194	(窪)	wā	1724		tāo	1656
·塊	kuài	983	·墝	qiāo	1377	·壢	lì	1045	嚭	pǐ	1302
塍	chéng	232	·墶	da	340	·壚	lú	1108	馨	xīn	1873
【十一画】			·墳	fén	516	(壜)	tán	1647	懿	yì	2001
墚	liáng	1064	(墰)	tán	1647	壤	rǎng	1430	(48) 工(工工)		
增△	zēng	2094	墨	mò	1206	·壩	bà	30	工	gōng	589
境	jìng	901	墠	shàn	1499	·壪	wān	1732	左	zuǒ	2234
墒	shāng	1503	墦	fán	485	(47) 士			巧	qiǎo	1380
墫	háo	675	墺	ào	20	士	shì	1555	(仝)	tóng	1692
塾	shú	1581	·墜	zhuì	2200	【一画～十画】			巨	jù	918
埔	yōng	2023	·墮	duò	455	壬	rén	1442	圣	jīng	889
·塵	chén	218		huī	756	壯	zhuàng	2197	邛	qióng	1404
塱	lǎng	1011	墀	chí	240	吉	jí	792	功	gōng	592
(塱)	lǎng	1011	墬	dì	394	壳	ké	957	式	shì	1559
墙	qiáng	1374	【十三画～十四画】				qiào	1381	巩	gǒng	599
塴	yàn	1937	壈	lǎn	1007	志	zhì	2158	至	jīng	889
塾	diàn	403	·壇	tán	1647	壱△	yī	1984	贡	gòng	602
塽	shuǎng	1594	墾	yōng	2023	壳△	mài	1142	巫	wū	1773
墘	qián	1368	(壅)	yōng	2023	声	shēng	1534	攻	gōng	592
墈	kàn	947	(隸)	lì	1051	毐	ǎi	6	汞	gǒng	599
墐	jìn	889	·墶	da	340	(殻)	ké	957	差	chā	182
墼	qiàn	1371	·墳	fén	516		qiào	1381		chà	189
(塼)	zhuān	2191	壞△	huài	739	壶	hú	719		chāi	191
墟	xū	1894	墼	jī	783	壸	kǔn	992		chài	192
墨△	mò	1206	·墙	qiáng	1374	悫	què	1426		cī	284
墅	shù	1587	(壄)	yě	1958	壹	yī	1984	项	xiàng	1838
墁	màn	1149	·墡	dàng	360	·壶	hú	719	(差)	chā	182
斜	xié	1861	墾	kěn	964	喜	xǐ	1801		chà	189
(墶)	da	340	(墺)	ào	20	(嘉)	zhé	2122		chāi	191
	tǎ	1639	壁	bì	99	鼓	gǔ	615		chài	192
(塲)	cháng	201	壕	háo	675	【十一画以上】				cī	284
	chǎng	204	(壖)	ruán	1462	(橐)	tuó	1723	·贡	gòng	602
截	jié	869	·壓	yā	1913	·壽	shòu	1573	·项	xiàng	1838
(墍)	jì	805		yà	1920	·壺	kǔn	992	蛩	qióng	1406
·墜	zhuì	2200	壑	hè	692						

琼 qióng	1406	芫 yán	1926	苢 yǐ	1991	苲 zhǎ	2098
(瞾) yī	1983	yuán	2061	芤 kōu	970	若 rě	1432
·鞏 gǒng	599	芸 yún	2074	【五　画】		ruò	1465
(49) 艹(艹艹艸)		芸△ yì	1994	范 fàn	491	茂 mào	1156
卝 kuàng	986	苇 wěi	1752	(苎) zhù	2184	苻 fú	536
(艸) cǎo	176	芾 fèi	509	苧 níng	1252	苊 chí	240
【一画～二画】		fú	532	茓 xué	1903	(苽) gū	611
艺 yì	1994	芰 jì	803	苾 bì	95	苑 yuàn	2067
艾 ài	7	芣 fú	534	茀 fèi	509	茑 niǎo	1249
yì	1993	芘 pǐ	1302	fú	532	茚 yìn	2013
艽 jiāo	843	苈 lì	1045	茔 yíng	2016	苟 gǒu	604
芀 nǎi	1220	苊 è	458	茕 qióng	1406	芶 gǒu	604
节 jiē	859	苉 bì	97	苹 píng	1321	苞 bāo	63
jié	864	pí	1301	茉 mò	1204	茋 dǐ	386
艻 lè	1025	苣 jù	918	芽△ yá	1917	(苨) dǐ	386
【三　画】		qǔ	1415	苾 bì	97	茆 máo	1155
芒 máng	1150	芽 yá	1917	pí	1301	茅 máo	1155
芝 zhī	2142	芷 zhǐ	2152	苴 jù	918	苨 nǐ	1241
芈 mǐ	1178	(苒) rǎn	1429	qǔ	1415	苠 mín	1192
芋 yù	2055	芮 ruì	1464	苷 gān	559	茀 fú	533
芐 hù	724	苋 xiàn	1825	苦 kǔ	976	茎 jīng	889
芏 dù	436	苅 yì	1994	苝 běi	78	(莖) jīng	889
芊 qiān	1361	茏 mào	1156	苯 běn	86	苕 sháo	1514
芍 sháo	1514	芩 qín	1388	苤 piě	1312	tiáo	1678
芃 péng	1292	芺 ǎo	19	(茇) bá	27	茄 jiā	809
芄 wán	1733	(苍) huā	724	茇 bá	27	qié	1383
芎 xiōng	1886	苁 cōng	292	茏 lóng	1101	(莓) méi	1162
芑 qǐ	1345	芥 gài	553	苛 kē	954	苔 tāi	1641
(芑) qǐ	1345	jiè	872	苫 shān	1497	tái	1642
芍 nǎi	1220	芬 fēn	515	shàn	1499	**【六　画】**	
芨 jī	783	苍 cāng	173	苡 yǐ	1991	茳 jiāng	838
芗 xiāng	1829	苌 cháng	201	苠 chái	191	荡 dàng	360
【四　画】		芹 qín	1388	cí	288	茫 máng	1151
苎 zhù	2184	花 huā	724	zǐ	2209	荞 shǒu	1572
苄 biàn	104	芪 qí	1340	苜 mù	1214	荠 jì	803
芳 fāng	495	芡 qiàn	1371	苴 jū	913	qí	1340
苈 wěi	1752	芴 wù	1787	苗 miáo	1187	茨 cí	286
芯 xīn	1869	苟 gǒu	604	英 yīng	2014	茭 jiāo	846
xìn	1873	·芻 chú	263	苒 rǎn	1429	茺 chōng	247
芦 lú	1107	芟 shān	1497	苘 qǐng	1402	荒 huāng	746
lǔ	1109	芰 jī	783	苗 zhuó	2203	菱 gāi	551
劳 láo	1013	芧 xù	1896	苢 yǐ	1991	荥 yíng	2016
芙 fú	532	zhù	2187	苓 líng	1081	荣 róng	1449
芜 wú	1780	芭 bā	26	(苓) líng	1081	荤 hūn	766
		苏 sū	1623	茶 nié	1250	xūn	1908

苓	liáo	1071	荃	quán	1422	莰	kǎn	944	蔯	chén	221
荥	xíng	1882	(荅)	dā	310	(荳)	dòu	429	荫	yìn	2013
	yíng	2016		dá	312	莆	pú	1330	莼	chún	282
荚	jiá	814	荈	chuǎn	273	(莕)	xìng	1885	【八　画】		
荆	jīng	893	苔	tāi	1641	茝	chǎi	192	萍	píng	1321
茸	róng	1450		tái	1642		zhǐ	2156	菏	hé	689
茜	qiàn	1371	荚	mǎi	1141	莽	mǎng	1151	菹	zū	2225
	xī	1793	荝	nà	1219	•荚	jiá	814	菠	bō	127
茬	chá	184		nuó	1265	莲	lián	1055	菤	juǎn	924
荐	jiàn	834	荨	qián	1367	•茎	jīng	889	菪	dàng	360
荙	dá	311		xún	1910	(荍)	qiáo	1378	菀	wǎn	1735
荑	tí	1664	茛	gèn	587	莳	shí	1550		yù	2058
	yí	1985	茛	mín	1192		shì	1565	菅	jiān	824
荜	bì	97	荩	jìn	885	莫	mò	1205	菩	pú	1331
荛	ráo	1431	荪	sūn	1634	•莧	xiàn	1825	萃	cuì	302
(莊)	zhuāng	2195	荫	yīn	2005	莴	wō	1767	(菸)	yān	1921
荫	màn	1147		yìn	2013	(莒)	jǔ	918	萗	lì	1050
茈	chái	191	荔	lì	1045	(萵)	qǐng	1402	(萮)	lì	1050
	cí	288	(荔)	lì	1045	•莊	zhuāng	2195	萤	yíng	2016
	zǐ	2209	(荍)	qiáo	1378	荽	suī	1630	营	yíng	2016
莤	shī	1542	茹	rú	1457	莩	fú	536	萦	yíng	2015
草	cǎo	176	荮	zhòu	2176		piǎo	1310	菼	tǎn	1650
茧	jiǎn	825	荭	hóng	706	(莩)	piǎo	1310	菶	běng	88
茼	tóng	1695	药	yào	1954	莝	cuò	307	•華	huá	731
茵	yīn	2002	(茲)	cí	286	莶	liǎn	1058		huà	735
茴	huí	760		zī	2206		xiān	1819	(華)	huá	731
茍	jǔ	918	【七　画】			荼	tú	1708		huà	735
茗	míng	1194	莎	shā	1491	莛	tíng	1687	著	zhù	2187
茖	gé	579		suō	1635	莉	lì	1050		zhuó	2205
荀	xún	1910	莌	tuò	1723	莠	yǒu	2043	萦	yíng	2017
萄	táo	1658	茕	qióng	1406	莪	é	457	莿	cì	292
茱	zhū	2178	莞	guān	632	莓	méi	1162	菁	jīng	894
莛	tíng	1687		guǎn	632	苈	lì	1047	(菁)	jīng	894
苦	guā	621		wǎn	1736	荷	hé	689	菱	líng	1086
荞	qiáo	1378	莘	shēn	1524		hè	691	萁	qí	1341
茯	fú	534		xīn	1873	莜	yóu	2035	菘	sōng	1619
茷	fá	478	荄	gāi	551	荻	dí	383	棶	lǐn	1080
茚	yìn	2013	莨	làng	1012	获	huò	778	堇	jǐn	883
茆	máo	1155		liáng	1062	莸	yóu	2030	(堇)	jǐn	883
荏	rěn	1443	莹	yíng	2016	荼	diào	408	•萊	lái	1002
(苽)	gū	611	莺	yīng	2014	(萊)	chuǎn	273	萘	nài	1221
荇	xìng	1885	莱	lái	1002	茛	gèn	587	(萮)	ān	13
荟	huì	763	荸	bí	89	菁	jūn	932	萋	qī	1336
茶	chá	185	•華	huá	731	(萴)	jiē	859	(菝)	bá	28
茶 ^	chá	185		huà	735		jié	864	菝	bá	28

	jiè	875	藿	huò	779	虆	léi	1029	奈 nài	1221
•藉	jiè	873	(蘂)	qián	1367				奔 bēn	82
(蘩)	cóng	295		xún	1910	【(50) 大(六)】			bèn	86
薹	tái	1643	•藝	yì	1994	大	dà	324	卖 mài	1142
•藍	lán	1006	•蘀	tuò	1724		dài	341	奇 jī	786
(薯)	mó	1200	•蘋	pín	1314	【一画～三画】			qí	1343
(薯)	shǔ	1582		píng	1321	太	tài	1643	昊 hào	681
藐	miǎo	1188	•蘆	lú	1107	天	tiān	1669	奋 fèn	518
(藶)	mái	1140		lǔ	1109	夫	fū	530	奄 yān	1920
(穭)	biǎn	104	•蘭	lán	1004		fú	531	yǎn	1929
薰	xūn	1909	•藺	lìn	1081	夭	yāo	1947	奅 pào	1286
•舊	jiù	908	•蘄	qí	1340	头	tóu	1699	【六 画】	
薿	nǐ	1241	•蘑	lì	1045		tou	1704	美 měi	1165
藓	xiǎn	1825	(穌)	sū	1623	央	yāng	1938	类 lèi	1030
藑	qióng	1406	(蘐)	xuān	1898	矢	shǐ	1554	奕 yì	1996
藋	diào	409	蘅	héng	700	失	shī	1539	牵 qiān	1362
藏	cáng	174	蘇	sū	1623	夯	bèn	86	奏 zòu	2224
	zàng	2085	•蘊	yùn	2077		hāng	672	契 qì	1355
•藎	jìn	885	【十七画以上】			汏	dà	340	xiè	1863
•薩	sà	1468	(蘐)	xuān	1898	关	guān	626	契△ qì	1355
【十五画】			蘘	ráng	1429	庆	qìng	1404	xiè	1863
藩	fān	481	蘼	mí	1177	夹	gā	549	育 dā	308
•藭	qióng	1406	•蘋	pín	1314		jiā	810	奎 kuí	989
藨	biāo	111		píng	1321		jiá	814	(奔) bēn	82
藕	ǒu	1268	蘧	qú	1414	夸	kuā	979	bèn	86
爇	ruò	1467	(蘭)	lán	1004	夺	duó	454	(奐) ruǎn	1462
藝	yì	1994	•蘡	yīng	2015	奃	kuǎng	986	奖 jiǎng	841
•藍	lán	1006	•蘷	mò	1206	夷	yí	1984	臭△ chòu	255
•藪	sǒu	1622	•蘞	liǎn	1059	买	mǎi	1140	xiù	1891
•藟	lěi	1029	•蘁	hē	682	尖	jiān	820	(奐) huàn	744
•藺	jiǎn	825	•蘩	fán	486	尖△	jiān	820	奓 shē	1516
藜	lí	1038	•蘖	niè	1251	【四画～五画】			zhā	2097
•藠	jiào	859	•藓	xiǎn	1825	杕	dì	394	zhà	2099
•藥	yào	1954	(薄)	bò	134		duò	455	癸 guǐ	645
藤	téng	1663	(鷥)	cí	287	奁	lián	1052	【七画～十画】	
•蘊	yùn	2077	•蘺	lí	1037	奀	ēn	462	奚 xī	1796
【十六画】			(蘂)	ruǐ	1464	吴	wú	1780	(奚) xī	1796
藻	zǎo	2088	(蘷)	kuí	990	•夹	gā	549	套 tào	1659
•蘢	lóng	1101	•蘹	huái	738		jiā	810	•軑 dài	341
(藷)	shǔ	1582	(蘠)	jī	789		jiá	814	奘 zàng	2085
•藹	ǎi	7	蘼	mí	1177	轪	dài	341	zhuǎng	2197
(蘐)	xuān	1898	蘸	zhàn	2107	奂	huàn	744	奢 shē	1516
蘑	mó	1202	(囌)	sū	1623	奄	bā	26	瓠 hù	724
蘖	niè	1251	•蘿	luó	1126	突△	tū	1705	匏 páo	1283
(蘂)	ruǐ	1464	蘖	niè	1251	奉	fèng	528	爽 shuǎng	1593

(50)～(55) 大廾尢寸弋扌

奠	diàn	404	(彝)	yí	1988	吋	cùn	306	鸢	yuān	2059
(奢)	shē	1516	彞	yí	1988	団^	tuán	1712	貮	èr	471
(奘)	zàng	2086	**(52) 尢(兀)**			寻	xún	1909	彧	yù	2056
赘	qī	1337				导	dǎo	362	貳	èr	471
奡	ào	21	兀	wū	1770	对^	duì	444	弑	shì	1560
奋	hǎ	660		wù	1787	寿	shòu	1573	·鳶	yuān	2059
	tǎi	1643	(尤)	yóu	2029	夀^	shòu	1573	**(55) 扌**		
奠	ào	19	尤	yóu	2029	(叵)	pǒ	1324			
(奥)	ào	19	龙	lóng	1099	将	jiāng	838	才	cái	161
【十一画以上】			尧	yáo	1949		jiàng	842	才^	cái	161
·奁	lián	1052	杓	liào	1073	封	fēng	524	**【一画～三画】**		
·奬	jiǎng	841	尪	wāng	1739	專^	zhuān	2189	扎	zā	2077
·夺	duó	454	(尫)	wāng	1739	耐	nài	1222		zhā	2096
奭	shì	1565	尬	gà	550	**【七画以上】**				zhá	2097
(奬)	bì	94	尨	máng	1151	(尅)	kè	960	打	dá	311
樊	fán	485		méng	1172	(剋)	kē	963		dǎ	312
·奮	fèn	518		páng	1281	辱	rǔ	1459	扑	pū	1328
(奧)	ào	19	(跛)	bǒ	133	酎	zhòu	2177	扒	bā	24
奰	bì	100	尵	huī	756	射	shè	1520		pá	1269
奲	duǒ	455		huǐ	760	·專	zhuān	2189	扔	rēng	1446
·攤	duǒ	455	尮	wù	1787	尉	wèi	1759	払^	fú	533
(51) 廾(艹)			尲	huī	756		yù	2058	扩	kuò	992
			就	jiù	911	·將	jiāng	838	(扞)	gǎn	561
丌	jī	783	堯	yáo	1949		jiàng	842	扞	hàn	671
亓	qí	1339	翘	qiáo	1379	尊	zūn	2232	扛	gāng	566
卅	sà	1468		qiào	1382	(尊)	zūn	2232		káng	948
卉	huì	761	髡	kūn	991	·尋	xún	1909	扤	wù	1787
弁	biàn	104	魋	tuí	1715	(尋)	xún	1909	扣	kòu	974
异	yì	1996	尷	gān	559	·奪	duó	454	扪	mén	1171
弃	qì	1354	(尶)	gān	559	·對	duì	444	扦	qiān	1361
弄	lòng	1103	尵	tuí	1715	·導	dǎo	362	托	tuō	1718
	nòng	1259	尴	gān	559	·嶨	yuē	2069	(扠)	chā	182
舁	jǔ	916	(尶)	qiào	1382	·嶨	yuē	2069		zhǎ	2098
奔	bēn	82	**(53) 寸**			**(54) 弋**			执	zhí	2146
	bèn	86							扫	sǎo	1484
畀	bì	97	寸	cùn	305	弋	yì	1994		sào	1485
弈	yì	1996	**【二画～六画】**			式	yī	1980	扠	chā	182
昇	biàn	104	讨	tǎo	1659	弍	èr	471		zhǎ	2098
弇	yǎn	1930	刌	cǔn	305	弎	sān	1480	扬	yáng	1938
昪	yú	2049	付	fù	541	弎^	èr	471	**【四 画】**		
羿	yì	1998	对	duì	444	弑	shì	1559	抖	dǒu	428
葬	lòng	1103	守	shǒu	1571	忒	tè	1661	扑	biàn	104
葬	zàng	2086	忖	cǔn	305		tēi	1662	抗	kàng	949
弊	bì	94	寺	sì	1617		tuī	1713	扽	wěn	1765
鼻	bí	89	夺	duó	454	弐	dài	343	扬	huī	755

(55) 扌

护 hù	722	(扨)ǎo	19	拃 zhǎ	2098	拮 jié	868
扶 fú	532	ào	20	拖 tuō	1720	拷 kǎo	952
抏 wán	1734	niù	1257	拊 fǔ	540	(挪)yé	1957
抚 fǔ	539	抄 chāo	207	抑 yì	1995	拱 gǒng	600
抟 tuán	1713	【五 画】		拆 cā	159	挜 yà	1920
扰 rǎo	1431	拌 bàn	56	chāi	190	挎 kū	975
找 zhǎo	2116	扩 kuǎi	981	抵 dǐ	386	kuà	980
拦 lán	1004	拍 pāi	1270	挞 tà	1640		
批 pī	1295	拧 níng	1252	拥 yōng	2022	挠 náo	1228
技 jì	803	nǐng	1253	(掗)è	458	拭 shì	1560
抔 póu	1328	nìng	1254	抽 chōu	252	挝 wō	1767
扼 è	458	(扡)tuō	1720	抱 bào	71	zhuā	2189
抠 kōu	970	拉 lā	993	抱△bào	71	(抏)kuò	992
拒 jù	918	lá	997	拘 jū	913	挡 dǎng	358
扽 dèn	375	lǎ	997	拘△jū	914	dàng	360
扯 chě	215	là	998	jù	920	拽 zhuāi	2189
㧏 gāng	564	拄 zhǔ	2184	抵 dǐ	386	zhuài	2189
抡 lūn	1122	扩△kuò	992	(抵)dǐ	386	挑 tiāo	1676
lún	1123	抹 mā	1132	披 pī	1297	tiǎo	1680
抓 chuāng	274	mǒ	1203	拂 fú	533	挱 sà	1468
扮 bàn	57	mò	1204	抿 mǐn	1192	shā	1488
抢 qiāng	1372	抨 pēng	1291	招 zhāo	2113	拴 shuān	1590
qiǎng	1375	拜△bài	45	择 zé	2091	拾 shè	1520
抓 zhuā	2188	批 pī	1295	zhái	2100	shí	1552
折 shé	1517	(拑)qián	1368	拚 pàn	1279	括 kuò	992
zhē	2119	(抴)yè	1961	pīn	1312	挺 tǐng	1688
zhé	2120	拓 tà	1640	抬 tái	1642	挢 jiǎo	853
扳 bān	47	tuò	1723	拨 bō	127	(抵)dǐ	386
pān	1276	(拔)bá	27	(拗)nǔ	1261	挣 zhēng	2133
挏 yuè	2070	拔 bá	27	拇 mǔ	1210	zhèng	2141
投 tóu	1702	拢 lǒng	1103	拗 ǎo	19	指 zhǐ	2153
抵 zhǐ	2155	(抛)pāo	1282	ào	20	挦 xián	1822
(扽)dèn	375	拒 jù	918	niù	1257	挪 nuó	1265
抑 yì	1995	拣 jiǎn	825	【六 画】		挼 sūn	1634
抛 pāo	1282	拤 qiá	1357	拼 pīn	1312	拯 zhěng	2134
抒 shū	1578	拈 niān	1243	挖 wā	1724	挖 zā	2078
扱 sǒng	1620	担 dān	351	挓 zhā	2096	zǎn	2084
拟 nǐ	1241	dàn	353	按 àn	13	【七 画】	
择△zé	2091	押 yā	1915	挤 jǐ	798	(抄)sa	1467
zhái	2100	抽 chōu	251	扩△kuò	992	sha	1491
抉 jué	926	抻 chēn	217	挏 tǒng	1697	suō	1635
把 bǎ	28	拙 zhuō	2202	挥 huī	755	捝 tuō	1720
bà	30	拐 guǎi	625	挟 xié	1859	(捼)nòng	1259
扭 niǔ	1256	拎 līn	1077	持 chí	240	捞 lāo	1012
(扭)niǔ	1256	抶 chì	244	挂 guà	622	捕 bǔ	136
报 bào	69						

(55) 扌

•挟	xié	1859	掊	póu	1328	•抡	lūn	1122	揶	yé	1957
振	zhèn	2130		pǒu	1328		lún	1123	揲	dié	410
捂	wú	1780	掠	lüè	1121	(掔)bāi		31		shé	1518
	wǔ	1786	接	jiē	860	捶	chuí	279	搽	chá	187
(捄)jiù		910	捽	zuó	2234	(捼)ruó		1465	揕	zhèn	2131
捎	shāo	1513	掖	yē	1956	推	tuī	1713	搭	dā	309
	shào	1516		yè	1963	捭	bǎi	43	揸	zhā	2097
捍	hàn	671	掂	diān	394	晢	zhé	2122	揦	lá	997
捏	niē	1249	掬	liè	1076	掀	xiān	1819	搋	wǎi	1727
捉	zhuō	2202	掮	qián	1369	掫	zhōu	2175	•揀	jiǎn	825
捌	bā	27	探	tàn	1650	掐	qiā	1356	揠	yà	1920
捐	juān	922	捧	pěng	1294	(揌)liè		1076	(捷)jié		868
捆	kǔn	991	掭	tiàn	1676	(掮)qián		1368	揩	kāi	942
搜^sōu		1622	(掛)guà		622	挽	wǎn	1736	搁	gē	577
损	sǔn	1634	•控	yà	1920	掬	jū	914		gé	580
挹	yì	1997	(揪)zhōu		2175	掏	tāo	1657	揽	lǎn	1007
捋	lǔ	1116	揶	yé	1957	鸷	zhì	2161	提	dī	382
	luō	1125	措	cuò	307	掺	càn	172		tí	1664
挼	ruó	1465	搭	nuò	1265		chān	192	揭	jiē	863
挫	cuò	307	描	miáo	1187		shǎn	1498	揖	yī	1984
捡	jiǎn	825	振	zhèn	2130	(摻)cāo		175	•揚	yáng	1938
挺	tǐng	1688	捱	ái	5	掇	duō	454	揌	sāi	1469
(挿)chā		183	(揶)yé		1957	•掃	sǎo	1484	揾	wèn	1766
哲	zhé	2122	捺	nà	1220		sào	1485	(揹)bēi		75
挚	zhì	2161	掩	yǎn	1929	据	jū	914	揄	hú	720
贽	zhì	2161	掎	jǐ	799		jù	920	揣	chuāi	267
换	huàn	744	捷	jié	868	掘	jué	928		chuǎi	268
挽	wǎn	1736	捯	dáo	362	掲	jū	914		chuài	268
捣	dǎo	363	排	pái	1271	掼	guàn	635	摇^yáo		1950
捘	zùn	2233		pǎi	1275	揵	jiàn	835	援	yuán	2063
捅	tǒng	1697	掯	kèn	964	捕	xiāo	1844	揄	yú	2050
挨	āi	5	掉	diào	408	【九 画】			(撚)yǎn		1929
	ái	5	捋	lǔ	1109	揶	zhì	2161	揿	qìn	1390
捃	jùn	933	•掆	gāng	564	搓	cuō	306	搣	wēi	1746
掬	jū	914	•押	mén	1171	搂	lōu	1103	揪	jiū	904
挪	nuó	1265	揭^jiē		863		lǒu	1104	插	chā	183
(挪)nuó		1265	掴	guāi	625	揃	jiǎn	827	(挿)chā		183
【八 画】				guó	653	(揰)pèng		1294	捭	bǎi	43
掷	zhì	2161	(捵)chēn		217	搅	jiǎo	853	(揝)zuàn		2229
•捲	juǎn	923	(採)cǎi		164	揎	xuān	1898	(換)huàn		744
掸	dǎn	352	授	shòu	1575	搕	kē	957	蛰	zhí	2147
	shàn	1499	捻	niǎn	1246	揞	ǎn	13	蛰	zhé	2122
掞	shàn	1499	(捦)qín		1389	•揮	huī	755	(捏)niē		1249
控	kòng	970	•捨	shě	1518	揍	zòu	2224	搜	sōu	1622
捥	wàn	1739	捨^shě		1518	揳	xiē	1858	(搥)chuí		279

(55) 扌

搀 chān	192	摆 bǎi	43	(撾) guāi	625	撇 piě	1312
(揈) hōng	701	(搯) tāo	1657	guó	653	·擄 lǔ	1109
摡 gái	551	摇 yáo	1950	撂 liào	1074	·撲 pū	1328
捭 bìng	123	(搤) è	458	摞 luò	1132	·撣 dǎn	352
握 wò	1770	·搇 sà	1468	撄 yīng	2015	shàn	1499
揆 kuí	989	shā	1488	摧 cuī	301	撮 cuō	306
搔 sāo	1484	·搶 qiāng	1372	(搇) qìn	1390	zuǒ	2236
揉 róu	1453	qiǎng	1375	·撒 sà	1468	·撾 wō	1767
(揝) xǐng	1882	(搋) qìn	1390	shā	1488	zhuā	2189
掾 yuàn	2068	(搥) sǔn	1634	携 xié	1861	·撝 huī	755
【十 画】		携 xié	1861	(揔) zǒng	2218	播 bō	129
(搓) cuō	306	·搗 dǎo	363	摺 zhé	2122	擒 qín	1389
搛 jiān	823	(搗) wǔ	1786	摺 zhé	2120	撳 qìn	1390
搠 shuò	1606	蜇 zhē	2120	(捅) tǒng	1697	撬 qiào	1382
搳 huá	734	zhé	2122	(撡) cāo	175	(撙) zǔn	2233
摈 bìn	117	搋 chuāi	267	掺 càn	172	(撴) dèn	375
(搾) zhà	2099	搬 bān	49	chān	192	撟 jiǎo	853
搒 bàng	60	(搖) yáo	1950	shǎn	1498	撫 fǔ	539
péng	1293	(搩) zhǎ	2098	撖 hàn	672	(撷) xié	1861
搞 gǎo	573	·搊 chōu	252	(撌) guàn	635	摐 chuāng	274
搐 chì	239	摊 tān	1646	【十二画】		撸 lū	1107
搪 táng	1653	搡 sǎng	1483	撙 zǔn	2233	(摡) gái	551
搐 chù	266	(搔) sāo	1484	·撈 lāo	1012	(撚) niān	1246
搧 shān	1497	搌 zhǎn	2104	撺 cuān	299	·撥 bō	127
(搉) què	1427	搦 nuò	1266	撉 dūn	449	·撏 xián	1822
搘 zhī	2146	·孫 sūn	1634	撞 zhuàng	2198	撰 zhuàn	2195
搢 jìn	888	【十一画】		撤 chè	216	(撧) juē	925
(搆) gòu	606	(摧) què	1427	撚 niǎn	1246	【十三画】	
搕 kē	956	摘 zhāi	2100	·撓 náo	1228	擞 sǒu	1622
摄 shè	1521	(搞) gǎo	573	擷 xié	1861	sòu	1623
摅^shè	1521	摭 zhí	2151	撕 sī	1610	(擡) sāi	1469
(搰) gāng	566	摛 chī	239	撒 sā	1467	擅 shàn	1501
káng	948	摔 shuāi	1589	sǎ	1468	·擁 yōng	2022
摸 mō	1199	搐 chù	266	搚 kā	934	擂 léi	1029
摁 yà	1920	挎 chū	263	(撢) dǎn	352	lèi	1031
搏 bó	132	擂 lēi	1027	shàn	1499	擓 kuǎi	981
(搢) jìn	888	搏 tuán	1713	撅 juē	925	撻 tà	1640
揩 kāi	942	摽 biāo	110	撩 liāo	1070	擀 gǎn	561
摅 shū	1581	biào	113	liáo	1070	(撐) chēng	224
(摀) huǎng	753	摳 kōu	970	(撩) liào	1074	·擋 dǎng	358
huàng	753	(摣) zhā	2097	(撐) chě	215	dàng	360
(撘) tà	1640	(摭) jù	920	(摺) jìn	888	操 cāo	175
·損 sǔn	1634	(摅) jù	920	(撑) chēng	224	·擄 lǔ	1109
(搢) hú	720	·摟 lōu	1103	撑 chēng	224	·據 jù	920
搿 èn	462	lǒu	1104	撇 piē	1311	·撾 wō	1767

(55)～(57) 扌丬门

字	拼音	页码	字	拼音	页码	字	拼音	页码	字	拼音	页码
	zhuā	2189	·擺	bǎi	43	(牀)	chuáng	275		jiàn	832
·擇	zé	2091	(擷)	xié	1861	状	zhuàng	2197	(閒)	xián	1820
	zhái	2100	(擲)	zhì	2161	·狀	zhuàng	2197	闹	nào	1230
擐	huàn	746	·擼	lū	1107	戕	qiāng	1373	(鬧)	nào	1230
(擤)	zhuāi	2189	【十六画～十八画】			斨	qiāng	1373	闷	bì	95
	zhuài	2189	·攏	lǒng	1103	牁	kē	954	闸	zhá	2097
(擷)	xié	1861	(攖)	jùn	933	牂	zāng	2085	(關)	guān	626
撬	qiào	1382	擢	huō	769	奘	zàng	2085	阂	hé	689
擒	qín	1389		huò	779		zhuǎng	2197	阄	guī	642
·撿	jiǎn	825	(擣)	dǎo	363	奖	jiǎng	841	闻	wén	1764
撼	hàn	672	·擻	sǒu	1622	将	jiāng	838	(鬨)	hòng	708
·擔	dān	351		sòu	1623		jiàng	842	(鬩)	hòng	708
	dàn	353	攒	cuán	300	·將	jiāng	838	闼	tà	1640
擗	pǐ	1302		zǎn	2084		jiàng	842	闽	mǐn	1192
·擀	xiāo	1844	撼	diān	395	装	zhuāng	2195	闾	lú	1115
【十四画】			(擤)	xiāo	1844	·裝	zhuāng	2195	阃	kǔn	942
·擰	níng	1252	攘	rǎng	1430	臧	zāng	2085	(閤)	gé	579
	nǐng	1253	·攔	lán	1004	(牆)	qiáng	1374	·閤	gě	582
	nìng	1254	攖	yīng	2015	(57) 门 (門 鬥)				hé	683
擯	bìn	117	·攙	chān	192	门	mén	1168	阀	fá	478
擦	zhài	2101	攛	cuān	299	·門	mén	1168	阁	gé	579
擦	cā	159	(攛)	jùn	933	鬥	dòu	428	阐	zhèng	2141
摘	tī	1664	攝	shè	1521	【一画～六画】			【七画～十画】		
	zhì	2163	(攜)	xié	1861	闩	shuān	1590	阅	yuè	2071
·擠	jǐ	798	攗	sǒng	1620	闪	shǎn	1498	阇	yín	2007
擩	rǔ	1459	【十九画以上】			闫	yán	1923	阆	láng	1010
(擡)	tái	1642	(攟)	jùn	933	闬	hàn	670		làng	1012
(擣)	dǎo	363	·攤	tān	1646	闭	bì	95	阈	kǔn	991
(擥)	lǎn	1007	·攢	cuán	300	问	wèn	1766	閭	lú	1115
(擨)	yè	1963		zǎn	2084	闯	chuǎng	276	阏	chuài	268
·擱	gē	577	攧	diān	395	(閗)	dòu	428	阄	jiū	904
	gé	580	(攩)	dǎng	358	闵	mǐn	1192	阐	chǎn	196
(攜)	xié	1861		dàng	360	闶	kāng	947	阅	è	461
·擲	zhì	2161	攫	jué	929		kàng	950		yān	1923
擤	xǐng	1882	攪	jiǎo	853	闷	mēn	1168	阈	yù	2057
擬	nǐ	1241	攥	zuàn	2229		mèn	1171	阇	dū	431
擢	zhuó	2205	(攬)	lǎn	1007	闰	rùn	1465		shé	1517
【十五画】			攮	nǎng	1228	·開	kāi	934	阉	yān	1921
·擴	kuò	992	(56) 丬 (爿)			闱	wéi	1749	阊	chāng	197
·撵	niǎn	1246				闲	xián	1820	阋	wén	1765
擷	xié	1861	爿	pán	1276	闳	hóng	707	·闋	zhèng	2141
擾	rǎo	1431	·壮	zhuàng	2197	间	jiān	821	阅	xì	1806
擻	shū	1581	·壯	zhuàng	2197		jiàn	832	閱	xì	1806
(攎)	léi	1029	(妝)	zhuāng	2195	(閒)	jiān	821	阎	yán	1929
	lèi	1031	·妆	zhuāng	2195				·閻	yán	1929

阍 hūn	766	【一画～二画】		吓 hè	690	启 qǐ	1349
阔 kuò	993	中 zhōng	2163	xià	1815	吞 tūn	1717
(關) àn	15	zhòng	2171	吐 tǔ	1710	吴 wú	1780
•闍 dū	431	古 gǔ	611	tù	1711	呋 fū	531
shé	1517	叶 xié	1858	吉 jí	792	呒 ḿ	1132
闉 yīn	2006	yè	1960	吏 lì	1048	呈 chéng	231
阑 lán	1005	可 kě	957	(吶) ǹ	1215	呓 yì	1994
阒 qù	1418	kè	960	ńg	1238	呆 dāi	340
阓 huì	764	叮 dīng	412	吋 cùn	306	杏 xìng	1882
•闆 bǎn	50	叵 pǒ	1324	问 wèn	1766	吾 wú	1780
•闇 hūn	766	号 háo	674	(叫) jiào	855	(嘸) ň	1215
•闈 wéi	1749	hào	679	虬 jī	783	ňg	1238
阕 què	1426	占 zhān	2101	吕 lǚ	1115	吱 zhī	2144
阙 quē	1425	zhàn	2104	回 huí	756	zī	2205
què	1427	卜 bǔ	134	吊 diào	406	呔 dāi	341
•闖 chuǎng	276	叭 bā	24	同 tóng	1692	tǎi	1643
阖 hé	690	(以) yǐ	1989	tòng	1698	吠 fèi	509
(鬬) dòu	428	史 shǐ	1553	合 hé	683	否 fǒu	530
阗 tián	1676	右 yòu	2043	舌 shé	1517	pǐ	1302
•闐 tián	1676	只 zhī	2144	(吒) zhà	2099	呸 bù	155
•闓 kǎi	942	zhǐ	2152	吃 chī	233	(嘔) ǒu	1267
阘 dá	312	句 gōu	604	向 xiàng	1837	(呔) dāi	341
tà	1640	jù	919	后 hòu	709	呖 lì	1045
•闥 dá	312	叽 jī	779	名 míng	1192	呃 ē	456
tà	1640	兄 xiōng	1886	各 gě	582	è	459
(關) guān	626	叱 chì	243	gè	583	e	461
【十一画以上】		叹 tàn	1650	吸 xī	1793	(嘔) ǒu	1267
(闚) kuī	989	司 sī	1607	(吆) yāo	1947	吡 bǐ	92
(闞) piáo	1310	叼 diāo	405	(呪) dū	432	pǐ	1302
•關 guān	626	叩 kòu	973	吗 má	1132	哗 chē	215
阚 hǎn	669	叨 dāo	362	mǎ	1138	呀 xiā	1806
kàn	947	dáo	362	ma	1139	yā	1915
•闞 hǎn	669	tāo	1656	吆 yāo	1947	ya	1920
kàn	947	叻 lè	1025	如 rú	1455	吨 dūn	448
阛 huì	764	另 lìng	1088	【四 画】		足 zú	2225
阐 chǎn	196	加 jiā	807	(叫) jiào	855	串 chuàn	273
阘 tà	1640	召 zhào	2117	谷 gǔ	613	员 yuán	2061
阑 huán	742	台 tāi	1641	yù	2055	yún	2075
•闢 pì	1303	tái	1641	(吙) huǒ	776	yùn	2077
(鬪) dòu	428	叫 jiào	855	呋 fēng	524	呗 bài	44
•闠 jiū	904	【三 画】		吣 qìn	1390	bei	82
(鬮) jiū	904	吖 ā	1	(唚) qìn	1390	呐 nà	1219
(58) 口		吁 xū	1892	吝 lìn	1081	na	1220
口 kǒu	970	yū	2045	吭 háng	673	nè	1232
		yù	2055	kēng	965	ne	1232

(58) 口

字	拼音	页码	字	拼音	页码	字	拼音	页码	字	拼音	页码
呙	guō	649	呸	pēi	1286	(咊)	hé	682	(哶)	miē	1189
	wāi	1726	咙	lōng	1099		huó	769	哄	hōng	700
含	hán	666		lóng	1101	咐	fù	543		hǒng	708
吟	yín	2006	呵	ā	3	呱	gū	610		hòng	708
(呧)	dǐ	384		á	3		guā	620	哂	shěn	1528
呛	qiāng	1372		ǎ	3		guǎ	621	哒	dā	308
	qiàng	1377		à	3	鸣	míng	1197		da	340
吩	fēn	515		a	3	咮	wài	1732	咴	huī	755
告	gào	574		hē	681	咚	dōng	423	(咵)	kuǎ	980
吽	hōng	700		kē	954	咎	jiù	910	咽	yè	1963
(呈)	chéng	231	咂	zā	2078	(咎)	jiù	910	咧	liē	1074
呏	shēng	1531	咑	dā	308	周	zhōu	2174		liě	1074
吰	hóng	707	尚	shàng	1511	咰	xǔ	1895		lie	1077
吪	é	457	呲	bǐ	92	咆	páo	1283	哐	kuāng	985
(吕)	lǚ	1115	咔	kā	933	呢	ne	1232	咥	dié	410
听	tīng	1685		kǎ	934		ní	1240		xì	1806
吹	chuī	277	呫	zhān	2102	咈	fú	533	咦	yí	1985
吻	wěn	1765	咀	jǔ	916	咖	gā	549	咣	guāng	639
吸	xī	1793		zuǐ	2229		kā	933	哔	bì	97
呜	wū	1772	呷	gā	549	呶	náo	1228	哓	xiāo	1843
邑	yì	1997		xiā	1806	(呶)	nǔ	1261	呲	cī	284
吧	bā	26	呻	shēn	1522	哈	hāi	660	(呲)	zī	2207
	ba	31	黾	miǎn	1184	呣	m̄	1132	咝	zǐ	2209
君	jūn	931		mǐn	1192		m̀	1132	虫	zhōng	2169
(呀)	yī	1983	咒	zhòu	2176	呦	yōu	2028	虽	suī	1630
呎	chǐ	242	(呪)	zhòu	2176	咝	sī	1609	品	pǐn	1314
吼	hǒu	709	咍	tiáo	1678				·咼	guō	649
吵	chāo	208	咄	duō	453	【六 画】				wāi	1726
	chǎo	211	呼	hū	714	哔	miē	1189	咽	yān	1921
(吳)	wú	1780	呤	lìng	1089	咪	mī	1175		yàn	1935
吲	yǐn	2010	舍	shě	1518	咨	zī	2205		ye	1963
吮	shǔn	1600		shè	1519	咤	zhà	2099	哕	huì	764
【五 画】			舍△	shě	1518	哎	ǎn	13		yuě	2069
咛	níng	1252		shè	1519	哀	āi	4	咷	táo	1658
咏	yǒng	2024	命	mìng	1198	咬	yǎo	1951	(哓)	xiào	1856
呃	è	459	咂	shǔn	1600	哜	jì	803	哙	kuài	981
味	wèi	1757	知	zhī	2145	咳	hāi	660	哈	hā	659
呀	xiā	1806	咋	zǎ	2079		ké	957		hǎ	660
	yā	1915		zé	2092	哝	nóng	1259		hà	660
	ya	1920		zhā	2096	咡	èr	471	咫	zhǐ	2153
呿	qū	1413	和	hé	682	哇	wā	1724	咸	xián	1822
哎	āi	4		hè	690		wa	1726	咮	zhòu	2177
咕	gū	608		hú	716	咭	jī	787	哚	duǒ	454
苕	sháo	1514		huó	769	哉	zāi	2080	咻	huǒ	776
	tiáo	1678		huò	777	哑	yā	1916	咻	xiū	1888
							yǎ	1917			

(58) 口

哦	fa	481	唛 mài	1142	唉 āi	5	rě 1432
哗	huā	730	啫 dōu	426	ài	7	喵 miāo 1187
	huá	732	啰 bō	128	(哝) nǔ	1261	啉 lín 1079
咱	zá	2079	唝 gòng	602	(唚) qìn	1390	•唡 liǎng 1068
	zán	2084	哮 xiào	1855	哪 nǎ	1217	唵 ǎn 13
咿	yī	1983	哧 chī	238	na	1220	噢 ōu 1267
响	xiǎng	1835	唠 láo	1014	né	1232	óu 1267
(呱)	gū	610	lào	1025	něi	1233	ǒu 1267
	guā	620	(哔) miē	1189	(哪) nǎ	1217	òu 1268
	guǎ	621	•唓 chē	215	na	1220	啄 zhuó 2204
哌	pài	1275	哺 bǔ	137	né	1232	(啑) dié 410
哆	duō	453	哽 gěng	588	něi	1233	zhá 2098
咯	gē	576	唔 m	1132	唧 jī	787	•啓 qǐ 1349
	kǎ	934	wú	1780	哿 gě	582	啦 lā 997
	lo	1099	(唔) ń	1215	啊 ā	3	la 1000
	luò	1129	ńg	1238	á	3	啴 dān 352
(咴)	xiōng	1885	哥 gē	577	ǎ	3	啪 pā 1268
哪	nǎ	1217	唡 liǎng	1068	à	3	啭 zhuàn 2194
	na	1220	唇 chún	282	a	3	(啡) fēi 507
	né	1232	(啓) qǐ	1349	【八 画】		(啡) fēi 507
	něi	1233	唽 zhā	2097	唛 měi	1167	啮 niè 1251
(哪)	nǎ	1217	唢 suǒ	1636	啵 bo	134	啃 kěn 964
	na	1220	哨 shào	1516	啴 chǎn	196	唬 hǔ 721
	né	1232	•員 yuán	2061	tān	1646	xià 1816
	něi	1233	yún	2075	崆 kōng	968	唱 chàng 206
哏	gén	586	yùn	2077	唼 qiè	1385	•問 wèn 1766
哞	mōu	1208	•唄 bài	44	shà	1492	啯 guō 650
哼	xún	1910	bei	82	啶 dìng	418	啰 luō 1125
咫	zhǐ	2153	哩 lī	1035	啖 dàn	354	luó 1126
哟	yāo	1948	lǐ	1042	商 shāng	1502	luo 1132
	yao	1956	li	1051	(啚) bǐ	94	唫 jìn 888
	yō	2022	哭 kū	976	啐 cuì	302	(啘) yín 2006
	yo	2022	呙 wāi	1726	唷 yō	2022	啥 shá 1492
	yōu	2028	唈 yì	1997	啷 lāng	1009	(唸) niàn 1247
【七 画】			唏 xī	1794	唳 lì	1050	笤 tiáo 1678
唦	shā	1491	哦 é	457	啡 fěng	527	(啣) xián 1822
唻	sòng	1620	ó	1266	啬 sè	1486	唾 tuò 1724
啤	láo	1013	ò	1266	啧 zé	2092	售 shòu 1576
哼	hēng	697	(唕) zào	2089	啈 hēng	697	唯 wéi 1751
	hng	700	唣 zào	2089	hèng	700	唲 ér 464
唁	yàn	1936	哲 zhé	2122	•啞 yā	1916	啤 pí 1301
唐	táng	1652	唑 zuò	2242	yǎ	1917	啁 zhāo 2115
哀	āi	4	(唙) dí	384	营 yíng	2016	zhōu 2175
彧	yù	2056	唤 huàn	745	唶 jiè	875	(啑) zá 2079
哢	lòng	1103	唆 suō	1635	喏 nuò	1265	zán 2084

唳 lì	1050		sàng	1483	喉 hóu	708	嗝 gé	581
(啖)dàn	354	喇 lā	997	(喚)huàn	745	嗄 á	3
啕 táo	1658		lá	997	(喒)zá	2079	shà	1493
唿 hū	716		lǎ	997	zán	2084	辔 pèi	1290
啜 chuài	268	喓 yāo	1948	喔 wō	1769	•嗍 suǒ	1636
chuò	284	喳 chā	184	喙 huì	765	嗎 má	1132
啸 xiào	1857	zhā	2097	•啰 yāo	1948	mǎ	1138
(唰)shuā	1587	喹 kuí	989	yao	1956	ma	1139
啊 ā	3	喎 wāi	1727	yō	2022	•號 háo	674
á	3	喱 lí	1036	yo	2022	hào	679
ǎ	3	喈 jiē	860	yōu	2028	嗜 jiē	860
à	3	啙 zǐ	2209	【十 画】		喂 wèi	1759
a	3	𰭁 jiǎ	817	嗨 hāi	660	嗣 sì	1617
【九 画】		粥 zhōu	2174	hēi	696	嗯 ń	1215
喾 kù	979	•勛 xūn	1908	(嗟)jiē	863	ň	1215
善 shàn	1499	畾 léi	1028	嗌 ài	9	ǹ	1215
嗟 jiē	863	喁 yóng	2024	yì	1999	ńg	1238
嘆 měi	1167	yú	2049	嗍 suō	1635	ňg	1238
喽 lóu	1104	喔 wà	1726	嗐 hài	665	ǹg	1238
lou	1107	喦 guǐ	646	嗛 qiǎn	1370	嗳 āi	5
嗞 zī	2207	喝 hē	682	xián	1823	ǎi	7
喧 xuān	1899	hè	691	嗮 mǔ	1210	ài	9
喀 kā	933	喂 wèi	1759	嗙 pǎng	1281	嗲 diǎ	394
喑 yīn	2005	喟 kuì	990	(啷)lāng	1009	•嗆 qiāng	1372
啻 chì	245	𰭁 jiǎ	817	嗷 áo	18	qiàng	1377
啼 tí	1667	•喎 wāi	1726	(嗸)áo	18	嗡 wēng	1767
唷 yō	2022	(喝)è	461	嗦 suō	1635	嗅 xiù	1892
喨 liàng	1069	喘 chuǎn	273	嗫 niè	1250	嗥 háo	676
喭 yàn	1935	•單 chán	192	嗉 sù	1626	(嗁)tí	1667
(喭)yàn	1935	dān	347	嗪 qín	1389	嗚 wū	1772
啷 lāng	1009	shàn	1499	戢 jí	797	嗤 chī	238
喫^chī	233	(喦)yán	1928	•嗊 gòng	602	(嗤)chī	238
•喫 chī	233	(喎)kū	976	嗔 chēn	217	嗈 yōng	2023
(喆)zhé	2122	喻 yù	2056	(嗞)zī	2207	嗓 sǎng	1483
戢 jí	797	嚾 bai	47	嘟 dū	431	嗋 xié	1859
喷 pēn	1290	(啣)xián	1822	嗜 shì	1565	辔 pèi	1290
pèn	1291	喊 hǎn	669	嗑 kē	956	【十一画】	
喜 xǐ	1801	(嘁)zǎ	2079	kè	963	嘧 mì	1181
喋 dié	410	(啾)jiū	904	xiā	1807	嘀 dī	382
zhá	2098	(啑)shà	1493	嘩^huā	730	dí	384
嗒 dā	310	•喬 qiáo	1378	huá	732	嘛 zhē	2120
tà	1640	喤 huáng	748	嘆^tàn	1650	zhè	2125
嗏 chā	184	啤 pí	1301	嗬 hē	682	嘛 ma	1139
喃 nán	1225	嗖 sōu	1622	(嗔)chēn	217	嗾 sǒu	1622
•喪 sāng	1482	(喞)jī	787	•嗇 sè	1486	嘒 huì	764

(58) 口

•嘖 zé	2092	噌 cēng	181	•嘯 xiào	1857	•噸 dūn	448
嗷 áo	18	chēng	224	嘱 zhǔ	2184	•噃 xiào	1857
(謷)áo	18	•嘮 láo	1014	噀 xùn	1912	噼 pī	1298
嘉 jiā	810	lào	1025	嘰 jī	779	【十四画～十五画】	
嘟 dū	431	噇 chuáng	275	噝 sī	1609	•嚳 yíng	2016
•嘩 huā	730	噎 yē	1956	【十三画】		(嚐)cháng	201
huá	732	髫 tiáo	1678	噻 sāi	1469	嚀 níng	1252
•嘆 tàn	1650	•嘵 xiāo	1843	噫 yī	1984	噴 sǎi	1469
嘞 lē	1025	(噉)dàn	354	噷 hm	700	嚓 cā	160
lēi	1031	嘻 xī	1798	(噰)yōng	2023	chā	184
•嘜 mài	1142	嘭 pēng	1292	•噠 dā	308	嚎 háo	676
(槑)méi	1162	(嘟)dū	431	da	340	•嚌 jì	803
嘏 gǔ	612	(噁)ě	458	噩 è	461	嚅 rú	1458
jiǎ	817	嘶 sī	1610	•噴 pēn	1290	嚏 tì	1669
嗽 sòu	1622	•嘩 huā	730	pèn	1291	(噦)tǎi	1643
(嗾)sòu	1622	huá	732	嚆 hāo	674	•嚇 hè	690
嘌 piào	1311	噶 gá	550	噷 huō	769	xià	1815
嘈 cáo	176	嘲 cháo	211	huò	778	(儹)zǎn	2084
嘎 gā	550	zhāo	2115	ǒ	1266	嚇 hǎn	669
gá	550	(嘠)gā	550	噤 jìn	889	(嚁)dàn	355
gǎ	550	gá	550	嘞 lēng	1031	(嚎)háo	676
•嘔 ǒu	1267	gǎ	550	•嚥 yè	1963	噢 ōu	1267
嘡 tāng	1652	(噘)juē	925	(噹)dāng	356	óu	1267
•嘗 cháng	201	嘹 liáo	1071	髻 jì	807	ǒu	1267
噓 shī	1544	噆 zǎn	2084	噁 tā	1639	òu	1268
xū	1894	噗 pū	1329	喊 huì	764	嚙 niè	1251
(嘑)hū	714	嘿 hēi	696	yuě	2069	嚜 me	1158
嘣 bēng	88	mò	1207	嘴 zuǐ	2229	嚚 yín	2008
•嗶 bì	97	嘬 zuō	2234	(觜)zuǐ	2229	嚣 áo	19
•嘍 lóu	1104	(嚣)qì	1356	嘯 pín	1314	xiāo	1844
lou	1107	器 qì	1356	噱 jué	928	嚕 lū	1107
嗵 dàn	355	•嘽 chǎn	196	xué	1905	【十六画～十七画】	
•嘓 guō	650	tān	1646	噥 nóng	1259	嚨 lōng	1099
嘤 yīng	2015	噙 qín	1389	器 qì	1356	lóng	1101
嘡 chī	238	噏 xī	1797	(噐)qì	1356	(嚫)chèn	222
嘁 qī	1337	•噷 ḿ	1132	噪 zào	2090	嚄 huò	779
(嚛)lüè	1122	噍 jiāo	850	•噯 āi	5	嚭 pǐ	1302
(嘅)kǎi	942	jiào	859	ǎi	7	(嚥)yàn	1935
•鳴 míng	1197	jiū	904	ài	9	嚦 lì	1045
嘚 dē	371	(嘳)kǎi	942	(舘)guǎn	632	嚪 dān	352
dēi	375	(嗥)háo	676	噲 kuài	981	嚬 pín	1314
嘝 hú	719	噢 ō	1266	噬 shì	1565	嚚 yín	2008
(嘯)xiào	1857	噜 lū	1107	嗷 jiào	859	(嚦)chǎn	196
【十二画】		噔 dēng	377	(噢)ō	1266	嚮 xiàng	1837
嘖 zǔn	2233	•噚 xún	1910	噡 zhān	2103	嚷 sǎi	1469

(58)～(60) 口囗巾

嚷 rāng	1429	四 sì	1613	圄 yǔ	2053	帘 lián	1055
rǎng	1430	(囙)yīn	2001	國 guó	650	帖 tiē	1682
•嚲 duǒ	455	囟 xìn	1873	圐 kū	976	tiě	1683
•嚶 yīng	2015	团△tuán	1712	圇 lún	1123	tiè	1685
•嚴 yán	1925	团 tuán	1712	圈△juān	923	帜 zhì	2158
•嚳 kù	979	因 yīn	2001	juàn	924	帙 zhì	2159
嚵 chán	193	回 huí	756	quān	1418	帕 mò	1205
(嚾)huān	740	囝 jiǎn	824	圍 wéi	1750	pà	1270
嚼 jiáo	850	囡 nān	1222	圌 chuán	273	帛 bó	130
jiào	859	【四 画】		chuí	280	帑 yuān	2059
jué	929	图△tú	1706	圝 luán	1120	帚 zhǒu	2176
【十八画以上】		囥 kàng	950	•園 yuán	2061	帔 pèi	1288
嚙 niè	1250	囱 cōng	293	•圓 yuán	2062	帑 tǎng	1655
(囉)huān	740	(囯)guó	650	圕 túshūguǎn	1706	帲 píng	1322
•囀 zhuàn	2194	围 wéi	1750	【十一画以上】		帣 juǎn	924
•囂 áo	19	囵 wéi	1750	團 tuán	1712	juàn	924
xiāo	1844	囷 yuán	2061	圖 tú	1706	帝 dì	394
(囅)áo	19	困 kùn	992	圙 lüè	1122	帮 bāng	57
xiāo	1844	囤 dùn	450	圜 huán	742	带 dài	344
囉 qū	1414	tún	1718	yuán	2063	帧 zhēn	2125
(嚼)jiáo	850	(囲)huí	756	圞 yóu	2035	•帥 shuài	1590
jiào	859	卣 yǒu	2043	(圞)luán	1120	【七画～八画】	
jué	929	囵 lún	1123	•圞 luán	1120	帨 shuì	1599
•囈 yì	1994	囮 é	457	(60) 巾		帵 wān	1732
•囅 chǎn	196	囫 hú	716			席 xí	1799
(囌)sū	1623	【五画～七画】		巾 jīn	875	帱 chóu	253
囊 nāng	1227	国 guó	650	【一画～四画】		dào	368
náng	1227	固 gù	617	(帀)zā	2077	帮 bāng	57
•囏 pèi	1290	(囷)xiá	1808	市 fú	532	带△dài	344
饕 tāo	1657	图 líng	1081	币 bì	94	帰△guī	640
囔 chán	193	囷 qūn	1427	市 shì	1556	峭 qiào	1381
•囉 luō	1125	(囶)guó	650	匝 zā	2077	•師 shī	1541
luó	1126	图 tú	1706	帅 shuài	1590	(帬)qún	1427
luo	1132	(囻)guó	650	布 bù	155	(帡)píng	1322
喊 hǎn	669	囿 yòu	2044	师 shī	1541	帻 zé	2092
•嚲 duǒ	455	圃 pǔ	1331	吊 diào	406	•帶 dài	344
(囓)niè	1251	圄 yǔ	2053	(帆)fān	481	帐 zhàng	2112
囑 zhǔ	2184	圂 hùn	767	帆 fān	481	常 cháng	202
囔 nāng	1227	圆 yuán	2062	帜 hū	715	帽 mào	1157
(59) 囗		(函)hán	667	帏 wéi	1750	帼 guó	653
(囗)wéi	1750	【八画～十画】		希 xī	1793	帷 wéi	1751
〇 líng	1081	圈 juān	923	帐 zhàng	2112	【九画～十一画】	
【二画～三画】		juàn	924	(帋)zhǐ	2155	(幁)kūn	991
囚 qiú	1408	quān	1418	帕 pà	1270	幂 mì	1181
		圊 qīng	1396	【五画～六画】		(幇)bāng	57

47

(60)～(61) 巾山

幩 fén	516	山 shān	1494	岈 yá	1917	【七　画】	
幅 fú	537	【二画～三画】		岢 kě	959	•訕 shàn	1498
•幀 zhēn	2125	訕 shàn	1498	岵 hù	724	崀 làng	1012
帽 mào	1157	屲 wā	1724	岸 àn	13	崋 lòng	1103
帽^mào	1157	击 jī	783	(屵)àn	13	崍 lái	1002
•幃 wéi	1750	出 chū	256	岩 yán	1928	崁 kàn	947
(幧)qiāo	1378	(屮)chān	192	岽 dōng	422	崂 láo	1014
帲 píng	1323	訕 shàn	1499	岿 kuī	988	(崋)huá	731
幄 wò	1770	辿 chān	192	岨 jǔ	916	huà	735
(幎)mì	1181	屼 wù	1787	岬 jiǎ	815	崚 gēng	587
幕 mù	1214	屿 yǔ	2051	岫 xiù	1891	•豈 kǎi	942
(幙)mù	1214	屾 shēn	1523	•岡 gāng	564	qǐ	1345
幌 huǎng	753	缶 fǒu	530	岭 lǐng	1086	崎 bū	134
幛 zhàng	2113	屹 yì	1994	岝 zuò	2239	•峴 xiàn	1825
•幘 zé	2092	岁 suì	1632	岳 yuè	2071	崳 yú	2053
幖 biāo	110	屺 qǐ	1345	岱 dài	343	崤 qiào	1381
幔 màn	1150	(屺)qǐ	1345	峂 tóng	1696	•峽 xiá	1808
•幗 guó	653	岂 kǎi	942	岣 gǒu	604	崞 shē	1516
(幚)bāng	57	qǐ	1345	岷 mín	1192	崡 hán	667
【十二画以上】		岌 jí	791	峇 tiáo	1678	崟 xiǎn	1824
幢 chuáng	276	【四　画】		(峂)tiáo	1678	崄 xiǎn	1824
zhuàng	2198	岍 qiān	1362	峁 mǎo	1155	峪 yù	2055
(幦)mì	1181	岏 wán	1734	峄 yì	1995	峨 é	457
幟 zhì	2158	岐 qí	1340	姆 mǔ	1210	(峩)é	457
幮 chú	264	岖 qū	1411	【六　画】		•島 dǎo	363
•幣 bì	94	岠 jù	919	峦 luán	1119	峰 fēng	526
幞 fú	534	岈 yá	1917	峧 jiāo	846	(峯)fēng	526
pú	1330	岗 gāng	564	峡 xiá	1808	峻 jùn	932
幡 fān	481	gǎng	566	峙 shì	1562	【八　画】	
•幠 hū	715	gàng	567	zhì	2161	密 mì	1179
(幩)zhēn	2125	岘 xiàn	1825	炭 tàn	1650	崇 chóng	250
幪 méng	1173	岑 cén	181	炭^tàn	1650	崆 kōng	968
•幩 fén	516	岕 jiè	872	耑 duān	438	崞 guō	650
幧 qiāo	1378	岔 chà	189	(耑)zhuān	2189	崒 zú	2226
幨 chān	192	氙 xiān	1817	峣 yáo	1949	(崪)zú	2226
(幭)mì	1181	岙 ào	19	峒 dòng	426	(崋)huá	731
•幫 bāng	57	(岅)bǎn	50	tóng	1695	huà	735
•幬 chóu	253	岚 lán	1006	(峝)dòng	426	崚 léng	1031
dào	368	岛 dǎo	363	tóng	1695	•崍 lái	1002
(幩)bāng	57	岌 jí	791	峇 bā	27	(崧)sōng	1619
幰 xiǎn	1825	邑 bā	26	峤 jiào	857	•崬 dōng	422
(幧)zhēn	2125	岊 jié	866	qiáo	1379	崖 yá	1917
(幱)lán	1006	【五　画】		峥 zhēng	2133	(崕)yá	1917
(61) 山		峃 xué	1903	峋 xún	1910	崎 qí	1344
		疝 shàn	1499	幽 yōu	2028	崦 yān	1921

巉 chán	193	(嵳) cuó	306	【十四画以上】		(彷) fǎng	498
崭 zhǎn	2103	嵩 sōng	1619	嵘 róng	1450	彻 chè	216
·岗 gāng	564	(嵫) zī	2207	豳 bīn	116	役 yì	1997
岗 gǎng	566	嗷 áo	18	嶺 lǐng	1086	往 wǎng	1742
岗 gàng	567	·崋 shē	1516	嶷 yí	1988	征 zhēng	2131
崮 gù	618	(歲) suì	1632	(嶽) yuè	2071	徂 cú	298
(崓) gù	618	嵊 shèng	1539	(巂) suǐ	1632	(徃) wǎng	1742
崟 yín	2008	嵬 wéi	1752	xī	1798	(佛) fú	532
(嶔) yín	2008	嶭 niè	1251	巅 diān	395	径 jìng	899
崤 xiáo	1844	嶂 zhàng	2113	巇 xī	1798	径^ jìng	899
(崙) lún	1122	蓂 mì	1181	巍 wēi	1745	彼 bǐ	92
(崘) lún	1122	·嵽 dié	411	巉 chán	193	【六画～九画】	
崚 jùn	932	·嶃 chán	193	巋 kuī	988	徉 yáng	1942
崔 cuī	300	崭 zhǎn	2103	巎 náo	1229	衍 yǎn	1930
崩 bēng	87	(嶄) chán	193	巓 diān	395	待 dāi	341
(崑) kūn	991	崭 zhǎn	2103	巒 luán	1119	dài	345
(崐) kūn	991	嶇 qū	1411	巘 yǎn	1934	徊 huái	738
崇 lù	1111	嵝 lǒu	1105	(巖) yán	1928	徇 xùn	1912
崛 jué	928	(㠭) dǎo	363	(巗) yán	1928	律 lǜ	1117
【九 画】		嶍 xí	1799			很 hěn	696
嵯 cuó	306	(嶨) xí	1799	(62) 巛		·後 hòu	709
嵝 lǒu	1105	【十二～十三画】		川 chuān	268	從^ cóng	293
嵫 zī	2207	嶙 lín	1077	卅 sà	1468	徕 lái	1002
(嵂) zī	2207	嶒 céng	182	训 xùn	1911	lài	1003
嵘 róng	1450	嶗 láo	1014	州 zhōu	2174	徒 tú	1706
嵽 dié	411	嶢 yáo	1949	圳 zhèn	2129	·徑 jìng	899
嵌 qiàn	1371	巓 zhuān	2191	斉 kuǎng	986	徐 xú	1895
嵖 da	340	嶓 bō	129	纠 xún	1910	徜 cháng	202
崴 wǎi	1727	嶕 jiāo	850	驯 xùn	1911	徘 pái	1274
wēi	1746	·嶔 qīn	1387	巟 chuān	268	徛 jì	806
嵯 chá	188	(嶁) da	340	(甽) zhèn	2129	·徠 lái	1002
(嵗) suì	1632	(嶠) jiào	857	顺 shùn	1600	lài	1003
(崑) kūn	991	qiáo	1379	紃 xún	1910	徙 xǐ	1801
(崐) kūn	991	嶝 dèng	380	訓 xùn	1911	得 dé	371
嵎 yú	2049	嶡 yǎn	1934	順 shùn	1600	de	374
崽 zǎi	2081	嶧 yì	1995	馴 xùn	1911	děi	375
(岳) yán	1928	(嶩) náo	1228			衔 xiāng	1840
嵚 qīn	1387	巂 suǐ	1632	(63) 彳		(衖) lòng	1103
嵛 yú	2050	xī	1798	彳 chì	242	従 cóng	293
嵇 jī	789	(嶴) ào	19	【三画～五画】		徨 huáng	748
嵬 wéi	1752	崄 xiǎn	1824	行 háng	672	·復 fù	544
·嵐 lán	1006	崔 xiǎn	1824	hàng	674	御 yù	2058
嵙 huì	764	嵨 yǔ	2051	héng	697	(禦) xián	1822
嵋 méi	1162	嶨 xué	1903	xíng	1879	循 xún	1911
【十画～十一画】		嶰 xiè	1864	彷 páng	1280	(徧) biàn	107

【十画以上】		·参 cān	168	**(66) 彐(彑⺕)**		犺 kàng	950
悭 qiān	1364	cēn	181	卯 mǎo	1155	狂 kuáng	986
(徬)páng	1280	彭 péng	1293	卵 luǎn	1120	犹 yóu	2029
微 wēi	1746	·须 xū	1892	卿 qīng	1400	狈 bèi	78
微△wēi	1746	彰 zhāng	2109	留 liú	1093	犹 yǔn	2075
徭 yáo	1951	澎 péng	1293	(卿)qīng	1400	狃 niǔ	1257
(徭)yáo	1951	影 yǐng	2018	孵 fū	531	(犯)bā	27
徯 xī	1797	膨 péng	1293	**(67) 夂(夂久夊)**		犼 hǒu	709
德△dé	373	蟛 péng	1293	久 jiǔ	906	**【五 画】**	
徵△zhēng	2131	(鬱)yù	2056	及 jí	790	狞 níng	1252
·彻 chè	216	·鬱 yù	2056	冬 dōng	422	狖 yòu	2044
德 dé	373	**(65) 夕**		处 chǔ	264	狉 pī	1295
徴 zhǐ	2156	夕 xī	1790	chù	266	狙 jū	913
·徝 sǒng	1620	歹 dǎi	341	(处)chǔ	264	狎 xiá	1808
·禦 yù	2058	外 wài	1728	chù	266	狑 líng	1081
徽 huī	756	(夘)mǎo	1155	务 wù	1789	狌 shēng	1534
徼 jiào	859	舛 chuǎn	273	各 gě	582	xīng	1876
(徼)jiǎo	853	(舛)chuǎn	273	gè	583	狐 hú	719
·徵 zhēng	2131	名 míng	1192	灸 jiǔ	906	狝 xiǎn	1823
聳 sǒng	1620	岁 suì	1632	条 tiáo	1677	狗 gǒu	604
黴 méi	1163	多 duō	451	备 bèi	80	狍 páo	1283
(64) 彡		夙 sù	1624	姷 yǒu	2043	狓 pí	1300
形 xíng	1878	麦 mài	1142	(変)biàn	104	狒 fèi	510
杉 shā	1491	炙 zhì	2161	昝 zǎn	2084	狓 jiā	809
shān	1497	夜 yè	1961	复 fù	544	**【六 画】**	
尨 máng	1151	㐱 xī	1790	·敃 mǔ	1210	狡 jiǎo	852
méng	1172	㐸 yuān	2059	夏 jiǎ	816	狩 shòu	1576
páng	1281	奓 shē	1516	xià	1816	狱 yù	2056
肜 róng	1449	zhā	2097	夐 xiòng	1887	狭 xiá	1808
彤 tóng	1696	zhà	2099	螽 zhōng	2170	猇 róng	1449
衫 shān	1497	(歺)xiē	1857	夒 náo	1229	狲 sūn	1634
钐 shān	1497	㛮 yuān	2059	**(68) 犭**		狮 shī	1542
shàn	1499	·麥 mài	1142	**【二画～四画】**		狘 yì	1998
参 cān	168	梦 mèng	1175	犰 qiú	1408	独 dú	433
cēn	181	够 gòu	607	犯 fàn	489	狯 kuài	981
shēn	1524	(夠)gòu	607	犷 guǎng	640	狐 hú	719
彦 yàn	1935	祭 jì	806	犴 àn	13	(狥)xùn	1912
须 xū	1892	zhài	2101	hān	665	狰 zhēng	2134
殄 tiǎn	1676	飧 sūn	1634	(犲)chái	191	狠 hěn	696
彬 bīn	116	·夢 mèng	1175	犸 mǎ	1138	律 lǜ	1117
彧 yù	2056	夤 yín	2008	狄 dí	383	**【七 画】**	
彪 biāo	111	夥 huǒ	776			猎 yín	2007
彩 cǎi	165	·夥 huǒ	776			狼 láng	1010
(彫)diāo	405					猂 hān	665
						狝 xiǎn	1824

·狭	xiá	1808	猥	wěi	1755	·獼	mí	1176	饵 ěr 466
狾	zhì	2160	猩	xīng	1877	·獵	liè	1076	饜 yàn 1935
狴	bì	97	猬	wèi	1758	·玀	luó	1126	饶 ráo 1431
·狽	bèi	78	猾	huá	733	·玁	xiǎn	1824	蚀 shí 1553
狸	lí	1036	(猨)	yuán	2063				饸 hé 686
(猂)	hàn	671	猴	hóu	708	【(69) 饣(食飠食)】			(餁) rèn 1446
猂	juàn	924	·猶	yóu	2029	食	shí	1552	饷 xiǎng 1836
猃	xiǎn	1824	㺄	yǔ	2053		sì	1617	饴 yí 1985
狳	yú	2047	猱	náo	1229		yì	1998	饸 tiǎn 1676
猁	lì	1050	猸	méi	1162	【二画～四画】			饹 gē 576
狻	suān	1628	獉	zhēn	2128	(飡)	cān	169	le 1027
猫	náo	1228	猿	yuán	2063	饤	dìng	416	饼 bì 97
【八 画】			(獏)	mò	1206	(飩)	sì	1617	【七画～八画】
猎 ^	liè	1076	獁	mǎ	1138	(湌)	cān	169	(餶) juǎn 923
猝	cù	298	(獪)	huá	733	饥	jī	780	·饻 xī 1796
猄	jīng	893	猺	yáo	1951	(飦)	zhān	2103	饽 bō 128
猏	jiān	822	(獅)	shī	1542	饦	tuō	1720	铺 bū 134
猜	cāi	160	(猺)	yáo	1951	飧	sūn	1634	㑇 sù 1626
(猜)	cāi	160	獉	sūn	1634	汤	táng	1652	饾 dòu 431
猪	zhū	2179	【十一画以上】				xíng	1882	餐 cān 169
猎	liè	1076	獐	zhāng	2109	飨	xiǎng	1836	饼 bì 97
猫	māo	1152	獍	jìng	901	(飱)	sūn	1634	·馁 něi 1233
	máo	1155	獄	yù	2056	飯 ^	fàn	491	(餒) něi 1233
猗	yī	1984	獕	cuī	301	饨	tún	1718	·馀 yú 2047
猙	bì	97	獗	jué	928	饪	rèn	1446	饿 è 460
猇	xiāo	1843	獠	lǎo	1024	饩	xì	1804	馂 jùn 933
猖	chāng	197		liáo	1071	饫	yù	2055	馂 jùn 933
猓	guǒ	654	(獋)	háo	676	饬	zhāng	2107	·饼 bǐng 122
猡	luó	1126	獴	měng	1174	饬	chì	244	(錠) dìng 416
(猙)	zhēng	2134	獲	huò	778	饭	fàn	491	馆 guǎn 632
猞	shē	1516	獭	tǎ	1640	·飩	tún	1718	·餦 zhāng 2107
(猠)	zhì	2160	(獥)	xiāo	1843	饮	yǐn	2010	·餞 jiàn 833
猊	ní	1240	(獧)	juàn	924		yìn	2013	馃 guǒ 654
㹴	hū	716	獨	dú	433	【五画～六画】			馄 hún 767
猛	měng	1174	獪	kuài	981	饯	jiàn	833	㑩 luó 1126
狝	mí	1176	獬	xiè	1864	饳	duò	455	(餚) yáo 1949
【九画～十画】			·獰	níng	1252	饰	shì	1562	馇 è 461
猰	yà	1920	·獮	xiǎn	1823	饱	bǎo	66	(餧) wèi 1759
猫	māo	1152	·獫	xiǎn	1824	·飽	bǎo	66	馅 xiàn 1828
	máo	1155	獯	xūn	1909	饲	sì	1617	【九画～十一画】
(猪)	zhū	2179	獷	guǎng	640	饴	yí	1985	(餬) hú 718
猢	hú	718	玃	huò	779	饼	bǐng	122	馇 chā 184
猹	chá	188	(獵)	liè	1076	(餈)	cí	287	zha 2099
猩	hè	691	獾	huān	740	饺	jiǎo	851	饕 tiè 1685
	xiè	1864	·獺	tǎ	1640	饻	xī	1796	·餳 táng 1652

	xíng	1882	·饠	luó	1126	尼	ní	1238	(屜)	tì	1669
馂	ài	9	馕	náng	1228	尻	kāo	950	屡	lǚ	1116
馈	kuì	990		nǎng	1228	尽	jǐn	881	犀	xī	1797
(餵)	wèi	1759	**(70) 彐(⺕彑互)**				jìn	884	(屠)	tú	1707
馉	gǔ	615				(㞌)	dū	432	犀	xiè	1863
馐	huáng	748	尹	yǐn	2008	层	céng	181	属	shǔ	1583
馊	sōu	1622	互	hù	723	屁	pì	1303		zhǔ	2184
(餱)	hóu	709	归	guī	641	屃	xì	1804	屩	juē	925
鎚	duī	444	刍	chú	263	屄	sóng	1620	屦	càn	172
馋	chán	193	(匜)	yí	1985	尾	wěi	1753		chán	193
(餻)	gāo	567	寻	xún	1909		yǐ	1991	**【十一画以上】**		
馐	xiū	1889	君	jūn	931	屉	bǎ	30	層	céng	181
(餹)	táng	1653	帚	zhǒu	2176	局	jú	915	·屢	lǚ	1116
馌	yè	1963	(帚)	zhǒu	2176	尿	niào	1249	·屣	sóng	1620
馎	bó	132	⺕	jié	868		suī	1630	屣	xǐ	1801
馍	mó	1200	肃	sù	1625	屄	bī	89	·鸤	shī	1543
·餶	gǔ	615	录	lù	1111	(屄)	bī	89	屪	liáo	1071
餼	xì	1804	隶	lì	1051	屉	tì	1669	·層	céng	181
(餽)	kuì	990	彖	tuàn	1713	居	jū	914	屦	jù	922
鎚	duī	444	彗	huì	764	(屆)	jiè	873	(屧)	xiè	1863
馏	liú	1095	(彗)	huì	764	屁	pì	1303	履	lǚ	1117
	liù	1098	雪	xuě	1905	届	jiè	873	·屨	jù	922
·饈	xiū	1889	(雪)	xuě	1905	屈	qū	1413	屩	juē	925
馑	jǐn	883	(肅)	sù	1625	鸤	shī	1543	屪	chàn	196
馒	mán	1145	·寻	xún	1909	屏	bīng	121	·屬	shǔ	1583
·饆	bì	97	(尋)	xún	1909		bǐng	122		zhǔ	2184
【十二画以上】			彘	zhì	2159		píng	1322	·屭	xì	1804
(饍)	shàn	1501	·彙	huì	760	屎	shǐ	1555	**(72) 弓**		
·饶	ráo	1431	(彚)	huì	760	昼	zhòu	2177			
馓	sǎn	1481	·肅	sù	1625	咫	zhǐ	2153	弓	gōng	593
馍	yì	2001	(彝)	yí	1988	(屍)	shī	1539	**【一画～七画】**		
·饋	kuì	990	(疊)	dié	411	屋	wū	1773	引	yǐn	2008
·餾	liú	1095	彝	yí	1988	屌	diǎo	406	(弔)	diào	406
	liù	1098	蠡	lí	1039	**【七画～九画】**			弗	fú	532
馔	zhuàn	2195		lǐ	1043	展	zhǎn	2103	弘	hóng	701
·饑	jī	780	·彟	yuē	2069	屎	qiú	1409	扩	guō	649
·饗	xiǎng	1836	·彠	yuē	2069	屑	xiè	1863	芎	xiōng	1886
饘	zhān	2103	**(71) 尸**			(屓)	xì	1804	夷	yí	1984
·饘	zhān	2103				屐	jī	788	弛	chí	239
饔	yōng	2024	尸	shī	1539	屙	ē	456	弟	dì	391
饕	tāo	1657	**【一画～六画】**			(屏)	bīng	121		tì	1668
·饜	yàn	1935	尹	yǐn	2008		bǐng	122	驱	kōu	970
(饝)	mó	1200	尺	chě	215		píng	1322	张	zhāng	2108
(饟)	xiǎng	1836		chǐ	241	屠	tú	1707	弝	bà	30
·饞	chán	193	卢	lú	1107	屦	dū	432	穹	qióng	1406

弦	xián	1821	疆	jiāng	840	㑳 chú	263	票 piào	1310
弧	hú	719	鬻 yù	2059	崇 chóng	250	雀 qiāo	1377
弥^	mí	1176	•彎 wān	1732	窙 tiào	1682	qiǎo	1381
弥	mí	1176	**(73) 己(巳已)**		•耀 tiào	1682	què	1426
弤	dǐ	387	己 jǐ	798	**(75) 小(⺌⺍)**		雀^ qiāo	1377
弨	chāo	208	已 yǐ	1989	小 xiǎo	1844	qiǎo	1381
弳	jìng	899	巳 sì	1613	**【一画～五画】**		què	1426
(弢)	tāo	1657	巴 bā	24	少 shǎo	1514	(叅) cān	168
弩	nǔ	1261	包 bāo	60	shào	1515	cēn	181
弮	quān	1418	包^ bāo	60	(少) shǎo	1514	(尠) xiǎn	1824
弯	wān	1732	圯 yí	1984	shào	1515	棠 táng	1655
弭	mǐ	1178	异 yì	1996	示 shì	1557	赏 shǎng	1504
弱	ruò	1466	导 dǎo	362	东 dōng	420	掌 zhǎng	2110
•弪	jìng	899	岂 kǎi	942	尒 ěr	464	(掌) chēng	224
弰	shāo	1513	bā	26	尔 ěr	464	裳 cháng	203
躬	gōng	593	圯 qǐ	1345	乐 lè	1026	shang	1512
【八画以上】			妃 fēi	505	yuè	2070	辉 huī	755
弹	dàn	355	忌 jì	802	尜 gǎ	550	敞 chǎng	205
	tán	1648	奤 bā	26	尘 chén	218	(敝) chǎng	205
弶	jiàng	843	邑 bā	26	尖 jiān	820	•當 dāng	356
張	zhāng	2108	改 gǎi	551	光 guāng	636	dàng	359
弸	péng	1292	(巵) zhī	2145	(朩) shū	1579	•嘗 cháng	201
(強)	jiàng	843	卷^ juǎn	923	当 dāng	356	•賞 shǎng	1504
	qiáng	1373	juàn	924	dàng	359	•輝 huī	755
	qiǎng	1376	巷 hàng	674	劣 liè	1076	(顯) xiǎn	1824
弹^	dàn	354	xiàng	1838	孙 sūn	1634	戯 xì	1806
	tán	1648	(香) jǐn	882	佘 shé	1517	•黨 dǎng	358
粥	yù	2059	起 qǐ	1345	余 yú	2046	耀 yào	1956
	zhōu	2175	配 pèi	1288	肖 xiāo	1840	(燿) yào	1956
弻	bì	98	匏 páo	1283	xiào	1855	**(76) 女**	
(弼)	bì	98	琶 pá	1269	贞 suǒ	1636	女 nǚ	1262
强	jiàng	843	巽 xùn	1912	茶 nié	1250	nù	1264
	qiáng	1373	篹 zhuàn	2195	尚 shàng	1511	rǔ	1458
	qiǎng	1376	zuǎn	2229	**【六画以上】**		**【二画～三画】**	
殻	gòu	608	**(74) 屮(屮屯)**		尝 cháng	201	奴 nú	1260
(彉)	guō	649	屯 tún	1718	嵞 gá	550	奶 nǎi	1220
•彄	kōu	970	zhūn	2201	県^ xiàn	1826	汝 rǔ	1458
•彆	biè	116	屯^ tún	1718	省 shěng	1536	安 ān	9
•彈	dàn	355	zhūn	2201	xǐng	1882	妄 wàng	1743
	tán	1648	出 chū	256	党 dǎng	358	奸 jiān	821
(彊)	jiàng	843	(艸) cǎo	176	原 yuán	2063	妆 zhuāng	2195
	qiáng	1373	(耆) shí	1548	•賷 suǒ	1636	囡 nān	1222
	qiǎng	1376	蚩 chī	238	堂 táng	1654	如 rú	1455
•彍	guō	649	(蚩) chī	238	常 cháng	202	(妌) chà	189
•彌	mí	1176						

(76) 女

灼 shuò	1605	罜 jī	787	㛿 rǎo	1431	(姘) pīn	1313
妇 fù	544	妯 zhóu	2175	姻 yīn	2002	婵 chán	192
妃 fēi	505	(姗) shān	1497	姚 yáo	1949	婶 shěn	1528
妈 mā	1132	姌 rǎn	1429	始 shǐ	1555	婉 wǎn	1735
她 tā	1638	(姪) zhí	2150	姝 shū	1579	娘 niáng	1248
好 hǎo	676	姓 xìng	1884	娇 jiāo	848	娜 láng	1009
hào	680	委 wēi	1745	(姙) rèn	1446	(娬) wǔ	1785
【四 画】		wěi	1754	㧟 guǐ	645	婞 xìng	1884
妨 fáng	497	姊 zǐ	2209	娜 nà	1219	婧 jìng	901
妫 guī	643	姗 shān	1497	nuó	1265	娶 qǔ	1416
妒 dù	437	(妳) nǎi	1220	(娜) nà	1219	媄 biǎo	113
妍 yán	1927	(妳) nǐ	1240	nuó	1265	娸 qī	1337
妩 wǔ	1785	姁 xǔ	1895	(姦) jiān	821	•婭 yà	1920
妘 yún	2074	妮 nī	1238	【七 画】		婼 chuò	284
㚢 zhuān	2191	帑 tǎng	1655	娑 suō	1635	ruò	1466
妓 jì	803	始 shǐ	1555	娣 dì	392	姬 jī	788
妪 yù	2055	姆 m̌	1132	宴 yàn	1935	媖 yīng	2014
妣 bǐ	92	mǔ	1210	娘 niáng	1248	婪 lán	1006
妙 miào	1188	【六 画】		姬 jī	788	婳 huà	737
(姌) rǎn	1429	姜 jiāng	838	(姬) jī	788	娠 shēn	1524
•妆 zhuāng	2195	姘 pīn	1313	(嫂) sǎo	1485	婕 jié	868
妥 tuǒ	1723	娄 lóu	1103	(姪) zhí	2150	婥 chuò	284
耗 hào	680	(妆) zhuāng	2195	娠 shēn	1524	(媒) ē	456
妗 jìn	887	姹 chà	189	孬 nāo	1228	娼 chāng	197
妊 rèn	1446	娈 luán	1119	娴 xián	1821	•婁 lóu	1103
妖 yāo	1948	姣 jiāo	846	娌 lǐ	1042	婴 yīng	2015
姊 zǐ	2209	姿 zī	2205	娱 yú	2050	(婬) yín	2007
妞 niū	1254	娶 jié	869	娖 chuò	284	婢 bì	97
(妞) niū	1254	(姸) yán	1927	娟 juān	923	婗 ní	1240
妤 yú	2046	娃 wá	1725	娲 wā	1725	媔 miǎn	1183
似 sì	1617	姞 jí	793	(娛) yú	2050	婚 hūn	766
【五 画】		姥 lǎo	1024	(嫂) sǎo	1485	•婦 fù	544
妾 qiè	1385	mǔ	1210	娉 pīng	1316	婀 ē	456
(姊) zǐ	2209	娀 sōng	1619	娥 é	457	(嬰) ē	456
妹 mèi	1167	娅 yà	1920	媒 méi	1162	【九 画】	
妺 mò	1204	姮 héng	698	娩 miǎn	1183	(嫂) sǎo	1485
姏 mán	1145	(姬) jī	788	娓 wěi	1753	婷 tíng	1688
姑 gū	608	要 yāo	1948	娜 nà	1219	嫏 láng	1009
(妬) dù	437	yào	1952	nuó	1265	媒 méi	1163
妻 qī	1336	姱 kuā	980	娿 ē	456	媒 xiè	1863
qì	1355	威 wēi	1745	(娿) ē	456	媠 duò	456
姒 sì	1617	耍 shuǎ	1587	娭 āi	5	(媼) yīn	2002
妣 bǐ	92	姨 yí	1985	xī	1797	媞 tí	1666
妲 dá	312	(姪) zhí	2150	【八 画】		•媧 wā	1725
姐 jiě	869	娆 ráo	1431	婆 pó	1324	媢 mào	1157

(76)~(78)女 飞 马

媼 ǎo	19	嫦 cháng	203	飏 yáng	1938	驰 chí	239
媛 yuán	2063	嫚 mān	1145	·飏 yáng	1938	驴 lú	1114
yuàn	2068	màn	1150	【二画～四画】		驱 qū	1411
媕 ān	13	嫘 léi	1028	汤 tāng	1652	(駄) duò	455
(媮) tōu	1698	嫶 jiáo	859	场 cháng	201	tuó	1722
婚 hūn	766	(媲) pì	1303	chǎng	204	(馱) duò	455
婢 bì	97	嫪 lào	1025	扬 yáng	1938	tuó	1722
嫂 sǎo	1485	【十一画～十三画】		饧 táng	1652	驲 rì	1449
嬃 xū	1892	·嬈 ráo	1431	xíng	1882	驳 bó	131
媚 mèi	1167	rǎo	1431	炀 yáng	1939	·駁 bó	131
婺 wù	1789	嬉 xī	1798	玚 chàng	205	驸 jué	926
婿 xù	1898	嫽 liáo	1071	yáng	1939	驿^yì	1995
(媍) fù	544	嫳 piè	1312	杨 yáng	1939	【五 画】	
【十 画】		·嫺 xián	1821	(塲) cháng	201	驼 tuó	1722
嫌 xián	1823	(嫻) xián	1821	chǎng	204	驻 zhù	2186
嫁 jià	819	嬋 chán	192	殇 shāng	1502	驵 bì	95
嫔 pín	1314	嫘 léi	1028	旸 yáng	1939	驵 zǎng	2085
嫉 jí	796	嫣 guī	643	(敭) yáng	1938	zǔ	2228
(嫏) láng	1009	憮 wǔ	1785	肠 cháng	201	(駡) mà	1139
媾 gòu	607	·嬌 jiāo	848	【五画以上】		驷 sì	1617
嫫 mó	1200	嬃 xū	1892	疡 yáng	1939	驹 jiōng	903
·媽 mā	1132	嬎 fàn	492	砀 dàng	360	驶 shǐ	1554
嫄 yuán	2065	·嫿 huà	737	畅 chàng	205	駛 shǐ	1554
媸 chī	238	嬗 shàn	1501	钖 yáng	1939	(駞) tuó	1722
嫒 ài	9	孃^niáng	1248	荡 dàng	360	驸 fù	543
媳 xí	1800	嬴 yíng	2017	烫 tàng	1656	(駈) qū	1411
(媿) kuì	990	嬙 qiáng	1375	崵 dàng	360	驹 jū	913
媲 pì	1303	嬛 huán	742	蕩 dàng	360	驺 zōu	2221
媵 yìng	2022	嬡 ài	9	餳 táng	1652	驸 dài	343
(媳) pì	1303	(嬝) niǎo	1249	xíng	1882	tái	1643
(嫋) niǎo	1249	嬖 bì	99	(颺) yáng	1938	驿 yì	1995
【十一画】		【十四画以上】		觞 shāng	1502	驾 jià	818
嫡 dí	384	嬪 pín	1314	觴 shāng	1502	驽 nú	1261
嫜 zhāng	2109	嬤 mó	1202	(78) 马(馬)		【六画～七画】	
嫠 lí	1038	(嬭) nǎi	1220	马 mǎ	1134	骈 pián	1306
嫱 qiáng	1375	嬰 yīng	2015	·馬 mǎ	1134	(駁) bó	131
嫣 yān	1923	嬲 niǎo	1249	【二画～四画】		骇 hài	665
嫛 yīng	2015	嬸 shěn	1528	冯 féng	527	骊 ěr	466
·嬅 zhuān	2191	嫺 lǎn	1007	píng	1321	骁 xiāo	1843
嫖 piáo	1310	孃 niáng	1248	驭 yù	2055	骂 mà	1139
嫩 nèn	1236	孀 shuāng	1593	駁 yù	2055	骃 yīn	2003
(嫩) nèn	1236	孆 yīng	2015	驮 duò	455	笃 dǔ	435
·嫗 yù	2055	孌 luán	1119	tuó	1722	骕 shēn	1524
嫕 yì	2001	(77) 𠃓(昜)		驯 xùn	1911	骄 jiāo	849
嫛 yī	1984					骅 huá	732

字	拼音	页码	字	拼音	页码	字	拼音	页码	字	拼音	页码
骆	luò	1129	骞	qiān	1364	孑	jié	864	(孳)	zī	2207
骍	xīng	1877	骟	shàn	1499	【一画～五画】			孵	fū	531
骊	lí	1035	骜	ào	21	孔	kǒng	968	鹎	duǒ	455
骝	guā	621	·骅	huá	732	仔	zǎi	2080	·孽	xué	1903
骋	chěng	233	騔	mò	1206		zī	2205	孺	rú	1458
验	yàn	1936	骦	shuāng	1593		zǐ	2209	孽	niè	1251
(骏)	dāi	340	骝	liú	1095	孕	yùn	2075	(孼)	niè	1251
骏	jùn	933	腾	téng	1663	字	zì	2210	·孿	duǒ	455
骎	qīn	1388	·骢	zōu	2221	存	cún	303	孪	luán	1119
·骏	qīn	1388	骘	zhì	2161	囝	jiǎn	824			
【八画～九画】			骚	sāo	1484	孙	sūn	1634	(80) 幺(幺乡)		
(骔)	zōng	2218	·骛	ào	21	孖	mā	1132	幺	yāo	1947
·骈	pián	1306	骠	biāo	110		zī	2205	乡	xiāng	1829
骐	qí	1341		piào	1311	好	hǎo	676	幻	huàn	743
骑	qí	1344	·驱	qū	1411		hào	680	幼	yòu	2044
骓	fēi	507	骡	luó	1127	(孪)	xué	1903	幽	yōu	2028
骒	kè	963	骢	cōng	293	孛	bèi	80	(鄉)	xiāng	1829
騑	fēi	507	骖	cān	169		bó	130	(鄉)	xiāng	1829
骙	^yàn	1936	【十二画以上】			孝	xiào	1855	孳	zī	2207
骎	dāi	340	骤	dūn	449	李	lǐ	1040	飨	xiǎng	1836
骏	jùn	933	骥	lín	1077	尮	yàn	1935	鄉	xiāng	1829
骓	zhuī	2198	·骁	xiāo	1843	孚	fú	534	·幾	jī	779
騅	zhuī	2198	·骅	huá	732	(孚)	fú	534		jǐ	797
骖	cān	169	骣	chǎn	196	孜	zī	2205	畿	jī	783
骚	^sāo	1484	惊	jīng	892	学	xué	1903	(曏)	xiàng	1837
(验)	yàn	1936	骄	jiāo	849	享	xiǎng	1835	嚮	xiàng	1837
骤	lù	1111	骕	sù	1625	孟	mèng	1175	断	duàn	442
骗	piàn	1307	(驘)	luó	1127	季	jì	804	·響	xiǎng	1835
(骔)	zōng	2218	驿	yì	1995	孤	gū	610	·饗	xiǎng	1836
(骗)	piàn	1307	·骏	yàn	1936	孢	bāo	63			
(骗)	piàn	1307	骤	zhòu	2177	孥	nú	1261	(81) 纟(糸糹)		
骗	huò	769	羁	jī	790	【六画以上】			【一画～三画】		
(骗)	cǎo	176	羁	jī	790	孪	luán	1119	系	jì	803
骔	tí	1666	(羈)	jī	790	孩	hái	661		xì	1803
·骝	guā	621	骥	jì	807	厚	hòu	712	系^	jì	803
(飄)	fān	481	驴	lú	1114	孚	fú	536		xì	1803
骙	kuí	989	骧	xiāng	1834		piǎo	1310	(糺)	jiū	904
·骙	kuí	989	骦	shuāng	1593	孬	nāo	1228	纠	jiū	904
骛	wù	1789	(驩)	huān	739	·孙	sūn	1634	丝	sī	1608
·骝	lù	1111	骤	lí	1035	尮	yàn	1935	纩	kuàng	986
骕	sù	1625	·骉	biāo	111	(俛)	miǎn	1183	纡	yū	2045
骚	sāo	1484	(79) 子			孰	shú	1581	纣	zhòu	2176
骘	zhì	2161	子	zǐ	2209	孳	bí	89	红	gōng	592
骉	biāo	111				孱	càn	172		hóng	701
【十画～十一画】			孓	jué	925		chán	193	·纠	jiū	904

(81) 纟

纤 qiàn	1371	纽 niǔ	1257	绎 yì	1995	tì	1669
xiān	1819	·紐 niǔ	1257	绍 shào	1515	·統 tǒng	1697
纥 gē	576	(絲) sī	1608	【六 画】		(綍) fú	533
hé	686	【五 画】		绞 jiǎo	852	続△ xù	1897
绚 xún	1910	绊 bàn	57	统 tǒng	1697	绠 gěng	588
约 yāo	1948	·絆 bàn	57	绑 bǎng	58	缅 lí	1035
yuē	2068	·紵 zhù	2184	絜 xié	1861	shǐ	1555
纨 wán	1733	(紇) xián	1821	(絜) jié	866	纲 liǎng	1068
纪 jǐ	798	线 xiàn	1827	结 jiē	860	·經 jīng	889
jì	801	绀 yún	2074	jié	866	绡 xiāo	1842
纫 rèn	1443	萦 yíng	2017	绀 gēng	588	·綃 xiāo	1842
(紉) rèn	1443	绁 xiè	1862	绒 róng	1449	(繭) jiǎn	825
级 jí	791	绀 gàn	563	绠 guà	624	绢 juàn	924
【四 画】		(紮) zā	2077	(絚) gēng	588	绻 guā	621
纻 zhù	2184	zhá	2096	绥 da	340	wō	1767
纹 wén	1764	绂 fú	537	绔 kù	979	(綑) kǔn	991
wèn	1766	·紱 fú	537	絷 zhí	2147	绥 suí	1632
紊 wěn	1765	(絚) gēng	588	绕 rào	1431	·綏 suí	1632
纺 fǎng	499	练 liàn	1059	绖 dié	410	缔 chī	238
纭 yún	2074	绊 lú	1108	(絖) kuàng	986	绤 xì	1806
纬 wěi	1753	·紕 pī	1297	紫 zǐ	2209	绣 xiù	1891
素 suǒ	1637	紫 zǐ	2209	(絏) xiè	1862	(縧) tāo	1656
素 sù	1626	绌 chù	266	絪 yīn	2003	·絳 jiàng	842
忝 tài	1645	组 zhàn	2107	(網) wǎng	1741	绦 tāo	1656
纮 hóng	707	组 zǔ	2226	·綁 bǎng	58	【八 画】	
纯 chún	282	细 xì	1804	绘 huì	763	绻 quǎn	1423
纰 pī	1297	绅 shēn	1523	绖 quán	1422	·綣 quǎn	1423
(紮) zā	2077	䌷 chōu	252	给 gěi	584	综 zèng	2095
zhá	2096	(紬) chóu	253	jǐ	799	zōng	2218
紧 jǐn	882	累 léi	1027	绛 qiāo	1377	绽 zhàn	2107
纲 gāng	564	lěi	1029	(絍) rèn	1446	绾 wǎn	1737
纳 nà	1219	lèi	1031	绗 háng	673	绰 cuì	302
·納 nà	1219	织 zhī	2144	绛 jiàng	842	綮 qǐ	1350
纱 shā	1490	䌹 jiǒng	903	络 lào	1024	qìng	1404
纵 zòng	2220	䌳 zhì	2159	luò	1129	(綮) qǐ	1350
纶 jīn	875	纾 zhěn	2129	绚 xuàn	1902	qìng	1404
纶 guān	629	绝 shī	1543	绝 jué	926	绪 xù	1897
lún	1123	紫 dài	343	(絫) léi	1027	绫 líng	1086
纷 fēn	515	纸 zhǐ	2155	lěi	1029	绉 zōu	2221
纴 rèn	1446	终 zhōng	2169	絮 xù	1897	·綪 qiàn	1371
·純 chún	282	绉 zhòu	2176	·絕 jué	926	·綪 qiàn	1371
纸 zhǐ	2155	绐 dài	343	·絲 sī	1608	绩 jì	807
纾 shū	1578	绋 fú	533	【七 画】		綦 qí	1342
·紗 shā	1490	经 jīng	889	继 jì	805	綝 chēn	217
纼 zhèn	2130	经△ jīng	889	绨 tí	1664	lín	1079

(81) 纟

续	xù	1897	编	biān	101	·縈	yíng	2017	緻	zhì	2157
·緉	liǎng	1068	·緒	xù	1897	缤	bīn	116	縶	yī	1984
練△	liàn	1059	缂	kè	963	缞	cuī	300	(繃)	bēng	87
·緊	jǐn	882	(緤)	xiè	1862	缟	gǎo	574		běng	88
绮	qǐ	1350	(緊)	jǐn	882	缡	lí	1037		bèng	88
·綫	xiàn	1827	·緊	jǐn	882	缠	chán	194	缦	màn	1150
绱	shàng	1512	緗	xiāng	1832	缙	jìn	888	·缕	lǚ	1116
·緔	shàng	1512	缅	miǎn	1184	缜	zhěn	2129	缧	léi	1028
绯	fēi	507	·練	liàn	1059	(緊)	jǐn	882	缨	yīng	2015
绰	chāo	209	編△	biān	101	缚	fù	549	繇	yáo	1951
	chuò	284	绠	gěng	588	縛△	fù	549		yóu	2035
绲	gǔn	649	(綆)	gěng	588	缛	rù	1462		zhòu	2177
绳	shéng	1535	缆	lǎn	1007	·緻	zhì	2157	繁	fán	485
·網	wǎng	1741	缉	jī	789	缙	jìn	888		pó	1324
·綱	gāng	564		qī	1338	辔	pèi	1290	縧	tāo	1656
绶	shòu	1576	缇	tí	1666	縣	xiàn	1826	總	zǒng	2218
(綵)	cǎi	165	绲	gǔn	649		xuán	1899	縱	zòng	2220
総△	zǒng	2218	缈	miǎo	1188	绶	tā	1639	縩	cài	168
·綸	guān	629	·緲	miǎo	1188	缛	tā	1639	縫	féng	527
	lún	1123	缋	huì	764	縕	yūn	2073		fèng	529
·緋	fēi	507	缊	yūn	2073		yùn	2077	缪	miào	1189
绥	ruí	1464		yùn	2077	·緯	wěi	1753		miù	1199
(緐)	fán	485	·緯	wěi	1753	(縚)	tāo	1656		móu	1209
	pó	1324	缌	sī	1609	縊	yì	1999	繆	miào	1189
维	wéi	1751	·緺	guā	621	繁△	fán	485		miù	1199
·維	wéi	1751		wō	1767		pó	1324		móu	1209
绵	mián	1181	缓	huǎn	743	·縧	tāo	1656	(繈)	qiǎng	1377
绺	liǔ	1096	·緩	huǎn	743	(縏)	pán	1278	缫	sāo	1484
綹	liǔ	1096	缄	jiān	824	·縑	jiān	823	**【十二画】**		
绷	bēng	87	(總)	zǒng	2218	·縋	zhuì	2200	缮	shàn	1501
	běng	88	缏	biàn	107	缝	féng	527	缯	zēng	2095
	bèng	88		pián	1306		fèng	529		zèng	2095
绸	chóu	253	缎	duàn	441	·縐	zhòu	2176	·織	zhī	2144
·綢	chóu	253	(緥)	bǎo	69	·縝	zhěn	2129	·縴	qiàn	1371
绹	táo	1658	(縣)	mián	1181	**【十一画】**			蕤	ruǐ	1464
缀	zhuì	2200	线	xiàn	1828	缨	yǎn	1934	縫	da	340
绿	lù	1111	缑	gōu	604	缩	sù	1627	·繞	rào	1431
	lù	1118	缒	zhuì	2200		suō	1635	缬	xié	1861
·綠	lù	1111	·編	biān	101	·縗	cuī	300	(繖)	sǎn	1480
	lù	1118	缘△	yuán	2066	·縴	qiàn	1371	繭	jiǎn	825
缁	zī	2207	缘	yuán	2066	縶	zhí	2147	(繐)	suì	1633
【九 画】			绢	mín	1192	·績	jì	807	缭	liáo	1071
·潔	jié	866	**【十 画】**			纖△	xiān	1819	·繢	huì	764
缕	lǚ	1116	缢	yì	1999	·缥	piāo	1308	·繇	léi	1028
缔	dì	394	缣	jiān	823		piǎo	1310	繙	fān	485

58

(繙)	fān	481	·纓	yīng	2015		tāo	1656	·點 diǎn	396
·繒	zēng	2095	·纖	xiān	1819		yān	1923	·燾 dào	368
	zèng	2095	纛	dào	371	(黑)	hēi	692	tāo	1656
·繑	qiāo	1377	(纛)	dào	371	·鳥	diǎo	406	羆 pí	1301
(繦)	qiǎng	1377	(纚)	lí	1035		niǎo	1248	蘸 zhàn	2107
【十三画～十四画】				shǐ	1555	·魚	yú	2047		
·縫	da	340	·纘	zuǎn	2229	窨	xūn	1908	**(84) 斗**	
·繫	jì	803	·纔	cái	161	**【八画～九画】**			斗 dǒu	427
	xì	1803	·纜	lǎn	1007	煮	zhǔ	2184	dòu	428
繮	jiāng	840	**(82) 巛**			黑	hēi	692	㪷 dǒu	428
繾	qiǎn	1370				·為	wéi	1748	抖 dǒu	428
繩	shéng	1535	巡	xún	1910		wèi	1756	戽 hù	723
繰	qiāo	1378	(災)	zāi	2080	·無	mó	1200	(戽) hù	723
	sāo	1484	甾	zāi	2080		wú	1774	枓 dǒu	428
繯	huán	742	邕	yōng	2023	焦	jiāo	849	料 liào	1073
·繹	yì	1995	巢	cháo	209	舄	xì	1806	蚪 dǒu	428
·繪	huì	763	(剿)	chāo	209	(舃) xì		1806	(斝) jiǎ	817
繳	jiǎo	855		jiǎo	855	然	rán	1428	斜 xié	1860
	zhuó	2205	(劋)	chāo	209	煎	jiān	824	斛 hú	719
(繡)	xiù	1891		jiǎo	855	蒸	zhēng	2134	(斛) hú	719
·繽	bīn	116	(勦)	chāo	209	(熙)	xī	1798	斝 jiǎ	817
辨	biàn	108		jiǎo	855	(熙)	xī	1798	斟 zhēn	2128
·辯	biàn	108	(舝)	xiá	1809	煦	xù	1896	斡 wò	1770
繻	xū	1895	(雝)	yōng	2023	照	zhào	2117	斠 jiào	859
(繐)	cài	168	**(83) 灬**			煞	shā	1491	(斢) jiào	859
繾	qiǎn	1370					shà	1493	(鬥) dòu	428
繼	yǐn	2011	**【四画～七画】**			**【十画以上】**			槲 hú	720
·纁	yǐn	2011	杰	jié	868	熬	āo	18	橘 jū	915
纂	zuǎn	2229	炁	qì	1355		áo	18	**(85) 火**	
纁	xūn	1909	(為)	wéi	1748	熙	xī	1798		
·繼	jì	805		wèi	1756	(熙)	xī	1798	火 huǒ	772
【十五画以上】			点	diǎn	396	罴	pí	1301	**【一画～三画】**	
·纇	lèi	1031	羔	gāo	567	熏	xūn	1908	灭 miè	1189
·纊	kuàng	986	(為)	yān	1923		xùn	1912	灯 dēng	375
纈	xié	1861	烈	liè	1075	熊	xióng	1887	灰 huī	754
·續	xù	1897	热	rè	1433	熟	shóu	1568	灰^ huī	754
(蘂)	ruǐ	1464	·馬	mǎ	1134		shú	1581	伙 huǒ	776
纆	mò	1208	缶	fǒu	530	(窯)	yáo	1949	灾 zāi	2080
·纍	léi	1027	烏	wū	1770	·熱	rè	1433	灶 zào	2089
	lěi	1029		wù	1788	(默)	mò	1207	灿 càn	172
·纏	chán	194	(絲)	sī	1608	熹	xī	1798	炙 jiǔ	906
纑	lú	1108	烝	zhēng	2134	(勳)	xūn	1908	灵 líng	1084
轡	pèi	1290	烹	pēng	1292	燕	yān	1923	灼 zhuó	2203
纘	zuǎn	2229	庶	shù	1586		yàn	1937	灺 xiè	1862
(纕)	rǎng	1430	焘	dào	368	薰	xūn	1909	炀 yáng	1939

(85) 火

	yàng	1946	炮 bāo	63	焌 jùn	933	煲 bāo	64
(災)zāi		2080	páo	1283	qū	1414	熅 yūn	2073
【四 画】			pào	1286	焗 jú	916	yùn	2077
炎 yán		1928	烴 tīng	1686	【八 画】		·煒 wěi	1753
炆 wén		1764	(炤)zhào	2117	焱 yàn	1936	煖 xuān	1899
炕 kàng		950	炱 tái	1643	毯 tǎn	1650	(煗)nuǎn	1264
炉 lú		1108	【六 画】		欻 chuā	267	煅 duàn	441
炜 wěi		1753	烊 yáng	1942	xū	1895	煌 huáng	748
炬 jù		919	yàng	1946	·勞 láo	1013	(煥)huàn	745
炖 dùn		450	(羙)měi	1165	焙 bèi	82	煣 rǒu	1453
炒 chǎo		211	烫 tàng	1656	焞 tūn	1718	煺 tuì	1717
炅 guì		646	剡 shàn	1499	(焠)cuì	301	【十画～十一画】	
jiǒng		903	yǎn	1930	厣 yǎn	1930	·熒 yíng	2016
炆 lún		1123	郯 tán	1648	琰 yǎn	1930	·榮 róng	1449
炝 qiàng		1377	耿 gěng	588	棪 yǎn	1930	膋 liáo	1071
炘 xīn		1869	烤 kǎo	952	焚 fén	516	熔 róng	1451
炙 zhì		2161	(烠)kǎo	952	烧^shāo	1512	熇 hè	691
(炖)dùn		450	(裁)zāi	2080	焯 chāo	209	煽 shān	1497
炊 chuī		278	烘 hōng	700	zhuō	2202	(煽)shān	1497
炔 guì		646	烜 xuǎn	1902	焜 kūn	991	(熬)āo	18
quē		1424	烦 fán	484	煚 jiǒng	903	áo	18
(炒)chǎo		211	烧 shāo	1512	鈥 huǒ	776	熁 yè	1963
【五 画】			烛 zhú	2181	焾 lún	1123	熆 tā	1639
烂 làn		1008	烟 yān	1921	焮 xìn	1875	(熁)tā	1639
炷 zhù		2186	烔 tóng	1695	焰 yàn	1936	煨 wēi	1746
疢 chèn		222	烩 huì	764	颎 jiǒng	903	·煒 wěi	1753
炫 xuàn		1902	烨 yè	1963	【九 画】		熄 xī	1796
荧 yíng		2016	烙 lào	1024	煊 xuān	1899	熗 qiàng	1377
炬 jù		919	luò	1129	(煇)huī	755	(煺)tuì	1717
炳 bǐng		121	烬 jìn	885	·煢 qióng	1406	熘 liū	1090
柘 shí		1548	【七 画】		煸 biān	102	熥 tēng	1662
炼 liàn		1060	郯 tán	1648	(煑)zhǔ	2184	·螢 yíng	2016
炭 tàn		1650	烷 wán	1735	煤 méi	1163	熵 shāng	1503
炭^tàn		1650	烺 lǎng	1011	(煠)zhá	2097	熯 hàn	670
炽 chì		244	(焫)ruò	1467	·煉 liàn	1060	熛 biāo	110
炟 dá		312	焐 wù	1790	(煙)yān	1921	(熝)tuì	1717
炯 jiǒng		903	·熉 tīng	1686	煳 hú	718	熰 yàn	1937
烀 hū		715	焖 mèn	1171	煏 bì	98	熳 màn	1150
钬 huǒ		776	焊 hàn	671	·煩 fán	484	熜 cōng	293
炸 zhá		2097	(焗)jiǒng	903	(煖)nuǎn	1264	熨 yù	2058
zhà		2098	烯 xī	1794	煜 yù	2056	yùn	2077
秋 qiū		1407	(焙)kào	953	煚 jiǒng	903	熠 yì	2001
(烁)qiū		1407	焓 hán	667	·煬 yáng	1939	(熠)yì	2001
(炧)xiè		1862	烽 fēng	526	焜 kūn	991	【十二画～十三画】	
烁 shuò		1605	焕 huàn	745	煨 wēi	1746	燚 yì	2001

(燐)lín	1077	爊 āo	18	斋 jī	789	訪 fǎng	498
·燙 tàng	1656	(爕)xiè	1865	斓 lán	1006	敖 áo	18
燧 suì	1633	爆 bào	74	(斕)wén	1764	斾 pèi	1288
燊 shēn	1525	爌 kào	953	·斓 lán	1006	族 zú	2226
(燦)chuā	267	·爍 shuò	1605			旌 jīng	893
燸 xū	1895	爔 xī	1798	**(87)方**		旎 nǐ	1241
·螢 yíng	2016	·爐 lú	1108	方 fāng	492	旋 xuán	1900
罃 yīng	2015	爓 yàn	1937	**【二画～六画】**		xuàn	1902
縈 yíng	2017	爟 guàn	636	访 fǎng	498	雱 pāng	1280
(燉)dùn	450	·爛 làn	1008	仿 fǎng	498	·鈁 fāng	495
·熾 chì	244	(飈)biāo	111	邡 fāng	495	鲂 fáng	498
燒 shāo	1512	爚 yuè	2072	防 fáng	495	旒 liú	1093
憘 xī	1798	爝 jué	929	坊 fāng	495	(髣)fǎng	498
燂 tán	1649	(爥)jué	929	访 fáng	497	旗 qí	1342
燎 liáo	1071	爨 cuàn	300	芳 fāng	495	旖 yǐ	1992
liǎo	1073			吠 fēng	524	旚 lǚ	1116
熸 jiān	824	**(86)文(攵)**		彷 páng	1280	·魴 fáng	498
·燜 mèn	1171	文 wén	1761	妨 fáng	497	旙 fān	481
燔 fán	485	斉 jì	802	纺 fǎng	499	(旜)zhān	2102
燋 jiāo	850	qí	1339	祊 bēng	87	旟 yú	2046
燠 yù	2059	zī	2205	房 fáng	497		
燃 rán	1428	汶 wèn	1766	枋 fāng	495	**(88)心(忄)**	
燈 dēng	375	坟 fén	516	阞 fǎng	499	心 xīn	1865
(燄)yàn	1936	对 duì	444	肪 fáng	498	**【一画～三画】**	
燏 yù	2059	扽 wěn	1765	於 wū	1773	必 bì	95
(燐)lín	1077	吝 lìn	1081	yū	2045	忟 xǐn	1873
·營 yíng	2016	(李)xué	1903	yú	2047	沁 qìn	1390
爕 xiè	1865	纹 wén	1764	放 fàng	499	应 yīng	2013
(爊)āo	18	wèn	1766	(祊)bēng	87	yìng	2018
燦 càn	172	炆 wén	1764	鈁 fāng	495	忘 wàng	1743
燥 zào	2090	忞 mín	1192	斿 yú	2046	志 zhì	2158
·燭 zhú	2181	斉 jì	802	(斾)pèi	1288	忑 tè	1661
·燴 huì	764	qí	1339	施 shī	1543	忐 tǎn	1649
(燬)huǐ	760	zī	2205	斿 yóu	2034	芯 xīn	1869
(燠)yù	2059	斎 zhāi	2099	旁 páng	1280	xìn	1873
【十四画以上】		蚊 wén	1764	旐 zhào	2119	忒 tè	1661
(爇)qǐng	1402	虔 qián	1367	旅 lǚ	1115	tēi	1662
·鎣 yíng	2017	·紋 wén	1764	旅 lǚ	1115	tuī	1713
熸 jiān	824	wèn	1766	斾 pèi	1288	闷 mēn	1168
燹 xiǎn	1825	紊 wěn	1765	斻 zhān	2102	mèn	1171
(燁)yè	1963	斑 bān	49	旄 máo	1155	吣 qìn	1390
(燻)xūn	1908	斌 bīn	116	(斿)qí	1342	(唚)qìn	1390
xùn	1912	雯 wén	1764	舫 fǎng	499	忌 jì	802
·燼 jìn	885	斐 fěi	509	·紡 fǎng	499	忍 rěn	1442
爚 yào	1956	(斐)fěi	509	**【七画以上】**		忍 rěn	1442

(88)～(89) 心 户

【四画～五画】

忞	mín	1192
忝	tiǎn	1676
忢	ài	7
态	tài	1645
忠	zhōng	2168
念	niàn	1247
忿	fèn	518
(怱)	cōng	292
怂	sǒng	1620
(忝)	tiǎn	1676
忽	hū	715
总	zǒng	2218
思	sāi	1469
	sī	1609
怎	zěn	2093
怠	dài	343
急	jí	793
怹	tān	1646
怨	yuàn	2067
(怱)	cōng	292
怼	duì	448
怒	nù	1261

【六画～七画】

恙	yàng	1946
(悉)	xī	1797
恣	zì	2217
恋	liàn	1060
恋	liàn	1060
恝	jiá	814
恚	huì	764
恐	kǒng	969
(恥)	chǐ	242
恶	ě	458
	è	459
	wū	1773
	wù	1790
恭	gōng	598
恵△	huì	764
恼	nù	1264
虑	lǜ	1117
恩	ēn	462
恁	nèn	1236
息	xī	1796
(恖)	sāi	1469

	sī	1609
恳	kěn	964
恕	shù	1586
悫	què	1426
恶△	ě	458
	è	459
	wū	1773
	wù	1790
悬	xuán	1899
患	huàn	745
悉	xī	1797
悠	yōu	2028
您	nín	1251
(悤)	cōng	292
恿	yǒng	2025

【八 画】

惎	jì	807
(惪)	dé	373
葸	xǐ	1801
惹	rě	1432
葱	cōng	292
惑	huò	776
惠	huì	764
•恶	ě	458
	è	459
	wū	1773
	wù	1790
悲	bēi	76
悲△	bēi	76
惄	nì	1242
•悶	mēn	1168
	mèn	1171
(喒)	zǎ	2079
崽	zǎi	2081
(愅)	yǒng	2025
惩	chéng	232
惫	bèi	81

【九 画】

慈	cí	286
愙	kè	963
意	yì	1999
(惷)	chǔn	283
瑟	sè	1487
(慈)	cí	286

愚	yú	2049
•愛	ài	7
愈	yù	2056
感	gǎn	562
愁	chóu	254
愆	qiān	1364
愍	mǐn	1192

【十画～十一画】

(慂)	yǒng	2025
(愬)	sù	1625
(慈)	cí	286
(慤)	què	1426
•恶	ě	458
	è	459
	wū	1773
	wù	1790
慕	mù	1215
(蒽)	cōng	292
愿	yuàn	2068
慝	tè	1661
(慼)	qiè	1385
慁	hùn	767
罳	sī	1609
(慇)	yīn	2005
•態	tài	1645
愍	mǐn	1192
憋	biē	113
•慶	qìng	1404
慭	yìn	2013
慧	huì	764
(慧)	huì	764
惷	chōng	247
蕊	ruǐ	1464
蕙	huì	765
(慙)	cán	171
憂	yōu	2027
(慮)	lǜ	1117
(慾)	yù	2055
(慼)	qī	1337
(憇)	qì	1356
•慫	sǒng	1620
憨	hān	666
憋	mǐn	1192
慰	wèi	1759
(慭)	nǎn	1227

【十二画～十三画】

憘	xī	1797
•憲	xiàn	1828
•憑	píng	1321
憝	duì	448
(橤)	ruǐ	1464
(慤)	què	1426
憙	xī	1798
(憨)	hān	666
(憖)	yìn	2013
懋	yìn	2013
•憩	qì	1356
•憊	bèi	81
懑	mèn	1171
•應	yīng	2013
	yìng	2018
(懃)	qín	1389
•懇	kěn	964
懋	mào	1158
㒱	huī	756

【十四画以上】

•懣	mèn	1171
癒△	yù	2056
(癒)	yù	2056
蘂	ruǐ	1464
(懕)	yān	1921
•懟	duì	448
懲△	chéng	232
•懸	xuán	1899
懲	chéng	232
懿	yì	2001
•戁	nǎn	1227
•戀	liàn	1060
(戇)	gàng	567
	zhuàng	2198
戆	gàng	567
	zhuàng	2198
•戆	gàng	567
	zhuàng	2198

---

(89) 户(戶戸)

户	hù	721
戶△	hù	721
(戸)	hù	721

(89)～(92) 户 衤 韦 王

(戹)è		458
沪 hù		722
护 hù		722
启 qǐ		1349
妒 dù		437
戹 jí		791
戽 hù		723
戾 lì		1050
房 fáng		497
所 suǒ		1636
所△ suǒ		1636
肩 jiān		822
扁 biǎn		103
piān		1304
扃 jiōng		903
jiǒng		903
扆 yǐ		1992
扅 yí		1986
扇 shān		1497
shàn		1499
(搧) shān		1497
shàn		1499
•啓 qǐ		1349
扊 yǎn		1930
扈 hù		723
扉 fēi		507
(扉) fēi		507
雇 gù		619
棨 qǐ		1350
肇 zhào		2119
(肇) zhào		2119
綮 qǐ		1350
qìng		1404

(90) 衤 (礻示)

示 shì		1557

【一画～四画】

礼 lǐ		1039
佘 shé		1517
礼 jī		780
祁 qí		1340
礽 réng		1446
社 shè		1519
祃 mà		1139

祀 sì		1613
祊 bēng		87
袄 xiān		1819
祎 yī		1984
柰 nài		1221
视 shì		1560
祉 zhǐ		2152
祈 qí		1340
祋 duì		448
祇 qí		1340
•祇 zhǐ		2152

【五　画】

(祕) bì		95
mì		1179
(祘) suàn		1629
祛 qū		1413
祜 hù		724
(祓) fú		537
袚 fú		537
祟 suì		1633
祖 zǔ		2227
神 shén		1526
祝 zhù		2187
祚 zuò		2239
祐 shí		1548
(祐) yòu		2044
袝 fù		543
衹 zhī		2142
(衹) zhī		2142
祢 mí		1176
祠 cí		286

【六画～九画】

祥 xiáng		1835
祯 zhēn		2125
票 piào		1310
祫 xiá		1808
祧 tiāo		1677
祭 jì		806
zhài		2101
祷 dǎo		365
•视 shì		1560
祸 huò		778
祲 jìn		888
(祲) jìn		888
禅 chán		192

shàn		1499
禀 bǐng		122
祺 qí		1341
(禚) zhà		2099
禁 jīn		881
jìn		888
裸 guàn		635
禄 lù		1111
禅△ chán		192
shàn		1499
禊 xì		1806
福 fú		538
禋 yīn		2006
禖 méi		1164
•禎 zhēn		2125
禔 tí		1666
•禍 huò		778
•禕 yī		1984

【十画以上】

•禡 mà		1139
禚 zhuó		2205
禛 zhēn		2127
(禎) zhēn		2127
(隸) lì		1051
•禕 yī		1984
禤 xuān		1899
(隷) lì		1051
(禩) sì		1613
禦 yù		2058
禧 xǐ		1802
禫 dàn		356
(繄) bēng		87
隸 lì		1051
•禪 chán		192
shàn		1499
禨 jī		780
禮 lǐ		1039
禱 dǎo		365
•禰 mí		1176
禳 ráng		1429

(91) 韦(韋)

韦 wéi		1749
•韋 wéi		1749
韧 wéi		1750

韧 rèn		1443
(韌) rèn		1443
帐 chàng		205
韨 fú		537
•韍 fú		537
韡 wěi		1753
•韔 chàng		205
韩 hán		669
韪 wěi		1753
韫 yùn		2077
韡 wěi		1753
韛 bài		47
(韞) yùn		2077
韬 tāo		1657
•韜 tāo		1657
(韤) wà		1726

(92) 王(王玉)

王 wáng		1740
wàng		1743

【一画～四画】

主 zhǔ		2181
玉 yù		2053
乍 gǎ		550
玎 dīng		412
全 quán		1420
玑 jī		780
玏 lè		1025
宝 bǎo		64
玕 gān		557
玗 yú		2046
弄 lòng		1103
nòng		1259
尩 wāng		1739
(尫) wāng		1739
玙 yú		2046
玓 dì		391
玖 jiǔ		906
玛 mǎ		1138
玚 chàng		205
yáng		1939
玟 mín		1192
(玨) jué		926
玩 wán		1734
玮 wěi		1753

(92)王

旺 wàng	1743	珐 fà	480	(㮾)láng	1010	瑀 yǔ	2053
玞 fū	531	珙 gǒng	600	琛 chēn	217	瑰 guī	644
环 huán	741	顼 xū	1893	琫 běng	88	瑕 xiá	1808
玭 pín	1313	(琊)yá	1917	(栞)qín	1388	(瑉)mín	1192
玡 yá	1917	珰 dāng	358	琵 pí	1301	瑙 nǎo	1230
现 xiàn	1825	玼 cǐ	290	琴 qín	1388	瑑 zhuàn	2194
玑 cōng	292	珖 guāng	639	琶 pá	1269	【十画～十一画】	
玠 jiè	872	班 bān	48	斌 wǔ	1786	(瑳)cuō	306
(尪)wāng	1739	珧 yáo	1949	琪 qí	1341	·莹 yíng	2016
玢 bīn	116	珠 zhū	2178	瑛 yīng	2014	瑢 róng	1452
fēn	515	珽 tǐng	1689	琳 lín	1079	璃 lí	1037
玱 qiāng	1372	珩 háng	673	琦 qí	1344	瑭 táng	1653
玫 méi	1161	héng	697	(瑘)yá	1917	(㮾)láng	1010
玥 yuè	2070	(珮)pèi	1288	(琖)zhǎn	2103	璈 áo	19
玦 jué	926	珞 luò	1129	琢 zhuó	2204	璊 mén	1171
【五 画】		珣 xún	1910	zuó	2234	瑨 jìn	888
珌 bì	95	珵 chēng	223	琥 hǔ	721	瑱 zhèn	2131
珐 fà	480	珥 xún	1910	琨 kūn	991	(瑾)jìn	888
莹 yíng	2016	【七 画】		琅 luó	1126	(瑱)zhèn	2131
珏 jué	926	璗 dàng	361	琇 xiù	1891	玛 mǎ	1138
玡 yá	1917	tāng	1652	(琤)chēng	223	瑣 suǒ	1636
珂 kē	954	琉 liú	1093	(琱)diāo	405	·瑋 wěi	1753
珑 lóng	1101	望 wàng	1744	琭 lù	1111	瑶 yáo	1951
玷 diàn	403	琎 jìn	886	琚 jū	914	璦 ài	9
珅 shēn	1523	球 qiú	1409	【九 画】		·瑲 qiāng	1372
(珊)shān	1497	琅 láng	1010	瑳 cuō	306	瑰 guī	644
玲 líng	1081	琏 liǎn	1059	瑄 xuān	1899	(瑤)yáo	1951
珍 zhēn	2127	(琊)yá	1917	(㮾)láng	1010	(瑠)liú	1093
玳 dài	343	琐 suǒ	1636	·琿 huī	755	(瑣)suǒ	1636
珀 pò	1325	理 lǐ	1042	hún	767	璋 zhāng	2109
皇 huáng	747	·現 xiàn	1825	瑟 sè	1487	璇 xuán	1901
珋 lì	1051	珽 tǐng	1689	聖^shèng	1536	瑾 jǐn	883
玺 xǐ	1801	(琍)lí	1037	(瑇)dài	343	·璊 mén	1171
(珎)zhēn	2127	琇 xiù	1891	瑛 yīng	2014	璜 huáng	752
珊 shān	1497	珨 hán	667	瑚 hú	718	璉 liǎn	1059
琲 bèi	82	珺 jùn	933	·頊 xū	1893	(璍)bì	95
玻 bō	126	【八 画】		瑊 jiān	824	璀 cuǐ	301
珉 mín	1192	(琺)fà	480	瑞 ruì	1465	璎 yīng	2015
珈 jiā	809	琰 yǎn	1930	琨 kūn	991	(璅)suǒ	1636
【六 画】		琮 cóng	295	·瑒 chàng	205	璁 cōng	293
珓 jiào	858	瑄 guǎn	632	yáng	1939	·璁 cōng	292
珲 huī	755	琬 wǎn	1735	瑁 mào	1157	璆 qiú	1411
hún	767	琼 qióng	1406	·瑋 wěi	1753	【十二画～十三画】	
珥 ěr	466	斑 bān	49	瑗 yuàn	2068	璘 lín	1077
珪 guī	642	琅 láng	1010	瑜 yú	2050	(璢)liú	1093

(璜)	huáng	752	者	zhě	2122	来	lái	1000	枉 wǎng	1742
璞	pú	1330	(者)	zhě	2122	宋	sòng	1620	枝 qí	1340
璟	jǐng	898	耇	gǒu	606	枕	máng	1150	zhī	2144
璘	làn	1009	耆	qí	1344	杆	gān	557	林 lín	1078
璠	fán	485	耄	mào	1156		gǎn	559	杯 bēi	74
·璵	yú	2046	教	jiāo	849	(朽)	wū	1773	板ˆbǎn	50
·璡	jìn	886		jiào	858	杜	dù	436	枥 lì	1045
璚	qióng	1406	煮	zhǔ	2184	杠	gāng	566	枢 shū	1579
璕	xún	1910	耋	dié	410		gàng	567	柜 guì	646
璣	jī	780	(煑)	zhǔ	2184	杕	dì	394	jǔ	916
·璗	dàng	361	耆	zhù	2187		duò	455	枇 pí	1301
	tāng	1652	(覩)	dǔ	436	杖	zhàng	2112	(枒) yā	1912
瑟	sè	1487	**(94) 木**			杌	wù	1787	枑 hù	724
璵	huán	743	木	mù	1210	村	cūn	303	杪 miǎo	1187
·璫	dāng	358	**【一画~二画】**			材	cái	162	杲 gǎo	573
璨	càn	172	朮	shù	1584	代	yì	1994	果 guǒ	653
璩	qú	1414		zhú	2180	呆	dāi	340	杳 yǎo	1951
璐	lù	1113	(朮)	zhú	2180	杏	xìng	1882	·東 dōng	420
·環	huán	741	本	běn	83	束	shù	1584	(枏) nán	1225
璪	zǎo	2088	末	me	1158	杉	shā	1491	枧 bèi	78
·璦	ài	9		mò	1203		shān	1497	枧 jiǎn	825
【十四画以上】			未	wèi	1756	杓	biāo	109	枫 gāng	565
璽	xǐ	1801	禾	hé	682		sháo	1514	枘 ruì	1464
(璿)	xuán	1901	札	zhá	2097	条	tiáo	1677	(牀) chuáng	275
瓊	qióng	1406	耒	lěi	1029	条ˆ	tiáo	1677	采 cǎi	164
璧	bì	99	朽	xiǔ	1890	极	jí	791	cài	167
(璘)	lí	1037	东	dōng	420	杞	qǐ	1345	枞 cōng	292
璺	wèn	1766	朴	piáo	1310	(杞)	qǐ	1345	zōng	2218
瓅	lì	1051		pō	1323	杝	duò	455	·來 lái	1000
瓏	lóng	1101		pò	1324	杝	lí	1035	枌 fén	515
(瓌)	guī	644		pǔ	1331		yí	1984	枪 qiāng	1372
瓚	zàn	2085	杀	shā	1487	李	lǐ	1040	松 sōng	1618
瓖	xiāng	1834		shài	1493	杈	chā	182	杵 chǔ	265
瓘	guàn	636	朱	zhū	2177		chà	188	枚 méi	1161
瓔	yīng	2015	休	xiū	1887	杨	yáng	1939	枨 chéng	231
瓓	làn	1009	朳	bā	24	(枀)	duǒ	454	析 xī	1796
瓚	zàn	2085	机	jī	780	杩	mǎ	1138	(采) cǎi	164
瓛	huán	743	朵	duǒ	454		mà	1139	cài	167
(93) 耂			杁	qiú	1408	**【四 画】**			板 bǎn	50
(考)	zhě	2122	杂	zá	2078	杰	jié	868	(枮) xiān	1819
老	lǎo	1015	权	quán	1419	枓	dǒu	428	构 gòu	606
考	kǎo	950	朸	lì	1044	枋	fāng	495	枭 xiāo	1843
(攷)	kǎo	950	(枀)	duǒ	454	杭	háng	673	(栃) shì	1557
孝	xiào	1855	**【三 画】**			枣	zǎo	2088	柳 àng	18
			枕	zhěn	2129	枫 fēng				524

(94) 木

极 jí	791	柮 duò	455	架 jià	818	桨 jiǎng	841
杪 miǎo	1187	柴 chái	191	(枱) tái	1641	档 dàng	360
杻 chǒu	255	相 xiāng	1829	枲 xǐ	1801	柴 chái	191
niǔ	1257	xiàng	1838	【六 画】		桌 zhuō	2202
(杻) chǒu	255	柚 yóu	2034	样 yàng	1946	桢 zhēn	2125
niǔ	1257	yòu	2044	栟 bēn	83	(查) dù	438
杷 pá	1269	柙 xiá	1808	bīng	117	(栧) yì	1998
【五 画】		枵 xiāo	1843	桜△ yīng	2015	桐 tóng	1695
栏 lán	1005	枳 zhǐ	2153	桉 ān	12	桤 qī	1337
柈 bàn	57	柷 chù	266	(桉) àn	15	桃 táo	1658
柒 qī	1336	zhù	2187	案 àn	15	桧 guì	646
染 rǎn	1429	(枴) guǎi	625	桊 juàn	924	huì	764
荣△ róng	1449	(柟) nán	1225	栾 luán	1119	栓 shuān	1590
柠 níng	1252	(栅) shān	1497	校 jiào	857	(拴) shuān	1590
柁 duò	455	zhà	2099	xiào	1855	株 zhū	2178
tuó	1723	柃 líng	1082	(桚) zá	2078	梃 tǐng	1689
柱 zhù	2186	柞 zhà	2099	桩 zhuāng	2195	tìng	1689
柿 shì	1557	zuò	2239	核 hé	689	栝 guā	621
柲 bì	95	柂 duò	455	hú	719	kuò	993
枰 píng	1321	yí	1984	(栔) qì	1355	栴 zhān	2102
标 biāo	109	柏 bǎi	43	梆 bāng	58	桥 qiáo	1379
柰 nài	1221	bó	130	栻 shì	1560	梅△ méi	1162
栈 zhàn	2107	bò	134	桂 guì	647	栿 fú	534
(桒) sāng	1482	(柹) shì	1557	(桒) sāng	1482	(栰) fá	478
柜 guì	646	栎 tuò	1723	桔 jié	868	梴 chān	192
jǔ	916	栀 zhī	2145	jú	916	(柢) dǐ	387
(枒) yā	1912	栅 shān	1497	栳 lǎo	1024	桦 huà	735
荣 róng	1449	zhà	2099	栲 kǎo	952	桕 jiù	909
柑 gān	559	柁 bāo	63	栽 zāi	2080	臬 niè	1251
某 mǒu	1209	fú	537	拱 gǒng	600	桁 háng	673
柮 yì	1998	(栁) liǔ	1095	郴 chēn	217	hàng	674
栉 zhì	2161	柢 dǐ	387	桓 huán	743	héng	697
枯 kū	975	枸 gōu	604	栗 lì	1051	格 gē	576
柯 kē	954	gǒu	606	栖 qī	1336	gé	579
柄 bǐng	121	jǔ	918	xī	1793	桀 jié	868
柘 zhè	2124	柊 zhōng	2170	(栞) kān	942	桅 wéi	1750
栊 lóng	1101	栎 lì	1051	(栢) bǎi	43	栒 xún	1910
柩 jiù	910	yuè	2071	栫 jiàn	834	根 gēn	585
栋 dòng	425	柳 liǔ	1095	柩 jiù	910	桑 sāng	1482
栌 lú	1108	柔 róu	1452	桎 zhì	2157	栩 xǔ	1895
柬 jiǎn	825	树 shù	1585	尌 zhuā	2189	(栚) zǎn	2084
查 chá	187	枸 cí	286	框 kuàng	987	【七 画】	
zhā	2096	柽 chēng	223	桡 ráo	1431	渠 qú	1414
(查) chá	187	柳 jiā	809	桄 guāng	639	梁 liáng	1063
zhā	2096			guàng	641	桫 suō	1635

(94) 木

梲	zhuō	2203		tìng	1689	(椏)yā	1912	椑 bēi	75
(棁)	zhuō	2203	梨	lí	1037	棋 qí	1341	pí	1301
梯	tī	1664	梅	méi	1162	(棊)qí	1341	(晳)xī	1796
梓	zǐ	2210	(梹)bīn		116	椰 yē	1956	(椻)xiān	1819
核	hé	689		bīng	120	楛 hù	724	棚 péng	1292
	hú	719	·梟 xiāo		1843	kǔ	978	椆 chóu	254
桹	láng	1011	桴 fú		536	棻 fēn	515	楗 jiàn	835
梳	shū	1580	梴 chān		192	植 zhí	2150	棣 dì	394
桃	táo	1659	·條 tiáo		1677	(植)zhí	2150	屟 xiè	1863
梾	lái	1003	(梔)zhī		2145	焚 fén	516	椐 jū	914
框	kuàng	987	桀 jié		868	森 sēn	1487	椭 tuǒ	1723
械	xiè	1863	桦 xiáng		1835	椮 shēn	1525	【九 画】	
桲	po	1327	桷 jué		926	棼 fén	516	榉 jǔ	918
梽	zhì	2158	(桶)jué		926	·棟 dòng	425	槎 chá	188
棻	fēn	515	桶 tǒng		1697	椟 dú	435	(槜)pèng	1294
(埜)	yě	1958	梭 suō		1635	椅 yī	1984	楼 lóu	1104
梦	mèng	1175	棂 líng		1085	yǐ	1992	(榆)jiān	820
梵	fàn	492	梫 qǐn		1390	(椶)qī	1336	楢 yóu	2035
彬	bīn	116	桐 yín		914	極 jí	791	楦 xuàn	1903
婪	lán	1006	【八 画】			棫 yù	2057	楴 chèn	222
梻	chēn	217	渠 qú		1414	·棶 lái	1003	(棄)qì	1354
梸	lì	1049	椪 pèng		1294	椓 zhuó	2204	(槳)chéng	231
梗	gěng	588	棬 quān		1419	槧 qiàn	1371	shèng	1538
梧	wú	1780	棪 yǎn		1930	·棧 zhàn	2107	橢 yí	1984
(梜)	jiā	811	棕 zōng		2218	棠 táng	1655	榔 láng	1009
(桮)	bēi	74	(椗)dìng		419	椺 chéng	231	榠 míng	1198
(柳)	liǔ	1095	(椀)wǎn		1735	棐 fěi	509	楔 xiē	1858
梿	lián	1055	棺 guān		631	棑 pái	1274	椷 èr	471
桂	bì	97	棓 bàng		60	椒 jiāo	849	椿 chūn	281
梢	sào	1485	bèi		82	棹 zhào	2119	椰 yē	1956
	shāo	1513	椋 liáng		1063	(棹)zhuō	2202	(楮)chǔ	265
(桿)	gǎn	559	椁 guǒ		655	棵 kē	956	(楳)méi	1162
·根	bèi	78	(栟)bēn		83	棍 gùn	649	椹 shèn	1529
·梘	jiǎn	825	bīng		117	椤 luó	1126	zhēn	2129
梩	lí	1036	(椉)chéng		231	·椭 gāng	565	楠 nán	1225
	sì	1617	shèng		1538	棘 jí	796	楝 liàn	1060
桯	tīng	1686	(棗)qì		1354	·棗 zǎo	2088	禁 jīn	881
梣	chén	221	椰 láng		1009	検^jiǎn	825	jìn	888
	qín	1388	棨 qǐ		1350	椎 chuí	279	楂 chá	188
桵	ruǐ	1464	棒 bàng		60	椥 zhī	2146	zhā	2097
检	jiǎn	825	(栞)qín		1388	(棃)lí	1037	榃 tán	1649
(棶)	qī	1338	棱 lēng		1031	椎 chuí	279	楚 chǔ	265
梆	bāng	58		léng	1031	zhuī	2198	榾 gé	581
桔	gù	619		líng	1086	集 jí	796	hé	690
梃	tǐng	1689	楮 chǔ		265	棉 mián	1181	楷 jiē	860

(94)木

	kǎi	942	榨 zhà	2099	(槕)zhuō	2202	槿 jǐn	883
櫚 lú	1115	·榮 róng	1449	檻 jiàn	836	橫 héng	698
·楨 zhēn	2125	寨 zhài	2101	kǎn	945	hèng	700
·業 yè	1960	檳 bīn	116	夥 huǒ	776	樗 chū	263
欖 lǎn	1007	bīng	120	·夥 huǒ	776	槽 cáo	176
想 xiǎng	1836	榜 bǎng	59	榥 huàng	754	·標 biāo	109
·楊 yáng	1939	bàng	60	榻 tà	1640	槧 qiàn	1371
楫 jí	797	榱 cuī	300	(榾)gǔ	615	樕 sù	1627
楬 jié	869	槁 gǎo	574	(槑)méi	1162	樚 yóu	2035
榅 wēn	1761	(槀)gǎo	574	(榲)wēn	1761	械 qì	1356
榀 pǐn	1315	(槩)gài	554	·榿 qī	1337	樞 shū	1579
楲 wēi	1746	(椰)guǒ	655	·槍 qiāng	1372	(樐)lǔ	1110
楞 léng	1032	(椰)láng	1009	(榘)jǔ	916	(樝)zhā	2097
榾 gǔ	615	槊 lǎng	1011	榫 sǔn	1634	樓 lóu	1104
(榬)xuàn	1903	榠 míng	1198	檇 zuì	2232	(槾)màn	1150
榆 yú	2050	榷 què	1427	(槌)chuí	280	·槳 jiǎng	841
(椶)zōng	2218	楮 zhū	2180	槃 pán	1278	樱 yīng	2015
(榘)jǔ	916	槔 bó	133	槔 gāo	573	樊 fán	485
椵 duàn	441	榛 zhēn	2128	榭 xiè	1864	榴 liú	1095
(椷)jiān	824	(樹)shù	1585	槐 huái	738	(槩)gài	554
槌 chuí	280	榖 gǔ	616	樏 jié	868	(槩)gài	554
椑 bēi	75	(槖)tuó	1723	榴 liú	1095	(槔)gāo	573
pí	1301	榧 fěi	509	概 gài	554	·樂 lè	1026
(榼)gàng	567	楯 xiè	1863	yuè	2070
楯 dùn	451	(槓)gàng	567	(槩)gài	554	(槸)dōu	427
shǔn	1600	榰 zhī	2146	楹 yíng	2017	槜 zuì	2232
槃 pán	1278	櫧 kē	956	【十一画】		橡 xiàng	1840
椏 sǒng	1620	槊 qú	1414	(樑)liáng	1063	·樅 cōng	292
楸 qiū	1408	·構 gòu	606	·樣 yàng	1946	zōng	2218
楩 pián	1306	·榪 mǎ	1138	(榷)què	1427	樏 jié	868
榭 xiè	1864	mà	1139	榱 cuī	300	橥 zhū	2180
楴 xī	1796	·樺 huà	735	(槁)gǎo	574	槲 hú	720
(楂)xī	1796	模 mó	1200	樟 zhāng	2109	(槲)hú	720
·楓 fēng	524	mú	1209	樀 dí	384	橄 gǎn	562
楗 jiàn	835	(榦)gàn	563	(椰)guǒ	655	樛 jiū	904
概 gài	554	·槤 lián	1055	樃 kāng	948	(樛)jiū	904
楣 méi	1162	榑 fú	539	槊 lǎng	1011	椭 tuǒ	1723
椭 tuǒ	1723	(樕)sù	1627	槥 huì	764	橡 yǐn	2011
楹 yíng	2017	槅 gé	581	(槥)huì	764	【十二画】	
椽 chuán	273	hé	690	·樁 zhuāng	2195	樣 shē	1516
【十 画】		榎 jiǎ	816	(樆)guī	643	樽 zūn	2233
樣△yàng	1946	檟 jiǎ	816	橙 táng	1655	燊 shēn	1525
(槎)chá	188	(槼)xiū	1888	橋 qiáng	1375	橦 tóng	1696
槊 shuò	1606	楷 jiē	860	櫱 niè	1251	(橤)ruǐ	1464
榕 róng	1452	kǎi	942	·樺 huà	735	·橈 ráo	1431
		槤 dǎng	359				

(橄)gǎn	562	檬 méng	1173	yuè	2071	翅 chì	245
樾 yuè	2072	·樘 chēng	223	(櫍)zhì	2161	(翄)chì	245
·樹 shù	1585	檴 yuè	2072	櫓 lǔ	1110	(翤)chì	245
·樺 huà	735	檾 qíng	1402	橼 yuán	2066	豉 chǐ	242
檾 qíng	1402	·墙 qiáng	1375	【十六画】		敧 qī	1337
(檠)qíng	1402	檘 jiāng	840	櫬 chèn	222	(攲)yī	1984
(檆)cóng	295	檟 jiǎ	816	櫳 lóng	1101	鼓 gǔ	615
橐 tuó	1723	檔 dàng	360	(欆)lóng	1101	臌 gǔ	616
橛 jué	928	(檁)lǔ	1110	·櫧 zhū	2180	·鼕 dōng	422
(橜)jué	928	(檝)jí	797	櫱 niè	1251	(96) 犬	
橱 chú	264	·檛 zhuā	2189	欂 bó	133		
樲 èr	471	檎 qín	1389	(檿)tuò	1723	犬 quǎn	1423
(橹)lǔ	1110	檞 zhì	2161	·櫪 lì	1045	厌 yàn	1934
朴 pǔ	1331	(檢)jiǎn	825	(櫫)zhū	2180	伏 fú	533
(櫝)dù	438	檜 guì	646	·櫨 lú	1108	状 zhuàng	2197
檛 zhuā	2189	huì	764	·欄 lán	1005	·狀 zhuàng	2197
檎 qín	1389	(檌)zuì	2232	(櫱)niè	1251	畎 quǎn	1423
橇 qiāo	1378	檄 xí	1800	(櫽)yǐn	2011	哭 kū	976
桝 zhù	2187	檨 kuí	989	【十七画以上】		臭 chòu	255
橋 qiáo	1379	(檃)yǐn	2011	(欇)shuān	1590	xiù	1891
樵 qiáo	1379	檐 yán	1925	權 quán	1419	猋 biāo	111
(橯)zuì	2232	檗 bò	134	(櫺)líng	1085	猷 yóu	2035
概 gài	554	【十四画~十五画】		欄 lán	1005	(猶)yóu	2035
(槩)gài	554	·檸 níng	1252	樱 yīng	2015	献 xiàn	1828
槔 gāo	573	檳 bīn	116	欒 fán	485	獒 áo	19
齃 niè	1251	bīng	120	櫼 jiān	821	(獃)dāi	340
(槷)dōu	427	檫 chá	188	欅 jǔ	918	(獸)shòu	1576
橹 lǔ	1110	檯 tái	1641	(欓)yǐn	2011	(獘)bì	97
橡 xiàng	1840	檮 táo	1659	欋 qú	1415	飙 biāo	111
樠 zhū	2180	檻 guì	646	櫪 lì	1049	器 qì	1356
(檃)yǐn	2011	檻 jiàn	836	(櫕)cuán	300	獸 shòu	1576
檃 yǐn	2011	kǎn	945	欒 luán	1119	獻 xiàn	1828
槢 xī	1797	(櫂)zhào	2119	耀 luó	1126	飆 biāo	111
橘 jú	916	(橙)dèng	379	欓 dǎng	359	(飇)biāo	111
橙 chéng	233	檵 jì	805	欛 bà	31	(97) 歹	
橢 tuǒ	1723	(樹)chú	264	欖 lǎn	1007		
·機 jī	780	檳 dú	435	欙 léi	1029	歹 dǎi	341
橼 yuán	2066	(欒)ruǐ	1464	(欝)yù	2056	【二画~五画】	
【十三画】		麓 lù	1114	(欎)yù	2056	列 liè	1074
(檥)yǐ	1992	櫜 gāo	573	欞 líng	1085	夙 sù	1624
檁 lǐn	1081	櫚 lú	1115	鬱 yù	2056	死 sǐ	1610
檀 tán	1649	榴 léi	1029	(95) 支(支)		(歺)dāi	341
櫑 léi	1029	攀 pān	1276	支 zhī	2142	歼 jiān	821
·轂 lì	1051	檐 zhì	2161	歧 qí	1340	(歾)yāo	1947
藁 gǎo	574	·櫟 lì	1051			殁 mò	1205

字	拼音	页码	字	拼音	页码	字	拼音	页码	字	拼音	页码
(歿)	mò	1205		jū	913	较	jiào	858	辏	còu	296
残	cán	170	【一画～五画】			(輕)	qīng	1397	·輳	còu	296
殂	cú	298	轧	gá	550	輀	ér	464	毂	gū	611
殃	yāng	1938		yà	1919	轼	shì	1560		gǔ	616
殄	tiǎn	1676		zhá	2097	载	zǎi	2080	辐	fú	538
殇	shāng	1502	库	shè	1519		zài	2083	·輻	fú	538
殆	dài	344	轨	guǐ	644	轾	zhì	2157	(輭)	ruǎn	1462
【六画～九画】			库	kù	978	晕	yūn	2072	辑	jí	797
残^	cán	170	轩	xuān	1898		yùn	2077	·輯	jí	797
殊	shū	1579	软	dài	341	輋	shē	1516	·輥	gǔn	649
殉	xùn	1912	轪	yuè	2071	轿	jiào	857	辒	wēn	1761
殒	yǔn	2075	韧	rèn	1444	辁	quán	1422	输	shū	1581
殍	piǎo	1310	(靭)	rèn	1444	辀	zhōu	2174	(輸)	shū	1581
殓	liàn	1060	转	zhuǎi	2189	辂	lù	1111	·輶	yóu	2035
殚	dān	351		zhuǎn	2191	·觚	gū	611	辐	chūn	282
殖	shi	1565		zhuàn	2194	辄	zhé	2122	輷	hōng	701
	zhí	2150	転^	zhuǎi	2189	·輇	quán	1422	輮	róu	1453
(殖)	shi	1565		zhuǎn	2191	辅	fǔ	539	辔	pèi	1290
	zhí	2150		zhuàn	2194	辆	liàng	1069	【十画以上】		
殛	dú	435	轭	è	459	·輊	zhì	2157	辖	xiá	1809
·殘	cán	170	轮	lún	1123	·輕	qīng	1397	轄	xiá	1809
殟	jí	793	斩	zhǎn	2103	蜇	qiàn	1371	穀	gū	611
殢	tì	1669	软	ruǎn	1462	(輓)	wǎn	1736		gǔ	616
殨	huì	764	轰	hōng	701	輜	zī	2207	辕	yuán	2063
(殞)	sūn	1634	戋	zhàn	2107	辌	liáng	1063	辒	wēn	1761
【十画以上】			荤	hūn	766	辖	guǎn	632	舆	yú	2051
殡	bìn	117		xūn	1908	辇	niǎn	1246	辗	niǎn	1246
·殒	yǔn	2075	轱	gū	609	(輒)	zhé	2122		zhǎn	2104
(殠)	chòu	255	轲	kē	954	·輛	liàng	1069	辘	lù	1114
殣	jìn	889		kě	959	·輚	zhàn	2107	辕	yuán	2063
(殢)	tì	1669	轳	lú	1108	辉	huī	755	轉	zhuǎi	2189
·殤	shāng	1502	轵	zhǐ	2153	辋	wǎng	1742		zhuǎn	2191
殪	yì	2001	轴	zhóu	2175	辊	gǔn	649		zhuàn	2194
·殨	huì	764		zhòu	2176	輪	lún	1123	(鏨)	zàn	2084
·殫	dān	351	轷	hū	715	辈	bèi	82	轇	jiāo	850
·殮	liàn	1060	轹	líng	1082	輩	bèi	82	缪	jiāo	850
(殭)	jiāng	839	·輪	líng	1082	铌	ní	1240	辚	lín	1077
·殯	bìn	117	轸	zhěn	2129	柒	qiàn	1371	辙	zhé	2122
·殰	dú	435	轶	yì	1997	暂	zàn	2084	辘	lù	1114
·殲	jiān	821	铄	lì	1051	(輓)	wǎn	1736	辖	gé	582
(98) 车(車)			瓠	gū	611	翚	huī	756	轎	jiào	857
			轻	qīng	1397	翬	huī	756	錾	zàn	2084
车	chē	212	轻^	qīng	1397	缀	chuò	284	轞	zhàn	2107
	jū	913	轺	yáo	1949	輜	zī	2207	轗	kǎn	945
·車	chē	212	【六画～九画】			輏	yóu	2035	轘	huán	742

	huàn	746	戛 jiá	814	怭 bì	97	甗 yǎn	1934
(轜)ér	464	戚 qī	1337	砒 pī	1297	**(102) 牙(牙)**	
·蠹 hōng	701	裁 cái	163	毗 pí	1301		
·轡 pèi	1290	载 zì	2217	(毘) pí	1301	牙 yá	1916
·轢 lì	1051	戟 jǐ	799	蚍 pí	1301	(牙) yá	1916
·轤 lú	1108	(戟) jǐ	799	毙 bì	97	讶 yà	1920
		惑 huò	776	铍 pí	1301	伢 yá	1917
(99) 戈		戡 kān	944	·紕 pī	1297	邪 xié	1859
戈 gē	576	载 zǎi	2080	(蓖) bì	97	yé	1957
【一画～五画】			zài	2083	琵 pí	1301	迓 yà	1920
戋 jiān	820	·戬 zhǎn	2103	蓖 bì	97	芽 yá	1917
戊 wù	1788	戢 jí	797	篦 bì	97	岈 yá	1917
(戉) yuè	2071	戥 děng	379			呀 xiā	1806
戎 róng	1449	戤 gài	554	**(101) 瓦(瓦)**			yā	1915
划 huá	730	戣 kuí	989	瓦 wǎ	1725		ya	1920
	huà	735	截 jié	869		wà	1726	玡 yá	1917
戍 shù	1584	戬 jiǎn	829	(瓦) wǎ	1725	穿 chuān	268
戌 qu	1418	(戩)jiǎn	829		wà	1726	(穿)chuān	268
	xū	1892	·戗 qiāng	1373	**【三画～十一画】**		(枒) yā	1912
成 chéng	224		qiàng	1377	瓮 wèng	1767	钘 yà	1917
戏 hū	715	臧 zāng	2085	瓯 ōu	1266	鸦 yā	1915
	xì	1803	**【十一画以上】**		(甌) ōu	1266	蚜 yá	1917
戒 jiè	873	戮 lù	1114	瓴 líng	1082	·訝 yà	1920
尧 yáo	1949	幾 jī	783	(瓴) líng	1082	胎 hé	686
找 zhǎo	2116	(戯) hū	715	(瓮) wǎn	1735	(掌)chēng	224
成 chéng	224		xì	1803	瓶 píng	1322	·釾 yá	1917
我 wǒ	1769	戰 zhàn	2105	瓷 cí	286	雅 yǎ	1918
(或)huò	776	(戬) jiǎn	829	瓻 chī	238	·鴉 yā	1915
·戔 jiān	820	戴 dài	346	瓿 bù	159		
或 huò	776	(樴) jí	797	瓶 cèi	181	**(103) 止**	
戕 qiāng	1373	·戲 hū	715	(甌) gāng	566	止 zhǐ	2151
戗 qiāng	1373		xì	1803	(甆) cí	286	正 zhēng	2131
	qiàng	1377	戳 chuō	283	甄 zhēn	2129		zhèng	2136
哉 zāi	2080			甃 zhòu	2177	企 qǐ	1349
战 zhàn	2105	**(100) 比(比)**		(瓾) lì	1051	此 cǐ	289
咸 xián	1822	比 bǐ	90	甍 méng	1173	步 bù	157
威 wēi	1745	(比) bǐ	90	(甎)zhuān	2191	武 wǔ	1785
【六画～十画】		毕 bì	96	甌 ōu	1266	歧 qí	1340
(裁)zāi	2080	仳 pǐ	1302	**【十二画以上】**		肯 kěn	963
(戠) zhí	2151	沘 bǐ	92	甑 zèng	2095	齿 chǐ	242
栽 zāi	2080	吡 bǐ	97	甏 bèng	89	些 xiē	1857
载 zǎi	2080		pí	1301	甕 wèng	1767	步^bù	157
	zài	2083	屁 pì	1303	甓 pì	1303	(岁) xiē	1857
盏 zhǎn	2103	紕 pī	1297	甔 dān	352	(甾) zì	2217
戫 yù	2056	昆 kūn	991	(罂)yīng	2015		

(啙)xiē	1857	曰 yuē	2068	昆 kūn	991	昂 áng	17
(砦)zhài	2101	【一画～三画】		昌 chāng	197	昝 zǎn	2084
啙 zǐ	2209	旦 dàn	353	·東 dōng	420	昴 mǎo	1156
茈 zì	2217	旧 jiù	908	(昇)shēng	1530	曷 hé	690
紫 zǐ	2209	甲 jiǎ	814	昕 xīn	1869	昪 biàn	104
(嫴)guī	641	申 shēn	1522	昀 yún	2074	昼 zhòu	2177
(歲)suì	1632	田 tián	1674	明 míng	1195	昵 nì	1241
·歲 suì	1632	由 yóu	2030	(冐)mào	1156	(昬)hūn	765
眥 zī	2207	电 diàn	398	mò	1205	昭 zhāo	2115
zǐ	2210	亘 gèn	587	吻 hū	716	【六　画】	
雌 cí	288	早 zǎo	2087	易 yì	1998	晏 yàn	1935
·齒 chǐ	242	曲 qū	1412	(旾)chūn	280	晕 yūn	2072
·歷 lì	1044	qǔ	1415	昏 hūn	765	yùn	2077
·歸 guī	641	旬 xún	1910	昂 áng	17	晖 huī	755
(**104**) 支(攴)		旨 zhǐ	2153	(昔)shí	1548	·時 shí	1548
		旮 gā	549	沓 dá	312	耆 qí	1344
(战)diān	394	旯 lá	997	tà	1640	晋 jìn	888
(敘)xù	1896	旭 xù	1896	【五　画】		晅 xuǎn	1902
敩 xiào	1857	阳 yáng	1943	昱 yù	2056	晒 shài	1493
xué	1905	曳 yè	1961	音 yīn	2005	(晉)jìn	888
敨 tǒu	1703	汩 gǔ	613	(昚)xiǎn	1835	晓 xiǎo	1855
(敧)qī	1337	汩 mì	1179	昡 xuàn	1902	晃 huǎng	753
(敠)duō	454	旷 kuàng	986	昶 chǎng	205	huāng	753
(斁)dù	436	旰 gàn	563	春 chūn	280	晁 cháo	209
敲 qiāo	1377	旱 hàn	670	昧 mèi	1167	晟 chéng	229
(毆)ōu	1411	时 shí	1548	(昰)shì	1563	shèng	1538
(夐)xiòng	1887	更 gēng	587	(者)zhě	2122	晔 yè	1963
毂 xiào	1857	gèng	589	是 shì	1563	昴 mǎo	1156
xué	1905	昜 yáng	1939	昺 bǐng	121	晌 shǎng	1504
(**105**) 攴(攵)		【四　画】		(晒)bǐng	121	·書 shū	1576
		昉 fǎng	499	(昚)shèn	1529	(昬)hūn	765
坚 jiān	821	旻 mín	1192	昽 lóng	1101	【七　画】	
·堅 jiān	821	炅 guì	646	昆 kūn	991	曾△céng	182
贤 xián	1821	jiǒng	903	显 xiǎn	1823	zēng	2094
肾 shèn	1529	昊 hào	681	冒△mào	1156	哴 làng	1012
·腎 shèn	1529	昙 tán	1647	mò	1205	匙 chí	241
竖 shù	1586	旺 wàng	1743	禹 yú	2049	shi	1565
·豎 shù	1586	昋 guì	646	映 yìng	2020	曹 cáo	175
紧 jǐn	882	昁 wěi	1753	眣 dié	410	晡 bū	134
·緊 jǐn	882	者 zhě	2122	yì	1997	晤 wù	1790
(竪)shù	1586	昔 xī	1795	昨 zuó	2234	奢 shē	1516
·賢 xián	1821	杳 yǎo	1951	星 xīng	1876	晢 zhé	2122
(**106**) 日(曰)		昃 gǎo	573	香 xiāng	1832	晨 chén	220
		昃 zè	2092	昏 hūn	765	晟 chéng	229
日 rì	1446	晛 xiàn	1826	昫 xù	1896	shèng	1538

•睍 xiàn	1826	(暒)gèng	589		pù	1333	•曬 shài	1493
勖 xù	1897	•暉 huī	755	遥 xiān	1820			
(勗)xù	1897	晕 yūn	2072	(暭)hào	681	(107) 贝(貝)		
(晣)zhé	2122	yùn	2077	•鲁 lǔ	1110	贝 bèi	78	
曼 màn	1147	(曉)xiǎo	1855	【十二画～十四画】			•貝 bèi	78
晗 hán	667	(暑)shǔ	1582	暾 tūn	1718	【二画～三画】		
晞 xī	1794	韪 wěi	1753	瞳 tóng	1696	贞 zhēn	2125	
晦 huì	764	戥 děng	379	(曏)xiàng	1837	则 zé	2090	
晚 wǎn	1736	(尟)xiǎn	1824	曀 yì	2001	负 fù	543	
冕 miǎn	1184	睐 jiǎn	825	•曉 xiǎo	1855	負 yùn	2077	
•晝 zhòu	2177	(暝)nuǎn	1264	•曇 tán	1647	贡 gòng	602	
【八 画】		•暘 yáng	1939	•曆 lì	1044	财 cái	162	
普 pǔ	1331	暍 yē	1956	(遥)xiān	1820	贯 suǒ	1636	
曾 céng	182	氁 mào	1157	(曁)jì	805	(貝)suǒ	1636	
zēng	2094	愚 yú	2049	曌 zhào	2119	呗 bài	44	
晾 liàng	1069	•暐 wěi	1753	豮 fēn	515	bei	82	
景 jǐng	897	暖 nuǎn	1264	(豶)fēn	515	员 yuán	2061	
晬 zuì	2231	晏 huàn	746	(曏)xiàng	1837	yún	2075	
替 tì	1669	會 huì	761	曚 méng	1173	yùn	2077	
(奢)shē	1516	kuài	981	(疉)dié	411	狈 bèi	78	
最 zuì	2231	盟 méng	1172	曙 shǔ	1583	扅 xì	1804	
晴 qíng	1402	煦 xù	1896	•曖 ài	9	贻 yí	1984	
(曉)xiǎo	1855	暌 kuí	990	曘 shà	1493	yì	1997	
暑 shǔ	1582	暇 xiá	1808	shài	1494	【四 画】		
(暎)yìng	2020	照 zhào	2117	颢 hào	681	贮 zhù	2184	
晰 xī	1796	暋 mǐn	1192	韙 wěi	1753	责 zé	2091	
(晳)xī	1796	【十画～十一画】		(朝)cháo	209	贩 fàn	492	
量 liáng	1064	(暠)hào	681	曝 qī	1339	枙 bèi	78	
liàng	1069	暝 míng	1198	(曙)shǔ	1583	贤 xián	1821	
晻 yǎn	1930	揭 qiè	1385	馥 fù	547	贬 biǎn	103	
(晻)àn	15	(暈)yè	1963	曛 xūn	1909	贪 tān	1645	
(晉)jìn	888	曄 yè	1963	曜 yào	1956	貪 tān	1645	
暂 zàn	2084	暮 mù	1215	曜△yào	1956	贫 pín	1313	
晶 jīng	896	曆△lì	1044	(曜)yào	1956	败 bài	45	
智 zhì	2159	(㬊)xiǎn	1823	【十五画以上】			账 zhàng	2112
(曾)céng	182	暵 hàn	670	•曠 kuàng	986	货 huò	777	
zēng	2094	(曀)nì	1241	曝 bào	74	质 zhì	2160	
鲁 lǔ	1110	•暢 chàng	205	pù	1333	販 fàn	492	
晚 wǎn	1736	暐 wěi	1753	(疊)dié	411	购 gòu	606	
冕 miǎn	1184	曖 ài	9	曦 xī	1798	贯 guàn	634	
暑 guǐ	646	暨 jì	805	•曨 lóng	1101	【五 画】		
【九 画】		瞀 mǐn	1192	馨 xīn	1873	•貯 zhù	2184	
暄 xuān	1899	影 yǐng	2018	鬐 qí	1344	贱 jiàn	833	
暗 àn	15	暫 zàn	2084	顥 hào	681	贰 èr	471	
暅 gèng	589	暴 bào	72	曩 nǎng	1228	贲 bēn	83	

bì	97	赔 péi	1287	·赘 zhuì	2200	jué	926
féi	508	赓 gēng	587	·贽 zhì	2161	砚 yàn	1935
贳 shì	1559	赋 fù	549	赜 zé	2092	觇 chān	192
贴 tiē	1682	(賛)zàn	2084	(嬰)yīng	2015	览 lǎn	1007
赀 zī	2207	·賣 mài	1142	赠 zèng	2095	觊 luó	1127
贵 guì	646	赌 dǔ	436	(寶)bǎo	64	觋 sì	1617
贶 kuàng	987	晴 qíng	1402	赟 yūn	2073	觋 xiàn	1826
·買 mǎi	1140	購 qíng	1402	赕 dàn	356	宽 kuān	983
钡 bèi	78	赍 jī	788	赝 yàn	1937	蚬 xiǎn	1824
贷 dài	343	賚 lài	1003	·赠 zèng	2095	觊 jì	805
贸 mào	1157	賢 xián	1821	赞 zàn	2084	(覜)tiào	1680
贻 yí	1985	赎 shú	1582	(穨)tuí	1715	宽△ kuān	983
费 fèi	510	赈 zhèn	2130	·寶 bǎo	64	觋 xí	1800
贺 hè	691	賤 jiàn	833	赢 yíng	2017	靓 jìng	901
【六 画】		赏 shǎng	1504	·赡 shàn	1501	liàng	1069
资 zī	2206	賬 zhàng	2112	·赡 shàn	1501	觌 dí	384
赃 zāng	2085	赐 cì	292	(贑)gàn	563	觍 tiǎn	1676
赅 gāi	551	贔 bì	97	赣 huì	764	·亲 qīn	1385
贼 zéi	2092	鋇 bèi	78	·贔 bì	97	qìng	1404
·贲 bēn	83	質 zhì	2160	賸 jìn	885	(覩)dǔ	436
bì	97	賙 zhōu	2175	赎 shú	1582	(覽)lǎn	1007
féi	508	賙 zhōu	2175	(贗)yàn	1937	觍 miǎn	1184
贾 gǔ	615	【九画～十画】		(贓)zāng	2085	tiǎn	1676
jiǎ	816	賾 tuí	1715	赣 gàn	563	觎 yú	2050
贽 zhì	2161	·賭 dǔ	436	·蠱 xì	1804	【十画以上】	
贷 zī	2207	賢 xián	1821	藏 zāng	2085	觏 gòu	607
贿 huì	764	赖 lài	1003	(鶯)yīng	2014	·覯 gòu	607
·贻 yí	1985	赗 fèng	529	(钻)zuǎn	2229	·覬 jì	805
·贸 mào	1157	(饋)tuí	1715	【108】见(見)		觐 jìn	889
赁 lìn	1081	赚 zhuàn	2195			觑 qū	1414
(䀏)xù	1896	zuàn	2229	见 jiàn	829	qù	1418
赂 lù	1111	赛 sài	1470	xiàn	1825	(覰)qū	1414
赆 jìn	885	赘 zhuì	2200	·見 jiàn	829	qù	1418
【七画～八画】		·購 gòu	606	xiàn	1825	宽 kuān	983
·賓 bīn	116	(賫)jī	788	【二画～九画】		·觑 qū	1414
bìn	117	赙 fù	549	观 guān	628	qù	1418
·實 shí	1550	罂 yīng	2015	guàn	634	(覵)jiàn	832
赉 lài	1003	婴 yīng	2015	觅 xiàn	1825	(覶)luó	1127
赇 qiú	1410	赜 zé	2092	觃 yàn	1935	(觑)qū	1414
赈 zhèn	2130	·赚 zhuàn	2195	视 shì	1560	qù	1418
婴 yīng	2015	zuàn	2229	觅 mì	1181	觉 jiào	857
赊 shē	1516	(賸)shèng	1539	覓 mì	1181	jué	926
賨 cóng	295	(賫)jìn	885	规 guī	643	觌 luó	1127
赕 dǎn	353	【十一画以上】		(寛)mì	1181	览 lǎn	1007
賨△ bīn	116	赠△ zèng	2095	觉 jiào	857	觍 dí	384

·覾 guān	628	特 tè	1661	氟 fú	533	搴 qiān	1364
覌 guàn	634	牺 xī	1793	氧 yǎng	1945	摹 mó	1200
(109) 父(父)		·牵 qiān	1362	·氕 qì	1350	斝 gé	582
		牾 wǔ	1786	氦 hài	665	摩 mā	1132
父 fǔ	539	牻 máng	1151	氨 ān	12	mó	1201
fù	541	牿 gù	619	氩 yà	1920	·挚 zhì	2161
爷 yé	1956	犁 lí	1038	氙 xī	1793	(撃) dūn	449
斧 fǔ	539	(觕) cū	296	氤 yīn	2003	擎 qíng	1402
爸 bà	30	**【八画以上】**		氪 kè	961	擊 jī	783
(变) biàn	104	犊 dú	435	·氢 qīng	1399	擘 bò	134
釜 fǔ	539	犄 jī	787	氮 dàn	354	(擘) bāi	31
爹 diē	409	犋 jù	920	·氩 yà	1920	𥕐 yè	1963
·爺 yé	1956	鹄 gǔ	615	氰 qíng	1402	(擥) lǎn	1007
(110) 爻(爻爻)		hú	720	氯 lǜ	1119	攀 pān	1276
		(犇) bēn	82	氲 yūn	2073	攣 luán	1119
爻 yáo	1949	bèn	86	(氳) yūn	2073	**(114) 毛**	
爽 shuǎng	1593	(犂) lí	1038	氮 dàn	355		
·爾 ěr	464	犀 xī	1797	**(113) 手(扌)**		毛 máo	1152
(111) 牛(牛牜)		(犛) máng	1150			**【三画～八画】**	
		犍 jiān	824	手 shǒu	1568	尾 wěi	1753
牛 niú	1254	qián	1369	**【三画～八画】**		yǐ	1991
午 wǔ	1785	犏 piān	1305	承 chéng	229	毡 zhān	2102
【二画～四画】		犒 kào	952	拜 bài	45	耗 hào	680
牝 pìn	1315	·掌 luò	1131	(拏) ná	1215	耗 hào	680
牟 móu	1208	犝 kào	952	举 jǔ	917	毦 mào	1156
mù	1214	犪 léi	1028	拳 quán	1423	(毧) róng	1449
牞 jiū	904	犛 lí	1038	挛 luán	1119	蚝 háo	674
牢 láo	1012	犟 jiàng	843	挈 qiè	1385	笔 bǐ	92
牤 māng	1150	·犢 dú	435	摩 yè	1963	毨 xiǎn	1823
牡 mǔ	1210	·犧 xī	1793	挚 zhì	2161	(毝) xiǎn	1823
吽 hōng	700	·犠 xī	1793	拿 ná	1215	毪 mú	1209
告 gào	574	犨 chōu	252	(挐) ná	1215	氂 máo	1155
牣 rèn	1443	**(112) 气**		(挈) ná	1215	毫 háo	675
(牠) tā	1638			挲 sa	1467	(毬) qiú	1409
牦 máo	1155	气 qì	1350	sha	1491	毻 rǒng	1452
牧 mù	1214	气 piē	1311	suō	1635	毰 péi	1288
物 wù	1788	氕 ^qì	1350	(挱) bāi	31	毯 tǎn	1650
【五画～七画】		氘 dāo	362	掌 zhǎng	2110	毳 cuì	303
荦 luò	1131	氙 xiān	1817	掰 bāi	31	毵 sān	1480
牯 gǔ	612	氚 chuān	268	掣 chè	217	**【九画以上】**	
牵 qiān	1362	氖 nǎi	1221	弄 pá	1270	氅 mào	1157
牲 shēng	1534	氝 nèi	1236	**【九画以上】**		毸 sāi	1469
牮 jiàn	834	氛 fēn	515	(挚) yán	1927	毽 jiàn	835
(牴) dǐ	386	氡 dōng	423	yàn	1935	毹 shū	1581
牸 zì	2212	氢 qīng	1399	(掔) jiū	904	(毺) shū	1581

(毹)shū	1581	敏 mǐn	1192	徵 zhǐ	2156	舆 yú	2051
毫 máo	1155	(敚)duó	454	·徵 zhēng	2131	誉 yù	2059
麾 huī	756	救 jiù	910	【十二画以上】		·兴 xīng	1875
(氂)máo	1155	敖 áo	18	激 jī	789	xìng	1882
·毿 sān	1480	赦 shè	1521	整 zhěng	2134	盥 guàn	635
氆 pǔ	1333	教 jiāo	849	緻 zhì	2157	鳖 wèn	1766
氅 chǎng	205	jiào	858	斁 dù	438	釁 xìn	1875
氇 lǔ	1110	敔 yǔ	2053	敛 liǎn	1058	釁 xìn	1875
(氄)rǒng	1452	敕 chì	245	徽 huī	756	爨 cuàn	300
(氊)rǒng	1452	(敎)bó	130	磤 hé	690		
氌 pǔ	1333	·败 bài	45	·斃 bì	97	**(118) 片**	
(氈)zhān	2102	敛 liǎn	1058	(敩)xiào	1857	片 piān	1304
·氀 zhān	2102	(敍)xù	1896	xué	1905	piàn	1306
(氍)qú	1415	敏 mǐn	1192	(敽)yú	2049	版 bǎn	51
毵 sào	1485	(啟)qǐ	1349	嚴^yán	1925	牍 dú	435
·氌 lǔ	1110	敢 gǎn	561	變 biàn	104	(牋)jiān	820
氍 qú	1415	【八画~十一画】		黴 méi	1163	(牐)zhá	2097
氎 dié	411	敦 duì	448			牌 pái	1274
(115) 攵		dūn	448	**(116) 长(長)**		牒 dié	410
(攵)wén	1761	(敢)gǎn	561	长 cháng	197	(牕)chuāng	274
【二画~五画】		(散)sǎn	1480	zhǎng	2109	(牓)bǎng	59
(攷)kǎo	950	sàn	1481	·長 cháng	197	牖 yǒu	2043
收 shōu	1565	散 sǎn	1480	zhǎng	2109	(牗)yǒu	2043
攻 gōng	592	sàn	1481	伥 chāng	196	(牎)chuāng	274
攸 yōu	2028	敬 jìng	902	怅 chàng	205	·牍 dú	435
改 gǎi	551	敝 bì	94	帐 zhàng	2112		
孜 zī	2205	敞 chǎng	205	饧 xíng	2107	**(119) 斤**	
放 fàng	499	(敞)bì	94	枨 chéng	231	斤 jīn	876
败 bài	45	(敝)chǎng	205	张 zhāng	2108	斥 chì	243
攽 bān	47	澂 wēi	1746	胀 chàng	205	诉 xīn	1869
政 zhèng	2140	数 shǔ	1583	账 zhàng	2112	(劤)jìn	887
故 gù	617	shù	1586	胀 zhàng	2112	忻 xīn	1869
畋 tián	1675	shuò	1606	賬 zhàng	2112	折 shé	1517
(敂)kòu	973	(敦)duì	448	餦 zhāng	2107		zhē	2119
敇 dù	438	dūn	448	鋹 chàng	205		zhé	2120
(皈)mǐn	1192	敫 jiǎo	855			听 tīng	1685
【六画~七画】		(敭)yáng	1938	**(117) 日 (曰冒囯)**		炘 xīn	1869
敉 mǐ	1178	微 wēi	1746	印 yìn	2011	斩 zhǎn	2103
效 xiào	1856	(微)wēi	1746	(卬)yìn	2011	所^suǒ	1636
敖 áo	18	徵^zhēng	2131	·舉 jǔ	917	昕 xīn	1869
致 zhì	2157	·敌 dí	383	(叟)sǒu	1622	㶼 qiāng	1373
敌 dí	383	敷 fū	531	(擧)jǔ	917	斧 fǔ	539
敝 bì	94	·數 shǔ	1583	·與 yú	2046	所 suǒ	1636
(敞)bì	94	shù	1586	yú	2051	欣 xīn	1869
		shuò	1606	yù	2053	斫 zhuó	2204

(119)斤

頎	qí	1340
斷	duàn	442
·訢	xīn	1869
·斬	zhǎn	2103
斯	sī	1609
(斵)	zhuó	2204
新	xīn	1869
靳	jìn	887
·頎	qí	1340
斳	qín	1389
斸	zhú	2181
(斲)	zhuó	2204
斶	chù	267
(斷)	zhuó	2204
·斷	duàn	442
斸	zhú	2181

(120) 爪(爫)

爪	zhǎo	2116
	zhuǎ	2189
妥	tuǒ	1723
孚	fú	534
受	shòu	1574
采	cǎi	164
	cài	167
覓	mì	1181
(爭)	zhēng	2132
乳	rǔ	1458
爬	pá	1269
爰	yuán	2063
爱	ài	7
笊	zhào	2119
舀	yǎo	1952
奚	xī	1796
(舘)	guǎn	632
·覓	mì	1181
舜	shùn	1602
·為	wéi	1748
	wèi	1756
·愛	ài	7
·亂	luàn	1120
虢	guó	653
繇	yáo	1951
	yóu	2035
	zhōu	2177

(121) 月(月月)

(谿)	xī	1797
爵	jué	928
(爵)	jué	928

(121) 月(月月)

月	yuè	2069

【一画～三画】

甩	shuǎi	1589
(肊)	yī	2001
(肎)	kěn	963
刖	yuè	2070
有	yǒu	2036
	yòu	2044
肌	jī	782
阴	yīn	2003
肋	lē	1025
	lèi	1030
肓	huāng	746
肟	wò	1769
肝	gān	557
肛	gāng	566
肚	dǔ	435
	dù	437
肘	zhǒu	2176
肖	xiāo	1840
	xiào	1855
(肐)	gē	576
肜	róng	1449
肠	cháng	201

【四 画】

肮	āng	17
肪	fáng	498
育	yō	2022
	yù	2055
肩	jiān	822
肤	fū	531
肼	jǐng	897
肕	ruǎn	1462
肸	hū	715
腨	zhuān	2191
玥	yuè	2070
青	qīng	1390
肺	fèi	509
肢	zhī	2144
肽	tài	1645

(肧)	pēi	1286
肱	gōng	599
(肬)	yóu	2030
肩ᐞjiān		822
肫	zhūn	2201
(肯)	kěn	963
肯	kěn	963
肾	shèn	1529
明	míng	1195
(冒)	mào	1156
	mò	1205
肿	zhǒng	2170
肭	nà	1220
肷	qiǎn	1370
胯	xī	1796
肴	yáo	1949
(胖)pán		1277
	pàng	1281
胀	zhàng	2112
朋	péng	1292
股	gǔ	613
肥	féi	507
服	fú	536
	fù	544
胁	xié	1859

【五 画】

胖	pán	1277
	pàng	1281
肺	fèi	509
育	yō	2022
	yù	2055
胇	bì	95
胥	liáo	1071
脉	mài	1144
	mò	1206
胗	shì	1558
胡	hú	716
胠	qū	1413
胚	pēi	1286
(胈)	bá	28
胈	bá	28
胧	lóng	1101
胨	dòng	425
背	bēi	75
	bèi	78

胩	kǎ	934
胪	lú	1108
胆	dǎn	352
胛	jiǎ	815
胂	shèn	1529
胃	wèi	1758
胄	zhòu	2176
胐	fěi	508
骨	gū	611
	gǔ	614
胗	zhēn	2128
钥	yào	1955
	yuè	2070
胙	zuò	2239
胜	shèng	1537
胍	guā	620
朐	qú	1414
胞	bāo	64
胞ᐞ	bāo	64
胝	zhī	2142
胤	yìn	2013
胫	jìng	899
胎	tāi	1641
胥	xū	1892

【六 画】

朕	zhèn	2131
胼	pián	1306
朔	shuò	1605
胺	àn	15
脒	mǐ	1178
脏	zāng	2085
	zàng	2085
脐	qí	1340
胶	jiāo	846
脑	nǎo	1229
胲	gǎi	553
	hǎi	665
朗	lǎng	1011
脓	nóng	1259
脉	mài	1144
	mò	1206
(脢)	méi	1163
胯	kuà	980
脔	chī	238
胰	yí	1985

胱 guāng	639	脚 jiǎo	853	睘 juàn	924	髌 bìn	117
胹 ér	464	jué	928	(胼) pián	1306	(膁) qiǎn	1370
(骨) gū	611	脯 fǔ	539	脾 pí	1301	膀 bǎng	59
gǔ	614	pú	1330	腴 yú	2049	bàng	60
胴 dòng	426	脰 dòu	431	猢 hú	718	pāng	1280
胭 yān	1923	(脣) chún	282	腱 jiàn	835	páng	1281
衄 nù	1264	豚 tún	1718	腒 jū	914	膏 gāo	573
脎 sà	1468	·脛 jìng	899	【九　画】		gào	576
脊 jǐ	799	脶 luó	1127	塍 chéng	232	膂 lǚ	1116
朓 tiǎo	1680	脬 pāo	1283	腰 yìng	2022	·膋 liáo	1071
(脊) jǐ	799	脢 méi	1163	腾 téng	1663	(膞) huò	779
脍 kuài	981	脸 liǎn	1058	猢 hú	718	(膆) sù	1626
脡 tǐng	1689	脞 cuǒ	307	腤 ān	13	膜 mó	1201
脢 méi	1163	(脩) xiū	1889	腩 piān	1305	膊 bó	132
胍 guā	620	(脝) pāng	1280	腻 nì	1242	膈 gé	581
(脬) pāng	1280	(脗) wěn	1765	腠 còu	296	gè	584
胳 gā	549	脧 juān	923	瑚 hú	718	(膃) wà	1726
gē	576	zuī	2229	膒 bì	98	脺 pí	1301
gé	580	脲 niào	1249	腩 nǎn	1227	(腿) tuǐ	1715
脆 cuì	302	【八　画】		·肾 shèn	1529	糊 hū	716
胝 zhī	2142	湖 hú	718	腰 yāo	1948	hú	718
(胝) zhī	2142	·勝 shèng	1537	腼 miǎn	1184	hù	724
脂 zhī	2146	腙 zōng	2218	腌 dā	308	縢 téng	1663
胸 xiōng	1885	腚 dìng	419	·腸 cháng	201	膣 zhì	2157
(胷) xiōng	1885	腔 qiāng	1373	腽 wà	1726	(膏) gāo	573
(脈) mài	1144	腕 wàn	1739	腥 xīng	1877	gào	576
mò	1206	(脺) cuì	302	腮 sāi	1469	膵 cuì	302
能 nài	1222	腑 fǔ	540	·腡 luó	1127	膝 xī	1798
néng	1237	腋 yè	1963	腭 è	461	·膞 zhuān	2191
脆 cuì	302	腎 qǐ	1350	腧 shù	1587	膘 biāo	110
(脃) cuì	302	腈 jīng	894	(腳) jiǎo	853	膛 táng	1655
(胚) cuì	302	期 qī	1337	jué	928	·膚 fū	531
·胁 xié	1859	(朞) qī	1337	·腫 zhǒng	2170	膗 chuái	268
(脅) xié	1859	腊 là	999	腹 fù	546	蝴 hú	719
【七　画】		xī	1796	腴 yú	2049	膕 guó	653
脱 tuō	1720	朝 cháo	210	腺 xiàn	1828	(膓) cháng	201
脑 ᐞnǎo	1229	zhāo	2115	脾 pí	1301	·膠 jiāo	846
脷 tì	1669	·腖 dòng	425	腏 zhuì	2200	【十二画～十三画】	
脘 wǎn	1736	·腎 shèn	1529	腯 tú	1708	膳 shàn	1501
脝 hēng	697	腌 ā	3	鹏 péng	1292	縢 lìn	1081
望 wàng	1744	yān	1921	腱 jiàn	835	滕 téng	1663
(朗) lǎng	1011	·脹 zhàng	2112	腿 tuǐ	1715	膯 tè	1662
䐃 de	375	腓 féi	508	·腦 nǎo	1229	téng	1663
te	1662	膕 guó	653	鹏 fú	537	膪 chuài	268
脖 bó	131	腆 tiǎn	1676	【十画～十一画】		膧 tóng	1696

•膩	nì	1242	臚 lú	1108	鴟 chī	238		yī	1984
膨	péng	1293	•謄 téng	1663	羝 dī	382	•欽 qīn	1387
膵	cuì	302	臢 zā	2078	舐 shì	1556	欿 kǎn	944
(臘)là		999	臝 luǒ	1128	•詆 dǐ	384	歆 xīn	1873
醐	hú	719	臟 zàng	2085	胝 zhī	2142	(欵)kuǎn	984
膰	fán	485	•臚 téng	1663	(胝)dǐ	386	歅 yīn	2006
膗	cuì	303	臁 dài	347	骶 dǐ	387	歇 xiē	1858
•膴	hū	715	臞 qú	1415	(骶)dǐ	387	•飲 yǐn	2010
膙	jiǎng	841	•臢 zā	2078	•鴟 chī	238		yìn	2013
臆	yì	2001	**(122) 氏(氐氏氒)**				歈 yú	2050
膻	shān	1498			**(123) 欠**		歃 shà	1493
臁	lián	1056	氏 shì	1555			**【十画以上】**	
膺	yīng	2013		zhī	2142	欠 qiàn	1370	歉 qiàn	1371
臃	yōng	2024	(氏)shì	1555	**【二画～六画】**		歌 gē	577
臌	gǔ	616		zhī	2142	次 cì	290	(歉)qiàn	1371
朦	méng	1173	氐 dī	380	欢 huān	739	(慾)yù	2055
•縢	téng	1663		dǐ	384	芡 qiàn	1371	歎 tàn	1650
(賸)shèng		1539	(氐)dī	380	欤 yú	2046	•歐 ōu	1266
(臘)téng		1663		dǐ	384	饮 yǐn	2010	歔 xū	1894
•膿 nóng		1259	低 dī	380		yìn	2013	(歟)yǔ	2010
臊	sāo	1484	诋 dǐ	384	欣 xīn	1869		yìn	2013
	sào	1485	邸 dǐ	384	欧 ōu	1266	歙 shè	1521
•膾 kuài		981	泜 zhī	2142	(歐)ōu	1266		xì	1797
•臉 liǎn		1058	底 de	374	钦 qīn	1387	嚮 hm	700
•膽 dǎn		352		dǐ	384	(欬)ké	957	(歘)chuā	267
臂	bei	82	坻 chí	240	(欱)hē	682		xū	1895
	bì	99		dǐ	386	**【七画～九画】**		歜 chù	267
臀	tún	1718	苤 dǐ	386	欷 xī	1794	(斂)liǎn	1058
【十四画以上】			抵 dǐ	386	欲 yù	2055	歟 yú	2046
臑	téng	1663	(呧)dǐ	384	(欵)kuǎn	984	(獻)xiào	1857
•臍 qí		1340	(帋)zhǐ	2155	欸 āi	5	歠 chuò	284
朦	méng	1173	弤 dǐ	387		ǎi	6	•歡 huān	739
•臏 bìn		117	衹 dǐ	387		ē	461			
臟	zàng	2085	祇 qí	1340		é	461	**(124) 风(風)**		
臑	nào	1232		zhǐ	2152		ě	461	风 fēng	520
(餬)hú		718	昏 hūn	765		è	461	•風 fēng	520
(臈)là		999	(秪)dǐ	386		ēi	461	讽 fěng	527
(臕)biāo		110	胝 zhī	2142		éi	461	飒 sà	1468
臝	luǒ	1128	疧 qí	1340		ěi	461	(颯)sà	1468
•臏 péng		1292	(袛)qí	1340		èi	462	飐 zhǎn	2103
•臏 fú		537	(眂)shì	1560	欻 chuā	267	颱 tái	1641
(臘)là		999	•祗 zhǐ	2152		xū	1895	颳 guā	620
臛	huò	779	砥 dǐ	387	歆 xìn	1875	飑 biāo	111
臚	lóng	1101	(祇)qí	1340	款 kuǎn	984	•颶 jù	920
(臙)yān		1923		zhǐ	2152	欺 qī	1338	飓 jù	920

(颺)yáng	1938	榖 gū	611	**(127) 水(氺)**		敩 xiáo	1857
颸 sī	1609	穀 gǔ	616			xué	1905
颼 sōu	1622	榖 gòu	608	水 shuǐ	1594	(敎)xiào	1857
•颼 sōu	1622	榖 tóu	1703	永 yǒng	2024	xué	1905
(颿)fān	481	毀 huǐ	760	(氷)bīng	117	鱟 hòu	714
飖 yáo	1951	殿 diàn	404	(氹)dàng	360	黌 hóng	708
•颻 yáo	1951	(觳)jué	926	冰 bīng	117	•鱟 xué	1905
飂 liú	1095	榖^gǔ	612	求 qiú	1408	•嚳 hóng	708
飘 piāo	1308	(榖)tóu	1703	氽 tǔn	1718	•鷽 hòu	714
(飄)piāo	1308	(慇)yīn	2005	汆 cuān	299		
飙 biāo	111	**【十一画以上】**		氼 dàng	360	**(129) 穴(穴)**	
(飈)biāo	111	毅 yì	1998	乑 gǒng	599	穴 xué	1903
(飇)biāo	111	•穀 gǔ	613	隶 lì	1051	**【一画～四画】**	
		彀 kòu	975	彔 lù	1111	(穵)wā	1724
(125) 殳(殳)		•毆 ōu	1267	尿 niào	1249	究 jiū	903
殳 shū	1576	觳 hú	720	suī	1630	穷 qióng	1404
【三画～七画】		(瞖)yì	2001	沓 dá	312	空 kōng	965
没 méi	1158	•榖 gū	611	tà	1640	kòng	969
mò	1205	gǔ	616	泰 tài	1645	突^tū	1705
芟 shān	1497	觳 hú	720	荥 xíng	1882	帘 lián	1055
役 yì	1997	(觳)hú	720		yíng	2016	穸 xī	1790
殴 ōu	1267	•醫 yī	1983	泵 bèng	88	穾 yòu	2044
殁 mò	1205	(毉)yī	1983	泉 quán	1422	戻 bī	89
(殴)ōu	1267	觳 kòu	975	浆 jiāng	839	穹 qióng	1406
股 gǔ	613			jiàng	843	(穽)jǐng	897
段 duàn	441	**(126) 毋(母)**		黍 shǔ	1583	突 tū	1705
殺 gǔ	614	毋 wú	1780	颖 yǐng	2017	穿 chuān	268
(殼)ké	957	(毌)wú	1780	(槑)miǎo	1188	(穿)chuān	268
qiào	1381	(毌)guàn	634	•荥 xíng	1882	窃 qiè	1384
殺^shā	1487	母 mǔ	1209		yíng	2016	窆 biǎn	103
shài	1493	每 měi	1164	滍 chí	241	窀 zhūn	2201
般 bān	49	每^měi	1164	•漿 jiāng	839		
bō	129	毐 ǎi	6		jiàng	843	**【五画～七画】**	
pán	1277	呣 ḿ	1132	•穎 yǐng	2017	窍 qiào	1381
殷 yān	1923		m̀	1132			窅 yǎo	1952
yīn	2005	姆 mǔ	1210	**(128) 龸(朢)**		窎 diào	407
yǐn	2010	毑 jiě	870	劳^láo	1013	䆗 yù	2057
毆 dòu	431	姆 nǎ	1218	峃 xué	1903	窄 zhǎi	2101
•殺 shā	1487	毒 dú	432	学 xué	1903	窊 wā	1724
毁 guǐ	646	(毒)dú	432	荣^róng	1449	窈 yǎo	1952
		贯 guàn	634	觉 jiào	857	室 zhì	2157
【八画～十画】		•貫 guàn	634	jué	926	窕 tiǎo	1680
•殼 ké	957	毓 yù	2059	鸴 xué	1905	窑 yáo	1949
qiào	1381	纛 dào	371	营^yíng	2016	(窓)chuāng	274
(殼)dū	431			营 kù	979	窦 dòu	431
(殽)xiáo	1844					窜 cuàn	300

窝 wō	1767	辛 xīn	1872	(贛) gàn	563	痈 yōng	2023
(窻) chuāng	274	妾 qiè	1385	赣 gàn	563	疹 zhěn	2129
窖 jiào	859	亲 qīn	1385	₃ gàn	563	疾 jí	795
窗 chuāng	274	qìng	1404	戆 gàng	567	痄 zhà	2099
窘 jiǒng	903	竑 hóng	707	zhuàng	2198	疴 jū	913
【八画～九画】		竖 shù	1586	(戇) gàng	567	疱 pào	1286
窣 sū	1624	音 yīn	2005	zhuàng	2198	疼 téng	1662
窥 kuī	989	(竒) jī	786	戇 gàng	567	疲 pí	1300
窦 dòu	431	qí	1343	zhuàng	2198	(痹) fèi	511
窠 kē	956	昱 yù	2056	**(131) 疒**		痉 jìng	899
窜 cuàn	300	竔 shēng	1531	【二画～四画】		痂 jiā	809
窞 dàn	355	飒 sà	1468	疔 dīng	412	【六画～七画】	
窟 kū	976	(竚) zhù	2184	疖 jiē	859	痒 yǎng	1946
•窪 wā	1724	(竝) bìng	122	疗 liáo	1070	痰 jiǎo	852
窶 jù	922	竜 lóng	1102	(疘) gāng	566	痎 jiē	860
窨 xūn	1908	站 zhàn	2106	疠 lì	1048	痔 zhì	2161
yìn	2013	竟 jìng	901	疝 shàn	1499	痖 yǎ	1918
窝 wō	1767	部 bù	158	疙 gē	576	瘐 yǔ	1985
•窳 yú	2050	【六画～八画】		疚 jiù	910	疵 cī	284
【十画～十二画】		章 zhāng	2109	疡 yáng	1939	(痺) huí	760
(窑) yáo	1949	竞 jìng	901	疢 chèn	222	(痌) tōng	1689
•窮 qióng	1404	竫 jìng	900	疟 nüè	1265	痊 quán	1422
窳 yǔ	2053	翊 yì	1999	yào	1952	(痊) quán	1422
(窰) yáo	1949	翌 yì	1999	疠 lì	1045	痏 wěi	1755
•窺 kuī	989	竦 sǒng	1620	疣 yóu	2030	痕 hén	696
•窶 jù	922	童 tóng	1696	疭 zòng	2221	痧 shā	1491
窸 xī	1797	瓿 bù	159	疥 jiè	872	痣 zhì	2158
•窵 diào	407	(竢) sì	1617	疮 chuāng	274	痨 láo	1014
•窬 yù	2057	竣 jùn	933	疧 qí	1340	痘 dòu	431
(鴥) yù	2057	靖 jìng	901	(疿) wù	1790	痡 fū	531
(窻) chuāng	274	新 xīn	1869	疫 yì	1997	痦 wù	1790
窾 kuǎn	985	•竖 shù	1586	疯 fēng	524	痞 pǐ	1302
窳 yǔ	2053	意 yì	1999	疤 bā	26	瘃 zhú	2181
窿 lóng	1102	(竧) jìng	900	【五画】		痙 jìng	899
【十三画以上】		(竢) sì	1617	疰 zhù	2187	痫 xián	1821
•窾 qiào	1381	【九画以上】		痃 xuán	1899	痤 cuó	306
•窜 cuàn	300	•竖 shù	1586	症 zhēng	2132	痢 lì	1050
(竄) yì	2001	端 duān	438	zhèng	2141	痗 mèi	1168
窦 dòu	431	彰 zhāng	2109	疳 gān	559	痪 huàn	745
竈 zào	2089	竭 jié	869	疴 kē	954	痛 tòng	1698
竊 qiè	1384	韶 sháo	1514	病 bìng	123	痠 suān	1628
		•颯 sà	1468	疸 shān	1497	(痾) kē	954
(130) 立		(颭) sà	1468	疸 dǎn	352	【八画】	
立 lì	1045	(廉) lián	1056	疽 jū	913	瘅 dān	351
【二画～五画】		•競 jìng	901			dàn	355

痯	guǎn	632	(瘥)	chài	192	·瘵	liáo	1070	(癟)	biē	114
痰	tán	1648		cuó	306	癇	xián	1821		biě	115
瘁	cuì	302	瘠	jí	797	(癇)	xián	1821	**(132) 玄(玄)**		
瘀	yū	2046	(瘠)	jí	797	(癎)	xián	1821	玄	xuán	1899
瘏	tú	1707	瘛	chì	245	癉	dān	351	(玄)	xuán	1899
瘄	cù	298	瘼	mò	1206		dàn	355	(妙)	miào	1188
痳	má	1134	瘩	dá	312	癌	ái	6	兹	cí	286
(痳)	lìn	1081		da	340	(瘩)	dá	312		zī	2206
·瘂	yǎ	1918	·瘱	yì	2001		da	340	(兹)	cí	286
瘃	zhú	2181	·瘧	nüè	1265	(瘇)	qiáo	1379		zī	2206
痱	fèi	511		yào	1952	(癈)	fèi	510	畜	chù	266
痼	gù	618	瘝	guān	632	癃	lóng	1102		xù	1896
痹	bì	97	(瘝)	guān	632	癮	yǐn	2011	率	lǜ	1118
瘐	diǎn	396	(瘟)	wēn	1761	**【十三画~十五画】**				shuài	1590
(痱)	fèi	511	(瘵)	chái	191	癔	yì	2001	(衒)	xuàn	1902
痴	chī	239	·瘡	chuāng	274	瘟	lěi	1030	**(133) 衤**		
瘘	wěi	1755	瘦	shòu	1576	癘	lì	1048			
瘐	yǔ	2053	瘢	bān	50	癩	là	998	**【二画~五画】**		
(痹)	bì	97	瘜	xī	1796		lài	1003	补	bǔ	134
(痾)	kē	954	瘪	biě	115	癏	guān	632	初	chū	261
瘆	shèn	1529		biē	114	癒^	yù	2056	衬	chèn	221
【九 画】			瘤	liú	1095	(癒)	yù	2056	衫	shān	1497
瘥	chài	192	瘫	tān	1647	瘋	shǔ	1584	衩	chǎ	188
	cuó	306	**【十一画】**			癜	diàn	404		chà	188
瘘	lòu	1106	瘴	zhàng	2113	癖	pǐ	1302	袆	huī	756
(瘖)	yīn	2005	瘼	mò	1206	癣	xuǎn	1902	衿	jīn	875
瘗	yì	2001	瘭	biāo	110	(癡)	chī	239	(衿)	jīn	875
瘆	chì	245	癀	huáng	752	癢	yǎng	1946	袄	ǎo	19
	zhì	2163	瘰	luǒ	1128	癟	biē	114	(衹)	qí	1340
瘩	dá	312	瘿	yǐng	2018		biě	115		zhǐ	2152
	da	340	·瘲	zòng	2221	癤	jiē	859	衲	nà	1220
瘌	là	998	瘵	zhài	2101	(癤)	jiē	859	衽	rèn	1446
·瘍	yáng	1939	瘦	lòu	1106	癥	zhēng	2132	袂	mèi	1167
瘟	wēn	1761	瘳	chōu	252	**【十六画以上】**			袢	pàn	1279
(瘝)	guān	632	癃	lóng	1102	癫	diān	395	袜	mò	1205
(瘉)	yù	2056	(瘻)	lòu	1106	癞	là	998		wà	1726
瘐	yǔ	2053	癮	yǐn	2011		lài	1003	祛	qū	1413
瘦	shòu	1576	瘸	qué	1425	癘	lì	1045	(袟)	zhì	2159
(痹)	bì	97	·瘆	shèn	1529	癮	yǐn	2011	袗	zhěn	2129
·瘋	fēng	524	**【十二画】**			瘦	yǐng	2018	袯	bó	131
瘊	hóu	709	·瘻	láo	1014	癣	xuǎn	1902	袍	páo	1283
(瘓)	huàn	745	癍	bān	49	癯	qú	1415	被	bèi	81
瘕	jiǎ	817	(瘤)	liú	1095	癰	yōng	2023	袒	tǎn	1650
瘙	sào	1485	·癀	huáng	752	癱	tān	1647	袖	xiù	1891
【十 画】			·癘	lì	1048	癲	diān	395			

衤			衤			衤			北		
袎	yào	1955	裰	duō	454	·襇	jiǎn	828	邶	bèi	78
襗	zé	2091	裾	jū	914	·襗	zé	2091	背	bēi	75
【六画～七画】			褛	lǚ	1117	·襕	lán	1006		bèi	78
裈	kūn	991	·裈	kūn	991	(襍)zá		2078	冀	jì	807
(裤)guà		624	褊	biǎn	104	·襏	bó	131	**(136) 艹(艸)**		
袪	qū	1413	裱	biǎo	113	襁	qiǎng	1377	劳	láo	1013
(裤)kù		979	(褚)chǔ		266	(襢)tǎn		1650	荧	yíng	2016
裆	dāng	358		zhǔ	2184	襟	jīn	881	苘	qǐng	1402
裀	yīn	2003	褡	dā	311	·襠	dāng	358	茕	qióng	1406
袷	qiā	1356	褙	bèi	79	·襝	liǎn	1059	荥	yíng	2016
(袷)jiá		814	馈	kuì	990	襚	suì	1633	荣	róng	1449
袱	fú	534	(裩)kūn		991	·襖	ǎo	19	荦	luò	1131
(衽)rèn		1446	褐	hè	691	襜	chān	192	荥	xíng	1882
袼	gē	577	·複	fù	544	**【十四画以上】**				yíng	2016
裉	kèn	964	褓	bǎo	69	襦	rú	1458	莹	yíng	2016
裤	kù	979	裨	bì	97	·襪	wà	1726	莺	yīng	2014
·补	bǔ	134		pí	1302	(襆)fú		534	萤	yíng	2016
裋	shù	1586	褕	yú	2050		pú	1330	营	yíng	2016
裲	liǎng	1068	(褊)biǎn		104	襤	lán	1006	莺	yīng	2015
(裌)jiá		814	褘	huī	756	襫	shì	1565	萦	yíng	2017
裢	lián	1055	褪	tuì	1717	襭	xié	1861	·營	yíng	2016
裥	jiǎn	828		tùn	1718	襮	bó	133	蒙	mēng	1172
裎	chéng	231	**【十画～十三画】**			·襬	bǎi	43		méng	1172
	chěng	233	褯	jiè	875	·襯	chèn	221		měng	1174
(裡)lǐ		1040	褲	kù	979	襄	ráng	1429	莹	yíng	2017
裣	liǎn	1059	(褵)lí		1037	襶	dài	347	(藭)qǐng		1402
裕	yù	2055	褥	rù	1462	·襴	lán	1006	鶯	yīng	2014
裙	qún	1427	褴	lán	1006	(襥)zhě		2123	**(137) 甘**		
【八画～九画】			褟	tā	1639	襻	pàn	1280	甘	gān	558
禅	dān	351	褫	chǐ	242	**(134) 耒(耒)**			邯	hán	666
褂	guà	624	裖	nài	1222	奉	fèng	528	弐	dài	343
裱	biǎo	113	(褪)tuì		1717	奏	zòu	2224	绀	gàn	563
裾	jī	788		tùn	1718	春	chūn	280	某	mǒu	1209
褚	chǔ	266	褙	jī	788	春△	chūn	280	甚	shèn	1529
	zhǔ	2184	褳	lián	1055	秦	qín	1388	甜	tián	1675
·裲	liǎng	1068	·褾	biǎo	113	泰	tài	1645	·紺	gàn	563
(裉)kèn		964	·褸	lǚ	1117	舂	chōng	247	酣	hān	666
裸	luǒ	1128	褶	dié	411	(惷)chǔn		283	澉	gàn	563
(裩)kūn		991		xí	1799	舂	chōng	247	**(138) 石**		
裼	tì	1669		zhě	2123	蠢	chǔn	283	石	dàn	353
	xī	1797	襭	xié	1861	**(135) 北**				shí	1546
裣	jīn	880	襆	fú	534	北	běi	76	**【二画～三画】**		
裯	chóu	254		pú	1330	茈	běi	78			
裨	bì	97	·襌	dān	351						
	pí	1302	·襀	kuì	990						

(138)石

(矴)dìng	419	砒 pī	1297	硠 láng	1011	磋 cuō	306
矶 jī	783	砵 bō	128	•砗 chē	215	(碰)pèng	1294
矿 kuàng	987	砢 kē	954	硬 yìng	2020	磁 cí	287
矸 gān	558	luǒ	1128	•硖 xiá	1808	碹 xuàn	1903
矼 gāng	566	砸 zá	2079	硁 kēng	965	碲 dì	394
岩 yán	1928	砺 lì	1048	硝 xiāo	1842	碥 biǎn	104
矽 xī	1790	砵 bù	157	硵 lǔ	1109	碶 qì	1355
矾 fán	484	砻 lóng	1101	•砚 yàn	1935	(碪)zhēn	2128
矻 kū	975	砧 zhēn	2128	硕 yǔn	2075	碧 bì	99
砀 dàng	360	(砦)zhài	2101	(硶)chěn	221	碡 zhóu	2176
码 mǎ	1139	砷 shēn	1523	硷 jiǎn	826	碟 dié	410
(妬)dù	437	础 chǔ	265	硪 wò	1770	磔 zhà	2099
【四 画】		砼 tóng	1692	确 què	1426	碴 chā	184
研 yán	1927	砟 zhǎ	2098	【八 画】		chá	188
yàn	1935	砥 dǐ	387	碰 pèng	1294	•碩 shuò	1606
砆 fū	531	破 pò	1325	碑 dī	382	•碭 dàng	360
砖 zhuān	2191	(砲)náo	1229	碇 dìng	419	碣 jié	869
砉 huā	730	(砲)pào	1286	碗 wǎn	1735	碨 wèi	1759
xū	1892	砾 lì	1051	碚 bèi	82	碍 è	461
砒 pī	1297	砩 fú	533	碎 suì	1633	碳 tàn	1650
砑 yà	1920	硁 kēng	965	硫 liú	1093	碱 jiǎn	828
砗 chē	215	砮 nǔ	1261	(硏)yán	1927	碫 duàn	441
砘 dùn	450	【六 画】		碛 qì	1356	碑 bēi	75
砌 qì	1355	硋 ài	9	碡 zhóu	2176	碸 fēng	524
qiè	1385	硖 xiá	1808	碱 wǔ	1786	磁 nǎo	1230
砂 shā	1491	硎 xíng	1879	(硎)xíng	1879	(碈)mín	1192
砚 yàn	1935	硅 guī	642	碏 què	1426	【十 画】	
砭 biān	101	硭 máng	1151	(碁)qí	1341	(磋)cuō	306
砉 huā	730	硕 shuò	1606	(碕)qí	1344	磏 lián	1056
xū	1892	(研)yán	1927	砬 lā	997	qiān	1364
斫 zhuó	2204	yàn	1935	硬 gěng	589	磅 bàng	60
碎△suì	1633	硒 xī	1793	碍 ài	9	páng	1281
砍 kǎn	944	硗 qiāo	1377	碘 diǎn	396	(碥)què	1426
砜 fēng	524	(砦)zhài	2101	(碯)náo	1229	磙 gǔn	649
(砘)dùn	450	硐 dòng	426	碓 duì	448	(磁)cí	287
泵 bèng	88	硙 wéi	1752	碑 bēi	75	•確 què	1426
砄 jué	926	wèi	1759	碹 zhì	2161	磕 kē	956
【五 画】		•硃 zhū	2177	硼 péng	1292	磊 lěi	1030
砣 tuó	1723	硚 qiáo	1379	碉 diāo	405	•碼 mǎ	1139
砬 lá	997	硇 náo	1229	碜 chěn	221	•磒 yǔn	2075
砫 zhù	2187	硌 gè	584	碌 liù	1098	•磑 wéi	1752
砰 pēng	1292	luò	1129	lù	1111	wèi	1759
砑 yà	1920	(硪)hāng	672	(碌)liù	1098	磎 xī	1797
砝 fǎ	480	【七 画】		lù	1111	磐 pán	1278
砹 ài	7	硫 liú	1093	【九 画】		磔 zhé	2122

磉 sǎng	1483	礄 hé	690	襲 xí	1799	**(142) 只(隻)**	
碾 niǎn	1246	**【十四画以上】**		聋 lóng	1101		
【十一画】		礤 cā	160	龚 gōng	599	只 zhī	2144
磲 qú	1414	礤 cǎ	160	龛 kān	944	zhǐ	2152
(磙) gǔn	649	•礪 lì	1048	笼 lóng	1102	识 shí	1548
磨 mó	1201	•礙 ài	9	笼 lǒng	1103	zhì	2158
mò	1208	•礦 kuàng	987	奢 zhé	2122	帜 zhì	2158
(磨) mó	1201	(礧) léi	1029	聾 zhé	2122	织 zhī	2144
mò	1208	•礬 fán	484	**(140) 业(业)**		炽 chì	244
(碹) xuàn	1903	•礩 zhì	2161			咫 zhǐ	2153
•磧 qì	1356	•礫 lì	1051	业 yè	1960	职 zhí	2151
磬 qìng	1404	礱 lóng	1101	亚 yà	1919	釲 zhǎi	2101
磙 cáo	176	(礱) lóng	1101	邺 yè	1960	織 zhī	2144
•磚 zhuān	2191	(礮) pào	1286	亚^ yà	1919	識 shí	1548
磡 kàn	947	礴 bó	133	亞 yà	1919	zhì	2158
磺 huáng	752	礳 mò	1208	显 xiǎn	1823	(職) zhí	2151
(硻) kēng	965	礵 shuāng	1593	壶 hú	719	曼 jiào	859
磠 lǔ	1109	**(139) 龙(龍龙)**		(虛) xū	1893	**(143) 目(目)**	
磟 xuàn	1903			(虚) xū	1893		
磔 zhé	2122	龙 lóng	1099	凿 záo	2087	目 mù	1213
礤 qì	1356	•龍 lóng	1099	湍 zhǐ	2156	且 jū	913
(礏) lá	997	(龎) páng	1281	(澾) zhǐ	2156	qiě	1383
•碜 chěn	221	侬 lǒng	1102	•業 yè	1960	**【二画～三画】**	
(磙) liù	1098	龙 máng	1151	壼 kǔn	992	(宐) yí	1985
【十二画～十三画】		méng	1172	鄴 yè	1960	盯 dīng	412
磲 qú	1414	páng	1281	叢 cóng	295	助 zhù	2185
磷 lín	1077	陇 lǒng	1102	鑿 záo	2087	县 xiàn	1826
磴 chuáng	276	宠 chǒng	250	**(141) ⺍(◌)**		xuán	1899
磁 jiù	913	庞 páng	1281			宜 yí	1985
磴 dūn	449	(塽) lǒng	1102	临 lín	1079	盲 máng	1151
•磽 qiāo	1377	找 lǒng	1103	览 lǎn	1007	盱 xū	1892
(磺) huáng	752	泷 lóng	1101	(擥) lǎn	1007	直 zhí	2147
礓 tán	1649	shuāng	1593	鉴 jiàn	836	具 jù	919
(硻) kēng	965	垄 lǒng	1102	(鑒) jiàn	836	具^ jù	919
礤 zhǎn	2111	苍 lóng	1101	揽 lǎn	1007	**【四 画】**	
•碍 dī	382	咙 lóng	1101	缆 lǎn	1007	眈 dān	352
磻 pán	1278	龚 yǎn	1930	滥 làn	1009	盹 miǎn	1182
•礄 qiáo	1379	珑 lóng	1101	(覽) lǎn	1007	miàn	1187
礁 jiāo	850	栊 lóng	1101	(擥) lǎn	1007	相 xiāng	1829
磴 dèng	380	(襲) lóng	1101	榄 lǎn	1007	xiàng	1838
•磯 jī	783	胧 lóng	1101	褴 lán	1006	盹 dǔn	449
礌 léi	1029	昽 lóng	1101	鑑 jiàn	836	眍 kōu	970
礞 méng	1173	奢 lóng	1101	纜 lǎn	1007	眇 miǎo	1188
•礎 chǔ	265	(礱) lóng	1101	(鑒) jiàn	836	省 shěng	1536
礓 jiāng	840	眬 lóng	1101			xǐng	1882

冒 mào	1156	mí	1177
mò	1205	眬 chòng	251
冒△ mào	1156	眩 xuàn	1902
mò	1205	睢 suī	1630
(罝) jū	913	眶 kuàng	988
俎 zǔ	2228	眦 zì	2217
眨 zhǎ	2098	(眥) zì	2217
眕 xì	1806	眺 tiào	1680
盼 pàn	1280	眿 mò	1206
看 kān	943	眵 chī	238
kàn	945	睁 zhēng	2134
眊 mào	1156	眴 xuàn	1902
盾 dùn	450	眙 yí	1985
(眂) shì	1560	眸 móu	1208
(胜) chǒu	255	眼 yǎn	1930
眉 méi	1162	【七　画】	
県△ xiàn	1826	(着) zhāo	2115
xuán	1899	zháo	2115
【五　画】		zhe	2125
眩 xué	1903	zhuó	2204
眢 yǎo	1952	睆 huàn	745
眩 xuàn	1902	睇 dì	392
眜 mò	1204	睐 lài	1003
(眎) shì	1560	陕 shǎn	1498
眄 miǎn	1182	睄 shào	1516
miàn	1187	睏 rún	1465
真 zhēn	2126	睍 jiàn	832
(眘) shèn	1529	睅 hàn	672
眬 lóng	1101	睊 juàn	924
眦 zì	2217	眣△ dié	411
(眥) zì	2217	·睏 kùn	992
胪 lú	1109	睎 xī	1794
眔 jū	913	睋 é	457
眚 shěng	1536	睑 jiǎn	826
眢 yuān	2059	鼎 dǐng	415
(眞) zhēn	2126	睃 suō	1635
眠 mián	1181	【八　画】	
眙 yí	1985	睒 shǎn	1498
【六　画】		睛 jīng	894
着 zhāo	2115	睦 mù	1215
zháo	2115	睖 lèng	1035
zhe	2125	睹 dǔ	436
zhuó	2204	瞄 miáo	1187
眷 juàn	924	·睐 lài	1003
眯 mī	1175	睚 yá	1917
睫 jié	868	(瞰) kàn	947
䁖 zhǎn	2103	瞫 shěn	1529
督 dū	432	瞭 liào	1074
䁖 cǎi	167	·瞭 liǎo	1072
(睜) zhēng	2134	瞥 piē	1312
(睠) juàn	924	·瞤 rún	1465
睡 shuì	1600	瞷 jiàn	832
睢 suī	1630	瞶 guì	647
睢 jū	913	瞬 shùn	1602
睨 nì	1242	瞧 qiáo	1379
睥 pì	1303	瞩 zhǔ	2184
叠 dié	411	瞪 dèng	380
睩 lù	1111	【十三画以上】	
【九画～十画】		瞵 lín	1078
(瞇) mī	1175	瞽 gǔ	616
mí	1177	·矇 mēng	1172
瞜 lōu	1103	méng	1172
(睹) dǔ	436	瞿 qú	1414
瞄 miáo	1187	·瞼 jiǎn	826
睿 ruì	1465	(矁) chǒu	255
瞆 guì	647	瞻 zhān	2103
瞅 chǒu	255	(疊) dié	411
瞍 sǒu	1622	矍 jué	929
睥 pì	1303	釁 xìn	1875
睽 kuí	990	朧 lóng	1101
瞀 mào	1158	(矑) mén	1171
瞎 xiā	1807	wěi	1755
瞑 míng	1198	矑 lú	1109
瞌 kē	956	矕 mén	1171
瞒 mán	1145	wěi	1755
瞓 liū	1090	矔 guàn	636
瞋 chēn	217	(叠) dié	411
(瞋) chēn	217	矗 chù	267
【十一画～十二画】		(矗) chù	267
瞌 kē	956	(矙) kàn	947
䁖 zhǎn	2103	矚 zhǔ	2184
·瞘 kōu	970		
(瞖) yì	2001	(144) 田	
瞒 mán	1145	田 tián	1674
瞟 piǎo	1310	甲 jiǎ	814
瞠 chēng	224	由 yóu	2030
·瞜 lōu	1103	申 shēn	1522
瞰 kàn	947	(冊) guàn	634
瞳 tóng	1696	【二画～三画】	
瞵 lín	1078	(甾) liú	1093

亩 mǔ	1210	哇 wā	1724	瓞 dié	411	罵)mà	1139
町 dīng	412	留 liú	1093	____(145) 罒(罓网)____		罶 liǔ	1096
tǐng	1688	畚 běn	86			·罷 bà	30
佃 diàn	403	畦 qí	1344	【二画～八画】		ba	31
tián	1675	畤 zhì	2161	网 wǎng	1741	麗 lù	1114
甸 diàn	403	·畢 bì	96	罔 wǎng	1741	罹 lí	1039
劦 lā	993	(異)yì	1996	罕 hǎn	669	簌 sù	1627
甿 kē	953	(甾)liú	1093	罗 luó	1125	尉 wèi	1759
(畆)mǔ	1210	略 lüè	1121	罚 fá	478	翼 chāo	209
男 nán	1222	(畧)lüè	1121	罘 fú	534	罾 zēng	2095
(甾)liú	1093	累 lèi	1031	罡 gāng	566	置 chōng	247
(甿)méng	1172	léi	1027	罢 bà	30	羁 jī	790
(畀)bì	97	lěi	1029	ba	31	羁 jì	807
苗 miáo	1187	【七画以上】		罴 pí	1301	(羆)mì	1181
奋 fèn	518	塁 lěi	1029	罝 jū	913	羆 bì	100
画 huà	735	畴 chóu	253	罜 jū	913	·羆 pí	1301
画 huà	735	(異)yì	1996	罟 gǔ	612	·羅 luó	1125
(甽)zhèn	2129	(畱)liú	1093	罡 gū	611	羇 jī	787
备 bèi	80	番 fān	481	(罺)liǔ	1096	·羈 jī	790
(畞)mǔ	1210	pān	1276	(眾)zhòng	2172	____(146) 皿____	
叟 jī	787	畲 shē	1516	署 lì	1051		
甾 zāi	2080	畬 shē	1516	·買 mǎi	1140	皿 mǐn	1192
【四画～六画】		yú	2047	罥 juàn	924	【一画～六画】	
畎 gǎng	567	(畮)mǔ	1210	罦 fú	536	血 xiě	1862
思 sāi	1469	·畫 huà	735	署 yì	1995	xuè	1906
sī	1609	畯 jùn	933	(罯)gāo	573	盂 yú	2046
(畊)gēng	588	畹 wǎn	1736	罫 guà	624	孟 mèng	1175
毗 pí	1301	蓄 xù	1896	署 shǔ	1582	(盃)bēi	74
(毘)pí	1301	畭 tán	1649	罭 yù	2057	(盇)hé	690
畎 quǎn	1423	畸 jī	787	罩 zhào	2119	盅 zhōng	2169
畏 wèi	1759	·當 dāng	356	(罩)zhào	2119	盆 pén	1291
胃 wèi	1758	dàng	359	置 zhì	2162	盈 yíng	2017
胄 zhòu	2176	·鈿 diàn	403	(置)zhì	2162	益 yì	1998
界 jiè	872	tián	1675	罨 yǎn	1930	盏 zhǎn	2103
畋 tián	1675	畿 jī	783	罪 zuì	2232	盍 hé	690
卑 bēi	74	·奮 fèn	518	(辠)zuì	2232	盐 yán	1928
畈 fàn	492	·疇 shāng	1503	蜀 shǔ	1583	(盋)bō	128
畇 yún	2074	疃 tuǎn	1713	【九画以上】		监 jiān	823
(畆)liú	1093	嬲 niǎo	1249	·罰 fá	478	jiàn	836
畔 pàn	1279	·疇 chóu	253	(署)shǔ	1582	盎 àng	18
·畝 mǔ	1210	疆 jiāng	840	羆 pí	1301	盉 hé	683
畜 chù	266	疊 léi	1029	罱 lǎn	1007	(盌)wǎn	1735
xù	1896	(飜)fān	481	罳 sī	1609	盍 hǎi	665
(畖)tuǎn	1713	(疊)dié	411	署 gāo	573	盖 gài	553
畛 zhěn	2129	(疉)dié	411	(罸)fá	478	gě	582

字	拼音	页码	字	拼音	页码	字	拼音	页码	字	拼音	页码
盗	dào	368	禽	qín	1389	铍	pī	1297	钴	gǔ	612
盔	kuī	989	\multicolumn{3}{c	}{(148) 钅(金)}	钝	dùn	450	(鉅)	jù	918
盅	gǔ	615				铔	yá	1917	钶	kē	954
盉	qiáo	1379	金	jīn	876	钞	chāo	208	铄	shù	1584
盒	hé	686	\multicolumn{3}{c	}{【一画～二画】}	钼	rì	1449	钵	bō	128
盘	pán	1277	钆	gá	550	钟	zhōng	2169	·铂	bó	131
盛	chéng	229	钇	yǐ	1989	钡	bèi	78	铍	bó	131
	shèng	1538	针	zhēn	2127	钢	gāng	565	·铔	yá	1917
\multicolumn{3}{c	}{【七画以上】}	钉	dīng	412		gàng	567	·铍	pī	1297
(盗)	dào	368		dìng	416	钠	nà	1220	钷	pǒ	1324
塩	yán	1928	钋	pō	1323	·鈉	nà	1220	钺	yuè	2071
(盐)	yán	1928	钊	zhāo	2113	钣	cōng	292	·鈘	yǐ	1991
·盖	gài	553	釜	fǔ	539	铃	qián	1367	钻	zuān	2228
	gě	582	钌	liǎo	1073	鈴	qián	1367		zuàn	2229
·盏	zhǎn	2103		liào	1073	(鈆)	qiān	1363	鉴	jiàn	836
盟	méng	1172	\multicolumn{3}{c	}{【三 画】}		yán	1928	钼	mù	1214
·监	jiān	823	(釵)	chāi	191	铖	chǎng	205	钽	jǔ	916
	jiàn	836	(釬)	hàn	671	铍	pì	1303	(鉏)	chú	264
尴	gān	559	钍	tǔ	1711	钣	bǎn	52	钽	tǎn	1650
盨	xǔ	1895	红	gāng	566	·鈍	dùn	450	钿	diàn	403
·盡	jìn	884	钔	mén	1171	钧	jūn	931		tián	1675
·盘	pán	1277	釜	yín	2008	钥	yào	1955	钾	jiǎ	815
盬	gǔ	612	(釦)	kòu	974		yuè	2070	铀	yóu	2034
(蘆)	lú	1107	钎	qiān	1361	钦	qīn	1387	钟	shén	1528
·盧	lú	1107	钏	chuàn	274	钩	gōu	603	·铃	líng	1082
盦	ān	13	钐	shān	1497	钨	wū	1772	·鈴	líng	1082
盥	guàn	635		shàn	1499	·鈔	chāo	208	(鉨)	xǐ	1801
(盪)	dàng	360	钓	diào	407	钇	yǐ	1991	铁	tiě	1683
盩	zhōu	2175	钒	fán	484	钯	bǎ	30	铂	bó	130
·尷	gān	559	钗	chāi	191		pá	1269	铄	shuò	1605
·盉	qiáo	1379	钕	nǔ	1264	钮	niǔ	1257	(鉤)	gōu	603
·盨	xǔ	1895	钖	yáng	1939	·鈕	niǔ	1257	铅	qiān	1363
簠	fǔ	539	钢	mǎ	1139	\multicolumn{3}{c	}{【五 画】}		yán	1928
鹽	gǔ	613	\multicolumn{3}{c	}{【四 画】}	铊	tā	1638	(鉋)	bào	71
蠡	lì	1051	钭	tǒu	1703		tuó	1723	铆	mǎo	1156
蠲	juān	923	钬	huǒ	776	铈	shì	1557	铎	duó	454
·蠱	gǔ	615	钪	kàng	950	鉱	kuàng	987	铌	ní	1240
·鹽	yán	1928	钫	fāng	495	铋	bì	95	铜	sī	1608
\multicolumn{3}{c	}{(147) 内}	钘	xíng	1879	铉	xuàn	1902	铍	pī	1297
			铁	fū	531	钱	qián	1367		pí	1301
禹	yú	2049	钙	gài	553	钰	yù	2055	铍	pō	1324
禹	yǔ	2053	钛	tài	1645	铤	zhēng	2132	铒	mǔ	1210
寓	yù	2058	钚	bù	155		zhèng	2141	\multicolumn{3}{c	}{【六 画】}
(廇)	yù	2058	钪	hóng	707	·鈪	yá	1917	铱	mǐ	1178
·萬	wàn	1737	(鉅)	jù	918	钳	qián	1368	铵	ǎn	13

銮 luán	1120	铤 chán	193	铜 jiǎn	828	锘 nuò	1265
铲 chǎn	195	铧 huá	732		833	锚 máo	1155
铰 jiǎo	852	(鉺)xiàng	1840	铿 kēng	965	锳 yīng	2014
铱 yī	1982	衔 xián	1822	(銲)hàn	671	鍊△liàn	1060
铳 chòng	251	(鈹)pì	1303	锃 zèng	2095	·錸 lái	1003
铗 jiá	814	·卯 mǎo	1156	(鋜)zhuó	2204	锛 bēn	83
錢△qián	1367	铭 míng	1194	锂 lǐ	1043	锜 qí	1344
銎 qióng	1406	铬 gè	584	·鋇 bèi	78	·鎁 yé	1957
铏 xíng	1879	铯 sè	1486	锄 chú	264	錾 zàn	2084
铁 hóng	708	铮 zhēng	2134	锅 guō	649	·錢 qián	1367
铒 ěr	466	zhèng	2141	锃 zèng	2095	·鋼 gāng	565
铐 kào	952	银 yín	2006	鋁 lǚ	1115	gàng	567
·銬 kào	952	铷 rú	1457	锊 lüè	1122	锝 dé	373
铑 lǎo	1024	【七 画】		锉 cuò	307	锞 kè	963
铔 yà	1920	鋈 wù	1790	锆 gào	576	锟 kūn	991
铓 máng	1151	铴 tāng	1652	鋯 gào	576	鍆 mén	1171
·鉞 yuè	2071	锐 ruì	1464	锇 é	457	锡 xī	1797
铚 zhì	2157	锑 tī	1664	铤 dìng	419	锢 gù	618
(銕)tiě	1683	锌 xīn	1873	tǐng	1689	锣 luó	1127
铖 chéng	229	·銥 yī	1982	锈 xiù	1891	·錚 zhēng	2134
铘 yé	1957	铹 liǔ	1096	锋 fēng	526	zhèng	2141
铙 náo	1228	锒 láng	1011	锓 qǐn	1390	锤 chuí	279
铣 guāng	639	铼 lái	1003	锓 qǐn	1390	锥 zhuī	2199
铛 dāng	224	铽 tè	1661	·銀 yín	2006	·錐 zhuī	2199
铸 dāng	358	铸 zhù	2187	锔 jū	914	锦 jǐn	883
铠 kǎi	942	锾 mài	1142	jú	916	锨 xiān	1819
铟 yīn	2003	·鋩 máng	1151	锕 ā	3	锧 zhì	2161
铜 tóng	1695	锛 bó	131	【八 画】		(鉟)pī	1297
铝 lǚ	1115	鋆 yún	2075	锩 juǎn	924	锪 huō	769
铞 diào	407	锇 dù	437	锬 tán	1648	缀 zhuì	2200
铡 zhá	2098	锊 láo	1015	xiān	1819	键 jiàn	835
铫 diào	409	铺 pū	1329	锭 dìng	419	錄△lù	1111
yáo	1949	pù	1333	(錧)guǎn	632	锯 jū	914
铨 quán	1422	铻 wú	1780	锫 péi	1288	jù	921
·銓 quán	1422	yǔ	2053	錞 chún	283	锰 měng	1174
铩 shā	1488	·鋏 jiá	814	duì	448	锕 ā	3
铪 hā	659	·銍 zhì	2157	锒 láng	1010	·錄 lù	1111
铢 zhū	2178	銶 qiú	1410	锖 qiāng	1373	锱 zī	2207
铣 xǐ	1801	錾 pàn	1280	錆 qiāng	1373	【九 画】	
xiǎn	1823	链 liàn	1060	·錶 biǎo	111	镂 lòu	1106
铥 diū	419	鋣 yé	1957	鋼 xíng	1879	镁 měi	1167
铤 dìng	419	销 xiāo	1842	错 cuò	307	镃 zī	2207
tǐng	1689	·銷 xiāo	1842	锗 zhě	2123	锿 āi	4
铦 xiān	1819	锁 suǒ	1636	錏 yà	1920	镀 dù	438
铕 yǒu	2042	锎 kāi	941	锞 jī	786	鋃 láng	1010

(148) 钅

•錶 biǎo	111	•鑀 āi	4	鏖 áo	19	鐝 jué	928
锲 qiè	1385	(鐥)shàn	1499	镞 zú	2226	鐅 piě	1312
•锗 zhě	2123	镊 niè	1250	鏇 xuàn	1902	钢 lán	1006
•錨 máo	1155	鳌 áo	21	•鏵 huá	732	镤 pú	1330
锩 dā	311	镈 bó	133	錯 zhuō	2203	•鐦 kāi	941
(鍤)chǎ	188	(鎡)zī	2207	镳 huáng	753	•鐧 jiǎn	828
(鑒)jiàn	836	•鏵 huá	732	•鏈 liàn	1060	jiàn	833
(鍊)liàn	1060	镆 mò	1206	鏨 zàn	2084	鐇 fán	485
•錛 bēn	83	镇 zhèn	2131	镖 biāo	110	(鐫)juān	923
(鍼)zhēn	2127	(鑒)jiàn	836	•镘 mài	1142	镥 lǔ	1110
锴 kǎi	942	•鏈 liàn	1060	•鏗 kēng	965	镫 dēng	378
锵 qiāng	1373	镉 gé	581	(鎒)nòu	1260	dèng	380
•锸 zhá	2098	鎘 gé	581	(鏚)qī	1337	镪 pō	1324
•锡 yáng	1939	鎖 suǒ	1636	镗 tāng	1652	镢 jué	928
•锟 kūn	991	镋 tǎng	1656	táng	1655	(鏽)xiù	1891
•锅 guō	649	(鎒)nòu	1260	镚 bèng	89	锖 qiāng	1373
锷 è	461	鎷 mǎ	1139	•镂 lòu	1106	qiǎng	1377
锶 sī	1609	鍇 kǎi	942	镘 màn	1150	•鐨 fèi	510
锾 huán	743	镙 lù	1118	•鏘 qiāng	1373	【十三画～十四画】	
•鍰 huán	743	鎧 kǎi	942	•镏 liú	1095	镨 pǔ	1333
(鍬)qiāo	1378	锿 ài	9	liù	1098	镱 yì	2001
锹 qiāo	1378	锻 shā	1488	縱 cōng	292	镰 lián	1056
•鍾 zhōng	2169	鎰 yì	1999	(鏁)suǒ	1636	鐮 lián	1056
锻 duàn	441	鋒 ná	1217	锻 shā	1488	(鐵)tiě	1683
锽 huáng	748	(鎗)qiāng	1372	镠 liú	1095	(鑞)là	1000
锬 xiàn	1828	镌 juān	923	【十二画】		镬 huò	778
(鎚)chuí	279	鐫 juān	923	•錫 tāng	1652	镭 léi	1029
锼 sōu	1622	鎢 wū	1772	(镨)shàn	1499	•鐺 chēng	224
锸 chā	184	镍 niè	1251	镨 pǔ	1333	dāng	358
(錍)pī	1297	鎪 sōu	1622	镈 zūn	2233	镪 jù	922
鍪 móu	1209	(鎚)chuí	279	镣 láo	1015	•鐸 duó	454
(鍲)mín	1192	锫 bī	89	锩 cuān	299	镮 huán	742
键 jiàn	835	pī	1297	鏖 áo	19	镯 zhuó	2204
锿 fèi	510	(鎌)lián	1056	鐘 zhōng	2169	鎄 ài	9
锱 méi	1162	镏 liú	1095	镦 duì	448	(鐫)juān	923
【十 画】		liù	1098	dūn	449	(鏽)xiù	1891
鎏 liú	1093	(鍞)shàn	1499	镚 náo	1228	鐾 bèi	82
鎰 yì	1999	鎮 zhèn	2131	鐄 huáng	753	鑌 bīn	116
(鎩)xiá	1809	(鎖)suǒ	1636	鐯 zhuō	2203	镲 chǎ	188
镓 jiā	814	【十一画】		镩 jiē	864	•鑄 zhù	2187
(鎔)róng	1451	镜 jìng	901	镪 xǐ	1802	(鑑)jiàn	836
镔 bīn	116	镝 dī	383	镡 tán	1649	鑒 jiàn	836
锛 bàng	60		dí	384	xín	1873	【十五画以上】	
镐 gǎo	574	鏟 chǎn	195	•鏗 kēng	965	(鑛)kuàng	987
hào	681	镛 yōng	2023	镣 liào	1074	镳 biāo	111

(鑽)zuān	2228	矯jiǎo	853	香xiāng	1832	(粳)jīng	896
zuàn	2229	瘦yuē	2069	秒miǎo	1188	穄jī	789
·钌lù	1118	**(150) 生**		种chóng	248	稍shāo	1513
锘fū	531			zhǒng	2170	shào	1516
(鎟)bào	71	生shēng	1531	zhòng	2171	(稈)gǎn	559
·鑠shuò	1605	乍gǎ	550	耗hào	680	程chéng	231
·鑕zhì	2161	星xīng	1876	(秖)qí	1340	(秬)lǚ	1115
·鑥lǔ	1110	眚shěng	1536	zhǐ	2152	稃fū	531
镴là	1000	牲shēn	1524	秭zǐ	2209	稀xī	1794
(鐮)lián	1056	(産)chǎn	194	**【五画～六画】**		黍shǔ	1583
(鑪)lú	1108	(產)chǎn	194	秘bì	95	(稑)duǒ	454
鑫xīn	1873	(甦)sū	1623	mì	1179	duò	455
·鑞là	1000	甥shēng	1534	秤chèng	233	**【八画～九画】**	
镶xiāng	1834	**(151) 禾**		秦qín	1388	稖bàng	60
(罐)guàn	636			秣mò	1204	(稟)bǐng	122
·鑭lán	1006	禾hé	682	秫shú	1581	粮láng	1011
·鑰yào	1955	**【二画～三画】**		(秫)shú	1581	(稜)lēng	1031
yuè	2070	采cǎi	164	秕bǐ	92	léng	1031
镵chán	193	cài	167	乘chéng	231	líng	1086
·鑹cuān	299	秃tū	1705	shèng	1538	稙zhī	2146
·鎳niè	1250	秀xiù	1890	租zū	2224	(植)zhī	2146
·鑿záo	2087	私sī	1606	盉hé	683	稞kē	956
·鑾luán	1120	秆gǎn	559	积jī	787	稔rěn	1443
·鑼luó	1127	和hé	682	秧yāng	1938	稚zhì	2162
(鑽)zuān	2228	hú	716	盉hé	683	稗bài	47
zuàn	2229	huó	769	秩zhì	2159	稠chóu	254
钂tǎng	1656	huò	777	称chèn	222	颖yǐng	2017
镢jué	929	囷qūn	1427	chēng	223	稣sū	1624
(149) 矢		(咊)hé	682	chèng	233	穇cǎn	172
		huó	769	称^chèn	222	(稭)jiē	860
矢shǐ	1554	困qūn	1427	chēng	223	(稬)nuò	1266
失shī	1539	(籼)xiān	1817	chèng	233	稻^dào	370
矣yǐ	1991	(季)nián	1243	秾nóng	1259	·稱chèn	222
知zhī	2145	秉bǐng	121	秸jiē	860	chēng	223
矩jǔ	916	季jì	804	秷lǚ	1115	chèng	233
(矦)hóu	708	委wēi	1745	秽huì	764	·種zhǒng	2170
矧shěn	1528	wěi	1754	桃táo	1659	zhòng	2171
矫jiáo	850	**【四　画】**		移yí	1986	(稨)biǎn	104
jiǎo	853	科kē	954	(稑)duǒ	454	稳wěn	1765
短duǎn	439	秋qiū	1407	duò	455	穊jì	805
矬cuó	306	(秔)jīng	896	**【七　画】**		**【十　画】**	
(䂮)shè	1520	(秉)chéng	231	税shuì	1600	稼jià	820
矮ǎi	6	shèng	1538	稊tí	1664	稿gǎo	574
雉zhì	2159	秬jù	919	粮láng	1011	(槀)gǎo	574
矰zēng	2095	秕bǐ	92	酥sū	1623	·穀gǔ	613

穗⌃suì	1633	郕 chéng	228	(皜)hào	681	鳶 yuān	2059
積 zhěn	2129	宬 chéng	228	皝 huàng	754	(鳥)dǎo	363
稽 jī	789	咸 xián	1822	皑 ái	6	鳴 míng	1197
qǐ	1350	威 wēi	1745	皞 hào	681	鳳 fèng	527
稷 jì	807	晟 chéng	229	(皖)wán	1734	鳲 shī	1543
稻 dào	370	shèng	1538	(習)xí	1799	【四　画】	
(穉)zhì	2162	戚 qī	1337	(皡)hào	681	鴆 zhèn	2130
【十一画～十二画】		盛 chéng	229	皤 pó	1324	鳾 shī	1542
(稾)gǎo	574	shèng	1538	皦 jiǎo	855	鳷 zhī	2144
(穅)kāng	948	(慼)qī	1337	皭 jiào	859	(鴈)yàn	1937
穡 sè	1486	幦 bì	100	(皭)jiào	859	鴇 bǎo	69
•積 jī	787	蹙 cù	299	(154)瓜(瓜)		鴉 yā	1915
穩⌃wěn	1765	(153)白		瓜 guā	619	鸥 ōu	1267
(穊)jì	805	白 bái	32	(瓜)guā	619	(鷗)ōu	1267
穆 mù	1215	【一画～五画】		(苽)gū	611	鴿 cāng	174
穄 jì	807	百 bǎi	40	瓝 bó	131	鴂 jué	926
•穎 yǐng	2017	皀 bó	129	瓡 hú	719	鴃 jué	926
•穌 sū	1624	(皁)zào	2089	瓠 hú	719	【五　画】	
•穇 cǎn	172	皂 zào	2089	瓢 gū	610	鴬 xué	1905
穟 suì	1633	怕 pà	1270	瓞 gū	611	鴻 diào	407
穜 tóng	1696	帕 pà	1270	瓞 dié	410	鴥 yù	2057
(種)zhòng	2171	帛 bó	130	瓟 bó	131	(鴪)yù	2057
(穭)biǎn	104	的 de	374	瓝 bó	132	鴕 tuó	1723
穗 suì	1633	dí	383	瓡 hù	724	鴣 gū	609
(穉)zhì	2162	dì	391	瓠 gū	611	鶯 yīng	2014
【十三画以上】		皇 huáng	747	瓢 piáo	1310	•鴉 yā	1915
•穫 huò	778	皆 jiē	860	瓣 bàn	57	鶇 dōng	422
•穡 sè	1486	皈 guī	644	瓤 ráng	1429	鸬 lú	1109
•穠 nóng	1259	泉 quán	1422	(155)鸟(鳥)		鴨 yā	1915
•穢 huì	764	皋 gāo	573	乌 wū	1770	鸮 xiāo	1843
(糯)nuò	1266	【六画以上】		wù	1788	鴦 yāng	1938
•穩 wěn	1765	皎 jiǎo	852	•烏 wū	1770	鴒 líng	1082
穮 biāo	111	(皐)gāo	573	wù	1788	•鴿 líng	1082
(穨)tuí	1715	(皒)jì	804	鸟 diǎo	406	鸢 yuān	2059
(穭)lǚ	1115	皚 ái	6	niǎo	1248	鶵 chú	263
穰 ráng	1429	•習 xí	1798	•鳥 diǎo	406	鸲 qú	1414
(穌)hé	682	毄 guǐ	646	niǎo	1248	鴟 chī	238
(穐)qiū	1407	皕 bì	98	【二画～三画】		•鴟 chī	238
(152)戌		皖 wǎn	1736	鸠 jiū	904	鴐 jiā	809
戊 wù	1788	皓 hào	681	鳧 fú	534	鷥 sī	1609
戍 shù	1584	皎 jiǎo	855	鸡 jī	783	【六　画】	
戌 qu	1418	晳 xī	1796	鸱 diāo	405	鸿 hóng	706
xū	1892	(晰)xī	1796	鸬 diāo	1249	(鴳)yàn	1935
成 chéng	224	魄 pò	1325	鸟 niǎo	1249	鸾 luán	1119
						鵁 jiāo	847

鸼	gōng	599	(鶃)yì	2001	·鹊	jí	797	鹎 pì 1303
鸸	ér	464	鹎 bēi	75	鹞 yào 1955	(鷿)pì 1303
鸷	liè	1075	鹏 péng	1292	·鸰 yì 1999	【十四画以上】
鸷	zhì	2161	鹏 fú	537	·鹞 yào 1955	(鸎)yīng 2014
鸽	gē	578	(鵰)diāo	405	·鸧 cāng 174	·鸑 yuè 2072
鸹	guā	621	鹐 qiān	1364	鹟 wēng 1767	·鸕 lú 1109
鸺	jiāo	849	·鹐 qiān	1364	·鹟 wēng 1767	鹳 guàn 636
鸺	xiū	1888	鹔 sù	1625	鹈 tī 1664	鹴 shuāng 1593
鸻	héng	697	【九 画】		·雏 chú 263	鸚 yīng 2015
鸼	zhōu	2174	鹚 cí	287	鹠 liú 1095	(鸜)qú 1414
【七 画】		(鷀)cí	287	【十一画～十三画】	鸝 lí 1035
鹈	tí	1664	(鵾)kūn	991	鹧 zhè 2125	·鸞 luán 1119
鹉	lái	1003	鹕 hú	718	鸾 zhuó 2205	
鹉	wǔ	1786	鹗 chì	245	·鸷 zhì 2161	(156) 用
鹁	bó	131	鹛 jú	916	(鷘)chì 245	用 yòng 2025
鹔	bǔ	137	·鹛 jú	916	(鶾)shuāng 1593	甩 shuǎi 1589
鹂	lí	1035	鹈 tí	1666	鸥 ōu 1267	角 lù 1110
鹇	wú	1781	鹍 kūn	991	鹥 yī 1984	(角)lù 1110
鹇	xián	1821	鹖 hé	690	鹦 yīng 2015	甫 fǔ 539
(鶪)	jú	916	鹘 gǔ	615	·鹨 liù 1099	佣 yōng 2022
鹃	juān	923	hú	720	鹨 liù 1099	yòng 2027
鹐	chén	221	鹗 è	461	鹫 jiù 913	甬 yǒng 2025
鸻	yù	2055	·鹗 è	461	(鷰)yān 1923	拥 yōng 2022
鹄	gǔ	615	鹙 qiū	1408	yàn 1937	甭 béng 88
	hú	720	·鹎 bēi	75	鹩 liáo 1071	甾 fèng 529
鹅	é	457	鹜 yuè	2072	·鹇 xián 1821	痈 yōng 2023
(鵞)	é	457	鹜 wù	1789	(鷴)xián 1821	·甯 níng 1251
鵟	kuáng	986	鹛 méi	1162	鹬 fán 485	nìng 1253
(鵝)	é	457	【十 画】		·鹪 jiāo 849	
【八 画】		鹚 yì	1999	鹪 jiāo 850	(157) 皮
鸳	yuān	2059	·鹣 jiān	823	鹌 ǎo 19	皮 pí 1298
鹑	chún	283	鹣 jiān	823	鹐 yù 2059	彼 bǐ 92
鹒	gēng	588	·鹦 yīng	2014	鹚 sī 1609	皱 zhòu 2176
鹉	wǔ	1786	鹇 xiān	1820	鹇 xī 1797	(皰)pào 1286
鶄	jīng	894	·鹚 cí	287	鹯 zhān 2103	鞍 jūn 931
·鹣	jīng	894	鹤 hè	692	·鹯 zhān 2103	颇 pō 1323
(鴉)	yā	1915	鷇 kòu	975	鹰 yīng 2014	皱 pí 1301
鹊	què	1426	鶂 yì	2001	鹲 méng 1173	(赦)nǎn 1227
鹋	miáo	1187	(鷀)cí	287	(鸏)méng 1173	皴 cūn 303
·鸫	dōng	422	(鵝)chì	245	鹱 hù 724	·鞍 jūn 931
鹌	ān	13	鹥 yàn	1935	鹭 lù 1113	(皷)gǔ 615
·鹚	lái	1003	·鹘 gǔ	615	鹮 huán 742	鞍 bèi 82
鹍	kūn	991	hú	720	鸴 xué 1905	·颇 pō 1323
鸡	jī	783	鷑 jī	783	鹐 ǎo 19	(皼)dā 308
鹓	yì	2001	鹊 jí	797	鹔 sù 1625	髮 bì 100

(157)～(164) 皮癶𤇾圣矛疋羊米

·皱 zhòu	2176	烃 tīng	1686	寔 shí	1553	羝 dī	382
(皻) zhā	2097	(逕) jìng	899	疏 shū	1580	(羝) dī	382
皽 zhǎn	2104	轻 qīng	1397	(疎) shū	1580	(羞) xiū	1888
(158) 癶		氢 qīng	1399	楚 chǔ	265	羟 qiǎng	1376
		胫 jìng	899	疑 yí	1988	羡 xiàn	1828
癸 guǐ	645	痉 jìng	899	寚 zhì	2163	善 shàn	1499
発△fā	471	硁 kēng	965	(163) 羊(羋䒑)		(羢) róng	1449
登 dēng	376	羟 qiǎng	1376			(着) zhāo	2115
·鄧 dèng	379	颈 gěng	588	羊 yáng	1939	zháo	2115
·發 fā	472	jǐng	897	【一画～四画】		zhe	2125
凳 dèng	379	·經 jīng	889	羌 qiāng	1372	zhuó	2204
(159) 圣(睪)		巰 qiú	1411	芈 mǐ	1178	翔 xiáng	1835
		(脛) jìng	899	养 yǎng	1944	(翔) xiáng	1835
圣 yì	1995	(經) chēng	224	差 chā	182	(羨) xiàn	1828
·睪 yì	1995	·輕 qīng	1397	chà	189	·羥 qiǎng	1376
(睾) gāo	573	·頸 gěng	588	chāi	191	·義 yì	1992
睾 gāo	573	jǐng	897	chài	192	(觧) jiě	870
泽 duó	454	(161) 矛		cī	284	jiè	875
译 yì	1995			美 měi	1165	xiè	1864
泽 zé	2091	矛 máo	1155	(羌) qiāng	1372	羧 suō	1635
怿 yì	1995	娺 wù	1789	羑 yǒu	2043	群 qún	1427
择 zé	2091	柔 róu	1452	姜 jiāng	838	(羣) qún	1427
zhái	2100	矜 guān	632	羔 gāo	567	【八画以上】	
峄 yì	1995		jīn	876	(羙) měi	1165	羞 zhǎ	2098
驿 yì	1995		qín	1388	恙 yàng	1946	·養 yǎng	1944
绎 yì	1995	·務 wù	1789	(差) chā	182	羰 tāng	1652
斁 dù	438	矟 shuò	1606	chà	189	羯 jié	869
铎 duó	454	矞 yù	2059	chāi	191	羱 yuán	2065
·繹 yì	1995	婺 wù	1789	chài	192	羲 xī	1798
释 shì	1565	瞀 mào	1158	cī	284	(羴) shān	1498
·鐸 duó	454	蝥 máo	1155	氧 yǎng	1945	羼 zhǎ	2098
·驛 yì	1995	蟊 máo	1155	羖 gǔ	614	羹 gēng	588
(160) 圣(巠)		鳌 qín	1390	(羌) qiāng	1372	(羶) shān	1498
		蟊 máo	1155	羞 xiū	1888	羸 léi	1029
圣 jīng	889	鹬 yù	2059	粑 bā	26	羺 xiǎng	1837
·巠 jīng	889	鷸 yù	2059	【五画～七画】		羼 chàn	196
刭 jǐng	897	(162) 疋(𤴔)		(羒) gǔ	614	(164) 米	
劲 jìn	887			着 zhāo	2115		
jìng	899	疋 yǎ	1917	zháo	2115	米 mǐ	1177
陉 xíng	1882	(𤴔) pǐ	1302	zhe	2125	【二画～四画】	
泾 jīng	889	是 shì	1563	zhuó	2204	籴 dí	383
茎 jīng	889	胥 xū	1892	盖 gài	553	(㝛) jū	914
径 jìng	899	定 dìng	416	gě	582	类 lèi	1030
烃 jìng	899	𥉆 dàn	353	羚 líng	1082	籼 xiān	1817
经 jīng	889	蛋 dàn	355	(羚) líng	1082	(籸) sǎn	1481

94

(164)~(167) 米亦齐衣

	shēn	1524	糁 sǎn	1481	弈 yì	1996	鲚 jì	803
屎 shǐ	1555	shēn	1524	孪 luán	1119	斋 jī	789
籽 zǐ	2209	【九画～十一画】		(变) biàn	104	鲻 jì	803
籹 nǚ	1264	糍 cí	287	弯 wān	1732	齍 jī	789
料 liào	1073	糊 hū	716	孪 luán	1119	(167) 衣(衤)	
(粇) kāng	948	hú	718	娈 luán	1119		
粔 jù	919	hù	724	(变) biàn	104	衣 yī	1980
(粃) bǐ	92	楂 chá	188	恋 liàn	1060	yì	1996
籼 xiān	1826	(粺) bài	47	栾 luán	1119	(衤) yī	1980
粉 fěn	516	糇 hóu	709	(圞) luán	1120	yì	1996
粹^cuì	302	(糉) zòng	2221	孌 biàn	104	【二画～六画】	
粑 bā	26	糌 zān	2083	挛 luán	1119	(卆) cù	298
·氣 qì	1350	糅 róu	1453	鸾 luán	1119	zú	2225
籹 mǐ	1178	糈 xǔ	1895	蛮 mán	1145	表 biǎo	111
【五画～六画】		糕 gāo	567	蛮^mán	1145	衤 yǐ	1992
粒 lì	1048	糖 táng	1653	脔 luán	1120	袁 yuán	2063
(粘) hú	718	糍 cí	287	銮 luán	1120	(衺) xié	1859
粝 lì	1048	糒 bèi	81	鸞 luán	1119	衰 cuī	300
粘 nián	1245	糢 mó	1201	(166) 齐(齊)		shuāi	1588
zhān	2102	糙 cāo	175			衷 zhōng	2169
粗 cū	296	糗 qiū	1411	齐 jì	802	衾 qīn	1388
粜 tiào	1682	(糡) jiàng	843	qí	1339	(衾) qīn	1388
粕 pò	1325	糜 méi	1164	zī	2205	(展) yǐ	1992
粤 yuè	2072	mí	1177	齊^jì	802	衮 gǔn	648
粲 cī	285	糠 kāng	948	qí	1339	袅 niǎo	1249
zī	2206	糟 zāo	2086	zī	2205	(袭) xí	1799
(粧) zhuāng	2195	糞 fèn	519	·齊 jì	802	(袠) zhì	2159
粪 fèn	519	·糁 sǎn	1481	qí	1339	袋 dài	343
粞 xī	1793	shēn	1524	zī	2205	(袞) gǔn	648
粟 sù	1627	【十二画以上】		剂 jì	802	袤 mào	1158
(粬) qū	1412	(糲) lì	1048	(隮) jī	789	袈 jiā	809
(粦) lín	1077	糧 liáng	1062	济 jǐ	798	裁 cái	163
粥 yù	2059	糨 jiàng	843	jì	802	裂 liě	1074
zhōu	2175	糯 nuò	1266	荠 jì	803	liè	1075
【七画～八画】		糲 lì	1048	qí	1340	裒 xiè	1863
粱 liáng	1064	糰 tuán	1712	挤 jǐ	798	装 zhuāng	2195
粮 liáng	1062	蘖 niè	1251	哜 jì	803	裒 póu	1328
粳 jīng	896	(糱) niè	1251	斋 zhāi	2099	【七画以上】	
粲 càn	172	·糶 tiào	1682	斋^zhāi	2099	裟 shā	1491
·籼 xiān	1826	·糴 dí	383	剂^jì	802	裘 qiú	1410
(粰) fū	531	(165) 亦(糸)		济^jǐ	798	(裏) lǐ	1040
粹 cuì	302			jì	802	裛 yì	1996
粽 zòng	2221	亦 yì	1995	跻 jī	789	裔 yì	1996
精 jīng	894	变 biàn	104	(齎) jī	788	裝 zhuāng	2195
(粿) jīng	894	奕 yì	1996	霁 jì	803	·裊 niǎo	1249

(裠) qún	1427	·䁖 lóu	1104	聓 xù	1897	**(171) 其**	
裵 péi	1288	·耮 lào	1025	联 lián	1056	其 jī	785
裳 cháng	203	(耱) biāo	111	聋 qì	1355	qí	1341
shang	1512	耰 yōu	2028	聒 guō	650	甚 shèn	1529
裹 guǒ	654	(耀) bà	30	聖△shèng	1536	基 jī	785
·製 zhì	2159	耱 mò	1208	聘 pìn	1315	勘 kān	943
(褏) xiù	1892	耲 huái	738	聖 shèng	1536	(萁) qí	1341
褎 xiù	1892	**(169) 耳(耳)**		戢 jí	797	惎 jì	807
褒 bāo	64	耳 ěr	464	(膕) guó	653	斯 sī	1609
褰 qiān	1364	【二画～四画】		聞 wén	1764	期 qī	1337
(褧) jiǒng	903	耵 dīng	413	·餌 ěr	466	(朞) qī	1337
(裏) niǎo	1249	聅 èr	471	(聰) cōng	293	欺 qī	1338
襄 xiāng	1834	佴 èr	471	聚 jù	921	斟 zhēn	2128
·褻 xiè	1863	nài	1222	聪 cōng	293	(碁) qí	1341
(褒) bāo	64	取 qǔ	1415	聤 tíng	1688	颠 qī	1338
襞 bì	99	耶 yē	1956	聩 kuì	990	戡 kān	944
·襲 xí	1799	yé	1957	·餌 ěr	466	(碪) xiǎn	1824
囊 nāng	1227	洱 ěr	466	(聯) lián	1056	綦 qí	1342
náng	1227	茸 róng	1450	【十画以上】		颉 qī	1338
(168) 耒(耒)		耷 dā	308	謷 áo	19	**(172) 臣**	
耒 lěi	1029	闻 wén	1764	(聰) lián	1056	臣 chén	218
(耒) lěi	1029	哾 èr	471	·聲 shēng	1534	卧 wò	1769
耔 zǐ	2209	饵 ěr	466	·聰 cōng	293	(臥) wò	1769
耕 gēng	588	耿 gěng	588	聯 lián	1056	宦 huàn	745
耘 yún	2074	(恥) chǐ	242	·聳 sǒng	1620	宦 yí	1986
耖 chào	212	耽 dān	352	聽△tīng	1685	堅 jiān	821
(秒) chào	212	珥 ěr	466	·職 zhí	2151	·肾 shèn	1529
耗 hào	680	(聀) zhí	2151	·聶 niè	1250	颐 yí	1986
耙 bà	30	耻 chǐ	242	·聵 kuì	990	·竖 shù	1586
pá	1269	(耖) miǎo	1188	(聽) tīng	1685	臧 zāng	2085
枷 jiā	809	(聃) dān	352	·聹 níng	1252	·监 jiān	823
耠 huō	769	耸 sǒng	1620	·聾 lóng	1101	jiàn	836
槤 lián	1055	聂 niè	1250	·聽 tīng	1685	·紧 jǐn	882
耢 lào	1025	(郰) zōu	2221	**(170) 老**		赜 zé	2092
(耡) chú	264	【五画～九画】		老 lǎo	1015	(豎) shù	1586
耜 sì	1617	聍 níng	1252	考 kǎo	950	·贤 xián	1821
耥 tāng	1652	聋 lóng	1101	(攷) kǎo	950	·頤 yí	1986
耧 lóu	1104	聃 dān	352	耆 qí	1344	(熙) xī	1798
耦 ǒu	1267	职 zhí	2151	者 zhě	2122	熙 xī	1798
耪 pǎng	1281	聆 líng	1082	耄 mào	1156	(煕) xī	1798
耩 jiǎng	841	(聇) líng	1082	(者) zhě	2122	(覽) lǎn	1007
(耩) jiǎng	841	铒 ěr	466	(耉) gǒu	606	·临 lín	1079
耨 nòu	1260	聊 liáo	1071	耋 dié	410	尴 gān	559
·耧 lián	1055	(郰) zōu	2221				

(172)～(176) 臣西而页至

(鑒) jiàn	836	耍 shuǎ	1587	颈 jǐng	897	(顋) sāi	1469
嚚 yín	2008	斋 zhāi	2099	颊 jiá	814	颚 è	461
鹽 gǔ	613	恧 nù	1264	颌 è	461	颛 zhuān	2191
(擥) lǎn	1007	耏 ér	464	颉 jié	868	【十画～十二画】	
·賾 zé	2092	胹 ér	464	xié	1861	瀕 bīn	116
·覽 lǎn	1007	鸸 ér	464	颐 yǐ	1992	類 lèi	1030
(鑒) jiàn	836	需 xū	1895	颖 yǐng	2017	颞 niè	1250
·鹽 yán	1928	·鴯 ér	464	(頫) fǔ	540	颟 mān	1145
		(輀) ér	464	颌 gé	582	颠 diān	395
(173) 西(西襾)				hé	686	·願 yuàn	2068
西 xī	1791	**(175) 页(頁)**		颋 tǐng	1689	·顗 yǐ	1992
(宽) sài	1470	页 yè	1961	(頟) é	458	·顛 diān	395
茜 qiàn	1371	·頁 yè	1961	颏 wěi	1755	颅 cù	299
xī	1793	【二画～四画】		颎 jiǒng	903	颡 sǎng	1483
要 yāo	1948	顷 qǐng	1402	**【七 画】**		顢 mān	1145
yào	1952	顶 dǐng	413	·頭 tóu	1699	颣 lèi	1031
栗 lì	1051	预 hān	665	tou	1704	颢 hào	681
晒 shài	1493	项 xiàng	1838	(頮) bó	131	嚻 áo	19
贾 gǔ	615	顺 shùn	1600	(頼) lài	1003	xiāo	1844
jiǎ	816	须 xū	1892	(頰) jiá	814	(囂) áo	19
氥 xī	1793	烦 fán	484	颐 yí	1986	xiāo	1844
覂 fěng	527	颃 háng	673	颖 yǐng	2017	(顦) qiáo	1379
(覂) fěng	527	顽 wán	1734	颈 gěng	588	(顖) xìn	1873
票 piào	1310	顼 xū	1893	jǐng	897	·顾 gù	618
粟 sù	1627	顾 gù	618	(頴) yǐng	2017		
覃 qín	1389	顿 dú	432	·嚉 dūn	448	**【十三画以上】**	
tán	1649	dùn	450	(頵) chěn	221	颤 chàn	196
·賈 gǔ	615	颂 sòng	1620	频 pín	1314	zhàn	2107
jiǎ	816	颁 bān	47	颔 hàn	672	颥 rú	1458
勡 fiào	529	颀 qí	1340	·頷 hàn	672	顯 xiǎn	1823
(嫖) fiào	529	·頓 dú	432	颋 tǐng	1689	灝 hào	681
覆 fù	547	dùn	450	颓 tuí	1715	颦 pín	1314
(覇) bà	31	预 yù	2057	**【八画～九画】**		顰 pín	1314
霸△bà	31	【五画～六画】		(頿) cuì	302	颅 lú	1109
(頞) hé	689	硕 shuò	1606	颞 qī	1338	颧 quán	1420
(覊) jī	787	颐 dí	383	颐 yí	1986	·顴 quán	1420
(羈) jī	790	颅 lú	1109	频△pín	1314	·顳 niè	1250
		领 lǐng	1086	颗 kē	956		
(174) 而		·領 lǐng	1086	類△lèi	1030	**(176) 至(至)**	
而 ér	464	颈 gěng	588	颜 yán	1929	至 zhì	2156
洏 ér	464	jǐng	897	·顏 yán	1929	屋 zhì	2157
(臤) ruǎn	1462	颇 pō	1323	额 é	458	到 dào	365
耐 nài	1222	颏 kē	956	颐 kǎn	945	郅 zhì	2157
耑 duān	438	ké	957	题 tí	1666	室 shì	1562
(耑) zhuān	2189	(頸) gěng	588	颙 yóng	2024	致 zhì	2157
						胫 chī	238

(176)～(178) 至虍虫

窒 zhì	2157	虮 bā	24	(盼) fén	516	(蚐) jiǎn	828
耋 dié	410	虮 jǐ	798	(盆) fén	516	蛙 wā	1724
·臺 tái	1641	(虽) suī	1630	蚝 háo	674	蛬 gǒng	600
臻 zhēn	2128	(虬) qiú	1410	蚤 zǎo	2088	蛩 qióng	1406
(177) 虍		虻 méng	1172	(蚘) yī	1983	蛭 zhì	2157
		虾 há	659	蚩 chī	238	蛰 zhé	2122
虎 hǔ	720	xiā	1806	蚓 yǐn	2010	蛲 náo	1228
hù	724	虹 hóng	706	【五 画】		蛸 dāng	358
(虎) hǔ	720	jiàng	843	柠 níng	1252	蛳 sī	1610
hù	724	虺 huī	756	蛇 shé	1517	蛐 qū	1412
虏 lǔ	1109	huǐ	760	yí	1987	蛔 huí	760
虐 nüè	1265	蚩 chài	192	蛀 zhù	2187	蛤 gé	582
虐 △nüè	1265	蚀 shí	1553	蚿 xián	1822	há	659
虔 qián	1367	虽 suī	1630	萤 yíng	2016	蛛 zhū	2178
虑 lǜ	1117	蚁 yǐ	1991	蚶 hān	666	蜓 tíng	1687
虒 sī	1609	虼 gè	584	蛄 gū	609	蛞 kuò	993
虓 xiāo	1843	独 dú	433	gǔ	612	(蛕) huí	760
虚 xū	1893	蚤 zǎo	2088	蚵 kē	954	蛟 jiǎo	853
(虖) hū	714	(虵) shé	1517	蜇 jié	865	蜒 xiǎng	1836
·處 chǔ	264	yí	1987	蚜 yá	1917	蛜 yī	1983
chù	266	虷 zǐ	2209	蛌 dōng	422	蜒 yán	1927
彪 biāo	111	蚂 mā	1132	蛎 lì	1048	蜑 dàn	354
(處) chǔ	264	mǎ	1139	蚍 pí	1301	蜉 móu	1208
chù	266	mà	1139	蚨 bié	115	蟳 xún	1910
(虛) xū	1893	【四 画】		蛆 qū	1414	【七 画】	
虞 yú	2050	蚪 dǒu	428	蚰 yóu	2034	蜣 qiāng	1372
虜 lǔ	1109	烛 zhú	2181	蛊 gǔ	615	蜕 tuì	1716
虡 jù	921	蚊 wén	1764	蚺 rán	1428	(蜋) láng	1010
(虝) zhā	2097	蚄 fāng	495	蛉 líng	1082	蚓 jié	866
·號 háo	674	蚌 bàng	59	(蛉) líng	1082	蛮 láo	1015
hào	679	bèng	88	蚱 zhà	2099	(蜹) ruì	1464
(虞) yú	2050	蚨 fú	532	蚯 qiū	1407	蜃 shèn	1529
(虜) lǔ	1109	蚕 cán	171	蛋 dàn	355	·蛺 jiá	814
虢 guó	653	(蚖) yuán	2065	蛏 chēng	223	蛭 zhì	2157
·慮 lǜ	1117	(蚉) dù	438	蛁 diāo	405	蛎 liǎng	1068
·膚 fū	531	(蚘) huí	760	蚴 yòu	2044	(蜋) láng	1010
(虧) zhā	2097	蚍 pí	1301	【六 画】		蜇 zhē	2120
·盧 lú	1107	蚰 zhòng	2172	蛇 zhà	2099	zhé	2122
·虧 kuī	988	蚜 yá	1917	蚿 xián	1822	蛸 shāo	1513
虩 xì	1806	蚬 xiǎn	1824	蛟 jiāo	847	xiāo	1843
(178) 虫		蚏 yuè	2070	蛘 yáng	1943	蜈 wú	1781
		(蚺) rán	1428	蛮 mán	1145	·蜆 xiǎn	1824
虫 chóng	247	蚋 ruì	1464	蛮△ mán	1145	蜎 yuān	2060
【一画～三画】		蚧 jiè	873	蛴 qí	1340	蜗 wō	1768
虬 qiú	1410	蚣 gōng	598	蛱 jiá	814	(蜈) wú	1781

(178) 虫

(蛔) huí	760	蝂 bǎn	52	蝦 há	659	蟥 huáng	753
蜀 shǔ	1583	蜒 yán	1927	xiā	1806	蟏 xiāo	1844
蚨 fú	536	蜑 dàn	354	(蝨) shī	1543	螵 piāo	1309
蜍 chú	264	(蜺) ní	1240	【十画】		螬 cáo	176
蜓 tíng	1687	蜱 pí	1302	螠 yì	1999	·螮 dì	394
蜊 lí	1038	蜰 féi	508	·螢 yíng	2016	螳 táng	1655
蛾 é	458	蜩 tiáo	1680	螃 páng	1281	·螻 lóu	1104
yǐ	1992	(蝃) dì	394	(螡) wén	1764	螺 luó	1127
(蚕) é	458	蜢 měng	1174	螭 chī	239	蜩 guō	650
yǐ	1992	【九画】		螗 táng	1654	螿 jiāng	839
蜒 yán	1927	蝤 qiú	1411	螟 míng	1198	蟋 xī	1797
蜑 dàn	354	yóu	2035	(螂) láng	1010	蟏 xiū	1890
蜂 fēng	526	蝼 lóu	1104	蟖 qín	1389	螽 zhōng	2170
触 chù	267	蝣 yóu	2035	螯 áo	19	蟊 máo	1155
触ᶜchù	267	蜋 láng	1010	(蟁) nì	1242	蝟 wèi	1760
蛹 yǒng	2025	(蝍) jí	793	螨 mǎn	1147	(蟁) wén	1764
蜎 jí	793	(蝱) méng	1172	蟒 mǎng	1151	【十二画】	
【八画】		蝙 biān	102	蟆 má	1134	鳝 shàn	1501
蜷 quán	1422	蝽 chūn	282	(蟇) má	1134	·蟧 láo	1015
蜣 qiāng	1372	蝾 róng	1450	(蠹) dù	438	蟯 náo	1228
蝉 chán	193	蝶 dié	410	融 róng	1452	蟢 xǐ	1802
蜜 mì	1180	蝀 dì	394	(螎) róng	1452	蟛 péng	1293
蜿 wān	1732	蝴 hú	719	螾 yǎn	1933	(蟚) péng	1293
螂 láng	1010	蜡 là	998	螈 yuán	2065	(蟥) huáng	753
蜯 bàng	60	蝠 fú	539	·螞 mā	1132	·蠆 chài	192
蜻 qīng	1396	蝘 yǎn	1933	mǎ	1139	蟪 huì	765
(蜻) qīng	1396	蝰 kuí	989	mà	1139	蟫 yín	2008
蜞 qí	1342	蝻 nǎn	1227	(螘) yǐ	1991	·蟲 chóng	247
蜡 là	999	(蝡) rú	1458	螅 xī	1796	·蟬 chán	193
zhà	2099	螀 jiāng	839	螄 sī	1610	蟠 pán	1278
蜥 xī	1796	蝎 xiē	1858	螌 bān	50	·蟘 tè	1662
·蜾 dōng	422	(蝟) wèi	1758	螣 téng	1663	蟳 xún	1910
·蜽 liǎng	1068	·蜗 wō	1768	(螣) téng	1663	·蟣 jǐ	798
蜮 yù	2057	(蝯) yuán	2063	(螽) fēng	526	【十三画】	
蜃 shèn	1529	蛻 tè	1662	【十一画】		·蟻 yǐ	1991
(蜨) dié	410	蝓 yú	2050	(螾) yǐn	2010	蟺 shàn	1501
蜚 fēi	507	蝛 wēi	1746	螲 dié	410	蠊 lián	1056
fěi	509	蝌 kē	955	蟑 zhāng	2109	蠃 luǒ	1128
蜽 wǎng	1742	蝮 fù	547	蟅 zhè	2125	·蟶 chēng	223
蜾 guǒ	654	蝗 huáng	748	蟀 shuài	1590	蟓 měng	1174
蝈 guō	650	螋 sōu	1622	螫 zhé	2122	·蠆 chài	192
蝎 yì	1998	蜱 pí	1302	螯 áo	19	(蠛) miè	1190
蝇 yíng	2017	(蝍) jí	793	螫 shì	1565	蠖 huò	778
·蚀 shí	1553	·蝠 fù	544	zhē	2120	蠐 jì	807
蛛 zhī	2146	蟊 máo	1155	蟎 mǎn	1147	qí	1356

(178)～(183) 虫肉缶舌臼竹

•蟷 dāng	358	奱 luán	1120	甜 tián	1675	笃 dǔ	435
(蠍) xiē	1858	胾 zì	2217	鸹 guā	621	笄 jī	787
蜀 zhú	2181	胔 zì	2217	聒 guō	650	笓 pí	1301
•蠅 yíng	2017	腐 fǔ	541	舒 shū	1578	笕 jiǎn	825
蟾 chán	194	(膂) lǚ	1116	辞 cí	288	笔 bǐ	92
蟹 xiè	1864	(臀) tún	1718	舔 tiǎn	1676	笑 xiào	1856
(蠏) xiè	1864	•臠 luán	1120	(䥷) shì	1556	笊 zhào	2119
(蠏) xiè	1864	(180) 缶		(舘) guǎn	632	笏 hù	724
【十四画以上】				(舖) pù	1333	第 zǐ	2209
•蠑 róng	1450	缶 fǒu	530	餂 tiǎn	1676	笋 sǔn	1634
•蠕 níng	1252	缸 gāng	566	•颳 guā	620	笆 bā	26
•蠐 qí	1340	缹 fǒu	530	(182) 臼		笯 shuāng	1593
(蠔) háo	674	缺 quē	1424	臼 jiù	909	【五 画】	
(蠒) jiǎn	825	窑 yáo	1949	臾 yú	2049	笠 lì	1048
蠕 rú	1458	罃 yīng	2015	•兒 ér	462	笺 jiān	820
蠛 jié	869	(缽) bō	128	兒 ní	1240	筇 qióng	1404
蠚 hē	682	钡 zhǎi	2101	舁 yú	2049	笨 bèn	86
蠖 miè	1190	(缾) píng	1322	叟 sǒu	1622	筅 pǒ	1324
•蠣 lì	1048	甑 xiàng	1840	(臿) chā	184	笴 gǎn	561
(蟲) jié	865	罂 yīng	2015	舀 yǎo	1952	笼 lóng	1102
(蟲) jié	865	(窰) yáo	1949	(臽) yǎo	1952	笼 lǒng	1103
(蠱) jié	865	(䀇) chā	184	舂 chōng	247	笪 dá	312
(蠟) là	999	鎈 chá	188	舃 xì	1806	笛 dí	383
蠢 chǔn	283	•罃 yīng	2015	(舄) xì	1806	笭 líng	1082
蠜 fán	485	罄 qìng	1404	舅 jiù	910	(笒) líng	1082
蠡 lí	1039	罅 xià	1816	鼠 shǔ	1584	笙 shēng	1534
lǐ	1043	(罈) tán	1647	•與 yú	2046	筰 zé	2092
•蠟 là	999	(罇) zūn	2233	yǔ	2051	zuó	2234
蠦 nì	1242	(甕) wèng	1767	yù	2053	符 fú	536
(蠹) dù	438	罌 yīng	2015	•舉 jǔ	917	笱 gǒu	606
•蠨 xiāo	1844	•罎 tán	1647	•興 xīng	1875	笯 nie	1251
(蠭) fēng	526	罍 léi	1029	xìng	1882	笤 chōu	252
蠲 juān	923	(罏) lú	1108	(擧) jǔ	917	笥 sì	1617
•蠱 gǔ	615	罐 guàn	636	(舊) jiù	908	笾 biān	101
蠹 dù	438	(181) 舌		(183) 竹(⺮)		笳 jiā	809
•蠶 cán	171					笤 tiáo	1678
(蠷) qú	1415	舌 shé	1517	竹 zhú	2180	筅 mǐn	1192
蠵 xī	1798	乱 luàn	1120	【二画～四画】		第 dì	392
•蠻 mán	1145	刮 guā	620	竺 zhú	2181	笞 chī	238
蠼 qú	1415	舍 shě	1518	竻 lè	1026	【六 画】	
(179) 肉(⺼)		shè	1519	竿 gān	558	筊 jiǎo	853
		适 kuò	992	竽 yú	2046	筴 jiā	811
肉 ròu	1453	shì	1564	(笎) chí	241	筀 guì	647
胙 cào	179	舐 shì	1556	笈 jí	792	等 děng	378
胬 nǔ	1261	餂 tiǎn	1676			筇 qióng	1404

竹

笲 jī	787	·箋 jiǎn	825	(簨)fú	537	篡 cuàn	300
筑 zhù	2187	(筋)zhù	2187	(箒)zhǒu	2176	篮 lán	1006
筹 lǎo	1024	(筥)jǔ	918	箓 lù	1111	(篾)miè	1190
筹 kǎo	952	签 qiān	1362	箫 xiāo	1844	篯 jiān	820
策 cè	180	筳 tíng	1687	籴 mí	1176	篷 zào	2090
筐 kuāng	985	筣 lí	1038	篸 cǎn	172	(簋)yuè	2072
筘 kòu	975	筱 xiǎo	1855	zān	2084	(篠)xiǎo	1855
筜 dāng	358	(筰)zuó	2234	【九 画】		篦 bì	97
筛 shāi	1493	(筩)tǒng	1696	篓 lǒu	1105	·箳 shāi	1493
筒 tǒng	1696	·節 jiē	859	(筅)xiǎn	1823	篪 chí	241
筥 jǔ	918	jié	864	箭 jiàn	836	篷 péng	1293
筌 quán	1422	【八 画】		篇 piān	1305	·篘 chōu	252
答 dā	310	箪 dān	351	(箷)yí	1984	(篛)ruò	1466
dá	312	箔 bó	130	(箸)zhù	2187	篨 chú	264
筅 xiǎn	1823	管 guǎn	632	箱 xiāng	1832	【十一画】	
筶 kuò	993	箜 kōng	968	箧 qiè	1385	簖 duàn	443
筳 tíng	1687	箢 yuān	2059	·箧 qiè	1385	(簰)pái	1274
筏 fá	478	箥 fèi	511	範 fàn	491	篰 bù	159
筵 yán	1927	箧 qiè	1385	(節)jiē	859	(簑)suō	1635
筋 jīn	880	箐 qìng	1404	jié	864	(篙)gāo	573
筝 zhēng	2134	(箐)qìng	1404	箵 xīng	1877	簏 lù	1114
(筍)sǔn	1634	箸 zhù	2187	箕 kuì	990	簇 cù	299
·筆 bǐ	92	箦 zé	2092	箳 chuán	273	(簞)huì	764
筚 bì	97	箕 jī	786	箴 zhēn	2128	簀 zé	2092
【七 画】		箬 ruò	1466	篁 huáng	748	簧 huáng	753
(筦)guǎn	632	箑 shà	1493	(箄)pái	1274	簕 lè	1026
(筞)cè	180	(箝)qián	1368	覆 biān	103	(簰)pái	1274
筷 kuài	983	箍 gū	611	篌 hóu	709	箱 shāo	1513
筤 láng	1011	箨 tuò	1724	(篇)piān	1305	簌 sù	1627
筹 chóu	253	·笺 jiān	820	篆 zhuàn	2194	篡 cuàn	300
筭 suàn	1629	(箎)chí	241	篨 chú	264	(篡)cuàn	300
筞 lǒng	1103	算 suàn	1629	【十 画】		篡 zhuàn	2195
筻 gàng	567	箅 bì	97	篰 bù	159	zuǎn	2229
筠 jūn	931	(箅)bì	97	(簑)suō	1635	·簍 lǒu	1105
yún	2075	(算)bì	97	篙 gāo	573	·筚 bì	97
筮 shì	1565	(箇)gě	582	篱 lí	1037	篾 miè	1190
·筴 jiā	811	gè	582	·篊 lǒng	1103	簃 yí	1986
(筴)cè	180	箘 jùn	933	·筑 zhù	2187	(篠)xiǎo	1855
箐 zhé	2122	箩 luó	1127	篚 fěi	509	·篸 cǎn	172
笆 pá	1269	(筝)zhēng	2134	篝 gōu	604	zān	2084
筲 shāo	1513	(劄)zhá	2097	(簄)gōu	604	篼 dōu	427
(筲)shāo	1513	篸 cǎn	172	篥 lì	1051	簋 guǐ	646
简 jiǎn	828	zān	2084	(籀)shāo	1513	(簫)xiāo	1844
筸 gǎn	561	箠 chuí	279	·篤 dǔ	435	【十二画～十四画】	
筼 yún	2075	筵 yán	1927	·筼 yún	2075	(簆)kòu	975

(183)～(187) 竹自血行舟

簪	zān	2084	·籜	tuò	1724	(寫)	xì	1806	舟	zhōu	2174
(簀)	huáng	753	籧	qú	1414	·衆	zhòng	2172	(舟)	zhōu	2174
簠	fǔ	539	籛	jiān	820	(衇)	mài	1144	侜	zhōu	2174
(簿)	bó	132	籙	lù	1111	睪	gāo	573	殹	yǐ	1992
簟	diàn	404	籯	yíng	2017	·衊	miè	1189	舡	chuán	271
蘭	lán	1006	籣	lán	1006	衋	xì	1806	舢	shān	1497
·簡	jiǎn	828	(籑)	zhuàn	2195				舫	fǎng	499
(簡)	jiǎn	828		zuǎn	2229	**(186) 行**			航	háng	673
·簣	kuì	990	·籩	biān	101				輖	zhōu	2174
·簞	dān	351	籥	yuè	2072	行	háng	672	舭	bǐ	92
簰	pái	1274	(籨)	lián	1052		hàng	674	舯	zhōng	2169
簦	dēng	378	籤	qiān	1362		héng	697	舰	jiàn	832
簨	sǔn	1635	籬	lí	1037		xíng	1879	(舩)	chuán	271
簋	guǐ	646	·籪	shuāng	1593	衍	yǎn	1930	舱	cāng	174
篸	cǎn	172	瀰	mí	1176	衎	kàn	947	舨	bǎn	52
	zān	2084	籪	duàn	443	荇	xìng	1885	般	bān	49
簿	bù	159	籮	luó	1127	衏	háng	673		bō	129
·簾	lián	1055	(籯)	yíng	2017	珩	háng	673		pán	1277
簸	bǒ	134	籰	yuè	2072		héng	697	舵	duò	455
	bò	134	籲	yù	2055	衒	yuàn	2068	舷	xián	1822
籁	lài	1004				桁	hàng	674	舸	gě	582
·簹	dāng	358	**(184) 自**				héng	697	艇	bá	311
(簻)	zhuā	2189				(衒)	xuàn	1902	舻	lóng	1102
簽	qiān	1362	自	zì	2212	·術	shù	1584	舻	lú	1109
(簷)	yán	1925	郋	xí	1799	衔	xián	1822	舳	zhú	2181
籀	zhòu	2177	臭	chòu	255	鸻	héng	697	盘	pán	1277
·簫	xiāo	1844		xiù	1891	街	jiē	863	舲	líng	1082
籍	jí	797	臬	niè	1251	衖	xiàng	1840	(舲)	líng	1082
·籌	chóu	253	臭	chòu	255	(衖)	lòng	1103	舴	zé	2092
簪	zān	2084		xiù	1891	(衕)	tòng	1698	舶	bó	130
籃	lán	1006	息	xī	1796	(衙)	yá	1917	船	chuán	271
籋	niè	1251	(臯)	gāo	573	(衘)	xián	1822	鸼	zhōu	2174
篹	zuǎn	2229	(皐)	zuì	2232	衒	xián	1822	舡	pí	1301
(簻)	jù	921	鼻	bí	89	(衚)	hú	716	舾	xī	1793
			臲	niè	1251	·衛	wèi	1755	艅	yú	2047
【十五画以上】						衝	chōng	245	艇	tǐng	1689
·籆	fèi	511	**(185) 血(血)**				chòng	250	·輖	zhōu	2174
(籤)	qiān	1362				衠	zhūn	2201	艄	shāo	1513
籃	lán	1006	血	xiě	1862	(衠)	zhūn	2201	艉	wěi	1753
(籀)	zhòu	2177		xuè	1906	(衞)	wèi	1755			
籑	zhuàn	2195	(衁)	xù	1896	衡	héng	700	**【八画以上】**		
	zuǎn	2229	(衄)	xù	1896	·鸻	héng	697	(艀)	zhào	2119
(簶)	téng	1663	(衂)	nù	1264	衢	qú	1415	艋	měng	1174
·籠	lóng	1102	衃	pēi	1286				艓	dié	410
	lǒng	1103	衄	nù	1264	**(187) 舟(舟)**			艖	chā	183
籟	lài	1004	衅	xìn	1875				艏	shǒu	1573
			(衊)	mài	1144	**【三画～七画】**					

艑	biàn	108	羿	yì	1998		qiào	1382	辟	bì	98
艎	huáng	748	扇	shān	1497	翻	fān	481		pì	1303
艘	sōu	1622		shàn	1499	·翽	huì	764	辣	là	998
艗	yì	1999	(扇)	shān	1497	翾	xuān	1899	(辢)	là	998
艕	bàng	60		shàn	1499	(翱)	áo	19	(辤)	cí	288
(艖)	chā	183	翅	chì	245	耀	yào	1956	辩	biàn	108
鰨	tà	1640	(翄)	chì	245				辨	biàn	108
(艚)	tà	1640	翃	hóng	707	**(191) 聿(聿)**			·辦	bàn	52
·艙	cāng	174	(翃)	hóng	707	聿	yù	2055	辫	biàn	108
艚	cáo	176	翀	chōng	247	津	jīn	880	·辞	cí	288
·鵃	zhōu	2174	翁	wēng	1767	書	zhòu	2177	瓣	bàn	57
艟	chōng	247	(翁)	wēng	1767	畫	huà	735	辫	biàn	108
·艛	dá	311	翊	yì	1999	肆	sì	1618	·辯	biàn	108
(艙)	tà	1640	翌	yì	1999	(畵)	huà	735			
艤	yǐ	1992	翎	líng	1082	肄	yì	2001	**(194) 艮(𠄌艮)**		
艨	méng	1173	·習	xí	1798	肇	zhào	2119	良	liáng	1061
(艢)	qiáng	1375	翔	xiáng	1835	(肇)	zhào	2119	食	shí	1552
(艣)	lǔ	1110	翚	huī	756	盡	jìn	884		sì	1617
艦	jiàn	832	翘	qiáo	1379	盡	xì	1806		yì	1998
(艪)	lǔ	1110		qiāo	1382	**(192) 艮(艮艮)**			郎	láng	1009
艫	lóng	1102	翙	huì	764	艮	gěn	586		làng	1011
艫	lú	1109	禽	xī	1797		gèn	587	朗	lǎng	1011
			【七画以上】			良	liáng	1061	(旣)	jì	804
(188) 舛(舛)			翛	xiāo	1844	艰	jiān	823	·養	yǎng	1944
舛	chuǎn	273	翣	shà	1492	即	jí	793	饌	zhuàn	2195
(舛)	chuǎn	273	翠	cuì	302	恨	hèn	696		zuǎn	2229
桀	jié	868	翥	zhù	2187	垦	kěn	964	(饌)	zhuàn	2195
(粦)	lín	1077	翡	fěi	509	艮	gèn	587		zuǎn	2229
舜	shùn	1602	翟	dí	384	哏	gén	586			
舞	wǔ	1786		zhái	2101	很	hěn	696	**(195) 麦(麥麦)**		
(僢)	chuǎn	273	翦	jiǎn	827	狠	hěn	696	麦	mài	1142
蕣	shùn	1602	(翦)	jiǎn	826	根	gēn	585	·麥	mài	1142
			·翬	huī	756	既	jì	804	唛	mài	1142
(189) 色			(翫)	wán	1734	恳	kěn	964	麸	fū	531
色	sè	1485	翩	piān	1306	痕	hén	696	(麪)	miàn	1184
	shǎi	1493	(翥)	zhù	2187	裉	kàn	964	麨	chǎo	212
艳	yàn	1935	翯	hè	691	·艱	jiān	823	·麯	qū	1412
艴	fú	533	翰	hàn	672				麰	móu	1208
艵	yàn	1935	翮	hé	690	**(193) 辛(辛)**			·麳	móu	1208
·艷	yàn	1935	歙	shè	1521	辛	xīn	1872	(麩)	fū	531
				xī	1797	宰	zǎi	2080	(麴)	qū	1412
(190) 羽(羽)			翳	yì	2001	辜	gū	609	(麨)	chǎo	212
羽	yǔ	2051	翼	yì	1997	辞	cí	288	(麵)	miàn	1184
(羽)	yǔ	2051	翱	áo	19	(辠)	zuì	2232			
【三画～六画】			·翘	qiáo	1379				**(196) 走**		

走 zǒu	2221	糖 táng	1654	配 pèi	1288	醉 zuì	2231
赴 fù	541	\multicolumn{2}{c}{(198) 豆}	酖 dān	352	醋 cù	298
赵 zhào	2119			(酖)zhèn	2130	(醃)yān	1921
赳 jiū	904	豆 dòu	429	酝 yùn	2076	(醆)zhǎn	2103
赶 gǎn	559	剅 lóu	1103	酞 tài	1645	醌 kūn	991
赸 shàn	1499	逗 dòu	430	酚 fēn	515	醄 táo	1658
起 qǐ	1345	豇 jiāng	838	酘 dòu	431	醊 zhuì	2200
(起)qǐ	1345	(荳)dòu	429	酗 xù	1897	醁 lù	1111
趄 jū	913	·豈 kǎi	942	酕 máo	1155	醚 mí	1177
qiè	1385	qǐ	1345	酟 qiāng	1373	(醇)chún	283
趁 chèn	222	饾 dòu	431	(酔)zuì	2231	醛 quán	1422
(趂)chèn	222	豉 chǐ	242	酡 tuó	1723	醐 hú	719
趋 qū	1414	脰 dòu	431	酣 hān	666	醍 tí	1667
超 chāo	208	窭 dòu	431	酤 gū	610	醒 xǐng	1882
越 yuè	2071	痘 dòu	431	酢 cù	298	(醎)xián	1822
趑 zī	2206	壹 yī	1984	zuò	2239	醑 xǔ	1895
趔 liè	1076	登 dēng	376	酥 sū	1623	\multicolumn{2}{c}{【十画以上】}
(趨)qū	1414	短 duǎn	439	酦 fā	477		
趫 qiāo	1377	豊 lǐ	1040	pō	1324	醡 zhà	2099
·趙 zhào	2119	豊△fēng	519	\multicolumn{2}{c}{【六画～九画】}	醨 lí	1037
·趕 gǎn	559	豌 wān	1732			醣 táng	1654
趣 qù	1418	醋 chǎi	192	(醜)chóu	254	醞 yùn	2076
趟 tāng	1652	(豎)shù	1586	酬 chóu	254	·醢 hǎi	665
tàng	1656	·餖 dòu	431	酱 jiàng	843	醜 chǒu	254
(趦)zī	2206	·頭 tóu	1699	酰 nóng	1259	醬 qiāng	1373
·趣 qū	1414	tou	1704	酮 tóng	1695	醫 yī	1983
·趬 qiāo	1377	·豐 fēng	519	酰 xiān	1819	醤 jiàng	843
趱 zào	2090	艷△yàn	1935	酩 mǐng	1198	醪 láo	1015
趯 tì	1669	艶 yàn	1935	酪 lào	1025	醰 tán	1649
趲 zǎn	2084	(豔)yàn	1935	酯 zhǐ	2155	醭 bú	134
·趲 zǎn	2084	(豓)yàn	1935	酿 niàng	1248	醯 xī	1798
\multicolumn{2}{c}{(197) 赤}	\multicolumn{2}{c}{(199) 酉(酉)}	酵 jiào	859	醮 jiào	859
				酽 yàn	1937	·醱 fā	477
赤 chì	243	酉 yǒu	2043	酾 shāi	1493	pō	1324
郝 hǎo	679	(酉)yǒu	2043	shī	1544	醵 jù	922
赦 shè	1521	\multicolumn{2}{c}{【一画～五画】}	酺 pú	1331	醴 lǐ	1040
赧 nǎn	1227	酋 qiú	1411	酲 chéng	231	·醲 nóng	1259
(赦)nǎn	1227	酊 dīng	413	酳 juàn	923	(醻)chóu	254
赪 chēng	224	dǐng	415	酹 lèi	1031	醺 xūn	1909
赩 xì	1806	酒 jiǔ	907	酴 tú	1708	(釅)yàn	1935
赫 hè	691	酐 gān	558	酷 kù	979	·釀 niàng	1248
(赬)chēng	224	酎 zhòu	2177	酶 méi	1163	醾 mí	1177
赭 zhě	2123	酌 zhuó	2203	·醉 lèi	1031	(釃)mí	1177
(赭)zhě	2123	酏 yí	1984	酸 suān	1628	醽 líng	1086
·赬 chēng	224	yǐ	1991	醅 pēi	1286	·釁 xìn	1875
				醇 chún	283	(醿)mí	1177

·醯	shāi	1493	貗	lóu	1104	(跨)	chěn	221		cǐ	290
	shī	1544	豮	fén	516	跄	qiàng	1377	跩	zhuǎi	2189
·釅	yàn	1937	(貛)	huān	740	跃	yuè	2072	跳	tiào	1680

(200) 辰(辰)

(202) 卤(鹵)

【五画～六画】

辰	chén	220				跎	tuó	1723	跹	xiān	1819
辱	rǔ	1459	卤	lǔ	1109	践	jiàn	833	跣	xiǎn	1823
唇	chún	282	·鹵	lǔ	1109	距	jù	919	跻	juē	925
(脣)	chún	282	卾	gǎng	567	跶	da	340		qiāo	1377
蜃	shèn	1529	鹼	^jiǎn	826		tà	1640	跲	jiá	814
·農	nóng	1257	·鹹	xián	1822	跖	zhí	2151	路	lù	1111
(辳)	nóng	1257	鹺	cuó	306	(跋)	bá	28	跺	duò	455
(䃉)	chǎn	196	鹾	cuó	306	跋	bá	28	跪	guì	647

(201) 豕(豕豕)

			(鹻)	jiǎn	826	跌	diē	409	跟	gēn	586
			鹼	jiǎn	826	(跕)	diǎn	398	(躱)	duò	455
豕	shǐ	1555	·鹽	yán	1928	(跚)	shān	1497			

【七画～八画】

(豕)	shǐ	1555				跌	diē	409	踉	liáng	1062

(203) 里

家	jiā	811				跮	zhà	2099		liàng	1069
	jia	820	里	lǐ	1040	跗	fū	531	踌	chóu	253
	jie	875	重	chóng	248	跅	tuò	1723	踅	xué	1905
彖	tuàn	1713		zhòng	2172	胝	zhī	2142	踋	xǐ	1803
冢	zhǒng	2171	(黑)	hēi	692	跚	shān	1497	(踁)	jìng	899
豗	huī	756	野	yě	1958	跔	jū	913	踊	yǒng	2025
圂	hùn	767	童	tóng	1696	跑	páo	1283	(踂)	jú	915
(純)	tún	1718	量	liáng	1064		pǎo	1283	踆	cūn	303
豚	tún	1718		liàng	1069	跛	bǒ	133	(跥)	duò	455
豩	dū	432	量	chōng	247	跞	lì	1051	踖	jì	802
豝	bā	27	(釐)	lí	1035		luò	1128	(踘)	zhí	2151

(204) 足(⻊)

(豰)	dū	431				跏	jiā	810	(踡)	quán	1422
象	xiàng	1839	足	zú	2225	跗	mǔ	1210	踪	zōng	2218

【二画～四画】

豢	huàn	746				跆	tái	1643	踠	wǎn	1736
蒙	mēng	1172	趴	pā	1268	跰	pián	1306	踣	bó	133
	méng	1172	趸	dǔn	449	跤	jiāo	847	踥	qiè	1385
	měng	1174	(趷)	tāng	1652	跻	jī	789	踮	diǎn	398
豪	háo	675	(趯)	yuè	2070	(跡)	jì	804	踏	jí	797
豨	xī	1795	趵	bào	72	践	^jiàn	833	踦	qī	1337
(豪)	háo	675		bō	129	(跘)	jiǎn	828		yǐ	1992
豵	zòng	2221	跶	tā	1639	跬	kuǐ	990	踺	jié	868
貆	fén	516	趺	fū	531	跫	qióng	1406	·踐	jiàn	833
(豬)	zhū	2179	趼	jiǎn	828	(跴)	cǎi	166	(踼)	tāng	1652
豦	lóu	1104	趿	qí	1341	跶	da	340	踧	cù	299
豫	yù	2058		qì	1355		tà	1640	踔	chuō	283
貑	jiā	814	距	jù	919	跨	kuà	980	踳	chuò	284
豳	bīn	116	趾	zhǐ	2152	踣	bì	97	踝	huái	739
燹	xiǎn	1825	跨	chěn	221	跷	qiāo	1377	踢	tī	1664
						跐	cī	285	踩	cǎi	166
									踒	wō	1769

(204)～(207) 足呙采豸

(跸)fèi	511	蹜 sù	1627	(蹰)chú	264	喎 wō	1767
跎 chí	241	(蹠)zhí	2151	躁 zào	2090	喎 wāi	1726
颐 zhì	2161	(踩)shuāi	1589	躅 zhú	2181	娲 wā	1725
踺 jiàn	836	蹢 dí	384	蹺 qiāo	1382	骊 guā	621
踞 jù	921	zhí	2151	躄 bì	99	绢 guā	621
踆 cūn	303	(蹟)jì	804	(躃)bì	99	wō	1767
踏 tā	1639	蹲 chú	264	·躋 jī	789	·過 guō	649
tà	1640	·蹣 pán	1279	·躊 chóu	253	guò	655
【九画～十画】		(蹔)zàn	2084	躏 lìn	1081	(過)guò	655
踯 zhí	2151	(蹧)zāo	2086	·躚 xiān	1819	祸 huò	778
蹉 cuō	306	(蹮)xiān	1819	·躑 zhí	2151	(既)huò	778
(踫)pèng	1294	(蹚)tāng	1652	躍^yuè	2072	脶 luó	1127
蹄 tí	1667	蹦 bèng	88	·躍	2072	窝 wō	1767
踱 duó	454	·蹡 qiāng	1373	(躐)liè	1077	·窩 wō	1767
蹁 pián	1306	qiàng	1377	(躕)chú	264	·禍 huò	778
踳 chuǎn	273	·蹕 bì	97	躔 chán	194	锅 guō	649
踝 dié	410	蹙 cù	299	龊 chuò	284	蜗 wō	1768
踸 chěn	221	(蹤)zōng	2218	躒 lì	1051	·綱 guā	621
踏 chǎ	188	蹲 cún	305	luò	1128	wō	1767
踒 wǎi	1727	dūn	449	躓 zhì	2161	·鍋 guō	649
跨 qiāng	1373	蹭 cèng	182	(躗)wèi	1756	·騧 guā	621
qiàng	1377	蹿 cuān	299	躐 liè	1077		
踶 dì	394	蹴 cù	299	**【十六画以上】**		**(206) 采**	
踹 chuài	268	(蹵)cù	299	躜 zuān	2229	采 cǎi	164
(踰)yú	2050	蹾 dūn	449	(躛)wèi	1756	cài	167
踵 zhǒng	2171	蹳 xiè	1865	躞 xiè	1865	釈^shì	1565
踽 jǔ	918	·蹺 qiāo	1377	·躥 cuān	299	悉 xī	1797
(踴)yǒng	2025	(蹸)chú	264	躡 niè	1250	番 fān	481
蹂 róu	1453	·蹾 dǔn	449	躪 lìn	1081	pān	1276
(蹉)cuō	306	蹽 liāo	1070	躧 xǐ	1803	釉 yòu	2044
蹇 jiǎn	829	蹶 jué	928	躦 zuān	2229	释 shì	1565
(跨)zhà	2099	juě	929	蹞 jué	929	(飜)fān	481
蹑 niè	1250	(蹷)jué	928	(躅)zhú	2181	·釋 shì	1565
蹒 pán	1279	juě	929	**(205) 呙(咼)**		**(207) 豸**	
蹎 diān	395	蹰 chú	264	呙 guō	649	豸 zhì	2158
蹐 jí	797	蹩 bié	115	wāi	1726	犲 chái	191
蹋 tà	1640	蹼 pǔ	1331	·咼 guō	649	豹 bào	72
蹈 dǎo	365	蹯 fán	485	wāi	1726	(豼)pí	1301
蹊 qī	1338	·蹶 juē	925	卨 xiè	1863	貂 diāo	405
xī	1797	qiāo	1377	剮 guǎ	621	貆 huán	743
·蹌 qiāng	1377	蹬 dēng	378	涡 guō	649	貊 mò	1205
(蹎)diān	395	dèng	380	wō	1767	貅 xiū	1888
(蹏)tí	1667	**【十三画～十五画】**		(喎)ē	456	貉 háo	676
蹍 niǎn	1247	·蹉 da	340	埚 guō	649	hé	690
【十一画～十二画】		tà	1640				

	mò	1208	(躺)tǎng	1656	jiè	875	【三画～六画】	
(貍)lí	1036	(骡)luǒ	1128	xiè	1864	雩 yú	2051
貌 mào	1158	(騢)hā	659	觫 sù	1626	雪 xuě	1905
(貓)māo	1152	·驱 qū	1412	觯 zhì	2163	(雩)xuě	1905
	máo	1155	(騣)zhí	2151	觭 jī	787	雯 wén	1764
(貘)yà	1920	(驒)duǒ	455	觱 bì	100	雱 pāng	1280
(貐)yǔ	2053			觴 shāng	1502	·雲 yún	2073
·豤 kěn	964	(210) 龟(龜龜)		(觵)gōng	599	雳 lì	1045
獏 mò	1206	龟 guī	643	觶 zhì	2163	(雰)fēn	515
貔 pí	1301	jūn	931	觸 chù	267	電 diàn	398
(貛)huān	740	qiū	1407	觺 yí	1988	雷 léi	1028
		·龜 guī	643	(觻)bì	100	零 líng	1082
(208) 谷		jūn	931	觿 xī	1798	雾 wù	1789
谷 gǔ	613	qiū	1407			(處)chǔ	264
	yù	2055	(龜)guī	643	(212) 青(靑)		chù	266
俗 sú	1624	jūn	931	青 qīng	1390	雹 báo	64
(卻)què	1425	qiū	1407	(靑)qīng	1390	霁 jì	803
郤 xì	1806	(龜)guī	643	靓 jìng	901	需 xū	1895
容 róng	1450	jūn	931	liàng	1069	霆 tíng	1687
峪 hóng	707	qiū	1407	氰 qíng	1402	【七画～八画】	
欲 yù	2055	(龜)guī	643	靖 jìng	901	霂 mù	1213
鹆 yù	2055	jūn	931	静 jìng	900	霈 pèi	1288
(慾)yù	2055	qiū	1407	·靓 jìng	901	霅 zhà	2099
豁 huá	734	(穐)qiū	1407	liàng	1069	靈ˆlíng	1084
	huō	769			靛 diàn	404	震 zhèn	2130
	huò	779	(211) 角(角)		(靜)jìng	900	霄 xiāo	1843
(谿)xī	1797	角 jiǎo	851			霉 méi	1163
(豀)xī	1797	jué	926	(213) 卓		(霑)zhān	2101
·鵒 yù	2055	(角)jiǎo	851	(乾)gān	554	霎 shà	1492
		jué	926	乾 qián	1368	霙 yīng	2014
(209) 身(身)		(勧)jīn	876	·乾 gān	554	霖 lín	1079
身 shēn	1523	斛 hú	719	韩 hán	669	霏 fēi	507
	yuán	2063	觖 jué	926	(乾)gān	554	(靠)fēi	507
射 shè	1520	确 què	1426	戟 jǐ	799	霍 huò	778
躬 gōng	593	觞 shāng	1502	朝 cháo	210	霓 ní	1240
(躭)dān	352	觚 gū	611	zhāo	2115	【九画以上】	
躯 qū	1412	(觝)dǐ	386	·幹 gàn	563	霜 shuāng	1593
(軀)qū	1412	觥 gōng	599	斡 wò	1770	霢 mài	1145
(躰)tī	1663	觜 zī	2207	(榦)gàn	563	霞 xiá	1809
	tǐ	1667		zuǐ	2229	翰 hàn	672	(霛)líng	1084
(躱)shè	1520	触 chù	267	韓 hán	669	(霧)pāng	1280
躲 duǒ	454	(觧)jiě	870			霸 kuò	993
(躲)duǒ	454		jiè	875	(214) 雨(⻗)		霤 liù	1098
(躬)gōng	593		xiè	1864	雨 yǔ	2052	霪 yín	2008
躺 tǎng	1656	解 jiě	870		yù	2056	霭 ǎi	7

(霡)mài	1145	**(216) 齿(齒)**		•黿 yuán	2061	截 jié	869
•霧 wù	1789			(鼂)cháo	209	雌 cí	288
霫 xí	1799	齿 chǐ	242	(鼃)wā	1724	雒 luò	1131
蔚 wèi	1760	齒△chǐ	242	(䵷)wā	1724	雜△zá	2078
霞 xiàn	1829	•齒 chǐ	242	蝇 yíng	2017	翟 dí	384
(霧)pāng	1280	(齓)chèn	222	•竈 zào	2089	zhái	2101
霸 bà	31	齓 chèn	222	(鼇)áo	19	•維 wéi	1751
露 lòu	1106	龁 hé	686	(鱉)biē	114	雘 huò	778
lù	1113	龂 yín	2006	鼉 tuó	1723	雕 diāo	405
霹 pī	1298	龄 xiè	1864	•鼍 tuó	1723	(雖)suī	1630
•霽 jì	803	齀 bà	31			矆 huò	778
霾 mái	1140	齕 kè	963	**(218) 隹(隹)**		•雖 suī	1630
(靄)ǎi	7	qiā	1357	隹 zhuī	2198	**【十画以上】**	
•靆 dài	346	龃 jǔ	916	(隹)zhuī	2198	•雜 zá	2078
•靂 lì	1045	龄 líng	1084	**【二画～九画】**		•離 lí	1036
•靈 líng	1084	齡△líng	1084	隼 sǔn	1634	雠 chóu	254
•靉 ài	9	•齡 líng	1084	难 nán	1225	難△nán	1225
衢 qú	1415	(齚)zé	2092	nàn	1227	nàn	1227
		(齠)chū	256	•隻 zhī	2144	臒 huò	778
(215) 非(非)		鲍 bāo	64	隽 juàn	924	瞿 qú	1414
非 fēi	505	韶 tiáo	1678	jùn	933	(雞)jī	783
(非)fēi	505	(齩)yǎo	1951	淮 huái	738	•雙 shuāng	1591
韭 jiǔ	907	(齧)niè	1251	惟 wéi	1750	雛 chú	263
匪 fěi	508	齜 zī	2207	堆 duī	443	(雝)yōng	2023
悱 fěi	509	龈 yín	2007	萑 huán	743	•難 nán	1225
悲 bēi	76	•齦 yín	2007	售 shòu	1576	nàn	1227
斐 fěi	509	(齦)kěn	964	唯 wéi	1751	犨 chōu	252
扉 fēi	507	龉 yǔ	2053	帷 wéi	1751	讎 chóu	254
(扉)fēi	507	齪 chuò	284	崔 cuī	300	(讐)chóu	252
棐 fěi	509	齰 zé	2092	维 wéi	1751	(讎)chóu	252
辈 bèi	82	齮 yǐ	1992	•進 jìn	885	(讐)chóu	252
罪 zuì	2232	齯 ní	1240	雇 gù	619		
裴 péi	1288	龋 yú	2050	集 jí	796	**(219) 鱼(魚)**	
(裵)péi	1288	(齶)è	461	雁 yàn	1937	鱼 yú	2047
蜚 fēi	507	龋 qǔ	1417	雄 xióng	1886	魚 yú	2047
fěi	509	齷 wò	1770	雅 yǎ	1918	**【二画～四画】**	
翡 fěi	509	(齩)yǎo	1951	(雋)juàn	924	魛 dāo	362
(翡)fěi	509	齼 chǔ	265	jùn	933	魟 hóng	706
•輩 bèi	82			雍 yōng	2023	鲅 jǐ	798
靠 kào	952	**(217) 黾(黽)**		碓 duì	448	鲈 xù	1897
霏 fēi	507	黾 miǎn	1184	雎 suī	1630	魴 fáng	498
糜 mí	1177	mǐn	1192	雎 jū	913	鱿 yóu	2030
mǐ	1179	•黽 miǎn	1184	雉 zhì	2159	魺 hú	720
(麋)mí	1177	mǐn	1192	稚 zhì	2162	鲀 tún	1718
mǐ	1179	黿 yuán	2061	雏 chú	263	鲁 lǔ	1110

(219)～(219)鱼

•鲀 tún	1718	鲙 kuài	981	鲷 diāo	405	鳎 tǎ	1640
鲃 bā	27	鲔 wěi	1755	•鯛 diāo	405	•鰨 tǎ	1640
【五画】		鮨 yì	1998	鰺 shēn	1524	鳏 guān	632
鲎 hòu	714	•卿 yìn	2013	鲺 shī	1543	(鰛)wēn	1761
鮀 tuó	1723	鲛 jiāo	853	鲻 zī	2207	鳕 huá	733
(鮌)gǔn	649	鲘 hòu	712	綠 lù	1111	鳐 yáo	1951
鮃 píng	1321	鮠 wéi	1750	【九画】		鳚 wēng	1767
鲅 bà	31	鲟 xún	1910	鳅 qiū	1411	•鰤 shī	1542
鲇 nián	1245	【七画】		•鳡 huàn	746	螣 téng	1663
鲉 yóu	2034	鲨 shā	1491	鳊 biān	103	•鳐 yáo	1951
鲈 lú	1109	•鮺 zhǎ	2098	鳍 chūn	282	【十一画】	
鲊 zhǎ	2098	鲩 huàn	745	鳓 fèn	519	鳖 biē	114
穌 sū	1624	鲡 lí	1035	鲽 dié	411	鰊 kāng	948
鲋 fù	543	鲕 pū	1330	鳆 bī	89	鱅 yōng	2023
鲏 bō	128	鲠 gěng	588	鲻 là	998	鳕 xuě	1906
鲃 bà	31	鲢 lián	1055	鳉 jiāng	839	•鱈 xuě	1906
bó	130	鲞 cān	170	鳇 cháng	202	鳌 áo	19
鲥 yìn	2013	鲣 jiān	822	鳑 tí	1667	鳓 lè	1026
鲄 jū	913	鲤 lǐ	1043	•鲗 zéi	2093	•鲢 lián	1055
鲍 bào	72	鲥 shí	1550	鲲 kūn	991	鳔 biào	113
鲌 fú	533	(鰷)tiáo	1678	鳁 wēn	1761	鲣 jiān	822
鲐 tái	1643	鲦 tiáo	1678	鳃 sāi	1469	鳗 mán	1145
鲏 pí	1301	鮸 miǎn	1184	鰃 wēi	1746	鳖 mǐn	1192
【六画】		鲧 gǔn	649	鳚 wèi	1758	鲦 tiáo	1678
鲜 xiān	1819	鲫 jì	807	鳄 è	461	鳙 xián	1822
xiǎn	1824	鲬 yǒng	2025	鳟 huá	733	鳙 jì	807
鮺 zhǎ	2098	鲪 jūn	932	•鳅 qiū	1411	鳛 xí	1799
鲞 xiǎng	1837	【八画】		鳅 qiū	1408	鳛 xí	1799
鮟 ān	13	•鲞 xiǎng	1837	鳆 fù	547	鰐 wèi	1760
鲩 huàn	746	鲸 jīng	893	鳊 biān	103	•鳉 jiāng	839
鲛 jiāo	847	鲰 zōu	2221	•鲫 jì	807	•鳗 shēn	1524
鲚 jì	803	鲭 qīng	1397	•鳅 qiū	1411	【十二画～十三画】	
鲑 guī	643	zhēng	2134	鳇 huáng	748	鳖 biē	114
xié	1861	•鯖 qīng	1397	鳒 quán	1423	鳞 lín	1078
鲒 jié	868	zhēng	2134	鯿 biān	103	鳝 shàn	1501
鲕 ér	464	鲮 líng	1086	鰕 xiā	1807	鳟 zūn	2233
鳖 cǐ	290	•鲮 líng	1086	【十 画】		鳖 xǐ	1803
jì	807	鲯 qí	1342	鳒 jiān	823	(鱏)xún	1910
(鮆)cǐ	290	鱯 huò	777	•鳒 jiān	823	鳜 guì	648
jì	807	鲱 fēi	507	鳑 páng	1281	鳖 biē	114
鲺 shī	1542	鲳 chāng	197	鳌 áo	19	(鱓)shàn	1501
鲵 guì	646	鲲 kūn	991	鳍 qí	1344	鱎 jiǎo	853
鲖 tóng	1696	鲴 gù	618	鳢 lián	1055	鳟 zūn	2233
鲗 zéi	2093	•鲱 fēi	507	(鰲)yú	2049	鳚 bō	128
鲚 zhào	2119	鲵 ní	1240	鲥 shí	1550	鱘 xún	1910

鳞 lín	1078
鳝 shàn	1501
zhān	2103
•鲼 fèn	519
鳠 hù	724
鳡 gǎn	563
•鳜 guì	646
鲤 lǐ	1040
•鲙 kuài	981
鱮 xù	1897
•鲎 hòu	714

【十四画以上】

•鲫 jì	803
鳠 hù	724
鲳 cháng	202
•鳜 guì	646
鳤 guǎn	634
•鱇 xián	1822
(鱲) liè	1077
鱵 zhēn	2128
鱲 liè	1077
(鱷) è	461
•鲈 lú	1109
•鳢 lí	1035
(鱻) xiān	1819

(220) 首

首 shǒu	1572
馗 kuí	989
馘 guó	653

(221) 音(音)

音 yīn	2005
歆 xīn	1873
韵 yùn	2076
窨 xūn	1908
yìn	2013
韶 sháo	1514
(韻) yùn	2076
響 xiǎng	1835
•響 xiǎng	1835

(222) 革

革 gé	579
jí	793

【二画～八画】

靪 dīng	413
靰 jī	783
勒 lè	1025
lēi	1027
靬 qián	1369
靰 wù	1787
靸 sǎ	1468
(靭) rèn	1443
(靱) rèn	1443
靴 xuē	1903
靳 jìn	887
靶 bǎ	30
靷 yǐn	2010
靺 mò	1205
靽 bàn	57
靼 dá	312
鞅 yāng	1938
yàng	1946
鞄 bào	72
páo	1283
靿 hóng	701
鞁 bèi	82
(鞀) táo	1659
鞘 yào	1955
鞍 ān	13
(鞌) ān	13
鞋 xié	1861
•鞏 gǒng	599
鞑 dá	311
鞒 qiáo	1379
(鞉) táo	1659
鞘 qiào	1381
shāo	1513
鞓 tīng	1686
鞔 mán	1146
鞟 kuò	993
鞚 kòng	970
鞡 la	1000
(鞝) shàng	1512
鞿 jī	790
鞠 jū	915
鞞 bǐng	122
鞬 jiān	824

【九画以上】

鞧 qiū	1408
鞯 jiān	824
鞳 tà	1640
鞨 hé	690
鞥 ēng	462
•鞦 qiū	1407
鞭 biān	103
鞞 bǐng	122
鞫 jū	915
鞣 róu	1453
鞲 gōu	604
(鞾) xuē	1903
鞴 bèi	81
鞳 wēng	1767
鞶 pán	1278
(鞹) kuò	993
鞺 tāng	1652
鞽 qiáo	1379
韃 dá	311
(韁) jiāng	840
羇 jī	787
韂 chàn	196
(韈) wà	1726
羈 jī	790
(羇) jī	787
•韉 qiān	1358
(羈) jī	790
•韉 jiān	824
(韊) lán	1006

(223) 面

面 miàn	1184
(面) miàn	1184
勔 miǎn	1184
靦 miǎn	1184
tiǎn	1676
靣 hǎ	660
tǎi	1643
靨 yè	1963
•靦 miǎn	1184
tiǎn	1676
靧 huì	764
•麵 miàn	1184
靧 huì	764
•靨 yè	1963

(224) 韭

韭 jiǔ	907
(韮) jiǔ	907
齑 jī	789
(虀) jī	789
•齏 jī	789

(225) 骨(骨)

骨 gū	611
gǔ	614
(骨) gū	611
gǔ	614

【二画～八画】

(骫) wěi	1755
骪 huá	732
骭 gàn	563
骷 gū	611
骱 hú	720
骰 huá	733
骫 wěi	1755
骼 gǔ	615
(骯) āng	17
骼 gǔ	615
骱 jiè	873
骰 tóu	1703
骷 kū	976
(骷) kū	976
骼 gǔ	615
hú	720
骶 dǐ	387
(骶) dǐ	387
骸 bèi	82
骸 hái	661
骻 kuà	981
骴 cī	285
骺 hóu	709
骼 gé	580
(骾) gěng	588
髁 kē	956
(骸) tuǐ	1715
髀 bì	97
骼 huá	733

【九画以上】

髅 lóu	1104

髃 yú	2050	魃 bá	28	(甌) lì	1051	·髇 hú	716
骼 qià	1358	魆 xū	1892	鬻 yì	2001	鬠 là	998
(髀) bì	97	魄 bó	130	融 róng	1452	髽 tuǒ	1723
(骹) hóu	709	pò	1325	翩 hé	690	(鬘) zōng	2218
髋 kuān	984	tuò	1724	鬴 fǔ	539	鬏 jiū	904
髌 bìn	117	魇 yǎn	1930	鬶 guī	644	鬑 lián	1056
髈 páng	1281	魉 liǎng	1068	·鬹 guī	644	鬓 bìn	117
(髇) bǎng	59	魈 xiāo	1843	·鬻 yì	2001	鬐 qí	1344
pǎng	1281	(魌) qī	1338	鬻 yù	2059	鬒 zhěn	2129
髆 bó	133	(魊) yù	2057			(鬀) tì	1668
·髑 gǔ	615	魎 liǎng	1068	**(231) 彡**		鬘 mán	1145
·髅 lóu	1104	魍 wǎng	1742	**【二画～八画】**		鬙 sēng	1487
髇 huá	733	魏 wèi	1760	(髠) kūn	991	鬚 xū	1892
·骷 gǔ	615	魑 chī	239	髡 kūn	991	鬟 huán	743
髐 háo	720	魔 mó	1202	髢 dí	384	·鬡 níng	1252
髎 liáo	1072	·魇 yǎn	1930	(髣) fǎng	498	鬢 bìn	117
(髎) liáo	1072			髧 dàn	356	鬣 liè	1077
髒 zāng	2085	**(228) 飛**		(髹) xiū	1888	鬤 liè	1077
髓 suǐ	1632	·飛 fēi	503	(髯) rán	1428	(鬢) zuǎn	2229
(髓) suǐ	1632	飜 fān	481	髦 máo	1155		
·體 tī	1663			(髩) bìn	117	**(232) 鬯**	
tǐ	1667	**(229) 高(髙)**		髻 níng	1252	鬯 chàng	206
髑 dú	435	高 gāo	568	·髮 fà	480	(鬰) yù	2056
(髑) dú	435	(髙) gāo	568	髯 rán	1428	(鬱) yù	2056
·髋 kuān	984	(高) qǐng	1402	髲 bì	100		
·髌 bìn	117	鄗 hào	681	髳 máo	1155	**(233) 麻(蔴)**	
		滈 hào	681	(髴) fú	532	麻 mā	1132
(226) 香		嵩 sōng	1619	髫 tiáo	1678	má	1132
香 xiāng	1832	(槁) gǎo	574	髻 jì	807	(麻) mā	1132
秘 bì	95	敲 qiāo	1377	髭 zī	2207	má	1132
馞 bó	131	(暠) hào	681	髹 xiū	1888	(蔴) má	1132
馥 fù	547	膏 gāo	573	鬇 zhēng	2134	麽 mó	1201
馨 xīn	1873	gào	576	(鬀) tì	1668	·麽 ma	1139
		(膏) gāo	573	髽 zhuā	2189	me	1158
(227) 鬼(鬼)		gào	576	鬁 lì	1050	(麼) mó	1201
鬼 guǐ	645	(槀) gǎo	574	鬆 dí	383	摩 mā	1132
(鬼) guǐ	645	(皜) hào	681	鬃 zōng	2218	mó	1201
廆 guī	644	篙 gāo	573	·鬆 sōng	1618	麾 huī	756
wěi	1755	翯 hè	691	(鬇) zhēng	2134	磨 mó	1201
(蒐) sōu	1622			鬌 wǒ	1769	mò	1208
嵬 wéi	1752	**(230) 鬲(鬴)**		鬈 quán	1422	(糜) méi	1164
魁 kuí	989	鬲 gé	580	鬄 dì	391	mí	1177
(寬) hún	767	lì	1051	鬅 péng	1292	糜 méi	1164
魂 hún	767	(鬴) gé	580	**【九画以上】**		mí	1177
魅 mèi	1167	lì	1051	鬋 jiǎn	827	縻 mí	1177

麼	mí	1177	(彉) guō	649	黰 zhěn	2129	(黡) yǎn	1933
	mǐ	1179	斢 tiǎo	1680	·黴 méi	1163	黶 yǎn	1933
(麽)	mí	1177	璜 huáng	752	黳 yī	1984	黺 xī	1797
	mǐ	1179	横 héng	698	黵 zhǎn	2104	(黺) xī	1797
麋	nún	1265		hèng	700	·黶 yǎn	1930	(242) 鼻(鼻)
魔	mó	1202	癀 huáng	752	黷 dú	435	
(麋)	méi	1164	磺 huáng	752	(238) 鼎	鼻 bí	89
	mí	1177	黇 tiān	1674		劓 yì	2001
			锽 huáng	753	鼎 dǐng	415	鼽 qiú	1408
(234) 鹿(鹿)	蟥 huáng	753	鼐 nài	1222	濞 bì	100
鹿	lù	1114	簧 huáng	753	鼒 zī	2207	鼾 hān	666
(鹿)	lù	1114	·鐄 huáng	753			(衄) nù	1264
(麁)	cū	296	(236) 黹	(239) 黍	齁 hōu	708
麀	yōu	2029						(皰) pào	1286
麂	jǐ	798	黹 zhǐ	2156	黍 shǔ	1583	齆 wèng	1767
麸	fū	531	黻 fú	537	黎 lí	1038	齇 zhā	2097
·塵	chén	218	(黻) fú	537	黏 nián	1245	齉 nàng	1228
(麤)	cū	296	黼 fǔ	539	黐 chī	239	
麈	zhǔ	2184					稻 tǎo	1659	(243) 龠
麗	lù	1114	(237) 黑(黑)	(糜) méi	1164	
麇	jūn	932	黑 hēi	692		mí	1177	龠 yuè	2072
	qún	1428	(黒) hēi	692				瀹 yuè	2072
(麃)	páo	1283	墨 mò	1206	(240) 鼓	(龢) hé	682
麚	jiā	810	黕 dǎn	353	鼓 gǔ	615	籥 yuè	2072
麊	mí	1177	默 mò	1207	瞽 gǔ	616	
麓	lù	1114	黙 mò	1207	·鼕 dōng	422	
(麐)	lín	1078	黔 qián	1367	鼗 táo	1659	
(麖)	jīng	893	·點 diǎn	396	鼙 pí	1302	
麒	qí	1342	黜 chù	266	鼟 tēng	1662	
麓	lù	1114	黛 dài	343				
·麗	lí	1035	黝 yǒu	2043	(241) 鼠(鼠鼠)	
	lì	1048	黠 xiá	1809	鼠 shǔ	1584	
(麕)	jūn	932	黡 yǎn	1930	(鼡) shǔ	1584	
	qún	1428	黟 yī	1984	鼢 fén	516	
麈	áo	19	黢 qū	1414	·窜 cuàn	300	
麑	ní	1240					鼧 tuó	1723	
麝	shè	1520	【八画以上】	鼫 shí	1548	
(麞)	zhāng	2109	黿 yuè	2072	鼣 bá	28	
麟	lín	1078	黪 cǎn	172	鼬 yòu	2045	
(麤)	cū	296	黥 qíng	1400	鼪 shēng	1534	
			黩 dú	435	鼩 qú	1414	
(235) 黄(黃)	·党 dǎng	358	(鼦) diāo	405	
			黧 lí	1038	鼲 hún	767	
黄	huáng	748	黯 àn	17	鼯 wú	1780	
(黃)	huáng	748	黮 shèn	1529	鼱 jīng	896	
潢	huáng	752		tǎn	1650	·鼴 hún	767	

A

a ㄚ

〔吖〕 ā

吖啶 ādìng 化 アクリジン.

吖嗪 āqín 化 アジン.〔~染料〕アジン染料.

〔阿〕 ā <方>呼称の前につけて親愛感を表す接尾語.〔~刘 liú!〕劉くん!〔~二 èr〕次男.次女.⑥次男·次女である友人に対する親しみの呼びかけ.→〔老 lǎo ⑱〕　②<方>形容詞·動詞の前におき疑問を表す.〔~有啥勿肯个？〕どうして承知しないことがあろうか.〔~好…？〕…してよいか. ē 化.記号と.〔阿托 tuō〕の略.100京分の1 (10^{-18})を表す. → a ē

阿爸 ābà <方>①父.お父さん. ②叔父. ③おじさん:年長の男性に対する尊称.→〔爸爸〕

阿鼻（地獄） ābí(dìyù), ēbí(~) 宗 (仏教で)無間地獄.〔阿鼻鬼〕地獄の鬼.

阿比 ābǐ 〈 〉潜 qián 鳥〉

阿波罗 ābōluó 〔太 tài 阳神〕<音訳>アポロ:ギリシア神話の神.〔爱ài 钵罗〕とも書いた.

阿伯 ābó ①<方>大の兄.お父さん.→〔爸 bà〕 ②<方>伯父.伯父さん:〔伯父〕に同じ. ③<方>おじさん:血縁関係のない年長の男性に対する尊称.

阿布贾 ābùjiǎ 地 アブジャ:〔尼 ní 日利亚联邦共和国〕(ナイジェリア連邦共和国)の首都.

阿布扎比 ābùzhābǐ 地 アブダビ:〔阿拉伯联合酋长国〕(アラブ首長国連邦)の首都.

阿昌族 āchāngzú アチャン族:中国少数民族の一.雲南などに群居する.

阿大 ādà <方>①一番上の子.総領.息子.娘:〔老 lǎo 大⑱〕に同じ. ②父.父さん.→〔爸 bà〕 ③親しい友人·年上の人などへの親しみをこめた称呼.

阿大林 ādàlín アダリン(アドルミン):〔卡 kǎ 波麻〕(カルブロマール)に同じ.睡眠薬の一種.

阿呆 ādāi 〔阿带〕とも書く.<方>ばか者.のろま.

阿弟 ādì <方>①弟.→〔阿哥 gē①〕 ②年下の親しい者に対する称呼.→〔小 xiǎo 弟〕

阿的平 ādípíng ＝〔疟 nüè 涤 dí 平〕〔盐 yán 酸奎纳克林〕薬 アクリナミン(アテブリン):抗マラリア剤の一種.〔阿他勃林〕ともいう.→〔奎 kuí 宁〕〔扑 pū 疟喹啉〕

阿爹 ādiē ①〈白〉父.お父さん. ②<方>祖父,また外祖父.

阿斗 ādǒu 三国時代,蜀の皇帝劉備の子劉禅の幼名:凡庸であった.<喻>無能者.〔~官〕(金持ちの)ぼんぼん.どら息子.

阿堵 ādǔ ⇒〔阿 ē 堵〕

阿尔 ā'ěr 〔公 gōng 亩〕

阿尔巴尼亚 ā'ěrbāníyà アルバニア:〔亚 yà 尔巴尼亚〕とも書いた.正式国名は〔~共和国〕.首都は〔地 dì 拉那〕(ティラナ)

阿尔卑斯山脉 ā'ěrbēisī shānmài 地 アルプス山脈.

阿尔茨海默病 ā'ěrcíhǎimò bìng <音義訳>医 アルツハイマー病:〔阿尔察默病〕ともいう.

阿尔法 ā'ěrfǎ <方>〈音訳〉(ギリシア文字)α アルファ:〔阿耳法〕とも書いた.〔~粒子 lìzǐ〕〔甲种粒子〕物 アルファ粒子.〔~射 shè 线〕〔甲种射线〕α 射线〕アルファ線.〔~羟 qiǎng 基酸〕化 AHA:フルーツ酸·乳酸などの総称.→〔希 xī 腊字母〕

阿尔及尔 ā'ěrjí'ěr 地 アルジェ:〔阿尔及利亚〕(アルジェリア)の首都.

阿尔及利亚 ā'ěrjílìyà アルジェリア:〔阿尔月利亚〕とも書いた.正式国名は〔~民主人民共和国〕.首都は〔阿尔及尔〕(アルジェ)

阿尔泰 ā'ěrtài 地 アルタイ.〔~山脉〕アルタイ山脈.〔~(语)系〕語 アルタイ語系.

阿二 ā'èr =字解）

阿凡提 āfántí 人 エペンディ:ウイグル·カザフ等の少数民族に伝わるとんち物語の主人公の名前.一休さんきゅうちょむ(きゅう）に同じ.

阿飞 āfēi (奇抜な服装をしてのさばる)不良(非行)青少年.〔流 liú 氓〕〕ちんぴらや不良少年.〔~舞 wǔ〕〈方>扇情的なダンス.→〔飞女〕

阿非利加 āfēilìjiā ＝〔亚 yà 非利加〕地 アフリカ.〔~洲 zhōu〕アフリカ州〔非洲〕は略称.

阿肥 āféi <方>でぶ.おデブ(ちゃん)

阿吠斯陀 āfèisītuó アベスタ:〔拜 bài 火教〕(ゾロアスター教)の聖典.

阿伏伽德罗常量 āfújiādéluó chángliàng 物 アボガドロ定数:〔阿伏伽德罗常数〕ともいった.

阿福 āfú <方>①おデブ:太った子供を親しんで呼ぶ. ②だまされやすい人.お人よし.

阿芙蓉 āfúróng ⇒〔阿片〕

阿父 āfù <方>①父親. ②伯父.叔父.→〔爸 bà〕

阿富汗 āfùhàn アフガニスタン:正式には〔~伊斯兰共和国〕(アフガニスタン·イスラム共和国).首都は〔喀 kā 布尔〕(カブール)

阿哥 āgē <方>①兄.兄さん.→〔阿弟①〕 ②親しい同年輩の男性に対する称呼.

阿根廷 āgēntíng アルゼンチン:〔阿尔廷〕〔亚 yà 尔然丁〕とも書いた.南米の共和国.首都は〔布 bù 宜诺斯艾利斯〕(ブエノスアイレス)

阿公 āgōng <方>①祖父.おじいさん. ②外祖父.おじいさん. ③舅(などの)〕舅〔夫の父〕とうさん. ④老人(男性)に対する尊称.→〔公公〕

阿狗阿猫 āgǒu āmāo ⇒〔阿猫阿狗〕

阿姑 āgū <方>①夫の姉妹.→〔姑母〕 ②夫の母.しゅうとめ. ③夫の姉妹.小姑(ぎゅう)〔小 xiǎo 姑(儿)〕

阿含(经) āhán(jīng) ⇒〔阿含经〕

阿訇 āhōng 〔阿洪〕〔阿洪〕とも書く.<音訳>宗 (イスラム教で)アホン:神学者·教員が原義.中国イスラム寺院の司祭.→〔毛 máo 拉〕

阿糊 āhú 〔阿胡〕ともいう.<方>あほうな(男)

阿混 āhùn <口>ぐうたら.なまけもの.

阿基里斯腱 ājīlǐsī jiàn ⇒〔跟 gēn 腱〕

阿基米德原理 ājīmǐdé yuánlǐ <音義訳>アルキメデスの原理:〔阿基米得定律〕ともいった.

阿加德米 ājiādémǐ <音訳>アカデミー.

阿囝 ājiǎn <方>子ども:特に男の子.

阿娇 ājiāo ①漢武帝陳皇后の幼名:武帝が幼少のころ,〔若得~,当以金屋贮之〕(漢武故事)といったという故事から,後世愛人をきれいな家に住まわせることを〔金屋藏 cáng 娇〕という. ②<喩>愛人.

阿胶版 ājiāobǎn <音義訳>アートタイプ.つや消し写真版.

阿姐 ājiě ①<方>姉.ねえさん.→〔姐姐〕 ②<方>自分と同じぐらいの年齢の(近い)女性に対する親しみをこめた称呼.満洲旗人の語で,〔伯 bó 母〕に同じ.

阿舅 ājiù <方>母の兄(にあたるおじさん):〔舅父〕に同じ.

ā 阿

阿克拉 ākèlā 地アクラ：[加 jiā 纳共和国](ガーナ共和国)の首都.

阿拉 ālā ①〈方〉私(たち)．僕(ら)．②⇒[安 ān 拉]

阿拉八唨 ālabāzā〈方〉不潔である．きたない．[那屋里老那么～的,你为什么不去 sh í 擦拾擦啊]あの部屋はいつもああきたなくしているが,なぜかたづけないのか．

阿拉伯 ālābó 地アラブ(アラビア)．[阿剌 là 伯][亚 yà 剌伯]とも書いた．[～半岛]アラビア半島．[～半岛电视台]アルジャジーラ:カタールの衛星 TV 局．[～国 guó 家]アラブ諸国．[～国家联盟]アラブ連盟．[～海]アラビア海．[～人]アラビア人．[～沙漠]アラビア砂漠．[口～数 shù 码][～数字]アラビア数字．[～语][～文][阿文]アラビア語．[～字 zì 母]アラビア文字.

阿拉伯埃及共和国 ālābó āijí gònghéguó エジプト·アラブ共和国：エジプトの正式国名．通称[埃及]．首都は[开 kāi 罗](カイロ)

阿拉伯胶 ālābó jiāo〈音義訳〉アラビアゴム．[阿拉伯树胶][阿拉伯树胶][白 bái 树胶][桃 táo 胶(珠)][塞 sài 内加树胶][亚 yà 剌伯(树)胶]ともいう．[～木]植アラビアゴムノキ．[～浆 jiāng]アラビアゴムの液.[胶水(儿)]

阿拉伯利比亚 ālābó lǐbǐyà →[大 dà 阿拉伯利比亚人民社会主义民众国]

阿拉伯联合酋长国 ālābó liánhé qiúzhǎng guó アラブ首長国連邦：略称[阿联酋]．首都は[阿 ā 布扎比](アブダビ)

阿拉伯乳香 ālābó rǔxiāng〈音義訳〉乳香．フランキンセンス：[非 fēi 洲乳香]ともいう．[乳香](ニュウコウジュ)の樹脂から作る．

阿拉伯叙利亚共和国 ālābó xùlìyà gònghéguó シリア·アラブ共和国：シリアの正式国名．首都は[大 dà 马士革](ダマスカス)

阿拉斯加 ālāsījiā アラスカ．

阿兰若 ālánrě ⇒[兰若]

阿郎 āláng ①〈文〉父．[～娘子]父母．お父さん,お母さんむ．②〈方〉娘むこ．→[女 nǚ 婿]⑥姉妹の夫．→[姐 jiě 夫][妹 mèi 夫]

阿里巴巴 ālǐbābā 人アリババ：[一千零一夜](千一夜物語)内の登場人物．

阿里曼 ālǐmàn 宗アリマン：[拜 bài 火教](ゾロアスター教)の悪神．[阿利曼]とも書く．

阿利桑纳 ālǐshālín →[茜 qiàn 素]

阿留申 āliúshēn 地アリューシャン群島：[阿留西安][阿留地安]とも書いた．

阿罗汉 āluóhàn ⇒[罗汉]

阿妈 āmā〈方〉①母．②旧外国人使用の女中．→[阿姨] ③〈白〉おばさん．おばさん：年長の婦人への尊称．④父親．

阿曼苏丹国 āmàn sūdānguó オマーン国：[奥 ào 曼]とも書いた．アラビア半島東端の熱砂地帯にある．首都は[马 mǎ 斯喀特](マスカット)

阿芒拿 āmángná〈音訳〉アンモナル：爆薬の一種．

阿猫阿狗 āmāo āgǒu〈方〉ねこもしゃくしも．どいつもこいつも．[阿狗阿猫]

阿美利加 āměilìjiā〈音訳〉地アメリカ：[亚 yà 美利加]とも書いた．→[美利坚合众国]

阿妹 āmèi〈方〉①妹．→[妹妹]②年下の若い女性に対する親しみをこめた称呼．→[小 xiǎo 妹妹]

阿门 āmén 宗(ユダヤ教·キリスト教で)アーメン：祈りの終わりに唱える．

阿盟 āméng アラブ連盟：[阿拉伯国家联盟]の略．

阿蒙 āméng ⇒[吴 wú 下阿蒙]

阿米巴 āmǐbā〈音訳〉アメーバ(アミーバ)：[口～变 biàn 形虫]ともいう．[～痢]医アメーバ赤痢(病名)

阿米多尔 āmǐduō'ěr 化アミドール：[阿粉 fěn]ともいう．[～显 xiǎn 象剂]アミドール現像薬

阿米酮 āmǐtóng 化アミドン(鎮痛剂)

阿摩尼亚 āmóníyà ⇒[氨 ān]

阿母 āmǔ ①〈方〉〈白〉母．お母さん．②〈文〉乳母．③〈文〉老婦人．④→[西 xī 王母]

阿姆 āmǔ ①〈方〉〈白〉母．伯母さん．→[伯 bó 母]②〈方〉お母さん．③〈白〉義姉(き)さん：弟嫁が兄嫁に対する呼称．

阿姆吉 āmǔjí (チベット語で)医者．→[医 yī 生]

阿姆斯特丹 āmǔsītèdān 地アムステルダム：[亚 yà 姆斯特丹]とも書いた．[荷 hé 兰王国](オランダ王国)の首都．

阿穆尔河 āmù'ěr hé アムール川：黒竜江の上流．

阿木林 āmùlín〈方〉お人よし．うすのろ．ぼんくら．[阿木灵]

阿奶 ānǎi〈方〉①おばあさん：[奶奶]に同じ．②おばあさん：老婦人への尊称．

阿囡 ānān〈方〉子ども：特に女の子．

阿尼林 ānílín ⇒[苯 běn 胺]

阿娘 āniáng〈方〉①お母さん．②母の姉妹(にあたるおばさん)．→[姨 yí 母]

阿侬 ānóng〈方〉わたくし．

阿旁 āpáng ⇒[阿 ē 旁]

阿皮亚 āpíyà 地アピア：[萨 sà 摩亚独立国](サモア独立国)の首都．

阿片 āpiàn =[阿芙蓉]アヘン：毒物としては[鸦 yā 片]ともいう．アヘン中毒．[～酊 dīng][～丁几]薬アヘンチンキ．→[大 dà 烟]

阿婆 āpó〈方〉①しゅうとめ：[婆婆]に同じ．②祖母．お母さん．③〈白〉お母さん．④〈文〉年とった女性に対する尊称．おばあさん．

阿 Q āQ 人鲁迅の小説[阿 Q 正传]の主人公．阿 Q 的人物：毎毎と迫害を受けても抵抗する力がなく,かえって精神的には彼らに勝っていると称して自らを慰める．

阿热 ārè, ē~〈姓〉阿熱(を)

阿塞拜疆 āsàibàijiāng アゼルバイジャン：[亚 yà 塞尔拜然][亚カ倍强]とも書いた．正式には[～共和国]．首都は[巴 bā 库](バクー)

阿三 āsān〈方〉①三男：三女．[老 lǎo 三]に同じ．②旧外国人の家庭に雇われた使用人の俗称．[红头～]旧上海租界のインド人巡査に対する蔑称．

阿嫂 āsǎo〈方〉兄嫁．→[嫂子]

阿阇梨 āshélí, ē~ 宗(仏教で)高僧に対する敬称．[阿闍梨](き~)

阿婶 āshěn〈方〉叔母．叔母さん．→[婶①]

阿诗玛 āshīmǎ 雲南地方の民間で伝えられる長叙事詩．またその女主人公．

阿什哈巴德 āshíhàbādé 地アシガバット：[土 tǔ 库曼斯坦](トルクメニスタン)の首都．

阿史德 āshǐdé, ē~〈姓〉突厥の姓氏．

阿史那 āshǐnuó, ē~〈白〉突厥の姓氏．

阿是穴 āshìxué 中医阿是穴(き)：経絡での[经 jīng 穴](つぼ)ではなく,痛覚などの最も鋭い位置をいう．

阿叔 āshū〈方〉叔父．叔父さん．→[叔父①]

阿谁 āshuí〈文〉誰．何人(ど)

阿斯马拉 āsīmǎlā 地アスマラ：[厄è立特里亚国](エリトリア国)の首都．

阿司匹林 āsīpǐlín アスピリン(アセチルサリチル酸)．[阿司匹灵 líng][阿士 shì 必林][阿士必灵][阿斯 sī 比林][阿斯匹灵][阿斯匹灵]は旧訳語．[乙 yǐ 酰水杨酸][邻 lín 醋酸基苯酸][醋 cù 柳酸]ともいう．[～片 piàn]アスピリン錠．

阿斯塔纳 āsītǎnà 地 アスタナ：〔哈hā萨克斯坦共和国〕(カザフスタン共和国)の首都.
阿檀 ātán 植 アダン：熱帯産タコノキ科の常緑高木. →〔露 lù 兜树〕
阿嚏 ātì 〈擬〉ハクション：〔~~地打嚏喷 pen〕ハクションとくしゃみをする.
阿土生 ātǔshēng 〈方〉いなか者.
阿托 ātuō 一字解釈
阿托品 ātuōpǐn =〔颠 diān 茄碱〕〈音訳〉薬 アトロピン：アルカロイドの一種.〔硫 liú 酸~〕硫酸アトロピン.→〔颠茄〕
阿瓦鲁阿 āwǎlǔ'ā 地 アバルア：〔库 kù 克群岛〕(クック諸島)の代表的都市.
阿魏 āwèi =〔兴 xīng 渠〕植 アギ：セリ科の草.またその根からとった樹脂.薬用する.
阿物儿 āwùr 〈白〉"物"の意：人に対し冗談に、また軽蔑していう.→〔家 jiā 伙〕
阿西 āxī 雲南省弥勒などの彝(ʾ)族の自称.
阿仙药 āxiānyào =〔儿 ér 茶〕〔孩 hái 儿茶〕〔黑 hēi 儿茶〕〔乌丁泥〕〔乌垒泥〕薬 アセンヤク：植物性薬材の一種.
阿乡 āxiāng 〈方〉田舎っぺ.
阿小 āxiǎo 〈方〉①幼い子：兄弟中最年少の者に対する愛称.→〔老 lǎo ⑯〕②店の小僧.→〔徒 tú 弟〕
阿兄 āxiōng 〈方〉兄.→〔哥 gē 哥〕
阿修罗 āxiūluó, ē- =〔修罗〕宗(仏教の)阿修羅(しゅ)：形貌が醜悪でもっぱら争い事をする鬼神.
阿呀 āyā や.まあ.あら：驚きや讃嘆を表す感動詞.〔啊呀〕に同じ.
阿爷 āyé ①〔阿耶〕とも書く.〈白〉父.〔~无大儿,木兰无长兄〕(木蘭辞)父には男の子がなく,わたしには兄がない.②〈方〉お父さん.→〔爸 bà〕〈方〉祖父.おじいさん.④〈方〉外祖父.おじいさん(母の父親)
阿伊努 āyīnǔ 〈音訳〉アイヌ.〔~语〕アイヌ語.〔~族 zú〕アイヌ族.
阿姨 āyí 〈方〉①母の姉妹(にあたる)おば(さん)：〔姨母〕に同じ.②中年女性に対する呼称.おばさん.③〔保育園〕の保母先生.→〔保 bǎo 姆〕④お手伝い(さん).一字解釈
阿唷 āyō 感動詞.ああ.まあ：痛みや悲しみ,残念な気持ちを表す.
阿丈 āzhàng 〈方〉①父の姉妹の夫(にあたるおじさん).→〔姑 gū 父〕②母の姉妹の夫(にあたるおじさん).→〔姨 yí 父〕

[呵] ā 感動詞：〔啊 ā〕に通用される.→á ǎ à a hē kē

[啊] ā 感動詞.①気づきや応答を表す.〔~,我想起来了〕ああ,思いだした.〔~,是你吗〕ああ,君だったのか.〔~,对了〕ああ,そうだ.〔你去吗？~,我去〕君は行くか.ああ,行くよ.②軽い感嘆を表す.〔~,爸爸回来了〕ああ,お父さんが帰って来た.〔~,今年的庄稼长 zhǎng 得很好哇 wa〕ああ,今年の作物は育ちが大変いいなあ.③〈姓〉啊
(阿) →á ǎ à a

啊哈 āhā 感動詞.驚嘆・冷笑・苦痛・感心・納得などを表す笑い声.〔~,今天我可有趣看着你了〕アハ,今日こそ見つけたぞ.〔你还要说什么？~,我看是那你~~,好大的雪呀〕ひぇー,すごい大雪だ.

阿呀 āyā 感動詞.おやまあ.あら：〔哎 āi 呀〕に同じ.
啊哟 āyō 感動詞.あっ.やっ：〔哎 āi 哟〕に同じ.

[锕・錒] ā 化 アクチニウム：希土類(放射性金属)元素.記号 Ac.〔~系元素〕アクチノイド元素.

[腌] ā → yān
腌臜 ā-zā 〈方〉①汚ない：〔肮 āng 脏〕に同じ.〔腌里巴臜〕〔阿拉八唔〕同前.②いまいましい.癇に障る.③汚す.④(人に)ひどいことをする.困らせる.

[呵] á 感動詞：〔啊〕に通用される.→ā ǎ à a hē kē

[啊] á 感動詞.①意外さから,それを確かめる疑問の語気を表す.〔~,什么〕なに.〔~,怎么回事呀〕あ,何事だ.〔~,那不好〕え,そりゃいけない.②命令や疑問の場合,文の前または後につけて念を押す気持ちを表す.〔你小心点儿啊 a！~？〕気をつけて,わかったか.〔你可想着给带来,~？〕忘れずに持ってきてくれよ,いいかい.〔~,你明白了〕ね,わかったろう.→ā ǎ à a

[嘎] á ⇒〔啊〕→ shà

[呵] ǎ 感動詞：〔啊 ǎ〕に通用される.→ā á à a hē kē

[啊] ǎ ほう.～？：感動詞.意外・当惑の気持ちを表す.〔~,怎么个茬 chá 儿啊〕おや,これはどうしたことだ.〔~,他怎又回来了〕ほう,彼はどうしてまた帰ってきたのか.〔~,给你说了半天,你还不明白吗〕なんだ,こんなに長々としゃべったのに,まだわからないのか.〔~,连这么点儿道理你都不明白吗〕あきれたね,こんな道理さえきみはわからないのか.→ā á à a

[呵] à 感動詞：〔啊 à〕に通用される.→ā á á a
[啊] à 感動詞.①同意・承諾・納得・断定を表す：やや短い発音.〔~,好吧〕はい,承知しました.〔~,我明白了,原来是这么回事呀〕ああ,わかった,なるほどそういうことだったのか.②驚き,感心を表す：やや長い発音.→ā á ǎ a

[呵] a 語気助詞：〔啊 a〕に通用される.→ā ā ǎ à hē kē
[阿] a ⇒〔啊〕→ā ē

[啊] a =〔啊〕語気助詞.ふつう前の語の末尾の音と結合して"ya""wa""na""nga"などの音に変わるので,それぞれ〔呀 ya〕〔哇 wa〕〔哪 na〕などの字を用いることが多い."nga"だけは適当な字がないので〔啊〕のまま用いることが多い.
- i
- ü +a=ya〔呀〕 — ao
- a   — u +a=wa〔哇〕
                     — ou
- ng +a=nga〔啊〕のまま — n +a=na〔哪〕
- o +a=ya〔呀〕,または〔啊〕のまま

zhi, chi, shi, ri, zi, ci, si, er の後では変化がなく〔啊〕のまま用いることもある.①感嘆の表現を強める.〔今儿天气真好~！〕きょうは天気が本当にいいなあ.〔多可怜~！〕何とかわいそうに.〔多好~！〕何といいじゃないか.②文末につけて判断や要求の語気を強め表現に感情を添える.〔那不行~！〕そりゃいけないよ.〔行~,没问题〕いいですよ,問題ありません.〔没有~！〕(そんなこと)あるもんですか.〔走~！怕什么〕行ったら,何をびくびくしているんだ.③軽い疑問を表す.〔今天~,有空 kòng 吗〕きょうね,ひまがあるかね.〔你不知道~〕君知らないのかね.④疑問文の後に用い,全体の語調を柔らげる.〔你怎么没来~〕君はどうして来なかったんだい.〔上哪儿去~〕~行きますか.〔什么事~〕どういうことかね.⑤語気の停頓を示し,相手の注意を促し,または一語一語慎重して話す気持ちを表す.〔我~,今天~,有要紧的事,你~〕僕はね,今日はね,大事な用があっ

てね、君はだね…. ⑥列挙する場合の停頓を表す. 〔什么车钱～,烟钱～,这些零花钱,…〕車代だとか、タバコ代だとか、こんな小遣い錢は…. ⑦何度も、続けざまに、いつまでもという語気を表す. 〔说～,说～,你就学习没有完〕しゃべって、しゃべって、しゃべりだしたらとめどがない. 〔他们学习～,学习～,一天到晚总学习〕彼らの勉強することすること、一日中勉強ばかりしている. 〔走～,走～,一直往北走下去〕ずんずんどこまでも北の方へと歩いていった. →ā á ǎ à

ai ㄞ

〔**哎**〕 āi ①=〔唉①〕感動詞. 驚きや意外の気持ちを表す. 〔～,原来是你!〕おや、なあんだ君か. ②感動詞. 不満あるいは相手の注意を促す. 〔～,你这是干什么〕もしもし、何をしているんですか. 〔～!你怎么能这么说呢!〕おい、どうしてそんなことが言えるのか. 〔～,你别闹〕おいおい、やかましいぞ. ③感動詞. 顔を合せた時の挨拶. 〔～,好久没见了〕よう、おひさしぶりです. ④〔姓〕哎

哎呀 āiyā =〔唉呀〕感動詞. おや. ああ. 感心・驚き・いぶかり・恨みを表す. 〔～,原来是你,几时来的?〕おや、なあんだ君か、いつ来たんだね. 〔～,可了 liǎo 不得!〕おや、たいへんだ. 〔～,我的表不走了〕おや、ぼくの時計はとまっている.

哎哟 āiyō =〔唉哟〕感動詞. 苦痛・驚き・くやしさ・贊嘆などを表す. 〔～!都十二点了〕おや、もう12時だ.

〔**哀**〕 āi ①哀れみ同情する. ②悲しい心を痛める(悲 bēi～)悲しむ. ③哀悼する.悼(ti 哀子〕 ⑤悲しみ・悲痛〔喜 xǐ 怒～乐〕喜怒哀楽. 〔节 jié ～〕哀をおさえる. ⑥〔姓〕哀

哀哀 āi'āi 〈文〉深く悲しむさま.

哀兵必胜 āibīng bìshèng 〈成〉憂憤の軍隊は必ず勝つ. 〔～,骄 jiāo 兵必败〕同前で、おごる軍隊は必ず負ける.

哀忱 āichén 〈文〉悲しみの情.
哀愁 āichóu 悲愁・哀愁.
哀词 āicí 〔哀辞〕とも書く. 〈文〉弔辞(の文体)=多くは一定の韻文の書式を用いる.
哀悼 āidào 哀悼する. 〔表示～〕哀悼の意を表す.
哀的美敦书 āidīměidūn shū 〔音譯訳〕最後通牒. アルチマータム.〔最 zuì 后通牒〕ともいう.
哀吊 āidiào 哀悼する. 弔(と)う.
哀而不伤 āi ér bùshāng 〈慣〉悲しみはするが、あまり度を越さない.
哀感 āigǎn 悲しみの感じ. 〔～頑 wán 艳〕〈成〉(文章など)哀感が胸に迫る.
哀告 āigào 哀願する. 嘆願する.
哀歌 āigē ①悲しみの歌. エレジー. ②〈文〉悲しげに歌う.
哀哽 āigěng 〈文〉悲しみむせぶ.
哀号 āiháo =〔哀嚎②〕悲しみ泣き叫ぶ(声)
哀嚎 āiháo ①(野獣が)泣き吠える(声) ②同上.
哀鸿 āihóng 〈文〉天災禍によって流浪する民. 〔～遍野〕〈成〉罹災者が野に満ちている.
哀呼 āihū 悲鳴をあげる. 悲しみ叫ぶ.
哀毁骨立 āihuǐ gǔlì 〈成〉悲哀の極、瘦せ衰えて骨と皮のみとなる.
哀祭 āijì 〈文〉文体の一種. 弔文と祭祀文.
哀家 āijiā (旧劇で)やもめの皇太后の自称.
哀(家)梨 āi(jiā)lí 伝説上の梨=美味で口中で溶けてしまうという. 〔～転〕流麗な文章.

哀叫 āijiào 悲しみ叫ぶ.
哀矜 āijīn 〈文〉悲しみ哀れむ.
哀恳 āikěn 哀願する. 袖にすがって懇願する.
哀哭 āikū 悲しんで声をあげて泣く.
哀苦 āikǔ 悲しくせつない.
哀乐 āilè 〈文〉悲しみと喜び. →āiyuè
哀礼 āilǐ 葬式の際に贈る供物.
哀怜 āilián 悲しみ哀れむ. 〔孤儿 gū'ér〕孤児(遺児)に同情する.
哀凉 āiliáng もの寂しい. うら悲しい.
哀悯 āimǐn 悲しみ哀れむ. ふびんに思う.
哀鸣 āimíng 悲しげに鳴く.
哀戚 āiqī 〈文〉悲しむ. 悲しい心を痛めている.
哀启 āiqǐ 〔賻〕親族が故人の生前の事蹟や病状を述べた文章；通常、訃報の後につける.
哀泣 āiqì 〈文〉悲しみさめざめ泣く.
哀切 āiqiè (声や眼差しが)つらく悲しげである.
哀求 āiqiú 哀願する. 〔苦 kǔ 苦～〕切々と哀願する.
哀劝 āiquàn 哀願する. 切々と説き勧める.
哀荣 āiróng 〈文〉悲しみと栄誉. 死後の栄誉.
哀伤 āishāng ひどく悲しむ. 悲しい心を傷める.
哀史 āishǐ 〔悲惨な歴史. ②⇒〔āi bēi 惨世界〕
哀思 āisī 哀悼の気持ち. 悲しみの思い. 〔寄托我们的～〕我々の哀悼の気持ちを表す.
哀诉 āisù 悲しみ訴える.
哀孙 āisūn 〈文〉祖母を亡くし、喪主となる孫. →〔哀子〕
哀骀 āitái 〔姓〕哀駘(たい)
哀叹 āitàn 嘆き悲しむ(声). 悲しんでため息をつく.
哀恸 āitòng 声をあげるほど悲しい.
哀痛 āitòng ひどく悲しい.
哀挽 āiwǎn ①〈文〉死者を追悼する詩歌・文章など. ②悲しみ悼む.
哀婉 āiwǎn (歌声が)もの悲しい.
哀艳 āiyàn 〈文〉(文章が)悲痛でしかも艶麗なこと.
哀衣 āiyī ⇒〔丧 sāng 服〕
哀怨 āiyuàn ①悲しく恨めしい. ②恨めしい気持ち.
哀乐 āiyuè 葬送などの時に用いる哀調の音楽. 〔奏～同前を演奏する〕. →āilè
哀杖 āizhàng ⇒〔哭丧 sāng 棒〕
哀子 āizǐ 〈文〉(死亡通知などで)(父は健在で)母を亡くした人(息子)の自称. 〔孤 gū 哀子〕〔孝 xiào 子②〕

〔**锕・錒**〕 āi 〔化〕アインスタイニウム＝超ウラン元素. 記号 Es. アクチノイドの一. 〔鈩 yá〕は旧名.

〔**埃**〕 āi ①塵・ほこり. 〔尘 chén ～〕塵埃. 〔黄～蔽 bì 天〕黄塵が天をおおう. ②〈度〉〔物〕オングストローム. Å＝光の波長など極微の長さを表わす単位. 100億分の1メートル. 〔～格斯特朗姆〕の略. →āi/埃

埃博拉出血热 āibólā chūxuèrè 〔音譯訳〕〔医〕エボラ出血熱；〔埃博拉病毒病〕ともいう.
埃尔宁诺海流 āi'ěrníngnuò hǎiliú ⇒〔厄 è 尔尼诺〕
埃佛勒斯峰 āifólèsī fēng 〔音譯訳〕〔地〕エベレスト峰＝中国では〔珠 zhū 穆朗玛峰〕(チョモランマ峰)という. 〔埃非尔士峰〕〔額 é 非尔士峰〕とも書いた.
埃菲尔铁塔 āifēi'ěr tiětǎ エッフェル塔. 〔爱 ài 飞铁塔〕〔巴 bā 黎铁塔〕ともいう.
埃及 āijí エジプト. 〔～学〕エジプト学. →〔阿 ā 拉伯埃及共和国〕
埃里温 āilǐwēn 〔地〕エレバン＝〔亚 yà 美尼亚共和国〕(アルメニア共和国)の首都.

埃塞俄比亚 āisài'ébǐyà エチオピア:正式には〔~联邦民主共和国〕.〔哀塞欧皮亚〕〔阿ā比西尼巴〕(アビシニア)ともいった.首都は〔亚的斯亚贝巴〕(アディスアベバ)

埃斯库多 āisīkùduō <音訳>エスクード:カーボヴェルデの通貨単位名.ポルトガルの旧通貨単位名.→〔欧 ōu 元〕

〔挨〕 āi ①近づく.接近する.〔~着她坐〕彼のそばに腰掛ける.〔门上油漆 qī 还没干 gān,~不得〕戸のペンキはまだ乾いていないから近づいてはいけない.〔~金似金,~玉似玉〕<喩>朱に交われば赤くなる. ②順番ごとに.〔~次轮流〕順次に.〔~家问〕軒並みに尋ねる.〔~着号儿叫〕番号順に呼ぶ.〔~次赖 lài 付〕代金を次々と支払いする.〔~着人〕<白>人を押す(し分け).〔~进去〕人込みをかきわけて中に入って行く.
→ ái

挨挨蹭蹭 āi'ai cèngcèng 押合いし合うさま:〔挨挨拖 tuō 拖〕ともいう.〔~地在旁边儿站着〕押されてびったりそばに立っている.

挨挨抢抢 āi'ai qiǎngqiǎng <白>人込みの中を押しわけて行くさま.〔~地好容易才挤进去〕人込みをかきわけてやっとこさ中へ入り込んだ.

挨班儿 āibānr 順に.順番に.
挨帮 āibāng <方>(人が)列を作る.(順番に)並ぶ.
挨背 āibèi 背と背とすれあう.<転>込み合う
挨边(儿)āibiān(r) ①近寄る.(ある数に)近づく. ②脇による. ③(本来のこと)関係がある:多く否定形をとる.〔太不~〕全く関係ない.
挨次 āicì =〔挨序〕順に.順序に.〔~轮流着去做〕順々に交替でやる.
挨风缉缝 āifēng qīfèng <成>あちこち手がかりを探してもぐりこむこと.
挨个儿 āigèr <口>順番に一つひとつ.一人ひとり.〔~排队〕一人ずつ並ぶ.
挨光 āiguāng <白>浮気をする.姦通する.
挨黑(儿)āihēi(r) <方>夕暮.暗くなる頃.
挨户 āihù 一軒一軒次々と.軒並みに(に):〔挨门〕に同じ.
挨户团 āihùtuán 史第一次国内革命戦争期の農村における武装組織の一種.〔~常备队〕ともいった.
挨挤 āijǐ 込み合う.押しあう.〔~不动〕込み合って身動きができない. → áijǐ
挨家 āijiā 軒次々に.〔挨门〕に同じ.〔~挨户〕
挨肩擦膀 āijiān cābǎng <喩>混雑し込み合うさま.
挨肩儿 āijiānr <喩>兄弟姉妹の年の差が接近している.〔他们哥儿六个都是~的〕彼ら兄弟6人はみな年子(とし)です.
挨近 āijìn そばによる.近寄る
挨靠 āikào ①接近する. ②頼る.よりかかる.
挨脸 āiliǎn =〔贴 tiē 脸〕<文>頬ずり(する)
挨门 āimén 〔~儿〕1軒ごとに.軒並みに:〔挨门〕〔挨家〕に同じ.〔~逐 zhú 户〕〔~挨户〕同前.〔~盘 pán 查〕軒並みに調べる.
挨闹 āinào <白>雑踏してにぎやかなこと.
挨排(儿)āipái(r) 順序通りに.押しあう.〔~别忙,~来,一个也漏不下〕慌てないで,手順通りにすれば,一つももらしはしない.
挨盘儿 āipánr 口の筋が通る.めちゃくちゃでない.〔说话不~〕言うことがめちゃくちゃだ.
挨人儿 āirénr 男女がなれ合う.くっつく.
挨三顶五 āisān dǐngwǔ 〔挨 āi 三顶五〕とも書く.<成>(多くの人が)次々と続く.
挨晚(儿)āiwǎn(r) <方>夕方.夕暮.
挨序 āixù =〔挨次〕
挨一挨二 āiyī'āi'èr <方>順々に.

挨月 āiyuè ひと月違い(で続く):〔我们俩是~的生日〕わたしたちも二人の誕生日はひと月違いです.
挨撑 āizā,〔~(禅宗)〕門下の僧に押し問答して,その悟道知見の深浅を試みること.
挨着馋的没有搅的 āizhe chánde méiyǒu zǎnde 〈諺〉口卑しい者にくっついている人は金が残らない.
挨着大树有柴烧 āizhe dàshù yǒu chái shāo 〈諺〉寄らば大樹のかげ.〔大樹〕
挨着勤的没有懒的 āizhe qínde méiyǒu lǎnde 〈諺〉勤勉な人のそばに怠け者はいない.

〔唉〕 āi 〔欸〕①感動詞.はい:返答の声.〔~,我这就去〕はい,すぐまいります. ②〈擬〉ああ.おお:嘆息・憐憫を表す.〔~!可怜!〕ああ,かわいそうに.〔~!这是怎么说的〕おお,これはどうしたことか. ③〈姓〉唉(☆) → ài

唉声叹气 āishēng tànqì <成>嘆息する.〔他这两天老是~的,一定有什么心事〕彼はこの頃いつも嘆息している,きっと何か心配ごとがあるのだろう.
唉叹 āitàn 嘆息する.
唉呀 āiyā ⇒〔哎呀〕
唉哟 āiyāo ⇒〔哎哟〕

〔娭〕 āi → xī
娭毑 āijiě <方>①祖母.おばあさん. ②老婦人の尊称.おばあさん.

〔欸〕 āi ⇒〔唉〕→ āi ē é ě è ēi éi ěi èi

〔挨〕 āi〔挨 āi〕に通じ用いられる.→〔挨光〕〔挨三顶五〕

〔嗳・嗳〕 āi 感動詞.おや:〔哎①②〕に同じ.〔~〕→ ǎi āi

〔挨(捱)〕 ái ①(…を)被る.(…の目に)遭う:多くマイナス面に用いられる.〔头上~〕
〔~炸丢命〕爆撃されて命をおとす.〔关上~另一下〕頭をごつんとやられた.〔~了一个耳光〕横ビンタをくらった. ②辛抱する.忍耐する.がまんして時を送る.〔~一宿 xiǔ 一宿的〕苦しみに耐える.〔~不下去〕辛抱できない.〔~一刻,似一夏〕<白>一刻の辛抱がまるでひと夏辛抱するようだ.〔你別生急,~吧〕短気をおこすな.我慢しなさい. ③遅延する.延ばす.後回しにする.〔~~儿再说〕いずれまたのことにしましょう.〔这笔账再往后~~儿吧〕この支払いはもう少しのばしなさい. → āi

挨板子 áibǎnzi ①回板打ちの刑を受ける. ②<喩>痛棒を食う.油をしぼられる.〔弄不好~〕ひょっとするとひどい目にあう.
挨鞭子 áibiānzi 鞭打たれる.<転>処罰される.
挨憋 áibiē <方>断られる.つらい目を見る.
挨呲 áicī 一定是刚~来着〕あいつはずいぶんしょんぼりしているけれど,きっとこっぴどくしかられてたんだろう.
挨迟 áichí <白>遅らす.後回しにする.
挨呲儿 áicīr <方>叱責される.〔挨斥 chì〕ともいう.〔告诉你別干,~吧〕言っとくがやるんじゃないぞ,ひどいことさせられるぞ.
挨打 áidǎ ①打たれる.たたかれる.〔受骂〕たたかれたりののしられたり.〔没挨过打〕たたかれたことはない.〔~受骂〕たたかれたりひどい思いをさせられたりする.〔~受气〕たたかれ侮辱される. ②〈転〉批判される.処罰される.
挨刀 áidāo ①切られる. ②〈転〉けしからん.ふとどき だ.ふらちだ.〔~的〕罵〕ろくでなし.こいつ!→〔该 gāi 死〕
挨到 áidào (苦労して)やっとのことで…する.〔~那个时候儿再说〕その時になって(その時まで辛抱し

挨顶 áidǐng ①頭突きを食う。②突き返される。
挨冻 áidòng 凍える。〔～淋雨〕〔捱雨淋雨〕寒さに凍え雨にぬれる。〔苦しい生活をする。
挨斗 áidòu （政治的な問題で）つるし上げられる。
挨饿 ái'è 飢える。ひもじい思いをする。〔～受冻〕〔挨冷受饿〕飢えこごえる。
挨训 áixùn 罰せられる。罰を受ける。
挨棍子 áigùnzi ①棒でなぐられる。②〈喩〉手厳しく批判される。徹底的にやられる。
挨黑枪 áihēiqiāng 〈喩〉闇打ちにあう。陰謀で攻撃される。
挨挤 áijǐ おしけられる。もみくちゃになる。→ āijǐ
挨撅 áijuē とやかく言われる。短所をあげて悪く言われる。
挨剋 áikēi 〈方〉①批判される。しかられる。〔你这么办事，准得 děi ～〕きみはそんなやり方をしていては、きっと批判されずにはすまんよ。②なぐられる。どつかれる。→〔挨呲（儿）〕
挨骂 áimà のしられる。しかられる。〔受 shòu 骂〕ともいう。〔因为他做事不大认真，常～〕彼は仕事をまじめにやらないので、しじゅうなじりつけられる。〔他又挨了一顿骂〕彼はまたしかられた。
挨闷棍 áimèngùn 藪から棒の攻撃を受けひどい目にあう。〔挨了一闷 mèn 棍〕不意打ちを食った。
挨磨 áimó 手間取る。ぐずぐずする。
挨蒙 áimēng だまされる。べてんにかかる。
挨批 áipī ①（政治的な問題で）批判される。②（人から）しかられる。怒られる。
挨枪子（儿）áiqiāngzǐ(r) 弾にあたる。銃殺される。
挨日子 áirìzi 辛抱して暮らしていく。〔受不惯苦的人怎么能～呢〕のほんとん過ごして苦しんた人がどうして我慢の絶えない暮らしをしていけようか。
挨杀挨刮 áishā áiguā 斬（り）刻まれる。〔～也甘心情愿〕斬り刻まれても望むところだ。
挨时间 áishíjiān することもなく時間が過ぎる。ただ時がたつのを待つ。
挨说 áishuō しかられる。
挨熊 áixióng 〈方〉ひどくしかられる。〔挨了一通 tòng 熊〕たっぷり油を絞られた。〔他天天儿挨主人的熊〕彼は毎日主人からひどくしかられている。
挨延 áiyán のばす。のびのびにする。
挨一时是一时 áiyīshí shìyīshí 〔慣〕なんとか時間をかせぐ。
挨宰 áizǎi 〈口〉（金を）ぼったくられる。むしりとられる。
挨整 áizhěng （政治的な問題で）迫害される。つるしあげられる。
挨揍 áizòu 〈口〉どつかれる。やっつけられる。〔不要净怪他，他不是～的木头〕彼をとっちめるばっかりじゃいかん、彼だっていつもいつも人からやられているだけのろくでなしじゃないんだ。

[骏・駿] ái〈文〉愚かしい。〔痴 chī ～〕おろかである。にぶい。〔～女痴男〕〔痴男怨女〕〔慣〕愚かにも恋に身を焦がす若い男女。→〔呆 dāi(I)〕

[碍・礙] ái → wéi wèi
碍碍 ái'ái 〈文〉高く険しいさま。

[皑・皚] ái〈文〉純白である。〔～齿 chǐ 娥眉〕〔～成〕白い歯に美しい眉。〈喩〉美人。〔白～～一片雪地〕一面にまっ白な雪野原。

[癌] ái 医癌（発）。〔～病 bìng〕同前。〔～痛 tòng〕癌の痛み。〔胃 wèi ～〕胃癌。〔乳 rǔ ～〕乳癌。〔肝 gān ～〕肝臓癌。〔致 zhì ～物〕発

物質。
癌变 áibiàn 医悪性腫瘍化。癌化。
癌扩散 áikuòsàn 癌の転移〔癌转移〕とも言う。
癌龄 áilíng 癌年齢：発病後の年数をいう。
癌细胞 áixìbāo 癌細胞。
癌症 áizhèng 癌（の症状）
癌肿 áizhǒng 医癌腫瘍（ｼｭ）

[毒] ái 人名用字。〔缪 lào ～〕〔人〕戦国時代秦国の人。

[欸] ǎi → āi ē é ě ēi éi ěi èi
欸乃 ǎinǎi〈文〉船をこぐ櫓の音や掛け声。〔～一声山水绿〕（柳宗元・漁翁詩）舟歌が響き山水は緑である。

[矮] ǎi ①低い（身長・高さ・丈（ｼﾞｮｳ）・等級・地位など）。〔身量～〕身長が低い。〔桌子～〕テーブルが低い。〔两个人一高一～〕二人のうち一人は高く一人は低い。〔～子～人〕背の低い人。ちび。〔～人一截〕他人より一段劣る。〔～墙〕低い塀。↔〔～人～截〕〔②体が低くする。〕〔～身躯了过去〕身をさっと低めてよけた。→〔矬 cuó〕
矮矮实实 ǎi'ǎi shíshí 背が低くてがっちりしたさま。
矮半截（儿）ǎibànjié(r)〈喩〉（身分・地位などが）格段に低い。
矮扁柏 ǎibiǎnbǎi 植チャボヒバ：〔扁柏〕の変種。
矮矬 ǎicuó 背丈が低い。〔～子〕背の低い人。
矮凳 ǎidèng 低い腰掛け。
矮墩墩 ǎidūndūn 背が低くて身体が太い。ずんぐりしている。〔～的张先生〕ずんぐりした張さん。
矮房 ǎifáng 低く小さい家。
矮杆作物 ǎigǎn zuòwù 農低杆作物：品種改良により矮性（ｾｲ）にしたものをいう。→〔高 gāo 杆作物〕
矮个 ǎigè 〔ｰ儿，ｰ子〕ちび。背の低い人。
矮桧 ǎiguì ⇒〔铺 pū 地柏〕
矮化 ǎihuà ①矮化（する）②低下させる。
矮鸡 ǎijī 鳥チャボ。
矮糠 ǎikāng ⇒〔罗 luó 勒①〕
矮林 ǎilín 灌木林。
矮趴趴 ǎipāpā 低くて小さいさま。〔在这～的房子里，怎能抬得起头来？〕こんなペっちゃんこの家で、どうして頭などあげられるか。
矮胖 ǎipàng ずんぐりしている。〔～子〕同前の人。
矮墙浅屋 ǎiqiáng qiǎnwū 低い塀（ｲ）と小さい部屋：〔深 shēn 宅大院〕（奥深い大邸宅）に対している。
矮人 ǎirén ⇒〔矮子〕
矮身量 ǎishēnliàng 背が低い。
矮小 ǎixiǎo （背が）低くて小さい。矮矮小小同前のさま。〔～身材〕小さい体つき。
矮星 ǎixīng 天矮（ｱ）星：恒星の中で半径・光度の小さい星。〔白色～〕白色矮星。
矮檐 ǎiyán 低い軒（ﾉｷ）。〔既在～下，怎敢不低头〕〔諺〕人の下にある以上屈せざるを得ない：〔既在人下〕ともいう。
矮壮素 ǎizhuàngsù 農植物成長抑制剤の一種。CCC：〔三 sān 西〕〔西 xī 西西〕ともいう。
矮桌 ǎizhuō 低いテーブル。座卓。
矮子 ǎizi ちび。背の低い人。〔矮人〕に同じ。
矮子看戏 ǎizi kànxì〔矮人观场〕〔矮人看场〕〈喩〉一寸法師の芝居見物：見聞が狭くて付和雷同すること。
矮子里头拔将军 ǎizi lǐtou bá jiāngjūn〈喩〉つまらぬのばかりの、その中からよりましなのを選ぶ：〔选 xuǎn〕ともいう。〔矬 cuó 子里头拔将军〕ともいう。

〔嗳・嗳〕ǎi いや:反対または否定の気持ちを表す感動詞.〔～！〕,你别那么想〕いや,そう考えてはならない.〔～,哪能这样做〕いや,こんなにしてはいけないだろう. → āi ài

嗳气 ǎiqì 噯気(ホº)が出る:〔打dǎ噐儿〕(げっぷが出る)に同じ.〔出～〕げっぷが出る.

嗳腐 ǎifǔ (消化不良で胃から)異臭がこみあげる.

嗳酸 ǎisuān 胃液がこみあげる.

〔蔼・藹〕ǎi ①〈文〉樹木が繁茂している.②気が和らぎ穏やかである.〔和～〕穏やかで優しい.③〈姓〉藹(㍼).

蔼蔼 ǎi'ǎi ①〈文〉盛んなさま.②生い茂るさま.③ぼんやりと暗いさま.④温和なさま.

蔼然 ǎirán〈文〉なごやかである.〔～可亲〕気が和らいで親しさを感ずる.

蔼照 ǎizhào〈文〉了察(ᵅᵒᵂ)(する).〔即jí祈～是荷〕ᵛⁿ〕了察下されたく候.

〔霭・靄〕ǎi ①〈文〉雲やもやがのかかるさま).〔云yún～〕かすみ.〔暮mù～〕夕もや.②〈姓〉靄(㍼).

霭霭 ǎi'ǎi〈文〉雲や煙の盛んなさま.

〔艾〕ài（I）① 植 ヨモギ:〔～草cǎo〕〔～蒿hāo〕ともいう.乾燥して〔～茸róng〕(もぐさ)にする.〔～火〕もぐさの火.〔シロヨモギ.〔～叶yè〕ヨモギの葉.〔灼い分痛〕〈成〉兄弟愛が深いこと.→蒿①〔蓬péng①〕 ②白髪の老人.〔耆qí～〕老人の通称. 尽きる.終わる.〔方兴未～〕〈成〉今まさに盛んになっている.④〈文〉美しい.みよい.〔少shào～〕年若い美人. ⑤〈姓〉艾(㍼).
（II）エクサ.記号E:10^{18}を表す.〔艾可萨〕の略.
→ yì

艾艾 ài'ài〈文〉言葉がつかえる:魏の鄧艾は自分の名を言うのさえ〔～〕と言った(世説新語・言語).〔～不出语〕同前で言葉が出ない.

艾焙 àibèi ①〈文〉もぐさで灸をすえる. ②〈白〉災.苦しみ.

艾服 àifú〈文〉①50歳.②50歳以上で仕官して政事に関与する.

艾糕 àigāo 食 くさもち:練った米の粉によもぎを混ぼかしたもの.

艾蒿 àihāo 一字解(I)①

艾虎 àihǔ 旧 端午の節句によもぎの葉で虎の形を作り頭に挿した.今は菖蒲とともに軒に挿す:〔蒲pú龙〕→〔艾䖝〕

艾灸 àijiǔ 中医 灸.

艾酒 àijiǔ 旧 よもぎ酒:端午の節句に飲んで邪気を払う.

艾卷儿 àijuǎnr 細長い紙で巻いたもぐさ.

艾可萨 àikěsà 一字解(II)

艾老 àilǎo〈文〉(五十歳を超えた)老人(老年)

艾年 àinián〈文〉五十歳.

艾瓢儿 àipiáor ⇒〔瓢虫〕

艾普西隆 àipǔxīlóng〔音訳〕(ギリシア文字)εエプシロン.〔＝希xī腊字母〕

艾人 àirén よもぎで作った人形:旧俗で端午の節句にこれを門口にかけて厄払いした.

艾绒 àiróng〔艾茸〕とも書く.〔-儿,-子〕中医 もぐさ:〔艾炷〕は灯心型にひねったもぐさ.→〔艾卷儿〕〔灸jiǔ〕

艾绳 àishéng ＝〔火huǒ绳〕旧 ほしよもぎをより合わせて作った縄:点火して蚊やりや煙草の火とする.

艾窝窝 àiwōwo 食 〔艾窝窝〕 蒸したもち米の中に甘いあんを包み込んだだんご.→〔团tuán子〕

艾叶豹 àiyèbào ⇒〔雪xuě豹〕

艾鼬 àiyòu ＝〔艾虎②〕ケナガイタチ.→〔鼬〕

艾炷 àizhù ⇒〔艾绒〕

艾滋病 àizībìng ＝〔爱滋病〕〈方〉爱死病 医 エイズ:〔获得性免疫缺陷综合症〕(後天性免疫不全症候群)の病名.AIDS.〔～毒携带者〕HIV感染者.エイズキャリヤー.

艾子 àizi 植 ①〈方〉ヨモギ. ②カラスノサンショウ:〔食shí茱萸〕の別称.

艾子水 àizishuǐ 旧 よもぎを煮出して作った浴湯:子が生まれて三日目の〔洗xǐ三〕の時に用いる.また〔端duān午(节)〕の日にもこれを作って一家そろって沐浴することがある.

〔砹〕ài 化 アスタチン:非金属元素名,記号At.〔䃲〕は旧名.ハロゲン元素の一.

〔唉〕ài 感動詞.①痛惜・感傷・後悔などを表す.〔～！这孩子死了十年了〕ええ,この子が死んでからもう10年になります.〔～！这年头呀！〕ああ,(いやに)なってしまうなあ),これはいけないよ.〔～！咱们哥俩,您说远了！您的事还不就是我的事吗〕なんですか,我々二人の間柄で,あなたは遠慮なさっているんですね,あなたのことはわたしの事ではないんですか.〔～,话不是那么说〕ああ,そんな言い方は通用しないよ. ②承知・承諾を表す.〔～！我这就走,你不用说了〕はい,おっしゃられるまでもなく,すぐ出かけます. → āi

〔叆〕ài〈文〉愛する:〔爱〕に同じ.

〔爱・愛〕ài ①愛する.可愛がる.〔～祖国〕〔～人民〕祖国を愛し人民を愛する.〔～子女〕子供を愛する. ②(異性に)恋する.(人や物事を)好きになる.〔他～上那个女人了〕彼女に恋した.〔公物〕公共物を大事にする.〔他～上了这个工作〕彼はこの仕事に気に入った.〔谈情说～〕恋を語る. ③愛情.〔友～〕友愛.〔母～〕母性愛. ④愛惜する.惜しむ.大事にする.〔～公物〕公共物を大事にする.〔～钱如命〕金銭を生命の如く惜しみ大切にする.〔不知自～〕自重しない. ⑤…することを好む.…に動詞を伴い行為の好みを表す.〔～吃中国菜〕中華料理が好きだ.〔～死～活随你的便〕死のうと生きようとおまえの勝手だ.〔～干就干,不～干就不干〕やりたければやるし,やりたくなければやらない.→〔喜xǐ 欢〕 ⑥よく…する.とかく…する.…しがちだ.…しやすい:多く,好ましくない行為・現象・変化が習慣的に生じることを表す.〔他常～缺quē席〕彼は欠席しがちだ.〔他～挑tiāo人家的错儿〕彼はよく人のあらを探したがる.〔他～来〕彼はよくやって来る.〔这种木头～裂〕このての材木はひび割れしやすい.〔天冷,花就～死〕気候が寒くなると,花は枯れやすい.〔黄梅天～下连阴雨〕入梅には長雨が続きがちだ. ⑦＝〔嫒〕旧他人の娘を指す尊称:普通の会話や通信文に用いられた.〔令～お嬢さん. ⑧〈姓〉爱(㍼).

爱巴物儿 àibāwùr〈白〉心愛の物.(皮肉で)お気に入り:〔爱八哥儿〕ともいう.

爱别离苦 ài biélí kǔ 仏〈成〉愛する者と別れる苦:仏家の語.→ 圆 (仏教で)八苦の一.

爱…不… ài…bù…〈慣〉同一の動詞を置き,…しようとしまいと勝手にする.どうか勝手に…の意を表す.〔他～来～来〕来るのは彼の自由だ.

爱不释手 ài bù rénshǒu〔爱不释手shǒu〕ともいう.〈成〉(愛読書・愛玩物など)入って手離すに忍びぬ.大切に手離すことができない.

爱才 àicái 人材を愛する.〔～如命〕〔～若渴〕〈慣〉人材を非常に大切にする.

爱财 àicái 金銭を好む.〔～如命〕〔～喻〕銭の亡者.

爱巢 àicháo〈喻〉(若夫婦などの)愛の巣・新居.

爱称 àichēng 愛称.→〔称②〕

爱宠 àichǒng ①寵愛する. ②旧他人の妾に対する

爱 ài

敬称.
爱搭不理 ài dābùlǐ いい加減にあしらうさま.〔搭〕は〔答〕とも書く.→〔搭理〕
爱戴 àidài 敬愛し支持する.もり立てる.〔博得群众的～〕大衆の敬愛を受ける.
爱迪生 àidíshēng 囚エジソン:米国の発明家.〔电 diàn 气〕气〔大王〕(電気王)とも称せられる(1847～1931)
爱儿 ài'ér 愛児.
爱尔兰 ài'ěrlán アイルランド:正式国名は〔～共和国〕首都は〔都 dū 柏林〕(ダブリン)
爱服 àifú 心服する.〔钦 qīn 佩〕
爱抚 àifǔ 愛撫(する).かわいがる(こと)
爱岗敬业 àigǎng jìngyè〈慣〉職場を大切にし仕事に誇りをもつこと.
爱顾 àigù 親しみを心にかける.
爱国 àiguó 祖国を愛する(こと).〔～心〕愛国心.〔～热情〕愛国熱.〔～菜 cài〕(党 dǎng 性菜〕(農家の保護や市民生活の保障のため)政府が購入を推奨する農作物.〔～主义〕愛国主義.
爱国公约 àiguó gōngyuē 1950年代初,自分の仕事をよくやり生産を増加させ,愛国と朝鮮戦争前線支援の実をあげることを誓うこと.またその決意表明書.
爱国人士 àiguó rénshì (名望のある)愛国者.
爱国卫生运动 àiguó wèishēng yùndòng 1952年以降の全国的な疾病予防の大衆運動.〔爱卫会〕同前の委員会.→〔除 chú 四害〕
爱国一家 àiguó yījiā 国を愛する者は身内だ.〔～,爱国不分先(前)后〕国を愛する者は皆身内だ,国を愛することに前後はない.
爱国主义 àiguó zhǔyì 愛国主義.パトリオティズム.→〔民 mín 族主义①〕
爱好 àihào ①愛好する.好きである.喜ぶ.〔～和平〕平和を愛好する.〔～美术〕美術を愛好する.〔人人～的东西〕誰もが喜ぶ物.〔音乐～者〕音楽愛好家.②好み.趣味.〔人的～不一样〕人の好みは同じでない.〔他的～是音乐〕彼の趣味は音楽だ.
爱河 àihé 仏〔仏教で〕人の溺れやすい愛情.愛欲.
爱护 àihù 愛護(する).思いやり(る).〔互相关心,互相～,互相帮助〕互いに関心を寄せあい,いたわりあい,助けあう.〔～人民〕人民をいたわる.〔～集体集団の利益〕集団の利益を大切にする.〔～荣誉〕栄誉を守る.〔～公共财物〕公共財物を大切にする.〔～备至〕いたわりが至れり尽くせりである.
爱火 àihuǒ〈喩〉火のような激しい愛情.
爱见 àijiàn〈方〉好む.好き.〔待 dài 见〕に同じ.
爱将 àijiàng〈喩〉愛される部下.
爱韭 àijiǔ ⇒〔麦 mài 冬〕
爱克斯射线 àikèsī shèxiàn ＝〔伦 lún 琴射线〕〔音義訳〕物エックス線.X線.レントゲン線:〔爱克斯光〕〔X射线〕ともいう.〔爱克斯光照 zhào 相片〕レントゲン写真.〔爱克斯光机〕レントゲン機械.
爱口识羞 àikǒu shíxiū〈慣〉恥ずかしくて口に出せない:〔爱口识羞〕とも書く.
爱乐 àilè〈文〉喜び物(ぶ)でる.愛慕する.愛好する.
爱理不理 àilǐ bùlǐ そっけない.まじめにとり合わないいいかげんな態度をとる.
爱丽舍宫 àilìshè gōng〈音義訳〉エリゼ宮:パリにある宮殿でフランス大統領官邸.
爱怜 àilián〈方〉哀しむ(目下の者やペットなどを)
爱莲说 àiliánshuō 困周敦頤(字茂叔)作の蓮をもって君子の徳にたとえた文.
爱恋 àiliàn (恋人を)愛する.恋する.→〔恋爱〕
爱侣 àilǚ 愛する者(夫・妻や愛人・恋人).愛のパートナー.

爱罗斯 àiluósī〈音訳〉エロス.④愛の神:〔爱罗斯〕ともいう.→〔丘 qiū 比特〕⑧囚小惑星名:火星と木星の間にあり,地球に接近する可能性がある.
爱美 àiměi ①美しいものを愛する.おしゃれ好きである.〔十一岁的姑娘正～11歳の女の子はちょうど～のしゃれ盛りだ.〔～族〕おしゃれ族.②芸術美(自然美)を愛する.③〈文〉仲が良い.
爱美的 àiměide アマチュア(旧音訳)→〔业 yè 余②〕
爱面子 àimiànzi 自分を立派に見せたい.体面を気にする.後者ある.〔要 yào 面子〕
爱苗 àimiáo 愛情の芽.愛情.→〔心 xīn 苗〕
爱民模范 àimín mófàn 民間人を愛護する軍人・警官に対する〔拥 yōng 军爱民〕
爱末 àimò〈文〉愛顧を被る人の中の最も末席の者:謙遜(た)していう言葉.
爱莫能助 ài mò néngzhù 力になってやりたいが力が足りないこと.〔他有职无权～〕彼は名ばかりのポストなので,何の力にもなれない.
爱慕 àimù 愛慕する.慕う.〔相互～〕互いに慕い合う.〔～虚荣的人〕虚栄心の強い人.
爱昵 àinì ⇒〔昵爱〕
爱鸟周 àiniǎozhōu バードウィーク.愛鳥週間.
爱女 àinǚ 愛嬢.まな娘.
爱妻 àiqī 愛妻.
爱俏 àiqiào 粋(な)を好む.格好よさを好む.
爱亲作亲 àiqīn zuòqīn〈成〉お互いに親しくしているために縁組する.親戚でもあり親しくもしている.〔作亲〕也〈做〕とも書く.〔两家原来也是～,想不到后来竟反目了〕両家はもともと親戚でもあり親しかったのに,後で意外にも反目しあおうとは思いもかけなかった.
爱琴海 àiqínhǎi 地エーゲ海.
爱卿 àiqīng〈文〉君主の臣下に対する称呼.
爱情 àiqíng 愛情(多く男女の愛情).〔～小说〕愛情小説.〔深厚爱情が深い.〔～故事〕〔～佳话〕ロマンス.〔～至上〕恋愛至上(主義).〔～片儿 piānr〕恋愛映画.
爱人 àiren ①夫.または妻.〔我(的)～〕私の妻.私の夫.〔你(的)～〕あなたの奥さん(またはご主人).→〔老 lǎo 伴(儿)〕〔老 lǎo 婆〕〔内 nèi 人〕〔妻 qī〕〔太 tài 太〕〔外 wài 子①〕②恋人.愛人.
爱人儿 àirénr〈方〉かわいらしい.〔这姑娘长得真～〕このお嬢さんはほんとうに可愛らしい.
爱日 àirì〈文〉①冬の日ざし.②日を惜しむ:〔孝子が父母に仕える日が短くなることを憂える思いをいう.〔孝子～〕同前.③愛すべきうららかな日光.
爱沙尼亚 àishāníyà エストニア:正式国名は〔～共和国〕.首都は〔塔林〕(タリン)
爱神 àishén ⇒〔爱罗斯①〕
爱树 àishù〈文〉周の召公が巡行して甘棠の下に宿舎をとった.民はその徳を慕ってその甘棠の木をも大切にした.〔詩経・甘棠〕〈喻〉人を愛すればその人の持ち物まで愛する.→〔爱屋及乌〕
爱斯基摩人 àisījīmó rén〈音義訳〉エスキモー:〔哀 āi 斯基摩人〕〔挨 āi 斯基摩人〕〔依 yī 士企摩人〕とも書いた.
爱死病 àisǐbìng ⇒〔艾滋病〕
爱徒 àitú まな弟子.
爱卫会 àiwèihuì 愛国衛生運動委員会:〔爱委会〕ともいう.〔爱国卫生运动〕.
爱窝 àiwō (若夫婦などの)愛の巣:〔爱巢〕に同じ.
爱窝窝 àiwōwo ⇒〔艾窝窝〕
爱屋及乌 àiwū jíwū〈成〉その人を愛することによって,その人の何もかも愛するようになるものである:

〔愛人者兼屋上之乌〕(尚書大伝)→〔愛樹〕屋乌之愛〔情 qíng 人眼里出西施〕

爱物 àiwù ①才物を大切にする. ②お気に入りの物.

爱惜 àixī 惜しむ.大切にする.〔~光阴〕〔~时间〕時間を惜しむ.〔~人力物力〕人力と物力とを大事にする.〔~声誉〕名を惜しむ.〔~皮肉〕骨惜しみをする.〔~爱護する〕

爱小 àixiǎo 〈口〉目前の小利をむさぼる.〔生性~,喜欢占便宜〕生れれつき目先の小利をむさぼり,得をするのが好きだった.

爱心 àixīn 他人への思いやり・心遣い.

爱幸 àixìng 圖帝王が寵愛する.寵愛を受ける.

爱因斯坦相对论 àiyīnsītǎn xiāngduìlùn 〈音義訳〉アインシュタインの相対性理論.

爱欲 àiyù （男女の）情愛.

爱玉子 àiyùzǐ 圖オオイタビ.またその実.〔爱玉〕前の実からつくった飲料.

爱憎 àizēng 愛することと憎むこと.〔~分明〕愛憎がはっきりしている.

爱重 àizhòng 好きで大切にする.敬愛する.

爱着 àizhuó 圀（仏教の）恩愛に執着する情.

滋滋 àizī 〈文〉⇒〔艾滋病〕

爱子 àizǐ ①愛児.②子供を愛する.

〔僾・僾〕 ài 〈文〉①はっきりしない.ぼんやりしている.〔~而不見〕同前.〔~然〕…のように見える.②息詰まる.呼吸が苦しい.

僾尼 àiní わたし・ハニ族の自称.

〔薆・薆〕 ài 〈文〉①おおい隠す.②草木の繁茂するさま.

〔嗳・嗳〕 ài 感動詞.懊悩・悔恨を表す.〔唉①〕に同じ.〔~,早知道是这样,我就不来了〕なあんだ,早くから分かっていれば来なかったのに.〔~!偏偏你没来,把好机会错过去了〕ああ,あいにく君が来なかったので,いい機会を逃してしまったよ.〔~,我真不该来〕ああ,来るべきでなかった. → āi ǎi

〔媛・媛〕 ài ①⇒〔爱⑦〕②〈姓〉嬡

〔瑷・璦〕 ài 〈文〉雲がたなびいて日をおおうさま.

瑷瑷 ài'ài 〈文〉濃密なさま.濃厚なさま.

瑷叆 àidài 〈文〉雲の盛んなさま.雲の日をおおうさま.

〔瑷・瑷〕 ài 〔~琿 huī〕囤黑龍江省黑河市にある区の名.現在は〔愛輝〕と書く.〔中俄~条約〕囵アイグン条約:1858（清咸豊8年）清とロシアとの間に結ばれた条約.

〔暧・曖〕 ài 〈文〉日光が遮られて暗い.〔~~〕薄暗いさま.②はっきりしない,あいまいである.〔晻 yǎn〕同前.

暧昧 àimèi ①〔態度・意図が〕はっきりしない.あいまいである.〔他态度有点儿~〕彼は態度が少しあいまいだ.②〔行為や関係が〕怪しい.不明朗である.〔他們他俩的关系有点~〕あのふたりの関係はちょっと怪しい.

〔锿・鎄〕 ài 囮イオニウム:金属元素.記号Io.〔钍 tǔ〕（トリウム）の同位元素.

〔砨〕 ài 〈文〉妨げる.〔碍〕に同じ.

〔饐・饐〕 ài 〈文〉食物が饐える.

〔隘〕 ài ①狭い.狭苦しい.〔狭~〕狭い.②険しい.危いところ.要害の地.地形.〔要~〕要害の

地.〔关~〕関所.③窮迫する.〔窘 jiǒng〕同前.

隘谷 àigǔ 囲V字谷:V字型の狭くて険しい河谷.

隘口 àikǒu 連山の間の狭い低み.狭い谷間（の道）.〔喀〕要害の場所.

隘陋 àilòu 〈文〉狭くて粗末な.

隘路 àilù ①崖や谷ぞいの狭い道.狭く険しい道.〔~戦〕圊道の両側が人の入れぬ場所での困難な戦闘.②狙生産の過程における困難.難関.

隘巷 àixiàng 狭い路.露地.裏通り.

〔嗌〕 ài 〈文〉のどが痛む・つまる. → yì

〔碍・礙〕 ài 妨げる.邪魔になる.損なう.〔有~交通〕交通の妨害になる.〔~不着 zháo 你的事〕君の事に妨げにならない.〔~不着zhe 情面〕情実に妨げられる.情実にほだされる.〔~你什么相干？〕君に何のかかわりがあるか(余計なお世話だ).〔不~的〕差し支えない.〔~不了事？〕差し支えないか.〔有~风俗〕風俗に害がある.

碍道 àidào 〔一儿〕道を妨げる.交通の邪魔になる.

碍脚 àijiǎo （歩くのに）邪魔になる.

碍口 àikǒu =〔喀嘴①〕口に出しにくい.言うのは具合が悪い.〔当着他说很~〕彼に面と向かっては言い出しにくい.〔~粘 zhān 舌〕邪魔になる.

碍面子 àimiànzi 情にほだされる.情としてしにくい.

碍目 àimù ①眺望の妨げになる.視界を遮る.②〈方〉邪魔だ.うっとうしい.〔碍眼②〕に同じ.

碍难 àinán 〈公〉差し支えがある.…し難い.〔~同意〕同意し難い.〔~照准〕願のとおりには許可しがたい.②〈方〉困る.〔你別叫他~〕彼を困らせてはいけない.

碍事 àishì 邪魔になる.〔我站在这儿~不~？〕ぼくがここに立っていて邪魔になならないか.〔这张桌子搬开吧,在这儿搁着~〕このテーブルをとりのけなさい,ここへ置いておくと邪魔になる.③重大である.大いに関係がある:多く否定に用いる.〔他的病不~〕彼の病気はたいしたことはない.

碍手 àishǒu 邪魔になる.すらすらと運べない.〔这件事办着很~〕これはたいへんやりにくい.〔你把这个拿开,別碍着手〕おまえこれをとりのけなさい,邪魔になるから.〔~碍脚〕慣 足手まといになる.

碍眼 àiyǎn ①〔不__ 順眼〕（視界を遮って）目障りである.〔这个,我看着有点~〕これはわたしには目障りだ.〔~物〕目障りなもの.②（人の目が,見られることが）邪魔になる.〔咱们在这里~,快走吧〕我々がここにいては邪魔になる,早く行こう.〔~順shùn 眼〕

碍于 àiyú …の妨げとなる.〔~情面〕情実にほだされる.〔~面子,故意隐瞞失败〕面子を気にして,故意に失敗を隠す.

碍滞 àizhì とどこおる.停滞する.

碍嘴 àizuǐ ①⇒〔碍口〕②食べにくい.口に入れにくい.

an ㄢ

〔厂〕 ān 人名用字:〔庵〕に同じ. → chǎng

〔广〕 ān 人名用字:〔庵〕に同じ. → guǎng

〔安〕 立 (I)①安らかである.平穏である.〔坐立不~〕坐っても立っても落ちつかない.〔请~〕ごきげんをうかがう.〔欠 qiàn ~〕病気で寝ている.↔危 wēi ~.②安定させる.落ち着かせる.〔~心静养〕心安らかに静養する.③満足とする,心安らかに静養する.〔~于现状,不求进取〕現状に満足して積極的

ān 安

でない.④安全(である).[公～]公共の安全.[保～]安全を保つ.⑤[贖]書信の末尾に先方の平安を祝する言葉に用いる.[財～][钧 jūn ～][台～][文～]撰 zhuàn ～]など.→[祺 qí 之][祉 zhǐ]⑥ふさわしい場所にすえる.とりつける.→[安顿][～(装)电 diàn 灯]電灯をとりつける.[～(装)玻 bō 璃]ガラスをはめる.[～装]⑦⑧(よくない)考えを持つ.(他没～好心)彼はろくな考えは持っていない.[你到底～的什么心?]いったい何をたくらんでいるのだ.⑨[文](手で)苗を植える.種をまく.[～花生]落花生をまく.[～种 zhǒng]種をまく.[把苗～上]苗を植える.⑩(本来でないことを)加える.つける.[～罪名]罪名をつける.[～(姓)安](Ⅱ)<文>いずくぞ…ならんや.どうして…だろうか.どこに…か.[～能任其狙狂]どうしてあのような凶暴をほうっておけようか.⑧どこ.いずこ.[此人～在]この人いずくにかある.
(Ⅲ)①アンペア.記号A.[～(培 péi)]同前.[千伏～]キロボルトアンペア.②アール:旧音訳.→[公 gōng 亩]

安邦 ānbāng <文>国を太平に治める.[～定国][慣]国を太平に治める.

安保 ānbǎo ①安全を確保する.[～工作]保安任務.②同前をする人.[～人员]セキュリティ要員.ガードマン.

安边 ānbiān <文>辺境の守りを強固にし,安全にする.

安步当车 ānbù dàngchē <成>車に乗るかわりにゆっくり歩いて行く.

安瓿 ānbù [音訳][医]アンプル.[锉 cuò]アンプル切り.→[口 kǒu 服液]

安插 ānchā (よい位置に入れ)落ち着かせる.(職などを)あてがう.[给他一个职位]彼に一つの職を与える.[～亲信]腹心の部下を配属する.

安禅 ānchán [入 rù 定]禅定(ぢゃう)に入る.→[打 dǎ 禅]

安产 ānchǎn [医]安産.[大产][平 píng 产]②]順shùn 产]ともいう.

安厝 āncuò <文>①埋葬前に柩(ひつぎ)を一時安置する.②(仮に)埋葬する.[安葬]に同じ.

安打 āndǎ [スポ](野球の)安打.ヒット.→[棒 bàng 球]

安道尔 āndào'ěr アンドラ:正式には[～公国].フランスとスペインの国境にはさまれた公国.首都は[安道尔城](アンドララベリャ)

安得 āndé <文>①いずくんぞ…なるを得んや.どうしたら得られるだろうか.どうしてまた,許されることがない.[～无理]どうしてでたらめが許されようか.[～如此]どうしてそのようにできようか.

安抵 āndǐ 無事に着く.安着する.

安弟斯 āndìsī [地]アンデス[～山脉]アンデス山脈.

安定 āndìng ①安定している.落ち着いている.[～团结]安定し団結している.(社会は～了)社会が平穏になった.②安定させる.[～人心]人心を安定させる.[起着一种～的作用]安定させる役目を果たす.→[稳 wěn 定].[～剂][医]精神安定剤.向精神薬.精神・神経を安定させ,鎮静作用を.(作用)

安堵 āndǔ <文>安らかに落ち着いて暮らす人:が垣の内(その居)に安んじうと.

安度 āndù 安らかに日を送る.

安顿 āndùn ほどよく配置する.落ち着き先をあてる.[这些事,我都～好了]これらの事は僕が皆あらかじめ手配した.[你给他～一下儿]君,彼のことは僕に手配しておいてくれ.②平穏である.落ちついている.[近来这地方儿很～]このごろこの辺は非常に平穏になった.[安安顿顿地过日子]落ちついて暮らしている.

安放 ānfàng きちんと置く.安置する.[把那个钟在桌子上]その時計を机の上へ置きなさい.

安分 ānfèn =[推 tuī 分]分に安んずる.つつましく暮らす.[循 xún 分]に同じ.[～守己][成]分に安んじて己を守る.

安福俱乐部 ānfú jùlèbù [民]北洋軍閥中の安徽派(段祺瑞)のグループの名:北京の安福胡同で結成された.安徽派の人物を[安福系 xì]という.

安抚 ānfǔ ①慰撫する.②[史]安撫使の略:隋・唐代の使節の称.宋代には[监 jiān 司],明・清代には[土 tǔ 司]といった.

安富尊荣 ānfù zūnróng [慣]平安富貴身に足りている.

安哥拉 āngēlā ①アンゴラ:正式には[～共和国].アフリカ中部西海岸にある.首都は[罗 luó 安达](ルアンダ) ②トルコの首都[安卡拉](アンカラ)の旧称:[昂 áng 哥拉]とも書いた.

安哥拉兔 āngēlātù [動]アンゴラウサギ:[长 cháng 毛兔][全耳毛兔][昂 áng 哥拉兔]ともいう.

安根子 āngēnzi [方]ひそかに通ずる.コネを探す.人脈をつかむ.

安谷 āngǔ [中医]病気していながら食がすすむこと.

安好 ānhǎo 平安である.無事である:多く書簡で用いる.[全家～,请勿挂念]一同無事ですから御安心下さい.

安魂 ānhún 鎮魂.[～曲][宗](キリスト教で)鎮魂曲.レクイエム.

安集 ānjí <文>安んじ集まり暮らす.[～吏民,顺俗而教]官吏や人民を和らぎ集(つど)わせ,習俗を尊重しつつ教化する.

安辑 ānjí <文>安んじ和らげる.

安计 ānjì [電](微量)電流計.→[安培]

安家 ānjiā ①家庭を持つ.世帯を持つ.[～立业][慣]世帯を持ち,仕事に就く.[邻 lín 居は一家新～的小夫妇]隣は新しく世帯を持った若夫婦である.②家を構える.住まいを定める.[～落户][慣]定住する.住みつく.

安家费 ānjiāfèi 支度金:着任手当・赴任手当・転勤手当・留守宅手当など.

安检 ānjiǎn 安全检查の略.安全チェックする.セキュリティチェックする.

安降 ānjiàng 安全に着陸する.[下一阶段是人飞宇宙又～地球]次の段階は人間が宇宙を飛び,安全に地球に着陸することである.

安静 ānjìng ①平穏である:[<文>安靖]に同じ.[这院子里真～,连个猫狗都不见]この庭はたいへん静かだ,猫や犬さえやってこない.②(行為・態度や環境が)落ち着いている.平穏である.[孩子睡得很～]子供がすやすや眠っている.

安靖 ānjìng 同上①

安居 ānjū ①落ち着いて生活する.[～乐 lè 业][安土乐业]<成>落ち着いた生活を送り,職業を持ち楽しくやってゆく.[～住宅][～房]都市の中低所得者向けの住宅.[～工程]同前のプロジェクト.②[宗](仏教で)あんご.夏安居(げあんご).

安卡拉 ānkǎlā [地]アンカラ:[土 tǔ 耳其共和国](トルコ)の首都.[安哥拉②](アンゴラ)は旧名.

安康 ānkāng [贖]安寧で健康である.

安拉 ānlā =[阿 ā 拉②][音訳][宗]アラー:イスラム教の神.[真 zhēn 主]に同じ.

安澜 ānlán <文>河川が穏やかである.<喩>無事太平なこと.

安 ān

安乐 ānlè 安楽(である).平和(である).〔~死〕优yōu死〕安楽死.〔~椅〕安楽椅子.〔~世界〕極楽世界.〔~国〕⑧⑲(仏教で)西方極楽.⑤⇒〔乐乡〕

安乐窝 ānlèwō 同下.

安乐乡 ānlèxiāng →〔乐国〕〔乐窝〕⑩地上の楽園.平和郷.→〔乌 wū 托邦〕

安理会 ānlǐhuì ⇒〔安全理事会〕

安立甘会 ānlìgān huì〈音義訳〉アングリカン教会.英国国教会.またその施設である教会.

安陵 ānlíng〈姓〉安陵(あんりょう)

安曼 ānmàn 地 アンマン:〔约 yuē 旦哈希姆王国〕(ヨルダン・ハシェミット王国)の首都.

安谧 ānmì〈文〉平穏で静かである.安らかである.

安眠 ānmián〈文〉①安眠(する).〔~药 yào〕睡眠剤.②⑩死亡する.

安民 ānmín〔安人〕〈文〉人民を安んじ和らげる.〔~告示〕人民を安心させるために出す告示.〈転〉討議や実施に先立つ内容告知.

安那其 ānnàqí〈音訳〉アナーキー.無政府状態.〔~主义〕〔无 wú 政府主义〕アナーキズム.無政府主義.

安纳咖 ānnàkā〈音訳〉医 安ナカ:鎮痛剤:〔苯 běn 甲酸钠咖啡因〕(安息香酸ナトリウムカフェイン)の略.

安乃近 ānnǎijìn 医 アナルギン:解熱鎮痛剤.

安能 ānnéng〈文〉いずくんぞ~するを得んや.どうして…することできようか.〔~坐视〕慣〕座視することはできない.傍観してはおられない.

安宁 ānníng ①秩序が保たれている.〔边境~〕国境が平穏である.②気持ちが落ち着く.安らかである.

安排 ānpái 段取りの処置(をする).手配.按配.配置(する).手はずをつける).都合(を組む).〔~工作〕仕事の手配をする.〔命运的~〕運命のさだめ.〔给失业者一~工作〕失業者に仕事をふりあてる.〔合理的~〕合理的な処置.〔人事~〕人事配置.〔一切都是由他给我们~的〕すべて彼が我々のために準備してくれたのだ.

安培 ānpéi〈音訳〉電アンペア.記号 A:略して〔安〕ともいう.電流の単位.〔毫 háo 安〕ミリアンペア.m A.〔~表〕〔~计〕电流表〕アンペアメーター.電流計.〔~小时〕アンペア時:蓄電池容量の単位.

安贫乐道 ānpín lèdào〈成〉清貧に甘んじる.貧しくとも節操を楽しんで生きる.

安期 ānqī〈姓〉安期(あんき)

安琪儿 ānqí'ér〈音訳〉エンジェル.天使:〔天 tiān 使〕に同じ.

安寝 ānqǐn〈文〉安眠する.〔高枕~〕枕を高くして寝る.安眠する.

安丘 ānqiū〈姓〉安丘(あんきゅう)

安全 ānquán ①安全である.〔~保障权〕消費者が安全を保障される権利.〔~标志〕安全マーク.〔~玻璃〕強化ガラス.安全ガラス.〔~电压〕電36V以下の安全電圧.〔~感〕安全感.〔~火柴〕安全マッチ.〔~器〕(電気の)安全器.〔~气袋〕〔~气囊 náng〕(自動車の)エアバッグ.〔~设备〕②安全装置.〔~剃刀〕〔保 bǎo 险刀(儿)〕〔~填 tián 埋〕(危険物・廃棄物の)最終処理埋めたて.〔~网〕セーフティネット.〔~卫 wèi 生〕安全と衛生.〔~系数〕安全係数.安全度.〔~行驶 xíngshǐ〕安全運転(している).〔~性〕セキュリティ.安全性.〔~操 cāo 作〕安全に操作する.〔注意~〕安全に注意.〔~因〕(野球などで)セーフ.〔~上垒〕出塁する.

安全带 ānquándài ①安全ベルト.命綱.②(乗り物の)シートベルト.

安全岛 ānquándǎo 〔安全界②〕(道路の真中に設けられた)安全地帯.

安全灯 ānquándēng ①坑内用安全灯.カンテラ:〔达 dá 维~〕(デービーランプ)ともいう.②安全設備のある照明器具.

安全阀 ānquánfá 〔安全活门〕〔安全栓〕安全弁.バルブ:〔保 bǎo 安阀〕ともいう.〔~阀④〕

安全活门 ānquánhuómén 同上.

安全界 ānquánjiè (着弾距離外の)安全地帯.②⇒〔安全岛〕

安全理事会 ānquán lǐshìhuì 国連安全保障理事会:〔安理会〕は略称.→〔联 lián 合国〕

安全帽 ānquánmào 〔防 fáng 护帽〕〔铜 tóng 帽③〕〔头 tóu 盔〕防護帽.安全帽.ヘルメット:〔安全盔〕ともいう.藤で編んだものは〔柳 liǔ 条帽〕,金属製のは〔钢 gāng 盔②〕ともいう.

安全门 ānquánmén ①〔太平门〕非常口.②防犯扉.〔防 fáng 盗门〕ともいう.〔防火门〕(防火扉)などを含むこともある.③(空港の)チェックゲート.

安全栓 ānquánshuān ⇒〔安全阀〕

安全套 ānquántào ⇒〔避 bì 孕套〕

安全梯 ānquántī 高層建築の外壁にとりつけられている非常用階段:〔避 bì 火梯〕ともいう.

安全椅 ānquányǐ チャイルドシート(自動車に設置する).〔儿 ér 童~〕〔汽车~〕同組.

安全线 ānquánxiàn ①安全ライン.危険警戒線.②紙幣の偽造防止用に入れられた線.

安全正点 ānquán zhèngdiǎn (交通機関定期便の)安全運転と時間の正確なこと.

安然 ānrán ①無事(である).安穏(ら)(である).〔~无事〕〔~无恙〕平穏無事.②心静かである.〔~自在〕落ち着いて自若としている.

安人 ānrén 因明・清代,封贈を受けた婦人の称号の一:六品官の夫人が封ぜられた.

安如泰山 ān rú tàishān〈成〉揺がぬことは泰山のようである.〈喩〉非常に安定しているさま:〔稳 wěn 如泰山〕〔安如磐 pán 石〕ともいう.↔〔危 wēi 若朝露〕

安山岩 ānshānyán 鉱 安山岩:南米の〔安第斯山〕(アンデス山)で最初に発見されたという.

安设 ānshè 備えつける.とりつける.設置する.〔~电灯〕電灯をとりつける.

安身 ānshēn (困難な中で)身を休める.落ち着く.身を寄せる.〔没有~之地〕身の置きどころがない.

安身立命 ānshēn lìmìng〈成〉生活が安定し心のよりどころのあること.

安神 ānshén ①精神を集中する.②心の状態を安定させる.神経を落ち着かせる.

安生 ān·shēng ①静かにじっとしている(多く子供の事をいう).〔这孩子一会儿也不~〕この子は一時もじっとしていない.②暮らしが安定している.〔才过了几天~日子〕やっと2,3日安穏(もん)な日を過ごした.

安时 ānshí 電アンペア時:〔安培小时〕の略.

安适 ānshì ゆったりと気楽である.〔~地坐着〕のんびりと座っている.

安守本分 ānshǒu běnfèn〈慣〉自分の本分を守る.分相応につつましく暮らす.

安睡 ānshuì 安らかに眠る.

安宿 ānsù 安心して泊まる.〔送到饭店~〕ホテルまで送り宿泊にしてもらう.

安胎药 āntāiyào 医 流産防止薬.

安泰 āntài 安泰である.〔阖 hé 家~〕一家無事である.

安提瓜和巴布达 āntíguā hé bābùdá アンティグア

ān

・バーブーダ：カリブ海小アンティル諸島にある国.首都は〔圣 shèng 约翰〕(セントジョンズ)

安替比林 āntìbǐlín 〈音訳〉医アンチピリン(フェナゾン)：解熱・鎮痛剤.〔非那宗〕(フェナゾン)に同じ.→〔氨基比林〕

安替非布林 āntìfēibùlín 〈音訳〉医アンチヘブリン：解熱・止痛薬として用いる.〔乙 yǐ酰苯胺〕に同じ.

安恬 āntián 安らかである.安心している.

安帖 āntiē 安らかで落ち着いている.〔安贴〕とも書く.〔他山里我～〕彼は同情.

安童 āntóng ①小者.侍童.→〔书 shū 僮〕

安徒生 āntúshēng アンデルセン：〔安迪 dí 生〕〔安得森〕とも書いた.デンマークの童話作家(1805〜1875)

安土 āntǔ 〈文〉本国に安住する.〔～重迁〕〈成〉住み慣れた土地は離れ難い.

安土乐业 āntǔ lèyè ⇒〔安居乐业〕

安妥 āntuǒ ①妥当で間違いない.無事である.〔那件事交给他办吧～〕あの件は彼にまかせれば間違いない.〔这条路上是～无事的〕この道は平穏無事だ.②平安である.医アンツー(殺鼠剤の一種)

安危 ānwēi 安危.平穏と危険.〔～与共〕〈慣〉同前の共にする.

安慰 ānwèi 慰め(る).慰問(する).〔他死了儿子很悲观,你去～他吧〕彼は息子を死なして,たいへん悲観しているから,慰めてやりなさい.〔～奖〕鼓励賞.〔～賽〕区大会で勝ち進めなかった選手の間のオープン競技.〔～剂〕医プラシーボ.偽薬.②満足している.

安稳 ānwěn ①平穏無事(である).〔安安稳稳は重畳形.〔这一带比较～〕この辺りはわりあと安定している.〔椅子没有放～〕いすがぐらぐらしている.〔～地睡着 zháo 了〕落ち着いて眠れた.〈方〉(気持ちやものごしが)静かである.(女子が)しとやかである.〔一点儿也不～〕ちっとも落ち着きがない.

安息 ānxī ①休む(眠る).〔～日〕宗(キリスト教など)の安息日.→〔主 zhǔ 日〕②安らかに眠る：死者に対する祈りの言葉である.〔烈士们,～吧〕英霊の安らかにお眠りあらんことを.

安息香 ānxīxiāng ①植アンソクコウ：エゴノキ科の落葉高木.〔～树〕同前：同前の樹皮から分泌する樹脂.安息香酸の原料となる.〔～香胶〕ベンゾインゴム.③線香の一種.

安息(香)酸 ānxī(xiāng)suān ⇒〔苯甲酸〕

安息油 ānxīyóu 安息油：〔苯 běn〕(ベンゼン)の旧称.

安席 ānxí →〔送 sòng 酒安席〕

安闲 ānxián 安らかで暇がある.気楽である.〔一日不得～〕一日ものんびりと過ごせない.

安详 ānxiáng 静かで落ち着きがある.〔举 jǔ 止～〕おっとりしている.〔她～地笑着〕彼女はにこやかに笑っている.

安享 ānxiǎng 安らかに楽しむ.幸福である.〔～太平〕〈慣〉太平の世を楽しんで暮らす.

安歇 ānxiē ①床につく.安眠する.〔咱们～吧〕もうやすみましょう.〔你～吧〕おやすみなさい.②休息する.やすむ.

安心 ānxīn ①安心する.〔安不下来〕気持ちがおちつかない.〔你们不要有顾虑,～干你们的工作吧〕あなた達は心配しないで安心して仕事をしなさい.〔安安心心地等着〕心を安らかにして待つ.〔他～工作你让他不入心〕.→〔～乐 lè 意〕〈成〉満足して喜ぶ.→〔放心〕②下心がある.企む.〔～坑 kēng 人〕他人を陥れる.〔～耽搁着〕故意にぐずぐずしている.

安心丸 ānxīnwán ⇒〔定 dìng 心丸〕

安养 ānyǎng 落ちついて養生する.

安逸 ānyì 気楽にしている.平穏で楽しい.〔安佚〕とも書いた.

安营 ānyíng 軍隊が駐屯のために設営する.〔～扎 zhā 寨〕〔～下寨〕営舎を設営し,陣地を構築する.〈転〉臨時に建てられる飯場・現地事務所など.→〔拔 bá 营〕

安于 ānyú (…に)安んじる.〔～现状〕現状に満足する.

安在 ānzài〈文〉いずくにありや.どこにある(いる)か.〔何 hé 在〕に同じ.〔而今～哉 zāi〕今いずくにありや.

安葬 ānzàng 埋葬する.丁重に葬る.

安扎 ānzhá (人を)適当な場に置く.落ち着き場所をあてがう.

安枕 ānzhěn〈文〉安心して眠る.〔～无忧〕〈喩〉太平無事なこと.

安知 ānzhī〈文〉いずくんぞ知らん.どうしてわかるか.

安之若素 ānzhī ruòsù〈成〉非常の場合でも平常のように悠然としている.〔安之如素〕ともいう.

安置 ānzhì ①すえつける.すえて置く.〔那些东西都～好了〕あれはすっかりすえてある.〔安放〕②身のふりかたをつける(こと).職をあてがう(こと).〔复转 zhuǎn 军人的～和教育工作〕復員軍人の身のふりかたをつけることと教育の仕事.〔～办公室〕〔安办〕(復員軍人・定年退職者・移民・下放から帰った人などの生活や就職を斡旋する機関.

安装 ānzhuāng 据えつける(する).造作(する).〔～电话〕電話をとりつける.〔室内・工程室内造作工事.→〔安设〕〔装置〕②電インストール.→〔程序〕インストールプログラム.

安装领 ānzhuānglǐng〔活 huó 领〕ワイシャツのつけかえのできるカラー.→〔领〕

安坐 ānzuò〈文〉安楽に坐っている.〔～而食〕居食い

安座 ānzuò仏仏像を仏殿に安置する仏事.

[桉]

桉 ān 植ユーカリ：〔～树〕は通称.→〔案 àn〕

桉树 ānshù ＝〔黄 huáng 金树〕〔蓝 lán 桉〕〔口〕蓝桉树〕〈音訳〉油 yóu 加利〕〔玉 yù 树④〕植ユーカリ(総称)：常緑高木.芳香がより,材は建築などに用いられる.

桉叶油 ānyèyóu ユーカリ油〔油 yóu 加利油〕〔有yǒu 加利油〕〔玉 yù 树油〕ともいう.

[氨]

氨 ān 化アンモニア：〔音訳〕阿 ā 摩尼亚〕〔亚 yà 莫尼亚〕は旧訳訳.〔～气 qì〕は通称.→〔铵 ǎn〕〔胺 àn〕

氨苯磺(酰)胺 ānběn huáng(xiān)àn ⇒〔磺胺〕

氨茶碱 ānchájiǎn ⇒〔氨基非林〕

氨化 ānhuà 化アミノ化.

氨磺酰 ānhuángxiān 化スルファミル基.

氨基 ānjī 化アミノ基.〔～酸 suān〕〔胺 àn 酸〕アミノ酸.〔～树脂〕化アミノ樹脂.〔～塑料〕化アミノプラスチック.〔～糖〕化アミノ糖類.

氨基比林 ānjībǐlín 化アミノピリン(ピラミドン)：解熱剤の一種.〈音訳〉匹 pǐ 拉米童〕(ピラミドン)ともいう.→〔安替比林〕

氨基非林 ānjīfēilín ⇒〔氨茶碱〕化アミノフィリン.

氨基甲酰 ānjījiǎmǐ 化カルバミン基.

氨(基)酸 ān(jī)suān 化アミノ酸.

氨基乙磺酸 ānjīyǐhuángsuān 医タウリン：解毒・鎮痛・消炎・解熱作用がある.〔牛 niú 胆碱〕は別称.

氨解 ānjiě 化アンモノリシス.

氨气 ānqì →〔字解〕

ān～àn

氨 a
- 氨溶液 ānróngyè 同下.
- 氨水 ānshuǐ ＝[氨溶液][化]アンモニア水.
- 氨酸 ānsuān ＝[氨(基)酸]

〔鞍（鞌）〕 ān 〔[-子]鞍〕：馬の鞍. ② b 〔[-儿]鞍形のもの.らくだのこぶの間.〔骆luò驼～儿毛窝〕らくだのこぶ形の防寒用靴.
- 鞍板 ānbǎn ⇒[拖tuō板]
- 鞍鼻 ānbí [医]鼻欠け
- 鞍韂 ānchàn ＝[〈文〉鞍韂]鞍と鞍の下に敷く"したぐら".〔転〕馬具の総称〔～铺pù]馬具屋. c
- 鞍官头 ānguāntóu 鞍の後輪の中央
- 鞍架 ānjià 鞍の前輪と後輪(ら)をつなぐ基底部.
- 鞍鞯 ānjiān ⇒[鞍韂]
- 鞍马 ānmǎ ①鞍と馬.〔喩〕騎馬での旅行また軍旅.〔～劳顿〕〔喩〕旅程・戦闘の苦労. ②[스](体操競技 d の)あん馬.またその器具.
- 鞍辔 ānpèi 鞍(ら)と手綱(ら)
- 鞍前马后 ānqián mǎhòu 〈喩〉人につき従って忠実に仕えること.
- 鞍桥 ānqiáo 鞍橋(ら):鞍の本体.特に前輪と後輪 e をいう.
- 鞍桥洞儿 ānqiáodòngr 鞍の下側の半円筒の空間.
- 鞍鞦 ānqiū しりがい:牛馬具で尻にかける帯状のひも.→[鞘]
- 鞍心子 ānxīnzi くらつぼ:鞍の前輪と後輪(ら)との f 間.人のまたがるところ.
- 鞍子 ānzi 鞍〔骑马不用马～〕はだか馬に乗る.〔～脊jǐ屋顶〕鞍形の屋根.
- 鞍座 ānzuò〔鞍(ら)〕 ②（自転車などの）サドル:〔座子〕に同じ. g

〔鮟・鮟〕 ān 〔～鱇kāng[魚貝]アンコう.〔[口]老tǎo头儿鱼〕ともいう.

〔谙・諳〕 ān〈文〉習熟する.通じている.〔不～世事]世事に通ぜず.〔素 h ～医术〕平素から医術に通じていた.〔老贼不～兵法,只恃男将勇〕あのおいぼれは兵法に通ぜず,ただ勇を頼みとしているだけだ.〔一诵无滞〕つかえずにすらすらと暗唱する.
- 谙达 āndá〈文〉熟達する.知り尽くしている. i
- 谙度 āndù〈文〉推測する.
- 谙练 ānliàn〈文〉熟練する.たけている.
- 谙识 ānshí〈文〉精通する.
- 谙熟 ānshú〈文〉熟練する.熟達する.
- 谙习 ānxí〈文〉熟練する. j

〔腤〕 ān 〔〈文〉（魚や肉を）煮る.〔～鸡〕にわとりを煮る.〔～鱼〕魚を煮る. ②→[腤臢]
- 腤臢 ānzān 〔白〕汚い.汚れている.〔腤脏〕とも書く. →[肮āng脏]

〔庵（菴）〕 ān ＝[盦(Ⅱ)]①屋根が円型の k 草舎.いおり. ②僧舎.小寺.仏堂:多く尼寺をいう. ③人名用字:[厂][广]に同じ.〈姓〉庵.
- 庵庙 ānmiào 僧庵.尼寺.
- 庵寺 ānsì〔仏教の〕①尼寺. ②尼寺や寺院の通 l 称.
- 庵堂 āntáng〔仏教の〕尼寺.尼僧庵.
- 庵主 ānzhǔ ①尼寺の主.庵主(ら) ②僧寺または尼寺に住む人間の通称.
- 庵子 ānzi〈方〉①小さな草ぶきの家. ②尼寺. m

〔鹌・鶉〕 ān 〔～鹑chún]ウズラ:[鸡]科の最も小さい鳥.単に〔鹑yàn]ともいう.→[鹑yàn]

〔媕〕 ān 〔～娿ē〕〈文〉ぐずぐずして決しないさ n ま.

〔盦〕 ān （Ⅰ）[古]浅い円筒形の食器. (Ⅱ)⇒[庵]

〔唵〕 ǎn ⇒[唵(Ⅱ)]

〔铵・銨〕 ǎn [化]アンモニウム（アンモニウムイオン）に同じ.〔[経]yà〕は旧名.〔铵根gēn〕ともいう.〔硫liú酸～〕硫酸アンモニウム（硫安）〔硝xiāo酸～〕硝酸アンモニウム（硝安）〔氯lǜ化～〕塩化アンモニウム（塩化アンモン、滷砂）〔～盐yán〕アンモニウム塩.→[氨ān]〔胺àn〕

〔俺〕 ǎn〈方〉おれ（たち）.わし（たち）.あたし（たち）：男女ともに用いる.→[我wǒ]
- 俺家 ǎnjiā ①〈白〉おれ. ②〈方〉おれの家.おらが.
- 俺家的 ǎnjiāde〈白〉うちのひと：妻が夫をいう.→[当dāng家的]
- 俺们 ǎnmen〈方〉おれたち.わたしら.→[我wǒ们][咱zán们]
- 俺咱 ǎnzán〈白〉おれ.あたし.

〔埯（垵）〕 ǎn ①[-子](瓜・豆)の種まきのために掘った小さな穴. ②穴に種をまく.〔～豆豆をまく. ③[-儿]量詞.同前の一穴一穴の植物を数える.〔一花生〕一株の落花生.

〔唵〕 ǎn （Ⅰ）(粉粒状の食べ物を手に握って)口にほうり込む.アーンとロをあけてほおばる. (Ⅱ)＝[咹]感動詞.うーん.ははーん:疑問を表す.〔收拾好了吗,～?〕片付けてしまったの.どうなの. (Ⅲ)〔梵〕[仏教]で真言を唱える際に用いる.

〔揞〕 ǎn ①[手で]さえぎる.かぶせる.おさえる. ②なすりつける.ぬる.〔用点药把伤口～上吧〕傷口へ薬をぬりなさい. ③〈方〉ごっちゃにする.〔把苏秦和苏武说到一块儿去了,你真胡～〕蘇秦と蘇武といっしょにするなんて,きみもむちゃくだね.

〔犴〕 ǎn 〔狴bì～〕〈文〉監獄.〈姓〉犴(ǎn) hān

〔岸（屵）〕 àn （Ⅰ）①岸.みぎわ（の陸地）〔河～〕川の岸.〔海～〕海岸. ②壁.岸壁.〔上～〕上陸する.〔靠～〕船が岸壁に横付けになる. ②〈姓〉岸(ǎn) (Ⅱ) ①〈文〉高くていかめしい.〔号 wéi 人魁～〕容貌が魁偉でいかめしい. ②驕り高ぶる.〔～忽hū〕傲慢である.〔傲ào～无礼〕高慢で無礼である. ③頭巾をあみだにかぶる.〔転〕超然としてこだわらない.〔～巾〕〔～帻zé〕同前.
- 岸边 ànbiān 岸辺.水のほとり.
- 岸标 ànbiāo 岸に設けられた航行用の標識.
- 岸冰 ànbīng 岸にはりついた氷.
- 岸礁 ànjiāo 海岸の暗礁.
- 岸杰 ànjié〈文〉人体格が大柄でたくましい.〔魁kuí岸豪杰.〕
- 岸畔 ànpàn 岸辺.
- 岸炮 ànpào [軍]海岸砲:〔海～〕同前.
- 岸然 ànrán〈文〉おかしたいさま.
- 岸线 ànxiàn ウォーターフロント.海岸線や岸壁線.
- 岸狱 ànyù〈文〉牢屋:古代,列侯の星家のあるのを[岸],朝廷にあるのを[狱]という.

〔按〕 àn （Ⅰ）①(手や指で)押さえる.押す.〔～手印〕拇印を押す.〔～图钉〕押しピンでとめる.〔～喇叭〕クラクションを鳴らす.〔一手～着稿纸〕片手で原稿用紙を押さえて.→[摁èn①]. ②抑える.制御する.〔～不住心头怒火心の怒りを押えきれない. ③押さえておく.留めておく.握りつぶす.〔～下不表〕〈白〉このことは言わない. ④…に照らして.…に応じて.…によって.〔～着次序〕順…に.〔～规章办事〕規則どおりにやる.〔～着次序〕順

àn / 按

序によって.順次に.〔～人头分〕頭割りにする.〔～斤卖〕〔论 lùn 斤卖〕目方で売る.〔～约支付〕約束によって支払う.〔～人口计算的产量〕人口一人当たりの生産高.⑤〔姓·按(ǎn)〕(Ⅱ)=〔案(Ⅱ)④〕⟨文⟩考察する.照合する.〔～之当今之务 wù …〕今日の任務によって考えてみれば….⑥取り調べる.〔～察 chá〕視察する.⑧按ずるに:作者あるいは編者が論断あるいは註解する時に用いる語.〔编者~〕編者按ずるに.→〔按语〕

按兵不动 ànbīng bùdòng〔成〕兵を擁して軽々しくは動かない.〔転〕任務を受けても行動を起さぬこと.

按病下药 ànbìng xiàyào 病気に応じて投薬する.⟨喩⟩相手に応じ適当な方法を取る.

按部就班 ànbù jiùbān〔成〕順序を追って事を進める.〔按步就班〕とも書いた.

按察使 ànchá shǐ ㊤①唐代各道に配置された司法監察官.②(明·清代)の各省の司法長官.

按成(儿) ànchéng(r) 割合によって.按分比例で.〔～分红利〕按分比例で利益を分配する.〔～分摊 tān〕按分比例で負担する.

按酬付劳 ànchóu fùláo 給料に応じて労働する.→〔按劳付酬〕

按次 àncì 〔按序〕順序によって.順次に.〔按着次序进行〕順次にやる.順々に進める.

按点 àndiǎn 時間どおりに.〔没有～回来〕時間どおりに戻ってこない.→〔按时〕

按钉 àndīng 押しピン.

按法 ànfǎ ㊥按摩の手法の一.指でつぼを押すこと.

按股分配 àngǔ fēnpèi ㊎持ち株数に応じて,(利益)配分をする.

按股均分 àngǔ jūnfēn ㊎持ち株数に応じて,均等配分する.

按轨就范 ànguǐ jiùfàn〔成〕軌道のとおり進み,典範から離れない.常識の型どおりにやる.

按户 ànhù 一軒毎に.〔～分配〕一軒毎に分配する.〔均摊 tān〕各戸に割り当てる.

按货候市 ànhuò hòushì 商品をおさえて出荷(値上り)を待つ.

按件 ànjiàn 〔～儿〕個数に応じて.品数に応じて.〔抽 chōu 税〕件数に応じて課税する:従量税の一種.〔～计酬〕出来高個数によって賃金を計算する.〔～计工〕出来高件数によって仕事量を計算する.

按剑 ànjiàn 剣を撫(ぶ)する.柄(つか)に手をかける.

按键 ànjiàn ①キーを押す.②プッシュボタン.押しボタン.キー.

按揭 ànjiē ㊋購入する住宅や物件を担保とする貸し付け.〔抵押〕同前の担保をとる.〔～购房〕同前のローンで住宅を購入する.

按金 ànjīn 〔方〕①保証金.〔选 xuǎn 举〕選挙の供託金.②〔賃貸料.借し出し料.

按酒 ànjiǔ =〔案酒〕〔白〕酒をおさえる(もの).⟨転⟩酒の肴.〔买活鱼来做~〕魚を買って来て酒の肴に.〔这是~的菜〕これは酒の肴だ.〔～女郎〕⟨喩⟩ホステス嬢.→〔下 xià 酒〕

按据 ànjù〔公〕…によれば.〔～可靠方面的消息…〕信頼すべき筋の報道によれば.

按扣儿 ànkòur ⇒〔子 zǐ 母扣儿〕

按劳分配 ànláo fēnpèi ㊎労働に応じて(生産物を)分配する.〔各尽所能,~〕おのおのそのよくするところを尽くし,労働に応じて分配する.〔～需分配〕

按劳付酬 ànláo fùchóu〔多 duō 劳多得〕労働に応じて賃金を支払う.

按劳取酬 ànláo qǔchóu ㊎労働に応じて報酬を取る.→〔按酬付劳〕

按理 ànlǐ =〔照 zhào 理〕あたりまえならば.道理によれば.〔～说〕ともいう.

按例 ànlì 慣例によって.〔电费～付钱〕電気料は従前どおり支払う.

按脉 ànmài ⇒〔诊 zhěn 脉〕

按门挨户 ànmén āihù 一軒毎.軒並み.

按摩 ànmó =〔案摩〕㊥按摩(する).マッサージ(する).〔足底~〕足裏の同前.〔～霜 shuāng〕マッサージクリーム.→〔推 tuī 拿〕

按目 ànmù ㊐劇場の接待係〔案目〕ともいう.

按捺 ànnà (感情を)抑える.耐える:〔按纳〕とも書いた.〔～不住〕抑えきれない.忍耐できない.

按耐 ànnài ànnà と同じ.

按年递升 ànnián dìshēng 年々上昇する.

按钮(儿) ànniǔ(r) (ベルなどの)押しボタン.〔轻轻按一下~〕軽く押しボタンを押す.〔～式电话〕プッシュホン.

按盘价 ànpánjià ㊎時価.ノミナルプライス:その時点での最終市場価格.

按辔 ànpèi 手綱をしめる.手綱をしめて徐行する.〔～徐 xú 行〕同前.

按期 ànqī 規定期日どおりに.一定の期日により.〔足球比赛将于十月十八日~举行〕サッカーの試合は10月18日期日どおり挙行される.〔～偿还〕定期償還.

按日 ànrì 一日につき.その日その日で.〔～放款〕㊎当座貸越し.日貸し.〔～缴 jiǎo 费〕日払い:日数に応じて料金を納める.

按杀 ànshā〔文〕放置する.握りつぶす.→〔按压〕

按时 ànshí ①時間どおりに.〔请各位～收听〕どうぞみなさまその時刻に(放送の時に)ご聴取ください.→〔准 zhǔn 时〕②時間に応じて.〔～计工〕㊎時間によって仕事量を計算する.また時間給.

按市场价 ànshìchǎngjià ㊎①(株)のなりゆき価格.②市場価格にもとづく.

按数查收 ànshù cháshōu (定められている)数を調べて受け取る.

按说 ànshuō =〔照 zhào 说〕道理から言えば.本来ならば.本当ならば.事実によって言えば.〔～应当我先问候他去〕本来ならこちらから先に挨拶に行くべきなのだ.〔～是时候了,那儿的樱花,这两天就都开了〕本当ならもうそろそろ季節なのだから,あそこの桜はこの2,3日には満開になるだろう.

按图索骥 àntú suǒjì〔成〕絵によって名馬を探し求める.〔按图索骏 jùn〕という.⟨喩⟩ⓐこだわって融通がきかないこと.ⓑ手がかりをたよりに探していくこと.

按土施肥 àntǔ shīféi ㊩土壌に応じて施肥する.

按蚊 ànwén ハマダラカ(総称):通称〔疟 nüè 蚊〕

按窝儿 ànwōr 〔方〕その場で.位置を移さずに.→〔就 jiù 地〕

按下 ànxià (下向きに)押す.押さえつける.〔把公文~不予发表〕公文書を握りつぶして発表しない.〔～此事不表〕それはさておきまして:旧小説によく用いる語.

按下葫芦浮起瓢 ànxià húlu fúqǐ piáo ⇒〔按着葫芦瓢起瓢〕

按需 ànxū 必要に応じ.〔～出版〕オンデマンド出版.〔～计算〕㊙オンデマンドコンピューティング.〔～分配〕必要に応じて(生産物を)分配する.〔～取酬 chóu〕必要なだけ報酬を取る.

按序 ànxù ⇒〔按次〕

按压 ànyā ①押さえつける.②握りつぶす.棚上げする.→〔按杀〕③抑制する.

按案胺暗　　　　　　　　　　　　　　　　　　　　àn

按验 ànyàn ⇒〔案验〕

按语 ànyǔ 編者の言葉:〔案语〕とも書いた.作者·編者の註解·説明·考証·注意のことば.〔我们还在一部分材料上写了一点~〕我々は一部の資料には少し編者のことばをつけた.→字解(Ⅱ)③

按月 ànyuè 月々に.その月その月で.月賦で.〔~付 fù 钱〕~付款〕月賦払いする.〔~发薪〕月決め賃金支給(をする)

按章办事 ànzhāng bànshì 取り決めに即して事を運ぶ.

按照 ànzhào …に照らして.…によって.…のとおりに.〔~旧章施行〕旧規則によって施行する.〔~人口分配〕人口によって分配する.〔~您的话说…〕あなたのおっしゃるとおりだと….

按着葫芦抠子儿 瓢簞 ànzhe húlu kōuzǐr piáo(ぴょう)をおしつけて種をほじくる.〔喩〕人を追及してどこまでも手をゆるめない.強硬に迫って泥を吐かせる.

按着葫芦瓢起来 ànzhe húlu piáoqǐlái〔~按下葫芦浮起瓢〕〔諺〕一方がおさまれば他方がおさまらない

按值抽税 ànzhí chōushuì 経 従価税(をとる).→〔按件抽税〕

按治 ànzhì〔文〕尋問して処罰する.

按质论价 ànzhì lùnjià 品質で値を決める.

按资排辈 ànzī páibèi 年功序列〔论 lùn 资排辈〕ともいう.

〔案(桉)〕àn (Ⅰ)①細長い卓.〔香 xiāng ~〕香机.〔书 shū ~〕細長い机.〔伏~作书〕机に向かって字を書く.→〔桌 zhuō ①〕②固 料理などを運ぶために用いた短い足つきの木の盆.③仕事台.工作台.
(Ⅱ)①〔公务·事件の〕記録.整理された公的保存文書.〔存 cún ~〕④同前(に残す).⑤登録(する).〔有~可查〕証拠になる記録が保存されている.②〔法律上の〕事案.〔政治上の〕事変.〔惨 cǎn ~〕惨虐事件.〔桃色~〕桃色事件.〔一起命~〕殺人事件一件.〔~情大白〕事件の内容が明らかになる.〔审 shěn ~〕裁判する.〔破~〕事件が解決される.〔传 chuán 到~了〕法廷へ召喚された.③議案.計画書.〔议~〕議案.〔宪法草~〕憲法草案.④〈文〉〔按(Ⅱ)〕に通用される.→〔桉 àn〕

案板 ànbǎn〔按板〕とも書く.厚目の大きなまな板.伸し板.→〔墩 dūn 子〕〔砧 zhēn 板〕

案查 ànchá〈公〉その件に関し,かたく関係文献などを:冒頭に用いられる語.〔~杭州市与杭县划分经界,曾经市县会衔呈请约府鉴栓在案〕本件は査するに,杭州市と杭县との境界の決定は,かつて市と県の連名で貴省政府に申請しご審議を経て記録にとどめられております.

案秤 ànchèng 〔板秤 などで用いる〕卓上の小さい台ばかり.〔磅秤〕〔台 tái 秤①〕ともいう.→〔秤〕

案底 àndǐ 前科.〔竟然查出他是个有~的罪犯〕思いがけず彼は前科のある罪犯であった.

案牍 àndú〈文〉(官庁)の文書.

案发 ànfā (犯罪が)発生する.浮かび上がる.露見する.

案法 ànfǎ〈文〉①法を執行する.②中医 脈診の方法.

案犯 ànfàn 旧犯人.容疑者.→〔嫌 xián 疑人〕

案奉 ànfèng〈公〉旧 上級機関の来文に対し答申する際,それを引用する冒頭に用いる語:同級機関に対しては〔案准〕,下級機関に対しては〔案据〕を用いる.〔~钧府第123号训令内开…〕貴府第123号訓令を拝受しました,その内容は…

案几 ànjī 細長い机.

案件 ànjiàn 法事件.訴訟事件.〔<口>案子〕に同じ.〔刑事~〕刑事事件.

案酒 ànjiǔ ⇒〔按酒〕

案据 ànjù →〔案奉〕

案卷 ànjuàn 保存してある公文書.事件の記録.調書.〔卷宗〕に同じ.

案考 ànkǎo〈公〉尋問し調査する.〔~某事与事实不合〕某件を調査するに事実に符号せず.

案例 ànlì 法 事件または訴訟の実例.→〔判 pàn 例〕

案脉 ànmài ⇒〔诊 zhěn 脉〕

案摩 ànmó ⇒〔按摩〕

案目 ànmù ⇒〔按目〕

案情 ànqíng 事件のいきさつ.事件の内容·情況.罪情.〔你的~很严重〕おまえの罪情は非常に重い.

案上的 ànshàngde ①料理屋で,専ら小麦粉を用いる食品を作る調理人.コック.②肉屋や〔烤 kǎo 羊肉〕〔涮 shuàn 羊肉〕など肉を主とする料理店で,肉切りを専門としている者.③専ら材料をとのえ,皮をむいたり,切ったり,またテーブルの上に並べたりする手伝いのコック.〔帮 bāng 厨〕〔二 èr 把刀②〕ともいう.〔灶 zào 上的〕(専ら味つけをする正コック)に対していう.→〔厨 chú 子〕〔掌 zhǎng 灶(儿)的〕

案首 ànshǒu 旧 科挙の院試·府試·县試の首席合格者.

案头 àntóu 机の上.〔~放着一些书〕机の上に本がある.〔一日历〕卓上カレンダー.〔~工作〕劇本読み:上演準備の過程で脚本や劇中人物などに対して行う研究.

案外人 ànwàirén 事件の当事者外の人.

案文 ànwén 法 事件の文書.事件の記録.

案验 ànyàn →〔按验〕〈公〉有罪を立証する証拠を調べる.

案由 ànyóu 訴訟案件の原因や内容の要旨.訴因.

案源 ànyuán 事件の理由·原因.〔审查〕同前に調べる.

案语 ànyǔ →〔按语〕

案侦 ànzhēn 事件を調べる.

案证 ànzhèng 法 事件に関係する証拠

案值 ànzhí 訴訟案件の係争金額.〔~60万元〕被害金額は60万元.

案准 ànzhǔn →〔案奉〕

案桌 ànzhuō 長卓.

案子 ànzi ①細長い長方形の台.〔肉~〕肉切り台.〔裁缝~〕仕立台.〔<口>乒乓球~〕卓球台.→〔钳 qián 台〕②〈口〉事件.訴訟事件.〔案件〕に同じ.

〔胺〕àn 化 アミン:〔氨 ān〕(アンモニア)の水素原子を〔烃 tīng 基〕(アルキル基)で置換した有機化合物.〔~脒 mǐ〕グアニジン.〔苯 běn ~〕アニリン.〔氨 suān〕〔氨 ān 基酸〕アミノ酸.〔~化〕アミノ化.〔抗 kàng 组(织)~剂 jì〕抗ヒスタミン剤.〔酰 xiān ~〕酸アミド.〔酰亚 yà ~〕酸イミド.〔金~〕オーラミン:〔碱 jiǎn 性槐黄〕ともいう.〔盐基淡黄〕は旧称.〔氨 ān ~〕〔铵 ǎn〕

〔暗(闇·晻)〕àn (Ⅰ)①暗〔暗·晻〕①暗い.くらい.〔黑~〕暗い.〔天昏地~〕天地が真っ暗である.〔~无天日〕陽の目を見ないこと.暗黒世界.〔天色~下来了〕日が暮れてきた.〔明 míng (Ⅰ)①〕②〈文〉愚鈍である.道理に暗い.〔明于知彼,~于他人〕他人を見る目はあっても自分を見る目がない.〔明人不做~事〕公明正大な人は,後ろめたいことはしない.
(Ⅱ)①〔暗·晻〕①外部から見えない.隠されている.〔~藏 cáng〕密かに.秘密裡に.〔出售 shǒu ~折机票〕闇のディスカ

àn

ウント航空チケットを売る.→[晻 yǎn]
暗暧 àn'ài〈文〉うっすら暗いさま.
暗暗 àn'àn ①〈文〉ひどく暗いさま. ②ひそかに.それなく.こっそり.[~里]同前.[~点头赞成]そう点頭して賛成する.
暗坝 ànbà 水面に現れない堤防.
暗堡 ànbǎo ⇒[暗(碉)堡]
暗病 ànbìng 中医 表面に現れない病気(婦人病など).[暗患][暗疾]ともいう.
暗补 ànbǔ 生活用品の流通コストに対する国の財政支援.
暗藏 àncáng ①こっそり隠す.かくまう.[~凶 xiōng 器]こっそり凶器を隠しておく. ②隠れる.潜む.[~的敌人]潜伏している敵.
暗娼 ànchāng 密淫売婦.[〈口〉暗门子]ともいう.→[私 sī 娼]
暗场 ànchǎng 劇 舞台を暗くして台詞や音響によって劇を展開させるやり方.[〜下]〈喩〉こそこそと引き下がる.→[暗转]
暗潮 àncháo〈喩〉目に見えない起伏・変化・展開などをいう.
暗沉沉 ànchénchén (空の)どんよりと暗いさま.
暗处(儿) àn·chù(r) ①暗いところ. ②秘密の場所.
暗袋 àndài ⇒[暗兜(儿)]
暗淡 àndàn ①薄暗くて不鮮明である.色がはっきりしない.[黯淡]とも書いた.[暗暗淡淡]同前の重畳形.②〈喩〉望みが少ない.[前途极为~]前途は暗澹(たん)として望みがない.
暗道 àndào ①抜け道.うら道.間道. ②ひそかに言う.[连连点头~]しきりにうなずきながら心の中つぶやいた.
暗灯 àndēng 豆電球.暗い電灯.
暗底下 àndǐxia ⇒[暗地里]
暗地 àndì ①未登記の土地.隠し田. ②同下.
暗地里 àndìli =[暗底下][暗地]ひそかに.こっそり.[〜准 zhǔn 备战争]こっそりと戦争を準備する.→[暗下]
暗(碉)堡 àn(diāo)bǎo 軍 掩蔽壕(えんぺいごう)
暗兜儿 àndōur =[暗袋]内ポケット.内かくし.
暗渡陈仓 àndù chéncāng =[陈仓暗渡]〈成〉漢高祖が陳倉へひそかに行き,三秦を平定し項羽の機先を制したこと.〈喩〉人目をくらませて意表をつく行動をする.男女がひそかに通ずる.[渡]は[度]とも書く.→[明 míng 修栈道]
暗反应 ànfǎnyìng 植 暗反応.
暗房 ànfáng =[暗室①]
暗访 ànfǎng 内偵する.秘密で探訪する.
暗格 àngé 仕切った場所.人目につかない所.
暗沟 àngōu 暗渠.[阴 yīn 沟]に同じ.→[明 míng 沟]
暗股 àngǔ 商 匿名株.
暗管(儿) ànguǎn(r) 地下パイプ.埋設パイプ.
暗害 ànhài 陰謀を用いて他人を陥れる.暗殺する.
暗含 ànhán それとなしに言う.ほのめかす.[这是~着我呢]これは言外にわたしの悪口を言っているのです.
暗耗 ànhào 知らぬうちに損傷(損耗)する.またその損傷(損耗).[暗裏会計の出費.
暗号(儿) ànhào(r) ①秘密の合言葉・記号・合図. ②又サイン.
暗合 ànhé 期せずして一致する.[这两位的观察有许多~的地方]この二人の観察は期せずして多くの一致点がある.
暗河 ànhé ①地下水流.[地 dì 下河][地下~][伏 fú 流]ともいう. ②[暗筑~]下水道

を建設する.→[下 xià 水道]
暗盒 ànhé(r) パトローネマガジン:写真フィルムを収める金属またはプラスチックの容器.
暗花儿 ànhuār ①すかし模様.=[水 shuǐ 印] ②目立たない(地味な)模様.
暗火 ànhuǒ おき.炎.炎を上げない火.消えかかった火.残り火.↔[明 míng 火]
暗疾 ànjí ①⇒[暗病] ②人に言えない病気.恥ずかしい病気.
暗记 ànjì ①[-儿]心覚えのための目印(をつける).暗号(をつける).[得在自行车不当眼的地方留下~儿,以便丢了时易于调查]自転車の目につかないところに目印をつけ,なくなったとき,調査しやすいようにしておかなくてはならない. ②暗記する.[凡所经履,莫不~]〈文〉経験したことで憶えていないことはない.
暗间儿 ànjiānr 他の部屋を通らねば外へ出られない部屋.[里 lǐ 屋]など.=[明 míng 间儿]=[里间(儿)]
暗箭 ànjiàn 暗闇で放つ矢.[暗箭]〈喩〉不意打ち.闇打ち.人を陥れる陰謀.[冷 lěng 箭]に同じ.[〜伤人]〈喩〉暗に他人を中傷する.→[难防]〈喩〉闇討ちは防ぎにくい.→[明 míng 枪暗箭]
暗礁 ànjiāo =暗礁(あんしょう).[伏 fú 礁]ともいう.[触 chù ~]暗礁に触れる.座礁する. ②〈喩〉目に見えない障害や危険.
暗井 ànjǐng ①(鉱山の地面に直接開口していない)坑井=[盲 máng 井]ともいう. ②汚水が自然に地下に吸い込まれるようになった溜(た).溝.→[渗 shèn 沟]
暗九 ànjiǔ 旧 9の倍数の年:18歳,27歳…81歳などをいう.[老太太明年八十一岁,是个~]おばあさんは来年は81歳で"暗九"の年です.
暗局 ànjú 陰で仕組まれた仕掛け.↔[明 míng 局]
暗诀 ànjué 人目に見えないこつ.秘訣(ひけつ).→[窍 qiào 门(儿)]
暗扣 ànkòu ①=[暗纽][-儿]隠しボタン. ②やみ手数料(割引)
暗里 àn·lǐ ひそかに.こっそりと:=[暗地里]に同じ.[~藏 cáng 刀]〈喩〉陰険で惨酷な心を持っていること.
暗恋 ànliàn ひそかな片思い(をする).
暗凌 ànlíng〈文〉霜柱.隠れ霜:表面は土であるが下は氷になっている.
暗流 ànliú ①流れている地下水. ②表面に現れない流れ.暗流.底流:思想の傾向や社会の動き.
暗楼子 ànlóuzi 建 中二階.屋根裏部屋:物を置くために作り,随時梯子をかけて出入りする.
暗轮汽机 ànlún qìjī 機 スクリューエンジン.
暗码(儿) ànmǎ(r) ①=[密 mì 码] ②旧 商人が用いた秘密の符号数字.符丁.
暗昧 ànmèi〈文〉①明らかでない.真偽不明である. ②後ろ暗いこと.[做~之事]後ろめたいことをする. ③愚昧.
暗门 ànmén ①落とし戸.[舞台地下~]舞台下への落とし戸. ②秘密の門.
暗门子 ànménzi =[半 bàn 开门儿][半开门子][半掩门儿]〈口〉密売春婦:[暗娼]に同じ.
暗纽 ànniǔ ⇒[暗扣①]
暗懦 ànnuò ⇒[暗弱]
暗盘 ànpán ①=[暗市]商 取引所外の相場.非公開値段.闇相場. ②[~交易]闇取引.↔[明 míng 盘] →[黑 hēi 市] [-儿]〈方〉(リベートなど)内密の)条件.
暗聘 ànpìn (人を)引き抜く.ヘッドハンティングする.

暗泣 ànqì 〈文〉しのび泣く.
暗器 ànqì 回(人を奇襲する)飛び道具:〔镖 biāo〕(手裡剣)、〔弹 dàn 弓 (儿)〕(いしゆみ)、〔袖 xiù 箭〕など.
暗枪 ànqiāng 〈喩〉ひそかに人を中傷する.
暗渠 ànqú 地下用水路.暗溝(暗渠).
暗弱 ànruò ①=〔暗愦〕〈文〉愚鈍で惰弱である. ②(光が)薄暗い.
暗色 ànsè 色暗色(の).濃い(暗い)色(の).↔〔明 míng 色〕
暗杀 ànshā 暗殺(する)
暗沙 ànshā 高潮時に海面すれすれになる珊瑚礁:〔暗砂〕とも書く.
暗伤 ànshāng ①身体内部に受けた傷害.→〔内伤②〕 ②物体表面上に現れない傷.
暗哨 ànshào ①秘密の見張り(所) ②[一儿]口笛の暗号.
暗射 ànshè ①あてこする.あてつける.→〔影 yǐng 射〕 ②明示しない.〔～(地)图〕暗射地図.白地図. ③目に見えない光をあてる.〔～线〕物不可視光線.
暗麝 ànshè ⇒〔茉 mò 莉〕
暗市 ànshì 闇市.
暗示 ànshì ①ほのめかす.ヒントを示す.〔只要稍稍～一下,他就领会了〕ちょっとほのめかしてやれば,彼はすぐ理解する. ②(心理学で)暗示する.非理性的に影響を与える.〔～疗法〕暗示療法.
暗室 ànshì ①=〔暗房〕(写真の)暗室. ②〈文〉人目のない所.〔不欺～〕同前でも、悪事をなさない.
暗事 ànshì 後ろめたいこと.〔明人不做～〕公明正大な人はこそこそとはしない.
暗视觉 ànshìjué 生理暗視力:暗い中で物を見る能力.
暗送秋波 ànsòng qiūbō 〔慣〕(女性が)流し目を送る.〔転〕ひそかにぐるになる.
暗诵 ànsòng ⇒〔背 bèi 书②〕
暗算 ànsuàn ひそかに人を害する.だまし討ちにする.〔被人～〕だまし討ちにあう.〔遭 zāo～〕闇討ちに遭う.〔他们在～你〕やつらは陰で君をつけねらっている.
暗笋 ànsǔn 地上に顔を出していないたけのこ.
暗锁 ànsuǒ 隠し錠.埋め込み錠.↔〔明 míng 锁〕
暗滩 àntān 水面に現れていない州.岩礁や砂地.
暗探 àntàn ①私服刑事.密偵. ②(軍や特務)密偵とスパイ.→〔侦 zhēn 探②〕 ③ひそかに情報などを探る.
暗贴 àntiē 裏金で手当てしてやる.
暗偷明抢 àntōu míngqiǎng 〈喩〉表でも裏でも盗み強奪を行う.
暗挖 ànwā トンネル掘.地表から見えない掘削.
暗无天日 àn wú tiānrì 〈喩〉暗澹(先)とした世.〔集中营～的事多极了〕収容所内は無道なことが実に多い.
暗物质 ànwùzhì 天暗黒物質.ダークマター.
暗息 ànxī 闇①利息.
暗喜 ànxǐ ひそかに喜ぶ.
暗匣 ànxiá ⇒〔暗箱①〕
暗下 ànxià ①ひそかに.こっそりと.〔～里〕同前.〔～思忖〕ひそかに考えて思う….→〔暗地里〕 ②劇伴奏なしで,退場する.
暗线 ànxiàn ①(文学作品の)伏線 ②秘密連絡員.〔暗线谱(吸収スペクトル)〕→〔吸 xī 收光谱〕 ③裏側の配線.
暗香 ànxiāng ほのかな香り.〔～疏影〕〈喩〉梅の花.
暗箱 ànxiāng ①(写真機の)暗箱〔暗匣〕ともいう. ②ブラックボックス.〔～操作〕〔黒箱操作)(役人が非公開でやる.闇取引きする.陰でこそこそやる.
暗笑 ànxiào ①こっそり喜ぶ.ほくそえむ.〔陰でさげすんで笑う.ひそかにそしり笑う.
暗眼 ànyǎn のぞき穴.→〔门 mén 镜〕
暗夜 ànyè 闇夜.
暗引 ànyǐn 出典を伏せ引用する.
暗影 ànyǐng 暗がり:〔阴 yīn 影〕に同じ.
暗佣 ànyòng 闇コミッション.
暗幽幽 ànyōuyōu ほの暗いさま.
暗愚 ànyú 愚か(である).
暗语 ànyǔ 隠語.→〔切 qiè 口〕
暗喻 ànyù ⇒〔隐 yǐn 喻〕
暗涨 ànzhǎng (公定価格に対して)実勢価格が上がる.
暗中 ànzhōng ①暗やみの中(で).〔～摸 mō 索〕〈成〉独り真理を探究する.〈喩〉暗闇の中で手さぐりで探す. ②こっそり.秘密に.〔～透 tòu 露消息〕こっそり消息をもらす.→〔暗地里〕
暗转 ànzhuǎn 劇暗転する.
暗桩 ànzhuāng 水面より低く打ちたくい:舟による攻撃を防いだり,舟行を阻止するための隠しぐい.
暗自 ànzì ひそかに.こっそりと.自分だけで.〔～欢喜〕ひそかに喜ぶ.〔～流泪〕陰で涙を流す.〔～好笑〕内心おかしくて仕方なかった.〔～思量〕ひそかに考えた.
暗陬 ànzōu 暗がり.光の届かぬ隅.

[黯] àn ①暗い.〔～～〕暗いさま.→〔暗①〕 ②がっかりしている.
黯淡 àndàn ⇒〔暗淡〕
黯黑 ànhēi ①暗い. ②真っ黒である.
黯然 ànrán ①暗い.〔～无光〕〈成〉真っ暗で光がささない. ②失意のさま.〔～失色〕〈成〉ひどく見劣りがする.〔神色～〕〈成〉がっかりして顔をくもらせる.

ang 尢

[肮(骯)] āng
肮里肮脏 āngli āngzāng 〔方〕汚い.〔这个屋里～的,怎么下脚儿呢〕この部屋は不潔で足をふみ入れることもできないではないか.→〔肮脏〕
肮脏 āngzāng ①=〔腌臜 āzā①〕〔方〕拉圾 lā jī〕污い.だらしなく汚い.不潔である.〔～事不可做,～话不可说〕汚いことをやってはならないし,汚いことを言ってはいけない. ②〈喩〉醜い.卑劣である.〔～勾当〕汚い事.汚いやり方.〔～的政治交易〕醜悪な政治的取引.〔～的语言〕卑猥(さ)な言葉.

[卬] áng ①固われ.私. ②〔昂〕の古体. ③〈姓〉卬(きさ).

[昂] áng ①仰ぐ.あおむく.顔をあげる.〔～头〕頭をもたげる. ②(値段・士気などが)高くなる.あがる.〔～价〕値があがる. ③たかぶる.〔士气高～〕士気があがる.〔～气〕意気軒昂である. ④〈姓〉昂(ぎ).
昂昂 áng'áng 〈文〉意気のあがるさま.ひときわ元気なさま.〔～千里驹 jū〕堂々たる千里の駒.
昂藏 ángcáng 〈文〉威風の雄偉なさま.気概のあるさま.〔气宇～〕意気ごみがさかんなさま.
昂奋 ángfèn (気持ちや感情が)奮い立っている.昂ぶっている.
昂哥拉兔 ánggēlātù ⇒〔安 ān 哥拉兔〕
昂贵 ángguì (物価が)騰貴している.(値段が)高い.

昂 ángrán 自信に満ちて意気盛んである.〔～而人〕昂然(る)として入る.

昂首 ángshǒu〈意気高く〉顔をあげる.仰ぐ.〔～阔 kuò 步〕堂々と闊歩する.〈喩〉意気が昂揚している.〔～望天〕〈成〉あおむいて空を見る.〈転〉現実を無視する.

昂扬 ángyáng ①〈気持ち・声などが〉高ぶっている.あがっている.〔情 qíng 绪～〕気分が高揚している.②〈声が〉高らかである.〔激越～〕〈歌声が〉感動で声高らかである.

[枊] àng〈文〉馬をつなぐくい.

[盎] àng（Ⅰ）因鉢:口が小さく腹が大きい.（Ⅱ）①〈文〉あふれる.いっぱいである.〔喜气～然〕喜びがあふれている.②〈姓〉盎(ǎ)

盎盎 àng'àng〈文〉①満ちあふれるさま.②和らぐさま.

盎格鲁撒克逊人 ànggélǔ sākèxùn rén〈音義訳〉アングロサクソン:〔盎格罗萨克森人〕〔盎格罗撒克逊人〕ともいう.

盎然 àngrán 満ちている.あふれている.〔绿 lǜ 意~花草竟丹〕緑したたり花が咲ききそう.〔生机~,欣 xīn 欣向荣〕活気にあふれ,ますます栄えている.〔兴 xìng 致~〕あふれるような興趣がある.

盎司 àngsī〈音訳〉オンス:ヤードポンド法の重さの単位:〔安ān 士〕〔盎斯 sī〕〔翁 wēng 司〕〔温 wēn 司〕は別訳名.〔英 yīng 两〕〔呵 liǎng〕ともいった.

ao ㄠ

[凹] āo ①くぼんでいる.へこんでいる.↔〔凸 tū〕②くぼむ.へこむ.→ wā

凹版 āobǎn ①〔凹(る)版〕.↔〔凸 tū 版〕②建ささらげた〔段段の板を受けるために段形に刻んだ左右のけた〕

凹鼻梁（儿） āobíliáng(r) 低い鞍柱.団子鼻.

凹地 āodì ⇒〔洼 wā 地〕

凹雕 āodiāo〈版画の〉沈み彫り.

凹角 āojiǎo 数〔凹角〕.

凹镜 āojìng ⇒〔凹面镜〕

凹口车床 āokǒu chēchuáng 機〕切り落とし旋盤.ギャップレース.

凹坑 āokēng〔掘り下げた〕穴.

凹面 āomiàn〔凹(る)面.〔～镜 jìng〕〔凹镜〕〔会 huì 聚镜〕凹面鏡.

凹透镜 āotòujìng =〔发 fā 散透镜〕凹レンズ.↔〔凸 tū 透镜〕

凹凸 āotū でこぼこである.〔～花〕明暗に重きをおいて描かれた模様で,近くから見れば平面であるが,遠くから見ると凹凸(~)のあるように見られる.〔～画〕凹凸の模様を出した絵.〔～透镜〕凹凸レンズ:一面は凹,他面は凸のレンズで,作用は凸レンズに同じ.〔～不平〕でこぼこしている.〔～有致〕曲線がはっきり出ていて趣がある.〈喩〉若い女性の胸や腰がゆたかさ.

凹瓦 āowǎ ⇒〔牝 pìn 瓦〕

凹陷 āoxiàn くぼむ.へこむ.〔地形～〕地形がくぼんでいる.

凹心 āoxīn〔～儿〕まん中のくぼみ.〔碟子是～的〕皿は中くぼみのものである.〔～脸（儿）liǎn(r)〕しゃくれ顔.〔～砚 yàn〕中央のくぼんだ硯.

[熬（熬）] āo〈食材に水と調味料を加えて〕水の中に入れて煮る.煮つめる.

〔～白菜〕白菜を煮る.白菜の水たき.〔～～茄子〕なす.なすの煮もの.〔～鱼〕魚を煮る.魚の煮つけ.→ áo

熬碴儿 āochár〈方〉気が沈む.不愉快である.面白くない.元気がない.〔看他那样人～似的,吃了就睡〕彼の様子はどうも沈んでいるようだ,食べるとすぐ寝てしまう.

熬烦 āofán〈方〉悩み.悲しみ.〔为了一件小事情～了好几天〕小さいことのためにも何日も悩んだ.→〔熬心〕

熬头 āotou〈方〉悩み.悲嘆.苦しみ.不快.〔心里这份～,就不用提了〕心中の悩みはいうまでもない.〔刚做的衣服就烧了个大窟窿 kūlong,真～〕作りたての着物にもう大きな焼け穴を作ってしまって,実際がっかりだ.→ áotour

熬头恶心烦 āotou èxīnfán〈方〉①悩みごと.②思い悩む.〔这事真让我～〕この事には全く頭を悩まされる.

熬心 āoxīn〈口〉①いらいらする.あせる.業(ど)をにやす.〔这个事情这步天地才叫人～〕こんなにいたらなくなってしまって,困っている.②心配する.悩み.

熬糟 āozao〈方〉よくよする.

[熰（熰）] āo〈文〉①食材を弱火で煮込む.②煮るに〔熬〕に同じ.

[敖] áo ①〈文〉遊ぶ:〔遨〕に同じ.②⇒〔隞〕③〈姓〉敖(ǎ)

敖包 áobāo =〔鄂è博〕〈音訳〉オボ（蒙古語）:遊牧地の境界や道標のために石・土・草などを円錐・円筒形に高く積みあげたもの.旧時,神のやどる場所とした.〔～会〕オボの夏祭.

敖鲁古雅 áolǔgǔyǎ =〔鄂è温克族〕

[隞] áo 地商朝の都名.現在の河南省鄭州西北にある:〔嚣〕〔敖〕とも書く.

[廒（厫）] áo〈穀物:穀〕とも書く.〔仓 cāng ～〕穀物倉庫.

[遨] áo〈文〉遊覧する.物見遊山(か)する.

遨游 áoyóu 漫遊する.〔～太空〕宇宙旅行.〔～名山大川〕名山大川に遊ぶ.

[嗷（謷）] áo ①〈文〉①かまびすしい.騒がしい.〔～嘈 cáo〕音声が騒がしい.→〔嚣 xiāo ①〕②哀れな叫び声.〔哀 āi 鸣～～〕悲しい叫び声をあげる.

嗷嗷 áo'áo〈文〉鳴き叫ぶ声.やかましく騒ぐ声.

嗷嗷待哺 áo'áo dàibǔ〔成〕雛鳥が親鳥から与えられる餌を待って悲しい叫び声をあげる.〈喩〉飢えて食を求める悲しい叫び声.またそのさま.

嗷嗷叫 áo'áojiào ⇒〔呱 gua 呱叫〕

[嶅] áo ①〈方〉小石の多い山.②〔～山〕地広東省にある.③〔～阴 yīn〕〔～阳 yáng〕地ともに山東省にある.

[熬（熬）] áo ①長時間強火で煮る.煎じる.②煮つめる:材料をとろとろにする.また内容物を煮出す.〔～胶 jiāo〕膠(を)を煮つめる.〔～药〕煎じつめるとろとろにならない.〔不熬到嘴唇難〕忍耐する.辛抱する.〔你再～两年吧〕あと２年ほど辛抱しなさい.〔因为通宵 xiāo 眼睛～得通红〕徹夜したため目がまっ赤になった.〔多年的媳 xí 妇儿～成婆 pó〕〈成〉嫁も長年たてば〔辛抱すれば〕姑(と)になる:辛抱すれば身分になる.〔～得一岁苦工人〕苦～岁 suì 月〕長い間困難に耐える.〔好不容易～到毕 bì 业了〕やっとのことで卒業した.③〈方〉消耗する.消費する.〈姓〉熬(ǎ)

熬败 áobài がんばって打ち負かす.粘り勝つ.〔只要

熬獒璈聱螯謷鳌翱器鏖芙袄拗媼鷔圫岙奥　　　　　　áo〜ào

熬不过 áobuguò 我々ががんばりさえすれば敵を打ち負かせる．

熬不到 こらえきれない．〔他の病，看那个样子，恐 kǒng 怕〜明天〕彼の病気は，あの様子では明日までは持たないだろう．〔他～苦 kǔ 刑，都说出来了〕彼は拷問に耐えきれず，すっかり白状してしまった．

熬不住 áobuzhù こらえきれない．〔疼痛〜〕痛くて我慢できない．

熬出头 áochūtóu 苦労から抜け出す．苦労ののち出世する．

熬干 áogān 煮詰める(める)．

熬更守夜 áogēng shǒuyè〈慣〉徹夜する．

熬过 áoguò きりぬける．〔冬天就好办了〕寒い冬を何とか乗り越せれば後は楽だ．

熬过来 áoguòlái（苦痛や困難などを）耐え忍ぶ．辛抱して過ごす．〔苦日子总算～了〕苦しい日々をやっと耐えぬいてきました．

熬坏 áohuài （苦労のため）体を壊す．〔老开夜车要把身体～的〕いつも徹夜していると体を壊してしまう．

熬煎 áojiān〈喩〉①辛く思う．〔煎熬〕に同じ．〔疾病时时〜着他〕病気がいつも彼を苦しめた．②悩み苦しむ．〔心似〜〕焦り悩む．

熬克 áoke 〈方〉(食べるものに不自由して)がつがつしている．〔你看他狼吞虎咽的那么下作，都是素日〜的〕どうして，彼がさかんにばくついてあんな下品な食べかたをしているのは，まったく平素がつがつしているからなんですよ．

熬枯受淡 áokū shòudàn〈慣〉貧しくて無味乾燥の生活を辛抱する．

熬烂 áolàn 長く煮てとろとろにする．

熬炼 áoliàn ①煮て精製する．〔挤出的汁液〜成膏〕しぼり出した汁を煮つめて精製し，練薬（ねりぐすり）を作る．②〈喩〉長い時間を経て鍛える．〔苦难〜人〕苦難は人を鍛えぬける．

熬磨 áo-mó〈方〉①辛抱して過ごす．②うるさくてきまとう．〔这个小孩很听话，从不〜人〕この子はきわけがよくて，うるさくまつわりつくことはない．

熬恼 áonǎo 悩む．煩悶する．

熬年头儿 áoniántóur 出世や昇格に全く関心のないこと．

熬日子 áorìzi ①苦しいながら日を送る．辛抱する．②ただ日を送っているだけである．〔他的病已经没希望了，只是〜了〕彼の病気はもう望みがなくなって，後はただ時間の問題だ．

熬审 áoshěn 拷問する．

熬受 áoshòu こらえる．持ちこたえる．〔〜种种折磨〕いろいろな試練に耐えぬく．

熬汤 áotāng スープを作る．煮つめてスープをとる．またそのスープ．

熬头儿 áotóur 辛抱(苦労)のかい．〔有〜〕辛抱のかいがある．〔你现在虽然苦，孩子聪明健壮，将来总有个〜〕今は苦しくても，子供さんが利口で丈夫だから，将来は必ず辛抱のかいがある．→ āotou

熬刑 áoxíng 拷問に耐える．白状しない．

熬眼 áoyǎn 夜ふかしする．眠いのを我慢して起きている．

熬药 áoyào 薬を煎じる．

熬夜 áoyè 徹夜する．夜ふかしする．夜なべする．〔日本也有三十儿晚上〜的风俗〕日本にも大晦日の晩は徹夜する風習がある．〔开 kāi 夜车了〕

熬油（儿） áoyóu(r) 灯りをつける．〔熬〜费火〕同前．

熬制 áozhì 長時間煮こんで作る．〔把海水〜成盐〕海水を煮つめて塩を作る．

熬粥 áozhōu 粥(かゆ)を炊(た)く．粥を煮る．

【獒】 áo 大型の猛犬（猟犬の一種）．〔藏 zàng〜〕チベット犬．

【璈】 áo 古楽器の一種．〔云 yún 锣〕に似た打楽器．

【聱】 áo〔〜牙 yá〕〈文〉言語・文章がごつごつして読みにくく聞きにくいこと．〔佶 jí 屈〜牙〕同前．

【螯】 áo ①鋏(はさみ)脚；節足動物の第一対の足のはさみ形になったもの．かにのはさみなど．〔〜肢 zhī〕〔〜足 zú〕同前．②〔〜虾 xiā〕魚貝ザリガニ．〔蝲 là 蛄〕に同じ．③→〔车 chē 螯〕

螯肢动物 áozhī dòngwù 鋏角(類)動物．

【謷】 áo〈文〉①そしる．非難する．②偽る．妄語する．③大きい声．

謷謷 áo'áo 〈擬〉がやがや騒ぐ声．なき叫ぶ声．

【鳌・鰲（鼇）】 áo 大亀．大スッポン．

鳌里夺尊 áolǐ duózūn〈文〉群を抜いている．特に優れている．男の中の男．〔〜的老英雄〕特に傑出した老英雄．→〔出 chū 类拔萃〕

鳌山 áoshān〈文〉元宵節の飾り灯籠を大亀の形のように組みあげたもの．

鳌头 áotóu〈文〉科挙の殿試で第1位で合格したもの，すなわち〔状 zhuàng 元①〕．〔状元〕になった者だけが宮殿の石の階段に刻まれた〔〜〕（大亀の頭部）に立てることによる．〔独占〜〕〈喩〉首席（第1位）になる．

【翱（翶）】 áo〈文〉鳥が羽を広げて空を飛ぶ．〔〜翔 xiáng〕〔敖翔〕鳥が空を旋回する．

【嚣・嚻（囂）】 áo ⇒〔隞〕→ xiāo

【鏖】 áo〈文〉①苦しみ戦う．〔赤壁〜兵〕因赤壁の戦い．②戦いがはやしい．

鏖战 áozhàn〈喩〉苦闘する．〔〜一年〕1年間苦闘する．

【芙】 ǎo ⇒〔苦 kǔ 芙〕

【袄・襖】 ǎo 服（中国服）の裏のついている上着：あわせ．または綿入れ．〔夹 jiá〜〕あわせの上着．〔棉〜〕綿入れの上着．〔皮〜〕毛皮の裏をつけた上着．〔衲 nà〜〕僧衣．〔红〜绿裤〕赤い着物と緑のズボン；若い女性の着飾ったもの．→〔旗 qí 袍(儿)〕〔衫 shān ①〕

【拗（抝）】 ǎo〈方〉力で折る．曲げる．〔〜花〕花を手折る．〔把竹竿〜断了〕竹竿を二つに折った．→ ào niù

【媼】 ǎo〈文〉老婦人．おばあさん．〔翁 wēng〜①〕おきなおうな．〔乳 rǔ〜〕乳母．→〔妪 yù①〕

【鷔（鷑）】 ǎo →〔鵋 lái 鷔〕

【圫】 ào〔墺〕の古字で地名用字．〔塘 táng 家〜〕圏湖南省相潭市にある．

【岙（嶴）】 ào 浙江福建などの海岸で山間の平地をいう．〔状元〜〕〔黄大〜〕圏温州市の東方海上にある島．〔珠 zhū〜〕圏浙江にある．

【奥（奧）】 ào ①奥深い．〔深〜〕奥深い．〔〜妙〕深いところ．奥底．内部．〔莫 mò 能窥 kuī 其〜〕〈文〉その奥底をうかがうことができない．③〈文〉家屋の西南角．また家屋の奥をいう．〔堂〕に同じ．〔堂〜〕同前．④(エルステッド)〔奥斯特〕の略称．⑤オーストリア：〔奥

地利]の略称.⑥訳音字.[~斯 sī 维辛]アウシュビッツ.[~泰基]アウタルキー.→[奥林匹克运动会]
奥博 àobó [文](含意・知識などが)広く深い.
奥教 àodūn [姓]奥敦(ﾄﾝ)
奥地利 àodìlì オーストリア.正式には[~共和国]:首都は[维 wéi 也纳](ウィーン).[奥国]は通称.
奥灰水 àohuīshuǐ →[奥陶纪]
奥拉明 àolāmíng [医]オーラミン(黄色染料)
奥林匹克运动会 àolínpǐkè yùndònghuì [音義訳]オリンピック(競技大会)[奥运会]は略称.[奥林比bǐ克][奥林庇bì克][奥林辟pì克][奥林匹亚赛sài会][欧ōu林比克][世shì界运动(大)会][世运(大)会][亚yà林匹克]などもいう.[冬季奥运会]冬季オリンピック[第一届jiè~]第1回オリンピック競技大会.[奥运村]オリンピック村.[奥运圣火]聖火.[奥林匹克精神]オリンピック精神.[申办委员会][奥申委]オリンピック招致委員会.
奥纶 àolún [紡]オーロン:合成繊維の一種.[奥龙]ともいう.
奥米伽 àomǐgā [音訳](ギリシア文字)ωオメガ.→[希xī臘字母]
奥米克戎 àomǐkèróng [音訳](ギリシア文字)o オミクロン.→[希xī臘字母]
奥秘 àomì 深奥な秘訣.奥義.
奥妙 àomiào 奥深くて不思議である.奥深が優れている.[发现其中的深层~]その中の奥深い機微を見出す.
奥区 àoqū ①海岸から遠ざかった内部の土地.奥地.②中央の重要地区.→[内nèi地]
奥赛 àosài 国際科学オリンピック:[国际学科奥林匹克竞赛]の略称は同前の予備校・塾.
奥申委 àoshēnwěi →[奥运动会]
奥数 àoshù 数学オリンピック:[数学奥林匹克]
奥斯卡(金像)奖 àosīkǎ(jīnxiàng)jiǎng [劇]アカデミー賞.オスカー.
奥斯陆 àosīlù [地]オスロ:[挪nuó威王国](ノルウェー王国)の首都.
奥斯曼帝国 àosīmàn dìguó [史]オスマン帝国.
奥斯特 àosītè [物]エルステッド:@磁界の強さを示すcgs単位.⑥磁気抵抗の単位 Oe の一種.
奥陶纪 àotáojì [史]オルドビス紀:古生代の第2期,5億年前から4億4千年前までの岩層に残っている水を[奥灰水]という.
奥甜 àotián 甘味の濃い.
奥委会 àowěihuì オリンピック委員会.[国guó际~]国際オリンピック委員会.IOC.
奥匈帝国 àoxiōng dìguó [史]オーストリアハンガリー帝国.
奥衍 àoyǎn 文章が深奥で曲折が多い(こと).意味が深遠である(こと)
奥义 àoyì 奥深い意味.極意.奥義.
奥援 àoyuán [文]有力な縁故などによる引立て.うしろ立て.
奥运会 àoyùnhuì ⇒[奥林匹克运动会]
奥旨 àozhǐ 奥深い意味.
奥屯 àozhūn [姓]奥屯(ﾄﾝ)

[奥(奥)] ào ⇒[奥③] → yù

[澳(澳)] ào (Ⅰ)①水の隈(ｸﾏ).海辺の船着き場.[~口 kǒu]船着き場.[三都~][地]福建省にある.②[澳门 mén]の略.[港 gǎng ~同胞]ホンコン・マカオ同胞:返還前の言い方.③[文]姓(ｼｬｳ).
(Ⅱ)①オーストラリア大陸.[~洲 zhōu]の略.②

オーストラリア:[~大利亚]の略.[~网 wǎng][スポ](テニスの)全豪オープン.
澳币 àobì →[澳门]
澳大利亚 àodàlìyà オーストラリア.⑧オーストラリア連邦:正式には[~联邦],通称[澳国].首都は[堪kān培拉](キャンベラ).⑥オーストラリア大陸:[澳洲]は略称.
澳抗 àokàng [医]オーストラリア抗体:B型肝炎の発病と関係のある蛋白質.
澳毛 àomáo オーストラリア産羊毛.
澳门 àomén [地]マカオ:広東省にある.[妈 mā 港]は別称.[~币](門]マカオパタカ.
澳洲 àozhōu 濠州.オーストラリア(大陸)

[懊(懊)] ào 恨む.悔やむ.悩む.
懊恨 àohèn 悩み恨む.
懊悔 àohuǐ 後悔する.悔やむ.[到了这个地步,就是~也迟了]今となっては悔やんでも遅い.[~不及]後悔しても追いつかない.→[后 hòu 悔]
懊闷 àomèn 悔やみもだえる.もだえ苦しむ.
懊侬 àonóng [文]後悔し悩む.
懊恼 àonǎo 思い悩む.[我这么做起来觉得有点儿~]ああやったことを少し悔やんでいる.→[烦 fán 恼]
懊丧 àosàng 落胆する.がっかりする.[~了多少日子,总振作不起来]長いことがっかりしていて,どうも元気が出ない.
懊心丧气 àoxīn sàngqì [慣]失望落胆する.
懊怨星儿 àoyuànxīngr [喩]わずかに恨む気持ち.少しの不満.
懊憎 àozao [方]憂鬱である.がっかりする.

[墺(墺)] ào ①[文]人の住むところ.②[文]水のほとり.③[方]山間の平地.

[坳(坳・垇)] ào ①山間の平地.[山~]同前.→[凹 āo].②[文]くぼみ.[~塘 táng]小さなため池.

[拗(抝)] ào [文]背く.逆らう.すらすらかない.ぎこちない.ごつごつしている. → ǎo niù
拗别 ào·biè ひねくれている.ぎこちない.素直でない. →[别 biè 扭]
拗强 àojiàng 強情である.意地っ張りである.
拗句 àojù →[拗体诗]
拗口 àokǒu (文章を口に出して)読みにくい.
拗口令 àokǒulìng ⇒[绕 rào 口令]
拗气 àoqì [文]強情である.片意地である.頑固である.
拗手拗脚 àoshǒu àojiǎo 仕事が順調に進まないこと.手こずる.
拗体诗 àotǐshī 平仄が常格に合わない近体詩:いわゆる下三連(下の三字が平字の平三連,仄字の仄三連)などの[拗句]をもつもの.
拗陷 àoxiàn [地]窪地.低地.

[傲] ào [文]篆(褰)][傲]①おごる.傲慢である.[说话太~]話があまりにもごう慢である.[心高气~]おごりたかぶる.[狂~]ひどく傲慢である.[有欺 qī 生的~态]新参者を見下す態度である.②侮る.負けない.③[文]軽視する.無視する.④[姓]傲(ｶﾞｳ)
傲岸 ào'àn [文]傲慢である.尊大不遜である.
傲骨 àogǔ 硬骨漢.いっこく.[他那个人生就的~不能与时代合拍]彼は生まれつきいっこく者で時代にマッチしていない.
傲狠 àohěn [文]傲慢で人に逆らう:[傲很]とも書

傲劲(儿) àojìn(r) ①威張ったふう.傲慢な態度.②負けん気.利かぬ態度.

傲倨 àojù 〈文〉傲慢で遜らなさ.

傲慢 àomàn 高慢である.不遜である.

傲睨 àonì 〈文〉尊大ぶって他を見下す.[～自若]〔成〕平然としてあたりを見下す.

傲气 àoqì ①傲慢である.[他ës～]彼は非常に傲慢だ.[那个小孩子太～,不服人]あの子は非常に傲慢で,人のいうことなど聞きはしない.②傲慢さ.傲慢な気性.

傲然 àorán 誇り高く剛直である.[～挺tǐng立][～屹yì立]〔成〕毅然として立つ.

傲人 àorén 人にほこれる.自慢できる.

傲世 àoshì 世間を見下す.

傲视 àoshì 傲慢に他を見下す.[～旁人]人を馬鹿にする.

傲霜 àoshuāng 〈文〉①霜に屈しない.[～之菊]霜にまけない菊.②[喩]人の操(みさお)が固く高潔なこと.

傲物 àowù 〈文〉傲然と蔑視する.[恃shì才～]〔成〕才能によって他を見下す.

傲性 àoxìng わがまま.

傲纵 àozòng 傲慢でわがままである.[他那种～的样子免不了liǎo吃亏kuī]彼のように傲慢でわがままでは損をされない.

[憿] ào ⇒[傲]

[驁・驚] ào 〈文〉①駿馬.②馬が柔順でない.調教されてない.[~転]おごりかたくましある.[～放]同前.

[鏊] ào

鏊砚 àoyàn 平鍋の形をした硯(すずり).

鏊子 àozi 〈方〉鉄製の平鍋.焙烙(ほうろく):["烙饼"](ラオピン)などを焼くのに用いる.[好像蚂蚁爬上热～]あたかも蟻が焼けた平鍋にはい上がったように慌てふためいてうろうろする.

[奡] ào 〈文〉①強い.たくましい.力強い.②⇒[傲]③[人]奡(ごう):夏(か)代の大力の男.

B

ba ㄅㄚ

[八] bā ①8.八つ:第4声の前に来た時は第2声に発音することもある.多数の数を示す.[万儿～]1万かそこら.1万足らず[千儿～百]千かそこら.千足らず.[百儿[～十]百かそこら.[～姓]八(はち)〔姓(せい)〕.

八八席 bābāxí ⇒[八大碗八小碗]

八百里加紧 bābǎilǐ jiājǐn [口]大至急(に)

八百罗汉 bābǎi luóhàn [仏]〔仏教の〕八百羅漢.→[罗汉]

八拜 bābài 最も鄭重な礼の仕方:八は極数を表す.[～之交]〔旧〕義兄弟・義姉妹の契(ちぎり).→[拜把子]

八败命 bābàimìng [旧]生まれた年・月・日・時間・干支の相が悪いこと.

八瓣儿 bābànr 粉々になったさま.

八宝 bābǎo 〈喩〉いろいろな種類・たくさんの材料で作ったもの.[～印泥]いろいろな原料を混ぜて作った上等な印肉.[～菜]漬け物の一種:きゅうりやれんこんなどを漬けたもの.[～饭][食]もち米の飯に蓮(はす)の実・棗(なつめ)などの甘いものをのせ,蒸したもの.[～鸡][食]鶏の実・ハムなどをあひるの腹につめて蒸したもの.[～金环]さまざまな宝玉をつけた金の耳輪.[～粥][食]もち米に小豆・蓮の実・リュウガン・棗・落花生などを入れ煮た粥.

八宝儿 bābǎor ⇒[景jǐng天]

八宝山 bābǎoshān [地]北京西郊にある革命公墓.[上～]〔喩〕死ぬ.亡くなる.

八宝箱 bābǎoxiāng 宝石箱.[喩]宝物庫.→[百宝宝箱]

八辈子 bābèizi これまでずっと.長い間.[我～没德性,养这么个孩子]わたしはこれまでずっと不徳な事をして来たのでこんな子ができた.

八表 bābiǎo 〈文〉八方以外の極遠の地.→[八方]

八病 bābìng 〈文〉五言詩をつくる上で避けるべき八つの事項:梁の沈約の説.ⓐ[平头](第1字と第6字,第2字と第7字が同声).ⓑ[上尾](第5字と第10字が同声).ⓒ[蜂fēng腰](第2字と第5字の上声・去声・入声が同声).ⓓ[鹤hè膝](第5字と第15字が同声).ⓔ[大韵](第2字,第10字に押韻する時,その他の9字中に,それと同韻の字を用いる).ⓕ[小韵](韻脚を除き,9字中において他の同類の字を二つ用いる).ⓖ[旁páng紐](一句中に,ある字と双声となる他の字を用いる.また隔字双声).ⓗ[正紐](一句中に,声調を異にする同音の字を用いる)

八不主义 bābù zhǔyì 五四文学革命期,胡適が[建设的文学革命论]の中で主張したもの:打破すべき旧文学の弊として挙げた8項.

八材 bācái 器具を作る時に使う8種の材料,すなわち珠・玉・象牙・石・木・金・革・羽.

八成 bāchéng ①8割.[～新]8割がた新しい.②ほぼ.おおかた.[性命～保不住]命はまずだめだ.[～是有人负伤了吧]たぶん負傷者がいるだろう.

八达岭 bādálǐng [地]北京西北昌庸関外にある山:[慕mù田峪]と共に北京にある[万里长城]の名所.

八达杏 bādáxìng ⇒[巴旦杏]

八大菜 bādàcài 山東・四川・江蘇・浙江・広東・湖南・福建・安徽の料理.[～系xì]同前の系統.→[中zhōng国菜]

八大八小 bādà bāxiǎo ⇒[八大碗八小碗]

八大胡同(儿) bādà hútòng(r) [旧]北京の八つの[胡同(儿)]にわたってあった花街(はなまち).[逛guàng(八大)胡同儿]芸者遊びをする.

八大家 bādàjiā =[唐táng宋八大家]唐宋の8名の代表的文学者:唐の韩愈・柳宗元,宋の欧陽修・蘇洵・蘇軾・蘇轍・王安石・曾鞏.

八大建筑 bādà jiànzhù 大躍進期に建てられた北京の人民大会堂・革命博物館・歴史博物館・民族文化宮・農業展覧館・工人体育館・美術館・北京駅.

八大名酒 bādà míngjiǔ 白酒の汾酒(山西・汾陽),瀘州老窖大麯酒(四川・瀘州),貴州の茅台酒(貴州・仁懐),西鳳酒(陝西・鳳翔),黄酒の紹興酒(浙江・紹興),ブランデーの金奨白葡萄酒(山東・煙台),ワインの玫瑰香紅葡萄酒(山東・煙台),ベルモットの味美思(山東・煙台)をいう.

八大碗八小碗 bādàwǎn bāxiǎowǎn =[八大八小]盛大な宴会:8個の大皿と8個の小皿に盛った料理を出すほどの豪華な宴席.[八八席]ともいう.

八大行星 bādà xíngxīng [天]八つの惑星:水星・金星・地球・火星・木星・土星・天王星・海王星.

八大员 bādàyuán 人々の生活に密着した[售货员]

bā 八

〔售票员〕〔服务员〕〔电递员〕〔理发员〕〔清洁员〕〔炊事员〕〔保育员〕のこと.

八代 bādài ①東漢·魏·晉·宋·齐·梁·陳·隋の8代をいう. ②三皇五帝をいう.

八带鱼 bādàiyú ⇒〔章 zhāng 鱼〕

八担杏 bādānxìng ⇒〔巴旦杏〕

八刀 bādāo 分ける:〔分 fēn〕の字を分解したもの.多く〔分赃〕(盗品の分配)などの意に用いられる隠語.〔咱们八大家一吧〕おれたちみんなで山分けしよう.

八洞 bādòng〔迷信で〕神仙が居る場所:〔上～、下～〕がある.

八斗之才 bādǒu zhī cái〈喻〉文才が優れていること. →〔才高八斗〕

八段锦 bāduànjǐn 中国固有の健康法(体操):〔文八段〕〔武八段〕などがある.

八方 bāfāng 東·西·南·北、東南·東北·西南·西北,すなわち〔四 sì 方〕と〔四维〕をいう.〔眼观六路,耳听～〕〈成〉機敏なこと.〔一方有难、~支援〕〈諺〉だれかが窮地に陥ったら皆が助けてやる.〔～呼应〕〈成〉呼びかけにこたえる.四方で呼応する. →〔八表〕

八分 bāfēn ①8分(ȓ). 〔～饱 bǎo 儿〕腹八分目. ②8:〔角 jiǎo 〕の10分の1を指す ③〔~文〕書体の一. 小篆(ᎄ)と隷書の中間体.〔～书 shū〕〔楷 kǎi 隷〕ともいう. 〔汉 hàn 隷〕の別称.

八分书 bāfēnshū 同上③.

八分仪 bāfēnyí 因オクタント.八分儀.

八分音符 bāfēn yīnfú 圄八分音符:全音符の8分

八佛头 bāfótóu →〔经 jìng 幢〕

八竿子打不出个屁来 bāgānzi dǎbuchūgepìlái 〈喻〉口答えもできず,無口である.

八竿子打不着 bāgānzi dǎbuzháo〔口〕八本の竿をついないでも届かない,〈喻〉ずっと遠い親戚関係.無関係なこと〔他一不沾 zhān 亲,二不带故,～〕彼とは親戚でもないし,縁もゆかりもない,全くの無関係だ.

八纲 bāgāng 圀陰·陽·表·裏·寒·熱·虛·実をいう:疾病の診断治療の準拠とする.

八哥犬 bāgēquǎn ⇒〔哈 hǎ 巴狗〕

八哥 bāge ハッカチョウ(カーレン)·ムクドリ科の鳥.人語や物音をよくまねる.〔鸲 qú 鹆〕の通称. 〔普通～〕は〔鹩 liáo 哥〕(キュウカンチョウ)に酷似している.〔林～〕ホオハッカ.〔家～〕カバイロハッカ. 〔～嘴 zuǐ 〕〈喻〉おしゃべり.

八个不依,十个不饶 bāge bùyī, shíge bùráo 〈慣〉何としても承知しない.

八个人儿杠, 高抬 bāgerén gàng, gāotái〔歇〕8人担ぎの棺を高く掲げる:意地をはる,争う意. →〔抬杠〕

八谷 bāgǔ 黍·稷·稻·粱·禾·麻·菽·麦.または稲·黍·大麦·小麦·大豆·小豆·粟·麻の8種の穀物. →〔五 wǔ 谷〕

八股 bāgǔ ①明·清代,科挙(官吏登用試験)に応ずるものに課した文体:一文を〔破題①〕〔承題①〕〔起讲〕〔入手〕〔起股〕〔中股〕〔后股〕〔束股〕の8部分をもって構成される. →〔八文〕〔四 sì 书文〕〔制 zhì 艺〕〔制义〕ともいう. ②〈転〉形式的で内容が空虚な文章·態度·作風をいう. 〔～调 diào 同前. →〔党 dǎng 八股〕〔洋 yáng 八股〕

八卦 bāguà ①易占の八つの卦(ⁿ):それぞれ〔乾 qián ①〕、〔兌 duì ①〕〔離 lí ①〕〔震 zhèn ①〕〔巽 xùn ①〕〔坎 kǎn ①〕〔艮 gèn ①〕〔坤 kūn ①〕という. 〔～拳〕〔～掌〕拳法の一. 〔～阵〕八卦図による布陣. 〈転〉見当のつけにくい事柄. ゴシップ. 〔～消息〕くだらないニュース. 〔～报刊〕ゴシップ紙. →〔爻 yáo〕

八卦鸡 bāguàjī 圕シチメンチョウ(七面鳥):〔火 huǒ 鸡①〕ともいう.

八卦教 bāguàjiào ⇒〔天 tiān 理教〕

八卦炉 bāguàlú 圕道家が丹薬を練るための炉.

八国联军 bāguó liánjūn 圀清の光緒26年(1900年)義和団事件における日·英·米·露·独·仏·伊·墺の八か国連合軍.またその事件.

八行书 bāhángshū 圕〔八行笺〕を用いた旧式の手紙:〔八行(信)〕ともいう.〈転〉型にはまったやりとりの手紙.月並みな手紙.

八行纸 bāhángzhǐ 旧式の便箋:〔八行笺 jiān〕ともいう.ふつう赤い8行線でできている.〔彩 cǎi ~〕模様入りの同前. →〔薛 xuē 涛笺〕

八紘 bāhóng =〔八荒〕〈文〉〔宇宙の〕きわめて遠いところ.八方極遠の地.〔八表〕

八花九裂 bāhuā jiǔliè 〈喻〉亀裂(ᎄ)の多いこと. 事件の紛糾するさま.

八荒 bāhuāng ⇒〔八紘〕

八极 bājí ⇒〔八紘〕

八级风 bājífēng 圂風力8の風. 〈喻〉強い風.

八件儿 bājiànr〔八样儿〕8種の菓子の名:〔松 sōng 饼〕〔太 tài 史饼〕〔山 shān 査螺饗〕〔福 fú 寿饼〕〔黄 huáng 盒子〕〔枚 hé 桃 桃〕〔枣 zǎo 花儿〕〔元 yuán 宝锭〕.また形の大小により〔大～〕〔中～〕〔小～〕がある.

八角 bājiǎo ⇒〔八角茴香〕

八角枫 bājiǎofēng 圕クリノキ(〔櫃 nì 木〕ともいう.

八角鼓 bājiǎogǔ ①圕民族打楽器の一,八角形のタンバリン. ②圕同前と〔单 dān 弦(儿)〕とを伴奏楽器とする歌い語りの通俗劇:〔～带小戏儿〕ともいう.

八角茴香 bājiǎo huíxiāng =〔大 dà 茴香〕圕トウシキミ·ダイウイキョウ(ハッカクウイキョウ),またはモクレン科シキミ属の常緑小木. 種子は〔方〕大料〕ともいい,香味料.中医では健胃·祛痰剤に用いる.形が八角の放射状をしているので〔方〕角〕と呼ばれる.〔八角碎〕同前の砕いたもの.〔八角油〕〔大茴香油〕同前からとった油. →〔毒 dú 八角〕

八角金盘 bājiǎo jīnpán 圕①ヤツデ(八つ手).②ミヤオソウ·メギ科.〔八角蓮叶〕ともいう.

八角帽 bājiǎomào 囩上部が8角形になっている紅軍の軍帽.

八角油 bājiǎoyóu →〔八角茴香〕

八角鱼 bājiǎoyú ⇒〔章 zhāng 鱼〕

八节 bājié =〔八王日〕立春·春分·立夏·夏至·立秋·秋分·立冬·冬至の八つの節季.〔四时〕=〔四季八节.〈喻〉一年中.

八戒 bājiè ①圕(仏教の)8項の戒律:不殺生·不偷盗·不邪淫·不妄語·不飲酒·不坐高広大牀·不着華鬘瓔珞·不習歌舞妓楽. ②〔西游記〕に出る猪(㋩)八戒の略称.〔你駡~的,倒當大打一把 pá〕お前は猪八戒の類だ,自分の悪いのをたなに上げて,他人を悪く言う. →〔孙 sūn 悟空〕

八进制 bājìnzhì 圀8進法.

八九不离十 bājiǔ bùlí shí 〔口〕大体.おおかた(まちがいない).当たらずとも遠からず.

八九雁来 bājiǔ yànlái〈諺〉冬至から64日目~72日目の間に雁が渡ってくる. →〔七 qī 九両开〕

八开 bākāi 〔全紙の〕八つ折り.八つ切り〔新聞·印刷·写真·製本用語〕.〔~本〕八つ折り本. →〔对 duì 开②〕〔四 sì 开①〕

八苦 bākǔ 囩(仏教で)8種の苦悩,すなわち生·老·病·死·愛別離·怨憎会·求不得·五陰盛.

八棱 bāléng 八角形.

八　bā

八两半斤 bāliǎng bànjīn ⇒[半斤八两]
八灵 bālíng 八方の神.八百万(ﾔｵﾖﾛｽﾞ)の神.
八零八 bālíngbā 〈喩〉手錠.
八路 bālù ①同下.②八路軍の戦士.[小～]同前の少年兵.
八路軍 bālùjūn 史[国 guó 民革命軍第八路軍]の通称:単に[八路]という.[抗 kàng 日战争]期における中国共産党の指導する[(中国工农)红军]が1937年8月抗日民族統一戦線が結成された後,改称された.1947年[新 xīn 四军]などとともに[中国人民解放军]と改称.→[红 hóng 军]
八面锋 bāmiànfēng ①すべての急所をつくこと.②(文章など)そつが無いこと.
八面光 bāmiànguāng 如才がない.そつがない(けなす意味をもつ)→[两 liǎng 面光][四 sì 面光]
八面见光 bāmiàn jiànguāng 〈喩〉やる事にそつがない.
八面玲珑 bāmiàn línglóng 〈成〉(言動に)如才がない.角が立たない.もと,部屋の窓を大きくあけることの意.
八面威风 bāmiàn wēifēng 〈成〉威風堂々.[大将军~]大将軍は威風堂々たあたりを払っている.
八难 bānàn ①〈書〉災難:飢・渇・寒・暑・水・火・刀・兵.②仏教で見仏聞法に障害となる8種類のもの.
八牛 bāniú "朱"の字を分析した語:[撇 piě 未朱]ともいう.[我姓朱,~朱]朱と申します,八と牛の朱です.
八骏马 bājùnmǎ ①(周の穆王の)8頭の駿馬.②→[划 huá 拳②]
八旗 bāqí 満州族の"戸口制":臣民を兵籍に入れて編制した,正黄・正白・正红・正蓝・镶黄・镶白・镶红・镶蓝の8旗に分けた.镶黄・正黄・正白の3旗を[上三旗]と称し,これを上に置き,他の5旗を[下五旗]と称した.清では蒙古人・漢人の帰依して直系の臣下となったもの([蒙古][汉军])も8旗に分属させ,特にこれを優遇した.満蒙漢各8旗あり,計24族30万を有した.正黄旗とはふちどりのない黄色旗,镶黄旗とはふちどりのある黄色旗である.[~子弟]八旗の後裔.〈喩〉貴族のぐうたらな子孫.
八人单桨有舵手 bārén dānjiǎng yǒuduòshǒu ス(ボートの)エイト.[赛 sài 艇]
八儒 bārú 史孔子死後の儒教の8派:子張・子思・顔・子思・孟子・漆雕・仲良・孫子・楽正の諸派.
八扇屏 bāshànpíng 八幅対になった幅・軸物.→[四 sì 扇屏]
八识 bāshí 仏(仏教で)耳・目・鼻・舌・身・意・未那識(我見を固執する意識)・阿頼耶識(一切の法を蔵し得る神識性霊)をいう.
八十不骂 bāshí bùmà 〈慣〉80歳の老人をのしることはできない.
八十岁学吹鼓手 bāshísuì xué chuīgǔshǒu 〈諺〉80歳になってからも葬式の音楽の楽手の練習をする.六十の手習い:[八十学吹打]ともいう.
八思巴字 bāsībā zì 語パスパ文字.
八抬大轿 bātái dàjiào 昔8人担ぎのこし.〈喩〉仰々しいやり方.
八体(书) bātǐ(shū) 始始皇帝の時代に決められた8種の書体:大篆・小篆・刻符・虫书(鳥虫书)・摹・印・署书・殳(ｼｭ)书・隶书.
八王日 bāwángrì ⇒[八节]
八下里 bāxiàli 八方八方.各方面.いたるところ.[~对不起]どこへ対しても相済まぬことになる.どこへも顔向けできない.
八仙 bāxiān 古漢鍾離・張果老・吕洞宾・李鉄拐・韓湘子・曹国舅・藍采和・何仙姑(女性).⑤〈文〉8人の仙人のような人物:[蜀～][饮中～]など.⇒[八仙桌儿].→[划 huá 拳]

八仙过海 bāxiān guòhǎi ①女神,西王母の誕生を祝いに集まった八仙が,日ごろ愛玩する物を使って海を渡ったという伝説.[～,各显神通].[～,各显其能]〈喩〉同席で,各自がおのおのその特技を発揮する.②→[划 huá 拳②]
八仙花 bāxiānhuā ⇒[〈方〉绣 xiù 球]
八仙桌(儿) bāxiānzhuō(r) =[〈方〉八仙]正方形の大型のテーブル:8人掛けができる.→[六 liù 仙桌][三 sān 仙桌]
八项注意 bāxiàng zhùyì 中国共産党の軍紀:1.話は穏やかに.2.売り買いは公平に.3.借りたものは返せ.4.壊したものは弁償せよ.5.人をなぐったりのしったりするな.6.畑の作物をいためるな.7.女性にいたずらするな.8.俘虜(ﾎﾘｮ)を虐待するな.八つの注意.[三大纪律]
八小时工作制 bāxiǎoshí gōngzuòzhì 8時間労働制.
八刑 bāxíng 古代に行われた8種の刑罰:不孝・不睦・不姻・不弟・不妊・不恤・造言・乱民の罪.
八鸭 bāyā ⇒[绿 lù 翅鸭]
八样儿 bāyàngr ⇒[八件儿]
八一(建军)节 bāyī (jiànjūn)jié ⇒[中 zhōng 国人民解放军建军节]
八一南昌起义 bāyī nánchāng qǐyì =[南昌起义]史中国共産党が1927年8月1日南昌で起こした武装蜂起.→[中 zhōng 国人民解放军建军节]
八一三事变 bāyīsān shìbiàn 史1937年8月13日の第2次上海事変.[八一三之役]ともいう.
八一宣言 bāyī xuānyán 史1935年8月1日,中国共産党が内戦停止,抗日民族統一戦線の結成を全国民に訴えた宣言[为抗日救国告全体同胞书]をいう.[~]はその通称.
八音 bāyīn 古金・石・生糸・竹・匏(ﾎｳ)・土・革・木で作られた8種の楽器(の音).
八音盒 bāyīnhé ①オルゴール:[八音琴 qín][八音匣 xiá]ともいう.②→[留 liú 声机]
八月节 bāyuèjié 旧暦8月15日の[中 zhōng 秋(节)]の別称:[八月十五]ともいう.[八月十五云遮月,怕是来年雪打灯]8月15日の夜に雲が月を隠せば来年の正月15日の[灯 dēng 节][元 yuán 宵节]には雪が降るだろう.
八珍 bāzhēn 古8種の珍味.⑥鹿筋・鳳髄・豹胎・鯉尾・鴞炙・猩唇・熊掌・酥酪蝉.⑤醍醐・麞(ｼｮｳ)・沈・野駝蹄・鹿唇・駝乳糜・天鵝炙・紫玉漿・玄玉漿.
八阵图 bāzhèntú 古諸葛孔明の兵法中の陣形.
八秩 bāzhì 〈文〉年80歳をいう.[~荣庆][~佳辰]80歳のお誕生日祝い.
八字步 bāzìbù 外股の歩き方.→[八字脚]
八字打开 bāzì dǎkāi 〈成〉あけ放つ.あけひろげて隠さず話す.[圣 shèng 贤已是~了,但人自不领会](朱熹・与刘子澄書)聖賢はすべてあけひろげて話したのに,人々が会得しないのだ.
八字胡 bāzìhú 八字鬚(ﾋｹﾞ).
八字脚 bāzìjiǎo 外また.[迈 mài 开了~]外またで歩き出した.
八字眉 bāzìméi 八の字形の眉:下り眉でしりが少し上り気味の眉.
八字没一撇 bāzì méi yīpiě 〈喩〉目鼻もつかない.[这件事还~呢]このことはまだ海のものとも山のものとのもわからない.
八字(儿) bāzì(r) 口干支(ｴﾄ)で表した生まれた年・月・日・時間の8字.〈転〉運勢.運命.[批 pī ~]運勢占いをする.[庚 gēng 帖]⑤はちがしら.漢字部首の"八".→付録1

bā

八字帖(儿) bāzìtiě(r) ⇒〔庚 gēng 帖〕
八字先生 bāzì xiānshēng ⇒〔庚 gēng 帖〕
八字形 bāzìxíng 八の字型.
八字衙门朝南开 bāzì yámén cháonánkāi〈谚〉どこのお役所の門でも(誰でも入って行けるように)八の字に開けてある:〔衙门口八字开〕ともいう.〔~,有理无钱莫进来〕同前だが,道理があっても,金がなければ入って行かないがよい.

[扒] bā ①すがりつく.とりつく.〔~着墙 qiáng 往外看〕壁にへばりついて外を見る.〔~窗户〕窓にしがみついて(のぞく).②掘りくずす.とり壊す.〔~倒 dǎo 老房〕古い家を壊す.③掻(か)き出す.かきわける.〔~出去〕(灰などを)かき出す.〔~耳朵 shǐ〕耳あかをかき出す.〔从地里往外~白薯〕畑からさつまいもを掘り出す.〔~金矿〕金鉱を掘る.〔城墙上~了个豁 huō 口〕城壁に穴をあけた.④はぐ.ぬぐ.〔~下衣裳〕服をはぎとる.⑤〈姓〉扒(⁸) → pá

扒肠破肚 bācháng pòdù〈成〉①病気その他精神的・肉体的な極度の苦痛のさま.②すっかり腹を割って打ち明ける(こと).〔~地把话都说清楚了〕すっかり打ち明けて話した.
扒车 bāchē (動いているトラック・列車などに)よじ登る.しがみつく.
扒扯 bāchě〈方〉ぼろくそに言う.みそくそに言う.
扒带 bādài 耳コピー(する):音楽の CD・テープなどからメロディやある楽器の譜を起こすこと.〔~子〕〔扒谱〕ともいう.
扒底 bādǐ 〈喩〉はぎはがす.〈転〉秘密をほじくる.
扒饭 bāfàn ①ご飯をかき込む.②〈喩〉金をひねり出す.
扒房子 bāfángzi 家屋をとり壊す.〔因为违章建筑,房子被当地政府扒了〕規則に違犯して建築したので,建物は役所の命令でとり壊された.
扒根儿问底儿 bāgēnr wèndǐr ⇒〔刨 páo 根(儿)问底(儿)〕
扒开 bākāi かき分ける.開ける.〔~眼睛〕目をぱっとあける.
扒拉 bāla =〔拨 bō 拉〕①〈手で〉はねのける.かきのける.押しのける.動かす.〔把茶碗~到地上了〕茶碗をひっかけて下に落としてしまった.〔这些水果是最新鲜的,您別来回~〕このくだものは昨新しいですから,引っくり返さないで下さい.②割り振る.より分ける.〔这些人~,该做什么的让他们去做什么〕この人たちを振り分けて,それぞれなすべきこと(やること)をやらせよう.→ pála
扒皮 bāpí ①皮をはぐ.②〈口〉上前をはねる.ピンはねする.③〈口〉暴利を貪る.
扒墙虎 bāqiánghǔ ⇒〔爬 pá 山虎②〕
扒头探脑儿 bātóu tànnǎor(r) 〔扒头探脑儿〕
扒头儿 bātóur 登攀(ばん)の際の手がかり:足場.〔山坡儿太陡 dǒu,没有~上不去〕山が険しく,手足の掛け場がなくて登れない.
扒脱 bātuō ⇒〔剥 bō 脱〕

[叭] bā 〈擬〉バタッ.ポツン.ブツン:物を打ったり,折ったり,切れたりする音.〔吧(I)〕に同じ.〔~一声弦断了〕ブツッと弦が切れてしまった.〔~~〕パタパタ.〔~嗒 dā〕パタッ.〔~唧 jī〕パチッ.〔~~~打了三枪〕パンパンパンと3発打った.②〈姓〉叭(⁸)
叭哒杏 bādāxìng ⇒〔巴旦杏〕
叭狗 bāgǒu =〔哈 hǎ 巴狗〕

[朳] bā 農具の一種:歯のないまぐわ.〔耙 bà ①〕

[蚆] bā

蚆蚱 bāzhà〈白〉バッタ:〔蚆蜡〕に同じ.〔~秀才〕〈喩〉当時,貧乏で才能のない読書人.
蚆蜡 bāzhà〈白〉バッタ:〔蚆蚱〕に同じ.〔~庙 miào〕劇(京劇)の黄天覇が費徳功の悪逆を憎み,計を巡らして討伐していくすじの武劇.

[巴] bā (I) ①待ち望む.待ちこがれる.希望する.〔~想 xiǎng〕同前.〔朝 zhāo ~ 夜望,一到四号早上,才得着这个消息〕朝となく夜となく待ちに待って,やっと4日の朝になってこの便りがあった.②近まる.くっつく.〔前不~村,后不着 zháo 店入〈喩〉旅に行き暮れる.途方に暮れる.〔~在墙上〕壁にへばりついている.③(他の物に)くっつく.はりつく.こびりつく.〔饭~了锅儿了〕飯が鍋にこげついた.〔锅~〕〔方〉饭嘎 gā~〕お釜の底にこげついてくっついているおこげ.〔泥~在衣服上了〕服に泥がついた.④〈方〉開く.〔~着眼睛 qiáo〕目を見開いている.⑤〈方〉縫いつける.⑥助詞:軽声に読む.⑦重畳動詞の一音節ごとにその後につける.その動詞は断続して行われる動作のみに用いられる.ただし〔一下〕や〔一回〕などを伴う場合,その動詞の断続性・連続性にかかわりなく〔~〕をつけられる.〔我扫一扫~这屋子〕僕がこの部屋を掃きましょう.〔这块石头我举不起来,你来试一试~,说不定你能.〕この石はぼくは持ちあげられない,君,ひとつやってみないか.〔试一下~〕一つやってみる.⑧単音の形容詞・名詞・動詞の後につけてそれらを複音詞にする.〔这小姑娘儿可俊~儿哩〕この娘は本当にきれいだ.〔这裂 liè~枣更甜〕この割れたなつめの方が甘い.〔泥~〕どろ.〔尾 wěi ~〕尾っぽ.⑨他の音節の後につける.〔脚~丫儿〕〔脚~鸭子〕足首から先の部分.〔推 tuī 他个仰~脚子〕彼をあおむけに押し倒した.
(II)①〔⃝地〕春秋時代の国名:現在の重慶一帯.②〔⃝地〕四川省東部と重慶一帯の別称.③〈姓〉巴(⁸)
(III)〈度〉バール bar:圧力の単位.〔毫~〕〔図〕ヘクトパスカル(ミリバール).〔帕 pà ~(斯卡)〕②〔巴士〕(バス)の略.〔大~〕大型バス.〔小~〕マイクロバス.
巴巴 bābā 接尾語.多く形容詞の後に置き,その情状を表す.〔干~的〕乾いてかさかさしている.〔说话干~的〕言葉にあがながなく,むきだしで荒い.〔焦~的〕こげついてぱりぱりしているさま.〔眼~的〕熱望しているさま.待ち望んでいるさま.
巴巴多斯 bābāduōsī バルバドス:首都は〔布里奇顿〕(ブリッジタウン)
巴巴结结 bāba jiējiē〈方〉①やっとこさ.どうやらこうやら.〔每月挣那几个钱也就是~过日子〕每月あれくらいのはした金をあてるくらいでは,どうやらこうやら日が送られるだけです.→〔凑 còu 合④〕②せっせと.こつこつと.〔~地做着生活〕まじめにこつこつと.
巴巴儿地 bābārde〈方〉わざわざ.特に.〔什么事情~要你去管〕君にわざわざやってもらわなければならないようなことはない.
巴巴噩儿 bābāzēngr〈方〉風采のあがらぬこと:〔扒扒瓶儿〕とも書く.〔这个人长得~似的〕この男は見かけがぱっとしない.
巴比(特)合金 bābǐ(tè) héjīn ⇒〔巴氏合金〕
巴比妥 bābǐtuǒ〈音訳〉バルビタール:〔巴比通〕〔巴比酮〕ともいう.〔二乙二酰脲缩脲〕(ジェチルマロニル尿素)の通称.〔佛 fó 鲁那〕〔佛罗那〕(ヴェロナール)ともいう.催眠剤・鎮静剤.
巴壁虎 bābìhǔ ⇒〔爬 pá 山虎②〕
巴波亚 bābōyà〈音訳〉バルボア:パナマの通貨単位名.〔白 bái 尔步〕は旧音訳.
巴不得 bābude〈口〉強く願う.切望する.ぜひとも…したい.待ちこがれる.〔巴不到〕〔巴不的〕

巴   bā

[巴不能][巴不能够(儿)][〜儿]ともいう.ⓐ動詞を伴う語句を目的語にとることができる.[〜现在就飞去]今すぐにでも飞んでいきたい.[他叫我走正好,我一离开这个火坑 kēng]彼がわたしを追い出してくれるのはもっけの幸いだ.この苦界を離れるのは願ってもないことだ.ⓑ否定形を目的語にとることもできる.[〜他不来]彼が来なけりゃいい.ⓒ後ろに目的語が来ないこともある.[嘴里虽说不喜欢,心里可是〜]口では嫌いだと言っているが,心の中では好きでたまらないのだ.ⓓ[的]を伴い名詞の修飾語となる.[〜的好事]願ってもないこと.

巴布亚新几内亚 bābùyà xīnjǐnèiyà パプアニューギニア:正式国名は[〜独立国].[伊 yī 里安岛](ニューギニア岛)をビスマルク诸岛ほかの岛々からなる.首都は[莫 mò 尔斯比港](ポートモレスビー).

巴答 bādá [巴嗒][巴达]とも书く.[擬]①バタッ:物を打つ音.[〜,打上头挂下一块板子来]上から板が落ちて来た.②ぱくぱく.すぱすぱ:口を动かして物を食べたり,たばこを吸う音.[〜〜地吸烟]すぱすぱとたばこを吸う.

巴旦杏 bādànxìng [植]ハタンキョウ(巴旦杏):[巴旦]は[八达][八担][叭哒]とも书く.バダム(イラン语)の音訳;[扁 biǎn 桃]の别称.[〜仁儿]同前の种.

巴调 bādiào 四川省の俗曲.

巴斗 bādǒu ⇒[笆斗]

巴豆 bādòu =[方]毒 dú 鱼子=[方]江 jiāng 子[植]ハズまたその実;常绿低木で,実は薏麻(?)に似ており,毒性がある.[〜油]クロトン油;峻下剂として用いられる.

巴尔干(半岛) bā'ěrgàn (bàndǎo) [地]バルカン(半岛).[〜综 zōng 合症][医]バルカン症候群:劣化ウラン弾による白血病症状.

巴尔扎克 bā'ěrzhākè [人]バルザック(1799〜1850):フランスの小说家.[高老头](ゴリオ爷さん)など作品多数.

巴儿狗 bārgǒu ⇒[哈 hǎ 吧狗]

巴高望上 bāgāo wàngshàng [喩]立身出世しようとする.[凭他是谁,哪一个不想〜]だれにせよ出世したがらないものはない.

巴高枝儿 bāgāozhīr ⇒[攀 pān 高枝儿]

巴哥犬 bāgēquǎn ⇒[哈 hǎ 吧犬]

巴格达 bāgédá [地]バグダット:[伊 yī 拉克](イラク)の首都.⇒[报 bào 达]

巴棍子 bāgùnzi =[白]六尺棒.棍棒=[吧哒棍]ともいう.

巴国 bāguó →[巴斯斯坦]

哈马国 bāhāmǎguó バハマ:西インド诸岛北部バハマ诸岛からなる.首都は[拿 ná 骚](ナッソー).

巴黄 bāhuáng [四]グリーンの一种.[直接〜]ジアゾールグリーン.

巴机密油 bājīmì yóu ⇒[香 xiāng 柠檬油]

巴基斯坦 bājīsītǎn パキスタン:正式国名は[〜伊斯兰共和国](パキスタン・イスラム共和国).首都は[伊斯兰堡](イスラマバード).[拉 lā 瓦尔品第](ラワルピンジ)と[卡 kǎ 拉奇](カラチ)は旧首都.

巴戟(天) bājí(tiān) [植]アカネ科ヤエヤマアオキ属の热帯植物;根は强壮剂に用いられる.

巴家 bājiā ⇒[把 bǎ 家]

巴椒 bājiāo ⇒[花 huā 椒]

巴解组织 bājiě zǔzhī [巴勒斯坦解放组织](パレスチナ解放机构)の略.

巴结 bājie ①へつらう.取り入る.おもねる.[他会〜人]あいつは他人に取り入るうまい.[〜不上]うまく取り入ることができない.[〜到手]取り入ることに成功した.②[方]熱望する.[他〜发财]彼は金も

うけを熱望している.③[方]努力する.尽力する.[劝 quàn 勉他往上〜]出世のために大いにがんばるよう激励してやる.④[方]とても难しい.

巴克夏猪 bākèxià zhū <音義訳>(豚の)バークシャ一种.

巴枯宁主义 bākūníng zhǔyì <音譯訳>バクーニン主义.→[无 wú 政府主义]

巴库 bākù [地]バクー:[阿 ā 塞拜疆](アゼルバイジャン)の首都.

巴拉芬 bālāfēn ⇒[石 shí 蜡]

巴拉圭 bālāguī パラグアイ.正式国名は[〜共和国]:南米中部にある.首都は[亚 yà 松森](アスンシオン).

巴拉马 bālāmǎ ⇒[巴拿马草]

巴揽 bālǎn ①把握する.②独占する.

巴勒斯坦 bālèisītǎn [地]パレスチナ:[巴力斯坦]とも书いた.イスラエル,ヨルダン东部を含む地中海沿岸.[〜解放组织]パレスチナ解放机构.PLO.

巴蕾(舞) bālěi(wǔ) ⇒[芭蕾(舞)]

巴黎 bālí パリ:[巴里 lǐ]とも书いた.フランスの首都.[〜铁 tiě 塔]埃 āi 菲尔铁塔=エッフェル塔.[〜红磨坊]ムーランルージュ.[梦 mèng 〜][書]モンパリ(シャンソン).[〜公社]パリコミューン.[〜和会][史]パリ讲和会议.[〜统筹委员会][史]禁运小组=对共产圈输出统制调整委员会.ココムCOCOM (1951〜1994)

巴厘岛 bālídǎo [地]バリ岛:ジャワ岛东部,东インド诸岛の一.[峇厘岛]とも书いた.

巴黎绿 bālílǜ [化]パリスグリーン.酢酸铜.

巴里纱 bālǐshā ⇒[玻璃纱]

巴林 bālín バーレーン:正式には[〜王国].カタールとサウジアラビアとの间の海岛国.首都は[麦 mài 纳麦](マナーマ)

巴林石 bālínshí [鉱]内蒙古の林西・巴林右旗一带に产する印章用の名石.

巴龙霉素 bālóngméisù [薬]パロモマイシン.

巴洛克 bāluòkè <音訳>バロック:[巴罗古]とも书いた.[〜艺 yì 术]バロック芸术.

巴马科 bāmǎkē [地]バマコ:[马里共和国](マリ共和国)の首都.

巴曼 bāmàn ①钱を用いてする赌博(?)の游戏:钱の一面を[字],他の面を[幕]という.[幕]は[幕]の転訛(?).②[白]利を求める.金钱を诈取する.

巴米 bāmǐ [巴豆]の殻をとり去った中の実(?)

巴棉 bāmián パキスタン产绵花.

巴拿马 bānámǎ パナマ:正式国名は[〜共和国].首都は[巴拿马城](パナマ市).[〜运河]パナマ运河.→[苏 sū 伊士运河]

拿马草 bānámǎ cǎo =[巴拉马][植]パナマ蔺草(?).[〜帽]パナマ帽.カンカン帽.

巴儿狗 bārgǒu ⇒[哈 hǎ 吧狗]

巴人调 bārénditào [喩]卑俗をいう歌.卑俗な言葉.→[下 xià 里人]

巴三览四 bāsān lǎnsì [白]出まかせをいう.むちゃをいう.

巴沙基 bāshājī <音訳>[又](馬術の)パッサージュ.

巴山虎 bāshānhǔ ⇒[爬 pá 山虎]

巴山蜀水 bāshān shǔshuǐ [成]重慶四川一帯をいう.

巴蛇吞象 bāshé tūnxiàng [成]大蛇が象を饮みこむ.[喩]贪欲で饱くことを知らない.

巴士 bāshì <音訳>バス:[公 gōng 共汽车]に同じ.[大巴]大型バス.[水上〜]水上バス.

巴士底狱 bāshìdǐyù <音訳>バスチーユ(监狱).⇒[巴黎公社]

bā

巴氏合金 bāshì héjīn ＝〔巴比(特)合金〕〔白bái金〕〔乌wū金〕〔五wǔ金〕〔硬yìng铅〕バビットメタル．→〔减jiǎn摩合金〕

巴蜀 bāshǔ 〔地〕四川省の別称．

巴斯噶定律 bāsīgé dìnglǜ ⇒〔帕pà斯卡定律〕

巴斯特尔 bāsītè'ěr 〔地〕バセテール：〔圣shèng基茨和尼维斯联邦〕(セントクリストファー・ネーヴィス)の首府．

巴松(管) bāsōng(guǎn) ⇒〔大dà管〕

巴头探脑(儿) bātóu tànnǎo(r)〔扒头探脑(儿)〕ののぞきこむ．首をのばしのぞき見る．

巴望 bāwàng ①熱望する．渇望する．あてにする．②望み．見込み．あて．

巴乌 bāwū (ハニ族・イ族・ミャオ族などの)竹笛．

巴西 bāxī ブラジル:正式国名は〔～联邦共和国〕．首都は〔巴西利亚〕(ブラジリア)，〔里Ⅱ约热内卢〕(リオデジャネイロ)は旧首都．

巴西利亚 bāxīlìyà 〔地〕ブラジリア：〔巴西联邦共和国〕(ブラジル)の首都．

巴仙 bāxiān 〈音訳〉パーセント：〔巴先〕とも書き，南洋の華僑が用いる．→〔百bǎi分fēn〕

巴鸭 bāyā ①⇒〔绿lǜ翅鸭〕 ②⇒〔花huā脸鸭〕

巴以谈判 bāyǐ tánpàn パレスチナ・イスラエル和平交渉．

巴扎 bāzhā 〈音訳〉バザール(ウイグル語)．

巴眨 bāzha まばたきする．目をぱちくりする．

巴掌 bāzhang ①手のひら．たなごころ．〔一个～拍不响zhǎng〕〔喩〕相手がいなければけんかにならぬ．単独では何事もできない．量詞．煙を平手打ちする回数を表す．〔打了他一～〕彼を平手でなぐった．

巴子 bāzi 〈方〉おまんこ．おめこ．〔(他)妈拉la个～〕バカ：人をののしる語．⇒ちんぽこ．おちんちん．

〔芭〕 bā

①〔香草の一種．〈姓〉芭(14)〕

芭比(娃娃) bābǐ (wáwa) 〈音義訳〉バービー人形．

芭蕉 bājiāo 〔圃〕バショウ：多年生草本植物．葉の繊維から〔～布〕を織る．〔～雨〕雨が前の葉をたたくように降る秋雨．→〔香xiāng蕉〕

芭蕉扇 bājiāoshàn ビロウ(蒲葵)の葉で作ったうちわ：〔芭蕉叶儿〕ともいう．〔葵kuí扇〕〔蒲扇〕〔蒲葵扇〕の通称．

芭蕉芋 bājiāoyú ⇒〔蕉藕〕

芭蕾(舞) bālěi(wǔ) 〈音義訳〉バレエ：〔巴蕾(舞)〕とも書く．〔跳～〕バレエを踊る．〔～舞〕③シンクロナイズドスイミング．⑤水中レビュー．→〔舞蹈〕

芭篱 bāli 〈文〉竹や葦(áz)・茅(kǎz)で作ったまがき：〔篱笆〕と同じ．

芭芒 bāmáng 同下．

芭茅 bāmáo ＝〔芭芒〕〔圃〕カヤ．ススキ．→〔芒máng〕

芭棚 bāpéng 葦(áz)または茅(kǎz)で作った風雨よけの小屋掛け．

〔奤〕 bā

〔吧〕 bā

(Ⅰ) ①〈擬〉バタ．パン．パチン．〔叭〕に同じ．②〈方〉タバコなどをすばすば吸う．
(Ⅱ) 〈音訳〉バー：設備・道具を備え客に特定のサービスを提供する場所．〔酒～〕バー．〔网～〕インターネットカフェ．〔书～〕ブックカフェ．〔水～〕ⓐ〔ウォーターバー．〔玻璃～〕ガラス工房．〔～里玩个够〕カフェ・バーで存分に楽しむ．→〔糟cī吧〕

吧哒 bādā 〈擬〉パタ．パタン：物の落ちる音．物をたたく音．〔～一声他掉在地下了〕パタンと音をたてて地面へ落ちた．

吧哒棍 bādágùn ⇒〔巴棍子〕

吧哒 bāda ぱくぱく音をたてかむ．ぱくつく．〔～嘴zuǐ儿〕(食べたくて，または食べる時に)ぱくぱく(ペヤペチャ)音をたてる．〔喉hóu(2)から手が出る思いをしている．〔我不会抽，瞎xiā～〕わたしはたばこは吸えません．ただ口先でぱくぱくやっているだけです．〔一着叶子烟打主意〕彼は葉巻をくゆらしながら，考えをめぐらしていた．

吧丁 bādīng 〈音訳〉バーテン(ダー)

吧号子 bāhàozi 〈方〉(子供などが)めそめそ泣く．〔他为什么又～了?那个孩子为什么めそめそ泣いているのか．

吧唧 bāji (〔吧即〕〔吧叽〕とも書く.〈擬〉バチャバチャ．ピチャピチャ：はだしで泥の中などを歩く音．

吧唧 bājī ①ぐちゃぐちゃ言わせてものを食べる．食べたくてもぐもぐ口を動かす．〔他馋chán 得直～嘴〕彼は食べたくてしきりに口をもぐもぐさせている．②〈方〉すぱすぱタバコを吸う．〔拿了支烟放在唇间～着〕(老・骆12)たばこを唇にくわえてすぱすぱやっている．

吧街 bājiē バーや飲食店街．歓楽街．

吧唎吧唎 bālā bālā〈擬〉べらべら：しゃべり声．〔吧啦吧啦〕とも書く．→〔吧儿吧儿〕

吧马油 bāmǎyóu〔达dá马树胶〕

吧女 bānǚ バーの女給．ホステス．〔～酒jiǔ吧〕

吧儿吧儿 bārbār 言うことははきはきしている．

吧儿狗 bārgǒu ⇒〔哈hǎ巴狗〕

吧台 bātái バーのカウンター．〔～椅yǐ同前の回転式の椅子．

吧托儿 bātuōr バーの客引き．

〔呗〕 bā 石山(チワン語)で地名用字.〔～关岭〕〔地〕広西にある．

〔疤〕 bā

①傷跡．瘡(kǎz)の跡．〔脸上结了一个大chuāng~〕顔に大きな傷跡ができた．〔一身的疮chuāng～〕満身の傷跡．〔树上的～〕木の節．②表面のキズ．

疤疤拉拉 bābā làlà 同下．

疤疤癞癞 bābā làilài ＝〔疤疤瘌瘌〕〔疤癞癞〕〔癩疤疤〕〔瘌瘌làlà 疤疤〕表面がでこぼこしているさま．

疤疤子 bābāzi ⇒〔疮chuāng疤〕

疤痕 bāhén 傷跡．できものの跡．

疤拉 bāla 同下．

疤瘌 bāla 〔疤拉〕とも書く．傷跡・かさの跡．できものの跡．〔～脸〕できものの跡のある顔．〔好了～(伤疤)忘了疼〕〈諺〉できものがよくなったらその時の痛さを忘れてしまう．のどもと過ぎれば熱さを忘れる．〔～鬓bìn〕鬢(びん)のところにかさ跡のある者：旧時，夫をしりにくく不吉の相の女．〔疤儿〕まぶたに瘡(kǎz)の跡のある眼(人)．〔～流氓〕〈喩〉粗製ででこぼこなこと．

疤癞癞 bālàilài 〔疤疤癞癞〕

〔粑〕 bā 〈文〉塩づけの肉．

〔粑〕 bā

〈方〉穀粉・糯(じ)米をこねて焼いた餅(ǎz)のような食物．〔～~〕同前．〔～~头〕〔圃〕未婚の女性が頭の両側に結ったまげ．→〔糍cí粑zān粑〕

〔笆〕 bā

枝・竹・いばらなどで編んだもの．〔篱lí笆〕〈文〉竹垣．

笆斗 bādǒu 〔圃〕柳の枝で編んだ穀物入れの笄(ǎz)：〔栲kǎo栳lǎo〕ともいう．

笆筐 bākuāng 竹で編んだかご．

笆篱 bālí ⇒〔芭篱〕

笆篱子 bālízi 〈方〉ぶた箱．監獄．〔蹲dūn了三个月的～〕3か月箱へぶちこまれた．

笆篓 bālǒu しょいこ：木の細枝や竹ひごで編んだ背負って物をはこぶかご．

〔豝(豝)〕bā〈文〉①塩づけの肉.〔豝〕に同じ.②雌豕.〔猪豝 zhū〕

〔鲃・鲃〕bā 〖魚貝〗コイ科の小型淡水魚(総称).〔倒 dào 刺～〕(ナンセイバンニゴイ)・〔鲮 líng 鱼〕(シタメ)・〔东 dōng 方东坡鱼〕(シタクチウオ)などがある.

〔峇〕bā
峇峇 bābā マレーシアの土着の華僑.
峇厘島 bālǐdǎo ⇒〔巴厘島〕

〔捌〕bā (八)の大文字:証書などの金額記載に用いる.〔大 dà 写①〕

〔茇(茇)〕bá〈文〉①草の根.②野宿する.

〔拔(拔)〕bá ①引き出す.抜きとる.〔～草〕草をこぐ.草を抜きとる.〔～去眼中钉,肉中刺〕目障りをとり去る.〔一毛不～〕出すことは毛1本でも惜しむ:非常にけちなこと.〔～刀〕刀を抜く.〔不能自～〕(悪習または悪い環境から)自発的に抜け出せない.〔四只 zhī 手~着两颗头〕(魯・Q5)4本の手が二つの頭をつかみ合う.②抜きんでる.〔出类～萃〕〈成〉類を抜きんでる.傑出する.③選び出す.〔选～〕選抜する.〔提 tí ～〕人材を抜擢する.〔～好的〕いいのを引き出す.④占領する.〔连～五城〕続けざまに5つの城を攻めとった.〔一连～了敌人三个据点〕続けざまに敵の拠点を3か所うばった.⑤高める.〔～号音〕ラッパの音を高める.〔～着胸脯〕胸をはる.⑥吸いとる.→〔拔毒〕⑦(水に)中に入れて食物を冷やす.冷す.〔把萝卜用凉水一～一〕,更好吃〕大根を水で冷やしたら,ずっとうまい.⑧〖姓〗拔(U)

拔白 bábái 〈方〉夜明け.
拔白旗 bábáiqí〈喩〉ブルジョワ分子を摘発する:1950年代末のスローガン.→〔插 chā 红旗〕
拔本塞源 báběn sèyuán =〔返反本源〕〈成〉根本にさかのぼり処置する.〔源〕は〔原〕とも書く.
拔步 bábù 歩き出す.〔阿Q没有说完,便跑〕(魯・Q5)阿Qは皆まで言わないうちさっと逃げた.
拔不出腿 bábuchū tuǐ〈慣〉抜け出せない.関係を断ち切れない.〔他有事〕彼は用事があって抜けられない.→〔拔腿〕
拔除 báchú 抜きとる.除去する.
拔闯 báchuǎng〔拔创〕とも書く.〈方〉不平を鳴らす.他人に代わってうっぷんを晴らす.〔替朋友～〕友人のために一肌脱つ.
拔萃 bácuì〈文〉抜きんでる.→〔出 chū 类拔萃〕
拔刀相助 bádāo xiāngzhù〈喩〉力添えをする.ひと肌ぬぐ.
拔地 bádì (山・樹林・建物が)突っ立つ.〔～而起〕切り立っている.
拔钉锤 bádīngchuí 釘ぬき金槌.
拔钉(子) bádīng(zi) 釘を抜く.〈喩〉困難や障害物を取り除く.
拔顶 bádǐng 〖工〗軽油を蒸留する.トッピング.
拔都 bádū〖人〗バツ・ハン:ジンギス・カン(元の太祖)の孫.世に〔金 jīn 帐汗〕(キプチャク・カン)と呼ばれる.②(蒙古語で)勇敢の意:元代にはこれを名誉称号として臣下にたまわった.〔～鲁 lǔ〕覇县都督〔巴 bā 图鲁〕に同じ.
拔毒 bádú 〖中医〗毒を除き去る.毒を吸いだす.〔～汤〕風邪と荊芥となどをせんじた汁:膿を洗っぱけるのに用いる.〔气化膿部に貼る排膿止痛の膏薬.
拔队 báduì (部隊やチームなどが)出発する.→〔拔bō 队〕
拔份 báfèn 〔-儿〕〈方〉名を上げる.衆に抜きん出る.
拔缝(儿) báfèng(r) 〈方〉つぎ目がはなれる.すき間

ができる.〔拔缝子〕ともいう.
拔高 bágāo ①高くする.高める.〔～嗓子唱〕声を高くして歌う.②(人や作品を)ことさら高くもちあげる(けなす意味を持つ)
拔贡 bágòng 〖旧〗一種の官吏登用試験:12年ごとに各省の学生中の優秀なものを選抜して京師に送った.朝試の後〔小京官〕〔知 zhī 县〕などの職が授けられた.〔～贡生〕
拔关 báguān 門をあける(こと).戸の閂(かんぬき)を抜き取る(こと)
拔罐子 báguànzi 〔拔罐儿〕〔拔火罐儿〕ともいう.〖中医〗吸いふくべ.吸いだまをかける:竹筒・陶器・ガラスなどで作った筒形の小さい容器の中に綿などを入れ点火し,それを皮膚に吸いつかせて淤血を促し,または瘀血を吸いとらせる.〔老娘们一病了就叫我～〕ばあさんたちは病気になると吸いふくべをかけてもらう.〔起 qǐ 罐〕吸いふくべをとる.
拔锅 báguō 鍋をはずす.〈喩〉仕事をやめる.店をたたむ.
拔海 báhǎi ①⇒〔海拔〕②海面にそそり立つ.〔～而起的小半岛〕同前の半島.
拔河 báhé 〖運動競技〗の綱引き(をする).〔～比赛〕綱引き競技.
拔虎须 báhǔxū 虎のひげを抜く.〈喩〉危険をおかす.→〔捋 luō 虎须〕
拔还 búhuán なしくずし払い:何回かにも分けて払うこと.
拔会 báhuì 〖旧〗たのもしこう(頼母子講).むじんこう(無尽講):〔抓 zhuā 钱会〕ともいう.
拔火罐儿 báhuǒguànr ①七輪やこんろなどの上にのせて火のおこりをよくするために用いる鉄または土で作った小さな煙突.〔拔火筒〕〔火罐子〕〔噢 zuō 筒〕ともいう.→〔盖 gài 火〕②⇒〔拔罐子〕
拔尖儿 bájiānr ①抜きんでている.ずばぬけている.〔他是～的好学生〕彼はずばぬけた学生だ.②でしゃばる.偉そうにする.〔爱～的孩子〕目立ちたがる子.
拔脚 bájiǎo ⇒〔拔腿〕
拔节 bájié 〖農〗水稲・小麦・高粱・とうもろこしなどの主茎の節がある時期になると急にのびる(こと)
拔救 bájiù 苦難から救う.
拔举 bájǔ 選抜して推薦する.推挙する.
拔坑 bákēng 古いオンドルを取り壊す.
拔萝卜(儿) báluóbo(r) ①大根を引っこ抜く.〔拔出萝卜带出泥〕〈転〉芋づる式にあげられる.②〈喩〉子供の体を両手ではさんでつるしあげ,"高い高い"する.③〈喩〉赤ん坊がようやく物につかまって立ち上がること.④児童の遊戯の一:ひとりを大根に仕立てて地面にかがませ,そのほかの者は背からひとりずつ前の者の腰を抱き,ずっとつながりながら歌い続け,最後にかがんでいた者を皆が力をあわせてひっぱって立ち上がらせる.
拔锚 bámáo 〔起 qǐ 锚〕錨(いかり)をあげる:〔起碇〕に同じ.→〔抛 pāo 锚①〕
拔茅连茹 bámáo liánrú〈成〉茅(ちがや)を抜くと他の根もいっしょに抜けて来る:一人の賢者が世に出ると他の同類の者がこれにつき従って行くこと.
拔毛药水 bámáo yàoshuǐ 〖医〗脱毛剤.
拔苗助长 bámiáo zhùzhǎng〈成〉苗を引っぱってのばしやろとする.功を焦り失敗する.親切があだになる:〔揠 yà 苗助长〕に同じ.
拔脯子 bápúzi〈方〉胸を張る.意気高らかである.鼻息が荒い:〔拔脯儿〕〔拔胸脯〕ともいう.〔他忘了从 cóng 前的苦,现在见了人就挨起脯子来了〕彼は以前のことは忘れていて,今では人の前で大きな顔をするようになった.

拔枪 báqiāng 銃をとり出して打つ．〔～射击〕同前．〔～驳 bó 火〕〈成〉武力衝突する．

拔取 báqǔ ①抜き取る．抜き捨てる．②抜擢(ばってき)する．〔～人材〕人材を抜擢する．

拔染 bárǎn 抜染(ばっせん)．色ぬき(する)

拔嗓子 básǎngzi ①声を高くして歌う．②(俳優などが朝)のどを鍛練する．

拔山 báshān 山を持ち上げる．〔～扛鼎〕〈成〉大力で武勇抜群である．→〔盖 gài 世〕

拔身 báshēn 抜け出す．逃げ出す．身をひく．〔他看情况不对、不、就走了〕彼は情况がまずいと見て逃げ出していった．→〔摆 bǎi 脱〕〔脱 tuō 身〕

拔十得五 báshí déwǔ 10人抜擢して5人がものになる．〈喩〉人材を得ることは難しい．〔拔十失 shī 五〕ともいう．

拔树寻根 báshù xúngēn ⇒〔追 zhuī 根究底〕

拔丝 básī ①あめ煮；料理法の一種．よく煮た砂糖を調理した食材にからめたもの．熱いうちに箸で取ると糸を引くようにする．〔～山药〕山芋のあめ煮．→〔拉 lā 丝〕② 金属を糸状、あるいは細長い板状にすること．〔～模 mú〕〔拉 lā 延模〕② 金属線を作るダイス．

拔俗 bású 〈文〉凡俗を超越する．

拔穗 básuì (稲・麦・高粱の)穂が出る．

拔头 bátóu ①⇒〔拔 bō 头〕②髪をふり乱す：〔披 pī 发〕に同じ．

拔腿 bátuǐ 〔拔脚〕①すたすた歩く．さっさと出かける．抜け出す．〔～就跑〕すばやく逃げ去った．②手を引く．〔我不愿意跟他们搭 dā 伙、可是拔不出腿来〕彼らの仲間になっているのはいやなのだが、足を洗うことができない．

拔胸脯 báxiōngpú ⇒〔拔脯子〕

拔选 báxuǎn ⇒〔选拔〕

拔牙 báyá 歯を抜く

拔秧 báyāng 農苗を抜き取る(移植するため)．〔～机〕苗取機．→〔插 chā 秋〕〔分 fēn 秧〕

拔营 báyíng 軍屯(ちゅん)営地を進める．軍隊が移動する．〔～起寨〕部隊が出動する．→〔安 ān 营〕〔扎 zhá 营〕

拔尤 báyóu 〈文〉優れた者をえり抜く．

拔寨 bázhài 陣を撤退・撤去する．→〔拔营〕

拔帜易帜 bázhì yìzhì 〈成〉敵ののぼりを抜きとって、自分のをたてる．〈転〉取ってかわる：単に〔拔帜〕ともいう．〔拔赵帜易汉帜〕趙国ののぼりを抜いて漢国ののぼりにかえる．

拔擢 bázhuó 〈文〉抜擢(ばってき)する．

拔足而逃 bázú ér táo 〈成〉いちはやく逃げだす．

拔尊 bázūn 〔方〕①常人に抜きんでる．先頭に出る．②勝気である．競争心の強い．

〔胈(胈)〕 bá 〈文〉足の毛．

〔茇(茇)〕 bá

茇葜 báqiā 植 サルトリイバラ：ユリ科の蔓性低木．根茎を薬用にする．〔金 jīn 刚刺〕〔菱 líng 角〕ともいう．

〔跋(跋)〕 bá（Ⅰ）①山を登り峰を越す．〔～涉〕（Ⅱ）おくがき．跋(ばつ)文：書物や文章の末尾に説明または批評を加える文．〔书 shū 后〕ともいう．〔～文〕〔～题〕⇒跋を書く．〔序〕序文と跋文．→〔序 xù (Ⅰ)③〕

跋扈 báhù 〔霸 bà 扈〕〈文〉はびこる．さばる．跋扈(ばっこ)する．〔～不臣〕〈成〉専横で臣下の道を守らない．

跋刺 bálà 〈擬〉①バシャ：魚がはねる音．〔波 pō 刺①〕ともいう．②バタバタ：鳥が飛び立つ音．

跋前踬后 báqián zhìhòu〔跋前疐后〕とも書く．〈成〉前を踏み後ろにつまづく．進退が自由でない．

跋山涉水 báshān shèshuǐ〈成〉幾山河を越える．苦難な旅をする．

跋涉 báshè〈文〉①山や川を歩き回る．跋渉する．〔～山川〕同前．②〈喩〉行路の困難なこと．

跋文 báwén →字解(Ⅱ)

跋语 báyǔ →字解(Ⅱ)

〔魃〕 bá ひでりの鬼神(旱魃)．〔旱 hàn ～〕④同前．⑤〔转 zhuǎn ひでり．旱魃(かんばつ)．

〔鲅〕 bá〔鲅 tuó ～〕⑩タルバハンの古名：〔旱獭〕ともいう．俗に〔土 tǔ 拨鼠〕という．→〔豚 tún 鼠〕

〔把〕 bǎ（Ⅰ）①握る．持つ．執(と)る．つかむ．〔他两手紧 jǐn 紧～着枪〕彼は両手で銃をぎゅっとつかんだ．〔～住扌手〕手すりにしっかりつかまる．②握り．柄．〔车～〕車の梶棒．⑤自転車のハンドル．③掌握する．独占する．〔一切工程都由他～着不放手〕工事の全てを彼は一人じめにしている．→〔把家〕〔把放〕④見張る．〔有两个兵～后门〕兵士2名が裏門を見張っている．〔～着大门收票〕入口に立ちふさがって切符を受け取っている．⑤(子供を)後ろからかかえて大小便をさせる．〔～孩子〕同前．〔～尿 niào〕おしっこをさせる．〔～屎 shǐ〕うんちをさせる．⑥〔屉〕(裂け目などを)合わせとめる．ゆわえつける．⑦〈口〉接近している．近くにある．〔紧～着胡 hú 同南边有个公共食堂〕横町の入口の南側に大衆食堂がある．〔一〕束(は)．束ねた物．束状のもの．〔火～〕たいまつ．〔禾hé～(儿)〕稲・麦などの束．⑨量詞．⑨柄(え)のある道具．手で握る物などを数える．〔一～刀〕刀ひとふり．〔两～扇 shàn 子〕扇2本．〔一～笤 tiáo 帚〕ほうき1本．〔一～钥匙 yàoshi〕かぎ1個．〔一～椅子〕椅子一つ．〔一～壶 hú〕壺一個．〕⑤一握りの量を数える．〔一～(儿)稻 dào 草〕わら一束．〔一～(儿)筷 kuài 子〕箸一にぎり．〔一～(儿)粉丝〕春雨一にぎり．〔一～(儿)土〕一にぎりの土．〔抓 zhuā 一～米〕米を一つかみつかむ．⑨力・技能などを表す：多く〔一～〕となる．〔他可真有一～力气〕彼はたいした持ちだ．〔再加一～劲 jìn〕一段とがんばる．⑧手の動作に用いる：多く〔一～〕となる．〔拉他一～〕彼をぐいっと引っぱった．⑩〈方〉やる．与える．〔给 gěi ～〕に同じ．〔吃饮要～钱〕飯を食ったら金を払わねばいけない．⑪〈姓〉把(は)

（Ⅱ）介詞．①@…を(…する)：対象に何らかの影響を与える．対象(目的語)にはふつう自明のもので、動詞の前や後に結果や方式・場所などを表す語が必要となる．〔～信交了〕手紙は渡した．〔～桌了擦 cā 一擦〕テーブルをふいて下さい．〔我一这本书看完了〕わたしはこの本を読み終えた．〔她没～信寄 jì 出去〕彼女は手紙を出さなかった．〔～话说绝 jué〕話を打ち切る．〔有〕〔在〕など存在・所属を表す動詞、〔爱〕〔知道〕〔看见〕など心理活動・認識・受動的知覚を表す動詞、〔上〕〔进〕など場所を目的語にとる動詞、〔遇到〕など無意図的な動詞などには目的語を前置できない．但し〔忘 wàng〕〔丢 diū〕など動作を伴うのは可能なものがある．〔差 chà 点儿～你给忘了〕君のことを忘れるところだった．〔钢笔丢了〕ペンをなくした．〔可～你盼 pàn 回来一个盼了〕待ち望んでやまなかった．⑤…について…する：動詞にさらに目的語がある場合．〔～猪 zhū 卖了两只〕(何匹かいるうちから)ブタを2匹売った．〔～两只猪卖了〕(2匹しかいないとしても)2匹とも売った．②何らかの原因で、意に沿わないことになった事を表す：〔把〕の後の名詞は当事者．〔这几天可～我忙坏

把 bǎ

了〕この数日はまったく忙しかった．〔偏 piān 偏～老婆病倒了〕あいにく女房に病気になられた．〔～他放跑了〕何だってあいつを逃がしたんだ．③動作の行われる場所や範囲を表す．〔～几个屋子找遍了〕家中を探した．④〔口〕動詞を含まず、非難やからめの気持ちを表す．〔我～你这个小淘 táo 气鬼！〕このいたずら小僧め．〔看你能～我怎么样〕おれをどうできるってんだ．⑤…で：目的語・方法・手段を表す．〔～刀割 gē 下来〕〔用刀割下来〕ナイフで切り落とす．〔～麻绳捆了〕〔拿麻绳捆了〕麻ひもでしばる．〔那个人不住地～眼睛看我〕あの人はじろじろわたしを見ている．
(Ⅲ)…くらい．…そこそこ．〔百,千,万〕などまとまった数量の後について,〔里,丈,斤,个〕などの量詞の後について，数量に満たないことを表す．〔个～月〕1か月くらい．〔百～块钱〕百元そこそこ．〔块～钱〕1元そこそこ．
(Ⅳ)義兄弟の誓いをする．⑤…で，〔弟〕弟分．〔～嫂 sǎo〕兄貴分の妻．(姐)さん．→〔盟 méng ②〕 → bà

把鼻 bǎbí =〔把臂②〕〈白〉根拠.自信.〔没～〕根拠・自信・来由がない．
把笔 bǎbǐ 〔秉 bǐng 笔〕〈文〉筆をとる．〔随兴所～成诗〕興のまま赴くままに任せ筆をとれば詩ができる．
把臂 bǎbì ①=〔挎 kuà 臂〕互いに腕をとり合う（親密なさま）．〔～入林〕〈成〉いっしょに竹林に入って俗世から逃れる．〈喩〉意気投合する．②=〔把鼻〕
把边(儿) bǎbiān(r) 〔又〕〔バスケットボールなどで〕ライン近くを守る．〔～的〕同前の人．
把柄 bǎbǐng （器物の）柄．握り．とって．〈転〉〔交渉・要求・脅迫などに利用される〕証拠．弱点．ねた．つかまえどころ．〔文 橛 bà 柄〕ともいう．〔没～在他手里,他绝不敢无故要挟〕彼にしっぽをにぎられていないから、決して強要などはできない．〔抓住他的～了〕彼の泣きどころをおさえた．
把场 bǎchǎng ①射的場．②〔劇〕幕の後ろで出場・退場の時間やその他一切の細かいことを指示すること．
把持 bǎchí ①一手に握る．もっぱらにする．〔～政权〕政権をほしいままにする．②買い占める．利益を独占する．〔～市面〕市場を独占する．③こらえる．持ちこたえる．→〔把握〕
把舵 bǎduò ⇒〔掌 zhǎng 舵〕
把风 bǎfēng 〈口〉見張る．張り番をする．
把关 bǎguān ①関所を守る．②検査する．チェックする．〔把好质量关〕検査を通して製品の品質を保証する．
把棍 bǎgùn ⇒〔地 dì 痞〕
把家 bǎjiā =〔巴 bā 家〕〈口〉家をきりもりする．〔她很会～〕彼女は家をきりもりが上手い．〔～虎(儿)〕強欲な子．財物を何でもかかえこんで離さないこと．
把角儿 bǎjiǎor 〈口〉まがり角．まがり角．
把酒 bǎjiǔ ①⇒〔把盏〕②⇒〔行 xíng 酒①〕
把口儿 bǎkǒur 〈口〉道路の出口（すなわち角）に位置を占める．
把揽 bǎlǎn 〈口〉独占する．一人占めする．しょいこむ．→〔把敛〕
把牢 bǎláo 〈方〉確実である．間違いがない．多く否定に用いる．〔这件事托付他不～〕この件を彼に頼むのは大丈夫ではない．
把敛 bǎliǎn 〈方〉しっかり握る．独占する．
把脉 bǎmài ①脈をとる．〔诊 zhěn 脉〕に同じ．②〈喩〉調査分析し対策を立てる．
把袂 bǎmèi 〈文〉手をとり合って話し合う．対面して相語る．
把门 bǎmén 〔-儿〕①門を守る．門を見張る．〔～的〕

门番．②〔又〕（サッカーなど）ゴールを守る．〔把球门〕同前．
把弄 bǎnòng ⇒〔摆 duō 弄〕
把儿 bǎr =字解〔Ⅰ〕⑧⑨⑥
把式 bǎshi 〈口〉〔方〕①武术．〔天天清早起来练～〕毎日早く起きて武术をやる．〔打～〕武术をやる．②一芸に長じた者：職人に対する尊称．〔花 huā ～〕花づくり．園芸師．〔鱼～〕漁師．〔车 chē ～〕御者(者)．〔鸭 yā 子～〕ペキンダックの飼育人．〔鸟儿～〕鳥について精通している者．〔～！今天多受困了〕(老・四・惶20) 親方,きょうはひさしい思いをさせたね．③〈方〉こつ．技術．腕前．〔她养过好几年鸡,有点～〕彼女は長いこと養鶏をやっているのでなかなかの腕がある．
把手 bǎshǒu 手をとる．手を握る．〔把着手教〕手をとって教える．→ bǎshou
把守 bǎshǒu 守る．守備する．番をする．〔山海关有兵～〕山海関は軍隊が守備している．
把手 bǎshou 〈方〉①取っ手．ハンドル．握り．〔拉 lā 手〕ともいう．〔门～〕ドアのノブ．②（器物の）つかみ．持ち手．→ bǎshǒu
把水搅浑 bǎshuǐ jiǎohún 〈喩〉形勢や考えを撹乱する．かき回して混乱させる．
把素 bǎsù 精進潔斎する．→〔吃 chī 素〕〔封 fēng 斋〕
把头 bǎ·tóu 旧業界のボス．ドン．〔封 fēng 建～〕同前．〔包 bāo 工头〕
把玩 bǎwán 〈文〉手に取って賞玩(しょう)する．
把稳 bǎwěn ①堅固に保持する．安定させる．しっかりつかむ．〔你要～了舵 duò〕舵(だ)をしっかり持っていなさい．②〈口〉堅実で間違いない．しっかりしている．〔她虽然年轻,倒很～〕あの娘は若い割にしっかりしている．
把握 bǎwò ①握る．把握する．〔～一船舵〕船の舵(だ)をしっかり握る．〔～客观规 guī 律〕客観法則をつかむ．〔～住正确的政治方向〕正しい政治の方向をつかむ．②（物事）に対する見込み．自信：多くは〔有〕〔没有〕の後につける．〔不大～〕自信が余りない．見込みが余りない．〔做事,我还有～,凑 còu 钱,可没～〕仕事の方はかなり自信があるが,金集めの方は自信がない．〔他向来有～,决荒唐不了 liǎo〕彼は従来思慮深い男だから,決していい加減なことはしっこない．→〔掌 zhǎng 握〕
把晤 bǎwù 〈文〉会合する．会見する．
把戏 bǎxì ①曲芸・軽わざ・猿回し・手品など大道芸．〔匠 jiàng 门～〕〔耍 shuǎ ～的〕大道芸人．見せ物師．〔耍 shuǎ ～的〕手品使い．→〔杂 zá 技〕②いたずら．芸当（悪い意味で）．悪だくみ．〔弄～〕要～詭計を弄する．いんちきをする．③手口．やり方．手段．技術．〔他玩弄的是借刀杀人的～〕彼の手口は自分の手を汚さないやり方だ．→〔杂 zá 耍(儿)〕
把细 bǎxì 〈方〉慎重（にする）．〔别看他年纪,做事倒很～〕彼は年は若いが,仕事は大変慎重にやる．
把兄弟 bǎxiōngdì 義兄弟．〔盟 méng 兄弟〕〔义 yì 兄弟〕
把斋 bǎzhāi →〔封 fēng 斋〕
把盏 bǎzhǎn =〈文〉把酒①〕〈文〉酒杯をあげる：客に酌をすること．〔～敬客〕同前．〔独坐～〕一人でちびりでやる．
把住 bǎzhù ①守りを固める．②しっかり握りしめる．
把捉 bǎzhuō（要点を）押さえる．
把子 bǎzi ①束(たば)．〔秫 shú 秸～〕高粱の束．②〔旧〕（芝居小屋の）ボーイが客の求めに応じて湯水を投げ渡すおしぼり．③量詞．多く〔一〕また〔几〕の後に用いる．③一組・一群（そしる意味で）．〔来了一～

強 qiáng 盗〕強盗の一群がやってきた。⑥ 1本の縄についておける7，8頭の略駝を数える。ⓒ一握りの分量（多く細いものにいる場合）.〔一~韭菜〕一握りのニラ.→字解〕⑨⑮．⑷年齢・力・技能など抽象的な事物に用いる．〔真有一~力气〕すごい力性だ．〔加~劲儿〕ひとふんばりする．⑷→〔拜 bài 把子〕⑤〈転〉武劇で使用する兵仗・武器のこと．⑥〈転〉武劇の立ち回り．〔打~〕同前とする．〔练~〕立ち回りの練習をする．→〔切 qiè 末〕；bàzi

把总 bǎzǒng 〔清〕隊長：緑営軍の准尉で，中隊長程度のもの．→〔千 qiān 总〕

〔屄〕bǎ〈方〉大便(をする)．〔娃娃又~了〕赤ちゃんがまたうんちをした．→〔把⑤〕〔拉 lā ⑬〕

屄屄 bǎba〈口〉うんこ（小児語）．〔屙~〕うんこをする．

〔钯・鈀〕bǎ 化パラジウム：金属元素．記号 Pd. 白金属の一．〔~合金〕パラジウム合金．→ pá

〔靶〕bǎ ⑴（弓・射撃の）標的．〔胸 xiōng ~〕上半身形の的(も)．〔箭 jiàn ~〕弓の標．〔打~〕弓をひく．射撃練習をやる．⑵彎(ぽ)．⑶物バーン．〔靶恩〕の略．

靶标 bǎbiāo 標的．
靶场 bǎchǎng 射的場．〔打~〕〔靶子场〕ともいう．〔把场〕に同じ．
靶船 bǎchuán 標的艦．
靶点 bǎdiǎn 医放射線治療で放射線をあびせる患部．
靶恩 bǎ'ēn〈度〉バーン：素粒子物理学で使われる微小な有効面積の単位．〔靶〕ともいう．
靶壕 bǎháo 射撃場の標的の前に掘られた壕．
靶机 bǎjī 標的の機．
靶器官 bǎqìguān 医治療対象となる器官．
靶台 bǎtái 射撃手の位置．
靶细胞 bǎxìbāo 生理他の細胞や抗体の攻撃対象となる細胞．
靶心 bǎxīn ⑴（的）や目標の中心．〔距~5.11米〕中心より5メートル11センチ．
靶子 bǎzi ⑴的(を)．〔~场〕〔打 dǎ〕靶场〕射的場．矢場．⑵〈喩〉標的となる対象．⑶⑶スボクシング）のスパーリングの相手．

〔坝・壩〕bà ⑴堰(ぢ)．ダム：河水をせきとめて流水量の調節をする堰．〔水~〕同前．→〔堤 dī〕〔堰 yàn〕⑵堤防．土手．⑶旧〕ダム．平原．平野．⑷砂洲．沙〈坝〉〔沙~〕⑸〔坝~〕

坝地 bàdì ⑴堤防で囲まれた田畑．輪中(ゅぅ)．⑵〈方〉平地．
坝顶 bàdǐng 堰堤の上部．
坝基 bàjī 堰堤の基礎．
坝区 bàqū ダム地域．
坝埽 bàsào ⑴堤防に用いる蛇籠(ǧ)や藁(ひ)・木の枝の類．⑵〈転〉(堤防の)堤．土手．→〔埽〕
坝身 bàshēn 堤体．
坝台 bàtái ⑴土手．石垣．〔垒 lěi ~〕石垣を築く．
坝塘 bàtáng ⇒〔堤塘〕
坝田 bàtián ⑴堤防わきの田畑．⑵谷底の田畑．
坝址 bàzhǐ ダムの場所．
坝子 bàzi〈方〉⑴盆地．平地．〔川西~〕地成都平原．⑵ダム．

〔把〕bà 〔~儿〕⑴器物の取っ手．柄(ﾓ)．つまみ．〔印~子〕⑵印鑑のつまみ．⑶職權．権力．〔锅~儿〕なべの柄．〔茶壶~儿〕きゅうす・どびんの柄．〔剑 jiàn ~儿〕刀の柄．〔枪 qiāng ~儿〕銃把(ぺ)．⑷〔话~儿〕話の種．⑵茎．じく．⑶花・葉・果実や茎・枝と連絡する部分．基部．→ bǎ

把儿缸子 bàrgāngzi 取っ手のついたコップ．
把子 bàzi 取っ手．柄．つまみ．→字解⑴；bǎzi

〔爸〕bà 弓の握り．ゆづか．

〔爸〕bà〈口〉おとうさん：子が父に呼びかける称呼．〔~~ baba〕同前．〔~~妈 mā 妈〕とうさんかあさん．〔孩子他~〕（妻が夫へ）あんた．おとうさん．→〔父 fù 亲〕

〔耙（耙）〕bà ⑴農まぐわ．〔~耜 sì〕〈文〉同前．〔钉 dīng 齿~〕スパイクハロー．〔圆 yuán 盘~〕ディスクハロー．⑵（同前を用いて）掘りおこした土をならす．〔地已经一过了〕畑はもう土ほごしが済んだ．〔~土器〕砕土器．土をならす農具．→ pá

〔罢・罷〕bà ⑴やめる．中止する．放棄する．〔欲~不能〕やめようとしてもやめられない．⑵罷免をやめさせる．⑶〈方〉完了する．終わる．〔说~就走了〕言い終わるとすぐ行ってしまった．〔用~早饭〕朝食をとった．⑷感動詞．失望や怒りを表す．〔也 yě〕と連用して，やもよし，また…でもよしの意味を表す．〔去也~，不去也~〕行ってもいいし，行かなくてもいい．〔好也~，不好也~，总要试一回看看有什么〕いいにせよ，悪いにせよ，とにかく一度試しにやってみなければならない．⑹〈姓〉罷(ぱ)．→ ba 吧

罢罢 bàbà〈白〉感動詞．失望・憤りを示す．〔~！这样的媳妇久后必败坏门风〕きてきて，このような嫁はいずれは必ず家門を傷つけるものだ．
罢笔 bàbǐ ⑴書き終わる．⑵筆を折る．⑶文筆を断念する．
罢兵 bàbīng 戦争をやめる．
罢斥 bàchì〈文〉罷免する．
罢除 bàchú〈文〉やめさせる．
罢黜 bàchù ⑴排斥する．⑵免職する．
罢工 bàgōng 同盟罷業(をする)．〔同 tóng 情~〕同情罷業．同情ストライキ．〔总 zǒng ~〕〔大~〕ゼネスト．→〔复 fù 工②〕〔怠 dài 工〕

罢官 bàguān（官職を）罷免する．
罢会 bàhuì 会議のボイコット．
罢教 bàjiào（教員が）同盟罷業(する)→〔罢课〕
罢考 bàkǎo（学生が）受験ボイコット(する)
罢课 bàkè（学生が）授業ボイコット(する)．同盟休校(する)→〔旷 kuàng 课〕
罢了 bàle ⑴よろしい．ままえい，しかたがない．〔~，你别再发 fēi 话了，都交给我吧〕まいいよ，もう何も言わないで，わしにまかせてくれ．⑵＝〔罢呦〕…するだけのことだ．…するにすぎない．〔不 bú 过〕，〔无 wú 非〕，〔只 zhǐ 是〕などと呼応して文末に置き，〔而 ér 已〕（…のみ）の意味を表す．〔不过说句笑话~〕ちょっと冗談を言っただけだ．〔这还能算您 yōu 悠自适吗？不过是穷 qióng 开心~〕これが何で悠々自適なものですか，ほんの憂さ晴らしですよ．→〔结 jié 了〕〔就 jiù 是④〕〔完 wán 了〕⑶~のみならず．それだけにとどまらず．〔他不肯给我~，连回信也不给我〕彼がうんと言わないのはそれでいいとしても，返事さえこさない．〔早晚总得给他的，现在就给他也~〕遅かれ早かれどうせ彼にやらなければならないのなら，今やってもよかろう．

罢练 bàliàn（選手が）練習ボイコット(する)
罢了 bàliǎo ⑴深くは追及しない．〔只好~〕やむなくよしとする．⑵劇それには及ばぬ：(京劇で）受礼者が敬礼者に対して言う葉．
罢咧 bàlie = 罢了 le ⑵
罢论 bàlùn〈文〉中止．とり消し．
罢免 bàmiǎn 罷免する．〔~职务〕職を免ずる．〔~权

bà~bāi

罢 quán〕罷免権.→〔创 chuàng 制权〕
罢赛 bàsài 試合放棄(する)
罢市 bàshì (商人が)ストライキ(する).非売同盟(する):〔罢卖 mài〕ともいう.
罢手 bàshǒu 手をひく.中止する:多く否定に用いる.〔决不~〕決して手を引かない.
罢讼 bàsòng 同下.
罢诉 bàsù 訴訟をとり下げる:〔罢讼〕ともいう.
罢息 bàxī 同下.
罢休 bàxiū ＝〔罢息〕やめる.終わる.結着する:多く否定に用いる.〔两下里越说越急,谁也不肯~,两方面とも言い合えば言い合うほど激して来て,どちらもやめようとしない.〔那事一时不能~〕あの事はちょっとかたづかない.
罢演 bàyǎn 役者が出演を中止する.舞台をボイコットする.
罢议 bàyì 〈文〉審議を中止する.さたやみになる.
罢战 bàzhàn 停戦する.休戦する.
罢职 bàzhí 免職する.

[鲅] bà ⇒〔耙〕

[龅・齙] bà 〈方〉歯が外に出ている.〔~牙 yá〕出っ歯.そっ歯.〔眼眶 kōu 齿~〕〔慣〕目がくぼみ歯が出ている.

[霸(覇)] bà ①旧諸侯の長.覇者:〔春 chūn 秋五~〕斉の桓公,晋の文公,秦の穆公,宋の襄公,楚の荘王.〔称 chēng ~〕をとなえる. ②覇者.覇王.旗がしら:力をもって支配的立場に立っている者.同類の中で抜きんでている者.〔路 lù ~〕道路の管理権を悪用する者.〔恶 è ~〕ボス.親分. ③奪い取る.横領する.〔独~〕独り占めする.〔群 qún 雄割拠,各~一方〕群雄割拠し,それぞれ一地方を占拠する. ④〈姓〉覇(覇)
霸傲 bà'ào 横暴である.
霸逼民反 bàbī mínfǎn 〔成〕民衆が力の支配者に反抗を余儀なくされること.
霸持 bàchí 権力をかさにきて占有する.
霸道 bàdào ①覇者の道:仁義を軽んじ権謀術数を用いる覇者の政治をいう.→〔王道 wángdào〕 ②強引である.横暴である.〔横行〕~〕横暴なことをする.
霸道 bàdào ひどい.激しい.強い.〔这不是太~了吗〕これじゃあ,あんまりひどいじゃないか.〔疼 téng 得可~〕痛み方が途方もなくひどい.
霸夺 bàduó 強奪する.
霸扈 bàhù ⇒〔跋 bá 扈〕
霸蛮 bàmán 〈方〉①かたくなである.決然としている. ②無理強いする.強いる.
霸妻 bàqī 勢力をかさに人妻を横取りする.
霸气 bàqì 傲慢(である).横暴(である).〔那人~得~连全く傍若無人だ.
霸权 bàquán 独占的支配権.ヘゲモニー(国際関係で).〔~主义〕旧覇権主義:超大国による力を背景とした政策.
霸儿脸 bàrliǎn 劇(旧劇で)鼻から上は〔净〕の,鼻から下は〔小生〕の限取りをしている化粧.またその顔.
霸市 bàshì 市場を独占する.〔欺行 háng ~〕同前.
霸头 bàtou 〈方〉親玉.頭(がしら).ボス.
霸王 bàwáng ①旧覇者.覇主. ②覇者の王者.覇道と王道. ③覇者の称号:特に項羽の称号.〔別姬 jī〕項羽が垓下で囲まれ虞〕姫〕権力のある横暴な人.ボス.〔~条款〕〔喩〕横暴で一方的な約款.
霸王鞭 bàwángbiān ①民間舞踊に用いる彩色した１メートル位の棒:6～8分の穴をあけ,銅片などを入れて音をたて,カスタネットの役をする.②同

前を振って鳴らし歌い踊る民間舞踊:〔花 huā 棍舞〕〔打 dǎ 连厢〕ともいう.また銅銭をつけて鳴らすので〔金钱棍〕ともいう. ③緑珊瑚(ミ)の別称. ④＝〔金 jīn 刚纂〕ハナキリン(近縁種):トウダイグサ科の低木.
霸型 bàxíng 巨大(な).特大(の)
霸业 bàyè 旧諸侯の覇者となる大業.
霸鱼 bàyú ⇒〔鲅鱼〕
霸占 bàzhàn 不法占有する.〔使用军 jūn 事力量~別国領土〕軍事力を使い他国国土を占領する.〔~田产 chǎn〕不動産を横領する.
霸政 bàzhèng 権勢をもって行う政治.悪政.苛政.
霸主 bàzhǔ ①旧諸侯中の盟主.覇者. ②〈喩〉ある領域(区域)をおさえている人や集団.〔亚 yà 洲体坛~〕アジア体操界の覇者.

[灞] bà 〈~河〉地陝西省から渭河に入る.
灞桥折柳 bàqiáo zhéliǔ 〈成〉別れを惜しみ再会を約束する:〔灞桥〕は陝西省西安市の東郊を流れる灞河にかかる橋.昔長安を去る人をここまで見送って別れを惜しみ柳を手折って再会を約束したという.

[欛] bà 〈文〉①刀の柄:〔把(Ⅰ)②〕に同じ. ②まぐわ:〔耙〕に同じ.

[鲅・鮁] bà ＝〔〈文〉鲌〕魚貝サワラ:〔~鱼 yú〕は通称.〔霸鱼〕〔霸 lán 点~〕〔蓝点马鲛〕〔马 mǎ 鲛(鱼)〕〔燕 yàn 鱼②〕は別称.〔双线~〕ニジョウサバ.→〔鳕 chūn 鱼〕

[鲌・鮊] bà ⇒〔鲅〕→ bó

[吧] ba 助詞:もと〔罢・罷〕と書いた. ①文末に用いて疑問・推量・命令・懇請・命令などの語気を表す:断定を避けあいまいで口調をやわらげる.〔吗 ma〕に比べ推測の気分が強く,文中に〔大概〕〔也许〕の分ひょっとすると…かも知れない〕などの副詞がある場合は多く〔~〕を用いる.〔大概是~〕たいていそうでしょう.〔今天不会下雨~〕今日は雨は降らないでしょう.〔这座房子是新盖的~〕この家は新築でしょう.〔咱们就去~〕すぐ出かけましょうか.〔你去~〕行けよ.〔把茶拿来~〕お茶を持って来なさい.〔给我~〕わたしに(よこして)ください. ②文のとぎれるところに用いて,同意を表したり,また婉曲な語気を表す.〔好~,我答 dā 应你〕よかろう,承知した.〔行~,咱们试试看 kàn〕いいだろう,一つやってみるか.〔说~,不好意思:不说~,问题又不能解决〕言うのも具合が悪いし,言わないと問題が解決できない.〔动词の後に重ねて,その意味を軽くする.〔试试~〕やってみる.〔凑 còu 一凑~就有了几百块钱了〕ちょっと集めたら数百元にもなった. → bā

[罢・罷] ba 同上. → bà pí

bāi ㄅㄞ

[百] bāi
百划 bāihua,~huai 〈口〉①処理する.片付ける. ②修理する.手入れをする.いじくる.

[掰(挃・擘)] bāi ①手で割る.手でちぎる.〔~两半儿〕真っ二つに割る. ②分ける.分け離す:〔一个老玉米〕トウモロコシをもぎ離す.〔~着指头算〕指を折って数える.〈方〉ひきはがす.仲たがいにする.〔~交情〕仲の~不开的交情〕

bāi～bái　掰跸白

多年昵懇(㋮)の交わり．→[擘 bò]
掰百禄 bāibǎilù 回百禄の日に[百禄饼](ドーナッ状に作った菓子)を小児の首にかけ，これをはずして祝いに来てくれた人にちぎって食べてもらい，その喜びをわかつこと．→[百禄(儿)]
掰扯 bāiche 〈方〉①手でいじくる．[把皮儿～开瞧 qiáo 里头]外皮を引き裂いて内部を見る．②理屈をこねる．[你把这个理儿～开说明白了]きみがこの理屈をよく考えればわかってくる．
掰瓜露子儿 bāiguā lòuzǐr 〈喩〉内容を全部さらけ出す．かゆいところへ手が届くように詳細をきわめる．ざっくばらんにする．あからさまにする．
掰开 bāikāi ①割る．分ける．開く．分解する．[～石榴 liu]ざくろを割る．[把馒头～]マントーを割る．[掰不开镊 niè 子]④持て余す．⑤思い切りがつかない．②〈喩〉嚙んで含める．[～揉 róu 碎]同前．[我～地劝 quàn 你](老舎・龍鬚溝)わたしは口をすっぱくしてお前に忠告する．
掰脸 bāiliǎn 〈口〉仲たがいする．→[翻 fān 脸]
掰岁儿 bāisuìr 回小児が生まれて100日目に外祖母の家から[百禄饼]と同形の餅を贈る．餅の表面には[面 miàn 鲜]といって桃・杏・りんごなどの小片をつけて焼いてある．この餅を小児の首に掛けてお祝いの言葉をかけてから，井戸の側に持って行き，その一部分をちぎり取って井戸に投げ込み，残りは持ち帰って近隣の子どもたちに分け与える．子の福分を分け与え，また子どもたちの寿数をかりて，自己の小児の[长命百岁]を祈るもの．→[掰百禄]
掰腕子 bāiwànzi ＝[扳 bān 手腕][扳腕子]腕相撲(をする)

[跸] bāi 〈方〉足の障害で歩行が不自由である．[～子]同前の人．[脚～手残][貫]手足が不自由だ．

[白] bái （Ⅰ）①色白い(い)．白色(の)．〈転〉しろがね色(の)．[雪～]雪のように白い．[青天～日]青天白日．[～纸上写黑字]白い紙に黒字を書く．[不分青红皂～]青・赤・黒・白を分けない．〈喩〉でらめい．いい加減．[月～风清]月が冴え渡り，風は清々しい．[头发～了]髪が白くなった．②清らかである．純粋である．[身家清～]出自がきれいである．[手洗得真～]手をすっかりきれいに洗う(じゅう)．③明るい．[东方已经发～了]東の方がもう白んできた．④はっきりしている．明白である．[案情大～]事件の内容がすっかり分かってくる．⑤説明する．打ち明ける．陳述する．[自～][自白(する)．[表～]表明する．⑥[劇]せりふ．[唱 chàng]に対していう．[道～]同前．[科～]仕草と台詞．⑦口語(文)：[文(言)]に対していう．[文～对译]文語と口語の対訳．→[白话]⑧葬式・仏事などの不幸．[红 hóng 白](祝い事)に対していう．[红～事]慶弔事．[穿～]喪服を着る．⑨何もない．空(㋝)である．[～嘴儿吃饭]おかず無しで飯を食う．[烧成一片～]焼けて何もなくなる．⑩空(㋜)白．無駄に．[～费力气]無駄骨を折る．[～花钱]無駄遣いする．[～活了五十年]50年無駄飯を食った．⑪ただで(代償を求めないで．主として払わないで)．[既然托他做，也～不了 liǎo 他]彼に頼んでやってもらったのだから，ただにするわけにはいかぬ．[～吃，不要钱]タダだ，お金はいらない．⑫白い目で見る．[她～她一眼]冷たい目で彼女を見た．⑬野菜の白く柔らかな部分．[葱 cōng ～]ねぎの白い部分．⑭(政治的に)反動・反革命を表す．[红⑩]は進歩・革命を表す．⑮〈方〉味が薄い．水っぽい．[菜做得～了，加点盐 yán 吧]味が薄いから，少し塩を足して下さい．〈方〉塩で味付けすすること，またはその料理：醤油を用いたのを[红⑫]という．⑰→[白族]

⑱〈姓〉白(㋩)．
（Ⅱ）①(字の音や形が)間違っている．正しくない．[念～了]読み間違えた．[写～了]当て字を書いた．
白皑皑 bái'ái'ái 〈雪・霜の〉真っ白なさま．[山顶就在盛夏也被雪蒙 méng 着～的雪]山頂は盛夏でも白一色で雪に覆われている．→[白茫茫]
白矮星 bái'ǎixīng [天]白色矮星．
白艾 bái'ài →[艾]
白案(儿) bái'àn(r) ＝[面 miàn 案](調理上の区分で)飯炊き・烙餅焼き・マントー蒸しなどの主食作り．→[红案(儿)]
白白 báibái むだに．むざむざ．[～花了许多时间还是没修好]長い時間をむだに費やしたが，まだうまく修理できない．[我不能～输给他]おれはむざむざ彼に負けられない．
白白胖胖 báibái pàngpàng 丸々としたさま．
白百破三联疫苗 báibǎipò sānlián yìmiáo [医] 3種混合ワクチン：ジフテリア・百日咳・破傷風の混合ワクチン．
白班(儿) báibān(r) 〈口〉日勤．昼組[工人分～和夜班(儿)干活儿]工具は昼組と夜組に分かれて仕事をする．[上～]日勤する．→[日 rì 班]
白斑病 báibānbìng →[白癜风]
白板 báibǎn ①白板(㋭)．ホワイトボード．[～笔 bǐ]同前用マーカー．[～擦 cā]同前消し．②→[大dà 三元]　③→[白丁]
白版 báibǎn (書籍などの)空白部分．
白板天子 báibǎn tiānzǐ 〈喩〉その資格なくしてその位に在る者：晋は乱れて[国璽(㋬)]を失うに至ったため，東晋以後の諸帝を～と称した．
白榜 báibǎng 白紙に書いてある処分や批判の布告．
白宝石 báibǎoshí ⇒[金刚白石]
白报纸 báibàozhǐ ＝[报纸]②巻取紙．印刷してない新聞雑誌用紙．
白本 báiběn 回①注釈などが付いていない本文だけの本．②宋版で白色紙に印刷のでものしみ喰いの箇所を補装したものを[补 bǔ～]という．→[黄 huáng 本]
白鼻子 báibízi 〈喩〉ずる賢い悪者．ずるくてへつらう者：[白鼻头]ともいう．旧劇で悪役は鼻を白く塗った．
白璧微瑕 báibì wēixiá 白玉に微かな疵(㋖)．〈喩〉極く小さい過失．大体はよいがいささか欠点・難点があること．→[美 měi 中不足]
白璧无瑕 báibì wúxiá 白玉にして疵がない．〈喩〉完全無欠．純真無垢(㋢)[白玉无瑕]ともいう．
白边 báibiān [儿]マージン：字・図などの印刷された紙の周囲．余白．欄外．
白扁豆 báibiǎndòu [植]白インゲンマメ．→[扁豆①]
白膘 báibiāo ㋳肉の脂身．
白醭(儿) báibú(r) 白黴(㋏)．
白不 báibù 〈白〉どうしても(少しも)…しない．[叫了半日，～答 dā 应]長いこと呼んだが少しも返答がない．
白布 báibù [㋡]白布．晒し金巾(㋫)．[提花～]地色と同色の(すなわち白の)模様を織り出した金巾．
白不呲咧 báibucīliě 〈方〉①色あせている．[蓝lán 制服洗得有些～的了]紺の制服が洗いざらしで色あせた．②食い物が薄い．[菜里酱 jiàng 油放少了，～的，不好吃]おかずに醤油を少ししか入れなかったから，色も味も薄くて，おいしくない．③地味である．面白味がない．
白不肯 báibùkěn 〈白〉どうしてもきかない．[他今日不知怎的，～吃酒]彼は今日はどうしたのか，どうしても酒を飲まない．
白材 báicái ⇒[边 biān 材]

白 bái

白菜 báicài 植①ハクサイ：北部一带の冬の主要な野菜で〔大 dà 白菜〕ともいう.〔黄 huáng 芽菜〕〔结 jié 球白菜〕〔方 fāng 菘 sōng 菜〕 ②タイナ：中部・南部地域の野菜.〔小 xiǎo 白菜〕ともいう.チンゲンサイ・タアサイなどを含めていう.〔～帮子 bāngzi〕白菜の外側や根元のやや厚くて硬い部分.〔洋～〕〔圆 yuán ～〕〈口〉キャベツ.

白苍苍 báicāngcāng 〈方〉真っ白である.

白嚓嚓 báichāchā 青白い.血の気がなく白い.〔脸上～的〕顔が青白い.

白茶 báichá 白(ホ)茶：茶葉を少し発酵させたもの.

白茬(儿) báichá(r) むき出している.覆われていない.ⓐ農 刈り取りをした後の種蒔きをしていない畑.〔白碴(儿)〕とも書いた.ⓑ →〔白槎(儿)〕ⓒ表地のついていない毛皮.→〔白槎(儿)〕

白槎(儿) báichá(r) 同じⓑ

白槎(儿) báichá(r) ⓒ塗料をぬっていない木製の器具.〔白碴(儿)〕とも書いた.

白柴油 báicháiyóu =〔玉 yù 树油〕薬 カヤブテ油.

白菖 báichāng 植 ショウブ：〔菖蒲(ラ)〕の別称.〔白昌〕とも書く.

白炒 báichǎo 油・塩だけで炒める.またその炒め物.

白吃 báichī ①ただで食べる.〔～鱼还嫌腥 xing〕〈喩〉うまいことをしておきながらなお不平を言う. ②むだに食べる.〔～饱 bǎo〕腹一杯食べる. ③菜を添えずに食べる.おかずなしで食べる.→〔白嘴儿〕

白痴 báichī ①医白痴. ②〈罵〉ばか.あほう.

白吃饭 báichīfàn 〈喩〉①仕事もせずに報酬を受ける. ②〈罵〉ただめし食らい.ごくつぶし.

白吃猴 báichīhóu 〈喩〉①他人からごち馳走(ジ)になるばかりで,他人にご馳走をしない人. ②無銭飲食をする人.〔白老先生〕ともいう.

白炽 báichì 白く光っている.耿耿(ヨゥ)としている：〔白热②〕に同じ.〔～的灯光〕耿耿たる電灯の光.

白翅 báichì 中国料理に用いるふかのひれの一種,通称しろひれ.→〔鱼 yú 翅〕

白炽(电)灯 báichì(diàn)dēng 白熱電灯.

白唇鹿 báichúnlù クチジロシカ：青海・西藏(ザン)・四川などに特産する鹿の一種.

白瓷 báicí ①白色エナメル. ②白色珠琅(ヨウ). ③純白の磁器.白磁：〔白磁〕とも書く.→〔青 qīng 瓷〕

白醋 báicù 色の薄い酢：ふつうは濃赤黄色のものや黒酢に対していう.

白搭 báidā 〈口〉から騒ぎをする.役にたたない.むだになる.〔没块煤 méi,修好了路也是～〕石炭もないのに道路ばかり修理したって何になるか.〔他那个人劝 quàn 也是～〕あの人は忠告してもむだだ.

白打 báidǎ ①〈文〉素手で打つ(武器を持たずに戦う). ②旧蹴まりの名.

白大褂(儿) báidàguà(r) 〔大衣〕ともいう. ①服(医療従事者の着る)白衣. ②〈転〉医療従事者(医師・看護師など).

白带 báidài 医 こしけ.白带下.〔赤 chì 带〕〔带下〕

白丹 báidān 薬 白鉛.鉛華.

白蛋白 báidànbái 化 アルブミン.

白党 báidǎng ロシア革命後の反革命集団.

白刀子进去,红刀子出来 báidāozi jìnqù, hóng dāozi chūlái 〈喩〉(人や動物を)殺す.〔你太没种 zhǒng 了,要是我就给他个～〕きみはひとが意気地がないじゃないか,ぼくだったらあいつを殺してやる.

白道 báidào ①因 白道(ホゥ)：月の運行する軌道. ②〈方〉検察・警察・税務署など取締部門(〔黑 hēi 道〕(暴力団・やくざなど)に対していう. ③⇒〔白

白瞪眼儿 báidèngyǎnr ①黒目が小さく白目が大きい眼.〔相 xiàng 貌何还端正,就是那对～透着无神〕容貌はまだ端正な方だが,あの白がちな目は何とか力なさそうに見える. ②〈喩〉ただ見ているだけで何の足しにもならないこと.〔这是个绝 jué 症,早发现也是～〕これは不治の病だから,早期発見しても結局手の下しようはありません.

白地 báidì ①空地：作物・建物・樹木などのない土地. ②〔一儿白地〕(ネ).無地.〔～撒 sǎ 金的纸〕金粉を塗った紙.↔〔黑 hēi 地〕 ③⇒〔白区〕 ④〈文〉いたずらにた.むなしく.理由なく.

白点布 báidiǎnbù 紡耕(ホキ)のさらし金巾.〔白点花布〕花柄かすり.〔白点黑布〕黒地かすり.

白点颏 báidiǎnkē ⇒〔星 xīng 鸫〕

白癜风 báidiànfēng =〔白斑病〕〔白斑〕.なまず：色素の欠乏によって局部の斑紋を生ずる皮膚病.〔羊 yáng 白风〕もその類.→〔癜 bān 风〕

白丁 báidīng ①旧庶民.平民.〔白民〕〔白人(儿)〕〔白身〕〔白徒〕〔白衣人〕などもいった.〔～小民〕無名の平民. ②裸一貫である. ③文化程度が低い人.

白丁香 báidīngxiāng 植 ハシドイ(変種).→〔丁香〕 ②中医(雄)の雀の糞の俗名：粉末として切り傷の薬とする.

白洞 báidòng 宇 ホワイトホール：実際にはその存在は確認されていない.→〔黑 hēi 洞〕

白豆 báidòu 植 白大豆(ホ;)

白豆蔻 báidòukòu 薬 びゃくずく：生薬の一種.〔豆蔻①〕ともいう.

白读 báidú 口語の音(で読む).

白杜 báidù =〔丝 sī 棉木〕植 ヒメマユミ：ニシキギ科の一種.

白渡桥 báidùqiáo 地 上海のガーデンブリッジ：本来は〔摆 bǎi 渡桥〕(渡船場の橋)の意であるが〔白〕と〔摆〕とは音が似ているのでこのように呼ぶれた.また外国人が渡り賃がタダであったので(一説には〔外滩〕(旧称バンド)にあるので)〔外 wài ～〕ともいう.→〔摆渡去〕

白堕 báiduò 晋の酒造りの名手,劉白堕.〈転〉良酒.

白俄 bái'é ①⇒〔白俄罗斯〕 ②白系ロシア人.

白额侯 bái'éhóu 〔老 lǎo 虎〕(虎)の別称.

俄罗斯 É'éluósī 白俄(ヾィ)ともいう.〔～共和国〕ベラルーシ共和国：首都は〔明 míng 斯克〕(ミンスク).

白额雁 bái'éyàn 鸟 マガン.

白垩 bái'è =〔白増〕鉱 白垩(ホッ)：通称〔白土子〕〔方大 dà 白③〕ともいう.〔土 tǔ 粉子〕は壁に塗る同前.〔～纪〕地 白垩纪.〔～质〕生理 白垩質：歯根の外部を覆っている物質.

白耳狼 bái'érláng 〈罵〉悪賢くて険険な奴.→〔中 zhōng 山狼〕

白发 báifà 白髪(ホ).〔～浪 làng 潮〕シルバー化.高齢化.〔～事业〕シルバー事業：保険や介護など.

白幡 báifān (家に死者が出たことを示す)白いのぼり.

白番杏 báifānxìng →〔番杏〕

白矾 báifán ⇒〔明 míng 矾〕

白饭 báifàn ①(何も入っていないただの)米の飯.=〔豆 dòu 儿饭〕 ②おかずなしの飯.ライス. ③ただめし.〔無料の追加のライス.

白方糖 báifāngtáng (白)角砂糖.

白非洲 báifēizhōu 地 ホワイトアフリカ：サハラ沙漠以北のハム族・セム族などの居住地.→〔黑 hēi 非洲〕

bái　　　　　　　　　　　　　　　　　　　　　　　　　　　　　　　　白

白匪 báifěi ⇒[白军]

白费 báifèi むだに費やす.[～宝贵的时间]貴重な時間を浪費する.[～我的一切手数をかける.[～心机]むだな心配をする.苦労も水の泡.[～蜡là]〈方〉時間をむだにつぶす.むだ骨を折る.[～唇chún舌]〈方〉言うだけむだである.→[空kōng耗][枉wǎng费]

白粉 báifěn ①粉おしろい.②壁や壁内の白色土.③〈方〉ヘロインに:[〈音訳〉海hǎi洛因]の俗称.

白粉病 báifěnbìng [植]うどんこ病.

白粉花 báifěnhuā ⇒[紫zǐ茉莉]

白(锋)钢 bái(fēng)gāng ⇒[高gāo速(度)钢]

白腐病 báifǔbìng [农]蠟(癩)病.

白附子 báifùzi [中葯]シロブシ:サトイモ科独角蓮、またその塊茎:漢方薬として用いる.一部地方では[黄huáng花乌头](キバナトリカブト)の塊茎をいう.→[附子]

白干儿 báigānr 純焼酎:[白酒][烧shāo酒]に同じ.一般には[高gāo粱酒]の通称.

白钢 báigāng ⇒[高gāo速(度)钢]

白钢丝 báigāngsī ⇒[钢琴弦]白線:ピアノの弦に用いる高級鋼材で作った鋼線.

白鸽 báigē [鸟]白ハト:食肉用としても飼育される.[～票piào]旧広東で行われた一種の宝くじ:[～标biāo]ともいう.

白给 báigěi ①ただで与える.[这是～你的]これはただであげるんだ.②〈喩〉かなわない.比較にならない.相手にならない.

白宫 báigōng ①ホワイトハウス(アメリカ大統領官邸).②〈転〉アメリカ政府筋.

白狗吃肉,黑狗当灾 báigǒu chīròu, hēigǒu dāngzāi 白犬が盗み食いして黒犬が叩かれる.〈喩〉潔白な人が無実の罪をきせられる.

白狗子 báigǒuzi 旧国民党軍に対する蔑称.

白姑鱼 báigūyú [魚介]イシモチ:[白米子]ともいう.

白骨 báigǔ 遺骨.→[骨灰]

白骨顶 báigǔdǐng ⇒[骨顶鸡]

白骨精 báigǔjīng ①〈喩〉陰険で悪辣な女:もともと『西遊記』に出てくる女の化け者.②やりてのエリートサラリーマン:[白領](ホワイトカラー),[骨干(中堅)],[精英](エリート).

白瓜 báiguā ⇒[菜cài瓜]

白瓜子(儿) báiguāzǐ(r) 〈方〉南瓜(キミタ)の種:皮のついたまま煎ったもの.→[鸡jī蛋]

白鹳 báiguàn [鸟]シバシコウ:コウノトリ科の鳥.→[鹳]

白圭 báiguī 〈文〉白く清らかな瑞玉.[～之玷diàn]〈成〉立派な人や物にある小さな欠点・きず.

白果 báiguǒ [佛fó指甲②]銀杏(ギン)の実.[油浸～]サラダ油につけたぎんなん:肺病に効きめがある.→[银yín杏]

白果儿 báiguǒr 〈方〉たまごの別称.→[鸡jī蛋]

白果树 báiguǒshù [植]イチョウの木:[白果木]ともいう.[银yín杏树(树)]に同じ.

白果松 báiguǒsōng ①⇒[白皮松] ②[植]トウシラベ:[臭chòu冷杉]に同じ.

白蒿 báihāo タカヨモギ.ハイイロヨモギ:[蘩fán]は古名.→[艾ài 蒿]

白毫 báiháo 白い毛.〈転〉茶の一種:葉は白く柔軟で細毛がある.各種の香気を混ぜ,その花の名を冠して,例えば[茉mò莉～]のように呼ぶ.

白河 báihé ①河北省にある潮白河の上流:永定河と合し,天津に入り亍亍河と合流して海河となって渤海に入る.②河南省西南部より湖北省に流入漢水の支流:[淯yù水]は古名.

白合金 báihéjīn ⇒[巴bā氏合金]

白鹤 báihè ⇒[丹dān顶鹤]

白鹤仙 báihèxiān ⇒[玉yù簪(花)]

白虹贯日 báihóng guànrì 〈喩〉白い虹が太陽を貫く.[～噲]①兵乱の凶兆.②国を滅ぼす人相:白目の部分が大きいこと.

白喉 báihóu 〈喉痧〉[马mǎ脾风]医ジフテリア:[实shí扶的里亚]は音訳.[～菌jūn]ジフテリア菌.[～毒素]ジフテリア毒素.[～血清]医ジフテリア抗毒素.[～类毒素]ジフテリアトキソイド.

白糊糊 báihūhū [白乎乎][白胡胡][白忽忽]とも書く.ほんやりと白い.[笼lǒng罩着～的雾气]ほうっと霧が立ちこめる.

白狐 báihú [動]ホッキョクギツネ.シロギツネ:[北běi极狐]ともいう.

白虎 báihǔ ①伝説上の凶神で,西方(右側)に配す.[二èr十八宿]中の西方の七宿.[～星]〈喩〉疫病神.→[苍cāng龙②][道教②]西方の神.③[～星]〈口〉陰毛のない女.[青qīng龙]

白花 báihuā [皮pí棍花]附落綿.くず綿.

白花菜 báihuācài [風チョウソウ(風蝶草)]蔬菜の一種.薬用には塩づけにして食用する.

白花花 báihuāhuā 真っ白である.銀色に光っている銀の色や水の美しいさま.[～的一大堆duī银子]ぴかぴかの銀貨の山.

白花儿 báihuār 葬儀の際,会葬者がつける白い造花:胸の左側にさす.[～黑nèi纱]

白花蛇 báihuāshé ⇒[五wǔ步蛇]

白花舌儿 báihuāshér ⇒[白舌舌(儿)]

白花藤 báihuāténg ⇒[络luò石①]

白花桐 báihuātóng ⇒[桐]

白化 báihuà ①白っぽくなる.[～山林]枯れた山.はげ山.②医アルビノ.[～病bìng]同前.→[天tiān老儿]

白话 báihuà [語]白話(ワw):口頭語をもととする現代漢語の書きことば.歴史的には唐代の[変biàn文],宋以降の[话本]なども含める.特に五四[新文化运动]の頃主張された.単に[白⑦]ともいう.[文wén言][口kǒu语]

白桦 báihuà [植]シラカバ(白樺):[桦木][桦树]〈方〉[岳yuè桦]という.

白话舌(儿) báihuàshé(r) ⇒[白花舌儿]〈方〉口先のうまい事.実行の伴わない大言.[他一点没认真事就仗zhàng着～]彼は少しも本当の腕前はなく口先だけに頼る.

白话诗 báihuàshī 格律によらず,[白话]で書かれた詩:五四新文化運動以後行われた.→[新xīn诗]

白话文 báihuàwén 口語文:[白话]で書かれた文.[语yǔ体文]ともいう.

白话字 báihuàzì ⇒[台tái湾闽南语罗马字拼音方案]

白话 báihua 〈方〉[白货④]〈口〉空言.むだ口.[空口说～]むだ口をたたく.[瞎xiā～]でたらめな話をする.

白晃晃 báihuǎnghuǎng ぴかぴか輝くさま.[～的照zhào明弹]きらきら光る照明弾.

白活 báihuó [石huó次]

白活 báihuó ①[烧shāo活(儿)]死者のために焼く紙製の楼・車・箱などの細工.②天井や壁に紙を貼る仕事.③白く生きのびる.[～一輩bèi子]一生を無意味に暮らす.

白火 báihuǒ [エ]白色のヒートカラー:摂氏1,500° ～ 1,600°の白熱した火色.→[加jiā熱火色]

白货 báihuò ①旧税金逃れの闇商品.→[黑hēi货①] ②葬祭用の諸道具.③⇒[海hǎi洛因④]⇒[白话hua] ④⇒[白话④]

白芨 báijí シラン(紫蘭)[芨草][中zhōng国白

白 bái

芨〔朱 zhū 兰〕ともいう.根は白及(びゃくきゅう)といい,薬用される.

白鱀豚 báijìtún ⇒〔白鳍豚〕

白夹竹 báijiāzhú ⇒〔淡 dàn 竹〕

白甲鱼 báijiǎyú 魚サンセイクチマガリ.

白碱地 báijiǎndì 農アルカリ性の農耕不適地.

白键 báijiàn 音(オルガン・ピアノなどの)白いキー.白鍵

白浆 báijiāng 石灰の漿(しょう)液.

白僵蚕 báijiāngcán =〔僵蚕〕中医コシャリ〔蚕舎利〕一種のカビの寄生により死んだ蚕.薬用にする.

白降汞 báijiànggǒng =〔氯 lù 化氨基汞〕

白教 báijiào →〔喇嘛教〕

白金 báijīn ①金〔铂 bó 金〕の通称.〔～唱片〕ⓐプラチナレコード:100万枚を売ったレコード.ⓑ特別に功労のあった音楽家に与えるレコード.〔～卡 kǎ〕プラチナカード.②固銀の通称.

白金汉宫 báijīnhàn gōng〈音義訳〉バッキンガム宮殿:ロンドンにあるイギリス国王の宮殿.

白巾麻衣 báijīn máyī 喪服.

白晶晶 báijīngjīng 白くひかっているさま.〔～的盐 yán 霜〕真っ白くふきでた塩.

白净 báijìng 色白く美しい.〔白白净净〕色白のさま.〔长 zhǎng 得真～〕本当に色白(きれい)だ.〔～面皮〕白い顔(肌)

白酒 báijiǔ 烧酒(しょう)(総称)〔高 gāo 粱〕〔玉 yù 米〕,〔甘 gān 薯〕などから製した蒸留酒.〔烧 shāo 酒〕に同じ.〔黄 huáng 酒〕(紹興酒など)に対していう.無色で水分が少ないので[貯蔵できる]〔高粱酒〕はその代表的なもの.山西省汾陽県産の〔汾 fén 酒〕は有名.〔～红人面,黄金黑世心〕〈諺〉焼酎の人の顔を赤くし,黄金は世の人を腹黒くする.

白驹过隙 báijū guòxì〈成〉白馬(駿馬)の走り過ぎるのがすきまからちらっと見える:時間の経つのがまたたくように速いこと.〔白驹过却〕〔隙驹〕〔隙驷 sì〕に同じ.

白菊花 báijúhuā〔菊花(茶)〕の一種.

白剧 báijù 劇ペー族の伝統劇.

白卷(儿) báijuàn(r) ①(答案の)白紙.〔交～〕白紙の答案を出す.→〔卷子〕②〈喩〉成績・功績がないこと.

白军 báijūn =〔白匪〕史白軍(紅軍に対して)反革命側(反動派)の軍隊.↔〔红 hóng 军②〕

白开水 báikāishuǐ〔白汤ほ〕ともいう.〔白水②〕ともいう.〔凉白开〕冷たいさゆ.湯冷まし.

白口 báikǒu 罰木版書の版式の一種:〔版 bǎn 心〕(中央の折目)の上下全部白いもの.→〔黑 hēi 口〕

白口儿 báikǒur ①劇(旧劇などの)せりふ.せりふ回し.〔他不但唱工好,～也好〕あの役者は歌は上手いばかりでなく,せりふの言い回しもいい.〔千金-四两唱〕〈諺〉芝居で大切なのはせりふで,〔唱 chàng〕(歌)の方はたいしたことはない.②講談の語り口.〔他说聊斋 zhāi 的～真不错〕彼の"聊斋(りょうさい)"の語り口はとてもいい.

白口铁 báikǒutiě 工切断面の色が浅灰白色の銑鉄すなわち,〔白生铁〕(白铳鉄)や鋳鉄すなわち〔白口铁鉄〕(白鋳鉄).→〔铸铁〕

白矿油 báikuàngyóu 〔液 yè 状石蜡〕

白蜡 báilà ①[虫 chóng 蜡]:いぼたろう虫の分泌物を集めたもの.②蜜蠟の精製したもの.

白镴 báilà ⇒〔焊 hàn 锡〕

白蜡虫 báilàchóng 田イボタロウムシ:〔蜡虫〕〔水 shuǐ 蜡虫〕ともいう.

白蜡杆子 báilà gānzi 武術に用いる棒:〔白蜡棍 gùn〕ともいい,〔白蜡树〕の木材で作る.

白蜡树 báilàshù 植コバイボタノキ:中国産トネリコ属植物.〔梣 chén〕の通称.〔白蜡虫〕(イボタロウムシ)が多数寄生して〔白蜡〕を分泌する.樹皮を〔秦 qín 皮〕といい薬用する.

白蜡油 báilàyóu ⇒〔液 yè 状石蜡〕

白来 báilái ①むだ足を踏む.②ロハ(ただ)で入手する.③⇒〔刹 shā 车③〕

白兰地 báilándì〈音訳〉ブランデー:〔拔 bá 兰地〕〔勃 bó 兰地〕〔蒲 pú 兰地〕などともいう.〔～酒 jiǔ〕葡萄焼酒同前.

白兰瓜 báilánguā 甘粛地区に産するマクワウリ.

白兰花 báilánhuā〔缅 miǎn 桂〕植ギンコウボク.またその花:花は香料や〔花茶〕の原料となる.

白榄 báilǎn ①白緑色のオリーブ:〔乌 wū 榄〕(黒色のオリーブ)に対していう.②⇒〔橄 gǎn 榄〕〔橄李〕

白狼 báiláng 動シロオオカミ.〔空手套～〕〈慣〉ぬれで粟.

白朗宁 báilǎngníng ⇒〔勃 bó 朗宁〕

白老鼠 báilǎoshu 動ハツカネズミ:〔小 xiǎo 白鼠〕ともいう.②〈喩〉新薬の人体実験物.

白楞 báileng〈方〉白い目で見る:〔白愣〕〔白睖〕とも書く.〔～了他一眼〕冷たい目で彼を見た.

白梨 báilí 植カホクヤマナシ,またその果実.

白礼 báilǐ 弔慰金・香典など.〔送～〕同前を送る.

白栎 báilì 植ヒメカシワ:ブナ科の落葉樹.

白痢 báilì 医①疫(えき)痢の一種:便に白い粘液を出す.〔赤 chì 痢〕に対していう.②家畜の子のかかる急性伝染病の一.

白力鱼 báilìyú〔鳓 lè 鱼〕

白莲教 báiliánjiào 固秘密結社の名.仏教の白蓮教から起こった.元代に最盛をきわめ,明・清代にわたって民間に流行し,歴代の農民蜂起はよくこの名を用いた.〔义 yì 和团〕〔八卦教〕などはその支流である.→〔教匪〕

白脸 báiliǎn〔～儿〕劇(京劇に)かたき役:〔净 jìng〕の中の奸雄(きょう)型の役をいう.顔を一面に白く塗り〔粉 fěn 头②〕ともいう.〔唱 chàng〕同前を演じる.〔唱～的〕かたき役.→〔黑 hēi 脸〕〔红 hóng 脸②〕

白蔹 báiliǎn〔白苓〕とも書く.植ビャクレン(カガミグサ):根は薬用にする.

白脸山雀 báiliǎn shānquè ⇒〔大 dà 山雀〕

白练 báiliàn 白い絹.〈喩〉美しい水の流れ.

白粮 báiliáng 固江蘇・浙江両省から京師へ船で運んだ糯米.

白亮 báiliàng 白くてぴかぴかしている.

白磷 báilín 〔赤 chì 磷〕〔黄 huáng 磷〕黄(り)燐.燐.

白鳞鱼 báilínyú〔鳓 lè 鱼〕

白绫 báilíng 固白綸子(りんず)紋織物の一.たてよこともに絹を用い,製織技法に精練し,紗綾(さ)に似て厚く滑らかで光沢と粘気がある.

白鸰鸟 báilíngniǎo ⇒〔云 yún 雀〕

白蛉 báilíng 虫ブユ(ブヨ)の一種:吸血昆虫.〔摆 bǎi 领〕ともいう.〔～子〕は通称.〔～热 rè〕〔黑 hēi 热病〕医カラアザール.〔蚋 ruì〕〔三 sān 害④〕

白领 báilǐng 固ホワイトカラー.〔～阶 jiē 层〕〔～工人〕〔～族〕サラリーマン階層.〔～化〕サラリーマン化・中産階層化.〔～丽 lì 人〕若く美しいオフィスガール・サラリーガール.

白令海 báilǐnghǎi 地ベーリング海.〔～峡 xiá〕ベーリング海峡.

白榴石 báiliúshí 鉱白榴石(はくりゅうせき):イタリアの〔维 wéi 苏威火山〕(ベズビオ火山)に多い建築用石.

bái 白

白炉(子) báilú(zi) 北京西方から出る白色粘土と石灰とで作った炉:昔時、冬季暖を取るために[煤méi 球儿](石炭の粉と粘土で作った小さいどん)をたくのに用いられた.

白鹭 báilù 〚鳥〛シラサギ(総称).[小~]〚~鸶 sī〛コサギ.[大~]ダイサギ.[中~]チュウサギ.

白露 báilù 〚二 èr 十四节气〛の一.[秋分]の前の季節で陽暦9月8日か9日.

白萝卜 báiluóbo 白大根.[萝卜]に同じ.

白麻 báimá ⇒[苘 qǐng 麻]

白马 báimǎ 白馬.[~一王 wáng 子]白馬に乗った王子様:若い女性の憧れの男性像. ②[姓]白馬(ばり)

白马寺 báimǎsì 中国最古の仏寺:現在の河南省洛陽の東にあり、漢の明帝の時、摩騰・竺法蘭の二僧が西域から白馬に経を積んで来て、この寺を創建したといわれる.

白蚂蚁 báimǎyǐ ⇒[白蚁]

白鳗 báimán 〚鳗鲡〛

白曼陀罗 báimàntuóluó 〚植〛チョウセンアサガオ.またその花.[洋 yáng 金花]ともいい薬用する. →[曼陀罗]

白忙 báimáng 徒労に終わる.[~合 he][~和][~乎 hu][方]骨折り損になる.

白茫茫 báimángmáng 見渡すかぎり真っ白である.[~的雪下得漫山遍谷]山も谷も雪で真っ白だ. →[白皑皑]

白毛 báimáo ①[一儿]白い毛.[転]老人. ②=[白莓]徽(かび).[长 zhǎng 了~了]かびが生えた.

白茅 báimáo ①[植]チガヤ:イネ科の多年生植物.通称[茅草].[方]丝 sī 茅]ともいう. ②チガヤの白根.

白毛风 báimáofēng [方]暴風雪.大吹雪.

白毛女 báimáonǚ ①毛髪の白くなった女性. ②[劇]延安魯迅芸術学院の賀敬之と丁毅創作の新歌劇.後に映画化された:貧農の娘[喜儿 xǐr]が親の借金のかたに地主に弄(もてあそ)ばれ、山の洞穴に隠れ白髪となり、やがて八路軍に入った許婚(いいなずけ)に救出されるまでの物語.

白毛(儿)汗 báimáo(r)hàn [方]大汗.

白帽子 báimàozi [方]①新参者:もともと本土で食いつめ東北に流れてきた者が兎の皮の帽子をかぶっていたことから. ②回北京の警察官.

白眉 báiméi [文]兄弟または同類中でひとり傑出した者:三国の蜀の馬良の兄弟五人はいずれも優れ、みなあざ名に[常]の字がついた.馬良の眉に白い毛があったので[马氏五常、~最良](馬氏五兄弟のうち白眉の馬良が最も良い)といった.

白莓 báiméi ⇒[白藨bó]

白媒 báiméi 再婚の人の媒酌人.↔[红 hóng 媒]

白煤 báiméi ①⇒[无 wú 烟煤] ②[喩][電力用]の水流.

白霉 báiméi ⇒[白毛②]

白玫瑰 báiméigui ①白バラ. ②高梁酒に白バラの花弁を浸した酒.→[玫瑰]

白眉鸭 báiméiyā [鳥]シマアジ.[巡 xún 凫]ともいう.

白蒙蒙 báiméngméng (煙霧・蒸気などが)白く立ちこめている.

白米 báimǐ ①⇒[大 dà 米] ②白米:[红 hóng 米②](紅色の米)・[紫 zǐ 米](紫色の米)に対して、ふつうの米をいう.

白蜜 báimì 白い蜂蜜.

白棉纸 báimiánzhǐ 表面の毛羽立った柔らかい白い紙:ティッシュペーパー・美濃紙・レンズを拭く紙など.

白面 báimiàn ①小麦粉.メリケン粉. ②色白の顔.[~书生]⇒[青白脸]インテリ.世間を知らない大学出. ③[一儿]ヘロインの俗称で:[音訳]海 hǎi 洛因]に同じ.[~房 fáng]旧アヘンの吸飲所[烟 yān 馆]に対して下等のもの.

白描 báimiáo ①图中国画法で輪郭だけ描いて彩色を施さない描き方:人物画に用いる. ②文学作品の美文的潤色に対しての淡泊な描写法.

白膜 báimó ⇒[巩 gǒng 膜]

白魔 báimó [喩]麻薬.ヘロイン.

白沫 báimò 白い泡沫.泡.[吐~]泡をふく.

白墨 báimò [粉 fěn 笔]

白牡丹 báimǔdān 白い牡丹.[喩]女性の色白く美しいさま.[一朵 duǒ 能行的~]歩く姿は牡丹の花のよう.

白木耳 báimù'ěr [银 yín 耳]

白木炭 báimùtàn ⇒[白炭]

白内障 báinèizhàng 医内障.

白嫩 báinèn (肌が)白く柔らかである.白く若々しい.

白泥 báiní 白色を帯びた耐火粘土:溶鉱炉の内壁を塗るのに用いる.[~巴ba]アルカリ分の強い泥土:代用石鹼という.

白年糕 báiniángāo 食糯米(ぬるみ)で作った混ぜ物なしの[年糕](中国式の正月餅):[红 hóng 年糕]は赤砂糖をまぜた同副.

白牛 báiniú ①白い牛. ②⇒[中 zhōng 华白海豚]

白牛奶 báiniúnǎi [方]河北省宜化県産のブドウ.

白牌 báipái [口]非党員.

白判 báipàn 法実効性のない判決.

白胖 báipàng 色白でよく肥えている.[~子 zi]同前の人.[又白又胖的小孩儿]同前の子供.

白跑 báipǎo むだ足を踏む.[~了一趟 tàng]むだ足だった.

白泡(儿) báipào(r) ①白い泡. ②医皮膚の水ぶくれ.

白棚 báipéng 葬儀などの際、中庭に作る仮小屋. →[天 tiān 棚②][喜 xǐ 棚]

白砒 báipī ⇒[砒霜]

白皮棺材 báipí guāncái 白木の棺おけ.

白皮红心 báipí hóngxīn 外は白く内は赤い.[喩]①表面で国民党反動派などに所属するが実は共産党革命派のために働くもの.②外国に服従する態度を取っても実は祖国に尽くした者.

白皮书 báipíshū 白書.[经 jīng 济~]経済白書.[蓝 lán 皮书]

白皮松 báipísōng ⇒[方]白果松][白松②][三sān 针松][植]シロマツ:樹皮の内側が白い松.葉は三針.種子は食用する.

白漂布 báipiǎobù 機晒した天竺木綿.

白票 báipiào ①(投票で)白票. ②盤クリーンビル.信用手形.

白萍风老 báipíng fēnglǎo [文]浮草が衰え、風が老わる:秋の景観を叙する言葉.

白旗 báiqí ①白旗. ②[喩]資産階級的・非革命的思想(1950年代末).[拔 bá~]同前を払拭する. ③[喩]落伍している人・部門. ④同下.

白鳍豚 báiqítún ⇒[白鳘豚][動]ヨウスコウカワイルカ:クジラ目カワイルカ科の哺乳動物.

白契 báiqì =[草 cǎo 契]旧公式登記の済んでいない個人的な土地家屋売買契約書:[白头字儿](白字儿)に同じ.俗に公式登記を終え、官印のあるものを[红 hóng 契]といった.

白千层 báiqiāncéng ⇒[玉 yù 树⑤]

白铅矿 báiqiānkuàng 鉱白鉛鉱.セルサイト.

白　　　　　　　　　　　　　　　　　　　　　　　　　　　　bái

白铅皮 báiqiānpí ⇒〔镀 dù 锌铁(皮)〕
白笺(儿) báijiān(r) ①旧頼母子(たの)講で頼母子の実(金を受け取る権利)を持っている人.↔〔黑 hēi 笺(儿)〕
白(铅)铁 bái(qiān)tiě ⇒〔镀 dù 锌铁〕
白(铅铁)丝 báiqiān(tiě)sī =〔铅水线〕〔口〕〔铅丝〕亜鉛びき鉄線・針金:〔镀 dù 锌铁丝〕に同じ.
白前 báiqián 中医ビャクゼン.〔旧〕〔柳叶〜〕(ヤナギバ・カモメズル)の根と根茎.咳止め・消痰に用いる.
白钱 báiqián ①清の道光・嘉慶年間に鋳造された銅鐵.②賡(つ)造銀貨.③紙銭:死者や鬼神に供えるため焼く銭形に切った紙.
白镪 báiqiǎng 固銀の別称.
白切鸡 báiqiējī =〔白斩鸡〕食鶏を丸ごとざっと茹で小片に切ったもの.
白切肉 báiqiēròu 食豚肉をかたまりのまま茹でてから薄切りにしたもの:醬油・味噌などをつけて食べる.
白求恩 Báiqiú'ēn 人ノーマンベチューン(1889〜1939):カナダ人医師で,1937年から解放区にあって医療工作に従事し,河北省完県で殉職した.毛沢東は〔纪 jì 念〜〕を発表して彼の功績をたたえた.→〔老 lǎo 三篇〕
白区 báiqū 旧国共内戦時に国民党勢力下にあった地区:〔白地ヌ〕に同じ.→〔红 hóng 区〕
白屈菜 báiqūcài 植クサノオウ:有毒植物,ケシ科多年生草本.
白裙子 báiqúnzi〈喩〉夫(おっと)運の悪い女:旧時,喪中は白い〔裙子〕(スカート)をはくので,このようにいった.
白儿 bàir〈方〉①葱(ねぎ)の白根.②卵の白身.
白饶 báiráo ①ただで与える.まける.〔〜碗 wǎn 汤〕スープをまけおまけする.②むだになる.無益.〔过去的成功全算〜〕(老・駱)過去の成功も全くくだだった.〔一碗儿〕仲裁や願い事が失敗する:〔面子〕がむだになった.
白热 báirè ①物白熱.→〔红 hóng 热〕②白く光っている.こうこうと光る.
白热化 báirèhuà 白熱する.〔东南亚经济势力范围的争 zhēng 夺〜〕東南アジア経済勢力範囲の争奪は白熱化している.
白人 báirén〔白种(人)〕の略.
白刃 báirèn ①白刃.抜き身(の刀).〔〜战〕〔肉 ròu 博战〕白兵戦.②⇒〔刃棱(面)〕
白扔 báirēng まったくむだにする.〔棄てるために投ずる〕
白日 báirì ①太陽.②白昼.昼間.〔黑下〜〕白夜.夜昼.→〔白天〕
白日见鬼 báirì jiànguǐ〈成〉奇怪なこと.あり得ないからざること:〔白天见鬼〕〔白昼见鬼〕ともいう.
白日梦 báirìmèng 白昼夢.〔白日做梦〕〈成〉幻想を抱く.
白日升天 báirì shēngtiān〈成〉①登仙する.仙人になる.②身分の低い者がにわかに出世する.
白昼撞 báirìzhuàng〈方〉空巣ねらい.
白肉 báiròu 圍水炊きした豚肉.〔〜馆儿〕同前の専門料理屋.②色白の身体.
白朊 báiruǎn 真っ白な.
白朊丹宁 báiruǎn dānníng ⇒〔鞣 róu 酸蛋白〕
白润 báirùn (肌が)白く潤いがある.
白色 báisè ①色白い色(の).白色(の).②反動・反革命の象徴.〔〜政 zhèng 权〕反革命政権.〔〜恐 kǒng 怖〕白色テロ.→〔赤 chì 色〕③〈喩〉プラスチック・発泡スチロールなど人工汚染や添加物など白色の有害物.〔〜公害〕〔〜污 wū 染〕同前のものによる汚染.〔〜杀手〕偽の加工食品.④〈喩〉無害.合法.〔〜农业〕バイオ農業.〔〜收入〕正当な(正規の)収入.

白色人种 báisè rénzhǒng ⇒〔白种(人)〕
白色消费 báisè xiāofèi〈喩〉葬儀に関する消費:盛大な葬儀のための虚礼的費用.
白森森 báisēnsēn 冷たく白いさま.凄味があって白いさま:〔唯 wéi 有〜的一片月光〕白い月光が一面に降り注いでいた.
白砂 báishā ⇒〔硅 guī 砂〕
白砂(糖) báishā(táng) ①白砂糖:単に〔白糖〕ともいう.②白ざらめ.→〔砂(糖)〕〔糖(I)①〕
白山 báishān ①雪をいただいている山.②地名〔长 cháng 白山〕の略称.〔〜黑水〕長白山と黒竜江.〈転〉東北地方.③天山の別称.
白衫 báishān〈文〉①便服:〔亮 liáng 衫〕ともいう.②喪服.
白山埃 báishān'āi ⇒〔氰 qíng 化钾〕
白珊瑚 báishānhú シロサンゴ:〔越 yuè 王余算〕は別称.→〔珊瑚〕
白墡 báishàn ⇒〔白垩〕
白鳝 báishàn ウナギ:〔鳗 mán 鲡〕の別称.→〔黄 huáng 鳝〕
白伤 báishāng →〔红 hóng 伤〕
白芍 báisháo 中医白芍药:〔芍药〕(シャクヤク)の根の外皮をむいて乾燥したもの.外皮をつけたまま乾燥したものは〔赤 chì 芍〕といい,ともに鎮痛・止瀉・利尿や婦人病に用いる.
白蛇传 báishézhuàn 杭州西湖の〔雷 léi 峰塔〕にまつわる民間説話:旧劇では,白蛇の化身白素貞(白娘子)が侍女の小青(青の化身)と杭州へ行き,許仙という青年との愛に溺れ,やがて道士の法海によって〔雷峰塔〕の下にとじこめられるというもの.
白参 báishēn 中医①白参〔棒(ぼう)〕.南沙参.②生曬(ほ)参.→〔红 hóng 参〕
白生生 báishēngshēng 色の白いさま.
白生铁 báishēngtiě ⇒〔白口铁〕
白石 báishí ①白い石.②石灰石.
白食 báishí〈方〉ただめしを食うこと.〔吃〜〕ただ食いする.
白士 báishì ⇒〔寒 hán 士〕
白事 báishì ①喪事.葬式:〔文〕〔素 sù 事〕に同じ.↔〔红 hóng 事〕②事情を陳述する.
白氏塑胶 báishì sùjiāo ⇒〔酚 fēn 醛树脂〕
白手 báishǒu ①空手(からて).素手.〔你〜去?〕君は手ぶらで(進物を持たずに)行くのか.②白い手.
白首 báishǒu〈文〉白髪あたま:〔白头①〕に同じ.〔〜父 fù 母〕老父母.〔〜不渝 yú〕〈成〉白髪の老齢にいたるまで心変わりしない.
白手起家 báishǒu qǐjiā〈成〉徒手空拳から家を興す.裸一貫から身を起こす.〈喩〉極めて困難な条件で事業を興す:〔白手兴家〕〔赤 chì 手起家〕に同じ.
白寿 báishòu 99歳の誕生祝.
白薯 báishǔ ①⇒〔甘 gān 薯〕②むだに数える:〔这数 shù〕なのかけごとは,〈駡〉まぬけ,とんま.
白树 báishù 植タカトウダイ科の熱帯植物.
白树胶 báishùjiāo ⇒〔阿 ā 拉伯胶〕
白刷刷 báishuāshuā 真っ白いさま.
白水 báishuǐ ①ただの水:茶葉やその他のものを入れていない水.②さ湯.〔白开水〕同前.③〈文〉清らかな水.④〔工場などの白濁水.
白水泥 báishuǐní ホワイトセメント.
白水真人 báishuǐ zhēnrén〈喩〉銭:〔白〕と〔水〕で〔泉 quán 〕(古代の銭)を意味する.
白说 báishuō =〔白道③〕話をしても何の益もない.言うだけむだである.〔说了也〜〕同前.
白四喜儿 báisìxǐr 旧劇の〔丑 chǒu 角〕(道化役)の扮装:道化役は眉間・鼻・両頬に白粉を塗る.

bái / 白

白松 báisōng ①=[华huá山松][五wǔ钗松][五须松][五叶松]種タカネゴヨウ:マツ科の高木.葉は五針. ②⇒[白皮松]

白送 báisòng ①無料で贈る.無代進呈する. ②相手にならない.むざむざと負ける.[～了一条性命]むざむざと一命を捨てた.

白叟 báisǒu 〈文〉白髪の老人.

白苏 báisū 植エゴマ.またその種子:種子を[苏子zǐ①][荏rěn]ともいう.→[紫zǐ苏]

白塔油 báitǎyóu ⇒[黄huáng油①]

白拓油 báituòyóu ⇒[黄huáng油①]

白檀 báitán クロミノニシゴリ.シロサワフタギ:ハイノキ科植物.根を薬用する.

白炭 báitàn =[白木炭]ともいう.炭の表面に白い粉がふいたようになったもの.質が堅く,火力が強い.

白汤 báitāng 食肉類を水炊きしたスープ.または醬油を入れないスープ.→[高gāo汤][清qīng汤]

白糖 báitáng 白砂糖.白糖.[白沙(糖)②][粗粒～][粗砂(糖)][白砂(糖)][细砂(糖)][精白糖].→[糖（Ⅰ)][砂shā糖]

白陶 báitáo カオリンで焼かれた陶器:中国殷代の白色陶器.

白陶土 báitáotǔ 白陶土.→[高gāo岭(瓷)土]

白藤 báiténg =[方]红hóng藤][黄huáng藤]〈方〉省shěng簡)植トウ:椰子科トウ属植物.茎で藤細工を作る.

白题 báití ①匈奴(xiōng)の一族. ②匈奴・蒙古・満洲人の帽子.

白体 báitǐ （活字の）ライト:宋体字のような細めの字.[～字]ともいう.一様な太さの[黑hēi体②](ゴシック・ボールド)に対していう.

白天 báitiān 白昼.昼間. 日中.[～转zhuǎn多云]昼間は晴からの雲が多くなる(天気予報).→[晚wǎn上][夜yè里]

白天鹅 báitiān'é ⇒[大dà天鹅]

白田 báitián ①田畑. ②耕作していない田畑.

白条 báitiáo ①[～儿,～子]仮領収書.正式の伝票:公印の無いもの.白紙に手書きのもの. ②地方政府の発行する振替小切手. ③家禽・家畜の毛・腸・蹄・爪・内臓を取った丸ごとのもの.[～鸡]同前の鶏(肉),[～猪]同前の豚(肉). ④匕首(nǎng)に似た短刀.[～攮nǎng子] ⑤魚貝カワウソ:[白鯀]とも書く.

白铁工 báitiěgōng ⇒[铜tóng工]

白铁(皮) báitiě(pí) =[镀dù锌铁(皮)]

白厅 báitīng ホワイトホール:英国ウエストミンスターにある主要政府機関が入る王宮名.イギリス政府の別称.

白桐 báitóng 植シナギリ:材は軽くて色が白い.[白花桐][泡pāo桐]ともいう.

白铜 báitóng 白銅.[德dé国银][洋yáng～][锌xīn～]

白头 báitóu ①白髪あたま:[白首]ともいう.[～海雕diāo]鳥ハクトウワシ.[～鹛bēi][旧][～翁]鳥シロガシラ.[～鹟yào]鳥[白尾巴根子]鳥[泽ze鵑]鳥チウヒ. ②画署名無印.無印.[～帖tiě子]無記名の書付.

白头到老 báitóu dàolǎo ⇒[白头偕老]

白头山 báitóushān =[长cháng白山] 地白頭山(長白山):朝鮮と中国との国境にある火山.[白山②]は略称.

白头文件 báitóu wénjiàn 赤く印字されたタイトルも文書番号もない公文書:多く指導者の講話を文書として発する時に使う.→[红hóng头文件]

白头翁 báitóuwēng ①白髪の老人. ②⇒[白头鹎] ③[野yě丈人]植ヒロハオキナグサ:根を薬用する.

白头偕老 báitóu xiélǎo =[白头到老]〈成〉ともに白髪になるまで添いとげる.

白秃风 báitūfēng =[白癣]②医禿頭病.

白土 báitǔ ①[瓷 cí土] ②⇒[海hǎi洛因]

白土子 báitǔzi ⇒[白垩]

白兔 báitù ①白兔. ②月の別称.→[兔儿爷]

白脱(油) báituō(yóu) ⇒[黄huáng油①]

白玩儿 báiwánr ①ただで遊ぶ.金を払わずに遊ぶ. ②楽々とある.すらすらとやってしまう.

白薇 báiwēi 植①クロベンケイソウ. ②フナバラソウ,またその根:[薇②]に同じ.根は白薇(wēi)といい薬用する.

白尾海雕 báiwěi hǎidiāo =[海东青]鳥オジロワシ.

白尾鹞 báiwěiyào 鳥ハイイロチウヒ:[灰huī鷹]ともいう.

白卫军 báiwèijūn 史白衛軍:1917年ロシア革命以後に外国援助を受け樹立ったロシアの反革命軍.

白文 báiwén ①〈文〉注釈(zhù)本文だけに注釈のついていないもの. ②注釈のある本の本文. ③[印章の]陰文.→[朱zhū文] ④=族の文字(文章)

白屋 báiwū 〈文〉何の装飾もない部屋.〈喻〉貧乏人の家.[～出公卿qīng]〈成〉貧家から高位高官の人が出る.

白钨矿 báiwūkuàng 鉱灰重石:タングステンをとる.

白晳 báixī 〈文〉顔の色や皮膚の白いこと.[～的面孔]色白の面.

白席 báixí 慶事事の時手伝いをする人.[坐zuò～]同前の手伝いをすることによって香典や祝儀を出さずにごちそうの席にごくこ.

白喜事 báixǐshì 長寿者の葬式.

白细胞 báixìbāo =[白血球]生理白血球.→[血xuè细胞]

白虾 báixiā 魚貝テナガエビ.

白仙 báixiān ⇒[魏wèi仙全]

白鲜 báixiǎn =[白羊鲜]植ハクセン:ミカン科の多年生草本.根または根皮を薬用する.

白鹇 báixián 鳥ハッカン:キジ科の鳥.(明・清代の)官吏の礼服の胸と背に,文官は鳥を,武官は獣を刺繡した.[～]を刺繡したのは五品文官を表した.→[补bǔ子]

白线虫 báixiànchóng 虫蛔(huí)虫.

白鲞 báixiǎng 食[黄鱼②]や[白姑鱼](イシモチ)のひらき(干物)

白相 báixiàng 〈方〉遊ぶ.ぶらぶらする.散歩する.[～相]同前.

白相人 báixiàngrén 〈方〉チンピラ.やくざ.ごろつき.ならず者:[～嫂]→[二èr流子]

白蛸 báixiāo 農稻の立ち枯れ病.

白鞋 báixié ①白い靴. ②回服喪中であることを示すための白布を縫いつけた靴:埋葬前には靴全体には,埋葬後は先端の部分にだけつける.

白心韧铁 báixīn rèntiě 工白心可鍛鋳鉄:[白心马铁]ともいう.→[黑hēi心韧铁]

白熊 báixióng 動シロクマ:[北běi极熊](ホッキョクグマ)ともいう.

白絮 báixù ①[布团]のつめ綿:ふつう[棉mián絮]という. ②〈喻〉雪.雪片.

白癣 báixuǎn 医しらくも:小児の頭にできる皮膚病.[发fà癣]にに似う.→[白秃风]

白雪 báixuě 雪.[～皑ái皑]雪が一面に真っ白に降り積もったさま.[～公主和七个矮ǎi人][雪姑gū七友]劇白雪姫と7人の小人.

白血病 báixuèbìng 医白血病:[(ㅁ)幸xìng子病]

白　　　　　　　　　　　　　　　　　　　　bái

〔血癌〕ともいう.
白血球 báixuèqiú ⇒〔白細胞〕
白鲟 báixún 〔魚貝〕ヘラチョウザメ.→〔鲟〕
白盐 báiyán ⇒〔食 shí 盐〕
白盐井 báiyánjǐng 塩を産する井戸:雲南省洮州にあるものが有名.
白眼 báiyǎn ①白い目:憎しみや侮りを含んだまなざし.〔～看待〕白い目で見る.のけものにする.〔遭 zāo 人家～〕人からのけものにされる.〔～相看〕人を白眼視する.冷淡に待遇する.↔〔青 qīng 眼〕→〔冷 lěng 眼〕　②⇒〔鲴 zī〕
白眼鸟 báiyǎnniǎo →〔绣 xiù 眼鸟〕
白眼儿狼 báiyǎnrláng <喩>恩知らず.良心のないやつ.
白眼珠 báiyǎnzhū 〔-儿〕〔生理〕白目.眼玉の白いところ:〔眼白〕に同じ.→〔黑 hēi 眼珠〕
白燕 báiyàn ①白色の燕(古代には瑞鳥とされた).②上等の燕の巣(薬材用).→〔燕窝〕
白杨 báiyáng ハクヨウ〔楊柳科〕(ヤナギ科)ハコヤナギ属植物の〔毛〕(オニドロノキ),〔银〕(ハクヨウ.ギンドロ)の俗称.〔眼 yǎn 睛树〕は樹幹にこぶのある同前.〔钻 zuān 天杨〕(セイヨウハコヤナギ.ポプラ)などとともに街路樹や川沿い,また墓地などに植えられる.〔～树〕同前の木.〔～木〕同前の材木.
白洋 báiyáng 〔旧〕一元銀貨.
白洋布 báiyángbù 〔旧〕晒花巾(しゃかきん).
白羊鲜 báiyángxiān ⇒〔白鲜〕
白羊座 báiyángzuò →〔黄 huáng 道十二宫〕
白要 báiyào ただ取りする.〔～东西〕ただで物をもらう.
白药 báiyào 〔薬〕調合した白色粉末の傷薬:〔云 yún 南～〕は有名.
白页 báiyè 白いページ:電話帳の公共機関・党機関・社会団体などの番号が載る頁.→〔黄 huáng 页〕
白夜 báiyè 〔天〕白(び)夜.白(ぴゃ)夜(くや).
白衣 báiyī ①白色の衣服.〔～天使〕<喩>女性の看護師.〔～战士〕医師,または看護師.②〔旧〕平民:仕官しない者は白衣を着たことから.→〔白丁〕③〔旧〕召使中の少年が着る白い服.
白衣苍狗 báiyī cānggǒu =〔白云苍狗〕〔成〕世の中の事は変化きわまりないこと:〔天上白云如白衣,斯 sī 须变幻如苍狗〕(杜甫詩)による.
白衣大士 báiyī dàshì 〔慈 cí 航大士〕俗(世)音菩薩の俗称.
白蚁 báiyǐ =〔白蚂蚁〕〔虫〕シロアリ:〔客 shì 蟊〕〔蟊 wèi〕は文語.〔～油〕〔走 zǒu 水油〕白蟻(ぁッ)駆除油.〔三 sān 害〕
白役 báiyì 〔旧〕官庁の定員外の下雑役人.属吏.
白翳 báiyì 〔中医〕ほし目:〔星 xīng 翳〕〔云 yún 星翳〕ともいう.〔角 jiǎo 膜白斑〕に同じ.
白银 báiyín しろがね:銀の通称.〔～出口〕銀塊輪出.〔黄金～〕金銀.→〔银①〕
白油灰 báiyóuhuī ⇒〔油灰①〕
白柚 báiyòu 果肉の白いザボン.
白鱼 báiyú ①〔魚貝〕ニゴイ:コイ科の肉食性の魚.②〔魚貝〕シロウオ(ハゼ科).〔银 yín 鱼〕③〔虫〕シミ(衣魚・蠹魚):衣服・紙類などを食う銀白色の小虫.
白榆 báiyú →〔榆〕　②星の名.
白雨 báiyǔ 〔気〕晴天からにわかに降る雨や雹(ひょぅ):短時間でもだる.北方に多い.〔下了一阵 zhèn 子～〕同前の雨が降った.
白玉 báiyù 白玉(はくぎょく).
白玉兰 báiyùlán ⇒〔玉兰〕
白岳 báiyuè 〔姓〕〔白岳〕(はく)
白云苍狗 báiyún cānggǒu ⇒〔白衣苍狗〕

白云观 báiyúnguàn 北京西便門外にある道教の寺:金代に建立され,元の邱処機(長春道人)が成道した地.〔长 cháng 春观〕ともいう.
白云母 báiyúnmǔ 〔鉱〕白雲母.
白云深处 báiyún shēnchù <喩>山間僻地(に住む貧乏人):〔高楼深处〕(都会の高層ビルに住む金持ち))に対していう.
白云岩 báiyúnyán 〔鉱〕ドロマイト.白雲岩:天産の耐火材で耐火煉瓦の材料となる.〔白云石 shí〕ともいう.
白灾 báizāi 放牧地などの雪害.
白斋 báizhāi 〔旧〕肉断ち塩断ちする:動物質のもの,にんにく・にらなどや塩・味噌などを断って精進すること.
白斩鸡 báizhǎnjī ⇒〔白切鸡〕
白战 báizhàn 〔文〕①徒手で戦うこと.②白兵戦.③<喩>詩作に描写する事物を直接・間接的に示す語句の使用を禁じること.
白招子 báizhāozi 〔旧〕死刑囚を乗せた車に挿す犯人の名札.
白折子 báizhézi ①白紙を折って帳面にしたもの:ただ折りたたんだだけで,綴じていないので,広げれば長いものになる.②〔旧〕死亡通知(書).→〔折子②〕
白枕鹤 báizhěnhè 〔鳥〕マナヅル.〔红 hóng 面鹤〕ともいう.
白芷 báizhǐ〔白茝〕とも書く.①〔植〕ヨロイグサ(近緑のセリ科植物);〔茝〕に同じ.②〔中医〕びゃくし:同前の根.感冒・頭痛などに用いる.
白纸 báizhǐ ①白紙.②顔色が青白いさま:〔脸如～〕顔色が真っ青だ.
白纸黑字 báizhǐ hēizì 〔成〕白紙に黒字を書く:〔白纸落黑直儿〕〔白纸上写黑字儿〕ともいう.④紙に書かれた確かな証拠.②既成事実は元に戻せないこと.〔～,真 zhēn 凭实据!〕
白纸须子 báizhǐxūzi 〔方〕凶時,忌中のしるしの紙のふさ:白紙を細く切り一束の長いふさを作って門の脇にぶらさげ喪中であることを表示するもの.
白质 báizhì 〔生理〕白質.
白种(人) báizhǒng(rén) =〔白色人种〕白色人種:〔欧 ōu 罗巴人种〕(ヨーロッパ人種)ともいう.〔音義訳〕雅 yǎ 利安族〕(アーリアン族),〔音義訳〕闪 shǎn 族〕(セム族),〔音義訳〕含 hán 族〕(ハム族)を〔～三族〕という.→〔人 rén 种〕
白昼 báizhòu 〔文〕白昼(ばっちゅう).⇒〔白日〕
白术 báizhú 〔植〕オオバナオケラ:キク科オケラ属の植物.根茎を健胃薬とし,びゃくじゅつという.→〔术〕
白煮 báizhǔ 水炊きする.〔～肉〕水炊きした肉.
白纻 báizhù 〔紡〕純白の薄い麻織物.上等の麻布.
白专 báizhuān 専門分野に優れ,政治思想には音痴である:〔红 hóng 专〕に対していう.
白妆 báizhuāng 〔文〕女性の清楚な化粧.
白撞雨 báizhuàngyǔ 〔方〕にわか雨.〔下了一场～〕ひとしきりにわか雨が降った.
白浊 báizhuó 〔中医〕淋:〔淋 lìn 病〕に同じ.
白子(儿) báizǐ(r) 碁石の白石.↔〔黑 hēi 子(儿)〕
白字 báizì 〔文〕あて字.誤字.→〔別 bié 字①〕〔错 cuò 字〕
白字戏 báizìxì 〔劇〕広東省海豊陸豊地方の劇.
白鬃 báizōng 白豚毛.→〔鬃〕
白棕绳 báizōngshéng 〔棕②〕
白族 báizú ペー族:中国少数民族の一.主に雲南省大理に居住する.もと〔民 mín 家〕といった.〔～吹 chuī 吹腔〕同前の芝居.
白嘴儿 báizuǐr ①おかずなしでご飯だけを食べること.まどご飯なしでおかずだけ食べること.〔～吃饭〕おかずなしで飯を食う.→〔白吃〕　②ただで食べる

bái～bǎi 白百

こと.〔吃～〕金を使わずに他人のごちそうになる.

〔百〕bǎi ① (数の)百.〔一～〕同前.→〔佰①〕②たくさんの.多くの.〔货 大楼〕〔～货公司〕〔～货(商)店〕百貨店.デパート.④〈姓〉百(ひゃく) → bó

百八烦恼 bǎibā fánnǎo 仏(仏教で)108種あるといわれる人間の煩悩(ぼんのう)

百八年尼 bǎibā móuní 〔数 shù 珠(儿)〕(じゅず)の別称.〔百八丸〕

百八丸 bǎibāwán 同上.

百八钟 bǎibāzhōng 仏(仏教の)寺で朝晩撞(つ)く108の鐘声.〔百八烦恼〕にかけて撞く.

百把 bǎibǎ 百ばかり.〔一块钱〕100元そこそこの金.

百拜 bǎibài ①〈文〉何回となく拝する.②〔牍〕書簡の末尾に書く語.→〔再 zài 拜〕

百般 bǎibān ① さまざま(の・に).いろいろ(の・に)〔～劝 quàn 解〕いろいろと忠告し仲なおりさせようとする.〔～刁 diāo 难 nàn〕極力非難する.〔～辩 biàn 护〕極力弁護する.

百宝 bǎibǎo いろいろな貴重品.〔～柜〕飾り棚.〔～箱〕宝箱.〔～囊 náng〕貴重品袋.

百倍 bǎibèi ①百倍.〔一～〕数100倍.②充満する.大きく増える:数量や程度が極めて大いこと.〔信心～〕〈成〉自信満々.

百弊 bǎibì〈文〉各種の弊害.〔～丛 cóng 生〕〈成〉各種の弊害が続出する.

百变不离其宗 bǎibiàn bùlí qízōng〈慣〉さまざまに変化しても原則を離れないこと.

百病 bǎibìng 万病.

百部 bǎibù〔野 yě 天门冬〕ビャクブ:根は薬用となる.咳止めに効く.煎汁は虱(しらみ)およびその他虫類の駆除に効がある.

百步穿杨 bǎibù chuānyáng〈成〉弓射撃の腕前の確かなこと.→〔百发百中〕

百布顿 bǎibùdùn〔蛋 dàn 白脉〕

百步蛇 bǎibùshé ⇒〔白 bái 花蛇〕

百布圣 bǎibùshèng ⇒〔胃 wèi 蛋白酶〕

百不失一 bǎi bù shīyī〈慣〉絶対確実である.

百草 bǎicǎo 各種の草.ちぐさ.

百草霜 bǎicǎoshuāng 中医えんとつや鍋底などの煤(すす):止血.化脓(う).解毒の薬にする.〔釜 fǔ 脐墨〕〔锅 guō 底灰〕ともいう.→〔煤 méi 灰〕

百城 bǎichéng〔坐 zuò 拥百城〕

百尺竿头 bǎichǐ gāntóu〈成〉百尺の竿の先.〈喩〉極めて高いこと.〔～,更 gèng 进一步〕〈喩〉ぐっと程度を高める.

百出 bǎichū〈文〉百出する:多くそしる意に用いる.〔花样～〕〈慣〉さまざまな手段を弄す.

百川 bǎichuān〈文〉あらゆる河川.あらゆる流水.〔～归海〕〈会〉全ての川は海に帰る.〈喩〉全てのものが一箇所に集まること.大勢のおもむくところ.

百搭 bǎidā ①マージャンの〔牌〕の一種:他のどの〔牌〕にも通用できるもの.②〈転〉何でもできる器用な人.〔他是～,无论什么事都会干〕彼は器用な人でどんなことでもできる.③⇒〔大 dà 王③〕

百读不厌 bǎidú búyàn〈成〉いくら読んでも読みあきない.

百端 bǎiduān ①〈文〉いろいろの事.あらゆる事.万事.〔自从革命之后,真是～维新〕革命後は本当に万事新式になった.②〔一昼一夜:昼夜を百刻に分けた〕③100度.沸騰点.

百端待举 bǎiduān dàijǔ〈成〉多くの事柄が処理されるのを待っている.建設または実施させるべきものがたくさんある.

百儿八十 bǎi'erbāshí 百そこそこ:百内外の不定数

をいう.〔～块钱〕100元そこそこ.→〔千 qiān 儿八百〕〔万 wàn 儿八千〕

百发百中 bǎifā bǎizhòng〈成〉百発百中:なにをやっても成果をあげること.→〔百步穿杨〕

百废待举 bǎifèi dàijǔ〈成〉あらゆる捨て置かれているものが再興されるのを待っている:〔百废待兴 xīng〕ともいう.

百废俱兴 bǎifèi jùxīng〈成〉すたれたものがすべて復興される.〔百废俱举〕ともいう.〔俱〕は〔具〕とも書いた.

百沸汤 bǎifèitāng 長く沸かした湯.

百分 bǎifēn ①100点:百点制の満点.②〔-儿〕トランプ遊びの一種.〔打～儿〕同前をする.

百分比 bǎifēnbǐ 数パーセンテージ.百分比.

百分表 bǎifēnbiǎo ダイヤルゲージ(精密測定器):目盛り100分の1ミリ.

百分尺 bǎifēnchǐ 機マイクロシーター.

百分点 bǎifēndiǎn 1パーセントポイント(統計学で用いる).〔七个～〕7ポイント.

百分法 bǎifēnfǎ=〔分厘法〕数百分法:〔子 zǐ 母法〕は旧称.

百分号 bǎifēnhào 数パーセントを表す符号"%".

百分率 bǎifēnlǜ パーセンテージ.

百分数 bǎifēnshù パーセント.

百分之… bǎifēnzhī… …パーセント.〔～五〕5パーセント.

百分之百 bǎifēn zhī bǎi 100パーセント.〈転〉全部.すべて.〔～地完成了任务〕任務をすべて完了した.〔这件事我有～的把握〕この事は100パーセントの自信がある.

百分制 bǎifēnzhì(学校の)100点満点法.〔百分记分法〕ともいう.〔100分〕(100点)を最高とし〔60分〕を合格点とするもの.

百福图 bǎifútú ⇒〔百寿图〕

百感 bǎigǎn いろいろな感想.〔～交集〕〈慣〉感慨無量である.万感胸にせまる.

百舸争流 bǎigě zhēngliú〈成〉多くの大船が盛んに往来するさま.〈喩〉活気あふれ繁栄するさま:〔百舸千樂 jiǎng〕ともいう.

百谷 bǎigǔ あらゆる種類の穀物.→〔五 wǔ 谷〕

百官 bǎiguān〈文〉すべての官吏:〔百官〕〔百僚〕ともいう.〔文武～〕〈慣〉文武百官.〔～铎 duó〕明の倪元璐の作った〔升 shēng 官图〕(すごろく)

百果 bǎiguǒ 各種の果実.〔年糕〕食クルミ・ナツメ・リュウガンなどを入れた〔年糕〕

百行百业 bǎiháng bǎiyè〈成〉各種の職業.

百行通 bǎihángtōng 万事通.

百合 bǎihé 植ユリ(百合).またその花と根(ユリ根):〔蒜 suàn 脑薯〕はユリ根の別称.

百花 bǎihuā〈喩〉あらゆる花.→〔百花齐放〕

百花奖 bǎihuājiǎng 中国の映画賞.

百花酒 bǎihuājiǔ ①〔百花〕を入れて醸造した酒.②江蘇,鎮江一帯に産する甘い酒の名.

百花齐放 bǎihuā qífàng〈成〉さまざまの花が一斉に咲き乱れる.〔～,百家争鸣〕史芸術における各種異なった形式および風格を自由に発展させ,科学における各種異なった学派を自由に争論させる方針.中共中央から1956年5月提出された方針.

百鬟髻 bǎihuánjì(女性の)ぐるぐる巻きの髪.

百会 bǎihuì 中医脳天にある灸の経穴(つぼ)の名.

百会百穷 bǎihuì bǎiqióng〈慣〉何でもできる人は結局いろいろと苦しむ.器用貧乏.→〔百艺不如一艺精〕

百货 bǎihuò 百貨.各種の商品.〔日用～〕日用雑貨.

百货公司 bǎihuò gōngsī デパート.百貨店.〔百货

百 bǎi

大楼.〔百货店〕〔百货商店〕ともいう.
百计 bǎijì さまざまな計略.〔~千方〕〔千方~〕〈慣〉あの手この手.
百家 bǎijiā ①⇒〔诸 zhū 子百家〕 ②大勢の人や家族.⇒〔百花齐放〕
百家饭 bǎijiāfàn 大勢の人から少しずつの米や雑穀を集めて作った食物:厄除けのために食べる.〔吃~〕⑩同前と食べる.⑮物もらいをする.
百家锁 bǎijiāsuǒ 旧赤ん坊が丈夫に育つようにと親戚・友人などたくさんの人から少しずつ金を集めて作って贈るお守りの錠(じょう):生後満1か月すなわち〔满 mǎn 月〕の祝いの時に贈られる.→〔锁①〕
百家姓 bǎijiāxìng 面諸家の姓氏を集綴し〔赵钱孙李,周吴郑王〕のように四字句で押韻し排列してあるもの:単姓408,複姓30を収めている.宋代に民間で作ったもの.旧時,村塾の童蒙の教科書として用いられた.〔小 xiǎo 书〕ともいう.
百家衣(儿) bǎijiāyī(r) ①⇒〔百衲衣〕〔敛 liǎn 衣〕100軒の家(多数の家)に頼んでもらい集めた端切れ(ただし,白・黄・紫・王・各姓の家を忌み避ける)で縫いあげた着物:〔满 mǎn 月〕の祝い品. ②⇒〔百衲衣〕
百家争鸣 bǎijiā zhēngmíng →〔百花齐放〕
百裥裙 bǎijiǎnqún ⇒〔百褶裙〕
百脚 bǎijiǎo ⇒〔蜈 wú 蚣〕
百结 bǎijié ①〈喻〉同心協力すること. ②〈喻〉心の憂い.〔一饮 yǐn 解~,再饮破百忧〕一飲しては心中の憂いを解き,再飲して百憂を破る.
百结衣 bǎijiéyī つぎはぎだらけの着物.→〔百家衣(儿)〕
百科 bǎikē 百科.〔~辞 cí 典〕百科辞典.〔小~〕ブチ百科.ミニ百科.〔~全 quán 书〕エンサイクロペディア.百科全書.〔~全书派 pài〕百科全書派.
百克 bǎikè 〈度〉ヘクトグラム.〔公 gōng 两〕は旧称.100〔克〕(グラム)で1〔公 gōng 斤〕(キログラム)の10分の1.
百孔千疮 bǎikǒng qiānchuāng 〈成〉疵(きず)や穴だらけ.〈喻〉破綻(はたん)百出.満身創痍(そうい).〔千疮百孔〕ともいう.
百口 bǎikǒu ①家の人全部. ②人が多くて口やかましいこと.〔大家族~不一,当 dāng 家的人要是心里没准儿很难办事 大家族は人が多くて口やかましいから,家長がしっかりしていなかったらおさまりがつかない. ③いろいろと弁解する.言葉を尽くして説明する.〔~莫 mò 辩〕〈成,喻〉〔~难 nán 辩〕〈~难分〕〈慣〉どう言っても言い訳ができない:無実の罪をかぶせられたときなど.
百揆 bǎikuí 〈文〉国政をすべる大官.総理大臣.
百老汇 bǎilǎohuì 地ブロードウェー:アメリカ,ニューヨーク市のマンハッタンの大通り.
百里 bǎilǐ 〈姓〉复姓.
百里不同风 bǎilǐ bùtóngfēng 〈諺〉ところ変われば品変わる:〔百里不同俗 sú〕ともいう.
百里才 bǎilǐcái 〈文〉一邑を治める才.小才.せいぜい地方長官並みの才能.
百里酚 bǎilǐfēn ⇒〔百里(香)酚〕
百里负米 bǎilǐ fùmǐ 〈成,喻〉自分が貧しくても親に孝行すること:子路が親のために百里も離れたところへ米を運んだ故事(孔子家語・致思)
百里侯 bǎilǐhóu 〔县知事の別称.
百里脑 bǎilǐnǎo ⇒〔百里(香)酚〕
百里挑一 bǎilǐ tiāoyī 〈喻〉えりぬきの物または人.
百里香 bǎilǐxiāng 植タチジャコウソウ(ヒャクリコウ)
百里(香)酚 bǎilǐ(xiāng)fēn =〔百里脑〕麝 shè 香草酚〔薬〕チモール:回虫・蟯(ぎょう)虫などの駆虫薬.
百连衣 bǎiliányī ⇒〔百家衣(儿)①〕

百炼成钢 bǎiliàn chénggāng 〈成〉長期間の鍛練をしてたくさんし成長した人だ.〔他是个一的好汉〕彼はしっかりした男だ.→〔千 qiān 锤百炼〕
百炼千锤 bǎiliàn qiānchuí 〈成〉きびしい鍛錬を重ねること.
百僚 bǎiliáo ⇒〔百官〕
百灵 bǎilíng ①鳥コウテンシ(告天子):〔~鸟〕蒙 měng 古~.〈又〉他の鳥たちの鳴き声をまねる. ②鳥〔~科〕(ヒバリ科)に属する鳥(総称):ヒバリは〔云 yún 雀〕という.〔歌~〕ヤブヒバリ.〔角~〕ハマヒバリ. ③〈文〉諸々の神.
百鸰 bǎilíng 鳥モウコカササギ.
百翎雀 bǎilíngquè ⇒〔云 yún 雀〕
百灵舌 bǎilíngshé 〈音訳〉(心霊研究用)プランセット.こっくり板:2個の脚輪と1本の鉛筆とで支えている板で,この板の上に手を乗せるとその人の意思を鉛筆が自動的に書くとされる.
百六 bǎiliù 〈文〉①〈喻〉厄運.災難. ②→〔百五(日)〕
百禄 bǎilù(r) 生後100日目の祝い:生後30日目の〔弥 mí 月〕,満1年の〔周 zhōu 岁〕に比べ簡略に行われ,母の実家の方から多少の祝品が届けられるともいう.
百忙 bǎimáng 多忙.繁忙.〔~(之)中〕挨ご多忙中:他人のことに用いる.〔您在~中来看望我们,太感谢了〕ご多忙のところ,わざわざお訪ねに来てくださいまして,どうも有難うございました.
百媚千娇 bǎimèi qiānjiāo ⇒〔千娇百媚〕
百米 bǎimǐ ①〈度〉100メートル.ヘクトメートル.〔公 gōng 引〕は旧称.→〔米田〕〔百米赛跑〕の略.
百米赛跑 bǎimǐ sàipǎo 区100メートル競走:〔百米②〕ともいう.
百密难免一疏 bǎimì nánmiǎn yīshū 〈諺〉蟻(あり)の穴から土手も崩れる:〔百密而一疏〕ともいう.
百慕大群岛 bǎimùdà qúndǎo 地バミューダ諸島:アメリカ南西の大西洋上にある英領の群島.
百衲 bǎinà 沢山のものをつぎ合わせること.〔~本〕異なる版本を集め一部としたり,残巻をよせ集めて一部とした書籍.〔~琴 qín〕桐の細板を膠(にかわ)でつぎ合わせて作った琴.〔~衣〕=〔百家衣②〕つづり合わせて作った僧衣.またつぎのたくさんあった衣服.→〔百家衣(儿)〕
百年 bǎinián 百年.〈喻〉⑧非常に長い年月.〔十年树木,~树人〕木を育てるには10年.人を育てるには100年.〔~老店〕老舗.〔~不遇 yù〕百年間に遇えるかどうか分からないほど滅多にない.⑥人の一生.終身.〔~好合〕挨"末永くお幸せに.〔缔 dì 结〕~之好〕仲むつまじい夫婦となる:新婚の祝詞.
百年大计 bǎinián dàjì 〈成〉百年の大計.↔〔权 quán 宜之计〕
百年之后 bǎinián zhīhòu =〔百岁之后〕〈慣〉死去の後.死後(婉辞):〔百年之日〕ともいう.〔母亲~,这笔钱用作丧 sàng 葬费,剩下我们再二添作五〕この金は,母が亡くなった後,葬儀費を支出その残りは,我ら二人で均分する.
百鸟 bǎiniǎo 〈喻〉あらゆる鳥類.〔~争喧 xuān〕いろいろな鳥が競って高い声で鳴く.〈喻〉皆が意見を自由に述べる.
百农耕一亩 bǎinóng gēng yīmǔ 100人でわずか1ムーの畑を耕す.〈喻〉人口が多く生産性の低いこと.〔~,千夫治一店〕同前.
百帕 bǎipà 区ヘクトパスカル.記号 hPa.
百濮 bǎipú 固春秋時代,現在の湖北省にいた種族名.
百强 bǎiqiáng ベスト100.
百人吃百味 bǎirén chī bǎiwèi 〈諺〉百人が百人と

bǎi / 百

も食物に対する嗜好(しこう)が違う.蟗(ǎo)食う虫もすきだね.

百忍 bǎirěn よく忍耐すること:唐の張公藝一家は九世代の者が同居していた.高宗が一族親睦の道を尋ねたところ,張は"忍"の字を百余字書いてこれに答えた.

百日 bǎirì 生後及び死後100日目の祝い事,また供養.〔过~〕同加を行う.

百日草 bǎirìcǎo ⇒〔百日菊〕

百日红 bǎirìhóng =〔满 mǎn 堂红②〕〈口〉怕 pà 痒花〔柴 zǐ 薇〕植サルスベリ(百日紅)

百日菊 bǎirìjú =〔百日草〕〔步 bù 步高③〕植ヒャクニチソウ.ジニア.

百日咳 bǎirìké 医百日咳(ひゃくにちぜき)〔～菌 jūn 苗〕百日咳ワクチン.

百日维新 bǎirì wéixīn →〔戊 wù 戌变法〕

百善孝当先 bǎishàn xiào dāngxiān〈谚〉百善のうち孝を第一とする.→〔万 wàn 恶淫为首〕

百舌 bǎishé ⇒〔乌 wū 鹎〕

百升 bǎishēng〈量〉ヘクトリットル.〔公石 gōngdàn ①〕ともいった.100〔升〕(リットル).→〔升(I)①〕

百乘 bǎishèng〈文〉兵車100両:周代,大夫は土地は方10里,兵車は100乗を持った.〔～之家〕大国の公卿.

百十 bǎishí だいたい100.100くらい.〔～来个儿〕同前.〔～来人〕100人もそこそこの人.大体100.〔～来年〕100年そこそこ.〔～斤 jīn〕人間の重量.〈喩〉身体.→〔百儿八十〕

百世 bǎishì〈方〉〈転〉幾世代.〔～流 芳 fāng〕〈成〉末代まで名を残す.〔～师〕〈文〉学徳卓絶して後世の師表となる人.

百事吉 bǎishìjí〈方〉春節(旧正月)の飾り物.

百事开头难 bǎishì kāitóu nán〈慣〉何事をするも最初は困難である:〔百事起头难〕ともいう.

百事通 bǎishìtōng ①〔百行 háng 通〕各種各様の(事)に通暁している人.物知り.〔万 wàn 事通〕に同じ.②知ったかぶりをする人.

百寿图 bǎishòutú 〔百福图〕各種様々の〔寿〕の字を並べたもの:〔中 zhōng 堂②〕(部屋の正面中央にかける大幅)の一種.

百顺 bǎishùn 何事も適当によく運ぶこと.〔一顺~,顺顺当当〕〈谚〉初めの一つが順調ならその後も全部うまくいく.

百顺千依 bǎishùn qiānyī ⇒〔百依百顺〕

百思不解 bǎisī bùjiě〈成〉いくら考えてもわからない:〔百思不得其解〕ともいう.

百斯笃 bǎisīdǔ =〔鼠 shǔ 疫〕

百岁 bǎisuì ①〈喩〉寿命の最後.死.→〔百年之后〕②〈喩〉長生き.長寿.〔～铃 líng〕子供が生まれて100日の祝いに長命を祈って母方の祖父から贈る鈴.

百岁坊 bǎisuìfāng 旧100歳まで生きた長寿者を記念して建てた記念の〔牌 pái 坊〕

百(岁)缕 bǎi(suì)lǚ 子どもが満1歳になった時に首に掛け健康・幸福を祈る5色の糸の編み紐.→〔百家锁〕

百岁之后 bǎisuì zhīhòu ⇒〔百年之后〕

百听不厌 bǎitīng bùyàn〈慣〉いくら聞いてもあきない.聞きあきる.

百万 bǎiwàn ①100万.〔～吨 dūn〕メガトン.〔～买宅千万买邻〕〈谚〉百万金で家を買い千万金で隣を買う.~多くの場合近隣を占めるには近隣を選ぶといい意.②〈転〉多 数.巨 額.〔～富 fù 翁〕大富豪.〔～雄 xióng 师〕〈成〉巨大な精鋭軍.

百闻不如一见 bǎiwén bùrù yíjiàn〈谚〉百聞は一見にしかず:〔千 qiān 闻不如一见〕ともいう.→〔耳 ěr 闻不如目见〕

百问不烦 bǎiwèn bùfán〈慣〉何度問われてもいやがらない:〔百问不厌〕ともいう.〔~,百拿不厌 yàn〕(客との対応に)何度問われてもいやがらない,何度品物を持ちだしてもいやがらない.(店頭の標語)

百问不厌 bǎiwèn bùyàn 同上.

百无禁忌 bǎi wú jìnjì〈成〉よろず忌み嫌うところはない:何でも食べるし何に対する冷やかしによく使う.正月や節句などに魔除けとして紙や板に書いて壁などに貼られる文句.〔姜 jiāng 太公在此,~〕この家には姜太公がおられるから,災厄に遇うことはない.→〔姜太公在此〕〔泰 tài 山石〕

百无可为 bǎi wú kěwéi〈成〉一つとしてできることがない.

百无聊赖 bǎi wú liáolài〈成〉①とてもやるせない.②退屈でたまらない.→〔无聊①〕

百无一长 bǎi wú yīcháng〈成〉百のうち一つの優れたところもない.〈喩〉無能である.

百无一就 bǎi wú yījiù〈成〉百のうち一つも事が成就しない:〔百无一成〕ともいう.

百无一失 bǎi wú yīshī〈成〉百のうち一つの失敗もない.大丈夫間違いなし.→〔万 wàn 无一失〕

百无一是 bǎi wú yīshì〈成〉百のうち一つの正しいこともない.

百无一有 bǎi wú yīyǒu〈成〉極めて貧しい.極端に乏しい.

百五(日) bǎiwǔ(rì) 冬至から105,6日目に当たる〔寒 hán 食(节)〕の別称:〔百六②〕ともいう.

百物 bǎiwù 色々な物.〔～昂 áng 贵〕全ての品がとても高い.

百戏 bǎixì 古楽舞雑技(総称)

百响 bǎixiǎng〈方〉爆竹:とくに豆爆竹100発をつなぎ合わせたもの.

百行 bǎixíng〈文〉あらゆる行い.万事.〔夫～以德为首〕(世说新語・賢媛)すべての行いは徳をもって第一とする.

百姓 bǎixìng ①庶民.人民.〔平民〕人民大衆.→〔老 lǎo 百姓〕

百业 bǎiyè 様々な職業.〔～萧 xiāo 条〕〈成〉多くの産業が不振である.〔～兴 xìng 旺〕〈成〉あらゆる産業が盛んである.②〔百行③〕すべての業種はそれぞれの様態を持つ.⑥さまざまな業種とさまざまな様態.〔～待举〈成〉〕産業がさびれているさま.

百叶 bǎiyè〈方〉①〔~儿〕〈方〉(牛・羊・鹿など)反芻(ぎ)動物の胃(食材).→〔脾 pí ①〕 ②⇒〔千 qiān 张①〕 ③〈文〉百世.百代. ④〈文〉暦書.こよみ. ⑤同〔~〕.

百叶窗 bǎiyèchuāng =〔百叶⑤〕建西洋窓の雨戸.鎧戸(ょろい).シャッター.ブラインド.

百叶莲 bǎiyèlián 植ハナザクロ.

百叶箱 bǎiyèxiāng 気百葉箱.

百依百顺 bǎiyī bǎishùn =〔百顺千依〕〈慣〉ご無理ごもっともと従う:〔百依百随 suí〕ともいう.

百艺不如一艺精 bǎiyì bùrú yíyì jīng 何でもできるよりも一芸に通じる方がいい.→〔百会百穷〕

百粤 bǎiyuè〈古越〉とも書く.古代の江浙闽粤(びんえつ)の各地.またその地方に居住した民族.

百战百胜 bǎizhàn bǎishèng〈成〉百戦百勝する.

百战不殆 bǎizhàn búdài〈成〉百戦危うからず.〔知彼 bǐ 知己,~〕彼を知り己を知らば,百戦(孙子)

百折不挠 bǎizhé bùnáo〈成〉何回挫折しても屈せず,勇気を奮い起こしてりとげる:〔百折不回 huí〕ともいう.〔再 zài 接再厉〕

百折千磨 bǎizhé qiānmó〈成〉さんざんに苦労を重ねる.→〔折磨〕

百褶裙 bǎizhěqún =〔百裥裙〕服(アコーデオン)プ

百佰伯柏挀摆　　bǎi

リーツスカート．ひだの多いスカート．
百中无一 bǎizhōng wúyī〈成〉百のうち一つもない．極めて稀な．
百转千回 bǎizhuǎn qiānhuí ⇒〔千回百转〕
百子鞭(炮) bǎizǐ biān(pào) →〔鞭炮〕
百子图 bǎizǐtú 圜多くの子供を描いた絵：子孫の繁栄を祝福する吉祥図．
百子帐 bǎizǐzhàng ⇒〔穹 qióng 庐〕
百纵千随 bǎizòng qiānsuí〈成〉何でも言うなりにさせる．〔也是我不该对你～〕やはりお前をわがままにさせておいてはいけなかったのだ．
百足 bǎizú〈文〉ヤスデ：〔马 mǎ 陆〕の別称．〔～之虫〕①同前．⑥ムカデ：〔蜈 wú 蚣〕の別称．
百足之虫，死而不僵 bǎizú zhī chóng, sǐ ér bù jiāng〔諺〕百足は死んでも倒れない．〈喩〉人や集団が失敗してもその影響や力は依然として存在すること．
百晬 bǎizuì〈方〉子供が生まれて100日目の祝い：この日には親戚友人から〔水 shuǐ 饺子〕(ギョーザ)100個を贈る．これを〔捏 niē ～〕という．母の実家の方からは特に各種の食物を作って贈る風習があり，これを〔蒸 zhēng ～〕という．〔晬〕は〔周岁〕の意．

〔**佰**〕bǎi ①〔百〕の大(ダ)字：証書類の金額記載に多く用いる．→〔大写〕②〈姓〉佰(ハク)

〔**伯**〕bǎi〔大 dà ～子〕義兄：妻が夫の兄を言う称呼．〔大～子(哥)〕お義兄(ニィ)さん．→ bó

〔**柏(栢)**〕bǎi ①園コノテガシワ：〔扁 biǎn ～〕〔扁 松〕(側 cè ～)〔香 xiāng ～②〕ともいう．ヒノキ科の常緑樹．〔桧 guì ②〉＜姓〉柏(ハク)→ bó bo
柏木 bǎimù 圜コノテガシワ：〔柏①〕の通称．
柏(叶)酒 bǎi(yè)jiǔ 圜邪気を払うために元旦に飲む酒：中国ではコノテガシワの葉を浸したもので邪気を払うといわれる．〔屠 tú 酥〕
柏油 bǎiyóu〔口〕アスファルト：〔沥 lì 青①〕の通称．〔～混凝土〕アスファルトコンクリート．〔～板〕〔～毡 zhān〕シートアスファルト．〔～渣 zhā〕〔沥青②〕〔煤 méi 焦油瀝青〕(コールタール)ピッチ．〔～纸〕(油 yóu (毛)毡)ピッチをぬったハトロン紙．〔(马)路〕アスファルト道路．〔用～铺路〕アスファルトで道路を舗装(ホソウ)する．
柏子仁 bǎizǐrén 回菌コノテガシワの種子の仁：神経衰弱・心悸・不眠・便秘などに用いる．

〔**挀**〕bǎi ①開く．二つに割る．②両手を横に開いて打つ．
挀阖 bǎihé〈文〉臨機応変に対応すること：鬼谷子(道士の名，蘇秦・張儀の師)の〔～篇 piān〕に，〔挀〕は開くことであり，陽である．〔阖〕は閉ることであり，陰である．他人を説くには〔～〕の術を上手く用いるべきことを説いている．〔纵 zōng 横～〕〈成〉縦横に説いて応接する．〔～纵横之术〕遊説の術．〔纵横～的手段〕弁舌などの手段．

〔**摆・擺・襬**〕bǎi（Ⅰ）〔擺〕①置く．並べる．陳列する．〔把政治～在首位〕政治を首位に置く．〔菜都～好了〕料理は全部出した．〔台钟 zhōng ～在桌子上〕置時計はテーブルの上に置きましょう．→〔放 fàng ⑬〕〔搁 gē〕②見せびらかす．けらかす．ふりをする．〔～威 wēi 风〕偉そうにしてばる．〔～功 jiǎo 辩明〕こんなはっきりとしたことを，お前はまだごまかそうとしているのか．〔实实在在的成绩是不是这儿～着吗〕本当の成績はここにはっきりあらわれているではないか．④揺れる．振る．(左右へ)揺

り動かす．〔来回乱～〕あちらこちらへ揺れる．〔迎风飘 piāo ～〕風をうけて揺れる．〔摇 yáo 头～尾〕頭を振り尾を振る．〔来～去〕肩を振ってゆっくり行ったり来たりする．〔揺揺～～地走路〕肩や腰を振ってゆっくり歩く．→〔搖①②〕⑤〔～子〕装置．時計の振子．〔钟 zhōng ～〕時計の振子．〔～停 tíng 了〕(時計の振子が止まった．→〔停摆①〕⑥〈方〉話す．しゃべる．〔老来来！～～上海的情况〕さあさあ，上海の状況を話してくれ．〔把问题～～〕問題を話してみて．→〔聊 liáo (Ⅱ)〕⑦〈姓〉擺(ハイ)．
(Ⅱ)〔擺・襬〕中国の長着物の下端の広い部分．前身頃(ミゴロ)．〔底 dǐ ～〕〔下 xià ～〕同前．
(Ⅲ)〔擺〕タイ族の宗教（小乗仏教）上の大法会(オホウエ)・大集会．
摆布 bǎi·bù ①意のままにする．あやつる．左右する．〔一切听人～，自己毫 háo 无主张〕一切他人の言いなり放題になり，少しも自主性がない．②手配する．計画する．〔他们已经～好了，你要不小心，怕要陷 xiàn 在他们的圈 quān 套里〕やつらはうまくたくらんでいるので，気をつけないとわなにひっかかるぞ．〔～不开〕お膳立て(ゼン)ができない．計画が上手くない．
摆大(架子) bǎi dà(jiàzi) いばる．〔商人不要～〕商買人は大きな顔をしてはだめだ．
摆搭 bǎida〈方〉見せびらかす．
摆荡 bǎidàng 揺れる．動揺する．
摆到桌面上 bǎidào zhuōmiànshang 〈喩〉公開の場に出す．〔把不同意见～，让大家讨论讨论〕違った意見を公開の場に出し，みんなに討論してもらう．
摆调 bǎidiào ⇒〔调摆〕
摆动 bǎidòng ①(左右に)揺れ動く(かす)．振り動く(かす)．〔小狗 gǒu 看见了主人，～着尾巴表示欢喜〕犬は主人を見ると尾を振ってうれしさを表す．②圍振動．動揺．〔自然～〕自然振動．〔起 qǐ 伏～振動．〔横 héng 向～〕横振動．
摆动转身 bǎidòng zhuǎnshēn →〔转身〕
摆渡 bǎidù ①=〔文〕津 jīn 渡〕①船で川を渡る．渡し船で運ぶ．②同前．フェリー．〔～船〕同前．〔～口〕渡船場．フェリーポート．→〔渡口〕〔白 bái 渡桥〕③〈方〉(物)を手渡す．
摆饭 bǎifàn ご飯を膳 shàn に並べる．膳立てする．
摆放 bǎifàng 安置する．〔屋里～着新式家具〕部屋に新しいデザインの家具を置く．
摆分 bǎifēn 得点をあげる．得点する．〔星岛队首次～〕シンガポールチームは初めて得点をあげた．
摆份儿 bǎifènr ⇒〔摆架子〕
摆幅 bǎifú〔振 zhèn 幅〕
摆格 bǎigé ⇒〔摆架子〕
摆功 bǎigōng 手柄を誇る．
摆供 bǎigòng お供えする(神仏に)．〔初一，十五的时候上庙 miào 里去～〕一日(ツイ)と十五日にはお寺へお供えに行く．
摆古 bǎigǔ〈方〉物語を語る．
摆咕 bǎigu〈方〉①いじる．②修理する．③病気の手当をする．
摆好 bǎihǎo 功績を列挙する．〔评功〕同前．
摆弧 bǎihú 時計の振子が左右に揺れて描く弧線．
摆划 bǎihua〈方〉①いじる．いじくりまわす．②処理する．始末する．〔这件事真不好～〕この件は誠に始末が悪い．③直す．修理する．
摆簧 bǎihuáng 掛時計のぜんまい．
摆晃 bǎihuàng 揺れる．〔身子向两边儿～〕体がゆらゆらと揺れる．
摆惑 bǎihuò〈方〉調子のいいことを言って人をだます．〔他真能～人，谁听了谁上他的当 dàng〕彼はうまいことを言ってよく人をだます，だれでも彼の言う

bǎi～bài

ことを聞くとひっかかる.

摆架式 bǎijiàshì =〔方〕端 duān 架式〕格好をする.身ぶりをする.〔他便要请老队长摆起个架式来〕そこで彼は老隊長にポーズをとってもらった.

摆架子 bǎijiàzi =〔摆价儿〕〔方〕〔摆格〕〔摆款儿〕〔摆面子〕〔方〕〔搭 dā 架子 ②〕〔方〕端 duān 架子〕〔拿 ná 架子〕〔拿劲儿〕見栄を張る.ひけらかす.偉ぶる.お高くとまる.〔摆官(僚)架子〕官僚風を吹かす.〔摆臭 chòu 架子〕〔摆腥 xīng 架子〕いやに偉ぶる.〔摆空架子〕〔摆虚架子〕〔摆花架子〕虚勢を張る.からいばりする.見かけだおしである.〔他又摆出架子来了,大家不理他,不也就算了吗〕彼はまた偉そうにしているが,皆は相手にしなければそれまでじゃないか.→〔虚 xū 张声势〕

摆件 bǎijiàn （装飾用）置物.〔案 àn 头～〕卓上飾り.→〔摆设〕

摆酒 bǎijiǔ 酒肴を並べる.宴を開く.〔～席 xí〕同前.

摆开 bǎikāi 並べ広げる.〔把货～〕商品を並べる.〔～一阵 zhèn 势,准备迎敌〕兵力を配置展開して,邀撃(ょうげき)の準備をする.②離脱する.脱却する.引き離す.〔～家务的束缚〕家庭の雑事(ざ)の束縛からぬけ出す.〔阿 Q 连忙捏好砖头,～马步〕(鲁・Q 7)阿Qは急いで煉瓦を手に持って,大きく股を開いて身構えた.

摆款儿 bǎikuǎnr ⇒〔摆架子〕

摆阔 bǎikuò 金持ちを鼻にかける.金持ぶる.〔～气〕同前.

摆老资格 bǎi lǎozīgé 経歴や資格を自慢する.

摆擂台 bǎilèitái 演武台上で武術の試合を挑む.〈喩〉挑戦する.〔摆擂〕ともいう.〔他们组向全厂～,提出新的生产指标〕彼らのチームは全工場に対し新しい生産競争を挑んだ.〔打 dǎ 擂台〕

摆列 bǎiliè 並べる.陳列する.配置する.

摆羚(子) bǎilíng(zi) 方〔白 bái 嶺〕

摆龙门阵 bǎi lóngménzhèn 〈方〉世間話をする.よもやま話をする.〔聊 liáo 天(儿)〕に同じ.

摆轮 bǎilún ①（時計の）平衡輪.〔摆盘 pán〕ともいう.②=〔均 jūn 衡轮〕圏バランス用の車輪.

摆忙 bǎimáng 〈方〉落ち着かずにちょろちょろする.うろつきまわる.盲動する.〔你安静一会儿吧,别～了！〕少し静かにしていなさい.

摆门面 bǎimén·miàn 見栄を張る.体裁ぶる.→〔摆谱儿〕

摆面子 bǎimiànzi ⇒〔摆架子〕

摆明 bǎimíng はっきり説明する.

摆扭 bǎiniǔ 術(ぼ)かぶって歩く.

摆弄 bǎinòng ①いじくる.こねまわす.手でもてあそぶ.〔～电脑〕コンピューターをいじくる.②ふざける.おもちゃにする.〔他的这个话简直就是～我呢〕彼の言うことはまるで僕をからかっているんだ.③〈方〉仕事をする.処理する.〔～不开〕あしらいかねる.〔瞎～着糟 tāng 塞差事〕いいかげんに仕事をやってごまかす.④修理する.直す.

摆拍 bǎipāi 劇セット撮影する.→〔抓 zhuā 拍〕

摆平 bǎipíng ①関係を正しくする.公平に対処する.②上手く片づける.

摆谱儿 bǎipǔr 〈方〉ことさらに見栄（格好）を作っていばる.大きな顔をする.〔摆什么谱儿〕なにをおつに取っていばるんだ.〔摆老谱儿〕古い昔のことをいろいろと言っていて先輩ぶっていばる.〔现在是民主时代,不兴 xīng 一了〕今は民主主義の時代だ,昔のことを鼻にかけることなどはやらない.→〔摆架子〕〔摆门面〕

摆棋 bǎiqí ①碁石または将棋の駒を置く.②⇒〔下 xià 棋〕

摆设 bǎishè （芸術品・家具などを）陳列する.飾り付ける.

摆设 bǎishe [-儿]①陳列品.飾り物.〔龚 lóng 子的耳朵,～〕〔歌〕耳の遠い人の耳.すなわち飾り物.②見せかけ.お飾り.

摆神弄鬼 bǎishén nòngguǐ 〔慣〕(人を愚弄するために)神や鬼を持ち出す.

摆式列车 bǎishì lièchē 振り子型電車.

摆事实,讲道理 bǎishìshí, jiǎngdàolǐ 事実を述べて道理を説く.

摆手 bǎishǒu ①手を(左右に)振る:阻止・否定を表す.→〔摇 yáo 手〕 ②手招きする.手を上げてあいさつする.→〔招 zhāo 手(儿)〕

摆台 bǎitái ①テーブルを整える.②洋式会食のボーイ.

摆摊子 bǎitānzi ①露店を出す.露店を張る:〔摆摊儿〕ともいう.〔摆一个卦 guà 摊子〕売卜(ぼく)の露店を出す.〔摆地摊子〕地面に商品を並べて売る.②物を並べる.準備する.〈喩〉展開する.③(機構・組織を)大げさにする.格好をつける.

摆谈 bǎitán 〈方〉①語る.〔饭后听老人～故事〕食事のあと,年寄りの昔話を聞く.②よもやま話をする.語りあう.

摆脱 bǎituō 抜ける.出る.抜けきる.抜け出す.逃れる.離脱する.振りきる.〔还没有～落后状态〕まだ立ち遅れから抜けきっていない.〔已经成了第二天性的习惯,怎么一下子就～得开呢？〕すでに第二の天性となってしまった習慣だもの,どうして一遍に逃れ出る(捨て去る)ことができましょうか.→〔拔 bá 身〕

摆尾 bǎiwěi ⇒〔摇 yáo 尾〕

摆舞 bǎiwǔ ゆらり揺れる〔垂 chuí 柳随风～〕しだれ柳が風になびく.

摆席 bǎixí 酒席を設ける.

摆线 bǎixiàn 図摆（線.サイクロイド:一直線上を円板を転がした時,円板の円周の一定点が通過した軌跡.

摆心 bǎixīn 振幅の中心.

摆鹰 bǎiyīng 〔松 sōng 雀鹰〕

摆噱头 bǎixuétóu 〈方〉(言葉巧みに)言いくるめる.

摆宴 bǎiyàn 宴を張る(開く)

摆样子 bǎiyàngzi 体裁を備る.見せかける.〔我不能喝,斟 zhēn 满了摆个样子吧〕わたしは飲めない,なみなみついで,格好だけ作っておこう.

摆彝 bǎiyí 中国西南に居住する少数民族の旧称.〔彝族〕

摆尾儿 bǎiyǐr 〈方〉尾を振る.〈喩〉おべっかを言う.〔他really会～〕彼は実際おべっかを言うのが上手い.

摆针(儿) bǎizhēn(r) 左右に振れ動く針:天秤その他はかりなどにとりつけられて目盛を示す針など.

摆阵 bǎizhèn 陣立てをする.

摆正 bǎizhèng 位置を正す.関係を正す.

摆置 bǎizhì ①並べる.〔场上砖 zhuān 瓦木料都～得整整齐齐〕工事現場には煉瓦や材木がきちんと並べてある.〔室内用具～有序 xù〕室内は家財道具が整然と置いてある.②〈方〉相手にする.かまう.

摆治 bǎi·zhì 〈方〉①世話をする.②苦しめる.③あやつる.動かす.④修理する.

摆钟 bǎizhōng 振子時計.

摆轴 bǎizhóu ①（時計の）平衡輪の主軸:〔摆杆 gǎn〕〔天 tiān 心〕ともいう.②〈口〉気が落ち着かぬ.〔心里越发～〕心がますます動揺する.→〔打 dǎ 鼓②〕

摆桌 bǎizhuō 膳立てる.宴席を設ける.

摆子 bǎizi ⇒〔疟 yào 子〕

〔呗〕 bài 〈梵〉仏の功徳を頌する(声).お経を読む(声)〔～匿〕の略. → bei

呗多(罗) bàiduō(luó) ⇒〔贝 bèi 多(罗)〕

呗败拜　　　　　　　　　　　　　　　　　　　　　　　　　　　　　　　　　bài

呗匿 bàinì 仏の功徳を頌する(声)→[梵 fàn 呗]
呗赞 bàizàn 旧(仏教で)仏の功徳を賛美して歌う:僧徒が念仏を唱え,または、真言を唱えること.

[败・敗] bài ①败(ᵉ)ける.败北する.破れる.[胜～]胜败.→[负 fù ⑧]
②败かす.くじく.[打～了敌军了]敵軍を打ち破った.[天津队大～大连队]天津チームは大連チームを破った.↔[胜 shèng ②]　③失败する.しくじる.[成～论人]成～败した人を論じる.　④壊す.壊れる.破る.[成事不足,～事有余]事を成し遂げるには不充分だが,ぶち壊すには充分である.⑤散らす.除く.→[败火]　⑥腐る.腐敗する.⑦衰える.凋(ᵗᵒᵒ)落する.しほみなえる.[花开～了]花がしぼんだ.[家～人亡]〈成〉家は没落し,家族は死に絶える.
败北 bàiběi 败北(する)
败笔 bàibǐ ①〔文章·書画などの〕書き損じ.②悪くなった筆.ちびた筆.③〈喩〉悪い記録·成績.
败敝 bàibì 破れる.
败兵 bàibīng 敗残兵.
败财 bàicái ①身代をなくすこと.財産をつぶす.②(人相上で)金銭運のないこと.
败草 bàicǎo 枯れ草.
败挫 bàicuò 〈文〉失敗挫折する.
败德 bàidé 〈文〉悪い行い.
败毒 bàidú 解毒する.
败毒菜 bàidúcài ⇒[羊 yáng 蹄]
败遁 bàidùn 〈文〉敗北して逃げる.
败风坏俗 bàifēnghuàisú 〈文〉風紀を乱す.[败风乱俗]とも.[伤 shāng 风败俗]という.
败果 bàiguǒ 苦い結果.悪い結果.
败化伤风 bàihuàshāngfēng 〈文〉醇(ʲᵘⁿ)風美俗を破壊する.
败坏 bàihuài ①損なう.壊す.[～门风][～门楣 méi]〈成〉家門を汚す.家風を乱す.[～风俗]風俗を害する.[～名誉]名誉を毀損する.②悪い.腐敗している.[道德～]道徳が廃れている.
败火 bàihuǒ [中医]身体の熱を取り去る.心熱を静める.〈転〉静まる.落ち着く.[～化痰 tán]熱を去り痰を除く.
败绩 bàijì 〈文〉①惨败する.大敗する.②業績を台なしにする.
败家 bàijiā 家の財産を蕩尽(ʲⁱⁿ)する.[～荡 dàng 产]同前.[有这样的纨 wán 裤子弟就是要～]こんなぼんぼんではそれこそ家をつぶしちまうだろう.
败家精 bàijiājīng ⇒[败家子(儿)]
败家子弟 bàijiā zǐdì 同下.
败家子(儿) bàijiāzǐ(r) =[败家精][败家子弟][败子]家の財産を使い果たし,極道者.身代をつぶす子.[败子回头金不换]〈諺〉放蕩者が心を入れかえて真面目になれば万金にも換え難い.
败将 bàijiàng [败军～]〈成〉[莫提当年勇][败军之将不可言勇]〈諺〉敗軍の将,兵を語らず.
败酱 bàijiàng ①[植]オミナエシ(属植物の総称).ふつう[黄 huáng 花龙芽]という.漢方薬に用いる.②[植]オトコエシ:オミナエシ属多年生草本.[白花～]ともいう.③[中医]即前の植物,または菊科の[苣 qǔ 荬菜](ハチジョウナ)などから作る漢方薬:消炎·利尿の効がある.
败局 bàijú 失败した局面.[挽 wǎn 回～]败局を挽回(ᵏᵃⁱ)する.[～已 yǐ 定]败局已定.
败军 bàijūn ①負け戦の軍.[～亡国]戦いに破れ国が亡ぶ.②敗けた軍勢.[～之将]败将.
败类 bàilèi ①同類を害する人.仲間の裏切り者.なら

ず者.のらくら者.
败柳残花 bàiliǔ cánhuā 枯れた柳と散り残った花.ⓐ〈喩〉②容姿の衰えた美人.⑥妓女,または貞操を守らない女.
败露 bàilù (悪事や陰謀が)露顕する.発覚する.ばれる.[事情～了]事件が発覚した.[他俩的婚外恋关系～了]彼らの不倫関係がばれた.
败落 bàiluò 衰える.落ちぶれる.[花叶～]花がしげむ.[家道～家が～]当初那么大势派,不想～到这地步]初めはあんなに素晴しい勢いだったのに,こうまで衰えるとは思わなかった.→[衰 shuāi 败]
败盟 bàiméng 〈文〉盟約を破る.約束を破る.
败衄 bàinǜ 〈文〉败北する.[～踵 zhǒng 接]〈成〉たびたび戦いに敗れる.
败事 bàishì 〈文〉失败する.事をぶち壊す.
败诉 bàisù 旧败訴(する).↔[胜 shèng 诉]
败岁 bàisuì 凶年.[荒 huāng 年][〈文〉欺 qiàn 岁]に同じ.
败损 bàisǔn 傷ついた.失敗する.
败退 bàituì 失败して退却する.敗退する.
败亡 bàiwáng 失败し滅亡する.没落する.
败胃 bàiwèi ①胃をわるくする.食欲不振になる.②〈喩〉つまらない.飽きさせる.
败屋 bàiwū 〈文〉あばら屋.
败象 bàixiàng 負けそうな様子.败色.
败谢 bàixiè しほみ散る.[青春常驻 zhù,永不～]〈文〉いつまでも若々しく衰えを知らない.
败行 bàixíng 悪い品行.
败兴 bàixìng 興ざめする.興味がなくなる.[乘 chéng 兴而来,～而归]〈成〉愉快にやって来たが不快な思いを抱いて帰る.[嫌 xián ～]縁起をかつぐ.[倒 dǎo 霉][扫 sǎo 兴]
败絮 bàixù ①くず綿.ぼろ綿.②〈喩〉役に立たないもの.
败血症 bàixuèzhèng 医败血症.→[坏 huài 血病]
败叶 bàiyè 枯れ葉.
败馐 bàiyí 〈文〉腐败した食物.
败因 bàiyīn 败因.
败誉 bàiyù 名誉を損う.名誉を傷ける.
败运 bàiyùn 不運.悪い運命.[背 bèi 运]ともいう.
败仗 bàizhàng 败け戦.[打了～了]敗け戦をした.戦に败けた.↔[胜 shèng 仗]
败阵 bàizhèn 败戦(する)
败脂酸 bàizhīsuān ⇒[丙 bǐng 烯酸]
败冢 bàizhǒng 〈文〉荒れた塚.[荒 huāng 冢]に同じ.
败子 bàizǐ ⇒[败家子(儿)]
败走 bàizǒu 败走する.[敌众～]敵方は戦いに败けて逃げる.[～之麦城]败走,窮境に陥る.

[拜] bài ①拝む.おじぎをする.[下～]へりくだって拝む.[～神·佛]神仏を拝む.②(他人に)教訓は祝意を表す.③訪問する.[回～]答礼のため訪問する.④旧官職を授かる.[～官]⑤ある特別な関係を結ぶ.[～张大千为师]張大千氏を先生とする.⑥謹んで…:他人に対する尊敬を表すため自己の行動を示す語の前に添える.[您的信,已经～读过了]お手紙は拝見いたしました.⑦命を受ける.[～教]教訓を受ける.⑧〈姓〉拝(ᵇᵃⁱ)
拜把子 bàibǎzi =[〈文〉拜盟][〈文〉拜契][]義兄弟になる:義兄弟の誓いをした兄貴分を[把兄],弟分を[把弟]という.[他们几个人～了]彼らは義兄弟の契りを結んだ.[～的][换 huàn 帖弟兄][换过帖的][金 jīn 兰弟兄]義兄弟.→[磕 kē 头③]
拜拜 bàibài ①旧女性の行った礼:左の乳下あたり

bài　　　　　　　　　　　　　　　　　　　　　　　　　　　　拜

に右手を下に,左手を上にして握り,軽く上下に動かし,上半身を僅かに前に倒す.〔万 wàn 福〕に同じ.②〈方〉節句などの行事:門前に供物の山を飾り灯をともす.③〈音訳〉バイバイ(する).おさらび(する)

拜别 bàibié ＝〔拜违〕〈謙〉お別れする.〔～以来, 倏 shū 而年余矣〕拜別以来,たちまちにして1年余りと相成りました.

拜忏 bàichàn ①〖仏教〗僧侶が経文を誦しながら他人に代わって仏にざんげし,礼拝して福を求めること.→〔忏事〕②⇒〔念 niàn 经〕

拜尘 bàichén ①〈喩〉人に先んじられる.〔甘拜后尘=成〉甘んじて他人の後塵を拜する.②地位の高い人にお追従(ぐい)を言う.③賢者を尊ぶ.

拜辞 bàicí 〈謙〉①辞し去る.暇乞いする.②お断りする.

拜赐 bàicì 〈謙〉ありがたく頂戴する.

拜倒 bàidǎo ひれ伏す.〔～在石榴裙下〕〈慣〉赤いスカートの下に伏作する.〔転〉女の尻に敷かれる.

拜垫 bàidiàn 神仏に跪拝(ほい)する際,膝あてに敷く布団あるいは藁.

拜订 bàidìng 招待状に招待者の名の下に書く語:たとえば,〔某某～〕など.約束するの意で,おいでくださるよう約束すること(ご案内します)の意.〔订〕は〔定〕とも書く.

拜斗 bàidǒu ＝〔拜星〕〖礼Ⅱ斗〗北斗星を拜すること:道家では旧暦9月1日から9日までを〔～〕の期としている.

拜读 bàidú 〈謙〉拜読する.

拜访 bàifǎng 訪問する.→〔拜会〕

拜佛 bàifó 仏像を拜む.

拜服 bàifú 〔佩 pèi 服〕

拜复 bàifù 〈謙〉返事をさしあげる.

拜官 bàiguān 官職を受ける.

拜跪 bàiguì ひざまずく:両膝と頭を地に付ける礼(をする).旧時の最敬礼.〔跪拜〕

拜贺 bàihè ＝〔敬 jìng 贺〕お祝い申し上げる.

拜候 bàihòu 訪問してごきげんをうかがう.訪問する.〔拜会問候〕同前.〔拜会〕〔回 huí 拜〕

拜会 bàihuì 表敬訪問する(多く外交上に用いる).〔礼节性的〕儀礼的な訪問.〔拜访〕

拜火教 bàihuǒjiào ＝〔火教〕〔波 bō 斯教〕〖音・義訳〗琐 suǒ 罗亚斯德教〗ゾロアスター教:ペルシアに起こり,南北朝時代に中国に伝来し〔祆 xiān 教〕といった.〔摩 mó 尼教〕〔景 jǐng 教〕と並び,唐代より盛行した.→〔阿 ā 吠斯陀〕

拜见 bàijiàn 謁見する.訪問して会見する.

拜街坊 bàijiēfāng 近所隣りに引越して来た挨拶をする.〔必定先到他这里来～〕〔老・四・惺2〕必ずまず彼のところにあいさつにやって来る.

拜节 bàijié 訪問して旧節句のお祝いを述べる.〔今天中秋,给你拜个节〕今日は中秋節ですから,ご挨拶に参りました.

拜金 bàijīn 金銭を何より大切にすること.〔出現了一股～思想〕拜金主義がはやった.〔～主义〕拜金主义.〔～族〕拜金主義者.

拜客 bàikè 人を訪問する.〔行 xíng 客拜座客〕〈成〉他地から来た人はその土地の人をまず訪ねるのが礼である.

拜恳 bàikěn 人に頼む.お願いする.

拜老师 bàilǎoshī ＝〔拜师〕門弟となる.入門する.入門の礼をして,ごとくに中国に伝来した(获 xiǎn 教师を老师)先生に学ぶ.

拜老头子 bài lǎotóuzi 親分の盃をもらう.

拜礼 bàilǐ ①お礼を申し上げる.②〈白〉あいさつに来た人へのお土産:多く目下の者に対して.

拜聆 bàilíng 〈文〉拜聴する.〔～雅教,获益匪 fěi

浅〕〈謄〉ご高話を拜聴いたし,裨益するところ甚だ大なるものがありました.

拜领 bàilǐng ＝〔拜賻〕ご好意謹んで頂戴する.拜受する.〔～厚仪,无任感激,～賻〕結構な品をいただき,ありがたく頂戴いたしました,感激の至りに存じます.

拜伦 bàilún Ⓐバイロン:イギリスロマン主義の代表的詩人(1788-1824)

拜门 bàimén ①訪問する.人に頼み込む.②＝〔拜门墙〕弟子となる.入門する.〔拜老师〕③〔旧〕新婚夫婦が初めて女方へ挨拶に行くこと.〔拜門子〕ともいう.

拜门墙 bàiménqiáng 同上②

拜盟 bàiméng ⇒〔拜把子〕

拜庙 bàimiào 社寺に参拝する.

拜命 bàimìng 〈文〉①命を受ける.②官職に任ぜられる.

拜纳 bàinà ⇒〔拜領〕

拜年 bàinián 新年を祝う.年賀に行く.年始回りをする:多く〔春节〕に際して行う.〔～帖 tiě〕年始回り用の名刺.〔～封 fēng〕年賀記念郵便品.〔～费〕多くはお年玉を名乗のわいうを指す.

拜牌 bàipái 〖旧〗首都外の省の官員が,慶典朝賀の日に万寿宮へ行って〔皇帝万岁万万岁〕と書いた〔龙 lóng 牌〕を拜すること.

拜启 bàiqǐ 〈謙〉謹んで申し上げます.①拜啓:〔～者…〕のように文頭に書く.②敬具:〔某某～〕のように文末の署名の後に書く.

拜契 bàiqì ⇒〔拜把子〕

拜亲 bàiqīn 友人の両親に面会する:友人との交際がその家との交際にまで広がったことになり,このような間柄を〔通 tōng 家之好〕という.

拜请 bàiqǐng 謹んでお願いする.

拜认 bàirèn 一定の形式を踏んで縁を結ぶ(師匠・義父母などと)

拜容 bàiróng 祖先の画像を拜する.

拜扫 bàisǎo 展墓する.墓参する.

拜上 bàishàng ①呈上する.進呈する.②〈謙〉敬具:書簡末尾の署名のあとに〔某某～〕と書く.③〈白〉他人の伝言を伝える.

拜神 bàishén 神像・画像を礼拜する.

拜师 bàishī ⇒〔拜老师〕

拜识 bàishí ①〈謙〉お目にかかる.〔～尊颜〕同前.②〈方〉契りを結んだ仲.親友.

拜手 bàishǒu 古代の礼の敬礼:両手を重ねて地に伏し,その手の上に頭をのせる敬礼.

拜寿 bàishòu ＝〔祝 zhù 寿〕長寿を祝う.(老人の)誕生日を祝う:子供などには〔祝贺〕を用いる.→〔寿辰〕〔做 zuò 寿〕

拜斯亭 bàisītíng 〖薬〗リポバス(シンバスタチン):コレステロールの発生を抑える.

拜堂 bàitáng ＝〔交 jiāo 拜〕〖旧〗結婚式のとき新夫婦が礼堂に跪坐(ざ)してしゅうと・しゅうとめを拜し,天地を拜し,次いでお互いに礼拝すること.〔拜天地〕ともいう.〔拜过堂的〕拜过天地的〕正式に結婚式を済ませた(夫婦).→〔跪 guì〕

拜天地 bàitiāndì 同上.

拜帖 bàitiě 〖旧〗正式に人を訪問する際に用いた封筒大の赤紙に書いた名刺.〔門 mén 状〕ともいう.→〔名帖〕〔剌〕

拜托 bàituō お願いする.お願いします.〔那么我就～您给办吧〕それではあなたにお願いしてやっていただきましょう.

拜万寿 bàiwànshòu 〈文〉皇帝の誕生日に拜賀する.→〔万寿〕

拜望 bàiwàng 拜問する.→〔拜访〕

拜违 bàiwéi ⇒〔拜別〕

拜晤 bàiwù ⇒[拜謁]
拜物教 bàiwùjiào 偶像崇拜.物神崇拝.〔商品~〕商品の物神性.〔资本~〕資本の物神性.
拜匣 bàixiá 回①文箱(ﾌﾞﾐ):手紙または贈物などを入れて送る小箱.②小箱の通称.
拜谢 bàixiè お礼を申し上げる.〔改日再到府上~〕〈挨〉あらためて,お宅へお礼申し上げに参ります.
拜星 bàixīng ①⇒[拜斗]②有名人崇拝.(スターの)ファンである.
拜谒 bàiyè =[拜謁]〈謙〉①お目にかかる(って話をする).〔弟甚愚,不知几时有暇,务祈 qí 示下日时,是盼〕〈牘〉貴台に拝謁したく存じておりますが,いつがご都合よろしいでしょうか,何とぞ日時をお示し下さい.→[拜会]②拝観する.
拜揖 bàiyī 〈文〉敬礼をする.挨拶をする.→[揖]
拜月 bàiyuè 中秋節(旧暦8月15日夜)の際,庭に〔月 yuè 亮码儿〕(紙に印刷した月の神)や〔兔儿 tùr 爷〕(兔人形)などを供えて月を拝する.月は陰であるため,男子はこれを拝さない.〔男不~,女不祭灶 zào〕〈諺〉男は月を拝せず,女はかまどの神を祭らない.
拜在门下 bài zài ménxià 〈慣〉門下生になる.→[拜老师]
拜毡 bàizhān 拝壇の前に置いてある礼拝用の絨毯.
拜占庭 bàizhàntíng 〔音訳〕ビザンチン.〔~帝国〕[东罗马帝国]東ローマ帝国.〔~式〕建ビザンチン形式.
拜祝 bàizhù ⇒[庆 qìng 祝]
拜祖 bàizǔ ①祖先(の位牌)を拝する.②旧新婦が嫁して三日目に祖先の墓に詣でて拝礼すること.

〔稗(粺)〕 bài（Ⅰ）〔稗(粺)〕①〔~子 zi〕 [~草 cǎo]〔野 yě ~〕植 イヌビエ:イネ科の植物.またその実.ヒエは〔家 jiā ~〕〔湖 hú 南稷 jì 子〕という.徴小である.細かい.→[稗官][稗史]
（Ⅱ）[粺]〈文〉精米する.
稗販 bàifàn 〈文〉①行(ｱｷﾞﾅｲ)商.→[小 xiǎo 販]②〈喩〉変わりばえのしないしろもの.〔~陈说〕〈成〉陳腐(ﾁﾝﾌﾟ)な言いぐさ.
稗官 bàiguān 〈文〉①=[稗史]旧帝王に巷(ﾁﾏﾀ)の話・風俗を報告する小役人.=[稗官]衆.②〔小説家:漢書芸文志に〔小説家之流,盖出于~〕とある.→[小 xiǎo 说②]
稗官野史 bàiguān yěshǐ 〔成〕逸聞や瑣事(ｻｼﾞ)を記載した文章.
稗記 bàijì 〈文〉逸聞や瑣事の記載)
稗吏 bàilì ⇒[稗官①]
稗沙門 bàishāmén 囲(仏教で)修行のできていない僧.
稗史 bàishǐ 逸聞や瑣事を記した野史.→[正 zhèng 史]
稗说 bàishuō 〈文〉瑣事(ｻｼﾞ)・瑣事の記録・小説.
稗子米 bàizǐmǐ 脱穀したヒエ.
稗子面 bàizǐmiàn ヒエの粉.

〔韛・䪕〕 bài〈方〉①〔韛籠〕(ﾌｲｺﾞﾊﾞｺ)に同じ.ふつう〔风 fēng 箱〕という.〔风~〕〔~拐 guǎi 子〕ふいごの取っ手.

〔呗〕 bai 〈方〉文末の助詞の一:〔呗 bei〕に同じ.〔都一样是为人民服务~〕みな等しく人民のために服務する.

ban ㄅㄢ

〔扳〕 bān ①(力を入れて)引く.引き倒する.〔~直 zhí〕まっすぐに(引く).〔把铁轨往左一~〕レールを左の方へ転がす.〔~枪 qiāng 栓〕引き金を引く.引き戻す.②→[成平局]元に戻す.タイにもちこむ.〔他的毛病~过来了〕彼の癖がぶり返してきた.→pān
扳本(儿) bānběn(r) ⇒[翻 fān 本(儿)]
扳不倒儿 bānbùdǎor ⇒[不倒翁]
扳错头 bāncuòtóu 〈方〉欠点を探す.あらを探す.
扳倒 bāndǎo ①引き倒し,〔为了破除迷信把庙里的神象都~了〕迷信を打ち破るために廟の神像を引き倒した.②(人)を失脚させる.打倒する.〔支持他的人很多,想~他或恐怕不容易.强大な人は非常に多いし,彼を引き倒そうと思っても容易なことではないだろう.
扳道 bāndào =[扳闸][搬闸]①(鉄道の)ポイントを切りかえる.②(鉄道の)ポイント.転轍機:[转 zhuǎn 辙机]の旧称.
扳道工 bāndàogōng 転轍手:[扳道员]ともいう.
扳闸 bānzhá [扳闸]の旧称.
扳动 bāndòng ひき動かす.ねじる.
扳舵的 bānduòde (船の)舵取り:[搬舵的]とも書く.
扳杠 bāngàng ⇒[抬 tái 杠①]
扳簧 bānhuáng ⇒[扳机①]
扳回 bānhuí 挽(ﾊﾞﾝ)回する.〔连续~两球〕(ゲーム・試合で)連続2球(2点)挽回した.
扳机 bānjī ①=[扳簧][搬簧](銃)の引き金:〔枪 qiāng 机〕に同じ.〔扳~〕〔勾 gōu ~〕〔搂 lōu ~〕①同刑を引く.②圈 トリガー.
扳平 bānpíng 区局 同刑.タイに持ち込む.
扳钳 bānqián ⇒[扳手①]
扳手腕 bānshǒuwàn =〈方〉[扳腕][扳头][扳子]
扳手 bānshou =〈方〉[扳钳][扳头]⇒[扳子] [方〉[搬手][取 qǔ 子][音訳〕士 shì 巴拿圈 スパナ.レンチ.[活(动)~]モンキースパナ.〔呆 dāi ~][死~]ソリッドレンチ.〔管子~]パイプレンチ.〔开口~]開口スパナ.自在スパナ.②⇒[扳机]③〈方〉手元(の金)が心細い.〔这两天我可有点~]この一両日わたしはいささか手元が心細い.
扳头 bāntou 同上①.
扳腕子 bānwànzi ⇒[扳手腕子]
扳罾 bānzēng ①四つ手網(を引き上げる).〔~守店〕漁夫が四つ手網をかけている時のようにじっと店番をする.②〈喩〉馬鹿正直にじっと番をする.③書道の執筆法の一.人差し指を立てて後から筆にそえて書く法.
扳闸儿 bānzhá ⇒[扳道]
扳闸的 bānzháde ⇒[扳道工]
扳指头 bānzhǐtou 指を折って数える.計算する:〔搬指头〕とも書いた.
扳指儿 bānzhir 弓懸(ﾕｶﾞｹ)の一種:弓を射るとき弦で指を傷つけないようにはめた金または玉で作った指輪状のもの.後には単なる装身具として使用され,清代では男の装飾品として親指にはめられた.
扳子 bānzi ⇒[扳手①]
扳钻 bānzuàn =[棘 jí 轮摇钻]圈 ラチェット式手回し錐[ｷﾘ]

〔攽〕 bān 〈文〉支給する.渡す.

〔颁・頒〕 bān ①公布(する).頒布(する).〔~令〕命令を同前.〔卫生部~标准〕衛生部公布の標準.②分かちを与える.〔荷 hè 蒙~下隆仪,感激无已 yǐ〕〔牘〕結構な品をくださり感激の至りに存じます.→[分 fēn ②]
颁白 bānbái ⇒[斑白]
颁布 bānbù 公布(する).〔中央及各有关部门又~了若干新法规〕政府および各関係部門ではまた若

bān 颁 班

干の新しい法規を公布した.→〔发 fā 布〕〔公 gōng 布①〕

颁词 báncí 言葉を下さる.〔主席～勖 xù 勉〕主席がお言葉を下さって激励して下さった.

颁赐 bāncì 分かち与える.〔承蒙～无任感谢〕〈謙〉ご贈与いただき感謝にたえません.

颁发 bānfā ①(命令・指示・政策などを)発布する.公布する.〔～印信〕官庁用の公用印章を交付する(新設機関の発足の際などに).②授与する.〔～奖 jiǎng 金〕奨金を与える.

颁奖 bānjiǎng 賞状や賞品を授与する.〔～大会〕同前の式.

颁金节 bānjīnjié 史 満洲族の族称が定まった記念日;女真や靺鞨(mò?)などと呼ばれていたが,清朝になって定まった.

颁犒 bānkào 〈文〉慰労の品(を与える).

颁施 bānshī ⇒〔颁行〕

颁示 bānshì 大勢の人々に知らせる.〔～天下〕天下に公表する.

颁授 bānshòu 与える.授ける.

颁行 bānxíng ⇒〔颁施〕公布施行する.

颁赠 bānzèng 分け与える.

〔**班**〕 bān ①組.グループ.団.仲間.連中.〔一年级甲 jiǎ ～〕1年甲組.〔高级～〕高級クラス.〔低 dī 年级～〕低学年クラス.〔五二～〕5年2組.〔分～〕組に分ける.〔同 tóng ～〕同じクラス.〔这～人都是新来的〕この人たちはみな新しく来たのです.②小分隊.〔三排 pái 二～〕第3小隊第2分隊.〔军 jūn 〕〔连 lián ⑥〕〔旅 lǚ ④〕〔排 pái ④〕〔棚 péng 〕〔团 tuán ②〕〔营 yíng ②〕 ③工場での一番下の組織.〔班组〕〔车 chē 间〕〔～儿〕(交替で仕事する場合の)組.〔早～〕一番方(た).早番.〔中～〕二番方.〔夜～〕夜勤組.⑤宿直.〔交 jiāo ～〕〔组 ～〕で交替する.〔三～倒 dǎo〕3交替制.〔昼 zhòu 夜轮～制〕昼夜交替勤務制.⑤勤務.勤務時間.〔上～〕出勤する.勤務につく.〔下～〕退勤する.ひける.〔上下～时间〕ラッシュアワー.⑥順番.番.〔该 gāi 我的～儿了〕次の番ですよ.⑦交通機関の運行ダイヤによる定期路線.〔头 tóu ～车〕〔头班车/一番列車(バス)〕〔末 mò ～车〕末班車/最終列車(バス).〔早 ～车〕朝(午前)の列車(バス).〔东京-纽 niǔ 约航～〕飞机〕東京-ニューヨーク線(便).⑧〈文〉業種別のグループ,とくに戯曲団体.一座.〔绍 shào 兴大～〕紹興劇座.〔班子〕 ⑨組・人の団体.〔一～学生〕一組の学生.〔带 dài 班⑥〕 ⑩〈文〉軍を返す.軍を動かす.→〔班师〕 ⑪量詞.㋐人の集まりを数える.㋑便数.⑫〈姓〉班(⌊)

班霸 bānbà (業界の)ドン.トップ.

班白 bānbái ⇒〔斑白〕

班班 bānbān 〈文〉明らかなさま.

班辈 bānbèi ⇒〔行 háng 辈〕

班别 bānbié 組別.

班驳 bānbó ⇒〔斑驳〕

班禅(额尔德尼) bānchán (é'ěrdéní) 宗 パンチェンエルデニ.パンチェンラマ:チベットで〔达 dá 赖喇嘛〕(ダライラマ)に次ぐ権力者.〔班〕はサンスクリット語で学匠の意,〔禅〕はチベット語で大をいい,チベットの大学匠の意.蒙古語の宝の意を表す〔额尔德尼〕を加えていう.〔班禅大师〕同前.→〔喇嘛教〕

班车 bānchē (組織或いは構成員に出す)定時に運行する車.通勤バス.スクールバス.

班船 bānchuán ⇒〔班轮〕

班次 báncì ①組(クラス)順.(労働者の就労の)組の順序(数).〔生产～〕由一班改为两班〕生産班を1班から2班に改める. ②(バスや電車など交通機関)発車回数.便.〔飞机～〕飛行機の便.→〔车 chē 次〕 ③ 普 役人任命の候補者の序列.

班底(儿) bāndǐ(r) ① 旧 劇団の中堅以下の平役者.②顔ぶれ.メンバー.〔球迷一致承认他们球队的～不错〕ファンたちは彼らのチームの主要メンバーが優れていると認めている.

班额 bān'é クラス定員数.

班房 bānfáng ①(官庁の使用人などの)詰め所.②(詰め所に詰めている)使用人.③監獄・拘置所の別称.〔他坐过几年～〕彼は何年か牢屋に入ったことがある.→〔监 jiān 狱〕

班风 bānfēng クラス・グループ内の空気・気風.

班后会 bānhòuhuì 勤務の後に開く短い集会・会議.

班会 bānhuì (クラスの)ホームルーム(アワー)

班机 bānjī 定期航空機.〔每周有～〕每週定期便が飛ぶ.

班吉 Bānjí 地 バンギ:〔中 zhōng 非共和国〕(中央アフリカ共和国)の首都.

班级 bānjí 学級:〔年级〕(学年)と〔班〕(クラス).〔学 xué 级〕は旧称.

班荆道故 bānjīng dàogù 成 荆(草・いばら)を敷いて古きを語る:友人が出会って旧情を温めること(左伝・襄公26年).

班轮 bānlún =〔班船〕定期船(便).〔建立了两条国际远洋一航线〕2本の国際定期船航路を開いた.〔～条件〕経 バースターム.〔船 chuán 方负担装卸费〕に同じ.

班马 bānmǎ ①〈人〉『漢書(?)』の著者班固と『史記』の著者司馬遷.②〈文〉はなれた駒.

班门弄斧 bānmén nòngfǔ 魯班の家の前で手斧(?)を振り回す:〔喩〕身のほどを知らずに力量を衒(?)うこと.釈迦に説法:多く謙遜していう場合に用いる.魯班(魯般)は昔時,魯の国の名匠の公輪子.〔鲁班先师〕〔鲁班爷〕として大工の始祖と仰がれた.

班配 bānpèi ⇒〔般配〕

班期 bānqī ①(船・车・飞行機などの)就航日.運行期日.〔～表〕ダイヤ.時刻表.〔去程 ～〕往路のスケジュール.〔回程～〕帰路のスケジュール.②郵便物配達日時.

班前会 bānqiánhuì 勤務前の短い会議.打ち合わせ.

班师 bānshī 〈文〉軍を引き返す.凱(?)旋する.〔～还 huán 朝〕成〕凱旋する.〈喩〉故郷に帰る.

班史 bānshǐ 漢書(?)の別称:班彪・班固・班昭父子の著した史書の意.

班头 bāntóu ①かしら.組頭.〔那时候,令亲钱俊人便是个新派的～〕(茅・霜2)そのころ,ご親戚の銭俊人が新しいグループの旗頭だった.②小役人の頭,特に捕手(?)頭.

班务会 bānwùhuì (軍隊または工場の)班の事務会議.

班线 bānxiàn (交通機関の)運行ダイヤと運行路線.

班长 bānzhǎng ①班長.級長.組長.② 軍 分隊長.

班珠尔 Bānzhū'ěr 地 バンジュール:〔冈 gāng 比亚共和国〕(ガンビア共和国)の首都.〔巴 bā 瑟斯特〕(バーサスト)は旧称.

班主 bānzhǔ ⇒〔成 chéng 班人〕

班主任 bānzhǔrèn クラス担任.

班子 bānzi ① 劇 (旧劇の)一座.〔戏 xì ～〕芝居の一座.〔～戏〕一座で打つ芝居:〔玩儿 wár 票〕すなわち〔票 piào 友(儿)〕と称する素人俳優の演ずる芝居に対していう.②一定任務を行うため組織されたグループ.〔写作～〕文章を書くグループ.③指導

班斑瘢般搬　bān

(者)グループ．〔領导～〕同前．④旧最上等の妓楼：〔北班〕南方出身の妓女を置く同前．〔南方班〕南方出身の妓女を置く同前．→〔长 cháng 三②〕〔清 qīng 吟小班〕　⑤旧官吏のクラス(等級)．〔知县～〕県知事クラスの役人連(なみ)．

班组 bānzǔ　①グループ．班．②生産チーム：工場では〔车 chē 间〕がいくつかの〔～〕に分けられている．〔～生产比赛〕生産チーム間の生産競争．

[斑] bān　①(色彩の)まだらのある．ぶちになっている．〔虎～色 sè〕虎模様．虎毛の(色)．②斑点．しみ．〔雀 què～〕そばかす．〔黑 hēi～〕黒いまだら．(顔の)しみ．③喩目につく点．〔可见一～〕その一端をうかがうことができる．④〈姓〉斑(はん)．

斑白 bānbái　=〔班 bái〕〔颁 bái〕〔花 huā bái〕〈文〉白髪まじりである．〔～老人〕〔头发～的老人〕ごま塩頭の老人．

斑斑 bānbān　①=〔般般〕②〈文〉きらびやかなさま．②斑点のたくさんあるさま．〔～点点〕(斑点が)ぼつぽつとあるさま．〔～血 xuè 迹〕(血迹～)飛び散った血痕．血の跡だらけ．

斑背潜鸭 bānbèi qiányā　鳥スズガモ：〔蚬 xiǎn 鸭〕ともいう．

斑鬓 bānbìn　〈文〉白髪まじりの鬢(びん)．〈喩〉老齢．

斑驳 bānbó　〔班驳〕とも書いた．〈文〉まだら模様のさま．〔～陆 lù 离〕〈成〉色彩が入り交じって、ひときわ目立つ．→〔驳杂〕

斑点 bāndiǎn　斑点．斑紋．まだら模様．②汚れ目．汚れ．

斑鸫 bāndōng　鳥ツグミ：〔穿 chuān 草鸡〕〔窜 cuàn 儿鸡〕ともいう．→〔鸫〕

斑豆 bāndòu　うずら豆．

斑痕 bānhén　斑びの痕．

斑鸠 bānjiū　=〔鸣 míng 鸠〕鳥キジバト(属総称)．〔棕 zōng 背～〕〔金背～〕〔山～〕キジバト．〔珠颈～〕〔花～〕〔珍珠鸠〕(シナ)カノコバト．〔灰～〕シラコバト．

斑斓 bānlán　(外観または色彩が)華やかで美しい：〔斒斓〕とも書いた．〔五彩～〕〈慣〉多種多彩で美しい．

斑砺岩 bānlìyán　鉱曹灰長石．

斑羚 bānlíng　動ゴーラル：〔羚羊〕(レイヨウ)の一種．〔青 qīng 羊〕は別称．

斑鲈 bānlú　魚貝スズキ．

斑鹿 bānlù　(ウスリーシカ・クワロクなど)白斑のある鹿．

斑马 bānmǎ　=〔花 huā 条马〕動シマウマ：〔〈文〉福 fú 禄〕が別称．

斑马线 bānmǎxiàn　⇒〔人 rén 行横道〕

斑蝥 bānmáo　虫ハンミョウ(斑猫)，カンタリス：〔斑蟊〕〔蟄蟊〕ともいう．

斑鳍六线鱼 bānqí liùxiànyú　魚貝アイナメ．

斑铜矿 bāntóngkuàng　鉱斑銅鉱．

斑秃 bāntū　医円形脱毛症．禿頭病；俗に〔鬼 guǐ 剃头〕(つるつる頭)ともいう．〔秃发症〕は学名．〔油 yóu 风〕ともいう．

斑脱 bāntuō　医円形脱毛症．まだらはげ．

斑纹 bānwén　〔斑文〕とも書いた．ぶち．まだら模様．

斑蚊 bānwén　虫ヒトスジシマカ：デング熱を媒介する．〔白 bái 线～〕ともいう．

斑杖 bānzhàng　①植マムシグサ(ヘビノダイハチ)：サトイモ科．球茎は有毒．包片が紫色で白い筋があるので〔天南星〕(テンナンショウ)と区別される．②斑竹の杖．

斑疹 bānzhěn　医発疹(はつ)．斑．

斑疹伤寒 bānzhěn shānghán　医発疹チフス．〔～疫 yì 苗〕発疹チフスワクチン．→〔伤寒①〕

斑竹 bānzhú　植ハンチク．→〔湘 xiāng 妃竹〕②⇒〔版 bǎn 主〕

斑嘴鸭 bānzuǐyā　鳥カルガモ：〔黄 huáng 嘴尖鸭〕ともいう．

[瘢] bān　医皮膚に斑点が生じる病気．〔黑～〕黒しみ．

[般] bān　①量詞．種類．たぐい．〔这～人〕この種の人．〔这～人〕こういう人．〔百 bǎi～〕百般の．すべての．〔万 wàn～无奈〕全くどうにもならない．②…のように．…同様．…同然．〔一～大〕同じくらいの大きさ．〔跟他哥哥一～高〕彼の兄と同じ背丈だ．〔还能跟他一～见识吗〕彼と同じ了見(考え)でよいものか．〔时间流水～地过去〕時は流れる水のように過ぎて行く．〔兄弟～的掌声〕兄弟のような拍手．〔兄弟～的友谊〕兄弟のような友情．→〔一 yī 般〕　③運ぶ：〔搬〕に通用される．　→ bō pán

般般 bānbān　いろいろの(と)．どこもかしこも．〔这种情形～皆是并不希奇〕こういうことはいろいろよくあることで別に珍しいことではない．②⇒〔斑斑①〕

般大般小 bāndà bānxiǎo　〈方〉似かよった大きさ：〔般大不小〕ともいう．

般配 bānpèi　〈口〉似合う．ふさわしい．つり合いがとれている：〔搬配〕〔班配〕とも書いた．〔婚姻一事总要～〕結婚というものはつり合いがよくなければならない．〔两个人看起来还～〕二人は見たところなかなか似合いの夫婦だ．〔老夫少 shào 妻、太不～〕老人に若妻，釣り合いがとれない．〔这男儿洋打扮儿跟他的身分能～吗〕こんな外国風の格好では，彼にふさわしくないのではないか．

[搬] bān　①運ぶ．移す(る)．〔～不动〕(重くて)動かせない．〔你去～一把 bǎ 椅子来！〕椅子を一脚運んで来い．〔～光了〕みな(すっかり)運んだ．〔挪 nuó②〕②転宅する．〔～迁 qiān①〕　③〔既存の制度・経験・方法・語句など)そのまま引用する．当てはめる．〔～上银幕〕映画化する．〔写文章不要～教条〕文章を書く時は盲目的な教条を引用してはいけない．→〔生 shēng 搬硬套〕④〈方〉ほじくる．あばきたてる．〔～人的是非〕人のことをあれこれ言う．他人の揚げ足をとる．⑤〈方〉招く．〔病重了，一个先生看看吧〕病気が重いなら医者に見てもらいなさい．→〔请 qǐng②〕

搬兵 bānbīng　(援)増援を求める．〔搬救兵〕同前．

搬不倒儿 bānbudǎor　⇒〔不倒翁〕

搬场 bānchǎng　〈方〉移転(する)．転宅(する)．〔～公 gōng 司〕引っ越し会社．〔～汽 qì 车〕引っ越し用のトラック．→〔搬家①〕

搬倒 bāndǎo　失脚させる．打倒する．

搬动 bāndòng　(人や物を)移動させる．動かす．〔这么多的东西一起来很麻烦〕こんなにたくさんの品物を移動させるのは全く面倒だ．〔～千军万马〕大軍勢を動かす．

搬舵的 bānduòde　⇒〔扳舵的〕

搬货 bānhuò　貨物を運搬する．〔～下船〕荷物を運んで船に積み込む．

搬家 bānjiā　①転宅する．引っ越す．〔他最近～了〕彼は最近引っ越した．〔～公司〕引っ越し会社．→〔搬场〕〔乔 qiáo 迁②〕②場所を移動させる．位置を動かす．〔脑 nǎo 袋～〕〈喩〉首を切られる．

搬九 bānjiǔ　旧新郎新婦が式後9日目に新婦の実家へ行くこと．

搬弄 bānnòng　①手で揺り動かす．移動する．②挑発する．揚げ足をとる．文句を言う．〔～口舌〕〈成〉嘩を言ったりあれこれを引き起こす．

搬弄是非 bānnòng shìfēi　=〔搬是弄非〕〈成〉①両

方をそそのかして問題を起こさせる.他人のことをとやかく言って問題を起こす.両方をひっかき回す.②ひっかき回して是非を転倒させる.〔他老是爱调 tiáo 三斡 wò 四地 de〕彼はいつも何のかのと余計なことを言って問題を引き起こす.〔惹 rě 是生非〕

搬挪 bānnuó 移動する.場所を移す.

搬配 bānpèi ⇒〔般配〕

搬起石头砸自己的脚 bānqǐ shítou zá zìjǐdejiǎo〈諺〉自業〔⑥〕自得.人を呪(のろ)う穴二つ.〔砸〕〔打〕ともいう.→〔弄 nòng 巧成拙〕

搬迁 bānqiān 移転する.〔～一户〕立ち退き世帯.

搬钳 bānqián ⇒〔扳子①〕

搬舌头 bānshétou〈方〉つげ口する.わざと噂を流す.→〔搬弄 nòng 是非〕

搬石头 bānshítou 石を運ぶ.〈喩〉邪魔物を取り除く.

搬是弄非 bānshì nòngfēi ⇒〔搬弄是非〕

搬手 bānshǒu ⇒〔扳手①〕

搬送 bānsòng 運搬する.運送する.〔这个东西太大,不好拿,还是等会儿派人一到您府上去吧〕この品物は大き過ぎて持ちにくいので,やはり後から人をやってお宅まで運ばせましょう.

搬唆 bānsuō そそのかす.けしかける.〔这场是非是她一引起来的〕このいざこざは彼女からけしかけたものだ.

搬挑 bāntiāo からかいなぶる.

搬雪填井 bānxuě tiánjǐng〈成〉雪を運んで井戸をうずめる.〈喩〉無駄な骨折りをする.骨折り損のくたびれもうけ.

搬演 bānyǎn 二の舞を演ずる.

搬移 bānyí(物や住居などを)移す.動かす.

搬用 bānyòng 機械的に適用する.無批判に引用する.〔机械地～〕同前.

搬运 bānyùn 運送(する).運搬(する).〔～费 fèi〕運搬賃.〔～工〕運搬工.

搬运法(儿) bānyùnfǎ(r) 魔術手品の一種:中に入れてある物を手を用いずに抜き出す術.

搬闸 bānzhá ⇒〔扳道〕

搬闸的 bānzháde ⇒〔扳道工〕

搬指头 bānzhǐtou ⇒〔扳指头〕

搬子 bānzi ⇒〔扳子〕

搬走 bānzǒu 引っ越す.運ぶ.〔把东西～物を運び去る.〔他早就～了〕あの人はとっくに引っ越した.

〔瘢〕

瘢 bān 傷跡.〔伤 shāng～〕同前.→〔疤 bā 瘌〕

瘢风 bānfēng 医なまず:瘢風菌(糸状菌の一種)の寄生によって起る慢性皮膚病.→〔白 bái 癜风〕

瘢痕 bānhén 腫れものの痕(⑥).傷跡.〔～瘤 liú〕〔～疙 gē 瘩〕ケロイド.

〔螌〕

螌 bān →〔斑螌 máo〕

〔斒〕

斒 bān

斒斓 bānlán ⇒〔斑斓〕

〔阪〕

阪 bǎn〈文〉坂:〔坂〕に同じ.②〈文〉傾斜地.瘦せ地.〔～田〕同前の畑.③〈姓〉阪.(はん)・

〔坂(岅)〕

坂 bǎn〈文〉坂:〔坂〕に同じ.〔～坡 pō 田〕坂田.

坂上走丸 bǎn shàng zǒu wán〈成〉坂で球を転がす.〈喩〉いよいよ勢いを増す.

〔板・闆〕

板 bǎn（Ⅰ）〔板〕①〔-儿,-子〕板.〔木 mù～〕木の板.⑤板状のもの.〔钢 gāng～〕鋼板.〔玻 bō 璃～〕板ガラス.〔黑 hēi～〕黒板.〔皮～〕毛皮の革の部分.〔买皮筒子的时候,不但要挑 tiāo 毛,也得 děi 看看～子

服につける毛皮を買う時は毛を選ぶのみでなく,革地もよく見なければならない.〈喩〉商店の大戸.〔版①〕③国中国の音楽で,拍子をとるために用いる2,3枚の竹板または紫檀板製の打楽器:カスタネットに該当する.〔拍 pāi ～〕拍子をたたく.〔板眼①〕④中国固有の音楽の調子.〔快 kuài ～〕テンポの速い調子.〔慢 màn ～〕テンポの遅い調子.〔荒 huāng 腔走～〕調子外れ.〔没有～眼〕歌い方が調子に合っている.〔他做事有～有眼〕彼はきちんと仕事をする(ぬかりがない).→〔板眼①〕⑤凝り固まっている.融通がきかない.不愛想である.〔死 sǐ ～〕同前.〔那个人很老实,就是太～〕あの人はおとなしいが,気がきかない.〔肩 jiān 膀儿一了〕肩が凝った.⑥顔をこわばらせる.難しい顔をする.仏頂面(づら)をする.〔把脸一一…〕顔をさっとこわばらせて…〔着脸〕顔をこわばらせて.⑦固銅銭を作る鋳(")型.→〔板六十四〕⑧量詞.〔板子②〕で打つ動作を数える.⑨〈姓〉板.

(Ⅱ)〔闆〕〔老 lǎo ～〕商店の主人.→〔老板〕

板板六十四 bǎnbǎn liùshísì ⇒〔版板六十四〕〈方〉凝り固まって融通のきかないさま:宋代,銅銭を作る鋳型は64文(枚)であった.→〔死 sǐ 板①〕

板报 bǎnbào →〔黑 hēi 板报〕

板壁 bǎnbì(部屋と部屋との間の)板壁.

板擦儿 bǎncār 黒板ふき.黒板消し.〔板刷②〕〔黑 hēi 板擦(儿)〕に同じ.

板材 bǎncái →〔板料〕

板呎 bǎnchǐ〈度〉ボードフット:木材業用の英国制木材数量(体積)単位(144立方インチ,すなわち厚さ1センチ面積1平方フィート).

板齿 bǎnchǐ〈方〉前齒:〔门 mén 齿〕の別称.

板锄 bǎnchú 刃先が広いすき.

板寸 bǎncùn スポーツ刈り.角刈り:髪型の一種.〔板寸头〕ともいう.

板锉 bǎncuò →〔扁 biǎn 锉〕

板荡 bǎndàng〈文〉混乱した政局.不安定な社会:詩経・大雅の板と蕩の2の篇.

板刀 bǎndāo①厚刃の刀.②青竜刀.だんびら.

板凳(儿) bǎndèng(r)①=〔长 cháng 凳〕(木製でよりかかりのない)長腰掛け.ベンチ.〔～队 duì 员〕区ベンチウォーマー.控え選手.②小さい木製の腰掛け.〔小～〕同前.

板房 bǎnfáng →〔板屋〕

板斧 bǎnfǔ 刃の広くて平たい手斧.→〔斧子〕

板鼓 bǎngǔ 国打楽器の一種:ラッパの形をした太鼓の表面に牛皮を張ったもの.

板胡 bǎnhú →〔梆 bāng 胡〕国胡弓の一種:華北の民間芸能の〔梆子腔〕の主要な伴奏楽器.長さ約70センチで2弦.胴に蛇皮のかわりに薄板を貼ったもの.→〔胡琴(儿)〕〔京 jīng 胡〕

板画 bǎnhuà ①黑板画.〔在黑板上练习～〕黒板で黒板画を練習する.②⇒〔版画〕

板话 bǎnhuà〔竹板〕を鳴らしながら歌う物語.〔李有才～〕趙樹理作の小説名.

板簧 bǎnhuáng 機板ばね:汽車の車輪などを支える長さの少しずつ違う鋼鈑を何枚も積み重ねたスプリング.

板机指 bǎnjīzhǐ 医手の指の腱鞘(けんしょう)炎.

板极 bǎnjí(真空管の)プレート.

板架 bǎnjià →〔板梁〕

板结 bǎnjié 農(土壌が)固まる.〔～田〕粘土質の畑.

板块 bǎnkuài ①地プレート.〔～学说〕(地殻に関する)プレートテクトニクス.②〈喩〉相互に共通する特徴また内在する関係のある集合体.〔高科技～〕ハイテクプレート.③セクター:構成体内で比較的独立した組織.

板版 bǎn

板蓝根 bǎnlángēn [中医][菘 sōng 兰](エゾタイセイ)の根:解熱・解毒などの効能があり,風邪薬の主成分となる.[板兰根]とも書く.

板栗 bǎnlì [植]クリ,またその実.→[栗子]

板里没土,打不起墙 bǎnli méitǔ, dǎbuqǐ qiáng 板の中に土がなければ塀は築けない.〈喩〉城壁などを作る時,板と板の間に土をつめて打ち固めることから転じて,見掛けだけではだめ.[外 wài 强中干]

板脸 bǎnliǎn =[板面孔]顔をこわばらせる.→[绷 běng 脸]

板梁 bǎnliáng =[板架][建]板桁(げた).プレートばり.

板料 bǎnliào =[板材]①板材.②板金.

板楼 bǎnlóu [建]長方形のビル.[塔 tǎ 楼]

板轮 bǎnlún [无 wú 幅轮][機]板輪.

板门 bǎnmén [方]①木の扉.②=[板子]③商店の大戸.

板面孔 bǎnmiànkǒng ⇒[板脸]

板平脸 bǎnpíngliǎn 平べったい顔.

板铺 bǎnpù 木製のベッド.

板墙 bǎnqiáng 板塀(べい).

板鞘 bǎnqiào 板鞘.

板球 bǎnqiú =[棒 bàng 打球][木 mù 球]クリケット,またそのボール.[~具]クリケットセット.

板儿 bǎnr ①板.②薄い板状のもの.

板(儿)车 bǎn(r)chē ①=[平 píng 板车] ②=[板(子)车]大八車:人が引いたり推したり,また家畜が引く木製の二輪・三輪・四輪の荷物車.

板(儿)床 bǎn(r)chuáng 木製ベッド.

板(儿)带 bǎn(r)dài 巾の広く硬いベルト(バンド)

板(儿)的 bǎn(r)dí 三輪タクシー.

板(儿)平 bǎn(r)píng ①板のような平らな(に).ぴんと(した).[这块布熨 yùn 得~]この布はぴんとアイロンがかけてある.②無表情である.[脸上~]顔になんの変化もない.

板(儿)爷 bǎn(r)yé [平 píng 板车]の運転手.

板(儿)硬 bǎn(r)yìng [口]硬い.[那块面包~]このパンはコチコチだ.

板上钉钉 bǎnshàng dìngdīng 〈喩〉間違いっこなし.請け合い.

板式 bǎnshì [劇]旧劇の[唱 chàng ①](うた)の調子.[板眼]②木製の(の).[~家具]木製家具.

板实 bǎnshí [方]①(土壌として)硬い.②(本の表紙・衣服など)硬くてびんとしている.③(身体が)丈夫でびんしゃしている.

板书 bǎnshū ①(授業の際)黒板に字を書く.板書する.②黒板に書いた字.

板刷 bǎnshuā ①靴の刷毛(げ).洗濯刷毛.②⇒[板擦儿]

板田 bǎntián 土壌の固い農地.

板条 bǎntiáo [建]小舞(ばり).(塗篭あるいは塀の下地として柱と柱の間に釘付けする細長い板)や木舞(まい)(屋根の垂木と直角にまばらに釘付けする,直接屋根瓦を支える役目をする細長い板).②羽目.

板瓦 bǎnwǎ 平たい瓦.

板屋 bǎnwū =[板房]木造家屋.

板形凸轮 bǎnxíng tūlún [機]カム.偏心回転盤.偏突輪.偏芯子.偏動子・軸の運動を様々な運動に変える仕掛け.動力の速度を緩急不規則中にさせるのに.跳ね槌(づち)を持ちあげるのに用いる.→[凸轮]

板鸭 bǎnyā [腊 là 鸭]

板牙 bǎnyá ①〈方〉前歯.②[白臼齿](びゃくきゅうし)⑤門歯.[门 mén 齿]に同じ.→[牙(I)①] ②[機]ねじ切りダイス.[螺 luó 丝板牙]ともいう.[~扳 bān 子]ダイスまわし.

板烟 bǎnyān 板状にした煙草.

板岩 bǎnyán [鉱]粘板岩.

板眼 bǎnyǎn ①旧劇や伝統音楽など中国音楽の拍子.旧劇の一連の(拍板)(カスタネットにあたるもの)の一打ち(強い打ち)を[板]といい,[单 dān 皮鼓](片面だけ皮を張った小太鼓)の中くらい,または弱い一打ちを[眼]という.譜ごとと伴奏表の進行は[单皮鼓]がリードをとる.例えば,[一板一眼][一眼板][板]の一打ちの後に[眼]の一打ち,すなわち2拍子であるとき,または[一板三眼][三眼板](4拍子にあたる)を[慢 màn 板](ゆったりした調子)という.このほかに速い調子の[快 kuài 板][板]のみで[眼]のないゆっくりめの調子の[流 liú 水板]などがある.→[板子④][拍 pāi 子①] ②〈転〉条理.要領.勘どころ.[有~][不错]勘がよい.[~上]筋道にかなっている.→[有 yǒu 板有眼] ③〈方〉方法.考え.

板眼分明 bǎnyǎn fēnmíng 〈喩〉はっきりしている:段階を追って一つ一つはっきりしている.[这件事真是~,一看就知道了]このことは実にはっきりしていて,一目見ればすぐ納得がいく.

板银 bǎnyín [旧]貨幣として用いられた大小さまざまの片状に作られた銀塊.

板油 bǎnyóu 葉状脂肪:豚の内臓の周りの脂肪.ラードの原料となる.=[脂 zhī 油]

板舆 bǎnyú [書]輿(こし)

板羽球 bǎnyǔqiú 羽根つき遊び.またその羽根.→[羽毛球]

板凿 bǎnzáo 刃の薄いのみ.

板障 bǎnzhàng ①[スポ]板状の障害物:障害物競争などに用いる道具.②〈方〉板塀.

板正 bǎnzhèng ①きちんとしている.端正である.②(態度などが)重(く)重しい.

板直 bǎnzhí 生真面目である.[为人~]融通がきかない人柄.[脸上也微微~起来]表情も真剣できてきた.

板执不通 bǎnzhí bùtōng 〈成〉片意地である.頑固である.頑迷固陋(ろう)である.

板纸 bǎnzhǐ =[纸板]

板滞 bǎnzhì ①融通がきかない.堅苦しい.平板である.②(文・絵・表情などが)ありきたりである.

板筑 bǎnzhù ⇒[版筑]

板状 bǎnzhuàng 板状.[~构 gòu 造][地](岩石の)板状構造.

板子 bǎnzi ①板.=字解(I)① ②[旧]人を叩くのに用いた平たくて長い板や竹片.[打了他二十~了]彼を20遍叩いた.③[旧]商店の戸締まりに用いる立てばずしきの板戸.[上~](店の)戸締まりをする.営業を終える.④[劇]芝居や[曲 qǔ 艺](いろいろな民間芸能)の曲の拍子.→[板眼①]

板(子)车 bǎn(zi)chē [板(儿)车]

[**版**] **bǎn** ①(印刷の)版木.原版.[板(I)②]とも書いた.[木 mù ~]木版.[铜 tóng ~]銅版.[锌 xīn ~]亜鉛版.[照 zhào 相 ~]写真版.②印刷物の印刷の前後や印刷の仕方の種別.また新聞の"面".[下转 zhuàn 第五~]以下第5面に続く.[头~头条](新聞の)一面トップ.[初 chū ~]初版.[第 dì 六~]第6版.[再 zài ~]再版.[改 gǎi ~]改訂版.改版(する).[绝 jué ~]絶版(になる.にする).[宋 sòng ~](宋代に印刷された)[書籍].[殿 diàn ~][旧]武英殿で版をおこした各種の書籍.[整~票]1シートの切手.[新~人民币]新人民元.③写真のネガ.[底 dǐ 片 piàn]同前.[修 xiū ~]ネガを修整する.④〈文〉版築用木型.→[筑②]

版六十四 bǎnliùshísì ⇒[板版六十四]

版本 bǎnběn ①同一書籍の版.版の種別.[~记录

版の記録.〔~学〕版本学.〔同是一样的书,~的好坏不同,书价也不一样〕同一の書籍でも版のいい悪いで値段も違う.②<喩>異なる形式.方式.内容など.③〔電算〕バージョン.
版次 bǎncì 書物が版を重ねた場合の順序:例えば初版,第 2 版など.
版号 bǎnhào 出版物(印刷·録音·録画など)の著作権登録番号:書籍の場合は〔书号〕,雑誌の場合は〔刊号〕という.
版画 bǎnhuà 版画.
版籍 bǎnjí ①〔文〕書籍.書物.②領域.領土.
版刻 bǎnkè 木刻.木版の書画.
版口 bǎnkǒu 〔版心②〕〔页 yè 心〕(木版刷りの本の)柱.折り目の部分:〔中 zhōng 缝②〕に同じ.
版面 bǎnmiàn ①〔新聞·雑誌·書籍の〕紙面の 1 頁全体.②同前の排列形式.〔~设计〕紙面のデザイン.
版纳 bǎnnà 〔音訳〕パンナ:〔傣族〕(タイ族)自治地区の旧行政区画単位.〔西双~〕以外は全て県に改められた.
版权 bǎnquán 版権.著作権:〔著 zhù 作权〕に同じ.〔~法〕〔著作权法〕回著作権法.〔~页 yè〕(書物の)奥付(おく).
版式 bǎnshì 印刷版の形式(型).
版税 bǎnshuì 印税.
版图 bǎntú 戸籍と地図.<転>国の領域.
版位 bǎnwèi ⇒〔神 shén 位〕
版心 bǎnxīn ①版面.はんづら:〔页 yè 心②〕に同じ.②⇒〔版口〕
版型 bǎnxíng ⇒〔板型〕
版主 bǎnzhǔ 〔電算〕ウェブサイト管理人:〔斑 bān 竹〕とも書く.
版筑 bǎnzhù =〔板筑〕(2 枚の板に土を詰め込みつき固めて)塀や壁を築く.→〔夯 hāng 土〕
版子 bǎnzi 版木.(印刷の)版.

〔**钣·鈑**〕 bǎn 金金.金属の板.〔钢 gāng ~〕〔钢板〕鋼板.②工作機械の主要部分にある平版状の部分品.〔滑 huá ~〕スライド板.〔指 zhǐ 标~〕ゲージ板.
钣金 bǎnjīn シートメタル:各種金属薄板の総称.〔~件 jiàn〕板金部品.〔~工〕板金工事.⑥板金工〔職人〕.

〔**舨**〕 bǎn 〔舢 shān ~〕サンパン.はしけ:〔舢板〕とも書く.

〔**蝂**〕 bǎn →〔蝜 fù 蝂〕

〔**办·辦**〕 bàn ①する.やる.さばく.処理する.取り扱う.〔~不好〕うまくやれない.〔~不起〕(経済能力がないので)やれない.〔~完 wán〕やり終わる.〔~結〕処理する.〔~許可〕許可をとる.〔~結束 lù〕処理完了率.→〔干 gàn (II)①〕〔做 zuò ③〕②開設する.経営する.〔~工厂〕工場を経営する.〔开门~学〕学内における勉強にとどまらず社会的実践と結びつけて学問すること.〔~报 bào〕新聞を発行する〔新聞社を経営する〕.③準備する.仕度する.〔包~伙食〕食事も引き受ける.④文書を作る.〔~一件公文〕文書を 1 通作成する.⑤商品を仕入れる.調達する.〔~运土产〕その土地の産物を仕入れて送る.⑥処罰に処する.〔重 zhòng ~〕重罰に処す.〔法~〕法によって処罰する.⑦事務部門:〔~公室〕の略.〔外~〕〔外事~公室〕対外事務室.〔~姓〕弁(読).
办案 bàn'àn ①事件を処理する.〔~的〕事件を処理する担当者.②目あかし.探偵.②=〔办差①〕田官吏のため夫役を課したり財物を徴発したりする.

办白事 bànbáishì 葬儀·追悼会·年忌などを営む.
办班 bànbān カルチャーセンターの開設や研修会·講習会などを開催すること.
办博 bànbó 博覧会を開く.
办不到 bànbudào ①(そこまでは)やれない.できない.②とんでもない.むだだ.〔结婚,~〕結婚なんて、とんでもないことだ.
办差 bànchāi ①⇒〔办案②〕②役目をはたす.
办场 bànchǎng 農村に関係ある事業をする.〔农场〕〔牧场〕など.
办成 bànchéng 成し遂げる.解決をつける.〔办不成〕(やって)成功しない.うまくいかない.
办到 bàndào 目的を遂げる.〔办得到〕やれる.できる.〔~棺 guān 材人不死〕棺を準備したところが病人は死ななかった.<喩>当てが外れる.予定が変わる.
办电 bàndiàn 発電所を建設する.
办法 bànfǎ 方法.やり方.取り扱い.規則.〔没 méi ~〕〔没法子〕方法がない.しかたがない.〔想~〕方法を考える.何とかする.〔他真有~〕さすがが彼だ.機転がきく.〔暂 zàn 行~〕臨時規則.暫定処理.
办复 bànfù 処理して回答する.結果を報告する.
办稿 bàngǎo 公文を起草する.
办公 bàngōng 執務(する).事務(をとる).〔~楼 lóu〕事務棟.本館ビル.〔~自动化〕オフィスのオートメ化.事務の電子化.〔~时间〕執務時間.〔~费 fèi〕事務費.
办公处 bàngōngchù ⇒〔办事处〕
办公会议 bàngōng huìyì 役員·関係者によるミーティング.
办公室 bàngōngshì =〔方〕写 xiě 字间〕①事務室.②(機関·組織の)事務所·事務部門.オフィス.
办公厅 bàngōngtīng 事務局:〔办公室〕より規模の大きなもの.
办后事 bànhòushì 死んだ人の後の事を処理する.〔您别过于悲伤了,~要紧〕あまり力を落とされてはいけません,後の事の処理が大切ですから.〔~〕葬式を営む.弔いをする.
办货 bànhuò 仕入れ(る):〔进 jìn 货〕に同じ.
办结 bànjié (裁判で)決着をつける.〔~多起经济案件〕多くの経済事件を片付けた.
办酒 bànjiǔ 宴席の仕度をする.
办卡 bànkǎ (キャッシュ·クレジット)カードを開設する.カードを作る.
办理 bànlǐ 処理する.取りさばく.〔~欠 qiàn 妥〕処理が当を得ない.〔~在外华侨一切事务〕在外中国人に関する事柄を取り扱う.
办满月 bànmǎnyuè =〔做 zuò 满月〕生まれて満 1 か月のお祝いをする.→〔双 shuāng 满月〕
办七 bànqī 死後七日目に経をあげること:〔办三七〕〔办五七〕〔办七七〕などはそれぞれ21日目·35日目·49日目のそれをいう.→〔忏 chàn 七〕
办丧事 bànsāngshì 葬儀を行う.→〔办白事〕
办社 bànshè 〔协同组合(人民公社)〕を運営する.
办生日 bànshēng·rì =〔做 zuò 生日〕誕生日のお祝いをする.→〔办寿〕
办事 bànshì (非肉体労働的な)仕事をする.→〔做 zuò 活儿〕
办事处 bànshìchù ⇒〔办公处〕事務所.
办事员 bànshìyuán 事務員.
办寿 bànshòu =〔做 zuò 寿〕誕生祝いをする.〔办整寿〕50歳·60歳などの前者をいう.→〔办生日〕
办退 bàntuì 退職手続きをする.
办妥 bàntuǒ ①妥当に処理する.②すべてを整える.
办喜事 bànxǐshì 結婚式を挙げる.

办学 bànxué ①学校を創立する. ②学校を運営する.
办斋(口) bànzhāi(kǒu) 肉絶ちをする.→〔吃 chī 斋①〕
办展 bànzhǎn 展覧会(展示会)を開く.
办赈 bànzhèn 救済事業をする.
办置 bànzhì 調達する.買いととのえる.〔材料已经～妥 tuǒ 了〕材料はもうすっかり買いととのえた.
周年 bànzhōunián 一周忌の法会をする.
办罪 bànzuì 処罰する.

〔半(半)〕 bàn ①半分.〔一～(儿)〕半分.半.〔过～〕過半.半分以上. ②半ば.半ばに近い.中途.〔事～功倍〕〈喩〉労少なくして功が多い. ③少しばかりの.わずかの.〔一星～点儿〕〈慣〉さイかの.〔没听见一个字〕一言も聞こえなかった.〔～点儿消息也没有〕少しの消息もない.〔～点儿影子都没有〕影も形もない. ④不完全な.〔～透明〕半透明の. ⑤〈姓〉半(ﾊﾝ)
半百 bànbǎi 〔文〕五十.〔～之年〕50歳.〔焚 fén 去木屋六所,灾 zāi 民～〕焼失木造家屋6軒で,罹(ﾘ)災者50人.
半版 bànbǎn 〔整 zhěng 版〕(全紙)の半分の大きさ.
半…半… bàn…bàn… 相反する,また相対する二つが同時に存在することを表す.〔～明～暗〕薄暗い.〔～含～吐〕〈喩〉吐へ吐かぬ〕〔～吞～吐〕奥歯にものがはさまった(言い方).〔～醒～睡〕夢うつつ(のさま).〔～土～洋〕中国在来の方法と西洋の方法とをりまぜる.〔～笑～嗔 chēn〕笑いながら不平を言う.笑顔を作りながら腹を立てる.〔～真～假 jiǎ〕うそも本当ともつかない.
半半拉拉 bànban lālā 不完全なさま.未完成のさま.
半半路路 bànban lùlù 同上.
半半落落 bànban luòluò 中途で.中途半端に:〔半路路路〕ともいう.〔这～地生起病来,可怎么好〕いま中途で病気になったりして,どうしたらいいだろう.〔事情做得～地放不下手〕中途半端なので手が離せない.
半饱(儿) bànbǎo(r) 腹半分の.〔他们的一份儿,要叫我吃起来,也不过～〕彼らの一人前は,ぼくがたべたら腹半分にしかならない.〔到了荒年,人能吃个～就算不错〕凶作の年になると,腹半分に食えたら結構なものだ.
半辈子 bànbèizi =〔半生〕〔半世〕半生.生涯の半ば.〔后～〕〔下～〕後半生.〔前～〕〔上～〕前半生.→〔晚 wǎn 年〕
半壁 bànbì 半分.〔～江山〕〈喩〉国土の大半.
半边读 bànbiāndú 漢字の字形の一部分の音をもって読むこと:たとえば〔千 qiān〕の類推かつ〔奸 jiān 灭〕(せん滅する)を qiānmiè と読むなど.
半边户 bànbiānhù 農村の戸籍を持つ家族がいる世帯.
半边莲 bànbiānlián 〖植〗アゼムシロ(ミゾカクシ):原野や田のあぜなどによく生え広がる雑草の一種.毒蛇による咬(ｺｳ)傷などに薬用にされる.
半边(儿) bànbiān(r) 片方片.片側.〔新上市的苹果～青～红,半边儿红半边儿酸〕市場に出たばかりのりんごは片側が青く片側が赤くて,食べてみるとやや酸っぱい.〔病人～身子不能动弹 tán〕病人は体の片側が動かない.
半边人 bànbiānrén 〈方〉寡婦.未亡人.
半边天 bànbiāntiān ①天の半分.〔彩霞红了～〕夕焼けが空の半分を赤く染めた. ②〈喩〉女性に対する

称呼·呼びかけの言葉.〔你们有点瞧不起～〕あなた達は天の半分を支える者(女性)達をばかにしている.〔发挥～的作用〕女性の役割りを発揮させる.
半彪子 bànbiāozi〔半标子〕〔半飙子〕とも書く.〈方〉粗暴な者.気の荒い人.
半部 bànbù 半分(の)
半…不… bàn…bù… …でもないし…でもない:多く嫌悪の意を含む.〔～长 cháng ～短〕長くもなく短くもない.〔～疯 fēng ～傻〕どっちつかず.〔～通～通〕半可通.なまかじり.→〔半瓶(子)醋〕
半槽水 bàncáoshuǐ (河川や湖沼の)通常水位の半分の水.
半茬子 bàncházi 〈方〉半大.中途半端.
半道儿 bàndàor ⇒〔半当腰〕〔半腰〕〔半中腰〕〈喩〉途中.中途.半分のところ.〔～里忽然钻 zuān 出来两个人〕道の中程で二人の男がひょっこり現れた.〔这件衣服～里有个窟 kū 窿〕この服には中ほどに穴があいている.
半场 bànchǎng ①〖スﾎ〗ハーフコート.〔～休息〕ハーフタイム. ②(映画や劇などの)前半または後半.
半程马拉松 bànchéng mǎlāsōng 〖スﾎ〗ハーフマラソン.
半成品 bànchéngpǐn 半製品.仕掛り品:〔半制品〕ともいう.
半齿音 bànchǐyīn 〖語〗(中国音韻学で)半歯(ﾊﾝｼ)音:〔普通话〕で"r"の音.→〔七 qī 音①〕
半春 bànchūn 旧暦の2月ごろ.
半春头(儿) bànchūntóu(r) 〖語〗漢字部首の"夬":〔春头(儿)〕ともいう.→付録1
半大 bàndà 中ぐらいの大きさ.〔～小子〕20歳前後の青年.ハイティーン.〔～桌子〕中型の机.
半大不小 bàn dà bù xiǎo 大きくも小さくもない.〈転〉子供でもない時期の人を指す.
半袋烟 bàndàiyān キセルタバコ半服.〈転〉(同前のたばこを吸う)短い時間.〔～工夫〕ほんの短い時間.
半当腰 bàndāngyāo ⇒〔半腰〕
半岛 bàndǎo 半島.
半导体 bàndǎotǐ 〖理〗半導体.トランジスタ.〔～測温计〕トランジスタ温度計.〔～光开关〕半導体光スイッチ.〔～高音喇叭〕ハンドマイク.〔～收音机〕〔电晶体收音机〕〔晶体管收音机〕〔原子粒收音机〕トランジスタジオ.→〔晶 jīng 体管〕
半道儿 bàndàor ①道の途中で.〔～下车〕(上～下午)途中で下車する. ②(事の)途中.〔他谈到～就走了〕彼は話の途中で行ってしまった.→〔半路〕
半点(儿) bàndiǎn(r) 少しばかりの.わずかの.〔～好处没有〕少しの良い点もない.〔～诚 chéng 意都没有〕誠意のかけらさえない.
半吊子 bàndiàozi ①おっちょこちょい.半人足. ②〔半瓶(子)醋〕
半调子 bàndiàozi ⇒〔半瓶(子)醋〕
半丁 bàndīng 〔旧〕16歳以下17歳までを〔～〕,17歳以上の成年者を〔全 quán 丁〕と称した.→〔丁〕
半份(儿) bànfèn(r) 半人前(の).半分(の)
半封建 bànfēngjiàn 半封建.〔殖 zhí 民地～半封建社会〕半植民地的な半封建社会.
半疯儿 bànfēngr 〔口〕少々言動のおかしい人.やや常軌を逸した人.
半俸 bànfèng 〖旧〗半減の俸給.〔罚 fá 他～〕5割減俸に処した.
半复赛 bànfùsài 〖スﾎ〗準々決勝.〔世界乒乓球锦标赛单打进入～.在八名获得～权的选手中有四名中国选手〕世界卓球選手権大会シングルスは準々決勝に入った.準々決勝に出場する資格を獲得した8名の選手のうちには4名の中国の選手がいる.→

bàn / 半

〔锦 jǐn 标赛〕

半高跟鞋 bàn gāogēnxié 中ヒール(の靴).

半个大夫 bànge dàifu 〈口〉半人前の医者:医者ではないがある程度の医術を持つ人や,西洋医学(あるいは中国医学)だけしか知らぬ医者.

半个钟头 bànge zhōngtóu ⇒〔半小时〕

半工 bàngōng 半日の仕事. 半ドン.〔今天上～〕今日は半ドンだ.

半工半读 bàngōng bàndú 働きながら学ぶ:とくにアルバイトしながら学ぶ.

半工半写 bàngōng bànxiě 半ば密画,半ば写意の筆法で描く画法.〔工〕は〔工笔〕すなわち密画,〔写〕は〔写意〕で象徴的(な)画法.

半公开 bàngōngkāi 半公開(の).〔～信息〕半公開情報.

半官方 bànguānfāng (報道・声明など)準公的(な).半公式的(な).〔据一消息〕準公的な報道によれば.〔一贸易〕半官半民による貿易.

半灌木 bànguànmù 囻亜低木:低木と草本との中間のもの.例えば〔芙 fú 蓉〕の類.

半规管 bànguīguǎn 生理(内耳の)三半規管.

半酣 bànhān 生酔ぃ.

半吞不吐 bàntūn bùtǔ ⇒〔半吞半吐〕

半后响 bànhòushang 〈方〉昼さがり.

半货船 bànhuòchuán 半貨物船(貨客船)

半饥半饱 bànjī bànbǎo 〈喩〉食うや食わず.

半机械化 bàn jīxièhuà ①人力または畜力で機械を運転すること. ②生産作業の一部分に機械を使用すること.

半急半恼 bànjí bànnǎo 〈喩〉いらだたしいやら腹だたしいやら.

半寄生植物 bànjìshēng zhíwù 囻半寄生植物.

半价 bànjià 半値.〔～出售〕半値売出し(をする)

半焦 bànjiāo 半成コークス. コーライト.

半截 bànjié ①〔一儿〕(長い物の)半分.〔上～〕上の半分.〔下～〕下の半分. ②物事の途中. 中途.〔～子革命〕〈口〉中途半端な革命.〔～子理进黄土的人〕〈口〉片足を棺桶に入れた人.〔话说了～又吞 tūn 回去了〕話を半分言いかけてまた呑みこんで(黙り込んで)しまった. →〔半拉〕〔一 yī 半 (儿)〕〔一截〕

半截入土 bànjié rùtǔ 〈成〉人生も晚年となり死期も近づいていること.

半截塔 bànjiétǎ 〈喩〉のっぽ.

半斤八两 bànjīn bāliǎng 旧似たり寄ったり:半斤は8両である. ただし現在は1斤が10両.〔八两半斤〕ともいう.〔一一般儿大〕半斤も8両も(言い方はちがうが)同じことだ.〔喩〕似たり寄ったり. どっちもどっち. どんぐりの背くらべ.〔各自各集精鋭,実力～〕双方いずれも精鋭を集め,実力は五分五分.

半径 bànjìng 囻半径. →〔直 zhí 径〕

半旧 bànjiù 中古(の)

半句 bànjù 半句. 一言半句.〔他饶 ráo 吃了人家的酒饭,连一道谢的话都没有〕彼はさんざん酒と飯にとごちそうになりながら,一言のお礼の言葉も言わない.

半句钟 bànjùzhōng 〈白〉半時間.

半决赛 bànjuésài 囻準決勝:〔复 fù 赛〕に同じ.〔混合双打〕混合ダブルス準決勝. →〔锦 jǐn 标赛〕

半开门儿 bànkāiménr ⇒〔暗 àn 门子〕

半开眼儿 bànkāiyǎnr 半分かじり(をする人)

半刻 bànkè 暫時. 少時. 少しの間.

半空 bànkōng ①同下. ②いっぱいではない.〔～儿的花生〕殻の中に実が半分しか入っていない落花生.

半空中 bànkōngzhōng =〔半空①〕空中.

半枯穗 bànkūsuì 穂の立ち枯れ.

半拉 bànlǎ 〈口〉(二つに分けた)片方. 片方.〔～西瓜〕すいか一方.〔～馒头〕マントー半分.〔一个苹 píng 果掰 bāi 两半儿,一人吃～〕一つのりんごを二つに割って半分ずつ食べる.〔北～〕北半分.〔大 dà～〕大きい方の半分. →〔半截〕

半拉月 bànlǎyuè 〜半月ぐらい.〔再过个十天～就决定年〕もうあと十日で決定される.

半拉子 bànlǎzi 〈口〉①半人前の労動力.〔我十三岁那年母亲把我送到地主家当～〕わたしが13歳の時,母はわたしを地主の家にやって半人前の作男(はした人足)にした. ②物の半分.〔半拉〕に同じ.〔猪圈修了个～,还没完工〕豚舎は半分できただけで,まだ完成していない.〔一工程〕未完成の工事.

半劳动力 bàn láodònglì 農村において体力が弱く半人前の労動にしかできない人.〔半劳力〕ともいう.

半老 bànlǎo 中老(の人).〔～徐 xú 娘〕うばざくら.

半礼 bànlǐ (目上の人が下の者の敬礼に対して返す)軽い答礼.

半流体 bànliútǐ 半流動体(の)

半流质 bànliúzhì 半流動食:おかゆなど.〔这个病号吃的是～〕この病人(入院患者)の食事は半流動食だ.

半路 bànlù 〔半路途中〕途中. 半途. 中途.〔走到～已经疲 pí 乏得不能再住前走了〕途中でもう疲れてしまって,それ以上歩けなくなった.〔～搁事〕〔一而废〕中途でやめる. →〔半道儿〕

半路出家 bànlù chūjiā 半年中から出家する.〔喩〕中途で職業を換える. 途中からやり始める.〔咱是一,比不上人家科班儿出身的〕こっちは途中からやり始めたので専門コースを出た人にはかなわない.

半路夫妻 bànlù fūqī 中年で結ばれて再婚した夫婦. →〔结 jié 发夫妻〕

半路途中 bànlù túzhōng ⇒〔半路〕

半轮明月 bànlún míngyuè 半月(恰) に〔半月①〕に同じ.

半面 bànmiàn 顔の半分. 物の片面.〔～向左转！〕囻半ば左向け左！〔一像〕横顔. 側面.

半面之交 bànmiàn zhī jiāo ほとんど交際(面識)のないこと:〔半面之国〕ともいう.〔我和他连～都没有〕わたしは彼とは何の交際もありません.

半目 bànmù (碁の)半目(き)

半恼(儿) bànnǎo(r) 半泣き:子供がもうすぐ泣き出しそうな状態.〔已经～了,快别惹 rě 他了〕もうべそをかいているから,かまってはだめだよ.

半嘘半嘻 bànnǎo bànrú 言い出し難いさま.

半农半医 bànnóng bànyī (1960～70年代)農業をしながら医者をする〔赤 chì 脚医生〕(はだしの医者)

半月 bànyuè 天の半分. →〔半边天〕

半票 bànpiào 半額切符. 半額券.〔学生们旅行可以买～〕学生たちの旅行は半額切符が買える. →〔全 quán 票〕

半瓶(子)醋 bànpíng(zi)cù =〔半吊子②〕〔半调子〕〈方〉二十百五②〈喩〉なまかじり. 半可通.〔一瓶子不响,半瓶子晃 huàng 荡〕瓶にいっぱいつまっていれば音がしないが,半分しか入っていないとぽちゃぽちゃ音がする.〈喩〉半可通ほど知ったかぶりをしがる.〔一把刀①〕

半坡 bànpō ①坂の途中. ②囻陕西省半坡村で発見された,新石器時代仰韶文化の集落の遺跡:〔～遗址〕ともいう.

半旗 bànqí 半旗. 弔旗.〔下～〕〔挂～〕半旗を掲げる. 弔旗を立てる.

半球 bànqiú (地球の)半球.

半人 bànrén 身長の半分.〔草长 zhǎng 得～来高

半　bàn

草が人の背たけの半分くらいの高さに伸びている.
半人半鬼 bànrén bànguǐ〈喩〉非常に醜い(人)
半人马座 bànrénmǎ zuò 囚ケンタウロス座.
半日 bànrì 半日.→〔半天〕
半乳糖 bànrǔtáng ＝〔水 shuǐ 解乳糖〕化ガラクトース.
半三不四 bànsān bùsì ⇒〔不三不四①〕
半山间 bànshānjiān 同じ.
半山腰 bànshānyāo ＝〔半山间〕山の中腹.山腹.〔半山坡 pō〕ともいう.〔~的果树区〕山腹の果樹地区.
半扇子 bànshànzi 量詞.豚肉の半身分.〔他背 bēi 了~猪肉〕彼は豚肉の半身をかついだ.
半上 bànshàng 囯中国語の〔上声〕(第三声)の声調は,"∨"のように,音の前半は降り型で,後の半分は昇り型である.この降り型の部分を〔~〕といい,昇り型の部分まで全部を発音する場合は〔全上〕という.〔上声〕は次に〔上声〕以外の他の声調の音が続く場合は〔~〕に発音される.〔~声〕同前.
半响（儿） bànshǎng(r)①長い(と感じられる)時間.〔他一来就是~〕彼が来たらきまって半日だ. ②1日の半分,すなわち午前または午後を指す.〔早 zǎo 半响儿〕〔前 qián 半响儿〕午前.〔晚 wǎn 半响儿〕〔后 hòu 半响儿〕午後.→〔半天〕
半响午 bànshǎngwǔ〈方〉昼近く.ひるどき.
半舌音 bànshéyīn 囯中国音韻学で〕半舌(ぜっ)音:〔普通话〕で"l"の音.→〔七 qī 音①〕
半社会主义经济 bànshèhuì zhǔyì jīngjì 図私営工商業(資本主義経済)と小農経済や手工業経済を社会主義経済制度に改造していく過程で現れる形態:〔公私合营〕〔初级农业生产合作社〕など,50年代に使われた語.
半身 bànshēn 半身.〔~像 xiàng〕半身像.→〔全 quán 身〕〔整 zhěng 身〕
半身不随 bànshēn bùsuí 中医半身不随に同じ.〔偏 piān 瘫〕に同じ.
半身人土 bànshēn rùtǔ〈喩〉片足は棺桶に突っこんでいる.〔半截入土〕ともいう.
半生 bànshēng ⇒〔半辈子〕
半生不熟 bànshēng bùshú ①半熟.生煮え.〔煮 zhǔ 得~的鱼,怎么能吃呢？〕生煮えの魚などどうして食べられるか. ②不慣れ.未熟.
半失业 bànshīyè 半失業(する).〔~者〕半失業者.
半时 bànshí〈文〉少しの時間.
半蚀 bànshí ⇒〔偏 piān 食③〕
半时半古 bànshí bàngǔ 半ば新式,半ば旧式(の).新旧とり混ぜ(の).→〔时兴〕
半世 bànshì ⇒〔半辈子〕
半熟脸儿 bànshóuliǎnr〈口〉何度会っても人の顔を覚えない人.
半数 bànshù 半数.〔~以上表示赞成〕半数以上が賛成だ.
半衰期 bànshuāiqī〔放射能の〕半減期.
半丝绵 bànsīmián 紡絹と木綿の混紡(の)
半死 bànsǐ 死にそうな.〔打个~〕半殺しにする程度.〔累了个~〕疲れて死にそうだ.
半死不活 bànsǐ bùhuó 息も絶えだえに:〔不死不活〕に同じ.
半天 bàntiān①〔~儿〕半日.〔上~〕〔前 qián~〕〔早 zǎo~〕午前.〔下~〕〔后 hòu~〕〔晚 wǎn~〕午後.〔下了~雨〕半日雨が降った.→〔半日〕〔半响②〕 ②長い時間:長いと感じた場合の表現.〔我已经等了~了,他还没回来呢〕わたしもう長いこと待っているのにまだ帰ってこないんです.→〔半响①〕 ③中空(だ).〔山峰插~〕峰が中空に突っ立っている.

半天空 bàntiānkōng 空.そら.
半天抓云 bàntiān zhuā yún〈歇〉とりのないこと:〔~一句空话〕同前.
半头 bàntóu 頭半分ほど.〔高~〕頭半分背が高い.
半途 bàntú 中途.〔~而废 fèi〕〔半路而废〕尻切れとんぼ.→〔打 dǎ 退堂鼓〕
半退 bàntuì 高級指導者が完全に職務を離れる〔全退〕に対し,併せ職務を離れること.
半推半就 bàntuī bànjiù (ほぼやめの気になっておりながら)その気があるなないようなふりをする.
半吞半吐 bàntūn bàntǔ ＝〔半含不吐〕〈成〉(言い方の)歯切れが悪いさま.
半托 bàntuō①〔託児所において〕日中依託するもの:〔日 rì 托〕に同じ.〔全 quán 托〕に対していう. ②就職幹旋(あっ)詐欺の一.→〔纯 chún 托〕
半脱产 bàntuōchǎn 労働者・農民が一部分生産労働から離れたり,幹部が一部分本務を休むこと.
半文半白 bànwén bànbái 文語と白話が混ざった文:〔半文不白〕ともいう.
半文盲 bànwénmáng 識字数が極めて少ない成年者である.
半无产阶级 bàn wúchǎnjiējí 半プロレタリア階級:多数の半自農・貧農・小手工業者・店員・行商人が含まれる.
半夏 bànxià 楠ハンゲ(半夏)(スズメノヒシャク.カラスビシャク.ヘソクリ.ホソクミ.ヘブス):〔地 dì 文①〕〔和年姑〕〔守 shǒu 田〕〔水 shuǐ 玉〕ともいう.球茎を鎮嘔.鎮静剤,特に"つわり"の特効薬とする.
半夏稻 bànxiàdào 旧暦9月に熟する稲.
半下儿 bànxiàr 半分(容器に半分入っている).〔水缸的水剩 shèng 了~〕水がめの水は半分残っている.
半仙戏 bànxiānxì ⇒〔秋 qiū 千戏〕
半仙之体 bànxiān zhī tǐ 非凡人.
半咸湖 bànxiánhú 地バルト海・黒海.
半小时 bànxiǎoshí 30分(間).〔半个小时〕〔三 sān 十分钟〕ともいう.
半新 bànxīn 中古(の).〔半旧〕よりも新しいニュアンスがある.〔一件~的衬 chèn 衫〕おろしてそれほど間のないシャツ.
半心半意 bànxīn bànyì 不熱心である.熱意がない.〔为人民服务不能~〕人民に奉仕するには熱意がなくてはいけない.
半新不旧 bànxīn bùjiù 中古の.
半信半疑 bànxìn bànyí 半信半疑である.
半星 bànxīng わずか.ほんの少し.ちょっとした.
半醒 bànxǐng 半ば目覚めている.ぼっとしている.
半休 bànxiū (労働者の)半日休み.半休.→〔全 quán 休〕
半宿 bànxiǔ ⇒〔半夜②〕
半袖 bànxiù 半袖(の服):〔短 duǎn 袖〕に同じ.〔天热了,还是穿~的吧〕暑くなったから,やはり半袖を着よう.
半悬空 bànxuánkōng①⇒〔半天③〕 ②〔-儿〕中ぶらりん.
半掩门儿 bànyǎnménr ⇒〔暗 àn 门子〕
半腰 bànyāo ⇒〔半岔腰〕
半夜 bànyè①夜半.夜中.深夜.〔夜里半前.后〕〔夜里半后〕に同じ.〔夜里〕〔夜里~〕〈為人不做亏心事,~不怕鬼敲门〕〔为人不做亏心事,~敲门心不惊〕〈谚〉やましいことがなければ怖いものなし.→〔子 zǐ 夜〕 ②＝〔半宿一夜(ŕ)〕の半分.
半夜三更 bànyè sāngēng 真夜中(に)
半音 bànyīn 囯半音.半音程.
半阴半晴 bànyīn bànqíng 半曇り.晴れたり曇った

り.

半阴天 bànyīntiān 薄曇り.

半影 bànyǐng →〔本 běn 影〕

半语子 bànyǔzi〈方〉〕話を半分まで言いかけて口をつぐむこと.〔要说我说完了,不好~〕言うのだったら言ってしまわなくちゃ,言いかけてやめるのはまずい.〔~话 huà〕尻切れとんぼの話.言いかけて後をやめた話. ②舌のまわりが悪く,ことばの不明瞭な人.→〔大 dà 舌头〕 ③ことばの表現が不十分な人.舌たらず.半可通(外国語の).〔我这~的中国话,还能说完整吗〕わたしのような舌たらずの中国語では,どうして十分に言い表せるものですか.

半圆 bànyuán 半円.

半圆锉 bànyuáncuò〔機〕ハーフラウンドファイル.半円形やすり:一面は平面,一面は凸円面のもの.

半圆刮刀 bànyuán guādāo〔機〕ハーフラウンドスクレーパー:湾曲した表面の切削に用いる断面が半円形をした切削工具.→〔刮刀〕

半圆规 bànyuánguī 〔量 liáng 角器〕

半圆形 bànyuánxíng 半円形.半月形;〔半月形〕ともいう.

半圆仪 bànyuányí 分度器.

半元音 bànyuányīn〔語〕半母音:摩擦音のうち気流が比較的弱く,摩擦音的摩擦の小さい〔元音〕(母音)と〔辅 fǔ 音〕(子音)との中間の音.〔普通话〕の"y""w"など.

半月 bànyuè ①半月(½).〔半个月〕同前.〔一个~〕1か月半.〔~刊 kān〕1か月に2回発行の刊行物. ②半月の形.〔~切 qiē〕輪切り.〔~锁 suǒ〕半円形の南京錠.〔~板 bǎn〕〔生理〕半月板.

半月形 bànyuèxíng ⇒〔半圆形〕

半载 bànzǎi 半年.〔一年一怕办不完〕1年や半年では処理しきれまい.

半载 bànzài ①積載量の半分の積み荷. ②半分積む.

半支莲 bànzhīlián〔植〕マツバボタン.

半枝莲 bànzhīlián〔植〕ハンシレン.〔中医〕同前をつぶした汁で喉の腫れや痛みのうがい薬になる.

半殖民地 bàn zhímíndì 形式的には独立国家であるが,実質的には帝国主義の支配を受けている国.→〔半主権国〕

半制品 bànzhìpǐn ⇒〔半成品〕

半中间 bànzhōngjiān 中ほど.中間.中途.〔我在~才上场呢〕わたしは中程で登場するんですよ.

半中腰 bànzhōngyāo ⇒〔半岔腰〕

半主权国 bàn zhǔquánguó 外国の干渉により完全な自主権を行使することのできない国.→〔半殖民地〕

半炷香工夫 bànzhùxiāng gōngfū 線香が半分ほど燃える時間.〈転〉そう長くない時間.

半桩(子) bànzhuāng(zi)〈方〉食料などを袋に半分詰すること.〔~粮 liáng food〕食糧半分.

半子 bànzǐ〈文〉婿〕:〔女 nǚ 婿〕の別称.〔~之劳 láo〕妻の父母に婿が孝養を尽くすこと.

半自动 bànzìdòng〔工〕半自動的.半オートマチック.

半自耕农 bàn zìgēngnóng 半自作農.

半醉 bànzuì 生酔(${}^{な}_{ま}$)い.〔他喝了个~〕彼はほろ酔いかげんだ.

〔**伴**〕 **bàn** ①連れ.伴侶.友.→〔伴儿〕 ②相手をする.供をする.〔~他一起去〕彼と連れだって行く.〔陪 péi ~〕側(ポェ)にはべる.〔~君 jūn 如~虎 hǔ〕独裁者の部下はいつ災難に会うかわからぬこと. ③〈姓〉伴〔姒·〕

伴唱 bànchàng ①伴奏つきの歌唱.〔钢琴~大路歌〕ピアノ伴奏で"大路歌"の演技·踊りなどに合わ

せて歌う.バックコーラスをする.

伴衬 bànchèn 付随させる.組み合わせる.

伴当 bàndāng〔旧〕従者.供の者.

伴读 bàndú ①〔旧〕主人の子の勉強のお供として勉学する. ②海外へ留学する者の配偶者としてついて行く.

伴发 bànfā 関連する事物が同時に発生する.

伴姑 bàngū ⇒〔伴娘〕

伴驾 bànjià 皇帝の供をする.〈転〉皇帝の側仕え.

伴郎 bànláng (結婚式の)新郎の介添人(男性):〔男 nán 傧相〕は旧称.

伴灵 bànlíng ⇒〔伴宿①〕

伴侣 bànlǚ 伴侶.同伴者.〔~动物〕ペット(動物)

伴娘 bànniáng =〔伴姑〕(結婚式の)新婦の介添人(女性):〔女 nǚ 傧相〕は旧称.

伴跑 bànpǎo 伴走する.

伴儿 bànr 連れ.友だち.仲間.〔同 tóng ~〕同行者.同行者.〔老 lǎo ~〕連れ合い.年をとった配偶者.〔跟他作~去北京〕彼と連れになって北京へ行く.

伴生 bànshēng 付随して出る.〔~天然气〕随伴ガス.

伴声 bànshēng ⇒〔伴音〕

伴食 bànshí ①陪食する.おしょうばんする. ②〈転〉職責を尽くさない:無能な人が有能な人たちに混じってお茶を濁していること.

伴送 bànsòng 付き添って送る.

伴宿 bànsù ①=〔伴灵〕〔坐 zuò 夜〕〈方〉出棺前日のお通夜をする. ②夜の相手をする.

伴随 bànsuí お供をする.付き従う.

伴同 bàntóng〔連れ立つ.〔~朋友到北京来的〕友人と連れ立って北京へ来た. ②同伴する.

伴舞 bànwǔ (ダンサーが)ダンスの相手をする.→〔舞伴〕

伴星 bànxīng〔天〕伴星:双星のうち,暗い方の星.→〔双 shuāng 星①〕

伴行 bànxíng 並行する.

伴宴 bànyàn アトラクション付きの宴会.〔文芸節目〕~歌や踊りの同伴.

伴音 bànyīn =〔伴声〕〔電〕映画(テレビ)の画像にあわせるサウンド.→〔伴 shēng 带②〕

伴游 bànyóu ①お供して遊ぶ(泳ぐ). ②同伴の人.

伴奏 bànzòu 伴奏(する).〔京剧所用的主要~乐 yuè 器是胡琴〕京劇に用いる主要な伴奏楽器は胡弓である.

〔**拌**〕 **bàn** ①かき混ぜる.〔把水泥和沙子~在一起〕セメントと砂をー緒にかき混ぜる. ②口論する.〔他们两又~上了〕あの二人はまた口論を始めた.→〔吵 chǎo ④〕

拌饭 bànfàn〔食〕混ぜて食べるご飯:ビビンバなど.

拌和 bàn-huò こね合わせる.かき混ぜる.

拌鸡丝 bànjīsī〔食〕鶏肉をゆで糸状に切ったものに,きゅうりや〔粉 fěn 皮儿〕(緑豆の粉で作った薄いこんにゃくのようなもの)やからしなどを入れてあえた冷たい料理.

拌凉菜 bànliángcài 各種の材料をとり混ぜた冷たい料理.→〔冷 lěng 盘〕

拌料 bànliào 飼い葉を均等に混ぜる.

拌面 bànmiàn ①(ゆでた)麺に調味料や具を混ぜ合わせる. ②〔食〕同前の方法で作った麵:〔炸 zhá 酱面〕〔芝 zhī 麻酱面〕など.

拌蒜 bànsuàn〈喩〉〈方〉足がもつれる.〔喝得两脚~还说没醉呢〕酔って足がもつれるくらいになっていながらまだ酔っていないと言っている. ②〈転〉仕事がうまく運ばないこと.技術が未熟なこと.

bàn～bāng

拌匀 bànyún むらなく混ぜる。均等に混ぜる.
拌种 bànzhǒng 農 種子に肥料や殺菌剤をまぶしつけること.
拌嘴 bànzuǐ 口論する。→[吵 chǎo 嘴]

[坢] bàn 〈方〉家畜の糞屎.〔牛 niú 栏～〕(牛の)厩(うまや)肥. → pàn

[绊・絆] bàn ①(足を)すくう.(わななどに)ひっかからる(かける).からみつく.〔被石头～了一个跟头〕石ころに足をすくわれてひっくり返った.〔～倒 dǎo〕ひっかかって倒れる.ひっかけて倒す.〔～了 sǐ〕喩 失敗させる(した). ②じゃま(妨げ)になる.まつわりつく.〔老叫家务事一着不能出门〕いつも家の用事に妨げられて外出できない.〔他以債 zhài 务给一住了,无暇顾 gù 及旁的〕彼は債務にしばられてほかのことを顧みる暇がない.③きずな.拘束.④〔～子〕わな.

绊跟头 bàngēntou もんどりうってひっくり返る.
绊脚 bànjiǎo ①足にからまう.〔路旁的草长 zhǎng 得太长 cháng 了,走起来真～〕路傍の草がひどく伸びて歩くにしきりに足にからまる.〔～的人〕じゃまになる.手数がかかる.手をとられる.〔家里有点～的事,出来晚了〕うちに少し手のかかる用事あって出てきらのが遅くなりました.〔你来得怎么这么晩呢,莫非叫什么绊住脚了？〕君はどうしてこんなに遅く来たのか,何か差し支えがあったのじゃあるまいね.
绊脚石 bànjiǎoshí 喩 妨げもの.邪魔もの.〔在前进的行 háng 列中落伍者往往成为别人的～〕前進する隊伍の中の落伍者は往々にしてほかのものたちの足手まといになる.
绊脚丝 bànjiǎosī 迷信で,人が亡くなった時,魂が生き返って来るのを恐れてその脚を結わえるひも.〈転〉歩き方がおそいことに対する罵り言葉.〔你走得怎么这么慢呢,拴 shuān 着～呢吗〕どうしてそんなにのろいのかね,足にひもでも結わえつけているのか.
绊马索 bànmǎsuǒ 戦いのときの敵の馬の脚をひっかけて倒すためにはりめぐらした縄.
绊手绊脚 bànshǒu bànjiǎo 手足にまつわる.足手まといになる.
绊蒜 bànsuàn ⇒〔拌蒜〕
绊子 bànzi ①〔図〕(相撲などで)足かけ・足払いの技.②〈喩〉裏でひく手.〔给人使～〕同前.

[桦] bàn 〔～子 zi〕〈方〉大きく割ったまき.たきぎ.〔码 mǎ ～〕まきを積み重ねる.

[鞶] bàn 〈文〉しりけいの革:牛・馬を車につける皮の帯.

[扮] bàn ①(…に)扮する.〔～孔明的真像孔明〕孔明に扮しているのが孔明そっくりだ.〔谁～主人公呢〕だれが主人公に扮するのか.②仮装する.(乔 qiáo 装改～〕同前.〔女～男装〕女が男装する.

扮故事 bàngùshi 〈方〉農民が座を組んで旧正月などに巡遊して高足舞・獅子舞などを演じること.〔正月～〕同前.
扮鬼脸 bànguǐliǎn(r) おどけた顔つきをする.あかんべいをする:〔做 zuò 鬼脸(儿)に同じ.
扮蔻 bànkòu (若い女性的)アニメのキャラクターなど〔蔻〕(キュート)なものを好み,身に付けること.〔扮〕蔻一族〕扮〕蔻一代)同前の世代またはグループ
扮酷 bànkù びしっときめる.かっこよくきめる.粋ないでたちをする:多く若い男性の場合.
扮靓 bànliàng ①着飾る.②美化する.〔～城市〕都市を同前.
扮饰 bànshì ①扮装する.②演じる.
扮演 bànyǎn 出演する:広義的として劇を演じる.たいてい.

〔有～〕扮装した時の姿が見事である.〔又有嗓子,又有～,观众哪儿有不欢迎的呢！〕(いい)のを持っているし扮装も立派だから観衆が喜ばないわけはない.
扮演 bànyǎn 劇 役を演ずる.〔～了一个不光彩的角 jué 色〕ぱっとしない役を演じる.〔～周 zhōu 瑜〕周瑜(三国演義中の人物名)の役を務める.②役割をとしている.
扮装 bànzhuāng 扮装(する)
扮作 bànzuò 扮装する.変装する.〔侦 zhēn 察兵～一个商人〕偵察兵は商人に身をやつした.

[湴] bàn 〈方〉泥.どろんこ.

[瓣] bàn ①〔～儿〕花弁.〔花 huā ～儿〕花びら.②〔-儿〕みかん・うり・球根類のように果実や果肉がいくつかの切れに分かれた部分.〔蒜 suàn ～儿〕にんにくのかけら.〔一瓣儿〕みかんの袋.〔把一个甜甜 瓜切成五～儿分着吃〕一つの瓜を5切れに切って分けて食べる.③量詞.果実・球根などのひとかけら.〔一～儿橘子〕ふた袋のみかん.④生理弁膜.〔～膜〕の略.⑤⇒〔阀 fá 门〕
瓣阀 bànfá 機 クラッパバルブ.
瓣膜 bànmó ①＝〔活 huó 瓣〕生理 心臓の弁膜.②弁.
瓣鳃类 bànsāilèi 魚貝 弁鰓(ｻﾞﾝ)類.二枚貝類の〔斧 fǔ 足类〕に同じ.はま・かきの類.
瓣胃 bànwèi 生理重弁胃:牛などの第3胃.
瓣香 bànxiāng 一かけらの香:もと禅僧が人を祝福する時にこれを焚いた.〈転〉他人を仰慕する.

bang ㄅㄤ

[邦] bāng ①国.国家.〔联 lián ～〕連邦.〔盟 méng ～〕盟邦.〈姓〉姓汗
邦本 bāngběn 〈文〉国家の根本.〔农 为 nóng ～〕農業は国の基本である.
邦国 bāngguó 〈文〉国家.
邦家 bāngjiā 〈文〉国家.→〔国 guó 家〕
邦交 bāngjiāo 国交:〔国 guó 交〕に同じ.〔恢复中日～〕日中の国交を回復する.〔建立～〕国交を樹立する.〔断絶～〕国交を断絶する.
邦联 bānglián 二つあるいは二つ以上の国家がある共同目的のために組織した連合体:1815年のドイツ同盟など.→〔联邦〕
邦人 bāngrén 〈文〉その国の人.→〔国 guó 人〕
邦土 bāngtǔ ⇒〔国 guó 土〕
邦域 bāngyù 〈文〉国の領土.

[帮・幫(幇・幚)] bāng ①手伝う.援助する.〔～別人的忙〕人の加勢をする.手を借す.〔～他做买卖〕彼を手助けして商売をする.〔～钱〕金銭的に助けをる.〔～难 nàn〕窮状をきって援助する.困難な部門を助ける.②〔-儿,-子〕中間が空になっている物体の両側,あるいは周囲の直立している部分.〔鞋 xié ～的两側〕特に靴の両側面を指す.〔菜 cài ～〕白菜などの外側や根元の厚くて硬い部分.〔桶～〕桶の底以外の部分.〔沟 gōu ～〕溝の両壁(にずべて).〔船 chuán ～〕同前(ﾌﾅﾍﾞﾘ).③旧 他省に住む同郷の人の団体:その事務所を〔会 huì 馆〕と称した.〔四 sì 川～〕四川省人の団体.〔广 guǎng ～〕広東人の団体.→〔会 huì 馆〕〔团 tuán ⑤〕④旧 同業者団体:ギルド組織に似たもので〔木 mù 匠～〕(大工の同前),〔绸 chóu 緞～〕(呉服商的同前)など〕があり,出身地別によって,〔客 kè ～〕(他郷出身商人的同前)などと呼

ばれた.〔京通卫〕北京・通県・天津地区の生薬シンジケート.⑤旧秘密結社.マフィア.〈転〉悪党の一味.組.仲間.〔拉~结派〕徒党を組み派閥を作る.→〔红 hóng 帮〕〔青 qīng 帮〕 ⑥量詞.群れ・集団・賊などに対して用いる.〔一~流氓 máng〕一群のごろつき.〔一大~人〕人の大群.人の群れ. ⑦ <姓>帮(ㄅㄤ)

帮办 bāngbàn ①補佐する.手伝って処理する. ②副総裁.次官.補佐.

帮补 bāngbǔ =〔帮衬〕〔帮贴〕〔补贴〕(金銭による)手助け(をする).手当(を出す).→〔津 jīn 贴〕

帮场儿 bāngchǎngr 街頭芸を見に集まる.〔大家帮个场儿吧〕さあ,いらっしゃい,いらっしゃい.

帮衬 bāngchèn 手助けする.引きたてる.〔那时我也常和他在一道,~~〕(茅・霜2)そのころわたしもいつも彼と一緒にいて助けてやったものだ.〔这一身儿衣裳把她一起来了〕この着物が彼女を引きたてて見せた.

帮厨 bāngchú ①料理作りを手伝う. ②料理人の助手・見習い.

帮凑 bāngcòu 寄付を募って資金援助をする.〔大家~点儿钱送他做路费〕皆で金を集めて旅費の足しにしてもらう.

帮带 bāngdài リードして助ける.〔先富~后富〕先に豊かになった者が遅れている者を援助して引っぱっていく.

帮倒忙 bāngdàománg <方>よけいなお節介をする.ありがた迷惑になる.

帮冬 bāngdōng 冬(の間だけの)臨時雇い.季節工.
帮犯 bāngfàn 法助.〔~罪〕幇助罪.
帮夫 bāngfū 夫の出世を助けること.
帮扶 bāngfú 援助する.力を借す.

帮工 bānggōng ①一人前の職人:ギルド組織の〔师傅 shīfu〕(親方)の下で働く者に,〔学 xué 徒〕(徒弟)の修業期間の済んだ者,independentになるまでの礼金会中の者.〔数量激增的学徒和~实际上已不可能成为 wéi 独立的师傅人数が非常に多くなった徒弟や職人は実際上もう独立した親方になる可能性はなくなっている.②職工の助手. ③ (雇われて)仕事(主に農業)を手伝う(人)・多く〔短 duǎn 工〕をいう.

帮规 bāngguī 同業組合規則.
帮会 bānghuì 旧民間の秘密結社(青幇・紅幇・哥老会など)の総称.
帮教 bāngjiào 手助けしたり教えたりする.更正させる.
帮口(儿) bāngkǒu(r) 旧同業または同郷の人が作る小規模の互助組織.
帮困 bāngkùn 貧困家庭などを援助する.
帮忙 bāngmáng 加勢する(手助けする).手伝い(う).援助する.〔你给我帮~吧〕きみぼくを手伝ってくれ.〔我不能帮你的忙〕きみの援助をすることはできない.〔这一点儿小忙,你都不肯帮吗〕そっちのことも手伝ってくれないのか.〔~公司〕出張サービス会社.便利屋.

帮派 bāngpài ①派閥.〔~思想〕派閥思想.派閥的な考え方. ②<方>やくざの組織.組.

帮坡 bāngpō 坂を上る車の後押し(をする).

帮腔 bāngqiāng ①歌や節(ふし)に調子を合わせて口ずさむ.〔你不会唱,还不会~吗〕きみは歌えないうえ,調子合わせもできないのかい. ②調子を合わせる.相づちをうつ.〔资本主义的~者帝国主义の追随者.〔为帝国主义~〕帝国主義のためにはやしを入れる.〔~的不上了 liǎo 台〕剧馬の脚には立役(ㄌㄧˋ)はできない.

帮人 bāngrén 使用人になる.〔靠~勉强糊口〕使用人として働きその日を暮らしている.

帮手 bāngshou ①手伝い人.助手.補助員. ②〔~的助太刀(ㄙㄨㄎㄜ)(をする). ③手助けする.手伝う.〔请你帮帮手〕ちょっと手伝ってください.

帮套 bāngtào 〔边 biān 套〕副馬(ㄈㄨㄇㄚ)・わき役.〔这马不能驾辕儿,就能~〕この馬は〔棒につけるわけにはいかず,副馬として縄をつけてひかせるよりほかない.

帮贴 bāngtiē ⇒〔帮补〕

帮同 bāngtóng <文>助け合う.〔~做事〕助け合ってする.

帮头 bāngtóu 仲間・グループ・組の頭(ㄊㄡ)〔帮主〕ともいう.〔地头蛇~〕土地のやくざらの親分.

帮闲 bāngxián ①(頼まれもしないのに他人に人顔をして)手伝う. ②太鼓もち:金や勢力のある人の尻について忠義者顔をする者.〔~汉 hàn〕太鼓もち的な.〔沦为 lúnwéi 帝国主义的~〕帝国主义の太鼓もちになりさがる. ③食客(ㄎㄜˋ)

帮箱 bāngxiāng 旧親戚友人から贈られた婚礼の贈物.

帮销 bāngxiāo 販売協力(する)

帮凶 bāngxiōng ①凶悪人を幇助(する).悪党とぐるになる. ②共犯者.↔〔正 zhèng 凶〕

帮佣 bāngyōng ①雇われて働く. ②同前の人.

帮主 bāngzhǔ (秘密結社などの)首領.ボス.

帮助 bāngzhù ①(精神的・物質的とを問わず)助け(る).援助(する).〔我刚来到,什么也不懂,请多~〕わたしは来たばかりで何もわかりません,どうぞよろしく.〔互相~〕お互いに助け合う.〔~他们克服困难〕彼らが困難を克服するのを助ける. ②啓発する.説得する. ③重算ヘルプ.

[梆] bāng ①〔子〕拍子木(ㄅㄛˋ):木または竹筒に穴をあけたもので,官庁で人を呼ぶ時,または夜番の時に打ちたたき鳴らす. ②〔~~〕擬声バンバン.トントン.カチン:硬いものの音.〔~~的敲门声〕トントンと戸をたたく音. ③<方>(棒などで)たたく.打つ.

梆木 bāngmù 拍子木(ㄅㄛˋ)
梆笛 bāngdí 〔梆子腔〕の伴奏に用いる笛.〔小 xiǎo 笛〕ともいう.
梆胡 bānghú ⇒〔板 bǎn 胡〕
梆摇 bāngyáo (天津で)一人乗りの小さな漕(ㄘㄠˋ)ぎ船.
梆硬 bāngyìng かちかちに硬い.めっぽう堅い(冷凍肉など)
梆子 bāngzi ①→字解① ②〔梆子腔〕の略.
梆子腔 bāngziqiāng 剧①戯曲の声調の一:〔梆子〕(拍子木)をたたいて調子を高めるのでこの名がある. ②〔梆子〕(拍子木)を入れて調子を高める意味での戯曲(総称)〔秦 qín 腔〕はその代表的なもの.また〔河北梆子〕〔山东梆子〕〔山西梆子〕などがある.→〔曲 qǔ 艺〕〔西 xī 皮〕
梆子头 bāngzitóu <方>おでこ.〔长 zhǎng 个~〕おでこが出ている.

[浜] bāng ①<方>船の通行できる小さい溝. ②地名用字.〔横 héng~桥〕〔杨家~〕地いずれも上海にある.→〔滨 bīn〕 ③<姓>浜(ㄅㄤ)

[绑・綁] bǎng ①縛(ㄈㄨˋ)る.ぐるぐる巻きにする.〔已经~上了,跑不了 liǎo〕もう縛り上げられた,逃げられこない. ②拉致(みる)(人)をさらう.誘拐する.〔王家的孩子被~了去了〕王さんの家の子がさらっていかれた. ③(用事に)縛られる.束縛される.〔让那件事给~住了〕あの事に縛られてた.

绑带 bǎngdài ①包帯. ②ゲートル:〔绑腿①〕に同

じ.
绑匪 bǎngfěi ⇒〔绑票(儿)〕
绑缚 bǎngfù 縄で(人を)縛る.くくりつける.
绑赴市曹 bǎng fù shìcáo〈文〉後ろ手に縛って刑の執行のため刑場へ押送する.
绑架 bǎngjià 拉致(する).誘拐(する).〔～勒 lè 索案〕誘拐身代金要求事件.〔～了七十多个居民〕70人余の住民を拉致した.
绑牢 bǎngláo しっかり縛りつける.〔用那一张纸合同把他～〕その1枚の契約書で彼をしっかり縛りつけておく.
绑票(儿) bǎngpiào(r) =〔架 jià 票(儿)〕(～的)〔绑匪〕〔票匪〕人さらい:人をさらって人質にし,金銭を強要する者.(～的撕 sī 票儿〕人さらいが人質を殺す.→〔肉 ròu 票(儿)〕
绑腿 bǎng·tuǐ ①脚絆(絆).ゲートル:〔腿带〕に同じ.②ズボンの口のところを小さな布ひもで足に巻きつける.
绑扎 bǎngzā 縛る.巻きつける.

〔**榜(牓)**〕 bǎng ①合格者発表などの掲示.〔发 fā ～〕合格者発表.〔红 hóng ～〕晴れの合格者発表.〔黄 huáng ～〕古代の詔書または科挙時代の合格者発表の掲示.②〔姓〕榜(榜) → bàng
榜额 bǎng'é ⇒〔匾 biǎn 额〕
榜魁 bǎngkuí =〔榜首〕第1位.トップ:掲示板に貼られたリストの首位.
榜牌 bǎngpái 掲示板.
榜上有名 bǎng shàng yǒumíng 合格.及第:〔榜上无名〕不合格・落第.
榜示 bǎngshì 氏名を掲示する.
榜首 bǎngshǒu ⇒〔榜魁〕
榜书 bǎngshū 宮殿正門の扁額(の文字).〈転〉看板に書かれた大きな字.
榜帖 bǎngtiě 旧①科挙の合格通知書.②役所が出した告示.
榜尾 bǎngwěi 最後の一人.
榜文 bǎngwén 告示.触れ.制札.
榜眼 bǎngyǎn 旧科挙の最高の試験であった〔殿 diàn 试〕で,第2位の成績で合格して〔进 jìn 士〕になったものをいう.→〔状 zhuàng 元〕
榜样 bǎngyàng 手本.模範.〔拿他做～〕彼を手本にする.〔他是我们的好～〕彼は我々のよいお手本である.

〔**膀(髈)**〕 bǎng ①肩:上膊(博)の肩に近い部分.〔～靠 kào ～,肩并肩〕〈喩〉仲良く互いに協力しあう.〔肩 jiān ～(儿)〕肩.〔脱 tuō 光了一子〕肌脱ぎをした.②上膊.腕.〔左 zuǒ ～负伤〕左上膊に負傷した.③〔一儿〕鳥の親羽根.〔翅 chì ～〕⇒〔翅 bāng pāng páng〕
膀臂 bǎngbì 肩と腕.〈転〉片腕(頼りになる人).〔他有个好～〕彼はいい助手を持っている.〔你把他扶养大了,他也会成为你的一个～〕きみが彼を育てて大きくすれば,やはりきみの片腕の一人になる.
膀大力宽 bǎngdà lìkuān〈成〉体が大きく(大きければ)力が強い.
膀大腰圆 bǎngdà yāoyuán〈成〉体が大きくがっちりしている:〔腰阔 kuò 大膀圆〕ともいう.
膀爷 bǎng·yé 夏の上半身裸の男性:暑さのため,街中でシャツまで脱いでしまう男.
膀子 bǎngzi ①肩.上膊.②鳥の羽根.
膀子骨 bǎngzigǔ 肩の骨.

〔**蚌**〕 bàng =〔蚌〔鱼〕贝〕カラスガイ(淡水産の総称).〔淡水～〕同averaged.珠 zhū ～〕カワシンジュガイ:貝殻を漢方薬とする.〔褶 zhě 纹冠～〕カラスガイ.〔采～女工〕真珠貝をとる海女.〔鹬 yù ～相争〕〈喩〉しぎとカラス貝が争う:両者が争っているうちに他の者に漁夫の利をしめられることをいう.つまらない争いをする.→〔蛤 gé〕 → bèng
蚌壳 bàngké(r) カラス貝の殻(殻)
蚌珠 bàngzhū 真珠貝(カラス貝)からとれる真珠:〔蚍 pín〕は文語.

〔**谤・謗**〕 bàng〈文〉悪口を言う.そしる.〔毁 huǐ ～〕悪口を言って人を陥れる.
谤毁 bànghuǐ〈文〉悪口を言って人を陥れる.
谤骂 bàngmà〈文〉そしり罵る.
谤消 bàngqiào〈文〉悪口を言う.そしる.
谤讪 bàngshàn〈文〉誹謗(謗)する.
谤书 bàngshū〈文〉人をそしる手紙.
谤言 bàngyán〈文〉悪口.
谤议 bàngyì〈文〉そしる.

〔**傍**〕 bàng ①近づく.やがて…になろうとする:時間の場合に多く用いる.〔～落 luò 太阳的时候儿他才来〕やがて日が沈もうとするころに彼はやっと来た.②近づく.そばに寄る.寄りそう.〔不许～〕そばへ寄せつけない.〔小船儿～了岸了〕小舟が岸についた.〔着爱人散步〕恋人(奥さん)に寄りそって散歩する.〔小国的一切都～着大国〕小国の一切のことは大国任せだ.③頼る.つき従う.〔～名人〕〔～大腕 wàn〕有名人やスターに取り入る.〔～大官〕高官にすり寄る.〔～名牌 pái〕〔～品牌〕ブランド商品名とまぎらわしい名前をつける.〔～姐(儿)〕金持ち(男)に取り入る若い女性.〔～老外〕(外国人の男)に取り入る女性.〔他便～上了比她大一倍年纪的一位老汉〕彼女は自分より倍も年をとった年寄りにくっついた.④〔姓〕傍(傍).
傍边儿 bàngbiānr 近づく.近寄る.側による.
傍大款 bàngdàkuǎn 金持ちのとりまき(とりまく).援助交際にはしる.
傍福占恩 bàngfú zhàn'ēn〈成〉人の恩恵にあやかり楽をする.
傍黑儿 bànghēir ⇒〔傍晚(儿)〕
傍近 bàngjìn 近づく.〔～身边〕身体に近づく.〔～晌 shǎng 午〕昼近くになる.
傍角儿 bàngjuér 相手役をする(人).
傍老族 bànglǎozú 働かずに(年老いた)父母に頼って暮らす若者:〔啃 kěn 老族〕に同じ.
傍亮儿 bàngliàngr 明け方.明け方.
傍门户(儿) bàngménhù(r) =〔傍人门户〕人の力に頼って生活する.〔我家虽穷,究竟比他～好得多呢〕うちは貧乏ではあるが,彼のように人に頼って生活するのとどのみちずっといいさ.
傍明 bàngmíng〈方〉明け方.夜明け前.
傍人门户 bàng rén ménhù ⇒〔傍门户(儿)〕
傍山临水 bàngshān línshuǐ〈成〉山に寄りそい川に臨んでいる.〔左边傍山,右边临水〕左側は山で右側は川だ.
傍晌儿 bàngshǎngr ⇒〔傍午〕
傍晚(儿) bàngwǎn(r) =〔傍黑儿〕〈方〉擦 cā 黑儿〕日暮.暮方.夕方.
傍午 bàngwǔ〈方〉傍晌儿〕正午近く(の時刻).小ひるどき.
傍 寄りかかる.頼る.

〔**塝**〕 bàng ①〈文〉山の上の平地.岡の上の平地.②地名用字.〔张家～〕〔曲家～〕湖北省にある.〔凯 kǎi 家～〕貴州省にある.
塝田 bàngtián 乾田(䛥).〔地势比较高的六千多亩 已经干旱〕地勢のやや高い6,000余畝(䛥)の乾田はすでに亀裂を生じた.

bàng～bāo

[蒡] bàng 〔牛niú～〕ゴボウ:実・根・茎は薬用される.〔牛～子zǐ〕[悪è实]同前の実.

[搒] bàng 〈文〉船を漕ぐ.〔榜〕に同じ.〔～人〕舟人(せんどう).船頭. → péng

[榜] bàng ⇒〔搒〕 → bǎng

[膀] bàng 〔吊diào～子〕〈方〉(多く男女が)誘惑する.ひっかける.〔吊膀子〕とも書く. → bǎng pāng páng

[磅] bàng ①〔度〕ポンド.→〔码mǎ(Ⅱ)〕 ②ポンド秤(ばかり).台秤.[～秤 chèng]同前. ③(同前で)量る.[～一～](ポンド秤で)量る.[过guò～](商品受渡しの時)重量を量る. ④⇒〔点diǎn④〕→〔磅〕
磅秤 bàngchèng ⇒〔台tái秤①〕
磅码单 bàngmǎdān 商品の重量を書いた表.ウエイトリスト.
磅盘 bàngpán 台秤の台.
磅数 bàngshù 斤量.斤数.[一过磅就知道准～了]はかりにかけただら正確な斤数がわかる.
磅税 bàngshuì 回台秤税.
磅验 bàngyàn 台秤で量る.ポンド秤で量る.

[镑・鎊] bàng ポンド:英国の基本通貨単位.1[～]は100[便biàn士](ペンス).[英～]同前.
镑纸 bàngzhǐ ポンド貨紙幣.スターリング紙幣.

[艕] bàng 船と船が接する.[码mǎ头上船很多,要把船一好]港は船で一杯だから船をうまくつける.

[棓] bàng 〔棒〕の古字形. → bèi

[稖] bàng 〔～头tou〕〈方〉トウモロコシ:ふつう〔玉yù米〕という.

[棒] bàng ①[棒.[～杀shā](棒で)撲(なぐ)殺する.[喩]社会的に打ちすえる.[～打不散sàn]〈喩〉強く結びついていること.→[棍gùn(Ⅰ)] ②強健である.頑丈である.堅い.[他身子骨儿～]彼は骨ぐみ(体つき)ががっしりしている.すごい.たいしたものである.立派である.[这个人武艺yì真～]この人たるやその武芸はまことに大したもの.[又甜tián又凉,那个一劲儿就不用提了]甘くてつめたくて,そのよさは言わずもがだ.[倍儿bèir～]〈方〉すばらしい. ④古武器の名:[殳 shū]の別称. ⑤〈方〉トウモロコシの穂軸.→[稖]

棒棒鸡 bàngbàngjī 食四川料理の一種:ラー油や胡麻などの調味料をたれとしてゆでた鶏肉にかけて食べる料理.
棒棒军 bàngbàngjūn 〈方〉棒を用いて人や物を運ぶ人夫(四川省,重慶市などに多い).
棒棒糖 bàngbàngtáng ⇒[棒糖]
棒冰 bàngbīng ⇒[冰棍儿]
棒操 bàngcāo 図(新体操の)クラブを操る競技.
棒疮 bàngchuāng 回刑罰として棒でたたかれた時にできる傷跡のただれ.
棒槌 bàngchuí ①=[杵chǔ②]洗濯用のたたき棒.[～接jiē不起簾fān杆]洗濯棒で旗が立てられない.〈喩〉能なしの役立たず.→[棒子①].[人rén参](朝鮮人参)の俗称:[棒棰]とも書く.
棒打不回头 棒でたたいても,[～不回头]棒でたたいても改まる見込みがない.〈喩〉箸にも棒にもかからない.
棒打出孝子 bàngdǎ chū xiàozǐ 〔諺〕厳しくしつけてこそ孝子ができる.かわいい子には旅をさせよ.[～,娇jiāo养忤wǔ逆儿ér]打って育てた子は孝子となり,甘やかして育てた子は不孝者となる.

棒打球 bàngdǎqiú ⇒[板bǎn球]
棒打鸳鸯 bàngdǎ yuānyāng 〈喩〉よそから強引な手で夫婦や恋人の仲を裂くこと.
棒斧主义 bàngfǔ zhǔyì [法fǎ西斯主义]
棒钢 bànggāng ①バースチール.棒鋼.
棒喝 bànghè 図[座禅]の警策で大喝して妄想・雑念を払い,悟道に導くこと.[転]迷妄を醒まさせる.痛棒をあびせる.[这不是这当头～,他的迷夢还不能醒呢]真向(まっこう)から痛棒を食らわすのでなければ彼の迷夢を醒ますことはできない.
棒喝团 bànghètuán [法fǎ西斯]
棒喝主义 bànghè zhǔyì [法fǎ西斯主义]
棒秸子 bàngjiēzi とうもろこしの穂軸.
棒客 bàngkè →〈方〉強盗.土匪.
棒球 bàngqiú 図野球.ベースボール,またそのボール:もと[棍gùn球][野yě球]といった.[～协会][棒球协会][野球協会.[球棍]球根]野球のバット[打～]野球をする.[赛sài ～]野球の試合をする.[比赛]野球の試合.[～队]野球チーム.[～员]野球選手.[～手套]グラブ.[～护bù面罩]マスク.[～鞋]スパイク.[～记分器]インジケータ.→[垒lěi球]
棒儿 bàngr 〈方〉陰茎.→[鸡jī巴]
棒儿香 bàngrxiāng 芯に細い竹の柄がついている線香.[点上一支]同前をつける.→[棍gùn香][线xiàn香]
棒杀 bàngshā やたらめったらやっつける.むちゃくちゃに攻撃する.[疯fēng狂～]同前.
棒实 bàngshí =[棒实儿]がっしりして強い.[身子骨儿～]体つきが実にがっしりしている.
棒势 bàngshì 同上.
棒糖 bàngtáng 食棒の先につけたキャンディー.ペロペロキャンディー.[棒棒糖]ともいう.
棒硬 bàngyìng 〈方〉硬い.めっぽう堅い.頑丈である.[今天的饭煮得一的,真不好吃]今日の飯は炊き方が硬くて,とてもまずい.
棒针 bàngzhēn (編物に使う)編棒.棒針.[～衫]手編みのセーター.
棒子 bàngzi ①=[棒槌②][稽头][口]トウモロコシ:[玉yù米]の別称.[～面miàn儿]とうもろこし粉.[～秆gǎn儿]とうもろこしの茎(収穫済みの).[～穗儿 ránɡr]とうもろこしの穂:実をこそぎ落とした残りの芯.[～渣儿 zhā(r)]粗挽きのとうもろこしの粉. ②(太く短い)棒.→[棍gùn子] ③〈方〉人を軽視して言う称呼.[潦倒 liáodǎo～要钱]道楽者が銭をせびる. ④〈方〉瓶:[瓶píng①]に同じ.[不管好赖,能挣瓶一～酒,总是运yùn气]にかく酒の一瓶も稼げれば運がいいというものだ.
棒子葫芦 bàngzi húlu →[葫芦]
棒子手 bàngzishǒu ①強盗. ②こそどろ.

[蚌] bàng ⇒[蚌]

bāo ㄅㄠ

[包] bāo ①包む.[细瓷cí的拿纸～上]せともの類は紙で包め.[纸里不住火]紙(の中)に火を包んではおけない.〈喩〉必ず表に現れる.[～上伤口]傷口を包帯を巻く.→[兜dōu②] ②m ぶせる.[铜tóng胎的首饰～上层金叶子]銅の台の装身具に金箔をきせる. ③[一儿]④包んだもの.[～儿]紙包み.[药～]薬の包み.[茶叶～]茶の葉の包み.[皮～]小包.郵便.⑤お手玉.[夹jiā～]同前を両足ではさんで飛ばす遊び(を

包　bāo

する). ④物を包むために使った外皮.〔连～十斤〕〔连皮十斤〕(ﷺ)ともで10斤. ⑤物を入れるのに使うもの. 入れもの.〔皮～〕折りカバン.〔书～〕③書物包み. ⑤カバン. ⑥量詞. 包んだものを数える.〔一～货〕一包みの商品.〔一～茶叶〕茶の葉一包み.〔一～洋火〕旧マッチ一包み. ⑦はれもの. こぶ.〔腿 tuǐ 上起了一个大～〕足に大きなはれものができた.〔头上碰 pèng 了一个～〕頭をぶってこぶができた. →〔脓 nóng 包①〕 ⑧パオ;遊牧民の移動式テント.〔蒙 měng 古～〕モンゴル人のゲル. ⑨(肉・野菜・小豆の餡を入れた)まんじゅうの類. ⑩ひとまとめにする. 一括する.〔一共5块钱,房饭一～在内〕部屋代飯代ともひっくるめて10元です. ⑪引き受ける. 請けあう. 全責任を負う.〔这工程是谁～下来的〕この工事はだれが請け負ったのですか.〔～你满意〕ご満足のいくよう請けあいます.〔一家～〕一人払い(マージャンの). ⑫包括する. 包含する.〔无所不～〕すべてを包括している. ⑬借り切る.〔～月〕月ぎめで借りる.〔～月活〕月ぎめの仕事.〔～钟点〕時間借りする.〔～车〕貸切車. ⑭買い切る. 買い占める.〔这十几斤肉,他都～了〕この十数斤の肉を彼が全部ひとまとめにして買いとった. ⑮中身全部がけがれていること.〔淘气～〕いたずらっ子.〔病～儿〕病気の問屋;多病の人. ⑯〈姓〉包(ﷺ)

包案 bāo'àn 案件の処理を引き受ける.〔领导〕取り扱い責任者.

包办 bāobàn ①請け負う. 一手に引き受けてする.〔～伙食〕〔管 guǎn 伙食①〕食事を請け負う.〔～酒席〕宴会料理を請け負う.〔～垄 lǒng 断〕何でも一手に引き受けて独占する.〔～婚姻〕親または周りの者が本人の意思を無視して婚姻を決める.〔～代替〕他人に替わってしてやる.〔承 chéng 办〕〔承包〕 ②切り回す.〔他们家里的事,不管是对内对外,都是由太太一手～〕あの人の家では,内のことも外のことも一切が彼の手で細ぎわよく切り回している.

包办旅游 bāobàn lǚyóu パック旅行.

包菜 bāobāocài ①⇒〔卷 juǎn 心菜〕 ②⇒〔榨 zhà 菜〕

包保 bāobǎo 責任もって引き受ける.〔安全〕安全を保証する.

包被(子) bāobèi(zi) おくるみ. →〔尿 niào 布〕〔襁 qiǎng 褓〕

包庇 bāobì 庇護(ﷺ)する. かばう.(悪事・悪人を)隠す.

包布 bāobù 布. シーツ. 風呂敷.

包菜 bāocài ⇒〔卷 juǎn 心菜〕

包餐 bāocān ①食事を請け負う.〔午間～〕昼食の同前. ②食事付き(の)

包藏 bāocáng 包み隠す.〔～祸心〕悪だくみを抱いて いる;陰険なこと.

包产 bāochǎn 一定の量を責任を持って生産する. 請負生産する.

包产单位 bāochǎn dānwèi →〔农 nóng 业生产责任制〕

包产到户 bāochǎn dào hù 農地経営の個別農家への請け負わせ.

包场 bāochǎng 映画(館)・演劇(場)・劇団などを借り切る.〔今天头场电影是～,不卖票〕今日の第1回の上映は貸し切りで一般公開しない.

包抄 bāochāo =〔兜 dōu 抄〕軍兵を分け敵の側面や背後にまわりこんで攻撃する. ②(ラグビー・サッカーなどで)カバーする.

包车 bāochē ①車を借り切る. ②貸切車. 月ぎめの車.

包乘 bāochéng 列車乗務員が任務を分担する.〔～制〕乗務員を各集団に分け一列車ごとに割り当てる制度.〔～组 zǔ〕〔乘车组〕専属の乗組班.

包吃 bāochī 無料で給食する.〔～住住〕食事・住居付き.

包船 bāochuán ①船を雇い切りにする. ②貸し切りの船. →〔租 zū 船〕

包打官司 bāo dǎ guānsi 訴訟を引き受ける. 代理で訴訟をする.

包打天下 bāo dǎ tiānxià 一手に引き受ける;無責任なやり方.

包打听 bāodǎtīng 〈口〉①昔,私服刑事. 警察の密偵.〔侦探〕の別称. →〔侦 zhēn 探②〕 ②消息通.

包带 bāodài 梱包用テープ.

包单 bāodān ①⇒〔包袱②〕 ②請負工事の契約書.

包点带面 bāodiǎn dài miàn 一点を改善して全体をよくする.

包二奶 bāoèrnǎi (妻のある男が)愛人を囲う;〔包二爷 yé〕に夫のある女が愛人を囲うこと.

包饭 bāofàn ①食事を請け負う. まかないを請け負う.〔包早 zǎo 饭〕朝食をまかなう.〔～作 zuō〕店を持たず,注文により料理を作って届ける出出し屋. ②旧労務供給制度の一種.食事付き.〔～给七块钱〕食事付きで7元を支給する. →〔包工制〕

包房 bāofáng ①貸し切る. また貸切室;列車のコンパートメント・アパート・ホテル・劇場など.

包费 bāofèi ①全ての費用をもつ. ②ハイヤー代や食事代にかかわる1か月または年間にかかわる費用.

包封 bāofēng 包装して封をする(したもの). 包む(み).〔～由邮 yóu 奉上〕小包は郵便でお送り申し上げます.

包缝机 bāofèngjī ⓘ工業ミシン.

包扶 bāofú (貧困地区などを)責任もって支援する.

包袱 bāofu ①=〔包袱〕ふろしき.〔打 dǎ ～〕ふろしきに包む.〔拿 ná 包上〕ふろしきで包む. ②=〔包单①〕ふろしき包み.〔纸 zhǐ 钱(儿)〕または紙製の〔元 yuán 宝〕を入れた紙袋;仏前または墓地に供えた後で焼く. ④袖の下.〔递 dì ～〕賄賂をつかう. ⑤重荷.(精神面の)負担:古い陋習(ﷺ);古い思想など,思想改造の妨げになる荷物.〔放下～〕思想的な重荷をおろす. 旧思想を捨てる.〔把写简体字或写错一点一画等无え大体の事件为扣分标准,是成了教学上的一了〕簡体字を書いたり,あるいは一点一画を書き誤ったというような大局に影響がないようなことを減点の標準にすることが,教学上の邪魔物になっている. ⑥笑いの種. 笑わせ場.〔相声(漫才)な話芸で)面白いことをふろしきに包んでおいて一気にさらけ出してみせるようにする.〔抖 dǒu ～〕(漫才などで)ギャグを入れる. おち・さげをつける. しゃれを言う.

包袱底儿 bāofudǐr ①家庭で多年使用もせずに保存してあるもの. しまい込んでおいてめったに出すことのない貴重なもの. ②秘密. 隠しごと. ③最も得意な技量.〔抖搂 dōulou ～〕得意の奥の手を見せる.

包袱皮儿 bāofupír ふろしき.

包干儿 bāogānr (一定範囲内の仕事を責任をもって)引き受ける.〔打扫尾巴活儿由我～〕残った後始末は全部わたしが引き受けた.

包干维尔海峡 bāogānwéi'ěr hǎixiá 地ブーゲンビル海峡.

包干制 bāogānzhì 旧革命幹部に対する給与制度の一種:食事など生活上の一切を支弁するための現金支給(解放後もしばらく行われた).

包钢圈机 bāogāngquānjī ⓘゴム製造用フリッパーリングメーキングマシン.

bāo 包

包工 bāogōng ＝[包活(儿)]仕事を請け負う.請負仕事をする.[～不包料]工事を請け負うが材料は請け負わない.[～队 duì]工事・作業を請け負うグループやチーム.

包公 bāogōng ①[人]包拯:北宋の仁宗時代の名判官で俗に[包青天][铁 tiě 面阎罗][铁面清官]ともいう.[～案][龙 lóng 图公案][書]明代小説:[包公]の裁判物語で,"大岡裁き"の如きもの.②〈喩〉公明正大な人.

包工头(儿) bāogōngtóu(r) ＝[工头②]仕事を請け負う組織の親方.[一把 bǎ 头]

包工制 bāogōngzhì ＝[包身制][包工头(儿)]による売身隷属的労務供給請負制度:紡績業などで行われていた.

包供 bāogōng 供給を保証する.

包谷 bāogǔ ⇒[玉 yù 米]

包管 bāoguǎn ①保証する.引き受ける.[～来回][管保来回](商品の)返品・取り替えを保証する.②絶対に.きっと.必ず.[那样的事～不会发生]そういうことは起こりっこありません.

包裹 bāoguǒ ①包む.荷造りする. ②小包.[～邮 yóu 件]小包郵便物.[～单]小包の送り状.[～邮件附单][邮件包裹物付笺(sēn)]⇒[打～]荷造りをする.⑤荷を解く.[～保险]小包保険.→[裹]

包含 bāohán 含んでいる.包含する.[这个字～许多意思]この字にはたくさんの意味が含まれている.

包涵 bāohan ①〈挨〉許す.大目にみる.[有什么不到之处您多～着点儿！]何かいたらなかったりする点がありましたら,どうか大目にみてください.②〈方〉欠点.あら.[我不管,落不着 zháo ～]わたしはかかり合わない,(その方が)とやかく言われなくてす.→[褒 bāo 贬]

包涵儿 bāohanr ①〈方〉きず.小さいきず.[只有好货是个小～]家が貧乏なことだけが玉にきずだ.

包葫芦头(儿) bāo húlutóu(r) 〈方〉一切をひっくるめて引き受ける.[你们每人出一块钱,不够的时候我～]一人1元ずつ出してもらい,不足の場合にはあとはわたしが引き受けます.

包换 bāohuàn (品物の)交換・返品を保証する.

包荒 bāohuāng かばいだてする.[她为什么忽 hū 然那么替丈夫～起来呢？](茅・霜3)彼女はなぜ急にあんなに夫をかばいだてしてやるようになったのか.

包活(儿) bāohuó(r) ⇒[包工]

包伙 bāohuǒ 食事を3食請け負う.

包机 bāojī 飛行機を借り切る.[春 chūn 节～]旧正月のチャーター便.

包家 bāojiā →[灯 dēng 笼局]

包价 bāojià 請負金額.[～旅 lǚ 游][包办旅游]パック旅行.

包间 bāojiān (レストランや娯楽施設などの)個室.

包检 bāojiǎn 検査の責任を引き受ける.

包教 bāojiāo 責任をもって一定の学習内容を教えること.

包饺子 bāojiǎozi ギョーザを作る.

包剿 bāojiǎo 〈文〉(包囲して)討伐する.[～残 cán 匪]匪賊の残党を討伐する.

包巾 bāojīn 〈方〉頭を包むきれ.

包金 bāojīn ①金張り:銅の台に金箔(bó)を張ったもの.[～首饰]金をきせた装身具.[～点翠 cuì]金の上に翠緑(色)をちりばめた装身具.→[镀 dù 金]②[潮 shuàn 金]⇒[包银]

包茎 bāojīng ⇒[包皮①]

包举 bāojǔ 総括する.[～无 wú 遗]あますところなく全部を含める.

包块 bāokuài かたまり.しこり.はれもの.[若摸有～,应及时就医]もしなでてみてしこりがあったら,

ぐに医者に見てもらわねばいけない.

包括 bāokuò ①ひっくるめる. ②含む.含有する.含める.[运费和保险费～在内]運賃および保険料を含む.

包括兵险价 bāokuò bīngxiǎnjià [商]戦時保険込み値.

包括运费送货单 bāokuò yùnfèi sònghuòdān [商]運賃込み送り状.C&Fインボイス.

包揽 bāolǎn ①一手に引き受ける.独占する.[～诉讼]〈文〉訴訟を引き受けて金もうけをする.→[接 lōu 揽]②何事にも口出し手出しする.[～闲事]つまらぬことにおせっかいする.

包老爷的儿子 bāolǎoyede érzi ひねくれもの.[～,佞 nìng 种]〈歇〉包公(昔時の名判官)の息子.あのじゃく:包公の息子は強情で父の意見を聞かなかった.→[包公]

包料 bāoliào 材料の請け負い.[连工钱带～一共十块钱]工賃と材料とで10元です.

包拢 bāolǒng ①ふろしき包み:[包袱①]に同じ. ②(布で紙などで)包む.

包罗 bāoluó 包括する.網羅(luó)する.[～各方面的问题]各方面の問題を網羅する.[～万象]万象を網羅している.[～喩]何でも完備している.

包瞒 bāomán 〈方〉隠しごとをしている.

包米 bāomǐ ⇒[玉 yù 米]

包面标记 bāomiàn biāojì 荷物外装の荷印.

包囊 bāonáng ①[生命]下等生物の包囊(náng).②〈方〉ふろしき:きんちゃく式のもの.

包赔 bāopéi ①完全に賠償する. ②賠償の責任を負う.

包皮 bāopí ①[風袋(fūtài)]:包装に用いる箱・袋・紙などの総称.単に[包④]･[皮①]ともいう.[～芯]②＝[茎](男子生殖器)の皮かぶり.包茎.[割 gē ～]包茎を手術する.

包片儿 bāopiànr 一定の地区である仕事の完成を請け負う.

包票 bāopiào [旧]保証書.[保 bǎo 票]ともいう.[你放心买这个钢笔,我敢写～]この万年筆を安心してお買いください,わたしが責任をもって保証書を書きます.[打～]保証する.

包青天 bāoqīngtiān ⇒[包公]

包儿 bāor ①一字解③ ②⇒[包子①]

包人(儿) bāorén(r) 一定期間(または月ぎめで)愛人を囲う.

包容 bāoróng ①＝[涵 hán 容]包容し許す.大目にみる.[老～他也不行,得认点儿真了]いつも大目に見ていてはよくない,少しきっぱりしなけりゃいけない.②受け入れる.収容する.

包身工 bāoshēngōng [旧]半奴隷的労働者:隷属程度の強いものを[包饭 fàn],程度の弱いものを[带 dài 饭]と称した.主に農村の若い子女を買い取る請負人を[包身头]といった.

包身制 bāoshēnzhì ⇒[包工制]

包税交 bāoshuìjiāo [商]売り上げに応じたものではなく固定された税額による荷渡し.

包死 bāosǐ 材料費の価格の変動を請け負った側が全てかぶる様に決めた請け負い.

包弹 bāotán 〈方〉叱る.指弾する.[没听过有人～他]彼のことを悪く言うのを聞いたことがない.

包探 bāotàn ＝[包打听]密偵.隠密.→[侦 zhēn 探②]

包头 bāotóu ①髪を包む布.頭巾.スカーフ.[～布][～巾]同前.②[～儿]布靴などの先につけて破れないように保護するゴムや皮.

包头菜 bāotóucài ⇒[结 jié 球甘蓝]

包苞孢炮枹 **bāo**

包头的 bāotóude 劇①役者の扮装係.仕度(ﾄﾞ)方.②女形(ﾀﾞ)：髪のかわりに黒絹で頭を包んだ.
包退 bāotuì 返品の受け取りを保証する.〔保退〕〔管 guǎn 退〕に同じ.〔～口换〕返品の引き取りや交換を保証する.
包围 bāowéi ①包囲する.〔他被记者～起来〕彼は記者達にとり囲まれた.〔他这也许是被人～吧〕これは彼が周囲の圧迫でやむなくやったことかもしれない.②囗包囲攻撃する.〔～圈 quān〕.〔～战〕包囲戦.
包尾 bāowěizi 敵の背後を襲う.
包喂 bāowèi 馬(家畜)の飼育を請け負う.
包席 bāoxí アンペラ：カヤツリ草科多年生草のアンペライ(藺)の茎で編んだ包装用などのむしろ.
包厢 bāoxiāng 個室：劇場2階の特別席.列車・船のコンパートメントなど.
包销 bāoxiāo 一手販売(する).〔～合 hé 同〕独占販売契約.引受契約.〔～人〕販売引受人.⑤保険業者.
包心白 bāoxīnbái ⇒〔结 jié 球甘蓝〕
包心菜 bāoxīncài ⇒〔结 jié 球甘蓝〕
包羞 bāoxiū 恥を忍ぶ.
包修 bāoxiū 修理を引き受ける.修繕を保証する.
包牙 bāoyá 〔飽牙〕
包养 bāoyǎng ①丸抱えをする.生活を全て引き受ける.〔～小姐〕〔喩〕愛人を囲う.②人民公社での保育の無料化.
包叶金 bāoyèjīn 薄くのばした金片.
包衣 bāoyī ①囗錠剤を包む糖衣.②トウモロコシの包装：実を包んでいる部分.囗種子を防虫・生育促進などの薬品に浸す.〔～种 zhǒng〕同前した種子.④囗満州貴族の奴隷.〔～哈〕〔阿哈〕ともいう.
包银 bāoyín 〔包金〕〔旧〕劇場主が役者に与えた給金.
包用 bāoyòng 品質を保証する.〔～一年〕一年間使用に適することを保証する.
包玉米 bāoyùmǐ
包圆儿 bāoyuánr ①一括して引き受ける.〔这点活儿我～了,你们走吧〕これっぽちの仕事は全部引き受けた,お先にどうぞ.②買い占める(残った商品全部を買い取る)
包月 bāoyuè 月ぎめにする(まかないや車などを).〔～菜 cài〕月毎に決めたメニューの食材の宅配.〔告诉她他又找到了～〕〔老·骆6〕彼女(虎妞娘)にまた月ぎめのおかかえ車夫の仕事をみつけたと彼(祥子)は言った.
包孕 bāoyùn〈文〉含む.はらむ.〔～结构〕囗漢字の包含構造：句・建・斗・同・区など.〔～句 jù〕囗包含文：〔子 zǐ 母句〕ともいう.子の文が親の文の中に置かれた形の文をいう.例えば〔我知道他很快乐〕(僕は彼が楽しんでいるのを知っている)で,〔他很快乐〕という子の文が这されている.
包运 bāoyùn 運送を請け負う.
包蕴 bāoyùn 内包する.含む.
包运费 bāoyùnfèi 囗運賃.〔～日本交货〕囗運送込み日本港着渡し.
包运价格 bāoyùn jiàgé 囗運賃込み値段.C&F.→〔离 lí 岸加盐(价格)〕
包扎 bāozā ①包んでしばる.包装する.②包帯をする.〔用绷 bēng 带～伤口〕包帯で傷口をしばる.〔解 jiě 掉绷带〕包帯をとる.
包拯 bāozhěng →〔包公〕
包支包结 bāozhī bāojié 支出・欠損を一手に引き受けること.
包治 bāozhì ①病気が治ることを保証する.②請け負いで治療する.〔～百病〕どんな病気でも請け負い治す.
包住 bāozhù 住宅を借り切って住む.住居付き.
包庄 bāozhuāng 賭博(ﾁﾞ)の際,規則に違反したために他人に損を及ぼした時に,他人の損失を賠償すること.
包装 bāozhuāng ①包装する.荷造りする.〔～情形〕荷姿.〔～车间〕包装工場.荷造り作業場.〔～设计〕包装デザイン.〔～菜〕パック入りの野菜.〔～单〕パッキングリスト.〔～箱 xiāng〕包装箱.化粧箱.②外見を飾る.イメージ作りする.
包装纸 bāozhuāngzhǐ 包装紙.〔薄 báo 纱纸〕(薄い透明の紙の通称).〔玻 bō 璃纸②〕(グラシン紙)〔腊 là 纸〕(パラフィン紙).〔牛 niú 皮纸〕(クラフト紙).〔赛 sài 璐珞(纸)〕(セロハン紙).
包桌 bāozhuō (料理店などで)テーブルを予約する.
包子 bāozi ①=〔包 儿〕②囗饅頭.〔(方)〕馒 mán 头②〕〔车间〕包装工場.荷造り作業場.(肉や野菜又は小豆などのあん入り)まんじゅう.〔糖～〕砂糖あんのまんじゅう.〔豆沙～〕あずきあんのまんじゅう.〔肉～〕肉まん(じゅう).〔菜～〕野菜あんのまんじゅう.〔包子有肉,不在褶 zhě 儿上〕まんじゅうは中の肉あんがよければよいので,見かけは問題ではない：内容が表面からだけではわからない.→〔馒头〕〔糖 táng 三角儿〕②工ラドル：溶解した金属液を入れる容器.鋳物工場で使うものを〔铁 tiě 水包(子)〕,製鋼所で使うものを〔钢 gāng 水包(子)〕という.
包租 bāozū ①借り切る.〔～汽 qì 车〕ハイヤー.②又貸しする.〔～二 èr 房东〕③囗豊作不作にかかわらず小作人に一定額を貸しつけること.
包作 bāozuò 請け負って製造する.

〔苞〕 bāo 囗苞(ﾎｳ).包孢.〔花～〕同前.②つぼみ.〔含 hán ～〕花のつぼみが今まさに開こうとしてふくらんでいる状態.〔含～欲 yù 放的月季〕開花寸前のコウシンバラ.〔开～〕〔喩〕(女な女など)が水あげする.→〔花 huā 骨朵〕③→〔苞叶〕④〈文〉繁茂する.〔竹 zhú ～松茂〕松や竹が繁茂する.

苞虫 bāochóng ⇒〔稻 dào 苞虫〕
苞谷 bāogǔ ⇒〔玉 yù 米〕
苞脚菇 bāojiǎogū ⇒〔草 cǎo 菇〕
苞苴 bāojū ①わらで編んだ入れ物.②プレゼント.③賄賂(ﾛ)を贈る.
苞萝 bāoluó ⇒〔玉 yù 米〕
苞米 bāomǐ ⇒〔玉 yù 米〕
苞黍 bāoshǔ ⇒〔玉 yù 米〕
苞粟 bāosù ⇒〔玉 yù 米〕
苞笋 bāosǔn ⇒〔冬 dōng 笋〕
苞叶 bāoyè 囗苞葉：植物の葉の変態.単に〔苞③〕ともいう.〔水黄〕囗ルムア・アレクサンドラエ：雲南・四川の高地に生えるタデ科の植物.

〔孢〕 bāo 外を膜で包んでいる円形のもの.〔芽 yá ～①〕〔子 zǐ ～〕囗胞子：植物の無性生殖細胞.〔胞子〕とも書いた.〔～子植 zhí 物〕胞子植物.〔～粉 fěn〕胞子と花粉.→〔细 xì 胞〕

〔炮〕 bāo 囗肉もののせた上に広げて乾かす.〔把湿衣服摊在热炕上～干〕濡れた服を熱いオンドルの上に広げて乾かす.②料理法の一.強火で手早く炒める.〔～羊肉〕羊肉料理.〔～三样(儿)〕囗羊肉とその腎・肝を炒めた料理. → páo pào

〔枹〕 bāo 囗コナラ(ナラ.ホオリ.ハハソ)：落葉高木.種子から澱粉をとり,樹皮は〔栲 kǎo 胶〕(マングローブ樹脂)を作る.〔～树 shù〕〔～木〕は通称.〔小 xiǎo 橡树〕ともいう. → fú

bāo～bǎo

〔胞〕 bāo
① 胎児を包んでいる膜(きぬ),すなわち胎盤または胞衣(な).→〔胞衣〕 ② 同母の兄弟姉妹.はらから.〔~兄〕実の兄.〔~伯〕(父のにあたる)実の伯父.〔同~〕同胞:父母を同じくする兄弟姉妹.祖国を同じくするもの. ③ 同じ国家または民族の人.〔侨 qiáo ~〕海外に居る同胞.〔藏 zàng ~〕チベット族の同胞.

胞波 bāobō 〔ビルマ語で〕同胞と親戚:中国人に対し親しみを示す言い方.
胞弟 bāodì ⇒〔亲 qin 弟弟〕
胞浆水 bāojiāngshuǐ 〔生理〕羊水:〔羊 yáng 水〕ともいう.
胞姐 bāojiě ⇒〔亲 qin 姐姐〕
胞妹 bāomèi ⇒〔亲 qin 妹妹〕
胞叔 bāoshū (父の弟にあたる)実の叔父.
胞胎 bāotāi ⇒〔胞衣〕
胞兄 bāoxiōng ⇒〔亲 qin 哥哥〕
胞兄弟 bāoxiōngdì ⇒〔亲 qin 兄弟〕
胞衣 bāoyī =〔胞胎〕〔胎 tāi 衣〕〔生理〕胎盘.胎衣(な):〔胞盘〕俗に〔衣胞(儿)〕という.〔紫 zǐ 河车〕はこれからとった漢方薬の名.
胞质 bāozhì 〔生理细胞质〕
胞子 bāozǐ =〔孢子〕

〔龅・齙〕 bāo
龅牙 bāoyá =〔包牙〕〔暴 bào 牙〕〔露 lòu 齿(子)〕出歯.反歯(はで)
龅眼龅牙 bāoyǎn bāoyá 〔慣〕出眼出歯で醜いこと.〔她~的没模 mú 样儿,彼女は器量は悪い.

〔剥(剝)〕 bāo
(皮などを)はぐ.むく.〔~了再吃〕皮をむいてから食べる.〔花生〕落花生の皮をむく.〔~牛皮〕牛の皮をはぎ取る. → bō
剥皮 bāopí ① 皮をむく.〔~机〕皮剥機.バーカー.ストリップマシン.→〔刨 páo 皮〕〔削 xiāo 皮〕 ②〈喩〉しぼり取る(者).〔高利贷会会〕高利貸しはひどくしぼり取る.

剥糖 bāotáng 結婚式の宴席で新郎新婦がテーブルを巡り酒をすすめ,包み紙をむいてアメを食べてもらうこと.

〔煲〕 bāo
〈方〉① 深鍋.〔沙 shā ~〕土鍋.〔电饭 ~〕〔电饭锅 guō〕電気炊飯器. ② とろ火で物を煮る.〔~饭〕ご飯を炊く.〔~酒〕酒を温める.〔~汤 tāng〕〔煨 wēi 汤〕長時間かけてスープを作る.〔豆腐~〕〔食〕深鍋で煮込んだ豆腐料理.
煲电话粥 bāo diànhuàzhōu 〈方〉長電話する.

〔褒(襃)〕 bāo
① ほめる.称賛する.↔〔贬 biǎn ②〕 ②〈姓〉褒(紂)
褒贬 bāobian ほめりけなしたりする.優劣・善悪を批評する.〔~人物〕人物を論評する.〔妄 wàng 加 ~〕いいかげんに善し悪しを論じる.
褒贬 bāobian (人や事物を)非難する.欠点を指摘する.〔管闲事,落 lào ~〕自分にかかわりのない事におせっかいをやくと,人の批判を受ける.〔没隐过~〕かれこれ非難されたことはない.〔别在背后 ~ 人〕陰で他人を非難してはいけない.〔~是买主儿〕〈諺〉品物にあれこれけちをつける人が,実は買ってくれる人だ.〈転〉何かと文句を言ってくれる人が自分の為になる人だ. →〔包涵②〕
褒称 bāochēng ① 賞賛や尊敬を表す言葉を用いてほめる. ② 同前でほめる.
褒词 bāocí ⇒〔褒义词〕
褒奖 bāojiǎng ほめ励ます(こと).称賛(する).表彰する.
褒美 bāoměi ほめたたえる.賛美する.

褒评 bāopíng 称贊の意見.
褒恤 bāoxù〈文〉その手柄をほめて救恤(?)する.
褒扬 bāoyáng 賞揚する.表彰する.
褒衣博带 bāoyī bódài〈成〉大きい袖,ゆったりした帯:古代,儒(な)者の服装.
褒义 bāoyì 賛成・称賛などの意味.〔~词〕〔褒词〕褒義語.〔↔〔贬 biǎn 义〕
褒赞 bāozàn〈文〉称賛する.
褒章 bāozhāng 表彰の記章.
褒忠贬佞 bāozhōng biǎnnìng〈成〉忠臣を賞揚し佞臣(で)をおとしめる.
褒状 bāozhuàng 褒状.表彰状.

〔雹〕 báo
〔雹(ぎ)〕:〔~子 zi〕は通称.〔冰 bīng ~〕〔方〕冷雹子〕ひょう.あられ.〔下 ~〕〔落 luò ~〕雹が降る.〔~暴 bào〕雹まじりの嵐.〔~灾 zāi〕雹害. ②〈姓〉雹(パ)

〔薄〕 báo
① 薄い.↔厚.〔薄い紙.↔〔厚 hòu ①〕. ②(味)が薄い.〔~粥 zhōu〕薄いかゆ:北方では一般に〔稀 xī 粥〕という. ③ わずかである.軽少(である).些細(である).貧弱(である).〔~礼〕軽少な進物.〔这份礼不~〕この進物にこそ恥ずかしくない. ④ 貧弱(である).貧相(である).〔她模 mú 样儿还不错,可是长 zhǎng 得~〕彼女は器量はよいが,体つきが貧弱だ. ⑤地味がやせている.〔~地〕やせた土地. → bó bò
薄板 báobǎn 薄い板:木や金属・プラスチックなど.〔~儿〕薄い(木の)板.
薄饼 báobǐng =〔荷叶饼〕〔合 hé 页饼〕小麦粉を湯でこね,薄くのばして鉄鍋で焼いたもの.〔春 chūn 饼〕という.また野菜・肉・玉子焼きや〔烤鸭〕などを包んで食べる.
薄脆 báocuì〔食〕菓子の名:小麦粉をこねて砂糖または塩を混ぜて非常に薄くして焼いたもの.薄くてもろいのでこの名がある.
薄花呢 báohuāní〔紡〕ウーステッド.
薄浆 báojiāng〔工〕グラウト.
薄脸(皮) báoliǎn(pí)〈喩〉はにかみや.
薄呢 báoní〔紡〕薄地ラシャ.
薄皮(棺)材 báopí(guān)cái =〈方〉火 huǒ 匣子〕薄い木で作った粗末な棺(ざっ).→〔狗 gǒu 碰头〕
薄田 báotián 地味の痩せた耕地.
薄洋纱 báoyángshā〔紡〕モスリン.〔稀 xī 洋纱〕〈音義訳〉麦 mài 斯林纱〕などともいう.

〔宝・寶(寳)〕 bǎo
① 貴重なもの.珍貴なもの.宝(なぎ).
② 貴重である. ③ 金銭. 通~〕青銅銭:唐代以降民国初年に至るまで,通用銭は鋳造年号を冠した〔永 yǒng 乐通~〕の如く称した.→〔元 yuán 宝〕
④ 旧帝王に関すること,また他人に対する尊称に用いられる.〔~店〕貴店.貴社.→〔贵 guì ⑤〕 ⑤〈文〉璽(じ).皇帝の印璽. ⑥〈文〉宝物のように大切にする. ⑦〈姓〉宝(紂).
宝爱 bǎo'ài 大切にする.〔~的东西〕お気に入りの品.
宝庵 bǎo'ān 貴庵.貴寺(僧侶,ことに尼僧に対していう)
宝宝 bǎo·bao =〔宝贝儿〕いい子いい子:小児をかわいがって呼ぶ語.〔~装 zhuāng〕小供用上下一揃いの服.→〔心 xīn 头〕
宝贝 bǎobèi ① 宝物.〈喩〉いとし子.〔马~〕うま年生まれの赤ちゃん.〔这可是个~,有钱也无处买去〕これはほんとに珍しいものだ,金があっても買えるというものじゃない. ② かわいがる.〔哪个父母不~自己的儿女呢〕どこに自分の子供をかわいがらない親がいるものか.〔他老年得子,~得不得了 liǎo〕彼は年を

宝 / bǎo

ってから子供ができたのでかわいくてたまらない．③風変わりな人．物好きな人．困ったやつ．やっかいな事．[到处出洋相,真是个~]いたところでぶった様子をする，まったく鼻もちならないやつだ．

宝贝蛋 bǎobèidàn ＝[宝贝疙瘩]最も愛している物，または人．②かわいい子供．
宝贝疙瘩 bǎobèi gēda 同上．
宝贝儿 bǎobèir ⇒[宝贝]
宝刹 bǎochà ①仏寺の塔．②お寺．[名山~]名山名刹．③(僧侶に対して)貴寺院．[~在什么地方]あなたの寺はどちらですか．
宝钞 bǎochāo ＜文＞紙幣．→[交 jiāo 子]
宝幢 bǎochuáng 宝珠のついた旗ざお．
宝带 bǎodài 珠玉などを飾った帯；高官などがしめる．
宝刀 bǎodāo 宝刀．名刀．[~不老]〈成〉年をとっても腕は落ちないこと．
宝岛 bǎodǎo 台湾の別称：[美 měi 丽岛]ともいう．
宝地 bǎodì ①御地．貴地．②(物産や地相などの)吉地．③[仏家の]地．④[仏地．
宝典 bǎodiǎn 貴重な書物．
宝殿 bǎodiàn 寺院の神仏が祀(まつ)られている大殿．宝殿．
宝顶 bǎodǐng 圓帝王の陵墓の頂．→[坟 fén 头]
宝鼎香 bǎodǐngxiāng ⇒[姜 jiāng 黄]
宝锭 bǎodìng 儀式などに用いる飾り用の元宝銀．→[抱 bào 宝锭]
宝筏 bǎofá ＜喩＞仏法；迷いの海を乗り越え，悟りの彼岸に達せしめる宝いかだ．[~渡迷 mí 津](李白詩)同前．
宝幡 bǎofān 圓寺院の外に掲げる梵語の書いてある旗．
宝盖 bǎogài ①てんがい：仏像や導師などの頭上にさしかける絹の傘．→[华 huá 盖] ②⇒[宝盖头]
宝盖草 bǎogàicǎo ＝[珍 zhēn 珠莲](の)圓ホトケノザ．
宝盖头(儿) bǎogàitóu(r) ＝[宝盖②] [宝头(儿)]圓うかんむり：漢字部首の"宀"．[~一个玉 yù 部的玉字]うかんむりに宝器の玉の字(宝の字)．→付録1
宝观 bǎoguàn 貴寺(道士に対していう)
宝光 bǎoguāng 圀ブロッケン現象．[峨 é 眉~]峨眉山の同前．
宝贵 bǎoguì ①貴重(である)．[~的物 wù 品]貴重な物品．[~的意见]貴重なご意見． ②非常に尊ぶ．
宝行 bǎoháng ＝[宝号]貴店．貴行：[贵 guì 行]に同じ．
宝号 bǎohào 同上．
宝盒儿 bǎohér [宝盒子]ともいう．圓ばくち用の一種の壺．またそれを使ったばくち：[木 mù 宝]ともいう．[~を持つ人が打 kāi 宝的]といい，金をかける方を[押 yā 宝的]という．→[摇 yáo 宝]
宝葫芦 bǎohúlu 宝のひょうたん：打ち出の小づちのように願った物が出てくる．
宝货 bǎohuò ①金銭．②貴重なもの．立派なもの．[大器 qì 晩成,~难售 shòu]〈成〉優れた才能や器量のある人は，往々にして遅れて大成する．③滑稽な人(軽んずる気持でいう)．→[活 huó 宝]
宝剑 bǎojiàn ①名剣．名刀．②剣の通称．
宝鉴 bǎojiàn ①貴重な鏡．②模範．手本．
宝轿 bǎojiào ⇒[喜 xǐ 轿]
宝局 bǎojú 賭博場．
宝卷 bǎojuàn (仏教で)故事を述べて信仰心を起させる[讲 jiǎng 唱文学]の一：唐代の変文を源流

とし，後になると[孟 mèng 姜女~][梁 liáng 山伯~]など仏教以外の故事を扱うものも出て来るようになった．[宣 xuān 卷]同前を語る(こと)．→[变 biàn 文][讲 jiǎng 唱文学]
宝眷 bǎojuàn ご家族．→[家 jiā 眷]
宝库 bǎokù ①貴重な物品を収蔵してある庫．[中国医药学是一个伟大的~]中国の医学と薬学は偉大なる宝庫である．②豊富な物産のとれるところ．[北太平洋是渔 yú 业的~]北太平洋は漁業の宝庫である．[西北地区是刚刚着 zhuó 手开发的地下资源の~][西北地方は，開発に着手したばかりの地下資源の宝庫である．
宝蓝 bǎolán 色紺色(の)
宝瓶 bǎopíng ＝[抱 bào 宝瓶] ①圓人を葬る時一緒に入れる食物を入れた器．③圓仏家が灌頂(かんじょう)の金剛水を入れる器．④[~座 zuò]圓黄道十二宮の一：1月20日大寒の時，太陽がこの宮に至る．
宝砂 bǎoshā ⇒[矾 fán 土]
宝砂布 bǎoshābù 工(金剛砂の塗ってある)研磨用サンドクロース．
宝砂粉 bǎoshāfěn 金剛砂粉．
宝山 bǎoshān ①宝の山．[人～空 kōng 手归][~空回]〈成〉宝の山へ入ってむなしく帰る．＜喩＞絶好の条件下にありながら一物も得ることのないこと．②御宅：画家の画室などを敬称にていう．[走過 yè~]＜讃＞お宅へ参上いたします．③圓上海市に属する．[~钢 gāng 铁公司][宝钢]宝山鋼鉄公司．
宝石 bǎoshí 宝石．[~花]宝石を花弁に模した工芸品．②圓オボロヅキ：ベンケイソウ科の植物．[~婚](西洋の)結婚記念日の呼称．[蓝 lán ~婚]サファイア婚：結婚45周年．[红~婚]ルビー婚：結婚40周年．
宝书 bǎoshū ①貴重な，あるいは珍しい書物．[红~](文化大革命期の)毛沢東語録の別称． ②歴史書．[~文]天子の璽．
宝塔 bǎotǎ 仏教寺院の宝塔．塔．[~形]上部が細く下部が太い錘状のもの．
宝塔菜 bǎotǎcài ⇒[甘 gān 露子]
宝塔糖 bǎotǎtáng 薬小児の回虫駆除の薬として用いる飴：ピペラジンを含んでいる．
宝头(儿) bǎotóu(r) ⇒[宝盖头(儿)]
宝玩 bǎowán 宝物と骨董．
宝物 bǎowù 宝物．貴重な物．
宝婺 bǎowù ①星の名：[婺女星]の別称． ②＜喩＞貴婦人．[~星沉]貴婦人の死を悼む語．
宝相 bǎoxiàng 圀仏像の荘厳な形ちつき．[~花]法相華文(ほっそうげもん)：装飾用の唐草模様の一種．
宝一对 bǎoyīduì ①拳(けん)を打つ際，双方とも[拳 quán 头](すなわち零)なしに出た時をいう．→[划 huá 拳] ②好一对(の)．同じような事をする人(冗談または皮肉にていう)
宝银 bǎoyín ⇒[元 yuán 宝②]
宝玉 bǎoyù 宝玉．宝石．[通 tōng 灵~]『紅楼夢』で主人公の賈宝玉がつけていた首飾り．
宝藏 bǎozàng ①収蔵してある宝物．②鉱産物・地下資源．
宝账 bǎozhàng お勘定(かんじょう)．
宝中宝 bǎozhōngbǎo 宝のうちの宝．[粮 liáng 食是宝中之宝]食糧は宝中の宝だ．
宝重 bǎozhòng 重視して大事にする．
宝珠 bǎozhū 高価な真珠．
宝珠茶花 bǎozhū cháhuā 圓山茶花(さざんか)の一種：花は深紅色，群がって玉のようになる．
宝珠黄玉 bǎozhūhuángyù 珠玉を宝として大切にする．[友富贵莫 mò 若友仁,~不如爱善]〈諺〉富貴の人

友とするよりは仁者を友とするが良く,珠玉を宝とするよりは善を宝とするが良い.
宝庄 bǎozhuāng〈尊〉①あなたの村.②お店.
宝字号 bǎozìhào〈尊〉お店の屋号.
宝祚 bǎozuò〈文〉天子の位.
宝座 bǎozuò ①=〔御 yù 座〕玉座.最も貴い座(帝王の座・仏の座など).②最高の座.良いポスト.

〔饱・飽〕bǎo ①飽きる.十分食べる.〔酒足饭～了〕酒も御飯も十分にいただきました.〔吃～了〕腹いっぱい食べた.↔〔饿è〕〔饥jī(I)〕 ②満足する.十二分である.〔～受折zhé磨〕いやというほど苦い目にあった.〔～吮 shǔn 母乳〕母乳をたっぷり飲む.③満ち満ちている.充実している.④〈姓〉飽(⁹)
饱饱(儿)地 bǎobao(r)de 飽食して.腹いっぱいになって.十分満ち足りて.〔吃得～睡 shuì 觉了〕腹いっぱい食って寝てしまった.
饱餐 bǎocān 腹いっぱい食べる.飽食する.
饱尝 bǎocháng ①よく味わう.〔～美味〕おいしい物を味わう. ②十分に経験する.十二分である.〔～辛 xīn 酸〕辛酸をなめつくす.〔～世味〕〈成〉世間の苦楽をなめつくす.事世に長(⁽)ている.
饱吹饿唱 bǎochuī èchàng〈成〉得意の時は大きいことを言い,具合の悪い時はそれとなく訴えるが,決して頭を下げて頼むことをしない(強情者)
饱读 bǎodú 読み尽くす.読みあさる.〔～诗书〕詩書を読み尽くす.
饱嗝儿 bǎogér 噯(㑊).げっぷ.〔打～〕げっぷが出る.
饱含 bǎohán 充満する.〔眼里～热rè泪〕目にはいっぱいの熱い涙.
饱汉不知饿汉饥 bǎohàn bùzhī èhàn jī=〔饱人肚里不知饿人饥〕〈成〉金持ちは貧乏人の苦痛を知らない.
饱和 bǎohé ①飽和.〔～点〕飽和点.〔～量〕飽和する.②〔事物が〕最大限度まで満たされる.いっぱいに含む.〔～状态〕飽和状態.
饱经沧桑 bǎojīng cāngsāng〈成〉多くの世の移り変りを経験している.
饱经风霜 bǎojīng fēngshuāng〈成〉苦労をなめ尽くす.苦労をした人である.〔饱经忧患〕に同じ.
饱经世故 bǎojīng shìgù〈成〉世間のことを十分経験している.世故に長じている.
饱经忧患 bǎojīng yōuhuàn ⇒〔饱经风霜〕
饱览 bǎolǎn 十分見る.飽くほど見る.〔～山水〕景色を心ゆくまで見る.
饱满 bǎomǎn ①満腹している.満ち満ちている.〔天下下雨,籽 zǐ 粒不能～〕雨が降らないと穀物の粒が十分充実しない.②充実している.満ち足りる.〔精jīng神～〕はちきれんばかりの元気.元気旺(⁹)盛.〔～丰盈yíng〕〈成〉満ち足りて豊かである.
饱暖 bǎonuǎn 飽食暖衣して生活に不自由しないこと.〔饱食暖衣〕に同じ.
饱人肚里不知饿人饥 bǎorén dùli bùzhī èrén jī ⇒〔饱汉不知饿汉饥〕
饱食 bǎoshí(穀類などの実が)よく実っている.〔把干净,～的粮 liáng 食卖给国家〕きれいによく実った穀物を国へ売り渡す.
饱食终日,无所用心 bǎoshí zhōngrì, wúsuǒ yòngxīn〈成〉四六時中満腹していて何も考えない(何も仕事をしない)
饱受 bǎoshòu たっぷり受ける:ひどい目にあうときに用いる.〔～苦痛〕苦しみというほど受ける.〔他～后娘的虐 nuè 待〕彼は継母にさんざん虐待された.
饱学 bǎoxué 学識に富むこと.学問の広いこと.〔～

之士〕同前の人.
饱眼福 bǎoyǎnfú 目を慰める.目の保養をする.〔我这回看到梅兰芳的"贵妃醉酒",算是饱了眼福了〕今度は梅蘭芳の"貴妃醉酒"を見ることができて,目の正月ができました.
饱厌 bǎoyàn 満足しすぎて飽きがくる.
饱一顿饿一顿 bǎoyīdùn èyīdùn〈喩〉その日暮らしの生活をすること.
饱以老拳 bǎo yǐ lǎoquán 思う存分に鉄拳を食らわす.
饱雨 bǎoyǔ ⇒〔透tòu雨〕
饱饫 bǎoyù〈文〉食物に満足する.飽食する.
饱孕 bǎoyùn 充満する.〔～着鲜花的芳香〕花の香りがいっぱいだ.
饱载而归 bǎozài ér guī〈成〉多くの収穫を得て帰る.
饱绽 bǎozhàn はち切れんばかりに豊かである.
饱蘸 bǎozhàn 十分に浸る.十分に味わう.〔～世味〕世間の苦楽をなめつくす.〔～血 xuè 泪〕悲惨な目にたっぷり遭う.
饱胀 bǎozhàng 腹がふくれる.

〔保〕bǎo ①保つ.守る.保持する.〔～全〕〔～持〕同前.②保護する.〔～家卫国〕家を守り,国を守る.③保証する.請け合う.責任を負う.保険に入る.〔～人〕保証人.〔投～〕保険に加入する.〔火险～了三万元〕火災保険は3万元掛けてある.〔出保单作～〕保証書を入れて保証する.〔取 qǔ～开释〕保釈する.〔～你圆满成功〕君がみごとに成功するに違いない.〔～不齐 qí〕〈方〉〔～不定〕成功するか否かは保証の限りではない.〔朝 zhāo 不～夕〕朝に夕方のことは保証できない.〈喩〉非常に危険である.④保証人.担保者.⑤〔～儿〕雇人.〔酒～〕酒屋の雇人.⑥→〔保甲(制度)〕⑦〈姓〉保(¹⁸)
保安 bǎo'ān ①治安を保つ.〔～服务公司〕警備保障会社.〔～摄 shè 像〕防犯カメラ・監視カメラ撮影.〔～人员〕治安要員.〔～队 duì〕④旧治安を保つための地方の武装部隊.⑤ SP.特別護衛官.②(生産現場の)安全を守ること.〔～工作〕保安業務.③警備員.保安係.ガードマン.〔～员〕同前.④⇒〔保安族〕
保安阀 bǎo'ānfá=〔保险阀〕〈方〉海 hǎi 圧〕〔音義原〕圧 yā 气凡尔〕〕バルブ.安全弁.〔安全阀〕ともいう.
保安林 bǎo'ānlín 保安林.
保安(剃)刀 bǎo'ān(tī)dāo ⇒〔保险刀〕
保安族 bǎo'ānzú=〔保安〕ボウナン族:中国少数民族の一つ,甘粛省臨夏県に居住.
保本 bǎoběn 圖元本保証.〔～点〕損益分岐点.〔～基 jī 金〕元本保証ファンド.
保膘 bǎobiāo 家畜を太らせておく.
保镖 bǎobiāo〔保鏢〕とも書いた.旧旅行者や荷物の護送者.〈転〉ボディガード.用心棒・護衛.〔鏢〕は手裏剣は手裏剣のような武器の武士.これが用心棒となって旅行者や荷物を護送した.この取り扱いをするところを〔鏢局(子)júzi〕といい,誰でも費用を納めて護送を受けることができた.〔电子 zǐ～〕〈喩〉セキュリティシステム.
保不定 bǎobudìng=〔保不住②〕まぬがれない.…かもしれない.〔今天～要下雨〕今日はもしかしたら雨が降るかもわからない.
保不住 bǎobuzhù ①保証できない.保たれない.〔出不了这样的败家子,这份家产～了〕こんな極道息子ができて,この家の財産も持ちこたえられなくなった.②⇒〔保不定〕
保藏 bǎocáng 保存する.
保持 bǎochí(現状)を保つ.維持する.〔水土～〕土

保 bǎo

壊の流失を防ぐこと.〔跟群 qún 众~密切联系〕大衆と密接なつながりを保つ.〔~干 gān 燥〕警戒心をゆるめない.〔~干 gān 燥〕水漏れ注意.
保持器 bǎochíqì 機ケージ.リテーナ:ボールベアリングなどで、球の摩擦を防ぐため適当な間隔を保持するためのもの.
保存 bǎocún ①保存する.〔这是很难得的东西,得 děi 好好~起来〕これはめったに手に入らない物だから、よく保存しておかなければならない. ②電算セーブ(する)
保单 bǎodān ①保証書.引受証. ②保険証券.〔水险 xiǎn ~〕海上保険証書.
保得本身,保不得子孙 bǎo·dé běnshēn, bǎobu·dé zǐsūn〈慣〉自分自身のことは何とかなるが、子孫のことは保証できない.
保底 bǎodǐ ①元金を保証する. ②最低額を割りこまないようにする.
保丁 bǎodīng 保甲の壮丁.→[保甲(制度)]
保定 bǎodìng 必ず…である(と保証する).〔明天~不会下雨〕明日はきっと雨が降らない.
保兑 bǎoduì 金に代える(こと)、また支払うことを保証する(こと).〔~信用証〕圖確認信用状.コンファームド L/C.〔~银行〕圖確認銀行.
保额 bǎo'é 保険額.保証支払い額.
保肥 bǎoféi 肥料の流失などを防ぐ.
保费 bǎofèi 保険料.
保付户 bǎofùhù 圖小切手支払保証口座.
保付支票 bǎofù zhīpiào 圖支払保証小切手.
保宫 bǎogōng 宮年刑.
保辜 bǎogū 圖法廷で加害者が被害者の生命に対して一定期限を定めて保証を与え、もし期限内に死亡すれば加害者の罪を重くし、期限内に死ななかった場合には罪を軽くすること.保証する期間を〔~限 xiàn〕という.
保固 bǎogù 請負工事などの保証.〔~期限〕保証期間.
保管 bǎoguǎn ①保管(する).〔这个仓库的粮食~得很好〕この倉庫の穀物は保管がいい.〔~费〕保管預かり料.〔~室〕預かり所.〔~箱 xiāng〕保険庫.貸し金庫. ②保管員.管理人.〔老~〕同前. ③=[管保]保証すること.請け合う.
保函 bǎohán 圖信用状. L/C.〔银行~〕同前.
保和殿 bǎohédiàn (北京の)故宫の〔三大殿〕の一:中和殿の後つにあり清代〔殿 diàn 试〕を行った.
保户 bǎohù 保険加入者.被保険者.
保护 bǎohù ①保護(する).〔~层 céng〕④保護膜.⑤保護の対象. ②〔地〕環境保護地.〔~动物〕保護動物.〔~国 guó〕保護国.〔~价 jià〕保障価格.〔~人 rén〕保護者.〔~伞 sǎn〕〈喩〉保護の傘.〔~色〕保護色.〔~主义 yì〕保護主義. ②電算プロテクト.
保护关税 bǎohù guānshuì 経保護関税.〔~政策〕保護貿易政策.
保护贸易 bǎohù màoyì 経保護貿易.→[自 zì 由贸易]
保换 bǎohuàn ①取り換えを保証する. ②交換に応じる.
保皇 bǎohuáng 王政・君主制を支持する.〈転〉現状・保守を支持する.〔~派〕④王政派.保皇派.現状維持派.⑤文化大革命時,元の指導集団を支持した一派.
保魂 bǎohún 同前〔保亲〕
保火险 bǎohuǒxiǎn 火災保険をかける.火災保険に入る.
保级 bǎojí 因(リーグ内の)現在の等級(地位)を保つ.〔~组 zǔ〕同前.〔~战〕因入れ替え戦.

保家卫国 bǎojiā wèiguó →[字解]②
保加利亚 bǎojiālìyà ブルガリア.〔布 bù 加利亚〕〔布路嘎里亚〕とも書いた.正式には〔~共和国〕:首都は〔索 suǒ 非亚〕(ソフィア)
保假 bǎojiǎ 偽物(商品の製造・販売)を庇護する.
保甲(制度) bǎojiǎ(zhìdù) 民間の自衛・相互監視の組織:宋代,王安石の実施した新法では10家を〔保〕とし,50家を1〔大保〕とし,それぞれ長をおき,10大保を1〔都 dū 保〕とした.一家に壮丁が二人以上あれば,その一人を〔保丁〕とした.清代では,10戸を1〔牌〕とし,10牌を1〔甲〕とし,10甲を1〔保〕とし,それぞれの長として〔牌头〕〔甲头〕〔保长〕をおいた.各戸に〔門牌〕を給して,姓名戸口を書き,出入を調べた.中華民国では,戸を単位として〔户长〕をおき,10戸を〔甲〕とし〔甲长〕をおき,10甲を〔保〕とし〔保长〕をおいた.
保甲册 bǎojiǎcè 保甲管轄区内の戸籍簿.
保驾 bǎojià ①〈文〉天子の乗り物を護衛する. ②〈転〉守り保護する.後ろ盾になる.〔~护 hù 航〕④護送する.⑤バックアップする.
保价 bǎojià 郵便書留などの保障金額.〔~信 xìn〕〔~函 hán 件〕価格表記郵便物.書留.
保荐 bǎojiàn 保証し推薦する.
保健 bǎojiàn 保健.〔~按摩〕按摩(健康維持の).〔~菜〕健康食.〔~服装〕健康によい衣服:抗菌・磁気・イオンなどの作用をもりこんだ.〔~盒 hé〕ニトリ入りの小ケースなど.〔~品 pǐn〕保健用品:避妊具・成人用品も含む.〔~食 shí pǐn〕(中国衛生部認定の)健康食品.〔~所 suǒ〕保健所.〔~站〕診療所:〔保健站〕より規模の大きなもの.〔~网 wǎng〕保健(所)ネットワーク.〔~箱 xiāng〕救急箱.〔~饮 yǐn 料〕保健飲料.〔~站 zhàn〕保健センター.
保健操 bǎojiàncāo 保健体操:按摩・指圧を利用した目の体操など.→[工 gōng 间操]
保健球 bǎojiànqiú 手の中で握ったり、ころがしたりする二つの玉:金属や木(ぎ)や石などで作ったものが多い
保教 bǎojiào (幼児の)保育と教育.〔~工作〕同前の仕事.〔~人员〕同前をする人.
保结 bǎojié 圈他人の身分・行為などを保証する保証書.〔我给他~〕同前を作る.
保洁 bǎojié 清潔を保つ.環境 保 全する.〔~箱 xiāng〕ごみ箱.〔~员〕清掃員.〔公园~工作〕公園清掃の仕事.
保金 bǎojīn 保証金.
保举 bǎojǔ ①〈文〉賢才を保証し推薦する. ②部下に対する賞を上司に願い出ること.
保据 bǎojù 保証書.
保靠 bǎokào 信頼するに足る.
保款 bǎokuǎn 保証金.
保丽龙 bǎolìlóng 発泡スチロール.発泡ポリスチレン. EPS.
保量 bǎoliàng 生産量を保証する.
保龄球 bǎolíngqiú 因ボウリング.またそのボール.〔地 dì 滚球①〕〔滚 gǔn 球〕ともいった.〔投 tóu ~〕〔玩~〕同前.〔~道〕因ボウリングレーン.
保留 bǎoliú ①(もとの状態を)とどめる.〔~原貌〕原形をとどめる. ②保存する.残しておく.〔毫 háo 无~地传授知识〕残らず知識を教え伝える. ③留保する.保留する.〔~权利〕権利を留保する.
保留工资 bǎoliú gōngzī ①賃金を据え置く. ②据え置かれた賃金.
保留剧目 bǎoliú jùmù 常時上演可能な出し物(芝居・民間芸能).〔"六月雪"、"单刀会"等剧目是经常演出的~〕"六月雪""单刀会"などの芝居は,常に上演される手持ちの演目である.

bǎo　　　　　　　　　　　　　　　　　　　　　　　　　　　　　　保

保銮 bǎoluán 〈文〉天子の護衛兵.近衛兵.
保媒 bǎoméi ⇒〔说 shuō 媒〕
保密 bǎomì 〔保秘〕とも書く.秘密を保つ.秘密にする.ないしょにする.〔你可得给我〜〕絶対にないしょにしろ.
保苗 bǎomiáo 必要な苗を保証する.
保命 bǎomìng 命を保つ.〔保住命〕命を取りとめる.
保姆 bǎomǔ 〔保母〕とも書いた.①家政婦.お手伝いさん.〔〜站 zhàn〕家政婦派遣センター.〔男〜〕男性ヘルパー.〔田〜〕農作業をするお手伝いさん.②⇒〔保育员〕
保暖 bǎonuǎn 温度を保つ.〔〜24小时〕24時間の保温能力がある.〔〜内衣〕圏保温加工下着.
保票 bǎopiào ⇒〔包 bāo 票〕
保平安 bǎopíng'ān 別に大した災難がないのが幸せとあきらめをつけること:さらに手出しをしてこれ以上の不利を受けることを避ける意.〔赔 péi 钱〜〕損をしただけでほしい.
保期 bǎoqī ①保険期間.②保証期間.
保亲 bǎoqīn =〔保婚〕〔保媒〕婚姻を紹介保証する.結婚の仲人をする.→〔说 shuō 媒〕
保钱 bǎoqián 保証金.
保勤 bǎoqín 出勤率を確保する.〔职 zhí 工〜工作〕職員出勤率確保の仕事.
保全 bǎoquán ①保全する.〔〜面子〕面目を保つ.②〔設備や機械を維持保全する.
保全工 bǎoquángōng 保全工:〔保养工〕ともいう.
保人 bǎo'rén 保証人:〔保证人〕の旧称.
保山 bǎoshān ①仲裁者.後ろ盾.②なかだち.仲人.〔求 qiú 太太做个〜〕奥さんに仲人をお願いいたします.
保墒 bǎoshāng 圍(乾燥地帯で)耕地の土壌水分を保持させる(こと)
保湿 bǎoshī 保湿する.〔〜(面)霜 shuāng〕モイスチャークリーム.
保释 bǎoshì 圍保釈(する)
保收 bǎoshōu 収穫を保証する.〔旱 hàn 涝〜〕日照りでも水害でも同前.〔喻〕どんな場合にも収入があること.
保守 bǎoshǒu ①保持する.〔〜秘密〕秘密を保つる.②保守(のである).〔我这个想法又〜啦〕私のこの考え方は古いだろうね.〔〜党〕保守党.〔〜主义〕保守主義.〔〜派〕保守派.現状維持派.↔〔进 jìn 步②〕=〔落 luò 后〕③控えめにする.〔据〜的估计〕控えめな推計によれば.
保守疗法 bǎoshǒu liáofǎ 圏保存療法:〔非 fēi 手术疗法〕ともいう.
保水险 bǎoshuǐxiǎn 海上保険をかける.
保税 bǎoshuì 圍保税.〔〜仓 cāng 库〕保税倉庫.〔〜货物〕保税貨物.〔〜区〕保税区.自由貿易区.
保送 bǎosòng (国家・団体が保証して)推薦する.
保胎 bǎotāi 圍胎児の保護をする.〔〜药 yào〕流産防止薬.
保通 bǎotōng 通行の保証(をする)
保退 bǎotuì 圍返品保証する:〔包 bāo 退〕に同じ.〔十天内〜〕十日間は返品に応ずる.
保外就医 bǎowài jiùyī 圍病気による仮釈放.
保外执行 bǎowài zhíxíng 圍仮釈放.
保卫 bǎowèi 防衛する.保衛する.〔〜祖国〕祖国を守る.〔〜部门〕〔〜科 kē〕公安警備課(多く職場単位に設けられる)
保温 bǎowēn 保温(する).〔〜杯〕保温湯呑み.〔〜车 chē〕保温車.〔方〕=壶 hú 保温容器.=瓶 píng〕魔法瓶.→〔冰 bīng 瓶〕〔暖 nuǎn (水)瓶〕
保息 bǎoxī 圍利息保証する.
保鲜 bǎoxiān 鮮度を保つ.〔〜袋 dài〕ストックバッグ.〔〜剂 jì〕圏酸化防止剤.〔〜膜 mó (儿)〕〔〜纸 zhǐ〕ラップ.
保险 bǎoxiǎn ①保険.〔〜单〕=単据〕〔〜执 zhí 据〕保険証券.保険証書.〔〜公司〕保険会社.〔〜金〕=精算师〕アクチュアリー.〔〜期〕保険契約期間.〔〜条件〕保険条件.〔〜账 zhàng 目〕保険勘定.〔搬 bān 运〕=運送保険.〔船只〜〕船体保険.〔订立〜合同〕〔订立〜保険契約をする.業者.〔火灾〜〕〔火险〕火災保険.〔人寿〜〕〔寿险〕生命保険.〔水上〜〕〔海上〜〕〔水险〕海上保険.〔战时〜〕〔战险〕戦時保険.②安全である.危険がない.確かである.〔〜菜〕安全野菜.無農薬野菜.〔〜带 dài〕安全ベルト.〔〜肉〕〔口〕心心肉〕検疫済み食肉.〔〜绳 shéng〕命綱.救命ロープ.ザイル.〔〜信封〕書留用封筒.〔〜装置〕安全装置.〔很〜〕非常に安全だ.〔枪 qiāng 上了〜了吗〕銃は安全装置をかけてあるか.③保証する.請け合う.〔〜能成功〕きっと成功する.④〜一个也捉不到〕一人もつかまらぬこと請け合いだ.
保险刀 bǎoxiǎndāo =〔保安(剃)刀〕〔安 ān 全剃刀〕安全かみそり.
保险灯 bǎoxiǎndēng ①安全灯.②⇒〔汽 qì 灯〕
保险阀 bǎoxiǎnfá ⇒〔保安阀〕
保险法 bǎoxiǎnfǎ 保険法.
保险费 bǎoxiǎnfèi =〔保费〕保険料.
保险粉 bǎoxiǎnfěn 〈口〉漂白剤の一種.〔圏次 cì 硫酸钠〕(ハイドロサルファイト)の俗称.→〔雕 diāo 白粉〕
保险杠 bǎoxiǎngàng (車の)バンパー.緩衡器:〔保险架〕ともいう.
保险柜 bǎoxiǎnguì 大型の金庫.→〔保险箱〕〔金 jīn 库〕〔银 yín 库〕
保险盒 bǎoxiǎnhé ⇒〔保险丝盒〕
保险金额 bǎoxiǎn jīn'é =〔保额〕保険金額.
保险库 bǎoxiǎnkù 銀行の貸し金庫:〔保管箱〕ともいう.
保险人 bǎoxiǎnrén =〔承保人〕保険者:ふつう保険会社を指す.
保险丝 bǎoxiǎnsī 圍(電灯元スイッチの)ヒューズ.〔〜烧坏了〕ヒューズが飛んだ.〔〜盒〕〔保险盒〕ヒューズボックス.
保险套 bǎoxiǎntào =〔安 ān 全套〕〈口〉コンドーム.スキン.衛生サック:ふつう〔避 bì 孕套〕という.
保险箱 bǎoxiǎnxiāng 小型の金庫.→〔保险柜〕
保修 bǎoxiū ①修理保証(する).〔这只表〜一年〕この時計は一年保証です.②(機械などの)保守点検をする.
保学金 bǎoxuéjīn 就学補助金.
保押费 bǎoyāfèi 保証金:〔保证金〕に同じ.
保养 bǎoyǎng ①養生する.〔你好好地〜着吧〕どうか大事にね.②保守点検(する).維持(する).補修(する).手入れ(する).〔设 shè 备〜〕設備保全.メンテナンス.〔〜工〕〔保全工〕.〔十部机器大部分〜得很差〕10組の機械は大部手入れが非常に悪い.〔〜公路〕自動車道路を補修する.
保有 bǎoyǒu 有する.擁する.〔〜土地〕土地をもつ.〔〜外汇〕手持ち外貨.
保佑 bǎoyòu 神の加護・ご利益(りやく)がある.
保育 bǎoyù 保育する.〔〜员〕保育士:〔保姆②〕は旧称.〔〜箱〕保育器.〔〜院〕孤児院:託児所・幼稚園・小学校などが付設される.
保长 bǎozhǎng 保甲制度での保長:清代では〔保正 zhèng〕〔地 dì 保〕〔地方③〕〔地甲〕ともいった.→〔保甲(制度)〕〔里 lǐ 长〕
保障 bǎozhàng ①保障する.〔〜权 quán 利〕権利を保障する.守る.〔婚 hūn 姻法〜了男女双方和下

一代儿女的利益〕婚姻法は男女双方と二代の子女の利益を守っている. ②守る力. 保障(の具体的条件).〔中日两国的友好是世界和平的～〕中日両国の友好は世界平和の鍵である.

保真 bǎozhēn ①迫真である. ハイファイ.〔～度dù〕電(音声や画像)の度合い. ②(商品が)真品である事を保証する.〔～销 xiāo 售〕同前の証明書付き販売.

保正 bǎozhèng ⇒〔保长〕

保证 bǎozhèng ①保証する. 請け合う.〔～金〕保証金.〔～人〕保証人.〔～书〕保証書. ②保証. 担保.

保证状 bǎozhèngzhuàng =〔银 yín 行保函〕

保值 bǎozhí ①価値を保つ.〔～储 chǔ 蓄〕物価スライド預金.〔～函〕リスクヘッジ.〔～公債〕元本保証公債.

保质 bǎozhì 品質の保証(をする).〔～保量 liàng〕品質・数量を保証する.〔～期 qī〕品質有効期限. 賞味期限.

保种 bǎozhǒng 植付けの保障をする.〔～保收〕同前と収穫の保障をする.

保重 bǎozhòng 自愛する. 身体を大切にする. 静養する;相手の行動についていう.〔请您多～〕挨〔挨〕うぞ十分大切に.〔旅 lǚ 途中你要多～〕ご旅行中十分お気をつけ下さい.〔珍 zhēn 重〕

保状 bǎozhuàng 回(保証人が法廷へ差し出す)保証書.

保准 bǎozhǔn ①必ず…である(と保証する). 確証する.〔天气这么不好, 他不来〕天気がこんなに悪くては彼はきっと来ないでしょう. →〔一 yī 定〕 ②確かである. 信頼できる.〔他说话算话, 答 dā 应了一定～〕彼は言ったことに責任を持つ. 承諾したからには間違いない.

保奏 bǎozòu 回天子に対し人物を推薦保証する.

保组 bǎozǔ →〔保级〕

保佐人 bǎozuǒrén 囲(準禁治産者の)補佐人.

[堡] bǎo ①(土で築いた)とりで. 出城(chéng).〔碉 diāo ～〕〔地～〕トーチカ.〔桥 qiáo 头～〕橋頭堡. ②〈姓〉堡〔bǔ〕 = 卜 bǔ 铺.

堡村 bǎocūn いなか. 村落.

堡礁 bǎojiāo 回引き潮の時, 海面に出るサンゴ礁.

堡垒 bǎolěi ①〔堡栅〕とりで. 堡壘〔lěi〕.〔～战 zhàn〕トーチカ戦. ②〈喻〉攻める これの難しもの.〔科学～〕科学の未解決領域.〔顽固～〕頑迷固陋な人物.

堡坞 bǎowù ⇒〔堡寨〕

堡营 bǎoyíng 堡壘. とりで.

堡栅 bǎozhà ⇒〔堡垒〕

堡寨 bǎozhài =〔堡坞〕柵や垣で囲った村落.

[葆] bǎo ①〈文〉群がり生ずる. ②〈文〉隠す. 包む. ③〈文〉保持する.〔永 yǒng ～〕永く保つ. ④〈姓〉葆〔bǎo〕

[褓(緥)] bǎo 産衣. 小児の着物. →〔襁 qiǎng 褓〕

[鸨・鴇] bǎo ①=〔鸿 hóng 豹〕鳥ノガン〔野雁〕.〔大～〕同前. ②回年老いた妓女, また(妓女あがりの)やりてばば:野雁は淫を好むとされた.

鸨儿 bǎo'ér ①回売春婦. ②同下.

鸨母 bǎomǔ = 〔鸨儿〕〔干 gān 妈 ma〕〔老鸨(子)〕〔领 lǐng 家的〕〔领人儿〕〔养 yǎng 母②〕やりてばば:〔回晚楼(lóu)〕などで妓女の世話をし監督した人. →〔龟 guī 鸨〕

[报・報] bào ①知らせる. 報告する.〔通～〕通報する. ②回答する. 通知. 知らせ.〔喜 xǐ ～〕めでたい知らせ. ③報いる. 返す.〔～人家的好处〕人の親切に報いる. ④精

算する:〔报销〕の略.〔药 yào 费也～不了 liǎo〕薬代も精算不能である. ⑤報いる.〔善 shàn 有善～〕〔成～善を行えばよい報 bàoo いがある. ⑥新聞などの刊行物.〔看～〕新聞を読む.〔大～〕普通の大きさの新聞.〔小～〕(タブロイド版など)小型の新聞.〔周～〕週刊の新聞.〔画～〕画報. グラフ. ⑦電報.〔文〕電文.〔发 fā ～〕電報を打つ.〔姓〕報〔bào〕

报案 bào'àn (関係機関に)事件を報告する.

报吧 bàobā 新聞カフェ. →〔吧Ⅱ〕

报靶 bàobǎ (射撃練習での)的中(位置)の報告をすること.〔～手〕同前の係.

报本反始 bàoběn fǎnshǐ〈成〕本に報い始めにかえる. 根本にたちかえって謝礼する:新穀をまず〔后土〕に供えて祭るなど.

报表 bàobiǎo 上級への報告表(書).〔財 cái 务～〕財務報告書(表)

报病 bàobìng 病気を届ける.〔～告老〕病気を届け出, 引退を願い出る.

报捕 bàobǔ 逮捕状請求(をする).〔～证 zhèng 据不足〕同前には証拠が不足である.

报差 bàochāi 回新聞配達:現在は〔送 sòng 报的〕という.

报偿 bàocháng 報い償う.〔父母抚 fǔ 养子女并不希望子女～〕親が子を育てるのは, 何も子が恩返しをすることをあてにしているからではない.

报称 bàochēng〈公〕報告にいわく.〔据公安局～…〕公安局の報告のところによれば…

报呈 bàochéng 公文書で上級へ報告する.

报仇 bàochóu 仇(を)討つ. 復讐(chóu)する.〔～雪恨〕仇を討ち恨みをすすぐ.

报酬 bào•chóu 報酬. 手当.

报春花 bàochūnhuā 回オメザクラ:サクラソウ属の植物という.〔鸭 yā 绿报春〕(オオサクラソウ),〔长 cháng 白山报春〕(ユキワリソウ)などがある. →〔樱 yīng 草〕

报答 bàodá 報いる.〔粉 fěn 身碎骨也要～你〕身を粉にしてもあなたのご恩に報います.

报单 bàodān ①⇒〔报关单〕②⇒〔报喜②〕

报导 bàodǎo ⇒〔报道〕

报到 bàodào 到着の報告をする.〔录取新生, 陆续～〕新入学生がぞくぞくと到着を届け出ている.〔～的代表已经超过千名了〕到着届を出した代表はすでに千名を越えた.

报道 bàodào〔报导〕①報道する. ②報道記事. ルポルタージュ.

报德 bàodé →〔报恩〕恩に報いる. 恩返しをする.〔以德～〕〈成〉徳に対して徳をもって報いる.〔以德报怨 yuàn〕〈成〉恨みに対して恩をもって報いる.

报丢 bàodiū 失除人届け(をする)

报读 bàodú 入学申し込み(をする)

报端 bàoduān 新聞紙上.〔类 lèi 似的消息, 常见于～〕類似のニュースは始終新聞紙上に出ている.

报恩 bào'ēn →〔报德〕

报贩 bàofàn 新聞売り子.

报房 bàofáng 通信(操作)室.

报费 bàofèi ①新聞代. ②電報料.

报废 bàofèi ①(手続きを取って)廃棄処分にする.〔几年前, 厂里一些机器〕数年前工場では一部の機械を廃棄処分にした. →〔报销②〕②廃物になる. だめになる.

报分(儿) bàofēn(r)(スコアボードまたはアナウンスで)得点を知らせる.

报复 bào•fù ①報復する. あだを報いる. 意趣返しをする.〔～陷害罪〕職権濫用報復罪.〔～性关税〕報復関税.〔～主义〕報復主義. ②復命する:命令

bào 报

を受けたことに対する返事として報告する．〔已饬所属查明～在案〕〈公〉すでに所属各機関に対し調査の上報告すべきことを命じた．→〔在 zài 案〕

报告 bàogào ①報告する．発表する．訓話(訓辞)する．〔作～〕〔做～〕報告をする．〔～会〕報告会．発表会．〔～人〕報告者．講演者．②上級や大衆へ呼び出す報告．〔小～〕告げ口．密告．③報告書．レポート．

报告文学 bàogào wénxué ルポルタージュ．ノンフィクション．→〔纪 jì 实〕〔特 tè 写②〕

报功 bàogōng 功績を報告する．

报关 bàoguān 通関手続(をする)．〔～单〕[报单①][报货单]通関申請書．〔～的〕通関士．〔～费〕通関費用．〔～行 háng〕通関業者．

报官 bàoguān 〔旧〕官に報告する．官に届け出る．

报馆 bàoguǎn 新聞社．〔报社〕の旧称．

报国 bàoguó 国恩に報いる．国事に尽力する．

报户口 bàohùkǒu 戸籍を報告する：転入・出産届けなど．→〔销 xiāo 户口〕

报花 bàohuā 〔新聞・雑誌の紙面の〕カット．小挿図．

报花账 bàohuāzhàng 勘定につけ書きし、実際より多く報告し、差額を着服する．→〔花账〕

报话 bàohuà ①(トランシーバーで)通話する．〔～机〕トランシーバー：〔无 wú 线电报话机〕の略．②同前の通話内容．

报货单 bàohuòdān ⇒〔报关单〕

报夹 bàojiā 新聞ばさみ．

报价 bàojià 〔商〕付け値(を出す)．オファー(する)：〔报盘〕〔出 chū 价〕〔供 gōng 盘〕ともいう．〔～单〕オファーシート．見積書．〔报低 dī 价〕安値でオファーする．

报架 bàojià 新聞掛け．

报建 bàojiàn 建築許可申請(をする)．

报奖 bàojiǎng (人の功績を上部に報告し)表彰を申請する．

报捷 bàojié 勝利や完成を報告する．

报界 bàojiè 〔报坛〕に同じ．

报禁 bàojìn 出版・報道禁止(をする)．〔开放～〕出版・報道統制を解く．

报警 bàojǐng ①警察へ通報する．〔～器〕警報器．②110番．

报君知 bàojūnzhī 〔旧〕八卦(け)見・易(き)者・大道床屋などが鳴らして歩いた中形の厚味のある金具．

报开场 bàokāichǎng →〔开锣①〕

报刊 bàokān 新聞・雑誌と刊行物(総称)．〔～亭 tíng〕新聞雑誌スタンド．〔～费〕新聞雑誌代．

报考 bàokǎo (試験に)出願する．

报苦穷儿 bàokǔqióngr 金持ちがわざとみすぼらしい格好をして人に貧乏で苦しいと訴えること．

报矿 bàokuàng 鉱物の埋蔵を報告する．〔发动群 qún 众〕大衆に呼びかけて鉱物の埋蔵を報告させる．

报栏 bàolán 新聞掲示コーナー．

报廊 bàoláng 屋外に設けられた新聞用掲示板：複数枚を一列に貼り出し、雨よけのひさしをもつ．

报料 bàoliào 情報を提供する．ニュースのネタをやる．〔～热 rè 线〕同前のホットライン．〔～费〕〔～奖 jiǎng〕同前の謝礼．

报龄 bàolíng 新聞の発刊年数．

报领 bàolǐng 願い出て、受け取ける．〔～经费〕経費を受け取る．

报录 bàolù ⇒〔报喜②〕

报密 bàomì ⇒〔告 gào 密〕

报庙儿 bàomiàor 〔旧〕人の死後三日目に〔城 chéng 隍庙〕〔土 tǔ 地庙〕などに詣でて、死人のあったことを報告し、冥(めい)界へ行った霊に対する優遇を依頼すること．

报名 bàomíng 申し込み(む)．登録する．

报命 bàomìng 復命する：命令されたことについてその結果を返事する．

报幕 bàomù (演劇や歌などで)幕間(かん)に舞台へ出てプログラムをアナウンスする．〔～员 yuán〕同前のアナウンサー．進行係．

报盘 bàopán ⇒〔报价〕

报批 bàopī 上司へ報告し決裁を求める．〔向国务院～〕国務院へ同前．

报屁股 bàopìgu 〈口〉①新聞記事中、主要記事以外の余白をうずめるための短文・うめくさなどの類．②新聞の文学〕新聞余白読み物．

报评 bàopíng 評価・判定を申請する．

报请 bàoqǐng 報告し指示を請う．

报人 bàorén 新聞人．

报赛 bàosài ＝[报岁]〔旧〕農民が収穫後神に報告し、感謝を捧げる(こと)．〔赛〕は神を祭ること．→〔赛社〕

报丧 bàosāng 死亡を通知する．→〔报孝〕

报社 bàoshè 新聞社．

报审 bàoshěn 上級機関に報告し審査を求める．

报失 bàoshī 紛失届けを出す．

报时 bàoshí 時間を知らせる．〔～服务〕時報サービス：全国共通の117番．〔～台 tái〕時報サービス局．

报实价 bàoshíjià ＝[报实盘]〔商〕ファームオファー(する)．確定申し込み(をする)．指値確認(する)．→〔实价①〕

报实盘 bàoshípán 同上．

报事贴 bàoshìtiē ポストイット(商標)：再剥離式付箋紙．

报收 bàoshōu 〔商〕(株式の)ひけ値．〔收报②〕に同じ．

报数 bàoshù ①数を報告する．②〔軍〕番号(をかける)

报税 bàoshuì 貨物の明細を税関に申告する．

报送 bàosòng 上部や事情関係方面へ報告を送る．

报岁 bàosuì ⇒〔报赛〕

报摊(儿) bàotān(r) 露店の新聞売店．

报坛 bàotán 〔报界〕

报亭 bàotíng 新聞スタンド．→〔报刊亭〕

报童 bàotóng 〔旧〕新聞売り子．

报头 bàotóu (新聞などで)新聞名・号数などが書いてある部分．特に題字をいう．

报位 bàowèi 位置を報告する．

报务 bàowù 電信業務．〔～员 yuán〕電報の受信・発信をする係員．

报喜 bàoxǐ ①喜びを知らせる．〔～队 duì〕喜び事を世間に知らせる行列．〔报喜的～来啦〕うれしい知らせを持ってきた．〔～不报忧 yōu〕不愉快なことを伏せておいて喜ばしいことだけを知らせる．〈転〉(仕事や事業の)いい成果だけ知らせて、悪いことを報告しない．②〔田〕官位昇進や科挙に及第したことを本人の家またはその師に知らせに行くこと：〔报录 lù〕ともいう．その知らせのきっかけとなる〔报单 dān〕〔报条 tiáo〕という．これを業とした者を〔报录人〕〔报喜的〕〔报喜人〕〔报子②〕といった．

报系 bàoxì 新聞の系列．

报销 bàoxiāo ①(公費の)収支を報告する．清算する．精算する．〔凭 píng 证〕同前のための領収書．〔～册 cè〕決算報告書．〔这一笔记钱是你自己的花费,不能～〕この金は君個人の支出だから、公費で落とすわけには行かない．②消却する．廃棄処分にする．〔田〕使えなくなる．おしゃかになる．〔我的手表～了〕腕時計が同前．

报晓 bàoxiǎo 暁を告げる：ふつう鶏が夜明けがた鳴くことをいう．〔晨 chén 鸡～〕同前．

报孝 bàoxiào 親戚友人に父母の喪を通知する．→

报刨抱　　　　　　　　　　　　　　　　　　　　　　　　　　　　　bào

〔报谢〕
报效 bàoxiào ①恩義に感じて尽力する.忠勤を尽くす.〔～国家和人民〕国家と人民のために奉仕する.②旧〔私财〕を提供する.寄付する.〔～费〕上納金.
报谢 bàoxiè 礼をいう.→〔答 dá 谢〕
报修 bàoxiū 修理するように申し入れる.
报眼 bàoyǎn 新聞第1面の題字横の部分.〔～广告〕同前の広告.
报验 bàoyàn 検査の申請(をする).〔～手续 xù〕同前の手続き.
报业 bàoyè 新聞業.〔～集团〕新聞コンツェルン.
报应 bào·yìng 報い.因果.〔这是他平常对待我们不大好的，活该！〕これは彼の平生ぼくらに対する待遇があまりによくない報いだ.いい気味だ.
报忧 bàoyōu 悲報を知らせる.
报怨 bàoyuàn 恨みを晴らす.
报运 bàoyùn 画运送を届け出る：輸入出のために商品を運送して来たことを税関に届け出て，検査通関を申請する.
报载 bàozǎi 新聞に載せる.〔连日～，可能有强烈台风表 xí 来〕強烈な台風の襲来する可能性があると連日間が報道している.
报站 bàozhàn （车の乗务员）が駅名などを乗客に知らせる.
报章 bàozhāng 新聞紙.〔顷 qǐng 阅～…〕近ごろ新聞を見ると….
报账 bàozhàng 決算報告(する).收支報告(する)
报纸 bàozhǐ 〔新 xīn 闻纸〕は旧称.〔今天的～〕今日の新聞.〔拿～包上〕新聞紙で包む.〔废 fèi ～〕古新聞.②⇒〔白 bái 报纸〕
报准 bàozhǔn ①正確に知らせる.②許可願い(を出す)
报子 bàozi ①貼り出された広告.〔戏 xì ～〕劇の広告.②〔报喜②〕③〈白〉斥候，斥候兵.

〔刨（鉋・鏻）〕 bào ①かんな.平削り盤.②かんなをかける.削る.〔拿刨子～〕かんなで削る.〔旧板子要一去一层〕古い板はかんなでひと皮削らねばならない.〔把这块铁～平了〕この鉄を平削り盤で平らに削る.　→ páo
刨冰 bàobīng かき氷.
刨车 bàochē ⇒〔刨床①〕
刨齿床 bàochǐchuáng ①=〔刨车〕〔插 chā 齿机〕圈歯車型削り盤.〔齿机〕ともいう.
刨床 bàochuáng ①=〔刨车〕圈平削り盤.門形平削盤.プレーナー.〔龙 lóng 门刨〕俗に〔大～〕ともいう.〔单柱～〕片持平削り盤.〔板边～〕〔刨边机〕へり削り盤.〔牛头刨（床）〕形削り盤.〔～顶针〕圈平削盤で削る場合，工作物をはさみ支える釘様のもの.→〔机 jī 床〕　②〔鉋 (ガ)台〕.
刨刀 bàodāo ①圈平削りバイト.バイト.→〔车 chē 刀〕　②かんなの刃：〔刨刀儿〕〈方〉〔刨铁〕ともいう.
刨凳 bàodèng 鉋 (ガ ナ)をかける台：〔凳子〕のような台を作り，その上に，または小さい板片で留めを作り，鉋をかける板などが滑らないようにしたもの.
刨工 bàogōng 圈①平削盤での仕事.②セーバー工.
刨光 bàoguāng 圈かんな仕上げ.
刨花 bàohuā 〔-儿, -子〕①かんなくず.②〔旧 榆 (ユ)のかんなくず〕昔，女性が髪を結う時これを水に浸し粘着力の出たその水で頭髪をなでつけた.体裁よくしばって荒物屋で売っていた.
刨花板 bàohuābǎn 圈プラスターボード.
刨毛坯 bàomáopī ⇒〔粗 cū 削〕

刨刀儿 bàorènr ⇒〔刨刀②〕
刨铁 bàotiě ⇒〔刨刀②〕
刨子 bàozi 〔推 tuī 刨〕かんな.〔这块木板, 还得用～刨刨〕この板はもっとかんなをかけなければならない.

〔抱（菢）〕 bào （Ⅰ）〔抱〕①抱く.かかえる.〔老妈儿～孩子, 人家的〕〈歇〉女中が子を抱く:他家のものだ.〔～错 cuò 孩子〕赤ん坊を取り違えて育てる.〔～着走〕抱きかかえて歩く.〈喩〉手取り足取りしてやる.②（初めて）子では孫ができる.〔听说你～孙 sūn 子了〕お孫さんができたそうですね.③もらい子をする.〔他女儿是～来的〕彼の娘は養女だ.④堅く結び合う.とりついて離れない.〔苍 cāng 蝇不～无缝的蛋〕ハエは割れない卵にはたかりつかない.〔～成团儿 tuánr〕一塊になって堅く結び合う.〔天近冷, 梭 suō 鱼仍在深海里～卵蛋〕気候がまだ寒いので, ボラは相変わらず深海で群をなしている.⑤考えを抱く.〔～怀 huái〕同前.〔～定决心〕決心する.〔～着坚强的信念〕堅い信念を抱いている.⑥量詞.ひとかかえ.〔～柴火〕ひとかかえの薪.⑦〈姓〉抱(ほう).
（Ⅱ）〔抱（菢）〕（鶏など鳥が）卵を抱く.→〔抱窝〕
抱宝瓶 bàobǎopíng 旧嫁入りの際, 花嫁が陶器のつぼに穀物や金銀の〔宝锭 dìng〕などを入れて持って行く. 将来食を欠かず金に不自由しないとの意.
抱冰 bàobīng 氷を抱く.〈転〉刻苦勉励する.
抱病 bàobìng =〔抱恙〕病む. 病気を持っている.
抱不平 bàobùpíng 義憤を感ずる.〔替 tì 他～〕彼のために義憤を感ずる.
抱残守缺 bàocán shǒuquē 〔成〕保守的で改良を知らないこと.
抱成见 bàochéngjiàn 先入観にとらわれる.
抱持 bàochí （考えを）抱く.
抱粗腿 bàocūtuǐ 太い足にかじりつく.〈喩〉財産や権勢のある者に取り入る.〔抱大腿〕〔〈方〉捧 pěng 大腿〕ともいう.〔此时他只有抱人家的粗腿〕この時彼はただ他人に取り入るよりしかたがなかった.
抱蛋 bàodàn （鸟などが）卵を抱く.
抱定 bàodìng 考えを絶対変えない.
抱佛脚 bàofójiǎo 〈喩〉仏の足にすがりつく.一時しのぎをする.一夜漬けをする.〔平时不烧香, 急来～〕〈諺〉苦しい時の神頼み.
抱负 bào·fù 抱負.抱いている志.考え.〔～不凡 fán〕考えが非凡ではない.
抱羔皮 bàogāopí 〔绵羊皮の一種.
抱关击柝 bàoguān jītuò 〔成〕門番と夜回り：旧時, 共に卑賎の吏.〔关〕はかんぬき.〔柝〕は拍子木.
抱罐儿 bàoguànr 旧出棺の際, 死者と最も近縁の女性が霊前に供えられた陶器の小壺を抱えて送って行くこと.このつぼは墓前に埋められる.
抱孩子 bàoháizi ①もらい子をする.②子供を産む.子供がでる.
抱憾 bàohàn 遺憾に思う.残念に思う.〔此事亏 kuī 一簧令人～〕このことはもうちょっとのところで成功するところだったのに(失敗してしまって)残念である.
抱恨 bàohèn 恨みに思う.不平を抱く.〔～终 zhōng 生〕〔～终天〕一生恨む.
抱火盆的 bàohuǒpén de 旧物乞いの一種：他人の同情をひきやすくするため, 極寒にもきわめて薄い着物を着て物ごいをする.〔窝 wō 棚〕と称する掘っ立て小屋へ行って暖を取る.〔要 yào 饭〕
抱脚儿 bàojiǎor 〈方〉足に合う.〔这双鞋 xié ～〕この靴はぴったり合う.

bào 抱鲍骲靤趵豹暴

抱角楼 bàojiǎolóu （堡塁や監獄などの）四隅に設けられている見張り櫓（ぐら）.

抱轿 bàojiào 〔旧花嫁が〔喜 xǐ 轿〕に乗って実家を出るとき父あるいは兄が抱きかかえて轎（きょう）に乗せること（実家の土をつけて行かないため）.

抱金娃娃 bàojīn wáwa 〈喩〉巨利をもたらす物.

抱疚 bàojiù 〈文〉内心やましく思う.

抱愧 bàokuì 恥じる.恥ずかしく思う.

抱拢 bàolǒng 〔这树干纺粗,差不多五人围抱才能～〕この樹の幹は非常に太く,だいたい5人が手をつないで,やっと抱きかかえられる.

抱母鸡壶 bàomǔjī hú 中国料理を盛る錫製の容器.上部の料理を盛った皿が,下部のつぼのような部分に入れた熱湯の中にすっぽり入り料理がさめないように作られたもの.

抱盆儿押 bàopénrzhì 〔抱盆儿治〕とも書く.〈方〉盆を抱えこんでさいころを投げる（勝ちも負けもありっこない）.〈転〉もうけばかりをねらって（やるだけのことはやって）後はどうなってもかまわないという態度をとる.

抱瓢 bàopiáo 〈喩〉物乞いをする:〔瓢〕は"ひさご"を半分に切って作った容器.

抱歉 bàoqiàn 申しわけなく思う.

抱球 bàoqiú ユウコウチュウ（有孔虫）.

抱屈 bàoqū ⇒[抱委屈]

抱拳 bàoquán ⇒[拱 gǒng 手]

抱裙儿 bàoqúnr 〈方〉おくるみ:乳児に着せるもの. →[蜡 là 烛包]

抱沙锅 bàoshāguō 〈方〉土鍋を抱える.物乞い.〔抱瓦罐〕ともいう.〔～的〕〈方〉拿 ná 篮的物乞.→[乞 qǐ 丐]

抱厦 bàoshà ①〔正房①〕の裏に設けられた離れ座敷. ②〔二门〕から左右に〔院子①〕を抱きかかえるように設けられた廊下.

抱身儿 bàoshēnr 〈方〉体にぴったり合う.

抱孙子 bàosūnzi →字解[1][2]

抱痛西河 bàotòng xīhé 〈成〉子を失う悲痛:孔子の弟子（でし）子夏が西河にいて子を失ったことから.

抱头鼠窜 bàotóu shǔcuàn 〈慣〉頭をかかえてほうほうのていで逃げるさま.

抱头痛哭 bàotóu tòngkū 〈慣〉互いにあい擁して大声で泣くさま:〔抱头大哭〕ともいう.

抱团儿 bàotuánr 一緒になる.一体になる.〔～过日子〕〈慣〉夫婦気分を合わせてむつまじく暮らすこと.

抱腿 bàotuǐ ①足に抱きつく.〔～顶 dǐng 摔〕足に抱きついて相手を頭からひっくり返す.②〈方〉他人にたかる.→[抱粗腿]

抱娃娃 bàowáwa ①赤ん坊を産む. ②子守りをする.子供の面倒をみる.

抱瓦罐 bàowǎguàn ⇒[抱沙锅]

抱委屈 bàowěiqū ⇒[抱屈]恨みを抱く.屈辱を受ける.

抱窝 bàowō →[趴 pā 窝]（めんどりなど鳥が）巣について卵を温める.[抱空 kōng 窝]〈喩〉むだ骨折りをする.[母鸡正～呢]めんどりは今ちょうど卵を抱いているところです.

抱膝姿势 bàoxī zīshì →[空 kōng 中姿势]

抱薪救火 bàoxīn jiùhuǒ →[负 fù 薪救火]〈慣〉たきぎをかかえて火を消そうとするような,〈喩〉災いを除こうとしてかえって災いを大きくすること.→[救火抱薪]

报压 bàoyā 〔柔道・レスリングの〕押さえ込み.

抱养 bàoyǎng 他人の子を養い育てて自分の子とする.もらい子する.

抱恙 bàoyàng ⇒[抱病]

抱腰 bàoyāode ①出産の際,産婦の腰を押さえる仕事を業とする者.助産り.肩をもつ者.②〈喩〉とりまき連（あざけって言う語）.→[撑 chēng 腰]

抱冤 bàoyuān 悔しく思う.

抱怨 bào·yuàn 不満を抱く.怨みを抱く.[～派 pài]不平分子.

抱着不哭的孩儿 bàozhe bùkūde háir 〈慣〉泣かぬ子供を抱く.〈喩〉事情を知らないので体裁の良い偉そうな事を言う.[敢情你～,你不知道多麻烦呢]大体きみは知らないから涼しい顔をしているが,とても面倒なんだよ.

抱柱 bàozhù 橋柱に抱きつく.〈転〉堅く約束を守る:古代,尾生という男が橋の下で密会の約束をしたが,相手の女性は来ず,水が増して来た,その男は橋柱（橋脚）に抱きついて死んだ（荘子・盗跖篇）.

抱柱对 (儿) bàozhùduì(r) 円形の柱にぴったり合うように丸みをつけられた板に書かれた対句の聯〔蛤 gé 蜊①〕とも呼ぶ.入口に向かって右の柱に上聯,左の柱に下聯が掛けられる.板は漆塗り金文字,または黒漆塗に朱漆の字が多い.

抱罪 bàozuì 心中恥じ入る.

[鲍・鮑] bào 〔魚貝〕アワビ:ふつう〔～鱼〕〔鳆 fù 鱼〕という.その貝殻は漢方薬として〔石 shí 決明〕という.〔双管～〕〔函 hán 馆灰～〕北海あわび.〈×姓〉鲍

鲍鱼 bàoyú ①字解① ②（臭いにおいのする）塩漬けの魚.[与不善人居,如入～之肆,久而不闻其臭]〔古代家語〕小人や悪人といるのは魚の干物などを売る臭い店に長くいるとその臭さがわからなくなる.

[骲(䮶)] bào 〈文〉骨の鏃（やじり）

骲箭 bàojiàn 〈文〉骨のやじりのついた矢.

骲头 bàotóu 骨の鏃（やじり）.[～响 xiǎng 箭]（児11）ふと山の中腹でつっと一声（骨のやじりのついた）矢の音がした.

[靤] bào páo の又音.

[趵] bào 〈方〉飛び跳ねる.踊躍する.[～突 tū 泉]〔地〕済南にある泉. → bō

[豹] bào ①〔動〕ヒョウ:一般に模様のある〔金 jīn 钱豹〕をいう.〔豹子①〕は通称.〔黑～〕クロヒョウ.〈×姓〉豹

豹变 bàobiàn 〈文〉〔豹の斑紋（はん）がはっきり変化するように,善に移り悪を改めることの著しいさま.〔君 jūn 子～〕君子に用いる. ②貧賤から顕貴になること.

豹蝶 bàodié 〔虫〕ヒョウモンチョウ.〔狼 láng 蝶〕ともいう.

豹脚蚊 bàojiǎowén 〔虫〕ヤブカ（ハマダラカ）

豹略 bàolüè 〈文〉兵法に長ずること.用兵の上手なこと.

豹猫 bàomāo 〔動〕〔ベンガル〕ヤマネコ:〔花 huā 狸子〕〔狸 lí ①〕〔狸猫〕〔猁子〕〔钱 qián 猫〕〔山 shān 猫〕〔跳 tiào 猫 māo〕〔野 yě 猫〕などともいう.

豹死留皮 bàosǐ liúpí 〈成〉豹は死んでも皮を残す.[～,人死留名]同前で人は死んで名を残す.

豹头环眼 bàotóu huányǎn 〈成〉勇将の容貌の立派なさま:[～,燕 yàn 颔虎颈]同前.

豹眼 bàoyǎn 豹（ひょう）の眼.〈転〉鋭い眼.

豹子 bàozi 〔動〕ヒョウ.[吃～胆,狮 shī 子心]〈喩〉大胆不敵で勇猛である. →字解① ②賭博（とばく）のさいころの目:6個のさいころのうち,3個の同じ目が2組そろうこと.

[暴] bào ①（にわかに）速い.[大风～起]大風が急に吹き始める.②凶暴である.残酷である.[凶 xiōng ～的行为]凶暴な行為.[他发脾 pí 气发得太～]彼のかんしゃくはひどい.[这个酒性生

bào

〜]この酒はひどくきつい.③(外に)現れる.もり上がる.[得头上的青筋都～出来了]額に青筋を立てて言った.[两ān～突tū]両目が飛び出る(見開く).④〈文〉損傷する.損なう.[有～天理]天理を損なう.[～殄tiǎn天物]天物を損なう.もったいないことをする.⑤〈姓〉暴(⁸)⇒pù

暴白 bàobái 〈文〉さらけ出す.暴露する.→[露lòu白]
暴暴 bàobào 〈文〉盛り上がるさま.
暴毙 bàobì 〈文〉急死(する).頓死(する)
暴病 bàobìng 急病.[他是得～死的]彼は急病で死んだのです.
暴敌 bàodí 〈文〉凶暴な敵.
暴跌 bàodiē ＝[狂kuáng跌]暴落(する).↔[暴涨]
暴动 bàodòng 暴動(を起こす).蜂起(する).[农民～]農民一揆(⁸).→[起qǐ义]
暴发 bàofā ①にわかに持ち出す.にわかに志を得る.[他是救国难nàn～的]彼は国難に乗じてぼろもうけをしたのだ.②突然起きる.[山洪～]山津波が突然起こった.
暴发户 bàofāhù 成金.成り上がり者.にわかに大尽.[现在他已是～了]今では彼はもう成金だ.→[乍zhà富]
暴风 bàofēng ①あらし.はやて.[～雪]吹雪.[～雨]暴風雨.[～骤zhòu雨]すさまじい暴風雨.〈喩〉勢いが壮大で発展がすばやいさま.②⟨気⟩暴風:秒速28.5～32.6メートル,風力11の風.
暴富 bàofù にわかに金持ちになる(こと).[～人家]成金(⁸)
暴鼓 bàogǔ 〈方〉すきっ腹.
暴光 bàoguāng ⇒[曝光]
暴喝 bàohè いきなり猛烈に叫ぶ.
暴横 bàohèng 横暴である.
暴吼 bàohǒu 不意にひどい叫び声をあげる.
暴虎冯河 bàohǔ pínghé 〈成〉虎を素手で打ち,舟なくして川を渡る.〈喩〉無謀の勇.いのしし武者.→[螳táng臂当车]
暴疾 bàojí 〈文〉急病.
暴劲儿 bàojìnr 一時的な激しさ(酒や石炭の火など).[这煤不可好,就是～,一会红就过去了]この石炭はよくない,ただ一時強いばかりで,今赤くなったと思ったらもうだめになってしまう.
暴举 bàojǔ 乱暴なくわだて.暴挙.
暴君 bàojūn 暴君.
暴库 bàokù (貨物が)倉庫一杯に積まれる.
暴雷 bàoléi にわか雷.[～震死]雷に打たれて死ぬ.
暴冷 bàolěng (温度や景気・人気などの)急激な冷え込み.[～热]同前と急な暑さ.
暴冷门 bàolěngmén ⇒[爆冷门]
暴力 bàolì ①乱暴な力.暴力.力ずく.[～电影～片]バイオレンス映画.[～抗法]暴力で法の執行に反対すること.[～游戏xì]電軍バイオレンスゲーム.②武力.(国家の)強制力(軍隊・警察・法廷など).[～革gé命]武力革命.
暴虐 bàonüè 〈文〉悪徳役人.→[酷kù吏]
暴利 bàolì 法外なもうけ.暴利(⁸)
暴戾 bàolì 〈文〉残忍暴虐である.残酷で凶悪である.[～恣睢]成]乱暴で行動がほしいままである(史記・伯夷伝).
暴敛 bàoliǎn 〈文〉苛酷(⁸)に税を徴収する.租税をみだりに取り立てる.[～横征hèngzhèng]横征～]同前.
暴烈 bàoliè 激烈である.激しい.[他性情～,一点都不能忍耐]彼は性格が激しくこのことでも我慢ができない.[～行动]過激行動.

暴露 bàolù 現れる.さらけ出す.暴露する.[～真相xiàng]真相をさらけ出す.[许多弱点～出来]多くの欠点がさらけ出された.[～无wú遗]〈成〉何もかも明るみに出る.[彻chè底了他们的丑chǒu恶嘴脸]彼らの醜い姿を徹底的に暴いた.[～文学]社会の暗黒面を暴く文学.→[揭jiē露]
暴乱 bàoluàn 騒動.騒乱.
暴落 bàoluò 暴落する;[跌]に同じ.[行háng市～]相場が暴落する.
暴民 bàomín 暴民.
暴怒 bàonù 激怒(する)
暴暖 bàonuǎn にわかに暖かくなる.ばか陽気である.
暴虐 bàonüè むごく虐げる.ひどく痛めつける.
暴弃 bàoqì やけになって全てを捨てる.自暴自棄になる.[～终zhōng身]やけになり,一生を棒にふる.
暴热 bàorè 急に暑くなる.
暴晒 bàoshài ①日光にさらす.[经过～的棉被]干しておいた布団.②かんかん照り.[～和暴雨]猛暑と豪雨.
暴尸 bàoshī 死体が野ざらしになる.
暴食 bàoshí 暴食する.[～症zhèng]医]過食症:[贪tān食症]に同じ.
暴死 bàosǐ 急に死ぬ.突然死ぬ.
暴腾 bào·téng 〈方〉①気が荒い.[脾pí气～]気性が荒っぽい.②〈方〉ばたばたほこりをたてる.[小心別～土上]ほこりをたてないように気をつけなさい.
暴殄天物 bàotiǎn tiānwù 〈成〉天与の物資を粗末にする.もったいないことをする.[糟zāo踏財物]に同じ.
暴跳 bàotiào ①かっと怒る.②筋肉がぴくぴくする.③火花が飛び散る.
暴跳如雷 bàotiào rúléi 〈成〉地団太を踏むが烈火の如く怒る.怒り狂う.
暴投 bàotóu [又](野球など)暴投.ワイルドピッチ.
暴突 bàotū つき出し.
暴徒 bàotú 暴徒.暴漢.
暴土 bàotǔ 舞い上がった土ぼこり.[～狼láng烟]〈成〉ほこりが舞い上がるさま.
暴亡 bàowáng 急死する.
暴泻 bàoxiè ①＝[暴泄]中医]急性腸炎.②[商](株式の)暴落(する).[～不止zhǐ]値下がりが止まらない.
暴泄 bàoxiè 同上.
暴行 bàoxíng 凶暴な行為.
暴刑 bàoxíng 残酷な刑罰.
暴性(子) bàoxìng(zi) 暴虐な性質.粗暴な性質.
暴牙 bàoyá ⇒[龅bāo牙]
暴腌儿 bàoyānr 浅漬け:短時間塩につけること.[～咸菜](食)(野菜の)即席漬け.
暴扬 bàoyáng 〈文〉あらわに宣揚する.
暴饮 bàoyǐn 暴飲する.[～暴食shí]〈慣〉暴飲暴食する.
暴雨 bàoyǔ ①大雨.②[気]暴雨:24時間の降雨量が50～100 mmの雨.→[大dà暴雨]
暴躁 bàozào いらいらする.怒りっぽい.気短かで荒い.[性情～]性質が荒っぽい.
暴増 bàozēng 突然増加する.
暴涨 bàozhǎng ①(水位が)急に高まる.②(物価が)急に騰貴する.↔[暴跌]
暴涨潮 bàozhǎngcháo ⇒[涌潮]
暴胀 bàozhàng 急にふくれる.[青qīng筋～]青筋を立てる.
暴政 bàozhèng 暴虐な政治.
暴症 bàozhèng 急病.
暴卒 bàozú 〈文〉急死する.[～症zhèng]ポックリ病.

〔瀑〕bào 〔～河 hé〕地河北省にある. → pù

〔爆〕bào ①爆発する.炸裂(されつ)する. ②不意に起こる.〔～出新聞〕ニュースが飛び出す. →〔爆冷门〕③通油しする.〔材料を〕熱い湯や油にさっとくぐらせる.油通しする.アドリブ.〔油～肚儿〕食牛・羊の胃を油で揚げて片栗粉と調味料を入れて炒めた料理. ④炭がはねる.〔这炭不大好,要着 zháo 的时候爱～〕この炭はあまりよくない,火がおこる時によくはねる. ⑤火ぶくれになる.〔晒 shài ～了皮了〕日に焼けて火ぶくれになった.

爆炒 bàochǎo 〈人や物を〉大々的に宣伝してもち上げる:けなして言う時に用いる.

爆出 bàochū 突然出てくる.

爆豆〔儿〕bàodòu(r) ①豆をいる. ②豆がはじける.〔枪 qiāng 声象～一样〕銃声が豆のようだ.

爆肚〔儿〕bàodǔ(r) 食牛・羊の胃を熱湯でさっと煮て,たれをつけた料理.

爆肚 bàodù 劇役者がせりふを忘れて即興のせりふでうめあわせること.アドリブ.

爆发 bàofā ①爆発する.〔火山～〕火山が爆発する.〔～力〕瞬発力. ②突発する.〔没想到突 tū 然～这样的事〕こんなことが突然起ころうとは思いもよらなかった.

爆发变星 bàofā biànxīng 天恒星の一:新星や超新星など.

发音 bàofāyīn 〔塞 sè 音〕

爆花 bàohuā ①灯芯にできた花のようなもの. ②⇒〔爆(米)花〕

爆花鞭 bàohuābiān ==〔响 xiǎng 鞭③〕乗馬して馬を走らせる時,むち音だけを響かせて(馬にむちがあたらないように)馬を進ませる技術.

爆冷门〔儿〕bàolěngmén(r) 〔冷门〔儿〕とも書く〕番狂わせが起こる.意想外のことが起こる.〔这次爆出冷门〕今度は番狂わせとなる.

爆料 bàoliào 〈方〉センセーショナルな情報を暴露する.〔爆猛 měng 料〕〔猛料〕同前.

爆裂 bàoliè 破裂する.はじける.〔豆荚 jiá 成熟了就会～〕豆のさやは熟するとはじける.

爆满 bàomǎn 満員(となる).〔床 chuáng 位～〕同前.

爆(米)花 bào(mǐ)huā 〔～儿〕食爆米あられ.米やトウモロコシをはじけさせた食品.〔爆玉米花〕〔玉 yù 米花〕ポップコーン.

爆棚 bàopéng 〈方〉①満席となる. ②センセーションを起こす.

爆破 bàopò 爆破する.〔～手〕爆破手.〔～筒〕爆破筒.

爆燃 bàorán 異常爆発.爆燃(ばくねん).

爆胎 bàotāi (タイヤが)パンクする:〔炸 zhà 胎〕ともいう.

爆炭 bàotàn 燃える時よくはじける木炭.→字解④

爆腾 bào·teng 〔口〕ほこりや灰が舞い上がる.

爆响 bàoxiǎng ①爆発音が響く. ②〈喩〉名声が響き渡る.

爆笑 bàoxiào 爆笑(する)

爆眼金鱼 bàoyǎnjīnyú 魚貝出目金(でめきん)

爆药 bàoyào 爆薬.ダイナマイト.

爆音 bàoyīn 爆音.

爆炸 bàozhà ①炸(さ)裂する.爆発する.〔～力〕爆発力.〔～品〕爆発物.〔原子弹～试 shì 验〕原爆実験. ②急増する.〔人口～〕人口が急激に増加する.〔信息～〕情報が過剰になる. →〔麦 hōng 炸〕

爆炸波 bàozhàbō ⇒〔冲 chōng 击波〕

爆炸性 bàozhàxìng 衝撃的(な).〔～事件〕ショッキングな事件.〔～新闻〕衝撃的なニュース.

爆仗 bàozhàng ⇒〔爆竹〕

爆震 bàozhèn 机ノッキング

爆竹 bàozhú ==〔炮仗〕〔方〕炮 pào 铳(?)〕〔口〕炮仗〕〔炮竹〕爆竹:おめでたい時に鳴らす.もとは悪気を追い払う風習から.地面に立てたり,手に持って点火する.ドカーンと鳴らす爆音1回のもの.大型のは〔妈 mā 雷子〕〔麻 má 雷子〕〔震 zhèn 地雷〕といい,地上で爆音を発し,空中で再び爆音をたてるものは〔二儿踢脚〕〔二踢子〕〔两响〕〔双响〔儿〕〕という.〔飞 fēi 天~响〕は空中で十数músicaを発する.〔放 fàng ～〕爆竹を鳴らす.〔~脾 pí 气〕〈喩〉短気である.怒りっぽい.〔～筒 tǒng ~〕〈喩〉剛直で短く,怒りっぽい人.〔~芯 xīn 子〕爆竹の導火線. → 〔鞭 biān 炮〕

爆竹银粉 bàozhú yínfěn アルミニウム粉.

〔曝〕bào → pù

曝料 bàoliào 〈秘密を〉ばらす.明らかにする.〔向媒 méi 体～〕マスコミに同前.

曝丑 bàochǒu 自分の欠点・間違いを明らかにして批判を仰ぐ.

曝光 bàoguāng 〔暴光〕とも書く. ①〈フィルムや印画紙を〉感光させる.〔～表 biǎo〕〔测 cè 光表〕露出計. ②〈喩〉公開する.公表する. ③〈喩〉(真相を)暴露する.

〔虣〕bào 〈文〉凶暴である:〔暴②〕に同じ.

bei ㄅㄟ

〔陂〕bēi 〈文〉①ため池.〔~塘 táng〕〔~池〕同前. ②水辺.岸. ③坂. → pí pō

〔杯(盃・桮)〕bēi ①コップ.グラス.湯のみ:酒または茶を飲む器.〔~子 zi〕同前.〔酒 jiǔ ~〕さかずき.〔茶 chá ~〕湯飲み茶碗.〔玻 bō 璃~〕ガラスコップ.〔干 gān ~〕乾杯(する). ②〔盅 zhōng ①〕優勝カップ. ③量詞.さかずき・コップ・茶碗などに入っている液体を数える.〔一~酒〕1杯の酒.〔敬 jìng 一~〕1杯さす.〔回敬一~〕1杯返杯する. ④〈姓〉杯(はい)

杯葛 bēigé 〔音訳〕ボイコット(する).〔~运 yùn 动〕ボイコット運動. →〔抵 dǐ 制〕

杯弓蛇影 bēigōng shéyǐng 〔成〕杯の中の酒に映った弓が蛇の姿に見える:疑心暗鬼.〔蛇影杯弓〕ともいう.

杯珓 bēijiào 占卜用の道具:貝殻のような形をしたもの.これを投げてその姿で占う.〔杯筊 jiǎo〕とも書く.

杯面 bēimiàn 食カップラーメン:〔碗 wǎn 面〕ともいう.

杯茗候叙 bēimíng hòuxù 〈牍〉粗茶差し上げたくご案内申し上げます.

杯盘狼籍 bēipán lángjí 〔成〕杯や皿などが乱雑になっている.宴席が乱れるさま.

杯赛 bēisài 〈スポーツなど〉…カップ(杯)/優勝杯に命名された試合.〔世~〕ワールドカップマッチ.

杯筋 bēishāng 〈文〉さかずき.酒杯.

杯水车薪 bēishuǐ chēxīn 〔成〕1杯の水で車1台分の薪が燃えるのに注ぐ.〈喩〉焼石に水.

杯盏 bēizhǎn さかずき.〈転〉酒.

杯中物 bēizhōngwù 〈喩〉酒.

杯子 bēizi →字解①

〔卑〕bēi ①(地位や位置が)低い.〔男尊 zūn 女～男尊女卑.〔地势～湿〕地勢が低く湿気がある. ②(品質や品性が)劣る.卑しい.下等である.

bēi

卑俾痺碑鵯箄背

る．③見くびる．軽視する．④へりくだる．〔～順 shùn〕同前．〔自～〕自分からへりくだる．〔说话不～不亢 kàng〕言葉が謙遜すぎることもなく，また傲慢でもない．⑤〔姓〕卑(°)．

卑卑 bēibēi 〈文〉①努め励むさま．②甚だ卑しい．
卑鄙 bēibǐ ①〔人格や言動が〕卑劣である．〔～不堪 kān〕下品きわまる．〔～的手段〕卑劣な手段．②〈文〉身分が卑しい．
卑薄 bēibó 〈文〉低くてやせた土地．
卑不足道 bēi bù zúdào 〈慣〉(地位が低くて)取るに足らない．
卑词 bēicí 〔卑辞〕とも書く．〈文〉謙遜な言葉．〔～厚礼〕〈慣〉辞を低くし，礼を厚くする．
卑恭 bēigōng 〈文〉低くて柔順である．
卑躬屈膝 bēigōng qūxī〈成〉自分を卑下して人にへつらう．〔卑躬屈节 jié〕ともいう．
卑官 bēiguān 〈文〉①下級官吏．下役人．②小官：役人の自称．
卑行 bēiháng 〔行輩〕の低いもの．
卑贱 bēijiàn 〔卑下〕に同じ．②下劣である．
卑梁之衅 bēiliáng zhī xìn 〈成〉春秋のころ，呉の辺邑卑梁の小童と楚の辺邑鍾離の小童との桑摘みの争いから，ついに両国が戦いを交わす故事(史記・楚世家)．〈喩〉わずかのことで大戦争になること．小事から大事を引き起こすこと．
卑劣 bēiliè 卑劣である．
卑陋 bēilòu ①卑しい．下品である．②粗末である．低く見すぼらしい．
卑末 bēimò 〈文〉〈謙〉拙者．わたくし．
卑谦 bēiqiān 謙譲(ひかえめ)である．〔～退 tuì 让〕へりくだり控えめにすること．
卑怯 bēiqiè 卑劣でおくびょうである．
卑屈 bēiqū 〈文〉卑屈である．
卑弱 bēiruò 〈文〉①衰弱する．②柔弱である．
卑视 bēishì 見さげる．〔～老百姓〕人民を軽蔑する．
卑俗 bēisú 卑俗である．げすっぽい．
卑琐 bēisuǒ 〈文〉卑しくて下劣である．
卑田院 bēitiányuàn →〔悲田院〕
卑微 bēiwēi 地位が低い．身分が卑しい．
卑猥 bēiwěi 〈文〉①〔身分が〕卑しい．②卑しくてみだら．
卑污 bēiwū 〔人格が〕低劣である．〔～不堪 kān〕低劣きわまる．
卑下 bēixià 〈文〉①〔品行・風格などが〕下劣である．品行 pǐnxíng ～为人不齿〕品行の卑しい者は人の相手にされない．②〔身分が〕卑しい．
卑职 bēizhí 〈文〉①卑しい職．②〈謙〉小職．小官．

[俾] bēi

〈文〉①低い．〔堕 huī 高堙 yīn ～〕高い丘を削ってくぼみを埋める．②背が低い．→ bì

[痺] bēi

[椑] bēi

椑柿 bēishì 〈方〉渋柿：熟しても青いので〔绿 lù 柿〕ともいう．つき砕いて〔柿漆 qī〕(柿渋)をとるので，〔漆柿〕ともいう．→ pí

[碑] bēi

①石碑．いしぶみ：長方形のもの．〔刻 kè 一块～〕石碑を一つ刻む．〔～身 shēn〕碑文のある部分．〔～拓 tà〕石碑の拓本．〔有口皆～〕みんなもみな称賛する．→〔碣 jié〕②〈姓〉碑(°)．

碑额 bēi'é 碑の上部：〔碑头〕ともいう．
碑记 bēijì 碑文．
碑碣 bēijié 〈文〉石碑(総称)：長方形のものを〔碑〕といい，肩部が丸みをもったのを〔碣〕という．
碑刻 bēikè 石碑に刻まれた文字または〔拓

碑林 bēilín 碑林：大きな石材に刻まれた碑を集めたもの．〔西安〕に有名．
碑铭 bēimíng 碑文：多くは韻文のもの．→〔墓 mù 志铭〕
碑身 bēishēn 石碑の本体：上に〔碑额〕，下に〔碑座〕がある．
碑石 bēishí ①石碑用の石．②石碑(総称)：〔碑碣〕に同じ．
碑帖 bēitiè 石碑帳：書道の手本として用いられる石碑の文字の拓本．→〔法 fǎ 帖〕
碑亭 bēitíng 石碑を風雨から守るための亭．
碑头 bēitóu ⇒〔碑额〕
碑文 bēiwén 碑面に刻まれた文章．
碑阳 bēiyáng 碑の表面．↔〔碑阴〕
碑阴 bēiyīn ＝〔后 hòu 碑〕碑の裏側．↔〔碑阳〕
碑志 bēizhì 碑文：多くは散文のもの．→〔墓 mù 志铭〕
碑座 bēizuò 〔一儿〕碑の台座．

[鵯・鹎] bēi

〔鳥〕ヒヨドリ(総称)．〔栗 lì 头～〕〈方〉白头翁 wēng ②〕シロガシラ．

[箄] bēi

〈文〉魚をとる竹かご．

[背(揹)] bēi

①背負う．〔～东西〕物を背負う．〔～不动〕(重すぎて)背負いきれない．②背負いえる．罪をかぶる．責任を負う．〔我给他～着好些账呢〕僕は彼の借金をたくさん背負い込んでいる．③〈口〉量詞．人が背負う草や柴の量．〔一～干草〕一背負いの干草．→ bèi

背榜 bēibǎng ⇒〔赶 gǎn 榜〕
背包 bēibāo ⇒〔背 bèi 包〕
背包袱 bēibāofu (重荷や制約を)背負い込む．〔鼓 gǔ 励他们不要～〕精神的な負担を背負い込まないようにと彼らを励ます．
背背猴 bēibēihóu 〈口〉えびぞり：背中を合わせ腕を互いに組んで自分の背中に相手をのけぞらせる遊び．
背带 bēidài ①ズボン吊り．サスペンダー．→〔腰 yāo 带〕②肩かけのガンホルダー．
背兜 bēidōu 〈方〉背負いかご．
背粪 bēifèn 汲み取った下肥(しも)を細長い桶に入れて背負う．〔～工人汲み取り人夫．→〔掏 tāo 粪〕
背夫 bēifū ポーター．荷担ぎ人夫．
背负 bēifù ①物を担ぐ．〔～衣 yī 包〕着物の包みを担ぐ．②引き受ける．負う．〔～着人民的希望〕人民の期待を負っている．
背篙撵船 bēigāo niǎnchuán 〈成〉舟の棹(ざお)をかつぎ舟を追いかける．
背黑锅 bēihēiguō 〈口〉他人の罪をかぶる．そば杖を食う．知れ衣(ぎぬ)を着せられる．馬鹿な目にあう．
背饥荒 bēijīhuang 〈方〉借金する．〔背债〕に同じ．
背口袋 bēikǒudài ①袋を背負う．②〈口〉背負い投げ．〔使了个～背負い投げを食わせた．
背筐 bēikuāng 背負いかご．
背矿 bēikuàng 〈方〉鉱石を背負って運ぶ．
背拉 bēilā 〈方〉ならす．(つきまぜて)平均する．〔你太高，他太矮呌，你们～一下儿就好了〕君は高すぎるし，彼は低すぎる，君たち平均するといいんだが．
背篓 bēilǒu ⇒〔背 bèi 篓〕
背篓 bēilǒu 〈方〉しょいこ．背負いかご．
背囊 bēináng ⇒〔背 bèi 囊〕
背头 bēitóu オールバック(男子の髪型)
背嫌疑 bēixiányí 嫌疑を受ける．〔这个事情真 zhēn 有点儿～〕このことはまさに嫌疑を背負い込んだというかっこうだ．
背鸭子 bēiyāzi 〈喩〉〈又〉(サッカーで)オーバーヘッド

背债 bēizhài 債務を負う.
背着扛着一般大 bēizhe kángzhe yībān dà〈慣〉背負っても,担いでも大きさに違いはない.〈喩〉どっちみち責任は免れない:[背着抱着一般重]ともいう.
背子 bēizi〔方〕細長い背負いかご:山地で物を運ぶのに用いる.

[悲] bēi

①悲しい.悲しむ.[~欢 huān]悲しみと喜び. ②哀れむ.哀れである.[~其 qí 死]その死を哀れむ. ③ふり返り思う.[游 yóu 子~故乡]旅に出た者が故郷を思う. ④〈姓〉悲.(b)

悲哀 bēi'āi 悲しい.悲しむ.
悲不自胜 bēi bù zìshèng〈慣〉悲しみに耐えられない.
悲惨 bēicǎn 痛ましい.悲惨である.[悲悲惨惨]非常に悲惨なさま.[~世界]圕レ・ミゼラブル:フランスの作家[雨 yǔ 果](ユーゴー)の小説名.[哀 āi 史②]とも訳した.
悲愁 bēichóu 悲しみ憂える.
悲楚 bēichǔ〈文〉悲しくつらい.
悲怆 bēichuàng〈文〉悲嘆にくれる.
悲悼 bēidào 悲しみ悼む.悲しむ.
悲愤 bēifèn 悲しみ憤る.[悲忿]とも書く.[~慷 kāng 慨]憤り嘆く.
悲歌 bēigē ①悲しい声で歌う.悲しみ歌う.[~当哭]泣く代わりに悲しい声で歌う.[~慷 kāng 慨]悲壮な歌を歌い嘆く. ②悲歌.エレジー.
悲观 bēiguān 悲観の(する).悲観的(である).[对前途感到~]前途を悲観する.[~主义]悲観主義.ペシミズム.[~主义者][厌世者]悲観主義者.ペシミスト.↔[乐 lè 观]
悲号 bēiháo 悲しげに声をあげて泣く.
悲欢离合 bēihuān líhé〈喩〉人の世の常ならぬことをいう:[悲欢合散]ともいう.
悲剧 bēijù ①悲劇.↔[喜 xǐ 剧] ②悲惨事.不幸な事.
悲苦 bēikǔ 悲惨である.
悲篥 bēilì ⇒[筚 bì 篥]
悲凉 bēiliáng うら寂しい(さ).もの悲しい(さ).[~的感觉]悲しい感覚.
悲悯 bēimǐn 悲しみ同情する.哀れに思う.
悲鸣 bēimíng ①悲しみ鳴く. ②悲鳴をあげる.
悲凄 bēiqī もの悲しい.寂しい.[~的哭声]悲しげな泣き声.
悲戚 bēiqī〈文〉悲しい.悲惨である.
悲泣 bēiqì〈文〉悲しんで泣く.[慷 kāng 慨~]憤り嘆き悲しみ泣く.
悲切 bēiqiè 悲痛である.[悲悲切切][悲切切]非常に悲痛なさま.
悲情 bēiqíng ①悲しみの情. ②もの悲しい.[~故事]悲しい物語.
悲秋 bēiqiū 秋の風物に悲哀を感じる.[真令人~]まことに人をもの寂しくさせる.
悲伤 bēishāng 悲しむ.
悲声 bēishēng〈文〉悲痛な泣き声.
悲思 bēisī 悲しんで思う.
悲酸 bēisuān 悲しく痛ましい.[酸]は悲痛の意.
悲叹 bēitàn 悲しみ嘆く.
悲啼 bēití〈文〉①悲しんで泣く. ②鳴き声の悲しそうなさま.
悲天悯人 bēitiān mǐnrén〈成〉時世を憂え,人々の苦しみを哀れむ.
悲田院 bēitiányuàn 圕貧者・病人・孤児などを収容・救済する養療施設:[卑田院]とも書いた.[悲田养病坊][福田院]ともいった.仏教では,貧に施すことを悲田という.

悲恸 bēitòng ひどく悲しむ.[~欲 yù 绝]〈慣〉息も絶えぬほどに泣き悲しむ.
悲痛 bēitòng つらく悲しい.悲痛である.[大家听到他在战 zhàn 场上牺牲了的消息,非常~]彼が戦死したと聞いてみんなはひどく悲しんだ.
悲喜交集 bēixǐ jiāojí〈慣〉喜びと悲しみが一度に集まる.悲喜こもごも:[悲喜交加 jiā]ともいう.
悲喜剧 bēixǐjù 悲喜劇.
悲辛 bēixīn〈文〉悲しく傷ましい(つらい)
悲咽 bēiyè 悲しみむせぶ.
悲郁 bēiyù 悲しんで心が晴れない.
悲壮 bēizhuàng 悲壮である.[~的歌 gē 曲]悲壮な歌曲.

[北] běi

①北(の).北方(の).[往~去]北へ行く. ②〈文〉戦に負ける.敗走する.[敗 bài ~]敗北する.[追 zhuī 亡 wáng 逐 zhú ~]敗走する敵を追撃する. ③〈姓〉北(b).

北半球 běibànqiú 北半球.
北鼻 běibí〈文〉北方の幼児.
北边 běibian ①北の方.北側. ②黄河流域とその以北地方:[北方②]に同じ.[怪 guài 不得冷呢,~下大雪来着啊]どうりで寒いはずだ,北では大雪になっているそうな.
北冰洋 běibīngyáng =[北极海][北极洋]北極海.北氷洋.
北部 běibù 北部.[~湾 wān]囮トンキン湾:南シナ海にある.
北侧 běicè 北側.
北朝 běicháo 史南北朝時代の北魏・北斉・北周の総称.→[南 nán 北朝]
北辰 běichén〈文〉北極星.
北窗三友 běichuāng sānyǒu〈文〉琴・詩・酒:白楽天の"北窗三友"の詩に基づく.
北陲 běichuí〈文〉北方の辺境.[北垂]ともいう.
北大仓 běidàcāng →[北大荒]
北大荒 běidàhuāng 囮黒竜江省の佳木斯市の東北,黒竜江と烏蘇里江江とにはさまれた大荒原:解放後も,転業軍人や知識青年によって開拓され食糧生産の先進的地区になり[北大仓]といわれる.
北大人 běidàrén〈口〉=北京大学の者:主に北京大学学生(出身者を含む)の自称.=[北(京)のお伴方(ぼう)]=中央の官僚を皮肉ったいい方.
北大西洋公约组织 běidàxīyáng gōngyuē zǔzhī NATO.北大西洋条約機構:[北约]は略称.
北戴河 běidàihé 囮河北省秦皇島市にあり,避暑地として有名.
北道主人 běidào zhǔrén ⇒[东 dōng 道(主)①]
北狄 běidí 囲北方のえびす(北方異民族に対する蔑称)
北斗 běidǒu 天北斗:[〈文〉维 wéi 斗]ともいう.[~(七)星]〈文〉七 曜 yào 星]北斗(七)星.[~真 zhēn 君]同前を司る神.[~一号]中国のGPS衛星の名.
北豆腐 běidòufu =[方]老 lǎo 豆腐]圕北方地区の水分の少ない硬めの豆腐.→[南 nán 豆腐]
北伐(战争) běifá(zhànzhēng) 史1926,7年の国民革命軍による華北の軍閥政府打倒の戦争.
北方 běifāng ①北の方. ②黄河流域とその以北地方:[北边②]に同じ.[~人]北方人(南方人に対していう).[~方言]同下.
北方话 běifānghuà 圕長江以北の地区で広く用いられる方言.広義には四川・雲南・貴州・広西北部の方言も含まれる.[普通话]の基礎方言:[北方方言]ともいう.
北方话拉丁化新文字 běifānghuà lādīnghuà xīn-

北　běi

wénzì ⇒[拉丁化新文字]
北房 běifáng　北側の部屋．
北非 běifēi　北アフリカ．
北风 běifēng　北風．
北宫 běigōng　〈姓〉北宫(ほく).
北瓜 běiguā　⇒[南 nán 瓜]
北国 běiguó　〈文〉中国の北部．[～风光]同前の風景．
北海 běihǎi　①[地]欧州西北の海名．②[地]渤海：[渤 bó 海]の古名．③[由]北方の偏地．④⇒[北溟] ⑤[地]北京にある池．[～公园 yuán]同前の公園．→[中 zhōng 南海]
北寒带 běihándài　[地]北半球の寒帯．
北汉 běihàn　[史]北漢：五代十国の一．
北回归线 běi huíguīxiàn　[天]北回帰線．
北货 běihuò　中国北部で産出する[落 luò 花生]・[核 hé 桃]・[栗 lì 子]・[口 kǒu 蘑]などの乾物類．
北极 běijí　①[地]北極．[～点]北極点．→[两 liǎng 极] ②[磁石の]N極．
北极光 běijíguāng　=[北极晓] [天]オーロラ．→[极光]
北极海 běijíhǎi　⇒[北冰洋]
北极狐 běijíhú　[動]ホッキョクギツネ：[白 bái 狐]ともいう．
北极圈 běijíquān　北極圏：北極から23度半以内の円形の区域．
北极晓 běijíxiǎo　⇒[北极光]
北极星 běijíxīng　[天]北極星．[～导 dǎo 弹]ポラリス型ミサイル．
北极熊 běijíxióng　[動]ホッキョクグマ．シロクマ：[白 bái 熊]ともいう．
北极洋 běijíyáng　⇒[北冰洋]
北江 běijiāng　[地]①長江の古称．②珠江の北にある支流名．
北疆 běijiāng　①北の辺境．②[地]新疆の北部．天山山脈以北の地区．
北郊 běijiāo　①[旧]天子が夏至の日に地を祭った都の北門外の地．②都市の北の郊外．
北京 běijīng　[地]ペキン：[中 zhōng 华人民共和国]の首都．[～时间]中国の標準時：東経120度の子午線を標準にした時刻．[～烤 kǎo 鸭][食]北京ダック．[～鸭 yā]北京産の食用あひる．
北京人 běijīngrén　①北京の人．[老～]解放前から北京に住んでいる人．②=[北京猿人]
北京猿人 běijīng yuánrén　ペキン原人(シナントロプス・ペキネンシス)：[中国猿人]の一種．北京付近の周口店で発見された先史人の骸骨．[北京人②][北京(直立)人][北京中国猿人]ともいう．
北俱卢洲 běijùlúzhōu　[釈](仏教の)ほっくる洲：仏経にいうところの四大洲の一，須弥山の北にあるといい，ここに住むものは千年の寿命を保つといわれる．[北拘卢洲]とも書く．
北口外 běikǒuwài　長城以北の地．
北拉 běilā　⇒[拉丁化新文字]
北佬人 běilǎorén　〈方〉他地から香港へやって来た連中(軽んじた言い方)．
北里 běilǐ　〈文〉花柳の巷．色里．遊廓：唐の長安の北部[平 píng 康里]に妓院が置かれたことによる．
北凉 běiliáng　[史]晋代の十六国の一．397年～439年．匈奴の，沮渠蒙遜の建てた国．三代で北魏に滅ぼされた．
北路梆子 běilù bāngzi　[劇]山西の地方戯曲の一．
北马里亚纳群岛 běi mǎlǐyànà qúndǎo　[地]北マリアナ諸島：アメリカの属領．中心地は[塞班岛](サイパン島)．
北邙 běimáng　[固]貴人を葬ったところ．洛陽県の東

北にある．[北芒]とも書く．
北煤南运 běiméi nányùn　(中国の)北部の石炭を南部へ運ぶ：[南粮 liáng 北调](南の食糧を北へ運ぶ)と対用的に用いる．
北美洲 běiměizhōu　北アメリカ洲：[北亚美利加洲]の略．
北门锁钥 běimén suǒyuè　北門の鍵．〈喩〉北方の守り．北方防衛の責を負う者．
北门学士 běimén xuéshì　〈喩〉御用文士．
北面 běimiàn　①[～儿]北側．②〈文〉臣下(となること)：臣下が君主にまみえる時は北面することから．↔[南 nán 面①②] ③〈文〉弟子が師を敬う礼．
北面南饭 běimiàn nánfàn　北は小麦(粉)，南は米(飯)：中国の南北の食習慣の違い．→[南船北马]
北溟 běimíng　=[北海④]〈文〉北方極遠の地の大海：[北冥]とも書く．
北欧 běi'ōu　北ヨーロッパ．[～两项][ス]ノルディック複合(スキー)
北漂族 běipiāozú　地方から北京へ出てきてチャンスを狙う連中(軽んじた言い方)．
北平 běipíng　晋・隋・明初及び中華民国時代の[北京]の名称．
北婆罗洲 běi póluózhōu　[地]ボルネオ：旧名[萨 sà 巴](サバ)．→[马 mǎ 来西亚]
北齐 běiqí　[史]北斉：南北朝の北朝の一．550年～577年，東魏の宰相高洋が孝静帝に迫り，帝位について建てた国．
北曲 běiqǔ　[劇]宋・元の頃，北方の戯曲・散曲に用いた曲調：元の[杂 zá 剧]はすべてこれを用いたので[元 yuán 曲]と同じ意に用いる．→[南 nán 北曲]
北拳 běiquán　⇒[长 cháng 拳]
北阙 běiquè　〈文〉①宮城の北門．②宮城．帝闕．宮殿．
北山羊 běishānyáng　[動]アイベックス：[羱 yuán 羊]ともいう．
北山楂 běishānzhā　[植]オオサンザシ：[山楂②]ともいう．
北上 běishàng　〈文〉北方へ行く．[买 mǎi 舟～]船を雇って北上する．↔[南 nán 下]
北史 běishǐ　[書]南北朝時代の北朝の史書：唐の李延寿撰，魏から隋までの242年間を詳細にしるしたもの．
北宋 běisòng　[史]都は汴京(開封)．960年～1127年．→[宋②]
北唐 běitáng　〈姓〉北唐(ほく)
北堂 běitáng　①家の北方にある堂．主婦のいるところ．②〈転〉母の称．
北天极 běitiānjí　[地]地球の北半球の極．→[天极]
北为上 běiwéishàng　[建]中国家屋の通常の配置で，北に母屋を置くこと．
北纬 běiwěi　[地]北緯：赤道以北の緯度．
北魏 běiwèi　[魏②⑤]
北温带 běiwēndài　北半球の温带．
北五味子 běi wǔwèizǐ　⇒[五味子]
北学 běixué　⇒[南 nán 北学]
北燕 běiyān　[史]五胡十六国の一．409年～476年．現在の遼寧(河北)の地方にあった．
北洋 běiyáng　[清]河北・山東・遼寧各省の沿海地方．[～大臣 chén][歴]北洋の外交・海防および直隷・山東・奉天の税関を統轄した大臣．[～军 jūn 阀]清末から民国初期に，袁世凱がつくった北方の軍閥集団．→[南 nán 洋]
北野 běiyě　〈姓〉北野(ほく)
北音 běiyīn　〈文〉①北方語．②北方の音楽．
北殷 běiyīn　〈姓〉北殷(ほく)
北约 běiyuē　NATO：[北大西洋公约组织]の略．
北岳 běiyuè　⇒[恒 héng 山]

北运菜 běiyùncài 南の地方から北方に運ばれる野菜.
北运河 běiyùnhé [地]北京東方の通州から天津に通ずる運河名.〔大运河〕の一部:天津から臨清(山東省西部)という.
北周 běizhōu [史]五胡十六国の一.557年～581年.都は長安.〔后 hòu 周⑥〕ともいう.
北宗 běizōng 北方派(禅宗派)絵画·絵画など)〔~画 huà〕明末からおこった中国画の一大流派:日本の雪舟派·狩野派はこれに属する.→〔南 nán 宗〕

〔**茊**〕 bèi [薬]ペリレン:〔二 èr 茶嵌苯〕に同じ.

〔**贝·貝**〕 bèi ①貝(総称). ②古代の貨幣.〔宝 bǎo~〕④宝.宝物. ⑤幼児に対する愛称. ③[物]ベル.〔~尔〕の略. ④〔姓〕貝(姓)
贝(儿) ⇒〔贝叶经〕
贝编 bèibiān ⇒〔贝叶经〕
贝雕 bèidiāo 貝から細工·工芸品.
贝多芬 bèiduōfēn [人]ベートーベン:ドイツの作曲家(1770〜1827).〔贝九〕第9ベートーベンの第9.
贝多(罗) bèiduō(luó) = 〔贝叶树〕〔贝叶棕〕〔呗 bài 多(罗)〕〈梵〉ばいたらよう:インド産ヤシ科植物タラ(多羅)、またその葉.葉は〔贝叶〕ともいい、写経に用いられる.〔贝〕〔桤〕とも書かれ、葉を意味する.
贝尔 bèi'ěr 〈音訳〉[物]ベル:音などの強さをはかる単位:〔贝③〕ともいう.→〔分 fēn 贝〕
贝尔格莱德 bèi'ěrgéláidé [地]ベオグラード:塞 sài 尔维亚共和国)(セルビア共和国)の首都.
贝尔莫潘 bèi'ěrmòpān [地]ベルモパン:〔伯 bó 利兹〕(ベリーズ)の首都.
贝货 bèihuò [古]貨幣として使用した貝殻.
贝加尔湖 bèijiā'ěr hú [地]バイカル湖.
贝九 bèijiǔ →〔贝多芬〕
贝壳(儿) bèiké(r) 貝がら:〔贝甲 jiǎ〕ともいう.
贝可(勒尔) bèikě(lè'ěr) 〈音訳〉[物]ベクレル:放射能の単位.→〔居 jū 里〕
贝勒 bèi·lè [清]宗室および蒙古外藩に与えられた爵名:地位は〔郡 qún 王〕の下、〔贝子〕の上.
贝类 bèilèi [魚]貝類(総称).〔~养 yǎng 殖〕貝の養殖.
贝雷帽 bèiléimào 〈音義訳〉[服]ベレー帽:〔无 wú 沿软帽〕に同じ.
贝鲁特 bèilǔtè [地]ベイルート:〔黎 lí 巴嫩共和国〕(レバノン共和国)の首都.
贝苗 bèimiáo 稚貝.
贝母 bèimǔ [植]バイモ(アミガサユリ):ユリ科多年生草本.球茎は薬用にされる.
贝宁共和国 bèiníng gònghéguó ベナン共和国:アフリカ西南海岸にある.旧称〔达 dá 荷美〕(ダホメ).首都は〔波 bō 多诺伏〕(ポルトノボ)
贝丘 bèiqiū (考古学で)貝塚.
贝书 bèishū [仏]仏教経典の名:〔贝叶书〕ともいう.
贝司 bèisī 〔倍斯〕とも書く.〈音訳〉[音]バス.⑤(楽器の)コントラバス:〔低 dī 音(大)提琴〕に同じ.⑥低音(部).低音歌手.
贝塔 bèità 〈音訳〉(ギリシア文字)β ベータ:〔倍塔〕〔倍他〕とも書いた.→〔希 xī 腊字母〕
贝塔粒子 bèità lìzǐ ⇒〔乙 yǐ 种粒子〕
贝塔射线 bèità shèxiàn ⇒〔乙 yǐ 种射线〕
贝叶 bèiyè ①多羅樹の葉:インドで写経に用いられる.〔贝多(罗)〕 ②同前に書かれた経.
贝叶经 bèiyèjīng 〔贝编〕仏教の経典:多羅樹の葉に書かれた.
贝叶书 bèiyèshū ⇒〔贝书〕
贝叶经 bèiyèjīng ⇒〔贝多(罗)〕
贝叶棕 bèiyèzōng ⇒〔贝多(罗)〕

贝柱 bèizhù 貝柱(ばしら) →〔干 gān 贝〕
贝子 bèizǐ [清]爵位の一.〔三·花园〕北京動物園の別称.→〔贝勒〕

〔**狈·狽**〕 bèi →〔狼 láng 狈〕

〔**枳·梘**〕 bèi
枳多(罗) bèiduō(luó) ⇒〔贝多(罗)〕

〔**钡·鋇**〕 bèi [化]バリウム:アルカリ土類金属元素.記号 Ba.〔~盐 yán〕〔硫 liú 酸〕⇒〔硫酸〕
钡白 bèibái ⇒〔硫酸钡〕
钡餐 bèicān [医](食道·胃腸疾患のレントゲン透視)バリウム検査.
钡剂 bèijì ⇒〔钡乳〕[医]バリウム液.〔吃下~〕同前を飲む.
钡乳 bèirǔ 同上.

〔**邶**〕 bèi ①周の諸侯国の一:現在の河南省淇県の北、湯陰県の東南の地.〔~风〕詩経国風中の篇名.邶(はい)の国ぶりのうた.②〔姓〕邶(姓)

〔**背**〕 bèi ①背.背中.後ろ.裏.〔~儿〕裏側.〔过~摔 shuāi〕[汉](柔道などの)背負い投げ.〔擦 cā ~〕[汉]背中を洗う.〔赤 chì 着~〕上半身裸で.〔腹~受敌〕[成]腹背に敵を受ける.〔椅~儿〕椅子の背もたれ.〔手~〕手の甲.〔弓~〕弓の背.〔木桠~儿〕くしの背.〔墨匣~〕硯が紙の裏まで染みとおる.⑥背にする.後ろに控える.〔山临海〕〈成〉山を背に海に臨む.↔〔向 xiàng (II)①〕⑧背を向ける.背にする.〔有~定章 zhāng 规定に違反することがある.⑤離れる.避ける.隠れる.〔~着外人〕他人の前では差し控える.〔不要当 dāng 着人一套、~着人又是一套 〕人の前と陰とでその行為を変えるのはよくない.⑥隠す、ごまかす.〔夫妻俩 liǎ 没有什么~着的事〕夫婦の間に隠し事はない.〔他们~着我商量]私に隠れてこそこそ相談している.〔你哪儿能~得了 liǎo 我呀〕どうしておれに隠しきれるものか.⑦そらで覚える.暗唱する.〔没~不〕すらすら暗唱できていない.〔学多少~多少、外语才能進歩〕習っただけ全部暗唱しなければ外国語は進歩しない.⑧後ろ手にする.後ろ手にしばる.→〔背剪〕⑨辺鄙(へんぴ)である.寂しい.〔地方几很〕場所が辺鄙だ.⑩運がない.ついてない.〔运 yùn 气~〕運が悪い.〔运~时衰 shuāi〕〈成〉運が悪い時を得たない.〔认~〕悪運を認める.〔我的手~〕わたしの手は悪い(ゲームなどで).⑪耳が遠い.〔我耳朵有点儿、请大声讲〕わたしは少し耳が遠いから声を大きくしておっしゃって下さい.⑫〔姓〕背(姓) → bēi

背包 bèibāo, bēi~ ①背嚢(のう).リュックサック.ナップザック.ランドセル:〔背包儿〕に同じ.〔~侠 xiá〕バックパッカー. ②ショルダーバック.
背部 bèibù ①背中. ②[医]バック.
背不住 bèibuzhù ⇒〔备不住〕
背场 bèichǎng 〈方〉非公式に.ひそかに.
背衬 bèichèn ①[印]内張り.パッキング. ②背景(をつけてその物を際立たせる)
背称 bèichēng [印]対他称.
背城借一 bèichéng jièyī 〈成〉城を背にして最後の一戦を試みる.〔转〕一か八(ばち)かやる.〔背城一战〕ともいう.→〔背水一战〕
背词儿 bèicír 言葉·せりふを暗記する.
背褡子 bèidāzi ⇒〔被搭子〕
背道而驰 bèidào ér chí 〈成〉方向(意見)が全く食

背德 bèidé.
背地(里) bèidì(li) 内密に.ひそかに.陰で.[～担dān 心]険ながら心配する.[～说人家的坏 huài 话]陰で他人の悪口を言う.[～放光]陰にまわって大口をたたく.
背兜 bèidōu 背負いかご.
背对背 bèiduìbèi ⇒[背靠背]
背耳之言 bèi'ěr zhī yán 人の陰口.
背风 bèifēng 風が当たらない.[房子东边儿～]、很暖 nuǎn 和]建物の東側は風が当たらなくて暖かだ.
背旮旯儿 bèigālár 〈方〉片隅.
背躬 bèigōng 劇(旧劇で)袖で覆って言うせりふ:[背供]ともいう.→[旁 páng 白]
背光 bèiguāng 光線が届かない.[～性](動・植物の)背光性.
背后 bèihòu ①後ろ側.後方. ②背後で.物陰で.[～毁谤 huǐbàng]陰で悪口を言う.
背晦 bèihui 〈方〉耄碌(する):[背悔][悖晦]とも書く.[老～了]老いぼれた.[他近来话～了]彼は近頃言うことがぼけてきた.[～理儿]老いぼれた考え.通じない理屈.
背货 bèihuò 滞貨.ストック.売れ行きの悪い品.
背脊 bèijǐ 背中.
背架 bèijià しょいこ:背負って物を運ぶ道具.[背夹 jiā]ともいう.
背剪 bèijiǎn 後ろ手に縛る(組む).[～着手散 sàn 步]手を後ろに組んで散歩している.
背角 bèijiǎo 片隅.
背街 bèijiē (大通りから外れた)裏通り(にある).
背景 bèijǐng ①背景.バック.[发生矛盾的～]トラブルの起こった背景.[～音乐 yuè]BGM.バックラウンドミュージック.→[布 bù 景] ②黒幕.後ろ楯.
背井离乡 bèijǐng líxiāng 〈成〉故郷を離れる.[离乡背井]ともいう.
背静 bèijìng ①(場所が)へんぴ(である). ②静かで(ある).
背靠背 bèikàobèi =[背对背]①背中あわせをする. ②後ろ(で).陰(で).こっそり(と).[～议论]陰でうわさする.[～演出].[背地里]同じ.
背筐 bèikuāng 背負いかご.
背离 bèilí ①離れる.[～故 gù 乡]故郷を離れる. ②違背する.食い違う.ギャップがある.[～宪 xiàn 法]憲法に違背する.[～率 lǜ]経乖離率.
背理 bèilǐ ⇒[悖理]
背戾 bèilì 〈乖 guāi 戾〉〈文〉背いもとる.
背篓 bèilǒu 背負いかご:木の枝や竹で編んだもの.[～商店]同前を背負って僻地に行き物を売り買いする人.→[背篼]
背轮 bèilún =[跨 kuà 轮]〈方〉慢 màn 轮〉〈方〉慢轮牙(齿)]機バックギヤ]減速倒車の一.
背面 bèimiàn [一儿]背面.裏.背.↔[正 zhèng 面]
背谬 bèimiù ⇒[悖谬]
背囊 bèináng 背嚢(のう).リュックサック.ナップサック:[背包]に同じ.
背逆 bèinì 〈文〉逆らう.反抗する.
背叛 bèipàn 裏切る.謀反する:[反叛]に同じ.[～楚 chǔ 国]楚に背く.
背坡 bèipō 北側の陽の当たらない山腹.スロープ.
背鳍 bèiqí (魚の)背びれ:[脊 jǐ 鳍]ともいう.→[鳍]
背气 bèiqì ①気絶する. ②気が遠くなる.
背弃 bèiqì 裏切る.破棄する.[～自己的诺 nuò 言]自らの約束を破棄する.

背签 bèiqiān ⇒[背书①]
背却前言 bèiquè qiányán 〈文〉前言を裏切る.前言を翻す.
背人 bèirén ①人から隠れる.隠密にする.[背着人做坏事,总有一天要败露的]人に隠れて悪いことをしても、いつか化けの皮のはがれる時がある. ②秘密を守る.他言できない.[这件事咱们总得～]このことだけは決して他言できない.[～的事]隠し事.
背日性 bèirìxìng 植背光(guāng)性.↔[向 xiàng 日性]
背山起楼 bèishān qǐlóu 〈慣〉山を後ろにして高楼を建てる.〈喩〉せっかくのよい景色を隠してしまう.殺風景である.
背身 bèishēn 後ろを向く.背中を向ける.[背过身去]同前.
背生儿 bèishēngr ⇒[暮 mù 生儿]
背时 bèishí [悖时]とも書く.①時代に合わない.時代遅れである. ②不運である.運が悪い.
背书 bèishū ①=[背签][背署][票 piào 背签字]圖裏書する(有).一九裏書人.[～票据将权 quán 利转让别人]手形に裏書して権利を他人に譲り渡す. ②=[文又暗 àn 诵](本を)暗唱する.
背署 bèishǔ 同上①
背水一战 bèishuǐ yīzhàn 〈成〉背水の陣を敷いて戦う.→[背城借一]
背水阵 bèishuǐzhèn 〈喩〉決死の布陣(戦い)
背诵 bèisòng 暗唱する.[每天在书房里～诗文]毎日書斎で詩文を暗唱する.
背投 bèitóu プロジェクター.[～电视](リア)プロジェクションTV.背面投射型TV.[～式液 yè 晶显示器]バックライト式液晶ディスプレイ.
背向 bèixiàng 〈文〉反抗と服従.
背销 bèixiāo (商品の)売れ行きが悪い.売れ行きが落ちる.↔[畅 chàng 销]
背斜层 bèixiécéng 地背斜層.
背心袋 bèixīndài ⇒[马 mǎ 甲袋]
背心(儿) bèixīn(r) =[坎 kǎn 肩(儿)]〈方〉马褂 mǎ 甲②]服の上に着る袖なし.チョッキ.ベスト.[毛 máo ～]毛の同前.[汗 hàn ～]ランニングシャツ.
背信弃义 bèixìn qìyì 〈成〉信頼に背き義を捨てる.
背兴 bèixìng 〈口〉口〉運が悪い.つきがない.→[倒 dǎo 霉] ②⇒[背时①]
背胸 bèixiōng 旧官服の前、あるいは後ろにつけた官職の品級を表す印(しるし).→[补 bǔ 子②]
背眼(儿) bèiyǎn(r) 人の目が届かない.人から見えない.
背阴(儿) bèiyīn(r) 日陰(になる).[那边儿向阳 yáng,这边儿～]あちらは日なただが,こちらは日陰だ.
背影(儿) bèiyǐng(r) 後影.後ろ姿.
背约 bèiyuē 違約する.約束に背く.
背越式 bèiyuèshì 図(走り高跳びの)背面跳び.
背运 bèiyùn 不運(である).悪い運命(にあう):[败 bài 运]ともいう.[背即运]同前.貧乏くじをひく.↔[红 hóng 运]
背照灯 bèizhàodēng バックライト.
背着手(儿) bèizheshǒu(r) =[倒 dào 背手(儿)]後ろ手に組む.手を後ろで組む.→[反 fǎn 剪]
背转 bèizhuǎn 向きを変える.[～身来]後ろを振り向く.
背子儿 bèizǐr 〈方〉悪運.不運.[走～]運が悪い.

[褙] bèi 裏打ちする.[～上点儿就结实了,也别太硬了]裏打ちしたらぴんとする,だがあまり硬くしない方がいい.[裱 biǎo ～][表背]表装する.→[裱]

褙子 bèizi =[搁 gē 褙][隔 gé 褙(儿)]〈方〉紙また

bèi 褙孛悖备

[孛] bèi 〈文〉彗星(ぼし)、またその放つ光芒：不祥の兆とされた。→〔彗 huì 星〕 → bó

[悖(誖)] bèi ①〈文〉道理にもとる. 逆ら う. 違背する.〔并行不~〕平行して衝突が ない. → bó
②衝突する. 矛盾する.〔并行不~〕平行して衝突が ない. → bó

悖德 bèidé 〈文〉德義にもとる.
悖父 bèifù 〈文〉道にもとった父.〔~子 zǐ〕道にもとった父と法度を乱す子供.
悖晦 bèihui ⇒〔背晦〕
悖理 bèilǐ ＝〔背理〕理に背く. 理に合わない.
悖戾 bèilì 〈文〉正道にもとる.
悖乱 bèiluàn 〈文〉正義にもとり秩序を乱す：武装反乱すること.〔~之患 huàn〕反乱を起こす憂い.
悖论 bèilùn 論理学用語.
悖慢 bèimàn 〈文〉礼にもとり人を侮る.〔憿嫚〕とも書く.
悖谬 bèimiù ＝〔背谬〕〈文〉道理に反する. でたらめである.
悖逆 bèinì 〈文〉もとり逆らう.〔~之罪〕法度にもとる罪.
悖叛 bèipàn 〈文〉正義にもとり謀反する.
悖人悖出 bèirù bèichū 〈成〉道理にもとった手段で得た財貨は、また道理にもとった方法で出ていく：〔悖出悖人〕ともいう.〈転〉悪銭身につかず.
悖时 bèishí ⇒〔背时〕
悖言 bèiyán 〈文〉道理に合わない言葉. 暴言.〔~乱 luàn 辞〕道理にもとった言葉.

[备・備(俻)] bèi ①備わる. 整う.〔诸事齐 qí ~〕〈文〉万事整っている.〔无一不~〕一つとして備わらざるなし.〔乘 chéng 其不~〕〈文〉相手の備えが整わないのに乗ずる. ②準備する. 整える.〔~饭 fàn〕食事の仕度をする.〔自~旅費〕旅費は自弁.〔~于万一〕〈成〉万一に備える. ③備える(る). 防備(する).〔防 fáng ~〕防備(する).〔军 jūn ~〕軍備. ④〈文〉つぶさに.〔~受关 guān 注〕十分に関心をもった. ⑤〔姓〕備(び)

备鞍 bèi'ān 馬の用意をする. 馬を支度する.
备安库 bèi'ānkù 凶年の用として糧米を貯蔵しておく倉庫.
备案 bèi'àn 〔上司に〕報告して記録を残す.〔报 bào 省政府〕省政府に報告して記録を残す.
备班 bèibān 勤務準備する. 待機する.
备办 bèibàn 調達する. 都合する. 用意を整える.
备补 bèibǔ 予備として備える.
备不住 bèibuzhù 〈口〉…かもしれない：〔背不住〕とも書く.
备餐 bèicān 食事の準備をする.
备查 bèichá 〈公〉調査のために備える(こと)
备尝 bèicháng つぶさに経験する(した).〔~艰辛〕つらい目に遭った.〔艰苦〕つぶさに苦労した.
备陈 bèichén 〈文〉つぶさに述べる. 詳述する.
备抵坏账 bèidǐ huàizhàng 圃貸倒引当金：〔坏账准备金〕ともいう.
备而不用 bèi ér bùyòng 〈成〉時たまの用のために備える.〔~的东西先不必买了〕用心のために備えておく物は、当分買わなくともよい.
备份 bèifèn ①予備用品.〔~节 jié 目〕予備のプログラム.〔電脑〕バックアップ(する).〔~文件〕バックアップファイル.
备付金 bèifùjīn 圃(銀行などの)支払準備金.
备耕 bèigēng 耕作前の支度(をする)

备荒 bèihuāng 凶年に備える.〔~米〕非常時用米. →〔荒年〕
备货 bèihuò ①商品を用意する.〔~生产〕見込み生産. ②準備した商品.
备极 bèijí 極めて.〔~恭敬地说〕極めて丁重に言う.
备检 bèijiǎn 検査のために準備する.
备件 bèijiàn 圉予備部品. スペアパーツ.
备降 bèijiàng (飛行機などが)着陸体勢に入る.〔~场 chǎng〕(同前の)緊急着陸場.
备考 bèikǎo ①参考の準備する. →〔备注〕 ②付録. 備考. ③試験の準備するは〔准 zhǔn 备考试〕の略.
备课 bèikè (教師が)授業・講義の準備をする.
备料 bèiliào ①生産に必要な材料を準備しておく. ②(家畜のために)飼料を準備しておく.
备聆 bèilíng 〈牘〉つぶさに聴く. 委細拝承した.
备领 bèilǐng 〈牘〉委細承知いたしました.〔頃接手书~一切〕只今お手紙を頂戴いたし、一切拝誦いたしました.
备马 bèimǎ 馬の準備をする. 馬に鞍を置く：〔鞴马〕に同じ.〔~送人〕馬を仕立てて人を送り届ける.
备品 bèipǐn 圃機械部品と工具.
备齐 bèiqí もれなく準備する. 全部取りそろえる.
备勤 bèiqín 勤務に備える. 待機する. 心がける.
备取 bèiqǔ 補欠採用する.〔正取三十名, ~十名〕合格は30名, 補欠は10名.〔~生〕補欠入学者. →〔录 lù 取〕
备悉 bèixī 〈牘〉つぶさに知る.〔捧誦来諭, ~近状〕貴簡を拝読して、ご近況委細拝承いたしました.
备受 bèishòu つぶさに受ける.〔~欢迎〕広く人気を博する.
备述 bèishù 詳述する.
备忘 bèiwàng 記録しておく.
备忘录 bèiwànglù ①(外交上の)メモランダム. 備忘録. 覚書.〔~贸 mào 易〕覚え書き貿易.〔谅 liàng 解~〕合意文書. ②メモ書き. →〔节 jié 略②〕
备位 bèiwèi 〈文〉小職：官職についている者が謙遜していう. その位置にいながら責務を果せない意.
备文 bèiwén 〈公〉文書を具して. 文書を用意して.〔用特~申请核 hé 准〕特に文書を具して許可されんことを申請する. →〔具及文〕
备悉 bèixī 〈牘〉つぶさに知る. 委細承知した.〔所示~ご来示委細拝承いたしました.
备细 bèixì 〈文〉①委細. 詳細. ②詳しく. つぶさに.
备行 bèixíng ①行動の準備をする. ②外出に備える.
备选 bèixuǎn 候補になる.〔列 liè 入日元貸款~项目〕円借款の候補に入る.
备汛 bèixùn (増水期に)防水の準備をする.
备用 bèiyòng 必要の際のために準備しておく.〔~物资〕予備の物資.〔~轮 lún 胎〕予備タイヤ.
备由 bèiyóu 〈文〉理由を具して.〔当地居民向主管机关~, 呈请翻修马路〕当地の住民は関係当局に対し理由を具陳し、道路改修を願い出た.
备有 bèiyǒu 準備して(置いて)ある.〔~现货〕現品がある.
备阅 bèiyuè 閲覧に供する. 参考に備えておく.〔参考资料附上~〕参考資料を御覧いただきますよう添付しておきます.
备灾 bèizāi 災害に備える.
备战 bèizhàn 戦争に備える.〔~, 备荒, 为人民〕戦争に備え, 自然災害に備え, 人民の利益をはかる.
备知 bèizhī 〈文〉つぶさに知る. 詳細を知る.〔~底細〕内情を細かに知っている.
备至 bèizhì 周到極まる.〔关怀~〕至れり尽くせり

备 惫 糒 鞴 被　　　　　　　　　　　　　　　　　　　　**bèi**

の配慮.〔责难 zénàn ~〕非難があらゆる方面から起こる.
备置 bèizhì　備えつける.〔公司～三十套桌椅〕会社に机と椅子30脚を備えつける.
备注 bèizhù　①備考.注釈.　②備考欄.

〔惫・憊〕 bèi　非常に疲れる.〔～乏 fá〕〔困 kùn～〕〔疲 pí～〕同前.〔疲～不堪〕疲労困憊(ぱい)する.
惫倦 bèijuàn　疲れる.疲労する.
惫赖 bèilài　①ずる賢い.　②乱暴で横柄である.　③だらしない;〔惫懒〕ともいう.
惫懒 bèilǎn　同上.
惫闷 bèimèn　疲れてやるせない.〔他身心过劳精神～〕彼は心身ともに疲れ,元気がなく,しおれている.
惫色 bèisè　疲れた様子.憔悴(ぱぃ)した.

〔糒〕 bèi　〔文〕乾(ホん)し飯(ぃぃ).〔干 gān～〕同前.　→〔糗 qiǔ ⓩ〕

〔鞴〕 bèi　①馬に馬具をつける:〔鞍 ⓩ〕に同じ.〔～马〔备马〕馬を仕立てる.　②〔文〕ふいご.　③→〔鞴 gōu 鞴〕

〔被〕 bèi　①掛け布団.〔～货 huo〕〔文〕同前.〔一床～子〕一枚の掛け布団.〔棉 mián ～〕綿入れ布団.〔～筒 pū 盖〕　②〈文〉世を覆.おおく広がる.〔泽 zé～天下〕〔成〕恩沢が天下にあまねく行きわたる.〔～以外衣〕外套で覆う.③遭う.受ける.被る.〔～灾 zāi〕被災する.〔～伤 shāng〕傷を受ける.負傷する.　④…に.…れる.…られる;受動を表す.ⓐ主動者の前において明確にする.〔小二黑～人家捆 kǔn 起来〕(赵·小)小二黒は人家にしばられた.〔山羊～狼 láng 吃了〕やぎが狼に食われた.〔李成又～上级提拔到区上工作〕(赵·小)李成はまた上からひきぬかれて区の方に行って働くことになった.ⓑ主動詞の前に〔给〕〔叫〕〔让〕をおく.〔他的心像一片绿叶～条虫儿丝丝缠起来〕彼の心は緑の葉が虫に糸でぐるぐるしめられたようであった.ⓒ主動詞の前に〔所〕をおく:文語的な表現としては〔所〕を〔为〕に替える:複音の動詞の場合は〔所〕を省略できる.〔～好奇心〔所〕驱 qū 使〕好奇心にかられて.〔～风雪所阻〕風雪に妨げられる.〔甲为乙所败〕〈文〉甲,乙に敗れたり.　④迷惑·損害·不利などを被る場合に用いられる.〔我们说的话～他听见了〕我々がしゃべっていた話を彼に聞かれてしまった(まずい).〔我们说的话他听见了〕同前(単に事実として述べる).　ⓔ主動者を明示しない場合の場面.〔敌 dí 人的油库～炸毁了〕敵のオイルタンクは爆破された.〔～坑 kēng だまされる.はめられる.〔～逐 zhú 追放される.〔～杀〕殺される.ⓕ打打たれる.〔被認为与大学毕业生有同等资格〕大学卒業生と同等の資格があると認められる.　→〔叫 jiào(丨)③〕〔让 ràng⑦〕　⑤〈放〉姓(ぃ)
被保送 bèibǎosòng　推薦合格する.〔～上大学〕同前で大学に入る.
被逼 bèibī　強いられる.
被剥削阶级 bèibōxuē jiējí　被搾取階級.
被捕 bèibǔ　逮捕される.

被炒 bèichǎo　くびになる.お払い箱になる.→〔炒鱿鱼〕
被乘数 bèichéngshù　ⓜ被乗数.〔～寄存器〕エムレジスター.
被宠若惊 bèi chǒng ruò jīng ⇒〔受 shòu 宠若惊〕
被除数 bèichúshù　ⓜ被除数.
被褡子 bèidāzi　〔口〕衣服·身の回り品を入れ肩にかける布袋:〔被褡子〕〔背褡子〕〔背搭子〕とも書いた.
被袋 bèidài　旅行用の円筒形の袋:ふとんや衣服を入れておく.

被单 bèidān　〔-儿,-子〕①敷布.シーツ.　→〔床单 chuáng dān〕　②上掛の布〔夏用夜具〕
被底鸳鸯 bèidǐ yuānyāng　〈喩〉同衾中の男女.
被动 bèidòng　①受動(である).受け身(である).〔～吸烟〕受動喫煙.〔～吸 xī 毒〕受動吸毒.〔～免疫〕ⓕ受動免疫.　②ⓖ受動.受け身.〔～句〕受動文.〔～式〕受動式:〔主 zhǔ 动式〕に対していう.
被服 bèifú　寝具と衣服.〔～厂 chǎng〕軍用被服廠.
被俘 bèifú　=〔被擒〕捕虜になる.捕われる.〔～人员〕捕虜.
被覆 bèifù　①被覆する.〔～线〕ゴムやビニールなどで被覆した電線.　②地面を覆うた作物·草木.　③ⓜ建物の内壁·外壁を被覆する.
被盖 bèigài　〔方〕①掛け布団.　②掛け布団と敷き布団.〔～卷儿 juǎnr〕同前をくるくる巻いたもの.
被告 bèigào　ⓛ被告(人).〔～人〕被告人.〔～席 xí〕被告席.
被革 bèigé　〈文〉免職される.〔～机关人员〕免職された官庁の職員.
被害 bèihài　殺害される.〔～人〕(犯罪の)被害者.
被加数 bèijiāshù　ⓜ被加数.
被减数 bèijiǎnshù　ⓜ被減数.
被叫 bèijiào　(電話の)受ける側.〔主 zhǔ 叫〕(同前のかける側.〔～付费〕コレクトコール.
被酒 bèijiǔ　〈文〉酒に酔う.
被控 bèikòng　告発を受ける.
被里 bèilǐ　〔-子〕掛け布団の裏.
被面 bèimiàn　〔-子〕掛け布団の表.
被难 bèinàn　①遭難する.事故にあう.　②遭難死する.事故死する.〔有五名乘 chéng 客〕乗客 5 名が事故死した.
被虐淫症 bèinüèyín zhèng　マゾ(ヒズム)
被迫 bèipò　迫られてする.余儀なくされる.〔每个人～着发出最后的吼 hǒu 声〕一人一人が最後の雄叫びをあげる(義勇軍行進曲の一節).〔予以承认迫られてやむなく承認を与える.
被戕 bèiqiāng　〈文〉殺害される.
被衾 bèiqīn　〈文〉ふすま.夜具の類.
被擒 bèiqín　⇒〔被俘〕
被屈含冤 bèiqū hányuān　侮辱されて恨みをもつ.
被褥 bèirù　掛け布団と敷き布団:夜具.〔被铺〕〔铺 pū 盖〕ともいう.
被摄体 bèishètǐ　(写真の)被写体.
被胎(儿) bèitāi(r)　=〔被套①〕〔方〕布団綿:表面に真綿をかけ,木綿糸を網のようにかけたもの.　→〔棉 mián 絮②〕
被套 bèitào　①同上.　②ⓖ布団袋(旅行用の長方形の寝袋).→〔被窝(儿)〕　③布団カバー.　④〈方〉鞍の上に敷く敷物.　ⓖ綿(株)が塩漬けになる.〔～股票〕塩漬け株.→〔套⑥〕
被天席地 bèitiān xídì　〈成〉野宿する,またその苦しみ.
被头(儿) bèitóu(r)　①布団のえり.　②〔方〕布団:〔被子〕に同じ.
被窝(儿) bèiwō(r)　布団を両側と足の方とを折りげて筒状にしたもの:〔被筒 tǒng〕〔被桶〕ともいう.〔钻～〕同前にもぐりこむ.〔睡 shuì 袋〕
被窝儿里放屁 bèiwōrli fàngpì　〈慣〉布団の中で屁をひる.〈喩〉他人に影響を与えないこと.
被卧 bèiwo　〔方〕夜具.掛け布団:〔被货〕に同じ.
被袭 bèixí　簡単な復習.
被休 bèixiū　離婚される.離縁される:妻が夫から捨てられること.
被絮 bèixù　布団中身:木綿·真綿·ナイロン綿など.

bèi~bēn

被选举权 bèixuǎnjǔquán 被選挙権.
被压迫民族 bèiyāpò mínzú 被圧迫民族.
被罩 bèizhào 布団カバー.〔被套③〕ともいう.
被子植物 bèizǐ zhíwù 圖被子植物.→〔裸 luǒ 子植物〕
被子 bèizi 布団.掛け布団.〔被卧〕〈被货〉は方言.〔～儿儿〕(掛け)布団の裏.

〔鞴〕 **bèi**〈文〉①馬具(総称).②馬具を馬につける:〔鞴①〕に同じ.〔～马〕同前.

〔骳・骳〕 **bèi**〈文〉曲っている.〔骪 wěi ～〕

〔倍〕 **bèi** ①倍になる.ますます増える.〔事半功倍 gōng ～〕成い半の労で効果が倍がる(倍の効果があがる).②量詞.倍.〔加一～〕2倍にする(倍を加える).〔加两～收费〕3倍の費用を徴収する(2倍を加えて費用をとる).〔他的水平比我不知高出多少～〕彼のレベルは僕より何倍上かわからない.〔～于 yú ～〕…の倍の…に倍する.〔九是三的三～〕9は3の3倍だ.〔九比三大两～〕9は3より2倍大きい(3倍だ).③〈文〉背く.④→〔倍儿〕 ⑤〈姓〉倍⒁.
倍称 bèichēng 〈文〉(元金)2倍の量(の利息).〔～之息〕2倍の利息.
倍大提琴 bèidàtíqín ⇒〔低 dī 音(大)提琴〕
倍道 bèidào〈文〉倍の道を歩く.道を急ぐ:〔兼 jiān 程〕に同じ.〔～而行〕同前.
倍感 bèigǎn よりいっそう感じる.ますます感じる.
倍级数 bèijíshù 〔等 děng 比级数〕
倍加 bèijiā ぐっと.〔～整齐 zhěng jì〕ますますきれいに整頓されている.〔～爱 ài 护〕ひとしおいたわる.
倍律 bèilǜ 圖音律の名称:古代,十二律を正律とし,それに倍律と半律とが加わって構成される.
倍率 bèilǜ (拡大の)倍率.
倍频器 bèipínqì 圈周波数逓倍器.
倍儿 bèir〈口〉非常に.ことのほか:一部の単音形容詞の前に置く.〔～亮 liàng〕非常に明るい.〔～棒 bàng〕とてもいい.
倍式 bèishì 〈数〉倍式.
倍受 bèishòu ことのほか.〔～欢迎〕格別に歓迎される.〔～煎 jiān 熬〕大変な苦労をする.
倍数 bèishù 倍数.〔最小公～〕最小公倍数.〔约 yuē 数②〕
倍蓰 bèixǐ ①〈文〉数倍.〔蓰〕は5倍の意. ②〈喩〉値段の高いこと.〔货色低劣,而价值～〕商品の品質は悪いのに価格は数倍である.
倍音 bèiyīn 圖倍音.ハーモニックス.
倍增 bèizēng 倍増する.〔生产～〕生産が倍増する.〔～器〕圖倍率器.
倍子 bèizi ⇒〔五 wǔ 倍子〕

〔焙〕 **bèi**(弱火で)あぶる.ほうじる.〔～茶 chá〕茶葉をほうじる,またその茶葉.→〔烘 hōng ①〕〔烤 kǎo ①〕
焙粉 bèifěn =〔⟨方⟩发 fā (酵)粉〕〔⟨方⟩起 qǐ 子〕〔⟨方⟩食 shí 粉〕ふくらし粉.ベーキングパウダー.→〔小 xiǎo 苏打〕
焙干 bèigān 火であぶり乾かす.〔～同前〕同前研碎 yán 砕〕すりつぶす.
焙烧 bèishāo 囯焙焼.〔～炉 lú〕焙焼炉.ロースター.
焙鸭 bèiyā 〔敷 fū 鸭〕適当な温度を加えてかえらせるあひる子.孵化させたあひる.

〔棓〕 **bèi**〔五 wǔ ～子〕〔～子〕圈五倍子(ゴバイシ).:〔倍 bèi 子〕〔五倍子〕に同じ. → bàng

〔碚〕 **bèi** 地名用字:四川・湖北などでよく用いられる.〔北～〕重慶市の北にある.〔圈〕湖北省宜昌市の長江南岸にある"ま"の形をした岩(の所在地)

〔蓓〕 **bèi**〔～蕾 lěi〕〈文〉(花の)つぼみ.〔花 huā 蕾〕に同じ.〔姓〕蓓⒁.

〔琲〕 **bèi**〈文〉一連の玉.

〔辈・輩〕 **bèi** ①世代.親等.またその点から見た長幼の順序:一世代を〔一～〕で表す.〔祖～的(者)〕〔老～也是做工的〕先祖も職工であった.〔底下这一真幸福次の世代は本当に幸福だ.〔一～儿一～儿地衰败下来了〕一代一代と衰えてきた.〔一～儿中〕一族中での親の世代.〔下一～〕(一族中での)子の世代.〔先～〕すでに亡くなった優れた業績をあげた先輩.〔后～〕先輩,後進.子.子孫.〔革命前～〕革命の先輩.〔论少数,他比我小得多,但是要论一分他比我长 zhǎng 一～〕年齢でいうと,彼はわたしよりずっと若いが,世代(関係)の方からいうとわたしより一世代上だ(自分の親と同世代だ).〔长 zhǎng ～〕目上の者.年長者. ②〈文〉やから.ともがら(軽蔑の意を含む).〔无能之～〕無能のやから.〔张某李某之～有什么资格敢来插嘴？〕張某李某などのやつらに何の資格があって口出ししようとするのか. ③一生涯.〔他一～子没过过 guo 好日子〕彼は一生涯うだつがあがらなかった.〔后半～儿〕後半生. ④〈姓〉輩⒁.

辈辈儿 bèibèir 一世代一世代.代々.〔他家不但他这一辈儿做官,一做官〕彼の家は彼(一代)が官吏をしているばかりでなく,代々役人をしていた.
辈出 bèichū〈文〉輩出する.〔人材～〕人材がひき続いて出る.
辈分 bèifen 長幼の序.〔～小的人〕〔～晚的人〕目下の者.〔～大的人〕目上の者.
辈行 bèiháng 世代から見た長幼の序.〔～字〕同族の共通の祖から数えて同世代に当たる者がつける共通の字.〔～诗〕によって代々伝えられる.
辈流 bèiliú〈文〉仲間.ともがら.同輩.
辈数儿 bèishùr 親等または年輩の程度.〔他们俩～不合,不能结为夫妇〕この二人は親等のぐあいが悪いので(同一世代ではないので)結婚ができない.〔你的年纪儿又轻,～又小〕おまえは年も若いし,親等からいっても下だ.
辈子 bèizi ①一生.生涯.〔后半～〕〔下半～〕後半生.→字解③ ②世.代.〔三～〕三代.

〔鐾〕 **bèi**(布・皮・石などで)刃物を砥ぐ.〔～刀〕同前.〔～刀布〕かわど.ぬのと.

〔呗・唄〕 **bei** 語気助詞.以下の語気を表す.ⓐ分かりきっている.言うまでもない.〔错了就改～〕間違えたから正すんだ.ⓑまあまあだ.…だろうよ.〔反正不过是这个样子～〕まあこんなもんだろうよ. → bài

〔臂〕 **bei** →〔胳 gē 臂〕→ bì

bēn ㄅㄣ

〔奔(奔・逩・犇)〕 **bēn** ①走る.駆け回る.②駆けつける.急いで行く.③逃げる.敗走する.④出奔する.家出して他地に走る.〔私～女〕〈文〉男のもとに走った女.いたずら娘. ⑤〈姓〉奔⒁.→ bèn
奔波 bēnbō 奔走する.〔～了一辈子〕(老・骆)一生涯忙しく駆け回り苦労した.〔～劳碌 lù〕奔走に疲れる.
奔车之上无仲尼,覆车之下无伯夷 bēnchē zhīshàng

奔贲锛栟本　　　　　　　　　　　　　　　　　　　　　　　　　bēn～běn

wú zhòngní, fùchē zhīxià wú bóyí〈諺〉忙しい時には学問はできない, 災難の時は義理などあってはいられない: 仲尼は儒家の祖である孔子の字(あざな), 伯夷は殷の人, 弟の叔齊とともに周の粟を食らうのを恥とし首陽山に隠れ, わらびを食って餓死したという.

奔驰 bēnchí〔車・馬などが〕疾走する. 駆け回る.〔国产汽车在祖国各地的公路上～〕国産の車が祖国各地の自動車道路を疾駆している.

奔驰 bēnchi〔方〕忙しく働く. よく働く(いて金を残す).〔～一辈子, 没落下什么〕一生苦労はしたが何も残したものはない.→〔劳 láo 碌〕

奔凑 bēncòu 馳(は)せ集める(まる)

奔窜 bēncuàn 逃げ回る.

奔发 bēnfā〔感情・気持ちなどが〕ほとばしる.〔激情～〕同前.

奔放 bēnfàng あふれ出る. ほとばしる.〔～不羁 jī〕〈成〉のびのびとしていること.〔豪 háo 放〕

奔赴 bēnfù 馳せ着ける.〔～前线〕前線へ馳せ参ず

奔集 bēnjí 四方八方から急ぎ集まる.

奔来奔去 bēnlái bēnqù 忙しく走り回る. あくせくする.〔这些年～什么也没落着〕この数年あくせく苦労はしたが結局は何も残っていない.

奔劳 bēnláo 仕事や生活にあくせくする.〔日夜～〕毎日同前.

奔流 bēnliú ①急流. 奔流.〔～不息〕川流不息 激流が流れてやまない. ②急速に流れる.〔铁水～〕溶融した鉄が急速に流れる.

奔马 bēnmǎ 奔馬.〈喩〉迅速なもの.〔势如～〕〈成〉奔馬の如き勢いである.

奔忙 bēnmáng 苦労し走り回る.〔日夜～不休〕日夜忙しく奔走する.

奔命 bēnmìng ①君命に従って奔走する.〔奉命奔走〕同前. ②駆け回って疲れる.〔～成〕奔命に疲れる. 駆け回って疲れる.→bēnmìng

奔跑 bēnpǎo 駆け回る.〔四处～打听消息〕方々を駆け回って聞きまわった.

奔儿头 bēnrtóu〔方〕おでこ.〔锛儿头〕とも書く.〔这孩子天生来的大～〕この子は生まれつきおでこだ.

奔丧 bēnsāng 他郷にある者が親などの訃報に接して郷里に帰る.

奔驶 bēnshǐ〔車が〕疾駆する.

奔逝 bēnshì〔時間の流れが〕またたく間に過ぎていく.〔时光、岁月无情〕歳月は無情で, 時は瞬く間に過ぎていく.

奔淌 bēntǎng〈文〉勢いよく流れる.〔江水～〕河が同前.

奔逃 bēntáo 逃走する.〔敌人来了, 村里的人纷纷～〕敵がやって来て, 村の人たちはみな慌ててどっと逃げだした.

奔腾 bēnténg 跳ね上がる.〔热血～〕血が沸き返る.〔万马～〕多くの馬が跳び跳ねる.〔江水～而来〕大水がどっと流れてくる.

奔突 bēntū 父方疾駆する. 突っ走る.

奔袭 bēnxí 駆けつけて襲う.〔遠くの敵を〕急襲する.

奔向 bēnxiàng …へ向かって急ぐ.〔人们都急急忙忙～自己的岗位〕人々がそれぞれ職場へと道を急ぐ.

奔泻 bēnxiè〔水が〕勢いよく流れる(こと).〔～千里〕〔成〕同前が勢いよく長く流れていく.

奔逸 bēnyì〈文〉①走りまわる. ②ほとばしる.

奔涌 bēnyǒng 勢いよく湧き出る.

奔逐 bēnzhú 駆け回る. 追って追う.〔猎犬在草原上～野兽〕猟犬が草原で獲物を追う.

奔走 bēnzǒu 駆け回る.〔呼号 háo〕大声で叫びながら走り回る. ②奔走する. 活動する.〔～效劳〕犬馬の労をとる.〔东奔西走〕あちらこちらへ奔走する.〔～相告〕急いで行って告げる. 互いにニュースを知らせ合う.

〔贲〕 bēn ①〈文〉速く走る.〔虎 hǔ ～〕獲物を捕えようと猛然と走る虎.〈転〉勇猛なる武士.〈姓〉賁(ふん). → bì fèi

贲鼓 bēngǔ〈文〉大太鼓.

贲军 bēnjūn〈文〉敗軍. 敗走せる軍隊.〔～之将〕敗軍の将.

贲门 bēnmén〔医噴(ふん)門〕〔上 shàng 脘〕ともいう. →〔幽 yōu 门〕①

贲育 bēnyù〔人〕孟賁と夏育(古代の二勇士の名).〈転〉勇士.

〔锛・錛〕 bēn ①手斧(ちょうな):大工道具の一つ.〔～子〕は通称.〔手斧で〕削る.〔拿锛子～〕手斧で削る. ③刃が欠ける. 刃が曲がる.〔斧子刃儿～了〕〔斧头～了个口〕斧の刃が欠けた.

锛柴 bēnchái 手斧で削った木片. ちょうなくず.

锛铰裹 bēnjiǎoguǒ 児童の遊戯. ジャンケン(ポン). グーチョキパー: いし・グーは〔石头〕〔锤 chuí 子〕, はさみ・チョキは〔剪 jiǎn 子〕〔剪刀〕, かみ・パーは〔布 bù〕という. →〔猜 cāi 猜猜〕

锛儿头 bēnrtóu ⇒〔奔儿头〕

锛凿斧锯 bēn záo fǔ jù 手斧・のみ・斧・のこぎり.〈喩〉大工仕事の総称.

锛子 bēnzi →字解〕

〔栟〕 bēn〔～茶 chá 镇〕[地]江蘇省如皋県の東にある. → bīng

〔本〕 běn ①〔草木の〕幹・茎.〔草 cǎo ～植物〕草本植物.〔木～植物〕木本植物. ②事の起こり. 根源. 根本. もと.〔兵是胜利之～〕兵と民とは勝利の根源である.〔农 nóng 为邦～〕農業は国家の基礎である.〔忘. wàng～〕もとを忘れる. ③根幹. 主要部. 中心部.〔大学〕本科.〔续 xù 论和～论〕序論と本論.〔本论 2 年 (生)〕. ④もともと. 原来. 本来.〔我～打算拜访您去〕わたしはもともとこちらからあなたを訪ねるつもりでした. ⑤ほ(の). 当該の. 今の. 自己(の). ○.〔～省 shěng〕本省. 当省. この省.〔～市〕本市.〔～地〕当地. この土地.〔～届大会〕今大会.〔～年〕本年.〔～月〕今月.〔～日〕本日. ⑥(…)によって. 基づいて.〔～着人乡问俗之义, 要向您请教〕郷に入っては郷に従うという意味でお教えを願います. ⑦冊子. 書物.〔书～儿〕同前.〔单行 xíng～〕〔单行本〕〔普 pǔ 及～〕普及本,〔笔记 bǐ jì～儿〕ノートブック.〔课～儿〕教科書.〔样 yàng～儿〕③見本. 見本帳.→〔本子〕⑧版本. 写本.〔稿本〕〔刻～〕木版本.→〔本子〕⑨底本. 台本.〔剧～儿〕脚本. ⑩〈文〉上奏文.〔修～〕同前. ⑪〔元金. 資本.〔照 zhào～儿买〕元値で売る.〔削 xuē～儿卖〕元値を切って売る.〔亏 kuī～儿〕〔赔 péi～儿〕〔折 shé～儿〕損失を出す. 損をする.〔～钱 qián 滚 gǔn 利〕元金が利子を生るのだ. ⑫〔～儿〕量詞. ⑧書籍(状のもの)を数える.〔一～书〕本 1 冊.→〔部 bù〕⑧〔冊 cè〕③〔套 tào〕①. ⑤戯曲を数える. ⑥一定の長さの映面フィルムを数える. ⑬〈姓〉本(ほん)

本案 běn'àn ①本件. ②〔不動産業で〕本建物. 本物件.

本白布 běnbáibù 漂白していない白布.

本帮 běnbāng 地場筋. 地場商人.〔～菜〕地場の料理: 特に上海料理をいう. →〔客 kè 帮〕

本本(儿) běnběn(r)〔口〕①本.〔捧着洋～, 死啃

洋教条]外国の本をかかえ、実際にそぐわない外国の方法に無批判に固執する.〔~族 zú]ペーパードライバー. ⑥有資格者.資格取得者.〔~主义]書物に出ている事は何でも正しいとする考え方・態度. →〔教 jiào 条主义〕 ⑦ノート.筆記帳.
本币 běnbì ⇒〔主 zhǔ 币〕
本标 běnbiāo 〈文〉初末.始末.根本と枝末.
本部 běnbù 〔校 xiào ~〕学校の本部.〔代表团 tuán ~〕代表団本部.〔参 cān 谋~〕参謀本部.〔公司~〕会社本部.本社.
本埠 běnbù 本市.当市.〔~信用状〕圖ローカル信用状.〔~邮件〕市内郵便物. ↔〔外 wài 埠〕
本草 běncǎo ①木と草.植物. ②中医漢方薬に関する書.薬物に関する書. 〔~纲目〕〔神农~经〕團歴代の本草諸家の説を集大成したもの.〔~学〕(~{r})学〕:薬用される植物・動物・鉱物などを対象とする学問.
本册 běncè 書籍.書物.
本朝 běncháo 〈文〉①その朝代. ②わが国.
本初子午线 běnchū zǐwǔxiàn 本初子午線:英国グリニッチを通過する経線.国際時刻計算の基準線.
本当 běndāng ⇒〔本应〕
本岛 běndǎo 本島:群島・列島中の主要な島.
本等 běnděng 〈方〉本来の職業.本分としてなすべきこと.
本底 běndǐ バックグラウンド.〔~噪 zào 声〕バックの騒音.
本地 běndì 当地.この土地.〔~人〕土地の人.〔~货〕当地の産物.〔他们~的特产〕彼らの土地の特産物.〔~磁 cí 盘〕〔本机磁盘〕電ローカルディスク. ↔〔外 wài 地〕〔异 yì 地〕
本地的姜不辣 běndì de jiāng bùlà 〈諺〉慣れたものは平凡に見える.英雄も故郷では重んじられない.
本调 běndiào 圓原調.
本东本伙 běndōng běnhuǒ (商店で)資本主自身が支配人となって経営すること.
本多酸 běnduōsuān 〔泛 fàn 酸〕
本分 běnfèn 〔本份〕とも書いた. ①本分.本来の職分.本来の職責.〔守~〕本分を守る.〔借是人情,不借是~〕〈諺〉貸す義理はないが、人情としてとくに貸してやる. ②身分に安んずる.まじめにやっている.おとなしくしている.〔与 yǔ 其妄想发财不如~着状〕やたらに金もうけしようと考えるより本分に安んじている(まじめにしている)方がよい.〔本分分的人〕おとなしくしている人. →〔安 ān 分〕
本夫 běnfū 因本夫:法律上正式な婚姻関係にある夫.
本富 běnfù 〈文〉〔本业③〕(農業)によって得た富.〔~为上,末富次之,奸富最下〕(史记·货殖传)農業によって得た富は最上で、商工業による富はその次、悪な手段で得た富は下の下である.
本该 běngāi ⇒〔本应〕
本干 běngàn (樹木などの)主な幹.
本根 běngēn 源.根.ルーツ.
本股票 běngǔpiào 圖全額払込済の株券. →〔假 jiǎ 股票〕
本固枝荣 běngù zhīróng 〈成〉もとがしっかりしていれば枝葉も栄える.
本国 běnguó ①この国. ②自国.本国.〔他们都回~去了〕彼らはみな自国へ帰った.
本行 běnháng ①得意な技能.〔这不是我的~〕これはわたしの得意なことではない. →〔三 sān 句(话)不离本行〕 ②本来の職業.自己の職業. ③=〔本号〕本店.当店. →〔敝 bì 号〕
本号 běnhào 同上③

本合 běnhé ⇒〔本应〕
本籍 běnjí ⇒〔原 yuán 籍〕
本纪 běnjì 紀伝体の史伝のうち帝王に関することを記した部分. →〔列 liè 传〕〔世 shì 家②〕
本家 běnjiā ①一族:同姓(父方)の親戚.〔贵贵~〕〈文〉贵华宗〕ご一族.〔~里一族一門の人々.〔~兄弟〕父・伯父・叔父の息子たち(いとこ)同士の関係:同じ祖父から出た同年輩の男子たち. →〔亲 qīn 戚〕 ②同姓の者.
本家儿 běnjiār 〈方〉当家.当人.本人.
本价 běnjià 原価.元値.
本教 běnjiào ⇒〔喇 lǎ 嘛教〕
本届 běnjiè 今回.本期(会議・卒業年次の).〔~大会〕今回の大会.
本金 běnjīn ①資本金.元手.〔利 lì 润〕 ②(預金の)元金. →〔利息〕
本就 běnjiù もとから.元来.もともと.〔我~不喜欢他〕わたしはもとから彼が嫌いだ. →〔本来①〕
本觉 běnjué (仏教の)仏性(${f_2}$):生得の知恵.
本科 běnkē (大学の)本科.〔~学生〕大学学部生. →〔预 yù 科〕〔专 zhuān 科〕
本来 běnlái ①本来.元来.もともと.〔他~身体很弱,现在变得挺结实了〕彼は以前体が弱かったが、今はとても丈夫になった.〔我~就不想去,你这么一说,我就更不想去了〕もともと行きたくなかったが、言われたら、もっと行きたくなくなった. ②本来の.持ち前の.〔~的颜色 sè〕もとの色. ③当然である.あたりまえである.〔~嘛,一个四岁的孩子懂得什么叫客气呢〕あたりまえだ、四つの子供に遠慮なんてわかるものか.
本来面目 běnlái miànmù 本来の面目.本性(多くけなしていう).〔~本目〕
本垒 běnlěi 区(野球の)ホーム.本塁.〔~板 bǎn〕ホームプレート.〔~打 dǎ〕〔全垒打〕本塁打.ホームラン.〔盗 dào ~〕ホームスチール.
本利 běnlì 〔本息〕圓元利:〔本金〕と〔利息〕
本领 běnlǐng ①本領.才能.技量.手腕.〔有~〕腕がある.〔~高强〕腕が冴えている. ②本来の面目:〔本色①〕に同じ.〔充分发挥了自己的~〕自己の本領を遺憾なく発揮した. →〔本事 shi〕
本论 běnlùn 本論.論著の主要部分:〔引 yǐn 论〕〔结 jié 论〕に対していう.
本貌 běnmào 本来の様子.もとのありさま.
本名 běnmíng ①本名или官職名ではない. →〔別 bié 名(儿)〕 ②(一部の外国人の氏名で)本人を指す名前.
本命年 běnmìngnián (自分の)干支($\frac{n}{2}$)の年:12年(60年)毎に巡って来る.迷信では悪い年とされ、厄除けに赤いものを身につけた.〔本命日〕は同前の日. →〔属 shǔ 相〕
本末 běnmò 根本と末梢.本と末.始めと終わり.委細.〔物有~,事有终始〕ものに本末あり、事に終始あり.〔~倒置〕~成〕本末を転倒する. →〔本业③〕
本能 běnnéng ①本能.本来備えている性能.〔理 lǐ 性〕 ②本能的(に).無意識(に)
本年度 běnniándù 本年度.今年度.〔~国家预算〕本会計年度の国家予算.
本票 běnpiào ①圖銀行が現金がわりに発行する支払指図書.また、〔期 qī 票〕(約束手形)の意に用いることもある. →〔票据①〕 ②(電車・バスなどの)回数券. →〔联 lián 票〕
本期 běnqī 今期.〔利润〕図当期利益.
本钱 běnqián ①資金.元手.〔有多大~,做多大生意〕〈諺〉元金で商売はできる.〔没~的买卖〕元手いらずの商売.泥棒稼ぎ. →〔资 zī 本①〕 ②〈喩〉基になるもの.〔~不大〕拠り所となるものが大

本　　　　　　　　　　　　　　　　　　　　　　　　　　　　　　　　běn

きくない.

本区 běnqū ⟨区⟩(バスケットボールなどの)オウンコート.→〔对 duì 区〕

本儿 běnr ①元手.資本金.〔不够～〕もとがきれる.損をする.②綴じて冊子としたもの.〔笔记〕筆記帳.ノート.〔帐 zhàng～〕帳簿.〔剧 jù～〕脚本.

本然 běnrán 〈文〉もとの通りの(の).生まれつき(の).自然に与えられた(もの).〔气质的～〕自然のままの気質.

本人 běnrén ①本人.その人.当人.〔本主儿②〕ともいう.〔～不同意〕本人が同意しない.〔只看过相片,没见过～〕写真を見ただけで,本人には会ったことがない.②わたくし.〔～也表示同意〕私も賛成であることを表明します.

本日 běnrì 〈文〉本日.今日.口頭語は〔今 jīn 天①〕.

本嗓(儿) běnsǎng(r) 地声.→〔假 jiǎ 嗓子〕

本色 běnsè ①本来の面目.本来の特色.持ち味.〔英雄～〕英雄の面目.②〈文〉租税として納める物品;これを金銭に換算することを〔折 zhé 色〕という.〔本色 shǎi(儿)〕

本色演员 běnsè yǎnyuán 地でいく俳優.モデルとなる人物にそっくりの役者.

本色运动 běnsè yùndòng 因キリスト教の中国土着化運動.

本色(儿) běnshǎi(r) その物の持ち前の色.地色.〔用～的,不用配别的颜色 sè〕地色のを使いない,他の色をを配してはいけない.〔～细布〕生金巾.〔～原布〕軽生金布.→〔本色 sè〕〔刷 shuā 色儿〕

本身 běnshēn (人や事物の)それ自身.それ自体.〔最近国内的纠纷～就雄辩地说明这个矛盾〕最近の国内の紛糾(ṅ)それ自身が,この矛盾を雄弁に物語っている.

本生 běnshēng 養子がその実家をいう.〔我～房里人口不多〕わたしの実家は家族が少ない.〔～父母〕実家の父母.

本生灯 běnshēngdēng 〈音訳語〉ブンゼン灯.ブンゼンバーナー;〔邦 bāng 生灯〕とも書いた.

本省 běnshěng 本省.自省;〔外 wài 省①〕に対していう.〔～人〕本省人;台湾では,1949年前後,国民党政権とともに大陸から渡ってきた〔外省人〕と区別している.

本师 běnshī 〈文〉業を受けた師.

本市 běnshì 本市.市内.

本事 běnshì (詩・詞・戯曲などの)元となる事跡や物.〔出 chū 典〕.

本事 běnshi 能力.技量.才能.腕.〔他净说大话,没有真～〕彼は法螺(ら)を吹くだけで,本当の腕はない.

本硕连读 běnshuò liándú 大学学部から(そこの)大学院生に進む.〔～毕业生〕同前の本科卒業生.

本诉 běnsù 法〔訴訟の〕本訴.→〔反 fǎn 诉〕

本题 běntí 話の本題.本筋.〔离开~的话〕本題から離れた話.余談.

本体 běntǐ ①事物の本体.②哲実体;現象を形成する根本実体.③機械設備の本体.

本钿 běntián 〈方〉元金.資本金.

本土 běntǔ ①生まれた故郷.→〔本乡〕②本国.本土.〔～化〕⑧現地化(する).①国産(品)化(する).③もとの場所.→〔客 kè 土〕

本位 běnwèi ①貨幣制度の基礎,あるいは貨幣価値の計算標準.〔金～〕金本位.〔银～〕銀本位.〔外汇～為标准〕②自分.〔学校本应以学生为～〕学校は学生本位とすべきだ.③自己の属する単位.自己の責任範囲.〔做好～工作〕自分自身の職務を立派にやりとげる.〔～利益〕自己中心的利益.

本位货币 běnwèi huòbì ⇒〔主 zhǔ 币〕

本位主义 běnwèi zhǔyì 自己(の属する団体)の利益のみを考え,全体を顧みない考え方.

本文 běnwén ①指摘したその文章.〔～准备谈谈经济问题〕この文章は経済問題を論じようとするものである.②原文;訳文や注釈と区別していう.→〔译yì 文〕

本务 běnwù 〈文〉本来の職務.

本息 běnxī ⇒〔本利〕

本席 běnxí 回わたくし;会議に出席している議長や議員の自称.

本戏 běnxì 劇(旧劇の)全幕通しの芝居.〔全 quán 本戏〕に同じ.→〔全本①〕

本乡 běnxiāng 本来の郷里.生まれる故郷.〔～本土〕同前.

本相 běnxiàng 本性.正体.〔露 lòu 出～来了〕(現出了～)本性を現した.お里が知れた.化けの皮がはがれた.

本心 běnxīn ①本心.②良心.

本性 běnxìng 本性.個性.〔江山易改,～难 nán 移〕〈成〉本性には変え難い.三つ子の魂百まで.

本姓 běnxìng 本来の姓.もとの姓.旧姓(養家を継がない前の)

本洋 běnyáng 回スペイン銀貨の中国に流入して用いられたもの.→〔洋钱〕

本业 běnyè ①本来の職業.②自分の職業.この職業;古代には農業が本をなす重要な生業であるとし,商工業を〔末业〕〔末作〕とした(史記・商鞅列伝)

本义 běnyì (言葉の)本義.→〔引 yǐn 申义〕

本意 běnyì 本来の意味.元々の考え.

本益比 běnyìbǐ ①経(投资)元金と利益との比.②⇒〔市 shì 盈率〕

本银 běnyín 〈文〉資本金.

本应 běnyīng =〔本当〕〔本该〕〔本合〕本来は…せねばならない.もとより…べきである.

本影 běnyǐng 物本影;物体に遮られて光源の光が全く達しない部分.部分的に到達してできる薄暗い部分を〔半 bàn 影〕(半影)という.

本原 běnyuán 回根源.根本の実体.

本源 běnyuán 根源.本源.源.

本愿 běnyuàn もとからの願い.

本月 běnyuè 〈文〉本月.今月;〔⟨口⟩这 zhè (个)月〕に同じ.〔～秒 miǎo〕今月末.

本章 běnzhāng 回〔奏〕章.⇒〔题 tí 本〕

本着 běnzhe …に基づいて.〔～友好的精神解决问题〕友誼の精神を通じて問題を解決する.

本真 běnzhēn ①事物的真相.本来の面目.②〈文〉無邪気である.素直である.〔为 wéi 人～〕人となりが純粋である.

本证 běnzhèng 法訴訟における証拠.

本证据金 běnzhèng jùjīn 回商談成立の後,取引所仲買人が買方・売方の双方から記帳価格の30%以内を納入させたこと.

本支 běnzhī ①同族中の近親.同じ祖父から出た一族.②宗族中の嫡系と庶系.③本派と支派.

本值 běnzhí 回元值.

本职 běnzhí ①担当している職務.〔干好～工作〕自分の担当する仕事をきちんとする.②〈文〉本職;官職についている者の自称.

本旨 běnzhǐ 〈文〉本来の(主要な)趣意.

本质 běnzhì 本質.本性.〔～別〕本質的な差.〔透过现象看～〕現象を通して本質の姿を見る.

本周 běnzhōu 〈文〉今週;〔这 zhè (个)星期〕に同じ.

本主儿 běnzhǔr ①=〔⟨文⟩物 wù 主〕持ち主.所有主.所有権者.〔这块地谁是～〕この土地はだれが持

85

ち主か. ②本人:〔本人(儿)①〕に同じ.〔人家~没话,你来说什么〕ご本人には異存がないのに,君は何と言いに来たんだ.

本字 běnzì 〈文〉①〔文字学的〕本字:本義を表す字.例えば〔骏峻于天〕(天にとどくほど高く険しい)の〔骏〕の〔峻〕を〔借 jiè 字〕という. ②元の字:〔初 chū 文〕ともいう.例えば〔趾 zhǐ〕の〔~〕は〔止〕.

本子 běnzi ①ノート(ブック).メモ(帳).帳面.帳簿.綴じて冊子としたもの.〔笔记本(儿)〕ノートブック.〔改~〕(宿題や練習)のノートを添削する.〔册 cè 子〕②版本.〔这一个错误太多〕この版は間違いがたいへん多い.

本子戏 běnzixì 劇全幕通して演ずる劇:〔本戏〕ともいう.→〔折 zhé 子戏〕〔整 zhěng 本〕

本宗 běnzōng 〈文〉総本家.

本族语 běnzúyǔ ①自国語.母国語. ②当該民族の言語.

〔苯〕 běn 化ベンゼン(ベンゾール):〔安 ān 息油〕に同じ.〔扁 biǎn 陈〕〔偏 piān 陈〕フェノール酸.〔焰 lún〕は旧名.〔~基 jī〕フェニル基.〔~甲基〕〔芊 biàn 基〕ベンジル基.〔甲基~基〕トリル基.〔二萘 nài 基~基〕〔苊 pǐ〕ピセン.〔甲~〕トルエン.〔联 lián~〕フェニルベンゼン.〔品 pǐn 三~〕フェ fēi〕フェナントレン.〔一氯 lǜ~〕クロルベンゼン.〔乙 yǐ~〕エチルベンゼン.〔硝 xiāo 基~〕ニトロベンゼン.〔偶 ǒu 氮~〕アゾベンゼン.→〔石 shí 油粕〕

苯胺 běn'àn =〔音訳〕阿 ā 尼林〕〔生 shēng 色精〕〔~染 rǎn 料〕アニリン染料:世界最初の人工染料で,後にすべての人工染料をもいう.〔~盐〕アニリン塩.〔硫酸~〕硫酸アニリン.〔~油〕アニリン油.〔~黑〕アニリンブラック.〔~基〕アニリノ基.フェニルアミノ基.

苯巴比妥 běnbābǐtuǒ =〔鲁 lǔ 米那〕薬フェノバルビタール(フェニルエチルビツール酸. ミネタナール.カルデナール):催眠剤の一種.〔苯巴比妥钠 nà〕〔鲁米那钠〕溶性フェノバルビタール(フェニルエチルバルビツール酸)ソーダ.ルミナールナトリウム.

苯并芘 běnbìngbǐ 化ベンゾピレン.
苯并菲 běnbìngfēi 化クリセン.ベンゾフェナントレン:〔䓛 qū〕に同じ.
苯酚 běnfēn ⇒〔酚〕
苯海拉明 běnhǎilāmíng 薬ジフェンヒドラミン.
苯醇 běnchún =〔芊 biàn 醇〕ベンジルアルコール.→〔醇④〕
苯甲基 běnjiǎjī =〔芊 biàn 基〕化ベンジル基.
苯(甲)醛 běn(jiǎ)quán 化ベンズアルデヒド.
苯甲酸 běnjiǎsuān =〔安 ān 息(香)酸〕安息香酸.〔~钠 nà〕安息香酸ナトリウム(安息香酸ソーダ).〔~雌素二醇 chún〕〔~雌甾二醇〕安息香酸エストラジオール.〔~苎酮〕安息香酸ベンジル.
苯甲酸钠咖啡因 běnjiǎsuānnà kāfēiyīn 安息香酸ナトリウムカフェイン:〔安 ān 纳咖〕(アンナカ)は通称.〔安息香酸钠咖啡因〕ともいう.
苯甲酰 běnjiǎxiān 化ベンゾイル.
苯甲酰胺 běnjiǎxiān'àn 化ベンツアミド.
苯肼 běnjǐng 化フェニルヒドラジン.
苯醛 běnquán ⇒〔苯(甲)醛〕
苯妥英钠 běntuǒyīngnà =〔二 èr 苯乙内酰脲钠〕ジフェニルヒダントイン(フェニトイン)ナトリウム.
苯烷 běnwán 〔环 huán 己烷〕化シクロヘキサン.
苯乙烯 běnyǐxī =〔乙 烯苯〕

〔畚〕 běn ①固もっこ.箕(み):藁縄または竹を編んで作った道具. ②〈方〉〔同前〕で土を集める.
畚插 běnchā 農もっこ.
畚斗 běndǒu 同下.
畚箕 běnjī =〈方〉畚斗〕〈方〉①箕.竹箕. ②ちりとり.

〔床〕 bèn 〔姓〕床(姓).

〔夯〕 bèn 〈白〉ばかでかい.大きくてのろい:〔笨〕に同じ. → hāng

夯货 bènhuò ⇒〔笨货〕
夯鸟先飞 bènniǎo xiānfēi ⇒〔笨鸟先飞〕
夯雀儿先飞 bènquèr xiānfēi ⇒〔笨鸟先飞〕

〔坌(坋)〕 bèn (Ⅰ)〔坌〕〈文〉①集まる. ②粗い. ③(細かいものを)ふりかける. ④〈方〉掘り起こす.〔~地〕土を掘り起こす. (Ⅱ)〔坌(坋)〕塵. →〔坋 fēn〕

坌集 bènjí 〈文〉集まる.集い合う.大勢が一時に集まる.
坌涌 bènyǒng 〈文〉沸き上がる.盛んにわき出る.

〔奔(犇・逩・犇)〕 bèn ①まっしぐらに行く.目指して行く.〔直~正西〕東西へ向かって行く.〔朝 cháo 东~外滩〕東へ向かい外灘(上海市の黄浦江畔)目がけて行く.〔各~前程〕各自の前途に向かって邁進(ぼく)する. ②…へ向かって.…めがけて.〔~着 zhe〕同前. ③身を寄せる.頼って行く.〔我想您一定有,所以就奔~您来了〕必ずお持ちだと思ったので,あなたを頼りにして来ました.〔投~〕頼って行く. ④〈方〉(衣食のために)駆けずり回る.〔~落儿 làor〕〔~饭(辙)盅儿〕同前.〔为日子生活のために奔走する.〔谁有工夫跟你们瞎聊,我还得 děi 一去呢〕おまえたちとだ話をしている暇があるものか,これから飯のあてを探しに行かなくちゃならないんだ. ⑤年齢が近づく.…歳になる.〔他是~六十岁的人了〕あの人は60歳になる. → bēn

奔命 bènmìng 〈方〉一生懸命である.しゃにむに…する.〔他整天为了生活去~〕彼は一日中生活のために休みなく働く.〔这样~干什么〕そんなにがむしゃらにやらなくてもいいじゃないか. → bēnmìng
奔钱 bènqián 金のために奔走する.
奔人儿 bènrenr まだあけない嬰児が手を出して人の方に行こうとすること. 〔这孩子会~了,多有意思呀〕この子は人見知りをせずだっこしてもらおうとする,かわいいね.→〔认 rèn 生〕
奔头儿 bèntour =〈口〉がんばって働く価値や張りのある.努力のし甲斐(が)い.望み.〔学点儿理论,更觉得有~〕理論を学べば一層前途が明るくなる.〔熬 áo了好几年没一点点起色,这事没有~〕幾年もの間苦しんできて何も見込みがない,この仕事は先まっ暗で将来性がない. ②身を寄せるところ.目安.頼り.〔既然你有哥哥在那儿当然是个~〕君の実の兄さんがそこにいるからにはもちろん寄る辺があるわけだ.

〔倴〕 bèn 〔~城 chéng〕地河北省にある.

〔笨〕 bèn =〔夯〕①愚かである.愚鈍である.気がきかない.〔~猪 zhū〕〈喩〉〈罵〉うすのろ.阿呆.ばか者.〔心眼儿~〕考えが足りない.気がきかない.→〔呆 dāi (Ⅰ)〕〔傻 shǎ〕 ②へたである.不器用である.〔做得~作り方が不器用である.〔出 zhuō 嘴~腮〕口べたである. ③ずんぐり重い.〈転〉旧式である.〔~溜 liū 子〕(電動コンベヤーに対して)旧式な動力作用として低所へすべり落としを用いるブリキ製の溝.〔~板子〕(ベニヤ板に対して)普通の板.

笨笨磕磕 bènbèn kēkē 〈方〉(話が)へどもどするさま.すらすらと話せないさま.〔由于太激动,他说得

~的彼はすごく興奮して、とぎれとぎれに話した.
笨伯 bènbó ＜文＞阿呆（ﾎｳ）.愚人.のろま.
笨虫 bènchóng ＜罵＞のろまなやつ.②＜方＞牛にたかる大きな蠅:ふつう〔牛 niú 蝇〕という.〔～叮 ding 在牛身上〕牛蝇が牛にたかっている.
笨蛋 bèndàn ＜罵＞間抜け.のろま.→〔废 fèi 物〕
笨(屈)驴 bèn(diǎo)lú ＜罵＞のろま.ぐず.のろのう.
笨狗 bèngǒu ①→〔土 tǔ 狗〕②大きな犬.
笨汉 bènhàn 鈍物.愚鈍な男.粗忽な男.
笨活(儿) bènhuó(r) 荒仕事.↔〔细 xì 活(儿)〕
笨货 bènhuò ①→〔夯货〕①＜罵＞のろま.間抜け.②大きくて重いもの.
笨劲儿 bènjìnr 無駄力.馬鹿力.〔不知道窍 qiào 门儿,净用～不行〕かんどころもわからずに無駄力を使うだけではだめだ.
笨口拙舌 bènkǒu zhuōshé ＝〔笨嘴巴舌〕〔笨嘴笨舌〕〔笨嘴挠腮〕〔笨嘴拙舌〕口下手.話し下手:〔拙嘴笨腮〕に同じ.
笨驴 bènlú ⇒〔笨(屈)驴〕
笨鸟先飞 bènniǎo xiānfēi =〔夯鸟先飞〕〔夯雀先飞〕愚かな鳥は先に飛び出す.＜喩＞勤勉で鈍才をカバーする.
笨人 bènrén 愚鈍で不器用な人.
笨手 bènshǒu 不器用な(人).〔～劣 liè 脚〕〔～笨脚〕＜喩＞動作が不器用で,てきぱき運ばないこと.
笨头笨脑 bèntóu bènnǎo 頭の悪いこと.愚か頭.
笨鸭先行 bènyā xiānxíng ＜喩＞勤勉で才能をカバーする:〔笨鸟先飞〕に同じ.
笨贼 bènzéi ＜方＞ばかもの.
笨重 bènzhòng ①ばかでかい.かさばって重い.〔～家具〕大きくて重い家具.〔身体～〕体が大きい(動きが鈍い).②大きな力のいる.骨が折れる.〔～的活计〕骨の折れる仕事.〔广泛使用机械代替～的体力劳动〕重労働のかわりに機械が広範に使われている.
笨拙 bènzhuō 愚鈍である.不器用である.〔玩弄～的伎俩〕愚かな手管を使う.↔〔灵 líng 巧〕
笨嘴巴舌 bènzuǐ bāshé →〔笨口拙舌〕
笨嘴笨舌 bènzuǐ bènshé ⇒〔笨口拙舌〕
笨嘴挠腮 bènzuǐ náosāi →〔笨口拙舌〕
笨嘴拙舌 bènzuǐ zhuōshé →〔笨口拙舌〕

beng ㄅㄥ

〔伻〕 bēng ①＜文＞使者.②＜文＞…せしめる.させる.③＜姓＞伻(ﾎｳ)

〔祊(祊)〕 bēng ①＜文＞宗廟内の祭祀(を行う場所).②地名用字.〔～河〕山東省にある.

〔崩〕 bēng ①崩れる.〔山～了〕山が崩れた.〔山～地裂〕＜成＞山が崩れ地面が裂ける.＜喩＞天変地異が起こる.②割れる.破裂する.炸裂する.〔～伤 shāng〕(破裂して)傷つく.〔放炮仗把手～了〕爆竹を鳴らして手に裂傷を負った(やけどした).〔把气球吹～了〕風船玉を吹き割った.③(破裂して)あたる.ぶつかる.④＜口＞銃殺する〔咋 zǎ 不～了他,要～了可给我的小扣子报仇了〕〔周・暴〕どうしてあいつを銃殺しないんだろう,銃殺したらかれらうちの小扣子のかたきを打ってくれたことになるのに.⑤だめになる.おじゃんになる.仲たがいする.〔他们俩人～了〕話は仲たがいした.〔～了话〕話をぶち壊す.⑥＜方＞(天子が)死ぬ.〔驾～〕崩御する.⑦＜方＞(歯が)ぼろりと落ちる.〔～了牙了〕歯がぽろりと落ちた.⑧＜姓＞崩(ﾎｳ)

崩岸 bēng'àn 堤防が崩れる.

崩崩脆 bēngbēngcuì ＜口＞さくさくして歯ごたえがよい.
崩剥 bēngbō ＜文＞①紛乱する.②はげ落ちる.
崩摧 bēngcuī 丸潰(ｶﾝ)れになる.〔纲纪(ﾅｶ)乱.
崩大碗 bēngdàwǎn ⇒〔积 jī 雪草〕
崩箍 bēnggū 箍(ｶ)が裂ける.ばらばらになる.崩れる.＜喩＞失敗する.〔事情没办好,崩了箍了〕仕事はうまくいかずに,失敗した.
崩坏 bēnghuài 崩壊する.
崩毁 bēnghuǐ 崩壊する.
崩解 bēngjiě ①崩壊する.②(岩石などが)砕ける.
崩决 bēngjué (堤防などが)決壊する.
崩克 bēngkè ＜音訳＞パンク:〔朋 péng 克〕ともいう.→〔青年〕同前.
崩口 bēngkǒu 綻(ﾎｺ)び目.
崩溃 bēngkuì (政治・経済・軍事等の体制が)崩壊する.つぶれる.〔农村～〕農村が崩壊する.
崩裂 bēngliè ①裂け砕れる.②刃がこぼれる.
龙族 bēnglóngzú 〔徳 dé 昂族〕
崩漏 bēnglòu 中医子宮の病的出血:〔崩中〕(大出血)と〔漏下〕(少量で長く続く出血)
崩落 bēngluò 崩れ落ちる.〔山石～〕山の上の石が崩れ落ちる.
崩盘 bēngpán 圖相場が崩れる.価値が下落する.②土台が崩れる.拠り所が崩れる.
崩儿 bēngr ＜方＞方法.てだて:〔办 bàn 法〕〔方 fāng 法〕に同じ.〔有什么～〕(老・四・悝 1)どんな方法があるか.
崩刃 bēngrèn 刃こぼれ(する):＜方＞锛 bēn ③に同じ.
崩松 bēngsōng ⇒〔杜 dù 松〕
崩塌 bēngtā =〔崩坍〕①崩れ壊れる.〔危 wēi 墙～〕＜文＞崩れかけていた塀が倒れる.②山崩れ.
崩坍 bēngtān 同上.
崩颓 bēngtuí 崩れ倒れる.〔山岳～〕山崩れする.
崩陷 bēngxiàn ＜文＞崩れ落ちる.
崩泻 bēngxiè 圖(株式で)株価の罫線の下降.
崩炸 bēngzhà ＜文＞爆発する.破裂する.
崩症 bēngzhèng 中医子宮血出血:〔血 xuè 崩〕ともいう.
崩坠 bēngzhuì 崩れ落ちる.〔土石～〕土石が崩れ落ちる.

〔绷・绷(繃)〕 bēng ①縛る.巻きつける.②引っ張ってぴんとする.ぴんとしている.緊張する.〔把绳 shéng 个～直了〕縄をぴんと引っ張った.〔用脑子,不能～得太紧〕頭を使う時にあまり緊張してはいけない.③はじけ飛ぶ.〔绷簧～飞了〕ばねがはねて飛んだ.④しつけ縫いする.とめ縫いする.(とりあえず)ざっと縫う.〔先～几针,然后再细缝〕まずしっけ縫いしてから,さらに細かく縫う.〔～一针〕とめ針.まち針.〔臂 bì 章～在专用上〕腕章は左の腕に付けておく.〔喜幛 zhàng 上的金字不必把糨 jiàng 子贴,用针～上就行,回头好摘〕喜幛(祝いの時に贈る金文字を貼りつけた赤布や軸物の金文字は貼りつけずに針でとめておけばよい,後で外しやすいから.⑤〔～子〕寝台の張り:籐(ｺ)や棕櫚(ｼｭ)で作る.〔床～〕同前.⑥…面する.＜方＞むりする.→〔绷场面〕→ bēng běng

绷场面 bēngchǎngmiàn ＜方＞その場をうまくとりつくろう.見栄を張る.
绷床 bēngchuáng 区トランポリン(運動・器具)
绷大价 bēngdàjià 高い値をふっかける.
绷带 bēngdài 包帯.〔用～包扎伤口〕包帯で傷口をしばる.

绷弓子 bēnggōngzi ①ドア開閉用のコイルバネ：〔绷 péng 弓〕ともいう.

绷簧 bēnghuáng ⇒〔弹 tán 簧〕

绷面子 bēngmiànzi （金などの）無理して体面を保つ.〔试 shì 样〕

绷皮儿 bēngpír 表面が固まる.皮が張る：道路のぬかるみ、また糊のようなものが、表面が乾いて粘りがなくなるとか、粥が冷めて表面に薄い膜ができるような状態になること.

绷线（儿） bēngxiàn(r) ①しつけ糸.〔用～绷〕しつけ糸でとめる.②押さえ紐（糸）：板などの上に物をのせて運搬する時にからげておく紐.

绷衣裳样子 bēng yīshang yàngzi 着物の仮縫いをする.〔试 shì 样〕

绷子 bēngzi ①刺繍台.刺繍枠（布をぴんと張るためのもの）.②寝台の張り：棕櫚（ズ）・竹などで編んだ部分.

〔嘣〕 bēng ①吐き出すように言う.〔小铁吭 kēng 哧了半天,～出四个字"我不会说"〕小鉄は長いこともごもごやっていたが、ようやく"できない"と一言吐き出すように言った.②〈擬〉はねたり爆発するような音.〔心里～～直跳〕胸がずっとドキドキしている.

〔甭〕 béng 〈口〉〔不用 bùyòng〕のつまったもの.①禁止の意味を表す.〔～去了〕行かないでください.〔你～管〕このことにかまわないでくれ.→〔别 bié⑩〕〔甮 féng〕…しても無駄だ.…しようとしても駄目だ.〔有这条臭 chòu 沟,谁也～想好好地活着〕(老舎・竜鬚溝 1)この臭いどぶがあっちゃ誰だってまともに暮らして行こうなんて思えたもんじゃない.③…しない時はともかく.〔我们各儿俩～坐到一块儿,坐到一块儿瞎就要议论问题〕ふたりあの子とは一緒にいない時はともかく、一緒にいるときまって議論になる.④〈姓〉甭(ズ)

甭是 béngshì 〈方〉…ではないかね.多分…だろう.〔您～不会吧〕あなたはできないんじゃありませんか.→〔别 bié 是〕

甭本 běnti 〈方〉非常に.言葉では言えないほど.〔～多贵了〕非常に高かった.

〔菶〕 běng 〔～～〕〈文〉草木の茂るさま.〔～～萋 qī 萋〕同前.

〔琫〕 běng 〈文〉刀の鞘（ゼ）の上端にある飾り.

〔绷・繃（繃）〕 běng ①〈口〉①〔顔を〕こわばらせる.四角張る.改める.②（ぐっと）こらえる.辛抱して待つ.がんばる.〔你就要吃饭去了得了,再～～儿,忙什么〕すぐ飯を食べに行くって？なぁんだ、もう少し我慢しなよ、急ぐことはないじゃないか.〔～不住松撒 sā 手了〕我慢しきれなくなって、手を放してしまった.〔～行 háng 市〕相場のよくなるのを辛抱して待つ.〔因为他知道人家一定要,他～着不肯让价儿〕相手が必ず買うことを知っているので、足元を見て値を下げない.〔你别～价儿〕駆け引きをするな.→〔板 bǎn 〔①⑥〕→ bēng bèng

绷劲儿 běngjìn(r) ぐっと力を入れる.

绷脸 běngliǎn 顔をこわばらせる.改まった態度をする.怒った顔つきになる.仏頂面をする.〔干 gàn 吗绷着脸儿？又跟谁生气了？〕何でそんなしかめ面をしているのか、また誰かといざこざがあって怒っているのか.→〔板 bǎn 脸〕

绷盘儿 běngpánr 怒った顔をする.ふくれ面をする.〔刚说着好话儿他也不知怎么～了〕たった今までもなく話していたのに、どうしたことか急に怒り出した.

绷儿绷儿的 běngrběngrde ぴんと張って.ぴんと伸

びて.〔鼓面非得绷 běng 得～才行呢〕太鼓の皮はぴんと張ってないといけない.

绷着劲儿 běngzhejìn(r) ①ぶすっとしている.②ぐっとこらえる.じっとこらえる.

〔迸〕 bèng ①散らばる.ほとばしる.飛び散る.〔火星子乱～〕火の粉が飛び散る.②裂けるはじける.はねる.〔～碎 suì〕はじけ割れる.→ bīng

迸脆 bèngcuì ⇒〔绷（儿）脆〕

迸发 bèngfā ほとばしる.〔～着青春的活力〕青春の息吹がほとばしっている.

迸飞 bèngfēi 飛び散る.

迸溅 bèngjiàn ほとばしる.はねあがる.

迸开 bèngkāi はじけ割れる.〔石榴熟透了就自己～〕石榴（ザ）は熟しきると自然にはじける.

迸裂 bènglìe 裂け割れる.割れて飛び出す.

迸流 bèngliú ほとばしる.

迸散 bèngsàn 飛び散る.

迸射 bèngshè 噴射する.噴出する.

迸跳 bèngtiào ⇒〔蹦跳〕

迸涌 bèngyǒng ほとばしり出る.ほとばしる.

迸跃 bèngyuè 跳びあがる.〔怒火～〕怒りが吹き出る.

〔泵〕 bèng ①＝〔唧 jī 筒〕ポンプ：〔～浦〕〔帮 bāng 浦〕〔邦 bāng 浦〕は旧音訳.〔水～〕〔抽 chōu 水机〕〔汲 jí 水机〕〔汲水唧筒〕揚水ポンプ.〔气 qì～〕〔抽气～〕空気ポンプ.〔真 zhēn 空～〕真空ポンプ.〔油 yóu～〕給油ポンプ.〔风～〕送風ポンプ.②ポンプで汲み入れる(出す).〔把原油～到油船上去〕原油をタンカーにポンプで汲み入れる.〔把海水～出来〕海水を汲み出す.③〈姓〉泵(ズ)

泵房 bèngfáng ポンプ室.ポンプ小屋.

泵排量 bèngpáiliàng ポンプ揚水量.

泵站 bèngzhàn ポンプステーション.

泵注 bèngzhù ポンプで流し込む.〔将混凝土～到地底下借 jiè 以稳固地基〕コンクリートをポンプで地底に流し込み、地盤を固める.

〔蚌〕 bèng 〔～埠 bù〕（地）安徽省にある.→ bàng

〔埲〕 bèng 〈文〉棺を土に埋める.→ péng

〔绷・繃（繃）〕 bèng ①はち切れる.ひびが入る.割れ目ができる.〔自行车胎,打气打得太多就～了〕自転車のタイヤはあまり空気を入れすぎるとパンクする.〔桌 zhuō 子～了一条小裂 liè 纹〕テーブルに小さい割れ目ができた.②〔～儿〕〈口〉とても.すごく.〔倍 bèi 儿〕に同じ.一部の単音形容詞の前につけ、程度のはなはだしいことを表す.〔～直 zhí〕まっすぐ.→ bēng běng

绷瓷（儿） bèngcí(r) 表面の釉層に不規則な小さい裂紋の入っている磁器.

绷鼓子 bènggǔzi 小鼓.

绷（儿）脆 bèng(r)cuì ＝〔迸脆〕〈口〉①非常に脆(ち)い.砕けやすい.カリカリに揚げる.②（言葉や声などが）歯切れがいい.はきはきしている.

〔蹦〕 bèng 跳び上がる.跳ねる.ねかえる.〔鱼～着呢〕魚はまだぴんぴん跳ねている.〔蛤蟆 háma 会～〕がまがえる.〔皮球儿一摔就～起来〕まりは(下へ)投げつけると跳ね返る.〔～字〕〈口〉（メーターなどの）数字がのび上がる.数字がはね上がる.〔吓 xià 得心口直～〕驚いて胸がドキドキする.

蹦吧 bèngbā ディスコバー.ダンスバー.

蹦蹦车 bèngbèngchē 〈口〉軽三輪オートバイ（通

称）．
蹦蹦儿戏 bèngbèngrxì 劇河北省灤県地方の劇：〔落 lào 子〕〔半 bàn 班儿戏〕の訛ともいわれる．→〔评 píng 剧②〕
蹦蹦跳跳 bèngbèng tiàotiào 活発に飛び跳ねるさま．
蹦床 bèngchuáng ＝〔弹 tán 床〕又トランポリン（運動、またその用具）
蹦跶 bèngda 飛び跳ねる：多く"もがく"意味に用いられる．〔秋后的蚂昨、〜不了几天了〕〔歇〕晩秋のバッタ、いくらも生き延びられない．
蹦迪 bèngdí ディスコダンスをする．ディスコで踊る．→〔迪斯科〕
蹦高儿 bènggāor 跳び上がる．〔乐 lè 得直〜〕喜んで跳び上がった．
蹦极 bèngjí 〔音訳〕又バンジージャンプ．〔〜跳 tiào〕同前．
蹦盘 bèngpán 劇（株式相場の）突然の下落．
蹦儿 bèngr ①飛び跳ねるさま．〔他急得直打〜〕彼は焦っては飛び跳ねるばかり．②活動能力．才能．腕前．実力．働き．〔没多大〜〕たいした才能はない．〔一个人能有什么〜〕一人ではどれほどの力があるものでもない．〔她比男人还有〜〕彼女はこれまでより働きがある．③＝〔蹦＊〕〈方〉小形硬貨．→〔锎〕
蹦儿鼓 bèngrgǔ ⇒〔脆 cuì 鼓〕
蹦跳 bèngtiào ＝〔进跳〕飛び跳ねる．
蹦子 bèngzi ⇒〔蹦儿③〕

〔锎・鏰〕 bèng 〔一儿、一子〕清末に発行された穴なし小銅貨：現在は小額（小形）の硬貨をいう．〔钢 gāng 〜儿〕同前．〔一个〜也不值〕びた一文の値打ちもない．〔不让、那也不一定做得好买卖〕彼を追及しては自分も少しはもうからないが商売上手ともいえない．→〔小 xiǎo 钱①〕
锎子儿 bèngzǐr めずかなお金．

〔甏〕 bèng 〈方〉酒甕（㋐）〔酒〕同前．→〔瓮 wèng〕

bi ㄅㄧ

〔屄（屁）〕 bī 〈口〉おまんこ．おめこ：女性器．〈小〜〉〈罵〉あま：女性を罵る言葉．

〔逼（偪）〕 bī ①迫る．追いつめる．無理にさせる．追及する．〔被〜逃走〕追いつめられて逃げる．〔一得他上吊 diào〕彼を追及して首くくりを余儀なくさせる．〔〜退 tuì〕退任に追いこむ．〔立 lì 〜着他承认〕その場で無理に承認させる．②接近する．近寄る．〔大军已〜城郊 jiāo〕大軍はもう城の外まで迫っている．③〈文〉狭い．〔〜窄 zhǎi〕同前．④〈姓〉逼（㋐）
逼促 bīcù ①強く催促する．〔〜上路〕出発するよう迫る．②狭い．
逼宮 bīgōng 旧大臣が皇帝を脅迫して退位させたこと．〔喩〕責任者にそのポストを放棄させること．
逼供 bīgòng ①自白を迫る．脅迫して自白させる．②（強迫による）自供．
逼供信 bīgòngxìn 自白を要求して、自白だけに頼り、自白を信じること．
逼和 bīhé 又タイにもちこむ．引き分けにする．
逼婚 bīhūn 強制的に結婚する（させる）．力ずくで結婚する（させる）．
逼嫁 bījià 無理に嫁に行かせる．
逼奸 bījiān 強姦(㋐)する．
逼近 bījìn 近寄る．接近する．〔天色〜黄昏〕時刻は

たそがれに近い．
逼捐 bīkěn 〈方〉やいのやいのと言う．尻をたたく．〔听其自然、别〜人好不好！〕自然にまかせていて、急き立てないでおいたらどうだ？
逼勒 bīlè ①むりやりにさせる．圧迫してさせる．〔〜他承认〕むりやりに承認させる．②脅して（金品を）巻き上げる．〔〜钱 qián 财〕同前．
逼良为娼 bīliáng wéichāng 〔喩〕善良な人にむりやり悪事をさせる．
逼令 bīlìng （力ずくで）むりやりにさせる．
逼命 bīmìng ①（力ずくで）脅す．②（窮地に追いこまれて）うろうろする．焦る．③死に追いやる．〔〜鬼〕ⓐ死神．ⓑ借金取り．
逼平 bīpíng （勝負を）引き分けに持ち込む．〔奋 fèn 力〜〕力をふりしぼって同前．
逼迫 bīpò ①圧迫する．強制する．②差し迫る．押し寄せる．③困窮する．窮迫する．〔为 wéi 生活所〜〕生活のために困窮する．
逼抢 bīqiǎng 又（サッカーなどで）体を相手にぶつけてボールを奪い合う．ショルダーチャージ．
逼切 bīqiè 切に望むさま．〔大家〜希望解决问题〕問題解決を皆切望している．
逼取 bīqǔ 強要する．
逼人 bīrén 人に迫る．〔寒气〜〕寒さが身にしみる．〔形势〜〕事態がどうにもならなくなる．〔〜太甚 shèn〕人を追及することあまりに酷である．
逼上梁山 bīshàng liángshān 〈成〉①やむにやまれずする．追いつめられてやむなくする．→〔梁山泊〕②追いつめられてやむなく反抗する．③のっぴきならず悪に走る．
逼使 bīshǐ 無理にさせる．
逼视 bīshì 〈文〉近寄ってよく見る．見つめる．
逼熟 bīshú （穀物の）実がしっかり入らぬまま成熟する．
逼死 bīsǐ 圧迫して死に至らせる．〔这简直是他〜的〕これはまるで彼が責め殺したようなものだ．
逼索 bīsuǒ 強要する．
逼问 bīwèn 問いつめる．〔诱供和〜〕誘導尋問と自白を迫るやり方．
逼狭 bīxiá 狭い．狭苦しい．
逼肖 bīxiào ＝〔毕 bì 肖〕〈文〉酷似する．そっくりである．→〔活 huó 脱〕
逼于无奈 bīyú wúnài 〈成〉余儀なくされる：〔迫 pò 于无奈〕ともいう．〔他这个行为 wéi 我想并不是出于本心，而是〜的〕彼のこの行為は、思うに本心からではなく余儀なくされたのだ．
逼拶 bīzā 〈文〉強制する．圧迫する．
逼仄 bīzè 〈文〉（場所が）狭い．〔〜小径〕細い道．
逼债 bīzhài 債権をきつく催促する．〔地主〜似虎狼〕地主の金の催促ぶりは虎狼のようだ．
逼真 bīzhēn ＝〔毕 bì 真〕〔迫 pò 真〕真に迫る．本物に近い．
逼走 bīzǒu ①無理に追い出す．②余儀なく帰るように仕向ける．
逼租 bīzū 小作料・家賃または租税の支払いを迫る．

〔鲾・鰏〕 bī 魚又ヒイラギ（科総称）：小型の海魚．

〔篦・鎞〕 bī ①〈文〉かんざし．髪飾り．②すき櫛．→pī

〔荸〕 bí 〔〜荠・qí〕〈文〉地 dì 梨〕〈方〉地 栗〕〈方〉鬼 fú 茨〕〈方〉马 mǎ 蹄〕〈方〉水 shuǐ 栗〕〈方〉乌 wū 芋〕クロクワイ．ミズクワイ：普通のクワイより甘味が多く生食される．→〔慈 cí 姑〕

〔鼻〕 bí ①鼻：〔〜子〕は通称．〈文〉准 zhǔn〔I〕⑧〕〈方〉准头〕ともいう．②取っ手．つま

bí～bǐ　　　　　　　　　　　　　　　　鼻匕比

み:器物の一部分の隆起して穴の開いている部分.器物の一端に貫通している小さな穴.〔针 zhēn ～儿〕針の穴.〔印 yìn ～〕印鑑のつまみ.〔门 mén ～子〕ドアの取っ手.〔钥 yào 匙～子〕鍵(%)の握り.〔抽 chōu 屉～子〕引き出しの取っ手.〔扣 kòu ～子〕中国服の止めボタンの輪になっている方.→〔纽 niǔ 扣(儿)〕③〔文〕(事物の)初め.〔～祖 zǔ〕鼻祖.開祖.

鼻凹 bí'āo ⇒〔鼻注(子)〕
鼻翅儿 bíchìr　小鼻.〔鼻翼〕の通称.〔用～搧 shān 着那些后起之辈〕(老・殿)後輩に向かって得意気に小鼻をうごめかす.
鼻窦 bídòu　鼻腔周炎を含む空洞部.→〔鼻旁窦〕
鼻窦炎 bídòuyán　鼻腔炎.鼻炎カタル.
鼻峰 bífēng　鼻筋の一番高い所.
鼻骨 bígǔ　生理鼻骨:両眼窩(%)の間の骨の鼻梁骨に接しているの部分.
鼻化元音 bíhuà yuányīn　=〔鼻韵母〕国鼻音を伴った母音:〔鼻化母音〕ともいう.
鼻甲 bíjiǎ　生理鼻甲介:鼻腔内部で入ってきた吸気に適当な温度と湿度を与えるところ.
鼻尖(儿) bíjiān(r)　鼻の先.鼻の頭.
鼻镜 bíjìng　医照鼻鏡.
鼻疽 bíjū　⇒〔马 mǎ 鼻疽〕
鼻孔 bíkǒng　鼻の孔(%).〔～朝 cháo 天〕鼻の穴が天井を向く(向いている).<喩>傲慢である.→〔鼻子眼儿〕
鼻梁 bíliáng　〔-儿,-子〕鼻柱.鼻筋.
鼻梁骨 bíliánggǔ　=〔鼻柱〕鼻柱の骨.鼻骨.
鼻毛 bímáo　鼻毛.
鼻牛儿 bíniúr　<口>鼻くそ:〔鼻屎〕に同じ.
鼻衄 bínǜ　医鼻出血.=〔鼻血〕
鼻旁窦 bípángdòu　生理副鼻腔.
鼻腔 bíqiāng　生理鼻腔.
鼻青脸肿 bíqīng liǎnzhǒng　殴られて鼻が青黒くなり,顔が腫れあがる.〈喩〉手ひどい打撃を受けたさま.〔叫他们打得～〕彼らにしたたか殴られた.
鼻鼽 bíqiú　中医鼻づまり.鼻炎.
鼻儿 bír　①子供にさせる芸の一種を.鼻をぴくぴく上下に動かすこと.〔～一个!〕お鼻をぴくぴくしてごらん.②器物上の物を通すための穴.〔门～〕門のかぎ穴.③<方>呼子のように音を出すもの.〔火车拉～了〕汽車が汽笛を鳴らした.
鼻如悬胆 bí rú xuándǎn　〈成〉〔下げた胆(%)のように〕形のよく整った鼻.
鼻塞 bísè　鼻づまりになる.〔～症 zhèng 状〕同前の症状.
鼻绳 bíshéng　鼻綱(%).
鼻屎 bíshǐ　鼻くそ.〔鼻孔里的尘 chén 埃和～〕鼻の穴の中のごみや垢や.
鼻饰 bíshì　鼻につけるアクセサリー:鼻ピアスなど.
鼻饲 bísì　医経鼻栄養:鼻腔に管を通して流動食を直接胃に送ること.
鼻酸 bísuān　〈悲しくて〉胸にじんと来る.〔鼻子发酸〕同上.
鼻涕 bí·tì　鼻汁.〔～干儿〕鼻くそ.〔流～〕鼻を垂らす.〔清 qīng 水～〕〔擤 xǐng ～〕鼻をかむ.
鼻涕虫 bítìchóng　<口>〔=蛞蝓(%)〕:〔蛞 kuò 蝓〕に同じ.②〔罵〕鼻垂れ小僧.
鼻贴 bítiē　鼻パック.鼻に貼る膏薬.
鼻头 bítóu　①鼻の先端.〔=鼻子〕
鼻洼(子) bíwā(zi)　〔=鼻凹〕〔鼻窝儿〕小鼻のわきのくぼんだところ.
鼻歪意不端 bíwāi yì bùduān　〈諺〉鼻筋のゆがんだ人は考えもゆがんでいるものだ.→〔眼 yǎn 斜心不正〕

鼻窝儿 bíwōr　⇒〔鼻注(子)〕
鼻息 bíxī　①鼻息.呼吸.②意向.勢い.〔仰 yǎng 人家的～〕他人の鼻息をうかがう.他人の機嫌をとる.
鼻息肉 bíxīròu　=〔鼻痔〕医鼻たけ.鼻ポリープ:鼻粘膜にできる腫瘤.
鼻血 bíxiě　鼻血.〔流 liú ～〕鼻血が出る.→〔鼻衄〕
鼻咽癌 bíyān'ái　医鼻咽癌.
鼻烟(儿) bíyān(r)　嗅(%)タバコ:〔士 shì 拿〕は音訳.〔鼻烟壶 hú (儿)〕〔壶儿②〕嗅タバコを入れるつぼ.
鼻炎 bíyán　医鼻炎.
鼻翼 bíyì　小鼻:〔鼻翅儿〕は通称.
鼻音 bíyīn　国鼻音:鼻腔の共鳴を伴う音声.〔普通话〕の m, n, ng など.〔鼻声〕は旧称.
鼻影 bíyǐng　〔化粧で〕鼻のライン.鼻筋.
鼻痛 bíyòng　同下.
鼻渊 bíyuān　中医蓄膿症:〔鼻痛〕ともいう.→〔慢 màn 性鼻道炎〕
鼻韵母 bíyùnmǔ　⇒〔鼻化元音〕
鼻齇 bízhā　中医ざくろ鼻.→〔酒 jiǔ 糟鼻(子)〕
鼻针(疗法) bízhēn (liáofǎ)　中医鼻のつぼに針を打つ治療法.
鼻直口方 bízhí kǒufāng　〔慣〕鼻筋が通り口が四角:男らしい容貌.
鼻痔 bízhì　=〔鼻息肉〕
鼻中隔 bízhōnggé　生理鼻中隔.
鼻柱 bízhù　=〔鼻梁骨〕
鼻准 bízhǔn　鼻の頭.
鼻子 bí·zi　鼻.〔钩儿 gōur ～〕かぎ鼻.〔扒 pā ～〕塌 tā ～〕ぺちゃ鼻.〔鹰 yīng ～〕〔鹰钩～〕わし鼻.〔蒜 suàn 头～〕しし鼻.〔酒 jiǔ 糟～〕ざくろ鼻.〔高 gāo ～〕高い鼻.〔抹 mǒ 了(碰 pèng 了)一～灰〕興を冷ます.面子を失くす.〔捏 niē 着～答应了〕しぶしぶ承諾する.〔说得有～有眼儿.有眉儿.有眉儿〕話にみな根拠がある〔牛～老道〕面(%)の皮が厚い.〔～不是～脸不是脸〕表情をひどくゆがめる(怒っている)さま.〔搧～〕説話,是伤鼻得了吗〕きみ鼻の下で,風邪でも引いたのかね.〔～朝 cháo 天〕鼻が天に向いている.〈喩〉高慢である.〔～尖得很〕鼻がよく利く.〔～酸 suān〕(悲しくて)鼻がつまる.〔～齉 nàng〕鼻がつまる.〔你齉着～说话,是伤风了吗〕きみ鼻声だね,風邪でも引いたのかね.〔～朝 cháo 天〕鼻が天に向いている.〈喩〉高慢である.
鼻子底下 bízi dǐxia　〈喩〉鼻そば.膝元.目の前.
鼻子头(儿) bízitóu(r)　<方>やり玉.引き合い.〔他一教训人就抓 zhuā ～〕彼は人を訓戒する段になるとすぐ(誰かを)やり玉にあげる.〔别什么事都拿我当 dàng ～〕何でもかんでもわたしを引き合いに出す.
鼻子眼儿 bíziyǎnr　鼻の穴.〔仁 sā ～,多出一口气儿〕<歇>余計な世話を焼く.→〔鼻孔〕
鼻祖 bízǔ　→字解③

匕 bǐ　〈文〉ちりれんげ・さじの類.
匕首 bǐshǒu　短剣.匕首(%).〔~枪 qiāng〕短剣拳銃:短剣のつかが,小型の拳銃である武器.

比 bǐ　①比べる.比較する.〔站 zhàn 在一处～个子〕一ところに立って背丈を比べる.〔～起过去,现在好多了〕昔と比べると今はずっと良くなった.〔～赢 yíng 了〕試合して勝った.〔互相～阔 kuò〕互いに金持ちぶりを競う.〔生活上最好多～不下,少～上〕生活上の面では自分より劣っているものと比較し,優れているものとはあまり比較しない方がよい.たとえる.なぞらえる.見なす.〔拿这～一个那个〕これとあれと比べる.②重担に見立てる.〔人的一生好～负着重担 dàn 走远路〕人の一生はちょうど重荷を負っ

比 / bǐ

て遠路を行くにも似ている(なぞらえられる). ③まねる.似ている.〔就是這样比〕猫を真似て虎を描く.〈喩〉大体のところを真似て,あまり深くは追求しない. ④手真似をする(手で大きさや形を示す).〔拿手～着说:就是这样长〕手振りで,"これくらいの長さだ"と言った.〔拿手～画着叫他后退〕手真似で彼を後ずさりさせる. ⑤(…に)合わせる.適合させる.〔～着身体做衣服〕体に合わせて服を作る.〔用尺 chǐ 子～着画一条线〕ものさしでそれに合わせて線(筋)を引く. ⑥…と比べて.…よりも. 〔今天～昨天热〕今日は昨日より暑い.〔他～专zhuān家还专家〕彼はプロよりももっとプロだ.〔他不～我高〕彼は僕より背が高いというほどではない(大体同じ高さだ).〔他没有我高〕彼は私より背が低い.〔～我大三岁〕わたしより三つ年上だ.〔~谁都好〕誰よりも良い.〔再没有一个更比 sǎo 兴的了〕これほどがっかりすることはありません.〔一天一天进步〕一日一日と進歩する. ⑦比べられる.比較することができる.〔好得无～〕この上なく良い.〔绝 jué 伦无～〕飛び抜けて良く比べものにならない. ⑧(数の)比.比率.〔大约是一与四之～〕ほぼ1対4の割合である.〔百分～〕パーセンテージ. ⑨試合の得点比較.対(tui)〔以八～四得 dé 胜〕8対4で勝つ. ⑩〔文〕並ぶ.隣り合う. ⑪〔文〕仲間になる.組みあう.〔朋～为 wéi 奸〕ぐるになって悪事をする. ⑫〔文〕このごろ.近ごろ.〔～来〕同前. ⑬〈文〉詩の〔六义〕の一.物になぞらえること."なぞらえうた". =字解〕 ⑭〔文〕比(°):六十四卦の一. ⑮〔姓〕比(°)

比比 bǐbǐ 〔文〕①しきりに.しばしば. ②いずれもみな.至るところ.数の多いさま.〔～然 rán 也〕いずれもみな然(しか)りいつもかくのとおり.

比比皆是 bǐbǐ jiēshì〔成〕いずれも皆そのようである.

比并 bǐbìng 肩する.並列する.

比衬 bǐchèn 比較する.対照する.〔把自己～得太不像样〕自分を比べてみるとあまりにもみっともない.

比粗儿 bǐcū〈方〉腕比べをする.〔咱们比粗儿,瞧谁干 gàn の活多〕おれたちどっちのやる事が多いか腕比べをしてみようじゃないか.

比党 bǐdǎng〈方〉徒党(を組む)

比对 bǐduì 比べ合わせる.比較対照する.

比方 bǐfang ①たとえ(話).比喩.〔打一个～〕たとえを言う.〔拿它做一个～吧〕これでたとえましょう. ②たとえる.なぞらえる.〔用梅花来～高尚的品质〕梅の花で高尚な品性をたとえる.→〔譬 pì方〕 ③=〔比如〕たとえば.仮に.〔～说(吧)〕たとえて言うなら.〔～我当了部长 zhǎng 吧,…〕仮に僕が大臣になったとしたら,….

比分(儿) bǐfēn(r)〈〉(競技の)スコア(の比較).〔场上～是三比二〕スコアは3対2だ.〔双方～十分接近〕双方のスコアは非常に接近している.

比附 bǐfù こじつけて比較する.〔～下剩的条例,就可以做出决定〕他の条例をいてくらべれば決定することはできる.

比高 bǐgāo 〔地〕(測量で)比高.

比画 bǐhua〔比划〕とも書く. ①手真似する.身振り・手振りをする(して話す).〔拿手～着说话〕手で仕草をしながら話す.〔边说边～〕語りつつ手真似をする.→〔指 zhǐ 手画脚〕 ②武術を競う.腕比べする.

比基尼 bǐjīní〈音訳〉①ビキニ:女性用水着.〔三sān 点式〕ともいう. ②〔～岛 dǎo〕〔地〕ビキニ島:〔马mǎ 绍尔群岛〕(マーシャル諸島)中の環礁.

比及 bǐjí〈文〉…のころには.…までに.〔~掌 zhǎng 灯的时候〕灯ともしごろになって.

比价 bǐjià ①〔商〕(入札・相見積もりの)価格・値段を比較する.〔～单〕入札価格比較表. ②比較価格.相対価格. ③為替相場.交換対価レート.

比肩 bǐjiān ①肩を並べる.〔～而立〕並び立つ.互いに近くある. ②共に行う.並んで歩く.〔中日两国必须比肩为 wèi 保卫东亚和平而奋斗〕中日両国は肩を並べて東洋平和のために奮闘しなければならない. ③〔占星術で〕両者が並ぶこと.

比肩继踵 bǐjiān jìzhǒng〔成〕込みあっているさま:〔比肩接踵〕ともいう.〔一到节日,大街上人山人海,～,十分热闹〕祝祭日になると人の海で込みあい,非常ににぎやかだ.→〔肩摩踵接〕

比降 bǐjiàng ①〔地〕(測量で)二点間の距離と高さの比率. ②(価格などの)下落率.

比较 bǐjiào ①比較(する).〔这个和那个～起来…〕これはあれとを比べてみると….〔～文学〕比較文学.〔～优势的相対的優位. ②…よりも.〔今年生产额～去年提高了很多〕今年の生産額は去年よりずっと多い. ③=〔方〕较比〕比較的.〔～好的〕比較的良いもの.

比较仪 bǐjiàoyí〔機〕コンパレーター.

比勘 bǐkān 比較し考察する.比較検討する.〔～同异〕共通点や異なる点を比較検討する.

比酷 bǐkù 格好良さを競う.〔看重～〕見かけの良さを重視する.

比况 bǐkuàng 比べてみる.比較する.

比来 bǐlái〈文〉近来.近ごろ.

比勒陀利亚 bǐlètuólìyà〔地〕プレトリア:〔南 nán 非共和国〕(南アフリカ共和国)の首都.

比例 bǐlì ①比.比率.比例.〔成 chéng ～〕正比例する.〔成反～〕反比例する.〔～税制〕〔経〕比例税制. ②〔比重〕

比例尺 bǐlìchǐ =〔缩 suō 尺〕比例尺.縮尺.スケール.

比(例)号 bǐ(lì)hào 〔数〕比例符号":".

比利时 bǐlìshí ベルギー.正式国名は〔～王国〕:〔比国〕ともいう.首都は〔布 bù 鲁塞尔〕(ブリュッセル)

比量 bǐliáng 他の物でおおよその長さを測る.〔找条绳 shéng 子来～〕縄を探して長さを測る.

比邻 bǐlín〈文〉①近隣.隣接所. ②位置が接近している.

比率 bǐlǜ =〔比值〕比較した割合.比率.

比美 bǐměi ⇒〔媲 pì 美〕

比目鱼 bǐmùyú〔魚〕ヒラメ.カレイ(総称):〔偏piān 口鱼〕ともいう.→〔鲽 dié 鱼〕〔鲆 píng 鱼〕

比拟 bǐnǐ ①ひき比べる.比較する.〔经济和文化,旧社会所不能～的速度向前发展着〕経済と文化は,旧社会では比べものにならないテンポで発展している. ②なぞらえる.たとえる.

比年 bǐnián =〔比岁〕〈文〉①近年. ②毎年.

比偶 bǐ'ǒu〈文〉(詩文において)字句を対抗させて形を整えたもの.

比配 bǐpèi 釣り合う.ふさわしい.

比拼 bǐpīn (競争中の)つばぜり合い(をする).競い合い(う).対抗(する)

比強度 bǐqiángdù〔工〕材料の強度と比重の比.

比丘 bǐqiū〔梵〕僧.比丘(くぶ).

比丘尼 bǐqiūní〔梵〕尼僧.比丘尼(くに).

比热 bǐrè〔物〕比熱.〔容～〕比熱容量.

比人 bǐrén〔姓〕比人.

比容 bǐróng〔物〕比容.比容積.

比如 bǐrú ⇒〔比方③〕

比萨饼 bǐsàbǐng〈音義訳〉〔食〕ピザ:〔匹 pǐ 萨饼〕ともいう.

比萨斜塔 bǐsà xiétǎ〔建〕ピサの斜塔.

比赛 bǐsài 試合(をする).〔今天跟谁～〕今日は誰と

試合するのか.〔足球～〕サッカーの試合.〔友誼 yì 第一、～第二〕勝敗よりも友好.→〔比试①〕〔竞 jìng 赛〕

比色分析 bǐsè fēnxī 〔化〕比色分析.

比塞塔 bǐsètǎ 〔音訳〕ペセタ:スペインの旧通貨単位.〔丕 pī 塞他〕ともいった.→〔欧 ōu 元〕

比上不足,比下有余 bǐshàng bùzú, bǐxià yǒuyú 〔諺〕自分が上にも下がる.〔他总认为自己的业务水平是～,因此工作起来很不认真〕彼はいつも自分の業務能力はまあまあだと思っているので、仕事をしても不真面目だ.

比绍 bǐshào 〔地〕ビサウ:〔几 jǐ 内亚比绍共和国〕(ギニアビサウ共和国)の首都.

比湿 bǐshī 〔気〕比湿.

比什凯克 bǐshíkǎikè 〔地〕ビシュケク:〔吉 jí 尔吉斯斯坦和国〕(キルギス共和国)の首都.

比试 bǐshì ①腕比べ(をする).試合(をする).→〔比赛〕②何かをまねたしぐさ.身振りをする.

比手画脚 bǐshǒu huàjiǎo 〔成〕身振り手振りで話をする.〔比手划脚〕とも書く.

比数 bǐshù 点数.スコア.〔猜测当 dāng 天足球的胜负及～〕当日のサッカーの勝負と点数とを予想する.

比岁 bǐsuì ⇒〔比年〕

比索 bǐsuǒ 〔音訳〕ペソ:中南米諸国や、フィリピンなどの通貨単位.〔比沙〕〔彼索〕〔披 pī 索〕〔援索〕などともいった.〔古 gǔ 巴〕～キューバペソ.

比特 bǐtè 〔音訳〕〔電〕ビット:コンピューターが処理する情報の基本単位.〔位 wèi ⑥〕に同じ.

比维 bǐwéi 〔牘〕近ごろ思いますのに、…と存じ上げ.〔～潭 tán 府葉福〕貴家ますますご清祥のこと存じ上げます.

比闻 bǐwén 〔牘〕近ごろ～の由に承っております.

比屋连甍 bǐwū liánméng 〔成〕家がぎっしりと連なるさま.

比武 bǐwǔ 手合わせをする.武芸の試合をする.

比先 bǐxiān 〔白〕以前.昔.

比先进 bǐxiānjìn 自らを先進的な団体や技術などと比較する.

比兴 bǐxìng 〔文〕①比喩:もと詩経の六義である比と興.②詩歌の創作.

比学赶帮超 bǐ xué gǎn bāng chāo 〔先 進と〕比较し、追いつき、落伍者を助け、共に先進を追い越す:1964年に提唱された標語.→〔多 duō 快好省〕

比翼 bǐyì 〔文〕羽を並べる.〔～鸟 niǎo〕伝説で一眼一翼の鳥.雌雄で一対となって初めて飛ぶことができる.〔喩〕仲睦まじい夫婦.〔～齐飞〕羽を並べて飛ぶ.

比翼连理 bǐyì liánlǐ 〔成〕〔比翼〕(羽を並べる鳥)〔连理〕(互いに枝をさしかわし連ねた枝):愛情の深い夫婦のたとえ.〔七月七日长生殿,时,在天愿作比翼鸟,在地愿为连理枝〕(白居易・长恨歌)7月7日長生殿,夜半無人私語のとき、天にありては願わくは比翼の鳥とならん,地にありては願わくは連理の枝とならん.

比喻 bǐyù 比喩.〔～义 yì〕⇒比喩義.

比月 bǐyuè ⇒〔每月〕

比照 bǐzhào ①(前例・基準・根拠などに)照らす.照合する.②二つを比較対照する.

比者 bǐzhě ⇒〔近ごろ.このごろ.〕

比证 bǐzhèng 比較証明(する)

比值 bǐzhí ⇒〔比率〕

比重 bǐzhòng ①物り比重.→〔密 mì 度②〕②〔比例①〕ある物が全体に対して占める割合.

比众不同 bǐ zhòng bùtóng = 〔与 yǔ 众 不 同〕

〈成〉並外れている.特別に優れている.

比周 bǐzhōu 〔文〕結託して私利をはかる.→〔朋 péng 党〕〈成〉徒党を組んで利を求め他を排する.

比诸 bǐzhū… 〔文〕(これを)…に比べれば.→〔诸(Ⅱ)①〕

比作 bǐzuò 比較する.なぞらえる.〔比做〕とも書いた.〔把反动派～纸老虎〕反動派を張子の虎になぞらえる.

〔氵比〕 bǐ 〔～源 yuán〕〔地〕河南省唐河県の旧称.〔～江〕〔地〕雲南省にある.

〔吡〕 bǐ → pǐ

吡啶 bǐdìng = 〔氮 dàn 苯〕〔化〕ピリジン:アルコールの変性剤や溶剤などに使う.

吡哆胺 bǐduō'ān 〔化〕ピリドクサミン:ビタミンB_6の一.→〔维 wéi 生素B〕

吡哆醇 bǐduōchún 〔化〕ピリドキシン(ピリドクシン):ビタミンB_6の一.

吡哆醛 bǐduōquán 〔化〕ピリドクサル:ビタミンB_6の一.

吡咯 bǐluò = 〔氮 dàn 茂〕〔化〕ピロール.

吡嗪 bǐqín 〔化〕ピラジン.

吡唑 bǐzuò 〔化〕ピラゾール.

〔妣〕 bǐ 〔文〕亡母.〔先～〕同前.〔先考 kǎo 先～〕亡父と亡母.

〔秕(粃)〕 bǐ ①しいな(実の入っていない穀物).②実が入っていない.〔～粒 lì〕実が入っていない穀物.③〈文〉不正の.悪い.〔～政 zhèng〕悪政.

秕子 bǐzi しいな.

秕糠 bǐkāng = 〔秕 滓②〕〔糠秕〕秕 殻(糠)と糠(筴).〈転〉役に立たないもの.

秕谬 bǐmiù 〈文〉誤り.錯誤(き).

秕滓 bǐzǐ 〈文〉①かす.くず.②⇒〔秕糠〕

秕子 bǐzi ①しいな.②〈喩〉できの悪い子供.

〔舭〕 bǐ ビルジ.船底の弯曲部.

舭艇 bǐdá 〔古〕舟の一種.

〔彼〕 bǐ 〈文〉よこしまである.

〔彼〕 bǐ 〈文〉①彼(かれ).相手.〔知己 jǐ 知～百战不殆〕(成)己を知り彼を知らば百戦危うからず.②あれ.あの.かの.〔～国か国〕〔～三人将何往〕あの3人はいずこに行こうとするのか.

彼岸 bǐ'àn ①〈文〉対岸.向こう岸.②=〔佛 fó 地〕〔仏教で〕彼岸:煩悩(%)を解脱(%)した境地.③〈喩〉思慕する境地.

彼此 bǐcǐ ①あれこれ.相手と自分.双方.②互い(に):人と人との間にのみ用いる.〔～的友谊〕お互いの友誼.〔～相关〕(互いに)関連し合う.〔我们是不分～的交情〕わたしたちは分け隔てのない付き合いです.〔～,～!〕〔挨〕お互いさまです.

彼得 bǐdé 〔音訳〕ピーター.〔～大帝〕〔人〕ピョートル大帝.〔～圣 shèng～堡〕〔地〕サンクトペテルブルグ:ロシア第2の大都市.〔～格勒〕(ペトログラード).〔列 liè 宁格勒〕(レニングラード)は旧称.

彼时 bǐshí 〈文〉その時.当時.当時.

彼一时,此一时 bǐ yīshí, cǐ yīshí 〈成〉あれも一時(%)これも一時.昔は昔,今は今.〔此一时,彼一时〕

〔笔・筆〕 bǐ ①(毛筆・ペン・鉛筆・白墨その他の)筆記用具.〔一管 guǎn 毛～〕1本の毛筆.〔一枝钢 gāng～〕1本のペン.〔自来水～〕万年筆.〔金～〕高級万年筆.〔圆 yuán 珠～〕ボールペン.〔铅 qiān～〕鉛筆.〔自动铅～〕〔转 zhuàn 铅～〕シャープペンシル.〔彩 fěn～〕パステル.白墨.〔蜡 là～〕クレヨン.〔粉蜡～〕パステル.

bǐ

②字を书く.书き记す.文を作る.〔亲 qīn～〕直笔（ふで）（で书く）.〔（字の）笔画〕この字を何画ありますか.〔这一～很有力〕この一笔はたいへん力がある. ④〔书画·文章の〕风格.书きぶり.特色.技巧.〔仿 fǎng 白石老人～〕斉白石老の画风を真似る.〔败～〕〔书画·文章中の〕できの悪い箇所.〔伏 fú～〕文章构成上の伏线.〔惊 jīng 人之～〕人を惊かすような笔法.⑤ 量：书画を数える.〔一～好字〕なかなか上手い字.⑥ 一口：あるまとまった财物を数える.〔一～钱〕一口の金.〔一～款 kuǎn〕一口の金额·金子（￥￥）.〔一～进项〕一口の収入.〔这一～账 zhàng〕この一口の勘定.〔一～买卖〕一口の商売.〔一～交 jiāo 易〕一口の取引.→〔注 zhù（I）④〕　⑥〔姓〕笔（ひ?）.

笔才 bǐcái 文才.

笔触 bǐchù （绘·文章などの）笔触り.タッチ.格调.

笔床 bǐchuáng 笔を横にして置くもの.陶器·金属·紫檀その他の材料で作られた皿形の上に笔の穗を受ける枕のついたもの.→〔笔架〕

笔答 bǐdá（试験で）笔答する.→〔笔试〕

笔单 bǐdān 旧〔文人が〕书画を书いてもらう料金のリスト.

笔胆 bǐdǎn 万年笔の内部のインク入れ：〔笔囊〕に同じ.

笔道（儿） bǐdào(r)〈口〉书いた字の线.笔使い.〔～清秀〕笔筋がきれいですっきりしている.〔～挺匀 yún 溜〕笔づかいがとても钓り合っている.

笔底生花 bǐdǐ shēnghuā ⇒〔笔下生花〕

笔底下 bǐdǐxia →〔笔下〕

笔调（儿） bǐdiào(r) 文章の格调.

笔陡 bǐdǒu まっすぐ突き立って险しい.〔～的悬 xuán 崖〕断崖.绝壁.

笔端 bǐduān 文章に表れた趣.〔～奇 qí 趣横生〕笔端に存分に妙味が表れている.

笔端笔正 bǐduān bǐzhèng〈喻〉一丝（ˇ）乱れぬさま.きちんとしているさま.

笔伐 bǐfá 文章で非难攻撃する.〔口诛 zhū〕〈成〉言叶や文字で人を攻撃する.→〔笔诛墨伐〕

笔法 bǐfǎ ①〔书·画·文の〕笔法.运笔の技巧. ②笔调.

笔锋 bǐfēng〈文〉文章（の锐さ）

笔杆儿 bǐgǎnr 同下①②.

笔杆子 bǐgǎnzi ①＝〔笔儿〕〔笔管〕毛笔の轴.〈转〉笔.ペン. ②＝〔笔儿〕〔笔管〕ペン轴. ③文笔の能力.作文の上手な人.

笔耕 bǐgēng 旧文章を作ったり,笔写などをして生活すること.

笔供 bǐgòng〈文字に书き表した〉供述书.

笔管 bǐguǎn＝〔笔杆子①〕

笔管条直 bǐguǎn tiáozhí（笔の轴のように）まっすぐである.〔～地站着〕まっすぐに立っている.→〔笔杆子①〕

笔海 bǐhǎi 笔立て：〔笔筒〕より大きい.

笔盒 bǐhé ［-儿,-子］笔入れ.

笔画 bǐhuà〔笔划〕とも书いた. ①〔汉字の〕笔画：汉字を构成する最小の单位.基本的なものに"、〔点 diǎn（I）②〕,"一"〔横 héng ⑧〕,"丨"〔竖 shù（I）③〕,"丿"〔撇 piě ③〕,"\"〔捺 nà ⑤〕,"一"〔提 tí（I）②〕,"乛"〔折 zhé（I）②〕,"亅"〔钩 gōu ②〕などがある.→付録 1 ②笔画数. ③〔-儿〕笔迹.书いた字の姿.

笔会 bǐhuì 旧 ペンクラブ.文芸サロン.〔中国～〕中国ペンクラブ.

笔记 bǐjì ① ノート（する）：讲义·讲演·报告また见学などの时ノート（ブック）に笔记した内容を指す.〔～本（儿）〕〔～簿 bù〕ノート（ブック）.〔～本电脑〕〔～型计算机〕ノート型パソコン.〔～记〕ノートをとった.〔做了～〕ノートをとった. ②随笔.〔阅 yuè 微草堂～〕清の纪昀の著.→〔随 suí 笔〕〔札 zhá 记〕

笔迹 bǐjì 笔跡.书いた文字の形.

笔架 bǐjià 笔置き.→〔笔床〕

笔尖（儿） bǐjiān(r) ＝〔笔儿①〕笔の穗先.〔钢 gāng～〕ペン先.

笔谏 bǐjiàn〈文〉文章で人を谏（いさ）める（こと）

笔据 bǐjù ⇒〔字 zì 据〕

笔力 bǐlì ①＝〔笔势〕运笔の风格.笔の势い. ②笔力.文力.

笔立 bǐlì まっすぐ立っている.〔～的山峰〕切り立つ峰.

笔录 bǐlù ①笔记する. ②＝〔笔记〕记录された文章.

笔路 bǐlù ①文章の流派.笔法.书きぶり.〔我和他～不同〕彼と文章の流派が违う. ②文の构想.

笔帽（儿） bǐmào(r) ①＝〔笔套（儿）①〕笔のさや：笔の穗の部分をさしておく. ②铅笔·万年笔のキャップ.

笔名 bǐmíng 笔名.ペンネーム.

笔墨 bǐmò ①文笔.书. ②〔-生活〕文笔生活.〔～官司〕〈喻〉笔戦.文章で论じ争う（こと）.〔他的～很不错〕彼の文章（または书）は本当に上手い. ②笔と墨.

笔难尽述 bǐ nán jìn shù〈成〉笔では述べ尽くせない.

笔囊 bǐnáng ⇒〔笔胆〕

笔润 bǐrùn →〔润笔〕

笔舌 bǐshé〈喻〉文章と言论.〔难以～形容〕笔舌で形容し得ない.笔舌に尽くし难い.

笔石 bǐshí 古生物 フデイシ（笔石）：绝灭した半索动物门フデイシ纲の群体动物.

笔试 bǐshì 笔记试験.→〔口 kǒu 试〕

笔势 bǐshì ⇒〔笔力①〕

笔受 bǐshòu〈文〉他の人が口授したものを笔记する.→〔口 kǒu 授〕

笔顺 bǐshùn 汉字を书く运笔の顺序.笔顺.

笔诉 bǐsù 文书で告诉する.

笔算 bǐsuàn 笔算（する）

笔谈 bǐtán ①笔谈（する）. ②〔谈论することのかわりに〕意见を书面で発表する. ③笔记：多く书名に用いる.

笔套（儿） bǐtào(r) ①＝〔笔帽（儿）①〕 ②万年笔を保护するために布で作られた筒形の入れ物.

笔体 bǐtǐ 笔跡.字癖.书き癖.

笔挺 bǐtǐng ＝〔毕 bì 挺〕ピンと伸びている.まっすぐである.きちんとしている.〔他总是穿 chuān 着一身的西装〕彼はいつもぴんとした洋服を着ている.〔战 zhàn 士～地站着,听候发令〕兵士が直立不动の姿势で命令を待っている.

笔筒 bǐtǒng 笔立て.

笔头儿 bǐtóur ①⇒〔笔尖（儿）〕 ②书·文章を书く能力. ③书いたもの.书面.〔～翻 fān 译〕书面で翻訳すること.

笔秃墨干 bǐtū mògàn〈成〉主张·意见を全力を尽くして书き逑べること.〔唇 chún 焦舌敝〕

笔误 bǐwù ①书き违い. ②书き违えた字.

笔洗 bǐxǐ 笔洗（せん）.

笔下 bǐxià ①＝〔笔底下〕文章を作る技能.〔～又很好〕文章がうまい. ②文章を书く时の言叶だて.心づもり.

笔下留情 bǐxià liúqíng〈成〉人のためによく书いてやる.手加减して书く.

笔下生花 bǐxià shēnghuā ＝〔笔底生花〕〈成〉文章

bǐ～bì

がきらびやかで素晴らしいこと.
笔相 bǐxiàng 筆相:書いた字の様相.
笔芯 bǐxīn [笔心] とも書く.(鉛筆やボールペンの)芯.
笔形 bǐxíng 漢字の筆画の形.→[笔画①]
笔削 bǐxuē〈文〉①詩文を添削する(こと).②添削を請う:人に文章を訂正してもらう時の敬語.
笔杨 bǐyáng ⇒[钻 zuān 天杨]
笔译 bǐyì 書面で翻訳する:[口 kǒu 译](口頭で通訳する)に対していう.
笔意 bǐyì ①[書画で]運筆の表そうとしている意思.②文章の主旨.
笔友 bǐyǒu 文通友達.ペンフレンド.
笔礼 bǐzhá 〈文〉筆と紙.転>文章.書信.
笔债 bǐzhài 〈喩〉依頼者にまだ渡していない文章・書画.
笔战 bǐzhàn 文章で論戦する(こと)
笔者 bǐzhě 筆者:多くは執筆者が自分を指して用いる.
笔政 bǐzhèng〈文〉新聞・雑誌の編集業務:特に重要な評論を書くこと.[主笔 móu 报～]某新聞の主筆となる.
笔直 bǐzhí [毕 bì 直] まっすぐに.一直線に.[～的林阴 yīn 大道] まっすぐな並木道.[立得～] まっすぐに立つ.
笔致 bǐzhì 書画・文章などの用筆の風格.
笔诛墨伐 bǐzhū mòfá〈成〉文章で誅伐(ちゅうばつ)を加える.
笔资 bǐzī ①回[書画や文章の]謝礼.執筆料.原稿料.②〈文〉文筆の才能.
笔走龙蛇 bǐ zǒu lóngshé〈喩〉書の筆力が雄勁でる.

[俾]

俾 bǐ〈文〉…させる.…という結果に至らせる.…するようにする.[应予以大力支持,～能实现其计划]大いに支持を与えて,その計画を実現せしめなくてはならない.[随 suí 时检查身体,～保健康]随時身体を検査して健康を保たせる.②〈姓〉俾.
俾得 bǐdé …できるようにする.…できるために.[请赐 cì 与交涉～早日赔偿]早く賠償してもらえるようご交渉ください.
俾斯麦 bǐsīmài 囚ビスマルク:ドイツの政治家.鉄血宰相といわれた(1815～1898)
俾昼作夜 bǐ zhòu zuò yè〈文〉昼も夜もひたすら遊びにふけるさま.

[鄙(鄙・鄙・啚)]

鄙 bǐ ①下卑(げ)ている.卑しい.粗野である.[卑 bēi～]下卑た.卑しい.②〈文〉卑しむ.軽蔑する.[人皆 jiē～之]人みなこれを卑しむ.③〈謙〉自分の事柄.→[鄙见]④〈文〉辺土.[边～]同前.⑤〈姓〉鄙(ひ)
鄙薄 bǐbó ①〈文〉卑しく浅はか:多く自分のことを謙遜して言う.②卑しめる.軽んずる.[然而他又很～城里人](魯・Q2)しかし彼は町の人を非常に軽蔑もしている.
鄙称 bǐchēng 蔑称.
鄙夫 bǐfū〈文〉①下卑(げ)た人.無知な人.②〈謙〉小生.
鄙见 bǐjiàn〈謙〉愚見.卑見.
鄙俚 bǐlǐ〈文〉下品・粗野(である)
鄙劣 bǐliè〈文〉下劣である
鄙吝 bǐlìn =[鄙啬]〈文〉①見識が狭く浅薄である.②しみったれる.けちけちする.
鄙陋 bǐlòu 卑しい.浅薄である.[～无 wú 知](見識が)浅薄で無知である.
鄙弃 bǐqì 卑しみ退ける.さげすみ嫌う.

鄙人 bǐrén =[敝 bì 人]〈文〉〈謙〉やつがれ.愚生.老生:多く年配の人が用いる.
鄙啬 bǐsè ⇒[鄙吝]
鄙视 bǐshì 軽蔑する.[既有点～她,又有点佩 pèi 服她]彼女を卑しむと同時に,少し感心もした.
鄙俗 bǐsú〈文〉卑俗である.下品である.
鄙琐 bǐsuǒ 卑俗である(こと)
鄙猥 bǐwěi〈文〉下卑(げ)ている.下等でみだらである.
鄙笑 bǐxiào 嘲笑する.卑しんで笑う.
鄙闲 bǐxiè 軽視する.無視する.
鄙谚 bǐyàn 卑俗なことわざ.俗な言葉.
鄙夷 bǐyí〈文〉卑しむ.軽蔑する.
鄙意 bǐyì〈謙〉愚意.愚見.

[币・幣]

币 bì 貨幣.通貨.[银 yín～]銀貨.[铜 tóng～]銅貨.[纸 zhǐ～钞 chāo 票]紙幣.[人民～]中国人民銀行発行の法定貨幣.[令]は俗字.→[钞]
币帛 bìbó〈文〉金銭.
币价 bìjià コインの値段.
币市 bìshì コイン収集市場:[币坛 tán]ともいう.
币值 bìzhí 貨幣価値.
币制 bìzhì 貨幣制度.

[敝]

敝 bì ①〈文〉破れている.[～旧 jiù]同前.②〈謙〉私の.わが.[～校]わが校.[～治 zhì]〈文〉私の領地.[～署 shǔ]当役所.↔[贵 guì 5]→[贱 jiàn]③〈文〉衰える.[凋 diāo～]同前.④〈姓〉敝(へい)
敝处 bìchù〈謙〉わたしのところ.わたしの郷里.
敝东 bìdōng〈謙〉わたしの主人.弊店の主人.
敝国 bìguó〈謙〉弊国.私の国.
敝行 bìháng〈謙〉同上.
敝号 bìhào =[敝行][小 xiǎo 行][小号①]〈謙〉弊店.わたしの商売.→[宝 bǎo 号]
敝眷 bìjuàn〈謙〉わたしの家族.
敝亲 bìqīn〈謙〉わたしの親戚(の者).→[令 lìng 亲]
敝人 bìrén ⇒[鄙 bǐ 人]
敝舍 bìshè =[敝寓]拙宅:[舍下]に同じ.
敝屣 bìxǐ〈文〉破れ靴.[弃 qì 之如～]破れ靴のごとく捨て去る.
敝姓 bìxìng〈謙〉わたしの姓:[贱 jiàn 姓]に同じ.
敝衣 bìyī〈謙〉ぼろぼろの服.擦り切れた服.
敝友 bìyǒu〈謙〉わたしの友人.
敝寓 bìyù ⇒[敝舍]
敝帚千金 bìzhǒu qiānjīn〈成〉自分のものは悪くても見ようによっては良く見える:[敝帚自珍 zhēn]ともいう.

[蔽]

蔽 bì ①覆う.隠蔽(いんぺい)する.隠す.[掩 yǎn～][隐 yǐn～][遮 zhē～]覆い隠す.②概括する.まとめる.[一言以～之]一言もってこれを蔽(おお)えば,一言で言えば.
蔽芾 bìfèi〈文〉植物の若いさま.
蔽护 bìhù 庇(かば)う.庇護する.
蔽匿 bìnì〈文〉隠匿(いんとく)する.
蔽日 bìrì〈文〉日を遮る.太陽を隠す.[浓 nóng 云～]厚い雲が太陽を覆っている.
蔽塞 bìsè ⇒[闭塞]
蔽形术 bìxíngshù 回忍術の遁(とん)身法.姿を隠す術:[隐 yǐn 身法]に同じ.
蔽野 bìyě〈文〉あたり一面.→[满 mǎn 地]
蔽月羞花 bìyuè xiūhuā 回[闭月羞花]
蔽障 bìzhàng〈文〉①(見るのを)妨げる.隠蔽する.②遮蔽物.

[弊(獘)]

弊 bì ①不正.よこしま.[舞 wǔ～][作～]不正をする.汚職をやる.インチキをやる.[～案 àn]不正事件.腐敗行為.

弊必邲泌苾闷驲秘珌胇铋秘馝闭　　　　　　　　　　bì

②弊害.〔利～〕利害.〔有利无～〕有益無害.
弊病 bìbìng 弊害.悪弊.〔～多い〕欠点多い.
弊窦 bìdòu 弊害の所在.弊害の出所.〔～丛 cóng 生〕弊害が続発する.
弊端 bìduān 弊害（仕事の不備から生じる）弊害.
弊害 bìhài 弊害.
弊绝风清 bìjué fēngqīng〔成〕社会の風習が良くなり、不正がない.〔风清弊绝〕ともいう.
弊政 bìzhèng 悪政.
弊症 bìzhèng 弊害.

〔**必**〕bì ①必ず.きっと.確かに.〔他～来〕彼はきっと来る.〔他～不来〕彼はきっと来ない.〔～不可缺 quē〕の絶対欠くことのできない.〔想～是什么要緊的事〕何かきっとたいせつなことがあるのだろう.〔未 wèi～…〕必ずしも…しない.必ずしも…ではない.…するとは限らない.…であるとは限らない.〔未～个个 gège 都是好的〕必ずしも一つ一つがみな良いものばかりではない.〔他未～来〕彼は来るとは限らない.→〔一 yī 定①〕〔准 zhǔn(I)④〕②必須.必要である.きっと.きっと…しなければならぬ.→〔考 kǎo 科目〕入試の必須科目.〔不～那么郑 zhèng 重其事的〕そんなに丁重になさるには及びません.〔～不可免 miǎn〕どうしても免れない.〔何 hé～〕何で…する必要があろうか（その必要はない）.〔何～那么办〕どうしてそうする必要がありましょう.→〔不 bù 用②〕③〔文〕保証する.〔岂 qǐ 能～乎〕どうして誤りがないと保証できますか.④〔姓〕必(ヒツ).
必备 bìbèi なくてはならない.〔旅行～〕旅に不可欠.
必剥剥 bìbō bōbō 〔擬音〕〔毕剥〕
必不可少 bì bùkěshǎo 欠くことのできない.欠かせない.〔这对于日本自己的安全也是～的〕これは日本自身の安全にとっても不可欠なことである.
必传之作 bìchuán zhī zuò 後世に伝わる名著（名作）
必得 bìděi ⇒〔必须〕
必定 bìdìng ⇒〔一 yī 定①〕
必恭必敬 bìgōng bìjìng 〔毕恭毕敬〕
必将 bìjiāng 必ず…する.きっと…になるであろう.〔～成功〕きっと成功するでしょう.
必经之路 bìjīng zhī lù 必ず通らねばならない道.
必然 bìrán ①必ず.確かに.きっと.〔他今天不来了.～是有原因的〕彼が今日来ないのは、きっと原因があるのだ.②回必然.〔～的结 jié 果〕必然の結果.
必然王国 bìrán wángguó 回人間が客観的因果律を認識している世界観を持たず、必然性の支配を受けている境地.
必然性 bìránxìng 必然性.→〔推 tuī 理〕必然性のある推理.→〔或 huò 然性〕〔可 kě 能性〕
必特 bìtè 〔比 bǐ 特〕
必修 bìxiū 必修の（である）.〔～课〕必修科目.→〔选 xuǎn 修〕
必须 bìxū 〔必得〕に同じ.ぜひ…せねばならない.〔总 zǒng 得〕に同じ.〔你一去一趟 tàng〕君は1回行かねばならない.〔～那么办〕ぜひそうしなくてはならない.
必需 bìxū 必要（な）.必需の.〔中日辞典是学汉语的人所～的〕中日辞典は中国語を学ぶ人にぜひ必要なものだ.〔～品 pǐn〕必需品.〔～脂 zhī 肪酸〕必須脂肪酸.〔～胺 àn 基酸〕必須アミノ酸.
必要 bìyào ①必要である.必ず…せねばならない.〔～条件〕必要条件.〔这是完全～的〕これは全く必要なことだ.〔减少不 ～的牺 xī 牲〕不必要な犠牲を減らす.②必要.〔～产品〕国必要生産物.〔～劳动〕国必要労働.〔剩余劳动〕に対しいう.〔很有～大いに必要がある.

〔没有～去〕行く必要はない.〔花这么大的代价真没有～〕こんな大きな代償を払う必要はこうない.〔我们有打倒 dǎo 它的～〕我々にはそれを打倒する必要がある.→〔需 xū 要〕
必由 bìyóu 必ず通らなければならない.〔～之路〕同前の道（過程）
必争之地 bìzhēng zhī dì〔成〕必ず争奪すべき土地.

〔**邲**〕bì ①古地名：現在の河南省鄭州の東にある.②〔姓〕邲(ヒツ).
〔**泌**〕bì ①〔～阳 yáng〕回河南省にある県.②〔姓〕泌.→ mì
〔**苾**〕bì ①〔文〕芳しい.②〔文〕芳香.③〔姓〕苾.
〔**闷**・**閟**〕bì 〔文〕①〔門を〕閉じる.②慎重である.
〔**驲**・**馹**〕bì 〔文〕馬が肥えていること.→〔膘 biāo〕
〔**秘**〕bì 古武器（矛など）の柄.
〔**珌**(琿)〕bì 〔文〕鐔(ツバ).
〔**胇**〕bì 薬ビスマチン.
〔**铋**・**鉍**〕bì 化ビスマス.蒼鉛：金属元素.記号 Bi.薬用・顔料・陶器上絵用として用いる.〔～白〕ビスマスホワイト.〔碱 jiǎn 式水杨酸～〕アルカリ性（塩基性）サリシル酸ビスマス.〔次サリシル酸ビスマス〕.〔碱式碳酸～〕アルカリ性（塩基性）炭酸ビスマス.〔硝酸氧～〕硝酸塩基性ビスマス.

〔**秘**(祕)〕bì 〔姓〕秘(ヒ) → mì
秘鲁 bìlǔ ペルー.正式国名は〔～共和国〕：首都は〔利马 lì mǎ〕（リマ）

〔**馝**〕bì 〔～醇 bó〕〔文〕薫り高い.
〔**闭**・**閉**〕bì ①閉じる.閉める.すぼめる.〔～灯 dēng〕電燈を消す.↔〔开 kāi〕→〔关 guān〕①〕②ふさがる.つまる.通じない.→〔闭塞〕③終わる.停止する.〔～会〕閉会する.④〔姓〕閉(ヘイ).
闭藏 bìcáng〔文〕①冬ごもりの3か月.②内にしまっておく.
闭关 bìguān ①関門を閉じる.②⇒〔坐 zuò 关〕
闭关却扫 bìguān quèsǎo〔文〕外部との行き来を絶つ.世間と没交渉にする.〔闭门却扫〕〔杜 dù 门却扫〕ともいう.
闭关锁国 bìguān suǒguó〔成〕鎖国する.
闭关自守 bìguān zìshǒu＝〔闭门自守〕〔成〕関所を閉じ外界との往来を絶つ：旧を守り新を受け入れないこと.
闭馆 bìguǎn 閉館する.
闭果 bìguǒ 植熟したのち果皮が割れずにいる果実.→〔裂 liè 果〕
闭合 bìhé ①閉じる.〔闭圆〕とも書く.②初めと終わりがつながる.循環する.〔～循 xún 环系统〕閉鎖循環システム.〔～电路〕電閉回路.クローズドサーキット.
闭户 bìhù〔喩〕世間との交際を絶つ.⓷隠棲(インセイ)する.〔～学问〕学問に専念する.
闭环 bìhuán クローズドループ：物質・物資・資金・エネルギーなどの流れが一連の循環の外へ出ないこと.
闭架(式) bìjià(shì) 閉架式（図書館・書店の配架）
闭经 bìjīng 医閉経：〔经闭〕に同じ.

闭镜 bìjìng ＝〔封 fēng 镜〕(映画の)撮影が完了する．クランクアップする．
闭卷 bìjuàn 参照不可．〔～考试〕同伴の試験．↔〔开 kāi 卷〕
闭口 bìkǒu 口を閉じて物を言わない．〔～不谈〕同前．〔～无 wú 言〕発言しない．〔～费 fèi〕口止め料．→〔缄 jiān 口〕
闭口扳手 bìkǒu bānshǒu 機ボックスレンチ．めがねレンチ．→〔梅 méi 花扳手〕
闭口韵 bìkǒuyùn 函両唇音:mあるいはbで終わる母音
闭链烃 bìliàntīng ⇒〔环 huán 烃〕
闭拢 bìlǒng 合わさって閉じる
闭路电视 bìlù diànshì 有線テレビ．CATV．→〔开 kāi 路电视〕
闭门 bìmén 門を閉じる．<喩>隠棲(※")する．〔～自保〕門を閉ざし、自らを守る．〔～家中坐，祸从天上起〕〔諺〕災いはどこから来るかわからない〔門を閉じて隠棲していても、禍は天から降って来る〕:〔～家里坐，祸从天上来〕ともいう．
闭门不纳 bìmén bùnà 門を閉じて訪客を謝絶する．〔闭门杜客〕ともいう．
闭门羹 bìméngēng 門前払い．〔飨 xiǎng 以～〕門前払いを食わせる．〔他来了，给他个～吃就是了〕やつがやって来たら、門前払いを食わせるまでさ．
闭门思过 bìmén sīguò <成>家に閉じこもって過ちを反省し謹慎する(こと)
闭门谢客 bìmén xièkè <成>門を閉ざして訪客を謝絶する．
闭门造车 bìmén zàochē <喩>自分勝手に考えてことをすること:もとは〔～，出门合辙 zhé〕<諺>門を閉じて車を造っても、その車は道路のわだちによく合うの意．
闭门自守 bìmén zìshǒu ⇒〔闭关自守〕
闭目 bìmù ①目を閉じる．〔～合睛 jīng〕<成>同前．②亡くなる．
闭幕 bìmù ①〔落 luò 幕〕(劇が)終わる(こと)．②催し事が終わる(こと)．〔～词 cí〕閉会の辞．〔～式〕閉幕式．
闭目塞听 bìmù sètīng <成>見ざる聞かざる．<喩>現実から遊離していること．〔闭明塞聪 cōng〕ともいう．
闭气 bìqì ①息を止める．息を殺す．息を詰める．〔走到粪 fèn 坑旁边儿就闭住气〕糞つぼのそばまで行くと息を止める．②気を失う．気絶する．〔她听到这个消息，就闭过气去，半天没有醒 xǐng 过来〕彼女はこの知らせを聞くと気絶してしまい、長い間意識が戻らなかった．
闭塞 bìsè ＝〔蔽塞〕①閉じふさがる．〔～不通〕詰まって通らない．②開(沁)けていない．(交通が)不便である．〔现在山村也不～了〕現在では山村も交通が不便なんてことはなくなった．③(ニュースなどに)疎い
闭塞眼睛捉麻雀 bìsè yǎnjīng zhuō máquè 目をつぶって雀をつかまえる．<喩>当てずっぽうに事を行うこと．
闭痧 bìshā <方>暑気あたりを起こす．日射病になる．
闭珊 bìshān 〔姓〕閉珊(※")
闭市 bìshì 店や市場を閉じる．
闭锁 bìsuǒ ①閉鎖．②医(弁膜や管状組織の)閉鎖．
闭廷 bìtíng 法閉廷する．
闭歇 bìxiē 〔歇业〕
闭眼 bìyǎn ①目をつぶる．〔闭着眼睛说胡 xiā 话〕現実を無視して出まかせを言う．②容認する．〔闭

闭眼睛装 zhuāng 不知道〕見て見ぬふりをする．〔得dé～就了〕忍べれば忍ぶ．〔把ょ日を閉じる(婉語)．〔一～就完了〕死んだら万事休すだ．④<方>命がけでぶつかる．
闭音节 bìyīnjié 語閉音節．
闭营 bìyíng キャンプを終える．
闭元音 bìyuányīn 函狭母音
闭月羞花 bìyuè xiūhuā <成>(女性の)並み並みならぬ美貌のさま．美貌の彼を圧すること:〔羞花闭月〕ともいう．→〔沉 chén 鱼落雁〕
闭蛰 bìzhé 虫類が冬籠(ﾁ)りする(こと)
闭嘴 bìzuǐ 口を閉じる．口をつぐむ．

〔毕・畢〕bì ①終了する．〔礼 lǐ～〕④式が終了する．⑥直れ(号令)．〔装 zhuāng 备已～〕すでに装備が終わった．〔完 wán～〕完了(する)．②<文>ことごとく．完全に．〔群 qún 贤～至〕多くの賢者がことごとく集まった．③畢(%)〔二 èr 十八宿〕の一．④〔姓〕畢(%)
毕剥 bìbō 〈擬〉ピチピチ．パチパチ:物をつぶす音．火が燃えてはぜる音．〔哔剥〕とも書く．〔毕毕剥剥〕前の重畳形．〔哔哔剥剥〕〔必必剥剥〕とも書く．
毕呈 bìchéng <文>すっかり現れる．〔丑 chǒu 态～〕醜態がすっかり現れる．〔败 bài 象～渭(↙)落現像があらわとなる．
毕恭毕敬 bìgōng bìjìng <成>極めて丁寧な(に)．いとも恭(。)しく．〔必恭必敬〕とも書いた．
毕加索 bìjiāsuǒ 人ピカソ:スペインの画家．フランスで活躍(1881～1973)
毕竟 bìjìng つまり．結局．しょせん．〔她～是个好人〕彼女はつまるところ良い人間だ．〔这本书虽然有缺 quē 页，但～不失为珍本〕この本は落丁こそあれ、ひっきょう珍本なことを失わない．〔他的错误～是认识问题〕彼の犯した誤りは結局は認識上の問題だ．
毕力 bìlì <文>全力．
毕露 bìlù 全部現れる．ばれる．〔原形～〕正体をすっかりさらけ出す．〔这两个怪 guài 物原形～〕この2匹の怪物はすっかり化けの皮がはがれた．
毕命 bìmìng 命を落とす:多く非業の死をいう．
毕摩 bìmó 〔彝 yí 族〕の宗教的祭司者．
毕其功于一役 bì qígōng yú yīyì <成>一挙に成就する:いくつかの段階に分けて完成すべきことを一挙に完成する．
毕生 bìshēng <文>全生涯．一生．畢生(ᵍ)．終生．〔～难 nán 忘的回忆〕一生忘れ得ざる思い出．〔～事业〕一生かけての仕事．ライフワーク．→〔一 yī 辈 jī 子〕
毕挺 bìtǐng ⇒〔笔 bǐ 挺〕
毕肖 bìxiào (あれこれとが)そっくりである．〔形xíng 貌～〕姿かたちが全くよく似ている．→〔逼 bī 肖〕
毕宿 bìxiù ⇒〔二 èr 十八宿〕
毕业 bìyè 卒業(する)．〔～典 diǎn 礼〕卒業式．〔～生〕卒業生．〔～文凭 píng〕〔～证书〕卒業証書．〔～会考〕(中小学校の)卒業時の統一卒業試験．〔～分配 pèi〕卒業時における各職場への配属．〔～论文〕卒業論文．〔～设计〕(工学部学生の)卒業設計．〔～实习〕卒業実習．〔提前～〕繰り上げ卒業(する)．〔我和他是同时从这个学校～的〕僕と彼は一緒にここを卒業した．
毕真 bìzhēn ⇒〔逼 bī 真〕
毕执 bìzhí ⇒〔笔 bǐ 直〕

〔庇〕bì かばう．覆う．保護する．〔包～〕包み覆う．
庇护 bìhù ＝〔庇荫①〕庇護する．かばう．〔～中心〕救援センター．〔～权〕(亡命者への)庇護権．受け入

bì

庇 芘 怭 荜 哔 饆 陛 毙 狴 梐 筚 萞 跸 篦 诐 畁 痹 箅 贲 赑 蔽 婢 庳 裨 髀

れ権.〔～所〕避難所.
庇能 bìnéng ⇒〔梹 bīng 榔屿〕
庇荫 bìyìn 〔庇护〕①(樹木が)陽光を遮る.
庇佑 bìyòu 庇護(する).加護(する)

[芘] bì 囮バイアリーン:〔嵌 qiàn 二萘〕に同じ.〔苯 běn 并～〕ベンゾピレン. → pí
芘醇 bǐchún 囮バイアリノール.

[怭] bì 〈文〉慎む.戒める.注意する.〔惩 chéng 前～后〕〔成〕前の失敗に懲りて将来を慎む.

[荜・蓽] bì ①〔～芨 bá〕〔～拨 bō〕囮ヒハツ:コショウ科に属し,多く竹林に生える.⑥囲囮蓽芨で同前に乾燥させた.鎮痛などに用いる. ②⇒〔筚〕
荜澄茄 bìchéngqié =〔澄茄〕〔毗 pí 陵茄子〕囮ヒッチョウカ:胡椒によく似た蔓性植物のクベバの実.半熟の果実を乾燥させて健胃整腸剤とする.またクベバの別称. ②⇒〔山 shān 鸡椒〕
荜路蓝缕 bìlù lánlǚ ⇒〔筚路蓝缕〕

[哔・嗶] bì
哔剥 bìbō 〔毕剥〕
哔叽 bìjī 〔哔吱〕とも書く.囮毛織物の一種.サージ・セルの類.

[饆・饆] bì 〔～饠 luó〕〈文〉古代の食物.

[陛] bì 〈文〉宮殿の階段.
陛辞 bìcí 〈文〉参内して天子に別れを告げる.
陛贺 bìhè 〈文〉参内して天子に賀を述べる.
陛见 bìjiàn 〈文〉天子に謁見する.
陛卫 bìwèi 〈文〉宮殿の守衛.禁衛隊.
陛下 bìxià 〈尊〉天子に対する尊称:天子の宮殿の陛(きざはし)の下にいる近臣の取りつぎを経て上聞に達するという意から出た言葉.戦国のころまでは各諸侯にも用いられたが,秦の始皇帝になって,もっぱら天子だけに用いる尊称として定められた.
陛者 bìzhě ⇒〔陛卫〕

[毙・斃(獘)] bì ①倒れて死ぬ.落命する.〔～死 sǐ〕同前. ②殺す.〔枪毙〕殺す(する).〔敌 dí 指揮官被我军击～〕敵の指揮官は我が軍に殺された. ③〈口〉だめになる.〔文章給～了〕文章が没(ボツ)になった.
毙命 bìmìng 死ぬ.命を落とす(けなしていう)
毙伤 bìshāng 死傷者を出させる.〔～五千余〕5千人あまりの敵をやっつけた.

[狴] bì 〔～犴 àn〕囮牢獄の門に描かれていた怪獣.〔転〕監獄.

[梐] bì 〔～枑 hù〕〈文〉こまよけ:古代,官庁の前に人の出入りをさし止めるため置かれた柵.

[筚・篳] bì 〔萆②〕竹・いばら・しばなどで編んだ門・塀や車.〔蓬 péng 门～户〕〔成〕あばら家.粗末な家.
筚篥 bìlì =〔觱篥〕〔觱篥〕〔悲 bēi 篥〕〔筎 jiā 管〕囲篳篥(ヒチリキ):竹管に葦(がい)で舌をつけた9孔の竖笛①.俗に〔管 guǎn 子②〕ともいう.
筚路蓝缕 bìlù lánlǚ 〔成〕=〔并〕と書いた.〔～,以启山林〕〔左伝・宣12〕粗末な車に乗り,ぼろを着て山林を開く:〔苦労して創業する.
筚门 bìmén 〈文〉竹やいばらで編んだ戸.〔転〕貧家.
筚门圭窦 bìmén guīdòu 〈文〉いばら・竹で造った戸と圭の形に壁をうち抜いたくぐり穴.〔転〕〔筚门圭窦〕とも書く.

[萞(蓖)] bì
萞麻 bìmá =〔大 dà 麻子②〕囮ヒマ.トウゴマ(唐胡麻).〔～仔 zǐ〕〔大麻子③〕ひまし:同前の種子.〔～(仔)油 yóu〕ひまし油.
萞麻蚕 bìmácán 囲ひま蚕.→〔天 tiān 蚕〕〔柞 zuò 蚕〕

[跸・蹕] bì ①〈文〉先払い(をする):天子の行幸のとき道路を警戒して通行を禁止すること. ②〈文〉天子の行幸の車駕(ガ).〔驻 zhù ～〕天子が車駕をとどめる.
跸路 bìlù 〈文〉天子行幸の道路.

[篦] bì ①〔竹製の小さいすき櫛. ②〔すき櫛で〕すく.〔～头 tóu〕同前.〔把头发用～子一～〕髪をすす櫛でくる.
篦子 bìzi 梳櫛(すきぐし).→〔拢 lǒng 子〕〔梳 shū 子〕

[诐・詖] bì 〈文〉偏っている.公正でない.〔～辞 cí〕正しくない言い分.〔～论 lùn〕邪論.〔～行 xíng〕不正な行為.

[畁] bì 〈文〉授ける.与える.〔～以重 zhòng 任〕重任を授ける.

[痹(痺)] bì (身体の)しびれ(る).麻痹(する).〔～症 zhèng〕囲痹風:寒・湿などの原因で肢体が痛み痹すること.→〔麻 má 痹①〕

[箅] bì ①〔～子 zi〕さな・めざら・格子・すのこなど.〔竹～〕竹のすのこ.〔火～〕火格子.〔甑 zèng〕

[贲・賁] bì ①〈文〉きらびやかで華やかである.〔～华〕同前. ②〔贲(フン)〕六十四卦の一. → bēn féi
贲临 bìlín 〈文〉光臨.〔昨蒙 méng ～,感悲 shèn〕〔牘〕昨日はご来駕(ガ)いただき感謝申し上げ候.→〔光 guāng 临〕
贲然 bìrán 〈文〉輝くさま.明るい形容.華やかなさま.
贲张 bìzhāng わくわくする.〔血 xuè 脉～〕〔慣〕血湧き肉踊る.

[赑・贔] bì 〔～屃 xì〕〈文〉①力を入れるさま. ②海の大亀:伝説上の大地を支える神聖動物で石碑の台座として彫られる.

[蔽] bìxiè 〈文〉隠蔽する.
蔽薜 bìxiè 囮ヤマイモに類する蔓性の植物:漢方薬にする.

[婢] bì ①女の召使い.下女.女中.〔～女〕同前.〔奴 nú ～〕下男と下女.→〔老 lǎo 妈②〕〔使 shǐ 唤丫头〕 ②〈文〉謙:私.わらわ:女性の自称.〔妾 qiè 之〕に同じ.
婢仆 bìpú 下女と下男.男女の召使い:〔奴 nú 婢〕に同じ.
婢学夫人 bì xué fūrén 下女が奥様の真似をする.〔喩〕真似ても形ばかりである.

[庳] bì ①〈文〉(家屋が)小さく低い. ②低地である. ③〔有～〕湖南省にある古地名. → bēi

[裨] bì 〈文〉益する.裨益(ザ)する.〔无 wú ～实际〕実際の役に立たない.〔于卫生大有～益〕衛生上大いに益するところがある. → pí
裨补 bìbǔ 〈文〉補う.裨益する.
裨益 bìyì 裨益(ザ)する.益がある.役に立つ.〔～于世〕世の中に裨益する.

[髀(骽)] bì 〈文〉①生理大腿.大腿骨. ②両股(また)の内側の肉.〔～肉 ròu〕同前.
髀骶 bìdǐ 囮尻だこ:猿類の臀部にできる赤い皮の部

分.
毕肉复生 bìròu fùshēng 同下.
毕肉之叹 bìròuzhītàn ＝〔毕肉复生〕〈成〉蜀の劉備が戦場へ出ない日が続き、馬に長く乗らないでいたためにもも肉が肥え太ったのを嘆いたというところから転じて、あり余った力を発揮することができないいらいらした気持ちをいう:功名を立て、または技量を示す機会を得ぬことを嘆くこと.

[湢] bì 〈文〉浴室.

[幅] bì 〈文〉悩む.

幅忆 bìyì 〈文〉怒り・悲しみなどで気がふさぐ:〔腷臆〕に同じ.

[煏] bì 〈方〉火であぶって乾かす.→〔烘 hōng 干〕

[腷] bì

腷臆 bìyì ⇒〔幅忆〕

[愎] bì 〈文〉強情である.かたくなである.人の言を聞き入れない.〔剛 gāng－自用〕頑固にして自分の意見を主張し自分の思うとおりに事を処理してしまう.
愎谏 bìjiàn 〈文〉かたくなで他人の忠告を聞き入れない.

[皕] bì 二百の別称.〔～宋 sòng 楼〕清の陸心源の書庫の名:宋版の書籍200余部を蔵することを誇って名づけた.

[弻(弼)] bì ①〈文〉補佐する.助ける.〔辅 fǔ～〕同前.②人名用字.③〈姓〉弻(弻).
弼匡 bìkuāng 〈文〉補佐し正しくする.

[滗・潷] bì 水や汁をしたむ.中身を残して液体だけを流し出す.〔壶 hú 里的茶～干了〕急須のお茶はしたみ出した.〔把汤 tāng～出去〕スープだけを取って中身を残す.

[辟] bì （Ⅰ）①〈文〉君主(の位).天子(の位).〔复 fù 辟〕復辟(する).②〈文〉召し出して官職を授ける.③〈姓〉辟(pì).（Ⅱ）〈文〉避ける.除く〔避①〕に通用された.〔～恶è〕邪気を避ける.→ pì
辟谷 bìgǔ 〈文〉(道士が)穀物の食事をやめること:仙人になる修法.→〔烟 yān 火③〕
辟聘 bìpìn 〈文〉(在野の賢人を)召し出して用いる.
辟邪 bìxié ①固妖魔を降す神獣:獅子(あるいは鹿)に似て長い尾を持つ.→⇒〔避邪〕
辟易 bìyì ⟨文⟩驚き恐れて後ずさりする.たじろぐ.〔～一头〕ともいう.

[避] bì ①避ける.よける.〔躲 duǒ～〕同前.〔～闪 shǎn〕身をかわす.〔雨太大,在这家门道里～一～〕雨がひどいから,その家の門口でちょっと雨宿りしよう.②(…を)免れる.防ぐ.
避而不谈 bì ér bùtán ⟨成⟩問題を回避する.避けて話さない.
避风 bìfēng ①風を避ける.〔～港 gǎng〕避難港.〈喩〉逃げ場.隠れ場.②(非難・攻撃・闘争の)ほこ先を避ける.
避峰 bìfēng (人出などの)ピーク状態を回避する.
避讳 bìhuì 諱(いみな)を避ける:旧時,帝王・聖賢や祖先の諱を敬して口にしたり文字に記すのを避けること.〔避公 gōng 讳〕天子・聖賢の諱を避ける(こと).〔避家 jiā 讳〕避私 sī 讳〕父祖の諱を避ける(こと).→〔敬 jìng 讳〕
避讳 bìhui 〔避忌〕①(不吉な言葉)を忌み嫌って避ける.直接でなく,遠回しにまたは他の言葉を用いて言う.〔过年的时候,～不吉利的话〕正月には縁起の悪いことを言わないようにする.②遠慮する.

ける.〔现今的女孩子一点儿也不～男子 zǐ〕今どきの女の子は男を避けるようなことは少しもない.
避火图 bìhuǒtú 〈文〉春画:性行為は災いを避ける力があるということから.〔春 chūn 宫②〕に同じ.
避祸就福 bìhuò jiùfú 〈成〉災いを避け福を求める.
避忌 bìjì ⇒〔避讳〕
避坑落井 bìkēng luòjǐng 〈成〉穴を避けて井戸に落ちこむ:一難去ってまた一難.
避雷器 bìléiqì 避雷器.
避雷针 bìléizhēn 避雷針.
避乱 bìluàn 兵乱を避けて避難する.
避猫鼠儿 bìmāoshǔr 猫に追われたねずみ.〈喩〉びくびくしながらそっと静かにしているさま.
避免 bìmiǎn 免れる.〔为生误 wù 会〕誤解が起こるのを免れる.〔～不了〕縁起を担ぐ.
避难就易 bìnán jiùyì 〈成〉難しい局面になるようなことを避けて,安易な道を選ぶこと.
避难 bìnàn 避難(する).〔政治～〕政治亡命.〔～者〕亡命者.〔～地图〕ハザードマップ.〔～所〕避難所.
避碰雷达 bìpèng léidá 衝突防止レーダー.
避其锐气,击其惰归 bì qí ruìqì, jī qí duòguī ⟨成⟩兵を用いるに巧みな人は,敵が攻めて来た初めの気勢の強い時を避け,敵が疲れては後退する時を待って攻撃する(孫子・軍争).
避让 bìràng 〈文〉避けて譲る.
避妊 bìrèn ⇒〔避孕〕
避煞 bìshà 旧喪家に死者の魂が帰って来る期日を占って,家人が避難する.
避实就虚 bìshí jiùxū ①軍敵の兵力の充実したところを避けて弱点を攻撃すること:ゲリラ戦法の一.②問題の実質を避けて空虚な論をなすこと:〔避实击 jī 虚〕ともいう.〔→游 yóu 击①〕
避世 bìshì 〈文〉世を避けて隠棲する.
避寿 bìshòu 自誕生日に友人から多くの贈り物を受けることを避けるため逃避する(こと)
避暑 bìshǔ ①避暑(に行く).→〔消 xiāo 暑〕②暑気あたりを予防する.〔天气大热,吃点～的药〕あまりに暑いので,同前の薬を飲もう.
避鼠 bìshǔ 〔口〕ねずみを駆除する.〔猫也有的～有一种的～〕猫にはよくねずみを捕るのもいるし捕らないのもいる.
避税地 bìshuìdì タックスヘイブン:〔避税港〕ともいう.
避席 bìxí 固(敬意を表すため)座っている状態から席を立つ(こと)
避嫌 bìxián 嫌疑を受けるようなことを避ける.〔你避一下嫌为好〕きみ嫌われるようなことをしないのがいい.
避贤路 bìxiánlù 旧後進の有能な人に道を開く:官を辞する時の謙遜の言葉.
避邪 bìxié ＝〔辟邪〕〈文〉魔よけ(をする).〔显xiǎn 正～〕正を明らかにし邪を退ける.
避役 bìyì 動カメレオン:〔変 biàn 色龙〕は通称.
避孕 bìyùn 〔避妊〕避妊(する).〔～套 tào〕安安 ān 全套〕(保 bǎo 险套(儿))コンドーム.スキン.〔阴 yīn 茎套〕コンドーム.スキン.〔戴 dài～套〕同前をつける.〔放～环〕避妊リングをつける.〔～药 yào 丸〕口服～药〕経口避妊薬.ピル.〔～药〕口探 tàn 亲药〕避妊薬.〔安全期～法〕オギノ式避妊法.〔栓 shuān〕避妊用の座薬.→〔节 jié 育〕
避债 bìzhài ⟨文⟩借金取りから逃げる.〔他把我们这儿当 dàng 作一台,今天不是月底吗〕あいつ僕のところを借金取りよけの避難所にしているんだ,今日は月末だからね.
避重就轻 bìzhòng jiùqīng 〈成〉困難なことを避

bì

〔壁〕 bì
①壁.土塀.壁状のもの.〔墙 qiáng ~〕土塀.〔铜 tóng 墙铁~〕〈喻〉金城鉄壁.堅固な防衛.〔铜 gé ~〕隣.〔影~〕影の入ったところにある独立した目隠しの壁.〔内影~〕ともいう.また,表門の外にあるものをいい,〔外影~〕という.②絶壁.〔悬 xuán 崖峭~〕〈成〉断崖絶壁.③砦(とりで).堡塁.〔坚 jiān ~清野〕〈成〉堅く守って敵に攻撃のきっかけを与えず,また,攻略されても利用されるものを残しておかないという戦法.④〈自〉あたり.辺:方位を表す.〔东~一队人马〕(水 76)東方の人馬一隊.→〔边 biān〕 ⑤壁.⑥二 èr 十八宿の一.⑦〈姓〉(壁).

壁报 bìbào =〔墙 qiáng 报〕壁新聞:身近なニュースを手書きして貼りだしたもの.→〔大 dà 字报〕
壁布 bìbù 壁布.内装クロス.
壁橱 bìchú 押し入れ:壁の中につけられた戸棚.
壁灯 bìdēng 壁灯.ブラケット.
壁陡 bìdǒu 壁のように急傾斜した.〔~的山坡 pō〕山の急斜面.
壁挂 bìguà ①壁に掛かる.〔~式电视〕壁掛けテレビ.②〈艺 yì 术〕同前.
壁挂儿 bìguàr =〔壁挂〕.
壁柜 bìguì 壁にはめ込むロッカーやタンス.
壁虎 bìhǔ =〔爬 pá 山虎③〕〔蛇 shé 医〕ヤモリ:トカゲ目の爬虫類.〔守 shǒu 宫〕は旧称.〔蝎 xiē 虎(子)〕ヒラオヤモリ.〔大~〕〔蛤 gé 蚧〕トッケイヤモリ.
壁画 bìhuà 壁画.
壁经 bìjīng =〔壁中书〕〔孔 kǒng 壁古文〕漢代に孔子の家の壁の中から発見された古文の経書.→〔鲁 lǔ 壁〕
壁龛 bìkān 壁龛(bìkān).像・花瓶などを置くために壁などに設けたくぼみ.
壁垒 bìlěi ①〈文〉軍営をかこむ塁壁.また防衛用の工事.〔~森 sēn 严〕〈成〉守りが厳重で侵しがたいさま.⑤境界がはっきりしているさま.②〈喻〉(対立する二者の)境界.境目.
壁立 bìlì ①壁のように切り立つ.〔~千仞 rèn〕〈成〉山が直立しているさま.②からっぽの部屋.〔家徒 sì ~〕〔家徒四壁〕〈成〉極貧のさま.
壁炉 bìlú 壁に作りつけたストーブやペチカ.〔~台〕マントルピース.
壁牌 bìpái マージャンで,〔洗 xǐ 牌〕(牌がかき混ぜ)をしてから,各自34組の牌を17個ずつ2段,すなわち,〔十七幢 zhuàng〕に積み重ねるのを〔砌 qì 牌〕といい,4人がそれぞれ並べて全体が方形になった形を〔~〕という.→〔起 qǐ 牌〕
壁钱 bìqián 国ヒラタグモ(平蜘蛛).漢方で血止めの薬とする.
壁球 bìqiú =〔壁式网球〕スカッシュ:〔墙 qiáng 网球〕ともいう.〔~场〕スカッシュコート.
壁扇 bìshàn 壁掛け扇風機.
壁上观 bìshàngguān 高見の見物.〔作~〕高見の見物をする.
壁虱 bìshī ①⇒〔蜱 pí〕 ②⇒〔臭 chòu 虫〕
壁饰 bìshì 壁飾り.
壁式网球 bìshì wǎngqiú ⇒〔壁球〕
壁画雕刻 bìsù 壁面彫刻.
壁毯 bìtǎn =〔挂 guà 毯〕タペストリー:室内の壁に掛ける装飾用のじゅうたん.
壁厢 bìxiāng =〔白~あたり〕=〔边 biān 儿〕に同じ.
壁宿 bìxiù →字解〕
壁障 bìzhàng 〔喻〕障害(物)
壁纸 bìzhǐ =〔墙 qiáng 纸〕
壁钟 bìzhōng =〔挂 guà 钟〕

壁中书 bìzhōngshū ⇒〔壁经〕

〔薛〕 bì
①=〔薛荔〕 ②⇒〔当 dāng 归〕 ③〈姓〉薛(xiē).
薛荔 bìlì =〔络 luò 石②〕〔木 mù 莲③〕植オオイタビ:クワ科の匍匐性つる性常緑低木.
薛萝 bìluó〈文〉隠者の衣服または住家:山中に居る人は〔薛荔〕(オオイタビ)を衣とし〔女 nǚ 萝〕(サルオガセ)を帯とする(楚辞)

〔嬖〕 bì
〈文〉①お気に入りの(下賤な)者. ②寵愛する(を受ける).〔~人〕同前の人.
嬖近 bìjìn〈文〉お気に入りの側近.
嬖妾 bìqiè〈文〉愛妾.
嬖幸 bìxìng =〔嬖御〕〈文〉①寵愛する. ②帝王の寵愛する人.
嬖御 bìyù 同上.

〔臂〕 bì
①腕:肩から手首まで.〔~腕 wàn〕腕:手首も含める.〔~手〕同前.〔右~挑 náo 骨〕右腕の橈骨(とうこつ).〔上~〕上膊(じょうはく).〔助一~之力〕ひとつ手助けする.〔失之交~〕〈成〉手の触れるところにあった好機を逸してしまう.〔铁 tiě ~阿童木〕鉄腕アトム:テレビアニメの主人公名. ②動物の前足.〔螳 táng ~当车 chē〕蟷螂(とうろう)の斧.〈喻〉自分の弱い力をはからずに,強敵に反抗する. ③(機械の)アーム. → bei
臂膀 bìbǎng ①腕:腕のつけ根と肩のあたり.〔靠 kào 着两个~生活下来〕(丁・太)力仕事をやって生き長らえる. ②〈喻〉力仕事.〔卖~〕力仕事をする. ③〈喻〉助手.片腕.
臂膊 bìbó 腕:肩から手首まで.
臂环 bìhuán =〔手镯 shǒuzhuó〕
臂力 bìlì 腕力.臂(ひじ)力.
臂立跳水 bìlì tiàoshuǐ =(水泳高飛び込みの)逆立ち飛び込み.→〔倒 dào 立〕〔起 qǐ 跳〕
臂纱 bìshā 腕に巻く喪章.〔戴 dài ~〕喪章を着ける.
臂饰 bìshì 腕上腕に着けるアクセサリー.アームレット.
臂弯 bìwān 肘(ひじ)の内側:外側は〔胳膊肘儿〕.〔把衣服夹 jiā 在~里〕服を腕にかける.
臂章 bìzhāng 腕章 =〔袖 xiù 章〕ともいう.
臂肘 bìzhǒu ひじ.=〔胳 gē 膊肘儿〕.
臂助 bìzhù〈文〉①手助けする.力になってやる.〔今后有了得 dé 力~,事业一定要大发展了〕これからは有力な手助けがあるから,事業はきっと大いに発展するだろう. ②助手.右腕.

〔璧〕 bì
①玉(ぎょく)の通称.〔和 hé 氏~〕〔连 lián 城~〕趙の恵文王が得たという有名な玉.→〔完 wán 璧归赵〕 ②平円形で中央に孔のある玉器. ③〈姓〉璧(へき).
璧珰 bìdāng 家屋の垂木の装飾.→〔画 huà 栋雕梁〕
璧还 bìhuán ①⇒〔完 wán 璧归赵〕 ②〈尊〉贈り物を受け取らず,そのまま返す(こと).借りた物をそっくり返す(こと)
璧回 bìhuí ⇒〔完 wán 璧归赵〕
璧人 bìrén〈文〉玉のように美しい人.
璧田 bìtián〈文〉良田.
璧谢 bìxiè〈尊〉贈られたものを謝意を表してそのまま返す(こと).=〔璧还〕
璧赵 bìzhào ⇒〔完 wán 璧归赵〕

〔襞〕 bì
①〈文〉ひだ.折り目.〔~褶 zhě〕〔皱 zhòu ~〕同前. ②生理學の用のひだ.

〔躄(躃)〕 bì
〈文〉①倒れ伏す. ②両足が萎(な)える.

〔碧〕 bì
①青緑色の玉. ②青緑色(の).〔~绿 lǜ〕濃緑色(の). ③〈姓〉碧(みどり).

碧波 bìbō 青い波.海原.〔~万顷 qǐng〕広々とした海.〔~荡漾 dàng〕青いさざなみが揺れ動いている.
碧草 bìcǎo 青い草.
碧海 bìhǎi 青い海.大海原.
碧汉 bìhàn ①銀河. ②=〔碧霄〕〔碧虚〕<文>碧空.青空.
碧空 bìkōng =〔碧天〕青空.
碧蓝 bìlán 色〕真青(の).深藍色(の)
碧绿 bìlǜ 色〕深緑色(の).〔确 què 青〕ともいう.
碧螺春 bìluóchūn 江蘇省太湖にある洞庭山産の茶.〔洞庭~〕ともいう.〔碧螺香片〕同前のジャスミン茶.
碧落 bìluò <文>青空.大空.
碧青 bìqīng 色〕深緑色(の)
碧森森 bìsēnsēn 青色の濃いさま.
碧纱厨 bìshāchú 緑色の紗で作った蚊帳(蚊)
碧桃 bìtáo =〔千 qiān 叶桃〕植〕桃の一種:花は八重咲きで結実しない.
碧天 bìtiān ⇒〔碧空〕
碧玺 bìxǐ 〔礦〕トルマリン:電気石の一種.
碧霄 bìxiāo ⇒〔碧汉②〕
碧虚 bìxū ⇒〔碧汉②〕
碧血 bìxuè <文>正義のために死んだ者の血.忠烈の士の殉難:周代の萇弘が蜀の国で殺され,その血が3年後に青色に変わったという(荘子・外物).
碧眼 bìyǎn 青い目:古くは胡人を,後には白色人種を指す.〔~胡僧 sēng〕④青い目をした胡人の僧.ⓑ達磨(だ)の別名.
碧油油 bìyóuyóu,〈口〉~yōuyōu したたるように濃い緑.〔~的稲田〕同前の稲田.
碧玉 bìyù ①緑色の玉. ②石英質の不透明な石材:色は種々あって装飾に用いられる. ③〔喩〕ちょっとかわいい娘.〔小家~〕貧家のちょっとした娘.
碧玉兰 bìyùlán 植〕シンビジウム・ローウィアナム:〔建 jiàn 兰〕(スルガラン)の類縁種.大型の美花を開く.
碧云 bìyún <文>①青い雲.青空の中の雲. ②天のはて.はるかな遠方.

[髲] bì <文>かつら.

[髲(鬠)] bì

髲栗 bìlì ⇒〔荜篥〕
髲篥 bìlì ⇒〔荜篥〕

[濞] bì 地名用字.〔漾 yàng~〕地〕雲南省にある.

[奰] bì <文>①怒る. ②壮大である.

bian ㄅㄧㄢ

[边・邊] biān (I)①へり.ふち.まわり.〔河 hé~(儿)〕川べり.〔海 hǎi~(儿)〕海岸.〔花 huā~(儿)〕(衣服の)レース.〔四周围镶 xiāng 上黄色缎子~儿〕四周に黄色い繻子(ヨ)のふちをとる.〔镶黑~儿的明信片是卜 fù 闻〕黒い色でふちをとってある葉書は死亡通知である.〔地~儿〕宅地・田畑などの周りのへり.〔走路要靠~儿〕道を歩む時は端っこに寄って歩け.〔锅 guō~~〕鍋の片すみ. ②(近くの)辺り.そば.…の方.〔身 shēn~〕身の回り.〔手~儿〕手もと.〔一方的.方(儿)〕方(儿).〔我是我们这~(儿)的〕彼は味方だ.〔他们那~(儿)的情况〕彼等の側の状況.〔他和你是一~儿的?〕君は彼と仲間なのか.〔一~倒 dǎo〕〔喩〕片一方に傾斜する.〔边境.僻 pì 地.〕て.きり.際(塵). 〔支~儿〕辺境(の開発)を支援する.

〔一眼望不到~儿〕見渡す限り果てしがない. ⑤…ぐらい.…ほど:時間や数を表わす語の後において,それに近いことを表す.〔年底 dǐ~〕年の瀬ごろ. ⑥数辺(ヘ).〔(四~形〕四辺形. ⑦〔姓〕辺(ベ).
(II)〔-儿〕単音の場所・方角・位置を示す語につけて2音節語をつくる.軽声になる.〔右 yòu~〕右の方.右の辺り.右側.〔靠左~走〕左側通行.〔东 dōng~〕東方.東側.〔外 wài~〕外の方.外側.
边隘 biān'ài <文>辺境の険隘(数)の地.
边岸 biān'àn 岸辺.水際(認)の地.
边报 biānbào 〔文〕辺境からの警報.
边鄙 biānbǐ <文>片田舎.辺鄙な所.
边币 biānbì ⇒〔边区货币〕
边…边… biān…biān… …しながら…(する):二つ以上の動作が同時に行われることを表す.〔一边一边〕〔一面…一面…〕などに同じ.〔~走~唱 chàng〕〔一~(儿)走一~(儿)唱〕歩きながら歌う.〔~说~吃饭〕〔一~(儿)说话一~(儿)吃饭〕話しながら食事をする.
边材 biāncái =〔白 bái 材〕〔液 yè 材〕辺材:樹木の周辺部の柔らかく白味がかった部分.→〔心 xīn 材〕
边裁 biāncái 叉〕ラインズマン.線審(ヘ〕.〔边线裁判员〕に同じ.
边车 biānchē 〔车斗②〕サイドカー:オートバイの側車.
边城 biānchéng 辺境の都市:〔疆 jiāng 城〕に同じ.
边陲 biānchuí =〔边裔〕〔边圉〕<文>辺境の地.
边带 biāndài 〔电〕側波帯.サイドバンド.
边灯 biāndēng (車の)サイドランプ.側灯.
边地 biāndì 辺境の地.国境地帯.僻地.
边防 biānfáng 〔军〕国境の守り:辺境警備.〔~检 jiǎn 查〕〔边检〕出入国検査.出入国チェック.〔~证〕国境地域通行証:〔边境管理区通行証〕の略.〔~军〕国境守備軍.〔~站〕国境警備所.〔~线〕国境の守備ライン.
边锋 biānfēng 叉〕(サッカーの)ウイング.〔右~〕ライトウイング.〔左~〕レフトウイング.
边幅 biānfú <文>布地のふち.へり.また幅.<転>体裁.身なり.〔不修~〕〔~成〕なりふりを飾らない.
边功 biāngōng <文>辺境地でたてた功労.
边鼓 biāngǔ 傍らでたたきはやし太鼓.〔敲 qiāo~〕はやしたてる.扇動する.〔故意在一边帮着敲~,和他含唱了一阵双簧(数)〕わざと側からはやしたてて,彼と示し合わせて一芝居打った.
边关 biānguān 国境上の関所・出入口.
边患 biānhuàn 辺境地帯の災害・侵犯.
边际 biānjì ①=〔边儿②〕果てし.果て.際限.極限.限界.〔~收入〕限界収入.〔~税率〕経〕限界課税率.〔漫 màn 无~的海洋〕茫漠(ボ)として果てしのない大海原.〔~价 jià 格〕経〕限界価格.〔~生産率〕経〕限界生産率.〔~効用〕経〕限界効用. ②宗〕(仏教で)窮極. ③筋の通ったまとまり.〔说话不着zhuó~〕話にきりがない.
边检 biānjiǎn 出入国検査:〔边防检査〕の略.
边疆 biānjiāng 辺境地帯.
边角 biānjiǎo 端.〔~料〕(原料から削り取られたり切り落とされたりしてできる)かけら.切れっぱし.
边界 biānjiè 境界:国境・省境・県境など.〔~线〕境界線.→〔边境〕
边境 biānjìng 辺疆〕〔边域〕国境地帯.〔~贸易〕国境貿易.〔~交货〕国境持込渡.〔~线〕国境地帯.
边控 biānkòng 国境地帯での規制・監視:〔边境控制〕の略.
边款 biānkuǎn 印鑑の側面に刻んだ文字.

边框(儿) biānkuàng(r) (額縁・鏡などの)枠.ふち. →〔框②〕
边炉 biānlú =〔<方>便 biàn 炉〕①広東(ﾄﾝ)式の水炊き用のなべ.〔火 huǒ 锅①〕に似ている. ②食同前のなべを使って作る水炊き:豚肉・牛肉・鶏肉・魚肉・いか.各種もつの類・野菜や春雨などを熱湯で食べながら食べる料理.〔打 dǎ ~〕同前を食べる.→〔菊 jú 花锅〕
边贸 biānmào 経国境貿易:〔边境贸易〕の略.
边门 biānmén ⇒〔便 biàn 门〕
边民 biānmín 国境地帯の住民.〔~互 hù 市〕国境住民相互貿易:パスポートを必要とせず通行証で自由に出入するもの.
边旁 biānpáng 近傍.近所.傍ら.近く.
边坡 biānpō 路床の両側ののり面.
边卡 biānqiǎ 国境の関所.
边墙 biānqiáng 万里の長城の別称.→〔万 wàn 里长城〕
边区 biānqū 解放前中国共産党の指導する農村における根拠地:いくつかの省の辺境地域の意.〔陝 shǎn 甘宁边区〕〔晋察冀 jì 边区〕など.〔~货币〕〔边币〕〔抗 kàng 币〕同前政府が発行した貨幣.
边儿 biānr ①ふち.へり.はし.一字解(I)① ②⇒〔边际①〕
边塞 biānsài 国境のとりで.
边饰 biānshì ふち飾り.へり飾り.〔这张纪念邮票以麦穗作~〕この記念切手は麦の穂をふち飾りとしている.
边事 biānshì 〈文〉辺境地帯の事態:特に紛争や事変.
边式 biānshi 〈方〉①(おめかしをして)きれい.粋(ﾂ)である.あかぬけしている.〔捯饬 dáochi 得这么~要上哪儿去呀〕そんなにめかしてどこに行くのかね.→〔俏 qiào 式〕 ②(俳優・出演者の)演技がスマートで、きびきびしている.
边守 biānshǒu ⇒〔边防①〕
边燧 biānsuì 旧辺境地帯の急変を知らせるのろし.
边笋 biānsǔn 〔~竹〕圈〔孟宗竹の〕地下茎から横向きに出る細い芽(ｼ).
边套 biāntào ①副え馬をつなぐ装置.→〔帮 bāng 套〕 ②建馬の角部屋.
边头 biāntóu ①辺.ふち.そば.近く. ②〈文〉辺境. ③〈方〉時分.頃.
边外 biānwài 〈文〉辺境の外の地.特に万里の長城の外:〔塞 sài 外〕に同じ.
边屋 biānwū ①⇒〔耳 ěr 房〕 ②⇒〔厢 xiāng 房〕
边务 biānwù ①〈文〉辺境地帯の業務.特に防衛. ②〈方〉お相伴(ﾉｳ)で遊蕩すること.
边线 biānxiàn 又(サッカー・ラグビーなどの)タッチライン.(バレー・テニス・卓球などの)サイドライン.(野球の)ファウルライン. ②〜裁 cái 判员〕 边裁〕線審.ラインズマン. 〔一端 duān 线〕
边限 biānxiàn 境目.きり.〔没有~〕きりがない.
边厢 biānxiāng ①〔白~〕辺り.近傍:〔边箱〕とも書く.〔这边~〕この辺り. ②⇒〔厢房〕
边心距 biānxīnjù 数正多辺形の中心から一つの辺までの距離,すなわち,内接円の半径.
边衅 biānxìn 国境紛争.
边沿 biānyán 端.周り.へり.
边要 biānyào 〈文〉辺境の要地.
边邑 biānyì 〈文〉田舎町.辺境地区.
边裔 biānyì ⇒〔边陲〕
边音 biānyīn 語 边音〔(側 cè 声)〕〔分 fēn 音〕は旧称.〔普通话〕の"l"の音.
边圉 biānyǔ ⇒〔边陲〕

边域 biānyù ⇒〔边境〕
边缘 biānyuán ふち.へり.きわ.瀬戸際.〔使人类濒 bīn 于战争灾难 nàn 的~〕人類を戦争による災禍の瀬戸際に押しやる.〔~化〕隅に置いて関心を寄せない.非主流にする.〔~人〕脇にいる人.周辺の人.〔~学科〕学際学科.〔~科学〕学際科学.
边缘环 biānyuánhuán 機フランジ.〔单 dān 层~〕シングルフランジリング.
边远 biānyuǎn 遠く辺鄙(ｷﾞ).〔~的省分 fèn〕遠い辺境の省.
边寨 biānzhài 辺境地区にある(少数民族の)部落または防塞.
边张儿 biānzhāngr マージャンの上がり方の一種.1万・2万を持ち3万を待つような上がり方.また、1万と3万を持ち2万を待つようなのを〔坎 kǎn 张儿(カンチャン)〕という.
边罪 biānzuì 囲(仏教で)僧が淫・盗・殺人・大妄語の四つの重罪のうちのどれかを犯した場合、その罪.

〔笾・籩〕 biān 籩(ｾ):古代の食器の一種.竹で高杯(ﾀﾞｽ)のように編んだもので,ふたがあり,祭祀や宴会のときは果物や乾肉を盛るのに用いた.なお,ほぼ同形で木製のものを〔豆 dòu (III)③〕といい,瓦製のものを〔登 dēng ⑦〕という.

〔砭〕 biān 〈文〉①石の針で体を刺して病気を治療する方法.またその石の針. ②鋭く批判する.
砭道 biāndào 〈方〉小石を敷いた道.
砭骨 biāngǔ 〈文〉骨髄に針を刺す.〈転〉骨にしみるほど痛い、または冷たい.〔砭肌 jī 透骨〕同前.〔寒 hán 风~〕冷たい風が骨身にしみる.
砭灸 biānjiǔ 中医石針を用いる治療法と灸による治療法.→〔针 zhēn 灸〕
砭石 biānshí 中医①石針で体を刺す治療法. ②同前の石の針.

〔蘋〕 biān ①〔~蓄 xù〕〔扁 biǎn 竹〕植ニワヤナギ(ミチヤナギ). ②〈姓〉蘋(ﾝ) → biǎn

〔编・編〕 biān ①編む.〔~个筐 kuāng 子〕籠を一つ編む.〔~一个席 xí〕ござを編む.〔~成辫 biàn 子〕お下げ髪に編む.〔把成吨的钢筋~扎 zā 送到施工部位〕何トンという鉄筋を束ねて工事現場へ送る. ②組織する.順序をたててそろえる.整った形にする.〔~解 jiě 列车〕列車の編成・解体(をする).〔~队 duì〕隊を組織する. ③作る.創作する. ④〈故 gù 事)物語を作る.〔~了一个歌儿〕歌を一つ作った. ④編集する.資料を集め整える.〔~播 bō〕(番組を)編成放送する.〔又要上课又要~讲义〕授業もしなくちゃならんし講義のプリントも作らねばならない. ⑤〈転〉でっちあげる.〔~供 gòng〕うその自供をする.〔你这是梦 mèng,是~的?〕それは夢かね,作り話かね.〔信 xìn 口胡~〕口から出まかせにでっちあげる. ⑥でき上がった本.(書物の)編.〔续 xù ~〕続編.〔第四 sì 成~〕〈文〉すでに1冊のの本になっている. ⑦編制.〔在~人员〕正規の人員. ⑧〈姓〉编(ﾝ)
编班 biānbān クラス・組に分ける.
编报 biānbào ①資料・報告を作成し提出する. ②(新聞を)編集する.
编贝 biānbèi 〈喩〉(貝を並べたように)よくそろった白い歯.
编采 biāncǎi 編集と取材.→〔采编〕
编唱 biānchàng (即興で)歌をを作って歌う.
编程 biānchéng 電算プログラムを組む.〔~语言〕プログラミング言語.
编创 biānchuàng (番組内容で)企画制作する.〔~

biān

人員〕制作スタッフ.
编次 biāncì 配列順序を決める.またその順序.
编凑 biāncòu 寄せ集めて作る.
编存 biāncún 〔文〕編集して保存する.
编导 biāndǎo ①(映画などの)脚本書きと監督(をする).②監督をする人.→〔导演〕
编订 biāndìng 編纂及び校訂(をする)
编发 biānfā (原稿を)編集して発信する.〔新华社～了大会的消息〕新華社が大会についてのニュースを配信した.
编号 biānhào ①順番に整理番号を付ける.〔把书上号〕本に番号を付ける.②通し番号.〔按àn～排列〕番号順に並べる.
编号(印字)机 biānhào (yìnzì)jī 番号押印機.ナンバリングマシーン:〔打号机〕ともいう.
编核 biānhé 〔文〕編成審査する.〔～预yù 算〕予算を編成審査する.
编后 biānhòu 編集後記.
编绘 biānhuì 絵を中心にしたものを編集する.〔~旅游指南〕ガイドブックを作る.
编集 biānjí (資料や作品を)集めてまとめる.
编辑 biānjí ①編集(する).→〔编纂〕 ②編集人.編集者.〔总 zǒng~〕編集長.〔~部〕編集部.→〔编修〕
编校 biānjiào 編集と校正.
编结 biānjié (毛糸・ひもなどで)編む.編み物(をする).〔~毛背心〕毛糸のチョッキを編む.
编剧 biānjù ①脚本を書く.②シナリオライター.脚本家.
编笠贝 biānlìbèi 〔鱼 yú〕アミガサガイ.
编笠菌 biānlìjùn ⇒〔羊 yáng 肚蕈〕
编列 biānliè 順番に配列する.
编录 biānlù 編集と採録.また同時をしたもの.
编码 biānmǎ ①情報を一定規則により符号化する.(コンピュータなどの)コーディングをする.②コード.コード番号:〔汉 hàn 字~〕〔邮 yóu 政~〕など.
编目 biānmù ①項目で分ける.目録を作る.②目録.
编内 biānnèi 正規の編制内にある.〔~人員〕正規のメンバー.
编拟 biānnǐ 起案する.起草する.〔~提纲 gāng〕要綱を作成する.
编年 biānnián 毎年の出来事を年代順に記録する.〔~体〕編年体.〔~史 shǐ〕編年史:春秋、春秋穀梁伝・資治通鑑など.〔~纪 jì 传体〕
编拍 biānpāi 脚本を作り撮影する.
编排 biānpái ①配列(する).排列(する).②(劇の)編集と演出(をする).③⇒〔编造①〕
编派 biānpai 〔口〕①(欠点や過失を)でっちあげる.大げさに言う.②人を笑い者にする.
编谱 biānpǔ 楽譜を整理・作成する.
编遣 biānqiǎn (官庁・軍隊などを)改編し、冗員を整理する.
编磬 biānqìng 〔音〕編磬:古楽器名.石製(後に金属製)打楽器で、16個の〔磬①〕を一つの枠に掛けたもの.
编曲 biānqǔ 〔音〕編曲する.
编审 biānshěn ①(原稿の)編集と校正をする(して図書とする).②同前の仕事をする人で出版部門の最高の職位.
编书 biānshū 書物を編集する.
编图 biāntú ①運行ダイヤを編成する:〔编制列车运行图〕の略.②(地図など)図を編纂した書籍を作る.
编外 biānwài (組織・集団などの)編成外(の).定員外(の).〔~人員〕非公式の人員.定員外の人員.

编煸蝙

编委 biānwěi 編集委員.
编舞 biānwǔ (バレエ,その他の舞台舞踊の)振り付け.ル編成.
编写 biānxiě ①編集し書く.〔~讲义〕講義用のプリントを作る.②創作する.
编修 biānxiū ①(大部の図書を)編修する:多く史書の場合に用いる.→〔编辑〕②古官名.国史編集に当たる.
编选 biānxuǎn 選り抜いて編集する.
编演 biānyǎn 脚本を創作して演出する.
编译 biānyì ①翻訳と編集(をする).〔電算〕コンパイルする.〔~器 qì〕〔~程 chéng 序〕コンパイラー.
编印 biānyìn 編集印刷する.出版する.
编余 biānyú (軍隊の改編や政府機関の機構改革による)剰余の、余分の.
编舆 biānyú ⇒〔笋 sǔn 舆〕
编扎 biānzā 編んでくくりつける.〔~稻 dào 草人〕かかしを同前.
编造 biānzào ①(悪いうわさなどを)でっちあげる.〔~谣 yáo 言〕デマを飛ばす.〔~一套谎 huǎng 话〕うその話を作りあげる.〔他的坏 huài 名声大半都是反对他的人一出来的〕彼の悪評は大半は彼に反対する人たちがでっちあげたものだ.②想像で創作する.③(資料・表などを)作成する.(台帳などを)作成する.〔~预 yù 算〕予算を編成する.
编者 biānzhě (新聞または書物の)編集人、編者.〔~注〕編者注釈.〔~按〕編者が文章またはニュースの前に加える意見と評論.編者の言葉:〔编者案〕とも書いた.
编织 biānzhī 編む、織る.〔~品〕編物製品.〔~毛衣〕セーターを編む.〔~地毯 tǎn〕カーペットを織る.〔~袋〕(ビニール)ひもで編んだ袋.
编制 biānzhì ①(器物を)編んで作る.〔这是用藤条~的〕これは藤で編んだものだ.②(規程・計画などを)作成する.③(組織・機構の構成・定員・職務などを)編成する.〔~定员〕組織編成する.
编钟 biānzhōng 〔音〕編鐘:古楽器の一種.音律の違った小さい鐘16個を二層に吊り並べたもの.
编著 biānzhù 編集・著述する.
编撰 biānzhuàn 編集する.編集し書く.
编缀 biānzhuì ①編集する.まとめ上げる.〔~成书〕本に仕上げた.②(器物を)編み上げる.
编组 biānzǔ ①編成する.②配列する.整列させる.〔~列车〕列車編成(する).マーシャリング.〔~站〕操車場(駅)
编纂 biānzuǎn 〔文〕編纂(する).〔~词典〕辞典を編纂する.

〔煸〕biān

(野菜・魚・肉などを)下ごしらえに油で軽く炒める(こと).〔干~泥 ní 鳅〕どじょうの同前.〔还得先~再炒,这样炒出来的菜好吃〕下ごしらえに軽く炒めたうえで本格的に炒める,こうした炒めものはおいしい.

煸锅儿 biānguōr 〔食〕葱・生姜・にんにくなどと肉を油で軽く炒めること.また同前で下ごしらえしたものを熱い麺に入れたもの.

〔蝙〕biān

蝙蝠 biānfú コウモリ:ヒナコウモリ属の総称.〔蝠鼠〕〔飞 fēi 鼠〕②;〔仙 xiān 鼠〕〔〈方〉盐 yán 老鼠〕〔〈方〉檐 yán 鼠〕〔〈方〉燕 yàn 蝙儿〕〔〈方〉夜 yè 猫虎〕は別称.吉鳥とされ吉祥図に描かれる.→〔蝠〕

蝙蝠衫 biānfúshān 〔服〕バットウィング・スリーブのブラウス.
蝙蝠袖 biānfúxiù 〔服〕バットウィング・スリーブ.

〔鯿・鯾〕 biān〔～魚 yú〕魚貝ヒラウオ：鯉科の魚.

〔篇〕 biān〔～輿 yú〕古人を乗せる竹かご.

〔鯾・鯾〕 biān〔～魚 yú〕魚貝トガリヒラウオ：鯉科の魚.

〔鞭〕 biān ①鞭(むち);乗馬用・戦闘用鞭.〔钢 gāng ～〕(戦闘用の)鉄の鞭. 鞭状のもの. ②〈文〉鞭打つ.〔～之三百〕これを鞭打つこと 3 百. ④動物の陰茎(薬用・食用).〔牛 niú ～〕牛の同前. 鹿 lù ～〕鹿の同前.〔海 hǎi 狗～〕オットセイの同前.〔三一丸〕3種の動物の陰茎から製した強精剤. ⑤(単体を連ねた)爆竹.〔一挂 guà ～〕一連になった爆竹. →〔鞭炮〕〈姓〉鞭(べん)

鞭策 biāncè〈文〉①鞭(打つ). ②鞭撻(べんたつ)する.〔～自 zì 己〕自分を励ます.〔支持他,期待他,～他〕彼を支持し,期待し,励ます.

鞭长不及马腹 biāncháng bùjí mǎfù 同下.

鞭长莫及 biāncháng mòjí＝〔鞭长不及马腹〕〈成〉鞭は長くとも馬の腹までは届かない:情勢あるいは力量が思うにまかせないありさま.

鞭笞 biānchī ⇒〔鞭挞〕

鞭虫 biānchóng 動ベンチュウ(鞭虫):人体の腸内寄生虫の一種.

鞭春 biānchūn ⇒〔打 dǎ 春①〕

鞭打 biāndǎ 鞭打つ.鞭にたたく.〔～快牛〕〔～快驴 lú〕〈成〉よく働く者ほど仕事が多くなる.正直者が損をする.〔～棍 gùn 挞〕鞭で打ち棍棒でたたく.〈喩〉暴力で従わせる.

鞭杆 biāngǎn 鞭の柄.

鞭根 biāngēn 植ひげ根.細く伸びた根.

鞭痕 biānhén〔鞭でたたかれた後の〕みみず腫れ.

鞭花(儿) biānhuā(r)〈方〉〔鞭を振るうとき〕鞭の先から出る鋭い音.

鞭缰 biānjiāng〈文〉鞭と手綱.

鞭毛 biānmáo 生命鞭毛.〔～藻 zǎo〕植鞭毛藻類.〔～虫 chóng〕動ベンモウチュウ(緑虫・夜光虫・トリパノゾーマ・トリコモナスなど)

鞭炮 biānpào ①爆竹(総称).〔豆爆竹:多数の小さな爆竹を一連にして機関銃の弾帯のようにしたもの.火口の一端から点火する.百発連続のものを〔百子 bǎizǐ ～〕,千発のものを〔千祥 xiáng ～〕〔千子～〕,1万発のものを〔子孙万代〕〔万子孙〕などとめでたい名称で呼ぶ.〔一挂 guà ～〕〔すだれのように編んだ〕一連の豆爆竹.〔放 fàng ～〕豆爆竹を鳴らす.→〔爆 bào 竹〕

鞭炮齐鸣 biānpào qímíng〈成〉一斉に爆竹を鳴らす

鞭辟入里 biānpì rùlǐ〔鞭辟近里〕ともいう.〈文〉①物の内面に透徹して明らかにし,深く核心に突き入る.内面的に深く省察して研究する. ②文章に深みのあることを評する語.

鞭器 biānqì 虫コケムシ(苔藓虫)類の外表にある剛毛状の器官.付着物を払いのける.

鞭梢 biānshāo 鞭の先端部.→〔鞭什〕

鞭尸 biānshī〈文〉死屍に鞭打つ〔死んだ後までもその罪を追及すること.

鞭穗子 biānsuìzi 飾りのある鞭の先端.

鞭笋 biānsǔn ⇒〔边笋〕

鞭挞 biāntà＝〔鞭笞〕〈文〉①鞭で打ちたたく.〈転〉(言葉・文章などで)攻撃する.酷評する.〔以杂文为武器,～封建统治者〕雑文を武器として封建支配者を糾弾する. ②追い払う.

鞭土牛 biāntǔniú ⇒〔打 dǎ 春①〕

鞭刑 biānxíng 法昔の刑罰.笞(ち)刑.

鞭责 biānzé〈文〉鞭打って責める.

鞭仗 biānzhàng〈文〉①鞭. ②鞭打つ.

鞭子 biānzi 鞭.

鞭子钱 biānziqián 旧南部で行われていた日ぎめで返す小額の高利の借金:北部における〔印 yìn 子钱〕に似たもの.

〔贬・貶〕 biǎn ①(官位・階級・価値を)降格する.下げる.〔～为 wéi 江州司马,州の軍官に左遷された.〔把他～入二队 duì〕彼を二軍入りさせる. ②けなす.悪評する.↔〔褒 bāo〕 ③価値を下げる.価値が下がる.下落する.

贬驳 biǎnbó〈文〉けなして退ける.

贬称 biǎnchēng 見下した呼び名.バカにした呼び方.

贬斥 biǎnchì ①おとしめ退ける.けなし排斥する.〔受～〕けなしおとしめられる. ②同下.

贬黜 biǎnchù＝〔贬斥②〕〈文〉①官位を下げる.降級させる. ②罷免する.

贬词 biǎncí ⇒〔贬义词〕

贬低 biǎndī＝〔贬损〕低く評価する.〔～新社会〕新しい社会を低く評価する.

贬官 biǎnguān 官位を落とす.

贬毁 biǎnhuǐ 一人を低く評価して損する.名誉を毀損する.

贬价 biǎnjià ①値下げする. ②平価を切り下げる.

贬损 biǎnsǔn ①抑(そ)えて損なう. ②⇒〔贬低〕

贬抑 biǎnyì 抑圧する.

贬义 biǎnyì 語けなし卑しめる意味.〔～词〕〔贬义词〕貶義語.↔〔褒 bāo 义〕

贬责 biǎnzé けなし責める.〔横 hèng 遭～〕横暴な譴(けん)責を受ける.

贬谪 biǎnzhé 辺境に左遷される.

贬值 biǎnzhí 平価切下げ(をする).〔英镑 bàng ～〕英ポンドの平価切下げ. ↔〔増 zēng 值〕→〔跌 diē 价〕

贬职 biǎnzhí 職務の等級を下げる.

〔窆〕 biān 埋葬(する).〔告 gào ～〕〔喪家が〕親戚・友人に埋葬の日を通知すること.

〔扁(扁)〕 biǎn ①平たい.扁平である.〔轧 yà ～〕ロールにかけて平たくのす. ②変わっている(え くぴる).〔看～〕軽く見る. ③〈姓〉扁(へん) → piān

扁柏 biǎnbǎi＝〔柏〕

扁仓 biǎncāng 囚古代の名医〔扁鹊〕と〔仓公〕.〈転〉名医.

扁铲 biǎnchǎn 大工ノミ.→〔扁凿〕

扁虫 biǎnchóng 動扁形動物:渦虫類・吸虫類・条虫類一般の総称.

扁锉 biǎncuò＝〔板板锉〕平やすり.

扁担 biǎndan 天秤(ぴん)棒.〔～是一条龙 lóng,一生吃不穷 qióng〕諺〔天秤棒は竜のように大力のあるもので,これさえあれば(働けば)一生食いはぐれはない.〔三～打不出个屁 pì 来の人〕〈喩〉おだやかで騒がず無口な人.

扁担没扎,两头打塌 biǎndan méizā, liǎngtóu dǎtā 天秤棒の両端に縄をかける〔扎〕(へそ)がないので前も後ろも荷物が滑り落ちてしまう.〈喩〉あっちでもこっちでも重要なものを失い,行きずまること：〔打塌〕＝〔失 shī 塌〕ともいう.

扁担商店 biǎndan shāngdiàn 各種雑貨を天秤棒で担いで農山村へ行き,露店式に商売するもの.

扁担星 biǎndanxīng 牽牛(けんぎゅう)星とその近くにある二つの小星(彦星の子供)の俗称.

扁底舟 biǎndǐzhōu 船底の平らな舟.

扁豆 biǎndòu 植①＝〔沿 yán 篱豆〕フジマメ(インゲ

ンマメ).[菜豆]とも書いた.豆の莢(さや)の形から[蛾é 眉豆].[<方>火 huǒ 镰〜]ともいう.紫色の花の咲く品種を[鹊què 豆].②⇒[菜cài 豆]

扁毒 biǎndú ⇒[牛 niú 扁]

扁钢 biǎngāng 工平鋼.[〜一坯 pī]スラブ.→[钢材]

扁骨 biǎngǔ 生理扁平骨.

扁尖 biǎnjiān 食塩漬けにして干した筍(たけのこ).→[二èr 青]

扁卷螺 biǎnjuǎnluó ＝[<口>扁螺]魚貝ヒラマキガイ(科の総称):腹足類.[隔 gé 扁螺]ヒラマキモドキ.[扁旋 xuán 螺]ヒラマキミズマイマイ.

扁率 biǎnlǜ 🖽扁平率.

扁螺 biǎnluó ⇒[扁卷螺]

扁毛畜生 biǎnmáo chùsheng <口>鳥(総称)

扁平 biǎnpíng 平たく扁平である.[〜足][平足][扁平足.[〜脸 liǎn][扁脸]のっぺりした顔.

扁蒲 biǎnpú 植ユウガオ.[瓠 hù (子)][夜 yè 开花]ともいう.[〜葫 hú 芦]

扁青 biǎnqīng ⇒[石 shí 青]

扁鹊 biǎnquè 人古代,盧国の名医.[卢 lú 扁]とも呼ばれる.

扁食 biǎnshi <方>食餃子(ギョーザ):ふつう[饺jiǎo 子]という.[匾食]とも書いた.[哑 yǎ 吧吃〜,心里有数儿]<歇>唖者が餃子を食べて食べてはいるがいくつ食べたかわからない:黙ってはいるが腹の中には相当な考えを持っている.うわべはおとなしく見えてもなかなか食えない人だ,などの意に用いる.[心里]は[肚 dù 子里]ともいう.

扁丝绦 biǎnsītāo 平打(紐)

扁四(儿) biǎnsì(r) 😀あみがしら:漢字の部首"罒".[扁四头(儿)][四字头(儿)][横 héng 目头(儿)]ともいう.→付録1

扁松 biǎnsōng →[柏 bǎi ①]

扁桃 biǎntáo 植ハタンキョウ.アーモンド(アメンドウ),またその実:[巴 bā 旦(杏)]は別称.[苦 kǔ 味〜]は薬用,[甜味〜][甜 tián 杏]は食用.

扁桃体 biǎntáotǐ 同下.

扁桃腺 biǎntáoxiàn ＝[扁桃体]生理扁桃腺.[〜炎 yán]医扁桃腺炎:[喉 hóu 蛾]ともいう.

扁特 biǎntè ⇒[牛 niú 扁]

扁铁 biǎntiě 工圧延鉄(鋼)

扁头哈那鲨 biǎntóu hānàshā 魚貝エビスザメ:[扁头七鳃 sāi 鲨][哈那][七鳃鲨]ともいう.ひれは[鱼yú 翅](ふかのひれ)にせず,肝を肝油原料とする.

扁形动物 biǎnxíng dòngwù 動扁形動物.

扁圆 biǎnyuán ⇒[椭 tuǒ 圆]

扁簪 biǎnzān 平たい簪(かんざし)

扁凿 biǎnzáo 工[斧 fǔ]切削用平鏨(たがね):鏨の刃の広いもの.通常六角あるいは八角の工具鋼で作られている.[扁錾 zàn(子)]ともいう.

扁竹 biǎnzhú ＝[菖 chāng 蒲 pú 根]

扁子 biǎnzi ＝[浅 qiǎn 子①]

扁钻 biǎnzuàn ＝[<方>三 sān 角钻]機両ドリル.フラットドリル.

扁嘴 biǎnzuǐ ①平たいくちばし.②<方>🖽カモ.③<方>口をゆがめて泣き出しそうな顔つき.

扁嘴类 biǎnzuǐlèi 🖽遊禽類.板嘴類:鴨などのようにくちばしが平らで柔らかい鳥.

[匾] biǎn ①🖽〔额〕額.平たくある平底の丸く浅い竹かご.食物を盛ったり養蚕に用いる.[蚕 cán]蚕具の一.

匾额 biǎn'é ＝[榜 bǎng 额](長方形の板に書かれた)[匾額].[一块 kuài 〜]1 枚の額.→[条tiáo 幅][下 xià 匾①]

匾文 biǎnwén 匾额に揮毫された文字.

[惼] biǎn <文>心が狭い.[〜心]度量が狭い.

[萹](稨・稨) biǎn → biān

萹豆 biǎndòu ⇒[扁豆]

[褊] biǎn <文>①狭少である.②(度量の)狭い.性急である.

褊急 biǎnjí <文>性急(である).[性 xìng 情〜]性質がせせこましい.

褊狭 biǎnxiá <文>狭い.

褊小 biǎnxiǎo <文>①狭くて小さい.[土 tǔ 地〜]土地が狭く小さい.②度量が小さい.

[碥] biǎn <文>①水流に向かって斜めに突出している岩石.②山路の石段.

[卞] biàn <文>①たかぶる.軽々しい.[〜急 jí]同前.②[姓]卞(べん)

[汴] biàn ①河南省開封の別称.②<姓>汴

汴京 biànjīng 開封の古名:北宋の都で[汴梁 liáng(城)][东 dōng 京②]ともいった.南宋の都は臨安(現在の杭州)

[忭] biàn <文>喜び楽しむ.[〜喜 xǐ][欢 huān 〜]同前.[〜颂 sòng]喜びたたえる.

忭贺 biànhè <文>喜び祝う.

忭跃 biànyuè <文>小躍りして喜ぶ.

[苄] biàn 化ベンジル.[〜基 jī][苯 běn 甲基][〜醇 chún][苯甲醇]ベンジルアルコール.

[抃] biàn <文>(嬉しくて)手をたたく.

抃手 biànshǒu ＝[抃掌]<文>手をたたく.拍手する.→[鼓 gǔ 掌]

抃舞 biànwǔ ＝[抃踊]<文>手を打ち踊り回って喜ぶ.[欢 huān 欣〜][欣欣鼓舞]歓喜が極(きわ)まって手を打ち踊り回って喜ぶ.

抃踊 biànyǒng 同上.

抃掌 biànzhǎng ⇒[抃手]

[弁] biàn ①🖽冠の一種.②旧下級武官.[武 wǔ 〜]武人.[马 mǎ 〜]旧護衛兵.[〜目 mù]旧兵士の頭(かしら).③<転>冒頭にある(置く).→[弁言] ④<姓>弁(べん)

弁兵 biànbīng 旧武官と兵卒.②旧護衛兵.

弁髦 biànmáo <文>①帽子と子供の冠と垂髪:いずれも元服の後には用いない.<転>無用の物.[视国家法令如〜]国の法令を視ることを無用の物のごとくである.②軽視する.[〜法律]法律を軽視する.

弁冕 biànmiǎn <文>①🖽冠の一種.②首領(となる).[トップを切る].[〜群 qún 英]多くの優れた者のトップを切る.

弁言 biànyán <文>序言.はしがき.

[昪] biàn <文>①明るい.②喜び楽しむ.

[变・變(变)] biàn ①変わる(させる).変化する(させる).[社会关系已经〜了]社会の関係がすでに変わった.[不但是人心,连山河都〜了]人の心のみならず山河すら変わった.[〜漂亮了]きれいになった.[天气〜了]天候が悪くなった.[又〜成老样 yàng 了]もともとに戻った.[〜改 gǎi(①][换 huàn)]②変わりうる.可変の.→[变数]③売って換金する.[拍 pāi 卖〜现]競売して現金に換える.④異常な事異変.戦乱.[事 shì 〜]事変.[城里有〜]城内に騒動があった.[事变]の略.[变相]の略.⑦<姓>変(へん)

变把戏 biànbǎxì ＝[变戏法(儿)]

变本加厉 biànběn jiālì [成]本来のより一層ひどく

変 biàn

変 なる.〔他起初就不规矩,近来更~地坏了〕彼は初めからでたらめだったが、近ごろは一層悪くなった.

変兵 biànbīng 〈文〉反乱に加わった兵士.

変彩 biàncǎi 圖無色の鉱物が、他物質を含有しているため見る角度などによって異なった色彩を現すこと.

変産 biànchǎn 不動産を売って金銭に換える.

変償 biàncháng 〈文〉支払うために賠償する.

変成 biànchéng 変わって…となる.…に変化する.〔他终于~害 hài 群之马了〕彼はついに全体にとって有害な人間に変わった.

変成岩 biànchéngyán 地変成岩.

変蛋 biàndàn ⇒〔松 sōng 花〕

変電站 biàndiànzhàn 変電所.〔変电所〕〔配 pèi 电室〕は小規模のもの.

変調 biàndiào ①圖変調:例えば第三声が連続して発音される場合には前の第三声は第二声に変化すること.②⇒〔转 zhuǎn 调〕

変動 biàndòng ①異変が起こる(社会的な).〔发生了~〕同則.②変更する.〔任务~了〕任務が変わった.〔人事~〕人事異動.

変端 biànduān 突然起こった事故.事変.

変法 biànfǎ 圖法制の重大改変をする.〔~维 wéi 新〕新法を実施して革新を計る.→〔戊 wù 戌变法〕

変法儿 biànfǎr 手を替え品を替えてやる.なんとしてもやる.

変廃為宝 biànfèi wéibǎo 〈成〉ごみから宝を作る.〔~、化害为利〕同時にし、害を利に変化させる.

変風 biànfēng 〈文〉詩経国風の邶から唐までの135篇の総称:周南・召南の25篇を王道の盛んな治世の音すなわち〔正风〕といい、王道が衰え礼教がすたれたため民の恨みが高まり、〔~〕および〔变雅〕が生まれたとされる.

変幅 biànfú 変動の幅や差.〔这里的雨量~很大〕この雨量は差が大きい.

変革 biàngé (抜本的に)改変(する).〔~现实〕現実を変革する.〔历史~〕歴史的変革.

変更 biàngēng 変更する.→〔更改〕

変工 biàngōng =〔换 huàn 工〕農村における労働力の互助形式:互いに自己の労働力(人力・畜力・機械力など)を交換する.初め〔陕甘宁辺区〕から起こった.〔人畜 chù~〕〔男女~〕〔农业副业~〕などがある.〔~队〕同前の小隊組織.

変宮 biàngōng =〔闰 rùn 宫〕圖七音の一:〔宫〕の変調で、〔宫〕より半音低い.→〔七 qī 音②〕

変狗 biàngǒu 旧子供が病気すること:悪魔がついて子供が病気いうような迷信から、病気の子供を犬になったと言うことで、悪魔をごまかそうとした.〔我们小孩儿~来着,刚好了两三天〕うちの子供は病気で2,3日前に良くなったばかりです.

変古乱常 biàngǔ luàncháng 〈成〉古来の伝統習慣を改変し、常規を乱す.

変故 biàngù 異常の出来事.思わぬ事故.〔这是意想不到的〕これは思いがけない災難だ.

変卦 biànguà 〈喩〉事情が変わる.風向きが変わる.ひょう変する.〔忽然~,那笔钱没进来,可把我急着zháo 了〕突然事情が変わり、その金が入ってこないので、わたしは泡を食ってしまいました.〔他变了卦了〕彼はひょう変したばかりです.

変光星雲 biànguāngxīngyún 天変光星雲:〔星云变星〕ともいう.

変化 biànhuà 変化(する).〔~无常〕〈成〉常なし.〔发生了很大的~〕非常に大きく変わった.〔~无穷〕〈成〉変化にして止まない.〔万千~〕〈成〉千変万化する.

変幻 biànhuàn とりとめなく変化する.〔~莫 mò 测〕〈成〉めまぐるしく変化する.〔~万千〕千変万化する.〔~术 shù〕手品をする.

変換 biànhuàn 変える(わる).切り替える(わる).〔~手法〕手口を変える.〔~句子〕文を書き直す.

変換歯輪 biànhuàn chǐlún ⇒〔交 jiāo 换齿轮〕

変価 biànjià ①物品を時価に換算して売る.〔~出售 shòu〕時価で売る.②価格を改訂する.

変焦鏡頭 biànjiāo jìngtóu ズームレンズ:〔变焦距透 tòu 镜〕ともいう.

変節 biànjié 節操を変える.敵に屈伏する.

変晶 biànjīng 圖結晶の異化.

変局 biànjú 非常事態.流動の情況.〔应 yìng 付~〕非常事態に応じる.

変距 biànjù 変動ピッチ.

変口 biànkǒu 圖北方の民間芸能の一種で各地の方言を使う物まね:蘇州〔评 píng 话〕などでも同様なものを〔乡 xiāng 谈〕という.②言い直す.言葉を変える.

変老 biànlǎo 老いる.老化する.

変例 biànlì 異例(の規定).↔〔常 cháng 例〕

変臉 biànliǎn ①顔色を変える.がらりと態度を変える:悪くなる.冷たくなる.怒る.〔一听这个话他立刻~了〕これを聞くと彼は一変した.→〔翻 fān 脸〕②圖変面:〔川 chuān 剧〕などで役者が瞬時に隈取りを変える早技.→〔脸谱〕③圖役者が違った役柄に転身すること.④〈喩〉大きな変化が起こる.

変量 biànliàng 圖変量.数値の変化する量.↔〔常 cháng 量①〕

変流機 biànliújī 同下.

変流器 biànliúqì =〔变流机〕〔换 huàn 流机〕〔换流器〕電コンバーター.インバーター.変流器.電流互換器.

変乱 biànluàn ①変乱.騒乱.戦乱.〔当时的长安处于~之中〕当時の長安は変乱の中にあった.②〈文〉変更して乱じてしまう.

変率 biànlù (単位ごとの平均)変化率.

変売 biànmài =〔变销〕(家屋や什器)を売って金に換える.→〔折 zhé 变〕

変貌 biànmào 顔色を変える.

変魔術 biànmóshù ⇒〔变戏法(儿)〕

変盤 biànpán 圖(相場の)上げ下げの局面変化.〔突 tū 发性~行情〕突発的な同前.

変頻 biànpín 物周波数変換.〔~電器〕周波数変換器.〔~空调〕電インバーターエアコン.

変遷 biànqiān 移り変わり(る).変遷(する)

変嗓子 biànsǎngzi 声変わりする.

変色 biànsè ①色が変わる(を変える)〔变色儿 shǎir〕は口語.〔晒 shài 得~〕太陽にさらされて色が落ちる.②顔色を変える(を変える).〔勃 bó 然~〕むっとして顔色を変える.

変色鏡 biànsèjìng 遮光サングラス:〔变色眼镜〕ともいう.

変色龍 biànsèlóng ①動カメレオン.〔避 bì 役〕の通称.〔化龙龙〕〔十 shí 二时虫〕〔五 wǔ 色守宫〕は別称.②政治的ご都合主義者.

変色漆 biànsèqī 温度の変化などによって色が変わるペンキ.

変身 biànshēn 姿を変える.変身する.

変声 biànshēng 声変わり.〔~期〕変声期.

変生肘腋 biànshēng zhǒuyè 〈成〉事件がすぐそばで発生すること.

変石 biànshí 圖アレキサンドライト:〔金 jīn 绿石〕の一.

変数 biànshù ①圖変数.→〔常 cháng 数〕②〈喩〉可変的要素.〔没有~〕変化を起こす要素がない.

biàn

变速 biànsù 変速(する).〔~箱 xiāng〕〔~器 qì〕機変速器.ギアボックス.

变速运动 biànsù yùndòng ＝〔不 bù 等速运动〕物不等速運動.↔〔等 děng 速运动〕

变态 biàntài ①〔生命 shēng〕変態.②(普段と比べて)異常な状態.〔精 jīng 神~〕精神異常.〔~心理〕変態心理.↔〔常 cháng 态〕

变态反应 biàntài fǎnyìng 医アレルギー.→〔过 guò 敏症〕

变体 biàntǐ 変体.性質や形状の変異.

变天 biàntiān ①天気が変わる.〔云彩多起来了,要~了〕雲が出てきたから,天気が悪くなるだろう.②世が変わる.社会制度が変わる:多く反動勢力の復活を指す.〔~思想〕世の中はやがて変わるという考え.〔~账 zhàng〕反革命·反動勢力の者が将来世の中が変わる事を願って隠し持っている財産目録,土地所有·職責などの証明書類.→〔改 gǎi 朝换代〕

变通 biàntōng (情勢に順応して)要領よく(適当に)やる.融通をきかす.臨機応変にする.〔~自在〕〈成〉自由自在に変化に適応すること.

变为 biànwéi …になる.…にする.〔将荒 huāng 漠~深色的原野〕砂漠を緑の野原に改造する.

变位 biànwèi ①位置を変える.〔~思考〕立場を変えて考えること.②語(動詞)の活用語形変化.

变味 biànwèi 〔~儿〕①(食物などが)味が変わる.〔夏天食物容易~〕夏は食物が腐りやすい.②〈うさんくさい〉変質する.

变压层 biànyācéng ⇒〔对 duì 流层〕

变温动物 biànwēn dòngwù 物変温動物:俗に〔冷lěng 血动物〕①(冷血動物)という.↔〔恒 héng 温动物〕

变文 biànwén 昔仏教宣布のために用いられた語りもの文学:文体は韻文と散文とを交えて平易な言葉で書かれている.敦煌で発見されたものが後に単に〔变⑤〕ともいう.〔目 mù 连变〈文〉地獄に落ちた母を救い出した目連の話の同節.→〔目连戏〕

变戏法(儿) biànxìfǎ(r) ＝〔变把戏〕手品を使う.奇術をする.マジックをする.〔变幻术〕〔变魔 mó 术〕ともいう.〔~的奇術師.手品使い.マジシャン.〔~变得不错〕手品のやり方が上手い.→〔杂 zá 技〕

变现 biànxiàn 経(資産·証券などの)現金化する.〔~价格〕正味実現可能価額.

变相 biànxiàng ①やり口を変えた.別の形の:多く悪い意味で用いる.〔~加班加点〕やり方を変えた時間外労働.②(仏画の)変相図:地獄変など.単に〔变⑥〕ともいう.

变销 biànxiāo ⇒〔变卖〕

变心 biànxīn 心変わりする.変心する.

变星 biànxīng 天変光星.

变形 biànxíng ①形が変わる.②化ける.変身する.③形を変える.変形可能の.〔~金剛〕組み方を変えると別の型になる玩具.〈喻〉変わり身の早い人.④物ひずみ.ゆがみ.〔~体〕変形体.

变型 biànxíng モデル·型式を変える.

变形虫 biànxíngchóng ⇒〔阿 ā 米巴〕

变性 biànxìng ①性質を変(する·させる).〔~酒精〕化変性アルコール.②性転換(する).〔~人〕性転換者.〔~(手)术 shù〕性転換手术.

变压器 biànyāqì 〔〈方〉方 fāng 棚〕電変圧器.トランス.〔~输 shū 出~〕アウトプットトランス.→〔降 jiàng 压器〕

变雅 biànyǎ ⇒〔变风〕

变颜变色 biànyán biànsè 〈成〉驚き恐れあるいは怒りなどにより顔色を変える(こと)

变样(儿) biànyàng(r) 様相が変わる.格好が変わる.

变异 biànyì ①生命(生物の世代間に生じる)差異.変異.〔突然~〕突然変異.②怪奇現象.③変化.

变易 biànyì 変わる.変える.

变音 biànyīn 音を変える.

变徵 biànzhǐ 〔闰 rùn 徵〕国7音の一:〔徵〕の変調で,〔徵〕よりやや低い.→〔七 qī 音②〕

变制 biànzhì 企業の経営体制·形式に転換する.

变质 biànzhì ①(多く悪い方へ)本質が変わる.性質が変わる.〔这块肉~了〕この肉は腐った.〔他蜕 tuì 化~了〕彼は人が変わって悪くなった.②岩石の変成.〔~岩 yán〕変成岩.

变种 biànzhǒng ①変種.新種.〔电脑病毒~〕電算コンピュータウイルス亜種.②〈喻〉形だけ変わり,中身の変わらない古い思想·流派.

变子 biànzǐ 物数十種の不安定な基本粒子.

变字头 biànzìtóu 漢字部首の"亦":"变"の字のあたま.→付録1

变奏 biànzòu 音変奏.バリエーション.〔~曲 qǔ〕変奏曲.

变阻 biànzǔ 電電気抵抗を調整する.〔~器 qì〕可変抵抗器

〔便〕 biàn

(Ⅰ)①都合が良い.便利である.重宝である.適している.〔旅 lǚ 客 称 chēng ~〕旅行者が重宝がる.〔~耽 dān 搁〕めんどうがかかるのはよろしくない.②便利.便宜.好都合.〔得 dé ~给他送去〕都合のいい時に届けてやりなさい.〔顺 shùn ~〕(ことの)ついでに(.)〔就~住在那儿〕ついでにそのままそこに住む.〔随 suí ~〕勝手に.随意に.都合の良いように.いいかげんに.〔随你的~〕あなたの都合のよろしいように.〔有~请过来坐坐〕ついでの時お立ち寄りください.〔对不起！我告gào 个~〕すみません,これで失礼します〔席をはずす場合〕.③有り合わせである.簡単である.普段のままである.④大小便(をする).〔大 dà ~〕大便(をする).〔小 xiǎo ~〕小便(をする).〔粪 fèn ~〕糞便.〔~急〕急な便意をもよおす.⑤〈音訳〉ペンス(ペニー)〔~士〕⑥〈姓〉便(ぴん)~〕

(Ⅱ)〈白〉①すなわち.〔他~是新到任的校长〕彼が新任の校長だ.〔在那儿北放着的~是我乞~置いてあるのがそれだ.〔就 jiù(Ⅱ)〕②…ならずすなわち…であればつまり:条件と結果の密接さを表す.〔去~去,不去~罢 bà〕行くなら行け,行かないなら行かないだけのこと.〔我说去~去〕わたしは行くと言ったら行く.③たとえ…であっても.よしんば…であろうと.〔是他不许去,我也要去〕彼が許さなくてもわたしは行くのだ.〔即 jí ~不成功也没有多大妨 fáng 碍〕よしんば成功しなくても大した支障はない.→ pián

便秘 biànbì ⇒〔便秘〕

便步 biànbù 並(zì)あし;隊列は崩さず随意に歩行すること.〔~走！〕軍步調やめ.並足進め(号令).~〔正 zhèng 步〕

便餐 biàncān ⇒〔便饭〕

便车 biànchē ついでの車.〔找~把他送到工厂去〕同じ方向へ行く車を見つけ,彼を工場へ送り届ける.

便池 biànchí 便器:男子小便所の漏斗状の受け.〔小~〕同前.

便船 biànchuán 便船.ついでの船

便待 biàndài 〈白〉すぐ~しようとする.〔武松见夫人宅眷都在席上,吃了一杯,~转身出来〕(水30)武松は夫人や家の者一同が席に連なっているのを見て,ほんの一杯飲んだだけですぐ席を立って出てこようとした.

便缏遍 biàn

便当 biàndāng ①〈方〉弁当:[盒 hé 饭]に同じ.[吃一个～]弁当を食べる. ②〈牍〉まさに…ていい.[我～扫榻 tà 以待]お席を清めてお待ちしております.

便当 biàndang 便である.都合が良い.[这边儿上下电车~]この辺は電車の乗り降りには便利です. →[便利]

便道 biàndào ①⇒[人 rén 行道] ②=[便路②]近道.早道. ③仮に設けた道路.[临时～]仮設道路. ④⇒[便做道]

便得 biàndé 〈白①〉…でよろしい.…すればよろしい.[你来~,不必做什么活动]きみは出席してくれればそれでいい,別に活動してもらわなくともよい. ②…でさえあれば,…しただけでも.[~一片橘 jú 皮吃,切莫忘了洞庭湖](金瓶梅4)みかんの皮一きれでも食べる機会があれば,洞庭湖を思い出してください.[喻]根本のことを忘れてはならない.

便殿 biàndiàn 旧帝王の休息所:正殿に対する別殿をいう.↔[正 zhèng 殿]

便毒 biàndú ⇒[横 héng 痃]

便饭 biànfàn 〈客〉日常の食事.有り合わせの食事.[请用～]粗飯を差し上げます.

便服 biànfú =[便装]①(礼服・制服に対する)普段着.略装.平服. →[礼 lǐ 服][制 zhì 服] ②中国式の服装. →[便衣]

便函 biànhán (機関・団体で出す)非公式の書簡. →[公 gōng 函]

便好 biànhǎo 〈白〉ちょうど良い.ちょうど都合が良い.[~洗心依佛祖]心を洗って仏祖に帰依するにちょうど良い.

便好道 biànhǎodào 〈白〉(ことわざに)言っている.[哥哥,~:老米饭捏 niē 杀也不成团,咱可也难在一处住了](神权児劇)兄さん,ことわざにも言っているでしょう."古米のめしは(ねばりがなく)つき合わせてもだんごにならない"と,わたしらも一緒に住むわけにゃいかんよ.[恰 qià 好说]

便壶 biànhú ⇒[夜 yè 壶]

便换 biànhuàn ⇒[飞 fēi 钱]

便假若 biànjiǎruò 〈白〉よしんば…であっても.[便假饶]ともいう.[~铁石心肠应粉碎](董厢)鉄石のような心でも粉砕されるだろう.

便笺 biànjiān =[信 xìn 纸]ノートペーパー.メモ用紙. ③⇒[便条]

便轿 biànjiào (人を乗せる)簡単なかご:多く2人か4人が担ぐ. →[山 shān 轿]

便结 biànjié ⇒[便秘]

便捷 biànjié ①簡便である. ②敏捷(ょう)である.軽快である.

便览 biànlǎn 便覧.ハンドブック.

便利 biànlì ①便利である.[交 jiāo 通~]交通が便利である. →[方 fāng 便] ②便する.[~了团 tuán 体参观]団体参観を便利にした. →[便当 dang]

便利店 biànlìdiàn コンビニ(エンスストアー):[方 fāng 便店]ともいう.

便了 biànliǎo 〈白〉…すればよい.[着陆谦自去寻这和尚~](水9)陸謙に自分でこの坊主を尋ねさせればそれでよい. →[结 jié 了][就 jiù 是④]

便炉 biànlú ⇒[边 biān 炉]

便路 biànlù ①⇒[人 rén 行道] ②=[便道②] ③⇒[便道③]

便帽(儿) biànmào(r) ①(制帽に対して)略帽.普通の帽子. ②⇒[瓜 guā 皮帽(儿)]

便门(儿) biànmén(r) =[边 biān 门][方 fāng 便门][旁 páng 门]通用門.わき戸.勝手口:正門の外にある小門. →[角 jiǎo 门]

便秘 biànmì =[便闭][便结]医便秘(する).[腹 fù 结]に同じ.[习惯性～]習慣性便秘.

便面 biànmiàn うちわ.扇子の別称:顔を覆うのに都合が良い意.

便民 biànmín 人々の便をはかる.[~利民]同前.[～店]市民サービス.[～店]コンビニ.

便溺 biànniào 〔便尿]とも書く.大小便(をする).[不要随 suí 地~]所かまわず大小便をしてはいけない.

便盆(儿) biànpén(r) おまる.便器. →[马 mǎ 桶]

便签 biànqiān 伝言用の紙.メモ用紙.付箋.

便桥 biànqiáo 臨時の橋.仮橋.

便人 biànrén ついでのある人.[由 yóu ~带去]用事のついでのある人に持って行ってもらう.

便时 biànshí 便利な時.都合のいい時.ついでの節.

便士 biànshì [音訳]ペンス(ペニー):英国の補助通貨単位名.[音訳]先 xiān 令](シリング)の12分の1に当たる.100[~]が1[英 yīng 镑](ポンド).単に[便⑤]ともいう.[辨士][本 běn 士][边 biān 士]とも書いた. →[镑 bàng]

便所 biànsuǒ ⇒[厕 cè 所]

便条 biàntiáo =[便笺③][-儿]簡単な略式の手紙:便箋またはメモ用紙に簡単に書いて封筒に入れずに人に持たせてやる手紙,または通知.[～本]メモ帳. →[说 shuō 帖][字 zì 儿②]

便桶 biàntǒng ⇒[马 mǎ 桶]

便席 biànxí 普通の宴席料理.

便线 biànxiàn (鉄道・自動車の)臨時線路(道路)

便携 biànxié 携帯(用)に都合良い.[~式]ポータブル.[~机]携帯型機.⑥[~型パソコン.[～厕 cè 所]携帯トイレ.

便鞋 biànxié ①普段履き用の靴.↔[官 guān 靴] ②布靴:(革靴に対して)布や繻子で作った中国靴. →[布 bù 鞋]

便血 biànxiě 医血便・血尿が出る.腸出血する.

便宴 biànyàn 簡便な宴席.気の置けない宴会.

便衣 biànyī ①(軍隊・警察の制服に対する)一般人の私服.平服.[~警 jǐng 察]私服警官.[~刑事]私服刑事.[~队]テロ部隊.ゲリラ部隊. ②[-儿]私服軍人・警察官. →[便服]

便宜 biànyí 都合が良い.便宜である.[这个下我很~的=这件让 ràng 我处 chǔ 理是好都合である.[~行 xíng 事]〈成〉権限を与えられ,現場で適宜処理する. → piányi

便于 biànyú …に便利だ.…に都合が良い.便宜である.[便利于]ともいう.[~携 xié 带]携帯に便利だ.[~应 yìng 付]対処しやすい.

便中 biànzhōng 都合のいい時.ついでの時.[请~示 ~]ついでの時に御回答いただきたく. →[顺 shùn 便(儿)]

便装 biànzhuāng ⇒[便服①]

便酌 biànzhuó 小宴.簡便な酒宴:[小 xiǎo 酌]に同じ.

便座 biànzuò 便座.

便做 biànzuò 同下.

便做道 biànzuòdào 〈白〉たとえ…でも.よしんば…して.[便道④][便做][便道做][便做到][更 gèng 则道][更做道][更做到]ともいう.

[缏・緶] biàn [-子]さなだひも.[草帽 mào ~]麦わらさなだ:これを用いて麦わら帽子を編む. → pián

[遍(徧)] biàn ①あまねく行きわたる.[死尸~地〈成〉]死骸(ぶ)がいたるところに散らばっている.[一览 lǎn 古今][~慨古今]古今を通覧する.[普 pǔ ~所].[屋子里都找找 zhǎo ~了,也没找着]部屋の中をくまなく探したが探しあたらなかった. ②量詞.遍:回数を表

biàn

す.〔念 niàn 一～〕一遍読む.→〔次 cì ⑥〕 ③〈姓〉遍⌒

遍布 biànbù あまねく敷きつめる.あまねく行き渡る.
遍处 biànchù いたる所.〔～寻 xún 找〕くまなく探す.
遍地 biàndì あたり一面みな.いたる所.〔～都是苹 píng 果树〕あたり一面みなりんごの木である.〔～撒 sā 网〕〈喩〉事業をひろげすぎること.〔～开花〉〈喩〉事業がいたる所ではなばなしく発展する.
遍及 biànjí あまねく…に及ぶ.全般に行き渡る.〔受害的渔 yú 民～各地〕損害を受けた漁民は広く各地に及んでいる.
遍身 biànshēn ⇒〔遍体〕
遍数(儿) biànshù(r) 回数.度数.〔泻 xiè 得没～〕何回となく(回数がわからないほど)下痢をする.
遍搜 biànsōu 隅から隅まで捜査する.
遍苏油 biànsūyóu =〔石 shí 油精〕
遍体 biàntǐ =〔遍身〕体中にある所.〔～鳞 lín 伤〉〈成〉体中傷だらけだ.
遍寻 biànxún いたる所を探す.
遍野 biànyě 野原一面に及ぶ.〔尸 shī 横～〉〈成〉屍が野原一面に横たわる.
遍游 biànyóu 遍歴する.遊歴する.
遍于 biànyú (…に)あまねく及ぶ.広く分布する.〔～全球〕地球上あちこちに分布する.
遍阅 biànyuè あまねく遊歴する.〔～天下〕広く天下を遊歴する.

〔艑〕 biàn 〈文〉大舟.

〔辩・辯〕 biàn
① 弁論する.是非曲直を論争する.〔～称 chēng〕くだくだと弁解する.あれこれと申し開きする.〔～明道理〕道理を論ずる. ②弁舌に長じている.口先がうまい.〔～才 cái〕弁舌にたけた才能(人物). ③〈姓〉辯⌒

辩白 biànbái 弁解する.申し開きする.〔辨白〕とも書く.
辩驳 biànbó 論争しなじる.弁駁(ばく)する.論駁する.
辩才 biàncái 弁才.〔他很有～〕彼は弁舌にたけている.
辩词 biàncí 〔辩辞〕とも書く.弁解の言葉.
辩答 biàndá 答弁する.
辩方 biànfāng 弁護側.→〔控 kòng 方〕
辩护 biànhù 弁護する.弁疏(そ)する.〔～士〕代弁者(そしる意).〔不能为他～〕彼のために代弁はできない. ②[法]弁護する.〔～人〕弁護人.〔～权 quán〕弁護権.〔～律 lǜ 师〕弁護士.
辩解 biànjiě 弁解する.申し開きをする.〔事実俱在,无法～〕事実を目の前にしては,弁解の余地もない.
辩口 biànkǒu 口才がある(こと).弁舌が巧みである(こと).
辩论 biànlùn 弁論する.議論を闘わせる.討論する.〔～会〕討論会.〔最后～〕最終弁論.〔～赛 sài〕〔辩赛〕ディベート.→〔讲 jiǎng 演〕
辩明 biànmíng 議論して明らかにする.
辩难 biànnàn 詰問して非難する.
辩赛 biànsài ⇒〔辩论赛〕
辩赡 biànshàn 〈文〉弁舌の才があり,理論に通じている.〔及长 zhǎng,一以,以骨鯁 gěng 称 chēng〕長ずるに及んで弁の才にたけ,まっすぐにものを言う直情の士と言われた.
辩士 biànshì 弁舌の巧みな人.
辩手 biànshǒu ディベートの選手.〔一～〕〔二～〕などという.
辩说 biànshuō 弁論(する).論争(する)
辩诉 biànsù [法]弁明.答弁.〔～交易〕认罪～协议〕[法](アメリカの)司法取引.有罪答弁取引.
辩题 biàntí 弁論のテーマ.
辩诬 biànwū =〔辨诬〕うそであることをはっきりさせる.無実であることをはっきりさせる.
辩学 biànxué ①弁論学. ②論理学の旧称.
辩冤 biànyuān 無実を弁にする.
辩争 biànzhēng 言い争う.論争する.弁論する.→〔争辩〕
辩正 biànzhèng ⇒〔辨正〕
辩证 biànzhèng ①⇒〔辨证①〕 ②弁証法的である.〔他看问题很～〕彼のものの見方は非常に弁証法的だ.〔～唯心主义〕[哲]弁証法的唯物論.〔～统一〕弁証法的統一.〔～逻辑 luójí〕弁証法的論理.
辩证法 biànzhèngfǎ [哲]弁証法:特に〔唯 wéi 物～〕を指す.
辩嘴 biànzuǐ 口論する.言い争い.

〔辨〕 biàn
見分ける.識別する.〔～清 qīng 是非〕是非を判断する.〔真伪立～〉〈成〉真偽がたちどころにはっきりする.〔～得清〕はっきり見分けられる.〔～不出方向〕方向がはっきりしない.〔真假 jiǎ〕うそかまことかわからない.

辨白 biànbái ⇒〔辩白〕
辨别 biànbié 弁別する.見分ける.〔～是非〕良しあしを見分ける.〔～力〕眼力.判別する能力.
辨尝 biàncháng 食物の味をなめてみる.
辨读 biàndú 識別して読む.
辨讹 biàn'é 〈文〉誤りを明らかにする.
辨核 biànhé 〈文〉識別し調べる.
辨惑 biànhuò 〈文〉わかりにくい(迷いやすい)点をはっきりさせる.
辨明 biànmíng 識別してはっきりさせる.
辨难 biànnán 難問を解く.
辨认 biànrèn 見分ける.識別する.〔无 wú 从～〕見分ける手がかりがない.〔他的笔迹容易～〕彼の筆跡はすぐわかる.
辨识 biànshí 識別する.〔～不清〕はっきり見分けられない.〔～足迹〕足跡を見分ける.〔～各种声音〕さまざまな音を聞き分ける.
辨士 biànshì ⇒〔便士〕
辨说 biànshuō 〈文〉是非を分けて説く.
辨听 biàntīng 聞きながら識別する.
辨味儿 biànwèir 合点がいく:言葉などの意味がわかる.〔辨过味儿来了〕合点がいった.
辨诬 biànwū ⇒〔辩诬〕
辨误 biànwù 〈文〉誤りを弁別する.
辨析 biànxī 弁別し分析する.
辨疑 biànyí 〈文〉疑いを解く.
辨正 biànzhèng 是非を明らかにし誤りを正す:〔辩正〕とも書いた.
辨证 biànzhèng ①論証する:〔辩证①〕とも書く. ②病症を弁別する:〔辨症〕とも書く.
辨证施治 biànzhèng shīzhì [中医]中国医学に特有な診断方法:〔四诊〕〔八纲〕で病症を弁別し適切な治療法を施すこと.〔辨证论 lùn 治〕ともいう.
辨志 biànzhì 〈文〉相手の考えを見分ける.

〔辫・辮〕 biàn
①〔~儿〕お下げ髪.弁髪.→〔辫子①〕 ②お下げのように編んだもの.〔蒜 suàn ～子〕房付きのニンニクをさだすに編んだもの. ③〔-〕量詞.お下げのように編んだものを数える.〔一～蒜〕一しばりのにんにく. ④〈方〉束ねる.編む.

辫发 biànfà お下げ髪(はつ).⇒〔辫子①〕
辫根儿 biàngēnr お下げ髪の編み始めのところ.
辫花儿 biànhuār お下げ髪の編まれている部分.
辫螺 biànluó [鱼貝]カワニナ(川蜷)
辫儿 biànr →〔辫子①〕

辫梢儿 biànshāor お下げの先端の編まれない部分.
辫绳(儿) biànshéng(r) ①お下げの結いひも. ②〈転〉(トロリーバスなどの)ポール操作用ロープ.→〔辫子④〕
辫子 biànzi ①弁髪(べんぱつ).お下げ.〔扎 zā ～〕〔梳 shū ～〕お下げに結う.弁髪に結う.→〔辫发〕 ②細く長く編んだ物.〔一根(儿)～〕〔一条～〕1本の帯状に編んだひも.〔把问题梳梳～〕問題を整理して条理を立たせる. ③〈喩〉弱点.欠点.〔他有～〕彼には泣きどころがある.〔揪 jiū ～〕難くせをつける.弱みにつけ込んで相手をへこます.〔当心你的～〕弱点に注意せよ. ④〈喩〉(トロリーバスなどの)屋根のポール:〔电 diàn 车集电杆〕の俗称.

biao ㄅㄧㄠ

〔杓〕 biāo ①〈文〉杓子の柄. ②【古】北斗七星の柄にあたる三星:〔斗 dǒu 柄〕に同じ. → sháo

〔标・標〕 biāo ①〈文〉こずえ. ②末.末端.枝葉.〔这个法子只能治 zhì ～,不能治本〕この方法は枝葉の問題を解決できるのみで,根本的な問題は解決できない. ③目印.記号.標識.〔音 yīn ～〕表音記号.〔商 shāng ～〕商標.〔目 mù ～〕目標.〔路 lù ～〕道路標識.〔指 zhǐ ～〕計画目標. ④(運動競技の)旗.優勝の賞品.〔锦 jǐn ～〕同前.〔得 dé ～〕〔夺 duó ～〕優勝を勝ち取る. ⑤入札の値.〔投 tóu ～〕入札(する). ⑥標示する:目じるし・符号などをつける. ⑦【清】新軍の編制単位.大隊:〔团 tuán ⑥〕に当たる. ⑧＝〔彪④〕〈白〉人馬の隊伍を数える:ただし〔一～〕のみ. ⑨〈姓〉標(ひょう)

标靶 biāobǎ ＝〔标的①〕標的.まと.
标版 biāobǎn ①標準による版.〔国～〕国家基準の版. ②テレビコマーシャル(の場面)
标榜 biāobǎng ①標榜する.公然と唱える. ②おおげさに言う.〔大肆 sì ～〕大いに吹聴(ふいちょう)する:〔标膀〕〔摽榜〕とも書いた.
标本 biāoběn ①末梢と根本.〔～兼治的疗法〕同前を兼ねた治療法. ②標本.〔植物～〕植物標本. ③医学用標本:血液・痰・便・組織の薄片など.
标本虫 biāoběnchóng 【虫】ヒョウホンムシ.
标兵 biāobīng ①尖兵:行軍時に最前方に出して進ませる兵士. ②(集会場・分列行進などの)目印とする人. ③〈転〉模範.〔环 huán 保～〕環境保護の手本.
标步 biāobù (国際社交ダンスの)規定ステップ.
标车 biāochē →〔镖局〕
标称 biāochēng 公称:製品に標示した規格・数値など.〔～尺寸 chǐ·cùn〕公称寸法:〔公称尺寸〕ともいう.〔～马力〕〔公称马力〕〔名义马力〕【機】公称馬力.
标尺 biāochǐ ①標尺:地面・物の高さ・水深などを測量するのに用いるゲージ. ②⇒〔表 biǎo 尺〕
标单 biāodān 入札書.
标灯 biāodēng 標識灯.〔乙 yǐ 炔～〕アセチレン標識灯.〔航路～〕航路標識灯.〔旋 xuán 转～〕旋回標識灯.
标底 biāodǐ 入札の最低基準価格.
标的 biāodì ①⇒〔标靶〕 ②目的. ③【法】経済に関する契約当事者双方に共通する目的:財物・労力・工事など.
标点 biāodiǎn ①【旧】句読点. ②句読点をつける.
标点符号 biāodiǎn fúhào 句読(とう)符号:文章の補助的記号.全部で16種ある.停頓・語気を表す〔点号〕と性質・作用を表す〔标号〕に分ける.前者には文末に置く。が〔句 jù 号〕,？が〔问 wèn 号①〕,！が〔叹 tàn 号〕及び,文中に置く，が〔逗 dòu 号〕,、が〔顿 dùn 号〕,；が〔分 fēn 号①〕,：が〔冒 mào 号〕の7種.後者には“”あるいは‘’が〔引 yǐn 号〕,かっこが〔括 kuò 号〕,ダッシュの——が〔破 pò 折号〕,……が〔省 shěng 略号〕,人名や日付の区切りの中黒点の・が〔间 jiàn 隔号〕,傍点が〔着 zhuó 重号〕,《 》あるいは〈 〉が〔书 shū 名号〕,ハイフンの－が〔连 lián 接号〕,固有名詞記号の傍線が〔专 zhuān 名号〕など9種.
标调 biāodiào 【語】声調を記入する.
标定 biāodìng ①(数値や型式を)規準にする. ②標示し決定する.
标度 biāodù ものさし・秤などに書かれたり刻んだりしてある目盛り.〔～盘 pán〕目盛板.文字板.ダイヤル:時計・羅針盤・秤・各種メーター・自動電話などの目盛りや数字の記入してあるもの.
标杆 biāogān 〔-儿〕①【工】測量用ポール:〔测 cè 杆〕ともいう. ②〈喩〉見本.手本.
标高 biāogāo 【地】標高.→〔海 hǎi 拔〕
标格 biāogé 〈文〉品格.風格.
标购 biāogòu 入札買い入れ(をする)
标函 biāohán 入札用郵便物:〔投 tóu 标函〕に同じ.
标号 biāohào ①→〔标点符号〕 ②〔-儿〕グレード.等級:製品の(多く物理的)性能を表す数字.
标徽 biāohuī (商品の)レッテル.ラベル:〔标牌①〕に同じ.
标会 biāohuì →〔合 hé 会〕
标绘 biāohuì ①マークする.印をつける. ②プロット.〔～图〕プロット図.
标记 biāojì 記号.マーク.標識.しるし:〔标签(儿)③〕〔记号〕ともいう.
标记元素 biāojì yuánsù ①【物】標識元素. ②【電算】タグ(要素)
标记原子 biāojì yuánzǐ 【物】標識原子:〔示 shì 踪原子〕(追跡原子)ともいう.
标价 biāojià ①価格を標示する.〔明码～〕(暗号でない)普通の数字で価格をつける. ②＝〔标值〕表示価格.〔虽然～是五百元,实际上总有点儿还价的余地〕表示価格は500元であるが実際にはいくらか値引きの話し合いができるだろう.
标间 biāojiān ⇒〔标准间〕
标检测 biāojiǎncè (製品の)規準合格検査(をする)
标舰 biāojiàn 【軍】標的艦:実弾射撃演習の標的として使用される廃艦.
标金 biāojīn ①入札時の保証金. ②＝〔金砖②〕〔条 tiáo 金〕【旧】上海で通用の〔金条〕(金の延べ棒). ③〔标会〕の掛け金.
标举 biāojǔ ①標榜する. ②抜きん出る.
标客 biāokè →〔镖局〕
标篮 biāolán 浅瀬などを示すため港湾などに立てられている竿の先に鉄製のかごをつけたもの.
标量 biāoliàng 【物】スカラー.→〔矢 shǐ 量〕
标落 biāoluò ⇒〔得 dé 标②〕
标卖 biāomài ①入札値段で売る.〔～广告〕同前の広告. ②入札して売る.
标明 biāomíng 標示する.明示する.〔～编号〕番号を明示する.
标目 biāomù (カードなどの最上段の)見出し.ヘディング.
标牌 biāopái ①(商品標識の)ラベル.レッテル:商標:〔标徽〕に同じ.→〔注 zhù 册商标〕 ②看板.標識.案内板.
标票 biāopiào ⇒〔镖单〕
标奇立异 biāoqí lìyì ⇒〔标新立异〕

biāo   标标標骠臕骠镖

标签(儿) biāoqiān(r) ①レッテル.ステッカー.ラベル.貼札.〔貼附検査~〕検査済みの印をつける.②〈喩〉断定的な評価.〔貼 tiē~〕レッテルを貼る.③ ⇒〔标记〕④電算タブ.
标枪 biāoqiāng ①圕槍投げ.②(同前用の)投げ槍.〔掷~〕槍投げをする.③圕武器の投げ槍.〔投 tóu 枪〕に同じ.
标射 biāoshè 液体を押し出して飛ばす.射出する.〔奶水充足一挤就~出来〕乳が入っているからちょっと押せば飛び出る.
标石 biāoshí 測量標石.
标示 biāoshì 標示する.〔~牌 pái〕立て札.立看板.
标书 biāoshū 入札条件書.入札承諾書.
标题 biāotí 標題.題目.題名.タイトル.ヘッダー.〔加 jiā 上副~〕サブタイトルをつける.〔~音乐〕圕標題音楽.〔小~〕小見出し.〔~新闻〕ヘッドライン(ニュース).〔~栏 lán〕電算タイトルバー.
标贴 biāotiē ①貼り紙とする.〔不准~〕貼り紙お断わり.②ラベル.ステッカー.貼り紙.ポスター.〔~画 huà〕ポスター.
标统 biāotǒng 圕新軍の三営を統率する将校〔団 tuán 长〕(連隊長)にあたる.
标投 biāotóu ⇒〔投标〕
标图 biāotú ①地図(海図·気象図などに)印をつける.〔~员 yuán〕圕図示員.②マークを記入した図〔地図·海図など〕
标下 biāoxià 圕①総督·巡撫(ぶ)·提督(一省の最高武官)が自分の支配する部隊をいう.②小官:下級武官が上役に対して自分をいう.
标线 biāoxiàn 道路標識.
标箱 biāoxiāng 商品を運輸する時に使う標準サイズの箱.〔集 jí 装箱〕
标新立异 biāoxīn lìyì〈成〉新奇をてらう:〔标奇立异〕ともいう.
标样 biāoyàng 標準的なサンプル.見本品.〔服装~〕服装の見本品.〔当作~〕サンプルとして.
标语 biāoyǔ スローガン.標語.またそれを書いたビラ.〔张贴 tiē~〕ビラを張る.→〔传 chuán 单〕〔口 kǒu 号〕
标语牌 biāoyǔpái ①プラカード.②看板(立看板·野立看板など):文化大革命時の新~〕〔毛主席语录〕の文句を書いたものを〔语 yǔ 录牌〕
标值 biāozhí ⇒〔标价〕
标志 biāozhì〔标识〕〔标帜〕とも書いた.①標識.目じるし.〔~字〕標識字:道路標識の〔××路〕など.〔~符 fú〕ID.〔~号〕ID 番号.〔~卡 kǎ〕ID カード.〔中日友谊不断发展的新~〕中国と日本の友情の絶えざる発展の新しい印.②(目印として)示している.現れている.〔这本身~着已经发生了重 zhòng 大变化〕それ自身が重大な変化があったことを示している.
标致 biāozhì 美貌である.器量がよい.〔~而又能干的女孩儿〕美人で才能がある娘.
标带式 biāozhìdài 区(バレーボールの)サイドマーカー:上に出ているアンテナは〔标志杆 gān〕という.
标注 biāozhù 表示する.注記する.〔加以~〕同前.
标桩 biāozhuāng 標識杭.
标准 biāozhǔn 標準(的である).〔~尺 chǐ〕標準尺.〔~杆 gǎn〕圕(ゴルフの)パー.〔~件〕規格部品.〔~化〕標準化(する).〔~舞 wǔ〕(社交ダンスの)規準ダンス.〔~音〕圕標準語音.〔~钟 zhōng〕標準時計.〔~国家〕党員としての標準.〔国家~〕国家基準.〔技术~〕技術標準.〔符合~的货品〕基準に合っている商品.〔不够 gòu~〕標準に達しない.〔实行一化考试〕標準テストを実施する.〔怪~不得他的发音这么~呢〕道理で彼の

発音はこんなに標準的な(正しい)のだね.
标准大气压 biāozhǔn dàqìyā 物標準気圧.atm.
标准电阻 biāozhǔn diànzǔ 物標準抵抗.
标准粉 biāozhǔnfěn 標準粉:小麦100キロから85キロの粉がとれるもの.
标准公顷 biāozhǔn gōngqǐng 農標準ヘクタール:機械作業面積の計算単位.
标准工资 biāozhǔn gōngzī 標準賃金.基準賃金.→〔工资〕
标准间 biāozhǔnjiān スタンダードルーム:ツインルーム.〔标间〕ともいう.
标准亩 biāozhǔnmǔ ①農業税を徴収するための農地の計算単位.②トラクターでする仕事の量を測るときの地の広さ.
标准时 biāozhǔnshí 標準時:中国は北京時間を標準時とする.〔~区〕〔时区〕標準時区域.
标准组 biāozhǔnzǔ トラクターの統一計算単位:牽引馬力15を〔一〕という.→〔混 hùn 合台〕
标准像 biāozhǔnxiàng 規格写真(正面,上半身,脱帽):〔标准照 zhào〕ともいう.
标准语 biāozhǔnyǔ 圕標準語:古くは〔官 guān 话〕(マンダリン),解放前は〔国 guó 语〕,現在では〔普 pǔ 通话〕が相当する.〔以北京方言为标准音的现代汉语普通话是汉民族共同使用的书面语和口头语,也就是~〕北京音を標準音とする現代漢語普通話は漢民族共同使用の書面語ならびに口頭語,すなわち標準語である.
标准制 biāozhǔnzhì ⇒〔国 guó 际公制〕

[**摽**] biāo 摽す.ふりはらう.②すてる.投げうつ.→ biào

[**幖**] biāo 〈文〉旗.

[**骠·驃**] biāo 〈文〉栗毛に白い斑点のある馬.〔黄 huáng~(马 mǎ)〕同前.→ piào

骠实 biāoshí ⇒〔膘实〕

[**膘**(**臕**)] biāo ①[-儿](主として家畜の)肉.脂身.〔上~〕〔长 zhǎng~〕肥える.〔~不好〕肉付きが悪い.〔这匹马上了~了〕この馬には脂がのってきた.②多吃点儿贴 tiē 秋~〕(秋)にせいぜい食べて栄養をつけておく.③肥え太っている.〔这块肉没~,净是瘦 shòu 的〕この肉は脂ばかりのっていない,脂身やっと肉ばかりだ.
膘肥 biāoféi 肥え太っている.〔~体壮〕〈成〉(馬などが)肥え太って力が強い.
膘马 biāomǎ 肥え太っている馬.
膘满 biāomǎn 肥えて肉付きがよい.〔~肉肥〕(家畜などの)肉に脂がのっている.肉付きがよい.
膘情 biāoqíng 家畜の肥育状況.
膘实 biāoshí →〔骠实〕肉付きがよくたくましい.
膘头儿 biāotóur 肉付き(獣類の)

[**熛**] biāo 〈文〉火炎(が走る)

[**瘭**] biāo 〔~疽 jū〕中医ひょうそ:体の表面とくに指先の腹に出来る炎症.激痛がある.〔蛇 shé 瘭〕ともいう.

[**镖·鏢**] biāo =〔镳〕①圕手裏剣:槍のような武器.袖などにしのばせておき投げて人を撃つ.〔给了他一~〕手裏剣を一つ食らわした.②圕用心棒として護送すること.

镖车 biāochē →〔镖局〕
镖船 biāochuán →〔镖局〕
镖单 biāodān 〔镖单〕圕〔镖局〕の発行した一種の運送保険証:〔镖票〕〔镳票〕〔标票〕ともいう.

镖店 biāodiàn ⇒〔镖局〕

镖约 biāogōu （魚などを取る）ほこ．もり．

镖行 biāoháng 同上．

镖局 biāojú ＝〔镖店〕〔镖行〕旧旅客や貨物の安全を守るために主として山東，山西から出て営まれた一種の運送業：各地の山賊・強盗と気脈を通じ毎年数回金品を贈るなどして安全をはかり，また〔镖客〕〔镖师〕（用心棒）を雇って護送に当たらせた．それに用いた車馬を〔镖车〕〔镖船〕という．〔镖〕は，〔镳〕とも書く．→〔保 bǎo 镖〕

镖客 biāokè →〔镖局〕

镖力 biāolì ＝〔镖力〕旧〔镖局〕に払う保険運送料．

镖票 biāopiào ⇒〔镖单〕

镖旗 biāoqí 旧〔镖船〕に立てる小旗．

镖师 biāoshī →〔镖局〕

镖头 biāotóu 〔镖局〕の業主．

镖砣子 biāotuózǐ ＝〔镖砣子〕糸の先に鉄球または煉瓦などをつけ，他人のあげている凧（ﾀｺ）を打ち落すのに用いるもの．

镖项 biāoxiàng 旧〔镖局〕に依頼して送る金（ｶﾈ）．

〔飑・颮〕 biāo 気突風（現象）

〔骉・驫〕 biāo 〈文〉群馬が疾駆するさま．

〔彪〕 biāo ①〈文〉虎の皮の紋様．②〈文〉華美であるさま．〈文〉小虎．〔喩〕身体の大きくいさま．→〔老 lǎo 虎〕④⇒〔标〕⑤〈姓〉彪（ｵﾋｮｳ）．

彪炳 biāobǐng 〈文〉（虎の皮の模様のように）きらびやかに美しい．〔～千秋〕〔～千古〕成・永遠に光彩を放つ．

彪悍 biāohàn 勇猛果敢である．猛々（ﾓｳﾓｳ）しい．荒々しい．

彪形大汉 biāoxíng dàhàn 〔慣〕雲つくばかりの大男．

彪壮 biāozhuàng 大柄でたくましい．

彪子 biāozi 横暴な人間．したたか者．

〔滮〕 biāo 〈文〉水が流れるさま．

〔猋〕 biāo 〈文〉①速い．②⇒〔飙〕

〔飙・飇（飈・颷）〕 biāo 〈文〉①暴風．はやて．〔猋②〕に同じ．〔狂 kuáng～〕荒れ狂う暴風．〔～举 jǔ 电至〕成・暴風が吹き雷光が出る．

飙车 biāochē 〈文〉伝説に出てくる風を駆って空を飛ぶ車．〔轺〕改造車のレース（をする）．〔酒后～〕飲酒して暴走する．〔～族〕暴走族．

飙风 biāofēng 〈文〉猛烈な風．

飙价 biāojià 高騰の付け値．

飙升 biāoshēng （価格や数量が）急上昇する．高騰する．〔飙涨〕に同じ．〔股 gǔ 价～〕株価が暴騰する．

飙涨 biāozhǎng 同上．

〔瀌〕 biāo 〔～～〕〈文〉（雨雪の）激しいさま．

〔藨〕 biāo ①⇒〔鹿 lù 藿〕②⇒〔蒯 kuǎi 草①〕③〈文〉〔莓 méi〕（イチゴ）の一種．

藨草 biāocǎo 植サンカクイ：カヤツリグサ科の多年草．むしろや縄を作る．

〔镳・鑣〕 biāo ①〈文〉（馬の）くつわ．〈転〉乗馬する．→〔分 fēn 道扬镳〕②⇒〔镖〕

〔穮（穱）〕 biāo 〈文〉除草する．

〔表・錶〕 biǎo （Ｉ）〔表〕①おもて．表面．外面．うわべ．〔外～〕外観．②表示する．表す．表現する．表に出す．〔发 fā～〕発表（する）．〔～心 xīn 寸心〕（慣）ちょっと微意を表す．〔把疼 zhèn 子往出里～～〕はしかを外に出して散らす（して治す）．③〈文〉模範．手本．〔为 wéi 人师～〕人の師表（模範）となる．④表（ﾋｮｳ）．〔年 nián～〕年表．〔图 tú～〕図表．⑤〈文〉旧文体の一．奏上文．〔～奏 còu〕②文書を奉って奏上する．⑥〈文〉親族称呼で，"内"に対する"外"の意で，"いとこ"のうち婚姻関係の（姓を異にする）者に用いられる：例えば，父の姉妹の子は〔～兄〕〔～弟〕，母の兄弟姉妹の子も〔～兄〕〔～弟〕，祖母の兄弟姉妹の子も〔～伯〕〔～叔〕と呼ばれるように，父に対する〔堂 táng⑦〕が"外"に対する"内"であり，すなわち，いとこ・おじのうち，自分と同姓の者：父の兄弟の子は〔堂兄〕〔堂弟〕，祖父の兄弟の子は〔堂伯〕〔堂叔〕と呼ばれる．〔姑 gū表（亲）〕〔姨 yí 表（亲）〕付録5 ⑦中医表（ﾋｮｳ）：身体の表面部すなわち皮膚と皮下組織．〔～证〕表証：体外に出る症状．〔～里 lǐ（ＩＶ）③〕⑧〈姓〉表（ﾋｮｳ）．（Ⅱ）〔錶〕〔銭〕懐中時計．腕時計：小型で携帯用の時計．〔钟 zhōng（Ⅰ）③〕（大型の置き時計）に対していう．〔钟 zhōng～〕時計（総称）．〔～盒 hé 儿〕腕時計ケース．〔怀 huái～〕懐中時計．〔手 shǒu～〕腕時計．〔跑 pǎo～〕〔马～〕（记 jì）秒～ストップウォッチ．

表把儿 biǎobàr ＝〔捻 niǎn 把儿〕時計の竜頭．

表白 biǎobái 意思を表す．表明する．〔他就是那种性格，受了委屈也不愿意自己～〕彼ははまじそういう性格だから，くやしい目にあっても自分から弁解しようとはしない．→〔表明〕

表报 biǎobào （上部へ出す）統計表・図表と報告書．→〔报表〕

表背 biǎobèi 〔裱褙〕

表伯 biǎobó ①旧テスター．テストバー．〔表棒 bàng〕ともいう．②電子時計つきボールペン．

表伯叔 biǎobóshū ＝〈文〉表丈人〕父の〔表兄弟〕：祖父の姉妹の子または祖母の兄弟姉妹の子．したがって自分にとっては"おじ"にあたる．〔中 zhōng 外丈人〕は古称．

表册 biǎocè ①表をとじた冊子．②旧罫紙（ｹｲｼ）をとじて作った帳簿．

表层 biǎocéng 表層．〔社会～〕社会の表層．〔～结构〕表層構造．

表尺 biǎochǐ 照尺：銃・砲の照準器の一部，射程を表示する目盛りの部分．〔标 biāo 尺②〕は通称．〔～板〕表尺板．

表词 biǎocí 団〔形容詞〕の旧称：『馬氏文通』（著者，馬建忠）の用語．

表达 biǎodá 表現し伝える．〔互相～了友谊和希望〕お互いに友誼と希望を表した．〔～权 quán〕法意見表明権．

表袋 biǎodài 旧時計入れポケット．

表带 biǎodài 〔表链(儿)〕時計のバンド．

表弟 biǎodì 従弟（ｲﾄｺ）：父の兄弟の子以外の者（で年下の者）．→字解Ⅰ⑥

表弟妇 biǎodìfù ＝〔表弟妹〕従弟（ｲﾄｺ）の妻：対称としては〔表弟妹〕という．〔姑 gū 表弟〕〔姨 yí 表〕弟〕

表弟妹 biǎodìmèi ＝〔表弟妇〕

biǎo

表盖(儿) biǎogài(r) 懐中時計や腕時計のふた.
表哥 biǎogē ⇒〔表兄〕
表格 biǎogé 〔一儿〕①表.表用紙.〔填 tián 〜〕表に書き込む.②罫.罫線.→〔表册〕
表功 biǎogōng ①手柄を自慢する.②〈文〉功績を表彰する.
表姑 biǎogū 父の従姉妹.
表汗 biǎohàn 中医発汗を促進する.
表记 biǎojì〈文〉記念の品.約束の印.
表见代理 biǎojiàn dàilǐ 法表見代理.
表匠 biǎojiàng =〔钟 zhōng 表匠〕
表姐(姐) biǎojiě(jie) 従姉(どし):父の姉妹の娘または母の兄弟の娘で自分より年上の者.→〔表姊妹〕
表姐妹 biǎojiěmèi ⇒〔表姊妹〕
表姐丈 biǎojiězhàng 〔表姐(姐)〕の夫:〔表姐夫〕ともいう.
表旌 biǎojīng〈文〉表彰(する).→〔表扬〕
表井 biǎojǐng 水道メーターの取りつけ穴.
表决 biǎojué 表決(する).〔~权 quán〕表決権.〔经大会〜,全体一致通过〕大会の表決を経て全員賛成で通過した.〔投票〜〕票決する.〔举手〜〕挙手によって採決する.
表壳儿 biǎokér 腕時計の側(がわ).
表里 biǎolǐ ①表と内.表と裏.〔~如一〕心に表裏がない(誠実である).〔~不一〕行いと本音が一致しない.〔~山河〕喻地勢の険(けわ)しいさま.②中医皮膚・皮下組織と内臓.③〈文〉関係密接で離れることのできないこと.〔共相〜〕〈成〉互いに相表裏し離すことができない.
表链(儿) biǎoliàn(r) 懐中時計の鎖.
表露 biǎolù 表す.出てくる.
表妹(妹) biǎomèi(mei) 従妹(どし):父の姉妹または母の兄弟の娘で自分より年下の者.→〔表姊妹〕
表妹夫 biǎomèifū 〔表妹(妹)〕の夫:〔表妹丈 zhàng〕ともいう.
表蒙子 biǎoméngzi =〈方〉表面③〕時計のガラスぶた.
表面 biǎomiàn ①表面.外見.〔~化〕表面化(する).〔~上装作不知道〕表向きではないとする.〔~光〕喻うわべは立派だ.②事物の外在現象あるいは外在現実.〔~现象〕表面的現象.③⇒〔表蒙子〕④⇒〔表皮〕
表面波 biǎomiànbō 物表面波.→〔地 dì 波〕
表面光(洁)度 biǎomiàn guāng(jié)dù 工表面あらさ:〔表面糙度〕〔表面精度〕ともいう.鋼・鉄などの工具の加工された表面のなめらかさの程度.
表面积 biǎomiànjī 表面積.
表面利率 biǎomiàn lìlǜ 経クーポン.債権につく利息.
表面文章 biǎomiàn wénzhāng 喻口先だけのごまかし.リップサービス.おざなりのやり方.形式的な文章.
表面硬化 biǎomiàn yìnghuà 工表面硬化:〔表层硬化〕〔表面淬火〕ともいう.軟鋼の表面の硬度を高くするための熱処理.
表面张力 biǎomiàn zhānglì 物表面張力.
表明 biǎomíng ①はっきりと示す(表す).〔这种看法〜作者对这一事件的背景还缺 quē 乏足够深刻的认识〕この見方は著者がこの事件の背景に対して十分につきつめた認識にかけていることをはっきり示している.②表明(する).→〔表白〕
表奶 biǎonǎi 乳の出をよくする:〔下 xià 奶②〕に同じ.
表盘 biǎopán =〈方〉表面④〕時計・計器などの目盛り板.
表皮 biǎopí (動植物の)表皮.
表曝 biǎopù 明るみに出る(出す)
表亲 biǎoqīn 父の姉妹関係および母方の関係の親戚:〔中 zhōng 表〕〔表兄弟〕⑥
表情 biǎoqíng ①表情.〔~肌 jī 生理表情筋.顔面筋.②表情に出す.〔~达意〕〈成〉感情や意思をよく表す.〔~色彩〕語感情性的色彩:〔感 gǎn 情色彩〕に同じ.③〈方〉手帳顔をする.
表瓤儿 biǎorángr〈方〉時計の内身(の機械)
表嫂 biǎosǎo〔表兄〕の妻.
表少爷 biǎoshàoye 旧〔表兄弟〕の関係にある)坊ちゃん.若だんな.
表示 biǎoshì ①(意思・意見を)示す.表す.おもてに出す.〔他对于这件事,还没有什么~〕彼はこの件について何も意見を述べていない.〔请大家~一下意见,请大家~出您的意见〕みなさんご意見をお出し下さい.②(事物がある意味を)示す.〔绿灯~行人可以通行〕青信号は歩行者が通ってもよいことを示す.③表情.表示.表現.〔~谢意〕等級表示.〔谢意(を表す).〔对你的一点~〕君に対するいささかの謝意.〔你必须向教练~〜〕必ずコーチにお礼をあげなさいよ.
表示灯 biǎoshìdēng 機パイロットランプ.
表叔 biǎoshū →字解(I)⑥
表述 biǎoshù 説明する.〔~己见〕自分の意見を述べる.
表率 biǎoshuài ①手本.模範.②代表人物.
表态 biǎotài 態度(見解)を表明する.コメントする.〔没来得及~〕態度をはっきり示す間(ひま)もなかった.〔作〜性发言〕自己の立場についての声明.
表土 biǎotǔ ①地表土.表層土.②農よくならされた土層.作土.耕土.→〔底di土〕〔心 xīn 土〕
表外甥 biǎowàisheng 〔表姊妹〕の息子.
表外甥女 biǎowàishengnǚ 〔表姊妹〕の娘.
表现 biǎoxiàn 表現する.現れる.…なありさまを呈する.〔这~在对于子女入学,升学问题上最为明显 xiǎn 这〕これは子女の入学・進学に関する問題に最もはっきりあらわれている.②態度・行動:言行に現れた思想・感情の具体的表現.〔~力〕表現力.〔~主义〕国表現主義.〔在家里的〜〕家での様子.〔这个学生一贯〜很好〕この学生はずっと素行がいい.〔不少人在大扫除时,~很突出〕多くの人は大掃除の時,きわだった行動を示した.〔他~得非常勇敢〕彼の行動は非常に堂々としていた.③ひけらかす.
表象 biǎoxiàng 観念.表象.イデー.
表形文字 biǎoxíng wénzì 国象形文字:〔象 xiàng 形文字〕ともいう.
表兄 biǎoxiōng =〔表哥〕従兄(どし):父の兄弟の子以外の者(で年上の者).→字解(I)⑥
表兄弟 biǎoxiōngdì 従兄弟(どし):いとこのうち〔堂 táng 兄弟〕(父の兄弟の子)以外のいとこ.このうちで,〔姑 gū 母〕(父の姉妹)の子を〔姑〜〕,〔舅 jiù 父〕(母の兄弟)の子を〔舅〜〕,〔姨 yí 母〕(母の姉妹)の子を〔姨〜〕という:古制では〔中 zhōng 表(兄弟)〕ともいう.→〔表姊妹〕〔老 lǎo 表〕〔中表〕
表压 biǎoyā 機ゲージ圧力.ゲージプレッシャー.
表演 biǎoyǎn ①劇実演する.上演する.演出する.〔大象的〜〕象の演技.〔~预选〕オーディション.②模範を示す.実演してみせる.手本を示す.〔新的操作方法〕新しい操作方法の実演をする.→〔演出〕③わざとらしくやる.もったいぶってする.
表演唱 biǎoyǎnchàng 歌に群舞をそえた一種の歌舞形式.
表演赛 biǎoyǎnsài ①エキジビションゲーム.公開競技.〔举行划船〜〕競艇エキジビションゲームを行う.②〈喻〉模範試合.〔打〜〕(球技などの)模範試合を

表婊裱褾俵摽鳔憋　　　　　　　　　　　　　　　biǎo～biē

やる.
表演者 biǎoyǎnzhě　出演者.演技者.〔～李小春〕出演は李小春さん(アナウンスで)
表扬 biǎoyáng　表彰(する).〔受到〕表彰を受ける.〔他的成就值得～〕彼のなしとげた事は表彰に値する.
表意文字 biǎoyì wénzì　⃣表意文字:漢字など.
表音文字 biǎoyīn wénzì　⃣表音文字:ローマ字など.
表语 biǎoyǔ　〔是字句〕の"是"以下の成分.また一般に名詞性述語および形容詞性述語を指す.→〔谓wèi语〕
表章 biǎozhāng　⇒〔奏 zòu 章〕
表彰 biǎozhāng　のきばぐえ.→〔表伯叔〕
表丈人 biǎozhàngrén　⇒〔表伯叔〕
表针 biǎozhēn　計器の指針.時計の針.〔气压的～〕気圧計の針.
表征 biǎozhēng　外面に現れたしるし.
表证 biǎozhèng　→字解(I)⑦
表侄 biǎozhí　=〔表兄弟〕の息子と:〔外 wài 侄〕に同じ.
表侄女(儿) biǎozhínǚ(r)　〔表兄弟〕の娘.
表侄孙(儿) biǎozhísūn(r)　〔表侄〕の息子.
表侄孙女(儿) biǎozhísūnnǚ(r)　〔表侄〕の娘.
表壮不如里壮 biǎozhuàng bùrú lǐzhuàng　〈諺〉①看板よりは中身.②夫より妻がしっかりしているのがよい.
表坠儿 biǎozhuìr　懐中時計の鎖の先につけるメダルなどのアクセサリー.
表姊妹 biǎozǐmèi　=〔表姐妹〕従姉妹(だ):いとこのうち〔堂姉妹〕(父の兄弟の娘)以外のいとこ.このうち,〔姑 gū 母〕(父の姉妹)の娘を〔姑～〕,〔舅 jiù 父〕(母の兄弟)の娘を〔舅～〕,〔姨 yí 母〕(母の姉妹)の娘を〔姨～〕という.古称では〔中 zhōng 表(姊妹)〕ともいう.→〔表兄弟〕
表子 biǎozi　回字(ぎ).→〔别 bié 号(儿)〕
表子 biǎozi　⇒〔婊子〕
表奏 biǎozòu　→字解(I)⑤

〔**婊**〕 biǎo

婊子 biǎozi　=〔表子〕回娼婦.売春婦.〈罵〉あま:成人女性に対して言う.〔～养 yǎng 的〕〈罵〉同前の生んだ子:よりひどい表現.

〔**裱**〕 biǎo　①表装する.表具する.装幀(ニ゙)する.〔～(字)画〕(書)画を表装する.→〔装zhuāng 潢²〕②壁紙を貼る.→〔裱糊〕
裱褙 biǎobèi　=〔表背〕表装(する)
裱褙匠 biǎobèijiàng　=〔裱糊匠〕
裱糊 biǎohú　壁・天井などに壁紙を貼る.
裱糊匠 biǎohújiàng　=〔裱褙匠〕〔糊裱匠〕表具師.経師屋.〔他是～,天上大糊云〕歇(ジ)めの人はふいち吹きに上る.〔糊云〕は高いところを貼る意で,字音が〔胡云〕(でたらめを言う)に通ずる.

〔**褾**〕 biǎo　〈文〉①袖の先端.②服・帽子につける玉縁.③本のカバー.

〔**俵**〕 biào　〈方〉分ける.〔～分 fēn〕同前.〔～散 sàn〕分散する(させる)

〔**摽**〕 biào　①しっかりからみ合わせる.腕をからみ合わせる.〔俩人～着胳 gē 膊走〕ふたりで腕を組んで歩く.②結わえつける.しばりつける.〔桌子腿活动了,用绳子～住吧!〕机の脚がぐらつくようになってきたからひもで結わえておこう.③まつわりつく.〔他们总在一块儿～着〕彼らはいつも一緒につるんでいる.④張りあう.競いあう.〔这哥儿俩膀 bǎng～膀,谁也不打算让一让〕この兄弟ふたりはきそって互いに譲ろうとはしない.

い.⑤〈文〉落ちる.〔～梅〕梅の実が熟して木から落ちる.〈転〉女子が結婚適齢期になる.⑥〈文〉打つ.たたく.→ biāo
摽劲儿 biàojìnr　むきになって張り合う.〔两人摽着劲儿了〕二人は張り合っている.
摽膀儿 biàobǎngr　肩を組む.〔大伙 huǒ 儿摽着膀儿干 gàn 得别提多起劲儿了〕みんなで団結してやろうという意気のほどといったら.

〔**鳔·鰾**〕 biào　①(魚の)ふえ.うきぶくろ:〔方〕〔鱼 yú 鳔〕ともいう.②→〔鳔胶〕③〈方〉(にべにかわで)くっつく.くっつく.〔给～住了出不来〕釘づけにされて出られない.
鳔胶 biàojiāo　魚膠(ぎ).にべにかわ:鮑(ふ)や蝶鮫(ざ゙)のうきぶくろから製する膠(ぎ)
鳔口类 biàokǒulèi　⇒〔喉 hóu 鳔类〕

bie　ㄅㄧㄝ

〔**憋**〕 biē　①(開放・発散または動きを)じっとこらえる.我慢する.〔心里～了许多话要说〕言いたいことを腹にしまってじっとこらえる.〔～着劲〕じっと気持ちを押さえる.〔～着尿 niào〕小便がしたいのを我慢する.〔猫～着耗 hào 子〕ネコがじっと息を殺してねずみが出て来るのを待つ.〔我老～着和您谈谈〕あなたとお話ししたくてむずむずしていたのです.②気がふさぐ.むしゃくしゃする.息苦しい.〔门窗都关着,真～气〕戸も窓もすっかり閉めてしまって息苦しい.〔拿难题～他〕難題で彼を困らせる.→〔憋闷〕③閉じ込める.ふさぐ.〔～枝子〕木の上部を切って横に枝をはらせる.〔把狗～在屋里〕犬を家の中へ閉じ込める.〔把敌人～在碉堡 diāobǎo 里〕敵をトーチカの中に釘づけにする.〔～了一后晌儿了〕昼過ぎいっぱい窮屈な思いをした.④しぼり出す.〔半天才～出几个字,叔 shū 叔,您…〕しばらくしてやっと,「おじさんは…」とひとこと言葉をしぼり出した.

憋不住 biēbuzhù　胸のうちにしまっておけない.我慢ができない.〔他嘴快,什么也～〕彼は口が軽くて,何も胸のうちにしまっておけない.〔这边儿有厕所没有,我实在～了〕この辺に便所はないかな,とても我慢ができない.
憋得慌 biēdehuāng　たまらなくうっとうしい.くさくさしてやりきれない.胸が苦しい.〔一肚子委屈,没个知心人谈谈真～〕腹いっぱいくやしい気持ちで,だれも話せる人もなく全くくさくさしてやりきれない.〔话闷 mēn 在肚里～〕言いたいことが胸につかえてくさくさしてしょうがない.〔刚爬到半山腰我就觉得～了〕山の中腹まで登ったらもう胸苦しいのを感じた.
憋坏 biēhuài　悪い考えを腹に持つ.悪だくみをしている.〔谁猜得着 zháo 你肚子里又憋什么坏〕君がどんな悪いたくらみをしているか誰にだってわかりはしない.
憋火(儿) biēhuǒ(r)　怒りをこらえる.がまんする.
憋闷 biēmen　うっとうしい.気がふさぐ.窮屈で息苦しい.〔～不开怀〕気がふさいでさっぱりしない.〔这阵子净下雨,～极了〕近ごろ雨ばかり降っていてうっとうしいことこの上ない.②むしゃくしゃする.
憋气 biēqì　①息が詰まる.〔这可太～了〕ほんとに息が詰まりそうだ.②しゃくにさわる.いまいましい.〔真叫人～〕本当にしゃくにさわる.〔越想越～〕考えれば考えるほど業腹だ.〔憋着一肚子~~むかむかするのをじっとこらえる.③息を止める.〔憋足了一口气钻到水里去〕こらえられるだけ息をこらえて水にもぐる.④心の中で充分に準備をしておく.
憋屈 biē·qū　息が詰まる.気持ちがやりきれない.〔你

憋有什么～事儿,尽管和我说,别闷在心里]気分がむしゃくしゃしたら,何なりと私に打ち明けてください,心にしまっておかないで.

憋死 biēsǐ ①息詰まる.窮屈で閉口する.〔这屋子这么窄,～我了〕この部屋はこんなに狭くて息詰まるようだ.②悶じ死する.

憋死猫(儿) biēsǐmāo(r) 〔方〕非常に狭苦しい.〔～的这屋子〕狭苦しい部屋.

憋着大丁 biēzhe dàtiān 心中に妙策を持つ.切り札をおさえている.成算がある.〔大丁〕は俗に〔骨牌〕(カルタ)のオールマイティをいう.

憋着幺蛾子 biēzhe yāo'ézi 〈喩〉悪心を抱く.あくどいくらみを考えている.

憋足(了) biēzú(le) 十分にこめる.かたずをのんで期待する.〔～劲 jìn 儿〕今か今かと待ち望む.

〔鳖・鱉(鼈)〕biē 動スッポン:〔甲jiǎ 鱼〕〔水 shuǐ 鱼〕〔团 tuán 鱼〕〔〈口〉王 wáng 八〕〔〈方〉老 lǎo ～〕〔〈方〉脚 jiǎo 鱼〕などともいう.〔海～〕ウミガメ.〔田～〕タガメ.〔马～(子)〕ウマビル.〔地～〕〔土～〕シナゴキブリ.マルゴキブリ.〔瓮 wèng 中之～〕〔瓮中捉～〕成〕袋の中のねずみ.

鳖边 biēbiān ⇒〔鳖边〕
鳖菜 biēcài ⇒〔蕨 jué 菜〕
鳖蜉 biēfú ⇒〔蚍 pí 蜉〕
鳖甲 biējiǎ すっぽんの甲羅:どろどろに煮て薬用する.
鳖裙 biēqún =〔〈方〉鳖边〕食〕すっぽんの甲羅の周辺の柔らかい肉の部分.

〔癟・瘪(癟)〕biē 〔～三 sān〕〔必 bì 三〕(都会の)ちんぴら,こそ泥.浮浪者.物乞いなど.〔小～三〕不良少年.非行少年.〔拉 lā 报～〕浮浪者.ルンペン.→ biě

〔别〕bié (Ⅰ)①別れる.〔离 lí ～〕離別する.別れる.〔告～〕別れを告げる.〔永～〕永別する.〔远～〕遠く別れて行く. ②分ける.区別する.〔辨 biàn ～〕弁別する.〔～其真伪〕その真偽を区別する.〔此乃一于一般而言〕これは普通には区別して言ったのである. ③別の立場.別の(に).他の(に).〔～的事〕他の事.〔～的用件.〔～意 yì〕別の意見.→〔另 lìng ①②〕〔旁 páng ②〕 ④差異.差異.類別.〔天渊 yuān 之～〕成〕天地の差.雲泥の差.〔新旧有～〕新しいのと古いのとの差がある.〔性～〕性別.〔社会主义教育与资本主义教育迥 jiǒng ～〕社会主義教育と資本主義教育とははるかに異なっている. ⑤普通と違う.特別.特殊. ⑥あてる.あてつける.〔～字〕あて字. ⑦〔方〕頭をグッと上げる.〔一～头走过去〕(老爷・蛤藻風・衷啓)通り過ぎ.〔一转头去〕顔を回す.〔一过脸来不敢看〕そっぽ向いて見ようとしない. ⑧〔姓〕別(ベツ).
(Ⅱ)①はさむ.組む.とめつける.〔头上～着卡 qiǎ 子〕髪をピンでとめておく.〔用别针～起来クリップでとめておく.〔～起腿 tuǐ 来〕足を組む.〔骆 luò 驼鼻子上～一根棍儿〕らくだの鼻に棒を一本通した. ②〔足をからげたり,車を割りこませたりして〕相手を倒す.邪魔をする.
(Ⅲ)①～するな:禁止・制止・むやみ.〔不要～〕に同じ.〔～动〕動かないで.動かすな.手を触れるな.〔～怪 guài 我〕悪く思わないでほしい.〔～理我,烦着呢〕ほっといてくれ.うるさいよ.〔～闹呢!別ふざけるな,本当にやんちゃだな.〔你～客气〕〔～挨どうぞおうに.ご遠慮なく.〕"我先走了.""～,～,咱们一块儿走吧.""お先に行きます.""ちょっと,ちょっと,一緒に行きましょうよ." ②〔～〕もしかしたら.ことによったら:ふつう自分の願望と反することを半信

半疑で推測する時に用いる.多く後に〔吧〕を置く.〔～是谣言吧〕もしかしたらデマじゃないかしら.〔～是忘了(吧)〕忘れたのかもしれない. ③〔～说 shuō ①〕…は言うまでもなく…(さえ)も:後ろに〔即使(就是)…〕〔就(连)…也〕〔还…也〕などの語を伴う.〔你呼吁,也～说想有人响应 yìng〕きみが呼びかけても,応ずる人があるとはちょっと考えられない.〔就是小孩子,就是大人也喜欢看〕子供は言うまでもなく,大人でも喜んで見る. ④〔転〕願望の意をこめた打ち消しの意に用いる副詞.〔今年～赶上雨就好了〕今年は雨になんかならなければいいが.〔这回～吃亏才好〕今度は損しなければいい.→ biè

别白 biébái 〈文〉弁明する.〔～是非〕是非を弁明する.
别本 biéběn ①副本.②異本.
别裁 biécái 〈文〉別裁集:〔唐诗～〕など詩歌選集の名称に使う.
别肠 biécháng ①別腹.〔酒有～〕酒は別腹.酒なら別に胃袋があるかのかくいくらでも飲めること. ②〈文〉別離の心.
别称 biéchēng 別称.→〔别号〕
别出心裁 biéchū xīncái 〈成〉別に独自の考えを出す.新機軸を出す.→〔独自 出心裁〕
别处 biéchù 別のところ.余所(よそ).〔我到～看看,麻烦你了〕他の店へ行ってみます,すみませんでした.
别辞 biécí 別れの言葉.別れのあいさつ.
别的 biéde 別のもの.他のもの.それ以外のもの.〔不是～〕ほかでもない.実は:ほかのことならともかく.→〔旁 páng 的〕
别邸 biédǐ 〈文〉高官の別荘.
别第 biédì 〈文〉別宅.
别动队 biédòngduì 別働隊:多く比喩的に用いる.
别风淮雨 biéfēng huáiyǔ 〈成〉古来の訛字:もともと〔列风淫雨〕(強風と長雨)の〔列〕〔淫〕が〔淮〕に訛用されたもの.しかし訛用の字の新奇なことが喜ばれて訛りがそのまま用いられて伝わること.→〔鲁 lǔ 鱼亥豕〕
别故 biégù 他の理由.他の事情:〔他 tā 故〕ともいう.
别管 biéguǎn ①かまうな.〔～他〕あいつは放っておけ. ②…にかかわらず.〔～现在下不下,雨伞不能不带〕今降っているかどうかに関わらず傘は持って行かなければならない.

别号(儿) biéhào(r) =〔别字②〕別号:本来の名や号以外の風雅な,あるいは趣味的な号.〔～〕表 biǎo 号〕
别集 biéjí 個人別の詩文集.一人ごとの詩集.↔〔总 zǒng 集〕
别家 biéjiā 他の家庭・組織・企業.
别解 biéjiě 別な解釈.
别价 biéjie 〈口〉まあまあ.だめだ.やめなさい:禁止・勧告の意を表す.〔别家〕〔别咧〕とも書いた.
别酒 biéjiǔ 別れの杯.別杯.
别具肺肠 bié jù fèicháng 〈成〉(思想や考え方が)他人と異なる.
别具匠心 bié jù jiàngxīn 〈成〉独創的な工夫がこらされている.ユニークである.
别具一格 bié jù yīgé 〈成〉独特な風格を備える.
别具只眼 bié jù zhīyǎn 〈成〉他の人にない見識を備えている.
别开生面 bié kāi shēngmiàn 〈成〉別に新鮮味を出す:〔別開蹊径 xījìng〕ともいう.
别看 biékàn ①…とは言え.けれども.…に似合わず.〔～他年轻,办事很老练〕若年には似合わず仕事は老練のではない.そういうふ

うに考えてはいけない.〔你～有人说得很好〕そういったものじゃないよ,上手に言える人もあるんだ.③見てる.

别来无恙 biélái wúyàng 〈挨〉一別以来お元気でしたか.

别离 biélí 別れる.

别流 biéliú 支流.

别论 biélùn 別の取り扱い.異なった評価.

别忙 biémáng ①焦るな.せくな.〔你～!〕まあお急ぎなさるな.②意外な話を持ち出す時に言う語.〔～,咱们明天见!〕よし,覚えとれ,明日だぞ(けんかする時の言葉)

别名(儿) biémíng(r) 別名:本名・実名以外の別称.〔老实是他的～〕おとなしいということは無能の別名だ.→〔通 tōng 名②〕

别念 biéniàn 二心.裏切り.

别情 biéqíng ①別離の情.②他の事由.

别趣 biéqù 特別な趣.

别人 biérén ほかの人.〔家里只有母亲和我,没有～〕家には母と私だけで,ほかに誰もいない.

别人屁臭,自己粪香 biérénpì chòu, zìjǐfèn xiāng 〈慣〉他人の屁は臭いが,自分の糞は臭くない.〈喩〉欲目.

别人 biéren =〔人家 rénjia 〕他人.人.〔別人家〕ともいう.〔把方便让給～,把困难留給自己〕やりよいことは人にやらせ,やりにくいことは自分で引き受ける.

别生枝节 bié shēng zhījié 〈成〉別に事故が起きる.

别史 biéshǐ 紀伝体の正史からもれた資料を一代あるいは数代にわたり雑記体で記述したもの.→〔杂 zá 史〕

别室 biéshì ⇒〔妾 qiè ①〕

别是 bié•shì 一字解⒀②〕

别署 biéshǔ 本名以外の署名.→〔別号(儿)〕

别墅 biéshù =〔別业〕別莊:庭つき一戸建て.

别树一帜 bié shù yīzhì 〈成〉独立して一派をなす.→〔独 dú 树一帜〕

别说 biéshuō ①一字解⒀③ ②言うな.〔～笑话儿!〕冗談を言ってはいけない.

别送 biésòng 〈挨〉家·客が辞去するとき主人が門口まで見送るのに対して"もうお送りくださいませんよう"の意味で用いる.〔～～!〕〔请留步,～!〕同前.〔不bù 送③〕〔请qǐng 回〕も同じく用いられる.〔免miǎn 送!免送!〕は古い言い方.

别提 biétí ①程度が言うまでもないほどひどい.〔这座楼盖 gài 得一多结实了〕この建物は本当にしっかりしている.②嫌悪・苦痛などがひどくて言うのもいやだ.〔～了le〕の形をとる.〔～了,我们一夜都没睡〕冗談じゃないよ,一晩中寝ていなかったのだ.〔他那个生气劲儿啊,就～了〕彼の怒り方ときたらそりゃすごかった.③言ってはいけない.〔这件事,您先～吧〕このことは,しばらくそっとしておきましょう.

别体 biétǐ ①書法の変体.②漢字の異体.

别无… biéwú …の余地がないか弁に2音節の語を伴う.〔～所长 cháng〕特技を持っていない.〔～长 cháng 物〕余分な物を持っていない.〔～二致〕〔～两样〕〈成〉別に異なる所がない.〔～分店〕他に支店はない:偽の店ができることを防ぐための看板やチラシの句文.

别绪 biéxù 〈文〉別離の情.別れを惜しむ情.

别筵 biéyán 〈文〉送別の宴会.

别样 biéyàng ①别の.別の.②〔-儿〕他の形(の).他の種類の.

别业 biéyè ①⇒〔別墅〕②他地で購入した不動産.

别异 biéyì ①差.違い.〔二者并无～〕二者の間に違いはない.②特に優れている.ずばぬけて優れている.〔风光～的地方〕風景が珍しく美しいところ.

别有风味 bié yǒu fēngwèi 〈成〉特別な風味がある.

别有天地 bié yǒu tiāndì 〈成〉風景または芸術作品にうっとりさせられるさま:〔別有洞 dòng 天〕ともいう.

别有用心 bié yǒu yòngxīn 〈成〉心中別の考えを抱く.よこしまな考えを持つ.下心がある:〔别有用意〕ともいう.

别择 biézé 鑑別選択する.

别针 biézhēn =〔別子zi〕①〔-儿〕①止めピン.安全ピン.〔安全～〕〔扣 kòu 针〕安全ピン.〔和平鸽的～〕平和の鳩のピン.〔曲 qū～〕(渦巻型の)ペーパー.クリップ.②ブローチ.

别致 bié•zhì 風変りである.おつである.珍しい.〔民间艺术虽然朴素,倒也～〕民間芸術は素朴であるが,変わったおもしろさがある.〔这件衣服的式样很～〕この服の型はたいへんユニークだ.

别传 biézhuàn ①别伝:本伝のほかに別に欠けたところを補足する意味で書かれた記録.②一人または一事についての逸事・奇聞を小説的に叙したもの.→〔別集〕

别子 biézǐ 〔古〕天子・諸侯の嫡男以外の男児.→〔支 zhīzǐ〕

别字 biézì ①あて字.読みまちがいの字:〔白 bái 字①〕ともいう.〔错～〕誤字とあて字.〔写～〕あて字を書く.〔读～〕〔认～〕読みまちがえる.→〔错 cuò 字②〕⇒〔別号①〕

别子 biézi ①⇒〔別针①〕②書籍の帙(ちつ)の合わせ目をとめるための竹・骨などで爪形に作られている"こはぜ".③タバコ入れの根付け.

[蚍] bié →〔绒 róng 蚍〕

[整] bié 〈方〉①手または足が自由でないこと.②そろそろ歩く.〔～到临街的壁角的桌边〕(鲁迅・呐喊・药)そろそろ歩いて道路に面した壁際のテーブルのところへ行った.③⇒〔整脚〕

整脚 biéjiǎo 〈方〉そろそろ歩く.貧弱である.粗悪である.〔这架～的机器真不好使〕このでき損ないの機械は実に使いづらい.〔～货〕粗悪品.

整手 biéshǒu 〈方〉もたつく.〔原先打算得挺好,想不到做起来这么～〕初めは実にいいと考えたのだが,やりだしてからまさかこんなにもたつくとは思わなかった.

[瘪・癟(癟)] bié ①しなびる.凹(こ)む.ぺちゃんこになる.〔～陷 xiàn 〕同前.〔车胎怎么骑呢〕パンクしている自転車がどうして乗れるか.〔干～〕干からびる.〔肚子～了〕腹が減ってペコペコだ.〔气球～了〕風船がすぼんだ.〔变 biàn～了〕しなびてしまった.②〈方〉困らされる(されて手も足も出ない).〔出门没带钱,受了一了〕金を持たずに外出したので困った.〔这回他受了一了〕今度は彼も閉口した.③がっかりする. → biě

瘪鼻梁子 bié bíliángzi ⇒〔塌 tā 鼻子〕

瘪谷糠 biěgǔ biěkāng 〈喩〉役に立たぬもの.読んでもつまらないもの.クズやカス.

瘪谷子 biěgǔzi しいな.実の入っていないもみ.粟・稲なども:〔瘪稻子 dàozi〕桃も同用.

瘪葫芦 biěhúlu しなびたひょうたん.〈喩〉やせた人.〔那个人是个～〕あの人がやせこけた.

瘪壳 biěké 意気阻喪する.元気がない.がっかりする.〔那件事没有指望儿了,大家也瘪了壳了〕あの

事は望みがなくなったので、皆がっかりした.
瘪瘪 biěluóshā ⇒〔霍 huò 乱〕
瘪子 biězi 障害.挫折.〔吃~〕故障を生ずる.挫折する.失敗をしでかす.〔~没嗄〕少なからずしくじった.→〔碰 pèng 钉子〕

〔别・彆〕 bié〈方〉変える.あらためる.〔~不过〕変えることができない.→ bié

别扭 bièniu ①ねじけている.ひねくれている.〔脾 pí 气〕性質がひねくれている.②やっかいである.やりにくい.〔这件事情~〕この事情はやっかいだ.〔~劲〕ぴったりしない.具合が悪い.〔这件衣服做得太瘦,穿着~〕この服は小さくできているので、着てみると窮屈で具合が悪い.〔这么说有点儿~〕こう言うとぴったりしない.〔一看见那个标语就~〕あのスローガンを見ると不愉快になる.④意見が合わない.〔他们俩有点儿~〕あの二人は少し意見が合わない(気まずい).〔我和他闹~了〕僕は彼とけんかをした.〔犯~〕かんしゃくをおこす.⑤逆らう.逆らい苦しめる.〔不便于再一些以上彼に逆らうわけにもいかない.→〔拗 ào 别〕〔左 gǎ 古〕
别嘴 biézuǐ〈方〉口調が悪く読みにくい(言いにくい).〔念着~〕読みづらい.

bin ㄅㄧㄣ

〔邠〕 bīn ①〔~县〕陝西省にある.現在は〔彬县〕と書く.②⇒〔豳〕③〈姓〉邠
〔玢〕 bīn〈文〉すじ模様のある玉. → fēn
〔宾・賓(賓)〕 bīn ①〔賓客〕客.〔来〕来客.〔外~〕外国から来た客.↔〔主 zhǔ①〕②賓客として待遇する.尊重にする.堅実にする.服従させる.〔其不~也久矣〕(国語・楚語上)服従しなくなってからもう久くなる.④〈姓〉賓(仗) → bīn
宾白 bīnbái 圇(旧劇で)せりふ:歌が主,せりふが従なのでこのように呼ばれる.また、北曲では二人の対話を"賓"といい,独白を"白"といった.→〔白⑥〕〔道 dào 白〕
宾词 bīncí 〔論理学で〕賓辞→〔主 zhǔ 词〕
宾待 bīndài 〔宾接〕
宾东 bīndōng 客と主人:古代,主人は東側,客は西側に座った.
宾服 bīnfú〈文〉①諸侯が天子に貢(ぎ)を捧げるため拝謁する.②敬服する.感心する.
宾格 bīngé 〔宾位②〕
宾馆 bīnguǎn ①迎賓館.②高級ホテル.→〔饭 fàn 店〕
宾接 bīnjiē 〔宾待〕〈文〉客としての接待.賓客のもてなし.〔~甚厚〕賓客のもてなしがたいへん手厚い.
宾客 bīnkè 来客.来賓(総称).〔~如云〕〈慣〉千客万来.
宾礼 bīnlǐ ①賓客としての礼.②国際間の儀礼.
宾牟 bīnmóu〈姓〉賓牟(ぽう)
宾朋 bīnpéng 客と友人.
宾实 bīnshí 名と実:荘子の逍遙遊の〔名者实之宾也〕(名は実の賓なり)に基づく.
宾天 bīntiān〈文〉天子の御崩.
宾铁 bīntiě〔镔铁〕
宾位 bīnwèi ①客の位置.客席.②=〔宾格〕目的格.→〔宾语〕
宾席 bīnxí〔西 xī 席〕
宾筵 bīnyán 客をもてなすために張る宴.

宾语 bīnyǔ 圇目的語.客語.→〔句 jù 子成分〕
宾至如归 bīnzhì rúguī〈成〉至れり尽くせりの接待のため客がまるで自分の家へ帰ったかのように喜んで投宿すること.
宾主 bīnzhǔ 客と主人.主客.

〔傧・儐〕 bīn ②→〔傧相〕
傧相 bīnxiàng ①婚礼の時の付添人.〔男 nán ~〕新郎の付添人.〔女 nǚ ~〕花嫁の付添人.②回客を案内する人.侍従.また儀式の司会を務める者.

〔滨・濱〕 bīn ①水辺.みぎわ.〔海~〕海辺.〔那里~近黄浦江〕あそこは黄浦江に臨んでいる.〔~江〕長江に沿った(ところ).〔~海〕〔临 lín 海〕海に沿った(ところ).②〔浜 bāng〕③〈姓〉濱
滨苦菜 bīnkǔcài ハマニガナ:キク科.海浜の砂上に生長し,夏も黄色い花を開く.
滨藜 bīnlí 圇ハマアカザ:アカザ科.

〔缤・繽〕 bīn〈文〉多く盛んなさま.
缤纷 bīnfēn ①華麗にして盛んなさま.〔五色~〕〈成〉色とりどりで華やかなさま.②乱れ舞うさま.〔落英~〕〔落花~〕〈成〉落花が乱れ舞う.
缤乱 bīnluàn 入り乱れる.

〔槟・檳(梹)〕 bīn
槟子 bīnzi =〔闻 wén 香果〕圇小ぶりのりんご:りんごと〔花 huā 红〕(ワリンゴ)をかけ合わせたもの.またその果実.熟すと紫色になり,渋味がある. → bīng

〔镔・鑌〕 bīn 固精鍊した鉄.
镔铁 bīntiě =〔宾铁〕固刀剣の鍛造に用いられる精鋼.②〈方〉トタン板.→〔镀 dù 锌铁(皮)〕

〔彬〕 bīn ①〈文〉文と質とが兼ねそうさま.内容・外観ともに備わっているさま.②地名用字.〔~县〕陝西省にある:もと〔邠县〕〔豳县〕とも書いた.→ fēn
彬彬 bīnbīn〈文〉①内容・外観共に備わって盛んなさま.②素材に失せず華麗に流れず,ちょうど程よいこと.〔文质~〕同前(論語)
彬彬有礼 bīnbīn yǒulǐ〈成〉品がよくて礼儀正しい.
彬马那 bīnmǎnà 圏ピンマナ:ミャンマーの新首都〔内 nèi 比都〕(ネーピードー)の置かれた県.

〔斌〕 bīn ①⇒〔彬①〕②〈姓〉斌

〔濒・瀕〕 bīn ①水に接近する.迫る.〔河之郡〕黄河に沿う郡.②〈文〉みぎわ.浜辺.→
濒海 bīnhǎi〈文〉海岸.海沿いの地.
濒绝 bīnjué 絶滅に瀕している.
濒临 bīnlín 瀕している.迫っている.〔~大海〕海にくっついている.〔~灭亡〕滅亡に瀕している.
濒死 bīnsǐ 死に瀕(ひん)する.まさに死のうとしている.
濒危 bīnwēi 危機に瀕している.危篤状態に陥る.〔~等级〕動植物の保存状態のレベル:〔绝危,极危,易危,近危〕などがある.→〔物种红皮书〕レッドデータブック.
濒行 bīnxíng 出発間際になる.出発に臨む.
濒于 bīnyú〈文〉瀕している.〔~破产〕破産に瀕している.〔~绝境〕どんづまりの一歩手前.

〔豳(邠)〕 bīn ①古代の地名.現在の陝(せん)西省彬(ひん)県旬邑一帯:〔邠〕とも書いた.〔~风〕詩経十五国風の一.豳でう

bīn〜bīng

たわれた歌を集めてある. ②〈姓〉幽(ユウ)

[宾・賓] bìn ⇒[摈] → bīn

[摈・擯] bìn =〈宾〉〈文〉排斥する. 退ける.

摈斥 bìnchì =[抛却]〈文〉擯(ヒン)斥する. 排斥する. 追い出す(多く人に用いる).〔~于校门之外〕校門の外へ放り出す(駆逐する).〔~异 yì 己〕自分と同調しないものを排斥する.

摈除 bìnchú 〈文〉排除する(多く物に用いる).

摈黜 bìnchù 追放する.

摈絶 bìnjué 排除する.〔~一切杂念〕あらゆる雑念を払う.

摈弃 bìnqì 排斥する. 退ける.

摈却 bìnquè ⇒[摈斥]

摈退 bìntuì 〈文〉免職する. 解職する.

[殡・殯] bìn 死者を埋葬する前, しばらく遺体を棺に納め安置すること.〔出~〕出棺する.〔送~〕送葬する.

殡车 bìnchē 霊柩車.〔灵 líng 车〕ともいう.

殡改 bìngǎi 土葬を火葬に変えること.

殡殓 bìnliàn 納棺と埋葬.

殡仪 bìnyí 葬式.〔~馆〕葬儀場.

殡葬 bìnzàng 出棺と埋葬.〔~馆〕葬儀館. セレモニーセンター.

[膑・臏] bìn ⇒[髌]

[髌・髕] bìn =[膑]①[生理]膝(ヒザ)蓋骨.〔~骨 gǔ〕[膝 xī 盖 骨]同前.〈文〉膝の骨を切りとる刑.

[鬓・鬢(髩)] bìn びん. 耳際の毛.〔~角〕同前.

鬓(边)娇 bìn(biān)jiāo 〔锦 jǐn 带花〕

鬓发 bìnfà びんの毛.〔~苍白〕同前がごま塩だ.

鬓角(儿) bìnjiǎo(r) 〔鬓脚〕とも書いた. ①びんの毛の垂れている所. ②もみあげ.

鬓乱钗横 bìnluàn chāihéng 〈成〉(女子が)起床したばかりの乱れた姿.

鬓枣 bìnzǎo 髪の毛を整えるかんざし: 両端がとがっていてなつめの種に似ている.

bing クリム

[并(幷)] bīng ①[地]山西省太原の別称. ②〈姓〉幷(ヘイ) → bìng
并州 bīngzhōu [地]山西省太原の旧称.〔~剪 jiǎn〕太原産の鋏(ハサミ): 非常によく切れるので有名.〈転〉たいへんてきぱきしていること.〔付诸~一剪〕すっぱりと切ってしまう.

[栟] bīng → bēn
栟貯 bīngdān [植]ミカンの一種. またその実.
栟櫚 bīnglǘ [植]シュロ. トウジュロ:〔棕 zōng 榈〕の古称.

[冰(氷)] bīng ①氷.〔河里冻了~了〕川に氷が張った.〔结一层厚~〕厚い氷が張った.〔~化了〕氷が溶けた. →[凌 líng(I)] ②氷で冷凍する.〔用水一下~水で冷やす.〔搁 gē 在电冰箱里一着〕冷蔵庫に入れて冷やしておく.〔拿一瓶一汽 qì 水来!〕氷で冷やしたサイダーを1本持って来い!〔把汽水~上〕サイダーを~で冷やす. ③氷のように冷たい.〔一得慌 huāng〕非常に冷たい. →[冰手] ④〈文〉冷やかに人を遇する. 冷遇する.〔冷遇~人〕冷たい言葉で人を冷遇する. ⑤氷のような結晶体.〔薄 bó 荷~〕はっか脳.
⑥〈姓〉氷(ヒョウ)

冰坝 bīngbà [地]氷の堤: 自然に凍ってできた堰.

冰棒 bīngbàng ⇒[冰棍儿]

冰雹 bīngbáo [気]雹(ヒョウ)→[雹]

冰崩 bīngbēng 氷河の崩壊する.

冰冰凉 bīngbīngliáng 氷のように冷たい:[凉冰冰]ともいう.

冰剥 bīngbō [地]氷河爬痕: 氷河の移動のため地面につけられた犁(スキ)で削(ケズ)ぎとったような跡.

冰檗 bīngbò 〔饮 yǐn 冰茹檗〕〈成〉冷水を飲み黄柏(キワダ)をなめるほど困難な境遇にあること: 多く女性の苦節にたとえる.

冰草 bīngcǎo [植]カモジグサの一種: イネ科の多年草. 牧草にする. →[鹅 é 观草]

冰茶 bīngchá アイスティー.

冰碴儿 bīngchár 〈方〉薄氷. 砕けた氷:[冰碴子][冰茬 chá 儿]ともいう.〔节令一到霜降, 都说这天要见~〕季節が霜降(二十四節気の一)になると, この日に薄氷が張るといわれている.

冰碴纹儿 bīngcháwénr 〔冰花〕薄氷の表面のような不整形な斑紋: 陶磁器のうわ薬のひび, ブリキの表面, 曇りガラスなどにある.〔~的玻璃〕薄氷のような斑紋のある曇りガラス.〔青釉 yòu 子上有~〕青磁の肌には薄氷のような不整形の紋がある.

冰长石 bīngchángshí [鉱]氷长石: 無色透明の長石の一種. →[长石]

冰场 bīngchǎng [ス]スケートリンク. スケート場. アイスアリーナ:〔滑 huá 冰场〕ともいう.

冰车 bīngchē スケート練習用のそりの一種: 木の椅子の背を推してすべる.

冰城 bīngchéng 〔哈 hǎ 尔滨市〕(ハルピン)の別称.

冰川 bīngchuān =[冰河]①氷河.〔~期〕[冰期]②[冰河时代]氷河期.

冰船(儿) bīngchuán(r) 同下.

冰床(儿) bīngchuáng(r) =[冰船(儿)][冰排子]〔凌 líng 床〕〔拖 tuō 床(儿)〕箱形のもので氷上を走らせる一種の橇(ソリ). 箱ぞり.

冰醋酸 bīngcùsuān =[冰乙酸][化]氷酢酸.

冰镩 bīngcuān 天然氷を切り取るために使う鉄製の錐のような道具.

冰袋 bīngdài ⇒[冰嚢]

冰蛋 bīngdàn 割った卵を急速冷凍したもの. 冷凍卵.

冰刀 bīngdāo [ス]エッジ: スケート靴の下につけられている刃状の金具. →[冰鞋]

冰岛 bīngdǎo [地][冰川]アイスランド: 正式名称は〔~共和国〕. 首都は[雷 léi 克雅未克](レイキャビク)

冰道 bīngdào 雪や氷上に作られた道.

冰灯 bīngdēng 氷で作った人物・楼閣などに灯りを点ずるようにしたもの: もともと元宵節の出し物.

冰点 bīngdiǎn ①[物]氷点. 凝固点.〈~下五六度〕氷点下5,6度. ②〈喩〉不人気. 冷遇. 無視. ↔[热 rè 点]

冰雕 bīngdiāo 氷の彫刻:[冰塑]に同じ.

冰冻 bīngdòng ①冷凍する. 凍る. ②氷で冷やす.〔~的汽水〕冷やしたサイダー. ③〈方〉氷.

冰冻三尺, 非一日之寒 bīngdòng sānchǐ, fēi yīrì zhī hán 〈諺〉氷が厚くなるのも1日の寒さでできたものではない.〈喩〉何事も一朝にして悪化するものではない.〔两国之间的关系恶化是~〕両国の関係の悪化は一朝にしてなったものではない.

冰斗 bīngdǒu [地]カール. →[湖 hú]氷河湖.

冰毒 bīngdú メタンフェタミン: 覚醒剤(エフェトリン)の俗称.〔麻 má 古〕

bīng 冰

冰帆 bīngfán 帆のついたソリ.
冰封 bīngfēng 川面が氷結する.〔千里〜〕見渡す限り同前.
冰峰 bīngfēng 万年雪を頂いている山頂.
冰盖 bīnggài 地面や河の上に張った厚い氷.
冰糕 bīnggāo ①⇒[冰淇淋] ②⇒[冰棍儿]
冰镐 bīnggǎo ピッケル.[挂 zhǔ 〜]ピッケルをつく.
冰疙瘩 bīnggēda〈口〉①霰(あられ).[霰 xiàn](の)通称.[下小〜]霰が降る.②氷のかたまり.[冻成了〜]同前になった.
冰宫 bīnggōng 氷で作った建物.
冰谷 bīnggǔ 薄氷と深い谷.〈喩〉危険なところ.
冰挂 bīngguà ⇒[冰柱①]
冰柜 bīngguì 冷凍庫:[冷 lěng 柜]に同じ.[电〜]同前.
冰棍儿 bīnggùnr =[方]冰棒][方]冰糕②][〈方〉棒 bàng 冰][〈方〉雪 xuě 条][食]アイスキャンデー.→[冰淇淋]
冰果酒 bīngguǒjiǔ 発泡性果実酒(総称)
冰河 bīnghé ⇒[冰川]
冰猴儿 bīnghóur〈方〉こま:[陀 tuó 螺(儿)]に同じ.
冰壶 bīnghú ①〈喩〉心の清らかなこと.[其心如一秋月]その心は氷のつぼ,秋の月のように清らかである.②[又]カーリング.またカーリングストーン.
冰核儿 bīnghúr ぶっかき氷.かち氷.
冰花 bīnghuā ⇒[冰碴纹儿]
冰激凌 bīngjīlíng ⇒[冰淇淋]
冰肌玉肤 bīngjī yùfū〈喩〉美人の肌の美しいこと:[冰肌雪肤]ともいう.
冰肌玉骨 bīngjī yùgǔ〈成〉①女性の玉の肌.②梅の花をたたえていう.
冰加计 bīngjiājì 氷熱量計:氷の溶解量により熱量を計算する器具.
冰架 bīngjià 氷棚氷.
冰鉴 bīngjiàn ①〈文〉人の賢愚を鑑別すること.②顔相.観相.
冰窖 bīngjiào 氷を貯蔵しておく穴蔵.→[冰窨]
冰洁 bīngjié →[冰清玉洁]
冰筋 bīngjīn ⇒[冰柱①]
冰晶 bīngjīng 氷晶:摂氏零度以下の時,空気中の水蒸気が氷結して結晶状をなした微小な顆粒.
冰晶石 bīngjīngshí =[铝 lǔ 母金石]氷晶石:ナトリウムとアルミニウムのフッ化物.
冰景 bīngjǐng 氷の彫刻品.[冰盆 pén 景]同前を盆に飾ったもの.
冰敬 bīngjìng 清地方官が中央の有力者に贈る礼物:夏季に贈るのを[〜],冬季に贈るのを[炭 tàn 敬]といった.
冰镜 bīngjìng〈文〉①人格の(透き通ったように)きれいなこと.②月の別称.→[月 yuè 亮]③〈喩〉目.
冰酒 bīngjiǔ アイスワイン.
冰楞 bīngléng ⇒[冰柱①]
冰冷 bīnglěng 氷のように冷たい.[〜〜]同前.[〜的态度]冷たい態度.→[冰凉]
冰凉 bīngliáng 冷えている.冷えきっている.→[冰冷]
冰凌 bīnglíng〈方〉氷.
冰溜 bīngliù ⇒[冰柱①]
冰露 bīnglù 低アルコールの氷入り飲料.
冰轮 bīnglún 月の別称.
冰帽 bīngmào ①=[冰台山]氷帽:広大な地域にわたり年中溶けない氷および雪.②[頭の上にの]吹き出物.
冰囊 bīngnáng →[冰袋](医療に用いる)氷嚢.

冰排 bīngpái (海上に浮かぶ)氷塊.[船长!躲〜啊!]船長,流水をよけて.
冰排子 bīngpáizi ⇒[冰床(儿)]
冰盘 bīngpán〈文〉月の別称.→[月 yuè 亮]
冰盘儿 bīngpánr →[冰碗儿]
冰泮 bīngpàn〈文〉①氷の溶けること.〈喩〉春の日.②分散する.ちりぢりに崩れ去る.
冰片 bīngpiàn =[龙 lóng 脑]竜脳香の別称:竜脳樹から得られた結晶.主成分はボルネオール.[瑞(龙)脳]ともいう.
冰品 bīngpǐn 国アイス(総称):アイスクリーム・アイスキャンディなど.
冰瓶 bīngpíng アイスジャー:口の大きい保温瓶に氷を入れて冷蔵する.氷を入れない場合には普通[保 bǎo 温瓶]といわれる.
冰期 bīngqī ①地氷期.②⇒[冰川期]
冰淇淋 bīngqílín =[冰糕①][〈方〉雪 xuě 糕②]アイスクリーム.ソフトクリーム.[冰激凌][冰淇林]とも書く.→[冰棍(儿)]
冰橇 bīngqiāo 氷上で使用する橇(そり)→[冰床(儿)][雪 xuě 橇]
冰清 bīngqīng 氷のように透明で清浄である.
冰清水冷 bīngqīng shuǐlěng〈喩〉冷酷である.少しも温情のない.
冰清玉洁 bīngqīng yùjié 氷のように清らかで玉のように潔白である.〈喩〉節操の潔白なこと:[玉洁冰清]ともいう.
冰球 bīngqiú ①[又]アイスホッケー:[霍 huò 盖]は旧音訳.②(アイスホッケーの)パック:[橡 xiàng 皮球]ともいう.
冰人 bīngrén =[冰上人][冰翁][冰下人]国媒酌人:[月 yuè 下下老人]に同じ.
冰刃 bīngrèn〈文〉白刃.
冰山 bīngshān ①年中凍ったまま溶けることのない山.②(海上に浮遊する)氷山.〈喩〉権勢の頼むに足らないこと:氷の山は熱にあえば直ちに消え去ることから.[〜既頹,他也无法立足了]氷山はすでに溶け(権勢はうすれて)彼も立ちゆくことができなくなった.④⇒[喀 kā 喇昆仑]
冰山一角 bīngshān yījiǎo〈喩〉氷山の一角.
冰上人 bīngshàngrén →[冰人]
冰上舞蹈 bīngshàng wǔdǎo [又]アイスダンス.→[滑 huá 冰]
冰上运动 bīngshàng yùndòng [又](スケート・アイスホッケーなどの)氷上運動.
冰舌 bīngshé 国氷舌:氷河の先端の舌状の部分.
冰石 bīngshí 国氷磧.標石.漂石:粘土.
冰蚀 bīngshí 国氷蝕:氷河が移動する際に,その下底両側の岩盤を擦り崩す作用.
冰室 bīngshì 氷凍室.冷蔵室.
冰释 bīngshì 氷のように跡形もなく溶けてしまう.すっかり疑念がとける.
冰手 bīngshǒu (手が氷のように)冷たい.[这些铁家伙真〜]この鉄の道具は実に冷たい.↔[烫 tàng 手①]
冰霜 bīngshuāng ①氷と霜.②〈喩〉節操.③→[凛 lǐn 若冰霜]
冰水 bīngshuǐ ①氷の溶けたばかりの水.②氷で冷やした水.③氷のように冷たい水.
冰塑 bīngsù →[冰雕]
冰塔 bīngtǎ 国セラック.塔状氷塊:氷河が急坂を下る際,氷河の亀裂と亀裂が交錯して生ずる氷の塔や尖塔.
冰台 bīngtái ①⇒[冰帽①]②ヨモギ(艾)の別名.
冰坛 bīngtán 氷上スポーツ界.
冰炭 bīngtàn 氷と炭のように相容れないこと.〈喩〉

冰兵　　　　　　　　　　　　　　　　　　　　　　　　　　　　　　bīng

性質の全く相反したもの.〔～不同器〕並び存じがたいこと:〔器〕は〔炉〕ともいう.〔～不相容〕氷炭相容れず:君子と小人と並び立ちがたいこと.〔～相愛〕元来相容れないものが相和すること.

冰糖 bīngtáng　氷砂糖.
冰糖葫芦(儿) bīngtáng húlu(r)　⇒〔糖葫芦(儿)〕
冰糖莲子 bīngtáng liánzǐ〔食〕はすの実の砂糖煮:干したはすの実の殻と芯(x)をとり,氷砂糖で長時間とろ火で煮つめたもの.菓子や甘い料理に添えて用いられ,婚礼や正月などめでたい時には吉祥として必ず用いられる.→〔莲子〕
冰天雪地 bīngtiān xuědì〈成〉酷寒の地:〔冰天雪窖〕〔雪窖冰天〕ともいう.〔东北的三月还是～〕東北地方の3月はまだ氷や雪の世界だ.
冰桶 bīngtǒng　アイスペール.
冰坨 bīngtuó　水や水分を含む物が凍ってできた塊.
冰纨 bīngwán　氷のように涼しそうに見える薄絹.〈转〉薄絹を張った団扇.
冰碗儿 bīngwǎnr　碗にはすの葉をしき,氷を入れ,瓜・生のくるみの実の種・菱・はすの実を切ったものなどの果物を盛った夏の冷たい食品.大きい皿の容器に盛ったものは〔冰盘儿〕という.
冰翁 bīngwēng　①〈文〉妻の父.→〔岳 yuè 父〕⇒〔冰人〕
冰屋 bīngwū　①氷で作った家.②冷たい飲物を売る店.
冰舞 bīngwǔ　アイスダンス.フィギュアスケート:〔冰上舞蹈〕の略.→〔花 huā 样滑冰〕
冰隙 bīngxì〔地〕クレバス(氷河の)
冰下人 bīngxiàrén　⇒〔冰人〕
冰箱 bīngxiāng　=〈方〉雪 xuě 柜〕冷蔵庫:ふつう〔电 diàn 冰箱〕〔电气冰箱〕ともいう.〔单门～〕ワンドア冷蔵庫.〔～病〕〔征 zhēng〕冷蔵庫病:入っていたものを食べて起こす腸炎など.
冰绡 bīngxiāo　薄い白絹.
冰消瓦解 bīngxiāo wǎjiě　=〔瓦解冰消〕〈成〉氷が溶け,瓦が崩れるように跡形もなく消え壊れること.
冰消雪释 bīngxiāo xuěshì〈成〉氷解すること.
冰鞋 bīngxié　スケート靴:〔赛 sài 刀〕〔速 sù 滑刀〕〔跑 pǎo 刀〕スピード用の同前.〔花 huā 样刀〕フィギュア用の同前.〔冰球刀〕アイスホッケー用の同前.
冰心 bīngxīn　氷のように清らかな心.
冰雪 bīngxuě　氷と雪.〔～运 yùn 动〕スケート・スキー・スノーボード・スノーモービルなどのスポーツ(総称).〔～聪 cōng 明〕非常に聡明なことの形容.②凝結して氷のようになった雪.〔～路 lù 面〕アイスバーン.
冰岩 bīngyán〔地〕極寒の地で氷雪が長期にわたって積もり岩氷状になったもの.
冰颜 bīngyán〈文〉①威厳のある顔付き.②冷淡な顔.無愛想な顔付き.③氷のように透き通って美しい顔.
冰窨 bīngyáo　氷室(ろ)→〔冰窖〕
冰夷 bīngyí　⇒〔河 hé 伯〕
冰乙酸 bīngyǐsuān　⇒〔冰醋酸〕
冰硬 bīngyìng　冷たくて硬い.〔他的手～〕彼の手は冷たくて硬い.
冰渊 bīngyuān〈喩〉危ないこと:〔如 rú 临深渊,如履薄冰〕(深淵にのぞみ薄氷を踏むような思いである)の略.
冰原 bīngyuán　氷原:地表が一面に厚い氷で覆われた野原.
冰盏儿 bīngzhǎnr　真鍮製の浅い茶碗の形をしたもの.これを打ち合わせて音を出す.〔冰儿,氷売りが鳴らすán 梅汤〕などを売る行商人が客寄せのために鳴ら

す.〔打～〕同前を鳴らす.
冰照 bīngzhào　〔牘〕ご了察.ご承知.〔统惟～〕すべてご了承の程願いあげます.
冰镇 bīngzhèn　氷を食物のわきに置いて冷やし,また冷やすこと.〔～梅梅汤〕氷で冷やした"酸梅湯".〔～啤酒〕〔冰啤〕同前のビール.〔把汽水～上〕サイダーを冷やしておきなさい.
冰洲 bīngzhōu　⇒〔冰洲石〕
冰洲石 bīngzhōushí〔礦〕氷州石:方解石の最も純粋なもの.アイスランドに産出する.→〔方 fāng 解石〕
冰柱 bīngzhù　=〔冰筋〕〔冰溜〕〔冰箸〕〔冰锥〕〔冰坠〕〔方〕凌 líng 泽〕〔方〕凌锥〕つらら.〔天冷得房檐 yán 都挂了～了〕天気が寒くて軒のはしはすっかりつららがさがった.②盛夏のころ,涼をとるため室内に置かれる氷の柱.氷柱(ひょうちゅう).③〔地〕氷河地帯に見られる氷の柱.
冰箸 bīngzhù　同上〔冰〕
冰柱石 bīngzhùshí　⇒〔钟 zhōng 乳石〕
冰爪 bīngzhuǎ〔又〕(登山の)アイゼン.
冰砖 bīngzhuān　〔凍瓦状に作った〕アイスクリーム.→〔冰淇林〕
冰锥 bīngzhuī　[-儿,-子]つらら:〔冰柱①〕に同じ.
冰坠 bīngzhuì　⇒〔冰柱①〕

【兵】 bīng　①兵器.武器.〔短～相接〕〈成〉白兵戦を演ずる.〔秣 mò 马厉～〕〈成〉馬に馬糧を与え,武器を磨いて戦争の準備をすすめる.②兵士.兵隊.〔～在精而不在多,将在谋而不在勇〕〈諺〉兵は多寡(多)より精鋭にあり,将は勇猛より知謀にある.〔工役～〕労働者・農民・兵士.〔人民币10元札を指す.→〔军 jūn 衔〕〔战 zhàn 士〕③軍事・用兵に関すること.〔～法〕軍隊の運用や戦闘の方法.〔纸上谈～〕〈成〉机上の空論.④軍備.軍事.〔富国強～〕〈成〉国を富ませ兵を強くする(軍備を充実する).⑤戦争.兵乱.⑥〈姓〉兵(ひょう)

兵败如山倒 bīngbài rú shāndǎo〈慣〉軍隊が総崩れになる.
兵暴 bīngbào　兵士の暴動.軍隊の暴動.
兵变 bīngbiàn　軍隊の反乱.→〔哗 huá 变〕
兵柄 bīngbǐng〈文〉兵権.
兵部 bīngbù〔旧〕官制の六部の一:軍事に当たる.〔～尚书〕兵部の長官.陸軍大臣.
兵不血刃 bīng bù xuèrèn〈成〉刃に血塗らずして勝ちを制すること.
兵不厌诈 bīng bù yànzhà〈成〉戦争は奇計を用いて勝を制してもかまわない.〔战阵之间,不厌诈伪〕(韓非子・難一)戦争には敵を欺く計略を用いてもかまわない.
兵不由将 bīng bù yóujiàng〈成〉兵卒は将領の命令どおりにもならない.
兵操 bīngcāo〔旧〕軍事訓練.
兵策 bīngcè〈文〉兵法.戦術.
兵差 bīngchāi〔旧〕軍隊が地方を通過する際に徴発した労役.
兵车 bīngchē　①古代の戦車.〔战 zhàn 车③〕に同じ.②兵員を運搬する軍用車.
兵船 bīngchuán　①⇒〔兵舰〕②指揮艦.
兵道 bīngdào　⇒〔兵法〕
兵地 bīngdì　建設兵団と地元.〔～团 tuán 结〕同前の団結.→〔军 jūn 民〕
兵丁 bīngdīng〔旧〕兵士.兵卒.
兵端 bīngduān〔战 zhàn 端〕〈文〉戦争の発端.
兵多将广 bīngduō jiàngguǎng　将兵が多い.〈喩〉軍勢の盛んなこと.
兵额 bīng'é　兵数.兵士の定員.
兵法 bīngfǎ　〔兵道〕〈文〉兵法.用兵の法.戦術:

bīng 兵 槟

現在の〔军 jūn 事学〕に同じ. →〔九 jiǔ 大兵法〕

兵反贼乱 bīngfǎn zéiluàn 兵は反乱し賊は暴れる. 〈喩〉世の乱れたさま.

兵匪 bīngfěi 軍機と匪賊.

兵符 bīngfú ①囲軍勢を動かすのに用いた割符(わりふ).派遣命令書. ②兵法書.

兵改工 bīnggǎigōng 軍から民への転身.兵士から労働者に転身する.

兵戈 bīnggē ①〈文〉戦争. ②同下.

兵革 bīnggé =〔兵戈②〕〔兵戟〕〔兵甲〕〔兵械〕〔兵杖〕〈文〉①武器と甲冑.兵器(総称). ②戦事.戦争.

兵工 bīnggōng 軍需工業.〔~企业〕軍需産業.

兵工厂 bīnggōngchǎng 兵器工場.陸・海軍工廠.

兵工署 bīnggōngshǔ 囲軍政部に属す造兵に関する一切を司った役所.

兵贵精不贵多 bīng guìjīng bùguì duō 軍隊は数より精鋭なのを貴ぶ. →〔字解②〕

兵贵神速 bīngguì shénsù 〈成〉用兵には神速が重要である.〔~,力求主动〕同前でつとめて主動的でなければならない.

兵荒马乱 bīnghuāng mǎluàn 〈成〉戦争で世の乱れるさま.〔即使赶上~,他也自有办法〕〔老·四·慢1〕戦争で世が乱れた時でも,彼はもちろん何とかやれる.

兵火 bīnghuǒ 〈文〉戦争.戦禍.

兵祸 bīnghuò 戦禍.戦災.

兵戟 bīngjǐ ⇒〔兵革〕

兵家 bīngjiā 〈文〉兵法家.戦術家.〔权 quán 家〕ともいう.〔~书 shū〕兵法の書物.〔胜败~不可期〕勝敗は戦術家でも見通しがつかない.

兵甲 bīngjiǎ ⇒〔兵革〕

兵舰 bīngjiàn =〔兵船①〕兵船.軍艦.〔军 jūn 舰〕ともいう.

兵谏 bīngjiàn 〈文〉武力に訴えて主君や執政者を諫める.

兵劫 bīngjié 兵士の略奪行為.

兵解 bīngjiě 仙仏を学ぶものが刃に斃(たお)れること:これによって俗体から解放されて登仙するという.

兵经 bīngjīng 兵事に関する経書:兵書〔孙 sūn 子②〕をいう.

兵精粮足 bīngjīng liángzú 〈成〉軍隊が精鋭で糧秣も豊富である.

兵库 bīngkù 兵器庫.

兵溃政颓 bīngkuì zhèngtuí 〈成〉軍勢は敗れ政治は腐敗する.

兵来将挡,水来土掩 bīnglái jiāngdǎng, shuǐlái tǔyǎn 〈喩〉兵士が攻めて来たら将軍が防ぐ,水が来たら土でふさぐ:いかなる事態になっても何とかして解決すること.

兵力 bīnglì 兵力.

兵连祸结 bīnglián huòjié 〈成〉戦乱が続き,絶えず災禍に苦しむ.

兵临城下 bīng lín chéngxià 〈成〉大軍が城下に迫る.

兵龄 bīnglíng ⇒〔军 jūn 龄〕

兵乱 bīngluàn 兵乱.戦乱.

兵略 bīnglüè ⇒〔兵法〕

兵马 bīngmǎ 軍隊と軍馬.〈喩〉軍事.

兵马司 bīngmǎsī 囲都の警備を行った部署.

兵马未动,粮草先行 bīngmǎ wèidòng, liángcǎo xiānxíng〈喩〉何をするにしても,しっかりと準備することが大事だ.

兵马已到,粮草未备 bīngmǎ yǐ dào, liángcǎo wèi bèi 〈喩〉その場になっても事の準備が出来ていない:泥縄.

兵马俑 bīngmǎyǒng 囲権力者の殉葬に用いた兵士・軍馬などの埴輪(はにわ).陝西省西安市郊外にある〔秦 qín 始皇~〕〔秦~〕〔秦俑〕は有名である.

兵民 bīngmín 兵士と人民.

兵痞 bīngpǐ 〔兵油子〕長期にわたって兵営生活をした悪質古参兵.〔~若者を捕らえて軍隊に売りとばしていたごろつき:〔兵贩子〕ともいう.

兵棋 bīngqí 囲盤上で作戦を研究するために用いる軍隊の標識・人員・武器などの模型. →〔军 jūn 棋〕

兵气 bīngqì 士気.戦意.〔~不扬 yáng〕士気に欠ける.

兵器 bīngqì 武器.兵器.

兵强马壮 bīngqiáng mǎzhuàng 〈成〉軍隊が精鋭である.

兵权 bīngquán ①兵馬の権.軍隊を指揮し統率する権. ②〈文〉用兵上の権謀術策.

兵刃 bīngrèn 〔兵器〕刀剣の類.〔~相接〕〈喩〉両軍が接触して戦闘が始まる.

兵戎 bīngróng 〈文〉①軍隊. ②干戈(かんか).戦争.〔~相见〕武力衝突する.

兵士 bīngshì 兵士.

兵事 bīngshì 〈文〉戦争.

兵势 bīngshì 軍勢.

兵书 bīngshū 戦術の書籍.兵法書. →〔兵经〕

兵术 bīngshù 〔兵略〕戦術.

兵团 bīngtuán ①囲兵団:戦時に臨時編成される組織.数個の〔师 shī(Ⅱ)〕と〔军 jūn〕をもつ. ②大部隊.〔主力〕主力部隊.〔地方〕地方部隊. ③囲国内解放戦争期における人民解放軍の一級組織. ④→〔生 shēng 产建设兵团〕

兵威 bīngwēi 軍の威光.

兵险 bīngxiǎn 〔战 zhàn 时保险〕〔战争险〕戦時保険.〔连~日本到岸价〕戦時保険込み日本着値.C.I.F.W.Japan. ②〈文〉戦争の危険.

兵燹 bīngxiǎn 〈文〉兵火の災難.戦争による災害.

兵饷 bīngxiǎng 兵糧.兵士の給与.

兵械 bīngxiè ⇒〔兵革〕

兵衅 bīngxìn 〈文〉戦端.戦争.

兵蚁 bīngyǐ 囲兵隊蟻(あり).

兵役 bīngyì 兵役.〔~法〕兵役法:1955年7月30日に公布され,徴兵が実施された.〔~制〕兵役制度.

兵营 bīngyíng 兵営.兵舎.

兵勇 bīngyǒng 囲兵士:正規の兵と臨時募集した兵.

兵油子 bīngyóuzi 〔兵痞①〕

兵员 bīngyuán 囲兵卒.兵士.

兵源 bīngyuán 囲兵士の供給源.〔为把握~,不放弃这二百万人口的大城〕兵隊の供給源を掌握するため,この人口200万の大都会を放棄しない.

兵运 bīngyùn 兵員輸送.

兵灾 bīngzāi 兵禍.戦災.

兵站 bīngzhàn 囲兵站(へいたん).〔~线〕兵站線.

兵站部 bīngzhànbù 囲兵站事務を司る部署.

兵杖 bīngzhàng ⇒〔兵革〕

兵制 bīngzhì 軍隊の制度.軍備の制度.兵制.

兵种 bīngzhǒng 兵種:陸軍では〔步兵〕〔炮兵〕〔坦克兵〕(戦車兵),〔交通兵〕(通信連絡兵).海軍では〔水面舰艇部队〕,〔海军航空兵〕,〔海军岸防兵〕.空軍では〔航空兵〕,〔雷达兵〕(レーダー兵)などがある. →〔军 jūn 种〕

兵卒 bīngzú 囲兵卒.兵士.

〔槟・檳(梹)〕 bīng → bīn

槟城 bīngchéng 〔槟榔屿〕

槟榔 bīng·láng =〔仁 rén 频〕囲ビンロウ.ビンロウジュ

bīng～bǐng

ジュ：ヤシ科の常緑高木.種子は渋味があり,薬用（駆虫剤）される.

檳榔糕 bīng·lánggāo 檳榔の未熟の種子を割って中へ砂糖や阿仙薬などでねった薬粉をつめた嗜好品：健胃健歯の効がある.南方の人はチューインガムのように愛用し,常用すれば歯が真黒になる.

檳榔膏 bīng·lánggāo 檳榔の果実の煎汁を煮つめたエキス：収斂(liǎn)薬. →〔阿ā仙药〕

檳榔衣 bīng·lángyī →〔大dà腹子〕

檳榔嶼 bīng·lángyǔ 圈ペナン(ピナン).〔俾bǐ南〕〔庇bì能〕とも書いた.マレー半島の西,マラッカ海峡中の小島(にある港市),またマレーシアの州.〔檳城〕〔乔qiáo治市〕(ジョージタウン)は市の名(州都)

〔屛〕 bīng → bǐng píng

屛営 bīngyíng 〈文〉①恐れ入るさま：上奏文などに用いた. ②さまよう.

〔丙〕 bǐng ①ひのえ：十干の第3位. →〔干gān支〕②順序の3番目. ③→〔甲jiǎ①〕④_. ⑤火.〔付〜〕火をつけて焼く. ⑤⇒〔炳①〕⑥〈姓〉丙(s).

丙氨酸 bǐng'ānsuān 图アラニン.

丙部 bǐngbù 唐以後,書籍を経・史・子・集の4部に分け,子部を〔〜〕という.

丙醇 bǐngchún 图プロピルアルコール. →〔醇④〕

丙丁 bǐngdīng ①ひのえ.ひのと. ②火:〔丙〕は陽火,〔丁〕は陰火.

丙二酸 bǐng'èrsuān 图マロン酸.

丙二烯 bǐng'èrxī 图プロパジエン. →〔二烯〕

丙肝 bǐnggān 医 C型肝炎:〔丙型(病毒性)肝炎〕の略.

丙綸 bǐnglún ポリプロピレンの商品名：合成繊維の一種.軽く摩擦に強く耐水性がある.衣服.ロープ.濾布・漁網などを作る.

丙炔 bǐngquē 图アリレン.

丙三醇 bǐngsānchún 图グリセリン：ふつう〔甘gān油〕という.

丙酸 bǐngsuān ＝〔初chū油酸〕图プロピオン酸.

丙酸睾丸素 bǐngsuān gāowán sù 薬テストステロンプロピオネート：男性ホルモンの一種.

丙酮 bǐngtóng 图アセトン.

丙烷 bǐngwán 图プロパン.〔〜气qì〕プロパンガス.〔丙(烷)基jī〕プロピル基. →〔烷〕

丙烯 bǐngxī 图プロピレン.〔〜腈jing系纤维〕アクリル繊維.〔〜基jī〕アクリル基.〔〜酸suān 树脂〕アクリル酸樹脂.〔聚jù〜〕ポリプロピレン：商品名は〔丙纶〕.〔聚〜腈〕ポリアクリロニトリル. →〔烯〕

丙烯氰 bǐngxīqíng ＝〔氰乙烯〕图アクリロニトリル：無色揮発性の有毒な液体.合成繊維・プラスチック・合成ゴムなどの原料.

丙烯醛 bǐngxīquán 图アクロレイン(光化学スモッグ・オキシダント中の)

丙烯酸 bǐngxīsuān ＝〔败bài脂酸〕图アクリル酸. →〔酸〕

丙烯酸塑料 bǐngxīsuān sùliào 图アクリル酸プラスチック.

丙烯酸盐 bǐngxīsuān yán 图アクリル酸塩エステル.

丙烯酯 bǐngxīsuān zhǐ 图アクリルエステル.

丙夜 bǐngyè ⇒〔三sān更〕

丙种射线 bǐngzhǒng shèxiàn ⇒〔伽gā马射线〕

丙种维生素 bǐngzhǒng wéishēngsù →〔维生素C〕

〔邴〕 bǐng ①春秋時代の鄭の国の地名.現在の山東省費県の東南.〔〜〜〕〈文〉喜ぶさま. ③〈姓〉邴(s).

〔炳〕 bǐng ①＝〔丙⑤〕〈文〉明らかである.著名である.〔〜煌huáng〕きらめいている.〔〜如日星〕太陽や星のように輝いて明るいこと. ②〈姓〉炳(s).

炳麟麟 bǐngbīng línlín 〈文〉明るいさま.

炳然 bǐngrán 〈文〉明らかなさま.

炳蔚 bǐngwèi 〈文〉鮮やかで麗しいさま.

炳耀 bǐngyào 〈文〉まばゆく光り輝く.

炳烛(夜游) bǐngzhú (yèyóu) ⇒〔秉烛(夜游)〕

〔柄〕 bǐng ①〔-子〕器物の手に持つためにできている部分,またはとりつけられた部分.〔把bǎ〜①〕握り.〔手〜〕ハンドル.柄(a).〔取っ手〕〔闸zhá〜〕制動ハンドル.〔十字手〜〕クロスハンドル.〔丁dīng形手〜〕T字形ハンドル.〔长cháng〜锅〕長い柄の片手鍋.〔刀〜〕刀の柄. →〔把bà 儿〕②植物で花・葉・実と茎や枝とくっついている部分：〔花〜〕〔叶yè〜〕など. ③〈文〉握る.掌握する.〔〜权quán〕権力を握る. ④〈文〉掌握されているの.物の元.根幹.〔政〜〕政権.〔权〜〕権力.〔笑〜〕お笑いぐさ.〔话〜〕話の種.話題. ⑤〈方〉量詞.取っ手・持ち手のついているものを数える.〔两〜斧头〕二本のおの. ⑥〈姓〉柄(s).

柄臣 bǐngchén 〈文〉権力を握っている臣下.

柄国 bǐngguó 〈文〉国政を司る.一国を牛耳る.

柄政 bǐngzhèng 〈文〉政権を握る.

〔昺(昞)〕 bǐng 〈文〉明るい.光り輝いている：人名用字に多い.

〔秉〕 bǐng ①〈文〉稲の一握り. ②〈文〉執る.握る.掌握する. ③基づく,…に拠る.〔〜公办理〕公平に処理する. ④〈文〉生まれつき.天性:〔禀①〕に同じ. ⑤〈度〉古代の容量の単位:16〔斛hú〕をいう. ⑥〈姓〉秉(s).

秉笔 bǐngbǐ 〈文〉筆を執る.〔一直zhí书〕〈成〉歴史の真実を隠さずに書く.

秉承 bǐngchéng （学説・指示などを）受け継ぐ.受けつぐ.〔秉承〕とも書いた.〔〜他的学说提出新学说〕彼の学説を受け継いで,新学説をうちだす.

秉持 bǐngchí 〈文〉①把持する.堅持する.執る. →〔坚jiān持〕②图（仏教で）固く戒律を守る.

秉赋 bǐngfù ⇒〔禀赋〕

秉公 bǐnggōng 〈文〉公平である.公平な態度で.〔〜持平〕同前.〔〜办理〕公平にとりさばく.〔〜执法〕公平に法をとり行う.

秉国 bǐngguó 国政に当たる.

秉钧 bǐngjūn ＝〔秉轴①〕〈文〉政権をとる.〔秉钧轴〕〔秉钧持轴〕という.

秉性 bǐngxìng 〈文〉〈贵〉天性.〔山河好改,〜难移〕江山易改,秉性难移〕〈諺〉山河は改造することができるが,天性は改め難い：三つ子の魂百まで. →字解④

秉彝 bǐngyí 〈文〉人が天から受けた常道・五常の道を執り守る.

秉钺 bǐngyuè 兵権を握る.鉞は武器である斧.

秉正 bǐngzhèng ＝〔秉直〕〈文〉公正不偏なこと.

秉政 bǐngzhèng 〈文〉政権を掌握する.

秉直 bǐngzhí ⇒〔秉正〕

秉忠 bǐngzhōng 忠義を守る.

秉轴 bǐngzhóu ①⇒〔秉钧〕②〈文〉政権を握る者.当局者.

秉烛(夜游) bǐngzhú (yèyóu) ＝〔炳烛(夜游)〕①手に燭をとる.〔昼短苦夜长,何不秉烛游〕（古詩十九首）昼の長いのを苦しむならばろうそくをとって夜遊び,行楽を楽しみ,日の短いのを補わないのか. ②〈喩〉年とってから勉強すること.

〔迸〕 bǐng 古く〔屛〕に通用した. → bèng

〔饼・餅〕bǐng ①〔食〕小麦粉をこねて,平たい円盤状にして焼くか蒸したもの:北方人のよく常食する主食."もち"とは異なる.〔～儿〕同前.〔烙lào～〕焼いた同前.〔蒸zhēng～〕蒸した同前.〔炒～〕千切りにした同前を野菜などと一緒に炒めたもの.〔烩～〕千切りにした同前を野菜などと一緒に煮たもの.→〔大dà饼〕〔烧shāo饼〕〔月yuè饼〕 ②一般に円盤形のもの.〔豆～〕豆かす.〔菜～〕菜種かす:圧搾して薄い円形にしたもの.〔柿～〕干し柿.ころ柿.〔铁～〕図(円盤状にした)円盤.
饼茶 bǐngchá 円盤状の茶.
饼铛 bǐngchēng "烙饼"を焼くのに使う浅い鉄鍋.
饼肥 bǐngféi 押し固めてある肥料(総称):大豆かす・魚のしめかすなど.
饼干 bǐnggān〔-儿〕〔食〕ビスケット.〔压yā缩～〕乾パン.〔救jiù生～〕非常用乾パン.〔脆cuì～〕せんべい.
饼铺 bǐngpù〔方〕一膳飯(？)屋.
饼屋 bǐngwū 洋菓子屋.ケーキ屋.
饼银 bǐngyín ①円盤形をした銀塊. ②旧銀貨.
饼子 bǐngzi ①〔食〕とうもろこし粉・あわあるいは雑穀の粉をこねて鍋で焼いたもの:華北の農民や労働者の常食物. ②〈方〉小麦粉をこねて円盤状にしたものを平鍋で焼いたもの.→字解① =〔方〕筒tǒng子② ③〔麻将〕(マージャン)〔纸zhǐ牌〕(中国カルタ)の牌の種類の一で,穴あき銭を形どっている.→〔索suǒ子②〕〔万wàn子②〕 ④〈口〉しつこい人.

〔屏〕bǐng =〔迸〕①排除する.のける.捨て去る.〔～之门外〕〈文〉除外する.→〔摒bǐng①〕 ②息をとめる(殺す).〔工人都一住气,丁dīng着穿孔机〕職工たちは息を殺し,目をすえて穿孔機をみつめている. → bǐng píng
屏斥 bǐngchì〔文〕除けものにし退ける.
屏除 bǐngchú〔文〕排除する.
屏黜 bǐngchù〔文〕排除する.追い出す.
屏绝 bǐngjué〈文〉遠ざけ避ける.
屏禁 bǐngjìn〔文〕(犯罪者を)隔離監禁する.
屏居 bǐngjū =〔屏隐〕〔文〕隠退する(公務から)
屏绝 bǐngjué〈文〉きっぱりと絶つ.
屏气 bǐngqì =〔屏息〕息を潜める(こらす).〔～潜泳〕図(フィンスイミング競技の)アプニア.〔～凝níng神〕息を殺して注意を集中する.〔～静听〕息を殺し静聴する.〔～缩肩〕〈喩〉息を殺して肩をすぼめる.小さくなっている.
屏弃 bǐngqì =〔屏逐〕見放す.放逐する.〔～不用〕押しのけ捨てて用いない.
屏神静气 bǐngshén jìngqì 心を乱さず気を静める.〈喩〉注意力を集中すること.
屏退 bǐngtuì〈文〉①人を退ける.立ち退かせる.〔～左右〕人払いをする. ②隠退する.隠居する.
屏畏 bǐngwèi 人を殺して恐ろしがる.
屏息 bǐngxī ⇒〔屏气〕
屏隐 bǐngyǐn ⇒〔屏居〕
屏语 bǐngyǔ〈文〉人を避けて密談する.
屏逐 bǐngzhú ⇒〔屏弃〕

〔禀(稟)〕bǐng ①生まれつき.天性:〔秉〕に同じ.〔天～〕同前.〔天～〕〔资zī～素質〕〔异yì〕特異な天性. ②受ける.→〔禀命〕 ③〈文〉申し上げる:旧時,下級から上級に対して,目下から目上に対して報告すること.〔回～〕(目上の人に対して)報告する.申し上げる.〔伤chì～〕 ④〔-儿〕回願書.上申書.〔你写一个～儿〕願書を1枚書いて下さい.
禀报 bǐngbào ①〔禀道〕〔禀白〕上申する.〔据实～〕

官方)事実に基づいて役所へ上申する.→〔报告〕
禀呈 bǐngchéng 上司や先輩に礼儀正しく手渡す.
禀承 bǐngchéng ⇒〔秉承〕
禀道 bǐngdào ⇒〔禀报〕
禀复 bǐngfù 復命する.
禀赋 bǐngfù =〔秉赋〕①先天的に受ける. ②先天的に受けたもの.天性.天稟.生まれつきの素質.〔人的～不得一样〕人の天性はみな同じではない.
禀告 bǐnggào ⇒〔禀报〕
禀核 bǐnghé =〔呈chéng报鉴核〕〈公〉ここにご報告申し上げて裁決をお願いいたします:上司に報告して審査裁決を請う意.
禀恳 bǐngkěn〈公〉謹んで請願申しあげます.〔…尚此～敬祈允俯为感〕ここに謹んで請願申しあげます,ご許可をいただけましたら幸甚に存じます.
禀明 bǐngmíng 上司に対し説明する.
禀命 bǐngmìng 命令を受ける.
禀人 bǐngshírén 請願人.
禀受 bǐngshòu (性格・特徴などを)受け継ぐ.
禀帖 bǐngtiě 旧上申書.請願書.申告書.
禀文 bǐngwén 上申書.請願書.
禀性 bǐngxìng ⇒〔秉性〕
禀知 bǐngzhī 知らせる.
禀奏 bǐngzòu 天子の下問に対して意見を申し上げる.

〔鞞〕bǐng〈文〉刀の鞘(さや)

〔并(幷・併・並・竝)〕bǐng (I)〔幷・併〕合わせる.合併する.〔合～〕〔归～〕〔～案办理〕合併して処理する.〔～前共计二十万元〕以前の預金と合わせて計20万元になる.〔两组一组〕二組を一組に合併する.〔～社〕(人民公社を)社を合併する.〔～厂〕工場を合併する.

(II)〔並・竝〕①並ぶ.並立する.〔～肩作战〕肩を並べて戦う. ②一斉に.〔同时～进〕同時に一斉に進む.③決して.いっこうに.さほど.べつに.とりたてて:否定の〔不bù〕〔非fēi〕などの前に置いて,ある見方を否定し真相を説明する意味あいをもつ.〔～不是〕,〔～没有〕などは"さして","というほどの意味の場合が多いが,口調の関係で軽く加えられる場合も多い.〔～非如此〕決してこのようではない.〔实际上～不是这样〕実際には決してそうではない.〔他～不以我这个话为然〕彼はどこまでもわたしの言うことをもっともだとは思わない.〔菜～不丰满〕(老・骆14)おかずはそう多くもない.〔你～不是说你说的不对〕君の言うことが間違いだというわけじゃないよ.〔～不是怎样出奇的山,也不见得有多少高}见}对一到看珍しい山でもなく,またそんなに高いとも思われない.〔牛教授说～没有意思作汉奸〕(老・四・偷18)牛教授は決して漢奸になろうとしたわけではないということだ.〔我研究了下,这个工程～不太难〕研究してみたがこのプロジェクトはべつに非常に困難だというほどではない. ④かつまた.および:二つの動詞を接続し,"かつまた"の意を表す.〔新中国的建设,以经济建设为中心,其他一切建设事业,都必须围绕着经济建设这一个中心,～为它服务,使它能获得成功〕新中国の建設は経済建設を中心とし,そのほかすべての建設事業はすべて経済建設というこの一つの中心をとりまき,かつまたそのために服務し,それを成功させなければならない. ⑤〈文〉さえも.すら.〔～此浅近者亦不能明〕〈文〉こんな簡単なものさえわからない.→〔连lián ⑤〕 ⑥化環化合物の併合・縮合を示す.〔苯běn～〕化ベンズアントラセン. → bìng

并摒病　　　　　　　　　　　　　　　bìng

并案 bìng'àn〈公〉案件を一括し審理する.〔～受理〕相関連する刑事案件で、二つ以上の裁判所の管轄に属しているものを、一つの裁判所が一括して裁判すること.

并肩儿 bìngbǎngr 肩を並べる.〔两个人亲热热地～走着〕二人は仲良く肩を並べて歩いている.

并产 bìngchǎn ①二企業(以上)が合併して生産する(こと) ②財産合併(する).

并称 bìngchēng 併称する.

并处 bìngchǔ 一まとめにして処理する.同時に処罰する.

并存 bìngcún 併存する.共存する.

并蒂花 bìngdìhuā ひと房に2個以上の花のついたもの.〔転〕よく似た姉妹など.

并蒂莲 bìngdìlián ⇒〔并头莲〕

并发 bìngfā ①まとめて交付する.まとめて発送する.②併発する.〔～一病(症)〕医併発症.併発症.

并罚 bìngfá =〔并科〕法併罰.併合(罪)

并非 bìngfēi 一字解(Ⅲ)③

并购 bìnggòu 経M&A.合併買収:企業合併の一.

并股 bìnggǔ 経株式合併.

并骨 bìnggǔ ①夫婦を一所に埋葬する.〔他们还没～呢〕まだ合葬してない.②死ぬまでけんかする.飽くまでいがみ合う.共倒れになるまで戦う.〔我跟你～〕お前とは死ぬまでやるぞ.

并轨 bìngguǐ ①一本化する.一つに合わせる.②特に大学で公費生を廃し、自費生に一本化すること.

并合 bìnghé 併合(する)

并伙 bìnghuǒ 仲間を組む.

并激 bìngjī 電分路.

并驾齐驱 bìngjià qíqū〈成〉くつわを並べる.肩を並べる.ひけをとらない.〔他们在海外市场,跟先进各国～了〕彼らは海外市場で先進各国と肩を並べた.

并肩 bìngjiān ①肩を並べる.ひけをとらない.②共にやる.〔～作战〕共同作戦する.

并脚夹齐 bìngjiǎo jiāqí〈慣〉両足をきちんとそろえる.〔～地站着〕両足をきちんとそろえて立っている.

并金 bìngjīn ⇒〔平 píng 金〕

并进 bìngjìn 並べて進む(進める).〔齐头～〕頭を並べて進む.互角である.

并举 bìngjǔ 両方を同時に実行する.〔工业和农业同时～〕工業と農業とを同時に振興する.

并科 bìngkē ⇒〔并罚〕

并力 bìnglì 力を合わせる.一致協力する.

并立 bìnglì 並立する.〔两雄不相～〕〈成〉両雄並び立たず.

并联 bìnglián 電①並列(にする).②=〔平 píng 结〕並列抵抗を減少させるための連結法.↔〔串 chuàn 联〕

并粮 bìngliáng〈文〉二人分の食糧を合わせて一人の食糧とすること:羊角哀と左伯桃の二人が楚に仕えるための旅の途中、梁山において雪に遇い、糧食が尽きょうとした.伯桃は其の糧を全て哀に提供し自らは餓死した.哀は楚で上大夫となり、礼を備えて伯桃を葬った〔烈士伝〕

并列 bìngliè 並列する.〔各项～〕各項を列挙する.〔～结构,～式〕等位型.

并拢 bìnglǒng 合わせる.並べそろえる.〔脚跟～〕かかとが揃っている.〔把两张桌子～〕二つのテーブルをそろえる.

并论 bìnglùn 合わせ論ずる.同一に論ずる.一様に見る.〔相提～〕数種のものを一緒に論ずる.同一視する.

并茂 bìngmào どちらも美しい.〔图 tú 文～〕図も文もともにすばらしい.

并命 bìngmìng ⇒〔拼 pīn 命〕

并排 bìngpái 並(ら)んで.〔两个人～地走〕二人が並んで歩く.

并辔 bìngpèi ①轡(くつわ)を並べる.馬を並べる.②〈喩〉肩を並べる.

并且 bìngqiě そのうえ.なおかつ:並列またはさらに一歩を進めることを表す.〔他学问不坏,～也很好〕彼は学問がかなりできるし、そのうえ品行も非常によい.〔那里干 gān 净、明亮～温暖〕そこは清潔で明るく、そのうえ暖かい.〔会上讨论～通过了这个报告〕会議ではこの報告を話し合った上で採択した.

并日 bìngrì〈文〉①その日.当日.②連日.〔～趱 zǎn 程〕連日道を急ぐ.

并日而食 bìngrì ér shí〈文〉二日で一日の食しか食べない.〈喩〉生活が窮乏していること.

并人 bìngrù (…に)合併する(される)

并生副芽 bìngshēng fùyá 植並生副芽:一つの葉腋に数芽が左右並んで出たもの.

并世 bìngshì 同時代.〔～无双〕〈慣〉天下無双.

并丝 bìngsī 織物の糸目が崩れてくる:着古した織物の糸目がゆるんで間隔が不均一になってくること.〔方〕麻 má 丝(儿)③ともいう.

并提 bìngtí 同等に論ずる.

并头莲 bìngtóulián =〔并蒂莲〕一つの茎に二つの花が咲く蓮.〈喩〉夫婦仲の良いこと.

并吞 bìngtūn =〔吞并〕①併せ飲む.②弱国を併合する.③他人の物を占領する.〔～人家的房地产〕他人の不動産を横領する.

并网 bìngwǎng 送電網に組み入れる.

并线 bìngxiàn (自動車が)隣りの車線に移る.

并行 bìngxíng ①共に歩く.②並行する.→〔平 píng 行①〕③同時に行う.④電脳パラレル.〔～(处 chǔ 理)计算机〕並列処理型コンピューター.パラレルコンピューター.

并行不悖 bìngxíng bùbèi〈成〉同時に、または並行して実施しても矛盾衝突しない.

并行齐举 bìngxíng qíjǔ〈成〉一斉に行う.同時に行う.

并用 bìngyòng (二つのものを)同時に使う.〔手脚～〕手と足を使う.

并葬 bìngzàng 夫婦を合葬する.

并重 bìngzhòng 二つ以上をどれも同じように重んずる.〔我们大学的外国语是中英～的〕我々の大学の外国語は中国語・英語ともに重んじています.↔〔偏 piān 重〕

并转 bìngzhuǎn 経(企業の)合併と転業.

〔摒〕 bìng ①排除する.のける.→〔屏 bǐng〕②処置する.整える.

摒除 bìngchú 排除する.

摒挡 bìngdàng〈文〉整理する.処置する.〔～行装〕旅装を整える.〔诸绪已定,定于明日起身〕準備もすっかり終わったので明日出発に決定した.

摒绝 bìngjué 徹底的に排除する.

摒弃 bìngqì 放棄する.

〔病〕 bìng ①病気.〔得 dé ～〕病気になる.病む.〔～沉 chén〕〈文〉病気が重い.〔～轻 qīug 了〕病気が軽くなった.〔生～〕病気になる.〔旧～〕古い病気がおこる.〔暴～〕急病.〔卧 wò ～〕病気で寝込む.〔养～〕病気を療養する.〔～来如山倒 dǎo,～去如抽丝〕病気(よくないこと)はどっとやってくるが、回復するには時間がかかる.〔肺～〕肺病.〔传 chuán 染～〕伝染病.②病気になる.〔他～了〕彼は病気になった.〔～得很厉害〕病気が非常に重い.〔～儿 ér〕病気の子供.③疵(きず).欠

bìng 病

点.恶癖.弊害.〔幼yòu稚~〕小儿病.〔语~〕語弊.〔利~〕利害.〔弊~〕弊害.〔账目不清,其中一定有~〕帳簿がはっきりしていない、きっと不正があるだろう. ④やましいこと.うしろめたいこと.〔心里没~,怎么会脸红〕やましいことがないなら、どうして顔が赤くなったのだ. ⑤〔文〕害する.苦しめる.〔~民〕民を苦しめる. ⑥〔文〕咎める.〔~于亢旱 kànghàn〕大干魃(かんばつ)に悩まされる.

病案 bìng'àn ⇒〔病历①〕

病包儿 bìngbāor 〔口病気の問屋:多病の人.〔八个孩子,一个~似的老婆,教我怎么办呢〕(老・四・惶34) 8人の子と病気の問屋のような家内とを、どうせよと言うんです(どうしようもない). →〔药yào罐子〕

病变 bìngbiàn 病理上の変化.〔病理変化〕の略.

病歪歪 bìngbing wāiwāi =〔病殃殃〕〔病歪歪〕〔病怏怏〕〔病殃殃〕病弱なさま.〔这么一个病人干得了liǎo重活儿呢?〕こんな弱い人がどうして重労働ができようか.〔一年三百六十五天老是~的〕一年中寝たり起きたりぶらぶらしている.

病殃殃 bìngbing yāngyāng 同上.

病残 bìngcán ①疾病と身体障害. ②病人と障害者.

病侧(儿) bìngcè(r) 同下.

病厂(儿) bìngchǎng(r) =〔病侧(儿)〕〔病翅(儿)〕〔病字头(儿)〕〔病框栏(儿)〕図やまいだれ:漢字部首の"疒". →付録1

病车 bìngchē 故障車.〔开~〕故障のある車を運転する.

病程 bìngchéng 病気の経過.

病翅(儿) bìngchì(r) ⇒〔病厂(儿)〕

病虫害 bìngchónghài 作物の病虫害.

病床 bìngchuáng 病床.〔他躺在~上还在考虑工作〕彼は病床にあっても仕事を考えている.〔这个医院有多少~〕この病院にはベッドが何床ありますか.

病从口入,祸从口出 bìng cóngkǒu rù, huò cóngkǒu chū 〈谚〉病は口より入り、禍は口より出づ:〔病从口入〕だけで用いる場合もある.

病倒 bìngdǎo 病気で倒れる.

病德 bìngdé 病人としての品格.〔医yī德〕(医師の品格)に対していう.

病毒 bìngdú ①=〔滤lù过性病毒〕ウイルス.ビールス.〔~性肝炎〕ウイルス性肝炎.〔流感~〕インフルエンザウイルス.〔天花~〕天然痘ウイルス. ②電算コンピューターウイルス.〔电脑~〕同前.

病笃 bìngdǔ 危篤である.

病犯 bìngfàn 病気の受刑者.

病房 bìngfáng =〔病室〕病室.

病夫 bìngfū 多病の人.病弱な人:諷刺の意を含む. →〔病包儿〕

病根 bìnggēn 〔-儿〕①病気の根源.弊害の根源.禍根.〔留下~〕禍根を残す. ②持病.宿痾(しゅくあ).〔老~〕同前.

病故 bìnggù 病死する.

病鬼 bìngguǐ 病弱者:ふざけていう.

病害 bìnghài 病害.

病好郎中到 bìng hǎo lángzhōng dào 病気がよくなったら医師が来た.〈喩〉後の祭り:〈方〉郎中は漢方医のこと. →〔马mǎ后炮〕

病号饭 bìnghàofàn 病人食.

病号 bìnghào 〔-儿〕病人.病気の人員:軍隊・学校・工場など構成員の番号が決まっている所でいう. →〔伤shāng号〕

病候 bìnghòu 中医病状.

病后复元 bìnghòu fùyuán 病気が治って元の健康状態に復する.

病患 bìnghuàn 疾患.疾病.

病机 bìngjī ①故障した機械. ②中医病気の発生と発展の原理.

病急乱投医 bìngjí luàn tóuyī 病状が悪化するとみだりに医者にかかる.〈喩〉おぼれるものは藁(わら)をもつかむ:〔笃dǔ〕ともいう.

病家 bìngjiā 患家.

病假 bìngjià 病気休暇.病気欠勤.〔~条(儿)〕病気欠届.〔请~〕〔告 gào ~〕病気で休暇をとる.

病监 bìngjiān 病気の囚人を収容しておく監房.

病间 bìngjiān 病気がやや快方に向かう.

病句 bìngjù 図文法上正しくない文.

病菌 bìngjūn 生命病原菌.〔病原菌〕〔致 zhì 病菌〕ともいう.

病疴 bìngkē 疾病.

病苦 bìngkǔ 病気の苦痛.

病狂 bìngkuáng 病気が原因で精神に異常をきたす. →〔发 fā 疯〕

病况 bìngkuàng =〔病状〕病状.

病框栏(儿) bìngkuànglán(r) =〔病厂(儿)〕

病理 bìnglǐ 医病理.〔~变化〕病理上の変化.〔~学〕病理学.〔~性酒醉〕病理的な酒酔.〔~检查〕病理検査.

病历 bìnglì ①=〔病案〕〔医yī案〕医カルテ.〔~表〕〔~卡(片)kǎ(piàn)〕同前.〔把~交还给病人管理/カルテを病人に返して管理させる. ②病歴.

病例 bìnglì 医症例.

病粒 bìnglì 農病害のある種子または穂(は)

病魔 bìngmó (長患いの)病気.

病殁 bìngmò 病没する.病死する.

病孽 bìngniè 〔文〕病難.

病旁(儿) bìngpáng(r) ⇒〔病厂(儿)〕

病情 bìngqíng 病状.症状.

病区 bìngqū (病院内で)病種別の入院患者の区域.

病躯 bìngqū 病気に悩んでいる体.病身.

病痊 bìngquán 〔文〕病気が治る.

病人 bìngrén 病人.患者.〔~在床上,死人在路上〕病んでいるうちは方法がないこともないが、死んでしまってはどうにもならない.

病容 bìngróng 病人らしい様子.病人らしい容貌.

病人膏肓 bìng rù gāohuāng 〈成〉病膏肓(こうこう)に入る:病情が不治の状態に至ったこと.〈喩〉事が救いようのない程深刻なこと.〔~,无法医治〕病気が不治の状態になり医者でも薬でも治すことができない.

病弱 bìngruò 病弱(である).〔~的身体〕病弱な体.

病身子 bìngshēnzi 病身.病体.〔他是个~,还能累得了liǎo他吗〕彼は病身だから、骨折り仕事はさせられない.

病史 bìngshǐ 病歴.

病势 bìngshì 病気の状態.〔~已经好转了〕病勢はすでに好転した.

病室 bìngshì ⇒〔病房〕

病逝 bìngshì 病死する.病没する.

病榻 bìngtà 病床.〔他依然绵绵~,徘徊在生死线上〕彼は相変わらず寝たまま、生死の境をさまよっている. →〔病床〕

病态 bìngtài 病的(である).〔商业呈现了~繁荣〕商業が病的な繁盛を見せた.〔~优越感〕医病的な優越感.シュペリオリティコンプレックス.〔~自卑感〕医病的な劣等感.(インフェリオリティ)コンプレックス.〔~建筑物综合征〕〔~居室综合征〕医シックハウス症候群.

病体 bìngtǐ 病身.

病痛 bìngtòng 病気による苦痛.

病退 bìngtuì 病気により退職(退学)する.
病歪歪 bìngwāiwāi ⇒[病болоzhongwāi]
病亡 bìngwáng 病死(する)
病危 bìngwēi 危篤に陥る.
病西施 bìngxīshī ①病身の美人:美女の西施が病気になったらますます美しくなったことに基づく。②病的姿態をもって美人と思っている女を諷していう。→[西施]
病险 bìngxiǎn 欠陥があり危険である.[～堤防]同前の堤防.
病象 bìngxiàng 医病気の外面に現れる現象:例えば発熱·嘔吐·せきなど.
病邪 bìngxié 中医身体の外部から来る病気の原因.
病休 bìngxiū 病欠する.
病恹恹 bìngyānyān ⇒[病болоzhongwāi]
病殃殃 bìngyāngyāng ⇒[病болоzhongwāi]
病秧子 bìngyāngzi <口>病気持ち.病気がちの人.→[病包儿]
病疫 bìngyì 疫病.はやり病.
病因 bìngyīn 病因.病根.
病友 bìngyǒu 病気仲間.[妈妈同室～]母と同室の同病.
病愈 bìngyù (病気から)全快する.回復する.[～出院]全快して退院する.
病员 bìngyuán 病気療養中の人員.患者:部隊·各機関·団体などでいう。→[病号]
病原 bìngyuán ①病気の原因。②⇒[病原体]
病源 bìngyuán 医病気発生の根源.
病原虫 bìngyuánchóng 人体に寄生して発病させる病生動物:例えばマラリア菌.[原虫]ともいう.
病原菌 bìngyuánjūn ⇒[病菌]
病原体 bìngyuántǐ =[病原②]病原体.
病院 bìngyuàn 病院:特に専門病院.[传 chuán 染～]伝染病院.[结核～]結核病院.[精 jīng 神～]精神病院.→[医 yī 院]
病灶 bìngzào 病巣.病気のある箇所.[急性肾炎感染～]急性腎炎に感染した病巣.
病征 bìngzhēng 病気の象徴.病の現れ方.→[证]
病症 bìngzhèng 病気の(徴候).
病株 bìngzhū 植病気にかかった株.
病状 bìngzhuàng ⇒[病况]
病字头(儿) bìngzìtóu(r) ⇒[病厂(儿)]
病走熟路 bìng zǒu shúlù <慣>病気は弱いところ,前に病んだことのあるところにおこり易い.

bo ㄅㄛ

[波] bō ①波浪:小さい波.→[浪 làng (I)①]②物[电 diàn ～]電波.[音 yīn ～][声 shēng ～]音波.③<喩>波乱.曲折:物事の変化.[风～]ごたごた.[一～未平,一～又起]<喩>一つの問題が解決しないうちまた新たな問題が起こる.④眼の動き.[眼～]同前.⑤[白…]しよう…よう:語気助詞の一.[罢 ba]にあたる.⑥<姓>波

波霸 bōbà <口>巨乳(の女性)
波本威士忌 bōběn wēishìjì <音訳>バーボンウイスキー.
波波 bōbō <文>走り騒ぐさま.[风尘奈汝何,终日独～][(岑参詩)]風塵汝をいかんせん,終日独りいらだつ.
波波族 bōbōzú 新富裕層:高学歴·高収入で自由気ままに生きる人々.ボヘミアン·ブルジョアの頭文字から.[波布族]という.
波长 bōcháng 波長.→[周 zhōu 波]
波茨坦公告 bōcítǎn gōnggào 史ポツダム宣言:[波茨坦宣言]ともいう.
波荡 bōdàng 揺れ動くさま.[虽然停住桨,小舟依然～]かいをこぐ手をとめたが小舟は依然として(波に)揺れ動いている.
波导 bōdǎo 物波動管.[波导管]ともいう.
波德 bōdé =[波特]电ボー:電信やデータ通信の通信速度を表す単位.
波德戈里察 bōdégēlǐchá 地ポドゴリツァ:[黑 hēi 山①](モンテネグロ)の首都.
波动 bōdòng ①(上下に)揺れ動く.不安定になる.[情 qíng 绪～]情緒が不安定.②物波動.③経変動.[物 wù 价～]物価が曲線的に変動する.[～汇 huì 率]変動為替相場.
波段 bōduàn 电ウェーブバンド.周波数帯.
波多黎各 bōduōlígè 地プエルトリコ:大西洋とカリブ海の間にある大きな島で,アメリカ領自治州.
波多诺伏 bōduōnuòfú 地ポルトノボ:[贝 bèi 宁共和国](ベナン共和国)の首都.
波恩 bō'ēn 地ボン:旧ドイツ連邦共和国(西ドイツ)の首都.[～条约]ボン条約.
波尔多 bō'ěrduō 地ボルドー:フランス西南部の都市.葡萄酒·シャンパンの名産地.[～酒][布 bù 尔多酒]ボルドー酒.[～液]農ボルドー液.
波尔卡 bō'ěrkǎ <音訳>ポルカ:チェコスロバキアから発生した列をなして踊る二人づれ,またそのリズム.
波风 bōfēng →[天 tiān 安门事件①]
波峰 bōfēng ①波の峰.波頭.波高.②<喩>景気のピーク.[～浪 làng 尖]<喩>厳しい環境.↔[波谷]
波幅 bōfú ①変動率.変動幅.[行 háng 市的涨落～]相場の高低の幅.②振幅.
波腹 bōfù 物波のループ.
波哥大 bōgēdà 地ボゴタ:南米[哥 gē 伦比亚](コロンビア)共和国の首都.
波谷 bōgǔ ①波の谷.波の起伏の底部.②<喩>景気の底.↔[波峰]
波光 bōguāng 水面に輝く日の光.[日里月里水的～闪现其上]水面には日ざしも月の光もきらめいていた.
波诡云谲 bōguǐ yúnjué ⇒[波谲云诡]
波痕 bōhén 波の(模様)
波及 bōjí 波及(する).[～效应]波及効果.
波级 bōjí 波浪の強弱を表す等級:[～]0の[无浪](波立たず),1の[微浪][(さざ波)]から10の[怒涛](怒涛)まである.→[风 fēng 级]
波节 bōjié 物波の節(ち)
波谲云诡 bōjué yúnguǐ =[波诡云谲]成変化の計り知れないこと:[云谲波诡]ともいう.
波拉呢 bōlāní 紡ポーラ:たて·よこ糸とも強撚の織糸を用いた平織りの毛織物.夏服地に用いられる.
波来体 bōláitǐ [珠 zhū 光体](パーライト)の旧訳語.
波兰 bōlán ポーランド:正式には[～共和国].首都[华 huá 沙](ワルシャワ).[～人]ポーランド人.[～语]ポーランド語.
波澜 bōlán ①大波.大波と小波.波浪.②<喩>世事の変遷.騒ぎ.③<転>文章又は思潮の変化.[～独老成]詩文の起伏が一段と力と光彩があって老成している.[～起伏](物语)が波瀾万丈.
波澜壮阔 bōlán zhuàngkuò <成>威勢がよい.雄壮闊達である.[～的群众运动]雄壮な大衆運動.→[声 shēng 势浩大]
波浪 bōlàng 波浪(総称).[波兴 xīng 浪涌]前途

bō

多難なさま.[～滔 tāo 天]波濤天をつく.[～发电]波浪発電.[～平浪静]波が穩やかである.〈喻〉事態が平穏に帰する.

波浪热 bōlàngrè 医ブルセラ病:伝染病の一.牛・羊・豚などから人間に伝染する.波状型または間歇型に発熱する.[波状热]ともいう.

波浪式 bōlàngshì 波式式の.[～的头发](比較的大きな)ウェーブのある髪(天然パーマ).[～地推行政策]波状式に政策を推進する.[运动的发展是～的]運動の発展は波状式である.[～麦 hōng 击]波状爆撃.

波浪鼓(儿) bōlànggǔ(r) ⇒[拔浪鼓(儿)]

波累 bōlěi 〈文〉巻き添えにする.累を及ぼす.

波棱盖(儿) bōlénggài(r) 〈磕 kē 膝盖(儿)]

波利瓦 bōlìwǎ〈音訳〉ボリバル:ベネズエラの通貨単位名.

波流 bōliú 波や流れ.[情绪的～]感情の起伏.

波罗的 bōluódì 地バルト.[～海]バルチック海.[～海沿岸]三国]バルト3国.

波罗盖儿 bōluógàir ⇒[磕 kē 膝盖(儿)]

波罗蜜 bōluómì ①=[波罗蜜多]仏(仏教で)ハラミツ.度彼岸.到彼岸:悟りを開くこと.[般若 bōrě～]ハンニャハラミツ:知恵を用いて煩悩の苦海を越え,涅槃(ねはん)の彼岸に達するの意.②⇒[木 mù 菠萝]③⇒[凤 fèng 梨]

波罗蜜多 bōluómìduō 同上①.

波罗树 bōluóshù 植タラヨウ:モチノキ科の常緑高木.葉に傷をつけると黒くなる性質がある.

波美 bōměi 〈音訳〉液体・液体の比重表示に用いる単位.[～度]同前.[～(比重)计]布 bù 美氏浮秤 物ボーメ比重計.

波能 bōnéng 物波動のエネルギー.

波柠群岛 bōníng qúndǎo 地ボニン諸島:小笠原諸島の旧称.無人(むじん)諸島のなまり.

波撇 bōpiě 書道.書法:[波]は右はらい,[撇]は左はらいの書法.

波平浪静 bōpíng làngjìng 波浪が静まる.〈喻〉事件が平穏に帰する.

波谱 bōpǔ 物スペクトル.

波普艺术 bōpǔ yìshù〈音譯訳〉ポップアート:前衛芸術の一.

波俏 bōqiào 美しい.きれい.ハイカラである.→[俏丽]

波峭 bōqiào 平らでないさま.紆余(うよ)曲折のある.くねっている.

波丘 bōqiū 波の山.波の隆起部.→[波峰]

波若 bōrě ⇒[般若]

波士顿 bōshìdùn 地ボストン:アメリカ東海岸にある港市.

波束 bōshù 物ビーム.

波斯 bōsī 地ペルシア(伊 yī 朗](イラン)の旧称.[～古译]〈音訳〉阿維斯陀]アベスタ:[拜火教](ゾロアスター教)の経典.[一只～猫]一匹のペルシャ猫.

波斯草 bōsīcǎo ⇒[菠菜]

波斯教 bōsījiào ⇒[拜 bài 火教]

波斯尼亚和黑塞哥维那 bōsīníyà hé hēisàigēwéinà ボスニア・ヘルツェゴビナ:首都は[萨 sà 拉 热窝](サラエボ)

波斯寺 bōsìsì 唐代における[景 jǐng 教]の寺院.

波斯枣 bōsīzǎo ⇒[海 hǎi 枣]

波速 bōsù 物音波・光波などの伝播速度.

波涛 bōtāo〈文〉波.大波.

波特 bōtè ⇒[波德]

波特定律 bōtè dìnglǜ 天ボーデの法則:太陽と衛星間の距離の比例法則.

波特兰水泥 bōtèlán shuǐní〈音義訳〉ポートランド・セメント.[硅 guī 酸盐水泥]ともいう.

波纹 bōwén 水紋.波紋.波模様.[波文]とも書いた.[～铁 tiě]工波形鉄板.

波纹管 bōwénguǎn 工波形管.

波希米亚 bōxīmǐyà [波西米亚]とも書いた.①地ボヘミア:チェコスロバキアの西部地方.[～舞 wǔ]ボヘミアンダンス.②ボヘミアン.

波鞋 bōxié スニーカー.

波形 bōxíng 電波形.ウェーブ・フォーム.

波形铝板 bōxíng lǚbǎn 工アルミなまこ板.

波形铁(皮) bōxíng tiě(pí) 波形ブリキ:[(方)瓦 wǎ 棱铁皮][口瓦垄板]ともいう.

波义耳-查理定律 bōyì'ěr chálǐ dìnglǜ 物ボイル・シャルルの法則:気体の体積は圧力に反比例し,絶対温度に正比例する.

波义耳-马略特定律 bōyì'ěr mǎluètè dìnglǜ 物ボイルの法則:温度の一定な間に気体の圧力は体積に反比例する.マリオットの法則ともいう.

波音 bōyīn ①音楽語から下2度の音を経てすぐ主要音に戻る装飾音.②〈音訳〉ボーイング.[～727](米国製航空機)ボーイング727型機.

波涌 bōyǒng どっと出現する.

波源 bōyuán 波を起こす振動源.波源.

波折 bōzhé 波乱曲折.[这个贸易协定经过一些～之后终于签订了]この貿易協定は多少の曲折はあったにせよついに調印された.[弟经此,～颇觉为难]:(贖)わたくしはこのトラブルで,すこぶる辛い思いです.

波磔 bōzhé 書法の一.永字八法の第八[磔]:右下へ波のようにはらうもの.→[捺 nà ③]

波状热 bōzhuàngrè ⇒[波浪热]

[玻] bō ①→[玻璃] ②〈姓〉玻(は)

玻化砖 bōhuàzhuān ⇒[玻璃砖②]

玻甲鱼 bōjiǎyú 魚貝ヨウイウオ.

玻壳 bōké (テレビなどの)画面・パネル.

玻拉松 bōlāsōng〈音訳〉化ボラゾン.

玻里尼西亚群岛 bōlǐníxīyà qúndǎo 地ポリネシア諸島

玻利维亚 bōlìwéiyà ボリビア:[玻璃 lí 维亚][玻利非亚][玻里维亚]とも書いた.南アメリカにある共和国.首都は[苏 sū 克雷](スクレ).[拉 lā 巴其](ラパス)は事実上の首都.

玻璃 bōli ①硝子.[颇黎 pōlí][颇梨 li]とも書いた.[窗～]窓ガラス.[毛～][磨 mó 砂～]すりガラス.[钠～]ソーダガラス.[花～]ダイヤガラス.[水～]水ガラス.[乳 rǔ 白～]磁 cí～]乳白ガラス.[透 tòu 紫～]紫外線透過ガラス.[碎 suì 石～]弗 fú 林～]フリントガラス.[有机～][不碎～]有機ガラス(アクリル樹脂製ガラス).[皇 huáng 冠～]冕 miǎn 牌～]クラウンガラス.[嵌～油灰]ガラスパテ.[雕花～]カットガラス.→[琉 liú 璃①][烧 shāo 料]②ガラスに似たもの.ガラス樣の~:俗にプラスチック・ビニール・ナイロン・セロファンの類.③〈文〉玉(ぎょく).

玻璃板 bōlibǎn 厚ガラス板.ガラスプレート(テーブルに敷く厚板ガラスなど).

玻璃版 bōlibǎn ⇒[珂 kē 罗版]

玻璃棒 bōlibàng

玻璃杯 bōlibēi ガラスコップ.グラス.

玻璃布 bōlibù ①ガラス織布.ガラスクロス.②旧ビニール・ナイロンなどの布.

玻璃刀 bōlidāo 硝子切り.グラスカッター.[裁 cái～]同前.

玻璃钢 bōligāng ガラス繊維強化プラスチック.

玻璃画 bōlihuà ①ステンドグラス:着色のガラスを集

玻菠铍拨　　　　　　　　　　　　　　　　　　　　bō

め嵌(ﾊﾒ)めて作った絵. ②油絵具でガラスにかいた絵. ガラス絵.
玻璃胶 bōlijiāo　ガラスセメント.
玻璃幕墙 bōli mùqiáng　[建]ガラスカーテンウォール：ビルの壁面としての使用される.
玻璃泥 bōliní　ラッカー.→[瓷 cí 漆]
玻璃瓶 bōlipíng　ガラス瓶.
玻璃球(儿) bōliqiú(r)　[玻璃珠(儿)]ガラス玉. ラムネ玉.
玻璃纱 bōlishā　[巴 bā 里纱][紡]オーガンジー：極薄の綿の紗.
玻璃丝 bōlisī　①ガラス糸・ナイロン糸(総称)　②[回][尼 ní 龙](ナイロン)の俗称.
玻璃陶瓷 bōli táocí　ガラスセラミック.
玻璃体 bōlitǐ　⇒[玻璃液]
玻璃纤维 bōli xiānwéi　①グラスファイバー. ガラス繊維. ②ガラスウール：[玻璃棉 mián][玻璃绒 róng]ともいう.
玻璃小鞋 bōli xiǎoxié　〈喩〉部下に対する権力をもつ者の陰湿ないじめ：常に[穿 chuān 〜]の形で用いる.〔不怕她给我穿〜〕彼女からパワーハラスメントを受けても平気だ.
玻璃窑 bōliyáo　福建産の陶器：白礷糸・天青・黄鎖口の3種がある.
玻璃液 bōliyè　=[玻璃体][玻璃质][硝 xiāo 子液][生理]眼球の眼球の水晶体の後方の腔所を満たす膠(ﾆｶﾜ)状の液.
玻璃釉 bōliyòu　ガラス質の釉をかけた陶磁器.
玻璃纸 bōlizhǐ　=[セロハン紙]=[〈音訳〉赛 sài 璐珞(纸)][透 tòu 明胶纸][透明纸]ともいう.[〜条][胶 jiāo 带][胶粘纸条][(透明)胶带(纸)]セロハンテープ.[(グラシン紙):[蜡 là 油纸][耐 nài 油纸]ともいう.→[包 bāo 装纸]=[砂 shā 纸]
玻璃质 bōlizhì　⇒[玻璃液]
玻璃珠(儿) bōlizhū(r)　⇒[玻璃球(儿)]
玻璃砖 bōlizhuān　①ガラスの厚板：鏡を作る厚いガラス. ②=[玻化砖][建]グラスレンガ：ガラスブロックの一.
玻色子 bōsèzǐ　[物]ボーズ粒子：光子をいう.→[费 fèi 米子]
玻斯尼亚 bōsīníyà　[地]ボスニア：旧ユーゴスラビア西部の都市.

[菠] bō [姓]菠(ﾊﾞ)

菠菜 bōcài　=[方]菠薐菜][波斯草][赤 chì 根菜][红 hóng 嘴绿鹦哥][植]ホウレンソウ：昔時,[波斯](ペルシア)方面から伝来した.
菠箕 bōji　⇒[簸 bò 箕]
菠薐菜 bōléngcài　⇒[菠菜]
菠萝 bōluó　⇒[凤 fèng 梨]
菠萝蜜 bōluómì　①=[木 mù 菠萝]　②⇒[凤 fèng 梨]

[铍・鈹] bō

[物]ポーリウム.記号 Bh：人工放射性元素の一.

[拨・撥] bō

①(指や棒のようなものでも)横にはじく. はじきのける. はねる. はねのける. はらう.[把朋友〜开占了他的位子]友人を押しのけてその地位を占めた.→[拨秧][拉 lā 开]②はじき分ける. 分ける. 一部分を取り出す.[国家也一了笔款 kuǎn 子补助]国家も金を支出して補助してくれた.[〜几个人到分厂去]数人を分工場に配属する.[把菜〜出去些]皿に盛った料理を別の〜へ分ける.　③(櫓で水をかく)舟をこぐ.→[划 huá (II)][摇 yáo ③]　④ほじる. こじあける.[手上扎 zhā 了一个刺 cì,你用针给〜出来吧]手にとげをさしたから,針でほじくり出

してくれ.[贼把门〜开了]どろぼうが戸をこじあけた.　⑤(引で回して)動かす.[〜钟]時計の針を動かす. 慢了,得一一〜]時計が遅れたから直さなければならない.[把钟〜准]時計の針を合わせておきなさい.[〜电话][打电话]電話をかける.[〜110]110番にかける.　⑥かきたてる. 挑発する. そそのかす.[挑 tiǎo 〜]同前.[〜火]火をかきたてる.　⑦[一儿,一子]量詞組. ひとまとまり. ひと群れ.[货物按所分〜运送]貨物は何回かに分けて運送しなければならない.[这一〜人先进去]この組の人たちが先に入る.　⑧[方]方向や意見を変える.[〜马头]馬首を巡らす.[他〜不过面子来了]彼はひっこみがつかなくなった.

拨兵 bōbīng　軍隊を派遣する.[〜护 hù 送]兵隊を派遣して護送する.
拨拨转转儿 bōbo zhuànzhuanr　[方]身中の姿勢でいるさま.[遣 zhè 措动动儿,怎么能完成任务]いつも受動的では任務を完成できるものか.
拨打 bōdǎ　電話をかける.
拨刀 bōdāo　⇒[镗 táng 刀]
拨灯 bōdēng　灯心をかきたてる.[净〜不添油]灯心をかきたてるだけで油をつがない.〈喩〉口先ばかりで他人のために骨は折らない.
拨镫法 bōdèngfǎ　書法の名：乗馬者が鐙(ｱﾌﾞﾐ)を浅く踏んで方向を転じやすように,筆を浅く持って自由に筆を動かして書く書法.
拨瞪(儿)拨瞪(儿) bōdèng(r) bōdèng(r)　目をぱちくりさせるさま.[睁两只眼睛儿〜地在一旁听热闹]小さい二つの目を見開いてばくりしながら見物している.
拨调 bōdiào　兵隊を分けて派遣する. 兵を分遣する.
拨动 bōdòng　はじき動かす.[〜了秒针](時計の)長針を動かした(進めた,また遅らせた)
拨队 bōduì　(軍隊・チームを)分けて派遣する.→[拨 bá 队]
拨舵 bōduò　かじを取る.[拨右舵]右かじを切る. おもむじを取る.
拨发 bōfā　分け与える. 分配する.
拨风羽 bōfēngyǔ　風切り羽根：鳥の両翼後縁に並ぶ形の羽.
拨付 bōfù　支出(する).[为了这个目的 dì 而〜二十亿元的经费]この目的のために20億元の経費を支出した.→[拨款]
拨改贷 bōgǎidài　[経]給付を融資に改める.
拨给 bōgěi　交付する. 支払う. 与える. 分かち与える.
拨弓 bōgōng　〈文〉狂った正しくない弓.[不能以〜曲矢中 zhòng](筍子・正論)狂った弓・曲がった矢で的を当てることはできない.
拨号 bōhào　(電話の)ダイヤルを回す.[〜连接]上网[電算]ダイヤルアップ接続.
拨号盘 bōhàopán　=[号码盘][转 zhuàn 拨器][转号盘](電話の)ダイヤル.[拨〜]ダイヤルを回す.→[刻 kè 度盘][转字盘]
拨号网络 bōhào wǎngluò　[電算]ダイヤルアップ・ネットワーク.
拨火棍(儿) bōhuǒgùn(r)　=[通 tōng 条①]鉄製の火かき棒.
拨交 bōjiāo　①交付する. 手渡す.　②振り替え払い.
拨脚 bōjiǎo　[回]足掛け：自分の足を相手の足にかけて倒す武技の一.
拨叫 bōjiào　電話をかける.[〜长途电话]長距離電話をかける.[直接〜]ダイヤル即時通話.
拨解 bōjiě　⇒[拨发]
拨捐 bōjuān　一部を支出して寄付する.

bō

拨快 bōkuài （時計の針を）進ませる．→〔拨慢〕

拨款 bōkuǎn ①=〔拨付〕(政府又は上級から費用・資金を)割り当てる．交付する．支出する．〔~单〕支出書．②=〔拨钱〕同前の費用・資金．[军事]→〔拨付〕

拨喇喇 bōlālā 〈擬〉パカパカ：馬の走る音．〔把馬打上两柳条,~地耿下大王上山去〕(水 5)馬を柳の枝でむち打つこと(馬は)大王を乗せてパッパッと山の方へ駆けて行った．

拨拉 bōla 〈口〉押し分ける．→〔扒 bā 拉〕

拨浪鼓(儿) bōlanggǔ(r) =〔文〕鼗鼓 táo〕〔摇 yáo 鼓(儿)〕でんでん太鼓．振鼓(zhèn)：小鼓の旁に吊り下がっている振子のようなものがついていて, 腰を振るとその振子が鼓の皮にあたって音を出すものに〔波浪鼓(儿)〕〔播浪鼓(儿)〕〔博浪鼓(儿)〕とも書いた．

拨浪盖(儿) bōlenggài(r) ⇒〔磕 kē 膝盖(儿)〕

拨粮 bōliáng 回田地を売り渡すとき租税納入者の名義を書き換えること．〔~过户〕名義を書き換え授受を終わる．

拨乱反正 bōluàn fǎnzhèng 〈成〉乱世を治め, 正しい世にかえす．

拨慢 bōmàn （時計の針を）遅らせる．→〔拨快〕

拨忙 bōmáng 忙しさを払いのける．時間の都合をつける．

拨门撬户 bōmén qiàohù 〈慣〉門や戸をこじあける．

拨闷 bōmèn 愁いを散ずる．気を晴らす．

拨弄 bōnong ①(指や棒などで)いじくり回す．はじく．つつく．〔~算盘子〕そろばんの珠をはじく．②=〔播弄①〕挑発する．そそる．〔他好 hào ~是非〕彼は難癖をつけてよく悶着を起こす．③=〔播弄②〕操る．丸めこむ．

拨派 bōpài （軍隊または部下を）派出する．派遣する．

拨平 bōpíng 〈文〉平定する．〔~凶恶 tè〕悪者を平らげる．

拨钱 bōqián ⇒〔拨款①〕

拨儿 bōr →〔字解①〕

拨冗 bōrǒng 〈文〉多忙を繰り合わせて都合する．〔届时务请~出席至祷〕〈牘〉その時になりましたらどうぞ万障お繰り合わせご出席願います．

拨人 bōrén 超す．繰り越す．

拨什库 bōshíkù 固兵卒中の会計係．

拨甩 bōshuǎi 振り動かす．振り立てる．ぴんぴん動かす．〔鱼 yú 一尾巴〕魚が尾をぴんぴん動かす．

拨送 bōsòng =〔拨解〕一部を分けて送る（派遣する）

拨天本事 bōtiān běnshì 〈喩〉偉大な能力．〔就算他有~也独力难支大厦 shà〕彼に偉大な能力があるにせよ, 一人でビルを支えるようなことはできない．

拨通 bōtōng 電話が通じる．

拨头 bōtóu =〔拨头〕=〔拨 bá 头〕回唐代, 西域より伝わった戲劇の一種．

拨弦乐器 bōxián yuèqì 日（マンドリン・ギターなど）撥弦楽器．

拨项 bōxiàng ⇒〔拨款①〕

拨鱼儿 bōyúr =〔面 miàn 鱼儿〕こく柔らかくねった小麦粉を煮たぎっている鍋に流し込むようにし, 適当な長さに箸で切って煮た"すいとん"の類．細長く魚のような形をしている．〔猫 māo 耳朵〕

拨云见日 bōyún jiànrì 〈成〉雲が晴れて日が見える．〈喩〉暗闇に光がさす：〔拨云见天〕〔拨云揽 lǎn 月〕ともいう．

拨账 bōzhàng 帳簿上の振替．

拨正 bōzhèng 治め直す．訂正する．改正する．直す．〔要是有偏 piān 差, 可得赶快~呵〕もし偏向があったら, すぐに直さなければならない．

拨支 bōzhī 支出される．〔这个船厂的经费由波兰的信用贷款~〕この造船所の経費はポーランドの信用借款から支出される．

拨助 bōzhù 補助金を支出する．〔这笔款 kuǎn 是~灾区的〕この金は被災地区救援の金である．

拨转 bōzhuǎn はじかれて転回する．〔他进来看看要找的人不在~身就走了〕彼は入ってきて尋ねる人がいないと見て身を翻して出て行った．

拨桌(子) bōzhuō(zi) 動タイワンガザミ：ワタリガニ科, 外形は〔蟳 yóu 蜂〕(ガザミ)に類似している．

拨子 bōzi ①→〔字解⑦〕 ②苗ばち．=〔鼓 gǔ 槌〕=⑨→〔高 gāo 拨子〕

拨奏 bōzòu 音ピッチカート奏法(で演奏する)．弦を指ではじいて鳴らす＝(奏法)．→〔拉 lā ④〕〔弹 tán ③〕

拨嘴撩牙 bōzuǐ liáoyá 〈慣〉みだりにしゃべる．

〔鲅・鱍〕 bō 〔~~〕〈文〉〈擬〉魚の跳ねる音．

〔砵〕 bō ①〔铜 tóng ~〕⑲福建省にある．②〈文〉〔钵〕に通用された．

〔钵・鉢（鉢・盋）〕 bō ①品物を盛る器．はち＝〔盆 pén ①〕よりやや小さいもの．〔一~子饭〕ひと鉢のご飯．〔乳 rǔ ~〕にゅうばち．②僧侶の飯器．→〔钵盂〕 ③〔姓〕鉢(はち)~．

钵单 bōdān 僧侶の食器をのせる敷物．

钵饭 bōfàn 〈方〉盆が物．

钵囊 bōnáng 托鉢用の袋．

钵若 bōrě ⇒〔般若〕

钵头 bōtóu ①⇒〔拔头〕 ②〈方〉はち．→〔字解①〕

钵盂 bōyú はち．

钵子 bōzi 〈方〉はち．→〔字解①〕

〔啵〕 bō ①→〔戴 dài 胜〕 ②→〔海 hǎi 啵罗〕

啵罗 bōluó 固軍隊の角笛．

〔饽・餑〕 bō

饽饽 bōbo 食①穀物の粉で作った主食：〔馒 mán 头①〕②小麦粉で作った点 diǎn 心など．〔煮 zhǔ ~〕ゆでギョーザ：〔水饺子 jiǎozi〕に同じ．〔~铺〕〈方〉中国風の菓子を売る店．

饽饽利儿 bōbolìr 〈方〉薄い利益．〔卖这个东西也不过是~〕これを売ってる口銭はわずかです．

饽饽钱 bōboqián 〈方〉お菓子代．小づかい銭．

〔剥（剝）〕 bō ①→〔字解⑦〕 ②〈文〉〔剝〕(卦)：六十四卦の一．→ bāo

剥剥 bōbō ⇒〔剥啄〕

剥船 bōchuán ⇒〔驳 bó 船〕

剥夺 bōduó ①法(法律に基づいて)剥奪する．財産や権利などをはぎとる．〔~公民权〕公民権をはぎとる．②(強制的な方法で)奪い取る．奪いとる．〔残酷地~了她的自由和幸福〕彼女の自由と幸福を残酷にも奪いとった．

剥肤 bōfū ①皮膚までもはぎとるほどまでに迫ること．〔~之痛〕皮膚がはがれるような苦痛．身に迫った災害．

剥减 bōjiǎn そぎ減らす．

剥离 bōlí ①剥離する．はがれる．(片状をなしていても)はげやすい．〔~片状〕はげやすい薄い片状のもの．②(組織・機能を)スリム化する．簡素化する．

剥脸皮 bōliǎnpí 相手の顔をつぶす．

剥落 bōluò ①剥脱する．はげ落ちる．②地表層滑落．〔崩塌 tā 墟〕

剥皮抽筋 bōpí chōujīn 皮をむき筋を引きぬく．〈喩〉残酷に人を迫害する．→〔抽筋剝骨〕

剥皮刽眼 bōpí wányǎn 〈喩〉残虐な行為．

剥取 bōqǔ 搾取する．

剥般趵蕃播嶓百伯　　　　　　　　　　　　　　　　　　　bō～bó

剥弱 bōruò そぎ弱める.
剥蚀 bōshí ①脱落破損する. ②風化する. ③侵食する.
剥撕式面膜 bōsīshì miànmó 剥離式パック.
剥痛疮 bōtòngchuāng かさぶたをひきはがす.〈喩〉人の短所をつく.
剥脱 bōtuō =[扒 bā 脱]はぎとる.[～衣裳]着物をはぎとる(賊などが).[路上遇見强盗,把我～了]途中で強盗にあって身ぐるみはがされた.
剥削 bōxuē 搾取(する).[～阶 jiē 级]搾取階級.[中间～]中間搾取.[消 xiāo 灭人～人的制度]人間が人間を搾取する制度をなくす.
剥猪罗 bōzhūluó 〈方〉追いはぎ.
剥啄 bōzhuó =[剥剥].〈文〉軽く門をたたく音.[栽 zāi 种]

〖般〗 bō [～若 ě]囧(仏教の)般若(ハンニャ):梵語で,知恵の意.直観的洞察によって得た純粋最高の知識.[般賴若]〔波若〕〔鉢若〕とも書く.[～若汤 tāng]囧(仏教の)般若湯:酒の別称.旧時,僧侶の隠語. → bān pán

〖趵〗 bō 、突 (")ㄑ.[～～]擬足で地面をける音. → bào

〖蕃〗 bō →[吐 tǔ 蕃] → fān fán

〖播〗 bō ①散布する.まき散らす.[传 chuán ～消息]ニュースを広く伝える.[广～电台]放送局.[重 chóng ～]再放送(する).[～错 cuò 了](放送を)トチる. ②種子をまく.種播する.[～绿 lù]植林用の種子をまく.[条～筋まき→[耩 jiǎng][种 zhòng ①] ③〈文〉移動する.流浪す

播报 bōbào 放送する.報道する.
播唱 bōchàng (ラジオ・テレビで)歌などを放送する.
播出 bōchū 放送する.
播荡 bōdàng ⇒[播越]
播发 bōfā (ラジオ・テレビを通して)広く知らせる.[～新闻]ニュースを放送する.
播放 bōfàng 放送・放映する.
播幅 bōfú 圆(農作物の)作付幅.
播告 bōgào 〈文〉放送によって知らせる.
播火 bōhuǒ 火種をまく.
播讲 bōjiǎng (講演・講談・講座などを)放送する.[～故 gù 事]物語を放送する.
播客 bōkè 電算ポッドキャスト.
播浪鼓(儿) bōlànggǔ(r) =[拨浪鼓](儿)
播弄 bōnòng ⇒[拨弄②③]
播弃 bōqì 捨てる.投げ捨てる.[因为太繁杂了,只好权其轻重一些小问题](事柄が)非常に繁雑なので,やむなくその軽重をはかって小さな問題は切り捨てることにした.
播迁 bōqiān 〈文〉遠い所へさすらう.さすらい移る. →[播越]
播撒 bōsā まく.種まきをする.
播散 bōsàn ふりまく.散布する.[播谣散毒]謡言をまき害毒を散らす.
播送 bōsòng 放送(する).[～第 dì 二套节目]第2放送する.[开始～]放送を始める. →[广 guǎng 播]
播演 bōyǎn 放送で演ずる.
播扬 bōyáng ①言い広める.宣伝する.[这么感人的事迹应该～出去]こんなに人を感動させることは皆に言い広めなければならない. ②発動する.動く.
播音 bōyīn 放送する.[～员][广播员](ラジオなどの)アナウンサー. →[报 bào 幕][广 guǎng 播]
播音室 bōyīnshì 放送局のスタジオ.[播音间 jiān]ともいう.[参观广播电台]参観する放送局を.
播映 bōyìng テレビ放送(をする).[～电视剧]テレ

ビドラマを放映する.[直接～的节目]テレビの生放送のプログラム.
播越 bōyuè =[播荡]〈文〉①定めなくさすらい歩く. ②外地に亡命する. →[播迁]
播云 bōyún 雲の中へ散布する(人工降雨など).
播种 bōzhǒng 種をまく(する).[点 diǎn 播][下 xià 种(子)][撒 sǎ 种][条 tiáo 播][种 zhǒng]种をまくことを含めていう.[～机]種まき機.[～期]圎播種期. →[耧 lóu]
播种 bōzhòng 圎①作付け.[～面积]作付面積. ②じかまき.[直 zhí 播]に同じ.[不适于～]じかまきは具合が悪い. →[栽 zāi 种]

〖嶓〗 bō 地名用字.[～冢 zhǒng]囧甘肅省にある山.

〖百〗 bó → bǎi

百色市 bósèshì 囧広西チワン族自治区にある:現在は bǎisèshì という.

〖伯〗 bó (Ⅰ) ①父の兄.伯父.[大～]おじさん.[～～]あなたのおじさん.[家～]私のおじさん.[先～]死んだ私のおじ.②父の兄と同輩またはそれより年上の男性に対する敬称.[老～]おじさん. ③囧兄弟姉妹の順序を表す[～,仲,叔,季]の中で最年長をいう.[～兄]長兄. ④〈姓〉伯(ハク).
(Ⅱ) 囧爵位の第3位. → [爵 jué]伯爵. →[公 gōng](Ⅱ)

伯伯 bóbo 〈口〉①おじ.[伯父]に同じ. ②おじさん:血縁関係のない父と同年輩の人に対する尊称.[张～]張おじさん. ③〈方〉お父さん.
伯常 bócháng 〈姓〉伯常 (はくじょう).
伯成 bóchéng 〈姓〉伯成 (はくせい).
伯德 bódé 〈姓〉伯徳 (はくとく).
伯尔尼 bó'ěrní 囧ベルン:[瑞 ruì 士联邦](スイス連邦)の首都.[～公约]ベルヌ条約.[～著作权联盟]ベルヌ著作権連盟.
伯父 bófù ①=[伯伯]①〈方〉阿ā 伯③〈方〉大爷③]おじ:父の兄. →[叔 shū 父①] ②おじさん:父と同年輩の人に対する尊称.[李～]李おじさん. ③囧天子が同姓の諸侯に対していう尊称. →[伯舅]
伯格莫油 bógémò yóu ⇒[香 xiāng 柠檬油]
伯公 bógōng ①⇒[伯祖] ②〈方〉夫の伯父.
伯舅 bójiù 囧天子の異姓の諸候に対する呼称. →[伯父③]
伯劳 bóláo 鳥モズ(総称).[博 劳][〈方〉虎 hǔ 不拉]〈又〉鹎 jú][缺 quē 舅]ともいう.[百 bǎi 舌]はツグミ科の[乌 wū 鸫](クロツグミ)の古名.[牛头～]モズ(種).[红尾～][花虎～][小～]アカモズ.[虎纹～][栗背～]チゴモズ.[棕背～][棕背～]タカサザモズ.
伯乐 bólè 囧①馬を鑑定する名人.〈喩〉人材を見抜く眼力がある人. ②星の名.
伯利兹 bólìzī ベリーズ:中央アメリカのカリブ海に面した小国.首都は[贝 bèi 尔莫潘](ベルモパン).
伯明翰线规 bómínghàn xiànguī [音義訳]バーミンガムワイヤゲージ.BWG. →[线规]
伯母 bómǔ ①〈方〉伯娘][〈方〉大 dà 妈①[大娘]おば:父の兄の配偶者. ②おば様.おばさん:父の友人の妻や同級生・同僚の母親への尊称.
伯娘 bóniáng 同上.
伯婆 bópó ①⇒[伯祖母] ②夫の伯母.
伯氏 bóshì 〈文〉長兄.[伯兄]に同じ.
伯特也尔 bótèyě'ěr チベット:チベット人自身の呼称. →[西 xī 藏]
伯牙绝弦 bóyá juéxián [成]知己の死:伯牙は琴は

bó

名手で鍾子期はよくその音を理解した.鍾の死後,伯牙はその音を聞くもののないことを嘆いて琴の弦を絶ったとの故事による.→〔知 zhī 音②〕

伯爷 bóyé ⇒〔伯祖〕

伯夷叔齐 bóyí shūqí 〔人伯夷(兄)と叔齐(弟):二人は周の武王が商を討とうとした時,その臣道にはずれていることをいさめて容れられず,周が天下を統一した後も,周の禄を食むのを恥じ,首陽山に隠れて餓死した.

伯岳 bóyuè 妻の伯父.

伯仲 bózhòng =〔季 jì 孟〕〈文〉兄弟(の順).〔~之间〕〈喩〉優劣のないこと.→〔难 nán 兄难弟〕

伯仲叔季 bó zhòng shū jì 固兄弟姉妹の順序.→字解

伯祖 bózǔ =〔伯公〕〔伯爷〕祖父の兄.父の伯父.

伯祖母 bózǔmǔ =〔伯婆〕父の伯母,すなわち祖父の兄の妻.

〔泊〕

bó ①船を岸につなぐ.〔~岸 àn〕同前.〔停 tíng ~〕停泊する.②しばしとどまる.住む.〔漂 piāo ~〕さすらい,またとどまる.流浪する.③〈方〉自動車を駐車する.〔车~在一家酒家门口〕自動車がホテルの玄関に停まっている.④淡白である.欲が薄い.あっさりしている.〔淡 dàn ~〕同前.⑤物ボアズ.記号 P:粘度の CGS 単位.〔厘 lí ~〕センチポアズ.

泊车 bóchē 〈方〉パーキングする.駐車する.
泊船 bóchuán 船をつける(泊める)
泊地 bódì 停泊地,投錨地.
泊怀 bóhuái 〈文〉淡泊な心.さっぱりとして欲に煩わされない心.
泊靠 bókào (船が)泊まる.停泊する.
泊然 bórán 〔泊如〕〈文〉無欲恬淡(ᵗᵉⁿᵗᵃⁿ)のさま.
泊如 bórú 同上.
泊松比 bósōngbǐ 物ポアソン比:弾性体の荷重方向に縦の伸びと横の縮みの比.
泊位 bówèi バース:船舶用岸壁.〔一个~〕1バース.〔深 shēn 水~〕深水バース.②(固定的)駐車スペース.〔停 tíng 车~证明〕車庫証明.

〔帛〕

bó ①〈文〉絹織物(総称).〔布〕織物(総称).②絹物と綿布.麻布.〔声如裂 liè ~〕〈文〉絹を裂くような声.〔丝 sī ①〕③〈姓〉帛(ʰᵃᵏᵘ)

帛财 bócái 〈文〉財物:〔财帛〕ともいう.
帛画 bóhuà 絹地に描いた絵.
帛琉群岛 bóliú qúndǎo 地パラオ諸島.
帛书 bóshū 〈文〉絹地に書いた書物(その文)・書簡.

〔柏〕

bó 〈姓〉柏(ʰᵃᵏᵘ) → bǎi bò

柏侯 bóhóu 〈姓〉柏侯(ʰᵃᵏᵘᵏᵒᵘ)
柏忌 bójì 〔音訳〕(ゴルフの)ボギー:〔博basmus 補給②〕ともいう.
柏拉图 bólātú 〔人〕プラトン:古代ギリシャの哲学者.〔~式恋爱〕〔~式恋情〕プラトニックラブ.
柏林 bólín 地ベルリン:〔德 dé 意志联邦共和国〕(ドイツ)の首都.

〔铂・鉑〕

bó 化白金.プラチナ:〔白 bái 金①〕は通称.金属元素.記号 Pt.

铂海绵 bóhǎimián 白金海綿(スポンジ白金):化学反応の触媒として用いられる.

〔舶〕

bó 〔海上用の〕大船.〔海 hǎi ~〕同前.〔船 chuán ~〕船舶.

舶来 bólái 舶来(の):〔泊来〕とも書く.〔~品 pǐn〕圀舶来品.

〔鲌・鮊〕

bó 魚貝シロカワヒラ:鯉科の中型淡水魚.〔红鳍 qí ~〕カワヒラ:〔鲚 jiáo〕ともいう.

〔箔〕

bó ①〈文〉すだれ.葦(ᵃˢʰⁱ)やコウリャンの茎で編むだれ.〔苇 wěi ~〕よしず.②まぶし(蚕をこれに上げて繭をつくらせるすだれ)〔蚕 cán ~〕に同じ.③箔(ʰᵃᵏᵘ):金属を薄く叩き伸ばしたもの.〔金 jīn 箔〕金箔.④金属を塗った紙,紙銭:祭祀の際焼くもの.〔锡 xī ~〕〔锡 (钖) の同前.⑤〈姓〉箔(ʰᵃᵏᵘ)

箔材 bócái アルミ箔・錫箔など(総称)
箔帘 bólián =〔箔旋〕
箔线 bóxiàn 國金属箔線.
箔旋 bóxuán 簀立て(ᵗᵃᵗᵉ):漁法の一種.葦で作った〔箔帘〕(すのこ状のよしず)を袋状に湖中に立て魚を捕る.

〔魄〕

bó →〔落 luò 泊〕→ pò tuò

〔孛〕

bó ①⇒〔勃 bó〕②〈姓〉孛(ʰᵃᵏᵘ) → bèi

孛孛丁 bóbódīng =〔蒲 pú 公英〕
孛朗宁 bólǎngníng ⇒〔勃朗宁〕
孛老 bólǎo 劇老人役の俳優.老け役.
孛相 bóxiàng =〔白 bái 相〕

〔勃(敦)〕

bó 〈文〉旺盛である.急に盛んになる:〔悖〕に同じ.〔朝 zhāo 气蓬 péng ~〕〔生气~~〕〔成~生气が横溢している.②〈文〉突然.にわかに.③〈姓〉勃(ʰᵃᵏᵘ)

勃勃 bóbó 〈文〉盛んな興るさま.〔兴 xìng 致~~〕興味が盛んに起こる.→字解
勃动 bódòng 躍動する.〔生命的~〕生命の躍動.
勃尔 bó'ěr 〈文〉むっくりと起りたつさま.→〔勃然〕
勃发 bófā 〈文〉①急に起こる(発生する).②勢いがよく盛んである.
勃姑 bógū 鳥形はハト,鳴き声はカッコウに似るとされる鳥.→〔布 bù 谷〕〔鸽 gē 子〕
勃朗宁 bólǎngníng ブローニング(拳銃):〔孛朗宁〕〔布 bù 朗宁〕とも書いた.→〔驳 bó 壳枪〕〔手 shǒu 枪〕
勃林奈尔硬度 bólínnài'ěr yìngdù ⇒〔勃氏硬度〕
勃怒 bónù 〈文〉顔色を変えて怒る.むっと怒る.
勃起 bóqǐ ①急にそそり立つ.俄かに盛んになる.②生理勃起.エレクト.〔~功能障 zhàng 碍〕医勃起不全.ED.
勃然 bórán 〈文〉①盛んに興るさま.むっくり.むくむく.〔草木~而生〕草木にょきょきと生える.②顔色を変えるさま.かっとする.〔王~变平色〕〔孟子・万章〕王はかっとなって顔色を変えた.③=〔勃焉〕にわかだしく.にわかに.〔忽然出~动〕〔庄子・天地〕忽然忽然と出てにわかに動く.
勃氏硬度 bóshì yìngdù =〔勃林奈尔硬度〕〔布 bù 氏硬度〕ブリネル氏硬度:試料に鋼球を押し込み,できた面積で硬度を測定する方法.
勃溪 bóxī 〈文〉(家庭内で)反目して争う.にらみあう.〔妇姑~〕(荘子・外物)嫁・しゅうとめがいがみ合う.
勃兴 bóxīng 盛んに興隆する.〔该市近年工商业~,前途极 jí 为乐观〕その都市は近ごろ商工業が勃興して,前途は極めて明るい.
勃焉 bóyān ⇒〔勃然③〕
勃郁 bóyù 〈文〉①風の旋回するさま.②意気の盛んに揚がるさま.

〔浡〕

bó 〈文〉①盛んにおこるさま.〔天油然作云,沛 pèi 然下雨,则苗~然兴之矣〕(孟子・梁惠王)空に雲がわき起こり雨が降れば植物は盛

bó

んに生長する. ②わき出る.

〔悖(誖)〕 bó ⇒〔勃①〕→ bèi

〔脖(頰)〕 bó 〔—儿, -子〕①首:動物の頭と体の接する部分.〔頸 jǐng〕①と同じ.〔縮 suō 着～子〕首を縮める.〔直著～子〕首をすっくと立てる:堂々たる態度を形容していう.〔卡 qiǎ～子〕首をしめつける.〔拿刀抹 mǒ～子〕刀で首を切って自殺する.〔摟 lǒu 住～子〕首に抱きつく.〔搁 gē 在～子后儿〕〈喩〉すっかり忘れてしまう.〔自己一～子后边的事, 一点儿也看不见〕〈喩〉自分の過失は少しも気がつかない.〔脸红～子粗〕〔粗了～子红了脸〕〈喩〉烈火の如く怒った. 顔を真っ赤にして青筋をたてて怒る.②〔身体や器物の〕首のような形をした部分.〔脚 jiǎo～子〕首.〔手～子〕手首.〔歪 wāi～子树〕曲がった木.

脖梗儿 bógěngr 〔脖颈儿〕とも書く. 首筋. うなじ. えり首.〔脖梗子〕〔脖颈子〕ともいう.

脖筋 bójīn 首の筋.

脖链儿 bóliànr ⇒〔项 xiàng 链 (儿)〕

脖领儿 bólǐngr 〔口〕襟(ᴇ). 襟口:〔脖领子〕ともいう.〔领子〕①と同じ.

脖脐 bóqí ⇒〔肚 dù 脐 (儿)〕

脖圈 bóquān ①〔犬・猫などの〕首輪.〔项 xiàng 圈②〕と同じ. ②幼児の首にかける浮き輪.

脖儿 bór ①首. →字解①. ②〔方〕時間. 期間.〔这一～日不长〕この期間は長くない.

脖儿拐 bórguǎi 〔方〕横つら (耳の下) をひっぱたく:〔脖儿拐子〕ともいう.〔差 chà 点儿给我个大～〕もうちょっとの所で大びんたを食らうところだった.

脖嗉儿 bósùr のどぶとけ.

脖锁 (儿) bósuǒ(r) ①〔子供の首飾り:鎖でつるした金属の錠前形のもの. 子供の成長を阻害する邪悪なものの侵入を防ぐとされた. ②〔飼育する〕小鳥をつなぐ首輪.

脖项 bóxiàng えり首. うなじ.

脖子 bózi 首. →字解①

〔渤〕 bó ①→〔渤海〕 ②〈姓〉渤(ᴇ)

渤海 bóhǎi ①〔山東半島と遼東半島で囲まれた湾. 古代には〔沧 cāng 海〕〔北 běi 海〕. ②〔図〕8～10世紀, 朝鮮北部から中国の東北部を領した国.

〔铍・錊〕 bó 〔铍 pí〕(ベリリウム) の旧名.

〔鹁・鵓〕 bó

鹁鸽 bógē 〔鳥〕イエバト. ドバト:〔家 jiā 鸽〕と同じ.

鹁鸪 bógū =〔水 shuǐ 鹁鸪〕〔鳥〕キジバト. ジュズカケバトに類するハト:〔水鸪鸪〕ともいう. →〔斑 bān 鸠〕

〔馞〕 bó →〔馝 bì 馞〕

〔驳・駁(駁)〕 bó (Ⅰ)〔駁(駁)〕①反駁する. 否認する.〔～开〕同前.〔他的话不值 zhí 一～〕彼の意見はまともに反駁する価値もない.〔真理を人の否定を恐れない.〔反～〕反駁する. ②〔色〕純粋でない. 混じり気のある.〔斑 bān～〕色が純粋でない. 混じりのある.
(Ⅱ)〔駁〕①はしけ船. 伝馬船. 平底荷船.〔～艇 tǐng〕同前.〔铁～〕鉄製のはしけ船.〔油～〕油槽伝馬船. ②船客や貨物を積みかえる. はしけに積みかえる.〔一运 yùn〕はしけに積みとって運送する. ③〔方〕岸または堤を拡幅する.

驳岸 bó'àn 護岸施工期:多くは石で築いたもの.

驳辩 bóbiàn 弁駁する. 反駁する. 争論する.〔这个

bó

提 tí 议当场就有人～〕反対得很激 jī 烈〕この建議はその場で激しく反駁され反対された.

驳斥 bóchì =〔驳诋〕反駁し退ける. 却下する.〔他上诉 sù 被～了〕彼は上訴したが却下された. →〔驳回〕②反駁して誤りを正す.

驳诋 bóchǐ 同上.

驳船 bóchuán =〔剥 bō 船〕はしけ. 伝馬船.〔～公司〕はしけ会社.〔～费〕はしけ賃.〔～执 zhí 照〕はしけ免許状.

驳船交 (货) bóchuán jiāo(huò) 〔商〕はしけ積み込み渡し:〔驳船上交 (货)〕ともいう.

驳辞 bócí 〈文〉①不純不正な言葉. ②反駁の言葉.

驳倒 bódǎo 反駁し退ける. 弁駁して言い負かす.〔真理是駁不倒的〕真理は反駁できない.〔这种荒 huāng 谬的意见已被～〕この種のむちゃな意見はもう反駁し圧倒されてしまった.

驳费 bófèi =〔驳力〕

驳复 bófù 〔申請書・意見書を〕却下する. 認可しない.

驳回 bóhuí ①反駁する. ②〔法〕棄却する. 却下する.〔他的申诉, 已遭 zāo ～〕彼の提訴は却下された. →〔驳回〕

驳火 bóhuǒ 〈方〉①火をつける. ②〔敵と〕小競り合いをする.

驳货 bóhuò 〔商〕はしけで貨物を〔岸から船へ, または船から岸へ〕運搬する.〔～准 zhǔn 单〕同前の許可証.

驳价 bójià 値切る:〔还 huán 价 (儿)〕と同じ.

驳诘 bójié 〈文〉反論し問いつめる. 反対に詰問する.

驳勘 bókān 〈文〉上級機関から下付された案件を再審する.

驳壳枪 bókéqiāng モーゼル拳銃:〔盒 hé 子枪〕〔盒子炮〕〈音義訳〉毛 máo 瑟枪〕〔匣 xiá (子) 枪〕ともいう. →〔勃朗宁〕

驳拦 bólán 〈文〉反対し阻止する. 妨げる. 反論して阻む.〔～人的计划〕人の計画を邪魔する.

驳力 bólì =〔驳费〕同じ

驳论 bólùn 論駁する. 批判し主張する.

驳马 bómǎ まだら馬. 斑点のある馬.

驳面子 bómiànzi 相手の面目をつぶす.〔驳不开面～〕相手のメンツをたてる. 相手の顔をつぶせない.

驳难 bónàn 〈文〉反駁し非難する.〔～攻评 jié 成〕批判して誤りを攻撃する.

驳批 bópī ⇒〔批驳①〕

驳色 bósè 〈文〉雑色.

驳析 bóxī 反論・分析する.

驳议 bóyì 〈文〉①他人の意見に反対する. ②異なる意見. 異議.

驳杂 bózá 入り混じる. 錯雑している.〔内容过于～〕内容はあまりにも雑駁(ᴇ) である. →〔斑 bān 驳〕

驳正 bózhèng 〈文〉非を正す. 論駁して正す.

驳嘴 bózuǐ 〈文〉言い争う. 口論する.

〔瓝〕 bó =〔瓟〕〈文〉小瓜.

〔瓟〕 bó 〈文〉小瓜:〔瓝〕に同じ.

〔亳〕 bó ①古代, 商の湯王が都とした地. 現在の河南省商邱県にあたる. ②〔～州〕〔旧〕安徽省西北部にある. ③〈姓〉亳(ᴇ)

〔袯・襏〕 bó 〔～襫 shì〕〔旧〕農民の着た蓑(ᴇ).

〔钹・鈸〕 bó ①〔音〕はち:大小により〔鐃 cháo〕または〔铙 náo 钹〕という. 西域から入ってきたシンバルに似た打楽器.〔銅

bó

tóng～]銅拍子(どうびょうし).[鐃～]鐃鈸(にょうばち):銅拍子より大きい.②[姓]鈸(はつ).

[**庌**] **bó** 〈文〉小瓜.[马mǎ～儿]植スズメウリ.

[**博(博・簙)**] **bó**（I）[博(博)]①広い.②豊富である.多い.[地大物wù～]〖成〗土地が広く産物が多い.[学问渊～]学問が非常に深豊かである.③広く通じる.通暁する.④〈姓〉.
（II）[博(博・簙)]①得る.取得する(自分がしたことの結果として).[以一笑～一笑を博する.[～得一官半职]ちょっとした官職を得る.②[古]双六(すごろく)の一種.[转～][赌dǔ～]とばく(をする).

博爱 bó'ài 広く愛する.広く慈しむ.[～工程]貧困地域の児童医療向上プログラム.
博采 bócǎi（物や意見などを）広く集める.[～众长]〖成〗広く長所をとり入れる.
博彩 bócǎi 賭け事:公認賭博・宝くじ・くじ引きなど.
博茨瓦纳 Bócíwǎnà ボツワナ.正式国名は[～共和国].旧名[贝bèi专纳](ベチュアナランド).首都は[哈hā博罗内](ハボローネ).
博达 bódá 〈文〉すべてに渡って広く通達している.[识～]才能見識広い.
博大 bódà（思想・学問・識見などが）広く豊かである.～精深]広く広く精通している.
博导 bódǎo（大学院の）博士課程研究指導教授:[博士生导师]の略.
博得 bódé（人々から）得る.博する.[～喝[采]喝采を博する.[～同情]同情する.[～众zhòng人赞赏]衆人の賞賛を博する.[→通用II]
博而不精 bó ér bùjīng〖成〗〈貶〉知識が広くて粗いこと.[博而能精]知識が広くて精緻なこと.
博古 bógǔ ①古事に広く通暁する.[～通今]古今の事に通ずる.②古い器物.[～架jià]古代様式の棚.③古い器物を題材としてかかった中国画.
博贯 bóguàn 広く通暁する.[～六艺yì](後漢書)広く六芸に通ずる.
博击 bójī ⇒[搏击]
博济 bójì 〈文〉広く救い助ける.
博交会 bójiāohuì 博覧交易会.
博局 bójú ①基盤.②賭博場.
博客 bókè [電算]ブログ(ウェブログ).
博览 bólǎn 広く書物を見る.[～群qún书]〖成〗広くたくさんの書物を見る.
博览会 bólǎnhuì [万国]博覧会.[世界～][世博会]万国博覧会.万博.
博浪鼓 bólànggǔ(r) ⇒[拨bō浪鼓(儿)]
博劳 bóláo[伯劳]
博美 bóměi 〖動〗ポメラニアン:愛玩用の小型犬.
博洽 bóqià 〈文〉[通]〈文〉広い学識がある.
博取 bóqǔ（称賛・信任などを）獲得する.博する.[～世人赞美]世人の称賛を博する.[～信任]信任する.
博傻 bóshǎ 冒険と博打(ばくち)
博山炉 bóshānlú 山形の香炉:山の形を飾りとした香炉.
博施济众 bóshī jìzhòng〖成〗広く恩恵を施して衆人を救済する.
博识 bóshí =[博物①]〈文〉広い知識.博識.博学.
博士 bóshì ①一つの技芸の道に広く通じた人.名人.②博士.ドクター:(最高)学位名の一.[文学～]文学博士.[～点]博号を授与する場所.[～后]ポス(ト)ドク(タ

ー).[～后(科研)流动站]同he的の受入れ機関・職場.[～生导师][博导](大学院)の博士課程研究指導教授:[学 xué 位]博士課程研究指導教授:[学 xué 位]学位の先生.[五经～]五経(経学)の先生.教授:[算学～](算学)の先生.[律 lǜ 学～][国子～]国立学校の先生.③[旧]専門的な技術を持つ者の呼称:[染rǎn 坊匠人](染物屋),[医 yī 生](医師),[磨 mò 工](製粉屋)など.[茶～]茶館のボーイ.[酒～]酒店のボーイ.
博士弟子 bóshì dìzǐ 史漢代,[博士①]の弟子:武帝は五経博士を設け弟子50人をおき,地方の郡国から選抜派遣して大学に入学させた.②唐代以後は[生 shēng 员]の別称.
博通 bótōng 広く通じる.
博文 bówén 〈文〉昔からの書物を読み道理をきわめること.[～约 yuè 礼][博约]学問を修め礼節をもって自制し正道を誤らないようにすること.
博闻强记 bówén qiángjì〖成〗広く物事を聞き,蓄知識の確かなこと.博聞強記.[博闻强识 shí][博闻强志 zhì]ともいう.
博物 bówù ①[博识] ②動物・植物・鉱物・生理の(総称).[～馆]博物館.[～学]博物学.
博物院 bówùyuàn 博物館.[博物馆]より大規模なもの.[故宫～]故宮博物院.[南京～]南京博物院.
博学 bóxué 〈文〉学問が広い.[～不群 qún]人並み優れて博学である.[～多能]博学多能.
博学宏词科 bóxué hóngcíkē 史博学能文の士を選抜する試験の名:唐・宋には[～科],清の乾隆以後は[博学鸿词科]を置いた.
博雅 bóyǎ 〈文〉博学で高尚である.[～君子 zǐ]博雅の君子.
博弈 bóyì [博奕]とも書いた.①勝負事.賭け事:[博]はすごろく,[弈]は囲碁.将棋.[～论]ゲーム理論.[～勝负论]ゲーム理論.かけひきする.[工会已经从罢工的领导者演变成为以谈判为主要形式的一种力量]労働組合はゼネストのリーダーからすでに話し合いを主要な形式とするゲームプレーヤーに変化している.
博引 bóyǐn 〈文〉広く類例や証拠を引用する.
博约 bóyuē ⇒[博文约礼]

[**搏**] **bó** ①組み打ちする.(肉 ròu ～)取っ組み合う.②捕らえる.とびかかってつかまえる.③飛び跳ねる.脈打つ.

搏动 bódòng（心臓などが）脈を打つ.
搏斗 bódòu =[肉 ròu 搏]組み打ちする.格闘する.[与敌 dí 军～]敵と闘う.②激しく闘う.
搏风板 bófēngbǎn [建]破風板
搏拊 bófǔ[搏拊(ぼ)]:小鼓に似た古代の楽器.
搏击 bójī つかみかかって打つ.格闘する.[～风浪][～风云]〈慣〉風雨や風雲(浪)に羽ばたく.
搏奖 bójiǎng 賞(奨金・奨品)の獲得に努力する.
搏命 bómìng 命を投げ出してやる.死にもの狂いです.
搏杀 bóshā 殴り倒す.殴り殺す.〈喩〉激しく闘う.
搏香弄粉 bóxiāng nòngfěn =[调 tiáo 脂弄粉]香をはたき白粉をつける.〈喩〉化粧をする.
搏战 bózhàn 〈文〉格闘(する).白兵戦(をやる)

[**餺・餺**] **bó** [～饦 tuō]食古代のすいとん:小麦粉をねって作っただんごを汁で煮たもの.

[**膊**] **bó** 〈文〉腕.かいな:腕のつけ根から手首までの部分.ふつう[胳 gē ～][胳臂 bei]という.[赤 chì ～]上半身裸(になる).肩ぬぎ(になる).
膊膊 bóbó〈擬〉鳥の羽ばたきの音.
膊棱盖儿 bólēnggàir ⇒[磕 kē 膝盖(儿)]

薄鎛髆欂礴僰踣襮跛 bó～bǒ

[薄] bó
①薄い:合成語・成語などに用いる. ②わずかである.軽少(である).些細(である).[～积厚 hòu 发]〈喩〉中身の充実したものを少しずつ発表する.→[单 dān 薄] ③軽薄である.[轻 qīng ～]薄い. ④軽んずる.さげすむ.軽しめる.[鄙 bǐ ～]卑しめる.[刻 kè ～]ⓐ苛酷である.ⓑいじめる.[厚此 cǐ ～彼]不公平にする.[厚古～今]古いことを重んじ現在のことを軽んずる. ⑤近よる.迫る.[日～西山]太陽が西山に傾く. ⑥〈文〉いささか:句の初めに置く助詞. ⑦〈姓〉

薄(儿) → báo bó

薄暗 bó'àn 薄暗がり.たそがれ.
薄板 bóbǎn →[钢 gāng 板]
薄备 bóbèi〈文〉〈謙〉少しばかりそろえる.[～微仪]〈布谢忱 chén〉[～赆]いささか粗品を備えて謝意を表します.→[薄具]
薄冰 bóbīng →[如 rú 履薄冰]
薄薄酒,胜茶汤 bóbójiǔ, shèng chátāng〈慣〉どんな水っぽい酒でも,湯茶よりはましだ.
薄才 bócái〈文〉才能の少ないこと.[稍具～愿效犬犬 quǎn 马]多少の才能はあるので,犬馬の労をささげます.
薄产 bóchǎn〈文〉貧弱な財産.
薄惩 bóchéng 軽く罰する.寛大な処分をする.軽罰.
薄酬 bóchóu 少ない報酬.
薄唇轻言 bóchún qīngyán〈慣〉口が軽く酷薄なことを言う.
薄待 bódài =[薄遇][冷 lěng 待]冷遇する.↔[款 kuǎn 待][优 yōu 待]
薄地 bódì ⇒[薄田]
薄莫 bódiàn 粗末なお供え物.些少の香典.
薄俸 bófèng わずかな給料.薄給.
薄福 bófú →[薄命]
薄古厚今 bógǔ hòujīn〈成〉いにしえを薄くし今を厚くする.昔のことに重点を置かず現在のことに重点を置く.→[厚古薄今]
薄海 bóhǎi〈文〉広大な地域.世界.[～欢 huān 腾][～同欢]〈成〉世を挙げて喜ぶ.
薄厚 bóhòu, báo～ 厚さ.厚み:[薄厚①]に同じ.[这两条被卧 bèiwo 一个～差不多]この二つの掛ぶとんはどちらも同じような厚さだ.[他对待下属 shǔ 都一视同仁,没有～]彼は部下に対しては一視同仁でえこひいきはしない.
薄宦 bóhuàn 小官.小役人.
薄技 bójì〈謙〉ちょっとした技術.つまらぬ技術.[只仗～糊口]ただちょっとした技術で生計をたてているだけだ.
薄敬 bójìng 軽やかな贈り物.
薄酒 bójiǔ〈謙〉粗末な酒:客にすすめる酒.
薄具 bójù〈文〉①粗末な料理.[修～而自设]自宅に粗末な酒肴を準備する. ②いささかそなえている.[小家碧上玉一姿色]貧家の娘ではあるが,なかなかの器量はある.→[薄备]
薄壳结构 bóké jiégòu シェル構造.
薄礼 bólǐ〈謙〉粗末な礼物(儿).[～强 qiáng 失礼]粗末な礼物でも欠礼するよりはましです.
薄利 bólì 薄利.[～多销]〈成〉薄利多売.
薄栌 bólú →[欂栌]
薄禄 bólù ①少ない俸給.薄給. ②薄幸(である).幸少ない.
薄落 bóluò 〈口〉落ちぶれる.
薄媚 bómèi あっさりしたなまめかしさ.
薄绵 bómián ①薄い棉(地). ②〈喩〉非力.微力:[绵力]に同じ.
薄面 bómiàn〈謙〉面子(ヅ).[您瞧我的～,就答应了吧]私の顔を立ててご承諾くださったのでしょう.
薄明 bómíng 薄あかり.
薄命 bómìng =[薄福]薄幸.つたない運:多く女性についていう.
薄膜 bómó ①[生理]薄膜.膜. ②薄皮.フィルム.[塑 sù 料]〈方〉地 dì 膜]ビニール(プラスチック)のラップ.
薄暮 bómù〈文〉夕暮れ.夕方.
薄器 bóqì 竹または葦(ヨ)などで編んだ器.
薄情 bóqíng 薄情(である):多く男女の愛情についていう.→[薄幸]
薄曲 bóqū ⇒[蚕 cán 族]
薄弱 bóruò 薄弱である.手薄である.破れやすい.[～环节]ウィークポイント.
薄收 bóshōu 作柄が悪い.
薄斯 bósī ①〈音訳〉ボス.釘隠し.接ぎ目隠し. ②⇒[轮 lún 毂]
薄胎瓷器 bótāi cíqì 薄手焼き磁器.
薄田 bótián [薄地]やせた田(畑)
薄雾 bówù 薄霧.
薄物细故 bówù xìgù〈成〉些細なこと.取るに足らぬ(もの)
薄相 bóxiàng ⇒[白 bái 相]
薄晓 bóxiǎo 明け方.払暁.夜明け.
薄谢 bóxiè [薄仪]薄謝.心ばかりのお礼.
薄行 bóxíng 軽薄な行為.
薄幸 bóxìng〈文〉薄情(である).情が薄い:多く男性についていう.[～郎 láng]薄情男.
薄衣 bóyī 薄い衣服.粗末な着物.
薄仪 bóyí ⇒[薄谢]
薄意 bóyì =[微 wēi 意]微意.寸志.
薄遇 bóyù ⇒[薄待]
薄运 bóyùn 運に恵まれない.不運(である)
薄葬 bózàng 簡素な葬式.
薄治 bózhì〈謙〉簡単に準備する.[～酒馔 zhuàn 恭候光临]いささか酒のさかなをととのえたのでお待ち申し上げます.
薄嘴钳子 bózuǐ qiánzi [機]シノーズプライヤー.

[鎛・鏄] bó
①大鐘:古代の楽器. ②鋤:古代の農具.

[髆(髆)] bó
〈文〉肩.[～骨 gǔ][肩 jiān 胛骨][生理]肩胛骨(ゼラコウ):[饭 fàn 匙骨]ともいう.→[肩 jiān 膀①]

[欂] bó

欂栌 bólú =[薄栌][建]斗(ヶ)形.枡(ヶ)形:[斗 dǒu 拱]の古称.柱の上に設けられ,棟木をうけるための角形の木.

[礴] bó →[磅 páng 礴]

[僰] bó
①[固]中国西南部に居住した少数民族.[～人]僰人. ②〈姓〉僰(ヶ)

[踣] bó
①〈文〉(つまずき)倒れる. ②[～跌 diē]同前.[屡 lǚ 仆～屡起]〈成〉倒れても倒れても起き上がる.

[襮] bó
〈文〉①表す.[表 biǎo ～]暴露する. ②外面.表面. ③着物の襟(ヮ)

[跛(坡)] bǒ
足が不自由である.歩くと体が揺れる.[足 zú ～][不利于行]不自由な足では歩きにくい.→[瘸 qué]

跛鳖千里 bǒbiē qiānlǐ よちよち歩きの亀が千里も行く.〈喩〉どんな者でも努力すれば必ず成功する.
跛脚 bǒjiǎo =[跛腿][跛足]足が不自由である.足をひきずる. ②足の不自由な人.[跛足蓬 péng 头]乱れ髪で足には髪ばうばうの頭.→[瘸 qué 子]
跛蹶 bǒjué =[跛蹩]〈文〉つまずき倒れる.

跛腿 bǒtuǐ ⇒〔跛脚〕
跛行 bǒxíng 足をひきずって歩く.のろのろ進む.
跛踬 bǒzhì ⇒〔跛蹶〕
跛子 bǒzi 足の不自由な人:〔跛脚②〕に同じ.
跛足 bǒzú ⇒〔跛脚〕

〔簸〕 bǒ ①ひる.空中で上下させる:箕(*)で穀物などをあおりふるって糠や雑物を取り除く.〈~米〉をひる. ②上下に揺さぶりころがす.ゆらゆら揺れる.〔颠 diān ~〕同前. → bò
簸荡 bǒdàng〈船?〉波で揺られ動く.波にもまれて揺れ動く.
簸动 bǒdòng ①〈上下に〉揺れ動く. ②〈白〉銅鑼(*)を鳴らす.〔擂浪皮鼓, ~金锣 luó〈董〕狼皮鼓を打ち金鑼をふるう.〔筛 shāi 锣①〕
簸箩 bǒluo =〔笸 pǒ 箩〕
簸名 bǒmíng 名を宣伝する.
簸弄 bǒnong ①手でいじる.もてあそぶ. ②デマを流し騒ぎを起こす.
簸扬 bǒyáng〔扬簸〕穀物を投げ上げて風で穀皮を飛ばし,穀物をえり分ける.風選する.

〔柏〕 bò →〔黄 huáng 檗〕 → bǎi bó

〔薄〕 bò → báo bó
薄荷 bòhe 植 ハッカ(薄荷):シソ科の多年生草本.〔~精 jīng〕薄荷とアルコールとを混ぜた無色透明の液:健胃・駆風剤となる.〔~油 yóu〕薄荷油.〔~醇 chún〕メントール.〔~脑 nǎo〕薄荷脳.〔~糖 táng〕薄荷糖.

〔檗(蘗)〕 bò →〔黄 huáng 檗〕

〔擘〕 bò ①〈文〉親指.〔~指 zhǐ〕同前:〈口〉大 dà 拇指〕に同じ. ②〈喩〉優れた人.頭(*)巨頭.〔儿 ér 科巨 jù ~〕小児科の権威. ③裂く.割く.分け開く.〔不待~开,自然分解〕手を加えて割かなくてもごく自然に分解する.→〔掰 bāi〕
擘画 bòhuà〔擘画〕とも書く.〈文〉計画(する).〔段取り〕をつける.
擘肌分理 bòjī fēnlǐ〈成〉詳しく分析して調べる.
擘窠 bòkē ①〔篆的な〕字を均整にするために縦・横をはかって四角の格に従って書く書体. ②〈転〉〔扁額などの〕大きな字:〔~书〕ともいう.
擘箜篌 bòkōnghóu ⇒〔竖 shù 箜篌〕
擘裂 bòliè〈文〉引き裂く.つんざく.

〔簸〕 bò → bǒ
簸箕 bòji =〔波 bō 箕〕〔撮 cuō 箕〕① =〔方〕畚 běn 斗〕箕(*).穀物をふるい分けたり土を運んだりするのに用いる農具. ② =〔畚 běn 箕〕ちりを取り,ごみ取り.→〔筐 kuāng 子〕 ③蹄状・弓状の指紋.〔斗 dǒu 箕〕

〔卜・蔔〕 bo〔萝 luó ~〕植 ダイコン.〔胡 hú 萝~〕植 ニンジン. → bǔ

〔啵〕 bo ①推量・命令・希望・祈求・相談などを表す語気詞:〔吧 ba〕と〔噢 ou〕の合成音.〔大家努力干~〕皆さん努力してやりましょう.→〔嘚 dē 啵〕

bu ㄅㄨ

〔庯〕 bū →〔峬峭〕
〔峬〕 bū〔~峭 qiào〕〔庯峭〕〔逋峭〕〈文〉〈容姿・文章が〉美しい.

〔逋〕 bū〈文〉①逃げる.逃亡する. ②〔租税や借金の返済を〕済まさない.滞らす.
逋荡 būdàng〈文〉職務を怠けて遊ぶ.
逋负 būfù〈文〉〈負債や税金を〉延滞する.滞納する.
逋客 būkè〈文〉①逃亡者 ②隠遁者.逃避者.
逋留 būliú〈文〉留まる.滞在する.
逋欠 būqiàn〈文〉納税または借金の返済が滞る.
逋峭 būqiào →〔峬峭〕
逋逃 būtáo〈文〉罪あって逃亡する.またその人.〔~薮 sǒu〕逃亡者の隠れ家(*)
逋亡 būwáng〈文〉逃亡する.〔当年有许多政治犯~海外〕当時たくさんの政治犯が海外に逃亡した.

〔饽・餑〕 bū 〔~夕食(を食べる)〕 ②⇒〔晡〕 → bù

〔晡〕 bū〈文〉申(*)の刻.午後4時ごろ.日暮れ:〔晡②〕に同じ.〔日~〕日暮れ時.〔~食 shí〕晩めし.

〔醭〕 bú 〔-儿〕〈醤油・酢などに生ずる〉白かび.〔白~〕同前.〔生~〕〔长 zhǎng ~〕〔起 qǐ~〕かびがはえる.〔长了一层~〕白かびが膜を張った.〔酱油到了夏天很容易生~〕しょうゆは夏になると非常に白かびが発生しやすい.

〔卜〕 bǔ ①占う.占い.〔占 zhān ~〕同前. ②〈文〉予測する.〔事前に〕推し量る.〔预~〕同前.〔胜败可~〕勝敗はあらかじめ推し量ることができる. ③〈文〉〈居所を〉選ぶ.選択する.→〔卜居〕 ④〈姓〉卜(*) → bo
卜辞 bǔcí 固 亀甲や獣骨に刻された占いの記録.→〔甲 jiǎ 骨文〕
卜定 bǔdìng 占って決定する.占いで決める.
卜儿 bǔ'er 古代中国,劇の役名.老婆役:京劇などの〔老 lǎo 旦〕にあたる.
卜骨 bǔgǔ 古代の占いに用いられた動物の骨.
卜卦 bǔguà〈文〉占う.→〔八 bā 卦〕
卜居 bǔjū〈文〉①吉凶を占って居所を選ぶ. ②楚辞の篇名.
卜课 bǔkè 銅貨の表裏で占う:〔起 qǐ 课〕に同じ.→〔占 zhān 课〕
卜老 bǔlǎo〈文〉老後を養う地を選ぶ(こと).〔米元章掷~丹徒〕(米芾文)米元章は養老の地として丹徒を選ぼうとした.
卜邻 bǔlín 環境のよい所を選び住む.
卜申 bǔshēn ⇒〔卜心①〕
卜师 bǔshī〈文〉①圆占卜を扱う官員. ②占い師.
卜筮 bǔshì =〔卜占〕占う〈総称〉:亀甲で占うことを〔卜〕,筮竹で占うことを〔筮〕という.
卜问 bǔwèn 占う.
卜占 bǔzhān ⇒〔卜筮〕
卜者 bǔzhě〈文〉占いをする人.
卜宅 bǔzhái〈文〉①居室を選ぶ. ②墓所を選ぶ.
卜昼卜夜 bǔzhòu bǔyè〈文〉昼夜ぶっ通しで(で酒を飲み遊ぶ).
卜筑 bǔzhù 土地を選んで家を建てる.
卜字边 bǔzìbiān 圆漢字部首の"卜".→付録1

〔卟〕 bǔ
卟吩 bǔfēn =〔胆 léi〕化ポルフィン(ポーフィン)
卟啉 bǔlín =〔胆 léi 族化合物〕化ポルフィリン類化合物.

〔补・補〕 bǔ ①破れたところを直す.補修する.〔~衣裳〕着物を繕う.継ぎをあてる.〔~袜 wà 子〕靴下を繕う.〔~胎 tāi 胶水〕パンク修理用ゴム糊.〔车带破了,要一一~〕タイヤがパンクしたから,修理しなければならない.〔修 xiū 桥~路〕橋や道路を補修する. ②補う.足す.

补 bǔ

〔递 dì ～〕補欠候補者の順位により順次任命する.〔要是不够 gòu, 我给你～上〕もし足らなければ補ってあげよう.〔～齐 qí〕不足を補充してそろえる.〔昨天的报送到, 今天～一份〕きのうの新聞は配達しなかったから, 今日の分を補います. ⑧栄養を補給する.〔～身体〕体に栄養をつける. ④〈文〉益.助け. 足し.〔不无小～〕多少の助けにはなる. ⑤〈姓〉

补白 bǔbái ①(新聞・雑誌などで)空白に短文を埋める. またその文(埋め草). ②補充説明をする.

补白本 bǔbáiběn シミ食いの箇所を補塡した宋版の白色紙本. →〔宋 sòng 版〕

补办 bǔbàn あとでする. 追ってする.〔借阅 yuè 卡丢了, 可以～一张吗〕閲覧カードをなくしたので, あとでやっていいですか.

补报 bǔbào ①(人の恩に)報いる. ②事後報告する. 続報する.

补编 bǔbiān ①(書籍の)補編. ②補充して編制する.

补衲衲衲 bǔbù nànà 継ぎはぎだらけ(である)

补仓 bǔcāng 〔商〕(株式を)買い増す.

补测 bǔcè 補充試験・測定(を行う)

补差 bǔchā (年金の退職前の給料との)差額をうめる.〔～工资〕退職後, 再就職先が出す元の給料と年金の差を補う手当て.

补偿 bǔcháng ①補償(する).〔～损 sǔn 失〕損失を補償する. ②補足(する).〔～差 chà 额〕差額を補足する.〔～作用〕代償作用.

补偿贸易 bǔcháng màoyì 〔商〕補償貿易:償還方法により〔返 fǎn 销〕(バイバック)と〔互 hù 销〕(カウンターパーチェス)がある.

补充 bǔchōng 補充する. 補足する.〔～预 yù 算〕補正予算(する)

补代 bǔdài 婿養子をとる(に入る). →〔招 zhāo 女婿〕

补淡 bǔdàn (野菜などの)品薄品の補充措置をとる. 端境期の品薄を緩和する.

补丁 bǔding ①補修布. 継ぎあて. パッチ:〔补钉〕〔补靪〕とも書いた.〔打 dǎ ～〕継ぎをあてる. ②〔電算〕プログラムの一部を修正する.

补丁儿 bǔdīngr 〔旧〕祖父の葬式に着る喪服の肩に付ける小さい赤いきれ:外孫は〔蓝 lán 〕(藍色の同前)をつける.

补丁摞补丁 bǔding luò bǔding 継ぎはぎだらけ(の).〔上身穿一件～的坎 kǎn 肩〕上半身に継ぎはぎだらけの袖なしを着ている.

补短 bǔduǎn 不足を補う.〔取 qǔ 长～〕〈慣〉長所をとり入れ短所を補う.

补发 bǔfā 遺漏・不備の補いとして支給する. 補い支払う. 補償する.

补法 bǔfǎ 〔中医〕補法(ぼう):人体の気血・陰陽の不足を補い, 各種の〔虚 xū 症〕を治療する方法.

补服 bǔfú ①栄養補給する. (くすりなどを)補充服用する. ②〔补褂〕〔通〕文武官の礼服:胸部と背部に〔补子②〕の縫いつけてあるもの.

补钙 bǔgài カルシウム分を補う.〈転〉不足分を補う.

补工 bǔgōng 仕事の不十分さを補う.

补钩 bǔgōu 文中の脱字を補うための符号("∧"の印)

补骨脂 bǔgǔzhī =〔破 pò 故纸〕〔植〕オランダビユ:薬草. ゴマに似ていて, 淡紫色の蝶花を開く, 実は黒く腎臓形で扁平である.

补褂 bǔguà ⇒〔补服②〕

补锅的 bǔguōde ⇒〔焊 hàn 锅匠〕

补过 bǔguò 過失を補い正す.

补弧 bǔhú 〔数〕補弧:合わせて半円周となる2弧の関係.

补花(儿) bǔhuā(r) アップリケ(する)

补还 bǔhuán 賠償する. 償う.〔欠 qiàn 了人情迟早是要～的〕贈りものなど受けたら(義理上の借りができたら)償わなくてはならない.

补回 bǔhuí 償う. 取り返す.〔～损 sǔn 失〕損失を取り返す.

补给 bǔjǐ ①補給する.〔～舰 jiàn〕〔軍〕補給艦.〔～线太长〕補給線が長すぎる.〔～站 zhàn〕補給所. ②⇒〔柏 bò 忌〕

补记 bǔjì 追記(する)

补剂 bǔjì ⇒〔补药〕

补假 bǔjià ①=〔补休〕振替休日. 代休.〔请 qǐng ～〕代休をもらう. ②〔事前に届けなかった場合の〕事後の欠勤(欠席)届けを出す.〔到系 xì 办公室去～〕学部事務室に事後の欠席届けの手続きをしに行く.

补交 bǔjiāo 補充して出す. 追加して出す.〔～粮食价款〕食糧代金を追加して出す.

补角 bǔjiǎo 〔数〕補角:〔辅 fú 角〕〔副 fù 角〕は旧称.〔互为 wéi ～〕互いに補角をなす.

补景 bǔjǐng 絵の主体でない背景. バック. →〔布 bù 景〕

补酒 bǔjiǔ 滋養酒. 薬養酒. 強精酒.

补救 bǔjiù 取り返す. 挽回する. 立て直す.

补苴 bǔjū 〈文〉(ほころびを)繕う.〔～(欠陥)を補う.〔～蠓 xià 漏〕もれを補う.

补考 bǔkǎo 追試験(をする)

补课 bǔkè ①補習する. 補講する.〔给我补补课好吗〕補習していただけませんか. ②(仕事などから)あらためてやり直す. 足りなかった部分を補足する.

补空 bǔkōng ①同上. ②〔商〕以前に売った株式を空買いする. →〔空头〕

补空子 bǔ kōngzi 空いたところを補う. ブランクを埋める:〔补空①〕ともいう.〔见没人说话, 自己就来～发言〕者がないのを見て, 自分がその埋め草に発言した.

补亏 bǔkuī 赤字(欠損)補塡(する)

补篮 bǔlán 〔スポ〕(バスケットボールの)フォローアップショット:外れた球を落ちないうちになどしてバスケットに入れるショット.

补领 bǔlǐng (失われたものを)改めて受領する.〔～身份证 zhèng〕身分証を改めて発行してもらう.

补漏 bǔlòu ①穴をふさぐ. ②〈喩〉欠点や不備を直す.

补录 bǔlù 追加採用(合格)する.〔把他～进来〕彼を補欠合格させる.

补苗 bǔmiáo 〔農〕苗を補植する. →〔补种〕

补脑 bǔnǎo ①(脳の栄養補給をする. ②(業務能力を)高める)再教育をする. 再研修をする.

补偏救弊 bǔpiān jiùbì 〈成〉偏向を矯正し, 欠点を補うこと.

补票 bǔpiào (無券乗車や切符の紛失で)車中で切符を買う, またその切符.

补品 bǔpǐn サプリメント:滋養剤. 補精食品. 栄養補助食品.

补平 bǔpíng 〔銀〕銀の重量を量る時に甲種のはかりと乙種のはかりの差を補塡すること.

补气 bǔqì 〔中医〕元気を補う.〔人参 shēn 有～的功效〕朝鮮人参には精をつける効能がある.

补葺 bǔqì 屋根を修理する. 家屋を修理する.

补缺 bǔquē 〔补阙〕とも書いた. ①欠けたものを補う.〔～营 yíng 销〕購買層のニーズに応じたマーケティング. ②欠員となった官を補充任命する.

补色 bǔsè =〔余 yú 色〕〔色〕補色.

补射 bǔshè 〘又〙(サッカーなどで)シュートのこぼれ球を再シュートする.
补身 bǔshēn ①体を補強する. ②滋養になる.〔到了冬天可以多吃点～的东西〕冬になったら滋養になる食べものをよけいに食べるといい.
补肾 bǔshèn 中医〔肾②〕の働きを補う.精力を増強する.
补时 bǔshí 〘又〙ロスタイム.〔～十分钟〕10分のロスタイム.
补税 bǔshuì 脱税分の税または期限の過ぎた税を納める.
补台 bǔtái 〈喩〉カバーしてやる.盛りたててやる.→〔拆 chāi 台〕
补体 bǔtǐ 医補体:血清中の抗体に協力して病菌を死滅せしめる化学物質.
补天 bǔtiān 〈文〉①伝説で女媧が五色の石で天の割れ目を補ったこと.(不足を補う) ②〈喩〉世運を挽回する.
补天浴日 bǔtiān yùrì 〈成〉①自然に打ち勝つこと. ②世の難局を打開した功敗の偉大なこと.
补贴 bǔtiē ①(財政上の)補助をする.(不足を)補う.〔国家～〕国庫からの補助.補助金.〔独 dú 生子女～〕ひとりっ子手当.〔～工分〕農村に支給される生活手当て.→〔津 jīn 贴〕
补位 bǔwèi ①職席·ポストをうめる. ②他のポジションをカバーする.
补习 bǔxí 补習する.〔～班 bān〕ⓐ(学校の)補習クラス.ⓑ学習塾.〔～学校〕予備校.〔工农文化～学校〕識字補習学校.
补弦 bǔxián 〔补乳〕の弦.
补写 bǔxiě 後から書き足す.
补泻 bǔxiè 中医補瀉(ﾛﾓ);不足を補い有余を瀉(ﾛ)し体の状態を中和させる.
补心 bǔxīn ①(薬や食飼で)心臓を補強する. ②=〔卜申〕機ブッシング:大小二つの鉄管を連結するために用いるもので管の内面と外面に螺旋溝がついている.→〔管 guǎn 接头〕
补休 bǔxiū ⇒〔补假①〕
补虚 bǔxū (漢方で)体の元気の虚弱を補う.〔～功能〕同前の機能.
补选 bǔxuǎn 补欠選挙(する)
补血 bǔxuè ①血液の力を補う.補血する. ②医赤血球やヘモグロビンを増加させる.〔～剂 jì〕貧血治療薬. ③〈喩〉新たに資金·人員を補う.
补牙 bǔyá (虫歯など)歯の欠けた所を詰める.→〔镶 xiāng 牙〕
补眼 bǔyǎn ①〔-儿〕穴をふさぐ. ②目に栄養分を補う. ③義眼にする.〔假 jiǎ 眼〕
补养 bǔyǎng 体に栄養をつける.→〔补身〕
补药 bǔyào =〔补剂〕滋養強壮剤.栄養剤.〔～液〕ⓐ医点滴する:〔输 shū 液〕に同じ. ⓑ栄養剤の入った液.〔口服〕栄養ドリンク.
补衣旁 (儿) bǔyīpáng(r) ⇒〔衣补(儿)〕
补遗 bǔyí (書籍や文章の)遺漏のある部分を補い足す.
补益 bǔyì ①〈文〉益.助け. ②益になる.助けになる.
补语 bǔyǔ 国補語:動詞や形容詞の後に置かれてその内容を補う語.→〔句 jù 子成分〕
补员 bǔyuán 人員補充(する)
补绽 bǔzhàn ①ほころびを縫う.→〔补丁〕 ②修繕する.繕う.
补招 bǔzhāo 補欠募集.
补针 bǔzhēn ①栄養注射(をする). ②未処置だった(予防)注射をする.
补正 bǔzhèng (文字など)補足し訂正する.
补种 bǔzhòng 農作物の発芽しなかったところへさら

に種をまく.または苗を補植する.→〔补苗〕
补助 bǔzhù ①補助する.〔～金〕補助金.〔～商業〕商業の補助機関であり,それ自身もまた利を得る商業:銀行·倉庫業のようなもの.〔～空 kōng 气阀〕圏補助空気弁. ②補助物.補助金.〔价价～〕物価手当.
补妆 bǔzhuāng 化粧直し(をする).
补缀 bǔzhuì (衣服などを)補修する.〔这东西虽然旧了,但是～起来还能将就用〕この品物は古くはなったけれども修繕して使えばまだ何とか役に立つ.→〔补丁〕
补子 bǔzi ①補い.不足している仕事を補足すること.〔打～〕不十分な仕事を補い仕上げる. ②旧圖〔补服〕の背部と胸部に縫いつけた四角形の繻子に刺繍を施した飾り:文官は鳥類,武官は獣類を用い,鳥獣の種類によって品級を区別した.また〔品 pǐn 级 jí〕ともいった.
补足 bǔzú 補い足す.付け足す.〔～缺 quē 额〕不足額を補う.

〔捕〕 bǔ 捕らえる.つかまえる.〔～判 pàn〕逮捕して裁判にかける.〔～鸟 niǎo〕鳥を捕らえる.〔有一名纵火犯特务被～了〕一人の放火のスパイがつかまえられた. 〔～鼠 shǔ 器〕ねずみ捕り器. ②旧租界警察の巡査.〔巡 xún ～〕の略.〔西～〕西洋人の巡査.〔印～〕インド人の巡査. ③〈姓〉捕(ﾊ)

捕差 bǔchāi ⇒〔捕役〕
捕虫灯 bǔchóngdēng 誘蛾灯.
捕虫网 bǔchóngwǎng 捕虫網.昆虫採集用の網.
捕打 bǔdǎ 捕らえる.駆除する.〔～害虫〕害虫を退治する.
捕盗缉奸 bǔdào jījiān 〈成〉賊徒や悪党を逮捕する.
捕房 bǔfáng ⇒〔巡 xún 捕房〕
捕风捉影 bǔfēng zhuōyǐng =〔系 xì 风捕影〕〈成〉とりとめのない根拠で話したり行ったりする.雲をつかむようなことをもとに人(こと)を判断する.
捕俘 bǔfú 軍捕虜にする.
捕获 bǔhuò 捕獲する.
捕鲸船 bǔjīngchuán 捕鯨船.
捕酒仙 bǔjiǔxiān ⇒〔捕醉仙①〕
捕快 bǔkuài ⇒〔捕役〕
捕捞 bǔlāo 漁労する.
捕猎 bǔliè (動物を)狩る.〔禁止～〕狩猟禁止.
捕掠 bǔlüè 略奪する.〔～儿 ér 童〕子供をさらう.
捕拿 bǔná 逮捕する.
捕杀 bǔshā 捉えて殺す.〔～害虫〕害虫退治(をする)
捕生 bǔshēng 生物を捕る.漁猟する.殺生する.
捕食 bǔshí (動物が)えさを捕食する.捉えて食う.〔蜻 qīng 蜓～害虫〕とんぼは害虫を捕食する.
捕售 bǔshòu 捕獲して売る.〔～野生动物〕野生動物を同前.
捕头 bǔtóu 旧捕り手の頭(ﾁﾞ)
捕押 bǔyā 捕縛して拘禁する.
捕役 bǔyì =〔捕差〕〔捕快〕旧圖(州県などの)同心.捕り手.また岡っ引き.目明かし.
捕蝇草 bǔyíngcǎo 植ハエトリグサ.ハエジゴク.→〔茅 máo 膏菜〕
捕蝇纸 bǔyíngzhǐ ハエ捕り紙.
捕捉 bǔzhuō 捕らえる.捕捉する.〔～敌 dí 军主力〕敵の主力を捕捉する.〔～战机〕戦機をつかむ.
捕醉仙 bǔzuìxiān ①=〔捕酒仙〕旧酒席での遊びの一:起き上がりこぼしの形をしたものを用い,起き上がった時に顔の向いている方向に座っている人は罰杯を受ける. ②〔不 bù 倒翁〕(起き上がりこ

捕哺鹋堡不

ほし)の旧称.

[哺] bǔ ①はぐくむ.養う:口移しに食物を入れてやって養うこと.[人工～喂 wèi]人工哺乳. ②〈文〉口中に含んだ食物.[一饭 fàn 三吐～]〈成〉1回の食事に3回も口の中の物を吐き出して,賢士を応接する.〈喩〉賢者を心底から待望すること.

哺乳 bǔrǔ 授乳する.[～动物]哺乳動物.[～类 lèi]哺乳類.[～器 qì]哺乳瓶.[～室]授乳室.[～期]哺乳期.

哺养 bǔyǎng 養い育てる.[他一生下来母亲就死了,是由奶 nǎi 妈～大的]彼は生まれ落ちるとすぐ母親に死なれ,乳母に養い育てられて大きくなった.

哺育 bǔyù ①飼う.育てる. ②はぐくみ育てる.[在党的～下茁 zhuó 壮成长]党の育成のもとでたくましく成長した.

[鹋・鷦] bǔ →[地 dì 鹋]

[堡] bǔ 城壁で囲まれた町.[吴 wú ～县]陝西省東北部にある.[柴 chái ～]河北省にある. → bǎo pù

堡子 bǔzi 城壁で囲まれた町や村.[村.村落.

[不] bù 否定を表す:第1・2・3声の前に用いる場合は bù,第4声の前では bú と発音される. ①動詞の前に置かれて動作を否定する:動作者・話し手の意志による否定.[他～来]彼は来ない.[～看]見はしない.[你～走吗]きみは出かけないのか.[我刚才叫了你半天,怎么～答应]さっきから長いこと呼んでいたのにどうして返事をしなかったのか.単に返事がなかった事実を指摘するならば[…,你怎么没答应]とすることも差し支えない.ある意志を問題にせず,単に事実の有無を示す場合には[不]を用いず,[没 méi]を用いる.[叫了半天,可是没答 dā 应]わたしは長いこと呼んだが,返事がなかった. ②助動詞の前に置かれて,その意味を否定する.[我～能去]わたしは行けません.[能]は可能の状態が存在するか否かを示す助動詞であるが,その事実が存在しないことを示す場合には[没能]も用いられる.[我～想吃饭]わたしはご飯を食べたくない.[他昨天～应 yīng 当去]彼は昨日は行くべきではなかった. ③形容詞の前に置かれて,その性質・状態を否定する.[这～好]これはよくない.[来的人～少]来た人は少なくなかった.[今天街上～热闹]今日は街にはにぎやかではない.[他的身体～结 jiē 实]彼の体は丈夫ではない. ④単独で用いられ,否定的な返事を表す.[咱们一块儿去吧――!我还有工作]ぼくらの一緒に行こう.――いや,ぼくにはまだ仕事がある.[今天星期三吗――,今天星期二]今日は水曜日か.――いや,今日は火曜日だ.[他从来没有讲过一个“～”字]彼はいままで一度も“ノー”と言ったことがない.[～啦 la]いいえ.ちがう.[～嘛 ma]いや.そうじゃない. ⑤行為・動作の結果・方向を示す複合動詞の間に挿入され,不可能を表す.[说～出来]言い出せない.[得 de ①] [不…不…]の形で,同じまたは似よった意味ある いは対立した反対の意味を持つ単音節の動詞・形容詞・名詞の前に置かれて,…なければ…ない,いずれの…でもない,あるいはどちらでもないことを表す.[～男～女]男とも女とも区別がはっきりしていない.[～茶～烟]茶も飲まず煙草も吸わない. →[不…不…]①②③ ⑦名詞の前に置いて,否定を表す形容詞的語句を作る.[～道德]不道徳である.[～经济]不経済である. ⑧[什么]を前に,同一の動詞・形容詞・名詞の間に置き,意に介しない,あるいは軽視の気持ちを表す.[什么钱～钱的,我倒不在乎]金なんてものは,俺は目もくれない.[

bǔ～bù

么我受屈～受屈的,到底这是怎么回事]わたしが悔しいかどうかはどうでもいいが,これはいったいどうしたことか.[什么师长～师长,当了俘 fú 虏就得听我的]師団長であろうとなかろうと,捕虜になったら,俺の言うことをきかなくちゃいけない. ⑨挨拶語.いくつかの熟語で制止・禁止を表し[别 bié]の意味で用いられる.[～送～送]お見送り下さいますな.[好了,～哭了]さあさ,もう泣かないで.[～客气]. ⑩[…,就…]の形で判断の一方の選択を表す.[～是你的,就是他的]君のでなければ彼のだ. ⑪文末に置いて疑問などを表す.[冷～]寒くないか.[可～!]そうですとも. → fōu

不碍事 bù'àishì じゃまにならない.[把这个花瓶 píng 放在～的地方儿吧]この花瓶をじゃまにならないところへ置いときなさい. ②差し支えない.大丈夫だ.[你不必害怕,～,全有我呢]きみは心配するに及ばない,大丈夫です,万事わたしが引き受けます. →[不要紧①] [没 méi 关系②]

不安 bù'ān ①不安である.落ち着かない.[坐立～] [坐卧～]居ても立ってもいられない.[焦 jiāo 急～]いらいらして落ち着かない.[动荡～]揺れ動いて安定しない.[他一地望了望躺着的妻子]彼は不安げに横になっている妻をちらっと見た. ②申し訳ない.すまない:強い感謝の意にも使う.[心里～]申し訳ない.すまない.

不安分 bù'ānfèn 本分をわきまえない.なすべきことを越える.放埒(らつ)である.

不安于室 bù'ān yú shì〈文〉家にいることに甘じない:妻は夫のそばから男をもつこと.→[外 wài 遇]

不一白不一 bù…báibù… …しないと損だ.…しないのはもったいない.[～看～看]見ないと損だ.

不白之冤 bùbái zhī yuān すぐことのできない無実の罪.[人们总是把登徒子当作好 hào 色者的代表,他一直蒙 méng 受着～]人々は登徒子のことを好色者の代表として来た,彼はずっと晴らすことできない冤罪を蒙っている:[登 dēng 徒子]は文選(纹)の中に見える架空の人物,醜い妻に5人の子を生ませ,美醜もわきまえぬ好色漢とされる.

不败之地 bùbài zhī dì 必勝の優勢.

不卑不亢 bùbēi bùkàng ⇒[不亢不卑]

不备 bùbèi ①〈牍〉手紙の結びに用いる語.目下に用いる.[不具]は目上から目下の者に用いられ,[不宣]は同輩間に用いられ,[不尽③] [不一]は一般に用いられ,すべて,述べ尽くさない,委細を尽くさない意を表す. ②無防備(である). [乘 chéng 其～…]その防備のないに乗じて….

不比 bùbǐ ①…に及ばない.[小张～小李高]張君は李君より高くはない. ②…と異なっている.…と違う.[他们的家境～往 wǎng 年]彼の家庭状況は以前とは違う:以前よりよくなった.または悪くなった. →[不如]

不必 bùbì ①…に及ばない.…を要しない.[你～去]きみは行くに及ばない.[你～拘 jū 泥]かまうことはないよ.[～挂 guà 心]心配なさらなくともよい.[～了,我已经做了]だいじょうぶ,ぼくすやったから. →[未 wèi 必]

不避 bùbì …を避けない.[～艰 jiān 险]困難をものともしない.[～人嫌 xián]疑われたり平然としていること.

不便 bùbiàn ①不便である.都合が悪い.[不会说话,非常～]言葉ができないととても不便です.[手下～]手元不如意だ.[当 dāng 着他～明说]彼の面前でははっきりとは言いにくい. ②すべきではない.[你～往深里讲]これ以上言わないほうがよい.

③懐妊する.〔她身子~〕彼女は懐妊しています.
不辨菽麦 bù biàn shūmài 豆と麦の区別さえできない.〈喩〉何も分からない.〔五 wǔ 谷不分〕に同じ.〔那些人都是~,没有生产知识〕あの人達はイロハも分かっておらず生産に関する知識がない.
不变资本 bùbiàn zīběn 経〔不変資本.↔〔可 kě变资本〕
不…不… bù…bù… ①意味が同じ,または近い語などの(…)の前に対句的に使い,否定を重ねることで強調を表す.〔~等~靠 kào〕自力でやる.〔~疼 téng~痒〕肝心な点に触れない.〔~歇 xiē~停〕ひっきりなしである.〔一年一节〕通常の日.②同類で反対の意味を示す語などに使い,両面を否定して,中間·適切·半端などを表す.…もせず,また,…もしない.…でなく,また,…でもない.〔既 jí 不~也不~〕に同じ.〔~大~小〕ちょうどいい.ぴったりだ.〔~咸 xián~淡〕適度である.〔~进~退〕どっちつかずだ.〔~人~鬼〕人間のようでも人間でない.幽霊のようでもない.③関連している語など(…)に用い,もし…でなければ…しない,そうでなければこうならないの意味を表す.〔~打~成材〕愛の鞭は必ず立派な子供は立派になる.④〔~得 de~〕〔~能~〕〔~会~〕などの二重否定の形で強い肯定を表す.〔~会~知道〕知らないわけがない.知っているに違いない.
不才 bùcái ①〈文〉才能がない.②〈謙〉(非才)わたくし.→〔不佞〕
不睬 bùcǎi 目もくれない.相手にしない.
不测 bùcè ①予測しがたい.予測できない.〔~之祸 huò〕予知できない災い.②災い.〔他要有~,他家里一定为 wéi 难〕もし彼が死ぬようなことがあったら彼の家は必ず難儀します.
不曾 bùcéng かつて…したことがない.後に〔过〕を伴うことが多い.〔彼 bǐ 此连姓名都~问过〕互いに名前さえ通じあうことがなかった.
不差累黍 bù chā lěisǔ〈成〉寸分の差もない.〔累黍〕は微量の意.
不差什么 bù chā shénme ①⇒〔差 chà 不多③〕②何の欠けるものもない.〔材料已经~,只是人手还不够〕材料はすでに皆そろっており,ただ人手がまだ足りない.③〈方〉平常.普通.
不称 bùchèn ①(職務·資格·名称·任務)に耐えられぬ.〔(其)职 zhí ~〕その職務を果たす力がない.②ふさわしくない.似つかわしくない.
不称心 bùchènxīn ①思うままがならない.気に入らない.〔人要是太苛 kē 求了,就老觉着~〕人間というものは手厳しくするといつも何か気に入らないことがあるものだ.
不成 bùchéng ①いけない.〔那~〕それはいけない.→〔不行①〕②〔难 nán 道~〕〔莫 mò 非~〕…の形で用いられ,詰問的な気持ちを表す.〔难道罢 bà 了~?〕まさかやめるというのではあるまい.〔难道不许 xǔ 我说话~?〕まさかおれが話をしてはいけないというのではないだろう.
不成比例 bùchéng bǐlì 比較にならない.比べものにならない.バランスがとれていない.
不成材 bùchéngcái ①才能がない.(力量が)凡庸で見込みがない.〔这个人太~了,白费心提 tí 拔他了〕この人間はまるで役に立たない,彼を引き立てたのはむだ骨折りである.
不成功则成仁 bùchénggōng zé chéngrén〈慣〉成功しなければ死ぬ,成功するか死ぬかだ.〔不成功便成仁〕
不成话 bùchénghuà 話にならない.常軌を逸している.→〔不像话〕
不成敬意 bùchéng jìngyì〈謙〉かえって失礼にあたる(かもしれませんが敬意を表します)

不成器 bùchéngqì ものにならない.有用な人となれない.〔儿 ér 女~,父母真是痛心〕子供たち(男の子·女の子)が一人前になれないのは父母にとってまことに心痛の種である.
不成人 bùchéngrén 礼を知らぬ(人として見込みのない)者.役に立たない者.
不成世界 bùchéng shìjiè 無秩序である.人の住む世でなくなる.〔这些强 qiáng 盗,常常到村子里来,不是抢说吃的就是抢女人,真正~了〕これらの強盗はしょっちゅう村にやって来て食うものを強奪したり,婦女子をさらっていったり,まるで地獄だ.
不成体统 bùchéng tǐtǒng 格好をなさない.甚だ不体裁である.〔这样杂乱无章实在~〕こんなにごたごたと乱雑では無様である.
不承望 bùchéngwàng ⇒〔不承想〕
不成文 bùchéngwén 文書·文字に書き表していない.〔~的规矩〕不文のしきたり.
不成文法 bùchéngwén fǎ 法〔不文法.不文律:自然法·慣習法のように文書になっていない法律.↔〔成文法〕
不成问题 bùchéng wèntí 問題にならない.
不承想 bùchéngxiǎng =〔不承望〕…とは思いがけない.〔我本想拜访您去,〜您倒先枉 wǎng 驾了〕ほんとはこちらの方からお訪ねするつもりだったのに,かえってあなたの方から先においでくださるなどとは思いがけないことです.
不成样子 bùchéngyàngzi ①様にならない.ひどいざまがある.②人の体をなさない.人としてひどく損なわれている.〔不成人形(儿)〕ともいう.
不逞之徒 bùchéng zhī tú〈慣〉(思いがかなわず)悪事のみを働く不逞の徒〔徒⬚〕.
不痴不聋不为姑翁 bùchī bùlóng bùwéi gūwēng〈諺〉知らぬふり聞こえぬふりをしていないと舅(しゅうと)·姑(しゅうとめ)は務まらない.舅や姑は息子の嫁のことに余り干渉しない方がよい.〔不痴不聋不作阿 ā 家翁〕という.
不吃劲 bùchījìn(儿)①重要ではない.〔这不是要紧的事,办不办~〕これは重要なことではない,やってもやらなくてもどっちでもよい.→〔不要紧〕
不吃堑壮长智 bùchīqiàn yě zhǎngzhì〈諺〉苦しい目に遭わなくても智恵を増していく.転ばぬ先の杖.→〔吃一堑,长一智〕
不吃硬 bùchīyìng 強く出ると反発する.→〔吃软不吃硬〕
不齿 bùchǐ〈文〉歯牙にもかけない.〔为人所~〕〔~于人〕人に馬鹿にされる.〔变为~于人类的狗屎堆〕人間の中には入れられない犬の糞になってしまう.
不耻下问 bùchǐ xiàwèn〈成〉自分より下の人に教えを請うのを恥としない.〔敏 mǐn 而好学,~〕(論語·公冶长)敏にして学を好み,下問を恥じず.
不耻最后 bùchǐ zuìhòu〈成〉ビリになっても恥としないで頑張ってやる.
不啻 bùchì〈文〉①ただ…だけではない.〔名为民族自决自治,实~抑 yì 制其发达机会,违 wéi 背民族平权的本旨〕名は民族自決自治といっても,実はただその発達の機会を抑制するのみならず,民族平等の主旨にも反する.=〔不独〕〔不只〕②あたかも…のようである.〔互相帮助,~手足〕互いに助けあって,兄弟も及ばないほどである.
不啻 bùchì ①心配しない.〔要能实现恢 huī 复邦交,就~没机会去访问了〕国交さえ回復すれば訪問の機会もないくらでもある.②難くない.簡単だ;多く二重否定の形で用いられる.〔~撤 chè 换了他〕彼を首にするなど簡単だ.

不　　　　　　　　　　　　　　　　　　　　　　　　bù

不瞅不睬 bùchǒu bùcǎi ＝〔不理不睬〕〔不搭不理〕見向きもしない.まるで相手にしない.物の数とも思わない.〔他连忙向她赔不是,但她故意～〕彼は急ぎざわびを言ったが,彼女はわざと見向きもしなかった.

不出 bùchū 越えない.以内である.〔～两小时,我一定到家〕2時間以内にわたしは必ず家へ着きます.

─不出来 ─buchūlái 動詞の後に置き,内から外に出たり,事物を完成したり,または発見識別することができないことを表す:一部の動詞の後には〔─不出去〕として使われる.〔话在嘴边儿上,可说～〕話は口もとまで来ているが言い表せない.〔看不出好坏来〕いい悪いの見分けがつかない.〔这样的东西卖不出去〕こんな品物は売れない.

不出所料 bùchū suǒliào 〔慣〕推量の通り.予想にたがわない.〔果然～,他真的生气了〕果たして予想した通り,彼は本当に怒り出した.

不揣 bùchuǎi〈謙〉自ら顧みない.自分を知らない.〔～浅陋 qiǎn lòu〕身の程しらずである.〔～冒 mào mèi〕〈牘〉ぶしつけながら.唐突ながら.

不辍 bùchuò〈文〉中止しない.中断しない.

不辞 bùcí ①〔别れの〕あいさつをしない.〔～而别〕〈成〉あいさつなしで別れる.②…を辞さない.受け入れる.〔～辛劳〕〔～劳苦〕〈成〉労をいとわない.

不次 bùcì 常例の順によらない.特別の.〔～超升〕特別の昇進.

不凑巧 bùcòuqiǎo あいにく.〔～他不在家〕あいにく彼は留守だった.→〔凑巧〕

不错 bùcuò ①間違いない.その通りだ.〔～,您说的对〕お説ごもっともです.お説ごもっともです.なるほだ.おっしゃる通りです.②悪くない.いい.かなりよい.〔画得～〕描き方がなかなか上手だ.〔做 zuò 得～〕やり方が確かだ.やり方がかなりうまい.

─不搭 ─budā〈方〉一部の形容詞の後に置き,その気味がある意を表す.〔阴 yīn～〕どんよりしている.〔臊 sào～〕はずかしい.〔灰 huī～〕がっかりしている.

不搭不理 bùdā bùlǐ ⇒〔不瞅不睬〕

不打不成相识 bùdǎ bùchéng xiāngshí〈成〉喧嘩は仲良しの始まり.雨降って地固まる.〔不打不成相与〕〔不打不成交〕〔不打不相识〕ともいう.

不打紧 bùdǎjǐn ⇒〔不要紧〕

不打自招 bùdǎ zìzhāo 〔慣〕拷問にかけられなくとも自分から白状する;問うに落ちず語るに落ちる.〔说着说着,他一～了,话をしているうちに語ってしまった.→〔不攻自破〕〔做 zuò 贼心虚〕

不大 bùdà ①大きくない.②あまり…でない.さほど…でない.〔～好〕あまりよくない.〔～结 jié 实〕ほど丈夫でない.〔～忙〕たいして忙しいことはない.→〔不太〕

不大点儿 bùdàdiǎnr〈口〉とても小さい.

不大离(儿) bùdàlí(r)〈口〉①悪くはない.まあいい.②大体.ほぼ.〔差 chà 不多〕に同じ.

不大一会(儿) bùdà yīhuì(r) それほどの間をとらず.ほどなく.→〔一会儿②〕

不到 bùdào〈文〉及ばない.行き届かない.ふつてである.

不用 bùyòng 必要はない.〔用 yòng 不着〕に同じ.〔自～说〕当然言う必要はない.

不待见 bùdàijian〈方〉気に入らない.好きでない.

不带劲 bùdàijìn →〔带劲〕

不带音 bùdàiyīn →〔带音〕

不丹 bùdān ブータン.〔布丹〕とも書いた.正式国名は〔～王国〕.ヒマラヤ山地にある.首都は〔廷 tíng 布〕〔ティンブー〕.〔普 pǔ 迁卡〕〔プナカ〕は旧首都.

不单 bùdān ①…にとどまらない.〔不仅〕〔不止①〕に同じ.②同下.

不但 bùdàn ただ…のみならず.〔不单②〕〈文〉不特〕に同じ.さらに一層推し進める意味を表す.常に〔还 hái〕〔也 yě〕〔而且 ér qiě〕〔反而 fǎn ér〕などと呼応する.〔～A…,B也…〕AもBも同等の場合であるが,BがAより上となる時は〔～A…,就是B也…〕のように〔就是〕によってBを強調することがある.〔～我愿意,他也愿意〕わたしが希望しているばかりでなく,彼もまた希望している.〔～价钱便 pián 宜,而且东西也很好〕値段が安いばかりでなく,物もいたへよい.

不惮 bùdàn〈文〉はばからない.おそれない.〔～其 qí 烦〕〔不厌其烦〕〈成〉煩わしいのをいとわない.

不当人(子) bùdāng rén(zǐ)〈白〉罰当たりだ.恐縮だ.とんでもない.

不当 bùdàng 不当(である).不適当(である).〔理属～理由が不当である.〔处 chǔ 理～〕処理が不適切だ.〔～得 dé 利〕〔法〕不当利得.

不倒翁 bùdǎowēng ＝〈口〉扳 bān 不倒儿〕〈口〉搬不倒儿〕だるま(おきあがりこぼし).〈喩〉危難をくぐり抜けて自分の地位を巧みに保っている人.

不到 bùdào 至らない.十分でない.〔他年轻,有～之处 chù 请您担待些〕彼は年が若いから不行届きのところは何とぞご容赦を願います.〔照 zhào 顾～〕世話が行き届かない.

─不到 –budào →〔─得 de 到〕

不道德 bùdàodé 不道德(である)

不到长城非好汉 bùdào chángchéng fēi hǎohàn〈谚〉万里の長城に着かねば好漢にあらず.〈喩〉目的に到達するまでやめない.目標達成の最後まで頑張る.

不到黄河心不死 bùdào huánghé xīn bùsǐ〈谚〉黄河に着くまではあきらめない.〈喩〉@目的を果たすまでは絶対にあきらめない.⑥絶望の土壇場まで行かねば決してあきらめがつかぬ.

不到家 bùdàojiā〈喩〉(一人前の)レベルに達していない.

不到西天不见佛 bùdào xītiān bújiànfó〈谚〉極楽浄土に着かなければお釈迦様に会えない.〈喩〉実際にやってみなければ…わからない.〔不到黄河心不死〕と考えもならず.

不到之处 bùdàozhīchù 行き届かない点.

不得 bùdé ①得られない.〔求 qiú 之～〕〈慣〉願ってもないこと.②(法令・公文・掲示などに用い)動詞の前に置いて,禁止を表す.〔～吸 xī 烟〕タバコ吸うべからず.

─不得 bude 動詞の後に用いて,…することができない.…してはならない.…することは許されない.…することは不適当だ.…してはいけないなどの意を表す.〔说～〕言っては具合が悪い.言えない.〔吃～,食べたら大変なことになる.食べられない.〔令人哭 kū 笑～〕泣くことも笑うこともできない.→〔得 de〕

不得不 bùdébù …せざるを得ない.しなければならない.〔～早回去〕早く帰らねばならない.〔飞 fēi 机票买不到,我们～改乘火车〕飛行機の切符が入手できないから汽車に変えざるを得ない.

不得而知 bùdé ér zhī 知るよしがない.知ることができない.〔神的安排 pái 是人～的〕神の摂理は人には知ることができない.

不得法 bùdéfǎ 法を得ていない.〔他教 jiāo 书倒是很热心,可惜教得～〕彼は教えるのたいへん熱心なのだが,惜しいことに教え方がまずい.

不得哥儿们 bùdé gērmen〈方〉他人に喜ばれない.人に嫌われる.人づきあいがない.〔他说话太倔 juè,到哪儿也～〕彼は言うことがいっこくなので,どこへ

行っても人に嫌われる.
不得劲(儿) bùdéjìn(r) ①うまくいかない.〔这椅yǐ子太高,坐着～〕この椅子は高すぎて,座ってみて何とも具合が悪い. ②体の具合が悪い.〔这两天浑身～,大概是着 zháo 了凉了〕この2,3日全身がだるく具合が悪い,気詰まりである.〔您这么一周 zhōu 旋,我倒觉着～〕こんなにお構い下さると,かえって気詰まりである.
不得了 bùdéliǎo ①程度がひどい.〔忙得～〕忙しくてたまらない. ②事態が重大である.〔他病得～〕彼は病気がひどい.〔那可～了〕それは大変だ.→〔了不得②〕
不得其解 bùdé qíjiě その理由を解くことができない. どうしてか分からない.
不得其所 bùdé qísuǒ (身を落ち着ける)適当な所を得ない.
不得人心 bùdé rénxīn 人心を得ない. 悪評を買う.
不得要领 bùdé yàolǐng〈成〉要領を得ない.〔他海阔天空说了半天,还是～〕彼は大ぶろしきを広げ長いことしゃべったが,やはり要領を得なかった.
不得已 bùdéyǐ やむを得ない.〔我这样做是出于～的〕僕がこうしたのはほかにどうしようもなかったからだ.
不得意 bùdéyì 志を得ない.〔人总会有～的事〕だれでも思うようにいかない事があるもんだ.
不登大雅之堂 bùdēng dàyǎzhītáng〈喩〉下品で上流の前に出せない.〔一向被人认为の皮影,蹦bèng 蹦儿戏也参加了全国会演,大放光彩〕従来卑俗で立派な所に出せないものとされていた影絵芝居や"蹦蹦戏"なども全国競演に参加し,大いに光彩を放った.→〔蹦蹦儿戏〕
不等 bùděng ①まちまちである. それぞれ違う.〔数shù 目〕数が一様でない.〔大小〕大きさがまちまちである. ②(二つの数などが)等しくない.〔～边三角形〕不等辺三角形.〔～式〕不等式.〔～腰yāo 直角三角形〕不等辺直角三角形.〔不一～〕
不等号 bùděnghào〈数〉不等号."＞"〔大于～〕, "＜"〔小于～〕, "≠"〔不等于～〕の3種がある.→〔等号〕
不等价交换 bùděngjià jiāohuàn〈経〉不等価交換;俗には〔贱 jiàn 买贵卖〕(安く買って高く売る)の意に用いられる.
不等速运动 bùděngsù yùndòng ⇒〔变 biàn 速运动〕
不敌 bùdí〈文〉敵対できない. かなわない.
不抵事 bùdǐshì ⇒〔不顶事〕
不地道 bùdìdao ①不真面目である.〔这人真～〕こいつはろくでもない野郎だ. ②やり方が汚い. 小細工して甘い汁を吸う.〔他办事可真～,实 shí 在让人看不过去〕彼のやりかたは小賢しくって,とても見ておれない.
不点儿 bùdiǎnr〈口〉ほんの少し. ちょっぴり.〔不丁点儿〕ともいう.〔～钱〕少々の銭.
不迭 bùdié ①大急ぎで. ～する暇がない. ～するのに間に合わない;多く動詞の後に置く.〔后悔～〕後悔しても間に合わない. ②しきりに. 続けざまに.〔忙～地道谢〕急いでしきりにお礼を述べる.〔叫苦～〕しきりに苦しみを訴える.
不丁点儿 bùdīngdiǎnr ⇒〔不点儿〕
不顶事 bùdǐngshì 役に立たない.〔不抵事〕に同じ.
不定 bùdìng ①安定していない. 不定である.〔一天他～来多少次〕一日に彼は何回来るかわかりゃしない.〔他的行 xíng 期还游移～〕彼の出発はまだぎめが定まらない.〔～变異〕生命 不定変異.

〔～根〕圃 不定根.〔～方程式〕数 不定方程式.〔～花序〕植 無限(頭状)花序.〔～芽 yá〕植 不定芽. ②言いきれない. そうでないかもしれない.〔他～来不来〕彼は来るかも来ないかもしれない.

- **不动** -bùdòng 移動の意を含む動詞の後に置いて,その動作の効果的ないことを表す.〔走～〕疲れて歩けない.〔搬 bān ～〕重くて運べない. ↔〔-得 de 动〕

不动产 bùdòngchǎn 経 不動産. ↔〔动产〕
不冻港 bùdònggǎng 不凍港.
不动声色 bùdòng shēngsè〈成〉落ち着いて,感情を色に表さないこと.
不动窝 bùdòngwō〈喩〉腰を据えて動かない.
不斗则已,斗则必胜 bùdòu zé yǐ, dòu zé bì shèng〈成〉戦わなければともかく,戦う以上は必ず勝つ.
不独 bùdú ただに…のみならず. ひとり…であるばかりでなく.〔饮茶～能消有积滞 jiē 食,而且可以助消化,提精神〕茶はただ退屈しのぎや渇きをいやすばかりではなく,消化を助け,元気を出させる.→〔不但〕[不仅]
不端 bùduān きちんとしていない.〔品行～〕行为～品行が良くない.→〔端正〕
不短 bùduǎn ①短くない. ②不足しない.〔～钱花〕小づかい銭には事欠かない. ③借りがない.〔我～他钱〕わたしは彼から借金していない.
不断 bùduàn ①絶えない.〔继续～〕絶え間なしに続く. ②絶え間なく. つねに. いつも.〔我为那件事在～地努力着〕わたしはあのことに常に努力している.
不断革命论 bùduàn gémìnglùn 永続革命論.〔一 yī 次革命论〕
不对 bùduì ①正しくない. 誤りがある.〔对～？〕正しいか,どうだ. ②尋常ではない. いつもと違った事ではない.〔她的神 shén 色有点儿～〕彼女の顔つきはただ事ではない.〔他看情形～,转 zhuǎn 身就走了〕彼は様子がおかしいのを見ると,とんぼ返りに帰ってしまった.〔～呀, 怎么他还没到哇？〕変だぞ,なぜ彼はまだ来ないんだ. ③仲が悪い.〔弟媳 xí 妇儿和嫂子～〕弟嫁と兄嫁は仲が悪い.
不对茬儿 bùduìchár ちぐはぐである. 場違いだ. 変である.〔茬〕は〔碴〕とも書く.〔他刚说了一句,觉得～,就停 tíng 住了〕彼は一言いい出した場違いに気付き,口をつぐんでしまった.
不对称 bùduìchèn 非対称である. 対称的でない.
不对劲儿 bùduìjìnr ①調子が悪い. 具合が悪い. 気に入らない.〔计程表～〕距離メーターがおかしい. ②異変がある.〔觉得有些～〕ちょっと変だと思う. ③(仲, 関係が)しっくりかいない.〔也不知道为什么,他们俩 liǎ 就是～〕どうしたわけなのかどうもわからないが,あの二人は しっくりいかない.
不对头 bùduìtóu ①まちがっている.〔我这个观察可能完全～, 而且我也希望它是～〕私のこの観察が的外れであるかもわからないし, また私はそれが的外れであることを希望する. ②異常である. 普通でない.
不对味儿 bùduìwèir 味がおかしい.〈喩〉(言葉が)しっくりいかない. 合点がいかない.〔让人感到～〕気持ちにしっくりしない.
不多一点 bùduōyīdiǎn わずか(な). 少しばかり.〔还有～水〕まだわずかばかりの水がある.
不…而… bù…ér…せずして～する. しないのに～である.〔～恶 è ～严〕〈文〉穏やかでいて威厳があること.
不贰 bù'èr 二心を持たない. 変心しない.
不二法门 bù'èr fǎmén 仏 (仏教で)どちらにも偏しない仏の教えの道.〈転〉唯一の方法. 最上の

不　　　　　　　　　　　　　　　　　　　　　　　　bù

方法.
不贰过 bù'èrguò 〈文〉過ちを重ねない.
不二价 bù'èrjià 掛値なし.→[不折不扣]
不发达国家 bùfādá guójiā ⇒[发展中国家]
不发言权 bùfāyán quán 沈黙する権利.
不乏 bùfá 乏しくない.いくらでもある.[～其 qí 人]そのような人は少なくない.[～先例]先例に事欠かない.前例はいくらでもある.
不法 bùfǎ 不法(の・に).法律に違反する.[～行为]不法行為.[～之徒]違法分子.→[违 wéi 法]
不凡 bùfán 人並み以上である.[相 xiāng 貌～]容貌が優れている.[自命～]うぬぼれる.→[非 fēi 凡]
不犯 bùfàn ①(法を)侵犯しない.②…する必要はない.[咱家～跟他争论]おれらが彼と争うことはない.
不方便 bùfāngbiàn まずい.具合が悪い.不都合だ.→[方便]
不防 bùfáng ①用心しない.備えていない.[冷～]不意に.[乘 chén 其～]その隙に乗じる.②思いがけず.→[没 méi 想到]
不妨 bùfáng 妨げない.構わない.差し支えない.[～试试看]やってみるといいよ.
不妨事 bùfángshì 差し支えない.大丈夫だ.→[不碍事②]
不肥不瘦 bùféi bùshòu ①太ってもいないしやせてもいない.ちょうどいい(衣服などが).②脂身と赤身が半々であること(豚肉など)
不菲 bùfěi (価格や待遇など)低くない.安くない.
不费吹灰之力 bùfèi chuīhuī zhī lì 〈喩〉極めてたやすい.[他真是有本事,这么困 kùn 难的问题他～就解决了]彼はほんとうに腕がある,こんなに難しい問題を彼はやすやすと片づけてしまった.
不费之惠 bùfèi zhī huì 〈喩〉ただで得たもうけ.金をかけずに人に与えられる恵み.
不分彼此 bùfēn bǐcǐ 〈喩〉へだてをしない.②自分と相手と一心同体である.非常に親しい.
不分黑白 bùfēn hēibái 〈慣〉善悪(あるいは昼夜)の区別もない.
不分红 bùfēnhóng 無配当(にする).→[分红]
不分青红皂白 bùfēn qīnghóng zàobái 〈慣〉白 黒の区別もない.何もかまわずに.有無を言わさずにもいう.[就是气急了也不能～满口胡说呀]ひどく腹がたって訳がわからないまま,でたらめなことを言いちらすべきでない.
不分胜负 bùfēn shèngfù 勝負がつかない.引き分ける.
不分畛域 bùfēn zhěnyù 〈成〉①境界線を引かない.分けへだてをしない.②一心同体である.非常に親密である.
不分主从 bùfēn zhǔcóng 主人と従者,主たるものと従たるものの区別がない.
不忿(儿) bùfèn(r) 不満である.不平である.
不敷 bùfū 足らない.[入～出]収入が支出に足らない.
不符 bùfú 符合しない.[名实～]名と実が符合しない.[账 zhàng 目～]帳簿が合わない.
不服 bùfú ①承服しない.[～裁 cái 判]審判に従わない.[～输 shū]負けを認めない.[不服气(儿)]②慣れない.適合しない.[～水土][水土～][不习水土]風土に慣れない.水が合わない.
不服气(儿) bùfúqì(r) 不平がおさまらない.不満である.
不孚众望 bùfú zhòngwàng 〈慣〉大衆の希望に背く.人々の期待に応えられない.
不复 bùfù 二度と…しない.動詞の前に置き,もとのことがなくなることを表す.[～来]2度と来ることはない.

不付票据 bùfù piàojù 圖不渡り手形類.
不负众望 bù fù zhòngwàng 〈慣〉人々の期待に背かない.
不该 bùgāi …すべきでない.[这样儿的话,～对长 zhǎng 辈说]このようなことは先輩に向かって言うべきではない.[即 jí 使真姓赵,有赵太爷在这里,也～如此胡说的](鲁・Q１)たとえ本当に趙という姓であっても,趙旦那がここにいる以上はこんなバカなことを言うべきではなかった.
不干 bùgān やらない.関わらない.[～你的事]きみとは関係ない.
不甘 bùgān ＝[不甘心]①…に甘んじない.よしとしない.[～落 luò 后]負けず嫌いである.[～受人压迫]人からの圧迫に甘んじない(を嫌う).②不満.[心有～,伺 sì 机报复]心中に不満をもち機会をうかがって仕返しをする.
不尴不尬 bùgān bùgà ①進退に窮する.にっちもさっちもいかない.[这事弄 nòng 得～,怎么办呢]これはにっちもさっちもいかなくなったら,どうしたらいいか.②何とも言えない.異様である.[这种～的情形,我真是莫 mò 名其妙]こんなへんちくりんな状態には,僕には何が何だかさっぱりわからない.→[尴尬]
不干不净 bùgān bùjìng 薄汚い.[～,吃了没病]汚い物を食べても病気にならない.[嘴 zuǐ 里老是～]いつも口汚い言葉を出す.→[干净]
不甘后人 bù gān hòurén 〈慣〉負けず嫌い.負けまいとがんばる.
不甘寂寞 bù gān jìmò 〈慣〉出しゃばりである.すみでじっとしていない.
不干胶(条) bùgānjiāo(tiáo) 仮止めテープ.不乾性ゴムテープ.
不甘示弱 bù gān shì ruò 〈慣〉人より劣ることに甘んじない.弱味を見せない.[他虽然是六十多岁的老人了,可也～,报名去修 xiū 水库]彼は60過ぎの老人ではあるが,大いにがんばって,進んで申し込みをしてダム工事に行った.
不甘心 bùgānxīn ⇒[不甘]
不干(性)油 bùgān(xìng) yóu 不乾性油.
不敢 bùgǎn ①敢えて…する.…する勇気がない.[～…说.][这个我～说]そんなことはよう言わん.②同下.
不敢当 bùgǎndāng ＝[不敢②](謙)身に過ぎることです.どういたしまして.恐れ入ります.[～,～]同前.[今天承您赏光,我实在～]今日はわざわざおいでくださいまして,まことに恐縮で,恐れ入ります.→[敢当]
不敢越雷池一步 bùgǎn yuè léichí yībù 〈喩〉(小心翼々として)ある範囲を一歩も踏み出さない.→[雷池]
不根 bùgēn 無根の.根拠ない.[～之讹 é 传]無根の謡言.
不更事 bùgēngshì 世渡りの経験がない.[～的少 shào 年]世間知らずの青二才.
不公 bùgōng 不公平である.不当である.[事情处chǔ 理得似乎～]事の処理がいかにも不公平に思われる.
不恭 bùgōng 不敬(である).失礼(である).[却 què 之～,受之有愧 kuì]〈成〉これを辞するのは無礼の至りといただくのは恥ずかしい,これを承けさせていただくまことに次第(ですが)ありがたくちょうだいします.
不攻自破 bùgōng zìpò 〈成〉自滅する.[他们的错误观点就～了]彼らの誤った観点は批判されるまでもなく自らほろを出してしまった.→[不打自招]
不共戴天 bù gòng dàitiān 〈喩〉仇恨の深いこと.[反革命分子跟我们有～

bù 不

之仇]反革命分子は我々とは不俱戴天の仇である.
不苟 bùgǒu [一丝 sī 不]〈慣〉少しもいいかげんにはしない.[〜言笑]〈慣〉軽々しくしゃべったり笑ったりしない.
不够 bùgòu ①足りない.充分ではない.[资料〜]資料が足りない.[〜用]必要なだけでない.[钱〜花]金が十分使えるだけでない.[〜本(儿)]元手にも足りない.ひきあわない.損をする:ポシャルはこの訛.②[十分である]とはいえない.[〜资格]資格が足りない.[〜朋友]友達甲斐がない.[〜正确 què]正確さが足りない.[〜伟大伟い]というにはまだ十分でない.[这孩子生下来就〜月份]この子は月足らずで生まれた.[内容〜充实]内容の充実が足りない.
不古 bùgǔ 〈文〉軽薄である.[人心〜]〈成〉人情が薄くなる.
不穀 bùgǔ 〈文〉よくない.悪い:帝王の自称.
不顾 bùgù ①考えない.顧みない.顧慮しない.相手にしない.とりあわない.[只顾自己,〜别人]自分の事だけ一生懸命にして,他人のことなど問題にしない.[〜死活]生死を物ともしない.②世話にしない.面倒を見ない.
不关 bùguān 関係しない.かかわりが及ばない.[〜他的事]彼には何の関係もない事.[〜痛痒 yǎng][无关痛痒]〈慣〉痛痒を感じない.自分に何の影響もない.
不管 bùguǎn = [不问]…にかかわりなく,…であろうと:後にふつう[都 dōu][也 yě]などを置く.[〜怎么说][〜怎么样]どんなに.いかように.[〜白猫黑猫捉 zhuō 着老鼠就是好猫][諺]白猫でも黒猫でも鼠を捕まえるのが良い猫である.[〜什么人都不许从这边过去]何人(な)もここを通ることは許されない.
不管不顾 bùguǎn bùgù ①後先を考えない.むこうみずである.②世話をしない.顧みない.
不管部长 bùguǎn bùzhǎng 無任所大臣.
不管三七二十一 bùguǎn sānqī èrshíyī = [不问三七二十一]〈慣〉もうくちゃくちゃに何が何であろうと.委細構わず.[〜乱 luàn 说了一阵]何もかもおかまいなしにしゃべりまくった.[他一来便〜地干起来,使得大家都愣 lèng 住了]彼は来るとがむしゃらにやりだしたので,皆はあっけにとられてしまった.
不管用 bùguǎnyòng 役に立たない.[不中用]に同じ.
不光 bùguāng 〈口〉①…であるばかりでなく.[这里〜出煤,而且还出铁]ここは石炭ばかりでなく鉄も出る.②…にとどまらない.…だけでない.
不规则 bùguīzé 不規則(である).一定でない.
不轨 bùguǐ ①常道をはずれる.法の外に出る.[〜行为]違法行為.②反逆する.[图 tú 谋〜]反逆を企てる.
不国 bùguó 〈文〉国家の体裁をなさない.[国将〜]国がまさに滅びんとする.国に危険が迫ること.
不果 bùguǒ 結果が出ない.実現しない.実行しない.
不过 bùguò ①…にすぎない.わずかに…しかない.[〜以上のことではない.[我和他〜是一面之交罢 bà 了]わたしは彼とはほんのちょっとした面識があるだけです.[只是我的小意思罢了]これはわたしのほんの気持だけのものです.[他参军的时候〜十七岁]彼が従軍した時はわずか17歳だった.②しかし.ただ.でも:前に出た考え方を制限したり,方向を転じたりする.[我倒赞 zàn 成你的提议,〜有一个条件]君の提案に賛成します,しかし一つ条件が.③稍微晩一点儿]ただ少し遅くなります.③複音

形容詞などの後に置いて,非常に…の上なく,はなはだなど程度を強調する.[热闹〜]とてもにぎやかだ.[那就再好〜了]それは全く願ってもないことだ.
- **不过** -buguò 動詞の後に置き,相手をしのいだり,勝ったり,またそのまま通すぎたりすることができないことなどを表す.[-得 de 过]は可能を表す.[我怎么也学 xué 〜他]どんなに勉強しても彼には勝てない.[她的苦境,实在看〜]彼女の苦境は何としても見すごせない.
不过端 bùguòduān Ⅱ作られたものが[最 zuì 大尺寸]および[最小尺寸]を越えないこと.すなわち許容された限度内にあって規格に合格しうること.
不过尔尔 bùguò ěr'ěr = [不过如此]〈成〉これくらいのものだ.たいしたことはない.[他们的伎 jì 俩也〜,没有什么了 liǎo 不起]彼らの手管もこれくらいのもので,別にたいしたことはない.
- **不过来** -buguòlái → [-得 de 过来]
- **不过去** -buguòqù → [-得 de 过去]
不过如此 bùguò rúcǐ ⇒ [不过尔尔]
不过意 bùguòyì 気がすまない.すまなく思う.気の毒である.[让您这么费心我真〜]こんなにまでご心配をおかけしてまことに心苦しい.→[过意不去]
不寒而栗 bùhán ér lì 〈慣〉寒くないのに震える:非常に恐れる.[看到这种危险的情形,真使人〜]この種の危険な情况を見ると思わずぞっとする.
不含糊 bùhánhu ①ぼやっとしていない.はっきりしている.②ごまかさない.立派である.[別看他是生手,做的活儿可〜]あの人を新米だと見くびってはいけない,やる仕事はなかなか立派だよ.③平気である.おそれない.[我自食 shí 其力,〜]わたしは人の世話にならずに生活しているから何もこわくない.[大家都是一家人谁也〜谁]みんな同じ人間だから互いに何もはばかることはない.
不好 bùhǎo ①…にくい.[〜办]やりにくい.…するのは悪が悪い.[日子〜过]暮らしにくい.②〈方〉…してはいけない.[〜随便开玩笑](艾·百1の1)やたらに人をからかってはいけない.
不好过 bùhǎoguò ①生活がつらい.[物价这么涨,现在的日子真〜]物価がこんなに上がったのでは,生活がほんとに苦しい.②つらい.せつない.苦しい.[快考试了,这两三天真〜]もうすぐ試験だし,この2,3日はほんとにやりきれない.
不好惹 bùhǎorě 相手にしにくい.扱いにくい.手に負えない.[他这个人〜]あいつは手にあまるやつだ.
不好说 bùhǎoshuō はっきり言えない.自信がない.[那可〜]それはなんとも言えない.
不好意思 bùhǎoyìsi ①恥ずかしい.申しわけがない.恐縮である.[〜,用一下你的笔记吗]すまないが,ペンを貸してくれ.②不義理である.具合が悪い.[〜跟他说]彼に話すのははきまりが悪い.③〈挨〉お恥ずかしい.[实在〜]ほんとに同前.
不合 bùhé ①合致しない.合わない.[〜时宜]時宜に適しない.時代錯誤である.[〜道理]道理に合わない.②〈文〉不当である.[身为干部而不守法规,殊属〜]幹部でありながら法規を守らないことは実にけしからん.③気が合わない.仲が悪い.[不和]に同じ.
不和 bùhé 不和である.仲が悪い.[制造〜]不和を作り出す.[〜群儿 qúnr]他人と協調できない.
不合适 bùhéshì 無理がある.不適当である.[再考虑考虑,这么勉强地办〜]もういちど考えよう,こんなに無理してやってはよくない.
不哼不哈 bùhēng bùhā 〈慣〉うんともすんとも言わない.黙りこくっている.→ [不声不响]
不哼一声 bùhēng yīshēng [不吭一声]一声もたてない.[他真是硬汉子,被打得皮开肉绽也忍着,

不   bù

咬住牙〜]彼はまことに硬骨漢で、打たれて皮がさけ肉がでるほどだとになってもただ歯を食いしばってうめき声もたてない.

不欢而散 bùhuān ér sàn 〈慣〉気まずい思いで別れる.〔争吵了一阵,毫 háo 无结果,最后〜]ひとしきり論争したが、何の結果も得ず、結局気まずい思いで別れた.

不慌不忙 bùhuāng bùmáng 〈慣〉慌てず急がず.〔他真是有修 xiū 养,什么时候也是〜的]彼はほんとうに修養のできた人だ、どんな時にも慌てず騒がず落ち着いている.→[慌忙]

不遑 bùhuáng 〈文〉いとまがない.…する間がない.〔〜枚 méi 举]枚挙にいとまがない.数えきれない.

不会 bùhuì ①(方法・技能を会得していないで)できない.〔我〜说中国话]わたしは中国語がしゃべれません.②ありえない.…のはずがない.…っこない.〔〜,他是那么老实的一个人,怎么会打架的,他はとてもまじめな男だから.〔小妞 niū 子是〜再活了](老・龍2の1)小妞子はもうぜったいに生き返らない.

不讳 bùhuì 〈文〉①死ぬ(婉語).②避けない.忌避しない.〔直言〜]直言してはばからない.ずけずけ言う.〔供 gòng 认〜]隠さず白状する.

不惑 bùhuò 〈文〉不惑(わく):40歳.〔不惑之年]同前.〔四十而〜](論語・為政)40歳にして惑わず.→[而 ér 立]

不羁 bùjī 〈文〉①(礼儀作法に)束縛されない.〔放荡 dàng 〜]勝手気ままで始末に負えない.②奔放である.小さくまとまらない.〔〜之才]縦横の才.非凡の才.

不及 bùjí ①及ばない.かなわない.〔我〜他]彼には及ばない.②間に合わない.

-不及 -bují 動詞の後に置いて、及ばない、間に合わない意味を表す.〔躲 duǒ 闪〜]避けきれない.〔来〜]間にあわない.

不即不离 bùjí bùlí 〈成〉不即不離.つかず離れず.〔〜的态 tài 度]同前の態度.→[若 ruò 即若离]

不及物动词 bùjíwù dòngcí 〈語〉自動詞:〔内 nèi 动词]〔自 zì 动词]ともいう.

不急之务 bùjí zhī wù 〈慣〉緊要でないこと.急いでやる必要のないこと.

不计 bùjì ①問題にしない.〔〜成本]コストを考えない.〔〜报酬]報酬はどうでもいい.②計算しない(できない).〔〜其数]〈慣〉測り知れないほど多い.

不济 bùjì 〈口〉よくない.役にたたない.〔不济(于)事]らちがあかない.ものの役にたたない.〔时运〜]運が悪い.

不记名票据 bùjìmíng piàojù 〈経〉無記名手形.持参人払手形.

不记名投票 bùjìmíng tóupiào 無記名投票.

不佳 bùjiā はかばかしくない.〔运气〜]運が悪い.

不加思索 bùjiā sīsuǒ 〈慣〉いいかげんである.〔〜地匆忙答复了]いいかげんにあわただしく回答した.

不假思索 bùjiǎ sīsuǒ 〈成〉考えないで.即座に.すぐに.〔〜地回答]即座に答える.

不检 bùjiǎn 自分の言行にかまわない.〔行为〜]行為が不謹慎である.

不敢 bùjiǎn →[不备①]

不简单 bùjiǎndān ①すごい.並ではない.〔他会说英、中、日三种语言,真〜]彼は英・中・日の3か国語が話せる、大したものだ.②ややこしい.複雑だ.

不减当年 bùjiǎn dāngnián 往時に比べて衰えていない.〔不减当初]ともいう.〔干 gàn 活还是〜]仕事をやり出すと昔とちっとも変わらない.

不见 bùjiàn ①会わない.顔を見ない.〔好几天〜了]何日も会わなかった.何日も顔を見なかった.〔好久

〜]〈挨〉お久しぶりです.②見ることがない.めったにない.〔这种用法还〜有]こんな使い方をめったにかかったことがない.③(物が)なくなる.紛失する:後に〔了]を置く.〔我的刀子〜了]ぼくのナイフがない.〔咦 yí！我的手套怎么〜了]あれ、手袋がどうしてなくなったんだろう.

不见不散 bùjiàn bùsàn 〈慣〉(人と待ち合わせる時に)会えるまでその場を去らずに待っている.〔咱 zán 们两点钟在车站见,谁先到谁等着,〜]わたしたち2時に駅で会いましょう.先についた人が待ってるということにして、会うまで会うことにしましょう.

不见大人 bùjiàn dàrén ①権勢ある人や門閥の家とは交わらない.②(少し冗談で)久しくご無沙汰しました.

不见得 bùjiànde …とは限らない.…とは思えない.…とは感じない.〔〜好]いいというほどでもない.さほどよくない.〔那倒〜]そうとは限らない.〔他自以为 wéi 是当代第一的文学家,我想他〜]彼は当代一の文学者だと自分では思っているが、ぼくはそれほどでもないと思う.〔未得]〔未 wèi 见得]

不间断电源 bùjiànduàn diànyuán 〔電]無停電電源装置.

不见棺材不落泪 bùjiàn guāncái bùluòlèi 〈諺〉棺桶を見なければ涙は流れない.〈転〉落ちるところまで落ちないと自らの失敗を悟らない:〔落]は〔掉 diào),〔不见丧不掉泪]ともいう.→[不到黄河心不死]

不见佳 bùjiànjiā いい具合ではなさそうだ.→[西 xī 望长安]

不见经传 bùjiàn jīngzhuàn 〈慣〉経や伝に記載のないもの.〈転〉出典のない考え方.世の人の信を得ない理論.名が知られていない人(物)

不见了 bùjiànle →[不见③]

不见天日 bùjiàn tiānrì お日さまが見えない.〈喩〉暗黒.公正でないこと.社会に暗黒・不合理が満ちること.

不见兔子不撒鹰 bùjiàn tùzi bùsāyīng 〈諺〉うさぎを見なければ鷹(たか)を放たない.〈転〉確実に見通しがつかないと手を出さない.

不将 bùjiāng 〈文〉(互いに)勝らない.つりあいがとれる.〔阴 yīn 阳〜]〔陰陽の語で〕陰陽の強さが互いに他に勝らない日:吉日とされている.

不讲道理 bùjiǎng dàolǐ 〈慣〉非道である.理不尽である.

不讲理 bùjiǎnglǐ 無茶である.→[蛮 mán 不讲理]

不骄不躁 bùjiāo bùzào 穏やかで着実である.〔他在成绩面前始终保持谦 qiān 虚 谨慎 jǐn 的作风]彼は成績については終始、謙虚謹慎ばおごらず焦らずの態度を守っている.

不教而诛 bùjiāo ér zhū 〈慣〉教え導かずにいて誤ちを犯すと厳しく制裁を加える.

不结盟国家会议 bùjiéméng guójiā huìyì 非同盟諸国会議.

不解 bùjiě ①わからない.理解しない.不思議に思う.いぶかる.〔〜事理]事理をわきまえない.〔〜其 qí 意]わからない意味か、わたしには理解できない.〔〜之谜 mí]解けない謎.不可解なこと.②分離できない.〔〜之缘](愛情・友情などの)離れにくい縁.固い絆.

不介意 bùjièyì 意に介しない.気にしない.

不价 bùjie 〔不家]〔不咖]とも書く.〈方〉否定の語:いいえ(そうではありません).いいえ(もうけっこうです)

不禁 bùjīn しないではいられない.忍びがたい.〔〜流下了眼泪]こらえきれずに涙を流した.〔她〜自己笑起来了]彼女は思わず一人で微笑してしまった.→

bù / 不

〔禁不住〕

不禁不由(儿) bùjīn bùyóu(r) 〈慣〉思わず知らず.知らぬ間に.いつの間にか.〔～地哼 hēng 起歌儿来了〕思わず知らず鼻歌を歌い始めた.

不仅 bùjǐn 単に…であるだけでなく.〈=仅〉同前.〔北京～是政治中心, 也是文化中心〕北京は単に政治の中心であるばかりでなく, 文化の中心でもある.

不紧不慢 bùjǐn bùmàn 速くもなければ遅くもない.あわてずおこたらず.

不尽 bùjìn ①すべては…とは限らぬ.完全には…でない.〔～相同〕〔～如 rú 此〕例外もある.全部が全部同じではない. ②尽きない.〔感恩～〕感謝にたえない. ③→〔不备①〕

不尽然 bùjìnrán みなそうとは限らない.全くそうというのではない.〔以我的看法并 bìng ～〕わたしの考えではそうとは限らない.

不近人情 bùjìn rénqíng 〈慣〉ひねくれている.

不尽如人意 bù jìn rú rényì 思い通りではない.まだ不足しているのがある.→〔不如人意〕

不经 bùjīng 〈文〉道理に合わない. 常道にそむく.〔～之谈 tán〕同前の話. 根拠のない話.

不经风雨, 不见世面 bù jīng fēngyǔ, bù jiàn shìmiàn 〈諺〉世の風雨にもあわずば, 世間のことも知らない.〈喻〉世間の苦辛を知らない.

不经世故 bùjīng shìgù 〈成〉世の中に疎い.

不经心 bùjīngxīn 注意を向けない. 気にかけない.〔漫 màn ～〕全く気に留めない.

不经一事, 不长一智 bù jīng yīshì, bù zhǎng yīzhì 〈諺〉経験しなければ知識は磨けない. 経験は知識の母.

不经意 bùjīngyì 不注意である. 意に介さない.〔街上车多,一～就会肇 zhào 祸〕街には車が多いから,ちょっと不注意だと事故を起こす.

不景气 bùjǐngqì ①不景気である. 経済面が沈滞している. ②盛んでない.

不敬 bùjìng 無礼である. 失礼である.

不胫而走 bùjìng ér zǒu 〈成〉足がないのに歩いて行く. 力を加えずして事態が進む.〈転〉ⓐ(物事が)あっという間に伝わる. ⓑ飛ぶように売れる. ⓒ一世を風靡する.

不久 bùjiǔ ほどなく(ない). 間もなく(ない).〔～又下了一场雨〕やがてまたひと雨降った.〔～以前〕さきごろ. そんなに古くはないこのころ.〔～的将来〕遠くない将来.〔于人世〕寿命が長くはない.

不咎既往 bùjiù jìwǎng ⇒〔既往不咎〕

不拘 bùjū こだわらない. 問題にしない.〔～怎样先拿来再说〕どのようにでもいいからとりあえず持ってきてね.〔～小节 jié〕小さい礼節に拘泥しない.〔～一格 gé〕一つの型・規格にとらわれない.

不具 bùjù ①→〔不备①〕 ②〈文〉揃っていない.〔旧籍散 sàn 亡, 典章～〕古い書籍が散失し, 法律制度が整っていない.

不倦 bùjuàn 〈文〉飽きない. 疲れ(を知ら)ない.〔海 huì 人～〕〈成〉飽きずに人を教え諭す〔論語〕.

不觉 bùjué ①〈文〉目覚めない.〔昏 hūn 睡～〕昏睡したままである. ②反省しない. 悟らない. ③気づかない. 意識しない.〈転〉あっという間に.〔～又过了一年〕あっという間にまた1年たった.

不绝 bùjué 切れ目がない. 連続している.

不觉技痒 bùjué jìyǎng 思わず腕がむずむずする. やりたくて腕がなる.〔跃 yuè 跃欲试〕

不绝如缕 bùjué rúlǚ 細々と続いている.〈喻〉ⓐ局面に危急が迫っている. ⓑ長く続くかぼそい声.

不绝于耳 bùjué yú ěr 〈慣〉途切れず耳に聞こえてくる.

-不开 bukāi 動詞の後に置き, 量的な納まりきらないことや動作の結果が拡大・分離したりできないことを表す.〔坐～三个人〕3人は座れない.〔离 lí ～〕離れられない.

不开眼 bùkāiyǎn 見識が狭い. 世間知らずである.

不刊 bùkān 改定できない. 廃滅しない.〔～之论〕絶対に改正削除のできない言論. 反駁のしようのない言論.

不堪 bùkān ①堪えられない. 忍びがたい.〔～其苦〕苦しみに堪えられない.〔～回首〕〈成〉思い出しても心が痛む.〔～设想〕〈成〉想像しただけでもたまらない.〔～一击〕一撃にも堪えられない.〔～入耳〕聞くに耐えない.〔～入目〕目にしたくもない.〔～造就〕養成しようとしてもものにならない. →〔难 nán 堪①〕 ②ひどさの極みだ:多く否定的価値を示す形容詞の後に置く.〔破烂～〕ボロボロになっている.〔疲 pí 乏～〕疲れ切ってしまう. ③…し難い. …できない. 〔～改造〕救い難い(断罪の際に用いる語).〔～以うようもく悪い. 〔他这个人太～了〕彼という人は全くどうしようもない.

不看僧面看佛面 bùkàn sēngmiàn kàn fómiàn 〈諺〉本人よりも(その目上の)関係者を立てる. 後ろに控える大物の顔を立てる.

不亢不卑 bùkàng bùbēi =〔不卑不亢〕たかぶらずへつらわず. ごう慢でもなく卑屈でもない.

不科学 bùkēxué 非科学的である.〔你说得～〕きみの言うことは非科学的だ.

不可 bùkě ①…することができない. …してはいけない. ②(…でなければ)いけない. どうしても(…しなければ)ならない:〔非 fēi …～〕の形をとる.〔非去～〕どうしても行かなければならない.〔像 xiàng 他那么办非失败～〕彼のようなやり方では失敗するにきまっている.

不可比拟 bùkě bǐnǐ 比較になるものがない. 無上だ.

不可避免 bùkě bìmiǎn 避けられない.

不可不 bùkěbù ぜひとも…しなければならない. ぜひすべきだ:〔不能不…〕よりもやや固い表現.〔～看〕見なければならない. →〔不得不〕

不可倒放 bùkě dàofàng =〔不许倒放〕〔不许倒置〕天地無用:荷物をひっくり返さないように(注意書き)

不可多得 bùkě duōdé 珍しい. まれである.〔～的人才〕得難い人材.

不可告人 bùkě gàorén ①他言無用である. ②〔恥ずかしくて〕他人に話せない. 明るみに出せない.

不可更新资源 bùkě gēngxīn zīyuán 非再生資源.

不可估量 bùkě gūliàng ⇒〔不可限量〕

不可忽视 bùkě hūshì 軽視できない.

不可缓 bùkě huǎnhuǎn 一刻もゆるがせにできない.

不可或缺 bùkě huòquē 少しでも欠けてはいけない.

不可救药 bùkě jiùyào (重症で, 深刻で)救いようがない.〔他的病怕 pà ～了〕彼の病気はおそらく治る見込みがない.

不可开交 bùkě kāijiāo どうしようもない:解決や処理ができない.〔闹 nào 得这么～之时〕こんなにごたごたしてどうしようもない時に.〔他这两天忙得～〕彼はここ数日忙しくててんてこまいだ.

不可抗力 bùkěkàng lì 法不可抗力.

不可理喻 bùkě lǐyù 道理をもって悟らせることができない. (頑迷・強情など)手のつけようがない.〔他发脾 pí 气的时候, 简直～〕彼がかんしゃくをおこした時は, 全く手のつけようがない.

不可名状 bùkě míngzhuàng 形容しつくせない. 言葉で言い表せない. →〔不可言状〕

不可磨灭 bùkě mómiè 滅びることがない.〔他的功

不　　　　　　　　　　　　　　　　　　　bù

gōng 劳永远～〕彼の功労は永久不滅である.
不可逆反应 bùkěnì fǎnyìng 旧不可逆反応.
不可偏废 bùkě piānfèi 偏ってはいけない.
不可企及 bùkě qǐjí 及びもつかない.とても追いつけない.
不可缺一 bùkě quēyī 一つとして欠くことができない.
不可容忍 bùkě róngrěn 容認し我慢することができない.
不可胜数 bùkě shèngshǔ 多くて数えきれない.→〔不胜枚举〕
不可胜言 bùkě shèngyán （多くて,複雑で,奥深くて）言葉では尽くせない.
不可收拾 bùkě shōushi 取り返しがつかない.挽回不能である.
不可思议 bùkě sīyì 〈成〉不思議である.奇怪である.〔危言耸 sǒng 听,～〕人騒がせな言論で,まったく理解できない.
不可同日而语 bùkě tóngrì ér yǔ 〈慣〉同日の論ではない.同じレベルにて置いて論じられない.
不可限量 bùkě xiànliàng =〔不可估量〕前途洋々として,そのはてをはかることはできない.
不可向迩 bùkě xiàng'ěr 近づけない.寄りつけない.〔火之燎于原～〕野火が広がったら近寄れない.〈喩〉勢いをなしたものは手がつけられない.
不可言状 bùkě yánzhuàng 言葉では形容しつくせない.→〔不可名状〕
不可一世 bùkě yīshì 当代に及ぶ者なしとし,尊大ぶって人を人とも思わない.〔称 chēng 王称霸,～〕尊大横暴をきわめ眼中人なし.
不可移易 bùkě yíyì 他のもので補うことができない.置き換えられない.
不可逾越 bùkě yúyuè 越えられない.〔～的鸿 hóng 沟〕越えられない大きな溝.〔～的障 zhàng 碍〕克服し難い障害.
不可战胜 bùkě zhànshèng 打ち負かすことができない.不敗である.〔民主主义是～的〕民主主義は不敗である.
不可知论 bùkězhī lùn 旧不可知論.
不可终日 bùkě zhōngrì 一日を終わり得ない.一日中あたふたする.〔惶 huáng 惶～〕内心びくびくしている.〔俯 fǔ 首书案碌碌～〕机にかじりついて心を安めるとまもない.
不可捉摸 bùkě zhuōmō つかみどころがない.予測できない.見当がない.
不克 bùkè〈文〉勝てない.堪えられない.できない.〔～自拔 bá〕（苦痛などより）抜け出すことができない.（悪い環境などから）足を洗えない.
不客气 bùkèqi ①遠慮がない.礼儀をかまわない.失礼である.〔不 hǎo ～地说〕ずけずけと言う.〔我跟你～了〕ではお言葉に甘えます.ではいただきます.②〈挨〉おかまいなく.遠慮しません.どういたしまして.→〔不谢〕
不肯 bùkěn しようとしない.〔～答 dā 应〕承知しない.〔～用功〕勉強しない.
不哼不哈 bùhēng bùhā うんともすんとも言わない.
不吭一声 bùkēng yīshēng ⇒〔不哼一声〕
不酷 bùkù〈口〉かっこ悪い.〔他给人的印象一点也～〕彼が人に与える印象はかっこよくはない（野暮ったい）→〔酷Ⅱ〕
不快 bùkuài ①不愉快である.②体の調子が悪い.〔心のろい.〔又物が〕よく切れない.
不快不慢 bùkuài bùmàn 速くものろくもない.ちょうどいい（速さ）
不匮 bùkuì〈文〉乏しくない.尽きない.〔孝 xiào 思～〕孝心が乏しくない.→〔不乏〕

不愧 bùkuì （…たるに）恥じない;後に〔为 wéi〕や〔是 shì〕を置く.〔他～是一国的代表〕彼は一国の代表たるに恥じない.〔这几句话说得真～为大学者〕今の話の内容はまさに大学者たるに恥じない.
不愧不怍 bùkuì bùzuò〈成〉心の中にやましい所がない.公明正大である.
不愧屋漏 bùkuì wūlòu=〔不欺暗室〕〈成〉公明正大で自重自尊する.人目のない所でも邪心を起こさない.
–不来 –bulái 動詞の後に置き,ⓐ話者の方へ来ることができないことを表す.〔谁都进～〕誰も入ってこられない.ⓑ慣れていない.会得していないことを表す.〔吃～〕食べつけていない.
不赖 búlài〈方〉悪くない.よい.立派である.〔今年的庄 zhuāng 稼可真～〕今年の収穫は本当に悪くない.〔这个菜的味道～〕この料理はなかなかうまい.
不郎不秀 bùláng bùxiù〈喩〉ろくでなし.役立たず.元・明の頃,〔郎〕は下層の子弟,〔秀〕は上層の子弟をいった.
不稂不莠 bùláng bùyǒu〈喩〉ろくでなし.役立たず.〔稂〕も〔莠〕も粟に似た野草で,詩経から出た言葉.後には〔不郎不秀〕に同じ.
不劳而获 bùláo ér huò 働かないで利益を得る.濡れ手に粟.
不老少 bùlǎoshǎo〈口〉少なくはない.たくさん.〔老〕は〔很〕の意.〔样样东西都准备 zhǔn 备～〕いろいろなものをぜんぶかなり大量に用意した.
不落忍 bùlàorěn〈方〉忍びない.申しわけない.〔白要我的,你是～〕わたしのをただでもらうのでは気がすまないでしょう.〔就是他情愿吃亏,咱们也～呢〕よしんば彼が損になるのを甘んじてもわたしたちは申しわけがない.
不类 búlèi ①似ていない.②よくない.かんばしくない.
不冷不热 bùlěng bùrè ①寒くも暑くもない.〔这阵子～,好季节〕このごろは寒くも暑くもなくちょうどよい季節だ.②（人に接する態度が）特にどうということはない.〔～的态度〕ふつうの態度.
不离 bùlí〈方〉たいした違いはない.まあいい.〔活计做得还～〕仕事はかなりやる.腕はまあまあだ.〔差 chà ～〕大差はない.
不离左右 bùlí zuǒyòu 手元から離（せ·れ）ない.
不理 bùlǐ 放任する.相手にしない.〔～不睬 cǎi〕〔不睬不理〕同前.〔置之～〕放任しておく.相手にしない.→〔理⑦〕
不力 bùlì 努めない.力を尽くさない.〔办事～〕仕事をまじめにやらない.
不利 bùlì 不利である.いいところがない.〔～因素〕不利な要因.
不立文字 búlì wénzì 旧（仏教の）不立文字（もんじ）.②〈转〉必ず実行する口約束.
不良 bùliáng よろしくない.不良である.〔消化～〕消化不良.〔～后果〕好ましくない結果.〔～胆 dǎn 固醇〕生理悪玉コレステロール.〔良性胆固醇 chún〕に対していう.〔～贷款〕〔～债 zhài 权〕不良債権.〔～资产〕不良資産.
不凉不酸 bùliáng bùsuān〈方〉事もなげなさま.無感動なさま.〔妈妈～说着,走出去〕〔梁·红25〕母親は事もなげに言いながら,出ていった.
不良导体 bùliáng dǎotǐ 物不導体.不良導体:電気・熱などを伝えない物体.
–不了 –buliǎo 動詞または形容詞の後に置き,その動作を（主として量的に）完了・完結しきれないこと,またそう予測することによる否定の強意を表す.①…しきれない.…しおおせない.〔吃～〕（多くて）食べきれない.〔少～（必要で）欠くことができない.〔～

bù / 不

時說～那么多〕ちょっとの間にそんなに話しきれない.〔我受～那样的苦〕わたしはあのような苦痛は辛抱しきれません.〔忙个～〕忙しくてたまらん.〔在这儿住～几天(就走)〕ここには幾日も滞在できない.②ぐあいがよくない.…しっくない.〔好～多少〕どれほどもよくなっていない.〔一辈子忘～您的好意〕一生涯あなたのご好意を忘れることはありません.〔他回国的日期远～〕彼の帰国の日は遠い.〔你放心吧,丢 diū ～〕ご安心なさい,失くしっこありません.〔看这个天气,明天也晴～〕この天気では明日も晴れますまい.〔错～〕間違いっこない.〔误wù ～〕だいじょうぶ,遅れることはない.

不了了之 bùliǎo liǎozhī 済んでいないのに終わったことにしてしまう.うやむやの中に片づける.一片をつけないでいいかげんにすます:〔不了而 ér 了〕ともいう.〔～地散 sàn 会了〕結論のつかないままで散会した.〔这件事拖了半年未能解决,最后只好～〕これは半年も引き延ばしていて解決できなく,最後には結局うやむやになってしまった.

不了情 bùliǎoqíng やめがたい感情.

不料 bùliào 思いがけなく.思いもよらず.はからずも:〔却〕〔倒〕〔竟〕などをともなって意外な結果を述べる.〔～想〕ともいう.〔去年种 zhòng 了一棵桃树,～今年竟开花了〕去年桃の木を植えたところ,なんと今年も花をつけた.

不列颠 bùlièdiān〈音訳〉ブリテン.→〔大 dà 不列颠及北愛尔兰联合王国〕

不吝 bùlìn〈文〉けちけちしない.惜しまない:人に批評・教えを頼むときの言葉.〔务 wù 祈～珠玉〕〔赠〕遠慮なく批評してくださるよう願います.

不灵 bùlíng 作用しない.効きめがない.機能の働きが鈍い,動作の鈍いこと.〔你那个办法根本～〕君の案はぜんぜん効果がない.→〔灵活〕

不零不整 bùlíng bùzhěng はしたでもなくまとまってもいない.〔这么～的钱,他不好用〕こんな中途半端の金は彼も使いにくかろう.

不另 bùlìng〈牘〉別に書かない.〔统 tǒng 此～〕ここですべてとし別には書きません.

不溜丢 bùliūdiū〔灰 huī 不溜丢〕

不留余地 bùliú yúdì〈慣〉余地を残さない.ぎりぎりまでやる.

不禄 bùlù〈文〉官吏の死(婉語).

不露圭角 bùlù guījiǎo〈成〉才気をひけらかさないこと.能ある鷹は爪を隠していること.

不露声色 bùlù shēngsè〈成〉心のうちを表に現さない.声にも表情にも出さない.沈着である.

不履行债务 bùlǚxíng zhàiwù〈経〉デフォルト.債務不履行.

不律 bùlǜ〈文〉①筆の別名.②法を守らないこと.

不伦不类 bùlún bùlèi あれとも言えずこれでもない.何と言うこともできないしろものである.〔这种～的比喻是会惹 rě 人发笑的〕この種の様にならない比喩は他人のお笑い草だ.→〔不三不四①〕〔非 fēi 驴非马〕

不论 bùlùn ①〈文〉問題にしない.論じない.〔一概～〕いっさい問題にしない.全部とりあげて論じない.②…に論なく.たとえ…でも:疑問もや不定の表現と共に前提文を作る.多く後に〔总 zǒng〕〔都 dōu〕などを置く.〔～怎么小心总免不了有错几〕どんなに気をつけても間違いがないとは言えない.〔～多随你的便〕いつでもあなたのご自由に任せます.→〔无 wú 论〕

不论秩子 bùlùnyàngzi〈方〉遠慮しない.相手の地位などをかまわない.〔管他是谁,也得较量较量,我可～〕相手が誰であろうがかまわないない,わたしは遠慮などしない.〔一气头儿上说话～〕怒って物

を言う時には遠慮会釈はしない.

不落好儿 bùluòhǎor〈口〉ほめられない結果となる.〔费了老大劲,可还是～〕すごく苦労したがどうしてもよい結果が出なかった.

不落窠臼 bùluò kējiù〈文芸作品が〉古い型にとらわれず,独創の風格を持つこと:〈口〉不落俗套〕ともいう.

不买账 bùmǎizhàng 買わない.受け入れない.取り合わない.〔你摆 bǎi 架子群众就不买你的账〕偉そうにしていると大衆は君について行かない.→〔买账〕

不瞒 bùmán 欺かない.ごまかうさない.〔～你说〕実を言えば.本当のことを言うと.

不满 bùmǎn ①不平である.不満である.〔心怀～〕不満に思っている.②不足する.充分でない.〔他～二十岁〕彼は20歳になっていない.

不蔓不枝 bùmàn bùzhī〈喩〉(文章が)簡潔である:蔓も枝もなくまっすぐである(宋の周敦頤の愛蓮説).

不忙 bùmáng 急がない.あわてない.〔～,～,什么时候都行〕急がないからいつでもいいよ.

不毛之地 bùmáo zhī dì 植物の成長しないやせた土地.〔毛〕は地面に生える各種の植物.〔过去的～,今天也长出了绿油油的禾苗〕以前の不毛の地も,今では青々とした穀類が育っている.

不美 bùměi よくない.まずい.〔这事进行与否 fǒu 还要考虑,别弄得不下不反为～〕このことは推し進めるかどうかお検討しなければならず,どっちかずにやっていてはかえってまずい.

不免 bùmiǎn 不ろ免…する…である.〔母亲死了总～要伤心的〕母親が亡くなってはどうしても悲しみで気がふさがる.

不妙 bùmiào うまくない.うまくいかない.具合が悪い.〔这情形～,要好好注意〕情勢は良くないから十分注意しなくてはならない.

不敏 bùmǐn 賢くおろかない.賢くない.〔小子 zǐ～〕〈文〉非才のわたくし.〔敬謝～〕〈文〉不才つつしんで謝絶いたします.

不明 bùmíng ①明るくない.②はっきりしない.不明である.〔～就里〕内情を知らない.〔国籍～〕国籍不明.〔～飞行物〕UFO.未確認飛行物体.→〔飞 fēi 碟〕③わからない.理解しない.

不明不暗 bùmíng bù'àn 明るくも暗くもない.適度な明るさだ.

不明不白 bùmíng bùbái ①明白でない.はっきりしない.何のことかわからない.②いかがわしい.うやむやに.〔旧社会的农民,常常受地主虐 nüè 待,～地屈死〕旧社会の農民は,しじゅう地主から虐待されて,うやむやの中にいじめ殺された.〔他的态度～〕彼の態度は公明正大でない.

不名数 bùmíngshù〈数〉無名数.不名数.

不名一文 bùmíng yīwén 一銭もない.一文なし.〔不名一钱 qián〕ともいう.

不名誉 bùmíngyù 不名誉である.

不摸底 bùmōdǐ 実情がわからない.

不摸门儿 bùmōménr こつがわからない.めどがつかない.

不摸头 bùmōtóu 事情に不案内である.〔我刚来,这些事全～〕わたしは来たばかりで,これらのことは全く不案内である.

不谋而合 bùmóu ér hé 期せずして意見や行動が一致すること.〔你的意见与我完全相同,真可算是～〕きみの意見とぼくの意見とは完全に同じだ,まったく暗合というものだね.

不睦 bùmù 不仲である.仲が悪い.

不耐烦 bùnàifán こらえられない.たまらない.〔我等了好一会儿,快等得～了〕さんざん待たさ

不

れて、もういいかげん嫌になった.
不能 bùnéng ①能力・条件が不可能である.〔这种 蔬菜叶子～〕この種の野菜は葉は食べられない. ②いけない.許されない.〔话还没说完,你～走〕話はまだまとまっていないんだ、きみは帰ってはいけない.〔损 sǔn 人的话,谁也～说〕他人をけなすようなことはどうにせよ言ってはいけない.③はずがない.可能性がない.〔这个很坚固,～才用了两个月就坏〕これは非常に丈夫だ、2か月ぐらい使っただけで壊れてしまうようなことはありえない.④うまくできない.〔字我～写〕僕は字はへただ.→〔能〕
不能不… bùnéngbù… どうしても…しなければならない.…せざるをえない.…しない訳にはいかない.〔你～来啊〕きみどうしても来なければだめだよ.→〔不得不〕
不能自拔 bùnéng zìbá〈成〉自力で抜け出せない.〔他陷 xiàn 入个人主义的泥坑中,～〕彼は個人主義の泥沼に陥って、自力では抜け出せない.
不能自已 bùnéng zìyǐ〈成〉自制できない.〔我一时～了〕一時、僕は自分をコントロールできなくなった.
不念旧恶 bùniàn jiù'è 以前に犯した罪や過失を追及しない.〔一般反革命分子如痛改前非,立功赎罪、人民就能、给予宽大处 chǔ 理〕一般の反革命分子がもしよく前非を悔い、功を立てて罪を償うならば、人民は旧悪を忘れて寛大な処理をする.
不佞 bùnìng〈文〉才能がない.〈転〉それがし、わたくし.(謙称).→〔不才〕
不宁唯是 bùnìng wéi shì〈文〉ただかくの如きのみならず.それのみならず:〔不宁惟是〕とも書く.
不怕 bùpà ①怖くない.心配はない.平気だ.②〈方〉たとえ.よしんば.
不怕官,只怕管 bùpàguān, zhǐpàguǎn〈諺〉役人が怖いのでなくその権力が怖い.御中方 (おんちゅうがた) は怖くないがすぐの上役は怖い.
不怕慢,只怕站 bùpàmàn, zhǐpàzhàn〈諺〉ゆっくり行くのはよい、立って動かないのがだめだ.
不怕一万,就怕万一 bùpà yīwàn, jiùpà wànyī〈諺〉一万回の多さは心配なくても、万が一のことが怖い.〈喩〉何事でもこの上なく慎重にやるに越したことはない.
不配 bùpèi ①組み合わせが適当でない.ふさわしくない.〔这两种颜色 yán～, 还是换一换吧〕これとこれは色が合わない、やはり取り替えたらいい.②…する資格がない.〔我～担任这个角 jué 色,您另请高明吧〕この役(芝居の)をとてもやる資格がありません、どうぞほかの優秀な方にお願いしてください.
不偏不倚 bùpiān bùyǐ〈成〉中庸を得ている.〈転〉偏しない.片寄らない.
不平 bùpíng ①不公平(なこと).②不平(を持つ).〔～之鸣〕不平の叫び.〔愤愤～〕〈成〉心中穏やかでない.→〔不平则鸣〕
不平等条约 bùpíngděng tiáoyuē 不平等条約.
不平衡 bùpínghéng 不均衡(である).アンバランス(である).〔～性〕不均衡性.
不平则鸣 bùpíng zé míng〈成〉不公平な取り扱いを受ければ不平の声をあげて反対を表す.〔他们打着～的幌 huǎng 子向我们进攻〕彼らは不公平に反対するという旗印を掲げ、我々に攻撃してくる.
不欺暗室 bùqī ànshì⇒〔不愧屋漏〕
不期而会 bùqī ér huì⇒〔不期而遇〕
不期而然 bùqī ér rán⇒〔不期然而然〕
不期而遇 bùqī ér yù〔不期而会〕期せずして会う.偶然会う.〔想不到今天在这里～〕今日ここで会おうとは思いもよらなかった.
不期而至 bùqī ér zhì 思いもかけずにそのような事態になる.

bù

不期然 bùqīrán 期せずして.〔他们～地欢呼起来〕彼らは期せずして歓声をあげた.
不期然而然 bùqīrán ér rán =〔不期而然〕(そうなるとは)期せずして.意外にも.〔这事居 jū 然～地圆满成功了〕このことは何と意外にも立派に成功した.
不起 bùqǐ 病気が長く治らない.再起不能である.
-不起 -buqǐ 動詞の後に置き、条件が十分でしようとすることができないことを表す:〔-得 de 起〕は可能を表す.〔上～学〕(貧乏で)学校へあがれない.〔买～〕(金がなくて)買えない.〔吃～〕ⓐ(金がなくて)食べられない.ⓑ耐えられない.〔责任太重,我担～〕責任が重くてぼくではだめだ.〔看～〕ⓐ(金がなくて)見物できない.ⓑ軽蔑する.〔叫您费心了,实在对～〕ご心配をおかけしましてまことに申しわけございません.顔向けのできないことです.
不起劲儿 bùqǐjìnr 気のりがしない.〔政府对于裁军并～〕政府は軍縮に対してちっとも気のりがしていない.→〔起劲〕
不起眼(儿) bùqǐyǎn(r)〈口〉見栄 (みば) えがしない.〔谁肯 kěn 花这么大的价钱买这么～的东西〕だれがそんな大金を出してこんな見栄えのしないものを買うか.
不弃 bùqì ①捨てない.見捨てない.②見下げない.〔如蒙 méng～, 务祈多多指教〕〔牘〕もしお見捨てなくばよろしくご指教願います.
不巧 bùqiǎo ①まずい.具合が悪い.②まずいことには、あいにく.〔～旧病复发〕おりあしく病病が再発した.〔真～〕〔恰 qià 巧〕
不切实际 bùqiè shíjì 実状に合わない.現実に即さない.〔～的计划〕実際に合わない計画.
不清不白 bùqīng bùbái 潔白でない.汚れている.〔～的钱〕不浄な金銭.
不清洁提单 bùqīngjié tídān〔経〕故障付船荷証券.
不清头 bùqīngtóu〈方〉道理や情況がわかっていない.〔他向来有条理,经手的事没有一件～的〕彼は従来筋が通っており、彼の手にかかったものは一つとしていい加減なものがない.
不情 bùqíng〈文〉情理をかまわない.不人情である.〔～之请多加原凉〕〔牘〕おしつけお願いどうぞお許しください.→〔不近人情〕
不求 bùqiú 求めない.望まない.〔～上进〕上達しようとする意欲がない.〔～有功,但求无过〕功績を求めず、ひたすら過失のないことを求める.
不求人 bùqiúrén ①〔麻 má 将〕(マージャン)で,〔吃 chī(I)⑥〕も〔碰 pèng⑥〕もしないと宣言し、門前自摸 (メンゼンツモ) であがるための配牌の読み、サイコロの振られる前に宣言する.②⇒〔老 lǎo 头(儿) 乐 ①〕
不求甚解 bùqiú shènjiě〈成〉要旨の理解につとめ、字句の解釈にこだわらない(晋の陶淵明・五柳先生伝).〈転〉深くは究めない.いいかげんにしておく.
不屈 bùqū 屈代しない.〔～不挠 náo 的精神〕不屈の精神.
-不去 -buqù 動詞の後に置き、動作の主体が説話者から遠ざかって行かないことを表す.〔心里觉得过～〕心すまなく思う、やり過ごせないと思えない.
不确 bùquè ①確定されてない.〔病因～〕病因は同前.②正確でない.
不群 bùqún 群を抜く.ぬきんでる.〔风度翩 piān 翻,倜傥～〕〈文〉風采があかぬけして抜群に瀟洒である.
不然 bùrán ①しからず.そうではない.ⓐ文頭に置く.〔～, 事情不简单〕いやや、事は簡単ではない.ⓑ述語として用いる.〔看起来是好事,其实～〕見たところ良い事のようだが実は然らず.②もしそう

でなかったら.でないと:〔要 yào 不①〕〔要不然〕に同じ.〔你要亲 qīn 自去请他,~他不会来〕きみが自分で行って彼を呼ばないといけない,そうでないと彼は来るはずがない.→〔否 fǒu 则〕

不燃性 bùránxìng 不燃性.〔~涂 tú 料〕不燃性塗料.

不染纤尘 bùrǎn xiānchén 少しも汚くない.たいへんきれいである.〔一 yī 尘不染〕

不让 bùràng ①譲歩しない.〔平时相处 chǔ 得很好,可一打起架来谁也~份儿〕日頃は仲がいいが,けんかを始めると,どちらも負けてはいない.②(…に)劣らない.譲らない.〔别看这家铺子小,信用可~于那些大公司〕この店が小さいからと見くびってはいけない,信用はそこらの大会社にひけをとらないんだから.

不仁 bùrén ①仁徳がない.〔~不义〕仁義にそむく.②手足がしびれて自由がきかない.感覚がなくなる.〔麻木~〕同前.

不人道 bùréndào 人道に背く.人道に外れる.

不忍 bùrěn (気持ちの上で)忍びない.耐えられない.〔~坐视〕座視するに忍びない.〔于 yú 心~〕心を鬼にすることができない.

不任 bùrèn 〈文〉(任务に)堪えない.〔~职 zhí 事〕職務に堪えない.〔~咎 jiù〕責を負わない.

不认人 bùrènrén ①その人を(自分の情誼のある)その人と認めない.人の扱いを立てない.〔认理、~〕道理を重んじ,法律を守り,人を誰でも特別扱いしない.②(赤ん坊が)人を識別できない.顔(人)見知りしない.

不认账 bùrènzhàng しらを切る.非を認めない.(自分の負い目・過ちを)承認しない.

不日 bùrì 〈文〉日ならず.近いうちに;未来のことに用いる.〔那个问题一即可解决〕あの問題は近いうちにすぐ解決できよう.〔~起 qǐ 程〕近日中に出発する.〔即了日〕

不容 bùróng 容(″)れない.許さない.〔~不让〕びしびしと容赦しない.〔~分说〕有無を言わせない.〔~忽 hū 视〕ないがしろにできない.〔~我说完,他就插 chā 嘴〕わたしが言い終らないうちに,彼はくちばしを入れた.

不容辩 bùróng zhībiàn 議論の余地はない.

不容置喙 bùróng zhìhuì 〈成〉差し出口を許さない.〔他说得非常肯 kěn 定,简直使人~〕彼はきっぱりと言い切り,余人に差し出口を許さない.

不容置疑 bùróng zhìyí 〈成〉疑いをおくことを許さない.疑いのない事実である.〔~,这次敌人又打错了算盘 pán〕疑問の余地もなく,今回も敵は計算違いをした.

不如 bùrú …にこしたことはない.…に及ばない.…のほうがまさした.…した方がよい.〔百闻 wén 不~一见〕〈諺〉百聞は一見にしかず.〔~这么办好〕こうした方がよい.〔过乍马~的生活〕牛馬にも及ばない生活をするのはこれよりましだ.〔~人家的强〕それ人の~強〕

不如意 bùrúyì 思うままにならない.〔~事(十)常八九〕世の中のことは八,九分どおりは思うようにならないものだ.

不辱使命 bùrǔ shǐmìng 〈成〉使命を恥ずかしめない.任務を立派に果たす.

不入调 bùrùdiào 曲調に合わない.〈喩〉さまになっていない.人並みでもない.

不入耳 bùrù'ěr 〈文〉耳障りである:〔不中听〕に同じ.

不入公门 bùrù gōngmén 役所や役人と関係を持たない.公事に関係しない.

不入虎穴,焉得虎子 bùrù hǔxué, yān dé hǔzǐ 〈諺〉虎穴に入らずんば虎子を得ず:危険を冒さなければ大事はなせない.

不入流 bùrùliú 〈喩〉水準に達しない.〔他的文章~〕彼の文章はまだまだだ.→〔入流①②〕

不若 bùruò 〈白〉…に及ばない.〔不如〕に同じ.

不漏汤,不漏水 bùlàtāng, bùlòushuǐ 〈喩〉(処置や態度が)がっちりと水ももらさない.手ぬかりがない.〔这件事从始到终~,真是办得圆满〕この件は初めから終わりまでいささかも手ぬかりがなくてまったくうまくいっている.→〔四 sì 平八稳〕

不三不四 bùsān bùsì ①=〔半 bàn 三不四〕〈慣〉怪しげである.まともでない.ろくでもない.〔浅薄の庸 yōng 俗的~的文化现象〕浅薄で卑俗なろくでもない文化現象.〔~的人〕ろくでなし.やくざもの.→〔不伦不类〕②見苦しい.不格好である.様になっていない.

不塞不流,不止不行 bùsè bùliú, bùzhǐ bùxíng 〈成〉一方を塞ぎ止めなければ新たな水は流れない,旧を止めなければ新は行きわたらない:〔塞〕は sāi とも読む.本来は仏教で難題にあうことがかえって布教の力を生むことを言ったが,後には〔不破不立〕と同じ意味に使う.

不衫不履 bùshān bùlǚ ①素足(ぁ)できちんとした着物を着ない:だらしない格好.〔你这样~,像什么话!〕(茅・霜1)そんなだらしない格好をして,何ということかね.②おうようで小さなことに拘泥しないさま.〔他常常模仿~的名士派,自以为清高绝俗〕彼はいつもなりふりをかまわない名士振りをして,自分では俗塵から超然としていると思っている.

不善 bùshàn ①よくない.不当だ.②=〔不擅〕(…に)優れていない.(…に)得意でない.〔…が不得意である:〔~于 yú〕ともいう.〔~言辞〕弁舌にたけてない.③〈方〉大変なものである.なかなかやる.

不擅 bùshàn 同上②.

−**不上** −bushàng 動詞の後につけ,その動作が成就,あるいは実現し得ないことを示す:〔−得 de 上〕は可能を表す.〔这个门关~〕この戸は閉まらない.〔赶~追いつけない.間にあわない.〔锁 suǒ 坏了,锁~鎖前が壊れて,かけられない.〔糨 jiàng 子太稀,贴~〕のりが薄くて貼りつかない.

不上不下 bùshàng bùxià ①どっちつかず.よくも悪くない.②落着の形のつけようがない.〔这样~进退两难的情形,实在令人难思〕こんな落とし所のないにっちもさっちもいかない情勢はとても耐えられない.

不上就下 bùshàng jiùxià 向上しないと,今より下がる.

−**不上来** −bushànglái 動詞の後につき,その動作が下から上へ行くことができない,動作を円滑に成就し完成することができないことを表す:〔−得 de 上来〕は可能を表す.〔走~〕歩いてのぼれない.〔拿 ná 〜〕持ちあげられない.〔意思明白,可是说~〕意味はわかっているが,すらすらと口に出てこない.〔问什么,他也回答~〕何を聞いても彼はうまく答えられない.

不上算 bùshàngsuàn 勘定に合わない.引き合わない.〔他太精明了,决不肯做~的事〕あいつは切れてぬけ目がないから,そろばんに合わないことはぜったいにやろうとしない.

不少 bùshǎo 少なくない.〔~东西〕多くのもの.〔~人〕多くの人.〔~于〕(…より)少なくない.〔这种~于那种〕これはあれより少なくない.

不舍 bùshě ①止まらない.やめない.②なごり惜しい.離れ難い.〔有些~地放到棺材里〕なごり惜しげに棺おけに入れた.→〔舍不得〕

不设防城市 bùshèfáng chéngshì 無防備都市.

不甚 bùshèn 〈文〉あまり…でない.〔~安祥〕あまり

不　　　　　　　　　　　　　　　　　　　　　　bù

安穏ではない.〔～了了 liǎoliǎo〕あまりよく分かっていない.十分に理解しているとはいえない.
不慎 bùshèn 〈文〉注意しない.うっかりしている.〔～右手被擦伤〕うっかりして右手をすりむいた.
不生不灭 bùshēng bùmiè 国(仏教で)不生不死.真如実相の存在.
不声不响 bùshēng bùxiǎng〈成〉声も言葉も発しない.うんともすんとも言わない.〔他埋头苦干,～地做了许多工作〕彼は仕事に没頭し,黙々として多くの仕事をした.
不胜 bùshèng ①勝たない.②…に堪えない.〔～任〕任に堪えない.〈喩〉〔弱～衣〕着物の重さにも堪えな.〈喩〉か弱いこと.〔～春 春の風情にまけてしまう.③やりおおせない.しきれない;前後同一の単音節動詞を置く.〔防～防〕〈成〉防ぐに防ぎきれない.④とても,非常に.〔～感谢〕とても感謝しています.
不胜枚举 bùshèng méijǔ〈成〉枚挙にいとまがない.いちいち挙げきれない.→〔不可胜数〕
不胜其烦 bùshèng qífán〈成〉その煩に堪えない.
〔说明一个简单的道理,不必如此,～地引用这么多材料〕簡単な道理を説明するのに,こんなにうるさいほど材料を引用するには及ばない.
不失时机 bùshī shíjī 時機を逃さない.
不失为 bùshīwéi〈文〉…たるを失わない.やはり…と見なされる.〔这样处理～一个办法〕こう処理するのもーつのやり方である.
不失闲儿 bùshīxiánr〈方〉〔不识闲儿〕とも書く.①じっとしていられない,じしゅう動いている.〔这孩子真淘 táo 气,整天价手脚～〕この子は本当に腕白だ,一日中休みなしに何かしらやっている.②骨惜しみをせずに働く.
不失正鹄 bùshī zhènggǔ 的外れでない.正鵠(ミ)に当たる.
不时 bùshí ①不時の.いつとは言えぬどんな時(も).〔～之需 xū〕〔～之须〕不時の必要.②度々.何度も.いつも.〔主席～地称 chēng 赞〕主席はたびたびほめた.
不实 bùshí〈文〉実をつけない.②実際と合わない.事実(どおり)ではない.
不识大体 bùshí dàtǐ 大局を知らない.局部に気をとられて大切な道理をわきまえない.
不识货 bùshíhuò 品質の鑑別ができない.目が利かない.
不识庐山真面目 bùshí lúshān zhēnmiànmù〈成〉物事の渦中にある者は事の全体の真相がわからない.〔～,只缘 yuán 身在此山中〕廬山の中に居ながら,廬山の姿を知らない(宋·蘇軾詩)
不识起倒 bùshí qǐdǎo 事をわきまえない.〔真是～,应该磕 kē 几个头求求您才像样呀呢〕全くわかっていない,当然あなたに何回か頭を下げてお願いしてこそちょうどよいところなのに.
不识时务 bùshí shíwù〈成〉時代の潮流に疎い.時代の要求に鈍感である.
不识抬举 bùshí táiju〈成〉好意を無にする.人の自分への恵みに気づかない.
不识泰山 bùshí tàishān〈喩〉(人の大きな価値を見る)眼識がない.→〔泰山①〕
不食烟火 bùshí yānhuǒ〈成〉煮炊きしたものを食べない.仙人の生活をする.
不识一丁 bùshí yīdīng〈成〉目に一丁字もない.文字を知らない.〔不识丁〕〔目 mù 不识丁〕ともいう.〔不识之无〕に同じ.
不食周粟 bùshí zhōusù〈成〉周の禄を食(は)まず.→〔伯 bó 夷叔齐〕

"之"や"无"のような簡単な字すら知らない意.
不世 bùshì 世に稀である.時代に一人あるかないかの.〔～之功〕世に稀な立派な功績.〔～之材〕世に稀の優れた才のある人.
不事 bùshì〈文〉通念のある形にあてはまることをしない.〔～二主 zhǔ〕二君に仕(ミ)えず.〔忠 zhōng 臣～二主,烈 liè 女不嫁二夫〕忠臣は二君前で,烈女は二夫に嫁(ミ)がず.〔～生产〕生産に従事しない.〔衣着朴素,一摆 bǎi 架子的省长〕服装が質素で偉そうな格好をしない省長.
不适 bùshì〈文〉病気.病む.②気分が悪い.不快である.〔升华硫有微臭,但无～感〕昇華硫黄には微臭はあるが,不快感はない.
不是办法 bùshì bànfǎ ⇒〔不是事儿〕
不是场合 bùshì chǎnghé 間が悪い.
不是地方 bùshì dìfang ①場所が悪い.不適当な場所.②的はずれである.場所違いである.
不是东西 bùshì dōngxi〈罵〉ろくでなし.
不是…而是… bùshì…érshì… …でなくて…である.〔今天～星期一～星期二〕今日は月曜でなくて火曜だ.
不是个儿 bùshìgèr〈方〉歯が立たない.相手にならない.
不是…就是… bùshì…jiùshì… …でなければ…だ.…か…かのいずれかだ;〔不是…便 biàn 是…〕ともいう.〔～下雨～刮 guā 风〕雨が降らなければ風が吹く.
不是(闹着)玩儿的 bùshì(nàozhe)wánrde〈慣〉冗談事ではない.軽くは扱えない.
不是时候 bùshì shíhou 間(ま)が悪い.タイミングが悪い.その時期でない.
不是事儿 bùshìshìr =〔不是办法〕よくないことだ(やめるべきだ).〔你这么忍着可不是个事儿〕そんなにがまんしているのはやめなさいよ.
不是头 bùshì tóu〈白〉状況がよくない.成り行きがまずい.〔那汉子见一挑了担桶便走〕(水4)その男は風向きがよくないのを見てとって,担ぎ桶を担いで行ってしまった.
不是玩儿的 bùshì wánrde ⇒〔不是(闹着)玩儿的〕
不是意儿 bùshì wányìr〔不是玩艺儿〕とも書く.〈罵〉ろくでもない奴(もの)だ.
不是味儿 bùshìwèir =〔不是滋味儿〕①味が悪い.〔这个菜炒得～〕この炒め物の味はあまりよくない.②まともでない.思わしくない.〔他的作风我越看越～〕見れば見るほど彼のやり方はどうも思わしくない.③後味が悪い.いやな感じがする.気に入らない.〔心里很～〕心中大いに面白くない.
不是一家人,不进一家门 bùshì yījiārén, bùjìn yījiāmén 一緒になるのは元来縁があるのだ.〈喩〉似たもの夫婦.
不是冤家不聚会 bùshì yuānjiā bù jùtóu 前世の仇同志でなければ一緒にならない.〈喩〉やはり縁があるから夫婦になったのだ.
不是滋味儿 bùshì zīwèir ⇒〔不是味儿〕
不是 bùshi 誤り.過失.〔赔 péi ～〕誤りをわびる.〔这是我的～〕これはわたしの間違いだ.
不受欢迎的人 bùshòu huānyíngde rén 国ペルソナ·ノングラータ;外交上受け入れられない人.
不受看 bùshòukàn 見ばえがよくない.見られない.〔这东西摆 bǎi 得真～,越看越别扭 bièniu〕この品物は遠方が実に見られたものではない,見れば見るほど変だ.
不受苦中苦, 难为人上人 bùshòu kǔzhōngkǔ, nánwéi rénshàngrén〈諺〉苦中の苦をなめなければ人の上に出ることはできない.艱難汝を玉にす.

149

不受用 bùshòuyòng 具合が悪い.不快である.調子が悪い.

不舒服 bùshūfu ①心地よくない.気楽でない.〔这件衣服太瘦 shòu,穿着〕この服は細すぎて,着てみて窮屈だ. ②(体)の具合が悪い.気分が悪くない.〔~感指数〕不快指数.〔我今天有点～你替我请一天假吧〕わたしは今日少し気分が悪いから,休ませてもらうと言っといてくれたまえ.→〔舒服〕

不舒坦 bùshūtan 〈方〉(体)の)加減が悪い.体調が悪い.

不熟 bùshú ①未熟である.下手である.〔嗯！念得～,昨儿回去没复习吧〕ウン,読み方がうまくないですね,きのう帰ってから復習しなかったのでしょう. ②慣れていない.程度が浅い.

不爽 bùshuǎng ①違わない.ずれない.〔丝 sī 毫～〕寸分も違わない. ②心地よくない.気持ちがすっきりしない.〔爽快①〕

不顺眼 bùshùnyǎn 目障りである.〔碍 ài 眼①〕に同じ.

不死不活 bùsǐ bùhuó ⇒[半 bàn 死不活]

不死草 bùsǐcǎo ⇒[麦 mài 冬]

不死心 bùsǐxīn 断念しない.あきらめない.→[死心]

不送 bùsòng 〈挨〉①どうかそのままよお見送りはけっこう(客が主人に):〔别 bié 送〕に同じ.→[留 liú 步] ②お見送りしない.この辺で失礼(主人が客に).〔您慢走,~了啊〕どうかお気をつけて(お見送りいたしません)

不送气 bùsòngqì =[不吐气]発音する場合強い気流を出さない.〔~音〕無気音.→[送气]

不俗 bùsú あかぬけしている.俗っぽくない.〔~气 qì〕ともいう.

不溯既往 bùsù jìwǎng 既往にさかのぼらない.過ぎたことは考えない.

不速之客 bùsù zhī kè 〈成〉招かざる客.飛び入り客.〔速〕=[邀请].〔不知道你今天请客,我闯 chuǎng 来作~了〕君が今日お客さんを招待しているのを知らずに勝手に押しかけてしまった.

不算 bùsuàn ①数えない.問題にしない.〔别的~,就是这一件也够麻烦的〕ほかのはさておき,この一つだけでも相当面倒だ. ②…のうちには入らない.…というほどでもない.〔还一坏 huài〕まあ悪い方ではない.

不随意肌 bùsuíyì jī 生理 不随意筋.〔不随意筋 jīn〕ともいう.

不遂 bùsuì ①思うようにいかない. ②成功しない.成就しない.

不太 bùtài あまり…ではない.〔身体~好〕身体はあまり良くない.→[不大]

不贪便宜不上当 bùtān piányi bùshàngdàng 〈諺〉欲ばらなければだまされない.欲ばって安く買おうと思うとペテンにかかる.

不特 bùtè 〈文〉①…であるばかりか. ②ただ…にとどまらない.

不腆 bùtiǎn 〈文〉少しばかり.粗末な(贈り物).〔~之礼〕〈謙〉粗末な進物.〔~菲薄 fěibó〕〈謙〉はなはだつまらぬもの.

不挑之祖 bùtiāo zhī zǔ 〈喩〉尊敬される創業者:〔桃〕は先祖を祭るみたまやで村内の適当な地に設け,緑の遠い者は順次м所内からここへ移すが,創業者あるいは貢献のあった人などは移さなかった.

不停 bùtíng ①止まらない.〔~车收费系统〕ETC.(高速道路)自動料金収受システム. ②絶えず.間断ない.〔~地咳 ké 嗽〕ひっきりなしにせきをする.

不通 bùtōng 通じない.不通である.〔道路~〕道は È止まりだ.〔电话~〕電話が通じない. ②事理に通じない.〔~人情〕頑迷である.筋が通らな

い.〔这句话～〕話が通じない.

不通孔 bùtōngkǒng 機 不通孔.突き通っていない穴:俗に〔闷 mēn 眼〕という.

不同 bùtóng 同じでない.異なっている.それぞれの.〔都将有 程 chéng 度的发展〕程度は異なるがそれぞれ発展するであろう.

不同凡响 bùtóng fánxiǎng 〈成〉独自な特色のある:〔凡响〕は平凡な楽音.〔你这篇文章写得很好,真是~的〕君の文章は非常によい,全く出色のものである.

不痛不痒 bùtòng bùyǎng 〈成〉核心に触れない.肝心な点に触れない.痛痒を感じない.〈転〉問題とするに足らない:〔不疼 téng 不痒〕ともいう.〔这种~的批 pī 评,对他是不起作用的〕この種ののらくらした批評は,彼に何の影響も与えない.

不图 bùtú ①図らない.追い求めない.〔~名利〕名利を追い求めない. ②〈文〉はからずも.→[不料]

不吐气 bùtǔqì ⇒[不送气]

不妥 bùtuǒ 穏当でない.適当でない:〔~当〕ともいう.〔那件事安排得很～〕あのことは処理の仕方が実に妥当でない.

不外(乎) bùwài(hū) …にほかならない.ほかでもない.〔所谈～是你们进修的问题〕話し合ったことはほかでもない,君の研修問題だ.

不完全 bùwánquán ①不完全である.〔~统计〕概算統計.〔~叶 yè〕植 不完全葉. ②全部が…という訳ではない.

不枉 bùwǎng ①〈事実)を曲げない.〔~纵 zòng〕事実を捻じ曲げず,主観·感情に支配されない. ②無駄でない.甲斐がある.〔终 zhōng 于找到了要找的人,~走这么远的路〕ついに捜している人を捜しあてたのだから,こんなに遠く来た甲斐があった.

不忘沟壑 bùwàng gōuhè 〈成〉①正義のために自分の屍を山野にさらす覚悟が常にある. ②立身出世した後にも,微賤であった時の苦しみを忘れない.

不惟 bùwéi 〈文〉ただに…のみならず.ただそれだけでなく:〔不唯〕とも書く.〔~无益,反而有害〕ただ無益であるばかりでなく,かえって害がある.

不为所动 bùwéi suǒ dòng 他によって左右されない.影響を受けない.

不为已甚 bùwéi yǐ shèn (非難·処罰を)ほどほどにする.〔如果他~倒也罢了〕もし彼があまりひどいことまではしないのならば,それでまあよろしい.

不韪 bùwěi 〈文〉よからぬこと.悪事.〔冒 mào 天下之大~〕天下の大きな悪事を犯す.

不谓 bùwèi 〈文〉①言えない:否定語の前に用いる.〔成绩～不好〕成績はよくないとは言えない. ②意外にも.思いがけず.〔原拟 nǐ 打击敌人,～反被敌人陷害〕もともと敵をやっつけようと思っていたのに,思いがけずかえって敵にやられてしまった.

不闻不问 bùwén bùwèn 〈成〉相手にしない.一切関心を向けない.〔对国家大事,他一向～,只管读 mái 头读书〕国家の大事には彼は昔から興味を示さず,ひたすら読書に没頭している.

不文不武 bùwén bùwǔ 文武共に才がない.取り柄がなく無能である.

不稳定平衡 bùwěndìng pínghéng 機 不安定平衡.

不问 bùwèn ①かかわらない.かまわない.〔~是非情由〕事情がどうあろうと.なにがなんでも. ②追求しない.罪に問わない.

不问青红皂白 bùwèn qīng hóng zào bái 〈成〉事の是非曲直を追求しない.道理もへったくれもなく.やみくもに:〔不分青红皂白〕に同じ.〔老张一进门,就~地把他教 jiāo 训了一顿〕張さんは家の中に入ると,やみくもに彼を叱った.

不 bù

不问三七二十一 bùwèn sānqī èrshíyī ⇒〔不管三七二十一〕

不无 bùwú 無いのではない。無きにしもあらず。少しはある。〔～小补〕少しは役に立つ。〔～关系〕関係がないのではない。少しはかかわりがある。〔～困kùn 难〕困難なことがないのではない。

不误 bùwù 間違いなく。確かに。〔～农时〕農時をあやまたない。適時に農作業を行う。〔交时班轮带上～〕次便の船で間違いなくお送り申し上げます。〔如数收到～〕確かに領収いたしました。

不务虚名 bùwù xūmíng 虚名(名声)を求めない。

不务正业 bùwù zhèngyè ①まともに仕事をしていない。ぶらぶらしている。②副業ばかりして正業は放っておく。

不惜 bùxī 惜しまない。ものともしない。〔～牺xī 牲〕犠牲をものともしない。〔～工本〕労力も資本も惜しまない。〔～笔墨〕書く事を惜しまない。どしどし書く。

不悉 bùxī〈牍〉書簡の結尾に用いる語：言い尽くさぬの意。〔不备〕

不习水土 bùxí shuǐtǔ ⇒〔不服水土〕

不暇 bùxiá 暇がない。〔应 yìng 接～〕応接にいとまない。

不下 bùxià 下(か)らない。以下ではない。〔不下于…②〕ともいう。〔～一百人〕百人は下らない。

-不下 -buxià 動詞の後に置き、場所がなく納まりきらない、動作行為がしきれないことを表す。〔地方窄 zhǎi, 搁〕場所が狭くて、置ききれない。〔火车人满了, 坐～〕満員で腰掛けられない。〔我吃～了〕もう十分食べました(食べられません)

不下怀(儿) bùxiàhuái(r) 子供が甘えて親の膝から離れたくないこと。〔把孩子惯 guàn 得～了〕子供を甘やかして膝から離れたがらないようにしてしまった。

-不下去 -buxiàqù 動詞の後に置き、上から下へおりて行くこと、動作を持続していくことの不可能を表す：〔-得 de 下去〕は可能を表す。〔这么大的东西, 搬 bān ～〕こんな大きいものは運べて下ろせない。〔我实在喝～〕わたしは本当に、もう飲めないんです。〔这样的痛苦, 我怎么也忍 rěn ～〕こんな苦しみは、どうにも辛抱できません。〔句子太长, 一口气念～〕句があまり長いから一息に読みかねます。

不下于… bùxiàyú… ①～に下らない。～に劣らない。〔这种自来水笔, 质 zhì 量也～英雄牌〕この種の万年筆は品質も英雄マークに劣らない。②⇒〔不下〕

不显山, 不露水 bùxiǎnshān, bùlòushuǐ〈喻〉人の注意を引かない。〔露〕は〔显〕ともいう。〔搭 dā 致得～, 明好〕造りがあまり人目を引かなくて, とてもいい。〔顺着地垄 lǒng ～, 地溜走了〕土手に沿って人目につかないようにこっそり逃げた。

不相称 bùxiāngchèn ①調和しない。②適当でない。ふさわしい力がない。

不相干 bùxiānggān 相関せず。互いに関係なし。〔于 yú 我～〕僕には関係がない。

不相能 bùxiāngnéng 互いが合わない。仲が悪い。〔东伙～生意难得兴盛〕〈谚〉経営者と従業員との間が良くないと商売は繁昌しにくい。

不相容 bùxiāngróng 相容れない。〔水火～〕〈成〉犬猿の仲。

不相上下 bù xiāng shàngxià 互いに優劣がない。

不相闻问 bù xiāng wénwèn かかわりを持たない。お互いに関心をもたない。往来しない。〔在一起工作, 不能～, 应该紧密地团结在一起〕一緒に仕事をしていれば疎外し、しっかりと、互いに団結すべきだ。→〔不闻不问〕

不相下 bùxiāngxià 互いに譲らない。

不详 bùxiáng ①詳しくしない。はっきりしない。〔言之～〕言うことがはっきりしない。〔历史情况～〕歴史情況が不詳である。②〈牍〉詳しくは述べません。

不祥 bùxiáng 不吉である。縁起が悪い。〔～之兆 zhào〕不吉の兆し。

不想 bùxiǎng 意外にも。→〔想不到〕

不像话 bùxiànghuà ①話になっていない。でたらめである。〔太～了!〕同前。②ひどい。度がすぎる。〔忙得～忙しくてたまらない。

不像样(儿) bùxiàngyàng(r)〔不像样子〕ともいう。①不格好である。見苦しい。〔他那么敞 chǎng 胸露怀的实在～〕彼はあんなに胸をはだけているのが実に不格好だ。②非常に(よくない)。はなはだ。〔穷 qióng 得～〕お話にならない貧乏だ。

不消 bùxiāo ①必要がない。いらない。〔～几天就出去〕2, 3日もせずに出て行く。②…しなくてもよい。〔那～说〕それは言うに及ばない。

不肖 bùxiào ①親に似ない(子)。品行が悪くて一人前になれない(子)。〔～的子、～之孙 sūn〕不肖の孫。②〈文〉賢くない。③〈文〉自己の謙称。

不孝 bùxiào ①孝行しない。〔～有三, 无后为大〕(孟子・离娄上)〈文〉不孝に三つあるがその中でも子の無い(子孫の絶える)ことが最大である。②旧親の喪に服している時の自称。→〔孝〕

不屑 bùxiè ①…に値(あたい)しない。軽視して潔しとしない：〔～于〕ともいう。〔～一顾 gù〕ふりむいて見るに値しない。〔他～再接近他的伙 huǒ 伴〕彼は これ以上仲間に接近することを潔しとしない。〔～教诲 huì〕教えることを潔しとしない。〔～于苦苦求别人〕哀れっぽく人に頼ることを潔しとしない。→〔不值得〕②軽視する。

不谢 bùxiè〈挨〉(お礼を言われたのに対して)どういたしまして：お礼を言われるほどのことではない。〔不用谢〕同前。→〔不客气〕

不懈 bùxiè〈文〉怠らない。ゆるがせにしない。

不信任 bùxìnrèn 信任しない。〔提出～案〕不信任案を提出する。

不信邪 bùxìnxié 正しくないことには従わない。人のいいなりにはならない。

不兴 bùxīng ①はやらない。〔太客气的话, 现在～了〕あまり丁寧な言葉は今ははやらない。②よろしく、許されない。〔谁也～不讲理〕だれだって道理を無視しちゃいけない。③できない：反語にのみ用いる。〔你们～再小点儿声说话吗〕君たちは少し小さい声で話せないか。

不行 bùxíng いけない。よくない。〔不成〕〔不好〕よりやや語気が強い。〔不去～〕行かなきゃだめだ。〔那么办～〕そんな風にやってはだめだ。②…できない：〔得 de〕の後に置き、がまんできない、…でやりきれない意を表す。〔疼 téng 得～〕たまらなく痛い。〔心里痒 yǎng 得～〕かゆくてならない。③〈謙〉標準に合わない。能力が不足がある。〔这样做还是～, 这么作り方ではまだ十分だ。④死ぬ(婉辞)。〔老太太病了三个月, 眼看～了〕大奥様は3か月も病んで、もうだめだろう。

不省人事 bùxǐng rénshì ①人事不省(になる)。②人情・世情に疎い。

不幸 bùxìng ①不幸である。〔～的消息〕不幸な知らせ。〔～的事〕不幸なこと。②不幸にも。〔～以身殉 xùn 职〕不幸にも殉職した。〔～染上～〕不幸の災難。〔遭 zāo 到～〕不幸に遭う。〔发生～〕不幸なことが起きる。〔～中之万幸〕不幸中の幸い。

不休 bùxiū やめない：動詞の後に置く。〔争论～〕とめどなく議論が続く。〔蒙 méng 蒙细雨

下个～〕ぬか雨がこやみなく降る.〔纠 jiū 缠～〕しつこく絡む.

不修边幅 bùxiū biānfú〔成〕身辺を飾らない.装いをかまわない.

不朽 bùxiǔ いつまでも続く.永遠である.〔永世～的名声〕とこしえに不朽の名声.

不锈钢 bùxiùgāng 工 ステンレス(スチール).クローム鋼.

不须 bùxū …する必要がない.…に及ばない.〔～通知对方〕相手に通告する必要はない.→[不必]

不虚此行 bùxū cǐxíng〔成〕この旅行(訪問など)はむだではなかった(収穫があった)

不许 bùxǔ ①許さない.…してはいけない.〔我～你去〕おまえが出かけるのを許さない(行ってはいけない).②…できない(のか)反問や詰問の語気.〔你～不听他的〕なんで彼の言ったことに従うのか.

不许倒放 bùxǔ dàofàng ⇒[不可倒放]
不许倒置 bùxǔ dàozhì ⇒[不可倒放]
不许颠倒 bùxǔ diāndǎo [不许反倒]転倒無用: 荷物を横に倒さないように(注意書)
不许反倒 bùxǔ fǎndào 同上.

不恤 bùxù〈文〉顧みない.問題にしない.〔～人言〕他人から批判されることを恐れない.

不宣 bùxuān →[不备①]

不宣而战 bùxuān ér zhàn 宣戦布告なしで戦う.

不悦 bùxuān ér xíng〈方〉怒る.腹を立てる.〔这件事没通知他,他有点～〕この事は彼に通知しなかったので,彼はちょっとおかんむりだ.

不旋踵 bùxuánzhǒng 〈文〉すぐに.直ちに.踵(₹ʷ)を返す間もなく.〔刚陈 chén 列出来的杂志一就被读者抢 qiǎng 光了〕今並べたばかりの雑誌がまたたくまに読者に先を争ってすっかり買われてしまった.②退かない.

不学无术 bùxué wúshù〔成〕学問もなく,技能もない.無学無能である.〔他们总喜欢在客厅里摆 bǎi 一些古书洋书,以求风雅,显阔气,其实他们多半是些～的家伙〕彼らは客間に古書や洋書を並べた風雅に見せかけたり,金持ちをひけらかしたりしているが,その実彼らの大半は学問も技能もない奴らだ.

不逊 bùxùn 不遜である.傲慢である.〔出言～〕言うことが不遜である.

不循 bùxún なじまない.従わない.〔不谋 móu 私利,～私情〕私利をはからず,情実にとらわれない.〔有章～〕ルールがあっても守らない.

不亚于 bùyàyú …に(より)劣らない.〔热望日中友好的心情～任何人〕日中友好を熱望している気持ちは誰にも劣らない.

不言而喻 bùyán ér yù =[不言自明]言わなくても明らかである.言うまでもない.

不言自明 bùyán zìmíng 同上.

不厌 bùyàn ①いとわない.面倒と思わない.〔百读～〕〔成〕何度読んでもあきない.〔学而～〕こういつも勉強する.〔～烦 fán～其烦〕〔不惮其烦〕面倒がらない.よく面倒を見る.→〔厌烦〕②(価値や意義を)否定しない.排さない.

不厌其详 bùyàn qíxiáng できるだけ詳細な方がいい.〔调 diào 查材料,要有～的精神〕調査材料に…

不扬 bùyáng〈文〉風采があがらない.〔其貌 mào～〕同前.

不洋不土 bùyáng bùtǔ 外国式でもないし本国式でもない.けったいである.どっちつかず:[不中不洋]ともいう.

不要 bùyào ①いらない.必要としない.〔我～这个〕わたしはこれはいらない.②…してはいけない:禁止

の意味を表す.〔～动〕動いてはいけない.〔我的话,你～忘了〕わたしの言ったことを忘れてはいけない.

不要紧 bùyàojǐn ①=[不打紧]かまわない.差し支えない.たいしたことはない.〔这～,只是一般的感冒〕大丈夫だよ.ただの風邪だ.〔他不来也～,咱 zán 们先讨论这问题〕彼が来なくても差し支えない.わたしたちはまずこの問題を討論しよう.②一見何でもないような(だが):後に逆接文が入る.〔这么说笑话,真那么办还了 liǎo 得〕冗談にそう言ったまではいいが,ほんとにやられたのではたまらない.

不要脸 bùyàoliǎn 恥知らず.ずうずうしい.あつかましい.〔～的东西〕〔罵〕恥知らずのやつ.〔真～〕〔罵〕ほんとにあつかましい.

不要命 bùyàomìng 命を惜しまない.非常に好む.〔他一见了酒就～了〕彼は酒ときたらまるで目がな…

不夜城 bùyèchéng 不夜城:夜も昼もない歓楽の町.

不一 bùyī ①一様でない:述語としてのみ用いる.〔质量～〕品質はまちまちだ.〔长短～〕長短入り混じっている.②=[不备①]

不依 bùyī ①従わない.承知しない.〔孩子要什么,她没有～的〕子どもが欲しいといえば何でも言うことをきいてやる.②許さない.黙っておかない.

不依不饶 bùyī bùráo 聞き入れない.むきになる.しつこく絡む.〔假 jiǎ 若还是～往下吟闹,即使他是武侯,大概也要罪足失措〕(成･四･惶19)もし(彼女が)あくまで耳をかさずにわめき続けたならば,よしんば彼が諸葛孔明であったとしても,たぶん狼狽したことだろう.

不一定 bùyīdìng 必ずしも…しない.必ず…とは限らない.確かでない.〔那可～〕そうとは限らないよ.〔我看～〕そうとは限らないと思う.〔他一今天来的彼は必ず今日来るとは限らない.〔什么时候去还～〕いつ行くかはまだ決まっていない.

不一而足 bùyī ér zú ひとつばかりではない.少なく～〔那害 hài 处是～〕その害は非常に多い.

不一会儿 bùyīhuìr ほどなく.まもなく:過去にも現在になされたことについて用いる.〔～他就来了〕まもなく彼は来た.→[一会儿]

不一时 bùyīshí〈白〉すぐに.まもなく.

不一(一) bùyī(yī) →[不备①]

不宜 bùyí …しない方がいい.…すべきではない.〔～再讲〕もうこれ以上言うべきではない.→[宜于]

不遗余力 bùyí yúlì〔成〕全力を傾注する.〔为了建 jiàn 设我们伟大的祖国,我们将～地工作〕我々の偉大なる祖国を建設するために,我々は全力を尽くして仕事に従事しようとしている.

不已 bùyǐ …してやまない.〔赞 zàn 叹～〕賛嘆してやまない.

不以为耻 bù yǐ wéi chǐ〔成〕恥とは思わない.

不以为然 bù yǐ wéi rán〔成〕そうとは思わない.同意しない.問題にしない.〔听了张先生的发言,他～地笑了笑〕張さんの発言を聞いて彼は納得できないらしく笑った.

不以为意 bù yǐ wéi yì〔成〕意に介さない.気にしない.考えるべきである.

不易 bùyì ①難しい.容易でない.〔他老人家亲 qīn 自来了,可真～〕ご老体自身がおみえになったのですから,並大抵のことではありません.②不変である.改めない.〔～之论 lùn〕至当不変の理論.

不意 bùyì 思いがけない.不意である.〔～未能反问〕〔文〕ことんに聞き返すこともできなかった.

不翼而飞 bùyì ér fēi〔无 wú 翼而飞〕〔成〕羽がないのに飛び去る.㋐〈喩〉物がいつのまにかなくなる.〔忽 hū 然发现挂在墙壁上的上衣～〕壁にかけておいた上着がいつのまにかなくなっているのを発

不 bù

見した.⑤ニュースが極めて速く伝わること.

不亦乐乎 bù yì lèhū 〈成〉①また楽しからずや.楽しい.愉快だ:〔有朋自远方来,〜〕〔論語・学而〕から.②〈転〉またとないほどだ.絶頂だ.これまでするかと、あきれる.〔打了个〜〕痛快になぐった.〔看见他那滑 huá 稽相,大家笑得〜〕彼の滑稽なさまを見て,皆は大笑いした.〔他装疯卖傻地闹了半天,弄得大家〜〕彼はうそつけばけてたらめを長々とやらして皆のとまどいは頂点に達した.

不义之财 bùyìzhīcái 〈成〉不義の富.不正な蓄財.

不阴不阳 bùyīn bùyáng 〈慣〉態度のあいまいなこと.どっちつかず.

不因人热 bù yīn rén rè 〈成〉性格が孤高で他人から援助を受けないこと.

不用 bùyòng ①用いない.使わない.必要がない. ②…するに及ばない.…してはならない(やわらかい制止).〔你〜去〕きみは行かなくともよい.〔你〜害 hài 怕〕恐れるには及ばない.〔你〜打算叫我拿出钱来 みはぼくから金を引き出そうとは考えない方がいい.〜客气〕遠慮.〔お気づかいしないで下さい.〔〜谢〕〔不谢〕〈挨〉礼には及びません.どういたしまして.→〔甭 béng〕〔留 fèng〕

不用说 bùyòngshuō 言うまでもない.勿論のこと:〔不消 xiāo 说〕〔不用问〕ともいう.〔那〜〕それは言うまでもないことだ.〔解放前,这个地方连小学也没有,中学就不用〜了解放前,ここらは小学校すらなかった,中学校は言うまでもない.

不由 bùyóu ①禁じえない.思わず….〔〜热泪盈 yíng 眶〕思わず感激の涙がありふれた. ②許さない.〔〜分说〕〔不容分说〕有無を言わせない.弁解を許さない.

不由得 bùyóude ①ふと.何の気なしに.自分で…禁じえない.思わず知らず:〔不由的〕〔不由地〕とも書く.〔由不得〕に同じ.〔我〜想起这句话来〕わたしはふとその言葉を思い出した.〔〜掉 diào 下眼泪来〕思わず知らず涙を落とす.〔我要坐火车的时候,老是怕赶不上,一心里着急〕わたしは汽車に乗る時は,いつも間に合わないのではないかと思って,どうしても〔思わず知らず〕気が焦ります.〔因为要报 bào 仇,便不由的轻轻的说出来了〕〔鲁・Q 3〕仕返しをしたかったから,思わず低い声で言ってしまった.→〔由不得〕 ②容れない.許さない:後に否定がくる.〔他说得这么透 tòu 彻,〜你不信服〕彼がこれほどはっきりと言ったからには,君は聞き入れないわけにはいかない.

不由自主 bùyóu zìzhǔ 思わず.覚えず.自分をおさえきれず.〔看到这种动人的场面,我〜地掉下了眼泪 lèi〕このような感激の場面を見て,思わず涙を流した.→〔由不得〕〔不知不觉〕

不渝 bùyú 変わらない.〔始 shǐ 终〜〕終始一貫している.

不虞 bùyú 〈文〉①思いがけない.〔〜之变〕不慮の変事.〔〜之誉 yù〕思いがけない名誉. ②万一のこと:〔以备〜〕万一に備える. ③心配がない.〔〜匮乏 kuìfá〕欠乏する心配はない.

不予 bùyǔ 与えない.拒絶する.〔过期〜受理〕期限後は取り扱わない.

不遇 bùyù ①〈文〉不遇である. ②会えない.出会わない.〔来访〜〕尋ねて来て会えなかった.

不育 bùyù ①子を生ません.子を作らない.〔〜风〕若い夫婦が子供を欲しがらない傾向. ②不妊:特に男性不妊のこと. ③匣不稔.〔雄性〜〕匣雄性不稔.

不豫 bùyù 〈文〉①不快である.おもしろくない.〈転〉(君主の)病気. ②前もってしない.あらかじめしない.〔〜预〕とも書く.〔言之〜〕予告しない.

不远千里 bùyuǎn qiānlǐ 〈成〉千里を遠しとしない:〔不远万 wàn 里〕ともいう.〔〜而来〕遠路ははるばる来る.

不远送 bùyuǎnsòng 〈挨〉(主人が客に)お見送りしません.〔〜了〕同前.

不愿 bùyuàn …したいと思わない.〔〜认罪〕罪を認めようとしない.

不约而同 bùyuē ér tóng 〈成〉期せずして同一行動にでる.申し合わせたようにする.〔看见新试验成功了,大家都〜地欢呼起来〕新しいテストが成功したのを見て,群衆は期せずして声を合わせて歓呼した.→〔不期而然〕

不孕 bùyùn 医不妊.〔〜症〕不妊症.

不再 bùzài もはや…ではない.再び…しない.〔青春〜〕青春は再び戻ってはこない.〔他〜是学生了〕彼はもう学生ではない.

不在 bùzài ①…に居ない.その場所にない.〔〜家〕家に居ない.不在だ.〔〜其 qí 内〕その中にない.〔〜此 cǐ 例〕この限りではない.〔〜(现)场 chǎng 证明〕アリバイ証明. ②亡くなる.死ぬ(婉語).〔他〜了〕〔他已经〜了〕彼はもう亡くなりました.

不在行 bùzàiháng 業務に熟練精通していない.しろうとである.→〔外 wài 行〕

不在乎 bùzàihu 平気である.気にかけない.問題にしない.〔朋友们都批评他,但他满〜〕友達が皆彼を批判するが,彼は平気の平左(ざ)だ.〔钱倒〜〕金のことなんかかまわない.

不在话下 bùzàihuàxià ①それはさておき:旧小説によくでてくる話題を変える時の語. ②全くたいしたことはない.問題にならない.〔只要有决心,再大的困难也〜〕決心がありさえすれば,もっと大きな困難でも問題にならない.

不在理 bùzàilǐ 理に欠ける.筋が通らない.

不在意 bùzàiyì 気にとめない.注意しない.

不赞一词 bù zàn yīcí 〈成〉他人の文章が立派で一語もつけ加えることができない.〈転〉一言も発言しない.

不则声 bùzéshēng ⇒〔不作声〕

不择手段 bùzé shǒuduàn (目的のために)手段を選ばない.

不怎么 bùzěnme 別にどうということもない.それほどではない.〔气温〜热〕たいして暑くない.

不怎么样 bùzěnmeyàng あまりよくない.大したものではない.〔这张画〜〕この絵はどうもたいしたものではない.〔真〜!〕ひどいじゃないか.

不粘锅 bùzhānguō (テフロン)加工フライパン.鍋:油を引かずに使用する鍋.

不战不和 bùzhàn bùhé 〈成〉戦争でも平和でもない(状態)

不长进 bùzhǎngjìn ①進歩しない.進歩がない. ②覇気のない.だらしがない.ぐうたらである.

不长眼 bùzhǎngyǎn 見る目がない.見分ける能力がない.

-不着 -buzháo 動詞の後に置き,その動作が目的とするところ,目的とする物に到着し得ないこと,目的を成就・達成し得ないことを表す.〔这个季节,那样东西怕是买不〜了〕時節柄そんなものは買えますまい(品物がなくて).〔您要是找张 zhǎo 房子,就在我这儿找 zhǎo 就几天吧〕私も家が見つからないでしたら,しばらくわたしのところで間に合わせなさい.〔睡〜觉 jiào〕寝つかれない.〔我个儿矮 ǎi,够〜〕わたしは背が低くて届かない.

不折不扣 bùzhé bùkòu 〈慣〉掛け値なし.正真正銘の.まぎれもないかけりだ.〔双亲 qīn 都是〜的广东人〕両親とも正真正銘の広東人だ.→〔不二价〕

不折不挠 bùzhé bùnáo〈成〉屈せずたわまない.めげずひるまず.不屈.

不振 bùzhèn 振るわない.勢いがない.〔食 shí 欲～〕食欲不振.

不争 bùzhēng ①争わない.〔～名利〕名利を問題にもしない.②争う必要がない.疑う余地がない.〔～的事实〕まぎれもない事実.

不争气 bùzhēngqì しゃくしない.向上心がない.〔他心里要强 qiáng, 可惜身子骨儿～〕彼は気だけはしっかりもっていたのだが,何ぶんにも体がいうことをきかない.〔泄 xiè 气〕

不正当竞争 bùzhèngdāng jìngzhēng〈経〉不当競争.不正競争.

不正经 bùzhèngjing ①不真面目である.まともでない.②(女が)ふしだらである.

不正之风 bùzhèng zhī fēng 社会正義にもとる気風・風潮.

不支 bùzhī 耐えられない.支えきれない.〔体力～〕体がもたない.

不知 bùzhī ①分からない.知らない.〔～如 rú 何是好〕どうしたらよいか分からない.〔我急得～怎么办才好〕あわててどうしたらよいか分らない.〔～他去了没有〕彼は行ったかもしれない.〔～冷热 rè 〕〈喩〉無神経である.人情の機微を解さない.無感覚である.③…でしょうか…ませんでしょうか: 文頭において疑問や請求の遠慮した気持ちを表す.〔～能不能麻烦您跑一趟〕ご足労をお願いできないでしょうか.

不织布 bùzhībù 不織布.

不知不觉 bùzhī bùjué〈成〉知らず知らず.いつのまにか.

不知凡几 bùzhī fánjǐ〈成〉その数を知らず.数えきれない(程多い).〔在军阀 fá 时代, 荡产破家, 流血丧生的,～〕軍閥時代に倒産・殺戮などの事件がどれくらい多かったか知れない.

不知好歹 bùzhī hǎodǎi〈白〉善悪が分からない.事理をわきまえない.他人の好意(悪意)に気づかない.〔不知好坏〕〔不知香臭〕

不知进退 bùzhī jìntuì〈成〉臨機に進退することをわきまえない.ほどを知らない.

不知就里 bùzhī jiùlǐ〈惯〉内情が分かっていない.わくわけが分かっていない.

不知鹿死谁手 bùzhī lù sǐ shuí shǒu 鹿はだれの手に落ちるか.〈喩〉だれが勝利を得るか分からない.

不知轻重 bùzhī qīngzhòng〈惯〉ことの軽重をわきまえない.

不知情 bùzhīqíng ①事情を知らない.②人の情を解しない.もの分かりがよくない.感謝すべき人の気持ちを悟らない.

不知死活 bùzhī sǐhuó〈白〉むこうみず(にする).〔～的东西〕〈罵〉むこうみずのばか者.

不知所措 bùzhī suǒcuò〈成〉どうしてよいか分からない.慌てて度を失う.

不知所以 bùzhī suǒyǐ〈成〉その理由が分からない.合点が行かない.〔不实地去调查研究一番, 对一些现象便～〕実地に調査研究することのなければ,ある種の現象に対してその理由が分からない.

不知所云 bùzhī suǒyún〈成〉何を言っているのか分からない.⑧話の筋が通らず内容がない.〔尽 jǐn 管他口讲指划, 说了半天, 听的人还是～〕彼は身振り手振りで長いことしゃべったが,聞いていた人が何が何だか分からなかった.⑥〈謙遜して〉自分が何を言ったか分からない.

不知所终 bùzhī suǒzhōng〈成〉結局のところどうなったか分からない.

不知天高地厚 bùzhī tiāngāo dìhòu〈白〉無知なく

せに思いあがって,物事の複雑さが分からないこと.

不知自爱 bùzhī zì'ài 自愛しない.自重しない.

不值 bùzhí 値打ちがない.値しない.〔一个大钱也～〕一文の値打ちもない.〔死得～〕いたずらに死ぬ.犬死にする.〔一笑～〕一笑に値しない.何の価値もない.〔～一提 tí 〕取りあげる意味もない.〔～一驳 bó〕反駁するのも馬鹿げている.

不值当 bùzhídàng 同下.

不值得 bùzhíde =〔不值当〕…に値しない.…するだけのことはない.〔～一提 tí〕言う価値もない.〔这件事,～费许多精神去做〕これは骨を折ってやるほどのことでない.

不止 bùzhǐ ①…にとどまらない.…に限らない.〔～一回〕1回ばかりではない.〔～一端 duān〕物事の一部にとどまらない.一端だけではない.〔参加的有一百人吧.～〕100人は参加するね.いや,それ以上だ.②やめない.とどまらない.〔大笑～〕大笑いしてやめない.とめどもなく大笑いする.

不只 bùzhǐ …ばかりでない.ただ…だけでなく.〔～他去, 我也去〕彼が行くだけでなく,わたしも行く.

不止不行 bùzhǐ bùxíng →〔不塞不流, 不止不行〕

不治 bùzhì 病気を治さない.病気が治らない.〔～之病〕〔～之症 zhèng〕不治の病気.〔～自愈 yù〕医者にかからずに自然によくなる.

不致 bùzhì …を致すことはない.…というほどにはならない.〔事前做好准 zhǔn 备, 就～临时手忙脚乱〕あらかじめよく準備しておけば,その時にたってからてんてこ舞いをするほどにはならない.〔～完全失败 bài〕完全な失敗というほどのことにはならない.

不置 bùzhì〈文〉置かない.やめない.〔感念～〕しきりに感謝している.

不忮不求 bùzhì bùqiú〈成〉そねむ心もなく欲もない.

不置可否 bùzhì kěfǒu〈惯〉可否を言わない.断言しない.〔我们讲了半天, 他始终～, 有时笑笑, 有时含 hán 含糊糊地上几句〕我々が長いことしゃべっても,彼はずっとはっきりしたことは言わず,笑ったり,何とはなしに口を挟んだりしていた.

不至于 bùzhìyú …には至らない.…というほどではない.〔那～吧〕そんなには ならないよ.〔他虽然病重, 但还～死〕彼は病気は重いが,死ぬというほどでもない.

不中 bùzhōng〈方〉具合がよくない.適当でない.かたよっている.〔你的办法～〕君のやり方がよくない.〔～听〕〈文〉耳に入る話が気に入らない.

不忠 bùzhōng〈文〉不忠である.②(…に)誠実でない; 多く〔～于 yú〕として用いる.〔～于妻子〕妻に誠実でない.

不中用 bùzhōngyòng 役に立たない.〔中 zhōng 看～〕〈喩〉見かけ倒し.〔他病很重, 已经～了〕彼は病気がたいへん重くもうだめです.

不中 bùzhòng ①的が外れる.命中しない.当たらない.〔打～〕命中しない.②…できない.…しても無効である: ある目的に達することができないことを表す.〔考 kǎo ～〕(科挙に)合格できない.→〔中〕

不中意 bùzhòngyì 気に入らない.

不周 bùzhōu 行き届かない.周到でない.〔招 zhāo 待～〕接待が周到でない.〈挨〉お粗末でございました.→〔周到〕

不周延 bù zhōuyán（論理学で）不周延.→〔周延〕

-不住 -buzhù 動詞の後に置き,その動作の結果が不動性・安定性・確実性を持ち得ないことを表す:〔~得 de 住〕は可能を表す.〔站 zhàn ~〕立っていられない.立っていられない.〔包～〕⑳(物が大きい,あ

不呎钚布　　　　　　　　　　　　　　　　　　　　　　　　　　　　　bù

るいは多くて)包みきれない.⑥(物事を)隠しきれない.〔靠kào〜〕頼りにならない.信用できない.〔拿ná〜〕しっかりとつかまえられない.

不住地 bùzhùde　やめずに.しきりに.いつも.絶えず.〔好角儿一上台,467戏的都〜叫好儿〕花形役者が登場すると観客がしきりに喝采する.

不庄 bùzhuāng　〈謙〉手紙の結びに用いる語.楷書でなく草書で書いたことをわびる言葉だが,荘重を欠いたという意.→〔不备①〕

不准 bùzhǔn　①許さない.…してはいけない.〔〜走那条路〕その道を行ってはいけない.②正確でない.〔他说的〜〕彼の言ったのは確かではない.〔发音〜〕発音が正確ではない.③…とは限らない.確かでない.

不着边际 bùzhuó biānjì　〈慣〉とりとめのない.雲をつかむようである;〔不着边儿〕ともいう.〔说了一套 tào 〜的话,使人莫 mò 名其妙〕突拍子もないことを言って人を煙にまく.

不着一字 bùzhuó yīzì　一字も記さない.何の表現もしない.〔海是深阔 kuò 无际、〜,她的爱是神秘而伟大的〕(謝・寄7)海ははてしなく深くて広く,茫漠としているが,その愛は神秘的であり偉大である.

不赀 bùzī　〈文〉はかれない.計算できない:多く財物の莫大なことを表す.〔工程浩 hào 大,所费〜〕この工事はとても大きく,どれ位(費用が)かかるか計り知れない.〔损失〜〕莫大な損失.〔价值〜〕とても高価である.

不自量 bùzìliàng　自分をわきまえない.うぬぼれる.

不自量力 bù zìliàng lì　〈成〉身のほど知らず:〔自不量力〕ともいう.〔那个国家发表了一份〜的国防白皮书〕あの国は身のほど知らずの国防白書を発表する.

不自然 bùzìrán　不自然である.きまりが悪い.〔问得我有点〜起来〕問われて僕は少しきまりが悪くなった.

不自由, 毋宁死 bù zìyóu, wúnìng sǐ　自由でないよりは,むしろ死んだほうがいい.自由,然らずんば死.

不自在 bùzìzai　のんびりしない.窮屈である.気詰りである.

不足 bùzú　①不足する.〔力量〜〕力が足りない.②…するに足りない.…する価値がない.〔〜道〕〔〜为 wéi 道〕言うに足りない.〔〜为虑;心にかけなくてよい.〔〜为数 shù〕数に入れるほどでもない.〔〜为凭 píng〕〔〜为据 jù〕根拠とすることできない.〔〜取 qǔ〕そのやり方をとってはならない.〔非团结〜图 tú 存〕団結しなければ生きていけない.

不足齿数 bùzú chǐshù　同上.

不足挂齿 bùzú guàchǐ　=〔不足齿数〕〈成〉歯牙にかけるに足らない.問題とするに足らない.〔这点〜的小事,却承蒙您夸 kuā 奖,使我十分惭 cán 愧〕こんな何でもない小さいことを,おほめにあずかってたいへん恐れ入ります.〔从先前的阿Q看来,小D本来是不足齿数的〕(鲁・Q5)以前の阿Qから見た小Dなど歯牙にかけるほどのものでもなかった.

不足轻重 bùzú qīngzhòng ⇒〔无 wú 足轻重〕

不足为据 bùzú wéijù　〈成〉ある事物あるいは現象が〜〕平常であり,何も怪しむに足りない.

不足为奇 bùzú wéiqí　〈成〉不思議というほどではない.珍しいことではない.

不足为训 bùzú wéixùn　〈成〉模範とすることはできない.

不坐 bùzuò　坐らない.〔请坐!一我一了〕まあ,おかけください.一このままで失礼します.

不作美 bùzuòměi　〔不做美〕とも書かれる.いい結果に

なるように助けてやらない.意地悪をする.〔天〜〕運が悪い.→〔作美〕

不作声 bùzuòshēng　〔不做声〕とも書いた.声を出さない.何とも言わない.黙っていて物を言わない:〔不则声〕ともいう.

不作为 bùzuòwéi　因不作为.〔〜犯 fàn〕旧不行犯〕不作为犯.〔如此〜的民警 jǐng〕このように果たすべき事をやらない警官.

[呎] bù 〔唝 gòng 呎〕

[钚·鈽] bù 化 プルトニウム:放射性元素.記号 Pu.超ウラン元素の一.〔鐠 fū〕は旧名.

[布(佈)] bù （I）〔布〕①布(綿・麻などの織ったもの).〔一匹 pǐ〕1疋(ぴき)の布.〔棉 mián 〜〕綿布.〔麻 má 〜〕麻布.〔花〜〕〔印 yìn 花〜〕サラサ.〔染 rǎn 〜〕染綿布.〔防水〜〕防水布.②古代の貨幣;農具〔镈 bó②〕〔鋤〕に似た凸形をしたもの.〔货泉 quán 〜〕同前.③〈pl〉〔布朗族〕〔布依族〕⑤〈姓〉布(ぷ).

（II）〔佈〕①広く伝える.行き渡らす.〔公 gōng 〜〕公布する.〔宣 xuān 〜〕(命令・法規などを)宣布する.〔散 sàn 〜〕まき散らす.②分けて配置する.布置する.③散布する.広がる.まき散らす.〔星斗满天空〕星が空一面に散らばる.〔浓云密〜〕濃い雲が一面に広がる.〔星罗棋〜〕〈成〉星や碁石のように連なり並ぶ.④〈姓〉布(ぷ).

布币 bùbì　古代の銅貨.一字解(I)②

布帛 bùbó　織物の総称:〔布〕は麻・木綿の織物,〔帛〕は絹織物.

布帛菽粟 bù bó shū sù　綿布・絹・豆・粟:日用必需品.〔喻〕ありふれたものではあるが欠くべからざるもの.

布菜 bùcài　客に料理を取り分けて勧めること.→〔让 ràng 菜〕

布厂 bùchǎng　織布工場.織屋.→〔纱 shā 厂〕

布达 bùdá　〈文〉広く一般に知らせる.通達する.申し上げる.〔肯此〜〕〈謙〉有要用のみ申し上げます.

布达拉宫 bùdálā gōng　チベットのポタラ宮.

布达佩斯 bùdápèisī　地 ブダペスト:〔匈 xiōng 牙利(ハンガリー共和国)の首都.

布袋 bùdài　①布で作った袋.〈喩〉無能の人.②婿養子の別称.→〔补 bǔ 代〕〔招 zhāo 女婿〕③布袋和尚(じゃんけんの)パー.かみ.〜之腊 là〕〔大 dà 肚弥勒〕ともいう.

布袋鹅 bùdài'é　〔信 xìn 天翁〕

布袋木偶(戏) bùdài mù'ǒu(xì)　→〔木偶戏〕

布掸子 bùdǎnzi　布切れで作ったたたき.

布道 bùdào　因布教する.伝道する.〔〜会〕(キリスト教の)伝道集会.

布点 bùdiǎn　点在する.(各地に)分散配置する.〔〜下伸,分散办学〕地方にまで配置を広げて分散させて学校を経営する.

布碟儿 bùdiér　銘々皿:料理を大皿から小分けして取る小皿.

布丁 bùdīng　〈音訳〉食 プディング:〔布林〕(プリン)に同じ.〔布颠 diān〕〔布甸 diàn〕とも書いた.

布尔多酒 bù'ěrduō jiǔ　⇒〔波 bō 尔多酒〕

布尔乔亚(齐) bù'ěrqiáoyà(qí)　〈音訳〉ブルジョア(ジー).資本家階級.↔〔普 pǔ 罗列塔利亚(特)〕→〔资 zī 产阶级〕

布尔什维克 bù'ěrshíwéikè　〈音訳〉因 ボルシェビキ:多数派の意.〔布尔塞 sài 维克〕〔布尔雪 xuě 维克〕ともいう.

布法 bùfǎ　〔口〕まじないをする.〔请大师〜消灾〕お坊さんに祈禱(きとう)してもらう.

布防 bùfáng 〔軍〕①防備の配置をする.〔军队的~情况是需要保密的〕軍隊の配備情況は秘密にしておかなければならない. ②哨(shào)兵を出す. ピケ(ライン)を張る.
布幅 bùfú (広告用の)木綿製の長い幟(のぼり)
布复 bùfù 〈牘〉返事する.〔特1~〕ご返事のみ申し上げます.
布岗 bùgǎng 〔軍〕見張り·步哨を配置する.
布告 bùgào 布告(する). 告示(する). 通知(する)〔~天下〕天下に布告する.〔~栏〕揭示欄.
布鼓雷门 bùgǔ léimén 〈喩〉(身の程をわきまえない ふるまいをして)物笑いになる:〔毋 wù 持布鼓过雷门〕の略. 雷門は会稽の門. この門に立派な太鼓があり,その音は洛陽にも聞こえたという. 布張りの太鼓. 布鼓などを持って雷門を通っては物笑いになるの意.
布谷(鸟) bùgǔ(niǎo) 〔鳥〕カッコウ(フフドリ):ホトトギス科の鳥.〔大 dà 杜 鹃〕〔郭 guō 公〕〔桑 sāng 鸠〕〔鸤 shī 鸠〕〔催 cuī 耕鸟〕は別称.→〔杜 dù 鹃 ①〕
布光 bùguāng (写真撮影の)配光.
布哈克 bùhākè 〈方〉〔医〕甲状腺腫:〔大脖 bó 子病〕ともいう.
布褐 bùhè 〈文〉粗末な衣服.
布候 bùhòu 〈牘〉申し述べお伺いする.
布划 bùhuà 計画(する). 処置(する).〔要是没个~ 恐怕以后要弄乱了〕段取りをつけておかないとおそらく後で混乱するだろう.
布幌(子) bùhuǎng(zi) 布製の看板(または店の前の広告).
布货 bùhuò 〔旧〕貨幣.
布基纳法索 bùjīnàfǎsuǒ ブルキナファソ:首都は〔瓦 wǎ 加杜古〕(ワガドゥグー).〔上沃 wò 尔特〕(オートボータ)は旧称.
布基沃基 bùjī wòjī 〈音訳〉〔音〕ブギウギ:軽音楽の一種.〔布吉胡 hú 吉〕とも書く.
布加勒斯特 bùjiālèsītè 〔地〕ブカレスト:〔罗 luó 马尼亚〕(ルーマニア)の首都.〔布佳勒斯特〕〔卜 bǔ 佳勒斯特〕とも書いた.
布景 bùjǐng ①背景. セット(舞台の).〔影 yǐng 片的彩色和~〕映画のカラーとセット. ②〔映〕(中国画で)画面に景色を配置する. →〔背 bèi 景〕〔朴 pǔ bǔ 景〕
布警 bùjǐng 警察や警備を配置する. 手配する.
布局 bùjú ①(詩文の)結構. 順序. 脚色. 筋. 仕組み(を考える).〔一谋 móu 篇〕〈成〉文章の構成に考えをめぐらす. ②(囲碁で)布石する. ③配置. 分布. レイアウト.
布恳 bùkěn 〈牘〉陳述して依頼する.〔专 zhuān 此~〕特にご依頼申し上げ候.
布控 bùkòng 張り込む. 手配する.
布扣(子) bùkòu(zi) 布ボタン.
布拉柴维尔 bùlāchái wéi'ěr ブラザビル:〔刚 gāng 果〕(コンゴ共和国)の首都.〔布拉札 zhá 维尔〕とも書いた.
布拉迪斯拉发 bùlādísīlāfā 〔地〕ブラチスラバ:〔斯洛伐克共和国〕(スロバキア共和国)の首都.
布拉戈维申斯克 bùlāgēwéishēnsīkè ⇒〔海 hǎi 兰泡〕.
布拉格 bùlāgé 〔地〕プラハ(プラーグ).〔捷 jié 克〕(チェコ共和国)の首都.〔布拉哈 hā〕〔巴 bā 拉 拉 lā〕とも書いた.〔~之春〕〈史〉プラハの春.
布拉吉 bùlājí 〈音訳〉〔服〕プラーチェ. ワンピース.
布拉条儿 bùlātiáo(r) 〈方〉端切れ. 切れ地.
布拉沃 bùlāwō 〈音訳〉ブラボー:賞賛·歓呼などの掛け声.

布缆 bùlǎn ケーブルを敷く.
布朗基主义 bùlǎngjī zhǔyì 〔史〕ブランキズム:無政府主義的な思想.
布朗宁 bùlǎngníng ⇒〔勃 bó 朗宁〕
布朗运动 bùlǎng yùndòng 〔物〕ブラウン運動:気体·液体中における微粒子の不規則な運動.
布朗族 bùlǎngzú プーラン族:中国少数民族の一. 雲南省の西双版納傣族自治州および双江·瀾滄などの地に居住する.
布雷 bùléi 〔地〕地雷·水雷を布設する.〔~封锁〕水雷を布設して港口を封鎖すること.〔~舰 jiàn〕水雷布設艦.
布雷顿森林协定 bùléidùnsēnlín xiédìng 〈音義訳〉ブレトンウッズ協定:1944年7月22日米国ハンプシャー州ブレトンウッズで結ばれた国際通貨基金·金融機関に関する協定. 国際通貨基金(IMF)と国際復興開発銀行(世界銀行)が設立された.
布里奇顿 bùlǐqídùn 〔地〕ブリッジタウン:〔巴 bā 巴多斯〕(バルバドス)の首都.
布帘 bùlián ⇒〔布门帘〕布のカーテン.
布料 bùliào 生地(きじ)
布林 bùlín ⇒〔布门〕
布隆迪 bùlóngdí ブルンジ:正式には〔~共和国〕. アフリカ中東部にある. 首都は〔布琼 qióng 布拉〕(ブジュンブラ).
布噜布噜 bùlū bùlū 〈擬〉ブラブラ. ブランブラン.〔尾巴~这么一摆〕しっぽをこうブラブラ振る.
布鲁塞尔 bùlǔsè'ěr 〔地〕ブリュッセル(ブラッセル):〔比 bǐ 利时〕(ベルギー王国)の首都.〔布鲁舍 shè 尔〕とも書いた.
布鲁氏菌 bùlǔshì jūn 〔動〕ブルセラ菌:牛·羊·豚などにブルセラ症または波状熱を引き起こす病原菌.→〔波 bō 浪热〕
布满 bùmǎn 全部に敷き詰める. 一面に散布する.〔明星~了天空〕星が空いっぱいに散らばっている.
布美氏浮秤 bùměishì fúchèng ⇒〔波 bō 美(比重)表〕
布门帘 bùménlián ⇒〔布帘〕
布面 bùmiàn ①布の表紙.〔~精装本〕布装丁の豪華版. ②布の幅.
布母 bùmǔ ⇒〔鹩 jiāo 鹩〕
布匿战争 bùnì zhànzhēng 〈音義訳〉〔史〕ポエニ戦争:紀元前2,3世紀, 3回にわたるローマとカルタゴの戦い.
布排 bùpái 配置(する)
布篷 bùpéng ①布製の帆.〔拉起~来〕帆を掛ける. ②天幕.〔布棚〕とも書く.
布匹 bùpǐ 反物. 布(総称). →〔绸 chóu 缎〕
布票 bùpiào (計画経済時期の配給制度で)綿布購入券:1983年末廃止.→〔票 ②〕
布气 bùqì 〔宗〕(道家で)自己のあり余る気を人に移すこと.
布琼布拉 bùqióngbùlā 〔地〕ブジュンブラ:〔布隆迪〕(ブルンジ共和国)の首都.
布伞 bùsǎn 布を張った日傘.
布散 bùsàn 〈文〉まき散らす.〔该项物质~甚广一时不易收紧〕その物品は広範囲に散らばっているのですぐには回収できない.
布衫(儿) bùshān(r) 綿布で作った単衣.
布设 bùshè ①割り振る. 設置する.〔~圈 quān 套〕罠をしかける.〔~声呐〕ソナーを敷設する. ②しつらえる. 飾りたてる.〔~会场〕会場の飾りつけをする.
布施 bùshī 〔旧〕お布施(をあげる). 喜捨(する).〔讨 tǎo ~〕お布施を求める.
布氏硬度 bùshì yìngdù ⇒〔勃 bó 氏硬度〕

布素 bùsù 〈文〉①木綿の質素な着物. ②〈喩〉地位・身分が低いこと.
布条(儿) bùtiáo(r) 〔細длинный切れ〕切れ切れ.
布贴 bùtiē パッチワーク.
布头(儿) bùtóu(r) 切れ端.端切れ.
布哇 bùwā ⇒〔夏 xià 威夷〕
布娃娃 bùwáwa 布製の人形.
布袜(子) bùwà(zi) 木綿の靴下.足袋(㐌)に似ている布製の靴下.
布网 bùwǎng ①網を張る.②ネットワークを作る.
布闻 bùwén 〔牍〕申し上げる.お耳に入れる.〔特为～敬希鉴谅〕特に申し上げます.どうぞご了承下さい.
布纹纸 bùwénzhǐ 布目紙.カンブリックペーパー.
布线 bùxiàn 〔電〕①布線.②配線.〔～图 tú〕布線図.⑤配線図.
布鞋 bùxié 〔中国の〕布靴.→〔单 dān 脸儿鞋〕〔千 qiān 层底(儿)〕〔双 shuāng 脸儿鞋〕
布谢 bùxiè 〔牍〕謝意を申し述べる.
布询 bùxún 〔牍〕申し述べて伺い問う.〔专 zhuān 此～伫候佳音〕まずはお伺い申し上げ吉報をお待ちいたしております.
布眼 bùyǎn 〔爆破用の穴を作る.〔炮 pào 眼〕
布样(儿) bùyàng(r) 反物の見本.
布衣 bùyī 〈文〉①綿布で作った服.〔～交〕〈成〉貧窮のころからの交友.②〈文〉平民.庶民.
布衣旁(儿) bùyīpáng(r) ⇒〔衣补(儿)〕
布依族 bùyīzú プイ族:中国少数民族の一.主として貴州省西南部の盤江流域に住む.〔仲 zhòng 家族〕は旧称.〔布依戏〕プイ族の劇.
布宜诺斯艾利斯 bùyínuòsī àilìsī ブエノスアイレス:〔倍 bèi 诺斯爱勒〕〔不宜诺斯艾利斯〕とも書いた.〔阿 ā 根廷〕(アルゼンチン共和国)の首都.
布艺 bùyì 布地の手芸品.
布印子 bùyìnzi 反物に捺した商標印.
布展 bùzhǎn 〔展示·展覧〕の手はずをする.準備をする.
布阵 bùzhèn 陣を取る.陣を敷く.
布政 bùzhèng 〈文〉政教を施行する.〔～使 shǐ〕明 清 各省の民政兼財政長官.〔藩 fān 司〕〔藩台〕ともいう.
布置 bùzhì ①〔部屋などを〕装飾する.しつらえる.〔～会场〕会場を設け整える.〔两间新房～得非常漂亮〕新婚夫婦の二間(*)の部屋はきれいに飾りつけられている.②手配りをする.手はずを整える.〔～工作〕仕事の割り振りをする.〔～了纠察线〕ピケを張った.〔昨天～的作业都做完了吗?昨日出しておいた宿題をやって来ましたか.→〔部署〕]
布庄 bùzhuāng 旧大きな綿布商店.

【**怖**】 bù 恐れ(る).おじけ(づく).〔恐 kǒng～〕恐怖(する).〔可～〕恐ろしい.→〔怕 pà〕
怖惧 bùjù 〈文〉恐れてびくびくする.

【**峬**】 bù 地名用字.〔茶 chá～〕地福建省北部にある.

【**砳**】 bù 〔硼 péng〕(ホウ素)の旧名.

【**步**】 bù (Ⅰ)①歩く.歩む.〔～行〕歩行.かち歩き.②〈文〉踏む.随う.→〔步人后尘〕〔步韵〕③〈文〉時の歩調.〔迈 mài 一～〕一歩足を踏み出す.〔两~并做一~〕二歩を一歩にする.大股で歩く.大急ぎで歩く.〔得一~进一~〕欲深く飽くことを知らないこと.〔开~走〕前へ進め!〔号令〕.④〈方〉歩幅で地面を測る.〔你~一~,看这块地有多大〕歩幅でこの土地がどれだけあるかを測ってみよう.⑤段階.程度.〔进一~一步进める〕〔提高一~〕一段高める.〔穷

qióng 到这～田地了〕こんな境遇にまで落ちぶれた.⑥劇〔旧劇で〕登場人物の役柄による歩き方.⑦碁の手.〔这～(棋)走得极妙〕この手は実に上手い.⑧〔度〕長さの単位:旧時,営造尺5尺を1歩といい,360歩を1里とした.→〔武 wǔ (Ⅱ)①〕⑨〈姓〉步(4)
(Ⅱ)地名用字:〔埠〕に同じ.〔船～〕地広東省にある.

步班 bùbān 徒歩による班:郵便局の集配で〔车班〕(車による班),〔马班〕(馬による班)など.
步兵 bùbīng 軍歩兵.
步步 bùbù 一歩一歩と.漸次に.〔～争先〕じりじりと先を争う.〔～留神〕何事にも気を配る.→〔逐 zhú 步〕
步步高 bùbùgāo ①とんとん拍子に出世する:〔步步登 dēng 高〕ともいう.②音広東音楽の曲名.③⇒〔百 bǎi 日菊〕
步步高升 bùbù gāoshēng 〈成〉一歩一歩高く登る.次第に昇進する.
步步为营 bùbù wéiyíng 〈成〉一歩一歩と地歩を固めて進み,急激な攻撃をしないこと.〔～,节节设防〕一歩一歩地歩を固め,着実に防備を固める.
步测 bùcè 〈动〉:歩幅によって距離を測ること.〔～者〕歩測者.
步长 bùcháng 又〔陸上競技などの〕ストライド.歩幅.
步程计 bùchéngjì =〔步数计〕歩数計.万歩計.
步挫 bùcuò 経〔株の〕下げ足:相場が下落歩調をとること.
步道 bùdào 歩道.〔马路两旁的〕大通りの両側の歩道.
步调 bùdiào 歩く調子.足取り.足並み.歩調.〔～一致〕足並みがそろう.〈喩〉行動が一致している.
步跌 bùdié 商〔株価などが〕漸次下落する.→〔步涨〕
步伐 bùfá 歩調.足取り.テンポ.〔以一天等于二十年的～向前跃进〕1日が20年に匹敵する歩調で前へ向かって躍進する:大躍進の時期のスローガン.〔～整齐〕歩調がそろう.
步法 bùfǎ ①〔踊り·芝居·蹴球など〕足の運び.②又フットワーク.
步幅 bùfú 歩幅.
步弓 bùgōng ①土地を測る器械:木で造りほぼ弓形をして上に柄がある.長さは旧営造尺の5尺,約1メートル60センチ.②両脚の距離.
步号 bùhào 軍歩兵のラッパ.
步后尘 bùhòuchén ⇒〔步人后尘〕
步话机 bùhuàjī ⇒〔步谈机〕
步脚 bùjiǎo =〔步足〕 動歩脚(ホル):節足動物(蝦·蟹など)の歩行用の足.→〔腮 sāi 脚〕
步军 bùjūn 旧陸軍.
步犁 bùlí 農牛馬に引かせる新式のすき.新式畜力ブラウ.=〔新式步犁〕.〔七吋 cùn～〕では,だいたい1頭の馬(牛)が引いて1日6畝前後の土地を耕せる.ほかに〔五吋～〕〔八吋～〕などがある.
步量 bùliáng 歩測(する).→〔步测〕
步履 bùlǚ 〈文〉歩み.歩行.行動.〔～维艰 jiān〕歩行困難である.〈喩〉事が行き詰まっているさま.
步辇 bùniǎn ①人が引く車:天子の乗る車.②〔～儿〕の方かちで.
步频 bùpín 叉ピッチ.歩調.
步骑 bùqí 軍歩兵と騎兵.
步枪 bùqiāng 歩兵銃.(射撃に用いる)ライフル銃:〔来 lái 复枪〕は旧語訳語.〔自动～〕自動小銃.
步曲 bùqū ⇒〔尺 chǐ 蠖〕
步屈 bùqū ⇒〔尺 chǐ 蠖〕

bù 步坅部

步趋 bùqū 〈文〉①歩く. ②追随する.従う:〔亦 yì 步亦趋〕の略.
步儿 bùr 步数.〔再走两～就到〕もう2,3歩で(少しで)着く.
步人后尘 bù rén hòuchén =〔步后尘〕〈成〉追随する.人の真似をする.
步入 bùrù 歩み入る.〔主客～宴会厅〕主客が宴会場へ入った.
步入正轨 bùrù zhèngguǐ 〈成〉正常な状態に入る:〔正轨〕は〔正规 guī〕ともいう.
步哨 bùshào 囯步哨.〔放～〕步哨を立てる.步哨線を張る.
步石 bùshí 〈文〉飛び石.敷石の類.
步叔 bùshū 〈姓〉步叔(ほう).
步数(儿) bùshù(r) ①順序.方法.次第. ②程度.状況.〔按照目前的～恐怕还需要相当的时间才能成功呢〕目下の状況から見ると、おそらくなお相当の時間をかけなければできあがらないだろう. ③運.〔不过～走得好就是了〕ただ運がいいだけのことだ.
步数计 bùshùjì ⇒〔步程计〕
步司 bùsī ⇒〔衬 chèn 套〕
步随 bùsuí 〈文〉ついて行く.
步态 bùtài 〈文〉格好.歩き方.
步谈机 bùtánjī =〔步话机〕〔步行机〕携帯用無線通話機.〔手提式～〕手提式の.〔背负式～〕背負い式の同前.→〔无 wú 线电收发报机〕
步天 bùtiān 〈文〉天体を測る.
步头 bùtóu 〈文〉埠頭.
步虎 bùwǔ 〈文〉歩武.
步武 bùwǔ 〈文〉①人の後に追随して真似る.〔～先贤〕先賢に追随して学ぶ. ②わずかの隔たり:〔古代,〔步〕は 6 尺.〔武〕は半歩3尺をいった.〔不过々尺寸之间〕わずかの差にすぎない.
步校 bùxiào 囯〔步兵学校〕の略.
步行 bùxíng 徒歩で行く.かちで行く.〔～街 jiē〕@遊步道.⑥步行者天国〔～天堂〕ともいう.
步行虫 bùxíngchóng 虫オサムシ(ゴミムシ類も含む):鞘翅目(せうしもく)の甲虫.
步行机 bùxíngjī ①⇒〔步谈机〕 ②步行機:幼児·身障者などが使う.
步廊 bùláng 〈文〉廊下.
步眼 bùyǎn 〈方〉歩幅.足取り.〔～大〕大またに歩く.
步摇 bùyáo 囯女性の髪飾り:步行につれて揺れるのでいう.
步亦步,趋亦趋 bùyìbù,qūyìqū 〈慣〉追随する.その通りに真似る.→〔步趋〕〔亦步亦趋〕
步月 bùyuè 〈文〉月下を散歩する.
步韵 bùyùn 韻を踏む:他人の詩に和し,毎聯(れん)みなその原韻を用いること.〔～和 hè 诗〕同前.
步战 bùzhàn 囯徒步戦.
步涨 bùzhǎng 圈(株ценなどが)漸次騰貴する.漸騰する.→〔步跌〕
步障 bùzhàng (塵埃(ほこり)を避ける)張り幕.
步骤 bùzhòu 物事を進行する順序.手取り.歩み込.ステップ.進み具合.〔有计划、有～地进行〕計画的に順序を立てて進める.
步子 bùzi ①步幅.步調.〔以整齐的～走〕步調をそろえて歩く.〔他～很大〕彼は步幅が広い. ②〈転〉段取り.〔不能乱〕段取りを混乱させることはできない.
步足 bùzú ⇒〔步脚〕
步卒 bùzú 囯足軽·步兵の類.

[埗] bù 地名用字:〔埠〕に同じ.〔深水～〕囲香港にある.

[部] bù ①〈文〉分ける. ②部分.全体の一部.一部門.〔内 nèi ～〕内部.〔其 qí 中一～〕そのうちの一部.〔北 běi ～〕北部.〔局 jú ～〕局部. ③(軍隊において中隊以上の)本部、またその所在地.(指揮)～指揮本部.〔师～〕師団本部.〔营～〕大隊本部.〔连～〕中隊本部. ④部隊.軍隊.〔亲自率～出征〕自ら兵を率いて出征する. ⑤機関·企業などの組織上の一部門.〔中央官庁では国務院の各部(省にあたる)を指す:民国では行政院各部,清朝では六部.〔铁道～〕鉄道省.〔外交～〕外務省.⑤党派·団体などの同前.〔中国共産党中央委員会の宣伝部.〔宣传～〕.⑥企業の部局.〔编 biān 辑～〕編集部.〔出版～〕出版部.〔门市～〕販売部. ⑥分類.部類.〔～〈文〉统率する.率いる.〔所～三十人〕統率する30人の者; ⑧量詞:書物や映画のそろいとなったものを数える.〔两～字典〕字書 2 部.〔一～小说〕小説 1 冊.〔一～鲁迅全集〕鲁迅全集そろい.⑥車や機械を数える.〔一～手机〕1 台の携帯電話.〔一～机器〕1 台の機械.〔三～汽车〕3 台の自動車.〔一～架 jià〕〈姓〉部.

部颁 bùbān 国務院各部(省)各委員会が公布している.〔～标准〕〔部标〕同前の基準·規格.
部标 bùbiāo ⇒〔部颁〕
部曹 bùcáo 圈各部の属官:〔六部〕の郎中·員外郎および主事.
部尺 bùchǐ 〔营 yíng 造尺〕
部从 bùcóng 〈文〉従者.ともまわり.
部队 bùduì ①軍隊. ②部隊.〔驻京～〕首都駐屯部隊.
部分 bùfen 〔部份〕とも書いた.①部分.一部.一単位. ②一部の.部分的な(に).〔调 tiáo 整～不合理的地区差 chā 价〕一部の不合理な地区の価格差を調整する.〔该港～开始使用〕该港は部分的に使用を開始した.〔～干部〕一部幹部.〔很大一～是青年〕青年大部分は青年だ.〔相当一～地〕かなりの部分の土地.↔〔全 quán 部〕
部分集体所有制 bùfen jítǐ suǒyǒuzhì 部分的集団所有制:初歩段階の農業を生産協同組合で土地を出資したり経営を統一にしたりして漸進的に公有財産制に進めて行く集団所有制.
部分蚀 bùfenshí ⇒〔分食〕
部分组合图 bùfen zǔhétú ⇒〔分 fēn 总图〕
部管物资 bùguǎn wùzī ⇒〔二 èr 类物资〕
部件 bùjiàn ①囮パーツ·コンポーネント·組立部品:若干の〔零 líng 件〕(パーツ)よりできている独立した部品.〔万能～〕ユニバーサルコンポーネント.→〔附 fù 件〕①〔配 pèi 件〕元 yuán 件〕. ②囲漢字筆画中の部分:"氵""亻""辶"の.
部将 bùjiàng 部将.
部居 bùjū 〈文〉種類を分けおのおの同類の部門に落ち着く.類を持って集まる.
部局级 bùjújí 党·政府の部長·局長クラス(大臣·次官·局長クラス)
部勒 bùlè 〈文〉部分けをして配置する.部分けをして治める.
部类 bùlèi 部類.
部列 bùliè 〈文〉分けて並べる.隊列を組む.
部令 bùlìng 囲各部の命令.
部落 bùluò ①部落.村落. ②部族.社会集団.族仲間.グループ.〔～社会〕氏族社会.
部门 bùmén ①部門.〔商业～〕商業部門. ②(事務系統の)職場.〔工厂的后勤 qín 部～〕工場の事務方(かた).→〔车 chē 间〕
部曲 bùqǔ 〈文〉軍隊.下夕の軍隊.
部首 bùshǒu 囲部首:(漢字の字書で)漢字を字画によって分類する際の偏·旁(ぼう)·冠(かん)など.→付

158

録1
部属 bùshǔ 〈文〉①部下.属官. ②〈白〉[六部]の官僚.
部署 bùshǔ ①組を立てて処置する.広く配置する.大きく布石を打つ.[先派人去一一下,免得临时忙乱]先に人をやって配置を決めておきその時になって慌てないようにする. ②回部下・側近.
部头(儿) bùtóu(r) 書物の篇幅.[大~著 zhù 作]大部の著作.
部委 bùwěi 国務院の各部(省)と各委員会(総称)
部位 bùwèi 部位.位置.[人体的器官についていう).[发音~]発音部位.[受伤~]負傷部位.
部伍 bùwǔ 〈文〉部隊.
部下 bùxià (下級の)部下.
部优 bùyōu 中央各部(省に当たる)の審査で優秀とされた産品の評価.[~产品]同前の品.
部院 bùyuàn ①回中央各部と各院. ②⇒[巡 xún 抚]
部长 bùzhǎng ①国務院の各部の長官(大臣).[外交~]外相. ②国務院の各部会議.一(大 dà 臣)~閣僚級会議.→[大 dà 臣]
③機関・企業などの党組織の長.[厂党委组织部~]工場党組織部部長.
部帙 bùzhì 〈文〉書籍.帙(ちつ)に入った書籍.[~浩繁 fán]〈喩〉書籍が非常に多い.
部卒 bùzú 兵士.兵卒.
部族 bùzú 部族と氏族.

[**蔀**] bù 〈文〉①遮蔽(する). ②暗い. ③古代の暦法で,76年を[一~]という.

[**瓿**] bù ①古小さな甕(かめ). ②→[安 ān 瓿]

[**簿**] bù 〈文〉①木簡・竹簡. ②竹かご.→[篓 lǒu]

[**埠**] bù 地名用字.[大~]回広東省にある.→ pǔ

[**饽・餺**] bù [~子]食嬰児用のペースト.→ bū

[**簿**] bù ①帳簿.[账 zhàng ~]同前.[登 dēng ト.[电话~]電話帳.[签 qiān 到~]出勤簿.[样本~][样本册]見本帳. ②〈文〉公文書. ③〈姓〉
簿册 bùcè 帳簿類.[表 biǎo 格~]罫紙をとじて作った帳簿.
簿籍 bùjí 帳簿・名簿など.
簿记 bùjì ①簿記.[~学]簿記学.[~员]会 kuài 计员]会計係. ②(営業用)の帳簿.
簿价 bùjià 商帳簿価格.ブックバリュー.
簿据 bùjù 〈文〉証拠となる帳簿.
簿录 bùlù 〈文〉①(事柄・本などの)リスト.記録. ②没収された家財の記録.
簿书 bùshū 〈文〉公文書の総称.
簿子 bùzi ①帳簿.[支票~]小切手帳. ②ノート.メモ.[活页~]ルーズリーフ式ノート.→[本 běn 子]

[**埠**] bù ①船着場.波止場. ②開港場.[商~]同前.[本~]本市.本港.この都市.[外~]他市.[~新闻](新聞の)市内版.[外~]他市.
埠际 bùjì 都市間(の).[~比赛 sài]都市対抗競技会.インターポートの試合.
埠头 bùtóu 〈方〉波止場.船着場.[码 mǎ 头①]に同じ. ②回船会社.

C

ca ㄘㄚ chāi

[**拆**] cā 〈方〉(大小便を)排泄する.[~烂 làn 污]同前.〈喩〉でたらめをやって,他人に迷惑をかける.いいかげんにやって失敗する.[我们纱 shā 厂里只要有一个车间~烂污,不好好做生活,每一个车间都要受害](周・上・I の26)この紡績工場でただひとつの職場でも無責任で仕事を真面目にしないと職場全体が被害を受ける. → chāi

[**擦**] cā ①(力を加えて)こする.[~一根火柴]マッチをする. ②こすり落す.ふき取る.拭(ふ)う.[~车 chē]車をふく.洗車する.[把桌子~干净点儿]テーブルをきれいにふきなさい.[黑板上的字~掉 diào 了吗]黒板の字を消しましたか.[这个表油泥厚了,得 děi ~~]この時計はごみがたまっているから掃除をしなければならない.→[揩 kāi]
③こすりつける.すりつける.薄く塗る.[~粉(fěn)]白粉(おしろい)をつける.[胭 yān 脂]紅(べに)を塗る.[皮鞋要~上油刷 shuā 一刷]靴は油をぬってくつ磨きをせよ.→[擦 chá][抹 mǒ ①②③] ④すれすれに接近する.[燕 yàn 子~着地飞过]つばめが地面すれすれに飛んで行った.[子弹~身边过去]弾丸が身をかすめていった.[一颗子弹从他头顶上~过去]弾丸が彼の頭をかすめていった.[飞机~着山顶过去]飛行機が山の頂上すれすれに飛んで行った.[小驴 lǘ 儿~着山边走]ロバが山のわきをすれすれに歩く. ⑤瓜や大根をすりおろす.[把萝卜~成丝儿]大根をせんつきで突いて千切りにする.→[礤 cǎ]
擦棒球 cābàngqiú 図(野球・ソフトボールの)ファウルチップ.
擦背 cābèi 〈方〉(風呂で)背中を流す.
擦边 cābiān [~儿]ふちをかすめる.ぎりぎりの線である.[他才四十~]彼は40にやっとが手が届く. ②オンライン.
擦边球 cābiānqiú ①区(野球・卓球の)エッジボール. ②〈喩〉玉虫色のやり方.違法すれすれの行為. [打~]同前になぞらえていう.[踩 cǎi 线 xiàn]に同じ.
擦布 cābù ①布巾. ②雑巾.→[抹 mā 布]
擦窗器 cāchuāngqì 機(自動車の)(ウィンドウクリーナー)ワイパー.
擦粉抹红 cāfěn mǒhóng [慣]紅やおしろいを塗る.化粧する.めかしする.[尽管她~,也掩饰 yǎnshì 不了脸上的皺折 zhě 子与黑点](老・四・惺 2)彼女がどんなにおめかしたとて顔のしわと黒いしみはおい隠すことはできない.
擦干 cāgān ふいて(ぬぐって)しめりを取る.
擦黑儿 cāhēir 〈方〉夕暮れ.夕方. →[傍 bàng 晚(儿)]
擦痕 cāhén ①こすった跡. ②地カール.圏谷(けん).
擦划 cāhuá こすり傷をつける.
擦肩而过 cājiān ér guò 肩と肩をすれすれにすれ違う.
擦镜布 cājìngbù レンズふきの布.
擦脸 cāliǎn ①顔をふく. ②〈方〉面目を失する.[这是面子问题,要是擦了脸大家都不光彩]これは面子(ダ)の問題で,もし面目をつぶしたらみなが不名誉だ.
擦亮 cāliàng ①ピカピカに磨きたてる.[~眼 yǎn 睛]目を光らす.目を皿にする.〈喩〉警戒心を強め

擦米 cāmǐ 〈方〉ほの明るい.
擦米 cāmǐ [脱殻](する).→[脱 tuō 粒] ②精米(米).→[碾 niǎn 米]
擦面子 cāmiànzi 〈方〉顔をつぶす.面目を失す る.
擦抹 cāmǒ ふく,ぬぐう.[~了半天还不干净]随分 こすったがまだきれいにならない.
擦盘子 cāpánzi 〈方〉面目を損なう.顔をつぶす.[我 不是擦您的盘子]私はあなたの顔を汚すわけではあ りません.
擦屁股 cāpìgu 〈喩〉後始末する:多く不始末の処理 をすること.[给人~]後始末をしてやる.
擦破 cāpò すりむく.
擦器 cāqì 圈ワイパー：機械の垂直軸につけた爪.
擦浅 cāqiǎn (船が)浅瀬すれすれに航行する.
擦枪走火 cāqiāng zǒuhuǒ 銃を磨いているうちに暴 発する.〈喩〉脅すつもりが戦争になる.
擦伤 cāshāng すり傷(をする).
擦拭 cāshì ふき取る.[~武器]武器を磨く.
擦手 cāshǒu 手をぬぐう.[~纸]ペーパータオル.
擦损 cāsǔn 荷ずれの損害.
擦网 cāwǎng [スネットタッチ.タッチネット.[~球] ネットイン.
擦洗 cāxǐ 汚れをふき取る.[~身体]体を洗う.
擦鞋 cāxié 靴を磨く.[擦皮鞋]同前.[~垫 diàn] 靴の泥落としマット.
擦眼抹泪 cāyǎn mǒlèi 涙をふく.[看她~地好伤心 似的]彼女は涙をふいて何かひどく悲しんでいるよう だ.
擦音 cāyīn ＝[摩 mó 擦音]圈摩擦音:[普通话]で は f・h・s・sh・x・r.
擦油 cāyóu ①油をふき取る.[这衣服家到洗衣店 擦擦油就好了]この服はクリーニングに出して油 をふき取らせればまっさらになる. ②油を塗りつけ る.[这机器走着很重,该~了]この機械は動きが重 いから,油を差さなければならない.
擦油泥 cāyóuní ①油ごみをふき取る. ②(体の)あか をこすり取る.
擦澡 cāzǎo ぬれ手ぬぐいであかをふき取る.
擦掌摩拳 cāzhǎng móquán 〈成〉手やこぶしをこす って力(を)む:手ぐすね引いて待ちかまえる.[擦拳摩 掌][摩拳擦拳]ともいう.[~,想把我殴 ōu 打一顿](魏金枝·嗣子)船室の入口で手 を振り上げて,僕をぶん殴ろうとした.
擦脂抹粉 cāzhī mǒfěn [涂 tú 脂抹粉]
擦桌布 cāzhuōbù ⇒[揩 zhǎn 布]
擦子 cāzi ふき物.[黑 hēi 板~][黑板擦儿]黒板ふ き.

[嚓] cā 〈擬〉摩擦する音.ⓐ(車など)急停車す る音.[摩 mó 托车~的一声站住了]オート バイがキッと音を立てて止まった.ⓑ足音など.[一 队兵~~地走过去]一隊の兵士がザックザックと通 り過ぎた.ⓒマッチをする音.→ chā

[礤] cǎ →[礤 jiāng 礤]

[礤] cǎ 〈文〉粗い石.
礤床(儿) cǎchuǎng(r) せんつき.つまつき：瓜や大 根などを千切りにする金属製の器具.[用~擦 cā 成丝儿]同前で千切りにする.

cai ちあ

[偲] cāi 〈文〉才能がある.[其人美且~](詩経 ·齐風·盧令)その人は美しく才がある.
→ sī

[猜] cāi ①推測する.推測して当てる.[~着 说]当てて言う.当てずっぽで言う.[你~ ~我手里拿着什么]僕の手の中に何があるか,当て てごらん.[~不着 zháo]当たらない.[~对了]当た った.[瞎 xiā ~]やたらに憶測する. ②疑う.勘ぐ る.猜(sī)疑する.ねたむ.
猜猜猜 cāicāicāi じゃんけんぽん：じゃんけんをする時 のかけ声.またじゃんけん.〈方〉将 jiāng 军包]とも いう.→[铮 bēn 铰赛]
猜测 cāicè 推測(する).憶測(する).[这只不过是 ~,还推測にしかすぎない.[恶è意的~]悪意 のある推測.→[臆 yì 測]
猜付 cāicǔn 推測する.憶測する.
猜单双 cāidānshuāng →[猜枚]
猜灯虎(儿) cāidēnghǔ(r) →[灯谜]
猜灯谜 cāidēngmí →[灯谜]
猜断 cāiduàn 類推し判断する.推断する.[你不用 说,我也能~个九成九]きみがはっきり言わないでも 僕には9分9厘まで推断できる.
猜度 cāiduó 忖度(をする).推し量る.推量する. [~没有战争]戦争はないと推測する.[~別人的心 理]人の心を推し量る.
猜贰 cāi'èr →[猜疑]
猜忌 cāijì 疑いねたむ.そねむ.邪推する.[不要老~ 別人,还是自己反省 xǐng 一下儿的好]いつも他人 ばかり疑いねたまないでやはり自分も反省してみるがい い.
猜奖 cāijiǎng (赏金·賞品つき)クイズ大会.
猜惧 cāijù 疑い恐れる.おそれすする.[何必整日~, 真是庸 yōng 人自扰]一日中疑い恐れている必要 がどこにあるか,全く凡人のあさましさだ.
猜料 cāiliào 推測する.
猜枚 cāiméi =[猜单双]酒席で行われる遊戯の一: 手に[瓜 guā 子(儿)](瓜の種)と[棋 qí 子(儿)]① (碁石)などを少量握り,その単数か複数かある いは個数·色などを当てる.
猜谜儿 cāimèir ⇒[猜谜]
猜冈儿 cāimènr 同下.
猜谜 cāimí =[破 pò 谜儿]①]なぞを解く.なぞを 当てる.[〈口〉猜谜儿][〈方〉猜冈儿]ともいう. [~语]→[谜语]クイズコンテス ト.[~节目]クイズ番組.[~迷][灯 dēng 谜] ②隠れた真意を推測する.[别让我们~了]なぞをかけ ないでくれよ.
猜摸 cāimo 見当をつける.当て推量をする.
猜破 cāipò 推量し当てる.[他的意思,我早~了]彼 の考えはとうに推量がついている.
猜拳 cāiquán →[划 huá 拳]
猜忍 cāirěn 〈文〉疑い深く残忍である.[~人]疑い 深く残忍な人間.
猜认 cāirèn 見分ける.見当をつける.
猜仁撺俩 cāisā zuànliǎ 〈喩〉信念がない.気迷いが ち.[这么~的,成不了大事]こんなにちゃんとした 考えがないようでは大きなことはできない.
猜思 cāisī ⇒[猜想]
猜算 cāisuàn 推量する.推測する.推計し計算する.[稍 shāo 微~一下知道个大概的数儿就行了]ざっと計算し てみてだいたいの数がわかったらそれでいい.
猜题 cāití (試験で問題の)やまをかける.
猜透 cāitòu 推測し当てる.[我早就~了他没安好 心眼]わたしはとっくに彼に心根がよくないと見通し ていた.[谁也~不透葫芦 hú 芦里卖的是什么 药]誰もがそのひょうたんの中に入れて売っている のがどんな薬かを見透かせない.
猜嫌 cāixián 邪推する.勘ぐる.
猜详 cāixiáng 推測する.

猜想 cāixiǎng ＝〔〈方〉猜思〕推量する.推し量り思う.〔你~得出这是谁干的吗〕きみ推理を働かして考えてみたまえ,これは誰がやったのか.
猜寻 cāixún 推量する.推測し尋ねる.
猜压 cāiyā ①〔賭博で〕見当をつけてはる.〔压那一门,~中zhòng 了〕あれへはって,当たった.②〔試験問題の〕山をかける.
猜疑 cāiyí 〔猜贰〕猜疑(する).〔心中~不止〕心中いつまでも猜疑してやまない.〔毫háo 无道理的~〕まったく理屈に合わない邪推だ.
猜着 cāizháo 当てる.的中する.〔猜不着 zháo〕(推測しても分からなくて)当てられない.
猜中 cāizhòng 言い当てる.推量が当たる.〔你猜得中猜不中〕言い当てられるか.
猜子儿 cāizǐr 小児の遊び:おはじきなど両手に隠し持ってその数を当て合う.→〔猜枚〕
猜字儿锓儿 cāizìrmànr 〈口〉コインの表か裏かを当る遊び:〔猜字儿漫儿〕〔猜字儿闷儿mènr〕ともいう.〔字儿②〕は字のあるがわ.〔锓儿〕は裏がわ.

〔才(才)・纔〕 cái （Ⅰ）〔才(才)〕 ①才能.能力.働き.〔辩 biàn ~〕雄弁.弁才.〔多~多艺〕多才多芸.〔德~兼 jiān 备〕徳も才も兼ね備えている.〔他有才是~,就是不好好地学〕彼は才能は十分あるんだが,あまりよく勉強しない.②有能な人.人材.〔天~〕天才.〔人~〕人材.〔干~〕有能な人.③〈方〉木材の数量単位で120立方寸:東北・華北地方ではこれを採用している.④〔姓〕才(さ).
（Ⅱ）〔纔〕①わずかに.わずかに:数量の少ないことを表す.〔不过~一年〕わずか1年にすぎない.〔庄zhuāng 稼~有一尺高〕作物は丈がわずか1尺である.②今しがた.たった今:時間の短いことを表す.〔昨天~来〕昨日来たばかりだ.〔要做这一篇速朽xiǔ 的文章,一下笔便感到万分的困难了〕〔鲁・Q1〕この書いても朽ちてしまうような文章でも,筆を下ろすとたちまちはたと困ってしまう.〔一说嘴zuǐ 就打嘴〕舌の根もかわかないのに,もうつじつまの合わないことをする.③(…して)やっと.わずかに.はじめて.〔这一明白了〕これでやっとわかった.〔不定多会儿~能完呢〕いつになったら終るものやら分からない.〔我听了你的话,~放心的)ぼくはきみの話を聞いてやっと安心した.④それでこそ.〔这~称chēng 得起新中国的青年〕これでこそはじめて新中国の青年というりっぱなもの.〔你~是所谓英雄好汉呢!〕きみこそいわゆる英雄豪傑だ.〔求您多多指教~好〕何かとよろしくお教え下さい.⑤…でないと…でさない.…でないと…だめだ.〔我有孔乙己到店,~可以笑几声〕〔鲁・孔〕孔乙己が店へ来た時だけ,ちょっと笑うことがある.〔应当做完了~是〕やってしまわなければならない.〔非得~去〕〔非得要~去！〕好〕きみ自身行かなければだめだ.〔总得 děi 看看~能明白〕見てみないと分からない.⑥強調を表す:多く文末に〔呢〕を使う.すごく.〔这朵花儿~好看呢〕この花はとてもきれいだ.〔你~胡涂呢〕おまえこそまぬけだよ.⑤〔不bù〕の前に置かれ相手の思わく通りには行かないという意味を表す.〔哼,我~不去呢〕フン,ぼくは行ってなんかやるもんか.
才笔 cáibǐ ①優れた文章.②優れた文才.
才八斗 cái chǔ bǎdǒu ⇒〔才高八斗〕
才德 cáidé ⇒〔德才〕
才地 cáidì 〈文〉才知と家柄.
才调 cáidiào 才気.
才分 cáifēn 天賦の才質.生まれつきの才能.
才赋 cáifù 才能.
才干 cáigàn 才能.仕事の能力.働き.
才刚 cáigāng ⇒〔刚才〕

才高八斗 cái gāo bādǒu ＝〔才储八斗〕〔才贮八斗〕〈成〉天分が豊かである.才能が非凡である.→〔八斗之才〕
才怪 cáiguài それこそおかしい.せいぜい…に決まっている.〔你要是还不注意,不吃大亏 kuī ~(呢)〕君がもしまだ注意しないならせいぜい大損害を被るのが落ちだ.
才华 cáihuá 才能.才華.〔有~〕才能がある.〔~焕 huàn 发〕〈成〉才気煥発 (ざっぱつ).〔~出众〕〈成〉みんなより優れている.〔~横溢 yì〕〈成〉才能豊かである.
才兼文武 cái jiān wén wǔ 〈成〉文武両道に優れている.
才具 cáijù 〈文〉才能.〔~超凡〕才能が卓越している.
才俊 cáijùn 〔才畯〕とも書く.〈文〉才知の優れた人.
才理 cáilǐ 〈文〉才知の働き.〔少 shào 有 ~〕若くて才知があった.
才力 cáilì 才能.〔~绝 jué 人〕才能が人より極めて優れている.
才量 cáiliàng 〈文〉才知と度量.
才路 cáilù 人材の養成や発揮される道.
才略 cáilüè 知謀.〔有文武~〕文武の才能を備えている.
才貌 cáimào 才能と容貌.〔~双全〕〔~色兼美〕〈成〉才色兼備.〔郎 láng 才女貌〕新郎は秀才で新婦は美人.〔转〕似合いの新夫婦.
才名 cáimíng ①才能と名声.②〈文〉才学によって得た名声.
才能 cáinéng ＝〔材能〕才能.才幹.〔根据~提拔〕才能によって抜擢(ばってき)する.
才女 cáinǚ 才能のある女.才女.→〔才子〕
才器 cáiqì 〈文〉才能と器量.
才气 cái-qi 才気.多くは文芸方面についていう.〔~过人〕才気が人より優れている.→〔才华〕
才情 cáiqíng 才知と情趣:多く文芸創作についていう.〔看他的文章真是有~〕彼の文章を見ると実に才気がある.→〔才能〕
才人 cáirén ⇒〔才子〕
才色兼备 cáisè jiānbèi 〈成〉才色兼備:才知と美貌とを兼ね備えていること.〔才貌双全〕に同じ.
才识 cáishí 〈文〉才知と識見.才能と見識.
才士 cáishì ⇒〔才子〕
才疏学浅 cáishū xuéqiǎn 〈成〉浅学非才である:多く自分を謙遜していう.〔鄙 bǐ 人~…〕私は浅学非才で….
才疏志大 cáishū zhìdà 〈成〉才能は劣るが志は大きい.
才思 cáisī 才気と構想:多く文芸創作についていう.
才望 cáiwàng 〈文〉才能と人望.
才悟 cáiwù 〈文〉聪明.
才学 cáixué 才能と学問.〔别看他年青,很有~啊〕彼を年が若いと見くびってはいけない,なかなか才と学がある.
才艺 cáiyì 才能と技芸:多く芸術・芸能についていう.〔~出众〕同程が群を抜いている.
才颖 cáiyǐng 〈文〉聪明である.〔少以~见称〕若くして聪明なので人に知られていた.
才鱼 cáiyú 〔鳢 lǐ〕
才媛 cáiyuán 〈文〉才媛(えん).才能のある女子.学問・詩文に優れた女子.
才藻 cáizǎo 〈文〉文才(にたけている).〔少 shào 有 ~〕若いうちから文才があった.
才智 cáizhì 才能と知恵.
才贮八斗 cái zhù bǎdǒu ⇒〔才高八斗〕
才子 cáizǐ 〔才人〕〔才士〕才能の優れた男子.才

cái 才材财

子.→[材人]
才子佳人 cáizǐ jiārén〈成〉才子佳人(かじん):才徳備わった立派な男子とみめ麗しい女性.
才子书 cáizǐshū 清の金聖嘆が才子の作品として選んだ6冊の書:離騒(楚辞)・南華真経(荘子)・史記・杜詩・水滸伝・王西廂記を,それぞれその順序によって"第何才子書"という.後にはこれと違う書をあげたり,違う順序でつけることもある.

[材] cái
①材木.[良〜]良い材木.[制zhì〜工业]製材工業.[这棵树不成〜]この木は材木にはならない. ②材料.用材.原料.[钢gāng〜]鉄鋼材.[器〜]器具や材料.[药〜]製薬材料.[〜种]木材や鋼材の品種. ③資料.[题〜]題材.[教jiào〜]教材. [取〜]取材(する). ④才能.資質.素質.[因〜施shī教]その人間の才能に応じて教育する.→[才(Ⅰ)②] ⑤人材.資質のある人.[贤xián〜]賢才.[人〜輩出]人材が輩出する. ⑥棺おけ.[棺 guān〜]同前.[买了一口〜,装殓 liàn 了]棺を一つ買って納棺した. ⑦〈姓〉材(ざい).

材耗 cáihào 原材料の消費(する).
材积 cáijī 〈林〉材積:木材の体積.[〜表]材積表.
材隽 cáijùn〈文〉俊才の人.
材吏 cáilì 有能な官吏.
材料 cáiliào ①材料.資材.[〜美]材料自体の美(形式美に対して).[提供原料和〜]原料と資料を提供する. ②データ.資料.ねた.[搜集〜]資料を収集する. ③〈被服〉布地.[〜[一儿]役立つもの.素質.[天生没用的〜]君は全くその器(うつわ)じゃない.[他是块〜]あいつは見込みのあるやつだ.
材林 cáilín (林業で)材木を育てる林.
材木 cáimù 材木.木材.
材木岩 cáimùyán 〈鉱〉火成岩が六角六角などの柱状体をなしたもの.
材能 cáinéng ⇒[才能]
材器 cáiqi ①(建築・器具に用いられる)材木. ②〈文〉才能と器量.→[才器]
材人 cáirén =[材士]才能のある人.→[才子]
材士 cáishì 同て.
材树 cáishù 木材用の樹.木材用に育った樹.
材武 cáiwǔ〈文〉才能と武勇.
材用植物 cáiyòng zhíwù 建築や器具の材料として用いられる植物.
材质 cáizhì ①木材の質. ②(物の)材質.

[财・財] cái
①金銭・物資・不動産その他有価物件.金銀財宝.[资〜]資財.[钱〜]金銭.[发〜]金もうけする.金持ちになる.[贪〜命命]人の財をむさぼって命を捨てる. ②〈文〉切り取る.判断する.[〜取]裁量して採り用いる.→[裁④] ③〈姓〉財(ざい).

财安 cái'ān〈旧〉[财址]〈俗〉商人に送る手紙の末尾に書く常套語:繁昌を祈る意.[筹 chóu 安]ともいう.[并 bìng 祝]〜あわせてご繁栄をお祈り申しあげます.[祺 qí 之][文 wén 安]
财阀 cáibá 金融界のボス.巨頭.大物.
财宝 cáibǎo 金銭と珍宝.財宝.[金银〜]金銀財宝.
财币 cáibì 金銭.財貨.
财帛 cáibó〈文〉金銭と布帛(ふはく)などの財産.[清酒红人面,〜动人心]〈諺〉酒は人の顔を赤くし,財物は人の心を動かす.
财产 cáichǎn 財産.金融資産.[〜保全]保全処分.[〜保险][财险]財産保険.[〜租赁 lìn 合同]財産賃貸契約.[〜协 xié 议]結婚前にする夫婦間

の財産協議.
财产权 cáichǎnquán〈法〉財産所有権:[财产所有权]の略.[产权]に同じ.
财大气粗 cáidà qìcū〈成〉金持ちは鼻息が荒い.金銭に物を言わせる.財力があるのをかさに着る.
财东 cáidōng ①資本家.出資者. ②〈旧〉旦那様:農民が地主に対して言う称呼. ③〈旧〉商店主・企業主.⇒金持ち,資産家.
财蠹 cáidù〈文〉国家の財産を食いつぶす者(集団)
财阀 cáifá 財閥.
财富 cáifù 富.[〜.財産.[自然〜]自然の富.[我们留给他们的〜,就不仅是物质财产,而最宝贵的东西是我们传 chuán 统的革命精神]我々が彼らに残してやる富は,物質的な財産のみでなく,最も貴いのは我々の伝統的な革命精神である.
财赋 cáifù ①財貨と賦課. ②金銭.[小人两个是上泰安州刻石镌 juān 文的,又没有一〜,只有几件衣服](水.39)わたしども両人は泰安州へ石碑を刻みに行くだけで,金は少しもなく,ただ着物を数枚持っているだけです.
财黑 cáihēi〈方〉金銭に汚い人.
财货 cáihuò 財貨.金銭.
财界 cáijiè 財政金融界.
财金 cáijīn 財政と金融.
财尽囊空 cáijìn nángkōng〈成〉無一文になる.すっからかんになる.
财经 cáijīng 財政と経済.[〜工作]財政と経済の仕事.[〜小说]経済小説.[〜纪律]財務規律.
财会 cáikuài 財務と会計.[〜科]経理科.[〜人员]経理関係職員.
财礼 cáilǐ ⇒[彩 cǎi 礼]
财力 cáilì 財力.[〜不足,营业不易发展]資金不足のため,営業の発展が容易でない.
财临旺地 cái lín wàngdì〈成〉金は活気のあるところに集まる.
财奴 cáilǔ ⇒[财奴]
财路 cáilù 金儲けの手段.[有了〜]財源ができた.金がまわった.
财贸 cáimào ①財政と貿易.[〜系统]同前の組織系統. ②(物資の)流通.
财迷 cáimí ①金儲けに夢中な人間.我利我利亡者.守銭奴(り).(けちん坊.握り屋. ②金銭に目がくらむ.強欲である.[〜心窍 qiào]金儲けに目がない.財産に目がくらむ.
财能通神 cái néng tōngshén 金銭は神をも動かしうる:地獄の沙汰も金次第.
财能壮胆 cái néng zhuàngdǎn 金があれば度胸が出る.
财奴 cáinú =[财房]守銭奴:金銭のとりこになった奴.ためるばかりで上手く活用することを知らない人間.→[财迷]
财祺 cáiqí ⇒[财安]
财气(儿) cáiqì(r) =[财缘儿][财运]持ちになれる運命.金銭運.[这程子有〜,买卖很赚 zhuàn 钱]このところ金運に恵まれて商売はたいへんもうかる.[我没多少次马票了,连一次都没中,真是没〜]わたしは馬券はずいぶん買ったもんだが,1回も当たらない,全く金運がないんですね.→[彩 cǎi 气(儿)]
财权 cáiquán ①〈旧〉财产权]:[财产权]ともいう. ②財政の権力.
财色 cáisè 金と女.[〜双送]金銭と色仕掛けで誘う.
财商 cáishāng 理財の知恵.
财神 cáishén =[财神爷 ye]ともいう.[〜庙 miào]同前を祭った廟.[龛 kān]同前を祭

财裁　cái

った神棚.〔～日〕(商家の)決算日.〔接～〕回新年に福の神を迎えること.→〔赵 zhào (公)元帅〕　②〈転〉金銭·金融に関する人や組織.〔外国企业的～〕外国企業の銀行.〔～驾 jià 到,大家快去领工资吧〕会計係が来たぞ,早く給料をもらいに行こう.

财势 cáishì 財産と権勢.
财是英雄胆,衣是震人毛 cái shì yīngxióngdǎn, yī shì zhènrénmáo 〈諺〉財産は人の胆をたくましくし,衣服は人を恐れしめる外皮である:金銭の力が大きいこと.

财税 cáishuì 旺财政と税務.
财团 cáituán 財団.〔～法人〕財団法人.〔洛克菲勒～〕音意訳>ロックフェラー財団(米国)
财务 cáiwù 財務.〔～制度〕経理制度.〔～管理〕財務管理.〔～公司〕会計事務所.〔～报表〕財務諸表.〔～软 ruǎn 件〕会計ソフト.
财物 cáiwù 金銭と物資.財物.
财喜 cáixǐ 囻財物が手に入ること.またその財物.〔意外的～〕思いがけない収入など.
财险 cáixiǎn 〔财产保险〕の略.
财业 cáiyè 財産と事業.財産.
财用 cáiyòng 元手.資材.費え.
财鱼 cáiyú 〔鳢 lǐ〕
财源 cáiyuán 財源.〔～茂 mào 盛〕成財源が多い.
财缘儿 cáiyuánr ⇒〔财气(儿)〕
财运 cáiyùn ⇒〔财气(儿)〕
财政 cáizhèng 財政.〔～包干〕財政請負制度.〔～补 bǔ 贴〕国庫補助金.〔～部〕中央官庁の一.国の財政を司る:大蔵省にあたる.〔～赤 chì 字〕財政赤字.〔～法〕財政法.〔～局〕市あるいは県の財政行務機関.〔～年度〕〔会 kuài 计年度〕会計年度.〔～平衡 héng〕財政の収支バランス.〔～危 wēi 机〕旺財政危機.フィナンシャルクライシス.
财政寡头 cáizhèng guǎtóu ⇒〔金 jīn 融寡头〕
财政结余 cáizhèng jiéyú 囻(财务行政上の)剰余金.〔动用历年～十六亿元〕暦年の剰余金16億元を流用する.
财政资本 cáizhèng zīběn ①⇒〔金 jīn 融资本〕②書金融资本论:ヒルファーディング著(1910年)
财社 cáishè ⇒〔财政〕
财主 cáizhu ①金持ち.資産家.財産家.〔～秧 yāng 子〕[罵]金持ちのばか息子.②資本家.債権者.③回地主.
财资 cáizī 財産と資金.
财字头 cáizìtou 〈口〉財政関係の学科.

[裁] cái ①(刀·はさみなどで)紙や布を)裁つ.〔～衣服〕生地を裁って服を作る.〔～纸〕紙を切る.〔～底子的〕回(布靴の)靴底作り職人.②減らす.一部取り除く.解雇する.撤廃する.〔把这笔经费～了〕この経費を減らす.〔～了好些个机关〕たくさんの官庁を撤廃する.〔他怎么被～了?〕彼はなぜ免職されたのか.③制御する.抑制する.〔制～〕制裁(する).〔独 dú 一者〕独裁者.→〔裁制〕④〈文〉判断する.決断する.取りさばく.〔～其取舍 shě〕その取舍を決定する.〔～决〕裁决(する).〔自～〕自決(する).自殺(する).→〔财②〕⑤〔詩文の)取捨選択をする.⑥文章の体裁.文体.〔体～〕式.紙のサイズ.〔八～报纸〕八開報紙〔八～报纸〕新聞用紙の八つ切りのもの.〔八十克牛皮纸十二～中式信封〕80グラムクラフト紙十二切中国式封筒.→〔八 bā 开〕

裁编 cáibiān 人員を減じ改編する.
裁兵 cáibīng 軍兵員の縮減(する).
裁并 cáibìng 削減合併する.整理合併する.
裁撤 cáichè (現有の機関·機構などを)廃止する.撤廃する.
裁尺 cáichǐ 〔裁衣尺〕
裁处 cáichǔ 裁断して処理する.判断し処理する.〔既然犯了错误只有听凭～〕過ちを犯した以上処分に服するよりほかないからだ.〔听候司法机关的～〕司法機関の裁断処理を待つ.
裁答 cáidá 〈文〉返書(する)
裁定 cáidìng 法裁定(する):(裁判所が)適法であるか否か,正当であるか否かを決定する処分.〔～书〕判決書.
裁断 cáiduàn ①裁断する.〔请主任～〕主任の裁断を仰ぐ.②裁ち切る.〔要是～得不公平,怎么能叫人心服〕もし決定が不公平だったらどうして人を心服させることができようか.〔～机〕旺裁断機.カッター.
裁夺 cáiduó ⇒〔定 dìng 夺〕
裁度 cáidù 〈文〉〔裁量〕斟酌〕して決定する.
裁缝 cáiféng 裁縫する.仕立てる.〔～匠〕仕立職人.仕立屋.〔～店〕〔～铺 pù〕仕立屋.裁縫店.
裁缝 cáifeng 縫い子.仕立職人.→〔裁衣匠〕
裁复 cáifù 〈文〉返事を書く.
裁革 cáigé 〈文〉整理淘汰する.
裁鸿 cáihóng 〈文〉手紙を書く.〔伫 zhù 候～〕〈牘〉ご返事をお待ちしております.
裁笺 cáijiān 〈文〉手紙を書く.
裁剪 cáijiǎn ①裁断する.②不必要なところを切り除き,重要なところを残す.
裁减 cáijiǎn ≡〔〈文〉裁汰〕〔裁销〕削減する.減少させる.解雇する.〔～军 jūn 备〕〔裁军〕軍縮(する).〔～闲 xián 散不必要的职员〕冗員を整理する.→〔裁员〕
裁决 cáijué 決裁する.裁決する.〔听候上级机关～公〕上級機関の決裁を待つ.
裁军 cáijūn 軍縮(する):〔裁减军备〕の略.〔西方外长谈～〕西欧外相軍縮を語る.
裁可 cáikě 〈文〉決裁し許可する:現在は多く一国の元首が議定した法律案を批准することを指す.
裁厘加税 cáilí jiāshuì 回釐(lí)金の廃止.関税の引上げ.
裁量 cáiliàng ⇒〔裁度〕
裁排 cáipái 〈文〉按排する.
裁判 cáipàn ①裁定する.判定する.〔审判する).ジャッジ.〔～球 qiú〕ス(水球で)ニュートラルスロー.②〔裁判员〕
裁判员 cáipànyuán 審判.レフェリー.アンパイア.ジャッジ:〔裁判③〕ともいう.〔主～〕主審.〔司 sī 全～〕(野球の)塁審.〔裁判(员)叫停〕レフェリーストップ.
裁人 cáirén 人を減らす.〔那个机关～了〕あの役所は減員した.
裁汰 cáitài ⇒〔裁减〕
裁退 cáituì くびにする.減員する.
裁弯取直 cáiwān qǔzhí 〈成〉(河川や道路の)弯曲した部分を切ってまっすぐにする.
裁销 cáixiāo ⇒〔裁减〕
裁衣 cáiyī 生地を裁つ.〔～匠〕仕立屋.
裁衣尺 cáiyīchǐ ≡〔裁尺〕裁縫用のものさし:旧時,一般に用いられたものさしで,1尺は旧営造尺の1尺1寸1分1厘1毛にあたる.
裁员 cáiyuán 減員する.人員整理する.〔裁减人员〕リストラする.〔～裁减〕
裁择 cáizé 取捨選択する.
裁纸刀 cáizhǐdāo ペーパーナイフ.カッター(ナイフ).
裁纸机 cáizhǐjī 紙裁断機.ペーパーカッター.
裁制 cáizhì ①節制する.制御する.②制裁を加える.③裁断して服を作る.

裁酌 cáizhuó 斟酌(したく)し決定する.

采(採)

cǎi（Ⅰ）[采(採)] ①採る.摘む.[~桑 sāng]桑を摘む.②採用する.選び採る.[~坟 fén 地]墓地を選定する.[稿 gǎo 件不好的不一取り原稿のよくないものは採用しない.③探す.探し求める.[~集标本]標本を採集する.[新闻~访]ニュースの取材(をする).④採掘する.[开~]同前.
（Ⅱ）[采]①人の風致・形.姿.[风~][神~]姿 zī ~]風采(ふう).[兴高~烈]非常に愉快なさま.②[白~](賭博の)振って出たさいころの目.③[~好运][得后是自家~,不得后是自家命](童顔)子孫があるのは好運であるし,子孫がないのは運命だ.④[姓]采①.
（Ⅲ）[文]色とりどり(の)：[彩]に通用した.→ cài

采拔 cǎibá (人材を)抜擢する.
采办 cǎibàn ⇒[采购①].
采编 cǎibiān ①取材編集(する).[~播 bō]同前と放送.放映.②(図書の購入と目録作製(する).
采剥 cǎibō 露天掘りで採掘する.[~比]同前で1トンの鉱石を採掘するために取除く表土との比.
采补 cǎibǔ [道教で]他人の精血を採って己の身を補益すること.[~之术]同前の方法.
采捕 cǎibǔ 捕る.[~牡蛎]カキを捕る.
采采 cǎicǎi [文]①盛んで多いさま.②色彩華やかなさま.
采彩蝇 cǎicǎiyíng ⇒[舌 shé 蝇]
采茶 cǎichá 茶を摘む.[摘 zhāi 茶]ともいう.[~女郎][~姑娘]茶摘み女(の).[~扑 pū 蝶舞]茶摘み女たちが蝶を追う舞踊.[~灯 dēng 戏]茶摘み踊り.[~歌][~戏 xì]同前から発展したもので,江西・湖北・広西・安徽などで行われる[凤 fèng 阳]花鼓(戏)に似た芸能.
采长补短 cǎicháng bǔduǎn [成]長を取り短を補う(長所を取って短所を捨てる)：[取 qǔ 长补短]に同じ.[人哪有十全,只要能一就行了]人間に完全な者などいない,ただ長所を取り短所を捨てればそれでいいのだ.
采场 cǎichǎng 採鉱場.
采伐 cǎifá 伐採する.[~队]伐採隊.[~迹 jì 地]樹木を切り払った土地.
采访 cǎifǎng 訪ねる.取材する.[这个消息是我~来的]このニュースはぼくが取材してきたのだ.[~员][派遣する]取材係.[~记者]取材記者.リポーター.インタビュアー.[~费]取材費.
采风 cǎifēng ①風俗・民情をさぐる.②民謡を収集して回る.
采供血 cǎigōngxiě 採血と輸血(をする).
采购 cǎigòu =[采办][采买]買い付け(る).仕入れ(る).調達(する).[~价格]買入価格.[~站]購買センター.主に農村で農産物・副産物などてを買い上げる所.①仕入係.[~员]同前.[当了合作社的~]合作社の仕入係になった.
采光 cǎiguāng 採光(する).[~系 xì 数]採光係数.[~权][阳光权]日照権.
采花 cǎihuā ①花を摘む.[~喩]夜遣(よ).
采集 cǎijí 採集(する).[~经济]採集経済.→[收 shōu 集]
采辑 cǎijí [文]①麻を紡いで糸にする.②取材し編集する.
采价 cǎijià (他の店の)商品の値段を探る.[~员]商品価格調査員.
采景 cǎijǐng (写真撮影での)景色を選ぶ.
采掘 cǎijué 採掘(する).[采开]ともいう.[~比]同前で1トンの鉱石を採るために要する工事量との比率.[~机]採掘機.
采开 cǎikāi 同上.
采勘 cǎikān 場所を踏査のうえ選定する.
采空区 cǎikōngqū 採掘区:鉱山で鉱物の全部採掘され尽くした地域.
采矿 cǎikuàng 鉱石を採掘する.[~技 jì 术]採鉱技術.[露 lù 天~]露天掘り.[地下~]地下採掘.[~学]鉱石採掘学.
采捞 cǎilāo (海中から)動植物を捕る.
采莲船 cǎiliánchuán 民間演芸の一種.底の無い船に形作ったものを体につけた女性が,[胖婆婆][醉和尚][货郎子]などを従えて,掛け合いで[花鼓子]を唱い,踊る.まず二人は前方に[采菱 líng 船]はこの変化したもの.→[跑 pǎo 旱船]
采录 cǎilù ①(民謡・民話など)採録(する).②取材して録音・録画する.
采路 cǎilù 先導する.[大队暂 zàn 时停在这儿等一等,先派两个人到前面去~]大隊はしばらくここにとどまり,まず二人を前方に派遣し先導させる.
采卵 cǎiluǎn 採卵(する).
采买 cǎimǎi ⇒[采购①].
采煤 cǎiméi 採石炭を掘る.[~锤 chuí]コールピックハンマー.[~康 kāng 拜因(机)][联 lián 合~机]コンバイン採炭機.
采蜜 cǎimì 蜂蜜を採取する.
采棉 cǎimián 綿摘み(をする).[~机]綿摘み機.
采苗器 cǎimiáoqì 苗取り器.
采纳 cǎinà (他人の意見・要求を)採用する.受け入れる.
采女 cǎinǚ [文]宮女.官女.
采暖 cǎinuǎn (建物の)暖房をつける.[~煤 méi]暖房用石炭.[~费]暖房費.→[取 qǔ 暖]
采气 cǎiqì ①天然ガスを採取する.②新鮮な空気を吸う.
采芹 cǎiqín [旧](科挙で)秀才となった者が県学に入学すること.またその者.→[生 shēng 员]
采区 cǎiqū 採掘地区.伐採地区.
采取 cǎiqǔ (多く方針・手段・計画・態度などを)講ずる.採る.取る.[~有效的安全措 cuò 施]有効な安全措置を採る.[~消极的态度]消極的な態度を取る.
采认 cǎirèn 承認する.認める.
采生折割 cǎishēng zhégē [成]生きている人の精魂をとり,肢体を切り,術をもって薬を作り,金もうけをすること:明清の法律でこれを犯した者は凌遅(手足を切断し,最後にとどめを刺す極刑)によって死刑に処された.
采诗 cǎishī [古]民間の詩歌を蒐(しゅう)集する.[~之官]同前のために設けられた官職.
采石 cǎishí 採石(する).[~场 chǎng]石切り場.採石場.[~机]採石機.
采收 cǎishōu (種子・果実・茶葉などを)摘みとる.②(石油・鉱石などを)採掘する.[~率 lǜ]同前の実収率.
采索 cǎisuǒ 探す.探し求める.[他要~秘 mì 密]彼は秘密を探し出そうとしている.
采挖 cǎiwā (薬草などを)掘り採る.
采物 cǎiwù [文]色分けの標章と物の色彩別:古代にはこれによって貴賤を区別した.
采戏 cǎixì [旧]さいころ賭博:さいころを投げて景品やお金を賭ける遊戯.
采撷 cǎixié [文]①摘み取る.[那园里的果子可以任意~]あの畑の果物は自由に摘み取ってよい.②採集する.
采缬 cǎixié ⇒[方 fāng 胜]

采写 cǎixiě 取材して文章を書く.
采血 cǎixuè 〚採血〛(する).
采薪之忧 cǎixīn zhī yōu 〈成〉自分の病気をいう謙詞:病気になって薪(たきぎ)を採れなくなったという.〔采薪之患 sī huàn〕ともいう.
采信 cǎixìn (証拠として)採用し認定する.
采选 cǎixuǎn ⇒〔拣 jiǎn 选〕
采样 cǎiyàng 見本抽出(する).サンプリング(する).〔~频 pín 率〕サンプリングレート.
采药 cǎiyào 薬草を採集する.
采用 cǎiyòng (多く方式・技術・経験・道具・薬物・原稿などを)採用する.利用する.
采油 cǎiyóu 採油(する).〔~泵 bèng〕石油ポンプ.〔~指数〕採油指数.
采育 cǎiyù 伐採と植樹(をする).
采运 cǎiyùn ①購入して運送する.〔到各地去~土产〕諸所方々に行ってその土地の物産を仕入れる.②採掘して運送する.
采择 cǎizé 選び採用する.〔采用人员当然要根据标准~〕採用人員は当然(一定の)標準によって選ぶ.
采摘 cǎizhāi ①摘み採る.〔~茶叶〕茶を摘む. ②抜き取る.ダイジェストする.
采脂 cǎizhī 樹脂の採収(をする).
采撷 cǎizié 〈文〉拾い取る.〔~英华〕精華を拾い取る.
采制 cǎizhì ①採集し加工する.〔~中草药〕漢方薬草を同前. ②取材し制作する.〔~国庆 qìng 特别节目〕国慶節特別番組を取材制作する.
采种 cǎizhǒng 種を採る.
采装 cǎizhuāng 買い出してそれを船に積み込む.

〔彩(綵)〕 cǎi (Ⅰ)〔彩〕①色どり.色彩.〔五 wǔ ~〕 ⑤五色.色とりどり.〔三~的瓶子〕三色の花瓶.→〔颜 yán 色①〕②光彩.精彩.〔~声〕 ⑤喝采の声.〔暴雷似地喝 hè 了一个大~〕雷のような大きな声で喝采した.〔满堂~〕満場の喝采.→〔彩旦 ④〕(くじ・ばくちなどの)景品.賞品.〔中 zhòng ~〕くじに当たる.〔得 dé 了一了〕宝くじに当たった.〔堂 táng ~〕 ⑤料理屋の勘定書に書き加えられていた1割に当たるサービス料:〔小帐 zhàng〕ともいう. ⑤(戦場で)負傷して流す血.〔挂 guà ~〕 ⑥挂花〕負傷する.〔他挂了~〕彼は負傷した. ⑥(劇や魔術の)仕掛け.トリック.人を斬った事実を表す仕掛け.〔血~〕〔火~〕鬼火などを燃やす仕掛け.〔带~〕からくりがある.仕掛けがある.〔别玩~了〕ペてんをたくらんではいけない.〔放〕〔烧〕彩(①)(Ⅱ)〔彩(綵)〕赤・緑・黄などの色彩のある絹布.また色どりのある(華やかな)布・紙・テープ.〔悬 xuán 灯结~〕ちょうちんをつるし色彩の絹を飾りつける.〔剪 jiǎn ~〕テープカット(する)

彩扮 cǎibàn ⇒〔彩唱〕
彩笔 cǎibǐ 絵具筆.絵筆.
彩唱 cǎichàng 〔彩扮〕劇(アマチュアが)メーキャップして芝居をする.役柄の扮装をして演ずる:プロの俳優については用いない.↔〔清 qīng 唱〕
彩超 cǎichāo カラー超音波(検査).カラーエコー(検査):〔彩色超声波〕の略.
彩车 cǎichē ①(祭日のパレード用の)山車(だし).②〔花 huā 汽车〕華やかに飾りつけた結婚式用の自動車.
彩绸 cǎichóu めでたいことがある時に門口や〔棚 péng 子〕(小屋掛け)に飾りつける紅・緑・黄の絹布.
彩船 cǎichuán =〔彩舫〕飾りたてた船.
彩带 cǎidài =〔彩条儿〕五色のテープ:装飾用に用いる. ②=〔彩练〕(舞踊・装飾などに用いられる)帯状の五色のもの.
彩旦 cǎidàn =〔丑 chǒu 旦〕〔女 nǚ 丑〕劇(旧劇で)滑稽またはよこしまな女性の役:同前で老女のを〔彩婆 pó 子〕〔摇 yáo 旦〕ともいう.→〔旦(Ⅱ)〕〔丑(Ⅲ)⑤〕
彩蛋 cǎidàn ①⇒〔皮 pí 蛋①〕 ②卵殻に色彩を施した工芸品.
彩灯 cǎidēng ①飾りちょうちん. ②イルミネーション:〔灯彩③〕〔电 diàn (光)饰〕などともいう.
彩电 cǎidiàn 〔彩色电视〕の略. ①カラーテレビ(受像機). ②カラーテレビジョン(放送)
彩雕 cǎidiāo 彩色彫刻品.
彩调 cǎidiào 劇広西の桂林・柳州一帯の地方劇.〔采茶戏〕〔嗨 hē 嗨戏〕〔调 diào 子戏〕など.広西南部に流行する.
彩蝶 cǎidié 虫極彩色の蝶.
彩缎 cǎiduàn 〔花〕色模様の繻子(しゅす).
彩坊 cǎifāng ⇒〔彩牌楼〕
彩凤随鸦 cǎifèng suí yā 〈成〉美しい鳳(おおとり)が鴉(からす)にしたがう.〔喻〕美女がくだらない男の妻となる.
彩管 cǎiguǎn 〈口〉カラーテレビのブラウン管:〔彩色显像管〕の略.
彩号(儿) cǎihào(r) 戦闘中の負傷兵.→〔挂 guà 彩②〕
彩虹 cǎihóng ①虹.にじ.〔~横 héng 空〕〈成〉虹が空にかかる.〔~色〕玉虫色(の).②〈喩〉虹のような橋.→〔虹〕
彩画 cǎihuà 美色彩を施した絵.彩色画.
彩鹮 cǎihuán 鳥ブロンズトキ:トキ科の一種.
彩绘 cǎihuì ①彩色する.②(器物・建築物の)彩色画.〔~磁 cí 器〕彩色磁器.
彩活 cǎihuó ①五彩の布で会場や〔彩棚〕などの飾付けをする仕事.→〔彩匠〕 ②からくり仕掛けの出し物.
彩笺 cǎijiān 色模様のついている便箋.
彩匠 cǎijiàng 〔彩活〕(布飾り付け)をする職人.〔扎 zā 匠〕同前.
彩轿 cǎijiào ⇒〔花 huā 轿〕
彩结 cǎijié ⇒〔方 fāng 胜〕
彩金 cǎijīn ①当たりくじの賞金. ②結婚祝い(金)
彩锦 cǎijǐn 美綾錦.
彩卷(儿) cǎijuǎn(r) (ロール式の)カラーフィルム:〔彩色胶 jiāo 卷(儿)〕の略.
彩扩 cǎikuò (カラー写真を)拡大する.
彩礼 cǎilǐ 〔财 cái 礼〕結納の金品:〔定 dìng 礼〕に同じ.
彩练 cǎiliàn ⇒〔彩带②〕
彩铃 cǎilíng (携帯電話の)着信メロディー.
彩楼 cǎilóu 五色の絹で飾った〔牌 pái 楼〕形のもの:吉事のとき庭に作る.→〔彩牌楼〕
彩门 cǎimén 色とりどりに飾りたてた門.歓迎アーチ.
彩迷 cǎimí 宝くじマニア.
彩民 cǎimín 宝くじ購入者.
彩墨画 cǎimòhuà 彩墨画.水彩画.
彩排 cǎipái (扮装して)舞台稽古(をやる).ドレスリハーサル(をする).予行演習(をする).〔在戏院~〕劇場でドレスリハーサルをやる.〔进行了多次~〕何回もおさらいする.→〔响 xiǎng 排〕
彩牌楼 cǎipáilou =〔彩坊〕彩色の絹または布を巻きつけたり,結んだりした〔牌楼〕(鳥居形の門・アーチ):祝賀式場などに建てる.→〔彩楼〕
彩喷 cǎipēn ①インクジェットカラープリント. ②同前のプリンター:〔彩色喷墨 mò 打印机〕の略.〔~

彩 cǎi

彩棚 cǎipéng （吉事用の）あやぎぬで飾りつけた小屋掛け.→字解(II)
彩片 cǎipiàn ⇒[彩切]
彩票 cǎipiào 宝くじ.富くじ.[彩券]の通称.[体育〜]スポーツくじ.[〜销 xiāo 售点]宝くじ売り場.→[奨 jiǎng 券]
彩品 cǎipǐn 景品.賞品.
彩评 cǎipíng 宝くじの予測や分析(をする)
彩屏 cǎipíng ①カラーディスプレイ.カラー画面(携帯電話の).②誕生祝い·開店祝いなどの時に飾る色彩画の額.
彩旗 cǎiqí 色とりどりの(多数の)旗.
彩气(儿) cǎiqì(r) くじ運.勝負運.[没有〜哪儿能得头彩呢]くじ運に弱くてはどうして1等賞などとれるわけがあろうか.[中 zhòng 了头奖的人定是有些〜]1等に当たった人は、きっとくじ運がいいのだ.→[财 cái 气(儿)]
彩切 cǎiqiè =[彩片][劇](旧劇の)舞台の一番奥の刺繍を施した幕:開け閉(⁀)てしないもので,その両側が出入口になっている.
彩球 cǎiqiú ①紅緑の絹布で作った球形の飾り.くす玉.②カラー風船.③⇒[日 rì 冕]④回転式抽選器用の玉.
彩券 cǎiquàn ⇒[彩票]
彩色 cǎisè カラー.[〜凹 āo 印机]オフセット印刷機.[〜B超检查][彩超检查]カラー超音波検査.[〜底片]カラーネガフィルム.[〜电视][彩电]カラーテレビ.[〜电影]カラー映画.[〜棉 mián]カラー綿花.[〜显像管][彩管]カラーテレビブラウン管.[〜印相 xiàng]カラープリント.②風采と顔色.③多種多様の.[〜农业]多角的農業経営.[〜音乐]レーザー光線で作り出された光と音楽.
彩色缤纷 cǎisè bīnfēn [成]色とりどりで華やかなさま.
彩色片 cǎisèpiàn 天然色映画.カラー映画.[〜儿 piānr][彩色影片]ともいう.[〜黑 hēi 白片]ともいう.
彩色照相 cǎisè zhàoxiàng カラー写真.天然色写真.
彩砂 cǎishā 噴きつけ用の塗料.
彩觞 cǎishāng =[音 yīn 樽]宴会で芝居の余興のあるもの.[歌 jīng 备〜,恭候光临](余興のある)粗酒(演劇の余興あり)を用意して、謹んでご光臨をお待ちいたします.
彩声 cǎishēng ①喝采の声.[〜不绝]喝采の声が鳴りやまない.②作り声.声(⁀)色.
彩胜 cǎishèng ⇒[方 fāng 胜]
彩市 cǎishì 宝くじマーケット·くじ市場.
彩事 cǎishì 五色の飾り物.
彩塑 cǎisù 彩色した泥人形·石膏像.
彩陶 cǎitáo [彩色陶器]の略称.素地にオーカーやマンガン黒などで絵付けしてから、高温で焼成されたもの.
彩陶文化 cǎitáo wénhuà ⇒[仰 yǎng 韶文化]
彩条儿 cǎitiáor ⇒[彩带(I)]
彩头 cǎitóu ①幸運.幸先(⁀).縁起.きざし.[〜好]縁起がいい.[一话]縁起のいい話.②賞金.奨金.賞品.[头奖 jiǎng 的]一等賞の同前.③芝居の道具.
彩霞 cǎixiá 色のきれいな霞:朝焼け·夕焼けなど.
彩显 cǎixiǎn カラーディスプレイ.=[彩色显示器]の略.
彩线 cǎixiàn ①色糸.②色付きのライン.
彩屏电视 カラーテレビ画像.
彩鞋 cǎixié [劇]舞台で用いる底の薄い繻子(⁀)製の刺繡を施した靴.
彩信 cǎixìn MMS.マルチメディアメッセージングサービス:中国移動通信がつけた[多媒体短信]の名称(商標).
彩绣 cǎixiù 色糸で刺繡する.
彩页 cǎiyè カラーページ.
彩衣 cǎiyī 色どりした衣服.
彩衣娱亲 cǎiyī yúqīn [成]昔[戏 xì 彩]子供服のように色鮮やかな服を着て、親を喜ばす.親に孝養をつくすこと:春秋末、楚の老莱子は年70歳なっても同前を行った.[老莱衣]ともいう.→[老 lǎo 莱]
彩鷁 cǎiyì [文]船(首)
彩印 cǎiyìn ①色刷りする.②カラープリントする.
彩影 cǎiyǐng [彩色摄影]の略.
彩釉 cǎiyòu 彩色釉.[陶 táo]同前の陶器.
彩舆 cǎiyú ⇒[花 huā 轿]
彩鷸 cǎiyù [鳥]タマシギ.
彩鸢 cǎiyuān 絵凧.
彩云 cǎiyún 彩雲.彩られた雲.
彩仗 cǎizhàng 色どりのある着物を着た吉凶事の行列の儀仗(⁀).→[仪 yí 仗②][执 zhí 事①]
彩照 cǎizhào カラー写真:[彩色照相]の略.[照〜]同前を撮る.
彩纸 cǎizhǐ 色紙(⁀).
彩舟 cǎizhōu ⇒[彩船]
彩子 cǎizi 飾り幕.

【踩(跴)】 cǎi

①足(の裏で)踏みつける.[〜了一脚泥 ní](泥を踏みつけて)足が泥だらけになった.〜失败した.[小心把苗儿 miáor 〜了]苗を踏みつけないように気をつけなさい.[〜松了的石头]踏まれてガタガタした石.[一切西施〜在阴下]あらゆる困難をものともせずに.[〜着麻绳当蛇]縄を踏んで蛇と思い込む:ちょっとした事にもひどく驚くこと.→[跐 cǐ ①]②足に力を入れて踏む.[〜闸]自転車のコースターブレーキを踏んで自転車を止める.[〜缝 féng 纫机]ミシンを踏む.[〜风琴]オルガンを弾く:ふつうは[弹 tán 风琴]という.[〜扁 biǎn]踏みつけて平らにする.[踩 tà①②]③[旧]盗賊を追いかけ逮捕する.事件を捜査する.
踩案 cǎi'àn [旧]犯人を追跡する.事件を捜査する.
踩寸子 cǎicùnzi =[踩跷]
踩蛋儿 cǎidànr =[踩尾儿][方]鳥が交尾する.
踩道(儿) cǎidào(r) =[踩点(儿)][踩盘子]下見をする.
踩点(儿) cǎidiǎn(r) 同上.
踩访 cǎifǎng 盗賊などの足跡を追って逮捕する.
踩钢索 cǎigāngsuǒ [劇](曲芸の)綱渡り(をする):[踩钢丝][走 zǒu 钢丝]ともいう.
踩杠子 cǎigàngzi ⇒[压 yā 杠子]
踩高跷 cǎigāoqiāo 高足踊りを踊る:竹馬のように2本の棒を足に結びつけて歩行するもの.お祭りやその他の余興として行われる.
踩鼓点儿 cǎigǔdiǎnr 太鼓の調子に合わせる.[秧 yāng 歌队踩着鼓点儿颤 chàn 巍巍地,缓慢地扭着"秧歌队"が太鼓の調子に合わせて身体を揺らせってゆっくりと踊っている.
踩咕 cǎigu [方]けなす.
踩火蹬烟 cǎihuǒ dēngyān [喩]慌てふためく.
踩缉 cǎijī [旧]犯人を追跡捜査する.
踩空 cǎikōng 脚を踏みはずす.
踩面筋 cǎimiànjīn こねた小麦粉を袋に入れ、水中で踏みこねて穀粉質を洗い落とし[面筋](生麩の一種)を作る.
踩奶 cǎinǎi 乳を取られ出なくなる:旧時の俗信で、出生後一両日中に他人が来ると乳を取られるとい

踩睬采菜　　　　　　　　　　　　　　　　　　　　　　　　　　　　　　　cǎi～cài

われた.
踩藕　cǎi'ǒu　蓮根をとる.<転>酒に酔ったさま:蓮根を取る時に足で蓮根を探るさまがあたかも酒に酔ったように見える.
踩盘子　cǎipánzi　⇒〔踩道(儿)〕
踩跷　cǎiqiāo　=〔踩934子〕〔跐 cǐ 跷〕國旧劇で,〔旦 dàn 角〕(女役)が高脚をつける.→〔跷工〕
踩毹儿　cǎirǒngr　⇒〔踩蛋儿〕
踩伞　cǎisǎn　(スカイダイビングで)一人の人が別の人のパラシュートに足をかけ一緒に降りること.
踩墒　cǎishāng　農播種後の土踏み.
踩绳　cǎishéng　綱渡り.〔踩软 ruǎn 绳〕(柔らかい麻綱の)綱渡り.
踩水　cǎishuǐ　〔立泳ぎ〕(する)
踩岁　cǎisuì　□12月30日の夜,災難避けに胡麻(㧒)がらと松の枝を足で踏んだこと.
踩踏　cǎità　踏みつける.
踩线　cǎixiàn　因①(バスケットの)タッチライン:サッカーのは〔边 biān 线〕という. ②⇒〔擦 cā 边球②〕

〔睬(保)〕cǎi　相手にする.とりあう.かまう.〔不~他〕彼にとりあわない.〔不把他放在眼代,~也不~他〕彼のことなど眼中になく,相手にもしない.〔小尼姑全不~〕(魯・Q3)尼さんは全く~とりあわない.→〔理 lǐ 睬〕

〔采(寀・埰)〕cǎi　封建貴族の,封地:諸侯が卿大夫に与える農地や農奴.〔~邑 yì〕同前.

cǎi
〔菜〕cài　①蔬菜(総称).〔白~〕白菜. ②圃ブラナ:〔油 yóu 菜〕の略. ③~〔菜籽〕 ④副食物.〔土豆 shǔ 也可以当饭吃,也可以~吃〕ジャガイモはご飯代わりにも食べられるし,お菜(㧒)としても食べられる.〔咸 xián ~〕漬物.おしんこ. ④料理.〔西~〕西洋料理.〔素 sù ~〕精進料理.〔荤 hūn ~〕なまぐさ料理(卵・魚・肉の入った料理).〔~兔〕食用うさぎ.→〔中 zhōng 国菜〕 ⑤〔方〕いくじなし. ⑥〈姓〉菜.〔~红 hóng 案〕
菜案　cài'àn　=〔菜板〕
菜霸　càibà　野菜市場の顔役・ボス.
菜板　càibǎn　=〔菜案①〕まな板.切り板(贜).〔切 qiē ~ 〕同前.→〔墩 dūn 子〕
菜帮子　càibāngzi　白菜などの葉の根元のやや厚くて硬い部分. →〔帮②〕
菜包子　càibāozi　=食野菜のあん入りまんじゅう. 〔~<罵>飯を食う以外に能のない者.ごくつぶし.→〔饭 fàn 桶〕
菜场　càichǎng　⇒〔菜市〕
菜畜　càichù　食肉用の家畜:〔菜牛〕や〔菜羊〕など.
菜床儿　càichuángzi　野菜の露店:〔菜床儿〕ともいう.
菜单　càidān　①〔-儿〕献立表.メニュー:〔菜谱子〕ともいう.→〔食 shí 谱〕 ②電メニュー:〔选 xuǎn 单〕の通称.〔~-选择表〕〔~栏 lán〕〔~条〕電メニューバー.
菜担(子)　càidàn(zi)　野菜の担ぎ荷.
菜刀　càidāo　=〔厨 chú 刀〕〔切 qiē 刀〕包丁.菜切り包丁.
菜地　càidì　⇒〔菜圃〕
菜点　càidiǎn　料理と菓子・ケーキ類.
菜店　càidiàn　お総菜屋.
菜碟(儿)　càidié(r)　お菜を盛る小皿・皿の類.
菜豆　càidòu　=〔扁 biǎn 豆〕〔二ナ豆〕〔四 sì 季豆〕〔芸 yún 豆〕圃インゲンマメ(五月ささげ.とうずんこ).またその莢(㧒)と豆.
菜墩子　càidūnzi　大木を輪切りにしたまな板.→〔菜板〕〔墩子①〕〔砧 zhēn 板〕

菜蛾　cài'é　国コナガ(小菜蛾)
菜饭　càifàn　①お菜(㧒)とご飯. ②食菜っ葉と米(あるいは栗)を一緒に炊いて作ったご飯.
菜贩子　càifànzi　野菜の行商人.八百屋.
菜粉蝶　càifěndié　国モンシロチョウ(総称):〔菜白蝶〕〔白粉蝶〕ともいう.幼虫を〔菜青虫〕(ナノアオムシ)という.
菜鸽　càigē　食用鳩.
菜羹　càigēng　野菜スープ.
菜梗　càigěng　菜の茎.
菜瓜　càiguā　圃シロウリ.ツケウリ:多くみそ漬けにする.〔白 bái 瓜〕〔老 lǎo 腌 瓜〕〔老秋 瓜〕〔老阳 瓜〕〔梢 shāo 瓜〕〔梢瓜〕〔生 shēng 瓜〕〔王 wáng 瓜③〕〔越 yuè 瓜〕は別称.
菜馆　càiguǎn　〔-儿,-子〕〈方〉料理屋.レストラン.
菜盒儿　càihér　おかず入れ.小さな弁当箱.
菜合子　càihézi　食小麦粉の皮の中に野菜を入れ焼いたりして食べる食品.
菜虎子　càihǔzi　〈方〉飯を食べずにおかずばかり食べる人.→〔堆 duī 盐虎〕
菜花(儿)　càihuā(r)　①⇒〔花(椰)菜〕 ②菜の花:〔油 yóu 菜〕(アブラナ)の花.
菜花蛇　càihuāshé　動シマヘビ.
菜荒　càihuāng　(都市の市街での)野菜の品不足.
菜黄色　càihuángsè　色(しおれた野菜のような)つやのない黄色(の).(顔)の血色が悪く青白い.血の気のない色.
菜灰　càihuī　色とくさ色(の)
菜货　càihuò　<罵>ごくつぶし.
菜甲　càijiǎ　〔文〕野菜類の若葉.
菜脚　càijiǎo　①料理の食べ残し.残飯. ②茎や葉など野菜の捨てる部分.
菜窖　càijiào　野菜を入れる穴蔵.野菜むろ.
菜金　càijīn　(機関・団体の)副食費.おかず代.
菜枯　càikū　〈方〉菜種油のかす:肥料にする.→〔菜籽饼〕
菜篮子　càilánzi　買い物かご.〔喩〕副食品.〔~工程〕都市住民のための生鮮食料品関連政策.
菜绿　càilǜ　=色菜色(の)野菜のような緑色.
菜码儿　càimǎr　⇒〔面 miàn 码儿〕
菜螟　càimíng　国ハイマダラノメイガ:大根などの害虫.
菜鸟　càiniǎo　①(人工飼育の)食用の鳥. ②<喩>ひよっ子.半人前:特にインターネットの初心者.
菜牛　càiniú　肉牛.
菜农　càinóng　野菜専業農家.
菜藕　cài'ǒu　(食材としての)蓮根(㧒).→〔果 guǒ 藕〕
菜品　càipǐn　(料理屋・レストランの)料理の種類.
菜圃　càipǔ　=〔菜地〕菜園.→〔菜园〕
菜谱　càipǔ　①⇒〔菜单〕 ②⇒〔食 shí 谱〕
菜铺　càipù　〈方〉八百屋.青物屋.〔~老板〕八百屋の大将.
菜畦　càiqí　菜園.仕切った野菜畑.→〔菜园〕
菜钱　càiqián　①野菜の代金. ②料理代.
菜浅儿　càiqiǎnr　野菜洗い用の丸くて浅いざる:〔菜浅子〕ともいう.
菜青　càiqīng　色深緑色(の).〔酸 suān 性~〕ナフタリンブラックの一種.
菜青虫　càiqīngchóng　国ナノアオムシ(アオムシ). →〔菜粉蝶〕〔螟 míng 蛉②〕
菜区　càiqū　野菜生産地.
菜人　càirén　旧甘粛省西固県菜人山に居住した未開種族名.
菜肉蛋卷　càiròu dànjuǎn　食肉・野菜入りオムレツ.
菜色　càisè　①色青い色(の).(顔)の. ②<喩>飢

えた顔色.〔面有~,饿得够瞧 qiáo 的〕青い顔色をし,飢餓の状態はひどいものだ. ③〈方〉おかずの品目.
菜蛇 càishé 食用の蛇.
菜石 càishí 硬玉のように透明でやや緑色をおびた石;彫刻して装飾用や置物などを作るのに用いられる.
菜市 càishì 野菜・食料品のマーケット;野菜・肉・魚・おかずなどの副食物の材料を売る所.〔菜场〕〔菜市场〕ともいう.
菜式 càishì 料理の様式・種類.〔~丰富的自助餐 cān〕料理の豊富なバイキング.
菜蔬 càishū ①蔬菜(完). ②各種の料理.
菜薹 càitái ①⇒〔菜心①〕 ②アブラナ・ニラなどの茎.
菜摊 càitān 野菜を売る露店.
菜汤 càitāng 野菜スープ.
菜头 càitóu ①〔萝 luó 卜〕 ②⇒〔榨 zhà 菜②〕
菜团子 càituánzi 野菜を餡に入れて,トウモロコシの粉などで作った団子.
菜瓮 càiwèng 漬物がめ;〔腌 yān 菜瓮〕に同じ.
菜系 càixì 中国料理の系統.〔川菜~〕四川料理の系列.
菜鲜儿 càixiānr 野菜の走り.
菜心 càixīn ①=〔菜薹①〕;〔薹 tái 心〕サイシン:白菜の変種.とうだちした茎とつぼみを食べる. ②〔~儿〕〔野菜などの〕芯.
菜蚜 càiyá 田野菜につくアブラムシ.→〔蚜虫〕
菜秧 càiyāng ①野菜の柔らかい葉・茎. ②野菜苗.
菜芽 càiyá 野菜の柔らかい芽.
菜肴 càiyáo 調理してある料理;多くは〔荤 hūn 菜〕(卵・肉・魚の入った料理).
菜叶 càiyè 菜っ葉;葉野菜類の葉.
菜蝇 càiyíng 田イエバエの一種.
菜油 càiyóu =〔菜籽油〕
菜园 càiyuán 〔-子〕野菜畑.菜園.
菜站 càizhàn 野菜集荷所.
菜种 càizhǒng 野菜の種.
菜粥 càizhōu 野菜がゆ.
菜馔 càizhuàn ①粗食. ②〈口〉食事.料理.
菜籽 càizǐ ①〔~儿〕とも書く.①菜種.アブラナの種.〔油 yóu 菜子〕ともいう.〔~饼 bǐng〕菜種搾滓(兯):肥料に用いる.〔~油〕〔菜油〕〈方〉清 qīng 油. ②〔~儿〕野菜の種.

[蔡] cài ①〈文〉占卜用の大亀.〔著 shī ~〕占い(う). ②春秋時代の諸侯国名.現在の河南省上蔡・新蔡一帯の地. ③〈姓〉蔡(尖).

[縩・縩(繐)] cài ⇒〔綷 cuì 縩〕

can ちゃ

[参・參(叅)] cān ①参与する.参加する.…にあずかる.〔~建〕建設に参加する. ②参考にする.〔~看注解〕注釈を参照する. ③まみえる.上謁する.〔~见①〕上の人に会う. ④弾劾する.〔~他一本〕上奏書を奉って彼を同罪. ⑤〈文〉探究する.〔~破 pò〕看破する. ⑥〈文〉推薦する.〔前官没眼,~你作个教头〕(水_)前任者が眼が利かなかったので、おまえのような(もったいない)人を武術の師範などに推薦したのだ. ⑦→〔叁 sān〕 ⑧〈姓〉参(気) → cēn shēn

参案 cān'àn 〈文〉弾劾事件.

参拜 cānbài 参拝する.〔~黄帝陵〕黄帝陵を参拝する.
参办 cānbàn =〔参处〕〈文〉弾劾して罪に処する.
参半 cānbàn 半ば.半数.〔疑 yí 信~〕〈成〉半信半疑である.
参保 cānbǎo 〔入 rù 保〕保険に加入する.
参禅 cānchán ⇒〔打 dǎ 禅〕
参处 cānchǔ ⇒〔参办〕
参储 cānchǔ 共同貯金に参加する.
参订 cāndìng =〔参定〕照合し訂正する.〔~无讹 é〕校正が済んで誤りがない.
参定 cāndìng 同上.
参赌 cāndǔ ばくち・賭け事に加わる.
参访 cānfǎng 見学訪問(する).〔~团 tuán〕視察訪問団.
参股 cāngǔ 経資本参加する.株主になる.
参观 cānguān 参観(する).〔老师带学生去~工厂〕先生が学生を連れて工場を参観する.〔~游 yóu 览〕観光する.
参合 cānhé 〈文〉①…を参考して総合する. ②合致する.〔~无间〕〈成〉ぴったり合う.
参劾 cānhé 〈文〉弾劾する.
参互考订 cānhù kǎodìng 〈文〉互いに参照して校訂する.
参稽 cānjī 〈文〉比較考察する.
参加 cānjiā ①参加する.出席する.加入する.〔~革命〕革命に加わる.〔~战斗〕戦闘に参加する.〔~工作〕仕事に就く.就職する.〔今天的会议你~不~〕今日の会議に君は出席しますか. ②(意見)を出す.〔~意见〕意見を出す.
参检 cānjiǎn 検査・検閲を受ける.〔体检~率 lù〕身体検査の受検率.
参见 cānjiàn ①〈文〉お目にかかる.謁見する.〔部下~上司〕部下が上司にお目にかかる. ②参照する.照らし合わせて見る(多く書物・注解などに用いる).→〔参看〕
参建 cānjiàn 建設に参加する.建設投資に加わる.
参将 cānjiàng 囲浬武将の階級の一.副将の下の位.
参校 cānjiào ①他人の著書の校訂をする.〔~组 zǔ〕校正班. ②異なる版本を参考にして校訂する.〔~校勘〕
参究 cānjiū 弾劾して糾問する.
参决 cānjué 〈文〉参与して採決する.
参军 cānjūn ①軍に従軍する.〔~运动〕史1950年朝鮮事変の時における従軍運動.→〔请 qīng 缨〕 ②囲将軍のかつての位. ③囲戯劇の役の(净 jìng 角儿〕(悪役)にあたる;後趙参軍の周延が汚職で入獄したことから〔~戏〕は裁判劇となった.〔对口相 xiāng 声〕(かけ合い漫才)はここから出たとされる.
参看 cānkàn =〔参考②〕照らし合わせて見る.参照する.〔请~本书所附 fù 图表〕本書につけた図表を参照してください.→〔参见②〕
参考 cānkǎo ①参考(にする). ②~书〕参考書.〔~系 xì〕〔参照系〕参照物.対比物. ③〔~消息〕新華社通信のタブロイド判で毎日出される各国のニュースまたは文章を編集したもの;元は内部資料.1985年から公開刊行.①週刊誌大で,毎日午前午後2回出される各国のニュースで文章を編集する:〔~消息〕より内容は豊富であり,高級幹部用の利が多かった.〔大~〕ともいう.〔以上意見仅 jǐn 供~〕以上の意見はご参考までのものです.〔有一定的~价值〕一定の参考価値がある. ②⇒〔参看〕 ③受験する.〔~试〕に同じ.〔初次~〕最初の受験(をする).

参骖餐 cān

参量 cānliàng パラメーター.媒介変数:数学では〔参数①〕
参灵 cānlíng 葬儀の時,出棺の前に遺族・親戚・友人などが棺を押したこと.
参领 cānlǐng 八旗軍の武官名:〔都 dū 统②〕の下,〔佐 zuǒ 领〕の上.
参谋 cānmóu ①軍参謀:軍議に参加し作戦計画を議する職.〔本部①中央政府機関の一.〔公安部警 jǐng 卫局~〕公安部警察局参謀.〔~长 zhǎng〕参謀長.②相談相手になる(人).知恵を貸す(人).〔你要买什么参考书,我可以给你~~〕どんな参考書を買ったらいいかは,ぼくが相談相手になってあげよう.
参拍 cānpāi ①(物品が)オークションに出品される.②写真・映画の撮影に参加する.〔~作品〕出品作品.
参聘 cānpìn 聘用に応じる.
参评 cānpíng 品評会・評定会・コンクールに参加する.〔出国~〕国外の品評会に参加する.
参赛 cānsài 競争・競技・コンテストに参加する.〔~权 quán〕出場権.
参审 cānshěn ①審問・尋問に加わる.②審査に加わる.
参试 cānshì ①受験する.②試験・実験の仕事に参加する.
参事 cānshì 参事(職名):中央・地方各政府に置かれるご意見番的な役職.〔高 gāo 参②〕ともいう.
参数 cānshù ①パラメーター.助変数.媒介変数.②ある現象・機構・装置の一特性質を表す係数.〔传 dǎo 电率〕(電気伝導係数).〔膨 péng 胀率〕(膨張係数)など.
参天 cāntiān ①天に届くほど高くそびえ立っている.〔古树~〕古木がそびえ立っている.②〔喩〕聖徳の高いこと.
参透 cāntòu 深く悟り,徹底する.十分悟る.〔~机关〕からくりを看破する.〔情理方能做事〕情理に透徹してこそはじめて仕事をなしとげうる.〔我一时还在参不透〕すぐにはとても意味が把握できない.
参团 cāntuán 団体旅行・ツアーに参加する.〔~游〕同前で旅行する.〔~人员〕ツアー参加者.
参悟 cānwù (仏教で)参禅悟道する.<転>心に感じ悟る.
参详 cānxiáng 調べ合わせる.考え合わせる.〔还是仔 zǐ 細和朋友~一下儿再决定吧〕やはり友だちと細かく相談してから決定しよう.
参选 cānxuǎn ①選挙に立候補する.②コンクールに参加する.
参训 cānxùn 訓練に参加する.
参验 cānyàn 実証する.
参谒 cānyè <文>訪問してお目にかかる.
参议 cānyì ①<文>諜議に参与する.相談にあずかる.〔~会〕抗日戦争期に辺区に設けられた人民代表機関.〔~〕(明・清代)布政使の下に設けられた官職:民国時代は閑職であった.
参议院 cānyìyuàn 初期の国会:正式には〔南京临时~〕という.
参与 cānyù 参与する.参画する:〔参预〕とも書いた.〔~管理〕管理に参加する.〔~意识〕参加意識.〔公民~〕公民の政治参加.〔他并未 bìng 未~那件事〕彼は別にあの事件に関係していない.
参院 cānyuàn ⇒〔参议院〕
参阅 cānyuè 参照する.参考する.照らし合わせて調べる.→〔参看〕
参杂 cānzá 入り混じる.混合する.〔要提 dī 防不良分子~其而分子がその中に混じっているから気をつけねばならない.

参赞 cānzàn ①参事官:大・大使館の高級幹部.〔临 lín 时代办〕(臨時代大(公)使)を担当する.〔大使馆~〕同前.②<文>参画する.参与する.〔~军务〕軍務に参加する.
参展 cānzhǎn 博覧会・展示会などに参加・出品する.〔~作品〕出展作品.〔~的单位很多〕出展の部門が多い.
参战 cānzhàn 戦争・戦闘に参加する.〔~国〕参戦国.
参照 cānzhào 参照する.照らし合わせる.〔~物〕〔~系〕対照物.対比ógico.
参阵 cānzhèn (戦闘いや試合に)出陣する.
参证 cānzhèng 参照する.照合する.
参政 cānzhèng 政治(機構・活動)に参与する.〔~议政〕(民主諸党派が)国政に参加する.〔~权〕参政権.
参酌 cānzhuó 参酌(さんしゃく)する.〔请按旧例~办理〕どうぞ前例どおり参酌し処理を願いたい.
参奏 cānzòu <文>弾劾して上奏する.

[骖・驂] cān ③ 3頭だての馬車の副馬:腕木の両側の馬.〔两~〕同前.②車に3頭の馬を駕(が)すること.
骖乘 cānshèng <文>陪乗する人.

[餐(飡・湌)] cān ① 食べる.〔饱 bǎo ~一顿〕腹いっぱい食べる.〔聚 jù ~〕会食(する).② 料理.食事.〔午~〕昼飯.〔中~〕中華料理.〔西~〕西洋料理.〔大~〕㋐西洋料理.㋑飽食.〔分~〕一人一人に分けて食べる方式.③ 量詞,食事の回数を数える.〔一日三~〕1日3食.→〔顿 dùn ①〕
餐吧 cānbā (特色のある)レストラン(酒・コーヒー・料理などを供給する)
餐车 cānchē ①(列車に)の食堂車.②移動式の飲食の屋台.
餐刀 cāndāo ナイフ(西洋料理に使う).→〔叉 chā 子①〕
餐点 cāndiǎn 食事と菓子・ケーキ.
餐风宿露 cānfēng sùlù =〔风餐露宿〕㋐旅の苦労をなめる.㋑〔夜行军一路上~〕夜行軍で途中苦労する.
餐鸽 cāngē 食用鳩:〔肉 ròu 鸽〕鸽〕ともいう.
餐馆 cānguǎn 料理屋.レストラン.→〔饭 fàn 馆〕〔食 shí 馆〕
餐盒 cānhé 弁当箱.〔纸制~〕紙製の弁当箱.
餐会 cānhuì 宴会.
餐巾 cānjīn ナプキン:〔揩 kāi 嘴布〕ともいう.〔~纸〕〔餐纸〕紙ナプキン.
餐具 cānjù 食器類.〔~橱 chú 〕食器棚.→〔厨 chú 具〕
餐剧 cānjù 宴席で演じられる余興.
餐聚 cānjù ⇒〔聚餐〕
餐券 cānquàn 食券.
餐室 cānshì 食堂.
餐台 cāntái 食卓.
餐厅 cāntīng 食堂(ホテル・空港・駅などの).〔招待~〕ゲスト用の同前.〔疗上有专为休養人用食堂の~〕町には休養者のためにサービスする専用の食堂がある.
餐位 cānwèi (レストランなどの)食卓の席.〔没有~〕同前の空席が無い.
餐宴 cānyàn 小規模な宴会.
餐饮 cānyǐn 飲食.〔~业〕飲食業.
餐纸 cānzhǐ ⇒〔餐巾纸〕
餐桌(儿) cānzhuō(r) 食卓.〔~转 zhuàn 盘〕回転テーブル.

〔鱬・鱢〕 cān 魚貝カワイワシ:鯉科の淡水魚.〔油 yóu 鱢〕は通称.〔鱢魚 yú〕〔鱢鰷 tiáo〕〔白 bái 鯈〕ともいう.→〔鱲 liè〕

〔残・殘〕 cán ①損なう.傷つける.〔同类相~〕〈成〉同類が傷つけあう.〔自~〕自分を傷つけ苦しめる. ②凶悪である. ③残っている.なくなろうとしてまだ余っている.〔~城 chéng〕城跡.都市の跡.〔岁 suì ~〕年の瀬.〔春~〕春も終わりになろうとするころ.〔冬~〕冬の同前. ④欠けている(物・人).不完全である(物・人).〔这部书可惜~了〕この本は惜しいかな欠本がある.〔扶 fú 老帮~〕老人を助け身障者を助ける.〔~厕 cè〕身障者用トイレ.

残奥会 cán'àohuì 〔残疾人奥林匹克运动会〕の略.〔特 tè(殊)奥(林匹克运动)会〕ともいう.

残败 cánbài 哀れなさまになる.さんざんになる.〔台风这么一过,花草已经~得不堪 kān 一看了〕台風一過,草花が傷んで見るも哀れだ.

残暴 cánbào 残虐(である).〔~行为 xíngwéi〕残虐行為.

残杯冷炙 cánbēi lěngzhì 〈成〉食い残しの酒やさかな.

残本 cánběn (古書の)零本.

残币 cánbì 傷んだ紙幣・硬貨.

残编断简 cánbiān duànjiǎn ⇒〔断编残简〕

残兵 cánbīng 〈文〉敗残の兵.〔~败将 jiàng〕〔~卒 zú〕〈慣〉敗残の軍隊.

残败 cánbài 敗残の部隊.

残茶剩饭 cánchá shèngfàn 飲み残しの茶や食い残しの飯.

残喘 cánchuǎn 瀕死のあえぎ.〔苟延 gǒuyán ~〕〈成〉わずかに余命を保つ.

残春 cánchūn 〈文〉春の末.晩春.→字障③

残次 cáncì 質が悪い.傷がある.〔~品〕半端物.不合格品.

残存 cáncún (あとに)残る.〔~物资〕残っている物資.〔在山区虽仍然~着古代的风俗〕山村では昔の風俗がそのまま残っている.

残灯 cándēng ①消えようとしている灯火. ②〔元 yuán 宵〕の翌日

残灯末庙 cándēng mòmiào 〔元宵(节)(灯籠祭り)の翌日と〔庙 miào 会〕(寺社の縁日)の最後の日.〈喩〉物事の衰える段階.

残敌 cándí 残敵.〔扫 sǎo 荡~〕残敵を掃討する.

残冬 cándōng 冬の暮れ.晩冬.

残毒 cándú ①酷い.残忍である. ②残留農薬.残留毒物.

残断 cánduàn 部分が欠落している.〔城墙 qiáng ~〕城壁が同前.

残匪 cánfěi 残りの敵または匪賊.

残废 cánfèi 不具になる.〔残而不废〕障害はあっても役立たずではない.〔~疾〕

残膏剩馥 cángāo shèngfù 〈喩〉余沢.お余り物.

残羹剩饭 cángēng shèngfàn 食べ残しの物.〔残羹余汤〕ともいう.

残骸 cánhái ①死骸.〔尸 shī 骸〕に同じ. ②〈喩〉(船・車・飛行機・建築物などの)残骸.

残害 cánhài ①むごく殺害する.〔许多人被敌人~了〕たくさんの人がむごたらしく殺害された. ②傷つけることと殺すこと.

残红 cánhóng 〈文〉散り残りの花.

残花败柳 cánhuā bàiliǔ 〈喩〉身をもち崩した女性.もてあそばれて捨てられた女性.

残毁 cánhuǐ 損なう.〔~人家的名誉 yù〕他人の名誉を毀損(する).

残货 cánhuò =〔残品〕(商品の)傷め物.規格に外れた物.

残疾 cán·jí 身体障害.不具.〔~人〕身体障害者.〔残废人〕は旧称.〔~车〕同前用の自動車・オート三輪.〔~障害者.

残疾人奥(林匹克)运(动)会 cánjírén ào(línpíkè) yùn(dòng)huì ⇒〔残奥会〕

残疾人运动会 cánjírén yùndònghuì 障害者運動会.〔残运会〕は略称.

残迹 cánjì 残っている痕跡.

残烬 cánjìn 燃えさし.

残旧 cánjiù 古くて傷んでいる.古ぼけている.〔房屋已经很~〕家はもうひどく古ぼけて傷んでいる.

残局 cánjú ①〔残棋〕(碁や将棋で)詰め.詰め. →〔布 bù 局〕 ②〈喩〉未解決のまま残された事態.〔收拾~〕未解決の事態を収拾する.

残卷 cánjuàn 残巻.残本.

残酷 cánkù 残酷である.むごい.〔~的白色恐怖〕残酷の白色テロ.〔环境极端~起来〕環境がきわめて苛酷になってきた.〔一个~的任务〕あるむごい任務.

残联 cánlián 〔残疾人联合会〕の略.身体障害者連合会.

残留 cánliú 残留する.残る.〔~体〕残留物.〔~化学肥料〕残留化学肥料.〔~农药〕残留農薬.

残缺 cánquē 損傷がある.

残掠 cánlüè 〈文〉破壊し略奪する.

残民以逞 cánmíng yǐchěng 〈成〉人民を苦しめて心を楽しむ(目的を達せられる).

残年 cánnián 〈文〉①=〔残生〕①晩年.〔风烛 zhú 風前のともし火のような余生. ②〈文〉年末.

残孽 cánniè 〈文〉悪党共の残党;〔余 yú 孽〕に同じ

残虐 cánnüè ①残虐である. ②虐待する.

残片 cánpiàn 破片.かけら.切れ端.

残品 cánpǐn ⇒〔残货〕

残破 cánpò ①壊され傷む.〔战后的市容~不堪〕戦後の都市の姿は破壊の酷いが. ②不完全である.欠けている.〔这本书倒是不缺 quē 页,就是有些~〕この本は落丁はないが破れたり汚れたりして不完全である.

残棋 cánqí ⇒〔残局①〕

残秋 cánqiū 〈文〉秋の末.晩秋.

残缺 cánquē 欠けている.そろっていない.〔翻 fān 阅旧稿发现有许多~〕旧稿を調べてみると,たくさんの欠落があった.

残人害理 cánrén hàilǐ 〈成〉義理人情を損なう.道理人情に背く.→〔伤 shāng 天害理〕

残忍 cánrěn 残忍である.むごい.

残日 cánrì 〈文〉夕日.入り日.

残杀 cánshā 惨殺する.

残山剩水 cánshān shèngshuǐ 〈文〉壊され傷めつけられている山河:滅びた国または変乱後の様相を指す:〔剩水残山〕ともいう.

残生 cánshēng ①⇒〔残年①〕 ②生き残り.残存者.

残死率 cánsǐlǜ 後遺症残存率と死亡率をあわせた呼称:〔治 zhì 愈率〕〔治癒率〕に対していう.〔降低各种发病率和~〕様々な発病率と同前を引き下げ.

残损 cánsǔn (商品が)破損する.

残汤剩水 cántāng shèngshuǐ 飲み残しの湯水.

残体 cántǐ 五体満足でない身体.

残席 cánxí 宴席の終わりごろ.

残夏 cánxià 〈文〉残りの夏.残暑.

残效 cánxiào 麗〔残留農薬の毒性効力.〔~期〕同前の

残蚕惭惨　　　　　　　　　　　　　　　cán～cǎn

の期間.
残星 cánxīng 残り星.暁の星.
残雪 cánxuě 残雪.
残陽 cányáng 夕日.夕陽.
残肴 cányáo 〈文〉食べ残しの料理.
残遺 cányí 残存している.〔一树种〕残存的樹種.
残友 cányǒu 身障者の仲間(身障者に対する称呼)
残余 cányú ①残る.②残余(の).〔～份 fèn 子〕残党.〔封建～〕封建的残りかす.〔～势力〕残存勢力.
残垣断壁 cányuán duànbì〈成〉破壊された無残な光景.
残月 cányuè ①残月.②旧暦月末に見られる三日月.
残运会 cányùnhuì ⇒〔残疾人运动会〕
残渣 cánzhā 残りかす.残滓(ざ).〔～余孽 niè〕残っているかすや害毒.〈喩〉残存している悪人.残党.
残障 cánzhàng (体・精神の)障害.ハンディキャップ.〔～人〕障害者.〔智zhì力上有～〕知能障害がある.
残照 cánzhào〈文〉残照.残光.

〔蚕・蠶〕 cán 国カイコ.〔家～〕同前.〔养 yǎng ～〕養蚕をする.〔～户〕養蚕農家.〔吐 tǔ 丝〕蚕は糸を吐く.〔野~〕クワガ.〔天~〕ヤママユ.〔柞 zuò ～〕(樟 zhāng ～〕テクサン.〔樗 shū ～〕シンジュサン.〔蓖 bì 麻～〕ヒマサン.
蚕宝宝 cánbǎobao〈方〉蚕.おかいこさま.
蚕匾 cánbiǎn 農〔養蚕用の〕ふちをつけた平底の丸く浅い竹かご.〔〈方〉蚕箔〕ともいう.
蚕箔 cánbó 農蚕箔:養蚕の器具.〔蚕蔟〕〔蚕山〕〔曲qū簿〕〈方〉山 shān 蔟〕ともいう.
蚕蔟 cáncù 同上.
蚕簞 cándān ⇒〔蚕匾〕
蚕豆 cándòu =〔佛 fó 豆〕〈方〉罗 luó 汉 hàn 豆〕圃ソラマメ.〔胡 hú 豆②〕〔青 qīng 刀豆〕ともいう.〔～病〕医ソラマメ病.
蚕豆象 cándòuxiàng 困ソラマメゾウムシ:ソラマメの実に食い入る害虫.→〔豆象〕
蚕蛾 cán'é 蚕の成虫.蚕の蛾(が).
蚕房 cánfáng 養蚕室.蚕部屋.
蚕妇 cánfù ⇒〔蚕女〕
蚕工 cángōng ①養蚕の仕事.②養蚕労働者.
蚕姑 cángū ⇒〔蚕女〕
蚕花 cánhuā ①⇒〔蚕蚁〕②〈方〉野の花:養蚕期に蚕の収穫の縁起かつぎにいう.③〈方〉浙江省呉興で4月頃捕える小蝦(か)
蚕忌 cánjì ⇒〔蚕禁〕
蚕家 cánjiā 養蚕を専門にする人.養蚕家.
蚕茧 cánjiǎn 蚕の繭.
蚕茧草 cánjiǎncǎo 圃シロバナサクラタデ:タデ科の多年生草本.
蚕禁 cánjìn =〔蚕忌〕旧養蚕期間に交際を避けること.
蚕连 cánlián 農蚕の種紙.蚕卵紙:種紙は糸で綴じ連ねるのでこの称がある.〔蚕连纸〕〔蚕纸〕ともいう.
蚕眠 cánmián 蚕の休眠:約6,7日に1度眠るため,初めの眠りを〔初 chū 眠〕といい,続いて〔二眠〕〔三眠〕といい,最後の4回目の眠りを〔大眠〕という.初めの眠りを終えたものを〔一龄 líng 蚕〕といい,順次に〔二龄蚕〕〔三龄蚕〕〔四龄蚕〕という.4回目の〔大眠〕を終えて約8日で〔蚕箔〕(まぶし)に繭を作り始める.
蚕娘 cánniáng ⇒〔蚕女〕
蚕农 cánnóng 養蚕農家.
蚕女 cánnǚ =〔蚕妇〕〔蚕姑〕〔蚕娘〕養蚕をする女性.

蚕蛆(蝇) cánqū(yíng) 困蚕のうじばえ:蚕の害虫.桑の葉に卵を産み,蚕の体内でうじになり,蚕がさなぎになる前,またはさなぎになってから蚕を死なせて外に出,うじはさなぎになり成虫となる.〔桑 sāng 蝇〕に同じ.
蚕蓐 cánrù 農養蚕用の蓆(なり).蚕を乗せる蓆.
蚕桑 cánsāng 養蚕と桑の植樹.
蚕沙 cánshā 蚕の糞:肥料に用いられる.
蚕山 cánshān ⇒〔蚕箔〕
蚕师 cánshī 養蚕技師.
蚕食 cánshí 〔蚕蚀〕とも書く.〈喩〉蚕(か)食する:蚕が桑を食うように,だんだんと他人の土地や他国の領土などを侵略すること.→〔侵 qīn 蚀〕
蚕食鲸吞 cánshí jīngtūn〈成〉じりじり侵略し,ついには併吞(が)(合併)してしまう:〔鲸吞蚕食〕ともいう.
蚕屎枕 cánshǐzhěn〈方〉蚕の糞を入れて作った枕:この枕で寝るとよく眠れて朝が休まり寝起きもすっきりするといわれる.
蚕市 cánshì 旧蚕具を売る市:養蚕の盛んな蜀(四川省地方)で毎年1月から3月にかけて行われた.
蚕室 cánshì ①上蔟(ぞ)した蚕の養蚕室.②固〔宮 gōng 刑〕を執行する獄室.
蚕丝 cánsī =〔蚕 sī 生 丝 (ぞ).〔废 fèi ～〕屑 生 丝.〔～绸缎〕絹織物.〔～夹 jiā 毛〕絹に毛を混ぜて織ったもの.→〔茧 jiǎn 绸〕
蚕台 cántái 養蚕用の台:幾段もの棚があり,そこに〔蚕箔〕や〔蚕箔〕を置き蚕を飼う.
蚕蜕 cántuì 蚕の抜け殻:薬用にされる.
蚕网 cánwǎng 養蚕用の網.
蚕业 cányè 養蚕業.
蚕衣 cányī ①蚕の別名.②養蚕時の作業服.③〈文〉絹布の着物.
蚕蚁 cányǐ =〔蚕花〕〔蚁蚕〕〈方〉乌 wū 娘〕困孵化したばかりの蚕:蟻(ǎ)のように黒くて小さいのでこういわれる.
蚕蛹 cányǒng 蚕のさなぎ.
蚕蛹油 cányǒngyóu (蚕の)さなぎ油:臭みがあり工業用に使う.
蚕月 cányuè 蚕飼いの季節.
蚕纸 cánzhǐ ⇒〔蚕连〕
蚕种 cánzhǒng ⇒〔蚕子(儿)〕
蚕子(儿) cánzǐ(r) =〔蚕种〕蚕の卵.

〔惭・慚(慙)〕 cán 恥じる.〔自～落 luò 后〕自ら立ち遅れを恥じる.〔大言不～〕〈成〉大言吐かしいとも思わない.
惭德 cándé〈文〉不徳を恥じる.
惭恨 cánhèn ⇒〔愧 kuì 恨〕
惭惶 cánhuáng〈文〉恥を恐れる.
惭悔 cánhuǐ〈文〉恥じ悔いる.
惭疚 cánjiù〈文〉やましさを恥じる.
惭愧 cánkuì〔～〕〔想到自己的失败不能不感到～〕自分の失敗を考えると恥ずかしさを感じないわけにはいかない.〔～之至〕〈文〉慚愧(ぎ)の至り.
惭色 cánsè〈文〉①間の悪い様子.②恥じ入った顔色.
惭颜 cányán〈文〉恥じ入った表情.
惭怍 cánzuò =〔〈文〉愧 kuì 作〕〈文〉恥じる.→〔惭愧〕

〔惨・慘〕 cǎn ①むごい.ひどい.みじめである.凶悪である.〔他们受灾 zāi 受得好～〕彼らの被災状況は非常にみじめだ.〔伤心～目〕〈成〉心を痛ましめ,目を痛ましめる.みじめだ.〔这次考试他可～了,才得了40分〕今度の試験は,彼はさんざんで,わずか40点だった.②=〔惨〕悲

しむ.心痛する.〔~痛〕心痛する. ③〈文〉薄暗い.〔灯光~~〕灯光が薄暗い.〔~绿 lǜ〕色暗緑色(の)
- **惨案** cǎn'àn 多数の死傷者が出るなどの残酷な事件.〔五卅 sà ~〕史五三十事件:1925年5月30日,上海で起こった.〔发生了一起列车相撞 zhuàng的~列车衡突の大惨事が起こった.
- **惨白** cǎnbái ①白っぽい.しらけている.〔在~的荧 yíng 光灯下〕白っぽい蛍光灯のもと. ②薄暗く不鲜明である.
- **惨败** cǎnbài みじめに負ける.
- **惨毙** cǎnbì ⇒〔惨杀〕
- **惨变** cǎnbiàn ①=〔惨剧〕〈文〉悲惨な出来事. ②顔が青ざめる.
- **惨不忍睹** cǎn bùrěndǔ〈成〉むごたらしくて見るに忍びない.〔敌机轰 hōng 炸后,到处是被杀害的尸 shī 体,使人~〕敵機が爆撃した後はいたるところ殺された死体で,むごたらしさは見るに忍びないほどである.
- **惨不忍闻** cǎn bùrěnwén〈成〉むごたらしくて聞くに忍びない.〔从监 jiān 狱中,每晚都传 chuán 出~的号 háo 叫声〕監獄の中から每晩聞くに忍びない叫び声が聞こえる.
- **惨怛** cǎndá〈文〉憂える.憂えて心を痛める.〔民有菜色,~于心〕(漢書·元帝紀)人民は青菜のように顔色が悪くなり,憂えて心を痛める.
- **惨淡** cǎndàn〔惨澹〕とも書いた. ①薄暗い. ②苦心する. ③ひどい不景気や暗い情勢の形容.
- **惨淡经营** cǎndàn jīngyíng 苦心して営む:苦心の末計画し考案すること.
- **惨跌** cǎndiē (相場が)暴落する.
- **惨毒** cǎndú ひどくむごたらしい.
- **惨嗥** cǎnháo 悲痛な叫び声をあげる.
- **惨红** cǎnhóng 〔色暗紅(の)
- **惨黄** cǎnhuáng〔色暗黄(の)
- **惨祸** cǎnhuò 悲惨な災い.
- **惨急** cǎnjí〈文〉非常に厳しいこと.
- **惨叫** cǎnjiào 悲鳴(をあげる).
- **惨劫** cǎnjié〈文〉悲惨な天災地変.
- **惨景** cǎnjǐng 悲惨なありさま.
- **惨境** cǎnjìng 悲惨な境地·境涯.
- **惨沮** cǎnjǔ〈文〉悲嘆にくれて意気阻喪する.
- **惨剧** cǎnjù ⇒〔惨变①〕
- **惨绝人寰** cǎnjué rénhuán〈成〉この世で最大の悲惨さ.
- **惨苦** cǎnkǔ ひどく苦しい.悲惨である.〔生活~〕生活がひどく苦しい.
- **惨酷** cǎnkù 残忍苛酷である.〔在敌人手下受到极~的待遇〕敵の手で残忍極まりない仕打ちを受けた.
- **惨况** cǎnkuàng 惨状.
- **惨厉** cǎnlì (声が)凄惨で甲高い.
- **惨烈** cǎnliè ①凄惨である. ②壮烈である. ③猛烈である.
- **惨懔** cǎnlǐn〈文〉酷寒の.ひどく寒い.
- **惨戚** cǎnqī〔惨悽〕とも書く.
- **惨切** cǎnqiè〈文〉痛切である.非常に悲しい.
- **惨然** cǎnrán〈文〉痛ましいさま.憂えるさま.
- **惨杀** cǎnshā (=〔惨毙〕)惨殺する.
- **惨史** cǎnshǐ〔血 xuè 史〕悲惨な歴史である.
- **惨死** cǎnsǐ 惨死(する).
- **惨痛** cǎntòng すさまじい.悲痛な.痛ましい.
- **惨无人道** cǎn wú réndào〈成〉残酷で人道をわきまえない.〔希 xī 特勒匪徒~地在集中营里杀害了善良的人民〕ヒトラー一味は残酷非道にも収容所内で善良な人民を殺した.

- **惨无天日** cǎn wú tiānrì〈成〉非常に陰惨なさま.
- **惨象** cǎnxiàng 痛ましい風景.
- **惨笑** cǎnxiào 苦笑い.痛々しく笑う.
- **惨遭** cǎnzāo 悲しい目に遭う.〔~杀败〕痛ましくも殺される.〔~失败〕失敗の憂き目を見る.
- **惨重** cǎnzhòng ひどい.〔损 sǔn 失~〕損失がひどい.〔~失败〕大失敗(する).
- **惨状** cǎnzhuàng 惨状.みじめな様.

[穇·䅟] cǎn 画〔~子〕シコクビエ:穀物の一,食料や飼料にする.〔龙 lóng 爪穇〕ともいう.

[篸·篸] cǎn〈方〉ちりとり.箕(み)の一種. →〔簸 bò 箕〕 → zān

[黪·黪] cǎn〈文〉色淡い黒色(の).浅青黒色(の).〔黑~~的脸儿〕浅黒い顔.〔~黟的〕暗やみで濁っている.

[憯] cǎn ⇒〔惨②〕

[灿·燦] càn 明らかである.鮮やかである.きらびやかである.
- **灿灿** càncàn きらきらと光り輝くさま.〔黑~的煤 méi〕真っ黒い石炭.
- **灿烂** cànlàn きらきらと光り輝く.まばゆい.鮮やかである.〔这一天在中国历史上成为一个~辉 huī 煌的日子〕この日は中国の歴史に光り輝く日となった.〔~夺 duó 目〕〈成〉光り輝いて目を奪うばかり.
- **灿丽** cànlì まばゆく美しい.〔~春天〕同前の春.
- **灿亮** cànliàng きらびやかである.鮮やかである.
- **灿烁** cànshuò きらきらと光り輝く.

[粲] càn〈文〉①鮮やかで美しい. ②歯を出して笑う様子.〔聊 liáo 博一~〕いささか喜びでもらえた.
- **粲然** cànrán〈文〉①鮮やかで美しいさま. ②はっきりしているさま. ③歯を出して笑うさま.〔~而笑〕歯を出して笑う.

[璨] càn〈文〉①美しい玉. →〔璀 cuǐ 璨〕 ② ⇒〔灿〕

[掺·掺] càn 固①太鼓を3回打つこと. ②鼓曲の一.〔渔 yú 阳~〕同前の一. → chān shǎn

[孱] càn → chán
- **孱头** càntou〈方〉①ろくでなし.ならずもの.与太者. ②臆病者.弱虫.くず.〔这个~怕 pà 事得很〕この弱虫はよく物おじする.

cāng ちゃん

[仓·倉] cāng ①穀物倉.倉庫.〔入~〕同前に入れる.〔米~〕米蔵.〔不透 tòu 水~〕防水庫.〔冷藏~〕冷凍室.〔~满囤 dùn 流〕〈成〉穀物は倉に一杯で,囲いからも流れ出る:豊収のさま. ②古くは〔舱〕に通じて用いられた. ③〔姓〕倉(そう)
- **仓廒** cāng'áo〔仓敖〕とも書く.穀物倉庫.
- **仓场** cāngchǎng 田糧米を貯蔵しておく場所.〔~衙 yá 门〕旧穀倉監督所.
- **仓储** cāngchǔ 倉庫に蓄えること.倉庫による保管(される物).〔一式卖场〕倉庫型マーケット.
- **仓促** cāngcù 慌ただしい.〔~从事〕慌ただしく取りかかる.〔走得~,没有向大家告别〕慌ただしく出発したので,皆さんにごあいさつもしなかった.
- **仓猝** cāngcù〔仓卒〕とも書いた.にわかである.〔~之间〕倉卒(そう)の間(ま)
- **仓单** cāngdān 国倉庫証券.倉荷証券.

仓伧沧苍 cāng

仓底(儿) cāngdǐ(r) 倉庫に残っている最後の荷.
仓房 cāngfáng 倉.倉庫.納屋.→[舱房]
仓费 cāngfèi =[仓租]倉敷料.
仓庚 cānggēng 鳥①コウテイウグイス:[黄 huáng 鹂]の別称. ②⇒[玄 xuán 鹤]
仓皇 cānghuáng [八黄][仓惶][苍黄①]とも書く.慌てふためく.[～失措 cuò]慌てふためいてなすところを知らない(対策を誤る).[～逃跑]慌てて逃げる.
仓交 cāngjiāo ⇒[堆 duī 栈交(货)]
仓颉 cāngjié [八]黄帝の史官で、漢字を創ったと伝えられ、後世[仓圣]と言われた.[苍颉]とも書いた.
仓库 cāngkù ①穀物倉庫. ②倉庫.[私 sī 人～]私用の倉庫.[公用～]公用の倉庫.[军用～]軍用の倉庫.[～业]倉庫業.[书是人类经验的～]書物は人類の経験の倉庫だ.→[货 huò 栈]
仓老鼠 cānglǎoshǔ 〈方〉倉庫係または倉庫業などで生活する者.[～和老鸹借粮食]倉の鼠が烏に穀物を借りる.〈喩〉自分の物は使わず人から物を借りる.
仓廪 cānglǐn 〈文〉穀物倉.[～实则知礼节]〈文〉穀倉満つれば礼節を知る.
仓忙 cāngmáng 〈文〉忙しい.→[仓皇]
仓容 cāngróng [库 kù 容]
仓圣 cāngshèng →[仓颉]
仓鼠 cāngshǔ ①キヌゲネズミ. ②ハムスター:キヌゲネズミ属の実験動物.
仓位 cāngwèi 倉庫のスペース.
仓箱 cāngxiāng (車の)トランク.[后～]後部トランク.
仓租 cāngzū ⇒[仓费]

[伧・儎] cāng 〈文〉田舍者.粗野である. → chen

伧父 cāngfù 〈文〉田夫.野人.田舎おやじ:もと晋の陸機が左思を卑しんで言った言葉.
伧人 cāngrén 〈文〉田舎者.卑しい者.
伧俗 cāngsú 粗野で俗っぽい.

[沧・滄] cāng [色]深緑色(の).→[苍qīng]〈文〉寒い.[天地之间有～热]天地の間には寒い暑いの変化がある.[～凉]寒い.冷たい.〈姓〉蒼(?)

沧沧 cāngcāng 〈文〉寒いさま.[～凉凉]厳しく寒いさま.
沧海 cānghǎi ①青黒い色の海.大海原. ②郡名.現在の遼寧省の鴨緑江,佟佳江流域および新賓県附近の地. ③→[渤 bó 海]
沧海横流 cānghǎi héngliú [成]大海の流れが激しい.〈喩〉世の移り変わりの激しいこと.治乱興亡.
沧海桑田 cānghǎi sāngtián =[沧桑][沧桑之变][桑田沧海]〈成〉大海原が変じて桑畑となる.〈喩〉世の移り変わりの激しいこと.[几 jǐ 经沧桑]〈文〉幾たびか世の転変を経る.[人间正道是沧桑]移り変わりこそ人民.百姓.
沧海一粟 cānghǎi yīsù [成]大海の中の一粒の粟(あわ).〈喩〉きわめて小さく、ものの数ではないこと.[太 tài 仓一粟]
沧海遗珠 cānghǎi yízhū 〈喩〉人材が埋もれていること.世に知られない賢者.
沧江 cāngjiāng 〈文〉青々とした流れ.
沧浪 cānglàng ①〈文〉青々とした水の(色).[秋水平岡 kuò 、一片～]秋の川が静かに広がっており,見渡す限り紺青の色だ. ②古代の川名.湖北省を流れる漢水の一部.
沧溟 cāngmíng 〈文〉大海.〈転〉海の広々としたさま.
沧桑 cāngsāng ⇒[沧海桑田]

沧桑之变 cāngsāng zhī biàn ⇒[沧海桑田]

[苍・蒼] cāng ①[色]青色(緑色を含む)(の).藍(あい)色(の).→[沧①] ②[色]灰色(の).灰黄色(の).[面色～白]顏色が青い. ③〈文〉青空.[上～]蒼天.[～白头发]白髪まじりの髪. ④〈姓〉蒼(?)

苍白 cāngbái ①[色]灰色(の).青白い. ②生命力のない.無気力である.[～无力]〈成〉同前のさま.
苍苍 cāngcāng 〈文〉①[色]濃緑色(の). ②白髪まじりの(髪). ③⇒[苍茫]
苍葱 cāngcōng [色]青翠色
苍翠 cāngcuì [色]濃緑色(の).[～欲 yù 滴]樹木の緑したるさま.
苍耳 cāng'ěr =[耳珰][卷 juǎn 耳②][苓 líng 耳][菓 xǐ 耳][植]オナモミ:古名[菓 shī],キク科の一年草本.果実を[～子 zǐ]といい薬用にする.
苍古 cānggǔ 〈文〉(筆跡が)古風な趣をもって枯れている(が力のこもっている).
苍昊 cānghào ⇒[苍天①]
苍黑 cānghēi 〈色〉黑っぽい(色の).浅黑い(色の).暗い(色の).
苍黄 cānghuáng ①⇒[仓皇] ②〈喩〉世の中の事物が変化しがちで定まりのないこと. ③青白い.灰色(の).[病人面色～]病人の顏色が青白い.
苍浑 cānghún (声が)力強くたくましい.
苍劲 cāngjìng (樹木·容姿·絵画などの)雄渾(こん)である.[书法～有力]書法が雄大で力強い.
苍空 cāngkōng 青空.大空.
苍筤 cāngláng 〈文〉青竹.
苍老 cānglǎo ①老いてなお力がある.枯れている:多く〈声·相貌·书画の筆力·筆勢などについていう.→[字解⑤] ②(顏·声などが)老ける.年寄りじみている.
苍凉 cāngliáng 荒涼としている.[～唱腔 qiāng]もの寂しい節回し.
苍龙 cānglóng ①伝説上の凶神で、東方(左側)に配す.[二 èr 十八宿]中の東方の七宿の総称:[青qīng 龙]ともいう.[玄 xuán 武]は北方(後側),[朱zhū 雀]は南方(前側),[白 bái 虎]は西方(右側)を表す.→[四 sì 神] ②〈喩〉凶悪な人間.
苍鹭 cānglù =[长 cháng 脖老等][灰 huī 鹳][老鸹等]鳥アオサギ.
苍绿 cānglǜ [色]深緑(の)
苍茫 cāngmáng =[苍苍③][苍④]〈文〉広々として果てしないさま. ②見渡す限りもやがかかっているさま.[暮 mù 色～]日暮れて暗くなるさま.
苍莽 cāngmǎng 〈文〉見渡すかぎり果てがない.
苍鸟 cāngniǎo 〈文〉鷹の別称.→[鹰 yīng]
苍穹 cāngqióng 天.空.[穹苍]ともいう.
苍髯 cāngrán 〈文〉ごま塩ひげ.
苍润 cāngrùn (書画が)雄渾(こん)で鮮やかである.
苍山 cāngshān 青山.緑なす山.
苍生 cāngshēng 〈文〉人民.百姓.
苍松 cāngsōng 青松.[～翠 cuì 柏]青々とした松や柏.
苍苔 cāngtái [植]アオゴケ.
苍天 cāngtiān ①=[〈文〉苍昊][上 shàng 苍]青空.天:全てを主宰するもの. ②春.
苍头 cāngtóu 〈文〉①[旧]下僕.老僕:奴僕は黒い布で頭を巻いていた. ②兵卒.
苍哑 cāngyǎ (声が)枯れている(が力強い)
苍烟 cāngyān 〈文〉青々とした雲霧.
苍颜 cāngyán (老人の)浅黑い顏.[华发 fà ～]〈成〉白髪まじりの同前.〈喩〉老人.
苍鹰 cāngyīng 鳥オオタカ:[黄 huáng 鹰][鸡 jī 鹰]ともいう.

cāng～cáng　　　　　　　　　　　　　　　　　　苍鸽舱藏

苍蝇 cāngying ①＝[蝇 yíng 子]圓 ハエ．クロバエ．[～拍]はえたたき．[～纸]はえ取り紙．[～不抱没缝儿 fèngr 的鸡蛋]〈喩〉臭い物にははえがたかる．[一个～药不死人,招人恶 è 心]〈喩〉人に危害を与える人は気持ちの悪いやつだ．[～碰 pèng 壁]〈喩〉自ら破滅を招く．[附骥 jì]〈成〉他人の名声に頼って自分をもちあげること．[蝇]②[口]みみっちい汚職をやる小役人．→[老 lǎo 虎③]

苍郁 cāngyù〈文〉草木が青々と茂っているさま．

苍术 cāngzhú（[仙 xiān 术][山 shān 蓟][山精]）圓 オケラ．ホソバオケラ：根は薬用される．→[术]

[鸽・鴿] cāng

鸽鹒 cānggēng ⇒[黄 huáng 鹂]
鸽鸹 cāngguā ⇒[灰 huī 鹤]
鸽鸡 cāngjī ⇒[玄 xuán 鹤]

[舱・艙] cāng

船室．船腹．（飛行機・宇宙船の）客室・貨物室など．[客 kè～]（船や飛行機の）客室．貨室．[货～]（船や飛行機の）貨物室．[机～]飛行機の客室．[前～]へさきの方の船室．[中～]真ん中の船室．[订 dìng～]圓船腹を契約する．[推 tuī 进～]（宇宙ロケットの）推進部．[轨道～]宇宙ロケットの軌道船．[返回～]帰還船カプセル．[～外活动]（宇宙船の）船外活動．

舱单 cāngdān ＝[舱口单(子)]圓積荷明細書．
舱底 cāngdǐ 船底．
舱房 cāngfáng 客室．船艙．→[仓房]
舱盖 cānggài （船の）ハッチ．[舱口盖]に同じ．
舱口 cāngkǒu 客室の入口．[～盖]＝舱盖ハッチ．
舱口单(子) cāngkǒu dān(zi) ＝[舱单]．
舱面 cāngmiàn 甲板．[～货]圓甲板積貨物．デッキカーゴ．
舱容 cāngróng （船舶・飛行機など）客室や貨物室の容量．
舱室 cāngshì 客室と船倉（総称）
舱位 cāngwèi ①船内のベッド．客室．（船・飛行機などの）座席や貨物を置くスペース．[要求多拔些～]もう少し多くの船腹をあけてくれるよう要求する．→[蹲 dūn 位②]②＝[zài 位]．

[藏] cáng

①隠れる．隠す．潜む（目につかぬところに）．隐 yǐn～．[他～在树后头]彼は木の後ろに隠れている．[笑里～刀]笑いの中に刀を隠す．〈喩〉見たところ温和で実は険険なこと．[有远大计划～之于胸]遠大な計画を胸にいだいている．②蔵する．収める．蔵する．[储 chǔ～]貯蔵する．[收 shōu～]しまう．蓄える．[～人保险柜]金庫に収納する．[家里～了很多书]家にたくさんの書物を持っている．[在冰箱里～起来]冷蔵庫にしまってある．[慢～海盗]〈成〉財物の始末を厳重にしないと，人に盗みを教えることになる．[～在深闺]箱入り娘．③〈姓〉zàng．

藏宝 cángbǎo ①宝物を収蔵する．②収蔵した宝物．

藏藏躲躲 cángcáng duǒduǒ こそこそ身を隠さす．[这孩子一见生人就～的]この子は見知らぬ人を見るとすぐこそこそ隠れる．[干吗～的,有什么见不得人的事吗]何でこそこそ隠れているんだ，何か陰で悪いことでもしてるのか．→[藏躲]

藏躲 cángduǒ 隠れる．姿を隠す．[躲藏]に同じ．[为了逃避敌人～到山里去]敵から逃れるために山の中に身を隠す．

藏而不露 cáng ér bùlù〈成〉隠して外に表さない．[他有本事是～]彼は実力はあるのだけれども，決して出さない．

藏锋 cángfēng ①書法で,筆先の線を表さないようにすること．②〈喩〉能力を外に現さないこと．

藏伏 cángfú〈文〉隠駐する．隠れ潜む．

藏富 cángfù ①富有であることを隠す．②財産をたくわえる．

藏垢纳污 cánggòu nàwū〈成〉垢(あか)や汚れを隠す．〈喩〉悪人や悪事をかくまうこと；[藏污纳垢]ともいう．[党八股是～的东西][党]"毛・整顿党的作用"党八股"はちりあくたをも包み隠すものである．

藏活 cánghuó〈文〉自分のもとにかかえて生活させる．生存させる．[所～豪士以百数]〈史記〉かかえている豪傑が何百人もいる．

藏奸 cángjiān〈方〉(できるのに)できないふりをする．力を貸そうとしない．出し惜しみをする．②ずるい．いじわる．③悪意を抱く．

藏娇 cángjiāo ①妾を囲う．[包 bāo 二奶]に同じ．→[阿 ā 娇]②[二 èr 奶奶②]に同じ．

藏量 cángliàng ⇒[储 chǔ 量]

藏龙卧虎 cánglóng wòhǔ〈成〉(中に)優れた人物が潜在している．立派な人の隠れている．[业余演员当中是～,真有高人]しろうと俳優の中には優れた人が隠れていて，全く達者な人がいる．

藏猫儿 cángmāor 鬼ごっこ（をする）．[藏猫猫]．〈方〉藏闷儿 [捉 zhuō 迷藏]ともいう．

藏匿 cángnì〈文〉隠す．匿匿する．隠れる．身を潜める．

藏怒 cángnù〈文〉怒りを心中に抱く．

藏品 cángpǐn 蔵品．コレクション．

藏器待时 cángqì dàishí〈成〉力量を内に蔵して発揮すべき時を待つ；[器]は才能．

藏身 cángshēn 身を隠す．[～之所]身を置きところ．隠れ家．[无处～]身の置き所がない．

藏书 cángshū ①書籍を収蔵する．[～家]書籍を愛蔵する者．蔵書家．[～楼][书楼]図書館の書庫．[～票 piào]蔵書票．エクスリブリス：多く蔵書家が特別に作る凝ったもの．②蔵書．収蔵書籍．

藏私 cángsī ①私蔵してある．私蔵して人に見せない．②禁制品を隠し持つ．

藏头裹脸 cángtóu guǒliǎn〈喩〉秘密のベールに包まれている．正体不明である．

藏头亢脑 cángtóu kāngnǎo〈成〉隠したりごまかしたりして訳が分からない．[明明是他的责任可是问起来他～地躲了半天干]明明是他的责任であるのに，問いただすと彼は何のかのとすっかり責任逃れをしてしまった．

藏头露面 cángtóu lùmiàn 同上．

藏头露尾 cángtóu lùwěi ＝[藏头露面][露尾藏头]〈成〉頭隠して尻隠さず；[藏尾露头]ともいう．[避 bì 实就虚]

藏污纳垢 cángwū nàgòu ⇒[藏垢纳污]

藏蓄 cángxù 潜ませる．隠し持つ．

藏掖 cángyē ①ひそかに隠し持つ．また隠し持ったもの．[夹 jiā 带～]禁制品を隠し持つ．②隠しだて(する)．内緒ごと(をする)：裏で悪事をし表面上は人の目をくらますこと．[～一个事虽不甚大,里头知有～的](紅16)このことは大したことではないが，裏に何か隠しごとがある．[你也甭藏藏掖掖的啦！](老舎・竜髯溝2の1)あんただって，もう何もそんなにこそこそ隠しだてしなくていいじゃないか．

藏友 cángyǒu 収集家仲間．コレクター．

藏用 cángyòng 隠しておくて使う．隠して使ひ述ぶ．

藏智 cángzhì〈文〉知恵を蓄え持つ．

藏拙 cángzhuō 自分の短所を隠す．ぼろを出さない．[与其献丑不如～]つまらぬものを見せるよりは，ぼろを出さずにいる方がよい．

藏踪 cángzōng 行方をくらます.隠れる.〔～匿 nì 迹〕跡をくらます.

cao ㄘㄠ

[糙] cāo ①粗い.粗雑である.大ざっぱである.〔纸面太～〕紙の面がひどく粗い.〔这个活儿做得很～〕この仕事はずいぶん粗雑だ.〔～～地画了一张图〕大ざっぱに1枚の図をかいた.〔～(儿)使〕あらっぽく使う.↔〔细 xì 使〕 ②〈口〉粗野である.〔话～理不～〕言葉は乱暴だが筋道はきちりとしている.

糙糙儿 cāocāor ざっと.大ざっぱに.〔瑞宣按着四爷计划先～地在心中造了个预算表〕(老·四·惶18)瑞宣は四爺の計画通りあらかじめざっと胸算用をしてみた.

糙糙拉拉 cāocāo lālā ぞんざいに.そこそこに.〔～地洗〕いいかげんに洗う.

糙略略 cāocāo lüèlüè =〔草 cǎo 草 略 略〕ざっと.念を入れずに.〔那件事已经～地办完了〕あの件はすでにたいがいに片づけた.

糙瓷 cāocí 粗末な陶磁器.↔〔细 xì 瓷〕

糙点心 cāodiǎnxīn ⇒〔粗 cū 点心〕

糙活(儿) cāohuó(r) 粗雑な仕事(ぶり).雑なできば え.↔〔细 xì 活(儿)〕

糙粮 cāoliáng ⇒〔粗 cū 粮〕

糙米 cāomǐ 玄米.〔脱 tuō 粟〕は文語.〔粗 cū 米〕

糙面 cāomiàn 〔粗(き)挽き小麦粉〕.ざらざらした表面.

糙皮病 cāopíbìng 医ペラグラ(病):皮膚乾燥·神経機能障害·下痢などの症状を呈する.

糙事 cāoshì 〈方〉粗雑なこと.粗いこと.〔～,细事我都可以做〕粗い仕事でも緻密な仕事でもできます.

糙叶树 cāoyèshù 植ムク(ノキ):〈方〉松 sōng 杨 ②ともいう.

[操(捜·搔)] cāo ①操縦する.操る.(手で)扱う.〔权力などを〕握る.〔手～农具〕手で農具を扱う.〔～舟 zhōu〕〈文〉舟を操る.〔～厨 chú〕台所を担当する.〔～必胜之券 quàn〕〈文〉必勝の権を握る. ②言葉を使う.話す.〔口～南音〕南方の言葉を操る.〔留学生都能～汉语〕中国への留学生はみな中国語が話せる.〔～之下一人手中〕〈文〉一人の手に握られている. ③(心·体を)働かせる.従事する.〔～律师业〕弁護士の仕事をする.〔～贱业〕卑しい商売をする.〔～闲心〕よけいな心配をする. ④訓練·演習をする.〔大 dà ～〕大演習.〔阅 yuè ～演習を検閲する. ⑤体操(をする).〔体 tǐ ～〕体操.〔早 zǎo ～〕朝の体操.〔上工间～〕業間体操をする. ⑥〈文〉節操.身もち.態度.〔节 jié ～〕節操. ⑦演奏する〔～琴 qín〕(弹 tán ～)琴を弾く. ⑧琴の曲名:"…操"と称する.〔履 lǚ 霜～〕履霜の曲. ⑨⇒〔肏 cào〕 ⑩〈姓〉操(?)

操办 cāobàn 取り扱う.取り行う.〔别的东西归我～〕ほかの品はわたしが処理する.

操柄 cāobǐng 〈文〉権力を握る.

操场 cāochǎng =〔方〕操坪〕①(学校等の)体操場.運動場. →〔运 yùn 动场〕 ②練兵場.

操持 cāochí ①(運営·経営に)あたる.切り回す.〔由他一人～〕彼一人で切り回している.〔算计算计都用什么,好早点儿～得好好使うように考えておけば,早めに事をとり運ぶのに都合がよい.〔井臼 jiù〕家事を切り回す.主婦としての務めを果たす. ②計画してちゃんと準備をする.

操刀 cāodāo ①〈文〉刀を使う.刀を執(と)る.〔～必

cáng~cáo

割〕〈成〉即座に対応する. ②主宰する.つかさどる.

操典 cāodiǎn 教練の指導要領をとりまとめてある書物.

操舵 cāoduò 操舵する:〔掌 zhǎng 舵 ①〕に同じ.〔～室〕操舵室.

操法 cāofǎ 教練や体操のやり方.

操戈 cāogē 武器を手に取る.〈転〉敵対する.争い合う.〔同 tóng 室～〕〈成〉内紛を起こす.仲間割れをする.

操觚 cāogū 〈文〉作文をする.文筆(の業務)に携わる.〔～染翰 rǎn hàn〕〈成〉同前.

操豪 cāoháo 〈文〉執筆する.

操家 cāojiā 家事を切り回す.

操控 cāokòng コントロールする.操縦する.操る.〔在幕后～未成人〕未成年を背後で操っている.

操劳 cāoláo 苦労をする.(心配をして)骨を折る. →〔操心〕

操理 cāolǐ 取りはからう.裁量する.

操练 cāoliàn ①軍操練(をする). ②習練(する).〔无论什么技术只要多～自然就熟悉〕どんな技術でも,より多く練習しさえすれば自然に習熟するものだ.

操履 cāolǚ 〈文〉素行(ぢう):〔操守〕に同じ.

操虑 cāolù 苦心する.気をつかう.

操弄 cāonòng みだりに取り扱う.もてあそぶ.〔～国政〕国政をもてあそぶ.

操盘 cāopán 商相場を張る.相場を操る.〔～手〕相場師.仕手(ぶ).

操坪 cāopíng 〈方〉⇒〔操场〕

操其奇赢 cāoqí qíyíng 〈成〉商人が欠乏物資を買い占めてぼろもうけをする:〔操奇计赢〕ともいう.

操切 cāoqiè せっかちすぎる.あせりすぎる.〔～从 cóng 事〕せっかちに仕事をする.

操权 cāoquán 権力を握る.

操券 cāoquàn =〔可 kě 操左券〕

操神 cāoshén 気苦労がする.〔～(受累)神経を使って疲れる. →〔操心〕

操守 cāoshǒu 身持ち.行い.生活態度.操行.〔不谨 jǐn〕生活態度がまじめでない.

操心 cāoxīn 気を配る.心配をする.〔您不必～了〕ご心配にはおよびません.〔家里的事都仗她一个人儿～〕家の中のことはみな彼女一人が気を配らねばならないようになっている.

操行 cāoxíng 操行(?).品行.〔这学生～很好〕この学生は操行が大変よい.〔～评定〕操行評価.

操演 cāoyǎn 軍演習(する).

操之过急 cāozhī guòjí 〈成〉性急に事を運ぶ.

操纵 cāozòng ①操縦する.〔～杆 gǎn〕操縦桿.〔～台〕操縦台.〔～员〕〔～手〕オペレーター.〔远距离～〕遠距離操縦.リモートコントロール.〔无线电～〕無線操縦. ②支配する.操る.〔～物价〕物価を操る.〔～选举〕選挙を操る.〔～市场〕マーケットを操る.〔背后～〕うしろで糸をひく.〔暗中～〕陰で操る.〔受人～〕他人に操られる.〔～在敌人手里〕敵の手玉にとられている.

操作 cāozuò 操作する.作業する.一定の方式で機械類を扱う.〔～法〕取り扱い法.〔～规程〕操作規則.〔～间〕操作室.〔～手册〕操作マニュアル.〔～台〕オペレーションエリア.〔无线电～〕〔～系统〕電算オペレーティングシステム.OS. ②具体化して行う:計画や措置を実施する.〔～规程〕規定を実施する.

[曹] cáo ①〈文〉ともがら.…たち.やから.〔吾 wú ～〕われら.〔尔 ěr ～〕なんじら.〔儿 ér ～〕子供たち.〔冠 guàn 其～〕その仲間のうちでは最も優れている. ②〈文〉班別.群団.〔分～并进班に分かれて前進する. ③官職の職分·職掌.

〔部 bù～〕所属の役人.〔闲 xián～〕閑職. ④古国名.周代,武王の弟の叔振鐸が陶丘(現在の山東省西部)に建てた.―县⃞ 山東省にある. ⑤〈姓〉曹(ｿｳ)

曹白鱼 cáobáiyú ⇒〔鳓 lè 鱼〕
曹达 cáodá ⇒〔苏 sū 打〕
曹国舅 cáoguójiù ⃞白〔八仙〕の一人.
曹马 cáomǎ 古代の国名.〔魏 wèi〕と〔晋 jìn〕:魏は曹氏の天下,晋は司馬氏の天下であった.
曹牟 cáomóu 〈姓〉曹牟(ｿｳﾎﾞｳ)
曹偶 cáo'ǒu 〈文〉朋輩(ﾎﾞｳﾊｲ).仲間.〔率 shuài 其～亡之江中〕(史記·黥布伝)その朋輩どもを引き連れて江中に逃げた. →〔侪 chái 辈〕
曹丘 cáoqiū 〈姓〉曹丘(ｿｳｷｭｳ)
曹全碑 cáoquánbēi 後漢の曹全が黄巾を鎮圧した事蹟を刻した碑文:〔汉 hàn 隶〕の代表作の一(本辞典の書名字体にこれが採録された.
曹魏 cáowèi 〈曹氏の建てた三国の〉魏.

〔漕〕 cáo (運河や水路で米·豆などの穀類を)輸送する:主として,清代までの水運による年貢米の輸送を指す.

漕船 cáochuán ⃞清 米穀運送の船:〔漕粮〕に用いられた船.
漕渡 cáodù 軍(船·筏に)渡河(する)
漕河 cáohào →〔漕河〕
漕河 cáohé ⃞清 年貢米を輸送する水路·運河:とくに〔大 dà 运河〕のことをいう.
漕斛 cáohú →〔漕米〕
漕粮 cáoliáng ⃞清 田賦として運河の舟便などで北京へ輸送された米·豆などの穀類:米だけについては〔南 nán 漕〕といった.また,その輸送中の目減り(分という名目での加税)を〔漕耗〕という. →〔漕运〕雀 què 鼠耗〕
漕米 cáomǐ ⃞清 江蘇·浙江·江西·安徽などの諸省から例年京師(北京)に輸送した年貢米.また,これに用いられたますを〔漕斛〕といった.→〔漕粮〕
漕平 cáopíng ⃞旧 標準秤の名:清代,〔漕粮〕の代わりに現銀で納入するのを〔漕銀〕といったが,この取り扱いに用いられたはかりを〔～〕といい,のち中華民国になって〔市 shì 用制〕に変わるまで標準ばかりばかりされていた.
漕水 cáoshuǐ 〔漕米〕に同じ.またその米.
漕司 cáosī ⃞清 年貢米の運送やそれに代わる税金の出納などを司った役所.またその官.
漕银 cáoyín →〔漕平〕
漕运 cáoyùn ⃞旧 回漕する.運送する.→字解〔漕粮〕
漕转 cáozhuǎn 〈文〉水運と陸運.船による運送と車による運送.

〔嘈〕 cáo かまびすしい.やかましい.騒々しい.

嘈嘈 cáocao 〈方〉ぺちゃくちゃしゃべる.だべる.〔～了半天,没一点儿正经的〕長いことだべって,少しもしゃべらない.〈方〉くさす.悪く言う.〔叫他给～得这个样子〕彼にこんなにまでけなされた. ③〈文〉音の騒々しいさま.〔大弦～如急雨〕(琵琶行)大弦嘈々として急雨の如くなり.
嘈吵 cáochǎo 〈方〉①騒々しい.〔这儿太～了,另找个清静地方吧〕ここは騒々しすぎるぞ,別に静かなところを探そう. ②騒ぐ.〔这群人～什么呢〕この人たちは何を騒いでいるのか.
嘈闹 cáonào 口争いして騒ぐ.やかましく騒ぐ.
嘈杂 cáozá かまびすしい.やかましい.騒々しい.〔人声～〕人の声がかまびすしい.ざわめいている.〔～声同前の声.

〔槽〕 cáo ①(長方形で箱型の)飼い葉桶.〔马～〕馬の飼い葉桶.〔猪～〕ぶたのえさ箱.②(縁を残して中を掘り下げた形の)液体用容器.〔酒～〕④飲む酒を入れる容器.⑤醸造後しぼった酒を入れる容器. ③〔-儿〕両側の高みの間の低み.溝.溝状のもの.〔一条 tiáo ～儿〕一本の溝.〔刨 páo ～〕〔挖 wā 一个～儿〕溝を掘る.〔河～〕河床. ④〈方〉量詞.窓のひとくぎり.建物·部屋の内外のくぎり.〔一～隔 gé 扇〕部屋の仕切り一つ.〔一～屏 píng 门〕外庭と中庭をつなぐ門. ⑤〈方〉量詞.同じ飼い葉桶で飼う一頭の家畜を数える.

槽刨 cáobào 溝鉋(ﾐｿﾞｶﾝﾅ)
槽车 cáochē ⇒〔罐 guàn 车〕
槽床 cáochuáng (飼い葉)桶をのせる台.
槽碓 cáoduì →〔碓〕
槽坊 cáo·fáng =〔槽房〕⃞旧 酒造場.醸造所.
槽房 cáofáng 同上.
槽钢 cáogāng ⇒〔槽铁〕
槽糕 cáogāo ⇒〔槽(子)糕〕
槽谷 cáogǔ ⃞旧 細長い谷.
槽距 cáojù 機 スロットピッチ.
槽孔 cáokǒng 機 溝あな.スロット.
槽口 cáokǒu 〔臼 jiù 齿〕
槽枥 cáolì 〈文〉厩(ｳﾏﾔ).馬小屋.
槽路 cáolù 電 タンク回路.
槽轮 cáolún =〔三 sān 角皮帯帯轮〕機 V形ベルト用滑車.
槽儿 cáor →字解③
槽蚀 cáoshí ⃞河 河床が箱形にえぐられる浸食.
槽探 cáotàn 鉱 トレンチ探鉱.
槽铁 cáotiě =〔槽钢〕工 U字鋼.凹形鉄·溝形鉄また鋼.
槽头 cáotóu 家畜の給餌場.
槽头兴旺 cáotóu xīngwàng 家畜がすくすくと成長する.〔对照纲要规定,基本上达到了～的要求〕綱要の規定に照らせば,基本的に家畜がすこやかに成長するという状態に到達した.
槽牙 cáoyá ⇒〔臼 jiù 齿〕
槽子 cáozi ①飼い葉桶. ②液体を入れる容器.水槽. ③溝.くぼみ.
槽(子)糕 cáo(zi)gāo 〈方〉食いろいろな形の型に入れて作ったケーキ·カステラ.→〔蛋 dàn 糕〕

〔磳〕 cáo 地名用字.〔斫 zhuó ～〕⃞ 湖南省にある.

〔蠐〕 cáo →〔蛴 qí 蛴〕

〔艚〕 cáo 〈文〉回漕米を運ぶ船.→〔漕粮〕
艚子 cáozi 〈文〉荷物を積む大型の木造船.

〔草(艸·騲)〕 cǎo (Ⅰ)〔草(艸)〕 ① 草.草本(の). 〔花 huā ～〕花や草. 〔野 yě ～〕野草. 〔～色〕若草色. 〔～里说话,路上有人听〕〈諺〉草の中に隠れて話しても路上の人に聞かれてしまう:壁に耳あり. ②わら.草稿.文案.〔起 qǐ ～〕起草する. 〔撤 xī 稿〕撤草する. ⑤〈文〉起稿する. 〔撒 xī 稿〕撤稿する. ④〈文〉ざっと(ざっと).いいかげんな(に).雑な. →〔潦 liǎo 草〕⑥〈文〉初めの.試行の. 〔草创〕⑦創始する. 〔草创〕⑧字体の一.漢字の草書体. →〔草书〕⑨アルファベットの筆記体.

(Ⅱ)〔騲〕〈口〉(鶏·馬·ロバなど家畜が)めす. →〔母 mǔ 马〕

草案 cǎo'àn 原案.草案.→〔方 fāng 案〕
草包 cǎobāo ①俵.かます.藁苞(ﾜﾗﾂﾄ)で編んだ袋.〔藁苞に包んだもの. 〔草鸡②〕〔草鸡毛〕能なし.役たたず.ろくでなし.〔该提防的不是像

草　　　　　　　　　　　　　　　　　　cǎo

他那样儿的～,而是他背后的什么人"警戒しなくてはならんのは彼のような能なしじゃなくて彼の背後にいる何者かだ.〔你真是个～,连这么点儿事都不会办〕おまえはまったく能なしだな,このくらいの事もできないなんて.

草本 cǎoběn ①[植]草本(詠):茎が草質で種子ができると枯れる〔草质茎〕のもの.〔～植物〕同前.↔〔木 mù 本〕②原稿.底稿.

草编(儿) cǎobiān 草やわらを編んだもの,またその手工芸.〔草(编)帽儿〕麦わら帽子.

草标(儿) cǎobiāo(r) ①物を売る印として挿しておく草:売りたい物にこれを挿しておく.〔小姑娘的头上插着一根～〕(老・茶)その小娘の頭には売り物という意味の枯れ草の葉が挿してあった.〔当日将了宝刀插了～上市去卖〕(水12)その日(さっそく)宝刀に枯れ草の茎を挿して盛り場へ売りに出かけた.→〔插 chā 标〕②〈方〉石柱.

草草 cǎocǎo 簡略に.乱雑に.そそくさと.いいかげんに.〔～了 liǎo 事〕いいかげんに事を済ませる.〔～不恭 gōng 之赜〕どうも粗末さまでした.失礼致し候.

草草略略 cǎocǎo lüèlüè ⇒〔糙 cāo 糙略略〕.

草测 cǎocè [建]工事を始める前の大まかな測量.

草叉 cǎochā [农](干草を扱う)フォーク.→〔耙 pá 子〕

草场 cǎochǎng 草原.放牧場.〔～退 tuì 化〕牧草地の砂漠化.

草虫 cǎochóng ①=〔草蛮〕②〔草の間にすんでいる虫.③[美]草花と昆虫をモチーフとした中国画.→〔国 guó 画〕

草船 cǎochuán [旧]草の船:草をくくり合わせて船の形に作ったもので,亡霊を送るのに用いる.

草创 cǎochuàng 草分け(として事業をする).最初(に始める).〔这件事是～,请您多多批评〕これは初めてのことですのでどうぞ御批評ください.

草次 cǎocì ⇒〔造 zào 次①〕

草刺儿 cǎocìr 〈喩〉ごくわずかなもの(のこと).些細なこと.毛すじほどのもの.〔～都不留〕ほんの少しも残さない.〔闹 nào 了半天,连个～也没闹着〕長いことごたごたやってみたものの毛すじほどのものにもありつけない.

草苁蓉 cǎocōngróng [植]オニク.キムラタケ:ハマウツボ科.寄生植物で山地の日陰に生ずる.漢方で強壮補精薬とする.→〔列 liè 当〕〔肉 ròu 苁蓉〕

草丛 cǎocóng 草むら.

草底儿 cǎodǐr ⇒〔草稿〕

草地 cǎodì ①芝生.②草原.野原.→〔野 yě 稿〕

草地网球 cǎodì wǎngqiú [又]ローンテニス.〔～场〕ローンコート.グラスコート.→〔红 hóng 土网球场〕〔硬 yìng 地网球场〕

草甸子 cǎodiànzi 〈方〉湿地.草原.

草垫(子) cǎodiàn(zi) わらや蒲(齲)などで編んだ座ぶとんの類.

草豆蔻 cǎodòukòu [植]カツダマ:ショウガ科の植物,またその果実.果実は〔草果②〕(ソウズク)といい,芳香性健胃剤とする.→〔豆蔻①〕

草垛 cǎoduò [农]にお(藁ぐろ・わらぐま・わら塚):収穫後に藁を家のような形(主に円筒形または円錐形)に積みあげたもの.

草房 cǎofáng ①わらぶき家.②=〔草屋〕(干草を置く)小屋.〔～草棚〕

草肥 cǎoféi 草をねかせて作った堆肥.

草稿 cǎogǎo =〔草底儿〕草稿.下書き.〔打～〕草稿を書く.

草根工业 cǎogēn gōngyè 小規模の郷鎮企業(通称)

草菇 cǎogū [植]フクロタケ:〔苞 bāo 脚菇〕〔兰 lán 花菇〕ともいう.

草龟 cǎoguī 〔秦 qín 龟〕〔山 shān 龟〕[动]クサガメ:〔乌 wū 龟①⑥〕ともいう.

草棍(儿) cǎogùn(r) (枯)草の茎.

草果 cǎoguǒ ①=〔草豆蔻〕②⇒〔草莓〕

草蒿 cǎohāo →〔蒿①〕

草合同 cǎohétong 仮契約書.正式でない契約書.

草狐 cǎohú [动]アカギツネの一種.→〔赤 chì 狐〕

草花 cǎohuā ①[-儿]草花.②⇒〔梅 méi 花③〕

草荒 cǎohuāng 畑が草ぼうぼうになり農作物の生長に害があること.

草黄 cǎohuáng [色]藁(ぢ)色の.

草灰 cǎohuī ①〈方〉草を焼いた灰.〈喩〉とるに足らないもの.〔～草木灰〕②[色]黄色味がかった灰色(の)

草鸡 cǎojī ①⇒〔母 mǔ 鸡〕②⇒〔草包③〕

草鸡胆(儿) cǎojīdǎn(r) 〈喩〉度胸の小さい人間.〔～办不了大事〕度胸の小さい人間は大きな事はやれない.

草鸡毛 cǎojīmáo ⇒〔草包③〕

草菅人命 cǎojiān rénmìng 〈成〉人命を草や菅(冶)草のように軽視して踏みにじること.

草荐 cǎojiàn 〈文〉ベッドに敷くわらぶとん.

草浆 cǎojiāng 麦わらで造った製紙用パルプ.

草芥 cǎojiè 雑草や小さな草.〈喩〉価値のないもの.卑しいもの.〔看人简直地如同～似的人をまるで草くずのように軽く見る.

草就 cǎojiù 草稿のでき上がり(上がる)

草驹 cǎojū 生まれたての若馬.

草决明 cǎojuémíng →〔青 qīng 箱〕

草寇 cǎokòu ⇒〔草贼〕

草库伦 cǎokùlún (蒙古で)囲いを設けた草地.牧場

草兰 cǎolán [植]シュンラン(春蘭)

草笠 cǎolì わらや草で編んだ笠(鋳).すげがさ.

草帘(子) cǎolián(zi) 藁簾(鬨纂).(藁で編んだ)こも:保温のため温室などに掛ける.

草料 cǎoliào まぐさ.飼い葉.

草蛉 cǎolíng →〔草(蜻)蛉〕

草龙胆 cǎolóngdǎn →〔龙胆〕

草庐 cǎolú →〔草堂〕

草鹭 cǎolù =〔花 huā 注子②〕[鸟]ムラサキサギ.

草驴 cǎolǘ [动]雌ロバ:〔骒 kè 驴〕ともいう.↔〔叫 jiào 驴〕

草履 cǎolǚ わらじ.草履.

草履虫 cǎolǚchóng [虫]ゾウリムシ(属)

草绿 cǎolǜ [色]草緑の

草马 cǎomǎ ①⇒〔母 mǔ 马〕②まだ訓練を受けてない馬.③藁(ぢ)馬:草を編んで作った馬.

草码 cǎomǎ =〔苏 sū 州码字〕

草莽 cǎomǎng 〈文〉①草原.広野原.②草むら.③(官に対して)野.在野間.〔草莽曰--之臣②〕(孟子・万章)野にある者草莽(鑓)の臣という.=〔草茅〕

草茅 cǎomáo =〔草野〕〔草泽①〕〔茅草〕②〈文〉野(の人).官途についていない人.〔草泽英雄〕民間の英雄.=〔草莽③〕

草帽缏 cǎomàobiàn 麦藁真田(鋴鯛).麦稈真田.=〔草帽辫〕とも書く.

草帽(儿) cǎomào(r) 麦藁(ぢ)帽(子).草で編んだ帽子.=〔草织帽〕

草莓 cǎoméi イチゴ(総称):〔方〕草果②〕〔方〕杨 yáng 梅②〕ともいう.〔凤梨～〕オランダイチゴ.〔～酱 jiàng〕[食]イチゴジャム.

草煤 cǎoméi ⇒〔草炭〕

草昧 cǎomèi 〈文〉天地未開の時の混沌(鍔)たるさ

cǎo / 草

ま.〔~初开之时〕初めのまだよく開けていないころ.

草棉 cǎomián 植草本(㉓)の綿(㊚)の意.〔非fēi 洲棉〕(小 xiǎo 棉)ともいう.→〔木 mù 棉〕

草民 cǎomín（微贱の）平民.庶民.一般の人.民(㊚)草.〔一介 jiè ~〕とるに足らぬ庶民.

草茉莉 cǎomò·li ⇒〔紫 zǐ 茉莉〕

草木 cǎomù 草木.〔~之人〕〈文〉とるに足らない人.

草木灰 cǎomùhuī 草木を焼いてできた灰.草木灰:肥料にする.

草木皆兵 cǎomù jiēbīng〔成〕つまらぬことにもびくびくすること:六朝のころ,苻堅が晋を攻めた時,八公山の草や木がみな敵兵のように見えてびくびくしたという故事による.

草木犀 cǎomùxī 植シナガワハギ(品川萩)(エビラハギ)マメ科の草.乾けば芳香を発する.全体を緑肥また家畜の飼料とする.

草拟 cǎonǐ 草稿を書く.(未定の)計画を考える.〔在—五年计划的过程中〕5か年計画起草の過程において.

草爬子 cǎopázi 虫マダニ.→〔蜱 pí〕

草棚 cǎopéng〔草篷〕とも書く.わらぶき小屋.→〔草房〕

草皮 cǎopí 芝生.〔剪 jiǎn ~〕芝生を刈る.②芝生を作るため芝を土つきのまま方形に掘りとったもの.

草坪 cǎopíng ①草原.②芝生.〔~修 xiū 剪机〕芝刈り機.

草圃 cǎopǔ 芝の圃(は)場.→〔结 jié 缕草〕

草契 cǎoqì ⇒〔白 bái 契〕

草签 cǎoqiān 仮調印する.〔~协定〕協定に仮調印する.

草(蜻)蛉 cǎo(qīng)líng 虫クサカゲロウ(総称):身体・羽の脈がきれいな緑色.これが樹皮下に産む卵を〔优 yōu 昙华②〕ともいい,迷信で珍重される.〔蛴yá 虫〕(アリマキ)の天敵で〔蛟蛉〕ともいう.

草裙舞 cǎoqúnwǔ フラダンス.ハワイアンダンス.

草人 cǎorén 藁(㊚)人形.案山子(㊝).〔稻 dào 草人〕に同じ.

草珊瑚 cǎoshānhú 植センリョウ.

草上飞 cǎoshàngfēi ①旧河川で使う小型早船.〔即命大公子叫了一个ヽ,同箫伯泉到扬州去〕(儒23)そこでご長男に申しつけて川用の小舟を呼ぶ,箫伯泉と一緒に揚州に行かせた.②〈方〉毒蛇の一種.

草上霜 cǎoshàngshuāng 羊皮の一種:皮に近いところは灰黒色で毛先は白くて珠のように巻いており,貴重なものとされている.

草绳 cǎoshéng ＝〔<方〉草索〕藁繩(㊚)

草食 cǎoshí 草食.〔~动物〕動草食動物.

草石蚕 cǎoshícán ⇒〔甘 gān 露子〕

草市 cǎoshì〈文〉村の市場(㊚)

草书 cǎoshū ＝〔草体①〕〔草字①〕草書:いわゆる草書体で,初期の漢・魏のころは字と字の間を続け書きにすることがなく〔章 zhāng 草〕と呼ばれ,晋以後の続け書きの加わったものを〔今 jīn 草〕といい,一般には後者を指していう.〔字解⑧〕

草树胶 cǎoshùjiāo 化アクロイドゴム.

草率 cǎoshuài 粗雑であって,そそっかしい(く).〔为什么国务院批改革方案—地批准公布了〕なぜに国務院が改革方案を倉卒に批准公布してしまったのか.〔他做事老这么~〕彼のやることはいつもこんなにそそっかしい.〔~收兵〕〈喩〉おざなりにけりをつける.いいかげんにすます.

草酸 cǎosuān ＝〔乙 yǐ 二酸〕化シュウ酸.〔~铵〕シュウ酸アンモニア.〔酸⑤〕

草索 cǎosuǒ ⇒〔草绳〕

草台班子 cǎotái bānzi 常設の小屋を持たない地方回りの劇団.どさ回り劇団.〈転〉かき集めの集団.

草滩 cǎotān 湿原.河辺の草地.

草炭 cǎotàn（水草や藻類が変成した）泥炭.〔草煤〕ともいう.〔泥 ní 炭〕

草堂 cǎotáng〈文〉①草ぶきの家.②隠居宅.〔庐lú 山~〕白居易が隠居した家の名.

草塘 cǎotáng 草の生えている土手.

草藤 cǎoténg ⇒〔巢 cháo 菜〕

草体 cǎotǐ ①＝〔草书〕②（アルファベットの）筆記体(字).〔草写〕に同じ.

草田 cǎotián 荒地.未開墾の土地.〔~轮作〕牧草と作物の輪作.

草头 cǎotóu ①⇒〔苜 mù 蓿①〕 ②⇒〔草字头(儿)〕 ③⇒〔草头王〕

草头儿 cǎotóur ⇒〔草字头(儿)〕

草头露 cǎotóulù〈文〉草葉の露:長続きしない,はかないもの.〔富贵何如~〕(杜甫詩)富貴はなんぞ草葉の露に如(し)かん(草葉の露よりなおはかない)

草头王 cǎotóuwáng〔盗贼の頭〕＝〔草头③〕〔草头大王 dàiwang〕ともいう.→〔草贼〕

草图 cǎotú 略図.見取図.〔~纸〕スケッチ用紙.

草窝 cǎowō ワラ葺き小屋.ボロ屋.〔~草〕同前の屋根にふく稲わら・葦など.

草窝焖笼 cǎowō mènlóng =〔焐 wù 窠〕

草乌 cǎowū 植トリカブトの一種:薬用する.〔北 běi 草乌〕ともいう.〔毛 máo 茛〕

草屋 cǎowū ＝〔草房〕

草席 cǎoxí ござ.むしろ.〔龙 lóng 须~〕繭(¨)で作ったござ.〔台湾~〕台湾ござ.

草虾 cǎoxiā〔米 mǐ 虾〕

草酰 cǎoxiān 化オクサリル.〔~基 ji〕オクサリル基.→〔酰〕

草鞋 cǎoxié わらじ.ぞうり.〔三耳~〕同前.〔打~〕わらじ(ぞうり)を作る.〔~亲 qīn〕〈方〉貧乏な親戚.

草鞋底 cǎoxiédǐ ⇒〔钱 qiàn 串子④〕

草写 cǎoxiě（アルファベットの）筆記体(字).〔草体②〕に同じ.

草行 cǎoxíng〈文〉草をふみわけて行く.〔~露宿〕〈成〉草をふみわけて進み野宿する.

草样 cǎoyàng ラフスケッチ.デザインの粗描き.

草妖 cǎoyāo 草木の妖怪変化という.

草窖 cǎoyào 新や草を入れたり,家畜を飼ったりするほら穴.

草药 cǎoyào 中医〔植物を原料にした〕生薬(㊓)〔中~〕同前.〔~饮料〕生薬入り飲料.

草野 cǎoyě ⇒〔草莽〕

草业 cǎoyè 芝や牧草を植える事業.

草鱼 cǎoyú 魚貝ソウギョ(草魚):体長2メートルにも達する鯉に似た大きな川魚.〔鲩 huàn〕は学名.→〔四 sì 大家鱼〕

草原 cǎoyuán ①草原.草はら.②地ステップ:木のない草原地帯.〔吉尔吉斯~〕キルギス草原.

草约 cǎoyuē 条约・議定書の草案.正式の条約調印の前に作る草案.→〔草签〕

草泽 cǎozé ①⇒〔草茅〕②〈文〉沢.沢地.〔深山~山奥の沢地〕.

草贼 cǎozéi =〔草寇〕〈文〉山賊.野盗.

草札 cǎozhá〔牘・弊牘〕(わたくしがしあげた書簡)

草纸 cǎozhǐ わら紙.〔坑 kēng 边纸〕

草蛭 cǎozhì〔山 shān 蛭〕動ヤマビル(山蛭)

草质茎 cǎozhìjīng →〔草本①〕

草螽 cǎozhōng =〔草虫①〕〔〈口〉织 zhī 布娘〕虫ウスイロササキリ.〔螽斯〕

草猪 cǎozhū〔母 mǔ 猪〕

草珠儿 cǎozhūr ⇒〔薏 yì 苡〕
草酌 cǎozhuó〈文〉ありあわせの肴(さかな)で(酒を)飲むこと.
草子(儿)cǎozǐ(r)〔草籽(儿)〕とも書く.草の種子.
草字 cǎozì ①⇒〔草书〕 ②⇒〔小 xiǎo 字②〕
草字头(儿)cǎozìtóu(r)〔草头(儿)〕漢字かんむり:漢字部首の"艹,艹"."〔艹 niàn 草头(儿)〕ともいった.〔大 dà 卄(儿)〕;付録1

〔**懆**〕cǎo〔~~〕〈文〉心配で落ち着かないさま.

〔**肏**〕cào〔口〕(男性が)性交する:〔操 cāo〕ともいった.〔~你妈！〕ごく下等な罵り言葉.〔~他妈的祖宗十八代！〕前例どおりさらにひどい罵り言葉:親等をさかのぼるほど罵る程度が強くなる.
→〔日 rì ⑦〕

肏蛋 càodàn〈口〉①どじをふむ.②だめになる.〔那件事~了〕あの件はだめになった.③〈罵〉ばか！まぬけ！

ce ㄘㄜ

〔**册(冊)**〕cè ① 冊.冊子.とじ本.〔装 zhuāng 订成~〕とじ本にする.〔户 hù 口~〕戸籍台帳.〔纪 jì 念~〕記念アルバム.②旧皇帝が皇后を立てたり爵位を授けたりすること.→〔册立〕 ③量詞.冊子や帳面を数える.〔全书共四①/全巻 4 冊.→〔本 běn ⑫〕
册次 cècì 冊数の順序.
册封 cèfēng →〔册立〕
册府 cèfǔ〈文〉帝王の書庫.
册礼 cèlǐ 〔固〔册立〕〔册封〕を行う儀式.
册立 cèlì 旧皇帝が皇后·太子を立てることを〔册立〕,皇貴妃·貴妃·親王·親王世子·郡王·郡王太子·贝勒·贝子·公主·福晋·夫人·郡主·县主·郡君·县君を封ずることを〔册封〕といい,これらの命令を〔册命〕,その際に賜わる詔書を〔册书〕という.
册命 cèmìng →〔册立〕
册书 cèshū →〔册立〕
册页 cèyè〔册叶〕とも書く.書·画を 1 枚ずつ表装したものを 1 冊にしたもの.
册正 cèzhèng〈白〉妾が本妻になる:〔扶 fú 正①〕に同じ.
册子 cèzi 冊子.とじ本.〔小 xiǎo ~〕パンフ(レット).→〔本 běn 子①;簿 bù 子〕

〔**厕·厠(廁)**〕cè ①便所.お手洗い.〔公~〕公衆便所.〔男~〕男性用トイレ.〔女~〕女性用トイレ.→〔厕所〕 ②〈文〉加わる.かかわる.参加する.
厕身 cèshēn〈文〉身をおく.参与する:〔侧身③〕に同じ.
厕所 cèsuǒ〔便 biàn 所(儿)〕便所:〔白〕东 dōng 厕.〔方〕茅 máo 厕.〔方〕茅房.〔公 gōng 共~〕〔公厕〕公衆便所:〔官 guān 茅房〕官中厕(儿)とは旧称.〔男女(用)便所,御婦人用.〔男~〕〔男厕〕男性(用)便所.殿方(ど)用.
厕足 cèzú〈文〉身をおく.加わる.かかわりを持つ:〔侧足①〕に同じ.〔由 qǔ 艺界〕謡いもの芸能の世界に身をおく.〔~其间〕その仲間に加わる.〔下届将~甲組之列〕次回には A クラスの仲間入りをすることになろう.

〔**侧·側**〕cè ①かたわら.そば.がわ.〔两~〕両側.〔右 yòu ~〕右側.〔后~〕斜めうしろ.→〔旁 páng ①〕 ②重 zhòng 心が片方に重んずる.〔~头 tóu〕わきを向く.③傾ける.斜めにする.〔~着身子〕体を斜めにして.〔~耳朵听〕耳を傾けて聞く.〔~翻 fān〕横倒しになる.横転する.→ zè zhāi

侧柏 cèbǎi →〔柏①〕
侧扁 cèbiǎn〔侧扁扁(ss)〕:フナや鯛のように背部から腹部までの幅が左右両側の間の幅より大きいもの.
侧不楞 cèbulēng〔方〕思わぬ目に遭う.〔被人挂guà了个~,差点儿跌倒了〕人にひっかけられて思わずつんのめり,危うく倒れるところだった.
侧刀儿 cèdāor =〔立 lì 刀(儿)〕
侧耳 cè'ěr〈文〉耳をそばだてる.耳をそばだてて聞く.〔~听〕〔~而听〕同前.圓ヒラタケ:ヒラタケ科のきのこ.
侧根 cègēn =〔支 zhī 根〕圓側根:主根より生ずる根枝.
侧航 cèháng クラビング:機首や船首を横風を受け方向に向けて航行すること.
侧击 cèjī 側面から攻撃する.
侧记 cèjì ある活動に対する側面からの記述:多く新聞報道の標題八に用いられる.
侧金盏花 cèjīnzhǎnhuā =〔献 xiàn 岁 菊〕〔雪 xuě 莲②〕圓フクジュソウ:全草が漢方薬の材料とされる.
侧近 cèjìn 附近.近く.
侧理纸 cèlǐzhǐ =〔海 hǎi 苔②〕〔苔 tái 纸〕〔陟 zhì 厘②〕あおりなどを原料として作った紙:筋目がそろっていない.
侧力 cèlì 横向きの力.
侧脸 cèliǎn 横額.側面.
侧媚 cèmèi〈文〉正しくないことまでして人に媚(こ)びへつらう.
侧门 cèmén〔正門脇の〕通用門.→〔便 biàn 门〕
侧面 cèmiàn 側面.〔~图儿〕〔侧视图〕側面図.→〔正 zhèng 面〕
侧面刃铣刀 cèmiànrèn xǐdāo 機サイドカッター.
侧目 cèmù〈文〉横目をつかって見る.〔~而视〕横目で見る:恐れまたは怒りの情を表す.
侧身 cèshēn ①体を横にする.〔~而卧 wò〕体を横にして寝る.②〈文〉不自由な思いをする.おそるおそる…する.〔~修身〕つつしんで修養する.③⇒〔厕身〕
侧蚀力 cèshílì 地河流が両岸を浸食する力.
侧视图 cèshìtú 側面図:〔侧面图〕ともいう.
侧室 cèshì ①⇒〔妾 qiè ①〕②〈文〉妾腹の子.③母屋の中心の脇にある部屋.
侧手翻 cèshǒufān 囚〔体操の〕側転.
侧听 cètīng ①〔傍からのことに〕聞き耳をたてる.②〔敬意を持って〕耳を傾けて聞く.→〔侧耳〕
侧卫 cèwèi 軍側面防衛.
侧卧 cèwò〈文〉横になる.横臥する.
侧线 cèxiàn 動側線:魚体の両外側面に見られる一本の線.神経の集まったところといわれる.
侧厢 cèxiāng ①〔広間(あるいは本堂)の〕脇にある部屋.②〔四合院〕で東西にある脇の部屋.
侧行 cèxíng〈文〉①敬意を表すために体を斜めにして歩く.②不正な行い.邪悪な行為.
侧旋 cèxuán 囚〔卓球の〕サイドスピン.
侧压力 cèyālì ①地側圧:地殻運動の際,地層中に生れた水平方向の力.②〔旁 páng 压力②〕側圧:流体のよれを入れる物体の内部の側面に作用する圧力.
侧芽 cèyá 圓わき芽:〔腋 yè 芽〕に同じ.
侧翼 cèyì 軍(部隊·艦隊の)側面陣営.(左右の)翼.
侧影 cèyǐng プロフィール.シルエット.側面像.
侧泳 cèyǒng 囚(水泳の)横泳ぎ.伸(の)し:〔侧体游

泳]の略.→[游 yóu 泳]
侧证 cèzhèng 傍証(する)
侧枝 cèzhī 圓わき枝.
侧重 cèzhòng 一方に重点を置く.〔~点〕重点箇所.〔~练 liàn 习〕気力の練磨に重点を置く.
侧子 cèzi ⇒[乌 wū 头]
侧足 cèzú 〈文〉①かしこまって膝をかがめる.身をすくめる.②身をおく.〔厕足〕に同じ.

〔測・测〕cè ①測る.推し量る.〔人心难~〕〈成〉人の心は推し量りがたい.〔深不可~〕その深さこと測るべからず.〔推 tuī~〕〔猜 cāi~〕(当て)推量(する).②測量する.測定する.〔~产 chǎn〕生産量を見積もる.〔~年〕年代を測定する.
测报 cèbào 観測して報告する.〔~错 cuò 情〕誤った観測データーを報告する.〔~站 zhàn〕観測ステーション.
测查 cèchá 検査する.測定する.〔智力~〕知能指数を測定する.
测地卫星 cèdì wèixīng 囚測地衛星.
测电笔 cèdiànbǐ 囝テストペンシル.
测定 cèdìng 測定(する)
测度 cèduó 〈文〉推察する.推し量る.
测风气球 cèfēng qìqiú 囚測風気球.パイロットバルーン.
测杆 cègān 囝[标 biāo 杆①]
测高仪 cègāoyí 高度計.
测估 cègū 推計する.見積もる.
测光 cèguāng 測光する.〔~表〕〔曝 bào 光表〕露出計.
测规 cèguī ①[量 liáng 规]〔验 yàn 规〕〔样 yàng 板②〕囝.計器.計器測器.〔工作~〕ワーキングゲージ.〔检验~〕検査用ゲージ.〔校 jiào 对~〕点検ゲージ.→[规①]
测候 cèhòu 気象観測(する).天体観測(する)
测厚仪 cèhòuyí 囝厚度計.
测谎仪 cèhuǎngyí うそ発見器.ポリグラフ;〔測谎器 qì〕ともいう.
测绘 cèhuì 測量(して)製図(する).測図(する):〔测画 huà〕ともいう.〔进行了摄影~工作〕撮影製図作業を行った.〔~院〕側図院.
测检 cèjiǎn 検査する.測定する.
测角器 cèjiǎoqì 囝測角器;結晶体の面の角度を測る器械.
测井 cèjǐng 油井の探査・記録.
测酒器 cèjiǔqì 〔飲酒〕アルコール検知器.
测距 cèjù 距離を計測する.〔~仪〕距離計.レンジファインダー.
测勘 cèkān 測量(する).調査測定(する).〔~路线〕線路を実測する.
测控 cèkòng 観測制御する.〔卫星~中心〕人工衛星観測制御センター.
测脸 cèliǎn 〈文〉思料する.推し量る.→[测度]
测力计 cèlìjì 囝ダイナモメーター.動力計.
测量 cèliáng 測量(する).〔~学〕測量学.
测路器 cèlùqì 車の走行距離計メーター.
测轮 cèlún ウォーキングメジャー:車輪を転がして距離を測る測定器.
测面仪 cèmiànyí 面積計.測面器.プラニメーター.
测评 cèpíng 計測評定する.点数をつける.
测平仪 cèpíngyí 測平器.
测铅 cèqiān ①囝測鉛:水深を測量する器具.〔~测深器〕②鉛の含有量を測定する.
测色仪 cèsèyí カラーメーター(カラー写真撮影用)
测深器 cèshēnqì 囝測深器.
测试 cèshì テスト(する).試験(する).〔~版]テスト版.
测丝器 cèsīqì 金属線の直径や金属片の厚さを測る器具.
测速 cèsù 速度を測る.〔~器〕速度計測器.スピードガン.
测算 cèsuàn 測って計算する.〔先把需要量~一下〕まず需要量を測って計算してみなさい.
测探 cètàn ①探る.〔~他的心思〕彼のたくらみを探る.②探査する.
测土 cètǔ 土質を調べる.
测微表 cèwēibiǎo ⇒[千 qiān 分尺]
测微径规 cèwēi cèjīngguī 囝マイクロメーターカリパー.→[卡 kǎ 钳]
测微计 cèwēijì ⇒[千 qiān 分尺]
测悟 cèwù 感じとる.わかってくる.〔慢慢地,他~出来,事情恐怕不能就这么简单〕事は多分それほど簡単ではないだろうと彼はしだいにわかってきた.
测向计 cèxiàngjì 角度計.ゴニオメーター.
测向器 cèxiàngqì 方向探知器.
斜料仪 cèxiéyí 傾斜計.インクリノメーター.
测压器 cèyāqì 圧力計.マノメーター.
测验 cèyàn ①〔器材を用いて〕測定する.②〔学力や能力を〕試験(する).テスト(する).〔智 zhì 力~〕知能テスト.〔常识~〕常識テスト.〔定期性~〕定期的テスト.
测音器 cèyīnqì 測音器.フォノメーター.
测震 cèzhèn 地震を観測する.〔~学〕地震観測学.
测字 cèzì =[拆 chāi 字①].〈文〉破 pò 字②〕〔〈文〉心 xīn 印①〕文字を偏旁冠脚などに分解し,その意味によって事の吉凶を見る占いの一種.〔~的〕〔~先生〕文字判断の占い師.→[算 suàn 命]〔相 xiàng 面]

〔恻・恻〕cè 〈文〉悲しむ.(同情して)心を痛める.〔心~〕〔凄 qī~〕凄凄~〕同能.
恻然 cèrán 〈文〉悲しみ心を痛めるさま.〔~不忍〕哀れみの情に忍びない.
恻隐 cèyǐn 〈文〉同情して哀れむ.〔~之心人皆有之〕恻隠(??)の情は人みなもっている.〔忽然发了~〕急に哀れみの心が起きた.

〔策(筞・筴)〕cè（I）①〈文〉策くための竹片.〔简~〕書籍.〔史 shǐ~〕囹史書.→[简册]③囹科学における一種の文体:問答形式で多く政治・経済を論ずる.→[策论]〔策问〕③囹計算道具の一:形は[筹 chóu]に似る.④策(を立てる).計略(をなす).〔计 jì~〕同前.〔政 zhèng~〕政策.〔良 liáng~〕良策.〔上 shàng~〕上策.うまいはかりごと.〔为 wèi 何出此下~〕何ゆえにかかるまずい策に出たのであるか.〔群 qún~群力〕〈成〉大勢で知恵を集め力を合わせる.⑤〈文〉風や木の葉のサラサラいう音を表す.〔秋风落叶,~~〕〔有声〕秋風に落葉がサラサラと音を立てている.⑥〈姓〉策(さ)
（II）〈文〉①鞭(む)(をあてる).〔鞭 biān~]同前.〔执 zhí~〕乗馬して出陣する.②杖(にすがる).③督励(する).→[筴 jiā]
策动 cèdòng 策動(する).〔这个事情是谁在背后~的〕この事件にはだれか背後で策動しているものがある.
策反 cèfǎn 〔敵方に潜り込み〕謀反を起こさせる.
策府 cèfǔ ⇒[册府]
策划 cèhuà 画策(する).計画(する).〔~人〕立案者.プランナー.
策励 cèlì 〈文〉鞭打ち励ます.
策略 cèlüè ①策略が巧みである.②はかりごと.戦

術.〔统一战线的〜和关门主义的〜〕統一戦線の戦術とセクト主義の戦術.
策论 cèlùn 科挙(官吏登用ан試験)の際に課せられた政策を論じる"対策"と"議論文":清末に試験課目に加えられた.またそれらに用いられた文を〔策文〕という.→〔策问〕
策马 cèmǎ 馬に鞭打ち前進する.〔哲学、社会科学〜争先〕哲学・社会科学が大いに躍進する.
策勉 cèmiǎn 励む.勉励する.
策骑 cèqí 〈文〉乗馬する.
策士 cèshì 旧策士:君主に天下経営の法を売り込む者.
策文 cèwén →〔策论〕
策问 cèwèn 経義や政策について出題して解答あるいは論文を作成させること.→〔策论〕
策线 cèxiàn 軍駐屯地と前線の間の要路.
策应 cèyìng 軍策応(する)
策源地 cèyuándì (戦争や社会運動などの)策源地.〔北京是五四运动的〜〕北京は五四運動の策源地だ.
策杖 cèzhàng 〈文〉杖にすがる:〔杖策〕に同じ.

〔**箣**〕 cè
箣竹 cèzhú ⇒〔筯 lè 竹〕

cei ちへ

〔**瓩**〕 cèi 〔方〕(磁器・ガラスなどを)割る.〔那么漂亮的茶杯叫他给〜了〕あんなに立派な湯呑みを彼に割られてしまった.

cen ちㄣ

〔**参・參**(**叄**)〕 cēn → cān shēn
参差 cēncī 長短高低など出入りがあってふぞろいなこと.〔〜不齐qí〕慣同前.
参错 cēncuò 〈文〉①入り混じってふぞろいである.②脱落している.〔传 zhuàn 注〜〕注解に脱落がある.

〔**岑**〕 cén ①〈文〉峰.小さくて高い山.②〈文〉切りたった岸.③〈姓〉岑(しん)
岑岑 céncén 〈文〉ふくれて痛むさま.
岑寂 cénjì 〈文〉寂しく静まりかえっている.

〔**涔**〕 cén ①〈文〉水溜まり.②〈文〉水がしたたるさま.涙のこぼれるさま.→〔涔涔〕③大雨(で水がつく)
涔涔 céncén ①〈文〉雨の多いさま.水があふれるさま.②血・涙・汗などのさかんに流れるさま.〔泪 lèi 〜下〕涙がぼろぼろこぼれる.〔一张汗〜的脸〕汗だらけの顔.③腫れて痛み苦しむさま.④空が曇って暗いさま.
涔旱 cénhàn 〈文〉洪水と早魃(はつ)
涔水 cénshuǐ 〈文〉溜まり水.
涔蹄 céntí 〈文〉馬のひづめのあとの溜まり水.〈喩〉水のわずかであること.
涔云 cényún 〈文〉雨雲.

ceng ちㄥ

〔**噌**〕 cēng ①〈擬〉サーッ.ぐんぐん.物がこすれたり、擦早く動く音.〔〜的一声、火柴划着了〕パッと擦ってマッチに火がついた.〔在木头上锯jù 得〜〜地响〕材木を鋸(で)く音がザーッとしている.②连着下了两场雨,麦子〜〜地往上长〕続けて2度も雨があったので麦がずんずん伸びている.②〔方〕しかる.〔〜人〕人をしかる.〔〜了他一顿〕彼をしかった.〔挨 ái 了一~〕しかられた.③〈方〉仲たがいする.〔他们俩人说〜了〕彼ら二人はけんか別れをした. → chēng

〔**层・層**〕 céng ①重なる.いくつもいくつもある.→〔层叠〕②層(をなしているものの一つの層).级.段.階.〔阶 jiē 〜〕階層.〔青年〜〕青年層.②量詞.③重なりの数を表す.〔三〜楼〕3階建て.〔底〜〕(ビルの)1階.〔一〜一〜地包了好几〜〕一重すつ幾重にも包んだ.〔一〜比一〜深〕一重一重とだんだん深くなる.→〔楼lóu②〕⑤事柄・道理などの一種または一段階.〔还有一〜…〕もう一つのことは….⑤物体の表面から剥離、または取り除かれる層を数える.〔一〜薄膜〕1枚の薄い膜.〔擦掉桌上的一〜〜灰尘〕机にたまったほこりを拭き取る.④〈姓〉層(そう)
层板 céngbǎn (プラスチック・金属・板などの)積層合板.→〔胶jiāo 合板〕
层报 céngbào 下級から順次上級へ報告する.〔层层汇报〕同前.
层层 céngcéng 幾重にも.十重二十重にも.〔〜加码〕幾重にも(負担を)上乗せする.〔〜设防〕幾重にも駐兵防備する.
层层包干(儿) céngcéng bāogàn(r) 段階請負:企画・工程・末端作業単位を段階的に請け負うこと.→〔全 quán 面包干〕
层出不穷 céngchū bùqióng 〈成〉次から次へ尽きることがない.〔相关报道〜的〕関連する新聞記事は尽きることがない.
层出叠见 céngchū diéxiàn ⇒〔层见叠出〕
层次 céngcì ①重なりの順序.その数々.〔这样做不但可以减〜、而且可以提绦各个部的领导力量〕このようにすることによって手数を減少させることができるのみでなく、各部の指導力を増強することができる.②段階.段落.〔减少〜、精简人员〕機構を簡素化し、人員を減らす.〔文章的〜〕文章の段落.③レベル.層.〔他们〜很低〕彼らはレベルが低い.〔高〜领导人〕ハイレベルの指導者.
层次重叠 céngcì chóngdié 幾層にも重なっている.
层次分明 céngcì fēnmíng 層の順序がはっきりしている.
层叠 céngdié 重なり合う.〔这〜的手续能否简化一下儿〕この重なり合った(煩雑な)手続きは簡素にするわけにはいきません.〔层层叠叠〕〈喩〉幾重にも重なりあっているさま.
层高 cénggāo 量各階層の高さ.
层级 céngjí 階級.等級.レベル.
层澜 cénglán 〈文〉重なり合った大波.
层累 cénglěi 積み重なる.〔问题层层累累,不是马上就能解决的〕問題が山積してすぐには解決できることではない.
层理 cénglǐ 地成層.層理.
层林 cénglín 木々が生い茂った林.
层流 céngliú 地層流:流体の中で構成要素が交じり合わずに整然と動いている流れ.
层峦叠嶂 céngluán diézhàng 〈喩〉山の重なりあっているさま.山岳重畳(ちょう)
层面 céngmiàn ①一つの層の広がり.他の層との境界面.②面.方面.分野.③(ある種類・レベル・部門などの)範囲.
层见叠出 céngxiàn diéchū =〔层出叠见〕次から次へと現れる、連続して出るさま.
层压 céngyā 地積層.ラミネーション:〔层合〕ともい

う.〔～板〕積層木材.〔～模塑法〕〔层塑法〕積層成形.〔层(压木)板〕〔胶 jiāo 合板〕合板.ベニヤ合板.〔～玻璃〕合わせガラス.〔～树脂〕積層樹脂.〔～制件〕積層品.積層物.

层云 céngyún ⚡ 層雲.
层粘结板 céngzhān zhǐbǎn 合わせ厚紙.
层子 céngzǐ 物 ストラトン.〔～论〕ストラティズム.

〖**曾**〗 céng かつて.以前に.〔不～听见过这种～〕聞いたことがない.〔对此现象未～注意〕この现象についてはいまだかつて気をつけたことがない.〔他因工作积极,～被本厂评为模范〕彼は仕事が積極的なので,当工場から模範として賞されたことがある.→ zēng

曾几何时 céngjǐhéshí いくばくもなく.〔～,这些宣传家的预言完全落空了〕いくばくもなく,これら宣伝屋の予言はすっかりはずれてしまった.
曾经 céngjīng かつて.〔他～当过一任中央委员〕彼は中央委員を一期務めたことがある.→〖业 yè 经〗〖已 yǐ 经〗
曾经沧海 céngjīng cānghǎi〔成〕かつて七つの海を航海したことがある:重大なことを体験した.世を見る目が大きい.〔～难为水〕天国も地獄も見たので日常のことはものともしない.
曾用名 céngyòngmíng 以前使っていたが現在は使っていない名前.

〖**嶒**〗 céng〈文〉高く険しいさま.→〖崚 léng 嶒〗

〖**蹭**〗 cèng ①(無意識に)こする.〔手上～破了一块皮〕手の皮をすりむいた.②こすって汚す.(こちらが)汚れる.さわって汚れが(こちらに)付く.〔写的字还没干,留神～了〕墨がまだ乾いていないからこすらないように気をつけなさい.〔留神～油〕ペンキ塗りたて注意.〔孩子～了一身泥〕子供がどろんこになっている.③足をひきずって歩く.〔一步三～〕足をずるずるひきずって歩くさま.〔双脚一地〕摺(す)り足をして走る(歩く).④〈口〉(ただで)得をする.〔～些吃的,喝的〕ただで飲んだり食ったりする.〔坐～车〕ただ乗りする.〔～烟 yān〕タバコをただでせしめる.〔～课 kè〕(大学で)もぐり聴講する.⑤ぐずぐずする.〔他还在道上一步一步地～呢〕彼はまだ中途でぐずぐずしている.〔～到现在才发表〕ぐずぐずしていて今ごろやっと発表する.〔做事老磨～〕仕事をいつもぐずぐずやっている.

蹭蹬 cèngdèng〈文〉つまずく.失敗する.失意をいだく.〔半生～解放后始得用其所学〕半生失意の中にあったが,解放後初めてその学問が役に立った.
蹭冷子 cènglěngzi〈方〉①仕事を故意にぐずぐずし遅らす.〔你不愿意做尽管明说,别跟我这么～〕やりたくないならそうとはっきり言いなさい,わざとぐずぐずしていては困る.②言うことを聞かないで反発する.〔一说话,他就～,结果办不成事反倒惹气〕話を始めると,彼はすぐに反対してくるのでまた運ばないようにに,むしゃくしゃしている.
蹭脑袋 cèngnǎodai〈方〉いやだと首をふる.〔你一听说,不用就～,尽管办不要紧〕聞いたからってすぐやれそうな顔をしなさるな,思いきってやるさ,大丈夫だよ.
蹭戏 cèngrxì〈方〉(劇や興行の)ただ見.〔听 tīng～〕芝居のただ見をする.
蹭伤 cèngshāng すり傷を負う.
蹭鞋垫 cèngxiédiàn 部屋の入口におく土落とし.

cha   ㄔㄚ

〖**叉**〗 chā ①先端がわかれて股になったもの.〔刀～〕ナイフとフォーク.〔三齿～〕3本歯のフォーク.〔两脚～〕2本歯のフォーク.〔渔 yú～〕(魚をつく)もり.〔钢～〕鉄製のさすまた:武器の種類.②(フォーク・やすなどで)物をつき刺す(して取る).〔～鱼〕やすで魚をつく.〔～起一片黄瓜〕きゅうりの一切れをさす.③〔-儿〕×印.ばっ点:誤り・不可などを表す符号;また人名などの省略を示すこともある.〔李××〕李なにがし.〔某 mǒu〕とよむ場合もある.〔打～〕さしちがう.→〖钩 gōu ②〗〖圈 quān③〗 ④両腕を組む.→ chá chǎ chà

叉巴 chāba〈方〉開く.広げる.〔朱老忠瞪着两只眼睛,～着腿儿站起来〕(梁·红18)朱老忠は両の目を見開き,足を広げて立ち上がった.
叉车 chāchē ⚡ フォークリフト:〔插车〕〔铲 chǎn(运)车〕ともいう.
叉兜儿 chādōur ⚡ 中国服の横につけたポケット:あわせや上着の腰の縫い線上に縦につけられたもの.
叉竿 chāgān ①回武器の一種.さすまた. ②(物干し用の)先端が股になった竿.
叉杆(儿) chāgǎn(r) ①回妓楼の主人.また,売春婦の"ひも"(情夫).揚帽花竿〖权杆儿〗とも書いた.②バック.保護者.パトロン.〔他是那个人的～〕彼はあいつの後ろ盾だ.
叉股子话 chāgǔzihuà 矛盾した,つじつまのあわない話.
叉架 chājià アウトリガー.張り出し支架:機械器具などで横に張り出した部分.〔下部～〕ボトムアウトリガー.〔上部～〕トップアウトリガー.
叉角羚 chājiǎolíng ⚡ アメリカプロングホーン.→〖羚羊〗
叉节 chājié ⚡ ナックルジョイント.
叉麻雀 chāmáquè〈方〉マージャンをやる:ふつう〔打 dǎ 麻将〕という.
叉儿 chār ①×印.ばっ点.②→〖扑 pū 克〗
叉烧(肉) chāshāo(ròu) 食チャーシュー.焼き豚:広州の名物食品.
叉手 chāshǒu ①両腕を組む.②⇒〖拱 gǒng 手〗
叉丝 chāsī 物(望遠鏡の)クロスヘア.照準を合わせ十字の線.
叉牙 chāyá ①欠けてそろわない歯. ②分かれて整わないさま.
叉腰 chāyāo 手を腰にあてる:両手を腰の両側につけて腰をはさむようにして臂(ひ)を張ること.〔他两手叉着腰,气势汹汹〕彼は両手を腰にあて,すさまじい剣幕であった.
叉子 chāzi ①(洋食用の)フォーク.〔小～〕菓子用フォーク.→〖餐 cān 刀〗 ②農業用フォーク:収穫用または堆肥などを扱う時に使う.③女性の頭にさすピンの一種.④自転車の(車輪を支える)ホーク:〔前叉〕(前ホーク),後輪を〖立叉〗(後ホーク)という.

〖**扠(扨)**〗 chā(物を)つき刺す:〖叉②〗に同じ.→ zhā

〖**杈**〗 chā ①さすまた.フォーク.薬(㕷)や刈草を扱う農具.→〖叉①〗 ②〈文〉枝がはり伸びているさま.〔古木～桠 yá〕古木が枝をはり茂っているさま.〔鹿角～桠〕しかの角が枝になり伸びているさま.③〈姓〉杈(ちゃ).→ chà

〖**差(差)**〗 chā ①差がある.違う. ②誤り(がある).間違い.〔过～〕同前. ③ 數差.〔八与五之～是三〕8と5の差は3であ

る. ④事物間の差.〔时~〕時差.〔剪 jiǎn 刀~〕鋏状価格差. → chà chāi chài cī

差别 chābié 違い.隔たり.区別.〔城乡生活水平的~,越来越缩小了〕都会と農村の生活の格差はいよいよ小さくなった.

差池 chāchí 間違い.意外なこと:〔差迟〕とも書く.〔要有~,那还了 liǎo 得〕間違いが起こったら大変だ.〔休想到半点儿~〕(元・秋胡戯妻)少しばかりの間違いをとりあげるな. → cíchí

差错 chācuò ①錯誤.事情办得没~〕仕事に間違いはない.〔一差半错的谁没有呢〕わずかの間違いはだれにでもある. ②思いがけないこと;多く災禍についていう.

差点 chādiǎn 〔又〕(ゴルフで)ハンディキャップ.

差动 chādòng 〔機〕差動.〔~螺 luó 母〕差動ナット.〔~滑车〕差動滑車.〔~卷扬机〕差動歯車装置巻取機.

差讹 chā'é 誤り.間違い.〔八亿元的~〕8億元の差額.〔贸易~〕貿易の輸出入間の差額.〔~制〕〔~选举〕定員数を超える候補者のある選挙.多候補制選挙.

差分 chāfēn 〔数〕差分(さぶん).

差价 chājià (同一商品の)価格差.

差距 chājù ひらき.格差.(他人・要求・規準より)劣っているところ.足りないところ.〔离教学大纲的要求,还有一定的~〕学習指導要領の規準までまだ一定の差がある.

差可 chākě 〈文〉ややよろしい.まだいい方だ.

差谬 chāmiù 誤謬(ごびゅう).錯誤.

差强人意 chā qiáng rényì 〈成〉やや意を強くさせる.どうにかよしとされる.だいたい満足できる.

差失 chāshī 間違い.過誤.

差殊 chāshū 隔たり.格差.

差数 chāshù 数の差.違いの数量.

差忒 chātè 〈文〉間違い.

差误 chāwù 誤り.錯誤.

差异 chāyì 差.違い.〔有很大的~〕非常に大きな差がある.〔~化〕差別化.

差之毫厘,失之千里 chā zhī háolí, shī zhī qiānlǐ 〈諺〉初めはほんのわずかな差でも、終わりには千里の(たいへんな)差となる;〔差之毫厘,谬 miù 之千里〕〔差以毫厘,谬以千里〕〔差以毫厘,谬以千里〕〔失之毫里,谬以千里〕ともいう.

差转台 chāzhuǎntái (テレビ・ラジオの)電波中継局.

〔艖(艖)〕 chā 〈文〉小船.

〔插(挿)〕 chā ①(棒状・薄片状のものを)差し挟む.差し込む.〔把花儿~在瓶子里〕花を花瓶に挿す.〔把铁钎子~在地上〕さく岩きねを地面に打ち込む.〔~电 diàn〕〔~上插头〕プラグを差し込む.〔~档 dàng〕走行車線に割り込む. ②中に挟み込む.中に組み入れる.〈文〉こっそり隠しておく.〔我看韩家~的枪,没露面的,有也不多了〕(周·雪·下4)韓家で隠してある銃は表向きにはないのだから、あったにしても多くない.

插班 chābān 編入する.〔~生〕編入生.

插板儿 chābǎnr 商店が戸締りする.閉店する.店をたたむ.〔~上 shàng 板〕

插标 chābiāo 〔旧〕売り物という目印を立てる:藁(わら)や草の茎を挿して売り物であることを示した. →〔草 cǎo 标(儿)〕

插播 chābō 臨時放送・放映(する).スポット放送・放映(する).〔~广告〕スポット広告.

插槽 chācáo 〔電〕スロット.

插册 chācè ⇒〔集 jí 邮册〕

插车 chāchē ①⇒〔叉车〕 ②旧]新婦が乗ってきた車から部屋を通り抜けること. ③〔農〕戸外で家畜を出しあって車をひかせること.

插齿机 chāchǐjī ⇒〔刨 bào 齿床〕

插翅 chāchì 〈文〉翼を身につける:飛べないものが飛びたいと願うこと.〔~难飞〕〔~难进〕〔成〕翼を身につけても飛べない:厳重に監視されて逃れがたいこと.〔~难飞成也〕脱出する可能性を羽が生える.

插床 chāchuáng =〔铡 zhá 床〕〔機〕竪削り盤.スロッター.

插袋 chādài ⇒〔插兜②〕

插戴 chādài 〔旧〕①結納時、男性側から女性側へ贈った装飾用品. ②女性の髪飾り.

插刀 chādāo スロッティングバイト:上下に動かして金属材に穴を開ける刃.

插定 chādìng 〔旧〕婚約の際の結納.〔下~〕同newsletterを納める.〔~定礼〕

插兜 chādōu ①(紙・布製の)状差し.レターラック. ②=〔插袋〕服のポケット:〔衣 yī 兜〕に同じ.

插斗 chādǒu (棒高飛びの)ポールの先端を入れるボックス:〔插穴〕ともいった.

插队 chāduì ①(列に)割りこむ.〔不要~〕列に割りこむな. ②(文革期に)生産隊へ入り労働する.〔~落户〕都市の知識青年が農村に定住すること.

插杠子 chāgàngzi 〈喩〉邪魔だてする.口をはさむ.〔横 héng ~〕横やりを入れる.

插管法 chāguǎnfǎ 〔医〕挿管法.

插关儿 chāguānr 〈方〉戸にさす小さいかんぬき. →〔门 mén 关〕

插红旗 chāhóngqí 〈喩〉マルクス・レーニン主義思想を身につけ、それによって行動する:1950年代末のスローガン.〔~拔 bá 白旗〕

插花 chāhuā ①入り交じる.交ざる.雑多になる.〔这块玉米地里还~着种点豆子〕このもろこし畑には豆をまぜて植えられている. ②花瓶に花をさすこと).生け花(をする).〔~艺术展览〕華道展. ③〈方〉刺繍する:〔绣 xiù 花〕に同じ. ④〔旧〕冠に花を挿す:科挙に合格したものは冠に花を挿して、その栄誉を表した.

插画 chāhuà 挿絵:〔插图〕に同じ.

插话 chāhuà ①口をさし挟む:〔插言〕に同じ.〔插一句话〕差し出口. →〔插嘴〕 ②差し出口.余計なおせっかい. ③挿話.エピソード:〔插曲③〕に同じ.

插换线圈 chāhuàn xiànquān 〔電〕プラグインコイル.

插架 chājià ①(書籍などを)配架する. ②〈文〉壁にかけた棚.

插件 chājiàn 〔電算〕プラグイン(ソフト).アドオン.

插脚 chājiǎo ①足を入れる.立ち入る:多く否定に用いる.〔没有~的地方〕足の踏み場もない. ②かかわりを持つ.一枚噛む:〔插身②〕〔插足②〕に同じ.

插接 chājiē 挿し木する:〔插条〕

插犋 chājù ①〔方〕搿 gé 犋〕数戸の農家が、人力、畜力、農具などを出し合って共同耕作すること.

插科打诨 chākē dǎhùn 〔劇〕(演劇などで)滑稽でさやせりふを入れて観客を笑わせること:〔科〕はしぐさ,〔诨〕は冗談.〔在戏剧中需要~,但过分了,就会庸庸俗俗〕劇にはお笑いも必要だが、しかし度を越すと非常に俗っぽくなってしまう.〔不过是~,取个笑儿〕(梁・红25)ただおもしろおかしく人をちゃかすだけだ.

插孔 chākǒng ⇒〔插口②〕

插空 chākōng 空いた時間を使う.暇をみつける.

插口 chākǒu ①くちばしを入れる.差し出口をする.→〔插嘴〕 ②〔插孔〕差し込み口.ジャック受け.③⇒〔插座①〕

插屏(儿) chāpíng(r) ①卓上用の衝立(ついたて):絵や大理石をはめこんだ置物. ②壁にかける縦に長いガラスをはめた額.

插瓶 chāpíng 花瓶:胴が太く首の細いもの.

插签儿的 chāqiānrde 〔方〕回し者(をおく).スパイ(を入り込ませる)

插曲 chāqǔ ①〔音〕挿入曲:映画・新劇や詩の朗読の中に挟んで,それを引きたてる曲. ②⇒〔间 jiān 奏曲〕 ③〈喩〉エピソード.挿話:〔插话〕〔穿 chuān 插②〕ともいう.

插圈弄套 chāquān nòngtào 〔成〕計略を巡らして人をだまし陥れる.

插入 chārù ①差し込む.〔插头~就可以通电了〕プラグを差し込めば電気が通ります.〔~语〕〔語〕挿入句.〔~键 jiàn〕〔電〕インサートキー. ②加入する.〔他们那团体不许外人~〕彼らの団体はほかの人を入れない.

插入杂交 chārù zájiāo 他地の家畜の優良品種と現地の品種を交配し,生まれた雑種をさらに互いに交配する方法.

插身 chāshēn ①入り込む.身を入れる.〔在教育界~〕教育界に足を踏み入れている. ②ある事に立ち入る.介入する.

插手 chāshǒu 介入する.おせっかいをする.端(はし)から手を出す.〔事情他一个人把住了,我们哪儿有份儿~〕彼が一手に切り回していて,我々の割り込む余地などない.〔中国人的事情,中国人自能解决,决不许别国人~〕中国人のことは中国人みずからが解決する,絶対に他国の干渉を許さない.

插穗 chāsuì ⇒〔插条〕

插梭 chāsuō (銃に装填して弾倉とする)銃弾のケース.

插田薦 chātiánbiāo 〔植〕トックリイチゴ.クマイチゴ.ふくぼんし(覆盆子)

插条 chātiáo 〔插穂〕挿し穂.→〔插接〕

插头 chātóu =〔插销①〕〔插子〕〈方〉扑 pū 落②〕〔-儿〕プラグ.〔~村 chèn 套〕プラグブッシュ.〔~纽 niǔ 线〕プラグコード.

插图 chātú さし絵:〔插画〕に同じ.

插销 chāxiāo ①=〔插头〕〔插座〕 ②金属の挿し込み.止め金:窓などが開かぬよう挿し込むもの.

插叙 chāxù 間にほかの筋を挿入する叙述法.

插言 chāyán ⇒〔插话①〕

插秧 chāyāng 田植え(をする).〔插禾 hé〕ともいう.〔~机〕田植え機.→〔抛 pāo 秧〕

插腰 chāyāo 書物の中の図表・写真などのページ.

插页 chāyè 書物の中の図表・写真などのページ.

插一杠子 chā yīgàngzi 割り込んで加わる.口や手を出す.〔你跑来~,你是打着小算盘的势头込んで割り込んできて,君はけちなもくろみをはじいているんだよ.〕

插枝 chāzhī 挿し木する.挿し芽する.〔这盆菊花儿~的〕この菊は挿し芽だ.→〔插条〕

插子 chāzi ⇒〔插头〕

插足 chāzú ①足を踏み入れる.〔真是人山人海,几 jī 乎没有~之地〕本当にたいへんな人出で,足を踏み入れる場所もない. ②かかわりあう.介入する.

插嘴 chāzuǐ 人の話の中間に口ばしを入れる.差し出口をする.口を出す.〔我还没说完呢,别~〕まだ話は言い終わらないんだ,口をはさんではいけない.〔这是他们的事,我插不上嘴〕これは彼らのことで,僕が差し出口はできない.〔搀 chān 话接舌〕〔抢 qiǎng 嘴①〕

插座 chāzuò ①=〔插口③〕〔插销①〕〔-儿〕コンセント.ソケット.〔两岁的男孩儿,因玩弄~触电致死〕2歳の男の子がコンセントをいじって感電死した.〔插头〕 ②〔電〕ソケット.

〔锸・鍤(畬)〕 chā 〔文〕①土をすくう道具:スコップやシャベル状のもの.→〔鉄 tiě 锹〕 ②まち針.とめ針.→〔行 háng 针〕

〔嚓〕 chā 〈擬〉旧小説・戯曲に常用される.④驚きを表す.〔~!你想和他较量?〕驚いた,君は彼とやり合うつもりか. ⑤〔應 yìng 了一声「~!」〕一声「へえ」と返事した.→〔喳 zhā ②〕

〔喳〕 chā ①〔~~ chāchā〕〈擬〉こそこそ.ぺちゃくちゃ.〔喊 qī 喊~~〕ひそひそ(と).〔-~ chācha〕ひそひそ話す.〔在耳边~了半天〕耳もとでひそひそと長いことささやいた.→ zhā

〔馇・饢〕 chā ①いろいろな物をかきまぜてごった煮する.豚や犬の餌を作る.〔给猪~食儿〕豚にえさを作ってやる. ②〔~粥 zhōu〕同前.→〈方〉おかゆを作る.→ zha

〔碴(餷)〕 chā →〔胡 hú 子拉碴〕→ chá

〔嚓〕 chā 〈擬〉ベキッ.バリッ.→〔咯 kā 嚓〕→ cā

〔叉〕 chá 遮る.ふさぐ.〔一块骨头~在嗓子里〕骨がのどにささっている.〔路窄,车多,不是调动得好,就~住了〕道路が狭く,車が多くて,うまくさばかないと,動きがとれなくなる.→ chā chǎ chà

叉车 cháchē =〔岔 chà 车〕(車が)混みあって動きがとれない.渋滞する.→〔塞 dǔ 车〕

〔垞〕 chá 小さい丘.〔北~南冈 gāng〕(丘のことを)北方では垞,南方では岡という.〔胜 shèng ~〕山東省にある.

〔茬〕 chá =〔楂②〕〔植〕①〔-儿〕(農作物の)切り株.〔稻 dào ~儿〕稲の切り株.〔豆~儿〕豆の株. ②量詞.作付け(収穫)回数.〔按本地的气候说,要是蔬菜,一年可以种四~〕当地の気候からいうならば,野菜なら1年に4作作ることができる.〔广东,福建等地方一年能种 zhòng 两~水稻,头一~在三月里〕広東・福建などでは1年に2回水稲を作れ,1番目は3月中に作付けする.〔头~种麦子,第二~种白薯,第三~种早稲〕1番目は麦,2番目はさつまいも,3番目は陸稲(おかぼ)です. ③作付けする.〔回~〕あと作(をつける).〔白薯回~小麦〕さつまいものあとに小麦を作る.〔回~地と作を作る畑.〔調 diào ~〕〔輪 lún 作(する).〕〔重 chóng ~〕連作(する). ④短くて硬い髪の毛またはひげ:多く切ったり剃ったあとの切り残し,または生えたばかりのものを指す.〔胡 hú 子~儿〕無精ひげ.〔胡子~儿长黑了,得 děi 刮了〕無精ひげがのびたからそらねばならない. ⑤話し途中の言葉.やりかけの事:〔接上~儿〕やりかけの事を続けてやる.〔接碴⑥〕ともいう.〔接上~儿〕話の接(つ)ぎ穂がない.間がある. ⑥量詞.(鉱山で)発破をかけた回数.〔放了五~炮〕5回発破をかけた. → chí

茬口 chá-kǒu ①輪作する作物の種類,及び輪作の順序.〔选好~,实行合理轮作作〕作物をうまく選んで,合理的な輪作を行う. ②作物を収穫した後の土壌.〔西红柿~壮,种白菜合適〕前作はトマトで地が肥えているから白菜を作るのに適している. ③〔-儿〕〈方〉機会.その折り.チャンス.

茬子 cházi ①切り株.〔创~〕残り株を掘りおこす.→字解①. ②世代.次数.〔这~人〕今度の人.

茶

〔茶〕 chá ①植チャ.また加工後飲料の材となるその葉:ツバキ科の常緑樹.〔~树 shù〕茶の木. ②(飲料としての)茶.また茶のような飲物.〔绿~〕緑茶.〔红~〕紅茶.〔花~〕香気ある花を混ぜた茶.とくにジャスミン茶.〔杏 xìng 仁~〕あんずの実をつぶした粉に米の粉と混ぜ糊状に煮て砂糖を入れ甘味をつけた飲みもの.〔奶 nǎi~〕⑧牛乳(または羊乳)を入れた茶.ミルクティー.ⓑ牛乳を煮て片栗粉を入れとろみをつけ砂糖を入れた飲み物.〔砖 zhuān~〕煉瓦状に押し固めた茶の葉.〔普洱 ěr~〕プーアル茶:雲南省普洱県産の茶葉.〔午时~〕感冒薬・消化剤として飲む茶.〔泡 pào~〕〔沏 qī~〕茶をいれる.〔倒 dào~〕茶をつぐ.〔喝~〕〈方〉吃 chī~〕茶を飲む.〔~乏了〕茶が出がらしになった.〔喝碗热~暖和暖和〕熱い茶を飲んで温まる.〔这个~沏得太酽 yàn〕茶の入れ方があまりにも濃い. ③色茶(の).淡褐色(の). ④⇒〔油 yóu 茶〕 ⑤⇒〔山 shān 茶〕 ⑥〈姓〉茶

茶吧 chábā 喫茶店.カフェ.
茶包 chábāo ティーバッグ.〔袋 dài 茶〕ともいう.
茶杯 chábēi 飲食み茶碗.湯呑み.ティーカップ.→〔茶碗〕
茶镳 chábiāo →〔华 huá 茶镳〕
茶饼 chábǐng ①茶の葉を固めて煉瓦状にしたもの.→〔砖 zhuān 茶〕 ②茶の実から油をしぼった後のかす. ③婚約納采の時,婿方から嫁方へ贈る茶の葉・竜鳳餅・化粧品などの贈り物(総称):嫁方はこれを親戚友人に贈って吉日を通知する.→〔定 dìng 礼〕
茶博士 cháboshì 旧茶館の給仕・ボーイ.〔堂 táng 倌〕に同じ.
茶菜 chácài ⇒〔藕 ǒu 零儿〕
茶场 cháchǎng ①産茶製茶場. ②茶栽培地.茶畑.
茶匙(儿) cháchí(r) 茶さじ.ティースプーン.
茶船(儿) cháchuán(r) ⇒〔茶托〕
茶炊 cháchuī 湯わかし;銅・鉄製でサモワールに似て,二重壁になっており,内で木炭をたいて湯を沸かす.〔茶汤壺〕ともいう.〔~子〕烧 shāo 心壺〕は方言.
茶道 chádào ①茶に関する知識. ②茶道.
茶底 chádǐ =〔茶根儿〕茶を飲んだあと茶碗の底に残った茶かす.余瀝(歴).
茶颠 chádiān 大のお茶好き:唐の陆羽が『茶経』の著者)のあだ名.〔颠〕は〔疯 fēng 癫〕の意.
茶点 chádiǎn 茶と菓子(お茶うけ).お茶と軽食.
茶碟 chádié 〔一几〕湯呑み茶碗になどの小皿.ソーサー:茶碗の底を受ける部分がくぼんでいないもの,また浅く目立たない程度にくぼんでいて単独に小皿としても応用できるもの.→〔茶托〕
茶饭 cháfàn お茶とごはん.〈転〉日常の飲食物.〔~无心〕⑧飲み食いをする気持ちの起らないこと.ⓑ飲食などにひまをとめないこと.〔日常~事〕日常の瑣事(堊).日常茶飯事.
茶坊 cháfáng 旧茶館.
茶房 cháfáng 〔茶役〕旧⑧〔茶盧・列車・汽船・劇場など〕公共場所の湯茶の接待などの雑務をする使用人.給仕.ボーイ.ⓑ慶弔事の宴会などがある時,雇われて酒や料理の給仕をする者.
茶麸 báfú ⇒〔茶籽饼〕
茶杆竹 chágǎnzhú 植メダケの一種.→〔青 qīng 篱竹〕
茶缸(子) chágāng(zi) 湯飲みの一種:円筒形でたがあり,取っ手がついている大型の湯のみ茶碗.
茶膏 chágāo アヘン中毒の治療薬:茶を煮つめたりもの.茶と同様に飲用した.

cháかつて一个僻静茶室里坐下〕街の静かな茶館へ行って腰をおろす.→〔书 shū 馆〕

茶根儿 chágēnr ⇒〔茶底〕
茶馆 cháguǎn 旧茶館や料理屋の給仕.ボーイ.
茶馆(儿) cháguǎn(r) 旧式の喫茶店:古くは〔茶坊〕〈方〉茶居〕〔茶社〕〔茶室〕〔〈文〉茶肆〕〈方〉茶堂〕〔茶園〕〔主〕〔茗 míng 坊〕ともいい,俗に〔茶寮〕ともいった.2階があるものは〔茶楼〕:北京ではただお茶しか出さないので〔清 qīng 茶館〕ともいった.〔到街上一个僻静茶室里坐下〕(儒)街の静かな茶館へ行って腰をおろす.→〔书 shū 馆〕
茶罐子 cháguànzi ①茶缶. ②〈喩〉茶をよく飲む人.
茶行 cháháng 茶の問屋.
茶(褐)色 chá(hè)sè 色茶(褐)色(の)
茶红 cháhóng 〔刚 gāng 果红〕
茶壶 cháhú 急須(ホハ).茶瓶.土瓶.〔~把 bà 儿〕急須の手.〔~梁 liáng 儿〕土瓶のつる.〔~嘴〕急須・土瓶の口.〔~套〕茶カバー:急須や土瓶の保温のための覆い.〔大 dà 茶壶〕
茶花鸡 cháhuājī ⇒〔原 yuán 鸡〕
茶花(儿) cháhuā(r) ①〔山 shān 茶花〕椿の花.〔茶花女〕圏椿姫:フランスの作家〔小仲马〕(アレキサンドル・デュマ・フィス)作. ②茶・アブラツバキの花.
茶(话)会 chá(huà)huì 話会(ﾊﾅｼｸﾞｲ)会.ティーパーティー.
茶黄素 cháhuángsù 色テアフラビン:紅茶の赤色色素.
茶会 cháhuì ⇒〔茶(话)会〕
茶鸡蛋 chájīdàn 〔茶叶蛋〕色茶葉・醤油・〔五香〕(数種のスパイス)を入れて茹でたゆで卵.
茶几(儿) chájī(r) 器物をのせる小さい茶卓.
茶尖 chájiān 茶の若葉の先端.
茶碱 chájiǎn 薬テオフィリン.→〔咖 kā 啡因〕
茶经 chájīng 圏唐の陸羽の著.茶に関することを書いたもの.
茶晶 chájīng 色黄水晶:濃茶色の石英.多く眼鏡を作るのに用いる.〔~眼镜〕同前で作ったサングラス.→〔茶镜〕
茶精 chájīng ①〔咖 kā 啡因〕(カフェイン)の別称. ②⇒〔儿 ér 茶素〕
茶精油 chájīngyóu 茶の香りを生む有機成分.
茶镜 chájìng 〈方〉黄水晶や茶色のガラス・プラスチックで作った色眼鏡.茶色のサングラス.→〔太 tài 阳镜〕
茶居 chájū ⇒〔茶馆(儿)〕
茶具 chájù 点茶用の器具.茶道具.
茶棵子 chákēzi →〔罗 luó 布麻〕
茶枯 chákū ⇒〔茶籽饼〕
茶来伸手,饭来张口 chálái shēnshǒu, fànlái zhāngkǒu →〔饭来张口〕
茶礼 chálǐ ①⇒〔代 dài 茶〕 ②茶事の礼儀・作法.→〔六 liù 色〕
茶寮 cháliáo ⇒〔茶馆(儿)〕
茶林场 chálínchǎng 茶畑.茶園.
茶楼 chálóu ⇒〔茶馆(儿)〕
茶炉 chálú 茶を沸かすのに用いる小形のこんろ.
茶卤(儿) chálǔ(r) 濃く入れた茶(飲む時に湯で薄める)
茶录 chálù 圏茶録:宋の蔡襄の著.茶と茶器について論じたもの.
茶绿 chálǜ 色くすんだ緑色(の一ロード).〔茶马古途〕
茶马古道 chámǎgǔdào ティーロード:〔茶马古途〕〔博 bó 南道〕ともいう.雲南からラサを経てインドなど西方へ茶葉・業材を運んだ道.
茶毛虫 chámáochóng 虫チャドクガ:茶の木の葉を食う害虫.

chá 茶

茶梅 cháméi 植サザンカ:ツバキ科の常緑小高木.
茶面子 chámiànzi 食ウルチキビの焦(こ)げ・ウルチキビの香煎(ごう):湯に溶かしてすりごま・砂糖または牛乳などを入れて飲む.〔昨日人家送来的好~,倒是对碗来你喝吧〕昨日よそからいただいた上等の香煎を作ったから、お上がりなさい.→〔茶汤①〕〔面茶〕
茶末(儿) chámò(r) 粉茶.屑茶:〔茶叶末儿〕ともいう.
茶农 chánóng 茶を栽培する農民.
茶盘儿 chápánr 盆.〔把茶(杯)放在~上端去〕お盆を入れた茶碗)をお盆のせて(両手で持って)運ぶ.
茶棚 chápéng〔臨時の〕小屋掛け茶店(ピャ).
茶毗 chápí〈梵〉火葬.茶毘(び):〔茶毘〕とも書く.
茶品 chápǐn お茶製品.
茶婆子 chápózi ⇒〔蟑 zhāng 螂〕
茶旗 cháqí 茶の若芽:開きかかったもので上等の茶となる.→〔茶枪〕
茶钱 cháqián ①〔把茶(杯)茶代.②チップ:〔小費〕ともいう.→〔酒 jiǔ 钱〕〔小 xiǎo 账(儿)①〕③回敷金:北京の習慣で借家人が家を借りるとき家主に納める一定の保証金.金額は家賃1か月分.これは払い戻しはできないが,明け渡しの月の家賃にあたれる.〔两份儿〕といえば〔一茶一房〕のことで,敷金と家賃を指し,〔三份儿〕といえば敷金と家賃のほか残りの半月分は家主の使用人に与える心付けである.〔三份儿〕というと家賃・敷金各1か月分のほか紹介者への礼金・家主の使用人への心付けとして家賃1か月分が加わったもの.〔他们现在住~呢,下月就搬家了〕彼らはいま敷金で住んでいる,来月になったら引っ越すよだ.→〔小租②〕
茶枪 cháqiāng 茶の若芽:まだ開かずに槍のようにとがったもので上等の茶となる.→〔茶旗〕
茶青 cháqīng 黒緑色(の).オリーブ色(の).
茶区 cháqū 茶の生産地区:東海沿海(浙江・福建・広東・台湾),長江流域(江蘇・安徽・江西・湖南・四川),西南高原(雲南・貴州・広西)など.
茶三酒四 chásān jiǔsì〈慣〉酒食を出して丁重にもてなすこと.茶は三人で酒は四人で飲むのがよい.
茶色 chásè ⇒〔茶(褐)色〕
茶山 cháshān ⇒〔茶锈〕
茶上 cháshàng〈白〉茶の給仕人.
茶勺 cháshao 茶さじ.
茶社 cháshè ①⇒〔茶馆(儿)〕②⇒〔茶座(儿)②〕
茶圣 cháshèng 人唐の陸羽:〔茶经〕の著者.
茶食 chá‧shí 食お茶菓子.お茶うけ:米の粉や小麦粉で作った菓子,及び果物の砂糖漬けなど.
茶食盒 chá‧shíhé 中にしきりがたくさんあって,いろいろな果物(干したもの)や菓子類を盛り分けられるようになっている容器.→〔果 guǒ 盒①〕
茶室 cháshì ①⇒〔茶馆(儿)〕②⇒〔茶座(儿)②〕③回北京の二流妓楼.→〔清 qīng 吟小班〕
茶寿 cháshòu 大寿:108歳の誕生祝い.茶の字を艹(二十)と八十八に分解する.
茶水 cháshuǐ 湯茶:とくに旅行客などに出す湯茶をいう.〔要不要~,自家都是要りますよ.〕〔~钱〕回旅館・下宿屋などの使用人に対する礼金.〔~显 xiǎn 字〕回まじないの一:白紙にお茶を吹きかけ文字を浮かびあがらせるかのく】.
茶肆 chásì ⇒〔茶馆(儿)〕
茶俗 chású 飲茶の風習.
茶摊儿 chátānr 露店茶店.喫茶スタンド.
茶汤 chátāng ①食食べる状態にした〔茶面子〕.→

〔糜 méi 子面〕②湯茶.
茶汤壶 chátānghú ⇒〔茶炊〕
茶堂 chátáng ⇒〔茶馆〕
茶亭 chátíng〔公園などの〕小屋.
茶腿 chátuǐ 食燻製に茶の葉を使ったハム.→〔火 huǒ 腿〕
茶托 chátuō〔—儿〕茶托:茶碗の底を受ける部分が丸くなっているもの.〔茶船〕は別称.〔茶舟〕は古語.→〔茶碟〕
茶碗 cháwǎn（茶飲み）茶碗.→〔茶杯〕
茶围 cháwéi 回妓館で芸妓相手に茶を飲んで遊ぶ事.〔打 dǎ ~〕芸者屋へ茶を飲みに行く.
茶味儿 cháwèir お茶の香り.
茶文化 cháwénhuà お茶の文化.
茶舞 cháwǔ ティーダンス:お茶の時間(午後または夕方ごろ)に催すダンスパーティー.
茶筅 cháxiǎn 茶筅(せん):茶道の道具の一種.
茶锈 cháxiù〔茶山〕(急須などの中に長年の間についた)茶しぶ.
茶叙 cháxù〈文〉茶を飲み話をする.
茶叶 cháyè 加工された茶の葉.〔买三两~〕お茶を150グラム(3両)買う.〔~合品〕お茶を添加した食品.
茶叶蛋 cháyèdàn ⇒〔茶鸡蛋〕
茶叶店 cháyèdiàn 茶葉を売る店.→〔茶庄〕
茶叶花 cháyèhuā ⇒〔罗 luó 布麻〕
茶叶树 cháyèshù 植ヒトツバタゴ:モクセイ科の落葉小高木.木質は硬く,器具製造に用いられる.葉は茶の代用として使われる.〔流 liú 苏树〕〔萝 luó 丝花〕〔牛 niú 筋子〕ともいう.
茶艺 cháyì 古式の茶道.〔~居〕茶館の一種.〔~表演〕(古式の)茶道の点前(たて)の実演.
茶役 cháyì ⇒〔茶房〕
茶引 cháyǐn 困茶商に与えた売買の鑑札(さつ)
茶用花 cháyònghuā 回加工後,茶として用いられる花:①〔菊 jú 花〕〔桂 guì 花〕など.②茶の葉に混ぜる香料用の花:〔玫 méi 瑰花〕〔茉 mò 莉花〕など.
茶油 cháyóu〔ツバキ科の茶樹〕(アブラツバキ)の実からしぼった油.〔~方〕〔精 jīng 油〕〔~方〕〔清 qīng 油〕ともいう.
茶余饭后 cháyú fànhòu〈成〉お茶や食事の後のゆっくりくつろぐひととき.〔茶余酒后〕ともいう.
茶园 cháyuán ①茶畑.②回寄席(さ).③⇒〔茶馆〕
茶灶 cházào 茶を煎じる炉.
茶栈 cházhàn 回茶問屋:集荷(加工)して卸す.
茶质 cházhì 茶の品質.
茶制饮料 cházhì yǐnliào お茶を主成分とする飲料.
茶盅 cházhōng 盃形あるいは円筒形の茶飲み茶碗.
茶舟 cházhōu ⇒〔茶托〕
茶砖 cházhuān ⇒〔砖茶〕
茶庄 cházhuāng 茶葉を売る大商店.
茶桌 cházhuō〔喫茶店来客用〕テーブル.→〔茶几(儿)〕
茶资 cházī ⇒〔茶钱①〕
茶籽 cházǐ〔茶子〕とも書く.チャの実.とくにアブラツバキの実.
茶籽饼 cházǐbǐng ==〔茶麸〕〔茶枯〕アブラツバキの実のしぼりかすを固めたもの(肥料に用いる):〔茶子饼〕とも書いた.→〔豆 dòu 饼〕
茶子树 cházǐshù ⇒〔油 yóu 茶①〕
茶座(儿) cházuò(r) ①茶館(儿)の座席.②=〔茶社②〕〔茶室②〕(野外の)茶店.③喫茶店.〔音乐~〕音楽喫茶.

chá

〖搽〗 chá （粉やクリームなどを顔や手に）塗る．つける．〔～珍珠膏〕パールクリームを塗る．→〔擦 cā ③〕〔抹 mǒ ①〕

搽白鼻哥 chábáibí gē 〈方〉卑屈に他人の歓心を得ようとける．

搽旦 chádàn 園元曲の俳優の役で，旧劇の〔彩 cǎi 旦〕あるいは〔花 huā 旦〕に近いもの．

搽粉 cháfěn おしろいを塗る．〔敷 fū 粉〕に同じ．

搽脂抹粉 cházhī mǒfěn （女性が）化粧をする．〈喩〉醜いことを覆い隠す．ぼろを取り繕う．〔搽胭脂抹香粉〕同前．

〖查(查)〗 chá ①調べる．調査する．〔～案 àn〕事件を調べる．〔詳細地～～〕詳細に調べる．〔备～〕後日の調査の便に備えておく．②検査する．〔～劣 liè 扫假〕粗悪品を調べ偽物を一掃する．〔(检)～卫生〕衛生状態を検査する．③ひもとく．ひいてみる．〔～辞典〕辞書をひく．辞典で調べる．〔～资料〕資料を調べる．→ zhā

查办 chábàn 罪状を調べて処罰する．

查边 chábiān 田地主が使用人の農作業状態を見回ること．

查补 chábǔ 調べて不足を補う．〔查遗补缺〕なくなったものを調べて補充する．

查察 cháchá 調べる．観察する．

查抄 cháchāo 罪人の財産を調査して没収する．〔～家产〕財産を差し押さえ没収する．

查处 cháchǔ 取り調べて処理する．〔严肃～〕厳しく処分する．

查传 cháchuán 調査して召喚する．

查床 cháchuáng （医師・看護師が）病床を見回る．

查道车 chádàochē （鉄道の）軌道計測車．線路検査車．

查点 chádiǎn ひとつひとつ調べる．数を一個一個あたって調べる．〔到底还有多少存货请你～一下吧〕結局まだどれだけのストックがあるのかを数あたって調べてみてくれませんか．

查堵 chádǔ 取り調べて侵入を防ぐ．

查对 cháduì つき あわせ調査する．

查尔斯顿舞 chá'ěrsīdùn wǔ〈音義訳〉チャールストン（ダンス）

查房 cháfáng ①（医師が）回診（する）．〔查病房〕同前．②（軍隊・学校などの宿舎で）部屋を巡視（する）

查访 cháfǎng 訪問調査する．行って調べる．

查分热线 cháfēn rèxiàn 入試成績問い合わせホットライン．

查封 cháfēng 差し押さえ封印する．〔～那家舞厅房〕あのダンス場を差し押さえる．

查复 cháfù 〈牘〉調べて返事する．

查岗 chágǎng ①⇒〔查哨〕②職場の勤務状況を検査する．

查关 cháguān 園税関の検査（する）

查号 cháhào 番号を調べる．〔～台 tái〕電話番号案内：114（国内電話）と115（国際電話）．〔～服务〕同前のサービス．

查核 cháhé 照合する．チェックする．〔～账目〕（帳簿を）突き合わせる．

查户口 cháhùkǒu 田戸口調査する

查获 cháhuò （犯人・盗品・禁制品などを）捜査し逮捕・押収する．〔～了敌人的秘密电台〕敵の秘密放送局を探査し没収した．

查缉 chájī ①取り調べる（脱税・密輸など）．②捜査し捕縛する．検挙する．

查检 chájiǎn ①（書籍や文書などに当たって）調べる．②（荷物を）検査する．調べる．

查缴 chájiǎo 取り締まり没収する．

查截 chájié 取り締まり検挙する．

查禁 chájìn 取り締まる．〔～危险品〕〔查危〕危険物を取り締まる．

查究 chájiū 究明する．〔～事故的责任〕事故の責任を追究する．

查勘 chánkān 探査する．探測する〔现场～〕実地査する．〔详细～〕詳細に調査する．

查看 chánkàn 実況を調査する．

查考 chákǎo 調べ確かめる．調査究明する．〔～历史文献〕歴史文件を考証する．→〔考查〕

查控 chákòng 内偵し監視下におく．

查扣 chákòu 捜査し押収する．〔海关～了一批违禁品〕税関が禁制品を差し押さえた．

查库 chákù 倉庫（金庫）の検査．

查理 chálǐ 〈音訳〉チャールズ．カール．シャルル（人名）．〔～一世〕チャールズ一世．〔～大帝〕カール大帝．〔～四世〕シャルル四世．

查理定律 chálǐ dìnglǜ →〔波 bō 义耳 - 查理定律〕

查利 chálì 〈音訳〉チャーリー（人名）

查明 chámíng 調べて明らかにする．究明する．

查没 chámò 取り調べ没収する．

查拿 cháná 捜査して逮捕する．〔～贼犯〕犯人を捜査して逮捕する．

查票 chápiào 切符を調べる．検札する．改札する．〔～员〕検札係．→〔检 jiǎn 票〕

查铺 chápù （宿舎で）就寝中の隊員を巡察する．

查讫 cháqì 調査終了．検査済み．

查清 cháqīng ①はっきりと調べる．②検査済み．

查三问四 chásān wènsì〈成〉あれやこれやと問い質す．

查哨 cháshào 〔查岗〕軍哨兵を巡視する．

查实 cháshí 事実に即して解明する．究明する．

查收 cháshōu 〔察收〕確かめて受け取る．〔请～〕お受け取り願います．〔即祈～〕〔牘〕ご査収ください．〔谅蒙～〕〔牘〕ご査収下さったことと存じます．

查税 cháshuì 税務調査（をする）

查私 chásī 密輸を捜査する．〔～缉 jī 毒〕密輸捜査と麻薬取り締まり．

查体 chátǐ 健康診断する．

查田 chátián 土地（田畑）の所有関係（の階級性）を調査し正す．〔～运动〕中華ソビエト共和国中央政府が土地革命を行い，実施した土地所有関係調査運動．〔～定产〕土地改革後（1951年），その土地の面積·生産量を查定し生産額を固定しておく方法．

查危 cháwēi ⇒〔查禁危险品〕

查问 cháwèn ①〔查问〕尋問する．②⇒〔查询〕

查无… cháwú…. 調べたが…はない．〔～此人〕究先人不明．〔～实据〕調査したが確証はなし．

查销 cháxiāo 調査のうえ（登録）を取り消す．

查血 cháxuè 〈方〉血 yàn bān

查寻 cháxún 尋ね調べる．問い合わせる．

查巡 cháxún ⇒〔巡查〕

查询 cháxún ①〔查问〕問い合わせる．引き合い（を出す）．〔请径向有关单位～〕どうぞ関係部門へ直接お問い合わせください．〔～邮政编码〕郵便番号を問い合わせる．〔～余额〕残高照会する．

查验 cháyàn 検査（する）．検査確認（する）：〔验查〕ともいう．〔～护照〕パスポートを検査する．

查夜 cháyè 夜回り（する）．夜警（する）．→〔巡 xún 夜〕

查阅 cháyuè ①（書籍·資料の関係部分を）読み調

べる.→〔检 jiǎn 阅①〕 ②〈牍〉目下のものに送る書簡文の宛名の下につける常套語の一.
查丈 cházhàng 土地を測量する.
查账 cházhàng 帳簿検査(する).会計検査(する)
查找 cházhǎo 探す.突き止める.〔~失主〕落とし主を探し出す.〔~输 shū 入码〕電脳インプットコード.
查照 cházhào 〈公〉多く〔平 píng 行文〕で相手方の同意・了承・執行を求めるのに用いられる.〔咨行~〕咨文(同級機関の間の文書)をもってご承知を願う.〔~办理〕ご来示通り処理致します.
查证 cházhèng 調査の上で証明する.〔~属实〕調査の上,事実であることが証明された.
查知 cházhī 調査のうえ判明する.〔一俟 sì ~通行〕調査判明のうえ通過させる.
查酌 cházhuó 事情を調べて酌量する.
查字法 cházìfǎ 検字法:〔检 jiǎn 字 zì 法〕に同じ.

〔**嵖**〕 chá 〔~岈 yá〕㊥河南省にある山.

〔**猹**〕 chá 〈方〉アナグマに似た野獣:魯迅の小説『故郷』に出てくる小動物で,瓜を好んで食べる.

〔**楂**〕 chá ⇒〔苴〕 → zhā

〔**碴(𥕓)**〕 chá ①〈口〉(ガラスのかけらなどで)皮膚を傷つける.〔碎玻璃把手了一个口子〕ガラスの破片で手にケガした.②〔-儿〕(物の)壊れ目.切れ口.かけ口.〔新砍的树露着白~儿〕切りたての木が白い切り口を見せている.③〔-儿〕(感情や物事の)破綻.不和.確執.溝.〔他们俩人〔儿〕二人は仲違いしている.〔找~儿打架〕因縁をつけてけんかをする.〔把丢车的这个儿告诉他了〕どじで車をなくしたことを彼に告げた.〔怎么个~儿了〕どうしたことかねえ.〔这~儿来的可不善〕今度はどうもまずい.④〔-儿〕小さい砕け〔冰~儿〕氷のかけら.〔骨头~儿〕骨のかけら.〔碗摔碎了把~儿都捡起来吧〕碗を割ったかけらを全部拾っときなさい.⑤〔-儿〕〈方〉勢い...ぶり.様子.〔听听他的话~儿〕彼の口ぶりを聞いてみる.〔我就接过一~儿说了)僕は(その問題に)口を出した.〔说话就打人,嗳,好厉害~儿]ちょっと言うとすぐ人を殴るなんて,ほんとに無茶だ.⑥⇒〔苴④〕

碴口儿 chákǒur 切り口.断面.とぎれ目.〔这话不对~〕その話はつじつまが合わない.
碴儿 chár →字解②③④⑤

〔**粚**〕 chá 〔-子〕とうもろこしなどの粒の小さく砕けたもの.〈ずしもろこし・くず米など.

〔**楂(槎)**〕 chá ①〈文〉筏(ൿ)。②⇒〔苴〕
楂牙 cháyá ①木のひこばえ.木の切り口から生える再生の芽.②枝の入り乱れたさま.
楂桎 cházhì 〈文〉獣を捕る檻〕

〔**察(ᎎ)**〕 chá ①調べてみる.調べ明らかに~する).〔考~〕視察する.〔监~〕督·視察する.〔观~〕詳しく見極める.〔~其言,观其行〕その言行をつぶさに見る.②〔~哈尔〕(チャハール)の略称:旧省名.1952年河北·山西両省に編入.〔晋 jìn ~冀〕山西·旧察哈尔·河北の3省.③〈姓〉察(ಸ)

察不为明 chábùwéimíng 〈成〉小さい事にだけやかましく言って利口ぶること.
察夺 cháduó 〈公〉調査のうえ裁決する.
察访 cháfǎng 探訪する.行って調査する.
察核 cháhé ⇒〔查核②〕
察合台 cháhétái ㊇チャガタイ:〔成 chéng 吉思汗

(ジンギスカン)の第二子の名.また〔~汗 hán 国〕の略.
察见渊鱼 chájiàn yuānyú 〈成〉詮鑿(ざく)しすぎると他人の秘事を暴くことになる(まずいことになる).〔~者不祥〕同前.
察觉 chájué 発見する.見つける.発覚する:〔查觉〕ともいう.
察勘 chákān 実地に調査する.
察看 chákàn 視察する.よく観察する.
察收 cháshōu ⇒〔查收〕
察颜 cháyán 状況を探る.〔~敌情〕敵情を探る.
察微析疑 cháwēi xīyí 〈成〉細かく調べて疑問を明らかにする.
察言观色 chá yán guān sè 〈成〉言うことや態度を観察して相手の気持ちを推測する.〔这个人善于~,迎合上司〕あいつは人の顔色をうかがっては上司に迎合する.
察验 cháyàn 検査する.
察议 cháyì 〈公〉事情を調べ処置を議する.〔该案着即交部~〕この件は直ちに所轄の省へ引き渡し処置せしむべきである.
察照 cházhào 〈文〉明察する.
察知 cházhī 〈文〉察知する.

〔**檫**〕 chá ㊥①サツ(シナサッサフラス):クスノキ科の落葉高木.材質優良で,耐久性があり,造船·建築·家具用材になる.〔~树 shù〕に通称.〔南 nán 树〕〔梓 zǐ 木〕ともいう.②〔北美~木〕〔红~〕(北米産)サッサフラス(の木):木部と根皮から香油となる.〔黄 huáng 樟〕ともいう.

〔**叉**〕 chǎ 股を広げる.股を開く.〔两腿~开〕足をふんばる.〔~腿 tuǐ〕股を広げる.両足をふんばる.→ chā chá chà

〔**衩**〕 chǎ 〔裤 kù ~儿〕〔裤叉儿〕猿股(怠).パンツ.半ズボン.〔短 duǎn 裤〕→ chà

〔**蹅**〕 chǎ ①(ぬかるみに)踏み込む.〔干吗 má 把新鞋往泥塘里~〕何で新しい靴で泥の中に踏み込むのか.〔喩〕今まで漂白で通してきた人がどうして今さら汚れた事にまき染めるのか.〔一脚~在烂泥里了泥の中に足をぐいと踏みこんだ.→〔踩 cǎi 足〕②介入する.かかわり合う.〔这事你不要~在里头〕このことは手出ししない方がいい.→〔插 chā 足〕

蹅踏 chǎtà 〈白〉踏みつける.踏みつぶす.〔将你魏国~的粉碎〕(元·辞範叔)お前らの魏の国を粉々に踏みつぶしてやるぞ.
蹅雨 chǎyǔ 雨天のどろ道を歩く.

〔**镲·镲(鈒)**〕 chǎ ㊇民族楽器.シンバルの一種.→〔铙 bó ①〕

〔**叉**〕 chà ①→〔排 pái 叉儿〕 ②→〔姆 pǐ 叉〕 → chā chá chǎ

〔**汊**〕 chà 川の分流する(ところ).〔三~水〕河流の三つまた.〔河~子〕分流点.〔湖~〕湖の同前.
汊港 chàgǎng =〔港汊〕大河から分かれている川.
汊流 chàliú =〔汊流〕本流から分かれ海入る川:本流に流れ入るものは〔支流〕という.
汊子 chàzi 川の分流.

〔**杈**〕 chàzi → chā
杈子 chàzi 木のまた.木のまたから分かれた枝.〔树 shù ~〕同前.〔打棉花~〕綿の枝はらいをする.

〔**衩**〕 chà ①〈衣服〉のすその両側にいれた切りこみ.すそまわき(スリット).〔开 kāi ~儿〕〔开气儿〕〔开腔儿〕同前.→〔开口儿①〕
②着物のまち.〔搽 chá ~〕まちを入れる.

cha

〔岔〕 chà ①(道路や河川・山脈などの)分かれ目.分岐点.〔岔〕岔路.〔旁〜儿〕a本道から分かれ出た道.横道.ⓑ分かれた枝.〔三−路〕三叉路(ろ).〔山〜〕支脈.②それる.そらす.ずれる.〔走〜话儿了〕道を歩き違えた.〔他们俩说〜了,吵了起来〕彼ら二人は意見が違って口論になった. ③(言葉などを)そらす.はぐらかす.〔そばから口出しして)話の腰を折る.〔拿话一开〕言葉で言いまぎらす.〔话—到别处去了〕話がどこかへそれてしまった.〔谈正事别打〜〕まじめなことを話そう,はぐらかしてはいけない.→〔打 dǎ 岔〕 ④(時間を)ずらす.ずらして行う.時間をずらす.⑤行き違いがある.矛盾する.〔这话—了〕それは話が違う.→〔碴 chá ③〕 ⑥〔-儿,-子〕間違い.しくじり.〔出—儿〕〔出〜子〕しくじりをおこす.事故を起こす.〔出〜方〕声がうわずったり,かれたりする.〔声儿都哭〜了〕泣いて声がかれた.〔喊得声儿都〜了〕どなって声がすっかりかすれた.

岔车 chàchē ⇒〔叉 chá 车〕
岔道 chàdào 〔-儿〕分かれ道.道の分かれる点:〔岔路〕〔岔儿②〕〔岔子②〕ともいう.〔三—儿〕三叉路(ろ).⑪〔轍〕(⑤)又:レールの分かれる部分に用いる特別装置のレール.〔铁道〕鉄道用轍(ろ)又.〔〜口儿〕道の分かれ目.
岔换 chà-huàn 〔方〕①取り換える. ②(気分などを)そらす.〔看看戏把心中烦闷〜〜〕芝居を見て心中のうさをそらす.
岔和 chàhuo まぎらせる.そらせる.〔轉〕気晴らしする.〔你别一发,等我说完了话的腰を折らないで,わたしが言い終わるのを待て.〔刚说到哪儿了,一一我忘了〕今さっきまではどこまで話していたかな,話の腰を折られて忘れてしまった.〔出去溜达溜达释放 shāo 微〜〜〕散歩に出て少し気晴らしをする.→〔打 dǎ 岔〕
岔开 chàkāi そらす.ずらす.〔〜时间〕時間を(重ならないように)ずらす.
岔口 chàkǒu 道路の分岐点.〔三—〕三叉路口儿〔三岔路口儿〕三岔点.
岔流 chàliú ⇒〔汊流〕
岔路 chàlù ⇒〔岔道〕
岔批儿 chàpīr 〔岔劈儿〕とも書く.〈方〉①行き違うこと.ちょっとした行き違い.〔他们俩走—了〕彼ら両人は行き違った. ②手違い(をする).しくじり(をする).〔多留点儿神,弄出〜,还得费一回事〕せいぜい注意しろ,手違いをしでかしたら,またひとつ手数がかかる. ③声が割れる.〔嗓子—了〕声が割れた.
岔气 chàqì (急に走った時など)胸や腹のある部分が痛む症状:病気というほどのものでなく,時間の経過とともにさえる.〔笑岔了气〕大笑いをして脇腹が急に痛くなる.
岔曲儿 chàqǔr 〔音曲(きょく)の一:八 bā 角鼓曲〕の前奏曲で,抒情・叙景や軽口などの短い俗曲.→〔单 dān 弦儿〕
岔儿 chàr ①⇒〔岔①〕〔差儿〕〔差子〕事故.故障.誤り.もめごと.欠点.〔出了—了〕事故を起こした.〔故意找 zhǎo 我—〕わざとわたしのあら探しをする.
岔生 chàshēng わき枝.わき根.
岔头儿 chàtóu(r) 〈方〉間違い.〔那匹马—了〕あの馬は物おじした.〔骡 luó 子—飞跑下去〕ラバが何かに驚いて走り出した.
岔子 chàzi ①⇒〔岔①〕⇒〔岔道〕

〔诧・詫〕 chà いぶかる.怪しむ.〔〜怪〕同前.〔〜为奇事〕奇異に思う.②〈文〉誇る.〔夸 kuā〜〕同前.③〈文〉欺く.〔甘言一语〕欺瞞の語.
诧愕 chà'è 〈文〉愕然(がく)とする.
诧然 chàrán いぶかしいさま.
诧异 chàdì いぶかしく思う.〔他怎么会做出这样的事情来了,连他亲近的人也都很〜〕彼はどうしてこんなことをしでかしてしまったのか,彼のごく親しい人でさえ大変奇異に思っている.

〔侘(侘)〕 chà
侘傺 chàchì 〈文〉失意のさま.〔半生,今幸逢明时,得为世用〕半生不運であったが,今は幸いにしていい世になって,世の中の役に立てるようになった.

〔姹(妊)〕 chà 〈文〉艶麗である.美しい.〔〜紫嫣 yān 红〕色とりどりの花の美しさま.〈喩〉すばらしい数々の芸術作品.〔〜女〕少女.

〔刹〕 chà 仏寺:梵語の音訳〔〜多罗〕の略.〔古〜〕古寺.〔首—〕本山. → shā
刹帝利 chàdìlì クシャトリヤ:古代インドのカーストにおける四姓中の第2位,王族および武士階級.地位は〔婆罗门〕(バラモン)より低いが,政治・軍事の権力を握り,古代インド国家の世俗統治者であった.→〔种 zhǒng 姓(制度)〕
刹鬼 chàguǐ 〔仏(仏教の)悪鬼.人を食う鬼.
刹海 chàhǎi 〔仏〕(仏教の)水陸:刹は梵語で土地の意.
刹那 chànà 〔刹子(間)〕きわめて短い時間.一瞬間.刹那.刹子(が).つかの間.〔一一就变化了〕一瞬のうちに変わった.〔一间升到了天空〕あっと言う間に天へ昇った.↔〔劫 jié 簸〕
刹土 chàtǔ 〔仏〕(仏教の)国土.
刹子(间) chàzi(jiān) ⇒〔刹那〕

〔差(差)〕 chà ①〈口〉差がある.違う:〔差 chā①〕に同じ.〔〜得远〕違いが大きい.差が大きい.〔〜不了 liǎo 多少〕いくらも違わない.〔三分八点〕8時5分前. ②間違う.間違える.〔写—了行 háng〕行を書き間違えた.〔听—了〕聞き違えた. ③不足する.足りない.〔眼力太—,前面前的牌子看不清楚〕視力が非常に悪くて,前の看板がはっきり見えない.〔还—一道工序〕まだ工事が一段すんでいない.〔就—给他下跪〕彼の前でひざまずかなかっただけだ.〔光线一一点儿〕光線がが少し足りない. ④悪い.劣る.〔成绩太—〕成績が非常に悪い.〔质量—〕質が劣る.〔要好的带动—的,强的扶持弱的〕いいものは劣ったものを導き,強いものは弱いものを助ける必要がある. → chā chāi chài cī
差不点儿 chàbudiǎnr ⇒〔差点儿②〕
差不多 chàbuduō 〔差不离儿〕①大差ない.だいたい同じ.〔那俩双胞胎高矮〜〕あの双生児は背丈がおおかた同じだ.〔个子〜高〕大きさに大差はない.ほとんど〔之〕.大概(の).まずまず(の).〔的 de〕を伴う.〔〜的学生都会说外国话〕たいていの学生は外国語を話せる.〔这个东西一的 kàng 不起来〕これは並の人では担げない.〔—的都让他拿走了〕多少いいものは全部彼に持っていかれてしまった. ③まずまずである.〔是—,还是差得远〕いい線までいっているのか,それともまだまだなのか.〔我嘴里说得还不够,心里却觉得—了〕わたしは口では"まだまだ"と言ったが,心では"こんなものだ"と思った.〔再举一个例子就—了吧〕もう一例をあげれば,まずよかろう. ④=〔不差 chā 什么〕だいたい.たいてい.〔—有一百个—百两百天了吧〕もうそろそろでかけなくてはならない時間でしょう.
差不离儿 chàbùlí(r) 同上.

差点儿 chàdiǎnr ＝〔差一点儿〕①少し違う．わずかに違う．少し劣る．〔这个和那个～〕これとあれは少し違う．〔这个比那个～〕これはあれより劣る．②＝〔差不点儿〕少しの違いで．もうちょっとで．おおかた．危く…すんでのところで．〔～被褥了〕彼は危うく死ぬところだった．〔～闹出事来〕〔～没闹出事来〕もう少しで間違いをしでかすところだ．⑥希望していたことが実現しなくて惜しかった場合には〔就〕を置く．〔～就买到了〕もう少しで入手できたのに残念だった．

差劲(儿) chàjìn(r) 程度が低い．まずい．劣る．〔今儿的戏太～了〕今日の芝居は非常にまずかった．〔你可太～啦〕そりゃきみまずいよ．

差票 chàpiào 反対票のため規定票数に足りない(こと)．

差儿 chàr ⇒〔岔儿①〕

差生 chàshēng 劣等生．

差事 chàshi〔差势〕とも書いた．役立たずだ．使いものにならない．→ chāishi

差样 chàyàng〈方〉違う様子．別のもの．

差一点儿 chàyīdiǎnr ⇒〔差点儿〕

差子 chàzi ⇒〔岔儿①〕

chai ㄔㄞ

[拆] **chāi** ①はがす．はずす．ほどく．〔～被褥〕ふとんをほどく．②ほぐす．解体する．ばらけする．〔～零件〕部品を取りはずす．〔～建 jiàn〕解体して新しく建てる．③仲を裂く．④〈姓〉拆(ㄘ)．→ cā

拆白 chāibái〈方〉人を欺き金銭をだましとる．ペテンにかける．〔～党〕ペテン師．詐欺師．〔女～〕女詐欺師．

拆白道字 chāibái dàozì ⇒〔拆字①〕

拆辩 chāibiàn〈白〉弁解する．〔就叫刘知寨一同去州里～明白〕(水33)早速、劉知寨を一緒に州庁へ行かせてよく説明させた．

拆除 chāichú (建築物を)壊して撤去する．〔～城墙〕城壁をとりのける．

拆出 chāichū 圖コールマネーを貸し出す：〔拆入〕コールマネーを借り入れる．

拆穿 chāichuān 暴露する．暴きてさらけ出す．〔～他们的秘 mì 密〕彼らの秘密を暴き出す．〔～西洋镜〕〈喩〉内幕を暴く．

拆东墙，补西墙 chāi dōngqiáng, bǔ xīqiáng 東の壁を壊して西の壁を補修する．〈喩〉甲から借りて乙に返す．急場しのぎにいろいろ遣り繰りする：〔西墙〕は〔西壁〕ともいう．

拆兑 chāi-duì〈口〉お金を都合する．〔您给～两万日元行吗？下周保险还〕2万円くらい都合してもらえないか、来週返すから．

拆放 chāifàng〔拆款〕を貸し出すこと．

拆分 chāifēn 分割する．

拆封 chāifēng 信書を開封する．封印したものを開ける．

拆股 chāigǔ 合資経営団体から脱退する．

拆和气 chāihéqì 人の仲を裂く．〔拆人家的和气〕同前．

拆毀 chāihuǐ 取り壊す．〔～房子〕家屋を取り壊す．

拆伙 chāihuǒ ①(団体や組織を)解散する．②仲間割れする．

拆货 chāihuò ①つぶし物．〔卖～也值十块钱〕つぶしで売っても10元になる．②⇒〔拆料〕

拆解 chāijiě 分解する．ばらす．

拆借 chāijiè 圓資金を融通する．短期コールを借り入れる．

拆开 chāikāi ①破り開く．〔～信封〕手紙の封を切る．②取りはずす．分解する．③仲を裂く．〔我们是好朋友，你为什么要给我们～〕我々は親友なのに、きみはどうして我々の仲を裂こうとするのか．

拆款 chāikuǎn 圓(上海の銀行同業公会連合会から会員金融業者への)短期貸付金．コールローン．コールマネー．→〔拆放〕〔拆息〕

拆料 chāiliào →〔拆货〕家屋や塀などを取り壊した木材・煉瓦など．

拆零 chāilíng バラ売りする．分け売りする．量り売りする．〔～卖〕同前．

拆卖 chāimài (組になっているものを)ばらで売る．分売する．〔这套家具不～〕このセットの家具は分売しません．

拆庙撒神 chāimiào chèshén〈慣〉むだな機構・管理職を廃止すること．合理化すること．

拆模 chāimú 建型抜き(する)

拆票 chāipiào 圓旧時の金融業者間で行われる短期貸借の手形．〔两皮～〕期限2日間の同前．〔独天～〕期限1日間の同前．→〔拆款〕②手形を決裁する．

拆迁 chāiqiān 建物を取り壊して他所に引っ越す．〔～户〕立ち退き家庭．

拆墙脚 chāiqiángjiǎo〈喩〉土台や基礎を崩す．破壊する．〔挖 wā 墙脚〕ともいう．〔投机倒把は拆社会主义的墙脚〕投機行為は社会主義の土台を壊すものだ．

拆桥 chāiqiáo 橋を取り壊す．〔过河～〕〈成〉川を渡ってしまうと橋を壊す：後足で砂をかける．

拆散 chāisǎn (揃 zǒ う一セットのものを)分散する．〔这些瓷器是成套的，不要～〕この磁器は組になっているのだ、ばらしてはいけない．

拆散 chāisàn (家庭や団体を)壊す．破る．解体する．離散させる．〔～婚姻〕緣談をぶち壊す．

拆色银 chāisèyín 圓納税金の不足を補う銀．

拆梢 chāishāo〈方〉金銭をゆする．〔流氓 máng～〕ゴロツキがゆすり、たかりをする．

拆台 chāitái 土台を取り壊す．足をすくう．ぶち壊す．ダメにしてしまう．失脚させる．〔他还想拆我的台呢〕彼はその上おれを失脚させようと思っている．

拆息 chāixī 圓(銀行の)日歩(ㄅ)．〔过还 huán 拆票，抬高～〕貸し付け金の返済や手形の引き落としとし、日歩の引き上げ．②コール(ローン)．短期資金貸付．

拆洗 chāixǐ (衣類・ふとんなどを)ほどいて洗う．〔～衣裳〕服をほどいて洗う．〔～被褥〕ふとんをほどいて洗う．

拆线 chāixiàn ①医抜糸(ㄒ)する．②糸を抜く．

拆卸 chāixiè 分解する．解体する．〔～机器〕機械を分解する．〔～工具〕解体用工具．

拆信 chāixìn 手紙の封を切る．開封する．〔～机〕(封筒の)自動開封機．

拆验 chāiyàn 中を開いて検査する．

拆阅 chāiyuè ①(封書などを)開いて見る．②〔牍〕目下の者に出す書簡の宛名の下に書く常套語．→〔台 tái 启〕

拆账 chāizhàng 圓步合(ㄅ)制(俳優・飲食店従業員など)．

拆装 chāizhuāng 分解・組み立て(をする)

拆字 chāizì ①⇒〔测 cè 字〕②文字遊び：〔拆白道字〕の略．漢字の分解．〔绝妙〕を〔色丝少女〕

拆钗差侪茈柴豺　　　　　　　　　　　　　　　chāi～chái

a 〔弄〕を〔王十九〕〔廿 niàn〕(20)から一を引く)とする類のもの．〔~诗〕句中の文字を分解して作った詩：例えば〔日月明朝昏,山风岚岚起,石皮破仍坚…〕の中で,日と月で明,山と風で嵐,石と皮で破.

〔钗・釵（釵）〕 chāi 回女性用の二股のかんざし．〔歧笄 qíjī〕に同じ．〔~云 yún〕〈转〉髪．〔荆 jīng・布裙〕〈成〉いばらを髪にかんざしとし,綿服を着る．〈喩〉女性の粗末な服装.

b 钗钏 chāichuàn かんざしと腕輪．〈転〉女性装身具の総称.

c 钗珥 chāi'ěr ⇒〔钗环〕
钗股 chāigǔ ⇒〔丁 dīng 香头〕
钗光鬓影 chāiguāng bìnyǐng 〈喩〉女の姿態．→〔衣 yī 香鬓影〕

d 钗环 chāihuán ＝〔钗珥〕かんざしと耳輪（イヤリング）．女性装身具（アクセサリー）の総称.
钗裙 chāiqún ①かんざしとはかま．〔→〕〈転〉女性.

e 钗梳 chāishū かんざしと櫛(くし)
钗子股 chāizǐgǔ ＝〔金 jīn 钗股〕植 マツラン．ボウラン：四川・広東地方の老樹の上に寄生するラン科常緑草本．よう疸の解毒剤,痰熱治療薬に用いられる.

〔差（差）〕 chāi ①回人を派遣する．人を問わせる．〔钦 qīn～大臣〕国皇帝の任命した大臣．欽差大臣．②公務．公職．〔外〕地方官の職．地方勤務．〔得 dé 了美~〕いい官職を得た．〔出～〕出張する．〔交～〕公務を終わる．〔开小～

f (儿)〕兵士が脱走する．〈転〉エスケープする．③回使い．使者．〔当～〕小役人を勤める．→ chā chà chài cī

差巴 chāibā （チベット語で）農奴の一種）
差拨 chāibō ①⇒〔差遣〕 ②〔白〕役所の使い走

g り.
差呈 chāichéng ⇒〔差送〕
差旅费 chāilǚfèi 出張旅行（する）．〔~费 fèi〕〔差費〕出張費.
差派 chāipài 同下.

i 差遣 chāiqiǎn ＝〔差拨〕〔差派〕官命で任命または派遣する.
差人 chāirén ①人を派遣する．②官庁の使用人．官庁の属吏．③〔香港で〕巡査.〔差佬 lǎo〕ともいう.

j 差使 chāishǐ (官命で)派遣する.
差使 chāishi 回役人に臨時に特に委嘱された職分．〈転〉職務．公務.
差事 chāishi 使い走りの仕事・内容．②公務．職務．〔差使 shi〕に同じ.

k 差送 chāisòng ＝〔差呈〕〔膺〕使いをつかわせて届ける.
差委 chāiwěi （官命で）任命または派遣する
差务 chāiwù 公務.
差役 chāiyì 〈文〉①属吏．役所の下働き．走り使い．③夫役（ぶやく）を動発して労役につかせる．

〔侪・儕〕 chái 〈文〉①仲間．同輩．〔吾 wú ~〕我々．②結婚する.
侪辈 cháibèi 〈文〉同輩．仲間．ともがら．→〔曹 cáo 偶〕

m 侪居 cháijū 〈文〉一緒に住む.
侪类 cháilèi 〈文〉同輩．仲間．同類.

〔茈〕 chái → cí zǐ

n 茈胡 cháihú ⇒〔柴胡〕

〔柴（癵）〕 chái （Ⅰ）〔柴〕①しば．たきぎ．そだ．燃料．〔劈 pī ~〕まき（を割る）．〔拿斧 fǔ 子劈 pī 劈 pī ~〕斧でまきを割る．〔砍 kǎn ~〕柴を刈る．しば刈りをする．②〈姓〉柴（し）
(Ⅱ)〔癵〕〈方〉①ひからびる．しなびる．〔肉发 ~〕肉がかさかさに乾く．〔鸡 jī 太～了〕鶏がひどくやせた．②劣る．低い．〔他英文学得特~〕彼は英語がさっぱりできない．

柴草 cháicǎo 枯柴や枯草の焚(た)き物
柴车 cháichē 粗末な車.
柴达木盆地 cháidámù péndì 地 ツァイダム盆地：青海省中央部の盆地.
柴刀 cháidāo 鉈(なた)
柴堆 cháiduī 同上.
柴垛 cháiduò ⇒〔柴堆〕たきぎの山.
柴扉 cháifēi 〈文〉柴の戸.
柴锅 cháiguō まきをたくかまど．→〔柴灶〕
柴禾 cháihe 木や藁(わら)などの焚き物：〔柴火〕に同じ.
柴胡 cháihú ＝〔茈 胡〕〔山 shān 菜〕〔芸 yún 蒿〕〔紫 zǐ 胡〕植 ミシマサイコなどセリ科ミシマサイコ属植物．中医柴胡(ぎ)：同類の根で解熱・鎮静・強肝に用いる.
柴毁 cháihuǐ 〈文〉親に死なれてやせ衰える．〔~骨立〕親に死なれてやせ衰えて骨まで出てくる.
柴火 cháihuo たきぎ．まき．〔~垛 duò〕たきぎの山.
柴鸡 cháijī 居在来種の鶏．→〔油 yóu 鸡〕
柴瘠 cháijí 〈文〉栄の如くやせる．ひどくやせる.
柴荆 cháijīng 〈文〉①柴やいばら．②〈喩〉あばらや.
柴门 cháimén 〈文〉柴の門：雑木や小枝などで編んだ粗末な門．〈喩〉貧しい家.
柴门霍甫 cháiménhuòfǔ 人 ザメンホフ：ポーランドの言語学者．〔世 shì 界语〕（エスペラント）の創始者.
柴米 cháimǐ 薪と米．庶民の日常生活の必需物資．〔~油盐〕同前．〔~夫妻〕生活のために一緒になっている利益ずくの夫婦．〔开 kāi 门七件事〕
柴木 cháimù 質のよくない木材．〔花 huā 梨〕〔硬 yìng 木〕など高級木材と区別していう.
柴耙 cháipá 柴をかく熊手.
柴瘦 cháishòu 柴のように（ひどく）やせる.
柴水 cháishuǐ 〔炊事に必要なたきぎや水.
柴炭 cháitàn 木炭．薪炭．〔~业〕薪炭商．燃料商.
柴薪 cháixīn 薪
柴心儿 cháixīnr 食用植物の根あるいは茎の芯に"す"の入ったもの．〔~萝 luó 卜〕〔糠 kāng 萝卜〕すの入った大根．→〔糠②〕
柴窑 cháiyáo 河南省鄭州にある周代の古窯.
柴油 cháiyóu ＝〔音義訳〕狄ぜル油〕ディーゼルオイル．〔~打桩 zhuāng 机〕ディーゼルパイルドライバー（杭(くい)打ち機）
柴油(发动)机 cháiyóu(fādòng)jī ディーゼルエンジン．重油エンジン．＝〔音義訳〕狄ぜル机〕〔〈方〉油渣机〕ともいう．〔~车〕ディーゼル機関車.
柴鱼 cháiyú 棒鱈＝〔干(ぎ)鱈〕の一種.
柴灶 cháizào 薪(まき)かまど．→〔柴锅〕

〔豺（豺）〕 chái 動 ヤマイヌ：狼に似た凶猛な肉食動物．〔~狗 gǒu〕同前.
豺虎 cháihǔ 山犬と虎．〈喩〉むごい人．凶悪な人．極悪人.
豺狼 cháiláng 山犬と狼．〈喩〉無慈悲な人．むごい人．〔~虎豹 bào〕〈成〉〈喩〉〔成性〕凶暴で貪欲な性格．残忍な人柄．〔~野心〕〈喩〉凶暴な野心.
豺狼当道 cháiláng dāngdào 〈成〉悪人が政治に当たる．〔~,安问狐狸〕豺狼(き)のようなものが政治

chái～chán

に当たっている以上,狐狸(ɡ)などは問題ではない:吞舟(ボウ)の魚を逃がして小魚を追うにはおよばない.

豺漆 cháiqī 〔五 wǔ 加皮〕(ウコギ)の別名.
豺声 cháishēng 〈文〉山犬のような凶暴な声.

[茝] chǎi 〈文〉芳草の一種. → zhǐ

[㛀] chǎi 〔-儿〕大豆やとうもろこしを石臼にかけてひいたもの.〔豆 dòu 〜〕豆の同前.

[虿・蠆] chài 固〔蠍 xiē 子〕(サソリ)に類する毒虫.〔蜂 fēng 〜有毒〕はち・さそりには毒がある.〈喩〉小さいけれども恐ろしいものである.
虿芥 chàijiè 〈文〉①とげ. ②とげとげしく怒るさま.
虿尾 chàiwěi 〈文〉さそりの毒尾.〈喩〉人を害するもの.

[差(差)] chài ⇒[瘥] → chā chà chāi cī

[瘥(瘥)] chài → 〔瘥〕〈文〉病が癒える.〔久病初〜〕久しく病んでいたのがやっとよくなる. → cuó

chan イㄢ

[㲿(㲿)] chān 地名用字.〔龙王〜〕山西省にある. → chán

[梴] chān 〈文〉木の長いさま.

[觇・覘] chān ①〈文〉うかがい(さぐり)見る.〔〜望 wàng〕〔〜候 hòu〕同前.〔门外有声,往〜之〕戸の外で声がするので(何事かと)行ってうかがい見た. ②観測する.
觇标 chānbiāo 測用用の標識.〔测 cè 量标〕ともいう.
觇国 chānguó 〈文〉国情を偵察する.

[掺・摻] chān →[搀II①]混ぜる.水などで割る.〔泥里〜石灰〕泥に石灰を混ぜる.〔这个牛奶水〜多了〕このミルクを混ぜすぎた. → càn shǎn
掺兑 chānduì 混合する.(同種ではないものを)混ぜ合わせる.〔搀兑〕とも書く.〔酒里一〜上水,味儿就差 chà 多了〕酒に少しでも水を混ぜると味がぐっと落ちる.
掺放 chānfàng 混ぜ入れる.〔搀放〕とも書く.〔在面粉里要一些白糖〕小麦粉の中に砂糖を少し混ぜる.
掺混 chānhùn 混ぜ合わせる.ごちゃごちゃに混ぜる:〔搀混〕とも書く.
掺和 chānhuo ①混ぜる.混ぜ合わす.ごちゃごちゃにする.〔搀和〕とも書く.〔细粮粗粮〜着吃〕米や小麦粉と雑穀とを混ぜて食べる. ②〈方〉かかり合いになる.〔往人命案里〜〕殺人事件にかかり合う.〔孩子都是孩子,咱们大人别别往里〜啦〕子供は子供同士,大人が頭をつっこんではならない.
掺假 chānjiǎ 偽物・劣質品を混ぜる.混ぜ物をする.〔搀假〕とも書く.〔金银首饰很少有不〜的〕金銀製のアクセサリー類は混ぜ物がないのは少ない.
掺沙子 chānshāzi 砂を混ぜる.〔实质地をほぐす〕〈喩〉新たに成分の異なるものを入れる.他の者を一緒にしてメンバーを多様化する.〔搀沙子〕同.
掺水 chānshuǐ 水を混ぜる.水で割る.〔搀水〕とも書く.〔书〕頁数ばかり多くて中身の薄い本.
掺杂 chānzá 混ぜる.混ぜ物をする.〔搀杂〕とも書く.〔煤 méi 里〜着石头〕石炭の中が混ぜてあ

る.

[搀・攙] chān (I)助ける.支えてやる.〔〜送老人〕老人の体を支えて送る.〔〜着老人走路〕老人に手を借して歩かせる.〔小孩儿摔 shuāi 倒了,你去〜起来吧〕子供がつまずいてころんだ,行って起こしてやれ.
(II)①⇒[掺] ②〔口〕一緒(たに)する.〔跟他们〜和着做〕彼らと一緒にやる.〔〜揉 róu 交织〕ごも入りまじる.
搀兑 chānduì ⇒[掺兑]
搀放 chānfàng ⇒[掺放]
搀扶 chānfú 手で抱え支える.介抱する:〔挡 chōu 扶〕ともいう.〔好好〜着老太太〕おばあちゃんにしっかり手を添えて歩かせる.
搀扶婆 chānfúpó →[搀亲]
搀话接舌 chān huà jiē shé ①差し出口をする.人の話にくちばしを入れる. ②人の讒訴(ぎ)をする. →〔插 chā 嘴〕
搀混 chānhùn ⇒[掺混]
搀和 chānhuo ⇒[掺和]
搀假 chānjiǎ ⇒[掺假]
搀起 chānqǐ 助け起こす.〔〜跌 diē 倒的同志,继续赶路〕倒れた同志を助け起こし,なお道を急ぐ.〔看!摔 shuāi 了不是,快〜他来〕見ろ,ころんだじゃないか,早く助け起こしてやれ.
搀亲 chānqīn 固結婚式の際,新婦が轎(ゼ)を降りるとき介添えすること.〔〜太太〕〔搀扶婆〕婚家の依頼で同前のことをする女性.
搀沙子 chānshāzi ⇒[掺沙子]
搀水 chānshuǐ ⇒[掺水]
搀杂 chānzá ⇒[掺杂]
搀嘴 chānzuǐ くちばしを入れる.差し出口をする. →〔插 chā 嘴〕

[幨] chān →〔襜〕〈文〉古代の車の周囲の垂れ幕.〔〜帷 wéi〕同前.

[襜] chān 固着物の膝前(ホル)の部分:現在の〔底 dǐ 襟〕に同じ.〔〜褕 yú〕〈文〉丈の短い平服. ②⇒[幨]

[㲿] chán 〈文〉ゆっくりしている.〔〜步 bù〕ゆっくり歩く. → chān

[单・單] chán 〔于 yú〕①单于(ゼ)古代の(匈 xiōng 奴)の首長.〔冒 mò 顿〕 ②〈姓〉单于(ゼ) → dān shàn

[婵・嬋] chán 〈文〉姿態の美しいさま.
婵承 chánchéng 〈文〉引き継ぐ.引き受ける.〔弟才疏学浅,今此席抱愧之至〕わたくしは浅学非才である,この任を引き継いだことは誠にお恥ずかしい次第です.
婵娟 chánjuān 〈文〉①(女性の)あでやかで美しいさま. ②月の別称.〔千里共〜〕遠く離れても見る月は同じ. →〔月 yuè 亮〕
婵娟刀 chánjuānrèn 〈文〉あでやかな刃.〈喩〉女色で男を悩殺すること.〔蛾眉本是〜,杀尽风流世上人〕(清平山堂話本)美女はもとこれ殺人剣,世の色好みの殿方を悩殺してしまいます.
婵连 chánlián 〈文〉つながり.親族関係.
婵媛 chányuán 〈文〉①あでやかで美しいさま. ②心のひかれるさま.恋々とするさま. ③あい連なるさま.

[禅・禪] chán ①〔(仏教の)座禅.〔参 cān〕坐禅する. ②仏教に関わること.〔〜法〕〔(仏教の)禅宗.〔〜学〕禅宗の学問. ④〈姓〉禅(ゼ) → shàn
禅床 chánchuáng 座禅をする席.
禅定 chándìng 〈文〉座禅.
禅房 chánfáng 僧坊.〈転〉寺院.

chán

禅关 chánguān ①仏門。②仏教の教義を悟るために通らなければならない関門。
禅和子 chánhézǐ 禅和(ズ).禅和子(ズ):参禅する人.禅宗修行中の僧.
禅机 chánjī 禅機(ズ).
禅偈 chánjié 禅門の偈頌(ジュ).
禅客 chánkè ①禅寺で,居士の説法に応じて問答するためにあらかじめ選ばれている僧.②参禅の僧.
禅理 chánlǐ 仏教の教義.
禅林 chánlín 仏教寺院.→[丛 cóng 林①]
禅门 chánmén ①仏教.②禅宗.〔~五家〕禅宗の臨済・潙仰・雲門・法眼・曹洞の五派.
禅趣 chánqù 世俗のわずらわしさと無縁の静謐(ヒシ)の興趣.
禅师 chánshī 知徳の高い僧の尊称.
禅堂 chántáng 僧堂.
禅悟 chánwù 仏教の教義を悟ること.
禅学 chánxué 禅宗の教義.
禅院 chányuàn 寺院.
禅杖 chánzhàng ①竹の杖:一端を布で包んだもの.座禅の際,眠る者を突いて戒め目をさまさせる.警策にあたる.②僧の持つ杖.→[锡 xī 杖]
禅宗 chánzōng 〔固〕禅宗.仏教の一派.〔不立文字〕〔直 zhí 指人心〕〔见 jiàn 性成佛〕を標榜するので〔佛 fó 心宗〕ともいう.中国へは南宋末に〔菩 pú 提达摩〕(達摩大師)により伝えられた.

[蝉・蟬] chán
①〔固〕セミ.〔知了 zhīliǎo〕は口語語.〔季 jì 鸟儿〕〔唧 jī 鸟儿,〕〔蚱 zhà ~〕〔六儿马 mǎ ~〕〔クマゼミ.〔寒 hán ~〕ツクツクホウシ.〔雨春 ~〕ハルゼミ.
〔鸣 ~〕ミンミンゼミ(総称).〔花蛾 ~〕エゾゼミ.→〔蜩 tiáo ~〕(セミの羽のような)うすぎぬ.絹織物.
蝉珥 chán'ěr 〈文〉古代の侍臣の冠飾.〈転〉文学をもって仕える臣.
蝉腹龟肠 chánfù guīcháng せみは露を飲み,亀は水を飲む.〈喩〉飢える.〔~,为日已久〕(南史)飢餓にせまられること久しい.
蝉冠 chánguān =[蝉冕]〔固〕貴顕の冠:せみの飾りがあり,貂の尾を挿してあるので〔貂 diāo ~〕ともいう.
蝉花 chánhuā 〔薬〕せみの幼虫に一種の菌(きのこ)が寄生し頭部から角状に突出したもの.蝉茸.
蝉联 chánlián ①(せみの鳴き声のように)長く続く.連続する.継続する.〔~锦 jǐn 标〕連続優勝(する).〔中国选手~男子单打世界冠 guàn 军的称号〕中国選手は男子シングルスの世界選手権保持者の称号を継続した.②(任期満了して後もなお)職務を継続する.〔他一个十九年的联合会主席〕彼は連合会主席を十数年も連任した.③〈文〉蝉聯修辞法の一.
蝉冕 chánmiǎn ⇒[蝉冠]
蝉鸣 chánmíng ①せみの鳴き声.②せみが鳴く.
蝉壳 chánqiào せみの抜け殻.〔金 jīn 蝉脱壳〕〈喩〉機をもって逃げ出すこと.ぬけがらの殻.
蝉纱 chánshā ごく薄い紗.
蝉嘶 chánsī =[蝉吟]〈文〉せみの鳴き声.
蝉蜕 chántuì ①〔中医〕せみの抜け殻〔蝉 tiáo 衣〕に同じ.②抜け出る.解脱する.〔~于浊秽〕(史记・屈原传)污濁から抜け出す.→[蜕变①]
蝉纹 chánwén 〈文〉せみの形を模様化した装飾紋様.
蝉衣 chányī 〔中医〕せみの抜け殻:〔蝉蜕①〕ともいう.〈喩〉薄く軽い衣服.
蝉翼 chányì せみの羽.〈喩〉薄くて軽い織物.
蝉吟 chányín ⇒[蝉嘶]

[谗・讒] chán
①そしる.けなす.②無実のことを言って人を陥れる(言葉).〔进~〕讒言(ダン).〔~害忠良〕で忠良な人を陥れる.〔~臣 chén〕同前の臣下.
谗害 chánhài 悪口を言って他人を陥れる.
谗口 chánkǒu 讒言する.〔中 zhòng 伤〕讒言し中傷する.
谗佞 chánnìng 〈文〉他人をあしざまに言って陥れ,また巧言をもって人に取り入る(人)
谗人 chánrén 人を讒(ス)る(人)
谗诬 chánwū 無実のことを言いふらして人を中傷する.
谗言 chányán 讒言(ダン).〔~佞 nìng 语〕〈成〉人を中傷したりおもねったりする言葉.

[馋・饞] chán
①口いやしい.ひどく食べたがる.〔他又~又懒 lǎn〕彼は口いやしいうえに怠ける.〔食堂里的菜不可口味儿,不解 jiě ~〕食堂の料理はまずくて,食べた気がしない.②見て(それが)欲しくなる.〔眼~〕同前.〔见人得了好处~得馋〕他人がうまいことをするのを見るとうらやましくなってしまう.〔尖 jiān ~〕好き嫌いが激しい.〔菠 bō 菜根~肉,少了不好吃〕ほうれんそうは肉をたくさん欲しがる野菜で,少ないとまずい.
馋虫 chánchóng ①口いやしい虫.口いやしい人.〔~发作〕腹の虫がグーグーいう.
馋骨头 chánggútou 口いやしい人.いやしんぼう.
馋鬼 chánguǐ 食いしんぼう.
馋痨 chánláo ①病的な食いしんぼう.餓鬼・肺病患者は食分が特に盛んなので,食いしんぼうを肺病にたとえていったもの.〔他馋直是个~(鬼)〕やつはまるで餓鬼だ.②〈転〉欲望に燃えたぎること.〔~饿 è 眼〕欲しそうでしようがないさま.
馋猫 chánmāo [-儿]〈喩〉食い意地の張った人.
馋涎 chánxián 食べたくて流すよだれ.〔~欲滴 dī〕〈喩〉ひどくよだれを流しがる野望.
馋眼 chányǎn 物欲しそうな目.〔他那俩~一町着她直看〕彼のふたつの助平まなこはその女をじっと見つめていた.
馋嘴 chánzuǐ 口いやしい.食いしんぼうである.

[傪] chán 〈文〉揃わない.

[劖] chán 〈文〉①うがつ.彫刻する.②断った.たたき斬る.

[嚵] chán 〈文〉①くち(ばし).②すする.食べる.

[巉] chán 〈文〉山の切り立って険しいさま:〔巉〕に同じ.
巉峻 chánjùn 〈文〉山の険しいさま.〔~的悬 xuán 崖〕険しく切り立った崖(ガケ)
巉屼 chánwù 〈文〉山に同じ.
巉崖 chányá 〈文〉切り立った崖.
巉岩峭壁 chányán qiàobì 〈成〉山が切り立ったようにしさま.

[镵・鑱] chán ①古代の鉄鋤の一種.②草根などを掘り取る道具.③〈文〉刺す.

[嶃・嶄(嶃)] chán 〈文〉切り立って険しいさま:〔巉〕に同じ. → zhǎn

[铤・鋋] chán 〈文〉鉄の柄のついた短い矛(ホコ)

[孱] càn 〈文〉虚弱である.ひ弱である. →
孱夫 chánfū 〈文〉意気地のない男.
孱力 chánlì 〈文〉弱々しい.
孱躯 chánqū 〈文〉虚弱な体.
孱弱 chánruò 〈文〉①弱々しい.ひ弱い.〔身体~〕身体がひ弱だ.②軟弱で無能である.③力がない.充実していない.

孱种 chánzhǒng ＜方＞弱虫.〔李子俊是～,受不起吓唬〕(丁・太32)李子俊は弱虫だから,脅かしには弱い.

[僝] chán

僝僽 chánzhòu ＜文＞①恨む.不平を抱く.〔那人知后,把我来～〕(元)あの人が知ってからは,わたしに恨みを持った.②憔悴する.気をもむ.③さいなむ.苦しむ.④押しやる.片づける.気を紛らわす.

[潺] chán

潺潺 chánchán ＜擬＞水の流れる音.雨の落ちる音.〔水声～〕水の音がさらさらと(聞こえる).〔秋雨～〕秋の雨がしとしとと降る.

潺湲 chányuán ＜文＞川の水のさらさらと流れるさま.

[缠・纏] chán

①ぐるぐる巻きつける.〔胳臂 gēbei 上～着红箍 gū]腕に赤い(布)の目印を巻きつける.〔拿绷 bēng 带～住伤口〕包帯で傷口を巻く.②まつわる.つきまとう.足手まといになる.〔事务～住〕仕事に縛られる.〔他又来～我〕あの男がまたやって来て,うるさくつきまとって困らせる.〔～着他妈妈要点心,让母さんにつきまとってお菓子をねだる.③(狐などが)憑(つ)く.ばかされる.〔被狐狸精～住〕狐に憑かれる.④＜口＞あしらう.相手になる.〔这孩子淘气,难～极了〕この子はやんちゃでどうにも手にあまる.〔那些人都是不好～的]あの人たちはみな手を焼かせる.⑤＜姓＞纏(だ).

缠绑 chánbǎng ぐるぐる巻きつける.くくりつける.

缠带 chándài 着物の上からしめる帯:物入れとしても使える.〔缠袋〕とも書く.

缠缚 chánfù ①束縛する.②巻きつける.縛りつける.

缠喉风 chánhóufēng 中医纏喉風(ほう):咽頭および下頷淋巴腺炎腫.甲状腺および頸淋巴腺炎腫.

缠回 chánhuí →缠头②

缠髻儿 chánjìr 固女性の髪形の一種:後頭部に束ねてまとめあげる.

缠夹 chánjiā ＜方＞まといつく.巻きこむ.〔但唠唠叨叨～不清的很不少〕(魯・孔乙己)しつこいうるさ型がとても多かった.

缠绞 chánjiǎo 絡みつく.巻きつく.まといつく.

缠脚 chánjiǎo ⇒缠足

缠搅 chánjiǎo ⇒缠扰

缠缴 chánjiǎo ＜白＞まといついて邪魔をする.〔睡 shuì 魔～得慌〕(元)睡魔に襲われて(眠くて)かなわん.

缠结 chánjié まつわりつく.絡みつく.

缠门缠户 chánmén chánhù〔成〕よその家へ行ってうるさくつきまとうこと.

缠绵 chánmián (気分・感情などが)まといついて解けない.〔歌声是那样的柔和～〕歌声がいかにも優しく人を引きつける.

缠绵悱恻 chánmián fěicè〔成〕哀婉切々としているさま.＜転＞(文章や歌など)やるせない悲しみが人を引きつけること.

缠磨 chánmo まつわりついて困らせる.〔这孩子净 jìng ～人〕この子は人につきまとってばかりいる.

缠扰 chánrǎo〔缠搅〕からまつく.まといつく.まつわりついて邪魔をする.

缠绕 chánrào まきつける.まといつく.まつわりつく.邪魔する.足手まといになる.〔让那件事给绊～住了〕あのことがあって足手まといになった.〔摆 bǎi 脱不了杂事的,耽 dān 误了正事〕雑事の邪魔から抜け出せずに肝心の仕事をだめにしてしまった.〔～茎〕固他の物に巻きついている茎.〔～植物〕固朝顔.

・つたの類.

缠惹 chánrě ＜白＞まといつき妨げる.〔不幸病～〕(董厢)不幸にも病気にとりつかれた.

缠人 chánrén 人につきまとう.人を困らせる.

缠身 chánshēn ①つきまとう.〔病魔 mó ～〕病魔がつきまとう.②身に巻きつける.

缠手 chánshǒu 煩わしい.手数がかかる.うるさい.面倒でみる.治りにくい.〔这个事情很～〕これにはひどく手を焼いた.

缠丝玛瑙 chánsī mǎnǎo 赤白の線の入っている瑪瑙(の).

缠丝炮 chánsīpào 固砲身に針金を巻きつけて被甲した火砲.

缠讼 chánsòng ＜文＞長らく裁判沙汰になっている.〔他们俩～三年的婚姻官司已告结 jié 束〕あの二人が3年間裁判沙汰にしていた婚姻訴訟もようやく結末がついた.

缠头 chántóu ①固芸人などに与える心付け."はな":もとは踊り子が頭に飾った彩布.②＜口＞白布を頭に巻く少数民族.〔～回 huí(子)〕〔缠回〕同前の回族.

缠腰龙 chányāolóng 中医帯状疱疹(帯状ヘルペス):〔火 huǒ 带疮(蛇 shé 缠疮)〕ともいう.赤く広範囲に広がる水泡性皮膚炎で多くは胸・背・腰にかけて帯状に体を半周して生ずる.→〔疱 pào 疹〕

缠足 chánzú →〔缠脚〕〔缠脚(じゃっ)〕に同じ.→〔小 xiǎo 脚〕

[廛] chán

＜文＞①店.店舗.〔市～〕商店(街).②住まい.

廛肆 chánsì →〔廛肆〕＜文＞店.商店.

[瀍] chán

〔～河 hé〕固河南省孟津県に源を発し,東流して洛水に注ぐ.

[躔] chán

＜文＞①日月星辰の運行.②足で踏んだところ.足跡.〔未知英雄之所～也〕(左思・呉都賦)甲状腺および,大国の事を見ないものは)英雄の行蹤をよく知ることができない.

躔次 cháncì ＜文＞天体の位置.星座.

躔弹 chántán ＜文＞探る.探訪する.〔～一个消息回话你〕(京本通俗小説)様子を探って返事しよう.

[澶] chán

〔～渊 yuán〕固河南省濮陽の西南にある湖名:昔時,宋の真宗が親征して遼と歳幣の約を結んだところ.

澶漫 chánmàn ＜文＞①放縦である.②遼遠である.

[蟾] chán

①→〔蟾蜍〕②＜文＞月の別称:"がま"がいるとされた.〔明～〕月の別称.

蟾蜍 chánchú ヒキガエル 動:俗に〔疥 jiè 蛤蟆〕〔癞 lài 蛤蟆〕(ガマ)という.〔～〕は薬物名または文学的に用いられる.→〔蛤 há 蟆〕

蟾宫 chángōng ＜文＞月.月宮:〔蟾轮 lún〕〔蟾盘 pán〕〔蟾魄 pò〕ともいう.＜転＞科挙の試験場.〔～折 zhé 桂〕〔喩〕科挙の試験(進士)に合格すること.

蟾光 chánguāng ＜文＞月の光.

蟾酥 chánsū 中医がまの油:がまの耳腺および皮膚疣(ぼう)から分泌する粘液を集め乾燥した塊で強心剤として薬用される.

蟾兔 chántù ①月の中にいるといわれる兔.②＜転＞月の別称.

蟾影 chányǐng ＜文＞月の影.

[产(產・産)] chǎn

①産む.生む.②＜小～＞流産(する).〔保护女工生～〕女子労働者の産前産後の保護(をする).②産出する.〔荔 lì 枝～于广东,福建〕荔枝(れいし)は広東・福建に産する.〔沿海盛～鱼虾〕沿海地方では魚介類をたくさん産出する.〔此煤山西～〕

chǎn

この石炭は山西産である. ③作り出す.生産する.(農作物を作って)収穫をあげる.〔~加销 xiāo〕生産·加工·贩売.〔~学结合〕産学協同.〔多への作家〕多作の作家.〔农业丰 fēng ~ 模范〕農業多収穫模範の.④生産されたもの.生産品.〔矿 kuàng ~〕鉱産物.〔水~〕水産物.〔土~〕土産物.〔特~〕特産物.〔名~〕名産.〔其人北~也,而操南音〕〈文〉かれは北方生まれだが南方語を操る.⑤财产.资产.〔财 cái ~〕财産.〔房~〕家屋.〔动~〕動产.〔无~阶级〕無産階級.⑥〔姓〕産(ざん).

产程 chǎnchéng 分娩プロセス.
产成品 chǎnchéngpǐn 製品.完成品:〔成品〕に同じ.
产出 chǎnchū 生産する.(製品を)出す.
产床 chǎnchuáng 医分娩台.分娩ベッド.
产道 chǎndào 生理産道.
产地 chǎndì (物品の)産地.生産地.〔~交货〕函原産地渡し.
产儿 chǎn'ér ①新生児.産児.②〈喩〉新たに発明されたもの.〔这是技术革新运动的~〕これは技術革新運動の産物だ.
产房 chǎnfáng 産室.
产妇 chǎnfù 産婦.
产供销 chǎngōngxiāo 生産と供給と販売.
产后 chǎnhòu お産の後.産後.产褥(rù)期:〔产褥~〕ともいう.〔~失调〕産後の肥立ちが不良.
产户 chǎnhù ⇒〔产门〕
产疾 chǎnjí 〈文〉出産のために生じた病気.
产籍 chǎnjí 不動産登記簿.
产假 chǎnjià 出産休暇.産休.〔请~〕出産休暇をもらう.
产科 chǎnkē 医産科.〔妇~〕産婦人科.
产量 chǎnliàng 生産量.
产卵 chǎnluǎn 産卵(する).〔~器〕産卵器.→〔下 xià 蛋〕
产门 chǎnmén =〔〈文〉产户〕〈文〉産婦の陰門:〔中医 yù 门②〕に同じ.
产能 chǎnnéng ①生産能力.〔扩 kuò 大~〕同前を拡大する.②エネルギーの生産(をする)
产品 chǎnpǐn =〔出 chū 品①〕生産物.製品.〔副 fù ~〕農产物.〔~成本〕製品原価.〔~链〕プロダクトチェーン.製品間のつながり.〔根据原设 shè 计图样检查~的质 zhì 量〕元設計図に基づいて製品の品質を検査する.
产婆 chǎnpó ⇒〔接 jiē 生婆〕
产期 chǎnqī 出産時期.→〔孕 yùn 期〕
产前 chǎnqián お産の前.産前〔孕 yùn 期〕ともいう.
产钳 chǎnqián 医鉗子(かんし):難産の時,胎児をはさんで出す道具.
产区 chǎnqū 生産地.
产权 chǎnquán 法财産権.〔~转 zhuǎn 让〕財産権の移転.〔私有~〕私有財産権.〔企业~〕企業財産権.〔知识~〕知的所有権.〔这艘轮船的~属于航运管理局〕この船の所有権は航運管理局に属する.
产褥 chǎnrù 〈文〉出産後の期間.産褥(rù):〔产褥〕とも書いた.〔~期〕产后〕产褥期.〔~感染〕~热〕医産褥熱:〔月 yuè 子病〕は通称.
产伤 chǎnshāng 医分娩時に赤ん坊の受けた傷.
产生 chǎnshēng ①〈文〉出産する.〔一男〕一男を生んだ.②発生する.生ずる.できる.〔这种倾向的~是不难想像的〕この種の傾向の発生は考えかねない.〔他~了自满情 qíng 绪〕彼はうぬぼれの気持ちがでてきた.〔旧的问题解决了,新的问题又~了〕古い問題が解決したら,新しい問題がまた発生した.

产物 chǎnwù 産物.結果.〔时代的~〕時代の産物.
产销 chǎnxiāo 生産と販売.〔~合同〕生産販売契約.〔~平衡〕生産と販売のバランス.〔~失衡〕生産と消費がバランスを失う.〔~税〕生産販売税.〔调 tiáo 整~关系〕生産消費関係を調整する.〔~合作社〕生産販売組合.→〔合 hé 作社〕
产需 chǎnxū 医生産と需要.〔~平衡 héng〕同前のバランスがとれている.
产学研 chǎnxuéyán 生産者·学校·研究機関との三者(協同)
产业 chǎnyè ①資産.財産:特に土地·家屋·工場などの不動産.〔~税〕財産税.資産税.②近代の各種工業生産.〔~工人〕産業労働者.〔~革命〕工业革命.産業革命.〔后备军〕失业军]産業予備軍.〔~结构〕産業構造.〔~空洞化〕産業の空洞化.③農鉱工商などの経済事業.→〔实 shí 业〕
产业军 chǎnyèjūn 近代産業労働者の隊伍.
产业资本 chǎnyè zīběn 経産業資本.
产衣 chǎnyī うぶ着.
产育率 chǎnyùlǜ 出生率.
产院 chǎnyuàn 産院.
产崽 chǎnzǎi〈方〉(動物が)子を生む:〔下 xià 崽儿〕に同じ.
产值 chǎnzhí 産額.生産高(価格によって表示したもの).〔净~〕純生産高.〔工业总~〕工業総生産額.

〔浐·滻〕 chǎn 〈~河〉地陕西省藍田県西南に発し,灞水に合流し渭水に入る.

〔铲·鏟(剷·剗)〕 chǎn

(I)〔鏟(剷·剗)〕①(スコップや鋤で)削り取る.〔你把这儿~平了〕ここをさらって平らにしなさい.〔~草〕草をとる.〔~黑 hēi 秘密组织〕秘密組織を撲滅する.〔道儿不平,旁人~〕〈諺〉公平な判断は他人がする.②たがねで平面を削る.〔没鞍子,~坏了牲口鞍がないと馬の背を傷める.③〔-儿,-子〕シャベル·スコップ.しゃもじ·十能など,ものをすくい取ったり均(なら)す道具.〔用煤~子撮 cuō 煤〕石炭用スコップで石炭をすくいとる.→〔锹 qiāo〕〔锨 xiān〕
(II)〔剗〕①〈白〉①裸馬に乗る.②〔~马〕同前.②〔~地〕~的〕①かえって.ますます.⑤なお.やはり.まだ.⑥いわれもなく.理由もなく.⑥どうして.なぜ.=〔刬 chàn〕

铲币 chǎnbì 古(スコップ型の)銅の貨幣:スコップの柄の部分にあたるところに穴が開けてあるので〔空 kōng 首布〕ともいう.
铲车 chǎnchē ⇒〔叉 chā 车〕
铲除 chǎnchú 削り除く.除き取る.〔~杂草〕雑草をとる.〔~这两方面的祸 huò 根〕この両方面の禍根を切り除く.
铲倒 chǎndǎo 又(サッカーなど)スライディングして相手を倒す.
铲斗 chǎndǒu しゃくりとった土砂などを入れて運ぶための箱形のシャベル.
铲迹 chǎnjì 〈文〉足跡を秘匿する.〔~销声〕〈成〉鳴りをひそめる.
铲球 chǎnqiú 又(サッカーなどの)スライディングタックル.
铲蹚 chǎntāng 畑の除草をする.畑の雑草を削り取る.
铲土机 chǎntǔjī =〔铲运机〕〔推 tuī 土机〕掘削運搬機.スクレーパー.土砂運搬のできるブルドーザー.
铲袜 chǎnwà 〈文〉靴下で(靴をはかずに)地を踏む.〔~下香阶〕靴下のまま玉のきざはしを下りる.
铲削 chǎnxiāo ①削る.しゃくりとる.たがねで平面

chǎn～chāng

を削る. ②山地などを削りならす.
铲雪 chǎnxuě 雪掻きをする.〔～车 chē〕除雪自動車.→〔扫 sǎo 雪〕
铲运车 chǎnyùnchē ⇒〔叉 chā 车〕
铲运机 chǎnyùnjī ⇒〔铲土机〕
铲子 chǎnzi シャベル.スコップ.十能.金属製のしゃもじなど(総称)〔用～炒菜〕フライ返しを使って野菜を炒める.→〔铁 tiě 锹〕〔铁铍〕

〔**刬**〕 chǎn 〈姓〉刬(chǎn·) →〔铲〕

〔**谄・諂**(謅)〕 chǎn おもねる.へつらう.〔能骄人者能～人〕おごるものは人にへつらう.→〔谀 yú〕
谄媚 chǎnmèi 媚びへつらう.
谄佞 chǎnnìng 〈文〉おもねり、へつらう.
谄上欺下 chǎnshàng qīxià〔成〕目上の人にへつらい、目下の人をいじめる.
谄笑 chǎnxiào お世辞笑いをする.〔胁 xié 肩～〕〈成〉追従(ついしょう)笑いをする.
谄谀 chǎnyú へつらう.おべっかを使う.こびる.機嫌をとる.

〔**阐・闡**〕 chǎn ひらく.明らかにする.
阐发 chǎnfā (道理を)明らかにする.〔把这个生产力和生产关系的矛盾的普遍性～出来了〕(毛・矛)この生産力と生産関係の矛盾の普遍性を説き明かした.
阐论 chǎnlùn 論じて明らかにする.〔他～这个问题真是精辟得很〕彼はこの問題を明らかに論じ、まことに詳しくみごとである.
阐明 chǎnmíng (道理や意味を)明らかに表す.〔必须～道理、人们才能了解〕道理を明らかにしてこそ初めて人ははっきり分かるのである.
阐士 chǎnshì 〈文〉高僧.
阐释 chǎnshì 解釈する.詳しく説明する.〔～特点〕特色を詳しく説明する.
阐述 chǎnshù はっきりさせて述べる.〔将事件的始末、经过～明白〕事件の始末・経過をはっきり述べ明らかにする.
阐说 chǎnshuō 詳しく説明する.
阐扬 chǎnyáng 〈文〉道理を説いて宣伝する.
阐幽发微 chǎnyōu fāwēi〔成〕定かでないものからはっきりしたものを取り出し啓発する：〔阐幽明微〕〔阐幽扶 jué 微〕ともいう.〔这种工作也是很重要的〕こういう啓蒙啓発の仕事もたいへん重要である.

〔**啴・嘽**〕 chǎn 〈文〉ゆったりしている.〔～缓 huǎn〕同前.→ tān

〔**燀・燀**〕 chǎn 〈文〉①燃やす. ②火花の飛び散るさま. ③〈烈〉熱の.

〔**蕆・蕆**〕 chǎn 〈文〉笑うさま.〔～然而笑〕にやかに笑う.

〔**蕆・蕆**〕 chǎn 〈文〉完了する.〔～事〕やり終える.

〔**骣・驏**〕 chǎn 〈文〉はだか馬に乗る.〔～骑 qí〕同前.

〔**忏・懺**〕 chàn ①悔い改める.過ちを悔いる.〔愧 kuì～〕悔い改める. ②图(仏教や道教で)暗闇する経文の一種.〔拜～〕僧侶が経文を誦して仏に懺悔(ざんげ)し、礼拝して福を求める.〔～悔〕懺悔の儀式.
忏除 chànchú 图(仏教で)懺悔して罪を除くこと.〔～罪障〕(華厳経)懺悔して罪を取りのぞく.
忏悔 chànhuǐ 图(仏教で)〔悔〕は〔梵〕語〔忏摩〕の略.〔悔〕は〔悔往〕の意.梵語と漢語の

合成語.
忏礼 chànlǐ 图(仏教で)僧侶が斎戒して仏に罪を懺悔して幸福を祈り求める儀式.
忏七 chànqī 图(仏教で)初七日(しょなのか)：人の死後7日目に僧を招いて経をあげる.→〔办 bàn 七〕

〔**刬・剗**〕 chàn ①〔一～〕〈方〉みな.すっかり、一律に.〔一～都是新家伙〕ぜんぶ新しい道具だ.②この人说的一～是瞎话〕この人の言うことはみなでたらめだ.②〈白〉一途に.ひたすら.これまでずっと.→〔铲 chǎn〕

〔**傠**〕 chàn 〈文〉入り混じる.混ぜる.〔～合〕同前. ②軽はずみである. → chán
傠头 chàntou〔方〕意地が悪い.ろくでもない.〔这小孩子才一吧〕この子は全く腕白だ.〔这是人家挑 tiāo 剩下的～货〕これは人が選り残した粗悪品だ.
傠言 chànyán 〈文〉談話中に口出しする.

〔**颤・顫**〕 chàn 振動する.小刻みに揺れる：細かい上下動をいう.〔浑 hún 身发～〕全身がふるえる. → zhàn
颤笔 chànbǐ 筆を震わせて書く書法(画法)
颤荡 chàndàng 震えたり揺れたりして動く.
颤动 chàndòng 振動(する).震える.〔木板薄了就要～起来〕板が薄いと揺れる.〔手一得写不成字〕手が震え字が書けない.
颤抖 chàndǒu 震える.身震いする.〔声音～〕声が震える.〔冻得全身～〕寒くて全身がぶるぶる震える. → zhàndǒu
颤痕 chànhén 〔跳 tiào 痕〕①切削の際の"ぶれ"のため製品の表面にできる波形模様. ②地震計に記録される震波.
颤忽 chàn·hū〔方〕揺れる.
颤弱 chànruò(声が)震えて弱々しい.
颤声 chànshēng 震え声.
颤巍 chàn·wēi 小さく震える.〔鸟儿一落上去、树枝儿就～起来〕鳥がとまると木の枝が小さく揺れる.
颤巍巍 chànwēiwēi (老人や病人などが)よろよろするさま.ぶるぶる震えるさま.〔老太太～地走进来〕おばあさんがよろよろとして入ってくる.
颤响 chànxiǎng 震える音がする.
颤音 chànyīn 图圖トリル.顫(せん)音.〔用～歌唱〕ビブラートで歌う.
颤音琴 chànyīnqín ⇒〔钟 zhōng 琴〕
颤悠悠 chànyōuyōu 揺れる.震える.小きざみに震える.〔～的花影〕揺れやまぬ花影.
颤悠 chànyōu 揺れる.震える.〔钢丝床软得颤颤悠悠的〕スプリングのベッドはふわりとして上下に揺れる.

〔**羼**〕 chàn 混ぜる.入り乱れる.ごっちゃになる.〔～进会场〕会場へ紛れ込む.ごまかして入る.〔典籍错乱、皆由后人所～〕(顔氏家訓・書証)典籍が錯乱しているのは後の人がごっちゃに入れためである.
羼杂 chànzá 混ぜる.ごちゃ混ぜにする.混合する.〔有其他的色彩～〕そのほかの色がごちゃ混ぜに入り混じっている.

〔**韂**〕 chàn 鞍の下へ敷く敷物.下鞍(したぐら).〔鞍 ān～〕鞍と下鞍.

chang　ィ大

〔**伥・倀**〕 chāng ①伝説で、虎に食い殺された人の霊魂が、虎の手先になって悪事を働くという.〈転〉悪人の手先.〔～鬼〕同前.→〔为 wéi 虎～〕〈成〉甘んじて悪者の手先になる.→〔为虎作伥〕 ②迷う. ③狂う.

伥昌倡菖闿猖娼鲳长　　　　　　　　　　　　　　chāng～cháng

伥伥 chāngchāng 〈文〉迷ってどうしたらよいか分からなくなったさま.〔若瞀瞀 gǔ 者之～〕盲人が同伴.
伥鬼 chāngguǐ →字解①

〔**昌**〕chāng ①盛んである.〔～达 dá〕立派なこと.〔医学〕医学が盛んになったので,この病気ももう治療法が見つかった.〔当时米丘林学说大～于世〕当時ミチューリン学説が世間に盛んに行われていた.〔得之者～,失之者亡〕〈文〉これを得る者は栄え,これを失うものは亡びる. ②〈文〉正当である.正しい.〔～否〕正しいか正しくないか. ③率直に言う.〔～言无忌〕率直に言いはばかるところがない. ④（生きている）物.〔百～生于土而反于土〕万物は土から生じ土に返る.〔～姓〕昌(ᠰ)↓

昌本 chāngběn 中医菖蒲(しょう)の根:薬用する.
昌辞 chāngcí 〈文〉美い文章.
昌蛾 chāng'é →〔车 chē 蛾〕
昌光 chāngguāng 〈文〉めでたい光.瑞気.
昌盍 chānghé 〈文〉秋風.〔阊阖③〕に同じ.
昌化石 chānghuàshí 国昌化石:浙江省昌化県産の印章用の石.半透明のものを〔昌化冻〕という.また紅点があるものや全体が赤いものを〔鸡 jī 血石〕〔鸡血冻〕という.〔冻 dòng 石〕
昌尽必棸 chāngjìn bìyāng 〈成〉盛運の後には必ず不運が来る.
昌隆 chānglóng 盛んである.繁盛する.
昌明 chāngmíng ①盛んで輝かしい.立派である. ②四川産の銘茶の名.
昌期 chāngqī 〈文〉栄えている時世.太平の世.
昌盛 chāngshèng 盛んである.繁盛している.
昌旺 chāngwàng 繁栄し盛んである.〔人口～,家道兴～〕(老・四・惶2)家族が栄え暮らしむきがよくなる.
昌言 chāngyán 〈文〉①正当な言論. ②直言する.

〔**倡**〕chāng 〈文〉歌舞の楽人.音楽の演奏者.〔～优 yōu〕同前.妓女と役者. ②〈文〉妓女.売笑婦.〔娼〕に通じて用いる. ③〈文〉乱れ騒ぐ.たけり狂う;〔猖〕に通じて用いる. ④〈姓〉倡(ᠰ)↓ → chàng

〔**菖**〕chāng ①→〔菖蒲〕 ②〈姓〉菖(ᠰ)↓
菖兰 chānglán ＝〔蝴 hú 蝶花①〕シャガ.
菖蒲 chāngpú 樹ショウブ.〔白 bái 菖〕〔兰 lán 荪〕〔蒲子〕〔水 shuǐ 菖蒲〕〔溪 xī 荪〕旧習でしょうぶを束ね軒先にかけたり,また燃やしたりして邪気を払った.〔～棒儿〕しょうぶの花穂.〔石 shí 菖〕セキショウ.→〔端 duān 午(节)〕

〔**闿・閶**〕chāng
闓闓 chānghé ①〈文〉天上世界の最初の門. ②宫殿の正門. ③秋風.〔昌盍〕とも書く. ④〈风～〉同前.

〔**猖**〕chāng 〈文〉乱れ騒ぐ.たけり狂う;凶暴である.
猖獗 chāngjué ①勢力が盛んで制しきれないこと.激しく暴れること.〔某年夏季,此处霍乱～,病者甚多〕ある年の夏,ここにはコレラが流行して,かかった人は非常に多かった. ②〈文〉傾く.転ぶ.
猖狂 chāngkuáng たけり狂う.血迷う.狂暴である.〔击退了敌人的～进攻〕敵の狂暴な攻撃を撃退した.
猖披 chāngpī 〈文〉乱れるさま:着物を着て帯をしめない.

〔**娼**〕chāng 妓女.売笑婦.売春婦.〔～窑 yáo〕売笑窟(ᠰ).〔男盗女～〕〈成〉男と言えば泥棒,女と言えば娼妓:男も女もろくでない.
娼妇 chāngfù ①回売笑婦. ②あま:成人した女性

を罵る語.
娼妓 chāngjì 売春婦.娼妓.
娼家 chāngjiā 妓楼.
娼寮 chāngliáo 〈文〉妓楼.遊廓.貸座敷.
娼门 chāngmén 妓楼.
娼优隶卒 chāng yōu lì zú 回娼妓・役者・小役人・兵卒.〔喩〕下層階級の者.下賤な者.

〔**鲳・鯧**〕chāng 魚マナガツオ(総称):スズキ目の魚.〔银 yín～〕マナガツオ.〔～鱼 yú〕は通称.〔刺 cì ～〕イボダイ.
鲳鱼 chāngyú 魚マナガツオ(银 yín 鲳)の通称.〔狗 gǒu 瞌睡鱼〕〔镜 jìng 鱼〕〔平 píng 鱼〕ともいう.

〔**长・長**〕cháng ①長い(時間的あるいは空間的に).〔这条街很～〕この通りは非常に長い.〔～时间〕長い時間.〔夏天昼～夜短〕夏は日が長くて夜が短い.↔〔短 duǎn 〕 ②長さ.〔那张桌子～三尺宽二尺〕あのテーブルは長さ3尺幅2尺だ. ③長くなる.〔比原来～了十公分〕もとよりは10センチ長くなった.〔～不了 liǎo 〕長続きするはずがない. ④優れている.よくできる.〔他～于唱歌〕彼は歌がうまい.〔特～〕特長.〔展其所～〕〈文〉その優れたところを発揮する.〔以射击见～〕射撃に優れている.〔各有所～〈成〉それぞれ優れた点を持っている. ⑤〈姓〉长(ᠰ) → zhǎng zhàng
长安 cháng'ān 都:もともと漢～唐の都(現在の西安)をいった.
长安道上 cháng'ān dào shàng 〈成〉名利の場.名利の追求をこととする社会:唐五代の詞〔～行客,依旧利深名切〕長安へ旅する者は,ひたすら功名心にかられている)に基づく.
长安路 cháng'ānlù 〈喩〉回官家の従僕:〔吃 chī 长安路的〕の略称.
长白山 chángbáishān 地中国・朝鮮国境にある火山:〔白山⑤〕ともいう.〔白头山〕は朝鮮側の呼称.
长班 chángbān 回①役人の召使.下僕. ②北京で各省の会館に雇われていた世話人.
长包 chángbāo ①長期間保証する. ②長期間借りきる.
长臂虾科 chángbìxiā kē テナガエビ科(分類学用語):テナガエビは〔沼 zhǎo 虾〕という.
长臂猿 chángbìyuán 動テナガザル.→〔猿〕
长编 chángbiān 草稿:著作を書く前の初歩的な稿本.時間順にとじた史料.
长便 chángbiàn ⇒〔常便①〕
长别 chángbié ①長い別れ. ②死別(婉語)
长波 chángbō 物長波.→〔短 duǎn 波〕
长脖老等 chángbó lǎoděng ⇒〔苍 cāng 鹭〕
长脖鹿 chángbólù →〔长颈鹿〕
长策 chángcè 長期的計画.〔治国～〕国を治めるための同前.
长城 chángchéng ①〔万 wàn 里～〕の略.〈喩〉頼りとするに足りること.また攻め難いこと. ②星の名. ③〈喩〉軍隊.
长城站 chángchéngzhàn 中国の南極観測基地.
长程 chángchéng 長距離.遠距離.
长虫 chángchong 蛇の俗称.→〔蛇 shé ①〕
长抽短吊 chángchōu duǎndiào 卓卓球の長いドライブと短いショット.
长出气 chángchūqì 長嘆息(する).〔皱 zhòu 着眉,望着他～〕まゆをひそめ,彼を見て長嘆息した.
长处 chángchu 長所.優れた点.↔〔短 duǎn 处〕
长川 chángchuān ①長い川. ②⇒〔常川〕
长传 chángchuán 区(サッカーなどの)ロングパス:〔远 yuǎn 传〕ともいう.↔〔短 duǎn 递〕

cháng

长串 chángchuàn ①長い列. ②縄や糸に刺して連ねたもの.串刺し.

长蝽 chángchūn メダカカメムシ(科の昆虫):麦・とうもろこしなどの茎の水を吸う害虫.

长春花 chángchūnhuā 植①[金jīn 盏花](キンセンカ)の別称. ②ニチニチソウ(日日草). ③コウシンバラ.

长辞 chángcí 永久(えん)の別れ(婉語).[与世～]この世との永遠の別れ.

长此 chángcǐ この調子で.ずっと.[如两国的关系～恶化…]両国の関係はこのようにしてずっと悪化していったら….

长此以往 chángcǐ yǐwǎng 〈成〉このままで進めば.この調子で行けば.[～一哪还有完liǎo 结he]この調子で行ったら、いつけりがつくかわからないじゃないか.[～将来不堪设想]このままで行ったら、将来が思いやられる.

长存 chángcún ①とこしえに存在する. ②旧[钱 qián 庄]における定期預金の一種.→[浮fú 存]

长凳 chángdèng (何人も掛けられる)長い腰掛・ベンチ.

长狄 chángdí 古代の北狄(ほくてき)の一種:身長が常人の倍あまりあったという.

长笛 chángdí 楽①フルート:[大dà 笛].〈音訳〉弗fú 柳式]ともいう.→[短duǎn 笛]. ②古横笛の一種.

长调 chángdiào 字数の比較的多い[词cí ④]:本来は91字以上のものをいう.→[令lìng(I)⑦]

长豆角 chángdòujiǎo ⇒[长豆豇]

长度 chángdù 長さ.寸法.[全国邮路一共达到四百九十万公里]全国郵便路の長さは合計490万キロに達する.

长短 chángduǎn ①[-儿]長さ.[约有三丈～]長さは約3丈ある.[这个～不合适]これは長さが合わない. ②〈転〉思いがけない事故:主として生命の危険をいう.[三长两短]同前.[万一他有个～怎么办]もし彼に万が一の事があったらどうしよう. ③是非.優劣.[说长道短]あれこれ取り沙汰する.〈転〉悪口を言う.[究竟怎么长怎么短,我还不知道呢]結局どういうのかどう悪いのか、わたしにはまだわからない.[背地里说人～是不应该的]陰で人の事をとやかく言うものではない. ④〈方〉事情.事由.[他老是跟我叮叮你的～]彼はいつも僕に君の情況を聞くんだ.[与我们有什么～]わしらと何の関係がある. ⑤〈方〉どうしても.[明天的欢迎大会你～要来]明日の歓迎会にはどうしても来い.

长短句 chángduǎnjù ①一篇の詩の中に長句と短句が混合されているもの. ②[词cí ③]

长吨 chángdūn ⇒[英yīng 吨]

长耳公 cháng'ěrgōng 驢(ろば)に対する戯称.→[驴lú]

长耳鸮 cháng'ěrxiāo 鳥トラフズク.→[鸱chī 鸺]

长法(儿) chángfǎ(r) 根本の方法.長続きする方法.[你这也不是个～]そのやり口もいつまでも大丈夫なやり方ではない.

长发贼 chángfàzéi 長髪賊:太平天国軍を蔑視していうかた.[长毛(儿)][长毛贼][长毛子][发匪]は別称.[太tài 平天国]

长方 chángfāng 長方形(の).[～桌子]長方形のテーブル.[～体]図直方体.[～形]長方形.矩形.

长方脸(儿) chángfāngliǎn(r) =[容róng 长脸儿]長い四角な、細面の容长脸儿].[儿17]ほどよい面長(おもなが)で四角い顔.

长风 chángfēng 強風.〈喩〉時運に乗る風.[～破浪]志が大きいこと.

长歌 chánggē 〈文〉高らかに歌う.[～当dàng 哭]

〈成〉詩文で胸中の悲憤を吐露すること.

长葛绒 chánggēróng 紡綿紗布に粗毛を織り込んだ布:河南省長葛が主産地.

长庚 chánggēng 〈文〉宵の明星:夕べに出る金星.→[太tài 白]

长工 chánggōng =〈方〉长活][〈方〉长年②]旧地主の常備(じゅうび)の作男:ふつう年ぎめの[雇gù 农]をいう.[扛长活]作男になる.[～屋wū]作男小屋.下(く)屋.→[短duǎn 工]

长骨 chánggǔ 生理長骨.管状骨.

长鼓 chánggǔ 楽(朝鮮族や瑶族などの)太鼓の一:中央は細くくびれている.

长关 chángguān かんぬき.[下了～,彻了大锁(董厢)]かんぬきをおろし、大きな錠をはずす.→[插chā 关儿][门mén 闩]

长轨 chángguǐ (鉄道の)ロングレール.長尺レール.

长跪 chángguì 〈文〉両膝を地面につけ上体をまっすぐに立たせる:[跽jì]に同じ.[～而不拜]ひざまずきながら上半身を立てていて拝伏しない.

长汉 chánghàn ⇒[天tiān 河]

长航 chángháng ①長期間の航海.長距離飛行. ②長江の航運.

长号 chángháo 号泣する.

长号 chánghào 楽トロンボーン:[口拉lā 管]ともいう.

长河 chánghé ①⇒[天tiān 河] ②長い川.〈喩〉過程の長いこと.[历史的～]歴史の大きな流れ.

长恨歌 chánghèngē 唐の白居易の七言長篇120句の詩:玄宗皇帝が楊貴妃をなくした恨情の情を述べたもの.[一传zhuàn]画唐の陳鴻の作.

长虹 chánghóng 虹.

长话 chánghuà [长距离电话][长途电话]の略.[～费]同前の料金.長話.長々とした話.[～短说]〈成〉要領よく話す.手短か話す.

长会 chánghuì 長時間の会議.だらだら会議.

长活 chánghuó ①⇒[长工] [长工]のする仕事.

长活脸儿 chánghuóliǎnr 〈方〉長い顔.面長(めんちょう).うりざね顔.[长合脸儿][长圆脸儿]とも書く.

长计 chángjì 〈文〉①永遠のはかりごと. ②優れたはかりごと.良策.

长技 chángjì 得意な技能または芸.[别无～]〈成〉得意な技もない.

长假 chángjià (役所・軍隊で)永遠のいとま.辞職.[请～]辞願(届)を出す.

长笺 chángjiān ①〈文〉訓詁の書.[说文～][六书～]明の趙宦光の著. ②長い便箋.〈転〉文章.書簡.

长江 chángjiāng =[大dà 江]旧長江:外国人の多くは揚子江という.青海省から西蔵・四川・雲南の省境を東北流し、三峡を経て湖北・湖南・江西・安徽を横断し江蘇・上海で東シナ海に注ぐ.延長6300キロ.中国で世界第三位の大河.上海より沱江・通天河・金沙江.川江・陽江・揚子江と名を異にする.[扬子江]は江蘇省揚州市付近の一段をいい、古時、ここの渡し場[子渡]で由来する.[～三角洲]同前.[～大桥]南京[～大桥].[～走廊]=[～流域经济走廊]旧長江流域経済ベルト地帯:重慶・武漢・上海などが含まれる.[～黄huáng 河]

长江底 chángjiāngdǐ 長江の川底.[看～]〈喩〉あり得ないこと.

长豇豆 chángjiāngdòu =[长豆角]旧ジューロクササゲ.→[豇dòu 豆]

长江后浪推前浪 chángjiāng hòulàng tuī qiánlàng 〈喩〉物事の絶え間ない進歩・発展.

长江天堑 chángjiāng tiānqiàn 〈成〉天然の塹壕(ざんごう).

〈喩〉長江の険要なこと.
长焦 chángjiāo 長距離焦点.〔~镜 jìng 头〕望遠レンズ.
长脚 chángjiǎo ①長距離の運送.〔拉~〕同前をする.②囲アシダカグモ:〔蟏蛸 xiāoshāo〕の別称.
长脚蜘蛛 chángjiǎo zhīzhū ⇒〔盲 máng 蜘蛛〕
长街 chángjiē 長い大通り.
长劲 chángjìn 根気.〔没有~是不能达到目的 dì 地的〕根気がなければゴールに到達できない.
长鲸 chángjīng 〈喩〉酒豪.〔~豪饮〕〈成〉鯨飲(ﾉﾑ)する.
长颈鹿 chángjǐnglù 動ジラフ.キリン:俗に〔长脖 bó 鹿〕ともいう.→〔麒 qí 麟〕
长颈瓶 chángjǐngpíng ⇒〔烧 shāo 瓶〕
长颈乌喙 chángjǐng wūhuì 長い首ととがった口.〈喩〉陰険で悪賢い人相:范蠡が越王を評した語.〔乌〕は〔鸟 niǎo〕ともいう.
长径规 chángjìngguī ビームコンパス.竿コンパス:〔长脚圆规〕ともいう.
长镜头 chángjìngtóu ①超望遠レンズ.ロングレンズ.②ロングショット.
长久 chángjiǔ 時間の長い.〔~打算〕〔~之计〕長期的の考え.
长局 chángjú 長く続く局面:多く〔不是~〕として用いる.〔不是~〕これは一時的なことだ.
长句 chángjù 圏七言の古詩.→〔七 qī 言〕
长距离(赛)跑 chángjùlí (sài)pǎo ⇒〔长跑〕
长卷 chángjuàn 長い巻物の書画.
长考 chángkǎo 長考する.熟考する(碁・ブリッジなどで)
长靠武生 chángkào wǔshēng →〔武生②〕
长空 chángkōng 広々とした空.〔万里~〕はてしなく広がっている大空.
长裤 chángkù 長ズボン.→〔短 duǎn 裤〕
长款 chángkuǎn ①圃 (帳簿をしめた時)帳簿上の数字より多い現金の額.②丈の長い様式.〔~上衣〕裾長の上着.
长廊 chángláng 長い廊下.
长了人中, 短了鼻子 chángle rénzhōng, duǎnle bízi 〔口〕鼻の下が長くなれば, 鼻は短くなる:外観は変わっても内容に変わりのないこと.
长陵 chánglíng ①漢の高帝の陵:陕西省咸陽市東にある.②明の成祖の陵:河北省昌平北にあり, いわゆる十三陵の一.
长龙 chánglóng 〈喩〉長蛇(の列).〔排着一条~〕長蛇の列を作る.
长毛 chángmáo 〔~儿〕回太平天国軍の蔑称:〔长发贼〕の別称.→ zhǎngmáo
长矛 chángmáo 柄の長いほこ:古代兵器の一種.
长毛绒 chángmáoróng 繊絹綿ビロード.フラシ天.モヘア:〔海 hǎi 虎绒〕ともいう.
长毛兔 chángmáotù 〔安 ān 哥拉兔〕
长毛象 chángmáoxiàng ⇒〔猛 měng 犸(象)〕
长米 chángmǐ インディカ種の米.
长眠 chángmián 永眠する(婉語).〔~于九泉之下〕同前.
长鸣 chángmíng ①囲長鳴(ﾅﾘ):古楽器名.軍中で合図に用いた.②長く鳴る.長く鳴らす.
长名于世 chángmíng yú shì 後世まで長く名をとどめる.
长明灯 chángmíngdēng 〔常明灯〕仏前に供える日夜ともしておく灯.
长命百岁 chángmìng bǎisuì 長命で百歳までも生きる:子供が生まれて1か月の時の〔弥 mí 月②〕祝いの言葉.
长命菜 chángmìngcài ⇒〔马 mǎ 齿苋〕

长命灯 chángmìngdēng ⇒〔香 xiāng 灯〕
长命钉 chángmìngdīng 〔口〕納棺後に棺の蓋に打つ釘.
长命缕 chángmìnglǚ 端午の節句(旧暦5月5日)に小児の手足に五色の糸をからみつけて健康のまじないとするもの:〔长命丝 sī〕ともいう.
长命锁 chángmìngsuǒ =〔金 jīn 锁片〕小児の首へ掛ける錠前形に作られた真鍮または銀の首飾り:悪魔の侵入を防ぐ意味.→〔寄 jì 名锁〕
长年 chángnián ①一年中.〔他~在这里住着〕彼は年中ここに住んでいる.→〔整 zhěng 年〕②⇒〔长工〕③〈文〉長寿.→ zhǎngnián
长年累月 chángnián lěiyuè 長い月日.長い年月.
长袍(儿) chángpáo(r) 服①(男子用のあわせ, または綿入りの)長い中国服.→〔长衫〕②ガウン.
长袍儿马褂儿 chángpáor mǎguàr 〈喩〉きちんとした身なり.
长跑 chángpǎo =〔长距离(赛)跑〕因長距離競走.→〔短 duǎn 跑〕
长篇 chángpiān ①(文章など)冗長で煩わしいこと.〔~演讲〕大演説.〔~大论〕大論文.長広舌:多くそしる意に用いる.②長篇小説.〔~小说〕同前.
长期 chángqī 長期間.永い間.〔~计划〕長期計画.長期プラン.〔~行为〕長期的行為.〔~性〕長期的.〔~放款 kuǎn〕長期貸付.〔~合同〕長期契約.
长期共存,相互监督 chángqī gòngcún, xiānghù jiāndū 長い期間にわたって共存し, 相互に監督し合う:民主党派に対する中国共産党の政策態度を表す標語.
长钱 chángqián →〔短 duǎn 陌〕
长枪 chángqiāng ⇒〔大 dà 枪〕
长青 chángqīng 〈文〉常緑である.〈転〉永久に栄える.〔两国友谊, 万古~〕両国の友誼は永久に枯れない.〔~松柏〕常緑の松柏.
长驱 chángqū 長い距離をまっすぐに行く.〔~南下〕遠く南へ行く.
长驱直入 chángqū zhírù 〈成〉(軍隊が)長距離, 敵地を破竹の勢いで進攻する.〔~之势如破竹〕同前.〔所向披靡〕長駆にて向かうところ敵なし.
长拳 chángquán 因中国拳法の一. 型が連続して長い. また北方で流行していた流派のため〔北 běi 拳〕ともいう.
长裙 chángqún 服ロングスカート.
长儿 chángr ①長さ.〔送件衣服不够~〕この服は丈が短い.②長い時間.〔这东西怕不耐~〕この品物は長持ちしないだろう.
长日 chángrì ①〔冬 dōng 至〕の別称.②夏の日中の長いこと.
长日照植物 chángrìzhào zhíwù 地長い日照時間を要する植物.
长绒棉 chángróngmián 囲繊維の長い原棉.
长三 chángsān ①骨牌で斜め3点の牌.②〈方〉旧時, 上海で高級の妓女をいった.〔~堂子〕高級妓院:単に〔~〕ともいう.
长三角 chángsānjiǎo 地長江デルタ地帯:〔长江三角洲〕の略.→〔苏 sū 南④〕
长衫 chángshān 服①〔大 dà 褂(儿)〕〔大衫(儿)〕ひとえの長い男性用の中国服.〔穿~的〕〔穿长袍(儿)~班〕回回旧時代の文人(労働に従事しない人々)=〔长袍〕〔短 duǎn 褂〕〔短衣(裳)〕〔打弬儿②〕②ガウン:〔长上衣〕ともいう.
长舌 chángshé 〈喩〉舌を巻きおこしやしゃべり.〔~妇〕〈喩〉おしゃべり(女).→〔学 xué 嘴学舌②〕
长蛇 chángshé ①長い蛇.②〈喩〉〔列などの〕長いさま.〔排成~阵〕延々と長く並ぶ.③〈喩〉貪欲暴虐なもの.

cháng 长

长呻短叹 chángshēn duàntàn ⇒〔长吁短叹〕
长生 chángshēng 〈文〉長生きする.〔～不死〕〔～不老〕同前.
长生草 chángshēngcǎo ①⇒〔卷 juǎn 柏〕 ②⇒〔独 dú 活〕 ③→〔石 shí 斛〕
长生殿 chángshēngdiàn ①<?>宮殿の名.華清宮の一:太宗が骊(lí)山(陝西省临潼)に設けた離宮で,玄宗が華清宮と改め,楊貴妃とよく行幸した. ②<?>清の洪昇の書いた長生殿伝奇:玄宗と楊貴妃との故事を演述したもの.
长生果 chángshēngguǒ ⇒〔花 huā 生〕
长生禄位 chángshēng lùwèi 存命中の人の名を書いた位牌.
长盛不衰 chángshèng bùshuāi 〈慣〉長く盛えていて衰えない.
长胜军 chángshèngjūn 常勝軍.〔有～称号的北京队〕常勝軍といわれている北京チーム.
长诗 chángshī 長い詩歌.
长石 chángshí <?>長石.〔冰～〕無色透明の長石.〔月～〕淡青色で美しい珍珠乳光の変彩を表すもの.〔钾 jiǎ 长石〕〔斜 xié 长石〕
长寿 chángshòu 長寿.〔～老人〕長寿の老人.
长寿菜 chángshòucài ⇒〔马 mǎ 齿苋〕
长寿花 chángshòuhuā <?>キズイセン.
长寿面 chángshòumiàn ①誕生日に食べる麵.〔寿面〕ともいう. ②旧婚礼時に食べる麵.
长丝 chángsī <?>生糸あるいは化学繊維.
长随 chángsuí =〔常随〕<?>(官吏の)召使い.従者.従僕=:〔跟 gēn 班②〕に同じ.
长谈 chángtán 長話をする.
长叹 chángtàn 大きいためいき(をつく)
长天 chángtiān ①大空. ②〔白昼.〔～白日〕同前.〔～大日〕〔～老日〕同前.〔～老日的,在家里也是睡觉〕(红29)昼も長いことだから,家にいてもどうせ昼寝です.
长条儿 chángtiáor 細長い形.細長い物.
长挑 chángtiǎo 〔—儿〕背が高くやせている(こと).〔削肉細腰,～身材〕(红3)なで肩で腰が細く,細長い体つき.
长跳虫 chángtiàochóng <?>ナガトビムシ.→〔跳虫〕
长亭 chángtíng <?>道路上の各所に設けられた旅行者の休息所.また,京(?)城外10里に設けられた賓客の送迎所.〔十里一～,五里一短亭〕10里ごとに長亭を置き,5里ごとに短亭を置く.
长筒袜 chángtǒngwà ⇒〔长袜〕
长筒靴 chángtǒngxuē 長靴:〔高 gāo 筒(皮)靴〕ともいう.
长途 chángtú ①長距離(の).〔～电话〕〔长话〕(国内)の長距離電話.〔～汽车〕長距離バス.〔～旅行〕長距離の旅行. ②〔～电话〕の略.〔一台〕長距離電話のオペレーター. ③〔～汽车〕の略.〔坐～去〕長距離バスで行く.
长吐 chángtǔ <?>蚕糸.生糸くず.
长吐水结 chángtǔ shuǐjié <?>絹糸紡績などで出る生糸くずの一種.
长袜 chángwà 長靴下.ストッキング:〔长筒袜〕ともいう.→〔短 duǎn 袜〕
长围 chángwéi ①長く囲んである堤防. ②長く続いた囲い.
长尾猴 chángwěihóu =〔长尾猿〕,〔猓 guǒ 然〕オナガザル.
长尾鸡 chángwěijī <?>日本産オナガドリ.
长尾林鸮 chángwěi línxiāo <?>フクロウ(学名).→〔鸱 chī 鸮〕〔猫 māo 头鹰〕〔鸺 xiū 鹠〕
长尾猿 chángwěiyuán ⇒〔长尾猴〕

长物 chángwù, zhàng ～ 〈文〉余計なもの.無用のもの.〔身无～〕身辺に無用のものさえない.〈喩〉財産が何もない.
长夏 chángxià 〈文〉①旧暦6月の別称. ②長い夏の日.
长线 chángxiàn ①長い糸. ②長い距離.〔～旅游〕長距離ツアー.〈経〉生産能力剰余(の).生産過剰(の).〔～产品〕同前の製品.〔～短 duǎn 线〕 ④長期的に見て効果のある.〔～投资〕同前の投資.
长线放远鸢 chángxiàn fàng yuǎnyuān 〈喩〉じっくり時間をかける.長い目で見る.
长项 chángxiàng 得意分野.おはこ.
长销 chángxiāo ロングセラー.〔～书〕同前の本.
长效 chángxiào 長時間効く.効き目が長い.
长啸 chángxiào 〈文〉①大声で叫ぶ.〔仰天～〕〈成〉空に向かって大声で叫ぶ. ②口をすぼめて声を出す.そぶく.
长效磺胺 chángxiào huáng'àn <?>サルファメトキシピリダジン:〔磺胺甲氧嘧啶唑〕ともいう.
长效剂 chángxiàojì <?>効き目の長い薬.
长辛螺 chángxīnluó <?>ナガニシ(ヨナガガイ)
长星 chángxīng ⇒〔彗 huì 星〕
长行 chángxíng 〈文〉①遠いところへの旅行. ②すごろくに類した一種の遊戯.
长性 chángxìng ⇒〔常性〕
长休 chángxiū 長期休養.長期休暇.
长休饭 chángxiūfàn 〈白〉(死刑囚に食べさせてやる)この世とお別れの飯.〔各与了一碗～,永別酒(水40)それぞれ一杯ずつこの世におさらばの飯と酒を与えた.
长休告 chángxiūgào 〈文〉長期休暇を与えて免職する.
长袖善舞 chángxiù shànwǔ 長い袖の着物を着ている人は舞が引き立ってよく見える.〈喩〉金と力と腕があれば,うまく立ちまわれる.〔～,多钱善贾 gǔ〕金を多く持っている人は商売がしやすい.
长吁短叹 chángxū duàntàn =〔长呻短叹〕〈成〉しきりに嘆息する.長大息する.
长须鲸 chángxūjīng <?>ナガスクジラ.
长阳人 chángyángrén <?>長陽人:1万年前の〔中国猿人〕の化石.1956年に湖北省の長陽県で発見された.→〔北 běi 京猿人〕
长夜 chángyè ①暗黒の日々.〔～漫漫的旧社会〕暗黒の日々がおわった旧社会. ②夜通し.〔～不眠〕徹夜する.〔～(之)饮〕夜通しの飲酒.
长夜室 chángyèshì 〈文〉墳墓.〔亲筑 zhù～〕(蘇軾詩)自ら墳墓を築く.
长揖 chángyī <?>手をこまねいて前方のやや上にあげ,手でおろす礼を〔揖〕といい,この礼をすることを〔作 zuò 揖〕という.通常の動作を大きくするのを〔～〕という.〔～不拜〕長揖の礼をしたのみで拝服しない:礼を粗略にすること.
长音阶 chángyīnjiē ⇒〔大 dà 音阶〕
长吟 chángyín 〈文〉長く吟誦する.
长缨 chángyīng 〈文〉長い帯・紐.
长于 chángyú <?>に長じている.〔～写诗,绘画和音乐〕詩や絵や音楽が得意だ.→〔善 shàn 于〕
长余 chángyú あり余る.〔～的粮食〕余剰食糧.
长圆 chángyuán 楕(?)円.〔～形〕楕円形.→〔椭 tuǒ 圆〕
长远 chángyuǎn ①長い(将来のこと).〔从～看来〕長い目で見れば. ②〈方〉長い間〔過去のこと〕.
长远规划 chángyuǎn guīhuà ⇒〔远景规划〕
长斋 chángzhāi 一年中なまぐさいものを食べないこと.〔吃～〕同前を実行する.〔～绣佛 xiùfó〕〔～事 shì 佛〕<?>(仏教で)一年中精進して仏に仕える.

cháng

长针 chángzhēn（時計の）長針:[分 fēn 针]に同じ.→[时 shí 针]

长枕大被 chángzhěn dàbèi ⟨成⟩兄弟むつまじく相愛すること[长枕大衾 qīn]ともいう。唐の玄宗が太子であったとき大きな蒲団(とん)と長い枕を作り兄弟の諸王と共に寝たという故事.

长征 chángzhēng ①[二 èr 万五千里长征]の略。[～干部]同前に参加し,解放後も政治に参画した幹部.[新～]⟨喩⟩一般に困難でかつ重大な任務を始めるに際して用いる.⑤特に[五届人代]での今世紀中に全面的に[四个现代化]を実現すること.⟨喩⟩遠くへ行く.遠征する.

长支 chángzhī ⓒ給料の前借り.前借金.[～透支]給料の前借りと金銭のごまかし.

长至 chángzhì ⟨文⟩夏至:[夏 xià 至]に同じ.

长治久安 chángzhì jiǔ'ān ⟨成⟩社会が長期的に安定している.[我国走上了～的大道]わが国は長期安定の道を歩んでいる.

长昼 chángzhòu 長い白昼.

长子 chángzi 背の高い人.のっぽ.[那两个,一个是青眼儿]あの二人のうち一人は青い眼ののっぽだ.→ zhǎngzǐ

长足 chángzú 進展が非常に早いこと.[～的进步]長足の進歩.[～迈 mài 进]⟨成⟩大幅に前進する.→ chǎng

[苌・萇] cháng ①→[苌楚]⟨姓⟩萇(ちょう)

苌楚 chángchǔ ⇒ mí hóutáo ①

[场・場(塲)] cháng ①農家の前の空地(穀物干し場など).[打～]脱穀する.[扬 yáng～]脱穀した穀類を空中に投げて風選すること.唐箕(とうみ)にかけて煽(あお)ぐこと.[～院]②量詞.事の経過,雨・雪・雹などの自然現象や(战,戏,电影,官司,梦,病,乱子,灾祸,饥荒,哭,笑]などの回数を数える.[一～雨]ひとふりの雨.[头～雪]初雪.[打一～大战]1回の大戦争.[打了一～官司]訴訟に1回にたった.[人生就是一～梦]人生は夢を一つ見る感じだ.[这一病]今回の病気.[笑一～]ひと笑いする.[闹了一～]ひと騒ぎをした.[哭了一～]ひとしきり泣いた.→ chǎng

场圃 chángpǔ ⟨文⟩農家の前にある空地と菜園.

场屋 chángwū 農家の前にある空地に建てた小屋:一休みしたり,農具を置く小屋のこと.

场院 chángyuàn 農家の前にある広場:収穫した穀物を脱穀したり干したりする場所.[打 dǎ 场]

[肠・腸(膓)] cháng ①生理腸.[大～]大腸.⟨喩⟩(转)心根.[热～]親切だ.[衷～]真心.[回～九转]⟨成⟩いろいろと考えあぐむ.[牵 qiān～挂肚]⟨成⟩気にかかる.心配になる.[~儿]食腸詰め.[鱼～]魚肉ソーセージ.

肠癌 cháng'ái 医腸癌.

肠穿孔 chángchuānkǒng 医腸穿(せん)孔.

肠道 chángdào ⇒[肠管]

肠肚 chángdù ⟨白⟩心根.根性.[这畜 chù 生～恶](董厢)このちくしょうは根性が悪い.[须是俺断不了子母~](元)わたしはどうあっても子や母に耐えがたい思いをさせられない.

肠断 chángduàn ⟨文⟩はらわたが断ちきれる.⟨喩⟩悲しみにたえない.

肠肥脑满 chángféi nǎomǎn ⟨喩⟩体を使わず食べてばかりいて肥え太っている(多くけなす意味で):[脑满肠肥]ともいう.[他赚 zhuàn 得～]彼はもうけたりだ.

肠风 chángfēng 中医腸出血:出血性腸炎.直腸潰瘍向など.

肠梗阻 chánggěngzǔ =[肠阻塞]医腸閉塞.

肠骨 chánggǔ ⇒[骼 qià 骨]

肠管 chángguǎn 生理[肠道]ともいう.

肠慌腹热 chánghuāng fùrè ⟨喩⟩慌てふためく.[魂 hún 消魄散],(元)魂も消え失せ,驚き慌てる.

肠激酶 chángjīméi 生理エントロキナーゼ:主として十二指腸から出される液.[肠活酶][肠致活酶]ともいう.

肠加答儿 cháng jiādá'ér 医腸カタル.

肠绞痛 chángjiǎotòng 医腸けいれんによる激痛.

肠结核 chángjiéhé 医腸結核.

肠痨 chángláo 中医腸結核:[肠结核]は医学用語.→[痨①]

肠满腰包圆 chángmǎn yāobāo yuán ⟨喩⟩収入がたっぷりあること.

肠鸣 chángmíng ⇒[腹 fù 鸣]

肠儿 chángr 食ソーセージなど動物の腸を用いた食品.[蒜 suàn～]ニンニクで味つけしたソーセージ.→[香 xiāng 肠(儿)]

肠热症 chángrèzhèng ⇒[伤 shāng 寒①]

肠绒毛 chángróngmáo 生理絨毛:小腸内壁粘膜上の繊毛組織.

肠伤寒 chángshānghán ⇒[伤寒]

肠套叠 chángtàodié 医腸重積:腸管などの一部が隣接部へ陥入すること.[叠]は(迭)とも書く.

肠胃 chángwèi 生理胃腸:消化器官.[～病]胃腸病.

肠系膜 chángxìmó 生理腸間膜.

肠线 chángxiàn 羊の腸で作った糸:外科手術の縫合,または楽器の弦,テニスラケットのガットなどに用いられる.[羊 yáng 肠(缝)线]ともいう.

肠腺 chángxiàn 生理腸腺:腸液を分泌する腺.

肠炎 chángyán 医腸炎.腸カタル.

肠液 chángyè 生理腸腺の分泌液.腸液.

肠衣 chángyī 豚や羊の小腸を洗浄し,塩を加え乾燥したものを再び清水で洗浄し,さらに塩を加え乾燥したもの:腸詰めや(肠戏)の材料となる.

肠痈 chángyōng 中医盲腸周囲炎.限局性腹膜化膿症の類.=[盲 máng 肠炎]

肠窒扶斯 cháng zhìfúsī ⇒[伤 shāng 寒①]

肠子 chángzi ①生理腸.はらわた.⑥～[闲干截的穷人]⟨喩⟩腹一杯食べていない貧乏人.[下水 xià shuǐ] ②心根.根性.[～都急坏了]腹がたってたまらない.[坏了～的人]根性の腐った人間.腹黒いやつ.[～憨 hān]腹が太い.度量が大きい.[柔 róu 软～]気立てがやさしい.③[西洋～]食腸詰め.ソーセージ.→[香 xiāng 肠(儿)]

肠阻塞 chángzǔsè ⇒[肠梗阻]

[尝・嚐(嚐)] cháng (Ⅰ)[尝(嚐)]①味をみる.味をためす.[这是什么味儿,我～不出来]これは何の味か,わたしにはわからない.[您～～这个菜]この料理をお召し上がりください.[～咸 xián 淡]味加減をみる. ②苦痛を受ける.被る.[备～辛苦][备～苦痛]つぶさに辛苦(辛酸)をなめる. ③試みる.→[尝试].
(Ⅱ) [尝]①⟨文⟩かつて.以前に.[前～有事来此]先年用事があってここへ来たことがある.[努力工作,未～言苦]はげんでやっていて,弱音を吐いたことはない.[未～见过]会った(見た)ことはない.=[曾 céng] ②⟨姓⟩尝(しょう)

尝胆 chángdǎn =[卧 wò 薪尝胆]

尝敌 chángdí ⟨文⟩挑戦して敵の兵力の大小を判断する.

尝鼎一脔 chángdǐng yīluán ⟨成⟩鼎(かなえ)の中の一切れの肉を味わって全部の味と判断する.⟨喩⟩基本

cháng 尝偿鳠倘徜常

尝试 chángshì 試み(る).試し(てみる).やってみる(こと).〔那里简直乐不抵因,不信你去去一下〕あそこは全く楽しみより苦労の方が多い,うそだと思うなら自分で試しに行ってみることだ.〔个人技术如果自觉尚无把握,最好不要轻易~〕個人の技術にもしまだ自信がないなら,軽々しく試してみないことだ.

尝受 chángshòu (苦しさ·辛さ·悲しみを)受ける.なめる.

尝味 chángwèi 味わう.嘗(²)める.〈喩〉体験する.

尝鲜儿 chángxiānr 旬のものを食べる.〔这么嫩 nèn 的蚕豆,这可是~〕こんな柔らかいそらまめなんて,まさに"旬を食べる"だ.

尝新 chángxīn 初物を食べる.〈喩〉〔这个果子是刚上市的,买来点儿请你尝尝新〕この果物は出回ったばかりなので,君に初物を食べてもらおうと思って買ってきた.

[偿·償] cháng

①償(²ʻ²)う.返済する.〔赔 péi ~〕賠償する.〔得不失〕収益が損失を償うに足りない.〔抵 dǐ ~〕(罪や債務などに)相当する額で償う.②満たす.実現する.〔~其夙愿 yuàn〕宿願がかなう.〔如愿以~〕希望を実現する.

偿付 chángfù (負債などを)支払う.〔延期~〕支払延期.モラトリアム.

偿还 chánghuán 返還する.②償い(う).〔这血 xuè 债我们一定要用鲜血 qīn 略者以血来~〕この血の債務はどうあっても侵略者に血で償いをしてもらわねばならない.

偿命 chángmìng =[抵 dǐ 命]命で償う.〔杀人~,欠 qiàn 债还 huán 钱〕人を殺せば自らの命で償い,借金をすれば返済しなければならない.

偿其大欲 cháng qí dàyù 〈成〉大きな欲望を満たす.野心を遂げる.

偿清 chángqīng 全部返済する.〔欠 qiàn 他的钱已经~了〕彼から借りていた金は全部返済した.

偿责 chángzé 〈文〉①責任を償う.責任を果たす.〔虽死不足~〕死んでも責任を果たせない.②債務を償還する.

偿债 chángzhài 債務を返済する.〔还 huán 债〕に同じ.〔~率 lǜ〕債務返済比率.DSR.

[鳠·鱨] cháng

〔黄 huáng ~鱼〕

魚 キギ.ギハチ:淡水魚.形はなまずに似て腹·背ともに黄色,背鰭(⁷⁷)は鋭い.

[倘] cháng → tǎng

倘佯 chángyáng ⇒[徜徉]

[徜] cháng

徜徉 chángyáng 〈文〉のんびりとさまよい歩くさま:〔倘佯〕とも書いた.〔临高级目,道 xiāo 遥~〕高みに上って眺望をほしいままにし,自由にあたりをさまよう.

[常] cháng

①普通の.平常の.通常の.〔正~〕正常.〔失~〕普通でない.軌を逸する.〔日~〕〔习以为~〕だんだん習慣性になる.②恒久的な.常の.一定の.〔反复无~〕〔成~〕反復常なし.③いつも.よく.〔时 shí ~〕同前.〔他~生气〕彼はいつも怒りっぽい.〔他~到我这里来〕彼はいつも私のところへやって来る.〔~来~往〕いつも行き来する.〔不~做些手生活〕いつもやっていない(習いごとなどの)手がだめになる.〔我~~洗温泉〕わたしはいつも温泉に入る.〔他~爱出风头〕彼はよく出しゃばりたがる.→[老 lǎo ⑨] ④→[寻 xún 常②] ⑤〈姓〉姓(ド)

常备 chángbèi 常備する.〔~车辆〕常備車両.

常备不懈 chángbèi búxiè 常に準備を怠らない.

常备军 chángbèijūn 常備軍事.→[后 hòu 备军]

常便 chángbiàn ①方法.やり方.〔长便〕とも書く.〔你不计较一个~〕お前は何か方法を考えなければならない.②〈口〉原因.理由.〔如何没个心腹的人出来问你个~备细〕(水40)どうして一人ぐらい腹心の人間が出て来て理由など詳細を聞かなかったのか.

常步走 chángbùzǒu [軍]並み足.〔~!〕歩調やめ!

常产 chángchǎn 〈文〉固定の財産.恒産.

常常 chángcháng つねに.不断に.始終.いつも.よく:否定の場合は〔不常〕を用い,〔不~〕ないために用いない.〔他~到这儿来〕彼はしょっちゅうここへやってきます.〔他~(地)犯那个毛病〕彼はしょっちゅうその例の悪いくせが出る.→[经 jīng 常①]〔往 wǎng 往①〕

常川 chángchuān =[长川②]間断なく.引き続いて.始終.〔川流不息①(中庸)に基づく.〔~在北京住人〕我们公司的船一开那〕うちの会社の船がいつも出ている.

常春藤 chángchūnténg **植** ①ツタ(ナツヅタ). ②キヅタ:フユヅタの一種.

常棣 chángdì ①=[棠 táng 棣②]〈文〉ニワウメ:[郁 yù 李]の別称. ②〈文〉兄弟(の情):詩経の篇名.

常董 chángdǒng 常務理事=[常务董事]の略.〔总商会~〕総商会常務理事.

常度 chángdù 〈文〉①日常の態度.〔不失~〕普段と変わらない.②定まった法度.

常娥 cháng'é ⇒[嫦娥]

常法(儿) chángfǎ(r) 一定不変の法則.長く用いられるやり方.〔这么得过且过也不行〕こんなその日暮らしのやり方は長く続くものではない.

常服 chángfú ふだん着

常关 chángguān **旧**内地通過税·消費税·貨物税などを徴収する税関:徴税の対象は出入する内地土産物.

常规 chángguī ①日常の定め.従来のやり方.〔打破~〕古いしきたりをうち破る.→[常例] ②医学上の常に使用する処理法.〔血~〕赤·白血球の分類·計数.通常のDSR.〔传 chuán 统能源〕通常エネルギー.〔~武器〕通常兵器:〔核 hé 武器〕(核兵器)と区別していう.〔~战争〕通常兵器を用いる戦争:〔核 hé 战争〕と区別していう.

常轨 chángguǐ 常道.常識的な方法.〔越出~〕常軌を逸する.

常衡 chánghéng 常衡:貴金属·宝石·薬品以外のものの重さを量る規準.→[金 jīn 衡]〔药 yào 衡〕

常会 chánghuì 定例会.常会.例会.〔股 gǔ 东~〕定期株主会.

常见 chángjiàn ①見慣れている.〔这是不~的〕これは珍しいものです. ②よくある.よく見られる.〔~病〕普通の病気. **佛**(仏教で)一切の事物を常住不滅とする見解.

常景 chángjǐng 普段のありさま.いつもの様子.

常久 chángjiǔ 久しく.永らく.

常客 chángkè 常客.常連.

常恐 chángkǒng 〈方〉おそらく.多分.…だろう.〔~是真的吧〕多分本当だろう.→[恐怕]

常礼 chánglǐ 通常の礼儀.

常理 chánglǐ 普通の道理.社会常識.

常礼服 chánglǐfú (洋服の)モーニング:〔男子~〕〔晨 chén 礼服〕ともいう.→[礼服]

常例 chánglì 慣例.通例.しきたり.↔[变 biàn 例]→[常规①]

常例钱 chánglìqián **旧**悪役人が自分の誕生祝いに

cháng～chǎng

部下から出させた金.
常量 chángliàng ＝〔恒 héng 量〕①[数]定数.↔〔变量〕②[物]定数.常数.恒数.
常绿 chánglù 常緑の.〔～树 shù〕[植]常緑樹.ときわ木:〔常青树〕に同じ.〔～植物〕[植]常緑植物.
常明灯 chángmíngdēng ⇒〔长明灯〕
常年 chángnián ①一年中.〔～坚 jiān 持锻练〕一年中朝のトレーニングを続ける.②平年.普通の年.〔这儿小麦～亩 mǔ 产五百斤〕ここでは小麦が平年で畝当たり500斤とれる.
常年经费 chángnián jīngfèi 一年を通じての費用.
常平仓 chángpíngcāng [古]穀物価格の騰落を調節するための国の穀物貯蔵庫.→〔义 yì 仓〕
常平法 chángpíngfǎ [史]宋の王安石の新法の一:〔青 qīng 苗法〕ともいう.農民の困窮に対する国の金銭や食糧の貸与制度.〔青苗钱〕はその貸与金.豊年には高く買って倉におさめ,荒年には安値で放出する.
常平盐 chángpíngyán [旧]国が塩を貯蔵してその価格を調節した制度.
常青 chángqīng ①〈文〉いつまでも青々としている.〈喩〉いつまでも変わらない.〔～树 shù〕〔常绿树〕⑨常緑樹.〈喩〉年をとっても若々しい人.〔中日友谊万古～〕中日の友誼は永久に変わらない.②[色]ブルーの一種.〔酸性～〕[化]ファストニュートラルブルー.
常情 chángqíng ①普通の人情.人情のつね.〔按照～,他会回来的〕当り前なら,彼は帰って来るはずだ.〈喩〉常識.普通のこと.〔赔 péi 赚是买卖的～〕もうけたり損したりは商売には常識だ.
常人 chángrén 普通の人.一般の人.
常忍久耐 chángrěn jiǔnài〈成〉永く忍耐を続ける.
常任 chángrèn 常任(の).〔～理事〕常任理事.
常山 chángshān →〔臭 chòu 常山〕
常山蛇 chángshānshé〈成〉常山の蛇:首尾相応じて攻撃・防御し,敵が乗ずることのできないようにする兵法(孙子・九地篇)
常设 chángshè 常設(の).〔～机关〕常設機関.
常胜军 chángshèngjūn〔常勝軍.不敗の軍隊.②[因]太平軍討伐のため蘇松太道呉煦が幕兵し,米人ワードを聘(pìn)して西洋新式銃の訓練を施した軍隊.ワードの死後,英人ゴードンがその後を承けた.俗に〔洋 yáng 枪队〕と称した.→〔太 tài 平天国〕
常识 chángshí 常識.
常时 chángshí ①日常.不断.常に.②時々.時には.
常事 chángshì 日常の事.決まりきった事.あたりまえのこと.
常事犯 chángshìfàn [法]国事犯以外の犯罪.
常数 chángshù [数]定数.→〔变 biàn 数〕
常祀 chángsì〈文〉例祭.
常随 chángsuí ⇒〔长随〕
常态 chángtài 正常な状態.〔恢 huī 复～〕常態にかえる.→〔变 biàn 态〕
常谈 chángtán 日常の談話.いつもの話.〔老生～〕老いの繰言(yán).〈喩〉ありきたりで古くさい話.
常套 chángtào 決まりきった・当り前の手段や枠組み.〔摆 bǎi 脱～〕常套を破る.
常委 chángwěi ①常務委員会委員.②常務委員会.〔～会〕⑨常務委員会.⑤同т例の会議.
常温 chángwēn ①常温:普通は15～25℃.〔～层〕常温層.〔～动物〕温血動物.恒温動物.〔～超导〕常温超電導.
常蚊 chángwén [虫]イエカ(家蚊).〔家 jiā 蚊〕〔库 kù(雷)蚊〕ともいう.

常务 chángwù 日常の事務.日常の仕事.〔～董 dǒng 事〕常務(理事・取締役).〔～副市长〕(市)の助役.
常锡滩簧 chángxī tānhuáng ＝〔锡剧〕[劇]常州・無錫などの地方劇:〔锡剧文戏〕ともいう.→〔滩簧〕
常销 chángxiāo [経]常に売れている.〔～商品〕売れ筋の品.
常行 chángxíng〈方〉①日тhу́の(に).普通の(に).〔～人〕普通の人.日常の人.日常の日.平常の日.〔～东西〕普通の品物.〔～是怎么个利息？〕一般にいくらの利息ですか.②〔一儿〕常に.平素.〔他～喝酒〕彼はいつも酒を飲む.〔～八点钟睡觉〕平生8時лсвに寝る.
常行军 chángxíngjūn 普通の行軍.→〔急 jí 行军〕
常性 chángxìng ①根気.〔他没～〕彼には根性がない.②〈文〉習性.
常压 chángyā [物]常圧.
常言 chángyán 通俗のことわざ.俚諺(yàn).〔～不是说:"天下无难事,只怕有心人"吗〕ことわざにも,強い意志さえあれば,世の中にできないことはない,というではないか.
常业 chángyè きまった業务.定職.〔～犯〕犯罪を業とする人.
常用 chángyòng よく用いられる.〔～词〕[語]常用語.〔～对数〕[数]常用対数:〔十 shí 进対数〕に同じ.
常用汉字 chángyòng hànzì [語]常用漢字:〔常用字〕ともいう.1952年〔常用字表〕公布.〔一等常用字〕1010字,〔次等常用字〕490字,合計1500字から成る.二(sù shù) 成以字法)のために(补充常用字)500字が定められた.また,1988年公布の〔现代汉语常用字表〕では〔常用字〕2500字,〔次常用字〕1000字,計3500字が収録された.
常在 chángzài [旧]宫嫔(pín)の名称の一:位は〔贵 guì 人〕の下にあり,雑务に従事した.
常支费用 chángzhī fèiyòng 通常経費.
常州学派 chángzhōu xuépài [清]荘存與・劉逢禄などの学派:今文经学を復興しようとしたもの,後に康有為・梁啓超などの维新運动の原動力となった.
常住 chángzhù ①[哲]常に存在する.〔～之地〕安住の地.〔一切过程的～性是相对的〕(毛・矛5)すべての過程における恒常性は相対的なものである.②長く住んでいる.〔～人口〕(ある家に)常住する人口.③[宗](仏教で)生滅変遷のないこと.また僧侶の什物・寺院・土地など.
常驻 chángzhù 常駐(する).〔～大使〕常駐大使.〔～记者〕常駐記者.〔～代表〕駐在員.
常住资本 chángzhù zīběn ⇒〔固 gù 定资本〕

[嫦] cháng

嫦娥 cháng'é ＝〔常娥〕〔姮 héng 娥〕〔素 sù 娥〕①[固]伝说上の仙女で,西王母から不死の薬を盗み,月へ逃げこんだという.→〔羿 yì〕①) ②月の别称.→〔月 yuè 亮〕

[裳] cháng

①〈文〉はかま(スカート)状の着物:古制では〔衣 yī〕(上衣)に対していった.〔上衣下～〕上着とはかま.②〔姓〕裳(shang) → shang

[厂・廠] chǎng

①工場:ふつう〔工厂〕という.〔～价格〕工场価格.〔人 rù ～〕(労働者の)就職(する).〔棉 mián 纺～〕綿纺织工场.〔纱～〕纺织工场.〔无缝钢管～〕シームレス鋼管工場.〔钢～〕製鋼所.〔造船～〕造船所.〔造纸～〕製紙工場.〔~子〕商品を加工できるところ,または商品を積んおく広場を持っている商店.〔煤 méi ～〕石炭商.〔木材～〕材木屋.⑧壁のない大きな家屋.④大勢の人の集まるところ.〔

chǎng

~]回冬季貧民を収容するところ.〔粥 zhōu ~〕回貧窮者または難民に粥を食べさせるところ. ⑤<姓>
厂 廠(chǎng) → ān
厂标 chǎngbiāo 工場のマーク.
厂部 chǎngbù 工場の本部.工場の事務所.
厂带专业 chǎngdài zhuānyè 工場が学校の専門科目の学習を指導促進する.
厂党委 chǎngdǎngwěi 工場の共産党委員会.
厂方 chǎngfāng 工場側.(工場側が従業員側に対して)
厂房 chǎngfáng 工場の建物.建屋:多くは作業場をいう.〔~会议〕〔车间会议〕職場集会.
厂风 chǎngfēng 工場の気風.
厂歌 chǎnggē 工場の歌.
厂规 chǎngguī 工場の就業規則.
厂基 chǎngjī 工場の敷地.
厂籍 chǎngjí 工場在職資格.工場労働籍.
厂纪 chǎngjì 工場の規律・制度.
厂际 chǎngjì 工場間の.〔~竞 jìng 赛〕工場間の生産競争.〔~协 xié 作〕工場間の協力.
厂家 chǎngjiā 製造業者.メーカー.→〔厂商〕
厂价 chǎngjià 工場原価.
厂矿 chǎngkuàng 工場と鉱山.〔~的工业产值增 zēng 长了百分之九十〕工場・鉱山の鉱工業生産額が90%増えた.
厂来厂去 chǎngláichǎngqù 工場労働者出の大学生が卒業後,元の工場に戻ること.→〔社 shè 来社去〕
厂礼拜 chǎnglǐbài ⇒〔厂休〕
厂龄 chǎnglíng ①工場の操業年数. ②同じ工場における勤続年数.
厂内交货 chǎngnèi jiāohuò 回工場場渡し.
厂盘 chǎngpán 工場建值.生産者価格.
厂庆 chǎngqìng 工場開設記念日.
厂区 chǎngqū 工場区域:工場敷地内の作業場・倉庫・動力施設及び輸送通路など.
厂容 chǎngróng 工場の外観.
厂商 chǎngshāng ①回(私営の)工場と商店. ②製造販売会社.メーカー.〔往 wǎng 来~〕取り引きのあるメーカー.〔承 chéng 包~〕(土木建築などの)請負会社.下請工場.→〔厂家〕
厂史 chǎngshǐ 工場の歴史.→〔四 sì 史②〕
厂丝 chǎngsī 機械どり生糸.〔机 jī 器丝〕ともいう.
厂条 chǎngtiáo 回中央造幣局で鋳造された銀の延べ金:品位は999,重量は本位幣1,000元中に含まれる純銀の重量に等しかった.
厂休 chǎngxiū =〔厂礼拜〕工場の休日.〔今天不是~,饭后他们去上班〕今日,工場は休日ではないので,ご飯を済ませたみみな出勤する.→〔公 gōng 休〕
厂长 chǎngzhǎng 工場長.企業長.〔~负责制〕企業長責任制.
厂长基金 chǎngzhǎng jījīn 回企業長基金:国営企業側の経営努力によって得られる基金.〔场 chǎng 长基金〕は国営建設の同前.
厂址 chǎngzhǐ 工場所在地.
厂主 chǎngzhǔ 工場主.
厂子 chǎngzi 工場.〔我们一里新建了一个车间〕うちの工場では新たに作業場を一つ設けた.→字解②

场・場(塲) chǎng
① 回 現場.〔会~〕会場.〔操~〕運動場.練兵場.〔剧~〕劇場.〔试~〕試験会場. ② 舞台.〔一工〕戯場.〔幕~〕〔间休息,幕 mù 间休息〕幕間. 〔登~〕登場する.出演する.〔上~〕登場する.舞台の客席から向かって左の登場口.上手(かみて).〔下~〕

退場口.下手(しもて). ③(芝居の)場:量詞としても用いる.〔三幕七~歌舞剧〕三幕七場の歌舞劇. ④量詞.(文芸娯楽・スポーツなどに用いる)部.…試合.回.〔早~〕午前の部.〔晚~〕夜の部.〔一~球赛〕球技一試合.〔从第一局比赛开始,直到一~比赛终了〕(球技の)第1ゲーム(セット)の開始から試合(マッチ)の終了まで.〔上半~〕(サッカーなどの)前半.ハーフ.〔加演一~〕1回余計に上演する.→〔局 jú②〕〔盘 pán ②〕 ⑤(テレビの)フィールド:1回に走査できる粗い画面. ⑥回电场〕〔电 diàn ~〕電場.電界. ⑦<姓>场(chǎng) → cháng
场部 chǎngbù 農・林業に携わる企業内の行政管理機構.またその所在地.
场磁铁 chǎngcítiě 電動機・発電機などの界磁鉄心.
场次 chǎngcì (映画・芝居などの)上映・公演回数.
场地 chǎngdì 用地.〔汽车・赛 sài〕自動車サーキットレース.〔增辟 pì 了儿 ér 童活动~〕児童の活動の場所を増設した.→〔场所①〕
场馆 chǎngguǎn 区スポーツ(体育)施設:グラウンド.スタジアムなど.
场合 chǎnghé 場合.場面(時間・場所・状況).〔各种一都能应 yìng 付裕如〕いろんな場合に余裕をもって対応できる.
场记 chǎngjì 撮影記録,また記録係.〔~员〕スクリプター.
场界灯 chǎngjièdēng 航空用の境界灯.
场景 chǎngjǐng ①(芝居や映画などの)場面.→〔场面①〕 ②状況.情景.
场论 chǎnglùn 回物(ぶ)の理論.
场面 chǎngmiàn ①局面.場面.シーン.状況.〔不知道是怎么一〕どんな様子かわからない.〔这种一之下,还是少说话好〕こういう状況の下では,あまりしゃべらない方がいい.〔最后的~〕ラストシーン. ②外観.見かけ.外面.体裁.見栄.〔摆~〕見栄を張る.〔要这么做,~好看一点儿〕こうすれば,見かけは立派だ.〔他内裏儿虽窘 jiǒng,一仍然支得很大〕彼は内実は苦いいが,外はけっこうたいへんりっぱさ. ③回京剧の囃子方(はやしかた).伴奏音楽:胡弓などの管弦楽器を〔文~〕〔文场②〕といい,銅鑼などの打楽器を〔武~〕〔武场〕という.
场面话 chǎngmiànhuà よそよそしい挨拶.社交辞令.
场面人 chǎngmiànrén ①顔役.顔の売れている人.〔如今县里几个~,都是比你长一辈的〕(茅・霜1)今この県内の顔役の人たちは皆お前より世代が一つ上の人たちだ. ②社交性の高い人.交際範囲の広い人.
场面上 chǎngmiànshang 社交場.
场内交易 chǎngnèi jiāoyì 区(証券)取引所取引.〔~人〕フロアトレーダー.
场期 chǎngqī 回科学試験の期日.
场强 chǎngqiáng 回电磁波の強度.
场商 chǎngshāng 〈文〉製塩地で直接塩を買い取った〔盐 yán 商〕(塩商人)
场所 chǎngsuǒ ①場所.→〔场地〕 ②施設.〔文化娱 yú 乐~〕文化・娯楽施設.
场外交易 chǎngwài jiāoyì 区取引所外取引.〔~市场〕取引所外市場.
场屋 chǎngwū 回①科学の試験場. ②劇場.
场长 chǎngzhǎng 国営農場・林場などの長.→〔厂长〕
场主 chǎngzhǔ 私営農場,養殖場などの財産所有者.
场子 chǎngzi 〈口〉(スポーツ・見せ物・曲芸などをやる)広場.用地.演し物用の空地.〔玩 wán 艺儿~〕

同前.〔空 kòng～〕空き地.
场租 chǎngzū テナント料.場所代.(会場の)使用料.

〔昶〕 chǎng ①〈文〉日が長い. ②〈文〉のびのびしている.ゆったりしている.〔通 tōng～〕〔舒 shū～〕同前. ③〈姓〉昶(ちょう)

〔铽・鋹〕 chǎng 〈文〉鋭い.

〔惝〕 chǎng 〈又音〉tǎng

惝怳 chǎnghuǎng 〔惝恍〕とも書いた.〈文〉①失意のさま.茫然としたさま. ②ぼうっとしたさま.〔～迷 mí 离〕同前.

〔敞〕 chǎng 遮るものなく広い.開けている.〔宽 kuān～〕広々としている. ②あけひろげる.あけはなしにする.〔～着门〕門をあけはなしにしておく.〔～着口儿〕(袋などの)口が開いている.〔嘴 zuǐ～〕思う存分言いたいことを言う.
敞车 chǎngchē 無蓋車:無蓋貨車・オープンカーなど.→〔轿 jiào 车①〕〔篷 péng 车②〕
敞怀 chǎnghuái (ボタンをかけずに)胸をはだける:〔敞胸露怀〕に同じ.
敞开 chǎngkāi 開く.あける.〔把窗户～〕窓をあける.〔把怀～〕ふところをあける.胸をはだける.
敞开儿 chǎngkāir ①思い切って.思う存分.〔～乐 lè〕思う存分楽しむ.〔有话～说〕話があるならかりぶちまけて言え. ②まったく.〔～是糊 hú 涂话〕まったく愚かな話だ.
敞口车 chǎngkǒuchē 無蓋貨車.
敞口儿 chǎngkǒur 制限なし(に).〔～供应〕同前に供給する.
敞快 chǎngkuài 気持ちがいい.爽快である.さっぱりしている.
敞阔 chǎngkuò 広々としている.〔～的洼 wā 地〕広いくぼ地.〔胸 xiōng 怀～〕気持ちが大きい.
敞脸儿表 chǎngliǎnrbiǎo 〈方〉ガラス蓋(両蓋でない)懐中時計.→〔闷 mèn 壳儿表〕
敞亮 chǎngliàng ①広々として明るい.〔只要屋子～就行〕部屋が広くて明るくさえすればいい. ②気持ち・考えがすっきりしている.〔学习了这篇文章心里更～了〕この文章を学習して,考えがはっきりしてきた.
敞领衬衫 chǎnglǐng chènshān 開襟シャツ.
敞露 chǎnglù 広く開く.さらけ出す.
敞篷 chǎngpéng 车などの開閉自在の幌(ほろ).〔敞棚〕とも書く.〔～马车〕幌つきの馬車.〔～汽 qì 车〕～车〕オープンカー.〔～货 huò 车〕無蓋〔～车〕貨車.〔～车顶〕サンルーフ.
敞厅(儿) chǎngtīng(r) ①前方に戸や敷居のないあけ放たれた広間. ②大広間.
敞胸露怀 chǎngxiōng lùhuái 〈慣〉胸をはだける:〔敞胸开 kāi 怀〕〔敞怀〕ともいう.
敞着口儿 chǎngzhekǒur 癒着していない.開いたままである.〔他的伤还～呢〕彼の傷口はまだふさがっていないよ. ②〈喩〉未解決である.〔这个问题还～呢〕それはまだ未解決の問題である. ③〈喩〉思う存分使う(散財する).〔生活好了,也不能～过日子〕暮らしが良くなったからといって,家計を引き締めなければならない.

〔氅〕 chǎng ①外套.オーバー.〔大 dà～〕同前.→〔大衣〕〔外 wài 套(儿)〕 ②〈文〉羽毛で織った衣.〔鹤 hè～〕同前. ③〈文〉羽毛で編んだ旗の類.
氅衣 chǎngyī 雨よけの外套. 道士の着る服.道服.

〔怅・悵〕 chàng 〈文〉残念に思う.嘆き恨む.〔惆 chóu～〕恨み嘆く.憂え悲しむ.〔造 zào 访未遇,～甚!〕〔牘〕ご訪ねいたしましたが,お目にかかれず,甚だ残念です.
怅怅 chàngchàng 〈文〉ふさぎこんでいるさま.〔～不乐〕気持ちが晴れない.
怅恨 chànghèn 嘆き恨む.
怅然 chàngrán 失望しているさま.がっかりしたさま.〔～而返〕がっかりして帰る.〔～若 ruò 失〕残念さのあまりぼんやりしてしまう.
怅惘 chàngwǎn 失望し悲しむ.〔～不已〕いつまでも嘆き悲しむ.
怅惘 chàngwǎng 失意のあまり呆然とする.
怅望 chàngwàng 悲しくながめる.〔留恋～〕心残りで恨めし げに遠く見る.

〔韔・韔〕 chàng 〈文〉弓袋.弓を入れる袋.

〔玚・瑒〕 chàng 〖儀式に用いた〔圭 guī〕の一種.〔～圭〕同前. → yáng

〔畅・暢〕 chàng ①のびのびとする.滞らない.〔～购 gòu〕買いまくる.〔文气流～〕文章がすらすらしている. ②気持ちのよい.痛快である.〔文〉通暁(つうぎょう)する. ④〈姓〉畅(ちょう)
畅达 chàngdá 円滑にいく.滞らない.〔交通～〕交通は順調である. ②流暢にはっきりしている.〔～之兆 zhào〕伸び長ずるきざし.〔文辞〕文章がのびのびとしていてわかりやすい.
畅好 chànghǎo ①屈託のない.天真の.〔无猜 cāi 的游戏〕(谢冰心・寄小读者・通讯7)無心でのびやかな遊び. ②々白く実に.〔～是冷得来奇怪〕(元)まことに奇妙に寒い.
畅和 chànghé のどかである.和やかである.〔双方意见融 róng 洽,会场气氛极为～〕双方の意見がうまくとけ合い会場の空気はきわめて和やかである.
畅怀 chànghuái 愉快である.気持ちのよい.心がのびのびする.〔～痛饮〕心ゆくまで酒を飲む.
畅快 chàngkuài 楽しい.気持ちのよい.〔假 jià 日我们要畅畅快快地玩一玩〕休暇中は楽しくのびのびと遊ぼう.
畅聆 chànglíng 〈牘〉心ゆくまで拝聴する.〔～雅 yǎ 教〕ご高教をゆっくりと拝聴する.
畅茂 chàngmào 〈文〉茂る.繁盛する.〔草木,禽qín 兽繁殖〕(孟子・滕文公上)草木のび茂り,禽獣が繁殖する.
畅适 chàngshì ここちよい.のびのびとして快適である.心のびやかに楽しむ.
畅抒 chàngshū 思う存分に心の中を述べる.
畅顺 chàngshùn 順調である.滞らない.〔呼吸感到特別～〕思う存分うまい空気を吸う.
畅遂 chàngsuì 〈文〉草木がのびのびと生育をとげる.
畅所欲为 chàng suǒ yù wéi 〈成〉思う通りにする.
畅所欲言 chàng suǒ yù yán 〈成〉言いたいことを存分に言う.
畅谈 chàngtán 愉快に語り合う.さんざんしゃべる.〔咱们今天再～〕またいつかゆっくり話そう.
畅通 chàngtōng 滞りなく通じる〔交通・郵便・電報など〕.〔大小便～〕便通がよい.〔航运～〕水運が滞りなく通じる.〔～工程〕渋滞解消工事.
畅外 chàngwài 中医皮膚を摩擦して温かくする療法:養生法の一.
畅旺 chàngwàng 栄える.盛んである.〔销 xiāo 路～〕売れ行きがよい.
畅想 chàngxiǎng 自由に想像(考え)を広げる.〔～未来〕将来のことについて想像を巡らす.

chàng

畅销 chàngxiāo 売れ行きがよい。販路が広い。〔～货〕売れ行きの良い品物。〔～书〕ベストセラー(書籍)

畅行 chàngxíng 好都合にはこぶ。〔～无阻〕差し支えなく順調に事がはこぶ。

畅叙 chàngxù 十分に話し合う。ゆるゆると心ゆくまで話す。

畅饮 chàngyǐn 愉快に酒を飲む。痛飲する。

畅游 chàngyóu ①のどかに遊ぶ。ゆっくり遊ぶ。②ゆったりと遊泳する(さま)

畅月 chàngyuè〈文〉旧暦11月の別称。

〔鬯〕 chàng〈文〉①古代の祭祀用の香(にお)酒:黒きびを原料とし、鬱金(うこん)草を混ぜてかもした酒。〈転〉鬱金草。②のびのびとしている。滞る(〔畅①〕)に通じて用いられる。

〔倡〕 chàng ①言いだす。提唱する。〔提 tí ～〕同前。〔首～义举〕義挙を提唱する。②〈文〉先に立って歌う。歌いだす。〔唱〕に通じて用いる。→ chāng

倡办 chàngbàn 創設を提議する。発議する。

倡导 chàngdǎo ①唱え導く。②唱道(する)。発起(する)。主唱(する)

倡廉 chànglián 清廉を唱える。〔反腐～〕腐敗に反対し同前。

倡始 chàngshǐ 唱え始める。〔～人〕〈文〉発起人：口頭語で〔发 fā 起人〕という。

倡首 chàngshǒu 真っ先に唱える。

倡随 chàngsuí 夫婦のむつまじいこと。→〔夫 fū 唱妇随〕

倡兴 chàngxīng〈文〉盛んになる。

倡言 chàngyán 公言する。〔～不讳 huì〕公言してはばからない。

倡扬 chàngyáng ふれ回る。言いふらす。

倡议 chàngyì ①主張し提議する。提案する。〔我曾经～同他们坐下来谈谈〕私はかつて彼らと膝つき合わせて話し合おうと提議したことがある。〔和平～〕平和の呼びかけ。②主張の意見。〔提出～〕提議を行う。

〔唱〕 chàng ①歌を歌う。歌劇・旧劇を演ずる。〔演～〕演じる。歌う。→〔白 bái (I)⑥〕〔咏 yǒng～〕〔做 zuò ⑧〕②大声で唱える。大声で言う。〔鸡～三遍〕鶏が三べん時を告げる。〔唱名〕〔唱喏〕〔一儿〕歌。〔小～〕小唄。〔听～〕聞く。〔～方言唱行く〕声明吟。〔这件事、还是先～明白了好些〕これはあらかじめはっきり言っておいた方がいい。〔谁是谁非咱们～出来给大家听吧〕だれが良いか悪いかみなさんにお話しして皆さんに聞いてもらいましょう。⑤〈姓〉唱(しょう)。

唱吧 chàngbā カラオケバー。カラオケ喫茶。

唱白脸 chàngbáiliǎn →〔白脸〕

唱本(儿) chàngběn(r) 劇本。歌の本。

唱标 chàngbiāo 入札の開票の際、金額を大声で発表すること。

唱唱咧咧 chàngchang liēliē 大声で歌を歌う。〔只听远远的两个人说说笑笑～地从墙 qiáng 外走进来〕遠くの方から二人が笑ったり、大声で歌ったりしながら塀の外から入って来た。

唱唱儿 chàngchàngr 歌を歌う。〔～的〕ⓐ歌を歌い地方を回り歩き人に聞かせて生計をたてる者。ⓑ農村の楽隊で吉凶事などに臨時に雇われる者。

唱酬 chàngchóu ⇒〔唱和①〕

唱筹量沙 chàngchóu liángshā〔成〕無いくせにごまかして有るように見せかける:六朝、宋の檀道済が魏を攻めた時、砂の上に米をかぶせ、軍糧がたくさん有るように見せ、その数を大声で唱えたので、魏の道済の軍にはまだ糧食が欠乏していないと思いこ

み追撃してこなかったという故事に基づく。

唱词 chàngcí 剧(旧劇)の歌の部分。歌。〔道 dào 白〕に対していう。→〔戏 xì 词(儿)〕

唱的 chàngde〈白居女(うた)〉叔叔在县前东街上养着一个～〔水24〕おじさんは県前の東街に歌女をひとり囲っている。

唱碟 chàngdié ⇒〔唱片〕

唱独角戏 chàng dújiǎoxì ①剧ひとり芝居をする。②〈喻〉一人相撲をとる。

唱段 chàngduàn 剧旧劇中のまとまった歌の部分。

唱对台戏 chàng duìtáixì 二つの劇団が同じ演目を競演すること。〈喻〉向こうを張る。対抗する。

唱法 chàngfǎ 唱法。

唱反调 chàngfǎndiào 反対の主張をし、行動をとる。

唱付 chàngfù〔唱收唱付〕

唱高调(儿) chànggāodiào(r) できもしない立派なことを言う。聞いたふうな事を言う。

唱歌 chànggē 歌を歌う。

唱功(儿) chànggōng(r)〔唱工(儿)〕とも書く。剧(旧劇)の歌(の技能)：〔做 zuò 工(儿)〕(所作)に対していう。〔～戏 xì〕所作のみの芝居に対し、歌のみの芝居。〔～棒 bàng〕歌がすばらしい。→〔小 xiǎo 生〕

唱好 chànghǎo〈文〉喝采する。→〔叫 jiào 好(儿)〕

唱和 chànghè ①=〔～文/唱酬〕詩詞を互いに応酬すること。歌を歌い合うこと：その詩の韻に合わせて歌うこと。②口裏をあわせる。

唱黑脸 chànghēiliǎn →〔黑脸③〕

唱红脸 chànghóngliǎn →〔红脸③〕

唱浑 chànghún 剧劇本の一種。

唱机 chàngjī ①〔留 liú 声机〕。②留声机(①)〔蓄音器〕と〔电唱机〕(レコードプレーヤー)の総称。

唱经 chàngjīng =〔诵 sòng 经①〕読経する。経文を読む。

唱空城计 chàng kōngchéngjì ①剧(旧劇)で諸葛孔明の空城の計〕を演じる。〈喻〉自分の弱味を隠して相手を欺く。〔你别～了〕見えすいたふりをするな。②〈喻〉全員が出払ってしまい無人となること。③〈喻〉空(す)き腹になること。腹がへっていること。〔我肚子～了〕腹がへった。

唱礼 chànglǐ ①剧(仏教で)法会の際、仏の名号を唱えたり、願文を唱えたりすること。②儀式の進行をはかるため大声で儀式の次第を述べること。〔由司仪～〕進行係の発声。

唱卖 chàngmài 歌の調子で説明しながら物を売ること。

唱慢板 chàng mànbǎn ゆっくりした調子で歌う。〈転〉会議などをだらだらと引き延ばす。

唱名 chàngmíng ①(点呼のとき)声高に名を呼びあげる。→〔点 diǎn 名〕。②音階名：ドレミファや簡譜の1, 2, 3など。③剧(仏教で)仏を念じて南無阿弥陀仏の名号を唱える。

唱念做打 chàng niàn zuò dǎ ⇒〔唱做念打〕

唱盘 chàngpán レコード盤。CD. MD. ②〔蓄音機〕の回転盤。ターンテーブル。

唱片(儿) chàngpiàn(r)、～唱碟 =〔唱磋〕〔话 huà 匣子片(儿)〕〔留 liú 声(机)片〕〔音 yīn 片〕〔转 zhuàn 盘③〕〔密纹〕LP レコード。〔慢速～〕EP レコード。〔手掏～机 jī〕手回し式蓄音機。

唱票 chàngpiào (得票数を数える時)票を読みあげる。

唱腔 chàngqiāng 歌う調子。節回し。

唱曲 chàngqǔ〔一儿〕小唄を歌う：〔唱小调儿〕ともいう。②歌曲。声楽曲。

唱儿 chàngr 歌。歌曲。〔大家都爱听个～〕みんな歌

唱抄　　　　　　　　　　　　　　　　　　　　chàng〜chāo

を聞きたがる.〔唱〜的〕歌を歌う人.
唱喏 chàngrě 〈方〉〈白〉挨拶をする:挨拶の口上を述べ、ていねいな敬礼をする.→〔声 shēng 喏〕〔作 zuò 揖〕
唱诗 chàngshī 宗 (キリスト教で)賛美歌を歌う.〔〜班〕聖歌隊.②〈文〉詩を吟ずる.
唱收唱付 chàngshōu chàngfù 客からの代金を受け取る、また釣銭を渡す際に金額を声に出して確認すること.
唱双簧 chàngshuānghuáng →〔双簧〕
唱头 chàngtóu レコード(プレーヤー)のピックアップ:〔拾 shí 音器〕に同じ.〔电〜头〕同前.
唱瘟了 chàngwēnle 歌いぶりにまるで精彩がない.〔这场戏像背书似的整个儿〜〕この劇は本でも暗誦しているように全体にまるで精彩がない.
唱戏 chàngxì 芝居をやる.旧劇や歌劇を演じる.〔今天唱什么戏〕今日の芝居はどういう外題(恁)ですか.〔带了班子到乡下去〜〕一座を引き連れて田舎へ公演に行く.
唱针 chàngzhēn レコード(プレーヤー)の針:〔唱头〕(ピックアップ)に用いる.〔钢 gāng 针〕(スチール針)、〔钻 zuàn 针〕(ダイヤモンド針)がある.
唱主角 chàngzhǔjué 芝居の主役を演じる.〈喩〉中心柱となる.
唱做念打 chàng zuò niàn dǎ 劇 (旧劇で役者の)歌・しぐさ・せりふと立ち回り(アクロバット):〔唱念做打〕ともいう.

chao イ幺

[抄] chāo (Ⅰ)①＝〔钞(Ⅱ)〕写す.写し取る.〔〜笔记〕ノートを書き写す.〔照原文〜下来〕原文の通りに写し取る.〔文〜〕散文抄.〔诗〜〕詩抄.②盗作する:〔这篇文章是〜人家的〕この文章は他人の盗作したのだ.
(Ⅱ)①捜査し没収する.〔〜了一个反革命秘密机关〕反革命秘密機関を検挙した.〔由匪巢 fěicháo 里〜出许多枪 qiāng 支〕匪賊の本拠からたくさんの銃器を没収した.②近道をする.〔〜近道儿走〕同前.〔包〕包囲して襲撃する.②腕を組む.両腕で抱きかかえるようにする.→〔抄手(儿)〕〔抄手游廊〕
(Ⅲ)＝〔绰①〕〔口〕さっとつかむ.かすめとる.ひったくる.ひったくる.〔〜起一根棍 gùn 子来打〕棒をひっつかんで打ちかかる.〔〜起帽子来戴 dài 上〕ぐいと帽子をひっつかんでかぶる.〔实在无路可走、才〜起车把来的〕(老·骆 1)どうにもしかたがなかったので、人力車夫になった.〔这些东西没主儿、谁〜着算谁的〕これらのものは持ち主はない、持って行った人のものだ.
抄靶子 chāobǎzi 旧 巡査が通行者の体や持ち物を検査する.
抄白 chāobái 〈白〉(公文書の)写し.控え.〔看〜〕役所のおふれの写しを見る.
抄报 chāobào 文書の写しを上級官庁に提出する:〔旧抄呈〕〔旧抄奉〕に同じ.
抄暴 chāobào ＝〔钞暴〕〈文〉(武力で)略奪暴行する.
抄本 chāoběn 〔钞本〕とも書く.①(手書きの)写本.抄本:〔写 xiě 本〕に同じ.→〔印 yìn 本〕 ②写し.コピー.
抄表 chāobiǎo (水道・ガス・電気などの)検針する.〔〜收费〕メーターを見て料金を徴収する.
抄捕 chāobǔ ⇒〔抄拿〕
抄查 chāochá 捜査し押収する.

抄呈 chāochéng ⇒〔抄报〕
抄撮 chāocuō ①〈文〉抜き書き.摘録.②旧 容量:10撮が1抄,10抄が1勺であった.〈喩〉きわめて微細なこと.→〔撮⑦〕
抄道(儿) chāodào(r) ①近道をする.②近道.〔走〜去〕近道を行く.
抄赌 chāodǔ ＝〔抄局〕旧(警察が)賭博場を手入れする:〔抓 zhuā 赌〕ともいう.
抄掇 chāoduō 〈文〉探し集めて写し取る.
抄夺 chāoduó 略奪する.盗み取る.
抄肥 chāoféi ぼろ儲けをする.不正(規)の仕事をして利益を得る.
抄风 chāofēng 盗作・盗用の風潮.
抄封 chāofēng 差し押さえ封印する.差し押さえ没収する.
抄奉 chāofèng ⇒〔抄报〕
抄拐子 chāoguǎizi 足を取ってころがす.足をとられて転ぶ.
抄后路 chāohòulù 退路を断つ.〔抄敌 dí 人的后路〕敵の退路を断つ.
抄化 chāohuà 〈白〉僧が布施を求める.→〔募 mù 化〕
抄获 chāohuò 押収する.差し押さえる.〔〜大量违 wéi 禁约物品〕大量の禁制の品を押収する.
抄家 chāojiā 家宅捜索する.家(ロ)捜しする(財産を没収する).〔〜灭门〕全家財没収のうえ一門を根絶する.
抄家伙 chāojiāhuo ①武器を取って持つ.②道具をとり仕事をする.
抄件(儿) chāojiàn(r) コピー:上からの文書の写し.
抄近儿 chāojìnr 近道をする.
抄局 chāojú ⇒〔抄赌〕
抄录 chāolù 写し取る.
抄略 chāolüè 同下.
抄掠 chāolüè ＝〔抄劫〕〈文〉財物をかすめ取る.
抄买卖 chāomǎimài 〈方〉他人の商売を横取りする.〔抄別人的买卖,太不客气了〕他人の商売をかっさらうなんて、あんまりだ.
抄没 chāomò (財産を)差し押さえて没収する.
抄拿 chāoná ＝〔抄捕〕警察が手入れして逮捕する.〔〜聚 dǔ 犯〕賭博場に踏み込んで賭博犯を捕らえる.②勝手に公用の物や他人の物を持ってくる.〔〜私用〕同時に私物として使う.
抄身 chāoshēn 身体検査(をする).ボディーチェック(をする).→〔搜 sōu 身〕
抄事 chāoshì 〈白〉書記.書き役.
抄收 chāoshōu (電信や電報を)受信して記録する.
抄手(儿) chāoshǒu(r) ①ふところ手をする.腕を(袖の中などに入れて)組む.〔他不知道两手放在哪儿好.撑在腰上、又放下来、一会儿又抄在胸前〕(周·暴·上)彼は両手のおきどころに困った.両手を腰にあてたが、またおろしてしまい、しばらくすると今度は両腕を袖にうっこんだ.〔反〜〕後ろ手にする.②手をこまねく.傍観する.③浄書を手伝う人.④≡〔馄 hún 饨〕.
抄手游廊 chāoshǒu yóuláng 〔垂 chuí 花门〕(すなわち〔二 èr 门〕)を入ったところの左右から〔东西厢 xiāng 房〕にそって〔正 zhèng 房①〕まで続く廊下:両手で抱えこむような形をしているのでこの名がある.〔超手游廊〕とも書く.→付録6
抄送 chāosòng 写しあるいはコピーをとってから文書を渡す.
抄誊 chāoténg 写して清書する.
抄网 chāowǎng (魚をすくいあげるうより)すくい網.
抄袭 chāoxí ①〔剽窃〕剽窃(ぴょう)する.盗作する.〔揭 jiē 发〜〕盗作を摘発する.②踏襲する.〔一

chāo

字一句总喜欢〜古人的笔法]一字一句古人の筆法をそのままとることを喜ぶ.〔〜了美国的政治制度]米国の政治制度を踏襲した(焼き直した).③軍迂回して側面(後方)から急襲(する).

抄写 chāoxiě〔钞写]とも書く.書き写す.〔〜员]清書係.

抄胥 chāoxū〈文〉(官庁の)浄書役.書記.

抄用 chāoyòng 踏襲してそのまま用いる.

抄造 chāozào 紙を漉(す)く.

抄扎 chāozhá〈白〉財産を差し押さえる.〔〜家产](水22)同前.

抄斩 chāozhǎn 国家財没収の上,斬首刑にする.

抄纸 chāozhǐ 紙を漉(す)く.〔〜作坊 zuōfang]紙漉き工場.

抄走 chāozǒu ①手当たり次第に持って行く.②捜索して出たものを持って行く.③強奪する.

[吵] chāo (大勢の人)がやがや騒ぐ.→ chǎo

吵吵 chāochao〈方]騒ぎたてる.〔你别跟我在这儿瞎 xiā 〜了]ここででたらめな騒ぎ方をされては困る.

[钞・鈔] chāo (Ⅰ)①回紙幣.金銭.〔大〜](大票]高額紙幣.〔现〜]現金.〔让你破〜]〔挨]ご散財をおかけしました.②〈姓]鈔(しょう).
(Ⅱ)⇒[抄](Ⅰ)

钞暴 chāobào ⇒[抄暴]

钞本 chāoběn ⇒[抄本]

钞关 chāoguān 回関閃.

钞票 chāopiào 紙幣.→[兑 duì 换券]

钞票纸 chāopiàozhǐ 紙幣印刷用紙.

钞写 chāoxiě ⇒[抄写]

钞引 chāoyǐn 回紙幣の一種.

[怊] chāo〈文〉悲しむ.失意になる.〔〜怅 chàng]同前.

[弨] chāo〈文〉①弓がゆるんで反っているさま.②弓.

[超] chāo ①限度を越える.超過する.〔出〜]輸出超過する.〔〜限 xiàn(度)战(争)]軍自分の実力などの制限を越える戦争(戦法).②ぬきんでる.範囲を逸脱する.〔高〜]高くぬきんでる.〔〜摩 mó 登]ウルトラモダン.〔〜现实]現実を超越する.〔〜物质的]メタフィジカル.超物質的.③飛び越える.追い越す.〔挟太山以〜北海](孟子・梁惠王上]泰山をさしはさんで渤海を飛び越える.④〈姓]超(ちょう).

超拔 chāobá ①(技芸が)秀でる.群を抜く.②抜擢する.③抜け出す.離脱する(悪い環境・習慣から)

超薄 chāobáo 極薄(の).〔〜镜片]極薄レンズ(ガラス).〔缺 quē 编]

超编 chāobiān 定員オーバーする.組織が肥大化する.

超标 chāobiāo 規準を越える.〔城市噪 zào 音〜]都市の騒音が規準を越える.

超采 chāocǎi 鉱物などを超過採掘する.〔地下水〜严 yán 重]地下水の汲み過ぎが深刻だ.

超产 chāochǎn 予定計画を超過して多く生産する.〔〜粮]超額生産の食糧.

超长 chāocháng 長さをオーバーする(している).

超常 chāocháng 並はずれている.

超车 chāochē 前の車を追い抜く.

超尘拔俗 chāochén bású〈成]俗気を離れている.

超出 chāochū ある範囲から出る.〔〜规定]規定からはみ出す.〔〜定额]定められた金額・人員を超過する.

超大型油船 chāodàxíng yóuchuán マンモスタンカ

一:〔超级油轮]に同じ.

超贷 chāodài 国超過ローン.

超导 chāodǎo 物超電導.〔〜电性](〜性]超電導性.〔〜体]超電導体.

超等 chāoděng =〔超特一]ずぬけている.最優秀の.とびきり上等の.〔〜质量]特級の品質.

超低空 chāodīkōng 超低空(の).

超低温 chāodīwēn 物超低温:マイナス263°Cより低い温度.

超度 chāodù 宗(仏教の)済度する.経を読み死者を苦界から救う.施餓鬼ほどく.

超短波 chāoduǎnbō 電超短波:波長1〜10メートル.周波数30〜300メガヘルツの電波.〔米波]〔メートル波]ともいう.

超短裙 chāoduǎnqún ⇒[迷 mí 你裙]

超额 chāo'é ①定額を超える.ノルマを超過する.〔〜贷 dài 款]国オーバーローン.〔〜百分之十八]予定額を18%上回る.②超過額.

超额利润 chāo'é lìrùn 国超過利潤.

超凡 chāofán 非凡である.並がはずれる.

超凡入圣 chāofán rùshèng〈喻]並はずれて造詣が深いこと.

超凡脱俗 chāofán tuōsú 俗世から超越していること.

超负荷 chāofùhè ①積載量をオーバーする.②重すぎる負担を負う.

超高 chāogāo ①フリーボード.乾舷(舷)つ喫水線から上甲板の上面までの舷側.②水面上の舷側.③超高.〜建筑]超高層建築(物)

超高频 chāogāopín 物超高周波.

超格 chāogé〈文]普通の格や枠を飛び越える.

超购 chāogòu 決められた数量を超えて買う(売る)

超固态 chāogùtài 物超固態.

超过 chāoguò ①追い越す.追い抜く.〔他的学问〜老师了]彼の学問は先生以上にだ.②越える.超過する.上回る.〔凡 fán 是价值一千元の一概不能寄]値段が千元を越えるものは,一切送ることはできない.

超豪华 chāoháohuá 豪華すぎる.

超耗 chāohào 規定の消耗度を超える.

超乎 chāohū …を越えている.〔〜寻 xún 常]並はずれてよい.

超忽 chāohū ①〈文]はるかに遠いさま.とび離れている.②気分の向こうくさわやかさま.

超豁 chāohuò〈文]許す.〔多谢](桃花扇]ご高容を感謝します.

超级 chāojí 上等(の).特等(の).特級(の).〔〜大国]超大国.〔〜合金]超合金.〔〜计算机]スーパーコンピューター.〔〜接待]破格の優遇.〔〜美元](アメリカの)100ドル以上の紙幣.〔〜明星]スーパースター.〔〜细菌 jūn]抗生物質に対する耐性菌.〔〜油轮](超大型油船]マンモスタンカー.

超级精密加工 chāojí jīngmì jiāgōng ⇒[超精磨]

超级链接 chāojí liànjiē 電網ハイパーリンク.

超级市场 chāojí shìchǎng スーパーマーケット:〔超市]は略称.(超级商场](自 jǐ 选商场)は別称.〔合资超市]は合弁スーパー.

超假 chāojià 休假日数を超過する.

超阶级 chāojiējí 超階級の.

超经济强制 chāo jīngjì qiángzhì 経済外の強制.

超精磨 chāojīngmó =〔超级精密加工]超精密研磨.

超巨星 chāojùxīng 天超巨星.

超绝 chāojué 卓越している.

超宽带 chāokuāndài 物超広域無線.UWB.

超亏 chāokuī 超過欠損.〔〜不补 bǔ]同前を補わな

超绰焯剿翼晁巣　　　　　　　　　　　　chāo～cháo

い.
超劳 chāoláo　超勤(する)
超量 chāoliàng　定められた量を越える.
超龄 chāolíng　定められた年齢を越える.〔～团员〕年龄超过的中国共产主义青年团团员.
超伦 chāolún　比類なく優れている.
超迈 chāomài　超過する.
超平彩电 chāopíng cǎidiàn　超薄型カラーテレビ:〔超平显像管〕(超薄型ブラウン管)を内蔵したテレビ.
超期 chāoqī　期限を越える.〔～服役〕再役(倒)する:服役期限を越えて兵役につくこと.〔～滞 zhì 留〕法オーバーステイ.
超迁 chāoqiān　〈文〉順序を越えて昇進する.
超前 chāoqián　①先取りする.〔～教育〕入学前教育.〔～性〕先見性.〔～消费〕バブルの消費.〔～意识〕時代を先取りした考え.②先人を有する.〔～绝后〕〈喻〉空前絶後.③電電気の引き込み線.
超勤 chāoqín　超勤する.
超群 chāoqún　抜群である.〔～出众〕傑出して衆にぬきんでる.〔绝 jué 伦〕ずばぬけている.
超然 chāorán　超然としている.〔～的态 tài 度〕超然とした態度.
超然物外 chāorán wù wài　一般社会生活から超然としていること.〔有些知识分子,以脱离政治,～为清高.一部の知識人は政治から逃れて局外に身を置くことを高潔と思っている.
超人 chāorén　①(能力などが)一般人を越す.〔～一等〕〈成〉人より一段抜きん出ている.→〔飞 fēi 天大侠〕②超人.〔～哲学〕超人哲学:〔尼采〕(ニーチェ)の唱えた哲学.
超升 chāoshēng　①順序を越えて階級が進む.抜擢する.②靈魂が昇天する.成仏する.
超生 chāoshēng　①制限数以上子供を産むこと:〔超计划生育〕の略.〔佛〕(仏教での輪廻ので)人間に生まれかわる.③〈喻〉助ける.〔您给说两句好话手下～〕一言おとりなしください.〔求您笔下～〕どうぞよしなにお書きください.
超声 chāoshēng　物超音波:〔超声波〕の略.〔～(波)浴 yù〕〔音波浴〕ジェット浴.〔～刀〕医超音波メス.〔～喷 pēn 气机〕超音速ジェット機.〔～(波)诊 zhěn 断〕〔～(波)检查〕医エコー検査:ふつう〔B型～(波)诊断〕〔B超〕という.〔～仪 yí〕同針の装置.
超时 chāoshí　タイムオーバーとなる.
超市 chāoshì　⇒〔超级市场〕
超世 chāoshì　並はずれている.〔～奇特〕世にもめずらしい.
超视距空战 chāoshìjù kōngzhàn　軍目視距離外空中戦.ミサイル空中戦.
超收 chāoshōu　収入超過(する).実収超過(する)
超手射门 chāoshǒu shèmén　→〔射门〕
超手游廊 chāoshǒu yóuláng　⇒〔抄手游廊〕
超售 chāoshòu　オーバーブッキング.
超水平 chāoshuǐpíng　一般水準を越えている.
超俗 chāosú　世俗を越える.〔～绝 jué 众〕〈成〉並はずれているさま.
超速 chāosù　スピードオーバー(する)
超特一 chāotèyī　⇒〔超等〕
超脱 chāotuō　①既成の枠からぬけ出る.〔他的字信笔写来,十分～〕彼の字は筆に任せて書かれていて自由闊達である.②逃れる.離脱する.〔～现实〕現実離れしている.
超文本 chāowénběn　電電ハイパーテキスト.〔～传送协议〕HTTP.ハイパーテキスト・トランスファー・プロトコル.

超限 chāoxiàn　限度を越える.
超现实主义 chāoxiànshí zhǔyì　美シュールリアリズム.
超新星 chāoxīnxīng　天超新星.
超诣 chāoyì　〈文〉すぐれて造詣が深い.
超轶 chāoyì　〈文〉超越する.卓越する.
超逸 chāoyì　〈文〉凡俗ではない.とび抜けて立派である.世俗を超越している.
超音波 chāoyīnbō　超音波:〔超声波〕の旧称.
超音速 chāoyīnsù　超音速:〔超声速〕の旧称.
超员 chāoyuán　定員を越える.〔～百分之五〕五パーセントの定員オーバー(する)
超越 chāoyuè　越える.かけ離れる.〔有理想才能～现实〕理想があって初めて現実を越えていくことができる.〔～障 zhàng 碍赛〕区(馬術の)障害飛越競技.
超载 chāozài　積載超過(する).過負荷(になる)
超支 chāozhī　①支出超過(する).赤字(になる)〔～一户,赤字の家庭.②受け取るべき金額以上に受け取る.またその金額.
超值 chāozhí　価格を上回る価値がある.お値打ちである.
超重 chāozhòng　①物物体が地面を離れて上昇する場合に重量が増大する現象.②規定の重量をオーバーする.
超重(量)级 chāo zhòng(liàng) jí　区超重量級.
超重氢 chāozhòngqīng　化トリチウム.三重水素:〔氚 chuān〕の旧称.〔～〕.
超重元素 chāozhòngyuánsù　物超重元素.
超轴 chāozhóu　(機関車の)列車牽引重量の超過.
超卓 chāozhuó　〈文〉卓越する.傑出する.
超擢 chāozhuó　〈文〉抜擢(する)
超子 chāozǐ　物ハイペロン.重核子:質量が中性子よりも重い基本粒子.
超自然 chāozìrán　神秘的である.心霊的である.

〔绰・綽〕 chāo　①⇒〔抄①〕②⇒〔焯〕
　　　　　 　 　 　 ⇨ chuò

〔焯〕 chāo　=〔绰②〕(野菜などを)さっと熱湯にくぐらす.ゆでこぼす.〔～菠菜〕ほうれん草をゆがく.　⇨ zhuó

〔剿(勦・劋)〕 chāo　〈文〉他人の文章を(盗んで)自分のものにする.〔抄(I)②〕に同じ.　⇨ jiǎo
剿说 chāoshuō　他人の説を盗んで自分のものとする.
剿袭 chāoxí　⇒〔抄袭①〕

〔翼〕 chāo　〈文〉小さい網.

〔晁(鼂)〕 cháo　〈姓〉晁(ぼう).〔～衡 héng〕人阿倍仲麻呂の漢名.

〔巣〕 cháo　①鳥の巣.〔众 zhòng 鸟归～〕〈成〉鳥がみな集まる.〔乳 rǔ 燕出～〕〈成〉つばめが巣を飛びたつ.→〔窝 wō 〕②古代人が樹上に営んだ住居.〔构木为～〕木を組み立てて樹上の住居を造る.③盗賊の住み家.〔匪～〕匪賊の巣窟.〔～湖〕湖安徽省にある.〔～〕〈姓〉巣(ぼう)
巢菜 cháocài　〔草 cǎo 藤〕〔大巢菜〕〔苕 tiáo 子〕〔野 yě 豌豆〕植カラスノエンドウ.ノエンドウ.〔小 xiǎo ～②〕植スズメノエンドウ.
巢居 cháojū　樹の上に住居を造って生活していた.〔古者禽 qín 兽多而人民少,于是人皆一以避 bì 之〕(莊子)いにしえは禽獣が多く人民が少なかったので,人々はみな樹上の家に住むことを避けた.
巢蕨 cháojué　植シマオオタニワタリ.

cháo

巣窟 cháokū ⇒〔巣穴〕
巣幕燕 cháomùyàn 〈文〉幕の上に巣を造ったつばめ.〔喩〕きわめて危険なこと.
巣破分飞 cháopò fēnfēi 〈成〉巣が壊れて飛び散る.〔転〕離婚する.
巣鼠 cháoshǔ =〔茅 máo 鼠〕動カヤネズミ.
巣窝 cháowō ⇒〔巣穴〕
巣箱 cháoxiāng 巣箱.
巣穴 cháoxué =〔巣窟〕〔巣窩〕①巣.ねぐら. ②〈喩〉悪党・盗賊の巣窟.
巣由 cháoyóu 〔八 bā 尭(ぎょう)〕の時代の巣父と許由,ともに隠士.〈喩〉官に仕えない隠士.

〔**朝**〕 **cháo** ①臣下が君主にまみえる.参拝する.参詣する.〔諸侯・属国あるいは他国の王や使者などが朝見のために来る.〔～佛 fó〕仏にお参りする.→〔朝頂〕 ②朝廷.〔上～〕参朝.→〔朝野〕 ③朝代.〔唐～〕唐代.〔明～〕明代.〔改～換代〕王朝の交替. ④向かう.面する.〔～南坐北的房子〕南向き(北側にある)の家. ⑤…に向かって:向かう方向・対象を表す.〔门～东开〕入口は東向きだ.〔～南走〕南に向かって行く.〔～前走,别拐 guǎi 弯儿〕前へ向かって行け,角を曲がっていけない.→〔对 duì ⑩〕〔向 xiàng (I)②〕 ⑥一箇所に集まる.帰趣する.〔百川～海〕〈成〉百川が海へ集まり注ぐ. ⑦〔朝鮮〕の略.〔中～〕中国と朝鮮.〔～韩〕朝鮮と韓国. ⑧〔姓〕朝(ちょう). → zhāo
朝拝 cháobài ①〔皇帝〕に朝拝する.みかどおがみす る. 宗〔信徒が〕(神仙に)参拝する.
朝臣 cháochén 〈文〉朝廷の官吏.
朝代 cháodài ①王朝の時代.一王朝(帝王)の統治する年代. ②一つの歴史時期.時代.
朝頂 cháodǐng 山上の寺廟に参詣する.
朝奉 cháofèng ①旧金持ち. ②〈方〉質屋の番頭.
朝服 cháofú =〔朝衣〕〈文〉朝服.朝廷に出仕する服.→〔官 guān 服〕
朝綱 cháogāng 〈文〉朝廷の綱紀.
朝貢 cháogòng 朝貢(する)
朝貴 cháoguì =〔朝廷において権勢のある人.
朝賀 cháohè 旧参内して賀を述べる.
朝会 cháohuì 古諸侯が集まって天子に謁見した儀式.→ zhāohuì
朝見 cháojiàn =〔朝覲①〕古参内して皇帝に謁見する.
朝覲 cháojìn ①同上. ②宗(信徒が)参拝する.(聖地へ)巡礼する.
朝山 cháoshān 宗(信徒が)(山上の)寺廟に参詣する(して線香をあげる).〔～进香〕～拝庙后门〕
朝圣(地) cháoshèng(dì) ①宗巡礼地・聖地へもうでる. ②孔子誕生の地,山東省曲阜の(〔孔 kǒng 庙〕,〔孔林〕)へもうでる.
朝天 cháotiān ①宗天子に拝謁する. ②上を向く.〔盆儿～,碗儿翻地〕皿も碗もひっくり返っている.食事後,食卓の杯盤狼藉のさま.
朝天鐙 cháotiāndèng ①旧金瓜・鉞斧などとともに葬列を先導する儀仗の持つもの:あぶみをさかさにしたようなものでこの名がある. ②足を曲げて頭の上にあげる曲芸.
朝天椒 cháotiānjiāo 辛味の強い細長く先のとがったトウガラシ〔=〔牛角椒〕〔羊角椒〕〔鷹 yīng 爪椒〕(タカノツメ)などがある.→〔辣 là 椒〕
朝天柱 cháotiānzhù =〔云 yún 雀〕
朝廷 cháotíng 朝廷.
朝鮮 cháoxiǎn 朝鮮:〔～民主主義人民共和国〕〔北 běi 朝鮮〕ともいう.首都は〔平 píng 壌〕(ピョンヤン).〔～族〕中国少数民族の一,主として吉林延辺地区に居住する.〔～泡菜〕キムチ.

巣朝潮

朝向 cháoxiàng ①(建物の)向き:向いている方向.〔这房间～很好〕この部屋は向きがいい. ②(…に)向かっている.〔～基地前进〕基地に向かって前進する.
朝靴 cháoxuē 旧礼装用の長靴.
朝阳 cháoyáng ①太陽に向かったところ.日の当たるところ. ②日が当たる.日当たりのよい.〔把这盆花儿放在～的地方〕この鉢を日の当たるところへ置いておきなさい.→ zhāoyáng
朝阳花 cháoyánghuā 〔向 xiàng 日葵〕
朝野 cháoyě ①旧朝廷と民間.政府と民間. ②与党と野党.
朝謁 cháoyè 参内し謁見する.
朝衣 cháoyī ⇒〔朝服〕
朝儀 cháoyí 旧君臣朝見の儀式.
朝隠 cháoyǐn 身は官にあるも心は隠退すること:官僚が自ら清高を示すこと.
朝政 cháozhèng 〈文〉朝廷の政治.国政.〔把持～〕朝政を手に握る.
朝珠 cháozhū 旧清官の胸に飾る珊瑚や琥珀の首飾り.→〔数 shù 珠(儿)〕
朝字旁(儿) cháozìpáng(r) 国あさ(朝)のへん.漢字部首の"车".〔十 shí 早旁(儿)〕ともいう.→付録1
朝宗 cháozōng 〈文〉①諸侯が天子に謁する. ②赴き帰趣する.四方八方から一所に集まる.〔百川～于海〕百川海に集まり注ぐ.

〔**潮**〕 **cháo** (Ⅰ)①しお.潮(しお)(太陽や月の引力のために海水が定時に満ちること).〔涨～〕満潮.〔落～〕海水が最低位になること.干潮.〔浙江～〕浙江省海寧付近の海に見られる銭塘江の高潮.〔观～〕同潮を見物すること. ②趣勢.社会変動.動向.〔政～〕政変.〔工～〕労働争議.〔学園紛争.〔闹 nào 风～〕騒動が起きる.〔思～〕思想の流れ.〔一时 wèi 時代の傾向・感覚. ③湿る(り).湿気(をもつ).〔这屋子很～〕この部屋は湿っている.〔～粮 liáng〕冠水した穀物.〔花生～了不好吃〕落花生はしけっておいしくない.〔防~〕防湿.防湿する.〔药品怕受～〕薬品は湿気を嫌う.〔发～〕湿る.しける.→〔湿 shī〕 ④地広東省潮州の地.⑤〔姓〕潮(ちょう).
(Ⅱ)①(銀の純分が)低い.〔银子成色～〕銀の純分が低い.〔～金〕純分の低い金.〔～銀〕純分の低い銀. ②(技術が)劣っている.〔手芸～〕腕が悪い.技術が劣っている.③〈方〉政治的経歴がよくない.
潮白 cháobái (広東省潮州一帯で産する)中白の砂糖.
潮标 cháobiāo 地潮位標.
潮差 cháochā 満潮と干潮との潮位差.
潮虫 cháochóng =〔鼠 shǔ 妇〕
潮动 cháodòng 潮のように動く.
潮锋 cháofēng 地満潮時の潮位.
潮干(儿) cháogān(r) 湿り気の残る乾き方.
潮红 cháohóng 両頬が赤い.赤い頬.
潮候 cháohòu ⇒〔潮信〕
潮乎乎 cháohūhū 湿気の多い.湿っぽい:〔潮忽忽〕〔潮呼呼〕〔潮糊糊〕とも書いた.〔～的衣裳〕湿っぽい服.
潮解 cháojiě 化潮解:固体が湿気を吸って溶解すること.
潮剧 cháojù 劇広東の潮州・汕頭一帯で演じられる地方劇:〔潮音戯〕ともいう.明の中葉より形成され〔潮調〕とよばれ,古楽曲と〔弋 yì 阳〕腔〕をとどめている.〔童 tóng 伶制〕(少年俳優制)を採用し,〔小生〕〔花旦〕〔青衣〕などすべて児童が演じた.
潮浪 cháolàng 潮の波.

潮嘲吵炒　　　　　　　　　　　　　　　　　　　　cháo～chǎo

a
潮流 cháoliú ①海潮の流れ. ②〈喩〉時代の趨勢. 潮流.
潮漉漉 cháolulu びっしょり湿っているさま.〔到了黄梅天墙 qiáng 上地上都～的〕梅雨になると壁も床(ゆか)もびしょびしょになる.

b
潮脑 cháonǎo ①回広東省潮州産の樟脳が有名であった.〔樟 zhāng 脑〕の別称.
潮气 cháoqì 湿気.〔满屋都是一味儿〕部屋中しけたにおいがする.〔～重 zhòng〕湿気がひどい.→〔shī〕

c
潮热 cháorè ①湿っぽく暑い.〔天气〕天気が湿っぽく暑い.むしむししている. ②中医消耗熱:一定の時間に熱が高くなったり低くなったりするもの.
潮润 cháorùn ①湿り気がある. ②目が潤む.
潮湿 cháoshī しける.湿気が多い.湿っぽい.じめじめする.

d
潮水 cháoshuǐ 潮(しお).〔人像一一样涌过来〕人波が潮のように押し寄せて来る.
潮丝丝 cháosīsī わずかに湿っぽいさま.
潮头 cháotóu ①波がしら.波の峰. ②時流の先端.
潮位 cháowèi 回潮汐.潮高:潮の干満によって変化する海面の高さ.

e
潮汐 cháoxī 回①朝の満潮を〔潮〕,夜の満潮を〔汐〕という. ②しお:満ち潮を〔潮〕,引き潮を〔汐〕という.〔～发 fā 电〕潮力発電.潮汐発電.〔～能〕潮汐エネルギー.
潮信 cháoxìn ＝〔潮候〕①潮のさしひきすること. ②〈文〉女性の生理(月経)
潮绣 cháoxiù 広東省潮州市で作られる刺繡.
潮汛 cháoxùn 一年中の定期的な大潮.

f
潮烟 cháoyān 潮州産のタバコ.
潮音 cháoyīn ①潮の満ち引きの音. ②多数の僧侶が一緒に読経をする声.〔海～〕同前.
潮阴阴 cháoyīnyīn じめじめしているさま.〔～的房子〕じめじめした家.

h
潮涌 cháoyǒng 〈喩〉潮の如くわく.〔～而来〕潮のように押し寄せる.
潮灾 cháozāi 海水の逆流による災害.
潮涨潮落 cháozhǎng cháoluò 〈喩〉物事の起伏が激しいこと.

i
[**嘲(謿)**] **cháo** あざける.〔冷～热讽 fěng〕冷ややかなあざけりとひどい皮肉.〔聊以～解～〕何とか冷笑を免れる.照れ隠しをする.〈白〉からかうふざける.〔汉子的斑头,扶家风的领袖〕〔金22〕ろくでなしの頭目であり,家風を乱す領袖也. → zhāo

j
嘲谤 cháobàng あざけりそしる.
嘲拨 cháobō ＝〔嘲惹〕〈白〉からかう.からかって誘惑する.〔如此佳丽美人,料他识字,写个简帖～他〕〔元〕あれほどの美人だから,おそらく字は読めるだろう,ひとつ手紙を書いてひっかけてやろう.

k
嘲风咏月 cháofēng yǒngyuè〔雪花風月〕詩文の遊び(だけで内容が無い):〔嘲风弄 nòng 月〕ともいう.
嘲讽 cháofěng あざけりあてこすること.

l
嘲歌 cháogē〈白〉出まかせの唄(を歌う).〔只听得外面有人～〕〔水6〕外でだれかが出まかせの唄を歌っているのが聞こえた.
嘲诙 cháohuī ふざける.しゃれを言う.ジョークをとばす.

m
嘲骂 cháomà あざけり罵る.嘲风(chǎo fēng)する.
嘲弄 cháonòng 愚弄する.〔这个促 cù 狭鬼专爱～人〕この陰険な男は人をたぶらかしては喜んでいる.
嘲诮 cháoqiào 咎めあざける.

n
嘲惹 cháorě ⇒〔嘲拨〕

嘲讪 cháoshàn あざけりそしる.
嘲笑 cháoxiào 嘲笑(する).
嘲谑 cháoxuè あくどくあざける.

[**吵**] **chǎo** ①やかましい(話し声や物音が).〔锣鼓～得慌 huang〕銅鑼や太鼓がひどくやかましい.〔昨天夜里隔 gé 壁死人了,～得我一夜没睡〕昨晩隣で人が死んだので,やかましくて一晩中眠れなかった. ②騒ぎたてる.どなり騒ぐ.〔好好听着,别～〕よく聞きなさい,やかましくしてはいけない.〔别～,这是正经事〕やじってはいけない,これはまじめなことだ. ③口げんかする.いさかいする.言い争う.→〔拌 bàn 嘴〕

吵翻 chǎofān 言い争って仲違いする.
吵架 chǎojià 口げんかする.〔大杂院里差不多天天有人～〕共同長屋住宅ではいつでも誰かがどなりあっている.→〔打 dǎ 架〕〔干 gàn 架〕
吵坑 chǎokēng ＝〔吵湾〕蛙が水たまりでゲロゲロやかましく鳴く.〔这孩子们,蛤蟆 háma～似的这个吵幼儿,吵得怪 guài 讨厌的〕この子供らの,ギャーギャーわめくような騒ぎっぷりは,実にうるさい.
吵螺蛳 chǎoluósī 言いがかりをつける.口論.やかましく言う.
吵骂 chǎomà 大声で争って罵る.
吵闹 chǎonào ①口論する.わめきたてる.〔你们为什么～〕きみたちは何で言い争っているのか. ②騒ぐ.やかましくして邪魔する.〔～得使人不能入睡〕やかましくて眠れない. ③騒々しい.やかましい.〔吵吵闹闹〕同前の重畳形.〔人声～〕人の声が騒々しい.
吵嚷 chǎorǎng 大声で騒ぎたてる.がやがやと大声で騒ぐ.がなる.〔吵吵嚷嚷〕同前の重畳形.〔～半天还是没结果〕長い間大声で騒ぎたてたが,やはり結論は出なかった.
吵扰 chǎorǎo ①迷惑をかけ邪魔をする.〈方〉大声で言い争う.
吵人 chǎorén (やかましい音をたてて)迷惑をかける.〔成心～〕わざとやかましくする.〔这种声音真～〕こんな音はやかましくてかなわない.
吵散 chǎosàn (事や催しが)騒ぎでつぶれる.〔一场好事被他～了〕せっかくのいい事が彼にとって台なしになった.

吵湾 chǎowān ⇒〔吵坑〕
吵窝子 chǎowōzi 騒ぎたてる.やかましく言う.〔别～,自个儿弟兄有话好说〕騒ぎたてるな,肉身の兄弟だもの,何でもよく相談しよう.
吵喜 chǎoxǐ ＝〔闹 nào 喜〕回喜びごとがあった時,通報人がその家へ行って大声で喜びを知らせること.〔怎么不叫我们～呢〕〔红8〕どうしてわたしたちにお知らせしてはいけないのですか.→〔报 bào 喜②〕
吵醒 chǎoxǐng 騒いで目をさまさせる.騒がしいので目がさめる.〔刚睡着,被孩子～了〕今眠ったところを子供が騒いで起こされてしまった.
吵秧子 chǎoyāngzi わめきたてる.
吵子 chǎozi 言い争い.口論.ひと騒ぎ.悶着(もんちゃく).〔不答 dā 应,又是～〕承諾しないとまたひと悶着だぞ.
吵嘴 chǎozuǐ 口論する.やかましく言い争う.いさかいする.〔他们俩天～〕あの二人は一日中口げんかする.〔一角 jué 口〕

[**炒**] **chǎo** ①炒める.煎る:少量の油で食材に火を通すこと.〔～黄〕こんがりと炒める.〔～焦 jiāo〕～糊 hú〕こがす.やきすぎる. ②〈家・土地・株・外貨などを〉売買を繰り返して儲ける.〔～地(皮)〕地上げ.〔～卖〕値上げして転売する. ③〈方〉首にする.解雇する.〔～掉 diào〕同前. ④(マスコミにちやほやされる.もてはやされる.〔～遍 biàn 全

国)全国的にブームになる.
炒饼 chǎobǐng 〔食〕細く切った〔烙 lào 饼〕に肉などを加え油で炒めたもの.
炒菜 chǎocài ①野菜を油で炒める. ②油炒めの料理.
炒(菜)锅 chǎo(cài)guō 中華鍋·鉄板を打ちのばして碗形にした鍋で、種々の炒めものや揚げものに用いる.
炒茶 chǎochá 茶の葉を焙(は)じて茶を作る.
炒陈饭 chǎochénfàn 古い飯を炒めかえす.<喩>新味のないこと.
炒蛋 chǎodàn ⇒〔炒鸡蛋〕
炒豆儿 chǎodòur ①豆を煎る. 〔枪 qiāng 声像～一样〕銃声が豆を煎るようだ. ②煎り豆.
炒饭 chǎofàn 一〔炒米饭〕〔食〕焼き飯. チャーハン.
炒房 chǎofáng 家屋の投機の売買をする.
炒风 chǎofēng 投機熱. 投資熱.
炒肝儿 chǎogānr 〔食〕豚の腸とレバーで作った料理: 北京風の軽食.
炒钢 chǎogāng 〔工〕旧式精錬法によって製造した鋼の一種. →〔炼 liàn 钢〕
炒更 chǎogēng <方>①残業(する). ②アルバイト(する). 副業·サイドビジネス(をする).
炒古 chǎogǔ 懐古熱. 骨董ブーム. レトロ. 〔刮 guā～风〕レトロブームがおこる.
炒股(票) chǎogǔ(piào) 株の売買をする.
炒锅 chǎoguō 一〔炒(菜)锅〕
炒黑市 chǎohēishì <喩>闇で儲ける.
炒汇 chǎohuì 外貨の売買をする.
炒货 chǎohuò 煎ったナッツ(総称):〔榧 fěi 子①(ひし)、瓜子(儿)(かぼちゃ·すいかの種)、花生(ピーナッツ)、栗子(儿)、松子(儿)(松の実)など. 〔～店〕同前を売る店.
炒鸡蛋 chǎojīdàn =〔炒蛋〕〔食〕いり卵. スクランブルエッグ: 〔炒鸡子儿〕ともいう. 〔摊 tān 鸡蛋〕
炒家 chǎojiā 〔炒手〕投機ブローカー(地やどして買いなど). ころがし屋. 投機筋.
炒冷饭 chǎolěngfàn 冷えた御飯を炒めなおすこと: <喩>焼き直し. 蒸し返し. 二番煎じ.
炒蛎蝗 chǎolìhuáng 〔食〕牡蠣(か)と卵の炒め料理.
炒栗子 chǎolìzi 焼き栗:〔糖 táng 炒栗子〕ともいう.
炒买炒卖 chǎomǎi chǎomài 投機買売.
炒米 chǎomǐ ①いりごめ: 米の飯を乾かしさらに鍋で炒(いり)ったもの、あるいは生の米をそのまま炒ったもの. 〔～花〕〔爆 bào 米花〕爆弾あられ. 〔炒〕玉米花〕〔爆玉米花〕ポップコーン. ②煮た糜子(蒙古に産する黍(き))を牛油で炒めたもの(蒙古人の常食)
炒米饭 chǎomǐfàn ⇒〔炒饭〕
炒面 chǎomiàn 〔食〕①油で炒めたそば. 焼きそば. ②=〔粉 fěn 子③〕〔干 gān 粮③〕むぎこがし. いりこ: 小麦粉ろくでこんがりこがしたもの. 湯をさせばすぐ食べられる. 昔時の携帯口糧. 〔～袋〕同前を入れる袋.
炒面儿 chǎomiànr ⇒〔油 yóu 炒面儿〕
炒磨 chǎomò 煎って粉にする. 〔～咖啡〕焙煎コーヒー(を出す)
炒青 chǎoqīng ①手もみ緑茶. ②安徽省歙県産の同前.
炒热 chǎorè ①投機をやって値をつり上げる. ②マスコミでホットな話題にする.
炒三鲜 chǎosānxiān 〔食〕3種類の食材を油で炒めた料理:〔三鲜〕はふつう、筍·しいたけ·鶏またはハムを配したもの. 〔炒三仙〕とも書く.
炒勺 chǎosháo (柄のついた)中華なべ.

炒什件儿 chǎo shíjiànr 〔食〕鶏·あひるなどの内臓で作った炒め料理.
炒手 chǎoshǒu ⇒〔炒家〕
炒星 chǎoxīng (マスコミが)スターをもち上げる. スターを売り込む.
炒鱿鱼 chǎoyóuyú <喩>首にする. 首になる. 〔老板炒了他的鱿鱼〕経営者は彼をくびにした. →〔卷 juǎn 铺盖〕
炒作 chǎozuò ①投機的売買をする. 〔～股票〕株を同前. 〔～的资金〕同前の資金. ②ブームにする. 人気を作り出す. 〔媒体～〕メディアを利用して同前.

〔麨(麵)〕 chǎo <文>いりこ. むぎこがし: いった米粉、または小麦粉.
〔耖〕 chào ①まぐわ: 農具の一. 一度耕した地面の土塊をさらに細かにするもの. ②まぐわで土塊を砕く.

che イさ

〔车·車〕 chē ①車. 車両. 〔火～〕汽車. 〔汽～〕自動車. 〔马～〕馬車. 〔坦克~〕タンク. 戦車. 〔～中〕〔～虫〕〔～迷 mí〕カーマニア. カーレースファン. 〔～痴 chī〕カーきち. 〔倒 dào ～〕車をバックする. 〔倒 dǎo ～〕乗り換える. 〔～赛 sài〕カーレース. ②輪軸を備えている機械装置. 〔水～〕水車. 〔滑 huá ～〕滑車. 〔吊 diào ～〕起重機. 〔纺 fǎng ～〕つむぎ車. ③各種の機械(総称). 〔开～〕④機械を運転する. ⑥車を運転する. 〔停 tíng ～〕⑥機械の運転を止める. ⑥車を止める. 〔快～〕急行列車. 〔试 shì ～〕機械の試運転をする. 〔～工〕〔～工人〕旋盤工. ④切削すること: 金属類を旋盤で削る(こと). 特に外円面を削ること. 〈方〉～外圆〔～旋 xuàn 外皮〕外皮を削る. 〔把铜活～得又光又圆〕銅の細工を加工して、ピカピカと丸味を出した. ⑤水車を回して水をくむ. 〔～水灌 guàn 田〕水車で水をくんで田にかんがいする. ⑥車で運ぶ. 〔用板车～这些木板坝〕荷車でこの木の板を運んでくれ. ⑦〈方〉体を回す. 〔～过头来〕ふりむく. ⑧〈方〉ミシンで縫う. 〔～衣〕服を同前. ⑨<姓>車. → jū
车螯 chēáo 〔魚貝〕オオハマグリ:〔昌 chāng 娥〕ともいう.
车把 chēbǎ <方>〔龙 lóng 头⑤〕梶棒. ハンドル.
车把式 chēbǎshi 〔车把势〕とも書いた. (馬車の)御者.
车班 chēbān ①車を使用するチーム. ②⇒〔车次〕③〈方〉〔列车〕の発車回数.
车板 chēbǎn 〔刮 guā 板②〕〔圆 yuán 刮板〕砂または粘土などの鋳型を作るのに用いる均(な)し板. 型板.
车帮 chēbāng (トラック·荷車など)荷台の両側のふち.
车本 chēběn 〔－儿〕<口>自動車運転免許証.
车标 chēbiāo (自動車の)エンブレム.
车簸箕 chēbòji 人力車の蹴込み: 客が足をのせるところ.
车场 chēchǎng ①駐車場: 駐車·点検·修理する場所. ②(駅の)ヤード. 貨物ヤード. ③交通·運輸組織の管理部門.
车厂(子) chēchǎng(zi) ①旧(人力車などの)車置屋. 車宿: 〔拴 shuān 车的〕ともいう. ②旧人力車·三輪車の製造工場.
车潮 chēcháo 車の流れ.
车臣 chēchén チェチェン共和国. 旧ロシア連邦

车

che

〔~印 yìn 古什〕(チェチェン・イングーシ)自治共和国が分離独立したもの.主都は〔格 gé 罗兹尼〕(グロズヌイ)

车尘马迹 chēchén mǎjì ⇒〔车辙马迹〕

车程 chēchéng (车の)所要時間.〔需要 3 个小时的〕~3 時間かかる道のり.

车船店脚牙 chē chuán diàn jiǎo yá 回車夫・船頭・宿屋・荷かつぎ人夫・仲買人の 5 種の客商売人は悪質の者が多いとされた.

车船费 chēchuánfèi 車や船に乗る費用.旅の費用. →〔旅 lǚ 费〕

车床 chēchuáng 圏旋盤.〔旋 xuàn 床〕〔旋盘〕ともいう.〔镗 táng 孔~〕中ぐり旋盤.〔~夹 jiā 头〕〔~夹子〕圏旋盤チャック.〔~卡 qiǎ 盘〕圏旋盤固定子.〔高速~〕速切り旋盤.→〔机 jī 床〕

车床工(人) chēchuáng gōng(rén) ⇒〔车工②〕

车次 chēcì 列車(長距離バス)番号:〔方〕车班②〔车号②〕ともいう.→〔班 bān 次〕〔旅 lǚ 次〕〔舟 zhōu 次〕

车大炮 chēdàpào ⇒〔扯 chě 大炮〕

车带 chēdài 〔轮 lún 胎〕

车贷 chēdài マイカーローン.〔~险 xiǎn〕オートローン保険.

车殆马烦 chēdài mǎfán 〈成〉旅のために疲労する:〔倦怠马烦〕とも書く.

车挡 chēdǎng ①バンパー(自動車などの緩衝器).②(鉄道線路の最終部の)列車止め.

车刀 chēdāo 圏旋盤用バイト.→〔刨 bào 刀①〕

车道 chēdào 車道.車線:〔车行 xíng 线〕ともいう.〔~线〕路上に引かれた車両運行上の線.↔〔人 rén 行道〕

车道沟 chēdàogōu 〈口〉わだちが溝になった所:〔车沟眼〕〔车辙沟〕ともいう.②路肩が高く車床が低い,溝のような道路:〔道沟〕ともいう.

车到山前必有路 chē dào shānqián bì yǒu lù =〔船 chuán 到桥头自然直〕〈諺〉窮すれば通ず.案ずるより産むがやすし.〔必〕は〔终〕ともいう.

车德 chēdé 運転マナー.

车灯 chēdēng ①(车の)ヘッドライト.②曲芸の一種:西南諸省で行われる歌ったり舞ったりするもの.

车底盘 chēdǐpán ⇒〔底盘②〕

车动铃铛响 chē dòng líng-dāng xiǎng 車が動けば鈴が鳴る.〈喩〉何かをやるとすぐ大げさに宣伝する.

车兜 chēdōu ⇒〔车篼〕

车斗 chēdǒu ①トラックの荷台.自動車のトランク.②⇒〔边 biān 斗〕

车队 chēduì ①(自動)車の隊列.②車両部隊.自動車係:組織・企業などの輸送部門.③カーレースのチーム.

车饭钱 chēfànqián 回心付け:宴会や慶弔時に集まった他家の使用人・車夫や運転手などに与えた金.

车匪 chēfěi 郊外バス・列車強盗.〔~路霸〕同前と勝手に道路通行料を取る者.

车费 chēfèi =〔车钱〕〔车资〕車賃.乗車賃.

车夫儿 chēfùr 人力車・馬・三輪車の損料.

车夫 chēfū 回(馬車の)御者者.(人力)車夫.車曳きの.〔车工③〕ともいう.

车服 chēfú 回天子が臣下に対し,その勲功によって与えた階級を表す車馬と礼服.

车辐 chēfú ①車の輻(や).②自転車のスポーク.〔~条〕1 本 1 本のスポーク.

车盖 chēgài 回〔车帐子〕

车隔 chēgé (车の)運転間隔.

车工 chēgōng ①回旋盤を用いる切削作業.②=〔车床工(人)〕旋盤工.③⇒〔车夫〕

车公里 chēgōnglǐ 量詞.自動車 1 台が 1 キロ走行するのを〔一~〕という.

车弓子 chēgōngzi 車の車軸の上にとりつけてある弓形バネ:単に〔弓子②〕ともいう.

车沟 chēgōu 轍(わだち)の跡が溝になった所.〔~里的泥鳅成不了 liǎo 龙〕〈諺〉わだちの水たまりの中のドジョウは竜にはなれない.

车钩 chēgōu (車両の)連結器.

车购税 chēgòushuì 自動車取得税:〔车辆购置税〕の略.

车轱辘 chēgūlu 〈口〉车輪:〔车毂辘〕〔车箍辘〕とも書く.〔~话〕同じことをくり返して言うこと.〔别说~话耽 dān 误工夫〕くどくどと言わないでくれ,時間のムダだ.〔~会〕〔车轮会〕数人が順番に〔~〕馳走し合うこと.〔~圈〕〔扯 chě 轱辘圈〕子供の遊戯:大勢手をつないで円陣を作り,口をそろえて〔~〕と歌いながらぐるぐる回る.

车毂 chēgǔ 車のこしき:車輪の中央にあって軸をその中に貫き,輻(や)をその周囲にさし込んだ部分.

车轨 chēguǐ ①轍(わだち).②レール.③車輌の間隔:〔车距〕に同じ.

车行 chēháng 車の販売または貸し出しをする店.

车号 chēhào ①車のナンバー.②⇒〔车次〕

车喝 chēhe 〈方〉(冗談まじりに)たきつける.〔你别~了,我们都快打起来了たきつけるようなことを言うのはよせ,おれたちはもうちょっとでけんかになりそうになってるんだ.

车后喘 chēhòuchuǎn 〈喩〉応援者.加勢人.後押しをする人.〔你何必给他当那个~呢〕きみ,何も彼の後押しにならなくてもいいじゃないか.

车后尾儿 chēhòuyǐr 〈方〉(车)の後部.〔~架 jià 子〕〔~箱 xiāng〕〔车尾儿箱〕(自動車)の後部トランク:〔行 xíng 李箱〕の別称.

车户 chēhù 回車夫を業とする家.

车豁子 chēhuōzi 回馬車ひき:御者を軽蔑して言う言葉.

车祸 chēhuò 交通事故.輪禍.自動車事故.

车技 chējì ①(自転車などの)曲乗り.②運転技術.→〔杂 zá 技〕

车驾 chējià 〈文〉天子の召す馬車.

车架 chējià ①(車の)フレーム(全体).②(車の)荷物を置くスペース.〔~子〕自転車の荷台.

车间 chējiān 〔工 gōng 厂〕(工場)で仕事や技術の性質,機械設備の種類あるいは生産品の種類などによりそれぞれ区分された仕事上の場所の単位:例えば〔造船厂〕は"船殻分厂"(船体工場)"鋳物工場"などに分かれているので,これら各部門を〔船売〕〔造机~〕〔铸工~〕などという.〔~〕は更に〔工段①〕,〔组~〕,〔班〕の如く細分される.職区・作業区・現場・作業場・工場・組・班などにあたる.〔~委员会〕職場委員会(労働組合の).〔~主任〕職長.現場主任.〔机械~〕機械場.〔修理~〕修理工場.

车检 chējiǎn 車検:〔验 yàn 车〕ともいう.

车脚钱 chējiǎoqián 回運賃:人夫を使って荷物を運ぶ際の人夫への費用と運搬費.

车轿 chējiào 車と轿(かご)

车距 chējù 車間距離.

车捐 chējuān 回自動車税.

车壳 chēké 〈口〉車体.

车口(儿) chēkǒu(r) 回客待ち場所.人力車のたまり.

车库 chēkù 車庫.ガレージ.〔汽~〕同前.

车筐 chēkuāng 自転車・オートバイの荷物かご:〔车兜〕に同じ.

车况 chēkuàng 車両の性能・保守・運行情況.车の

213

chē 车

調子.
车拦头辆 chēlán tóuliàng 〈喩〉(規則や法律を通そうとすれば)初めの者から血祭りにあげねばならない.〔不管是谁,违法都要处分 chǔfen,必须～〕だろうと法に違反したものは皆処分しなくちゃならない,初めの者から血祭りにあげるべきだ.
车老板 chēlǎobǎn 〈方〉御者(ぎょ).
车力 chēlì 回主人が使用人に近距離の使いを言いつけた時に与える車賃.
车帘子 chēliánzi 人力車の前にかける雨よけの垂れ.
车梁木 chēliángmù ⇒〔毛 máo 榉〕
车辆 chēliàng 車両.〔～加工厂〕列車ヤード.操車場.〔～泊 bó 位证明〕車庫証明.〔～清洗站〕洗車場.
车辆底架 chēliàng dǐjià 車台.台枠.
车裂 chēliè =〔车磔〕固車裂きの刑.
车铃 chēlíng (自転車の)ベル.
车流 chēliú 車の流れ.〔～量〕車両の交通量.
车绺子 chēliǔzi 〈方〉車泥棒.車上荒し.
车笼自备 chēlóng zìbèi ①素人役者が自前で芝居すること.〔笼〕は道具を入れるかご. ②自前.自費.手べんとう.
车轮 chēlún 〔-子〕車輪.ホイール.俗に〔车轱辘(儿)〕〔毂 gū 辘〕〔轱 gū 辘〕という.
车轮菜 chēlúncài ⇒〔车轱辘会〕
车轮会 chēlúnhuì ⇒〔车轱辘会〕
车轮战 chēlúnzhàn ①多人数が順番に一人に挑戦して疲労させる. ②波状攻撃. ③勝ち抜き戦.〔轮番战〕ともいう.
车箩 chēluó 手押し車につける大型の竹かご.
车螺纹口 chēluówéndāo =〈方〉车牙刀〕〈方〉挑 tiāo 扣刀〕螺旋を刻む切削具・ねじ転造具.
车马店 chēmǎdiàn (主に農村で)馬車や荷車をひく客を泊める旅館:馬屋・客室ともに設けられている.
车马费 chēmǎfèi 往診や公務出張の交通費.
车马坑 chēmǎkēng 史副葬品として馬や戦車を埋めた穴.
车马盈门 chēmǎ yíngmén 〈成〉車馬が門前に満ちる:千客万来で繁栄をきわめるさま.
车马之喧 chēmǎ zhī xuān 〈成〉お客の出入りの多いさま.
车幔 chēmàn ⇒〔车帷〕
车毛刀 chēmáodāo ⇒〔粗 cū 削〕
车毛坯 chēmáopī ⇒〔粗 cū 削〕
车貌 chēmào 車の外観.
车门 chēmén ①車馬の出入りのために設けられた門. ②〔-儿〕(車などの)ドア.乗降車口.
车模 chēmó ①レースクイーン.コンパニオン. ②ミニ車新車セール.
车牌 chēpái ①ナンバープレート.車の鑑札.〔汽车牌照〕の略.〔办～手续费〕ナンバープレート交付手数料. ②車のブランド.
车袢儿 chēpànr 〔车襻儿〕とも書く. ①車のひき縄. ②手押しの一輪車の梶棒につけたひも:首にかけて両手にかかる重さを肩に受け,かつ車の安定をはかる.
车棚 chēpéng ①屋根つきの自転車置き場. ②車のボディーの屋根.
车篷 chēpéng 車の覆い.ほろ.〔车棚〕に同じ.
车皮 chēpí =〔车板〕貨車.空車.〔火 huǒ ～〕同前.〔运输一万吨货物要多少个～呢？〕1万トンの貨物を輸送するには,貨車が何両要るか.
车脾气 chēpíqì 車の運転ぐせ.
车票 chēpiào 乗車券.切符.
车坪 chēpíng 車のたまり場.発着場.バース.

车骑 chēqí,〜jì ①〈文〉騎馬武者.騎兵. ②圏将軍の名号.
车钱 chēqián ⇒〔车费〕
车前 chēqián =〔车轮菜〕〈文〉芣 fú 苢〕〈口〉牛 niú 舌〕圃オオバコ:オオバコ科の多年生草本.〔马 mǎ 舄〕(牛舄)は古名.〔～子 zǐ〕同前の種子:利尿剤として用いられる.
车前马后 chēqián mǎhòu 〈喩〉人の為に力を尽す:〔鞍 ān 前马后〕に同じ.
车磲 chēqú 〔砗磲〕
车圈 chēquān (自転車などの)リム.
车容 chēróng ①(車の)乗車定員.積載量. ②車の外観.
车上交(货) chēshàng jiāo(huò) =〔货车交(货)〕
车身 chēshēn 自動車などのボディー.車体.〔～广告〕ボディーの広告.〔～险 xiǎn〕車両保険.→〔底 dǐ 盘②〕
车市 chēshì 車両を売買する市場.カー市場.
车匙 chēshi 車のキー.ふつう〔车钥 yào 匙〕という.
车手 chēshǒu 〔又〕自転車・オートバイ・自動車競争の)選手.レーサー.
车守 chēshǒu 回列車の)警乗員.
车书共道 chēshū gòngdào 〈成〉車の轍(わ)と書く文字が統一される.〈喩〉天下が治まっていること:〔车同轨〕に同じ.
车水 chēshuǐ 足踏み車で水をくみあげる(くみあげて田に水をひく)
车水马龙 chēshuǐ mǎlóng 〈成〉車や馬の往来の盛んなさま:〔马龙车水〕ともいう.
车速 chēsù ①車の速度(スピード). ②旋盤などの回転速度.
车速里程表 chēsù lǐchéngbiǎo (自動車の)速度計(距離積算計も組み込まれている)
车锁 chēsuǒ 車や自転車の錠.
车胎 chētāi タイヤ:タイヤチューブの総称.ふつう〔轮 lún 胎〕という.
车胎汽门(儿) chētāi qìmén(r) タイヤバルブ.
车台 chētái ⇒〔底 dǐ 盘②〕
车坛 chētán 自動車業界.カーレースの世界.
车梯 chētī 列車・バスのステップ.
车体 chētǐ 車体.車のボディ.
车条 chētiáo 自転車のスポーク.〔辐 fú 条〕ともいう.
车贴 chētiē 交通手当.
车僮 chētóng 回列車のボーイ.→〔列 liè 车员〕
车同轨 chētóngguǐ ⇒〔车书共道〕
车头 chētóu ①〔机 jī 车①〕 ②工作具の主軸を含め,主軸にとりつけられている部分.
车头灯 chētóudēng ⇒〔大 dà 灯〕
车头人 chētóurén ⇒〔加 jiā 工余量〕
车腿 chētuǐ 回車の後部の左右下方に突き出している脚.
车帷 chēwéi =〔车幔〕〔车围(子)〕回馬車や輦車の周囲にかけた幔幕.
车围(子) chēwéi(zi) 同上.
车尾 chēwěi ⇒〔顶 dǐng 针座〕
车位 chēwèi 駐車スペース.駐車場.〔残 cán 疾人～〕障害者用スペース.
车误 chēwù ⇒〔加 jiā 工余量〕
车辖 chēxiá =〔轴 zhóu 辖〕車輪が抜けないように車軸の端に差し込むくさび.
车下李 chēxiàlǐ =〔棠 táng 棣〕
车险 chēxiǎn 自動車保険.
车厢 chēxiāng 車両.箱:自動車・汽車などの乗客や貨物を収容する部分:〔车箱①〕とも書いた.〔客车～〕客車車両.

车箱 chēxiāng ①同上. ②[-儿]回人力車の腰掛けの下の部分.車の胴.
车削 chēxiāo ⇒[车制]旋盤仕上げ(をする)
车型 chēxíng 車の型.
车行道 chēxíngdào ⇒[车道]
车牙刀 chēyádāo ⇒[车螺纹刀]
车沿儿 chēyánr〔[大 dà 车][轿 jiào 车②]などの)車のへりの人が腰かけるところ.
车尾儿 chēyǐr〈方〉車の後部:[车后尾儿]に同じ. 〔~箱 xiāng]自動車の後部トランク.
车印 chēyìn [-儿]タイヤ痕.車輪の跡.
车萤孙雪 chēyíng sūnxuě〈成〉晋の車胤が蛍を集めて書を読み,孫康が雪の明かりで書を読んだこと:蛍雪の功を積むこと.苦学すること.
车油 chēyóu ⇒[机 jī 器油]
车辕 chēyuán [-子]車の長柄.腕木.
车仔 chēzǎi〈方〉人力車:[洋 yáng 车]に同じ. 〔~佬 lǎo]人力車夫.
车载斗量 chēzài dǒuliáng〈成〉車に積み升(ます)ではかる.〈喩〉物が非常に多くて掃いて捨てるほどある.
车闸 chēzhá 車両のブレーキ.
车展 chēzhǎn モーターショー.
车站 chēzhàn 停車場.停留所.〔火~〕汽車の駅. 〔电~]トロリーバス(電車)停留所.〔(公共)汽~〕バス停(留所)
车站交(货) chēzhàn jiāo(huò) =〔火 huǒ 车站交(货)]商駅渡し.
车站码头 chēzhàn mǎtou 駅の貨物専用プラットホーム.
车长 chēzhǎng →[列 liè 车员]
车帐子 chēzhàngzi [车盖]馬車の日よけ.車のほろ.
车照 chēzhào 車検証.車の鑑札.→[驾 jià 照][执 zhí 照]
车辙儿 chēzhér ⇒[车裂]
车辙 chēzhé ①[辙(zh)].車の通った跡.⇒[马迹 jì][车尘迹]〈成〉旅行の足跡. ②〈方〉車道.大通り.〔那孩子整天在一里滚 gǔn]あの子は一日中大通りで遊んでいる.
车制 chēzhì →[车削]
车种 chēzhǒng 車の種類.車種.
车轴 chēzhóu 圓車軸.輪軸.心棒.アクスル.〔~眼儿]車軸の穴.〔~床]車軸旋盤.
车轴草 chēzhóucǎo 圓シャジクソウ:マメ科多年生草本.
车猪 chēzhū 回北京東方の産地から車で運ばれる上等の豚.
车主 chēzhǔ ①車の持ち主.オーナー. ②タクシーの所有者. ③回(人力車・三輪車などの)車置屋の主人.
车转 chēzhuǎn〈方〉向きを変える.
车资 chēzī ⇒[车费]
车子 chēzi ①車:主に小型のもの.〔~化]車両化:人力から車を利用する能率化. ②自転車.
车租 chēzū 回車の損料・賃借料:人力車夫が貸方あるいは[车厂(子)]に払うもの.
车组 chēzǔ (バス・列車などで)1編成の乗務員グループ.→[机 jī 组②]
车嘴 chēzuǐ 車の前方に突出している梶棒の先端.
车座 chēzuò [-儿]①(自転車の)サドル. ②車の座席.
车座儿 chēzuòr〈方〉(人力車・輪タク・タクシーなどの)乗客:多く[座儿]と略す.〔一个~都没有]一人の乗客もない.

〔俥・俥〕chē →[大 dà 车②]

〔哧・哧〕chē〔~嚓 zhē]〈白〉①ひどい.激しい.きつい.〔瘦 shòu 得来~](王甎)やせかたがひどい. ②立派である.

〔砗・硨〕chē

砗磲 chēqú 魚貝シャコガイ(アザガイ):[车磲]とも書く.貝類の最も大きいもの,形が[大 dà 车]の車輪に似ている.殻は厚く,色が白く装飾品にされる.〔七 qī 宝]の一つで[帽 mào 珠]に用いられた.

〔尺〕chě →[工 gōng 尺]→ chǐ

〔扯(撦)〕chě ①引っ張る.引っ張って広げる.〔把帐 zhàng 子一开]蚊帳をひきあけた.〔他把我也~上了]彼はわたしにまできぞえをした.〔~不动]動かせない.〔~衣角 jiǎo]〈喩〉押さえる.引っ張る.引き止める.〔话有点儿远了]話が少しそれた. ②引き破る.引き裂く.引きはがす.〔撕 sī 一]同前.〔好好的一张图画~了一个口子]せっかくの絵を1箇所ひき破ってしまった.〔日历得天天儿一张一张地~下来]日めくりは毎日1枚ずつ破りとらねばならない. ③だらだらとしゃべる.くだらないことをしゃべる.〔~来~去]だらだら引き延ばす.〔闲~]雑談する.〔胡~]でたらめを言う.〔~了好些废 fèi 话]だいぶ無駄口をたたいた. 〔东拉西~〕〈成〉まとまりのないことをだらだらと話す. ④分ける.〔逢 féng 年过节给他~件新衣服]盆正月には新しい服を作ってやる.
扯巴 chěba〈方〉①引き裂く. ②おしゃべりする.
扯白 chěbái〈方〉うそをつく.
扯脖子 chěbózi ①首をひっぱる. ②〈方〉大声で叫ぶ様子.〔扯着脖子]同前.
扯常 chěcháng〈方〉いつも.しょっちゅう.
扯长儿 chěchángr〈方〉長い目で.長い間に.〔这件事咱们~看,倒看看谁不行]このことはだれがいいかだれが悪いか長い目で見よう.
扯淡 chědàn →[扯蛋①]
扯大炮 chědàpào 大ぼらを吹く:〔车 chē 大炮]ともいう.→[吹 chuī 牛]
扯大旗作虎皮 chě dàqí zuò hǔpí〈喩〉人をおどすための小細工を弄すること:[拉大旗作虎皮]に同じ.
扯淡 chědàn〔扯蛋①]とも書く.くだらないことを言う.でたらめを言う.〔扯阳淡]同前.〔你不用~了,说正经的吧]つべこべ言わないで,まともな話をしよう.〔什么上级下级,~!](李・野的4)上級の下級だと,何言ってやがるんだ.→[胡 hú 说]
扯蛋 chědàn →[扯淡①].〈罵〉馬鹿野郎.あほ.〔扯鸡巴蛋]同前.
扯帆 chěfán 帆をかける.
扯高 chěgāo 引き上げる.〔这次开盘即被~每笔成十元]今度の取引は一か近10元に引き上げられた.
扯轱辘圆 chě gūlu yuán ⇒[车 chē 轱辘圆]
扯挂 chěguà 縄で引き上げて掛ける(旗などを).〔把旗 qí 子~到旗杆上去]同前.
扯后腿 chěhòutuǐ →[拉 lā 后腿]
扯后衣襟 chě hòuyījīn〈方〉足を引っぱる.
扯谎 chěhuǎng ⇒[撒 sā 谎]
扯活 chěhuó 逃走する.
扯伙 chěhuǒ [-儿]〈方〉仲間を組む.
扯家常 chějiācháng 世間話をする.
扯价 chějià 一定期間中の平均値.
扯筋 chějīn ①〈方〉雑談する. ②口げんかする.
扯开 chěkāi ①引き上げる.引き分ける. ②大いにしゃべりだす.〔我们跟他~了]わたしたちは彼と大いにしゃべりまくった.〔~嗓 sǎng 子]大声をはりあげる.大声で(呼ぶ).

chě～chè

扯拉 chě·lā ①ひっぱる.つかみとる. ②関わり合う.まきこむ.世間話をする.

扯烂污 chělànwū〈方〉無責任なことをする.→[拆cā烂污]

扯力 chělì 求め引く力.買い気.[基于外客大手一依然强旺,卷烟纸走势续告稳步上扬]外からの大手の買い気が依然强く盛んなことから,巻きタバコ用紙の相場の動きが,引き続き穏やかな上昇基調にある.

扯铃 chělíng 玩具の一種.直径3～5センチの碁石形にブリキまたはプラスチックで作ったもので,孔(丸)が二つあり,それに糸をとおし両方へはずみをつけてひっぱるとビューピュー音がする.

扯落 chěluò〈白〉心にかける.心にかけて世話をやく.[自有那么爱的人儿～着你哩(金75)]もちろんきみのあのいい人が世話をやいてくれるよ.

扯篷 chěpéng 帆をかける.帆を張る.

扯篷拉纤 chěpéng lāqiàn〈喩〉中に入って口をきき,とりもちをする.

扯皮 chěpí ①いがみ合う.水掛け論をする.[科室,车间之间的～现象大大减少了]事務現場の間でいがみ合いは大いに減少した. ②責任逃れをする.なすり合いをする.

扯皮寿筋 chěpí nòngjīn わざと困らす.意地悪をする:[扯皮拉lā筋]ともいう.[他这个人真难缠chán,无论什么事都要～的]あの男はまったく扱いにくい,どんなことにだって意地悪ばかりするんだから.

扯票(儿) chěpiào(r) ①⇒[撕sī票(儿)] ②切符をもぎる.

扯平 chěpíng ①ならす.平均する.[锭dìng～(纺绩)]1錘当たりの1日の平均産量.[～拉lā平①]②囫难平(效):相場の騰貴・下落に合わせて売り増し・買い増しをしてバランスをとること. ③調停する.[你们两家的事,我给一了说吧]御両家のことは,わたしが調停してあげましょう. ④相殺する.ちゃらにする.

扯臊 chěsào〈方〉でたらめを言う.恥知らずなことを言う.[他这话不是～吗]彼の言うことは恥知らずじゃないですか.[别在这儿瞎xiā～了,干活儿去吧!]ここでだ口をたたいてないで仕事をしに行きなさい.

扯舌头 chěshétou 告げ口する.[扯老婆舌头]おばあのように告げ口して回る.

扯算 chěsuàn 平均する.[有些部门亏kuī本,但是大多数的部门赚zhuàn钱,～起来还是赚钱]いくらかの部門では損したが,大多数の部門では儲かっているので,ならせば,やはりもうかっている.[我欠qiàn你的账,你也欠我的账,一～不就完了吗]ぼくはきみに借りがあるし,きみもぼくに借りがあるのだから,差引勘定したらそれまでではないか.

扯谈 chětán〈方〉世間話をする.

扯腿 chětuǐ ①足をひっぱる.[扯后腿]同前. ②さっと歩き出す.[～就跑]さっと逃げて行く.

扯闲篇儿 chě xiánpiānr〈方〉世間話をする.むだ話をする.[扯闲盘儿pánr][扯闲天儿tiānr]ともいう.

扯销 chěxiāo 売れ行き.[由于东南亚地区的～突告抬tái头,买卖复显爽 shuǎng 活]東南アジア地区の需要がにわかに高まり,商売はまた活況を呈している.

扯心撕肺 chěxīn sīfèi〈成〉胸が引き裂かれる思い.

扯秧 chěyāng 苗代の苗をとる.苗とりする.→[拉lā秧]

扯匀 chěyún 平均する.差引勘定する.

扯着耳朵腮頰动 chězhe ěrduo sāijiá dòng 耳をひ

っばると頬が動く.〈喩〉密接な関係がある.ひとしく痛痒を感ずる(影響を受ける)

扯直 chězhí ①平均がとれる.[你再找 zhǎo 给他十块钱双方就～了]きみが彼にもう10元お返しすれば両人ともとんとんになる. ②はり上げる.[～嗓sǎng子吗]声をはり上げてどなる.

扯住 chězhù ひきとめる.[昨天叫事情给一了,所以没能来]昨日は用事があって(用事にひきとめられて)来られなかった.

扯拽 chězhuài 引っ張る.[我本来不想去,经不住他们一只好跟去看看]わたしははじめは行きたくなかったんだが,彼らにひっぱられて断りきれず,やむなくついて見に行ったのです.

〔彻・徹〕

chè =〔澈〕透る.透す.つきてる.つきとおす.[～亮 liàng]〈方〉非常に明るい.[贯～]つきとおす.[冷风～骨]寒風が骨身にしみる.[响 xiǎng ～云霄]響きが天までとおる.

彻查 chèchá 徹底的に調査する.

彻底 chèdǐ 底まで通る.徹底的である:[澈底]とも書いた.[～清查]徹底的に調査する.[～追究]徹底的に追究する.[～革命]徹底的に革命する.

彻骨 chègǔ 骨にとおる.骨髓に徹する.〈喩〉程度が甚だしいこと.[严寒～]寒さが骨身にこたえる.[～铭 míng 心]肝に銘ずる.

彻头彻尾 chètóu chèwěi〈成〉最初から終わりまで;多くけなす意味に用いる.[～的骗 piàn 局]徹頭徹尾のぺてん.

彻悟 chèwù はっきりわかる.悟る.

彻宵 chèxiāo 同下.

彻夜 chèyè =〔彻宵〕夜明かし(をする).[～达 dá 旦]夜を徹して朝に至る.[～不眠]徹夜する.

〔澈〕

chè 水が清くすきとおる.[澄 chéng ～][清～]同前.[清～可鉴 jiàn]〈成〉澄みきってはっきり見える.

澈底 chèdǐ ⇒〔彻底〕

〔撤〕

chè ①取りのける.取り片づける.[我们吃完了,你～下儿吧]食べ終わったから,(うつわを)下げてくれ.[天暖和了,火炉lú 可以～了]気候が暖かくなったから,ストーブは片付けてもいい. ②退く.引く.取り戻す.撤去する.[～店diàn店]店舖を撤退する.[～户 hù](銀行)口座を解約する.[～货 huò]商品を引き上げる.[～摊(儿)tān(r)]露店をしめ出す. ④軽減する.減らす.[～味儿]味を薄める.[放点儿醋～～咸 xián]酢を少し入れて塩味を薄める.

撤案 chè'àn 訴えを取り下げる.事件はなかったものとする.

撤版 chèbǎn (印刷で)原版を崩す.

撤保 chèbǎo〈文〉保証をする.保証人が保証の継続することを拒否する:[退 tuì 保]ともいう.

撤本 chèběn〈文〉資本金を撤回(する)(取り戻す)

撤编 chèbiān 編制を解く.組織を廃止する.

撤标 chèbiāo 入札を取りやめる.

撤兵 chèbīng 軍隊を引き上げる.撤兵する.

撤并 chèbìng 統廃合する.再編成する.

撤差 chèchāi 囘免職(にする)

撤出 chèchū 撤退する.撤回する.

撤佃 chèdiàn 囘(地主が)小作地を取り上げる.

撤调 chèdiào 転任させる.

撤防 chèfáng 囫防備を撤収する.駐屯地から軍隊を引き上げる.

撤废 chèfèi 撤廃する.

撤岗 chègǎng ①見張りを(置くのを)やめる. ②役職をなくす.ポストをなくす.

chè～chēn

撤稿 chègǎo ①寄稿を撤回する. ②采用予定の原稿を撤収する.
撤股 chègǔ 圖株を引き上げる.
撤换 chèhuàn 取り換える. 入れ換える.〔～干gàn部〕幹部を更迭する.
撤回 chèhuí ①呼び戻す. 召還する.〔～军队〕軍隊を撤退する. ②撤回する. 撤退する. 取り戻す.〔～提案〕提案を撤回する.
撤毁 chèhuǐ 取り除く. 取り壊す.
撤火 chèhuǒ 炉の火を撤去する. ストーブを片付ける.〔天气渐 jiàn 暖, 该～了〕気候がだんだん暖かくなってきたから, ストーブをしまわなければならない.
撤减 chèjiǎn （機構・人員などを）減らす. 部分的に撤廃する.
撤军 chèjūn 軍撤兵する.
撤开 chèkāi 取りのける.〔把这些脏 zāng 盘子～吧〕この汚れたお皿をのけなさい.
撤空 chèkōng 撤去して空（から）にする.
撤离 chèlí 引き払う. 撤退する.〔～现场〕現場から離れる.
撤帘 chèlián 〈文〉天子が幼少なため皇太后などが政治にあたることを〔垂 chuí 帘听政〕といい, 天子が成長し, これを母后に返すことをいう.
撤免 chèmiǎn 取り消す. 解任（する）. 免職（する）
撤卡 chèkǎ 検問所を廃止する.〈転〉地域間の垣根を取り除く. 流通を自由にする.
撤任 chèrèn 解任（する）
撤瑟 chèsè 〈文〉病気の時に琴瑟（きん）などの楽器を取りのけること.〈転〉病気や病死のこと.
撤市 chèshì 市場から引き上げる.
撤诉 chèsù 法訴訟を取り下げる.
撤逃 chètáo 陣を比て捨てて逃げる.
撤退 chètuì 軍後退する. 撤退する.
撤脱 chètuō 〈方〉ぬける. 逃げる. やめる.〔不想他到要紧时候竟 jìng ～了〕彼が肝心な時に逃げてしまおうとは思いもしなかった.
撤围 chèwéi 軍包囲を解く.
撤席 chèxí 宴席の後を片づける.
撤下 chèxià 取り下げる.
撤销 chèxiāo〔撤消〕とも書く. ①撤回し取り消す. 解除する. 解任する. キャンセルする.〔～取消权〕取り消し権を法取消権.〔～原判 pàn 决〕原判決を取り消す.〔～禁运〕禁輸を解除する.〔～他党内外一切职务〕彼の党内における全ての職務を撤任する.→〔解jiě除〕 ②軍軍アンドゥー〔取 qǔ 消〕に同じ.
撤减膳 chè yuè jiǎn shàn むだを省き, ぜいたくをやめる.〈喩〉気持ちを引きしめる.
撤展 chèzhǎn 展示したものを片付ける.
撤职 chèzhí 免職（にする）.〔～查办〕免職してその罪状を調べて処罰する.〔上级把他的职给撤了〕上層部は彼の職を免じた.→〔免 miǎn 职〕
撤资 chèzī 資本（資金）を引き上げる.
撤走 chèzǒu 立ちのく, 撤退する.〔居民不得不奉 fèng 命～〕住民は命令通り立ちのかざるをえない.

〔坼〕 chè 〈文〉①裂ける.〔～裂 liè〕同前.〔天寒地坼凡成〕天成と大地も裏が寒さ.②割れ目と見て目.〔卜人占 zhān ～〕占い師が（獸骨・亀甲）の割れ目で占う. ③開く. 分かれる.
坼兆 chèzhào 古い亀の甲を焼きその割れ目によって吉凶を占った, その亀甲の割れ目.

〔掣〕 chè ①引く. 引き寄せる.〔风驰 chí 电～〕〈喩〉きわめてすばやい. きわめて短い時間.〔牵 qiān ～〕牽制する. ②引き抜く ③きらめく, ひらめく.
掣电 chèdiàn 電光のひらめき.〈喩〉時間のきわめて短いこと.

掣拐子 chèguǎizi ⇒〔掣肘〕
掣后腿 chèhòutuǐ ⇒〔拖 tuō 后腿〕
掣回 chèhuí 取り返す. 取り戻す.〔公文已经交上去, 想～可不容易〕公文書はもう上司に渡してしまった, 取り返そうとしても容易いではないだろう.
掣签 chèqiān くじを引く.〔抽 chōu 签（儿）〕に同じ.〔金瓶 píng ～〕金の瓶に入れたダライラマなどの新ラマ転生霊童の名札のくじを引くこと.
掣取 chèqǔ 〈文〉抜き取る.
掣肘 chèzhǒu ⇒〔掣拐子〕他人の肘をひっぱる.〈喩〉掣肘〔棒 〕を加える. 干渉し束縛する.〔过去曾有保守主义者に, 以致先进工作法未能推 tuī 广〕以前は保守主義者に掣肘されて, 進んだやり方はまだ普及しなかった.
掣子 chèzi 機掣手（とめ）

chen イㄣ

〔抻（抷）〕 chēn 〈口〉①（弾力のあるものを）引っ張って伸ばす. ぴんと引っ張る.〔越～越长〕引っ張れば引っ張るほど長くなる. ②〔～脖子 bózi 看〕首を伸ばして見る.〈転〉難題で苦しめる.〔你可别～我〕（難題をふっかけて）いじめないでくれ.
抻劲儿 chēnjìnr 〈方〉①持っている力をはき出す. ②じっくり考える.
抻练 chēnliàn 〈口〉（難題を吹っかけて）人を困らせる.〔这不是故意～人吗〕これはわざと人を困らせるのではないか.
抻面 chēnmiàn ①うどんを打つ. うどんを伸ばす. ②手打ちうどん:手で引き伸ばし, 一筋ずつ細くしたうどん. のして切った〔切 qiē 面〕と区別していう. →〔拉 lā 面①〕
抻头露面 chēntóu lùmiàn ⇒〔抛 pāo 头露面〕

〔郴〕 chēn〔～州〕地湖南省にある.

〔綝・綝〕 chēn 〈文〉①止まる. ②善い. →lín

〔琛〕 chēn 〈文〉珍宝.

〔嗔（嗔）〕 chēn ①怒る.〔～怒 nù〕同前. ②（他人の行動に対して）不満をもつ. 憤る.〔他～着我说话声音大〕彼はわたしの話し声が大きいと言って腹を立てている.
嗔叱 chēnchì 非難する.
嗔忿 chēnfènfèn 〔白〕怒るさま:〔嗔嗔忿忿〕ともいう.〔～怒从心上起〕(元)むらむらと怒りがこみあげてきた.
嗔怪 chēnguài 非難する. とがめる.〔我做事冒 mào 昧, 您别～我〕わたしはふつつかものですから, おとがめくださいますな.
嗔喝 chēnhē 怒ってどなる.
嗔拳不打笑面 chēnquán bùdǎ xiàomiàn 〈諺〉にこにこしていれば他人から辱めを受けることはない.
嗔色 chēnsè 〈文〉怒った顔色.
嗔视 chēnshì 〈文〉怒ってにらみつける.
嗔心 chēnxīn 快らから思う. 怒る.〔我是说他呢, ～干什么〕～は彼のことを言っているのだ, きみが何で怒るんだね. →〔沉 chén 心①〕
嗔怨 chēnyuàn 恨みごとを言う.
嗔责 chēnzé 〈文〉怒り責める.
嗔着 chēnzhe とがめる.

〔瞋（瞋）〕 chēn 〈文〉怒って目をむく.
瞋目 chēnmù 〈文〉（目を）怒らかす.〔～而视 shì〕眼

を怒らかせて見る.→〔怒 nù 目〕

〔瞋(瞋)〕 chēn 〈文〉腫れふくれる.

〔臣〕 chén ①家来.家臣.または庶民.〔忠～〕忠義な家臣.功～〕功績のある臣下.③囲臣.それがし;君主に対し謙遜して言う自称.③〈文〉奴隷.④〈姓〉臣(しん・)

臣服 chénfú 〈文〉①屈服して臣と称する.②臣下として君主に仕える.
臣工 chéngōng 〈文〉群臣百官.
臣僚 chénliáo 官吏.役人.
臣门如市 chénmén rúshì 〈成〉門前市をなす:訪問者が多いこと.→〔门庭若市〕
臣民 chénmín (君主制国家の)官吏と庶民.→〔公 gōng 民〕
臣仆 chénpú 〈文〉①臣と下僕:古代,君主に仕えるものを〔臣〕といい,家長に仕えるものを〔仆〕という.②労役に服する罪人.
臣妾 chénqiè ①〈文〉男奴(臣)と女婢(妾).②皇帝に対する后妃の自称.③嬪妾女官の自称.
臣事 chénshì 〈文〉臣として仕える.
臣属 chénshǔ 臣服する(者).臣下(となる).
臣庶 chénshù 〈文〉臣下.
臣下 chénxià 家臣.家来.
臣药 chényào 主薬を助けてその薬効を高めるための薬.→〔君 jūn 臣佐使〕
臣一主二 chényī zhǔèr 〈成〉臣として仕える身はただ一つであるが,君として仕えるべき人は数多くある.
臣子 chénzǐ 臣下.臣.

〔尘・塵〕 chén ①ちり.ほこり.〔灰 huī ~〕同前.〔不染won xiān ~〕少しのちりほこりもない.〔吸 xī ~器〕電気掃除器.②世俗.俗塵(じん).〔一~〕(道家で)一世.〔～～〕世々.③〈文〉足跡.〔步(人)后～〕追随する.④囲(仏教の)色・声・香・触・味・法を〔六～〕という.⑤〈文〉極小の数の単位:10億分の1.

尘埃 chén'āi ちり.ほこり.〔灰 huī ~〕伝染.〔～落 luò 定〕〈喩〉一件落着する.結論が出る.
尘雹 chénbào =〔尘襟〕〈文〉世俗的の考え.
尘暴 chénbào 砂あらし.〔沙～〕〔沙 shā 暴〕同前.
尘表 chénbiǎo ①〈文〉汚れた浮世の外.世俗の外.②品格の世俗に超絶したもの.
尘刹 chénchà 囲(仏教の)微塵数(限りない数)の世界:〔尘刹刹土①〕ともいう.〔刹〕は梵語で,土の意.
尘尘 chénchén 〈文〉世代世代.
尘尘刹土 chénchén chàtǔ ①⇒〔尘刹〕②囲(仏教で)一々の微塵の中にみな国土があること:〔尘尘刹刹土〕ともいう.
尘毒 chéndú 砂塵中に含まれる有害物質.
尘凡 chénfán ①⇒〔尘世〕②俗人.
尘饭涂羹 chénfàn túgēng 〈成〉子供のままごとでちりでご飯とし,土をあつものとすること.〈喩〉実際の用にたたないもの.取るに足らないもの.
尘肺 chénfèi 囲塵肺(じんぱい).粉塵症:〔肺尘埃沉 chén 着病〕の通称.〔硅 guī 肺〕〔煤 méi 肺〕
尘封 chénfēng ちりまみれる.〔这本书即便在旧书店一的架子上也堆得见到几年〕この本はもう古本屋のちりまみれの棚にもいくらも見られなくなった.
尘拂 chénfú ⇒〔拂尘〕
尘垢 chéngòu ①ちりやあか.汚れ.②〈転〉世の汚れ.
尘海 chénhǎi ⇒〔尘世〕
尘嚣 chénxiāo ちりと騒音.
尘秽 chénhuì 〈文〉汚れ.けがれ.

尘劫 chénjié 囲(仏教の)永遠の年月.
尘芥 chénjiè ちりあくた.
尘界 chénjiè ①=〔尘境〕〈文〉俗世間.②⇒〔六 liù 尘〕
尘芥虫 chénjièchóng 囲ゴミムシ.
尘襟 chénjīn ⇒〔尘抱〕
尘境 chénjìng ⇒〔尘界①〕
尘卷风 chénjuǎnfēng 囲旋風.つむじ風.
尘累 chénlěi 世俗の煩わしいこと.
尘笼 chénlóng 〈喩〉高い煙突.
尘虑 chénlǜ 浮世の煩わしい思い.
尘螨 chénmǎn 囲チリダニ(総称):ハウスダストの原因物.〔嗜 shì 皮螨〕ともいう.
尘沙 chénshā ちりと砂.砂塵.
尘世 chénshì =〔尘凡〕〔尘海〕〔尘寰〕〔尘网〕俗世間.浮世.
尘事 chénshì 世俗のこと.
尘俗 chénsú ①世俗.②〈文〉この世.人の世.
尘土 chéntǔ ちり.ほこり.小さなごみ.〔外边儿～很大 dà〕外はほこりがひどい.
尘外 chénwài 〈文〉(汚れた)浮世の外.→〔尘世〕
尘网 chénwǎng ⇒〔尘世〕
尘务 chénwù 〈文〉世間的の雑務.
尘雾 chénwù ①たちこめるほこり.②ほこりと煙霧.
尘嚣 chénxiāo 〈文〉騒々しい俗世.
尘烟 chényān ①立ちほこり.②煙とほこり.
尘仪 chényí 〈文〉餞(せん)別の品.→〔饯 jiàn 行〕
尘缘 chényuán 囲(仏教の)世俗の因縁.
尘云 chényún 囲宇宙塵雲.

〔沈〕 chén ⇒〔沉〕→ shěn

〔沉〕 chén =〔沈〕①沈む.水中に沈む.〔～在水里〕水にひたしておく.〔～了 shī 水塘貯水池に死体を沈める.⇔〔浮 fú ①〕②(物が)緩慢に落ち込む.陥没する.〔房基往下～〕家屋の土台が沈下する.③おさえる.抑制する.鎮める.〔～下心去〕気を落ち着ける.〔～住了气〕気を鎮める.気持ちをおさえる.〔～不住气〕腹にすえかねる.腹の虫がおさまらない.④落ちこむ.ある状態に陥る.〔低 dī～〕沈みこむ.〔酒～〕酒や女におぼれる.⑤(重量が)重い.(分量が)大きい.〔这包袱～得拿不动〕この風呂敷包は重くて持てない.〔他偏 piān 心眼儿,左舷一头儿～〕彼は片方をひいきするやり方が一方に偏する.〔这筐 kuāng 水果没多～〕このかごの果物は大して重くない.⑥だるい.気分が重い.〔两腿发～〕両足がだるい.〔～〕〈文〉深い.〔～渊 yuan〕深淵.⑧(程度が)ひどい.深い.〔睡得很～〕ぐっすりと眠りこむ.⑨暗い.薄暗い.〔阴～〕同前.〔天气阴得这么～,把人闷 mèn 死了〕天気がひどく曇っているので,うっとうしくてやりきれない.

沉猜 chéncāi 〈文〉疑い深い.〔为人～多诡 guǐ 诈〕人柄が疑い深くて険悪だ.
沉沉 chénchén ①ずっしりと重いさま.重苦しいさま.〔稻穗儿～地垂 chuí 着〕稲の穂が垂れ下がっている.〔暮 mù 气～〕沈殿した意気消沈さま.②程度が深いさま.〔夜～〕夜が深い.③長く伸びていくさま.時の過ぎていくさま.④盛んなさま.こんもり茂るさま.〔衰 shuāi 柳尚～〕衰えた柳がなおこんもり残っている.
沉船 chénchuán ①船が沈む.沈没する.②沈没船.
沉底 chéndǐ ①底に沈む.②〈喩〉幹部が現場に来る(実情を知る)
沉淀 chéndiàn ①沈殿する.〔水太浑 hún 了,～一下再用〕水はひどく濁っているから,よどませてから

chén

使いなさい．②沈殿物．おり．〔～物〕同前．③凝集する．〔资金～〕資金が動かない．〔～滞 zhì 死〕使われずに放置されている．

沉甸甸 chéndiàndiàn,～diāndiān （ずっしり）重いさま：〔沉颠颠〕〔沉钿钿〕〔沉点 diǎn 点〕とも書いた．〔～的钱包〕ずしりと重い財布．〔我的心里总是～的〕どうしても気が重くなる．

沉浮 chénfú 浮き沈み．栄枯盛衰．
沉搁 chénggē いつまでも放置しておく．
沉痼 chéngù 〈文〉長わずらい．〈喩〉弊習．
沉酣 chénhān 〈文〉物事に熱中する．〔～经史〕経書や史書の研究(学問)に心酔する．
沉厚 chénhòu 落ち着きはらって重々しいさま．
沉缓 chénhuǎn ゆっくりとして着実である．
沉积 chénjī ①沈殿する．堆積する．〔～物〕堆積物．〔泥 ní 沙～河底〕泥砂が川底にたまる．②蓄積．〔历史～〕歴史の蓄積．
沉积岩 chénjīyán 地堆積岩．〔水 shuǐ 成岩〕は旧称．
沉寂 chénjì ①ひっそりしている．〔～的深夜〕ひっそりとした深夜．②消息がない．〔消息～〕同前．
沉降 chénjiàng 沈下する．〔地面～〕地盤沈下．
沉降海岸 chénjiàng hǎi'àn 地 lǐ 亚斯海岸
沉浸 chénjìn ＝〔浸沉〕耽溺(結)する．(考え・思いに)ふける．
沉井筒 chénjǐngtǒng 建井筒(ほ)．オープンケーソン．
沉静 chénjìng ①ひっそりしている．〔夜深了,四周～下来了〕夜はふけてひっそりと静まりかっている．②(性格・気持ち・表情などが)落ち着いていて静かである．〔他～好 hào 学,前途很有希望〕彼は落ち着いていてよく勉強し,将来非常に有望である．
沉疴 chénkē 〈文〉宿病(ঠু).年来の重い病気．
沉雷 chénléi 図音が大きい雷：地表近くで鳴る雷．
沉李浮瓜 chénlǐ fúguā ＝〔浮瓜沉李〕〈成〉①瓜や李を水につけて冷やすこと．〈転〉夏に種々工夫を凝らして涼を求めること．
沉虑 chénlǜ 〈文〉深く考える．
沉沦 chénlún 沈淪(稆)(する).零落(する).〔真想不到几年没见他竟～到这个地步〕幾年か彼に会わなかったが,こんなにまで落ちぶれていようとは本当に思いもよらなかった．
沉沦没顶 chénlún mòdǐng 〈文〉溺死する．〈転〉堕落してしまう．
沉落 chénluò 沈む．落下する．落ち込む．〔被大风掀 xiān 翻~〕大風で転覆沈没した．
沉埋 chénmái 埋蔵する．〈喩〉思いにふける．
沉脉 chénmài 医容易に触診されない深い脈．
沉眉瞇眼 chénméi kēyǎn 〈慣〉人の憂い悩むさま．〔没有过不去的表,干嘛整 zhěng 天～的?〕どうにもならないことなどありはしないのに,なぜ毎日ふさいでいるんだ．
沉闷 chénmèn ①(天候や雰囲気など)重苦しい．うっとうしくてすっきりしない．〔时局～〕時局が膠(ҫ)着して進展しない．②(気持ちが)鬱鬱である．意気消沈する．〔他这两天～得很沮彼はこの2,3日はなにだ憂鬱そうだ．③内向性である．〔他这个人很～〕彼は大変内向的だ．
沉迷 chénmí 〈文〉深く迷い込む．〔～不醒 xǐng〕夢中になってきかない．
沉眠 chénmián 熟睡する．
沉绵 chénmián 〈文〉病気の長びくこと．病がこじれること．
沉湎 chénmiǎn 〈文〉ふける．おぼれる（酒色などに）．
沉渺 chénmiǎo 〈文〉事情がはっきりしない．消息不明である．〔旋 xuán 又～,实属憾 yí 事〕ぐすぐに

の後音沙汰がないのは甚だ遺憾にたえない．
沉没 chénmò ①沈没する．水中に没する．②埋もれて現れない．〔～成本 经〕埋没費用．サンクコスト．
沉默 chénmò ①口数が少ない．無口である．〔～寡guǎ 言〕寡黙である．②沈黙する．〔保持～〕沈黙を守る．〔他～了一会又继续说下去〕彼はしばらくだまっていたが,また話し続けた．〔～权 quán〕经黙秘権．
沉溺 chénnì ①沈む．②悪習にとらわれる．情況の中におぼれて出られない．〔中医湿気の病．
沉凝 chénníng ①(性格が)沈着で重々しい．〔性格～〕同前．②(声)が低く太い．〔声音～〕同前．③滞って動かない．
沉潜 chénqián ①深く沈み潜む．②〈文〉(思想・感情を心中に)秘める．たえる．③精神を集中する．専念する．
沉砂地 chénshādì 細かい砂土の土地．砂地．
沉实 chénshí 〈方〉着実で実際的である．
沉水(香) chénshuǐ(xiāng) ⇒〔沉香〕
沉水植物 chénshuǐ zhíwù 植沈水植物（藻類など）．
沉睡 chénshuì 熟睡(する).
沉思 chénsī 考えにふける．じっと考え込む．〔～细想〕〈成〉沈思する．
沉肃 chénsù 慎み深くて穏やかである．
沉速 chénsù 沈香と黄熟香（黄速香）．〔衣襟 jīn 上挂着个荷 hé 包,提手一摸竟有两星～〕(紅43)胸のところにきんちゃくをぶら下げているので,手でさぐってみたら二かけらばかりの沈香と黄熟香があった．
沉邃 chénsuì 〈文〉深遠である．
沉痛 chéntòng ①深い悲しみ．②深刻である．厳しい．〔～的教训〕苦い教訓．
沉稳 chénwěn ①落ち着いている．着実である．〔他很～,这件事交给他没有错〕あの人は着実だから,これを任せても大丈夫です．②安らかである．〔睡得不～〕落ち着ち着いていない．
沉下脸 chénxiàliǎn 不機嫌そうに顔を下にむける．〔老太太～不声不响 xiǎng〕おばあさんは仏頂面をしてむすっしている．
沉陷 chénxiàn ①沈下する．〔地基～〕地盤沈下．②陥る．のめりこむ．ほける．〔～于往事的回忆 yì 中〕昔の思い出にふける．
沉香 chénxiāng ＝〔蜜 mì 香①〕植ジンコウ：香木の一種で,水より重く沈むので〔沉水(香)〕〔水沉〕〔沉〕の名がある．また水に沈まないものを〔速 sù 香〕という．→〔奇 qí 南香〕
沉箱 chénxiāng 建潜函．ケーソン．
沉心 chénxīn ①誤解して心よからず思う．〔因又拉上薛蟠,惟 wéi 恐宝钗～〕(紅34)それでまた薛蟠のことを引き合いに出したのだが,ただ宝釵に悪く思われはしないかと心配している．→〔嗔 chēn 心〕②〈文〉深く静かに考える．
沉雄 chénxióng （勢いや風格が)重々しい.雄々しい．
沉酗 chénxù 〈文〉酒に耽溺(結)する．
沉哑 chényǎ (声や語気が)低く太い．
沉疑 chényí 〈文〉疑惑して深慮する．深く疑う．
沉抑 chényì 気がめいる．〔心情～〕気分が晴れない．
沉毅 chényì 〈文〉沈着剛毅である．
沉阴 chényīn 〈文〉うっとうしく曇っていること．
沉吟 chényín ①(文章・詩句などを)低い声でつぶやく．〔～良久〕長く吟ずる．〔他～了半天思不出主意来〕彼は長いこと考えこんでいたがよい思案がうかばなかった．
沉勇 chényǒng 落ち着いて勇気がある．〔为 wéi 人～有大略 lüè〕人物は落ち着いていて,大きい計略をもっている．

chén 沉忱辰宸晨陈

沉忧 chényōu 〈文〉深い憂い.
沉淤 chényū 土砂が沈殿してたまる.
沉鱼落雁 chényú luòyàn 〈成〉絶世の美女(鳥や魚までも逃げ出すほど).→〔蔽 bì 月 羞花〕
沉郁 chényù 沈鬱である.〔心绪 xù ～〕気持ちが晴れない.
沉冤 chényuān 永久に晴らせない罪.〔～莫 mò 白〕〈成〉無実の罪を晴らしようがない.
沉灶产蛙 chénzào chǎnwā 〈成〉かまどが水中に沈んで蛙が生まれる.〈喩〉洪水の甚だしいこと:〔沉灶生蛙〕ともいう.
沉渣 chénzhā よどんでいるかす.〔～浮 fú 沫〕沈んだかすか浮いている泡.〈喩〉余計なもの.〔～泛 fàn 起〕よどんでいたかすが再び浮き上がる.〈喩〉反動的な事物の復活.
沉滞 chénzhì 〈文〉①沈滞して(物事が)動かない.滑らかでない.②長い間下位にいる.下積みになっている.
沉重 chénzhòng ①(程度が)重大である.甚だ重い.〔～的东西〕重いもの.〔～的军费负担〕重い軍費の負担.〔病势～〕病状が重い.〔给敌人以～的打击〕敵にこっぴどい打撃を与える.②〈文〉重々しい.重苦しい.〔低声而～地说〕低い声で重々しく言った.〔听了大娘的诉 sù 说,我们的心情十分～〕おばあさんが訴えるのを聞いて,気持ちが重苦しくなった.
沉舟破釜 chénzhōu pòfǔ 〈成〉決死の覚悟.〔破釜沉舟〕ともいう.項羽が兵を率いて渡河した後,みな舟を沈め,釜を破り,盧舎(ろ)を焼き,3日分の糧食を残す決死の覚悟を示した.〔背水 bèi 大阵〕
沉住气 chénzhùqì 気持ちを沈める.落ち着かせる:〔沉不住气〕気を落ち着けていられない.
沉着 chénzhuó ①(人の言動が)沈着(である).落ち着き(がある).〔无论事来得怎么仓 cāng 促,他都能～应 yìng 付,真有修养〕ことがどんなにとっさにやってきても焦はみな沈着に対処してのける.よく人間ができている.②医(色素などが)沈着する.
沉滓 chénzǐ 〈文〉沈殿したかす.沈殿物.
沉子 chénzi (釣用の)おもり.
沉醉 chénzuì ①ひどく酔う.②〈喩〉沈酔する.ひたる.〔～在节日的欢乐里〕お祭りの喜びにひたっている.〔不应～于自己的成绩〕自分の成績に満足し酔いひたっているべきではない.

〔忱〕 chén ①〈文〉真心.情け.〔热 rè ～.熱誠.熱情.〕〔谢 xiè ～〕感謝の真心.謝意.〔下～〕私の真心.〔聊 liáo 表寸～〕いささか微意を表す.②〈姓〉忱(ちん).

〔辰〕 chén (Ⅰ)①たつ:十二支の第5位.〔～龙〕同前.→〔干 gān 支〕②順序の5番目.③回時刻で,午前7時～9時まで.〔～时〕同前.④回方位で,東南.
(Ⅱ)①日·月·星の総称.〔星～〕星辰.②時間:古代,1昼夜を〔十二～〕に分けた.〔什么时～〕同前.〔一个时～〕いつ半(現在の2時間).③時.日取り.〔吉日良～〕吉日.〔诞 dàn ～〕誕生日.〔忌 jì ～〕命日.忌日.〔时世.〔生不逢 féng 辰〕よい時代に生れあわせない.④区北極星.〔北～〕同前.
(Ⅲ)③⑩辰州の略:旧府名.現在の湖南省沅陵県にあった.④〈姓〉辰(ちん)
辰勾 chéngōu 〈文〉水星の別称.〈喩〉非常に待望んでいること:この星を見ることは非常に困難とされた.
辰光 chénguāng 〈方〉とき.時間:〔时 shí 候〕〔时间〕
辰到啥时～啊〕いつまで待つのか.
辰砂 chénshā ⇒〔朱 zhū 砂〕
辰时 chénshí →字解(Ⅰ)③

辰星 chénxīng 〈文〉①東方の星宿:〔房 fáng 星〕ともいう.②水星の別名:〔辰勾〕ともいう.
辰宿 chénxiù 〈文〉星の宿るところ.星座.

〔宸〕 chén 〈文〉①奥深い部屋.大きな家屋.②帝王の住む宮殿.〈転〉帝位.天子.〔～居 jū〕皇居.〔～妃(fēi)〕皇妃(ひ).中宮(きゅう).〔～皇 huáng ①〕
宸笔 chénbǐ 〈文〉天子の親筆.御筆(ひつ):〔宸翰 hàn〕〔宸墨 mò〕ともいう.
宸断 chénduàn 聖断を下す.
宸极 chénjí 〈文〉①北極星:星の最も尊いものの意.②天子の尊位.
宸鉴 chénjiàn 〈文〉天子自らご覧になる.
宸眷 chénjuàn 〈文〉天子のご仁慈.
宸念 chénniàn 〈文〉天子の御心(さころ).大御心.
宸算 chénsuàn 〈文〉天子のご思慮:〔宸谟 mó〕〔宸谋 móu〕ともいう.
宸垣 chényuán 〈文〉京(けい)師.都.
宸旨 chénzhǐ 〈文〉天子の思し召し.
宸衷 chénzhōng 〈文〉天子の心.気持ち.

〔晨〕 chén ①あさ.〔早～〕朝.早朝.〔清～〕同前.〔～运 yùn〕早朝の運動.〔～露 lù〕朝露.②⇒〈晨(しん)〉
晨报 chénbào =〔早 zǎo 报〕(新聞の)朝刊.→〔晚 wǎn 报〕
晨炊 chénchuī 〈文〉①朝食を作る.②朝食.
晨风 chénfēng 朝風.
晨光 chénguāng 朝日の光.〔～熹 xī 微〕薄明るい光.
晨昏 chénhūn =〔晨夕〕〈文〉朝晚.朝夕.〔～定省 xǐng〕〔昏定晨省〕〈成〉夜は寝所をととのえ,朝はごきげんをうかがう:子が親に対して行う礼.〔～颠 diān 倒〕朝と夜がひっくり返っている.〈喩〉だらしがないこと.
晨僵 chénjiāng 医朝起きた時に関節がこわばる症状.
晨礼服 chénlǐfú 服(洋服の)モーニング:〔常 cháng 礼服〕に同じ.〔男子昼 zhòu 礼服〕ともいう.→〔礼服〕
晨练 chénliàn 早朝の鍛練.
晨起 chénqǐ 〈文〉朝に起きる.
晨曲 chénqǔ さわやかで抒情的な歌曲.
晨霜 chénshuāng 朝の霜.
晨雾 chénwù 朝霧.
晨夕 chénxī ⇒〔晨昏〕
晨曦 chénxī 〈文〉朝日の(の光)
晨星 chénxīng ①暁の星.〈喩〉ごく少ないこと.〔寥 liáo 若～〕〈成〉明け方の星のように少ない.②区日の出前に見られる金星·水星.明けの明星.
晨训 chénxùn 早朝訓練.
晨钟暮鼓 chénzhōng mùgǔ ⇒〔暮鼓晨钟〕

〔陈·陳〕 chén (Ⅰ)①並べる.陳列する.〔～尸 shī〕死体をさらす.②述べる.言う.〔详 xiáng ～〕詳しく申し述べる.〔面～〕会って申し述べる.〔～明〕はっきり言う.③〈文〉言いふらす.おおげさにいう.〔事君欲谏 jiàn 不欲～〕君に仕えては諌(いさ)めることはするが,言いふらすことはしない.④古い.古くさい.陳腐である.時代遅れである.〔新～代谢〕〈成〉新陳代謝.〔推～出新〕〈成〉古くさいものを排除して新しいものを創造する.〔～案 àn〕古い事件.⑤古くなって腐る.〔这块肉～了,不能吃〕この肉は古くなって腐っている,食べられない.
(Ⅱ)①周代の国名.現代の河南省淮陽一带の地.②朝代名.557年～589年.南朝の一:〔梁 liáng〕のあとを受け,建康(南京)に都したのち,〔隋 suí〕に滅

chén～chèn

陈报 chénbào 報告する.
陈兵 chénbīng 〖軍〗兵を配置する.
陈仓暗度 chéncāng àndù ⇨[暗渡陈仓]
陈陈相因 chénchén xiāngyīn 〈喩〉物事に全然新味のないこと:〔太仓之粟〕…〈史記〉京師の穀食の糧食は年ごとに一層一層と積まれることから.
陈词 chéncí ①陳述する. 〔～古くさい言葉. 〔滥调 làndiào〕〖成〗古くさいありきたりの論調.
陈醋 chéncù 長年貯蔵したこくのある酢.〔老～〕同前.
陈放 chénfàng 陳列してある.並べて置いてある.
陈腐 chénfǔ 陳腐である.古くさい.〔～之言〕陳腐な話.
陈谷子烂芝麻 chéngǔzi lànzhīma 古い粟(あわ)と変質したごま.〈喩〉古くさくてつまらぬもの.〔正经话撇 piē 开不说,净说些～,你们这是干吗 má 呀〕まともなことは少ししゃべらないで,つまらないことばかりしゃべっているが,一体これはどうしたことだ.
陈规 chénguī 〈文〉古いきまり.〔～旧 jiù 习〕〔～旧矩 jǔ〕〔～陋 lòu 习〕〖成〗古いきまりやしきたり.
陈化粮 chénhuàliáng 長期間の貯蔵により品質が低下して食用にはならない食糧.
陈货 chénhuò 古物.棚ざらし商品.
陈迹 chénjì 過去の事跡.
陈见 chénjiàn 古い見解.
陈久 chénjiǔ 古く久しい.〔事情太～了难免有记不清楚的〕ことが古くなると記憶がおぼろげになるのは免れがたい.
陈酒 chénjiǔ ①永年貯蔵した古い酒.〔陈酿〕に同じ. ②⇒[黄huáng 酒]
陈旧 chénjiù 古い.〔内容～了〕内容が古くなった.〔～的观点〕時代遅れの考え方.
陈姥姥 chénlǎolao 〔口〕〔白〕月経帯.→[陈妈妈]
陈力就列 chénlì jiùliè 〖成〗自分の才能を尽してそれなりの職につく.
陈练 chénliàn 慣れる.熟練する.〔他乍 zhà 来诸事生疏,等一下来就好了〕彼は来たばかりで万事勝手がわからないが,慣れて来たらよくなるだろう.
陈粮 chénliáng 前年とれた穀物:古米など.〔～老谷〕同前.
陈列 chénliè 陳列する.〔～品〕陳列品. 〔～室〕陳列室.
陈列窗 chénlièchuāng ⇨[櫥 chú 窗①]
陈妈妈 chénmāma 〔口〕〔白〕房事のあとをふく布,また月経帯.→[陈姥姥]
陈米 chénmǐ 古米.〔~老 lǎo 米〕ともいう.
陈墨 chénmò 古い墨.
陈年 chénnián 長年の.古い.〔～老酒〕長年ねかした酒(上等の酒).〔～老账 zhàng〕長年の借財.
陈酿 chénniàng ⇨[陈酒①]
陈皮 chénpí 〖中医〗みかん(またはダイダイ)の皮を干したもの:健胃剤.〔橘 jú 皮〕
陈皮梅 chénpímeí 〖食〗味をつけた干し梅のお茶うけ.
陈欠 chénqiàn 〈古〉借金.
陈情 chénqíng 衷情を申し述べる.
陈清 chénqīng (上部機関などに)陳情して請願する.
陈人 chénrén 〈文〉①古い人.歴史上の人. ②時代遅れの役たたず.
陈绍 chénshào 古い紹興酒:浙江省紹興は"老酒"の有名な産地.〔～酒 jiǔ〕同前.
陈设 chénshè ①陳列する.飾り付けする.装飾する. ②装飾品.飾り付け.
陈胜吴广起义 chénshèng wúguǎng qǐyì 〖因〗秦末,陈勝と吴広を指導者とする農民暴動:〔蕲 qí 县〕(現在の安徽省宿州)東南の大澤郷から始まったので〔大 dà 泽乡起义〕

陈师鞠旅 chénshī jūlǚ 〖成〗軍隊を整備する.
陈世美 chénshìmeǐ 〖旧〗旧劇中の人物:科挙に受かり,出世のために長年連れ添った妻を捨てる男.〔～(包 bāo 公)〕により死刑を宣告される.〈喩〉ⓐ出世して人が変わる男. ⓑ浮気で移り気な男.
陈售 chénshòu (商品を)並べて売る.
陈述 chénshù (理路整然と)陳述する.〔～理由〕理由を申し述べる.〔～句〕平叙文.→[句 jù 子]
陈说 chénshuō 述べる.説明する.〔～利害〕利害を陳述する.
陈诉 chénsù 陳述して訴える.〔～委 wěi 屈〕不平を述べる.〔～痛苦〕苦痛を訴える.
陈套 chéntào 古いしきたり.古めかしいやりかた.
陈谢 chénxiè 〈文〉お礼を述べる.
陈言 chényán 〈文〉①述べる. ②陳腐な言葉.
陈账 chénzhàng 以前からの借金.〈喩〉古くからの問題.
陈奏 chénzòu 〖旧〗君主に言上する.

[陈・陳] chén →[茵yīn 陈(蒿)]

[谌・諶(訦)] chén (Ⅰ)[諶](訦)〈文〉信ずる.
(Ⅱ)[諶]〈文〉まことに.確かに. ②〈姓〉諶(じん)

[椹] chén 〈又音〉qín コバイボタノキ:〔白bái 蜡树〕は通称.

[鹑・鶉] chén 〔-儿〕〈方〉小鳥.

[趻] chěn
趻踔 chěnchuō 〈文〉(片足で)飛び跳ねる:〔踸踔〕とも書く.〔一足～而行〕同前.

[碜・磣] chěn ①〔硶〕に同じ. ⓐ食物に砂がまじっている. ⓑもんもない.見すぼらしい. ②濁っている.〔～黩 dú〕同前.

[硶・磣(硺・顉)] chěn (Ⅰ)[硶(磣)]食物に砂がまじっていてじゃりじゃりし,気持ちが悪い.〔牙～yáchen〕同前.
(Ⅱ)[硶(顉)]みっともない.ぶかっこうである.〔寒～hánchen〕ⓐ醜い. ⓑ見すぼらしい. ⓒ恥ずかしい.〔寒伧〕〔寒尘〕とも書いた.
硶可可 chěnkeke 〈白〉むごい.すごい.恐ろしい.〔硶磕磕〕とも書く.
硶儿 chěnr 〈白〉ほきたないこと.みっともないこと.

[踸] chěn
踸踔 chěnchuō ⇨[趻踔]

[衬・襯] chèn ①ぴったりとひっつける.裏打ちする.〔～上一层 céng 纸〕紙を一枚裏打ちする. ②下に当ててある.下に敷いてある.内に着ている. ③〔-儿〕(着物や帽子などの)あて布.裏地.芯地.〔拿～托 tuō 着〕あて布をあてておく.〔领 lǐng ~〕かけ襟. ④引き立つように添える.際立たせる.〔白雪～着红旗,特別好看〕白雪に赤旗が映えてとりわけきれいだ. ⑤他人に金銭を与えて援助する.〔帮 bāng ～〕同前. 〔布~ zhāi ~〕僧に与える布施.
衬儿 chènbǎn ①裏張り. ②裏あて板.
衬布 chènbù (ネクタイやえりなどの)芯(しん).あて布.
衬层 chèncéng 〖機〗炉・軸受などの内張り.ライニング.
衬垫 chèndiàn 〖機〗ガスケット.薄板状のパッキング.ライナー.〔汽缸 gāng 盖~〕シリンダーヘッドガ

chèn 衬疢龀称傧榇趁

スケット. ②あて布.
衬褂 chènguà〔方〕下着.肌着.
衬裤 chènkù ≡〔裤褟tā儿〕〔汗hàn裤〕〔內nèi裤〕〔方〕小xiǎo衣(儿)②〔服〕下ばき:股引(誤)・ズボン下など.〔短duǎn〜〕さるまた:ブリーフ・パンツ・ズロース・パンティなど.
衬块 chènkuài ①〔建〕間隔材. ②あて布.
衬里 chènlǐ ①裏地.裏あて. ②〔建〕ライニング.〔水泥ní〜〕セメントの内張り.
衬料 chènliào 裏地.↔〔面miàn料①〕
衬领 chènlǐng かけ襟.
衬面 chènmiàn 面面張り(する)
衬膜 chènmó〔農〕土の下に敷くビニール.またビニールを敷く.
衬片 chènpiàn ⇒〔垫diàn 圈〕
衬铺儿 chènpūr〔方〕上げ底.〔这匣xiá点心倒有半匣是纸做的〜〕この菓子箱は半分は紙で上げ底してある.
衬砌 chènqì〔工〕隧(諚)道工事の覆工(を行う):トンネルの上半部を掘ったとき弧形の壁をすぐコンクリートで固めること.
衬圈 chènquān ⇒〔衬套〕
衬裙 chènqún〔服〕ペチコート.インナースカート.
衬衫 chènshān〔衬衣〕〔方〕汗hàn衫③〔服〕ワイシャツ.カッターシャツ.〔敞chǎng领〜〕開襟シャツ.ブラウス.〔府fǔ绸~〕ワイシャツ用ポプリン.
衬套 chèntào〔衬 圈〕〔铜tóng套〕〔轴zhóu衬〕〔轴套〕〔轴瓦wǎ〕〔機〕ブッシュ.ブッシング:穴の内側に金属物をはめて隙滅を防ぐもの.〔方〕步bù 司〕は音訳;〔轴衬〕は軸うけ用入れ子であるが,広く人の意味に使われている.
衬托 chèntuō ①浮き立たせる.際立たせる. ②敷台.敷物.
衬页 chènyè ①(本の)見返し. ②遊び紙.
衬衣 chènyī〔服〕①肌着.下着(総称)〔シュミーズ.スリップ.(肌)シャツ.じゅばん.アンダーシャツ〔里lǐ衣〕〔內nèi衣〕〔贴tiē身衣〕などともいう. ②⇒〔衬衫〕
衬映 chènyìng ⇒〔映衬①〕引き立たせる.映える.
衬纸 chènzhǐ ①〔機〕ガスケットペーパー. ②挿し込み用の紙.
衬字 chènzì 歌曲・填詞の譜に定められた字数以外の補いの字句.〔歌词〜〕歌詞の合いの手:例えば「白毛女」中の〔北风那个吹,雪花那个飘piāo〕の「那个」

[疢] chèn〈文〉病気.〔〜疾jí〕同前.

[龀・齓(齔)] chèn〈文〉(子供の)歯が生えかわる(こと).〔〜年〕(喩)歯の生えかわる年ごろ.幼年(8歳ぐらいまでの子供);〔童〜之子耽dān于嬉戏〕幼い年ごろの子供は遊びに夢中にはる.〔年已虚yú〜〕もう大きくなって歯の生えかわるころをすぎた.〔〜童tóng〕児童.

[称・稱] chèn ①適合する.合う.〔颜色配pèi搭得很相〜〕配色がとても良い.→〔趁⑤〕 ②つり合う.〔两面相〜〕つり合う.〔对〜形〕対称形.③〈口〉(金銭・財産などを)所有している.〔趁③〕に同じ.〔他很〜彼は非常に金持ちだ〜几亿yì的财产〕の店は数億の財産を持っている.→〔趁 chēng chèng〕

称份儿 chènfènr 身分に相応する(して)
称配 chènpèi 相かなう.つり合いがとれる.〔名不〜名実伴わない.
称钱 chènqián〈口〉金を持っている.〔趁钱〕とも書

く.〔他现在〜了〕彼は今は金持ちだ.→〔挣 zhèng钱〕〔赚 zhuàn钱〕

称身 chènshēn 身体に合う(衣服に).〔要是服不〜就扔rēng下不穿〕もし服がぴったり合わないと,放り出して着ない.

称体裁衣 chèntǐ cáiyī ①体に合わせて衣服を裁つ. ②(喩)自分の力量・身分に合ったことをする.実情に適した処置をする.〔量liàng体裁衣〕ともいう.

称心 chènxīn 心にかなう.気に入る.〔趁心〕とも書いた.〔〜称意〕〜如rú意〕〔成〕願ったり叶ったり.〔有个女婿xu〕気に入らない娘婿.〔一人难称百人心〕皆の気に入ることは難しい.

称意 chènyì 意にかなう.気に入る.満足に思う.〔趁意〕とも書く.〔那件事办得总是不怎称他的意〕あのことはどうしても彼の満足するようにはできなかった.

称愿 chènyuàn いい気味だ:人の失敗や不幸を気持ちよく思う.〔趁愿〕とも書く.

称职 chènzhí 職に適している.任にたえる.

[傧・儐(嬪)] chèn 回お布施(をする).〔〜钱 qián〕お布施.

[榇・櫬] chèn〈文〉棺.〔舁yú〜〕棺をかつぐ.

[趁(趂)] chèn ①乗ずる.利用する.つけ込む.〔〜年假jià回故乡去一趟〕正月休みを利用して一ぺん郷里へ帰る.〔〜船chuán〕〈文〉船に便乗する.→〔其不备〕〔成〕相手のすきをつく.→〔乘 chéng ③〕 ②…に乗じて,…のうちに: 2 音節以上の動詞がくる場合は多く〔〜着 zhe〕として用いる.〔〜天不黑快去〕日が暮れないうちに早く行く.〔〜着好机会〕好機に乗じて.チャンスとばかりに. ③⇒〔称③〕 ④〈文〉追いかける.追いつく.

趁便 chènbiàn ついでに.〔我也是〜才能去一趟〕わたしもついでに一度行けます.→〔乘 chéng便〕

趁常 chèncháng〈白〉日常.平生.〔老爷又〜不在府中〕(京本通俗小说)だんなも普段お役所にはおられない.

趁哄 chènhòng〈白〉にぎやかなところへ見物に行く.→〔凑 còu 热闹(儿)①〕

趁火打劫 chènhuǒ dǎjié〔乘 chéng 火打劫〕〈成〉火事場泥棒を働く.人の危機につけ込みみかすむ汁をすう:〔趁火抢 qiǎng 劫〕ともいう.

趁火漏锅 chènhuǒ gū lòuguō 火のあるうちに水の漏る鍋(筮)を繕う.ⓐ(喩)⊕機会をとらえ利用する.ⓑただでさえばたばたしている時に,いっそう忙しいめをきせる:〔趁火补bǔ漏锅〕ともいう.

趁机 chènjī 機会に乗じて.〔〜逃走〕機に乗じて逃げ出す.

趁空(儿) chènkòng(r) 暇を見はからう(って).すきにつけ込(んで)

趁口 chènkǒu ロまかせ.出まかせ(に).〔我不过是〜取笑你〕(京本通俗小说)わたしは出まかせに冗談を言ったのです.→〔随 suí口〕

趁亮(儿) chènliàng(r) 明るいうちに.日が暮れぬ間に.〔〜走吧〕明るいうちに出かけよう.

趁坡 chènpō 勢いに乗る.機会に乗ずる.

趁热 chènrè〔一儿〕熱いうちに.〔〜喝这碗茶吧〕熱いうちにこのお茶をお上がりください.〔〜打铁〕〈成〉鉄は熱いうちに打て.

趁人之危 chèn rénzhīwēi〔慣〕人の危難につけ込む(んで)

趁墒 chènshāng 土が湿っているうちに(する).〔〜播 bō种〕湿りのあるうちに種をまく.

趁势 chènshì 勢いに乗じて.機会を得て.→〔乘

chéng 勢.
趁手 chènshǒu 〈方〉ついでに. →[随 suí 手〔儿〕①]
趁熟 chènshú 囮飢饉(㍏)や戦乱の際,豊作の地へ行って食物にありつくこと.〔似此乱离,只得随处～〕このような乱世にはいきあたりばったり豊作の地へ行って食物を見つけるよりほか仕方がない.
趁水和泥 chènshuǐ huóní 〈成〉有利な条件をつかんでうまくやる.
趁水行船 chènshuǐ xíngchuán 〈成〉流れに逆らわず事を進める.
趁心 chènxīn ⇒[称心]
趁圩 chènxū [趁墟]とも書く.〈方〉(農村の人が)市(㍻)に出かける〔赶 gǎn 集①〕に同じ.
趁意 chènyì ⇒[称意]
趁愿 chènyuàn ⇒[称愿]
趁韵 chènyùn (詩を作るのに)韻をふむことにやかましく,文義のほうはあまり問題にしないこと.
趁早〔儿〕 chènzǎo(r) =[赶早〔儿〕②]〔抓 zhuā 早儿〕早いうちに.早めに.〔一动 dòng 身,别误了〕早めに出発して事がおくれないようにしなくちゃ.〔得 děi ～办〕早めに処理しなくてはならない.

[讖・識] chèn 固祈禱師(巫(ᵂ)師・方術師)がつくった未来の吉凶禍福の予言.
讖步 chènbù 〈文〉未来のことを予知する術.
讖記 chènjì 予言を書き残す.
讖纬 chènwěi 占術の書:〔讖〕と〔纬〕(星晨の変化に付会した儒家の著作).
讖語 chènyǔ 占い言葉.予言.

[伧・傖] chen →[寒 hán 傖] → cāng

cheng イㇳ

[柽・檉] chēng
柽柳 chēngliǔ 囮ギョリュウ(御柳)[赤 chì 柽柳][观 guān 音 柳][河 hé 柳][人 rén 柳][三 sān 春柳][三串柳]とも別称.落葉小高木.中医葉を檉(㌑)柳といい小児の麻疹に薬用される.

[蛏・蟶] chēng [子]魚貝アゲマキガイ(マテガイ).〔缢 yì ～〕[美 měi 人～]ともいう.〔竹 zhú ～〕魚貝マタテガイ.
蛏埕 chēngchéng =[蛏田]
蛏干 chēnggān アゲマキガイの干したもの.〔美 měi 人～〕同前.
蛏田 chēngtián =[蛏埕]アゲマキガイの養殖場.
蛏油 chēngyóu 飠アゲマキガイの干物を作る時の煮汁.鮮味ある調味料.

[琤(琤)] chēng 〈文〉玉の音.〔瑽 cōng ～]同前.
琤琤 chēngchēng 〈又〉〈擬〉チャラチャラ.チントン.さらさら:玉のふれる音.琴の音.水の流れる音.
琤琮 chēngcóng 〈擬〉チャラチャラ.さらさら:玉の音.水の流れる音.

[称・稱] chēng (Ⅰ)=[偁]①…と称する.…と呼ぶ.[～不起英雄]英雄とは言えない.[李逵 kuí 人～黑旋风]李逵を人々は黒旋風といっている.[～得起英雄好汉]英雄豪傑と言い得る. ②名前.となえ.名称.[别～].[旧～]通称.[美～]美称.[尊 zūn ～]尊称.[爱～]愛称.[憎 zēng ～]憎しみを表す呼称.[蔑 miè ～]蔑称. ③言う.[据～系某机关干部]当即声一听到这个声一听到这个病不能参加]即座に病気のため参加できないと声明した.姿

zī 色亦～不恶]容姿もまた悪くないと言える. ④ほめる.賞賛する.[～文]文名である.[以能文见～]文をよくするので有名である.
(Ⅱ)(秤にかけて)目方を量る.[～斤卖]论 lùn 斤卖]目方売りがよい.[～盐 yán]塩を目方で買う.[1斤～几个]1斤でいくつあるか.
(Ⅲ)〈文〉挙げる.[～兵起义]〈成〉兵を挙げ義挙を起こす.[～觞 shāng 祝贺]〈成〉杯を挙げて祝う.
→ chèn chèng

称霸 chēngbà 覇をとなえる.牛耳る.[～世界]世界に覇をとなえる.
称便 chēngbiàn 便利であるとほめる.[人人～]皆が重宝がる.
称病 chēngbìng 病気を口実にする.[～辞职]病気を口実に退官する.
称臣 chēngchén 〈文〉臣を自称する.[在他们脚下～]彼らのもとに屈服し,自ら臣と称する.
称大 chēngdà いばってみせる.お高くとまる.
称贷 chēngdài 人から借金する.
称道 chēngdào ①口に出す.述べ立てる.[无 wú 足～]取り立てて言うほどのことはない. ②ほめる.[素 sù 为众人所～]平素みんなのほめものであった.
称得上 chēngdeshàng …の名にそむかず足る.[称得起]ともいう.[～一把名手]名手といわれる資格がある.
称帝 chēngdì =[称尊②]〈文〉帝王と称する.帝位につく.
称孤道寡 chēnggū dàoguǎ 〈成〉ボスとなる:君主は自分を[孤家][寡人]といった.[今天是人民的天下,地主恶霸～的日子,已经永远过去了]今は人民の天下である,地主やボスが絶対権を握った時代は,もう永久に去った.
称号 chēnghào 呼び名.名号.肩書:名誉ある言い方.
称贺 chēnghè お祝いを述べる.
称后 chēnghòu 〈喩〉(女性が)トップに立つ. →[封 fēng 王]
称呼 chēnghu ①呼ぶ.称する. ②呼び名.となえ.呼び方.②回他人の姓名を言う時の敬語.[您怎么～]あなたは(のお名前)何とおっしゃいますか.
称疾 chēngjí 〈文〉病気と称する.病気を理由とする.[～不仕 shì]病気と称して出仕しない.
称斤掂两 chēngjīn diānliǎng 〈喻〉しっかりはかる.こまかく勘定する.
称绝 chēngjué 大いに賞賛する.[令人～]同前.
称快 chēngkuài 痛快を叫ぶ.[拍 pāi 手～]手を打って快哉(㊯)を叫ぶ.拍手喝采する.
称量 chēngliáng (重量を)量る.[～体重]体重を量る.[～瓶 píng]囮称量びん.量りびん.
称美 chēngměi 〈文〉人の美点を述べる.
称奇 chēngqí 素晴らしさをほめる.珍しさを感嘆する.[啧 zé 啧～]しきりに感嘆する.[令人～]人々を感心させる.[拍 pāi 案～]机をたたき素晴らしさをほめる.
称庆 chēngqìng 〈文〉お祝いする.賀詞を述べる.[额 é 手～]額(㌰)に手をかざして賀詞を述べる.
称赏 chēngshǎng ほめたたえる.[无不～]称賛しない者はない.
称述 chēngshù ①言う.述べる. ②〈文〉ほめて言う.同前.
称说 chēngshuō (事物の名を)呼ぶ.述べる.言う.[～称道的]人物.ひとかどの者.名の売れた人物.
称叹 chēngtàn 賛嘆(する)
称王称霸 chēngwáng chēngbà 〈成〉尊大横暴を極める.[～,不可一世]暴君のように眼中人なし.
称为 chēngwéi =[称之为][称作]…と呼ぶ.…と

称する.
称谓 chēngwèi 称呼:親属関係・身分・職業・地位などに対する言いかた.〔有几种不同的～〕幾種類の異なった呼称がある.〔～语 yǔ〕対他尊称语.
称羡 chēngxiàn 賞賛しうらやむ.
称谢 chēngxiè 謝意を述べる.礼を言う.
称兄道弟 chēngxiōng dàodì 〈成〉兄弟呼ばわりする.俺お前の仲:友人同士の親密なこと.〔称兄弟〕ともいう.
称雄 chēngxióng 一方の旗がしらとなる.
称许 chēngxǔ 称賛する.推奨する.
称扬 chēngyáng 〈文〉ほめたたえる.
称引 chēngyǐn 〈文〉ひきあい(に出す).引証(する).〔～以证 zhèng 明其事〕引用してそのことを証明する.
称誉 chēngyù 称賛する.ほめたたえる.
称赞 chēngzàn 賞賛する.ほめる.
称之为 chēngzhīwéi ⇒〔称为〕
称制 chēngzhì 史皇太后が天子に代わって政事をとる.
称重 chēngzhòng 目方を量る.
称字 chēngzì 敬意を表して他人の字(あざ)を呼ぶ(名を言わないこと)
称尊 chēngzūn ①お高くとまる. ②⇒〔称帝〕
称作 chēngzuò ⇒〔称为〕

〔偁〕 chēng ⇒〔称(I)〕

〔铛・鐺〕 chēng ①浅く底の平たい大きな鍋.〔铬 lào 饼〕や〔锅 guō 贴儿①〕を焼くのに用いる.→〔支刀坑炉(儿)〕②固三本脚のついた釜. → dāng

〔赪・赬(經)〕 chēng 〈文〉赤色.〔～面长髯 rán〕赤ら顔と長いひげ.
赪粉 chēngfěn 区古代の臙脂(えんじ)の類.
赪桐 chēngtóng 植ヒギリ(緋桐).トウギリ(唐桐):クマツヅラ科の暖地に生ずる落葉低木.観賞用.
赪尾 chēngwěi ①〈文〉〔尾が赤くなる:魚の疲労したさま.②〈喩〉虐政で人民の疲弊すること.

〔牚〕 chēng 古く〔撑〕に通用した. → chèng

〔撑(撐・掌)〕 chēng ①(棒状のもので)つっぱる.支える.〔拿棍 gùn 子一住〕棒で支えておく.〔～起帐篷〕テントを張る.→〔搡 sǎng〕②支える.保持する.こらえる.〔苦～危局〕苦労して危局をもちこたえる.③ぴんと張る(ゆるんでいないように),表面にしわがないように).〔用手把口袋一开〕手でつっぱって袋の口をあける.〔～线得 děi 紧一点,不然就瞎 xiā了〕糸をぴんと張って下までかけないと,でないともつれやすいぞ.④一杯にふくれる(食べすぎて.つめすぎで).〔晚饭要少吃,小心～着〕夕飯は食べすぎてはいけないよ,腹をこわしてしまうぞ.〔～死了〕食べすぎて苦しい.〔～口袋 dai〕(金や物が)入るようにポケットを一杯にひろげる.〔用棉花把枕 zhěn 头一起来〕枕に綿をはちきれるほどつめる. ⑤〈白〉美しい.
撑板 chēngbǎn 機ひかえ板.
撑臂 chēngbì ささえ.支え.方(ほう)づえ.
撑不住 chēngbuzhù 支えきれない.〔～气〕腹にすえかねる.〔说得他自己也一,笑了〕そう言って彼自身も我慢できなくなって,吹き出してしまった. ↔〔撑得住〕
撑肠拄肚 chēngcháng zhǔdù 腹がつっぱる.〈喩〉学問を腹いっぱいつめ込んでいること:〔肚〕は〔腹 fù〕ともいう.

撑场面 chēngchǎngmiàn =〔撑门面〕〈喩〉表面をつくろう.見栄を張る.〔他这回请客,很多不相干的人都请上了,为 wèi 的是～〕彼の今度の招待は,大勢の関係のない人まで招待したが,それはみな見栄を張るためだ.
撑持 chēngchí 支える.〔～局面〕局面を持ちこたえる.〔勉强 qiǎng ～〕なんとかしのぐ.
撑船 chēngchuán 棹を使って船を進める.
撑达 chēngdá 〈白〉利発である.しっかりしている.〔可心人二八娇 jiāo 娃,百件风流,所事～〕可愛いこの十六娘はどこからどこまで風流で,することなすことしっかりしている.
撑得住 chēngdezhù こらえきれる.支えきれる.↔〔撑不住〕
撑竿 chēnggān 区棒高跳びのポール:〔撑杆〕とも書いた.〔～跳 tiào 高〕〔～跳〕区棒高跳び.
撑篙 chēnggāo 竹竿で舟を操る.またその竹竿.
撑拒 chēngjù 〈文〉つっぱり支える.逆らう.
撑开 chēngkāi 手でつっぱってあける.
撑门面 chēngménmiàn ⇒〔撑场面〕
撑破 chēngpò はちきれる.〔口袋～了〕(つめすぎて)ポケットがはちきれた.
撑儿 chēngr 突っかえ柱.〔有～的桌 zhuō 子〕突っかえ柱のあるテーブル.
撑伞 chēngsǎn 傘を広げる.〔冒 mào 雨～观战〕雨を冒して観戦する.→〔打 dǎ 伞〕
撑死 chēngsǐ 〈口〉せいぜい.どんなに多くても.
撑石 chēngshí 支え石.押さえ石.
撑台 chēngtái 〈方〉後ろ楯になる.
撑天拄地 chēngtiān zhǔdì 天地を支える.
撑条 chēngtiáo 機ステー.ブレーシング.
撑胃 chēngwèi 胃につかえる.〔面食～,只能吃八分饱 bǎo〕麺類は胃にもたれる,腹八分目に食べなければいけない.
撑牙 chēngyá ⇒〔棘 jí 轮〕
撑腰 chēngyāo 後押する.後ろ楯(になる).てこ入れ(する).〔有群 qún 众支持,有党～,工作积极性大大提高〕大衆の支持があり,党の後押しもあって,仕事の積極性が大いに高まる.〔他做这件事,有人给他～〕彼がこれをやるについては,だれかが後押ししているのだろう.〔他后边儿有老头子给他～,还是别惹 rě 他的好〕彼の後ろにはならず者のボスが後押ししているんだから,やはり相手にしないほうがよい.〔给～〕後押しして元気づける.→〔打 dǎ 气②〕〔加 jiā 油②〕
撑住 chēngzhù 支え止める.つっぱり止める.
撑柱 chēngzhù つっぱり棒.つっかえ棒.
撑柱螺栓 chēngzhù luóshuān ⇒〔牵 qiān 条螺栓〕

〔噌〕 chēng

噌吰 chēnghóng 〈擬〉ゴーン:重重しい大きな音.〔钟鼓之声一吰吰 yíng 耳〕〈文〉鐘や太鼓の音がゴーンと耳にひびく.

〔瞠〕 chēng 〈文〉びっくりして目を見張る.

瞠乎其后 chēnghū qíhòu 〈成〉(後ろで驚いて目を見張るだけで)とても追いつけない.はるかに落伍する.→〔望 wàng 尘莫及〕
瞠目 chēngmù 〈文〉(当惑したり恐れたりして)目を見張る.〔～结舌〕〈成〉(びっくりして・困って・あきれて)ものが言えない.目をぱちくりさせて口がきけない.

〔成〕 chéng (I)①成し遂げる.作り上げる.成功する.〔于月内～书〕月の内に書物に作り上げる.〔～稿 gǎo〕原稿を書き上げる.〔～〔忧 yōu ③〕②でき上がる.成立する.…になる.〔忧 yōu

成 chéng

思～病〉〈成〉心配して病気になる.〔不～敬意〕敬意をなしていない.失礼千万だ.〔不～文字〕になっていない. ③成長する(した). でき上がる(った). 成熟する(した).〔既～事実〕既成の事実.〔～畜 chù〕育てた家畜.〔～镜 jìng〕既製品の眼鏡. ④成果.〔不能坐享 xiǎng 其～〕苦労もせずに成果だけを享受してはいけない.〔收～〕〔年～〕収穫. ⑤動詞の後に置いて,その動作が完成することを表す.〔水变～汽〕水が水蒸気にかわる.〔长 zhǎng ～人〕成長して成人になる.〔编 biān ～书〕編纂して書物にする.〔老师生病上不～课了〕先生が病気で授業ができなくなる. ⑥数量がある単位に達することを表す.〔～打 dá〕1 ダースに達する.〔～千～万的群众〕何千何万にのぼる群衆.〔一斤地买便宜 liǎ〕1 斤とまとめて買うと安い.〔～桌 zhuō 的酒席〕テーブル(を単位とする)料理.本膳料理. ⑦よろしい:承諾・許可を与える.〔这么办～不?〕こうしたらいけませんか.〔～！我办去〕よし,僕が(やりに)行こう.〔不去不～〕行かなければいけない.〔有他去就～了〕彼が行けば(それで)いい.〔～了,～了！当不要买了〕これでいい(たくさんだ),もう買わなくてもいい. ⑧すばらしい:〔真～〕の形で他人の有能であることを褒める.〔他真～,这个月又超額έ了〕彼大したもんだ,今月もまたノルマ突破だ. ⑨〈文〉講和.〔遣 qiǎn 使求～〕使者を派って和を求める. ⑩〔姓〕成:
(II) ①10分の 1.割(㌴).〔五～〕5 割.〔九～新的车〕新品同然の车.〔从收益里提三～来做公积金〕利益の中から 3 割を積立金とする. 2分の十里の地.〔有田一～〕(左伝.哀公元年) 1 成の田を有す る. ③〈文〉層.〔九～之台〕九層の高殿(㍇).

成案 chéng'àn ①すでに定まった案. ②旧例.判例.
成百上千 chéngbǎi shàngqiān〈成〉百・千という多数にのぼる.〔～成千上万〕
成败 chéngbài (事業の)成功と失敗.
成败利钝 chéngbài lìdùn 成功と失敗,順調と困難.〔不顾 gù ～地去做〕成り行きを度外視してすべきである.
成班人 chéngbānrén =〔班主〕旧制の劇団,すなわち〔戏 xì 班子〕の座元.座長.
成倍 chéngbèi 倍もしくはそれ以上に(増える).〔～增加〕倍増する.
成本 chéngběn 原価.コスト.〔产 chǎn 品～〕生産品の原価.〔生产～〕製造原価.生産費.〔总～〕総原価.〔～核 hé 算〕🈢原価計算.〔～价 jià 格〕🈢会計原価.〔～会 kuài 计〕🈢原価計算書.
成本大套 chéngběn dàtào〈成〉①内容が豊富できちんと整っているさま. ②〈方〉理路整然と話すさま.
成才 chéngcái〈喻〉有能な人物となる.役に立つ人材.〔自学～〕独学で一人前になる.
成材 chéngcái ①役に立つ材料となる物や人. ②成育した木:木材にできる木.〔～林〕成木林:木材として使用できるまでに育った林.
成齿 chéngchǐ =〔恒 héng 齿〕
成虫 chéngchóng 成虫(幼虫に対して)
成仇 chéngchóu 仇になる.仲違いする.〔他们俩成仇了,一见面儿就吵 chǎo 嘴〕彼ら二人はすっかり仲違いして以来顔を見さえすれば言い争いをする.
成单 chéngdān 🈢買方売方双方が合意して作られた注文契約書.→〔订 dìng (货)单〕
成道 chéngdào =〔得 dé 道〕🈢(仏教の)(釈迦が)悟りを開く.成仏する.
成典 chéngdiǎn〈文〉すでに公布された法典.

成丁 chéngdīng〈文〉成年の男子.男子が成年に達すること.
成堆 chéngduī 山積みする.〔有的单位问题～,老是解决不了 liǎo〕ある部門には問題が山積しているが,なかなか解決できない.
成对 chéngduì 対になる.→〔成双〕
成法 chéngfǎ ①既定の法律.条文となっている法律. ②既成の方法.
成方 chéngfāng ①〔-儿〕昔から知られている処方:〔现 xiàn 成的药 yào 方〕の意.医者が症状を見て書く処方にせずにする. ②四角になっている.
成分 chéng-fèn〔成份〕とも書いた. ①構成要素.成分.(百分比で見た)含有量.部分.〔～输 shū 血〕🈢成分輸血.〔语气～〕(語調)を表す部分. ②本人自身の元の履歴・職歴など階級区分:解放前の履歴により〔工人～〕(労働者の身分)や〔学生～〕に分かれる.親が地主であっても本人が銀行員として 3 年間以上勤めていれば〔职 zhí 员～〕(職員の身分)である.〔个 gè 人～〕〔本人～〕ともいう.→〔出 chū 身〕
成风 chéngfēng ①風(㌴)をなす.一般的になる.珍しくなくなる.〔勤 qín 俭～〕勤倹の風が一般的になった. ②風格をなす.風格となる.〔他的写作手法逐渐～〕彼の文章は風格がそなわってきた.
成佛 chéngfó ①🈢(仏教で)迷妄を断ち,真理を悟って仏果菩提(㍇)を成就すること. ②〈転〉往生すること.死ぬこと.
成服 chéngfú ①既製の服. ②〈文〉遺族がそれぞれ規定された喪服を着ること.
成副儿 chéngfùr マージャンなどで 3 枚組のものがそろうこと:3・4・5 餅(㍇)や 3・3・3 万などそろったものをいい,チーやポンをしてさらしたものまでを含めていう.これらそろった一組を〔一副儿〕という.→〔麻 má 将〕
成个儿 chénggèr ①成熟する:果物や家畜などの大きさになること.〔果子已经～了〕実がもう熟れた. ②〈喻〉物になる.熟達する:一定の形を整えていること.〔他的字写得不～〕彼の字はまだちゃんとなっていない.〔他长 zhǎng ～了〕彼は一人前になった. ③丸ごと.(割らないで)一個全部で〔整 zhěng 个(儿)~〕に同じ.〔~ 买〕丸ごとで買う.
成公 chénggōng〔姓〕成公(㍇)
成功 chénggōng ①成功(する).でき上がり(る).〔～率 lǜ〕成功率.〔获得相当大的～〕相当重大(き)な成功を収める.〔会开得很～〕会は大成功だった.〔以～结 jié 束〕成功裡に終わる.↔〔失 shī 败〕 ②動詞の後に置き,…できた……し終える意を表す.〔试制～了〕試作に成功した.〔研究～了〕研究で目標に達した.
成规 chéngguī すでに行きわたっているきまりまたは方法.〔墨 mò 守～〕従来のきまりを墨守する.〔打破～〕従来のしきたりを破る.
成果 chéngguǒ 成果.〔获得丰 fēng 硕的～〕実り多い成果を上げる.
成何体统 chéng hé tǐtǒng〈憤〉何と体裁の悪いことか.全くぶざまなことだ:〔成何事体〕ともいう.
成欢 chénghuān〈文〉①歓を尽くす. ②男女の歓会.
成婚 chénghūn =〔成礼②〕結婚が成立する.縁組がととのう.
成活 chénghuó (動植物が)活着する.成育する.〔～率 lǜ〕活着率.成育率.
成吉思汗 chéngjísī hán 🈭ジンギスカン:名を〔字 bó 儿只斤·铁木真〕(ボルジギン氏族のテムジン)といい,元の太祖(1162～1227).元 yuán ⑥)
成绩 chéngjì 成績.〔～良好〕成績良好(である).

chéng 成

〔有很大的～〕大きな成果を上げる.〔～单 dān〕通信簿.成績表.

成家 chéngjiā ①一家を構える.所帯を持つ.結婚する(男子が).〔三十岁～〕30歳の時に所帯を持った.〔～立业 yè〕成人結婚し,職業を持つ(独立生活する).一家をなし,業績を積む. ②学術・芸能などで一家を成す.

成价 chéngjià 出来値.取引価格.→〔成盘〕

成奸 chéngjiān 姦通する.〔勾 gōu 搭～〕同前.

成见 chéngjiàn ①(人や物事に対する)先入観.先入主. ②定見.

成交 chéngjiāo 取り引きが成立する.売買が成立する.〔～额 é〕出来高(金額).〔～量 liàng〕出来高.成約量.〔巴西棉 mián 约～三千包〕ブラジル綿花3000梱包の契約が成立した.

成教 chéngjiào 〔成人教育〕の略.

成精 chéngjīng 物や人などが甲羅を経て妖怪となる.〔～作怪 guài〕〈成〉同前で人に悪さをすること.

成就 chéngjiù ①成果.業績.功績.〔～感 gǎn〕達成感.満足感.〔这回已经取得了相当的～〕今回すでに相当大きな成果を収めた.〔有～的科学家〕業績のある科学者. ②完成する.成就する.

成局 chéngjú ①既成の局面. ②すでに決定したこと. ③賭博をやり始める.

成句 chéngjù 昔からある慣用的な語句.

成军 chéngjūn 軍(チーム)を編成する.〔无法～〕軍(チーム)を編成しようにも方法がない.

成考 chéngkǎo 社会人大学入試.〔成人高考〕の略.

成矿 chéngkuàng 鉱化.〔～溶液〕鉱化水溶液.〔～作用〕〔矿化作用〕鉱化作用.

成了 chéngle ①よろしい.〔可 kě 以 了〕〔行 xíng 了〕に同じ.〔写得这样就～〕これくらいに書ければよい. ②十分だ.たくさんだ.〔～,不要了〕よし,もういらない. ③成就する.〔事情～〕事は成った.→字解(I)⑦

成礼 chénglǐ ①〈文〉儀式を終わる. ②⇒〔成婚〕

成立 chénglì ①〔～大会〕設立大会.〔共和国～以来〕共和国成立以来. ②成り立つ.主張しうる.理にかなう.〔这个论 lùn 点,不能～〕この論点は成り立たない. ③〈文〉成人として自立する.

成例 chénglì 〈文〉慣例.先例.前例.

成殓 chéngliàn 納棺(を終わる)

成林 chénglín 林になる.〔独木不～〕〈成〉木一本では林にならない.

成龙 chénglóng 竜になる.〈転〉優れた人物になる.〔望子 zǐ～〕子供の出世を望む.〔～成蛇〕立派な人になるか悪い人になるか.

成龙配套 chénglóng pèitào ＝〔配套成龙〕各部分を組み合わせて(つなぎあわせて)一つの総体にする.〔使排灌 guàn 设备～〕排水設備と灌漑(かんがい)設備とを組み合わせて,排水灌漑網を整備する.

成寐 chéngmèi 同上.

成眠 chéngmián ＝〔文〕成寐〕寝つく.寝入る.→〔入 rù 睡〕

成名 chéngmíng ①名を成す.有名になる.〔～作 zuò〕出世作.〔～成家〕〈成〉名声を博し,一家を成す. ②旧科挙に及第する. ③旧生後三か月に父が子に名前をつける.

成命 chéngmìng ①すでに発せられた命令.〔收 shōu 回〕命令を撤回する. ②定まった運命.

成年 chéngnián ①成年になる.大人(人について用
が,動植物にも用いる.〔～期 qī〕成年期.〔～礼lǐ〕イニシエーション.〔～树 shù〕成木(だれ).〔～人〕大人. ②１年中.まる１年間〔一ヶ月年の中.〔成年家〕とも

書く.

成年累月 chéngnián lěiyuè 〈成〉長い年月.

成盘 chéngpán 圆出来値.取引価格.→〔成价〕

成批 chéngpī ①大口の(に).大量の(に).〔这种文具各学校へ～地买〕この種の文房具は各学校が大量に買っていく.〔汽车生产的～性〕自動車生産の大量性.〔～生产大量生産.マスプロ.② 集団をなしている.多数の.〔～留学生从日本回国〕多数の留学生が日本から帰国する.〔～处 chǔ 理〕電算バッチ処理:一括処理のこと.

成癖 chéngpǐ 〈さになる:多くなける意味で用いる.

成片 chéngpiàn かなりの広範囲.〔～树被风刮 guā 倒〕広範囲で樹木が風に吹き倒された.

成品 chéngpǐn 製品.完成品.〔出口～〕製品を輸出.〔～粮 liáng〕加工済み食糧.〔～金 lù〕歩留まり.

成器 chéngqì ①＝〔成人〕有用な人物になる.〔那孩子不～〕あの子はろくなものにはならない. ②有用な器になる.〔玉不琢 zhuó,不～〕〈諺〉玉も磨かなければ有用な器にならない.〔不罢 yù 于市〕〈成〉良品は店に並べて売られない.

成气候 chéngqìhòu 物になる.値打ちが出る.偉くなる.成功する.〔不～〕見込みがない.物にならない.〔这孩子多咱也成不了气候〕この子はいつになっても物にならない.

成千上万 chéngqiān shàngwàn 〈成〉千・万という多数にのぼる.〔成千成万〕〔成千累万〕〔累 lěi 千累万〕〔上千上万〕ともいう.〔所动员的工厂有～个〕動員された工場は千・万という多数にのぼる.〔～的群众夹 jiā 道热烈欢迎〕何千何万という群衆が道の両側に並んで盛んに歓迎した.→〔千千万万〕

成亲 chéngqīn 縁組みをする(結婚する)

成寝 chéngqǐn 寝つく.眠りにつく.

成趣 chéngqù 〈文〉趣(おもむき)がある.興味(きょうみ)をおこさせる.

成全 chéngquán 人を助けて事を成しとげさせる.助ける.世話する.〔承您费 fèi 心,这可～了我了〕ご配慮ありがとうございました,お蔭で助かりました.〔要不是您～,他早就垮 kuǎ 台了〕もしあなたが面倒をみてやらなかったら,彼はとうに失敗しているころです.〔那个孩子父亲死了,没法子,我来～他吧〕あの子は父に死なれたのだから,仕方ないからわたしが世話してやろう.

成群 chéngqún (人や物が)群をなす.群集する.〔儿 ér 女～〕群れをなすほど大勢の子女がある.〔～结伙 huǒ〕〈成〉群れになる.〔十几个人～地来了〕十数人が群れになってやって来た.〔～结队 duì〕〈成〉群をなし隊を組む.

成儿 chéngr ①見込み.望み.〔你看这事准 zhǔn 有～〕きみ,これは確かな見込みがあるよ. ②量詞.10分の１,すなわち１割.〔有五～的希望〕5割が望みがある.望みは五分五分だ.

成人 chéngrén ①成人(する).大人(になる).〔～高考〕成考〕社会人の大学入試.〔～小孩 hái〕おとな子供.〔～教 jiào 育〕〔成教〕成人教育. ②完全な人.成熟した人.一人前. ③⇒〔成器〕〔～器〕 ④嫁をもらう. ⑤旧芸者が半玉から一人前になること.〔郑爱月才～,还不到半年光景〕鄭愛月は一本になってから,まだ半年足らず.

成仁 chéngrén →〔杀 shā 身成仁〕

成人不自在 chéngrén bùzìzài 〈諺〉一人前になるには一通りの苦労をしなければならない.〔自在不成人〕〈諺〉同前で,気ままは勝手では人物はできない.

成仁取义 chéngrén qǔyì 〈成〉正義のため身を犠牲にすること.

成人用品 chéngrén yòngpǐn ①成人が使うのに適する物.⇒〔性 xìng 保健品〕アダルトグッズ.

成人之美 chéngrén zhī měi ⟨成⟩他人の善事を助成する.功徳になる.〔他对待同志诚恳 kěn, 热情, 常肯为～而牺 xī 牲个人利益〕彼は同志に対して誠実で,親切であり,しじゅう人を助け,自分の利益を犠牲にする.

成日 chéngrì 一日中.〔～价 jie〕〈方〉同前.→〔成天〕

成三破二 chéngsān pò'èr 囲買い手から3分(ぶ)、売り手から2分を得る:家屋売買周旋人の報酬で、〔买 mǎi 三卖二〕ともいう.〔成〕は〔買い手〕、〔破〕は売り手を指す.

成色 chéngsè ①金・銀の含有量.品位.純分.成分:〔金 jīn 色②〕金の品位.〔银 yín 色②〕銀の品位.〔～の〕品位がいい.純分量が多い.〔九九～期金〕品位99パーセントの先物取引の金.〔这两个戒 jiè 指看着一样,一可是差着呢〕この二つの指輪は見たところ同じだが,品位(純分)がずいぶん違う.→〔平 píng 色〕②品質(商品など).〔这两样货一差得多〕この2種の商品の質は大変な差がある.

成实 chéngshí ⟨方⟩(植物の実が)しっかりできている.

成式 chéngshì できあがっている法式.格式.

成事 chéngshì ①事を成しとげる.成功する.〔谋 móu 事在人,～在天〕⟨成⟩人事を尽くして天命を待つ〔你这样懒惰,哪儿能～呢〕君のように怠けていては,どうして成功するものか.〔～不足,败 bài 事有余〕⟨諺⟩事を成しとげる力はないくせに,事を失敗させる能力は十分にある.する事ことごとくろくなことはない:時に悪意で事をなす人を指す.②⟨文⟩すでにできてしまった事.すでに過ぎ去った事.〔～不说〕昔のことは言わない.

成书 chéngshū ①書物として出版される.②広く世に伝わる書物.

成熟 chéngshú ①(果物・稲・麦などが)熟(う)れる.熟す.〔～期 qī〕成熟期.②事や時機が熟する.成果があがってくる.〔时机～〕機が熟す.〔想法不～〕考え方がまとまらない.

成数 chéngshù ①まとまった数.まとまった額.〔～的成〕まとまった金額。整数のない金額.→〔整 zhěng 数①〕②百分率.率.割合.分(ぶ).〔这笔买卖赚 zhuàn 的～不多〕この商売はもうけ(利益の率)が少ない.

成双 chéngshuāng ①対(つい)になる.②⟨喩⟩夫婦になる.結婚する.〔～成对〕同前.

成说 chéngshuō ①定説.定論.②⟨文⟩既定の約定(じょう).

成讼 chéngsòng 訴訟沙汰になる.

成诵 chéngsòng 暗唱ができる.〔过目～〕目を通せば暗唱できる.

成俗 chéngsú ①すでにでき上がった風俗.②風俗を成す.風俗となる.

成算 chéngsuàn すでに決まった計画.

成套 chéngtào セットになっている.一つのまとまったものになる.〔～设备〕囲工場設備装置.プラント.→〔整 zhěng 套设备〕

成天 chéngtiān 一日中ずっと.〔～际 jì〕〔～家 jia〕〔～价 jie〕⟨方⟩同前.〔～下雨〕朝から晩まで雨が降る.→〔整 zhěng 天〕

成头 chéngtou 割合.歩合.百分率.パーセンテージ.〔卖价抽出～来当做佣 yòng 金〕売値から歩合を出して手数料にする.

成为 chéngwéi …とする.…になる.〔经过多年的努力他～当代第一流作家〕長い年月にわたる努力を経て,彼はもはや当代第一流の作家になった.

成文 chéngwén ①既成の文章.〔抄 chāo 袭～〕(既成の)文章をひきぬき写す.⟨喩⟩昔どおりのやり方を踏襲する.②文章で表されたもの.

成文法 chéngwénfǎ 法成文法:自然法・慣習法に対していう.〔文法③〕ともいった.↔〔不 bù 成文法〕

成问题 chéngwèntí 問題になる.不適切である.

成仙 chéngxiān ⇒〔登 dēng 仙⑪〕仙人になる.

成想 chéngxiǎng ⇒〔承 chéng 想〕

成像 chéngxiàng 写真・画像に転換する.〔处 chǔ 理～〕画像を作りだす.

成效 chéngxiào ①成果.〔中国过去一切革命斗争～甚 shèn 少〕(毛・中国社会階級的分析)中国の過去におけるすべての革命闘争は成果がはかばかしくなかった.②効果.効能.〔这种药消灭蟑 zhāng 螂,很有～〕この薬はゴキブリ退治に良く効く.

成心 chéngxīn わざと.→〔故 gù 意〕

成行 chéngxíng (旅行や訪問が)おこなえるようになる.〔因事未能～〕用があるために行けなくなった.

成形 chéngxíng ①形をつくる.形が整えられる.〔临摹 mó ～了〕模写ができ上がる.〔计划开始～了〕計画は形になろうとしている.②囲整形(する).〔～外科〕整形外科.③正常な形態となる.〔幼虫～了〕虫が成虫になった.

成型 chéngxíng 囲成型する.〔～刀〕〔样 yàng 板刀〕総形バイト.〔铣 xǐ 刀〕総形スライス.

成性 chéngxìng ①天性.性質.〔～难改〕⟨成⟩天性は改めにくい.②(悪い)性となる.癖になる.〔偷 tōu 盗～〕盗み癖がつく.

成宿 chéngxiǔ 夜どおし(で)

成样儿 chéngyàngr 格好を成している.事がうまく運んでいる.〔这次事情办得很不～今回のことはやり方が成っていない.→〔像 xiàng 样⑪〕

成窑 chéngyáo 囲成化年間の官窯で焼いた磁器.

成药 chéngyào (出来合いの)薬.薬品.↔〔煎 jiān 药〕〔生 shēng 药〕

成也萧何,败也萧何 chéng yě xiāohé, bài yě xiāohé ⟨喩⟩事の成否が一人によって左右されること:蕭何は漢の高祖の功臣の名.

成夜 chéngyè 夜どおし.夜中じゅう.〔他们屋里～亮 liàng 着灯,不知在干什么〕夜どおし彼らの部屋には明かりがついているが,いったい何をしているのか.

成衣 chéngyī ①囲(服の)仕立て.裁縫.〔～匠 jiàng〕裁縫師.仕立職人.〔～店〕〔～铺 pù〕仕立屋.②囲出来合いの服.既製服.レディーメード.→〔现 xiàn 成(儿)〕

成议 chéngyì 協議が成立する.話がまとまる.

成因 chéngyīn 成立の要因.

成阴 chéngyīn 木陰ができる.〔成荫 yìn〕ともいう.

成瘾 chéngyǐn 習慣となる.中毒する.〔他的酒都喝～了〕彼の酒はもうすっかり中毒になっている.→〔瘾〕

成鱼 chéngyú 成魚.→〔亲 qīn 鱼〕〔幼 yòu 鱼〕

成语 chéngyǔ 囲成語:慣用熟語のうち,多く4字からなり,出典の明らかな古語ごとく引用されるものを言う.

成员 chéngyuán 成員.構成員.メンバー.〔～国〕メンバー国.構成国.

成约 chéngyuē 締結された条約.決められている約定.

成灾 chéngzāi 災いとなる.〔幸未～〕幸せなことには災害にはならなかった.

成章 chéngzhāng ①文章になる.〔出口～〕⟨成⟩言ったことそのままで立派な文章になっている.②条理をなす.

成长 chéngzhǎng ①大きくなる.生長する.②⟨方⟩

chéng 成诚郕宬城

増加する. →〔增 zēng 长〕
成者为王,败者为寇 chéngzhě wéi wáng, bàizhě wéi kòu〈成〉勝者は王となり,敗者は賊といわれる;勝てば官軍,負ければ賊軍.
成竹在胸 chéngzhú zài xiōng ⇒〔胸有成竹〕
成(儿) chéngzǒng(r) ①とりまとめて.大口に.合計して.〔〜买比零 líng 碎买便宜〕大口に買った方が,小口買いするより安い. ②まとめる(まる).まとまった数にする(なる).〔钱〜了才有用处 chu〕金はまとまった数になると使い道がある.
成组 chéngzǔ 組になっている.〔〜技术〕グループテクノロジー.

〔诚・誠〕 chéng ①誠実(である).真心(がこもっている).〔心意不〜〕心がまともでない.〔至〜〕きわめて誠実であること. ②〈文〉確実に.真実に.〔〜有此事〕本当にこういうことがある. ③〈文〉もしも.〔〜听臣之计,可不攻而降城〕〈史记〉もし臣の計略をお聞き入れになれば,攻めることなく敵の城をくだすことができます. ④〈姓〉誠(せい).

诚笃 chéngdǔ 誠実で情に篤(あつ)い.
诚服 chéngfú 心服する.〔心悦〜〜成〕心から服従する.
诚惶诚恐 chénghuáng chéngkǒng〈成〉おそれかしこみたてまつる:尊貴の者に自己の意を申し述べる時に用いた語.〔诚恐诚惶〕ともいう.
诚恳 chéngkěn 切に.ねんごろに.〔〜的愿 yuàn 望〕切なる願い.
诚聘 chéngpìn =〔诚招①〕切に招聘する.
诚朴 chéngpǔ 誠実である.素朴である.〔〜的青年〕誠実な若者.
诚然 chéngrán ①真に.まぎれもなく.〔〜是第一的商业地〕まぎれもなく第一の商業地である. ②もとより.無論.〔文章流畅〜很好,但主要的还在于内容〕文章が流暢なのも無論よいが,大事なのはやはり内容だ. ③まことにそのとおり.〔〜〜!〕〔〜不错!〕ごもっともです.
诚如 chéngrú =〔诚招①〕〈文〉確かにそうだ.〔〜所言〕おっしゃる通りだ.
诚若 chéngruò ①同上. ②⇒〔如 rú 果〕
诚实 chéngshí 誠実である.正直である.〔〜劳动〕誠実な労働(をする).〔〜可靠〕誠実で信頼できる.
诚谢 chéngxiè 心から感謝する.
诚心 chéngxīn 真心.切に.ねんごろに.〔〜〜〕〔〜实意〕誠心誠意.真心をもって.
诚信 chéngxìn 誠実で信用できる.〔以〜为本〕誠意のこもることを基本とする.
诚邀 chéngyāo 心を込めて招待する.
诚意 chéngyì 真心.誠意.
诚招 chéngzhāo ①=〔诚聘〕 ②(職員・労働者・テナントなどを)募集する.
诚挚 chéngzhì 真心のこもる.〔〜的友谊 yì〕熱誠ある友誼.

〔郕〕 chéng 因国名:现在的山东省宁阳县汶上の北にある〔〜乡 xiāng〕一带.周の武王が弟の叔武をここに封じた.

〔宬〕 chéng〈文〉固蔵書室.〔皇史〜〕明清両代に皇室史料を保存したところ.

〔城〕 chéng ①城壁.〔长 cháng〜〕(万里の)長城. ②城壁で囲まれた範囲.〈転〉都市.町なか.〔〜巴 bā〕都市バス.〔〜风乡新 jiān〜〕都会の流行が田舎に及ぶ.〔一座 zuò〜〕一つの城.〔省〜〕省都.〔进〜〕城内(まち)へ行く.〔出〜〕城外へ出る.〔〜乡交流〕都会と田舎との交流.〔北京〜里〕北京の街なか. ↔〔乡 xiāng 下〕
城邦 chéngbāng 因(ギリシアの)古代都市国家.

城堡 chéngbǎo とりで(のまち)
城标 chéngbiāo 街のランドマーク.
城池 chéngchí ①城と壕.〔金 jīn 汤池〈喩〉堅固な城(地盤). ②都市.
城雕 chéngdiāo =〔城市雕塑〕野外彫刻.街路彫刻.都市の屋外彫刻.
城堞 chéngdié ⇒〔堞墙〕
城垛 chéngduǒ ①陵堡(のよう):城壁上部の外に突き出ている部分. ②胸墙(きょう):城壁上部の凸形の突き出ている小さい壁.〔〜口〕〔〜子〕同前.
城防 chéngfáng 都市の防衛.
城府 chéngfǔ〈文〉①都市と官庁.〔闭户闲居,未尝入〜〕(晋书)家にひきこもって,都市や官庁へ出入りしなかった. ②〈喩〉隔て.しきり:人に対する態度や見方.〔不设〜〕肝胆をひれきすること.〔胸无〜〕成)あけっぴろげである.竹を割ったようである.
城根(儿) chénggēn(r) =〔城脚〕城壁の根元.城壁の根方.城壁のきわ. →〔墙 qiáng 根(儿)〕
城沟 chénggōu ⇒〔城河〕
城关 chéngguān 城門のすぐ外一帯の地.
城关镇 chéngguānzhèn 县政府(行政単位の一.市の下)の所在地.またそこの行政単位.
城管 chéngguǎn =〔城市管理〕の略.都市管理.
城郭 chéngguō ①都市の周囲を巡る廓(かく):内城の壁を〔城〕,外城の壁を〔郭〕という. ②〈転〉都市.
城壕 chénghāo 同下.
城河 chénghé =〔城沟〕〔城壕〕〈文〉城隍①〕护 hù 城河〕城の周囲の壕.城の外壕(ほり). →〔池 chí 隍〕
城狐社鼠 chénghú shèshǔ〈成〉住みついて駆除できない害物:処分し難い悪人.君側の奸.〔城狐不灌,社鼠不熏〕〔社鼠城狐〕ともいう.
城隍 chénghuáng ①⇒〔城河〕 ②回冥界の裁判官である神様:各地で祭られ,鎮守神としていた.〔〜庙 miào〕同前を祭った廟で各県城にあった.
城际 chéngjì 都市と都市の間.〔〜列车〕都市間列车.〔〜铁路〕都市間鉄道.
城建 chéngjiàn =〔城市建设〕の略.都市建設.〔〜工人〕建築労働者.〔〜局〕都市建設局.〔〜规 guī 划〕都市計画.
城郊 chéngjiāo 都市の郊外地区.
城脚 chéngjiǎo ⇒〔城根(儿)〕
城里 chénglǐ 町(の中):〔城墙〕に囲まれた部分.現在は町の市街区を指す.〔〜人〕町の人. ↔〔乡 xiāng 下〕
城楼 chénglóu =〔城门楼子〕城門の上の物見櫓(やぐら).
城门 chéngmén 城門.〔〜脸儿 liǎnr〕城門の外側一帯の城門付近.〔〜领 lǐng〕清步军統領に属し,北京城内の守衛に任じた従四品の官:その部下を〔〜吏 lì〕という. 〔〜失火,殃 yāng 及池鱼〕城門に失火があると,堀の水を消火に使うため災いが堀の魚に及ぶ.无辜者をまきぞえを食う.そばづえを食う. →〔池 chí 鱼之殃〕
城门洞儿 chéngméndòngr =〔瓮 wèng 洞儿〕城門の出入口.城壁に開けられている洞門.
城门楼子 chéngmén lóuzi ⇒〔城楼〕
城墙 chéngqiáng 城壁.
城区 chéngqū 市街区.都市部. →〔郊 jiāo 区〕
城圈儿 chéngquànr (城壁で囲まれた)城.城廓.〔咱们住在〜里的人怕 pà 什么〕我々城内に住んでいるまには恐ろしいことはない.
城阙 chéngquè〈文〉①宫城の両側にしつらえられた望楼. ②宫殿.宫城.
城市 chéngshì 都市.〔〜航站〕シティーエアターミナル.〔〜化〕都市化(する).〔〜美容师〕清 qīng 洁

chéng

工]〔环 huán 卫]清掃作業員.〔～贫民]都市プロレタリア.〔～热岛(效应)](都市のヒートアイランド現象.〔～铁路]〔城铁]都市郊外鉄道.〔～网络]都市ネットワーク.〔～卫生]都市衛生.→〔都 dū 市]

城市雕塑 chéngshì diāosù ⇒〔城雕]
城市病 chéngshìbìng 都市問題：水不足·環境汚染·交通渋滞·住宅過密など.
城市人民公社 chéngshì rénmín gōngshè 囷文化大革命初期,都市に設けられた人民公社.→〔人民公社]
城台 chéngtái 城壁の上に築いた高台.
城铁 chéngtiě 市内と近郊を結ぶ鉄道:〔城市铁路]の略.〔轻 qīng 轨铁路]に同じ.
城头 chéngtóu 城壁の上.
城下之盟 chéngxià zhī méng 〈成〉城下の盟：城下に攻め寄せられ屈服して盟約を結ぶこと.
城乡 chéngxiāng 都市と農村.〔～差 chā 别]都市と農村間の格差.〔～互 hù 助]都市と農村,労働者と農民との相互援助.〔～一体化]都市とその周辺農村との一体化.
城厢 chéngxiāng =〔关 guān 厢]城内の市街と城外の城門に連接した街.〔～内外]〔城内厢外]城の内外.→〔坊 fāng 厢]
城域网 chéngyùwǎng 都市域ネットワーク.
城垣 chéngyuán 〈文〉城壁.
城障 chéngzhàng 〈文〉長城に沿う要所に設けられた駐屯地.
城镇 chéngzhèn 都市と田舎町(非農業人口の集まっている居住区).〔～化]都市と地方の町のように変化する(こと).〔～体系]都市システム.→〔乡 xiāng 村]
城址 chéngzhǐ 都市の所在地(遺跡)
城砖 chéngzhuān 城壁の築造用煉瓦:普通のものより大きい.

[晟] chéng 〈姓〉晟(せい) → shèng

[盛] chéng ①(器に)盛る.〔～上]盛る.盛り上げる.〔～饭 fàn]飯を盛る.〔～放 fàng]入れておく.〔缸 gāng 里～着酒]かめに酒が入っている.〔水不漏 lòu 的手～喻对付方法である.〔～萝 luó 卜用的草袋子]大根を入れるのに使う袋.〔～满水的桶 tǒng]水がいっぱい入っている桶.②収容する.〔一辆车～不下这么些人]1台の車にこんなに多くの人は乗せられない.〔刚得到消息就告诉你,太～不住话了]たった今ニュースを得たかとおもうともう人に話してしまった.秘密が保てない.〔这间屋子小,～不了这么多东西]この部屋は小さいから,こんなにたくさんは入れられない. → shèng
盛酒 chéngjiǔ 酒をつぐ.→〔斟 zhēn ①]
盛殓 chéngliàn 死者を棺に納める.
盛满 chéngmǎn たっぷり盛る.
盛器 chéngqì うつわ.うつわ物.
盛装 chéngzhuāng 盛る.入れる.詰める. → shèng zhuāng

[铖·鋮] chéng 人名用字.〔阮 ruǎn 大～]囻明末の奸臣.

[丞] chéng ①〈文〉補佐する.〔～相 xiàng]囷宰相.〔～辅佐官.次官.〔～府尹補佐.〔县～]県令補佐.③〈姓〉丞(じょう)

[承] chéng ①受ける.受け止める.〔以盆 pén ～雨]たらいで雨水を受ける.〔用钢梁～着]はがねのはりで支える.②引き受ける.請け負う.③うける.被る.〔～您过奖 jiǎng]〈挨〉過分のおほめにあずかり恐れ入ります.〔昨～热诚招待,谢谢]昨日はごていねいなご招待をいただきまして,ありがとうございました.〔～赠 zèng 书籍,非常感谢]書籍をご贈呈くださいまして,ありがとうございます.④(前からの,上からのものを)受け継ぐ.〔招 zhāo ～]白状する.〔～前文而言]前文を受けて述べる.〔上启下]前文を受けて下文を始める.⑤承る.奉ずる.〔～命办理]命令を受けて処理する.⑥〈姓〉承(しょう)

承办 chéngbàn 引き受けてする.〔～人]囷引受人.サプライヤー.〔～包 bāo 办①]
承包 chéngbāo 請け負(う).〔～工程]工事を請け負う.〔～经营责任制]経営請負責任制.〔～人]請負人.〔～商]請け負い商人.〔募 mù 工～人]囷労働者募集請負業者.〔～字 zì 据]請負契約証書.〔这个工程由一家公司～]この工事はある会社が請け負った.→〔包办①〕〔外 wài 包]
承保 chéngbǎo ①保険加入を承認する.〔～人]〔保险人]引受業者.保険業者.②囻保証人になる.
承差 chéngchāi 囻属吏.雑役夫:総督·巡撫·塩政の下に使われた属吏.→〔听 tīng 差①]
承尘 chéngchén 〈文〉天子の行事の際,座の上に設けた塵よけの小幕.②⇒〔天 tiān 花板]
承宠 chéngchǒng 〈文〉君主の寵愛を受ける.
承储 chéngchǔ 食料·綿·油などの貯蔵を担当する.〔～库]備蓄庫.
承传 chéngchuán 伝承する.
承大统 chéngdàtǒng 〈文〉帝位を継承する.
承担 chéngdān 引き受ける.〔～基础工程]基礎工事を引き受ける.〔～义务]義務を尽くす.
承当 chéngdāng ①責任をもって引き受ける.②〈方〉応じる.承認する.
承典 chéngdiǎn 借金のかたに担保をとる.〔～地]担保としてとった土地.
承佃 chéngdiàn 囻貧農が地主から畑を借りて小作をすること.→〔佃户]
承顶 chéngdǐng 権利を引き継ぐ.又借りする(土地·家屋や店舗を).→〔出 chū 顶]
承订 chéngdìng 注文を受ける.
承兑 chéngduì 囻(手形の)支払い引き受け(をする).支払い承認(をする).〔～人]手形引受人.〔～票(据)]引受手形.支払保証手形.〔～汇 huì 票]支払保証為替手形.〔～信用证]アクセプタンス·クレジット.〔～银行]引受銀行.
承兑交单 chéngduì jiāodān 囻引受渡し(荷為替手形).D/A:〔承兑后交付单据]ともいう.→〔付 fù 款后交付单据]
承恩 chéng'ēn 〈文〉皇帝の恩恵を受ける.
承发吏 chéngfālì 囻裁判所の文書の発送,判決の執行,物件の没収などを行う職員.執達吏.
承乏 chéngfá 〈謙〉適材のあるまで,自分がその官職につく.〔～暂时]同前.
承奉 chéngfèng 命令どおりにする.
承付 chéngfù (費用の)支払いを引き受ける.
承购 chénggòu =〔承买]①仕入れを引き受ける.②(債券などの)買い付けを引き受ける.
承管 chéngguǎn 引き受ける.責任を負って引き受ける.〔由我一面～]僕が一手に引き受けている.
承荷 chénghè ⇒〔荷承]
承欢 chénghuān 〈文〉①機嫌をとる.②父母の喜びを受ける.親孝行をする.
承惠 chénghuì 〈文〉恩恵を受ける.恵贈を受ける.〔～厚 hòu 赐,感激莫名]〈贖〉結構な品物御恵与にあずかり,感謝の至りです.
承继 chéngjì ①(父の兄弟の)養子になる.跡継ぎになる.②(兄弟の子を)養子にする.跡継ぎにする.③受け継ぐ.相続する.〔～权]相続権.〔～人]相続人.

承建 chéngjiàn 建造を請け負う.〔这条油管将由一家埃āi及公司～〕この石油輸送管はエジプトの某社が建造を請け負うことになろう.

承教 chéngjiào お教えを受ける.〔～,～!〕挨>お教えいただきありがとうございました.→〔请qǐng教〕

承接 chéngjiē ①(手・器で流れるものを)受け支える.受けためる. ②引き受ける.請け負う.〔～银行〕受け皿銀行.〔把责任推tuī到～油漆工程的商行〕責任をペンキ工事を請け負った商店になすりつける. ③続ける.続く.〔～上文〕〔承上文〕前文に続く.承前.

承揽 chénglǎn 引き受け(る).請け負(う)

承梁 chéngliáng まくら.当てもの.受け.(車両の)受け台.まくら梁.〔车台～〕ボディーの受け台.

承溜 chéngliù 〈文〉(屋根の)雨どい.横どい.〔檐yán沟〕に同じ.

承露 chénglù 古代の頭巾の一種.

承露盘 chénglùpán 〈文〉甘露を受ける盤:甘露は天下大平の時,天から降る露.漢の武帝はこれを飲んで仙人になろうとしたという.

承买 chéngmǎi ⇒〔承购〕

承卖 chéngmài ⇒〔承购〕

承蒙 chéngméng …を被る.…していただく.〔～抬tái爱〕お引き立てを被る.〔～关照〕挨>お世話になりました(した)

承命 chéngmìng 拝命(する)

承诺 chéngnuò ①承諾する.〔既jì然他～了,事情就没问题了〕彼が承諾した以上,ことは簡単だ. ②約定する.〔～服务〕保証サービス.〔～制〕保証サービス制度.

承盘 chéngpán ①深皿.盆. ②機>ドリップパン.

承平 chéngpíng 〈文〉太平である.〔累lěi世～〕長く太平が続く.〔～时代〕太平の時代.

启承处 chéngqǐchù 旧>官庁の受付.→〔传chuán达室〕

承前 chéngqián 前文からの続きを受ける.承前.→〔待dài续〕

承前启后 chéngqián qǐhòu ⇒〔承先启后〕

承情 chéngqíng ありがたく思う:他人から恩恵を受けたことへの謝辞.〔～关照〕挨>大変お世話になりました.〔不但他承您的情,连我也感激不尽了〕彼があなたに感謝しているばかりでなく,わたしまでも感激にたえません.

承让 chéngràng 引き継ぐ.〔出让和～〕譲り渡しと譲り受け.

承认 chéngrèn ①承認する.許可する. ②認める.肯定する.〔他～了偷tōu盗的事〕彼は盗んだことを白状した.

承山 chéngshān 中医>鍼灸のつぼの一:足のふくらはぎの凹んだ所.

承上启下 chéngshàng qǐxià 〔承上启下〕とも書いた.①上文を承け下文を書き起こす. ②上部の主旨をうけ,それを下に徹底させる.〔起到～的作用〕上から下意を疎通させる役割を果たす.

承上文 chéngshàngwén 承前.前文から続く.→〔承接上文〕に同じ.

承审 chéngshěn 〈文〉審問に当たる.〔～员〕旧>県長を補佐して訴訟の審理に当たった法官:のち〔审判官〕といった.

承受 chéngshòu ①(圧力・困難などに)耐える.〔～力〕耐えられる能力.忍耐力.〔吃不起压力〕圧力に耐えられない.〔能～很大的重量〕大きな重量に耐える.〔～种种考验〕種々の試練をパスした. ②引き継ぐ.引き継いで持つ.〔他～了他的祖zǔ产〕受け継いだ祖父の財産.→〔接jiē受①〕〔赠qíng受①〕 ③家業などを引き継ぐ.

承售 chéngshòu ⇒〔承销〕

承顺 chéngshùn 従順である.

承索即奉 chéngsuǒ jífèng お申し越し次第直ちにお送り申し上げます(広告用文):〔承索即寄〕ともいう.

承台 chéngtái 建>建物の土台.〔大部分～断duàn裂〕大部分の土台がひび割れている.

承题 chéngtí 八股文の第二股:〔破pò题〕を承けて3句また4句でさらに一歩を進めて説く部分.→〔八bā股文〕

承祧 chéngtiāo 先祖の祭祀を受け継ぐ(子).〔～子zǐ〕嗣子.

承头 chéngtóu 〈方〉音頭(を>)をとる.

承托 chéngtuō 重さを支える.物を支える.

承望 chéngwàng 望む.願う.予想する(多く否定的に用い,望外の意を示す).〔不～您居jū然会来了〕あなたがおいでくださったとはもっけの幸いです.

承委 chéngwěi 〈文〉委任を受ける.

承袭 chéngxí 踏襲する.引き継ぐ.受け継ぐ.〔～海〕天然資源開発主権のある領海(サントドミンゴ宣言による).

承先启后 chéngxiān qǐhòu =〔承前启后〕〔成〕前人の経験成果を受け継ぎ,新しいものを創造する(多くは学問や事業などについていう).〔他是一位～的伟wěi大作家〕彼は新旧のかけ橋となった偉大な作家である.

承想 chéngxiǎng =〔成想〕予想する:多く否定に用いる.〔不～〕思いもよらない.思いもよらない.

承销 chéngxiāo =〔承卖〕〔承售〕委託を受けて販売する.受託販売する.〔～团〕引受シンジケート団(幹事会社). 〔～人〕受託販売人.アンダーライター.

承修 chéngxiū 修理を引き受ける.〔～各种钟zhōng表〕各種時計の修理を引き受ける.

承询 chéngxún 〈文〉お尋ねを受ける.〔～某某事,…〕ご照会の××の件は….

承颜 chéngyán 〈文〉お目にかかる.〔～接辞〕お目にかかって,お言葉をいただく.

承印 chéngyìn 印刷を引き受ける.印刷を請け負う.

承应 chéngyìng 承諾する:〔应承〕に同じ.

承允 chéngyǔn 〈文〉承諾する.

承运 chéngyùn ①運送を引き受ける.〔应与～的铁路局签qiān运合同〕運送を引き受けた鉄道局と運輸契約を結ばねばならない.〔～人〕運送業者. ②〈文〉天命を受ける.

承载 chéngzài ①積載できる.〔～能力〕積載能力. ②搭乗と認める.〔被机长拒jù绝～〕機長に搭乗を拒否される.

承造 chéngzào 請け負って造る.請け負って建築する.〔由某建筑公司～〕某建築会社が請け負う.

承制 chéngzhì 製造を引き受ける.注文を受けて製造する.

承重 chéngzhòng ①建>荷重負担(構造物が耐え得る重さ). ②→〔传chuán重〕

承重孙 chéngzhòngsūn 旧>祖父母の葬儀を死んだ父親の代わりに喪主としてとりしきる孫.

承嘱 chéngzhǔ 〈文〉依頼を受ける.〔～某某一事迄今尚未办妥为歉qiàn〕ご依頼の××の件は現在に至ってもまだうまくいかず,申し訳ありません.

承转 chéngzhuǎn ①受け継ぐ.受け渡す. ②〈公〉上級の公文を受けて下級へ回し,下級の公文を上級に回す.

承租 chéngzū (土地・家屋などを)借り受ける.〔～人〕借用者.

承做 chéngzuò 注文を引き受けて作る.〔～礼服〕礼服

服仕立ての注文を受ける.

〔呈(呈)〕 chéng ①あらわれる.見えている状.〔露 lù ~〕露呈する.〔彩虹 hóng ~七色〕虹は七色を呈している.〔面～喜悦之色〕顔に喜びの色を表している. ②差しあげる.呈する.〔~上〕同前.〔谨 jǐn ~一函〕謹んで一書を呈する. ③〈公〉上申書で下級官庁から上級官庁へ文書を提出すること,またはその文書.〔具文 jù ~请〕文書をもって申請する. ④〈姓〉呈(①)

呈案 chéng'àn 法廷へ文書を差し出す.

呈报 chéngbào ①〈公〉上申する.届け出る:下級が上級機関に対して,あるいは人民が官庁に対して報告すること.

呈报鉴核 chéngbào jiànhé ⇒〔禀 bǐng 核〕

呈词 chéngcí 〈文〉訴訟状.申請書.〔和息 ~〕(原告と被告の)和解申し立て書.

呈递 chéngdì 差し出す.捧呈する.〔~国书〕国書を捧呈する.

呈夺 chéngduó ⇒〔呈核〕

呈复 chéngfù 〈公〉上級官庁への返事(を出す)

呈贡 chénggòng ⇒〔呈献①〕

呈核 chénghé =〔呈夺〕〈公〉上級に申請書を出して審査をする.

呈交 chéngjiāo 差し出す.提出する.

呈进 chéngjìn 〈文〉献上する.

呈控 chéngkòng ①訴え出る. ②申し立てる.上申告訴する.

呈览 chénglǎn 〈文〉高覧に供す.

呈露 chénglù 〈文〉露呈する.表れる.

呈明 chéngmíng 〈文〉上申し説明する.

呈请 chéngqǐng 公文書で上部へ申請する:人民が官庁に対し,また下級官庁から上級機関に対し申請すること.〔~辞 cí 职〕辞職を願い出る.〔~人〕申請人.

呈儿 chéngr ⇒〔呈文〕

呈示部 chéngshìbù 国呈示部.提示部.→〔展 zhǎn 开部〕

呈送 chéngsòng ①差し上げる.〔~礼物〕贈り物を同送. ②〈公〉上申書で具申する.

呈诉 chéngsù 告訴する.訴状を差し出す.

呈堂 chéngtáng 法廷に差し出す.

呈文 chéngwén =〔呈儿〕〈公〉下級官庁から上級官庁へ提出する文書.

呈悉 chéngxī 〈公〉願い出の文書は閲了した:人民または下級機関からの〔呈请〕に対する〔批 pī 示〕の冒頭に用いる常套語.

呈现 chéngxiàn ①現出する.様相を呈する. ②プレゼンテーション(をする).〔~技 jì 巧〕プレゼンテーションスキル.

呈献 chéngxiàn ①=〔呈贡〕(物を)献上する.差し上げる. ②(意見を)申しあげる.

呈祥 chéngxiáng 吉兆を示す.瑞祥を表す.

呈形 chéngxíng 〈文〉①形を備えている.具体的である. ②描写が真に迫っている.〔此诗指物~无假題署〕(梁書)この詩は物を如実に写していて題署の必要がない.

呈验 chéngyàn 検査のため上級に提出する.

呈阅 chéngyuè (上部に文書を差し出して)ご覧を願う.

呈正 chéngzhèng 〔呈政〕とも書く.〈文〉自分の著作・書画などの作品を人に贈呈し批評・訂正を請うこと.→〔指 zhǐ 正〕

呈准 chéngzhǔn 〈公〉具申が許可される(下級機関から上級機関に対する)

呈子 chéngzi ①〈公〉人民が官庁へ提出する文書.→〔呈文〕 ②訴訟状.〔递 dì ~〕訴状を提出

する.

〔埕〕 chéng (Ⅰ)(福建・広東の沿海地方で)貝の養殖場.〔蛏 chēng ~〕〔蚶鲭〕アゲマキ貝の同前.〔蛤 gé ~〕ハマグリの同前. (Ⅱ)酒かめ.〔缸 gāng ~〕同前.〔一~酒〕一(ひと)かめ.

〔裎〕 chéng 〈文〉はだかになる.〔裸 luǒ ~〕同前. → chěng

〔程〕 chéng ①〈文〉度量衡(総称). ②規準.規定.〔章 zhāng ~〕規則.〔规 ~〕規則.規程.〔章 zhāng ~〕規則. ③距離.〔射 shè ~〕射程.〔兼 jiān ~并进〕夜を日についで急ぐ. ④道の一くぎり.道のり.〔路~〕道のり.〔起~〕出発する.〔里~牌〕里程標.〔送一~〕〔送你一段路〕ちょっとそこまで送ります. ⑤進行の手続き.順序.〔日 ~〕日程.〔议 ~〕議事次第.議事日程. ⑥〈文〉はかる.計算する.〔不~其力〕その力をはからずに.身のほど知らずに). ⑦〈姓〉程(ひ)

程度 chéngdù 程度.度合.〔严 yán 重的~〕きびしい状況.〔文化~〕教養のレベル.〔在一定~上〕ある程度で.

程度补语 chéngdù bǔyǔ 国程度補語.

程控 chéngkòng (程序控制の略.①プロセス(プログラム)制御.〔~技术〕同前の技術.〔~设备〕同前の装置.〔~电话〕自動電話交換機.

程门立雪 chéng mén lì xuě 〈成〉師を尊びうやうやしく敬すること:程は宋代の大学者の程顥(伊川)

程墨 chéngmò 旧科挙の答案の優秀なものを選んで刊行したもの.

程式 chéngshì ①法式.書式.規格.〔公文~〕旧時の公文授受の規定や書式を解説した書.〔~化〕規格化(する). ②劇演技の型.〔表演的~〕同前. ③⇒〔程序③〕

程文 chéngwén 旧科挙の試験場で答案作成に用いられた一定の書式の文章.

程限 chéngxiàn 〈文〉①限界. ②規定の進度.一定の進度.

程序 chéngxù ①段階.順序.プロセス.〔~表 biǎo〕実施予定表.〔~控 kòng 制〕〔程控①〕プロセス制御. →〔阶 jiē 段〕 ②手続き.〔仲 zhòng 裁 ~〕仲裁手続.〔~法〕法〔实体~〕法〕法の手続手続法. ③=〔程式③〕電算プログラム.〔~员 yuán〕〔~设计员〕プログラマー.〔~库 kù〕ライブラリー.〔~设计员〕プログラミング.

程咬金 chéngyǎojīn 〔喻〕周到な計画をたてて,いざ始めようとした時にひょっこり現れてぶち壊してしまう人物:~は唐の将軍の程鹪金のこと.〔隋唐演义〕(元代の小説名)に出てくる.

程仪 chéngyí 〈文〉餞別でする挨拶や銭別の贈り物:金銭.

程朱 chéngzhū 囚宋代の学者の程顥(ひ)・程頤(い)と朱熹(ひ)

程子 chéngzi 〔方〕しばらくの間.〔这一~〕この頃.〔那一~〕あの頃.

〔酲〕 chéng 〈文〉悪酔いする.二日酔いする.〔宿 sù ~未解〕二日酔がぬけない.

〔枨・根〕 chéng 〈文〉①触れる.触れて動かす. ②門柱.

枨拨 chéngbō 〈文〉①手で払いのける.

枨触 chéngchù 〈文〉①触れて(触って)動かす. ②感動する.

〔乘(乘・椉)〕 chéng ①〈文〉登る. ②(乗り物に)乗る.〔~马〕馬に乗る.〔~电 diàn 梯〕エレベーターに乗る.〔~车 zuò〕車に乗る.〔搭 dā (~)飞机〕飛行機に乗る.〔~坐 zuò〕 ③乗ずる.つけ込む.利用する.

chéng 乘懲膡澄

〔无隙 xì 可～〕乗ずべき隙がない.〔～其不备而攻之〕その不備に乗じてこれを攻める.→〔趁 chèn①〕④[仏](仏教の)教義.〔大～〕大乗.〔小～〕小乗.⑤[数]乗ずる.掛ける.〔加减乘除〕(算数の)加減乗除.〔二～五等于十〕2掛ける5は10.〔十四拿五〜等于七十〕14掛ける5は70.〔a 的三(次)乗方就是 a 自～三次〕a の3乗(a³)は a を3回掛ける.⑥〈姓〉乗(じょう) → shèng

乘便 chéngbiàn ついでに.
乘除 chéngchú ①[数]乗法(掛け算)と除法(割り算).②〈文〉消長.盛衰.〔名声相～〕(韓愈詩)人気にも波がある.③〈白〉計算.考え.〔谁知天老爷他自另 lìng 有～,别有耳目〕(醒世姻緣伝24)どっこいおてんとさまはちゃんとお見通しだ.
乘法 chéngfǎ [数]乗法.掛け算.
乘方 chéngfāng [数]累(るい)乗する.=〔乗冪〕同じ数の連乗積.[累]乗.冪数.累乗数=〔冪〕積.
乘风破浪 chéngfēng pòlàng ①〈成〉志が遠大で気魄に満ちていること.危険を恐れず果敢に前進すること.②猛烈な勢いで発展すること:〔愿乘长风破万里浪〕(宋書宗愨伝)の略.
乘风之愿 chéngfēng zhī yuàn 壮図.素志.念願.
乘号 chénghào 乗法の符号"×".=〔夹 jiā ⑦〕
乘火打劫 chénghuǒ dǎjié →〔趁 chèn 火打劫〕
乘机 chéngjī ①機会に乗ずる.〔奸 jiān 商往往一抬高物价〕悪徳商人は往々にして機会に乗じては物価を引き上げる.〔～捣 dǎo 乱〕どさくさ紛れに騒ぎを起こす.→〔乗時〕②飛行機に乗る.〔李先生夫妻作天～飞往东南亚〕李さん夫妻は昨日飛行機で東南アジアに飛んだ.
乘积 chéngjī =〔積数〕②[数]乗積:二つ(以上)の数を掛けて得た積.
乘坚策肥 chéngjiān cèféi〈成〉堅車に乗り,肥馬にむち打つ:富貴の者のたとえ.
乘间 chéngjiān =〔乗隙〕機会に乗ずる.…をとらえる.〔要防备育 xiāo 小～而入〕こそどろが無用心につけ込んで侵入するのを用心しなければいけない.
乘轿 chéngjiào 駕籠の公安官.乗務警官.
乘客 chéngkè(汽車・電車・船・飛行機などの)乗客.→〔车 chē 座儿〕
乘凉 chéngliáng =〔纳 nà 凉〕〈文〉取 qǔ 凉〕凉をとる.凉む.〔出去～〕凉みに出る.〔到河边去～〕川へ凉みに行く.
乘龙 chénglóng〈文〉①時に乗ずる(じて竜の如く飛躍する).②[女婿]〔～快婿 xù〕〔～佳婿〕立派な婿どの.
乘冪 chéngmì ⇒〔乗方〕
乘人之危 chéng rénzhīwēi〈成〉他人の困難につけ入る.
乘胜 chéngshèng 勝ちに乗じる(じて).〔～前进〕〈成〉勝ちに乗じて前進する.
乘石 chéngshí ⇒〔上 shàng 马石〕
乘时 chéngshí 機会に乗ずる.〔～趋 qū 利〕機会に乗じて利に走る.→〔乗机①〕
乘势 chéngshì ①勢いに乗ずる(じて).②〈文〉権力を頼みとする.〔趁 chèn 势〕に同じ.
乘数 chéngshù [数]乗数:(乗法の)乗数.〔～効 xiào 果〕[経]乗数効果.
乘务 chéngwù(列車・バス・船・飛行機など)交通機関で乗客への各種サービス.〔～员 yuán〕乗務員.〔～组 zǔ〕乗務班.クルー.
乘兴 chéngxī ⇒〔乗间〕
乘兴 chéngxīng 興に乗る.〔～而来,败 bài 兴而归〕興に乗って来たが,興ざめて帰る.〔～而来,兴尽而返〕興に乗って来て,興を尽くして帰る.
乘凶 chéngxiōng〈文〉父母が死んで喪服を着ないうちに結婚すること:旧時,喪中には結婚できなかった.しかもその期間が相当長かったのでこの習慣があった.〈口〉娶 qǔ 孝服〕に同じ.
乘虚 chéngxū〈文〉虚を衝く.〔～而入〕〔～蹈隙 dǎoxì〕〈成〉同前.
乘舆 chéngyú〈文〉①天子の乗る車.②[転]天子.
乘员 chéngyuán(車・船・飛行機などの)乗客および乗員.
乘晕宁 chéngyùnníng[薬]ジメンヒドリナート:船・飛行機の酔い止め(薬)
乘载 chéngzài 載せる.
乘坐 chéngzuò(車・船・飛行機などに)乗る.

[懲・懲] chéng ①戒める.懲らしめる.処罰する.〔严～贪 tān 污〕汚職(収賄)行為を厳罰に処する.〔重 zhòng～〕厳しく懲らしめる.②警戒する.
懲办 chéngbàn 処罰(する).懲罰(する).〔依 yī 法～〕法律に照らして懲罰する.〔～杀人凶 xiōng 手〕殺人の凶悪犯人を処罰する.
懲惩 chéngbì ⇒〔懲前毖后〕
懲处 chéngchǔ 処罰する.〔伪造本公债 zhài 债券或破坏本公债的信用者,依法～〕本公債を偽造したり,本公債の信用を傷つけた者は,法律によって処罰する.
懲恶劝善 chéng'è quànshàn〈成〉勧善懲悪.〔懲恶扬善〕ともいう.
懲罰 chéngfá 懲罰(する).〔受到～〕懲罰を受ける.〔予 yǔ 以～〕処罰する.〔敌人得到了应有的～〕敵は当然の処罰を受けた.
懲忿窒欲 chéngfèn zhìyù〈成〉怒りを抑え,欲を抑えて自制すること.
懲羹吹齏 chénggēng chuījī〈成〉あつもので懲りてなますを吹く.〈喩〉過度の警戒心.
懲戒 chéngjiè =〔懲艾〕懲戒する.処罰する.〔犯fàn 了这么严重的错误一定要～〕こんなに重大な誤りを犯せば,きっと処罰される.
懲前毖后 chéng qián bì hòu =〔懲惩〕〈成〉以前の失敗・損失を戒めとして将来に対し注意を払いする.〔整风运动的宗 zōng 旨第一是"～",第二是"治病救人"〕整風運動の主旨は第一は前の失敗を薬とすることであり,第二は病を治し人を救うことである.
懲劝 chéngquàn〈文〉悪を懲らしめ,善を勧める.勧善懲悪.
懲一警百 chéngyī jǐngbǎi〈成〉一罰百戒:〔懲一儆 jǐng 百〕〔懲一戒百〕ともいう.
懲艾 chéngyì ⇒〔懲戒〕
懲膺 chéngyīng〈文〉討伐する.
懲治 chéngzhì 懲らす.処罰する.〔他老不听话,要～他〕彼はいつも言うことを聞かないから,処罰しなければならない.

[膡(堘)] chéng〈方〉(田の)あぜ.〔田～〕同前.

[澄(澂)] chéng ①澄ませる.②澄みきっている.→ dèng

澄碧 chéngbì 青く澄みきった.
澄澈 chéngchè 底が見えるほど水が澄んでいる:〔澄彻〕とも書いた.
澄鉴 chéngjiàn ⇒〔清 qīng 鉴〕
澄净 chéngjìng 明るく澄み渡っている.
澄静 chéngjìng 静かに澄みきっている.
澄空 chéngkōng 澄みきった空.
澄款 chéngkuǎn〈文〉清算する.
澄明 chéngmíng ⇒〔清 qīng 明②〕
澄茄 chéngqié〔革b 澄茄①〕
澄清 chéngqīng ①澄んでいる.澄みわたる.〔湖水碧

澄橙逞程骋秤称橕吃　　　　　chéng～chī

bì 绿～〕湖水は真っ青に澄んでいる．②清める．粛清する．〔～政 zhèng 治〕政治を粛清する．〔～天下〕天下を平定する．～混乱局面に混乱状態を整頓する．③〈喩〉はっきりさせる．明らかにする．〔～了糊 hú 涂观念〕混乱した観念をはっきりさせた．→ dèngqīng

澄心 chéngxīn 〈文〉心を澄みわたらせる．
澄莹 chéngyíng 澄んで清らかである．
澄湛 chéngzhàn 透き通る．
澄照 chéngzhào ⇒〔清 qīng 鉴〕

〔**橙**〕 **chéng** ①〔植〕アマダイダイ，またその果実：〔甜 tián ～〕ともいう．果肉は食用する．〔～树〕同類の木．〔～子 zi〕同じ果実．〔香 xiāng ～〕〔蟹 xiè ～〕〔植〕ユズ:果皮は〔蜜 mì 饯〕〔砂糖漬け〕にする．樹木はみかんの台木に用いる．→〔酸 suān 橙〕②〔色〕だいだい色．

橙红 chénghóng〔色〕赤を帯びただいだい色(の)．サーモンピンク(の)
橙黄 chénghuáng〔色〕オレンジ色(の)．〔酸性～〕カルコアシッドオレンジ．〔直接～〕〔染〕ダイレクトファストオレンジ，ペンゾオレンジなど．
橙黄素 chénghuángsù ⇒〔胡 hú 萝卜素〕
橙皮 chéngpí 橙皮:薬用する．〔～酊 dīng〕橙皮チンキ．〔～糖浆〕橙皮シロップ．
橙色 chéngsè〔色〕だいだい色(の)
橙汁 chéngzhī オレンジジュース．→〔橘 jú 汁〕

〔**逞**〕 **chěng** ①〔才能や技量を人に自慢して〕見せびらかす．ひけらかす．誇示する．得意になる．調子に乗る．〔～能〕〔逞强〕②〔悪い意図を〕成し遂げる．実現する．〔得 dé ～〕たくらみを仕遂げた．③ほしいままにする（させる）．放任する．〔欲 yù〕欲をほしいままにする．〔不要～着孩子淘 táo 气〕子どものいたずらを放任してはいけない．④虚勢を張る．強いてあらわす．〔心里一肚子委 wěi 屈，～着人说说笑笑的〕腹の中は不平でいっぱいだが，つとめて他人とは話したり笑ったりしている．

逞脸 chěngliǎn〈白〉つけあがる．のさばる．〔你休～多嘴多舌的〕(元)勝手気ままにしゃべりまくってはいけない．〔一则是怕逞了凤丫头的脸〕(红52)ひとつには鳳のあまをのさばらせるようなことになりはしないかと恐れてのさ．
逞能 chěngnéng ①=〔文〕逼 piǎn 能〕才能や技量を自慢する．誇示する．調子に乗る．でしゃばる．〔这逞什么能呢，你就是抢过去，可又怎么露 lòu 脸呢〕どうしてそんなに調子に乗るんだ，追い抜いたところでべつに大して鼻を高くするはあるまい．②無理をする：見栄や体面のために実力以上のことをしようとする．〔这个太重，你拿不动，千万不要～〕これは重くて，きみは持てないからくれぐれも無理をしてはいけない．
逞强 chěngqiáng 強がる．偉そうにする．強いのを鼻にかける．〔有人在眼前他就要～〕人の前だと彼は強がる．〔～好 hào 胜〕負けず嫌いで，勝ち気．
逞威 chěngwēi ①威張る．〔～风 fēng〕威張り散らす．②存分に威力を発揮する．
逞性(子) chěngxìng(zi) わがままをする．身勝手なことをする．〔～妄 wàng 为〕思うままに勝手にふるまう．放題をする．
逞凶 chěngxiōng 凶暴をほしいままにする．のさばる．
逞臆 chěngyì〈文〉勝手な臆測．
逞英雄 chěng yīngxióng ヒーローを気取る．強がる．
逞勇 chěngyǒng 豪勇を誇る．力自慢をする．
逞志 chěngzhì〈文〉思うままにする．大志を伸ばす．

逞嘴 chěngzuǐ〈方〉言いたい放題である．大ぼらを吹く．

〔**裎**〕 **chéng**〔古〕前あわせの単衣(ひとえ)．→ chéng

〔**骋・騁**〕 **chěng**〈文〉①（馬が）まっしぐらに走る．〔驰 chí ～〕同前．〔～步 bù〕走る．②開けひろげる．
骋怀 chěnghuái〈文〉抱負・所信を述べる．胸襟をひらく．〔～痛饮〕とりとめてゆくまで酒を飲む．
骋目 chěngmù〈文〉目を放って遠望する．見晴らす．
骋望 chěngwàng〈文〉あたりを見晴らす．

〔**秤**〕 **chèng** はかり．〔称〕とも書く．〔钩 gōu ～〕鈎(かぎ)ばかり：特に〔杆 gǎn ～〕(さおばかり)をいう．〔盘 pán ～〕(一端に皿のついた)さおばかり．〔台～〕台ばかり．〔弹 tán 簧～〕バネばかり．〔过～〕〔打天～〕ではかりで量る．〔用～称 chēng 白菜〕白菜を秤で量る．→〔戥 děng〕

秤不离砣 chèng bùlí tuó 秤の竿〔さお〕と分銅とは離れられない．〈喩〉密接不離の間柄．
秤锤 chèngchuí =〔秤砣〕はかりの分銅(おもり)．〔～虽小，能压千斤〕〔秤砣は小さくても千斤の目方が掛けられる．〔谚〕山椒(さんしょ)は小粒でもぴりりと辛い．
秤杆(儿) chènggǎn(r) 竿秤の竿：〔秤杆子〕ともいう．
秤钩 chènggōu〔-儿, -子〕秤平の品物をつりさげる鉤（かぎ）
秤毫 chènghāo =〔秤纽〕竿秤で物をはかる時の竿を手でさげるつり．
秤花 chènghuā ⇒〔秤星(儿)〕
秤菌 chèngjūn ⇒〔杆 gǎn 菌〕
秤纽 chèngniǔ ⇒〔秤毫〕
秤盘子 chèngpánzi 竿秤の品物をのせる皿．
秤平斗满 chèngpíng dǒumǎn〈成〉斤量が充分である．〈転〉損にならないこと．人に損をかけないこと．
秤薪而爨 chèngxīn ér cuàn〈喩〉爪に火をともす：困窮した生活．〔～数 shǔ 米而炊〕薪を秤ではかって燃やし，米粒を数えて炊く．
秤星(儿) chèngxīng(r) =〔秤花〕はかりの刻み目．はかりの目盛り．

〔**称・稱**〕 **chèng** はかり：〔秤〕に通じ用いられる． → chèn chēng

〔**橕**〕 **chèng** ①〔-子〕支え柱．筋かい．つっかい棒．②〔-儿, -子〕いす・テーブルの脚の横木（補強用の）． → chēng

chi　　イ

〔**吃・喫**〕 **chī** (Ⅰ)〔喫〕①食う．食べる：食物（固型物・流動物）をとるとまたこれを提供する場所で食事をすること．〔～饭〕①ご飯を食べる．食事をする．〔～了上顿 dùn 没下顿〕三度の飯にも事欠く．〔～食堂〕食堂で食事をする．〔～高 xí〕高く食べる．〔～食〕食べ物．〔酒・茶・药などを〕飲む．吸う．〔～烟〕〔抽 chōu 烟〕〔吸 xī 烟〕たばこを吸う．③食物．〔~食〕食べ物．〔有～有穿（嘛）家中のものを着るものも食．生活に困らない．④生活する．暮らす．〔～利息〕利息で暮らす．〔我们就～这辆车〕おいらはこの車で食っている．〔一家子～他一个人〕家中の者が彼一人で食べさせてもらっている．〔～朋友〕友人に食べさせてもらっている．⑤(水分を)吸いとる．吸収する．〔这纸不～墨〕この纸は墨を吸わない．〔这边儿的地不～水〕この辺の土地は水はけがよくない．⑥（勝負ごとで）相手を消

chī 吃

減させる.(囲碁で)石をとる.(将棋で)駒をとる.(マージャンで)〔上 shàng 家〕の捨て牌を取って〔順 shùn 子〕をつくる.〔我~你的这俩子儿〕君のこの2目を取るよ.〔拿车 jū~他的炮〕"車"で相手の"砲"を取る.〔这一个子儿被~去了,要影响全局〕この一石がとられたら,全局に影響する.→〔叫 jiào 吃〕〔碰 pèng ⑤〕 ⑦判断する.理解する.〔能~准他不是坏人〕彼はきっと悪人ではないと判断できる.→〔吃不准〕 ⑧受ける.…を喫する.してやられる:好ましくないことが多い.〔~了一个败仗〕敗戦を喫した.〔~了一惊〕びっくりした.→〔吃鸭蛋〕 ⑨受けつける.甘受する.〔不~钉子〕をうけつけない.(食い込まない).〔不~捧 pěng〕おだてに乗らない.〔不~硬〕強情は~には乗らない. ⑩支える,負担する.〔~苦〕苦しみをこらえる.〔~重〕重さを支える. ⑪費やす.〔~力〕〔费力〕骨が折れる. ⑫〈白〉…される:受身を表す.〔~他耻笑〕彼に嘲笑された.(Ⅱ)〔吃〕言葉がつかえる.〔同口〕同аш.〔脸 liǎn 也不红口也不~〕〈喩〉平然としているさま.→〔结 jiē 巴〕

吃霸王饭 chī bàwángfàn 〈方〉食い逃げ(する).一个男子因~而被捕〕男が同前で捕まった.
吃白лан chībáibǎn 〈口〉①取引がまったくない. ②総すかんを食う.
吃白饭 chībáifàn ①おかずなしに飯を食べる. ②ただ食いする.〔这~了饭〕ともいう. ③居候する.
吃白食 chībáishí ただ食いする.
吃白眼 chībáiyǎn 〈方〉白目で見られる.
败仗 chībàizhàng 戦いに負ける.負け戦になる.
吃饱 chībǎo 腹いっぱいに食べる.〔吃不饱〕(食べても)腹いっぱいにならない.〔~穿 chuān 暖〕衣食を確保する.
吃豹子胆 chī bàozidǎn 〈喩〉大胆不敵である(になる)
吃闭门羹 chī bìméngēng 〈成〉門前払いを食わす.
吃瘪子 chībiězi 〈方〉へこまされる.敗けて引っ込む.〔明知不可以,还能不~〕してはならないとはっきりわかっていることをするのだから,ひどい目にあわないわけにはいかない.
吃不饱 chībubǎo 〈喩〉(仕事・勉強などの量が少なすぎて)満足できない.
吃不出 chībuchū 食べて味(または物が何であるか)がわからない.〔我~是什么做的〕何で作ったのか食べてもわからない.
吃不得 chībudé ①(味が悪いので)食べられない.〔这菜酸 suān 得~〕この料理は酸っぱくて食べられない. ②(衛生上悪いか,禁止されているか,または有毒で)食べられない.〔他病刚好,生冷的东西是~〕彼は病気がよくなったばかりなので,生々しい冷たいものは食べられない.〔河豚 tún 鱼有毒,~〕ふぐは毒があって食べられない.〔心急~热粥 zhōu〕〈諺〉せいてはことを仕損じる.熱いかゆを食べられない.こと事の運びはうまくいかない.〔心〕(性)ともいう.→〔吃不上①〕 ③支えられない.耐えられない:〔受 shòu 不住〕の意.〔那丫头~这样的打骂〕小娘はこういう虐待には耐えられない.
吃不动 chībudòng ①(たくさん食べたので)それ以上は食べられない.〔菜太多了,已经都~了〕料理が多過ぎて,もう食べられない. ②(歯が痛いなどのために)食べられない.〔我牙不好,~那么硬的〕歯が悪くてそんなに固いのは食べられない. ③〈喩〉(仕事などの任務が重くて)片付けられない.
吃不服 chībufú (或る種の飲食がその人の)習慣に合わない.口に合わない.〔有些人~牛肉〕牛肉が口に合わない人がある.

吃不开 chībukāi 通らない.幅がきかない.受け入れられない.相手にされない.〔他的理论~〕彼の理論は通らない.〔别瞧他在家里横 hèng,到外头就~了〕彼は家でこそ偉そうにしているが,よそへ行けば歓迎されないんだ.↔〔吃得开〕
吃不来 chībulái (食べつけていないか,口に合わないかで)食べられない.〔中国菜我还~呢〕中国料理は,わたしはまだ食べられません.↔〔吃得来〕
吃不下 chībuxià (分量が多くて)食べきれない.〔这么多的菜,我实在~〕こんなにたくさんの料理をわたしはほんとに食べきれません.
吃不了,兜着走 chībuliǎo, dōuzhezǒu 〈方〉食べきれずに包んで帰る.〈転〉問題があれば責任を負う.
吃不起 chībuqǐ ①(金または資格がなくて)食べられない. ②堪えられない.
吃不上 chībushàng ①食にありつけない.食っていけない.〔他穷 qióng 得~〕彼は貧乏で食っていく事欠いている.→〔吃不得②〕 ②食べる機会を逃す.〔去晚了就~饭〕遅く行くと食いはぐれるぞ.
吃不透 chībutòu 意味などをはかりかねる.〔他的意思我~〕彼の考えはわかりかねる.
吃不下 chībuxià ①(満腹で)食べられない. ②(まずくて)のどを通らない.
吃不消 chībuxiāo 閉口する.やりきれない.堪えられない.もてあます.〔本来他最有点~〕もともと彼にはもてあまし気味だった.〔这文章难懂,让看的人~〕この文章は難しくて読まされる人にはたまらない.↔〔吃得消〕
吃不着 chībuzháo (ものがなくて)食べられない.
吃不住 chībuzhù 支えきれない.耐えられない.〔这竿子~那么沉 chén 的东西〕この竿はあんな重いのは支えきれない.〔怕他身体~,劝 quàn 他多休息〕彼は体がもたないだろうから,よく休むように勧めた.〔老华时了这话,心里~劲 jìn 了〕華さんはその話を聞いて,やりきれない思いをした.↔〔吃得住〕
吃不准 chībuzhǔn (物事に対して)自信がない.↔〔吃得准〕
吃茶 chīchá ①茶を飲む.〔喝 hē 茶〕〔饮 yǐn 茶〕ともいう. ②旧婚約すること.→〔下 xià 茶〕
吃长安路 chī cháng'ānlùdé 旧官吏の従僕.単に〔长安路〕ともいう.
吃长斋 chīchángzhāi 旧(仏教で)信者が長年にわたり肉食を禁ずること.
吃吃 chīchī 〈擬〉ホホホ.フフフ:遠慮がちな,控え目な笑い.
吃喝喝 chīchī hēhē ごちそうをしたりされたりし人にとりいるための飲食.〔他净 jìng 交些~的朋友〕彼はコネをつけるためだけ友達づき合いをする.
吃出甜头儿 chīchū tiántour 味が出てくる.食べてうまいと思うようになる.
吃穿 chīchuān 衣食.〔~使用〕〈喩〉生活必需品一切.〔管 guǎn 吃不管穿〕食事は主人持ち着物は自弁.〔千里作官无非为 wèi 的是~〕遠く故郷を離れて役人をしているのもみんな衣食のためだ.
吃葱吃蒜不吃姜 chīcōng chīsuàn bùchījiāng 〈諺〉この手のせられてもおだてには乗らない.
吃醋(捻醋) chīcù (niǎncù) やきもちを焼く.嫉妬する.悋気(りんき)する:男女間のことに使われる事が多い.〔那个女人爱~〕あの女はやきもち焼きだ.〔吃干醋〕いらぬやきもちを焼く.うらやむ.妬む.→〔忌 jì 妒〕
吃大锅饭 chī dàguōfàn 〈喩〉悪(さ)平等.→〔大锅饭〕
吃大户 chīdàhù ①旧飢饉などで貧民が金持ちの所

吃 chī

へ押しかけて食糧などを奪い取ったり食べたりすること.→〔吃排饭〕〔闹 nào 荒〕 ②口実を設けて金回りの良い企業や個人から酒食や金品を提供させること.

吃大灶 chīdàzào (大勢の人が,または多くの家族が一緒に大食堂で)普通の食事をする:食費の一番安い集団食堂で食事をする.→〔吃小灶〕

吃刀 chīdāo ①〔エ〕(金属切削工具の)突っ込み.ピッチングイン. ②切りつけられる.

吃得开 chīdekāi 受けがよい.もてる.幅がきく.〔这种新农具在农村很~〕この種の新農具は農村ではとても受けがいい.〔不要紧,他~,这点小事难不倒他〕大丈夫,彼は顔がきくからこれくらいのことで困るようなことはないよ.↔〔吃不开〕

吃得来 chīdelái 食べられる.口に合う.↔〔吃不来〕

吃得起 chīdeqǐ (金などがあって)食べることができる.↔〔吃不起〕

吃得消 chīdexiāo 耐えられる.もちこたえる.〔高空飞行,要身体结实才~〕高空飛行は体が丈夫でなければ耐えられない.↔〔吃不消〕

吃得住 chīdezhù 支えられる.耐えられる.↔〔吃不住〕

吃得准 chīdezhǔn 自信がある.↔〔吃不准〕

吃等食 chīděngshí 〈方〉ぬれ手で粟.

吃掉 chīdiào ①食べてしまう.〔把菜~吧〕おかずを食べてしまいなさい. ②敵を全滅させる.〔一个敌人/个团〕敵の一個連隊をせん滅する. ③(碁・将棋・チェスなどで)相手の駒(石)を取る.

吃豆腐 chīdòufu 〈方〉①女性に悪ふざけをする.人をからかう.冗談を言う.〔见人家~〕人の顔を見さえすればからかう. ②回不幸のあった家へお悔やみに行く:葬式は精進料理でよく豆腐を使うことから,〔~饭〕ともいう.〔我吃你的豆腐〕このくたばりそこない:老人を罵る語.

吃独门儿 chīdúménr 特殊な技能により生活し,それを他人に伝授しようとしない(こと)

吃独食(儿) chīdúshí(r) ①(食べ物を)人にやらず自分だけで食べる. ②利益を独占する.一人でうまい汁を吸う.一人占めする.

吃耳光 chī'ěrguāng 〈方〉びんたを食らう.

吃二遍苦 chī èrbiànkǔ 〈慣〉前になめた苦しみをもう一度なめる(こと),〔~,受二茬罪〕同前.

吃饭 chīfàn ①ご飯を食べる.食事をする.〔~啦〕ごはんですよ.〔吃干 gān 饭〕おかずなしで飯を食べる.〔只吃饭〕飯を食う.〔吃老米饭〕〈方〉仕事がないこと.〔~防噎 yē〕〈喩〉物事を行うのにきわめて慎重なこと. ②暮らしを立てる.生活する.〔靠外国(人)に頼って生活する.〔他凭 píng 什么~〕彼はどんな収入があって暮らしているのか.〔什么事都和~问题有关〕何事でも生活問題と関係がある.〔吃财政饭〕〈喩〉国の財政援助に頼る.〔~穿衣量家当(儿)〕〈諺〉生活は身分相応にせよ.

吃飞 chīfēi 〔大曲 dàqǔ(书)〕を聞く(とき客が曲目を指定注文すること.〔昨儿我听书去,花了二十多块的~钱〕昨日は大書曲を聞きに行き,20何円分も曲の注文をかけた.

吃粉笔灰 chī fěnbǐhuī チョークの粉を食う.〈喩〉教職:〔吃粉笔面儿〕ともいう.

吃俸禄 chīfènglù 旧(官史の)俸給生活をする.

吃干醋 chīgāncù 〔吃醋〕

吃干饭 chīgānfàn →〔吃饭①〕

吃公东 chīgōngdōng(r) 割り勘にする:めいめい割前を出し合って宴会する.

吃功夫 chīgōngfu 骨が折れる.

吃狗屎 chīgǒushǐ 〈喩〉うつぶせで顔を地につけること.

吃股份 chīgǔfèn 旧番頭などが営業利益の配当にあずかること.

吃挂络儿 chīguàlàor 巻き添えを食う.とばっちりを受ける:〔吃挂涝儿〕とも書く.〔要是交朋友不长 zhǎng 眼睛就难免~〕友達とつきあうのに,もし目先をきかさないと巻き添えを食うことになりかねない.

吃官司 chīguānsi 訴えられる.訴訟ざたにされる.→〔打 dǎ 官司〕

吃馆子 chīguǎnzi 料理屋で食べる.〔~去〕料理屋へ食いに行く.〔他请我吃过好几回馆子〕彼は何度も料理屋へ招待してご馳走してくれた.

吃光 chīguāng 食べ尽くす.〔那么多盘 pán 菜都~了〕あんなに幾皿もの料理を全部たいらげてしまった.

吃光蛋 chīguāngdàn ⇒〔吃鸭蛋〕

吃耗子药 chī hàoziyào 〈喩〉(鼠のように)引っ越しが好きなこと.〔我吃了耗子药了似地时常地这儿搬那儿,那儿搬这儿的,要么么周旋 xuán 起来,还有完吗〕わたしは鼠の薬を飲んだようにに始終ここからあそこ,あそこからここというふうに引っ越していますが,もしいちいち義理をしていたらたまらないです.

吃喝 chīhē 〔-儿〕飲食(費).〔~太贵〕飲食費があまりにも高い.〔~一条 tiáo〕飲食費のつけ(借用書).〔~风〕公費で飲食する風潮.

吃喝不分 chīhē bùfēn 〈喻〉身内同様に親しくしあう.〔他们两有交情,~〕彼ら二人は親しくて,身内同様だ.〔~穿 chuān 堂以夏〕

吃喝拉撒睡 chī hē lā sā shuì ①飲食大小便および睡眠.〔~哈~〕1日中何もしないこと.

吃喝嫖赌 chī hē piáo dǔ 飲・食・女・賭博.〔~,无所不为(习惯)〕飲む打つ買うの道楽なら何でもござれ.

吃喝玩乐 chī hē wán lè 酒食遊楽にふける.

吃黑 chīhēi →〔黑吃黑〕

吃黑枣儿 chī hēizǎor 〈喻〉銃弾を食らう.銃殺されるなら盗賊や盗賊などの下場〕銃殺は土匪の末路だ.〔空着身走,捉 zhuō住不过半年,带着硬的,不~也差不多〕(老舍・上任)から身で行けば,捕まっても半年位のものだが拳銃でも持っていたら銃殺にならないまでもそれくらいのところだろうな.→〔卫 wèi 生丸②〕

吃后悔药 chī hòuhuǐyào ⇒〔吃药〕

吃花酒 chīhuājiǔ 旧妓院で飲食したり,料理屋に芸妓を呼んで飲食すること:この宴会に〔花局〕という.

吃皇粮 chīhuángliáng 〈喻〉お上(シッ)の米を食べる:国からの給料で生活する.〔他是~的〕彼は税金で食っている.

吃回扣 chīhuíkòu リベートを受け取っている.

吃回头草 chī huítóucǎo いったん取りやめにした事を後でまたやる.→〔好 hǎo 马不吃回头草〕

吃货 chīhuò ①〈喻〉飲食するだけで能のない者.穀(シ)つぶし. ②家畜などを指す.

吃剑才 chījiàncái 〈白〉〈罵〉呪い殺される奴.殺されるべき奴.〔~的〕〈該当 殺的〉

吃讲茶 chījiǎngchá 〈方〉旧時,双方の間にもんちゃくの起きたとき仲裁が入り,茶館で仲直りの茶を飲むこと.

吃角子老虎 chījiǎozi lǎohu 〈方〉スロットマシン:〔吃角(子)机〕ともいう.

吃教 chījiào 旧信仰でめしを食う宗教信徒になることで生活すること.〔吃洋教〕キリスト教で同前.

吃紧 chījǐn ①緊急である.危険の切迫している.〔金融~〕金融が逼迫()した.〔边防~〕国境地方の防備が緊急だ. ②重要である.

chī 吃

吃劲(儿) chījìn(r) ①〔儿〕骨が折れる.力がいる.②〈方〉力がある.耐えられる.③重要である.大事である.

吃惊 chījīng びっくりする.驚く.〔吃了一惊〕驚いた.〔大吃一惊〕びっくり仰天する.たまげる.→〔吓xià〕

吃酒 chījiǔ ①酒を飲む.②回結婚式の一種の儀式.ⓐ吃喜酒の意味で参会者が祝い酒を飲むこと.ⓑ新郎·新婦が天地を拝したあと、〔洞dòng房〕に入り、夫婦のちぎりの酒を飲むこと.〔喝交杯酒〕同略.

吃开口饭 chī kāikǒufàn 回芝居や芸能でめしを食う.

吃犒劳 chīkàoláo 商店や工場などの従業員が、雇用主などから慰労のためごちそうされること.

吃客 chīkè ①飲食店の客.②ただ食いをする人.

吃空额 chīkòng'é 人員を水増し報告して余分の給料を着服する:役人·軍閥などが私腹を肥やすために行った汚職の一種.〔吃空头〕〔吃空饷〕ともいう.→〔空头〕

吃口 chīkǒu ①食事をする人の数.〔他家里一少〕あの家は小人数だ.②口あたり.味覚.食感.③家畜がえさを食べる能力·食欲.④ちょいちょい間食する.→〔吃零嘴(儿)〕⑤⇒〔结jiē巴〕

吃窟窿 chīkūlong 〈喩〉借金をつくる.損をする.〔掏táo窟窿〕に同じ.

吃苦 chīkǔ ①苦しみにあう.苦しい思いをする.〔不能再吃二遍苦〕苦しみを二度と味わうわけにはいかない.②苦しみに耐える.〔不怕一的人〕〔吃 kěn一的人〕苦しみを何とも思わない人.辛抱強い人.〔一耐 nài 劳〕苦しみに耐え、労に耐える.頑張る.→〔受 shòu 苦〕

吃苦头 chīkǔtou (苦痛·損害その他不快なことを)受ける.被る.〔蛮 mán 干是要一的〕むちゃをすれば目にあうものだ.

吃亏 chīkuī ①損をする.ばかをみる.してやられる.〔吃眼前亏〕目に見えているわかりきった損をする.みすみす損をする.〔不听老人言、一在眼前〕〔谚一年寄りの言うことを聞かぬとつまらぬ目にあう.〔吃哑吧亏〕人には言えない損をする.ばかげた損をする.〔世上的事、好人是一〕世間のことは正直者がどうしてもばかをみる.〔吃亏是好汉〕損失や打撃に耐え得る者は立派な男だ.②条件が悪い.不利である.

吃劳保 chīláobǎo 公傷·病気·老齢保険手当で生活する.

吃老本(儿) chīlǎoběn(r) ①資本を食い込む.〔一的买卖〕損をする商売.②昔の実績によりかかって、それ以上努力しない.〔不能光一〕昔の経験ばかりに頼ってはいけない.

吃老子 chīlǎozi 親の脛(すね)をかじる.〔吃父母〕ともいう.

吃累 chīlèi ①骨が折れる.②〈方〉負担.

吃冷饭 chīlěngfàn ①冷や飯を食べる.②〈方〉冷遇を受ける.

吃里爬外 chīlǐ páwài 〈喩〉養ってくれる所に背いて外部と内通する.恩を仇で返す.〔爬〕は〔扒〕とも書く.

吃力 chīlì ①力がいる.骨が折れる.②〈方〉疲れる.

吃力不讨好 chīlì bùtǎohǎo 骨折っても感謝されないこと.〈喩〉縁の下の力持ち.

吃粮 chīliáng ①食糧を食べる.〔吃农村粮〕〔吃谷 gǔ〕農村のめしを(雑穀を)食う:農村に戸籍があること.〔吃商品粮〕〔吃米〕商品のめし(米)を食う:都市に戸籍があり都市で生活すること.〔吃皇粮〕②回兵隊になること.

吃料 chīliào (家畜が)餌を食う.〔吃草料〕飼料を食

う.

吃零蛋 chīlíngdàn ⇒〔吃鸭蛋〕

吃零嘴(儿) chī língzuǐ(r) 間食をする.いやしんぼをする:〔吃零食〕ともいう.

吃螺蛳 chīluó·sī 回せりふを忘れてつまる.

吃门子 chīménzi 回金持ちや家などのたかりに行く.

吃闷棍 chīmèngùn わけもなく打たれたり、いじめられること.〔吃了一记闷棍〕やぶから棒にやられた.

吃闷亏 chīmènkuī 〈方〉泣き寝入りをする.人に言えぬ損をする.

吃迷魂汤 chī míhúntāng 〈喩〉甘い言葉にたぶらかされる.

吃墨纸 chīmòzhǐ ⇒〔吸 xī 墨纸〕

吃拿卡要 chī ná qiǎ yào ただ食い·とりあげ·しめつけ·たかり:多く権力者のあくどいやりかたをいう.

吃奶 chīnǎi (赤ん坊が)乳を吸う.〔一的劲儿都使出来了〕死にもの狂いの力を出した.

吃讷 chīnè =〔口 kǒu 讷〕①口が重くて開きづらい.②文章がごつごつして読みづらい.

吃腻 chīnì 食べ飽きる.〔这个菜一了〕この料理はもう食べ飽きた.

吃趴下 chīpāxià 食い倒す.食いつぶす.〔把人家一了〕人さまを食いつぶしてしまった.〔照这样儿过、一定一了〕こんな具合に暮らしていたら、きっと食いつぶしてしまう.

吃怕 chīpà (食べて)こりごりする.〔这种鱼我过去吃得太多了、一了〕この魚は食べすぎて、もうこりごりだ.

吃排饭 chīpáifàn 回凶年の時に貧民が金持ちの家に押しかけ食うこと.→〔吃大户〕

吃排头 chīpáitou 〈方〉ひどく叱られる.どなられる.〔吃一顿排头〕〔吃了很大的排头了〕ひどくどなられた.〔上司给我排头吃了〕上役からおしかりを頂戴した.→〔排头〕

吃派饭 chīpàifàn (中央や地方の)幹部が農村に出張する時、指定された農民の家へ行き食事をとること:〔派〕は配分する·指定するの意.

吃螃蟹 chīpángxiè 〈喩〉カニを食べる.〈喩〉(怖いこと·危ないこと)をやりはじめる.先鞭をつける.

吃捧 chīpěng 人からおだてられて調子にのる.→〔吹 chuī 捧〕

吃碰 chīpèng 〈方〉行きづまる.壁につき当たる.

吃偏饭 chīpiānfàn 〈喩〉特別食を食べる.特に可愛がる:〔吃小灶〕ともいう.〔吃小灶〕〔对于一些所谓优等生就给他们一〕若干のいわゆる優等生に特別な優遇をする.

吃葡萄 chīpútao ①ブドウを食べる.②〈喩〉ひとつひとつ解決する.〔采 cǎi 取了一的办法〕ひとつひとつ解決していく方法をとる.

吃其全鸭 chī qí quányā 〈喩〉零敗する.〔香港足球队在河内三战一〕香港サッカーチームはハノイで3戦1零敗した.→〔吃鸭蛋〕

吃气 chīqì 〈方〉いじめられる.馬鹿にされる.叱られる.

吃钱 chīqián 〈喩〉頭をはねる.〔叫他买东西、他常爱一〕彼に買い物をさせると、いつも頭をはねる.→〔揩 kāi 油〕〔克 kè 扣〕

吃钱货 chīqiánhuò かね食い.〔半新汽车、价钱虽然便宜、可是以后、你看、时不时儿的得花修理费呢〕中古自動車は値段は安いが、かね食いだから、しょっちゅう修理費がかかるものね.→〔打 dǎ 印子③〕

吃呛 chīqiāng (ものを食べて)むせる.

吃枪药 chīqiāngyào 〈喩〉怒りっぽい.人に食ってかかる.

吃枪子(儿) chīqiāngzǐ(r) 鉄砲玉をくらう.〈罵〉くたばりぞこない.

吃敲才 chīqiāocái ＝〔吃敲贼〕〈白〉殴られて当り前の奴.ろくでなし.→〔吃剑才〕

吃敲贼 chīqiāozéi 同上.

吃青 chīqīng 青田を食う:食糧難で未熟な穀物を刈りとって食べること.

吃请 chīqǐng 招待を受けて飲み食いする.〔干部不～,不受贿 huì,不搞特殊化〕幹部は酒食のもてなしを受けず,わいろを受けず,特別扱いにされる事を避ける.

吃儿 chīr 〈方〉①食物:主として食事をいう.〔今天有什么好～〕今日は何かうまいものがあるか. ②饲料.饵.〔猪在圈里嗡嗡着要～〕豚が囲いの中でブーブー言いながら餌を食いたがっている.

吃人 chīrén 他人をだまして己の利をはかること.〔勾 gōu 结着～〕結託して人をだます.〔～的制度〕〈喩〉階級社会.〔礼教～〕〈喩〉儒教(道徳)

吃人家 chīrénjia 他人の物を食べる.他人から食べさせてもらう:他人饭に同じ.〔～的嘴 zuǐ 软,使人家的手短〕〈諺〉他人の物を食べさせてもらい,または使わせてもらえば,それだけ弱味ができる:〔吃了人家的嘴软,拿了人家的手短〕ともいう.

吃软不吃硬 chīruǎn bùchīyìng ＝〈方〉吃顺不吃戗〈成〉おとなしく来れば受け入れるが,強く来れば あくまでも強く反発する.やさしい相手には弱く,強い相手にはきつい.〔他向来～,只要有几句好话,就能随 suí 着你手转〕彼は元来,強い者には弱く,おとない者には弱いんだから,ちょっとうまい言葉をかけるとあなたの思うがままになります.

吃软饭 chīruǎnfàn ①ひもになる:女に養ってもらう. ②〈ロ〉ソフトウエアで稼ぐ.→〔软件〕

吃三天饱就忘挨饿 chī sāntiān bǎo jiù wàng ái'è 〈諺〉喉元通過すれば熱さを忘れる.

吃伤 chīshāng こりごりする.食べ飽きる.

吃商品粮 chīshāngpǐnliáng →〔吃粮①〕

吃烧饼 chīshāobǐng →〔吃鸭蛋〕

吃生活 chīshēnghuo 〈方〉痛い目にあう.殴られる.〔你不要偷 tōu 懒,当心老板来了～〕ずけするな,主人がやって来た時お目玉を食わないように注意しろ.

吃食 chīshí (小鳥などが)えさにありつく.

吃十方 chīshífāng 〈仏教〉僧侶が四方に出て托鉢 bō し各地の飯を食べること.

吃柿子拣软的 chī shìzi jiǎn ruǎnde 柿は柔らかいのを選び取る.〈喩〉@やさしい仕事を選んでする.ⓑおとない人を馬鹿にする.ⓒ弱い所を先に撃つ.

吃食 chīshi 〈ロ〉食べ物.食事.〔这旅馆的～不坏〕この旅館の食事は悪くない.

吃谁恨谁 chīshuí hènshuí 〈慣〉主人に迷惑をかける.恩を仇で返すこと.〔这个人才没良心呢,～〕この男はほんとにしょうがない人間だ,恩を仇で返すのだ.

吃水向水 chīshuǐ xiàngshuǐ 〈慣〉恩を受けた人に対して感謝の意を持つこと.

吃水 chīshuǐ ①水を飲む.〔～不忘挖井人〕〔～的不忘淘 táo 井的〕水を飲む者は井戸を掘った人を忘れない.→〔饮 yǐn 水思源〕 ②〈方〉飲み水:物を洗う水と区別する. ③水をとりこむ.〔这种米很～〕この米はよく水を食う.这块地不～〕この土地は水はけが悪い. ④＝〔水呎 chī〕(船体の)喫水(靴).〔～线〕喫水線.〔～二十四英尺,航行时速为二十海里〕喫水は24フィート,航行時速は20ノットである.

吃顺不吃戗 chīshùn bùchīqiàng →〔吃软不吃硬〕

吃素 chīsù ①菜食する.肉食をしない.〔吃斋に同じ.→〔解 jiě 素〕 ②〈喩〉殺生をしない.否定に

用いる.〔不是～的〕手加減しないぞ.

吃糖 chītáng ①あめ玉をしゃぶる.あめ玉をなめる. ②〈転〉婚約(結婚)する:婚約(結婚)する時,知友に〔喜糖〕(あめ玉・キャンデーなど)を贈る習慣がある.〔我们快要吃他们的糖〕あのふたりはもうすぐに婚約(結婚)をするだろう.〔你们什么时候请～〕君たちはいつ婚約(結婚)するんだ.→〔吃喜酒〕

吃甜头 chītiántou うまいことをする.利をしめる.〔吃出甜头了,还想下回〕味をしめてまた次回もと考える.

吃铁丝屙笊篱 chī tiěsī ē zhàoli 針金を飲み込んでざるにして出す.〔～,肚子里编〕(腹の中でこしらえる).〔歇〕根拠のないことをでっちあげる.

吃通 chītōng 食通.グルメ.

吃透 chītòu 〈喩〉完全に理解する.会得する.〔～文件精神〕文章の主旨を完全に理解する.

吃瓦片儿 chīwǎpiànr 〈喩〉家賃をとって生活する:〔吃租〕ともいう.

吃味儿 chīwèir ①気にする.〔他说那话没别的意思,你甭 béng ～〕彼があああいうことを言うのは何も他意はないのだから,気にしなくてよい. ②興味がわく.趣味がわかる.〔他用功,已经吃进味儿去了〕彼は勉強に興味が出てきた.

吃卫生丸(儿) chī wèishēngwán(r) 〈ロ〉銃殺される:〔吃卫生球(儿)〕ともいう.

吃窝边草 chī wōbiāncǎo →〔窝边草〕

吃喜酒 chīxǐjiǔ (結婚などの)祝い酒を飲む.結婚式に参列する.→〔吃糖②〕

吃闲饭 chīxiánfàn 仕事をせず稼ぎもしないで飯を食う.〔他家有一个～的〕彼の家には居候が一人いる.

吃闲嘴 chīxiánzuǐ 間食する.

吃线 chīxiàn 〈ロ〉放射能をあびる.

吃现成饭 chī xiànchéngfàn 労せずにうまい汁を吸う.

吃香 chīxiāng 評判がよい.人気がある.もてる.〔他在学校很～〕彼は学校でたいへんもてる.

吃香穿光 chīxiāng chuānguāng うまいものを食べ,きれいな服を着る.

吃相 chīxiāng 食べる様子.食べっぷり.〔～不雅 yǎ〕がつがつ食う.

吃宵夜 chīxiāoyè ＝〔吃夜宵〕夜食をとる:〔吃消夜〕とも書く.

吃小灶 chīxiǎozào 特別食を食べる.〈転〉特別に優遇される.〔吃小锅饭〕ともいう.→〔吃大灶〕

吃心 chīxīn 〈方〉気を回す.心配する.くよくよする.〔你别～,我说的是他〕気を回すな,わたしの言うのは彼のことだ.〔为这么点儿事不必那么～〕これくらいのことで,そんなにくよくよするには及ばない.→〔介 jiè 蒽〕

吃鸭蛋 chīyādàn 零敗(する).零点(をとる)：〔吃光蛋〕〔吃零蛋〕〔吃烧饼〕ともいう.〔昨天的比赛,吃了鸭蛋了〕昨日の試合では零敗した.→〔吃其芥鸭〕

吃哑吧亏 chī yǎbakuī →〔吃亏〕

吃烟 chīyān たばこを吸う:〔抽 chōu 烟〕〔吸 xī 烟〕に同じ.

吃眼前亏 chī yǎnqiánkuī →〔吃亏①〕

吃洋饭 chīyángfàn →〔吃饭〕

吃洋教 chīyángjiào →〔吃教〕

吃药 chīyào ＝蒿を飲む:〔药 yào 面〕(散薬),〔药儿〕(水薬)を問わず〔喝〕を用いない.〔吃错药〕〈喩〉頭が変になってあらぬことを口ばしる.〔吃后悔药〕〈喩 mài 后悔药〕〈喩〉後悔する. ②〈方〉騙される.一杯食う.

吃夜宵 chīyèxiāo ⇒〔吃宵夜〕

chī

吃一次亏,学一次乖 chī yīcì kuī, xué yīcì guāi ⇒[吃一堑,长一智]

吃一顿,挨一顿 chī yīdùn, ái yīdùn 食うや食わず;貧窮の甚だしいこと.

吃一堑,长一智 chī yīqiàn, zhǎng yīzhì =[吃一次亏,学一次乖]〈諺〉一度みぞに落ちれば,それだけ知恵がつく.一遍失敗すれば,それだけ利口になる.

吃硬不吃软 chīyìng bùchīruǎn〈諺〉強く言えば言う事を聞くが,やさしく言えば言うことを聞かない.→[吃软不吃硬]

吃油纸 chīyóuzhǐ ①染物屋の用いる油を吸い取る紙. ②化粧用の脂とりの紙.

吃鱼 chīyú ①魚を食べる. ②〈口〉キス(して舌を吸う).

吃载 chīzài 船の積載量.〔〜重〕積載量が多い.

吃赃 chīzāng 盗品などを受けとる.

吃斋 chīzhāi ①精進をする.肉食を絶つ:〔吃素①〕に同じ.〔〜把素〕同前.→[茹 rú 素] ②〈僧侶が〉食事(する). ③寺院で食事をする.

吃着 chīzháo 口にすることができる(物が手に入ったため).〔没吃过的东西也〜了〕食べたことのない(珍しい)ものも口にすることができた.→[吃不着]

吃着对门谢隔壁 chīzhe duìmén xiè gébì〈喻〉お門違いをする.とんちんかんなことをする.

吃着碗里瞧着锅里 chīzhe wǎnlǐ qiáozhe guōlǐ〈喻〉欲の深いこと.

吃重 chīzhòng ①重大任務を負う.重荷を負う.〔你在这件事上很〜〕君はこのことでは重大責任を負っている. ②重荷である.骨が折れる.〔翻 fān 译对我来讲,是很〜的事〕通訳はわたしにとっては重荷である. ③積載量である.〔这辆卡 kǎ 车〜多少〕このトラックの荷重はどれくらいですか.

吃主儿 chīzhǔr ①飲食店の客. ②食べ物に凝る人.③ごくつぶし:食べるだけで能のない者.

吃住 chīzhù 食と住.〔〜不成問題〕生活には問題がない.

吃准 chīzhǔn 確信する.〔吃得准〕確信できる.自信がある.

吃租 chīzū 家賃の収入で生活する:〔吃瓦片儿〕ともいう.

吃嘴(儿) chīzuǐ(r)〈方〉①間食する.つまみ食いする.→[吃零嘴(儿)] ②食い意地が張る.口がいやしい.

吃罪 chīzuì 罰を受ける.〔〜不起〕罰の苦に耐えられない.〔〜名〕〔打 dǎ 罪名〕法律の制裁を受ける.

[郗] chī〈姓〉郗(⁵) → xī

[绤・綌] chī ①〈文〉上等の葛布(かっぷ). ②〈絡 xī〉 ②〈文〉縫った衣服.→[黹 zhǐ] ③〈姓〉綌(⁵)

绤纩 chīkuàng〈文〉葛布と綿.〈転〉夏(服)と冬(服)

[瓻] chī〈文〉陶製の酒とっくり.

[鸱・鴟] chī ①〈文〉ハイタカ〈鸢 yào 鹰〉の古名. ②→[鸱鸺]

鸱脚莎 chījiǎosuō ⇒[黄 huáng 草①]

鸱氓 chīméng ⇒[鸱尾]

鸱目虎吻 chīmù hǔwěn〈成〉〈喻〉凶暴な顔つき.悪党づら.

鸱视 chīshì 灰鹰のような目で見る.〈転〉貪欲な目つき.

鸱尾 chīwěi =[鸱氓][鸱吻][蚩吻][蚩吻]鯱(しゃち).沓形(とうぎょう)古代の建築物の屋根の棟の両端にとりつける陶製の飾りもの.鴟の尾(もと蚩の形)にかたどり,火災を防ぐ意に基づく.

鸱吻 chīwěn 同上.

鸱鸮 chīxiāo =鸮①[鸱鸺]とも書いた.フクロウ(総称):ミミズク.コノハヅクなど.〔〜科〕(分類学上)フクロウ科:[鸱鸺科]は旧称.→[猫 māo 头鹰] ②固マヒワに似た鳥.〈喩〉奸悪な人.

鸱鸺 chīxiū 鸺ミミズク(総称).オオコノハヅク:ふつう「猫 māo 头鹰」という.〔怪 guài 鸱〕〔角 jué 鸱〕は別称.→[鸱鸮]

鸱张 chīzhāng〈文〉血迷う.猛り狂う.

[哧] chī 〈擬〉チッ.ツー.ヒュ=吹き出す音.物が裂ける音.笑い声などの音.〔哼 hēng〜〕ハアハア.ゼイゼイ(息遣い).〔噗 pū〜的笑了一声〕ブッと吹き出し(笑っ)た.〔〜〜,礼花一个个地升上天空〕ヒューッと祝いの花火があとからあとから空へあがった.〔一颗子弹 zǐdàn〜的一声飞过来了〕1発のたまがヒューッと飛んできた.〔一声撕 sī 破了〕ビリッと音をたてて(紙や布などを)ひき破った.

哧溜 chīliū =[嗤溜]①〈擬〉すばやく滑る音.または様子. ②勢いよく滑りおりる.

[脒] chī →[腒脒腒]

[蚩] chī〈文〉①毛虫. ②愚かである.〔〜〜〕無知なさま. ③顔が醜い:[媸]に同じ. ④笑う:[嗤]①に同じ. ⑤空想上の海獣:水の精.〔鸱 chī 鸱〕

蚩騃 chī'ái ⇒[痴騃]

蚩尾 chīwěi ⇒[鸱尾]

蚩吻 chīwěn ⇒[鸱尾]

蚩尤 chīyóu 囚伝説で九黎族の首領.頭に角があった.黄帝と涿鹿で戦い敗れ殺された.また兵器を造り出した人.

蚩尤戏 chīyóuxì =[角 jué 抵戏]劇古代の相撲に似た民間芸能:雑技の原型とされる.

蚩拙 chīzhuō〈文〉愚鈍である.

[嗤] chī ①〈文〉笑う.あざわらう. ②⇒[哧] ③〈方〉単音動詞の後につけて,その動作の連続・反復を示す.〔咬 yào〜咬(⁵)〕む.〔抠 kōu〜〕(指または爪で)ほじくる.〔掰 bāi〜〕(一遍には割れないものを)何回も割る.

嗤嗤 chīchī〈文〉冷笑し卑しめる.

嗤诋 chīdǐ〈文〉嘲笑し罵る.

嗤溜 chīliū ⇒[哧溜]

嗤笑 chīxiào あざ笑う.あざけり笑う.

嗤之以鼻 chīzhī yǐbí〈成〉鼻先でせせら笑う.冷笑する.

[媸] chī〈文〉容貌の醜い.〔求妍更〜〕きれいになろうとしていっそう醜くなる.

[眵] chī 目やに.目くそ:ふつう〔眼 yǎn〜〕という.

眵目糊 chīmùhū〈方〉目やに.目くそ:〔眵糢糊〕とも書く.〔眼角儿上的〜还没擦干净呢〕(老.骆)眼尻の目くそがまだきれいにふけていないよ.

[笞] chī ①むち(打つ).竹べら(などで人をたたく).〔鞭 biān〜〕むち打つ. ②五刑の一.笞(⁵)刑.〔〜二三百〕三百たたき. ③回刑具の一.割竹.しもと.

笞背 chībèi 回背を竹べらでたたく/体刑.

笞楚 chīchǔ〈文〉〈白〉(鞭で)折檻(せっかん)する.〔因此他令 lìng 尊也曾下死〜过几次〕(紅 2)それでご尊父も何回かひどく折檻したことがあります.

笞箠 chīchuí〈文〉竹べらでたたく.

笞辱 chīrǔ〈文〉むちでたたいて辱(はずか)しめる.

笞刑 chīxíng 回五刑の一.笞(⁵)刑.たたき.

笞责 chīzé むちで打って責め立てる.

笞杖 chīzhàng 回笞刑と杖刑.

答罪 chīzuì 旧むち打ちの刑罰.

〔痴(癡)〕 chī
① 愚かである.ばかげている.たわいない.〔心眼儿发～〕ぼんやりする. ②夢中になる.血迷う.〔～劲(儿)jìn(r)〕とりつかれた気持ち.夢中になる力.〔～大の本好き.情～〕愛情のとりことなったもの.→〔呆 dāi (l)①〕〔傻 shǎ ①〕 ③頭がおかしくなる.気が変になる.

痴騃 chī'ái にぶい.ぼんやりしている.〔痴呆〕〔蚩骏〕に同じ.
痴爱 chī'ài 盲目的な愛情.
痴病 chībìng ⇒〔精 jīng 神病〕
痴痴地 chīchīde 阿呆のようにぼんやりと.
痴呆 chīdāi ぼんやりしている.抜けている.
痴癫 chīdiān 〔痴狂①〕頭がおかしくなる.狂っている.
痴儿梦话 chī'ér mènghuà ⇒〔痴人说梦〕
痴肥 chīféi ぶくぶくと肥える.〔一餐吃它五碗六碗,却对身体有害无益,一则加重胃的负担,二则会使人～〕一食にいきなり五杯も六杯も食べるのは身体に有害無益で胃の負担を重くするし,またぱか太りする.
痴福 chīfú 〔痴人痴福〕
痴汉 chīhàn ①馬鹿(男). ②(男の)色狂.
痴狂 chīkuáng ①⇒〔痴癫〕 ②夢中になる.血道をあげる.
痴累 chīlèi つまらない煩わしさ.ばかげた面倒.〔什么造化呀,都是～〕何が(子福者で)幸せなものですか,まったく足手まといですよ.
痴愣 chīlèng ぼんやりしている.
痴恋 chīliàn 血道をあげる.夢中になる.
痴迷 chīmí ①迷い込む. ②夢中になる.
痴男怨女 chīnán yuànnǚ 色恋に憂さをやつす男女.
痴念 chīniàn とりつかれた考え.ばかげた考え.
痴情 chīqíng ①一途な思い.ひたすらな愛情. ②うつつをぬかす.
痴人痴福 chīrén chīfú=〔痴福〕ばかであるためにかえって得られた幸福.
痴人说梦 chīrén shuō mèng=〔痴儿梦话〕〈成〉ありもしない(できもしない)ばかげた話をする.
痴傻 chīshǎ ばかである.間が抜けている.
痴睡 chīshuì 正体なく眠る.
痴望 chīwàng ①漠然と見る. ②漠然としている.
痴想 chīxiǎng ①ぼうっと考える. ②ばかげた考え.妄想.
痴笑 chīxiào うつつに笑う.へらへら笑う.
痴心 chīxīn (人や事物に)おぼれる(心).夢中になる(心).〔一片～.旧時の熱情.〔～父母古来多〕子におぼれる親は昔から多い.
痴心妄想 chīxīn wàngxiǎng 〈成〉不可能なことを妄想すること.
痴愚 chīyú 頭が鈍い.のろまである.
痴长 chīzhǎng 〔(植物が)徒長する. ②〈謙〉いたずらに年をとる:年長者が言う.
痴滞 chīzhì ぼんやりしている.
痴子 chīzi 呆け人.
痴醉 chīzuì (物事に対し)酔い痴(れ)る.陶酔する.

〔摛〕 chī
〈文〉ひろげる.ひらく.〔英名远～〕令名が遠くまで聞こえる.〔铺 pū 采～文〕文辞を飾る.

〔螭〕 chī
〈文〉あまりょう:空想上の動物で,角(ð)のない竜(の子).宮殿の柱や階段などに刻まれている.〔～龙 lóng〕同前.→〔虬 qiú ①〕

螭虬 chīqiú 〈文〉あまりょうと角(ð)のある竜)
螭首 chīshǒu あまりょうの頭部(彫刻したもの):〔螭头〕ともいう.

〔魑〕 chī →〔魑魅〕

魑魅 chīmèi=〔螭魅〕旧伝説で,山中の精気から生じる化け物.ものの怪(ʔ).〈喻〉悪人.〔～魍魉 wǎngliǎng〕妖怪変化.〈喻〉さまざまな悪人.

〔黐〕 chī
〈文〉とりもち.〔～胶 jiāo〕同前.

〔池〕 chí
①池.〔鱼 yú ～〕養魚池.〔～钓 diào〕池(つり堀)の釣.〔游 yóu 泳～〕スイミングプール. ②〈文〉城壁の周りに掘った堀同.〔城～〕城と堀.〈转〉城市.〔金城汤～〕〈成〉堅固な城市. ③くぼんだところ.一段低くなっている場所.〔水～.浴 yù ～〕浴槽.〔舞 wǔ ～〕ダンスホールのフロア.〔乐 yuè ～〕劇場の舞台下の楽団席.バンドボックス.〔花～〕花壇. ④〈姓〉池(ⁿ)

池隍 chíhuáng 堀:城の外堀の水のあるものを〔池〕,空(ʔ)堀を〔隍〕という.→〔城 chéng 河〕
池鹭 chílù=〔红 hóng 毛鹭〕花斗娃子〕〔沙 shā 鹭〕旧アカガシラサギ.
池杉 chíshān 旧ラクショウ:落葉高木.建築・家具用材.
池汤 chítāng=〔池堂〕〔池塘〕〔池子〕共同浴槽.大型の湯ぶね:大勢の人が一緒に入浴できる銭湯式の浴場.→〔盆 pén 汤〕
池堂 chítáng 同上.
池塘 chítáng ①(浅くて小さい)池.水だめ:〔水 shuǐ 池子〕ともいう. ②池の堤. ③⇒〔池汤〕
池榭 chíxiè 池のほとりにある高殿(¯)
池盐 chíyán 塩水湖から取れる塩.
池鱼笼鸟 chíyú lóngniǎo 〈成〉池の魚とかごの鳥:自由を失った人のたとえ.
池鱼之殃 chíyú zhī yāng〈喻〉災いが他に及ぶこと.〔そばづえを食うこと:〔池鱼受殃〕〔池鱼之祸〕ともいう.〔遭～〕そばづえを食う.まきぞえを食う.→〔城 chéng 门失火,殃及池鱼〕
池浴 chíyù (共同浴槽で)入浴する.→〔盆 pén 浴〕
池沼 chízhǎo 大きい池.
池中物 chízhōngwù 〈喻〉並の人.普通の人.
池子 chízi ①池.用水池. ②⇒〔池汤〕 ③ダンスホールのフロア.踊り場:〔舞 wǔ 池〕に同じ. ④(旧式劇場の)正面前部(観覧席)
池座 chízuò (旧式劇場の)正面前部の座席.→〔池子④〕

〔弛〕 chí
①〈文〉(張った弓を)ゆるめる.↔〔张 zhāng ①〕 ②ゆるむ.〔绳 shéng 索松～〕縄がゆるむ.〔一张自如〕ゆるんだり,張ったりが自由である.ゆるめる.解ほぐす.解く.

弛惰 chíduò 〈文〉気をゆるめて油断をする.怠ける.
弛废 chífèi 〈文〉すたれる.
弛缓 chíhuǎn (局面や雰囲気・気分が)ゆるむ.緩和する.
弛禁 chíjìn 〈文〉禁令をゆるめる.
弛懈 chíxiè 〈文〉だらけである.ゆるむ.〔不可～〕怠ってはならない.
弛张 chízhāng ゆるむことと張ること.〈喻〉④衰えることと盛んになること.④あまくすることと厳しくすること.〔～热 rè〕医夕方から出て,翌朝には下がる熱.弛張熱.

〔驰・馳〕 chí
①(馬や車で)馳(⁴)せる.走る.走らせる.〔马～甚速〕馬の駆けるのが非常に速い.〔奔 bēn～〕走る.〔～报 bào〕急を馳せる.名が伝わる. ③〈文〉思いを馳せる.遠く離れた人を思う.〔神～〕同前.

chí

驰骋 chíchěng ①駆け回る.〔～沙shā场〕戦場を馳駆する. ②活躍する.〔～文坛数十年〕文壇で活躍すること数十年である. ③狩猟.
驰道 chídào 〈文〉天子の通う道.お成り道.
驰电 chídiàn 急ぎの電報を発する.
驰函 chíhán 至急に手紙を出す.
驰竞 chíjìng 〈文〉競い合う.〔各相～〕それぞれ競い合う.
驰马 chímǎ 馬を走らせる.
驰名 chímíng ＝[驰誉]名声を馳せる.名が聞こえる.〔四远～〕四方に名が伝わる.〔～商标〕有名商標.〔～中外〕名が内外に響きわたっている.
驰目 chímù 〈文〉目を遠くへ向ける.
驰念 chíniàn =[驰思].[驰系].〈文〉思いを馳せる.思慕の情を馳せる.〔～弥mí深〕遠方にある貴下のことをますます深く思う.
驰聘 chípìn 招聘に応じる.〔失掉自信,不敢～〕自信を失い,招聘に応じられない.
驰企 chíqǐ 〈牘〉思いを馳せる.貴下のことを思う.〔～为劳〕いかがお過ごしでいられますか.
驰驱 chíqū ①(馬に乗って)疾走する.馳せ回る. ②〈文〉(人のために)奔走する.
驰书 chíshū 至急書面を差し出す.
驰思 chísī ⇒[驰念].
驰突 chítū 〈文〉がむしゃらに突っ込む.〔往来～,如入无人之境〕縦横無尽に突き進み,無人の境を行くが如くである.
驰鹜 chíwù 〈文〉奔走する.駆け回る.
驰檄 chíxí 檄(文)を飛ばす.
驰系 chíxì ⇒[驰念].
驰心 chíxīn ⇒[驰念].
驰行 chíxíng (車や馬などが)高速で走る.つっぱしる.
驰誉 chíyù ⇒[驰名].
驰援 chíyuán 応援にかけつける.
驰骤 chízhòu 〈文〉(騎馬で)馳駆(?)する.馳(は)せ回る.

[迟・遲(遲)]

chí ①のろい.ぐずぐずする.〔事不宜～,快动手吧〕事はぐずぐずしておれない,早く始めよう. →[慢màn①] ②遅くなる.遅れる.〔我来了/遅くなりました.遅参してすみません.〔～起了〕寝坊する.〔～婚hūn〕晩婚.〔一步未～〕一足遅れた.〔等两三天也不～〕2,3日してからでも遅くない.〔两天后还给你〕2,3日後に返そう.〔～一会儿去〕しばらくしてから行きます.→[晚wǎn②] ③[姓]遅(ぅ).
迟笨 chíbèn (動作が)のろまである.
迟迟 chíchí ①遅々としている.〔～不决〕ぐずぐずしていて決まらない. ②〈文〉ゆったりと歩いているさま.〔威仪～〕(礼記・孔子閑居)威儀がゆったりとして迫らない. ③〈文〉ゆるやかである.のびやかである.〔春日～〕(詩経・豳風七月)春の日はのどかで長い.
迟到 chídào 遅到する.〔对不起!我～了!刚才公共汽车在半道儿上抛pāo锚了〕すみません,遅刻しました,途中でバスが途中でえんこしちゃいました.
迟钝 chídùn (五感・頭の働きや動作などの)ろくて鈍い.〔我思想～很迟〕わたしは頭の回転がのろくていけません.〔他一下子接着说下去是言葉につまりながら話していった.〔迟迟钝钝地说〕へどもどしながらしゃべる.
迟缓 chíhuǎn 緩慢である.〔谈判进展～〕談判の進展がのろい.〔动作～〕動作がのろい.
迟回 chíhuí 徘徊する.ためらう.
迟留 chíliú 逗留する.
迟脉 chímài 中医遅脈: 1分間に60搏以下の脈搏.

驰迟堰坻茌茌持

迟慢 chímàn のろい.遅れる.〔不忙呢,稍微一个一两天来的事情〕慌てることはないよ,1,2日ぐらい遅れたところでたいしたことはない.
迟暮 chímù 〈文〉①夕方.夕暮れ. ②老年.晩年.
迟误 chíwù 暇どり遅くなるため,支障をきたす.〔快送去吧.别一他用〕早く送り届けなさい,むこうで使うのに差し支えてはいけない.〔～您使了吧〕遅くなってお差し支えなかったのではないですか.
迟效肥料 chíxiào féiliào 農遅効性肥料.→[速sù效肥料]
迟延 chíyán 遅くなる.長びく.
迟疑 chíyí ためらう.躊躇する.〔～不决〕疑いためらって決しかねる.
迟早 chízǎo ①早晚.遅かれ早かれ.いずれは. ②〔准有报应〕いずれは報いが来る. ②早いか遅いか.〔此事的结束只是～的问题〕このことの結末は早いか遅いかだけの問題だ.→[早zǎo晚②]
迟滞 chízhì ①滞る.〔流水～〕流れが滞っている. ②鈍い.〔～的目光〕ぼんやりした目. ③妨げる.阻(はば)む.
迟重 chízhòng ①慎重にする. ②大きくて重くて動きが鈍い.
迟装费 chízhuāngfèi 商滞船料.デマレージ.

[墀]

chí 〈文〉(玄関の)石段を上がったところの地面.〔阶jiē～〕同前.〔玉～〕玉の同前.〔丹～〕宮殿の赤く塗られた同前.

[坻]

chí 〈文〉水に囲まれた土地.小島.中洲(す). →dǐ

[茌]

chí 地名用字:〔茌〕とも書いた.〔～平县〕地山東省にある.

[茬]

chí ⇒[茌] → chá

[持]

chí ①手に持つ.〔～照zhào パスポート(など証明証)を所持する.〔～以相赠〕〈文〉持って贈呈する.保つ.〔坚～〕かたく持ちこたえる.〔维wéi～〕維持する.〔护hù～〕護持する. ③掌握する.管理する.〔主～〕主催する. ②対抗する.〔相～不下対時して譲らない. ⑤主張する.〔～之有故〕もっともな証拠がある. ⑥抑えこむ.脅す.〔劫jié～〕無理矢理やらせる.
持螯 chí'áo 〈文〉蟹を食べつつ.〔～賞shǎng菊〕〈成〉蟹を食べながら菊を鑑賞する:秋の風物.
持笔 chíbǐ 文章を作る.
持市待购 chíbì dàigòu (消費者の)買い控え(をする).
持仓 chícāng 商株や債券の買い持ちする.
持筹 chíchóu 商手持ち株.特殊株.
持法 chífǎ 法を執行する.法に従う.〔～严明〕厳格に法を行う.
持服 chífú =[持丧]喪に服する.→[守shǒu制]
持股 chígǔ 商①株を持つ.また所有株. ②相互持ち株.〔～公司〕持ち株会社.ホールディングカンパニー.
持衡 chíhéng ①バランスが保たれる. ②〈文〉人の才能を公正に評価する.
持己 chíjǐ ⇒[持身]
持家 chíjiā 家事をきりもりする:〈方〉把bǎ家に同じ.〔勤qín俭〕勤倹を旨として家事をきりもりする.
持戒 chíjiè 僧が戒律を守ること.
持久 chíjiǔ 長続きのする.〔～戦〕持久戦.〔～性有机污染物〕残留性有機汚染物質. POPS.〔～和平〕平和を永続させる.
持卡族 chíkǎzú (クレジット)カード族.
持两端 chíliǎngduān 〈文〉①二心を抱く. ②定見

持匙豉踟篪尺　　　　　　　　　　　　　　　　　　　　chí～chǐ

のないこと.
持论 chílùn ＝〔持议〕〈文〉〈意見を〉主張する.立論
する.
持票 chípiào 圖手形を持参する.手形を所有する.
〔～人〕手形持参人.〔～取现〕手形を持参して現金
にする.→〔发 fā 票〕.
持平 chípíng ①公平を持する.公正である. ②〈数量・価格を〉同水準を保つ.〔和去年同期～的奖 jiǎng 金〕昨年の同期と同じ水準のボーナス. ③引き分け.持ち合い.
持枪 chíqiāng ＝國銃を両手で体の正面斜めに保持する.控え銃を(する). ②控え銃(号令). ③銃を持つ.〔～证〕銃砲所持許可証.
持球 chíqiú 〔又〕(バスケットボール・バレーボールなどの)ホールディング.ヘルドボール.
持丧 chísāng ⇒〔持服〕
持身 chíshēn ＝〔持己〕身を持する.
持守 chíshǒu 守る.堅持する.
持续 chíxù 持続する.〔那个议案~讨论了许久还没能决定〕あの議案は長いこと継続審議されたがまだ決定することができない.
持议 chíyì ⇒〔持论〕
持意 chíyì 自分の意見に固執する.我(が)を張る.
持有 chíyǒu ①持っている.〔～一股股 gǔ 份)株を持っている.〔～人)所持者. ②〈気持ちや考えを〉持つ.〔～不同观点)異なる考え方を持つ.
持斋 chízhāi 圖(仏教で)精進(はう)する:教義上,食事での戒律を守ること.→〔把 bǎ 素〕
持正 chízhèng 〈文〉①正義を守る.正道を持する. ②中道を守る.偏向しない.
持之以恒 chízhī yǐhéng 〈成〉持続性ある.根気よくがんばる.〔技术革新要~〕技術革新はいつまでも持続しなければならない.
持之有故 chízhī yǒugù 〈成〉それを主張するには根拠がある.
持志 chízhì 〈文〉志操を堅持する.
持重 chízhòng 慎重である.慎しみ深い.行動が重々しい.〔这件事要派个老成(はう)的人去办才能放心〕この事はまじめで慎重な人間をつかわしてやらせてこそ安心できる.

[匙] chí さじ.ちりれんげ.〔茶～〕茶さじ.〔汤 tāng ~〕〔调羹 tiáogēng〕〔羹〕ちりれんげ. → shi
匙箸杯碟 chí zhù bēi dié さじ・箸・さかずき・小皿:こまごました食器の総称.
匙子 chízi さじ.スプーン.ちりれんげ.

[豉] chí 〈文〉唾.つばき.

[踟] chí
踟蹰 chíchú〔踟躇〕とも書く.〈文〉ためらう.躊躇(ちゅうちょ)する.〔迟行与否,~未定〕行くべきかどうか,ためらってまだ決まらない.〔~不前〕ぐずぐずしていて進まない.去りがたくてぐずぐずする.「踌 chóu 躇不前」に同じ.

[篪(筂・箎)] chí 圖竹管楽器:形は横笛に似て,孔が八つある.

[尺] chǐ 〈文〉尺(ぷ).長さの単位.㋐〔市 shì ~〕の略称.〔(市)寸 cùn〕の10倍,〔(市)丈 zhàng〕の10分の1,メートルの3分の1に当たる.〔平方(市)~〕平方尺.〔立方(市)~〕立方尺. ㋑〔公~〕メートルの別称:ふつう〔米 mǐ〕という. ㋒〔英 yīng 尺〕. ②長さ.寸法. ⓐものさし.ものさし形をした刻み目のある計器.〔~子〕ものさし.〔卷 juǎn~〕〔皮~〕巻き尺.〔计算~〕計算尺.〔千分

~〕マイクロメーター.〔米~〕メートル尺.〔鲁 lǔ 班 ~〕(大工用の)曲(が)り尺.ものさし形のもの.〔镇 ~〕文鎮.〔丁字~〕丁字形定規.〔铁~〕ものさし形の鉄製の武器. ⑤〔~中〕 → chě
尺八 chǐbā 圖管楽器の一種.古代の尺八:〔箫 xiāo 管〕ともいう.
尺版 chǐbǎn 回朝見のとき持つ1尺の手板:身分の低い書記の持つもの.
尺璧 chǐbì 直径1尺の玉.〈転〉貴重なものや美しい詩文などのたとえ.
尺地 chǐdì ⇒〔尺土〕
尺布斗粟 chǐbù dǒusù ⇒〔斗粟尺布〕
尺寸 chǐ·cùn ＝〈文〉尺度②〕寸法.尺度.長さ.〔量 liáng~〕寸法をはかる.〔~的图〕寸法図.〔~线〕製図の寸法線. ②節度.〔拿着~说话〕程度を考えてほどほどに言う.〔他,人很稳 wěn 健,凡事都有个~〕彼は人間が穏やかで,すべてのことに節度がある. ③〈喩〉わずかなこと.〔~之功〕ささやかな功労. ④法度.
尺牍 chǐdú ＝〔尺帛〕〔尺翰〕〔尺简〕〔尺书〕〔尺素〕尺牍(窗).旧式書簡:長さが約1尺であったことから.〈転〉普通の手紙.手紙文.
尺度 chǐdù ①尺度.規模.標準. ②⇒〔尺寸〕
尺短寸长 chǐduǎn cùncháng ＝〔寸长尺短〕〈成〉用いるところによっては,1尺でも短いことがあるし,1寸でも長すぎることがある.人にはそれぞれ取り柄がある:〔尺有所短,寸有所长〕ともいう.
尺幅千里 chǐfú qiānlǐ〈成〉小さくても内容が多いこと:1尺の小幅の絵ながら千里の広さを表す.
尺骨 chǐgǔ 生理尺骨:前腕小指側の骨の一.橈(とう)骨と並列している. →〔桡 ráo 骨〕
尺翰 chǐhàn ⇒〔尺牍〕
尺蠖 chǐhuò ＝〈方〉步 bù 屈〕〈方〉步曲〕〔斥 chì 蠖〕昆虫 qū 伸虫〕圖シャクトリムシ:〔~蛾 é〕(シャクガ)の幼虫.害虫.茶の木につく同前.
尺简 chǐjiǎn ⇒〔尺牍〕
尺锦 chǐjǐn 〈文〉短くて優れた文章.
尺码(儿) chǐmǎ(r) ①＝〔尺头儿〕(帽子や靴などの)寸法.サイズ.〔打~〕サイズを記す.〔品质,~和式样,全一样,价钱也比较贵,品质・寸法・様式が一つとして明細書と合っているものがない. ②標準.規準.
尺脉 chǐmài →〔尺中〕
尺神经 chǐshénjīng 生理尺骨神経.〔~麻 má 痹〕医尺骨神経麻痺.
尺书 chǐshū ⇒〔尺牍〕
尺素 chǐsù ⇒〔尺牍〕
尺铁 chǐtiě 〈文〉武器.〔兵刃矢穷,人无~〕刀折れ矢尽きて,寸鉄を帯びている者もない.
尺头(儿) chǐtóur〈方〉①寸法.〔尺码(儿)①〕に同じ. ②(衣料)のはぎれ.
尺头 chǐtou〈方〉反物(読).〔送一块～随便他们做什么穿吧〕反物を1反贈って彼らの思い通りに何かを作って着てもらいましょう.
尺土 chǐtǔ ＝〔尺地〕〈喩〉狭い土地.〔尺地寸金〕土一升金一升.〈喩〉地価が極めて高いこと. →〔寸 cùn 土〕
尺页 chǐyè 尺平方の書画(画冊)
尺蚓穿堤 chǐyǐn chuāndī〈成〉みみずが堤に穴をあける.蟻(ゃ)の一穴.
尺泽 chǐzé ①〈文〉小さい池. ②⇒〔尺中〕
尺中 chǐzhōng 回脈を見る時,人差し指・中指・薬指の3本を手首にあてるが,第4指(薬指)の当た

chǐ～chì

る部位をいう。この部位の脈を〔尺脉〕〔尺泽②〕という.〔~手 shǒu 脉〕

尺桩 chǐzhuāng 測量棒。ポール.
尺子 chǐzi ①ものさし。②⟨喩⟩基準．標本.〔不能拿我们当~〕わたしたちを基準にすることはできません.

〔呎〕 chǐ フィート：yīngchǐ とも読んだ.〔英 yīng 尺〕の旧称.

〔齿・齒〕 chǐ ①歯:〔牙 yá ①〕または〔牙~〕という.〔乳 rǔ ~〕〔乳牙〕乳歯.〔恒~〕〔恒牙〕永久歯.〔门~〕〔门牙〕門歯.〔犬 quǎn ~〕〔犬牙〕犬歯.〔臼~〕臼歯.→〔牙(I)①〕②〔-儿〕歯の形をしたもの。歯のように配列されたもの.〔锯 jù ~儿〕のこぎりの歯.〔梳 shū 子~〕くしの歯.〔篦 bì 子~〕すきぐしの歯.〔轮 lún ~〕⟨機⟩歯車の歯.〔~度 dù〕ギアの角度.切手の目打ちの角度.〔~孔〕打ち目〔フィルム・切手など〕.③⟨文⟩年齢.〔~次〕〔~序〕長幼の序.〔没 mò ~难忘〕⟨成⟩死んでも忘れない.④⟨文⟩歯牙にかける.相手にする.問題にする.〔行为恶劣,人所不~〕すること が悪質なので,人が相手にしない.〔为批 pī 评家所不~〕批評家から問題にされていない.〔不足挂 guà ~〕論ずるに足りない.問題にならない.
齿贝 chǐbèi ⟨魚貝⟩タカラガイ.
齿敝舌存 chǐbì shécún ⇒〔齿亡舌存〕
齿槽 chǐcáo 〔牙齿曹槽 (~)〕：歯根がはまっている上下の顎骨の穴.〔~脓 nóng 漏〕⟨医⟩歯槽膿漏.
齿唇音 chǐchúnyīn 〔唇齿音〕⟨語⟩唇齿音：〔普通话〕の f の音.
齿德俱尊 chǐdé jùzūn ⟨成⟩年輩・徳行ともに尊敬に値する.
齿顶(高) chǐdǐng(gāo) ⟨機⟩歯車の〔节 jié 圆〕(ピッチ円)から〔齿顶圆〕(歯車の外円)までの沿径距離.
齿蠹 chǐdù ⇒〔齿龋〕
齿根 chǐgēn ①〔⟨口⟩牙 yá 根〕⟨生理⟩歯根：歯の基部.②⟨機⟩歯車の〔节 jié 圆〕(ピッチ円)から〔~圆 yuán〕(歯本円)にいたる沿径距離.〔~高〕同前.
齿冠 chǐguān ⟨生理⟩歯冠：〔牙 yá 冠〕は通称.
齿轨 chǐguǐ アプト式レール.
齿寒 chǐhán →〔唇 chún 亡齿寒〕
齿及 chǐjí ⟨文⟩⟨歯を〉〈文〉歯牙にかける.意に介する.〔何足~〕問題とするに足らない.→〔挂 guà 齿〕
齿鲸 chǐjīng ⟨動⟩クジラ.
齿颈 chǐjǐng ⟨生理⟩歯冠と歯根との中間の部分.
齿冷 chǐlěng ⟨文⟩あざ笑う.
齿列 chǐliè ①歯なみ.歯ならび.②⟨文⟩歯なみのように同等に並ぶ.
齿录 chǐlù ①⟨文⟩採用する.②〔旧〕科挙の同期及第者の名簿：姓名・年齢・本籍などを記す.→〔科 kē 举〕
齿轮 chǐlún ⟨機⟩連動装置.歯車仕掛.〔牙 yá 轮〕に同じ.〔~装置〕歯車装置.〔~齿〕ギアの歯.〔~加工机床〕歯車加工工作機械.〔~铣 xǐ 刀〕歯車カッター.歯切ろスライス.〔~坯 pī〕半完成の歯車装置.〔游尺〕歯車副尺,あるいは遊標.〔~箱 xiāng〕⟨機⟩ギアボックス.連動函.〔自动~〕オートマチックギア.〔头档~〕ファーストギア.〔二档〕セカンドギア.〔中速~〕〔侧 cè ~〕サイドギヤ.〔高速~〕トップギヤ.
齿鸟类 chǐniǎolèi 古代の鳥類：歯があり,羽根がなく,足が発達していた.白亜紀に発見されている.
齿耙 chǐpá ⟨農⟩ツースハロー.〔托 tuō 拉机用〕トラクター用ツースハロー.
齿腔 chǐqiāng ⟨生理⟩歯髄腔：歯の根の入り込んでいる穴で,神経・血管・歯髄などで満たされている.
齿桥 chǐqiáo ⟨医⟩(歯の)ブリッジ.

齿龋 chǐqǔ =〔齿蠹〕むし歯(になる).→〔龋齿〕
齿儿 chǐr 〔字解〕
齿让 chǐràng ⟨文⟩年歯をもって相譲る：長幼の序があること.
齿数 chǐshù →〔齿及〕
齿髓 chǐsuǐ ⟨生理⟩歯髄：歯腔の中の髄質.〔牙 yá 髓〕は通称.
齿条 chǐtiáo =〔牙 yá 板①〕〔牙条〕⟨機⟩歯棒：平板に歯をつけたもので,ピニオン (小歯車) などとかみあい,回転運動を直線運動にかえるのに用いられる.
齿痛 chǐtòng 歯痛.
齿亡舌存 chǐwáng shécún =〔齿舌存〕⟨文⟩堅剛なものよりも柔軟なものがかえって永く存続することのたとえ.
齿牙余论 chǐyá yúlùn ⟨成⟩歯牙からもれるわずかな言葉.〔无惜~〕わずかな言葉を吐くことを惜しまないで,人に助力・鼓舞などを与えて欲しい.
齿音 chǐyīn ⟨語⟩齿音：〔齿头音〕と〔正齿音〕に分け,〔普通话〕の j, q, x, zhi, chi, shi などの音.→〔七 qī 音①〕〔五 wǔ 音〕
齿龈 chǐyín 〔牙 yá 龈〕
齿缘苦荬 chǐyuán kǔmǎi ニガナ.
齿杖 chǐzhàng =〔王 wáng 杖〕⟨旧⟩70歳になった老臣に天子が賜わる杖.
齿质 chǐzhì 歯質.→〔牙 yá 质〕

〔耻(恥)〕 chǐ ①恥じる.恥ずかしい.〔可~的事〕恥ずべきこと.恥ずかしいこと.②辱める.〔~骂 mà〕辱め罵る.③恥.〔奇 qí ~大辱〕大きな恥辱 (chǐ).〔雪~〕恥をすぐに.雪辱する.
耻骨 chǐgǔ ⟨生理⟩恥骨：〔坐 zuò 骨〕〔胳 qiǎ 骨〕(腰骨)(腰骨)を構成する.
耻辱 chǐrǔ 恥辱.恥.
耻笑 chǐxiào 嘲笑する.辱め笑う.
耻心 chǐxīn 恥ずかしく思う心.廉恥心.
耻于 chǐyú (ある事物に対して)恥と思う.〔实在让人~说述〕全く(人様に)話すのが恥ずかしい.

〔侈〕 chǐ ⟨文⟩①おごる.ぜいたくである.〔~著 shē〕同前.②大げさである.
侈论 chǐlùn ⟨文⟩①大言壮語.大げさな論.②大いに論ずる.
侈糜 chǐmí 〔侈靡〕とも書いた.⟨文⟩身分不相応のぜいたくをする.
侈饰 chǐshì ⟨文⟩①ぜいたくな装飾.②派手に飾りたてる.
侈谈 chǐtán ⟨文⟩①誇大なことを言う.大げさに言う.喧伝する.〔~裁 cái 军〕軍縮を喧伝する.②誇大で空虚な話.

〔哆〕 chǐ ⟨文⟩口をあける.〔~口欲言〕口を開きものを言おうとする.→ duō

〔豉〕 chǐ 〔豆 dòu ~〕大豆を蒸し藁 (~) で覆って発酵させたものを甕 (~) に封じて作ったもの.乾納豆の類の調味料.また,薬用にする.
豉虫 chǐchóng =〔豆豆虫〕〔豉母虫〕ミズスマシ.
豉豆虫 chǐdòuchóng 同上.
豉母虫 chǐmǔchóng =〔豉虫〕
豉油 chǐyóu =〔酱 jiàng 油〕

〔褫〕 chǐ ⟨文⟩①(衣服を)剥ぎとる.②奪う(地位・職務などを).〔~官〕官職を取りあげる.
褫夺 chǐduó =〔剥 bō 夺〕する.〔~继承权〕相続権を剥奪する.〔~国籍〕国籍を剥奪する.
褫革 chǐgé ⟨文⟩免職にする.
褫魄 chǐpò 魂を奪われる.気が抜ける.

〔彳〕 chì ⟨文⟩少し進む.〔~亍 chù〕左足を一歩進め,右足を一歩進める.ゆっくり歩く.〔独自在河边~亍〕一人川のほとりをそぞろ歩く.

chì

[叱] chì
① しかりつける.大声で罵る.どなる.呼ぶ.→[叱名]
- 叱干 chìgān 〈姓〉叱干(きかん).
- 叱呵 chìhē 大声で叱りつける.
- 叱喝 chìhè どなりつける.
- 叱呼 chì‧hū わめく.叫ぶ.→[哈 hǎ 呼]
- 叱令 chìlìng 大声で命令する.
- 叱骂 chìmà 叱り罵る.→[责 zé 骂]
- 叱名 chìmíng 〈牘〉名を申し上げる.[尊大人前祈代〜叩 kòu 安]ご尊父様に私からよろしくとご鳳声(ふうせい)願い上げます(私の名を申し上げてごきげんをうかがってください)
- 叱问 chìwèn 詰問する.大声でとがめる.
- 叱责 chìzé 叱りとがめる.[〜孩 hái 子]子供を叱りつける.
- 叱咤 chìzhà 〈文〉叱咤(しった)する.どなる.
- 叱咤风云 chìzhà fēngyún 一声どなって風雲を起こす:威風堂々たること:[风云叱咤]ともいう.

[斥] chì
① 責める.とがめる.[痛〜荒谬 miù 言论]でたらめな言論を痛烈にとがめる. ② 押しのける.排斥する.[驳 bó 〜]反駁(はんばく)し,退ける.[〜为多管闲 xián 事]つまらぬおせっかいだとしてはねつける. ③〈文〉(金銭を)出す.支払う. ④〈文〉開く.発展させる.広大なさま.[充 chōng〜]はびこる.あふれている. ⑤〈文〉探る.見張る.[〜山泽 zé 之险]山野の険を探る. ⑦〈文〉塩分があり耕作に適しない土地.[〜卤 lǔ]同他.
- 斥罢 chìbà 罷免する.
- 斥地 chìdì = [斥土]〈文〉土地を開拓する.
- 斥革 chìgé 罷免する.
- 斥呵 chìhē 叱りつける.
- 斥候 chìhòu 〈軍〉① 敵情を偵察する. ② 斥(せっ)候.
- 斥蠖 chìhuò ⇒[尺 chǐ 蠖]
- 斥力 chìlì 〈物〉〈理〉力.反発力:物体が相反発する力. ↔[引 yǐn 力 ①]
- 斥骂 chìmà 叱りつける.
- 斥卖 chìmài 〈文〉売却する.
- 斥土 chìtǔ ⇒[斥地]
- 斥退 chìtuì ①〈文〉除籍する.免職する. ②(大声で)追い払う.人を退ける.
- 斥问 chìwèn 問いただす.
- 斥责 chìzé 厳しく責める.
- 斥逐 chìzhú 〈文〉駆逐する.追い払う.
- 斥资 chìzī 〈文〉資金を出す.費用を出す.

[赤] chì
①〈色〉赤色(の).ふつう[红 hóng]という.[近朱 zhū 者〜,近墨 mò 者黑]〈成〉朱に交われば赤くなる.[〜日炎 yán 炎]太陽が激しく照りつけるさま. ② 革命・共産主義を意味する. ③[柬 jiǎn]ポルポト政権下のカンボジア. ④ 真心.誠意.→[赤心] ④ 裸である.むきだしである(身体にまとっていない).[〜着膀 bèi]肌ぬぎをする. ⑤ 空(から)である.素手である.→[赤手空拳] ⑥〈姓〉(きかん)
- 赤白痢 chìbáilì 〈中医〉下痢便に血が混じり,時には膿(うみ)が混ざる病気.
- 赤柏松 chìbǎisōng ⇒[紫 zǐ 杉]
- 赤包儿 chìbāor 〈植〉ヒメカラスウリ.キバナカラスウリ:[赤包子]ともいう.[〜是一种小瓜 guā,红了以后,北平的儿童拿着它玩]〈老・四・伦 2〉カラスウリは一种の小さな瓜で,赤くなると北京の子供らはよくこれをおもちゃにして遊ぶ.→[王 wáng 瓜 ③]
- 赤背 chìbèi 上半身裸になる.
- 赤壁之战 chìbì zhī zhàn 〈史〉赤壁は湖北省嘉魚県の西南,長江南岸の山.三国時代,その対岸で呉の周瑜が曹操の大軍を焼き打ちし大勝利を得た.
- 赤膊 chìbó 肌ぬぎ(になる).[〜船]〈方〉(飾りや日よけなどのない).[上阵 zhèn]〈喩〉④ がむしゃらに戦う. ⑤ 隠そうともせずに悪事を働く.
- 赤潮 chìcháo 〈地〉赤潮:[红 hóng 潮 ③]ともいう.
- 赤车使者 chìchē shǐzhě 〈植〉ヒメウワバミソウ:イラクサ科の渓谷の陰地に生える草本.
- 赤忱 chìchén 〈文〉赤誠.誠実な心.
- 赤诚 chìchéng 真心.誠実.[〜待人]人に対して誠実である.→[赤胆忠心]
- 赤翅蜂 chìchìfēng 〈虫〉アカバチ.
- 赤带 chìdài 〈医〉婦人病の一,赤色のこしけ.→[白 bái 带]
- 赤胆忠心 chǐdǎn zhōngxīn 赤誠の忠心.〈喩〉非常に真心がこもっていること.
- 赤道 chìdào 〈地〉赤道. ① 地球赤道.[〜流]赤道付近の暖流.[黄 huáng 道 ①]〈天〉天球赤道:地球赤道面を無限に拡大した場合天球を切る線が形成する大円.
- 赤道国 chìdàoguó ⇒[厄 è 瓜多尔]
- 赤道几内亚 chìdào Jǐnèiyà 赤道ギニア:正式国名は[〜共和国].アフリカ中部のギニア湾にある.首都は[马 mǎ 拉博](マラボ)
- 赤道仪 chìdàoyí 〈天〉赤道儀.
- 赤地 chìdì 〈文〉干害や虫害で地上の草木がみな枯死した土地.[〜千里]同前の範囲の広いさま.
- 赤地利 chìdìlì 〈植〉シャクチリソバ:タデ科の蔓生草本.
- 赤豆 chìdòu ⇒[赤小豆]
- 赤根菜 chìgēncài ⇒[菠 bō 菜]
- 赤褐色 chìhèsè 〈色〉あずき色(の).赤褐色(の)
- 赤红 chìhóng 〈色〉深紅色(の)
- 赤虹 chìhóng 〈魚貝〉アカエイ.
- 赤狐 chìhú 〈動〉アカギツネ(赤狐).[红 hóng 狐][火 huǒ 狐]ともいう.
- 赤化 chìhuà 赤化する:旧時,共産主義の影響を受けること.→[左 zuǒ 倾]
- 赤祸 chìhuò 旧時,共産党の活動:特に暴動.
- 赤箭 chìjiàn =[离 lí 母]〈植〉オニノヤガラ.ヌスビトノアシ:山野の林中に生える多年生無葉蘭.地下に長楕円形の塊茎があり,[天 tiān 麻]と称し薬用する.
- 赤脚 chìjiǎo =[赤足] ① はだし.素足:履物や靴下をはかないこと.また,靴下をはかないということもある. ② 素足でいる.はだしになる.
- 赤脚医生 chìjiǎo yīshēng =[农 nóng 村 红医]はだし医者:1968年前後から農村で農業のかたわら予防・治療活動をする者.とくに文化大革命期に活躍した.
- 赤金 chìjīn ① 純金[纯 chún 金]に同じ.[〜]に対して24金を[足 zú 赤(金)]といい,22金を[九成金]といい,18金を[七五成金]といい,14金を[五八三成金]という. ② 銅の古称.→[金]
- 赤津津 chìjīnjīn 血の流れるさま.[〜鲜 xiān 血流](元・关汉卿・救风尘)真っ赤に血が流れる.
- 赤烛 chìkǒu ⇒[朱 zhū 烛]
- 赤经 chìjīng 〈天〉天の春分点から東へ測る経度.
- 赤军 chìjūn 旧時,[红 hóng 军]に対する蔑称.
- 赤口白舌 chìkǒu báishé あれこれでたらめや悪口を言って,誤解やもめ事を引き起こすこと:[赤口毒舌][红 hóng 口白舌]ともいう.
- 赤佬 chìlǎo [赤老]とも書く.①〈方〉無頼漢.ごろつき.人でなし. ②〈白〉軍人.兵隊.
- 赤痢 chìlì 〈中医学〉のない血の混ざった下痢の病気.→[痢疾]

chì 赤饬挟炽

赤链蛇 chìliànshé ①動ヤマカガシ:〔赤练蛇〕〔赤楝蛇〕とも言う.無毒だが凶暴.②〈喩〉あくどい奴.
赤磷 chìlín ⇒〔红 hóng 磷〕
赤鹿 chìlù 動①アカジカ.〔欧 ōu 洲〜〕欧州アカジカ.②⇒〔马 mǎ 鹿〕
赤露 chìlù 裸になる.〔〜着胸 xiōng 口〕胸元をはだけている.
赤裸 chìluǒ ①裸になる.②〈喩〉むきだしの.
赤裸裸 chìluǒluǒ ①まる裸のさま.あか裸のさま.→〔赤身露体〕②赤裸裸な.〔〜的强盗 dào 逻辑〕あけすけな強盗の論理.
赤眉 chìméi 史前漢を倒し新を建てた王莽に反対して起きた農民一揆軍;参加者は眉を赤く染めていた.〔〜起义〕同前の一揆.
赤霉病 chìméibìng 農小麦・大麦・燕麦などの病害:穂は赤色のばい菌におおわれ,麦粒は干からびる.
赤霉菌 chìméijūn 赤かび菌.
赤霉素 chìméisù 〔九 jiǔ 二〇〕化ギベレリン(ジベレリン):イネバカ病原菌から取り出された植物生長促進剤.種なしブドウを作るのに用いられる.
赤贫 chìpín 極貧.甚だしい貧乏.〔〜如洗 xǐ〕〔〜贫如洗〕く成〉赤貧洗うが如し.
赤热 chìrè 灼熱の.
赤日 chìrì 烈日.赤日(誤):〔红 hóng 日〕に同じ.
赤色 chìsè ①色赤色(の).②共産主義・革命を象徴する.→〔红 hóng 色〕
赤色国际 chìsè guójì ⇒〔第 dì 三国际〕
赤砂(糖) chìshā(táng) ⇒〔红 hóng 糖〕
赤芍 chìsháo →〔白 bái 芍〕
赤舌烧城 chìshé shāochéng 讒(ジ)者の口は激しく城をも焼く.く喻〉讒言の恐ろしさ.
赤身 chìshēn ①丸裸.すっぱだか.〔〜露 lù 体〕〔〜裸 luǒ 体〕同前.②無一物(である).すっからかん.
赤绳系足 chìshéng xìzú 〈成〉赤い糸ひもで足をしば る.〔赤绳绾 wǎn 足〕ともいう.夫婦の縁は天の定めによること.唐の韦固が老人が月の光で書物を調べているのに出遭い,嚢中の赤いひもは何かと問うと,老人がこれでひとたび男女の足を縛れば,永久に離れられないものだと言ったという.媒酌人を〔月 yuè 下老人〕というのはこれによる.→〔红 hóng 丝②〕
赤石色 chìshísè 色香色(ｸﾞ)(の):薄い赤にわずかに紫を帯びた色.
赤石脂 chìshízhī ⇒〔红 hóng 高岭土〕中医しゃくせきし(せきせきし):風化した岩石や粘土から得られる帯赤色塊.下痢や胃腸出血の際の収斂(ﾂﾞ)性止血剤などに用いる.
赤手空拳 chìshǒu kōngquán 〔成〕素手で立ち向かうこと.〔学生们们〜和军警搏 bó 斗〕学生たちは徒手空拳で軍警や警察とやりあった.→〔手无寸铁〕
赤手起家 chìshǒu qǐjiā 〔成〕裸一貫から家をおこす:〔白 bái 手起家〕に同じ.
赤松 chìsōng 植アカマツ.
赤松子 chìsōngzǐ 人神農時代の雨師で,後に仙人となった.
赤陶 chìtáo 地テラコッタ:良質の粘土を素焼きにしたもの.
赤条条 chìtiáotiáo ①丸裸のさま.すっぱだかのさま.②何も持っていないさま.③飾りのないさま.むきだしのさま.
赤铜 chìtóng ⇒〔紫 zǐ 铜〕
赤头鸶 chìtóujuān 鸟〔鸡 jiāo 䳜〕
赤土 chìtǔ ①南洋の古国名:隋書に赤土国伝がある.②鉱火山灰でできている赤色の土.
赤兔 chìtù ①三国時代董卓の徳が盛んな時に現れるという霊獣.〈文〉駿馬.〔〜马 mǎ〕蜀の関羽の愛馬で,

関羽の死後,敵の与える食を拒み命を断ったといわれる.
赤纬 chìwěi 天赤緯:天球上における星の位置を表すために,赤道を基準として設けた座標の一,赤道から北または南に測った角距離.
赤卫队 chìwèiduì 史①第二次国内革命戦争期に革命根拠地の大衆によって組織された,生産から離れない武装組織.②同下.
赤卫军 chìwèijūn 〔赤卫队〕②ロシア十月革命の初期に,反革命を鎮圧するために労働者により編制された武装組織.後の赤軍.
赤县 chìxiàn 〈文〉中国.〔〜神 shén 州〕同前.
赤小豆 chìxiǎodòu ⇒〔赤豆〕植アズキ,またその実:〔红 hóng 豆②〕〔小豆〕ともいう.
赤心 chìxīn 赤心.真心.
赤熊 chìxióng 動アカグマ.
赤血盐 chìxuèyán ⇒〔铁 tiě 氰化钾〕
赤眼蜂 chìyǎnfēng 虫ヨトウタマゴバチ.
赤眼鳟 chìyǎnzūn 鱼贝カワアカメ.
赤杨 chìyáng 植ハンノキ(近縁種):落葉高木.果実・樹皮ともに染料に用いられる.
赤鲉 chìyóu 鱼贝オコゼ.→〔鲉〕
赤羽雀 chìyǔquè ⇒〔翡 fěi 翠②〕
赤子 chìzǐ 〈文〉①赤子.〔〜之心〕〈喩〉天真純粋な気持ち.②人民.
赤字 chìzì 欠損.不足.赤字.〔〜国债 zhài〕赤字国債.〔一亿 yì 元的〜〕1億元の赤字.〔财 cái 政〜〕財政赤字.〔弥 mí 补〜〕赤字をうめる.
赤卒 chìzú 虫アカネ(総称):いわゆるアカトンボをいう.〔蜻 qīng 蜓〕(トンボ科)アカネ属のトンボ.〔半黄〜〕キトンボ.
赤足 chìzú ⇒〔赤脚〕

〔**饬・飭**〕**chì** 〈文〉①整える.整頓する.〔匡 kuāng 〜天下〕天下を整える.②〈公〉命令する.上級機関より所属下級機関へ下す.〔〜其从速调查呈 chéng 报〕至急調査のうえ報告するよう命ずる.〔通〜〕全体に命令する.→〔禀 bǐng 报③〕〔咨 zī〕③つつしむ.
饬捕 chìbǔ →〔饬拿〕逮捕を命ずる.
饬查 chìchá 調査を命ずる.
饬呈 chìchéng ⇒〔饬交〕〔饬送〕〈牍〉使いの者を派して信書を届ける場合,その封面而に書く語.使いをもってお届け申し上げますの意.
饬催 chìcuī 戒め促す.催促する.
饬躬 chìgōng 〈文〉己の身を正す.
饬交 chìjiāo →〔饬呈〕
饬励 chìlì 〈文〉自ら戒め励む.
饬令 chìlìng 〈公〉命令する.
饬拿 chìná ⇒〔饬捕〕
饬派 chìpài 〈公〉命令して派遣する.
饬送 chìsòng →〔饬呈〕
饬正 chìzhèng 整え正す.
饬知 chìzhī 〈公〉命じて知らしめる.

〔**挟**〕**chì** 〈文〉鞭(ｸﾞ)で打つ)

〔**炽・熾**〕**chì** ①〈文〉火が盛んである.〔火〜〕⓪火熱が強い.⑤にぎやかである.②激しい.盛んである.
炽烈 chìliè 火勢の盛んなこと.〈喩〉烈である.〔〜的战斗〕烈な戦闘
炽情 chìqíng 熱烈な感情.激情.
炽热 chìrè 熱灼.熱烈なさま.とても熱い.〔〜的阳光〕灼熱の陽光.〔〜的感情〕燃えるような情熱.
炽盛 chìshèng 〈文〉極めて盛んなこと.
炽炭 chìtàn ①よく起こった炭火.②木炭や石炭を燃やす.

炽旺 chìwàng 火が燃え盛るさま.
炽焰 chìyàn 激しい炎.
炽燥 chìzào 乾燥していて焼けつくように暑い.
炽灼 chìzhuó ①火が盛んに燃えるさま. ②権力や勢力が盛んなさま. ③大やけどをする.

〔眙〕 chì 〈文〉①直視する.注目する. ②驚き見る. → yí

〔翅(翄)〕 chì ①[-儿]昆虫・鳥などの翼.〔翅膀〕は通称.〔雁 yàn〜〕雁の翼. ②[-子]鱶(ふか)のひれ(食材).〔鱼〜〕同前.〔~菜 cài〕鱶のひれの料理. ③〔翅果〕の果皮が伸びて羽の形をしている部分. ④[-儿]物の両側の出っぱったところ.〔香炉 lú〜〕香炉の同前. ⑤古く〔啻〕に通用した.
翅膀 chìbǎng [-儿]①鳥の翼. ②翼状のあるいは翼の役割をなすもの.〔飞机~〕〔机翼〕飛行機の翼.〔~硬了〕翼が堅くなる.〔喩〕一人前になる.自立できるようになる.〔扇 shàn〜〕羽ばたきする. =〔翼 yì①〕
翅饼 chìbǐng 〔食材〕鱶のひれ:中国料理用として鱶のひれの皮を洗い去り(上等品は煮た後に皮を洗い去る)ひげのようにしたものを四角形または丸形に干し固めたもの. =〔鱼 yú 翅〕
翅果 chìguǒ 〔植〕翼果(ばく):果皮が羽毛状の毛をもち風によって飛散される種子.〜〔唐 táng 松草〕〔植〕マンセンカラマツソウ. =〔藤 téng 翅〕〔植〕ハネミズル.
翅脉 chìmài 〔虫〕昆虫の翅脈(みゃく).
翅鞘 chìqiào 〔虫〕昆虫の翅鞘(しょう).さやばね:〔鞘〕ともいう.
翅席 chìxí 鱶(ふか)のひれの料理の出る高級中国料理のコース.
翅子 chìzi ①→字解② ②〈口〉翼.羽根.

〔敕(勅・勑)〕 chì 〈文〉①皇帝のみことのり. ②道士がおふだや呪文に用いる命令. ③戒める:〔饬②〕に通用する.
敕赐 chìcì ①下賜(し)される. ②御下賜品.
敕额 chì'é 勅許(きょ)によって建てられた寺院に賜った額.
敕封 chìfēng ①勅命をもって封ずる(官位・爵位・称号などを). ②→〔敕授〕
敕建 chìjiàn 勅命により建立される.
敕勒 chìlè ①古族名:〔铁 tiě 勒〕の別称.〔~川〕同前の居住地.現在の甘粛・内蒙古あたり.〔~〕同前の民謡:〔天苍苍,野范范,风吹草低见 xiàn 牛羊〕は最も有名. ②道教の語:おふだや呪文に〔敕令〕と書いて鬼神を制御すること.
敕令 chìlìng 〈文〉勅命(を下す)
敕命 chìmìng 〔明清〕六品官以下の官に土地や爵位を賜る辞令. →〔诰 gào 敕〕
敕授 chìshòu 〔明清〕勅命により六品官以下のものを封ずること:その曾祖父母・祖父母・父母及び妻の生存者を封ずることを〔敕封②〕,物故者を封ずることを〔敕赠 zèng〕といった.
敕书 chìshū 〔史〕勅書:皇帝から下臣へ下される布告.
敕造 chìzào 勅命により作られる.

〔鶒・鷘(鷘・鷘)〕 chì → 〔澳 xī 鶒〕

〔啻〕 chì 〈文〉①ただ.わずかに:多く否定または反語に用いる.ただ...のみ....ただにのみならず...もただにのみならずなどの意を表す.〔以今比昔,何〜霄 xiāo 壤〕今と昔に比べたら雲泥の差くらいのものではない.〔两国人民情谊不~兄 xiōng 弟〕両国人民の情誼は兄弟もただならずのである.

〔相去奚 xī〜天渊〕その差は天地の比ではない.

〔傺(際)〕 chì →〔侘 chà 傺〕

〔瘛〕 chì ⇒ zhì
瘛疭 chìzòng ⇒〔瘈疭〕

〔瘈〕 chì
瘈疭 chìzòng =〔瘛疭〕〔中医〕瘈瘲(じゅう).ひきつり. →〔抽 chōu 风〕

chong ㄔㄨㄥ

〔冲(沖・衝)〕 chōng (Ⅰ)〔衝〕①交通の要所.重要なところ.〔要〜〕緊要なところ.〔首 shǒu 当其〜〕先に立って要務を処理する. ②激しくぶつかる.突き進む.〔往前〜〕前に向かって突進する.〔横 héng〜直撞〕しゃにむに突進する.〔~出重 chóng 围〕重囲を突破する.〔一齐〜下去了〕一斉に突撃した. ③(感情・考えなどが)ぶつかる.突き上がる.〔血〜上了头〕頭に血がのぼった. ④〔刃物で物をすべらすように〕さっと切る.〔用剪 jiǎn 子把布一开〕はさみで布を切った. ⑤〔天〕〔衝〕:外惑星が地球をはさんだ太陽と正反対の方向にある状態.外惑星の地球大接近を〔大~〕という. ↔〔合 hé (Ⅰ)⑦〕
(Ⅱ)〔沖〕①水がぶつかる.水を注ぐ.〔~淋 lín〕水をざぶざぶ注ぐ.〔~出有泥 ní 土,用水~~〕泥がついているので,水を注いで洗う.〔~坏 huài〕写真の現像に失敗する. ②湯を注ぐ.〔~调 tiáo 谷物食品〕インスタントの穀物食品(コーンフレーク・粥・オートミールなど).〔~茶〕お茶を入れる.〔~方便面〕インスタントラーメンを作る.〔~奶 nǎi〕粉ミルクを溶く.〔~藕 ǒu 粉〕レンコン湯を作る. ③水で押し流す.〔水库修好了,再不怕大水~庄 zhuāng 稼了〕ダムができたら,もう大水で作物が流される心配はない. →〔大 dà 水冲了龙王庙〕 ④相殺する.〔~减 jiǎn〕相殺して減額する.〔他的病既然这么重,不然将一应的后事给他料理料理,一一~也好〕彼の病気がこんなに重いからには,なんなら彼の葬式の準備をして,邪気を払ったらいい. →〔冲克〕〔冲账〕 ⑤〈文〉幼い. →〔冲龄〕 ⑥〈文〉謙虚である.〔谦 qiān~〕謙虚である.
(Ⅲ)〔沖〕①〈方〉山間の平地.〔~田〕山地にある畑.〔韶 sháo 山〜〕〔地〕湖南省湘潭市の北部:〔毛泽东故居〕がある.〔番 fān 辻山就有很大的〜〕山を越えれば広い平地がある. ②〈姓〉沖(ちゅう) → chòng
冲程 chōngchéng 〔機〕行程.ストローク:ピストンのエンジン内おける運動の長度.〔行 xíng 程③〕ともいう.〔四 -(循环)发动机〕4サイクルエンジン.
冲冲 chōngchōng 感情が高ぶるさま.〔怒 nù 气~〕ぷりぷり怒る.
冲刺 chōngcì 〔スポ〕ダッシュ(する).スパート(する).〔最后的~〕ラストスパート.
冲淡 chōngdàn ①薄める.〔饭前也不要大量饮水,否则胃液就被~了〕食前に多量の水を飲んではいけない,さもないと胃液が薄められてしまう. →〔稀 xī 释〕 ②(雰囲気・効果・感情などを)柔らげる.ほぐす.弱める.〔用笑谈来〜当时僵 jiāng 持的气氛〕笑い話でその場のかたくなった雰囲気を和らげる.
冲淡剂 chōngdànjì →〔稀 xī 释剂〕
冲道 chōng·dào 〈方〉向こう気が強い.いっくである.
冲堤刷岸 chōngdī shuā'àn 大水が堤に打ちつけ岸

chōng / 冲

を洗う.
冲抵 chōngdǐ ⇒〔冲销〕
冲顶 chōngdǐng ①〔登山で〕頂上にアタックする. ②〔サッカーで〕ヘディング(シュート).
冲动 chōngdòng ①衝動.〔出于一时的〜〕一時の衝動にかられる. ②激昂(ぅ)する. 興奮する.〔他很容易〜〕彼は激しやすい.〔〜消费〕衝動買い(する)
冲断 chōngduàn ①(水で)断ち切られる.〔铁路被洪水〜〕鉄道が洪水で水につかり切断された. ②(囲碁で)出切り.
冲犯 chōngfàn さからう. たてつく.
冲锋 chōngfēng 軍突撃する.〔〜枪 qiāng〕(突撃の際に使用する)自動小銃.〔〜暴走車. 神風運転の車.〔吹〜号 hào〕突撃ラッパを吹く.〔〜冲击②〕
冲锋陷阵 chōngfēng xiànzhèn 突撃して敵陣を陥れる.〔喩〕勇敢に突き進む.
冲服 chōngfú 中医(少量の散剤を)湯で溶いて飲む.〔〜剂 jì〕〔冲剂〕エキス剤. 衝服剤:顆粒状にし湯に溶いて飲む漢方薬.
冲高 chōnggāo 経高騰する.〔银行股长期超跌 diē 后〜〕銀行株は長期間大幅値下がり後, 急騰した.
冲冠 chōngguān ⇒〔怒 nù 发冲冠〕
冲毁 chōnghuǐ (水が)激しくぶつかって壊す.〔被洪水〜了〕洪水で壊された.
冲昏头脑 chōnghūn tóunǎo〈成〉有頂天になる. 天狗(ぅ)になる.
冲击 chōngjī ①(水などが)激しくぶつかる.〔海浪〜着山崖 yá〕浪が崖に激しくぶつかる. 激しく押しよせる.〔在人民革命的洪 hóng 流的〜下, 他们垮 kuǎ 台了〕人民革命の激流の前に彼らは崩壊した. ②=〔冲锋〕突撃する. 攻勢に出る〔突 tū 击①〕に同じ.〔〜机기〕攻击机〕強击机取り扱い.〔不断遭到有力的〜〕絶えず有力な突撃に遭遇した. ③衝撃. ショック.〔受到〜〕ショックを受けた.
冲积 chōngjī (土砂が)沖積(する).〔层 céng〕〔地〕沖积層.〔〜期〕沖積期:地質時代で新生代の一. 洪積期を受けて現在に及んでいる.〔〜扇 shàn〕〔地〕扇形にした沖積層. デルタ.
冲击波 chōngjībō 物衝撃波:核爆発やロケット発射などで起こる.
冲鸡蛋 chōngjīdàn 卵湯(を作る):生卵に熱湯を注ぐ時に掻き回す.
冲剂 chōngjì ⇒〔冲服剂〕
冲卷儿 chōngjuǎnr フィルムを現像する.
冲决 chōngjué ①(水流が)堤防を切る. 決壊する. ②制約を突き破る.〔〜罗 luó 网〕〈成〉網の目を突き破る.
冲克 chōngkè 旧(占卜で)日辰・五行・干支の抵触するのを〔冲〕, 相克するのを〔克〕という:例えば子は〜と抵触し, 金は木を抑えるなど.
冲口 chōngkǒu 考えずに口に出る.〔〜而出〕〈成〉口をついてすぐ出る. 即座に口に出る.
冲垮 chōngkuǎ 突き破る. 押し流して壊す.
冲扩 chōngkuò (写真を)現像(焼き付け)し引き伸ばす.
冲浪 chōnglàng スサーフィン(する).〔〜板〕サーフボード.〔网 wǎng 上〜〕電算ネットサーフィン.
冲浪浴缸 chōnglàng yùgāng ジャグジーバス.
冲力 chōnglì 慣惯性力:運動している物体から, 動力を除かれた後も慣性の作用によって運動を継続する力.
冲凉 chōngliáng〈方〉水をかぶる. シャワーを浴びる. →〔冲 xǐ 凉〕
冲量 chōngliàng 物力积(♦). インパルス:力と力が働いた時間との積.
冲龄 chōnglíng〈文〉幼い者:多く帝王の場合に用いる.

冲昧 chōngmèi〈文〉幼くて愚かである.
冲末 chōngmò 劇古代劇の役名:〔二 èr 末〕ともいい, 旧劇の〔末⑤〕(端役)にあたる.
冲泡 chōngpào 〔中国〕湯を注ぐ(お茶・コーヒーなど). 温い飲み物をつくる.
冲票 chōngpiào (帳簿を合わせるための)偽の領収書(を買う・作る). →〔冲账〕
冲破 chōngpò 突き破る. 突破する.〔〜难 nán 关〕難関を突破する.〔阻 zǔ 碍〕障害を突破する.
冲切 chōngqiē ⇒〔冲剪〕
冲气建筑 chōngqì jiànzhù 建エアチューブテント.
冲日 chōngrì 天地球が火星と太陽間に入り一直線上に並ぶこと. →〔火 huǒ 星大冲〕
冲散 chōngsàn けちらす.
冲杀 chōngshā 軍突進する. 突撃する.〔冒着枪 qiāng 林弹雨〜〕弾丸雨あられの中を突進する.
冲沙闸 chōngshāzhá (ダムの)土砂吐き水門.
冲煞 chōngshà 邪気を払う.
冲晒 chōngshài ⇒〔洗 xǐ 印〕
冲蚀 chōngshí (水に)浸食される.
冲刷 chōngshuā ①押し流す. 浸食する.〔雨水〜耕 gēng 地〕雨水が耕地を浸食する. ②洗い流す.〔把汽车〜得干干净净〕自動車をきれいに洗った.〔〜旧社会遗留下来的污泥浊 zhuó 水〕旧社会が残した汚れた水流の〜.
冲水滑梯 chōngshuǐ huátī ウォーターシュート: 屋外遊戯具の一種.
冲水马桶 chōngshuǐ mǎtǒng ⇒〔抽 chōu 水马桶〕
冲塌 chōngtā 水に突き崩される. 押し流す.
冲腾 chōngténg (気体などが上へ)すばやく飛び出る.
冲天 chōngtiān =〔冲霄〕空高くのぼる. 天を突く.〔怒 nù 气〜〕非常に怒った形容.〔干劲(儿) jìn(r)〜〕意気盛んなさま.
冲天炉 chōngtiānlú 工溶鉱炉. キューポラ.
冲天锥 chōngtiānzhuī 頭の真中の髪をつまみ上に向けて結った小児の髪.
冲田 chōngtián 谷間の稲田.
冲调 chōngtiáo いれる. 調合しあんばいする.〔〜一杯加咖啡〕コーヒーを1杯いれる.
冲突 chōngtū 衝突(する).〔利害的〜〕利害の衝突.〔因为时间安排〜, 选了汉语就不能听俄 é 语〕時間がかちあっているので, 中国語を選ぶとロシア語が聴講できない.
冲洗 chōngxǐ ①水を注いで洗う.〔上面有泥土, 用水〜一下〕上に泥がついているから水で洗いなさい. ②(写真の)現像(する).〔〜, 印像, 放大〕現像・焼付・引き伸ばし. DPE.
冲喜 chōngxǐ 旧おめでたい事によって縁起直しする. 病人に結婚式を挙げさせて病気を回復させようとすることなど. →字解(II)④
冲线 chōngxiàn スゴールイン.
冲陷 chōngxiàn 敵陣を陥れる.
冲销 chōngxiāo =〔冲抵〕劇(会計上)相殺する.〔〜干 gān 预〕不胎化(介入).〔〜坏账〕不良貸付を処理する. 貸借を相殺する.
冲霄 chōngxiāo ⇒〔冲天〕
冲泻 chōngxiè 水が激しく落ちる.
冲虚 chōngxū〈文〉①雑念を去って心をむなしくする. ②天空にのぼる. 虚空をわたる. ③〔〜真 zhēn 经〕列子の別称.
冲要 chōngyào ①交通の要衝.〔地当〜〕場所が重要なところにあたっている. ②〈文〉要職.
冲印 chōngyìn 現像と印刷(をする)
冲涌 chōngyǒng (水が)激しく打ち上がる.

chōng～chóng

冲澡 chōngzǎo シャワーを浴びる.水を浴びる.
冲账 chōngzhàng 差引計算.差引勘定.相殺勘定.
冲撞 chōngzhuàng ①ぶつかる.〔火车和汽车～了〕汽車と自動車が衝突した.②人の機嫌を損ねる.逆らって人を怒らせる.〔他说话总是～人家〕彼は他人を怒らせるようなことばかり言う.〔我一句话～了他了〕わたしの一言が彼の気にさわった.〔～了神了〕神のお怒りにふれた.③⓾(バスケットなどで)チャージング.
冲走 chōngzǒu 押し流す.〔被～的房fáng屋二千八百五十座〕押し流された家屋は2,850棟.

[忡(憃)] chōng 〈文〉憂える.〔忡yōu 心～～〕不安で気が気でない.
忡怔 chōngzhēng 〈文〉不安なさま.びくびくするさま.

[翀] chōng 〈文〉(鳥が)まっすぐ上に飛ぶ.

[充] chōng ①満ちる.ふさぐ.②満たす.〔～电①〕充電する.③充てる.充当する.〔～做军用〕軍用に充てる.⑧あてる.担任する.〔曾～任校长〕前に校長をやったことがある.⑤騙(だま)る.偽る.〔拿坏的来～好的〕粗悪なものをいいもののように持ってくる.〔小流氓máng冒～学生在学校里偷东西了〕無頼漢が学生になりまして、学校内でどろぼうをした.⑥装うふりをする.〔～能干〕有能なふりをする.⑦〈姓〉(じゅう)
充畅 chōngchàng 〈文〉(物品・筆勢などが)充実してのびのびしている.
充斥 chōngchì 氾濫する.はびこる.〔美国烟yān～市场〕アメリカのタバコが市場にあふれている.
充磁 chōngcí 物磁化する.
充当 chōngdāng 担当する.担任する.〔～教jiào授〕教授をつとめる.
充电 chōngdiàn ①(電池へ)充電(する).チャージ(する).②⟨喩⟩知識・技術を身につける.
充栋 chōngdòng →〔汗hàn牛充栋〕
充耳 chōng'ěr 〈文〉耳をふさいで聞こうとしない.〔～不闻wén〕聞かないふりをする.耳を貸さない.②古代の冠の両側に垂れている玉.
充粉纸 chōngfěnzhǐ 模造アート紙.
充分 chōngfèn ①十分である.十分な(に).〔你的理由不够gòu～〕君の理由はまだ十分だ.〔做好～的思想准备〕しっかり心づもりをしておく.〔～交换意见〕十分に意見を交換する.②できる限り.できるだけ.〔～发挥huī人的积极性〕極力人の積極性を出させる.→〔十shí分〕
充公 chōnggōng 没収して公有にする(こと).〔入rù官〕
充饥 chōngjī 飢えをしのぐ.〔先不要管什么,只要能～的都可以买来〕何でもかまわない,腹の足しになるものなら,みな買ってこい.
充军 chōngjūn 回痂刑で,僻遠(xīn)の地の兵営に苦役につかせること.→〔发fā配〕〔配pèi军〕
充闾 chōnglǘ 〈文〉家門が栄えること:子が生まれた時の賀詞として用いられる.
充满 chōngmǎn 充満する.満ちる.〔欢huān呼声～了会场〕歓呼の声が会場にあふれていた.〔～信心〕自信に満ちている.
充能干 chōngnénggàn 有能のつもりになっている:〔充能个儿gèr〕ともいう.〔他什么都不会,偏piān要～〕彼は何もできないくせに,有能なふりをする.
充胖子 chōngpàngzi 太っているように見せる.〔鼓gǔ着腮帮子～〕打肿脸へ⟨喩⟩やせ我慢を張る.もったいぶる.負け惜しみをする.
充沛 chōngpèi 満ちみちている.盛んである.〔精力～〕精力が旺盛だ.〔雨量～〕雨量が多い.
充其量 chōngqíliàng 多くても.せいぜい.〔～多〕ともいう.〔～分给(他)四亩mǔ〕多くても4ムーしか分割し与えない.
充气 chōngqì ガスを満たす.〔～灯泡〕ガス入り電球.
充任 chōngrèn 担任する.〔挑tiāo选能干的人～这个职〕有能な人をこの職を担任させる.
充塞 chōngsè 充ちふさぐ.いっぱいになる.
充实 chōngshí ①充実している:数量・質ともに十分である.〔文章的内容～〕文章の内容が充実している.②充実させる.強化する.〔下派干部～基层〕幹部を下に降ろして下部組織を強化する.
充数 chōngshù 員数をそろえる.数合わせをする.→〔滥làn竽充数〕
充填 chōngtián ①(欠けた所を)うずめる.補う.②⟨機⟩インパクト.充填.
充血 chōngxuè 充血(する).〔脑nǎo～〕医脑充血.
充溢 chōngyì 満ちあふれる.流露する.〔孩子们的脸上,～着幸福的笑容〕子供たちは顔いっぱいに幸せそうな笑みを浮かべている.
充盈 chōngyíng ①充ちる.充満する.〔财cái力～〕経済力が充実している.②豊満である.太る.
充裕 chōngyù 余裕がある.豊かである.〔经济～〕暮らしむきが豊かだ.〔时间～〕時間が十分にある.
充值 chōngzhí (カードに)入金する.チャージする.〔～卡kǎ〕くりかえしてチャージできるプリペイドカード:各種の乗車カード・携帯電話用通話カード・電子マネーなど.
充足 chōngzú 充足する.数量は十分である.〔光线～〕充分明るい.
充作 chōngzuò (偽って)…に充てる.…とする.

[茺] chōng
茺蔚 chōngwèi =〔〈文〉蓷tuī〕⟨植⟩ヤクモソウ(メハジキ):〔益yì母草〕の古称.よもぎに似た薬草.

[涌] chōng 川の支流の意で,多く地名用字.→ yǒng

[舂] chōng (臼あるいは乳鉢で)搗(つ)く(穀物・薬などに).〔把米再～一次〕米をもう一度うすでつく.
舂碓 chōngduì 米をつく臼.
舂歌 chōnggē 米つきの歌:主に〔黎lí族〕などの少数民族の居住区に流行する.〔舂米歌〕〔杵chǔ歌〕ともいう.
舂米 chōngmǐ 精米する.
舂米郎 chōngmǐláng 〔挂guà得扁儿〕圓コメツキバッタ.ショウリョウバッタ.=〔窩簠jī蠡〕に同じ.→〔蚱zhà蜢〕
舂药 chōngyào (乳鉢で)薬をつく.

[惷] chōng 〈文〉愚かである.

[憧] chōng 〔～～〕〈文〉行ったり来たりして,定まらないさま.
憧憬 chōngjǐng あこがれる.実現を希望する.〔～着未wèi来〕未来を期待している.

[罿] chōng 〈文〉鳥網.

[艟] chōng →〔艨méng艟〕

[虫・蟲] chóng ①〔-儿,-子〕虫.昆虫.〔甲jiǎ～〕カブトムシ.〔毛毛máomao～〕〔毛～〕毛虫.〔迷mí〕昆虫愛好家.コオロギ愛好家.②(昆虫以外の)動物.〔长cháng～〕蛇.〔大～〕虎.③⟨喩⟩奴.者.人間:嘲笑・諧謔などに用いる.〔糊hú涂～〕馬鹿者.〔书～〕本の虫.〔应

chóng 虫种重

ying 声~〕イエスマン.〔苦~〕〈喩〉苦労ばかりする人.〔懒lǎn ~〕〈喩〉なけけ者.
虫白蜡 chóngbáilà イボタノキなどの枝に寄生した虫が分泌した蠟(ろう).蠟燭の製造・丸薬の外装・生糸系織物の光沢づけなど多用される.
虫臂鼠肝 chóngbì shǔgān 虫の臂と鼠の肝(きも).〈喩〉ごくつまらぬ些細なもの.
虫草 chóngcǎo ⇒〔冬 dōng 虫夏草〕
虫害 chónghài 昆虫類が植物に与える害.〔虫患〕ともいう.〔虫灾〕
虫旱 chónghàn 虫害と旱(ひでり)害.
虫患 chónghuàn ⇒〔虫害〕
虫胶 chóngjiāo シェラック.ラック.〔腊là 克〕は音訳.〔紫zǐ 草茸〕〔紫胶虫〕は,〔虫胶虫〕(シェラック介殻虫)が分泌する樹脂状物質を精製したもの.絶縁・耐熱・防湿などの性質がある.〔~清漆 qī〕シェラックワニス.〔~片〕加工された同前:〔片胶〕〔〈文〉漆 qī 片〕〔〈音 訳〉舍 shè 来 sli 力(片)〕〔洋 yáng 干漆〕ともいう.
虫菊 chóngjú ⇒〔除 chú 虫菊〕
虫口 chóngkǒu 一定範囲内の昆虫の個体数.
虫蜡 chónglà ⇒〔白 bái 蜡①〕
虫卵 chóngluǎn 虫の卵.
虫媒花 chóngméihuā 虫媒花.↔〔风 fēng 媒花〕
虫情 chóngqíng 農作物の虫害の情況:潜伏・発生・被害など.
虫儿 chóngr ①虫.小さい虫.②〈主〉:その道のことなら何でも精通している人.〔河工上的~〕河水工事の精通者.〔他在这儿是个~,什么都懂得〕彼はここでは主だ,何でも知っている.
虫沙 chóngshā ⇒〔猿 yuán 鹤虫沙〕
虫蚀 chóngshí (物品が)むしばまれる.虫に食われる.
虫书 chóngshū →〔鸟 niǎo 虫书①〕
虫纹鲀 chóngwén yuántún =〔腊 là 头 鱼〕〔面 miàn 艇鮍〕鱼尺ショウサイフグ.
虫牙 chóngyá 因むし歯.〔龋 qǔ 齿②〕の俗称.
虫眼(儿) chóngyǎn(r) 果物・種子・樹木・木器具などの虫食いの穴.
虫蚁 chóngyǐ ①虫.小さな虫.〔虫虫蚁蚁〕虫類.〔~儿〕〈方〉鳥類.鳥獣類.
虫瘿 chóngyǐng 国虫こぶ:昆虫の産卵による刺激で葉や茎にできる瘤状物.〔瘿③〕ともいう.→〔没mò 食子〕〔五 wǔ 倍子虫〕
虫鱼 chóngyú ①虫と魚.〈転〉下等な動物.〔化渐 jiān ~〕〈文〉感化が虫魚にまで及ぶ.②〈喩〉きわめて些細なこと.〔训詁学・考証学の蔑称.
虫灾 chóngzāi 被害の規模の大きい虫害.
虫豸 chóngzhì 〈文〉昆虫(総称)
虫蛀 chóngzhù 虫食い(の)
虫篆 chóngzhuàn ①〈文〉虫.②⇒〔鸟 niǎo 虫书①〕③つまらぬ技能.〔~小技〕とるに足らないつまらない技能.〔鐘・鼎(かなえ)の彫刻・細工.
虫子 chóngzi ①虫.昆虫.〔~打了〕虫が食った.②〈転〉事に託して利をはかる人.〔慈 cí 善~〕慈善屋.

〔种・種〕 chóng 〈姓〉種(はね)→ zhǒng zhòng

〔重（垩）〕 chóng ①重ねる(なる).〔重ねて〕加える.繰り返し…する.〔要是冷,再~上一层棉 mián 被吧〕もし寒いなら綿入れたんをもう1枚重ねなさい.〔这本书~了一页 yè〕この本は1枚多く製本されている.〔书买~了〕同じ本を2冊(以上)買った.②重なって重複している.③〈量〉同じ様式のくり返しや~のものを数える.〔这一样儿不要了,同じのはいらない.〔每天的菜別~样儿〕毎日のおかずは

同じものばかりではいけない.③重ねて.繰り返して.その上また.再び.もう一度.〔~又 yòu〕同前.〔~焕 huàn 青春〕若返って元気になる.〔~归 guī 于好〕→归旧 jiù 好〕成昔のよりをもどす.〔拆chāi 了~做〕とり壊してまた作り直す.〔说一遍〕繰り返して言う.〔~操 cāo 旧业.〕慣〕再び元の仕事(昔の商売)をする.〔旧地~游〕旧遊の地を再び訪れる.〔4层.〕双〕~领 lǐng 导〕双方からの指導.〔五~塔 tǎ〕五重の塔.〔二人一格〕二重人格.⑤〈姓〉重(しげ) → zhòng

重版 chóngbǎn 再版する.版を重ねる.再版する.
重瓣胃 chóngbànwèi 動発弁胃:牛などの第3胃.
重瓣樱花 chóngbàn yīnghuā 八重(咲き)の桜.
重壁 chóngbì 〔夹 jiā 壁墙③〕
重播 chóngbō 再放送(する).〔隔 gé 一段时间又~这个消息〕ひとしきり後でこのニュースを再放送する.
重茬 chóngchá ⇒〔连 lián 作〕
重唱 chóngchàng 国重唱.〔四~〕四重唱.
重重 chóngchóng 次々(と重なる).〔心事~〕心配ごとが重なる.〔~见喜〕重ね重ねめでたいことがある.〔~障 zhàng 碍〕重なる障害.〔矛 máo 盾~〕矛盾だらけ.〔~叠 dié 叠〕〔~落 luò 落〕重なりあうさま.
重出 chóngchū ①重複して出る.②再現する.復活する.〔~江湖〕〔复出江湖〕〈成〉(知名人が)現場に復帰する.帰り咲く.
重打鼓,另开张 chóng dǎgǔ,lìng kāizhāng ⇒〔重新打鼓,另开张〕
重打锣鼓 chóngdǎ luógǔ ⇒〔重新打鼓,另开张〕
重蹈覆辙 chóngdǎo fùzhé 〈成〉前车の轍(わだち)を踏む.前の失敗を繰り返す.二の舞を演じる.
重叠 chóngdié ①重なりあう.〔山峦 luán ~〕山が幾重にも連なる.②重複する(させる)
重叠式 chóngdiéshì 国重ね形:〔重叠形式〕ともいう.
重读 chóngdú ①もう一度読む.②留年する.〔~生〕落第生.留年生.→ zhòngdú
重睹 chóngdǔ 再び見る(見える).〔~天日〕再度日の光を見る.〈喩〉暗黒から光明にかわること.
重返 chóngfǎn 再び戻る:〔重回〕ともいう.〔东北解放后,他们才~故乡〕東北が解放されてから彼らはやっと故郷に帰ってきた.
重犯 chóngfàn 国再犯(する).〔防止~这种错误〕再びこのような過ちを犯すことを防止する.
重访 chóngfǎng ①再度訪ねる.②再び苦情申し立てをする.→〔上 shàng 访〕
重分 chóngfēn 再分配(する).
重逢 chóngféng 再会する.〔久別~〕長く別れていた友と.
重复 chóngfù 重複(する).繰り返す.〔避 bì 免~浪费现象〕浪費の現象を繰り返すことがないようにする.〔决不~同样的错误〕同じような過ちは決して繰り返さない.〔第一个,在前面已经说过的,这里再~说一说,…〕〔毛・实〕第一は,すでに先に述べたことであるが,ここでさらに重ねて少し述べてみると,….
重估 chónggū 再評価する.〔~价 jià 值〕经再評価価格.
重光 chóngguāng 再び光を浴びる.〈喩〉失地を回復する.〔~河山〕〔大地~〕大地に光が返ってくる.〈喩〉侵略を撃退し地を回復する.
重合 chónghé 動重なり合う.符合する.〔两个全等的等边三角形放在一起就可以~〕二つの相等しい等辺三角形を一緒にするとぴったり重なり合う.
重回 chónghuí ⇒〔重返〕

重　chóng

重回儿 chónghuír 〈方〉2度目(をやる).同じこと(をやる).〔昨天已经交给你们柜 guì 上了,怎么又要个〜啊〕もう昨日きみの店の方へ渡しておいたのにどうして2度取りするのか.

重婚 chónghūn 〈法〉重婚.

重茧 chóngjiǎn ①同上.②〈文〉厚手の絹の綿入れの服.

重趼 chóngjiǎn ＝[重茧①](手足にできる)たこ.

重建 chóngjiàn ①再建する.②リストラ(する).構造転換(する):〔重新构 gòu 筑〕ともいう.

见天日 chóngjiàn tiānrì 〈成〉暗黒の世界に再び光明が戻る:拘禁された者が自由を取り戻す.

重九 chóngjiǔ ⇒[重阳(节)]

重聚 chóngjù (長く別れてから)再会(する).〔〜人心〕ばらばらになった人々の心を再結集する.

重刊 chóngkān 再刊(する)

重考 chóngkǎo 再試験(する).再受験(する)

重利 chónglì 複利:[复 fù 利(息)]に同じ.

重临 chónglín 再びやって来る.〔〜故 gù 土〕再びゆかりの地にやって来る.

重霤 chóngliù 雨どい.

重楼金线 chónglóu jīnxiàn ⇒[蚤 zǎo 休]

重峦叠嶂 chóngluán diézhàng 〈成〉険(險)しい山が連なるさま:[重岩 yán 叠嶂]ともいう.

重罗 chóngluó 二重網の篩(ふるい).

重落 chóngluò 再びぶりかえす.〔他的病前几天显 xiǎn 着好一点儿,现在又〜了〕彼の病気は数日前は少し良いように見えたが、今またぶりかえした.

重码 chóngmǎ ①番号が重複する.②重複番号.

重门 chóngmén 幾重もの門.〔〜深 shēn 锁〕〈成〉出入りが容易でない.

重名 chóngmíng [〜儿]同名.〔他和我〜〕彼はわたしと同じ名だ.〔〜同姓〕同姓同名.→zhòngmíng

重拍 chóngpāi 撮り直し(する).リメイクする.

重排 chóngpái ①活字を組み直す.版を改める.②繰り返し排出する.〔〜废 fèi 水〕廃液を同前.

重启 chóngqǐ 〈電〉リブート.再起動:[再 zài 启动]ともいう.

重起 chóngqǐ 再び(新たに)立て直す.新しく始める.〔〜炉 lú 灶〕新たにかまどを築き直す.〈喩〉新規まき直し.

重亲 chóngqīn ①姻戚関係でさらに婚姻関係を結ぶこと:俗に[亲上作亲][亲上加亲]という.②祖父母と父母.

重庆 chóngqìng ①〈文〉祖父母と父母がそろって健在であること.②[地]重慶:中央直轄市.〔〜谈 tán 判〕[双 shuāng 十协定]1945年10月10日重慶での共産党と国民党との平和協定.

重圈 chóngquān [〜儿]二重丸.[双 shuāng 圈(儿)]に同じ.

重任 chóngrèn ①再任(する).②再任用する.→zhòngrèn

重赛 chóngsài 再試合.

重三 chóngsān 旧暦3月3日の称.

重三道四 chóngsān dàosì 〈成〉くどくど言う.

重丧 chóngsāng 喪が引き続いての不幸.

重申 chóngshēn 重ねて声明する.〔我们〜要加强中日两国友誼的坚 jiān 定决心〕我々は中日両国の友誼を強めわたくしの堅い決意を重ねて確認する.

重审 chóngshěn 〈法〉再審(する):一審の裁判所に差し戻す.〔发 fā 回〜〕差し戻す(再審する)

重生 chóngshēng ①再生(する).復活(する).②[生理]組織の再生(する):[再 zài 生②]に同じ.

重生父母 chóngshēng fùmǔ ⇒[再 zài 生父母]

重拾 chóngshí やり直す.〔〜河山〕自然を元に戻す.〔〜旧 jiù 旗〕〈喩〉復活する.再起こす.〔〜乌 wū 纱帽〕〈喩〉失脚した官僚が返り咲くこと.

重说 chóngshuō 繰り返して言う.

重塑 chóngsù 〈喩〉新しく作り直す.一新する.

重孙女(儿) chóngsūnnǚ(r) 曾 孫 娘:[曾 zēng 孙女]に同じ.

重孙(子) chóngsūn(zi) 曾孫(ひまご):[曾 zēng 孙①]に同じ.

重沓 chóngtà 〈文〉重複く冗長である.長たらしい.

重弹老调 chóngtán lǎodiào 〈成〉再び古いものを持ち出し宣伝する.昔の主張を繰り返す.

重提 chóngtí 再び提議する.話をまた持ち出す.〔旧事〜〕古いことをまた持ち出す(むし返す)

重贴现 chóngtiēxiàn 〈経〉(手形)再割引(をする)

重图 chóngtú 再度の計画を立てる.

重吐芳华 chóngtǔ fānghuá 〈成〉再興する.

重外甥 chóngwàishēng 姉妹の孫:[甥孙 sūn]ともいう.

重外甥女 chóngwàishēngnǚ 姉妹の孫娘:[甥孙女]ともいう.

重闱 chóngwéi 〈文〉①奥深い宮居.②祖父母の称.

重围 chóngwéi 重囲.〔冲 chōng 出〜〕[杀 shā 出〜]重囲を突破する.

重温 chóngwēn 再度復習する.〔〜旧 jiù 梦〕〈成〉昔の夢をもう一度見る.実現しない夢を実現させたいと思う(けなす意味).

重文 chóngwén 〈文〉異体字:[异 yì 体字]の旧称.

重午 chóngwǔ ⇒[端 duān 午(节)]

重熙累洽 chóngxī lěiqià 〈文〉太平の世が続く:[累世升 shēng 平]ともいう.

重现 chóngxiàn 再現する.〔当年战斗的场面又〜在他眼前〕往事の戦争の情景がまた彼の目の前に再現された.

重霄 chóngxiāo 〈文〉高い空.[九〜]同前.

重新 chóngxīn 重ねて新たに.改めて:[从 cóng 新]に同じ.[〜开始][重开]再開(する).[〜选 xuǎn 举][重选]再選挙(する).[〜开机][〜启 qǐ 动][電]リブート(する).再起動.[〜装修]リニューアル.改装.

重新打鼓,另开张 chóngxīn dǎgǔ, lìng kāizhāng ＝[重打鼓,另开张][重打锣鼓]〈喩〉新規まき直し(をする).[重新]は[从 cóng 新]ともいう.[咱们〜吧]新規まき直しでやろうよ.

重新做人 chóngxīn zuòrén [重新作人]とも書く.〈成〉(前非を悔いて)生まれ変わる.正しい人間に変わる.

重行 chóngxíng ①別に…をする:[另行]に同じ.②〈文〉(女性が)再婚する.

重姓 chóngxìng 同姓.→[重名]

重修 chóngxiū 改修する.〔〜马路〕大通りを改修する.〔〜庙 miào 宇〕お寺の建物を建て直す.[〜旧好]以前の交友関係を元に戻す.

重絮 chóngxù 〈文〉くどくどしく言う.

重选 chóngxuǎn 再選挙(する):[重新选挙]の略.

重言 chóngyán ①[語]重言(じゅうごん):修辞上の効果を高めるため同じ言葉を繰り返すこと,またその言葉:[叠 dié 字](畳語)に同じ.②〈文〉繰り返して述べる.

重檐 chóngyán 二重になっている軒(のき).

重演 chóngyǎn 再演する(される).〈喩〉〈転〉同じことが繰り返される.[旧剧〜]〈喩〉同じようなことが再び繰り返される.[惨 cǎn 案〜]惨事が再び起こる.[历史〜]歴史がまた繰り返る.

重阳 chóngyáng ⇒[重阳(节)]

重洋 chóngyáng 遠い海洋.広く限りのない海洋.〔远渡〜〕〈成〉はるばる海外の彼方に渡る.

重阳暴 chóngyángbào 旧暦9月9日に吹く暴風.

249

→〔屈 qū 原暴〕
重阳糕 chóngyánggāo ⇒〔菊 jú 糕〕
重阳(节) chóngyáng(jié) =〔重九〕〔九 jiǔ 节辰〕〔九月九〕〔暮 mù 节①〕〔清 qīng 秋节〕旧暦9月9日(の節句)の称:その翌日を〈小~〉という.→〔九日登高〕
重样(儿) chóngyàng(r) (二つの品物が)同じ形である.同じものが重なる.〔得 děi 不~才好呢〕重複しないようにしなきゃいけない.
重译 chóngyì ①二重通訳(する).二重翻訳(する).〔由英译本~法国小说〕フランスの小説を英訳から重訳する.②改めて訳し直す.〔原来的译本不好,需要~〕元の訳文はまずいので新たに訳す必要がある.〔~《资本论》〕『資本論』を重ねて訳し直す.
重一重 chóngyichóng ①重ねる.②〈転〉迎え酒を飲む.〔昨天喝太多了,今天头还晕 yùn 呢,再喝点~吧〕昨日飲みすぎてまだ頭がフラフラする,少し迎え酒をやろう.
重音 chóngyīn (電話・ラジオ・無線など)音声がダブる.〔出现~〕同前.⇒ zhòngyīn
重印 chóngyìn 再版(する).〔这部字典出版后不久,又~了〕この字典は出版されて間もなく再版された.
重影 chóngyǐng ①二重に映る.ダブって見える.②二重映しの像.
重映 chóngyìng (映画の)再上映(する)
重圆 chóngyuán 別れた夫婦が元通りになる.元の鞘(さや)におさまる:〔破 pò 镜重圆〕に同じ.〔她希望他们还有一的一天〕彼女は彼らがまた元の鞘におさまることを望んでいた.
重张 chóngzhāng 店舗改修などで休業していた店が再び営業を始める.
重振 chóngzhèn 再び盛んにする.〔~旗 qí 鼓〕態勢を立て直す.〔~雄 xióng 风〕威勢を盛り返す.〔~军威 wēi〕軍の威勢を盛り返す.
重征 chóngzhēng 二重に税金を取り立てる.
重整 chóngzhěng 再び整える.〔~军备〕再軍備をする.〔旗 qí 鼓〕新たに態勢を立て直す.
重制 chóngzhì 再び作る.改めて製造する.
重铸 chóngzhù ①改めて鋳造する.鋳直(いなお)す.②〈喻〉(一旦失ったものを)改めて作る.~を戻させる.③〈喻〉再編成する.〔企 qǐ 业~〕企業の再編(する)
重奏 chóngzòu 〔重奏〕〔二~〕二重奏.デュエット.〔三~〕三重奏.トリオ.
重足而立 chóngzú ér lì〈成〉足を重ねて立つ.〈喻〉びくびくした状態にある.
重组 chóngzǔ 再編する.再構築する.〔基 jī 因~〕〔转 zhuǎn 基因〕遺伝子組み換え.
重祚 chóngzuò ⇒〔复 fù 辟〕

〔**崇**〕 chóng ①高い.優れている.〔~楼大厦 shà〕高層ビル.②あがめる.敬う.尊ぶ.重視する.〔~美 měi〕アメリカ崇拝.〔推 tuī ~〕尊重する.③〈姓〉崇(チョン).
崇拜 chóngbài 崇拝する.
崇奉 chóngfèng あがめ尊ぶ.信仰する.
崇高 chónggāo 崇高である.〔~的敬 jìng 礼〕崇高な敬礼.〔实现共产主义是我们的~理想〕共産主義を実現するのが,我々の崇高な理想だ.〔~品质〕崇高な品性・人柄.
崇阶 chóngjiē 〈贛〉尊堂.お宅.〔趋 qū 诣~〕お宅へ参上いたします.
崇敬 chóngjìng 尊び敬う.
崇论闳议 chónglùn hóngyì〈喻〉ひときわ優れた議論・意見.〔闳〕は〔宏〕とも書く.
崇日 chóngrì〈文〉終日.

崇山 chóngshān 高くて大きな山々.〔~峻 jùn 岭〕成々高く険しい山々.
崇尚 chóngshàng あがめ尊ぶ.尊重する.〔~朴 pǔ 素〕素朴を尊ぶ.
崇文门 chóngwénmén 北京の城門名:〔哈 hǎ 达门〕ともいい,内城の東南角にあった.
崇信 chóngxìn 信仰する.
崇崖 chóngyá〈文〉高い崖.
崇洋媚外 chóngyáng mèiwài 外国かぶれ.外国崇拝.
崇仰 chóngyǎng 信じ崇拝する.敬慕する.
崇朝 chóngzhāo〈文〉朝.ひと朝.

〔**宠・寵**〕 chǒng ①寵愛する.偏愛する.〔争~〕争って愛を受けようとする.〔得 dé ~〕寵愛を受ける.②溺愛する.甘やかす.〔父母的溺 nì 爱,把孩子~坏了〕父母の溺愛が子どもを甘やかして台なしにしてしまう.③〈文〉妾:〔妾 qiè ①〕に同じ.〔纳 nà ~〕妾を持つ.④栄誉.⑤〈姓〉宠(チョン).
宠爱 chǒng'ài =〔娇 jiāo 宠〕可愛がる.甘やかす.
宠臣 chǒngchén 寵愛される官僚.
宠赐 chǒngcì〈文〉寵愛されて物を賜る.また,手厚いたまもの.〔承领~,无任感激〕〈赣〉ご丁重なものを頂戴いたし,感謝の至りに存じます.
宠儿 chǒng'ér ①寵愛する子.愛児.②世に時めく人.好運の人.〔他是时代的~〕彼は時代の寵児だ.〔一个政治骗 piàn 子成了资本主义社会的~〕政界のペテン師が資本主義社会の風雲児になった.
宠惯 chǒngguàn 甘やかしている.
宠溺 chǒngnì 溺愛(する)
宠妾 chǒngqiè 寵愛される妾.または妃.
宠任 chǒngrèn かわいがり信頼する(けなしていう).
宠荣 chǒngróng〈文〉光栄.栄誉.
宠容 chǒngróng 甘やかして大目にみる.
宠辱 chǒngrǔ 寵愛と恥辱.〈転〉利害.得失.〔~不惊 jīng〕〈成〉利害を度外視する.〔~皆 jiē 忘〕度量が大きい.
宠物 chǒngwù ペット.〔~商店〕ペットショップ.〔~医院〕動物病院.
宠信 chǒngxìn 愛し信任する(けなしていう).〔~阿谀 xiǎo 奉承的人〕こびへつらう人を寵愛し信任する.
宠幸 chǒngxìng (地位の高い人が低い人に対して)目をかける.かわいがる.
宠用 chǒngyòng 信用し重用する.
宠遇 chǒngyù 寵愛して特別に待遇する(こと).手厚いもてなし(をする)
宠招 chǒngzhāo〈赣〉手厚いご招待.ご招待.〔承您~,感谢不尽〕ご招待にあずかりまして感謝にたえません.
宠子 chǒngzǐ 寵愛される子.

〔**冲(衝)**〕 chòng (Ⅰ)①激しい.〔干得~〕力いっぱいに事をする.〔她比男人干活儿都~〕彼女は男よりも力いっぱいに仕事をやっている.②頼る.…の力による.〔就~这朵花儿就值几块钱〕この花一輪だけでも数元の値打ちがある.〔咱们郑家~你就得有三十年旺 wàng 运〕我々郑家はお前さんの力だけで30年は栄える運があるんだ.③顔を立てる.面子を保つ.〔~朋友〕友人の顔を立てる.〔公事公办,谁也不能~着什么私人情面〕公事は公事だ,誰だって,どんな個人の情実にもとらわれてはならない.〔你~着我的面子,饶 ráo 他这回吧〕わたしの顔を立てて,今度だけは彼を許してやってくれ.〔~着你亲自来听意见,才热心给你提的〕君がわざわざ意見を聞きに来られたにこそ,親切に言ってあげるのだ.④…から言って

も.…にかけても.…の手前.〔三合祥 xiáng,～这三个字,不是卖东洋货的地方〕〔老·老字号〕三合祥というこの3字で言っても日本品を売るところではない.〔～着他的地位,也不会做这样昧 mèi 良心的事〕彼の地位から言っても,こんな不徳義なことをするはずはない.
(Ⅱ)①…に対する.…に向かう.〔坐北～南〕〔坐北朝 cháo 南〕(家が)北側にあり南を向いている.〔～着他说话〕彼に(向かって)話をする. ②(におい·気持ち·声が)強い.きつい.〔嗓 sǎng 门儿真～〕声がきつい.〔这个酒又～又好喝〕この酒は強くてうまい.〔这个烟挺～〕このタバコは非常に強い.〔大蒜 suàn 气味～〕にんにくはにおいがきつい.〔我有时说话太～〕僕はときどき激しい言葉使いをする.
(Ⅲ)□(対象物に)パンチで穴をあける. →〔冲眼〕
→ chōng

冲床 chòngchuáng =〔铳床〕機 パンチプレス:〔压 yā(力)机〕に同じ.
冲盹儿 chòngdǔn =〔方〕冲嘴儿〕〈方〉居眠り(する)〔打 dǎ 盹儿〕に同じ.
冲劲儿 chòngjìnr ①向こう(意)気. ②ツンとくる刺激.〔有～的酒〕同前の酒.
冲壳子 chòngkézi 〈方〉①ほらをふく.大げさに言う. ②世間話をする.
冲孔 chòngkǒng ⇒〔钻 zuàn 孔〕
冲模 chòngmó (パンチプレスで使用する)ダイス.押抜き型.穿孔型.
冲切 chòngqiē 機 ダイカット.打抜き.
冲头 chòngtou パンチ.打抜具.ドリフト.
冲压 chòngyā 機 (パンチプレス·スタンピングプレスで)打ち抜く.〔～机〕ⓐパンチプレス. ⓑスタンピングプレス.
冲眼 chòngyǎn パンチで打ち抜く.
冲字机 chòngzìjī 刻字器:〔刻 kè 字器〕ともいう.
冲子 chòngzi 穿孔器.
冲嘴儿 chòngzuǐr ⇒〔冲盹儿〕

[晠] chòng 〈方〉居眠り(する).〔瞌 kē～〕同前.〔～～～〕うたた寝する.

[铳·銃] chòng ①古代の銃.〔火～〕〔火枪 qiāng〕ⓐ旧時の銃.ⓑ火縄銃.〔鸟～〕〔鸟枪〕(旧式の)鳥打ち銃. →〔枪 qiāng(Ⅰ)〕 ②斧の柄をさし込む箇所.

铳床 chòngchuáng ⇒〔冲床〕
铳子 chòngzi ⇒〔冲子〕

chou　イヌ

[抽] chōu (Ⅰ)①引き出す.抜き出す.〔～拔 bá〕引き抜く.抜擢する.〔～回资金资金を引き揚げる.〔从各科～到灾 zāi 区〕各課から人を選んで被災地へ出す. →〔绅〕 一部分を抽出する.〔～出工夫暇を見つける.〔值百른五儿价格の5％(税)を取る. ③出る.伸び出る.〔新笋 sǔn 初～〕筍(たけのこ)が出始める. ④吸う.する.〔～黄工程〕黄河からひき上げる工事.〔～排洪 hóng 涝积水〕洪水による冠水を汲みあげ排出する.〔～鼻涕〕鼻汁をする. →〔吸 xī〕 ⑤縮む.減る.〔～了〕ちぢんで小さくなる.〔这种布一洗就～〕この種の布は洗うと縮む.〔烧 shāo 饼的大小～了〕"烧餅"が(大きさが)小さくなった. →〔缩 suō 了〕 ⑥(細長いもので)打たく.〔拿鞭 biān 子～了一顿〕鞭で一ぺんうつ.〔把那贪吃的牤牛,狠狠地～了一鞭〕その食いしんぼうの雄牛をいやというほど鞭でたたいた.〔用禅 dǎn 子～一土〕はたきでほこりを打つ. ②(ラケットで)ボールを打つ.たたく.

抽巴 chōubā 縮んでしわがよる.
抽瘭 chōubiāo 〈畜畜的〉瘦せる.
抽补 chōubǔ 取ったり補ったりする.取捨する.〔在其他收入的分配上加以～平衡 héng〕その他の収入の分配においては取捨して平均する.
抽测 chōucè サンプリング測定(する)
抽查 chōuchá 抜き取り検査(をする).サンプリング調査(する).〔抽样检查〕の略.〔抽检〕に同じ.
抽成 chōuchéng ⇒〔提 tí 成〕
抽抽儿 chōuchour ①縮む.しわができる.〔衣裳～着〕着物がしわくちゃになる. ②小さくなる.意気が揚がらない.〔他现在一了〕彼は今元気がない.〔哪有越长 zhǎng 越～的!〕育てば育つほど小さくなるっていうことがあるか.
抽搐 chōuchù =〔抽搦〕医 引きつけ(をおこす).けいれん.こむらがえり.〔抽抽搐搐地哭〕ぴくぴくひきつけるさま.〔口～治疗〕〔电 diàn 休克治疗〕医 電気ショック療法.
抽啜 chōuchuò ⇒〔抽噎〕
抽打 chōudǎ たたく.ひっぱたく.鞭·はたきなどで引くようにしてたたく.〔用鞭 biān 子～得浑 hún 身是伤〕鞭でたたかれて全身傷だらけだ.
抽打 chōudǎ 軽くたたいてほこりを払う.〔把我的衣裳～～〕わたしの着物のほこりをはたいてくれ.〔你把身上的土～～〕体の土をはたきなさい.
抽搭 chōudā すすり泣く.しゃくり泣く.泣きじゃくる.〔抽抽搭搭地哭〕しゃくりあげながら泣く.〔姑娘一边儿说一边儿～〕娘がものを言いながら泣きじゃくる.
抽刀 chōudāo 刀を引き抜く.〔～断 duàn 水〕〈喩〉流れや関係を断つことはできないこと.
抽调 chōudiào (人員や物資を)引き抜く(よそへやる).配置替えをする.〔上级从邻 lín 县～了很多干部来支援 yuán 我们〕上級機関が隣県から多数の幹部を引き抜いて我々の応援に派遣してくれた.
抽丁 chōudīng =〔抽壮丁〕旧 壮丁を徴発する.
抽动 chōudòng ①医 けいれんする.引きつる.〔腮 sāi 上一小块肉直～腮の肉が一筋しきりにけいれんしている. ②引き抜く.抜き取る.
抽斗 chōudǒu ⇒〔抽屉〕
抽肥补瘦 chōuféi bǔshòu 〈成〉多いところから引き抜いて少ないところを補う:〔抽多补少〕ともいう.
抽分 chōufēn ①歩合をとる.頭をとる.パーセンテージを出す. ②旧 繁分数.或〔因釐（リ）金税をとる.
抽风 chōufēng ①(一定の装置を利用して)空気を吸い込む.空気を送る. ②排気機. ②医 引きつけ(る).癲癇(ふう)を起こす)。〔抽疯〕とも書いた. →〔惊 jīng 风〕 ③狂気じみた行動(をする)
抽丰 chōufēng ⇒〔秋 qiū 丰②〕
抽扶 chōufú 持ち上げる.助ける.〔把老太太～起来〕おばあさんに手を貸して立たせる.
抽工夫 chōugōngfu ⇒〔抽空(儿)〕
抽股 chōugǔ ⇒〔退 tuì 股〕
抽红 chōuhóng ピンはねをする.〔把头从中～〕親方が中間でピンはねする.
抽还 chōuhuán 抽選で償還する.〔抽签还本〕同前.
抽换 chōuhuàn 差し替える.取り替える.
抽检 chōujiǎn 抜き取り検査をする.サンプリング検査(する):〔抽查〕に同じ.
抽奖 chōujiǎng 抽選で当選を決める.くじ引きして出す.
抽筋拔骨 chōujīn bágǔ 〈成〉骨身を削る. →〔剥 bō 皮抽筋〕
抽筋(儿) chōujīn(r) ①〔口〕けいれんする.筋が引きつる:〔腿 tuǐ 受了寒直～〕冷えて足がしきりに引き

chōu～chóu

つる.→〔痙 jìng 挛〕　②旧〔刑罰で〕足の腱をとり、歩けなくさせること.
抽紧 chōujǐn ①しっかり引っぱる.②引きしめる.〔银 yín 根～〕金を貸ししぶる.
抽捐 chōujuān〔抽税〕
抽考 chōukǎo（全課目または学生全員から）部分的に抜き出して試験する.
抽空(儿) chōukòng(r) ＝〔抽工夫〕〔抽暇〕〔抽闲〕暇を見つける(けて).時間をさく(いて).〔抽不出空儿来〕暇ができない.手がすかない.〔我是抽吃饭的空儿来的〕わたしは食事時間をさいて来たのです.〔抽空儿〕は方言では食事時間をさいて来ること.
抽冷子 chōulěngzi いきなり.不意に.〔瞅 chǒu 冷子〕に同じ.
抽挼 chōunuó ⇒〔抽搐〕
抽派 chōupài 選抜して派遣する.
抽气 chōuqì ①息を吸いこむ.喘ぐ.〔她闭只着眼、只能～〕彼女は眼を閉じて喘がりだった.〔～捯 dáo 气(儿)①〕　②空気を抜く.↔〔打 dǎ 气①〕→〔泵 bèng〕
抽泣 chōuqì すすり泣く.泣きじゃくる.→〔啜 chuò 泣〕
抽气机 chōuqìjī 圏空気ポンプ.〔抽气泵〕〔风 fēng 泵〕〔真 zhēng 泵〕ともいう.
抽签(儿) chōuqiān(r)①おみくじを引く.＝〔拈 niān 阄儿〕〔抓 zhuā 阄儿〕くじを引く.〔～还 huán 本〕くじ引きで元金を返す.③賭博（博）の一種.④観客が終幕を待たずにぞろぞろ退場すること.
抽青 chōuqīng（草木が）芽を出し緑になる.
抽球 chōuqiú〈テニス・卓球などの球にドライブをかける〉.ストローク.
抽取 chōuqǔ 抜き取る.
抽杀 chōushā〈卓球の〉スマッシュ(を打つ)
抽纱 chōushā 抜きかがり刺繍(製品)、ドロンワーク(製品).〔汕 shàn 头的～制品最有名〕汕頭(ﾄｳ)の～製品は非常に有名だ.
抽梢 chōushāo ＝〔抽条〕（樹木が）枝を伸ばす.
抽身 chōushēn 身を引く.避ける.抜け出す.〔～跑了〕抜け出して逃げた.〔～不暇 xiá〕身を抜く暇がない.
抽收 chōushōu 徴収する.
抽水 chōushuǐ ①水をくみ上げる.〔～站〕扬 yáng 水站〕揚水所.ポンプステーション.〔～马桶 tǒng〕〔冲 chōng 水马桶〕水洗式便器.②⇒〔缩 suō 水①〕③⇒〔抽头(儿)〕
抽水机 chōushuǐjī 揚水ポンプ.〔水泵〕に同じ.
抽税 chōushuì 税金を繰る.〔抽捐〕に同じ.
抽丝 chōusī ①糸を繰る.絹糸を紡ぐ.〔～剥 bāo 茧〕〔成～茧〕糸を繰って蚕をむき出しにする.〈喩〉順を追って真実に迫る.②ぐずぐずする.のろい.〔病去如～〕病気が治るのは急にはいかない.
抽穗 chōusuì〔～儿〕穂が出る.
抽缩 chōusuō（筋肉が）収縮する.縮む.
抽薹 chōutái（野菜に）とうが立つ.
抽逃 chōutáo 圏不法な資金の引き出し.
抽提 chōutí 圏抽出(する).せんじ出し(す).絞り出し(す)
抽屉 chōuti 引き出し.〔抽屉匣 xiá〕〔抽屉箱〕〔抽斗〕〔柜 guì 格〕〔柜桶〕は方言.〔～桌子〕引き出しつきテーブル.
抽条 chōutiáo ⇒〔抽梢〕
抽头(儿) chōutóu(r)①＝〔抽水③〕①頭をはねる.ピンはねする.→〔油 yóu 水(儿)②〕　②＝〔打 dǎ 头④〕（賭博・マージャンなどで）てら銭を取る.→〔乞 qǐ 头〕　③電気器具のタップ.
抽吸 chōuxī（器械で）吸い込む.
抽暇 chōuxiá ⇒〔抽空(儿)〕

抽闲 chōuxián ⇒〔抽空(儿)〕
抽象 chōuxiàng ①抽象化する.②抽象（的である）.〔～的概 gài 念〕抽象の概念.〔不要这样～地谈问题〕そんなに抽象的な問題を論じるな.〔～思 sī 维〕〔逻 luó 辑思维〕抽象の思惟.→〔形 xíng 象①〕
抽象劳动 chōuxiàng láodòng 抽象の労働.↔〔具 jù 体劳动〕
抽薪止沸 chōuxīn zhǐfèi 釜の中のたぎっているのを止めようとすれば、釜の下の薪を引っぱり出してしまうのよい.〈喩〉根本的な解決をすること.→〔釜 fǔ 底抽薪〕
抽雄 chōuxióng 圃（植物の）雄花が露出すること.〔出 chū 雄〕ともいう.
抽选 chōuxuǎn 一部分を選び出す.
抽血 chōuxuè 圏採血.瀉(ｼｬ)血.
抽芽 chōuyá 芽が吹く.
抽烟 chōuyān タバコを吸う.〔吃 chī 烟〕〔方〕烧 shāo 烟〕〔吸 xī 烟〕に同じ.〔～上瘾 yǐn〕ニコチン中毒(になる)
抽验 chōuyàn サンプリングを行う.抽出検査する.
抽样 chōuyàng 標本抽出(をする).〔～调 diào 查〕サンプリング調査.〔～检查〕サンプリング検査.〔～法〕標本抽出法.
抽噎 chōuyē ＝〔抽咽〕〔抽噢〕しゃくりあげる.〔抽抽噎噎〕同断のさま.〔～着哭 kū 起来〕しゃくりあげて泣く.→〔抽搭〕
抽咽 chōuyè 同上.
抽绎 chōuyì〈文〉（条理を）抽出する.糸口を引き出す.〔绅绎〕とも書く.
抽印 chōuyìn 抜き刷りをする.〔～本〕抜き刷り.
抽油机 chōuyóujī 圏ポンピングジャック.
抽油烟机 chōuyóuyānjī（キッチンの）換気扇.レンジフード.
抽枝 chōuzhī 枝を出す.
抽脂(减肥)手术 chōuzhī(jiǎnféi) shǒushù 圏脂肪吸引手術.
抽绉(儿) chōuzhòu(r)〈方〉しわがよる.しなびる.〔～得像风干橘子〕ひからびた蜜柑のようにしわくちゃだ.
抽壮丁 chōuzhuàngdīng ⇒〔抽丁〕
抽嘴巴 chōuzuǐbā 横つ面をひっぱたく.

〔䌷・紬〕

chōu〈文〉引く.引き出してとめる.→〔绸 chóu〕
绅绎 chōuyì ⇒〔抽绎〕

〔挏・擣〕

chōu（Ⅰ）〈文〉楽器をかきならす.〔～筝 zhēng〕古琴を弾く.〔～弹 tán〕弹奏する.→〔弹词〕
（Ⅱ）〈口〉(人)を助け起こす.(物を)ひっくり返す.〔劳驾，～我一把儿〕すみません、ちょっと手を添えてください.
挏扶 chōufú〈白〉助け起こす.手を貸す.〔搀 chān 扶〕

〔簉・籌〕

chōu〈文〉酒を漉(ｺ)す(器).〔店小二云有有、有新～的美酒(元)店員が言うには、"ありますとも、新しく漉したい酒があります".

〔瘳〕

chōu〈文〉①（病気が）治る.②減らす.

〔犨〕

chōu ①牛の喘ぐ息.②突き出る.

〔仇(讎・讐)〕

chóu ①恨み.怨恨.〔冤yuān～〕恨み.〔有～报～〕恨みがあれば報復する.〔恩 ēn 将～报〕〈成〉恩をあだで返す.〔他们两个有～的〕彼ら二人は仲たがいしている.②あだ.敵.仇敵.〔嫉恶 jí-

仇俦悄帱畴筹踌惆绸 **chóu**

a
wù 如～〉〈成〉仇敵の如く憎む.〔记～〕恨みに思う.根にもつ.〔打出～来〕けんかして仲が悪くなる. →[雠] → qiú
仇雠 chóuchóu 〈文〉あだ.かたき.
仇敌 chóudí 仇敵.あだかたき.

b
仇恨 chóuhèn ①(激しく)恨む.憎む.〔极jí端〕極度に憎む.②恨み.憎しみ.〔数不尽的仇和恨〕数えきれない恨みつらみ.〔深shēn仇大恨〕深い恨み.〔报仇解恨〕恨みを晴らす.〔千仇万恨〕度重なる恨み.〔旧恨新仇/新旧の恨み.〔阶级仇,民族恨〕階級的恨み,民族的恨み.

c
仇家 chóujiā かたき.あだ.〔仇人〕ともいう.
仇匹 chóupǐ 〈文〉同じ仲間.同輩.
仇人 chóurén かたき.〔～见面,分fēn外眼红〕〈諺〉仇同士が出会った時は特にいきり立つ.→〔恩ēn人〕

d
仇杀 chóushā ①人を恨んで殺害する.②恨みからの殺人.
仇视 chóushì 仇敵視する.反目する.〔敌dí视〕に同じ.

e
仇外 chóuwài 外国(人)を敵視する.
仇隙 chóuxì 〈文〉不仲である.互いに恨む.
仇怨 chóuyuān 憎しみ.あだ.〔报〕あだを討つ.
仇怨 chóuyuàn 憎しみ.あだ.〔报〕あだを討つ.

f
[俦・儔] chóu 〈文〉同類.仲間.同輩.友達.同世代.つれ.〔～类lèi〕〔～俪lì〕〔～侣lǚ〕〔～伦lún〕〔～匹pǐ〕同前.〔其人多智术,诸zhū葛亮之一也〕その人は智術に長けていて,孔明の同類だ.

g
[悄・儠] chóu 〔～～〕〈文〉憂えるさま.

[帱・幬] chóu 〈文〉①とばり.〔～帐zhàng〕同前.→[帐子] ②車の覆い.→[车chē帷] → dào

h
[畴・疇] chóu 〈文〉①田.畑.〔田～〕田畑.②たぐい.ともがら.同類.同輩.〔物各有～〕物にはそれぞれたぐいがある.〔范fàn～〕類別された範囲.範疇(ﾊﾝﾁｭｳ).③だれ.④先に.昨日.以前.
畴类 chóulèi 〈文〉同類.仲間:〔伦类〕とも書く.
畴囊 chóunáng 〈文〉先の日.昨日.
畴人 chóurén 旧〕天文算数学者.暦算家.
畴日 chóurì 同下.
畴昔 chóuxī 〔～日〕〈文〉以前.昔日.〔追思~感慨无量〕〈成〉昔のことを思えば,感慨無量なものがある.

j
[筹・籌] chóu ①数取りに用いる竹のふだ.〔～马〕数取り.〔酒～〕酒宴の際,杯の数を数える数取り.〔觥gōng～交错〕〈成〉杯と数取りが入り乱れる.宴の盛んなこと.②計画(する).企画(する).〔统～〕総合的に計画する.〔一~莫mò展〕〈成〉計画が一つとして上手くいかない.③策略.方策.手だて.工面(する).〔～钱〕金を工面する.〔～赈zhèn〕援助金・救済物資を調達する.

l
筹安 chóu'ān ①=〔筹祺〕〔牍〕商人に送る手紙の末尾に添える常套語:商売繁昌を祈る意.〔财cái安〕に同じ.→[祺qí②] ②〈文〉治安を計る.〔～会〕袁世凱の帝制復古策を画策した御用団体.
筹办 chóubàn 計画実施(する)

m
筹备 chóubèi 計画準備(する).〔～处chù〕設立事務所.〔～委wěi员会〕準備委員会.
筹拨 chóubō 調達して支出する.
筹策 chóucè ①[旧]竹・木で作った計算棒.②〈文〉計画(する).

n
筹措 chóucuò (金銭・物品を)調達する.工面する.

〔～回国旅费有困难〕帰国旅費の工面が難しい.〔～资金〕〔筹资〕資金調達(をする)
筹垫 chóudiàn 工面して立て替える.
筹定 chóudìng 計画し決定する.策定する.
筹购 chóugòu 購入を計画する.
筹股 chóugǔ [経]株式を募集する:〔招zhāo股〕に同じ.〔职zhí工〕社員株式を募る.
筹划 chóuhuà 〔筹画〕 ①計画(する).思案する.工夫する.②調達する.
筹集 chóují 計画し集める.調達する:〔筹拢lǒng〕ともいう.〔～资金〕資金を調達する.
筹建 chóujiàn 計画し建築する.
筹借 chóujiè 借りる算段をする.
筹款 chóukuǎn 金を調達する.〔筹了一笔款〕金策をした.
筹略 chóulüè 計画(する).策略を立てる.
筹码(儿) chóumǎ(r) ①(賭博やマージャンなどの)点棒.数取り棒:〔码子②〕〔马子①〕ともいう.〔筹马〕とも書いた.→[码钱] ②[旧]貨幣の代わりをするもの:手形・小切手など.③〈喩〉(闘争・競争の中での)手段・切り札.④[経](証券市場で)投資家が保有する証券.
筹谋 chóumóu (はかりごと・計画・策略などを)巡らす.方法を講じる.
筹募 chóumù 計画し募集する.
筹拍 chóupāi (映画・テレビなどの)撮影の計画を立てる.
筹祺 chóuqí ⇒[筹安①]
筹商 chóushāng 〔商议〕計画し相談する.
筹思 chóusī 思い巡らす.
筹算 chóusuàn ①(数取り棒で)計算する.②画策する.
筹委会 chóuwěihuì ⇒[筹备委员会]
筹议 chóuyì ⇒[筹商]
筹展 chóuzhǎn 展覧(展示)を準備する.
筹资 chóuzī 資金を調達する.またその資金:〔筹措资金〕の略.
筹组 chóuzǔ 計画組織する.

[踌・躊] chóu
踌躇 chóuchú 〔踌蹰〕とも書いた.①ためらう.躊躇(ﾁｭｳﾁｮ)する.〔～了半天,还打不定主意〕長い間ためらったが,まだ考えが決まらない.〔～不前〕ためらって進まない.ぐずぐずする.②〈文〉留まる.③〈文〉非常に満足気なさま.〔～满志〕〈成〉同前.

[惆] chóu
惆怅 chóuchàng 〈文〉失望する.恨み悲しむ.

[绸・綢(紬)] chóu [紡]絹織物(総称).特に薄絹・繻子(ﾁﾞｭｽ)をいう.〔绸子〕は通称.〔纺fǎng～〕羽二重.〔野yě蚕síǎn～〕〔柞zuò丝～〕〔柞(ﾁｬ)蚕糸の織物.絹紬(ｹﾝﾁｭｳ).〔宁níng～〕南京繻子.〔拷kǎo～〕広東地方で用いられる夏衣独特の絹(ｷﾞﾇ)色漆塗りの絹布.〔府～〕③山東緞子(ﾀﾞｽ).⑥ポプリン.〔锦mián质府～〕綿ポプリン.〔羽yǔ～〕毛繻子(けしゅす).綾羽二重(あやはぶたえ)〔丝sī～之路〕シルクロード.
绸缎 chóuduàn [紡]薄絹と厚絹.繻子(ﾁﾞｭｽ)と緞子(ﾀﾞｽ).絹織物の総称.〔～庄zhuāng〕絹織物・布を売る店.呉服店.→[布bù匹]
绸麻 chóumá [紡]ヘアライン:布面に細い縞の織り出された布地.
绸缪 chóumóu 〈文〉①感情がからみ合ってこまやかである.〔～义切,宜室宜家〕〈成〉夫婦の情こまやか

で,お家は繁盛,子孫は栄える. ②縄でからげて丈夫にする. 縛う. 〔未雨~〕〈成〉雨が降らないうちに戸や窓を縄でからげておく:ころばぬ先の杖(z)

绸儿缎儿 chóuduànr 繻子と緞子.〈転〉衣服の華美なこと.着物がぜいたくなこと.〔他穿得老是~的〕彼はいつもぜいたくな服を着ている.

绸纹纸 chóuwénzhǐ 布の織り目のあるやつや消しの写真用印画紙.

绸舞 chóuwǔ 長い絹布(きぬ)を振り回しながら踊る舞踊.〔红~〕同前.

绸子 chóuzi しゅす.薄絹織物.絹布.

〔裯〕 chóu 〈文〉①ひとえの夜具. ②寝台のとばり.

〔椆〕 chóu 樫カシ(総称)〔壳 ké 斗科〕ブナ科の木.〔青 qīng ~〕シラガシ.

〔稠〕 chóu ①濃厚である.濃い.〔藕 ǒu 粉冲得~〕くず粉のかけ方が濃い.〔粥 zhōu 很~〕粥が濃い.〔一顿粥 xī 一顿〕濃い粥と薄い粥の毎食.〈喩〉貧乏生活.↔〔稀 xī〕 ②密である.稠密(そう)である.〔地窄 zhǎi 人~〕土地が狭く,人口が密である.〔庄稼种 zhòng 得太~〕作物の植え付けがあまりにも密だ.

稠度 chóudù 濃度.

稠咕嘟(儿) chóugūdū(r) 〔方〕汁が濃く,どろどろしているさま:〔稠嘟嘟(儿)〕ともいう.〔把粥熬 āo 得~的〕粥をどろどろに濃く煮る.

稠乎乎 chóuhūhū 〔糊糊糊〕とも書く.どろりとしたさま.ねっとりとしているさま.

稠稠 chóuchóu 〈文〉濃い.

稠密 chóumì 多くて密なこと.〔人口~〕人口が稠密(そう)である.↔〔稀 xī 疏〕

稠人广众 chóurén guǎngzhòng 〈成〉大勢の人.多人数の集まり:〔稠人广座〕ともいう.

稠云 chóuyún 〈文〉濃い雲.

〔酬(酧・訓・詶)〕 chóu ①財物で報いる.〔报~〕報酬.謝礼.〔稿 gǎo ~〕原稿料.〔~效 xiào 挂钩〕賃金と労働効果のリンク.能率給.〔以实物为~〕実物でお礼をする. ②応酬する.接待する.もてなす.〔应 yìng ~〕同前. ③実現する.〔壮志未~誓 shì 不休〕壮志いまだ報いられずば誓ってやまず. ④〈文〉酒を勧める.→〔酬酢〕

酬报 chóubào ①金品・行為などで報いる.お礼をする. ②お礼.謝礼.

酬宾 chóubīn 安売り(する).バーゲン(する).〔~活动〕バーゲンセール.謝恩企画.〔甩 shuǎi 卖〕

酬唱 chóuchàng ⇒〔酬和〕

酬答 chóudá ①謝礼をする. ②(言葉や文章で)応答する.

酬对 chóuduì 〈文〉応答する.

酬和 chóuhè =〔酬唱〕〈文〉詩文で応答する(をやりとりする)

酬金 chóujīn 報奨金.謝礼.

酬劳 chóuláo ①労に報いる.慰労する. ②慰労金.賞与金.

酬神 chóushén 神様にお礼をする.奉納する.

酬赛 chóusài 〈文〉神を祭ってお礼をする.

酬谢 chóuxiè 金または物で労に報いるお礼をする.

酬宴 chóuyàn ①慰労の宴. ②返礼の宴.

酬应 chóuyìng ①交際する. ②〈文〉応答する.

酬载 chóuzài 圃収益荷重:収入(所得)になる船舶部分や(飛行機などの)有料乗客数.

酬赠 chóuzèng 贈物として贈る.

酬酢 chóuzuò 〈文〉宴席で主客が酒の応酬をすること:〔酬〕は主人が酒を客に勧めること,〔酢〕が客が

主人に酒を勧めること.〈転〉友人の交際をする.友達付き合いをする.→〔劝酒〕

〔愁〕 chóu ①憂える.悲しむ.心配する.〔发~〕悲しむ.心配する.〔不~没有工作〕仕事がないという心配はない.〔~杀 shā 人〕〔~煞 shā 人〕〈白〉不安でいたたまれない.〔一醉 zuì 解千~〕一醉すればすべての憂いを散ずる. ②痛ましい.悲しげである.

愁惨 chóucǎn 悲しく痛ましい.

愁肠 chóucháng =〔愁怀〕〔愁思〕〔愁绪〕〈文〉哀愁に満ちた心.〔~百结〕心憂い悲しみで胸一杯である.

愁城 chóuchéng 〈文〉愁苦の境地.苦境.〔日坐~〕毎日を心配のうちに過ごす.

愁楚 chóuchǔ 悲しみ苦しむ.

愁烦 chóufán 憂い悩む.

愁海 chóuhǎi 〈喩〉果てしない憂い.

愁怀 chóuhuái ⇒〔愁肠〕

愁苦 chóukǔ 憂い悩む.心配する.

愁虑 chóulù 憂慮する.

愁眉 chóuméi 〈喩〉憂いを含んだ顔.〔~不展 zhǎn〕〈成〉しょんぼりとする.顔が晴れ晴れしない. ②圃女性の細く画いた眉.

愁眉苦脸 chóuméi kǔliǎn 〈成〉憂いに沈んだ顔つき.心痛の表情をする:〔愁眉苦眼 yǎn〕〔愁眉锁 suǒ 眼〕ともいう.

愁闷 chóumèn 悲しみともだえ.気がふさぐ.〔贫 pín 病交加,使人~〕貧困と病苦に悩む.

愁戚戚 chóuqīqī 悲しむさま.

愁人 chóurén ①心配させる.悩ませる.→字解① ②悩みのある人.〔~莫 mò 向~说,说向~愁杀人〕愁人は愁人に語ってはいけない,愁人に語ればいよいよひどく悲しませる.

愁容 chóuróng 心配そうな顔つき.〔~满面〕〈成〉同前の顔.

愁冗冗 chóurǒngrǒng 〔白〕悲しみの多いさま.〔~,恨 hèn 绵绵〕(元・李直夫虎頭牌)悲しみは多く,恨みは長い.

愁思 chóusī ⇒〔愁肠〕

愁绪 chóuxù ⇒〔愁肠〕

愁郁 chóuyù 憂うつである.〔~症 zhèng〕圃憂うつ症.

愁云 chóuyún 〈喩〉憂うつな顔.痛ましい様子.〔~惨 cǎn 雾〕〈成〉うち沈んだ表情.悲しく痛ましい様子.

〔雠・讎(讐)〕 chóu 〈文〉① 校正する.〔校jiào~〕同前. ②あだ.かたき.〔仇~〕同前. ③古く〔售 shòu〕に通じ用いられた.→〔仇〕

雠问 chóuwèn 〈文〉論難する.

〔丑・醜〕 chóu (I)〔丑〕①うし:十二支の第 2 位.〔~牛 niú〕同前.→〔干 gān 支〕 ②順序の 2 番目. ③〈文〉丑の刻:昔時,時刻で夜半の午前 1 時~3 時頃をいう.〔丁 dīng 夜〕〔四更 gēng〕に同じ.〔~刻〕〔~时〕同前.→〔五 wǔ 更〕 ④圃方位で,北東. ⑤〈姓〉丑(ちょう)

(II)〔醜〕①容貌が醜い.不格好である.〔长 zhǎng 得~〕同前.↔〔美 měi (I)①〕 ②恥ずべき.いやらしい.みっともない.〔那么我也来献 xiàn ~で はお笑い草までにひとつわたしもやってみましょう. (III)〔-儿〕圖(京劇で)道化役・三枚目に扮する役者:〔小 xiǎo 花面〕〔小花脸〕〔三 sān 花脸〕ともいう.鼻を白く塗るので〔口~猪 zhū 腰子〕ともいう.〔文~〕〔武~〕がある.女形を演じる時は〔彩 cǎi 丑〕という.

丑八怪 chǒubāguài 〔丑巴怪〕とも書いた.容貌の特

别酿し人(動物).酿(ﾂ)男.ぶす.
丑表功 chǒubiǎogōng 恥知らずに法螺(ﾎﾗ)をふく.おこがましくも自己宣伝をする.
丑旦 chǒudàn ⇒[彩 cǎi 旦]
丑诋 chǒudǐ 悪罵する.罵倒する.
丑恶 chǒu'è 醜悪(である).[~面目]醜い顔つき.[~嘴 zuǐ 脸]同前.
丑怪 chǒuguài 醜怪である.不格好である.
丑化 chǒuhuà 滑稽化(する).[人物性格过于~]人物の性格はあまりに滑稽化されている.
丑话 chǒuhuà 飾りのない率直な話.ぶしつけな話.気まずい話.聞くに耐えない話.[把~说在前头]気まずいことは前に言っておく.後でのけんかを先にしておく.
丑剧 chǒujù 茶番劇.
丑角(儿) chǒujué(r) [丑脚(儿)]とも書く.①劇(旧劇の)道化役者.喜劇役者.三枚目役者.俗に:[花 huā 鼻子][小丑(儿)]という.[诸 xié 角]は文語.②喻>不名誉な役割・役柄.→字解Ⅲ
丑刻 chǒukè 一字解(Ⅰ)③
丑类 chǒulèi 悪徒.悪党.
丑陋 chǒulòu (容貌・様子が)醜い.汚い.
丑婆子 chǒupózi →[彩 cǎi 旦]
丑儿 chǒur →字解Ⅲ
丑声 chǒushēng <文>醜聞.悪い評判.[~四溢 yì](成)醜聞が広く知られている.
丑时 chǒushí →字解(Ⅰ)③
丑史 chǒushǐ 汚れた醜い経歴・歴史.
丑事 chǒushì 不面目な行為.醜聞.スキャンダル.
丑态 chǒutài 醜態.[~百出]<慣>さまざまな醜態がぞくぞく現れる.
丑闻 chǒuwén 醜聞.悪い評判.
丑相 chǒuxiàng 醜い様子.
丑小鸭 chǒuxiǎoyā ①画みにくいアヒルの子:デンマークの作家[安 ān 徒生](アンデルセン,1805~1875)の小説.②喻>注目されていない女の子.不格好な姿の女の子.
丑星 chǒuxīng 劇有名な喜劇俳優.見た目は良くないが演技がすばらしい名役者.
丑行 chǒuxíng 恥ずかしい行為.醜い行い.

[杻] chǒu <文>手かせ(古代の刑具).[~械 xiè]同前と足かせ.→ niǔ

[釖(劍)] chǒu <姓>劍(ﾂﾙ)

[㑤] chǒu <方>見る.[瞅]に同じ.

[瞅(瞍・瞴)] chǒu <口>見る:[㑤]とも書く.[~也不~]目もくれない.[~着笑]見ながら笑う.[回头~他一眼]振り返って彼をちらっと見る.
瞅不冷 chǒubùlěng ⇒[瞅冷子①]
瞅见 chǒujiàn 見る.見かける.
瞅空儿 chǒukòngr 時をうかがう.機に乗ずる:[抽 chōu 空(儿)]に同じ.
瞅冷子 chǒulěngzi ①~了=[瞅不冷]いきなり.不意に:[抽 chōu 冷子]に同じ.②まま.ときに.
瞅准 chǒuzhǔn はっきり認める.くっきり印象に残る.[咱头一眼就~是你](罗・风3の3)わしは初めてお前だとはっきり分かった.

[臭(殠)] chòu ①臭い.[床儿 wèir 很~][~香 xiāng 不~]
②醜悪である.いやらしい.鼻もちならない.[名声很~][評判がぞくそがぞくなぶだ.→臭架子] ③臭くなる.臭くする.[这块肉日子多了,都~了]この肉は日が経ったので傷んでしまった.[他死了也是~一块地]彼は死んた上地を臭くするだけだ.④人にいやな思いをさせる.嫌われる.[他们把事情弄 nòng 得很~]彼らの仕事のやり口は甚だ悪い.⑤感情が行き違う.仲違いをする.[两个好朋友为一点儿小事~了]仲のいいふたりが,つまらぬことで仲違いをした.[性情乖 guāi 张,人家总是香三~四]彼は性質がひねられているので,人との仲は長続きしない.⑥ひどく.くそみそに.こっぴどく.[批 pī ~]撤底的に批判する.[~口]ひどくくさげすんだ意味を表す.[~东西]最低のやつ.→[臭棋] ⑧<口>砲弾が不発になる.→ xiù

臭不可闻 chòu bùkěwén 鼻もちならない.[他的名声~]彼の評判がものすごく悪い.
臭常山 chòuchángshān 植コクサギ:[常山属](マツカゼソウ科)の植物.
臭橙 chòuchéng 中国枳实(ﾀﾞﾀﾞ):ミカン科ダイダイ.夏ミカン,またはその近縁植物の未熟果実.
臭虫・chóng = ①[方>壁 bi 虱 ②][床 chuáng 虱][蜚 féi 虱][方>木 mù 虱②]虫トコジラミ.ナンキンムシ.[连个~都不敢撑 niǎn]トコジラミも殺さない.②電算バグ:[错 cuò 误③][故 gù 障]に同じ.
臭椿 chòuchūn 植[樗 chū](ニワウルシ)の俗称.
臭大姐 chòudàjiě 虫カメムシ(クサガメ)
臭弹 chòudàn ⇒[臭(炮)弹]
臭豆腐 chòudòufu 園発酵させた豆腐を塩漬けにしたもの.<喻>見た目は臭いが中身はとても良い事や物.[~职业]同前の職業.
臭沟 chòugōu 汚水溝.どぶ:[臭水沟]ともいう.
臭狗屎 chòugǒushǐ <喻>人柄がごく悪く評判がさんざんな人.
臭蒿 chòuhāo →[蒿①]
臭烘烘 chòuhōnghōng 非常に臭い.
臭乎乎 chòuhūhū ちょっと臭い.少しにおう.
臭货 chòuhuò [罵]①鼻もちのならない奴.尻軽女.②腐った品物・商品.
臭架子 chòujiàzi こけおどし.つまらない見栄.[摆 bǎi ~]つまらない見栄を張る.偉そうにする.
臭嚼 chòujiáo <喻>つまらないことをくどくどとしゃべる.
臭街 chòujiē <喻>品物が多く出回って値打ちがなくなること.[~烂 làn 巷]同前.[这几天香蕉 jiāo ~了]この数日,バナナが街にいっぱい出て値段が安い.
臭橘 chòujú ⇒[枸 gōu 橘]
臭剌叟唧 chòulàgájī <方>臭い.[臭豆腐闻起来~的,吃起来倒挺香]"臭豆腐"は臭いが食べてみるとなかなかうまい.
臭老九 chòulǎojiǔ 九番目の鼻つまみ者:[文化大革命]の時知識分子を軽蔑していった.[地,富,反,坏,右,叛,特,走]の後にくる(九番目にあたる)
臭骂 chòumà 痛罵(ﾂｳﾊﾞ)する.罵る.[他~了一顿]彼はひどく罵った.
臭美 chòuměi 自分でうぬぼれる.いい気になる.思い上がる.→[屎 shǐ 壳郎带花儿]
臭名 chòumíng 醜聞.悪評:[臭名声]ともいう.[~昭 zhāo 著]<成>悪名が高い.[他是~远扬 yáng 的人]彼は悪評の通った人間だ.
臭(炮)弹 chòu(pào)dàn ①[臭子弹][臭子儿]①]①不発弾:[~口][瞎 xiā 炮][~口][哑 yǎ 炮]ともいう.
臭皮囊 chòupínáng ①闭(仏教で)人の身体.②[罵]下種(ｹﾞｽ)なやつ.[~,贱 jiàn 骨头]同前.
臭棋 chòuqí へぼ将棋.ざる碁.下手な手:[粪 fèn 棋][屎 shǐ 棋]に同じ.[~篓 lǒu 子]碁・将棋の下手な人.
臭气 chòuqì ①⇒[臭氧] ②臭いにおい.[~熏

xūn 天]〈成〉悪臭がみなぎっている.鼻もちならない.

臭钱 chòuqián 〈喩〉悪銭.不義の財.はした金.

臭球(儿) chòuqiú(r) ナフタリン球;〔卫 wèi 生球(儿)〕に同じ.↔〔荩 nài 也〕

臭鼩 chòuqú =〔香 xiāng 鼩〕動 ジャコウネズミ.

臭肉 chòuròu ①腐った肉.〔~来蝇 yíng〕腐った肉にハエがたかる.〈転〉やましいところがあるから悪事に乗ぜられる. ②〈罵〉しようのない奴.〔你这块~!〕こん畜生.このくそ野郎.〔~熬 áo 不出好汤来〕腐った肉からいいスープは取れない.〈諺〉瓜の蔓にはなすびはならぬ.

臭臊尿 chòusāobī〔罵〕くそあま:女性に対する極めて下品な罵り.

臭水坑 chòushuǐkēng 汚水溜め.

臭水(儿) chòushuǐ(r) ⇒〔酚 fēn〕

臭死 chòusǐ ①非常に臭い.②〈喩〉こっぴどい〈く〉.〔打了个~,腿都折 shé 了〕こっぴどくひっぱたいて,足も折れてしまった.

臭素 chòusù 化臭素.

臭蹄子 chòutízi〔白〕女性を罵る語.

臭味(儿) chòuwèi(r)①嫌なにおい.悪臭.↔〔香 xiāng 味(儿)〕②〈喩〉うぬぼれ.

臭味相投 chòuwèi xiāngtóu〔慣〕(思想・やり方・趣味などで)馬が合う(専ら悪い方面についていう)

臭梧桐 chòuwútóng ⇒〔辽 liáo 杨〕

臭腺 chòuxiàn 生理動物体内の臭腺(しゅうせん).

臭腥 chòuxīng 生臭い;〔腥臭〕に同じ.

臭氧 chòuyǎng =〔臭气〕化 オゾン;〔阿 à 異〕は旧音訳.〔~层 céng〕因 オゾン層.〔~洞 dòng〕因 オゾンホール.

臭幺 chòuyāo 思わせぶりをする.いばりくさる.〔这两个男女不知身已多大,装熬 shā ~〕(水75)こいつら二人は身のほど知らずで,変に偉そうにしている.

臭药水 chòuyàoshuǐ ①薬 クレオリン:クレゾール石鹼に似た消毒殺菌剤. ②⇒〔酚 fēn〕

臭油 chòuyóu〈口〉コールタールピッチ;〔煤 méi 焦油沥青〕の俗称.

臭鼬 chòuyòu動 スカンク.

臭鱼烂虾 chòuyú lànxiā 腐った魚と蝦.〈転〉ろくでなし.くず.かす(人を罵る言葉)

臭杂拌儿 chòuzábànr 悪い家庭.腐敗した家庭.〔他们这一家人才是~呢〕この一家は腐りきった連中だ.

臭樟脑 chòuzhāngnǎo ⇒〔荩 nài 也〕

臭子弹 chòuzǐdàn ⇒〔臭(炮)弹〕

臭子儿 chòuzǐr ①⇒〔臭(炮)弹〕②〈口〉(碁・将棋などで)まずい手.下手な一石.悪手.〔臭打〕ともいう.

臭揍 chòuzòu ひどくたたく;〔臭打〕ともいう.

臭嘴 chòuzuǐ 憎まれ口(をきく).〔~不臭心〕〈諺〉口は悪いが腹はきれい.

chu チュ

〔出(齣)〕 chū (Ⅰ)〔出〕①(内から外へ)进出〕出たり入ったり.↔〔进 jìn〕〔入 rù〕②出席する.出場する. ③越える.はみ出す.外れる.〔一两下〕2日間を超過する.〔喜 xǐ ~望外〕〈成〉望外のよろこび. ④出す.作り出す.〔每人一块钱〕各人1元ずつ醵(きょ)出する.〔这里~米〕ここでは米が採れる.〔~汇 huì 票〕為替手形を振り出す.〔是中国~的〕中国製である. ⑤支出(する).〔量 liàng 人为~〕収入に応じて支出する.〔人不敷 fū ~〕収支相つぐなわない. ⑥生ずる.事件が発生する.〔问题就~在这儿〕問題はここから起こっている.⑦(表面に)現す(現れる).量が増える.〔~成果〕成果が出る.〔长 zhǎng ~了幼芽〕若芽が出た. ⑧(辞句が書物を)典拠にしている. ⑨発散する.〔出汗〕〔出气〕⑩動動詞の後に置き,動作が内から外へ出ることを表す.〔经过充分的讨论以后才作~決定〕充分な討論をしたうえでなければできあがって外に現れて識別されるようになることを表す.〔想不~好办法〕いい考えが浮かばない. ⓒ形容詞の後に置き,超過することを表す.〔多~二十块钱〕20元多い. ⑪〈方〉外へ出る;〔往外~〕として用いる.〔散会了,大家往~走〕散会だ,みな外へ出よう.

(Ⅱ)〔齣〕(伝 chuán 奇②)の一くぎり.一幕:長編では2,30の〔~〕から成りたち,〔一~〕が独立して演ぜられた.→〔折 zhé ⑩〕②量詞.芝居を数える.〔~一戏 xì〕一つの芝居劇.〔那是一~三幕 mù 戏〕それは3幕ものの(の芝居)だ.

出版 chūbǎn 出版(する):特に編集業務.〔~社 shè〕出版社.〔~物〕出版物.↔〔发 fā 行〕

出榜 chūbǎng ①⇒〔发 fā 榜〕②回告示を出す.

出奔 chūbēn 逃亡する.家出する.

出殡 chūbìn =〔出丧〕棺を安置所または墓地に移す.出棺する.

出兵 chūbīng回出兵する.

出不来不去 chūbulái jìnbuqù どうにもこうにも動きがとれない.〔真叫人~〕どうにもこうにも処置なしでだ.

出彩 chūcǎi ①劇(旧劇で)赤色を塗って流血のさまを現すこと.→〔挂 guà 彩〕 ②異彩を放つ.喝采を浴びる. ③失敗する.面目を失する.〔戏法儿变得不灵 líng,当场~〕手品のやり方が上手ゆかず,皆の前で恥をかいた.

出操 chūcāo 教練に出る.

出槽 chūcáo ⇒〔出栏①〕

出岔子 chūchàzi〔出岔儿〕ともいう.事故を起こす.間違いをしでかす.

出差 chūchāi 公務で出張する.〔因 yīn 公~〕同前.

出产 chūchǎn ①産出する(天然物を). ②生産する(物品を):〔生 shēng 产①〕に同じ.〔这批瓷 cí 砖是温州西山陶 táo 瓷厂~的〕このタイルは温州市西山陶磁工場の製品である.〔~税 shuì〕旧出物産を他地に運送するとき課せられる税;〔厘 lí 金〕の一種. ③産物.〔这是哪儿的~〕これはどこの産物ですか.

出厂 chūchǎng (製品を工場から)出荷する.〔~价〕出荷価格.〔~回〕出荷する際に課せられる税.〔~日期〕出荷期日.

出场 chūchǎng ①(俳優が)舞台に出る.〔~费 fèi〕出演料. ②(スポーツ選手が)出場する.〔~费〕ファイトマネー.

出超 chūchāo 回輸出超過;〔贸 mào 易顺差〕ともいう.↔〔入 rù 超〕

出车 chūchē ①車を出す(動かして出発させる).車に乗って出る.②出征する. ③〈文〉出征する. ④回(人力車夫が)働きに出る.

出尘 chūchén〈文〉①俗塵から遠ざかる.俗界の煩悩から解脱する. ②世に出る(埋もれていたもの).〔~喩〕(詩文書画が)ありきたりではないこと.

出城 chūchéng 城を出る.城外へ出る.都市を出る:旧時,北京では内城から外城へ行く意にも用いた.

出乗 chūchéng 乗務に就く:乗務員が車・船に乗り込む.

出丑 chūchǒu 面目をつぶす.味噌をつける.〔在大家面前出了丑了〕人前で恥をかく.〔~扬疾 yángjí〕

出 chū

〈成〉醜態をさらけ出す.
出处 chūchǔ 〈文〉官に就くことと家にいること.朝に在ると野に在ると.出処進退.
出处 chūchù 出どころ.出処.出自.〔典 diǎn 故的～〕出典の由来.
出川 chūchuān ①(船が)河川を通る.②四川を出る.〔～的保姆〕四川出身のお手伝いさん.
出床子 chūchuángzi 屋台を出す.露天商を始める.
出粗 chūcū 暴言を吐く.口汚く言う.〔处处得奉 fèng 承他,一些不到之处,他口里就～〕すべてごきげんを取らなければならず,いささかでも不行届きなことがあると,すぐ聞くに耐えないことを彼は言う.
出错 chūcuò 〔~儿〕間違いが起こる.
出大差 chūdàchāi 犯人を刑場へ護送して処刑する.
出当 chūdàng 質草を出す.抵当物件を差し出す.
出倒 chūdǎo =〔出盘〕店舗を譲り渡す.→〔盘 pán 店〕
出道 chūdào 一人前になる.一本立ちする.世に出る.〔刚~的演员〕演劇の世界に入りたての役者.
出典 chūdiǎn ①(成語などの)出所.出典.②旧抵当に入れる:土地・家屋を担保に入れて金を借りる.利息は付けず,返金すれば担保は解かれる.
出点子 chūdiǎnzi 考えを出す.提案する.示唆する:〔出典子〕とも書いた.
出店 chūdiàn 旧時,商店で商品の出し入れなどをする外勤の店員.
出顶 chūdǐng (家屋や店舗を)又貸しする.→〔顶⑨〕
出动 chūdòng ①隊伍を組んで出発する.出動する.②(軍隊を)派遣する.③(多人数で)行動を起こす.〔昨天大扫 sǎo 除,我们全组都~了〕昨日の大掃除は組の全員で行った.
出兜儿 chūdōur 中が垂れる.たるむ.〔风筝 zheng 的提系儿 xìr ~〕凧の糸がたるむ.
出痘 chūdòu =〔出花儿〕〔出天花〕医疱瘡(ほう)が出る.天然痘にかかる.
出队 chūduì (仏教の)禅門の住持が衆僧を引き連れ隊をなして托鉢に出ること.
出尔反尔 chū'ěr fǎn'ěr〈成〉汝(な)から出たものは汝に返る:=〔出乎尔者,反乎尔者也〕(孟子)で矛盾した勝手な言行をすること.〔昨天商量好了的事情,他今天又翻 fān 悔了,这么~,他的话以后就不能相信了〕昨日相談したことを今日はまるで反古(ほご)にしてしまった,こんな身勝手なことをするなら,今後は彼の言うことは信じられない.
出发 chūfā ①出発する.〔几点钟~〕何時に出発する:〔我们准备后天~〕我々はあさって出発する予定です.〔~台〕(水泳などの)スタート台.②…を出発点とする.…よりどころとする.〔从实际~〕現実を基礎として,〔一切开支都要从生产~〕あらゆる支出は生産にとみあわせなければならない.
出发点 chūfādiǎn 出発点.起点.原点.〈転〉動機.踏まえどころ.〔一切为人民的利益,这就是我们的~〕すべては人民の利益にというのが我々の出発点である.
出饭 chūfàn 〔口〕(炊いて)飯が増える.〔这种米~〕この種類の米はご飯の量が増える.
出访 chūfǎng 外国へ行く.外遊する.
出分子 chūfènzi 〔随 suí 份子〕①(慶弔の意を表すため皆で若干の)金銭を贈る(こと).〔你给他~了吗〕君は彼にお祝い(または香典)を出したか.②金銭を贈って他人の吉凶事に対して祝意または弔意を表すこと.〔我今天到朋友家~去〕今日は友人の家へお祝い(または弔慰)をしに行く.
出风头 chūfēngtou =〔出锋头〕とも書いた.出しゃばる.見せびらかす.ひけらかす.〔一开会他就当代表,真是爱~〕何か会をやる時は彼はいつも代表になる,ほんとに出しゃばりだ.
出夫 chūfū〈文〉①婿を離縁する.②離縁された婿.
出伏 chūfú 夫役に出る.
出伏 chūfú〔三 sān 伏〕の季節が終わること.
出妇 chūfù〈文〉①妻を離縁する.②離縁された女.出戻りの女.
出钢 chūgāng 冝タッピング:溶かした鋼をタップ孔から断続的に取り出すこと.
出港 chūgǎng (船・飛行機が)出発(する).出港(する).〔~大厅 tīng〕出発ロビー.
出阁 chūgé 〈旧〉[出嫁]
出格 chūgé ①(言葉・行動が)並外れている.ずば抜けている.出色(しょく)である.〔不色~〕才色抜群である.②常軌をはずれている.〔说话要太~〕言うことがあまりひどく外れではいけない.〔这次有点儿出格〕今回は少しはずれていた.→〔离 lí 格儿〕③旧勅命によって作った文や奏上文などで朝名や皇帝を指す文字などを枠の外まで上げて書くこと.
出工 chūgōng 仕事に出る.出動する.〔~一窝 wō蜂,干活大呼隆〕どっと一斉に出て,がやがやと働く.→〔上 shàng 班①〕
出恭 chūgōng 排便する.排泄する.〔出大小恭〕大小便をする.→〔解 jiě 手②〕
出箍眼儿 chūgūyǎn(r)〔方〕急に問題(障害)が起きる.〔这件事已经办好了的,怎么又~了?〕この事はもうちゃんと収まっていたのに,どうしてまた急に問題が起きてきたのか.→〔箍眼〕
出谷迁乔 chūgǔ qiānqiáo〈喩〉他人の転居・昇進など:もとは〔出自幽谷,移居乔木〕(詩経・小雅)から.→〔乔迁〕
出乖露丑 chūguāi lùchǒu (人の前で)醜態をさらけ出す:〔出乖弄丑〕ともいう.
出关 chūguān ①関所を出る.②昷相場が上がって(10・100・1000などの)大台を越すこと.
出轨 chūguǐ ①脱線する.〔一列客车在某市以南三十公里附近~〕旅客列車が某市の南30km附近で脱線した.→〔脱 tuō 轨〕②常軌を逸脱する.常識を外れる.→〔越 yuè 轨〕
出鬼 chūguǐ 幽霊が出る.不思議なことが起こる.〔~了!〕これはたまげた.
出锅 chūguō 料理ができる.
出国 chūguó 自国を離れる.〔~留学〕国を出て留学する.〔~热〕出国ブーム.
出海 chūhǎi ①(船が)海に出る.沖に出る.②(漁民が)漁に出る.出漁する.
出汗 chūhàn 汗が出る:〔冒 mào 汗〕に同じ.→〔发 fā 汗〕
出航 chūháng (船や飛行機が)出港する.飛び立つ.
出号(儿) chūhào(r) 規格外(の).特別製(の).特大(の).〔这顶帽 mào 子是~的〕この帽子は特大の.
出乎 chūhū〈文〉…に出る.…を越える.〔~意料(之外)〕〈成〉予想外である:〔~意表(之外)〕ともいう.
出花儿 chūhuār ⇒[出痘]
出花样 chūhuāyàng 変わった考えを出す.新しい手を使う.
出豁 chūhuō〈白〉①しのぐ.どうにか裁きをつける.〔那人急了,正好没~〕(京本通俗小説)その男はいらだって,どうにも収まりのつかないところだった.②救う.免れる.〔却把这文案都改得轻了,尽~了武松〕(水30)文案を軽く改めてくれたので武松はすっかり罪を免ぜられた.

chū 出

出活(儿) chūhuó(r) 仕事がはかどる.〔工厂里这两天很~〕工場ではここの2,3日能率が上がっている.〔不~〕能率が上がらない.

出货 chūhuò ①出荷する.〔每日一~一万多打 dá〕毎日1ダースを出荷する.②商株を放出する.③=〔提 tí 货〕(倉庫などから)貨物を引き出す.

出货单 chūhuòdān ⇒〔交 jiāo 货单〕

出击 chūjī 攻撃する.攻撃をしかける.

出继 chūjì (他家を継ぐため)養子になる.

出家 chūjiā 出家する(僧・尼・道士になる).〔~的〕⑷出家者(僧・尼・道士).〔入 rù 道〕

出价 chūjià =〔报 bào 价〕〔报盘〕〔递 dì 价〕〔发 fā 价〕⑲①オファー.出し値.〔确 què 定〕〔报实价〕ファームオファー.確定申込.→〔实 shí 价①〕 ②ビッド.指し値.つけ値.〔指 zhǐ 定价(格)〕に同じ.〔由于买方~未符理想,仍在讨还 huán 中〕買方の指し値が市場価格より低いので、なお交渉中.→〔还 huán 价②〕

出嫁 chūjià =〔〈文〉出阁〕〔出门子〕〔出聘〕嫁入り.〔他妹妹一 // 吗〕妹はお嫁に行ったか.

出尖(儿) chūjiān(r) ①抜群である.出色である.〔~的奸 jiān 滑老儿〕とびきりの古狸.→〔一 yī 等一〕②甚だしい.〔他的坏 huài 法坏~了〕彼のやつたらめは目に余る.〔混 hún 蛋〕大馬鹿.

出将入相 chūjiàng rùxiàng〔成〕①出でては将となり、入りては相となる:文武兼備の国家の柱石.②⑲向かって左方の舞台への入口を〔出将〕といい、右方の出口を〔入相〕という.

出教 chūjiào ⑳(キリスト教で)教徒が教外へ去る(強制または自分の意思で)→〔破 pò 门③〕

出界 chūjiè ⑤サイドアウト(になる).スパイクアウト(になる)

出借 chūjiè 貸し出す.

出进 chūjìn ⇒〔出入〕

出京 chūjīng ①首都を去る.②北京を出る.

出经入史 chūjīng rùshǐ〔成〕経史に通じている.博学である.

出井 chūjǐng ⑭鉱物を採掘する.〔~税 shuì〕⑥鉱物採掘税.

出警 chūjǐng (警察が)緊急出動する.

出境 chūjìng ①国を出る.〔驱 qū 逐 ~〕国外に放逐する.〔~旅游热〕海外旅行ブーム.↔〔入 rù 境〕 ②ある土地から離れる.

出镜 chūjìng カメラに映る.テレビや映画に出る.

出九 chūjiǔ 寒明けになる.寒の八十一日が過ぎること.→〔数 shǔ 九〕

出局 chūjú ①⑤(野球の)アウト.〔杀~〕アウトにする.②〈方〉地位・職務・場所を去る.淘汰される.③⇒〔出条子〕④証券類を売り払う.

出具 chūjù 書類作成・交付する.

出据 chūjù 証明・領収・引換え書を発行する.

出圈 chūjuàn ⇒〔起 qǐ 圈〕

出科 chūkē ⑷旧劇の俳優が〔科班儿 bānr〕(俳優養成所)を卒業すること.

出口 chūkǒu ①口に出す.口から出る.〔真不好~〕本当に口に出しにくい.〔~伤 shāng 人〕毒舌.言葉にとげがある.〔~不凡〕言うことが非凡である.〔~成章〕⇒〔~成章〕②出港(する).〔~船期予告〕船舶出港期日予告.③輸出(する).〔~额 é〕輸出高.〔~汇 huì 兑〕輸出為替.〔~货〕〔~货单〕輸出積荷目録.〔~加工区〕加工輸出区.〔~免税准单〕輸出免税許可証.〔~退税率〕輸出税還付率.〔~证 zhèng 金额〕輸出承認書.〔~转 zhuǎn 内销〕輸出品を国内向けにまわす.→〔输 shū 出①〕④出口.〔车站~〕駅の出口.〈~〉〔进 jìn 出口〕〔入 rù 口①②③④〕⑤河口.⑥張家口以北の地に赴く.⑦〈口〉排便する.〔~处 chù 便秘〕〔~处梗 gěng 阻〕肛門付近の便秘.

出口成章 chūkǒu chéngzhāng〔成〕口にするところみな立派な文章となる:〔出言成章〕ともいう.

出口商品交易会 chūkǒu shāngpǐn jiāoyìhuì ⇒〔广 guǎng 交会〕

出口秀 chūkǒuxiù ⇒〔脱 tuō 口秀〕

出款 chūkuǎn 出費.

出来 chū·lái ①出て来る.〔从屋里~〕部屋の中から出て来る.↔〔进 jìn 去〕 ②顔を出す.現れる.〔出面①〕ともいう.〔这件事非ともあなたに顔を出していただかねばなりません.③起こる.発生する.〔事情已经~了〕事件はもう起きてしまった.〔经过讨论~两种意见〕討論した結果、二つの意見が出た.

- **出来** --chū·lái 動詞の後に置き動作の意味を補足し明確にする:〔出〕と同時に名詞などが入った場合、どちらも軽声に読まない.①内から外へ出る.〔出~〕〔长 zhǎng ~〕(葉や芽が)出る.〔跳 tiào ~走り出す.〔笑~〕生まれ出る.〔显出很苦悩的样子来了〕非常に困ったような様子だった.②隠れていたこと(もの)があらわになる(発見・識別).〔看~了〕見通した.〔探 tàn 出他的秘密来了〕彼の秘密を探し出した.〔我闻不~是什么味儿〕何のにおいだか、かぎわけられない.〔那阶儿的假 jiǎ 都瞒 ~了〕ためにするうそは、誰にでもわかるほど.③事物の成就・完成を表す〔新しい事柄が出てくる).〔饭 zhǔ ~了〕ご飯が炊けた.〔费了半天的工夫,也做不ト来〕半日かかってもできないでいる.〔这两天我挤 jǐ 不出时间来〕この2(3)日間,忙しくって暇をひねり出せない.④ある種の性能・能力が獲得されたことを表す.〔这镰 lián 刀已经使~了〕この鎌はもう使いよくなった.〔我的日语是喝酒喝~的〕私の日本語は酒を飲んで覚えたものだ.〔他做出经验来了〕彼は経験を積んできた.

出栏 chūlán ①(家畜を屠殺のため)出荷する.〔出槽〕ともいう.〔~率 lǜ〕(家畜の)出荷率.②〈方〉畜舎の清掃をする.

出类拔萃 chūlèi bácuì〔成〕抜群である.図抜けている.〔出类拔萃〕〔出类抜群〕ともいう.

出礼 chūlǐ 慶弔金を出す.

出力 chūlì 尽力する.〔你肯 kěn~,我很感谢〕ご尽力くださって誠にありがとうございます.〔出钱又~〕金も出し労力も出す.〔有钱出钱,有力~〕〔成〕銭あるものは銭を出し、力あるものは力を出す(して尽くす).

出列 chūliè ⑭一步前へ(進め)(号令).

出猎 chūliè 狩猟に出る.

出赁 chūlìn 貸し出す.損料貸しする.リースする.レンタルする.

出溜 chūliu〈口〉①つつっと滑る.〔抱着杆 gān 子往下~〕棒に抱きついてするすると下りる.〔从坡儿上 pōr 上~下来〕スロープを滑り下りる.〔在冰上打~〕氷の上を滑る.〔一~掉 diào 地下了〕手を滑らして下に落とした.②幼児がふらふらと歩く.蛇はくがうねって歩く.〔这孩子会满地~了〕この子はふらふらそこらじゅうを歩き回るんですよ.〔一条蛇 shé 在地上~呢〕1匹の蛇が地面をくねる.③落ちぶれる.ぐれる.〔那个人~了〕あいつはぐれた.

出笼 chūlóng ①せいろうから(マントー等を)取り出す.でき上がる.②⑷悪いものが世に出る.現れてくる.④商(株式で)買方が売りつなぎをする(こと)

出娄子 chūlóuzi ⇒〔出乱子〕

出炉 chūlú ①⑭(熔鉄が)出炉する.②窯(かま)から

出　　　　　　　　　　　　　　　　　　　　　　　　　　chū

焼き物を出す. ③<喩>初登場する.お目見えする.
出路 chūlù ①出る道.進路. ②生きる道.活路. 〔顺着民主主义的道路走才有~〕民主主義の道に沿って行ってこそはじめて前途がある.〔打开一条~〕活路を切り開く.〔没有~〕八方ふさがり. ③売れ口.はけ口.〔口出的产品,得努力找~〕新製品だから販路を探さねばならない.〔毕业后的~〕卒業後の勤め先.
出乱子 chūluànzi ＝〔口出娄子〕〔口蘑菇〕事故が起こる.騒動が起きる.面倒が生ずる.
出伦 chūlún <文>衆に抜きん出る.抜群である.
出落 chūluo →〔出挑〕
出马 chūmǎ ①出陣する.<転>出馬する.乗り出す.参加する.〔通通一做地里的活了〕みな野良に出て働いた. ②⇒〔出诊〕 ③馬を供出する.
出卖 chūmài ①売り払う.〔工人完全地或主要地以~劳动力为生则与劳动者是完全に,あるいは主として労働力を売ることによって生計を立てる. ②売る.裏切る.〔~同志〕同志を裏切る.
出毛病 chūmáobìng ①間違いをしでかす.故障が出る.〔机器要好好保养 yǎng, 免得~〕機械は保守をよくしなければならない,でないと故障が出る. ②欠点をさらけ出す.〔~毛病〕
出梅 chūméi 図梅雨明け(になる):〔断 duàn 梅〕ともいう.
出门 chūmén [-儿]①外出する. ②家を離れて遠方へ行く.〔出远门〕(儿)同前.
出门子 chūménzi <口>嫁入りする:〔出嫁〕ともいう.〔大姑娘多咱~呀〕上のお嬢さんはいつお輿（こし）入れですか.
出面 chūmiàn ①顔を出す.表に出る.〔这个还是由您~办理吧〕これはやはりあなたがおられてに出ておやりください.〔他~给人家赔 péi 不是〕彼が顔を出して人に謝る. ②名義を出す.名を出す.
出苗 chūmiáo 発芽する:〔露 lòu 苗〕に同じ.〔~率〕発芽率.
出名 chūmíng ①有名(である).〔他早在二十多岁时已经就很~〕彼は二十余歳でもう非常に有名であった.〔他打猎 liè 的技术是很~的〕彼の狩猟の腕前は有名である. ②名を現す.有名になる. ③[-儿]名を出す.名義人となる.
出蘑菇 chūmógu ⇒〔出乱子〕
出没 chūmò 出没する.〔~ 无 wú 常〕〔~ 无定〕<成>出没常ならず.捕捉し難い.
出谋划策 chūmóu huàcè <成>はかりごとをたてて画策する:〔出谋画策〕とも書いた.〔出谋献 xiàn 策〕ともいう.
出母 chūmǔ <文>離婚されて家を出た生母.
出纳 chūnà 出納（スイトウ）(する).〔~员〕出納係.〔图书~室〕図書出納室.
出难题 chūnántí 難問を出す.困らせる.
出牌 chūpái トランプのカードやマージャン牌を出す.
出盘 chūpán →〔出倒〕
出偏 chūpiān ミスする.間違いが出る.
出票 chūpiào ①手形を振り出す:〔开 kāi 票〕に同じ.〔~人〕手形振出人.〔~行 xíng 为〕手形行為. ②チケットを出す. ③召喚状・勾引(コウイン)状・逮捕状などを出す.〔~拘 jū 传〕勾引状を出して勾引する.
出品 chūpǐn ①製品:〔产 chǎn 品〕に同じ.〔这都是国营工厂的~〕これはみな国営工場の製品です. ②製品を出す.
出聘 chūpìn →〔出嫁〕
出平 chūpíng 平らにする.まっすぐにする.〔~算也就五六丈宽 kuān〕(曲・林7)直線距離で測ってみ~5,6丈の幅はある.

出圃 chūpǔ 苗を圃(ﾎ)場から出す.
出妻 chū qù 妻](休 xiū 妻) <文>①妻を離縁する. ②離縁された妻.
出奇 chūqí 珍しい.奇抜である.〔~制 zhì 胜〕<文>奇襲によって勝を制する.
出其不意 chū qíbùyì <成>相手の意表に出る.不意を打つ.→〔攻 gōng 其不备〕
出气 chūqì 鬱憤（ｳｯﾌﾟﾝ）を晴らす.八つ当たりする.〔回家拿妻子~〕家に帰って妻に八つ当たりする.〔出了一口气〕うっぷんを晴らした.
出气口 chūqìkǒu 排気口.通気口.
出气儿 chūqìr ①空気を通わす. ②息を吐く. ③ものを言う.
出气筒 chūqìtǒng <喩>あたりちらす相手.〔拿孩子做~〕子供をはけ口にする.
出钱 chūqián 金を出す.
出鞘 chūqiào 刃物を抜く.<転>火ぶたをきる.
出勤 chūqín ①出勤する.〔出满勤〕皆勤する.〔劳动~率 lǜ〕労働出勤率. ②出張する.
出去 chū qu ①出て行く.外出する.〔他刚~了〕彼は今しがた外出した.〔进不来出不去〕入ることも出ることもままならない.↔〔进 jìn 来〕
-**出去** --chū-qù 動詞の後に置き,その動作が内から外へ出ていくことを表す.〔告示已经贴 tiē ~了〕告示はもう貼り出された.〔他的名声不久会传 chuán ~〕彼の名声は近からずに広まるだろう.
出圈儿 chūquānr ①常軌を逸する.〔他这种做法,未免太~了〕彼のやり方は,はなはだ非常識だ. ②特別である.甚だしい.〔今天热得~〕今日の暑さは特別だ.
出拳 chūquán 殴る.暴力を振るう.
出缺 chūquē 欠員ができる:死亡や離職で空席となること.
出群拔萃 chūqún bácuì →〔出类拔萃〕
出让 chūràng (利益を図らず)譲り渡す.売りに出す.〔新建大房~〕新築建物売出し.〔上海市土地使用权~招 zhāo 标公告〕上海市土地使用権譲渡入札公示.〔~地〕譲渡地. ⑤農地や耕作権を売買する.
出热 chūrè <白>熱心に尽力する.〔小人到处只是~〕(水26)わたしはどこへ行っても一生懸命にやります.
出人 chūrén ①<文>人に抜きん出る.人の上に出る.頭角を現す. ②人員を供出する.
出人命 chūrénmìng 死傷者が出る.〔那是~的大事〕あれは死傷者が出る大事だ.
出人头地 chū rén tóu dì <成>人の上に出る.群を抜く.頭角を現す.
出人意料 chū rén yìliào <成>人の意表に出るは:〔出乎意料〕〔出人意表〕〔出人意外〕ともいう.
出任 chūrèn 官職に就く.任務に就く.〔~驻 zhù 外使节〕駐外国大・公使の任に就く.
出入 chūrù ①＝〔出入口〕出入り(する).〔此门不准 zhǔn ~〕この門は入り禁止. 〔~境〕出入国.〔~证 zhèng〕(工場・機関などの)出入許可証. ②差.違い.目ちがい.食い違い.〔两个数目~很大〕二つの数の違いには大きな差がある.〔他们两个人说的有点儿~〕彼ら二人の言うことは少し食い違いがある.〔我的经济状况每月~相抵 dǐ〕わたしの生計は毎月の収支の釣合いがとれている.〔~不敷 fū〕<成>収支相償わない.
出赛 chūsài 試合に出場する.
出丧 chūsāng ⇒〔出殡〕
出色 chūsè ①出色である.抜群である.特に優れている.〔他在这一班算是~的〕彼はこの組で目立つ方だ. ②<方>才能や技能を誇示する.ひけらかす.

chū 出

出山 chūshān ①隠者が世に出る.<転>仕官する.就任する.↔[入 rù 山②]②<喩>表に出て事に当たる.[这问题总要请он老人家~才得解决]この問題はどうしてもあのご老人にお願いし乗り出してもらわなければ解决しない.

出身 chūshēn ①出身(である).出(である).出自(である):本人の若い頃の社会経歴及びその家庭(父母)の社会経済情況により決定される.現在では主に出身階級により決定される.[他是贫 pín 农~]彼は貧農出身である.[进士~]进士出身.[正途~]通进士・挙人・貢生などの正規の試験に合格した出身の者.→[成 chéng 分]②<文>身をささげる.[~而事主]身をささげて主に仕える.

出神 chūshén (気をとられて)ぼんやりする.放心する.[躺 tǎng 在床上看着帐顶~]ベッドの上にあおむけになって、吊り蚊帳のてっぺんの方を見てぼんやりしている.

出神入化 chūshén rùhuà <喩>(技術・芸術・文学の)入神の技.

出生 chūshēng 生まれる.[~率]出生率.[~地]出身地.

出声(儿) chūshēng(r) ①声を出す.②しゃべる.

出生入死 chūshēng rùsǐ <喩>身体・能力・容貌ともに立派になる.[出挑]はとくに女性に用いる.[不满一年、他就~成师傅的得力助手]1年もたたないのに、彼は師傅をあげて師匠の片腕になった.[看他~得一表人材]彼はたくましく成長して立派な一人前だ.→[出息 xi]

出师 chūshī ①出兵する.[~表]出兵の上奏文.とくに諸葛孔明が蜀の後主劉禅にたてまつった出兵上奏文.前後二表あり名文とされる.②年期が明けて一人前の職人になること.見習工が修業の期限を終わって正式の労働者になること.[他~已经三年了]彼は年期が明けてから3年になる.→[满 mǎn 师]

出使 chūshǐ 使節として外国へ出る.

出示 chūshì ①示す.[~证件]証明書類を提示する.[请~月票]定期券を提示して下さい.②<文>布告を貼り出す.

出世 chūshì ①生まれ出る.生まれる.②誕生する.③(仏教で)④俗世に出て来る.⑤出家する.⑥俗世を超越する.

出仕 chūshì <文>官職に就く.

出事 chūshì ①事故が起こる.(好ましくない)問題が起こる.[~那天他没在家]事件発生の当日、彼は不在であった.②<白>死亡する.葬式を出す.[赵姨 yí 娘的兄弟基国基昨儿出了事]紅55]趙おばさんの弟の趙国基が昨日死んだ.

出世作 chūshìzuò 回最初に発表した作品.処女作.

出手 chūshǒu ①(商品を)手離す.売る.[脱 tuō 手②]に同じ.[他把房子~]彼は家を手離そうとしている.[这个货容易~]この商品はよく売れる.[~货]手離した品.②金を出す.金を使う.[他~不大,不像富户]彼はあまり金を使わない、金持ちのようだし.[一~就给了两千块钱]いきなり2000元出した.③腕前.力量.[~不凡 fán]並み並みならぬ腕前.④手出しをする.腕力を振るう.[双方都~,好容易才劝 quàn 开]双方ともなぐりあってしまったのでやっとのことでなだめた.⑤服の袖丈.⑥<文>原稿する.⑦→[打 dǎ 出手]

出首 chūshǒu ①<白>自首する:[自 zì 首]に同じ.②他人の罪を告発する.

出手得卢 chūshǒu délú <成>一挙に勝を制する.→[卢 lú]

出售 chūshòu 売り出す.売却する.[~余粮 liáng]余剰食糧を売る.[廉 lián 价~]安売り(する).[随其行 háng 情~]成り行きで売る.

出书 chūshū 本を出す.本を出版する.

出数儿 chūshùr 数量が増える.かさが増す.[新米做饭不大~]新米で炊いたご飯はあまり増えない.→[出饭]

出双入对 chūshuāng rùduì <慣>(男女の)仲が非常に良いさま.

出水 chūshuǐ ①水が出る.水を出す.②水から出る.川から上がる.③商旧時の打歩(ぶ).プレミアム.④商現金の支払い.[~簿 bù]同前を記入する帳簿.

出水芙蓉 chūshuǐ fúróng 咲いたばかりの蓮の花.<喩>文章・文字・文字の美しさのたとえ.また女性の美.[初发芙蓉]という.

出台 chūtái ①登場する.出場する.②公然と名を出して活動する.③発布・実施する.

出摊(儿) chūtān(r) 露店を出す.

出塘 chūtáng 養魚を出荷する.

出堂差 chūtángchāi ⇒[出条子]

出逃 chūtáo (家庭や国家から)逃亡する.脱出する.

出题 chūtí 題を出す.[命 mìng 题②]に同じ.[~考试]試験の問題を出す.

出天花 chūtiānhuā ⇒[出痘]

出挑 chū·tiāo =[出落][出脱③]たくましくなる.美しくなる.成長する:若者が身体・能力・容貌ともに立派になる.[出落]はとくに女性に用いる.[不满一年、他就~成师傅的得力助手]1年もたたないのに、彼は師傅をあげて師匠の片腕になった.[看他~得一表人材]彼はたくましく成長して立派な一人前だ.→[出息 xi]

出条子 chūtiáozi =[方]出局③][方]出堂差]<方>妓女にお座敷がかかって行くこと.↔[叫 jiào 条子]

出粜 chūtiào 穀物を売りに出す.

出铁 chūtiě 回出銑(兊)

出庭 chūtíng 因出廷する.

出头 chūtóu ①困難から抜け出る.[解放后工农群众~了]解放後、労農大衆は困窮から抜け出て楽になった.[像你这么懒 lǎn 惰,多咱有~的日子呢?]お前のような怠け者は、いつになったら出世できるか.②(物体が)顔を出す.頭を出す.③群を抜く.頭に立つ.[~鸟 niǎo]<喩>同前の人.[请你~说说情吧]君から口をきいてやってくれ.④[~儿]あまり.…以上:まとまった数に端数がつくこと.[三十~的小伙子]30すぎの若者.[五千块~]5千元以上.5千元を越す.

出头椽子先烂 chūtóu chuánzi xiān làn <諺>頭を出している垂木は先に腐る:出る杭は打たれる.

出头露面 chūtóu lòumiàn <成>公に顔を出す事に立つ.[现在~的事情,万万做不得]今どき表面に立つようなことは、絶対にだめだ.

出头天 chūtóutiān ⇒出世する.日の目をみる.

出徒 chūtú 見習いの年期があける.[出师]ともいう.

出土 chūtǔ ①(古器物など地中に埋まっていたものを)発掘する.[~文物]出土した古器物.②[~儿]人が生まれる.[人没有刚~就有知识的]生まれると同時に知識を備えている人はない.③植物が芽を出す.

出团 chūtuán 団体が出発する.

出脱 chūtuō ①=[开 kāi 脱]救い出す.[设法~她的丈夫]彼女の夫を救い出す法を講ずる.②売り渡す(商品を).③女性が(年ごろになり)美しくなる.

出外 chūwài 他地へ旅行する.[出了趟 tàng 外]一度遠くへ旅行した.

出亡 chūwáng <文>出奔する.流亡する.

出尾虫 chūwěichóng ⇒[菊 jú 虎]

出位 chūwèi ①<文>身の程を知らない.[~妄 wàng

出邮初　chū

为]分を越えて無法にふるまう．②⦅又⦆(サッカーなどで)オフサイド．③逸脱する．脱線する．④殻を破る．イメージを壊す．
出五服 chūwǔfú 遠い親戚．→[五服]
出息 chūxī ①回利息を生む．またその利息．[那件事～很大]あの仕事は利益が大きい．[这个买卖不～]この商売はもうからない．②呼気．吐き出す息．
出席 chūxí 出席する．一般に発言権・表決権を有す構成員が会議に出席すること．[报告－人数]出席者数を報告する．
出息 chūxi ①見どころ(がある)．見込み(がある)．芽(が出る)．[这孩子比去年～多了]この子は去年よりずっといい子になった．[这孩子将来一定有～]この子は将来きっと伸びる．[有～的文学家,艺术家必须到观众中去]向上心のある文学者・芸術家はすべからく大衆の中へ入って行くべきである．[好 hào 吃懒 lǎn 做的人是最没～的]のほんとしている人は一番見込みなしだ．②⟨口⟩進歩する．良くなる．[那姑娘～得更漂亮了]あの娘は前より一層美しくなった．[有～]利益．もうけ．
出险 chūxiǎn ①危険を脱出する．[遇难 nàn 的人～了]遭難者が危険を脱した．②事故を起こす．
出现 chūxiàn 出現する．現れる．
出线 chūxiàn ⦅又⦆①勝ち進む．予選枠を抜ける．[～权 quán](试合・大会の)出場権．②オーバーライン(する)
出项 chū-xiàng ＝[出款]支出金．
出血 chūxiě ①血が出る．②散財させられる．自腹を切る．
出新 chūxīn 新しいものを出す．新しい感じが出る．
出行 chūxíng 他地(遠方)へ出かける．
出虚恭 chūxūgōng おならをする．放屁する→[放 fàng 屁]
出血 chūxuè 医出血．[脑 nǎo ～]脳出血．⟨音義訳⟩[埃 āi 博拉]～热エボラ出血熱．→chūxiě
出巡 chūxún ①⦅旧⦆天子が地方へ行幸する．②視察する．
出芽 chūyá ①(植物が)芽を出す．②(動・植物等)出芽．[～生殖 zhí]芽生生殖．
出牙笏 chūyáhù ⦅旧劇⦆役者などに周知させることを象牙あるいは骨製の笏(や)に書きだして[戏 xì 规]のそばに立てておくこと．
出言 chūyán 言葉に出す．言う．[～不逊 xùn]づけづけ言う．[～有章 zhāng]言うことが筋道だっている．
出演 chūyǎn ①公演する．上演する．②役を演じる．
出洋 chūyáng 外国へ行く．洋行する．
出洋相 chūyángxiàng ①赤恥をかく．笑いものになる．[他的牛头不对马嘴的发言却惹尽了笑话,大～]彼のちぐはぐな発言は物笑いの種となり，大いに失笑を買った．[少喝点吧,省 shěng 得出头～]飲むのを少し控えておきなさい,あとでみっともないことにならないように．→[宝 bǎo 贝⑤]②(言葉・動作が)面白おかしい．
出样 chūyàng サンプル出品する．
出以公心 chū yǐ gōngxīn ⟨成⟩公のために(する)
出迎 chūyíng 出迎える．
出游 chūyóu 遊歴する．長旅をする．
出于 chūyú …に出る．…から出る．[主要是～他门的要求]主に彼らの要求に出たものである．[～无 wú 奈]やむなくそうした．[～意表之外]予想外であった．[～自愿 yuàn]自発的に希望したのである．
出逾 chūyú 越える．
出语 chūyǔ 言葉に出す．
出狱 chūyù 出獄する．出所する．

出远门 chūyuǎnmén 遠くへ行く．
出院 chūyuàn (入院患者が)退院する．→[入 rù 院]
出月 chūyuè 月を越す．来月になる．
出月子 chūyuèzi 生理(産婦が出産後1か月位になって)体が元に復する．→[坐 zuò 月子]
出渣口 chūzhākǒu 工出銑口．
出展 chūzhǎn ①展覧する．②他地・他国で展覧する．
出战 chūzhàn 戦いに出る．試合に出る．
出站 chūzhàn ①駅を出る．②駅の出口．③[博 bó 士后(科研)流动站](ポストドクターの受入れ部門)から離れる．
出张 chūzhāng (マージャンで)牌を打ち出す．[～的时节,她的牌搜 liào 得很响](老・四・慢16)牌を打ち出す時,彼女は非常に大きい音をたてる．
出掌 chūzhǎng ①手のひらを出す(武術動作の一つ)．②つかさどる．握る．[～要职]要職につく．
出账 chūzhàng ①支払い勘定に記入する．[这笔钱出你的账]これはあなたの勘定につける．②⟨方⟩支出金．→[开 kāi 支]
出招 chūzhāo 策を弄(ろう)する．手を考える．技を使う．
出蛰 chūzhé 昆虫が冬眠を終わって出てくる．
出针 chūzhēn 中医鍼(ʰàri)を抜く．
出诊 chūzhěn =[又出马②]往診(する)．[～费]往診料．↔[门 mén 诊]
出疹子 chūzhěnzi 回発疹する．はしかにかかる．
出阵 chūzhèn ①⟨文⟩出陣する．戦場に出る：[上 shàng 阵①]に同じ．②⟨喩⟩活動に参加する．③⦅佛⦆(仏教で)禅僧が公衆の前で問答する:終了は[入 rù 阵]
出征 chūzhēng ①出征する．②⟨喩⟩遠征する．[我国乒乓球队将要～柏 bó 林]わが卓球チームは近くベルリンへ遠征する．
出证 chūzhèng ①証明書を発行する．②法証拠を提出する．証言する．
出众 chūzhòng 衆に抜きん出る．抜群である．
出主意 chūzhǔyi アイデアを出す．
出资 chūzī 出資する．金を出す．
出自 chūzì …から(出る)．…に拠(ょ)る．[～内心]心から．
出走 chūzǒu 家出する．
出租 chūzū 貸し出す(する)．レンタル(する)．リースする．[～照相机]貸しカメラ．[～房屋]貸家に出す．
出租汽车 chūzū qìchē =[⟨方⟩计 jì 程车]タクシー．[⟨音訳⟩的 dī 士]ともいう．[～站]タクシー乗り場．タクシーの溜まり場．

〖邮〗 chū 地名用字．[～江]地四川省にある．

〖初〗 chū ①初め．最初．[起～]初め．以前．[当～]最初．[和好如～]元のようにむごやかになる．②元来の．元．③第1回の．順序の一番前の．[一段 duàn 位][一段](段位の)初段．[～十](旧暦の)十日．[～一][初一]初めて．したばかり．[～登舞台]初めて舞台へ出た．[～次见面]初対面．[～排 pái]回初リハーサル．[～级][初级]．[～等(的)．基礎的(の)．[～级中学の略．[～三]中学3年(生)．→[高 gāo ⑩]　⑦(姓)初(ネ)

初版 chūbǎn (書籍の)初版：[第 dì 一版]ともいう．
初冰 chūbīng 初水．
初步 chūbù 手始めの(の)．第一段階(の)．さしあたり(の)．初歩(の)．一応(の)．[经过两个多月的学习,已经一掌 zhǎng 握了基本理论]2か月余り学んで一応基本理論をつかめた．[～分析 xī]初歩的

分析(をする)

初潮 chūcháo 生理(女性の)初潮.

初程 chūchéng 初めての旅立ち.〔快马～须奋蹄 tí〕<喩>競技が始まったら全力で進まなければいけない.

初出茅庐 chūchū máolú <成>初めて世間に顔を出す:経験がないこと.

初创 chūchuàng 創始(する)

初春 chūchūn ①初春.早春.②旧暦の正月.

初次 chūcì 初回.第1回.〔我～到这儿来,人地生疏 shū〕わたしは初めてのこちらへ参りまして,土地不案内のです.〔～教育〕幼稚園および小学校での教育.

初等 chūděng 初等(の).初級(の).初歩的(な).〔～教 jiào 育〕初等教育.

初冬 chūdōng ①初冬.②旧暦の10月.

初度 chūdù <文>誕生日.

初发芙蓉 chūfā fúróng 開いたばかりの蓮の花.<喩>詩作の清新なたとえ:〔出水芙蓉〕ともいう.

初犯 chūfàn 初犯.

初伏 chūfú →〔伏天〕

初稿 chūgǎo ①初稿.最初の原稿.②未定稿.

初更 chūgēng =〔初鼓〕〔头 tóu 更〕〔戌 xū 刻〕〔戌时〕〔一 yī 更〕〔一鼓〕酉五つ.戌の刻:午後7時から9時頃.→〔五 wǔ 更〕

初鼓 chūgǔ 同上.

初花 chūhuā 初めて咲く.またその花.

初会 chūhuì 初めて会う.初対面である.

初婚 chūhūn 初婚(である).結婚したて(である).結婚ほやほや(である).

初吉 chūjí 旧①旧暦の毎月1日.②旧暦の毎月1日～8日までの期間.

初级 chūjí 初級(の).〔～读 dú 本〕初級読本.〔～阶 jiē 段〕初級段階.〔～小学〕(初小)(初級)小学校.〔～中学〕(初中)初級中学校.=〔高 gāo 级中学〕

初级产品 chūjí chǎnpǐn 第一次産品.

初级社 chūjíshè 旧初級合作社:〔初级农 nóng 业生产合作社〕の略.→〔高 gāo 级社〕

初级职称 chūjí zhíchēng 専門技術職の職務上の名称の一つ:たとえば大学では〔助教〕は〔讲师〕に〔中级职称〕,〔副教授〕〔教授〕は〔高级职称〕である.

初几 chūjǐ 〔－儿〕(旧暦で月初の一日から十日までのうちの)何日か.〔今天～〕今日は何日.

初间 chūjiān ①<文>月の初め.初旬.②<白>初め.

初检 chūjiǎn 第1次試験.第1次検査.

初见 chūjiàn ①初めて会う.〔～长城〕初めて長城を見る.②一応はっきり現れる.〔～成效〕効き目が同前.

初交 chūjiāo 交わって日が浅い(人).〔我和他还是～〕彼とはまだ付き合ったばかりだ.

初具规模 chūjù guīmó 一応の規模になる.

初开 chūkāi ⇒〔开盘①〕

初亏 chūkuī 〔食 shí 相〕

初来乍到 chūlái zhàdào <慣>来たばかりである.〔～,尚未正式开始工作〕来たばかりで本格的にまだ仕事を始めていない.

初恋 chūliàn ①初恋.②恋愛をしたばかりの時.

初凉 chūliáng <文>初めての涼しさ.初秋の気候.

初露锋芒 chūlù fēngmáng <成>初めて才能を表す.

初露头角 chūlù tóujiǎo <成>初めて才気を表す.

初眠 chūmián (蚕の)初眠.

初民 chūmín 原始社会の人.

初末 chūmò <文>最初と終末.

初年 chūnián ①初期の頃.②一年の始まり.

初评 chūpíng 最初の(初歩的な)批評や選考.

初期 chūqī 初期(の・に)

初晴 chūqíng 晴れたばかりである.〔雨后～〕雨上がり.

初秋 chūqiū ①初秋.②旧暦の7月.

初日 chūrì 太陽がのぼり始めた.

初赛 chūsài 図第1回戦.

初审 chūshěn ①第1次審査.②最初の尋問.③法第1審.

初升 chūshēng 昇ったばかりである.〔红日～〕赤い太陽が今しがた昇った.

初生 chūshēng 生まれたてである.初めて生まれる.〔～(的)牛犊 dú 不怕虎〕〔～(之)犊子不畏 wèi 虎〕生まれたばかりの子牛は虎を恐れない.<諺>無鉄砲である.〔～之犊〕<喩>向こう見ずな若者.〔～态 tài〕初発生期状態.〔～锋 fēng 芒〕〔～牛刀〕〔～身手〕<喩>小手調べをする.

初时 chūshí 初め.

初识 chūshí 知り合ったばかりである.

初始 chūshǐ 初め(の).〔～情况〕最初の状況.〔～速度〕初速.電初期化.〔～化〕同前.

初试 chūshì ①初めての試み.②第1次試験.

初霜 chūshuāng 初霜.

初速 chūsù 初速:〔初始速度〕の略.

初岁 chūsuì <文>年の初め.

初探 chūtàn 初歩的な探査.

初头 chūtóu <方>初め.最初.〔1949年～〕1949年初.〔八月～〕8月初め.

初文 chūwén ⇒〔本 běn 字②〕

初夏 chūxià ①初夏.②旧暦の4月.

初小 chūxiǎo ⇒〔初级小学〕

初写黄庭 chūxiě huángtíng <成>ちょうど具合がいいこと:〔黄庭〕は小楷の手本とされた『黄庭経』の法帖.

初心 chūxīn ①最初の志.②图(仏教で)仏を信じ始めた人.

初选 chūxuǎn ①(間接選挙における)第一段階の選挙.②初めての選考(選抜・選択)

初学 chūxué 初めて学ぶ(者).〔～的〕初学者.

初雪 chūxuě 初雪.

初旬 chūxún 初旬:毎月一日より十日までの十日間.

初叶 chūyè 初め.〔十世纪～〕10世紀初頭.

初夜 chūyè ①宵の口.②新婚の第一夜.

初一 chūyī ①(旧暦で)月の初め.一日.〔五月～〕(旧暦の)5月1日.〔大年～〕元日.〔逃 táo 了～,逃不了月半〕<諺>(逃亡・借金・任務など)長くは逃れられない.遅かれ早かれ…になる:〔月半〕は〔十五〕ともいう.②〔初中一年〕の略.中学1年(生)

初油酸 chūyóusuān ⇒〔丙 bǐng 酸〕

初愿 chūyuàn 初志.初念.

初月 chūyuè <文>新(さ)月.

初战 chūzhàn 緒戦.〔序 xù 战〕に同じ.

初绽 chūzhàn 花が咲き始める.

初诊 chūzhěn 図初診.

初志 chūzhì 初志.初一念.〔他始终不改～〕彼は終始初志を翻さない.

初中 chūzhōng ⇒〔初级中学〕

初衷 chūzhōng 本意.初志.〔父母的～〕両親の本意.〔～不改〕初志を変えない.

初祖 chūzǔ 图(仏教の)一宗の創始者.

chū~chú

[㯽] chū
㯽蒱 chūpú ⇒〔樗蒲〕

[樗] chū 圖ニワウルシ.シンジュ(神樹):俗に〔臭 chòu 椿〕という.〔～材〕〔～栎 lì〕〔栎～〕〔栎散 sǎn〕〈文〉無能な人物.
樗白皮 chūbáipí ⇒〔椿 chūn 根皮〕
樗里 chūlǐ 〈姓〉樗里 $_{5}$.
樗蒲 chūpú =〔摴蒲〕固さいころ遊び:ニワウルシの5枚の木片(のちには骨・玉・象牙などの片面を黒く塗り子牛を画き,他面を白く塗り雉を画く.唐代のやり方ではこれを白全部黒形に投げて全部黒が〔卢 lú〕で最強の手.全部白が1番の手,二白三黒が〔雉 zhì〕で2番の手,二黒三白が〔犊 dú〕で3番の手,以上を〔贵彩 guì cǎi〕といい,その他を〔杂 zá 彩〕(スカ)とした.

[刍・芻] chú〈文〉①まぐさ.〔～秣 mò〕同前.②家畜を飼育する.〔～牧 mù〕同前.③草食の家畜.〔～豢 huàn〕同前と穀食の家畜.④草を刈る.⑤〈謙〉自己の意見.→〔刍议〕⑥〈姓〉刍($_{5}$)
刍狗 chúgǒu〈喩〉廃物として捨てられるもの:古代,草で犬の形を作り,祭祀の時にこれを用い,終わらば捨てられた.→〔俑 yǒng〕
刍粮 chúliáng〈文〉かいばと糧食.
刍灵 chúlíng 固死者の代わりに用いたわら人形.→〔俑 yǒng〕
刍论 chúlùn ⇒〔刍议〕
刍荛 chúráo〈文〉①草刈りと薪取りを仕事とする(賤しい人).②〈謙〉卑見.〔敢贡 gòng ～〕あえて卑見を申し上げる.
刍说 chúshuō ⇒〔刍议〕
刍言 chúyán 同上.
刍议 chúyì =〔刍言〕〔刍论〕〔刍说〕〈謙〉浅薄な議論:書名や文章の題名に用いる.〔文学改良～〕圕胡適の著.

[䳭・鶵] chú ①→〔鹓 yuān 䳭〕②⇒〔雏〕

[雏・雛] chú =〔雏②〕①(鳥類の)ひな:口頭語では〔小鸡儿①〕という.〔～鸡 jī〕〔鸡～〕鶏のひな.ひよこ.②〈喩〉未成年.若者.③幼い.早期の.〔～形 xíng〕〔过 guò 渡层〕地風化変質層.カンビック層.
雏凤 chúfèng 鳳凰のひな.〈喩〉立派な若者.
雏鸡 chújī 鶏のひな.
雏妓 chújì 旧半玉(ぎょく).〔雏儿③〕に同じ.
雏菊 chújú 圖ヒナギク.デージー:〔延 yán 命菊〕ともいう.
雏禽 chúqín (鳥類の)ひな.
雏儿 chúr ①ひよこ.〈喩〉経験の乏しい子供.世間を知らない青二才.②〔这是哪个庵 ān 里的～呢〕(紅112)どこの尼寺の尼さんたちか.③旧雏妓.
雏形 chúxíng ①原型.初歩の形態.②同下.
雏型 chúxíng ひな型.模型:〔雏形②〕とも書く.

[除] chú〈文〉階段.きざはし.〔阶 jiē ～〕庭ting ～〕同前.②〈文〉(官職を)授ける.任命する.③取りのける.除去する.〔～害〕害を除き去る.〔排 pái ～〕排除する.〔～皱 zhòu 化妆品〕しわとり用化粧品.④圏割る.〔～不开〕(算数計算で)割り切れない.〔二十十等于五〕〔拿二十等于五〕〔十一以二等于五〕〔二以二来久是五〕〔十被二～等于五〕10割る2は5.⑤〈文〉「以外」の意に〔以外〕〔之外〕などを置く.〔～此以外〕これ以外.このほか.〔照常工作外,更须加倍警惕〕平常通り作業する外,さらに一層警戒しなければならない.→〔除了〕⑥〈姓〉除($_{5}$)

除拜 chúbài ⇒〔除授〕
除暴安良 chúbào ānliáng =〔锄暴安良〕〈成〉暴虐を取り除き,善良な民を安んずる.
除弊 chúbì 弊害を除く.
除草 chúcǎo 除草(する).〔～机〕除草機.〔～药〕除草薬.〔～剂 jì〕除草剂.〔～秘 mí〕ニトロフェン(農薬)
除颤 chúchàn 医除細動.〔～器〕除細動器.
除尘 chúchén ①ほこりを取る.〔～器〕④エアクリーナー.集塵器.⑤〔吸 xi 尘器〕(電気掃除機)の旧称.⑥〔煤払い:旧暦の年末の大掃除.〔尘〕〔陈〕(古い)に通じる.
除虫菊 chúchóngjú =〔虫菊〕圖ジョチュウギク.〔～素〕圕ピレトリン.
除此之外 chúcǐ zhīwài これ以外.これを除いて:〔除此而外〕〔除此以外〕ともいう.〔～,别无办法〕これより外に方法がない.
除掉 chúdiào ①除き去る.除外する.〔一时除不掉〕すぐには除き去ることはできない.②殺す.消してしまう.
除恶务尽 chú'è wùjìn〈成〉悪は徹底的に除き去らねばならない.〔除恶务本〕ともいう.
除法 chúfǎ 医割り算.除法.
除非 chúfēi ①…してこそはじめて,…しない限り(…はない):唯一の条件を表す.後に〔才 cái〕〔否 fǒu 则〕〔不然〕などを置く.〔～过半数会员出席,大会才开得成〕過半数の会員が出席してはじめて大会は成立する.〔欲使人不知,～己莫为〕他人に知られたくないなら,自分がしないことだ.〔倘 tǎng 若要他来,～你去请〕もし彼に来てもらいたいならきみが行ってお願いしなければならぬ.〔～你去请他,否则他不会来的〕きみが行って頼んでお願いしなければならぬ,もしそうでないと彼は来るはずがない.②もし…でなければ,…を除いては:…以外(には),…より外に(は).〔～礼再不我有工夫〕目暇がない.〔～这么办,再没有别的好办法〕こうするより以外にもっといい方法はない.〔他明天是一定来的,～天气不好〕彼は明日きっと来る,もし天気が悪くなければ.
除服 chúfú =〔除丧〕〈文〉除服(ぶく).忌(き)明け:服喪期が終わって喪服を脱ぐこと.
除根(儿) chúgēn(r) 根源を取り除く.徹底的に取り除く.
除垢 chúgòu 汚染物質を除去する.
除官 chúguān ⇒〔除授〕
除号 chúhào 医除法の符号"÷".
除尽 chújìn ①(割り算で)割り切れる.②きれいに取り除く.
除旧布新 chújiù bùxīn =〔去 qù 旧布新〕〈成〉古いものを取り除き,新しいものを発展させる.
除开 chúkāi …を除く.〔～…而外〕…を除いた外.
除了 chúle ①…の他.…以下(なら):後に〔都〕〔全〕などを置く.〔～他谁都行〕彼以外なら誰でもいい.〔～…以外〕…を除いた外.…以外は.②…以外に.…の他に.〔还〕〔也〕〔只〕なども置く.〔～英语他还会日语〕英語の他に日本語も彼はよくできる.③…でなければ(…だ):後に〔就是〕を置く.〔小猫儿～吃奶,就是睡觉〕子猫は乳をのんでいるか眠っているかだ.
除名 chúmíng 除名する.除籍する.
除皮 chúpí 風袋(さた)を除いた正味:〔皮〕は〔包 bāo 皮〕(風袋).〔除包皮〕ともいう.〔～送桶〕風袋のけ桶(おけ)付き:風袋である桶を除外して正味だけの計算をしても,その桶は代価を請求しないこと.
除去 chúqù 除き去る.②…以外:〔除开〕〔除了〕

①)に同じ.〔~…外〕同前.
除权 chúquán 〖商〗権利落ち.
除却 chúquè ①除去する.取り除く. ②…以外に.
除日 chúrì〈文〉大晦日(おおみそか):旧暦の12月30日.
除丧 chúsāng ⇒〔除服〕
除湿 chúshī 除湿する.
除拜 chúbài〈文〉官職に任ずる.
除官 chúguān〈文〉官職に任ずる.
除数 chúshù 〖数〗(除法の)除数.
除四害 chúsìhài 蚊・蠅・鼠・雀・なんきん虫などを撲滅する.→〔四害〕〔爱 ài 国卫生运动〕
除碳 chútàn〔脱 tuō 碳〕〖工〗鋼・鉄内に含有する炭素を全部または一部分除去すること.
除外 chúwài 除外する.勘定に入れない.〔把不合规格的~,还有不少质量够不上标准的〕規格に合わないのを除外して,そのうえ少なからざる品質が標準に達しないものがある.
除味剂 chúwèijì 消臭剤.〔放~〕同前を置く(入れる)
除夕 chúxī (旧暦の)大晦日の夜.除夜.また広くおおみそかの日もいう:〔大 dà 年夜〕〔年 nián 夜〕〔三 sān 十儿〕〔三十(儿)晚上〕ともいう.〔岁 suì 除〕は文語.〔小 xiǎo 除夕〕
除息 chúxī 〖商〗配当落ち.
除锈 chúxiù さび取り(をする).〔~剂〕防錆剤.
除夜 chúxiù 脱皮する.
除夜 chúyè 除夜(じょや).おおみそかの夜.→〔除夕〕
除月 chúyuè 旧暦12月の別称.
除治 chúzhì 根絶する.〔~蝗害〕いなごの害を同前.

〔**滁**〕chú 地名用字.〔~州 zhōu〕〖地〗安徽省にある.〔~河〕〖地〗安徽省にある:〔涂 tú 水〕は古名.

〔**蜍**〕chú〔蟾 chán ~〕〖動〗ヒキガエル.ガマ.

〔**篨**〕chú →〔籧 qú 篨〕

厨(廚・厨) chú ①台所.炊事場.くりや.〔~帮~〕台所の仕事を手伝う.→〔庖 páo 厨〕 ②料理人.〔~夫〕〔~人〕〔~手〕〖旧〗料理人.コック.〔名〕有名コック. ③〖文〗櫃(ひ).戸棚.〔橱 chí〕に通用した. ④〔姓〕厨(ちゅう).
厨刀 chúdāo 包丁.〔菜 cài 刀〕に同じ.
厨房 chúfáng ①台所.キッチン.炊事場.調理室:〔方〕锅 guō 房〕ともいう. ②料理人.
厨工 chúgōng (料理店などの)調理見習い.
厨具 chújù 台所用具.調理用品:鍋・しゃもじ・包丁など.→〔餐 cān 具〕
厨娘 chúniáng 〖旧〗女の料理人.飯炊き女.
厨师 chúshī コック.料理人.板前.〔~长 zhǎng〕シェフ.料理長.→〔案 àn 儿上的〕〔掌 zhǎng 灶(儿)的〕
厨师傅 chúshīfu ≡〔大 dà 师傅〕〔方〕大司务〕料理長.コック長.
厨头灶脑 chútóu zàonǎo〈白〉お勝手仕事.炊事仕事.
厨卫 chúwèi キッチンとトイレ.水回り.
厨下 chúxià〈方〉台所.お勝手.
厨艺 chúyì 料理の技.〔コック的~只有炒鸡蛋〕彼なりのレパートリーといえば煎り玉子だけだ.
厨灶 chúzào かまど.
厨子 chúzi〔口〕コック.料理人.→〔案 àn 儿上的〕〔掌 zhǎng 灶(儿)的〕

〔**幮**〕chú 〖旧〗箱型のとばり.〔纱 shā ~〕紗のかや.

〔**橱(櫥)**〕chú〔~儿〕戸棚.たんす.〔衣~〕服を入れる櫃(ひ).たんす.〔碗~〕食器戸棚.〔书~〕書棚.〔玻璃~〕ガラス戸棚.〔纱~〕蠅帳.
橱窗 chúchuāng ①≡〔窗 橱〕〔陈 chén 列 窗〕〔饰 shì 柜〕ショーウィンドー.陳列窓.〔~设计〕同前のデザイン. ②展示ケース.ガラス付きの掲示板.
橱柜 chúguì =〔柜橱〕〔~儿〕食器戸棚.②茶だんす式の卓:低い箱形のもので,前は開き戸になっており,引き出しがあり,テーブルとしても使える.〔~桌儿〕同前.

〔**蹰(躕)**〕chú →〔踟 chí 蹰〕

〔**锄・鋤(鉏・耡)**〕chú ①すき.くわ. ②くわで耕し草をとる.〔~地〕〔~土〕同前.〔~禾 hé〕〈文〉穀物の苗のために草をとって取り除く. ③除去する.滅ぼす.〔~奸〕悪人を除き去る.→〔鉏 jǔ ②〕
锄暴安良 chúbào ānliáng ⇒〔除暴安良〕
锄草 chúcǎo くわで草を地面から削り取る.除草する.→〔除 chú 草〕
锄骨 chúgǔ 〖生理〗锄(じょ)骨:鼻中隔の一部.→〔头 tóu 骨〕
锄奸 chújiān 裏切り者を一掃する.〔~工作〕売国奴一掃活動.
锄强扶弱 chúqiáng fúruò〈成〉強きを挫(くじ)き弱きを助ける.
锄田 chútián (田)畑を耕す.
锄头 chútóu〈口〉くわ.すき.〔~雨〕畑の除草する前にちょうどよく降る雨. ②〈方〉つるはし.
锄耘 chúyún〈文〉①くわで耕し除草する. ②文章に磨きをかける.

〔**蹰**〕chú〈文〉ためらう.ぐずぐずする.→〔踌 chóu 蹰〕

〔**处・處(處・処・処)**〕chǔ ①〈文〉住む.居住する.〔穴居野~〕洞穴や原野に住む. ②共に過ごす.交際する.〔~朋友〕友人と交際する.〔他为人不好,我不能再住下~了〕あいつは人がよくないから,これ以上つきあえない.〔跟他好~〕彼とうまくやっている.〔~人遇事〕人と交わり物に接する.〔和平共~〕平和的に共存する.〔他们俩~不来〕あの二人は馬が合わない. ③身を置きある場所にある.ある地位にいる.〔~乱 luàn 不惊〕〈成〉乱にいても驚かず.〔~干险境〕危険な境遇に置かれる.〔~在崩溃的前夕〕崩壊の前夜だ. ④処理する.処置をつける.〔~(理)家(务)〕家事を処理する. ⑤処罰する. ⑥家にとどまっている(未だ仕官しない,または嫁入りしない). ⑦〔姓〕処(しょ)→chù
处变不惊 chǔbiàn bùjīng〈成〉異変に遭っても驚かない.
处罚 chǔfá 処罰(する).〔给jǐ 予~〕処罰する.
处方 chǔfāng 処方(する).〔~药 yào〕(医師の)処方薬.〔~笺 jiān〕〔~单笺〕処方箋.
处分 chǔfèn ①処分(する).処罰(する).〔~主谋者〕主謀者を処分する. ②処置.処分.→〔处理〕 ③〈文〉処理する.措置する. ④家でとどまっている(未だ仕官しない,または嫁入りしない).
处馆 chǔguǎn〖旧〗住み込みで家塾の教師をする.→〔馆④〕
处警 chǔjǐng 緊急警備する.
处境 chǔjìng〈文〉境遇.身を置く情況.〔~极为困难〕きわめて困難な境遇にいる.
处决 chǔjué ①処断する. ②死刑を執行する.
处理 chǔlǐ ①処理(する).処分(する).按配(する).

处杵础楚齼楮 chǔ

解决(する).〔~家务〕家事をとりさばく.〔酌 zhuó 情~〕情状斟量して処置する.〔妥为~〕然るべく処理する. ②加工する.〔~金货〕金の加工品としての~.〔热化学~〕熱化学処理(加工).〔~器〕電算プロセッサー. ③商品を安値で処分する.〔~积压商品〕在庫品を処分する.〔~品〕処分品.

处男 chǔnán 童貞.

处女 chǔnǚ ①〔〈文〉处子①〕処女.〔~膜 mó〕生理処女膜.〔处子身〕〈文〉処女の身体. ②手がつけられていないものであることを表す.〔~作〕処女作.〔~地〕開墾されていない土地.〔~峰〕処女峰.〔~航〕処女航海.処女飛行.

处身 chǔshēn 身を置く.

处士 chǔshì ①〔处子②〕〈文〉在野の士.役人になったことのない知識人.

处世 chǔshì 世に処する.世間を渡る.〔~接物〕〈慣〉社会生活をする.〔~哲学〕処世哲学.

处事 chǔshì 事を処理する.

处暑 chǔshǔ 〔二 èr 十四节气〕の一. 8月23日前後:暑気の季節も終わったことを意味する.

处死 chǔsǐ 死刑にする.〔要求~凶手下手人を死刑にするよう要求する.

处窝子 chǔwōzi 〈方〉人に会うのを怖がる性質.人おじする人.恥ずかしがり屋:大人にも子供にも用いる.〔杵窝子〕〔怵窝子〕とも書く.〔别看他在家这么厉害,出去可一呢〕この子は家ではこんなやんちゃですけどね,外へ出るとまるで人おじするんです.

处心 chǔxīn ①心の持ち方. ②(さまざまな)意図が心にある.〔~积虑〕〈成〉以前からのたくらみ.

处刑 chǔxíng 刑を量定する.

处以 chǔyǐ …の刑(罰)に処す.

处于 chǔyú …の中に身を置く(置いて)…の状況にある(あって).〔~在左〕ともいう.〔我们~这样优越的环境中〕我々はこのように優越した環境に身を置いている.〔~两大河之间〕両大河の間にある.

处约 chǔyuē 〈文〉困窮の中に日をおくる.

处斩 chǔzhǎn 斬罪に処する.

处之泰然 chǔzhī tàirán 急場に遇って泰然自若としている.

处治 chǔzhì 処罰する:〔处置②〕に同じ.

处置 chǔzhì ①処置(する).処分(する).処理(する). ②処罰する.〔少不得拿几个为首的依法~〕首謀者の何人かは法によって処罰しないわけにはいかない.

处子 chǔzǐ ①⇒〔处女①〕 ②⇒〔处士〕

〔**杵**〕 chǔ ①きね.棒状で上が細く下が太い. ②洗濯棒〔棒 bàng 槌〕に同じ. ③〔棒状のもの〕搗(つ)く.突く.〔~了我一下〕わたしを突いた.〔不小心把窗户纸~了一个窟 kū 窿〕うっかり窓の紙をつき破って穴をあけてしまった.④〔戳 chuō ①〕〔捅 tǒng 〕 ⑤古武器の一:きねの形をしたもの. ⑤〈方〉手渡す.〔~给他点儿钱了〕彼に少しばかり金をやった. ⑥〈方〉銭.お金.〔拿黑~〕(しろうと役者が報酬をもらう劇にこっそり出演するなど)不義の金を受け取る. ⑦〔姓〕杵(ḿ)

杵臼 chǔjiù きねとうす.〔~交〕〈喩〉貴賎の隔てのない交際.

杵头 chǔtóu 〈文〉きね.

杵窝子 chǔwōzi ⇒〔处 chǔ 窝子〕

杵乐 chǔyuè 台湾高山族の歌舞:〔杵舞 wǔ 〕ともいう.

杵杖 chǔzhàng ①輿(よ)を地面に下ろしたときに支えに用いる棒. ②〈方〉旧式のステッキ.

〔**础 · 礎**〕 chǔ ①いしずえ.柱石.土台石.〔~石〕①同前. ②基礎.土台.②基礎.〔基 jī~〕同前. ③地名用字.〔杨~村〕

山東省にある.

础润知雨 chǔrùn zhīyǔ 〈喩〉わずかなことから全体または深い奥を察知すること:〔础润将雨〕〔础润欲雨 yù〕ともいう.

〔**楚**〕 chǔ (Ⅰ)①〈文〉苦しみ.苦痛.〔苦~〕痛み~〕同前. ②鮮やかである.はっきりしている.きちんとしている. → 〔清 qīng 楚〕 ③植ニンジンボク:低木の一種.〔牡 mǔ 荆〕の古称.〔~木〕ともいう.古代,生徒を罰するむちにした.〔笞 chī~〕むちでたたく. → 〔夏 jiā 楚〕

(Ⅱ)①古国名.春秋の一国.現在の両湖·安徽·浙江·河南南部を領有していたが,秦に滅ぼされた.〔~长 cháng 城〕楚の建てた長城:河南省鄧州市近郊にある. ②地湖北と湖南.とくに湖北省の古称. ③地湖北と湖南.とくに湖北省の古称.

楚材晋用 chǔcái jìnyòng 楚国の賢才を晋国が用いる.〈喩〉自国の人材が他国に用いられること.

楚楚 chǔchǔ ①〈文〉①鮮やかなさま.〔衣冠~〕〈成〉身なりがきりっとしている.②(姿が)美しくて可愛らしいさま.〔~可怜 lián〕同前.〔~动人〕楚楚としてむゆさぶられる. ③痛ましいさま.〔哀 āi 声~〕悲しみの声が痛ましい.

楚辞 chǔcí 重楚の屈原の〔离 lí 骚〕など二十数篇を漢の劉向が編纂したもの.楚の国のうたの意.〔~体〕同前の文体:〔骚 sāo 体〕ともいう.

楚调 chǔdiào ①⇒〔汉 hàn 剧〕 ②⇒〔楚声〕

楚歌 chǔgē → 〔四 sì 面楚歌〕

楚弓楚得 chǔgōng chǔdé 〈成〉楚の国において楚王が弓をなくした時"自国の者が拾って使うなら同じじゃないか"と言った故事による.〈喩〉利益が他人の手に落ちないこと.

楚馆秦楼 chǔguǎn qínlóu ⇒〔秦楼楚馆〕

楚河汉界 chǔhé hànjiè ①河をはさんで対峙する楚の国と漢の国.〈転〉敵対する両軍の間の境界.〔~,各不相犯〕各自の領域を固守し,互いに侵(お)さない. ②(中国将棋の盤上の)双方の境界.

楚剧 chǔjù 地湖北省に伝わる地方劇. → 〔凤 fèng 阳花鼓(戏)〕〔汉 hàn 剧〕

楚葵 chǔkuí ⇒〔水 shuǐ 芹(菜)〕

楚木 chǔmù →字解(Ⅰ)③

楚囚 chǔqiú 捕虜とされた楚国の人.〈転〉境遇の窮迫して打つ手のないこと.

楚骚 chǔsāo ⇒〔离 lí 骚〕

楚声 chǔshēng ⇒〔楚调〕楚地の歌調.〈喩〉激昂悲憤の歌声.

楚些 chǔsuò 〔楚辞〕招魂篇.また広く『楚辞』を指す:句末が也の字で終わっていることから."些"は"兮"の音変化という. → 〔兮 xī 〕

楚天 chǔtiān 長江の中·下流域の空.南の空.

楚尾吴头 chǔwěi wútóu ⇒〔吴头楚尾〕〈成〉楚が占めていた長江下流と呉が占めていた長江上流の地:あたかも頭と尾とが連なっていたこと.

楚腰 chǔyāo 〈喩〉女性の細い腰.柳腰.

〔**齼 · 齭**〕 chǔ 〈文〉歯が(しくしく)痛む.

〔**楮**〕 chǔ ①〔穀 gǔ〕〔構 gòu(Ⅱ)〕に同じ.クワ科の落葉低木.樹皮は製紙(特に紙幣用紙)原料として用いられる. ②〈文〉紙の別称.③紙幣の別称.

楮币 chǔbì 宋,元代の頃発行された〔交 jiāo 子〕などの紙幣.

楮铤 chǔdìng ⇒〔纸 zhǐ 钱(儿)〕

楮墨 chǔmò 〈文〉①紙と墨. ②詩文書画.

楮钱 chǔqián ⇒〔纸 zhǐ 钱(儿)〕

楮镪 chǔqiǎng ⇒〔纸 zhǐ 钱(儿)〕

楮先生 chǔxiān-shēng 紙の別称.

chǔ~chù 楮储褚亍处绌黜怵柷畜滀搐谀俶

楮纸 chǔzhǐ カジノキの皮の繊維で製した紙.

〔储・儲〕 chǔ ①蓄える.貯蓄する.〔~金〕貯金.〔~钱罐 guàn〕貯金箱.〔~物柜〕ロッカー.②〈文〉副の.備えの.〔王~〕皇太子.〔~妃〕皇太子妃.③〈姓〉储①

储备 chǔbèi ①備蓄する.〔~存款制度〕支払準備制度.〔~货币〕準備通貨.②備蓄したもの.〔~年年增长〕備蓄が年々増加している.〔~粮〕備蓄穀物.

储备券 chǔbèiquàn 因傀儡南京政権の発行した銀行券:〔储备票〕ともいう.→〔法 fǎ 币〕

储币 chǔbì 預金币.

储藏 chǔcáng ①貯蔵(する).保存(する).〔~室〕貯蔵室.②蓄積(する).埋蔵(する)

储藏量 chǔcángliàng ⇒〔储量〕

储层 chǔcéng (石油や天然ガスの)埋蔵層.

储存 chǔcún (物や金を)蓄える.貯蔵する.〔~能源〕エネルギーを蓄える.

储贷 chǔdài 貯蓄と貸し付け.

储贰 chǔ'èr ⇒〔储贰〕

储放 chǔfàng 貯蔵保管する.

储宫 chǔgōng ⇒〔储君〕

储户 chǔhù 預金者.

储积 chǔjī ①貯蓄する.②蓄えた財物.

储集 chǔjí 蓄え集める.

储君 chǔjūn =〔储贰〕〔储宫〕〈文〉皇太子:〔储嫡 dí〕〔储嗣 sì〕ともいう.

储款 chǔkuǎn 貯金.預金.〔存 cún 款〕に同じ.

储量 chǔliàng =〔储藏量〕〔藏 cáng 量〕貯蔵量.埋蔵量.

储气 chǔqì (圧縮)気体を蓄える.

储青 chǔqīng (牧草など)緑色の飼料を蓄える.

储胥 chǔxū 〈文〉召使い.しもべ.〔憎 zēng 其人者,憎其~〕〔谚〕坊主が憎けりゃ袈裟(げ)まで憎い.

储蓄 chǔxù =〔储积〕〔贮 zhù 蓄〕貯蓄(する).蓄える(る).〔将每月花不完的钱都~起来〕毎月の使い残したお金をみな貯蓄していく.

储蓄所 chǔxùsuǒ 銀行の営業所.

储油构造 chǔyóu gòuzào 因地質の石油埋蔵構造.

储油量 chǔyóuliàng ①石油埋蔵量.②貯油量.

储员 chǔyuán 預金客.預金者.

储运 chǔyùn 貯蔵と運送.

储值 chǔzhí (クレジットカードなどの)入金する.残高を増やす.

储种 chǔzhǒng 預金の種類.貯蓄商品の種類.

〔褚〕 chǔ 〈姓〉褚(ちょ・) → zhǔ

〔亍〕 chù →〔彳chì 亍〕

〔处・處(處・處・処)〕 chù ①ところ.場所.〔~所〕同前.〔各~〕あちこち.〔出色的~〕[-儿]量詞.場所を表す.〔买一~房子〕家を一軒購入する.③[-儿]こと.点.ところ.部分.〔不，不算,小，算]大きいことはかまわず,小さいことばかり勘定高くする.〔费神之~,容俟陪谢〕〔赠〕ご高配の段は,いずれ拝眉の上お礼申し上げます.④(優劣の評価をする場合の)箇所.点.〔长~〕長所.〔短~〕短所.〔好~〕優点.利益.〔坏~〕欠点.短所.〔益 yì ~〕利益になるところ.利点.⑤機関・組織の事務上の一部門.〔局 jú (I)②〕の下,〔科 kē ③〕の上の部門.〔人事~〕人事部.〔总务~〕総務部.〔教务~〕教務部.⑥機関の名称.〔筹备~〕設立準備事務所.〔留守~〕残留事務所.〔~独立した一部門.〔售票~〕切符売り場.〔问讯~〕案内所.〔失物招领~〕遺失物受取所. → chù

处处 chùchù いたるところ.〔~为人民利益着想〕あらゆる場面で人民の利益を考える.

处所 chùsuǒ (居るための)場所.ところ.〔重要的~〕重要な場所.〔~词 cí〕国場所詞.

处长 chùzhǎng 処長.所長.

〔绌・絀〕 chù 〈文〉不足する.欠乏する.〔短~〕不足する.〔款项支~〕金が不足する.〔财源支~〕財源が足りない.〔相形见~成〕比べると見劣りがする.

〔黜〕 chù 〈文〉①退ける.罷免する.免職する.〔罢~職〕同前.〔因违犯纪律被~〕規律を破ったので免職された.②おとす.下す.

黜斥 chùchì 〈文〉罷免する.除籍する.

黜废 chùfèi 〈文〉免職する.廃し退ける.

黜免 chùmiǎn 〈文〉免職する:〔黜官〕ともいう.

黜退 chùtuì 免職する.

黜陟 chùzhì 〈文〉降格と昇進.人材により任免す:〔黜升〕ともいう.

黜逐 chùzhú 〈文〉免職し追放する.

〔怵(怵)〕 chù 恐れる.びくびくする.気後れする.ひるむ.〔发~〕同前.〔心里打~〕びくびくする.〔放开胆子讲话,~什么〕気を大きく持って話しなさい,何が怖いものか.

怵场 chùchǎng ⇒〔怯场〕

怵怵忐忑 chùchù tǎntǎn びくびくする.おずおずする.〔怵怵坦 dǎn 担〕ともいう.

怵惊心 chùmù jīngxīn ⇒〔触目惊心〕

怵疼 chùténg 吝嗇(けち)で出し惜しむ.〔明天一个人摊五百块钱,谁~谁别去〕明日は一人5百元割りの出すのだが,それが惜しい者は行くな.

怵惕 chùtì 〈文〉恐れる.びくびくする.気後れする.〔怵怵惕惕〕同前.

怵头 chùtóu ⇒〔憷头〕

怵窝子 chùwōzi ⇒〔处 chù 窝子〕

〔柷〕 chù 〈文柷(ぎぐ)〕:古楽器.四角の桶の中に左右に動く柄をつけたもの.音楽を始める合図に用いた. →〔敔 yǔ〕

〔畜〕 chù ①禽獣.けもの.②家畜.〔家~〕〔牲~〕同前.〔家 qín〕家禽と家畜.鳥獣を含めた家畜類.〔人~两旺〕人も家畜も栄える. → xù

畜肥 chùféi 厩(きゅう)肥:肥料としての家畜の糞尿.

畜圈 chùjuàn 家畜を飼育する囲い.家畜小屋.

畜栏 chùlán 家畜を飼育する囲い.

畜类 chùlèi 畜類.けもの類.

畜力 chùlì 家畜力.畜力.〔~农具〕畜力用農具.

畜生 chùsheng 〔畜牲〕とも書く.①畜生.禽獣.②罵~畜生①.〔"~!"阿Q怒目而视的说〕(鲁·Q5)ちくしょう!阿Qはにらみつけて言った.

畜疫 chùyì 家畜の伝染病.

〔滀〕 chù 〈文〉水がたまる.〈転〉うっ積する.

〔搐〕 chù 筋肉がひきつる.〔浑身抽 chōu~作痛〕全身の筋肉がひきつって痛む.

搐动 chùdòng 筋肉がひきつって震える.

搐搦 chùnuò 中医けいれん:ふつう〔抽 chōu 搐〕という.

搐缩 chùsuō (筋肉などが)收縮する.縮まる.

〔谀・諛〕 chù

谀诡 chùguǐ 〈文〉①奇異である.②滑稽である.

〔俶〕 chù 〈文〉①始める.②整える.〔~装〕身なりを整える.③作る. → tì

chù～chuāi

〔触・觸〕 chù 強くさわる.ぶつかる.突き当たる.〔~壁 bì〕⊠(水泳で)タッチする.〔接~〕接触する.〔一~即発〕一触即発. ②感じて心が動く.感覚に触れ刺激する.〔忽有所~〕ふと胸を打つものがある.〔~及痛处〕痛いところに触る.〔感~〕感銘する.

触笔 chùbǐ タッチペン.スタイラスペン.
触处 chùchù 〈文〉いたるところ.〔~皆 jiē 是〕〔地皆是〕いたるところにある.どこでもそうである. → 〔处处〕
触底 chùdǐ 圈(株式で)底値に達する.
触电 chùdiàn ①=〔中 zhòng 电]感電(する).〔~牺 xī 牲了〕感電して死んだ. ②〈口〉(テレビ·映画に初めて)かかわる.手を染める:業界外にいた人がテレビや映画に出演したり,作ったり,脚本を書いたりすること.
触动 chùdòng ①ぶつかる.突き当たる.〔忽然~了什么,响了一下〕突然何かにぶつかって音を立てた. ②(利害に)触れる.侵犯する. ③感動(させる).感情を刺激する.〔~心机,心底に触れる.〔~怒火〕怒りを激発する.〔对我们~很大〕我々は大きく心をゆさぶられた.
触发 chùfā 触発する.引き起こす.
触法 chùfǎ 法にふれる.法を犯す.
触犯 chùfàn 忌諱 (jì) に触れる.人の怒りを買う.〔~法律〕〔犯法〕法律にふれる.法律を犯す.
触官 chùguān 生理触覚器官.
触击 chùjī ⊠(野球の)バント.〔~球〕同前.〔跑而~〕バントエンドラン.〔上 shàng 垒~〕セーフティーバント.〔牺 xī 牲~〕犠牲バント.送りバント.〔抢 qiǎng 分~〕スクイズバント.
触机 chùjī インスピレーションを刺激する:〔触动灵机〕の略.
触及 chùjí …に触れる.…に及ぶ.〔~灵魂 línghún〕魂に触れる.〔这本书仅仅~而没有深刻地揭示矛盾〕この本はわずかに触れただけで深く矛盾を暴いてはいない.
触礁 chùjiāo ①岩礁に触れる:〔碰 pèng 礁〕ともいう.〔搁 gē 浅①〕 ②〈喩〉障害に遭う.
触角 chùjiǎo ①動触角. ②数接角.
触景伤情 chùjǐng shāngqíng 〈成〉その情景を見て心を痛める.
触景生情 chùjǐng shēngqíng 〈成〉情景を目にして感情が湧く.
触觉 chùjué 生理物に触れたときの感覚.〔~地图(觉)〕地図.
触雷 chùléi 触雷(する).〈喩〉大きな危険を起こすことに触れる.
触类旁通 chùlèi pángtōng 〈成〉一角を見て他を類推する.〈喩〉一を聞いて十を知る.
触媒 chùméi ⇒〔催 cuī 化剂〕
触霉头 chùméitóu 〈方〉不運な目にあう.とんだ目にあう:〔触楣头〕とも書く. → 〔倒 dǎo 霉〕
触摸 chùmō 触れる(る).〔~板〕タッチパッド.〔~屏 píng〕タッチスクリーン.タッチパネル.
触目 chùmù 目に触れる.目につく.目をひく.
触目皆是 chùmù jiēshì 〈成〉目に触れるものみなそれである.目に入るのは同類のものばかりである:数の多いこと.
触目惊心 chùmù jīngxīn 〈成〉目のあたりにして心がゆれる.目をそむけたくなる惨状である:〔怵目惊心〕とも書く.
触目伤心 chùmù shāngxīn 〈成〉目のあたりにして心が痛む.
触逆 chùnì 逆らう.意にそむくことを敢えてする.
触怒 chùnù 怒りに触れる.怒らせる.

触碰 chùpèng ぶつかる.
触气 chùqì 〈方〉怒らせる.気にさわる.腹がたつ.
触杀 chùshā ①触れて死ぬ.〔~剂〕殺虫剤:除虫菊・BHC など. ②⊠(野球の)タッチアウト.
触手 chùshǒu 動触手 (tòu):〔棘 (jí)〕皮動物および腔腸動物の感覚器. → 〔触角〕〔触须〕
触暑 chùshǔ 暑気あたり:〔中 zhòng 暑〕に同じ.
触痛 chùtòng ①(心中の)痛いところに触る. ②医接触痛.
触网 chùwǎng ①〈文〉法に触れる.法を犯す. ②⊠(バレーボールの)タッチネット(ネットタッチ):〔碰 pèng 网〕という.
触兴 chùxìng 興味をそそる.
触须 chùxū 動触毛 (máo):〔棘 (jí)〕昆虫・クモ・魚類などの口の周りにあるひげ.触覚・嗅覚などの機能がある. → 〔触角〕〔触手〕
触诊 chùzhěn 医触診(する)

〔斶〕 chù 人名用字.〔颜 yán ~〕囚戦国時代,斉の国の人.

〔歜〕 chù 〈文〉激怒する.

〔憷〕 chù 恐れ(る).〔他遇到什么困难的事都不发~〕彼はどんな困難なことにぶつかっても怖がらない.〔~头〕物事を恐れる.
憷场 chùchǎng (その場に臨んで)気おくれする.おどおどする.あがる:〔怵场〕に同じ.
憷头 chùtóu 〈方〉気おくれする.おじける:〔怵头〕に同じ.〔~憷脑〕びくびくするさま.〔因为没备课,对上课有点儿~休脑了〕予習していないので,教室へ出るのが怖い.

〔矗(矗)〕 chù 〈文〉高くそびえ立つ.
矗立 chùlì 突っ立つ.〔~在天空〕天空にそびえ立つ.
矗起 chùqǐ 〈文〉高くそびえる.
矗天矗地 chùtiān chùdì そそり立つ.

chua チュア

〔欻(欻)〕 chuā 〈擬〉①ザッ:短く早くこすれて進む音.〔~的一声〕〔一下〕同前.〔~~〕ザッザッ:行進などの足音. ②ビリッ:紙などの破れる音. → xū
欻拉 chuālā 〈擬〉ジュッ.ジュージュー:油で物を炒めるときの音.

chuai チュアイ

〔揣〕 chuāi ①(服の中に)押し込む.しまう.〔~在怀里〕ふところに隠す.〔把钱~起来〕金を懐へ押し込む.〔怀里~着什么〕懐に何を隠しているのか. → 〔揣手儿〕 ②〈方〉(家畜が)はらむ. → chuǎi chuài
揣手儿 chuāishǒur ふところ手をする.両手を(左の手は右へ,右の手は左へ)袖の中につっ込む.〔天冷一出去就揣揣手儿〕寒いので,外へ出たら早速ふところ手をする.

〔搋〕 chuāi ①(手で)力を入れてもむ.こねる.〔把衣服洗了又~〕服を洗ってはまたもむ. ②下水・排水のつまりを取る:〔~子 zi〕(通水カップ(柄にゴムの吸盤がついた掃除道具)を使って流れ

chuāi~chuān

搋面 chuāimiàn 小麦粉を力を入れてこねる.

[膪]
膪 chuài 〈方〉ぶよぶよと肥え777った豚.太っていて動きが鈍い.[他长得该有多～!]彼ときたら全くでぶでぶ太っている.

膪猪 chuáizhū 〈方〉①肥えた豚.[胖得～似的]豚のように肥えている. ②〈転〉でぶ.太っちょ.

[揣]
揣 chuǎi ①見当をつける.推し量る.[不～冒昧]〈謙〉ぶしつけながら、ぶしつけですが. ②〈姓〉揣(¹) → chuāi chuài

揣测 chuǎicè 推測する.推し測る.[我～你不会唱]きみが歌えないはずはないと思う. → [臆 yì 测]

揣定 chuǎidìng 推定する.
揣度 chuǎiduó 推量する.
揣骨 chuǎigǔ 骨相を見る.[摸 mō 骨]に同じ.
揣摩 chuǎimó よくよく考える.思案する.[揣摸]とも書く.[文学是常～才好]文学は始終研究していなければならない.[～简练]成り努力して考え精練を期する.幾重にも注意を払い努力する.

揣情度理 chuǎiqíng duólǐ 〈成〉情理をよく推し量る.人情道理を斟酌する.

揣想 chuǎixiǎng 推量する.憶測する.

[闯・闖]
闯 chuài → [闯 zhèng 闯]
〈白〉(働いて)もうける.[原是一个老军看管.如今,我抬举你去替那老军来守天王堂.你在那里～几贯盘缠](水 ch10)今までは年寄りの囚人が番をしていたが,こんどはおまえをひきたてて年寄りの代わりに天王堂の番をさせてやる.せいぜい路銭をかせぐがいい.

[啜]
啜 chuài 〈姓〉啜(⁴) → chuò

[搋]
搋 chuài ① → [挣 zhèng 搋] ② → [囊 nāng 搋] → chuāi chuǎi

[踹]
踹 chuài ①踏みつける.踏みこむ.[～破门]門を踏み破る.[～破营盘]敵の陣営を踏み破る.[～足而怒]地団駄踏んで怒る. ②[足のうらで強く]蹴る.[用脚～开门]門を足で蹴り開ける.[把他一翻在地也给他一地面に蹴倒した.[一脚把敌人～倒]足で敵を蹴り倒す.[一桩 zhuāng 买卖被人给～了]商売を一つぶち壊されてしまった. ③〈方〉死ぬ:足のびることからいう.[他～了]彼は死んだ.

踹死 chuàisǐ 踏み殺す(される).[小孩子叫马～了]子供が馬に踏み殺された.

踹腿(儿) chuàituǐ(r) 〈口〉死ぬ:[蹬 dēng 腿儿]ともいう.[他病的日子不少了,别是要～吧]彼は長らく病気しているが死ぬのではないか.[人早晚有～的那天了]人は遅かれ早かれ死ぬ時が来るものだ.

[嘬]
嘬 chuài 〈文〉かむ.むさぼり食う.[～食 shí] 同前. → zuō

[膪]
膪 chuài → [囊 nāng 膪]

chuan イメラ

[川]
川 chuān ①川.流れ.[山～]山と川. → [河 hé 川] ②〈文〉川のごとく流れてやまない.[～流绵绵して.始終.いつも. ③原.平原.[这是一马平の地方儿,走不着山]ここはずっと平原で,山には出くわさない. ④四川省の略.[～味]四川風の料理(非常に辛い).[～江 jiāng]四川省内を流れる长江.[～货]四川の物産.[～气 qì]四川省の天然ガス.[～人]四川省人.[～音]四川省な~り.[～渝 yú]四川省と重慶市. ⑤ → [余 cuān ①]

川贝 chuānbèi [中药]四川産の貝母(⁷).
川菜 chuāncài [食]四川料理.[四 sì 川菜]の略称.[～馆 guǎn]四川料理店. → [中 zhōng 国菜]
川地 chuāndì 山あいや川の両側にある平地.
川费 chuānfèi ⇒ [盘 pán 缠①]
川谷 chuāngǔ 〔薏 yì 苡〕
川红 chuānhóng ①四川省に産する紅茶. ②⇒[海 hǎi 案]
川换总账 chuānhuàn zǒngzhàng 〈方〉旧式の取引台帳.
川姜 chuānjiāng 四川省産の生姜:食用および薬用に用いる.
川椒 chuānjiāo [花 huā 椒](サンショウの一種)の別名.
川剧 chuānjù [剧]四川と貴州・雲南の一部の四川方言で演じられる地方劇.[花 huā 灯戏][胡 hú 琴腔][昆 kūn 曲][乱弹 tán 戏]など5種の歌調を包含する.
川军 chuānjūn ①[中医][大 dà 黄](ダイオウ)の別称:質の最上等とする. ②〈喻〉四川省からの出稼ぎ労働者. ③[旧]四川省軍(軍閥)
川楝 chuānliàn [植]トウセンダン.[～子][金 jīn 铃子②]同前の実:漢方薬で痛み止めに用いる. → [楝]
川流不息 chuānliú bùxī 〈成〉水流のように絶え間なく続く.[海堤上日夜来往的车辆行人～]海岸堤防の上は夜も昼も車や人の往来が絶えない.
川马 chuānmǎ 四川産の馬:やや小柄で山地の荷役に強い.
川朴 chuānpò 四川産の[厚 hòu 朴](カラホオ);[川厚朴]の略称.樹皮は厚朴(ᵇ)といって漢方薬となる.
川强瞿 chuānqiángqú ⇒ [山 shān 丹①]
川蜷 chuānquán [鱼贝]カワニナ.
川水地区 chuānshuǐ dìqū 〈方〉(青海省など)高地で河川の水を引き農業をしている地区.
川苔草 chuāntáicǎo [植]カワノリ.
川丸子 chuānwánzi 〔味〕[余 cuān 丸子]
川土 chuāntǔ 四川産のアヘン.
川乌 chuānwū [中医]トリカブト(の根). → [乌头①]
川芎 chuānxiōng [植]センキュウ:薬用植物の芎藭(きゅうきゅう)は四川産上質のため川(⁴)芎の名がついた.
川资 chuānzī ⇒ [盘 pán 缠①]

[氚]
氚 chuān [化]トリチウム.三重水素:原子量3の水素.記号T.[超 chāo 重氢]ともいう. → [氢 qīng]

[穿（穿）]
穿 chuān ①うがつ.穴をあける.[～了一个洞]穴をひとつあけた. ②破れる.穴があく.[这双皮鞋鞋底都磨～了]この靴の靴底にはもう穴があいた. ③(穴)に通す.[针～]針に糸を通す.[在牛鼻子上～了一个铁圈儿]牛の鼻に鉄輪を通す.[串や糸に通す.数珠(⁴)つなぎにする.[竹竿上～了两件刚洗好的衣服]竹竿に洗濯した服を2枚通した.[～糖 táng 葫芦]"糖葫芦"を串に通す.[～骆 luò 驼]らくだを数珠つなぎにする. → [穿串儿] ⑤通り抜ける.突き抜ける.[苦练一桩 zhuāng 移库]障害物よけと車入れに感心な[横～马路]大通りを横切る.[从这片苇 wěi 地～过去就到江岸了]この葦原をつっきって行けば川岸へ出る. ⑥動詞の後につき,つき出たり,破れたり,あらわになったりすることを表す.[眼睛都望～了]待ち遠しくて穴のあくほど見めている.[看～]見抜く.[说～]すっぱ抜く.暴露する.[他们的西洋景被揭 jiē ～了]彼らのからくりが

穿

は,すっぱ抜かれた.⑦着る.手(足)を通す.はく:衣服や靴·靴下などに用いる.ただし〔帽子〕〔手套〕(手袋)〔罩罩〕(ブラジャー)などには〔戴 dài〕を用いる.〔～衣服〕服を着る.〔～上新做的衣服试了试〕新調の服をきちんと着てみた.〔～裤子〕ズボンをはく.〔～皮鞋〕靴をはく.〔～袜子〕靴下をはく.〔穿大衣往外走〕オーバーを着て外へ出かける.〔你也一起裙子来了〕あなたもスカートを穿くようになったのね. ↔〔脱 tuō ①〕⑧着るもの.衣服.〔有～不吃〕服にも食べるものにも困らない.

穿扮 chuānbàn 装い.いでたち.身なり.
穿帮 chuānbāng 〈方〉秘密をばらされる.ボロが出る.〔这件事要保守秘密,可别～〕このことは秘密を保たなければならない,決して漏れないようにしろ.
穿鼻 chuānbí 牛の鼻に金輪を通す.〈喩〉人を操縦する.〔听人～〕〈成〉人の思いのままにされる(操られる).
穿草鸡 chuāncǎojī ⇒[斑 bān 鸠]
穿插 chuānchā ①入り混じる.〔他田间工作也～进行〕彼は野良仕事もまぜながらやっている.②〔副次的な話を〕挿入する.織り込む.〔故事中间～了三对青年恋爱的情节〕物語の中に3組の若者の恋愛を織り込んである.③〔小説や脚本などに織り込まれた〕エピソード.〔插曲②〕に同じ.→〔情 qíng 节〕④敵の間隙を利用して敵中深く侵入する作戦行動.〔～部队〕潜入部隊.
穿场 chuānchǎng ①その場を通り抜けること.②〔旧劇で〕舞台に向かって左の入口から登場し,忙しく右の出口から出てしまう所作:遠路を急ぐことを表す.
穿串儿 chuānchuànr ①串に通す.串刺しにする.②数珠つなぎにする.〔汽车一辆挨 āi 着一辆都～了〕自動車が後から後から続いて数珠つなぎになった.
穿刺 chuāncì 医穿刺(ざ).
穿戴 chuāndài ①着飾る.②服装.身につけた物.
穿房过屋 chuānfáng guòwū ⇒[穿堂过屋]
穿房入户 chuānfáng rùhù ⇒[穿堂过屋]
穿贯 chuānguàn 貫く.ぶっ通す.〔～上下〕上下を貫く.
穿红挂绿 chuānhóng guàlǜ 〈成〉派手に装うこと:〔穿红着 zhuó 绿〕ともいう.
穿花儿 chuānhuār 〈方〉もくろみ.成算.考え〔善悪ともに用いる〕.〔这人儿深沉,肚子里有～〕〔梁·红14〕この人は落ちついていて,腹に成算がある.
穿换 chuānhuan 〈方〉①交換し合う.とりかえっこする.②交替でする.〔大家一着使吧〕みんなでかわりばんこに使いなさい(使いましょう).③行き来をする.つき合いをする.
穿甲 chuānjiǎ 軍弾(弾丸)が装甲を貫く.〔～弹 dàn〕軍①徹甲弾.破甲弾.②徹甲実包:硬鋼を弾心とした銃弾.
穿金戴银 chuānjīn dàiyín きんきらきんに着飾る.
穿开裆裤 chuān kāidāngkù ①〔幼児が〕股あきズボンをはく.②同前の幼児.〈転〉無知な人間.
穿孔 chuānkǒng ①穴をあける.穿孔する.〔～机〕パンチ.穴あけ機.〔～卡(片)〕パンチカード.②医穿孔(ぎっ):人体の器官に穴のあくこと.〔胃～〕胃穿孔.
穿廊 chuānláng 渡り廊下:〔厢 xiāng 房〕の前を通って〔正 zhèng 房①〕の両外側に沿い,後ろの建物に通じる廊下.〔穿山游廊〕
穿里皮袄 chuān lǐpí'ǎo 〈喩〉酒を飲んで温まる.〔穿内皮袄〕ともいう.
穿连裆裤 chuān liándāngkù →[连裆裤②]
穿门子 chuānménzi (近所へ出かけて)世間話をする.〔串 chuàn 门〕ともいう.

穿木裙儿的 chuān mùqúnrde 旧店員:商店で〔拦 lán 柜〕(勘定台)に坐っている者の意.
穿破 chuānpò ①〔突き抜いて〕穴をあける.②着古す.穴があくまで着る.
穿青衣,抱黑柱 chuān qīngyī, bào hēizhù 〈諺〉黒い着物を着,黒い柱を抱く.それぞれ自分の主人を守ろうとすること:〔穿黑衣,保黑主〕ともいう.
穿山甲 chuānshānjiǎ 〔鲮líng 鲤〕〔龙 lóng 鲤〕動センザンコウ.
穿素 chuānsù 〈方〉服喪中喪服を着ること.〔穿着崇祯皇帝的素〕〔鲁·Q 7〕喪服を着用して崇祯皇帝(思宗)に対して服喪している.→[穿孝]
穿溯 chuānsù (突き抜けて)さかのぼる.〔～时空〕時空をさかのぼる.
穿梭 chuānsuō 機(は)の杼(ひ)が行き来する.〈喩〉往来の頻繁なさま.〔～外交〕シャトル外交.〔～油轮〕タンカーが頻繁に行き来する.〔～巴士〕シャトルバス.
穿堂风 chuāntángfēng →[过 guò 堂风]
穿堂过屋 chuāntáng guòwū 〈成〉人の家の奥の部屋までさっさと通る.〈喩〉極めて親しい関係,あるいは盗賊:〔穿房过屋〕〔穿房入户〕ともいう.〔我们有～的交情〕わたしたちはごく親しいつき合いなんだ.
穿堂门(儿) chuāntángmén(r) ①個人の土地を通り抜けて二つの横丁を結ぶ小さな路地の門.〔那所大厦有～,可以穿过去〕あの建物は通り抜けの門があって通り抜けられる.②〔穿堂(儿)〕の前後の戸口.
穿堂(儿) chuāntáng(r) →〔穿堂屋〕裏へ通り抜けられる部屋.通り抜けの部屋.〔走过～就是后院了〕同前を通り抜ければ裏庭である.〔打～〕同前を通り抜ける.
穿堂屋 chuāntángwū 同上.
穿兔子鞋 chuān tùzixié 〈喩〉走るのが速いこと.〔有机会我就要～〕機会があれば僕はさっさと逃げ出す.
穿线 chuānxiàn ①糸やコードを通す.②〈喩〉中に立つ.仲介役をする.→〔穿针〕
穿小鞋(儿) chuānxiǎoxié(r) 〈喩〉困らせる.意地悪をされる.〔你得罪了他,要不然他会给你～的〕彼の機嫌を損ねたら,いつか難儀をさせられることがあるよ.
穿孝 chuānxiào →〔挂 guà 孝〕旧(親族中の同世代または下の世代の者が)喪服を着る.〔他穿谁的孝?〕あの方が喪服でいるのはどなたが亡くなったのですか.
穿心杠 chuānxīngàng 二人が1本の棒で担ぐこと.
穿心莲 chuānxīnlián 植センシンレン:キツネノマゴ科の年草.漢方薬に用いる.
穿心楼 chuānxīnlóu 下の通り抜けられる高い建物.
穿心排草 chuānxīn páicǎo ⇒[缬 xié 草]
穿新鞋走老路 chuān xīnxié zǒu lǎolù 新しい靴をはいて元の道を歩く.〈喩〉手段が変わってもそのやり方の中身は変わらない.→〔换 huàn 汤不换药〕
穿行 chuānxíng (すき間で)通過する.通り抜ける.〔不准随意～〕通り抜け禁止.
穿靴戴帽 chuānxuē dàimào ①お決まりの言葉.紋切り型のあいさつ:文章・スピーチの始めと終わりにとってつけたようなおきまりの言葉.〔穿鞋 xié 戴帽〕ともいう.②〈喩〉身なりの好みや習慣.
穿衣镜 chuānyījìng 姿見(^{が}).→〔帽 mào 镜〕
穿一条裤子 chuān yītiáokùzi 〈喩〉①気心が合う.非常に親密である.②ぐるになる.
穿用 chuānyòng ①着用する.②衣服と日用品.〔～不缺〕着るものも日用品も不足していない.

穿窬 chuānyú〈文〉壁に穴をあけて忍び込み,盗みをする.

穿越 chuānyuè 通り抜ける.〔穿山越岭〕山をつっきり峰を越える.

穿云裂石 chuānyún lièshí〈喩〉声や音が響きわたること.

穿云破雾 chuānyún pòwù 雲が霧を突き抜ける.〈喩〉幾多の困難を突破して進むこと.

穿扎 chuānzā ①(ひもや縄を)通してしっかりしめる. ②⇒〔穿装〕

穿在苏州 chuān zài sūzhōu〔諺〕着るものといえば蘇州.蘇州の着だれば:蘇州は絹織物の産地.→〔食 shí 在广州〕

穿凿 chuānzáo 無理を通す.こじつける.〔附会〕こじつけ.

穿章(儿) chuānzhang(r) ⇒〔穿着〕

穿针 chuānzhēn〔纫 rèn 针〕針に糸を通す.〔~乞巧 qǐqiǎo〕回〔7月(发)に女子が針に糸を通して手芸の上達を祈る風習.〔~引线〕〈喩〉手引きする.あっせんする.仲介する.

穿装 chuānzhuāng =〔穿扎〕①着物を身につける. ②着物.服装.

穿着 chuānzhuó =〈方〉穿章(儿)〔衣 yī 着〕着衣.服装.身なり.

[传・傳] chuán

①伝わる.流伝する.〔由古代~下来的文化遗产〕古代から伝わってきた文化遺産.〔این讹ề~讹〕〔成〕それからそれへと誤り伝わる.〔失~〕途絶えて伝わらない. ②教え伝える.伝授する.〔~授〕同前.〔~口〕伝言する.口から口へ伝える. ③多くの人に広め伝える.伝播(ﾊ)する.世に広める.〔恶 è 事~千里〕〈慣〉悪いニュースはたちまち広く伝わる.〔~息 xī〕情報を伝える. ④中継ぎして伝える.取り次ぐ.〔由前向后~〕前から後へ順に伝える.〔卫星~回的图片〕衛星が送り返してきた写真.〔把command往下~〕命令を下へ伝達する. ⑤伝導する.通す.〔~热〕熱を伝える. ⑥表現する.〔眉目~情〕秋波(ﾊ)を送る. ⑦呼び出す.呼びつける.召喚する.〔我~他来,他倒叫我找他去〕彼を呼びつけると,かえってわたしに彼のところまで足を運ばせようとする. ⑧〈口〉伝染する.〔这种病~人〕この病気は人に伝染する. ⑨〈姓〉伝(ｱ)→ **zhuàn**

传案 chuán'àn 法法廷に召喚する.〔~查讯〕召喚して尋問する.

传版 chuánbǎn (新聞など)版面を電送する.

传帮带 chuánbāngdài 伝授し,助け,導くこと:〔传授,帮助,带领〕の略.〔给青年干部做个榜 bǎng 样,搞好~〕若手幹部の手本となり,同朋の仕事をしっかりやらなければいけない.

传杯 chuánbēi〔盃を渡し〕酒を勧める.〔~换盏 zhǎn〕〔~弄盏〕盃をやり取りして大いに飲む.

传本 chuánběn 伝本(ﾎﾟ)

传遍 chuánbiàn あまねく伝わる.〔这个消息~了全国〕このニュースは全国にあまねく広まった.

传播 chuánbō 広める(まる).宣伝する.〔~媒 méi 介〕〔~媒体〕報道機関.マスメディア.〔~途径〕伝播のルート. ⑤伝染のルート.〔~性病罪〕性病伝染罪.〔~学〕マスコミュニケーション論.

传布 chuánbù 伝播する.広める.

传唱 chuánchàng ①歌い継がれる. ②歌を広める.

传抄 chuánchāo ①転写を重ねる.〔~本〕伝抄本.転写本.〔原 yuán 本④〕(底本)に対していう. ②カンニングの一種.

传承 chuánchéng 伝承(する)

传出神经 chuánchūshénjīng ⇒〔运 yùn 动神经〕

传达 chuándá ①伝達(する).〔~命令〕命令を伝達する.〔~上级的指示〕上級の指示・決定を通知する. ②(官庁・学校・工場などの)受付(係).案内(係)

传达室 chuándáshì (官庁・学校や公共機関の)受付所:〔传达处〕〔窗 chuāng 口②〕〔收 shōu 发室〕ともいう.→〔承 chéng 启处〕〔号 hào 房①〕〔挂 guà 号室〕

传代 chuándài 子子孫孫に伝える.伝世する.〔~接宗〕同前.〔传宗接代〕

传单 chuándān 広告・宣伝ビラ.散らし.〔撒 sǎ ~〕同前.ビラをまく.

传导 chuándǎo ①物伝導. 〔~热〕熱伝導. ②生理(知觉)の伝導.

传道 chuándào ①書先聖の道を伝える. ②布教する.伝道する.

传灯 chuándēng 仏(仏教で)仏の教えを伝えること.

传递 chuándì 渡し届ける.パスする(サッカー・ラグビーなどの球を).→〔传球〕

传动 chuándòng =〔带 dài 动〕〔驱 qū 动〕①〈方〉拖 tuō(动)機動力が一つの部位から他の部位に伝わる(こと).〔~比〕〔转速比〕〔速比〕伝動比.〔~滚 gǔn 轮〕ドライビングプーリー.〔~器 qì〕機クラッチ.連動機.掛けはずし接ぎ手.〔~轴 zhóu〕〔动轴〕働き軸.運転軸.ドライビングシャフト.

传动带 chuándòngdài ⇒〔传动(皮)帯〕

传动机 chuándòngjī ⇒〔传送带〕

传动(皮)带 chuándòng (pí)dài 機しらべおび.(トランスミッション)ベルト:単に〔皮带②〕ともいう.

传讹 chuán'é〔以 yǐ 讹传讹〕

传法 chuánfǎ ①仏(仏教で)法を弟子に授ける. ②〈文〉旧法を遵守する.

传粉 chuánfěn 植受粉(する).〔自花~〕自家受粉.〔异花~〕他家受粉.

传感器 chuángǎnqì (電子工学)センサー.

传告 chuángào 伝え知らせる.

传功 chuángōng 技を伝える(教える)

传鼓 chuángǔ 案内を乞う:旧時の葬儀のとき太鼓を門に備えておき,弔問者はこれをたたいて案内を乞うた.

传观 chuánguān ⇒〔传看〕

传后人 chuánhòurén ①後人に伝える. ②後継者.後継ぎ.

传呼 chuánhū 呼び出す.〔夜间~〕夜間呼び出し.〔公用~电话〕呼び出し公衆電話.〔~机①〕〔寻 xún 呼机〕〔呼机〕〔BP 机〕枢儿 kōur 机〕ポケット)ベル.

传话 chuánhuà 話を伝える.〔请你把我的话传给他〕わたしの話を彼に伝えてください.〔主席传下话了〕主席から話があった.

传唤 chuánhuàn ①声をあげて呼ぶ. ②法召喚する:裁判所が(传票)(召喚状)を出して当事者を出頭させること.

传鸡 chuánjī 鶏の病気が広がる.

传技 chuánjì 技を教える(伝える)

传家 chuánjiā 家に代々伝わる.〔~宝〕代々伝わる家宝.→〔家传〕

传见 chuánjiàn (下位者を)呼び出して会う.

传教 chuánjiào ①〈文〉伝達吏. ②書布教する.〔~士〕布教師.伝道師.

传接 chuánjiē 受け渡し.(リレーの)バトンの受け渡し.

传戒 chuánjiè 仏(仏教で)新たに出家した僧に仏戒を授けること.

传经 chuánjīng ①儒教経典を伝授する. ②〈喩〉よ

传

い経験を伝える.〔～宝〕成果・経験などを伝授する.

传看 chuánkàn ＝〔传观〕〔传阅〕回覧する.回読する.

传令 chuánlìng 命令を伝達する.〔～嘉jiā奖〕褒賞の命令を伝達する.

传流 chuánliú ⇒〔流传〕

传胪 chuánlú ⇒〔胪唱〕

传媒 chuánméi ①メディア.マスコミ.〔传播媒介〕同前.〔第一～〕新聞雑誌.〔第二～〕ラジオ.〔第三～〕テレビ.〔第四～〕インターネット.②医感染媒体.

传名 chuánmíng 名が広く伝わる.名があがる.

传牌 chuánpái ⇒〔信xìn牌①〕

传票 chuánpiào ①法召喚状:司法機関が訴訟当事者あるいは関係人を召喚する書状.②商会計伝票.

传奇 chuánqí ①唐代の短篇小説:〔李 II 娃传〕など.②元の〔杂zá剧〕に対し,特に明・清の長篇戯曲をいう:〔牡mǔ丹亭〕など.③超現実的な物語.〔～故事〕ドラマチックな物語.

传情 chuánqíng ①色目を使う.流し目で見る.〔眉目～〕同前.〔秋qiū波②〕気持ちを伝える.

传球 chuánqiú 〔球技で〕送球(する).パス(する).〔低手～〕アンダーハンドパス.〔地浅～〕ゴロのパス.

传染 chuánrǎn (病気または悪習が)伝染する.うつる.〔～病〕伝染病.〔～性〕伝染性.感染性.〔非典型肺炎〕〔非 fēi 典(型肺炎)〕医SARS(重症急性呼吸器症候群).新型肺炎.〔～源〕感染源.→〔疫 yì 病〕

传嚷 chuánrǎng 喧伝(%)される.

传热 chuánrè 物電熱.熱電達.→〔热传导〕

传人 chuánrén ①(秘伝・極意を)人に伝える.②人を呼び出す.〔～票〕呼び出し状.③人にうつす.伝染させる.④流派の継承者.家元.

传入神经 chuánrùshénjīng ⇒〔感gǎn觉神经〕

传神 chuánshén ①〔芸術作品が〕真に迫る.〔设计得生动～〕生き生きと真に迫ったデザインがしてある.〔这张人像画得很～〕この人物像は真に迫って描かれている.②旧肖像画を描く.

传审 chuánshěn 法法廷での審理に召喚する.

传声 chuánshēng 音声を伝達する.

传声器 chuánshēngqì マイク(ロフォン):〔微wēi音器〕〔(κ音)麦mài克风〕に同じ.〔带式～〕ハンドマイク.

传声筒 chuánshēngtǒng ①メガホン:〔话huà筒③〕に同じ.→〔扩kuò音器〕②〈喻〉他人の言うことをそのまま言いふらす人.スピーカー.

传尸 chuánshī 中医肺病.→〔痨láo①〕

传世 chuánshì 後世に伝える.往古から今に伝わる.〔～之子孙に伝わる古物.

传授 chuánshòu 伝授(する).教え伝え(る)

传书 chuánshū 手紙を送り届ける.

传输 chuánshū 电伝送(する).トランスミッション:電気信号・電力などを送り伝えること.〔～线〕送電線.伝送線.〔電算〕伝送.転送.〔～(连)率 lǜ〕→〔传输速度〕

传书鸽 chuánshūgē ⇒〔传信鸽〕

传述 chuánshù 同下①.

传说 chuánshuō ＝〔传述〕①言い伝える.②伝説.③(口から口へと)広まる.〔他的模範事迹在村里～开了〕彼の模範的な行為は村中に伝わった.

传送 chuánsòng (物・音・情報など)送り届ける.配送する.伝え送る.

传诵 chuánsòng 相伝えて詠む.伝誦(%)する.

传颂 chuánsòng 相伝えて称揚する.言い継ぎたたえる.

传送带 chuánsòngdài 圈①コンベヤー:〔传动机〕〔传送机〕〔传送设备 qì〕〔传送装置 zhuāng 置〕〔运 yùn 送机〕などともいう.〔输 shū 送机〕に同じ.〔(～)流水作业法〕コンベヤーシステム.流れ作業方式.②ベルトコンベヤー:〔皮 pí 带(式)输送机〕に同じ.ベルトコンベヤーのベルト:〔皮带③〕ともいう.

传统 chuántǒng 伝統.〔革命～〕革命の伝統.〔～观念〕伝統的観念.〔～产业〕(イノベーション以前の)伝統的産業.〔～工业〕伝統的工業.〔～家庭〕何世代か前同居する昔風の家庭.〔～教育〕伝統教育.〔～农业〕伝統的農業.

传位 chuánwèi 王位を伝え継承させる.

传闻 chuánwén 伝聞(する).うわさに聞く(こと)

传习 chuánxí 伝習する.(師)は教え(学徒)は学ぶ.

传檄 chuánxí 〈文〉檄(%)を飛ばす.

传销 chuánxiāo 商マルチ商法・連鎖販売取引(をする)

传写 chuánxiě 筆写をくり返す:〔传抄①〕に同じ.

传薪 chuánxīn 〈文〉師匠から弟子に伝授する.

传信 chuánxìn ①消息を伝える.便りを伝える.〔～鸽〕〔传书鸽〕传书鸠:〔信鸽①〕に同じ.②〈文〉自己の所信を伝える.

传(信)牌 chuán(xìn)pái ⇒〔信牌①〕

传续 chuánxù 伝承する.

传宣 chuánxuān 〈文〉伝達して公布する.

传讯 chuánxùn 法召喚して尋問する.

传言 chuányán ①噂(诊).流言.②言い伝える.〔～过话,自讨人骂〕諺の聞いた話(うわさ)を人にしゃべる人はとかく人に悪く言われる.③〈文〉発言(する)

传扬 chuányáng 伝わり広まる.伝播する.〔这事在工厂里很快地～开了〕その事は工場でたちまち広まった.

传艺 chuányì 技能・技術を伝える.

传译 chuányì 通訳(する).〔同声～〕同時通訳(する)

传语 chuányǔ 〈文〉話を伝える:〔传话〕に同じ.

传谕 chuányù (上級の)指示を伝える.

传阅 chuányuè ⇒〔传看〕

传召 chuánzhào 呼びつける.呼び寄せる.

传真 chuánzhēn ①ファクシミリ.ファックス:〔无 wú 线(电)～〕〔电 diàn 传③〕ともいう.〔电话～机〕電話ファクシミリ.②肖像を描く.→〔传神〕〔写 xiě 真②〕

传旨 chuánzhǐ 旧皇帝の勅旨を伝達する.

传种 chuánzhǒng (動・植物の)種を残す.〔选择优良品种来～〕良い品種を選んで種を残す.

传重 chuánzhòng 〈文〉葬祭の重任を嫡孫(%く)に伝える:子が早世した場合,葬祭を孫にすべきこと.孫の立場からいえば,〔承 chéng 重②〕であり,その孫を〔承重孙 sūn〕という.

传子 chuánzǐ 〈文〉子孫に伝える.〔～不传女〕旧息子にだけ伝えて娘には伝えない.一子相伝.

传宗接代 chuánzōng jiēdài 〔慣〕代々継承する.→〔传代〕

〔舡〕 chuán ⇒〔船〕

〔船（舩）〕 chuán ＝〔舡〕船.〔～楫 jí〕〈文〉同前.〔轮 lún ～〕汽船.〔帆 fān ～〕帆かけ船.〔货～〕貨物船.〔客～〕客船.〔拖 tuō ～〕ひき舟.タグボート.〔889 bó ～〕はしけ.〔开～〕出帆する.〔～小好棹 diào 头〕〈喻〉小回りがきく.〔(坐～)乗船する.〔下～〕下船する.〔上～〕〈方〉乗船する.〔上水～〕(内河航路の)上りの船.〔下水～〕同前の下りの船.→〔艇 tǐng ①〕〔舟 zhōu ①〕

chuán　　　　　　　　　　　　　　　　　　　　　　　　　　　　船

船帮 chuánbāng ①舟の側面.舟べり. ②船団.
船边交(货) chuánbiān jiāo(huò) =〔船舷交(货)〕圖 FAS. 船側渡し.〔～价(格)〕〔靠 kào 船价格〕船側渡し値段.
船标 chuánbiāo 船舶標識.
船舶 chuánbó 船舶:船の総称.〔～遇难 nàn 证明〕圖船長海難証明書(キャプテンズプロテスト):〔船长海难证书〕ともいう.→〔舰 jiàn 艇〕
船埠 chuánbù 船着場.船桟橋.→〔码 mǎ 头①〕
船舱 chuáncāng ①船舱. ②船内客室.キャビン.
船厂 chuánchǎng ①造船所.→〔船坞〕 ②圕吉林市の古名.
船钞 chuánchāo ⇒〔船料〕
船次 chuáncì ①船舶. ②(船の定期)航行. ③航行回数.
船单 chuándān 用船契約書.
船到江心补漏迟 chuán dào jiāngxīn bǔlòu chí 船が川の真ん中へ出てから水漏れし、穴をふさごうとしてもそれは遅い.〈喩〉時機すでに遅し.後の祭り.
船到码头,车到站 chuán dào mǎtóu, chē dào zhàn 〈喩〉これ以上はやらない.これでおしまい.
船到桥头自然直 chuán dào qiáotóu zìrán zhí ⇒〔车 chē 到山前必有路〕
船底 chuándǐ 船底.
船钓 chuándiào 舟釣り.
船东 chuándōng ⇒〔船主②〕
船队 chuánduì 船団.艦隊.
船多不碍江 chuán duō bù àijiāng 〈諺〉同業者が多くても商売の邪魔にはならない.
船帆 chuánfān 帆.
船方 chuánfāng 圖船会社.本船(側).〔～不负担装卸费用)船内役船主無負担. FIO.〔～负担装卸费〕バースターム.
船匪 chuánfěi 海賊.
船费 chuánfèi 船賃.運漕賃.→〔船脚〕
船夫 chuánfū ⇒〔船工①〕
船歌 chuángē 圖舟歌.
船工 chuángōng ①(木の船の)船乗り.水夫(ﾏ):〔船夫〕に同じ. ②⇒〔船匠〕
船公 chuánggōng 〈文〉船頭.
船骨 chuángǔ 船の横材:キールに対して直角に使う骨材.→〔龙 lóng 骨③〕
船行 chuánháng 船会社.
船号 chuánhào 船舶番号.
船户 chuánhù ①⇒〔船家〕 ②船上生活者.
船伙 chuánhuǒ 船の乗組員.
船货 chuánhuò 船の積荷.〔～详单〕圖(船舶)積荷目録.積荷明細書.
船级 chuánjí 船舶の級別.〔～条款〕圖船級約款.〔～证明〕船級証明書.
船籍 chuánjí 船舶の国籍.→〔船旗国〕
船脊骨 chuánjǐgǔ ⇒〔龙 lóng 骨③〕
船家 chuánjiā ⇒〔船户〕圖舟方稼業:自分の木船をこいで生計をたてている人.
船驾不住风 chuán jiàbùzhù fēng 風が吹けば船は動かざるを得ない.〈喩〉長いものには巻かれろ.
船笺 chuánjiān ⇒〔连 lián 史纸〕
船桨 chuánjiǎng 舟の櫂(ｶｲ).オール.〈転〉船.ボート.
船匠 chuánjiàng 圖船工②)船大工.
船脚 chuánjiǎo 運漕賃:〔〈方〉水 shuǐ 脚〕に同じ.→〔船费〕
船捐 chuánjuān 船税.
船壳 chuánké 船の外壁.
船老大 chuánlǎodà 小型船の船長.船頭.船員.
船楼 chuánlóu 船上のやぐら.
船力 chuánlì ①船の力. ②(民船の)運送賃.

船料 chuánliào ⇒〔船钞〕圕内河船舶税.
船龄 chuánlíng 船の使用された年数.
船橹 chuánlǔ 船の艪(ｿ).
船锚 chuánmáo 錨(ｲｶﾘ).
船面 chuánmiàn 船の甲板.船の上.
船民 chuánmín 水上生活者.→〔水 shuǐ 上居民〕
船模 chuánmó 船の模型.
船牌 chuánpái ①船の登録証明書. ②舷側に付けるプレート:船名などが記載されている.
船篷 chuánpéng ①木舟のとま. ②=〔风 fēng 篷〕帆掛け舟の帆.
船票 chuánpiào 乗船切符.
船破有底 chuánpò yǒudǐ 船が破壊しても,まだ底が残っている.〈喩〉腐っても鯛.〔～,底破还有三千钉]同前.
船破又遇顶头风 chuánpò yòu yù dǐngtóufēng 船が破れたうえにさ逆風に遭う.〈喩〉泣き面に蜂.
船期 chuánqī 出帆期日.船の出入港の日時.〔出入口～表〕船舶出入港予定表.
船旗国 chuánqíguó 船籍国:船に揚げた国旗の示すその船の所属国.
船钱 chuánqián 船賃.
船桥 chuánqiáo 船の上のブリッジ.船橋.
船蛆 chuánqū 〔鱼貝〕フナクイムシ.船や木材に害を及ぼす二枚貝.
船渠 chuánqú ⇒〔船坞〕
船容量 chuánróngliàng 船の積載量.
船上交(货) chuánshàng jiāo(huò) =〔港 gǎng 口交(货)〕〔甲板交(货)〕本船渡し. FOB.〔～价(格)〕〔甲板交货价格〕FOB 值段.
船艄 chuánshāo 〔船梢〕とも書いた.船の舳(ﾍ):ふつう〔船尾〕という.〔舻 lú〕·〔艄〕·〔艉 wěi〕は文語.
船身 chuánshēn ⇒〔船体〕
船首 chuánshǒu 船首.へさき:〔船头〕ともいう.〔艏 shǒu〕は文語.→〔船尾〕
船水单 chuánshuǐdān 船税領収証.
船速 chuánsù 船の速度.
船索 chuánsuǒ 船の艤装ロープ.
船台 chuántái (造船所の)船台.
船体 chuántǐ 〔船身〕船体.
船跳板 chuántiàobǎn 船べりと陸とにわたす通行用の板.
船艇 chuántǐng 船.船舶.
船头 chuántóu 船首.へさき:〔船首〕に同じ.〔～上跑马,走投无路〕〈歇〉船のへさきで馬を走らせる:道がない.前途がない.
船王 chuánwáng 大海運会社の経営者.
船桅 chuánwéi 船のマスト.帆柱.
船尾 chuánwěi 船尾.とも:〔船艄〕ともいう.〔艄〕〔艉 wěi〕は文語. ↔〔船首〕
船位 chuánwèi ①(航海中の)船の位置.〔～推 tuī 算法〕(天文観測による)船位の推算法. ②(船中の)宿泊設備.〔订～〕船位の予約をする.
船务 chuánwù 船舶の制造や運行に関する事業.
船坞 chuánwù =〔船渠〕〔船厂〕船渠.〔干 gān ～〕乾ドック.〔入～〕ドックに入る.〔浮 fú 船(船)渠]浮きドック.
船舷 chuánxián 舷側(ｹﾞﾝｿｸ).→〔船帮①〕
船舷交(货) chuánxián jiāo(huò) ⇒〔船边交(货)〕
船形 chuánxíng 船形(の).〔～帽〕GI 帽.〔～屋 wū〕黎族の伝統的家屋.
船业主 chuányèzhǔ 船の所有者.船主.
船员 chuányuán (汽船の)船員.海員.〔～收货单〕船員(一等航海士)受取証.メーツレシート.→〔船家〕

chuán～chuàn

船运 chuányùn 船による輸送.
船闸 chuánzhá 閘(ɔ)門:河川・運河の水位の高低差のある所で船を通航させるための装置．→〔闸①〕
船长 chuánzhǎng 船長．キャプテン．〔～副本〕商船荷証券の船長控え．キャプテンズコピー.〔～提单存根〕ともいう．→遇险报告书〕海難報告書．
船照 chuánzhào ①船の鑑札．船舶通行証．②船舶操縦免許証．
船只 chuánzhī 船．船舶．〔～失事〕難破．難船．
船中老鼠,舱内觅食 chuánzhōng lǎoshǔ, cāng nèi mìshí 船中の鼠は船内の食を探す．〈喩〉各々その分において生活する．
船主 chuánzhǔ ①船長．②＝〔船东〕船主．
船政 chuánzhèng 船舶行政．

[遄] **chuán** 〈文〉①速い．すみやかである．〔～归〕早々と帰る．②往来が頻繁である．〔～往〕同前．
遄返 chuánfǎn〈文〉急ぎ帰る．〔因有要事,～北京〕重要な用事があって急ぎ北京へ帰る．

[圌] **chuán** ⇒〔簖〕 → chuí
[簖] **chuán** ＝〔圌〕〈方〉割り竹などを囲い立てて穀物を貯蔵する設備:〔图〕同じ．
[椽] **chuán** 垂木(たるき).〈文〉榱 cuī〈方〉橛 jué①に同じ．→〔椽 lǐn〕
椽笔 chuánbǐ 〈文〉立派な文章(を作る才能):〔椽大之笔〕の略．
椽子 chuánzi 建たるき＝〔椽条 tiáo〕ともいう．

[舛(舛・僢)] **chuǎn** ＝〔踳〕①〔讹é～〕〔～讹〕〈文〉間違い．②〈文〉たがう．相背く．③〈文〉成り行きが悪い．運勢がよくない．〔命途多～〕〔时乖 guāi 命～〕〈成〉とかく運が悪い．〈姓〉僢(ぴょう)
舛驳 chuǎnbó〈文〉ごたごたとして間違いが多い．雑多なものが入り混じっている．
舛驰 chuǎnchí〈文〉反対の方向に走る．
舛错 chuǎncuò〈文〉①誤り．間違い．→〔闪 shǎn 失〕 ②不ぞろい．③〔意外な〕災厄．
舛讹 chuǎn'é〈文〉誤り．
舛互 chuǎnhù〈文〉交錯する．相背く．
舛逆 chuǎnnì 順序が逆転する．
舛忤 chuǎnwǔ〔舛午〕とも書く．〈文〉違反する．背く．〔～命令〕命令に背く．
舛误 chuǎnwù〈文〉錯誤．誤謬(びゅう)．

[荈] **chuǎn**〈文〉おくての茶葉．

[喘] **chuǎn** ①あえぐ．息切れする．〔他累 lèi 得直～〕彼は疲れしきりにあえいでいる．〔苟 gǒu 延残～〕やっと余命をつないでいる．②医喘息(ぜん)の発作が起こる．〔哮 xiāo ～〕同前でゼイゼイ言う．③〈姓〉喘(ぜん)
喘咳 chuǎnké あえぎながら咳をする．
喘鸣 chuǎnmíng 中医喘息で喉が鳴る音．
喘气 chuǎnqì ①＝〔喘息②〕(労働中)休息をとる．息ぬきする．〔这一天,我该喘口气了〕きょう一日中骨を折ったんだから,息ぬきしなけりゃいけない．〔喘一口气〕ひと息入れる．②〈口〉息を大きくつく．〔口〕息がする．息がとぎれる．〔这一连串让人喘不过气儿来的数字〕この一連のひと息には言えない(天文学的な)数字．→〔气喘①〕
喘息 chuǎnxī ①息を切らす．あえぐ．②同上①
喘吁吁 chuǎnxūxū はあはあとあえぐさま．息せきするさま:〔喘嘘嘘〕とも書いた．

[踳] **chuǎn** ⇒〔舛〕

[串] **chuàn** ①貫く．串に刺す．貫いて糸を通す．数珠つなぎにする．〔～起来〕同前．〔～烧 shāo〕串焼き．シシカバブ．〔～上一串儿〕一串にする．〔数珠是把许多珠子～连在一起的〕数珠はたくさんの玉を糸に通したものだ．〔～儿〕数珠つなぎにした珠．②量詞．一連．一串．〔一～铃铛〕ひとさげの鈴．〔一～骆驼〕ひとつなぎのラクダ．〔一毛钱一个的糖葫芦〕一串10毛のタンフール(さんざしの実に飴をかけたもの)．④ぐるになって悪事を働く．⑤間違ってつながる．〔～号 hào〕電話番号まちがい．〔看一了行[行]がそれた．行を間違える．⑥(混在したものにおいなどが)変わる．〔东西～味儿〕物のにおいが移る．⑦出歩く．出入りする．訪ねる．〔到处chù 乱～〕いたる所でぶらついく．〔～了儿家朋友友だちのところを数軒訪ねた回った．→〔走 zǒu 门串户〕⑧〔劇で本来でない役を演ずる．〔～台〕同前．→〔串戏〕⑨〈方〉瓶・袋などに注ぎ入れる．〔把这壶酒～回原来的瓶子里去〕この銚子の酒をもとの瓶に戻す．⑩〈姓〉串(せん)．
串案 chuàn'àn 共謀事件．一連の事件．〔挖 wā ～〕芋づる式に事件をあばく．
串标 chuànbiāo ＝〔围标〕入札談合(する)
串并联 chuànbìnglián 電直並列．シリーズパラレルコネクション．
串灯 chuàndēng 多数をコードでつないだ装飾灯．
串店的 chuàndiàndē ①旅館回りをして物を売る商人や芸人．
串动 chuàndòng 貫いて動く．
串房檐儿 chuànfángyánr ①＝〔串瓦檐儿〕〈方〉自分の家がなくて借家住まいする．〔而今房租太贵,～真吃亏〕今は家賃が高いから,店子(だな)住まいは損だ．〔老～没个了 liǎo 局,还是买所小房子吧〕いつまでも借家住まいでは落ち着かない,小さい家を買いましょう．②しじゅう引越しする人．③物乞いなどが軒軒に物をもらって歩くこと．
串岗 chuàngǎng 人の持ち場に行く(って油を売る)．
串供 chuàngòng (犯人が)口裏を合わせる．共謀して虚偽の申し立てをする．
串钩渔具 chuàngōu yújù はえなわ釣具:針を数珠つなぎにしてある漁具．
串行 chuànháng ①次の行を間違えて読む．②一貫生産体制的経営をする．
串胡同儿 chuànhú-tòngr ①〔横町を歩き回る．〈転〉狭斜の巷に遊ぶ．②〈方〉足指の間の垢をこすりとること．
串户 chuànhù 人の家に上がり込んで話をする．
串花 chuànhuā 植(植物の)有性交雑をする:ふつう天然受粉をいう．
串话 chuànhuà ①(電話など)混線する:〔漏 lòu 话〕に同じ．→〔串线〕②告げ口をする．③口裏を合わせる．共謀する．
串换 chuànhuàn 取り換え合う．(互いに)交換する．
串激 chuànjī 電直列(直巻)式励磁．〔～发电机〕直列型発電機．
串江湖 chuànjiānghú 世間を渡り歩く．
串讲 chuànjiǎng ①(国語教育で)読解する:字句ごとに解釈すること．②(同前のあと)全体を通じて説明する．
串街 chuànjiē 町から町へぶらぶら歩く．
串街走巷 chuànjiē zǒuxiàng ⇒〔走街串巷〕
串疽 chuànjū 中医背から脇にかけてできる腫れもの:化膿がつぶれ,つながって広がる．〔老鼠钻〕ともいう．

串联 chuànlián 〔串连〕とも書く。①(共通の目的のために)一人一人連絡を進める。〔～了几个人何人かの人に連絡した。谁也不准和他～〕誰もあいつと行き来してはならん。②電直列(にする)。シリーズこchuàn↔〔并 bìng 联〕③〔政治的な要素で〕経験交流(する)。〔大～〕文化大革命の際、紅衛兵たちの同前。

串铃 chuànlíng 〔鈴:世間を渡り歩く易者・売薬行商人などが振って客を集めた。〔摇 yáo ～的〕同前の人。鈴の輪:たくさんの鈴を1本の紐につけたもの。ラバなどの首につける。

串门 chuànmén ＝〔穿 chuān 门子〕〔-儿,-子〕(近隣や親戚・友人の家・得意先などで)しゃべる。〔整天～,老不着 zháo 家〕一日中人の家へおしゃべりに行っていつも家にいつかない。〔～货〕たらい回しされる贈り物。

串谋 chuànmóu 共謀する。
串炮 chuànpào つなぎ合わせてひと続きになっている爆竹。
串皮 chuànpí 服薬や飲酒ののち、皮膚にかゆみが起こったり、赤くなったりすること。
串骗 chuànpiàn ぐるになって詐欺をはたらく。
串票 chuànpiào 旧納税領収書。
串气 chuànqì ぐるになる。気脈を通じる。→〔勾 gōu 结〕
串窃 chuànqiè 共謀して盗む。
串亲访友 chuàn qīn fǎng yǒu 〈成〉親類・知人を尋ねて回る。
串亲戚 chuànqīnqi 親戚を訪ねる。
串儿 chuànr ①量詞。串に刺したもの。〔一～钥匙〕一束の鍵。→字解③ ②⇒〔串子①〕
串双簧 chuànshuānghuáng なれあいでやる。→〔双簧〕
串堂风 chuàntángfēng 室内を吹き抜ける風。〔穿 chuān 堂风〕〔过 guò 堂风〕に同じ。
串屉儿 chuàntìr 〔方〕冷えた蒸しものを蒸籠(せいろ)に入れて蒸し返すこと。
串通 chuàntōng ①ぐるになる。気脈を通じる。結託する。〔～投标〕囲談合する。→〔勾 gōu 结〕 ②(多くの人人一人一人)連絡する。→〔串联①〕
串通一气 chuàntōng yīqì 〈成〉ぐるになる。〔～,互相包庇〕ぐるになってかばい合う。
串吞 chuàntūn ぐるになってだまし取る。
串瓦檐儿 chuànwǎyánr ⇒〔串房檐儿①〕
串味(儿) chuànwèi(r) においが移る。においがつく。
串戏 chuànxì ①劇に出演する。→〔反 fǎn 串〕 ②素人・アマチュアが本職・プロの役者に混じって出演する。→〔下 xià 海④〕
串线 chuànxiàn 電話が混線する。〔电话～〕同前。
串乡 chuànxiāng 村村を回って歩く。〔我～送货〕わたしは村村へと品物を届けて回るんです。
串行 chuànxíng ①直列につながる。シリアルである。〔～口〕電算シリアルポート。 ②(交通法規を無視し)勝手に車を走らせる。
串行传递 chuànxíng chuándì 電算直列伝送。シリアルトランスミッション。
串休 chuànxiū 〔方〕振替休日を取る。代休を取る。
串血 chuànxuè 〔方〕交尾させる。〔配 pèi 种〕
串烟 chuànyān 煮物にたきぎなどの煙臭いにおいが入る(つく)
串演 chuànyǎn 芝居の一役を勤める。仲間に入って演ずる。〔～武家坡〕"武家坡"に出演する。
串秧儿 chuànyāngr ①〈口〉交雑させる。雑種を作る。〔～骂混血儿。同前〕 ②〔杂 zá 种①〕
串夷 chuànyí 〈犬 quǎn 戎〉
串游 chuànyou 〈口〉ぶらぶらする。散歩する。

串宅门儿 chuànzháiménr 旧(行商人や芸人が)お屋敷に入って商いをする。
串辙 chuànzhé 本題からそれる。型からずれる。〔说串了辙了〕話が脱線した。
串证 chuànzhèng 罪人がぐるになって証拠立てする。
串种 chuànzhǒng 生命異なる種類の動植物をかけ合わせる。
串珠 chuànzhū ①数珠通しにした玉。②串刺しにしたもの。
串子 chuànzi ①=〔串儿①〕串に刺したもの。→〔扦 qiān 子〕 ②旧政府の倉庫に入れた貨物の領収書。

〔钏・釧〕 chuàn ①腕輪。〔～钗 chāi〕腕輪と簪(かんざし)。〔～玉〕玉(ぎょく)の腕輪。→〔镯 zhuó 子〕 ②〈姓〉釧(せん)

chuāng イメㄤ

〔创・創〕 chuāng ①傷。損傷。〔疮①〕に同じ。〔金～〕刃物による傷。〔予以重～〕重大な損傷を与える。→〔伤 shāng〕 ②傷つける。傷を負わせる。〔重～敌军〕敵を痛撃する。 → chuàng
创痕 chuānghén 傷あと。
创巨痛深 chuāngjù tòngshēn 〈成〉傷口が大きく痛みがひどい。〈喩〉損害の大きいこと。
创可贴 chuāngkětiē 医救急絆創膏。
创口 chuāngkǒu 傷口。
创面 chuāngmiàn 傷口の表面。
创伤 chuāngshāng ①傷。外傷。〔～后应 yìng 激障碍〕医心的外傷後ストレス障害。PTSD。〔～贴〕医救急絆創膏。〔～修 xiū 复重建外科〕医形成外科。 ②〈喩〉痛手。医治ս战争的～戦争の痛手を癒す。
创痛 chuāngtòng (傷の)痛み。疼痛(とうつう)。
创痍 chuāngyí ⇒〔疮痍〕

〔疮・瘡〕 chuāng ①外傷。傷。〔创①〕に同じ。〔金～〕刃物による傷。〔①〕〔棒 bàng ～〕打ち傷。〔刀～〕刀傷。切り傷。 ②皮膚潰瘍(かいよう)。できもの。かさぶた。〔～上长 zhǎng ～了〕頭にできものができた。〔奶～〕乳腺炎。〔褥 rù ～〕褥瘡(じょくそう)。床(とこ)ずれ。〔杨梅～〕悪性梅毒発疹。→〔疡 yáng①〕
疮疤 chuāngbā ＝〔方〕疤疤子〕傷などの治った跡。かさぶた。〔原子～〕原爆ケロイド。〔好了～忘了疼〕〈諺〉のどぎすぎれば熱さを忘れる。欠点・痛いところ。〔大姐这一句揭 jiē 到他的～上了〕おばさんのその一言は彼の痛いところをついた。
疮瘢 chuāngbān できものの跡。
疮痕 chuānghén ①切り傷。②傷あと。
疮痂 chuāngjiā (傷跡の)かさぶた。
疮疖 chuāngjiē できもの。
疮口 chuāngkǒu できものの破れた口・傷口。
疮痍 chuāngyí ＝〔创痍〕〈文〉①傷。 ②疾苦。損害。〔～满目〕〔满目～〕〈成〉目に入るものは被害の跡ばかりである。

〔抌・揌〕 chuāng 〈文〉(手や器具で)物をたたく。〔～钟鼓〕鐘や太鼓をたたく。

〔窗(窻・窓・窻・牎・牕)〕 chuāng ①〔-儿,-子〕窓。〔玻 bō 璃～〕ガラス窓。〔钢 gāng ～〕鉄の窓。〔橱 chú ～〕ショーウインド。 ②同学の人。〔同～〕〔～友〕同窓。

窗床噇　　　　　　　　　　　　　　　　　　　　　　chuāng～chuáng

窗板 chuāngbǎn （窓の）雨戸.外側から覆う戸.
窗贝 chuāngbèi ⇒〔海 hǎi 月②〕
窗玻璃 chuāngbōli 窓ガラス
窗橱 chuāngchú ショーウインドー：〔橱窗①〕に同じ.
窗洞 chuāngdòng 壁に開けた明かりとりの穴.
窗扉 chuāngfēi 窓.〈喩〉窓.外界とつながるルート.
窗格子 chuānggézi ＝〔窗棂（子）〕〈方〉窗棂（子）〕窓の格子.窓のれんじ：窓の面を竹や木・金属などを組んで仕切る枠
窗根儿 chuānggēnr 窓の下部.
窗户 chuānghu 窓.〔～磴儿 dèngr〕〈方〉窓格子で仕切られた一つ一つの面.〔～缝儿 fèngr〕窓のすき間.
窗户洞 chuānghudòng 窓のために（窓によって）壁に開けた穴.開口部.〔～里吹喇叭,名声在外〕〈歇〉窓から外に向かってラッパを吹く：外に響き渡る.名声が高いことの例えからぬものでないこと.
窗户帘儿 chuānghuliánr ⇒〔窗帘〕
窗户台儿 chuānghutáir ⇒〔窗台（儿）〕
窗户眼儿 chuānghuyǎnr 窓紙の破れた穴.〔我巴着～瞧来着〕窓紙の破れたところへとりついてのぞいて見た.
窗户纸 chuānghuzhǐ ⇒〔窗纸〕
窗花（儿）chuānghuā(r) 窓ガラス・窓紙に貼る色紙の切紙細工.
窗机 chuāngjī ウインドウタイプエアコン.
窗架 chuāngjià ⇒〔窗框〕
窗槛 chuāngkǎn 〔窗台（儿）〕
窗课 chuāngkè 旧私塾で学生が作った詩文.
窗口 chuāngkǒu ①窓．〔～儿〕窓のすぐ前.窓辺.②窓口．カウンター.〔三号～〕3番窓口.〔～工作〕窓口の仕事.③〈喩〉全体を代表する姿を見せる所や施設.〔～行 háng 业〕同前のサービス業：航空・交通・郵便など.〔～单位〕同前をする機関・組織・企業.④〈喩〉（外界との情報や交流の）ルート.道.⑤〔電算〕ウインドウ.
窗框 chuāngkuàng =〔窗架〕窓枠.サッシ.
窗棂（子）chuānglíng(zi) ⇒〔窗格子〕
窗帘 chuānglián =〔窗户帘儿〕〔-儿,-子〕カーテン.ブラインド.〔～轨 guǐ〕カーテンレール.
窗棂（子）chuānglíng(zi) =〔窗棂〕
窗笼（子）chuānglóng(zi) ①〈方〉窓.②（外側に防犯用につける）窓の鉄格子.③〈喩〉耳.
窗幔 chuāngmàn 窓にかける布や幕.幅広のカーテン.→〔窗帘〕
窗门 chuāngmén ①〈方〉窓.②（開閉する）窓の戸.
窗明几净 chuāngmíng jījìng 〈文〉窓は明るく机は清潔である.部屋の明るく整っていること.
窗纱 chuāngshā 窓に張る寒冷紗,または金網.
窗扇 chuāngshàn(r) 開き窓（の枠）
窗饰 chuāngshì 窓飾り：飾りのカーテン.
窗台（儿）chuāngtái(r) =〔窗户台儿〕〔窗槛〕〔窗沿（儿）〕窓敷居.窓台：窓を受ける台（横木やれんがなど）.
窗屉 chuāngtì 〔-儿,-子〕〈方〉寒冷紗や金網を張るため窓の内側につけた木枠.
窗帷 chuāngwéi （幅が広く床までとどく）窓のカーテン.カーテン.→〔窗帘〕
窗沿（儿）chuāngyán(r) ⇒〔窗台（儿）〕
窗眼 chuāngyǎn 窓格子の（小さな）穴（仕切られた面）
窗友 chuāngyǒu 同窓生.同学.
窗牖 chuāngyǒu 〈文〉窓.
窗纸 chuāngzhǐ 障子紙.〔窗户纸〕ともいう.→〔纸窗〕

〔床（牀）〕chuáng ①寝台.ベッド.〔一张～〕1台のベッド.〔卧 wò ～〕④ベッドで寝る.⑤ベッド.〔单人～〕シングルベッド.〔双人～〕ダブルベッド.〔铺 pū ～〕寝床を敷く.〔叠 dié ～〕寝床を上げる.②〔-子〕物を置く台.下で支える枠組み.〈転〉店.〔笔～〕筆かけ.〔羊肉～〕肉店.〔刨 bào ～〕平削り盤.〔铣 xǐ ～〕フライス盤.〔车～〕旋盤.③低い台状の地面・地形.〔河～〕川底.④量詞.寝具の数を数える.〔一～被子〕掛けぶとん1枚.

床板 chuángbǎn ①ベッドの床板.②機ベッドプレート.
床绷 chuángbēng =〔床屉子〕中国式のベッドの底：木の枠に多くの棕櫚（zōng）製のひもなどを張ったもの.
床单 chuángdān 〔-儿,-子〕敷布.シーツ.
床底下放风筝 chuángdǐxià fàng fēngzheng 〈喩〉高くてもしれていること.
床垫 chuángdiàn 〔-儿〕ベッドのマット.〔弹 tán 簧～〕スプリングマット.
床公床婆 chuánggōng chuángpó 旧寝床の神：〔床公床母〕ともいう.
床架（子）chuángjià(zi) ①ベッドの台.ベッドの枠組み.〔铜～〕真鍮（chūnɡ）製寝台.②機〔工作機械の）ベッド.
床脚 chuángjiǎo ①寝台の脚.②機レッグ.
床铺 chuángpù 寝台.ベッド.
床上施床 chuángshàng shīchuáng →〔叠 dié 床架屋〕
床上戏 chuángshàngxì ベッドシーン（を売り物にしたドラマ）：〔床戏〕ともいう.
床上用品 chuángshàng yòngpǐn 夜具（総称）
床身 chuángshēn ①機旋盤台.②ベッド（の寝る所）
床榻 chuángtà 寝台の総称：大きいのを〔床〕,細長いものを〔榻〕という.
床屉子 chuángtìzi ⇒〔床绷〕
床头 chuángtóu ①ベッドの頭.枕元.〔～灯〕ベッドサイドランプ.②機マシンヘッド.〔～箱〕主軸台.
床头柜 chuángtóuguì ①ベッドサイドテーブル.②〔口〕恐妻家：〔柜〕は〔跪 guì〕（ひざまずく）と同音.
床头金尽 chuángtóu jīn jìn 持ち金を使い果たす.困窮する.
床头人 chuángtóurén 妻の別称.〔妻 qi〕
床帷 chuángwéi 〔床帏〕とも書く.寝台の周囲を包む形にかけるカーテン.〈転〉男女の関係.
床位 chuángwèi （病院・船・旅館・集団宿舎などの）ベッド.寝台.〔～使用率〕ベッド回転率.
床席 chuángxí 寝台に敷くござ.
床沿（儿）chuángyán(r) 寝台のふち.
床毡 chuángzhān 寝台の下敷きの毛布.敷き毛布.
床帐 chuángzhàng ベッドテント：ベッドの四隅に支柱をたてて天井及び周囲に幕を張る.→〔床帷〕
床罩 chuángzhào 〔-儿〕寝台覆い.ベッドカバー.
床笫 chuángzǐ 〈文〉寝台（のござ）.寝室.〈転〉夫婦関係.
床子 chuángzi ①⇒〔机 jī 床①〕 ②売り物をのせておく台.〈転〉商店.〔羊肉～〕羊肉を売る露店.〔鱼～〕魚を売る露店.

〔噇〕chuáng 〈文〉暴飲暴食をする.〔背后～鱼肉,人前念佛陀〕（寒山詩）陰では魚や肉を食らい,人の前では念仏をとなえる.〔你是佛家弟子,如何～得烂醉了上山来〕（水4）お前は仏弟子の身で,どうして飲んだくれて山へ上って来たのか.

幢 磰 闯 创

[幢] chuáng ①固のぼり旗.〔~幡 fān〕同前. ②仏仏教で仏号や経文を刻した六角形筒形の垂れ幕あるいは石柱.〔经~〕同前. → zhuàng

幢幢 chuángchuáng 〈文〉ゆらゆら揺れるさま.〔人影~〕人影がゆらゆらと揺れ動いている.

幢盖 chuánggài 囧儀仗ののぼり旗とさしかけ傘.

幢麾 chuánghuī 囧儀仗ののぼり旗.

[磰] chuáng 地名用字.〔流波~〕地安徽省にある.

[闯・闖] chuǎng ①突進する.不意に暴れ込む.突入する.飛び込む.〔~阵 zhèn〕敵陣に同前.〔~进去〕闖入(ちんにゅう)する.〔~龙潭入虎穴〕虎穴に入る.〔想法子~过这一关〕この難関を何とかして突破する.②世間で経験を積む.経験し鍛える.〔他~出朋几来了〕彼は場数を踏んで腹がすわった.〔在外头久~几年就好了〕外へ出て何年かもまれて来ればよくなる.③〔~出头〕奮闘の末頭角を現す.④〔他地に〕歩き回って活動する.あちこち出入りする.④〔灾いを〕引き起こす.(問題を)引き起こす.→〔闯祸〕⑤〔姓〕闖(ちん)

闯大运 chuǎngdàyùn 〔喩〕一か八かやってみる.当たって砕ける.〔撞 zhuàng 大运②〕に同じ.

闯单帮 chuǎngdānbāng 一匹狼で乗り込む.独立独歩でやる.→〔单帮〕

闯荡 chuǎngdàng 他郷で生計をたてる.また経験を積む.

闯关 chuǎngguān ①関門を突破する.〔喩〕困難を)乗り切る.〔闯难关〕難関を突破する.②税関の目をかすめる.

闯关东 chuǎngguāndōng 旧〔内地の者が〕食えなくなって山海関以東の地へ出ること.

闯光棍 chuǎngguānggùn 無頼の仲間に入って竞い箔をつける.

闯红灯 chuǎnghóngdēng ①赤信号(停止信号)を無視して突っ込む.〔抢 qiǎng 红灯〕ともいう.→〔红绿灯〕②〔喩〕公然と違法行為をする.

闯婚 chuǎnghūn 〔婚姻の際,相性などを見ずに決める.

闯祸 chuǎnghuò 間違いをしでかす.災いを招く.〔你~了！〕それ見たまえ.〔你开车要小心,千万别~〕安全運転して,絶対まちがいは起こすな.

闯江湖 chuǎngjiānghú 旧人相見・雑芸・売薬・にせ医者・香具師(ぴ)・ばくち打ちなどをして世間を渡り歩くこと.〔闯荡江湖〕同前.

闯将 chuǎngjiàng 勇将.猛将.荒武者.

闯劲(儿) chuǎngjìn(r) 勇猛心.突撃精神.体当り精神.

闯练 chuǎngliàn 世の荒波にもまれる.場数を踏む.〔他没见过世面,总得~一个好〕彼は世間知らずだから,世間へ出して苦労させなければならない.〔历 lì 练②〕

闯路 chuǎnglù ①(やみくもに・違法に)道を走行する.②奮闘して活路を見つけ出す(こと).〔闯出了一条新的道路〕がんばって新たな道を切り拓く.

闯乱子 chuǎngluànzi (うかつで)面倒を引き起こす.

闯南走北 chuǎngnán zǒuběi ⇒〔走南闯北〕

闯牌子 chuǎngpáizi 商品名を宣伝し売り込む.

闯人 chuǎngrù 闖入する.〔~者〕④(不法)侵入者.⑤電算ハッカー:〔黑 hēi 客〕に同じ.

闯丧 chuǎngsāng うろつき回る.用事もないのに所かまわずちゃらにぅろつく.〔撞 zhuàng 丧②〕に同じ.

闯事 chuǎngshì ①事件を起こす.②その場のしのぎでむちゃくちゃにあたってみる.〔我不过闯事,哪有把握呢〕わたしその場のしのぎでやっているですが,自信なんてあるもんですか.

闯世界 chuǎngshìjiè =〔闯天下②〕世間を渡り歩く(歩いて暮らす)

闯天下 chuǎngtiānxià ①天下を取る.②同上.

闯王 chuǎngwáng 囧明の李自成の別称.②旧凶暴な人.

闯席 chuǎngxí 招待も受けずに人の宴席に入り込むこと.〔~的〕飛び入り客.

闯字号 chuǎngzìhào (店の)名を売り出す.→〔闯牌子〕

闯子 chuǎngzi 無鉄砲な人.向こう見ずな人.

[创・創(剙・刱)] chuàng ①(今までなかったことを)始める.初めて…する.創造する.発明する.〔~新纪录〕新記録を作る.〔首~一种新样式〕新型を編み出す.ニューモードを創る.②初めての.創造的な.→〔创造〕→ chuāng

创办 chuàngbàn 創立する.創設する.新たに事業を始める.〔从~到现在〕創立から現在まで.〔~人〕設立者.→〔开 kāi 办〕

创编 chuàngbiān 創作し構成する(演劇・体操・舞踊など)

创汇 chuànghuì 外貨の獲得(をする).〔~一万美金〕1万ドルを稼ぐ.〔~率〕製品の外貨増加率.

创获 chuànghuò 世の中で初めての収穫(業績).これまでにない成果.

创纪录 chuàngjìlù 新記録を作る.

创见 chuàngjiàn 独創的な見解.→ chuàngxiàn

创建 chuàngjiàn ①創立する.創設する.②電算新規作成(する).

创举 chuàngjǔ 最初の挙行.第1回の企画.〔这次电影周在亚洲是个~〕今回の映画週間はアジアにおいては初の企画である.

创刊 chuàngkān 定期出版物を創刊する.〔~号〕創刊号.

创立 chuànglì おこす.創立する.

创利 chuànglì 囯利潤を作り出す.

创牌子 chuàngpáizi 〔知名度を上げる.ブランド名が高まる.〔头十天贱 jiàn 卖~〕初め10日間は安売りして前宣伝する.②〔方〕サンドイッチマン.チンドン屋:〔三 sān 明治人〕ともいう.

创设 chuàngshè ①創立する.②(条件を)創造する.

创始 chuàngshǐ 創始する.〔~人〕創立者.

创世 chuàngshì 天地の始まり.天地開闢(かいびゃく).〔~记 jì〕囮キリスト教旧約聖書巻首の称.〔~大爆 bào 炸〕囝ビッグバン.

创收 chuàngshōu (本来非営利の機関や部門が)条件を活用して収入をあげる.収入(源)を作り出す.

创税 chuàngshuì 納税する.また,徴税する.

创见 chuàngxiàn 〈文〉初めて現れる(たもの).未曾有(のこと).→ chuàngjiàn

创新 chuàngxīn 新機軸を出す.新しい企画を出す.〔~人材〕起業家.〔勇于实践,大胆~〕勇敢に実践して大胆に新しい考えを出す.②独創性.イノベーション.

创演 chuàngyǎn ①初演(する).初公演(する).②創作(し)演出(する)

创业 chuàngyè 事業を始める.〔~投资〕ベンチャーキャピタル.〔~板 bǎn 市场〕ベンチャー株市場(中国ナスダック).〔~资金〕起業資金.リスクキャピタル.〔艰苦~〕苦労して創業する.〔守摊虽不~〕現状に安住して新しい事を始めようとしない.

创议 chuàngyì 新たな意見(を提議する)

创益 chuàngyì 利益をあげる.

创意 chuàngyì ①開拓的な方法を考え出す.新アイデ

ィアを出す.②新機軸.創意.〔这些机器有～〕これらの機械には新しい工夫がみられる.
创业难,守亦难 chuàng yè nán, shǒu yì nán, zhī nán bùnán〔成〕創業も守成も難しいが、難しいことを知って努力すれば困難ではない.

创意造言 chuàngyì zàoyán〈成〉意義文辞がみな自分の創意に出ること.

创优 chuàngyōu ①優れた商品を作り出す.②優秀なグループやチームを作る.

创造 chuàngzào 創造する.発明する.〔～新记录〕新記録を作る.〔～性〕創造性.創造的.〔～性思维〕創造的の思考.踏み込み開拓していく考え方.〔～力〕創造力.〔～学〕創造・発明のメカニズムを研究する学問.

创造社 chuàngzàoshè 1921年設立の文学団体.郭沫若・郁達夫・成仿吾・田漢・張資平ら在日留学生が中心となり雑誌〔创造季刊〕などに依って〔文学研究会〕に対抗した.後期には王独清・馮乃超らが加わった.

创制 chuàngzhì 制度を作る.〔～权〕同劍の権利:孫文の三民主義(民権主義・6)による人民がもつ権利の一つ.〔复决权〕(法律を改廃する権利),〔罢免权〕(罷免権),〔选举权〕(選挙権)および同前.

创作 chuàngzuò ①創作する(多く文学・芸術についていう).②創作品.文芸作品.

〔**沧・滄**〕 chuàng〈文〉寒い.
〔**怆・愴**〕 chuàng〈文〉悲しむ.〔凄qī～〕
怆然 chuàngrán〈文〉悲しむさま.〔～泪下〕悲しくて涙がこぼれる.
怆痛 chuàngtòng〈文〉悲しみ心を痛める.悲痛する.

chuī ㄔㄨㄟ

〔**吹**〕 chuī ①息を吹きつける.吹き飛ばす.②(楽器などを)吹き鳴らす.〔～口琴〕ハーモニカを演奏する.〔～笛子〕笛を吹く.③風が吹く(きつける).気体が(激しく)流れる.〔风～日丽〕風雨にさらされる.〔今天什么风儿把你～来了〕今日はどんな風に吹き回しでやって来たのか.→〔刮 guā (II)〕④ほらを吹く.吹聴する.〔胡～乱吹乱说〕ほらにほらを吹く.→〔夸 kuā ①〕〔啰〕⑤人を持ち上げてほらすす.ほめそやす.〔～嘘②〕⑥(約束や事柄を)反古(ふいに)にする.とりやめる.解消する.破談にする.ふいにする.〔黄 huáng ⑤〕に同じ.〔我们俩的婚约～了〕わたしたち二人の婚約は解消してしまいました.〔条件谈不拢就～了〕条件が折り合わないので話がこわれた.〔这笔买卖算～了〕この口の商売はふいになった.〔事情～了〕仕事はだめになった.〔入场券～了,没能拿到〕入場券はふいになった,手に入らなかった.

吹吹打打 chuīchuī dǎdǎ ラッパを吹き太鼓を打ち鳴らす:はやしたてる.
吹吹拍拍 chuīchuī pāipāi 誉めそやしたり,おもねったりする.〔～,拉拉扯扯〕同前でぐるになる.
吹吹捧捧 chuīchuī pěngpěng→〔吹捧〕
吹唇 chuīchún 口笛を吹く.
吹打 chuīdǎ ①管楽器・打楽器を奏する.チャルメラ・横笛・太鼓などを奏する.②(雨・風の)不意打ちを受ける.〈喩〉鍛えられる.
吹打弹拉 chuī dǎ tán lā(管・弦・打など色々な楽

器で)演奏する.
吹大气 chuīdàqì〈方〉偉そうな口をきく.ほらを吹く.
吹灯 chuīdēng ①灯を吹き消す.②〈口〉死ぬ.〔没想到那么结实的人会～了〕あんな丈夫な人が参ってしまうなどとは思いがけなかった.③〈口〉やめになる.立ち消えになる.〔那件事后来～了〕あの件はその後,立ち消えになってしまいました.〔～散伙〕〈喩〉解散すること.解散する.→〔喷 pēn 灯〕
吹灯拔蜡 chuīdēng bálà〈口〉だめになる.参ってしまう.お陀仏になる.
吹法螺 chuīfǎluó→〔大 dà 吹法螺〕
吹风 chuīfēng ①風に吹かれる.〔吃了药别～〕薬を飲んだら風にあたってはいけない.②〔髪に〕ドライヤーをかける.〔～机〕ドライヤー.③〔～儿〕ほのめかす.それとなく上手に宣伝する(ふっかける).〔话を〕吹き込む.〔他们整天～要到吉林去〕彼らは日がな一日聞こえよがしに吉林(訛)へ行くと言っている.〔预先给他吹～〕あらかじめ彼に吹きこんでおく.
吹风管子 chuīfēng guǎnzi 國送風管.
吹风唢呐 chuīfēng hūshào 口笛を吹く.吹いて合図する.〔胡〕は〔嗯〕とも書く.〔都拖枪拽棒跟着那个大汉～来寻武松〕(水32)みな槍や棒をひきずってその大男について合図をしながら武松を探してやって来た.
吹风会 chuīfēnghuì ブリーフィング(要旨説明)会.
吹风机 chuīfēngjī ドライヤー.ヘアドライヤー.→〔鼓 gǔ 风机〕〔暖 nuǎn 风机〕
吹风炉 chuīfēnglú→〔转 zhuàn 炉〕
吹拂 chuīfú (そよ風が)吹く.なでる.〔春风～在脸上〕春風がほおをなでる.
吹歌 chuīgē 古くから各地方の農村で吉凶事があった時に演奏する音楽:現在は各種会合の際などに演奏される.管楽器を主とする地方色豊かな音楽.
吹鼓手 chuīgǔshǒu ①國婚礼や葬式の時の楽手.〔八十岁学～〕〔諺〕六十の手習い.→〔六 liù 色②〕②〈喩〉太鼓持ち.おべんちゃらを言う人.
吹管 chuīguǎn ①吹管(款)〈化〉:化学および鉱物分析用具で,炎を吹きつけるために用いる管.〔～分析〕國吹管分析:化学分析術の一.②ガスバーナーのノズル.
吹胡子瞪眼 chuīhúzi dèngyǎn〈慣〉怒って目をむく.怖ろしい剣幕になる.威丈高(諺)な形相をする.
吹呼 chuīhu ①〈方〉どなりつける.決めつける.〔他～了一顿〕彼をどなりつけた.②⇒〔吹牛〕
吹画 chuīhuà 國吹き絵(諺):型紙の上から絵の具などを吹きかけて型紙の部分を白く抜いた絵.
吹灰之力 chuīhuī zhī lì 微小な力.〈喩〉ごくたやすいこと:多く否定に用いる.〔要替他办那事,自不费～〕彼のこと,そんな事くらいおやすい御用だ.
吹火筒 chuīhuǒtǒng 火吹き竹:〔吹火棍 gùn〕〔吹筒②〕.
吹葭 chuījiā〈文〉陽気の動くこと:古代,気候の変化をみるのに葭(さ)の灰を用いた.
吹(箭)筒 chuī(jiàn)tǒng 吹き矢を吹く筒.
吹糠见米 chuīkāng jiànmǐ〈喩〉効き目が早い.たちまち成果を上げる.
吹口哨儿 chuīkǒushàor 口笛を吹く(いて合図する)
吹拉弹唱 chuī lā tán chàng〈慣〉様々な楽器を演奏し、いろいろな歌を歌う.
吹喇叭 chuīlǎbā ①ラッパを吹く.②〈喩〉人をおだてる.ほめそやす.〔～抬轿子〕人の提灯持ちをすること.
吹擂 chuīlěi⇒〔吹牛〕
吹冷风 chuīlěngfēng〈喩〉冷言を浴びせる.水をさ

す.

吹炼 chuīliàn 工ブローイング.吹き込み(高炉の)

吹毛 chuīmáo ①〈喩〉きわめてたやすいこと. ②刃物の切れ味が良いこと.〔～剑 jiàn〕鋭利な剣.〔～试刃〕〈成〉毛を吹きつけて刃を試す.

吹毛求疵 chuīmáo qiúcī 〈成〉重箱の隅を楊子でほじくるようにあらを探す:〔吹求〕ともいう.→〔洗 xǐ 垢索瘢〕

吹牛 chuīniú ＝〔〈方〉吹呼②〕〔吹擂〕〔〈方〉车 chē 大炮〕ほらを吹く.大きなことを言う.大風呂敷を広げる:〔吹牛屄〕〔吹牛膀股〕〔吹牛皮〕〔吹牛腿〕ともいう.〔～大王〕大ぼら吹き.〔吹大牛〕大ぼらを吹く.〔这么一来,他又有一个牛好向朋友吹了〕こうなってくると,彼はまたひとつ友人達にほらを吹く種ができたことになる.→〔放 fàng 空炮②〕

吹拍 chuīpāi (ほらを吹き)人を大げさにほめそやす.

吹嗙 chuīpǎng 〈方〉ほらを吹く.〔信口～,旁若无人〕出まかせにほらを吹き,傍若無人だ.

吹泡泡 chuīpào·pào しゃぼん玉遊び.

吹捧 chuīpěng ほめそやす.他人の提灯持ちをする:〔吹喇叭②〕に同じ.〔吹吹捧捧〕同前のさま.〔互相～〕互いにほめそやす.

吹腔 chuīqiāng 劇安徽省の代表的旧劇の謡いの調子:元来は〔弋 yì 阳腔〕の変体をいった.笛で伴奏する.

吹求 chuīqiú ⇒〔吹毛求疵〕

吹沙 chuīshā ⇒〔鲨 shā ②〕

吹哨 chuīshào ①呼び子を吹く.警笛を鳴らす. ②スレフェリー:〔裁 cái 判员〕の俗称.

吹蚀 chuīshí 地風食:乾燥地域などで砂·土壌が風などの作用で侵蝕されること.

吹塑法 chuīsùfǎ 工吹き込み成型.

吹台 chuītái ①失敗に終わる.(人間関係が)だめになる.〔那件事～了〕あの事はだめになった.〔那个人～了〕あの男は死んだ. ②〈文〉御苑中の吹奏舞台.

吹弹 chuītán 音音楽を奏する:管楽器や弦楽器を奏すること.〔～歌唱〕音楽を奏し歌を歌うこと.

吹糖人儿 chuītángrénr 食水飴を吹いて作った人形の菓子.〔～的〕同前を売る人.

吹腾 chuīténg 大げさに吹聴(ふいちょう)する.〔这是实话,咱们自己人用不着～〕これは本当のことだ,我々の間で何も大げさに言う必要はない.

吹筒 chuītǒng ①猟具.鳥獣の鳴き声に似せた音を出して鳥獣を呼びよせる笛.鳥笛や鹿(しか)笛など. ②⇒〔吹火筒〕 ③⇒〔吹(箭)筒〕

吹筒箭 chuītǒngjiàn 吹き矢.→〔吹(箭)筒〕

吹网 chuīwǎng 〈喩〉息を吹き込んで網をふくらます.不可能なことをする.狂気の沙汰である.〔～欲满〕同前.

吹箫 chuīxiāo 箫(しょう)を吹く.〔～乞 qǐ 食〕〈成〉こじきをする:戦国時代,伍子胥が呉で箫を吹いて食を乞うた故事から.

吹嘘 chuīxū ①吹聴する.誇張して言う. ②ほめそやす.すばらしい人だとふれ回る.

吹阴风 chuīyīnfēng 〈喩〉それとなく人の不満や対抗心をあおる.

吹影镂尘 chuīyǐng lòuchén 〈成〉ⓐ何の形跡も見えないこと.ⓑ無駄な努力をすること.

吹云泼墨 chuīyún pōmò 美水墨画画法の一:〔吹云〕は〔吹墨〕の法で,水でぬらした紙に墨を吹きつけて雲を描く法.〔泼墨〕は水墨の点で山を描く法.

吹皱一池春水 chuīzhòu yīchí chūnshuǐ 〈喩〉他人のことにいらぬおせっかいをする:〔风乍起,～〕(宋·馮延巳の句)から来たもの.

吹奏 chuīzòu 音管楽を吹奏する.〔～乐 yuè〕音吹奏楽.

〔炊〕 chuī ①かしぐ.飯を炊く.〔～米成饭〕米を炊いて飯にする.〔巧 qiǎo 妇难为无米之～〕〈諺〉やりくりのうまい主婦でも米なしにはご飯は炊けない.無い袖は振れぬ. ②〈姓〉炊(すい) a

炊饼 chuībǐng ⇒〔蒸 zhēng 饼〕

炊骨易子而食 chuīgǔ yìzǐ ér shí 骨を燃やして炊き,子を人の子と取り替えて食って飢えをしのぐ(史記):食料欠乏の極の惨状. b

炊桂 chuīguì 〈喩〉物資欠乏·物価騰貴のさま.〔食玉～〕珠玉のように高い米を食べ,桂のように高い薪で飯を炊く:物価の高騰で生活の困難なこと. c

炊火 chuīhuǒ ①火をつける.火をたく. ②飯を炊く火.

炊金馔玉 chuījīn zhuànyù 〈喩〉豪華な飲食物.

炊具 chuījù 炊事用具.台所用品.

炊事 chuīshì 炊事(する).〔～班〕炊事班.〔～员〕(軍隊·学校などの)炊事夫(婦).料理人.→〔厨 chú 子〕 d

炊烟 chuīyān かまどの煙.

炊帚 chuīzhou 炊事用の箒(ささら):〔筅 xiǎn 帚〕に同じ. e

〔垂〕 chuí ①垂れる.下がる.〔帘子～着〕すだれが下がっている. ②〈尊〉…を下さる.…て下さる.…をたまわる:多く上級(長上)の者の自分に対する言動について用いる. ③〈文〉後世まで伝え残す.〔名～千古〕〈成〉名を永遠に残す.〔永～不朽〕〈成〉永久に不朽の名を残す. f ④〈文〉近づく.垂(なんなん)とする.ほとんど…である.まさに…になろうとしている.近づいている. ⑤縁(へり). ⑥〈文〉辺境:〔陲〕に同じ.〔边～〕同前.

垂爱 chuí'ài 〈牘〉ご厚意を下さる.〔承蒙～…〕ご愛顧を被(こうむ)り…. g

垂察 chuíchá 〈牘〉ご推察をたまわる.

垂成 chuíchéng 〈文〉まさに成ろうとしている.〔功败～〕〈成〉あと一息というところで失敗する.

垂垂 chuíchuí 〈文〉だんだん.徐々に. h

垂带石 chuídàishí 建石の階段の両脇に縦に設置する縁石:階段面より高く彫刻の装飾がある.

垂吊 chuídiào 吊(つ)り下げる.

垂钓 chuídiào 魚釣り(する).〔～池〕釣り堀.〔禁止～〕魚とるな(立て看板) i

垂度 chuídù 機弛(たる)み.スラック.

垂发 chuífà ⇒〔垂髫〕

垂范 chuífàn 〈文〉(目下に)手本をして見せる.範をたれる.〔～后世〕後世に模範を示す.

垂芳 chuífāng 〈文〉芳名を後世に残す.→〔流 liú 芳①〕 j

垂拱 chuígǒng 〈文〉衣をたれ手を出さない.〈喩〉帝王の無為自然のさま.〔垂衣拱手〕同前.〔～而治〕無為にして治めること.

垂挂 chuíguà 垂れる.垂れ下がる. k

垂花门 chuíhuāmén 建門の屋根の枠組みの四隅から垂れた短い柱材に彫刻または丹青を施した飾りのついている門:二の門の定形ともいうべきもの.〔垂花二门〕ともいう.

垂鉴 chuíjiàn 〈牘〉ご高覧下さる.〔伏乞～〕伏してご高覧を請う:冒頭に〔××先生～〕としてご高覧を願う意味を表す. l

垂教 chuíjiào 教えを賜る.→〔请 qǐng 教〕〔指 zhǐ 教〕

垂眷 chuíjuàn ⇒〔垂念〕 m

垂老 chuílǎo まさに老いんとする.

垂泪 chuílèi 涙を流す.

垂帘 chuílián 〈文〉太后·皇太后などが幼帝に代わって政治を司ること.〔～听政〕〈成〉同前.

垂怜 chuílián (目下に)同情する.憐れんで下さる. n

chuí

垂谅 chuíliàng 〈牘〉ご了察を被る.
垂柳 chuíliǔ ⇒〔垂(chuí)杨(yáng)〕
垂露 chuílù 書法の一.縦に引く画の終わりを撥(は)ねないで,押さえとめる法.漢の中郎蔡邕に始まる.
垂纶 chuílún 〈文〉糸を垂れる.魚釣りをする.
垂落 chuíluò 下に垂れる.垂れ落ちる.
垂名 chuímíng 名誉を後世に残す.
垂暮 chuímù ①日暮れに近づく.②年をとる.晩年になる.〔(西夕)～之年〕老年.〔～老人〕老い先短い老人.
垂念 chuíniàn =〔垂眷〕〈牘〉思いを垂れる.心をかけて下さる:目上から配慮をうけた時に用いる.〔承chéng 蒙～,感谢不尽〕ご配慮を被り感謝に堪えません.〔关guān 垂〕
垂盆草 chuípéncǎo ⇒〔佛 fó 甲草〕
垂泣 chuíqì 〈文〉涙を流して泣く.涙を垂らす.
垂青 chuíqīng 特別に好意をよせる:〔青〕は黒い目・好意の目をいう.〔荷 hè 蒙～感激无既〕〈牘〉ご愛顧を被り感激の至りに存じます.→〔青眼〕
垂示 chuíshì 教え示す.上から下へ指示を下ろす.
垂世 chuíshì 〈文〉世間に伝え広める.
垂手 chuíshǒu ①両手を下げて体側につける.恭謹の意を表する.〔～侍立〕きちんとひかえている.②手を垂らしている.手を伸ばすまでもない.容易なこと.〔～可得〕たやすく得られること:〔～而得〕ともいう.
垂首 chuíshǒu 頭を垂れる.〔～拭 shì 目〕〈成〉頭を垂れ目頭を押える.〔～帖 tiē 耳〕〈成〉大変従順なさま.
垂死 chuísǐ 死にかけている.死にそうである.
垂死挣扎 chuísǐ zhēngzhá〈成〉断末魔(まつま)のあがき,最後の抵抗.〔敌人作～〕敵が断末魔のあがきをする.
垂堂 chuítáng 〈文〉軒下近く:瓦が落ちてくるかもしれない危険なところ.〔千金之子,～而不下〕金持ちの子は自愛して軒下には座らない.危険に寄りつかない.→〔坐 zuò 不垂堂〕
垂体 chuítǐ =〔脑nǎo 垂体〕〔脑下垂体〕生理脳下垂体.〔～前叶激素〕脳下垂体前葉ホルモン.
垂涕 chuítì 〈文〉涙を流す.泣く.
垂髫 chuítiáo 〈文〉たれ髪:〔子供の〕結わずに垂れている髪.〔転〕子供.わらべ.〔～之年〕幼少期.
垂头丧气 chuítóu sàngqì =〔低dī 头 丧 气〕〈成〉しょげこむ.がっかりして気を落とす.
垂头搭翼 chuítóu tàyì 打ちのめされて気力のないさま.
垂亡 chuíwáng 滅亡間近である.
垂危 chuíwēi ①(国家・民族が)危険に瀕(ひん)している.②危篤である.
垂问 chuíwèn =〔垂询〕〈牘〉おたずねなさる.ご下問がある(上から下者へ尋ねる)
垂涎 chuíxián 〈文〉垂涎(すいせん)する.ひどく羨む.〔～三尺〕〈成〉喉から手が出る思い.〔～欲 yù 滴〕〈成〉よだれを流さんばかりに欲しがる(けなす意味もある)
垂线 chuíxiàn 数垂線.垂直線:〔垂直线〕ともいう.
垂心 chuíxīn 数三角形の各頂点からその対辺にいたる三垂直線の相交わる点.
垂询 chuíxún ⇒〔垂问〕
垂训 chuíxùn 教えをたれる.上から下へ教える.
垂杨 chuíyáng 同下.
垂(杨)柳 chuí(yáng)liǔ =〔垂杨〕〈文〉杨柳③〔水 shuǐ 杨②〕シダレヤナギ.→〔钻 zuān 天柳〕
垂佑 chuíyòu 〈文〉佑助(ゆうじょ)を垂れる.〔上天～〕天が助けの手を伸べてくれる.
垂直 chuízhí 数垂直.〔～面〕数垂直面.〔～平分线〕数垂直二等分線.〔～线〕数垂線.〔～起落飞机〕垂直離着陸飛行機.〔～分工〕垂直分業.〔～气候〕気同じ地域内に高度差の異なる地点があるため異なる季節の観測可能な気候.〔～尾翼〕(航空機の)垂直尾翼.〔～传播〕医母子感染.垂直感染.〔～绿化〕(都市の)ビル緑化.→〔铅qiān 直〕
垂准 chuízhǔn 垂直器:おもりをつけた糸を下げて鉛直線の基準たを作る道具.
垂足 chuízú 数垂線の足:垂直線と平面または他の直線との交わった点.〔垂线足〕ともいう.

〔陲〕
chuí〈文〉辺境.国境地方:〔边⑥〕に同じ.〔边～〕辺境地方.〔东～〕東部国境地方.

〔捶(搥)〕
chuí ①=〔捶①〕棒や拳でたたく.〔把布～干净〕布を棒でたたいてきれいに洗う.〔～门〕門をたたく.〔～腿 tuǐ〕(按摩で)足をたたく.〔～前面〕肩や背中をたたく.〔～过来〕たたいて蘇生させた.②〈文〉むち打つ.〔～马〕馬をむち打つ.
捶楚 chuíchǔ =〔捶楚〕
捶打 chuídǎ (握りこぶしや器具で)たたく.こづく.〔～衣服〕洗たく物を同前.
捶击 chuíjī 力をこめてたたく.
捶拉 chuílā 〈文〉ひどくたたいて辱める.
捶儿 chuír =〔捶子〕物をたたく棒.〔槌儿〕に同じ.
捶台拍凳 chuítái pāidèng テーブルや腰掛けをたたく.〔激怒するさま.〕〔～大哭一场〕同前で泣いたりどなったり,ひと暴れした.
捶丸 chuíwán 古国昔の遊戯の一.広場に一尺四方を画して中に球を置き,別に遠方に浅い穴を設け,これに棒で球を打ち入れる遊戯.宋・金・元代に流行した.→〔打 dǎ 歩球〕
捶心泣血 chuíxīn qìxuè ⇒〔捶心泣血〕
捶胸顿足 chuíxiōng dùnzú 〈成〉胸をたたき地団駄を踏むひどく悲しんだり,くやしがったり,あせったりするさま.〔捶胸跌 diē 脚〕ともいう.
捶子 chuízi ⇒〔捶儿〕

〔棰〕
chuí〈文〉①短い棒.②棒で打つ.〔～草 棒〕わら打ち棒.〔～楚 chǔ〕〔捶楚〕むちで打つ刑罰.〔喩〕虐政.〔～楚之下,何求而不得〕棒で脅せば何でも手に入る.

〔锤・鎚(鎚)〕
chuí(Ⅰ)①はかりの分銅(ぶんどう).〔秤~〕同前.②分銅状のもの.〔纺~〕紡錘.(Ⅱ)①古代の兵器:木の柄の先に金属塊をつけたもの.②〔~儿,~子〕物をたたく道具.かなづち.ハンマー.〔风~〕〔气~〕エアハンマー.〔球头~〕ボールハンマー.〔电~〕電気ハンマー.〔落~〕落としハンマー.〔手~〕片手ハンマー.〔双手~〕〔大~〕大槌(おおづち).〔抵~〕=〔当 dàng 当〕=〔鄉 láng 头〕③(かなづちで)打つ.鍛える.〔千~百炼〕鍛えに鍛える.④〔姓〕錘(すい).
锤打 chuídǎ ①(ハンマーで)たたく.②鍛える.
锤骨 chuígǔ 生理槌骨(ついこつ):中耳の中骨の一.〔槌骨〕とも書いた.→〔听 tīng 骨〕
锤炼 chuíliàn 鍛錬する.磨く.練(ね)る.
锤头 chuítóu かなづちの頭.
锤子 chuízi ①かなづち.ハンマー.②⇒〔石 shí 头〕

〔箠〕
chuí〈文〉①鞭(むち).②むちで打つ.

〔椎〕
chuí〈文〉①拳でたたく:〔捶①〕に同じ.〔～心泣血〕〔捶心泣血〕〈成〉胸をたたき目を赤くして泣く:悲痛極まりないさま.②⇒〔槌〕→ zhuī

chuí～chūn

〔圌〕 chuí 地名用字.〔～山〕囲江蘇省にある山. → chuán

〔槌〕 chuí 〔-儿〕物をたたく棒:一端が太い(または球状)のもの.〔椎②〕に同じ.〔棒 bàng ～〕洗濯棒.〔鼓 gǔ ～儿〕太鼓ばち.〔锣～〕どらをたたくばち.〔擂 lèi ～〕すりこぎ.物を研磨する棒.

槌鯨 chuíjīng 動ツチクジラ:体長6メートルあまり,頭部は突出している.

槌蛎 chuílì ⇒〔丁 dīng 蛎〕

槌球游戏 chuíqiú yóuxì 又クロッケー.〔槌球具〕クロッケーセット.

chun イメら

〔春(旾)〕 chūn ①春:ふつう〔～天〕といい,立春から立夏まで.また旧暦の正月から3月まで.〔～不种 zhòng, 秋不收〕春かなければ秋の収穫はない.〈諺〉まかぬ種は生えぬ.②〈文〉10年.〔十一～10年.⑧〈文〉〔春のような生気.生命力.〔着 zhuó 手成～〕〔妙 miào 手回～〕〈成〉医者の起死回生技術をたたえる語.④男女の情.恋情.〔怀～〕恋情を抱く.⑤圃酒の別名.〔玉壶买～〕玉(ぎょく)の壺に酒を買う.⑥〈姓〉春(しゅん).

春安 chūn'ān =〔春祺〕〔春祉〕〔躯〕春のごきげん:旧式書簡文の結語に用いる.〔此肃,顺颂 sòng ～〕以上つつしんで申し述べ,あわせて春の日のご平安をお祈り申し上げます.

春办秋亭 chūnbàn qiūtíng 〈喩〉三日坊主.

春冰 chūnbīng 春の薄氷:危険なことにたとえる.〔虎尾～〕〈成〉虎の尾を踏み,薄氷を踏むように危険なこと.〔～秋云〕〈喩〉極めて薄いさま.

春饼 chūnbǐng →〔薄 báo 饼〕

春播 chūnbō 農春まき.春の種まき.

春脖子长 chūn bózi cháng 〈喩〉春首を長くして春を待つ:清明までの気温が上らぬこと.〔春脖子短 duǎn〕は早く暖くなること.

春不老 chūnbùlǎo ①〈方〉〔雪 xuě 里 蕻 hóng〕(セリホン)の別称.②同前の漬物.

春菜 chūncài 〔芥 jiè 菜〕(カラシナ)の別称.

春蚕 chūncán 虫春蚕(ぎょ)

春草 chūncǎo 春の若草.

春插 chūnchā 農早稲(なえ)の田植え.

春茶 chūnchá 一〔茶春〕春に摘む茶葉.

春潮 chūncháo 〈喩〉すさまじい勢い.活発な動き.

春城 chūnchéng ①〈文〉都市における春の風景.②昆明市,また長春市の別称.

春绸 chūnchóu ⇒〔线 xiàn 春〕

春葱 chūncōng 春ねぎ.〈転〉しなやかな女性の指.

春凳 chūndèng 背もたれのない旧式の長腰掛け.

春点(儿) chūndiǎn(r) 隠語.〔～开不开〕分かるか.→〔黑 hēi 活〕

春乏关 chūnfáguān 農牧草の端境期.

春坊 chūnfāng ⇒〔春药〕

春坊 chūnfāng =〔东 dōng 宫 gōng ①〕

春芳 chūnfāng 春に満開の花.

春肥 chūnféi 春肥え.

春分 chūnfēn 〔二十四节气〕の一.春分.彼岸の中日:3月21日または22日.この日は昼夜の長さが同じ.〔～点〕春分の日に太陽が通過する黄道上の点.〔～昼 zhòu 夜停〕〈文〉春分には昼夜の長さが同じになる.

春风 chūnfēng ①春ののどやかな風.②なごやかな表情.〔～满面〕顔がほころんでいる.③〈喩〉やさしみふかく慈しむ師の教え.〔～化雨〕〈喩〉よい教育.④〈喩〉男女の交合.〔～一度〕同前.

春风得意 chūnfēng déyì 〈成〉科挙の進士合格の得意な様子で.〈喩〉とんとん拍子の出世.順風満帆で誇らしいさま:〔～马蹄 tí 疾〕(孟郊)同前.

春风风人 chūnfēng fěngrén 〈喩〉恩沢が群衆に教育・援助を与える.〔～夏雨雨人〕同前.

春服 chūnfú ⇒〔春装〕

春耕 chūngēng 春田打ち.春の野良(ら)仕事.〔～忙〕同前で忙しい.〔～秋收〕春に耕し,秋に収穫する.〈喩〉長く手塩にかけること.

春宮 chūngōng ①⇒〔东 dōng 宫①〕 ②=〔春画(儿)〕〔淫 yín 画〕英春画:宋画苑に春宮秘戯図があり,のち春画を春宮というようになった.〔春(宫)册〕春画画帖.〔～电影〕ポルノ(エロ)映画.→〔黄 huáng 色②〕

春菇 chūngū 春シイタケ.

春官 chūnguān ①圃官名,のちの礼部の古名.②囲迎春の式に"春牛"を打つ役人.→〔打 dǎ 春①〕

春灌 chūnguàn 春の灌漑.

春光 chūnguāng 〈文〉春の日より.春の景色.〔～明媚〕春景色がうららかなこと.

春寒 chūnhán 〈文〉早春の寒さ.〔～料峭 liàoqiào〕早春肌寒いこと.〔～,诸祈珍重〕〔躯〕春寒の候,御自愛を祈ります.

春旱 chūnhàn 春の干ばつ.〔～冬蓄〕同前に備えて冬の雨に貯水する.

春花作物 chūnhuā zuòwù 春に花をつける作物:麦や菜種など.

春华 chūnhuá 〈文〉①春の花.②〈転〉青春.若々しさ.③(女性の)あでやかで美しいこと.〔～秋实〕春に花咲き,秋に実る.〈喩〉文才と品行:〔春花秋实〕ともいう.

春化处理 chūnhuà chǔlǐ 農バーナリゼーション.春化処理:作物の発育期間を短縮するため種子を低温処理すること.〔春化法〕〔春莳 shì 法〕〔催 cuī 青③〕ともいう.

春画(儿) chūnhuà(r) ⇒〔春宫②〕

春荒 chūnhuāng (作物の)春の端境期の飢饉.

春晖 chūnhuī 〈文〉春の日差し.〈喩〉父母の庇護.恩愛.

春季 chūnjì 春(の季節).〔～招生〕春の学生募集:青田刈りの入試.

春祭 chūnjì ①囲天子が行幸(ぎょう)して行う春の祭.②清明節の墓参.

春假 chūnjià (学校の)春休み.

春江 chūnjiāng 春の河.〔～花月夜〕(唐・張若虚の詩).もと楽府題で陳後主の作作は最も艶麗の称があったが伝わらず,現在の曲は唐の虞世南の作品に基づくといわれる.〔～水暖鸭先知〕(蘇軾の詩)〈喩〉実生活の苦労から変化発展のきざしを知ることができる.

春节 chūnjié ①旧暦の正月.旧正月:同前の元旦,またその年の日を含む春の行事.〔～团拜会〕春節賀詞交換会.→〔元 yuán 旦〕 ②〈文〉春季:立春から立夏までに至る期間.

春景 chūnjǐng 春の景色.

春酒 chūnjiǔ ①春に作っておいた酒.②旧正月の酒宴.〔吃～〕同前をする.③(男性用)強精酒.

春橘 chūnjú 〔瓯 ōu 柑〕

春卷(儿) chūnjuǎn(r) 食春巻:立春の頃の食べ物.

春困 chūnkùn 春の眠たさ.〔秋乏 fá〕〈成〉春は眠し秋はけだるし.

春兰 chūnlán ⇒〔兰花①〕

春兰秋菊 chūnlán qiūjú 春の蘭と秋の菊.〈喩〉それぞれ特徴があり,時季に適した事物.

chūn

春雷 chūnléi ①春雷.②大事が発生する前ぶれ:多く良い事態に用いる.

春蕾 chūnlěi ①春の花のつぼみ.②〈喻〉子供.〔～计jì 划〕女子の就学援助活動.→〔希xī 望工程〕

春联(儿) chūnlián(r) =〔桃 táo 符①〕新年に門や入口の戸に貼るめでたい対句を書いた対聯(說).→〔春条(儿)〕〔对 duì 联(儿)②〕

春令 chūnlìng ①春の季節.②春の気候.〔冬行～〕冬が春のように暖かい.

春露秋霜 chūnlù qiūshuāng ①春の露と秋の霜.〈喻〉慈愛と威厳.②季節の祖先の祭り,墓参りなどをすること.

春罗 chūnluó 薄い絹織物.絽(ろ)

春麦 chūnmài =〔春(小)麦〕

春满人间 chūnmǎn rénjiān 〈成〉すっかり春めくさま.

春忙 chūnmáng 春の農繁期.

春梦 chūnmèng 春の夢.〔富贵只是一场 cháng ～〕富貴はただ一場のはかない夢である.

春茗 chūnmíng ⇒〔春茶〕

春牛 chūnniú ①=〔泥 ní 牛〕〔土 tǔ 牛①〕旧泥で塗った張り子の牛;〔打 dǎ 春①〕の時に打つ.②→〔逗 dòu 春牛〕

春暖花开 chūnnuǎn huākāi 〈成〉春うららかに花開く:春の時候のよいさま.

春祺 chūnqí ⇒〔春安〕

春祈秋报 chūnqí qiūbào 春には五穀の豊穣を祈り秋には収穫後にそのお礼の祭りをすること.→〔祈报〕

春情 chūnqíng ①春の日ののどかな心地.②=〔春心①〕〔春意②〕恋情.色情.欲情.〔～发动期〕思春期.

春秋 chūnqiū ①春と秋.(1年の)歳月.〔～儿〕〈方〉春秋の気候のいい時.②〈喻〉年齢.〔富于～〕春秋に富む.〔年 dǐng 盛〕〈成〉壮年.血気盛ん.〔～高〕年とっている.③回春秋(しゅう):孔子が筆を加えた魯国の歴史.〔阳 yáng 秋〕ともいう.〔～笔法〕〈喻〉春秋の筆法:表現のあいまいで入り組んでおり,褒貶(焊)の意を含む文章法.④時代名:紀元前722～紀元前481の242年間をいう.⑤古代の史書:〔吴越～〕など.

春秋衫 chūnqiūshān 服(春と秋に着る)合いの上着:〔两 liǎng 用衫〕ともいう.

春日 chūnrì ①春.②春.

春日霉素 chūnrì méisù 化カスガマイシン.

春色 chūnsè ①春の景色.〔～满园 yuán〕〔满园～〕〈成〉春色園に満つ.②よろこびの表情.

春上 chūnshang 〈口〉春.春の間.〔今年～雨大〕今年の春は雨が多かった.

春社 chūnshè 回立春後第5回目の戊の日に土地神を祭り農事の順調を祈る祭り.→〔社日〕

春深 chūnshēn 春酣(炊)

春声 chūnshēng 〈文〉春の川の流れや鳥のさえずる声.

春试 chūnshì =〔春闱〕史春の試験:科挙は春に進士の試験を行った.=〔会 huì 试〕

春树暮云 chūnshù mùyún 遠方にいる友人を思うこと:杜甫の春日憶李白詩に〔渭 wèi 北春天树,江东日暮云,何时一樽 zūn 酒,重与细论文〕とある.〔暮云春树〕ともいう.

春水 chūnshuǐ ①春の水.②〈喻〉女性のきらきらとした目.

春笋 chūnsǔn 春の筍(發)〔冬笋〕に対して).〔～怒发春の筍が盛んに出る.〔雨后～〕〈成〉雨後の筍.

春台戏 chūntáixì 正月の村芝居.

春藤绕树 chūnteng ràoshù 〈喻〉女性が男性を頼りにするさま.

春天 chūntiān 春.

春条(儿) chūntiáo(r) 旧正月に門や入口の戸に貼るめでたい字句を書いた紙切れ:対をなしているものは〔春联(儿)〕

春头 chūntóu 〈方〉初春.

春晚 chūnwǎn 〔春节联欢晚会〕の略:大晦日の恒例のテレビ番組.

春闱 chūnwéi ⇒〔春试〕

春瘟 chūnwēn 中医春の流行病.

春禧 chūnxǐ 新年のよろこび:〔新 xīn 禧〕に同じ.〔恭贺～〕恭贺新禧〕新年おめでとうございます(年賀状に用いる語)

春宵 chūnxiāo 春の夜.〔～一刻值千金〕(蘇軾の詩・春宵〕春の夜の一刻は千金に値する.

春晓 chūnxiǎo 春の明け方.

春(小)麦 chūn(xiǎo)mài =〔春麦〕春まきの小麦.

春心 chūnxīn ①⇒〔春情②〕②春の風物を見て催す感情.

春训 chūnxùn 又スプリングキャンプ.春季合宿·訓練.

春讯 chūnxùn 春の訪れ.春が来る兆し.

春汛 chūnxùn ⇒〔桃 táo 花汛①〕

春药 chūnyào =〔春方〕催淫剂.淫薬.→〔媚 mèi 药〕

春夜 chūnyè 春の夜.〔春宵〕に同じ.

春意 chūnyì ①春の気配.②春ののどかさ.〔～正浓正に春たけなわ.〔～盎 àng 然〕同前.③⇒〔春情②〕

春蚓秋蛇 chūnyǐn qiūshé 〈喻〉曲がりくねった文字.悪筆の形容.

春莺 chūnyīng ⇒〔黄 huáng 鹂〕

春游 chūnyóu ①春のピクニック.→〔踏 tà 青〕②回帝王が春に民情,特に耕作状況を巡視したこと.

春雨 chūnyǔ 春雨.〔～贵如油,春风吹倒牛〕春雨は油の如く貴重だが,春風は牛を吹き倒すほど大害をなす(農諺).=〔催 cuī 花雨〕

春运 chūnyùn 春節前の帰省ラッシュと春節後のUターンラッシュ.

春旨 chūnzhǐ ⇒〔春安〕

春种 chūnzhòng 农春の種まき.〔～秋收〕春にまいて秋に収穫する.

春装 chūnzhuāng =〔春服〕春着.春服.

[堾]
chūn 〈方〉止め石.へり石.

[椿]
chūn ①植チャンチン:ケヤキに似たセンダン科落葉高木(ツバキではない).〔香 xiāng 椿〕は通称.〔～树〕ともいう.→〔臭 chòu 椿〕〔山 shān 条〕②姓〕椿〕

椿根皮 chūngēnpí 中医ニワウルシの根皮に〔樗 chū 白皮〕ともいう.

椿龄 chūnlíng =〔椿寿〕〈文〉ご高齢:他人の長寿を祝して言う言葉.

椿寿 chūnshòu 同上.

椿树 chūnshù 植チャンチン(の木)

椿庭 chūntíng 〈文〉他人の父をいう.またその長寿を祝して言う言葉:荘子に〔上古有大椿者,以八千岁为春,八千岁为秋〕とある.

椿象 chūnxiàng 虫クサガメ(イネカメムシ.カメムシ):〔蝽 chūn〕〔臭 chòu 大姐〕〔放 fàng 屁虫〕ともいう.

椿萱 chūnxuān 〈文〉父母.〔～并茂〕〈喻〉父母ともに健在なこと.

椿芽 chūnyá ⇒〔香 xiāng 椿②〕

〔蠢〕 chūn
国クサガメ(イネカメムシ,カメムシ):〔椿象〕は通称.

〔鰆・鰆〕 chūn
魚貝オキサワラ:〔～鱼 yú〕は通称.〔东方～鰺 shēn〕イケカツオ.→〔鲛 bà〕

〔辁・輇〕 chūn
①固霊柩車. ②固泥土の上を滑って行く橇(そり)に類する一種の交通用具.

〔纯・純〕 chún
①純粋である.混じりけがない.〔～金純金〕.〔这酒很～〕この酒はわっていない(生(き)のままだ).〔这～属 shǔ 捏造〕これは全くでっちあげだ. ②誠実である.偽らない.単純である.純一である.〔～爱〕純愛. ③熟練が極に達している.〔工夫不～〕熟練の度がまだ不十分である.→〔炉 lú 火纯青〕

纯诚 chúnchéng 〈文〉純真誠実である.
纯粹 chúncuì ①純粋である.純粋でない.完全である.〔～的北京话〕純粋の北京語. ②単に.ただ.全く:多く〔是〕を伴って用いられる.〔这次争 zhēng 吵～是他一人的不是〕今回の争いは全く彼一人の誤りだ.
纯度 chúndù 団純度.
纯功 chúngōng 実作業.実質作業.
纯厚 chúnhòu ⇒〔淳厚〕
纯乎 chúnhū 全く.正真正銘の.
纯化 chúnhuà 純化する.浄化する.
纯碱 chúnjiǎn 〔碱①〕
纯洁 chúnjié 純潔である(にする).清らかである(にする).〔造成了党在组织上和思想上不～的现象〕党の組織上思想上における不純な現象を作りだした.〔心地～〕心に汚れがない.〔～性〕純潔(性).純粋(性)
纯金 chúnjīn 純金:俗に〔赤 chì 金〕〔十 shí 足金〕〔足 zú 赤(金)〕などという.
纯净 chúnjìng (成分が)純粋である(にする).清浄である(にする).〔～水〕清浄水.〔～物〕純物質.
纯客县 chúnkèxiàn 客家(ハッカ)の人ばかり居住する県.
纯利 chúnlì 純利.純益.
纯良 chúnliáng 純良である.
纯毛 chúnmáo 純毛(の).〔纯羊毛标志〕ウールマーク
纯美 chúnměi 清純である.
纯绵 chúnmián 純綿(の)
纯女户 chúnnǚhù ①女世帯. ②子供が女だけの世帯.
纯品 chúnpǐn 純粋な品質.
纯平彩电 chúnpíng cǎidiàn フルフラットカラーテレビ.
纯朴 chúnpǔ ⇒〔淳朴〕
纯青 chúnqīng →〔炉 lú 火纯青〕
纯情 chúnqíng ①純情. ②愛情や感情が純粋で一途である.
纯然 chúnrán ①純である.混じりっ気がない. ②単に.全く.
纯收入 chúnshōurù 匡純収入:〔纯所得〕ともいう.
纯熟 chúnshú 非常に熟練している.〔技术～〕技術に精通する.〔四书五经无不～〕四書五経すべて精通している.
纯属 chúnshǔ まったく…である.
纯水 chúnshuǐ ①純水. ②〈方〉上水道の水.
纯损 chúnsǔn 完全な損失部分.
纯所得 chúnsuǒdé ⇒〔纯收入〕
纯铁体 chúntiětǐ ⇒〔铁素体〕
纯托 chúntuō ⇒〔半 bàn 托②〕
纯小数 chúnxiǎoshù 匡純小数.

纯阳 chúnyáng ①〈文〉純粋な陽気.剛健でやむところのない陽気. ②旧暦 4 月己巳(つちのとみ)の日をいう. ③人唐の呂洞賓の号.→〔呂 lǚ 祖〕
纯一 chúnyī 単一である:異質のものを含んでいないこと.〔～不二〕久純粋で混じりけがない.
纯益 chúnyì 利利益.
纯阴 chúnyīn 旧暦十月己亥(つちのとい)の日をいう.
纯音 chúnyīn 物純音.単純音:他種の音を含まない純粋単一の音.
纯贞 chúnzhēn 一途に忠節である.
纯真 chúnzhēn 純真(である).無邪気(である).〔～无邪 xié〕純真で邪気がない.
纯正 chúnzhèng ①生粋である.〔他能说一口～的北京话〕彼は生粋の北京語が話せる. ②純粋で正しい.〔他的动机是～的.彼の動機は純粋で正しい.
纯稚 chúnzhì (子供,特に女の子が)純心無垢である.
纯种 chúnzhǒng 純血種の(家畜).〔～牛〕純血種の牛.

〔莼・蒓(蓴)〕 chún 〔～菜 cài〕植
ジュンサイ:スイレン科の多年生草本,池沼に生え,茎と葉には粘液があり,若葉は食用される.〔露 lù 葵〕〔水 shuǐ 葵〕ともいう.

〔唇(脣)〕 chún
①生理唇:〔嘴 zuǐ～〕(ル)は通称.〔上嘴～〕上唇.〔点～〕口紅をつける. ②(一部分身体器官で)へりの部分.〔耳～〕耳垂 chuí)耳たぶ.

唇瓣 chúnbàn 魚貝唇弁(ぺん):はまぐり類の口辺の弁状のもの.
唇笔 chúnbǐ リップライナー.
唇彩 chúncǎi リップグロス.
唇齿 chúnchǐ ①唇と歯. ②〈喩〉密接な関係にあること.〔～相依〕〈成〉同前のさま.〔～之邦 bāng〕〈喩〉離れることのできない密接な関係にある国.
唇齿音 chúnchǐyīn ⇒〔齿唇音〕
唇读 chúndú 読唇(術)
唇膏 chúngāo ①口紅.〔口 kǒu 红〕という.→〔胭 yān 脂〕 ②〔唇脂〕リップクリーム.
唇红齿白 chúnhóng chǐbái 〈喩〉美しい子供や若者.〔红嘴白牙〕
唇鳟 chúnhuá ⇒〔鲮 líng 鳟〕
唇焦舌敝 chúnjiāo shébì 〈喩〉～口を酸っぱくして言うさま:〔舌敝唇焦〕ともいう.
唇裂 chúnliè =〔裂 唇〕医 口唇裂.〔豆 dòu 瓣儿嘴〕〔花 huā 嘴子〕〔兔 tù 豁 huò 鼻子〕〔豁(唇)子〕〔豁嘴(儿)〕〈方〉〔偏 piān 缝〕〔缺 quē 唇〕〈方〉缺嘴②〕〔三 sān 瓣儿嘴〕〔兔 tù 缺〕(三つ口.兎唇)は別称.
唇枪舌剑 chúnqiāng shéjiàn 〈喩〉弁説の鋭いこと.〔舌剑唇枪〕ともいう.〔展开了～的交锋 fēng〕鋭い舌戦をくりひろげた.
唇舌 chúnshé ①唇と舌. ②〈喩〉口数.言葉.〔费～〕言葉を費やす.説得に骨を折る.〔白费～〕説得が失敗に終わる.
唇亡齿寒 chúnwáng chǐhán 〈成〉唇が滅びれば歯が寒い.〈喩〉一方が倒れるとその結果,残る一方も倒れざるを得ないできない密接な関係をいう.
唇纹 chúnwén 唇の皺(しわ)
唇吻 chúnwěn ①〈文〉唇. ②〈喩〉弁舌の才.
唇线 chúnxiàn 唇の輪郭.
唇形花冠 chúnxínghuā 植唇形花冠:花冠が上下の二片から成っており,人の口を開いたような形の花.例えば,〔紫 zǐ 苏〕(シソ),〔芝 zhī 麻〕(ゴマ)類.
唇音 chúnyīn 言唇(おん)音:双唇音と歯唇音をいう.

chún～chuō

[普通话]のb,p,m,fの音.→[七 qī 音①][五 wǔ 音]
唇印 chúnyìn 唇の跡(しるし)
唇脂 chúnzhī ⇒[唇膏]

[漘] chún 〈文〉水辺.

[淳(湻)] chún ①〈文〉飾りけがない.純朴(ぼく)である.[风俗～美]風俗が純朴である.②[姓]淳(じゅん).
淳风 chúnfēng 〈文〉純朴な風俗.[～美俗]〈成〉純朴で美しい風俗.
淳古 chúngǔ 〈文〉古風で純朴である.
淳和 chúnhé 純朴でおとなしい.
淳厚 chúnhòu =[く文〉淳庞]〈文〉純朴で人情に厚い:[纯厚][醇厚②]とも書く.
淳漓 chúnlí 〈文〉濃い酒と薄い酒.〈転〉厚薄.[风俗之～]風俗の善し悪し.
淳良 chúnliáng 〈文〉純粋で善良である.
淳鲁 chúnlǔ 純朴である.
淳美 chúnměi 純粋で美しい.
淳庞 chúnpáng ⇒[淳厚]
淳朴 chúnpǔ =[纯朴]真心があって飾りけがない.純朴である.
淳于 chúnyú [姓]淳于(じゅんう)である.
淳正 chúnzhèng 誠実で温厚である.

[錞・錞] chún [～于 yú]青銅製の古楽器名.鼓に和し槌でたたく.→duì

[鹑・鶉] chún ①[鳥][鹌 ān 鹑](ウズラ)の略称.[斑 bān 翅山～]ヤマウズラ:性質が荒々しく闘鶏のように闘わせる.→[鹑 yàn]②〈文〉破れた服.
鹑居 chúnjū 〈喩〉ウズラのように居所の定まらないこと.
鹑衣 chúnyī 〈文〉つぎはぎでぼろぼろの着物.[～百结]〈成〉裾の裂けたところをたくさん結んだみすぼらしい着物.

[醇(醕)] chún ①〈文〉濃い酒.こくのある酒.②〈文〉純粋である.混じりけがない.淳朴である.純朴である.[～朴 pǔ]同前.③重厚である.純朴である.④[化]アルコール類(総称)[阿 ā 尔科尔](アルコール)は旧音訳.[稀 xī ～]稀アルコール.[～溶 róng 液]アルコール溶液.[甲 jiǎ ～][木]精]メタノール.[乙 yǐ 二～]グリコール(エチレングリコール).[乙烯 xī ～]ビニールアルコール.[丙 bǐng ～]プロピルアルコール.[丙烯～]アリルアルコール.[丙三～][甘 gān 油]グリセリン(リスリン.グリセロール).[丁 dīng ～]酪 lào ～]ブチルアルコール.[戊 wù ～][甘 bèn 甲～][异 biàn ～]ベンジルアルコール.[鲸 jīng 蜡～]セチルアルコール.[杂 zá ～油]フーゼル油.[乙～][化]エチルアルコール.酒精.
醇备 chúnbèi 〈文〉混じりけがなく完全なこと.[德行～,靡有愆 qiān 失]徳行が完全で,過失がない.
醇粹 chúncuì 〈文〉純粋である.
醇和 chúnhé こくがありまろやかである.[酒性～]酒が同前.
醇厚 chúnhòu ①(においや味が)純粋で濃い.②飾りけがなく人情が厚い:[淳厚]とも書く.
醇化 chúnhuà ①純化する.②[化]アルコール化する.
醇解 chúnjiě [化]アルコール分解:化合物がアルコールと反応し起こる化学分解.
醇谨 chúnjǐn 〈文〉温厚で慎み深い.[～老成]同前で老成している.
醇精 chúnjīng ⇒[醚 mí]

醇酒 chúnjiǔ =[〈文〉醇醲]混じりけのない酒.酒の生(き)一本.
醇醪 chúnláo 同上.
醇醨 chúnlí 〈文〉濃い酒と水で割った薄い酒.〈転〉純朴な風俗と軽薄な風俗.
醇美 chúnměi 〈文〉純粋でうるわしい.[酒味～]酒にこくがある.
醇浓 chúnnóng ①〈文〉濃い酒.②〈喩〉風俗が純朴なこと.
醇酸 chúnsuān [化]アルコール酸.[～树脂]アルキド樹脂:おもに接着剤・塗料用.
醇甜 chúntián 味がいい.うまい.
醇香 chúnxiāng ①(味・香りが)芳醇である.②芳醇な味.
醇酽 chúnyàn (茶・酒が)濃くてうまい.
醇正 chúnzhèng 純正で品質においしい.

[蠢(惷)] chǔn (Ⅰ)[蠢(惷)]①愚かである.間がぬけている.[这个人真太～了]こいつはほんとにばかだ.[不～不偿 qiào]ばかでもなく,賢くもない.②(体が)太ってぶかっこうである.不細工の.[他的鼻子长 zhǎng 得很～]あいつの鼻はばかでもあぶかっこうだ.(Ⅱ)[蠢]虫がはう.うごめく.
蠢笨 chǔnbèn ①愚鈍である.間が抜けている.[～愚 yú 拙]愚かで間が抜けている.②ぶかっこうである.不器用である.[他身体肥胖,动作～]彼は体が太っていて,動作がのろい.
蠢材 chǔncái [蠢才]とも書く.[罵]愚か者.ばか者.[蠢货]ともいう.
蠢蠢 chǔnchǔn ①[虫の動くさま].[～欲动]〈成〉(悪事を働こうとして)蠢動(しゅんどう)する.→[跃 yuè 跃欲试]②〈文〉国が乱れたさま.
蠢动 chǔndòng ①(虫が)うごめく.蠢動する.②〈喩〉悪人が行動を始める.
蠢话 chǔnhuà ばか話.非常識な話.
蠢货 chǔnhuò ⇒[蠢材]
蠢驴 chǔnlǘ [罵]うすのろ.低能.あほ.
蠢人 chǔnrén 愚か者.
蠢事 chǔnshì ばかなこと.愚かな事.
蠢态 chǔntài 間抜けなさま.
蠢头蠢脑 chǔntóu chǔnnǎo ばかげて間の抜けたさま.
蠢物 chǔnwù [白][罵]ばか者.愚か者.
蠢猪 chǔnzhū [罵]ばか者.間抜け.

chuo イメこ

[逴] chuō 〈文〉①遠い.②越える.③高い.④遠出.

[踔] chuō 〈文〉①跳ぶ.とび越える.②〈転〉勝(まさ)る.優れる.
踔绝 chuōjué 〈文〉卓絶している.ずばぬけて優れている.[～独立]独り高く優れている.
踔厉 chuōlì 〈文〉勢いが盛んである.あたるべからざるさま.[～风发]〈成〉談論風発.

[戳] chuō ①(細長い棒状の物で)突く.突き刺す.突き破る:突きあてたために穴が破られるか,または何かの影響を受けること.[用针～伤了指头]針で指を突き刺した.[把那只狼～死了]あの狼を突き殺した.[戳破了窗户纸]指で障子紙を突き破った.[向他脑门子上～了一指头]彼のひたいを指でこづいた.[一～就穿]ちょっと突くとすぐ穴があく.[一~]一撃を加えた.②[口]一端棒状の物が突き当たっていて)傷つく.くじく.[被人用竹竿～瞎 xiā 了]目を突かれて見えなくなった.[钢笔

chuō～cī

尖儿一坏了〕ペン先があたって傷んだ.〔打球〕～了手〕球技で突き指をした. ③〈口〉立てる(地面に直角に). 〔～得住〕ⓐ立てておける. ⓑ頼もしい.〔把一口袋面粉～在地上〕小麦粉を入れた袋を地面に立てる. 〔～着腿坐起来〕(梁·紅27)ひざを立てて座る. 立てひざをする.〔一瓶二锅头往上一～, 一边喝一边侃 kǎn〕地酒を一本でんと机に置き, ちびちびやりながらしゃべっている. ④〔-儿,-子〕〈口〉スタンプ. 印. 認め印. 判子.〔木～〕木印.〔橡 xiàng 皮～〕ゴム印.〔盖～〕判子を押す. →[图 tú 章]

戳穿 chuōchuān ①突き通す. ②すっぱぬく. 暴く.〔～假 jiǎ 面具〕仮面をはぐ. 正体を暴く.〔～阴谋〕陰謀を暴く.〔～骗局〕ぺてんを暴く.

戳点 chuōdiǎn (指または先の尖ったもので)指す. 指し示す.

戳活儿 chuōhuór〔大 dà 鼓(书)〕の歌い手に対し, 好みの歌を注文して歌わせること.

戳胳梁骨 chuō jīlianggǔ〈喩〉陰で悪口を言う.〔让人～〕人に陰口をきかれる.

戳记 chuōjì (機関·団体などの)印章. スタンプ.〔骑 qí 缝～〕騎縫印〕割り印.

戳破 chuōpò 突き破る. 暴露する. 暴く.〔～了谎言〕うそを暴いた.

戳儿 chuōr 一字解④

戳纱 chuōshā 纱に刺繡(しゅう)する.

戳伤 chuōshāng ①突き刺して傷つける(つく). ②同前の傷.

戳子 chuōzi 一字解④

[辵] chuò ①〈文〉止まってはまた行く. ②圄〔走 zǒu 之儿〕(漢字部首のしんにゅう "辶")の原形.

[娖] chuò〈文〉①慎む. おとなしい.〔～～廉直 lián zhí〕慎み深くて真面目である. ②甲〔隊伍を〕整える.

[龊·齪] chuò → [龌 wò 龊]

[惙] chuò〈文〉①憂える.〔～～〕同前のさま. ②疲れている. ③息が切れる

[啜] chuò〈文〉①する. 飲む.〔～粥〕粥をすする.〔～茗 míng〕茶を飲む. ②すすり泣くさま. → chuài

啜哄 chuòhǒng〈白〉甘言で人をいざなう.〔尽 jǐn 着老虔 qián 婆百～, 我再不肯接客求食〕(元·馬致遠·青衫涙)やりて婆さんにどれほどうまいことを言われても, わたしはもう客をとってご飯を食べようとは思わない.

啜泣 chuòqì =〔抽 chōu 泣〕すすり泣く. → [抽噎]

啜菽饮水 chuòshú yǐnshuǐ 豆の粥をすすり水を飲む.〈喩〉貧しい生活をすること.

啜赚 chuòzuàn〈白〉だまし騙(なま)る.

[辍·輟] chuò〔～止〕停止する.〔中～〕中止する.

辍笔 chuòbǐ 文章や絵画の制作を中途でやめる.

辍耕陇上 chuògēng lǒngshàng〈成〉秦末の陳勝が作男に雇われていた時に, 耕作の手を休めてあぜのところで慨嘆して, 仲間の者は富貴の身分になっても互いに忘れないようにしようと言った.(史記·陳渉世家)〈喩〉微賤に甘んぜず, 大いに将来の出世を図ること.

辍学 chuòxué 中途で学業をやめる.〔因病～〕病気で中途退学する.

辍演 chuòyǎn 休演する.

辍业 chuòyè〈文〉仕事をやめる.

[歠] chuò〈文〉①すする. ②飲む物.〔粥など〕

[婥] chuò〔～约 yuē〕〔绰约〕〈文〉なよなよとして美しいさま.

[绰·綽] chuò ①ゆるやかである. ゆったりしている. 豊かである. 広い.〔手头宽～〕手もとがゆったりしている. 裕福である. ②〔～～〕柔らかで優美である. しなやかである.〔～丽 lì〕同前で美しい. → chāo

绰绰有余 chuòchuò yǒuyú〔绰绰有裕〕〔绰有余裕〕という.〈成〉ゆったりと余裕がある. 余裕綽綽(しゃく).

绰灯 chuòdēng (台やテーブルの上へ置く)足のついた灯籠.

绰号 chuòhào =〔绰名〕〔混 hùn 号〕〔混名〕〔外 wài 号(儿)〕あだ名. ニックネーム.〔诨 hùn 名〕に同じ. → [别 bié 号(儿)]

绰名 chuòmíng 同上.

绰楔 chuòxiē 囝善行を表彰するため門の両側に立てた木.

绰约 chuòyuē〈文〉①美女の姿態のなよやかで美しいこと.〔婥约〕ともいう.〔～多姿〕〈成〉同前. ②〈喩〉美女.

[婼] chuò ①〈文〉従わない. 逆らう. ②〈姓〉婼(じゃ). → ruò

ci ち

[刺] cī〈擬〉①ツルリ.〔～的一声, 滑了一个跟头〕ツルッと滑ってころんだ. ②チカチカする.〔花炮点着了, ～～地直冒火星〕花火に火がついて, パチパチと火花が出た. → cì

刺啦 cīlā〈擬〉①ビリッ:物が裂ける音.〔把布撕 sī 得～～地响〕布をツツーと引き裂いた.〔シュッ. ヒュッ:すばやくこする音. ③耳ざわりな音.〔他说话太～～了, 叫人听着不痛快〕彼は話をするときキンキンした声で耳障りだ.

刺棱 cīléng〈擬〉さっと:動きのすばやいこと.〔猫一下跑了〕猫がするりと逃げた.

刺溜 cīliū〈擬〉ツルッ. ヒュウヒュウ. ビューン:物が速く通りすぎる音.〔不留神, ～～一下子滑倒了〕うっとしていて, ツルリと滑ってころんだ.〔子弹 dàn ～～地从耳边擦过去〕弾丸がビューンと耳もとをかすって行った.

[差] cī〈文〉①高低が等しくない. でこぼこしている.〔参 cēn～不齐〕〈成〉ふぞろいである. でこぼこしている. ②等級. → [差 chà 差 chāi 差 chāi]

差池 cīchí〈文〉ふぞろいである.〔～其羽 yǔ〕(詩経·邶風·燕)燕が羽をたがえて上に下に飛びかう. → chāchí

[呲] cī〔-儿〕〈口〉ひどく叱る.〔挨 ái～〕叱られる.〔把孩子～了两句, 给～哭了〕子供を叱りつけて泣かせた. →〔龇 zī〕

呲嗒 cīde =〔呲得〕〔呲的〕とも書く.〈方〉叱る.〔小徒弟被老师傅～了一顿〕小僧が親方に叱られた.

[疵] cī ①きず. きず跡.〔吹毛求～〕毛を吹いて疵(きず)を求める.〈喩〉人の隠れたあらを探し出してあげつらう. ②過ち. 欠点.〔完美无～〕完全で欠点がない.

疵病 cībìng〈喩〉過失. 過ち. 欠点.

疵点 cīdiǎn 欠点. →[毛 máo 病]

疵厉 cīlì〈文〉病気. 災害.〔疵疠〕とも書く.

疵毛 cīmáo〈口〉①まずい. 良くない. ②付き合いにくい.

疵品 cīpǐn 傷もの.欠陥品.
疵瑕 cīxiá ⇒〔瑕疵〕

〔粢〕 cī → zī
粢飯 cīfàn〔方〕〔食〕もち米とうるち米を混ぜて蒸した飯.〔油 yóu 条〕などを中に入れ握りめしにする.

〔跐〕 cī 〔足を〕踏みはずす.滑ってころぶ.〔脚一~落掉到水里去了〕足を滑らして水に落ちた.〔~溜 liū〕(ツルッと)滑る. → cǐ

〔骴〕(胔) cī〔文〕肉が落ちきっていない骸骨.

〔词・詞(薈)〕 cí ①〔-儿〕言葉.語句.〔振 zhèn 振有~〕〈成〉言葉使いが生き生きしている.〔演讲~〕演説の言葉.〔歌〕歌詞.〔各执 zhí 一~〕おのおのその主張を固執する.〔一面之~〕一方だけの言い分. ②〔-儿〕團単語.語.古くは虚詞をいった.〔语 yǔ ~〕語:〔词〕と〔词组〕あるいは〔固定语〕を含む.〔单音~〕一個の漢字で書き表される一音節の語:〔人 rén〕〔饭 fàn〕など. ③〔句 jù〕①〔字 zì〕① ③韻文の一種:五言詩・七言詩・民間歌謡などから発展したもの.唐代に起こり,宋代に盛行した.〔诗 shī 余〕〔长 cháng 短句②〕などともいう.〔宋~〕宋代の詞:〔汉 hàn 文〕(漢代の文章)〔唐 táng 诗〕(唐代の詩),〔元 yuán 曲〕(元代の戯曲)などと並び称される.〔填 tián ~〕作詞をする. ④圖戯曲・歌謡中の言葉の部分.せりふ.
词不达意 cí bù dáyì〈成〉言葉の意味がよく通らない.〔我本来就拙 zhuō 嘴笨腮,有什么~的地方请诸位原谅〕私もともと大変な口下手でございますし,もし意味の通じないようなことがございましたら,なにとぞお許しくださいますよう.
词采 cícǎi =〔词彩①〕〈文〉言葉のあや.詩文.
词彩 cícǎi ①同上. ②語のニュアンス.
词场 cíchǎng 〔旧〕講談などの寄席.
词典 cídiǎn 辞書.〔辞典〕に同じ.本来,単語を集めた辞書をいい,〔辞典〕は語句・成語なども採り入れた辞書をいう.→〔辞书〕
词调 cídiào〈文〉詞の格調.→〔填 tián 词〕
词法 cífǎ 圖①品詞論.形態論. ②造語論.造語法.→〔句 jù 法〕〔语 yǔ 法〕
词锋 cífēng〈文〉文章・議論の鋒先(きっさき).
词赋 cífù ⇒〔辞赋〕
词根 cígēn 圖語根.語幹.〔~语 yǔ〕孤立語:〔孤 gū 立语〕の別称.→〔词缀〕
词话 cíhuà ①宋代平話(語り物)の一種:編中に〔词〕があり〔话〕があることからいう.本題の話に入る前に〔入话③〕また〔开场〕〔头回〕という短い故事を述べるまくらの部分があり,その後に,〔正話〕と〔話話的〕と冠して本題に入る.明代には章回小説中に詞曲のあるものもいった.→〔评 píng 话〕〔诗 shī 话〕〔章 zhāng 回小说〕 ②詞および詞人などを評論するもの:宋の沈辰垣の『歴代詞話』,清末民国の王国維の『人間詞話』など.
词汇 cíhuì 圖語彙(い).〔~丰 fēng 富〕語彙が豊富である.〔基本~〕基本語彙.〔~学〕語彙論.→〔语 yǔ 汇〕
词句 cíjù 単語と文.字句.
词客 cíkè ⇒〔词人〕
词库 cíkù 言語データベース.
词类 cílèi 圖〔词品〕〔品 pǐn 词〕は旧用語.現代漢語では〔名词〕〔动词〕〔形容词〕〔数词〕〔量词〕〔代词〕及び〔副词〕〔介词〕〔连词〕〔助词〕〔叹词〕〔象声词〕などに分ける.
词林 cílín ① =〔辞林〕〈文〉文人また詩文の集まるところ.詩歌文章を集めたもの.〔渔 yú 猎 ~〕詩文

の粋をあさり集める. ②圖翰林院の別称:明の光武の時,翰林院を建て額に"詞林"と書いた.
词令 cílìng ⇒〔辞令〕
词律 cílǜ〈文〉文・詩の格律.
词目 címù 〔辞書〕の見出し.項目.→〔词条〕
词牌 cípái 詞調または曲調中の各種の名称:"牌"は譜の意.〔满 mǎn 江红①〕〔西江月〕〔蝶 dié 恋花〕などよくある.〔西江月〕は〔西江月〕の形式を用いてうたわれた曲の名であるが,後この形式を用いて〔填 tián 词〕されたものをすべて〔西江月〕と言うようになった.なお題名をつける場合は注記する.
词频 cípín 語の使用頻度.
词品 cípǐn ⇒〔品词〕
词谱 cípǔ ①〔詞〕の平仄(ひょうそく)を符号に表した書物. ②『欽定(きんてい)詞譜』の略.曲調は多数で826調,2306体が収められている.
词穷理屈 cíqióng lǐqū〈成〉言葉に窮し,道理に詰まる:〔理屈词绝〕〔辞穷理屈〕ともいう.
词曲 cíqǔ ①詞と曲:宋代と元代に流行した韻文. ②歌曲の詞と曲.
词儿 cír ①圖単語.語. ②口実.文句.〔你要是这么一办,他可就有~了〕君がもしこうすれば,彼には口実ができるわけだ.〔他心说这下儿可有~了〕彼は今度はきっと言い訳が立つと内心思った.〔他明明做错了,可是你一责备他,他的~就多了〕彼の失敗は明らかだが,君がちょっとでも責めたてたなら,彼はうまいこと言い訳するだろう.
词人 círén ①=〔词客〕〔辞人〕詩賦文章の上手い人. ②詞を作るのが巧みな人.
词讼 císòng =〔辞讼〕訴訟.訴えごと.→〔诉 sù 讼〕
词素 císù =〔语 yǔ 素〕圖語素.形態素.
词坛 cítán 作詩(家)の世界.→〔诗 shī 坛〕
词条 cítiáo〔辞書〕の見出しとその解説部分.→〔词目〕
词头 cítóu =接頭字:〔前 qián 缀〕ともいう.〔阿妈〕の〔阿〕,〔第一个〕の〔第〕など.
词尾 cíwěi 圖語尾.接尾字:〔后 hòu 缀〕ともいう:〔政治家〕の〔家〕,〔桌子〕の〔子〕など.
词形 cíxíng 語形.
词性 cíxìng 圖文法上,単語の持つ性質:それによって品詞分類される.
词序 cíxù =〔语 yǔ 序〕圖語序:語の文構成における位置.
词眼 cíyǎn ⇒〔诗 shī 眼〕
词义 cíyì =〔语 yǔ 义〕圖語の意味.語義:語彙的意味と文法的意味にわける.
词意 cíyì =〔辞意〕言葉の意味.
词余 cíyú ⇒〔曲 qǔ ①〕
词语 cíyǔ ①字句.語句.〔课文中的生僻 pì ~都作了简单的注释〕テキストの中の難解字句はみな簡単な注釈をしておいた. ②圖単語と熟語.
词源 cíyuán =〔辞源〕圖語源.
词韵 cíyùn 填詞(てんし)に用いる韻律,また韻書.
词藻 cízǎo〔辞藻〕とも書いた.〈文〉①文章のあや.詩文の美しい語句. ②詩歌・文章を作る才能.
词章 cízhāng ⇒〔辞章〕
词致 cízhì =〔辞致〕〈文〉措辞の妙趣.言文の趣.
词重音 cízhòngyīn 圖強勢.ストレス.
词状 cízhuàng 告訴状.
词缀 cízhuì 圖接辞.→〔词头〕〔词尾〕
词宗 cízōng =〔辞宗〕〈文〉詩歌や文章の大家.
词组 cízǔ 圖連語.フレーズ.句:語と語との結合.ほぼ同じ内容を示すものとして〔仂 lè 语〕〔短 duǎn 语〕〔语 yǔ (词)①〕ともいう.〔固定~〕〔自由~〕に分かれる.→〔单 dān 词〕

[柯]
cí 〈姓〉柯(た).

[祠]
cí ①祠堂.みたまや.ほこら:祖先や聖賢の霊を祭った場所.〔宗~〕家廟.〔先賢~〕先賢を祭ったみたまや.〔忠烈~〕忠烈な臣を祭ったほこら.〔土地~〕土地の神を祭ったほこら. ②〈文〉春の祭り.〈文〉祭りの総称.〈文〉祭りを祭る.〔上行 xíng 幸河東~后土〕(漢武帝·秋風辞)皇帝は河東のあたりで行幸され土地の神をお祭りになった.

祠庙 címiào ⇒〔祠宇〕
祠坛 cítán 祭壇.祭りの庭.霊壇.
祠堂 cítáng =〔公 gōng 堂〕①祖廟:一族の先祖を祭るみたまや. ②田(先哲·名臣·先覚などを祭る)やしろ.ほこら.
祠宇 cíyǔ =〔祠庙〕やしろ.ほこら.みたまや.

[茨]
cí ①〔茨〕(さ).屋根をふく草.〔~〕〈文〉茅で屋根をふく.またふいた屋根. ④回いばら:刺(§)のある小低木の総称. ④回ハマビシ:〔蒺 jí 藜〕(ジ)の別称.実を干して強壮薬に用いる. ⑤〈文〉積る.集める.土を積み上げる.

茨冈人 cígāngrén ⇒〔吉 jí卜赛人〕
茨菇 cí-gū =〔慈姑〕
茨菇叶 cígūyè 回武将を演ずる男役がかぶりものの中央につける金属製のクワイの葉状のもの:その勇壮さを表す.
茨棘 cíjí ①いばら.うばら. ②〈喩〉困難.紛擾(じょう)
茨藜 cíliáng ⇒〔薯 shǔ莨〕
茨藻 cízǎo 回イバラモ:〔鱼 yú 囊草〕ともいう.

[瓷(甆)]
cí ①カオリナイトなどを用いて焼いた素材:質が硬く,きめが細かい.②磁器.〔景德镇~〕景德鎮磁器.〔搪 táng ~〕琺瑯(ほうろう)びき.〔陶 táo~〕陶磁器.瀬戸物.焼き物.

瓷雕 cídiāo =〔瓷刻〕磁器製の彫刻物(工芸美術品)
瓷都 cídū 磁器の都:江西省景徳鎮を指す.
瓷墩子 cídūnzi 磁器製の太鼓の形をした腰掛け:〔绣 xiù 墩〕ともいう.
瓷饭碗 cífànwǎn 薄焼きの飯茶碗.〈喩〉不安定な仕事.~〔铁 tiě 饭碗〕
瓷缸 cígāng ①磁器製のかめ. ②琺瑯(ほうろう)びきのコップ.
瓷公鸡 cígōngjī 瀬戸物のおんどり.〈喩〉大変なけちんぼ:〔磁公鸡〕とも書く.〔铁 tiě 公鸡〕ともいう.〔他是~〕,向来一毛不拔〕彼は大変なけちんぼで,つい1銭の金も出したことがない.
瓷画 cíhuà 焼きものの絵.
瓷刻 cíkè ⇒〔瓷雕〕
瓷绿色 cílǜsè 色エメラルドグリーン(の)
瓷螺 cíluó 鱼貝セトモノガイ.
瓷瓶 cípíng ①磁器の徳利(とっくり)·花瓶など.②⇒〔绝 jué 缘子〕
瓷漆 cíqī =〔亮 liàng 漆〕エナメルペイント.〔磁漆〕とも書く.〔胶 jiāo 玉~〕合成エナメルペイント.〔快 kuài 干~〕速乾性エナメルペイント.→〔玻 bō 璃泥〕珐 fà 琅〕
瓷器 cíqì 磁器:陶土で作った焼き物を〔陶 táo 器〕,不純な磁器を原料とするものを〔土 tǔ 瓦 wǎ 器〕という.〔磁器〕とも書いた.〔~店〕磁器店.
瓷实 císhi 〔磁实〕〈口〉①(目が密で)固い.充実して固い.〔用碎纸填~了,别見 huàng 荡坏了纸屑をぎっしり固く〔つめて,割れないようにしなさい.〔一身~的肉〕筋肉質の体.〔打夯 hāng 机把地夯得挺~〕ランマーが地面を固く打ち固めた.
瓷塑 císù 陶製の置物.
瓷胎 cítāi なま:磁器の成型しただけで焼いてないもの.ふつう瓷泥で作るが,水でかき混ぜてまだ下に沈まない細粉をすくってへば〔坏〕を作るのを〔浆 jiāng 胎〕といい,品質最上の精緻な磁器を作る.→〔坯 pī 子〕
瓷土 cítǔ =〔口〕白 bái 土〕〔陶 táo 土〕陶土.カオリン.チャイナクレイ:粘土(ねんど)の純粋なもの.〈方〉坩 gān 子土〕ともいう.→〔高 gāo 岭土〕〔硅 guī 酸铝〕
瓷窑 cíyáo 磁器を焼く窯.
瓷釉 cíyòu 上薬.釉薬(うすぐすり)
瓷枕 cízhěn 磁器製の枕.磁器枕.
瓷珠儿 cízhūr ⇒〔绝 jué 缘子〕
瓷砖 cízhuān 磁器製タイル.〔铺 pū~〕タイルを貼る.→〔花 huā 砖〕

[赍·齎]
cí 〈文〉雑草を積みあげる.

[兹(茲)]
cí ⇒〔龟 qiū 兹〕 → zī

[慈]
cí ①〈文〉愛.慈しみ.恵み.哀れみ. ②〈文〉(親が子を,上が下を)慈しむ.愛護する.同情心がある.〔仁~〕慈しみが深い.〔心~面软〕心温かい顔つき穏やかなさま.〔~不掌兵〕(~不掌 jiàng 兵)〈成〉慈悲深い者は兵を率いることができない.③やさしく穏やかな様子. ④〈文〉母.〔家~〕私の母.〔令~〕御母堂様. ⑤〔严 yán ⑤〕 ⑥〈姓〉慈(じ)

慈蔼 cí'ǎi やさしく穏やかである.
慈爱 cí'ài 慈しみ愛する.〔母亲向来是~的〕母親というものはもともと慈愛深いものである.
慈悲 cíbēi ①田(仏教で)仏の衆生を哀れむ心. ②哀れむ.慈しむ.〔请您~~吧〕どうぞお哀れみください.
慈父 cífù 〈文〉慈愛深い父.
慈躬 cígōng 〈文〉(子が父母に対して用いる)お体.〔~深泰 ②膳〕お体お健やかに.
慈姑 cígū 回嫁が姑(しゅうと)をいう称呼.
慈菇 cí-gū 菌クワイまたその根茎:〔慈菇〕〔慈孤〕〔茨菇〕ともいう.
慈航大士 cíháng dàshì ⇒〔白 bái 衣大士〕
慈和 cíhé 情け深く親しみやすい.
慈训 cíxùn 〈文〉〔慈训〕
慈惠 cíhuì 〈文〉仁惠(をたれる).恵み(む)
慈鉴 cíjiàn ⇒〔慈照〕
慈览 cílǎn ⇒〔慈照〕
慈眉善目 címéi shànmù 〈成〉慈悲深い顔つき.
慈命 címìng 〈文〉母の言いつけ.母の命令.
慈母 címǔ ①〈文〉慈母.母.〔~手中线〕.→〔严 yán 父〕父母. ②田父の妾で自分を育ててくれた者への呼びかけ語.
慈软 círuǎn 人がよくって気が優しい:〔心 xīn 慈面软〕の略.〔人们因为她平日为人~而忽略了她刚毅的性格〕人々は彼女が平常は人がよくって気のやさしい女性であったために,彼女の剛毅な性格をなおざりに見過ごしていたのだった.
慈善 císhàn 慈悲深い.同情心に富んでいる.〔~事业〕〈文〉慈善事業を行う人.
慈氏 císhì 回(仏教の)弥勒(みろく)菩薩.
慈侍下 císhìxià 〈文〉①田履歴書に三代の血統を書き入れる時,母が在世なら〔~〕と書いた. ②父母とも死に継母のある場合,死亡通知に自己の名を出す時,〔孤哀子~某某〕のように書く.
慈孙 císūn 〈文〉孝子.孝行な孫.
慈乌 cíwū ⇒〔孝 xiào 鸟〕
慈祥 cíxiáng 情け深い.慈悲深くて優しい:老人の態度.
慈孝 cíxiào 親を慈しみ孝を尽くす.
慈孝竹 cíxiàozhú ⇒〔慈竹〕

慈心 cíxīn 〔文〕情け深い心.慈悲の心.

慈訓 cíxùn =〔慈诲〕〈文〉①父母の教訓. ②情のこもった教訓.ご教訓.ご教誨(か).

慈鸦 cíyā 〔孝 xiào 鸟〕

慈颜 cíyán 慈悲深い顔つき;尊長者,とくに父母の面影をいう.

慈幼 cíyòu 〈文〉幼い者を慈しむ.

慈谕 cíyù 〈文〉父子が父母の教訓・命令を指していう.

慈谕 母からの手紙.

慈照 cízhào =〔慈鉴〕〔慈览〕〔赐〕ご覧を請う;父・母・祖父母などの嫡系尊者に対して用いる.

慈竹 cízhú =〔慈孝竹〕〔孝 xiào 竹〕〔义 yì 竹〕〔子 zǐ 母竹〕①[植]竹の一種.広東・広西・浙江一帯に産し高さ7,8メートル.叢生(ぱ)して一群が巻き日本にも及ぶ.四方に広がらず中心の主竿を護(i)り子孫が周りを護るような趣があり,母子相助けているようにも見えるところからこの名がある.竹細工に適する. ②〈喩〉母の愛.

〔磁〕 cí ①磁石. ②古く〔瓷〕に通用した.

磁棒 cíbàng 〔电〕棒磁石.バーマグネット.

磁暴 cíbào =〔磁狂〕〔磁岚〕[天]磁気あらし.

磁场 cíchǎng =〔磁境〕:磁界や電流の周りに生じる磁気力の及ぶ範囲.〔~强 qiáng 度〕磁界強度.→〔磁感线〕

磁赤道 cíchìdào =〔地 dì 磁 赤 道〕〔无 wú 倾 线〕[天]磁気赤道.

磁畴 cíchóu 磁区.マグネットゾーン.

磁带 cídài 磁気テープ.磁気録音テープ.〔~录像机〕ビデオ(テープ)レコーダー.〔~录音机〕テープレコーダー.磁気録音機.

磁道 cídào (記憶装置の)トラック.

磁导率 cídǎolǜ ⇒〔导磁率〕

磁电机 cídiànjī =〔磁石发电机〕

磁碟 cídié ⇒〔瓷公鸡〕

磁浮列车 cífú lièchē =〔磁悬浮列车〕

磁感线 cígǎnxiàn =〔磁力线〕[物]磁力線;〔磁感应线〕ともいう.

磁感应 cígǎnyìng =〔磁诱导〕磁気誘導;磁場内の磁性体が磁化作用を受け,磁力を受ける現象をいう.

磁钢 cígāng =〔永 yǒng 久磁钢〕磁性鋼;磁石として作られた鋼鉄.

磁公鸡 cígōngjī ⇒〔瓷公鸡〕

磁共振 cígòngzhèn [医]MRI.磁気共鳴断層影法.

磁鼓 cígǔ 〔电算〕磁気ドラム.〔~存 chǔ 器〕磁気ドラム記憶装置.

磁光盘 cíguāngpán MO:光磁器ディスクの一.

磁合金 cíhéjīn 磁石合金.磁性合金.

磁化 cíhuà 磁力化.磁化力.

磁极 cíjí ①[磁极]. ②地球の磁場の南極と北極.

磁界 cíjiè =〔磁场〕

磁矩 cíjǔ 〔电〕磁気モーメント.

磁卡 cíkǎ 磁気カード.〔~电 diàn 话〕テレホンカード(専用)電話.〔~机〕磁気カードリーダー(ライター).

磁控 cíkòng 磁気制御(の).

磁控管 cíkòngguǎn [电]マグネトロン.磁電管.

磁狂 cíkuáng ⇒〔磁暴〕

磁岚 cílán ⇒〔磁暴〕

磁力 cílì 〔物〕磁力.〔~计〕[磁强计]磁力計.〔~勘探〕磁力探査.磁力探査.

磁力线 cílìxiàn ⇒〔磁感线〕

磁疗 cíliáo 磁気療法.〔磁穴 xué 疗法〕ともいう.

磁流 cíliú 磁流.〔一体发电磁流体発電.

磁路 cílù 磁路.磁気回路.マグネチック回路.

磁能 cínéng [物]磁気エネルギー.

磁盘 cípán 〔电算〕磁気ディスク.=〔方〕磁碟〕ともいう.〔~存储器〕磁気ディスク記憶装置.〔~容量〕ディスク容量.〔~驱 qū 动器〕ディスクドライブ.

磁偏角 cípiānjiǎo =〔偏角①〕〔方 fāng 位角〕磁偏角.磁方位角.

磁漆 cíqī =〔瓷漆〕

磁气 cíqì [物]磁気.磁気力.

磁器 cíqì =〔瓷器〕

磁强计 cíqiángjì ⇒〔磁力计〕

磁倾角 cíqīngjiǎo =〔倾角①〕〔伏 fú 角〕[物](地磁気の)伏角.地磁力線と水平線の作る角度.

磁石 císhí ①⇒〔磁块〕 ②=〔磁铁矿〕

磁石发电机 císhí fādiànjī =〔磁电机〕〈音訳〉麦 mài 尼多[磁気発電機.マグネット.

磁实 císhí =〔瓷实〕

磁体 cítǐ 磁性体.

磁条 cítiáo 磁気ストリップ.磁気ストライプ.

磁铁 cítiě =〔磁石①〕〔〈口〉吸 xī 铁石〕磁石.マグネット.〔马蹄 tí 形~〕馬蹄形磁石. 〔棒~〕棒磁石.〔永久~〕永久磁石.〔暂 zàn 时~〕一時磁石.〔~开关〕マグネットスイッチ.〔~矿 kuàng〕〔磁石②〕磁鉄鉱.

磁通量 cítōngliàng [物]磁束:磁場中の単位面積を貫通する磁力線の総和.

磁头 cítóu 磁区:ヘッド.

磁图 cítú 磁図:地表の磁偏角・磁傾角・磁力などを記した図.18世紀はじめ英国の天文学者ハリーが作った.

磁污染 cíwūrǎn 電磁波障害.

磁效应 cíxiàoyìng [物]磁気効果.

磁心 cíxīn コア:トランスやコイルの鉄心.

磁星 cíxīng [天]磁場をもつ天体.

磁性 cíxìng ①[物]磁性:磁気を帯びた物体の示す性質.〔~肥料〕磁性粉末肥料. ②〈喩〉引きつけるもの.しびれさせるもの.〔带有~的歌声〕魅惑的な歌声.

磁性瓷 cíxìngcí ⇒〔铁 tiě 氧体〕

磁性虎钳 cíxìng hǔqián 同下.

磁性卡盘 cíxìng qiǎpán =〔磁性虎钳〕〈方〉吸 xī 铁夹头;磁性万力〔~铁〕.

磁性体 cíxìngtǐ =〔磁质〕[物]磁性体.

磁悬浮列车 cíxuánfú lièchē 磁気浮上式列車.リニアモーターカー:〔磁浮列车〕ともいう.→〔线 xiàn 性马达〕

磁选 cíxuǎn 〔鉱〕磁気選別.電磁分離.

磁诱导 cíyòudǎo ⇒〔磁感应〕

磁针 cízhēn 磁針.

磁质 cízhì ⇒〔磁性体〕

磁州窑 cízhōuyáo 河北省磁州(現在の磁県一帯)にあった宋元時代の古窯.

磁轴(线) cízhóu(xiàn) 磁軸:磁石の両磁極を結ぶ直線.

磁子 cízǐ [物]磁子.マグネトン:原子またはその構成粒子の磁気モーメントを表すのに用いる単位.

磁子午线 cí zǐwǔxiàn =〔地 dì 磁子午线〕磁気子午線.

〔鹚・鶿(鷀)〕 cí →〔鸬 lú 鹚〕

〔糍(餈)〕 cí

糍粑 cíbā 〔糍巴〕とも書く.[食]糯米(3)の飯をねって作った餅(j).〔糍团〕ともいう.〔~心〕〈方〉暖かい心.

糍饭 cífàn =〔粢 cī 饭〕

糍团 cítuán =〔糍粑〕

cí

〔芘〕cí →〔凫fú 芘〕→ chái zǐ

〔雌〕cí ①〔動植物の〕雌性.めす:動物の場合,文語的表現あるいは方言として用いる.〈ˇ〉~鸡 jī〔母 鸡〕めんどり.〔~兔 tù〕めすぎ.雄狮 shī 头有长毛,~狮没有狮〔"〕狮子の頭には長い毛があるが,雌〔"〕獅子にはない. ↔〔雄 xióng ①〕→〔女 nǚ ⑤〕〔牝 pìn〕
②〈文〉弱々しい.柔弱である.

雌蝉 cíchán 鳴かないセミ.
雌答 cídá〈白〉叱る.叱責する:〔雌搭〕とも書く.〔薛亲 qìng 家渴渴的,是他闺 guī 女~〕(醒世姻缘伝)薛おやじさんは憂鬱だった,自分の娘に叱られたからである.
雌风 cífēng〈文〉①低俗.卑しげな風(ˇ).②じめじめして陰にこもった.湿り気があって気持ちが悪い.→〔雄 xióng 风〕③あばずれの気性.あばずれ女の威勢.
雌蜂 cífēng =〔母 mǔ 蜂〕国 メバチ:特にミツバチの雌を指し,〔蜂王〕〔女王バチ〕と〔工蜂〕〔働きバチ〕を含む.
雌伏 cífú〈喩〉①人に屈服する.②〈喩〉退いて世間から隠れること.↔〔雄 xióng 飞〕
雌核 cíhé 雌性の配偶子の細胞核.
雌虹 cíhóng〈文〉めす虹(ˇ):〔霓 ní〕〔副 fù 虹〕に同じ.色薄く暗い虹.おす虹(鮮やかな虹)に対していう.
雌花 cíhuā =〔雌蕊花〕めばな.
雌化 cíhuà (男性的なものが)女性的に変わる.
雌皇 cíhuáng〈文〉おおとり.鳳(人の雌).→〔凤 fèng 凰〕
雌黄 cíhuáng ①化石黄(ˇ).オーピメント:〔三硫化砷〕〔三硫化砒素〕が化学名.しばしば〔雄 xióng 黄〕とともに硫化鉱床の中に産する.〔砒黄〕〔人造雌黄〕をいう.②〈文〉添削する.詩文を改める:読書の折,書き誤りがあると雌黄を塗って消しその上に訂正の文字を書いた.〔妄 wàng 下~〕みだりに批評する.でたらめに(文字などを)改める.〔口中~〕〔信口~〕口から出まかせを言う.
雌鸡报晓 cíjī bàoxiǎo ⇒〔牝 pìn 鸡司晨〕
雌激素 cíjīsù =〔雌(性)激素〕
雌激素酮 cíjīsù tóng ⇒〔雌(素)酮〕
雌节 cíjié〈喩〉退いて消極的に節操を守ること.
雌老虎 cílǎohǔ〈喩〉あばずれ.鉄火肌の女.姐御(ˇ).
雌霓 cíní ⇒〔霓(Ⅰ)①〕
雌儿 cír〈白〉女:若い女性を軽蔑していう言葉.〔我问你隔壁这个~是谁的老小〕(水24)お前に聞くが隣のあまは誰の家族だ.
雌蕊 círuǐ 植 雌蕊(.).めしべ:受精後発育して果実になる部分.↔〔雄 xióng 蕊〕
雌蕊花 círuǐhuā ⇒〔雌花〕
雌声 císhēng〈文〉①柔らかくて細い女性的な声.②低い声.
雌素二醇 císù èrchún ⇒〔雌甾二醇〕
雌素酮 cí(sù) tóng =〔雌激素酮〕〔雌甾酚酮〕化 エストロン.
雌蟹 cíxiè 魚貝 雌蟹:〔团 tuán 脐蟹〕ともいう. ↔〔雄 xióng 蟹〕
雌性 cíxìng (動植物の)雌性.めす.〔~花〕雌花.
雌(性)激素 cí(xìng) jīsù 生理 女性ホルモン.
雌雄 cíxióng ①〔一同体〕雌雄同体.〔~同株 zhū〕雌雄同株.〔~异 yì 体〕雌雄異体.〔~异株〕雌雄異株.〔~剑 jiàn〕〔双 shuāng 股剑〕:〔鸳 yuān 鴦剑〕対をなす2本の剣.呉の干将が2本の剣を鑄って雌剣雄剣を呉王に献じ,雄剣を家に置い

たところ時々悲しげに鳴ったという.②勝負.上下.高下.〔一决~〕〈成〉勝負を決める.〔势均力敌,不分~〕力が匹敵し,勝敗がつかない.③対(ˇ)をなすもの.
雌蚁 cíyǐ 国 女王蟻:〔雌后〕ともいう.
雌甾二醇 cízāi èrchún =〔雌素二醇〕薬 エストラジオール.〔苯 běn 甲酸~〕安息香酸エストラジオール.〔二丙 bǐng 酸~〕エストラジオールジプロピオネート.〔乙 yǐ 炔~〕エチニルエストラジオール.
雌甾酚酮 cízāi fēntóng ⇒〔雌(素)酮〕
雌竹 cízhú〔女(")竹.②筍(ˇ)の沢山出る竹.

〔辞・辭(辤)〕cí (Ⅰ)①文辞.言辞.言葉.〔言〕言辞.〔文~〕文辞.〔措 cuò ~〕言いまわしをする.〔致祝~〕祝辞を述べる.〔致谢~〕謝辞を述べる.②固 文体の一種:〔楚 chǔ ~〕,またその前後に及ぶもの.古くは〔賦 fù(Ⅱ)①〕と区別がなかった.→〔辞賦〕③古体詩の一種:〔木兰~〕や〔归去来~〕などがある.④〈文〉訴訟.口供(訴訟人が裁判所の審問に答えて述べる言葉).〔唆 suō 讼〕〈成〉人をそそのかし訴訟をおこさせ利益を得る.〔包揽 lǎn ~讼〕訴訟事件を引き受ける.⑤〈文〉辞(")
(Ⅱ)①別れを告げる.いとまごいする.〔告~〕別れを告げて去る.②断る.受けぬ.退く.辞める.〔推 tuī ~〕口実をもうけて辞退する.〔把工作~了〕仕事を辞めた.③解雇する.辞めさせる.〔他让上级给~了〕彼は上級機関から辞めさせられた.〔把他们两人~了〕彼ら二人を辞めさせる.④いやがる.避ける.かこつけて逃げる.〔不~辛苦〕苦しみをいとわない.〔万死不~〕死を賭けることも辞さない.
辞别 cíbié〈文〉いとまごいする.別れを告げる.
辞朝 cícháo〈文〉おいとまごいのため参内する.
辞尘世 cíchénshì〈喩〉出家する.隠退する.
辞呈 cíchéng 辞職願.辞表.〔提出~〕〔递交~〕辞表を出す.
辞典 cídiǎn 辞典:〔词典〕に同じ.→〔字 zì 典〕
辞费 cífèi〈文〉無駄な言葉を費やす.〔毋 wú 待~〕言葉を費やす必要がない.
辞赋 cífù 辞と賦:文体の一種.句末に往々押韻する屈原の離騒を中心として宋玉などの賦が〔楚 chǔ 辞〕と称された.〔词赋〕とも書いた.→〔賦(Ⅲ)①〕
辞格 cígé 修辞法:〔修 xiū 辞格〕ともいう.
辞工 cígōng ①仕事を辞める.召使いまたは職人が辞職すること.〔辞活〕に同じ.〔~不干 gàn〕仕事を辞める.②〔人を〕仕事を辞めさせる.解雇する.
辞官 cíguān 官を辞する.退官する.→〔去 qù 官〕
辞馆 cíguǎn 旧 家庭教師を辞める.
辞海 cíhǎi 固 中国の大型の総合的辞典.初版は1936年.新版は1999年刊行.
辞活 cíhuó〈口〉召使い・職人が仕事を辞める.
辞咎 cíjiù 罪から逃げる.責任を回避する.〔~无路〕責任から逃れることはできない.
辞旧迎新 cíjiù yíngxīn〈成〉旧年を送り新年を迎える.
辞林 cílín ⇒〔词林①〕
辞灵 cílíng 旧 出棺の前夜親戚などが集まって霊前に酒を供え泣き叫んで告別する儀式.
辞令 cílìng〈文〉応接の言葉.言葉遣い.応対ぶり:〔词令〕とも書いた.〔善于~〕〈成〉応接の言葉が如才ない.〔外交~〕外交辞令.
辞年 cínián ⇒〔辞岁〕
辞聘 cípìn 招聘を断わる.仕事を断わる.
辞穷理屈 cíqióng lǐqū ⇒〔词穷理屈〕
辞去 cíqù ①辞去する.②(職)を辞める.

辞趣 cíqù 文章の味わい.文章の趣.
辞却 cíquè〈文〉辞める.断る.辞退する.
辞让 círàng〈文〉断りを言う.遠慮する.
辞人 círén ⇒〔词人①〕
辞任 círèn 職務を辞する.
辞色 císè〈文〉言葉と顔色.〔假 jiǎ 以〜〕好感を示す.
辞世 císhì 死ぬ.→〔去 qù 世〕
辞书 císhū 辞書：字典・辞典・百科全書などを含む；〔词书〕とも書いた.〔〜学〕[辞典学]辞書論.
辞帅 císhuài 圖①最高司令官を辞する. ②元帥(元)位を辞退する.
辞说 císhuō〈文〉話す.説く.〔〜分明〕はっきり話す.主張がはっきりしている.
辞讼 císòng ⇒〔词讼〕
辞岁 císuì =〔辞年〕回家族一同で楽しく年越しをする：多く旧暦大晦日の民間行事を指す.特に子や孫が祖父母や父母へ礼をしたことをいった.〔辞旧岁,迎新春〕同時にお正月を迎える.
辞慰 cítǔ〈文〉言うこと.話しぶり.〔他〜不俗〕彼は言うことがなかなか立派だ.→〔谈 tán 吐〕
辞退 cítuì ①辞める(させる).辞職する(させる).〔他被〜了〕彼はクビになった. ②断る.〔我〜了他的邀请〕彼の誘いを断わった.
辞歇 cíxiē ①辞職する.〔我把事情〜了〕私は辞職した. ②免職する.解雇する.〔把他〜了〕彼を辞めさせた.
辞谢 cíxiè 謝絶する.丁寧に辞退する.
辞行 cíxíng いとまごいする.〔今天我〜来了〕今日はお別れに参りました.〔〜泪〕死に際に流す涙.→〔送 sòng 行〕
辞严义正 cíyán yìzhèng ⇒〔义正词严〕
辞演 cíyǎn 劃①演出を断わる. ②出演をやめる.
辞意 cíyì ①辞意.辞める意思. ②⇒〔词意〕
辞源 cíyuán ①⇒〔词源〕②圖中国の大型の古語辞典：初版は1915年.新版は1988年刊行.
辞藻 cízǎo ⇒〔词藻〕
辞灶 cízào 回旧暦12月23日または24日の夕方に天に帰る竈(ざ)の神様にいとまごいすること.→〔灶王爷〕
辞章 cízhāng〔词章〕とも書いた. ①文章・詩・詞・賦・駢文(ぶん)・雑文などを含めた通称. ②文章を書く技術.
辞职 cízhí(自ら)辞職する.〔提出〜报告〕辞表を出す.〔表示〜的决心〕固い辞意を表明する.〔引咎 jiù 〜〕引責辞職(する).→〔离 lí 职〕〔去 qù 职〕
辞致 cízhì ⇒〔词致〕
辞宗 cízōng ⇒〔词宗〕

〔此〕 cǐ ①これ.この.〔事物を指していう指示代詞.〔这 zhe〕〔这个〕にあたる.〔非〜不可〕これでなければいけない.〔彼〜一样〕お互いに（両方とも）同じだ.〔〜系…〕〈文〉これは…である.〔〜招 zhāo〕〔〜着〕この方.〔〜之谓 wèi 也〕このことをいうのである.→〔彼 bǐ ②〕②ここ：〔这儿〕〔这里〕にあたる.〔由〜往西〕ここから西へ行く.〔到〜为止〕ここで終わり.これまで. ③このような.〔如〜〕このように.このようである.〔〜4〕〈文〉すなわち：上をうけて下に続くことを表す.〔有土〜有财,有财〜有用〕(大学)国土があれば財産を得られ,財産があれば用だてることができる.⑤ここに.〔〜〜令〕〈公〉ここに令す.以上の通り命令する.〔特〜布告〕〔〜布〕右の通りにここに布告した.〔〜请台安〕〔贖〕ここにごきげんよく伺いします.〔〜恳 kěn お祈申〕〜达 dá〕以上お知らせまで.〔〜复〕右ご返事申上げます.〔〜颂 sòng〕右お祝い申上げます.〔〜订 dìng〕右ご案内申し

上げます（招待状に用いる） ⑥〈姓〉此(い)
此岸 cǐ'àn 圖（仏教）の此岸(ﾊ)；〔彼 bǐ 岸①〕（がん）に対していい,老・病・死・苦などに満ちたこの世をいう.〔〜性〕圖知識の此岸性.
此辈 cǐbèi =〔此属〕
此处 cǐchù ここ.
此次 cǐcì 今回.今度.このたび：〔这次〕よりも硬い表現.
此道 cǐdào〈文〉ある種の技芸・技能：〔不习〜〕この（種の）ことはやったことがありません.〔精于〜〕この（方面の）技能に熟達している.
此等 cǐděng〈文〉これら：口頭語の〔这一类〕にあたる.
此地 cǐdì 当地.この土地.
此地无银三百两 cǐdì wúyín sānbǎiliǎng〈喩〉語るに落ちること：ある男が金を埋めて,〔〜〕(ここに三百両の金(ｷﾝ)なし)と立て札をしたため,隣家の阿二が盗んで,〔隔壁阿二不曾偷〕（となりの阿二は盗んでないぞ）と立て札をしたという笑話による.〔真是〜〕実にそらぞらしいことを言うものだ.
此地无朱砂,红土子为贵 cǐdì wú zhūshā, hóngtǔzi wéiguì〈諺〉その土地に朱が産出しなければ,赤土が貴重がられる.鳥なき里のコウモリ.お山の大将.→〔缺 quē 者为贵〕
此番 cǐfān〈文〉今般(ﾊﾝ)：〔今 jīn 番〕に同じ.
此伏彼起 cǐfú bǐqǐ ⇒〔此起彼伏〕
此复 cǐfù 一字解④
此公 cǐgōng ⇒〔此人〕
此后 cǐhòu このあと.今後.→〔自 zì 今〕
此呼彼应 cǐ hū bǐ yìng 此方で呼べば彼方で答える.相呼応する.附和する：〔此呼彼诺 nuò〕ともいう.
此际 cǐjì このとき.
此间 cǐjiān ここ.この辺.当地.〔〜天气渐暖,樱花已经盛开〕こちらはだんだんと暖かくなり,桜の花が満開だ.
此疆彼界 cǐjiāng bǐjiè〈喩〉互いに縄張りに割拠する.
此举 cǐjǔ このような挙動.この種の行い(催し)
此据 cǐjù ここに証文とする：証文の文末に書く.
此君 cǐjūn〈文〉①この人. ②竹の雅称.
此刻 cǐkè =〔此际〕此时〕この時.今.
此令 cǐlìng →字解④
此路不通 cǐlù bùtōng ①この道は通行止め. ②袋小路(ろ)
此批 cǐpī〈公〉右指令する.
此起彼伏 cǐqǐ bǐfú =〔此伏彼起〕〔此消彼长②〕〔此消彼涨〕〈成〉こちらで起きたと思えばあちらがつぶれる：連続して絶え間のないこと.〔群众非常兴奋,欢呼声〜〕群衆は興奮し歓呼の声はそこここから起こった.
此前 cǐqián この前.
此去 cǐqù ⇒〔此后〕
此人 cǐrén =〔此公〕〈文〉この人.
此若 cǐruò〈文〉これ：〔若〕も〔此〕の意.〔若此〕ともいう.〔此若言易 hé 谓也〕(管子)これはまたどういう意味か.
此生 cǐshēng 今生(ｼﾞｮｳ).この一生.
此时 cǐshí =〔此刻〕
此事 cǐshì このこと.
此属 cǐshǔ =〔此辈〕〈文〉このたぐい.〔陛 bì 下起布衣,此属〜留侯世家〕陛下は平民から立ちあがってこの連中とともに天下を取られた.
此托 cǐtuō〔贖〕右ご依頼まで.
此外 cǐwài これ以外.
此消彼长 cǐxiāo bǐzhǎng =〔此消彼涨〕とも書く. ①〈慣〉盛んになるのもあれば衰えるのもある.消えて

此心耿耿 cǐxīn gěnggěng〖成〗この(忠誠)心は燃えるようだ.

此行 cǐxíng〈文〉このたびの旅行:〔此去〕ともいう.

此一时,彼一时 cǐ yīshí, bǐ yīshí〈文〉以前と現在とは事情が違う.あの時はあの時,今は今.

此致 cǐzhì〖牍〗書簡の末尾につける常套語:以上のとおり申し上げます.〔~敬礼〕敬具.

此中 cǐzhōng〈文〉この内.この中.→〔个 gè 中〕

[仳] cǐ〔~~〕〈文〉①小さいさま. ②並んでいるさま.

[泚] cǐ〈文〉①鮮やかである. ②濡らす.染める.〔~笔作书〕筆に墨をつけて字を書く. ③汗を流す.

[玼] cǐ ①〈文〉玉の色の鮮やかなこと. ②〈文〉衣服が目もさめるほど鮮やかなこと.

[跐] cǐ ①踏んで立つ.踏みつける.〔别~着门坎 kǎn 子,留神跌 diē 倒〕門の敷居を踏んではいけませんよ,ころげないように気をつけなさい.〔~两只脚〕[脚ぎめ両2艘]2艘の船に片足ずつ乗る.二股をかける.→〔踩 cǎi〕 ②足の爪先で立ちあがる.〔着脚也够 gòu 不着〕爪先で立って背伸びしても届かない.→〔欠 qiàn ②〕 → cī

跐面筋 cǐmiànjīn 足で踏んで作った"面筋"(生麩).小麦粉を水で混ぜ足でこねて生ふを作る.

跐跷 cǐqiāo ⇒〔踩 cǎi 跷〕

跐䯻 cǐzhǐ〈文〉容姿のなまめかしく美しいさま.〔増娇 chán 娟以~〕(張衡·西京賦)いっそうなまめかしくなり,なまめかしくなる.

[鮆・鱭(鮆)] cǐ〈又音〉jì〖魚貝〗〔鲚 jì〕に同じ. ②タチウオ〔带 dài 鱼〕の別称.

[次] cì (Ⅰ)①〈文〉~之という.〔该省矿藏,以锡 xī 最多,铜~之〕この省の埋蔵鉱物は,錫(すず)が最も多く,銅はそれに次ぐ(いで多い). ②第二の,二番目の.〔其~〕その次.〔~女〕次女.③少し劣る.よくない.〔~于样品〕見本より劣っている.〔娘女~了不好进门儿〕嫁入り道具が貧弱では門を入るのに具合が悪い.〔~布〕悪い·布地.〔这东西太~〕この品物はひどく悪い. ④順序.〔依~前进〕順番に前進する.〔班~〕車·船などの発車(船)順序(時刻).〔层~〕次.順序.〔位~〕序次.位次. ⑤〈文〉順序をたてる.〔鳞 lín ~栉 zhì 比〕〖成〗建物などがびっしりと並ぶ.〔元王亦 yì ~之诗传〕(漢書·楚元王伝)元王もこのことを詩伝に順序だてて書かれた. ⑥量詞.㋐回数を表す.〔头一~〕初めて.最初.〔第二~〕第2回.2度目. 〔上~〕前回.〔~到底.这小孩.〔这回〕今回.〔来了三~〕3回来~た.〔飞机出动三百架~〕飛行機のべ300機出動した.〔看过这个剧的有三万多人~〕この劇を見た人はのべ3万人あまりいる.〔进港轮船比去年减少了二百艘 sōu ~〕入港した船は昨年にくらべて200艘減少した.〔一回 huí ⑥〕 ㋑数に.〔二元二~〕程〕二元二次方程式.〔二~化:(オキシ酸)の酸化の程度が〔亚 yà (Ⅰ)②〕より低いもの.〔~磷 lín 酸〕次亜リン酸. ⑧亜.〔~大陆〕亜大陸. ⑨〈姓〉次(し·).

(Ⅱ)〈文〉①旅で留まる場所.駐屯する宿泊地.〔舟zhōu ~〕川がかり.舟旅の宿泊.〔在上海旅行(滞在)中,以〔客~〕旅の仮寝.旅の間.〔大军~于江北〕大軍が江北に駐屯した. ②〈文〉中.う·ち.〔喜怒哀乐不入于胸~〕(庄子·田子方)喜怒哀楽も胸中に入らない.〔言~〕言葉の中.

次比 cìbǐ〈文〉①排列の先後. ②同等に見る.〔而世俗又不能与死节者~〕(司馬遷·報任少卿書)また世間では節に殉じたものと同等には見ていない.

次产林 cìchǎnlín 品質·数量ともに低レベルの木材産出林.

次成岩 cìchéngyán〖地〗砕屑岩.

次大陆 cìdàlù〖地〗亜大陸.準大陸.

次贷 cìdài ⇒〔次级抵押贷款〕

次道德 cìdàodé 身勝手なモラル:被害の程度を少なくして悪事をすること.

次等 cìděng 次級(の).二等(の)

次第 cìdì〈文〉順序.次第:口頭語の〔次序〕に同じ.〔~不同〕順不同. ②順を追って.たて続けに.〔~入座〕順を追って座に着いた.〔局部扩建,已~开始〕部分的拡張工事はすでに順を追って始められている. ③〈文〉頭緒.初め.糸口.〔未见~,不曾获得〕(水7)まだ手がかりがなく,捕まえていない. ④〈文〉状況.様子.

次房 cìfáng 次男家.次男筋.分家の系統.→〔长 zhǎng 房〕

次骨 cìgǔ〈文〉骨に徹する.〈喩〉苛酷なこと.深刻なこと.→〔刺骨〕

次后 cìhòu 以後.今後.その後.

次货 cìhuò 二級品.劣等品.〔次品〕に同じ.

次级(抵押)贷款 cìjí (dǐyā) dàikuǎn〖経〗サブプライムローン.

次级线圈 cìjí xiànquān〖電〗二次コイル.

次级债权 cìjí zhàiquán〖経〗劣後債.

次甲蓝 cìjiǎlán ⇒〔亚 yà 甲(基)蓝〕

次硫酸钠 cì liúsuānnà〖化〗ハイドロサルファイト:俗に〔保 bǎo 险粉〕ともいう.

次氯酸 cìlǜsuān〖化〗次亜塩素酸.〔~基〕次亜塩素酸基.〔~钙 gài〕次亜塩素酸カルシウム.〔漂piǎo 粉(精)〕(高度さらし粉)という.〔~钾 jiǎ〕亜塩素酸カリウム.〔~钠 nà〕次亜塩素酸ナトリウム.〔~盐 yán〕次亜塩素酸塩.

次男 cìnán ⇒〔次子〕

次年 cìnián 翌年.次の年.

次品 cìpǐn 劣等品.不良品.→〔正 zhèng 品〕

次清 cìqīng →〔清音③〕

次轻量级 cì qīngliàngjí〖ス〗フェザー級.またバンタム級.

次区域 cìqūyù サブリージョン.亜地域.

次日 cìrì 翌日.次の日.

次生 cìshēng 次生.第二次.第二次:第二次生成のもの.間接的にできたもの.派生したもの.〔~林〕次生森林.〔~矿物〕次生鉱物.二次性鉱物.

次声波 cìshēngbō 次音.〔低 dī 声波〕

次声武器 cìshēng wǔqì〖軍〗低周波兵器.

次室 cìshì〈文〉妾.側女(が).→〔妾 qiè ①〕

次数 cìshù 回数:〔~的~越多,进步就越快〕練習の回数が多ければ多いほど進歩が速くなる.

次息 cìxī ⇒〔次子〕

次席 cìxí ①第二番目の席. ②桃枝竹(竹の一種)で作った高むしろ.

次序 cìxù ⇒〔序次〕次第.順序.〔按~〕順序を追って.→〔次第〕

次要 cìyào ②次的(な).副次的(な).〔暂時地降到~的和服从的地位〕(毛·矛)一時的に副次的な,また服従的な地位に下る.〔~工作是做针线活〕第二に重要な仕事は針仕事である.〔~课〕副次的の学科.→〔主 zhǔ 要〕

次一击球员准备区 cìyījī qiúyuán zhǔnbèiqū〖ス〗(野球の)ネクストバッターズサークル.

次乙基 cìyǐjī〖化〗エチレン基.→〔基④〕

次印 cìyìn ⇒〔次篆〕

cì

次于 cìyú …に次ぐ．…の次．…より劣る．〔杂牌货的品质究竟~名厂产品〕群小のメーカーの品質は結局有名メーカー品よりも劣る．→〔亚于…〕

次元 cìyuán 次元．

次韵 cìyùn 元の詩の韻に合わせて詩を作ること．〔步 bù 韵〕に同じ．→〔和 hè 诗〕

次早 cìzǎo 翌朝．明くる朝．

次章 cìzhāng ⇒〔次篆〕

次长 cìzhǎng 旧(政府各省の)次官．

次之 cìzhī …に次ぐ．…の次．→字码(I)①

次中量级 cì zhōngliàngjí ㊢ウエルター級．

次中音号 cì zhōngyīnhào ㊠テナーホルン．

次重量级 cì zhòngliàngjí ㊢ライトヘビー級．またミドル級．

次篆 cìzhuàn =〔次印〕〔次章〕別号：正号のほかの第二の号の意．→〔雅 yǎ 篆〕

次浊 cìzhuó ⇒〔浊音〕

次子 cìzǐ =〔次男〕〔次息〕二番目の息子．

〔佽〕 cì 〈文〉①助ける：多く金銭的の援助．〔~助 zhù〕援助する．②並ぶ．揃う．③〈決拾既 〉(詩経・小雅・車攻)決(ゆがけ．獣骨で作った右親指にかけ弦を引く道具)と拾(ゆごて．皮製で左ひじにつけ弦のはねかえりを守る)とが並び整う．

〔朿〕 cì ①〈文〉樹木のとげ．②〈姓〉朿．

〔刺〕 cì ①刺す．突きさす．〔~穿〕刺し通す．〔用刺刀~敌人的胸膛〕銃剣で敵の胸を突きさす．→〔扎 zhā (I)①〕 ②刺激する．精神を興奮させること．〔~激〕刺激する．③暗殺する．〔行 xíng ~〕同前．④偵察する．探る．⑤そしり(そしる)．責める．〔讥 jī ~，讽 fěng ~是批评人的坏处时的一种方式〕そしったり，あてこすったりするのは人の悪いところを非難する時のやり方である．⑥とげ．〔~卡 qiǎ 在嗓子眼儿〕(とげなどが)のどにひっかかる．〔鱼~〕魚の小骨．〔这种鱼肉肥~少〕この魚は肉が厚くて小骨が少ない．〔麦~〕麦ののぎ．〔手上扎 zhā 了一个~〕手にとげがささった．〔叶子上有~儿〕葉にとげがある．〔黄蜂尾后有毒~〕姫蜂長蜂の尾の先には毒を持った針がある．〔他说话带~儿〕彼の言葉にはとげがある．⑦刺繡(する)．⑧入れ墨する．⑨〈文〉舟をこぐ．〔~船〕かいで船をこぐ．⑩姓名や挨拶の言葉を木や紙に書いたもの．〔名~〕同前．〔投~〕名刺を通ずる．人を訪問する．〔阴怀一~〕(後漢書・爾衡伝)ひそかに名刺を懐にいれていた．→〔谒 yè ③〕 ⑪〈フェンシングの〉突き．⑫〈姓〉刺．(')　→ **cī**

刺鲅 cìbà ⇒〔竹 zhú 筴鱼〕

刺柏 cìbǎi →〔桧 guì〕

刺鼻 cìbí (においが)鼻をつく．

刺虫蛾 cìchóng'é ⇒〔刺蛾〕

刺戳 cìchuō 力強く突き刺す．

刺刺 cìcì べちゃくちゃうるさくしゃべるさま．〔~不休〕ひっきりなしに話し続ける．

刺促 cìcù =〔刺蹙①〕〈文〉不安なさま．世事にあくせくするさま．

刺蹙 cìcù ①同上．②⇒〔刺绣〕

刺刀 cìdāo ①銃につける短剣．銃剣〔枪 qiāng 刺〕ともいう．②匕首(な).短剣．〔匕 by 首〕に同じ．〔~见红〕情容赦なくなる．

刺蛾 cì'é =〔刺虫蛾〕〔雀 què 瓮蛾〕㊤イラガ：幼虫(毛虫)は〔杨 yáng 瘌 lá 子〕ともいう．ふつう〔毛 máo 虫〕．

刺儿 cì'ér 耳を刺激する．耳障りである．聞きづらい：〔扎 zhā 耳朵〕に同じ．〔~的声音〕耳ざわりな鋭い音声．〔~之言〕風刺の言．あてこすり．→〔顺 shùn 耳〕

刺骨 cìgǔ 〈文〉骨を刺す．骨にとおる．〈喩〉厳しい．〔寒风~〕寒さが骨にしみる．〔恨之~〕恨みが骨髄に徹する．→〔砭骨〕

刺股 cìgǔ 〈成〉刻苦勉学すること：蘇秦は読書中睡くなれば，股を錐(公)で刺して睡気を去った(戦国策・秦策)

刺海兔 cìhǎitù =〔海珠〕㊤トゲアメフラシ：温帯の海浜に棲息するアメフラシ科に属する軟体動物．→〔海粉〕

刺槐 cìhuái 〔洋 yáng 槐〕〔针 zhēn 槐〕㊤ハリエンジュ(ニセアカシア)：俗にアカシアという．→〔金 jīn 合欢〕

刺激 cìjī 〔刺戟〕とも書いた．刺激(する)．〔物质~〕奨励金や賞品などを与えること．〔别~他们〕彼らを刺激するな．

刺激素 cìjīsù オーキシン．〔生 shēng 长素〕の旧称．

刺激物 cìjīwù ①㊩興奮剤．②興奮性飲料．刺激物．

刺蒺藜 cìjílí ⇒〔蒺藜〕

刺蓟菜 cìjìcài ⇒〔大 dà 蓟〕

刺栲 cìkǎo ㊤マングローブ．

刺客 cìkè 刺客．暗殺者．

刺毛 cìmáo (蕁麻(公)の)茎・葉などにあるような)とげ状の毛．

刺梅 cìméi ㊤ボケ．

刺玫(花) cìméi(huā) ㊤ハマナス(花)：花は香料にする．

刺目 cìmù ⇒〔刺眼〕

刺挠 cìnáo 〈方〉かゆい．むずがゆい．〔刺痒〕に同じ．〔蚊子叮 dīng 了一下，很~〕蚊にくわれてかゆくてしょうがない．〔~得厉害〕かいてもたまらない．〔越挠越~〕かけばかくほどむずがゆい．

刺配 cìpèi ㊥(刑罰で)罪人の額に入れ墨をして遠方に追放すること．

刺枪术 cìqiāngshù ㊪銃剣術．

刺青 cìqīng =〔点 diǎn 青〕〔雕 diāo 青〕〔文 身〕入れ墨(をする)．→〔镂 lòu 身〕

刺楸树 cìqiūshù ㊥〔桐③〕㊤ハリギリ(センノキ)

刺拳 cìquán ㊢(ボクシングの)ジャブ．

刺儿 cìr とげ．

刺儿菜 cìrcài ⇒〔小 xiǎo 蓟〕

刺儿话 cìrhuà いやみ．皮肉．とげのある言葉．

刺儿松 cìrsōng ㊤．ふつうの松．

刺儿头 cìrtóu ①頭髪がぼさぼさに伸びた頭．〔方〕とげのある人．うるさ型．したたか者．煮ても焼いても食えない奴：〔刺头〕とも書く．〔谁也不敢惹 rě ~〕誰もひねくれ者には当たらず触らずだ．〔碰上~，事情就难办〕うるさいのにぶつかると事はやっかいになる(やりにくい)

刺鳓鱼 cìlèyú 魚貝コノシロ(コハダ)．〔鳓 jì〕に同じ．

刺杀 cìshā ①㊪刺殺する．突き殺す．〔练~〕銃剣術を行う．②(武器を使って)暗殺する．〔他是被人~〕は強盗に殺された．

刺伤 cìshāng 損ない傷つける．〔~自尊心〕自尊心を傷つける．

刺韶子 cìsháozi ⇒〔榴 liú 莲果〕

刺参 cìshēn =〔〈文〉沙 shā 噀〕㊩マナマコ(総称)：ナマコの一種．→〔海 hǎi 参〕

刺史 cìshǐ ㊥漢代州の長官：後には地方長官の称となり，清では知州の尊称となった．

刺丝 cìsī (腔腸動物の)刺胞．刺糸．→〔刺针①〕

刺探 cìtàn 情報などを刺探する．偵探する．〔~军事情报〕ひそかに軍事情報をスパイする．→〔探听〕〔通 tōng 风③〕

刺铁丝 cìtiěsī 有刺鉄線．

刺桐 cìtóng ①㊤デイコ(梯姑)：マメ科の高木．枝に

cì～cōng 刺莿伺賜苁玱枞鏦匆葱

刺痛 cìtòng ①刺すようにズキズキ痛む. ②(針など尖ったもので)刺して痛める. ③(感情を)傷つける.
刺头 cìtóu ⇒[刺儿头②]
刺网 cìwǎng 刺し網.
刺尾鱼 cìwěiyú [魚貝]ハギ類.[彩 cǎi 带～]ニジハギ.[暗色～]ヒラニザ.
刺猬 cìwei ①[動]ハリネズミ:単に[猬]ともいう. ②〈喩〉手出しをしない方がよい存在.やっかいなこと.
刺细胞 cìxìbāo [刺刺細胞.→[刺丝]
刺心 cìxīn 心を刺す.心を刺激する.
刺绣 cìxiù ＝[刺绣②]刺繍(する).→[顾 gù 绣]
刺讯 cìxùn [这件事情,我非得～出真相来]この事件は必ず真相を究明しなければならない.
刺牙 cìyá (熱すぎたり冷たすぎる物を飲食した際)歯に電気が走るように痛みを感ずる.
刺眼 cìyǎn ＝[刺目]①目を刺激する.まぶしい. ②人目を引く.目障りである.
刺殷 cìyān ⇒[针 zhēn 殷]
刺痒 cìyang かゆい.むずがゆい.＝[刺挠]に同じ.
刺谒 cìyè 〈文〉名刺を出して面会を求める.
刺鱼 cìyú [魚貝]トゲウオ.
刺榆 cìyú [植]ニレの一種:葉が小さい.
刺针 cìzhēn ①[動](腔腸動物の)刺細胞外面の針:一種の感覚器官. ②[針]のようなもの.
刺猪 cìzhū ⇒[豪 háo 猪]
刺楮芩 cìzhūlíng ⇒[土 tǔ 茯苓]
刺竹 cìzhú [篛 lè 竹]
刺字 cìzì ①[旧]刑罰で,罪人の顔や腕などに刺青(xi)をする.＝[墨 mò 刑][黥 qíng 面] ②〈文〉名刺.

[莿] cì 古く[刺⑥]に通用された.

[伺] cì →sì
伺候 cìhou 人に仕える.身の回りの世話をする.[～病人]病人の世話をする.[不是分 fèn 内的事,不着 zháo]職務外のことは仕える義務はない.
伺弄 cìnong (作物を)世話をして育てる.[比一棵庄 zhuāng 稼难]作物一つを育てるよりも難しい.[～着几亩 mǔ 土地]数ムーの田畑の世話をしている.

[赐・賜] cì ①賜う.賜る.恵む.施す.(上から下に)与える.[赏 shǎng～]賜る.[自由是人民争来的,不是什么人恩 ēn ～的](毛沢東・連合政府論)自由は人民の勝ちとったもので,誰かから賜ったものでもない.[～封 fēng 諸侯に封じる.[～金 jīn](臣下に)青銅の酒器を賜る. ②自分に対する他人の行為を敬っていう.[敬希～知平日]〈牘〉にとぞ日時をお知らせくださいますよう. ③賜った品物,また賜った援助.恵み.たまもの.[厚～]厚い恵み.[受～良多]まことに多くの恵みを受けた. ④〈文〉尽きる.[不～]〈牘〉文の末尾に置いて,言い尽くさない意を表す.→[不 bù 备①] ⑤〈姓〉赐(し)
赐保命 cìbǎomìng ⇒[精 jīng 胺]
赐存 cìcún ⇒[惠 huì 存]
赐复 cìfù ご返事をください.[尚祈～]ご返事賜りますれば幸いに存じます.
赐顾 cìgù 〈尊〉ご愛顧を賜る:商店が得意客に対していう.[～诸 zhū 位]いつもの皆様方.[如蒙～,必当格外尽心以副雅鉴]ご愛顧を賜りますれば格別勉強いたし御意にかなうよう努力いたします.
赐光 cìguāng ＝[赏 shǎng 光]
赐函 cìhán 〈牘〉芳書を賜る.お手紙をいただく.

赐惠 cìhuì 〈文〉恩恵を与える.
赐祭 cìjì 〈文〉大臣・大官が死去した際,皇帝が勅使を遣わして供物を賜ること.
赐鉴 cìjiàn [牘]ご高覧に.[台 tái 鉴]に同じ.
赐教 cìjiào 〈牘〉ご教示・ご返事などをいただく.[务祈～是幸]ご返事をいただければ幸いに存じます.
赐览 cìlǎn 〈文〉ご覧を請う:天子または高貴の人に見ていただく.
赐赏 cìshǎng 〈文〉①賞与を賜る. ②賜り物.
赐示 cìshì 〈尊〉先方からの来信・来示をいう.[荷 hè 蒙～,感甚]〈牘〉賜ることはこうまり感謝いたします.[统祈便中～]ついでにご返事いただきたくひとえに願い上げます.
赐谥 cìshì 〈文〉大官の死後賜る称号.諡号(しごう).おくり名.
赐死 cìsǐ 〈文〉死を賜る:皇帝から自害を命ぜられること.
赐下 cìxià 〈尊〉(お届け)くださる.[望乞早日～]〈牘〉早日にお送りくださいますようお願い申し上げます.
赐宴 cìyàn 〈文〉酒宴を賜る:君主が臣を宴に招くこと.
赐予 cìyǔ 授与する.賜る.＝[賜与]とも書いた.

cong　ちメㄥ

[苁・蓯] cōng
苁蓉 cōngróng ①[植]ハマウツボ科の植物:[肉 ròu 苁蓉](ホンニク),[草 cǎo 苁蓉](オニク)の総称.薬用する. ②〈姓〉蓯(しょう)

[玱・瑲] cōng
玱琤 cōngchēng 〈文〉佩玉(はいぎょく)の触れ合う音.[琤 chēng 玱][玱琤]同前.

[枞・樅] cōng ①古書で松・柏に類する植物を指す. ②〈姓〉樅(しょう)
→zōng

[鏦・鏦] cōng 〈文〉①短い矛(ほこ):[矛 máo]の一種. ②(矛で)突き刺す. ③金属の鳴る音.[～一铮 zhēng 铮]金属が鳴る音.[剑 jiàn 戟鏦～]剣戟(けんげき)の音が盛んにおこる.

[匆(怱・忩・悤)] cōng 慌ただしい.せわしない.
匆匆 cōngcōng 慌ただしいさま.[碌 lù 碌]いたずらに忙しいさま.[行 xíng 色～]出発間際の慌ただしいさま.[来去～]行きも帰りも慌ただしい.[～赴京]せわしなく上京する.[～肃 sù 复]〈牘〉とり急ぎご返事申し上げます.
匆促 cōngcù 緊迫していて忙しい.慌ただしい.[因为动身时候太～了,把稿子忘在家里没带来]出発の際は時間がなくてせわしかったので,原稿を家に忘れて持ってこなかった.
匆猝 cōngcù [匆卒]とも書く.不意のことで慌ただしい.突然のことで忙しい.[～起程]慌ただしく出発する.
匆遽 cōngjù 忙しい.慌ただしい.[～之间难免有失]忙しい時には手落ちがありがちだ.
匆忙 cōngmáng 忙しい.慌ただしい.[匆匆忙忙]同前のさま.

[葱(蔥)] cōng ①[植]ネギ(総称):[鹿 lù 胎①]は別称.[青 qīng ～]青ねぎ.[大～][老～]太ねぎ.白ねぎ.[小～(儿)]春に出る小ねぎ.[慈 cí ～](方)分～]わけぎ.[洋～]玉ねぎ. ②[色]青い色(の).[～～]〈文〉青々として

いるさま.
葱白 cōngbái 〔色〕薄あさぎ色(の)
葱白儿 cōngbáir ねぎの茎.
葱翠 cōngcuì 〔色〕青緑色(の)
葱胡子 cōnghúzi ねぎのひげ根.
葱花(儿) cōnghuā(r) ①ねぎのみじん切り. ②ねぎの花. ねぎ坊主.
葱花儿饼 cōnghuārbǐng 〔色〕小麦粉をこね,ねぎを刻み込んで焼いた〔饼〕;〔葱花烙 lào 饼〕ともいう.
葱岭 cōnglǐng 〔回〕パミール高原とカラコルム山脈(総称)
葱茏 cōnglóng =〔茏葱〕(草木の)青々と茂るさま.
葱胧 cōnglóng 〈文〉光の照り映えるさま.
葱绿 cōnglǜ ①=〔葱心儿绿〕〔色〕淡緑色(の)もえぎ色(の). ②(草木が)青々としているさま.
葱丝(儿) cōngsī(r) 細く切ったねぎ.
葱头 cōngtóu ⇒〔洋 yáng 葱〕
葱心 cōngxīn [-儿]ねぎの白根;外皮をむいた中の白いところ.
葱心儿绿 cōngxīnrlǜ ⇒〔葱绿①〕
葱油饼 cōngyóubǐng 〔色〕小麦粉をこね,油・塩・きざみねぎを練りこんで円盤状に焼いた食品.
葱油烧饼 cōngyóu shāobǐng →〔烧饼〕
葱郁 cōngyù 樹木が青々と茂っている.

〔囱〕 cōng =〔熜②〕煙突.〔烟 yān ~〕同前.
→〔烟囱〕

〔骢・驄〕 cōng 〈文〉葦毛(あし)の馬.〔五花 ~〕斑(ぶち)馬.

〔琤〕 cōng 〈文〉玉に似た一種の美石.〔~琤 chēng〕玉の触れ合う音.

〔熜〕 cōng 〈文〉①かすかな火・熱気. ②⇒〔囱〕

〔聪・聰(聡・聰)〕 cōng ①聴力. 聴覚.〔左耳失~〕左耳が聞こえない. ②耳がさとい. ③賢明である.聡明(ぞう)である.賢い.
聪慧 cōnghuì 聡明である.さとい.〔那个人~极了〕あの人はたいへん賢い.
聪俊 cōngjùn 賢く美しい.
聪敏 cōngmǐn 賢く機敏である.〔那个孩子~〕あの子は小さくてかしこい.
聪明 cōng·míng ①〈文〉耳や目が鋭敏である. 天性優れて敏活である.〔~睿 ruì 智〕〈文〉天性聡明で知恵が優れている. 〔精 jīng 明〕②利口である.頭がよい. 賢い.〔~人〕利口者.〔人很~〕非常に利口である.〔~能干〕頭がよくやり手である.〔~反被~误〕〈諺〉策士策に倒れる.〔~一世,糊涂一时〕〈諺〉弘法も筆の誤り:〔糊涂〕は〔懵 měng 懂〕ともいう. ↔〔糊涂②〕〔愚 yú 蠢〕
聪悟 cōngwù 〈文〉聡明である.
聪颖 cōngyǐng 〈文〉聡明である.

〔从・從〕 cóng (Ⅰ)①つき従う.(…に)従う.〔~母赴津〕〈文〉母について天津へ行く.〔~风而靡〕風に従ってなびく. ②聞き従う. 言うことを聞く.〔言听计~〕〈成〉言は聞かれ計は用いられる.〔择 zé 善而~〕よいを選んでそれに従う.〔服~〕服従する.〔至死不~〕死すとも屈服しない.〔三 sān 从〕 ③従事する. 参加する. 仕事をする.〔~笔 bǐ〕〈文〉文筆仕事をする. ④これまで:否定の〔不〕〔没〕〔未〕の前に置く.〔~没见过〕今まで会ったことがない.〔~不迟到〕今まで遅刻したことがない.〔~未有过的大事〕かつてない大事件. ⑤従者. お供(とも).〔~者〕ともだと.〔仆 pú ~〕同前.〔侍 shì ~〕そばに仕える(者). ⑥附随的な. 次の.〔不分首~〕主犯・従犯の区別をしない〔罚する〕.〔主~〕主従.〔~物 wù〕〔法〕従物.〔~三位〕〈文〉従三位. →〔主 zhǔ ⑦〕 ⑦血は続いているが,その関係が遠いものである:例えば父と同じくするものが〔兄弟〕,伯・叔父の子が〔~兄弟〕という. ⑧〔姓〕従(ジ)

(Ⅱ)①…から…より:場所・時間の起点を表す.〔~这儿到那儿〕ここからあそこまで.〔~头至尾〕初めから終りまで.〔~旁协助〕そばから助ける.〔~哪儿起〕どこから来たか.〔~1988年直到现在〕1988年以来現在まで.〔~中吸取有益的东西〕その中から有益な点を汲み取る. →〔打 dǎ (Ⅱ)〕〔由 yóu ②〕〔自 zì (Ⅱ)〕 ②…から.…から来る:経由する場所を表す.〔~伙 huǒ 房门前过〕炊事部屋の前を通り過ぎる. ③…から:根拠・出発などを表す.〔~实际情况出发〕実際の情況から出発する. 〔~某一原則に従ってやる. ある方針に従う.一方に力を入れる.一方に傾く.〔~薪俸~丰〕給料はできるだけ多くする.〔~快查处 chǔ〕すみやかに処理する.

从便 cóngbiàn 都合のいいように. 随意に.〔请~安排〕〈牘〉万事都合のいいようにあんばいしてください.

从表兄弟 cóngbiǎoxiōngdì 〔表兄弟〕(姓の異なるいとこ)の関係にある者男の子供同士の関係に:〔表兄弟〕の女の子供同士の関係には〔从表姐妹〕. →〔堂兄弟〕

从表侄 cóngbiǎozhí 〔从表兄弟〕の子.

从伯 cóngbó 〈文〉父の同姓のいとこで年長の者の称.

从长计议 cóngcháng jìyì 〈成〉ゆっくりと相談する.〔现在天晚就不下就干,可你总是说什么~〕今はみんながやろうと言えばすぐそれを実行している,しかしきみはいつもじっくり相談しようなどと言っている.

从此 cóngcǐ これから. 今から.〔~以后〕今後. これから以後.〔~打开〕ここから開けよ(包装を解く箇所を指示する注意書き).

从打 cóngdǎ〔口〕…から.…より:〔从打〕に同じ.〔~去年就准备好了〕去年から準備は十分できている. →〔自 zì 打〕

从弟 cóngdì 〈文〉父の兄弟の息子で自分より年少の者.

从动 cóngdòng 〔機〕従動の. 駆動される:他から動力を得て作動する.〔~齿 chǐ 轮〕従動ギヤ. →〔从轮〕

从而 cóng'ér 従って. これによって.〔~坚 jiān 定信心〕これによって信念を固める.

从犯 cóngfàn 〔法〕従犯. またはその犯罪. →〔正 zhèng 犯〕

从父 cóngfù 〈文〉伯叔父.

从父兄弟 cóngfù xiōngdì ⇒〔从兄弟〕

从父姊妹 cóngfù zǐmèi 〈文〉父の兄弟の女の子:ふつう〔堂 táng 姊妹〕という.

从根到梢 cónggēn dàoshāo 根元から梢(こずえ)まで.〈喩〉初めから終りまで. 一部始終.

从根儿 cónggēnr 初めから. 根本から.〔这话要~说起可就长了〕この話は初めから話せば随分長くなる.

从公 cónggōng 〈文〉①公事を務める. 義務を履行する.〔枵 xiāo 腹~〕空腹(ぐう)で公事を務める.〈喩〉無給で働く. ②公平に.〔~办理〕公平に取り扱う. 公平に指示する処理する.

从姑 cónggū =〔从祖姑〕父の〔从父姊妹〕

从古至今 cónggǔ zhìjīn 〈成〉古(いにしえ)から今に至るまで.

从缓 cónghuǎn ①ゆっくり(する). ゆったりかまえる.〔~再议〕ゆっくり改めて議する. ②延期する.

从吉 cóngjí 〔回〕服喪中何かの理由でしばらく喪服をぬぎ吉服に着替えること:喪中にやむなく慶事を行

cóng 从

う時,招待状などに〔~〕と書いた.
从嫁 cóngjià 回花嫁の付き添い(女).
从价税 cóngjiàshuì 经從価税.→〔从量税〕
从俭 cóngjiǎn 節約する.〔凡事~〕万事倹約する.
从简 cóngjiǎn 簡略にする.〔为了节省时间,手续尽量~〕時間を省くために手続きはできるだけ簡略にする.
从谏如流 cóngjiàn rúliú 〈成〉よく人の忠告を聞き入れる.
从教 cóngjiào 教育に従事する.
从警 cóngjǐng 警察の仕事につく.警官になる.
从井救人 cóngjǐng jiùrén 〈成〉井戸に落ちた人を救おうとして自分も井戸へ飛び込む.〈喻〉命がけで他人を助けること.また誰のためにもならないことに冒険すること.
从句 cóngjù 语从文.節.節
从军 cóngjūn 〈文〉兵役に服する.入隊する.〔~行 xíng〕楽府(がふ)題の一:従軍の旅の辛苦をうたうもので,曲調は平調.古来から多くの人にうたわれている.
从宽 cóngkuān 大目にみる.寛大に取り扱う.〔念其过去有功,~处理〕過去の功績に免じて寛大に処置する.
从来 cónglái これまで(ずっと).〔他~都是胸怀坦tǎn 荡〕彼は昔からずっとさっぱりしてこだわらぬ性格だ.
从廉 cónglián 廉価に(する).格安に(する).〔售价总要格外~〕値段はとにかく格安にしなければならない.
从良 cóngliáng 旧娼妓が落籍する.身請けされ結婚する.〔某妓女现在从了良了〕某妓女は今は身請けされて結婚した.②奴婢が身代金を払って自由の身になる.→〔出 chū 水④〕
从量税 cóngliàngshuì 经從量税.→〔从价税〕
从流 cóngliú 〈文〉①流れに従う.②〈喻〉無定見である.→〔随 suí 波逐流〕
从龙 cónglóng 〈文〉帝王の創業に参加すること.〔~进关〕清初,満洲族が世祖に従って山海関を越え関内(中国本部)に入ったこと.
从略 cónglüè 簡略にする.〔各篇著者姓名皆~〕各篇の著者の姓名はみな省略した.→〔简 jiǎn 略〕
从轮 cónglún 机從輪.
从命 cóngmìng 命令に従う.仰せに従う.〔那就~吧〕では仰せに従いましょう.〔恭 gōng 敬不如~〕仰せに従う方が失礼にならなくてよい.→〔遵 zūn 命〕
从母 cóngmǔ 〈文〉母の姉妹の称:口語では〔姨 yí 母〕〔姨妈〕という.
从母兄弟 cóngmǔxiōngdì 〈文〉母の姉妹の子:口語では〔姨 yí(表)兄弟〕という.
从难 cóngnán 難しくする.
从农务工 cóngnóng wùgōng 技術を持つ農業経営をすること.
从女 cóngnǚ 〈文〉姪(めい):兄弟の娘の称:口語では〔侄 zhí 女(儿)〕という.
从旁 cóngpáng そばから.わきから.〔~观之〕〈文〉そばから見る.
从前 cóngqián 〔方〕从先 はるか前.昔.〔~来过一趟〕前に一度来たことがある.〔以 yǐ 前〕
从轻 cóngqīng 軽くする.緩やかにする.〔~减罚〕罰を軽減する.
从权 cóngquán 便宜に取り扱う.臨機の処置をとる.〔因时因地而采取~的办法〕その時,その場所により便宜な処置をとる.〔今宜~〕今は臨機応変でよい.
从缺 cóngquē 〈文〉欠けたままにする.

从戎 cóngróng 〈文〉従軍する.→〔从军〕
从容 cóngróng ①ゆったりと落ち着いている.〔~不迫〕〈成〉悠揚(ゆうよう)迫らぬ.ゆったりと落ち着いてこせつかない.〔~就义〕〈成〉正義のために平然と死ぬ.〔~自若〕〈成〉自若としている.〔态度又严肃又~〕態度は厳粛でしかも落ち着いている.②(金銭や時間に)余裕がある.緊迫していない.〔手头~〕手元に余裕がある.〔时间还早呢,尽 jǐn 可以从从容容地〕まだ時間は早いですから,十分ゆっくりできる.
从善如登 cóngshàn rúdēng 善に従うのは山に登るように難しいものである:〔~,从恶如崩〕〈谚〉善はなし難く,悪は行いやすし.
从善如流 cóngshàn rúliú 〈成〉他人の勧告をよく聞き入れること.
从商 cóngshāng 商業活動をする.商人になる.
从师 cóngshī 先生につく.師匠になる.
从实 cóngshí 真実のとおり.〔~回答〕ありていに答える.
从事 cóngshì ①従事する.仕事をする.〔~革命〕革命に身を投ずる.〔勉强~〕がんばってその事に当たる.②処理する.〔按军法~〕軍法により同罰.
从叔 cóngshū 〈文〉父の同姓のいとこで父より年少の者.
从属 cóngshǔ 従属する.従う.〔~关系〕従属関係.〔文艺是~于政治的〕文芸は政治に従属するものである.
从死 cóngsǐ 殉死する.
从祀 cóngsì 〈文〉脇に祭る.あわせ祭る.
从俗 cóngsú ①風俗習慣に従う.②流行を追う.
从速 cóngsù できるだけ早く(する).至急(取り扱う).〔~解决〕すみやかに解決する.
从孙 cóngsūn 〈文〉兄弟の孫の称:口語では〔侄 zhí 孙〕という.
从堂兄弟 cóngtángxiōngdì 〔堂兄弟〕の関係にある者の男子同士の関係,すなわち祖父の兄弟の孫同士の関係,父方のまたいとこ〔又从兄弟〕:女子同士の関係は〔从堂姐妹〕〔又从姊妹〕.→〔从表兄弟〕
从天而降 cóngtiān ér jiàng 〔从天而下〕ともいう.〈成〉①天から降る.突然来る.②〈喻〉思いのほか.意外.
从头(儿) cóngtóu(r) =〔方〕打 dǎ 头〕①初めから.改めて.〔~做起〕初めからやり直す.〔~再做〕改めてやり直す.
从头到尾 cóngtóu dàowěi 〈成〉初めから終わりまで.〔有始有终:从头至尾〕同.〔彻 chè 头彻尾,同.〔~诉 sù 明〕一部始終を訴える.〔~都说给我听〕一部始終を話して聞かせてください.
从外孙 cóngwàisūn 姉妹の孫の称.
从违 cóngwéi 〈文〉服従と背反.賛否.
从未 cóngwèi かつて…せず.まだ…したことがない.〔我~打过架〕ぼくはまだけんかなんかしたことがない.
从无到有 cóngwú dàoyǒu 〈成〉無から有になる.
从无生有 cóngwú shēngyǒu 〈成〉無から有を生ずる.
从先 cóngxiān →〔从前〕
从小(儿) cóngxiǎo(r) 幼い時から.小さい時から:〔〈文〉自 zì 小〕に同じ.〔宝玉和黛玉是一处长大的〕宝玉と黛玉は幼い時から一緒に大きくなったのだ.
从新 cóngxīn 新たに.改めて.〔~写一次〕もう一度新たに書き直す.〔~再做〕もう一度やり直す.〔~打鼓,另开张〕〈成〉新規まきなおし.〔~〕は〔重新〕ともいう.

从心所欲 cóngxīn suǒyù ①〈成〉思うままのことをする.したい放題をする. ②〈喩〉70歳.
从刑 cóngxíng 旧付加刑(公民権剝奪·没収など):[附 fù 加刑]ともいう.→[主 zhǔ 刑]
从兄 cóngxiōng 〈文〉父の兄弟の息子で自分より年長の者.
从兄弟 cóngxiōngdì =[从父兄弟]〈文〉祖父を同じくする同姓のいとこ,すなわち父の兄弟の子:口語では[堂 táng 兄弟]という.[再~]父方のまたいとこ:曾祖父を同じくする同姓のいとこ.→[从表兄弟][从堂兄弟]
从严 cóngyán 厳重に(する).厳しく(する).[~控 kòng 制]規制をひきしめる.
从业 cóngyè 就業する.就業する.[~员]従業員.
从医 cóngyī 医術の仕事につく.医者になる.
从一而终 cóngyī ér zhōng ①旧女性が節を守り再嫁しないこと. ②一生同じ職場で働くこと.
从艺 cóngyì (舞台)芸術活動に従事する.芸に生きる.
从影 cóngyǐng 映画界で働く.俳優になる.
从优 cóngyōu 優遇する(して).[待遇~]待遇は優遇する.
从者 cóngzhě 〈文〉従者.従僕.
从征 cóngzhēng 出征する.従軍する.
从政 cóngzhèng 政治に参与する:多く役人になること.
从中 cóngzhōng 中間に立って.中に立って.[~调 tiáo 停]中に立って調停をする.[~取利]利益を得る.[~大撈一把]間に入ってぼろもうけする.→[撒 piē 油]
从众 cóngzhòng 大衆に従う.
从重 cóngzhòng 重く(する).厳しく(する).[~治罪]厳重に処罰する.
从子 cóngzǐ 〈文〉兄弟の子,すなわち[侄 zhí]の称.
从祖姑 cóngzǔgū ⇒[从姑]
从坐 cóngzuò 〈文〉巻き添えを食って処罰される.→[连 lián 坐]

[丛·叢(藂·樷)] cóng ①群がる.集まる.[草木~生]草木が群り生ずる. ②草むら.灌木.[茂 mào 林~]茂った[木]灌木.[~草]草むら.[~竹]=[篁 huáng]竹藪. ③〈姓〉叢(ᵗ)

丛本藓 cóngběnxiǎn 旧メンボウゴケ.
丛残 cóngcán 〈文〉遺聞·逸事などを集める.[~小语]雑聞·逸事などを集めた書物.
丛祠 cóngcí 〈文〉茂っている樹木の中にある祠(ᵗ)や廟(ᵗ)
丛簇 cóngcù 〈文〉集まる.集める.
丛萃 cóngcuì 群がり集まる.
丛脞 cóngcuǒ 〈文〉煩雑.面倒.[~滋 zī 生]小さな事故が頻繁に起こること.
丛灌 cóngguàn 〈文〉木が密生して幹や枝の低く入り乱れているもの.
丛集 cóngjí ①群がり集まる.多くのものが一緒になる. ②多くのことを集め記した本.
丛刊 cóngkān 叢(ᵗ)書:書名に用いることが多い.→[丛书]
丛刻 cóngkè 木版印刷の叢書.→[丛书]
丛块根 cóngkuàigēn 旧薯(ᵗ)状の根が多数ついているもの:ダリアの根のようなもの.
丛林 cónglín ①密生している林.[~地帯]ジャングル地帯.[~战]ジャングル戦. ②(仏教の)大寺院.→[禅 chán 林]. ③旧(道教の)道観.
丛莽 cóngmǎng 草木が群がり茂る.
丛茂 cóngmào 群がり茂る.[树木~]樹木がよく茂る.

丛密 cóngmì 密生している.群がっている.
丛轻折轴 cóngqīng zhézhóu 〈成〉軽いものでも集まれば車軸が折れる:塵も積もれば山となる.
丛山 cóngshān 山なみ.[~峻岭]〈慣〉同前と険しい峰.
丛生 cóngshēng ①(草木が)群がり生える.[杂草~]雑草が同前. ②同時に発生する.[百病~]多くの病気が一時に出ること.[百弊~]弊害の多く生ずること.
丛书 cóngshū 叢書·双書:種々の書物を集録して一大部冊としたもの.
丛谈 cóngtán 種々の物語を集めたもの:多く書名に用いる.
丛帖 cóngtiè 古今の碑文の拓本を印刻したもの.
丛云 cóngyún 〈文〉群がり集まっている雲.
丛杂 cóngzá 〈文〉雑然(とした).[事务~]仕事が複雑である.
丛葬 cóngzàng 多数の死体を一緒に葬る(場所).
丛至 cóngzhì 〈文〉群がり至る.[万灾~]多くの災害が次々とやって来る.
丛冢 cóngzhǒng 〈文〉多数の無縁塚の集まった場所.また無縁仏を集めた大きな墳墓.

[淙] cóng

淙淙 cóngcóng 〈擬〉さらさらと水の流れる音.

[悰] cóng 〈文〉①よろこび. ②心情.[离 lí ~]別離の気持ち.

[琮] cóng 〈文〉固玉制の祭器:角柱で間に丸い穴がある.

[賨·賨] cóng 固四川·湖南一帯の少数民族.またその納めた賦税.[~人]同前の少数民族.[~钱]同前の金.[~布]同前に用いられた布.

cou ちヌ

[凑(湊)] còu ①かき集める.よせ集める.[生拼硬~]〈慣〉無理によせ集める.[~在一起玩儿]一緒になって遊ぶ.[这笔款子,凭他的力量并不是一下子集められない額ではない.[有工夫约上几个朋友~~吧]いつか暇なとき友人を数人呼んでにぎやかに~よう. ②(ちょうどよいところへ)ぶつかる.出会う.[正~上是个星期六]よいことに土曜日だ.[~机会]時期を得る. ③接近する.近づく.[往前一步]一歩前へ寄る.[你往前~着看什么]前へのりだして何を見ているのか. ④〈方〉マージャンを打つ.[~麻将]同前:[打 dǎ 麻将]に同じ.
凑巴 còuba 〈方〉かき集める.
凑便 còubiàn ついでに.[那笔款也不急,什么时候您~给补上就行了]あの金は急ぎません,ついでの時に(あと残りの分を)いただければよろしいです.
凑泊 còubó 〈方〉寄り集まる.[各种原因~成功的]各種の原因が寄り集まってできあがったものである.
凑凑合合 còucòu héhé 〈口〉~hēhē 間に合わせる.なんとか我慢する.[凑和③]に同じ.
凑搭 còudā 〈方〉集める.寄せ集める.
凑胆子 còudǎnzi 〈方〉一緒に連れだって力をつける.人数が多いので気が大きくなる.多人数で気勢をあげる.
凑对(儿) còuduì(r) (よせ集めて,または都合をつけて)対(ᵗ)にする.[他们俩可以~]④二人は似た者同士だ. ⑤あの二人はいっしょになれる.
凑份子 còufènzi ①寄付金·割り当て金などを各人

から集める(見舞金・礼物などを贈る).〔大家湊些分子热闹一天〕みんなの金を出し合って一日どんちゃん騒ぎをやろう.→〔份子①〕 ②⇒〔湊热闹(儿)②〕

湊合 còuhe〈口〉①(一つところに)集める(まる).②集める.つめよる.〔几个人~在一起商量一下〕数人で集まって相談する.〔慢慢儿地~过来了〕ゆっくりつめよった.〔~一个队〕一つのチームにかき集める. ③我慢する.間に合わせる.歩み寄る.〔两边一~这档儿 dàng 买卖就能成交了〕双方とも少し譲歩すれば今回の取引は成立できるだろう.〔这个东西虽然旧,还可以~着用〕この品物は古いがどうにか間に合わせて使える.〔~着吃〕一時しのぎに食べる.〔~事(儿)〕お茶をにごす.〔还~〕まあまあずまずである.〔这么一来实在~我了〕こうなってくると本当に都合がよい.

湊集 còují =〔湊聚〕寄せ集める.

湊近 còujìn 接近する.近寄る.〔我就胸口~他们的枪 giāng 剌,说:一点也不错〕(老・四・惶5)わしは胸を奴らの銃剣に近づけて,全くその通りだと言おう.

湊聚 còujù ⇒〔湊集〕

湊空 còukòng ①暇を利用して仕事をする. ②暇を作る.時間を都合する.

湊款 còukuǎn 金をかき集める.金を都合する.

湊理 còulǐ ⇒〔腠理〕

湊拢 còulǒng (ある所へ)近づく.集まる.

湊齐 còuqí 集めそろえる.

湊钱 còuqián 銭を出し合う.銭を集める.〔给他~吧〕彼に金を集めてやろう.

湊巧 còuqiǎo =〔白斗 dǒu 巧②〕①折よく.あたかも.都合よく.〔真不~…〕まことに具合悪く….→〔恰 qià 巧〕②折よく.都合よく.好都合だ.

湊趣儿 còuqùr ①人に取り入って喜ばせる.調子を合わせて面白がらせる.〔湊个趣儿〕何かやって面白がらせる.②冗談を言って笑わせる.〔你別~〕人をからかってはいけない.冗談言うな.〔他很爱~〕彼は冗談が好きだ.

湊热闹(儿) còurènao(r) ①興に乗って遊びの仲間に入る.〔不如今天晚上喝点儿酒湊湊热闹吧〕いっそ今晩は酒でも飲んで愉快に騒ごうではないか. ②=〔湊分子①〕にしゃってくる(来る).間(*)の悪い時に自分だけいない気になってやって来る.〔这里够忙的了,别再来~了〕こちらはいい加減忙しいんだから,これ以上邪魔されるのは御免だ.

湊手 còushǒu ①手に入っている.(金・人・物の)工面がつく.〔用的时候儿还不~必要な時にまだ工面がつかない.〔~不及〕工面しても間に合わない. ②手になじむ.使い勝手のよい.

湊数(儿) còushù(r) 一定の数をそろえる.頭数をそろえる.員数を合わせる.数の足しになる.

湊整儿 còuzhěngr まとまった数にする.〔湊个整儿给我吧〕切りのいい数にしてからください.

湊足 còuzú 集めそろえる.

〔**辏・輳**〕 còu〈文〉車輪の輻(や)が轂(こしき)に集る.→〔輻 fú 辏〕

〔**腠**〕 còu〈文〉肌のきめ.皮膚.

腠理 còulǐ 中医皮膚のきめと皮下筋肉の間に〔湊理〕とも書く.〔寒气入于~〕寒気が肌にしみる.〔~不密〕肌のきめが粗い.

cu ㄘㄨ

〔**粗(觕・麤・麁・麄)**〕 cū ①〈文〉玄米. ②粗雑である.ぞんざいである.おおざっぱである.〔~刷〕壁のあら塗り. ↔〔精 jīng②〕 ③そそっかしい.細心でない.〔心太~〕たいへん不注意である. ④あらまし.大略.〔~读了一下〕ざっと読んだ.〔~知皮毛〕表面的にあらましは知っている.〔~有头绪〕だいたい目鼻がついた.〔~具规模〕ほぼ形がととのった.〔~通俄é语〕いくらかロシア語がわかる. ⑤粗っぽい.ざらざらしている.すべっこくない.〔皮~肉厚〕皮が粗くて肉が厚い.〔这些瓷 cí 器太~了〕この瀬戸物は(きめが)粗い.〔一面光一面~〕片面はすべすべしており片面はざらざらしている. ⑥太くて長い.太くて大きい.幅が広い.〔画一条~线〕太い線を1本ひく.〔树干很~〕木の幹が非常に太い.〔身材~矮矮〕肉づきが良くて背が低い. ⑦〔細 xì①〕粒が大きくて粗い.〔~沙子〕粒の大きい砂. ⑧声が野太い.〔声音很~〕同前.〔嗓 sǎng 音很~〕同前. ⑨荒々しい.あらっぽい.粗野である.〔说话太~〕話があまりに乱暴だ.

粗安 cū'ān 〔牘〕まずは当方無事です.→〔安(I)⑤〕

粗暴 cūbào 荒々しい.乱暴である.〔性情~〕性格が粗暴だ.

粗苯 cūběn 化粗ベンゾール油.

粗笨 cūbèn ①(体格や性質が)不器用である.愚鈍である. ②(物が)粗末で大きい.〔屋里简单地摆着几件~家具〕部屋の中にはただ粗末で大きな家具がいくつか置いてある.

粗鄙 cūbǐ 下品である.野卑である.〔~不堪 kān〕はなはだ下品である.

粗脖子病 cūbózi bìng ⇒〔地 dì 甲病〕

粗脖子红筋 cūbózi hóngjīn 首を太くし青筋たてて怒る:いきりたつさま.〔有什么事慢慢说,干什么~的〕こときかっとして話してみろ,何でいきりたっているのか. →〔脸 liǎn 红脖子粗〕

粗布 cūbù ①=〔老 lǎo 布〕平織り綿布.シーチング:敷布地など.〔~衣〕てんじくの木綿など.〔本色~〕地色(ぢいろ)のシート地.〔漂 piǎo 白~〕白シート地.〔染色~〕色染めシート地. ②⇒〔土 tǔ 布〕

粗布缭衣儿 cūbù liáoyīr ひダン〉質素な普段着.〔~的就自己做做吧〕普段着ぐらい自分で作りなさい.

粗菜 cūcài 時季の野菜:収穫量が多く値段が安い大衆向け野菜.〔大 dà 路菜〕に同じ. ↔〔細 xì 菜〕

粗糙 cūcāo ①無骨である.きめが粗い.〔~的手〕ごつごつした手. ②粗雑である.ぞんざいに作ってある.〔饭食~得難以下咽所〕粗末な食べものがのどを通りにくい.〔手工很~〕細工が粗い.

粗糙度 cūcāodù 粗度(さ).粗さ.不平滑度:〔光 guāng 洁度〕ともいう.

粗茶淡饭 cūchá dànfàn 〔成〕粗末な飲食物.〔喩〕質素な生活:〔淡饭粗茶〕ともいう.〔过着~的生活〕質素な生活をする.

粗柴油 cūcháiyóu 化ガスオイル.

粗蠢 cūchǔn そこっである.がさつである.

粗瓷 cūcí 粗末な磁器. ↔〔细 xì 瓷〕

粗 cūcū ざっと.〔~看了一遍〕ひととわりざっと見た.

粗大 cūdà 粗くて大きい.ごつい.〔拿着一根~的手杖〕ごついステッキを手に持って.

粗点心 cūdiǎnxīn =〔糙 cāo 点心〕粗菓.駄菓子.〔请用点儿~〕どうぞ粗菓を召し上がってください.

粗恶 cū'è 粗野である.

粗　　　　　　　　　　　　　　　　　　　　　　cū

粗泛 cūfàn 大まかである.大ざっぱである.

粗纺 cūfǎng 〖紡〗粗紡:篠綿(ぼう)の繊維を粗紡機でさらに細く引き伸ばして撚(ね)りを加えること.〔一花呢〕同前の色物・柄物のウール(ポリエステル)織物.

粗放 cūfàng ①粗放.〔~经营〕〖経〗粗放経営.〔~农业〕粗放農業.②粗っぽい.粗雑である.③豪放である.↔〔集 jí 约〕

粗肥 cūféi 効力の低い肥料.

粗榧 cūfěi 〖植〗イヌガヤ.

粗浮 cūfú 粗暴で軽率である.

粗服乱头 cūfú luàntóu 〈成〉粗末な服装とぼうぼうの頭.身なりを飾らないこと:[乱头粗服]ともいう.

粗工 cūgōng ①粗雑な仕事.単純な力仕事.→〔粗活(儿)〕②雑役労働者.

粗估 cūgū 大ざっぱに見積もる.

粗犷 cūguǎng ①荒々しい.粗野である.②豪放である.こせこせしない.

粗憨 cūhān 粗野だが素直である.やや乱暴だが正直である.

粗悍 cūhàn 粗暴である.

粗豪 cūháo ①豪快である.②勇壮である.

粗黑 cūhēi 太くて黒い.

粗厚 cūhòu (声が)太くて厚い.

粗花呢 cūhuāní ⇒〖粗呢〗

粗话 cūhuà 俗ぽな話.下品な話.

粗活(儿) cūhuó(r) 力仕事.あら仕事.重労働.→〔粗工①〕

粗酒 cūjiǔ 絞る前の酒.発酵したての酒.

粗加工 cūjiāgōng 〖機〗粗(き)削り.

粗看 cūkàn 大ざっぱに見る.ざっと目を通す.

粗狂 cūkuáng 豪放である.

粗拉 cūla 〈口〉いいかげんである.雑である.〔粗粗拉拉 lā lā〕粗拉拉)同前のさま:[这点儿做得粗粗拉拉的]この細工は念が入ってない.

粗老 cūlǎo 〈方〉荒々しくて野暮ったい.

粗砺 cūlì ①研(と)ぎが粗い.なめらかでない.②荒々しい.

粗粒 cūlì 大つぶ(結晶などの).〔~化肥〕同前の化学肥料.

粗粝 cūlì ①〈文〉搗(つ)いてない米.玄米.②粗末な(食べ物).③荒々しい.

粗粮 cūliáng =[杂 zá 粮]〔〈方〉糙 cāo 粮]雑穀:米麦に対して,とうもろこし・高粱(ちゃん)・あわ・きび・えんばく・豆類などをいう.〔~细粮〕同前でも工夫しておいしくする.〈喩〉同じ材料でも加工次第で立派な製品にすること.↔〔细 xì 粮〕

粗劣 cūliè 粗雑で劣っている.

粗陋 cūlòu ①粗末で劣っている.作りが雑である.②野卑である.品がない.

粗鲁 cūlǔ 〔粗卤〕とも書いた.粗暴で愚鈍である.そっぽい.

粗略 cūlüè 粗い.大ざっぱである.緻密でない.〔~的估计〕おおよその見通し(見積もり)

粗麻布 cūmábù 〖紡〗ガンニー.

粗莽 cūmǎng 雑である.がむしゃらである.

粗眉大眼 cūméi dàyǎn 〈喩〉いかつい容貌.

粗米 cūmǐ (玄米や半搗(つ)き米など)精米していない米.

粗呢 cūní =〔粗花呢〕〖紡〗ツイード.

粗朴 cūpǔ ①素朴である.②がっしりしている.

粗气 cūqì 粗い息(遣い).〔口喘着~〕ハアハアと荒い息を吐いている.

粗汽油 cūqìyóu ⇒〖石 shí 脑油〕

粗浅 cūqiǎn 浅薄である.大ざっぱで深くない.

粗人 cūrén ①無骨で粗野な人.②〈謙〉学の無い者.〔我是个~〕私は無学な者です.

粗绒 cūróng カルゼ:綾織の羊毛布地の一種.おもに軍服・外套などに用いられる.

粗涩 cūsè (声が)がらがらしている.

粗沙 cūshā 大粒の砂.

粗纱 cūshā 〖紡〗太撚手の線糸.〔~机〕粗紡機.〔~间〕(紡績工場の)粗紡部.↔〔细 xì 纱〕

粗纱头机 cūshā tóujī 〖機〗ピッカー.

粗声暴语 cūshēng bàoyǔ 〈成〉粗暴な言葉.荒々しい声と言葉.

粗实 cūshi 太くて堅い.

粗手笨脚 cūshǒu bènjiǎo 〈成〉手先の無器用なこと.

粗梳 cūshū 〖紡〗カーディング.〔~毛纺〕紡毛糸.〔~棉纱〕綿紡糸.

粗疏 cūshū ①大ざっぱで細心でない.いいかげんである.②(毛や糸が)太くて密でない.

粗率 cūshuài 粗雑である.そそっかしく,大ざっぱである.

粗丝 cūsī ①太い絹糸.②下等繭と玉繭からとった粗悪な絹糸.

粗饲 cūsì 粗悪な飼料.〔耐 nài ~的家畜〕粗飼料で飼える家畜.〔~料 liào〕粗飼料:草・わらなど.↔〔精 jīng 饲料〕

粗俗 cūsú (言葉・態度が)低俗・粗野である.

粗通 cūtōng ほぼ通じている.〔我刚学了一年的汉语,不过~就是了〕中国語を1年習っただけで,少しわかったというだけです.〔~文墨〕ちょっと読み書きできる.

粗腿 cūtuǐ ①太い足.②〈喩〉勢力者.

粗腿病 cūtuǐbìng ⇒〖丝 sī 虫病〕

粗细 cūxì ①太さ.細さ.〔有大拇指那么~〕親指ほどの太さがある.〔碗口~〕お碗ほどの太さ.②細(さ)かさ.仕事の出来栄え.〔活儿的~〕細工の出来栄え.

粗线条 cūxiàntiáo ①(書・画で)太い線.②荒削り(な性格・文章・筋立).がむしゃらな(人柄・やりかた).〔他为人表面上~〕彼の人柄は見たところ荒削りだ.

粗削 cūxiāo =[车 chē 毛刀]〔车毛坯〕〔车 máo 刀〕〔刨 bào 毛坯〕〖機〗荒仕上げ:〔粗刨〕〔粗车〕ともいう.

粗削刀具 cūxiāo dāojù 〖機〗荒仕上げ工具:〔〈方〉开 kāi 荒刀〕〔〈方〉毛 máo 坯刀〕ともいう.

粗心 cūxīn 考えがそそっかしく不注意である.〔~人〕そっかな人.〔~错 cuò 误〕ケアレスミス.

粗心大意 cūxīn dàyì 〈成〉そそっかしくて不注意なさま.〔做任何一件事情都不能~〕どんなことをするにしても,いい加減にやってしまってはいけない.→〔马 mǎ 马虎虎〕

粗心浮气 cūxīn fúqì 〈成〉そそっかしくて上調子なこと.

粗选 cūxuǎn 大まかに原料を仕分ける.

粗哑 cūyǎ 声がしゃがれている.〔~声〕だみ声.

粗盐 cūyán あら塩.

粗野 cūyě 粗野である.

粗硬 cūyìng ①太くて硬い.②声が大きく荒々しい.

粗乐 cūyuè 〔音〕銅鑼(ら)や太鼓などの騒々しい音色.↔〔细 xì 乐〕

粗针大线 cūzhēn dàxiàn 粗い針仕事.飛ばし針の粗縫い.

粗枝大叶 cūzhī dàyè 〈成〉大ざっぱである.おおまかである.そそっかしい.〔~地写完了稿子〕いいかげんに原稿を書き終えた.→〔粗浅〕

粗支头 cūzhītóu 〖紡〗太番手.↔〔细 xì 支头〕

粗制滥造 cūzhì lànzào 〈成〉粗製乱造である.

粗制品 cūzhìpǐn 粗製品.未完成品.

粗中有细 cūzhōng yǒuxì 〔成〕大まかであるが、また細かいところにもよく気がつく.

粗重 cūzhòng ①(声が)太くて大きい.〔～的息声〕荒々しい息づかい.②(手や足が)太くたくましい.③(物が)大きくて重い.④(線が)太くて大きい.〔～的笔道儿〕肉太の筆画.〔浓黑～的眉毛〕太くて濃い眉.⑤(仕事が)大変で骨が折れる.〔～的活儿〕荒仕事.力仕事.

粗馔 cūzhuàn〈文〉粗末な料理.

粗壮 cūzhuàng ①(人や物が)ごつい.頑丈である.〔身材～〕体ががっちりしている.〔～的绳子〕頑丈な縄.〈方〉(声が)太くて大きい.

粗拙 cūzhuō そんざいで下手である.〔别看手工～,做得可是真结实〕細工が不器用で下手だが作りはどうして至極頑丈にできている.

〔徂〕 cú〈文〉①行く.至る.〔自西～东〕西より東へ行く.②死ぬ.〔～落 luò〕同前.→〔殂〕③始める.

徂来 cúlái〈文〉①往来する.②(地)山東省泰安市の東南にある山.

徂暑 cúshǔ〈文〉①暑くなり始める.②旧暦6月の別称.

〔殂〕 cú〈文〉逝去する.死ぬ.

殂谢 cúxiè〈文〉死亡(する)

〔卒(奉・卆)〕 cù〈文〉にわかに.突然.〔猝〕に同じ.〔脑～中 zhòng〕(中医)脳卒中.→ zú

卒暴 cùbào〈文〉にわかに.

卒卒 cùcù〈文〉慌ただしい(しく).〔～无须臾 yú 之闲〕慌ただしくて少しの暇もない.

卒倒 cùdǎo ①(中医)脳貧血または脳出血.②(同前で)卒倒する.めまいがして急に倒れる.

卒然(间) cùrán(jiān) ⇒〔猝然(间)〕

卒中 cùzhòng(中風).中風.中気.〔中风〕ともいう.〔脑～〕脳卒中.

〔猝〕 cù =〔卒〕〈文〉にわかに.急に.突然.〔～尔 ér〕同前.〔～而起〕突然起こる.だしぬけに始まる.〔～起变化〕急に変化が起きる.〔不及防〕にわかに防ぐいとまがない.〔匆〕忙しい.慌ただしい.

猝倒病 cùdǎobìng 〔植〕立ち枯れ病.〔松苗～〕松苗の立ち枯れ病.

猝发 cùfā 突発(する).〔心脏病～〕心臟病が突然起こった.

猝然(间) cùrán(jiān) =〔卒然(间)〕突然.にわかに.不意に.〔～不知如何是好〕いきなりでどうしたらいいのかわからない.

猝死 cùsǐ 突然死.急死;〔急 jí 死〕に同じ.

〔促〕 cù ①(時間)が迫る.せわしくなる.さし迫る.〔时间短～〕時間が短く迫っている.〔急～〕迫 pò ~〕さし迫っている.せきたてられる.②急がせる.促す.〔督 dū～〕督促する.〔催 cuī～〕催促する.〔～离 lí 事务所离婚・离職を促進するための探偵事务所.〔～产品〕生産を促進する.〔～发购买欲〕購買意欲を触発する.〔~其发展〕の発展を促す.〔～赵兵亟入关〕〈文〉趙の軍勢を促して急いで関に入らせた.③〈文〉接近する.近づける.④狭い.せせこましい.こせこせする.→〔促狭②〕⑤〈姓〉促(ぞ)

促步 cùbù 〈文〉忙しく歩く.

促成 cùchéng 促進する.促して完成させる.

促红细胞生成素 cù hóngxìbāo shēngchéngsù
〔生理〕エリスロポイエチン.EPO;赤血球細胞増加促進ホルモン.

促减 cùjiǎn すり減らす.〔～寿算〕寿命を縮める.

促节竹 cùjiézhú 節の密な竹.

促进 cùjìn 促進する.促す.〔～派〕促進派.積極派.〔～中日学术交流〕日中間の学術交流を促進する.

促脉 cùmài (中医)速くて結滯する脈.→〔脉象〕

促忙 cùmáng 忙しい.〔匆 cōng 忙〕

促迫 cùpò せきたてて促す.つき上げる.

促请 cùqǐng 要請する.

促染剂 cùrǎnjì 〔催 cuī 化剂〕

促肾上腺皮质激素 cù shènshàngxiàn pízhì jīsù
〔生理〕コルチコトロピン(副腎皮質刺激ホルモン.ACTH).→〔肾上腺〕

促声 cùshēng (語)古漢語声調の〔入 rù 声〕に同じ.〔舒 shū 声〕に対していう.〔四 sì 声〕

促生素 cùshēngsù ⇒〔生物素〕

促使 cùshǐ 促す.促し…させる.〔～他进步〕彼の尻をたたいて進歩させる.

促死促灭 cùsǐ cùmiè 呪い殺す.

促退 cùtuì 後退させる.後ずさりする.〔～派〕後退派.

促膝 cùxī ひざをつき合わせる.ひざを交える.〔～谈心〕〔～而谈〕腹蔵のない話をする.

促席而坐 cùxí ér zuò ⇒〔促坐〕

促狭 cùxiá 〈方〉①悪ふざけする.〔他真～,惯会恶作剧〕彼はよく悪ふざけをする、まったく殺生だ.〔～嘴〕意地悪く口汚ない.②度量が狭くこせこせしている.陰険な.〔你可小心、这家伙慣使～〕きみ気をつけたまえ、こいつは人をたぶらかしつけてるんだから.

促狭鬼 cùxiáguǐ 悪ふざけの好きな人.

促销 cùxiāo (商品の)販売促進(をする).〔～活动〕同前のキャンペーン.

促织 cùzhī ⇒〔蟋 xī 蟀〕

促装 cùzhuāng〈文〉急いで旅装をととのえる.

促坐 cùzuò〈文〉席を近づけて座る.ひざを交える:〔促席而坐〕の略.

〔酢〕 cù 古く〔醋①〕に通用した.→ zuò

酢浆草 cùjiāngcǎo 〔植〕カタバミ;茎・葉に酸味がある.〔三 sān 角酸〕〔水 shuǐ 晶花〕〔酸 suān 箕〕〔酸浆(草)〕〔酸米草〕〔酸母草〕〔酸三咖〕〔酸味草〕は別称.〔山～〕ヤマカタバミ.

〔瘄〕 cù 〔～子〕〈方〉麻疹.はしか;〔麻 má 疹〕に同じ.

〔醋〕 cù ①酢.また酢を使ったもの;古く〔酢〕を用いた.〔米～〕米酢.②〈口〉やきもち.嫉妬.〔吃 chī～〕やきもちをやく.〔有～意・やきもちを焼いている.〔看了这个光景～得不得了 liǎo〕その様子を見てひどく怪気(が)した.〔他又吃～了〕彼はまたやきもちを焼いた.〔食～醋①〕

醋大 cùdà (旧)貧乏書生.失意の読書人;〔措 cuò 大〕に同じ.

醋酐 cùgān ⇒〔醋酸酐〕

醋罐子 cùguànzi ⇒〔醋坛子〕

醋海生波 cùhǎi shēngbō 〈喩〉やきもちを焼いて騒動を起こす.

醋浆 cùjiāng ⇒〔酸 suān 浆①〕

醋劲儿 cùjìnr 嫉妬心(の程度).〔他的～不小〕彼の嫉妬心は強い.

醋精 cùjīng 白酢.

醋栗 cùlì (植)スグリ近縁種(ユキノシタ科の落葉低木),またその果実.

醋溜 cùliū 料理法の一種.酢あんかけにしたもの.〔～鱼〕(料)魚を油で揚げて酢あんかけにしたもの.

醋柳酸 cùliǔsuān ⇒〔阿 ā 司匹林〕

醋烹 cùpēng 鍋に油をしき酢を入れ炒める料理法.

醋簇簇憱蹴蹵顣蹙氽撺镩蹿 cù~cuān

[~豆芽] もやしの油いため.
醋瓶子 cùpíngzi ①酢の瓶. ②〈喩〉やきもち焼き. →[醋坛子②]
醋醛 cùquán ⇒[乙yǐ醛]
醋酸 cùsuān 化 酢酸:[乙yǐ酸]の通称.[冰bīng~]氷酢酸.[~钾jiǎ]醋酸カリウム(酢剤).[~乙酯]醋酸エチル.[~戊酯 wùzhǐ]醋酸アミル.[~丁dīng酯]醋酸ブチル.[~酐][醋酐]無水酢酸.[~肾上腺 shèn pí zhì 酮tóng]酢酸コルチゾン(コーチゾンアセテート).→[酸⑤]
醋酸丝 cùsuānsī 同下.
醋酸纤维 cùsuān xiānwéi =[醋酸丝][醋纤丝][醋酯纤维] 紡 アセテート.アセテート人絹.→[人rén 造丝]
醋酸盐纤维 cùsuānyán xiānwéi 紡 アセテートセルロース纖維.
醋蒜 cùsuàn 酢づけにんにく.
醋坛子 cùtánzi =[醋罐子] ①酢を入れるかめ. ②〈喩〉ひどいやきもち焼き.[打碎~]やきもち焼いて騒動を起こす人.
醋胺 cùàn ⇒[乙yǐ酰苯胺]
醋纤丝 cùxiānsī =[醋酸纤维]
醋酸乙氧苯胺 cùxiān yǐyǎng běn'àn ⇒[非fēi那西丁]
醋心 cùxīn 胸やけ.[白薯吃多了,常会~的]さつまいもをたくさん食べると胸やけがすることがよくあるのだ.
醋性 cùxìng ①酸味. ②(男女間の)嫉妬心.
醋意 cùyì (男女間の)嫉妬心.やきもち.
醋座 cùzuò 〈方〉[~人]〈喩〉圆山西人のしみったれ.→[京jīng 油子]
醋酯纤维 cùzhǐ xiānwéi ⇒[醋酸纤维]

[**簇**] cù 農 蚕まぶし:蚕具の一.稻藁(áo)で作り蚕をとまらせ,まゆをかけさせるもの.[蚕cán~][山shān~]同前.[上shàng~][山山~]②[方格~]竹や木を組んだ格子([~架])という)に厚紙で作った[~片]をはめ込んで作ったもの.[折zhé~]稲のわらを三角の山形(プリズム形)に編んだものの[蚕山]ともいう.[蜈wú蚣~][草龙]縄を中心にしてそれと直角になるような同じ長さの太い草の茎をよじり合わせたもの.形状がむかでに似ている.

[**簇**] cù ①ひしめき合う.[~聚jù]同前.[群山攒cuán~](成)山山が寄り重なっている. ②群をなす.群がる.[花团锦~](成)花がひとかたまりになって咲き,錦(錦)が群をなしたようにきらびやかで美しい.[团团~]群がる. ③量詞.群れを表す.[一~人]ひと群れの人.[一~鲜花]一束の花. ④きわめて.[~新]真新しい.

簇居 cùjū 群居する.
簇捧 cùpěng ⇒[簇拥]
簇射 cùshè 物 シャワー:宇宙線が空気などを通過中に,中間子などの粒子を放射状に発生させること.[宇宙线~]宇宙線シャワー.
簇生 cùshēng 生生する.
簇拥 cùyōng =[簇擁][簇擁]群がり取り囲む.どっと取り囲む.[~着]工人们~着自己的代表,热烈地欢呼着]労働者たちが群がり自分たちの代表を取り囲んで気勢をあげている.

[**憱**] cù 〈文〉心が落ち着かないさま.

[**蹴**(**蹵**)] cù 〈文〉①足で物を蹴る.[~尔而与之,乞人弗屑 fúxiè 也](孟子·告子)足で蹴って与えれば,物乞いでももらうことを潔しとはしない.[~踢 tī①]②踏む.[~踏tà]同前.[进行工作应有步骤 zhòu,不能一~而就]

仕事を進めるには順序がある,一足飛びに成しとげることはできない. ③後につく.
蹴鞠 cùjū 蹴鞠(がる) 遊び:古代の遊戯の一.
蹴然 cùrán 〈文〉①つつしむさま. ②不安なさま.

[**跡**] cù (Ⅰ)〈文〉いぶかるさま.[~尔ěr]同前. (Ⅱ)⇒[蹙]
[**顣·顩**] cù 〈文〉眉をひそめる.
[**蹙**] cù =[跡(Ⅱ)]〈文〉①迫る.急迫する.[形势迫~]情勢が急迫する.[穷qióng~]せっぱつまる. ②皺(háo)をよせる.しかめる.[颦pín~][~眉](眉をひそめて)心配顔をする.[眉头紧~]眉をしかめる.
蹙蹙 cùcù 〈文〉かがんで小さくなっているさま.縮んでいるさま.
蹙额 cù'é 〈文〉額にしわをよせる.心配する.
蹙然 cùrán 〈文〉愁えるさま.不安のさま.

cuan ㄘㄨㄢ

[**氽**] cuān ①料理法の一種.沸騰した湯に食材を入れ,さっと煮たてること:[撺⑥]とも書く.[~黄瓜片儿]薄切りにしたきゅうりの同前.[~白肉]豚肉の同前.[~三片]豚の腿肉·鷄肉及び筍(ぐ)を薄く切ったものの同前.[~三丝]鷄肉·ハム·筍などを細切りにしたものの同前.[~三鲜]肉など3種類の材料を入れてさっと煮たもの.[用魚~汤]魚で吸物をたてる. ②〈口〉[焯chāo]〈子〉を使って強火で急速に湯をわかす.[~了一氽子水]早わかしでお湯をわかした. ③⇒[氽子]
氽汤 cuāntāng 吸い物を作る.スープを作る.
氽丸子 cuānwánzi =[川 chuān 丸子] 食薄味の汁でさっと煮た肉だんご.
氽子 cuānzi 〈口〉ブリキ製の細長い円筒形の湯わかし:石炭こんろの中につっ込んで急速に湯をわかすもの.→[吊 diào 子]

[**撺·攛**] cuān ①そそのかす. ②捨てる.なげうつ. ③急いで物事をする.急いで頑張る.[临时现~]その時になってから急いでやる. ④〈口〉起る.[知道这个消息,他可~儿了]この便りを知って,彼は怒りを爆発させた.[别把他惹rě~了]彼にかんしゃくを起こさせるな. ⑤跳ぶ.跳び込む. ⑥⇒[氽①]
撺掇 cuānduo 〈口〉そそのかす.おだてる.[在旁边儿~]そばからおだてる.[听了什么人的~]誰のおだてにのったのか.[三姐本来不想买,让他一~,心思也就活动了]三姐はもともと買うつもりはなかったが,彼にそそのかされて,気持ちも出てきて.
撺弄 cuānnong そそのかす.たぶらかして…させる.[这场是非是谁~出来的?]この騒動は誰がそそのかしてしでかしたんだ.

[**镩·鑹**] cuān ①錐(ぎ).[冰 bīng~][~子]アイスピック. ②錐で氷を砕く.[~冰]水を割る.

[**蹿·躥**] cuān ①飛びかかる.[~蹦 bèng]飛び回る.[~高]跳び上がる.[往上~,把球接住]跳び上がって,ボールを受けとめる.[猫~到树上去了]猫が木の上へ跳び上がった. ②〈口〉外へ吹き出す.[鼻 bí 子~血]鼻から血がドバッと出る.
蹿奔 cuānbēn 飛んだり跳ねたりする.
蹿跶 cuānda 飛び跳ねる.
蹿动 cuāndòng 跳ねあがる.
蹿房越脊 cuānfáng yuèjǐ 屋根から屋根へと伝わり

cuān～cuī

蹿

跳び越える（剣客小説などに見える）.〔飞 fēi 贼可以～〕身軽な泥棒は屋根を伝わり跳び越えていく.

蹿个儿 cuāngèr （背が）急に伸びる.

蹿行 cuānháng 急ぎ売る.〔上市去～〕市(ミ)へ持って行って急いで売り払う.

蹿红 cuānhóng 一躍人気者になる.〔～的演员〕同前の俳優.

蹿火 cuānhuǒ 〈方〉腹が立つ.

蹿货 cuānhuò 〈方〉売れ筋の商品.

蹿年 cuānnián 〔攒年〕とも書く.正月をあてこんで年越し用の商品を売る(こと)

蹿升 cuānshēng 急に上がる：〔股市～〕株式の相場が同前.

蹿腾 cuānteng 〈方〉飛んだり跳(ハ)ねたりする.

蹿跳 cuāntiào とびはねる.とびかかる.〔蹿山跳涧〕山や渓谷を飛び回る.

蹿挺子 cuāntǐngzi （植物などが）早く伸び太くなる.

蹿稀 cuānxī 〈方〉下痢する.

蹿跃 cuānyuè 飛び上がる.

蹿越 cuānyuè 飛び越える.

〔攒・攢(欑)〕 cuán

寄せ集める.〔大家一点儿钱帮帮他的忙吧〕皆で金を少しずつ出し合って、彼を援助しよう.〔凑 còu 零件～成一辆车〕部品をかき集めて、1台の車を作った.〔眉头子～成一个疙 gē 瘩〕眉根にこぶのようにしわがよる.〈喩〉苦慮するさま.→攅

攒拌儿 cuánbànr 〈方〉大勢でかかる.〔这么点活儿,大伙儿一～就完了〕このくらいの仕事は,大勢でとりくみさえすればすぐに終る.→〔围 wéi 剿〕

攒凑 cuáncòu 寄せ集める.〔～本钱〕資本金を集める.

攒簇 cuáncù 〈文〉群がり集まる.

攒动 cuándòng 人波を打つ.

攒份子 cuánfènzi （割り前で寄付金などを）皆で出し合う.〔大家～〕皆で金を少しずつ出し合う(一定の金額ずつ).→〔出 chū 份子〕

攒盒 cuánhé 数種の果物や菓子を盛る仕切りのある箱.

攒机 cuánjī 部品を集めて製品にする.

攒集 cuánjí 集中する.

攒劲 cuánjìn 力を傾注する.努力する.〔攒足了劲〕全力を傾注する.

攒聚 cuánjù ひと所にかたまる.

攒眉 cuánméi 眉をしかめる：憂愁のさま.〔～苦思〕〈成〉眉をしかめて苦慮する.

攒殴 cuán'ōu 〈文〉大勢集まって一人を殴打する.袋だたき(にする).→〔围 wéi 剿〕

攒盘(儿) cuánpán(r) ⇒〔冷 lěng 盘(儿)〕

攒钱 cuánqián 金を寄せ集める(出し合わせる).→〔出 chū 份子〕

攒三聚五 cuánsān jùwǔ 〈成〉三々五々集まるさま.ぞろぞろ一か所に集まるさま.

攒少成多 cuánshǎo chéngduō 〈成〉少しずつ集めてたくさんにする.

攒射 cuánshè 矢が集中する.集中射撃する.集中砲火をあびせる.

攒馅儿 cuánxiànr 寄せ集めのあん：〔饺 jiǎo 子〕の具のように各種の材料を混ぜたもの.

攒足 cuánzú 集中する.〔气力～〕全力をふりしぼる.〔一体力全身の力を傾中する.

〔窜・竄〕 cuàn

①こそこそ逃げる.ばらばらに逃げ隠れる.〔～出去〕同前.〔东奔西～〕〈成〉あちこち逃げ回る.〔抱 bào 头鼠～〕〈成〉頭をかかえてこそこそ逃げる(かっこむ).〔逃 táo ～〕逃亡する.②（文字を）書き改める.

書きかえる.〔改 gǎi ～〕〔修 xiū ～〕改竄(氵)する.〔点 diǎn ～〕字句を書き改める.③〈文〉放逐する.島流しにする.〔～逐〕同前.

窜定 cuàndìng 改定する.〔这个时间表恐怕得从新～〕この時間表はおそらく初めから改定しなおさなければいけない.

窜动 cuàndòng ⇒〔轴 zhóu 端隙〕

窜犯 cuànfàn （匪賊や敵軍の一群が）侵犯する.〔妄 wàng 図～边境〕国境侵犯をたくらむ.

窜伏 cuànfú 潜伏する.

窜改 cuàngǎi （成句・文書などの文字を）改竄(氵)する.

窜迹 cuànjì 逃亡して行方をくらます.〔～国外〕国外に逃亡して行方をくらます.

窜居 cuànjū 〈文〉逃げ隠れて居座る.

窜匿 cuànnì 〈文〉逃げ隠れる.

窜扰 cuànrǎo 各地に出没して擾(ﾕ)乱すること.こそこそ逃亡する.

窜逃 cuàntáo こそこそ逃げる.

〔篡(簒)〕 cuàn

①（権力などを）奪い取る.〔～党〕〔～党夺权〕党の(指導権)を同前.〔王莽～汉〕王莽が漢の帝位を奪った.②改竄(ガ)する.〔～纂〕同前.

篡夺 cuànduó （権力などを）奪い取る.乗っ取る：〔篡夺〕同前.

篡改 cuàngǎi （理論・政策などを）歪曲する.曲解する.すりかえる.

篡国 cuànguó 国家権力を奪取する：〔窜国〕とも書いた.

篡窃 cuànqiè 奪い盗む.

篡权 cuànquàn 権力を奪い取る：〔窜权〕とも書いた.

篡位 cuànwèi 天子の位を奪い取る.

〔爨〕 cuàn

①〈文〉物を煮る.飯を炊く.〔炊 chuī ～〕炊事をする.〔分～〕かまどを分ける：一家の兄弟が別々に所帯を持つた.〔同居各～〕同居していて食事はそれぞれにする.②〈文〉かまど.〔厨 chú ～〕炊事場.台所.〔同一井～〕同じ井戸・同じかまどの同居生活.③〔彝 yì 族〕の古名.〔乌 wū ～〕同前.〔～文〕彝文〕彝族の文字.④〈姓〉爨(ガ)

爨妇 cuànfù 〈文〉炊事婦.

cuī ㄘㄨㄟ

〔衰〕 cuī

①〈文〉等級によって下っていく.〔～次 cì〕同前.→〔等 děng 次〕 ②⇒〔缞〕→ shuāi

〔缞・縗〕 cuī

〈文〉粗い麻布製の喪服：古代、3年間の喪に服するときの喪服で胸に大きな麻布をつけた.〔衰②〕とも書く.〔～服 fú〕同前.〔～墨 mò〕同前の麻布に墨を塗った服装：同時にあって出陣する時の服装.〔～衣 yi〕〔～绖 dié〕喪服.〔～斩 zhǎn 衰〕

〔榱〕 cuī

〈文〉（家屋の）たるき：〔椽 chuán 子〕に同じ.

〔崔〕 cuī

①〈文〉（山や建物が）高大なさま.〔～嵬〕同前.②〈姓〉崔(ガ)

崔嵬 cuīwéi 〈文〉高くて雄大である.〔山势～〕山が高く大きい.

崔巍 cuīwēi 〈文〉①岩のある山.②高大なさま.

〔催〕 cuī

①〈文〉（山や建物が）高大なさま.〔～促〕同前.②〈文〉促す.催促する.急がせる.〔～一～他！〕彼をせきたてなさい.〔～付〕支払いを督促する.〔～缴 jiǎo〕納入催促（する）.〔～场 chǎng〕登場をうながす.〔他赶紧办〕彼に急いでやる（処理する）よう促す.〔～马追赶〕馬を急が

せて追いかける.②促進する.早める.→〔催眠〕③〈姓〉催(さ)
催巴儿 cuībar 〈方〉走り使い.雑用係:〔催把儿〕とも書く.
催办 cuībàn 急き立てる.実行を促す.
催逼 cuībī 催促し迫る.
催膘 cuībiāo 短期間に牛・馬などへ大量の高カロリーの飼料を与え成長を促す.
催并 cuībìng 早める.
催产 cuīchǎn ⇒〔催生①〕
催呈 cuīchéng 旧役所に提出した願書の処理の催促を願い出ること.
催促 cuīcù 催促する.促す.〔他~同志们去休息〕彼は皆に休みに行くようにと促した.
催发 cuīfā 発生や誕生するように促す.
催肥 cuīféi 〔肥育〕
催赶 cuīgǎn ①催促して急がせる.②放牧する.
催告 cuīgào 法催告(する)
催耕鸟 cuīgēngniǎo ⇒〔布 bù 谷(鸟)〕
催归 cuīguī 急ぐことを促す.〔接到~的电报〕帰省を促す電報を受けとった.②⇒〔杜 dù 鹃①〕
催花雨 cuīhuāyǔ 〈文〉春雨:〔春 chūn 雨〕に同じ.
催化 cuīhuà 化触媒(作用).〔~作用〕同前.〔~反应〕触媒反应.〔~剂〕触媒:〔促 cù 染剂〕ともいう.〔触 chù 媒〕は旧称.
催泪弾 cuīlèidàn 〔催泪弹〕
催领単 cuīlǐngdān 受領督促状.
催马 cuīmǎ 〈文〉馬を急がせる.馬を走らせる.
催眠 cuīmián 催眠.〔~术〕催眠術.〔~药〕催眠薬.睡眠薬.〔~曲〕〔摇 yáo 篮曲〕子守歌.
催命 cuīmìng 他人の死を早める.〈喩〉人をひどく責めたてる.瀬戸際まで追いつめる.〔~符〕〈喩〉同前のまじないのお札(ふだ).〔~鬼〕〈喩〉同前をする人.
催奶 cuīnǎi 乳の出をよくする:〔催乳 rǔ〕〔下 xià 奶〕に同じ.〔~剂〕催乳剤.
催迫 cuīpò 催促する.逼(せ)迫する.
催青 cuīqīng ①植物の発芽や青く色づくのを促すこと.②蚕の種紙を温めて孵化(ふか)を早める.③⇒〔春 chūn 化処理〕
催情 cuīqíng (動物の雌の)発情を促す.〔~药 yào〕発情促進薬.
催请 cuīqǐng 旧招宴のとき定刻に使いの者を招待を受けている人の家へ行かせて出席を促すこと.〔恕 shù 不一〕あらためて出席のご催促はいたしません(どうぞご出席願います)
催生 cuīshēng ①=〔催产〕医出産を促進させる.〔~符 fú〕安産のお札(ふだ).〔~药〕〔激〕素]陣痛促進ホルモン.〔~针〕陣痛促進注射的.旧〔~婆〕接 jiē 生婆〕産婆.助産婦.〔为新社会~〕〈喩〉新しい社会が早く生まれるようにする.②旧出産前月(またふた月前)に出産を祝い促す意味で里方から滋養食品や子供用品などの贈り物を届けること.〔~礼〕同前.
催收 cuīshōu ⇒〔催讨〕
催熟 cuīshú 農(物理・化学的方法で)植物の果実の成熟を早めること.
催税 cuīshuì 税金を督促する.
催索 cuīsuǒ 催促する.
催讨 cuītǎo 〔~债〕催促する(金銭の支払いなど)
催吐剂 cuītǔjì 医吐薬.吐剤.
催问 cuīwèn 念を押して聞く.
催醒剤 cuīxǐngjì 興奮剤.
催询 cuīxún 催促し問い合わせる.
催芽 cuīyá 農種子の発芽を促進させる.
催债 cuīzhài 旧済を催促する.
催账 cuīzhàng 勘定を催促する.

催征 cuīzhēng 督促して徴収する.
催妆 cuīzhuāng 旧嫁をもらう前日に婿の家から贈りりものを持って迎えに行くこと.その贈り物を〔~礼〕という.〔~诗〕同前に贈る詩.
催租 cuīzū 一般に賃貸料や租税の催促(をする)

〔摧〕 cuī ①打ち砕く.たたきつぶす.破壊する.〔~肝裂 liè 胆的沙漠〕〈喩〉生きてはいけない砂漠.〔无坚不~〕いかに堅いものでも砕けないものはない.〔~锋陷阵〕〈成〉敵を打ち破り敵の陣を陥れる.②折る.断ち切る.〔单则易折,众则难~〕〈成〉(ものは)一つだけでは折れやすいが,数多くまとまれば折るのが難しいものだ.
摧败 cuībài 〈文〉(敵を)打ち破る.
摧残 cuīcán ①(社会・文化・身体・精神などを)損なう.痛めつける.〔~柔 róu 弱的女子〕かよわい女性を虐げる.〔文化受到严重~〕文化が重大な損失を蒙った.〔~艺术〕芸術を踏みにじる.②=〔摧辱〕屈辱を与える.
摧毁 cuīhuǐ (大きな力で)打ち砕く.打ち破る.〔~残 cán 匪〕残りの匪賊(ひぞく)を片付ける.〔~一切旧制度〕すべての古い制度を徹底的に破壊する.→〔捣 dǎo 毁〕
摧枯拉朽 cuīkū lāxiǔ 枯れ枝や腐った木をへし折る.〈喩〉腐敗勢力が容易に粉砕されること.
摧眉折腰 cuīméi zhéyāo 〈成〉こびへつらうさま.
摧辱 cuīrǔ ⇒〔摧残②〕
摧陷廓清 cuīxiàn kuòqīng 〈成〉敵を攻め落として一掃する:古くさい言論を粉砕すること.
摧心剖肝 cuīxīn pōugān 〈成〉悲しんで胸がつぶれるほどである.
摧折 cuīzhé ①くじき折る.破壊する.〔把一条幼小的生命平白无故地~了〕一筋の幼い命を何の理由もなく断ってしまった.〔请勿~花枝〕花の枝折るべからず.②挫折する.くじける.

〔催〕 cuī 〈姓〉催(さ)

〔猥〕 cuī →〔猥 wěi 猥〕

〔漼〕 cuī 〈文〉①水が深いさま.②涙が流れるさま.

〔璀〕 cuī

璀璨 cuǐcàn (珠・玉など)きらきら輝く.〔手上戴着一夺目的钻 zuàn 戒〕彼には目を奪うばかりに光り輝くダイヤの指環をはめている.〔一颗~的明珠〕かがやく珠.→〔璨〕
璀璀 cuǐcuǐ 〈文〉くっきりしたさま:目にも鮮やかなさま.〔微雪落 luò ~〕(蘇軾詩)ちらりほらりの雪が目にも白く降っている.

〔皠〕 cuī 〈文〉純白である.

〔倅〕 cuì =〔萃④〕〈文〉①古代,副官.補佐役に相当するもの.〔~二〕同前.〔郡~〕〔郡 jùn ~〕郡の副官.②予備(の).副(の).〔~马〕添え馬.

〔淬(焠)〕 cuì ①焼く.焼きを入れる.→〔淬火〕②(液体・薬液などに)つける.〔以药~之〕同前.
淬火 cuìhuǒ =〔蘸 zhàn 火〕工焼きを入れる.〔~法〕焼き入れ法.〔高频率电流~法〕高周波電流焼き入れ法.〔~玻 bō 璃〕鋼化玻璃/強化ガラス.
淬火钢 cuìhuǒgāng =〔硬 yìng 化钢〕焼き入れ鋼:〔淬钢〕〔蘸 zhàn 钢〕ともいう.→〔淬火〕
淬砺 cuìlì =〔淬勉〕〈喩〉鍛練する.鍛え励む.→〔磨 mó 炼〕
淬炼 cuìliàn 〈喩〉人を鍛える.
淬勉 cuìmiǎn ⇒〔淬砺〕

cuì

淬掌 cuìzhǎng 眠気ざましに手を火で焦がす.〈喩〉苦学力行する.
淬針 cuìzhēn ⇒〔火 huǒ 针〕

〔悴(顇)〕 cuì
＝〔萃⑤〕〈文〉①やつれる.衰える.〔憔 qiáo ～〕憔悴[しょうすい]する.やつれる.〔炎 yán 热酷酷,人物同～〕〔魏書〕猛烈な暑さで人も物もすべてぐったりとなる. ②顔色が黄ばんで痩せている.
悴容 cuìróng 〈文〉やつれた姿.
悴族 cuìzú 〈文〉落ちぶれた家柄.

〔萃〕 cuì
〈文〉集める.〔～集 jí〕同前.〔～于一堂〕一堂に集まる. ②〈文〉群(むれ).〔出类拔～〕〔拔乎其～〕群をぬいている.抜群である. ③〈文〉六十四卦の一. ④⇒〔倅〕 ⑤⇒〔悴〕 ⑥〈姓〉萃(すい).
萃编 cuìbiān 語句を集めた本.
萃蔡 cuìcài ⇒〔綷縩〕
萃萃蝇 cuìcuìyíng ⇒〔舌 shé 蝇〕
萃集 cuìjí ＝〔萃⑤〕集める(まる).寄せ集める.
萃锦 cuìjǐn 〈文〉刺繍品.→〔绣 xiù 活〕
萃聚 cuìjù ⇒〔萃集〕
萃取 cuìqǔ 〔化〕抽出(する)

〔啐〕 cuì
①(口から)勢いよく吐き出す.〔不要随地～痰 tán〕请勿 wù 随地～痰〕ところかまわずたんを吐くことお断りです.〔～一口吐 tù 沫(ぽ)〕ぺっとつばを吐く. →〔吐 tǔ ①〕 ②〈口〉罵る.その軽蔑や軽蔑の意を表す.〔～！这个老梆 bāng 子〕クソッ.このいぼれめ.〔～！何必怕他〕チェッ.何であいつを恐れることがあろうか. ③〈文〉味わう.食べ飲む. → qi 口しかりつける. ③〈文〉味わう.食べ飲む. → qi
啐骂 cuìmà つばを吐きかけて罵る.〔卖国的人永远人民～〕売国奴は永久に国民から痛罵される.
啐人 cuìrén (軽蔑して)人につばを吐きかける.
啐饮 cuìyǐn 〈古〉儀式を終わった後にお供えの酒をいただくこと.〔啐酒〕ともいう.

〔綷・縩〕 cuì
〈文〉色とりどりである.またその色.
綷縩 cuìcài ＝〔萃蔡〕〔翠翠〕〈文〉〈擬〉さらさら:衣(きぬ)ずれの音.〔綷粲 càn〕ともいう.

〔瘁〕 cuì
〈文〉疲労し尽くす.〔劳 láo ～〕努力し苦労する.〔鞠 jū 躬尽～〕〈成〉国家のために精根を使い果たすまで努力する.

〔粹〕 cuì
①〈文〉混じり気のない米. ②混じり気がない.純粋である.〔純 chún ～〕純白(である)而不杂〕純粋にして混じり気なし. ③精華.優れたもの.〔精 jīng ～〕精髄.〔选 xuǎn ～〕珠玉編.
粹白 cuìbái 〈文〉①純粋(である). ②純白(である).
粹美 cuìměi ①純粋で美しい. ②精緻である.
粹器 cuìqì 〈文〉優れた人物.

〔翠〕 cuì
①〔色〕緑色(の).翡翠(ひ,ぴ)色(の).〔～生生的〕緑したたる.〔～叶 ye〕緑の葉.〔这手镯 zhuó ～得真可爱〕〔茅・霜1〕この腕輪は翡翠色の色あいが美しい. ②翡翠.③翡翠〔珠 zhū ～〕真珠と同前. ⑤カワセミ.〔点～〕〔鸟〕同前の羽をあしらったかんざしなど. ③〈姓〉翠(すい).
翠柏 cuìbǎi 青々としたコノテガシワ.
翠粲 cuìcàn ⇒〔綷縩〕
翠钗 cuìchāi 〔〕翡翠製のかんざし.
翠黛 cuìdài 〈喩〉(女性の)眉.
翠花 cuìhuā ①〔〕翡翠製のかんざし. ②〈喩〉若い女性の接客係.ウエイトレス.
翠华 cuìhuá 〔〕天子が出遊する時に用いたかわせみの羽飾りのついた旗.
翠菊 cuìjú ＝〔江 jiāng 西腊〕〔蓝 lán 菊〕〔植〕エゾギク(サツマギク).

翠蓝 cuìlán 〔色〕青藍色(の).お納戸(ぽ)色(の).
翠绿 cuìlǜ 〔色〕青緑色(の).エメラルド(の). ②緑したたる.
翠眉 cuìméi 〈文〉まゆずみで眉をかく.またその眉.→〔翠黛〕
翠鸟 cuìniǎo 〔鸟〕カワセミ:〔翠碧 bì 鸟〕〔翠雀 qiǎo 儿〕という.〔翡 fěi 翠②〕に同じ.
翠绕珠围 cuìrào zhūwéi ⇒〔珠围翠绕〕
翠生生 cuìshēngshēng (植物が)青々としているさま.
翠微 cuìwēi 〈文〉緑の山(肌)
翠羽 cuìyǔ カワセミの羽.
翠玉 cuìyù 〔鉱〕ひすい.〔翡 fěi 翠①〕に同じ.
翠云草 cuìyúncǎo 〔植〕クラマゴケ:シダ類イワヒバ科のコケ状常緑多年草.
翠竹 cuìzhú 青い細竹.

〔膵(脺)〕 cuì
〔生理〕すい臓:〔胰 yí 腺〕の旧称.
膵液 cuìyè 膵(～)液:〔胰 yí 液〕の旧称.
膵脏 cuìzàng 膵臓:〔胰 yí 腺〕の旧称.

〔脆(脃)〕 cuì
①もろい.砕けやすい.(質)が弱い.〔又硬又～〕硬くてもろい.〔这纸倒是不薄～扳就是太～〕この紙はけっして薄くはないがとても弱い(破れやすい).〔变～〕もろくなる. ↔〔韧 rèn〕 ②歯あたりがよい.サクサクしておいしい.〔这甜瓜又～又甜〕このメロンは歯切れがよくて甘い.〔爱吃～的〕歯切れのよいものを好む. ↔〔肉 ròu ⑤〕 ③(声・言葉が)歯切れがよい.はきはきしている.すっきりしている.〔嗓 sǎng 子～〕同前. ④〈方〉(言葉や行動が)てきぱきしている.きびきびしている.きっぱりしている.〔办得很～〕てきぱきと片付ける.
脆崩 cuìbeng 〈方〉①(食物の)歯切れがよい.サクサクしている. ②(声の)歯切れがよい.よく通る.
脆薄 cuìbó 〈方〉⇒〔饺 jiāo 薄〕
脆鼓 cuìgǔ ＝〔蹦 bèng 儿鼓〕〔音〕太鼓の一種:〔皮 pí 黄戏〕の伴奏楽器の一.円形の〔鼓帮 bāng〕(胴)の片面は平らでこの面を下にして台の上に置かれる.その反対の面すなわち常に上を向いている面はちょうどすりばちを伏せた形に隆起しておりその頂上の円形の部分だけが空洞になっている.皮はこの空洞の穴を中心として胴の全面にわたって張ってあり,使用する時は2本の細いばちでたたく.カタカタという余韻のない柔らかな音を発する.
脆骨 cuìgǔ 軟骨(食材).→〔软 ruǎn 骨〕
脆化 cuìhuà もろくなる.
脆快 cuìkuài (声で)てきぱきしている.きっぱりしている.〔～了当 liǎodàng〕同前.〔你是愿意还是不愿意,～一句话〕きみは希望するのかどうかずばり言いなさい.
脆亮 cuìliàng (声が)澄んでよく通る.
脆裂 cuìliè もろくなって裂ける.
脆嫩 cuìnèn ①(果物や野菜が)歯切れよく柔らかい.〔春笋～得很,真好吃〕春の筍は歯あたりがよく柔らかで本当にうまい. ②(声が)すんでいてあどけない.
脆片 cuìpiàn 〔食〕チップ:薄切りでパリパリしている食品.〔土豆～〕〔土豆片〕ポテトチップ.
脆瓤 cuìráng 歯ぎれのよい瓜.〔这瓜是～〕この西瓜は歯ぎれがよい.
脆弱 cuìruò もろくて弱い. ↔〔坚 jiān 强①〕
脆蛇 cuìshé 〔動〕アシナシトカゲ
脆生生 cuìshēngshēng ①(食物の)とても歯ざわりが良いさま. ②(声や音が)とてもよく通る(澄んでいる)さま.
脆生 cuìsheng 〈口〉①(食べ物が)カリカリする(口

あたりがよい.〔吃着～〕食べて歯ごたえがよい.〔这种点心一受潮就不～了,快找个严实的罐子收起来〕このお菓子は湿るとねちゃねちゃするから,早くきっちり閉まる缶に入れなさい. ②さっぱりする.〔这回事情办得挺～〕今回の事は非常にさっぱり処理された.

脆响 cuìxiǎng （音が）よく響く.響きが良い.
脆性 cuìxìng 〔物〕(物体の)もろさ.
脆枣 cuìzǎo →〔焦 jiāo 枣〕

〔**毳**〕cuì 〈文〉鳥獣の細い毛.産(ぶ)毛.
毳毛 cuìmáo 和(にこ)毛.柔らかい毛.
毳幕 cuìmù =〔毳帐〕〈文〉柔らかい毛で作った毛氈(もうせん)の幕:匈奴が用いた.
毳帐 cuìzhàng 同上.

〔**脃**〕cuì 〈文〉(柔らかくて)歯ざわりがよい.〈転〉もろい.〔甘 gān ～〕〔甘脆〕美食.→〔脆②〕

cun ㄘㄨㄣ

〔**村(邨)**〕cūn ①[-儿,-子]村.村落.農村.里.田舎.→〔屯 tún〕〔屯村〕 ②野卑である.下品である.粗野である.〔兄弟好 hǎo～,你不要做声,只顾吃酒便了〕(水38)この兄弟(お前)はとても田舎っぺえだから何も言わずにただせっせと酒を飲んでたらいいのだ.〈白〉悪態(をつく).毒舌(を吐く).罵り(る). ④〈姓〉村(じ)

村村点火 cūncūn diǎnhuǒ 〈喩〉皆が一斉に始める.〔～,户户冒烟〕猫も杓子も同じことをやる.
村店 cūndiàn 村の宿屋や酒家.
村鸟 cūndiǎo 〈白〉田舎っぺえ.〔你这～理会得什么〕(水16)このばかたれ,お前に何がわかる.
村童 cūndǒng ⇒〔村长②〕
村坊 cūnfāng 村里.
村匪屯霸 cūnfěi túnbà 農村のごろつき・ならず者・やくざ.
村风 cūnfēng 田舎の気風.
村夫 cūnfū 〈文〉田舎者.〔一俗子 zǐ〕粗野で低俗な人.〔～野老〕田舎の農夫.〔一子 zǐ〕〔村学究〕村夫子
村妇 cūnfù 田舎の物知り.→〔乡 xiāng 下人〕
村妇 cūnfù ①村の女性. ②粗暴な女.
村副 cūnfù →〔村长②〕
村歌 cūngē 農村の民謡.
村公所 cūngōngsuǒ 旧村役場.
村姑 cūngū ①村の女の子. ②粗暴な女.
村官 cūnguān [-儿]村の幹部:多く村民委員会主任(村长)をいう.
村规(民约) cūnguī (mínyuē) 農村自治規約.
村豪 cūnháo 田舎の金持ち.
村话 cūnhuà 野卑な話:人を罵る言葉を指す.
村结 cūnjiē →〔户 hù 交户结〕
村酒 cūnjiǔ 〈白〉土地の酒.田舎の酒:〔村醪〕〔村酿〕に同じ.
村口 cūnkǒu 村の入口.
村郎 cūnláng 〈文〉無礼非道の人間.
村醪 cūnláo 〈文〉〔村酒〕
村老 cūnlǎo 村の長老.村の老人.
村落 cūnluò 村里.
村貌 cūnmào =〔村容〕村の面貌.
村民 cūnmín 村の住民.村民.〔～委员会〕農民の直接選挙で選ばれた村长や委员からなる自治組織:〔村委会〕は略称.
村酿 cūnniàng ⇒〔村酒〕
村女 cūnnǚ 田舎娘.田舎女.〔～状〕やぼったい姿(女性の)

村气 cūnqì 田舎風.粗野で飾りのない気風.
村人 cūnrén ①村の人. ②〈罵〉いなかっぺ.
村容 cūnróng 村の風貌.
村社 cūnshè ①〔村落共同体〕〔农 nóng 村公社〕ともいう. ②〔旧〕村の祭り(縁日). ③村.
村舍 cūnshè 村の家居.
村史 cūnshǐ 村史.村の歴史.
村市 cūnshì 村にたつ市(いち)
村书 cūnshū 村の児童に教える啓蒙書:〔千 qiān 字文〕や〔百 bǎi 家姓〕など.
村塾 cūnshú =〔村学〕旧村の寺子屋式学校.
村俗 cūnsú ①村の風習. ②田舎くさい.野暮である.
村头 cūntóu(r) 村はずれ(出入口)
村委会 cūnwěihuì →〔村民委员会〕
村坞 cūnwù 〈文〉村落.山や丘に囲まれた村.
村务公开 cūnwù gōngkāi 村の行政公開.
村习 cūnxí 〈文〉田舎のならわし.
村乡 cūnxiāng 田舎.
村学 cūnxué ⇒〔村塾〕
村学究 cūnxuéjiū ⇒〔村夫子〕
村言 cūnyán 〈文〉野卑な言葉.
村野 cūnyě ①村や野原. ②粗野である.低俗である.
村妪 cūnyù 田舎のおばあさん.
村寨 cūnzhài (周囲を囲った)集落.
村长 cūnzhǎng 村長. =〔村董〕〔村正〕〈文〉村おさ:助役に相当するものを〔村副〕といった.
村镇 cūnzhèn 村と町.
村正 cūnzhèng →〔村长②〕
村庄 cūnzhuāng 村.村里(ざと).部落.〔～集镇〕町村.
村子 cūnzi →字解①

〔**皴**〕cūn ①(皮膚の)ひび(が切れる).あかぎれ(ができる).〔风吹得两手都～了〕風に吹かれて両手にすっかりひびが切れた. ②〈口〉垢(あか).〔一脖 bó 子～〕首一面の垢.〔脚后跟起～〕足のかかとに垢がたまる. ③〔美〕中国画(山水画)の技法の一.〔雨点～〕細かな点を密集させて描くもの.〔卷云～〕雲状に岩石を描くもの.〔鱼鳞～〕魚のうろこ状に描くもの.〔染 rǎn〕同前で描くこと.〔～法〕同前.
皴法 cūnfǎ →字解③
皴裂 cūnliè ひび割れする.ひびが割れる.

〔**踆**〕cūn 〈文〉①蹴る. ②退く.
踆乌 cūnwū ⇒〔金 jīn 乌〕

〔**存**〕cún ①生存する.生きながらえる.存在する.〔父母俱～〕父母共に健在である.〔片 piàn 瓦无～〕ひとかけらの瓦すら残っていない.〔名～实亡〕〈成〉有名無実にする. ②置く.保つ.→〔存身〕 ③(水が低いところに)溜(た)まる.〔水～住了〕水が溜まってしまった.〔新建的水库已经～满了水〕新しいダムに水がもういっぱいにたまった. ④蓄える.溜める.〔把富余的钱～起来〕余分の金を貯える.〔把钱～在银行里〕銀行にお金を預ける.〔～了点儿私房钱〕少しへそくりを貯めた.〔～不住〕貯えができない. ⑤預けておく.〔这东西暂 zàn 且～在我这儿吧〕この品はしばらくわたくしのところへ預けておきなさい. ⑥(不満や欲求が)溜まる.(ある考え・気持ちが)起きる.(ある考えを)抱く.持つ.〔～了一肚子话〕胸がいっぱいになって溜まる.〔心里～不住话〕心の中にじっとしまっておけない.〔心～奸 jiān 险〕心によこしまな考えを持っている.〔你～着什么心〕きみはいったいどんな考えを持っているのか.〔此中有深意～焉 yān〕〈文〉そこに深い考えがあ

cún　存

る.⑦残す.保留する.保管する.〔求大同〜小异〕〈成〉小異を残して大同を求める.⑧残余.残り.〔余 yú 〜〕残余.〔结 jié 〜清算した後の剰余金.〔除支铺〜〕支出を差し引いた純残高.〔库 kù 〜〕在庫品.⑨〈文〉気にかける.→〔存问〕⑩〈姓〉

存案 cún'àn ①(所属機関に)登録(する).登記(する).〔完成了批 pī 准和〜手续〕許可と登録の手続きを済ませた.②(機関や団体の)保存文書.〔备 bèi 案〕〔立 lì 案〕〔在 zài 案〕

存包 cúnbāo 荷物を預ける.〔〜箱 xiāng〕ロッカー.〔这种包可以随身带,不用〜〕この大きさのバッグは持ち込みできるので,預ける必要はない.

存本 cúnběn 保管書類.

存本付息 cúnběn fùxī ＝〔存行生息〕毎月利払い定期預金：〔存本取 qǔ 息〕ともいう.

存查 cúnchá 保存して後日の調査に備える：公文書の決裁など.

存车 cúnchē 自転車を預る.〔〜处 chù〕自行車停放处〕自転車預り(所).〔〜栏儿〕自転車置場.

存储 cúnchǔ 〔存贮〕①蓄え(る).ストック(する).②[電算]メモリー.〔〜程序]ストアードプログラム方式.〔〜器〕記憶装置.メモリー.ストレージ.〔〜量〕記憶量.

存贷 cúndài 🆂預金と貸付け.

存单 cúndān 〔存款单〕預金証書.

存档 cúndàng 処理済みの文書・資料などを保存する・ファイルする.

存底(儿) cúndǐ(r) ①ストック(品).在庫(品).②草稿(下書き)を保存する.控えを残す.③残しておくもの.控え.ファイル.

存额 cún'é 預金高.

存而不论 cún ér bùlùn〈成〉保留して棚上げする.〔暂时〜〕一時棚上げする.

存放 cúnfàng ①入れる.置く.②預ける.預託する.〔〜在行李寄〕荷物を預ける.〔〜处〕荷物預り所.→〔寄 jì 存〕

存放款 cúnfàngkuǎn 預金と貸出し.〔〜总额〕預金と貸付けの総額.

存废 cúnfèi 存続と廃止.存続か廃止か.

存抚 cúnfǔ〈文〉心に掛けて慰める.〔慰抚〕する.

存根 cúngēn 小切手・手形・領収書・書付などの控え.〔存执〕に同じ.

存孤 cúngū〈文〉みなしごをいたわり養う.

存行生息 cúnháng shēngxī ⇒〔存本付息〕

存候 cúnhòu ⇒〔存问〕

存户 cúnhù〔存款户〕預金者(銀行などの).

存活 cúnhuó 生存する.死なずにいる.生きのびる.〔〜率 lǜ〕生存率.

存货 cúnhuò 🆂①商品を仕入れる.ストックする.②ストック.在庫品.手持ちの商品：〔库 kù 货存物〕に同じ.〔倾 qīng 销〜〕在庫品の投げ売りをする.〔〜估 gū 价〕在庫品見積り価格.〔〜底帐〕在庫品台帳.〔〜周转率〕棚御算盤回転率.→〔积 jī 货②〕〔现 xiàn 货〕

在看 cúnjī 貯めておく.(商品を)ねかせておく.

存记 cúnjì 🆂官史任用にあたって候補者の名前を記録にとどめること.〔军机处〕軍機処に任用候補登録済み.

存假 cúnjià ⇒〔存休〕

存精汰芜 cúnjīng tàiwú〈成〉良いものを残し,悪いものを淘汰する.

存局候领 cúnjú hòulǐng ⇒〔留 liú 局候领〕

存据 cúnjù ①証拠として保存する.②預り証.

存眷 cúnjuàn〈文〉他人を思いやる.心に掛ける.

存款 cúnkuǎn 預金(する).〔活 huó 期〜〕〔往 wǎng

来〜〕@普通預金.⑤当座預金.〔〜保险制度〕〔〜保证金 🆂〕ペイオフ.〔〜货币〕預金通貨.〔小 xiǎo 额活期〜〕小口当座預金.〔通 tōng 知〜〕通知預金.〔定 dìng 期〜〕定期預金.〔储 chǔ 蓄〜〕貯蓄預金.〔取〜〕(銀行やATMで)預金をおろす.↔〔放 fàng 款〕→〔储 chǔ 款〕

存款单 cúnkuǎndān ⇒〔存单〕

存款户 cúnkuǎnhù ⇒〔存户〕

存款折(子) cúnkuǎn zhé(zi) ⇒〔存折〕

存栏 cúnlán 家畜を飼育している.統計上に用いる.〔〜牲畜〕飼育している家畜.〔〜(头)数〕飼育頭数.

存劳 cúnláo〈文〉慰問しいたわる.

存粮 cúnliáng ①(穀物)貯蔵をする.②備蓄食糧(穀物)

存量 cúnliàng 備蓄量.貯蔵量.〔水塘〕ダム貯水量.〔资产〜〕資産ストック.〔〜房〕二手房〕中古マンション.

存留 cúnliú 残しておく.

存殁 cúnmò〈文〉生者と死者.生存と死亡.

存念 cúnniàn 保存して記念とする：記念品に書く文句.→〔留 liú 念〕

存盘 cúnpán [電算](ディスクに)データを保存する.セーブする.

存钱 cúnqián 貯金する.預金する.

存取 cúnqǔ ①預け入れと引き出し.②[電算]アクセス.〔〜权限〕アクセス権.〔〜时间〕アクセスタイム.

存人 cúnrù 預け入れ(る)

存身 cúnshēn 身を置く.身を寄せる.身の安全をはかる.〔无处〜〕〔无〜之地〕身の置き場がない.

存食 cúnshí 胃にもたれる.食もたれする.→〔停 tíng 食〕

存世 cúnshì 世に残る.現存する.〔〜的时代城市〕現存する明代の都市.

存水 cúnshuǐ ①水が溜(溜)まる.〔这院子一下雨就〜〕この庭はちょっと雨が降るとすぐ水が溜まる.②🅼飲んだ水がもたれて消化不良を起こすこと.

存速 cúnsù [物]発射飛行体(弾丸など)の残速.

存亡 cúnwáng 存亡.生きるか滅びるか.〔生死〜的关头〕生死存亡の瀬戸際.〔〜绝续〕〈成〉存亡の瀬戸際.

存慰 cúnwèi〈文〉心にかけて慰める.

存问 cúnwèn 〔存候〕〈文〉安否を問う.

存息 cúnxī 預金の利子.〔往来〜〕当座預金の利子.

存下 cúnxià 残す(残しておく).〔这还是早先〜的,现在没处儿买去了〕これもずっと前に残しておいたもので,今ではどこへ行っても買えません.

存现句 cúnxiànjù 🆂現文.

存项 cúnxiàng ①残金.預金額.

存心 cúnxīn ①了見を持つ.考えを持つ.下心を持つ.〔我不明白他是怎么个〜〕彼がどういう下心を持っているのかわたしにはわからない.〔只要你〜帮忙,我就有把握〕きみとぼくを助けてくれる気さえあるなら,自信がある.〔是何〜？〕いかなる了見か.〔〜不良〕〔存意不良(成)〕了見がよくない.〔不怀 jū 心叵测〕②わざと.〔〜要为 wéi 难我〕故意に困らせようとする.→〔故 gù 意〕

存休 cúnxiū 振替休日.代休.〔存假〕ともいう.

存恤 cúnxù〈文〉心にかけて救済する.人をやって慰めいたわる.

存续 cúnxù 存続(する)

存蓄 cúnxù ①蓄える.貯蔵する.②蓄えた金と物.

存延 cúnyán 引きつづき存在する.

存衣处 cúnyīchù ⇒〔衣帽间〕

存疑 cúnyí ①疑問のままにしておく.宿題としてお

く.②心中の疑問.〔多年的～〕長い間の疑問.
存有 cúnyǒu 持つ.存する.〔～恐惧心〕恐怖心を持っている.
存在 cúnzài ①存在する.（…には…が）ある.〔～好些问题〕幾多の問題がある.②囲存在が意識を決定する.〔～主义〕実存主義.
存照 cúnzhào ①保存して証拠とする.〔××先生～〕××先生どうぞ保存して証拠としてください(領収の意味の手紙・受領書の後に書かれる).②保存する証文や契約書.
存折 cúnzhé ＝〔存款折(子)〕預金通帳.〔～补登〕通帳記帳.
存正 cúnzhèng〔謙〕叱正(loč)を請う.→〔斧 fǔ 正〕
存执 cúnzhí
存主 cúnzhǔ 預け人.預けた人.預金者.→〔存款户〕
存贮 cúnzhù ⇒〔存储〕

〔蹲〕
cún ⟨口⟩(飛び降りて足を)くじく.〔由车上跳下来～了腿,疼了好几天〕車の上から飛び降りて足をくじいて幾日も痛んだ. → dūn

〔刌〕
〔忖〕
cǔn 推し量る.推量する.考える.〔自～〕自分で推量する.〔～思〕推察する.
忖测 cǔncè 憶測(する).〔在外面引起许多～〕外部でいろいろな憶測をひき起こしている.
忖度 cǔnduó (気持ちを)推し量る.忖度(^{そん})する.
忖量 cǔnliàng ①わきまえ(る).分(け)別(する).〔没～/不知～〕身のほどを知らない.②考える.考慮する.
忖摸 cǔnmo ⟨口⟩推し量る.〔我～这件事黄了〕この件はだめになったと思う.
忖想 cǔnxiǎng 考慮する.思案する.

〔寸〕
cùn ①(度)寸(^{すん}).長さの単位.ⓐ〔市 shì ～〕の略称.〔分 fēn〕の10倍.〔(市)尺 chǐ〕の10分の1.3.3センチメートルに当たる.〔平方(市)～〕平方 寸.〔立方(市)～〕立方 寸.ⓑ〔公gōng ～〕デシメートルの旧称:ふつう〔分米〕という.ⓒ→〔英 yīng 寸〕②極めて短い.ごくわずか.〔～男尺女皆无〕息子も娘もいない.〔手无一铁～〕⟨成⟩手にわずかの武器もない.⇒〔寸口〕③⟨方⟩折よく.都合よく.〔你来得真～〕ちょうどよいところに来た.〔昨儿到他那儿去,没想到那份儿～,遇见了我一个旧日的朋友〕昨日彼のところへ行ったんだけど,思いもかけず偶然なことにわたしの以前の友人に会った.⑤〔姓〕寸(^{すん})
寸白虫 cùnbáichóng ⇒〔缘 tāo 虫〕
寸步 cùnbù 寸歩.わずかの間.〔～不离 lí〕ぴったり付いている.〔～不让 ràng〕一歩も譲らない.〔～难移〕～难行〕少しも歩けない.少しの動きもとれない.
寸草 cùncǎo 小さい草.〔～不生〕⟨成⟩小さな草さえ生えない.⟨喩⟩木も毛の土地.〔～不留〕⟨成⟩(火災)で徹底的に破壊されたさま.〔～春晖〕⟨成⟩小さな草は春の陽光の恩恵に報いることが難しい.⟨喩⟩子供は父母の恩に報いがたい:唐の孟郊の詩〔谁言～心,报得三春晖〕による.
寸长 cùncháng ⟨文⟩わずかばかりの(ささやかな)才能.〔有一可取〕わずかながら捨てがたい(取るべき)才能をもっている.
寸肠 cùncháng ⇒〔寸心〕
寸长尺短 cùncháng chǐduǎn ⇒〔尺短寸长〕
寸忱 cùnchén ⇒〔寸心〕
寸楮 cùnchǔ ①⟨文⟩名刺.②⇒〔寸函〕
寸丹 cùndān ⟨文⟩心.寸心.心中.
寸地 cùndì ⇒〔寸土〕

寸断 cùnduàn 寸断(する).〔肝肠～〕⟨成〕断腸の思いをする.
寸功 cùngōng わずかの功労.〔～未立〕わずかの手柄もまだ立てることができない.
寸关尺 cùnguānchǐ 匣手首の脉どころ.→〔寸口〕
寸晷 cùnguǐ →〔寸阴〕
寸函 cùnhán ＝〔寸楮〕〔寸笺〕〔寸缄〕〔寸柬〕〔寸简〕〔寸札〕〔寸字〕⟨謙⟩短い手紙.わたくしの手紙.〔前奉～〕先にお手紙を差し上げましたが.〔特修～〕ここに簡単ではありますが一筆啓上します.〔肃 sù 修～敬贺升喜〕ここに恭しくお手紙を差し上げご昇任のお祝いを申し述べます.
寸红 cùnhóng ⟨謙⟩祝いの短い手紙.〔端肃～恭贺新年〕簡単ながらお手紙を差し上げ,謹んで新年のお喜びを申し上げます.
寸笺 cùnjiān ⇒〔寸函〕
寸缄 cùnjiān ⇒〔寸函〕
寸柬 cùnjiǎn ⇒〔寸函〕
寸简 cùnjiǎn ⇒〔寸函〕
寸金 cùnjīn ⟨喩⟩莫大な金銭.〔～地〕土一升・金一升の土地.
寸金难买寸光阴 cùnjīn nánmǎi cùnguāngyīn → 〔寸阴〕
寸进 cùnjìn ⟨文⟩遅々たる進歩.〔～尺退〕⟨成⟩一寸進んで一尺後退する.得るところが少なくて失うことが多い.
寸劲儿 cùnjìnr ⟨口⟩①ちょっとしたこつ.〔打网球的全在～上头〕テニスの上手下手はすべて打つ時のちょっとしたこつだ.②時(^き)のよさ.好都合.→〔赶 gǎn 寸〕〔巧 qiǎo 劲儿〕
寸楷 cùnkǎi 一寸大の楷書の字.〔～羊毫 háo〕同前で書くのに用いる筆.→〔大 dà 楷〕〔小 xiǎo 楷〕
寸刻 cùnkè 寸刻.片(^た)時.〔～不离〕ぴったり付いている.
寸口 cùnkǒu 匣脉診の部位:人さし指・中指・薬指の3本を手首(樨(^き))骨の内側にあてる際に,第一指(人さし指)のあたる部位をいう.〔气 qì 口③〕ともいう.→〔手 shǒu 脉〕
寸悃 cùnkǔn ⇒〔寸心①〕
寸缕 cùnlǚ ⟨文⟩小布(^{きれ}).
寸脉 cùnmài ⟨文〕寸口における脉診.→〔寸口〕
寸木岑楼 cùnmù cénlóu ⟨成⟩小木と高楼を比べる(孟子・告子下).⟨喩⟩ⓐ基礎が異なり比較できない.ⓑ差ができ甚だしい.
寸丝不挂 cùnsī bùguà ⟨成⟩①身に一糸もまとっていない.②少しも係累がない.
寸田 cùntián ⟨文⟩①わずかの田地.②心.
寸铁 cùntiě ⟨喩⟩小さい武器.〔手无～〕何も武器を持っていない.
寸头 cùntóu (男子の髪型の)五分刈り.スポーツ刈り
寸土 cùntǔ ＝〔寸地〕寸土.わずかの土地.〔～不让〕土地は少しでも手放さない.〔～必争〕①一片の国土でも争奪する.⑤細かい点まであげつらう.
寸隙 cùnxì 同下.
寸暇 cùnxiá ＝〔寸隙〕⟨文⟩寸暇.ちょっとの暇.
寸心 cùnxīn ①心中.胸中.〔～撕 sī 裂,嗥 háo 啕大哭〕胸が張り裂け,大声で泣き叫んだ.②＝〔寸肠〕〔寸忱〕〔寸悃〕〔寸丹〕⟨文⟩寸志.微意.ちょっとした志.〔聊 liáo 表～〕いささか寸志を表す.→〔微 wēi 忱〕
寸阴 cùnyīn ⟨文⟩⟨文⟩寸陰.わずかの時間.〔～若岁〕⟨成⟩一日千秋.〔一寸光阴一寸金〕〔一寸光阴一寸金,寸金难买寸光阴〕⟨諺⟩時は金なり.→〔分 fēn 阴〕
寸札 cùnzhá ⇒〔寸函〕

寸磔 cùnzhé →[磔]
寸志 cùnzhì →[寸心①]
寸衷 cùnzhōng ⇒[寸心②]
寸字 cùnzì →[寸函]
寸板 劇(旧劇)で〔旦 dàn 角〕(女役)が足につける縷虱(るし)の高脚(なし)[蹻 qiāo ⑥]に同じ.

吋 cùn インチ: yīngcùn とも読んだ.〔英 yīng 寸〕の旧称.

cuo ㄘㄨㄛ

搓（搓） cuō ①手で揉(も)む.こすり揉む.〔料子很薄,别撒开了使劲儿~〕生地が薄いから,むやみに力を入れてもんではいけない.〔得 děi 把握 zhǎn 布一好了,拧 níng 干了再擦〕ぞうきんは汚れをもみ出し,よくしぼってからかなければいけない.②〔縄などを〕撚(よ)る.〔~绳子〕縄をなう.〔~线〕糸をよる.
搓板(儿) cuōbǎn(r) =[洗 xǐ 衣板(儿)]洗濯板.〔搓衣板〕ともいう.
搓背 cuōbèi ⇒[搓澡]
搓火 cuōhuǒ 〈方〉怒る.カッとなる.〔最~的事情〕いちばん頭にくること.
搓脚石 cuōjiǎoshí 垢(ぁか)すりの軽石.
搓麻将 cuōmájiàng 〔ロマージャンをする:[搓麻]〔打 dǎ 麻将〕ともいう.
搓捏 cuōniē 〔軟らかなものを〕手でこねて(もんで)型をつくる.
搓弄 cuōnòng 手でなぶる.いじる.〔别~坏了〕いじくり壊さないように.
搓球 cuōqiú 区〔卓球の〕ダブルカット.→[削 xiāo 球]
搓揉 cuōróu →[搓揉]
搓绳机 cuōshéngjī 製縄機.
搓手 cuōshǒu 手をもむ.〔他急得直~〕彼は焦ってしきりに手をもんでいる.〔~顿 dùn 脚〕成〕手をもんで地団駄踏む.
搓丝 cuōsī 〔纈撚糸(はね):片撚糸と諸(もろ)撚糸とがある.
搓洗 cuōxǐ 揉み洗いする.
搓澡 cuōzǎo =[搓背]背中を流す.あかをこすり落とす.〔~的〕湯屋の三助.

瑳（瑳） cuō 〈文〉①玉(ぎょく)の白く鮮やかなさま.②磨きをかける.③歯を出して笑うさま.

磋（磋） cuō ①〔象牙・獣骨・角などを〕磨く.加工する.〔~切 qiē 切〕〔学会など〕互いに磨きあげる.互いに研鑽(さん)する.②協議する.相談する.→[磋商]
磋磨 cuōmó ①〈文〉切磋(せっ)琢磨する.②⇒[挫 cuò 磨]
磋商 cuōshāng =[磋议]交渉(する).折衝(する).協議する.
磋议 cuōyì 同上.

蹉（蹉） cuō 〈文〉①つまずき倒れる.②誤り.まちがい.③通過する.
蹉跌 cuōdiē 〈文〉①足を滑らせて転ぶ.②失敗する.
蹉跎 cuōtuó 〈文〉時間をむだに過ごす.〔~岁月〕同前.〔年已~〕成〕年をむなしく老いた.

撮 cuō ①指でつまむ.〔~了点儿盐〕塩を少しつまんだ(つけ入れた).②かいつまむ.要点をかいつまんで書く.③寄せ集める.すくう.〔~其要,记其事〕〈文〉要点をかいつまんで書く.③寄せ集める.さらい集める.〔~一簸 bò 箕土〕ちりといっぱいの土をすくい取った.④はねる.はね飛ばす.〔叫汽车给~出去很远〕自動車にひどくはね飛ばされた.〔不但要不完,还得往外~〕売れ残った上に投げ売りしなければならない.⑤〈方〉〔食べ物を〕食べる.〔~一顿〕一度食事する.〔~一儿〕一度つまむ.ごく少量.〔一小~法西斯匪徒〕ほんのひとつまみのファシスト匪賊ども.〔药面一~〕散薬ひとつまみ.⑥〈度〉容量の単位.[合 hé 抱语]〔缧 ji 合语〕ともいう.
撮鸟 cuōdiǎo 〈白〉粪野郎め.ろくでなしめ:水滸伝に多く出る.
撮合 cuōhe 仲をとりもつ:結婚の媒酌をする.〔我给他们两下里~~〕二人の仲をとりもってやる.〔~山〕〈喻〉結婚の媒酌人.〔~的嘴〕仲人口.
撮箕 cuōjī 〈方〉ちり取り:[簸 bò 箕]に同じ.
撮举 cuōjǔ 〔要点〕をかいつまんで挙げる.
撮聚 cuōjù まとめて列挙する.〔~语〕囲幅合語.抱合語.〔[合 hé 抱语]〔缧 ji 合语〕ともいう.
撮口呼 cuōkǒuhū →[四 sì 呼]
撮弄 cuō~nòng ①愚弄する.ばかにする.からかう.〔凭人~我,我还是一片慢心肠儿〕(红68)人にばかにされようと,わたしはやはり実(じつ)を尽くします.②そそのかす.おだてる.〔受坏人的~〕悪い奴のおだてに乗る.〔耍手品.~〔耍 biàn 戏法儿〕
撮拢成党 cuōlǒng chéngdǎng 〔成〕衆を集め徒党を組む.
撮土 cuōtǔ ①土をさらう.土をさらいとる.〔~移山〕土をつまんで山を移す.〈喻〉塵も積もれば山となる.②〈文〉一つまみの土地.〔一撮之土〕の略.
撮要 cuōyào ①要点をつまむ.抜粋する.②要約.要旨.→[摘 zhāi 要]
撮影 cuōyǐng 〈文〉縮影.→[照 zhào 相]

嵯（嵯） cuó
嵯峨 cuó'é 〈文〉山の高く険しいさま.〔怪石~〕奇岩が高くそびえ立っている.

瘥（瘥） cuó 〈文〉疫病.〔~疠 lì〕同前.→chài

醝・醝 cuó 〈文〉①塩.〔~贾 gǔ〕塩商.〔~务〕塩税.〔~使〕宋以後,塩運使の別称.〔~纲〕塩専売の規定.②塩からい.〔~鱼〕塩づけの魚.

痤 cuó
痤疮 cuóchuāng 医痤疮(そう):[中医痤疽 jū]ともいう.〔粉 fěn 刺〕(にきび)は通称.

矬 cuó 〈口〉①背が低い.〔小~个儿〕背の低い人.〔你比他~半尺〕きみは彼より五すほど低い.②かがむ.しゃがむ.③減らす.安くする.〔~价钱〕値を下げる.→[矮 ǎi]
矬个儿 cuógèr ちび.一寸法師.
矬胖子 cuópàngzi 背丈が低く太った人.→[矬子]
矬人肚里三把刀 cuórén dùlǐ sānbǎdāo 〈喻〉背の低い者ほど賢い.
矬人心重 cuórén xīnzhòng 背の低い者は思慮にたけている.
矬子 cuózi 〈口〉背の低い人.ちび:〔矮 ǎi 子〕に同じ.〔你是当着~说短话嘛 ma〕きみは人の弱みにつけこむようなものだ.〔~爬 pá 山〕〈歇〉ちびが山を登る,一歩步登高〕同前または:平凡なものでも努力を重ねると偉くなる.→[矮子里头拔将军]

酇・酇 cuó 地名用字.〔~城〕囲河南省永城市西方にある.→zàn

〔**脞**〕 cuǒ 〈文〉細かくて煩雑である.〔丛 cóng ~〕万事叢雑.〔万事丛~〕万事がごたごたして煩わしい.〔~语〕くだくだしい言葉.

〔**挫**〕 cuò ①くじける.挫折する.敗れる.〔受~〕打撃を受けて頓挫する.②くじく.破る.〔~创 chuāng〕挫傷.〔~敌人的锐 ruì 气〕敵の鼻っ柱をへし折る.③おさえる.音調を低くする.〔读得抑扬顿~,很生动〕読む声に抑揚があって生きとしている.

挫败 cuòbài ①挫折と失敗.②打ち砕く.打ち負かす.

挫磨 cuòmo 〈方〉ひどい目にあわせる.いじめる.〔磋 cuō 磨②〕とも書く.〔让他给~死了〕彼にいじめ殺された.

挫伤 cuòshāng ①打撲傷(を負う).打ち身を作る.②くじける.くじけ傷つく.〔~积极性〕意気込みをそぐ.

挫损 cuòsǔn (気力が)くじける.

挫折 cuòzhé ①くじく.そぐ.抑える.②挫折する.くじける.失敗する.〔虽经一毫不气馁 něi 何遍か失敗するが少しも落胆しなかった.〔~教育〕艰 jiān 苦环境教育〕逆境教育.挫折教育.

〔**莝**〕 cuò 〈文〉①草を押し切りで細かく切る.②細かく切った草.〔~草〕〈方〉同前.

〔**锉**・**銼**（剉）〕 cuò（Ⅰ）〔锉〕①やすり.〔扁 biǎn ~〕平やすり.〔毛 máo ~〕荒目やすり.②やすりをかける.〔~尖〕やすりで尖らす.〔~光〕やすりで磨く.〔把这块木板的两头~平了〕この板の両をやすりで平にする.〔~锯齿〕のこぎりの目立てをする.③〈文〉炊飯用の釜.

（Ⅱ）〔剉〕〈文〉①くじく.くじける.〔~失〕挫折する.②ざくざく切る.断ち切る.

锉床 cuòchuáng 〔図〕やすり台.

锉刀 cuòdāo やすり.〔锉(Ⅰ)①〕の通称.〔用~锉东西〕やすりでものをする磨く.〔安瓿 pǒu ~〕アンプル切り.〔平~〕平やすり.〔半圆~〕半丸やすり.〔锯 jù ~〕のこぎりの目立てやすり.

锉导杆 cuòdǎogǎn やすり指示機.

锉骨扬灰 cuògǔ yánghuī 〈成〉骨をやすりですりおろし粉にして飛ばす.〔喩〕罪や恨みの深いことを〔我恨不得把他~〕あいつをうんとひどい目にあわせ仕返ししてやりたい.

锉锯机 cuòjùjī のこぎり目立て機.

锉屑 cuòxiè やすりくず.

〔**剒**〕 cuò 〈文〉①削り磨く.刻む.②割る.断つ.裂く.

〔**厝**〕 cuò ①置く.②〈文〉棺を埋葬の期日まで〔殡 bìn 舍〕(仮安置所)に安置しておくこと.または仮埋葬してむことえのぬやまごまごする.〔暂 zàn ~〕〔浮 fú ~〕同前.〔~棺于某寺〕某寺に棺を預けておく.③〈方〉家屋.→〔房 fáng 子〕

厝火积薪 cuòhuǒ jīxīn 〈成〉薪の下に火をおく.〈喩〉災いが伏在している.隠れた災いがある.〔积薪厝火〕に同じ.

〔**措**〕 cuò ①置く.据え置く.〔手足无~〕〈成〉手も足も出ない.手のつけようがない.②用意して処置する.計画して取り行う.〔惊 jīng 慌失~〕〈成〉驚いて狼狽する.慌ててどぎまぎする.〔筹 chóu ~款项〕金の工面をする.③〈文〉投ず.施す.〔举而~之天下之民〕(易・繫辞上)全部を天下の民に施す.〔~之天下之民,弗~也〕(礼記・中庸)上達しないようこうはしない.

措办 cuòbàn 処置する.取り計らう.都合する.

措词 cuòcí 〔措辞〕とも書く.文章詩歌などの言葉だ

て.字句の配置.談話.言葉づかい.→〔置 zhì 辞〕

措大 cuòdà 貧乏者.貧乏書生.〔醋 cù 大〕ともいう.軽い軽蔑の意を含む.〔穷 qióng ~〕同前.

措画 cuòhuà 処置する(こと).始末をつける(こと).〔先大致地~一下再动手去做〕まずだいたいの処置をつけてから手を下してやる.

措举 cuòjǔ 行い.振る舞い.〔措置〕〔举措〕に同じ.

措施 cuòshī 措置.施策.〔采 cǎi 取有效的安全~〕有効な安全措置を講ずる.〔~不当 dàng〕処置を失する.〔指标下来,好早点想~〕指定目標が指示されれば早目に措置が考えられて都合がいい.

措手 cuòshǒu 手をつける.手をくだす.〔~不及〕〈成〉処置を施す暇がない.手向かう暇がない.

措意 cuòyì 〈文〉意を用いる.気にかける.心を配る.気に止める.頭にある.

措置 cuòzhì 処理(する).処置(する).〔~裕如〕〈成〉ゆっくり始末する.

〔**错・錯**〕 cuò（Ⅰ）①交錯する.錯雑している.〔交~〕同前.〔犬 quǎn 牙相~〕〔犬牙交~〕〈成〉犬の牙のように互いに入り組んでいる.②乱れている.入り乱れる.→〔错杂〕③誤っている.正しくない.〔~解〕誤解する.〔弄 nòng ~〕やり間違う.〔写 xiě ~〕書き間違う.〔不~〕間違っていない.悪くない.良くない.その通りそうです:〔没~（儿）〕に同じ.〔~捕 bǔ〕〔~抓 zhuā〕誤認逮捕(する).〔~情 qíng〕①誤り.間違い.⑥誤った情報(を流す).〔~题 tí〕間違った問題.〔这个东西您不用看了,一了管拘〕これは目調べになる必要はありません,請け合います.④〔-儿〕誤り.間違い.過失.しくじり.失敗.〔认 rèn ~〕誤りを認める.白状する.〔这是我的~〕これは私の間違いです.〔出 chū ~〕間違いをおこす.〔找 zhǎo ~〕誤りを探す.あらを探す.〔大发了大間違いした.〔上加~〕〔惯~誤りの上に誤りを重ねる.〔知~改~不算~〕〈谚〉誤りを知り,改めれば,誤りとはいえない.⑤悪いよくない:否定のみに用いる.〔今年的庄稼~不了 liǎo〕今年の作物は悪くない(悪いことはありえない).〔俩人的感情不~〕二人の感情はいい.⑥ずらす.違える.行き違う.〔把工作日期~开〕作業日程をずらす.〔往后~〕後にずらす.延期する.〔把车子~着捆〕自転車をたがいちがいに置く.〔上行快车和下行快车在这站~车〕上り急行と下り急行とがこの駅ですれちがう.〔胳 gē 膊~了环儿〕ひじが脱白（臼）した.〔~过了机会〕機会を取り逃がした.⑦→〔错非〕

（Ⅱ）（金・銀の線で木・金属・陶器などに）象眼する.〔金~刀〕文字を金で象眼した刀.

（Ⅲ）①〈文〉玉を磨く砥石 (shí).〔它山之石,可以为~〕(詩経・小雅)他山の石も自分を磨くために役立たせることができる.②〈文〉砥石で研ぐ.磨きをかける.③こする.擦れ合う.

错爱 cuò'ài 〈謙〉恐れ入ります:人からほめられた時の言葉.〔承您~〕〈挨〉同前.

错案 cuò'àn 因误審案件.〔冤 yuān 假~〕冤罪事件.誤審事案.

错版 cuòbǎn (切手や紙幣の)印刷ミスをする(したもの)

错臂 cuòbì 〈文〉腕に入れ墨をする.〔~左衽〕(戦国策)腕に入れ墨をして着物を左前に着る(夷狄(てき)・蛮人の風俗)

错别字 cuòbiézì 誤字と脱字.→〔白 bái 字〕

错彩镂金 cuòcǎi lòujīn 〈喩〉文章がいろどりを混じえ,金をちりばめたようにきわめて美麗なこと:〔镂金错彩〕ともいう.元は絵画・彫刻などについての形容.

错层式住宅 cuòcéngshì zhùzhái 建スプリットレベル住宅.中二階のある住宅.

错车 cuòchē (電車・汽車・自動車など)すれ違う.

対行车をやり過ごす.→字解⑥

错处 cuòchu 間違ったところ.過失.

错舛 cuòchuǎn 〈文〉錯誤.→[舛错①]

错打定盘星 cuòdǎ dìngpánxīng はかりのゼロの目もりを間違う.〈喩〉思わくがはずれる.→[定盘星]

错待 cuòdài 粗末に扱う.不人情な取り扱いをする:[亏kuī待]に同じ.

错刀 cuòdāo ①玉・石・骨・魚などを磨く道具:しばしば[锉刀](やすり)と混同される. ②漢の王莽の鑄古錢の名:刀に似た形をして、文字を金で埋めてぬ.

错叠 cuòdié 交差しながら重なる.

错动 cuòdòng ①囲曳裂(\u3000). ②動いてずれる.

错讹 cuò'é (文字などの)誤り.[～百出]誤りが非常に多い.

错愕 cuò'è 〈文〉突然でびっくりする.驚きうろたえる.

错翻了眼皮 cuòfānle yǎnpí 〈方〉見間違う.見損なう.[你～,以为我是好hǎo欺负的呢]きみは見損なって、ぼくのことをくみしやすいやつだと思っているのだろう.

错非 cuòfēi 〈方〉…の外は.…でなければ.[～你,我不告诉]きみでなければ、話さない.[～你去,要不没有合适的人]きみが行くほかない、さもなければ適当な人がない.[～这种药,没法儿治他的病]この薬でなければ彼の病気は治らない.≒[除chú非①]

错峰 cuòfēng ピークをずらす.ラッシュを避ける.

错缝儿 cuòfèngr 誤る.落ち度:[错缝子]ともいう.

错告 cuògào 一方的な意見や事実の錯誤によって歪められた報告(摘発・告発)

错骨缝儿 cuògǔfèngr 骨の関節がはずれる.脱臼する

错怪 cuòguài (誤って)人を悪く思う.悪くとる.[这是好意,你别～]これは好意です、悪くとってくれては困ります.

错过 cuòguò ①(チャンスなどを)取り逃がす.[～机会]機会を逸する. ②すれちがう.[昨天在街上遇yù见他,我没留神差点儿～去了]きのう町で彼に会ったが、うっかりすれちがってしまうところだった.

错号 cuòhào 番号間違い(をする).[弄nòng～了]番号をかけ間違った.

错话 cuòhuà 間違った話.

错会 cuòhuì 誤解(する)

错季 cuòjì 季節はずれ.

错简 cuòjiǎn 〈文〉錯簡:書物の[乱luàn丁][错页]のものをいう.→[竹zhú简]

错角 cuòjiǎo 囮錯角.

错节 cuòjié 木のいりくんだ節.〈転〉錯雑した困難な事柄.

错金 cuòjīn はめ込み細工.象眼細工:金属・陶器・木器具などに模様や文字などを象眼する特殊工芸.[错银]は銀系を用いた同前.

错觉 cuòjué (心理上の)錯覚.

错开 cuòkāi (時間などを)交錯させ離す.食い違いす.ずらす.[我现在错不开身]僕は今忙しくて手が放せない. [～办,别趕在一块儿]時間をずらしてやりなさい、一時に重なってはいけない. [把上下班的时间～]出退勤時間をずらす.

错漏 cuòlòu 誤りと見落とし.[严yán重的～]重大な誤りと見落とし.

错乱 cuòluàn 錯乱する.秩序がなくなる.こんがらがる.[精神～]精神が錯乱する.

错落 cuòluò ①物がごたごた入り乱れている.[错错落落]同じく. [～有致]入り乱れている美しさ. ②囲崩落(\u3000).山崩れ. →[崩bēng塌②]

错落不齐 cuòluò bùqí 〈慣〉でこぼこ入り乱れてい

る.[从前这里只有～的几十间草房]ここは以前はごちゃごちゃと数十軒のわらぶきの家があっただけだ.

错谬 cuòmiù 〈文〉錯誤.誤謬(\u3000).

错判 cuòpàn ①法誤判. ②ミスジャッジ.

错认 cuòrèn 見間違う.誤認する.

错失 cuòshī ①過ち(を犯す).失策(をする). ②(機会を)失う.[～时机]時機を失する.

错时 cuòshí 時差をとる.時間をずらす.[～上下班]時差出勤.

错死 cuòsǐ 誤って死ぬ.[只有～,没有错活]誤って死ぬことはあっても、誤って生きることはない.

错位 cuòwèi ①食い違う.位置をずらす. ②(骨などが)外れる.脱臼する.

错误 cuò-wù ①誤っている.間違っている.[～思想]誤った思想. ②間違い.誤り.過(\u3000)ち.[犯～]誤ちを犯す.[～百出]間違いが続出する. ③電軍エラー.バグ.[～信息]エラーメッセージ.

错休 cuòxiū 工場の休日をずらす.休日をずらして休む.

错牙 cuòyá 釘を打ち損ねて先が飛び出す.ネジ釘がうまくかみ合わない.[他连钉个木头箱子也～]あの男は木の箱を打ちつける位の事でも釘がそれる.

错牙错齿 cuòyá cuòchǐ 〈慣〉歯ぎしりする.

错页 cuòyè 乱丁:書籍装丁の際のページの入れ違い.

错疑 cuòyí 誤解のため疑いを生ずる.

错银 cuòyín →[错金]

错杂 cuòzá 入り混じっている.[天花板上～地悬xuán 挂着各色彩带]天井板にはいろいろな色彩のリボンが入り混じってつりさがっている.

错账 cuòzhàng 記帳違い.[检查～]同前を検査する.

错字 cuòzì 筆画の誤っている字.→[白bái字①]

错综 cuòzōng 入り混じり集まっている.[～复杂]〈慣〉複雑に錯綜する.

D

da ㄉㄚ

[叨] dā 〈擬〉シッシッ:馬などを進ませる時,舌打ちして発する掛け声.[～～!]同前.→[吁yū]

[耷] dā 〈文〉大きな耳.

耷耷 dāda 〈方〉垂れ下がるさま.たれるさま.[衣裳没拧níng干,直～水]服をよくしぼっていないので、水がぼたぼたたれる.[肥～]肥えて肉が垂れ下がっている.

耷拉 dāla 垂れ下がる.垂れる:[搭拉]〈白>答剌]とも書いた.[～着脑袋走路]頭を垂れて道を歩く. [～尾巴][搭拉尾巴]しっぽ返る. [～着脸]不機嫌な顔をする. [～着眼皮]まぶたを閉じている.

耷拉孙(儿) dālasūn(r) 〈方〉曾孫(\u3000)の子.玄孫.やしゃご:[玄xuán孙]に同じ.

[腤(皱)] dā 皮膚が垂れているさま.[肥féi～]ぶくぶくと太っている.

[哒・噠] dā 〈擬〉タタッ.ダダッ.ドゥドゥ:[嗒]に同じ. → da

哒嗪 dāqín 囮ダイアジン:[邻lín 二氮苯]に同じ.

搭 dā

〔搭〕 dā ①(布などをふわっと)掛ける.ぶらさげる.かぶせる.〔~衣裳的绳子〕着物を掛けるひも.〔肩上~着手巾〕肩に手ぬぐいをかけている.〔身上~着一条毛毯〕体に1枚の毛布を掛けている. ②交わる.重なる.接する.〔两根电线~在一起了〕2本の電線がつながった.〔她又~上了外国人〕彼女はまた外国人とくっついた.〔~不上船〕船に乗り遅れる.〔~信〕《方》手紙で連絡する. ③つけ加える.加勢する.〔~送配件〕部品をセットにして送る.〔~餐 cān〕集団で食事する.〔要自己~钱过去〕自分で金銭の援助をしなければならない.〔把命~上不值得〕命をかけるなんて割りに合わない.〔白~〕(足しても)むだである.効果がない.〔把这些钱~上还不够〕この金を足してもまだ足りない.〔今天饭不够,~点面条吃〕今日はご飯が足りないから,少しうどんを補って食べよう. ④組み合わせる.抱き合わせる.〔~着卖〕抱き合わせて売る.〔~识 shí 朋友〕知り合いになる.〔~着财主办〕金主と組にである. ⑤組み立てる.架ける.建てる.〔~台 tái〕舞台をつくる.〔临时搭起的舞台〕急ごしらえのステージ.〔~脚手架〕足場を組む.〔~梯 tī 子〕はしごをかける.〔~灶 zào〕かまどを作る. ⑥(複数の人で)持ち運ぶ.移動させる.〔~担 dān 架〕担架を持ち上げる.〔~桌 zhuō 子〕テーブルを移動させる.〔一个人拿不动,俩人~吧〕一人では動かせない,二人で運ぼう. ⑦(乗物に)乗りこむ.乗せる.〔~飞 fēi 机〕飛行機に乗る.〔~夜车〕夜汽車に乗る.〔这只船不~客〕この船はお客を乗せない.→〔乘 chéng ②〕〔坐 zuò ③〕 ⑧《方》融通する.やりくりあんばいして裁つ.〔~着裁〕(服の)裁断可能な部分を)うまくあんばいして裁つ.《方》かかる.ふりかかる.〔叫露 lù 水~了〕露がかかった. ⑩〔~儿〕《方》場所.ところ.〔见了三五~人家〕《白》4,5軒人家を見た. ⑪〔姓〕搭(タ)

搭巴手儿 dābāshǒur 《方》手伝いする.ちょっと手を貸す.〔我搬不动它,谁来~〕わたしはそれを(一人では)動かせない,誰か来て手を貸してくれ.

搭白 dābái 《方》話し合う〔答白〕とも書く.〔他还能~几句,甚至开开玩笑〕(艾・百2の1)彼は少しは口をさしはさむこともできるし,冗談を言ってみることだってできる.

搭班 dābān 〔~儿〕 ①劇役者が(臨時に)他の劇団に入って出演する(こと). ②(臨時に)グループの仕事に参加する.班(組)を作る.

搭伴 dābàn〔儿〕(r)〔结 jié 伴〔儿〕〕道連れになる.同道する.〔~走〕道連れとなって行く.

搭帮 dābāng〔口〕仲間になる.組になる.仲間を組む.

搭帮 dābang 《方》助ける.力を貸す.

搭包 dābāo ⇒〔搭膊〕

搭背 dābèi ⇒〔搭腰〕

搭便 dābiàn ついでに.

搭膊 dābó (袋)を提む.

搭补 dābǔ 補う.足し前をする.〔母亲织毛线~着家庭生活〕母親が編み物をしての暮らしを助けている.〔~损失〕損失を埋める.

搭彩匠 dācǎijiàng 旧 喜職:式場などの〔彩棚〕を組む職人.

搭茬儿 dāchár (人の)話に乗る.話をはさんで続けて言う.〔搭碴儿〕〔答茬儿〕〔答碴儿〕とも書いた.〔他说了半天,见没人~也就说不下去了〕彼はしばらく話していたが,誰も受けてくれないので後が続けず言えなくなった.〔因为你那么~,所以闹得没完没了 liǎo〕きみが半畳を入れるものだから,騒ぎがいつまでもおさまらないじゃないか.〔别老搭下茬儿吧〕いつも差し出口をするな.

搭缠 dāchán 《白》面倒なことにひっかかる.〔哥哥,你也这般~,倘或入城事发拿住,如何脱身?〕(水46)兄貴,またそんなやっかいなことをして,もし城内に入って事がばれてつかまったらどうして逃げられるか.

搭车 dāchē ①車に乗り込む.便〔空〕乗する.〔搭夜车到北京〕夜行列車に乗って北京へ行く. ②〈喩〉甘い汁を吸う.〔搭便车〕ただ乗りする.〔~涨 zhǎng 价〕便乗値上げする.

搭乘 dāchéng (車・船・航空機などに)乗る.搭乗する.

搭错车 dācuòchē ①車を乗り違える. ②人の尻馬に乗って失敗する.

搭档 dādàng 〔搭当〕〔搭挡〕とも書いた. ①協力する.仲間を組む.〔我们两个人~吧〕我々二人協力しようよ. ②組.仲間.相手.相棒.パートナー.〔他们俩是相 xiàng 声的老~〕彼ら二人は漫才の古いコンビだ.

搭盖 dāgài ⇒〔搭建①〕

搭钩 dāgōu ①手かぎ. ②コネ(をつける).取っかかり(をもつ)

搭护 dāhù 服 皮製の裕(ﾀﾞｸ)で長いすそのあるもの. ②半袖の外に着る単衣(ﾋﾄｴ)もの.

搭话 dāhuà ①=〔搭言〕〔答言〕話の相手をする.とりあう.話しかける.〔他的脸上泛 fàn 起一层笑意,准备和冠先生~〕(老・四・惶24)彼は顔に笑みをかべて冠さんに言葉をかけようとしている.〔别乱乱~〕乱れに口をきくな. ②《方》ことづける.

搭伙 dāhuǒ ①仲間を組む.仲間になる.〔大家搭个伙〕みんなで組をつくる.→〔合 hé 伙〕 ②共同炊事(給食)する.

搭架子 dājiàzi ①骨組(骨格)を作る.〔先搭好架子,然后再充实内容〕まず骨組みを作り,それから内容を充実させる. ②=〔摆 bǎi 架子〕 ③劇(旧劇で)役者が舞台に姿を現さないで歌いあるいは語ること.

搭肩 dājiān ①(物を肩に担ぐとき)肩にのせる.〔~布〕肩当て布. ②肩を足場にして上がる. ③⇒〔搭褳①〕

搭建 dājiàn ①=〔搭盖〕組み立てる.建てる.〔~牌 pái 楼〕牌楼(ﾊﾟｲﾛｳ)を建てる. ②(組織・機構が)成立させる.形成する.

搭箭 dājiàn 〈弓に〉矢をつがえる.→〔射 shè 箭①〕

搭浆 dājiāng 《方》(材料も仕事も)粗悪で,丈夫でないこと.〔这房子太~,恐怕禁 jīn 不住两次台风,就要塌了〕この家はひどく粗末だ,おそらく台風が二度も来たら,持ちこたえられずにつぶされるだろう.〔三合板做的家具太~买不得呀〕ベニヤ板で作った家具はとてもお粗末だから買うもんじゃないよ.

搭脚〔儿〕 dājiǎo(r) (無料で船や車に)便乗する.ヒッチハイクする.

搭脚手〔架〕 dājiǎoshǒu〔jià〕 (建築物などに用いる)足場を.足場をかける.〔搭交手〔架〕〕とも書く.

搭街坊 dājiēfang 《方》隣り合って住む.隣人になる.〔搭隔房〕とも書く.〔这房不好,街坊难搭〕《成》住む家は探しやすいが,近所付き合いはうるさい.

搭截题 dājiétí ばらばらに切りとった文章を一緒くたに充実させる問題:旧時,科挙の試験では,経典中の成句を取り命題としたが,のち清代にこれを極端にし,経典中の5,6字あるいは5,6句を任意に取り出し,互いに関連もなく,意味も通じないものをつなぎ合せ試験問題に出した.

搭界 dājiè ①〈境〉を接する. ②《方》かかわり合う:否定に用いる.〔每天我的邮件太多,跟我不~的只能立刻变成拉拉〕毎日製品紹介のメー

dā

ルが多すぎて関係ないものは即刻ごみに変わるだけだ.

搭救 dājiù 助ける.救助する.〔~落水儿童〕水に落ちた子供を助ける.

搭炕 dākàng オンドルを作る.

搭客 dākè 〈方〉①乗客.車や船に乗った客:ふつう〔乘 chéng 客〕という. ②(乗客を)乗せる.またはついでに客を乗せる.相乗りさせる.

搭扣 dākòu 掛け金.

搭拉 dāla ⇒〔耷拉〕

搭利 dālì 利息を入れる:利子を元金に加える.

搭理 dālǐ 受け答える.とり合う.相手になる:〔答理〕とも書く.多く否定に用いる.〔不~〕とり合わない.

搭裢 dālian ⇒〔搭裢①〕

搭连会 dāliánhuì →〔起 qǐ 会〕

搭凉棚 dāliángpéng 遠くを見るとき,手を額にかざして見る動作:〔搭凉篷〕とも書く.

搭轮 dālún 汽船に乗る.〔~赴湘〕船に乗って(長江を)湖南省に行く.

搭卖 dāmài ⇒〔搭售〕

搭脉 dāmài ⇒〔诊 zhěn 脉〕

搭铆 dāmǎo ⇒〔搭焊〕囗鉄板の両端を重ね(または折り返して重ね)たものをリベット打ちする.重ね溶接.〔~管〕同ёの管のパイプ→〔焊 hàn 接〕

搭赔 dāpéi 犠牲にする.投げ出す.〔把身家性命都~进去〕身も家族も全部犠牲にする.

搭配 dāpèi ①とり合わせる.組み合わせる.〔把植物和土石~起来〕植物と土石をあんばいしてとり合わせる.〔动词~词典〕動詞配語辞典. ②組み合わせる.〔~着卖〕抱き合わせて売る.〔按一与二比例~黑鬃出售〕1対2の割合で黒色豚毛を抱き合わせて販売する. ③よく配合である.似合いである.〔他们俩很~〕彼らは似合いのとりあわせだ. ④〈方〉(動物が)交尾する.つがう.

搭棚 dāpéng 小屋掛けをする.

搭姘头 dāpīntóu 〈口〉(男女が)くっつく.なれ合う.いちゃつく.不倫をする:〈方〉轧 gá 姘头〕に同じ.

搭铺 dāpù 臨時の寝床をつくる.

搭起戏台卖螃蟹 dāqǐ xìtái mài pángxiè 〔谚〕舞台にあがってカニを売る:カニは肉が少ないのに殻ばかり大きいことから,実際は大したことがないのに,仰仰しいふりをすること.〔这家伙是~,买卖不大,架子倒不小〕こいつは,商売は大したことないのに,大げさなことをする.

搭腔 dāqiāng =〔答腔〕①言葉をはさむ.応答する.合づちをうつ.〔对于他们的谈话简直是搭不上腔〕彼らの言葉のやりとりには全く話を合わせていけない. ②〈方〉口をきく.〔他俩合不来,彼此不~〕あの二人はそりが合わずお互いに口をきかない.

搭桥 dāqiáo ①=〔架 jià 桥〕橋をかける. ②橋渡しをする.〔给他搭上桥了〕彼のために間をとりもってやった.〔~引线〕仲をとりもつ. ③医(血管の)バイパスをつくる.〔~手术〕バイパス手術.

搭情 dāqíng 〈方〉好意を恩に着る.恩義を感ずる.ありがたく思う.〔这人真没良心,人家为他费财费力,他一点也不~〕あいつは全く良心のないやつだ,人があいつのためにいろいろと苦労して力つくしてあげたのに少しも恩に着ていない.

搭鹊桥 dāquèqiáo →〔鹊桥〕

搭儿 dār 〈方〉場所.ところ:〔答儿〕とも書く.〔那~〕あそこ. →〔字解⑩〕

搭撒 dāsa 〈方风〉〈方〉垂れ下がる.〔~着眼皮儿〕まぶたが垂れ下がって(いる)

搭讪 dā·shàn 〔搭赸〕〔答讪〕とも書いた.きまり悪そうに話しかける.照れかくしにその場を取り繕って話いをも

ちかける.〔搭搭讪讪〕同前の重畳形.〔他~着进来了〕彼は照れくそうに何か言いながら入って来た.〔在旁边~了几句闲 xián 话,谁也没有答理他〕そばで何か取り繕って言ってはいるが,だれも彼にとりあわなかった.

搭声 dāshēng あいづちを打つ.

搭识 dāshí ⇒〔结 jié 识〕

搭手 dāshǒu ①手を貸す.手伝う.〔你来搭个手み手を貸してくれ〕.〔搭不上手〕手伝いようがない. ②⇒〔搭 dá 背〕

搭售 dāshòu (商品が)抱き合わせて売る=〔搭卖〕に同じ.〔商品~〕同前.

搭梯子 dātīzi ①はしごをかける. ②〔喩〕言い訳や逃げ道を探す.

搭天桥破地狱 dā tiānqiáo pò dìyù 宗(仏教で)天橋をかけ地獄を壊す(極楽に導く):仏教で唱える文句.

搭跳(板) dātiào(bǎn) 飛び板をかける.〔搭上跳板〕飛び板をかけ渡す.

搭头(儿) dātou(r) おまけ.つけたし.〔这是~,不要钱〕これはおまけで,金はいらない.〔那儿是书铺 pù,文具是~〕あそこは本屋で,文具はつけたりだ.

搭窝 dāwō (鸟が)巣をかける.

搭线 dāxiàn 渡りをつける.連絡を取る.〔如果他们有意邀 yāo 请,他可从中~〕もし彼らに招待の意思があれば,彼が中に立って取り持ちできる. →〔搭桥②〕〔挂 guà 钩④〕

搭言 dāyán ⇒〔搭话〕

搭腰 dāyāo ⇒〔搭背〕家畜に車をひかせる時,鞍 (ān)や縄などが落ちないように家畜の背に取り付けた縄.

搭载 dāzài ①(車や船に)搭載する. ②(新機能などを)入れこむ.

搭桌戏 dāzhuōxì 劇旧劇で,臨時に仲間以外のある個人あるいはある俳優を経済的に助けるために加勢して上演し,純益をその人に与えるための芝居.〔他临时给搭一搭桌〕(老・四・偷30)彼が臨時に友情の搭一搭桌した.

搭子 dāzi ①⇒〔轮 lún 毂〕 ②〈方〉マージャン仲間.

搭坐 dāzuò (乗物に)乗る.搭乗する=〔搭乘〕に同じ.

〔嗒〕 dā 〔哒〕とも書く.〈拟〉タッタッ.ダッダッ:馬の駆ける音.馬を制止する掛け声.機械や銃弾の発する音.〔抽 chōu 水机~~响 xiǎng〕ポンプがダダダッと鳴る. → tà

〔答(荅·畣)〕 dā ①〈口〉答える.受け答えをする.〔答 dá ①〕に同じ.〔不~理 lǐ〕とりあわない. ②→〔滴 dī 答〕 → dá

答白 dābái ⇒〔搭白〕

答苍儿 dāchár ⇒〔搭苍儿〕

磋苍儿 dāchár ⇒〔搭苍儿〕

答答 dādā ①〈拟〉竹のガラガラという音. ②恥ずかしがるさま.〔羞 xiū ~地〕〔羞羞~地〕恥ずかしがって.

答咯 dā·gē 〈方〉あいさつする.かかわり合う.対話する.〔没有~他〕彼にあいさつしなかった.

答剌 dāla ⇒〔耷拉〕

答理 dālǐ ⇒〔搭理〕

答腔 dāqiāng ⇒〔搭腔〕

答儿 dār ⇒〔搭儿〕

答飒 dāsa ⇒〔搭撒〕

答讪 dā·shàn ⇒〔搭讪〕

答言 dāyán ⇒〔搭言〕

答应 dāying ①返事をする.承知する.〔有人~〕誰

dā～dá

答 dā
かが返事をした．②承諾(する)．承知(する)．許す．応ずる．〔你为什么～下来〕どうして下来〕どうして承諾したのか．〔我～他今天晚上去〕僕は彼に今晚行くことを承諾した．〔没有不～你的〕誰でも承諾してくれる．

答允 dāyǔn 承諾する．承諾の返事をする．〔满口～〕一も二もなく同前．

〔褡〕dā

褡包 dābāo =〔褡膊〕〔搭包〕〔搭膊〕〔旧服〕しごき帯：幅広の長い布を縦に折りたたんだもの．〔破棉袄上拢了根～〕破れ綿入れの上へしごきをしめた．〔燕青换领布衫穿了，将搭膊系了腰〕(水81)燕青はひとえの長上衣に着替えると，しごきを腰にしめた．

褡膊 dābó 同上．

褡裢 dā·lián 〔褡连〕〔搭连〕〔搭联〕とも書いた．回[ー儿]金入れ袋：長方形で中央に縦に口をつけ，二つ折りにして袋の両端に金を入れるもので，手に持ってもよいが，ふつう腰帯にかけて用いられた．〔搭肩③〕に同じ．〔钱～〕〔钱褡子〕同前．②囗中国式すもう用の刺し子．すもうの短衣：柔道着のようなもの．③同上．

褡裢布 dāliánbù 団斜文綫の木綿の布地．やや薄手でデニム・ドリル：単に〔褡褳③〕ともいう．→〔斜 xié 纹布〕

褡裢火烧 dālian huǒshao 食〔馅 xiàn 饼〕の一種：豚肉をあんにして小麦粉の皮で包み，焼いたもの．

〔镗・鎝〕dā 〔铁钬 搭〕

〔打〕dá
①〈音訳〉量詞．ダース．〔一～啤 pí 酒〕ビール1ダース．②→〔苏 sū 打〕 → dǎ

〔达・達〕dá
①達する．行きつく．通じる．〔从北京直～莫 mò 斯科〕北京からモスクワに直通している．〔铺 pū 轨工程今年内可～昆明〕(鉄道)の敷設工事は今年中に昆明まで達することができる．②達成する．到達する：抽象的な事や数量．〔高考分数～线〕大学入試の得点が基準ラインに達した．〔目的已～〕目的はすでに達した．〔每日煤 méi 产量已～千吨〕一日の石炭生産高はすでに千トンに達した．③(ある事に)通じている．よくわきまえている．〔明～〕通晓(xiǎo)する．〔不～事理〕ものごとの道理に通じていない．〔通权 quán～变〕〈成〉情勢の変化をよく見通してそれに順応する．④表現する．意味を表す．〔表 biǎo～〕同前．〔词 cí 不～意〕言葉が十分に意を尽くしていない．⑤通達する．意向を伝える．〔传 chuán～〕伝達(する)．〔转 zhuǎn～〕取りつぎ(伝える)．転達(する)．〔把指示下～到基层组织〕指示を下部組織に下達する．⑥地位に上る．出世する．⑦〈姓〉(も)

达坂 dábǎn 〈方〉峠．尾根．

达标 dábiāo 基準(レベル)に達する．目標に達する．〔～率〕目標達成率．

达旦 dádàn ⇒〔手 shǒu 鼓②〕

达布 dábù ⇒〔手 shǒu 鼓②〕

达成 dáchéng 達成する．〔～协 xié 议〕話し合いがつく．意見の一致を見る．

达子 dázi ⇒〔鞑子〕

达达尼尔海峡 Dádáníěr hǎixiá 地 ダーダネルス海峡：ヨーロッパとアジアの境界をなしている海峡名．

达达主义 dádázhǔyì 〈音義訳〉ダーウィニズム．

达旦 dádàn 翌朝まで．〔通宵 xiāo～〕一晚中(翌朝まで)．夜っぴて．

达到 dádào 達成する．到達する．〔达得到〕達成できる．到達できる．〔达不到〕達成できない．到達できない．〔～了目的〕目的を達した．

达德 dádé〈文〉古今を通じて変わらない徳目．

达尔文主义 Dá'ěrwén zhǔyì 〈音義訳〉ダーウィニズ

ム：〔进 jìn 化论〕に同じ．

达观 dáguān 達観する．

达官 dáguān ①囫高官．〔～贵人〕高官と高貴の人．〔～显宦〕高位高官．②囫蒙古人で官途についた者．

达荷美 Dáhéměi ⇒〔贝 Bèi 宁共和国〕

达呼尔族 Dáhū'ěr zú ⇒〔达斡尔族〕

达卡 Dákǎ 地〔孟 Mèng 加拉人民共和国〕(バングラデシュ)の首都．

达喀尔 Dákā'ěr ダカール：〔塞 sài 内加尔〕(セネガル)の首都．

达克龙 dákèlóng ⇒〔的 dí 确良〕

达赖[喇嘛] Dálài[lǎma] 宗ダライラマ：チベットの宗教・政治上の最高主権者．〔格 gé 鲁派〕(黄教派)の教主．二大活仏の一．ダライとは蒙古語で"大海"の意．ラマとはチベット語で"大師"の意．→〔喇嘛教〕

达累斯萨拉姆 Dálèisīsàlāmǔ 地ダルエスサラーム：〔坦 Tǎn 桑尼亚联合共和国〕(タンザニア)の事実上の首都．→〔多 duō 多马〕

达罗毗荼人 Dáluópítú rén ドラビダ人：インドの主要民族の一，非アーリアン系種族．〔达罗维陀人〕ともいう．

达马树胶 dámǎ shùjiāo 〔吧 bā 鸣油〕化ダンマーゴム：〔达蘇胶〕ともいう．

达磨 Dámó ダルマ大師：南北朝の頃インドから中国に入り中国禅宗の始祖となった．〔菩 pú 提～〕の略．

达摩克利斯剑 Dámókèlìsī jiàn 因ダモクレスの剣．

达姆弹 dámǔdàn 〈音義訳〉軍ダムダム弾：〔音義訳〉但 dàn 姆弾〕ともいう．

达纳马特 dánàmǎtè 〈音訳〉ダイナマイト：〔达纳炸 zhà 药〕ともいう．

达儿 dár ①〈方〉物品．②ところ．

达灵 dárlíng 〈打 dǎ 令①〕

达人 dárén 〈文〉①=〔达士〕事の道理に通達した人．奥義をきわめた人．達人．②思想・知識の卓越して優れた人．

达识 dáshí〈文〉優れた識見．

达士 dáshì ⇒〔达人①〕

达天知命 dátiān zhīmìng〈成〉天命を知りわきまえる．

达维安全灯 dáwéi ānquándēng ⇒〔安全灯①〕

达沃 Dáwò 地ダバオ：フィリピンのミンダナオ南部の港市．〔纳 nà 卯〕ともいった．

达斡尔族 Dáwò'ěr zú ダフール族：〔达呼尔族〕とも書いた．中国少数民族の一．契丹の後裔大賀氏の転音といわれる．内蒙古莫力達瓦ダフール族自治旗・黒竜江・内蒙古および新疆などに居住する．

达奚 Dáxī〈姓〉達奚(姓)．

达意 dáyì 意見を表明する．意味がよく通ずる．〔词不～〕〈成〉言葉足らず．

达因 dáyīn 物ダイン：力の cgs 単位名．質量1グラムの物体に対して毎秒1センチメートルの加速度を与える力．→〔牛 niú 顿②〕

达孜 Dázī ⇒〔鞑子〕

〔迖・薘〕dá →〔荁 jūn 荙菜〕

〔舭・艂〕dá →〔舭 bǐ 舭〕

〔鞑・韃〕dá →〔鞑靼〕

鞑靼 Dádá 因ダッタン：唐代，突厥治下の部族名．のちには蒙古の別称．明代には土皇思汗の後裔の各部，清末の革命派は満族統治者をいった．

鞑靼海峡 Dádá hǎixiá 地間宮海峡の別称．

dá~dǎ

鞑靼斯坦 dádásītǎn タタールスタン共和国:旧ロシア連邦の自治共和国.首府は[喀山](カザン)

鞑虏 dálǔ 清漢人の満州朝廷に対する罵りの言葉.〔驱 qū 除～恢复中华〕(孙文)蒙古のえびすどもを追い払って中華を復興させる.

鞑子 dázi ≡[达子]〈口〉蒙古人.〔～馆 guǎn〕旧北京の北城にあり,蒙古人の多く集まる地域.〔～狗 gǒu〕蒙古犬.→[蒙 měng 古]

[怛] dá 〈文〉①嘆き悲しむ.〔～伤 shāng〕同前. ②驚き恐れる. ③心労する.〔劳心～〕同前.

[妲] dájǐ 〈人〉妲己(きっ):殷(いん)の紂王の妃.悪女の代名詞.

[炟] dá 人名用字.〔刘 liú ～〕〈人〉後漢の章帝の名.

[鈢・鑓] dá 元素 ダルムスタチウム.記号 Ds:人工放射性元素の一.

[笪] dá ①〈方〉竹で編んだ目の粗い敷物(穀物干し用や苫ぶき用). ②〈文〉川舟を曳く竹製のロープ. ③〈姓〉笪(だつ)

[靼] dá →[鞑靼]

[沓] dá [～儿]量詞.束(蛋).重ね:薄い紙様のものを重ねたものを数える:〔一～美钞 chāo〕一束のアメリカドル.〔一～纸〕一重ねの紙.〔一～捆 kǔn 好〕一束ずつきちんとしばる. → tà

[答(荅・畣)] dá ①答える(る).返答(する).回答(する).〔一问一～〕一問一答(する).〔这道题～错了〕この問題は答えが違っている. ②報いる.返礼する.〔报 bào ～〕報いる.〔～谢 xiè〕返礼する. ③〈姓〉答(とう) → dā

答案 dá'àn (受験者)解答.答案.→[答卷]

答白 dábái ⇒[搭 dā 白]

答拜 dábài 〔答访〕答礼の訪問をする.→[回 huí 拜]

答报 dábào 報いる.お返しをする.〔～师 shī 恩〕師の恩に報いる.→[报答]

答辩 dábiàn 答弁(する).〔～会〕各種の弁明・陳述・弁論を行う会議.

答词 dácí 〔答辞〕とも書く.答辞.謝意や回答を表す言葉.〔致～〕答辞をする(読む)

答对 dáduì 応対する.受け答えする〔你拿什么话～人家?〕君はどんな言葉で(何と言って)人に申し開きしよう.

答访 dáfǎng ⇒[答拜]

答非所问 dá fēi suǒwèn 〈慣〉とんちんかんな返答をする.問題をはきちがえて返答する:〔所答非所问〕ともいう.

答复 dá-fù 〔答覆〕とも書いた.①回答(する).返答(する).〔満意的～〕満足できる回答. → [回 huí 答] ②〈公〉下級からの照会に対し回答する.

答话 dáhuà 返事(する).応答(する).〔人家问你,你怎么不～〕人が聞いているのにどうして答えないんだ.

答卷 dájuàn ①答案を作る.試験問題を解く. ②答案(を書いた用紙). ③答案用紙.解答用紙.→[试 shì 卷]

答礼 dálǐ 返礼(する).〔还 huán 礼〕に同じ.

答禄 dálù 〈姓〉答禄(とうろく)

答录(电话)机 dálù (diànhuà)jī 留守番電話.

答数 dáshù 国答え(の数).〔得 dé 数〕ともいう.

答题 dátí (試験問題や練習問題に)解答(する).

答问 dáwèn 質問に答える.〔～节 jié 目〕

質問回答番番組.

答谢 dáxiè お礼を言う.お礼する.〔真叫您费心了,改天到府上去～〕本当にお近づかいいただきましてありがとうございました,日を改めてお宅へお礼に伺おう.〔宴会〕答礼宴.→[谢]候

答言 dáyán 言う.返事(する)

答疑 dáyí 疑問(質問)に答える.〔课堂～〕同前の授業.

[瘩(疸)] dá → da

瘩背 dábèi 中医背中の肩の動く部分にできる癰(よう):〔搭da手〕ともいう.

[闼・闥] dá 〈方〉楼上の窓. → tà

[打] dǎ (I) ①打つ.たたく.〔刚才～了两点了〕さっき(時計が)2 時を打ったばかりだ.〔雨～芭ba 蕉〕雨が芭蕉(の葉)をたたく.〔～就～,可得估 gū 摸着〕殴るなら殴れ,だがほどほどにしておけよ. ②壊す.割る.〔碗～了〕お碗が壊れた.〔衣服被虫～了〕服が虫にやられた. ③攻める.戦う.〔攻～〕攻撃する.〔三～祝家庄〕画三たび祝家庄をうつ. ④一部の名詞(目的語)と結びつき,具体的内容をもつある種の動作をする.⑥製造する.〔～刀〕刀を造る.〔～桌椅〕椅子・テーブルを作る. ⑥編む.結(w)う.〔～草鞋〕わらじを編む.〔～毛衣〕セーターを編む(作る). ©かき混ぜる(作る). ⓓ〔～糨jiàng 子〕糊を作る. ⓔ掘る.開ける.開く.〔～井井戸を掘る.〔～鸡蛋〕タマゴを割る. ①掲げる.揚げる.〔～伞〕かさをさす.傘を揚げる. ⓖ塗る.塗しつける.〔～个收号〕感嘆符をつける. ⓗ捕まえる.〔～鸟〕鳥を捕える. ⓘ縛る.くくる.巻く.〔～绑 bǎng 腿〕ゲートル・脚絆をまく.〔～包裹 guǒ〕小包にする.〔～包〕包装する.〔送る.発する.〔～一个电报去〕電報を打ちに行く.〔～一枪〕発砲する. ⓙ起こす.放つ.〔～雷〕雷が鳴る.〔～稻米发光る.光らせる. ⓚ買う.〔～酒〕酒を買う.〔～车票〕キップを買う.〔～不起〕買えない.〔从当 dàng 铺～来的〕質流れを買った.①築く.建てる.〔～坝 bà〕提防を築く.すくう.〔～洗脸水〕顔を洗う水を汲む.⓷取り除く.〔～蛔 huí 虫〕虫をくだす. ⓞ収穫する.〔一亩 mǔ ～了四百斤〕ムー当たり 400 斤穫れた. ⓟ任ずる.当たる.〔～后卫〕後衛(バック)を務める.〔男子～外,女子～内〕男は外を受け持つ,女は内を受け持つ. ⓠ遊戯をする.演ずる.〔～桥牌〕ブリッジをする.〔～棒球〕野球をする. ⓡ身体的・生理的動作をする(が起こる).〔～哈欠〕あくびをする.〔～跟 liàng 跄〕よろめく.〔～方向盘〕ハンドルを操作する. ⓢ考えを出す.計算する.〔～主意〕腹を決める. ①(人間関係)の問題を処理する.〔～离婚〕離婚する. ⓤ書類を書く.作る.〔～一个介绍信〕紹介状を書いてやる.Ⓥある形の表示をする.〔～比方〕たとえて言う.〔～招呼〕あいさつする. (w)注入する.〔～葡萄糖〕ブドウ糖を注射する. ⓨ単音節の動詞・形容詞の前に置き,意味的には複合詞を作り,一緒に用いる.〔～听〕尋ねる.〔～开窗户〕窓を開ける.〔后轮一滑〕後輪が滑る. ⓨ〈姓〉打(だ)

(II)…から.…より.介詞として起点,原因,経路などを表す.〔～哪儿来的〕どこから来たのですか.〔～今天以后〕今日からのち.〔～心里〕心から.〔～那座桥过〕その橋をわたる.〔～小儿 xiǎor〕子供の頃から. → [从 cóng (III)①②] → dá

打暗号(儿) dǎ ànhào(r) 暗号を打つ.合図をする.

打熬 dǎ'áo ①体を鍛錬する. ②耐え忍ぶ.〔疼得不住了〕とても我慢しきれなかった. ③苦難にあう.

打八刀 dǎbādāo 〔打罢刀〕とも書く.〈方〉(女から)別れ話をもち出す:八と刀で分となる.

打靶 dǎbǎ ①射撃練習(をする).〔～场〕(靶子场)

打 dǎ

射的場. ②〈方〉銃殺(する).

打把式 dǎbǎshi〔打把势〕とも書いた. ①〔练 liàn 把式〕 ②〔打秋风〕 ③よく動き回る.〔孩子一~，妈妈也睡不安了〕子供が動き回ったりするとお母さんも安眠できない.〈方〉生計のためにあちこちかけずり回る.〔还是找个职业好，哪能老~啊！〕やはり何か職業を見つける方がよい，いつまでも落ち穂拾いに走り回ってやっていけるものじゃない.

打白条 dǎbáitiáo 圖 ①(仮りの)受け取り証や証券などを出す. ②支払いを受け取り証で行う：後に現金化できる建了印.

打摆子 dǎbǎizi〔医〕〈方〉おこりが出る.〔发 fā 疟子〕に同じ. ②〈喩〉精神がひどく不安定だ(で悪いこともできない).

打败 dǎbài ①打ち負かす.〔A 队 3 比 2 一了 B 队〕A チームは 3 対 2 で B チームに勝った. ②敗戦する. 負ける.〔~一仗 zhàng〕同前.〔上海队~了〕上海チームは敗れた.

打板子 dǎbǎnzi ①旧杖刑(ぱう)〕割れ竹で罪人をたたく刑罰.〔打二十板〕20回のたたきの刑に処する.→〔杖 zhàng 刑〕 ②(板などでたたいて)折檻(ぱ)する.〈喩〉きびしく批判(叱責)する.

打扮 dǎban ①扮(ぷ)装する. いでたちをする. 身ごしらえをする. メーキャップをする. 着飾る. 装う.〔~出来很好看〕おめかしするとってもきれいだ.→〔化 huà 装〕〔装 zhuāng 扮〕 ②〔一儿〕いでたち. 扮装. メーキャップ.

打棒子 dǎbàngzi ⇒〔打棍子〕

打包 dǎbāo ①荷造り(する). 包装(する).〔~厂 chǎng〕梱包(が)工場.〔~机〕包装機. 梱包機.〔~的〕荷作り人.〔~铁皮〕梱包用薄帯鉄. 箍(が)鉄.〔~用品〕梱包用材料. ②(食べ残した料理を)パックする.〔服务员，~!〕すみません，料理をパックしてくれ. ③梱包を解く. ほどく.→〔~袱〕 〔回〕(仏教で)行脚(が)する：僧の背負い荷物からこういう.

打包放款 dǎbāo fàngkuǎn 圖パッキングクレジット.

打包借款 dǎbāo jièkuǎn 圖在庫品を抵当としての借金(をする).

打包票 dǎbāopiào (事前に)保証する. 請け負う：〔打保票〕ともいう.→〔包票〕

打苞(儿) dǎbāo(r) 穂を孕(はら)む. (小麦などが)穂をつける.

打饱嗝(儿) dǎbǎogé(r) げっぷ(おくび)が出る.→〔嗝儿〕

打保票 dǎbǎopiào ⇒〔打包票〕

打抱不平 dǎbào bùpíng =〔打不平〕〈成〉虐げられた弱い者の肩をもつ.

打背躬 dǎbèigōng〔打背弓〕とも書く. 劇 (旧劇で)舞台で二人以上の役者が演じている場合に，そのうちの一人が他の役者に関係のないことを歌ったり述べたりするとき，袖を顔の高さまで上げ他の登場人物に背を向けて視線が合わないようにするしぐさ.

打奔儿 dǎbēnr〔打锛儿〕とも書く. 〈方〉①言葉がつかえる. とちる. ②よろける. 足がひっかかる. 転びそうになる. →〔磕绊儿〕

打趸儿 dǎběngr〔打进儿〕とも書く. ①〈方〉飛び跳ねる. 跳び回り暴れる. ばたつく.〔乐马得他直~〕うれしくて彼は小躍りした.〔马~〕馬が跳ねて暴れる. ②慌てて(憤慨して)地団駄踏む.〔急得~〕同前.

打鼻雷 dǎbìléi 〈方〉いびきをかく：〔打鼾〕〔打呼噜〕に同じ.

打鼻儿 dǎbír ①〈方〉馬・ロバなどが鼻を鳴らす.〔驴 lú ~〕ロバが鼻を鳴らす. ②鼻をつく.〔~香〕ぷんぷん匂って来る.

打比 dǎbǐ ①たとえる. なぞらえる.〔~同前.〔拿它~〕それにたとえる. →〔比方①〕 ②〈方〉比較する. 比べる.

打笔墨官司 dǎ bǐmò guānsī〈喩〉理論闘争をする. 筆陣を張る：〔打笔墨仗〕ともいう.

打边鼓 dǎbiāngǔ ⇒〔敲 qiāo 边鼓〕

打扁 dǎbiǎn ①〔一儿〕〈方〉(舌が)ころころ動く (食べものを飲みくだしにくいこと).〔这两天吃东西竟~，咽 yàn 不下下去〕この2,3日は物を食べても舌が動くだけで飲みくだせない. ②たたいてぺしゃんこにする.〈喩〉徹底的に打ちのめす.

打辫子 dǎbiànzi 弁髪(なゴ)を結う. おさげ髪を結う.

打表 dǎbiǎo ①(タクシーで)メーターに基づいて計算する. ②表・グラフを作る.

打摆儿 dǎbiàor 力(パワー)がもつれる. 手足がふるえて言うきかない.〔两条腿~了〕両脚がもつれた.

打别 dǎbié〈方〉逆らうことを言う. すねて困らせる.〔以后再不跟干部~了，坚决好好工作〕これからはもう上の方に逆らうようなことを言わず断固として真面目に仕事をする.

打冰 dǎbīng ①(冬に)氷を採取する. ②氷を買う.

打冰出溜儿 dǎ bīngchū-liūr〈方〉氷滑りをする.

打冰盏儿的 dǎbīngzhǎnrde 旧〔酸 suān 梅汤〕など夏の冷たい飲み物を売る行商人：片手で白銅製の椀(え)形のものを二つ持って打ち合わせながらふれ回って売るのでこのようにいう.

打并 dǎbìng ①片付ける. 始末する.〔艄 shāo 公~了船中血迹〕(水65)船頭は舟の中の血の跡を片付けた. ②かき集める. 工面する：〔打併〕とも書く.

打并伙 dǎbìnghǔ ⇒〔并伙〕

打驳拦儿 dǎbólánr〈方〉(中に入って)邪魔だてする.〔我说那话，你老~〕あの話をすると，君はいつも反対ばかりする.

打补丁 dǎbǔdīng (衣類その他のものに)つぎをあてる：〔打补钉〕〔打补靪〕とも書く.→〔补丁〕

打不还手 dǎbùhuánshǒu 殴られても殴りかえさない.〔~，骂 mà 不还口〕〈喩〉やり返さないで事態を収めるように努力すること.

打步球 dǎbùqiú 図ゴルフのように地面に空けた穴に球を棒で入れる遊技.〔捶 chuí 丸〕

打不成狐狸，闹身臊 dǎbuchéng húli, nào shēn sāo 〈諺〉やぶへび(になる). かえって悪名を負うことになる：きつねをやっつけようとして失敗し，かえって悪臭を浴びる：〔打不着狐狸，惹 rě 身臊〕ともいう.

打不成米，连口袋都丢了 dǎbuchéng mǐ, lián kǒudai dōu diūle 米を買うのにしくじって袋までなくした：〈諺〉泣き面に蜂. 方法・手段まで失うこと.

打不过 dǎbuguò (一対一の球技・けんかなど)かなわない.〔~他〕彼には~.→〔一不过〕

打不过揪儿，挽不过攒儿 dǎbuguò jiūr, wǎnbuguò zuǎnr 髪をくくる事もまげを結う事もできない.〈喩〉収入が少なくて暮らしていけない.〔这么点儿收入，~来，哪儿有闲钱听戏去〕このくらいの収入では暮らしてもいけないところなのに，どうして芝居に行くような余分の金があるものか.

打开 dǎbùkāi ①開かない. 開けられない.〔这盒子怎么~〕この小箱はなんで開かないのかな. ②ある局面(状况)に展開ができない(しようもしない).〔一两个星期~〕一二週間で打開できない.

打不平 dǎbùpíng ⇒〔打抱不平〕

打不住 dǎbuzhù ①止まらない.〔这块麦子亩产250斤也~〕この(畑の)麦の生産高は畝一当たり250キロではききません(もっと上です). ②足りない.

打擦边球 dǎ cābiānqiú 〈又〉(卓球で)エッジボールにする.〈喩>法規ぎりぎりの所にいること.

打参 dǎcān ⇒[打禅]

打毡儿 dǎcāor <方>普段用にする.[~穿]普段用に着る.

打草 dǎcǎo 草を刈る.[~机]草刈り機.

打草稿 dǎcǎogǎo 草稿を書く.下書きする.下絵を描く:[打草底儿]ともいう.

打草惊蛇 dǎcǎo jīngshé <喩>草を打って蛇を驚かす.(軽率なため計画・策略が漏れて)不用意に相手を警戒させてしまう.[咱们先别声张, 免得~]相手に感づかれないようにさしあたり, 言いふらさないようにしよう.

打叉 dǎchā ①罰点"×"をつける:[画 huà 叉②]ともいう.→[打钩(儿)] ②犯人の名前に"×"をつける

打喳喳 dǎchācha <方>耳もとでささやく・耳打ちする:[打耳喳]という.

打茶尖 dǎchájiān →[打尖]

打茶围 dǎcháwéi 回妓楼へ行って妓女をひやかすこと;妓楼側ではお茶を出してサービスする.→[清 qīng 吟小班]

打镲 dǎchǎ <方>冗談を言う.ふざけ口をきく.[你这不是拿我一吗]私をからかっちゃいけません.

打杈 dǎchà 剪定する.枝打ちをする.

打岔 dǎchà (人がしている話や仕事を)妨げる.水をさす.茶々を入れる.口をさしはさむ.ぜまえる.[我们说正经话, 你别一!]僕らは真面目な話をしてるんだ. 茶々を入れるのはよせ.→[岔⑨][岔和]

打柴 dǎchái 薪を採る.[~的]薪採りの人.

打柴舞 dǎcháiwǔ リー族の民間舞踏.両側に何人かずつしゃがんだ者が, 組み合った一組ずつの2,3メートルの2本の棒の端を両手に持って音楽にあわせて開閉させる.踊り手は中に入ってその動く棒に足をはさまれないように跳んで様々な仕種をしながら舞う.

打禅 dǎchán =〈文>参 cān 禅〉〈坐 zuò 参〉〈坐禅〉座禅を組む:[打参][打坐①]ともいう.[~七]七日間を一期間として座禅する実践法.

打场 dǎcháng 贾(脱穀場を)回脱穀場で脱穀をする.[割麦不用镰 lián, ~不用牛]〈農業が機械化されて)麦の刈り取りに鎌を使わず, 脱穀に牛を使わない.→[场院]

打长工 dǎchánggōng 回(地主の)作男をする:[做 zuò 长工]に同じ.

打场子 dǎchǎngzi 回大道芸人が上演の(場(しきり)を作ること. 又そこに人を集めて大道芸をして見せること.

打吵子 dǎchǎozi <方>口げんかをする. 騒ぎを起こす.[别老是跟我~了](梁·红28)そんなにいつもうしにつっかかってくるもんじゃない.

打车 dǎchē ①タクシーに乗る. タクシーを拾う:[打的 dí]に同じ. ②回車を作る.[~的]車大工.

打成一片 dǎchéng yīpiàn 打って一丸となる(する).[不论于活, 学习或排戏, 都和工人~]仕事をするにしても, 学習や演劇練習をやるにしても, みんな労働者と一心同体になってやる.

打吃溜 dǎchīliu <方>(驚きや不満で)息を呑む.[我一~, 他就不住下说了]わたしがそれがどうかなあ?という風な格好をしたら, 彼はもうそれ以上は言わなかった.

打赤膊 dǎchìbó <方>もろ肌脱ぎである. 上半身裸である.

打赤脚 dǎchìjiǎo はだしである.

打冲锋 dǎchōngfēng ①[軍](突入部隊が)先陣をきる. ②率先する. 先に立ってやる.

打抽搭 dǎchōuda 泣きじゃくる.[哭得甭 béng 提多伤心了, 直到现在还一呢]さぞさぞ悲しかったことだろうが今でも泣きじゃくっている.→[抽搭]

打抽丰 dǎchōufēng ⇒[打秋风]

打出溜(儿) dǎchūliu(r) ①つるっと滑る. 滑り降りる(動く). ②いい加減にごまかす.[别和我~]いい加減な答えをするな.

打出手 dǎchūshǒu ①=[过 guò 家伙][-儿]劇旧劇の立ち回りの型の一つで, 刀や槍を投げ合いやり取りする. ②<方>手を出してけんかする. とっくみあいする. 殴りあう.[说岔 chà 了, 两人都抄起东西, 差点儿大~]話は決裂して, 2人は共に物をつかみ, 今にもけんかを始めるところだった.

打憷 dǎchù [打怵]とも書く. <口>①おじけづく. 気後れする.[从来没打过怵]尻ごみしたことがない. ②恐ろしくてゾッとする.[这样的怪事, 听了也~]聞いただけでもゾッとする.

打穿堂儿 dǎ chuāntángr [穿堂(儿)](通り抜けになっている部屋)を通り抜ける.[不准随便来回~](老·骆)勝手に行ったり来たり通り抜けることは許されない.

打春 dǎchūn ①=[鞭 biān 春][鞭土牛]旧時の風俗で, 立春の前日に[春官](官職名)が[春牛](土製の牛)を役所の前にそなえ, 立春の日に紅緑の鞭で打つ儀式;その年の農作の順調であることを祝するともいい, 寒気を送る意味ともいう. 俗に[立 lì 春]をいう. ②回湖南一帯で遊び人達が立春の前日に[小 xiǎo 锣]や[竹 zhú 板]をたたき歌を歌いながら家々を回りお金を貰うこと.

打戳(子) dǎchuō(zi) ⇒[打印①]

打从 dǎcóng <方>①…より. …から:[从打]に同じ.[~前年起身体就差了]おととしから体が弱くなった. ②…を通って.[~学校门前通过]校門の前を通る.

打粗 dǎcū <方>荒仕事をする. 力仕事をする.

打错算盘 dǎcuò suànpán そろばんを間違える.〈喩>計画通りにいかない.→[打算盘]

打单 dǎdān <方>ゆする. 恐喝する.

打弹子 dǎdànzi ①⇒[打台球] ②(遊具の)パチンコ・おはじき・ビー玉にふける.

打当 dǎdāng <方>①準備する. ②片付ける. 始末する.

打当 dǎdàng 回質屋が質流れ品を処分する(こと)

打荡子 dǎdàngzi (裁縫用へらなどで)筋を引く. 線付けする:[打荡儿]ともいう.

打倒 dǎdǎo 打ち倒す. やっつける. 殴り倒す.[~帝 dì 国主义]帝国主義を打ち倒せ.

打倒金刚赖伺佛 dǎdǎo jīngāng lài dǎo fó <成>金剛夜叉明王をぶち壊していながら仏様をごまかしとおす. なんとかして責任逃れをする. 責任逃れが上手い.

打道 dǎdào ①先払いをする. 露払いをする.[~还 huán 宫][~回府]<喩>お帰りになる. ご帰館になる.→[开 kāi 路①]

打稻 dǎdào 贾(連枷(ﾆﾚ)や稲こき機で)稲の脱穀をする.[~机][打谷机]脱穀機.

打得得 dǎdéde <方>(歯が)ガタガタ(ガクガク)鳴る.[牙齿打着得得~](梁·红1)歯をガクガクならして….[冷得~]寒くて歯がガクガク鳴る.

打得火热 dǎde huǒrè 意気投合する.[情投意合, ~]意気投合してアツアツになっている.

打灯虎(儿) dǎdēnghǔ(r) →[灯谜]

打灯笼 dǎdēnglong 提灯(ﾁｮｳﾁﾝ)をつける. 提灯をつけて(探す).[只怕打着灯笼找也找不出这样一个好媳 xí 妇儿来]おそらく金の草鞋(ﾜﾗﾁﾞ)で探しても

打 dǎ

こんなに良い嫁は見つかるまい.

打灯谜 dǎdēngmí ⇒〔灯谜〕

打灯语 dǎdēngyǔ 灯火信号を発する.

打澄 dǎdèng〈方〉澄ませる.〔水~~再喝就行了〕水は澄ませてから飲めばいい.

打滴溜 dǎdīliu〔打提dī溜〕とも書く.〈方〉①(空中で)ぐるぐる回る.〔这个风筝zheng放不起来,直⑤〕この凧⑤は揚がれない,ぐるぐる回ってばかりいる. ②宙吊りになる.

打的 dǎdí,~dī〈口〉タクシーを拾う.〔打车①〕に同じ.〔打面的〕ミニバンタクシーを拾う.〔打摩的〕バイクタクシーを拾う.

打底(儿) dǎdǐ(r) ①準備をする.あらかじめ段取りをつけておく.〔宴会などの前に〕少し物を食べておくこと.〔先少吃点儿~,免得一会儿饿过了劲儿〕後でひもじくならないように,先にちょっとお腹に入れておきなさい. ③〔下〕下染め. ④同下.

打底子 dǎdǐzi〔打底(儿)④〕①原稿を作る.話を準備する.下絵を書く.下書きする. ②底に敷く. ③基礎を作る.基礎固めをする.

打地脚 dǎdìjiǎo 〔建〕基礎を設定する.

打地铺 dǎdìpù 地面や床板の上に寝具を敷く(いて寝る).

打点滴 dǎdiǎndī〔医〕点滴(注射)をする.

打点 dǎdian ①(旅装・贈り物などを)用意しておく.調べておく.〔行xíng李都~好了吗〕手荷物はみな整理したかね.〔一间房〕一室準備しておく. ②袖の下を使う.賄賂(ワイロ)を使う.〔有钱~,坐牢láo也吃不着zháo苦〕金があって賄賂を使えば入獄しても苦しまなくてすむ.

打掉 dǎdiào ①打ち落とす.〔~官气〕官僚主義的なやり方・気風を一掃する.〔~敌jí军的坦克〕敵の戦車を撃滅する. ②堕胎する.

打掉脸儿 dǎdiàoliǎnr 顔を振り向ける.向きを変える.〔他打个掉脸儿回头一看,我倒吃了一惊〕後を振り向いて見たら驚いた.〔你打个掉脸儿坐吧〕きみ向きを変えて座ってごらん.

打跌 dǎdiē つまずいて倒れる.

打爹骂娘 dǎdiē màniáng 親いじめをする.親不孝をする.→〔打公骂婆〕

打叠 dǎdié 整える.按配する.〔~行李准备起程〕旅行の荷物を整備して出発の準備をする.→〔安ān排〕

打顶 dǎdǐng〔農〕芽を摘む.摘芯をする.〔打尖①〕に同じ.

打定 dǎdìng (考えを)決める.〔~主意 zhǔyi〕同前.

打动 dǎdòng (はたらきかけて)動かす.感動させる.〔~了听众的心〕聴衆の心を揺さぶった.〔这句话把他~了〕この一言が彼を感動させた.〔他容易被钱~〕彼は簡単に金のために動かされる.

打洞 dǎdòng ①穴を空ける. ②切符にパンチを入れる.

打斗 dǎdòu 格闘する.〔~片 piàn〕アクション映画.

打逗 dǎdòu からかう.ふざけかかる.

打嘟噜 dǎdūlu ①舌を震わせて声を出す.震え声で発音する.〔德国人说话净~〕ドイツ人のしゃべるのには巻き舌音がいっぱいある. ②口ごもって言葉がはっきりしない.

打赌 dǎdǔ ①賭けをする.〔我跟他~〕彼と賭けをする. ②誓う.〔我敢~〕僕は賭けると(誓う).

打短工 dǎduǎngōng〔短工(儿)〕〔臨時雇いアルバイト〕として働く.〔打短儿①〕に同じ.

打短儿 dǎduǎnr ①同上. ②(夏に)(活動しやすい)服を着る.〔做起事来还是~方便〕仕事をやりだせばやはり短い服を着ている方が便利だ.〔~的〕働く人.

→〔长 cháng 袍(儿)〕

打断 dǎduàn ①断ち切る.二つに折る. ②(人の話や行為を)中断させる.〔别把二位的话头~了〕お2人の話をとぎらせてはいけない.〔~人家的话〕人の話をさえぎる.

打堆 dǎduī〈方〉(集まって)一緒にいる.

打对面 dǎduìmiàn ①向かい会う. ②⇒〔打照面儿①〕

打对台 dǎduìtái ①同下. ②⇒〔打对仗〕

打对台戏 dǎ duìtáixì〔打对台〕劇〔名〕題役者が別々の小屋に入って互いに張り合って公演する.二つの興行が対抗する.〈転〉互いに競争する.張り合う:〔唱对台戏〕ともいう.

打对仗 dǎduìzhàng〔打对台〕対抗する(して戦う).競争する.張り合う.競争して売る.〔这俩铺pù子现在正~呢〕この2軒の店は今競争し張り合っている.

打对账 dǎduìzhàng 勘定をつき合わせる.実際と帳簿をつき合わせて調べる.

打对子 dǎduìzi 二人で演ずる武術の演技.

打盹儿 dǎdǔnr=〔打个瞌眠儿〕〔打瞌睡〕〈方〉打搭儿〕〔眯 mī 盹儿〕居眠りする.うとうとする:〈方〉冲 chòng 盹儿〕ともいう.〔打个盹儿〕同前.〔困得~〕眠くてこっくりしている.

打囤儿 dǎdǔnr〔打垛儿〕〈口〉①(売買の品が)まとまった数で.大口で. ②ひっくるめて.ひとまとめにして.

打囤 dǎdùn 豊作を祈る節句.〔~囤①〕

打顿 dǎdùn〔~儿〕(間(ま)ができる.途切れる.

打哆嗦 dǎduōsuō 身震いする.〔打寒战〕

打垛儿 dǎduǒr ⇒〔打囤儿〕

打舵 dǎduò かじをとる.〔掌 zhǎng 舵〕に同じ.

打呃 dǎ'è ⇒〔打嗝儿①〕

打耳喳 dǎ'ěrchā ⇒〔打喳喳〕

打耳锅 dǎ'ěrguāzi 同下.

打耳光 dǎ'ěrguāng=〔打耳刮子〕びんたをくらわす.びんたをはる.→〔耳刮子〕〔批 pī 嘴巴〕

打发 dǎfa ①派遣する.〔他~我来的〕彼が僕を(派遣して)よこしたんです.〔~人〕人を遣わす. ②その場から去らせる暇をやる.帰す.〔你为什么把他~走了〕なんで彼に暇をやったのか(辞めさせたのか).〔你先扣车 kòu jū 吧〕まず車を帰してやりなさい.〔把所有病人都~了〕病人全部を(手当てをして)帰してやった.〔装 zhuāng 不在家把他~走了〕居留守を使って彼を帰してしまった. ③〈白〉世話して…してやる.〔~他们卸服负〕彼らを世話して楽にしてやる.〔~饭〕食事をさせてやる. ④〔時間・日を〕過ごす.暮らす.〔日子更难~了〕毎日がいっそう暮らしにくくなる.〔~时光〕時間をつぶす.

打翻 dǎfān うちのめす. ②ひっくり返す.〔渔船被风浪~〕漁船が風浪のためひっくり返る.〔~了五味瓶〕〈喩〉へんてこな味.複雑な気分.

打幡 dǎfān(r) 喪主が白い弔旗(のぼり)を持って葬列の棺の前を行くこと.葬儀.

打翻身仗 dǎ fānshēnzhàng〈成〉立ち遅れた状況から徹底的に立ち上がる.

打饭 dǎfàn ①飯や料理を鍋や大きな容器から皿や茶碗に盛る. ②飯を(台所から食べるところまで)運ぶ.食事を受領する(して運ぶ).〔给大家~〕皆にご飯を運んでやる.〔他们学习太专心了,连值班的~回来都没吃察到〕彼らは学習にあまりにも熱中して気をとられ,当番の者が食事を持って来ても気づかなかった.

打非 dǎfēi (出版や映像・音楽の)違法商品を取り締まる.→〔扫黄 huáng〕

打飞脚 dǎfēijiǎo ①拳術の型の一種:片足を蹴り上

315

打梆子 dǎbāngzi =〔方 xiǎng 梆儿〕指を鳴らす:片手の中指と親指をひねり合わせて鳴らすこと.〔打谤子〕とも書く.〔古文地打了个响梆儿〕（梁·红40）パチンと指を鳴らした.→ 鸣 míng 指

打分 dǎfēn 点数(をつける).〔打了高分〕高い点数をつけた.〔～项 xiàng 目〕区 采点競技.

打杠子 dǎgàngzi ①棒で殴る.②(足元をみて)ふっかける.ゆすりたかる.③(答案などの問題箇所に)アンダーラインを引く.→〔杠④〕④鉄棒をする:〔练 liàn 单杠〕に同じ.〔打闷棍〕

打稿 dǎgǎo 〔-儿,-子〕原稿を書く.原稿を作る.〔打信稿儿〕手紙の下書きを書く.〔打好腹 fù 稿〕構想をしっかりねる.→〔拟 nǐ 稿儿〕

打圪瘩 dǎgēda 結び目を作る.

打格(儿) dǎgé(r)（縱横の）罫(けい)でます目を作る:多くは習字の字配りのため.

打嗝儿 dǎgér ①=〔打呃〕しゃっくり(が出る):〔呃è 逆〕の通称.〔～的时候,连着喝几口水就好了〕しゃっくりが出た時には水を何口か続けざまに飲めばすぐ治る.②げっぷ(が出る):〔嗳 ǎi 气〕の通称.

打根底 dǎgēndǐ 根底(基礎)を作る.→〔打基础〕

打更 dǎgēng ①旧時を知らせる:夜間に２時間おきに拍子木(ひょうしぎ)や銅鑼(どら)などを打って夜回りすること.〔～的〕更夫.更夫]夜回り.夜番.〔～木〕夜回りの拍子木.〔更∀〕②<方>夜回りする.

打哽 dǎgěng 〔打噎〕(食物)にむせる.つまる.つかえる.

打工 dǎgōng ①(肉体労働の・臨時の)仕事をする.〔打小工 同前·〔～妹 mèi〕出稼ぎ娘.アルバイト娘.〔～仔 zǎi〕〔～崽 zǎi〕<方>出稼ぎ(の者)若:ふつうは男性をさす.〔自由～族〕フリーター.〔～族 zú〕アルバイト族.②⇒[做 zuò 工]

打躬 dǎgōng (上半身を前に曲げて)お辞儀する:〔打恭〕〔打礼〕ともいう.

打公骂婆 dǎgōng màpó 〔成〕舅(しゅうと)や姑(しゅうとめ)を罵りいじめぬく.〔打骂公婆〕

打躬作揖 dǎgōng zuòyī 旧右手で左手の拳を覆うように握り,胸元で上下に振り腰をかがめ丁寧なおじぎをする.礼:〔打恭作揖〕とも書く.誠意をもって懇請するさま.

打拱 dǎgǒng (お辞儀の表現として)右手で左手の拳を握り,胸の前で上下に振る.→〔拱〕

打钩(儿) dǎgōu(r) 〔打勾(儿)〕とも書く."∨"印をつける.<転>合格または同意を示す.

打狗 dǎgǒu 犬を打つ.〔～棒 bàng〕@物もらいが犬をたたくために持つ棒:〔打狗棍〕ともいう.⑥旧死者の手に持たせる高粱の茎の棒きれ:死者が〔阴 yīn 间〕(あの世)で猛犬に追われた時にこれをたたくため:〔～鞭 biān 子〕ともいう.〔～看主人〕犬を殴るにも飼い主の顔を見る.人を処罰するのに,その背後にいる人物を顧慮すべきである.

打箍 dǎgū （桶などに)たがをはめる.

打谷 dǎgǔ 農脱穀(する).〔～场 cháng〕脱穀場.〔～机〕[打稻机]脱穀機.

打鼓 dǎgǔ ①=〔方〕敲 qiāo 鼓]太鼓をたたく.〔从新→另开张〕〔重 chóng 新→另开张〕⟨諺⟩新規蒔き直してやる.②〔喩〕不安で自信がない.〔今天我也毛了,心里不住地～〕今日は僕も泡をくってしまって,胸がしきりにドキドキする.

打谷黄 dǎgǔhuáng ⇒〔钩 gōu 端螺旋体病〕

打鼓儿的 dǎgǔrde ⇒〔打(小)鼓儿的〕

打咕 dǎgu <方>騒ぐ.互いにちょっかいを出す.〔孩子们老在旁边～,一时也不得清静〕子供たちがいつもそばで騒いでいて,少しも静かにしていられない.

打瓜 dǎguā 種子採用種のすいか.→〔瓜子儿〕

打卦 dǎguà ①占う.占ってみる.②愚弄する.〔拿我的孩子～〕僕の子をからかう.

打拐 dǎguǎi かどわかし(人身売買)を絶滅する:〔打击拐卖人口〕の略.

打拐儿 dǎguǎir 子供の遊戯の一種:豚·羊の小骨を地上にかためて置き,離れた所から石を投げてそれをたたき,ある一定のところまでたたき出した場合にはその者の取り分となる.このようにして終わりに各自の持ち数を数えて勝ち負けを決める遊び.

打关节 dǎguānjié 金を贈ってこっそりと頼み込む.

打官腔 dǎguānqiāng ①役人ぶる.役人風を吹かせる.〔他一来就～〕彼は何かというと命令的に.②立派な言葉を並べて(あ)よく責任逃がれをする.

打官司 dǎguānsi 提訴する.裁判をして争う.

打光 dǎguāng 旧磨きをかける:切削具具の歯跡や錆(さび)を磨き取ること.

打光棍儿 dǎguānggùnr 〔喩〕独身で暮らす(多く男性についていう).〔打了一辈子的光棍儿〕一生一人者だった.

打鬼 dǎguǐ ①妖怪を退治する.②=〔跳 tiào 布扎〕〔跳神〕宗チベット仏教で正月の月に行われる行事.鬼やらい:ラマ僧が神·仏·鬼のいでたちをして踊り歩き邪鬼を追い払う.

打滚(儿) dǎgǔn(r) ①転がる.転げ回る.のたうち回る.〔我不信老鹞 yào 子打个浅儿能变白鸽〕鷹(たか)と転がりはしたら白鳩に変わるとは思えない.〔倒 dǎo 在地下～〕地面に倒れてのたうち回る.②長期間いろいろ苦し目に遭いながら暮らす.〔在商场～已経十年了〕商売の世界であれやこれもう10年やってきた.

打棍子 dǎgùnzi =〔打棒子〕棒で打つ.②<喩>(政治的に)言いがかりをつけて攻撃する.一方的に責めたてる.〔不要乱～〕みだりに人を責めるべきではない.

打哈哈 dǎhāha ①冗談を言う.からかう.〔～凑趣儿〕からかっておもしろがっている.〔这是正经事,咱们们可别～〕真面目なことだ,ふざけるはよそう.→〔开 kāi 玩笑〕②いいかげんにごまかす.〔同下〕

打哈欠 dǎhāqian あくび(をする).〔方〕打哈哈③〕〔方〕打哈失〕〔方〕打哈息〕〔方〕打呵欠〕ともいう.〔直～,快睡去吧〕しきりにあくびばかりしていたろう,早くあちらに行って休みなさい.

打鼾 dǎhān いびきをかく:〔打呼噜〕〔方〕打鼻雷〕ともいう.

打寒战 dǎhánzhàn =〔打冷战〕身震いする.おののく:〔打寒噤 jìn〕〔打哆嗦〕に同じ.〔吓得直～〕恐ろしくて身震いが止まらない.

打夯 dǎhāng 建地撞きをする:〔夯〕は木で作った太く短い柱状の地固めの道具.縄あるいは木の柄の数本ついてぐるりと囲まれた数人がそれを持ち一斉に持ち上げて打ちおろす.〔砸 zá 夯〕ともいう.〔～歌 gē〕地突き歌.よいとまけ.→〔打硪〕

打夯机 dǎhāngjī =〔打土机〕ランマー.地固め機:〔夯土机〕ともいう.

打号 dǎhào 番号を打つ(つける).記号をつける.〔～机〕印字機.

打呵欠 dǎhēqiàn ⇒〔打哈欠〕

打禾机 dǎhéjī 稲こき機.

打黑 dǎhēi （暴力団·マフィアなどの)組織犯罪を取り締まる.

打黑枪 dǎhēiqiāng ⇒〔打冷枪〕

打哼哼 dǎhēngheng うめく.うなる(苦しんで)

打横凳儿 dǎhéngdèngr 同下①.

打横(儿) dǎhéng(r) ①=〔打横凳儿〕〔打偏坐儿②〕(テーブルの)わきに座席をとる.下座につく:ふつう主·客がテーブルをはさんで向かいあって着席する.

打   dǎ

そのようにせず横わきの席につくこと.〔你坐主位,我对席,她~〕君が主席で,向かいは君,彼女は横に.→〔打斜〕 ②横向きになる. ③邪魔立てする.反対する.〔我爸爸对抢冰海就打着横吗〕父さんは冬の漁に反対したのでしょうか.

打后镜 dǎhòujìng ⇒〔打闪镜〕

打后手 dǎhòushǒu〈方〉くすねる.ごまかしてかすめ取る.

打呼噜 dǎhūlu〈口〉いびきをかく:〔打鼾〕に同じ.

打呼哨 dǎhūshào 口笛で合図する.→〔吹 chuī 口哨儿〕

打忽悠 dǎhūyōu ①⇒〔打秋千〕 ②⇒〔打悠秋儿②〕

打虎 dǎhǔ ①虎を討ち取る. ②旧自分の妻を他の男と関係させ,相手の財物をだまし取ること.〔~的〕女をおとりにした騙(だま)り. ③〈文〉謎当てをする.

打花巴掌 dǎ huābāzhang 児童の遊戯.二人が相対して両手を打ち合わせる一種の遊び:"せっせっせ"に似たもの.

打花鼓 dǎhuāgǔ 劇伝統演劇の演目の一:鳳陽地方の夫婦が主人公となる一種の歌舞劇.〔凤 fèng 阳花鼓(戏)〕

打花胡哨(儿) dǎ huāhushào〔打花花少〕〔打花哨〕とも書く.〈方〉きれいごとを言ってごまかす.その場かぎりのうまい話をする.言葉巧みにからげる.〔别~了,说点儿正经的行不行!〕与太ばかり飛ばしてないで,少し真面目なことを言ったらどうだ.

打花头 dǎhuātóu 旧(妓楼でマージャンをする際)場所代を取ること.

打滑 dǎhuá ①(車輪や伝力ベルトが)滑って空転する. ②(歩くのに地面や床が)滑る.

打欢翅儿 dǎhuānchìr〈方〉①鳥が元気に羽ばたく. ②はしゃぐ.うれしそうにする.〔他爸爸一出门儿,他就~ 〕娘は父ちゃんが外出するとももうはしゃぐ.

打簧表 dǎhuángbiǎo 鳴って時刻を知らせる懐中計.〔间 jiān 表〕ともいう.→〔表(II)〕

打晃儿 dǎhuàngr〔打晃儿〕とも書く.ふらふらする.ひょろひょろする.よろめく.ぐらつく.ぐらぐらする.〔饿得走道直~〕腹がへって歩くのにずっとふらつく.〔两天没吃饭走道儿打了晃儿了〕二日も飯を食べずに道を歩いたのでよろめいた.

打幌子 dǎhuǎngzi 看板を出す.見せかける.

打回票 dǎhuípiào 〈方〉拒絶される.突き返される.

打回头 dǎhuítóu ぐるりと向きを変えてもどる.引き返す.〔打回转 zhuǎn〕ともいう.

打会 dǎhuì ①⇒〔起 qǐ 会〕 ②旧年越し用品を買うため,2月から11月まで10か月間特定の店に月掛けで金を積み立てておくこと:これに用いる通帳を〔会帖子〕という.

打诨 dǎhùn 劇(旧劇で道化役が)即興でおかしなことを言って笑わせる. ②ふざける.冗談を言いあう.

打火 dǎhuǒ ①(火打ち石で)火を起こす.〔~石〕打ち石. ②(旅人が)火を起こして飯を作って食事する.〔~处〕→〔打尖〕 ③エンジンを始動する.点火する.

打火机 dǎhuǒjī ライター.〔点 diǎn 烟机〕ともいう.〔烟盒~〕ライターつきタバコケース.〔金色铝 lǚ 质~〕金色アルミニウム製ライター.〔燃 rán 气~〕ガスライター.

打伙儿 dǎhuǒr〈方〉仲間を組む.つるむ.〔成帮~〕〈成〉同前.→〔合 hé 伙〕

打击 dǎjī ①打つ.たたく.〔~乐 yuè〕打楽器伴奏の曲.〔~乐器〕〔敲 qiāo 击乐器〕音楽器. ②攻撃する.やっつける.〔自分で自分の恨み〜朋友是最可耻的〕自分の恨みから友人を攻撃するのは最も恥ずべきことだ.〔~报复〕報復する.仕返しをする.

打基础 dǎjīchǔ 基礎をつくる.→〔打根底〕

打鸡蛋 dǎjīdàn 鶏卵を割る(玉子焼きなどを作る)

打饥荒 dǎjīhuang〈喩〉困窮する.借金する.〔他近来穷得要命,净~〕彼は近ごろすっかり貧乏になって借金ばかりしている.→〔闹 nào 饥荒〕

打叽叽 dǎjīji〔打唧唧〕とも書く. ①口げんかをする. ②ひどく不平を言う.こそこそやる.

打激凌 dǎjīling〔打机灵〕とも書く.〈方〉①震える.〔吓得他浑 hún 身~〕びっくりして彼は全身がぶるぶると震えた. ②ふっと気がつく.機転をきかせる.

打家劫舍 dǎjiā jiéshè〈成〉一団となって家に入り財物を略奪する.→〔打劫①〕

打夹账 dǎjiázhàng〔打折扣③〕(中に立って)金をくすねる.ピンハネ(をする).〔这一笔钱不止这点儿,他一定是从中~了〕この金はこのくらいではないはずだ,きっと彼がピンはねしたのだろう.

打假 dǎjiǎ 偽ブランド品や粗悪品の摘発・撲滅をする.

打架 dǎjià けんかする.〔打群 qún 架〕大勢でけんかする・殴りあう.〔~斗 dòu 殴〕殴りあいのけんかをする.→〔吵 chǎo 架〕

打价(儿) dǎjià(r)〈口〉値切る:多く否定や疑問に用いる.〔还 huán 价(儿)①〕に同じ.〔你别~,我没要谎 huǎng〕値切りは困ります,掛値を申し上げておりませんから.〔百货店里都有定价不许~〕百貨店では全部定価で値引きしません. ②値ぶみする.掛値を言う.〔~还 huán 价(儿)〕掛値を言った値切ったり(の交渉をする).→〔讨 tǎo 价还价〕

打尖 dǎjiān ①(旅人が茶店などで)食事(休息)を取る.〔打早 zǎo 尖〕朝食を取る.〔打午 wǔ 尖〕(旅人が)昼食を取る.〔打茶 chá 尖〕(同前)休息を取る.→〔打火②〕 ②農芽を摘む.摘芯(てきしん)する:〔打顶〕に同じ. ③休息を取る.特に旧時の〔说 shuō 书〕(講釈師)が話の途中で一息いれ,お茶を飲んだり〔点心〕(お茶菓子)をつまんだりすること.

打歼灭战 dǎ jiānmièzhàn 軍 殲(せん)滅戦を行う.〈喩〉力を集めて任務を成功させる.

打浆 dǎjiāng (製紙過程中の)叩(こう)解.〔~机〕機パルプビーター.

打江山 dǎjiāngshān (武力で)天下を取る.〔~,坐江山〕天下を取り,天下を治める.

打讲 dǎjiǎng〈方〉話をする.話し合う.〔他一面嘴里跟人~,一面…〕彼は一方では人と話をし,一方では….

打桨 dǎjiǎng =〔打棹〕(かいで)船を漕ぐ.

打交道 dǎjiāo·dào 往来する.交際する.付き合う.交渉する.接触する.関係する.〔可别跟坏人~〕悪い人と交際してはいけない.〔我们俩~已经有十年了〕わたしら2人の付き合いももう10年になる.〔这个人好~〕この人はとっつきやすい.〔我和水泥钢筋~有二十多年了〕おれは鉄筋コンクリートに20年あまりも取り組んできた.

打脚 dǎjiǎo〈方〉靴ずれができる.足まめをつくる.

打搅 dǎjiǎo ①邪魔をする.差し障る.〔~您工作,太不好意思了〕お仕事のお邪魔をしまして,誠にすみませんでした.〔存心~他们〕わざと彼らの邪魔をする.→〔搅乱〕 ②〈挨〉お邪魔をする.〔~,~!〕~〔得很〕〈挨〉大変お邪魔をしました.

打窖 dǎjiào (貯水用の)穴倉を掘る(主に黄土地帯で)

打醮 dǎjiào 宗 道士が壇を設けて読経し亡霊の供養をすること.〔打太平公醮〕旧時,天下太平を願う祈祷会を行う.

打街骂巷 dǎjiē màixiàng ⇒〔骂街〕

打接应 dǎjiēying 側面から力を貸す.〔你大胆做下

去吧,我给你～]きみ大胆にやりぬきたまえ,わたしが側面から力になってあげる.

打劫 dǎjié ①財物を略奪する.強盗する.〔打结③〕とも書く.〔趁 chèn 火～〕火事場どろぼうをやる.→〔打家劫舍〕②(囲碁で)劫(ぢ)にする.劫に同じ.

打结 dǎjié ①=〔打扣儿〕結び目を作る. ②(着物や布靴のほころびやすいところに)かんぬき止めにする. ③同上①.

打筋斗 dǎjīndǒu ⇒〔翻 fān 跟头〕

打紧 dǎjǐn ①〈口〉重要である.大切である:多く否定に用いる.〔这不～〕それはかまいません.→〔要 yào 紧〕 ②急いで.〔～办〕急いでやる.

打尽 dǎjìn →〔一 yī 网打尽〕

打进 dǎjìn ①込め入れる.打ち込む. ②進撃する.出撃する.〔～市场〕市場に進出する.

打京腔 dǎjīngqiāng 北京語をしゃべる.→字解(I)④

打井 dǎjǐng 井戸を掘る.〔挖 wā 井〕〔凿 záo 井〕に同じ.

打句号 dǎjùhào ピリオド(終止符)をうつ.

打卷儿 dǎjuǎnr 〈方〉くるくると巻かれる(巻いた形になる).縮れる.〔太阳晒得高粱叶子卷～了〕太陽に照らされて高粱の葉がいかれてしまった.〔不～的羊毛〕毛先が巻いていない羊毛.

打撅 dǎjuē 〈方〉昼はちゃんとした服がなく,夜は寝布団がない.〔天天晚上还～呢〕毎晩布団なしで寝る.

打蹶子 dǎjuězi 〈方〉(馬・ろ馬などが)前足をがくっと曲げる.→〔尥 liào 蹶子〕

打卡 dǎkǎ (電磁式)タイムカードを通す:特に出退勤時刻を記録すること.〔～机〕タイムレコーダー.

打开 dǎkāi ①開ける.解く.ほどく.〔把行李～吧〕手荷物を開けてくれ.〔～书本〕本を開く.〔～包袱 fu〕ふろしき(包み)をほどく. ②打開する.停滞している局面を開く.〔～局面〕局面を打開する.〔～思路〕筋道がぱっと分かる. ③かける.つける.スイッチを入れる.〔～电视机〕テレビをつける.〔～话匣 xiá 子〕回蓄音機をかける.〔～喩〕とめどもない話を始める.

打开天窗说亮话 dǎkāi tiānchuāng shuō liàng huà 〔打开鼻子说亮话〕〔打开窗户说亮话〕〔打开窗户说亮话〕〔敲 qiāo 开板壁说亮话〕などともいう.〔譏 jī っくばらんに話す.おおっぴらに言う.包み隠しのない話をする.〔大家都是自己人,最好～,不要转弯抹 mò 角〕みんな内輪の人間だ,ざっくばらんがいちばんいい.遠回しに言わないでくれ.

打糠灯 dǎkāngdēng 〈方〉(馬鹿話をして)からかう.ひやかす.〔怎么老拿他～呢〕どうしていつも彼をからかってばかりいるんだ.→〔打哈哈〕

打磕绊儿 dǎkēbànr 〔打磕巴儿〕〔打磕巴儿〕〔打坷坌儿〕とも書く. ①(話が)ひっかかる.すらすら言えない.〔背 bèi 得挺熟,一点儿不～〕たいへんよく覚えていて,少しもとちったりしない. ②つんのめる.よろける.ひっかかり倒れる.→〔磕磕绊绊〕

打瞌睏 dǎkēchōng →〔打盹儿〕

打瞌睡 dǎkēshuì ⇒〔打盹儿〕

打搕儿 dǎkér ⇒〔打盹儿〕

打孔 dǎkǒng →〔钻 zuān 孔〕

打恐 dǎkǒng テロを取り締まる.

打口哨儿 dǎkǒushaor 口笛を吹く:〔吹 chuī 口哨儿〕に同じ.

打扣儿 dǎkòur ⇒〔打结①〕

打垮 dǎkuǎ 破る.壊す.打ち下(お)す.やっつける.〔集中力量一敌人入力を結集して敵を打ち下す.〔～溃 kuì 兵土匪〕(赵・小 4)敗残兵や匪賊を打ち下してしまう.

打快勺子 dǎ kuàisháozi 〈方〉①手早くする.早いとこ手をくだす.さっと片付ける.〔你又想～,好弄点儿呀!〕君はまた早いとこ片付けようと思っているようだがうまくやってくれ. ②早く(短期間に)金を儲ける.急いで金を儲ける.

打诳言 dǎkuángyán うそを言う.〔打诳语〕ともいう.→〔说 shuō 谎(话)〕

打捆 dǎkǔn 梱(こ)りにする.包む.→字解(I)⑤

打蜡 dǎlà (光らせるため,あるいは滑りをよくするため)蠟(ろう)を塗る.ワックスをかける.

打来回 dǎláihuí 往復する.〔当 dàng 天可以～吗〕その日のうちに往復できますか.

打兰 dǎlán 〈音訳〉〈度〉ドラム:英米の重量単位の一. ⓐ常衡の16分の一(1.772グラム). ⓑ薬局衡の8分の1薬用オンス(3.8879グラム)

打狼 dǎláng 〈方〉おしまいの一人.〔成了个～的〕殿(でん)になってしまった.

打捞 dǎlāo ①水中の物をさらって採る.〔～鱼虾 xiā〕魚や海老をすくいとる. ②サルベージ作業をする.水中の物を引き揚げする.〔深水～工作〕深海サルベージ作業.〔～船〕〔捞沉 chén 船〕サルベージ船.

打牢 dǎláo しっかり固める.固く築く.

打唠 dǎlào 〈方〉むだ話をする.おしゃべりをする.

打落 dǎlào 〈方〉(買う気がないのに値段を聞いて)ひやかす.〔他没打算买,不过是白～〕彼は買うつもりはない,ただ値段を尋ねてひやかしているだけだ.

打烙印 dǎlàoyìn 焼き印を捺(お)す.

打雷 dǎléi 雷が鳴る.

打擂台 dǎlèitái ①演武台上で武術の挑戦に応じる.挑戦を受けて立つ. ②(生産競争などで)応戦する.→〔摆 bǎi 擂台〕③挑発する.

打冷枪 dǎlěngqiāng =〔打黑枪〕やみ打ちをする.ひそかに人を陥れる.

打冷战 dǎlěng-zhàn ⇒〔打寒战〕

打愣(儿) dǎlèng(r) 〈口〉ぼかんとする.あっけにとられる.

打厘 dǎlí 圖回役者の給金を興行成績が悪いためなどの原因で減らすこと.

打里 dǎlǐ =〔打内〕〈方〉内勤(をする).内の方の仕事に従事する.〔～的〕内部の仕事の担当者.〔～打外〕内の方の仕事と外回りの仕事. ↔〔打外〕

打理 dǎlǐ ①処理する.切りまわす.管理する.〔这工作一向让老李～〕この仕事はずっと李君にやってもらっていた. ②片付ける.切り盛りする.〔～家务〕家事を切り盛りする.

打连连 dǎliánlian 〔打联联〕〔打连恋〕〔打恋恋〕とも書く. ①いつも一緒にいること.いつまでもその場を離れないこと.〔别和坏朋友一块儿～〕悪い友達と連れになってはいけない.

打连连 dǎliántái ①流連(ホ)する.〔不但天天打茶围去并且还时常地～不回家呢〕毎日妓楼へひやかしに行くだけでなくしょっちゅういりびたって家へは帰らないんですよ. ②絶えず～する.ぶっ続けに…する.〔他字字典～地下〕彼は字引き作りをぶっ続けにやっている.

打连厢 dǎliánxiāng ⇒〔霸 bà 王鞭②〕

打帘子 dǎliánzi ①簾(ホ)を編む. ②(人が通れるように)簾を巻き上げる.

打脸 dǎliǎn 圖(旧劇で)顔の隈取りを描く.

打粮 dǎliáng ①穀物を作る.種る. ②盗賊が財物を奪うこと.

打粮食 dǎliángshi 穀物(食糧)を穫り入れる.食糧の収穫がある.

打谅 dǎliàng 同下.

打量 dǎliang =〔打谅〕①目分量で見積もる.目測する.(見た目で)観察する.見ておよその把握をす

打 dǎ

る.〔对他上下～了一下〕彼を上から下までひとわたり見渡した(瞞踏みをした).②…かと思う.見当をつける.見込む.〔你～我真不知道吗〕君はわたしが本当に知らないと思っているのか.〔我口袋里有什么东西～～〕わたしのポケットに何があるか当ててみなさい.

打猎 dǎliè 狩猟する.〔～的〕狩人(ホォャ).→〔打围〕

打趔趄 dǎlièqie よろける.よろめく.ひょろひょろ歩く.

打铃 dǎlíng ベルを押す.鈴を鳴らす.

打零 dǎlíng ①日雇い(臨時雇い)に出る.②孤独に一人でいる.一人ぼっちである.③端数がつく:〔挂 guà 零(儿)〕に同じ.〔五千～〕5千と少々.

打零杂 dǎlíngzá 〔一儿〕雑役をする.こまごました仕事をする:〔打杂儿〕に同じ.

打令 dǎlìng <音訳>回ダーリン.かわいい人:〔达 dá 儿灵〕〔大 dà 令③〕〔太 tài 令〕とも書いた.②⇒〔行 xíng 酒令〕

打流 dǎliú ①〔-儿〕<方>〔職がなく〕よその地をさまよう.②ごろつきを取締まる:〔打击流氓〕の略.

打绺儿 dǎliǔr 〔打溜儿〕とも書く.(洋服などの)しわの線ができる.よれよれになる.〔这衣服破得～了〕この服は破れてれよれになった.②糸類をかせにする.縄を(手で)なう.③(糸や髪の毛が)もつれる.からみ合いくっつく.

打笼 dǎlóng 回〔怙〕の鳥籠(で鳥を捕る):上蓋(ま)が回転式になっている鳥籠に飼い馴らした鳥を入れておき、おびき寄せられた鳥が蓋に止まると中へ落ちる.

打拢 dǎlǒng かき集める.寄せ集める.〔～起来有多少钱呢〕寄せ集めていくらあるか.

打垄机 dǎlǒngjī 〔農欧〕立犁.

打卤 dǎlǔ 〔(一)面〕のたれを作る.

打掳 dǎlǔ 財物をかすめとる.略奪する.〔～掠 lüè 夺〕同前.

打卤面 dǎlǔmiàn 食あんかけうどん:豚肉・しいたけ・きくらげ・ひじき・ひるな(わすれぐさ)などを具に入れる.

打乱 dǎluàn 乱す.混乱させる.〔～整个工农业的发展计划〕工業農業全体の発展計画を混乱させる.→〔捣 dǎo 乱〕

打锣 dǎluó 銅鑼(ど)を打ち鳴らす:〔敲 qiāo 锣〕〔筛 shāi 锣〕ともいう.

打骡子惊马 dǎluózi jīngmǎ ラバを打って馬を驚ろかす.<喩>みせしめにする.一罰百戒:〔打了骡子马受惊〕〔打马骡子惊〕ともいう.

打落水狗 dǎ luòshuǐgǒu <喩>失敗した悪者に追い打ちをかける.引かれに石を投げる.敵が再起できないように徹底的にやっつける.

打麻烦 dǎmáfan ==〔捣 dǎo 麻烦〕〔惹 rě 麻烦〕面倒なことになる.面倒を起こす.〔这件事将来一定要～〕これは将来きっともめることになろう.〔他和他～了〕わたしは彼と争ったりしない.〔他又要～了〕彼はまたうるさくからんで来ようとしている.〔谁有这闲工夫跟他老～〕誰が彼のことでいつもかまっている暇があろうか.

打麻将 dǎmájiàng 〔打麻雀〕ともいう.マージャンをする.〔又 chā 麻酱〕〔凑 còu 麻将〕〔碰 pèng 和〕は方言.

打马虎眼 dǎ mǎhuyǎn 〔打麻胡眼〕とも書く.①<方>とぼけてごまかす.〔这是正事,他也不许～〕これは真面目なことだぞ,誰だろうといいかげんなことは許さぬ.→〔打眼⑤〕②(目がはっきり見えずぼんやりする).

打马骡子惊 dǎmǎ luózijīng ⇒〔打骡子惊马〕

打埋伏 dǎmáifú ①待ち伏せる.〔连长留下一排人在这里～〕中隊長が一個小隊をここに待ち伏せさせておく.②物資・人力などを隠匿し、または事件を隠しておく.

打麦 dǎmài 麦を取り入れる.〔～场〕(農家の)麦の脱穀作業をする場所.→〔打谷〕

打毛刺 dǎmáocì 擬はつり.

打门 dǎmén ⇒〔敲 qiāo 门〕

打闷路 dǎménlù (賭路(セ))を使ったりして)人に取り入る.

打门(儿) dǎmén(r) 図(サッカーの)シュート(をする).〔～打得好〕シュートが上手い.→〔射 shè 门〕

打闷棍 dǎmèngùn 〔打杠子⑤〕①追いはぎをする:棒でだしぬけに人を殴り財物を奪うことからいう.→〔路 lù 劫〕②やぶから棒にガンと打撃を与える.〔所以赵剥皮使出他那～的一手来〕(茅・霜 7)だからえげつない趙のやつはは例のやぶから棒に打撃を与える手ですって来たんだ.→〔打冷馆〕

打闷葫芦 dǎ mènhúlu <喩>どうも納得がいかない.どう考えていいかさっぱり分らない.

打闷雷 dǎmènléi <喩>わけがさっぱりわからずに困る.〔叫人打了半天的闷雷〕何やらわからないことを言われて長い間合点がいかなかった.

打懵 dǎměng どうしたらよいかわからなくなる.困惑する.

打鸣(儿) dǎmíng(r) (おんどりが)時を告げる.

打膜 dǎmó ラップで包む.

打磨 dǎmó 磨く.よく磨いてつやを出す.〔那些紫檀家具都～得甑 zèng 亮〕この紫檀(だ)の家具類はよく磨いてみんなピカピカである.→ dǎmò

打抹 dǎmǒ 拭(ﾌ)く.ぬぐう.

打末 dǎmò 最後になる.一番後になる.〔这次考试,他～〕今度の試験で彼はびりだった.

打磨 dǎmò 石臼(の目)を切る.石臼を切り直す.→ dǎmó

打闹 dǎnào ①騒ぐ.はしゃぐ.やかましくする.②口げんかをする.ふざけてやりあう.

打内 dǎnèi ⇒〔打里〕

打内战 dǎnèizhàn 内戦をする.<喩>内部で争いをする.

打蔫(儿) dǎniān(r) ①(葉などが)萎(ﾅ)む.しおれる.〔菜叶～〕野菜の葉がしおれる.〔好几天没浇 jiāo 水,这些花都～了〕ずいぶん長く水をかけてやらなかったので,この花もすっかりしおれてしまった.②<喩>元気がない.しおれる.〔怎么直～啊,不舒服吗〕どうしてしょんぼりしているのかね,気分が悪いのかね.

打埝 dǎniàn (田畑の間に)土手を築く.〔雨季将近,大家忙着～〕雨季が近いので皆は急いで,土手を築いている.

打扒 dǎpá スリを取り締まる.→〔扒手〕

打耙 dǎpá <方>約束を反古(ｳ)にする.言ったことを実行しない.→〔变 biàn 卦〕

打拍子 dǎpāizi 回(タクトや手で)拍子をとる.指揮をする.

打牌 dǎpái トランプ・マージャンなどをする.→〔打扑克〕

打派仗 dǎpàizhàng 派閥争いをする.

打盘(儿) dǎpán(r) ①鳥が空中をぐるぐる飛び回る.〔鸽 gē 子每天～〕鳩が毎日空をぐるぐる回って飛ぶ.②ぶらつく.〔在南京路一带打了半天盘儿〕南京路のあたりをぶらぶらした半日.

打盘旋 dǎpánxuán 旋回する.輪を描いて飛び回る.

打泡 dǎpào (手足に)マメができる.靴ずれができる.

打炮 dǎpào ①大砲を打つ.②回(名優が新しい興行地で)得意の演(ぅ)しものを演じる.〔～戏 xì〕お目見えの演(ぅ)しもの.③回初舞台を演じる.

dǎ / 打

打喷嚏 dǎpēntì くしゃみをする:〔打嚏喷〕に同じ.

打棚 dǎpéng 〈方〉冗談を言う.からかう.

打坯 dǎpī 泥煉瓦(日干し煉瓦)を作る:粘土を型枠に入れて作る.→〔坯①〕

打皮 dǎpí (果物などの)皮をむく.→〔剥 bāo 皮〕

打脾寒 dǎpíhan 〈方〉マラリアにかかる:〔发 fā 疟子〕に同じ.〔打皮寒〕とも書く.

打皮科(儿) dǎpíkē(r) 〈方〉ふざける.冗談を言う.

打屁股 dǎpìgu ①〔旧〕尻たたきの刑. ②(叱って)尻をたたく.〔小孩子不听话,该~〕子供が言う事を聞かなければ,尻をたたくべきだ. ③厳しい批判をする(冗談の意を含めて言う).〔不好好工作,就得~〕真面目に仕事をしないと批判されるぞ.

打偏手 dǎpiānshǒu くすねる.つまみ食いをする.

打偏坐(儿) dǎ piānzuò(r) ①馬に横向きに乗る. ②⇒〔打横(儿)①〕

打便宜手(儿) dǎ piányishǒu(r) (どさくさの)好都合に乗じて手を出す.人を殴る.

打嫖 dǎpiáo 買春(客)を取り締る.

打拼 dǎpīn 懸命にやる.がんばって仕事をする.〔避免社会上~的痛苦〕社会で必死にやる苦しさを免れる.

打平伙 dǎpínghuǒ =〔打并伙〕〈方〉皆で金を出し合って食べる.割り勘で食事する.

打平手 dǎpíngshǒu 引き分ける.

打破 dǎpò 打ち破する.打ち破る.〔~迷 mí 信〕迷信を打ち破る.〔~旧框框〕古い制約を打ち破る.〔~常规〕ありきたりのやり方を打ち破る.〔~情面〕情実を捨てる.〔~世界纪录〕世界記録を打ち破る.〔~三铁〕三つの既得権益を打破する〔铁 tiě 饭碗〕(職)〔铁交椅〕(ポスト)〔铁工资〕(給料)の保証.

打破砂锅问到底 dǎpò shāguō wèn dàodǐ 〈慣〉とことんまで聞きただす(問いつめる):〔墨 wèn 到底〕(ひびが底まで入る)にかけた言葉.〔刨 páo 根(儿)问底(儿)〕に同じ.

打破头楔 dǎ pòtóuxiē 〈喩〉おとしめてぶち壊す.仲間われさせる:〔打破头屑〕ともいう.

打破碗花花 dǎpòwǎn huāhuā =〈方〉砸 zá 碗花儿〕〈方〉〔植〕アネモネ(属の花):ピンクの花をつける.この花を摘めば碗が割れるといわれた.→〔银 yín 莲花〕

打铺盖 dǎpūgài ふとんを片付けする.〔~卷 juǎn〕ふとんを丸めて荷造りする.〈転〉仕事を首になる.→〔炒 chǎo 鱿鱼〕〔铺盖〕

打扑克 dǎpūkè トランプをする.→〔打牌〕

打谱 dǎpǔ ①一人で碁譜を見て石を並べて練習する.一人碁をうつ. ②〔-儿〕計画する.素案を作る. ③〔-儿〕考えをめぐらす:…しようとする:〔打主意〕に同じ.〔这件事,你~儿怎么办〕この件をどうするつもりなんだ.

打旗 dǎqí 旗を立てる.旗を振る.

打畦机 dǎqíjī 〔農〕畝(う)作り機.

打旗儿 dǎqír ⇒〔跑 pǎo 龙套〕

打气 dǎqì ①(タイヤなどに)空気を入れる.↔〔抽 chōu 气〕 ②人に気合いを入れる.力づける.あおだてる.〔~壮胆〕憤え気を付ける.励ます.〔昨天给全体人员へ,人人表示要奋力拼搏〕昨日全員に対して気合いを入れ,一人一人が全力を尽くして頑張ることを誓った.→〔撑 chēng 腰〕〔加 jiā 油②〕

打气筒 dǎqìtǒng (タイヤなどの)空気ポンプ.空気入れ.

打扦 dǎqiān 発破〔鉱〕用の穴をたがねでうがつこと.

打签 dǎqiān (茶)札(ふ)をとり集める:〔茶课(儿)〕などで講談を聞くための札(回数券式になっていた)を客からとり集めること.

打千(儿) dǎqiān(r) =〈方〉请 qǐng 安②〕〔旧〕目上の人に対する敬礼の一種:右足を後にひき左膝を曲げて腰を低くして右手をやや前方に垂れ敬意を表す.

打钱 dǎqián ①〔旧〕銭を投げて遊ぶ.または賭博をする. ②〔劇〕寄席(き)の講釈師など芸人が観衆(聴衆)から金を集める.〔说书的一回一~〕講釈師が1回ごとに金を集める.

打前失 dǎqián‧shī (牛・馬などが)前足をつまずく.前のめりになる.〔驴 lú 一~,差点儿把我栽 zāi 下来〕ロバが前足をついて,すんでのことにわたしはころげ落ちるところだった.

打前站 dǎqiánzhàn (行軍などで)先行業務をする.先遣隊を出す.〔~的可先走这〕先行部隊は先に出発せねばならない.→〔打头阵〕

打欠条 dǎqiàntiáo 借用証を書く.

打枪 dǎqiāng ①〔旧〕鉄砲を打つ.〔打一枪换一个地方〕〈喩〉ゲリラ戦をする.神出鬼没の行動をする. ②替え玉をする:〔枪替〕に同じ.〔托 tuō 人~〕人に替え玉を頼む.〔替人~〕人の替え玉になる.→〔枪手〕

打墙 dǎqiáng 堺(さ)を作る.

打抢 dǎqiǎng 強奪する.略奪する.

打情骂俏 dǎqíng màqiào (男女が)いちゃつきふざける.べたべたする.

打秋风 dǎqiūfēng 〔打把式②〕〔打抽丰〕何かにかこつけて金銭その他のたぐいをいただき物をする.〔哪里是拜寿,不过是~罢了〕なにが誕生祝いだ,たかりに来たのさ.→〔干 gān 撒网〕〔撒 sā 帖子〕

打秋千 dǎqiūqiān =〔打忽悠①〕〈方〉〔打悠千儿〕〈方〉打悠秋儿①〕ブランコに乗る(って遊ぶ).〔荡 dàng 秋千〕ともいう.

打球 dǎqiú ①〔又〕(主として手を使う)球技をする.〔打网 wǎng 球〕テニスをする.〔打篮 lán 球〕バスケットボールをする. ②(ハンドボールで)シューター(攻撃者)のボールをとる.守備.

打趣 dǎqù からかう.揶揄(ぐ)する.なぶる.〔你别拿我~〕からかっちゃいけない.

打圈儿 dǎquānr ①丸で囲む.丸をつける.〔昨儿交的笔记本儿老师还没~呢〕昨日提出したノートは先生がまだ丸をつけていない. ②子供の遊戯の一種:地面にいくつもの同心円を描き,離れた距離から円中に物を投げ入れて,どの円に入るかによって得点に差をつける.

打圈子 dǎquānzi 堂々巡りする.同じところをぐるぐる回る:〔打圈圈〕ともいう.〔飞机在天上嗡 wēng 嗡地~〕飛行機が頭上でブンブンと(音を立て)旋回している.〔应该全面地考虑问题,不要只在一些细节上~〕問題は全面的に考えるべきで,このような枝葉のことで堂々巡りをしてはいけない.

打拳 dǎquán (武術の)拳を打つ:稽古する.実際に行う.→〔拳术〕

打群架 dǎqúnjià 大勢でけんかをする.〔流氓 máng 们又~呢〕ならず者どもがまた大勢で殴りあっている.〔今天又有一起~的〕今日また大勢でけんかしているのが一組あった.→〔打架〕〔群架〕

打扰 dǎrǎo ①邪魔をする.妨げる.〔请勿 wù ~〕(ホテル客室の掲示)起こさないで下さい.→〔打搅〕 ②(扶い)おじゃまする.〔忽了~〕失礼しました.

打热 dǎrè 〈白〉(男女間が)親密になる.〔又和王宝玉老儿~〕(金68)また王家の玉宝と親密になった.

打人不打脸 dǎrén bùdǎliǎn 〈諺〉人を打つにしても顔を打ってはならない:人を責めるにしても痛いところは突くな.面子までつぶすようにすること.〔~,骂人人别揭短〕,〔撅 juē 人~〕同前.

打入 dǎrù ①投げ入れる.放り込む.〔~冷官〕〔劇〕(旧劇などで)皇帝が嫌いになった后妃を軟禁すること.

〈喩〉お蔵入りする,冷や飯を食う.②入り込む.もぐり込む.

打撒手儿 dǎsāshǒur〈白〉助けの手を出さない.放っておく.〔王夫人本嫌他,也~〕(紅112)王夫人も,もともと彼のことが嫌いだったので放っておいた.→〔撒手②〕

打伞 dǎsǎn 傘をさす.

打散 dǎsǎn 劇旧時,芝居が終わったあとで演じられた短い演(ﾆ)物(色物).〈転〉漫才や曲芸など.

打散 dǎsàn ばらばらにする.解散させる.〔把敌人~了〕敵を追い払った.

打扫 dǎsǎo ①掃除する.〔~干gān净〕きれいに掃除する.〔~卫生〕掃除をする.②残り物を片付ける.〔把陈货都~出去〕ストックを大ぎな処分してしまう.

打扫钱 dǎsǎoqián 国家を買い請け受けるとき掃除代として借り主から家主に払う家賃 1か月分に相当する金.→〔开kāi门钱〕

打杀 dǎshā〈なぐって〉殺す.→〔殴 ōu 杀〕

打山 dǎshān〈方〉山で狩りをする.

打闪 dǎshǎn ①稲光がする.②ころぶ.よろける.

打闪镜 dǎshǎnjìng =〔文〕打后镜〕(化粧のとき)合わせ鏡をして見る.〔~看看后头〕合わせ鏡で後ろの方を見る.

打扇 dǎshàn (人を)うちわであおぐ.〔给她轻轻~〕うちわで彼女をそっとあおいでやる.→〔扇 shān〕

打伤耗 dǎshānghào ①(商品が)傷物になっている.〔这是已经打了伤耗的东西〕これはもう傷物になった品だ.②ロスを見込んでおく.〔运送瓷 cí 器~,所以卖得就贵了〕陶磁器を運送するにはロスを見込まねばならないので売価が高くなる.

打烧饼 dǎshāobing シャオピンを(焼いて)作る.

打哨儿 dǎshàor 呼子や口笛を吹く.→〔打口哨儿〕

打蛇 dǎshé 蛇を打つ.〔~打七寸〕〔諺〕蛇をたたくには急所を打つ:頭から七寸の所が急所.〈喩〉敵を打つには急所を突け.

打绳子 dǎshéngzi 縄をなう.

打胜 dǎshèng 勝つ.戦勝する.→〔打赢〕

打湿 dǎshī 湿る.

打诗宝 dǎshībǎo 詩の文字で遊び:詩の文句の1字を空白にしておき,別の紙片にその字に似よった4字を書き出してその中から選ばせる.

打食 dǎshí ①〔~儿〕(動物が)えさを探す.あさる.②〈口〉こなす:胃腸の内容物の消化を促す.

打十番儿 dǎ shífānr 国伝統楽器を用いて合奏をする.お囃子(ｼ)

打是亲,骂是爱 dǎ shì qīn, mà shì ài〔諺〕たたくのも叱るのも全てはわが子がかわいいため:〔亲〕は〔疼 téng〕〔惜 xī〕ともいく,〔爱〕は〔怜〕ともいう.

打手儿 dǎshǒur ⇒〔皮 pí 手筒〕

打手势 dǎshǒushì〔打手式〕とも書いた.手まねする.手まねで知らせる.

打手印 dǎshǒuyìn =〔打指印〕指印を捺(ｽ)す.

打手 dǎshou ①拳・空手などの使い手.②手下.子分.組員.用心棒.

打输 dǎshū (ゲームや競技などに)負ける.↔〔打赢〕

打野身 dǎshěnshēn 体を伸ばすをする.くたびれた腰をうんと伸ばす.〔运涛醒过来,伸直左手和左脚,打了个舒展〕(梁·红1)運濤は目をさまし,左手と左足をまっすぐにして,うんと腰を伸ばした.→〔伸 shēn 懒腰〕

打拴 dǎshuān〈白〉くくりあげる.梱包する.〔教宋江换了衣服,一了包裹 guǒ,穿上麻鞋(ｽｴ)(水36)宋江に着物を着替えさせ,荷物をくくってやり,麻ぞうりを履かせた.

打水 dǎshuǐ ①水を汲む.〔~的〕水汲み(人).〔打洗脸水〕顔を洗う水を汲む.〔打开水〕お湯を運んでくる.②⇒〔灌 guàn 肠〕 ③(水泳で)手や足で水面を打つ.水をかく.

打水漂(儿) dǎ shuǐpiāo(r) ①水切りをする:平たい小石を斜めに水面へ投げて水を切って飛ばせる遊び.②〈喩〉無駄金を使う.〔不能拿钱~〕金を無駄にするわけにはいかない.

打水仗 dǎshuǐzhàng 水合戦をする.水をかけあって遊ぶ.

打顺手 dǎshùnshǒu 順調に進む.とんとん拍子にいく.

打私 dǎsī 密輸・密輸品売買を取り締まる.

打死 dǎsǐ (ぶち)殺す(される).撲(ｸ)殺する(される)

打死老虎 dǎ sǐlǎohǔ 死んだ虎を打つ.〈喩〉すでに勢いの衰えたものをたたく.尾羽打ち枯らしたものを徹底的にやっつける.

打算 dǎsuàn ①つもりがある.もくろむ.するつもりだ.〔你~什么时候回来?〕いつお帰りの予定ですか.〔我~去〕わたしは行くつもりだ.②もくろみ.考え.意図.〔你有什么~呢〕どんなつもりなのかね.〔各人有各人的~〕各人各人の含みがある.思惑は各人で違う.〔我没有~〕私に(どうしようという)考えはない.

打算盘 dǎsuàn·pán ①算盤をはじく.②(損得を)計算する.〔打小算盘〕みみっちいことをする.目先の損得を勘定する.〔他真会~〕彼はなかなか計算高い.

打碎 dǎsuì 打ち砕く.〔玻璃窗~了〕ガラス窓が割れた.〔~门牙肚里咽 yàn〕前歯を砕いても飲み込む.〈喩〉ぐっとこらえる.

打胎 dǎtāi〈口〉(胎児を)おろす:〔堕 duò 胎〕医人 rén 工流产〕に同じ.〔~药 yào〕薬堕胎薬.→〔落 luò 胎〕

打台球 dǎtáiqiú =〔方〕打弹子〕玉突きをする.ビリヤードをする.

打太极拳 dǎ tàijíquán 太極拳をやる.

打太平拳 dǎ tàipíngquán 他人のけんかに加わって,都合のよいどちらかを打つ.

打探 dǎtàn 尋ねる.探りを入れる.→〔刺 cì 探〕

打糖锣儿的 dǎ tángluór de 旧おもちゃ・飴(ｱﾒ)類を売る行商人.=〔糖锣(儿)〕

打疼 dǎténg 痛い目に遭わせる.〔我军将敌军~了〕我が軍は敵をやっつけた.

打替 dǎtì 代わる.=〔替工②〕

打嚏喷 dǎtì·pēn =〔打喷嚏〕

打天秤 dǎtiānchèng 旧人力車が尻餅をつく形に後ヘ倒れること.

打天下 dǎtiānxià ①天下を取る.政権を取る. ②〈喩〉事業を始める.

打条子 dǎtiáozi 書類を作る.受け取りを書く.

打铁 dǎtiě 鉄を打つ(鍛える).〔~的〕〔~匠 jiàng〕鍛冶(ｼﾞ)屋:=〔铁匠〕に同じ.〔趁 chèn 热~〕鉄は熱いうちに打て.〔~先得铁锤 chuí 硬〕〈喩〉事をなすには強力な意志・才能がなくてはならぬ.

打挺儿 dǎtǐngr〈口〉体を突っぱる(反りかえさせる).〔按着他,他还~呢〕押さえつけても,こいつまだ体を反りかえさせてから.〔鲤 lǐ 鱼一~就蹿 cuān 了起来〕鯉が体を反りかえらせてピョンと飛び上がった.

打听 dǎtīng 尋ねる.問い合わせる.探る.〔~一下〕=〔打听①〕に同じ.〔我去~一下〕行って聞いてくる.〔我想跟你~个 ge 人〕あなたにある人のことを聞きたいのですが.

打通 dǎtōng ①通じさせる.開(ｶ)けさせる.邪魔を取り払う.〔~思 sī 想〕考えを納得させる.〔~关系〕コネをつける.関係をつける.〔这两间屋子要~了〕この2部屋の間を打ち払って通しにするようにな

った.②圖旧時,役者を[通！](分かったよ)と呼んでやじる.

打通关 dǎtōngguān ①宴席で拳の打ちかたの一種:一人がそのテーブルの全部の者と順々に拳を打ち酒を飲むこと.→[划 huá 拳②]②<喩>一連の仕事の中で個々の業務に全て通じていること.

打通宵 dǎtōngxiāo 徹夜(で)する.→[开 kāi 夜车]

打通 dǎtòng ⇒[闹 nào 台]

打头 dǎtóu ①率先する.先頭に立つ.[带 dài 头]に同じ.[他～走进会场]彼は真っ先に会場に入る.②<方>はじめから.[从 cóng 头(儿)]に同じ.③先にたつ者.[～的]④圖作男の頭.[长 cháng 工]⑤リーダー.[你是这模范工区的～的]あんたはこの模範工区のピカーだ.④⇒[抽 chōu 头(儿)②]

打头炮 dǎtóupào ①最初の一発を打つ.②<喩>火ぶたをきる.口火をきる.

打头阵 dǎtóuzhèn 第一陣を承る.陣頭に立つ.→[打先锋]

打土机 dǎtǔjī ⇒[打夯机]

打退 dǎtuì つき返す.撃退する.退ける.[～了敌人的进犯]敵の侵犯を退けた.

打退堂鼓 dǎ tuìtánggǔ ①圖官吏が退庁する合図の太鼓を鳴らす.②<喩>(気が変わって,おじけづいて)中途でやめる.約束を反古(ほ)にする.[别～,干吧]途中でやめないで,やりたまえ.[说好了的,哪能～呢]ちゃんと話が決まっていたのをどうして反古にできますか.

打托儿 dǎtuōr <口>人をだます手引きをする.さくらになる.→[托(I)⑤]

打哇哇 dǎwāwa (赤ん坊が口に手をあて)アワワする.

打瓦 dǎwǎ 瓦のかけらや銅貨を重ね,それをそれぞれ瓦や銅貨を打ちあて崩れおちたものを自分のものとする子供の遊び.

打外 dǎwài 外回りの仕事をする.[～的]対外営業の担当者.↔[打里]

打弯儿 dǎwānr ①(腕・足や身体を)曲げる.曲がる.②(向き・考え・行動を)変える.

打碗花 dǎwǎnhuā 圖コヒルガオ(ヒルガオ科).→[旋 xuán 花]

打网 dǎwǎng ①網を作る.網を編む.②<方>網を打つ.③(手段を弄して)金銭を巻き上げる.

打望 dǎwàng <方>見る.

打围 dǎwéi 巻き狩りをする.<転>狩りをする.[打水围]水上の狩猟をする.→[打猎]

打问 dǎwèn ①たずねる.探る.[打听]に同じ.②<文>(拷問して)聞きただす.尋問する.

打问号 dǎwènhào ①疑問符号"？"を打つ.②おかしいと思う.疑問をもつ.

打问讯 dǎwènxùn 圖(仏教で僧や尼が)合掌してあいさつをする.

打窝 dǎwō 地固めをする.地固めする.[碾]は地固め用の縄をたくさん結わえつけた石あるいは鉄塊,大勢がぐるりととり囲んで縄を持ち,上げては打ちおろしてと言う.[碾砸 zá 碾]ともいう.→[打夯]

打下 dǎxià ①攻め下(ᅭ)す.征服する.②築く.[～了基础]基礎を築いた.

打下手(儿) dǎxiàshǒu(r) 手伝いをする.手助けする.助手をする.[～的助(ᅭ)人(ᅭ)][您忙不过来我给您～]あなたがお忙しくて手が回らなければ私がお手伝いします.

打先锋 dǎxiānfēng ①先鋒になって戦う.②<喩>先頭きってやる.→[打头阵]

打闲(儿) dǎxián(r) ①失業している.ぶらぶらしている.[他～了]彼は失業している.②細々した半端仕事をする.

打响 dǎxiǎng ①戦闘を始める.[一场战斗就要～了]戦闘がまもなく始まる.→[开 kāi 火(儿)①]②<転>(物事が)初めからうまくいく.[这一炮 pào～了,下一步就好办了]出だしがよければ,後はやりやすい.

打响鞭 dǎxiǎngbiān 音の出る鞭を鳴らす:駄馬などの家畜を追うために鞭を振り体に当てないで音だけたてて脅すこと.

打消 dǎxiāo 打ち消す.なくする.希薄にさせる.[～这个念头]こういう考えをやめにする.

打小报告 dǎ xiǎobàogào (上司の)小耳に入れる.(上に)密告する.

打小抄(儿) dǎxiǎochāo(r) カンニングペーパーを作る.

打(小)鼓的 dǎ(xiǎo)gǔde くず買い.古物買い:[小鼓](小さな皮太鼓)を鳴らしながら通りをふれ回って商売をした.[买 mǎi 破烂儿的][收 shōu 破烂儿的]ともいう.

打小牌 dǎxiǎopái わずかの金を賭けてマージャンをする.→[打牌]

打小算盘 dǎ xiǎosuànpan <喩>目先の利だけにこだわる.

打斜 dǎxié ①斜めになる.一方に偏る.②斜め向かいに立つ(座る):敬意を表する.→[打横(儿)①]

打斜调歪 dǎxiédiàowāi <喩>いかがわしいことをする.[一个人老是～的,前途很是危险]人間ついていかがわしいことばかりやっていては,先々が大変危ぶまれる.

打行李 dǎxíngli ①手荷物(旅行の荷物)を開く.[刚到旅馆正～呢]ちょうど旅館に着いて荷物を開けているところです.②荷作りをする.[就要动身正～呢]ちょうど出発しようとして荷作りをしているところです.

打旋 dǎxuán ぐるぐる回る.回転する.渦まく.→[打转(儿)]

打旋磨儿 dǎxuánmòr ①お世辞を言ってうるさくつきまとう.[你那姑妈只会～,给我们琏二奶奶跪 gui 着借当当][红9]お前のあの叔母さんはただもうご機嫌取りをしながらうるさくつきまとって,うちの次男の嬢さんの奥さんにすずって,賃草を貸してくれと言うのさ.②(同じ所を)ぐるぐる回る.→[打圈子]

打雪仗 dǎxuězhàng 雪合戦をする.

打压 dǎyā 攻撃し制圧する.抑圧する.

打鸭惊鸳(鸯) dǎyā jīngyuān(yāng) <成>あひるをたたいておしどりを驚かす.<喩>よくない者を懲らしめて同類の者に恐怖を与える.→[打骡子惊马]

打鸭子上架 dǎyāzi shàngjià あひるをたたいてとまり木に追い上げる.<喩>(人に)全く不相応・とうてい無理なことをさせようとする.[赶着鸭子上架][赶 gǎn 鸭子上架]ともいう.→[强 qiǎng 人所难]

打牙 dǎyá ①<方>口に入れる.②<方>むだ口をたたく.人の気を引くおしゃべりをする.

打牙祭 dǎyájì ①月初め・月中に肉などの入ったごちそうを食べる.②たまにごちそうを食べる(口のお祭りをする).

打哑谜 dǎyǎmí 謎をかける.遠まわしに言う.意味の分からないことを言う.

打牙配嘴 dǎyá pèizuǐ <成>からかう.冗談を言い合う:[打牙逗 dòu 嘴][打牙犯 fàn 嘴][打牙磨 mó 嘴][打牙撬嘴]

打哑语 dǎyǎyǔ 手まねで話す.手話で話す.

打眼 dǎyǎn ①[～儿]穴を開ける.打ち抜く.[～机][冲 chòng 孔机][钻 zuān 孔机]圈パンチング.②<放炮>圈岩石に穴を空け火薬をつめ点火し爆発さ

打   dǎ

せ,岩石土砂を爆破すること:発破をかける. ②=〔输 shū 赢〕(力)〔走 zǒu 眼〕<方>(買い物をうっかりして)買物を買ってしまう. 見損なう.〔瞧清楚了,别～〕よく見て,まがい物をつかませられないようにしている. ③人目を引く.人目を奪う. 際立っている. ④<方>注意して見る. よく観察する. 見てその意味を読む.〔左右一～〕左右を一度よく見ると,〔ペテン〕をつかす. ペテンにかける.〔打马虎眼〕

打掩护 dǎyǎnhù ①【軍】掩護(えん)のための攻撃をする. 側面から作戦として主力の任務を全うさせる. ②<喩>かばう. 覆い隠す. ふたをする.

打眼线 dǎyǎnxiàn ①〈さりげなく〉監視の目をとどかせる. ②アイシャドウをする.

打伴儿 dǎyàngr <方>知らぬふりをする. とぼける.〔打扬儿〕とも書く.〔我一问一～可不行〕ああ言えばこう,こう言えばああと空とぼけてはいかんよ.

打烊 dǎyàng <方>(閉店時間がきて)閉店する. 看板になる. →〔上 shàng 板儿〕

打样 dǎyàng [～儿]①設計図を描く. 見本を作る.〔打图样〕同前.〔～青〕(入れ歯をする時などに)型を作るための材料.〔～台〕図引き台. 製図台. ②校正刷りを作る.

打幺 dǎyāo <方>顔がきく. 羽振りがいい. 出世する:〔打腰〕とも書く.

打腰 dǎyāo ①同上. ②上体を前に傾ける.〔～弯 wān〕おじぎをする.

打药 dǎyào ①殺虫剤をかける. 農薬をまく. ②下剤. ③<方>売(だ)薬:旧時,薬行商人の売る薬(塗り薬など)

打要子 dǎyàozi <方>わらで荒縄をつくる. またその縄.

打噎 dǎyē ⇒〔打哽〕

打野鸡 dǎyějī <喩>街娼を買う.

打野盘(儿) dǎ yěpán(r) <方>①一定の住所がない. 住所不定. ②あちこちの人家に行って暮らす.〔他一天～,哪儿找他去〕彼は一日中外出ばかりして家にいない, どこへも捜しに行きようがない.

打野食(儿) dǎyěshí(r) <喩>①内縁で男をつくる. ②不倫をする. ③あぶく銭をつかむ. うまい臨時収入がある.〔打野外〕と同じで飯を食う.

打野外 dǎyěwài 【軍】野外演習をする.

打野眼 dǎyěyǎn <方>あちこち(きょろきょろ)見渡す.

打夜班 dǎyèbān 夜業をする.

打夜作 dǎyèzuò <口>夜業をする. 夜なべをする. →〔打通宵〕

打一巴掌揉三下儿 dǎ yībāzhang róu sānxiàr びんたを一つ食らわして三遍ほど揉んでやる. 殴ったりさすったり.<喩>痛い目にあわせたりおだてたり, 人をいいように扱うこと:〔打一下揉三揉〕という.

打印 dǎyìn ①=〔打戳(子)〕印鑑を押す.〔盖 gài 图章〕に同じ.〔打印儿〕照合済みの印を捺す. ②〔打字油印〕の略. タイプを打って, 騰写版印刷する. ③【電算】プリントする. 印刷する.〔～口〕プリンタ接続ポート(インターフェイス). パラレルポート.〔～机〕プリンター.

打印台 dǎyìntái =〔印台〕スタンプ台.

打印子 dǎyìnzi <方>=〔印子(钱)〕(高利の金)を借りる(借り).〔这是一做的,这些钱是打印子借来的〕

打赢 dǎyíng (ゲームや競技などに)勝つ.〔昨天哪边儿～了〕昨日はどちらが勝ちましたか. ↔〔打输〕

打影格儿 dǎ yǐnggér (敷き写しまたは字の練習をするための)下敷きを作る.

打硬仗 dǎyìngzhàng ①容赦のない戦争をする. 正

面攻撃をする. ②<喩>容易ならぬ任務を果たす.

打悠千儿 dǎ yōuqiānr ⇒〔打秋千〕

打悠秋儿 dǎ yōuqiūr [打秋千] ⇒=〔打忽悠(之)〕物にぶら下がり体を前後に振る.

打油 dǎyóu ①油をひしゃくで汲む.<転>(はかり売りの)油を買う. ②〔打油〕榨油する. ③靴クリームを塗る(ピカピカにみがく).

打游飞 dǎyóufēi <方>遊び回る. ほっつき歩く.〔打油飞〕とも書く.〔又上哪儿～去了〕どこをほっつき歩いていたのか.

打游击 dǎyóujī ①ゲリラ(戦)をする. ②<喩>決まった場所でに仕事をしないで活動したりする.

打油诗 dǎyóushī 諧謔(かいぎゃく)詩. 戯詩. 俗詩:〔打油歌〕をいう. 平仄(ひょうそく)に拘わらず, 風刺に富む旧詩. 唐の張打油が始めたとされる. また, 自分の作詩を謙遜していう.

打鱼 dǎyú 魚を捕る. 漁をする.〔～的〕漁夫.

打鱼摸虾 dǎyú mōxiā <成>①魚やエビを捕る. 漁をする. 自然の水産物を採って暮らす. ②<喩>(よからぬ)利益をあさる.〔结交的又都是一些～的人物〕つきあっているのもみなろくでもない連中だ.

打预防针 dǎ yùfángzhèn ①【医】予防接種をする. ②<喩>事前に警告して後の失敗や打撃を防ぐ.

打冤家 dǎyuānjia ①仇を討つ.(集団で)対立相手と争闘する. ②仇敵となる. 抗争する関係になる.

打援 dǎyuán 敵の援軍を攻撃する.

打源 dǎyuán ①根源を絶つ.〔追根〕同前. ②源(みなもと)を発する. 源をたずねる.

打圆场 dǎyuánchǎng 事態を丸くおさめる.〔他希望她说两句～的话〕彼は彼女が少しその場を丸くおさめるようなことを言ってくれたらいいと思った.〔老这么僵僵持下去双方都不下了 liǎo 台, 总得有第三者出来～才行〕いつまでもこんなに張り合っていたのでは, どちらとしても引っ込みがつかない, どうしても第三者が仲に入っておさめなければだめだ. →〔拉 lā 弯子〕〔排 pái 解①〕

打砸抢 dǎzáqiǎng 殴打・破壊・略奪:混乱時の暴力行為.〔～分子〕同前. 行為を行う者.

打杂儿 dǎzár 雑役をする. 雑用をする.〔～的〕雑役夫. 便利屋.

打灶 dǎzào かまどを築く(作る)

打造 dǎzào ①(金属製品を)鍛造する.〔～船只〕船舶を造る. ②(環境や局面を)醸成する. 整える. ③育成する.〔～人才〕人材を育てる. ④作り出す. 構築する.

打斋 dǎzhāi 僧侶や道士が托鉢(たくはつ)して食物をもらい:〔化 huà 斋〕に同じ.〔～饭〕同前.

打战 dǎzhàn ぶるぶる震える. 身震いする:〔打颤〕とも書く.

打掌 dǎzhǎng [～儿, -子] 靴底の修理をする.〔打后 hòu 掌儿〕靴のかかとを修理する.

打仗 dǎzhàng 戦争(する)・戦闘以外にも生産などの比喩的表現も用いる.〔打胜 shèng 仗〕戦いに勝つ. 勝ち戦をする.〔打败 bài 仗〕敗戦する.〔打了个漂亮仗〕見事な戦をした.〔打派仗〕(セクト間で)内ゲバをする.〔打翻身仗〕懸命に遅れを取り戻す.〔～玩 wán〕戦争ごっこ(をする)

打账 dǎzhàng <方>心に置いておく. 忘れない. ②…しようと考える. 心づもりをする.〔李再私晓 xiǎo 得了,正一起身迎接]〔快心篇〕李再私はそれと知ってちょうど立ちあがって迎え入れようと考えていたところだった. →〔打算〕

打招呼 dǎzhāohu ①あいさつをする. 会釈をする.〔见了人连招呼都不打〕人に会ってもあいさつもしない.〔跟他～了〕彼との了解は取った. ②(事前に)それとなく消息を知らせる. 注意を促す. 気づかせ

る.〔招呼打在头里,免得犯错误〕誤りを犯さないように,前もって注意を促しておく. ③〔事後に〕知らせる.ことわりの挨拶をする.

打棹 dǎzhào ⇒〔打桨〕

打照面儿 dǎ zhàomiànr ①=〔打对面②〕顔を合わせる.出くわす.〔弟兄两个打了个照面(老・四・惺17)〕兄弟二人はバッタリと顔を合わせた. ②ちょっと顔を出してすぐ帰って来る.〔打个照面儿,马上就回来了〕ちょっと顔を出してすぐ帰って来た.

打折扣 dǎzhékòu ①割り引きをする.〔打折〕ともいう. ②融通をきかせる.③⇒〔打呆账〕

打褶 dǎzhě 〔-儿,-子〕ひだを作る.

打鸭子上架 dǎzhe yāzi shàng jià ⇒〔打鸭子上架〕

打针 dǎzhēn 医 注射する.〔注 zhù 射〕に同じ.〔打退烧针〕解熱の注射を打つ.〔扎 zhā 针〕は(鍼灸の)針を打つ.

打挣 dǎzhēng〈白〉がんばる.もがく. →〔挣〕

打整 dǎzheng〈方〉①片付ける.ひとまとめにする.整理する. ②用意する. 〔~礼物〕贈物を整える.

打纸 dǎzhǐ (葬式の際に)香典をあげる.〔这是给叔~的〕これはおじさまの香典として差し上げます.

打指印 dǎzhǐyìn ⇒〔打手印〕

打制 dǎzhì 作る.手作りする.〔~石器〕打製石器.

打种 dǎzhǒng 交尾させる.交配をする.

打肿脸充胖子 dǎzhǒng liǎn chōng pàngzi たいて顔がはれあがっているのを,太っているように見せる.〈喩〉もったいぶる.やせ我慢を張る.負け惜しみをする.

打中 dǎzhòng (目標に)当てる.当たる.命中する.〔~要害〕急所を衝く.

打粥 dǎzhōu ①粥をすくう. ②粥を買いに行く. ③囧貧民が施粥(ซょ5)所に粥をもらいに行く.〔他每天早起去~〕彼は毎朝粥をもらいに行く.

打皱 dǎzhòu しわがよる(っている)

打主意 dǎzhǔyi ①考えを決める.やり方を考える:〔打谱③〕に同じ.〔还没有打好主意呢〕まだ考えは決まっていない. ②手に入れようとする.たくらみがある.〔他们想打我的主意〕彼らは私をどうにかしようとたくらんでいる.

打住 dǎzhù ①止める.打ちきる.〔~话头〕その話を止める.〔~!〕止めろ.〔就此~〕これでおしまい.これで終わり. ②〈方〉〔他家あるいは他郷で〕留まる.居候する.

打砖机 dǎzhuānjī 圏(煉瓦石塊用)クラッシャー.

打转 dǎzhuǎn ①(体の)向きを変える.〔~身〕同前. ②〈方〉引き返す.戻る.〔你~吧〕もうお戻りください.

打转(儿) dǎzhuàn(r) 同じ所をぐるぐる回る.行ったり来たりする.〔打转专 zhuan 同前.〔船在河里直~〕船は川の中ほどでぐるぐる回りをしてばかりいる.〔我打个转儿再来吧〕ちょっと一回りしてまた来ましょう.〔眼泪直在眼圈里头~〕涙が目の中にたまっていた.〔卡车轮子在烂 làn 泥里直~〕トラックの車輪がどろんこの中で空回りしている.〔在个人利益的小圈 quān 子里~〕個人の利益という小さい囲いの中であくせくしている.

打桩 dǎzhuāng 建杭(る)打ちする.〔~机〕杭打ち機.

打坠坡 dǎzhuìpō ⇒〔打坐坡〕

打籽儿 dǎzǐr 作物の種を取る.実を結ばせる.〔这个瓜别摘 zhāi 了,留着~吧〕この瓜は取るな,とっておいて種を取ろう.

打字 dǎzì タイプ(ライター)を打つ.〔一架轻 qīng 便~机 jī〕1台のポータブルタイプライター.〔~员 yuán〕~的〕タイピスト.〔~纸〕タイプ用紙.〔~电

報机〕テレタイプライター.

打自 dǎzì …より,…から.→字解(II)

打总(儿) dǎzǒng(r)〈口〉ひっくるめて.一つにまとめて.〔米是一买〕米は一度にまとめてとる(買う).〔~算账〕まとめて精算する.→〔总共〕

打钻 dǎzuàn ⇒〔钻 zuān 孔〕

打嘴 dǎzuǐ ①ほおを打つ.びんたをはる:〔打嘴巴〕ともう. ②〈方〉面目を失う.恥をかく:口幅ったいことを言っておきながらその通りに実現・実行できずに恥をかく.〔~现世〕同前.

打嘴仗 dǎzuǐzhàng 口論する.口げんかする:〔打嘴架 jià〕ともいう.

打坐 dǎzuò ①图(仏教で)座禅を組む:〔打禅〕に同じ.②〈白〉坐る.

打坐坡 dǎzuòpō =〔打坠坡〕(引きずられても)身を後ろに引いて,動こうとしない:犬や羊などが引きずられても進もうとせず後ずさりすること.子供が地面に座りこんで動こうとしないこと.〔这孩子动不动就~〕この子は何かというと座りこんでだだをこねる.

【大】 dà (I)①大きい:面積・容量・数量・範囲・程度・音声・年齢・力量・学識・評価・人物・事柄などについていう.〔这个比那个~〕これはあれより大きい.〔~房 fáng 子大きな家.〔利 lì 钱~〕利息が大きい(高い).〔他酒量~〕彼は酒が飲める.〔大阪没有东京~〕大阪は東京ほど大きくない.〔等到工夫不~〕待った時間は長くはなかった.〔雨下得不~〕雨はあまりひどくはない〔比我一岁〕わたしより一つ年上だ.〔风真~〕風が実に強い.〔声音不~〕音が大きくない.〔力气很~〕力が強い.↔〔小 xiǎo①〕②大いに.たいへん.すっかり.徹底して:程度の深いことを表す.〔对会议的成功各国~表欢迎〕会議の成功に対して各国は非常に歓迎した.〔病已经~好了〕病気はもうすっかりよくなった.〔天已~亮〕空はすっかり明けた.〔这台机车要~修〕この機関車は徹底的に修理しなくてはならない.〔很 hěn~〕あまり(…でない).しょっちゅう(は…しない):〔不〕の後,形容詞・動詞・一部の時間名詞の前に置く.〔好些南方人不~吃面〕南部の人はあまり麺類は食べない.〔这件事不~好办〕この件はそれほど簡単ではない.〔我不~到那边去〕わたしはあまり(頻繁には)行かない.〔不~一会儿〕しばらくの間(してから).④相手はまたは相手に関する言葉に前置して敬意を示す.→〔大名〕⑤(兄弟姉妹で)年長である.〔~儿 ér 子〕かしらの息子.長男. ↔〔少 shào~〕⑥大きさ:〔我的没有那么~〕僕はそんなに大きくない.⑦(時間的に離れている).やや遠い.〔~后天〕あさって.⑧天候・季節・祭日・時期などに関する語の前に置いて,その重要性・特殊性を強調する.〔~春 chūn 天儿,你们没上哪儿玩儿去呀〕春だというのに,きみたちはどこへも遊びに行かなかったの.〔~下雨天儿的,还得 děi 出去〕雨降りというのに出かけなければならない.〔~晴 qíng 天儿的,正好晒得 shài 被窝〕日本晴れでちょうど布団干しには都合がよい.〔~考 kǎo 试的他还请假〕試験だというのに彼は休んでいる.〔~年下的没钱〕年の暮だというのにお金がない.⑨囧〔~钱①〕の略:大きい銅貨(2文にあたる).〔一个~也没有1文もない. ⑩〈姓〉大(な)

(II)〈方〉①父.とうさん. ②伯父.叔父.おじさん.

→ **dài**

大阿哥 dà'āgē ①〈方〉上の兄(さん).大きい兄(さん). ②〔阿哥①〕. →〔阿哥①〕⑨囧皇子の中で最年長の皇太子.

大阿拉伯利比亚人民社会主义民众国 dà'ālābó lìbǐyà rénmín shèhuìzhǔyì mínzhòngguó 大リビア・アラブ社会主義人民ジャマーヒリーヤ国.通称

大 dà

リビア.首都は〔的 dì 黎波里〕(トリポリ)
大安 dà'ān ①〔牘〕貴殿のご安泰:文の末尾に添えて先方の日常の安泰を尋ねる,あるいは祈る.〔并 bìng 候~〕併せて貴殿のご安泰をお伺い申し上げる.②→〔小 xiǎo 六壬〕
大案 dà'àn 重大事件.〔~要案〕〔大要案〕同前.
大巴 dàbā 大型バス.
大八件儿 dàbājiànr ①〔饽饽〕旧〔方〕〔饽 bō 饽铺〕で売る引き菓子に相当する8種類の菓子をとりそろえたもの:〔八大样儿〕ともいう.その大きさと内容の質の相異により〔~〕〔小 xiǎo 八件儿〕の区別がある.用途はお祝い事の供え物や贈り物に主として使われたが,日常の茶菓子としても用いられた.米粉や麦粉を主材料とし,〔~〕菓子で,代表的なものは〔鸡 jī 油饼〕〔玫 méi 瑰饼〕〔酥 sū 盒子〕〔状 zhuàng 元饼〕などがあり,〔自 zì 来红①〕〔自来白〕などもこの種のものであるが,現在では8種ぞろいになっていなくてもその中の一種類だけでも〔~〕と呼ぶことがある.→〔八件儿〕
大把 dàbǎ ①たくさん.たいへん.〔~~地抓 zhuā 钱〕どっさりと儲ける.〔抓らっ~〕手にいっぱい握る.②〔方〕御(ɡ)者に対する尊称.
大坝 dàbà 巨大ダム.
大罢工 dàbàgōng →〔总 zǒng 罢工〕ゼネスト.
大白 dàbái ①(真相が)すっかり判明する.〔真 zhēn 相~〕同前.②⇒〔石 shí 灰浆〕⇒〔白垩〕
大白菜 dàbáicài ①白菜:他の菜類と差別化した言い方.②〈喩〉未就職の大学新卒者.
大白话 dàbáihuà 生きた話し言葉.通俗的な言葉.
大白脸 dàbáiliǎn ずるそうな顔(人).→〔白脸〕
大白天 dàbáitiān 真昼間.〔~说梦 mèng 话〕〈喩〉根拠のない話.デマ.よた話.
大伯子 dàbǎizi 夫の兄.義兄さん:妻が夫の兄のことをいう呼称.〔大~〕夫の一番上の兄.〔二~〕夫の二番目の兄.→〔阿 ā 伯①〕〔小 xiǎo 叔子〕
大败 dàbài ①大敗(する).総くずれ(になる).〔~亏 kuī 输〕〈成〉同前.②(相手が)大いに損なう.大きく傷つく.〔~胃 wèi 口〕興ざめする.〔~兴 xìng 致〕大いに気分を悪くする.
大班 dàbān ①(幼稚園の)年長組:6,7歳の組.②〔方〕旧外国商社の支配人.→〔经 jīng 理②〕③〈方〉回舞(ɡ)台⑮.
大版 dàbǎn 郵便切手の大刷りシート.
大板儿书 dàbǎnrshū →〔说 shuō 书〕
大办 dàbàn 大いやる.〔~农业,~粮食〕大いに農業に力を入れ,食糧生産を行う(政策)
大半个月 dà bànɡeyuè 半月以上もの間.〔差不多有~没上她家去了〕ほとんど半月以上も彼女の家を訪れていない.
大半截 dàbànjié 大半.大部分.〔光着一胳 ɡē 臂腕を大部分むき出しにして.
大半年 dàbànnián 半年あまり.半年以上.
大半(儿) dàbàn(r) ①大半(は).大部分.②多分.おそらく.〔他~不来~〕あの人は多分来ないだろう.
大半天 dàbàntiān まる半日.半日以上.②長いこと.長時間.
大半夜 dàbànyè ①夜の大部分.②真夜中.深夜.
大帮 dàbāng ①商大型商品.②多数.群れ.〔大众~~地拥 yōnɡ 入〕見物人が集団でぞくぞくと押しかける.
大棒 dàbànɡ 棍棒.〈転〉威嚇手段.〔~加胡 hú 萝卜和鞭(ɡ)〕棍棒とニンジンで馬をあやつるごとから.〔~政策〕恫喝(ɡ)政策.〔他拿着~吓 xià 唬人〕彼は脅迫して人をおどしている.
大包 dàbāo ①大きな包(包装).②.〔皮膚がふくれあがった〕大きなこぶ.③食(やや大きい)肉まんじゅう.④〈文〉天地.宇宙.

dà

大包揽 dàbāo dàlǎn 全責任を負う.全て引き受ける.丸抱えする.
大包干(儿) dàbāogān(r) (農村における)全面請負制:農家が生産・経営に関連した仕事の一切を請け負うこと.
大包工 dàbāogōng →〔包工③〕
大包头 dàbāotóu ⇒〔大背头〕
大宝 dàbǎo ①〈文〉天子の位.②大きい元宝銀.→〔元 yuán 宝〕
大保 dàbǎo →〔保甲(制度)〕
大鸨 dàbǎo ⇒〔地 dì 鵏〕
大饱眼福 dàbǎo yǎnfú 〈喩〉目の保養になる.
大报 dàbào ①大型の新聞.ブランケット判.→〔小 xiǎo 报(儿)①〕②大新聞.全国紙.
大暴露 dàbàolù すっかり暴露する.十分に露呈する.
大暴雨 dàbàoyǔ ①豪雨.②図24時間内の降水量が100~200mmの雨.→〔暴雨〕
大爆炸 dàbàozhà ①大爆発を起こす.②〈喩〉急激に発展する.
大背头 dàbèitóu 〔大包头〕〈口〉男子の長髪.特にオールバックの髪.
大贝母 dàbèimǔ 植大貝母(g):浙江省寧波・象山附近に産する貝母.薬用する.
大本 dàběn ①大学本科の略.②〈文〉大本(g).〔天下之~〕天下の大本.③〔-儿〕大型本.大判の書籍.
大本营 dàběnyíng ①軍大本営.②本拠.根城.③スベースキャンプ.〔珠 zhū 峰~〕エベレストベースキャンプ.
大鼻子 dàbízi 欧米人(特にロシア人)に対する蔑称.
大比 dàbǐ ⇒〔乡 xiāng 试〕
大笔 dàbǐ ①大口.〔~~的定貨単可以使工厂忙上几年〕大口の継続的な注文書は,数年間は工場を忙しくさせるだけのものがある.→〔大批〕②〈尊〉ご筆跡.〔这是老师的~吗〕これは先生がお書きになったのですか.〔请您~一挥 huī〕どうぞ一筆お願いします.
大壁虎 dàbìhǔ ⇒〔蛤 gé 蚧〕
大扁鼓 dàbiǎngǔ 旧木扱売りが用いる団扇太鼓.
大便 dàbiàn 大便(をする).〔~不通 tōng〕通じがない.〔~秘 mì 结〕便秘:単に〔便秘〕ともいう.〔~干燥〕便秘する.→〔粪 fèn〕
大标题 dàbiāotí (新聞などの)大見出し.トップヘッドライン.
大兵 dàbīng ①旧(ならずの)兵隊:軽蔑と嫌悪(愆)の情をこめて用いる.→〔丘 qiū 八〕②大軍.③〈文〉大きな戦争.
大兵团 dàbīngtuán ①大部隊.〔~作战 zhàn〕大部隊作戦(を行う).→〔兵团〕②大集団.
大饼 dàbǐng 食①小麦粉で丸く平たく大きく作った食物:北方では主食の一.②⇒〔烧 shāo 饼〕
大病 dàbìng 大病.〔~统 tǒng 筹(医療保険制度)〕高額医療保険制度.
大饽饽 dàbōbō →〔大八件儿〕
大波妹 dàbōmèi 〈ウ〉ホステス.女給:水商売の女.
大拨儿 dàbōr →〔大批〕
大般若经 dàbōrějīng 仏教の〔大般若波罗密多经〕の略.
大伯 dàbó ①一番上の伯父.②年輩の男性に対する尊称.おじさん.
大锣 dàluó 音大シンバル.→〔铙〕
大脖子病 dàbózibìng 甲状腺肥大:〔甲 jiǎ 状腺肿〕(甲状腺腫)の俗称.→〔甲状腺〕

dà 大

大部 dàbù 大部分.
大部分 dàbùfen 大部分.
大不敬 dàbùjìng 旧皇帝に対する不敬.〈喩〉目上の人や上司を尊敬しないこと.
大不列颠及北爱尔兰联合王国 dà bùlièdiān jí běi'ài'ěrlán liánhé wángguó グレートブリテン及び北アイルランド連合王国:通称〔英 yīng 国〕(イギリス).〔英吉利〕は音訳.首都は〔伦 lún 敦〕(ロンドン).
大步流星 dàbù liúxīng 大股に,さっさと歩くさま.
大部头 dàbùtóu (書物が)分厚い.〔～的小说〕分厚い小説本.
大不韪 dàbùwěi 〈文〉大悪事.大悪.〔冒 mào 天下之～〕天下の大悪を犯す.
大不了 dàbuliǎo 〔たかだか.せいぜい.一番ひどくても.〔我不服这个,～也就是辞 cí 职〕わしがこれを承服しなくてもせいぜい辞職すれば済むことだ.〔最～就是挨 ái 饿〕せいぜいひもじい思いをするだけのこと.〔～坐一些时候的监 jiān 牢〕せいぜいしばらくの間牢屋に座るくらいのこと.②非常に重大な(ことの上なく重大な)大した事:多く否定に用いる.〔这有什么～的〕これは何も大したことじゃない.〔反正都是小意思,没有什么～的〕どうせ皆ほんの気持ちばかりのもので大したものじゃありません.③大きくなりっこない.
大才 dàcái 優れた才能(を持っている人).〔我还要借 jiè 重～〕あなたの才幹をお借りしなくてはなりません.
大裁 dàcái〈文〉ご裁断.ご判断.
大才槃槃 dàcái pánpán〈文〉優れた才能を持っている.
大材小用 dàcái xiǎoyòng =〔大器小用〕〈成〉優れた人材(を持っている人)をつまらぬ事に使う.
大菜 dàcài ①大きな碗,または皿に盛られた中心となる料理.メインディッシュ;〔大件儿〕ともいう.②西洋料理;〔西 xī 餐〕に同じ.
大菜丝 dàcàisī 糸寒天.→〔石 shí 花胶〕
大餐 dàcān①〈文〉立派なごちそう.②⇒〔西 xī 餐〕
餐间 dàcānjiān 旧汽船の特等食堂.〈転〉特等船室.→〔官 guān 舱〕〔统 tǒng 舱〕〔洋 yáng 舱〕
大仓鼠 dàcāngshǔ オオキヌゲネズミ.
大操大办 dàcāo dàbàn (結婚式や葬式を)盛大にやる.派手にやる.
大草 dàcǎo ①高くのび放題の雑草:燃料にする.②筆画の途切れない草書体.
大草包 dàcǎobāo〈喩〉体ばかり大きくて能のない人間.→〔草包③〕
大茶壶 dàcháhú ①大きな湯わかし.→〔茶壶〕②旧妓夫(ぎゅう)太郎:妓院で大きい湯わかしを提げて客に茶の接待をする男.〔王 wáng 八③〕に同じ.
大刹 dàchà ①大きな寺.②〈尊〉貴寺院.
大差 dàchāi 旧高官の公用出張.
大产 dàchǎn ⇒〔安 ān 产〕
大肠 dàcháng 生理大腸.〔～杆 gǎn 菌 O 157〕O-157大腸菌.
大氅 dàchǎng ⇒〔大衣〕
大唱高调 dàchàng gāodiào 大口をたたく.
大钞 dàchāo ⇒〔大票〕
大潮 dàcháo ①旧大潮(おおしお).②〈喩〉時流の高まり.
大巢菜 dàcháocài ⇒〔巢菜〕
大吵大闹 dànaりちらして大騒ぎする.すごい剣幕でわめきたてる.
大车 dàchē ①家畜(ウマやラバ)に引かせる2輪(4

輪)の大型荷車.②〈口〉大型バス.③(汽船・汽車の)(一等)機関長.機関士;〔大件〕とも書く.→〔二 èr 车〕
大彻大悟 dàchè dàwù〈成〉徹底的に悟りを開く.徹底的に目覚める.
大车道 dàchēdào 旧馬車道.
大臣 dàchén 旧大臣.重臣.高官.→〔部 bù 长〕
大乘 dàchéng 図(仏教の)大乗(じょう).→〔小 xiǎo 乘〕
大成殿 dàchéngdiàn 孔子廟の正殿.→〔孔 kǒng 庙〕
大成至圣先师 dàchéng zhìshèng xiānshī 孔子の後世贈られた称号.
大吃大喝 dàchī dàhē〈成〉大いに飲み食いする.大盤ぶるまい(する);〔大吃二喝〕〔大吃八喝〕〔大吃特喝〕ともいう.
大吃一惊 dàchī yījīng〈成〉びっくり仰天する.
大侈 dàchi〈方〉費用または材料がかかりすぎる.
大冲 dàchōng 天衝(しょう)の時:火星が地球に一番接近する時期.15～17年毎にあらわれる.→冲(I)⑤〕
大虫 dàchóng ①〈口〉虎.→〔老 lǎo 虎〕②〈口〉インターネットのベテラン;〔爬 pá 虫②〕は初心者.〔网 wǎng 虫〕は一般のユーザー.
大出血 dàchūxuè ①医大出血する.②〈喩〉赤字(出血)大売り出し.
大厨 dàchú 料理長.腕のいい板前.
大处方 dàchǔfāng〈喩〉薬漬けの医療.
大处 dàchù 大きな所(点).〔小不算大处小处儿算〕大金を使うのは問わず小額の場合はけちけちする.〔～落 luò 墨〕〔～着 zhuó 墨〕〔落笔大成〕①大所に着手すること.⑤枝葉末節にとらわれないこと.〔～着眼,小处下手〕大局に着眼しつつ,小さな事より着手する.〔下〕は〔着〕ともいう.
大畜 dàchù〈文〉大畜(ちく):六十四卦の一.
大船破了还有三颗钉 dàchuán pòle háiyǒu sānkēdīng ⇒〔瘦 shòu 死的骆驼比马大〕
大串联 dàchuànlián 史文化大革命初期の中学・高校の〔红 hóng 卫兵〕による大規模な経験交流.
大疮 dàchuāng 旧梅毒などの俗称.→〔杨 yáng 梅疮〕
大吹大擂 dàchuī dàléi〈成〉盛んに宣伝をする.鳴り物入りで吹聴する.〔大吹大拍〕〔大吹特吹〕ともいう.
大吹法螺 dàchuī fǎluó ①図(仏教で)説法する.②〈喩〉大きなことを言う.ほらをふく.
大锤 dàchuí 大ハンマー.先手ハンマー.
大春 dàchūn〈方〉春.
大春作物 dàchūn zuòwù 農春播きの作物:稲・とうもろこしなど.〔大春〕ともいう.→〔小 xiǎo 春作物〕
大醇小疵 dàchún xiǎocī〈成〉多少の欠点はあってもだいたいにおいてよい.
大词 dàcí (論理学三段論法の)結論の賓辞.
大慈大悲 dàcí dàbēi 図(仏教の)大慈大悲.情け深い.
大葱 dàcōng 旧フトネギ.ナガネギ.→〔京 jīng 葱〕〔老 lǎo 葱〕ともいう.→〔葱①〕
大错特错 dàcuò tècuò〈成〉大いに大間違い(をする).たいへんな大間違い.とんでもない間違い.→〔大谬〕
大打出手 dàdǎ chūshǒu ①なぐり込みをかける.ひどくなぐりあう.②(内輪内で)泥仕合をする.
大大 dàdà ①大大的に.大いに.〔博 bó 得了～的好评〕非常に好評を博した.②大きい.〔～的眼睛〕くりくりした目.
大…大… dà…dà… 名詞・動詞・形容詞の前に置いて規模が大きいこと,程度の深いこと,徹底的である

大 dà

ことなどを表す.〔～拆 chāi ～改〕大修理(をする).〔～行 háng ～市〕通り相場.

大大方方 dàdà fāngfāng 堂々としたさま.ゆったりしたさま.〔大方 fang ①〕の重畳形.〔～地说话〕鷹揚(ﾖｳ)に話をする.

大大后天 dà dàhòutiān 明々後日の次の日.やのあさって.

大大前天 dà dàqiántiān さきおとといの前の日.

大大小小 dàdà xiǎoxiǎo ①大きいのと小さいの.②大人と子供.〔～的都在这儿住〕大人も子供も皆ここに住んでる.

大大 dàda 〈方〉①父.お父さん.②祖父.おじいさん.③伯父.おじさん.④おばさん.⑤〔伯母〕に同じ.⑤〔姑母〕に同じ.⑥年長の女性に対する呼称.

大大咧咧 dàda liēliè いい加減である.〔这个人～的〕彼女ときたら全くだらしない.

大大落落 dàda luōluò 〈方〉(態度が)おうようである.おおらかである.

大带 dàdài 固〔服制で〕大夫以上の者のつける帯.→〔绅 绅〕

大袋鼠 dàdàishǔ 動カンガルー.単に〔袋鼠〕ともいう.

大丹 dàdān 〈音義訳〉グレートデーン:大型犬の一種.→〔大猎犬〕

大胆 dàdǎn 大胆である.太っ腹である.〔学儿句就～(地)说出外语的好方法〕習っただけのことをさっそく大胆にしゃべるのが外国語上達の非常にいい方法である.

大刀 dàdāo 固大太刀(ﾀﾁ).太刀.

大刀会 dàdāohuì 固秘密結社の名:〔白 bái 莲教〕の一派.しばしば外国宗教を排除する行動を起こした.→〔小 xiǎo 刀会〕

大刀阔斧 dàdāo kuòfǔ 〈成〉大鉈(ﾅﾀ)を振るう.きっぱりと処置する.〔应该～地一次搞好呢,还是慢慢地分批进行呢〕一気にずばっとやってしまうか,それともゆっくり一つ一つ進めるべきか.

大道 dàdào ①大通り.②〈文〉大道(ﾀﾞｲﾄﾞｳ).根本の筋道.正しい道.〔～生财 财〕正しい筋道を踏んでもうける.〔～为 wéi 公〕正しい筋道を踏んで政務をとる.

大纛 dàdào 〈文〉陣中で用いる大旗.〔高擎 qíng 民主的～〕民主の大旗を高く掲げている.

大道理 dàdàoli 根本の道理.一般原則.たてまえ.

大德 dàdé 〈文〉①大いなる功德.②大いなる節操.③高僧.

大得人心 dàdé rénxīn 〈成〉好評を得る.

大灯 dàdēng ⇒〔车 chē 头灯〕〔前 qián 灯〕〔头 tóu 灯②〕(自動車の)ヘッドライト.前照灯.

大登科 dàdēngkē 〔科举〕に合格し登用されることを〔登科〕という:これを人生の大事である結婚と結びつけて,〔一后小登科〕(科挙の試験に合格したら次は結婚)という.

大敌 dàdí 大きな敵.大きな危害.〔～当前〕〈成〉大敵を前にする.

大笛 dàdí ⇒〔长 cháng 笛〕

大抵 dàdǐ ①ほぼ.だいたい.〔他的意思～是一致〕彼の意向はだいたいそんなところです.②基本的に.

大地 dàdì ①大地.〔～回春〕大地に春がえる.〔阳光普照〕〈喩〉(全世界)をあまねく照らす.②土地.地球.〔～测量〕土地測量.〔～原点〕区地上の座標測定の起点.

大地方 dàdìfāng ①(農村から見た)大都会.②→〔清 qīng 吟小班〕

大地水准面 dàdì shuǐzhǔnmiàn 地ジオイド:地球表面の等重力面.平均海水面とほぼ一致する.

大典 dàdiǎn 大きな式典.盛典.〔开国～〕建国の大きな式典.

大殿 dàdiàn ①固朝廷内で儀式や接見に用いられる所.大殿(ﾃﾞﾝ).②仏〔仏教の〕正殿.本堂.

大调 dàdiào 音長調.↔〔小 xiǎo 调①〕

大跌 dàdiē (価格などが)暴落(する).〔～眼 yǎn 镜〕〈喩〉(予想外で)目を疑わせばかり.

大丁草 dàdīngcǎo 植ムラサキタンポポ(センボンヤリ)

大定(儿) dàdìng(r) 旧式の結婚で挙式の1か月ほど前に新郎の家から正式の結納を新婦の家へ送り届け,挙式の日どりを確定すること.→〔小 xiǎo 定(儿)〕

大动干戈 dàdòng gāngē 〈成〉大いに戦争を起こす.〈喩〉大きい事を大げさにする.

大动肝火 dàdòng gānhuǒ 〈喩〉大いに立腹する.かっとなる.

大动脉 dàdòngmài 生理大動脈.②(交通などの)大動脈.

大动作 dàdòngzuò 重大な措置.大規模な行動.

大豆 dàdòu ダイズ,またその種子(総称).ふつう〔黄 huáng 豆〕で代表されるが,〔黑 hēi 豆〕〔青 qīng 豆〕の種類がある.〔方元 yuán 豆〕ともいう.〔～异 yì 黄酮〕大豆イソフラボン.〔～胶 jiāo〕大豆かすからとった膠(ﾆｶﾜ):化学工業の原料となる.

大豆油 dàdòuyóu ⇒〔豆油〕

大都 dàdū ①大多数.②副大部分.②固大都(ﾀﾞｲﾄ):元代の首都名(現在の北京).

大度 dàdù 度量が大きい.〔～包容〕〈成〉寛大で包容力がある.

大肚汉 dàdùhàn 大食漢.

大杜鹃 dàdùjuān ⇒〔布 bù 谷(鸟)〕

大肚弥勒(佛) dàdù mílè(fó) 〔大肚弥陀 tuó佛〕ともいう.①仏布袋和尚の別称:唐代の禅僧.弥勒菩薩の化身といわれる.②〈喩〉腹の出た人.ビール腹の人.大鼓腹の人.

大肚儿塔 dàdùrtǎ ラマ塔(俗称):喇嘛(ﾗ)廟の円形で下部が太くなっている塔.

大肚子 dàdùzi ①妊婦:〔大肚婆〕ともいう.〔～经 jīng 济〕マタニティ関連ビジネス.②大飯食い.大食漢:〔大肚汉〕に同じ.③→〔火 huǒ 判官〕

大端 dàduān 〈文〉事の重要な点.

大缎子 dàduànzi 紡広幅のどんす.

大队 dàduì ①(軍・警察などの)大隊.②大規模な隊伍.大部隊.〔～人马〕多数による軍勢.③史〔人民公社の〕生産大隊.〔生产～〕同前.

大多 dàduō 大部分.大多数.大方.〔出席大会的代表～是工人〕大会に出席した代表の大部分が労働者である.

大多数 dàduōshù 大多数.

大额 dà'é 巨額.高額.

大颚 dà'è ⇒〔上 shàng 颚②〕

大鳄 dà'è 〈口〉①動ワニ.〈喩〉恐ろしい大物.〔背后另有～级人物〕後ろには大物がついている.

大恩不(言)谢 dà'ēn bù(yán)xiè 〈成〉特に大きい恩にはありきたりのお礼は述べないもの.

大而化之 dà ér huàzhī 〈成〉聖賢は大德で万民を教化してしまう.〈喩〉いいかげんにしてしまう.

大而全 dà'érquán 大規模ですべて整っている:組織・機構が肥大化しているさま.→〔小 xiǎo 而全〕

大而无当 dà ér wúdàng 〈成〉大きいのみで役にたたない.うどの大木.

大而言之 dà ér yánzhī 〈慣〉大まかに言う.

大耳刀(儿) dà'ěrdāo(r) ⇒〔右 yòu 耳刀(儿)〕

大耳朵 dà'ěrduo ①〈口〉パラボラアンテナ.②⇒〔右 yòu 耳刀(儿)〕

大耳隆 dà'ěrlóng 賭博の胴元.

dà 大

大二十 dà'èrshí ⇒〔大廿儿〕
大发 dàfā ①猛然と発生する.〔诗兴~〕詩興が同前.②表れる.〔~议论〕長広舌をふるう.
大发雷霆 dàfā léitíng 〈喩〉激怒する.かんしゃく玉を破裂させる.
大发其财 dàfā qícái 大いにもうける.
大法 dàfǎ ①国家の根本法:特に〔宪 xiàn 法〕(憲法)を指す.②重要な法令・法規.
大法官 dàfǎguān ①法官法に規定された裁判官の位階の一.②〔口〕裁判長.
大发 dàfa 〈方〉…しすぎる;多く〔~了〕の形で用いる.〔这件事闹 nào ~了〕この件は騒ぎが大きくなりすぎた.
大凡 dàfán およそ.そもそも;多く後ろに〔总〕〔都〕を置く.〔~学习外语都有三个要诀 jué〕およそ外国語を学ぶには三つのポイントがある.
大饭碗 dàfànwǎn 〈喩〉皆のめしの種.
大方 dàfāng 〈文〉世間の権威者.〔贻 yí 笑~〕〈成〉世間の笑いものになる.②緑茶の銘柄:多く安徽省歙県・浙江省淳安産のもの.〈文〉大地.④中医処方の中で,薬力の激しいもの,配合薬の品数の多いもの,1回の分量が2種に分けてあるものなど.
大方脉(科) dàfāngmài(kē) 中医成人内科:小児内科を〔小 xiǎo 方脉(科)〕という.
大方向 dàfāngxiàng ①主要な方向.②政治の方向.
大防 dàfáng 戒め.おきて.〔他对于"男女之~"却历来非常严〕(鲁・Q4)彼は"男女のおきて"については従来甚だ厳格である.
大房 dàfáng ⇒〔长 zhǎng 房〕
大房东 dàfángdōng 家主:〔二 èr 房东〕(家の又貸し人)に対して,家の所有者をいう.
大仿 dàfǎng 習字手本に做って書いた大字.
大放厥词 dàfàng juécí 〈成〉大いに放言する.怪気炎を上げる(多くそしる意を含む).〔~大放厥辞〕とも書く.
大放盘 dàfàngpán 〈方〉大安売り.
大放异彩 dàfàng yìcǎi 〈成〉異彩を放つ.
大方 dàfang ①ゆったりしている.鷹揚(ｵｳﾖｳ)である.気取っていない.屈托がない.〔人很~〕人物はなかなかおっとりしている.〔衣服做得很~〕服がゆったりと作ってある.②けちでない.気前がよい.↔〔小 xiǎo 气〕.③(態度・服装などが)上品である.〔颜 yán 色~〕色があかぬけしている.
大飞鼠 dàfēishǔ ⇒〔鼯 wú 鼠〕
大费唇舌 dàfèi chúnshé 〈慣〉大いに言葉を費やす.説得に骨を折る.
大分子 dàfēnzǐ 化巨大分子.〔~化合物〕高分子化合物.
大份(儿) dàfèn [~儿]量が多い.大盛り(の)
大粪 dàfèn 人糞(ﾌﾝ).人の大便.〔~干гānr〕乾かした人糞.→〔大便〕
大风 dàfēng ①大風.〔刮 guā ~〕大風が吹く.②気秒速17.2～20.7メートル,風力8の風.③⇒〔麻 má 风〕
大风暴 dàfēngbào 大暴風.
大风大浪 dàfēng dàlàng 大風と大波.疾風怒濤.激しい荒波.〈喩〉社会の大変動.大変化.
大风浪 dàfēnglàng 荒波.嵐.〔在～中锻 duàn 炼成长〕激しい荒波の中で鍛えられ成長する.
大枫子 dàfēngzǐ 植ダイフウシ(総称),またその種子:〔大枫子〕ともいう.〔~油〕(イイギリ科の)植物の高木.〔~油〕中医同前によりとった油.
大夫 dàfū 古(官名)大夫(ﾀｲﾌ):〔卿 qīng ②〕の下,〔士 shì ②〕の上.→ dàifu

大夫人 dàfūrén 奥様.正妻.
大伏 dàfú 夏の土用のうち最も暑い時期.夏の真っ盛り.→〔伏天〕
大幅 dàfú ①(織物など)大幅である.幅が広い.②大幅に.〔~度〕同前.〔~增 zēng 产〕大幅(に)増産(する)
大府 dàfǔ ①旧上官.上司.②⇒〔督 dū 抚〕
大抚大盖 dàfǔ dàgài 〈慣〉おしかぶせるように有無を言わせない.
大父 dàfù ①⇒〔祖 zǔ 父〕②⇒〔外 wài 祖父〕
大妇 dàfù ①〈文〉家長の妻.〈文〉長男の嫁.→〔长 zhǎng 嫂〕②⇒〔妻 qī〕
大副 dàfù 一等航海士.〔二副〕二等航海士.〔三副〕三等航海士.
大腹贾 dàfùgǔ 旧(太鼓腹の)大商人.資本主.
大腹皮 dàfùpí 中医ビンロウジュの果皮.〔槟 bīng 榔皮〕に同じ.薬用される.
大腹便便 dàfù piánpián 腹が肥え太っているさま.ぺんぺんたる太鼓腹.〈喩〉搾取者.金持ち.
大副收据 dàfù shōujù 船本船受取書.
大富翁 dàfùwēng 大富豪.
大富由命,小富由勤 dàfù yóumìng, xiǎofù yóuqín 〈諺〉小さな富は勤勉によって得られるが,大財産(を得る)のは運命である.
大概 dàgài ①たぶん.おおかた.恐らく.〔小王：十六七岁〕王さんはおおかた16,7歳だ.②概略.大体.大概.〔这就是当时の～情况〕これが当時の大体の情況です.〔说个~〕あらましを述べる.→〔大概其〕
大盖帽 dàgàimào (税務署・警察などの)制帽:〔大檐 yán 帽〕ともいう.
大概其 dàgàiqí おおよそ.あらまし.〔大概齐〕とも書く.〔~地述べている〕略式に述べている.
大盖(儿) dàgài(r) 三八式歩兵銃(俗称)
大干 dàgàn 大いに働く.大大的にやる.〔~苦干〕頑張って大いに働く.〔~快上〕全力で速やかに始める.
大纲 dàgāng 大綱.概要.骨組み.アウトライン.
大搞 dàgǎo 大いにやる.〔~清 qīng 洁卫生〕大いに清潔衛生につとめる.
大哥 dàgē ①長兄.一番上の兄.②同年輩の男子に対する尊称.
大胳臂 dàgēbei 上腕.二の腕(ｳﾃ):〔上臂 bì〕(上膊)の俗称.
大哥大 dàgēdà 〈口〉①携帯電話:〔手 shǒu 机〕の旧称.②ドン.ボス.ナンバーワン.
大歌剧 dàgējù 楽グランドオペラ.
大革命 dàgémìng ①大規模な革命.〔法国～〕史フランス革命.②史特に〔第 dì 一次国内革命战争〕を指していう.〔～时期〕同前の時期.
大格儿 dàgér 〈口〉あらまし.輪郭.範囲.
大个儿 dàgèr ①同下.②〔大きな(もの).〔把筐 kuāng 里的苹果拣 jiǎn ～的拿出来〕かごからリンゴの大きいのを取り出しなさい.
大个子 dàgèzi =〔大个儿①〕背が高い人.大柄の人.〔他那么～还跟小孩儿叫真儿〕あんなでかい図体をしていて子供にむきになるなんて.
大公 dàgōng ①極めて公平である.②大公(ｺｳ):ヨーロッパで君主の一門の男子または小さな君国の王.〔～国〕大公国.
大功 dàgōng ①大きな手柄.大きな功績.〔记 jì 一次～〕大きな手柄をたてたことを記録しておく.↔〔大过①〕②⇒〔五 wǔ 服①〕
大恭 dàgōng 大便.〔出 chū ～〕大便をする.→〔大便〕
大功告成 dàgōng gàochéng 〈成〉大きな仕事,あるいは重大な任務が完成する.

大   dà

a 　**大功率** dàgōnglù 電ハイパワー.
　大工(儿) dàgōng(r) 腕のよい職人.一人前に仕事する職人.→[小 xiǎo 工②]
　大公无私 dàgōng wúsī〈成〉公正無私である.私利私欲がない.
b 　**大公鸭嗓子** dàgōngyā sǎngzi〈喩〉ガラガラ声.[大喇叭叭嗓子]ともいう.
　大狗 dàgǒu 大型犬.[丹 dān 麦种~]グレートデーン.
c 　**大沽口** dàgūkǒu 地天津市に属する勃海の港市[大沽(海河をへだて北側の塘沽に面する)]にあった昔時の要塞.
　大轱辘儿车 dàgūlur chē 車輪の大きい蒲鉾(かまぼこ)形の馬車.
d 　**大抵摸儿** dàgūmor〈方〉大略.おおよそ.あらまし.→[大概其]
　大姑娘 dàgūniang ①一番上の娘.②=〈方〉大妞儿]年ごろの娘.
　大姑娘坐花轿 dàgūniang zuòjiāozi 娘が(嫁入りの)かごに乗る.[~,头 tóu 一遭]〈歇〉同前で,初回である(初めてである)
e 　**大姑子** dàgūzi 夫の長姉.[大姑姐 jiě]ともいう.→[小 xiǎo 姑(儿)①]
　大股 dàgǔ ①大株主.②[~东]同前.③量詞.大束のものを数える.
f 　**大贾** dàgǔ〈文〉巨商.大商人.
　大鼓 dàgǔ ①旨大太鼓.②[~儿]民間謡い物芸能の一:[~书 shū][鼓书]ともいう.7字句を中心とした英雄物語を[三弦(儿)]の伴奏に合わせて,左手に[拍 pāi 板①](カスタネットの一種)を右手に[鼓棍](太鼓を打つ細長いばち)を持ち,[竹 zhú 条鼓架子](竹の棒を幾本か組み合わせた太鼓かけ)の上に平らにおいた小さな太鼓を打ち[拍板]で拍子をとりながら唄う.三弦の伴奏は一人で演ずるものは太鼓と拍板だけという意味で[单 dān 鼓板]と呼
h 　ばれる.[奉天大鼓][西河大鼓][湖 hú 北大鼓][京 jīng 韵大鼓][乐亭大鼓]などがある.→[鼓词][落 lào 子②][曲 qǔ 艺][说 shuō 书]
　大骨节病 dàgǔjié bìng 医カシンベック病:中国東
i 　北部やシベリアの風土病.[柳 liǔ 拐子骨病]ともいう.
　大故 dàgù〈文〉①父母の死.②天災・戦争などの変事.
　大褂(儿) dàguà(r) ⇒[长 cháng 衫①]
　大关 dàguān ①大きな関門.大台(だい).[粮食亩产
j 　 已经超过千斤~]穀物の生産高はすでに一ムーあたり500キロの大台を越えた.②物事の増加・発展過程の節目となる数.③罪人の取り調べ用の棍棒.
　大观 dàguān ①雄大なさま.壮観なさま.[蔚 wèi 为~]大壮観をなす.[洋洋~]すばらしい偉観.②〈文〉全局を通観する.
k 　**大官人** dàguānrén〈白〉旦那(だんな).[此间称为柴chái~](水 9)この辺では柴の旦那と呼びます.
　大官(员) dàguān(yuán) 臼大官.高官.→[大吏]
　大观园 dàguānyuán 地紅楼夢に描かれた華麗な庭
l 　園の名.〈喩〉華やかでにぎやかな場所.[刘姥 lǎo 姥进了~]劉おばさんが同前に足をふみ入れた.〈歇〉[~,眼 yǎn 花瞭乱]同前で,目がくらむ.
　大管 dàguǎn 音ファゴット.[〈音 義 訳〉巴 bā 松(管)](バスーン).[立 lì 笛]ともいう.
m 　**大管轮** dàguǎnlún (汽船の)機関長:[轮机长]の俗称.[管轮(的)].
　大光其火 dàguāng qíhuǒ〈慣〉大いに立腹する.→[光火]
　大归 dàguī〈文〉嫁が離縁されて里に帰ること.
n 　**大规模** dàguīmó 大がかりである.大規模である.[~

　地开展农田基本建设]農地基盤設備事業が大規模に繰り広げられている.[~杀 shā 伤性武器]軍大量破壊兵器.[~集成电路]電大規模集積回路.LSI.
　大国女 dàguónü ①年ごろの娘.未婚の娘.②長女.
　大鬼 dàguǐ ①鬼.②⇒[大王③]
　大锅 dàguō ①大鍋.↔[小 xiǎo 灶]②〈喩〉公費.[~饭 fàn]〈喩〉機械的平均主義の分配.[不能吃~饭]親方日の丸ではやっていけない.[~水]〈喩〉ただの水:用水の浪費.[~药 yào]公費医療.
　大国沙文主义 dàguó shāwén zhǔyì 大国ショービニズム.→[沙文主义]
　大过 dàguò ①大きな過ち.重大ミス.→[大功①]②行政処分上の等級の一:[记 jì 过]より重く,[降jiàng 级](公務員の場合)・[留校察看](学生の場合,謹慎にあたる)より軽いもの.
　大过门儿 dàguòménr 旨旧劇の歌や歌謡曲などの長い前奏(間奏)
　大过天 dàguòtiān 大きさは天をしのぐ.はかり知れぬほど大きい.
　大海 dàhǎi ①海:沿岸に近い海.[~禁 jìn 不住瓢 piáo 儿舀 yǎo]〈諺〉海にそれほど多くあっても消費が激しいからつきはなくなってしまう.[~捞 lāo 针]~寻针]〈成〉海に落ちた針をさぐう.きわめて困難なこと:[海底捞针]に同じ.→[大洋]②大どんぶり.→[海碗]
　大函 dàhán =[大柬][大札][牘]お手紙.貴簡.[~已悉 xī]お手紙拝読致しました.
　大寒 dàhán [二 èr 十四节气]の一番終わりにあり新暦1月20日または21日にあたる.
　大韩民国 dàhánmíngguó 大韓民国:通称[韩国](韓国).首都は[首 shǒu 尔](ソウル):[汉 hàn 城]は旧称.
　大汉 dàhàn ①大男.②漢朝に対する尊称.
　大焊 dàhàn 工溶接.銅鑞(ろう)づけ.↔[小 xiǎo 焊]
　大旱 dàhàn 大干ばつ.[~望云霓 ní]〈成〉大干ばつの時に雨を待つ.〈喩〉窮地から逃れることを熱望すること.
　大汉族主义 dàhànzú zhǔyì 漢民族中心主義.漢族ショービニズム.→[民 mín 族主义]
　大夯锤 dàhāngchuí 機ランマー.
　大好 dàhǎo ①非常によい.すばらしい.[~春光]麗しい春景色.[~山 shān 河]麗しい山河.[形势~]情勢は非常にすばらしい.[~时机]絶好のチャンス.②(病気が)すっかり良い.快癒している.
　大号 dàhào ①〈尊〉お名前.ご尊名.→[台 tái 甫][雅 yǎ 号②]②貴店.③[~儿]大きいサイズ.Lサイズ(衣類・靴など).④音チューバ:[大铜喇叭]ともいう.⑤〈口〉大便(用トイレ)
　大河 dàhé ①大きな川.[里 没鱼,小河里没虾xiā]〈諺〉大きな川に魚がいないくらいなら,小さな川にもえびはいない:主人に金がないくらいでは下で働く者もうまいことはありつかない.[~有水小河满(~无水小河干 gān)]〈諺〉国と集団が繁栄しなければ,個人の暮らしも良くならない.②黄河の別称.
　大合唱 dàhéchàng 大合唱.
　大亨 dàhēng 巨頭.大物.
　大轰大嗡 dàhōngdàwēng〈喩〉実際からかけ離れ,形の上で空(くう)元気をつけるさま.
　大红 dàhóng 色スカーレット(の)
　大红榜 dàhóngbǎng 大きな表彰板.
　大红大绿 dàhóng dàlù けばけばしいさま.色のどぎついさま.→[红红緑緑]
　大红大紫 dàhóng dàzǐ 羽振りのいいさま.人気のあ

dà 大

るさま.〔混 hùn 得〜〕うまくやって羽振りをきかせている.

大红花 dàhónghuā （胸につける）花型の大きなリボン.

大红袍 dàhóngpáo 武夷山産の岩茶（ウーロン茶）の銘柄.

大红人 dàhóngrén 売れっ子.お気に入り.

大红伞 dàhóngsǎn 〈喩〉庇護の傘.

大红腿鸭 dàhóngtuǐyā ⇒〔绿 lǜ 头鸭〕

大后方 dàhòufāng ①抗日戦争中の四川・雲南・陝西・甘粛などの地域.〔解 jiě 放区〕②銃後;前線から遠く離れた地区.〔〜制度〕遠く後方の基地から兵員や軍需物資の補給を受けるやり方.→〔小 xiǎo 后方制度〕

大后年 dàhòunián 明々後年.翌々年の次の年.

大后天 dàhòutiān 明々後日.しあさって;〔方〕大后天（个）〔方〕大后日〕ともいう.

大呼 dàhū 大声で呼ぶ.〔〜小叫〕〔〜小喝〕同前.〔大声疾 jí 呼〕〈成〉同前.

大呼隆 dàhūlong 気勢をあげる.虚勢を張る.

大湖 dàhú 洞庭湖の旧称;もと中国最大の淡水湖.

大胡蜂 dàhúfēng 国スズメバチ.

大胡子 dàhúzi 〈口〉ひげだらけの男.〔〜高鼻 bí 子〕〈喩〉外人.異人.

大户 dàhù ①〔〜儿〕旧大地主.富豪.分限者;〔大户人家〕同前.②大家族.大世帯.③大手.大口取り引きをする人や店.〔纳 nà 税〜〕大口の納税者.④〈文〉酒豪.

大花脸 dàhuāliǎn →〔花脸〕

大花马齿苋 dàhuā mǎchǐxiàn 国マツバボタン.→〔马齿苋〕

大花面 dàhuāmiàn →〔花脸〕

大滑头 dàhuátóu 非常にずるい人間.

大话 dàhuà ①大きな話.大ぼら.〔净 jìng 说〜,没一点儿真本事〕大きなほらばっかりたたいているが,ほんとの腕前は少しもない.②脅し.

大寰 dàhuán 〈文〉天下.

大环境 dàhuánjìng 社会環境.社会的雰囲気.社会全般の状況.

大换血 dàhuànxiě 〈喩〉人や設備を大きくかえる.

大荒 dàhuāng ①大凶作の（年）.〔歉 qiàn 岁〕②あらまし.〔把地开出个〜来〕土地をあらまし整地する.

大黄 dàhuáng →〔大 dài 黄〕

大黄蜂 dàhuángfēng ⇒〔革 gé 蜂〕

大黄鱼 dàhuángyú ①→〔黄鱼①〕 ②→〔金 jīn 条〕

大灰狼 dàhuīláng 〈喩〉悪人.

大茴香 dàhuíxiāng ⇒〔八 bā 角茴香〕

大回转比赛 dàhuízhuǎn bǐsài 又（スキーの）大回転（競技）.〔大回転障碍降下〕ともいう.→〔高 gāo 山滑雪〕

大会 dàhuì ①大会.大集会.②総会:規模の大きい正式の会議.

大会合 dàhuìhé ①寄り合い.集まり.②旧正月（春節）とイスラム暦正月が重なる日:ほぼ30年間隔でくる.

大会战 dàhuìzhàn ①軍大会戦.②大規模な生産活動・工事など.〔展开了〜〕同前を展開する.

大荤 dàhūn 匿①肉類を主材料とする料理.なまぐさ料理.→〔大五荤〕〔小 xiǎo 荤①〕②豚肉:〔猪 zhū 肉〕の別称.

大婚 dàhūn 〈文〉皇帝の婚儀.

大混虫 dàhùnchóng 〈罵〉大ばか者.

大活 dàhuó 大きな仕事.力の要る仕事.〔我爹 diē 爹给地主扛了三十五年〜〕おれの親父（ʷʲ）は35年

という長い間地主の作男として働いてきた.

大伙儿 dàhuǒr 〈口〉みんな:〔大家伙儿〕ともいう.→〔大家①〕

大火灾 dàhuǒzāi 大火.大火事.

大惑不解 dàhuò bùjiě 〈成〉大きな疑念があって解釈がつかない.理解に苦しむ.解にせない.〔这是〜的事〕これは何とも解しがたいことだ.

大祸临头 dàhuò líntóu 〈成〉大きな災難がふりかかってくる.

大货铺 dàhuòpù 旧一膳飯屋（いちぜんめしや）.

大吉 dàjí ①大吉.②動詞・助動詞のあとに置き,それらを冗談・皮肉っぽくいう.〔溜 liū 之〜〕とんずらする.〔关门〜了〕めでたく廃業した.

大集 dàjí 定期だった大きな市.

大吉岭 dàjílǐng 国ダージリン:〔答 dá 吉陵〕とも書いた.インド,ベンガル州の避暑地.→〔红茶〕ダージリン紅茶.

大集体 dàjítǐ 大集団.規模の大きい集団経営組織.または集団所有制を指す.

大集体企业 dàjítǐ qǐyè 〔乡 xiāng 镇企业〕の俗称.所属員の子弟の雇用を確保するため,官庁・企業・機関が設立した工場・会社など.

大戟 dàjǐ 国タカトウダイ（およびその近縁種）:トウダイグサ科の多年生草本.根は峻下剤で利尿作用もある.〔邛 qióng 巨〕は古名.

大几 dàjǐ 〈口〉10,20などまとまった数につく5より大きい端数:多く年齢について用いる.〔他已三十〜了〕彼はもう30代後半だ.

大计 dàjì ①大きな計画.〔国 guó 家〕国家の大計.→ ②旧清3年に一度の地方官に対する勤務評定.→〔京 jīng 察〕

大忌 dàjì 大禁物.

大蓟 dàjì =〔刺 cì 蓟菜〕国ノアザミ.またノアザミから製した漢方薬:解熱.止血.利尿に用いる.→〔蓟〕

大家 dàjiā ①みんな（自分を含めても,含めなくてもよい）.〔你们〜〕みなさん.〔〜拿 ná 制度をやたら利用すること.皆で食い物にする.〔〜都去参加に大勢で参加する.〔〜公推 tān〕皆で共同負担する.〔〜捧柴,火焰高〕〈諺〉皆で柴を高く掲げれば炎は高くあがる:慢れば偉大である.②大家（ⁿ⁾）.権威,者.オーソリティー.〔书法〕書道の大家.大家（ⁿ⁾）.名家.③旧〔闺 guī 秀〕名門の令嬢.

大家伙儿 dàjiāhuǒr →〔大伙儿〕

大家鼠 dàjiāshǔ ⇒〔沟 gōu 鼠〕

大家庭 dàjiātíng ①幾世代にもわたる肉親者が一緒に同居する大きな家庭.〔〜喻〉大家庭のような集団.〔多民族的〜〕多民族の大家庭.〈喩〉多民族国家.↔〔小 xiǎo 家庭〕

大价 dàjià 〔〜儿〕高価.〔〜钱〕同前.〔卖 mài 〜〕高値で売る.

大驾 dàjià ①〈尊〉あなた（のお乗りもの）.〔〜光临,甚感荣幸〕おいでいただいたたいへん光栄に存じます.②固帝王の乗り物.

大间 dàjiān 大きな部屋.

大间鲍 dàjiānbào 国〔禾旬 麻鲍〕

大柬 dàjiǎn ⇒〔大函〕

大检查 dàjiǎnchá 全面的な検査.

大减价 dàjiǎnjià 大割引き.大売り出し.バーゲンセール.

大件 dàjiàn ①（積載）貨物.大きな荷物.嵩（な）商品.②国（转）高額耐久消費財（商品）:冷蔵庫・自動車など耐久消費財.③器機の主要部品.

大建 dàjiàn =〔大尽〕旧暦で大の月:ひと月が30日ある月.〔这个月是〜〕今月は大の月ですか,小の月ですか.↔〔小 xiǎo 建〕

大 dà

大贱卖 dàjiànmài 大安売り(する).大バーゲンセール.

大江 dàjiāng ①⇒[长 cháng 江] ②大きな川.〔~大河〕同前.

大将军 dàjiāngjūn 旧官名.将軍中の最高位.

大奖 dàjiǎng 大賞.グランプリ.〔~赛 sài〕コンテスト.コンクール.〔Ｆ１~赛〕Ｆ１グランプリ.

大讲特讲 dàjiǎng tèjiǎng 大いに宣伝する.繰り返し言いまくる.

大将 dàjiàng ①全軍の統率者.総大将.〔~难 nán 免阵前亡〕〔諺〕人のかしらに立つものはそれだけ犠牲が大きいのは当然のこと.②⇒[军 jūn 衔] ③高級将校.④チームのエース.組織の主要メンバーなど.

大酱 dàjiàng ⇒[黄 huáng 酱]

大匠运斤 dàjiàng yùnjīn 〈成〉巨匠が斧をふるう:正確適切なこと.

大蕉 dàjiāo 植バショウ科の植物:実は生食する.→[香 xiāng 蕉]

大脚 dàjiǎo ①大きな足.②旧纒足(${}^{てん}_{そく}$)しない足.〔~姨 yí 娘〕同前の女中.〔~片儿 piàn〕同前の女.→[小 xiǎo 脚]

大脚疯 dàjiǎofēng ⇒[象 xiàng 皮肿]

大角羊 dàjiǎoyáng ⇒[盘 pán 羊]

大叫 dàjiào 大声で叫ぶ.

大较 dàjiào 〈文〉①大略.②大いなるおきて.〔世儒暗于~〕(史記)世間の儒学者は大きなおきてに疎い.

大轿 dàjiào （４人以上で担ぐような）大きなかごの乗り物.

大教 dàjiào ①ご教示.〔顷 qǐng 奉~〕〔牘〕ただ今ご教示に接し….②(回教徒から見た)儒教・道教・仏教の総称.③(回族等に対して)漢民族を指す.

大轿车 dàjiàochē ⇒[大客车①]

大叫大嚷 dàjiào dàrǎng〈慣〉大声で叫びわめく:〔~嚷大叫〕ともいう.

大教育 dàjiàoyù 全ての教育:学校教育;職業教育;成人教育,社会教育のすべて.

大街 dàjiē 大通り.繁華街.〔~小巷 xiàng〕大通りと路地.町全体.

大节 dàjié ①大義名分:国家民族の存亡に関係のある重大事.②大項目.大綱.③旧[端 duān 午(节)][中秋(节)][过 guò 年]の節句.〔三~〕前.

大劫 dàjié 大災難.

大捷 dàjié 大勝利.戦勝.

大姐 dàjiě ①一番上の姉.大きい姉.②中年の女性に対する呼称〔小 xiǎo 姐〕(お嬢さん)に対していう.③女性間で同年輩の友人または知り合いに対する尊称.〔~儿〕同前.

大解 dàjiě 大便をする.→[大便][解手②][小 xiǎo 解]

大姐大 dàjiědà 〈口〉姐御.姐さん.→[大哥大]

大芥 dàjiè 植オオガラシ.オオバガラシ.

大戒 dàjiè 仏(仏教)の具足戒.

大襟 dàjīn 〔大衿〕とも書く.服(中国服)の上前あわせの部分.衽(${}^{じ}_{ん}$):中国服は体の右側で重ねあわせ,あご下から右わき下にかけて並んでいる布ボタンでとめて着用する.この前の重なっている布の外側をいう.内側の部分を[底 dǐ 襟]という.

大尽 dàjìn 〈文〉⇒[大建]

大禁 dàjìn 特に厳しく禁じられている事柄.

大妗子 dàjìnzi [大舅子](妻の兄)の妻.→[小 xiǎo 妗子]

大经 dàjīng 〈文〉①人の守るべき大道.〔~大法 fǎ〕永遠に変わらない大道.②[春 chūn 秋③]を指す.③国子監の教科や科挙の試験における経典の分類の一:時代により内容は異なる.唐代では『礼記』と『左伝』をいった.

大经济 dàjīngjì 全ての経済システム.

大惊失色 dàjīng shīsè〈成〉びっくり仰天して(顔が)真っ青になる.

大惊小怪 dàjīng xiǎoguài〈成〉ちょっとしたことにもびくびくしたり不思議に思ったりする.

大静脉 dàjìngmài 生理大静脈.

大酒大肉 dàjiǔ dàròu〈慣〉盛大なごちそう.

大酒缸 dàjiǔgāng〈方〉居酒屋.→[酒缸]

大舅 dàjiù 母の兄弟にあたる１番上のおじ:〔~父〕〔~舅 jiù〕ともいう.②⇒[大舅子①]

大舅母 dàjiùmǔ [大舅①]の妻.

大舅奶奶 dàjiù nǎinai 同上.

大舅太太 dàjiù tàitai [大舅奶奶]旧使用人がその家の主婦の兄嫁に対する呼称.

大舅子 dàjiùzi〈口〉①妻の兄.義兄:[大舅②]〔妇 fù 兄〕〔舅兄〕〔妻 qī 兄〕〔内兄〕は別称.→[大妗子]②妻の弟の人.

大局 dàjú ①〔囲碁〕で全体の局面.②大勢.大局.

大举 dàjǔ ①大挙して.大勢で.〔~进 jìn 攻〕大挙して攻める.②〈文〉重大な行動.〔为什么出此~呢〕どうしてこんな大がかりなことをするのか.

大觉 dàjué ①大いに悟る.②囲(仏教で)大いに悟った人.

大噱 dàjué〈文〉大笑い(する)

大角(儿) dàjué(r)〔大脚(儿)〕とも書いた.①大官.②大物.偉大な人物.時の人.

大军 dàjūn 大軍.〔百万~〕百万の大軍.〔钢 gāng 铁~〕〈喩〉力強い大軍.

大卡 dàkǎ ⇒[千 qiān 卡(路里)]

大开 dàkāi ①大きくあける.②広く開く.大大的に開催する.〔~筵 yán 宴〕盛大に宴会をやる.〔~方便之门〕大いに便宜の扉を開く:よくない意味で用いる.③(花が)満開になる.〔樱 yīng 花~了〕花が満開だ.

大开间 dàkāijiān 大部屋.

大开脸 dàkāiliǎn 劇(京劇で)女役が扮装する時,ひたいを広く見せるように〔片 piàn 子〕というものを貼ることを〔贴 tiē 片子〕といい,片子を貼ったひたいを〔~〕という.→[开脸①]

大楷 dàkǎi ①(毛筆の)大文字の楷書.②(ローマ字活字体の)大文字.→[小 xiǎo 楷]

大砍大杀 dàkǎn dàshā〈喩〉大なたをふるう.

大考 dàkǎo ①旧日本試験また学期(学年)試験(を実施する).②涵〔翰林院試験〕の試験.

大科学 dàkēxué ビッグサイエンスプロジェクト.超大型科学プロジェクト.

大课 dàkè 多人数が受ける講義.共通講義.合併講義.

大客车 dàkèchē ①=[大轿车]大型乗用車.②大型乗り合い自動車.大型バス.

大客厅 dàkètīng 広間.ホール.ロビー.

大空 dàkōng（写真用語で）空白の部分が非常に多く,画面の３分の１以上を占めること.→[小 xiǎo 空]

大口匡(儿) dàkǒukuāng(r) ⇒[方 fāng 匡(儿)]

大口瓶 dàkǒupíng 広口びん.

大口鱼 dàkǒuyú ⇒[鳕 xuě 鱼]

大哭 dàkū 大泣き.大声ではりあげて泣く(こと).〔~大闹 nào〕〈慣〉泣き騒ぐ.

大苦 dàkǔ 仏(仏教の)六道輪廻(${}^{りん}_{ね}$)の苦.

大块 dàkuài ①大きなかたまり・面積.〔~地 dì〕広い土地.〔~版面〕広い紙面.〔~儿地吃肉〕がぶりと

dà 大

(ぜいたくに)肉を食べる. ②〈文〉大地.
大快朶頤 dàkuài duǒyí 〈慣〉思う存分食べる.
大快人心 dàkuài rénxīn 〈成〉世人を気持ちよくさせる.人の心を晴れ晴れと愉快にする.〔这可是～的消xiāo息〕これはまた痛快なニュースだ.
大块头 dàkuàitóu 巨漢.大男.
大块文章 dàkuài wénzhāng 〈成〉堂々たる文章.
大款 dàkuǎn 〈口〉成金.大金持ち.お大尽.
大魁 dàkuí ①⇒〔状 zhuàng 元①〕 ②盗賊のかしら.
大剌剌 dàlālā いばりくさったさま.〔那些官老爷们～,我瞧 qiáo 着也不顺眼〕あのお役人様連中にはばりくさって,わたしなんかから見ても気にくわない. →〔大模大样〕
大喇叭 dàlǎba ①〈留〉ラッパ:〔大号②〕(チューバ)の俗称. ②大型拡声器.大スピーカー.
大喇叭嗓子 dàlǎba sǎngzi ⇒〔大公鸭嗓子〕
大(辣)椒 dà(là)jiāo 〔柿 shì 子椒〕
大蓝 dàlán 〈色〉淡紺色(の).
大懒支小懒 dàlǎn zhī xiǎolǎn 〈喩〉誰も何もやろうとしないこと.
大浪 dàlàng ①大波. ②〈喩〉大きな試練・障害. 〔～淘 táo 沙〕試練に耐えられなければ淘汰される.
大牢 dàláo ①〔小牢〕に同じ. ②〔监 jiān 狱〕に同じ.
大老 dàlǎo 〈白〉高齢で人望の厚い人.
大佬 dàlǎo 〈方〉大物.巨頭.
大老粗 dàlǎocū 土(つ)百姓.田舎者.無骨者.無教養な人.
大老官 dàlǎoguān 冠あっぱれな人物.
大老虎 dàlǎohu 〈喩〉巨額の経済事犯の主魁(かい):〔三反五反运动〕中に使われた.
大老婆 dàlǎopo 冠正妻.本妻:〔老婆①〕に同じ. 〔～不在家〕〈歇〉正妻が家にいないとき〔小 xiǎo 老婆〕すなわち〔小〕(めかけ)が〔吵 chǎo〕(やかましく騒いで)いばる:一騒ぎする.ちょっと悶着がある.
大老爷们儿 dàlǎoyémenr 〈口〉一人前の男.大の男. →〔老爷们儿〕
大老爷 dàlǎoye ①⚇州・県知事に対する敬称.知事または⇒〔知 zhī 县②〕 ②大だんな様.
大老远 dàlǎoyuǎn とても遠い.
大礼 dàlǐ ⇒〔叩 kòu 头①〕
大礼拜 dàlǐbài ①隔週あるいは10日間に1日の休日(日曜とは限らない). ②隔週2日連休で,2連休の週また2連休の日曜日. ③2週間に1回休む日曜日:〔大跃进②〕の時に使われた. ④冠(キリスト教で)日曜日に教会で行う大集会.
大礼拜制 dàlǐbài zhì 隔週日曜日を休日とする制度.
大礼服 dàlǐfú 服大礼服.〔男子～〕フロックコート. →〔礼服〕
大理花 dàlǐhuā ⇒〔大丽花〕
大理石 dàlǐshí ⇒〔大理岩〕
大理寺 dàlǐsì 固中央官庁の一:地方の奏劾や大罪の疑獄,在京の官員の刑罰などを取り扱った.清の光緒年間より〔大理院〕となる.
大礼堂 dàlǐtáng 大きな儀式場.大講堂.
大理岩 dàlǐyán 鉱大理石:雲南省の大理から産したので〔大理石〕と〔云 yún 石〕ともいう.純白のものが〔汉 hào 白玉〕.
大理院 dàlǐyuàn 清末および民国初年の最高裁判所名. →〔三 sān 法司〕
大力 dàlì ①強力に.〔～推 tuī 行〕強力に推進する. 〔～支持〕積極的に支持する.〔～普及普通话〕大いに共通語を普及する. ②大きな力.〔全仗～维持〕全く(貴方の)お力によって維持できております.
大吏 dàlì 冠(主として地方の)大官. →〔大官(员)〕

大丽花 dàlìhuā 〔大理花〕とも書く.植ダリア:〔大丽莲〕〔大丽菊〕〔地 dì 瓜花(儿)〕〔西 xī 番莲①〕〔西风菜〕〔洋 yáng 菊〕は同じ.
大力士 dàlìshì 力持ち:多くレスリングや重量挙げなどの力技をする者.
大里 dàlǐ 大きい方.大きいこと:介詞〔往 wǎng〕の後に置く.〔往～说〕大きいものについて言えば….
大殓 dàliàn 旧納棺する:棺のふたをする. →〔小 xiǎo 殓〕
大梁 dàliáng ①⇒〔脊 jǐ 檩〕 ②大きな橋. ③重要な役割. →〔挑 tiǎo 大梁〕
大量 dàliàng ①大量(である).〔～采 cǎi 购〕大量に買い入れる.〔～生产〕大量生産(する). ②度量が大きい.〔宽 kuān 宏～〕寛容で度量が大きい. ③旧大酒飲み.
大料 dàliào 〔八 bā 角茴香〕(ダイウイキョウ・ハッカクウイキョウ)の種子:〔茴 huí 香②〕ともいい,香味料などに用いる.
大蓼 dàliǎo ① =〔荭 hóng 草〕〔蓬 草〕〈文〉苍 lóng〕〔石 shí 龙〕オオケタデ. ②⇒〔马 mǎ 蓼〕
大咧咧 dàliēliē 〈方〉えらそうなさま.横柄なさま. 〔～地甩 shuǎi 手一走〕横柄に手をふって出ていく.
大猎犬 dàlièquǎn 大型猟犬:ポインターやグレートデーンなど.
大龄 dàlíng 適齢期を越えた年齢.〔～青年〕同前の独身男女.〔～学童〕同前の未就学児童.〔～考生〕同前の大学受験生.
大灵通 dàlíngtōng ⇒〔手 shǒu 机〕
大令 dàlìng ①旧敬〔知 zhī 县②〕(県の長官)の別称. →〔县 xiàn 令〕 ②冠非常警戒の巡邏(ら)兵が押し立てた軍旗:巡邏兵を〔押 yā ～的〕といい,絶大な権限が与えられ,逆らうものは斬殺された.〔快刀开～〕早くそこのけ,"大令"がやって来た. ③⇒〔打 dǎ 令〕
大流 dàliú ①大きな河の流れ. ②時代の流れ.動向.
大溜 dàliù 河心の速い流れ.〔随～〕〈喩〉大勢に順応する.
大鹨 dàliù ⇒〔云 yún 雀〕
大龙 dàlóng 十二支の辰(しん)の俗称.〔我是属～的〕わたしは辰年生まれです. →〔属 shǔ 相〕
大楼 dàlóu ビル.ビルディング.〔百货～〕デパート. →〔大厦〕
大篓洒油,就地捡芝麻 dàlǒu sǎyóu, jiùdì jiǎn zhīma〈諺〉大きな油壺から油を撒き散らすように荒い金使いをしながら片方では道に落ちたごまを拾うようなしみったれたことをする.
大陆 dàlù ①大陸.〔～法〕大陸法.〔～漂 piāo 移说〕大陸移動説.〔～性气候〕気大陸性気候.〔欧 ōu 亚～〕ユーラシア大陸.〔～岛〕地大陸島.陸島. ②(周辺の,特に台湾から見た)中国大陸.〔～人〕(大陸の)中国人.
大路 dàlù ①大通り.本道.〔～口 kǒu〕道路が四方八方へ通ずる場所. ②一般向けで安い.〔～菜〕大量に出回る時季の野菜.大衆菜.〔～款 kuǎn〕一般向けのデザイン.〔～货 huò〕普及品:品質が平均的で良好な,売れ行きのよい商品.
大路活儿 dàlùhuór ①簡単な仕事.普通の仕事. ②〈方〉低級品.
大陆架 dàlùjià 地(大)陸棚.〔大陆棚〕〔陆架〕〔陆棚〕〔海 hǎi 架〕は旧称.
大陆坡 dàlùpō 地大陸斜面.陸棚斜面:陸棚から深海底へ移行する傾斜の大きい部分.
大陆桥 dàlùqiáo 〈喩〉大陸横断鉄道:例えば江蘇省連雲港からオランダのロッテルダム間の大陸横断国際輸送ルートなど.

大 dà

大辂椎轮 dàlù zhuīlún〈成〉輻(°)の無い車輪.〈成〉大きな車も原始的な車から発達した.〈喩〉ⓐ事物は粗から精へ発展すること.ⓑ創始者.

大吕宋 dàlǚsòng〈西 xī 班牙〉

大脔 dàluán〈文〉大切りの肉.

大乱 dàluàn 大乱.〔天下～〕天下の大乱.

大略 dàlüè ①あらすじ.あらまし.大体. ②ざっと.おおよそ.〔我～说一下〕僕がざっと話します. ③〈文〉大略.大方策.〔雄 xióng 材～〕すぐれた才知と計略.

大伦 dàlún〈文〉父子・兄弟・夫婦・君臣・長幼・朋友・賓客のふむべき道(礼記)

大萝卜不用尿浇 dàluóbo bùyòng niàojiāo〈諺〉大きくなった大根には小便をかける必要はない：余計な世話はいらない.

大锣大鼓 dàluó dàgǔ〈慣〉鳴り物入り.〔～的宣 xuān 传〕鳴り物入りの宣伝.

大罗天 dàluótiān 仙境.別世界.→〔仙 xiān 境〕

大骡子大马 dàluózi dàmǎ〈喩〉大量あるいは大がかりなこと.

大妈 dàmā ①⇒〔伯 bó 母①〕 ②年長の女性に対する尊称：おばさん.

大麻 dàmá ①{植}アサ(ヘンプ).〔火 huǒ 麻〕〔秋 qiū 麻〕〔线 xiàn 麻〕ともいう.雌株を〔苴 jū (麻)〕,雄株を〔枲 xǐ (麻)〕という.→〔大麻子①〕 ②〔麻药〕.マリファナ.ハシッシュ(ハシーシュ).〔印度～〕ともいう.

大麻风 dàmáfēng ⇒〔麻风〕

大麻哈鱼 dàmáhǎyú ⇒〔大马哈鱼〕

大麻仁 dàmárén ⇒〔大麻仔①〕

大麻鸭 dàmáyā〔绿 lù 头鸭〕

大麻蝇 dàmáyíng〔肉 ròu 蝇〕{虫}シマバエ.

大麻子 dàmázǐ〔大麻子〕とも書く. ①=〔大麻仁〕〔火 huǒ 麻仁〕{植}アサ(ヘンプ)の種子：薬用する.〔～油〕種子の実油.〔蓖 bì 麻〕(ヒマ)の種.

大马 dàmǎ 大きな馬.〔～拉小车〕設備だけ大きくて効率の悪いこと.

大码 dàmǎ 大判：大型サイズの記号. L, LL など.

大马哈鱼 dàmǎhǎyú {魚貝}サケ：〔鲑 guī 鱼〕の通称.〔大麻哈鱼〕〔大马哈鱼〕とも書く.〈{音}訳語〕撒 sā 蒙鱼(サーモンユー)の転称.

大马金刀 dàmǎ jīndāo 堂々とした勇姿.〈喩〉ⓐ おうように構えること.ⓑ遠慮会釈なく.ずばずばと.しゃあしゃあと：話がずばりと急所をつくこと.〔樣大姑子～地坐在那里〕裙のおかみさんはしゃあしゃあにに座りこんでいる.

大马尼拉市 dà mǎnílā shì →〔马尼拉〕

大马趴 dàmǎpā 四つんばい(に).〔趴〕は〔爬〕とも書く.〔摔 shuāi 了个～〕すべって四つんばいになった.

大马士革 dàmǎshìgé {地}ダマスカス：〔阿拉伯叙利亚共和国〕(シリア・アラブ共和国)の首都.

大麦 dàmài {植}オオムギ．またその種子：俗に〔三 sān 月麦〕という.〔二~六〕年 2 回の大麦の収穫時.〔～穂儿 suìr〕羊皮の毛の長いもの.〔～芽 yá〕麦芽.モルト.

大卖场 dàmàichǎng 大型ショッピングセンター.

大满贯 dàmǎnguàn {又}グランドスラム：全ての賞を総なめにすること.→〔满贯〕

大忙 dàmáng 大変忙しい.〔～季节〕大変忙しい季節：多く農繁期をいう.

大蟒 dàmǎng 大蛇.→〔蟒〕

大猫熊 dàmāoxióng ⇒〔大熊猫〕

大毛 dàmáo (皮衣を作るのに用いる) 狐・羊やむじななど長い毛の皮.〔小 xiǎo 毛〕

大毛子 dàmáozi〈蔑〉毛唇(zǐ)：旧時，西洋人に対する蔑称.〔毛子〕ともいう.→〔二 èr 毛子②〕

大帽子 dàmàozi ①大きな帽子.とくに清代の礼帽. ②〈喩〉政治的なレッテル.不当な罪名.〔别拿～压人〕不当なレッテルを貼って人を脅かすな. ③〔旧〕(人が取り入って頼りに勢力を得るよりどころとなる)有力者.〔他拿～吓 xià 唬人〕彼は有力者を笠にきて人を脅しつける. ④〈口〉ドーム型のもの.〔～球场〕ドーム型球場.

大媒 dàméi 正式の媒酌人.仲人さん.→〔媒人〕

大妹妹 dàmèimei ①お嬢さん：年ごろの娘に対する親しい呼称. ②=〔大妹子〕自分より年下の若い女性に対する呼称.

大妹子 dàmèizi ①年齢の一番上の妹. ②同上.

大门 dàmén 大門.表門.正門：ふつう，通りに面した出入口をいう.〔～门洞儿〕〔侧 cè 门〕〔二 èr 门〕

大门不出，二门不迈 dàmén bùchū,èrmén bùmài〈成〉表門からも二の門からも外へは出ない (出歩きをしない,出られない)

大门儿 dàménr〔守 shǒu 门员〕(ゴールキーパー)の俗称.

大米 dàmǐ =〔白 bái 米〕(総称)：〔稲 dào 谷〕をついてもみがらを取ったものが〔糙 cāo 米〕(玄米),これを精白したものが〔～〕.〔～饭〕(米)のめし.〔～〕=〔稲米〕〔粳 jīng 米〕〔籼 xiān 米〕

大棉 dàmián 上等の綿花.

大面 dàmiàn →〔花 huā 脸〕

大面皮儿 dàmiànpír〔大面儿〕

大面儿 dàmiànr ①表面上.〔～上的事他还弄得这么不好〕よく目につくところでさえ彼はこんなにまずいことをやってるのだからね. ②体面.〔他还不懂得顾 gù 全～〕彼はまだメンツを重んずるということを知っている.

大民主 dàmínzhǔ →〔四 sì 大①〕

大民族主义 dàmínzú zhǔyì 大民族ショービニズム.→〔沙 shā 文主义〕

大名 dàmíng [-儿](正式の)名前：ふつう〔学 xué 名〕が名前となる.→〔小 xiǎo 名〕 ②名声.高名.〔久 闻 wén ～〕〔久 仰 yǎng～〕〈挨〉(初 対 面で)ご高名はかねがね承っていた.〔尊 zūn 名〕〈敬〉ご姓名は.

大螟(虫) dàmíng(chóng) {虫}イネヨトウ.ダイメイチュウ：稲・とうもろこし・高粱・蘆などの害虫.→〔螟〕

大鸣大放 dàmíng dàfàng 大いに意見を述べ,大いに議論し合う (スローガン).→〔四 sì 大①〕

大名鼎鼎 dàmíng dǐngdǐng〈成〉名のとどろいている〔鼎鼎大名〕ともいう.〔他是当代～的学者〕彼は現代の有名な学者だ.

大命 dàmìng〈文〉①天命. ②君命. ③命脈.

大谬 dàmiù = 〔大误〕〈文〉大きな誤り.〔～不然〕それは大間違いであり,絶対にそのようなことはない.

大漠 dàmò 砂漠.広大な砂漠.

大模大样 dàmú dàyàng〈方〉大模斯様 偉そうなさま.いばっているさま.〔他～地坐在椅子上,见了我也不理〕彼は大きな顔をして椅子に座りおれを見かけても知らぬ顔だ.

大模斯样 dàmú sīyàng 同上.

大母 dàmǔ =〔祖 zǔ 母〕

大拇哥 dàmǔgē 同下.

大拇指 dàmǔzhǐ 〔~儿〕〈口〉大拇哥〕親指：〔大指〕〔拇指〕ともいう.〔伸 shēn ～〕こぶしを握って親指だけを立てる："良い考えだ""そうしよう""賛成"と決心を示す動作で,また,"大したものだ" の意にも用いられる.〔指头〕

大幕 dàmù (劇場の)緞帳.

大木匠 dàmùjiang =〔大木作〕(ふつうの)大工.→〔小 xiǎo 器作〕

大木作 dàmùzuò 同上.

大拿 dàná〈口〉①実力者:権力者. ②それぞれの部門で権威のある人.[技術~]技術の権威(者).→[权 quán 威]

大奶奶 dànǎinai 長男の妻.ご長男の奥さん:旧時、大家族social で長男・次男・三男それぞれ妻帯している場合,[大爷 yé ②][二爷][三爷]と呼ばれ、その妻が[~][二奶奶][三奶奶]と呼ばれた.[大奶]は方言.[家产都把持在~手里]財産は長男の嫁の手に握りしめられている.→[大爷②]

大男大女 dànán dànǚ 婚期を越えた男女.

大男子主义 dànánzǐ zhǔyì 男性優越主義.亭主関白.

大难 dànàn 大難.[~ 头]〈成〉大難が目前に迫る.

大脑 dànǎo 生理大脑.[~皮质][旧~皮层]大脑皮質.[~炎 yán]国本脑炎:[流 liú 行性乙型脑炎]の通称.

大内 dànèi〈文〉内裏(だい).宮中:[内庭]に同じ.

大鲵 dàní 動サンショウウオ:俗に[娃 wá 娃鱼]ともいう.→[鲵]

大逆不道 dànì bùdào〈成〉大逆無道.

大年 dànián ①あたり年.なり年.[今年不仅 jǐn 粮食丰收,山货也是~]今年は穀物が豊作であるばかりではなく、山でとれるものもあたり年だ.[小 xiǎo 年①]→[丰 fēng 年] ②旧暦で12月が[大建(30)日]の年.→[小 xiǎo 年③] ③旧正月:[旧暦]の新年.→[大年初一] ④⇒[高 gāo 年]

大年初一 dànián chūyī [年初一][正 zhēng 月初一][春节]の元日.[~人人都出去拜 bài 年]元日には人々は年賀に出かける.

大年底下 dànián dǐxia (旧暦の)年末.歳末

大年三十(儿) dànián sānshí(r) (旧暦の)おおみそか:[年三十]ともいう.→[除 chú 夕]

大年夜 dàniányè (旧暦の)おおみそかの夜.除夜.→[除 chú 夕]

大廿儿 dàniànr 園にじゅうあし:漢字部首の"廿".[大二十]ともいう.草かんむりは[草 cǎo 字头(儿)]

大娘 dàniáng ①⇒[伯 bó 母①] ②年長の既婚女性に対する尊称:おばさん. ③⇒[大太太]

大娘子 dàniángzi〈白〉奥さん.おかみさん.

大妞儿 dàniūr ⇒[大姑娘②]

大农业 dànóngyè ①[広義の]農業・林業・牧畜業・副業・水産業なども含む. ②農業経済システム:生産から流通・サービスにいたる総合的な体系.

大衄 dànǜ 中医鼻・耳の出血症状.

大排 dàpái ①回地主の武装した手勢. ②食肉のひとかたまり(ステーキやカツなど). ③骨付き豚肉のひとかたまり:[~骨]の略.

大牌 dàpái ①(マージャンやカード遊びで)よい札. ②回かけ金の大きい賭博.→[小 xiǎo 牌(儿)] ③[~儿]有名人.大物.[选 xuǎn 录五个~]5人の大物を選抜して採用する.

大排档 dàpáidàng〈方〉飲食店街の露店.屋台.

大排行 dàpáiháng (祖父を同じくする)兄弟姉妹から従兄弟従姉妹はとを含めた順序.

大盘 dàpán 商①(株式の)相場. ②大口の取引

大炮 dàpào ①大砲. ②〈喩〉大ぼら吹き.[放~]突拍子もない事を言う. ③手巻きのタバコ.

大棚 dàpéng 大型ビニールハウス.→[暖 nuǎn 棚]

大篷车 dàpéngchē ①ほろつきの大型トラック. ②商品・サービスなどを各家庭へ届ける自動車.

大批 dàpī =[口大拔儿]①(商品・貨物などの)大口(の・に).[订 dìng 购~布匹]大口の反物を注文し買い入れる.[~出 chū 口]大口に輸出する. ②多数(の).多量(の).[~军 jūn 火]多量の兵器.

[~劳动模 mó 范和先进生产者]多数の模範労働者と先進的生産者.

大批判 dàpīpàn 大規模な大衆的批判:文化大革命期に展開された運動の一.

大劈叉 dàpīchà 大きく開いた股(た)

大辟 dàpì 回死刑.→[肉 ròu 刑][五 wǔ 刑]

大片 dàpiàn ①大ぶりの薄片.[~儿羊肉]羊肉の同然. ②(面積・範囲が)広い.一大~草地]広々とした草原. ③(映画の)巨篇.超大作.

大票 dàpiào =[大钞][~儿]高額の紙幣:100元札など.→[小 xiǎo 票]

大破大立 dàpò dàlì 旧思想・旧事物を徹底的に打破して、新思想・新事物を樹立すること:文化大革命期に特に強調された.

大谱表 dàpǔbiǎo 音大譜表.

大浦洞导弹 dàpǔdòng dǎodàn〈音義訳〉軍テポドン:北朝鮮のミサイル.

大谱儿 dàpǔr 腹案.あらまし(の事情・内容).

大漆 dàqī ⇒[生 shēng 漆]

大旗 dàqí 大旗.[拉~作虎 hǔ 皮]〈喩〉はったりをきかす.こけおどしをする.

大启 dàqǐ ⇒[台 tái 启]

大起大落 dàqǐ dàluò 変動が急激・大幅であるさま.[股指~]株価指数が同前.没有~的情节]だらけた筋書き.

大气 dàqì ①国大气.[~层][~圈 quān]大気圏.気圏.[~科学]大气科学.[~压 yā]気圧.大気圧.⑤標準気圧.[~污染]大气污染. ②[~儿]荒い息づかい.[吓 xià 得他~也不敢出]彼はびっくりして息さえできそだった.

大器 dàqì ①〈文〉天子の宝物.〈転〉天子の位. ②大人物.大きな才能.[~晚 wǎn 成]〈成〉大器晚成.

大气候 dàqìhòu ①図大気候:全大陸・全地球など.〈喻〉広範囲の情勢.大局(全国・全世界など の)

大气磅礴 dàqì pángbó〈成〉気迫に満ちているさま.意気盛んである.

大器小用 dàqì xiǎoyòng ⇒[大材小用]

大气 dàqi おうようである.けちけちしていない.太っ腹である. ②(色・模様が)品がある.[这颜色很~]この色はとても落ち着いている.

大千世界 dàqiān shìjiè 園(仏教の)三千世界:四大州と日・月・天を合わせたものを[一世界]とし、それが千集まったものを[小千世界],それがさらに千集まったものを[中千世界],それがさらに千集まったものを,また[三千大千世界]という.〈転〉広大無辺な世界.

大钳 dàqián やっとこ(工具)

大钱 dàqián ①回穴あき銭:1枚がふつうの[制 zhì 钱(儿)](穴あき銭)の10枚に当たっていたので[当 dàng 十钱]ともいう.単に[大(I)⑨]ともいう.[把我说了个~也不值]わたしを一文の価値もないと罵った.[不花一个~回来了]びた一文も使わずに帰ってきた.→[小 xiǎo 钱①] ②大金.

大前年 dàqiánnián 一昨々年.さきおととし.→[今 jīn 年]

大前提 dàqiántí (論理学上の)大前提.

大前天 dàqiántiān 一昨々日.さきおととい:[大前儿(个)]〈方〉大前日]ともいう.→[今 jīn 天]

大枪 dàqiāng 小銃.步兵銃:[长 cháng 枪]ともいう.[手 shǒu 枪](拳銃)などの短銃と区別していう.

大墻 dàqiáng 高い壁.〈喩〉監獄.

大巧若拙 dàqiǎo ruò zhuō〈成〉非常に巧みなものは却却て見えない.大賢は愚人に見える.

大秦 dàqín 史古代ローマ帝国:中国における古称.

大 dà

→[罗 luó 马⑤]

大青 dàqīng ①[植]タイセイ(大青):アブラナ科の二年生草本.藍(ホシ)がとれる.②[植]マキバクサギ:クマツヅラ科植物.葉を薬用にする.③＝[碗 wǎn 青][鉱]花紺青(ヒン):コバルト・カリウム・ケイ素を含む顔料.

大清 dàqīng 清朝の自称.[〜会典][清会典][画]清朝の典制を収載したもの.

大清白日 dàqīngbáirì 〈方〉真昼間.昼日中(ビッダック).

大清河 dàqīnghé [地]河北省中央部を東流する:上流の北拒馬河,南拒馬河を集め,白溝鎮,楊柳青を経て天津で永定河に合流する.

大青叶 dàqīngyè →[菘 sōng 蓝]

大青晨 dàqīng zǎochen 同下.

大青早(儿) dàqīngzǎo(r) 早朝.朝早く.朝っぱら.[大清早上][大清早起][大清八早][大早(儿)]ともいう.[〜先说 dāi 着]朝っぱらからぼんやりしているな.→[清早]

大晴天 dàqíngtiān からりと晴れた日.雲一つない天気.

大请大受 dàqǐng dàshòu 優遇を受ける.[无功不受禄 lù,怎么当得起这么〜]手柄がなければ禄は受けません,こんなに優遇されるなど,とんでもありません.

大庆 dàqìng ①大いに慶賀すべき事柄:国の慶事など.②(老人の)誕生祝い.[七十〜]70歳の同祭.③[地]大慶(ダイ):黒竜江省南西部にあり,1960年油田の採掘がはじまった.[〜精神]大慶油田開発の功労者王進喜の不撓不屈の精神.[工业学〜]1964年末から提唱された同節をたたえるスローガン.→[寨精神]

大秋 dàqiū ①秋の取り入れ期.実りの秋.②同下.

大秋作物 dàqiū zuòwù 秋に収穫する作物:コーリャン・とうもろこし・栗など.[〜作物]ともいう.

大球 dàqiú [スポ]大型のボール.またそのスポーツ.[三〜]サッカー・バレーボール・バスケットボール.

大曲 dàqū ①焼酎(チューハイ)を作るのに用いる麦麹(ヒッ).②同前で作られた焼酎.[〜酒]同前.[沪州〜]四川省濾州産の同前.→[八 bā 大名酒]

大曲 dàqǔ 古大がかりな音楽舞劇の組曲.

大去 dàqù 〈文〉行ったきりで帰ってこない.②〈喩〉死ぬ.亡くなる.

大圈椅 dàquānyǐ →[太 tài 师椅]

大权 dàquán 大きな権力(特に政治的権力).[〜在握]権力を握っている.[〜独揽]大きな権限を一手に握る.[〜旁 páng 落]権力が他人の手に帰する.

大全 dàquán ①項目・内容が豊富である.=[全書.大全書.

大犬座 dàquǎnzuò [天]大犬座.

大染缸 dàrǎngāng 〈喩〉悪い影響を与える場所.岡場所.

大嚷大叫 dàrǎng dàjiào ⇒[大叫大嚷]

大人 dàrén 〈尊〉[旧]父母の世代あるいは目上の人に対する(書面上の)敬称.[父母亲〜]父上母上様.[令 lìng 尊〜](あなたの)お父上.[婶 shěn 〜](あなたの)叔母様.

大人物 dàrénwù 重要人物.→[小 xiǎo 人物]

大稔 dàrěn 〈文〉豊作(の年).[〜之年]

大人 dàren 大人(ホッ).[孩子一都好啊]子供さんも大人の人も(母子ともに)健在ですか.[〜咪]おとなっぽさ.大人の雰囲気.[小孩儿总比不〜知道的少]子供はどうしても大人より知っていることが少ない.↔[小 xiǎo 孩①].②大人(ボッ).立派な人物.[〜不见小人怪][〜不记小人过][〜不计小人过]大人はつまらない人間の過ちをとがめはしない.

dà

い.③[旧]長官の尊称:[老 lǎo 爷③]より尊敬した呼び方.[张〜][张〜]

大日子 dàrìzi 〈方〉大切な日.特記すべき日.

大溶炉 dàróngLú 〈喩〉人を鍛錬する絶好の場所.

大肉 dàròu ①豚肉:[猪 zhū 肉]の別称.②肉類.[大鱼〜][喩]大ごちそう.

大儒 dàrú (儒学の)大学者.

大撒把 dàsābǎ [大撒巴]とも書く.①(自転車の)手放し運転.②〈喩〉手放しで(やらせる).

大撒巴掌 dàsābāzhǎng 〈方〉①〈口〉知らぬ顔をする.無責任である.②同下.

大撒手儿 dàsāshǒur 〈方〉成り行きにまかせる:[大撒巴掌②]ともいう.

大赛 dàsài 大会:規模が大きくレベルの高い試合.

大三门 dàsānmén →[小 xiǎo 三门]

大三元 dàsānyuán ①(マージャンで)[白 bái 板②][绿 lù 发][红 hóng 中]の三元牌を3組とも[刻子]としてあがること.役満貫の一.=[小 xiǎo 三元] ②広州の老舗(クッ)料理店の名.

大丧 dàsāng 〈文〉天子の葬儀.

大嫂 dàsǎo ①長兄の妻.一番上の兄嫁.[〜如母]〈成〉長兄の嫁は母も同然である.②次男以下の者およびその嫁が長兄の嫁に対する呼称,嫂さん.③自分よりやや年長の知り合いの既婚女性に対する呼称.

大扫除 dàsǎochú 大掃除.

大煞风景 dàshā fēngjǐng 〈慣〉実に殺風景である.

大傻瓜 dàshǎguā [罵]大ばか者.

大厦 dàshà ①ビルディング.マンション.[于上址 zhǐ 兴建十四层〜]上記地点に14階建のビルを建てる.→[大楼]②〈文〉大厦(ダイ).大きな建て物.[〜千间,夜眠七尺]〈諺〉金持ちはたくさんの部屋のある大きな建て物に住むが,夜寝る時に必要な広さはふつうの人と変わらない.

大山 dàshān ①大きな山.泰山.③〈喩〉大きいこと.[他有一种〜的精神]彼は度量が広い.

大山雀 dàshānquè [鳥]シジュウカラ[白 bái 脸山雀][青 qīng 山雀]ともいう.

大杉(儿) dàshān(r) ⇒[长 cháng 衫①]

大上(个)月 dàshàng(ge)yuè 先々月.

大少 dàshǎo 同下.

大少爷 dàshàoye ＝[大少]①坊ちゃん.若旦那(多くけなしていう).[〜作风]お坊ちゃん気質.②他人の長男に対する尊称.

大舌头 dàshétou ろれつが回らない(人).舌っ足らず(の人).

大赦 dàshè [法]大赦(をする).[〜令]大赦令.[〜国际组织]アムネスティインターナショナル.

大神 dàshén [旧](男女の)かんなぎ.みこ.[跳〜(儿)]的同前.[跳 wū 巫]

大婶儿 dàshěnr (母と同世代で母より年下の)既婚の女性に対する一般的な敬称.→[大叔]

大牲畜 dàshēngchù 牛・馬などの役畜:[大 牲口 kǒu]ともいう.→[小 xiǎo 牲畜]

大声疾呼 dàshēng jíhū [大声急呼]とも書く.大声で呼びかける.

大声(儿) dàshēng(r) 大声.

大圣 dàshèng ①大聖人.②知・徳が他とかけ離れて優れている人.③[西遊記]の孫悟空の別称:[齐 qí 天〜]ともいう.

大师 dàshī ①学芸の非常に優れて他からあがめられる人.大御所(ジ).[戏剧〜]演劇界の大御所.[语言学〜]大言語学者.②(将棋・チェスの)名人:[特级〜](大名人)につぐ階級.③[仏](仏教の)大師.[鉴 jiàn 真〜]鑑真(ジ)和上.

大师父 dàshīfu 僧・尼・道士などの尊称.

335

dà 大

大失所望 dàshī suǒ wàng 〈成〉大いに失望する.

大食 dàshí 〈因〉ターシー:アラビア(人)の中国における古称.〔~国〕アラビア.

大实话 dàshíhuà 全く真実の話.

大使 dàshǐ 〈特命全権~〉の通称.〔駐日本中国~〕駐日中国大使.〔~馆 guǎn〕大使館.

大始 dàshǐ 〈文〉初め.当初.

大事 dàshì ①大事.重大なこと.旧時は父母の葬祭や戦争を指した.〔終 zhōng 身~〕一生の大問題.〈転〉結婚問題.〔国家~〕国家の大事件.〔~已定〕大事(大方針)はすでに定まった.〔~化小,小事化了 liǎo〕大事は小事にくい止め,小事は解消してしまう. ②大規模(に行う).大大的(やる):多く動詞の前に置く.〔~标 biāo 榜〕〔~宣 xuān 传〕大いに宣伝する.

大势 dàshì 大勢(ぜい).〔~所趋 qū,人心所向〕大局のおもむくところ,人心の向かうところ.〔~已去〕大勢がすでに去った.→〔全 quán 局〕

大是大非 dàshì dàfēi 根本的な正邪善悪.

大事记 dàshìjì 内外に起きた事件の記録:国家・地方・機関・企業・個人などが年月を追って記したもの.

大师傅 dàshifu ⇒〔厨 chú 师傅〕

大手笔 dàshǒubǐ ①大著作(家). ②実力があり有望な作家. ③〈喩〉重大でずばぬけた計画・方策.

大手大脚 dàshǒu dàjiǎo 金遣いが荒いさま:〔他挣 zhèng 钱挣得不多,就是好为为~,一个子儿也没存下〕彼はもうけることはずいぶんもうけたのだが金遣いが荒いのでびた一文も残っていない.

大手儿 dàshǒur 〈口〉大便.〔解个~〕同前をする.→〔解 jiě 手②〕

大手术 dàshǒushù ①大手術. ②〈喩〉(状況を改めるため)重大な措置をとること.

大寿 dàshòu ①大いに慶賀すべき誕生日:老人の10年ごとの誕生日.〔整 zhěng 生日〕に同じ.〔八十~〕80歳の同前.〔庆 qìng 九〕 ②百歳の誕生日.

大书 dàshū 講釈師の口演する長編物語の本.

大叔 dàshū ①おじさん:父と同世代の父より年下の男性に対する呼称. ②父の弟.叔父.

大梳打 dàshūdá ⇒〔大苏打〕

大书特书 dàshū tèshū 〈成〉特筆大書する.

大暑 dàshǔ 〔二 èr 十四节气〕の一. 7月22,23日まで24日.

大树 dàshù 大木.〔~底下好乗凉〕〔~底下好寻凉〕〔~底下有柴烧〕〔~底下遮荫〕〔背 bèi 靠~好乗凉〕〔谚〕大木の下は涼し.寄らば大樹の陰.

大数 dàshù ①大きな数.〔只要~不差就行了〕大まかな数さえ違わなければよい. ②定まった命数.逃れられない運命.〔~使然〕逃れられない運命のしからしむるところ.〔~已尽〕命運はすでに尽き果てた.→〔大限〕

大甩卖 dàshuǎimài 大安売り.投げ売り.→〔拍 pāi 卖〕

大帅 dàshuài ①総帥.軍の首領. ②〔沮〕〔总 zǒng 督〕〔巡 xún 抚〕に対する敬称.

大率 dàshuài 〈文〉おおよそ.だいたい.

大水 dàshuǐ ①大水.洪水.〔发 fā ~〕大水になる. ②〈喩〉海.

大水冲了龙王庙 dàshuǐ chōng le lóngwángmiào 〈歇〉大水が水神様のお社を押し流す.〔~,一家人不认得一家人〕同族の筋合いでありながらそれと知らなかった:よく知り合っているべき間柄であるのにお互いが知らなかったこと.

大司务 dàsīwù ⇒〔厨 chú 师傅〕

大肆 dàsì 大いにほしいままにする:多く悪事を働くこと.〔~活动〕おおっぴらにやる.〔~套购〕不正購入を平然とする.〔~簧 huáng 鼓〕〈喩〉勝手な熱を上げる.〔~攻击〕やっきになって攻撃する.〔~叫嚣〕盛んにわめき立てる.

大宋 dàsòng 〈文〉宋朝の自称.〔(~)宣 xuān 和遗事〕水滸伝の粉本(ふん)になった南宋の無名氏の小説.

大苏打 dàsūdá ＝〔大梳打〕〔化〕ハイポ:硫 liú 代硫酸钠〕(チオ硫酸ナトリウム)の通称.〔海 hǎi 波〕は音訳.

大蒜 dàsuàn ⇒〔蒜〕

大踏步 dàtàbù 大またに.つかつかと.〔向新的科学技术高峰～前进〕新しい科学技術の絶頂に向かって大きく前進する.

大太太 dàtàitai ＝〔大娘①〕〔正 zhèng 太太〕〔正头娘子〕奥様:旧時,妻妾同居している場合,〔姨 yí 太太①〕〔二号夫人・おめかけさん〕に対して正妻(奥様)をいった.〔爱 ài 人①〕〔老 lǎo 婆〕〔内 nèi 人①〕〔妻 qī〕

大弹涂鱼 dà tántúyú 〔鱼貝〕ムツゴロウ.

大叹苦经 dàtàn kǔjīng 〈喩〉大いに不満を言う.

大唐 dàtáng 〈文〉唐朝の自称.〔～三藏 zàng 取经诗话〕『西游记』のもととなった元代の話本.

大堂 dàtáng ①〈文〉(官公署の)正庁.〔～长官.〕 ②〔因〕法廷.→〔堂①〕 ③(ホテル・レストランなどの)ホール.ロビー.ラウンジ.〔～经理〕フロントマネージャー.

大躺箱 dàtǎngxiāng 長持.衣裳入.

大…特… dà…tè… 同一の動詞を入れてその規模が大きく,程度が強いことを示す.〔～谈～谈〕大いに談ずる.〔～改～改〕徹底的に改める.

大提琴 dàtíqín 〔音〕チェロ.〔～师〕チェリスト.→〔小 xiǎo 提琴〕

大体 dàtǐ ①大切な道理.〔不识～〕同前をわきまえない. ②だいたい.あらまし.〔～上同前.我们的看法～相同与の考えはだいたい同前だ.

大天 dàtiān 〈口〉偉大な天.〈喩〉最高の偉いもの.〔你说出～来,他也不听〕きみがどんなどえらいものを(話に)もち出したって彼は聞き入れないよ.

大天白日 dàtiān báirì 白昼.真昼間.

大天鹅 dàtiān'é 〔鸟〕オオハクチョウ:〔白 bái 天鹅〕〔黄 huáng 嘴天鹅〕ともいう.

大田 dàtián 〔农〕大規模耕作の畑.〔～平作〕同前で農業を行うこと.〔～作物〕小麦・コーリャン・とうもろこし・棉花・牧草など.

大田赛 dàtiánsài 〔又〕〔全 quán 国大学生田径锦标赛〕(全国大学陸上競技選手権大会)の略.

大条(银) dàtiáo(yín) 旧時,ロンドン銀市場の標準銀塊.〔～市 shì〕銀塊相場.

大厅 dàtīng ①広間.客間.ホール.ロビー. ②〔因〕法廷.

大庭广众 dàtíng guǎngzhòng たくさんの人の集っている場所:〔广众大庭〕ともいう.〔在～面前不能不注意礼节〕公衆の面前では礼儀に注意せざるをえない.

大同 dàtóng ①平等で自由な社会状態:『礼記』礼運篇にみえる理想社会.〔～世界〕同前. ②〔世界〕同前での一致.〔求～存小异〕小異を残して大同を求める.→〔乌 wū 托邦〕

大铜喇叭 dà tónglǎba ＝〔铜喇叭〕〔音〕チューバ:〔大号〕に同じ.

大同乡 dàtóngxiāng 同郷人:原籍が同じ省の人.→〔小 xiǎo 同乡〕

大同小异 dàtóng xiǎoyì 〈成〉大同小異.

大统 dàtǒng 〈文〉①天下統一の大業. ②帝位.

大头 dàtóu ①张りぼての大きなお面.〔～娃 wā 娃〕赤ん坊の同前. ②⇒〔袁 yuán 大头〕 ③〔~儿〕大

大 dà

事な部分.大きな仕事:天秤棒で担ぐ荷の重い方.〔剩 shèng 下的〕〔活儿〕残った大きな仕事.④いい鴨.お人よし:〔冤 yuān 大头〕に同じ.〔东西倒是地道,还不算〜吧〕物は確かだからばかを見たというほどでもあるまい.

大头菜 dàtóucài =〔大头芥〕[植]①〔野菜の〕ネカラシナ.またその根:〔芥 jiè 菜〕(カラシナ)の一変種.〔疙 gē 瘩菜〕〔疙瘩头〕〔根 gēn 用芥菜〕〔方〕〔菜〕疙瘩①〔方〕芥菜头〔方〕水 shuǐ 芥〕〔芜 wú 菁甘蓝〕ともいう.芽を食用するが主に根(塊茎)を〔干 gān 疙瘩〕(漬物)とする.一般に〔芜菁〕(カブラ)や〔苤 piě 蓝〕(コールラビ)と混同して用いられた.②〈方〉キャベツ:〔结 jié 球甘蓝〕の別称.

大头和尚 dàtóu héshang 旧二人で和尚と婦人の大きなはりぼてのお面をかぶって跳(⁴)ねる子供の遊び,またその和尚:〔大秃 tū 和尚斗 dòu 柳翠〕という.

大头芥 dàtóujiè ⇒〔大头菜〕

大头瘟 dàtóuwēn [中医]①顔面が赤く腫れあがる.②おたふくかぜ.

大头蚊子 dàtóu wénzi〈喩〉(だまされやすい)ばか.

大头小 dàtóuxiǎo →〔异 yì 径管节〕

大头鞋 dàtóuxié 雪靴の一種.

大头鱼 dàtóuyú =〔鳕 xuě 鱼〕

大头针(儿) dàtóuzhēn(r) とめ針.とめピン.

大土 dàtǔ インド産のアヘン.

大团结 dàtuánjié ①大団結する. ②10元札:各民族团结的图杯がある.〈転〉人民元纸幣.

大团圆 dàtuányuán =一家団欒(⁵). ②(筋書きの)大団円.ハッピーエンド.

大腿 dàtuǐ 股(⁵).大腿:〔股 gǔ (I)①〕の通称.〔〜根 gēn〕ももつけね.〔〜舞〕ダンス.〔舞 wǔ 与ランダンス.〔〜片 piàn〕〔黄 huáng 色片〕ポルノ映画.

大碗 dàwǎn どんぶり.〔〜(儿)茶〕(路端で売る)どんぶりに入れたお茶.→〔海 hǎi 碗〕

大腕(儿) dàwàn(r) 大物.有力者.〔〜歌星〕有名歌手.〔〜企业〕トップ企業.〔商界〜〕商業界の大立者.

大王 dàwáng ①〈文〉大王.王. =〔巨 jù 子〕王者.大物.例:〔汽 qì 车〜〕自動車王フォード.〔〜好见,小鬼难当〕ボスとは話がつけやすいが,チンピラには〔贿路をとられて〕手をやく.〔石油〜〕石油王.〔吹牛〜〕ほら吹き名人.③〔トランプの〕ジョーカー(彩色してあるもの):〔大鬼②〕〔混 hùn 子②〕ともいう. → dàiwang

大王花 dàwánghuā [植]ラフレシア:〔大花草〕ともいう.

大王乌贼 dàwáng wūzéi [魚貝]ダイオウイカ.

大网捞大鱼 dàwǎng lāo dàyú〈諺〉大きい網を使えば大きい魚がとれる:大資本を投じてこそ大きい利益をあげることができる.

大网膜 dàwǎngmó [生理]大網膜.

大为 dàwéi 大いに….程度が大きく範囲が広いこと.〔〜兴奋〕大いに興奮する.〔他对此〜光火〕これに対して彼は大いに怒った.

大尾巴虫 dàwěiba chóng ⇒〔大尾 yǐ 巴蛆〕

大尾巴羊 dàwěiba yáng ⇒〔绵 mián 羊〕

大位 dàwèi〈文〉①帝位.王位. ②高位.

大尉 dàwèi ①→〔军 jūn 衔〕 ②→〔司 sī 马⑤〕

大窝脖儿 dàwōbór ⇒〔窝脖儿〕

大我 dàwǒ 国家.集団.↔〔小 xiǎo 我〕

大屋顶 dàwūdǐng〈文〉宮殿などの大屋根.

大无畏 dàwúwèi 敢然たる.いささかも恐れない.〔〜的精神〕何物をも恐れない精神.

大五荤 dàwǔhūn なまぐさ物.生ぐさ料理.〔別动

〜〕〔別上〜〕なまぐさ料理を食べるな.〈転〉みだらな話はするな.下品な話はするな.〈×〉〔大荤〕

大五金 dàwǔjīn 大型の金属材料:アングル・棒・鉄板・パイプなどの総称(金物商の用語).→〔五金〕

大五码 dàwǔmǎ [電算]ビッグファイブ:台湾などの標準漢字(繁体字)フォント.

大舞台 dàwǔtái 大舞台.檜舞台.

大戊 dàwù〔姓〕大戊(⁴)

大误 dàwù ⇒〔大谬〕

大悟 dàwù ①〔仏教の〕大いなる悟り.大悟. ②悟りきる.〔恍然〜〕〔憬〕(迷いが解けて)はっと悟る.

大西北 dàxīběi [地]陕西・甘肃・宁夏・青海・新疆および内蒙古の一部を指す.

大西南 dàxīnán [地]四川・重慶・貴州・雲南・西蔵一帯をさす.

大西洋 dàxīyáng [地]大西洋.〔北〜公约组织〕〔北约〕北大西洋条約機構.NATO(1949年に結成).〔〜宪 xiàn 章〕大西洋憲章.

大喜 dàxǐ ①大いに喜ばしい.〔心中〜〕心中大いに喜ぶ.②おめでた:とくに結婚をいう.〔今天是她一的日〕今日は彼女の結婚する日だ.③〈挨〉おめでとう(結婚・出産など).〔〜〜〕同前.

大喜过望 dàxǐ guòwàng〔成〕予想以上の喜び.〔这是我一的事情〕これはわたしにとって望外の喜びだ.

大戏 dàxì ①⇒〔戏剧①〕 ②大芝居.大型の劇.③〔京剧.

大戏院 dàxìyuàn 劇場.

大虾 dàxiā ①⇒〔对 duì 虾〕 ②〈口〉コンピュータおたく.→〔大虫②〕

大侠 dàxiá 義侠心の強い人.

大夏 dàxià →〔西 xī 夏〕

大仙 dàxiān ①仙人〔尊称〕. ②〈文〉御仏(⁵ᵗᵒᵏ)

大仙菌 dàxiānjùn [植](四川産の)食用キノコの一種.

大先生(儿) dàxiānsheng(r) 旧一本になった芸者:〔红 hóng 倌人〕〔红倌儿〕ともいう.まだ一本にならない半玉(⁵ᵗᵒᵏ)を〔小 xiǎo 先生(儿)③〕〔青qīng 倌人〕〔青倌儿〕〔青倌儿(儿)〕といった.

大仙爷 dàxiānyé →〔狐 hú 仙〕

大显身手 dàxiǎn shēnshǒu =〔大展拳脚〕〔大展身手〕〈成〉大いに腕前を発揮する.

大显神通 dàxiǎn shéntōng〔成〕大いに立派な技能を見せる.存分に能力を発揮する.

大限 dàxiàn ①寿命.死(婉語).〔〜将临〕〈文〉死期まさに至らんとす.〔〜临〕まさに命数が尽きる.→〔大数②〕 ②最大限度:〔最 zuì 大限度〕に同じ.

大宪章 dàxiànzhāng [史]大憲章.マグナカルタ.

大相径庭 dàxiāng jìngtíng〔成〕大いに隔たりがある.大いに差がある(荘子逍遙遊)

大祥 dàxiáng〈文〉父母の2周忌の法事.

大饗 dàxiǎng〈文〉天子が祖廟を祀ること.

大象 dàxiàng [動象]〔象〕の通称.〔〜屁 pì 股推不及〕〈喩〉大組織は風通しが悪いこと.

大相公 dàxiànggong →〔小 xiǎo 相公②〕

大萧条 dàxiāotiáo 史(1929年の)大不況.世界恐慌.

大小 dàxiǎo ①〔-儿〕大きさ.〔〜跟这个差不多〕大きさはそれこれといたいで同じ.②親属間の尊卑上下.〔没大没小〕上下尊卑をわきまえない.〔不分〜〕上下の区別がない.③おとなと子供.④大と小.〔〜商店〕大小の商店.〈喩〉〔吃〜〕〈喩〉限りなく大きな貪欲である.⑤いずれにせよ.つまりは.いくらかは.〔〜是个

dà 大

缺 quē 点]いずれにしても欠点である. ⑥[旧]本妻と妾(めかけ)

大方脉 dàxiǎo fāngmài [中医]おとなの病気と子供の病気.〔那位大 dài 夫看看大方脉〕あの医者はおとなの病気は得意だ.

大小姐 dàxiǎojiě ①[旧]大家(うち)の令嬢. ②一番上のお嬢さん. ③贅沢な暮らしに慣れて軟弱な若い女性.

大小头 dàxiǎotóu ⇒[异 yì 径管节]

大笑 dàxiào 大笑い(する)

大校 dàxiào →[军 jūn 衔]

大协作 dàxiézuò 大規模な協力.広範な協業.

大写 dàxiě ①大字(だいじ):漢数字の[壹・貮・叄・肆・伍・陸・柒・捌・玖・拾・佰・仟]などの字体.〔~数目字〕同önl. →[小 xiǎo 写] ②(アルファベットの大文字.〔~字〕同öl.〔~体 tǐ〕大文字体. ③特筆大書する.〔~特写〕の略. ④[旧]中国にある外国商社の支配人.

大写特写 dàxiě tèxiě 〔成〕特筆大書する.

大卸八块 dàxiè bākuài 〔成〕(死体を)八つ裂きにする.ばらばらにする.

大心 dàxīn 〈姓〉大心(たいしん)

大心菜 dàxīncài 〔芥 jiè 菜〕(カラシナ)の変種:〔方〕棒 bàng 棒菜〕ともいう.こぶ状のものを〔榨 zhà 菜〕にする.

大兴 dàxīng 大いに興(おこ)す.〔~土木〕〔成〕土木工事を大いに興す:家屋を建築すること.〔~問罪之師〕〔成〕大いに相手の罪を責める.

大猩猩 dàxīngxīng 動ゴリラ.〔〈文〉大猿〕ともいう.

大刑 dàxíng 〈文〉死刑.酷(こく)刑.またその刑具.

大行 dàxíng 〈文〉皇帝・皇后などが死去して,諡(おくりな)がまだ决まらない前の呼び名に用いる.〔~皇帝〕亡くなられたばかりの皇帝.〔~太后〕亡くなられたばかりの皇太后.

大型 dàxíng 大型(の).大規模(である).〔~企业〕大型企業.〔~彩色纪录片〕長編カラー記録映画.〔~钢材〕サイズの大きな鋼材.〔~拉 lā 圾〕大型ゴミ.〔~竞技技场〕スタジアム.コロシアム.

大行其道 dà xíng qídào 〔慣〕大いに流行する.まかり通る.おおっぴらにやる:〔大行于市〕ともいう.

大行星 dà xíngxīng 大惑星. →[行星]

大行政区 dà xíngzhèngqū 建国初期に設けられた六大行政区:東北・華東・西北・華北・中南・西南の各大行政区に分けられる,1954年に廃止された.以後は地理的区分として用いられている. →[行政区]

大幸 dàxìng 大きな幸運.〔不幸中的〕不幸中の幸い.

大姓 dàxìng ①=〔大宗〕素封家:その地方でよく知られて勢力を持っている姓の家.〔~世 shì 家〕 ②=〔贵 guì 姓〕 ③名字として名乗る者が特に多い姓:〔张〕〔王〕〔李〕〔赵〕〔刘〕など.

大兄 dàxiōng ①大兄(たいけい):友人間の敬称. →[小 xiǎo 兄] ②〈文〉一番上の兄:〔长 zhǎng 兄〕に同じ.

大雄 dàxióng (仏教で)仏の尊称.〔~宝 bǎo 殿〕仏祖を祭る大殿.

大熊猫 dàxióngmāo =〔大猫熊〕動パンダ(ジャイアントパンダ).〔~猫熊〕の通称.〔~龙睛〕パンダ金魚.

大熊座 dàxióngzuò 天大熊座.

大休 dàxiū 連休する:毎週休まずに働いた後,まとめてとる休日.

大修 dàxiū [工]大検査.大修理.オーバーホール:機械・設備全部の修理や部品とりかえなどのために,定期的に行われる検査. →[甲 jiǎ 检]〔中 zhōng 修〕

大袖马褂 dàxiù mǎguà 広袖の[马褂(儿)]

大序 dàxù →[小 xiǎo 序②]

大选 dàxuǎn 総選挙や大統領選挙など国政レベルの選挙.⇒[普 pǔ 选]

大学 dàxué ①大学:総合大学と専業大学がある.〔~校长〕大学学長.〔~少年班〕飛び級入学生の英才クラス. →[学院] ②囲大学. →[四 sì 书]

大学生 dàxuéshēng 大学生.

大学生 dàxuésheng ①年齢の高い学生・生徒. ②〈方〉年齢の高い男の子.

大学士 dàxuéshì 旧官名の一:清朝では,各部の〔尚书〕(大臣)の中から兼任で4人が選ばれ天子の顧問官に当たった.

大雪 dàxuě ①大雪.〔下 xià ~〕大雪が降る.〔~纷 fēn 飞〕雪がさかんに降る.〔~封山〕大雪が山を覆う. ②[二 èr 十四节气]の一:12月6,7日または8日.

大雪山 dàxuěshān 地四川省西部の辺境にある.

大循环 dàxúnhuán ⇒[体 tǐ 循环]

大牙 dàyá 〈口〉①奥歯.臼歯. ②前歯.門歯. →〔牙(I)①〕

大雅 dàyǎ ①〈文〉風雅なこと.上品なこと.〔有伤~〕尾籠(びろう)である.醜態を演じる. ②→[变 biàn 雅]

大雅之堂 dàyǎ zhī táng 高雅な場所. →[不 bù 登大雅之堂]

大烟 dàyān =〔鸦 yā 片烟〕(吸飲する)アヘン.〔抽~〕アヘンを吸飲する.〔~馆 guǎn〕旧アヘン吸飲所.〔~鬼 guǐ〕アヘン中毒患者.〔~枪 qiāng〕アヘンを吸うキセル. →[阿 ā 片]

大盐 dàyán 粗(そ)塩.⇒[精 jīng 盐]

大言不惭 dàyán bùcán 〔成〕ぬけぬけとずうずうしいことを言う.〔他~的自居为文化的工程师〕(老・四・慢28)彼はぬけぬけと文化の技師だなどと自任している.

大檐帽 dàyánmào ⇒[大盖帽]

大衍 dàyǎn 〈文〉50:易経に〔~之数五十〕とあるところから.〔~之数〕50という数.〔年逾 yú ~〕年齢が50歳を過ぎた.

大眼鲷 dàyǎndiāo [鱼]キントキダイ.

大眼角儿 dàyǎnjiǎor 目がしら. →[小 xiǎo 眼角(儿)]

大眼篮 dàyǎnlán 目の粗いかご.

大眼骡子 dàyǎnluózi 〔肿 zhǒng 眼泡〕

大眼儿灯 dàyǎnrdēng 〔喩〕やせた人.

大眼小眼(儿) dàyǎn(r) dèng xiǎoyǎn(r) 〈方〉ただ目を見交わすばかりのさま:〔瞪〕は〔看 kàn〕ともいう.

大眼贼 dàyǎnzéi ⇒[黄 huáng 鼠]

大雁 dàyàn ①⇒〔豆 dòu 雁〕 ②⇒〔鸿 hóng 雁①〕

大洋 dàyáng ①大洋:沿岸から遠く離れた海. →[大海] ②旧〔银 yín 洋〕(1元銀貨)の通称. →[小 xiǎo 洋]〔烂板板〕

大洋古 dàyánggǔ 大型のもの・外国のもの・古いもの(を崇拝する考え方):文化大革命期の用語で,同前を崇拝する考え方を批判したもの.

大洋全 dàyángquán 大型のもの・外国のもの・完全な装備(を重視する観点):工業発展方針を批判するのに用いられた.

大洋洲 dàyángzhōu オセアニア(大洋洲).

大养 dàyǎng →[小 xiǎo 病大养]

大样 dàyàng ①〔新聞の〕大組み. →[小 xiǎo 样①] ②(工事などの)仕様図.細部の図面.〔足尺~〕実尺図. →[清 qīng 样] ③〔大模大様〕

大摇大摆 dàyáo dàbǎi 〔成〕大いばりで歩く.肩で風をきって歩く.元気よく大手を振って歩く.

大要 dàyào 〈文〉概要.だいたいの要点.

大 dà

大爷 dàyé ①旦那様.〔～脾 pí 气〕旦那風を吹かすくせ. ②回上流家庭で兄弟が相当の年齢に達して一人前になっている場合,その一番上の者に対する呼称.二番目以下は順次〔二爷〕〔三爷〕と呼ばれる.〔大奶奶〕兄弟が祖父の兄弟のうち長男:次男は〔二爷〕,末弟は〔老爷〕.④回県知事などに対する呼称.〔县 xiàn 〜〕〔县太爷〕県知事様.

大野 dàyě 〈姓〉大野(ぎや)

大业 dàyè 大業.〔建国〜〕建国の大業.

大夜班 dàyèbān （三交替制の）深夜勤務.

大叶龙胆 dàyè lóngdǎn 置オオバリンドウ.〔秦 qín 艽〕〔秦胶〕ともいう.根を薬用する.

大叶(儿)白 dàyè(r)bái 圃白桃(大型種)

大叶杨 dàyèyáng 〔毛 máo 白杨〕

大爷 dàye ①⇒〔伯 bó 父父〕 ②年長の男性に対する尊称.

大衣 dàyī ①〔大氅〕服オーバーコート.〔长〜〕同前.〔短〜〕ショートコート.〔中〜〕ハーフコート.〔风雪〜〕ダッフルコート.〔～呢 ní〕〔大楼 lǚ 绒〕釦ラシャ.毛織りオーバーコート地.〔外 wài 套(儿)①〕

大衣柜 dàyīguì 洋服ダンス.

大一统 dàyītǒng 全国の統一.全国の統制.

大姨 dàyí ①母の一番上の姉.大伯母.〔～夫 fū〕〔～父〕同前の夫. ②母と同年輩の女性への尊称.

大姨子 dàyízi 〈口〉妻の姉.義姉:〔姨姐〕ともいう. →〔小 xiǎo 姨子〕

大尾巴蛆 dàyǐba qū 虫便所のうじ.〔大尾 wěi 巴虫〕ともいう.

大义 dàyì 大義:正しい道.〔～灭 miè 亲〕〈成〉正義のためには（父子の）私情を捨てる.〔～凛 lǐn 然〕〈成〉大義に徹する.〔深明〜〕大義をよくわきまえる.〔微言〜〕微妙な言葉に含まれた重要な意義.

大意 dàyì ①大意:だいたいの意味.〔～是这样儿〕大意はこうだ.②〈文〉大志.

大意 dàyi うかつである.不注意である.油断する.うっかりする.〔别〜〕うっかりするな.〔不得〕うっかりできない. ↔〔小 xiǎo 心〕

大音阶 dàyīnjiē =〔长 cháng 音阶〕圖長音階. ↔〔小 xiǎo 音阶〕

大银鱼 dàyínyú =〔银鱼〕魚貝チョウセンシラウオ:シラウオ科の最も大形のもの.〔膏 gāo 头银鱼〕〔面 miàn 条鱼②〕ともいう.

大隐 dàyǐn 〈文〉真の隠者.〔小隐于林,～隐朝 cháo 市〕修業の未熟な者は林中におり,大隠ともなると俗世間で超然と暮らす.

大印 dàyìn ①官公庁の公印. ②権力.〔工农掌 zhǎng 〜〕労働者・農民が権力を握る.

大勇 dàyǒng 真の勇気.〔～若 ruò 怯〕〈成〉真の勇者は臆病者のように見える.

大油 dàyóu ⇒〔猪 zhū 油〕

大有 dàyǒu ①大いに…がある.〔～可为 wéi〕やりがいのある仕事が多い.〔～希望〕可能性が大きい.大可能性がある.〔～作为〕大いにその力を発揮する.〔～人在〕いくらでもそんな人はいる.〔～文章〕大いにわけがある.〔～奔 bèn 头〕大いにやりがいがある. ②〈文〉六十四卦の一.

大有年 dàyǒunián 大豊年. →〔大有①〕

大愚 dàyú 〈文〉大愚.〔～不灵 líng〕〈成〉愚の骨頂(ちょう).

大鱼吃小鱼(小鱼吃虾米) dàyú chī xiǎoyú (xiǎoyú chī xiāmi) 〈諺〉大魚が小魚を食う(小魚は小えびを食う):弱肉強食.

大鱼大肉 dàyú dàròu 〈喻〉大ごちそう.

大鱼跑了捞米(米) dàyú pǎole lāo xiā(mi) 〈諺〉大魚が逃げてからえびすくう:火事の後の釘拾い.大損をして小利をあさる.

大雨 dàyǔ ①図大雨:24時間内の降雨量が25～50mmの雨. ②大雨.〔～倾 qīng 盆〕〈如 rú 注〕〈成〉大雨がザーザー降る.〔～时行〕大雨が日に降る.

大语种 dàyǔzhǒng 回多数の人が用いる言語:英語や中国語の「普通话」など.

大员 dàyuán ①回高官. ②⇒〔大圆〕

大猿 dàyuán 口大猩猩

大圆 dàyuán =〔大员②〕〈文〉天:〔大圆〕とも書く.

大元帅 dàyuánshuài →〔军 jūn 衔〕

大院 dàyuàn ①〔～儿〕回大きい〔院子〕. ②⇒〔大杂院儿〕 ③〔职員〕集合住宅.

大约 dàyuē =〈口 大约摸〕①およそ.だいたい.ほぼ…ぐらい.〔他～有十六七岁了〕彼は16,7歳ぐらいだろう. ②おおかた.おそらく.

大约摸 dàyuēmo 同上.

大月 dàyuè 新暦では31日ある月.旧暦では30日ある月. →〔大尽〕

大跃进 dàyuèjìn ①飛躍的に発展する. ②史1958年の工農業躍進運動:〔～运动〕ともいう.〔三 sān 面红旗〕の一.

大月氏 dàyuèzhī ⇒〔月氏〕

大芸 dàyún ⇒〔肉 ròu 苁蓉〕

大运 dàyùn ①トラック輸送. ②(占いで)10年(一説60年)で一巡りして変わる運.〔大运会〕の略.

大韵 dàyùn ⇒〔八 bā 病存〕

大运河 dàyùnhé 地元代に完成され清代まで地方からの年貢米の上納に用いられた運河:杭州から北京の東の通州まで全長1800キロ余の人工水道.〔京杭〜〕ともいう.〔漕 cáo 河〕

大运会 dàyùnhuì ⦅又⦆①〔世 shì 界大学生运动会〕(ユニバーシアード)の略. ②〔全国大学生运动会〕の略.

大杂烩 dàzáhuì ①圓ごった煮. ②〈喻〉寄せ集め:色々なものをごた混ぜにすること.〔这文章是各种思想的～〕この文章はさまざまな思想の寄せ集めである.

大杂院儿 dàzáyuàn 一つの〔院子〕をかこんでいる建物に多くの家族が長屋式に住みこんでいるもの:以前は貧乏人の住居とされていた.〔大院②〕ともいう.

大枣 dàzǎo なつめの乾燥果実:緩効強壮剤.

大灶 dàzào ①壁に作りつけに築いてあるかまど. ②(共同炊事・集団給食で)一般食:3段階あるうち最低クラスの賄い. →〔小 xiǎo 灶〕〔中 zhōng 灶〕

大泽乡起义 dàzéxiāng qǐyì ⇒〔陈 chén 胜吴广起义〕

大札 dàzhá ⇒〔大函〕

大宅 dàzhái ①〈文〉天地. ②⇒〔灵 líng 宅②〕

大宅门(儿) dàzháimén(r) 大きな屋敷.大邸宅.〈喻〉(権勢のある)名家.

大寨精神 dàzhài jīngshén 史山西省昔陽県大寨人民公社大寨生産大隊の集団経済建設の革命精神:〔政治挂 guà 帥〕〔思想领 lǐng 先〕の原則で〔自力更 gēng 生,艰苦奋斗〕の精神をもって,自然環境の悪条件を克服して生産をあげた.1965年秋以来,〔学 xué 大寨〕の運動が全国的に展開された. →〔大庆〕

大展宏图 dàzhǎn hóngtú 〈成〉雄大な将来計画の実現に努力する.

大展拳脚 dàzhǎn quánjiǎo ⇒〔大显身手〕

大展身手 dàzhǎn shēnshǒu ⇒〔大显身手〕

大战 dàzhàn ①大戦争.〈喻〉大きな試合.商売上の大競争.〔第二次世界〜〕第2次世界大戦. ②大規模で激烈な競争をする.

大站 dàzhàn 大きな駅.停留所. ②急行(特急)

停车驿.
大张旗鼓 dàzhāng qígǔ 〈成〉鳴り物入り(でする).〔麦 hōng 烈烈地,~地开展〕熱烈に,大大的にくり広げる.
大长公主 dà zhǎnggōngzhǔ 〈文〉皇帝の父の姉妹.
大掌柜的 dà zhǎngguìde 〔旧〕一番番頭.大番頭.支配人.
大账 dàzhàng ①棚卸し.年末決算.〔算 suàn ~〕棚卸しをする.年末決算をする.→〔盘 pán 账〕 ②借金.〔只好使~过日子〕借金して暮らすよりほかない.③〈喩〉大局的な計算・判断.
大丈夫 dàzhàngfu ますらお.勇者.大丈夫.
大睁白眼儿 dàzhēng báiyǎnr 〈方〉はっきり見える.よく眼につく.見えすいている.〔大睁(俩)眼儿〕ともいう.〔~的事情你还撒 sā 谎〕はっきりわかることなのにまだうそをつくのか.
大政 dàzhèng 重要な政治・政策.〔~方针〕大局的な政策・方針.
大直径 dàzhíjìng →〔节 jié 径〕
大旨 dàzhǐ =〈文〉大指②〉〈文〉要旨.
大指 dàzhǐ ①⇒〔大拇指〕 ②同上.
大志 dàzhì 大きな志.〔胸 xiōng 怀~〕大志を抱く.〔树雄心,立~〕雄心を抱き,大志を立てる.
大治 dàzhì ①(国家が)大いに治まる.〔天下~〕天下大いに治まる.②大大的に処置する.〔小病~〕軽い病気を大げさに治療する.
大致 dàzhì だいたい(の).おおよそ(の).〔~地说明一下〕大まかに一わたり説明する.
大智若愚 dàzhì ruòyú 〈成〉大知は愚なるがごとし:〔大智如愚〕ともいう.〔~,大勇如怯〕内面と外は逆のである.
大众 dàzhòng 大衆.民衆.〔深受~的支持〕広く大衆の支持を受ける.〔~化〕大衆化(する).〔~文学〕大衆文学.〔~传 chuán 播〕〔~传播媒 méi 体〕マスコミュニケーション・メディア.
大重案 dàzhòng'àn 重大事件.
大仲马 dàzhòngmǎ 囚大デュマ:フランスの作家.〔小仲马〕(小デュマ)の父.〔基度山伯爵 (基度山恩仇记)〕(モンテ・クリスト伯)などの作品がある.
大洲 dàzhōu 大陸.
大轴 dàzhóu 囲シャフト:単に〔轴①〕ともいう.
大轴子 dàzhòuzi 剧(旧剧で大切り)その日の番組の最後の演(物).〔大轴〕〔轴子〕ともいう.〔轴〕は〔胄〕とも書く.
大主教 dàzhǔjiào 宗(キリスト教の)大司教:〔总 zǒng 主教〕ともいう.
大主意 dàzhǔyì 大方針.〔~定下来了〕最終決定が下された.
大著 dàzhù ⇒〔大作①〕
大抓大放 dàzhuā dàfàng 大量逮捕・大量釈放:(警察が)とりあえず多めに逮捕して,調べてみたところ,ほとんど無実なので釈放するという無責任なやり方.
大专 dàzhuān ①〔大学①〕(総合大学・専業大学)および〔高等专科学校〕(高等専門学校).〔~院校〕②大学の専科.〔~学历〕同前の学歴.→〔高 gāo 等院校〕
大专院校 dàzhuān yuànxiào 大学と高等専門学校〔学院〕(単科大学)の総称.→〔高 gāo 等院校〕
大篆 dàzhuàn 園大篆(ﾀﾞｲﾃﾝ):書体の一.周の宣王のとき太史の籀(ﾁｭｳ)がつくったといわれるので〔籀 zhòu 书〕〔籀文〕ともいう.→〔小 xiǎo 篆〕
大庄稼 dàzhuāngjia ①主食とする作物:北部では米・麦・粟・高粱・とうもろこしなどをいい,南部では米・麦をいう.〔大秋①〕 ②秋に収穫する作物.〔大秋②〕

大壮 dàzhuàng 〈文〉大壮(ﾀｲｿｳ):六十四卦の一.
大资产阶级 dà zīchǎn jiējí 大ブルジョアジー.
大子儿 dàzǐr 旧 2分(ﾌﾝ)銅貨.〔十个〕 2分銅貨10枚.→〔小 xiǎo 子儿〕
大字 dàzì ①大きな字.〔一本〕大活字本.②毛筆の楷書体.〔一本〕同前の練習帳.③大の字.〔转〕文字.漢字.〔~不识〕字が読めない.
大字报 dàzìbào 意見・論評などを大きい字で書いて人目につくところへ貼り出す壁新聞:特に〔文 wén 化大革命〕では批判・自己批判のために広く用いられた.〔壁 bì 报〕
大字号眼儿 dà zìhàoyǎnr 〈方〉大きい店.
大自然 dàzìrán 大自然.〔向~开战〕大自然に挑む.〔改造~〕大自然を改造する.
大宗 dàzōng ①大口(の).大量(の).多額(の).〔买进~货物〕大口の商品を仕入れる.↔〔小 xiǎo 宗〕②数量がきわめて大きい生産物・商品.〔出产以棉花为~〕産物は綿花がきわめて多い.③⇒〔大姓①〕 ④ 古家族制度で始祖の次の者(その長男)をいう.
大宗伯 dàzōngbó 周宗室の事務を掌る官.六卿の一:後世では〔礼 lǐ 部尚书〕の別称.
大宗师 dàzōngshī ⇒〔学 xué 政〕
大总统 dàzǒngtǒng 大統領:〔伯 bó 里玺天德〕(プレジデント)は旧音訳.
大族 dàzú ①大家族(世帯).②名門(の家)
大嘴 dàzuǐ ①大きな口.②大口をたたく.はったりを言う.③大飯食らい.
大作 dàzuò ①=〔大著〕大著.〈转〉貴著.②〈文〉大いに起こる.〔狂 kuáng 风~〕狂風が吹き荒れる.〔瘴 zhàng 疫~〕疫病が大流行する.③〈文〉土木工事を大いにやる.〔~不时,天降灾〕大土木工事が時を得ないで行えば天が災いをくだす.
大做文章 dàzuò wénzhāng 〔喩〕大いに論陣をはる.大騒ぎをする.盛んにキャンペーンをする:〔大作文章〕とも書く.

〔汏〕 dà 〈方〉洗う.すすぐ.〔~头〕頭を洗う.

〔垯・墶〕 da →〔疙 gē 垯〕

〔哒・噠〕 da →〔呗 yè 哒〕 → dā

〔纰・縫〕 da →〔疙 gē 纰〕

〔跶・躂〕 da ①→〔蹦 bèng 跶〕 ②→〔蹓 liū 跶〕 → tà

〔疸〕 da →〔疙 gē 瘩〕 → dǎn

〔塔(墖)〕 da →〔疙 gē 垯〕 → tǎ

〔嗒(嗒)〕 da →〔疙 gē 嗒〕

〔瘩(瘩)〕 da →〔疙 gē 瘩〕 → dá

dai ㄉㄞ

〔呆(獃・騃)〕 dāi (I)〔呆(獃・騃)〕①愚かである.〔~头〕〔~汉 hàn〕〔~人〕〈罵〉まぬけ.あほう.ばか.→〔书 shū 呆子〕〔傻 shǎ 子〕②ある事情になる.ぼかんとする.〔他不知所措,~~地站着〕彼はどうしていいか分からなくなり,ぼかんとして立っている.〔发~〕ぼんやりする.〔吓 xià ~了〕あっけにとられてぼかんとする.

dāi～dài

(Ⅱ)[呆]①滞在する.留まっている.[待]に同じ.[~下去]ひき続き留まる.[在这儿一烦 fán 了]このあたりにはもう住みあきた.[时间还早,多一会儿吧]まだ早いからゆっくりして下さい. ②〈姓〉呆(势)

呆板 dāibǎn はきはきしない.生き生きしていない.融通がきかない.間が抜けている.[他是个~的人,不会应 yìng 酬]あの人は融通のきかない人で,交際は下手だ.[这篇文章写得实在~]この文はとても不自然だ.

呆笨 dāibèn 間が抜けている.ぼんやりしている. → [痴 chī 呆]

呆痴 dāichī 頭が鈍い.ぬけている.

呆答孩 dāidáhái 〈白〉ぽんやりしている.[呆打孩]とも書く.

呆鸟 dāidiǎo 〈白〉〈罵〉ちんぽこ.[鸟]は[屌]に同じ.陰茎の俗称.

呆钝 dāidùn 停滞して動きがない.動きが鈍い.[市面~]市況が低迷している.

呆搁头寸 dāigē tóucùn 遊んでいる資金.遊金. → [头寸①]

呆坏账 dāihuàizhàng 圏不良債権.[坏账]ともいう.

呆会儿 dāihuìr しばらくして.[待会儿]とも書く.[~一块儿去游泳吧]しばらくしたら一緒に泳ぎに行こう.

呆货 dāihuò 〈罵〉のろまなやつ.

呆磕磕 dāikēkē 〈白〉ぽかんとしているさま.[只是一地发怔 zhèng]（紅97)ただぽかんとしてあっけにとられている.

呆里撒奸 dāilǐ sājiān まぬけのように見えるが,陰険で悪だくみをする.

呆料 dāiliào 放置されている使いどころのない材料.

呆木 dāimù 〈方〉ぽんやりしている.[~头]でくの棒.愚直.

呆气 dāiqì ぐうたら(である).無気力(である).[他把他爹没那一聊一活露出来了]彼はおやじとしじくぐうたらさをゆっくりさらけ出している.

呆钱 dāiqián 利を生まない金.

呆然 dāirán 呆(势)然としたさま.

呆人有呆福 dāirén yǒu dāifú 〈諺〉ばか者にはばか者の幸運がある.

呆若木鸡 dāi ruò mùjī 〈成〉(木彫りの鶏のように)ぽかんとしている:茫然自失するさま.

呆傻 dāishǎ 頭脳が鈍い.間が抜けている.[~人]〈罵〉あほう.ばか.愚か者.

呆头呆脑 dāitóu dāinǎo 〈慣〉融通がきかないさま.間が抜けているさま.[呆头木脑]ともいう.

呆小症 dāixiǎozhèng 圏クレチン病:胎児期の先天性甲状腺肥大による白痴.[呆小病]〈音義訳〉克汀病 kè dīng bìng]ともいう.

呆笑 dāixiào ばか笑いする.にやにや笑う.[~着说](魯・Q3)にやにや笑って言った.

呆信 dāixìn 配達不能で郵便局にたまっている郵便物.滞留郵便物.

呆性物质 dāixìng wùzhì 化不活性物質.

呆账 dāizhàng [呆账 dà tà zhàng]こげついた貸し付け.回収不能な代金.貸し倒れ.[~准备金]貸し倒れ引当金. →[荒 huāng 账][蓄 sè 账]

呆滞 dāizhì ①滞る.停滞する.[~死板,~,必至陷 xiàn 入被动地位](毛・抗日4)しゃくし定規で,動きが鈍ければ,必ず後(手)に回る.[销 xiāo 路~]販路が停滞する.売れ行きが滞る. ②どろんとしている さま.生気がないさま.[脸色苍 cāng 白,两眼一无神]顔が青白く,眼の動きが鈍くてどろんとしている.

呆住 dāizhù 腰を落ち着ける.しばらく留まる.[待

住]とも書く.[他在哪儿也没~]彼はどこへも腰が落ち着かない.[他没一就走了]彼は腰を落ち着けずに行ってしまった.[一天到晚老呆不住]一日中ちっとも腰が落ち着かない.

呆子 dāizi →[字解(I)①]

[呔(哟)] dāi 〈白〉感動詞.人に注意を促したり,行動を制止しようという気持ちを表す.[~,我在这儿呢]おい,ここにいるよ. [~,住口!]ええい,だまれ. → [唉 dōu] → tǎi

[待] dāi 〈口〉滞在する.留まる.じっとしている.[呆(Ⅱ)①]と同じ.[~了三年]3年住んだ.[你打算在中国~多久]中国にどのくらい滞在するつもりですか.[~了两天]2,3日滞在している. → dài

待会儿 dāihuìr ⇒[呆会儿]

[歹] dǎi ①良くない.悪い.[为 wéi 非作~]〈成〉気ままに悪事を働く.悪事の限りをつくす.[有好有~]良いこともあり悪いこともある.[好~]良いと悪いと.[~喻]どうあっても.良かれ悪しかれ.[~念]良からぬ考え.[定下~计]悪企みを決める.→[好 hǎo 歹] ②〈姓〉歹(呎)

歹毒 dǎidú 陰険悪辣(势)である.腹黒い.[歹斗]もいう.[这家伙~不~!]この野郎なんと悪辣なんだ.

歹人 dǎirén 極悪人.悪漢:とくに強盗.

歹徒 dǎitú 悪党.やくざ者.暴漢:とくに極悪殺人など.

歹心 dǎixīn 悪心.[起 qǐ 了~]悪心を起こした.

歹意 dǎiyì 人を害する心.悪心.

歹竹出好笋 dǎizhú chū hǎosǔn 〈諺〉悪い竹からいい竹の子が出る.鸢(势)が鹰(势)を生む.

[逮] dǎi 捕える.捕まえる.[~萤 yíng 火虫儿]蛍を捕まえる.[~得 de 着 zháo](しかと)捕まえられる.[~住了个特务(スパイ)]特務を捕まえた.[~了去了]捕まえられて連れて行った(かれた).[~饭]〈方〉ご飯を食べる.[猫~老鼠]猫がねずみを捕る. → dài

[傣] dǎi ①→[傣族] ②〈姓〉傣(势)

傣剧 dǎijù 圏タイ族の伝統劇.

傣族 dǎizú タイ族:中国少数民族の一.雲南省に居住するもと[泰 tài 族]といった.[洞 dòng 台]は旧蔑称.

[大] dài 以下の場合を除き,ふつう dà とよむ. → dà

大夫 dàifu 〈口〉医者:[医 yī 生]ともいう.[白求恩~]八医師ベチューン. → dà

大黄 dàihuáng,dà- 植ダイオウ:タデ科の植物:[马蹄~][四川~]は別称.[中医同師の根から精製した薬:[黄良][川 chuān 军][火 huǒ 参][将jiāng 军公]などともいう.峻下(势)剤として用いられる.

大王 dàiwang 〈白〉大王.国王.[山~]山賊の頭(势). → dàwáng

[轪・軑] dài 〈文〉①車のこしきにかぶせる鉄製の覆い.〈轪〉車輪. ②前漢一侯国.河南省光山県の西北にあった.漢の恵帝2年,长沙の軑(势)侯利倉がここに封じられた. → [马 mǎ 王 heap]

[代] dài (Ⅰ)①代わる.[请你~我问一下]わたしに代わって尋ねてみてくれ. ②代理.[~总理]総理代理.
(Ⅱ)①歴史の区分.代(势).[朝 cháo ~]ある王朝の時代.[汉 hàn ~]漢代.[现 xiàn ~]現代. ②地質の年代を表す単位.[古生~]古生代. ③世代.[第 dì 二~]次の世代.[上 shàng 一一]前の

dài   代

代.〔三~工人〕三代続きの労働者.〔一~学人〕一代の学者.

代办 dàibàn ①代理する.代理で処理する.〔~处〕取次所.代理所.〔~人〕代理人.〔邮政~所〕郵便(代理)取扱所.〔这件事情请你~吧〕どうかわたしに代わってやって下さい.②外務大臣名により派遣される外交上の代表:大使と公使がある.〔临 lín 时~〕臨時代理公使.

代笔 dàibǐ 代筆(する).代書(する)

代币券 dàibìquàn 商品券.ギフトカード.〔代币卡 kǎ〕ともいう.

代表 dàibiǎo ①選出された代表(議員).〔人大~〕人民代表大会代表(国会議員).②代表する.〔~作 zuò〕代表作.〔他~我们致词〕彼は我々を代表してあいさつする.〔~性〕代表的な特質.③代理する.〔他~主任讲活〕彼は主任に代わって話をした.

代哺 dàibǔ 食物を噛んで幼児に与える.

代步 dàibù 歩行に代える〔~转〕車・船・馬などの乗り物.→〔代脚〕

代茶 dàichá 〔茶礼①〕結納金:旧式の結婚では婚約を結ぶ時,男の側からお茶を贈るのに使った.→〔受 shòu 茶〕

代拆代行 dàichāi dàixíng 旧代理の地位にある者が書面の封を切り事務を代行する:事務代行(をする)

代偿 dàicháng ①代わりに返済する.②医代償作用:障害の出た臓器に替わって健康な部分が肥大して調節する作用.

代称 dàichēng 別称.→〔别 bié 称〕

代筹 dàichóu 代わって計画をたてる.代わって画策する.

代词 dàicí 国代词〔代名词①〕ともいった.指示代詞(〔这个〕〔那儿〕など)・人称代詞(〔我〕〔他们〕など)・疑問代詞(〔什么〕〔谁〕など)がある.

代达 dàidá 〈文〉代わって申し伝える.

代打者 dàidǎzhě 〈又〉(野球で)ピンチヒッター.

代代花 dàidàihuā ＝〔玳玳花〕围ダイダイ:花は〔花茶〕に用いる.〔酸 suān 橙〕の変種.

代代相传 dàidài xiāngchuán 代々伝授する.

代电 dàidiàn 〈公〉旧時,電報で通達する必要のあるようなことを都合で〔快 kuài 信〕(速達便)で済ませること:〔快邮代电〕ともいう.

代垫 dàidiàn 代わって立て替える.

代奠 dàidiàn 旧香典料:香典の包み紙の表に書く文句.→〔代席〕

代订 dàidìng 〔代定〕とも書く.〈文〉代理で注文する.

代父 dàifù 围(キリスト教などの)教父.→〔教 jiào 父〕

代付 dàifù ①代理で渡す.②代わって支払う.

代耕 dàigēng ①〈文〉農耕せずに生活する:昔時,官吏の給料は農民が耕している田畑からの収入を基準にして支給された.②労働力のない農家に代わって(有償または無償で)田畑を耕作する.

代沟 dàigōu ジェネレーションギャップ.世代間の溝.

代购 dàigòu 代理購入(する).〔~代销 xiāo〕代理買い付けと代理販売.

代管 dàiguǎn 代わって管理する.代わって世話をする.

代号 dàihào 暗号.略号.符丁(ちょう).コードネーム:別称・数字・アルファベットなどで代用した部隊・機関・工場・製品・度量衡単位などの名称.

代际 dàijì 世代間.〔~婚姻〕男女の年齢差が甚しい結婚.〔~公平〕世代間の公平性.

代价 dàijià 代価.〔这一战敌军付出了重大~〕この一戦に敵軍は重大な代価を払った.

代驾 dàijià 運転代行(する).〔~服务〕運転代行サービス.

代交 dàijiāo 代わって渡す.取り次ぐ.

代脚 dàijiǎo 足代わり(になるもの):車・馬.→〔代步〕

代金 dàijīn 実物の価値に相当する現金:物の代わりに支給される.

代酒 dàijiǔ 宴席で酒の飲めない者に代わって飲む人.→〔酒令〕

代考 dàikǎo 替え玉受験する.

代课 dàikè 代講する.〔~教师〕〔~老师〕臨時教員.代用教員.

代揆 dàikuí 〈文〉総理大臣代理.

代劳 dàiláo ①代わって役目を務める.〔这事由我~吧,你甭 béng 管了〕これはわたしがやるから,きみ構わないでいい.〔先生肯 ~,我感謝不尽了〕あなたが骨を折ってくださるなら,感謝に堪えません.②〈挨〉お願いする:人に骨折りを頼る(時の言葉).〔请你~一下〕よろしくお願いします.

代理 dàilǐ 代理(する).代行(する).〔~店〕代理店.〔~银行〕围コルレス銀行.

代理人 dàilǐrén ①＝〔经词〕エージェント.代理商.→〔代理商〕②法代理人:〔法定~〕〔委托~〕〔意定~〕,〔指定~〕がある.

代理商 dàilǐshāng ＝〔经词 理商③〕围エージェント.代理商.〔总 zǒng 代理〕〔总经理〕〔独 dú 家经理〕総代理人(店).一手代理.

代铃 dàilíng 〈文〉〔弥 mí 月〕(出生満1か月の祝い)に贈る祝い金:古い習慣では鈴を贈った.

代领 dàilǐng 代理受領(する).〔如委托他人~,应有委托证明〕他の人に委託して受領する場合は委託証明を要す.

代码 dàimǎ コード.符号.〔国家~〕(電話の)国番号.IDD:中国は86,日本は81.

代脉 dàimài 围医結代(脉).→〔脉象〕

代名词 dàimíngcí ①＝〔代词〕②别名.代名詞.〔诸葛亮在民间传说中成了智慧的~〕民間伝説の中では,諸葛亮が知恵の代名詞になった.

代母 dàimǔ 围(キリスト教などの)教母.→〔代父〕〔教 jiào 母〕

代庖 dàipáo 〔庖代〕〈文〉代理を務める.〔越 yuè 俎~〕〈成〉権限を越えて代理を務める.越権行為をする.

代培 dàipéi (人材養成を)委託する(される).〔~生〕大学・研究所の委託生.

代前期 dàiqiánqī 围前史時代.

代乳 dàirǔ ①(他人の子に自分の)乳を飲ませる.乳母をする.②乳の代替えとする.〔~粉 fěn〕粉ミルクの代用品:大豆・その他の栄養剤で作る.→〔奶 nǎi 粉〕

代入法 dàirùfǎ 圆代入法.

代食品 dàishípǐn 代用食.

代收 dàishōu ①代理して受け取る.②代理徴収する:〔代征〕に同じ.

代售 dàishòu ＝〔代销〕代理販売(する).取り次ぎ販売(する).〔~商 shāng〕代理販売店.〔~处 chù〕代理販売所.

代书 dàishū 〔代写〕

代数 dàishù 围代数.〔~方程〕代数方程式.〔~根式〕代数式.〔~学〕代数学.

代索 dàisuǒ 代わりに請求する.

代讨 dàitǎo 代わって請求する(要求する)

代替 dàitì 代える.代わる.とって代わる.置き換える.〔因为我不会,我~不了 liǎo 你〕ぼくはできないので,きみに代わるわけにはいかない.〔机械~人力〕機械が人力に代わる.〔~物〕代替物.→〔取 qǔ 代①〕

dài

代填 dàitián 代理記入する.
代为 dàiwéi ①代わって…する。…の代わりに…する.〔蒙 méng 贵公司～订购,深表感谢〕御社が代わりに注文してくださったことに対し深く感謝の意を表します。②代わって取り扱う.
代位 dàiwèi 〈文〉他人の地位に取って代わる.〔~继承〕因代襲相続.
代席 dàixí 旧お祝い・お礼などを贈る時,金を包む紙の表面に書く"薄謝""寸志"に相当する文句:宴席・酒席に代えるの意で,本来ならお招きすべきところをお金で代えるの意を表す.〔代仪〕ともいう.→〔代奠〕
代销 dàixiāo ⇒〔代售〕
代写 dàixiě =〔代书〕〔代字〕代書(する)
代谢 dàixiè 新旧交替(する).〔新陈~成〕新陳代謝.
代行 dàixíng 代行(する).〔~局长职 zhí 务〕局長の職務を代行する.
代形合参 dàixíng hécān 数〔解 jiě 析几何〕(解析幾何)の旧称.
代序 dàixù ①序に代える文章。前書きに代える文.②〈文〉順序に従って交替する.
代言人 dàiyánrén 代弁者.→〔发 fā 言人〕
代仪 dàiyí 〔代席〕
代议制 dàiyìzhì 代議制(の).〔议会制〕ともいう.
代役租 dàiyìzū 旧夫役に代えて納める税.
代营 dàiyíng 代理経営する.〔~食堂〕代理経営食堂.
代用 dàiyòng 代用(する).〔~品〕代用品.
代邮 dàiyóu ①(代理で)郵送する. ②(手紙の代わりに雑誌・新聞で)告知(する)
代孕 dàiyùn 代理出産(する).〔借 jiè 腹生子〕に同じ.〔~母亲〕代理母.
代征 dàizhēng 〔代收②〕
代职 dàizhí ①職務を代理する. ②臨時代理(職務)
代字 dàizì ⇒〔代写〕
代字号 dàizìhào 波状記号.波状ダッシュ."~":〔浪 làng 纹号〕ともいう.

[岱] dài

①泰山の古名:〔~宗 zōng〕〔~岳 yuè〕ともいう.→〔泰 tài 山①〕 ②〈姓〉岱(ℊ).

[玳(瑇)] dài

玳玳花 dàidàihuā ⇒〔代代花〕
玳瑁 dàimào ①動タイマイ:ウミガメの一種.→〔海 hǎi 龟〕 ②鼈甲タイマイの甲殻.〔~边的眼镜〕べっこう縁のメガネ.〔~镯 zhuó〕べっこう製の腕輪.

[贷・貸] dài

①貸す.借りる.貸し出す.②借り入れる.〔向银行～款〕銀行からお金を借りる.〔银行～给工厂一笔款〕銀行が工場にお金を貸す付ける.〔借 jiè①②〕 ③貸付金.〔农~〕農業貸付金. ④転嫁する.〔旁 páng ～〕わきに転嫁する.わきになすりつける. ④大目に見る.容赦する〔决 jué 不宽～〕〈成〉決して許さない.見ない.
贷出 dàichū 貸し出し.貸し付ける.
贷方 dàifāng 圙貸方⑤:〔付 fù 方〕に同じ.↔〔借 jiè 方〕
贷记卡 dàijìkǎ 圙銀行系クレジットカード.
贷款 dàikuǎn ①(金を)貸す. ②貸付金.借款.ローン.クレジット.〔消费~〕消費者ローン.〔日元~协议〕円借款協議.〔~诈 zhà 骗罪〕金融詐欺罪.〔长期~〕長期貸付.〔活期~〕当座貸付.〔信用~〕信用貸付.
贷粮 dàiliáng 食糧を貸与する.
贷入 dàirù 金を借り入れる.
贷赊 dàishē ①かけ売り(をする). ②かけ買い(をする)
贷项 dàixiàng =〔付 fù 项〕圙貸方勘定.
贷学金 dàixuéjīn 学資貸付金.

[袋] dài

①[~儿]袋.〔口~ kǒudai ③〕同前.〔布~〕布の袋.〔口~衣〕〔衣兜儿 dōur〕(服)のポケット.〔小~〕胸のポケット.〔~盖 gài(儿)〕ポケットのフラップ(たれぶた).〔麻 má ~〕麻袋.〔烟 yān ~〕キセル.〔塑 sù 料~〕ポリ袋.〔酒囊 náng 饭~〕喩役にたたない人間.〔~里没有血 xuè 的穷光蛋〕囊中一文なしの素寒貧(ᓃ).②[~儿]量詞.袋に入れたものを数える.また,キセルでタバコを吸う回数を数える.〔一~(儿)面~〕小麦粉一袋.〔抽一~烟〕タバコを一服吸う.③〈姓〉袋(ℊ)
袋茶 dàichá ティーバッグ:1回入れる分量を紙包みにしてある茶.〔袋泡 pào 茶〕ともいう.
袋袋 dàidai 袋.
袋底朝天 dàidǐ cháotiān 喻すっからかんになる.おけらになる.〔输到~〕すってんてんに負ける.
袋儿 dàir 一字解
袋兽 dàishòu 動有袋目(動物)
袋鼠 dàishǔ 動カンガルー.〔大~〕同前.〔~族 zú〕(成人小孩)〈喻〉親のすねかじりの(成人した子供)
袋熊 dàixióng ⇒〔树 shù 袋熊〕
袋装 dàizhuāng 袋詰(め).袋包装(の)
袋子 dàizi ①(面~)小麦粉袋. ②〈方〉中国服の上衣両側のポケット.

[紒] dài

〈音訳〉デニール:〔旦 dàn Ⅲ〕を用いる.

[黛] dài

=〔文〕黱〕①眉墨.〔粉~〕お白粉と眉墨.〈転〉美人. ②青黒色(の). ③〈姓〉黛(ℊ)
黛蛾 dài'é ①⇒〔黛眉②〕 ②美女.
黛鬟 dàihuán 〈文〉(女の)黒髪.
黛绿 dàilǜ 〔黒ずんだ緑色の)
黛眉 dàiméi ①眉をひく. ②=〔黛蛾①〕ひき眉.
黛青 dàiqīng 色濃い青色(の)

[甙] dài

⇒〔甘 gān ①〕

[迨] dài

〈文〉①(ある時まで)及ぶ.至る.〔~下周再行续谈〕来週になってさらに話し合いを続行する. ②…に乗じて.〔~其未渡河而击之〕その未だ渡河せざるに乗じてこれを攻撃する.

迨后 dàihòu 〈文〉後に至りて(後になって).将来.
迨今 dàijīn 〈文〉今日(現在)に至るまで.→〔至 zhì 今〕
迨至 dàizhì 〈文〉…に至るまで.

[骀・駘] dài

〈文〉のんびりする.気ままである. → tái
骀荡 dàidàng 〈文〉①心地よい.〔春风~〕春風が心地よい. ②気ままにする.

[绐・紿] dài

〈文〉あざむく.

[怠] dài

①怠る.なまける.〔始终不~〕終始怠らない.〔懈 xiè ~〕なまけ怠る.〔倦 juàn ~〕疲れあきる.〔~于判断〕裁き(審問にして判決を下したり)を怠る. ②おろそかにする.粗略に扱う.
怠弛 dàichí 〈文〉怠り気をゆるめる.
怠惰 dàiduò 怠惰(である)
怠废 dàifèi 怠って仕事をしない.
怠耕 dàigēng 野良仕事をなまける.
怠工 dàigōng =〔怠业〕(労働者が)怠業(する).サボタージュ(する)〔各大铁路工人实行怠工,煤矿

dài 怠殆带

工人也实行～、罢工〕各大鉄道会社の労働者はサボタージュやストライキを行い、鉱山労働者もサボストに入った.〔罢bà工〕〔旷kuàng工〕〔磨mó洋工〕

怠忽 dàihū 怠りゆるがせにする.〔～职守〕職責を怠る.

怠倦 dàijuàn〈文〉怠る.なまける.

怠慢 dàimàn ①そっけなくする.粗略にする.〔您吩fēn 咐的事怠慢～〕お言いつけになったことをどうしていい加減いたしましょうか.②〔挨〕行き届かないことをわびる.〔一之处,请勿见怪〕不行き届きの点はなにとぞお許し下さい.

怠速运转 dàisù yùnzhuǎn ⇒〔慢 màn 速运转〕

怠息 dàixī〈文〉なまけて休む.

怠隙 dàixì〈文〉怠けているすき.〔伺 sì 其～〕(三国志)そのすきをうかがう.

怠业 dàiyè ⇒〔怠工〕

〔殆〕 dài〈文〉①危うい.〔危 wēi～〕同前.〔～哉 zāi〕危ういかな.〔百战不～〕〈成〉百戦危うからず.〔～而已〕からうじて残っているのみである.②ほとんど.おそらくは.〔～不可得 dé 得ることは難しかろう.〔此～假 jiǎ 冒〕おそらくはまがい物であろう.〔～至一载 zǎi〕かれこれ一年になる.

殆及 dàijí〈文〉ほとんど.

殆尽 dàijìn〈文〉なまけて休む.ほとんど尽きようとしている.

殆庶 dàishù〈文〉…に近からん.ほとんど…であろう.

殆无 dàiwú〈文〉ほとんど無い.

殆于不可 dài yú bùkě〈慣〉ほとんど不可であろう.

〔带・帶〕 dài ①帯・ベルト・テープ・リボン・帯状のもの.〔腰～〕ベルト.腰ひも.〔鞋 xié～(儿)〕靴ひも.〔录音～〕録音テープ.〔～卡 qiǎ 子〕バックル.②身に帯びる.身につける.〔您～着呢?〕お持ちですか.〔要下雨了,～伞去吧〕雨が降るよ,傘を持って行きなさい.→〔戴①〕③連れる.先導する.率いる.〔～女儿找 zhǎo 婆家〕娘を連れて嫁ぎ先を探す.〈喩〉売れ行きが悪く買手をみつけるのに苦労すること.〔他这样一来,一得大家辛 qín 苦了〕彼がこうして先頭に立ってみんなをよく働かせた.→〔领①〕④おびる.備えている.あらわれている.〔面一愁 chóu 容〕顔に憂いを浮かべる.〔～着点儿酸 suān 味儿〕⑤少しすっぱい味をおびている.古臭い傾向を持っている.⑥附帯している.附着している.〔～叶子的橘 jú 子〕葉のついているみかん.〔～盖儿 gàir 的碗叫盖碗〕ふたのついている碗を"盖碗"という.〔高粱地里～着种点黄豆〕高粱畑に大豆も混植している.⑥ついでに.〔李先生叫我给您～个话儿来〕李さんからあなたにことづけを頼まれてきました.〔上街～包茶叶来〕町へ出たらついでにお茶を一包み買って来なさい.〔写信的时候给我～一笔问个好儿〕手紙を出される時には一筆よろしく申し上げて下さい.〔这老师～学生有五百〕先生から生徒にいたるまでひっくるめて500人いる.〔连来～去得 děi 四天〕行ってから戻るまで4日かかる.〔连说～笑〕しゃべったり笑ったり.⑦引っかける.引きよせる.引きあいに出す.巻き添えにする.〔一伸手,～翻 fān 了一杯茶〕つと手を伸ばしたところ,引っかけてお茶をひっくりかえした.〔他把话往相 xiàng 面的这儿～〕彼は話を人相見のほうへ持っていこうとする.〔他们议 yì 论小李,连我把他 tā 也～上了〕彼らは李くんのことを取りざたするのにわたしらのことまで引きあいに出した.〔叫车子～个源头〕車に引っかけられて転んだ.〔他一声也没吭 kēng,重重地～上门走了〕彼はだまって後ろ手にドアをバタンと閉めて出ていった.⑧医こしけ.

〔白 bái～〕の略.→〔带下〕⑨地帯.区域.〔那一～〕あの一帯.〔温～〕温帯.⑩タイヤ.〔轮 lún～〕〔车 chē～〕自行车外～〕自転車のタイヤ.⑪〔姓〕帯(ﾀｲ)

带班 dàibān ①グループ・チームを指導し受け持つ.②(小・中学校で)担任をする.

带兵 dàibīng 兵隊を率いる.〔～的〕隊長.指揮官.

带病 dàibìng 病気をかかえる.〔～延 yán 年〕〈成〉病気をかかえて生きながらえる.

带彩 dàicǎi 手傷を受ける.〔我看昨儿运 yùn 回好些个兵来都～了〕昨日たくさん兵が送り返されて来たのを見たのが手傷を負っていた.〔～带伤〕

带操 dàicāo ①区リボン競技:新体操の一種.②(大勢の人を集めて)体操の指導や指揮をする.

带刺儿 dàicìr (口に)とげがある.〔〈方〉放 fàng 刺儿〕ともいう.

带刺铁丝 dàicì tiěsī 〔有 yǒu 刺铁丝〕

带搭不理 dài dā bùlǐ〔带答不理〕〔待搭不理〕とも書く.〔方〕相手にしようとしない.〔問題としたくない〕〔待理不理〕に同じ.〔他特別傲 ào 慢,跟他说话他老是～的〕彼は高慢ちきだから,話してもいいかげんにあしらわれるだけだ.

带灯堂会 dàidēng tánghuì 旧金持ちが,正月やめでたいことのあった時などに,俳優を招いて劇を上演した.これを"堂会"といい,昼から夜にかけて2度上演させるのを〔～〕といった.

带电 dàidiàn 電带電.エレクトリフィケーション.〔～体〕带電体.〔～导 dǎo 线〕活線.

带动 dàidòng ①率い動かす.先導する.導く.促進する.〔以团员的模 mó 范行动一青年不断前进〕(共产主义青年团)団員の模範的行動で青年を絶えず前進するように導く.〔大家学习〕みんなを率い動かして学習させる.②⇒〔传 chuán 动〕

带犊子 dàidúzi ⇒〔带葫芦〕

带队 dàiduì 隊伍・グループ・チームを率いる.

带发修行 dàifà xiūxíng 剃髪せずに寺院に入り修業する.

带分数 dàifēnshù 数帯分数.

带钢 dàigāng 機帯鋼(こう).スチールストリップ.

带好儿 dàihǎor よろしく伝える.〔替 tì 我给老太太～到母上によろしく.〔您见了他替我带好儿儿〕彼に会われたらどうぞよろしくお伝え下さい.

带葫芦 dàihú·lu =〔方〕拖 tuō 油瓶〕〈方〉連れ子(をして再婚する).〔带犊子〕に同じ.

带花 dàihuā 〔-儿〕模様入りの.柄(ｶﾞﾗ)入りの.〔～的信纸〕同前の便箋.

带话(儿) dàihuà(r) ことづける.話を伝える.

带环 dàihuán 避妊リングを着用する.

带甲 dàijiǎ (よろいで)武装する.

带劲 dàijìn ①〔-儿〕力がある.張り切っている.元気がある.〔快到目的地了,大家走得更～了〕目的地が近くなると,皆いっそう元気に歩いた.〔对!对!这才～!〕そうだそうだ,その意気だ.②興味が出る.素晴らしい.おもしろい.〔下象 xiàng 棋不～,还是打棒球吧〕将棋は面白くない,野球にしよう.〔什么东西也会开拖 tuō 拉机了,那才～呢〕なんだもトラクターを運転できるようになったらさぞ愉快だろうな.

带锯 dàijù 带鋸(ﾉｺ).エンドレスソー.バンドソー.〔～机 ji〕带鋸盤.带鋸製材機.

带菌 dàijūn 医保菌.〔～者〕保菌者.

带课 dàikè 授業を担任する.

带口之言儿 dàikǒu zhī yánr〈方〉何かのほかの話のついで.〔这个问题,你～地跟领 lǐng 导上谈谈〕その問題は,きみが何かほかの話のついでに上層部の人たちに話してみるんだな.

dài

带宽 dàikuān （通信の）帯域幅.バンド幅.
带来 dàilái 持って来る.もたらす.〔给我~〕持って来てくれ.〔给人民也~了无法估 gū 量的损 sǔn 害〕人民にとって見積ることもできないくらいの損害をもたらした.
带累 dàilěi 巻き添えを食う.迷惑をかける.側杖(ぎ)を食う.側杖を食わす.〔这件事把他也~上了〕この事件は彼をも巻き添えにした.→〔连 lián 累〕
带理不理 dàilǐ bù lǐ ⇒〔待理不理〕
带零（头） dàilíng(tóu) 端数がある.
带领 dàilǐng ①引率する.〔老同学~新同学去参观附属工厂〕在校生が新入生を引率して附属工場の参観に行く. ②指導する.指揮する.〔老师~同学们去支 zhī 援麦收〕先生は生徒達を指揮して麦刈りの支援に行く.
带路 dàilù 道案内する.ガイド.〔给你~〕案内してあげます.〔能够得到有经验的向导 dǎo 游~,是最保险的〕経験のあるガイドに道案内してもらえば最も安全である.〔~人〕(革命などの)先導者.
带轮 dàilún 圈バンドプーリー.
带卖 dàimài 付随的に売る.兼ねて売る.〔~些日用品〕日用品もあわせて少し売っている.
带挈 dàiqiè 引き連れる.引き立て(る).〔挈带〕に同じ.〔他只有三十岁,在前辈们的~下,跃 yuè 登政坛〕かれが30歳で先輩たちの世話により,政界にのり出した.
带球 dàiqiú 区(バスケットなどの)ドリブル.〔~过人〕ドリブルでディフェンスをかわす.〔~走〕トラベリング.
带儿 dàir ⇒〔带子②〕
带韧 dàirèn 圈バンドブレーキ.
带日下雨 dàirì xiàyǔ 〈慣〉狐の嫁入り.お天気雨:日がさしているのに雨が降ること.
带伤 dàishāng ⇒〔带彩〕〔受 shòu 伤〕
带身子 dàishēnzi 妊娠していること.
带声 dàishēng ⇒〔带音〕
带式输送机 dàishì shūsòngjī ⇒〔皮 pí 带(式)运输机〕
带手 dàishǒu 料理屋・食堂のウエイターが右肩に掛けている布巾(ぎ).〔~擦 cā 布〕
带手儿 dàishǒur 〈方〉ついでに.〔敲 qiāo 祥子,并不在侦 zhēn 探们的计划内,不过既然看见了祥子,~的活,何必不先抢出十头八块的呢〕(老·骆)祥子の金をまきあげることは探偵らの初めからの計画ではなかった,ただ祥子を見かけたからにはついでのことにまず 8 元でも 10 元でもせしめてやろうというのだった.〔就 jiù 手(儿)①〕
带水 dàishuǐ 水先案内する.〔~的〕水先案内(人)
带嗾貂裘 dài sùdiāoguà ⇒〔貂褂〕
带套 dàitào 〔环 huán 带①〕
带田 dàitián 帯状に間作(ミミ)している畑.
带头 dàitóu 先頭に立って指導する.率先垂範する.〔~冲 chōng 向敌阵〕先頭切って敵陣へおどり込む.〔在工地上他经常起~作用〕工事現場で彼はいつも率先してやっている.〔~倡 chàng 导①〕~羊〕先導羊.〔喻リーダー.〔~人〕先達の士.リーダー.→〔领 lǐng 头(儿)〕
带徒弟 dàitúdi 弟子に教える.弟子に教える.〔别看她才十九岁,已经带了一年多徒弟了〕彼女が19歳だとみくびってはいけない,もう一年余も弟子をとっている.
带位员 dàiwèiyuán 座席案内係.
带下 dàixià 中医こしけ.→〔白 bái 带〕
带孝 dàixiào （服孝）
带薪 dàixīn 有給(の).〔~(休)假〕有給休暇.〔~产假〕有給出産休暇.

带信儿 dàixìnr 伝言する.ことづける.〔他叫我给你带个信儿来〕彼からことづけられてきました.
带言不语 dàiyán bùyǔ ⇒〔待说不说〕
带养 dàiyǎng 子供を持を扶養する.
带音 dàiyīn 〔带声〕圈有声音.有気音.〔不~〕〔不带音〕無声音.無気音.〔清 qīng 音③〕〔浊 zhuó 音〕
带引 dàiyǐn 先に立って導く.〔~他们走上解放的道路〕彼らを解放への道に導く.
带鱼 dàiyú 魚区タチウオ.〔白 bái 条⑤〕〔刀 dāo 鱼①〕〔刀条儿鱼〕〔海 hǎi 刀鱼〕〔箭 jiàn 鱼②〕〔裙qún 带鱼〕などの別称.
带鱼鲨 dàiyúshā ⇒〔银 yín 鲛〕
带崽儿 dàizǎir 〔带仔儿〕とも書く.孕(笳)む.
带脏字儿 dài zāngzìr (人を罵るのに)汚い言葉を用いる.〔骂 mà 人别~〕人を罵っても汚い言葉をつかうな.
带征 dàizhēng 付加して徴収する.
带职 dàizhí (肩書きを変えずに)他の活動をする.〔~学习〕同前で講習を受ける.
带状 dàizhuàng 帯状.
带子 dàizi ①録音(録画)テープ. ②＝〔带儿〕帯・ベルト・細ひも・リボン類の総称.〔系 jì ~〕帯をしめる.
带嘴(香)烟 dàizuǐ (xiāng)yān フィルターつきタバコ:〔过 guò 滤嘴香烟〕ともいう.
带座员 dàizuò (映画館・料理場など)客席係が席へ案内する(こと).〔~的(口)座席案内係.

[待] dài

(Ⅰ) ①待つ.待ち受ける.〔等 děng ~〕同前.〔急 jí 不可~〕待てないほど緊急である.〔一校 jiào 的稿件〕校正待ちの原稿.〔还有~于改进〕なお改良を待つべき点あり.〔百业~兴 xīng〕〜成〈色々の事業が復興を待つ. ②必要とする.〔自不~言〕もちろん言うまでもない.言をまたない. ③〈白〉…しようとする.…するつもりである.〔~同他坐,他已去了〕尋ねようとした時には彼はもう行ってしまった. ④〈姓〉待(⚟)
(Ⅱ) 扱う.もてなす.待遇する.〔对 duì ~〕応対(する).〔招 zhāo ~〕招待(する).〔优 yōu ~〕優待(する).〔虐 nüè ~〕虐待(する).〔慢 màn ~！〕〈挨〉何のおかまいもしません(失礼しました) → dāi

待办 dàibàn 処理を待っている.〔~的公文〕同前の公文書.
待毙 dàibì 〈文〉死を待つ.〔我们得想法儿冲 chōng 出去,不能这样坐以~〕何とか方法を講じて突破しよう,むざむざ死を待つわけにはいかない.
待茶 dàichá 客に茶を出す.茶でもてなす.〔他不懂得~,不会应酬〕彼はお茶でもてなすことも知らないし,おつきあいということも知らない.
待查 dàichá 調査・検査の必要あり.〔病情~〕病情は要検査.
待产 dàichǎn 産気づく.生まれるのを待つ.〔~的妻子〕産気づいた妻.
待承 dàicheng もてなし(をする).〔~客人〕客をもてなす.〔没有好~,您多包涵吧〕たいしたおもてなしもいたしません,どうぞ悪しからず.→〔招 zhāo 待②〕
待处 dàichǔ 処理・処置を待つ.
待次 dàicì 〈文〉任官または補職の順を待つ.
待搭不理 dàidā bùlǐ ⇒〔待理不理〕
待旦 dàidàn 〈文〉夜明けを待つ.
待到 dàidào …してから.…になって:〔等 děng 到①〕に同じ.
待定 dàidìng 決定を待つ.

dài

待逮埭䌹戴

待发 dàifā ①出発を待つ.②出荷を待つ.
待岗 dàigǎng レイオフ.自宅待機する.職場復帰を待つ:基本給などは保障される.〔~职工〕同前の労働者.→〔下 xià 岗〕
待工 dàigōng ⇒〔待业〕
待沽 dàigū 売る時を待つ.→〔待价〕
待机 dàijī ①待機する.時機を待つ.〔~出击〕時機を待って出撃する.②〔電算〕スタンバイ(する).〔~画面〕待機画面.
待价 dàijià 〈文〉相当の相場(価格)にあがるのを待つ.〔~而沽 gū〕値上がりを待って売る.〈喩〉好機を待って官職に就くこと.
待检 dàijiǎn 検査を待つ.
待建 dàijiàn 計画に組み入れられ建築・建造を待つ.
待见 dàijian 〔口〕好む.愛好する:多く否定に用いる:〔戴见〕とも書く.〔我不~他〕わたしはあの人を好きでない.
待解 dàijiě 解明を待つ.〔这个难题依 yī 然~〕この難題は依然として解明を待たれている.
待决 dàijué 解決を待つ.〔两国之间,仍 réng 存在着~的问题〕両国間にはまだ解決を要する問題が残っている.
待考 dàikǎo 調査を要する.検討を待つ.〔此事~〕この件は調査を要する.
待客 dàikè 客をもてなす.〔~厅 tīng〕応接室.
待理不理 dàilǐ bùlǐ =〔待搭不理〕ろくに応対もしない.冷淡にあしらう:〔带理不理〕とも書いた.〔应 yìng 酬人别这么~的人との応対は,そんなに無愛想ではいけない.
待料 dàiliào (生産工場で)原料の到着を待つ(こと).〔停工~〕操業を停止し原料を待つ.
待令 dàilìng ⇒〔待命〕
待漏 dàilòu 〈文〉昔時,臣下が水時計で時間を見て参内したこと.〈転〉参内の時刻.
待命 dàimìng 〔待令〕命令を待つ.待命する.〔原地~〕その場で待命する.
待年 dàinián ⇒〔待字〕
待批 dàipī (主管部門の)審査・決裁を待つ.
待聘 dàipìn 採用(求人)を待つ.〔~人员〕同前の人員.
待人 dàirén 人をもてなす.人に遇する.〔~接 jiē 物〕人に接する.人とつき合う.
待商 dàishāng 相談を待つ.
待时 dàishí しばらく待つ.好時機を待つ.〔~而动〕時機を待って乗り出す.→〔待机〕
待说不说 dàishuō bùshuō =〔带言不语〕〈成〉思わせぶりな様子をするなどがなかなか話さない.そのような言わないような様子をする〔带说不说〕とも書いた.
待死 dàisǐ 死を待つ.〔~不活〕〈成〉生き返る見込みなし.
待下 dàixià 下の者に対する.
待霄草 dàixiāocǎo 〔圍〕マツヨイグサ:〔月 yuè 见草〕(ツキミソウ)ともいう.〔山 shān 芝麻〕〔夜 yè 来香④〕は別称.
待续 dàixù 次につづく:連載物で後は次回に続く場合などに用いる.→〔承 chéng 前〕
待要 dàiyào 〈白〉…しようとする.…するつもりである.〔~说几句,又怕不妥 tuǒ 当〕ちょっと話そうとしたが,具合悪いのでやめた.
待业 dàiyè 就職の配分を待つ:〔待工〕に同じ.〔~职工〕同前の元国営企業の労働者の青年.失業中の若者.→〔失 shī 业〕
待遇 dàiyù (俸給・給料などの)待遇(する).〔~从 cóng 优支给〕給料は優遇して支払う.文権利・社会の地位)に相対する.応対する.扱う.〔~权利・社会的地

位など)待遇(する).〔政治~〕政治上の待遇.
待月西厢 dàiyuè xīxiāng 〈喩〉恋人同士のデート:『西厢记』の〔~の下〕から.
待运 dàiyùn 積み込みを待っている.
待诏 dàizhào ①回圖官名の一.翰林院に属し文書の照合をつかさどる.〈白〉ⓐ理髪師(とこや)の別称.ⓑ店員の別称.
待赈 dàizhèn 〈文〉救済を待つ.
待制 dàizhì 〈文〉昔時,毎日交替で帝王に奉侍し諮問に応ずる役.
待字 dàizì =〔待年〕〈文〉(女性が)婚約が決まるのを待つ.年ごろになっても未婚約でいる.〔~闺 guī 中〕まだいいなずけがいない.
待罪 dàizuì 〈文〉罪を待つ(裁きを待つ):古代,官吏が職を奉じていることを謙遜した言い方.

[逮] dài ①〈文〉及ぶ.至る.〔力有未~〕力のまだ及ばないところがある.〔二人相比,汝 rǔ 不~远甚〕二人を比較すると,お前がはるかに劣っている.②逮捕する.〔~入狱 yù 中〕捕まえて投獄する.〈姓〉逮(⑥).→ dǎi
逮捕 dàibǔ 法逮捕(する).〔~证〕逮捕状.
逮今 dàijīn 〈文〉現在に至るまで.
逮夜 dàiyè 圍(仏家の)忌日・葬儀の前夜.
逮狱 dàiyù 〈文〉収監する.獄に入れる.

[埭] dài ①〔方〕堰(堰).土手.〔~堰 yàn〕同前.②地名用字:江蘇・安徽に多い.〔石~县〕圏安徽省に同.

[䌹・䌹] dài → [骎 ài 䌹]

[戴] dài ①(頭に)かぶる.かぶせる.戴く.(体につける.〔~上口罩儿 zhàor〕マスクをつける.〔~乳 rǔ 罩〕ブラジャーをつける.〔~发 fà 卡〕ヘアピンをつける.〔~眼 yǎn 镜〕〔~镜子〕メガネをかける.〔~花儿〕(髪や胸に)花をさす.〔~戒 jiè 指〕指輪をはめる.〔~徽 huī 章〕バッジをつける.〔~首 shǒu 饰也遮不住丑 chǒu〕〈諺〉装身具をつけても醜さは隠せない〔锦をまとっても狼は狼.〔不共~天之仇 chóu〕ともに天を戴かない(どうしても倶せねばならない)ほどの~.〔~大檐 yán 帽的〕〈喩〉警官.ポリ公.〔~红帽子〕〈喩〉政府・党のお墨付きのある.〔~帯②〕②尊敬に推戴する.〔戴 ài 戴~〕喜んで推戴し仰ぐ.〔拥 yōng ~〕おしていて仰ぐ.〈姓〉戴(⑤).
戴白 dàibái ①⇒〔戴孝〕②〈文〉老人.
戴高乐 dàigāolè 囚ドゴール:フランスの政治家(1890~1970)
戴高帽子 dàigāomàozi 〔戴高帽儿〕ともいう.①〈喩〉おだてに乗る.調子に乗る:〔戴炭篓子〕に同じ.〔你别给我~〕僕をおだてるなよ.〔他爱~〕彼はおだてられやすい.②紙製の高い三角帽子.〔~游街〕回同前のをかぶせて通りをひきまわす:犯人や悪徳地主などに対して行われた一種の懲罰方法.
戴冠郎 dàiguānláng 〔公 gōng 鸡〕(おんどり)の別称.
戴脚镣 dàijiǎoliào 足枷をはめる.→〔戴手铐〕
戴菊莺 dàijúyīng 圍キクイタダキ.
戴笼头 dàilóngtou ①(馬やラバなどに)おもがいをつける.②〈喩〉自由を拘束する.
戴绿帽 dàilǜmào 〔~儿,~子〕〈喩〉妻を寝とられる.妻に姦通される:〔戴绿头巾〕ともいう.〔不是甘心戴这一顶~〕甘んじて妻の姦通を見逃しているのではない.
戴帽儿 dàimàor ①下駄をはく:一定枠以外の差額をつけること.②一つ上級の学校のクラスを併設する.〔~中学〕大学生クラスを設けた高校.
戴帽子 dàimàozi ①帽子をかぶる.②〈喩〉レッテル

をはる.罪名をかぶせる.〔他被戴上坏分子的帽子了〕彼は悪質分子として判定された.→〔摘 zhāi 帽子〕

戴牌 dàipái 〔-儿〕〈口〉肩章・襟章などをつける.

戴替头 dàitìtou （馬の）くつわをはめる.

戴盆望天 dàipén wàngtiān 〈成〉盆を頭にかぶったまま天を仰ぎ見ようとする:手段と目的が一致していないこと.

戴胜 dàishèng 〘鳥〙ヤツガシラ:俗に〔呼 hū 哱哱〕〔呼呼哱〕〔山 shān 和尚〕ともいう.

戴手铐 dàishǒukào 手錠・手錠をはめる.

戴炭篓子 dài tànlǒuzi おだてにのる.調子にのる:〔戴高帽〕に同じ.〔给他一个炭篓子戴上,什么事不应承呢〕彼を一つもちあげると何でも引き受けてくれる.

戴孝 dàixiào ＝〔戴白〕（親をなくして）喪章を着ける.喪に服す:ふつう白色は不幸を表す:〔帯孝〕ともいった.→〔披 pī 麻〕

戴星而出,戴星而入 dàixīng ér chū, dàixīng ér rù 〈成〉朝早く出かけて夜遅く帰る（仕事に励むさま）.朝は朝星,夜は夜星.→〔披 pī 星戴月〕

戴月披星 dàiyuè pīxīng ⇒〔披星戴月〕

戴毡帽的 dài zhānmàode 〈喩〉一般人.庶民:特に農民をさす.〔戴官帽的〕（お役人）に対していう.

戴罪立功 dàizuì lìgōng 〈成〉手柄を立てて罪をつぐなう.

〔**襶**〕 dài →〔褦 nài 襶〕

〔**黱**〕 dài ⇒〔黛〕

dan ㄉㄢ

〔**丹**〕 dān ①〘色〙朱色（の）.紅（ビ）柿色（の）.〔~陆 bì〕宮殿の朱塗りの階（ヒデ）.②練薬（ヤ）.〔~药 yào〕道家の円薬（ダシ）.〔仙 xiān ~〕（道教の仙人が練って作ったといわれる）不老不死の薬.〔灵~妙药〕効き目あらたかな妙薬.③〈姓〉丹（タシ）

丹不尔 dānbù'ěr 〘音〙タンブール:ウイグル族の弦楽器.5弦.〔弹 dàn 布不〕〔弹波不〕〔弹拔儿〕などとも書く.→〔独 dú 他尔〕

丹忱 dānchén ⇒〔丹心〕

丹诚 dānchéng ⇒〔丹心〕

丹墀 dānchí 〈文〉宮殿の朱塗りの階段の表面

丹鼎 dāndǐng 〈文〉（道士が）不老不死の丹薬を練る器.

丹顶鹤 dāndǐnghè 〘鳥〙タンチョウヅル:〔白 bái 鹤〕〔仙 xiān 鹤①〕〔鹤①〕

丹毒 dāndú ＝〔中医火 huǒ 痺〕〘医〙丹毒.

丹方 dānfāng ①＝〔丹诀〕道士の丹薬を練る術.②⇒〔单方①〕

丹房 dānfáng （道士が）不老不死の丹薬を練る建物.②⇒〔道 dào 观〕

丹粉 dānfěn 丹砂などで作った赤色絵の具.

丹枫 dānfēng （真っ赤になった）もみじ.かえで.

丹凤眼 dānfèngyǎn 狐目.つり上がった目.

丹桂 dānguì 〘植〙キンモクセイ.→〔桂①〕

丹红 dānhóng 〘色〙赤色（の）

丹黄 dānhuáng 〔旧〕勉学の際,書物に圏点をつけるため用いた朱印.②朱色と黄色.③〘色〙〔~色〕赤みがかった黄色の一種.

丹雘 dānhuò ①〘医〙赤ペンキ.②前項に用いられる顔料:辰砂の一種.

丹棘 dānjí ⇒〔萱 xuān 草〕

丹吉尔 dānjí'ěr 〘地〙タンジール:ジブラルタル海峡近いアフリカ北西部モロッコの港市.〔坦 tǎn 支尔〕〔唐 táng 几儿〕とも書いた.

丹精 dānjīng 銀の別名.→〔银 yín ①〕

丹剧 dānjù 〘劇〙江蘇省丹陽一帯の地方劇.

丹诀 dānjué ⇒〔丹方①〕

丹荔 dānlì ⇒〔荔枝〕

丹侣 dānlǚ ⇒〔道 dào 士〕

丹麦 dānmài デンマーク:正式には〔~王国〕.首都は〔哥 gē 本哈根〕（コペンハーゲン）.旧時,〔大 dà 呢国〕ともいった.

丹宁 dānníng 〘化〙タンニン:〔单宁〕とも書く.〔~酸 suān〕〔鞣 róu 酸〕タンニン酸.

丹皮 dānpí 〘中医〙牡丹の根皮:漢方薬に用いる.

丹魄 dānpò ⇒〔琥 hǔ 珀〕

丹铅 dānqiān ①〔書物の校訂に用いた〕丹砂と鉛粉.〈転〉校訂.②（女性化粧品用の）べにとおしろい.〈転〉女性.

丹青 dānqīng 〈文〉①（赤と青の）絵の具.②〈転〉絵.〔~妙 miào 笔〕丹青（タシ）の妙を尽くす.③〈転〉史書.

丹阙 dānquè ⇒〔宫 gōng 阙〕

丹若 dānruò ⇒〔石 shí 榴〕

丹砂 dānshā ⇒〔朱 zhū 砂〕

丹参 dānshēn ＝〔山 shān 参②〕〘植〙タンジン:シソ科の草本植物:根を薬用にする.

丹书 dānshū ①朱書きの文章.②〔旧〕皇帝から大臣への（朱書きの）免罪証書:〔~铁券〕ともいう.③（朱書きで犯人の）名や罪を書いた文書.

丹田 dāntián 丹田（ヘその下1寸半または3寸のところ）を〔~〕といい,道家（ボ）で精気の集まるところとされる.

丹心 dānxīn ＝〔丹忱〕〔丹诚〕〔丹魄①〕〈文〉赤心.丹心.

丹朱 dānzhū 〘色〙朱色（の）.赤色（の）

〔**单・單**〕 dān ①〘単〙（の）.単一（の）.単独（の）.シングル（の）.〔剩 shèng 了一个~只的鞋,配不成一双〕片方の靴だけが残ってしまって一足にそろわない.〔孤 gū ~〕孤独.一人ぼっち.〔我是~来的〕私は単独で来たのです.〔这瓶药要~放在一边〕この瓶の薬はほかのところに置いておかねばならない.〔~存起来〕別にして貯える.↔〔复 fù Ⅲ〕〔双 shuāng ①〕 ②弱々しい.薄い.〔一个人太~,一人ではあまり手薄だ.〕兵力太~,寡 guǎ 不敌众〕兵力が手薄すぎて,衆寡敵しない.③簡単である.単純である.〔简 jiǎn ~〕同前.④（のせ）のけひとえ.〔~的〕ひとえのもの.〔~一帽〕ひとえ（薄手の）の帽子.⑤〔-儿,-子〕シーツ類の総称.〔褥 rù ~〕敷布.（敷ぶとん用）シーツ.〔床 chuáng ~〕シーツ.⑥〔-儿,-子〕書きつけ・票（ピ）・チラシなど本来折り曲げない性質の印刷物.〔价目~〕価格表.〔估 gū 价~〕見積書.〔清 qīng ~〕明細書.〔折 zhé 扣~〕割引表.〔行 háng 情~〕相場表.〔菜 cài ~〕メニュー.〔传 chuán ~〕ビラ.チラシ.〔名 míng ~〕名簿.⑦奇数（の）.〔~号〕奇数番号.↔〔双 shuāng ②〕 ⑧ただ.単に.〔~是嘴 zuǐ 里那么说不行〕ただ口でそう言うだけではだめだ.〔这不~是个人问题,也是一个社会问题〕これは個人の問題であるばかりでなく,社会問題でもある.〔大家都赞 zàn 成,~你一个人反对〕みな賛成のに,おまえ一人だけが反対なんだぞ.→〔只 zhǐ ①〕 ⑨〘⒇〙空位を表す.〔一百~八个魔王〕108人の魔王.⑩〈姓〉单（タシ） → chán shàn

单摆 dānbǎi 〘物〙単振り子.

单摆浮搁 dānbǎi fúgē ①一時的に（仮に）置く（すえる）.②まとめておかずに,別々にしておく.

单帮 dānbāng 〔旧〕担ぎ屋:支入れた商品を他の土地

dān 单

で売りこむもの.同業組合に入らない一匹狼的な者が多かった.〔跑 pǎo～〕担ぎ屋をする.〔～客人〕にわか商人.

单倍体 dānbèitǐ〔生命〕(染色体の)半数体.半相体.〔～植物〕半数体植物.

单被 dānbèi かけ布.

单本 dānběn 単発(の):シリーズ物・連続物でない.〔～剧〕同劇のドラマ.

单本位制 dān běnwèizhì〔经〕単本位制:本位貨幣として1金属(金または銀)のみを使用する制度.

单绷儿 dānbēngr〔方〕片方〔だけ〕.片っ方だけ.〔这袜 wà 子少了一支,～怎么办呢〕この靴下は一つ足りない,片方じゃはけやしないや.→〔单丁②〕

单比 dānbǐ〔数〕単比.

单臂龙门刨床 dānbì lóngmén bàochuáng ＝〔单柱刨床〕片持平削り盤.→〔刨床〕

单边 dānbiān 一方的な.片務的な.片側のみの.〔～进(出)口〕片貿易.〔～主义〕一国主義.ユニラテラリズム.②〔图案〕で単線の枠).

单边戏 dānbiānxì ⇒〔独 dú 角戏②〕

单兵 dānbīng〈文〉手薄な兵力.〔～鸣马〕〈成〉ⓐ兵力の充実していないこと.ⓑ〈喩〉ひとりぼっち.〔～教练〕個別訓練.

单薄 dānbó ①〔着ている服が〕薄い.少ない.薄衣である.〔你穿得太～,大変薄着をしていますね.〔衣衫～〕貧しく薄着でいる.②弱い.虚弱である.〔身子挺～〕体が非常に弱い.③〔力量・論拠などが〕手薄である.不足である.〔兵力～〕兵力が手薄.

单(布)衫(儿) dān (bù) shān(r) ひとえの(上半身に着る)木綿下着.

单层边缘环 dāncéng biānyuánhuán〔图〕シングルフランジリング.→〔边缘环〕

单产 dānchǎn (一定時間内の)単位面積生産量.

单车 dānchē ①1台の車両.〔～及 chéng 包〕運転手と車掌をつけてバス1台をレンタルすること.②〔方〕自転車:〔自 zì 行车〕に同じ.〔～赛 sài〕自転車競争.

单程 dānchéng 片道.〔～车票〕片道乗車券.〔～证 zhèng〕香港・マカオでの長期滞在・居住許可証.→〔合 hé 成词②〕

单抽丝 dānchōusī〔纺〕一重糸.

单传 dānchuán〔旧〕①家系の相伝で、一子だけのものという.②一人の師匠から伝授され,別派をまじえないこと.また,唯一その人に伝えること.③直系のみで傍系のない.

单纯 dānchún ①単純(である).〔他层～〕彼は気性がさっぱりしている.〔问题不是那么～〕問題はそんなに単純ではない.〔～林〕純林:一種類の樹木からなる森林.→〔复 fù 杂〕②単に.ひたすら.〔我们不是打仗 zhàng 而打仗〕単に戦争のために戦争しているのではない.〔～追求数量〕ただ数量だけを追求する.〔～技术观点〕技術一点ばりの観点.

单纯词 dānchúncí ＝〔单词②〕〔语〕単純語:一つの語素からなる単語.〔山〕〔高〕〔走〕〔葡萄〕など.→〔词素〕〔合 hé 成词②〕

单词 dāncí ①〔语〕単語.単語:〔词①〕に同じ.②同上.→〔词组〕

单辞孤证 dāncí gūzhèng〈成〉一方ばかりの言い分や薄弱な証拠.

单打 dāndǎ〔又〕(テニス・卓球などの)シングルス.〔～独斗〕→〔单个儿①〕一騎打ちの勝負.〔双 shuāng 打①〕

单打一 dāndǎyī 一つの事,または一方のみの事に専念する.一本槍 qiāng だ.

单单 dāndān ただ…だけ.ひとり…だけが:〔独 dú 独〕に同じ.〔～短一个东西〕ただ一品だけが足

りない.〔他为什么～在这个时候对你说呢〕彼はまたなぜこともあろうに,この時にあんたに話したのかね.

单刀 dāndāo ①〔旧〕柄の短い長刀.一振りの刀.〔～匹 pǐ 马〕单枪匹马〈成〉他の力を借りないでやる.一振りの太刀で演ずる武術.

单刀赴会 dāndāo fùhuì〈成〉三国時代蜀の名将関羽が愛刀だけを持って敵国呉の招宴に赴いたという故事.〈喩〉単身で敵地にのりこむ.

单刀会 dāndāohuì →〔起 qǐ 会〕

单刀直入 dāndāo zhírù〈成〉単刀直入に言う.ズバリと言う.

单调 dāndiào 単調である.単調でつまらない.〔～的生活〕単調な生活.〔色彩～〕色彩が単調げ.

单吊(儿) dāndiào(r)〔单掉(儿)〕とも書く.①一人ぼっち.②(マージャンで)上がりの条件として2枚同じ〔牌〕がなければならないのに1枚しかない場合.

单丁 dāndīng ①〔旧〕一人っ子(男).兄弟のない若者(男).→〔独 dú 生子〕②片っ方.〔～的鞋〕片方だけの靴.→〔单绷儿〕

单冻 dāndòng〔商〕単品冷凍.

单动(独)卡盘 dāndòng (dúlì) qiǎpán ⇒〔独立卡盘〕

单独 dāndú 単独(で).〔～行动〕単独行動.〔～马达传动〕①単独作動系.〔～海损赔 péi 偿〕②分损担保.WA.

单队 dānduì ①(隊列の)一列.②一チーム.一隊.

单耳刀儿 dān'ěrdāo(r) ＝〔小 xiǎo 耳朵〕〔硬 yìng 耳刀①〕〔硬耳朵色〕ふしづくり:漢字部首の"刂".〔单耳朵〕〔单耳旁 páng(儿)〕→〔耳刀(儿)〕〔双 shuāng 耳刀(儿)〕:付録1

单发 dānfā〔军〕単発.〔～枪 qiāng〕〔単响枪〕単発銃.

单方 dānfāng ①〔丹方②〕〔中医〕1,2種の薬物を用いる簡単な処方.また単一の調合.〔土单验方〕同前と〔土方③〕〔验 yàn 方〕の総称.→〔复 fù 方〕〔合 hé 方〕②同前.③1平方(立方)当り.〔～造价〕同前の建築価格.

单方面 dānfāngmiàn 一方的.〔～撕 sī 毁协定〕一方的に協定を破棄する.

单放机 dānfàngjī ①(音声・画像)再生専用デッキ.②(写真)引き伸ばし機.

单飞 dānfēi ①単独飛行(する).②片道のみ飛行機を利用する.〔～卧〕同前と片道は寝台車利用.〈喩〉独身でいる.④〈喩〉単独行動(する).

单峰驼 dānfēngtuó〔動〕ヒトコブラクダ:〔独 dú 峰驼〕に同じ.→〔双 shuāng 峰驼〕

单夫独妻 dānfū dúqī ①夫婦二人っきり.②一夫一婦.

单幅 dānfú〔布〕(布の)一幅.シングル幅.↔〔双 shuāng 幅〕

单夫寡鹤 dānfù guǎhè〈成〉伴侶を亡くした夫または妻.

单干 dāngàn ①単独で(事を)やる.②個人経営する.〔～风〕個人経営の風潮.

单干户 dāngànhù 単独で(事を)やる人.②個人経営農家:〔单干农户〕ともいう.③〈喩〉独身者.

单杠 dāngàng ①〔鉄棒(競技).②鉄棒(器具).→〔双 shuāng 杠〕

单个儿 dāngèr ①一つだけ.一人だけ.②(組になっているものの)片方.片方.〔要买就是一对儿,～的不卖〕買うなら対だ,片方だけでは売らない.

单根苗苗 dāngēn dúmiáo〈喩〉ひとりっ子.

单宫 dāngōng 一重の廟宇.→〔双 shuāng 宫〕

单鼓板 dāngǔbǎn〔大鼓 书〕

单股股东 dāngǔ gǔdōng 一株株主.

单　　　　　　　　　　　　　　　　　　　　　dān

单挂号 dānguàhào　普通書留郵便(にする).↔〔双 shuāng 挂号〕

单褂儿 dānguàr　 服ひとえの上着.

单轨 dānguǐ　①単線(の鉄道):〔单线①〕に同じ.→〔双 shuāng 轨①〕〔～(电)车〕独占軌(电)车)モノレール.〔～吊 diào 车〕(吊り下げ式)のモノレール.→〔双轨②〕③〈喩〉単一の体制・やり方.〔～制〕同前.

单跪 dānguì　(旧式の礼法で)片膝でひざまずく.

单果 dānguǒ　 植単果:〔单花果〕ともいう.

单过 dānguò　一人で暮らす.独り立ちする.

单寒 dānhán　①薄着である.〔衣服穿得太～了〕ひどく薄着している.②回身よりが少なく貧しい.③⇒〔单弱〕

单号 dānhào　〔-儿〕奇数番号.→〔双 shuāng 号〕

单耗 dānhào　商品生産のエネルギーや原材料の単位当り消耗量.

单花果 dānhuāguǒ　⇒〔单果〕

单簧管 dānhuángguǎn　=〔黑 hēi 管〕楽クラリネット.→〔双簧管 簧管〕

单活(儿) dānhuó(r)　⇒〔单口相声〕

单击 dānjī　電算(シングル)クリック(する).→〔双 shuāng 击〕

单机 dānjī　①電算オンライン化されていないコンピュータ.②機ワンマシン.

单季稻 dānjìdào　 農(稲)の一期作.その稲.→〔单作〕

单记法 dānjìfǎ　(選挙の)単記法.↔〔连 lián 记法〕

单记投票 dānjì tóupiào　単記投票.→〔连 lián 记投票〕

单价 dānjià　①経単価.②化一価(の).③生理(染色体の)一価(の)

单间(儿) dānjiān(r)　一間(½)だけの家.〔～铺面〕(間口)一間だけの店構え.→〔间⑥〕〔开 kāi 间〕(料理屋・旅館などの)別の(離れの)間.個室.→〔雅 yǎ 座(儿)〕

单键 dānjiàn　化単結合.

单脚 dānjiǎo　=〔单腿 tuǐ〕ともいう.〔～转 zhuàn〕 體片足でくるりと回ること.〔～跳 tiào〕又(体操の)片足跳び.

单进 dānjìn　単位時間当り採掘進度.

单晶硅 dānjīngguī　電単結晶珪(ケイ)素(シリコン)

单晶体 dānjīngtǐ　 物単結晶(体).↔〔多 duō 晶体〕

单镜头 dānjìngtóu　(カメラレンズの)一眼.〔～反光(照)相机〕一眼レフカメラ.

单九 dānjiǔ　 旧結婚の第九日目:嫁の里から新婦の顔を見にやって来ると新郎の家で酒肴を用意して歓待するのを〔做～〕といい,この二日のうちに訪問しなかったものは以後親戚としての交際を断わったものと見なされた.→〔双 shuāng 九〕

单句 dānjù　 語単文.→〔分 fēn 句〕〔复 fù 句〕

单据 dānjù　証察.証文:〔单证〕に同じ.

单科 dānkē　一教科.

单孔目 dānkǒngmù　 動単孔目.単孔類.

单控 dānkòng　書面で告発する.

单口 dānkǒu　一人で演じる語り物芸能.〔～单春〕～相声〕〔话活(儿)〕〔单笑话〕一人で演じる漫才.漫談.落語.→〔相 xiàng 声〕

单扣 dānkòu　⇒〔单螺纹〕

单裤 dānkù　 服ひとえのズボン.

单款(儿) dānkuǎn(r)　書画の落款だけあるもの.→〔双 shuāng 款(儿)〕

单利 dānlì　 経単利.〔～息〕同前.→〔复 fù 利〕

单立人(儿) dānlìrén(r)　=〔单人 rén 旁(儿)〕〔立人旁(儿)〕〔人字边(儿)〕〔立人③〕漢字部首の"亻".→〔双 shuāng 立人(儿)〕;付録1

单脸儿鞋 dānliǎnr xié〔布 bù 鞋〕で,表布を前部爪先から甲の中央にかけて縫合してある場合,その〔鞋梁〕(縫合線)が隠れるように〔皮 pí 脸儿〕(皮あるいはひもを細くかぶせて縫いつけた装飾)のあるもの:二筋あるものを〔双 shuāng 脸儿鞋〕という.

单恋 dānliàn　片思い:〔单相思〕に同じ.

单列 dānliè　別途に挙げる.

单另 dānlìng　= 另外.同前.

单炉筒锅炉 dānlútǒng guōlú　機コルニッシュボイラー:〔单心锅炉〕ともいう.

单轮射箭 dānlún shèjiàn　又1ラウンドのアーチェリー

单螺纹 dānluówén　=〔单扣〕〔方〕单丝②〕〔方〕单(头)牙〕国重ねじ.↔〔复 fù 螺纹〕

单门独户 dānmén dúhù　一戸建ての家.→〔独门独院〕〔大 dà 杂院儿〕

单面 dānmiàn　片側.片面.片道.〔～交 jiāo 易〕片道取引.

单面斜纹布 dānmiàn xiéwénbù　 紡ギャバジン.

单面斜纹呢 dānmiàn xiéwénní　 紡毛ギャバジン.

单名 dānmíng　一字の人名.→〔双 shuāng 名〕

单名数 dānmíngshù　 数名数:単位のつく数.〔3米〕〔5克〕など.

单宁 dānníng　⇒〔丹宁〕

单宁酸 dānníngsuān　=〔鞣 róu 酸〕

单偶婚 dān'ǒuhūn　一夫一婦.

单排扣 dānpáikòu　シングルの服・洋服.

单批 dānpī　個別承認する.

单皮(鼓) dānpí(gǔ)　=〔单方だけに皮を張った太鼓;民族楽器の一.合奏の際に指揮をとる.→〔小 xiǎo 鼓〕

单片 dānpiàn　①一片(½).ひときれ.②〔-儿〕劇単発の劇.〔系 xì 列片〕(連続物)に対していう.

单片儿堂 dānpiànrtáng　旧被告あるいは原告のどちらか片方だけに有利に判決つける裁き.

单片眼镜 dānpiàn yǎnjìng　片眼鏡.単眼鏡.モノクル.

单骑 dānqí　①单騎.〔～前往〕単騎で行く.②自転車,またはオートバイ.③一人乗り.〈喩〉一人旅.

单枪匹马 dānqiāng pǐmǎ　=〔单刀匹马〕〔匹马单枪〕〈成〉たった一騎で突き進む.他の力を借りないでやる.一本立ちしてやる.

单亲 dānqīn　片親の人.〔～子女〕同前の子女.〔～家庭〕母子(父子)家庭.

单曲 dānqǔ　 音シングル(盤)の曲.

单儿 dānr　⇒字解⑤⑥

单人 dānrén　一人.シングル.〔～床 chuáng〕シングルベッド.〔～独马〕〈喩〉ただ一人だけ.単独.〔～房〕(ホテルなどの)シングルルーム.→〔双 shuāng 人〕

单人滑 dānrénhuá　又(フィギュアスケートの)シングル.→〔滑冰〕

单人旁(儿) dānrénpáng(r)　⇒〔单立人(儿)〕

单人双桨 dānrén shuāngjiǎng　又(ボート競技の)シングルスカル.→〔赛 sài 艇〕

单人舞 dānrénwǔ　ソロダンス.一人踊り.=〔独 dú 舞〕ともいう.〔跳～〕同前をする.

单刀刀具 dānrèn dāojù　機一種類の刃だけつけてある切削工具.→〔起 qǐ 重刀〕

单日 dānrì　奇数日.→〔双 shuāng 日〕

单弱 dānruò　=〔单寒③〕〔软弱〕である.病弱(である).〔身子骨儿～〕体が虚弱だ.②力が弱い.

单色 dānsè　単色.単彩.〔～光〕物単色光:一定の波長を持ち,単一の色からなる光.→〔彩 cǎi 色〕

单衫(儿) dānshān(r)　=〔单(布)衫儿〕

单身 dānshēn　単身(で).一人(で).〔～汉 hàn〕〔独

dān 单

身汉.ⓐ独身者(男).ⓑ家族と別居している者(男).ⓒ独身貴族.④独身の人(男・女).ⓑ家族と離れて暮らしている人.〔～妈妈〕〔～母亲〕シングルマザー.〔～宿舍〕独身寮.→〔方〕光 guāng 棍儿.

单生花 dānshēnghuā 〔植〕単花：茎のてっぺんや葉腋に一つの花しかつけないもの.シャクナゲなど.

单食性 dānshíxìng 〔動〕単食性：一種類の生物だけを食物とする動物の食性.→〔杂 zá 食性〕

单式 dānshì 単一形式.単式.〔～簿 bù 记〕〔商〕単式簿記(法).→〔复 fù 式〕

单世代 dānshìdài 一代限り.

单手 dānshǒu 片手.

单书名号 dān shūmínghào 〔书名号〕

单数 dānshù ①正の奇数.→〔奇 jī 数〕 ②〔语〕(英語などの)単数.→〔复 fù 数②〕

单双 dānshuāng ①奇数と偶数.②〔号限制〕車輌ナンバーの奇数・偶数による交通規制.②一重と二重.

单说… dānshuō… さて.それはさておき：講談の語り口.→〔却 què 说〕

单丝 dānsī ①一筋の糸.〔～不成线,孤 gū 木不成林〕<諺>一筋の糸ではより合わせてひもにすることができないし,一本の木では林にならない：何事も独力では困難である.②⇒〔单螺线〕

单丝罗 dānsīluó 糸のごく細い薄絹.

单算 dānsuàn 個別計算する：どんぶり勘定でない計算.

单瘫 dāntān 〔医〕部分麻痺.→〔偏 piān 瘫〕

单糖 dāntáng 〔化〕単糖類.→〔糖(II)〕

单套车 dāntàochē 一頭だての馬車(荷車).

单体 dāntǐ ①〔化〕単量体.モノマー. ②〔生命〕→染色体個体.〔～生物〕→染色体個体.

单体字 dāntǐzì ⇒〔独 dú 体字〕

单条(儿) dāntiáo(r) =〔单轴〕→一本だけの掛け軸：〔屏 píng 条(儿)〕(組になるもの)と区別する.→〔条幅〕

单挑 dāntiǎo さしで決闘する.一対一でやりあう.

单头 dāntóu 〔商〕注文の一口当たりの金額.

单头扳子 dāntóu bānzi 〔機〕片口スパナー：〔单头板手〕ともいう.〔单 bān 子①〕〔扳手①〕

单(头)牙 dān(tóu)yá ⇒〔单螺线〕

单位 dānwèi ①単位：数量表示の基準.〔重量～〕重量単位.〔货币～〕貨幣単位.〔～圆〕〔数〕単位円.〔～制〕〔物〕単位系.→〔学 xué 分〕 ②(機関・組織・企業・社会団体・法人や非法人などの)部門.〔直属～〕直属部門.〔附属～〕附属部門.〔～犯罪〕企業犯罪.〔企业～〕工場・鉱山・鉄道など現業組織.〔事业～〕学校・病院・研究所など公益的組織.〔～领 lǐng 导〕職場の上司.〔你在哪个～工作〕どちらで働いていますか.〔工作～〕勤務先.〔他被铁道部所属下几个～踢 tī 来踢去好几次,最后才被安排到一个修配厂〕彼は鉄道部所属のいくつかの事業所によってたらい回しにされて最後にある修理整備工場に配属された.〔这回的邀 yāo 请～是中日友好协会〕今回の招待機関は中日友好協会だ.

单纹锉 dānwéncuò 単目鑢(やすり).〔～锉〕→〔双 shuāng 纹锉〕

单细胞 dānxìbāo 〔生命〕単細胞.〔～动物〕単細胞動物.原生動物.

单弦 dānxián (r) ①〔音〕胡弓に似た一弦の楽器. ②演芸の一種：〔八 bā 角鼓〕(タンバリンに似た楽器)を打ち鳴らし,三弦の伴奏で歌う.もともとは三弦の弾き語りで〔～牌 pái 子曲〕〔牌子曲〕ともいう.

单线 dānxiàn ①(鉄道の)単線：〔单轨〕ともいう.→

〔复 fù 线〕 ②一本線.→〔双 shuāng 线①〕 ③(縫って編んだりする時の)一本取りの糸. ④唯一直接の連絡系統.〔～联系〕直接連絡.〔～指导〕通常の組織にはないマンツーマンの指導.

单相思 dānxiāngsī 片思い.〔单恋〕に同じ.〔单思病〕(片思いの)恋病：〔一 yī 头儿热〕ともいう.

单响枪 dānxiǎngqiāng ⇒〔单发枪〕

单向 dānxiàng 一方向の.〔～行 xíng 驶〕一方通行.〔～收费〕(携帯電話の)単方向(発信者)課金システム.〔～流动〕ユニフロー.〔～阀 fá〕ワンウェイバルブ.逆止弁.→〔单程〕

单项 dānxiàng ①〔数〕単項. ②〔语〕単項式の. ②〔又〕種目別.〔～比赛〕種目別競技(試合)

单鞋 dānxié 防寒加工してない布鞋.普通の布鞋.

单心锅炉 dānxīn guōlú ⇒〔单炉筒锅炉〕

单行 dānxíng ①〔法〕→〔法规〕単行法. 〔～条例〕単行規則. ②単独で訪れる.〔祸 huò 不～〕<成>泣きっ面に蜂. ③一方通行.〔那条路只能～〕あの道路は一方通行だ.〔～道〕〔～线 xiàn〕一方通行の道路.

单行本(儿) dānxíngběn(r) 単行本.

单姓 dānxìng 1字の姓：張,王,李など.→〔复 fù 姓①〕

单性花 dānxìnghuā 〔植〕単性花.

单性生殖 dānxìngshēngzhí =〔孤 gū 雌生殖〕

单休日 dānxiūrì 週休1日.→〔双 shuāng 休日〕

单选 dānxuǎn 一つしか選べない.別途に選ぶ.〔～题〕式問題.〔～按钮〕〔电〕ラジオボタン.

单循环节 dān xúnhuánjié 〔数〕循環小数の循環節がただ1数字だけのもの.

单循环制 dān xúnhuánzhì 〔又〕リーグ方式.

单牙 dānyá ⇒〔单螺线〕

单眼 dānyǎn 〔虫〕単眼.〔～复 fù 眼〕

单眼皮(儿) dānyǎnpí(r) 一重まぶた.→〔双 shuāng 眼皮(儿)〕

单叶 dānyè 〔植〕単葉.→〔复 fù 叶〕

单一 dānyī 〔一(なる)〕〔～经营〕単一経営.〔～种植〕単一栽培.モノカルチャー.〔～抽水式离心旋转泵 bèng〕〔機〕片吸込式渦巻ポンプ.〔～码 mǎ〕〔统〕統一码ユニコード.〔样式太～了〕樣式があまりにも単一である.

单衣(裳) dānyī(shang) 〔服〕ひとえの服：裏地をつけないもの.

单义词 dānyìcí 〔语〕単義語.

单翼(飞)机 dānyì (fēi)jī 単葉(飛行)機.→〔双 shuāng 翼飞机〕

单音词 dānyīncí 〔语〕単音節語：〔单音(节)词〕〔单音(节)语〕ともいう.ふつう1個の文字で表される.→〔单音词〕〔复 fù 音词〕

单音字 dānyīnzì 〔语〕単音字.

单引号 dānyǐnhào 引用符号：「 」や ' ' など.→〔标 biāo 点符号〕〔双 shuāng 引号〕

单用 dānyòng ①単独に使用する. ②ただ…だけ使う.…しか用いない.

单元 dānyuán ①単元.ユニット.〔～住宅〕集合住宅.〔～列车〕特定品の運搬専用の列車. ②(教科などの)単元.〔～练 liàn 习〕単元学習. ③(集合住宅の階段などで)出入口を共有する区画：〔门 mén (儿)〕に同じ.〔～楼 lóu〕同前式のマンション.〔六号楼二~八号〕6号棟第2ブロック8号.〔筒 tǒng 子楼〕 ④(バーコードの)エレメント.

单元房 dānyuánfáng 集合住宅における一つのユニット：リビング・寝室・キッチン・浴室・トイレが揃ったもの.多くは一世帯暮らし用.

单元音 dānyuányīn 〔语〕単母音.→〔韵 yùn 母〕

单造田 dānzàotián 一毛作の田畑:〔双 shuāng 造田〕(二毛作の田畑)·〔三 sān 造田〕(三毛作の田畑)に対していう.→〔单作〕
单账 dānzhàng 奉加帳.〔打～〕奉加帳をひろげる.喜捨を求める.
单招学生 dānzhāo xuésheng (全国統一試験によらず)自校のみで学生募集する.またその学生.
单针鱼 dānzhēnyú ⇒〔鱵 zhēn〕
单证 dānzhèng 書き付け.証明書:〔单据〕に同じ.
单肢动物 dānzhīdòngwù 動単肢動物:無脊椎動物の一門.
单质 dānzhì 化单体.→〔化 huà 合物〕
单种 dānzhòng ⇒〔单作〕
单轴 dānzhóu ⇒〔单儿〕
单柱宝床 dānzhù bǎochuáng ⇒〔单臂龙门刨床〕
单幢建筑 dānzhuāng jiànzhù 建一戸建て.
单子叶植物 dānzǐyè zhíwù 植単子叶植物.→〔双 shuāng 子叶植物〕
单字 dānzì ①単字:一個一個の漢字. ②(外国語の)単語.→〔词 cí 〕
单子 dānzi ①シーツ.敷布:〔单儿〕に同じ.〔床～〕ベッドシーツ.〔布～〕木綿のシーツ. ②書きつけ.表:〔单儿〕に同じ.③勘定書.請求書.④酒モナド.単子.
单足跳 dānzútiào →〔三 sān 级跳远〕
单作 dānzuò 農単作:〔单儿〕〔清 qīng 种〕ともいう.→〔连 lián 作〕〔轮 lún 作〕

〔**郸**·**鄲**〕 dān ①〔～城 chéng〕地河南省にある県. ②⇒〔邯 hán 郸〕
③〈姓〉郸(だ)

〔**殚**·**殫**〕 dān〈文〉尽くす(きる).〔～竭 jié〕に同じ.
殚见洽闻 dānjiàn qiàwén〈成〉見聞が広い.学問がある.
殚精竭虑 dānjīng jiélǜ〈成〉精魂の限りを尽くす.
殚力 dānlì 尽力する.→〔竭 jié 力〕
殚思极虑 dānsī jílǜ〈成〉熟慮を重ねる.
殚心 dānxīn〈文)心を傾注する.〔～国 guó 计〕心を国のはかりごとに傾注する.
殚智竭力 dānzhì jiélì〈成〉思慮を尽くす.〔～地防备〕知恵をしぼって防ぐ.

〔**禅**·**襌**〕 dān〈文〉ひとえの衣服.

〔**瘅**·**癉**〕 dān〔～疟 nüè〕中医発熱感の特に強い間歇熱. ⇒ dàn

〔**箪**·**簞**〕 dān〈文〉飯を入れる竹製の丸い容器.飯びつ.
箪笥 dānsì〈文〉①竹製の箱. ②丸い食器と四角い食器.
箪食壶浆 dānshí húijiāng, dānshí~〈成〉ひつに盛った食物と壺に入れた飲み物:大喜びで軍隊を迎えねぎらう.
箪食瓢饮 dānsì piáoyǐn, dānshí~〈成〉つつましく暮らす.

〔**担**·**擔**〕 dān ①(肩で)担(かつ)ぐ:天秤(びん)棒の両端に物をかつぐ.〔挑 tiāo ①〕に同じ.〔～肥 féi〕肥をかつぐ.〔把这两桶 tǒng 水～回去〕バケツ2杯の水を担って帰る.→〔负 fù 〕 ②(責任や仕事を)負う.引き受ける.〔责 zé 任由他来～〕責任は彼がもつ.〔～着会受大处 chǔ 分的风险来给您送信〕重い処分を受ける危険を冒してあなたにこのお知らせをする. → dàn
担保 dānbǎo 担保する.保証する〔交给他办,～错不了〕彼にやってもらえば,大丈夫まちがいないよ.〔～人〕保証人.〔～债券〕商保証債券.
担不是 dānbùshi =〔耽不是〕(罪や責任を)しょいこむ.とがめを受ける.非難を受ける.〔张三闯 chuǎng 祸李四～,哪儿有这个理呢〕他人がしでかした事をしょい込むなんて,そんばかな.
担不起 dānbuqǐ ①〈挨〉恐れ入ります.恐縮です.→〔不敢当〕 ②(責任·役目などを)引き受けることができない.負いきれない.→〔当 dāng 不起〕
担沉重 dān chén-zhòng(儿) 重責を負う.
担承 dānchéng〔担承〕引き受けて担当する.
担迟不担错 dānchí bùdāncuò〈成〉遅れることはあっても間違いをおかすようなことはない:遅くはなっても間違いはしません.
担愁肠 dānchóucháng 憂慮する.心配する.〔不缺 quē 吃不少穿,还担的什么愁肠呢〕食べるにも着るにもこと欠かないのに,その上何を心配するのか.
担待 dāndài〔担代〕〔耽待〕とも書く.〈口〉①許す.〔请您～一点儿吧〕どうぞご勘弁ねがいます.〔请您～我这一回吧〕今度ばかりはどうか大目にみてください. ②引き受ける.責任を負う.〔我～不起〕わたしは引き受けられない.〔你要是出不起花销 xiao,我来替你一两年〕君がもし経費を出せないなら1,2年はわたしが引き受けて出してあげよう.〔这事你不用操 cāo 心,我会～着就是了〕そのことは君は心配しなくてもよい,わたしが引き受けることにするから.
担担子 dāndānzi〈喩〉進んで責任を負う.
担当 dāndāng 責任を負う.引き受ける.受けもつ.我慢する〔担待②〕に同じ.〔我～不起这个责任〕わたしはこの責任は負えない.〔阿Q却觉得寒冷起来,但这还可〕(鲁·Q 5)阿Qはそれでも寒気を感じてきたが,これはまあ我慢できた.
担风袖月 dānfēng xiùyuè〈成〉のんきな旅をする:〔担风握 wò 月〕ともいう.
担负 dānfù 負担する.負う.担う.〔～不起〕負担できかねる.〔把教 jiào 养儿童的责任～起来〕子供をしつける責任を担いましょう.
担纲 dāngāng 重要な役割を演ずる.〔联合国始终在冷战中～〕国連は冷戦中ずっと主役を演じていた.
担搁 dāngē⇒〔耽搁〕
担荷 dānhé〈文〉①荷を担う. ②(責任)担う.
担饥受冻 dānjī shòudòng〈成〉ひもじい思いや寒い目にあう.
担架 dānjià 担架.〔～队 duì〕担架隊.〔～车〕ストレッチャー.
担肩子 dānjiānzi〈方〉責任を負う.〔闹 nào 出事来,谁担这肩子呢〕(茅·霜10)騒ぎが起こったら誰がその責任を負うか.
担惊 dānjīng ⇒〔受惊〕
担惊受怕 dānjīng shòupà〈成〉おっかなびっくりする.驚き恐れる:〔担惊害怕〕〔耽惊受怕〕ともいう.〔自从干了那件亏 kuī -心事后,他总是～的〕あのうしろめたい事をやってからというのも,彼はいつもびくびくしている.
担名(儿) dānmíng(r) 名ばかりである.〔担了个虚 xū 名〕虚名を受ける.〔担罪名〕罪名をかぶる.→〔挂 guà 名〕
担任 dānrèn 担任(する).担当(する)
担受 dānshòu ①受ける.被る. ②耐える.
担险 dānxiǎn ⇒〔冒 mào 险〕
担心 dānxīn 心配する.気にかける.〔耽心〕とも書いた.→〔挂 guà 念〕
担忧 dānyōu 心配する.懸念する.〔工厂主对目前的情况表示非常～〕工場主は目下の情況に対して非常に心配していることを表明している:〔耽忧〕も書いた.
担责 dānzé 責任を負う.

dān〜dǎn

儋甔咁眈耽酖聃担胆疸撣

〔儋〕 dān ①〈文〉古代的計量単位：[石 dàn ①②]の2倍。〔~石〕〈喩〉少量。②地名用字。〔~州〕 地 海南省中北部にある市。

〔甔〕 dān 〈文〉瓶．

〔咁・嚪〕 dān ハンドレッドウェイトの旧訳名．重量の単位．cwt：英国では112ポンド，米国では100ポンド (45.36 kg)．[夸 yīng 担] ともいう．〈音訳〉亨 hēng 夺weī怀脱］とも書いた．

〔眈〕 dān 〔~~〕〈文〉鋭く見つめるさま．〔虎 hǔ 視~~〕〈成〉虎視眈眈．

〔耽(躭)〕 dān (I)〔耽(躭)〕遅れる．遅延する．→〔耽搁〕〔耽误〕 (II)〔耽〕①〈文〉ふける．おぼれる：[酖]ともいう．〔~于酒 jiǔ 色〕酒色にふける．②〈姓〉耽(たん)

耽不是 dānbùshì ⇒〔担不是〕
耽承 dānchéng ⇒〔担承〕
耽待 dāndài ⇒〔担待〕
耽搁 dānge ①暇どる．遅れる．(てまどって事が)だめになる．②留まる．滞在する．③遅らす．引き延ばす．延び延びにする：[耽擱] とも書いた．
耽惊受怕 dānjīng shòupà ⇒〔担惊受怕〕
耽酒 dānjiǔ 〈文〉酒に耽溺(できでき)する．酒におぼれる．
耽乐 dānlè 〈文〉快楽にふける．
耽溺 dānnì ⇒[耽(II)]
耽误 dānwu ①暇どる．暇どって遅くなる．〔~工夫儿〕〔~时间〕暇どる．時間に遅れる．〔要是再一会儿，这小牛就完了〕もう少し遅れたら，この子牛はだめになっただろう．〔一分钟也不能~〕1分でも遅れてはいけない．〔~到这么晚才回来〕こんなに遅くまで~暇どってやっと帰ってきた．〔~了 liǎo〕ⓐ遅れっこない．ⓑまちがいっこない．②(暇どったりやり方がまずかったりして) しくじる(らせる)．だめになる(する)．〔不至于~你的事情吧〕あなたのことに支障をきたすことにはなりません．〔~您使！〕(拝借しまして) ありがとうございました．〔只顾 gù 说话，~你睡了〕話にかまけておやすみのお邪魔を致しました．
耽心 dānxīn ⇒〔担心〕
耽延 dānyán 〈文〉遅延する(させる)．延引する(させる)．
耽忧 dānyōu ⇒〔担忧〕

〔酖〕 dān 〈文〉酒におぼれる：[耽(II)]に同じ．→[鸩 zhèn]

〔聃(冉)〕 dān ①〈文〉耳たぶの大きいこと．〔老 lǎo~〕〔老子 zǐ〕 圀老子．②周代の諸侯国の名．③〈姓〉聃

〔担〕 dǎn ⇒[撣] → dān dàn

〔胆・膽〕 dǎn ①→[胆囊] ②[~儿] 肝っ玉．度胸．〔~~大 dà〕肝っ玉が大きい．度胸がよい．③中瓶：器物の内部にある球形あるいは円筒形のもの．〔暖 nuǎn 水瓶~〕魔法瓶の中身．〔球 qiú~〕(フットボールなどのボールの) 中ゴム．〔炉 lú~〕ストーブや炉の燃焼筒．④〈姓〉胆(たん)
胆大 dǎndà 大胆である．肝っ玉が太い．〔~包 bāo 天〕非常に大胆である．〔~妄 wàng 为〕大胆でむちゃをする．〔~心 xīn 细〕大胆かつ綿密である．↔[胆小]
胆道 dǎndào ⇒[胆管]
胆矾 dǎnfán =[蓝 lán 矾]〔石 shí 胆〕〔硫 liú 酸铜〕〔硫酸第二铜〕から成る鉱物．
胆敢 dǎngǎn あえて…する．ずぶとくも…する．〔帝国主义~发动战争必将自取 miè 亡〕帝国主義が身のほど知らずにも戦争をひき起こせば必ず自滅することになる．→[大 dà 胆]
胆固醇 dǎngùchún =[胆甾醇] 生理 コレステロール (コレステリン)
胆管 dǎnguǎn 生理胆管：肝臓で作られる胆汁を十二脂腸へ導く管．[胆道]ともいう．
胆寒 dǎnhán =[胆战] きもを冷やす．ひやりとする．〔听起这个来真叫人~呢〕この話を聞くとぞっとしてくる．
胆红素 dǎnhóngsù 生理 ビリルビン．胆汁赤色素．
胆碱 dǎnjiǎn 生理 コリン：無色で粘性のある液体．胆汁・脳髄・卵黄・種子など種々の動植物組織中に結合または遊離して存在する．ビタミンBの一．→[碱③][維 wéi 生素]
胆结石 dǎnjiéshí ⇒[胆石]．→[胆石病]
胆力 dǎnlì ⇒[胆量] 胆力と気力．
胆量 dǎnliàng 度胸．〔很有~〕なかなか度胸がある．〔~小〕度胸が小さい．
胆裂魂飞 dǎnliè húnfēi ⇒[胆战心惊]
胆绿素 dǎnlǜsù 生理 ビリヴェルジン．胆汁緑色素．
胆略 dǎnlüè 男気と知謀．〔~过人〕同輩が人より勝(まさ)っている．
胆囊 dǎnnáng 生理胆囊．〔~炎〕胆囊炎．
胆瓶 dǎnpíng 首が細く胴が太くて丸い花瓶．
胆魄 dǎnpò ⇒[胆力]
胆气 dǎnqì 度胸と意気．
胆怯 dǎnqiè おじけづく．びくびくする．〔大胆地干，别~〕思い切ってやれ，ビビるな．〔~了就不行了〕気おくれしてはだめだよ．
胆丧魂消 dǎnsàng húnxiāo ⇒[胆战心惊]
胆色 dǎnsè 肝っ玉・度胸(ある行動)
胆色素 dǎnsèsù 生理胆汁色素．
胆识 dǎnshí 胆力と識見．〔创 chuàng 大业，总得有~才行〕大きな仕事を始めるには度胸があり，また見識がなければならない．
胆石病 dǎnshíbìng 医 胆石症．
胆酸 dǎnsuān [胆汁酸]．コール酸．
胆小 dǎnxiǎo 臆病である．肝っ玉が小さい．〔~鬼 guǐ〕〈喩〉臆病者．〔~怕 pà 事〕臆病でびくびくする．〈喩〉責任回避をする．〔~如鼠 shǔ〕〈成〉鼠のように臆病だ．〔别看他气壮 zhuàng 如牛，其实~如鼠〕彼は見かけはしっかりしているが，実は意気地なしだ．↔[胆大]
胆虚 dǎnxū おじ気づく．
胆液质 dǎnyèzhì ⇒[胆汁质]
胆甾醇 dǎnzāichún ⇒[胆固醇]
胆战 dǎnzhàn ⇒[胆寒]
胆战心惊 dǎnzhàn xīnjīng〈成〉胆がつぶれてぞっとする．[胆战心寒][胆颤心惊][胆丧魂消][胆裂魂飞][心惊胆战]ともいう．
胆胀瘟 dǎnzhàngwēn ⇒[牛 niú 瘟]
胆汁 dǎnzhī 生理胆汁：中医 精 jīng 汁]ともいう．〔~质 zhì〕[胆液质][胆汁质]．〈喩〉ひがみっぽい．つらい気持ち．〔浸 jìn 沉在~里的日子〕つらい日々をおくる．
胆壮 dǎnzhuàng 大胆である．度胸がある．
胆子 dǎnzi 胆．肝っ玉．度胸．[胆儿]ともいう．〔~不小〕大胆である．肝っ玉が大きい．〔壮 zhuàng 着~做~思い切ってやる．

〔疸〕 dǎn →[黄 huáng 疸] → da

〔撣・揮(攬)〕 dǎn ①ちり・ほこりをはたく：〔担〕とも書いた．〔~一~土〕(はたきで)ほこりをはたく．→[扑pū ⑤]②〈方〉そそぎかける． → shàn
撣把子 dǎnbàzi はたきの柄．

掸赕亶黕石旦但担疍訑诞　　　　　　　dǎn～dàn

掸尘会 dǎnchénhuì 〔仏教で〕年1回の仏像の塵掃いをする法会(ほう).
掸瓶 dǎnpíng はたき立て.
掸甩子 dǎnshuǎizi〔布・皮製の〕はたき.
掸子 dǎnzi はたき.〔鸡ji毛〜〕鶏の羽毛製のはたき.〔布bù〜〕布製のはたき.

〔**赕・賧**〕 dǎn 〔傣族の語で〕ささげる.〔〜佛fó〕仏にささげる.

〔**亶**〕 dǎn ①〈文〉まこと.もっとも. ②〈姓〉亶.
(亠) → dàn

〔**黕**〕 dǎn 〈文〉①よごれ. ②真っ黒い.

〔**石**〕 dàn 〈度〉石(ㅅ):容量及び重量の単位. ⓐ昔は石dàn の通称. 1〔市(しー)〜〕は100〔市(しー)升〕すなわち100リットルに当たる. ⓑ回120〔市(しー)斤〕(60キロ)をいった.〔一〜米〕1石の米. ⓒ古くは〔儋 dān〕の2分の1をいった. ⓓ〔公〜〕〔百 bǎi 升〕(ヘクトリットル)の旧称. ⓔ〔公担〕(キンタル)の旧称. → shí

〔**旦**〕 dàn (Ⅰ)①〈文〉朝.〔一〜夕〕朝晚.明け暮れ.〔通宵达〜〕一晩中.徹夜する. ②〈文〉日.〔一〜〕ひと朝.ある日.〔元 yuán 〜〕元旦.〔〜日〕(ご〜日)〈姓〉旦.
(Ⅱ)剧(旧劇の)女形(がた)役者(総称).〔〜角 jué (儿)〜 脚 jué (儿)〕女形役者.〔正 zhèng 〜〕〔青 qīng 衣 yī〕で女形の〔正生〕すなわち〔老 lǎo 生〕に対するもので,節婦・烈女に扮し唱 chàng 工(儿)〔歌い〕を主とし,〔白 bái ⑫〕(せりふ)や〔假 jiǎ 嗓(ᵲ)〕(裏声)である.顔の隈(くま)取りはしない.〔花 huā 〜〕色(いろ)女形:淫婦・毒婦・あばずれなどの役で,〔风 fēng 流 〜〕〔泼 pō 刺 〜〕〔玩 wán 笑 〜〕などに分けられる.〔扮 bàn 相〕(扮装)やせしふや做 zuò ④(しぐさ)を主とする.また〔跷 qiāo 工(儿)〕(高脚をはいて演ずる技術)を重んずる.〔花〜〕と〔正〜〕を兼ねて演ずる役者を〔花衫 shān〕といい,〔裙子〕(スカート)をつける.〔闺 guī 门〕〔小 xiǎo 〜〕(娘役)はつけない.〔武 wǔ 〜〕武者女形:男役の〔武旦と打武生〕に類する立回り役で,〔跷工〕を重んずる.〔刀 dāo 马 〜〕立回りの女形:男役の〔长 cháng 靠武生〕(武将役)に当たる.常に乗馬している.又女形:地声で歌う.〔彩 cǎi 〜〕〔女丑 chǒu〕女形の道化役:たいていは〔丑(Ⅰ)⑤〕(男の道化役)が兼ねる.→〔戏 xì 子〕
(Ⅲ)量詞.デニール.〔〈音訳〉旦尼尔〕の略.レーヨンや絹繊維の繊度の単位.長さ450メートルで重さが0.05グラムのものを1デニールとし,同じ長さで重さが2倍になると2デニールとする.〔条 tiáo 分〕ともいう.〔紫 dài〕は旧訳名.〔但〕とも書いた.

旦不保夕 dàn bù bǎoxī 〈成〉(病気が重くて)今晚のところも保証できない.〈喩〉事が急迫している. →〔旦夕〕

旦旦 dàndàn ①日々. ②誠実である様子. →〔信 xìn 誓旦旦〕
旦过僧 dàngòsēng 行脚僧・雲水の別称.
旦角(儿) dànjué(r) →字解(Ⅱ)
旦脚(儿) dànjué(r) →字解(Ⅱ)
旦尼尔 dànní'ěr →字解(Ⅲ)
旦日 dànrì 〈文〉①朝:〔旦(Ⅰ)①〕に同じ. ②昼.昼間.又翌日.
旦望 dànwàng ①旧暦の朔日(さく)と望日:1日と15日. ②〉周公旦王と太公望.
旦夕 dànxī 〈文〉①旦夕.明け暮れ:時間の切迫すること.〔〜祸 huò 福〕突然にやってきた不幸や幸運.〔命 mìng 在〜〕命旦夕(き)にあり:命が非常に危うい.

〔**但**〕 dàn ①ただ.ひたすら.単に…だけ. →〔但愿〕 ②しかしけれども. ③〔〜是〕であれば.〔〜求过得 de 去,谁也不愿意多事〕やってゆけさえすれば誰だって余計なことを望みはしない.〔〜能得点儿好处就行了少しばかり益するところがあればそれでよい. ④〈姓〉但(たん)
但丁 dàndīng 〈人〉ダンテ:イタリアの詩人.〔神曲〕で有名(1265〜1321).〔旦丁〕とも書いた.
但凡 dànfán ①およそ.すべて.万事に.〔凡是〕②…でさえあれば.
但分 dànfēn 〈方〉…さえ…であれば:〔但③〕に同じ.
但见 dànjiàn …だけ見た.…だけ見える.
但恐 dànkǒng 〈文ただ…を恐れる(心配する).…かも知れない.〔我甚舜愿,无暇〕自分は大いに行きたいが,ただ暇なきを恐るるのみ.
但姆弹 dànmǔdàn ⇒〔达 dá 姆弹〕
但尼里电池 dànnílǐ diànchí 電ダニエル電池.
但凭 dànpíng ⇒〔任凭①〕
但求无过 dànqiú wúguò 〈成〉過ちのないことだけを望む.〔不求有功,但求无过〕
但是 dànshì ただし.しかしながら.〔这个好是好,~我不要〕これはよいことはよいがわたしはいらない. →〔不 bù 过〕〔可 kě 是〕〔然 rán 而〕
但书 dànshū 法但し書き:条文中の〔但…〕とある部分.
但愿 dànyuàn ひたすら…である事を願う.〔〜如此〕是非そうあってもらいたい.
但泽 dànzé 地ダンチッヒ〔革 gé 但斯克〕(グダニスク)の旧称.
但只 dànzhǐ ただ.

〔**担・擔**〕 dàn ①担ぎ荷:天秤(ㅌ)棒で担ぐために作られた商売道具.商品または荷物.〔货 huò 郎〜〕婦人専門の小間物の行商人の同類.〔扁 biǎndan〕天秤棒. →〔担子〕 ②重量の単位.〔担〕の略称.〔市 shì 斤 jīn〕の100倍.約50キログラムに当たる. ⓑ〔公 gōng 〜〕キンタル:100〔公斤〕(キログラム).〔公石〕は1石に当たる.〔天秤棒で担ぎ得る量.ひと担ぎ.〔一〜青 qīng 菜〕一荷(ゃ)の野菜.〔挑一〜柴火〕たき木を担ぐ. → dān dǎn
担担面 dàn·dànmiàn 食四川風の麺の一種:ピリッと辛味のきいた麺で,荷を担いで通りを売り歩くのでこの名がある.
担子 dànzi ①担ぎ荷(天秤棒とそれにつけた荷物全体を指す).〔挑 tiāo 〜〕荷を担ぐ. ②〈喩〉負担.〔他担 dān 不起这个〜〕彼はこの負担には耐えられない.

〔**疍(蜑)**〕 dàn 〔〈民〉回広东・広西・福建などの沿海地方や河川の〔水上居民〕(水上生活者)の蔑称:〔〜家〕〔〜户〕ともいう.〔蛋〕〔蜑〕とも書いた.

〔**亶**〕 dàn 〈文〉ただ.しかし:〔但②〕に通用した. → dǎn

〔**訑・詑**〕 dàn 〈文〉欺す.〔〜谩 màn〕同前. → yí

〔**诞・誕**〕 dàn (Ⅰ)①生まれる.誕生(する). 〔圣 shèng 〜节〕クリスマス. ②誕生日. 〔〜日〕同前. 〔华 huá 〜〕〔〜辰 chén〕〈尊〉お誕生日. 〔寿 shòu 〜〕年長者の誕生日. →〔生 shēng 日〕
(Ⅱ)〈文〉でたらめである. 〔妄 wàng 〜〕〔荒 huāng 〜〕〔虚 xū 〜〕同前.
诞辰 dànchén お誕生日:〔寿 shòu 辰〕に同じ.〔百年〜〕生誕百周年.
诞辞 dàncí ⇒〔诞言〕
诞生 dànshēng 生まれる.誕生(する).〔一九四九

年十月一日,中华人民共和国～了]1949年10月1日に中華人民共和国は誕生した.
- **诞妄** dànwàng 荒唐無稽である.でたらめである.
- **诞言** dànyán ＝[诞辞]〈文〉何もりもしない(架空の)言辞.
- **诞章** dànzhāng 〈文〉根本となるおきて.
- **诞纵** dànzòng 〈文〉放縱(である)

[蛋] dàn ⇒[蛋]

[淡] dàn ①(液体・気体の濃度が)薄い.希薄である.[风轻云淡]雲薄く風軽し.↔[浓 nóng] ②(味が)薄い.(塩気が)薄い.あっさりしている.[而无味]薄くて味がない.[喻]面白味がない.[这菜味儿太～]この料理は味が薄すぎる.[这茶～了]このお茶は薄くなった. ③(色が)薄い.淡い.[颜 yán 色～]同前. ④冷淡である.あっさりしている.[态 tài 度很冷～]態度が冷ややかである.[～如水](交際が)ごくあっさりしたものである. ⑤(商売が)閑散である.[生 shēng 意很～]不景気だ.つまらない.くだらない.[扯 chě ～]ナンセンスな事を言う. ⑦[姓]淡(だ)
- **淡巴菰** dànbāgū ⇒[烟 yān 草]
- **淡泊** dànbó〈文〉心のさっぱりして無欲なこと.[澹泊]とも書いた.
- **淡薄** dànbó ①あっさりしている.情が薄い.[人情～]同前. ②ぼんやりしている.ほのかである. ③(霧など)密度が低い.[雾 wù 气～了]霧が薄くなった.
- **淡彩** dàncǎi [美]淡彩.
- **淡菜** dàncài 貽(")貝の干物:[貽 yí 貝]の肉を[壳qiào 菜]という.
- **淡出** dànchū ①＝[渐 jiàn 隐]フェードアウト.溶暗(する):画面が次第に暗くなって消える映写法. ②徐々に消える.↔[淡入]
- **淡淡** dàndàn〈文〉①ごくあっさりしている. ②淡くかすかである.[～一笑]冷たく笑う. ③水がさらさらと流れるさま.
- **淡跌** dàndiē ⇒[下 xià 跌]
- **淡定** dàndìng〈方〉冷静である.あっさりしている.淡白である.
- **淡饭** dànfàn 粗食.[～粗 cū 茶][粗茶～]慣]簡粗な飲食.[粗衣～]慣]質素な生活.
- **淡化** dànhuà ①[脱盐(する).[海水～]海水から塩分を除く. ②うすめる.弱める.ゆるめる.
- **淡话** dànhuà くだらない話.[吃饱喝足,把～也都扯尽 chějìn]たらふく飲み食いしたし,おしゃべりも尽きた.
- **淡黄** dànhuáng [色]薄黄(の).[直 zhí 接～][化]クリソフェニンの一種.[酸 suān 性～][化]カルコタートラジンの一種.[盐 yán 基～][化]オーラミンの一種.
- **淡季** dànjì (取引や生産の)閑散期.オフシーズン.ひまな季節.↔[旺 wàng 季]
- **淡酒** dànjiǔ 気のきいた肴のない酒.味気ない酒.
- **淡妆浓妆** dànzhuāng nóngzhuāng [慣]薄化粧と厚化粧.色とりどりに美しく装うさま.
- **淡漠** dànmò ①冷淡である.不熱心である. ②(記憶・印象が)ぼんやりしている.薄い.[那件事在我的脑 nǎo 子里的印象越来越～了]あの事は脳裏からだんだん薄れている.
- **淡奶** dànnǎi ＝[淡乳]無糖練乳.→[炼 liàn 乳]
- **淡气** dànqì ＝[氮气]
- **淡青** dànqīng [色]ライトブルー(の).薄青色(の)
- **淡然** dànrán あっさりしたさま.冷ややかなさま:[澹 dàn 然]とも書いた.
- **淡乳** dànrǔ ⇒[淡奶]
- **淡入** dànrù ①＝[渐 jiàn 显]フェードイン.溶明(する):画面が次第にはっきりしてくる映写法. ②徐々に現れる.↔[淡出]
- **淡弱** dànruò ①弱々しい.[～的灯光]同前の明かり.[市势持久～]市況は長い間弱含みが続いている. ②(感情などが)うすい.淡い.
- **淡色** dànsè 薄い色.
- **淡食** dànshí ①無塩食品.減塩食品. ②同前の食事.
- **淡市** dànshì [商]閑散な市況.薄商い.↔[旺 wàng 市]
- **淡事** dànshì つまらない事.
- **淡水** dànshuǐ 淡水.真水(まみ).[～湖]淡水湖.[～鱼]淡水魚.[～雨淋险]雨水濡れ損保険.→[咸 xián 水]
- **淡忘** dànwàng 印象がだんだん薄れて,ついに忘れてしまう.[时间一长,大家就把这些事情～了]時間が過ぎれば,みんながこれらの事をしだいに忘れてしまう.
- **淡香水** dànxiāngshuǐ オードトワレ:香水とオーデコロンの中間のもの.
- **淡销** dànxiāo 売れ行きが弱い.
- **淡雅** dànyǎ 地味で上品である.
- **淡遇** dànyù〈文〉冷遇(する).[总统的中东特使遭 zāo 到了～]大統領の中東特使が冷遇を受けた.
- **淡月** dànyuè (取引や生産の)閑散な月.↔[旺 wàng 月] ②おぼろ月.[疏 shū 星～]星すばるにて月おぼろなり.
- **淡竹** dànzhú ＝[〈方〉白됇夹竹][〈方〉甘 gān 竹] [植]ハチク(クレタケ・アワタケ・カラタケ)
- **淡竹叶** dànzhúyè ササクサ:[〈方〉山 shān 鸡米]ともいう.葉は普通の竹に似ているが,中国ではパンダの主食となる.
- **淡妆** dànzhuāng〈文〉薄化粧.[～素粉]同前.[～浓抹]薄化粧と厚化粧.

[啖(啗・噉)] dàn (Ⅰ)[啗·噉] ①＝[嚼]食らう.食わせる.[～饭 fàn]飯を食らう.[饮 yǐn ～如常]飲食はいつもと変わらない.[健 jiàn ～]飯をよく食う. ②(利で)釣る.[～以重利]莫大な利で人を釣る.
(Ⅱ)[啖][姓]啖(た)
- **啖名** dànmíng〈文〉名声・名譽を求める.
- **啖食** dànshí むさぼり食う.

[氮] dàn [化]窒素.ニトロゲニウム:非金属元素.記号N.[氩 zú]は旧名.ふつう[～气 qì]という.[～族 zú] [化]窒素族元素.
- **氮苯** dànběn ⇒[吡 bǐ 啶]
- **氮肥** dànféi 窒素肥料.[效 xiào 果好的～]ききめのよい窒素肥料.
- **氮化** dànhuà ＝[渗 shèn 氮] [工]窒化(硬化法)]鋼を摂氏500度に熱したアンモニアと接触させ鋼の表面を硬化させること.
- **氮化(hua)钢** dànhuà(yong) gāng [工]窒化鋼:窒素で表面を硬化させた特殊合金鋼.
- **氮己环** dànjǐhuán ⇒[哌 pài 啶]
- **氮卯** dànmào ⇒[吡卡哗]
- **氮气** dànqì 窒素:[淡气]とも書いた.[液 yè 化～] [化]液体窒素.
- **氮石灰** dànshíhuī ⇒[石灰氮]
- **氮芥** dànwù ⇒[咔 kǎ 唑]
- **氮氧化物** dàn yǎnghuàwù [化]窒素酸化物.NOx.
- **氮杂环己烷** dàn záhuánjǐhuán ⇒[哌 pài 啶]
- **氮(杂)茚** dàn(zá)yìn [化]インドール:[音訳]吲 yǐn 哚)に同じ.

[惮・憚] dàn ①〈文〉はばかる.はばかって避ける.恐れはばかる.[肆 sì

dàn

无忌~〉〔成〕ほしいままではばかるところがない.〔过则勿~仇〕〔成〕過ちを犯したら改めるのをはばかるな.〔~服〕恐れはばかって服する.〔不~烦 fán〕面倒をいとわない. ②〈姓〉樺(たん)

〔弹・彈〕 dàn ①〔~儿〕たま.玉.〔泥 ní~儿〕泥をこねて作った玉.→〔蛋②〕 ②(銃砲の)たま.弾丸(総称)〔枪 qiāng ~〕〔子 zǐ ~〕銃弾.〔炮 pào ~〕弾.〔炸 zhà ~〕弾.〔原 yuán 子~〕原子爆弾.〔氢 qīng ~〕水素爆弾(水爆).〔导 dǎo ~〕ミサイル. → tán

弹槽 dàncáo 弾倉から上がって来た弾丸が固定される所.
弹道 dàndào 弾道.〔~(式)导 dǎo ~〕軍弾道ミサイル.〔洲际导弹〕大陸間弾道弾.ICBM.〔~火箭〕弾道ロケット.
弹弓 dàngōng ①=〔绷 bēng 弓子②〕弾弓(だん).はじき弓:昔物用いられた武器の一種.弾(雀)をつがえて発射する弓. ②パチンコ:Y形の枝などにつけたゴムひもで小石をはじきとばす玩具.
弹痕 dànhén 弾痕.
弹夹 dànjiā 挿弾子.カートリッジクリップ.
弹界 dànjiè 着弾範囲.
弹尽粮绝 dànjìn liángjué〔成〕絶体絶命に陥る:〔弹尽援绝〕に同じ.
弹壳 dànké ①薬莢(きょう):〔药 yào 筒〕の俗称.〔子 zǐ ~〕同前.〔炮 pào ~〕砲弾の薬莢. ②爆弾の外殻.
弹坑 dànkēng 砲弾の破裂によって地上にできた大きな穴.
弹孔 dànkǒng 弾丸のうがった孔.
弹片 dànpiàn (砲弾などの)破片.
弹球 dànqiú〔~儿〕(遊具の)パチンコ玉.〔~盘〕パチンコ台.〔打~〕〔打~盘〕パチンコをする. → tánqiú
弹膛 dàntáng (銃の)薬包を入れる輪胴の仕切り.火器の薬室.
弹头 dàntóu 弾頭.〔核 hé ~〕核弾頭.
弹丸 dànwán ①弾弓のたま:〔弹子①〕ともいう. ②銃砲のたま. ③狭い土地の形容.〔~之地〕わずかな狭い土地.
弹无虚发 dàn wú xūfā〔成〕百発百中.
弹匣 dànxiá 弾倉.
弹眼〔儿〕dànyǎn(r) 弾丸のうがった穴:〔弹孔〕に同じ.
弹药 dànyào ①弾丸と火薬. ②爆発物の総称.〔~库〕弾薬庫.〔~筒 tǒng〕薬莢.
弹雨 dànyǔ 弾丸の雨.〔~枪 qiāng 林弹雨〕.
弹着点 dànzhuódiǎn 着弾点.
弹子 dànzi ①⇒〔弹丸①〕 ②〈口〉玉突き:〔台 tái 球〕(ビリヤード)の俗称.〔~房〕玉突き場:〔台球房〕に同じ. ③パチンコ.〔打~〕〔打~机〕同前または. ④おはじき玉.ビー玉.パチンコの球.
弹子锁 dànzisuǒ ⇒〔弹 tán 簧锁〕

〔氮〕 dàn 化〔氮〕(窒素)の旧名.

〔瘅・癉〕 dàn ①〈文〉①疲労による病気. ——一種の熱病. ②恨む.憎む.嫌う.〔彰 zhāng 善~恶〕〔成〕善を顕彰し,悪を憎悪する. → dān

〔萏〕 dàn ①→〔菡 hàn 萏〕 ②〈姓〉萏(だん)

〔窞〕 dàn〈文〉深い穴.〔坎 kǎn ~〕穴ぐら.

〔啗・啖〕 dàn ⇒〔啖(I)①〕

〔蛋〕 dàn ①(鸟・龟・蛇などの)卵.〔鸡 jī ~〕鶏卵.〔鸭 yā ~〕あひるの卵.〔鸽 gē 子~〕はとの卵.〔蛇 shé ~〕蛇の卵.〔全 quán ~粉〕卵黄・卵白(卵全体)の粉末.〔咸 xián ~〕塩漬け卵.〔鲜 xiān ~〕生卵.〔皮~〕食ピータン.〔下~〕(生~)卵を生む.→〔卵 luǎn ①〕〔子 zǐ ②⑥〕 ②〔~儿〕卵のような形をしたもの.丸くすべすべしたもの.〔泥 ní ~儿〕泥をこねて作った団子.〔山药~〕じゃがいも.〔驴 lú 粪~(儿)〕〔驴粪球(儿)〕ロバのフン.〔嗡〉見かけ倒し.〔脸 liǎn ~〕ほっぺた.(多く子供の顔).〔屁 pì 股~儿〕尻(の)ふくらみ). ③〈方〉(動物の)睾丸(もう).〔蛋子儿〕 ④〈罵〉一部の名詞・動詞について人をけなす意を表す.〔王 wáng 八~〕〔混 hùn ~〕〔胡 hú 涂~〕ばかやろう.〔坏 huài ~〕悪人め.〔滚 gǔn ~〕行っちまえ.出てうせろ. ⑤⇒〔蛋子儿〕 ⑥⇒〔蛋民〕

蛋氨酸 dàn'ānsuān =〔甲 jiǎ 硫基丁氨酸〕薬メチオニン.
蛋白 dànbái ①卵の白身.卵白(はく).〔蛋清(儿)〕〔鸡 jī 蛋青〕〔卵 luǎn 白〕ともいう. ②〔蛋白质①〕の略.〔~尿 niào〕医蛋白尿.〔动物~〕動物性蛋白.
蛋白胨 dànbáidòng 化ペプトン:〔百 bǎi 布顿〕は音訳.〔胨〕ともいう.
蛋白酶 dànbáiméi プロテアーゼ:蛋白質分解酵素.
蛋白石 dànbáishí =〔白宝石〕鉱オパール.
蛋白银 dànbáiyín 蛋白銀製剤:防腐剤,または結膜炎・鼻膜炎の治療に用いる.
蛋白质 dànbáizhì ①蛋白質.プロテイン:〔蛋白②〕は略称.〔~工程〕プロテイン工学.→〔朊 ruǎn〕 ②〈口〉〈罵〉のろま.ばか.
蛋包饭 dànbāofàn 食オムライス.
蛋炒饭 dànchǎofàn 食卵チャーハン.
蛋蛋 dàndan〈口〉きんたま:〔蛋子儿〕ともいう.
蛋雕 dàndiāo ①エッグアート:卵の殻を用いて作った工芸品. ②卵殻モザイク:卵の殻を砕いて作った工芸品.
蛋糕 dàngāo ①食カステラ.ケーキ:〔鸡 jī ~〕ともいう.〔结婚~〕〔婚礼~〕〔礼 lǐ 饼〕ウエディングケーキ.〔生日~〕バースデーケーキ.〔槽 cáo(子)糕〕 ②〈喻〉市場.マーケット.〔切~〕パイ(マーケット)を分ける.〔做~〕生産規模・市場規模を拡大する.〔~学〕将来の企業の発展を考えた経営哲学.
蛋羹 dàngēng 食茶碗蒸し.
蛋花汤 dànhuātāng 食かき玉のスープ.
蛋黄 dànhuáng ①〔~儿〕卵の黄身.卵黄:〔卵 luǎn 黄〕ともいう.〔~粉〕卵黄粉. ②色クリーム色(の).
蛋黄酱 dànhuángjiàng 食マヨネーズ.
蛋黄派 dànhuángpài 食カスタードパイ.
蛋黄酥 dànhuángsū〔蛋黄〕に卵黄を加えるあるいは〔姜 jiāng 黄〕という植物性染料で色をつけて焼きあげた菓子.
蛋磷素 dànhuángsù ⇒〔卵 luǎn 磷脂〕
蛋鸡 dànjī〔卵 luǎn 用鸡〕
蛋卷 dànjuǎn 食①巻いた卵焼き.〔西式(菜 cài 肉)~〕オムレツ.〔日式~〕卵焼き. ②ロールケーキ. ③〔~儿〕ロールクッキー.
蛋壳儿 dànkér 卵の殻(から).〔刚出~的小小鸡儿〕卵の殻から出たばかりの小さなひよこ.
蛋民 dànmín ⇒〔蜑民〕
蛋皮丝 dànpísī 食糸たまご:卵の薄焼きを細切りしたもの.〔鸡 jī 蛋丝儿〕ともいう.
蛋品 dànpǐn 卵類と卵製品.または半製品(総称):〔鸡蛋〕〔鸭蛋〕〔松 sōng 花(蛋)〕〔咸 xián 鸭蛋〕.
蛋青 dànqīng 色青みを帯びた白色(の)
蛋清〔儿〕dànqīng(r) ⇒〔蛋白①〕

蛋(用)鸡 dàn(yòng)jī ⇒[卵 luǎn 用鸡]
蛋(用)鸭 dàn(yòng)yā 産卵用アヒル.
蛋子 dànzǐ 丸いもの.〔脸 liǎn 头〜〕(丸い)石ころ.→字解〕
蛋子儿 dànzǐr〈口〉きんたま:〔睾 gāo 丸〕の俗称.〔蛋蛋〕〔卵 luǎn 子(儿)〕ともいう.

[髧] dàn 〈文〉髪の垂れているさま.

[澹] dàn 〈文〉安らかで静かである.〔恬 tián 〜〕
〔恬淡〕恬(K)淡としている.〔〜荡 dàng〕の
どかでゆったりしている. → tán
澹泊 dànbó ⇒[淡泊]
澹然 dànrán ⇒[淡然]

[禫] dàn 因忌月行.喪服を脱ぐ儀式:父母の,
3年の喪があけた1か月後に行う.

[賧・賧] dàn 〈文〉①手付け金(を打つ).②巻子本・軸物のはりぎぬを張ってある部分.

dang ㄉㄤ

[当・當・噹] dāng (Ⅰ)〔當〕①(役割・役目・任務・責務に)当たる.従事する.受け持つ.担う.〔担 dān 〜〕担当する.〔〜老师〕先生を務める.〔〜头 tóu 阵〕先陣を務める.〔我这个一妈 mā 的母親としての私.〔不敢〕あえて当たらず.〈挨〉どういたしまして.〔一得起这个光荣称号〕このほまれの称号に値している(該当するだけの値打がある).〔净说大话一得了 liǎo 什么〕大きなことばかり言って何にもならない.〔敢做敢〜〕やる気は十分ある責任を持つ.〔儿做的儿〜,爷做的爷〜〕子のしたことはその子の責をとり,父親のしたことは父親が責をとる.②対処する.防ぎとめる.〔锐 ruì 不可一〕手ごわくて(手厳しくて)受けとめることができない.〔一夫一关,万夫莫开〕〈成〉一人がその関所を守っていれば,いかに多くの軍勢でも入って来られない.③釣り合う.相応する.等しい.〔门 mén 一户对〕(縁談などで)家柄が釣り合う.〔双方实力相〜〕両者の実力が伯仲する.④〈姓〉当(ξ)
(Ⅱ)〔當〕①当然…すべきである.…しなければならない…ことが多い.〔应 yīng 〜〕〔该 gāi 〜〕として用いることが多い.〔不一说〕言うべきでない.〔一说则说〕言うべきは言う.〔一断 duàn 则断〕〔惯〕決断すべきは決断すべきである.〔早一开会解决〕早急に会を開いて解決すべきである.〔一为 wèi 你公司所深知〕〈牍〉貴社の(当然)よくご存知のことであろう.〔倘承采购,〜可尽量供 gōng 应〕〈牍〉お買い上げくだされ ばもちろんできる限りご提供つかまつります.②…にあたって,…の時に.〔一我们回顾过去时〕我々が過去のことをふり返っているころに.〔一你退休的时候〕君が定年退職のころに.③…に向かって,…の面前で.…で.〔一着大家的面儿讲讲理〕皆の前で道理を説く.〔大家一着我提意见,我把这句话在这儿讲了.〕④〈公〉その場において.そこで.即.その時.ただちに.〔一场交验〕その場で提出して検査を受ける.
(Ⅲ)〔當〕〈文〉端.〔瓦 wǎ 一〕〔滴 dī 水瓦〕(轩瓦瓦)の先端の部分.俗に〔猫 māo 头(儿)瓦〕ともいう.
(Ⅳ)〔噹〕〈擬〉金属製の物がぶつかる音:〔铛 dāng〕に同じ.〔锣 luó 声〜〜〕どらがジャンジャン(鳴る).〔〜〜〕トントン.カンカン.ゴーン.〔一啷 lāng〕チャリン.〔叮 dīng 〜〕チリン.〔叮叮〜〕チリンチリン.チャラチャラ.〔叮啷〜啷〕チンチャラチャラチャラ. → dàng

当班 dāngbān (規程の)勤務につく.仕事につく. → 〔值 zhí 班〕
当辈 dāngbèi (家庭内での)当代.今の代.〔〜付下点辛酸〕(梁[20])当代のものとしていささか苦労をする.
当兵 dāngbīng 兵隊になる.〔一的〕兵隊〔〜吃亏〕旧兵隊は損.〔好人不〜〕旧立派な人間は兵隊にならない.〔一学,二招工,没有出路的〕〈牍〉まず学生,次に労働者,行き場のないのが兵隊で. → 〔丘 qiū 八〕
当不起 dāngbuqǐ ①受け持てない.堪えられない.②〈挨〉どういたしまして.
当槽儿的 dāngcáorde 〈白〉(飲食店の)ボーイ.〔这一尽 jǐn 着拿眼睛瞟 piǎo 的〕(红86)このボーイがしきりにちらちらと見る.
当差 dāngchāi ①旧役所の下っ端役人や使用人になる.②仕える.奉仕する.〔哪儿能赚 zhuàn 乍的钱,这是给你白当一就是了〕君からもらすうとは思わんよ,これはサービスだよ.③旧男の使用人.下男.下男.〔一的〕同前.
当场 dāngchǎng その場(で).〔一抓住了〕その場で捕まった.〔一出彩〕〈成〉その場で正体を現す.人前で恥をさらす.〔一出丑 chǒu〕満座の中で恥をかく.
当场交货 dāngchǎng jiāohuò 商現場渡し:〔当地交货〕に同じ.
当唱儿唱 dāngchàngr chàng 本当は言えないことを何でもないことのように人前で遠慮なくしゃべる.
当朝一品 dāngcháo yīpǐn 〈文〉時の朝廷の最高の官職.
当初 dāngchū =〔方〕开 kāi 初〕初め(は).最初(は).もとは).以前(は).昔(は).〔早知今日,何必一〕早くにこうなると知っていたなら,最初からそうはしなかったろうに.
当厨 dāngchú 料理をつかさどる.
当代 dāngdài 現代.当代:ふつう第2次大戦終結後,または中華人民共和国成立以降を指す.〔〜艺术〕モダンアート.→〔现 xiàn 代〕
当当儿车 dāngdangrchē 旧時のチンチン電車.市街電車.
当道 dāngdào ①〔一儿〕道路の真ん中.〔〜一棵大树,有碍占交通〕大木が道路に立ちふさがっていて交通を邪魔している.②(悪人が)政権をとる.③旧権力者.当局(者)
当地 dāngdì 当地.現場.〔一人〕その土地の人.〔一时间〕現地時間.〔一交货〕〔一付货〕〔当场交货〕商現場渡し.〔一付 fù 运货物运送り状.〔一员工〕ローカルスタッフ.〔一啤 pí 酒〕地ビール.
当弟兄的 dāngdixiongde 〈口〉旧兵隊.軍人.
当断不断 dāngduàn búduàn 〈諺〉できはすべき場合なのに決断がつかないこと.〔〜反受其乱〕同前ならえすだけだ.
当官 dāngguān 役人になる.〔一的〕役人.
当归 dāngguī =〔薛 bì ②〕商トウキ(当帰):多年生植物.根を,(女性の)血の道の薬にする.
当行出色 dānghàng chūsè〈諺〉餅(き)は餅屋.自分の慣れたことをすればうまくいく.まことに時宜を得ている.
当红 dānghóng 人気がある.注目を浴びている.
当机立断 dāngjī lìduàn 〈成〉その場に応じて立ちどころに決断する.
当即 dāngjí ただちに.即時に.〔一俟 sì 需要,〜与你公司联系〕必要ありしだい貴社に連絡します.
当家 dāngjiā 家事を切り盛りする.〔一才知柴米贵,养儿 ér 方知父母恩〕〈諺〉家の采配を振るようになって初めて,たきぎや米の高いことを知り,子を持って初めて親のありがたさがわかる.〔一三年狗也

当 dāng

嫌 xián〈諺〉3年も家の切り盛りをすれば,どうしてもけちにならずに嫌われるものだ.

当家菜 dāngjiācài ①ある時期に欠かせない野菜:例えば冬の白菜. ②(ある季節の)主なおかず. ③〔レストランの〕おすすめ料理.

当家的 dāngjiāde ①=〔当家人〕戸主.だんな.〔当家小〕若だんな. ②=〔当家人〕〈方〉主人:妻が夫のことをいう.→〔俺 ǎn 家的〕 ③→〔住 zhù 持〕

当家品种 dāngjiā pǐnzhǒng 主要な品種.

当家人 dāngjiārén ⇒〔当家的①②〕

当家作主 dāngjiā zuòzhǔ〈成〉主人公となる.

当间儿 dāngjiànr〈口〉真ん中.

当街 dāngjiē ①通りに面している. ②〈方〉街頭.往来.〔不知出了什么事了,~全是人〕何事があったのか,通りは人でいっぱいだ.

当今 dāngjīn ①現今(げん).〔~之世〕同前. ②旧今上(じょう):今の皇帝.

当紧 dāngjǐn〈口〉重要である.大切である.

当局 dāngjú 当の局に当たる(者).〔学校~〕学校当局.〔~者迷,旁观者清〕〈諺〉岡目八目.

当空 dāngkōng 空中にある.〔皓 hào 月~〕明月が天空にかかっている.

口ロ儿 dāngkour 潮時.その時.〔要死要活,现在正是个~〕死を求めるか生きるか,今がそのちょうど潮時というものだ.→〔当儿①〕

当啷 dānglāng〈擬〉ガチャン.カラン:金属・ガラスなどの触れあう音.〔~~〕同前.

当量 dāngliàng〈化〉当量.

当令 dānglìng ①出盛り期にあたる.旬.〔现在是伏天,西瓜正~〕今は(夏)の土用で,すいかがちょうど旬だ.→〔旺 wàng 季〕 ②→〔应 yìng 时当令〕 ③〈方〉権力を握っている者.

当路 dānglù 道路の真ん中.路上.

当面 dāngmiàn 〔~儿〕面と向かって.まのあたりにして.〔~交 jiāo 谈〕面と向かって話をかわす.〔~交涉〕じかに交渉する.〔~锣 luó,对面鼓〕〈喩〉顔つきあわせて話す.〔~一套,背后一套〕〈喩〉陰ひなたがある.

当年 dāngnián ①当時.あのころ.あの年.往時.〔败 bài 将不足~勇〕好況不振~勇〕〈諺〉敗軍の将は兵を語らず.〔~我在那儿念书的时候还很结实〕あのころあそこで勉学していたころは,まあまあ丈夫だった. ②人生の最盛期.男(女)盛り.〔他正~〕彼は男盛りだ.→dàngnián

当牛作马 dāngniú zuòmǎ〈慣〉人を人とみなさないこと.

当前 dāngqián ①目前にある.面と向かう.〔大敌~〕大敵を前にする. ②当面(の).目前(の).さしあたっての. ③〔~急务〕〔当务之急〕当面の急務.〔~的困 kùn 难〕当面の困難.〔他们~的要求〕彼らの当面の要求.→〔目 mù 前〕〔现 xiàn 在〕 ③電算カレント(の).アクティブ(な).〔~窗口〕アクティブウインドウ.〔~目录〕カレントディレクトリー.〔~文件〕アクティブファイル.

当枪使 dāngqiāngshǐ〈喩〉他人をやっつける手段として人を使うこと.

当权 dāngquán (政権・支配権などの)権力を握る.〔~人物〕政権・支配権を握っている人物.〔~派〕実権派.→〔执 zhí 政〕

当儿 dāngr ①ちょうどその時. ②間.すきま.〔拉开~〕すきま(と物と物との距離)をあけて置く.→dàngr

当然 dāngrán ①当然である.〔理所~〕理の当然である.あたりまえだ.もちろん.むろん.〔~要去〕もちろん行かなくちゃならない.

当仁不让 dāngrén bùràng〈成〉義を見てためらわない:自分から買って出ること.

当日 dāngrì その日.〔又〕→ dàngrì

当时 dāngshí 当時.そのころ.→ dàngshí

当世 dāngshì〈文〉現代.この世.

当事国 dāngshìguó 当事国.

当事人 dāngshìrén ①当事者. ②〈法〉訴訟上の一方(の人).原告または被告.

当堂 dāngtáng ①〔当庭〕 ②その場(で):特にその授業の時.教室(で)

当天 dāngtiān 当日.→ dàngtiān

当庭 dāngtíng =〔当堂①〕法廷の場(で).〔~指证〕法廷で証拠を示す.

当头 dāngtóu ①真っ先に掲げる.第一とする.〔忠字在胸,勇字~〕誠を心に秘め,勇敢さを最優先:文化大革命時の流行語. ②頭から.真っ向から.〔这个消息对他好像一泼 pō 了一盆冷水〕そのニュースは彼に頭から冷水を浴びせたようだ. ③直面する.〔国难~〕国難に直面する.→ dàngtou

当头棒喝 dāngtóu bànghè =〔当头一棒①〕〈成〉棒で打ち大声で一喝して悟りをうながすこと.

当头一棒 dāngtóu yībàng ①同上. ②〈喩〉頭ごなしにぴしゃりとやる(やられる).〔挨 ái 了一〕真っ向からぴしゃりとやられる.

当途 dāngtú 〔当涂〕〔当塗〕とも書く.〈文〉政権を握る.

当晚 dāngwǎn その晩.当夜:過去のある日の夜.〔~无 wú 话〕その晩はこれといって話はなかった.→ dàngwǎn

当午 dāngwǔ 正午.〔~头 tóu〕〈方〉同前.→〔正 zhèng 午〕

当务之急 dāngwù zhī jí 当面の急務:〔当前急务〕に同じ.

当下 dāngxià 直ちに.即座に.

当先 dāngxiān ①先に立つ.第一に来る.〔无论做什么事都是钱~〕何事をするにも先立つものは金だ. ②〈方〉最初.はじめ.

当心 dāngxīn ①注意する.気をつける.〔~火 huǒ 车〕汽車に注意.〔~你们的脑袋〕自分らの首を気をつけよ(くびにならぬように).→〔留 liú 心〕 ②〈方〉(胸)の真ん中.〔对着自己的~〕自分の胸の真ん中にあてがって.〔将 jiāng 他揎在~了〕彼を真ん中に取り囲んだ.

当胸 dāngxiōng 胸にむかって.

当选 dāngxuǎn 当選(する).↔〔落 luò 选〕

当央 dāngyāng〈方〉真ん中:〔当中①〕に同じ.

当腰 dāngyāo (多く細長いもの)の中間.〔两头细,~粗〕両端が細く,中は太い.

当药 dāngyào〈植〉トウヤク.(イヌ)センブリ.

当夜 dāngyè その夜.→ dàngyè

当一天和尚撞一天钟 dāng yītiān héshang zhuàng yītiān zhōng〈諺〉和尚になったら鐘をつく:その場限りでお茶を濁す.〔当〕は〔做〕ともいう.

当院(儿) dāngyuàn(r)〈方〉庭の中.庭先.→〔院子①〕

当着矮人说短话 dāngzhe ǎirén shuō duǎnhuà 背の低い人の前で短い話をする.〈喩〉あてつける.あてこする:〔当着矬 cuó 子说短话〕ともいう.

当政 dāngzhèng 政務を担当する.政権を担う.

当之无愧 dāng zhī wúkuì〈成〉これに当たるも恥ずるなし:そうなっても恥ずかしくない.

当值 dāngzhí 〔当直〕とも書く. ①〈白〉使用人.下男. ②旧当直(する)

当中 dāngzhōng ①真ん中.中央.〔~放着饭桌〕ん中に食卓が据えてある. ②中(に)の.中央.〔要在家庭の日常生活~给予以良好的教 jiāo 育和影响〕家庭の日常生活の中で子女に良いしつけと影響

dāng～dǎng

を与える必要がある.
当中间儿 dāngzhōngjiànr 中ほど.真ん中:〔当中①〕に同じ.
当众 dāngzhòng 公衆の面前で.〔当着众人〕同前.〔~开票〕公衆の面前で開票する.
当子 dāngzi <口>空き.間(*):一定の間隔.〔拉开~〕間をとる.→ dàngzi

〔**珰·璫**〕 dāng <文>①古代,女性の耳飾りの玉.②昔時,皇帝の身辺に仕えた〔官 huàn 官①〕の帽子につけてある金·銀の飾り.〈転〉宦官.

〔**裆·襠**〕 dāng まち(ズボン類の両股の間の部分),または体の両股の間.〔两~〕ニつのロ.〕内股.〔裤 kù~〕ズボンのまち.〔横 héng ~〕ズボン股まわりの部分(の寸法).〔直 zhí ~〕股上寸法.〔开 kāi ~裤〕まちの開いた幼児用のズボン.

〔**铛·鐺**〕 dāng ①⇒〔当(M)〕②〔铃~língdāng〕すず.③〔锒 láng ~〕囚罪人をつないだ鉄の鎖.→ chēng

〔**筜·簹**〕 dāng →〔筼 yún 筜〕

〔**蛸·螳**〕 dāng →〔螳 dié 蛸〕

〔**挡·擋(攩)**〕 dǎng ①遮る.邪魔する.防ぐ.〔~风避雨〕風を遮り雨をよける.〔别~着道儿〕道をふさぐな.〔~住〕さえぎり阻止する.〔~回〕つき返す.〔兵来将~,水来土掩 yǎn〕敵がいくらこのような方法で対応する.〔山高~不住太阳〕山がいくら高くても太陽は遮れない.②覆い隠す.〔他的房子被树~得看不见了〕彼の家は木が邪魔して見えない.③〔-儿,-子〕覆い.カバー.フェンダー.よけるもの.〔炉 lú ~儿〕炉下部の灰かき口.〔窗 chuāng 户~儿〕カーテン.ブラインド.④〔機〕(自動車などの)⑧変速装置.⑥変速器の位置.〔高(低)速~〕高(低)速ギア.〔倒 dào ~〕バックギア.〔空 kōng ~〕ニュートラル.⑤計器類の光度·電力·熱量などの等級.→ dàng

挡板 dǎngbǎn しきり板.
挡便车 dǎngbiànchē ヒッチハイク(する).〔在公路旁~〕自動車道わきでヒッチハイクする.
挡车 dǎngchē 〔紡〕紡織機を受け持つ:一定数の機械を操作し,生産量·品質などに責任を持つこと.〔~工〕〔当 dāng 车工〕〔看 kān 车工〕〔值 zhí 车工〕台持ち工.
挡闯 dǎngchuǎng 進入を阻止する.突入を阻む.
挡道 dǎngdào 道をふさぐ:〔挡路〕に同じ.〔~的〕~石〕(喩)邪魔もの.
挡风 dǎngfēng 風を防ぐ.〔~玻璃〕④風防ガラス.⑤(車の)フロントガラス.〔~墙 qiáng〕風よけの塀.〔~喻〕庇(ʔ)護する者.また隠れみの.
挡杆 dǎnggān 〔機〕キャッチピン.
挡寒 dǎnghán 防寒する.寒さを防ぐ.→〔抗 kàng 寒〕
挡横儿 dǎnghèngr <口>中に入って干渉する.人がいじめられるのをかばってやる.〔~的〕同前の人.
挡获 dǎnghuò 検問して捕まえる.逃亡中の犯人を逮捕する.
挡驾 dǎngjià 来客を断る.面会謝絶する.〔我先谢谢,~了〕今ここでお礼を申しあげて,ご足労がございませんようにお願いします.
挡箭牌 dǎngjiànpái ①〔矢を防ぐ〕盾.〈転〉後ろ盾.②〔喩〕責任逃れの口実·こじつけ.這は一块十分不光彩的~〕これはけっしとない責任逃れの口実だ.
挡浪堤 dǎnglàngdī 防波堤.

挡路 dǎnglù ⇒〔挡道〕
挡朦儿 dǎngmór <方>遮蔽(ぴゃ)する物:〔挡抹儿〕〔挡暮儿〕とも書く.〔这门口风太冲,得找个~才行〕この門口は風がひどく吹きつける,何か風よけを置いたらよい.〔他嘴上没~〕彼は口から出まかせを言う.
挡泥板 dǎngníbǎn =〔方〕叶 yè 子板〕フェンダー.車輪のどろよけ.
挡墙 dǎngqiáng 防護壁.
挡球网 dǎngqiúwǎng 〔ス〕(野球の)バックネット.
挡儿 dǎngr →字解③
挡事 dǎngshì やりよい.心強い.〔到底俩人比一个~得多,遇到事多少可以研究研究〕(老舍·上任)やはり二人の方が一人よりは心強い,何事につけても少しは相談もできる.
挡网 dǎngwǎng たも.たもあみ.
挡位 dǎngwèi 〔自動車などの〕変速器の位置.
挡子 dǎngzi →字解③

〔**党·黨**〕 dǎng ①政党:中国では〔中国共産党 gòng 产党〕のことをいう.〔~的要 yāo 求〕中国共産党からの要求.〔~的领导〕中国共産党の指導.〔政~〕政党.②徒党,一味.〔死~〕仲間のためには命も惜しまぬ一味.〔结~营私〕徒党を組んで私利をはかる.③<文>味方をする.ひいきをする.④<文>親類.〔父 fù ~〕父方の親類.〔母 mǔ ~〕母方の親類.⑤旧地方の編制単位で500戸を1〔~〕とした.⑥<姓>党(t).

党八股 dǎngbāgǔ 中国共産党内における形式主義的·教条主義的な文章.毛沢東は 1.空言の羅列,2.虚勢を張り人を脅かす,3.一人よがり,4.無味乾燥な言辞,5.甲乙丙丁式な項目文章,6.無責任な言辞,7.党を毒し革命を妨げる,8.国を誤り民を損なう,の 8 項目をあげた.→〔八股文〕
党报 dǎngbào 党機関紙:中国では人民日報をいう.
党部 dǎngbù 旧(中国国民党)の党機関.
党代表 dǎngdàibiǎo 旧党代表:国共内戦の時期に軍隊内で共産党を代表し指導工作を行った者.
党代会 dǎngdàihuì 党員代表大会の略称.
党阀 dǎngfá 政党内の派閥(のボス).
党费 dǎngfèi ①党費.〔交~〕党費を納める.②政党の運営費.
党风 dǎngfēng 党風.党生活のしかた.党の気風.〔整 zhěng 风运动〕
党纲 dǎnggāng 党の綱領.
党锢 dǎnggù =〔党禁①〕①ある集団·党派の者が官職につかれり,活動することを禁止すること.
党规 dǎngguī 党の規則制度.
党棍 dǎnggùn ある政党内の権勢をかさに着て悪事を働く頭目を指す.
党国 dǎngguó 旧中国国民党とその政権.
党徽 dǎnghuī 党の紋章.
党籍 dǎngjí 党籍.〔开除~〕党籍を剥脱する.〔恢复~〕党籍を復活する.
党纪 dǎngjì 党の規律.〔~国法〕同前と国の法律.
党际 dǎngjì 党と党の間.
党建 dǎngjiàn 党の建設.
党禁 dǎngjìn ①⇒〔党锢〕②旧国民党が他の政党の活動を禁止したこと.
党刊 dǎngkān 党の刊行物(特に雑誌を指す)
党课 dǎngkè 党員や入党希望者を対象に,中国共産党の網領や規約についての教育を施す課程.
党魁 dǎngkuí 党の首魁.親分.ボス.
党龄 dǎnglíng 党歴.
党派 dǎngpài 党派.→〔民 mín 主党派〕
党朋 dǎngpéng <文>朋党.仲間.同類.

党旗 dǎngqí 党旗.
党群 dǎngqún 党と大衆.
党人 dǎngrén 〔入 gòng 产党人〕
党参 dǎngshēn 圖ヒカゲツルニンジン:根を党参(ぷ)といい,強壮補血薬とする.〔上~〕〔柴~〕同前.→〔人 rén 参〕
党史 dǎngshǐ 党の歴史.
党首 dǎngshǒu 党のリーダー.党首.
党同伐异 dǎngtóng fáyì 〈成〉同類相助け異分子を攻撃する:単に〔同异②〕ともいう.
党徒 dǎngtú 同類.徒党.一味(さげすんでいう)
党团 dǎngtuán ①政党と団体:中国共産党および中国共産主義青年団.〔~员〕同前の党員と団員.〔~活动〕同前の活動.②派閥・政党の議員団.③回中国共産党フラクション.→〔党组〕
党外人士 dǎngwài rénshì 中国共産党党員外の人.非党員の人(ふつう有名人に対していう)
党委 dǎngwěi (各级)党委员会:〔省委〕〔市委〕〔地委〕〔县委〕及び軍隊の大隊以上の単位にある同前の合名.〔~书记〕党委員会書記.〔各级~和全党同志〕各级の党委員会と全党の同志.
党务 dǎngwù 党の仕事.
党项 dǎngxiàng 圖タングート族:〔羌 qiāng ②〕の一支派.
党小组 dǎngxiǎozǔ 党細胞.党小组:もっとも末端の組織.数人規模で編成される.→〔党组织〕
党校 dǎngxiào 中国共産党の幹部養成のための教育機関.
党心 dǎngxīn 党員全員の願い.
党性 dǎngxìng ①党の性格.党派性.②党員の階級的自覚.→〔派 pài 性〕
党友 dǎngyǒu 〈文〉仲間.朋輩.
党羽 dǎngyǔ 派閥のボスの追随者(さげすんでいう)
党员 dǎngyuán (中国共産党)党員.
党章 dǎngzhāng 党の規約.
党证 dǎngzhèng 党員証.党籍証明書.
党政 dǎngzhèng 党と政府.〔~机关〕同前の機関.〔~分开〕党政分離.
党政工团 dǎng zhèng gōng tuán 各级の中国共産党委员会・行政機関・労働組合・中国共産主義青年団委员会を指す.
党政军民 dǎng zhèng jūn mín 中国共産党・政府・解放軍・人民.
党支部 dǎngzhībù 党支部:〔党小组〕の上の組織.〔党支部〕党支部書記.
党中央 dǎngzhōngyāng 党中央:〔中国共产党中央委员会〕の略.
党总支 dǎngzǒngzhī 党総支部:〔党委〕と〔党支部〕の間に位する組織.→〔党组织〕
党组 dǎngzǔ 中央及び地方の政府機関やその他の組織・団体の指導部内に設けられる中国共産党組織.党グループ.
党组织 dǎngzǔzhī 中国共産党組織:その系统は〔党中央(委员会)〕〔党(基层)委(员会)〕〔党总支(部)〕〔党支部〕〔党小组〕となる.省以下では〔党中央〕の下に〔省(市)委(会)〕〔县委(员会)〕〔乡,镇党委(员会)〕〔党总支部〕〔党支部〕となる.軍の組織では〔(党)中央军事(委)委(员会)〕〔(中国人民解放军)总政治部〕以下となる.

〔谠・讜〕 dǎng

谠辞 dǎngcí 率直な言葉.
谠论 dǎnglùn 同下.
谠言 dǎngyán =〔谠论〕〈文〉直言.正直な議論.〔~伟 wěi 论〕率直で立派な議論.

〔欓・欓〕 dǎng →〔筶 lè 欓〕

〔当・當・(儅)〕 dàng（Ⅰ）

〔當〕①適当である.妥当である.〔适 shì ~〕〔恰 qià ~〕適当である.〔妥 tuǒ ~〕妥当である.〔稳 wěn ~〕穏当である.〔处 chǔ 理不~〕処理が当を得てない.②…だと思う.…と考える.…と思い込む.…を…とする.…とみなす.〔拿好话~坏话〕よい話を悪い話に思い込む.〔不要拿敌人~朋友〕敵を友人と思ってはいけない.〔~客待 dài 〕お客扱いする.〔一个~俩〕一つを二つとみなす.〔~饭吃〕ご飯がわりに(のつもりで)食べる.〔拿茶~酒〕お茶を酒のつもりにする.〔不拿我~回事〕わたしのことを何とも思ってない.〔费银~水〕金を湯水のように使う.〔今天我还~是星期三呢〕今日はまだ水曜日かと思ってましたよ.〔只~起初就没有不就完了?〕初めからなかったものと思えばそれで済むじゃないか.〔~牛马使唤〕牛馬の如く使う.→〔想 xiǎng ①〕〔以 yǐ 为〕③(時を移さず)すぐその時(に).〔当日可以打来回〕その日のうちに往復できる.〔他是三号来的,~天就回去了〕彼は三日に来たんだがその日のうちに帰った.〔~年就结 jiē 果子〕その年で実がなる.④詭計.ペテン.〔上 shàng ~〕ぺてんにかかる.一杯食わされる.〔别上了他的~〕彼にだまされてはいけない.〔这东西买上~了〕この品物はだまされて買わされた.

(Ⅱ)〔當(儅)〕質(に入れる).〔~押 yā〕同前.〔~衣物是穷苦人家救急的办法〕衣服を質に入れるのは貧乏人の急場しのぎの方法である.〔把手表~了,换来一些钱〕腕時計を入質していくらかのお金にした.〔赎 shú ~〕質物を請け出す.→〔典 diǎn (Ⅱ)〕

dàng

当成 dàngchéng ⇒〔当作〕
当当 dàngdàng 質に入れる.↔〔赎 shú 当〕
当机 dàngjī 電算フリーズ(する).システムダウン(する).ハングアップ(する)
当回事 dànghuíshì [-儿]〈口〉重視する.〔没~〕注意しなかった.問題にならなかった.〔把自己的家庭~〕自分の家族を大切にする.
当家子 dàngjiāzi 〈方〉父方(ぢ)の(遠い)親戚.またはその人に対する親しい呼称:〔本 běn 家〕ともいう.
当金 dàngjīn (質の)借りる金.貸す金.
当客 dàngkè 賓客の意.
当卖 dàngmài 質に入れたり売ったりする.〔天天儿~着过日子〕毎日質屋通いや売り食いして暮らしている.
当年 dàngnián その年.〔这个水库~修成,~就发挥了它的作用〕このダムはその年に完成し,すぐその年からその役割を果たした.→ dāngnián
当品 dàngpǐn ⇒〔当头〕
当票 dàngpiào =〔典 diǎn 票〕[-儿]質札.
当铺 dàngpù =〔典 diǎn 当行〕〔质 zhì 库〕質屋.
当期 dàngqī 質流れになる日.入質の限度.
当儿 dàngr 〈方〉とき.ころ.〔正在这么半清醒半迷糊的~〕ちょうどこのようにぼうっとしている時.→ dāngr
当日 dàngrì その日(のうちに).当日.→ dāngrì
当时 dàngshí 即時かつすぐに.直ちに.〔他接到家里来的电报,~就赶回去了〕彼は家からの電報を受けとるなり,即座急ぎ帰った.→ dāngshí
当事 dàngshì 問題とする.注意する:〔当回事〕に同じ.
当事儿 dàngshìr 役立つ.〔窗户帘儿不~了,得换换〕窓のカーテンがだめになった,換えなくてはならない.〔吃口~的〕少し腹にたまる物を食べる.

dàng 当垱挡档凼宕砀荡

当是 dàngshi …と思い込む.〔我~给我的呢〕てっきりわたしにくれたものと思っていました.

当死 dàngsǐ ①〔質物が〕流れる.質流れになる. ②請け出さないつもりで質入れする.→断 duàn 顿

当天 dàngtiān その日.当日.同日.〔~可以打个来回〕その日のうちに行って帰る.→dāngtiān

当头 dàngtou 質草:〔当品〕〔当物①〕と同じ. 〔典 diǎn 物〕ともいう.→dāngtóu

当晚 dàngwǎn その日の夜.同日の夜:〔当 dàng 夜〕ともいう.→dāngwǎn

当物 dàngwù ①質草:〔当头〕に同じ. ②質に入れる. ③物とみなす.

当息 dàngxī 質の利息.

当夜 dàngyè その日の夜:〔当 dàng 晚〕に同じ.→dāngyè

当月 dàngyuè その月(のうち).〔他们九月接受的任务,~就完成了〕彼らは9月に受けた任務を,同月にし終えた.

当折 dàngzhé 質の通帳.

当真 dàngzhēn ①本当にする.真に受ける. ②本当に.果たして.〔如果继续不断吃这种药,碰到~使用时,它的作用用就大大打了折扣〕いつもその薬を飲み続けていると,本当に使う時,効きめは大分割り引かれてしまうだろう.

当主 dàngzhǔ 質入れ主.入質者.

当子 dàngzi 〔方〕量詞.事柄・出来事を数える:〔档子①〕に同じ.〔那一事你得快点儿去办〕あの事は急いでやってくれよ.〔怎么一事儿〕どんな事だ.→dāngzi

当作 dàngzuò =〔当成〕と思い込む.一に…とする.〔当做〕とも書く.〔一真zhēn话〕本当の話と思う.〔美国要把日本~战略伙伴〕米国は日本を戦略的なパートナーとしようとしている.

〔垱・壋〕 dàng

〔方〕あぜのせき:田の灌漑(gài)を調節するため,ふちの土を積み上げて水の流れを止めるもの.〔筑 zhù ~〕挖塘 táng〕せきを築き,池を掘る. ②地名用字.〔杨 yáng 家~〕⊕湖北省棗陽市北部にある.

〔挡・擋(攩)〕 dàng

①〔文〕始末をつける.処理をする. ②〔一头 tou〕〔方〕〔長方形のもの〕の両端.→dǎng

〔档・檔〕 dàng

①木で作った細い棒.〔算盘上的~〕そろばんの軸.→〔杆 gǎn〕 ②書類保存用の戸棚.〔归 guī ~〕保存書類として保存する. ③保存書類.〔查 chá ~〕保存書類を調べる. ④⦿機械の速度の段階:元来空隙(xì)のところの横棒をいう.〔有十二~速度〕12段階の速力が出せる. ⑤〔商品・産品の〕等級.〔高~商品〕高級品.〔低~商品〕低級品. ⑥量詞.事柄・出来事を数える:〔档子①〕ともいう.〔一~又一~〕次から次へと.⑦〔方〕露店.〔鱼~〕露店の魚屋.⑧〔姓〕檔(dàng)

档案 dàng'àn ①(各機関の)保存する文献・書類・調書など:個人の履歴や賞罰などについての記録を指す.〔~袋 dài〕同前,入れておく袋.〔各朝的~是最確実的歴史資料である〕各朝の保存書類はもっとも確実な歴史資料である. ②⦿電算アーカイブファイル.

档次 dàngcì (製品の)ランク.等級.序列.段階.〔拉开~按质论价〕ランクをひろげて品質で値を決める.

档期 dàngqī ①〔映画・テレビの〕上映・放映期間.クール. ②売り出し期間.

档儿 dàngr ⇒〔档子①〕

档位 dàngwèi ①露店の区画.露店の決められた位置.→〔档⑦〕 ②ランク.等級.〔工资~〕給与の級別.

档子 dàngzi 〈口〉=〔档儿〕量詞.事柄・出来事を数える:〔当子〕とも書く.〔一~事〕一つの出来事.〔好几~事一齐来,可忙坏了〕いくつもの用事が一ぺんにできたので忙しくてたまらない. ②量詞.組になった演芸や見せ物などを数える.一組・一団.〔一龙灯,一~要耍 shuǎ 狮子的二組の竜灯舞り,一組の獅子舞.〔先听一~大鼓,再瞧一~文戏法〕まず,一つ"大鼓书"を聞いて次に手品を一つ見る.

〔凼(氹)〕 dàng

〔方〕①水だめ.〔~田や畑の肥溜(dame).〔粪 fèn ~〕〔肥 féi ~〕同前.〔~肥 féi〕同前で作られる肥料.

〔宕〕 dàng

①〈文〉延ばす.長びかせる.遅らせる.〔延 yán ~〕〔一延〕同前. ②〈文〉しまりがない.はしたなさである.〔荡Ⅲ〕に同じ. ③〈文〉沼.沢.〔荡(氹)〕に同じ. ④〔姓〕宕(dàng·)

宕户 dànghù ①石切り人夫.採石工. ②〈文〉掛け買い代金を決済していない人.

宕账 dàngzhàng 引き延ばして未返済になっている勘定.

宕柱 dàngzhù ⇒〔连 lián 杆〕

宕子 dàngzi ⇒〔荡子②〕

〔砀〕 dàng

①→〔茛 làng 砀〕 ②〔姓〕砀(dàng·)

〔砀・碭〕 dàng

①〔~山〕⦿安徽省にある県. ②〔姓〕碭(dàng)

〔荡・蕩(盪)〕 dàng

(Ⅰ)〔荡(盪)〕①揺れる.揺れ動く.ゆさぶる.〔~秋千〕〔打 dǎ 秋千〕ぶらんこをこぐ. ②ぶらぶらする.〔游 yóu ~〕同前. ③すっかり除く.一掃する.〔倾 qīng 家~产〕〈成〉財産をすっかり使い果たす.〔~黑〕暴力団を一掃する.〔扫 sǎo ~〕掃討する. ④洗う.洗いゆすぐ.〔冲 chōng ~〕洗い流す. ⑤広くて平坦である.〔浩 hào ~〕(水が)広々と果てしない.

(Ⅱ)〔荡〕ふしだらである.ほしいままである.だらしがない.〔淫 yín ~〕淫蕩である.

(Ⅲ)〔荡〕①沼.沢:水おもに葦(lú)などが生えている窪(ō)地.〔~田〕⑨葦野. ⑥同前を開墾して作った田畑.〔芦 lú 花~〕葦の生い茂った水辺.〔溜(ō).〔溜~〕〔凼〕に同じ.〔水~〕水溜.〔肥 féi ~〕肥(féi)溜. ④〔姓〕蕩(dàng)

荡除 dàngchú 全部取り除く.一掃する.

荡船 dàngchuán ①船を漕ぐ. ②→〔荡木〕

荡荡悠悠 dàngdàng yōuyōu ⇒〔悠悠荡荡〕

荡涤 dàngdí 〈文〉洗い清める.〔喩〕とり除く.→〔洗 xǐ 涤〕

荡妇 dàngfù ①浮気女. ②娼婦.

荡湖船 dànghúchuán ⇒〔跑 pǎo 旱船〕

荡俭逾闲 dàngjiǎn yúxián 〈文〉礼儀や作法を無視する:〔荡检踰闲〕とも書く.

荡桨 dàngjiǎng オールでこぐ.

荡尽 dàngjìn 消費し尽くす.

荡寇 dàngkòu 賊を掃討する.

荡马 dàngmǎ ⦿旧劇で,乗った馬が跳ね暴れるのを表すしぐさ.

荡马路 dàngmǎlù 〔方〕ぶらぶら歩くこと.〔荡大马路〕上海⑦で南京路をぶらつくこと.

荡木 dàngmù 遊動円木:円木の部分が舟形のものを〔荡船②〕という.

荡平 dàngpíng ①征伐して平定する.〔~天下〕を同前. ②取り除いて平らにする.

荡气回肠 dàngqì huícháng ⇒〔回肠荡气〕
荡清 dàngqīng 掃討する.
荡然 dàngrán〈文〉すっかりなくなるさま.〔~无存〕〈成〉何も残らない.
荡人心魄 dàng rén xīnpò〈慣〉人を感激させること.
荡神 dàngshén 夢中になる.うっとりする.
荡滩地 dàngtāndì 海岸または河岸の波打ち際.
荡析 dàngxī〈文〉離散する.ちりぢりになる.
荡漾 dàngyàng（水・波・空気・歌声などが）揺れ動く.漂う.響く.
荡悠 dàngyou ①揺れる.揺れ動く.②ぶらぶらする.
荡志 dàngzhì 心を迷わす.〔~移情〕〈成〉同前.
荡舟 dàngzhōu ①〈文〉舟を漕ぐ.②小舟に乗って遊ぶ.
荡柱 dàngzhù ⇒〔连 lián 杆〕
荡子 dàngzǐ ①遊び人.遊び回ってばかりいて職のない者.②=〔宕户〕他郷に流浪して帰らない者.
荡子 dàngzi ①〈方〉浅い湖.②〔裁縫用の〕へら.また、へらでつけた線.すじ.〔打 dǎ ~〕へらですじをつける.③かみそり研〈とぎ〉の布〈皮〉

〔璗・盪〕dàng〈文〉①黄金.②玉の一種.→ táng

dao ㄉㄠ

〔刀〕dāo ①刀.刃物.〔动 dòng ~〕刃物ざたにおよぶ（なる）.〔这小~儿很快〕このナイフはよく切れる.〔这把~钝了〕ナイフが切れなくなった.〔菜 cài ~〕包丁.〔刨 zhá ~〕押し切り.〔刨（カッターの）刃.刃状のもの.〔铣 xǐ ~〕フライス盤につけるカッター.〔镗 táng ~〕ボーリングマシン（中ぐりの盤）のカッター.〔裁 cái 玻璃 ~〕ガラス切り.〔冰 bīng ~〕スケート靴のエッジ.〔瓦 ~〕を左官がれんがを割って形をととのえたり塗ったりすること.③固刀の形をした貨幣.〔布③〕④量詞.紙一帖（100枚）を数える.〔一~纸〕同前.〈姓〉刀〈ㄉ〉
刀疤 dāobā ⇒〔刀瘢〕
刀把儿 dāobàr ①刀の柄〈つ〉.=〔刀把子〕ともいう.②→〔刀柄〕.〈喩〉弱み.つかみどころ.泣きどころ.
刀瘢 dāobān =〔刀疤〕刀傷の跡.
刀背〔儿〕dāobèi(r) 刀のみね.
刀笔 dāobǐ 文書（特に訴訟関係の）を作成する（こと）.〔古代、竹・木に筆で文字を書き、誤字は小刀で削った.〔弄 nòng ~〕訴訟書類をつくる.〔~吏 lì〕文書係の役人.〔~郎 láng〕代書人.三百代言.→〔讼 sòng 师〕
刀币 dāobì 固刀銭.刀貨.〔刀形币〕ともいう.→〔刀布〕
刀兵 dāobīng〈文〉武器.〈転〉軍事力.〔动 dòng ~〕戦争する.〔~四起〕兵乱が四方に起こる.
刀柄 dāobǐng =〔方刀把儿②〕切削工具の柄.
刀拨面 dāobōmiàn 食うどんの一種：山西省の特産.三角錐の形をしたもの.
刀布 dāobù 刀貨と布銭：ともに中国古代の青銅製の貨幣.〔布③〕〔下 xià 布〕
刀叉 dāochā ナイフとフォーク.
刀蛏 dāochēng 魚貝オオマテガイ.
刀尺 dāochǐ はさみともかさし、〈転〉人を任免すること.〔妄 wàng 弄~〕人事の任免をみだりに行う.
刀尺 dāochi ⇒〔捯 dáo 饬〕
刀疮 dāochuāng 切り傷.〔~药 yào〕切り傷の薬.
刀刀见血 dāodāo jiànxiě〈喩〉手段や言葉がいちいち辛辣なこと.

刀豆 dāodòu =〔挟 xié 剑豆〕圃ナタマメ（鉈豆）
刀法 dāofǎ 剣術.
刀匪 dāofěi 凶器を持っている匪賊〈ぞく〉.
刀锋 dāofēng 刀のきっ先.刀の刃.
刀斧手 dāofǔshǒu ①首斬り役.②劇（旧劇の）剣持ち.刀持ち：朝廷や官公署の兵役.
刀杆吊架 dāogǎn diàojià 機アーバ.軸.心棒.〔刀杆支架〕ともいう.
刀耕火种 dāogēng huǒzhòng〈成〉焼き畑をすること：〔刀耕火耨〕〔刀耕火 yún〕ともいう.
刀工 dāogōng 材料をまな板で処理する段階.
刀功 dāogōng 包丁さばき：〔丝 sī ②〕千切り.糸切り.〔片 piàn ⑤〕薄切り.〔丁 dīng ⑥〕さいの目切り.〔条 tiáo ③〕たんざく（拍子切り）.〔块 kuài ②〕ぶつ切り.〔末 mò ⑥〕（小さな）みじん切り.〔松 sōng ⑪〕⑦みじん切り.〔段 duàn ⑤〕小口切り.〔泥 ní〕おろす.すりつぶす.
刀光剑影 dāoguāng jiànyǐng〈成〉刀の光と剣の影.〈喩〉激しい戦い.また、殺気のみなぎっているさま.
刀圭 dāoguī ①薬を量るさじの一種.〈転〉薬.〈転〉医術.
刀痕 dāohén =〔刀花〕〔刀印〕〔走 zǒu 刀痕〕機切削した歯跡.
刀护手 dāohùshǒu 刀のつば.
刀花 dāohuā =〔刀痕〕
刀架〔子〕dāojià(zi) ①機バイト台：工作機械の切削具またその柄を固定しておく部分.②安全かみそりの本体：替え刃は〔刀片〔儿〕〕.
刀尖〔儿〕dāojiān(r) ①刀のきっ先.エッジの先.②〈喩〉危険なこと.
刀搅柔肠 dāo jiǎo róucháng〈喩〉あれこれと思い悩むさま.
刀具 dāojù ①=〔割 gē 削工具〕刃物.切削具：〔刀 rèn 具〕ともいう.〔~钢 gāng〕工打刃物鋼.〔~角度〕工削り角.②食卓用の金物類.
刀锯 dāojù 刀とのこぎり.〈喩〉刑罰.
刀具磨床 dāojù móchuáng =〔工 gōng 具磨床〕工具研削盤.
刀客 dāokè 旧剣客.〈転〉武装した盗賊.
刀口 dāokǒu ①刀の刃.→〔刀刃〔儿〕〕②〈喩〉要点.話のつぼ.③医手術の切り口.
刀来枪挡 dāolái qiāngdǎng〈喩〉お互いに一歩も譲らずに渡りあう.〔話里都帯着刺 cì, ~的, 各不相让〕話しっぽりにひとつひとつがとげがあってお互いに一歩も譲らずに渡りあう.
刀螂 dāoláng ⇒〔螳 táng 螂〕
刀马旦 dāomǎdàn 劇旧劇で武芸に優れた青・壮年女子を演ずる役柄：多く鎧を着け、立ち回りをする.→〔旦(II)〕
刀门 dāomén 槍や刀を交差させて作られる門：衛兵が向かい合って立ち、手に持たせた武器（槍・刀など）の先端を相手側に倒し交錯させ門形にする.
刀牌手 dāopáishǒu〈白〉刀と盾を持った兵士.
刀皮 dāopí 〔镊皮砥〈zhǐ〉〕=〔剃 tì 刀刀皮〕ともいう.
刀片 dāopiàn ①〔刀头②〕機チッパー：切削工具の刃.②〔~儿〕鉋〈ぎ〉・安全剃刀〈かみそり〉の刃.〔一片保长险~〕1枚のの安全剃刀の刃.
刀枪 dāoqiāng 刀と銃.〈転〉武器.〔~入库, 马放南山〕刀や銃をしまい、馬を山へ放す.〈喩〉戦争が終わり平和になること.〔~不入〕〈喩〉刃がたたない.強い.〔~相见〕武力に訴える.
刀鞘〔儿〕dāoqiào(r) 刀の鞘〈さや〉.
刀刃〔儿〕dāorèn(r) ①刀の刃〈は〉.〔~钝了〕刃が鈍くなった.②〈喩〉肝心なところ.〔钱花在~

刀砂 dāoshā 人造砥石(だ). バス原石.

刀山 dāoshān 剣の山.〈喩〉極めて危険なところ.〔~火海〕〔火海~〕〈成〉極めて危険なところ.〔~敢上,火海敢闯〕〈喩〉たとえ火の中水の中.〔~剑 jiàn 树〕〈喩〉刀剣のものものしく立ち並んでいる光景.〔~油锅 guō〕剣の山と油の煮えたった鍋.〈転〉きわめて困難なことの形容.

刀伤 dāoshāng〔刃物による〕切り傷.〔刀疮〕に同じ.

刀勺 dāosháo 包丁と杓子(ﾋﾞﾔｸ).〈転〉台所用具.

刀条儿 dāo(tiáo)r〈口〉細長いもの.〔~脸 liǎn〕ほそおもて.〔~鱼〕刀鱼①〔魚〕タチウオ.

刀头 dāotóu ①機バイト:切削工具用の刃.②⇒〔刀片〕②〈文〉刀のつかがしら.〈転〉返還する:つかがしらには〔环 huán〕がついており〔还 huán〕(返す)と同音であるのでこのようにいう.

刀头(之)蜜 dāotóu(zhī)mì〈成〉針を含む蜜:蜜のように甘いがその裏には危険性があること.

刀下鬼 dāoxiàguǐ 画刃に倒れた死者.

刀下留情 dāoxià liúqíng〈慣〉手心を加える.

刀下留人 dāoxià liúrén〈慣〉殺される寸前に救われる.

刀鞘 dāoxiào 機カッターピン.

刀削面 dāoxiāomiàn =〔削面〕画小麦粉をこねたものを,薄く削りながら鍋に入れゆでたうどん:山西省のものが有名.

刀械 dāoxiè 刃物.凶器.

刀形开关 dāoxíng kāiguān 機ナイフスイッチ.刀形開閉器:〔方〕刀闸〕〔方〕闸 zhá 刀开关〕ともいう.

刀印 dāoyìn ⇒〔刀痕〕

刀鱼 dāoyú〔魚貝〕①〈方〉タチウオ(太刀魚).〔带 dài 鱼〕の別称.②エツ:〔鲚 jì 鱼〕の別称.

刀闸 dāozhá ⇒〔刀形开关〕

刀斩斧齐 dāozhǎn fǔqí〈成〉整然としているさま.

刀锥 dāozhuī〈喩〉ほんのわずかな利益.

刀子 dāozi〈方〉包丁.ナイフ.刀ものさし.〔那人说出的话像~似的〕あの人の言うことは刀のように鋭い.

刀子嘴,豆腐心 dāozizuǐ, dòufuxīn〈喩〉口は悪いが気は優しい.

刀俎 dāozǔ〈文〉包丁とまな板.〈転〉圧迫者.迫害者.

[叨] **dāo**〈文〉憂える.〔~怛 dá〕同前.〔~~〕憂えるさま.

[叨] **dāo** しゃべりちらす.ぶつぶつ言う.〔~~〕〔~唠〕〔~罗〕⇒dáo tāo

叨叨 dāodao（くだらぬこと・不平不満を）くどくどしゃべる.ぶつぶつ言う.

叨登 dāodeng ⇒〔倒 dáo 腾〕

叨翻 dāofan =〔捣 dǎo 翻〕〔倒 dào 粪〕②〈方〉一度言ったことをまた言う.むし返して言う.〔别~了〕何度もくどくどしく言うな.〔他说完了还得~说〕彼は言い終わったかと思うとまた言う.〔又~出半千什么呢〕またむし返してどうするんだ.→〔唠 láo 叨〕

叨唠 dāolao ⇒〔唠叨〕

叨念 dāoniàn ぶつぶつ言う.〔叨叨念念〕同前の重畳形.〔正~着你就来了〕ちょうどぶつぶつ言っていたところへきたよ.→〔念叨〕

叨腾 dāoteng ⇒〔倒 dǎo 腾〕

[氘] **dāo** 化デューテリウム:〔重 zhòng 氢〕は旧称.記号 D.質量数 2 の重水素.→〔氢 qīng〕

[鱽・魛] **dāo**〈文〉古書で,細身の魚:〔带 dài 鱼〕(タチウオ)や〔鲚 jì 鱼〕(エツ)など.

[叨] **dáo**〔~咕 gu〕ぶつぶつ言う.〔你不~咕 り,他脑袋就不痛了〕君がぶつぶつ言わなけりゃ,彼も頭が痛くはない.→ dāo tāo

[捯] **dáo**〈口〉①糸(ひも)をたぐる.〔用手~线 xiàn〕同前.②（操られるようにすたすた歩く.〔~糸口〕にたどる.探る.追究する.原因をつきつめる.〔这件案子已经~出点儿头绪来了〕この事件はもうある程度糸口は探り出せた.

捯饬 dáochì〔刀尺〕〔捯持〕とも書いた.〈口〉①着飾る.おしゃれ(おめかし)する.〔哪儿有十七八岁的大姑娘不爱~的,年头小娘にはしゃれが嫌いな人があるのですか.②修繕して新しくする.焼き直しする.〔~货儿 huòr〕古物を新品のようにした品.〔这只手表真不好说,看不出是~货儿〕この腕時計はごく立派だ,手を加えた品とは見えない.

捯根儿 dáogēnr〈口〉わけ.原因をつきとめる(きわめる).〔得想法子~〕何とかして根本原因をきわめねばならない.〔问话~〕問いが根本すぎる.

捯链 dáoliàn ⇒〔链滑车〕

捯气(儿) dáoqì(r)〈口〉①（息をひきとろうとする時に）苦しそうにあえぐ.→〔抽 chōu 气①〕②息をとぎらす.息をのむ.

捯腾 dáoteng ⇒〔倒 dǎo 腾〕

[导・導] **dǎo** ①導く.教え導く.〔~车〕自動車を誘導する.車輌整理をする.〔医 yī〕病院内の案内（係）.〔~向正轨 guǐ〕正しい道に導いていく.〔指 zhǐ ~〕指導する.〔领 lǐng ~〕統率し指導する.〔倡 chàng ~〕唱導する.②物伝導する.〔半~体〕半導体.③導く.指導する.監督する.④→〔七 qī 字法〕⑤〈姓〉導(ぎ)

导板 dǎobǎn =〔倒板〕京劇の〔唱 chàng〕の調子の一:〔憤怒・激昂・悲痛などを表す.一般にまとまった歌唱の先導部分として歌う.

导板轨 dǎobǎn'e 機ガイドくぎ.

导报 dǎobào 手引きの性質を持つ刊行物:多く新聞・雑誌名に使われる.

导标 dǎobiāo 航路標識.

导播 dǎobō ①〔放送の〕ディレクター.〔广播电台的~〕放送局の同前.②〔放送の〕番組編成をする.

导乘 dǎochéng 乗客を誘導する.〔~服务员〕乗客案内係.

导程 dǎochéng 工ねじが一回転することによって前進する距離.

导出 dǎochū 導き出す.〔~单位〕国際単位制の基本単位から導かれた単位:例えば1メートルから1立方メートルがでてくる.

导磁率 dǎocílǜ =〔磁导率〕透磁率.

导弹 dǎodàn 軍誘導弾.ミサイル.〔导向飞弹〕〔电 diàn 动飞弹〕ともいった.〔弹道式洲 zhōu 际~〕大陸間弾道弾ミサイル.ICBM.〔~舰 jiàn〕ミサイル艦.→〔火 huǒ 箭①〕

导电 dǎodiàn 電電導.〔~体〕電導体.

导电弓架 dǎodiàn gōngjià =〔电杆架〕

导读 dǎodú ①読書案内（書名など）.②記事の見出し.

导发 dǎofā 誘発する.

导杆规 dǎogǎnguī 機はめ込みゲージ.

导杆销 dǎogǎnxiāo 案内ピン.〔牵 qiān 引棒~〕牵引棒案内ピン.

导购 dǎogòu ショッピング案内（する）.〔~小姐〕売場係嬢.

导管 dǎoguǎn ①機パイプ.ダクト.導管.送水管.②植導管.③動脈管.

导轨 dǎoguǐ 機ガイド.

导航 dǎoháng ナビゲーション（する）.運行の誘導（をする）.〔无线电~〕ラジオビーコン.〔~台〕ナビゲー

ションステーション.〔~系统〕ナビシステム.〔~员〕 ⓐ水先案内人.パイロット.ⓑ〔航空〕ナビゲーター.
导火线 dǎohuǒxiàn ①導火線.〔导火索〕ともいう. ②〈喩〉引き金となる事柄.
　导姐 dǎojiě ガイド嬢.案内嬢.
导坑 dǎokēng [建]〔トンネル工事の〕導坑.
导流 dǎoliú [建]導水.〔~堤 dī〕導水堤.〔~工程〕導流工事.
　导路 dǎolù 導案内.
导轮 dǎolún =〔压 yā 带轮〕[機]案内車($ｾﾝ$)=織機などに用いる滑車.
导论 dǎolùn 導論.〔绪 xù 论〕〔引 yǐn 论〕に同じ.
导螺杆 dǎoluógǎn [機]給動横桿(ｶﾝ).ねじり送りハンドル.
导盲镜 dǎomángjìng ソニックガイド.超音波眼鏡.
导盲犬 dǎomángquǎn 盲導犬.〔导盲狗〕ともいう.
导纳 dǎonà [電]アドミタンス.〔阻 zǔ 抗〕(インピーダンス)の逆数.
导尿 dǎoniào [医]導尿.
导尿管 dǎoniàoguǎn [医]カテーテル.導尿管.〔插 chā ~〕カテーテルを差しこむ.
导热 dǎorè [物]熱電導.〔~系数〕〔~率〕[物]熱伝導率.
导纱杆 dǎoshāgǎn [紡]デイトン.導紗棒.
导师 dǎoshī ①[宗]〔仏教の〕導師.②指導者.リーダー.③〔大学院の〕指導教員.指導教授.
导数 dǎoshù [数]導関数.
导丝杆 dǎosīgǎn ヤーンガイド.〔~柄 bǐng〕ヤーンガイドホルダー.
导丝杠 dǎosīgàng =〔方〕丝杠〕[機]螺旋の溝を切削する時,切削刀を動かす給動横桿(ｶﾝ).
导体 dǎotǐ [物]導体.伝導体.〔良 liáng 导体〕ともいった.
导线 dǎoxiàn コード.導線.
导向 dǎoxiàng ①誘導する.向かわせる.リードする. ②方向.向き.
导言 dǎoyán 前書き.序言.→〔导论〕
导演 dǎoyǎn (映画や劇の)監督(をする).演出(をする).〔大女儿是画家,二女儿是电影~〕長女は画家で,次女は映画監督である.
导扬 dǎoyáng 〔文〕発揚(する).助長する.
导因 dǎoyīn 誘因.
导音 dǎoyīn [音]導音.
导引 dǎoyǐn ①導く.誘導する.→〔引导①〕〔接 jiē 引①〕②=〔道 dào 引①〕[医]導引:腹式呼吸を主とする一種の養生法.→〔气 qì 功〕
导游 dǎoyóu (遊覧者を)案内する.〔全陪 ~〕全行程添乗員.〔~手册〕ガイドブック.〔译 yì 员〕通訳ガイド.〔~人员〕ガイド.②観光案内.旅行ガイド.
导语 dǎoyǔ (記事中の最初の部分にある)説明.要旨概説.
导源 dǎoyuán …に起源を有する.…に由来する.〔黄河~于青海〕黄河は青海省にその源を発する.
导则 dǎozé (指導方針にかかげる)指針.指導目標.ガイドライン.
导诊 dǎozhěn 病院内の案内(係):〔导医〕ともいう.
导致 dǎozhì (多くは悪い結果を)惹起する.引き起こす.〔由此~时局的紧张〕これによって時局の緊張を導いた.

[岛・島(嶋)] dǎo ①島.〔台湾~〕台湾島.〔九州~〕〔日本の〕九州.〔半~〕半島.〔海 hǎi ~〕海の島.〔群 ~〕群島.〔安全~〕〔道路の真ん中の〕安全地帯.〔~姓〕島(ｼﾏ)

岛国 dǎoguó 島国.

岛弧 dǎohú [地]弧形に並んでいる群島:〔花 huā 彩列岛〕ともいう.
岛际贸易 dǎojì màoyì [経]島と島との交易.
岛屿 dǎoyǔ 島(総称).島嶼(ﾄｳｼﾖ)

[捣・搗(擣・擣)] dǎo ①搗(ｯ)く.こづく.〔~米 mǐ〕米をつく.〔用胳 gē 膊肘儿~了他一下〕彼をひじでこづいた.〔直~敌营〕まっしぐらに敵の本拠をたたく.〔~烂 làn〕つきつぶす.〔~实〕〔~瓷实〕つき固める.②打っ.たたく.〔~衣〕(洗濯物を)たたく(たたいて洗うこと).③かき乱す.
捣包儿 dǎobāor お手玉遊び.〔夹 jiā 包〕ともいう. →〔抓 zhuā 子儿〕
捣锤 dǎochuí 鍛造用鎚(ﾂﾁ)
捣蛋 dǎodàn わざと問題(ｶﾝ)をおこす.うるさくからむ:〔倒蛋〕とも書いた.→〔捣乱〕
捣动 dǎodòng ⇒〔倒动〕
捣碓 dǎoduì 臼(ｳｽ)でつく.
捣翻 dǎofān ⇒〔叼 dāo 翻〕
捣鼓 dǎogu 〔口〕①いじくり回す.②とりさばく.やりくりする.③商売する.④ぐちをこぼす.ぐずぐずいう.
捣鬼 dǎoguǐ ごまかす.ペテンを使う.こっそり悪いことをする.〔他们在高级会议问题上老是~〕彼らはハイレベルの会議に関する問題でいつもごまかしばかりしている.〔你在这儿捣什么鬼何をこそこそみたずらしてるのだ.〔都是他在背后~〕みな彼が陰で糸を引いている.→〔弄 nòng 鬼〕
捣毁 dǎohuǐ 叩き壊す.→〔摧 cuī 毀〕
捣糨糊 dǎojiànghu 〔喩〕①だます.②ごまかす.
捣乱 dǎoluàn 攪乱する.〔敌人的破坏和~〕敵の破壊と攪乱.〔~分子〕攪乱分子.〔~一股 gǔ 东〕総会屋.②まぜかえす.嫌がらせをする.〔无故跟我~〕わけもなくわたしに嫌がらせをする.〔他没事就上这儿来~,我真怕他〕彼は暇だとここへやって来てうるさくからんでくる,ほんとに怖い.→〔裹 guǒ 乱〕
捣麻烦 dǎomáfan ⇒〔打 dǎ 麻烦〕
捣弄 dǎonòng ⇒〔倒弄〕
捣蒜 dǎosuàn ①(料理で)にんにくをつきつぶす.②ぺこぺことおじぎをするさま.
捣碎 dǎosuì 砕く.つきつぶす.
捣腾 dǎoteng ⇒〔倒腾〕
捣药 dǎoyào 薬をついて砕く.
捣衣 dǎoyī 服を(たたいて)洗う.〔~棰 chuí〕洗濯棒.

[倒] dǎo (Ⅰ)①倒れる.ひっくり返る.横倒しになる.横になる.〈喩〉傾斜する.〔~下〕倒れる.〔树 shù ~了〕木が倒れた.〔让石头绊 bàn ~了〕石につまずいて倒れた.〔~在床上〕ベッドに横になる.〔推 tuī ~〕押し倒す.〔跌 diē ~;栽 zāi ~〕つまずいて倒れる.〔~向美国的政策〕アメリカに傾く政策.②倒産する.破滅に陥る.つぶれる.〔那个商店~了〕あの店は倒れた.③倒す.失脚させる.〔~阁 gé〕内閣を倒す.④体を壊す.健康を損ねる.〔牙给酸~了〕歯がしびれた.〔嗓子~了〕声がつぶれた.〔胃口~了〕食欲をなくす.〔只要(身子)不~就继续工作〕体に故障がなければ仕事を続ける.
(Ⅱ)①換える.移す.〔~车〕電車に乗り換える.〔从右手~到左手〕右手から左手に持ちかえる.②交替する.〔本厂是三班~〕この工場は三交替制である.③よける.のける.〔地方太小~不开身儿〕場所が狭すぎて身をかわす余地がない.④讓渡する.⑤投機的商売をする(者).〔官~〕役人の投機的売買.〔~来~去〕キャッチボール式に転売する.
→ dào

dǎo 倒

倒把 dǎobǎ 空(ǎ)売買をする.〔这年头正正经经开铺子不如投机~赚钱〕今どきは真面目に店を構えているより投機をやって空売買をやってのほうがましだ.〔一有机会就搞投机~,大发横财〕機会があったら思惑取引をして,ひともうける.→〔买mǎi空卖空〕

倒班 dǎobān (勤務などを)交替(する).入れ代わり立ち代わり(…する)

倒板 dǎobǎn ⇒〔导板〕

倒包 dǎobāo ①あるものを他のあるものの代わりに引き当てる.…に代える. ②(もらった贈答品を)また人に回し回しにする.

倒闭 dǎobì (商店・会社・企業体が)倒産する.

倒毙 dǎobì 行き倒れて死ぬ.

倒扁儿 dǎobiānr 金を融通する(してもらう).〔只好~去〕(红24)やむなく融通してもらいに行く.

倒仓 dǎocāng ①倉庫の穀物を全部天日にあてて乾かす. ②倉庫の穀物を他の倉庫へ移す. ③⇒〔倒嗓〕

倒草 dǎocǎo 草を反芻(ǎ)する.→〔倒嚼〕

倒茬 dǎochá ⇒〔轮lún作〕

倒车 dǎochē 乗り換える.→dàochē

倒蛋 dǎodàn うるさくからむ.嫌がらせをする.〔捣蛋に同じ.〔别和他~的〕彼にうるさくするな.〔将来仍旧要找我们~的〕(官场现形记53)後々も,やはりもとのとおりにわたしたちに嫌がらせをしかけてくるだろう.

倒地 dǎodì ①地に倒れる.〔~射门〕又(ハンドボールの)倒れ込みシュート. ②土地転がしをする.〔倒卖地皮〕同前.〔做~生意〕土地転がしの商売をやる.

倒动 dǎodòng =〔捣动〕〈方〉①不法に移す.盗んで運ぶ. ②売り買いする. ③ひっくり返す. ④たたきつける.

倒贩 dǎofàn 転売する.ころがして売る.

倒风 dǎofēng 倒産騒ぎ.〔工商界形成严重~〕商工業界にひどい倒産の嵐が吹いている.〔急景残年,周转艰难,一片 piàn ~〕慌ただしい年末でやりくり困難のための全面的な倒産騒ぎである.

倒凤颠鸾 dǎofēng diānluán =〔颠鸾倒凤〕〈成〉男と女が上になり下になってからみあう(性交する).〔二人…,呾呾驾驾收雨散 sǎn〕(清平山堂话本:风月瑞仙亭)二人は上になり下になってからみあいました,しばしののち激しい情熱の嵐もおさまりました.

倒伏 dǎofú (作物が)強く風雨・穂の重み・草丈(ẽ)の伸びすぎ等で倒れること.

倒戈 dǎogē ほこを逆に向ける.〈転〉寝返りをうつ.裏切る.〔他的部下~了〕彼の部下が寝返りをうった.→〔反fǎn戈〕

倒海翻江 dǎohǎi fānjiāng =〔翻江倒海〕

倒换 dǎohuàn ①順番に代わる.交替する.〔他有好几件衣服天天~着穿〕彼はたくさん服をもっていて毎日とりかえて着ている. ②交換する.取り換える.

倒毁 dǎohuǐ →〔倒塌〕

倒汇 dǎohuì 外貨の投機的売買(をする).〔~黄牛〕〈方〉同前のヤミ屋.

倒假 dǎojiǎ 偽商品の取引きをする.偽ブランド品の転売をする.

倒架 dǎojià 面目を失う.顔をつぶす.

倒脚 dǎojiǎo 〈方〉態勢を立てなおす.行き方を変える.〔这次的损失,是因为倒不过脚来〕今回の損失は,業態の切り替えができなかったためだ.〔你甭尽欺负我,等我倒过脚来,一定好好揍 zòu 你一顿〕おれをばかりいるなよ,今に立ち直った時にはきっとたっぷりどやしてやるからな.

倒嚼 dǎojiào 〔倒噍〕とも書く.反芻(ǎ)する.またげっぷする.→〔反fǎn刍〕

倒睫 dǎojié 逆さまつげ(になる).〔~毛〕同前.

倒圈 dǎojuàn 〈方〉家畜が(伝染病で)ばたばた倒れみする.→〔反fǎn刍〕

倒空 dǎokōng (组版で)必要な活字が無い時,別のをさかさまに入れておくこと.

倒客 dǎokè 乗客を約束の場所まで運ばず途中で降ろし,無理に別の車に移して運ぶこと.

倒口子 dǎokǒuzi 川の堤防がきれて氾濫する(こと).〔黄河常~〕黄河はしょっちゅう堤防がきれて氾濫する.

倒了油瓶儿不扶 dǎole yóupíngr bùfú 〈喩〉目の前で人がどんなに苦しんでいても助けようとしない.

倒买倒卖 dǎomǎi dǎomài 口銭かせぎの商売(をする).違法売買.

倒卖 dǎomài 投機的売り.〔他做的是~粮食〕彼がやっているのは食糧の闇売りだ.

倒霉 dǎoméi 〔倒楣〕〔倒眉〕とも書いた.不運である.運が悪い.ばかな目にあう.不吉である.〔倒雾〕ともいう.〔认rèn~〕不運とあきらめる.〔今年的买卖到处~〕今年の商売はことごとに運が悪い.〔我大老远的来看他,他没在家,真~〕わたしは遠い所からやって来て彼に会おうとしたのだが,留守で全くばかをみた.〔~蛋dàn儿〕運の悪い者.〔倒霉〕ついてない者.〔~上卦guà摊儿〕〈諺〉困った人は占いに走る.

倒弄 dǎonong =〔捣弄〕①買って売る.売買する. ②いじくる.いじくる.

倒牌子 dǎopáizi 商品の信用をなくす.ブランドを汚す.

倒片(儿) dǎopiàn,~piānr (テープ・フィルムなどを)巻き戻す.

倒票 dǎopiào だふ屋行為(をする).切符のまた売り(をする).

倒气 dǎoqì 息絶える.気絶する.〔倒呼气〕同前.

倒儿爷 dǎoryé ⇒〔倒爷〕

倒三颠四 dǎosān diānsì ⇒〔颠三倒四〕

倒嗓 dǎosǎng =〔倒仓③〕(若い男優が変声期で)声が出ない.声がつぶれる.〔他这时正~,就建议叫别人抵小丑活儿〕彼はこの時ちょうど変声期でほかの人に三枚目の役を代わってもらうよう提案した.→〔变biàn嗓〕

倒身下拜 dǎoshēn xiàbài ひれ伏して拝む.

倒手 dǎoshǒu ①手を持ちかえる. ②(商品を)転売する.３度以上手渡す.人から渡されて受け取る.〔行李我自己带着吧,省得~了〕手荷物は自分で持とう,預けたり受け取ったりの手数が省ける.

倒四颠三 dǎosì diānsān ⇒〔颠三倒四〕

倒损 dǎosǔn 倒壊破損する.

倒塌 dǎotā =〔倒毁〕〔倒坍〕(建物・塀など)崩れ倒れる.〔那座古塔快要~了〕あの古い塔は今にも倒れそうだ.

倒台 dǎotái 〈口〉失脚する.ひっくり返る.〔军阀~了〕軍閥がひっくり返った.→〔垮kuǎ台〕

倒坍 dǎotān ⇒〔倒塌〕

倒腾 dǎoteng =〔叨登〕〔叨腾〕〔捣腾〕〔捯腾〕とも書いた.〈口〉①動かす.運ぶ.〔天气好,把麦子~出来晒晒〕お天気だから小麦を運び出して日にあてよう.〔~来~去,可能把东西弄坏了〕運んで行ったり運んで来たりする物が壊れるだろう. ②調整する.配分する.〔咱两个把时间~一下吧〕二人で時間をやりくりしてみよう. ③(かきまぜ)ひっくり返す.〔把底下的~上来〕下のものをひっくり返す.〔又把这乱七八糟的给~出来了〕またこのごちゃごちゃしたのをひっくり返した. ④周旋をする.商売をする.〔~手儿〕ブローカー.〔他那点钱是~房地产赚下

的]彼のあの金は土地の周旋をやってもうけたのだ.〔他~股票发了财]株を売買してもうけた.
倒班 dǎobān 交替する.〔两个人~着开车]二人交替で運転する.
倒头 dǎotóu ①ごろりと横になる.〔~便睡]ごろりと横になるなり眠ってしまう. ②〈方〉死ぬ.くたばる.〔一~第三天]死んで三日目.〔~纸 zhǐ]回紙を貼って作った車や馬の作り物で,人が息をひきとった時に焼く:車の形をしたものは〔~车 chē]ともいう.〔~饭 fàn]回枕飯:死人の枕辺に供える飯.〔~咒 zhòu]回枕経:人が息をひきとった時にあげるお経.〔~经 jīng]ともいう.
倒胃口 dǎowèikǒu ①食べ飽きて嫌になる.〔吃东西太多,吃倒了胃口了]ものを食べすぎて,見るのもいやになった. ②〈喩〉飽き飽きする.うんざりする.〔看了一场~的电影]後味の悪い映画を見た.〔她喋叨叨唠唠的,听得让人~]彼女はべらべらとしゃべり続け,聞く人はうんざりした.
倒卧 dǎowò 横になる.〔~在地]地面に伏す.
倒卧 dǎowo 〈方〉行き倒れ(の死体)
倒雾 dǎowù ⇒[倒霉]
倒血霉 dǎoxiěméi 〔口〕(殺されるなどの)不運な目にあう.〔去年一年我算倒了血霉了]去年は一年中散々な目にあった. →[倒霉]
倒休 dǎoxiū 振替休日(をとる)
倒牙 dǎoyá 〈方〉歯が浮く.〔酸东西吃太多了,牙都倒了]すっぱいものを食べすぎて,歯がすっかり浮いてしまった. → dàoyá
倒爷 dǎoyé =[倒儿爷]投機商人.ブローカー.闇屋.〔旅游~]観光客として入国した外国人ブローカー. →[二 èr 道贩子]
倒邮 dǎoyóu 切手の(不正)転売する.
倒运 dǎoyùn ①〈方〉不運である.運が悪い. →[倒霉] ②闇で商品を動かす(して悪銭を稼ぐ). ③商品を運ぶ.
倒灶 dǎozào 〔倒造]とも書く.〈方〉①ひっくり返る.失敗する. ②運が悪い.ついていない.
倒账 dǎozhàng ①貸し倒れ(になる).〔吃了笔~]何件か貸金を踏み倒された. ②貸倒れ金.
倒针 dǎozhēn 返し針.
倒装 dǎozhuāng (積荷を)積みかえる.
倒字(儿) dǎozì(r) 副[京劇で]陽平の字は前後の陽平の字より高く,陽平の字は前後の陰平の字より低く歌うべきであるのを,しくじって調子をはずす.→[飘 piāo 字][飘音]

[祷・禱] dǎo ①祈る. ②〈文〉お願いする.〔尚希时与联系,是所至~]〈牘]なお時々ご連絡をおとり下さるようぜひお願い申し上げます.
祷告 dǎogào 祈り(をささげる).祈求する.〔向耶 yē 苏~]イエス様に祈りをささげる.
祷念 dǎoniàn 祈願する.
祷祈 dǎoqí ⇒[祷祝]祈る.祈願する.
祷求 dǎoqiú 祈りもとめて祈る.
祷文 dǎowén 祈禱文.
祷祝 dǎozhù ⇒[祷祝]

[蹈] dǎo ①足を踏む.(足踏みして)踊る.〔舞wǔ~]舞踏(する).〔赴 fù 汤~火]〈成]水火も辞せず.〔手舞足~]〈成]手を舞わし足を踏む.〈転]大喜びする. ②〈文〉そのとおり行う.ふみ行う.〔循 xún 规~矩]〈成]規則どおりにきちんとやる.
蹈常袭故 dǎocháng xígù 〈成]ありきたりを踏襲する.
蹈海 dǎohǎi 〈文〉海に身を投げる.〔~自杀](海に)投身自殺する.
蹈舞 dǎowǔ 舞い踊る.〈転]大喜びする.

蹈袭 dǎoxí =[袭蹈]〈文〉踏襲する.〔~常]〈成]古いしきたりを踏襲する.

[到] dào ①到達する.達する.着く.至る.出席する.〔~(北)京]〈文〉抵dǐ京]北京に着く.〔南京八点半~,五十分发]南京8時半着,(8時)50分発.〔~不了 liǎo 一百块钱]100元はたたないうちにもう売り払った.〔请的人都~了]招待した人はみな出席した.〔因病未~]病気により欠席.〔六点以前一得了 liǎo]6時までに着くことができる.〔签 qiān ~簿]出席のサインをする帳簿(出勤簿・出席簿]. ②行く.赴く.〔我没~过东京]東京には行ったことがない. ③…し及ぶ.…しとげる:動詞の後に置き,その動作作が目的に到達したこと,成就したこと,ある時まで継続したことを表す.〔研究~了]研究しおおせた.〔怕有照顾不~之处]世話の行き届かない点はないかと恐れる.〔哪里都找~了,可没找着 zháo (ありそうな所を)全部捜したが,見つからなかった.〔难道人家做得~的我就做不~吗]まさか他人がなしとげることができないではないだろう,そんなことはあるまい.〔为 wèi 了做~这一点]この点をなしとげるために.〔信收 shōu ~了]手紙は受け取った.〔受~很大的刺 cì 激]大きな刺激を受ける.〔好容易借~了]やっと借り受けることができた.〔买 mǎi ~了没有?](買って)手に入れることができたか.〔听 tīng ~]聞きおよぶ.耳にする.〔要不~]もらえない.〔感~痛苦]苦痛を感ずる. ④…まで(へ~に):到達する地点を表す.〔~哪天为止]いつまでですか.〔扔~水里]水へ投げる.〔~上 shàng(I)⑧]〔往 wǎng ③]⑤周到である.行き届いている.〔想得很~]考えが周到.〔不~的地方请多原谅]〈挨]不行届の点はどうかお許し願います. ⑥〈姓〉到(曰)
到案 dào'àn 因出廷する(させる).出頭する(させる)
到岸加汇费价格 dào'àn jiāhuìfèi jiàgé 圓運賃・保険料および為替料込み値段. CIF&E.
到岸加利息价格 dào'àn jiālìxī jiàgé 圓運賃・保険料および利息込み値段. CIF&I.
到岸加佣金价格 dào'àn jiāyòngjīn jiàgé 圓運賃・保険料および手数料込み値段. CIF&C.
到岸价 dào'ànjià =[抵 dǐ 岸价]圓運賃・保険料込み価格. CIF:音訳して[西 xī 数]ともいう.〔目前美国盐卖到日本的~约为每吨十美元至十二美元]現在米国塩の日本むけ CIF はおよそ1トン10ドルないし12ドルである.→[离 lí 岸价(格)]
到埠 dàobù 着港(する).入港(する)
到差 dàochāi 仕事先きでの初出勤(する)
到场 dàochǎng 現場へ行く.(会合に)出席する.〔警方立即叫救护车~,先把他送到医院抢救]警察はただちに救急車を呼んで現場に赴き,まず彼を病院へ送り込んで治療を受けさせた.
到处 dàochù いたるところ.ほうぼう.〔他正在~找你呢]彼はほうぼう君を捜し回っているところだ.〔~碰 pèng 钉子]どこでも断られる.〔~春风]〈喩]交際がうまく誰に対しても愛想のいいこと.〔~乱串]そこらじゅうへ顔を出す.→[处处]
到此 dàocǐ ここに至る.〔~一游](某某]ここに遊ぶ]観光地での落書きの文句.某某には自分の名前を書く.
到达 dàodá 到着(する).〔~北京]北京に到着する.〔~港]到着港.→[抵 dǐ 港(II)]
到底 dàodǐ ①とことんまでいく.終始する.〔干~]最後までがんばる.〔救 jiù 人救~]人を助けるのならばことんまで助ける.→[到头(儿]〔究 jiū 竟] ②つまり.結局.〔倒底]とも書いた.〔~是谁的不是?]

dào

結局はだれの誤りであるか.〔～没办成〕結局うまくいかなかった.〔～是口音清楚〕やはり何といっても発音がきれいだ.〔小孩子一缺 quē 少知识〕子供はつまるところ知識が足りない.②とうとう.ついに:〔倒底〕とも書いた.

到点 dàodiǎn ①時間になる.〔～了,可老师还没来〕時間なのに先生はまだお見えにならない.②(特定の)地点に行く.〔先～实施检疫〕まずその場所に行って検疫を行う.③ポイントをつく.要点.〔他的体育解说,紧要的时候说得最～〕彼のスポーツ解説はタイムリーにポイントをついたものだ.

到顶 dàodǐng 頂点に達する(している).峠である.

到而今 dào'érjīn ⇒〔到如今〕今に至って.今に至るも.→〔现 xiàn 而今〕

到发 dàofā 発着(する).

到访 dàofǎng 訪問する.〔春天有许多外国人～〕春には多くの外国人が訪れる.

到府 dàofǔ お宅に参上(する).〔还没～奉访,实在失礼得很〕まだお宅へお伺いもせずまことに失礼致しております.→〔造 zào 府〕

到敢 dàogǎn 〔倒敢〕とも書く.〈白〉…かもしれない.〔～是梁山泊歹人假装阴阳人来煽 shān 惑主人〕(水61)ひょっとすると梁山泊の悪人が陰陽師に化けてやって来て主人をたきつけて惑わせているのかもしれない.

到户 dàohù 各戸に行きわたる.〔分配～〕すべての家庭に分配する.

到会 dàohuì 会議に出席する.

到货 dàohuò 入荷(する).着荷(する)

到家 dàojiā ①家に着く(帰る).〔今儿动身,明儿～〕きょう出発してあす家に着く.②…の至りである.きわめて…である.〔便 pián 宜～〕とても安い.〔讲 jiǎng 究得到了家了〕何とも凝ったぜいたくなものだ.〔你真是笨 bèn ～了〕君は底抜けの間ぬけだ.③手取り.〔借主儿是九五～〕借り手としては手取りが5分け増しとなる.

到价 dàojià 値ごろになる.〔不～不放手〕相当な値段にならねば手放さない.

到口酥 dàokǒusū 〘食〙米の粉・ごま・落花生の実などを細かくひいて砂糖・薄荷などを加えたものをビスケットくらいの大きさの平たく丸い型に入れて打ちだして作る菓子;舌に乗せると涼しい口あたりがあり,すぐに崩れて溶けるのでこのようにいう.

到来 dàolái 到来する.来る.〔统一祖国的日子是一定会～的〕祖国が統一される日は必ず到来する.

到儿 dàoliǎor 〈口〉①終わりまで.おしまいまで.〔念 niàn ～〕終わりまで読む.②終わりには.おしまいには.〔～只剩了他一个〕終わりには彼一人だけが残った.

到年 dàonián 年末になる.〔我在他家干活,～去要钱,他不给〕あの人の家に雇われていたので,年末に給金をもらいに行ったが,支払ってくれなかった.

到期 dàoqī 期限になる.期日が到来する.〔～的期票〕期日の来た約束手形.

到齐 dàoqí 全部到着する.全員出席する.

到任 dàorèn 着任する.〔新～的老师〕新しく着任した先生.

到如今 dàorújīn ⇒〔到而今〕

到时 dàoshí 〔届 jiè 时〕

到手 dàoshǒu ＝〔入 rù 手②〕手にする.手に入れる.受け取る.〔钱没～〕金は手に入ってない.〔好容易才到了手〕やっとのことで手に入った.

到堂 dàotáng 〘法〙裁判所に出頭する.

到庭 dàotíng 〘法〙法廷に出る.〔～作证〕出廷して証言する.

到头来 dàotóulái 結局のところ:〔到头儿②〕に同

到头(儿) dàotóu(r) ①極点に達する.〔到了头儿的大逸化〕この上ないの幸福.〈又〉ところどころの.〔小户撑着汗珠子,开一两垧 shǎng 荒,一都由他霸占〕(周·暴)小百姓が汗水流して少しばかりの開墾をしても,結局はみんなかれに奪い取られてしまう.

到位 dàowèi ①所定の位置(規定の配置)に着く.〔～资金〕実行金額.②申し分なくやる.形には.

到站 dàozhàn ①駅・港に着く.②〈喩〉定年になる.

到账 dàozhàng (口座に)入金する.振り込まれる.

到职 dàozhí 着任する:〔到任〕に同じ.

[倒] dào

（Ⅰ）①さかさまにする(なる).逆にする(なる).後ろにさがる.〔水～流〕水が逆に流れる.〔筷 kuài 子拿～了〕はしをさかさに持っている.〔这张插 chā 图印～了〕このさし絵はさかさに印刷してある.〔～(往)后〕バックオーライ(自動車をバックする時のかけ声).〔往后一～〕後ろに少しさがる.
②(中のものを)注ぐ.つぐ.あける.〔在缸里〕かめにあける.〔～咖啡〕コーヒーをカップに注ぐ.〔这水不要了,～了吧〕この水はいらない,あけてしまいなさい.〔米～在米柜子里好了.米は米びつにあけておけばよい.〔把心里话都～了出来〕心の底の言いたいことを全部ぶちまけた.〔这是用黄铜～的〕これは真鍮で鋳たものです.③逆の.反対の.ひっくり返っている.→〔倒妇儿〕

（Ⅱ）①かえって.逆に.反対に.むしろ:予測や一般常識に反する意味を表す.〔反 fǎn ～〕〔妹妹～比姐姐高〕妹の方が姉より背が高い.〔本想节 jié 省,不料～多花了钱〕節約するつもりだったのにはからずもかえって余計に使ってしまった.〔肥 féi 料太多了,～长 zhǎng 不好〕肥料をやりすぎるとかえってよく育たない.〔我～要跟您请教〕わたしこそむしろあなたにお教え願えますでしょうか.②なかなか.かなり.まずまず.まあまあ.いささか.ちょっと.べつに(…しない):不同意・譲渡・余裕などを表す.〔好～好,可是太麻烦〕いいことはいいのだがあまりに面倒すぎる.〔～还算好〕まずまず良いである.〔他～是个有出息的人〕彼はなかなかしっかりした人間だ.〔那～是的〕それはまあそうです.〔我～有个主意〕わたしにもちょっと考えがある.〔这个问题,我～没注意过〕この問題は,べつに気をつけてみたことがありません.〔钱～不多,他的事儿我没有问题不让他做〕金のことはべつに問題にしていない(問題じゃない).③催促や詰問を表す.〔你～说呀〕早く言えよ.〔你～去不去〕いったい行くのか行かないのか.→ dǎo

倒八(儿) dàobā(r) 漢字部首の"丷":〔两 liǎng 点(儿)〕〔羊 yáng 角(儿)①〕ともいう.→付録1

倒绑 dàobǎng ⇒〔倒捆〕

倒背如流 dàobèi rúliú〈成〉(終わりの方から逆に)暗唱する.〈喩〉非常によく暗唱できる.→〔背⑦〕

倒背手(儿) dàobèishǒu(r) ⇒〔背着手(儿)〕

倒彩 dàocǎi ⇒〔倒妇儿〕

倒插笔 dàochābǐ 〔倒岔笔〕とも書く.①詩や文の叙述で,先に述べるべきことを一時あと回しにしておき,あとになってまたそこまで戻って筆を進めること.②筆順を間違える.またその漢字.→〔倒叙〕

倒插门 dàochāmén ⇒〔倒过门〕〔倒踏门〕〘方〙入り婿:男子がふつう外から妻を迎える.〔上 shàng 门〕〔～的女婿〕同前.

倒产 dàochǎn ⇒〔逆 nì 产①〕

倒车 dàochē ①車を後退させる.バックさせる.②〈転〉逆行する(させる).〔开历史～〕〔开 kāi ～〕歴史に逆行する.→ dǎochē

倒 dào

倒(车)挡 dào(chē)dǎng （車の）バックギア．後退ギア．

倒持泰阿 dàochí tài'ē =〔泰阿倒持〕〔太 tài 阿倒持〕〈成〉太阿の名剣を逆さまに持つ：人に大きな権限を持たせて自分が苦境に陥ること．〔倒持太阿〕とも書く．〔泰阿〕〔太阿〕は昔時の宝剣の名．

倒抽一口气 dàochōu yīkǒuqì （びっくりして）はっと息をのむ．(がっかりしてため息をつく)．〔倒抽了一口凉气〕がっかりしてため息をついた．

倒垂 dàochuí 逆吊り(にする)：〈文〉倒悬(①)に同じ．

倒春寒 dàochūnhán 〈気〉寒(かん)のもどり：〔春寒〕（春の寒さ）よりも厳しい寒さ．

倒刺 dàocì ①=〔倒拉刺〕〔倒柳刺〕指のさかむけ．ささくれ．②つり針．鉎(かぎ)のフック．

倒错 dàocuò 倒錯する．正しい順序と入れちがう．

倒打一耙 dàodǎ yīpá さかねじを食わす〔倒咬一口〕〔倒打一瓦〕ともいう．〈喩〉人家好く劝 quàn 他，人反而一人が好意で言ってやっているのに彼はさかねじを食わせる．

倒挡 dàodǎng ⇒〔倒(车)挡〕

倒倒 dàodao〈方〉老人が自分の年齢にふさわしからぬこと（年寄りの冷や水的なこと）をする．〔这么大年纪，怎么这么一啊〕この老人はこんな年寄りなのに，どうしてこんなにしからぬことをするんだろう．→〔倒流话〕

倒底 dàodǐ →〔到底②③〕

倒吊 dàodiào 逆吊りにする：〔倒绑〕に同じ．〔～着刷 shuā 井〕井戸につるされて井戸掃除をする．〈喩〉最も苦しい事をする．

倒读数 dàodúshù ⇒〔倒计时〕

倒反 dàofǎn →〔反倒〕

倒飞 dàofēi 宙返り(をする)．背面飛行(する)．

倒粪 dàofèn ①切り返し：堆肥をひっくり返して完熟させること．②⇒〔叨 dāo 翻〕

倒风 dàofēng（煙突の）逆風．また風が逆流する．

倒敢 dàogǎn →〔到敢〕

倒勾踢球 dàogōu tīqiú 〈スポ〉(サッカーの)ボレーキック：浮いた球を体を倒しながらのキック．

倒挂 dàoguà ①(上下を)逆にひっかける．②〈経〉逆ざやになる．〔脑体～〕頭脳労働より肉体労働の方が収入が良いこと．

倒挂金钟 dàoguà jīnzhōng 〈植〉ヒョウタンソウ．

倒关牙 dàoguānyá =〔兜 dōu 齿子〕下歯が上歯の前に出ている口(の人)．受け口．

倒灌 dàoguàn 逆流する．

倒果为因 dàoguǒ wéiyīn 因果関係を逆にする(なる)．

倒过儿 dàoguòr 〈口〉ひっくり返す(逆にする)．〔倒着儿捆 gě〕逆さまにして置く．

倒过门 dàoguòmén ⇒〔倒插门〕

倒好儿 dàohǎor =〔倒彩〕へたくそと半畳を入れる〔観劇者が俳優の芸のまずい時にわざと〔好！〕(うまいぞ！)とはやしたてること．〔叫～〕同前．→〔叫 jiào 好(儿)〕

倒后镜 dàohòujìng バックミラー．

倒回 dàohuí ①さかのぼる．過去にもどる．〔～二十年〕20年さかのぼる．②もとへ戻す．ひっくり返す．

倒计时 dàojìshí カウントダウン(する)〔倒读数〕ともいう．〔一钟 zhōng〕同前用の時計．

倒剪 dàojiǎn（両手を）後ろで手に縛る．〔她～双臂，在墙根上窝着呢〕(老·四·偷33)彼女は両腕を後ろ手に縛られ，塀の根方にうずくまっている．

倒睫 dàojié 逆さ睫毛(げ)

倒句 dàojù →〔倒置国〕

倒开花 dàokāihuā 返り咲き：老人が遊興を始めるよ

うなこと．

倒空吐净 dàokōng tǔjìng 〈喩〉何もかも隠さずに全て告白する．

倒控 dàokòng 悪人が逆に被害者を告発する．

倒扣 dàokòu（2倍）減点：試験などで答えを間違えた場合，0点ではなくマイナス点になる減点法．

倒苦水 dàokǔshuǐ 〈喩〉ひどい目にあった苦しみを訴え述べる．〔向～〕〔叫～苦〕

倒拉祠 dàolācì ⇒〔倒刺①〕

倒喇 dàolǎ 〈劇〉金·元代の雑劇の一種．現在の〔莲 lián 花落〕に似たもの．

倒立 dàolì ①（上下が）ひっくり返って立つ．逆(ま)立つ．②〈スポ〉（体操の）倒立(ぷら)．逆立ち．→〔臂 bì 立跳水〕

倒流 dàoliú 逆流する．もとに戻る．〔防止河水～〕河水の逆流を防止する．

倒流话 dàoliúhuà 〈方〉年寄りらしくない言いぐさ．〔这么大岁数了，竟说～〕こんなに年寄りになって，年寄りらしくないことばかり言う．→〔倒倒〕

倒流儿 dàoliúr ⇒〔酒 jiǔ 帽子〕

倒柳刺 dàoliǔcì ⇒〔倒刺①〕

倒卵形 dàoluǎnxíng 〈植〉(葉)の逆卵形．

倒轮闸 dàolúnzhá コースターブレーキ：〔反 fǎn 踏板煞车〕ともいう．ペダルを逆に踏んで止める自転車のブレーキ．

倒忙 dàománg →〔帮 bāng 倒忙〕

倒米 dàomǐ 米の容器を傾ける(米を出す)．〈喩〉もうけを損すること．〔倒了企业的米〕同前．

倒赔 dàopéi ①賠償する．②損をする．もらう側が逆に出す．〔他们公司每月～几万元〕彼の会社は毎月何万円も赤字を出す．

倒骑 dàoqí（馬·自転車などに）後ろ向きに乗る．〔～驴 lú 子〕〈方〉ロバに同前：嫁入りの花嫁がする．

倒跷虫 dàoqichóng ⇒〔孑 jié 孓〕

倒三角 dàosānjiǎo(xíng) 〈数〉逆三角形．

倒三匡(儿) dàosānkuāng(r) 〈囲〉かんにょう．うけこ：漢字部首の"匚"．〔下 xià 匚栏(儿)〕ともいう．〔匚〕は〔框〕とも書く．→付録1

倒生 dàoshēng ⇒〔逆 nì 产〕

倒是 dàoshì →〔字解(Ⅱ)②〕

倒收付息 dàoshōu fùxī 〈経〉逆金利．マイナス金利．

倒数 dàoshǔ 後ろから数える．〔～第二行〕後ろから2行目．〔他是～第一名〕彼はびりだ．〔～第二名〕ブービー．

倒竖 dàoshù 逆立つ．〔汗毛～〕〔寒毛～〕身の毛のよだつ．

倒数 dàoshù 〈数〉逆数．

倒算 dàosuàn 逆清算：後になって革命政権から農民に分配した土地を地主や富農が反動政権を後ろ盾にとりあげだこと．〔～风〕同前．

倒锁 dàosuǒ（室内に人がいるのに）外から錠をする．〔反 fǎn 锁〕ともいう．

倒踏门 dàotàmén ⇒〔倒插门〕

倒贴 dàotiē ①逆さに張る．②〔～儿〕(女が男に)金をみつぐ．入れ込む．③〔～儿〕(もらう側が)逆にやる．補填していくこと．

倒推法 dàotuīfǎ 〈数〉逆算法．〔用～推算〕逆算法で計算する．

倒退 dàotuì ①後ずさり(する)．後退(する)．〔不觉～几步了〕思わず数歩後ろへさがった．②（時間的に）逆行(する)．〔～十九年〕十数年前に遡る．

倒屣而迎 dàoxǐ ér yíng 〈成〉慌てて客を迎え入れるさま：三国の蔡邕が友人の来訪を聞いて，もどかしくて，上履きを逆にはいて迎えたとの故事による．

倒陷 dàoxiàn 〔中医〕内攻する．〔天 tiān 花～〕天然痘が内攻する．

dào

倒幬焘悼盗道

倒行逆施 dàoxíng nìshī 〈成〉無理を押し通す:時代の流れに逆行すること.

倒许 dàoxǔ 〈方〉…かもしれない.〔以后我～常来〕これからちょくちょく寄らせてもらうかもしれないよ.

倒序 dàoxù 逆順.〔～词典〕逆引き辞書.

倒叙 dàoxù =〔追 zhuī 叙②〕時間の順序を逆にして記述する(手法).(映画の)フラッシュバック(する).〔倒叙②〕ともいう.〔～法〕 倒叙法.↔〔順 shùn 叙〕

倒悬 dàoxuán ①〈文〉逆吊り(にする) ②〈喩〉えも言われぬ苦しみ.〔苦如～〕同前.

倒牙 dàoyá 〈方〉左回りねじ山:〔左 zuǒ 螺纹〕に同じ.→ dǎoyá

倒烟 dàoyān 煙が逆流する.

倒焰炉 dàoyànlú ⇒〔反 fǎn 射炉〕

倒仰儿 dàoyǎngr 〈方〉あおむけに倒れるほどショックを受ける.〔吓 xià 了个～〕あおむけに倒れるほどびっくりした.〔气 qì 我个～〕腹が立ってひっくり返るくらいだった.

倒咬一口 dàoyǎo yīkǒu →〔倒打一耙〕

倒也罢了 dào yěbàle まあまあそれでもよいだろう.

倒也是 dàoyěshì それはまあそうだ.

倒页 dàoyè 乱丁:本のページの順序が組み違っているもの.

倒因为果 dàoyīn wéiguǒ 〈成〉原因を逆に結果とする.→〔倒果为因〕

倒影 dàoyǐng ①逆さに映った姿・影. ②〈文〉夕陽の照り返し.

倒映 dàoyìng 逆さに映る.〔树影～水中〕木が水に同前.

倒栽葱 dàozāicōng 逆さまに倒れる.〔这个～可摔得不轻〕この真っ逆さまの落っこちようはひどかった.

倒载干戈 dàozài gāngē 〈成〉戦をやめる:〔倒置干戈〕ともいう.

倒找 dàozhǎo 自分が支払うものを逆に先方からもらうこと.

倒置 dàozhì 逆さに置く.〔本末～〕〈成〉本末転倒する.

倒置干戈 dàozhì gāngē ⇒〔倒载干戈〕

倒转 dàozhuǎn ①互いに入れかえる(かわる). ②〈方〉かえって.反対に.→〔反 fǎn 转〕

倒转 dàozhuàn 逆回転する.ひっくり返す.

倒装 dàozhuāng 逆さに取り付ける.逆に置く.逆さに入れる.〔～句〕 倒置文.

倒走 dàozǒu 後ろ向きに歩く.逆さ歩きする:健康法の一.〔倒行〕ともいう.

倒座儿 dàozuòr ①→〔四 sì 合房(儿)〕 ②(船や車で進行方向に対し)後ろ向きの座席.

〔幬・幬〕 dào =〔焘〕〈文〉覆いかぶせる. → chóu

〔焘・燾〕 dào 〈又音〉tāo 〈文〉①あまねく②照らす. ②⇒〔幬〕

〔悼〕 dào ① 悼(た)む.〔追 zhuī ～〕追悼する.〔哀 āi ～〕哀悼する.悲しみ悼む. ②〈姓〉悼(た)

悼词 dàocí 弔辞:〔悼辞〕とも書く.〔致～〕弔辞を読む.

悼祭 dàojì 追悼し供養する.

悼念 dàoniàn 哀悼をささげる.いたみ偲(しの)ぶ.〔来自世界各国的代表将要一一十一年前的无辜 gū 牺牲者〕世界各国からの代表が11年前罪もなく犠牲になった人に哀悼をささげることになっている.

悼亡 dàowáng 〈文〉亡妻を悼み思うこと:晋の潘岳の詩「悼亡」による.〔转〕妻を亡くすこと.

悼惜 dàoxī (人の死を)悼み惜しむ.

悼心失图 dàoxīn shītú 〈成〉悲しみのあまり計画(なすべきこと)を失う.

悼唁 dàoyàn 〈文〉お悔やみを言う.

〔盗(盜)〕 dào ①盗み(む).〔～卖公物〕公共物を盗んで売る. ②どろぼう.

盗贼.〔男～女娼 chāng〕〈成〉男は盗賊,女は娼婦:ろくでないやつら(罵詈).〔强 qiáng ～〕強盗.〔匪 fěi ～〕盗賊団.〔大～〕大ぬすびと.〔防 fáng ～〕盗難にそなえる. ③(ねずみや賊が)穴をあける.〔耗 hào 子～窟 kū 窿〕ねずみが穴をあける.

盗案 dào'àn 窃盗事件.

盗版 dàobǎn 海賊版(を出す).→〔正 zhèng 版〕

盗本垒 dàoběnlěi (野球の)ホームスチール.

盗采 dàocǎi 盗んで採掘する.

盗伐 dàofá 盗伐する.

盗犯 dàofàn 窃盗犯人.

盗匪 dàofěi 盗賊(盗っ人).

盗割 dàogē 刃物で切り取られる.〔电缆被～〕ケーブルが同断.〔～花园里的菊花〕花畑の菊を盗み取る.

盗庚 dàogēng ⇒〔旋 xuán 复花〕

盗汗 dàohàn 寝汗をかく.

盗伙 dàohuǒ 盗賊仲間.

盗劫 dàojié どろぼうをはたらく.強盗をする.

盗掘 dàojué 盗掘する.〔严禁～古墓〕古代の墓の盗掘を厳禁する.

盗寇 dàokòu 強盗.

盗猎 dàoliè 密猟する.〔～者〕密猟者.

盗录 dàolù (テープ類の)海賊版をつくる.違法にテープ類を複製する.

盗卖 dàomài (国家・企業・団体などの公共物を)横流しする.売りとばす.〔～公物〕公共物を売りとばす.

盗名 dàomíng 〈文〉他人の名を盗用する.

盗墓 dàomù 墓を暴いて盗む.盗掘する.

盗骗 dàopiàn 盗みだます.〔～国家资财〕国家の物資や財産を盗みだまし取る.

盗抢 dàoqiǎng 強奪する.

盗窃 dàoqiè 盗む.〔～案 àn〕窃盗事件.〔～保险〕盗難保険.

盗取 dàoqǔ 盗み取る.万引きする.

盗首 dàoshǒu どろぼうの頭目.

盗亦有道 dào yì yǒudào 〈成〉盗むにも盗みかたがある:古代の義賊盗跖の言葉.

盗印 dàoyìn 違法出版(する)

盗用 dàoyòng 盗用する.横領する.〔～公款〕公金横領(する)

盗运 dàoyùn 盗んで運び出す.

盗赃 dàozāng 盗難品.盗んだ品.贓品.

盗贼 dàozéi 盗賊:大泥棒とこそ泥.〔～充 chōng 斥〕盗賊がはびこる.

盗跖 dàozhí →〔跖③〕

〔道〕 dào (Ⅰ)①〔-儿〕道.道路.水路.〔人 rén 行～〕人道.歩道.〔火 huǒ 车～〕汽車の通っている路線.鉄道.〔街 jiē ～〕市街.街筋.〔方〕〔旱 hàn ～〕陸路.〔水～〕水流の通る道.⑤水路.②(志し修練する目標・方向としての)道.〔…道〕…術.…法.〔养生之～〕健康法.〔志同～合〕志と信念を同じくする.〔同～者〕道を同じくする人.〔医 yī ～〕医道.③道徳.道義.道理.〔头头是～〕いちいち道理にかなっている.〔念经讲～〕お経を読み説く.〔无 wú ～昏君〕無道な暗君. ④道教.道教徒.⑤道教の信者や宗教組織.→〔道门②〕 ⑥〔-儿〕線.〔画了两条横～,一条斜～〕2本の横線と1本の斜線を引いた(書いた). ⑦〔電算〕トラック:磁気テープなどの記憶装置の連続して情報を記憶する線状の部分. ⑧量詞.⑧細長い物を数

道 dào

える.〔一~河〕1本の川.〔几~皱 zhòu 纹〕数本のしわ.裂了一~缝 fèng〕ひびが一筋はいった.〔一~口子〕一つの割れ目.〔中日两国不过隔着一~海〕中日両国は一筋の海を隔てているに過ぎない. ⓑ命令を数える.〔一~命令〕一つの命令.〔出了五~题〕問題を5題出した. ⓒ出入口や壁などを数える.〔一~关〕一つの関所.〔三~门〕三重の門.〔打了一~墙〕一つの塀を築いた.ⓓ回数·度数を数える.〔换两~水〕水を2回取り換える.〔上了三~漆〕漆を3度塗った.〔中国菜一~一~上的〕中国料理は一品一品テーブルに出てきます.〔省一~手续〕手続きが1回省ける. ⑨[-儿]〈度〉10ミクロンの俗称:〔忽 hū 米〕(メートルの10万分の1)に同じ. ⑩〈姓〉道〔〕
(Ⅱ)⃞旧行政区域の名称:唐代では〔省〕にあたり,清代では〔省〕の下にあたる.民国では〔省〕と〔县〕の間に置いた.→〔道尹〕〔道员〕
(Ⅲ) ⓐ述べる.言う.話す.〔说~〕同前.〔长~短〕あれこれ(とやかく)言う.〔能说会~〕弁がたつ(口先がうまい).〔称 chēng ~〕ほめる.〔他真不错,我都~不出一个不字儿来〕あの人は実によくできている,一点の非の打ち所もない.〔~不完说不尽〕言いつくせない. ⓑ〔明来意〕訪問の理由をなんとかと述べる.→〔说 shuō ①〕 ②…と思う.〔办这件事的,你~是谁〕これをやったのは,君は誰だと思いますか.→〔想 xiǎng ①〕

道安 dào'ān 〈旧〉ごきげん伺いする.安否を問う.
道白 dàobái =〔念 niàn 白 ①〕〔说 shuō 白 ①〕⃞剧せりふ(を言う).〔唱 chàng 白〕〔台 tái 词〕
道班 dàobān 道路修理班.〔~工人〕〔道工〕道路修理工.〔~房〕同前の飯場(は).
道板 dàobǎn 路面.〔大量抽排地下水,造成~沉降〕大量の地下水を汲み上げた結果,路面の陥没を引きおこした.
道别 dàobié 別れを告げる:〔告 gào 别 ①〕に同じ.〔向朋友~〕友人にいとまごいをする.
道…不… dào...bù... 意味の相反する2個の単音形容詞と連用し,"…と言えばそうでもなく,…と言えばまたそうでもない"の意味を表す.〔~长~短〕長いと言えば長くはなく,短いと言えば短くもない.〔~多~少〕多いと言えば多くはなく,少ないと言えば少なくもない.〔~大~小〕大きいと言うほどでもなく,小さいと言うほどでもない.
道不拾遗 dào bùshíyí ⇒〔路 lù 不拾遗〕
道不是 dàobùshi ⇒〔赔 péi 不是〕
道碴 dàochá 砂利(じゃり).バラス(ト)
道岔 dàochà ①〔道 叉〕とも書いた. ⇒〔转 zhuǎn 辙机〕 ②[-儿]枝道.脇道. ③[-儿]〈方〉鉄道の踏み切り.(高速道路の)インターチェンジ·ランプウェー.
道场 dàochǎng ⃞旧①僧侶や道士の法事の場所:〔法 fǎ 场 ②〕に同じ.〔做~〕法事をする. ②(仏教の)寺院.
道床 dàochuáng 路床.
道次 dàocì 〈文〉道すがら.
道儿 dàoor =〔道儿〕① ①方法.手段.こつ.〔~多〕いろんな方法があるを(持っている).〔有什么~〕彼にどんな手段があるかな. ②思案.〔不要着 zháo 了他的~〕彼の手に乗るな.〔那个人一眨 zhǎ 眼一个~〕あの人はまばたきするごとに,(とっさの間に)考えが浮かぶ. ③線.筋.〔道子〕に同じ.
道德 dàodé ①道徳.〔~规范〕道徳規範.〔~文章〕品性と学問.〔~品质〕道徳と品格.〔~〈喩〉社会の規範と世論〕. ②道徳的である.〔很不~〕大変ふしだらだ.
道德经 dàodéjīng ⇒〔老子 lǎozǐ ②〕
道地 dàodì =〔地道 dao ①〕正真正銘(の).〔~的北京话〕本場の北京語. ②真面目である.純粋である.
道钉 dàodīng ①=〔狗 gǒu 头钉〕〔轨 guǐ 道钉〕犬くぎ(レールを押えるための). ②(夜間用道路標識の)キャッツアイ.〔猫 māo 眼〕同前の俗称.
道乏 dàofá =〔道劳〕(骨折りをかけた時)ご苦労さまとお礼を言う.
道(烦)恼 dào(fán)nǎo お悔やみを述べる.
道夫 dàofū 〈音訳〉⃞旧ドッファ.
道高一尺,魔高一丈 dào gāo yīchǐ, mó gāo yīzhàng 〈諺〉道は高さ一尺というのに魔(ま)は高さ一丈あり;もと仏教修行での困難を戒めることから. ⓐ一定の成果を納めるとまた大きい困難が来る. ⓑ正義は結局邪悪にかつ.→〔魔高一尺,道高一丈〕
道工 dàogōng ⇒〔道班工人〕
道姑 dàogū 女道士.
道故 dàogù 〈文〉昔語りをする.懐旧談をする.
道冠(儿) dàoguān(r) 道士の冠.
道观 dàoguàn =〔口〕丹 dān 房②〕道教の寺院.
道号 dàohào 修道者としての別名.〔那人~卧 wò 龙〕その人は修道者としての別号として臥竜という.
道贺 dàohè ⇒〔道喜〕
道行 dào·héng =〔道力〕〔道数〕〈口〉僧侶や道士などの修行.法力.〈転〉技能·腕前.〔他才练了两年的工夫,他的~可不浅啊〕彼は2年しか修行していないが,腕前はたいしたものだ.
道及 dàojí 〈文〉言及する.
道基 dàojī 〈文〉路盤.
道家 dàojiā ①道家(どうか)ぶ):黄帝·老·荘の説を祖述した学派.→〔九 jiǔ 流〕〔诸 zhū 子百家〕 ②同下.
道教 dàojiào =〔道家②〕〔玄 xuán 教〕⃞旧元始天尊(神)と太上老君(老子)を教祖とし,後漢の張道陵すなわち〔张天师〕によって始められた宗教.〔五 wǔ 斗米道〕はその早期の一派.
道叫 dàojiao 〈方〉言葉で言う.〔把自己的丑事,全~出来了〕自分のやましいことを全部吐き出した.
道经 dàojīng ⃞宗①〔道教〕のお経. ②道士が読経して死者を済度する.
道具 dàojù ①⃞剧大道具·小道具.〔大~〕〔小~〕同前. ②⃞旧仏教で用いる道具.仏法修業に役に立つ一切の道具類.
道君 dàojūn ①〔道教〕の神. ②〈尊〉道士さま.
道口 dàokǒu [-儿]①道の交差点.辻.道かど. ②(鉄道の)踏み切り.〔~工〕踏切番.→〔道岔③〕 ③(高速道路の)インターチェンジ·ランプウェー.
道劳 dàoláo ⇒〔道乏〕
道里 dàolǐ 普通の尺度.〔相去之远不可以~计〕その隔たりのひどいことは普通の尺度では律せられない.
道理 dàolǐ ①道理.筋道.理由.〔没有这个~〕そういう道理はない.〔有~〕なるほど(そうか). ②手段.方法.思案.〔到那个时候再做~〕その時になってから改めて対策を考える.→〔情 qíng 理〕
道力 dàolì ⇒〔道行〕
道林纸 dàolínzhǐ 〈音義訳〉ドーリングペーパー:〔毛 máo ~〕〔光 guāng ~〕の2種があり,〔光~〕は〔洋 yáng 宣〕ともいい,上質の印刷用紙.〔宜 xuān 纸〕
道路 dàolù 道路.道.〔那儿没有~,车进不去〕あそこは道がないから車は入ることができない.〔~两旁]道の両側.〔~网〕道路網.〔打听~道を尋ねる.〔~不好走〕道が悪い.〔~相告〕道ゆく人が取り沙汰する.→〔道儿①〕 ②(抽象的な意味の)道.〔走社会主义~〕社会主義の道を歩む.〔人生~〕人生の道.生き方.路程. ③交通.通行.

dào 道稲

道路以目 dàolù yǐ mù〈成〉(暴政の下で人々が)恐れて口には出さず,道で会っても目と目で意を通ずる.

道貌 dàomào〈文〉道徳家らしい容貌.〔~仙 xiān 骨〕道徳家らしく仙人の如き容貌.

道貌岸然 dàomào ànrán〈成〉見かけは真面目で固物である.

道門 dàomén ①道教.道家. ②〔-儿〕回封建的・迷信的な秘密結社の総称:〔会 huì 门〕ともいう. →〔会道门〕

道末 dàomò 道士の自称:〔小 xiǎo 道④〕ともいう. →〔道士〕

道谋 dàomóu 路傍の人に謀(はか)る:やたらに直接関係のない人に相談して意見が一致せずに紛糾すること.

道木 dàomù ⇒〔枕 zhěn 木〕

道恼 dàonǎo〔道(烦)恼〕

道袍 dàopáo ①道士の着る上着. ②〈喩〉だぶだぶの服.

道婆子 dàopózi 尼寺の雑役婦.

道破 dàopò 喝破(かっぱ)する.〔~天机〕天機を洩らす:言ってはいけないことをずばりと言ってのける.〔一语~〕一言で喝破する. →〔说 shuō 破〕

道祺 dàoqí〔積〕徳を積んで居られるあなたの御幸福(多く老人に対して用いられる).〔敬颂〕御多幸を祈ります.

道契 dàoqì 旧外国人が居留地で永代借地権を得た証として〔海 hǎi 关证〕(税関長)から渡された地券.

道歉 dàoqiàn 遺憾・恐縮の意を表す.おわびをする.〔真不知道如何(一才好)〕何とおわびしてよいやら.

道情 dàoqíng 音民間芸能の一.もと〔道士〕が道教の故事をのべたもの.のち一般の民間故事を題材に,〔渔 yú 鼓〕と〔简 jiǎn 板〕を伴奏とし,唱いを主に語りをまじえたもの.〔渔鼓〕〔渔鼓~〕ともいう.地方により〔陕 shǎn 北~〕〔山 shān 东渔鼓〕〔竹 zhú 琴〕などという.

道琼斯平均指数 dàoqióngsī píngjūn zhǐshù〈音義訳〉経ダウ(ジョーンズ)式平均株価:〔道指〕は略称.

道儿 dàor ①道.道筋.道程.〔~不好走〕道が歩きにくい.道が悪い. →〔道路①〕でコネ. ③筋.線.〔道子①〕に同じ. ④⇒〔道道儿〕

道儿上 dàorshang ①路上.街頭. ②途中.〔带着雨伞,免得~挨淋〕傘を持ってきなさい,途中で濡れるといけないから.

道扰 dàorǎo (もてなしに対して)お邪魔したと挨拶する.

道人 dàorén ①回道士への尊称. ②僧侶. ③〈方〉寺男.雑役〔寺〕

道三不着两 dàosān bùzhuó liǎng〈喩〉しどろもどろである.

道山 dàoshān〈文〉仙境.〔魂归 guī ~〕死亡する.

道神 dàoshén 旅をつかさどる神.道祖神.

道士 dàoshi 经①道教の僧.道士:〔全 quán 真〕は別称.〔道人〕は尊称.昔時,不老不死の丹薬を練って作ったというわけから〔丹 dān 侣〕とも呼ばれる. ②⇒〔方 fāng 士①〕

道是 dàoshi ……という.いうには……とのこと.〔~无情却有情〕無情も言うなれば有情である.

道术 dàoshù 法術.妖術.

道树 dàoshù〔菩 pú 提树〕

道数 dàoshù〔道道儿〕

道俗 dàosú〈文〉道士と俗人.

道台 dàotái 回〔道员〕

道听途说 dàotīng túshuō〈成〉道聴(どうちょう)途説(とせつ):聞き伝えたりにしてならないうわさ:〔途〕は〔涂〕とも書く.

道童(儿) dàotóng(r) 道教修行の少年.

道统 dàotǒng 儒学伝道の系統.〈転〉人の踏むべき道.

道筒 dàotǒng ⇒〔渔 yú 鼓〕

道徒 dàotú 道教徒.

道维(尔)海峡 dàowéi(ěr) hǎixiá ⇒〔多 duō 佛尔海峡〕

道喜 dàoxǐ〔道贺〕お祝いを述べる.お喜びを述べる.〔给您~〕〈挨〉おめでとうございます.〔互相~〕互いに祝い合う.

道谢 dàoxiè (言葉で)お礼を言う.

道叙 dàoxù 話し合う.話し合う.

道学 dàoxué ①困程子・朱子などの唱えた性理の学.〔宋 sòng 学〕〔理 lǐ 学②〕に同じ. ②道教の学. ③〈転〉頭が固い.世間に疎い.〔~气〕道学者風.〔~先生〕固陋(ころう)な〔困苦しい〕学者.

道牙(子) dàoyá(zi) セメント製のL字型道路建材(歩道との区切り用縁石)〔马 mǎ 路牙子〕ともいう.

道眼 dàoyǎn ①正しい道を見通しうる識見. ②道路.道筋. ③アイディア.考え. ④〈方〉悪だくみ.罠.〔高某礼摆的~〕(羅・風12の6)高某礼がかけた罠.

道衣 dàoyī 道士の着る衣〔〕

道义 dàoyì 道徳と正義.〔~责任〕道義的責任.

道尹 dàoyǐn 民省内各道の長官.〔~公署〕道庁.

道引 dàoyǐn ⇒〔导 dǎo 引②〕

道友 dàoyǒu ①(仏教や道教)の信者仲間. ②同好の士.同じ道を志す人.

道员 dàoyuán 明回一省の道また各部門(例えば糧政や塩務というようなもの)またはある管内省府県の行政を監察する役人:〔道台〕は尊称.

道院 dàoyuàn ①道教の寺院:〔道观〕に同じ. ②修道院:〔修 xiū 道院〕の略.

道藏 dàozàng 路①道教経典:仏教の大蔵経に相当する. ②同前の書庫.〔佛 fó 藏〕

道砟 dàozhǎ バラス(卜).砂利.〔铺 pū ~〕バラスを敷く. →〔石 shí 头子儿〕

道长 dàozhǎng 经道士の尊称:〔斋醮〕(加持祈祷)を行う資格をもつ者.〔箓 lù 士〕ともいう. →〔道士①〕

道着 dàozháo うまいことを言いあてる.まぐれあたりでうまいことを言う.〔他并没好好读过中学,可是有时也能~一两句〕(茅・霜2)あれは中学にろくすっぽ行ってないんだが,時にはちょいとうまいことを言うことがある.

道指 dàozhǐ ⇒〔道琼斯平均指数〕

道中 dàozhōng 旅行(の道中).旅の途中.

道众 dàozhòng 僧侶と道人.

道装 dàozhuāng 道士の服装.

道子 dàozi ①線.筋(すじ).〔道儿③〕に同じ.〔画了一条红斜~〕斜めの赤い斜線を一本引いた. ②量詞.筋や線状のものに用いる.〔抹 mǒ 了两~黑〕黒線を2本引いた(いて消した)

【稲】 dào イネ(総称):ふつう〔水 shuǐ ~〕を指す.成熟時期によって〔早~〕(わせ)・〔中~〕(なかて)・〔晚~〕(おくて),澱粉の質によって〔秔〕(ごはん)として常食する〔粳~〕(ウルシネ)と〔糯~〕(モチイネ)に分ける.〔陆 lù ~〕おかぼ.陸稲. →〔大 dà 米〕〔米 mǐ(I)①〕 ③〈姓〉稲(とう)

稲白叶枯病 dào báiyèkū bìng 農(イネの)白葉枯病.

稲苞虫 dàobāochóng 田ニカメイチュウ:〔苞虫〕ともいう.稲の害虫.成虫はニカメイガ.

稲草 dàocǎo (稲)藁(わら).〔~人〕草人形.か

稲藁嘚得　　　　　　　　　　　　　　　　　　　　　　　　　dào～dé

かし.〈喩〉見かけ倒しの人.
稲(草)灰　dào(cǎo)huī　藁灰.
稲床　dàochuáng　農稲こき:旧式の脱穀用の農具.
稲恶苗病　dào'èmiáo bìng　農(イネの)馬鹿苗病.
稲飞虱　dàofēishī　=〔浮 fú 尘 chén 子〕虫ヨコバイ(科の総称):イネの害虫.〔黑尾～〕ツマグロヨコバイ.〔电光～〕イナズマヨコバイ.
稲谷　dàogǔ　稲.もみ.もみ米:〔稻壳〕(もみがら)をとったのが〔米 mǐ①〕となる.
稲禾　dàohé　水稲の苗.
稲胡麻(叶)斑病　dào húmá(yè)bān bìng　農(イネの)ごま葉枯病.
稲蝗　dàohuáng　虫イナゴ(総称).〔短 duǎn 翅～〕コバネイナゴ.→〔飞 fēi 蝗〕
稲灰　dàohuī　⇒〔稲(草)灰〕
稲刈马　dàojiǎmǎ　→〔剪马〕
稲架　dàojià　農いねはざ:刈った稲をかけて干すための木組.
稲糠　dàokāng　=〔稻奢糠〕〔着 lóng 糠〕ぬか.こぬか.
稲壳　dàoké　=〔〈口〉稻皮(子)〕(稻の)もみがら.あらぬか.
稲烂秧　dàolànyāng　農イネ苗腐病.
稲砻糠　dàolóngkāng　⇒〔稻糠〕
稲米　dàomǐ　米.→〔米(I)①〕〔大 dà 米〕
稲螟虫　dàomíngchóng　⇒〔螟虫〕
稲螟蛉　dàomínglíng　虫フタオビコヤガ:稲の害虫.
稲皮(子)　dàopí(zi)　⇒〔稻壳〕
稲热病　dàorèbìng　⇒〔稻瘟病〕
稲菽　dàoshū　稲と豆類.〔喜看～千重 chóng 浪〕〈喻〉豊作を喜ぶさま.
稲树　dàoshù　⇒〔雪 xuě 柳①〕
稲穗　dàosuì　稲穂.
稲孙　dàosūn　農刈り株から生えた稲.稲のひこばえ.→〔二 èr 茬〕〔蘖 niè〕
稲田　dàotián　稲田.水田.→〔旱 hàn 田〕
稲瘟病　dàowēnbìng　=〔稻热病〕農いもち病:〔钩 gōu 端螺旋病〕は学名.俗に〔打 dǎ 谷黄〕〔地 dì 火③〕という.
稲瘟净　dàowēnjìng　薬キタジン:いもち病に有効な農薬.
稲瘟素　dàowēnsù　薬ブラストサイジン:いもち病に有効な農薬.
稲纹枯病　dàowénkū bìng　農(イネの)紋枯病.
稲象甲　dàoxiàngjiǎ　虫イネゾウムシ:〔稻象鼻虫〕〔稻水象甲〕ともいう.
稲秧(子)　dàoyāng(zi)　稲の苗:単に〔秧②〕ともいう.〔下 xià ～〕〔插 chā ～〕田植えをする.
稲种　dàozhǒng　農種もみ.
稲子　dàozi　稲(通称).→字解①
稲卷叶螟　dào zǒngjuǎnyè míng　虫イネ(ノ)タテハマキ:稲の害虫.
稲作　dàozuò　農稲作म.

〔纛(纛)〕dào　〈古〉①軍隊の司令旗.〔～旗 qí〕同前.→〔作 zuò 纛旗儿〕
②ヤクと雉の尾で作った一種の儀仗旗.

de　ㄉㄜ

〔嘚〕dē　〈擬〉〔～～〕①ドッドッ.コツコツ.パカパカ:馬のひづめのたてる音.②ドードー:ロバや馬に対するかけ声.→ děi
嘚啵　dēbo　〈口〉長々としゃべる:〔嘚嘚〕ともいう.〔别瞎～～了〕くどくどしゃべるな.〔他可真是碎suì嘴子唠 lāo 叨,没有不～的时候儿〕彼はとても

口やかましい,黙っていることなんてありゃしない.

〔得〕dé　(I)①得る.獲得する.…の結果を得る.〔～子 zǐ〕子持ちになる.〔～自琉璃厂〕(北京)の琉璃廠で入手した.〔～头 tóu 奖〕1等賞を得る.〔～到好评〕好評を得る.〔二加二～四〕2は4.〔三三～九〕33(さん)が9:積が十位になると〔三四十二〕のごとく〔～〕を省く.〔没～过感冒〕風邪をひいたことはない.〔～出了一致的结论〕一致した結論を出すことができた.〔～满分〕満点を取る.↔〔失 shī 〕②適合する.ふさわしい.③〈文〉得意になる.〔自～了同前.④完成する.仕上がる.〔那所房子刚盖～〕あの建物は建ったばかりだ.⑤感動詞.④(相手を)なだめたり柔らかみを制したり,また承諾を与える時など.〔～,你别再说了〕まあいいじゃないか,もうこれ以上言うな.〔～,我只好答应你了〕よろしい,承知しなければなるまいよ.⑤よし,そのとおりだ.〔～!说好了就走吧〕そのとおりだ,よし,話が決まったら出掛けるとしよう.→〔得了 le〕ⓒ〈方〉大変だ.たまらん.〔～!我的铁杆庄稼又保不住了〕ちぇっ!われの飯の種も危なくなったんだ.⑥〈姓〉得(さ)
(II)①…できる.してよい.許される:多く法律の条文や掲示などに用い,動詞の前に置く〔场内不～吸 xī 烟〕場内では喫煙してはいけない.②うまく…できる.…して自由になる:動詞の前に置いて,十分可能であることを表す.〔～用的人〕役にたつ(使える)人.→ de děi

得便(儿)　débiàn(r)　都合がよければ.暇があったら.〔～再来〕都合のよい時においで.→〔顺 shùn 便(儿)〕
得标　débiāo　①優勝する.〔获得锦 jǐn 标〕同前.②〔标落〕〔中 zhòng 标〕(入札で)落札する.
得病　débìng　病気になる(かかる).→〔生 shēng 病〕
得不偿失　dé bùchángshī　〈成〉得ることより失う方が多い.引き合わない.
得采　décǎi　①〈白〉運がいい.勝利を得る.〔众头领道,皆托得大哥哥的福荫,以此～〕(水20)各頭(がら)たちは,この勝利は"みんなあにいのおかげで得られたんです"と言った.②くじ(引き)に当たる:〔得彩〕とも書く.
得偿　décháng　(実現しなかったことが)満たされる.果たされる.〔直到90年代初才～踏上这座海岛的夙 sù 愿〕90年代の初めにはじめてこの島に行ってみたいという長年の願いが実現した.
得逞　déchěng　(たくらみなどが)思いのままになる.目的を果たす.〔只要我们保持经常的警惕 tì,他们的这种阴谋是不会～的,不断的警戒を保ってさえれば,彼らのこのような陰謀がまかり通るはずがない.〔绝对不能使这样的主张～〕絶対にこの様な主張をのさばらせておくわけにはいかない.
得宠　déchǒng　寵愛される.ひいきされる(そしる意味をふくむ).〔小人〕〔小人〕(が)可愛がられる.
得出　déchū　得る.出る.〔～结论〕結論が出る.
得寸进尺　décùn jìnchǐ　〈成〉欲には限りがないこと:〔寸得尺〕ともいう.→〔得陇望蜀〕
得当　dédàng　当を得る.適当である.〔这个办法倒很～〕そのやり方はなかなか当を得ている.
得到　dédào　①手に入れる.手にする.〔～奖 jiǎng 状〕表彰状を受ける.〔～好机会〕いい機会を得た.〔～了很好的结 jié 果〕非常によい結果を得た.②遂げる.できる.成就する.〔～推广 广 押し広める(行き渡らせる)ことができた.〔～改进〕改善される.
得道　dédào　①⇒〔成 chéng 道〕②〈文〉道に適う.〔～多助,失道寡助〕(孟子・公孙丑下)道に適えば助けが多く,道にそむけば助けが少ない.

dé 得

得而复失 dé ér fùshī 〈慣〉手に入ってからまた失ってしまう.

得法 défǎ ①当を得ている.法にかなっている. ②要領を得ている.

得分 défēn ①(競技・試合・試験などで)点をとる. ②得点. →[失 shī 分]

得风便转 défēng biàn zhuǎn ⇒[随 suí 风应变]

得过且过 déguò qiěguò 〈成〉その日暮らし(をする).行きあたりばったりの.〔不能老是用这种～的办法,而是~〕これはどれも長続きのする方法じゃないと当座しのぎだ. →[今 jīn 朝有酒今朝醉]

得好就收 déhǎo jiù shōu ⇒[见 jiàn 好(儿)就收]

得计 déjì たくらみがうまくいく(そしる意味で用いる).〔自以为~〕自分ではしめたと思っている.

得济 déjì (老後の)助かる.頼りになる.〔养儿～,养女送终〕諺男の子を持てば頼りになるし,女の子を持てば老後を看取ってもらえる.

得价不择主 déjià bùzézhǔ 〈慣〉値段さえ高く売れば誰が買ってくれようと問題ない.

得奖 déjiǎng 賞状・賞品などを受ける.賞に入る.

得解 déjiě (わけ・事情が)わかる.

得劲(儿) déjìn(r) ①気持ちがよい.具合がよい.〔我今天有点儿不～要请一天假〕今日は少し具合が悪いので一日休ませてもらう.〔您总着大家捧 pěng 我,我怪不~的〕大勢の前でわたしをもちあげ(ほめ)られると,どうも具合が悪いです.〔嘿！～！给他们来一刀两断〕ふん,いい気味だ,やつらを一刀両断にバッサリとやっちまおう. →[舒 shū 服] ②順調である.〔几天来工作进行得很～〕この数日来仕事の進行がなかなか調子がよい.

得救 déjiù 救われる(救いにありつく).助かる.

得空(儿) dékòng(r) ＝[得闲]暇ができる.暇がある.〔你～来玩儿啊〕暇だったら遊びにおいでよ.

得来不易 délái bùyì 〈慣〉苦労してやっと得た(成功した).

得了 déle ①(…で)よろしい.(…すれば)よい：相手の言葉に同意したり,また遮ったりする時に用いる.〔～！,够了〕もうよい,充分だ.〔那就～了,你交给他去吧〕それならそれでいいです.〔一切都交给他去吧,一切彼に任せてやらせたらい.〔～吧,哪儿有那么便宜的彩电呢〕へえ,そんなに安いカラーテレビがあるものか. ②できあがった.…し終わった.〔做 zuò ～〕同前.〔煮 zhǔ ～〕煮えた.〔饭～吗〕飯はできたか. ③得た.〔～头奖〕1等賞を得た.〔～儿子了〕子供ができた.〔～便 pián 宜〕うまいことをした.〔屋子(又)烧炕〕諺部屋を手に入れるとオンドルがほしくなる.〔喩〕ない時には際限がない. →[déliǎo；-deliǎo]

得力 délì ①お陰をうける.助けられる.役に立つ.〔此行～于汽车不少〕この旅行は自動車のお陰を被った点が多い.〔我吃这种药很～的〕この薬にわたしはよく効く.〔我得他的力很不小〕彼はたいへん力になってくれた. ②有能である.腕ききである.〔得用〕に同じ.〔派个～干部去领导〕腕ききの幹部を一人派遣して指導にあたらせる. ③有力である.力強い.〔～的领导〕力強い指導.

得利 délì ①利益を得る.もうける.〔我自己辛苦了,也～了〕私自身苦労もしたしもうけもした. ②役立つ.

得脸 déliǎn ①可愛がられる.ひいきされる. ②面目を施す.男をあげる.

得了 déliǎo どうにかなる.無事にする：多く反問あるいは否定に用いる.〔错一点脚步儿,那还～〕ちょっとでもステップをまちがえたら大変だ. → déle；-deliǎo

得令 délìng 回命令を受ける.〔～！〕承知つかまりました.命令承りました(旧劇などでも用いる)

得陇望蜀 délǒng wàngshǔ 〈成〉隴の地を手に入れたら蜀の地がほしくなる：欲望はとどまるところがない.

得名 démíng 名声を得る.

得便宜卖乖 dé piányi màiguāi 〈慣〉うまいことをしておきながら,さりげないふりをする.

得其所哉 dé qísuǒ zāi 〈成〉その所を得る.お気に入りのポストを得る.

得气 déqì 中医針の響きがある：針が"つぼ"に当たった時,ズーンとする感じがあること.

得窍 déqiào 要領を得る.よく通じている.

得球 déqiú 図(サッカーなどで)相手のボールを奪う.

得人 dérén 〈文〉人の扱いが適切である.

得人儿 dérénr 同下.

得人心 dérénxīn 人の気に入る.〔〈方〉得人儿〕〔得人意儿〕という.〔这小孩儿怪～的〕この子はほんとに人の気に入ることをする子だ.〔政府的这个政策还算～〕政府のこの政策は人心を得ているといえる.

得人一牛,还人一马 dérén yīniú, huánrén yīmǎ 〈諺〉人から牛をもらえば馬を返す：人の好意に対してはいっそうの好意をもって報いなければならない.

得色 désè 得意な様子.

得谂 déshěn ⇒[得悉]

得胜 déshèng 勝利を得る.勝つ.〔获 huò 胜〕に同じ.〔～回朝〕〈成〉勝って引き上げる.〔旗开～,马到成功〕一挙に成功するたとえ.〔～头回〕困冗講談の枕に語る縁起のいい話.

得失 déshī ①得失.損得.〔～相当〕損得なし.〔～参半〕損得五分五分. ②利害.よしあし.〔两种办法各有～〕二つのやり方にはそれぞれに良し悪しがある.

得时 déshí ①時を得ている.時流に乗る.〔这次交涉 jiāo 涉不～呢〕今度の交渉は(これこそ)時機が悪かった. ② →[走 zǒu 运]

得势 déshì 勢いを得る.羽振りがよい：そしる意味でも用いる.〔在女生中非常～〕女子学生の間でなかなかもてる.

得手 déshǒu 具合よくやれる.都合よくいく.順調に運ぶ.〔家里没有人看 kān 着,小偷得了手,偷了个干净〕家に留守番する人がなかったので,泥棒は得た り賢しと洗いざらい盗んでいった.

得手应心 déshǒu yīngxīn ⇒[得心应手]

得数 déshù 较求めた数(答).〔~答 dá 数〕

得所 désuǒ 〈文〉ふさわしい身分・地位を得る.〔各得其所〕〈成〉おのおのその所を得る.

得体 détǐ 要領を得る.手際よくいく.適切である：言語や動作が身分や場所にふさわしいこと.〔说话不～〕話し方がその場にふさわしくない.〔说得～〕言うことがさまになっている.〔语言运用～性〕言語運用の適切さ.

得天独厚 détiān dúhòu 〈成〉特に天分(天恵)に恵まれている.特によい条件を具え持つ.よい環境に恵まれている.

得头钱 détóuqián 上前(较)をはねる.〔从中得点儿头钱门间で入って取る.

得未曾有 dé wèicéngyǒu 〈慣〉そのような事は過去にはなかった：〔得未尝有〕ともいう.

得味儿 déwèir (料理あるいは歌い方などに)味がある.うまみがある.〔唱 chàng 得很～〕歌いっぷりがなかなか味があってうまい.〔菜做得～〕料理がなかなかおいしくできている.

得无 déwú 〈文〉…にはならない(だろう)

得悉 déxī ＝[得谂]〈牘〉の由拝誦しました.よって～を知りました.

得匣还珠 déxiá huánzhū 〈成〉箱だけもらって珠

得锝德

方は返す:本末転倒.取捨がまちがっていること.

得闲 déxián ⇒〖得空(儿)〗

得项 déxiàng 收入.〔进 jìn 项(儿)〕に同じ.

得新厌旧 déxīn yànjiù ⇒〖喜 xǐ 新厌旧〗

得心应手 déxīn yìngshǒu ⇐〖得手应心〗〈成〉思いどおりにできる(なる).〔画得~,那幅画树 xǔ 栩如生〕同前に描いて、その絵は真に迫ってまるで生きているようだ.→〖运 yùn 用自如〗

得行 déxíng〈方〉すごい.うまい.立派だ.

得幸 déxìng〈文〉お上(3)のご愛顧を受ける.

得雄 déxióng〈文〉男の子が生まれる.

得烟儿抽 déyānrchōu〈方〉ちやほやされる.

得样(儿) déyàng(r)〈方〉(服装が)格好がよい.似合う.板についている.

得一望十 déyī wàngshí〈成〉欲には際限がない;〔得一望二〕ともいう.→〖得陇望蜀〗

得宜 déyí 適当である.当を得る.〔措 cuò 置~〕処置が適当である.

得已 déyǐ 満足である.〔两边都~〕双方とも満足である.〔不~的事情〕やむを得ないこと.〔万不~〕万やむを得ず.〔事非~乞谅〕やむを得ないこととしてご了承ください.

得以 déyǐ …するを得る.…ができる.〔利用机器,生产~成倍增加〕機械を利用しているので生産は倍増した.

得益 déyì 役立つ.裨益を得る.〔你的意见使我~不少〕君の意見は大いに役立つ.〔这主要~于政策好〕これは主として政策がよかったおかげだ.

得意 déyì ①調子がよい.(事が)思いどおりに運ぶ.〔听说你这阵子事情办得挺 tǐng 得意的很是今天近乎这调子的样子ですね.〔~扬 yáng 扬〕〔~洋洋〕〈慣〉得意満面のさま.〔别~〕得意になるな.〔瞧你~的〕有頂天になっちゃって!②回試験に合格する.③気に入る.〔~的学生〕お気に入りの教え子.〔~之作〕会心の作品.

得意忘形 déyì wàngxíng〈成〉(ちょっとしたことで)有頂天になる.我を忘れる.

得意忘言 déyì wàngyán〈成〉言いたいことが分かってしまうと、それを説明する言葉は必要ではなくなる.以心伝心.

得用 déyòng 役にたつ.腕ききである.使いよい;〔得力〕〔in zhōng 用〕に同じ.

得鱼忘筌 déyú wàngquán〈成〉魚を捕ってしまうと、魚を捕るために用いた"うけ"(漁具)のことは忘れてしまう:目的を達すると最初頼りにした人や物を忘れてしまう.

得着风就是雨 dézháofēng jiùshì yǔ〈喻〉早合点する.→〖见 jiàn 风是雨〗

得知 dézhī 知ることを得る.知る.〔经该公司介绍~你方资力状况〕該社の紹介で貴方の資産状態がわかりました.

得志 dézhì (立身出世の)志を得る.志を遂げる.

得中 dézhòng ①回科挙試験に合格する.②くじに当たる.〔~头奖〕1等賞になる.

得主 dézhǔ 受賞者.〔金牌~〕ゴールドメダリスト.

得助 dézhù 助けによる.助けを受ける.〔~于…〕…のお蔭で.

得砖 dézhuān〈口〉かすをつかまされる.〔干部升了官,农民得了砖〕幹部は出世したが農民は損をした.

得罪 dézuì ①罪を得る.罪になる.②回〔挨〕すみません.失礼しました.〔~!~!〕どうも失礼しました.

得罪 dézui 恨みを買う.機嫌を損ねる.〔~人的地方不少〕ずいぶん人を怒らせるようなことをしてしまった.〔这次可真~了他了〕今度はまったく彼の恨み

を買ってしまった.→〖开 kāi 罪〗

〔锝・鍀〕 dé 回テクネチウム:人工放射性元素.記号 Tc.原子番号43.〔钨 mǎ〕に旧称.

〔德(悳)〕 dé ①道徳.徳.品行.〔美 měi ~〕美徳.②心.心953.〔~不配位〕人心がばらばらになる.③恵み.恩恵.〔以~报怨〕恨みに徳で報いる.④〔〈音訳〉~意志〕ドイツ)の略.〔~属 shǔ〕ドイツ領.〔~货〕ドイツ製品.〔~(国)人〕ドイツ人.〔~僑 qiáo〕在外ドイツ居留民.⑤〈姓〉德(ぎ).

德昂族 dé'ángzú ドアン族:中国少数民族の一.雲南省に居住する.→〖崩 bēng 龙族〗

德比战 débǐzhàn〈音義訳〉ダービーマッチ:〔德比赛〕ともいう.同一都市また地域内の代表的な2チームによる試合.

德便 débiàn〈文〉(便利・好都合になって)ありがたい.〔早日增设厕 cè 所,实为~〕早く便所を増設してもらえるとまことに便利でありがたい.

德才 décái ~兼〈文〉才徳.〔~兼 jiān 备〕〈成〉才徳兼備.

德操 décāo 徳操.

德尔塔 dé'ěrtǎ〈音訳〉(ギリシャ文字) δ デルタ.→〖希 xī 腊字母〗

德高望重 dégāo wàngzhòng〈成〉人格高潔で名声が高い;〔德隆 lóng 望重〕ともいう.

德躬 dégōng〈牘〉ご尊体.お体.〔伏 fú 愿~永泰〕いつまでもご尊体のご健康をお祈りします.

德国 déguó ドイツ.〔民主~〕旧東独.〔联邦~〕旧西独.→〖德意志〗

德国银 déguóyín ⇒〖洋 yáng 银〗

德黑兰 déhēilán 回テヘラン:〔伊 yī 朗伊斯兰共和国〕(イラン・イスラム共和国)の首都.

德化 déhuà〈文〉徳で感化させる.

德教 déjiào〈牘〉ご示教.

德拉克马 délākèmǎ〈音訳〉ドラクマ:ギリシャの旧通貨単位名.→〖欧 ōu 元〗

德里时代 délǐ shídài デリータイムス:インドのニューデリーで発行されている週刊誌.

德律风 délùfēng〈音訳〉テレフォン.→〖电 diàn 话〗

德律维雄 délùwéixióng テレビジョンの旧音訳.→〖电 diàn 视〗

德门 démén〈文〉よく徳行をなす一家.

德谟克拉西 démókèlāxī〈音訳〉デモクラシー:〔德先生〕ともいう.五四期間に言われた言葉.〔民 mín 主①〕〔赛 sài 因斯〕

德色 dèsè〈文〉人に善事をしてやって、心に満足を感じているさま.〔面有~〕表情に、善いことをしているかにも満足であるというような様子がある.

德胜门 déshèngmén 回北京内城の北側西よりにあった城門名.

德士 déshì〈文〉僧侶の別称.

德望 déwàng 徳望.

德文 déwén 回ドイツ語.ドイツ文.

德先生 déxiānshēng ⇒〖德谟克拉西〗

德行 déxíng 徳行.〔~素 sù 有名〕〈成〉その徳行かねてから有名である.〔他家没有~,才出这样子弟〕彼の家は徳がないのでこんな子供たちがでるんだ.

德行 déxíng 同下.

德性 déxing〔徳行〕とも書く.ざま:人の態度や外形などを憎々しく表現する言葉.〔~!〕いやな感じ!〔瞧他那~!〕あのいやらしいことといったらまったくだ.〔~催 cuī 的〕悪徳の報いだ.→〖缺 quē 徳〗

德言工貌 dé yán gōng mào 回婦徳・言葉づかい・針仕事・容貌(女性の四徳).〔德言容功〕ともいう.

德艺 déyì 徳芸.〔~双馨 xīn 的艺术家〕人格も芸

もすぐれた芸術家.
德意志 déyìzhì 〔音訳〕ドイツ.〔～民主共和国〕(旧)ドイツ民主共和国.〔东 dōng 德〕〔民 mín 主德国〕は略称.首都は〔柏 bó林〕(ベルリン).〔～联邦共和国〕⑧(旧)ドイツ連邦共和国.〔西 xī 德〕〔联 lián 邦德国〕は略称.首都は〔波 bō 恩〕(ボン).⑤ドイツ連邦共和国:1990年に同前2者が統合,首都は〔柏林〕.〔～意识形态〕圃ドイツイデオロギー:〔马 mǎ 克思〕(マルクス)の著書.
德音 déyīn ①〈文〉良きお言葉. ②〈文〉よい評判. ③〈牘〉ご返事.〔恭 gōng 候～〕ご返事をお待ちします.
德语 déyǔ 圖ドイツ語.
德育 déyù 徳育.
德泽 dézé 〈文〉恩恵.
德政 dézhèng 仁政.〔～碑〕回住民がその地方の役人の善政をたたえるために建てた石碑.
德治 dézhì 徳治.
德智体 dézhìtǐ 徳育·知育·体育.
德智体美 dé zhì tǐ měi 徳育·知育·体育·美育.

〔地〕 de 助詞として用い,動詞と形容詞を修飾する場合は〔～〕を用いる:特に形容詞の前に程度を表す副詞がある時はその形容詞の後に必ず〔～〕を用いる.〔很見 líng 活～处理〕てきぱきと処理する.〔快 kuài 快～跑〕速く走る.〔不能形式主义～考虑問題〕形式主義的に問題を見てはいけない.〔系 xì 统～研究〕系統的に研究する.→〔的〕〔得〕 → dì

〔底〕 de ⇒〔的②〕 → dǐ

〔的〕 de 助詞として以下のように用いられる.①(動詞(動詞句)の後につけて連体修飾句をつくる.…する(した)ところの.〔去～人〕行く(ところの)人.〔愿 yuàn 意参加～学生〕参加したい(ところの)学生.〔写完了～稿子〕書き終わった原稿.〔没到～(人)〕来ていない(ところの)人.欠席者.〔干 gàn 什么～〕何をする(ところの)人.〔当 dāng 教员～〕教員をつとめる(ところの)人.教員.〔说 shuō 书～〕講釈師. ②…の~修飾語を名詞の上に加える時,その修飾語の後に置く.修飾語は被修飾語の所有する所有物であるか,創造または母体である.五四時期から1930年代の白話文学作品では所属関係の場合は多く〔底〕と書いた.〔我～书〕わたしの本.〔中国～人口〕中国の人口.〔张先生～帽子〕張さんの帽子.〔太阳～光线〕太陽の光線.〔世界～变化〕世界の変化.〔这是你～不对〕これはきみの誤りだ.③…の:修飾語は被修飾語の受動者であるか,その支配ないし限定範囲内にあるもの.〔标准语～推行〕標準語の普及.〔一天～早上〕ある日の朝.④修飾語が形容詞である場合は指示·疑問の一部分以外,大部分は後に置く.⑧元来形容詞であるもの.〔很好～人〕非常によい人.〔可爱～中国〕愛すべき中国.〔伟 wěi 大～胜 shèng 利〕偉大な勝利.〔高大～房子〕高くて大きい家.〔强健～身体〕強健な身体.⑤他の品詞から転成して形容詞となったもの.〔敢 于～精神〕積極的に行動する精神.〔平民～生活〕平民的な生活.注意:①〔的〕を省略できる場合:⑧関係の明らかな人倫関係·人物関係.〔我(～)父亲〕わたしの父.〔他(～)哥哥〕彼の兄.⑤形容詞または他の品詞が習慣上被修飾語と結合して複合語となったもの.〔青山〕青い山.〔绿水〕緑水.〔大好春光〕のどかな春.〔铁桥〕鉄橋.〔方桌子〕角テーブル.〔饭碗〕飯碗.〔飞鸟〕飛ぶ鳥.〔招牌〕看板.⑪〔的〕を省略しない場合:⑧略せば意味が異なる場合.〔这样～东西〕このようなもの(の形状をいう).〔这样东西〕このようなもの(ものそのものをいう).⑤程度を表す副詞と結合した形容詞の後.〔很好～朋友〕とても仲がよい友だち.〔不太热～时候〕あまり暑くない時.⑥形容詞の付加部分が多くて長いものの後. ⑤文末または動詞の直後に置き,動作が過去に行われたことを自明のこととして表す.〔他什么时候走～〕彼はいつ出かけましたか.〔他什么时候走～〕彼はいつ出かけますか.〔在哪儿见～〕どこで見たのですか.〔他昨天到～本地〕彼は昨日当地へ来たのです.⑥動賓形式の複合動詞において,その動作の対象を示す.〔清他～客〕彼を招待する.〔生他～气〕彼のことを怒る.〔开我～玩 wán 笑〕わたしをからかう.〔别打我～岔 chà〕わたしの話にちゃちゃを入れるな.⑦真相や原因を述べたり,自信をもって言いきる語気を表す.ふつう前に〔要〕〔会〕〔能〕などを置く.〔那事不会有～〕そんなことはありえない.〔一会儿就会来～〕しばらくすれば来ます.⑧〔是…的〕の型で,主語の事柄(目的·来源·用途など)を示す表す.但し既定の事柄に限る.〔他们是参加国庆活动来～〕彼らは国慶節の行事に参加しました.⑨特殊な連用修飾語を作る接尾字.〔钱多钱少~不要紧〕金が多かろうと少なかろうとかまわない.〔大正月～别空着口〕お正月ですから何かおあがりなさい.⑩〔…～话〕もし…ならば.〔你这话我很高兴〕きみが来てくれたら嬉しいよ.→〔地〕〔得〕 → dí dǐ dì

〔得〕 de 助詞として以下のように用いられる.①行為·動作の結果·方向·傾向を示す複合動詞の間に挿入されて可能の意を表す:〔不 bu〕を挿入した不可能の形と対義にて用いられる.〔说出来〕言い出す.〔说~出来〕言い出せる.〔说~不出来〕言い出せない.〔拿~动〕(持って)動かせる.〔认~出来〕見わけることができる.②動詞の後に置き,その行為·動作の進行状況·結果·影響などを表す語·句を導く.〔:的〕とも書いた.〔进 jìn 步~很快〕進歩のしかたが非常に速い.〔做~不错〕作りかた(やりかた)が立派である.〔俗 sú 话说~好〕ことわざにもうまく言っている.③若干の動詞の後に置いて,その思考や知覚が成り立つことを示す.〔认 rèn ~(人·道·字など)〕知っている.見知っている.〔记 jì ~〕覚えている.〔记~不〕忘れた.④形容詞の後に置き,その程度または結果を表す語·句を導く.〔:的〕とも書いた.〔好~很〕とてもよい.〔小~看不见〕小さくて見えないくらいだ.〔静 jìng ~一根针掉在地下都听~见〕その静かなことは1本の針が床(ゆか)に落ちても聞こえるくらいだ.⑤回俗に,〔到 dào〕あるいは〔在 zài〕と同じ意味に用いた:〔的〕とも書いた.〔回~家来〕家に帰ってくる.〔说~头里〕最初に言っておく.〔~的〕〔~地〕 → dé děi

- **得不了** -debùdéliǎo 程度が甚だしいことを表す.〔冷~〕とてつもなく寒い.
- **得不行** -debùxíng 程度が高いことを表す.〔疼~〕痛くてたまらぬ.
- **得出来** -dechūlái 動詞の後に置いて,内から外に出たり,事物を完成したり発見識別することができることを表す.〔挤 jǐ ~〕しぼり出すことができる.〔作~〕作りあげることができる.〔闻 wén ~〕かぎわけられる.〔看~〕見分けがつく.
- **得到** -dedào 動詞の後に置いて,その動作がある場所やある程度に達し得ることを表す.〔-不 bu 到〕は不可能を表す.〔你说的都办~〕きみの言うことは全てやれます.
- **得动** -dedòng 動詞の後に置いて,動作の結果,対象に何らかの動きや変化を与えうることを表す.〔你一个人搬 bān ~吗〕お前一人で運ぶことができるか.〔请 qǐng ~〕依頼(お願い)が聞いてもらえる.
- **得多** -deduō (…より)ずっと…だ:形容詞の後に

374

de～dēng

a 置いて程度が甚だしいことを表す.〔这个比那个贵～〕これはそれよりずっと高い.〔你穿上这件夹jiā克就神气～了〕このジャケットの方がピシッとするよ.
- **得够呛** -dégòuqiàng 程度が高いことを表す.〔累lèi～〕死ぬほど疲れた.

b
- **得过** -deguò → 〔-不 bu 过〕
- **得过来** -deguòlái 動詞の後に置いて, あるところを経由して来ることができること, 正常な状態に戻すことができること, 行きわたって動作することができるなどを表す.〔-不 bu 过来〕は不可能を表す.〔走～〕

c 通って来られる.〔劝 quàn ～〕忠告して聞き入れられる.〔吃～〕(種類が多くとも)全部食べてしまうことできる.
- **得过去** -deguòqù 動詞の後に置いて, ある経験を

d 経てゆくことができることを表す.…できる.(うまく)…し通せる.〔-不 bu 过去〕は不可能を表す.〔走～〕通って行われる.〔忍 rěn ～〕我慢できる.〔这句话说～〕そういうことなら話の筋が通る.
- **得过儿** -deguòr 〈方〉動詞の後に置いて, かな

e らできる意を表す.〔看～〕かなり見られる(大してみっともない).〔听～〕かなり聞くに堪える(聞きづらくない).〔吃～〕かなりいい味である. ⑤…するのに手頃である意を表す.〔租 zū ～〕借りるのに手頃である.〔买 mǎi ～〕買い頃である.
- **得很** -déhěn 形容詞の後に置いて, 程度のはなは

f だしいことを表す.たいそう(とても.非常に)…である.〔好～〕たいそうよい.〔高～〕とても高い.
- **得慌** …dehuāng 形容詞や動詞の後に置いて, 限度を越えている感じを表す.…でたまらない.〔-得

g 厉 lì 害〕〔-得受不了 liǎo〕ともいう.〔吵～〕うるさくてたまらない.〔痒 yǎng ～〕かゆくてたまらない.
- **得及** -dejí 動詞の後に置いて, 時間的に間に合う意を表す.〔来～〕間に合う.
- **得开** -dekāi 動詞の後に置いて, ある分量が納ま

h りきることや, その動作の結果が開いたり, 拡大したり, 分離したりすることができる意を表す.〔-不 bu 开〕は不可能を表す.〔天安门广场站一五十万人〕天安門広場には50万人を容れることができる.
- **得来** -delái 動詞の後に置いて, 動作が話し手の

i 方へ向かって来ることができることを表し, また慣れているので, あるいは会得しているのでることができることを表す.〔你进一吗?〕入ってくることができますか.〔这个菜你吃～吃不来?〕この料理はあなた食べられますか.
- **得了** -deliǎo 動詞または形容詞の後に置いて, 終

j わりまで…できる(やれる).…しきれる意を表す:〔-不 bu 了〕は不可能を表す.〔完～〕完了できる.やり終えられる.〔这病好～〕この病気は治る.〔吃～〕食べきれる. → déle, déliǎo

k
- **得起** -deqǐ → 〔-不 bu 起〕
- **得去** -dequ 動詞の後に置いて, 動作が話し手から遠ざかることができることを表す.〔你进～吗〕入っていくことができますか.
- **得上** -deshàng → 〔-不 bu 上〕

l
- **得上来** -deshànglái → 〔-不 bu 上来〕
- **得什么似的** -deshénme shìde 程度が形容できぬ程甚だしいことを表す.〔他高兴～〕彼の喜びようは言いようがない.
- **得下** -dexià 動詞の後に置いて, 場所があり, 納ま

m りきることを表す.ふつう前後に数量を示す語がくる.〔这个屋子大, 再来两个人也坐～〕この部屋は大きいよ, あと二人来ても大丈夫だ.
- **得下去** -dexiàqù → 〔-不 bu 下去〕
- **得要命** -deyàomìng 程度が限界を限界まで達したことを表す.〔-得要死〕〔这几天忙～〕の数

n

日間は忙しくて死にそうだった.
得着 -dezháo 動詞の後に置いて…しあてることができる意を表す.〔找 zhǎo ～〕捜しあてられる.〔买 mǎi ～〕(目的物が見つかって)買うことができる.〔见 jiàn ～〕会うことができる.
- **得住** -dezhù → 〔-不 bu 住〕

〔脦〕 de te の又音.

dei ㄉㄟ

〔嘚〕 dēi 〔-儿〕ロバや馬に対する"進め"のかけ声. → dē

〔得〕 děi ①〈口〉かかる.要する.…までかかる: 否定は〔不用〕また〔用不了 liǎo〕を用いる.〔～多少日子〕どのくらいの日数がかかるか.〔～多少钱〕いくらかかるか.〔～几时回来〕いつ(までかかって)帰ってくるか. ②〈口〉…しなければならない: 意志または事実としての必要性を表す.否定には〔不用〕また〔无 wú 须〕を用いる.〔～快去快回来〕早く行って早く帰らねばならない.〔总～想法子〕何とか工夫しなければならない.〔非 fēi ～去一趟不行〕ぜひ一度行かなければならない.〔非～你去不行〕きみが行かねばならない. ③〈口〉(推測して)きっと…になる.なるはずだ.〔他一敢骂我〕彼がどうしてぼくの悪口を言うものか. ④〈口〉気持ちがよい. 満足できる.〔洗得 de 真～〕洗って気持ちがいい.〔这个座位看戏真～〕この席は芝居を見るのに一番いい. ⑤〈方〉目にする.出会う.〔她一到商店一什么要什么〕彼女は店に入ると目につくものは何でも欲しがる. → dé de

得亏 děikuī 〈口〉幸いにも:〔幸 xìng 亏〕に同じ.

den ㄉㄣ

〔扽（撙）〕 dèn 〈口〉①(ぐいっと)引っぱる.〔别使大劲 jìn, 小心把线～断了〕あまり力を入れないで, 気をつけてひもを引きちぎらないように.〔千里姻缘一线牵 qiān, 月下老人一脚指 zhǐ 头〈谚〉缘は異なもので, 縁結びの神様が二人の足の指を引っぱりよせて結びつける. ②しっかり持つ.ぴんと張る.〔～直 zhí〕同前.〔你～住了, 不要松 sōng 手〕手をゆるめないで, ぴんと引っ張っていなさい.

deng ㄉㄥ

〔灯·燈〕 dēng ①ともしび.あかり.灯火.〔电 diàn ～〕電灯.〔油 yóu ～〕ごま油や種油に灯心を浸して火をともす旧式照明具.〔萤 yíng 光～〕〔日 rì 光～〕蛍光灯.〔碳 tàn(极)弧～〕弧光灯～アーク灯.〔头 tóu ～〕ヘッドランプ.〔安 ān 全～〕安全灯.〔边 biān ～〕〔侧 cè ～〕サイドランプ.〔尾 wěi ～〕テールランプ.〔点 diǎn ～〕あかりをともす.〔灭 miè ～〕あかりを消す.〔开 kāi ～〕電灯をつける.〔关 guān ～〕電灯を消す. ②バーナー.〔酒 jiǔ 精～〕アルコールランプ.〔本bēn 生～〕ブンゼンバーナー. ③回(ラジオやテレビの)真空管.〔七～机〕7球ラジオ. ④〈姓〉灯(§)

灯标 dēngbiāo ①灯火標識.標識灯.ビーコンライト. ②電飾(板)

灯不点不亮 dēng bùdiǎn bùliàng 〈喩〉何事もやっ

dēng 灯登

てみねばできるものではない.〔灯不拨 bō 不亮,理不辩不明〕同前.
灯彩 dēngcǎi ①民間の飾りちょうちん工芸.②同前のちょうちん:〔花 huā 灯〕に同じ.③=〔灯饰〕〔灯光饰〕イルミネーション=〔彩灯②〕に同じ.
灯草 dēngcǎo 圃灯心草の茎のずい:〔芯 xīn 儿〕(灯心)をつくる.→〔灯芯草〕
灯池 dēngchí 上げ天井の照明器具.
灯船 dēngchuán 灯船.ライトシップ.
灯蛾 dēng'é ⇒〔飞 fēi 蛾〕
灯蛾扑火 dēng'é pūhuǒ ⇒〔飞 fēi 蛾投火〕
灯调 dēngdiào〔花灯戏〕のメロディー.
灯肚 dēngdù 回ランプの油を入れる部分.
灯管 dēngguǎn [儿]蛍光灯管.
灯光 dēngguāng ①=〔灯亮儿〕ともしびの光.あかり.②照明(設備).〔~槽 cáo 儿〕(舞台の)照明操作室.
灯光饰 dēngguāngshì ⇒〔灯彩③〕
灯号 dēnghào ⇒〔灯语〕
灯红酒绿 dēnghóng jiǔlǜ〈成〉奢侈(に)で享楽的な生活.②都会の盛り場の華やかさ.
灯虎(儿) dēnghǔ(r) ⇒〔灯谜〕
灯花盒儿 dēnghuāhér ⇒〔烟灰灯〕
灯花(儿) dēnghuā(r) 灯心の先にできる燃えかす:花のような形になったもの.縁起がよいとされた.〔~爆 bào 了〕灯花がはじけたぞ(何かいいことがありそう).〔~之喜〕灯花ができて喜ばしい前兆.〔~报喜〕灯心に花ができて縁起がよい.
灯会 dēnghuì 元宵節(旧暦正月15日)の夜の飾り灯籠市:さまざまな花ちょうちんを飾りたて,いろいろな出し物を演じる.春節の際にも行う.
灯火 dēnghuǒ 灯火.あかり.〔~万家〕〔万家~〕〈喻〉都市の夜景の華やかなさま.〔~管制〕灯火管制.
灯火辉煌 dēnghuǒ huīhuáng〈成〉灯火があかあかと輝く:〔灯烛辉煌〕ともいう.
灯架 dēngjià =〔灯檠〕燭台.
灯节 dēngjié ⇒〔元 yuán 宵节〕
灯尽油干 dēngjìn yóugān〈喻〉いよいよせっぱつまる.→〔日 rì 暮途穷〕
灯具 dēngjù 照明器具(総称).
灯控 dēngkòng (都市の)交通信号(機)の規制.
灯口 dēngkǒu ①電球の口金.②=〔灯座〕ランプソケット.
灯亮儿 dēngliàngr ⇒〔灯光①〕
灯笼 dēnglong ちょうちん.吊るし灯籠.〔打 dǎ ~〕ちょうちんを掲げる.〔~鱼〕ヒメイチイセン.〔~鱼〕魚 yú 〕チョウチンアンコウ:深海魚の一種.
灯笼草 dēnglongcǎo ⇒〔酸 suān 浆〕
灯笼裤 dēnglongkù 服下端をくくったぶだぶだのズボン.ニッカーボッカー.
灯笼椒 dēnglongjiāo ⇒〔柿 shì 子椒〕
灯笼局 dēnglongjú〔香港・広東で,歌女や〔粤 yuè 剧〕の女優などの一座が,劇場以外の個人や団体に招かれて,祭り・結婚・誕生祝いその他の宴会の余興として出演すること.北京の〔堂 táng 会〕にあたる.〔~〕を経営するものを〔包 bāo 家〕という.
灯煤 dēngméi ランプのすす.
灯谜 dēngmí =〔灯虎(儿)〕〔文 wén 虎〕もともと元宵節や中秋の夜,灯籠や吊り提灯に詩句やなぞの文句を書きつけておき,これを解いた人は答を紙に書いてそこに張りつけておいた.〔打 dǎ ~〕〔打灯虎(儿)〕同前をする.現在は遊びで灯籠を用い薄い紙を壁に張ったり,ひもにつるしたりしてやる.〔~卷 juǎn 帘格〕
灯苗(儿) dēngmiáo(r) ランプの炎.

灯捻 dēngniǎn [-儿,-子]ランプの灯心を上下させるねじ.
灯泡 dēngpào [-儿,-子]①=〔电 diàn 灯泡(儿)〕①電球.②〈方〉真空管.→〔电子管〕
灯期 dēngqī 灯籠を観賞する期間:ふつう元宵節前後(旧暦1月13日から17日まで).→〔灯会〕
灯檠 dēngqíng ⇒〔灯架〕
灯伞 dēngsǎn =〔灯罩〕(電気スタンドの)笠.シェード.
灯纱 dēngshā マントル.ガスマントル.
灯扇铺 dēngshànpù 灯籠や扇子などを売る店.
灯市 dēngshì ①元宵節の飾りちょうちんを売る市(い).②元宵節のちょうちんで飾られた街並み.→〔灯会〕
灯饰 dēngshì ⇒〔灯彩③〕
灯树 dēngshù イルミネーションを飾りつけた樹.
灯丝 dēngsī =〔丝极〕圃フィラメント:電球・真空管などの繊条.〔~电流〕フィラメント電流.〔~电池组〕フィラメントバッテリー.→〔发 fā 热丝〕
灯塔 dēngtǎ 灯台.②〈喻〉灯台.〔这次大会を指引我们前进的~〕この大会は我々の前進する方向を指す灯台である.
灯台 dēngtái 燭台.ランプスタンドの台座.〔丈八~照远不照近〕〔~不照自〕〔灯下黑〕〈諺〉灯台下(もと)暗し.〈喻〉自分では自分の欠所が分からない.〔~座〕③=ランプや電気スタンドの台座:〔灯托 tuō 〕ともいう.
灯台树 dēngtáishù ⇒〔椋 lái 木〕
灯头 dēngtóu ①電灯の数.〔这间屋里有五个~〕この部屋には5灯ある.〔管 guǎn 座〕③石油ランプの口金.
灯头火 dēngtóuhuǒ ランプの炎の先.
灯晚儿 dēngwǎnr ①日暮(方).〔赶到~就回来〕夕暮になったら帰ってくる.→〔傍 bàng 晚(儿)〕②⇒〔元 yuán 宵节〕
灯碗儿 dēngwǎnr =〔油灯皿〕:油を入れて灯心を浸してあかりをともす碗形の照明具.
灯夕 dēngxī ⇒〔元 yuán 宵节〕
灯吸 dēngxī 回アヘン吸飲:〔烟 yān 灯〕(吸飲用豆ランプ)でアヘンを焼きながら吸うのでこのようにいう:〔供人~〕人にアヘンを吸わせる.
灯下黑 dēngxiàhēi →〔灯台〕
灯箱 dēngxiāng ランプハウス.
灯相公 dēngxiànggong ⇒〔飞 fēi 蛾〕
灯宵 dēngxiāo ⇒〔元 yuán 宵节〕
灯芯 dēngxīn ランプや油皿の灯心:〔灯心〕とも書く.〔~草〕圃トウシンソウ.〈文〉蔺 lìn 〕は古称.〔~绒 róng〕圃コーデュロイ:添毛織の一種で,〔条 tiáo 绒〕ともいう.
灯影 dēngyǐng 幻灯.〔~片儿 piānr 〕幻灯用スライド.〔~戏 xì 〕影絵芝居.
灯油 dēngyóu 灯油:主として〔煤 méi 油〕をいう.
灯语 dēngyǔ =〔灯号〕灯光信号.
灯盏 dēngzhǎn ①(ほやのついていない)油ランプ類(総称).②(油ともしびの)油皿.=〔油 yóu 灯〕
灯罩 dēngzhào [-儿,-子]電灯の笠.ランプ・ガス灯のほや.→〔灯伞〕
灯烛 dēngzhú あかり・灯火類(総称).
灯烛辉煌 dēngzhú huīhuáng ⇒〔灯火辉煌〕
灯柱 dēngzhù ポールライト:柱状の照明器具.
灯桩 dēngzhuāng 灯火標識のくい.
灯座 dēngzuò ⇒〔灯口②〕

[**登**] **dēng**（Ⅰ）①登る.(上へ)あがる.〔一步~天〕〈喻〉一挙に高い地位(境地)に登る.②記載する.載せる(載る).〔~在帐 zhàng 上〕〔上帐〕帳簿につける.〔~广告〕広告を載せる.〔报上~

登噔　　　　　　　　　　　　　　　　　　　　　　　　dēng

出来]新聞に載る．③〈文〉科挙に合格する．④踏む．足をかける．踏みつける．〔～水车]水车を踏む．〔～在窗台儿上擦窗户]窓のかまちに足をかけて窓を拭く．→[蹬①] ⑤足をつっこんで(靴やズボンを)履く．〔～靴 xuē 子]長靴を履く．〔～上裤 kù 子]ズボンを履く．→[蹬②] ⑥〈方〉揚げる．のせる．(拿两脚～孩子)大人が仰むけになり子供を足の上にのせて"高い高い"をする．⑦→[筚 biān] ⑧〈姓〉登〕
(Ⅱ)〈文〉実る．〔五谷丰～]〈成〉五穀が豊かに実る．

登岸 dēng'àn ⇒[登陆]
登榜 dēngbǎng ⇒[登科]
登报 dēngbào 新聞に載せる(掲載する)．〔～声 shēng 明]新聞に載せて声明する．
登鼻子上脸 dēng bízi shàng liǎn 〈喩〉つけあがる．限度のわきまえがない．
登场 dēngcháng 穀物を〔场院](脱穀場・天日乾燥場)へ運ぶ．〔小麦已经～]小麦はもう脱穀場へ運んだ．
登场 dēngchǎng ①登場する．〔～表 biǎo 演]登場して演ずる．②出回る．〔新车已～]新車がもう出回っている．
登车 dēngchē 乗車する．→[上 shàng 车]
登程 dēngchéng ⇒[起 qǐ 程]
登耧 dēngléi 〈文〉登用してあがめる．
登船 dēngchuán 乗船する．→[上 shàng 船]
登第 dēngdì 旧科挙の試験，特に進士の試験に及第する．⇒[登科]
登顶 dēngdǐng ①登頂する．②優勝する．一番になる．
登东 dēngdōng 〈白〉便所に行く．
登峰造极 dēngfēng zàojí 〈成〉極点に達すること．
登高 dēnggāo ①高い所に登る．②[重 chóng 阳(节)]に山に登る行事．[重 chóng 九～]同前．
登高一呼 dēnggāo yīhū 〈成〉高い所に登って呼号する：指導的地位に立って唱える．〔登高呼 yù 〕ともいう．
登高自卑 dēnggāo zìbēi 〈成〉高きを目指して低きから始める．順序を踏んで高みに達する．
革革热 dēnggérè 〈音訳〉医デング熱：〔骨 gǔ 痛热]ともいう．
登钩 dēnggōu ⇒[登山钩]
登机 dēngjī (飛行機に)搭乗する．〔～牌 pái]〔～卡 kǎ]ボーディングパス．搭乗券．〔～口]搭乗ゲート．
〔现在开始～]ただいまから搭乗を始めます(アナウンス)．
登基 dēngjī ⇒[登极]
登极 dēngjí 同上．
登记 dēngjì 登記する．登録する(制度上の手続きなど)．〔～册 cè]台帳．→[注 zhù 册] ②(ホテルなどに)予約する．申し込む．〔订房～]同前．〔住宿～](ホテルの)チェックイン[する]．
登记吨 dēngjìdūn (船の)登簿トン数：船舶の積量を表す単位．100立方フィートを1[～]とする．〔吨②]ともいう．
登科 dēngkē ⇒[登榜]旧科挙の試験に合格すること．〔大 dà ～]同前．〔小 xiǎo ～]〈喩〉(前同に対して)妻を娶[めと]る．
登坑 dēngkēng ①〈方〉大便する．②〈方〉警官が踏み込む．③棺桶を墓穴に入れる．〔～下罐口]土俗に入れた食物を棺の中に置くこと．
登临 dēnglín ①高い所に登って遠望する．②山水の名所を訪れる．
登龙 dēnglóng 昇天する竜．〈喩〉(引きで)高い地位に就く．〔登龙门②]に同じ．〔～术]出世術．

登龙门 dēnglóngmén ①登竜門．出世の関門．②〈喩〉引き立てられ出世する．〔登龙②]ともいう．
登(龙)位 dēng(lóng)wèi ⇒[登基]
登录 dēnglù ①登録する．→[注 zhù 册] ②電軍ログオンする．ログイン．〔登陆]とも書く．〔～网站]サイトに同前．③記録・掲載する．
登陆 dēnglù ①上陸する：〔登岸]ともいう．〔～证]上陸証明書．〔~前]軍敵前上陸．〔～艇 tǐng]軍上陸用舟艇．〔～场]軍上陸地点．→[上 shàng 岸] ②商品がある市場に参入する．③同上．④〈方〉(台湾から)大陸へ行く．
登门 dēngmén ＝[登堂]参上する．訪問する．〔改日我一定～拜访]いずれ必ず参上いたします．〔～叩 kòu 谢]お宅に参上してお礼を述べる．〔～揽 lǎn 货]訪問販売する．
登攀 dēngpān よじのぼる．〔攀登]ともいう．〔世上无难事,只要肯～]世に難事なし,ただあえて登攀[攵]を要するのみ．
登山 dēngshān 登山(する)．山登り(する)：〔爬 pá 山]ともいう．〔～电车]登山電車．〔～队 duì]登山隊．〔～服]躍ヤッケ．ダウンジャケット．〔～钩 gōu]〔登钩]カラビナ．〔～家]～运动员]登山家．アルピニスト．〔～鞋 xié]登山靴．〔～运动]区登山．山登り．〔～踏 tà 水]〔～临水]〈成〉山水の景色を探勝して楽しむ．〔上 shàng 山]．
登时 dēngshí たちどころに．すぐ．その場で．〔～毙 bì 命]たちどころに絶命する．〔～(之)间]ちょっとの間に．
登市 dēngshì (商品が)市場に出る(出す)．〔鲜桃～]新鮮な桃が市場に出る．
登台 dēngtái ①舞台(演壇)に出る．登壇する．〔～演 yǎn 说]演壇に立って演説する．②〈転〉政治の舞台に立つ．③旧[月 yuè 台](駅の)プラットホームに上がる．
登堂 dēngtáng ⇒[登门]
登堂入室 dēngtáng rùshì ⇒[升 shēng 堂入室]
登天 dēngtiān 天に登る．〈喩〉難しい．〔比～还难呢!]天に登るより難しいよ．
登徒子 dēngtúzi 好色漢．色魔：戦国時代の宋玉の作品《～好 hào 色赋》から出た言葉．→[色 sè 鬼]
登位 dēngwèi ⇒[登基]
登闻鼓 dēngwéngǔ 旧冤罪[さん]を被った臣下が上申したい時に打ち鳴らすように朝廷に備えてあった太鼓．
登遐 dēngxiá 同下．
登遐 dēngxiá ＝[登假]〈文〉崩御(帝王が亡くなること)
登仙 dēngxiān ①⇒[成 chéng 仙] ②〈喩〉死ぬ．
登贤书 dēngxiánshū 閉旧科挙の郷試に合格する(挙人となる)こと．→[挙 jǔ ⑤]
登鞋踩袜子 dēngxié cǎiwàzi ⇒[蹬鞋踩袜子]
登样 dēngyàng 〈方〉①体裁がよい．見た目がよい．②器量がよい．顔立ちがよい．〔生得～]同前．
登月 dēngyuè 月面に降り立つ．月着陸．〔阿波罗～计划]アポロ月面着陸計画．〔～舱 cāng]月面探査機．
登载 dēngzǎi (文章や写真・図版など)掲載する．掲載する．
登账 dēngzhàng ⇒[上 shàng 账]
登舟 dēngzhōu 〈文〉舟に乗る．
登字头儿 dēngzìtóur 園はつがしら：漢字部首の"癶"．→付録1

[**噔**] **dēng** 〈擬〉ゴトゴトン．ズドンズドン：重い物があたる音．〔～～跑 pǎo 过一个人来]ズシンズシンと一人の人が駆けて来た．

噔愣 dēnglèng 〈擬〉デレンデレン.ボロンボロン.ペンペン:三味線などの弦楽器をかき鳴らす音.〔~~地弾 tán 起三弦儿来〕ペンペンと三味線を弾き始める.

[镫・鐙] dēng 囧①肉を盛る器(omit).②油灯:〔灯 dēng ①〕に同じ.→ dèng

[簦] dēng ①囧雨傘に似て,長柄のある大きな竹笠.②〈方〉〔竹で編んだ〕かぶり笠.→〔笠 lì〕

[蹬] dēng ①〔脚で〕踏む.踏みつける.〔~自 zì 行车〕自転車をこぐ.〔~梯子〕〔登梯子〕はしごをのぼる.②〔脚を〕伸ばす.足裏の方向につっぱる.〔被 bèi 子〕〔寝ていて〕ふとんをける.〔把被窝—开了〕ふとんをはねあげた.〔游览一道〕遊覧步道〔登山道〕.③履く.〔~上鞋〕靴に足をつっこんで履く.④決裂する.手を切る.〔他们俩~了〕彼ら二人の関係は切れた.〔从〈方〉のものにする.〔人を〕蹴とばす.捨てる.〔他们大伙儿把他~出去了〕大勢で彼をけりだしたものにした.→ dèng

蹬板儿 dēngbǎnr 縫物機/ミシンなどの踏み板.
蹬冰 dēngbīng 囷(スケートで)氷の蹴り方.
蹬踹 dēngchuài ①足で踏み壊す.踏みやぶる.〔看!把褥 rù 子都~烂了〕ごらん,ふとん(の中の綿)をすっかり踏み砕いてしまった.②地団駄踏む.→〔踩 duǒ 脚蹯脚〕
蹬达 dēngda (仰向けになり)足をばたつかせる.〔蹬技〕dēngjì (曲芸の)足芸:仰向けになり両足で色々な物をまわす.〔→杂 zá 技〕
蹬腿 dēngtuǐ ①足を伸ばす.②〔—儿〕くたばる.のびる(死ぬこと):〔踹 chuài 腿儿〕ともいう.
蹬鞋踩袜子 dēngxié cǎiwàzi =〔登 鞋 踩 袜 子〕〈方〉(靴を踏んだり靴下を踏みつけたとかいうような)ちょっとしたいざこざ.〔人跟人来往,不能没个~的事〕人と行ったり来たりしておれば,ちょっとしたいざこざなしでは済まないものだ.
蹬子 dēngzi (自転車などの)ペダル.

[等] děng ①等級.〔优 yōu ~〕優等.〔头 tóu ~货〕一等品.②等しい.〔~于 yú 没说〕言わないに等しい.〔不应 yīng ~视一切〕すべてを同じに見るべきでない.〔高低不~〕高低まちまち.〔十几个或二三十个不~〕十数個あるいは2,30個とそれぞれ.③〈文〉種類.〔这~事〕このたぐいの事柄.④〈姓〉等〔等〕
(II)①待つ.待ち望む.〔~火 huǒ 车〕汽車を待つ.〔~死〕死を待つ.〔我在这儿~着〕ここで待っている.〔这封信~着回信〕この手紙からの返事がある(返事が待たれている).〔手 shǒu ~受~〕〔叫您受~了〕〔让 ràng 你~了〕お待たせしました.〔白 bái 待着吧,他—报春呢〕早く持っていってあげなさい,彼女は早く新聞を読みたがっているんだよ〔我得赶快把水送去,大家正—着喝呢〕早く水を持って行かなくちゃ,みんな早く飲みたがっているから.②—となるのを待って.…してから.〔~雨停了再回去〕雨が止んでから帰って行く.〔~我写完信才去吧〕手紙を書いてから行く.〔—着挨 ái 了说才不可不行〕言われてからするようではいけない.
(III)①…など.⑧例挙して,そのほかまだある意を示す.〔砖 zhuān,瓦,木,石灰—都须 yù 备好了〕煉瓦や瓦・石灰などみなちゃんと準備した.〔铁,铜,煤,石油—各主要矿产品〕鉄・銅・石炭・石油などの主要鉱産物.⑥例挙された語の最後につける.〔北京,天津,上海,武汉,广州—五个大城市的市长〕北京・天津・上海・武漢・広州など五大都市の市長.②〈文〉人称代詞,また人に関する名詞の後ろにつけて複数を表す.〔我~〕われら.

等比数 děngbǐ jíshù =〔倍 bèi 级数〕圙等比级数.
等边三角形 děngbiān sānjiǎoxíng ⇒〔正 zhèng 三角形〕
等不到 děngbudào=〔等不上〕待ちきれない.…まで待てない.…できなくなる.
等不得 děngbudé じっと待っていられない.〔他是个~湿,晒不得干儿的脾气〕彼はたいへんせっかちな性だ.
等不及 děngbují 待ちきれない.
等不上 děngbushàng ⇒〔等不到〕
等差 děngchā ①同下.②圙等差.〔~级 jí 数〕等差級数.〔~数 shù 列〕等差数列.
等次 děngcì =〔〈文〉等差①〕〈文〉等 衰〕等級.〔~表示〕等級表示.
等衰 děngcuī 同上.
等待 děngdài 待つ.待ち合わせ(る).猶予を与える.〔~时机〕時機を待つ.〔对于这一部分人,我们应有所~〕この一部分の人に対しては,我々は猶予を与えてやらねばならない.〔~思 sī 思〕遅疑.傍観を促すような思想.→〔等候〕
等到 děngdào …①〔…まで〕待つ.〔~明天〕明日まで待つ.②…まで待ってから,…になってから:後〔に〕〔就〕〔用〕のような語と呼応する.〔~明年春天就能搬家了〕来年の春になったら引っ越すことができる.→字解(II)②
等等 děngděng …など:複数の事物を並列していう.ふつうしめくくりに用いる.〔工业,商业,农林业~〕工業・商業・農林業など.→字解(III)①
等儿 děng'ér =〔等儿〕
等第 děngdì 〈文〉(人の)順位.等級.
等额 děng'é 等しい額である.〔~选举〕候補者と当選者が同数の選挙(一種の信任投票)〕:落選者がある選挙は〔差 chā 額選挙〕という.
等而下之 děng ér xià zhī 〈慣〉それより以下(は).同等やそれより下でいたっては:〔等而下之〕ともいう.〔数 shù 一数二的尚且如此,~的就不必谈了〕一,二を争うものですらこんなでは,それ以下のものは問題にならない.
等分 děngfēn 等分する.〔均 jūn 分〕〔平 píng 分〕に同じ.
等分(儿) děngfèn(r) 等分(してできた一つひとつ).〔分成三~〕三等分する.
等风速线 děng fēngsùxiàn 圙等風速線.
等高线 děnggāoxiàn 圙等高線.
等高种植 děnggāo zhòngzhí 圙①等高線栽培:傾斜地の浸食を防止するため,等高線に沿って耕作・播種(する).中耕・収穫などの作業が行えるように作物を栽培する.②等高線帯状栽培:同前法により傾斜畑で除草の必要な作物を栽培する時,中間に多年生牧草などの密生作物の帯を挿入する栽培方法.
等号 děnghào 圙等号.イコール符号"=".→〔不 bù 等号〕
等候 děnghòu 待つ.待ち受ける(具体的な対象に).→〔等待〕
等呼 děnghū 囧(中国音韻学用語)〔四呼〕並びに介母音 i の有無と口の開き方の大小によって字音を更に 4 等に分けること:例えば〔干〕は〔开口呼〕で〔涓〕は〔合口呼等呼〕など,〔→四 sì 呼〕
等会儿 děnghuìr ⇒〔等(一)会儿〕
等货上门 děng huò shàng mén 〈慣〉品物が届くのを待つだけ(でよい).
等级 děngjí 等級.ランク.階級.〔~赛 sài〕囷階級

děng～dèng

别競技.〔～制 zhì〕等級評価制.非点数表示制.
等价 děngjià 回等価.〔～交换〕等価交换.〔～物〕等価物.〔～形式〕等価形態.
等角三角形 děngjiǎo sānjiǎoxíng ⇒〔正 zhèng 三角形〕
等角形 děngjiǎoxíng 等角形.
等距离 děngjùlí 等距離.〔采取自主的、～的中立政策〕自主的・等距離の中立政策をとる.
等靠要 děngkàoyào 待ち,もたれ,欲しがる:国の援助を待ち頼り求め,自主性自立性のない態度.
等离子 děnglízǐ 团プラズマ.〔～态〕プラズマ状態.〔～体〕プラズマ物体.〔～彩电〕プラズマカラーTV.
等量 děngliàng 等量(である).同じ額(の)
等量齐观 děngliàng qíguān〔成〕同様に見る.同列に考える.
等伦 děnglún〔文〕同輩.
等米下锅 děngmǐ xiàguō〔成〕米を待ちうけて鍋に入れる.ⓐゆとりのない生活.ⓑ消極的の上からの支援を待つこと.
等内 děngnèi 等級内.標準内.〔～品〕合格品.規格品.→〔等外〕
等情 děngqíng →〔等因〕
等日 děngrì（今から）数日後.後日.
等熵 děngshāng 团等エントロピー.〔～线〕等エントロピー線.
等身 děngshēn（高さが）等身大(の).〔～金 jīn〕自分の体と同じ重さの金(え).〔～书 shū〕自分の背の高さくらいたくさんの本(を読む).〔著 zhù 作～〕著作は自分の背の高さと同じだけ(ある)
等深线 děngshēnxiàn 团等深線.
等式 děngshì 团等式.
等速运动 děngsù yùndòng 团等速度運動.↔〔变 biàn 速运动〕
等同 děngtóng 等しいとする.同じだとみなす.〔不可～〕〔不能～起来〕同一視することはできない.
等退票 děngtuìpiào (航空列车・芝居・映画などのチケット)キャンセル待ち:〔等退座〕ともいう.
等外 děngwài（品質が）規格外.〔～品〕等外品.
等温层 děngwēncéng 团等温層.
等温线 děngwēnxiàn 团等温線.
等闲 děngxián〔文〕①ありきたりである.普通並みである.〔事非～〕(事は容易ならざることである.〔人不得求进步〕〔闲 xián 人免进〕一般の者の入室(入場)を禁ず.〔红军不怕远征难,万水千山～〕毛沢東詩]紅軍は遠征の難きを恐れず,万水千山にひとしい. ②なおざりにする.いいかげんに扱う.〔不可～〕いいかげんにできない. ③わけなく.ゆえなく.〔～平地起纪波浪〕わけもなく平地に風波が起こる.
等线 děngxiàn 他の列車の通過待ちをする.〔在车站～停车让过了三趟车〕駅で通過待ちをして3本の列車をやり過ごした.
等线体 děngxiàntǐ 単一線字体:フォントの一種で,すべてに同じ太さの線を使う.
等效 děngxiào 团等価.等値.〔～质量〕等価質量.
等压线 děngyāxiàn 团等圧線.
等腰三角形 děngyāo sānjiǎoxíng 团二等辺三角形
等(一)会儿 děng(yī)huìr しばらく待って.しばらくして.少し間をおいて.〔等一下〕よりやや長い時間を,〔等(一)会(儿)〕は両者の中間にあたる:〔口打 dǎ 个迟儿〕〔待 dāi 一)会儿〕ともいう.〔再等吧〕しばらくしてからまた来なさい.〔请坐下来～〕坐ってしばらくお待ちください.
等义词 děngyìcí 团等義語.

等因 děngyīn 回〔上行公文〕(上級官庁あての公文)で,その上級官庁からの公文の内容を引用して述べる場合,引用の末尾に用いるしめくくりの言葉:例えば,〔奉钓旨指令内开…〕(ご指令によれば…せよとのことでありました)のように用いられ,なおその後に〔奉此〕(そこで…)と下級官庁側で採った処置を述べる慣行になっていた.なお〔平 píng 行公文〕(同級官庁間の公文)でこれに該当する言葉としては〔…等由,准此…〕が用いられ,〔下行公文〕(下級官庁への公文)の場合は〔…等情,据此…〕が用いられた.
等音 děngyīn 団異名同音.エンハーモニック.
等因奉此 děngyīn fèngcǐ〔成〕紋切り型の公文(やり方):嘲笑的に用いられる.→〔等因〕〔之 zhī 乎者也〕
等由 děngyóu →〔等因〕
等于 děngyú ①数…に等しい.〔五加五＝十〕5プラス5イコール10.〔～零 líng〕ゼロに等しい. ②（ほぼ)…に同じである.〔如我国人口每年增长一千多万,就～世界上某些国家的全国人口〕わが国のごときは,毎年人口の増加が年千余万,これは世界のいくつかのある国家における全国総人口に等しい.
等语 děngyǔ →〔等因〕
等雨线 děngyǔxiàn 团等雨量線.
等韵学 děngyùnxué 唐末宋から宋に起こった中国音韻学:従来の反切(は弥)を主としていたのに対して,音声学的にその音自体を把握する研究を採り入れた.
等…再… děng…zài…→〔字解(Ⅱ)②〕
等着瞧吧 děngzheqiáoba 今に見ていろ.(きっと今にそうなるから)見ていなさいよ.覚えていろ:ケンカの捨てぜりふ.
等震线 děngzhènxiàn 团等震度線.
等值 děngzhí 等値(である).値が等しい.〔～线 xiàn〕团イソプレット.等値線:数値が同じ全地点を結んだ地図上の線.例えば等温線・等圧線など.
等质 děngzhì 团均質.
等子 děngzi ⇒〔戥子〕

[戥] děng
＝〔等(Ⅰ)④〕小秤:〔戥子〕は通称.②(小秤(な)で)量る.〔用～子～〕同前.→〔秤 chèng〕
戥盒子 děnghézi 小秤のケース.
戥盘 děngpán 小秤の皿.
戥子 děngzi ⇒〔等子〕小秤:貴金属・宝石・薬品などを量る小型のはかり.〔～杆儿 gǎnr〕小秤のさお.〔砣儿 tuór〕小秤の分銅.

[邓・鄧] dèng
①周代の古国名.現在の河南省邓县にあった. ②〈姓〉鄧
邓小平理论 dèngxiǎopíng lǐlùn 鄧小平(1904～1997)の唱導した開改・開放の理論(及び展開)

[凳(櫈)] dèng
〔～儿,-子〕(背もたれのない,低（小さい）腰掛け(総称).
〔圆 yuán ～〕丸い腰掛け.〔方 fāng ～〕四角い腰掛け.〔一个矮 ǎi ～〕背の低い腰掛け1脚.〔一条板 bǎn ～〕〔一条长 cháng ～〕横に長い腰掛け1脚.〔机 wù ～〕テーブルを囲んで着席するのに用いる角形の腰掛け.〔～套儿 tàor〕腰掛けのカバー.→〔椅 yǐ ①〕

[磴] dèng
①〔文〕石段. ②山の険しい坂. ③〈姓〉磴〕

[澄] dèng
①（沈殿させて）澄ませる.澄む.〔这碗水有沙 shā 子,～一一吧〕この碗の水には砂が混じっている,うわずみをとること. ②容器の中の液体を底のかすをせきとめながら,外にあける.〔～出来〕同前をする. → chéng

澄浆泥 dèngjiāngní 濾過し異物を取り去った(陶)土.白粘土.
澄清 dèngqīng (水などを)澄ませる.〔这水太浑,~之后才能用〕この水は大変濁っているので、澄ましてからでないと使えない. → chéngqīng
澄沙 dèngshā こしあん：小豆の皮を取り去って作るあんこ.〔~馅儿 xiàr 包子〕こしあんまんじゅう. → 豆 dòu 沙

〔嶝〕 dèng 〈文〉山道.山の細道.

〔磴〕 dèng ①石段.〔~道〕山の石段. ②量詞.(石段・梯子段などの)段数を数える.〔那台阶有多少~(儿)〕あの石段は何段あるか.

〔瞪〕 dèng ①目を大きく見張る.目を大きく開く.〔~着眼睛撒泼〕もっともらしい顔をして嘘を言う. ②〔不满・立腹などで〕えらそうにじろりとにらむ.〔~了他一眼〕彼をぐっとにらんだ.
瞪眼 dèngyǎn ①目を見開く.目をむく.〔~了我一眼〕じろりと私を見た. ②〈転〉怒る.あわてる. ③にらめっこ(遊戯)
瞪眼歪脖 dèngyǎn wāibó〈慣〉首をまげ目を怒(いか)らせる.

〔镫・鐙〕 dèng ①〔馬具の〕あぶみ.〔马 mǎ ~〕同前.〔执 zhí 鞭随 ~〕〈成〉労をいとわず人に従い仕える. ②古書で〔灯 dēng〕に通用した. → dēng
镫骨 dènggǔ 〔生理〕鐙(あぶみ)骨:中耳の骨の一.〔听觉 小骨〕
镫子 dèngzi あぶみ.

〔蹬〕 dèng 〔蹭 cèng ~〕しくじる.つまずく.くじける. → dēng

di ㄉㄧ

〔氐(氐)〕 dī ①古代西方に住んでいた部族名.〔五 wǔ 胡〕の一. ②氐(てい):二十八宿の一.〔~宿 xiù〕同前. → dǐ

〔低〕 dī ①(高さが)低い.〔飞机飞得~〕飛行機が低く飛ぶ.〔高~不同〕高低がまちまちだ. ↔〔高 gāo ①④⑤⑦〕〔矮 ǎi〕 ②一般の基準や標準より低い.劣る.低級である.〔眼高手~〕目は高いが腕は劣る.〔最~限度〕最低限度. ③階級が下にある.〔~年级〕低学年. ④(価格・額が)低い.〔~价〕廉 lián 价〕安い(価格). ⑤(声が)低い.〔~声说话〕小さい声で話す.〔~下去〕頭をうなだれる. ⑥〈姓〉低.
低矮 dī'ǎi (物の高さが)低い.〔~的房子〕低い建物.
低八度 dībādù 〔音〕一つ低い音階.〈喩〉意気込みが低い.
低保 dībǎo 最低生活保障(制度).生活保護(制度)
低倍 dībèi 低倍率(の).〔~放大镜〕同前の拡大鏡.
低标号 dībiāohào 低品質表示番号:数字の小さいものほど低品質.
低层 dīcéng ①低層(の).〔~住宅〕(3階建てまでの)低層住宅. ②下層(の).下級(の).
低产 dīchǎn 生産高の少ないこと.〔~油井〕生産量の低い油井(せい)
低潮 dīcháo ①〔地〕低潮(になる).〔~线〕低潮線. ↔〔满 mǎn 潮〕→〔退 tuì 潮〕 ②〈喩〉低調である. ③形勢である.〔银 yín 色~〕(銀貨の)銀の成分が劣悪である.
低沉 dīchén ①(意気が)沈んでいる.〔士气~〕士気が上がらない. ②(音声が)低く小さい. ③(空が)どんよりしている.
低处 dīchù 低い場所.
低吹尘 dīchuīchén 〔気〕(地上に吹く)風塵(じん):空中で吹くものは〔高吹尘〕という.
低垂 dīchuí 低く垂れる.垂れ下がる.〔柳枝〕柳の枝が低く垂れ下がっている.
低醇 dīchún 低アルコール度.〔~啤 pí〕同前のビール.
低存高贷 dīcún gāodài 低利で預かり高利で貸し付ける.
低搭 dīda 卑しい.低級卑賎である.〔唱戏也是正当艺术,并不~〕芝居(演劇)もまっとうの芸術だ、決して低級ではない.〔~的人格儿〕彼は人柄が卑しい.
低挡 dīdǎng 〔機〕ローギア.〔~上路〕〈喩〉事を一気にやらずに徐々に(地道に)始めること.
低档 dīdàng 低級(の).下等(の).〔~商品〕〔~产品〕安物.下級品.〔中~〕中等品と下等品.→〔档 ④〕
低等 dīděng 下等(である).低級(である).〔~动物〕下等動物.〔~植物〕低等植物.
低地 dīdì 低い土地.〔~国家〕低地国家:オランダ・ベルギーなど.
低调 dīdiào ①低調である.無気力である.〔那是一个~的报告〕それは低調な報告であった. ②〔語〕低い調子:南方方言たとえば広東語の声調を例にとると,平声(上平・下平がある.高平・低平)・上声(上上・下上または高上・低上)・去声(上去・下去または高去・低去)・入声(上入・中入・下入または高入・中入・低入)に分かれており,高い調子のものを〔高 gāo 调〕といい低い調子のものを〔~〕という. ③控え目である.目立たない. ④(写真で)ローキートーン. → dītiáo
低毒 dīdú 毒性が低い.〔~农药〕低毒性農薬.
低度 dīdù 濃度が低い.〔~酒〕低度アルコール酒.
低端 dīduān 低級(の).低品質(の).〔~市场〕低品質市場.〔~产品〕普及品.〔~价格战〕低品質の安売り合戦.
低峰 dīfēng〈喩〉底:〔高 gāo 峰〕(ピーク)に対していう.
低分 dīfēn 低い点数.〔打~〕低い点数をつける.
低工资 dīgōngzī 〔経〕低賃金.
低估 dīgū 低く評価する.見くびる.〔不应加以~〕低く評価すべきではない.〔~别国人民的创 chuàng 造力量〕他国人民の創造能力を低く見積る.
低谷 dīgǔ〈喩〉(経済活動など)谷間の状態.落ち込み情況.低調期.〔走向~〕同前に向かう.
低耗 dīhào 消耗率が低い.〔低消耗〕の略.〔高产~〕生産量が多く,消耗が少ない.
低缓 dīhuǎn ①(音声が)低くてゆったりしている. ②(地勢が)低く平らである. ③(状況が)低迷して回復がのろい.
低回 dīhuí 〔低徊〕とも書いた.〈文〉①行きつ戻りつ.〔徘 pái 徊 huí〕同.②窓さとして思いにふける.③(思いや感情が)堂々めぐりをする.うろうろめぐる.
低级 dījí ①(初歩の)低い段階.〔由~到高级逐步发展〕低い段階から高い段階へと逐次に発展する.〔~语言〕〔電算〕低水準言語.〔~格式化〕〔電算〕物理フォーマット.低レベルフォーマット. ②低俗である.〔~趣味〕下品な趣味.
低价 dījià 安価.低価:〔廉 lián 价〕に同じ.〔~股 gǔ〕〔経〕安値株.
低贱 dījiàn ①卑しい.身分が低い. →〔下 xià 贱〕 ②(価格が)低い.安い.

低 dī

低就 dījiù〈尊〉天下りいただく.格下の職にお就き下さる.
低聚糖 dījùtáng 化少糖類.寡糖類.
低卡 dīkǎ 低カロリー.〔～、低蛋白的减肥餐〕低カロリー低蛋白のダイエット食.
低开 dīkāi 商(相場の)寄りつきが安値である.
低空 dīkōng 低空(の).〔～飞行〕低空飛行.
低栏 dīlán 区ローハードル.〔～赛 sài 跑〕ローハードル競走.〔400公尺～〕400メートルハードル.↔〔高 gāo 栏〕→〔跨 kuà 栏〕
低利 dīlì〔～贷款〕〔低息贷款〕低利の貸し付け.
低廉 dīlián 低廉である.〔价格～〕〔售 shòu 价～〕価格が低い.〔低价～〕物価が安い.
低劣 dīliè〔質〕が良くない.
低龄 dīlíng 低年齢(の).〔～犯罪〕低年齢(者)犯罪.〔～化 huà〕低年齢化.〔～老人〕60歳から70歳までの老人.
低落 dīluò（值段・士気・気分）低落する.下がる.
低眉顺眼 dīméi shùnyǎn〈喩〉従順な表情をする.
低迷 dīmí ①(景気が)低迷する.不景気である.〔经济发展～不振 zhèn〕経済の発展が低迷不振である. ②ぼんやりしている.もうろうとしている.〔низкий～〕
低靡 dīmǐ〈文〉低迷する.〔低迷①〕に同じ.
低密度脂蛋白 dīmìdù zhīdànbái 医悪玉コレステロール. LDL:〔坏huài 胆固醇〕ともいう.
低钠盐 dīnàyán 低ナトリウム食塩.
低能 dīnéng 低能である.〔～儿 ér〕知恵おくれの子.
低排 dīpái（ガスなど）排出量が低い.排気量が小さい.〔耗～〕低燃費低排気ガス.
低抛靶房 dīpāo bǎfáng 区(クレー射撃の)ローハウス.→〔高 gāo 抛靶房〕
低频 dīpín 電低周波.
低聘 dīpìn 低ポストで(降格して)任用する.
低平 dīpíng 低く平らである.
低气压 dīqìyā 気低気圧.〔～区〕同前の地域.〔热带～已发展为弱台风〕熱帯低気圧は、発達して弱い台風となった.
低热 dīrè 医微熱.〔低烧〕に同じ.
低人一等 dī rén yīděng〈成〉格が一段落ちる.〔那种认为当清洁工就～的思想,是陈腐的旧观念〕あんな清掃員になるのは人並ではないというような考えは陳腐な古い観念だ.
低三下四 dīsān xiàsì〈慣〉〔治挙(ち)〕にかかわることをする.男をさげる.ペコペコする.〔那个人没出息,好hào 做～的事〕あいつはろくでなしで,みみっちいことをよくする.
低嗓子 dīsǎngzi 小声.低い声.
低烧 dīshāo 医少しの発熱.微熱.→〔低热〕〔高 gāo 烧〕
低声 dīshēng 声をひそめる.
低声波 dīshēngbō〔次 cì 声波〕物超低周波音.可聴域下音波.
低声下气 dīshēng xiàqì〈成〉声を低くしてへりくだって言う.〔～奴 nú 颜婢膝〕同前で卑屈な態度.→〔赔 péi 身下气〕
低湿 dīshī 低湿(である)
低首 dīshǒu ⇒〔低头①〕
低手传球 dīshǒu chuánqiú →〔传球〕
低手投球 dīshǒu tóuqiú 区(野球などの)アンダー(ハンド)スロー.
低心下心 dīxīn xiàxīn〔低心下气〕〈成〉頭を垂れてかしこまる.〔低心下气〕ともいう.
低俗 dīsú 低俗である.

dī

低速 dīsù 低速の.〔～行驶〕低速運転.
低碳钢 dītàngāng 工低炭素鋼:炭素含有量0.30%以下の炭素鋼.
低调 dītiáo 食糖分の低い.
低调 dītiáo 下方調整する.〔物价～〕物価の同前.→didiào
低头 dītóu ①〔低首〕うつむく.頭を低く下げる.〔～认 rèn 罪〕頭を垂れて罪を認める.〔～想了半天〕じっとしばらく考えた. ②屈伏する.降参する.〔宁可饿死,也不向敌人～〕たとえ餓死しようとも敵に頭を下げるものか.〔不向困难～〕困難に負けない.
低头丧气 dītóu sàngqì〔垂 chuí 头丧气〕
低洼 dīwā 周りより低い(ところ).くぼんでいる(地面).〔～地区〕低湿地.
低微 dīwēi ①(声が)低い.かすかである.〔～的呻 shēn 吟〕かすかなうめき声. ②回(身分が)低い.卑しい. ③少ない.わずかである.
低纬度 dīwěidù 医低緯度.
低温 dīwēn 低温(の).〔～消毒〕低温殺菌.〔～多雨〕気温が低く雨続きの天気.
低温恒温器 dīwēn héngwēnqì 機低温恒温器.低温サーモスタット.
低息 dīxī 低い利息.低利.〔～贷款〕〔低利贷款〕低利付け(金)
低下 dīxià ①(知能や社会的地位などが一般より)低い.低くなる. ②低俗である.
低限 dīxiàn 最低限度.
低陷 dīxiàn 沈下する.
低消耗 dīxiāohào ⇒〔低耗〕
低谢 dīxiè 謝陳代謝の低下.
低心 dīxīn〈文〉悪心.良からぬ気持ち.〔你不知安着什么～呢!〕(醒世烟缘伝)お前なんかどんな良からぬ心を抱いているか知れたものじゃない.
低心下气 dīxīn xiàqì ⇒〔低首下心〕
低血糖 dīxuètáng 医低血糖(症)
低血压 dīxuèyā 医低血圧(症)
低压 dīyā ①物低圧:物理学上の圧力の低いこと.〔～锅 guō 炉〕低圧ボイラー. ②電低電圧:通常250V以下のもの. ③⇒〔舒 shū 张压〕 ④区低気压.
低压槽 dīyācáo 区気圧の谷.〔高 gāo 空槽〕ともいう.
低哑 dīyǎ ①〔擬〕ギー.〔本待欲睡,忽听得栈 lóng 门儿一〕(董厢)寝ようと思っていたところに,ふと岸(がn)門の戸がギーと鳴るのが聞こえた. ②低くかすれた声.
低盐 dīyán 低塩分(の)
低颜 dīyán〈文〉つつましやか(に).控えめ(に)
低言悄语 dīyán qiǎoyǔ〈成〉小さい声でこそこそ話す.
低音 dīyīn ①低い音. ②音低音:バス・アルトなど.〔男～〕バス.〔女～〕アルト.〔～炮 pào〕ウーファー:低音専用のスピーカー.↔〔高 gāo 音〕
低音(大)提琴 dīyīn(dà)tíqín〔倍 bèi 大提琴〕音コントラバス:〔音訳〕倍斯 sī)ともいう.
低吟浅唱 dīyín qiǎnchàng〈成〉低い声で歌う.
低幼 dīyòu 年齢の低い.〔～系列读物〕幼少向けシリーズ読み物.〔～儿 ér 童〕幼少の児童.
低语 dīyǔ ほそぼそと言う.〔小 xiǎo 语〕に同じ.
低云 dīyún 下層雲.
低招儿 dīzhāor〔低朝儿〕とも書く.お粗末な手段.〔脱离现实的～〕現実離れした同前.
低职 dīzhí 低い役職.ポスト.〔～高聘 pìn〕低い職階にある人を高い職階のポストで雇用する.
低质 dīzhì 品質がよくない.

低智 dīzhì 知恵おくれ(である).
低姿态 dīzītài 低姿勢である.〔保持~〕低姿勢の態度をとる.

〔羝〕 dī
〈文〉雄羊.〔~羊触藩〕〈成〉雄羊が角をまがきに突っこむ:進退きわまる.→〔公gōng羊①〕〔进jìn退两难〕

〔的〕 dī
〈音訳〉タクシー.〔~的士〕とも いう.〔打~〕タクシーを拾う.〔摩 mó ~〕オートバイタクシー.〔叫~〕タクシーを呼ぶ.⇒ de dí dì
的哥 dīgē, dí~ タクシー運転手(男性の).
的姐 dījiě, dí~ タクシー運転手(若い女性の).
的嫂 dīsǎo, dí~ タクシー運転手(年配の女性の).
的士 dīshì, dí~ 〈音訳〉タクシー=〔出 chū 租汽车〕に同じ.

〔堤(隄)〕 dī
堤.堤防.〔~顶 dǐng〕土手の上側.〔~底〕土手の基部.→〔坝 bà ①〕
堤岸 dī'àn ①⇒〔堤防〕 ②⑩ショロン:ベトナム南部,ホーチミン特別市の南西部にある中国人街.
堤坝 dībà 堤防や堰堤の総称.→〔堤防〕
堤防 dīfáng ①=〔堤岸①〕〔堤塘〕堤防.護岸. ②⇒〔提防〕
堤工 dīgōng 堤防工事.
堤埂 dīgěng 堤防したもり高まった所.
堤坡 dīpō 堤防の斜面.法面(のりめん).〔用石头砌 qì ~〕石で堤防の斜面を敷きつめる.
堤情 dīqíng 堤防の安全に関する状況.
堤塘 dītáng ⇒〔堤防〕
堤围 dīwéi ①堤防で囲まれた村落.輪中(わじゅう):広東省珠江河口に発達したものが有名. ②堤防.
堤堰 dīyàn 堤防.堰(せき)堤.
堤垸 dīyuàn 堤.堤で囲まれた所.

〔提〕 dī → tí
提防 dīfang =〔堤防②〕用心する.気をつける.防備する.〔你~着他点儿〕彼に少し用心しときなさい.〔那个人不好惹 rě 的,您~点〕あいつは相手にすると厄介だから気をつけなさいよ.〔你可~着点儿,叫他看见可就糟了〕用心しろよ,彼に見られたらことだ.
提拉 dīla 〈方〉引っ張り出す.〔三天为请,两天为叫,当天为~〕〈諺〉三日前ならお招待だが,二日前の通知では呼び出しで,当日の通知では引っ張ってくるようなものだ.
提溜 dīliu 〔提留〕とも書く.〈口〉(手で)提げる.〔手里~着筐 kuāng 子〕手にかごを提げている.〔~着心〕心が落ち着かない.〔~不动〕重くて提げられない.

〔碑・碕〕 dī
①人名用字. ②〈姓〉碑(てい).

〔滴〕 dī
①したたる(らせる).たらす.〔房檐 yán ~水〕軒先から滴がたれる.〔~下汗来了〕汗がたれた.〔~眼药〕目薬をさす. ②しずく.水滴.〔点点~~〕〈喩〉わずかばかりのもの. ③量詞.しずく・水滴を数える.〔流下两~眼泪来〕涙をほろほろと流す.〔两~眼药〕目薬2滴.
滴虫 dīchóng ⑤滴虫.繊毛虫:一滴の水の中にも無数にいることから.〔(阴道)~病〕⑤トリコモナス症.
滴翠 dīcuì 〈文〉緑したたる.〔一片~的稻 dào 田〕緑一面の稲の水田.
滴答 dīdā ⇒〔嘀嗒 dā〕
滴嗒 dīdā 〔滴搭〕〔滴打〕〔嘀嗒〕とも書いた.ポタポタとたらす(れる).〔~下来〕同前.〔给我点~香油〕ほんの少しごま油をたらしておくれ.〔屋檐 yán ~着水〕屋根から水がポタポタおちる.
滴答答 dīdī dādā 〔滴嗒嗒〕〔滴滴打打〕とも書く.〈擬〉①トコトコ.〔花鹿 lù ~地跑开了〕鹿がトコトコと走り去った. ②ポタポタ.
滴滴混剂 dīdī hùnjì ⑤農薬 DD.(ジクロロプロペン):プロピレン・塩素ガスなどを主原料とする土壌害虫防除剤.
滴滴金 dīdījīn ⇒〔旋 xuán 复花〕
滴滴金儿 dīdījīnr =〔滴滴星儿〕線香花火.
滴滴拉拉 dīdī lālā こまごました事がいくつも続くさま.〔~的小事情〕こまごました事.
滴滴涕 dīdītì ⑤DDT:殺虫剤の名.〔敌 dí 敌替〕〔二 èr 二三〕は別称.〔六 liù 六六〕
滴滴星儿 dīdīxīngr ⇒〔滴滴金儿〕
滴定 dīdìng ⑩滴定(する).〔~管〕玻 bō 璃量管〕⑩ビュレット.
滴管 dīguǎn ①⑤点滴器(水薬などの). ②(油などの)点滴管:〔滴油管〕(潤滑油の同前)など.
滴灌 dīguàn ⑤(パイプを通して)水をしたたらせる(灌水法).
滴剂 dījì ⑤点滴薬.滴剂.
滴酒不沾 dījiǔ bù zhān 一滴もお酒をたしなまない.〔滴酒不闻〕とも言う.
滴沥 dīlì 〈擬〉ポタポタ(水滴の落ちる音).〔~声 shēng〕したたり落ちる音.
滴里搭拉 dīlǐdālā 〔低耷拉〕〔低里搭拉①〕とも書く. ①ごちゃごちゃと多いさま. ②間断なく細かに続くさま. ③ぶらぶらとたれ下がるさま.
滴里嘟噜 dīlǐdūlū ⇒〔嘀里嘟噜〕
滴溜溜 dīliūliū くるくる.ころころ(回るさま).〔他两眼~地乱转 zhuàn〕彼は両眼をくるくると回した.
滴溜儿 dīliūr ①同下. ②ころころ転がるさま.〔忙得~转 zhuàn〕忙しくててんてこ舞いする.
滴溜(儿)圆 dīliū(r)yuán =〔滴溜儿①〕まん丸.〔~的球〕まん丸い玉.〔~的一个大脑袋〕まん丸の大頭.〔两眼瞪 dèng 得~〕両眼をまん丸にして見張る.→〔溜圆〕
滴漏 dīlòu ①水時計:〔漏壶〕に同じ. ②ぽたりと漏れる.
滴落 dīluò したたり落ちる.
滴瓶 dīpíng ⑤滴瓶.
滴水 dīshuǐ ⑤①水がしたたる.またその水.〔受~之恩,当涌 yǒng 泉相报〕〈諺〉小さな恩を大きく報いる.〔~不漏 lòu〕〈喩〉(言動が)一分のすき間もない.〔~成冰〕〈成〉したたる水がすぐさま氷になる:非常に寒いさま.〔~穿石〕〈成〉点滴石を穿つ:〔水滴石穿〕ともいう.
滴水檐 dīshuǐyán 軒端⑩.
滴水 dīshuǐ ⑩①軒天.またその先端の三角になっている部分. ②軒下から落ちる雨水の排水のための隣接する建物との間の隙.
滴水瓦 dīshuǐwǎ ⑩軒瓦.→〔滴水 shuǐ ①〕
滴淌 dītǎng 一滴一滴たれる.
滴血 dīxuè ⑤①⑩血をたらして肉親かどうかを調べる方法(で試してみる):肉親同士の血をたらせば水中で固まりあい,また肉親の骨にたらせばしみこむとされた. ②〈喩〉赤字を出す.〔~甩 shuǎi 卖〕出血大売り出し.
滴珠 dīzhū ⑩重さ一両内外の小銀塊.
滴注 dīzhù ⇒〔点 diǎn 滴③〕
滴子 dīzi 垂れた首飾りの珠.

〔嘀〕 dī → dí
嘀嗒 dīdā 〔嘀哒〕〔滴答〕とも書いた.〈擬〉チックタック.コチコチ.ポタポタ.トン・ツー(電信の).〔马蹄

dī〜dí

儿 tír 表〜〜地走〕(丸型の)目覚し時計がチクタク動いている.
嘀嗒 dīda ⇒〔滴答 da〕
嘀里嘟噜 dīlidūlū〔滴里嘟噜〕とも書いた. ①ぺらぺらとよくわからない話し方のさま. ②大小不揃いの部分が雑然と集まっているさま. すっきり着込んでいないさま.

〔镝・鏑〕 dī 化 ジスプロシウム:希土類金属元素. 記号 Dy. ランタノイドの一. → dí

〔狄〕 dí ①固 北方の種族(国)名.〔北 běi 〜〕同前. ②〈姓〉狄.
狄更斯 dígēngsī 人 ディケンズ(1812〜1870):イギリスの小説家.〔双 shuāng 城记〕(『二都物語』)など作品多数.
狄克推多 díkètuīduō〔迪克推多〕〈音訳〉ディクタツーラ. 独裁.
狄历 dílì〔铁 tiě 勒〕
狄赛尔机 dísàiěr jī〈音義訳〉ディーゼルエンジン:〔狄赛耳机〕〔狄赛尔(内燃)机〕〔狄赛尔引 yǐn 擎〕ともいう.〔柴 chái 油机〕の旧称.
狄赛尔油 dísàiěr yóu〈音義訳〉ディーゼル油:〔柴 chái 油〕の旧称.

〔荻(萩)〕 dí ①植 オギ.〔〜苇 wěi〕オギとアシ(ヨシ).→〔芦 lú 苇〕 ②〈姓〉荻.

〔髢〕 dí〔〜髻 jì〕〈文〉うず巻きに巻いたかもじ(付け髪).

〔迪(廸)〕 dí ①導く.〔启 qǐ〜后人〕後世の人を啓発して導く. ②音訳.〔〜蒙 méng〕デーモン. 悪魔. ③〈姓〉迪.
迪吧 díbā〈音訳〉ディスコバー:〔迪斯科酒吧〕の略.
迪化 díhuà 地〔乌 wū 鲁木齐〕(ウルムチ)の旧称.〔红 hóng 庙子〕ともいう. 新疆ウイグル自治区の中心都市. 唐代には〔轮 lún 台〕といった.
迪吉 díjí〈文めでたい.〔起居〜为感 sòng〕〈牘〉御起居御清栄の段およろこび申し上げます.
迪开(间蒙脱)石 díkāi(jiānméngtuō) shí 鉱 トスダイト:印材に用いる.
迪克推多 díkètuīduō ⇒〔狄克推多〕
迪闪石 díshǎnshí 鉱 ディヤライト.
迪斯科 dísīkē〈音義訳〉ディスコ(音楽・舞踊):〔的士高〕とも書いた.〔老人〜〕老人ディスコ(健康ダンス)
迪斯尼(游)乐园 dísīní (yóu)lèyuán〈音義訳〉ディズニーランド:単に〔迪斯科〕ともいう.
迪厅 dítīng〈音義訳〉ディスコ(ダンスホール):〔迪斯科舞厅〕の略.〔去〜跳舞〕ディスコへ行って踊る.

〔颇・頤〕 dí〈文〉美しい.

〔笛〕 dí ①笛.〔〜子〕は通称.〔横 héng〜〕〔横笛〕〔竖 shù〜〕縦笛. クラリネット.〔短 duǎn〜〕ピッコロ.〔长 cháng〜〕フルート.〔吹 chuī〜子〕〔吹〜儿〕笛を吹く. ◎ホイッスル. 呼子.〔警 jǐng 笛〕〔汽 qì〜直响 xiǎng〕汽笛がしきりに鳴る.〔鸣〜〕警笛や汽笛を鳴らす.
笛膜(儿) dímó(r) 音 笛膜:蘆孔にはる薄膜.〔方〕蒙膜 méng 子〕ともいう.
笛子 dízi 音 横笛.〔口笛儿〕ともいう.

〔籴・糴〕 dí〔〜粮 liáng〕同前.〔〜米 mǐ〕米を買い入れる.〔〜粜 tiào〕米穀の買い入れと払い出し. ↔〔粜〕 ②〈姓〉籴(ヂ).

〔的〕 dí 確かである. → de dī dì
的当 dídàng 確実で妥当である.〔此语甚为 wéi〜〕この語はまことに確かであり妥当である.〔我觉得不恨〜〕少々見当違いのような気がする.
的哥 dígē ⇒〔的 dī 哥〕
的姐 díjiě ⇒〔的 dī 姐〕
的咔 díkǎ〔涤卡〕
的款 díkuǎn 確実な現金.
的确 díquè 確か(に).〔〜不错〕確かに立派だ.〔现在〜进步多了〕今では確かにずっと進歩している.〔他〜有几个优点〕彼は確かにいくつかの長所がある.〔的的确确(地)〕確実(に).→〔准 zhǔn 确〕
的确良 díquèliáng〈音訳〉ダクロン:〔的确凉〕〈方〉的确靓〕〔达 dá 克龙〕とも書く. ポリエステル繊維の一.〔棉〜〕綿ポリエステル.〔〜裤 kù 子, 苞 bāo 米面肚子〕〈喩〉見かけが良い.→〔涤纶〕
的嫂 dísǎo ⇒〔的 dī 嫂〕
的士 díshì ⇒〔的 dī 士〕
的士高 díshìgāo ⇒〔迪斯科〕
的证 dízhèng 確かな証拠. 確証.

〔敌・敵〕 dí ①敵(である). 戦いの相手.〔分清〜我〕敵か味方かをはっきりさせる.〔〜阵〕敵陣.〔〜前登陆〕敵前上陸(をする). ②手向かう. 敵対する. あらがう.〔寡 guǎ 不〜众〕衆寡敵せず.〔你〜得过他吗〕きみは彼になうか.〔与 yǔ 人民为 wéi〜〕人民に敵対する. ③(力量が)伯仲している. 匹敵する.
敌百虫 díbǎichóng 薬 ディプテレックス:農業用殺虫剤の一.
敌稗 díbài 薬 DCPA(ジクロロプロピオンアニリド):水田除草剤の一.
敌兵 díbīng〔敌兵. 敵の兵力.
敌产 díchǎn 敵の財産.〔没 mò 收〜〕同前を没収する.
敌巢 díchǎo 敵の本拠.
敌党 dídǎng 反対党.
敌敌畏 dídíwèi 薬 DDVP. ジクロルボス:有機燐殺虫剤の一.
敌对 díduì 敵対する.〔采取〜的态度〕敵対的態度をとる.〔〜阵营〕敵対陣営.〔〜行 xíng 为〕敵対行為.
敌方 dífāng 敵側. 敵がた.
敌工 dígōng 軍 対敵工作:〔对敌工作〕の略.
敌国 díguó ①敵国. ②〈文〉国力が同じくらいの国. ③〈文〉国に匹敵するくらい(の).〔富 fù 可〜〕その富は莫大なものである.〔〜之富〕莫大なる富.
敌害 díhài 害敵.
敌后 díhòu 敵の後方.
敌机 díjī 敵機.
敌舰 díjiàn 敵艦.
敌进我退, 敌退我进 díjìn wǒtuì, dítuì wǒjìn 軍 敵が進めば退き, 敵が退けば進む:この2句の間にさらに〔敌驻我扰, 敌疲我打〕(敵が駐留すれば邪魔をし, 敵が疲れたら攻める)が入る. 中国紅軍の戦闘方式.
敌境 díjìng 敵の支配地域.
敌军 díjūn 敵軍.
敌忾 díkài〈文〉仇敵に抗(あらが)う.〔〜同仇 chóu〕〔同仇〜〕〈成〉共通の敵に力を合わせて抗戦する.
敌寇 díkòu 侵入した敵.〔扰 rǎo 乱 边〕侵略者が辺境を乱す.
敌楼 dílóu 城壁上にある物見櫓(やぐら). 望楼.→〔谯 qiáo 楼〕
敌情 díqíng 敵情:特に敵の我が方に対する行動の情況.〔了解〜〕敵情を把握する.〔侦 zhēn 察〜〕敵情を偵察する.〔〜严重〕敵情は厳しい.〔〜观念〕敵情に対する警戒の観念.

dí~dǐ

敌首 díqiú 敌の頭目・親玉.
敌区 díqū 敌の占領支配地域.
敌人 dírén 敌.敌側.[打退〜的进攻]敌の攻擊を退ける.
敌视 díshì ⇒[仇 chóu 视]
敌手 díshǒu ①好敵手. ②敵の手中.[落 luò 入〜]敵の手に落ちる.
敌台 dítái 敵のラジオ放送局.
敌探 dítàn 敵の間諜・スパイ.
敌特 díté 敵の特殊工作員・スパイ.→[特务 wu]
敌顽 díwán 頑固な敵.
敌伪 díwěi 囲(抗日戦中)日本の侵略者及びその手先や傀儡(ない)政權.[〜时期]傀儡政權の支配期.[〜政权]傀儡政權.
敌我 díwǒ 敵と味方.
敌我不分 díwǒ bùfēn [成]敵・味方を混同する.
敌我矛盾 díwǒ máodùn 敵対階級との間の根本的矛盾.→[人 rén 民内部矛盾][对 duì 抗性矛盾]
敌焰 díyàn 敵方の気炎.
敌意 díyì 敵意.仇(蒜)視する気持ち.[〜收购]囲敵対的買収,敵対的 TOB.
敌友 díyǒu 敵か味方か.
敌占区 dízhànqū 敵占領地区.
敌侦处 dízhēnchù 団情報調査機関の名.
敌阵 dízhèn 敵陣.

[嘀(咻)] dí → dī
嘀咕 dígu ①ひそひそ話をする.[嘀嘀咕咕]同前の重疊形.[你们〜什么呢!]きみたち何をひそひそ話してるんだ. ②つぶやく.[自言自语地〜]ひとりごとをつぶやく. ③気をもみためらう.[别〜了,该怎么办就怎么办吧!.心配しないで,やるべきとおりにやろうじゃないか.[那件事,你不用〜了]あの事は気をもむにはおよばない. ④疑う.[他老〜这件事]彼はいつまでもこれを疑っている.

[嫡] dí
①本妻.[〜配][〜妻][〜室]同前.→[妻 qī]. ②本妻の産んだ子. ③(家族で)血統の近い.[嫡亲][嫡堂] ④正統の.本元の.
嫡出 díchū 嫡(ﾁﾔｯ)出である:正妻からの出生.→[庶 shù 出]
嫡传 díchuán 直系(の).正統(を伝える).
嫡弟 dídì [文]実弟.
嫡女 dínǔ [文]実女.
嫡母 dímǔ [文](妾(ﾖﾒ)腹に生まれた子から見て)父の本妻.
嫡女 dínǔ [文](本妻の産んだ)娘.
嫡派 dípài ①[血統上の]正統. ②直(ﾁﾖ)伝(の流派).[〜真 zhēn 传]直伝.
嫡派天潢 dípài tiānhuáng [文]由緒正しい皇統.
嫡亲 díqīn 近親.[〜妹妹][亲妹妹]実の妹.
嫡庶 díshù [文]①本妻と妾.②嫡子と庶子.
嫡嗣 dísì 跡取り.嫡子.
嫡孙 dísūn 嫡子の本妻の子.→[庶 shù 孙]
嫡堂 dítáng 父方の祖父を同じくする父及び父の兄弟以外の親族:例えば,[堂兄弟](いとこ:父の兄弟の子)は正確に言えば,[〜兄弟]であり,これに対して曾祖父を同じくするいとこは[从 cóng 堂兄弟]である.
嫡系 díxì ①[系統上の]直系:[嫡派]に同じ. ②(組織の)直接支配下(の).[〜部队]直系部隊.
嫡兄 díxiōng 実兄.
嫡裔 díyì [文]直系の子孫.
嫡长子 dízhǎngzǐ 囲(本妻に生まれた)長男.
嫡子 dízǐ ①嫡出児.→[庶 shù 子] ②同前の長男.[嫡长子]に同じ.→[众 zhòng 子]

[楠] dí [文]軒(ﾉｷ)

[镝] dí
[文]①矢じり.[〜峰 fēng]同前の切っ先.[锋〜]切っ先と矢じり:戦争. ②[〜衔 xián]馬ろくつわ(くつばみ). → dī

[蹢] dí [文]ひづめ:[[口]蹄子 tízi]に同じ. → zhí

[涤・滌] dí
①すすぐ(洗う).[洗 xǐ 〜]洗いすすぐ. ②払い除く. ③[姓]滌(ﾃﾞｷ).
涤除 díchú ①洗い落とす.洗って消す. ②取り除く.[〜恶 è 习]悪習を打破しやめる.
涤荡 dídàng 洗い流す.きれいに取り除く.
涤卡 díkǎ 囲ダクロンポリカ:ポリエステルと棉の混紡厚地サージで制服に用いる.[的咔 kā]とも書いた.
涤纶 dílún [音訳]団テリロン:ポリエステル(繊維)→[的 dí 确良]
涤棉 dímián 囲ポリエステルと棉の混紡:[棉涤][棉的 dí 确良]ともいう.
涤瑕荡垢 díxiá dànggòu [成]汚れきずをすすぎ垢(ｱｶ)を洗い落とす:過失・欠点を除く.世の悪習を一掃する.[垢]は[秽 huì]ともいう.
涤罪所 dízuìsuǒ 囲(カトリック教で)死後の世で生前の罪をあがなう場所.

[觌・覿] dí
[文]まみえる.面と向かう.[〜面]同前.[〜对]面談する.

[髢] dí [〜〜][方]かつら.かずら.かもじ.[借〜]囲河南省の地方戯曲名.

[翟] dí
①囲オナガキジの古称. ②同前の羽毛:古代,舞楽や衣服・器物の装飾に用いられた.[〜衣][〜服(ﾌｸ)] → zhái

[氐(氐)] dǐ [文]①根本. ②至る.達す → dī

[诋・詆(呧)] dǐ [文]そしる.悪言を吐く.[以恶è言相〜]口汚く罵りあう.
诋谤 dǐbàng [文]そしり中傷する.
诋斥 dǐchì 叱責する.
诋毁 dǐhuǐ そしりくさす.中傷する.[吹毛求疵 cī 地〜我]あら探しをしてわたしを中傷する.

[邸] dǐ
①(高級官員の)邸宅.[〜宅 zhái]同前.[王 wáng〜]囲@親王の邸宅.王宮.⑥王氏の邸宅.[官 guān〜]官邸.[府 fǔ③]②[文]宿舎.旅館. ③[姓]邸(ﾃﾞｲ).
邸报 dǐbào =[邸抄][官 gōng 门抄]囲官報.
邸抄 dǐchāo 同上.
邸第 dǐdì =[邸舍①][文]諸侯(王)の邸宅.
邸舍 dǐshè [文]同上. ②宿舎.旅館.
邸祉 dǐzhǐ =[膺]一家の幸福.

[底] dǐ
(I)①[〜儿,-子]底.底面.最低部.[鞋〜]靴底.[锅 guō〜]鍋底.[两楼两〜]二階は二間[个],下が二間.[白菜垫 diàn〜]白菜を料理の底に敷く.[井 jǐng〜之蛙](成)井の中の蛙,大海を知らず. ②[〜儿,-子]基礎.下地.よりどころ.素養.基本的教養.[打〜]基礎を作る.[家〜厚实]家産が豊かだ.[〜酒](カクテルなど)ベースになる酒.[〜子薄]〜端:経済的土台が弱いよ.[用报纸打〜]新聞紙で下うちをする(貼る).[心里有了〜]心によりどころができた.[心里没〜]よりどころがない.[自信がない] ③[〜儿,-子]原稿.下書き.[打〜]原稿を作る.[留 liú 个〜]控えをとっておく. ④[〜儿,-子]内情.いきさつ.[摸 mō 着一〜]ひととおりわかった.[老〜在我心里]前からのいきさつがわかった.し[漏 lòu〜][交〜]内

底 dǐ

情をもらす.〔刨 páo 根问~〕〈成〉根掘り葉掘り聞く.〔一点儿~也不留〕包み隠さない.〔谜~〕謎の心. ⑤〔-子〕織物.図案などの地.〔地 dì ⑩〕に同じ. ⑥〔-子〕出身.出自.…の出.〔他 是 个 庄 zhuāng 稼 子懂得好多地里的事情〕彼は百姓の出なのでよく野良(ら)のことならたいがいわかる. ⑦終わり.末.〔年 nián ~〕年 末.〔月 yuè ~〕月 末.〔仓 cāng ~儿〕倉庫にある最後の荷.〔念到~〕終わりまで読む. ⑧数底数. ⑨量詞.賭博.勝負などの"かずとり"の数の単位.持ち点:例えば,一人 1 万元ずつで始めれば,この 1 万元を〔一~〕という. ⑩〈文〉至る.到着する:〔抵(II)〕に同じ. (II)①〈文〉~の. ②〔一事〕何事.〔~处 chǔ〕いずこ. ②これ.この. ③このよう(に・な). ④〔姓〕底(ǐ) → de

底案 dǐ'àn 案件の原記録.
底疤儿 dǐbār 〔蒂巴儿〕とも書く.〈方〉(おできの)傷跡. ②〈転〉(きちんと結末をつけない)あと残り.〔你干 gàn 活儿怎么老留一啊〕きみは仕事をするのにどうしていつもやり残しをするのか.〔吃 饭不许留碗~,吃干 gān 净了〕飯を食べて茶碗に食べ残しがあってはいかん,きれいに食べなさい.
底摆 dǐbǎi =〔下 xià 摆〕圈(中国服の)裾(ら)(幅)
底版 dǐbǎn ⇒〔底片〕
底本 dǐběn ①原稿.稿本. ②底本. ③元(ど)本.元本.
底边 dǐbiān 数底辺.
底部 dǐbù 底部.底の部分.
底簿 dǐbù ⇒〔底账〕
底仓 dǐcāng 最小限度の保有(株など).留保資金.
底舱 dǐcāng ①船底. ②船底にある船室. ③三等船室.
底册 dǐcè 控え.控え書.→〔底账〕
底层 dǐcéng ①最下層.〔从书架的最~抽出来两本书〕本棚の一番下の段から本を 2 冊引きぬいた. →〔基 jī 层〕 ②(ビルの)1 階:〔楼 lóu 底(下)〕〔一 yī 层〕に同じ.〔在楼房当街的~搞商业网点〕建物の通りに面した1階に商店街を作る.〔双屋床的~〕2 段式ベッドの下段. ③社会の下層(の人々). ④物事の基本的な事情. ⑤建下地.下塗り.
底朝天 dǐcháotiān ひっくり返す(る).逆さまにする(なる):〔底朝上〕ともいう.〔我把箱子翻了个~,也没找到那本书〕本箱をひっくり返してみたがその本は出てこなかった.
底刺网 dǐcìwǎng (漁業の)底刺し網.
底定 dǐdìng 〈文〉鎮める.平定する.
底端 dǐduān 下の方の端.
底阀 dǐfá 揚水ポンプの吸入管の末端にとりつけられる逆止(せい)弁.
底方 dǐfāng 中医漢方薬の基本的調合方法.
底肥 dǐféi 農基肥(ぎ):〔基 jī 肥〕に同じ.〔在栽 zāi 种中必须施足~〕植える前に基肥をたっぷりやらなければならない.
底分 dǐfēn 〔-儿〕旧基本労働点数.
底粪 dǐfèn 農基肥(ぎ)にする下(ご)肥.
底封里 dǐfēnglǐ 裏表紙の見返し:〔封三〕ともいう. →〔封里〕
底封面 dǐfēngmiàn 裏表紙:〔封底〕に同じ.〔封四〕ともいう.→〔封里〕
底稿 dǐgǎo (儿) dǐgǎo(r) (書類などの)保存用草稿. →〔原 yuán 稿〕
底格里斯河 dǐgélǐsī hé 地チグリス川:イラクを縦断して流れる.
底根儿 dǐgēnr そもそも.始めから.〔-没有过金子金〕など始めからなかった(持ったことがない)

底功 dǐgōng 〔底工〕とも書く.基本技術:多く芝居の芸など.〔~扎实 zhāshi〕〈慣〉基本が確かである.
底火 dǐhuǒ ①うずみ火:かまどの中に残っている火.火種. ②〈口〉雷管:〔雷 léi 管〕に同じ.
底货 dǐhuò ①残品.在庫品. ②バラスト.底荷.
底价 dǐjià ①=〔底码①〕採算可能な最低売り値. ②競売の予定始め値.
底架 dǐjià 圈シャシー.台架. →〔底盘②〕
底角 dǐjiǎo 数底角:三角形の底辺が作る 2 角.
底脚螺钉 dǐjiǎo luódīng ⇒〔地 dì 脚螺钉〕
底金 dǐjīn ⇒〔定 dìng 钱〕
底衿 dǐjīn 同下.
底襟 dǐjīn =〔底衿〕〔小 xiǎo 襟〕服中国服の前みごろの隠れる部分の一.〔大 dà 襟〕
底孔 dǐkǒng 器具の底の孔.
底里 dǐlǐ ①内実:〔底细〕に同じ.〔~深情〕詳しい事情. ②〈文〉中.内部.
底料 dǐliào ①素地.生地(じ).下地. ②食だし汁の材料.
底漏 dǐlòu ①〈方〉目に見えない出費.〈転〉嫁が実家に仕送りすること.〔别看他家收入多,~也不少〕彼の家は収入は多いようだが,目に見えない出費も少なくない.
底码 dǐmǎ ①⇒〔底价①〕 ②最低貸付利息. ③素地.〔学生们也都有个~〕学生たちは皆それぞれの資質も持っている.
底面 dǐmiàn 底面.
底面儿(的) dǐmiànr(de) 旧使用人一同:その家の召使い(中国人)全部.
底模 dǐmú 機ボトムダイ.ダイベッド:金型の一種.
底泥 dǐní へどろ.〔河~〕河川のへどろ.〔海~〕海のへどろ.→〔淤 yū 泥〕
底牌 dǐpái ①(ポーカーなどで)手の内の札.〈喩〉手の内(の手段).とっておきの奥の手. ②〈転〉内情.陰の事情.〔他也会把她的~揭 jiē 开来,现在他也是尽量容忍,保留住她的面子〕彼は彼女の泣きどころを暴き出すこともできるが,今はできるだけ我慢して彼女の体面を保たせているのだ.→〔王 wáng 牌②〕 ③マージャンで,自摸(もく)できない最後の 7 重ね(14個)の牌:ここまでで勝負がつかない時,そのゲームは〔黄 huáng 了〕(お流れ)になる.中国では 14 重ね(14枚)を残らず打ち,最後の牌を〔~海 hǎi 底牌〕という.これであがれば〔海底捞月②〕といい,滴贯(かん)になる.
底盘 dǐpán ①圈(相場の)底値. ②=〔车 chē 底盘〕〔车台〕シャシー.車台:〔车身(子)〕(ボディー)の部分を除いた車台の部分.〔~车架〕シャシーフレーム.→〔底架〕 ③圏シャシー.基盤:電子機器に内臓される各部品を取りつける板. ④〔-儿〕(器物の)底.〔这是~大的花瓶,摆 bǎi 着稳当〕これは底の大きい花瓶ですわりがいい.
底片 dǐpiàn =〔底版〕①写真の原板.ネガフィルム:〔负 fù 片〕〔阴 yīn 面〕は学術語. ②生フィルム.生乾板:〔底板〕ともいう.
底漆 dǐqī 下塗りペイント.プライマー.
底栖生物 dǐqī shēngwù (水底に生息する)底生生物.
底气 dǐqì ①肺活量.息の強さ. ②自信.元気又.勢い.〔说起话来没有~〕ものを言うのに腹に力が入らない.
底情 dǐqíng 実情.
底缺 dǐquē (一時期他所にいる人の)原職位.
底儿 dǐr →〔字解(I)①〕~④
底儿潮 dǐrcháo 〈方〉①出生が良くない. ②(過去に前科などの)汚点を残している.
底儿掉 dǐrdiào 〈方〉徹底的に.とことんまで(やる).

底绒 dǐróng 毛皮の毛根部に密生している柔毛.
底色 dǐsè 〈喩〉基本的情調.
底商 dǐshāng 地階・一階にあるテナント用店舗.
底墒 dǐshāng 🖻播種(ᵗᵃⁿᵉ)前の畑の水分保有度.〔蓄 xù 足~〕畑の水分保有度を充分高める.
底视图 dǐshìtú □下面図.
底数 dǐshù ①🞼底数:例えば N＝aⁿ で n を求める時の a．②〔事の〕いきさつ.〔心 xīn 中有数〕
底图 dǐtú 🖻基本図.基図.ベースマップ.
底土 dǐtǔ →〔心 xīn 土〕
底拖网 dǐtuōwǎng 底引き網.地引き網.→〔拖网〕
底位 dǐwèi 最低位.最下位.↔〔峰 fēng 位〕
底细 dǐxì 詳しい事情.実情.内情.素性:〔底下〕ともいう.〔不知~〕詳細はわからない.〔摸 mō 清~〕内情をはっきりつかむ.〔我不知道他的~〕彼の素性は知りません.
底下 dǐxia ①下.下側.〔你再往下翻,准在~呢〕君もう一度下の方をひっくり返してごらん,必ず下にあるはずなんだから.〔上头,~〕上下.上と下.→〔下 xià 边(儿)〕〔下部(り)〕〔下头(り)〕 ②…に属すること,…の方面.〔笔~不大行〕文章を書くのはうまくない.〔手~工作多手もとに仕事がたまっている.〔手~不便〕手許不如意(じょ̄い).懐具合が悪い.③次.後(あと).〔~还有什么话吗〕次にまだ何か話がありますか.
底下人 dǐxiarén ①回召使い.使用人.下僕.②部下.手の者.手下.
底衔 dǐxián 回官吏の任官当初の肩書.
底线 dǐxiàn ①🞼サッカーやテニスなどのベースライン.②最低のライン.ぎりぎりの条件.〔要维护生产效益的~〕生産効果の最低ラインを守らねばならない.③敵側にしのびこませたスパイ.
底限 dǐxiàn 最低限度:〔底线②〕に同じ.
底薪 dǐxīn ①基本給.→〔工 gōng 资〕②回インフレ期における給料計算の基礎給.
底样 dǐyàng 〔複写あるいは模型作成の〕もとになる原型・見本.
底釉 dǐyòu 〔磁器の〕下薬(᠎).
底蕴 dǐyùn ①詳しい実情.内情.内幕.〔不知其中~〕その詳しい内情はわからない. ②〈文〉蘊蓄(᠎).学殖.
底账 dǐzhàng ＝〔底簿〕台帳.原簿.
底止 dǐzhǐ 〈文〉〔事態が〕おさまる.ある状態に落ち着く.〔不知~〕止まるところどうなるのか分からない.
底子 dǐzi ①底.②基礎.素養.〔有大学的~,学习自然容易〕大学程度の基礎があれば,学習はもちろん容易である.③草稿.控え.④内実.子細.底意. ⑤〔図案の〕地.素地.⑥出身.身分.⑦元手.⑧終わりの(部分).〔货~〕最後の商品.残品.〔油~〕(ねばり気の強い)残った油.→下辞(I)①〜⑥
底座(儿) dǐzuò(r) ①台石.台座.台脚.②糸じり.糸切り.糸底:陶磁器の裏底のザラザラした輪状の部分.

[坻] dǐ ①山の斜面.〔宝 bǎo ~县〕🖻天津市郊外にある.②姓(º). → chí

[芪] dǐ ⇒〔反 fǎn 二苯乙烯〕

[抵(牴・觝)] dǐ (I)〔抵〕①支える.つっぱり合う.〔以棍 gùn ~门棒で戸を支える.②つりあいをとる(がとれる).〔两相~销〕相殺(ᵃᶦ)する(帳消しにする).〔出入相~〕収入・支出のつりあいがとれる.〔乐 lè 不~苦〕楽しみは苦しみに比べて引き合わない.

③相当する.匹敵する.〔嘴 zuǐ ~得上十万大兵〕弁舌は十万の大軍でも受けとめる.④償う.補う.⑤かたに〔入れる〕.抵当〔にする〕.⑥〜〔現金かたを入れて現金を借りる.〔用汽车作~〕自動車を抵当にする.⑥→〔七 qī 字法〕
(II)〔抵〕〈文〉至る.到着する.〔~沪 hù〕上海に着く.〔~京 jīng〕都に着く(北京に着く).〔~家 jiā〕家に着く(帰る).〔~近〕その場所の近くに着く.
(III)〔抵(牴・觝)〕互いに抵抗する.逆らう.対立する.

抵岸价 dǐ'ànjià ⇒〔到 dào 岸价(格)〕
抵补 dǐbǔ 補填する.穴埋めする.〔可以用救济金来~〕救済金で補填することができる.
抵埠 dǐbù ⇒〔抵港〕
抵不上 dǐbushàng 〔数が不足で〕支えきれない.かなわない.
抵不住 dǐbuzhù 抵抗し止めることができない.
抵偿 dǐcháng 償いをする.弁償する.〔~损失〕(物品で)損失を償う.
抵偿摆 dǐchángbǎi 🞼温度変化の影響を受けず,常に一定の周期を保つ振り子.
抵偿器 dǐchángqì 🞼各種の制御器.補正器.
抵触 dǐchù 抵触する.食い違う.相反する.〔消除~情绪〕反発気分をなくする.〔双方意见~,总得 děi 有一方让步オ行〕双方の意見が一致しない,どうしても一方が譲歩しなければならない.
抵触思想 dǐchù sīxiǎng 反対の考え方.〔他们对于这个问题都存在着一些~〕彼らはこの問題に対して皆いくらかの反対の考え方を抱いている.
抵达 dǐdá 到着(する).〔代表团~后,即乘 chéng 车前往体育馆参 cān 加群众欢迎大会〕代表団は到着後ただちに車で体育館に赴き,大衆の歓迎大会に参加した.
抵挡 dǐdǎng 抵抗する.防ぎ止める.支える.食い止める.〔~不住〕防ぎ止めることができない.
抵当 dǐdàng 当(に入れる)
抵得上 dǐdeshàng 相当する.匹敵する.〔她的力气~一个男人〕力では彼女は男に匹敵する.
抵敌 dǐdí 敵対する.対抗する.〔~不住〕対抗しきれない.
抵顶 dǐdǐng 代物弁済する.代償に当てる.〔三瓶白酒~工资〕焼酎3本で給料の肩代りにする.
抵兑 dǐduì 相当のものと交換する.両替する.
抵付 dǐfù 代償物で支払う.
抵港 dǐgǎng ＝〔抵埠〕着港する.入港する.②香港に着く.
抵还 dǐhuán 償還(する).弁済する.
抵换 dǐhuàn 別のものでそれに当てる.〔拿不好的东西~好货〕よくない品とよい品ととりかえる.
抵价 dǐjià 代価に当てる.
抵交 dǐjiāo 引き当てる.同価値の別のもので支払う.〔抵缴 jiǎo〕ともいう.
抵借 dǐjiè 抵当を入れて金を借りる.〔拿仅有的两亩 mǔ 薄地向地主~了几块钱,才草草 le liǎo 了地葬了父亲〕なけなしの2ムーばかりのやせ地を抵当に地主からいくらかの金を借りて,やっとどうにかこうにか父親を葬った.
抵借票 dǐjièpiào ⇒〔抵押借票〕
抵禁 dǐjìn 禁令を犯す.
抵拒 dǐjù 〈文〉抵抗し拒む.
抵抗 dǐkàng 抵抗する.拒む.〔~运动〕抵抗運動.〔~力〕抵抗力.
抵抗器 dǐkàngqì ⇒〔电 diàn 阻器〕
抵靠 dǐkào 到着・着岸する.
抵扣 dǐkòu 収入などから差し引いて,債務を相殺(ᵃᶦ)する.

抵弤柢砥骶地　　　　　　　　　　　　　　　　　　　　　　　　　　　dǐ～dì

抵款 dǐkuǎn〈文〉抵当を入れて借金をする.
抵赖 dǐlài 言い逃れる.〔明明是你干 gàn 的坏事,你还敢〜吗〕明らかにお前がしでかした悪事であるのに,まだしらをきるのか.
抵临 dǐlín〈尊〉来临される.
抵拢 dǐlǒng ①接近し触れる.接触する.〔汽车〜他的身子了〕自動車が彼の体に接触した.②〈方〉近づく.その時になる.
抵冒 dǐmào たてつく.反抗する.抵抗して衝突する.
抵免 dǐmiǎn【经】〔外資企業の現地国に納税した分の〕所得税の控除.
抵命 dǐmìng ⇒〔偿 cháng 命〕
抵任 dǐrèn〈文〉着任する.
抵事 dǐshì 〔多く动 dǐng 事(儿)〕役に立つ.有用である:多く否定に用いる.〔这孩子不〜啦〕この子は間に合わない.〔抵啥 shá 事？〕役に立たぬではないか.
抵饰 dǐshì〈文〉自分の非を言葉巧みに隠す.
抵受 dǐshòu 抵抗し耐える.もちこたえる.〔旧的木板〜不了 liǎo〕古い板ではもちこたえられない.
抵数 dǐshù 穴埋めされる.数合わせをする.
抵税 dǐshuì 税金の滞納に対し差し押えをする.〔拍卖〜物资〕滞納税差し押え物件を競売する.
抵死 dǐsǐ あくまでも…する.死んでも…する.〔〜反抗〕あくまで反抗する.
抵头 dǐtou 代償になる物.担保とする物.
抵牾 dǐwǔ 相容れない.食い違う.齟齬がきこと.衝突する.
抵瑕蹈隙 dǐxiá dǎoxì〈成〉人の短所をほじくる.
抵项 dǐxiàng〈文〉〈支払物件,〇流用金他.他にも充てることができる金.〔我还有〜可以补 bǔ 的〕代わりの金がある.
抵消 dǐxiāo 相殺(する)：帳消しにする.打ち消し合う.〔抵销〕とも書く.〔两相〜相互に帳消しにする.〔上个月的借款,用这个月的工资〜〕先月分の借金は,今月分の給料で相殺する.
抵押 dǐyā 抵当(に入れる).担保(に入れる).〔〜权〕【法】抵当権.〔〜返 fǎn 售〕【经】担保物権を売り戻す.〔〜放款 kuǎn〕担保付貸付け.〔〜承包〕【经】担保保証金を入れ請け負う.〔〜借票〕〔抵押票〕抵当付借用証.〔〜品〕抵当物件.〔〜金〕保証金.
抵言 dǐyán〈文〉うそ(を言う)
抵御 dǐyù 防ぎ止める.防衛する.
抵债 dǐzhài 借金(借金)の弁済に当たる.
抵账 dǐzhàng 債務(借金)を弁済する〔他の物品または債権・労働力で〕帳消しにする.
抵针 dǐzhēn 指貫(ぬ)
抵制 dǐzhì 制止する.防ぎ止める.〔〜外货〕外国製品をボイコットする.
抵桩 dǐzhuāng〈方〉①心づもりをする.備える.②腹を決める.
抵罪 dǐzuì ＝〔顶 dǐng 罪②〕罰を受け罪を償う.〔犯法〜〕法を犯せば罰せられる.

〔弤〕dǐ〈文〉飾り彫りのしてある弓.

〔柢〕dǐ〈文〉木の根.主根.〔根 gēn 深＝固〕〔根深蒂 dì 固〕〈成〉(事がらが)根強い.堅固である.〔根〜〕根底.

〔砥〕dǐ〔〜石〕砥(と)石.〔〜石 shí〕同前.→〔磨 mó 刀石〕錬磨する.研鑽(さん)する.
砥砺 dǐlì ①砥石.②鍛え磨く.〔〜革命意志〕革命の志を鍛える.③励ます.激励する.〔互相〜〕互いに励まし合う.
砥平 dǐpíng〈文〉①砥石のように平らである.②平和である.安定している.
砥矢 dǐshǐ〈喩〉公平でまっすぐなこと.

砥柱中流 dǐzhù zhōngliú ⇒〔中 zhōng 流砥柱〕

〔骶(骶)〕dǐ〔生理尾骶(ぼ、)〕〔〜骨 gǔ〕仙骨：〔荐 jiàn 骨〕ともいう.5個の〔〜椎 zhuī〕〔荐椎〕(せんつい)からできている.→〔尾 wěi 骨〕

〔地〕dì ①地球.大地.地殻.〔天 tiān〜〕天地.②陸地.地表.地面.〔高〜〕高地.〔洼 wā〜〕くぼ地.地盤.〔耕 gēng〜〕耕地.〔草 cǎo〜〕草地.〔荒 huāng〜〕荒れ地.〔麦〜〕麦畑.〔甘蔗 zhe〜〕さとうきび畑.〔〜里活儿〕野良仕事.〔〜无三尺平,路无一丈宜〕〈喩〉山奥の平地のない不便な地.④地面.土間.床(ｪ)⑤地主.〔富〕地主と富農.⑥地区.地方.〔本〜〕当地.〔内〜奥地.〔外〜他地.〔殖 zhí 民〜〕植民地.⑦場所.〔产〜〕産地.〔目的 dì〜〕目的地.〔所在〜〕所在地.⑧地位.立場.〔易〜則皆然〕〈文〉立場をかえて見れば皆同じである.〔不败 bài 之〜〕不敗の地位.⑨考え方・見方・やり方を表す：(認識が)ある段階に到達していることを示す.〔见〜〕見地.〔心〜〕気だて.ここちね.⑩〔儿〕織物・図案・物などの下地：〔底 dǐ(l)⑤〕に同じ.〔红〜金字〕赤の地に金の文字.⑪里程.〔十里〜〕5 キロの道のり.⑫〔姓〕地(ち)→ de
地案 dì'àn ①土地に関する(訴訟)事件.②土地収用事項.〔批 pī〜〕土地収用計画を許可する.
地板 dìbǎn ①床(宀).床板.〔〜革 gé〕《建》プラスチックタイル.〔〜蜡 là〕床用ワックス.〔〜砖 zhuān〕【建】床用タイル.②〈方〉田畑.〔〜很肥 féi〕土地が肥沃である.
地磅 dìbàng ⇒〔地秤〕
地薄人穷 dìbáo rénqióng〈成〉地味が悪く人々が貧しいさま.
地保 dìbǎo ⇒〔保长〕
地堡 dìbǎo【军】地下に掩蔽(えいへい)されているトーチカ.
地边 dìbiān ⇒〔田 tián 边〕
地标 dìbiāo〔地上の〕目標となる目につきやすいもの.目印(自然物・人工物)
地表 dìbiǎo 地表.〔〜波 bō〕地表波.〔〜水〕地表水.→〔表土①〕
地鳖 dìbiē ＝〔土 tǔ 鳖〕シナギキブリ.サツマゴキブリ.ゴキブリ科の虫：雌を養殖し,乾燥させたものを〔蜇 zhè 虫〕といい,薬用する.→〔蟑 zhāng 螂〕
地波 dìbō【电】地上波.地表波：〔地面波〕ともいう.
地鵏 dìbū【鸟】ノガン：〔大丢鸟〕〔野爹严雁〕ともいう.
地步 dìbù ①事情.筋合い.状況.境地.事態(多くよくない事に用いる).〔事情已经闹 nào 到这个〜〕ことはすでにこの様に大変な事態に立ち到った.②…ほど,…にまで.程度.〔到了兴 xīng 奋得不能入睡的〜〕眠れないほど興奮してしまった.③余地.
地财 dìcái〈方〉地中に埋めて隠し持っている財物.
地蚕 dìcán ①⇒〔甘 gān 露子〕②⇒〔蛴 qí 螬〕③⇒〔地老虎〕
地仓子 dìcāngzi 穴倉.
地槽 dìcáo【地】地向斜.
地层 dìcéng【地】地層.
地产 dìchǎn ①【经】(資産としての)土地.不動産(〜股票〕[地股〕土地と株券.〔〜价格〕土地価格.〔〜公 gōng 司〕土地会社.〔房〜〕不動産(家屋と土地).〔〜业〕土地業.〔〜元配：本地产〕に同じ.〔〜酒〕地酒.〔〜品〕土地の産物.
地场 dìchang〈方〉場所.行き当る所.〔他很想找个发作的〜〕彼はかんしゃくをぶつける所を探したかった.
地潮 dìcháo【地】地球潮汐：〔固 gù 体潮〕ともいう.
地沉 dìchén【地】地盤沈下.〔地面沉降〕の略.
地秤 dìchèng ＝〔地磅〕橋ばかり.計量台：地面に埋

dì 地

めこまれ測定物を積んだ車ごと計量できる台ばかり.

地虫子 dìchóngzi 〈喩〉土地転売業者.土地の転がし屋.

地处 dìchǔ 地理的位置は…にある.

地穿甲 dìchuānjiǎ 〈喩〉地面·路面の凍結.

地磁 dìcí 囲地磁気.[〜极]地球の磁極.[〜变]地磁気変動.[〜暴 bào]磁気嵐.

地磁赤道 dìcí chìdào ⇒[磁赤道]

地磁子午线 dìcí zǐwǔxiàn ⇒[磁子午线]

地大物博 dìdà wùbó 〈成〉土地が広大で資源が豊かである.[中国〜、历史悠 yōu 久]中国は広大で歴史が長い.

地带 dìdài 地带.地区.[草原〜]草原地带.[危险〜]危険地域.

地胆 dìdǎn 虫ツチハンミョウ.

地道 dìdào (軍事用の)地下道.地下トンネル.[〜战]囲同前での戦闘.[〜桥 qiáo](立体交差)地下通路.地下(掘り下げ)道.[天 tiān 桥](陸橋)に対していう.

地道 dìdao ①=[道地①]正真正銘である.本物である.本場の.[这是〜的广东货]これは本物の広東省の品だ.[〜生药]本場物の生薬.[她说一口〜的北京话]彼女は生粋の北京語を話す.②質がよい.しっかりしている.[这东西真〜]この品はほんとに質がよい.[他干活儿确实〜]彼は仕事が実にしっかりしている.[这个玩艺儿做得挺〜]この玩具は(これは)実によくできている.→[不 bù 地道]

地灯 dìdēng 地上灯火.

地底 dǐdǐ 地底.[〜所有权]土地の国家所有権.→[地面所有权]

地点 dìdiǎn 地点.場所.位置.[开会〜]会議開催の場所.[工作〜]職場の所在地.

地丁 dìdīng ①囲地租と人頭税.②→[紫 zǐ 花地丁]

地动 dìdòng 地震.[地震]に同じ.[候 hòu 风]〜 yí]囲地震計.

地洞 dìdòng ①⇒[地窖] ②地面の穴.→[龙 lóng 生龙(子),凤生凤(儿)]

地段 dìduàn 一定の地域.[〜门诊 zhěn 部]地域診療所.[〜医院]地域病院.[黄金〜]〈喩〉地価の高い地域.

地对地导弹 dìduìdì dǎodàn 囲地対地ミサイル.

地对空导弹 dìduìkōng dǎodàn 囲地対空ミサイル.

地遁 dìdùn 土遁(ên)の術.地面にもぐって逃げる術.〈喩〉悪事を働くためにひそかに他地に移ること.

地耳草 dì'ěrcǎo 植ヒメオトギリソウ.

地方 dìfāng ①(中央に対し)地方:各級地方行政区画.[〜干部]地方幹部の公職者.[〜官]地方の役人.[京 jīng 官]に対していう.[〜民族主义]少数民族の中に存在する自らの民族の利益を第一義におく思想.[〜时 shí]地方時:[北 běi 京时间](中国の標準時)に対していう.[〜税 shuì][地税]:国 guó 家税](国税)に対していう.[〜武装]地方の武装勢力.[〜性法规]地方条例.[〜政府]各等の地方行政府.②この地.当地.現地.[本地]に同じ.[〜保护主义]地方エゴ.[〜病]風土病.[〜话]方言.土地言葉.[〜陪 péi 同][全陪](ツアーガイド.添乗員)に対していう.[〜色彩]地方色.ローカルカラー.[〜戏 xì]囲ある地区で生まれ,その地方言で演じられる芝居.[川 chuān 剧][越 yuè 剧]など.[国 guó 剧]に対していう.[〜性植 zhí 物]囲地方性植物(儿)彼はいつも地元の人のためになる事をする.⑧(軍隊に対

し)地方.民間.非軍事的.

地方 dìfang ①[〜儿]場所.ところ.[什么〜]どこ.[占 zhàn 〜]場所をとる.[走到了〜、他满头是汗]目的地に着くと、彼は頭じゅう汗びっしょりだった.②ところ.部分.[要有不对的〜就得改正]もし正しくない所があったら改めねばならない.[桌面犄角 jiǎo 的〜]テーブルの隅っこの所.

地方管理物资 dìfāng guǎnlǐ wùzī ⇒[三 sān 类物资]

地方国营 dìfāng guóyíng ⇒[国营]

地方粮票 dìfāng liángpiào ①囲各省·直轄市内で用いられた各種の食糧配給キップ.②各地方や各部門の範囲内でだけ有効な人事·給与·職位などの価値指標.

地方志 dìfāngzhì 地方誌.[方志]ともいう.

地方种群 dìfāng zhǒngqún 囲地域植物.

地方主义 dìfāng zhǔyǐ 地方主義.[〜是宗派主义的一种表现]地方主義とはセクト主義の一種の現れである.

地缝儿 dìfèngr 地面の裂け目.

地肤 dìfū =[落 luò 帚][扫 sào 帚②][扫帚菜][扫帚草][王 wáng 蒂][帚 zhǒu 菜]植ホウキギ:[地肤子 zǐ](地膚内(ぴ).同前の果実)は薬用にする.

地府 dìfǔ 〈文〉冥土(??).よみの国→[阴 yīn 曹地府]

地赋 dìfù 〈文〉地租.

地富反坏右 dì fù fǎn huài yòu 地主·富農·反革命分子·悪質分子·右派分子:特に文化大革命の頃の革命闘争の対象.

地覆天翻 dìfù tiānfān ⇒[天翻地覆]

地格 dìgé 同下.

地格 dìgé =[地阁](人相学上の)あご.→[天 tiān 庭]

地根儿 dìgēnr =[〈方〉起]〈方〉初め(から).もともと.

地埂 dìgěng [〜儿,-子]田畑のあぜ.

地宫 dìgōng ①[地下宫殿]の略.陵墓の地下宮.②囲(仏教で)寺の舎利殿.

地沟 dìgōu 地面下溝:灌漑(??)用や雨水·汚水のはけ口としての地下溝.

地骨皮 dìgǔpí 回医地骨皮(??):枸杞(な)の根の皮.

地瓜 dìguā ①⇒[甘 gān 薯] ②⇒[豆 dòu 薯]

地瓜花(儿) dìguāhuā(r) ⇒[大 dà 丽花]

地瓜苗 dìguārmiáo 植シロネ.アゼコシ.[地笋]ともいう.

地光 dìguāng [地](地震にともなう)発光現象.

地广人稀 dìguǎng rénxī 〈慣〉土地が広くて人口が少ない.↔[地少人多]

地滚球 dìgǔnqiú 図①⇒[保 bǎo 龄球] ②(野球などの)ゴロ.[地滚传 chuán 球](サッカーの)ゴロのパス.

地棍 dìgùn ⇒[地痞]

地壕 dìháo 壕(〝).ほり.

地核 dìhé 囲地核.コア.→[地壳]

地黄 dìhuáng [-儿]植 ジオウ(サオヒメ):多年生草本.根茎は薬用され補血·強心の作用がある.→[生 shēng 地①]

地黄牛 dìhuángniú 竹筒で作ったこま.→[陀 tuó 螺]

地火 dìhuǒ ①地下の火.→[岩 yán 浆] ②農作物が虫害に遭うこと.

地积 dìjī 地積.土地の面積.

地基 dìjī ①=[〈口〉地脚①]土台.基礎.[打 dǎ

地 dì

~〕[砸 zá]〜]地突きをする. ②敷地.土地.
地极 dìjí 〖地〗极地.両極.
地籍 dìjí 地籍.〔〜图 tú]地籍図.
地级市 dìjíshì 行政上,〔地区②〕と同格の市.→〔县 xiàn 级市〕
地脊 dìjǐ ⇒〔山 shān 脉〕
地甲 dìjiǎ ⇒〔保 bǎo 长〕
地甲病 dìjiǎbìng 医ヨード欠乏に起因する風土病で,首の異状肥大症.甲状腺肥大症:〔粗 cū 脖子症〕ともいう.
地价 dìjià ①土地の価格.地価.〔〜上涨 zhǎng]地価が上昇する. ②画抵値.
地椒 dìjiāo ①⇒〔水 shuǐ 杨梅〕 ②⇒〔仙 xiān 鹤草〕
地角 dìjiǎo ①〈文〉地の果て.〔〜天涯 yá]〔天 tiān 涯〜〕〔天涯海角〕〔海角天涯〕天の果て.地の果て.②岬.〔纳 nà 沙布〜〕〖地〗ノサップ岬.
地脚 dìjiǎo ①〔口〕土台.基礎.〔地基③〕に同じ.〔〜螺 luó 钉〕〔〜螺栓〕〔底 dǐ 脚螺钉〕〖建〗基礎固定ボルト.土台ボルト. ②書物の下部の余白:〔地头④〕〔下 xià 切口〕ともいう. →〔天 tiān 头①〕
地窖 dìjiào ＝〔地洞①〕〔地窨子②〕〔窨 kū 窖〕(貯蔵用の地下の)穴ぐら.地下むろ.
地接 dìjiē 地元で迎える.現地案内の.
地姐 dìjiě 地下鉄・地下商店街の若い女性従業員:〔地嫂 sǎo〕は既婚の同前.
地界 dìjiè ①地さかい. ②管轄区域.
地锦 dìjǐn 〖植〗ニシキソウ:トウダイグサ科一年生草本.止血・解毒の薬草.⇒〔爬 pá 山虎②〕
地精 dìjīng ①⇒〔何 hé 首乌〕 ②〖植〗〔人 rén 参〕(朝鮮人参)の別名. ③〖植〗〔肉 ròu 苁蓉〕(ホンニク)の別名.
地镜 dìjìng ⇒〔迷 mí 水〕
地久天长 dìjiǔ tiāncháng ⇒〔天长地久〕
地勘 dìkān 〔地质勘查〕(地質・地下資源調査)の略.
地坎 dìkǎn ①地面のくぼみ. ②田畑の外側が段差になった地形.
地坑 dìkēng 土地のくぼみ.穴.〔〜院〕〔天井④〕〈方〉華北平原地帯の地下洞窟式住居.
地库 dìkù 〔地下车库〕(地下駐車場)の略.
地块儿 dìkuàir ①〖地〗断層地塊. ②〖農〗(耕地)の区.区画地:輪作・耕作の便・かんがい排水・勾配・土質などによって耕地を区分けする.
地矿 dìkuàng 地下資源:〔地质矿藏〕の略.
地拉那 dìlānà 〖地〗ティラナ:〔阿 ā 尔巴尼亚共和国〕(アルバニア)の首都.〔底 dǐ 拉那〕とも書く.
地籁 dìlài 〈文〉洞穴を風が吹き過ぎて起こる響き.
地牢 dìláo 地下牢.
地老虎 dìlǎohǔ 〖昆〗ネキリムシ:ヨトウガの幼虫(害虫):〈方〉地蚕③]〔〈方〉土 tǔ 蚕⑩〕などともいう. →〔蛴 qí 螬〕
地老鼠 dìlǎoshǔ ①⇒〔鼹 yǎn 鼠〕 ②舞いねずみ(ねずみ花火)
地老天荒 dìlǎo tiānhuāng ⇒〔天荒地老〕
地雷 dìléi 軍地雷:俗に〔铁 tiě 西瓜〕という.〔埋 mái 〜〕〔布〜〕地雷を布設する.〔防坦克〜〕戦車防禦の地雷.〔〜场〕〔〜阵]地雷原.〔〜战]地雷戦.
地垒 dìlěi 〖地〗地塁.ホルスト.
地塄 dìléng 〈方〉畑の端の土手・法面(22)
地梨 dìlí ⇒〔荸 bí 荠〕
地理 dìlǐ ①地理.〔熟悉～民情]地理と民情を知悉(しっ)する.〔〜特点]地理的特徴.〔〜信息系统]地理情報システム. GIS. ②〔地理学〕の略. ③]地の理.すなわち.→〔风 fēng 水〕

地力 dìlì 〖農〗地力.〔用肥料加强〜〕肥料を使って地力を高める.
地利 dìlì ①土地の優れた生産力. ②地理上の利.〔天时〜人和〕〈成〉天の時,地の利,人の和.
地栗 dìlì ①⇒〔荸 bí 荠〕
地沥青 dìlìqīng ＝〔土 tǔ 沥青〕天然産のアスファルト.→〔沥青〕
地利舌 dìlìshé 〈音訳〉デリシャス.〔〜苹 píng 果〕〖植〗デリシャスりんご.
地量 dìliàng (周期的な相場変動の谷間における商いの)最低量.
地裂 dìliè 〖地〗地割れ.〔〜缝 fèng〕同前. →〔地缝儿〕
地邻 dìlín 地隣(ヂンヂ).
地灵 dìlíng 土地の霊気.〔〜人杰 jié]〔人杰〜〕〈成〉④霊気ある土地には傑出した人物が出る.傑出した人物が生まれた(居た)ところは霊気がある.
地流平 dìliúpíng ①〈喩〉地面:多くは〔曲 qǔ 艺〕の唄にいう.〔摔倒 shuāidǎo〜]地面に転じた. ②建流動性の高い材料を使って,水平な床面を作る工法.
地龙 dìlóng ⇒〔蚯 qiū 蚓〕
地龙墙 dìlóngqiáng 建(建物の)基礎.
地垄 dìlǒng 耕地のうね.
地漏 dìlòu ①〔儿〕〔地〕〔下水への〕排水溝. ②旧暦2月25日に降る雨:この日に雨が降ればその年は雨が多いという.
地脉 dìmài ①地势.地形のつながり. ②水脉.地下水の通路. ③〖旧〗(风水で)土地の吉凶の相. →〔风 fēng 水〕
地幔 dìmàn 〖地〗マントル:地核と地殼の間の部分.
地貌 dìmào 〖地〗地表の形状.〔〜学〕地形学.
地莓 dìméi ⇒〔蛇 shé 莓〕
地霉素 dìméisù ⇒〔土 tǔ 霉素〕
地面 dìmiàn ①地面.地表.〔〜站](人工衛星の)地上中継ステーション.〔〜沉降]地沉]地面沈下.地殼沈下.〔〜は战争〕地上戦.〈〜所有权]は譲渡可能所有(利用)権.〜〔地底所有权〕 ②(管轄の)区域.〈転〉その筋.〔这是山东〜]ここは山東地区です.〔年关又到,〜上得 dēi 多注意]年の瀬がまた近づいたから管内ではよく注意せねばならん. ③〔-儿]地元.当地.〔〜商情很紧]この地方の商況が非常に逼迫(⑶)する.〔他在〜儿上很有人缘儿]あの人は地元では大変人脈がある. ④建床面・路面.土間.〔瓷 cí 砖〜]タイル張りの床.〔混凝土〜〕コンクリート敷き.
地面波 dìmiànbō ⇒〔地波〕
地面官 dìmiànguān 旧警官.
地名 dìmíng 地名.
地膜 dìmó 〖農〗マルチング用のビニールシートなど：〔农 nóng 膜〕ともいう.
地亩 dìmǔ 土地.田畑(総称).〔丈量〜〕田地を測量する.
地母妈 dìmǔmā 土地神の一.
地目 dìmù 地目(⅔).〔变更〜]地目の変更(をする)
地那 dìnà → 〔里 lǐ 亚尔〕
地菍 dìniè 〖植〗メラストーマ・デカンドルム：ノボタン近縁種.薬草.〔地石榴〕〔铺 pū 地锦③〕ともいう. →〔金 jīn 锦香〕
地(拍)鼠 dì(pāi)shǔ ⇒〔鼹 yǎn 鼠〕
地排子 dìpǎizi 大八車.
地盘(儿) dìpán(r) ①〖地〗地盤.②縄張り.地盤.〔争 zhēng 夺〜〕縄張りを争う. ③建物の土台.地盤. ④⇒〔罗 luó 盘②〕
地陪 dìpéi 現地ガイド：〔地方陪同〕の略.

dì 地

地皮 dìpí ①地所.敷地.〔~出让〕回地所を譲ります・張り札の文句.〔~儿〕回土地の表面.〔下了一场小雨,～稍微滋润了〕小雨が降ったので地面は少し湿った.③〈喩〉人民の財産.〔刮 guā ～〕住民からしぼり取る.

地皮雨 dìpíyǔ 地面を湿らせる程度の雨.少しの雨.〔只下了点儿～〕ほんのお湿り程度の雨が降った.→〔透 tòu 雨〕

地痞 dìpǐ ≡〔地痞〕.〔把 bǎ 棍〕〔土 tǔ 混混儿〕地回り.土地の与太者・ごろつき.〔～流氓 máng〕土地のやくざ者.不良分子.→〔棍 gùn ②〕

地坪 dìpíng 平らな地面や床面.

地平面 dìpíngmiàn 陸上の水平面.→〔水 shuǐ 平面〕

地平线 dìpíngxiàn 回地平線.

地铺 dìpù 床に敷いた寝具.→〔打 dǎ 地铺〕

地祇 dìqí 〈文〉地の神.〔天神〕回天地の神.やおよろずの神々.

地起 dìqǐ ⇒〔地根儿〕

地气 dìqì ①地下の湿り気.②地表の温度.気温.③回土地のもつ(霊の)気.

地契 dìqì 土地売買契約書.

地钱 dìqián 回ゼニゴケ.

地堑 dìqiàn 回地溝・リフトバレー・地殻の裂け目.

地壳 dìqiào 回地殻.

地勤 dìqín 〔军军・空港の〕地上勤務.地上整備(員).〔～人员〕地上勤務員.〔空 kōng 勤〕

地球 dìqiú 地球.〔～村 cūn〕〈喩〉地球村.〔～风带〕回地球風域帯.〔～峰会〕地球サミット.〔～化学〕地球化学.〔～科 kē 学〕地球科学.〔～日〕アースデイ:毎年4月22日.〔～三極〕南極・北極・ヒマラヤ.〔～温室效应 yìng〕地球温室効果(温暖化).〔～物理年〕国際地球観測年.〔～物理学〕地球物理学.〔～仪 yí〕地球儀.

地区 dìqū ①地区.地方.〔华北～〕華北地区.〔～差 chā 距〕地域格差.〔多山～〕山の多い地区.〔这个～最适宜种 zhòng 小麦〕この地区は小麦の植え付けに一番適している.②省・自治区の下の特設行政区域:以前は〔专 zhuān 区〕と称した.近年廃止された.③その土地(の).地域(の).〔～干 gàn 部〕その地方の幹部.〔～经济〕地域経済.④国家として独立していない地域(植民地など).〔国家和～的代表〕国家と地域の代表.

地权 dìquán 土地所有権.

地券 dìquàn 回土地の売買・抵当の際の契約書.→〔白 bái 契〕

地儿 dìr 〔居る・置く〕場所.〔我来迟了,已经没了〕遅れて来たのでもう席がなかった.

地热 dìrè 回地熱.〔地下热〕ともいう.〔～能〕地熱エネルギー.〔～发电地熱発電.〔～学〕地熱学.〔～资源〕地熱資源.

地煞 dìshà ①固地煞(è)星:占星術での凶星.→〔天 tiān 罡〕②回凶神.邪悪な勢力.

地墒 dìshāng (種をまく畑の)土の湿り具合.

地上 dìshàng 地上.〔～权 quán〕法地上権.〔～河〕回天井川.〔～茎〕地上茎.

地上 dìshang 地面.地べた(に).

地少人多 dìshǎo rénduō〈慣〉土地が少なくて人口が多い.↔〔地广人稀〕

地参 dìshēn ⇒〔知 zhī 母〕

地声 dìshēng 回地鳴り(dòりà).:地震の際,大地が揺れて鳴り響くこと.

地史学 dìshǐxué 回地史学.

地势 dìshì 回地勢.

地鼠 dìshǔ 〔鼹 yǎn 鼠〕

地税 dìshuì 回〔地方税〕

地菘 dìsōng ⇒〔天 tiān 名精〕

地髓 dìsuǐ ⇒〔地黄〕

地台 dìtái 回高原.台地.

地摊(儿) dìtān(r) ①露店:道端に板・布・紙などを広げてその上に品物を並べて売る.〔~文学〕同前で売られる通俗文学作品.→〔高 gāo 摊儿〕②地面あるいは床板の上にじかに座ること.〔打 dǎ ～〕同前.

地坛 dìtán ≡〔〈文〉方 fāng 丘(坛)〕〔〈文〉方泽〕地壇:北京にある明・清代に皇帝が地祇(ぎ)を祭った祭場,また祭壇.→〔天 tiān 坛〕

地毯 dìtǎn カーペット.じゅうたん.〔～式轰 hōng 炸〕军じゅうたん爆撃.〔～式搜 sōu 索〕徹底的な捜索.

地铁 dìtiě 地下鉄(電車).〔地底电车〕ともいった.〔坐～〕地下鉄に乗る.

地头 dìtóu ①〔~儿〕田や畑の端・へり.〔在～儿歇 xiē 晌〕田畑のへりで昼休みをとる.②〈方〉目的(地).〔你到了～诸 zhū 事得多小心〕行き先へ着いたら何事もよく気をつけねばなりません.③〔地名〕〈方〉当地所在地.〔远 yuǎn 离～〕地元を遠く離れている.〔～人〕土地の人.〔～鬼 guǐ〕地元のならずもの.〔~收购价〕産地買い入れ相場.④⇒〔地脚②〕

地头蛇 dìtóushé 土地のやくざの親分.土地の顔役.〔好人不是～也不是人是地回りなどには少しもかなわない.〔强龙斗不过~〕〔强龙难压~〕〈谚〉外来の強いやくざも土地のやくざには勝てね.→〔地痞〕

地图 dìtú 地図.〔墙上挂着一张世界～〕壁に世界地図が掛けてある.〔～集〕アトラス・地図集.

地土 dìtǔ ①土地.②土地所有権.

地外文明 dìwài wénmíng 地球外文明.

地王 dìwáng〈喩〉土地成金.不動産王.

地望 dìwàng ①地域での勢望.②地理上の位置.③〈文〉地位と名望.

地委 dìwěi 中国共産党の〔地区委员会〕の略.→〔地区〕

地位 dìwèi 位置.地位.ポジション.〔国际～〕国際的地位.

地温 dìwēn 地温.地面及び地中の温度.

地文 dìwén ①⇒〔半 bàn 夏〕②回地文(ぷん).〔~学〕自然地理学.地文学.

地窝子 dìwōzi 〔地ヲ掘ッ建テ小屋:半は地面を掘り下げて作ったもの.

地蜈蚣 dìwú·gōng 虫ジムカデ.

地物 dìwù 地上固定存在物:建築物・樹木など.

地席 dìxí 地面に敷くシート.

地峡 dìxiá 回地峡.〔巴 bā 拿马～〕パナマ地峡.

地下 dìxià ①地下.〔～河〕回地下川.地下水流.〔～火〕地下の火:山火事などで地下に存在する火.〔～茎 jīng〕回地下茎.〔～室〕地下室.地階.〔～博物馆〕地下博物館:北京周口店の北京猿人遺跡,陝西臨潼の秦始皇陵園兵馬俑などの地下展示施設.②やみ(の).非合法の.〔～转 zhuǎn 入〕地下に潜る.身をかくす.〔～银行〕非合法銀行.アングラバンク.〔～标 biāo 会〕地下(もぐり)金融業.〔～放贷〕非合法貸し付け.〔～情 qíng〕道ならぬ恋.人目をはばかる恋.〔～工厂〕非合法な工場.③〈方〉(ビルの)1階.

地下党 dìxiàdǎng ①非合法の地下組織:非合法の活動をするグループ.②地下活動をする共産党の組織.

地下工作 dìxià gōngzuò ①≡〔井 jǐng 下劳动〕地下労働(坑内労働).②地下工作.非合法活動.

地下经济 dìxià jīngjì 〔隐 yǐn 性经济〕非合法の経済.地下経済.

地玓的䒷髢弟　　　　　　　　　　　　　　　　　　　dì

地下水 dìxiàshuǐ　地下水.〔～资源〕地下水資源.〔～漏 lòu 斗〕(過多な汲み下げで地下水の)水位が周辺より低下していること.

地下铁道 dìxià tiědào　⇒〔地铁〕

地下修文 dìxià xiūwén　<喩>文人が早世すること.

地下 dìxia　地面(に).地べた.〔掉在～了,快捡 jiǎn 起来〕地べたに落ちた、早く拾いなさい.

地线 dìxiàn　[電]アース.→〔火 huǒ 线〕〔天 tiān 线〕

地陷 dìxiàn　[地层下陷](地面の陥没)の略.

地效飞行器 dìxiào fēixíngqì　地 (海)面効果翼船: WIG.

地心 dìxīn　[地]地心:地球の中心.〔～吸 xī 力〕〔～引力〕地球引力:〔重 zhòng 力〕(地球重力)に同じ.

地心说 dìxīnshuō　天動説.地球中心説.

地形 dìxíng　地形.〔～图 tú〕地形図.

地穴 dìxué　①規模の大きいくぼ地地形.〔～穴ぐら.洞穴.

地学 dìxué　地学(総称)

地堰 dìyàn　あぜ(道)・土壌の流失を防ぐ盛り上げ.

地羊 dìyáng　⇒〔鼢 fén 鼠〕

地衣 dìyī　[植]地衣類.

地役权 dìyìquán　[法]地役権.

地窨子 dìyìnzi　①地下室.②⇒〔地窖〕

地应力 dìyìnglì　[地]地殼応力.

地榆 dìyú　〔黄 huáng 瓜香〕〔酸 suān 赭〕[植]ワレモコウ:根は止血剤に用いられる.

地舆 dìyú　<文>大地.〔～图 tú〕[旧]地図集.

地狱 dìyù　[宗]地獄.↔〔天 tiān 堂①〕②地獄のようなつらい所.〔人间～〕生き地獄.〔～无门自己寻〕<諺>自業自得.

地域 dìyù　①地域.②郷土.地方.〔～观念〕出身地重視の考え方.

地缘 dìyuán　①地势.②地縁.〔～关 guān 系〕地縁の人脈.

地缘政治学 dìyuán zhèngzhìxué　地政学:〔地理政治学〕ともいう.

地灾 dìzāi　[地质灾害]

地藏 dìzàng　[宗](仏教の)地蔵(菩薩).〔～王〕〔～(王)菩 pú 萨〕同前.

地毡 dìzhān　⇒〔野 yě 芝麻〕

地照 dìzhào　土地所有権登記済みの証書.

地震 dìzhèn　〔口]地动]地震.〔～波 bō〕地震波.〔～带 dài〕地震带.〔～海啸 xiào〕(地震)津波.〔～棚 péng〕地震シェルター.〔～前 qián 兆]地震の前兆.〔～区 qū〕地震带.〔～仪 yí〕地震計.

地震烈度 dìzhèn lièdù　震度.地震の強さ:単に〔烈度〕ともいう.1 (人は感じないが地震計は表示する)から12(すべての建物が甚大な被害を受ける)の12度に分ける.

地震震级 dìzhèn zhènjí　マグニチュード.地震の規模:単に〔震级〕ともいう.0 (1×10^{12}エルグ)から8.9(1×10^{25}エルグ)の9級に分ける.→〔地震烈度〕

地政 dìzhèng　土地行政(業務)

地支 dìzhī　〔十 shí 二层〕〔十二支〕〔十二子〕(え)の十二支:すなわち,〔子 zǐ,丑 chǒu, 寅 yín, 卯 mǎo, 辰 chén, 巳 sì, 午 wǔ, 未 wèi, 申 shēn, 酉 yǒu,戌 xū,亥 hài〕の〔干 gān 支〕〔天 tiān 干〕

地址 dìzhǐ　①所在地.あて先.住所.〔请填 tián 上～]住所をご記入ください.→〔住 zhù 址〕②[電算]アドレス.③～代码]アドレスコード.

地志 dìzhì　地誌.〔～学〕地誌学.

地质 dìzhì　地質.〔～学〕地質学.〔～力学〕地質力学.〔～部〕地質部(中央政府の官庁の名).〔～灾 zāi 害〕地質の災害:地震や火山噴火.土石流など.

地质年代 dìzhì niándài　[地]地質時代:〔前寒武纪〕(先カンブリア紀)〔太古宙 zhòu〕(元古宙)(原生代)から〔显生宙〕の〔古生代〕〔寒武纪〕〔～三叠纪〕・〔中生代〕(〔三叠纪〕～〔白垩纪〕)・〔新生代〕(〔古近纪〕～〔第四纪〕)に区分する.

地中海 dìzhōnghǎi　[地]地中海.〔～实 shí 蝇〕チチュウカイミバエ.

地轴 dìzhóu　①[地]地軸.②回転する設備における際の下側の軸.

地主 dìzhǔ　①[不労]地主:〈方〉粮 liáng 户②]に同じ.〔～二代〕地主分子.〔～阶级〕地主階級.→〔富 fù 农〕〔贫 pín 农〕〔中 zhōng 农〕②土地の持ち主.③(他地から来た人に対して)その土地の人.〔略尽～之谊 yì〕地元のものとしていささかなすべきことをしてあげる.

地主老财 dìzhǔ lǎocái　①地主と金持ち.②大地主.

地著 dìzhù　⇒〔土 tǔ 著〕

地砖 dìzhuān　①床タイル.②煉瓦敷の地面.

地啄木 dìzhuómù　[鳥]アリスイ:キツツキ科アリスイ属の総称.頭と首を曲げる独特の習性を持つ.

地租 dìzū　[経]地租:〔地租子〕〔地头钱〕(小作料)は俗称.

[玓]
dì　〔～珠 lì〕<文>真珠の光.

[的]
dì　①まと(の中心).〔中 zhōng〕的に当たる.〔无 wú ～放矢〕成の的のなにか矢を放つ.無計画に事をなす.〔目～〕目的.<文>明らか.明らか.〈姓〉的〈～> de dí dí

的的 dìdì　<文>明るく輝くさま.〔明月～〕明るい月が皓皓(こう)と輝いている.

的黎波里 dìlíbōlǐ　[地]トリポリ.ⓐ〔大 dà 阿拉伯利比亚人民社会主义民众国〕(大リビア・アラブ社会主義人民ジャマーヒリーヤ国,通称リビア)の首都.ⓑレバノン北部の港市.

的历 dìlì　<文>鮮明なこと:〔的砾〕とも書く.

[䒷]
dì　<文>蓮(ハチス)の実.→〔莲 lián 子〕

[髢]
dì　〔～髻 jì〕<文>たぶさ.まげ.

[弟]
dì　①弟:通称〔～～〕.また〔二～〕〔三～〕のように兄弟の順序を共に表す.〔三～〕3番目の弟:その弟が兄弟中で3番目であり自分よりも上である時いう.〔胞 bāo ～〕〔亲 qīn ～～〕実の弟.〔令 lìng ～〕他人に対しその弟をいう時の尊称.弟さん.〔舍 shè ～〕他人に対し自分の弟をいう時の謙称.わたしの弟.〔老 lǎo ～〕きみ.あなた:年下の親しい友人に対する呼称.→付録 5　②いとこ:親戚中の同世代に於いて年下の男子.→〔哥 gē ①②〕③<謙>同世代の友人に対する自称:多く書簡の末尾に〔～某某拜 bài 启〕また,自分の写真などに〔～某某敬赠〕などと書く.〔小 xiǎo ～〕愚 yú ～〕小生.わたくし.④師が自分の門弟・弟子に対する称.〔徒 tú ～〕徒弟.⑤⇒〔第(I)③〕⑥<姓>弟

弟弟 dìdi　①弟:〔兄弟 xiōng・dì ①〕に同じ.②自分と同輩で年下の親成の男性.〔叔 shū 伯 ～〕従兄弟下の男性の友人.

弟妇 dìfù　弟の嫁(妻):〔弟妹②〕〔弟媳(妇儿)〕は口語.

弟妹 dìmèi　①弟と妹.②＝〔弟妇〕〔弟媳(妇儿)〕弟の嫁(妻)

弟男子侄 dìnán zǐzhí　親族の中で自分より目下の男子全部のこと.

弟台 dìtái　<牍>そなた:自分より年下の人に対する

(敬意を含んだ)呼称.→〔兄 xiōng 台〕
弟媳(妇儿) dìxí(fur) ⇒〔弟妹②〕
弟兄 dìxiong ①兄.弟.〔~哥儿〕〔~几个〕兄弟は何人かね.〔~们〕兄弟たち.〔我没有~〕兄弟はいない(本人を含まない).〔他们是亲~〕彼らは実の兄弟だ(本人を含む).②兄弟同然の仲間い.〔~哥 gē 儿①③〕〔姐 jiě 妹〕③⃝旧兵隊さん:兵隊に対する親しみの称呼.また,兵隊同士の呼びかけの言葉.
弟子 dìzǐ 門人.門弟.弟子.
弟子孩儿 dìzǐháir 〈罵〉拾われた捨て子(人を罵る時に用いる)

〔**佛**〕dì〈文〉弟.

〔**递・遞**〕dì ①手渡す.〔~名 míng 片〕名刺を差し出す.〔~国 guó 书〕国書を捧呈する.〔把émbed 水(儿)~给我吧〕インクを取って(渡して)ください.〔一个~一个地传 chuán 到前边儿去〕一人ずつ次々と渡して前の方へ送っていく.②順々に.次々に.しだいに.〔~增 zēng〕しだいに増える(増やす).〔~减〕⇒〈递②〉
递包袱 dìbāofu ⇒〔递红包〕
递变 dìbiàn しだいに変わる.
递补 dìbǔ 順次に補充する.〔由备取生~〕補欠合格者から繰りあげ補充する.
递层 dìcéng 一層一層と進み重ねる.〔~修辞的语意是层层递进,排比没有这个特点〕"递层"という修辞法の意味は層一層と進み入っていくことである,"排比"にはこの特徴はない.
递次 dìcì 次々に.一つひとつ順を追って.〔对上述问题,~予 yǔ 以说明〕上に述べた問題について,順次に説明を加える.
递和气(儿) dìhéqi(r)〈方〉人に穏やか(柔らか)な態度をとる.→〔递嘻和(儿)〕
递红包 dìhóngbāo =〔递包袱〕〈喩〉〈口〉賄賂(なる)を贈る.
递话(儿) dìhuà(r)〈方〉それとなく暗示する.
递换 dìhuàn 順ぐりに替える(替わる)
递回 dìhuí ⇒〔递〕
递价 dìjià ⇒〔出 chū 价①〕
递减 dìjiǎn 逓減する.しだいに減らす(減る).〔产品的成本随着生产率的提高而下いう/生産性の向上に伴って製品のコストは逓減する.
递降 dìjiàng 順次に下がる.〔入冬以来气温平均每日~一度〕冬になってから,気温は日ごとに1°Cずつ下がった.
递交 dìjiāo 直接手渡す.
递解 dìjiè 旧(路程にある官署が)犯人を順次引き渡して護送する.→〔押 yā 解〕
递进 dìjìn 順々に前に進む.しだいに前に進む.
递口风 dìkǒufēng 口吻(ぶり)をもらす.
递年 dìnián 年々.年を追って.
递实价 dìshíjià 经〔ファーム〕ビット.確約購入申し込み(をする):〔实价盘〕〔确价盘〕ともいう.→〔报 bào 实价①〕〔出 chū 价①〕
递手本 dìshǒuběn 旧下級あるいは弟子が自分の略歴などを書いた一種の名刺を上役あるいは師に差し出すこと.〔~风 fēng 下に立つ.〔难道说我做太太的给姨 yí 奶奶去~不成?〕まあ,正妻たるわたしに姿の風下に立てと言うんですか!〔手本①〕
递送 dìsòng(公文や書簡を)届ける.〔~信件〕手紙を配達する.〔~情报〕情報を届ける.
递条子 dìtiáozi メモを書いて渡す:上級者に取り入るの挨拶.
递投 dìtóu (手紙を)差し出す.逓送する:ふつう

〔投递〕という.
递嘻和(儿) dì xīhē(r)〈方〉愛想笑いをする.ご機嫌をとる.〔看他这么劲儿 jìn 不定有什事要求你哪〕彼のこの追従ぶりときたら,何かきみに求めるところがあるのかもわからないよ.→〔递和气(儿)〕
递孝接拳 dìxiào jiēxiào 旧葬式の時,遺族から弔問客に白布を渡し,弔問客はそれを受け取って喪章としてつけること.
递眼色 dìyǎnsè 目くばせする:〔使 shǐ 眼色〕に同じ.
递增 dìzēng =〔递加〕しだいに増える(増やす).〔每年~百分之十四点七〕毎年14.7%ずつ増えていく.
递针(儿) dìzhēn(r) (裁縫の)運針.針を運ぶこと.〔~递得快〕運針が速い.

〔**娣**〕dì ①〔姊娣〕同前.→〔姒①②〕②旧高貴な家の娘が嫁ぐ時につき従っていき,婚家でその世話をする腰元.④〈姓〉娣.
娣姒 dìsì ⇒〔姒娣〕

〔**睇**〕dì ①〈文〉目で見る.目を細めて見る.〔~眄 miǎn〕心にかけて横目に見る.②〈方〉注意して見る.〔~楼〕(マンションなどを)実地見分する.

〔**第**〕dì(Ⅰ)①〈文〉順序.等級.〔次~〕順番.②序数を表す接頭語.〔~三课〕第3課.③=〈第⑤〉旧段階:科挙合格者の成績順位.〔及 jí ~〕及第する.〔落 luò ~〕落第する.〔终生未~〕生涯,科挙に及ばなかった.④〈姓〉第(だ).(Ⅱ)〈文〉(封建社会の官僚の)邸宅.〔府 fǔ ~〕〔宅 zhái ~〕〔家第.(Ⅲ)①〈文〉ただ(…のみ).〔~恐…〕ひたすら…を恐れる.〔~念…〕ただ…のみを思う.②しかし.ただし.〔~不知需时几日〕ただ,幾日を要するものなるかは不明.
第八艺术 dìbā yìshù 映画:文学・音楽・絵画・演劇・建築・彫刻・舞踊について現れた芸術.
第比利斯 dǐbǐlìsī トビリシ:〔格 gé 鲁吉亚共和国〕(グルジア共和国)の首都.
第二 dì'èr ①第二(の).2番目(の).〔~产业〕第二次産業:工鉱業と建設業.〔~次世界大战〕史第2次世界大戦.〔~次鸦 yā 片战争〕史アロー号戦争.〔~大学文凭 píng〕〔~证书〕大学卒業証書.〔~代〕〔下 xià ~代〕第二世代.〔~货币〕第2の通貨.〔~级运算〕乘除の演算.〔~课堂〕授業内容や職業教育と関連がある課外活動.〔~炮 pào 兵〕(中国)ミサイル兵種(部隊).〔~人称 chēng〕2人称.〔~手〕⇒〔囲碁・将棋などの次の手.⑤(その世界での)第2位の名手.〔~梯队〕第二梯団.〔~性〕二次的.〔~银行〕質屋の別称.〔~职业〕アルバイト.副業.④〈姓〉第二(だ).
第二国际 dì'èrguójì ⇒〔第四国际〕
第二次长征 dì'èrcì chángzhēng〈喩〉困難で重大な任務や事業.〔四 sì 个现代化〕
第二次国内革命战争 dì'èrcì guónèi gémìng zhànzhēng 史1927年~1937年,南昌蜂起より長征・抗日戦争勃発までに起こった中国革命戦争.
第二代领导人 dì'èrdài lǐngdǎorén =〔第一代领导人〕
第二国际 dì'èr guójì =〔国际社会党〕第二インターナショナル.国際社会主義労働者同盟:1889年成立.第一次世界大戦の勃発にともない事実上消滅した.別称〔黄 huáng 色国际〕
第二甲 dì'èrjiǎ 旧科挙の試験で,最終試験の〔殿 diàn 试〕に合格した第二クラスの合格者たち.〔二甲〕ともいう.〔进 jìn 士出身〕という資格が与えられた.なお,このうち最上位の人を〔传 chuán 胪〕と称

第 dì

第二轮 dì'èrlún 第二巡目(の).〔~电 diàn 影院〕2番館:封切りが終った映画の上映館.〔~首 shǒu 轮〕

第二命题 dì'èr mìngtí ⇒〔小 xiǎo 前提〕

第二审 dì'èrshěn 法第2審.上訴審:最終審.単に〔二审〕ともいう.

第二声 dì'èrshēng 言(中国語声調の)第2声.→〔四 sì 声②〕

第二世界 dì'èr shìjiè 超大国の米国と旧ソ連と発展途上国との間にあり,経済が発展している国家:日本・イギリス・フランス・ドイツ・カナダなど.→〔第三世界〕〔第一世界〕

第二线 dì'èrxiàn →〔第一线②〕

第二信号系统 dì'èr xìnhào xìtǒng ヒトに特有の言語・文字を通しての情報システム.→〔第一信号系统〕

第二性征 dì'èr xìngzhēng 生理第二次性徴.

第二宇宙速度 dì'èr yǔzhòu sùdù 地球引力を離れる毎秒11.2kmの速度.〔脱 tuō 离速度〕ともいう.また地球に落下しない運行速度を〔第一宇宙速度〕〔环 huán 绕速度〕ともいい,太陽系を離れる速度を〔第三宇宙速度〕,銀河系を離れる速度を〔第四宇宙速度〕という.

第老的 dìlǎode 〈方〉(兄弟あるいは姉妹の中で)末っ子.

第六感觉 dìliù gǎnjué 第六感:〔视, 听, 嗅 xiù, 味, 触 chù〕以外の感覚.

第纳尔 dìnà'ěr 〈音訳〉ディナール:イラク・ヨルダン・バーレーンなどの通貨単位名.

第聂伯河 dìnièbó hé ドニエプル川:ロシアからベラルーシ・ウクライナを経て黒海に注ぐ.

第三 dìsān 第三(の). 3番目(の).〔~部门〕NGO:非政府組織.〔~产业〕〔三产〕サービス産業(生活全般に係わる). 〔~春 chēng〕〔老〕中老年者の春.〔~等级〕史第三階級.〔~方面〕直接の当事者以外の側(の人).〔~级运算〕数果乗と開方の演算.〔~者〕原告・被告以外の訴訟に関係ある者.〔~人称〕〔他 tā 称〕三人称.〔~种 zhǒng 人〕左翼と右翼の中間にあって,政治的な文学に反対する者.〔自 zì 由人〕.1930年代に雑誌"現代"などで胡秋原らが主張した.〔~状態〕半健康:健康と病気の中間.

第三次国内革命战争 dìsāncì guónèi gémìng zhànzhēng 史1946年~1949年,抗日戦争終結から国民党敗退までの国内革命戦争:〔解 jiě 放战争〕ともいう.

第三次浪潮 dìsāncì làngcháo 第三の波:農業革命時代,工業革命時代に次ぐエレクトロニクス・バイオテクノロジー・ロボット・ロケットなどの新時代.

第三代领导人 dìsāndài lǐngdǎorén →〔第一代领导人〕

第三国际 dìsān guójì 〔赤 chì 色国际〕〔红 hóng 色国际〕史コミンテルン:〔共 gòng 产国际〕ともいう.〔康 kāng 民団〕は旧音訳詞.

第三纪 dìsānjì 地新生代の最初の紀を〔老~〕,次を〔新~〕という.→〔地质年代〕

第三甲 dìsānjiǎ 旧科挙の試験で,最終試験の〔殿 diàn 试〕に合格した第三クラスの合格者たち:〔同 tóng 进士出身〕という資格が与えられた.〔三甲〕ともいう.→〔第二甲〕〔第一甲〕

第三人 dìsānrén 法民事訴訟などで,原告・被告以外の人.

第三声 dìsānshēng 言(中国語声調の)第3声.→〔四 sì 声⑤〕

第三世界 dìsān shìjiè 史第三世界:アジア・アフリカ・ラテンアメリカなどの発展途上国.→〔第二世界〕〔第一世界〕

第三势力 dìsān shìlì ①第三の勢力. ②史1930年~1940年,国民党と共産党の中間にあった諸団体及び諸党派.

第三梯队 dìsān tīduì 〈喩〉次世代の指導者層:引退した〔第一梯队〕,現役の〔第二梯队〕に対していう.

第三宇宙速度 dìsān yǔzhòu sùdù →〔第二宇宙速度〕

第三者 dìsānzhě ①第三者.〔~责任强制保险〕強制賠責保険.〔~责任险〕対人保険.暗責保険. ②(夫婦間の)不倫相手.

第四 dìsì 4番目(の).〔~产业〕情報産業.〔~阶级〕労働階級.〔~媒体〕因 yīn 特网インターネット.

第四国际 dìsì guójì =〔第二半国际〕史第四インターナショナル.

第四纪 dìsìjì 地地質年代で,新生代の現代に最も近い時代.

第四声 dìsìshēng 言(中国語声調の)第4声.→〔四声⑥〕

第四宇宙速度 dìsì yǔzhòu sùdù →〔第二宇宙速度〕

第五 dìwǔ ①5番目(の).〔~纵 zòng 队〕〔~部队〕第五列.敵の後方を攪乱(こうらん)する要員.味方内の裏切り者. 〔~产业〕コンサルタント・カウンセリング業. ②〈姓〉第五(だい).

第一 dìyī ①(最も)最初(の). 最初(の).〔~产业〕農業(林業・牧畜業・漁業).〔~级〕最初(の).〔~次世界大战〕第1次世界大戦.〔~次鸦 yā 片战争〕史アヘン戦争.〔~地点〕原発事故.〔~夫人〕ファーストレディー:一部国家の元首夫人.〔~级运算〕数加減の演算.〔~课 kè〕第1課.〔~名〕ナンバーワン(の人).第1位.〔~人称 chēng〕一人称.〔~审〕〔一审〕第一審.〔~时间〕(発生後)最も直近の時間.〔~手〕直接手に入れた(もの).〔~手材 cái 料〕=同時資料.〔~手资料〕〔~性〕一次的の.決定的の.〔~遭 zāo〕最初.初回.〔倒数 dàoshǔ ~〕後ろから一番目.〔全国~〕全国第一.〔获 huò 得~名〕首席を獲得した.〔他跑百米得了~〕彼は100メートル競走で1等になった. ②最も重要である.〔生产~〕生産第一.

第一把交椅 dìyībǎ jiāoyǐ →〔头 tóu 把交椅〕

第一把手 dìyībǎshǒu =〔一把手④〕(グループ内の)最高責任者.〔上級来了领导,必须~接待;下级来了负责干部,也要~接见〕上から幹部がやってくれば必ずトップが接待しなければならないし,下から責任者がやって来ても,同様にトップが会わなければならない.

第一次国内革命战争 dìyīcì guónèi gémìng zhànzhēng 史1924年~1927年,北伐を経て,国共合作崩壊までの国内革命戦争:〔大 dà 革命②〕に同じ.

第一代领导人 dìyīdài lǐngdǎorén 中華人民共和国建国前後の革命指導者の世代:〔新中国~〕の略.文革期までの第二代領導人,文革後の世代を〔第三代领导人〕という.

第一国际 dìyī guójì 史第一インターナショナル:当初〔国际工人协会〕(国際労働者協会)と称した.最初の労働者国際組織で,マルクス・エンゲルス・バクーニンなどが創立者となり,1864年ロンドンで成立.

第一甲 dìyījiǎ 旧科挙の試験で,最終試験の〔殿 diàn 试〕の合格者中トップの3名:〔一甲①〕ともいう.その中でも最上位の者から順に〔状 zhuàng 元①〕〔榜 bǎng 眼〕〔探 tàn 花〕と称せられた.この3名には〔进 jìn 士及第〕という資格が与えられた.

dì~diān

第一流 dìyīliú 一流(の).〔～的学者〕一流の学者.〔中国～的大油田〕中国のトップクラスの大油田.
第一炮 dìyīpào 第一発.〈喩〉はじまり.
第一声 dìyīshēng ①〔中国語声調〕の第1声.→〔四(sì)声〕 ②最初の発言.第一声.〔他喊 hǎn 出～〕彼が第一声を発した.
第一世界 dìyī shìjiè アメリカと旧ソ連の両超大国.→〔第二世界〕〔第三世界〕
第一线 dìyīxiàn ①〔軍〕戦場の最前線. ②仕事の現場.第一線.〔一线〕ともいう.現場から退いた控えを〔二线〕という.〔生产～〕生産の現場.〔从～退居(第)二线〕現場を退いて控えにまわる.
第一信号系统 dìyī xìnhào xìtǒng 直接的な感覚による刺激を手段とする情報システム:全ての高等動物が持つ.→〔第二信号系统〕
第一宇宙速度 dìyī yǔzhòu sùdù →〔第二宇宙速度〕
第宅 dìzhái =〔宅第〕〈文〉邸宅.屋敷.

〔**杕**〕 dì 〈文〉木が一本ぽつんと立っているさま.→〔杕杜 dù〕兄弟のいない一人住まい.→ duò

〔**帝**〕 dì ①[宗]宇宙の創造者・主宰者.〔上～〕〔天～〕同前. ②天下に王たる者.君主.天子.〔称 chēng 王称～〕〔成〕天下に君臨する.〔皇 huáng ～〕皇帝.〔废 fèi ～〕廃帝. ③帝国主義の略.〔反～〕帝国主義反対. ④〈姓〉帝(dǐ)
帝储 dìchǔ 〈文〉皇太子.→〔储②〕
帝都 dìdū 帝都〔京都〕〔帝居〕ともいう.
帝俄 dì'é 〔沙 shā 俄〕帝政ロシア(ツァーロシア)
帝国 dìguó ①[史]帝国.〔罗 luó 马～〕ローマ帝国. ②〈喩〉大企業.〔石油～〕石油帝国.
帝国主义 dìguó zhǔyì [史]帝国主義.〔～阵 zhèn 营〕帝国主義陣営.
帝号 dìhào 天子の称号.
帝后 dìhòu [史]皇后.
帝阍 dìhūn ①天帝の宮殿の門. ②王宮.朝廷.
帝京 dìjīng ⇒〔帝都〕
帝君 dìjūn 高位の神に対する尊号.〔关 guān 圣～〕神様としての関羽に対する尊号.→〔太 tài 上老君〕
帝喾 dìkù 〔喾〕
帝力 dìlì ①帝王の力. ②[地]ディリ:〔东 dōng 帝汶民主共和国〕(東ティモール民主共和国)の首都.
帝陵 dìlíng 天子の墓.皇帝陵.〔皇 huáng 陵〕ともいう.
帝女 dìnǚ ①〔神話中の〕天帝の娘. ②皇室の娘.
帝师 dìshī 〈文〉皇帝の師(僧官名)
帝王 dìwáng 帝王.帝王.〔～病 bìng〕[医]〔痛 tòng 风〕(痛風)の俗称.〔～企 qǐ 鹅〕皇帝ペンギン.
帝王将相 dì wáng jiàng xiàng 皇帝・王侯・将軍・宰相.
帝位 dìwèi 帝位.
帝乡 dìxiāng 〈文〉①京都.都. ②天帝の住む所.
帝修反 dìxiūfǎn 帝国主義・修正主義・反動派の略.
帝政 dìzhèng 帝政.
帝制 dìzhì 君主制.帝制.
帝子 dìzǐ 帝王の子女.

〔**谛**・**諦**〕 dì ①〈文〉つまびらかに. ②[宗](仏教で)真言.正しい道理.〔真 zhēn ～〕真の教え.〔得 dé 妙～〕至妙の意義を悟る.禅理を了得する.〔俗～〕あさはかな道理.
谛视 dìshì 〈文〉仔細に見る.
谛听 dìtīng 〈文〉詳しく聞く.

〔**蒂**(**蔕**)〕 dì ①〔植物の〕へた.花や果実が柄につながる部分.〔一把儿 bar ～〕〈方〉同前.〔花～〕花のへた.〔并 bìng 头莲〕蒂ba② ②〈文〉根本(dǐ).〔根 gēn 深～固〕〔成〕基礎の根強い(しっかりした). ③末端.〔烟～〕すいがら.〔～欠 qiàn〕残余. ④〈姓〉蒂(dǐ)
蒂芥 dìjiè 〈文〉(心の)わだかまり.屈託.〔芥蒂〕ともいう.

〔**缔**・**締**〕 dì ①取り決める.(約束を)結ぶ. ②制約する.禁止する.〔取 qǔ ～〕取り締まり(る). ③打ち建てる.
缔和 dìhé 講和する.
缔交 dìjiāo ①〈文〉友となる.友として交わる. ②国交を締結する.→〔结 jié 交〕
缔结 dìjié (条約や同盟を)締結する.〔～邦交〕国交を結ぶ.〔～条约〕条約を締結する.
缔盟 dìméng 同盟を結ぶ.盟約する.
缔姻 dìyīn 婚姻を結ぶ.姻戚関係になる.
缔约 dìyuē 条約を結ぶ.〔～国〕締約国.
缔造 dìzào 創立する.創建する.創設する.〔～者〕創造者.

〔**禘**〕 dì [古]天子・諸侯が祖先を祭祀(し)する儀礼(の一種)

〔**碲**〕 dì [化]テルル(テルリウム):半金属元素.記号 Te.〔～原生矿 kuàng〕同前の鉱石:1993年四川省で発見された鉱脈が有名.

〔**遞**・**遆**〕 dì →〔迢 tiáo 遞〕

〔**螮**・**蝃**(**蝪**)〕 dì 〔～蝀 dōng〕〈文〉虹の別名.→〔虹 hóng ①〕

〔**棣**〕 dì (Ⅰ)① →〔常 cháng 棣〕 ② →〔唐 táng 棣〕 ③ →〔棠 táng 棣〕 ④〈姓〉棣(dǐ)
(Ⅱ)〈文〉弟.〔贤～〕賢弟.
棣华 dìhuá 〈喩〉兄弟:〔棣华萼 è〕ともいう.
棣棠 dìtáng [植]ヤマブキ.〔～花〕同前の花.〔～黄 huáng〕[色]柿色(の).山吹色(の)

〔**隄**〕 dì 〈文〉地:籀(ちゅう)文の字体.

〔**踶**〕 dì 〈文〉(地面を)踏む.蹴る.

dia ㄉ丨ㄚ

〔**嗲**〕 diǎ 〈方〉①甘える.また甘え声や態度.〔发～〕同前.〔你那么大人了还～什么〕お前はそんなに大きくなってもまだ甘えるのか.〔孩子在母亲面前哪儿有不～的？〕母親の前で甘えない子はいないです.〔她～声～气地说〕彼女は甘ったれて言う.〔说～话〕甘えたことを言う.〔撒 sā 娇犯～〕甘ったれた格好.②とても良い.入れ換える.〔～里～气の様子だ〕甘ったれた格好. ②とてもいい.ずばぬけている.

dian ㄉ丨ㄢ

〔**掂**(**敁**)〕 diān ①手のひらに物をのせて重さを量る.〔用手～一～〕手で重さを量る.〔～三 san〕〈方〉よく考慮する. ②〈方〉手で持つ.させる.
掂对 diāndui〔掂兑〕〔颠对〕とも書く.〈方〉①斟酌(しんしゃく)する.考える.〔你～着办吧〕見計らってやりなさい.②とり換える.入れ換える.
掂掇 diānduo ①=〔方〕掂合〕手にのせて重さを量る.〔你～一这包裹 guǒ 有多重〕きみ,この小包はどれくらい重さがあるか手かげんで量ってみてくれ. ②いろいろ考えに入れる.見当をつける.〔掂对①〕に同

掂 **diānhé** 同上①.
掂斤播两 diānjīn bōliǎng 〈成〉ひどく細かに穿鑿(せんさく)する.〔掂斤掰两〕〔掂斤簸两〕〔掂斤簸两〕ともいう.
掂斤量 diānjīnliàng 〈方〉(人の)品定めをする. 能力の当たりをつける.
掂 diān·liáng ①手で重さを量る. ②考慮する. 推し量る. →〔掂掇〕
掂配 diānpèi 見はからって段取りする. 見当で配置する.
掂算 diānsuàn 見当(をつける). 見積る(りでそろばんをはじく).

〔**偵（偵）**〕 **diān** 〈文〉錯乱する. こんがらがる.

〔**滇（滇）**〕 **diān** ①[地]雲南省の別称:〔云yún (I)②〕に同じ. 〔~池 chí〕[地]雲南省にある湖. 〔~剧 jù〕[劇]雲南の地方劇. 〔~缅 miǎn 路〕[交]ビルマルート. 〔~藏 zàng 公路〕雲南・チベット道路. 〔~红〕雲南産紅茶. ②戦国時代, 今の雲南の地にあった古国名. 〈姓〉滇(てん).
滇苦菜 diānkǔcài 圃オニゲシ.
滇越铁路 diānyuè tiělù 雲南省昆明市より南下し, ベトナム国境河口に至る鉄道.

〔**颠・顛**〕 **diān** (Ⅰ)①〈文〉頂(のてっぺん). 〔华~〕白髪まじりの頭. 〔白发盈 yíng ~〕白髪が頭を覆っている. ②いただき. 頂上. 〔山~〕山の頂上. 〔塔 tǎ ~〕塔のてっぺん. 〔树~〕木のこずえ. →〔顶 dǐng ①〕. 〈姓〉顛(てん).
(Ⅱ)①倒れる(す). ひっくり返る(す). あべこべにする. 上下・前後の順序をひっくり返す. また, 小さく揺れる. 〔道路不平,坐车~得难受〕道が凸凹で車に乗るとガタガタ揺れてつらい. ④〔-儿〕〈方〉跳びはねて走る. 〔我的话没说完,他就~儿了〕私の話が終わらないのに, 彼は走っていった.
(Ⅲ) ⇒〔顛〕
颠簸 diānbǒ (上下に)揺れ動く. 〔机身更加~起来〕機体は更に揺れを増してくる.
颠倒 diāndǎo =〈方〉丁寧倒①さかさまにする(なる). ひっくり返す(る). 逆にする(なる). 〔~是 shì 非〕〔是非~〕〔~黑 hēi 白〕〔黑白~〕〈成〉是非善悪(黑白)をさかさまにする. 〔这个词要把~过来,意思就不一样了〕この語は引っくり返すと意味が違ってくる. ②錯乱する. うろたえる.
颠顶 diāndǐng 同下.
颠峰 diānfēng =〔顛顶〕山頂. 〈喩〉ピーク. 〔~状态〕最良のコンディション. 〔~时间〕〔高 gāo 峰时间〕ラッシュアワー.
颠覆 diānfù (列車・船また政権など)転覆する(させる). →〔推 tuī 翻〕
颠棘 diānjí ⇒〔天 tiān 门冬〕
颠蹶 diānjué 〈文〉つまずいてころぶ. 〈転〉失敗する.
颠狂 diānkuáng 〈文〉 ⇒〔癫狂〕
颠来倒去 diānlái dǎoqù 〈成〉何度でも繰り返さす.
颠连 diānlián 〈文〉①困苦する. ②続いて絶えない.
颠鸾倒凤 diānluán dǎofèng ⇒〔倒凤颠鸾〕
颠末 diānmò 〈文〉てんまつ. 始めから終わりまでのいき さつ.
颠沛 diānpèi ①倒れる. ひっくり返る. ②苦労する. 困苦する. 〔~流 liú 离〕〔流离~〕困苦してさまよう.
颠仆 diānpū つまずき倒れる.
颠扑不破 diānpū bùpò 〈成〉どんな打撃にあっても壊れることはない. 永久に論破されない. 〔~的真理〕

千古不滅の真理.
颠茄 diānqié 圃ベラドンナ:ナス科多年草. 猛毒. 〔颠茄碱 jiǎn〕(アトロピン)の原料とする. →〔阿 ā 托品〕
颠儿(丫子) diānr(yāzi) ①〈方〉走る. 逃げる. ずらかる. 〔放下筷 kuài 子就~〕箸を置くなり出てしまった. ②すばやくその場を離れる.
颠三倒四 diānsān dǎosì =〔倒三颠四〕〔倒四颠三〕〈成〉(言動が)とりとめない. でたらめである. 〔我这个人向来是~的〕わたしはもともといいかげんな人間です. 〔叫女人迷得~〕女に狂って変になった.
颠越 diānyuè 〈文〉墜落する. 衰亡する.
颠踬 diānzhì 〈文〉つまずき倒れる. 挫折する.
颠坠 diānzhuì 〈文〉倒れ落ちる.

〔**踬（蹎）**〕 **diān** 〈文〉つまずき倒れる.

〔**撷・擷**〕 **diān** 〈白〉つまずき転ぶ: 〔跌 diē ①〕に同じ. 〔~下来〕ころがり落ちる.

〔**巅・巔**〕 **diān** 山の頂. 〔山shān ~〕同前. 〔~峰〕最高峰. ピーク. ⑤最高の状態. 〔~峰状态〕同前.

〔**癫・癲**〕 **diān** =〔颠 (Ⅱ)〕気が狂っている. 気がふれている. 〔疯 fēng ~〕狂っている. 瘋癲(ふうてん)である. 気が触れている. 〔发~〕〈方〉発狂する. 狂ったようになる.
癫狂 diānkuáng =〔颠狂〕①気がふれる. 錯乱する. ②(言行が)軽躁である. 奔放である.
癫痫 diānxián 医てんかん:〔羊 yáng 角风〕〔羊痫风〕〔中医病(症)〕ともいう.
癫子 diānzi 〈方〉狂人:〔疯子〕に同じ.

〔**典**〕 **diǎn** (Ⅰ)①規準となる書籍. 〔字 zì ~〕字典. 〔词 cí ~〕辞典. ②法(のり). きまり. 法典. ③古典. 記録に載っている故事. 〔引 yǐn 经据~〕(談話や文章が)経書や古典の内容を引用して述べる. 〔他写文章爱用古~的文字,文章有点读不懂〕彼は文を書くのに故事をよく用いる. ④儀式. 式典. 〔毕 bì 业~礼〕卒業式. 〔开国大~〕建国の大典. ⑤〈文〉(役人が職務を)主管する. 〔~试 shì〕科学の試験に関することを主管する(役人). 〔~狱 yù〕典獄. ⑥〈姓〉典(てん).
(Ⅱ)土地・不動産を抵当にして金を借りること. または, 人に金を貸してその期間相手の土地・不動産を占用すること. 〔出~房子〕(自分の)家を抵当に入れて金を借りる. 〔~出去〕抵当に入れる. 〔~了几间房子住〕幾間かの部屋を抵当にとって(そこに)住む. →〔当 dàng (Ⅱ)〕
典藏 diǎncáng (図書館・博物館の)収蔵(する)
典册 diǎncè ⇒〔典籍〕
典当 diǎndàng ①=〔典押〕〔典质〕質に入れる. 抵当に入れる. 〔~铺 pù〕〔当铺〕質屋. 〔~行 háng〕同前. ⑤質業. ②〈方〉質屋.
典范 diǎnfàn 手本. 模範. かがみ. 〔~转 zhuǎn 换〕パラダイムシフト.
典故 diǎngù =〔故典〕①故実. 熟語のでどころ. 〔这个成语有什么~〕この成語にはどういう出典があるんですか. ②いわく. わけ. 〔其中必有~〕その間にはきっといわくがある.
典籍 diǎnjí =〔典册〕古代の図書. 古代の国の重要文献.
典假 diǎnjiǎ 偽の質草で金を借りる. 〔~案〕同前の事件.
典价 diǎnjià 抵当や質入れの価格.
典金 diǎnjīn 質屋が貸した金. 質屋から借りた金.
典礼 diǎnlǐ 式典. 儀式. 〔隆 lóng 重地举 jǔ 行毕 bì 业~〕盛大に卒業式を挙行する.

diǎn

典吏 diǎnlì 〈文〉①係の役人. ②下級の役人.
典卖 diǎnmài ＝[活 huó 卖]不動産などを)買い戻し条件つきで(一時的に)売る. →[绝 jué 卖]
典票 diǎnpiào ⇒[当 dàng 票]
典妻鬻子 diǎnqī yùzǐ 〈成〉妻を質に入れ子供を売り払う.
典契 diǎnqì (土地・家屋の)抵当権設定契約書.
典身文契 diǎnshēn wénqì 回身売り契約書.
典实 diǎn·shí 真面目で落ち着きがある.[那个年青人倒是很～]あの若者はなかなか落ち着いた人間だ.
典史 diǎnshǐ →[县 xiàn 尉]
典收 diǎnshōu 質草をとる.
典守 diǎnshǒu 〈文〉保管する.
典物 diǎnwù ①質草.抵当物.〈口〉当 dàng 头①に同じ. ②⇒[典章]
典型 diǎnxíng 典型(的である).(～化)典型化する.典型像を作りだす.(～性)典型性.代表性.(～事例)モデルケース.[这件事很～]これは非常に典型的だ.(～示范,逐步推广)典型的なもので範を示し,徐々に推し広めていく.
典押 diǎnyā ⇒[典当①]
典雅 diǎnyǎ 典雅である.優雅である.[文笔～]優美な筆致である.
典鬻 diǎnyù 〈文〉買入れたり売り払ったりする.
典章 diǎnzhāng ＝[典物]②制度文物.法令制度.
典证 diǎnzhèng 出典.典拠.
典制 diǎnzhì 儀式や制度.
典质 diǎnzhì ⇒[典当①]
典主 diǎnzhǔ 質入れ主.

[瘨] diǎn

瘨脚 diǎnjiǎo ⇒[踮脚②]

[碘] diǎn

化[沃(§)]素(ヨード):非金属元素.記号 I. または J (独).ハロゲン元素の一.[～化油]ヨード化油.[～化钠 nà]沃化ナトリウム.→[卤 lǔ 素]

碘酊 diǎndīng 薬ヨードチンキ.[碘酒 xǔ]ともいう.[碘酒]は通称.
碘仿 diǎnfǎng ＝[黄 huáng 碘][三 sān 碘甲烷]薬ヨードホルム.
碘化钾 diǎnhuàjiǎ 化ヨードカリウム.沃化カリウム.
碘化银 diǎnhuàyín 化沃化銀:写真フィルムの感光乳剤などに用いられる.
碘酒 diǎnjiǔ [碘酊]
碘缺乏病 diǎnquēfábìng 医ヨード欠乏症.IDD.
碘片 diǎnpiàn 沃素入りのの飴.
碘钨灯 diǎnwūdēng (白熱電球で)ハロゲンランプ.
碘盐 diǎnyán ヨード塩.

[点・點] diǎn

(I) ①[～儿]点.つぶし.ずく.[黑 hēi ～儿]黒い点.[斑 bān ～]斑点.[水 shuǐ ～]水しずく.[雨 yǔ ～]雨つぶ.[～~成线 xiàn]点在しているものをつないで線とする.[裤 kù 子上溅 jiàn 上泥 ní ～儿]ズボンに泥がはねる(付着く付く). ②[～儿]漢字の筆画"丶",[笔 bǐ 画]③. ③小数.小数点.[四百三十二～五][四三二~五]432.5.[零～五]0.5:小数点は[点儿]と読む. ④(印刷で)ポイント:活字の大きさを表す.[～磅 bàng]は旧称. ⑤一定の位置.[地 dì ～]地点.[起 qǐ ～]起点.[终 zhōng ～]終点.[冰 bīng ～]氷点.[沸 fèi ～]沸騰点.[顶 dǐng 点]頂点. ⑥ある部分.ある面.ポイント.問題点.位置.[重 zhòng ～]重点.[缺 quē ～]欠点.[优 yōu ～]長所.[要～]要点.[发脾气发不在～上,没人怕他]かんしゃくを起こしてもポイントを突いていないので彼を怖

る者はいない.[这一～,请你弄清楚]この点はどうそばはっきりわかってください. ⑦基点.拠点.根拠地.部門.[居 jū 民～]居住地域.人民の住宅.[博士～]博士号授与権をもつ部門. ⑧量詞.事項(意見・希望・内容など)を数える.[还有两～要商讨]まだ一,二相談し検討すべき点がある.[他的错误主要有三～]彼のまちがいの主なものは3点ある. ⑨[～儿]量詞.数量の少量,程度の微増(微減)を表す:主に(～儿)と言う.[半]に近く.[一～儿事情有这么点的事.[住后可得 děi 吝得细心一～儿了]これからはもう少し細心にやらなくてはいけない.[我一～儿都不要]僕は少しも欲しくない.[简单一～]簡単に.[小心一～儿]気をつけて.[大～儿声(儿)]大声一～儿]もっと声を大きく. →[些 xiē ①][一 yī 点儿][有 yǒu 点儿] ⑩一つほどつあるための数える.数をあたる.[你一～件 jiàn 数儿数不对不对]件数(品数)があっているかどうか数をあたってみなさい.
⑪点(しるし)を書く.点をつける.指で指摘する.指定する.[～上一点儿]"、"をつける.[～映 yíng]上映・放映をリクエストする.[略 lüè 微一～就知道]ちょっと指摘してやればすぐわかる.[～菜 cài]料理を(一つひとつ指定して)注文する.[～着名儿叫他来]名指しをして彼を行かせる.→[点播②] ⑫(軽く)触れる.さわる.つつく.ちょっとさわる.[頭をちょっと動かして]うなずく.[用手指头轻 qīng 轻一～]指でちょっと触れる.[～眼 yǎn 药]目薬をさす.[用棍 gùn 子一地]棒で地を突く.[脚 jiǎo 不～地 dì 地 de 跑了]足も地につかない(ほど大急ぎ)で駆けだした.[她是有意一～一他]彼女はわざと彼をあてつけた.[蜻 qīng 蜓～水]とんぼがビョンビョンと水面に触れる.[～了两下头]コックリコックリとうなずく.[点铁成金] ⑬[～蜡]⑭火をつける.ともす.[～灯 dēng]電灯をつける.明かりをともす.[～爆 bào 竹]=[炮 pào 竹]爆竹に火をつける.[～不着 zháo]火がつかない.[老李是火爆性子,一～就着 zháo]李君は激しい性質だから,たきつけるとすぐかっとなる. ⑮農点播(ぷ)する.[～花生]落花生を点播する.→[点播①] ⑯飾りつける.色とる.ひきたてる.[装～]飾りつけ. ⑰(炊)点(じ)
(II) ①小さな鼓状の楽器:時刻を報じたり通報のためにも用いた. →[铜 tóng 鼓] ②回[更 gēng(II)①]の5分の1の時間をさす.[五更三～]夜明け前.明け方. →[五 wǔ 更] ③時刻.定刻.時間またその単位.[五～(钟 zhōng)]5時.[五～三刻]5時45分.[十一～二十五分 fēn]11時25分.[到一了了時間になった.[火车误～]汽車が遅れている.[早八～的车]朝8時のバス.
(III) 間食(をつまむ).軽い食事(をとる).[茶～]茶(ª)点.そそで.

点兵 diǎnbīng ①〈文〉兵を検閲する. ②回兵士・壮丁を徴発する.
点播 diǎnbō ①＝[点种 zhòng]農.点播(ぷ).[～机 jī]点播機. →[条 tiáo 播] ②(ラジオ・テレビなどで)リクエストする.[～节目]番組をリクエストする.⑤リクエスト番組.
点拨 diǎn·bō ①指図して教える.手引きしてやる.[你~~他吧]きみ少し彼に指図してやってくれ. ②そそのかす.
点补 diǎnbu 〈口〉つまみ食いする:食事のつなぎに何か腹の足しになるものを食べること.[就开饭了,多少～点儿就行了了,等会儿吃不下饭了了]もうすぐご飯だから,腹の足しもほどほどにしなさい,たくさん食べると後でご飯が食べられないよ.→[点饥][垫 diàn 底(儿)③]
点菜 diǎncài (料理を選んで)一品ずつ注文する.

点　diǎn

点唱 diǎnchàng ＝〔点曲〕旧劇や歌曲の曲目を指定して芸人に歌わせること．→〔点戏〕
点钞机 diǎnchāojī 紙幣計算機．〔自动～〕自動紙幣計算機．
点穿 diǎnchuān ⇒〔点破〕
点窜 diǎncuàn 字句を改める．〔经他～，这篇文章好多了〕彼の添削によって，この文章はずっとよくなった．
点翠 diǎncuì カワセミ・孔雀の羽をあしらって作る細工物．また緑色の玉などをあしらった装飾品．
点到为止 diǎndào wéizhǐ〈慣〉深く追究しないこと．
点滴 diǎndī ①わずか(である)．些少(きょう)(である)．〔点点滴滴〕ほんのちょっぴり．②エピソード．〔饮食文化～〕飲食文化についての同前．③医点滴注入：〔滴注］ともいう．〔打～〕点滴する．
点地梅 diǎndìméi 植チシマザクラ：根元から出た葉が地面に垂れ下がる．
点垛 diǎnduò 美中国画法の一．多く花卉を輪郭をつけず点描したり濃淡をぼかして描くもの．
点发 diǎnfā ⇒〔点射〕
点歌 diǎngē (放送局・芸人に)歌のリクエストをする．
点鬼火 diǎnguǐhuǒ〈喩〉火つけ役をする．暗にあおりたてる．
点焊 diǎnhàn ⊥スポット溶接．点溶接：〔～接〕ともいう．工作物の一部に電流を通じ，局部的に高熱を与え，同時に圧力を加えて溶接すること．
点号 diǎnhào〔标 biāo 点符号〕
点横儿 diǎnhéngtóur 漢字部首の"亠"．〔一点一横（儿)〕ともいう．→付録1
点葫芦 diǎnhúlu〈方〉属点播農具の名．
点花呢 diǎnhuāní ⇒〔点绒〕
点化 diǎnhuà 宗(道教で)仙術により物体を変質させること．②手引きして教化する．啓発する．
点火 diǎnhuǒ ①火を点ずる．火をともす．〔用火柴 chái～〕マッチで火をつける．〔对 duì 火〕〔生 shēng 火①〕 ②圏点火．発火．〔～装置〕発火装置．〔～线圈 quān〕電イグニッションコイル．③〈喩〉扇動して事を起こさたとえ．〔煽 shān 风～〕たきつける．扇動する．
点击 diǎnjī ①電脳クリック(する)：〔单 dān 击〕シングルクリック(する)．〔双击〕ダブルクリック(する)．②要点をピックアップする．〔传 chuán 媒～〕メディアの要約紹介．
点饥 diǎnjī 空腹のしのぎにちょっと食べる．→〔点补〕〔垫 diàn 底(儿)①〕
点检 diǎnjiǎn ⇒〔点验〕
点将 diǎnjiàng ①人を指名してやらせる：総大将が各将を任命することから．〔此次足球协会～，在众多球员里，他被挑 tiāo 上了〕今回のサッカー協会での選手選考にはあまたの選手の中から彼が選ばれた．②宴席で拳を打つ方法の一種：人を名指して拳を打ち，負けたものが乾杯する．→〔划 huá 拳②〕
点脚(儿) diǎnjiǎo(r) ⇒〔跛脚②〕
点校 diǎnjiào 割(本を)校正する．
点金成铁 diǎnjīn chéngtiě〈成〉立派な文章をいじくって(手を加えて)だめにする．→〔点铁成金〕
点金乏术 diǎnjīn fáshù〈成〉石を金にする仙術が尽きてしまう．万策尽きる．いかんともしがたい．
点金术 diǎnjīnshù 物を金(㎏)に変える仙術．→〔炼 liàn 金术〕
点睛 diǎnjīng →〔画 huà 龙点睛〕
点勘 diǎnkān ⇒〔点校 jiào〕
点卯 diǎnmǎo ①〔画 huà 卯①〕官庁)の役人の点呼：〔卯时〕(うの刻，午前6時)に点呼なされた．

〈転〉出勤をとる．出勤の判(ば)をつく．〔点个卯就走〕顔を出してすぐ帰る．
点梅纱 diǎnméishā →〔拷 kǎo 绸〕
点面结合 diǎnmiàn jiéhé 局部的な仕事と全般的な仕事を結びつけること．〔以点带面、～的方法〕ある地点の経験を得てから全面的に広げるやりかたと同前のやり方．
点名 diǎnmíng ①出席をとる．点呼をとる．〔～簿 bù〕〔一册 cè〕出席簿．②名指す．指名する．〔～批判〕名指しで批判する．〔他要求派人支援，～要你去〕彼は応援によこしてくれと君を指名してきた．
点明 diǎnmíng いちいち調べてはっきりさせる．指摘してわからせる．
点墨 diǎnmò〈喩〉低い文化水準：文字をほとんど知らないこと．
点炮 diǎnpào 点火する．
点票 diǎnpiào 票を調べる．投票数を数える．
点评 diǎnpíng 講評(する)．論評(する)
点破 diǎnpò ＝〔点穿〕痛いところを突く．喝破(ぱ)する．すっぱ抜く．〔恟如不由的笑了一笑,却也不肯～〕(茅・霜2)恟如は思わずクスリと笑ったが，それでも(相手の)痛いところを突いてやろうとはしなかった．→〔揭 jiē 发〕
点青 diǎnqīng ⇒〔刺 cì 青〕
点清 diǎnqīng 細かく調べる．はっきりさせる．
点球 diǎnqiú 区(サッカー・ホッケーなど)ペナルティーキック．ペナルティーストローク．
点曲 diǎnqǔ ⇒〔点唱〕
点儿 diǎnr ①→〔字据①〕②③⑨ ②→〔一 yī 点儿〕③〈方〉運．〔～低 dī〕〔～背 bèi〕運が悪い．〔赶在～上〕ちょうど運に乗る(運がよい)．〔不幸赶在～上了〕不幸にも凶に当たってしまった．〔老把不卞～〕いつまでも芽が出ない．〔你谁也没招,就是碰在～上了〕(老・骆)お前は誰の気も悪くしたのではないが悪い運にぶつかったのだ．〔运 yùn 气〕④〈口〉痛いところ．急所．要点．〔他净诈 zhà 骗人，这一次可遇见～了〕彼は人を欺いてばかりいるが，こんどこそは痛いところをつかまれた．
点燃 diǎnrán 点火し燃やす．〔～起篝 gōu 火〕かがり火をたく．〔～火把 bǎ〕たいまつに火を点じる．
点染 diǎnrǎn ①图画面にこまごましたものを描き加えたり色づけしたりすること．②〈転〉文章を修飾する．文章を潤色する．
点绒 diǎnróng ＝〔点花呢〕ボチ入り毛織地．
点色 diǎnsè 色つけ(する)：切り紙細工で彫り上げた紙に色をつけること．
点射 diǎnshè ＝〔点发〕軍①断続的な射撃．②固定した場所からの射撃．
点施 diǎnshī 農作条に一定間隔に穴を掘って肥肥(がう)を施すこと：〔穴 xué 施〕ともいう．
点石成金 diǎnshí chéngjīn →〔点铁成金〕
点事不点人 diǎnshì bùdiǎnrén 仕事は批評するが，それをした人間は批評しない．
点收 diǎnshōu 調べて受け取る．
点数 diǎnshù 数をあたる．(一つひとつ)調べる．〔～人〕検数人．
点水礼 diǎnshuǐlǐ ⇒〔洗 xǐ 礼①〕
点算 diǎnsuàn 一つひとつあたって計算する．数えて計算する．
点苔 diǎntái 美(山水画で)岩石の表面や間に草木を点描すること．
点题 diǎntí ①談話や文章の要点をまとめる．②テーマについて注文する．
点铁成金 diǎntiě chéngjīn ＝〔点石成金〕〈成〉鉄に指をちょっとあてて（また，霊丹(仙薬)を入れて)魔術で金(㎏)に変える．〈転〉手を加えつまらぬ文章

397

diǎn~diàn 点跕电

を立派なものに変える.→〔点金成铁〕
点头 diǎntóu ［-儿］①うなずく.頭をこっくり揺すっておいさつする.〔~哈hā腰〕うなずき腰をかがめる:へりくだるさま.へつらうさま.〔~之交〕会えば会釈し合う程度の知り合い.一面識.〔~打招呼〕あいさつとしてうなずく.〔~示意〕うなずいて合図する.②同意する.合点する.〔~同意〕うなずいて承諾を示す.〔这件事领导已经~了〕この事については指導者がすでに同意した.〔~摇 yáo 头〕
点头(儿)票 diǎntóu(r)piào ＜口＞(映画・演劇・乗り物)顔キップ:ただで入る(乗る)こと.〔在旧社会地痞 pǐ、流氓 máng 都使~,哪有看戏还花钱的]旧社会では、ごろつきややくざたちはみな顔キップをきかせていたくらいで、芝居を見るのに金を使ったりするものじゃなかった.
点头咂嘴 diǎntóu zāzuǐ ＜成＞うなずいたり舌打ちしたりして感心する:舌打ちは賛嘆する時に出る動作.
点土 diǎntǔ わずかな土地.〔~成金〕＜成＞わずかな土地でも〔利用のしかたで〕金もうけができる.
点位 diǎnwèi ポイント:(株式指数などの)ある時点の位置.また単位としても使う.
点污 diǎnwū ＜文＞汚点をとどめる.けがす.
点污染源 diǎn wūrǎnyuán 特定汚染源.
点戏 diǎnxì 劇劇場で、または自宅に客を招待して旧劇を観劇する時)希望の外題を注文すること.→〔点唱〕
点线 diǎnxiàn ①点線"…".→〔虚 xū 线①〕②〔野〕線のミシン野.リーダー野.
点薪 diǎnxīn 給料の査定をする.〔~制〕能力給制.
点心 diǎnxīn ⓐ食間食として食べる物:菓子・ケーキなど.〔~盒 hé 子〕お菓子入れ(箱).〔~铺 pù〕菓子屋.②食ⓑ〉軽食(麺類など).③食デザートまたは食事の中間に出される軽い箸休めに相当するもの.〔咸 xián ~〕(エビギョーザ・ワンタンなど)と、〔甜 tián ~〕(カステラ・月餅〔ピン〕など)がある.④〔小 xiǎo 吃〕＜方＞(一時しのぎに)軽く食べる.〔吃点儿饼干~〕ビスケットを食べて一時しのぎをする.→字解Ⅲ
点穴 diǎnxué ①(拳法で)急所を撃つこと.②旧風水で墓所を選定すること.③中医鍼灸〔シン・キュウ〕のつぼをおさえる.
点烟 diǎnyān タバコに火をつける.→〔剝 bāo 糖〕〔敬 jìng 酒〕
点眼 diǎnyǎn (囲碁で)目をつぶす.
点验 diǎnyàn ＝〔点检〕点検する.
点雁儿 diǎnyànr 国まだれ.まかんむり:漢字部首の"广"→付録1
点瘾 diǎnyǐn (麻薬の)中毒症状が現れ、体の震えなどの症状が出ること:中毒患者間の隠語.
点招 diǎnzhāo もぐり入学(させる).
点阵 diǎnzhèn ①物ラチス.格子.〔晶体~〕結晶格子.②わく.〔~字模 mú〕格子(わく)に入った活字.③電算ドットマトリクス.
点钟 diǎnzhōng ⓐ(時刻の)時(t).〔上午 8 ~〕午前 8 時.→字解Ⅱ③ ②(マッサージ・足療などの)指名(する).〔~费〕指名料.
点种 diǎnzhǒng 農点播(ボ)する.
点中 diǎnzhòng 選び指摘する.〔~了要害〕ズバリと急所を突く.
点种 diǎnzhòng ⇒〔点播①〕
点主 diǎnzhǔ 旧人が死ぬと遺族は木の位牌を作り、位牌に"神主"の 2 字を書くが、主の字の上の点はわざと書かずに置き、出棺の前に日を選んで名望家に朱筆でその"王"となっている字に点をつけて"主"の字にしてもらうこと。このあと野辺の送りをする.→〔神 shén 主〕

点缀 diǎn·zhuì ①飾りを添える.〔这个庭园的树木又长又多,再摆 bà 上几块石头~~,该多么好啊〕この庭の樹木は立派だし、大きい石をいくつあるいらってひき立てさせると、実によくなりますね.②数をそろえる.間に合わせる.その場をつくろう.
点字 diǎnzì ⇒〔盲 máng 字〕
点子 diǎnzi ①点.ちょぼ.〔黑~〕黒点.②しずく.〔雨 yǔ ~〕雨しずく.③曽リズム.拍子.ビート.〔踩 cǎi 着~跳舞〕太鼓のりに合わせて踊る.④＜方＞量詞.少量を表す:数詞は〔一〕に限られ、多く省略する.〔这个病刚 zhuā 一~药吃就好了〕この病気は薬を少し買って飲んだらすぐ治る.⑤急所.ポイント.〔他的话说到一上了〕彼の言う事は急所を突いている.〔把劲 jīn 用在~上〕力を肝心なところに使う.⑥考え.方法.知恵.アイディア.〔~公司〕コンサルタント会社.〔~大王〕〔~高手〕アイデアマン.名プランナー.〔~商品〕アイディア商品.〔这是谁出的~?是谁が出した考えなのか.〔鬼~〕悪い子見.悪知恵.⑦＜方＞魔の刻(ȥ).⑧＜方＞警察の手先になるやくざ者.⑨＜方＞様子.風向き.〔不对,往山上一膫 liǎo〕(曲・林 4)様子がおかしいと見るや山へ逃げた.

〔**跕(跕)**〕diǎn つまさきで立つ:〔~起脚〕〔~着脚〕の形で用いる.〔点(Ⅰ)⑬〕ともいう.〔~着脚看〕つまさきで立って見る.〔小孩儿~着脚拿桌子上的东西〕子供がつまさき立ってテーブルの上の物を取ろうとする.→〔跕 diē〕欠 qiàn ②

跕脚 diǎnjiǎo ①つまさき立つ.②［-儿］＜方＞足を引きずって歩く〔瘸脚〕〔点脚〕とも書く.

〔**电・電**〕diàn ①稲光.稲妻.〔闪 shǎn ~〕稲光が走る.②電気.〔~改变了农村的面貌〕電気は農村の様相をかえた.〔我是搞~的〕わたしは電気屋(電気の仕事をしている者)です.〔走 zǒu ~〕漏電(する).〔停 ~了〕停電になった.〔~没了〕④停電した.⑤電池のきれた.〔電池が走る.感電する.〔电门有毛病,~了我一下〕スイッチがおかしい、ビリッときた.④電報.電信.〔贺 ~〕祝電.〔新华社二十日 ~〕新華社20日発電信.〔来 lái ~〕電報をよこす.⑤よこした電報.到着電報.〔通 tōng ~〕衆人にあてて発する公開電報.〔文 wén〕電文.⑤電報(電信・電話・ファックス)を打つ.〔俟 sì 有结果,立即~我〕結果がわかり次第わたしに電報を打て.⑥電気器具.〔~器 qì〕同前.〔家 ~〕家電.⑦〔姓〕電(ȥ)

电霸 diànbà 電力を握る人・組織.〔电老虎②〕ともいう.〔打击~、水霸〕水力や電力を握る者に打撃を加える.

电棒儿 diànbàngr ⇒〔手 shǒu 电筒〕
电报 diànbào 電報.〔~费〕電報料.〔~稿儿 gǎor〕電報の原稿.〔~挂 guà 号〕〔电挂〕電信略号.コードアドレス.ケーブルアドレス.〔~机〕電信機.電報機.〔~局 jú〕電報局.〔~码〕〔码 mǎ〕電码本(子)〕コードブック.〔~密 mì 码〕電報暗号.〔~员 yuán〕電報通信士.〔~纸 zhǐ〕電報発信紙.〔加 jiā 急 ~〕〔至急 jí 电〕至急電報(ナ電).〔普通 ~〕普通電報.〔打 dǎ ~〕電報を打つ.〔发 fā ~〕電報を発する.→〔传 chuán 真〕

电笔 diànbǐ ⇒〔试试电笔〕
电表 diànbiǎo ①電気メーター(総称):各種の電気計器.②⇒〔电度表〕
电冰柜 diànbīngguì 冷凍ケース:単に〔冰柜〕ともいう.
电冰箱 diànbīngxiāng 電気冷蔵庫:単に〔冰箱〕ともいう.
电波 diànbō ⇒〔电磁波〕

电 diàn

电铲 diànchǎn 〖機〗パワーシャベル(ドーザー).→［推 tuī 土机］
电厂 diànchǎng 発電所.〔发 fā 电厂〕に同じ.
电场 diànchǎng 〖電〗電場.電界.エレクトリックフィールド.〔~线 xiàn〕電場曲線.
电唱机 diànchàngjī ≡〔电唱盘〕レコードプレーヤー.電蓄：〔电转儿〕ともいった.→〔唱机②〕〔留 liú 声机〕
电唱盘 diànchàngpán 同上.
电唱收音机 diànchàng shōuyīnjī フォノラジオ：レコードプレーヤーとラジオが一つになったもの.
电唱头 diànchàngtóu ⇒〔拾 shí 音器〕
电唱针 diànchàngzhēn ピックアップの針.レコード針.
电炒锅 diànchǎoguō 電気鍋.
电车 diànchē ①電車.〔有轨 guǐ ~〕路面電車.〔~司机〕電車の運転手.〔~集电杆 gǎn〕(電車・バスの)ポール.〔~站〕電車停留所.〔~场 chǎng〕(電車の)車庫.〔~道〕電車道. ②トロリーバス.〔无 wú 轨~〕.〈方〉旧俗に自動車をいった.
电陈 diànchén 電報で陳述する.
电呈 diànchéng 電報で報告する.
电池 diànchí 電池.〔干 gān ~〕乾電池.〔太阳能~〕太陽電池.ソーラーセル.〔碱性干~〕アルカリ電池.〔一号~〕単1電池.〔五号~〕単3電池.〔七号~〕単4電池.〔~组 zǔ〕〖電〗バッテリー.電池列.→〔电瓶〕
电饬 diànchì ⇒〔电令〕
电传 diànchuán ①(テレックスまたファックスで)電送する.〔~照片〕写真を電送する.またその写真. ②テレックス.→〔用 yòng 户电报〕③ファックス：〔传真①〕に同じ.
电船 diànchuán ⇒〔汽 qì 艇〕
电传(打字电报)机 diànchuán (dǎzìdiànbào) jī テレタイプ.テレプリンター.印刷電信機.
电吹风 diànchuīfēng 電気ドライヤー.
电炊具 diànchuījù 電気調理器具.
电锤 diànchuí 〖機〗電気ハンマー.
电瓷 diàncí 磁器の絶縁体.〔~瓶〕〖電〗磁器碍子.
电磁 diàncí 〖電〗電磁.エレクトロマグネチック.〔~波〕〖電波〗〖物〗電磁波.〔~场〕〖電〗電磁界：電界と磁界の総称.〔~辐 fú 射〕電磁輻射.〔~感应〕電磁誘導.〔~喇叭〕電磁ホーン.エレクトロマグネチックホーン.〔~炮 pào〕電磁砲.〔~铁〕電磁石.電気マグネット.〔~污 wū 染〕電子zǐ污染〕電磁波障害.〔~灶 zào〕〔~炉 lú〕〔~烹 pēng 调器〕電磁調理器.〔~钟 zhōng〕電磁時計.
电磁式扬声器 diàncíshì yángshēngqì ⇒〔舌 shé 簧式扬声器〕
电促 diàncù 電報で催促する.〔~某人晋 jìn 京就任〕電報で某に上京就任を催促した.
电大 diàndà 〔电视大学〕(テレビ大学)の略.
电单车 diàndānchē 〈方〉オートバイ：〔摩 mó 托车〕に同じ.
电刀 diàndāo 電気メス.
电导 diàndǎo 〖電〗コンダクタンス.電気伝導.〔~率 lǜ〕電気伝導率：単位は〔西(门子)〕(ジーメンス.S)
电灯 diàndēng 電灯(多くは白熱灯をいう).〔这儿要安一盏 zhǎn ~〕ここに電灯を一つ取りつけねばならない.〔六十支 zhī 光的~〕60燭光の電灯.→〔荧 yíng 光灯〕
电灯泡 diàndēngpào［-儿,-子〕①電球：ふつう〔灯泡(儿)①〕という. ②〈転〉分からず屋.おじゃま虫.
电灯丝 diàndēngsī 電球のフィラメント：〔灯丝〕に同じ.

diàn

电吊 diàndiào 電気クレーン.
电动 diàndòng 電動(の).〔~水泵 bèng〕電動ポンプ.〔~记分牌〕電気スコアボード.〔~缝 féng 纫机〕電気ミシン.〔~裁 cái 判器〕〖又〗電気判定器.〔~车头〕電気機関車.〔~留声机〕電気蓄音機.レコードプレーヤー.〔~势〕起電力.〔~玩具〕電動式玩具.
电动车 diàndòngchē ①〔电动自行车〕(電気自転車)の略. ②〈方〉電気自動車.
电动锤 diàndòngchuí ⇒〔空 kōng 气锤〕
电动扶梯 diàndòng fútī ⇒〔自 zì 动扶梯〕
电动葫芦 diàndòng húlu 〖機〗電動ホイスト.電気ホイスト：〔起 qǐ 重机〕の一種.
电动机 diàndòngjī =〔〈方〉电滚子②〕〈方〉滚 gǔn 子〕〖機〗電動機.原動機：〈音訳〉马 mǎ 达〕(モーター)は通称.
电动汽车 diàndòng qìchē 電気自動車. EV(車).〔电动轿 jiào 车〕ともいう.
电镀 diàndù 電気メッキ.
电度表 diàndùbiǎo =〔瓦 wǎ 特小时计〕〔电能表〕〔千瓦时表〕〈方〉火 huǒ 表〕積算電力計.電気のメーター：通称〔电表②〕という.
电法勘探 diànfǎ kāntàn 〖地〗電気の探査.
电饭煲 diànfànbāo 電気釜(.炊飯器：〔电饭锅 guō〕ともいう.〔自动~〕自動炊飯器.→〔电锅〕
电费 diànfèi 電気料金.〔每月的~也交不起〕毎月の電気代も払えない.
电风扇 diànfēngshàn 〈又〉電扇に同じ〕
电复 diànfù 〈文〉電報で返事する.
电杆 diàngān ⇒〔电(线)杆〕
电感 diàngǎn 〖電〗①インダクタンス. ②誘電子.→〔亨 hēng 利〕
电杆架 diàngǎnjià ⇒〔导 dǎo 电弓架〕〔橹 lǔ 状聚电器〕〖機〗(電車の)パンタグラフ.
电缸 diàngāng ①〈方〉電車などの)箱型の運転制御室.→〔控 kòng 制器〕 ②変圧器の一種.
电缸子油 diàngāngzi yóu 〈ロ〉変圧器オイル.
电镐 diàngǎo 〖工〗電気ピック.
电稿 diàngǎo 電報・電話・ファックスを用いて送る原稿.
电告 diàngào 電報や電話で通告する.
电工 diàngōng ①⇒〔电工学〕 ②電気技術.〔~器材〕電気工事用資材. ③電気工.
电功 diàngōng 〖電工〗電力.
电功率 diàngōnglǜ 電流が単位時間になす仕事量：ワットで表す.記号W.→〔瓦 wǎ 特〕
电工学 diàngōngxué =〔电工①〕電気工学.
电购 diàngòu 電報または電話で注文購入する.
电挂 diànguà ⇒〔电报挂号〕
电灌 diànguàn 電力灌漑(ﾟ).〔~站〕揚水ポンプ場.
电光 diànguāng ①電光.〔~石火〕〈喩〉電光石火. ②稲妻.
电光纱 diànguāngshā 〖紡〗ガス糸織物.
电(光)饰 diàn(guāng)shì イルミネーション：〔彩 cǎi 灯②〕に同じ.
电滚子 diàngǔnzi ①〈方〉発電機. ②⇒〔电动机〕
电锅 diànguō 電気ボイラー.→〔锅炉〕
电函 diànhán 電信による文書：電報・ファックス・メールなど.
电焊 diànhàn 〖工〗電気溶接(する).特に〔电弧焊〕(アーク溶接)をいう.〔~机〕〔~枪 qiāng〕溶接機.〔~条 tiáo〕〔~电极〕溶接用電極.溶接棒.
电航工程 diànháng gōngchéng 水力(ダム)発電と船の就航のプロジェクト.
电耗 diànhào 電力消耗.
电耗子 diànhàozi 〈方〉〈喩〉盗電や電気料不払いを

diàn 电

する人.
电贺 diànhè 電報で祝賀を述べる.
电荷 diànhè 物電荷.〔正 zhèng ～〕陽電荷.〔负 fù ～〕陰電荷.
电弧 diànhú 電電弧.電気火花.アーク.〔～炉 lú〕アーク炉.〔～焊 hàn 接〕〔电焊〕〔弧焊〕アーク溶接.〔～焊条〕アーク溶接棒.
电话 diànhuà 電話:〔德 dé 律风〕(テレホン)は旧音訳.〔～簿 bù〕〔～号码簿〕電話帳.〔磁 cí 卡〕テレホンカード.〔～会议〕電話会議.〔～机 jī〕電話機.〔～交友〕テレフレンドまたはテレクラでのおしゃべり.〔～局 jú〕電話局.〔～亭 tíng〕電話ボックス.〔～信息(服务台)〕テレホン情報サービス(センター).〔～用户〕電話加入者.〔～公用〕公衆電話.〔骚 sāo 扰～〕迷惑電話.〔收费～〕ⓐ有料電話.ⓑ電話による有料の情報サービス.〔无 wú 线～〕無線電話.〔～串 chuàn 线〕(電話が)混線する.〔打 dǎ ～〕電話をかける.〔接 jiē ～〕ⓐ(かかってきた)電話に出る.ⓑ電話の交換をする.〔听 tīng ～〕電話を聞く.〔他常常跟我通 tōng ～〕彼はよくわたしと電話で話をする(よくかけてくる).
电化教育 diànhuà jiàoyù ⇒〔电教〕
电话接线员 diànhuà jiēxiànyuán 電話交換手:〔话务员〕に同じ.〔接 jiē 线生〕は旧称.
电化学 diànhuàxué 電気化学.
电荒 diànhuāng 電力不足.
电汇 diànhuì 電信為替(で送る).
电火锅 diànhuǒguō (しゃぶしゃぶなどに使う)電気(釜)式のホーコーズ.→〔火锅〕
电火花 diànhuǒhuā スパーク(電気の火花).〔～加工法〕(火花)放電加工法.
电积 diànjī 電着物:電気分解によって電極に付着したもの.
电击 diànjī 感電する.
电机 diànjī 電気機械(総称):特に〔电动机〕〔发 fā 动机〕を指す.〔～车 chē〕電気機関車.
电极 diànjí 電極:単に〔极 jí〕ともいう.〔～板〕〔极板〕電極板.〔阳～〕陽電極.〔阴～〕陰電極.
电吉他 diànjítā 〈音楽訳〉電電気ギター.
电计 diànjì 〔～仪表〕(回)テスター.試験器:電気回路の各種試験(電圧・電流・抵抗・容量など)用の指示計器.〔万 wàn 能～〕ユニバーサルテスター.
电加工 diànjiāgōng 電気加工.
电价 diànjià ⓪①キロワット時電気料金.②⇒〔原 yuán 子价〕
电键 diànjiàn 電信発信用のキー.
电教 diànjiào 視聴覚教育.LL 教育:〔电化教育〕の略.〔～馆〕LL教室(棟).〔～中心〕視聴覚教育センター.
电解 diànjiě 物電気分解.〔～铜〕電解銅.〔～铁〕電解鉄.〔～质 zhì〕電解質.
电介质 diànjièzhì 物誘電体.
电井 diànjǐng 電気ポンプで水を上げる井戸.
电警棍 diànjǐnggùn 電気式警棒.
电锯 diànjù 電気のこぎり.
电开关 diànkāiguān 電気のスイッチ.
电抗 diànkàng リアクタンス.
电烤炉 diànkǎolú 電気オーブン:オーブントースターなど箱状のものは〔电烤箱 xiāng〕という.〔电烤面包炉〕業務用(製パン用)オーブン.
电控 diànkòng 電気制御.
电喇叭 diànlǎba 拡声器.ラウドスピーカー.
电缆 diànlǎn 〔缆〕①(ケーブル:多数の被覆された銅鉄線を一まとめにし,さらにそれを1本にし被覆した太い電線.〔～车〕〔缆车〕ケーブルカー.〔～输送机〕索道

搬送機.テルハー.②(電気の)コード.
电老虎 diànlǎohǔ 〕電力消費量の大きな企業.②⇒〔电霸〕
电烙铁 diànlàotiě 機電気ハンダゴテ.②電気アイロン.→〔电熨(斗)〕
电犁 diànlí (電気・ロープなどで伝動される)パワープラウ.
电离 diànlí ①物電離.〔～层〕電離層.〔～平衡 héng〕電離平衡.〔化イオン化.〔～子 zǐ 交换树脂〕イオン交換樹脂.
电力 diànlì ①〔～机车〕〔电机车〕電気機関車.〔～扩 kuò 声器〕拡声器.ダイナミックスピーカー.〔～网 wǎng〕〔～系统〕(供 gòng 电系统)電力網.〔～线 xiàn〕電ⓐ電力線.ⓑ送電線.②電力量.
电力纺 diànlìfǎng 電羽二重.
电力站 diànlìzhàn ⇒〔电站〕
电量 diànliàng 電電荷量.電気量.〔～计〕電解電量計.
电疗 diànliáo 医電気治療(する).〔～法 fǎ〕電気療法.
电料 diànliào 電気器材:コード・スイッチ・電球・ソケットなど.〔～行 háng〕同前の専門店.〔安 ān 培计〕(アンペアメーター)に同じ.
电铃 diànlíng ベル.チャイム.〔按 àn ～〕ベルを押す.〔～响 xiǎng〕ベルが鳴る.
电令 diànlìng =〔电饬〕電報で命令する.
电流 diànliú ①電流.②電流の強さ:〔～强度〕(電流強度)の略.単位はアンペア.〔～表〕〔～计〕電流計:〔安 ān 培计〕(アンペアメーター)に同じ.
电炉 diànlú ①電気ストーブ.②⇒〔电灶〕③電気炉.④電熱プレート.
电路 diànlù 電回路.回線.電路.〔～图 tú〕電気回線図.〔～板〕回路板.回線板.
电驴(子) diànlǘ(zi)〈方〉〔摩 mó 托车〕(オートバイ)の俗称.
电码 diànmǎ ①電信符号.②中国の電報コード:漢字の1字を4桁の数字,または3字のローマ字で表す方法.例えば〔电〕は7193または KOR で,〔码〕は4316または GKA で表される.〔明～〕普通の電報符号.プレーンコード.〔密 mì ～〕暗号電報符号.〔莫 mò 尔斯～〕〈音楽訳〉モールス信号.
电码本(子) diànmǎ běn(zi) 電信符号帳.電報コードブック:〔电报(码)本〕に同じ.
电脉冲 diànmàichōng 電気パルス.エレクトリカルパルス.
电鳗 diànmán 魚貝デンキウナギ.
电媒 diànméi インターネットを媒体とする.〔～音乐〕インターネットからダウンロードした音楽.
电煤 diànméi 発電用の石炭.
电门 diànmén ⇒〔开 kāi 关①〕
电磨 diànmò 電動製粉機.電気うす.
电母 diànmǔ 〈口〉稲妻(の神)〔雷 léi 公〕(雷様)の妻.
电木 diànmù ⇒〔胶 jiāo 木〕
电纳 diànnà サセプタンス.
电脑 diànnǎo 電子計算機・コンピューター(俗称).〔～病毒〕コンピュータウイルス.〔～城 chéng〕パソコンマーケット.〔～存储器〕メモリー.〔～黑 hēi 客〕ハッカー.〔～红 hóng 娘〕インターネット上のお見合いサイト.〔～恢 huī 复〕リカバリー.〔～盲 máng〕パソコンおんち.〔笔记本～〕〔携 xié 带～〕ノート型パソコン.〔个人～〕パーソナルコンピューター.パソコン.〔微(型)～〕〔微型计算机〕マイクロコンピューター.〔语言～〕〔文字处 chǔ 理机〕ワードプロセッサ.ワープロ.→〔电子计算机〕
电能 diànnéng 電気エネルギー.〔～表 biǎo〕〔电度

电 diàn

表]積算電力計.
电钮(儿) diànniǔ(r)〔電気〕スイッチ.押しボタン:普通手で触れる部分.〔按 àn ~〕同前を押す.→〔开 kāi 关①〕
电暖器 diànnuǎnqì 電気ストーブ.
电喷车 diànpēnchē〔电子控制燃料喷射装置〕(電子制御式燃料噴射装置)を採用したエンジン搭載の自動車.
电平 diànpíng 電圧レベル.
电瓶 diànpíng 電蓄電池.バッテリー:〔蓄 xù 电池〕の俗称.〔~车〕バッテリーカー.
电气 diànqì 電気.〔~化〕電化する.〔~火车〕電動機関車をつけた(遠距離)列車.〔~石〕トルマリン.電気石.〔~仪 yí 表〕電気計器.
电器 diànqì 電気器具.〔家用~〕(家电)家電製品.
电汽车 diànqìchē ①電車・トロリーバスとバス. ②電気自動車.
电洽 diànqià〈文〉電報で交渉する.
电桥 diànqiáo 電ブリッジ.〔~电路〕ブリッジ回路.〔(电)桥路〕ブリッジ接続.
电热 diànrè 電熱.〔~杯〕〔~水瓶〕〔~水壶〕電気ポット.〔~毯 tǎn〕⒜電気カーペット.⒝(布団式)の電気毛布.〔~毛毯〕〔电褥 rù(子)〕同上.〔~器 qì〕電熱器.〔~厂 chǎng〕〔热电厂〕熱併給発電所:熱および電力を供給する発電所.〔~丝 sī〕電熱線.
电热水器 diàn rèshuǐqì 電気湯沸器.電気温水器.
电容 diànróng 電①電気容量. ②コンデンサー(蓄電器).〔~器 qì〕(容电器)同前.〔可变~器〕バリコン.→〔聚 jù 光器〕〔凝 níng 汽器〕
电熔炼 diànróngliàn 電気製錬.
电扇 diànshàn =〔电风扇〕(電気)扇風機.〔吊 diào 式~〕〔吊扇〕天井型同前.〔台 tái 式~〕〔台扇〕卓上型同前.〔立式~〕〔落 luò 地扇〕フロアスタンド型同前.
电渗析 diànshènxī 化電解透析.
电声 diànshēng 電気音響.〔~乐 yuè 队〕電子楽器使用の楽団.
电石 diànshí〈口〉カーバイト:〔碳 tàn 化钙〕に同じ.〔~灯〕〔水凲月灯〕(アセチレン)ガス灯.
电石气 diànshíqì ⇒〔乙 yǐ 炔〕
电示 diànshì 電報で指示する.
电势 diànshì =〔电位〕電電位:単位は〔伏 fú 特〕(ボルト).〔~差 chā〕〔电位差〕〔电压〕電圧.
电视 diànshì テレビ(ジョン):放送・機器・画像・内容などを含めていう.〔德名律体操〕は旧音訳,〔~病〕〔~综 zōng 合症〕テレビ病.〔~差 chā 转台〕〔~差转站〕テレビ中継基地.〔~大学〕(电大)テレビによる通信教育の大学.〔~电话〕テレビ電話.〔~发射机〕テレビ送信機.〔~购 gòu 物〕テレビ送信場.〔~直销〕テレビショッピング.〔~广播 bō〕テレビ放送.〔~广播卫星〕放送衛星.〔~柜 guì〕テレビ台.〔~红 hóng 娘〕テレビお見合い番組,またその司会者.〔~会议〕テレビ会議.〔~教 jiào 学〕テレビ放送授業.〔~接收机〕テレビ受像機.〔~接收天线〕テレビ受信アンテナ.〔~剧〕〔~广播剧〕テレビドラマ.〔~连续剧〕テレビ連続ドラマ.〔~频 pín 道〕テレビチャンネル.〔~片 piàn〕テレビドキュメンタリーフイルム(番組).〔~摄象机〕テレビカメラ.ビデオカメラ.〔~食品〕スナック菓子.〔~塔 tǎ〕〔~发射塔〕テレビ塔.〔~台〕テレビ(放送)局.〔~网 wǎng〕テレビ放送ネットワーク.〔~卫星转播〕テレビ衛星中継.〔~系 xì 列片〕テレビシリーズ物(番組).〔~小品〕短期テレビ寸劇.〔~演员〕テレビ俳優.〔~影片〕〔~电影〕テレビ映画.〔彩电〕彩

**色~〕カラーテレビ.〔~点 diǎn 播〕テレビ番組のクリエスト.〔打开~〕テレビをつける.〔关~〕テレビを消す.〔看 kàn ~〕テレビを見る.〔上~〕テレビに出る.
电饰 diànshì ⇒〔电(光)饰〕
电枢 diànshū 電電気機.電動子.アーマチュア.
电刷 diànshuā =〔煤 méi 精刷〕〔炭 tàn 精刷〕電ブラシ:発電機または電動機の(整流子)に接し,これから外部へ電流をとり出し,または外部から電流を供給する装置.
电水壶 diànshuǐhú 電気ポット.
电死 diànsǐ 感電死(する)
电算 diànsuàn 電算(する).コンピューターによる計算(する).
电台 diàntái ①ラジオ放送局:〔广 guǎng 播电台〕の略. ②無線通信機.〔他把~紧紧地抱在怀里〕彼は通信機をしっかりとかかえこんだ. ③⇒〔无线电台〕 ④船舶の無線通信室.〔~长 zhǎng〕〔一电报员〕通信長.〔~士〕(二电报员)2等通信士,〔次席~士〕〔三电报员〕3等通信士.
电烫 diàntàng パーマ.〔~卷 juǎn 发器〕同前の機械.→〔冷 lěng 烫〕
电梯 diàntī ①エレベーター:〔自 zì 动楼梯〕の通称.〔坐~上三楼〕エレベーターで3階へ行く.→〔滚 gǔn 梯〕 ②リフト.
电气化 diàntiě 鉄道の電化. また電化された鉄道.
电艇 diàntǐng 電気モーター船.
电筒 diàntǒng ⇒〔手 shǒu 电筒〕
电头 diàntóu 電信文の頭の部分:通信社名・発信地・日付けなど.
电玩 diànwán ①電子ゲーム:〔电脑游戏〕ともいう. ②電子玩具.
电网 diànwǎng ①電力供給網. ②電気鉄条網.
电位 diànwèi ⇒〔电势〕
电慰 diànwèi 慰問の電報を打つ.
电位差 diànwèi chā →〔电势〕
电文 diànwén 電文.
电析 diànxī 電解分析(する)
电悉 diànxī〈文〉電報は了解しました.
电匣子 diànxiázi〔收 shōu 音机〕(ラジオ)の旧称.
电线 diànxiàn 電線.
电(线)杆 diàn(xiàn)gān〔~子〕電柱.〔~上绑 bǎng 鸡毛~歇〕電柱に鶏の毛をゆわえつけたようなもの:〔好大的掸 dǎn 子〕(とても大きなはたき)すなわち,〔好大的胆 dǎn 子〕(とても大きな肝っ玉).
电谢 diànxiè 電報・ファックスでお礼を述べる.
电信 diànxìn 〔~局〕電信局.
电信号 diànxìnhào 電信号.
电刑 diànxíng ①電気による拷問. ②電気椅子での処刑.
电休克治疗 diànxiūkè zhìliáo 医電気ショック療法.
电胡刀 diànxūdāo 電気かみそり.シェーバー.
电学 diànxué 電気学.
电询 diànxún 電話や電報で問い合わせる.
电鲜 diànxiān =〔电鱼〕(电鱼)〔魚貝〕シビレエイ.
电讯 diànxùn ①(電話・電報・無線による)通信.〔~稿〕ファックス原稿. ②電話によるニュースサービス. ③無電の同報.
电压 diànyā 電〔電圧〕:〔电位差〕〔电势差〕ともいう.〔~表报告〕電圧計.〔~计〕〔~表〕電圧計:〔伏 fú 特计〕(ボルトメーター)に同じ.〔~控 kòng 制器〕電圧調節器.
电眼 diànyǎn ①フォトフィニッシュ〔~判决输赢〕写真判定する. ②(ラジオなどの)マジックアイ. ③レーザー探知機.監視カメラ:〔电子眼〕の

diàn 电阺店站

略.〔廂 fēi〕マジックアイ付き自動開閉扉.
电唁 diànyàn 弔電を打ちお悔やみを述べる.→〔唁电〕
电邀 diànyāo 電報で招く.
电冶 diànyě 電電熱製錬.電気冶金.〔~金〕同前.
电业 diànyè 電気事業.
电椅 diànyǐ（死刑執行用の）電気椅子.
电影(儿) diànyǐng(r) 映画.〔~大师〕映画界の大御所.〔~导dǎo演〕映画監督.〔~放映机〕映写機.〔~放映队〕（映画）巡回上映隊.〔~观众〕映画観衆.〔~胶 jiāo 片〕映画用フィルム.〔~界〕①影界〕影画界.〔~剧 jù 本〕シナリオ.〔~迷 mí〕〔影迷〕映画狂.映画ファン.〔~明 míng 星〕映画スター.〔~票〕（映画館の）入場券.チケット.〔~批评〕〔影评〕映画批評.〔~片 piàn〕〔~片儿 piānr〕影片(儿)①（撮影されて作品となった）映画フィルム.〔~事业〕〔影业〕映画事業.〔~厅 tīng〕映画上映ホール.〔~演员〕映画俳優.〔~院 yuàn〕映画館.〔~(映画)撮影所.〔宽 kuān 银幕~〕ワイドスクリーン映画.〔宽银幕立 lì 体~〕シネラマ.〔巴黎康城~节〕巴黎戛 jiá 纳~节〕パリ·カンヌ映画祭.〔亚洲~周〕アジア映画週間.〔有声~〕トーキー.〔放 fàng 映~〕〔演~〕映画を上映する.〔拍 pāi ~〕映画を撮る(に撮る).
电泳 diànyǒng 物電気泳動.
电邮 diànyóu〔电子邮件〕(Eメール)の略.
电鱼 diànyú ①〔电鲜〕 ②魚を感電死させること.
电源 diànyuán 電源.〔~电路〕電源回路.〔~软线〕電源コード.〔~开关〕電源スイッチ.パワースイッチ.〔~总线〕電電パワーバス.
电约 diànyuē 電話で招待(通知·約束)する.
电晕 diànyùn 電コロナ（現象）:高圧電線の周囲に発生する発光現象.
电熨(斗) diànyùn(dǒu) 電気アイロン.
电灶 diànzào＝〔电炉②〕電気コンロ.
电渣焊 diànzhāhàn エレクトロスラグ溶接.
电闸 diànzhá スイッチ:単に〔闸〕ともいう.ふつう強電用大型スイッチをいう.
电站 diànzhàn 発電所:〔发 fā 电站〕の略.ふつう〔发电厂〕という.〔电力站〕同前.〔水~〕水力発電所.〔电热厂〕
电针 diànzhēn 医電気鍼(はり).〔~疗 liáo 法〕打った鍼にごく微量の電気を流し効果をあげる治療法.〔~麻醉〕電気鍼麻酔法.
电钟 diànzhōng 電気時計.
电柱 diànzhū 豆電球.
电铸 diànzhù 國電気鋳造.エレクトロフォーミング.〔~版〕電型版.エレクトロタイピング.
电转儿 diànzhuànr ⇒〔电唱机〕
电子 diànzǐ 物電子.エレクトロン.〔~版〕電子版.〔~保镖 biāo〕喩セキュリティーシステム.〔~笔友〕メール友達.メル友.〔~表〕〔~(手)表〕電子腕時計.電子ウォッチ.〔~病历〕医電子カルテ.〔~秤 chèng〕電子はかり.〔~宠 chǒng 物〕ペットロボット.〔~出版物〕電子出版物.〔~词典〕辞典.〔~词典〕電子辞書.〔~对抗 kàng 技术〕〔~战技术〕電子戦.〔~防害技术〕電子妨害技術.〔~防御〕電子防御.〔~伏 fú 特〕電子ボルト.eV はエネルギーの単位.〔~干 gān 扰〕医デリジェリー現象.⑤電子防害.〔~公 gōng 告牌〕〔~公告栏〕電子公告板.BBS.〔~狗〕ロボット犬.〔~耳 zhěn 女正警〕電子警官.真空管.〔~管厂 chǎng〕真空管工場.〔~回旋 xuán 加速器〕物ベータトロン.〔~汇 huì 款〕電子送金.〔~货币〕〔~现金〕電子マネー.〔~卡 kǎ〕カード:IC カード.〔~计算机〕〔~电脑〕コンピュータ.電子計算機.〔~流〕電電子流.〔~计算机〕〔手携~计算机〕〔小型~计算机〕電卓.〔~密码锁 suǒ〕電子ロック.〔~枪 qiāng〕⑧電子銃.〔~リモコン操作机〕〔~琴 qín〕電子オルガン.電子ピアノ.キーボード.〔~认 rèn 证〕電子認証.〔~三极管〕3 極電子管.〔~闪光灯〕〔万 wàn 次闪光灯〕(写真用の)ストロボライト.クセノン電光管.〔~商务〕電子商取引.〔~手帐〕電子手帳.〔~书库〕电子书库.〔~束 shù 管(电子)〕電子銃.〔~图书〕〔~书籍〕電子ブック.〔~图书馆〕電子図书館.〔~玩 wán 具〕電子玩具.〔~望远镜〕電子望遠鏡.〔~污 wū 染〕電磁波による汚染.またその電磁波.〔~雾 wù〕電磁波.ノイズ.〔~显 xiǎn 微镜〕電子顕微鏡.〔~信箱〕〔~邮箱〕電メールボックス.〔~学〕〔~工程学〕エレクトロニクス.電子工学.〔~眼〕〔电眼〕自動監視カメラ.〔~音乐 yuè〕電子音楽.〔~邮 yóu 件〕〔~函 hán 件〕〔电邮〕Eメール.〔~游 yóu 戏机〕電子ゲーム機.〔~游艺机〕アーケードゲーム(ゲームセンターの)〔~乐 yuè 器〕〔~音合成器〕〔~音响合成琴〕⑱シンセサイザー.〔~战〕サイバー戦争.〔~政务〕インターネット上の行政事務.
电阻 diànzǔ 電抵抗.〔绝缘~计〕絶縁抵抗計.〔~器 qì〕〔抵 dǐ 抗器〕抵抗器.→〔欧 ōu(姆)阻力〕
电钻 diànzuàn 電気ドリル.電気削岩機.

〔**阽**〕 diàn〈又音〉yán〈文〉近づく.（危険が）迫る.〔~危 wēi〕危険が迫る.

〔**店**〕 diàn ①(旧式の)宿屋.旅館(やど).〔客 kè ~〕同前.〔找了一个~住下了〕宿を探して泊まり込んだ.→〔小 xiǎo 店儿〕 ②商店.〔零 líng 售~〕小売店.〔百货商~〕デパート.〔粮 liáng ~〕穀物店.〔酒 jiǔ ~〕酒屋.③〈姓〉店.
店东 diàndōng 囲商店や旅籠(はたご)のあるじ.店主.
店规 diànguī 商店の規則.
店号 diànhào（商店の）屋号.
店伙 diànhuǒ ⇒〔店员〕
店家 diànjiā ①囲旅館·酒屋·めし屋の主人あるいは家僕:旧劇中によく用いる. ②〈方〉店舗.→〔店铺〕
店貌 diànmào 店舗の外見.
店面 diànmiàn 店構え.店先.
店铺 diànpù 店舗.商店.
店钱 diànqián 宿銭.宿賃.宿泊料.
店前交货 diànqián jiāohuò 商品を買主の店先まで運び込むことを条件とする取り引き.
店堂 diàntáng（商店の）店先.売り場.（食堂の）ホール.
店头交(货) diàntóu jiāo(huò)＝〔送 sòng 交 ②〕国商品を持ち込み渡し.
店小二 diànxiǎo'èr〈白〉宿屋·料理屋·飲み屋の店員.給仕:〔二哥②〕〔小二哥〕はその呼称.
店有店规,铺有铺规 diàn yǒu diànguī, pù yǒu pùguī それぞれの店にそれぞれのきまりがある:何事にもちゃんときまりがあるものだ.
店员 diànyuán 店員:〔店伙〕〔铺 pù 伙〕は旧称.
店招 diànzhāo 店の看板.〔霓 ní 虹~〕ネオンサインの同前.
店主 diànzhǔ 店の主人.

〔**坫**〕 diàn〈文〉①部屋のすみにあって物を置く土の台. ②衝立(ついたて). ③〔坛 tán ~〕古代,諸侯が会盟した場所.〔折 zhé 冲尊~〕〈転〉国際会議に参加すること.

diàn

〔玷〕 diàn ❶〈文〉玉のきず.〔白圭 guī 之～〕白い玉についているきず.〈喩〉ちょっとした過ち.〔～玉/玉のきずのある玉.❷汚す.辱しめる.〔～污 wū/きずつけ汚す.〔那女子力弱 ruò 不支,竟遭～污了/女は力弱くて支えきれず,とうとう汚された.〔～辱 rǔ/きずつける.

〔惦〕 diàn 気にかける.心に留める.〔心里老～着/いつも気がかりだ.
惦挂 diànguà ⇒〔惦记〕
惦记 diàn·jì 〔忘れずに〕気にかけている.〔～在心〕同部.〔您又什么还送去这些东西呀,叫您费心～着,谢谢/どうしてまたこんな沢山のものをくださるのですか,ご心配くださって(お心にかけていただいて)ありがとうございます.〔我总是～旅行/旅行したいという気持ちがいつもある.→〔挂 guà 念〕
惦念 diànniàn 気にかける.

〔佃〕 diàn ❶小作(をする).〔永～权〕回永代小作権.〔～来的田〕小作をしてきた田畑.❷〈姓〉佃(た).→ tián
佃东 diàndōng (小作人からみる)地主.
佃户 diànhù 〔佃客〕小作.小作人.
佃客 diànkè 同上.
佃农 diànnóng 小作農(家)
佃契 diànqì 小作証書.
佃权 diànquán 小作権.
佃田 diàntián 田畑を小作する.
佃主 diànzhǔ 地主.
佃租 diànzū 小作料.

〔甸〕 diàn ❶郊外.❷田畑の産物.❸〔～子〕原野.放牧の草原.〈転〉地名用字.〔～尾〕回雲南省普渡河の東岸の地.〔緬 miǎn ～〕回ミャンマー(旧ビルマ).〔～〕回雲南南方の行政の単位.❺〔沉 chén 甸甸〕.❻〈姓〉甸(だ).
甸地 diàndì 〈文〉郊外の地.
甸服 diànfú 回王城の周囲500里以内の地をいう.またその地に封ぜられた諸侯を〔甸侯 hóu〕といった.

〔钿・鈿〕 diàn ❶金・銀・玉・貝類を器物にはめ込むこと.またそれを施した器物.〔螺 luó 钿〕.❷回金銀などで作った花模様のアクセサリー.〔宝 bǎo ～〕同前.❸〈姓〉钿(で).→ tián
钿盒 diànhé 合わせの小箱:〔佃合〕とも書く.
钿针 diànzhēn 金と宝石で細工したかんざし.
钿子 diànzi 回婦人の頭飾り:儀式の時にかぶるもので、前が高く後が低くなっており,金・翡翠・真珠・宝石の類で飾り前面と上方に纓珠条(えいじゅじょう)を垂らす.

〔垫・墊〕 diàn ❶(物の下に)敷く.あてる.〔～上坐垫〕座ぶとんを敷く.〔～領〕襟・カラーをつける(とりつけた襟・カラー).〔桌子不穏,～一块木头/テーブルがぐらぐらするので,木を下にあてる.〔把桌子～穏了/テーブルの下に物をあてて安定させた.〔鞋 xié 里～个鞋垫儿/靴の靴敷きを敷く.〔抽屉里～一张纸/引き出しに(物を入れる前に)紙を1枚敷く.〔熨 yùn 衣服最好在上面～块布/アイロンをかける時は上に布をあてた方がよい.〔～托 tuō〕❷(何かを入れて)厚くする.平らにする.〔～道/道をならして平らにする.〔把高的地方铲 chǎn 一铲～平了/高いところを削って,低いところを埋めて平らにする.❸埋め合わせる.立て替える.〔～一出戏/埋め合わせに一つ出し物を上演する.〔这我先给你～上〕このお金はわたしがまず立て替えておく.〔这么多钱,我可～不起/こんなにたくさんのお金はとても立て替えられない.❹〔～儿〕敷物類.下にあてがう物.クッション.〔椅 yǐ ～〕クッション.〔靠 kào ～〕(ソファーの)クッション.背もたれ.〔桌 zhuō ～儿〕テーブルの下敷.❺回 PACKING.詰め物.入れ子.かいもの.〔橡 xiàng 皮～〕ゴムPACKING.〔毡 zhān ～〕PACKING.〔绳 shéng ～〕コードPACKING.〔轴 zhóu ～〕車軸PACKING.❻〈姓〉垫(で).
垫板 diànbǎn ❶版板.❷回 ライナー.
垫背 diànbèi 身代わり(になる・にする).〔～的 de(死)の道づれ〕旧時,人は死ぬと体を硬直させるので,下代わりの人がそろうように考えから,金銭などを敷いた風習.〈転〉死んでゆくものが恨みをはらすために引き込んでいっしょに死なせるともづれ.身代わりの犠牲者.〔枕を与える.〔死的时候,也得拉个～的/(梁・紅7)死ぬ時はともづれを引っぱって死んでやるぞ.〔～钱〕回葬式で納棺のとき死者の体の下に敷く銅銭:死者の年齢の数だけ入れる.〔你别拉他～去〕きみは彼を身代わりにならせるようにしむけてはいけない.〔他是我的～的〕彼はわたしの身代わりだ.〔不能叫朋友给～〕友だちを身代わりにすることはできない.
垫补 diànbu 〈口〉❶埋め合わせをする.立て替える.❷つまむ.〔点心〕を食べる.〔～点 diǎn 补〕
垫场 diànchǎng 劇(公演)で代役をする.
垫踹儿 diànchuànr 〈白〉やつあたりする.怒りを人に移してあたり散らす.〔何苦来拿我们这些没要紧的～呢(红113)/何を好きこのんで我々のような守らない者にやつあたりをするのか.
垫底(儿) diàndǐ(r) ❶下部に敷物をあてる.底にしく.❷前もって根回しする.下ごしらえする.❸前もって少し食べる(一時のまにあわせに).〔您先吃点儿点心～,等客来齐 qí 了才开饭哪〕先に点心を少し食べていてください,お客が全部そろってからでないとご飯になりませんから.→〔点 diǎn 补〕〔点饥〕
❹逃げをうつ.逃げ口上をする.伏線を張る.
垫付 diànfù =〔垫交〕立て替え払いをする.
垫话 diànhuà ❶〔～儿〕根回し.下ごしらえ.❷=〔入 rù 话〕回話のまくら:講談・漫才で,本題に入るまでの前置きの口上.
垫肩 diànjiān ❶肩あて(物を担ぐとき肩にあてる厚い布または小さいふとん).❷肩 肩あて.肩パッド.
垫交 diànjiāo ⇒〔垫付〕
垫脚凳 diànjiǎodèng 踏み台.足つぎ.
垫脚石 diànjiǎoshí 馬に乗る時の踏み台.〈喩〉足がかり.
垫脚 diànjiao 〈口〉畜舎に敷くための土や刈り草など.→〔垫圈〕
垫圈 diànjuàn 畜舎に土や刈り草を敷く.〔垫猪 zhū 圈〕豚小屋にわらや土を敷く.→ diànquān
垫款 diànkuǎn ⇒〔垫资〕
垫密片 diànmìpiàn 回 ガスケット.填環(て):水漏れ防止用の詰物.
垫片儿 diànpiānr =〔填 tián 隙片〕回 入れ子・かいもの.スペーサー.
垫平 diànpíng 平らにならす.
垫球 diànqiú 又(バレーの)アンダーハンドレシーブ:〔垫击〕ともいう.
垫圈 diànquān =〔衬 chèn 片〕〔～儿〕回 座金(ざがね).ワッシャー.〔〈方〉华 huá 司〕は音訳.〔垫圈口～②〕〔C形～〕割り座金.〔弹 tán 簧～〕バネワッシャー.→ diànjuàn
垫上运动 diànshàng yùndòng 又 (体操の)マット運動.→〔自 zì 由体操〕
垫舌根 diànshégēn 〈方〉陰で人にそしられる.あれこれ言われる:〔垫舌头〕ともいう.〔给人～〕話の種にされる.
垫戏 diànxì 劇(旧劇で)つなぎの出し物:上演不能のものができた時に埋め合わせに上演する代わりの出し物.→〔吊 diào 场②〕

diàn～diāo

垫支 diànzhī 立て替えて支払う.
垫资 diànzī 〔垫款〕资金を立て替える.またその资金.
垫子 diànzi 敷物.座ぶとん.マット.〔椅 yǐ ~〕椅子に敷く座ぶとん.〔沙发 ~〕ソファークッション.〔弹 tán 簧 ~〕スプリングマットレス. ②月経帯の別称.

〔淀・澱〕 diàn （Ⅰ）澱① かす.おり. 〔沉 chén ~〕⓪ 沈澱する. ⓑ 沈澱物. ②（不純物を沈ませて）水を澄ませる.〔水浑 hún 了用矾 fán 一一~〕水が濁れば明礬(みょうばん)を用いて（入れて）澄ませる. ③→〔淀粉〕
（Ⅱ）淀①湖水のよどんだ浅いところ.〔~子〕水の浅い湖沼.〔白洋~〕四河北省任丘市の北にある. ②〈姓〉淀(でん)

淀粉 diànfěn 澱粉:〔团 tuán 粉〕(緑豆の澱粉)をはじめ,〔藕 ǒu 粉〕(蓮根の澱粉),〔芡 qiàn 粉〕(大鬼蓮の澱粉)などを含む.~糊 hú〕でんぷん糊.〔~糖〕でんぷん糖.〔特 tè 等~〕特等澱粉.〔头 tóu 等~〕1等澱粉.〔氧 yǎng 化锌~〕亜鉛華澱粉.〔菊 jú ~〕イヌリン.
淀粉(糖化)酶 diànfěn (tánghuà)méi ジアスターゼ(アミラーゼ). →〔酶〕〔糖化〕
淀积作用 diànjī zuòyòng 地土壌の堆積作用.

〔靛〕 diàn ①→〔靛蓝〕 ②濃藍(のうらん)色(の)

靛粉 diànfěn 粉末の人造藍染料.
靛缸里扯不出白布 diàngāng-lǐ chěbuchū báibù〈諺〉藍がめの中からは白布は引っぱり出せないよくない者の間から善人が出ることはない.〔扯〕は〔捞〕ともいう.
靛灰 diànhuī 色藍鼠色(あいねずみいろ)(の)
靛颏儿 diànkér 鳥〔红 hóng 点(靛)颏〕(ノゴマ)と〔蓝 lán 点(靛)颏〕(オガワコマドリ)の総称.
靛蓝 diànlán 〈方〉靛青②〔蓝 lán 靛〕藍.インディゴ.〔人造~〕人造藍.〔天 tiān 然 ~〕天然藍.
靛青 diànqīng 色①紫色がかった藍色(の). ②同〔蓝靛〕
靛色 diànsè 色藍色(の)

〔殿〕 diàn （Ⅰ）①広壮な建物:とくに宮殿・仏殿・神殿など.〔宫 gōng ~〕宮殿.〔佛 fó ~〕仏殿.〔大雄 xióng 宝 ~〕寺院の大伽藍の.
②〈姓〉殿(でん)
②しんがり.最後尾.〔~军〕しんがりの部隊.
殿本 diànběn 固紫禁城内の武英殿で印刻された〔十三经〕〔二十二史〕その他の書物:〔武英~〕の略. →〔官 guān 本〕
殿后 diànhòu ①軍しんがりをつとめる:行軍の際部隊の最後尾につくこと. ②(事物の)後ろにある.
殿军 diànjūn ①しんがりの部隊. ②〔運動競技などで〕ビリ.最後の者.また,入賞者のうちの最後の者:第一着・優勝者のことを〔冠 guàn 军〕,準優勝者を〔亚 yà 军〕という.
殿试 diànshì =〔廷 tíng 试〕因旧時,科挙制度における第三段(最高)の試験で,〔会 huì 试〕(第二段の試験)に合格した挙人(きょじん)に対して天子が保和殿で〔策 cè 问〕を試みた.これに合格したものに初めて〔进 jìn 士〕(成績による〔进士及第〕〔进士出身〕〔同进士出身〕の区別あり)の称号を賜り,高等文官の資格を取得する. →〔科 kē 举〕
殿堂 diàntáng ①宏壮な建築物. ②宮殿の大広間. ③〈喩〉厳粛な場.
殿下 diànxià 皇太子その他皇族に対する敬称.〔亲王殿下〕
殿宇 diànyǔ 神社仏閣などの建物.

殿元 diànyuán ①→〔状 zhuàng 元①〕 ②因〔乡 xiāng 试〕や〔会 huì 试〕に末席で合格したものの別称.
殿直 diànzhí 〈文〉殿居(役を務める).(宮中の)宿直(をする)
殿奏 diànzòu 〈文〉参殿して上奏する.〔~皇帝〕皇帝に上奏する.
殿最 diànzuì 〈文〉古代,功績・軍功の殿(でん)のものと優れたもの:官吏の成績の優劣.

〔癜〕 diàn 〔~风 fēng〕医なまず:慢性皮膚病の一種.〔白 ~风〕白斑病.白なまず.〔柴 zǐ ~风〕紫斑病.

〔奠〕 diàn ①供物を供えて死者を祭る.〔祭 jì ~〕供え祭る.祭る. ②定める.うちたてる. →〔奠基〕

奠茶 diànchá 神前に茶を供える.
奠鼎 diàndǐng 国家を継承する印として九鼎を都に置くこと. →〔九 jiǔ 鼎〕
奠定 diàndìng =〔奠立〕しっかりと固める.〔~了国家的基础〕国の基礎をうち固めた.
奠都 diàndū 都を定める.建都する.〔1949年10月~北京〕1949年10月北京を都と定めた.
奠基 diànjī 基礎を定める.〔他亲自为这座大楼~〕彼は自らこのビルの定礎を行った.〔~石〕定礎石.〔~礼 lǐ〕〔~仪式〕定礎式.〔~人〕基礎を作った人.創立者.
奠祭 diànjì 祭る.〔鬼节的时候家家~亡人〕"鬼節"の時には家々で亡霊を祭る. →〔鬼 guǐ 节〕
奠浆 diànjiāng ⇒〔奠酒〕
奠金 diànjīn 〔奠仪〕
奠敬 diànjìng 〔~香 xiāng 袋〕:香典袋に書き添える文句.
奠酒 diànjiǔ =〔奠浆〕回酒を地に注いで神または死者を祭る〔儀式〕
奠立 diànlì ⇒〔奠定〕
奠雁 diànyàn 固結婚式で,新婦を迎えに行くとき雁2羽を先方に送ったことをいい,後にはこれに代えて〔鹅 é 鸟〕が用いられた.
奠仪 diànyí 〔吊 diào 奠〕〔吊仪〕〔香 xiāng 仪〕香奠.香料:〔奠金〕ともいう. →〔奠敬〕

〔簟〕 diàn 〈方〉竹または葦(よし)で編んだ敷物.〔晒 shài ~〕穀物を乾すござ.

diao ㄉㄧㄠ

〔刁〕 diāo ①ずるい.狡猾である.ずるく悪い.〔~官 guān〕悪賢い役人.卑劣な官吏.〔~媳 xí 妇〕ずるい嫁.〔那个人很~〕あいつはなかなかずるい. ②すねる.だだをこねる.口角を下げる.〔撒 sā ~〕〔放 fàng ~〕同前. ③食べ物の好き嫌いがひどい.〔嘴 zuǐ ~〕同前. ④〈姓〉刁(ちょう)

刁斗 diāodǒu 〈文〉①因野戦用炊事がま(一斗炊き):炊事の他,警報と時報に打ち鳴らした. ②警戒(する).〔城内~森严〕城内は警戒が非常に厳重である.
刁恶 diāo'è 悪らつである.狡猾で悪い.
刁风 diāofēng 〈文〉良くない風習(風潮)
刁妇 diāofù 奸婦.あばずれ(女)
刁怪 diāoguài ずる賢くて得体が知れない.
刁棍 diāogùn ごろつき.悪漢.無頼漢.
刁悍 diāohàn 狡猾で乱暴である.
刁横 diāohèng 横着(である).わがまま(である).〔他在家里更~一些〕彼は家ではいっそうわがままだ.
刁猾 diāohuá 〈文〉〔~滑〕とも書く.狡猾である.ずるい:〔刁狡〕〔刁诈〕ともいう.

diāo

刁狡 diāojiǎo ⇒〔刁猾〕
刁空(儿) diāokòng(r)〔方〕暇をつかう.〔～就跑了〕暇をみつけては行った.
刁赖 diāolài ずる賢くごまかす.〔证据确凿 záo 不容他～〕証拠がしっかりしていて彼が言い逃れる余地はない.
刁蛮 diāomán 粗暴である.
刁民 diāomín ずる賢い悪人.
刁难 diāonàn 人を困らせるな.いやがらせをする.〔不许～人〕人を困らせるな.〔他这样借故～是有目的 dì 的〕彼がこんな風に因縁をつけて邪魔するのは,ためにするところがあるからだ.〔顾客一售货员〕お客が店員にうるさい事を言って困らせる.
刁泼 diāopō ⇒〔刁顽〕
刁巧 diāoqiǎo ずる賢い.
刁顽 diāowán 〔刁泼〕したたかでずるい.
刁羊 diāoyáng （新疆の少数民族で)頭を切った山羊の死体を駻馬で奪い合う競技.
刁许 diāozhà ⇒〔刁猾〕
刁状 diāozhuàng でたらめの訴状.〔告～〕同前を出す.
刁钻 diāozuān 狡猾でぬけめがない.〔古怪〕〔成〕ずる賢くて得体が知れない.

〔汈〕 diāo 地名用字.〔～汊 chà 湖〕湖北省にある.

〔叼〕 diāo ①（口に）くわえる.〔～了去了〕くわえて行った(かれた).〔猫 māo ～来了一只死老鼠〕猫が死んだねずみをくわえて来た.〔嘴里～着雪茄〕口にシガー（葉巻）をくわえる.〔～紧 jǐn〕しっかりくわえる.②（罪人が善人を）誣告〔～〕して罪に引き入れる.〔他叫人给～出来了〕彼は身に覚えのないことで巻き添えにされて罪におとされた.

〔鸠・鵰〕 diāo〔～鹩 liáo〕固ヨシキリの類.⇒〔苇 wěi 莺〕

〔凋〕 diāo ①しぼむ.衰える.〔草木未～〕草木がまだ青々としている.②衰微している.③〈姓〉凋（ちょう）.
凋败 diāobài しぼむ.
凋敝 diāobì （生活が）困窮する・衰微する(させる).〔民生～〕民の生活が衰える.
凋残 diāocán 凋落（ちょうらく）する.落ちぶれる.
凋枯 diāokū 枯れしぼむ.
凋零 diāolíng〔雕零〕とも書いた.①（草木が）枯れる.葉が落ちる.しぼむ.②衰微する.衰微する.〔工商业也衰 shuāi 弱～〕商工業も衰えた.
凋落 diāoluò （草・木・花・葉が）枯れる.
凋萎 diāowěi 枯れしぼむ.
凋谢 diāoxiè 花がしぼんで落ちる.〈喩〉（老人が）死ぬ.〔老成～〕長い一生を閉じる.

〔碉〕 diāo 石室〔～堡 bǎo〕トーチカ.〔～楼 lóu〕（見張り用・戦闘用）やぐら.望楼.

〔雕〔彫・琱・鵰〕〕 diāo（Ⅰ）〔雕・彫・琱〕①〔雕〕①彫刻する.彫りつける:木や石などに彫りつける.〔～镂 lòu〕彫刻される.〔木～〕木雕（ぼり）.→〔雕刻〕②色彩のある絵や彫刻で装飾する.（Ⅱ）〔鵰〕①鵰ワシ（総称）に同じ.〔鹫 jiù〕に同じ.〔老 lǎo～〕同前.〔蛇 shé～〕カンムリワシ.〔虎 hǔ 头海～〕オオワシ.〔金～〕イヌワシ.〈姓〉雕（ちょう）.
雕白粉 diāobáifěn ＝〔吊 diào 白粉〕中ロンガリット・漂白剤の一種.〔雕白块〕〔吊白块〕は固形のもの.〈音訳〉郎 láng 格米脱〕（音訳）朗 lǎng 轧米脱〕ともいった.→〔保 bǎo 险粉〕
雕版 diāobǎn〔雕板〕とも書く.国印刷術で,文字を彫刻する.またその彫刻した板.版木=〔文〕剞 jī 劂 jué〕②〔刻 kè 板①〕に同じ.

雕虫 diāochóng〈喩〉つまらぬ技術しかない人.
雕虫小技 diāochóng xiǎojì〈成〉とるに足らないつまらぬ技術.〔雕虫小艺 yì〕〔雕虫篆刻〕ともいう.多くは文章の字句を飾る技巧を指す.
雕虫篆 diāochóngzhuàn 篆書（てんしょ）の一種で,くねくねと虫がはい回ったような字体.
雕虫篆刻 diāochóng zhuànkè ⇒〔雕虫小技〕
雕工 diāogōng ①彫刻師.②彫刻の技術.
雕蚶镂蛤 diāohān lòugé〈喩〉ぜいたくな飲食.
雕悍 diāohàn〔文〕（ワシのように）荒々しい.
雕红 diāohóng 厚い朱塗りの上に彫刻したもの.
雕红漆 diāohóngqī ⇒〔雕漆〕
雕胡米 diāohúmǐ ⇒〔菰 gū 米〕
雕花 diāohuā ①模様や画などを彫刻する.②彫られた模様.
雕花玻璃 diāohuā bōli カットグラス.
雕镌 diāojuān 同上.
雕刻 diāokè =〔文〕雕刻〕彫刻（する）.〔象牙～〕象牙の彫刻品.
雕梁画栋 diāoliáng huàdòng〈成〉彫刻彩色などがほどこされた豪華な家屋(建築物).〔画栋雕梁〕ともいう.
雕翎 diāolíng （役者が頭飾りに用いる）ワシの羽根.
雕翎箭 diāolíngjiàn ワシの羽をつけた弓矢.
雕翎扇 diāolíngshàn ワシの羽製のうちわ（扇子）.
雕漆 diāoqī =〔漆雕①〕堆朱（ついしゅ）:漆を厚く塗った器物に彫刻をほどこしたもの.〔雕红漆〕〔剔 tī 红〕はその一種.
雕砌 diāoqì 字句を飾りたてる.
雕墙 diāoqiáng 壁面を彫刻で飾る.またその壁面.
雕青 diāoqīng ⇒〔刺 cì 青〕
雕饰 diāoshì ①彫刻し飾る.②彫刻した装飾.③〈喩〉飾りたてすぎる.〔不加～〕誇張しない.
雕塑 diāosù 彫刻と塑（そ）像.
雕塑家 diāosùjiā 彫刻家.
雕像 diāoxiàng ①像を彫刻する.②彫刻した像.
雕云 diāoyún〔文〕瑞雲.彩雲.
雕凿 diāozáo 飾り彫りする.〈喩〉飾りたてる.〔他的文章不事～〕彼の文章には気どったところがない.
雕琢 diāozhuàn 同下.
雕琢 diāozhuó =〔雕琢〕〔文〕①（玉（ぎょく）石を）彫刻し磨きをかける.②〈喩〉文章を飾りたてて過ぎること.③（人間などを）育成する.

〔鲷・鯛〕 diāo〔魚貝〕タイ（総称）:〔～鱼 yú〕は通称.〔棘 jí 鬣 liè 鱼〕は別称.〔黑 hēi～〕〔黑加吉〕〔乌 wū 颊鱼〕クロダイ.〔真 zhēn～〕〔加 jiā 吉鱼〕〔铜 tóng 盆鱼〕マダイ.〔髭 zī～〕ヒゲダイ.〔横 héng 带鲷〕セトダイ.

〔蛁〕 diāo 固蝉.〔～鸣 míng〕蝉が鳴く.

〔貂（鼦）〕 diāo ①動テン（貂）の総称:〔～鼠 shǔ〕ともいう.〔紫 zǐ～〕〔黑～〕クロテン.〔～不足狗尾续〕〈諺〉テンの尾が足らなかったら犬の尾を継ぐ.代用品で間に合わせる:昔時,テンの尾は官吏の冠飾りとした.〔～皮 pí〕テンの毛皮.②〈姓〉貂（ちょう）.
貂褂 diāoguà テンの毛皮を裏につけた〔大褂儿〕:清代では文官三品以上武官二品以上に着用が許された.〔带噻 sù～〕大臣が皇帝から下賜された同前を着用すること.
貂毫 diāoháo 貂毛の筆.
貂帽 diāomào テンの毛皮で作った帽子:清代では文官四品以上武官三品以上の者に戴用が許された.
貂裘 diāoqiú〔文〕貂皮の衣（ころも）.〔～换酒〕〈成〉金銭にこだわらず豪放なこと.
貂扇 diāoshàn テンの尾で作った扇.

貂鼠 diāoshǔ →字解.
貂熊 diāoxióng ⇒[狼 láng 獾]

鸟・鳥

鸟 diǎo〈白〉ちんぽこ.陰茎の俗称.[屌]に同じ.[撮 cuō～][～汉]〈罵〉ばかやろう.くそったれ.[～公人](喝 hè 汉12)ちくしょう,何をはてたてりしやがる.[一群～男女]ろくでなしども.[你有什么～权 quán 力]お前にどんな権力があるのか.→[鸟 niǎo]

鸟儿锒铛 diǎo'erlángdāng ⇒[吊 diào 儿郎当]
鸟气 diǎoqì〈白〉〈方〉ひきまいまいまい気持ち.

屌

屌 diǎo ちんぽこ.陰茎の俗称.[鸟]に同じ. [口]鸡 jī 巴]ともいう.

吊(弔)

吊 diào（Ⅰ）①つり下げる(がる).つるす.ぶら下げる(がる).[杆 gǎn 子上～]着一个灯笼]竿の上にちょうちんが一つつり下げてある.[上～自杀]首をつって死ぬ.②(着物に表地・裏地あるいは毛皮を)縫いつける.[～面 miàn 子]表地をつける.[～里 lǐ 子]裏地を縫いつける.③取りあげる.回収する.→[吊销]④[又](球技などの)フェイントする.[轻 qīng ～]ゆるいドロップショット(する).⑤取りあわない.放っておく.[～他两天说]2,3日ほうっておいてそれからのことだ.⑥ととのえる.調整する.[～一～嗓子]声をとのえる.のどを慣らす.
（Ⅱ）[旧]通貨単位.[一～(钱)]穴空き銭千文:北方では百文,民国以降は銅貨10枚をいった.[九 jiǔ 八钱]
（Ⅲ）①[文]死者を祭る.弔問する.[～祭 jì]死者を祭る.[开 kāi ～]出棺の前日に一般の弔問受付けを始めること.

吊白粉 diàobáifěn →[雕 diāo 白粉]
吊白块 diàobáikuài →[雕 diāo 白粉]
吊板(儿) diàobǎn(r) つり棚.
吊膀子 diàobàngzi[吊棒子]とも書く.〈口〉いちゃつく.色目を使う.[专门喝酒,～的酒色之徒 tú]酒と女に明け暮れるろくでなし.
吊臂 biàobì クレーン.→[起 qǐ 重机]
吊钹 diàobó [音]サスペンションシンバル.
吊场 diàochǎng ①遺骸を安置して弔問を受けるところ.②[劇]ある予定された出し物の前に,臨時にさし加えて上演される短い芝居.→[垫 diàn 戏]
吊车 diàochē[起 qǐ 重机](クレーン)の別称.
吊船 diàochuán クレーン船.
吊窗 diàochuāng 旧式のつり窓.
吊床 diàochuáng ⇒[吊铺]
吊词 diàocí 弔辞.
吊打 diàodǎ つるしあげて殴る.
吊带 diàodài [服]①ズボンつり.②靴下つり.ガーター.[吊袜带]に同じ.③細い肩ひも.[～裙 qún]スリップスカート.[～背 bèi 心][～衣]キャミソール.④三角巾(腕の骨折などに用いる)
吊灯 diàodēng つり下げ式の電灯.[枝 zhī 型～]シャンデリア.
吊奠 diàodiàn ⇒[奠仪]
吊顶 diàodǐng [建]①天井をとりつける.②つり天井.
吊洞 diàodòng ⇒[溶 róng 洞]
吊斗 diàodǒu 空中ケーブルのバケット.
吊儿郎当 diào'erlángdāng =[鸟 diǎo 儿锒铛]〈方〉ぐうたらである.ちゃらんぽらんである:呑気でだらしがないさま.うわっ調子で不真面目なさま:[郎]([啷])とも書く.[整天～地什么也不正经干 gàn]一日中ふわふわしてばかりいて,何一つ真面目に仕事をしない.
吊杆 diàogān ①[井戸の]はねつるべ.②[機](クレーン)のアーム.ジブ.③デリック起重機(船などの荷物つり上げ装置)
吊钩 diàogōu ①[機]フック.②[又](柔道などの)つり手.
吊古 diàogǔ〈文〉古(いにしえ)をしのぶ.
吊挂 diàoguà ⇒[吊]
吊挂轴 diàoguàzhóu ⇒[对 duì 轴]
吊罐 diàoguàn [鉱]ケージ.立て坑の昇降台.
吊诡 diàoguǐ =[殊 shū 怪]奇妙である.[～殊怪]奇妙で常と異なる.
吊柜 diàoguì 壁上部にとりつけた物入れ.
吊锅 diàoguō つり鍋.
吊猴儿 diàohóur〈方〉①ずる賢くて言うことをきかない.[那个孩子直跟我～]あの子はずる賢くていっこうにわたしの言うことをきかない.②⇒[掷 zhì 骰子]
吊环 diàohuán [又](体操の)つり輪,またその器具.
吊货索 diàohuòsuǒ [機]カーゴフォール.
吊祭 diàojì 弔い祭る.
吊架 diàojià =[方]吊挂][文]挂 guà 脚][機]軸[リフト.ハンガー.②[絞 jiǎo 架]
吊脚楼 diàojiǎolóu ⇒[吊楼①]
吊睛 diàojīng つり上がった眼.上がり目.[～白额 é 的大老虎]眼のつり上がった額(ひたい)に白い毛の生えた大虎.
吊景 diàojǐng [劇]舞台の大天井につってある大道具.
吊具 diàojù 起重機類(総称)
吊卷 diàojuàn ⇒[调卷]
吊客 diàokè ①弔問客.②疫病神.
吊扣 diàokòu (免許などを)取りあげる.[～营业执照]営業証証を同削.
吊裤带 diàokùdài [服]ズボンつり.
吊兰 diàolán =[挂 guà 兰][植]オリヅルラン(総称)
吊礼 diàolǐ おくやみに贈る物.
吊链 diàoliàn つり鎖.
吊楼 diàolóu =[吊脚楼]①支柱で支え水面上に出張って作られた部屋.②傾斜地の板または竹で造られた家.下部は丸太棒で支えられ,梯子(はしご)で出入りする.貴州省・湖南省西部の少数民族の住家.
吊炉 diàolú =[蒸し焼きがまの一種]中に石綿製の炉に火を盛ったものをつり下げ,上方から熱が加わるようにして焼く.→[烘 hōng 炉]②[食]同前のかまで焼いた食品.[～烧 shāo 饼][～烤 kǎo 鸭]など.
吊毛(儿) diàomáo(r) [劇](旧劇で立ち回り中の)とんぼ返りの一種.→[翻 fān 跟头①]
吊眉 diàoméi つり上がった眉.
吊民伐罪 diàomín fázuì〈成〉罪のある統治者を伐(う)って民を安んずる.
吊盘 diàopán (鉱山の)昇降機.リフト.
吊炮 diàopào (葬儀の時の)礼砲.
吊铺 diàopù =[吊床]ハンモック.寝網.つり床.
吊钱(儿) diàoqián(r) [旧]穴あき銭をきれいなひもで連ね,大みそかに飾る風習.またその銭.
吊桥 diàoqiáo =[吊索桥]①つり橋.[悬 xuán 索桥]の通称.②[城の堀にかけられた]はね橋.
吊球 diàoqiú [又](球技の)フェイント.つり球(です).②ドロップショット.③(ボクシング練習用の)パンチングボール.
吊丧 diàosāng =[吊孝][探 tàn 丧]お悔やみを述べる(述べに行く)
吊嗓子 diàosǎngzi [劇][音]楽器に合わせて歌の練習をする.ボイストレーニングを行う.
吊扇 diàoshàn 天井扇:[吊风扇]ともいう.
吊梢眉 diàoshāoméi 眉尻のつり上がった眉.↔[掉梢眉]

diào

吊饰 diàoshì （つり型の）アクセサリー・マスコット．
吊死 diàosǐ ①首をつって死ぬ．首をくくって死ぬ．②死者を弔う．
吊死扶伤 diàosǐ fúshāng〈成〉死者を弔い負傷者を救う＝[吊死抚伤 fǔ shāng]ともいう．
吊死鬼 diàosǐguǐ ①首くくり．首つり（の霊）．=[〈文〉缢 yì 鬼]ともいう．[〜搽 chá 粉]首つりの亡霊が白粉を塗る．〈喩〉①〔打跟头，一打跟头，上不下不下〕〈歇〉首くくりが宙返りをする，上がりも下がりもできない＝どっちつかず．どちらにしてもぱっとしない．②[〜儿]园えんむじゅの木にぶらさがった[槐 huái 蚕]（エダシャクトリ）．[注意迎门树〜]門かぶりの同前にご用心．→[尺 chǐ 蠖]
吊索 diàosuǒ 吊り上がりケーブル．
吊索桥 diàosuǒqiáo ⇒[吊桥]
吊塔 diàotǎ 国タワークレーン・塔型起重機．
吊坛 diàotán お弔いの祭壇．
吊桶 diàotǒng つるべ．[十五个〜，七上八下]〈歇〉やきもきする．胸がドキドキする．[〜绳 shéng]つるべ縄．
吊桶子 diàotǒngzi 毛皮を着物の裏に縫いつけること．
吊袜带 diàowàdài 靴下つり＝[吊带②]ともいう．
吊慰 diàowèi ⇒[吊唁]
吊胃口 diàowèikǒu〈喩〉人の欲望をそそる．興味をそそる．好みをそのる．気を引く．
吊文 diàowén 弔文．
吊问 diàowèn ⇒[吊唁]
吊线 diàoxiàn 建測量用の下げ鉛．錘線．②女に色目を使い誘惑する．
吊箱 diàoxiāng（気球飛行船・空中ケーブルの）ゴンドラ．[吊用]に乗る．[上〜]ゴンドラに乗る．[索 suǒ 道〜]ロープウェーの同前．
吊销 diàoxiāo（免状・鑑札などを）取り消す．[〜驾 jià 驶执照]免許取り消し．
吊孝 diàoxiào ⇒[吊丧]
吊炎 diàoyán 中医芥子（kài）などを皮膚に塗付し，刺激して内部の病因を引き出す治療法．
吊眼角(儿) diàoyǎnjiǎo(r) 同下．
吊眼皮儿 diàoyǎnpír ＝[吊眼角(儿)][吊眼梢儿]つり眼．[他长成眼皮儿]彼はつり上がった眼をしている．[他气得眼角儿吊起来了]彼は怒って眼じりをつり上げた．
吊眼梢儿 diàoyǎnshāor 同上．
吊唁 diàoyàn ＝[吊慰][吊问]（遺族に）お弔いを述べて慰める．
吊养 diàoyǎng 水中（海中）の網の中で魚貝を養殖すること．
吊仪 diàoyí ⇒[奠 diàn 仪]
吊椅 diàoyǐ ブランコ椅子．
吊影 diàoyǐng〈文〉独りさびしく暮らすさす．
吊帐 diàozhàng 蚊帳（wén）をつる．[〜铺 pù 床]蚊帳をつってふとんを敷く．
吊针 diàozhēn 国点滴を打つ．[打〜]同前．[吊了三天针]三日間点滴をした．→[点 diǎn 滴③]
吊钟 diàozhōng（寺院の）つり鐘．
吊钟花 diàozhōnghuā 園ドウダンツツジ（近縁種）．
吊庄 diàozhuāng 全村落の移動．
吊装 diàozhuāng 建（人力あるいは機械（ホイスト）で）プレキャスト部材を持ち上げ組み立てる(こと)
吊子 diàozi ＝[铫子]やかん．湯わかし＝[水 shuǐ 壶①]ともいう．錫・銅・ブリキなどの円筒に柄をつけたもので，蓋(gài)はなく，直接火鉢や炉の中へつっ込んで，急に湯をわかしたり，酒のかんをしたりするもの．[铁〜]→[铁製の湯わかし．[铜 tóng 〜]銅製の湯わかし．→[余 cuān 子]

[锊・鋝] diào〔钌 liào 〜儿〕（戸や門などの）かけがね．

[钓・釣] diào ①（魚などを）釣る．[〜了几条鱼 yú]魚を何匹か釣った．[〜舟 zhōu]〈文〉釣舟．②手段を弄(ろう)してものにする．[沽 gū 名〜誉]〈成〉売名の行為をする．③釣り針．④〈姓〉(ちょう)．
钓船 diàochuán 釣り船．
钓饵 diào'ěr 釣り餌（え）.〈喩〉人を誘う際のえさ・手段．
钓竿(儿) diàogān(r) 釣りざお＝[钓鱼竿][鱼 yú 竿]ともいう．
钓钩(儿) diàogōu(r) 釣り針．〈喩〉人を誘うわな．
钓具 diàojù 釣り道具．
钓利 diàolì 利益をむさぼる．
钓名 diàomíng 名誉を欲しがる．
钓诗钩 diàoshīgōu〈喩〉詩をさそり出す針:酒の別名．
钓手 diàoshǒu 魚釣り大会の参加選手．
钓丝 diàosī ＝[钓线]釣り糸．[钓鱼丝]同前．
钓台 diàotái 釣り場．〈喩〉地位．ポジション．[稳坐〜]その職にでんと座っている．
钓藤 diàoténg〔钓 gōu 藤〕
钓位 diàowèi 魚釣り大会での釣る場所．
钓线 diàoxiàn ⇒[钓丝]
钓鱼 diàoyú ①魚をつる．[〜一竿 gān][钓竿(儿)]釣りざお．[〜一场]釣り場．[〜迷 mí]釣りバカ．釣りマニア．②〈喩〉ペテンにかける．[〜一项 xiàng 目]実体のない見せかけだけの事業．
钓鱼台 diàoyútái 陷北京の名園で中国迎賓館がある．
钓樟 diàozhāng 陷クロモジ．
钓钟草 diàozhōngcǎo ①⇒[南 nán 沙参] ②⇒[山 shān 小菜]

[鸢・鳶] diào〈文〉はるかに遠い．[〜远 yuǎn]遠く離れている．

[调・調] diào（Ⅰ）①移動させる．動かす．転属・転勤させる．[〜回]（転勤させて）呼び戻す．[〜往 wǎng]〜へ転勤させる．[〜兵 bīng]軍隊を移動させる．[〜到別の車間去]他の職場に転属させる．[南粮 liáng 北〜]南の食糧を北へ回す．[〜工作]転任する．[把两个人的职务对一下]二人の職務を入れ代わらせる．②行って調べる．→[调查] ③[〜足 zú 庸调]
(Ⅱ)①[〜儿，〜子]調子．節(ち)．メロディー．[〜很好听]（歌の）調子がとてもよい．[〜高 gāo]調子が高い．[〜低 dī]調子が低い．②曲調．調(ぢょう)．[C〜]C調．国トーン．声調．アクセント．[声 shēng〜]声調．[语 yǔ〜]イントネーション．[法国〜]フランスなまり．[唱高〜]調子の高い（強腰の）意見を述べる．④論調．[论 lùn〜]同前．⑤風格．[笔 bǐ〜]筆調．[情〜]情調．⑥固周代の楽曲:[五音②]のうち[宮 gōng（Ⅱ）]以外のもの．→tiáo
调摆 diàobǎi ＝[摆调]〈方〉段取りをつける．指図して動かす．[別的事，都听你们年轻的〜]ほかの事は，皆お前たち若い者の言いつけに従うよ．
调包 diàobāo(r) ＝[掉包(儿)①]（良い物と悪い物とを）すり替える．入れ替える．
调兵遣将 diàobīng qiǎnjiāng〈成〉兵を移動させ将軍を派遣する．〈喩〉人を採配する．
调拨 diàobō ①それぞれに振り向ける．[〜商品]商品をそれぞれ(各地に)振り向ける．②配置する(人員など)．→tiáobō
调查 diàochá（現地・現場に）調査する．[〜报告]②調査報告．⑤調査リポート欄:新聞記事の体裁．

diào 调荼掉

[～表]チェックシート.
调茬 diàochá ⇒[轮 lún 作]
调档 diàodàng 保存書類を取り寄せて調べる:特に入学試験の結果,合否に関する判定に用いる.[～线 xiàn]合否ライン.
调调(儿) diàodiao(r) ①〈口〉メロディー.節(ふし).調子. ②論調.文章の調子. ③見栄(ばえ).さま.
调动 diàodòng ①〔職や用途を〕移動(する.させる).転勤(する.させる).配置転換(する.させる).職場転換(する.させる).[人事～]人事異動.[要求～工作,没调成]配置転換を申し出たが,変えてもらえなかった. ②作動させる.動員する.引き出す.[～群众的积极性]大衆の積極性を呼び起こす.→[发 fā 动②]
调度 diàodù ①〔仕事・人員・車両・物資などを〕割りふる.手配する.案配する.[～员]手配係.配置係.[～站 zhàn]〔仕事・人員・車両・物資などの〕配置センター.[～好了]手配(処置)がととのった.[～有方]処置がよろしきを得ている. ②手配係.配置係.
调防 diàofáng ⇒[换 huàn 防]
调房 diàofáng 住宅を換える.住居の交換をする.
调赴 diàofù 配置転換によって移る.[～前线]前線へ赴く.
调干 diàogàn 大学などで学習する幹部を選んで派遣すること.また派遣された幹部.[～生][～学员]大学で研修中の幹部.
调个儿 diàoger ⇒[掉过儿]
调过儿 diàoguòr ⇒[掉过儿]
调函 diàohán ①〔人事異動の〕発令書. ②調査依頼書.
调号(儿) diàohào(r) ①[音]調号. ②[语]声調記号.四声記号.
调虎离山 diàohǔ líshān 〈成〉虎を山からおびき出す:敵をおびき出し陣地を離れさせるの機に乗じて攻略する.[使 shǐ 一～计 jì]"おびき出し"の計を用いる.
调换 diàohuàn =[掉换]交換する.入れ替える.取り替える.[～着用]取り替えて使う.[咱们俩～一下,你上午值班,我下午值班]きみは午前,ぼくは午後と当直を取り替えよう.
调集 diàojí 集結する.集中する.[～资金]資金を集める.[～军 jūn 队]軍隊を集結する.
调京 diàojīng〈文〉都へ呼び寄せる.[～引 yǐn 见]都へ呼び寄せて引見する.
调进 diàojìn 他から移してくる.[办家属～手续]家族の転入手続をする.
调开 diàokāi 転任させる(追いやる)
调侃儿 diàokǎnr [调坎儿]とも書く.〈方〉隠語を使う.[他们直～,我一句也听不懂]彼らがしきりに符丁を使うのでさっぱりわからない.
调类 diàolèi [声]調の類別・調類:[普 pǔ 通话]では[阴平,阳平,上声,去声,轻声]の五種類.
调离 diàolí〔…から〕転任する.[～他地]他地に転勤する.[他已～该厂]彼はすでにその工場から他へ転出した.
调粮 diàoliáng 食糧を調達する.
调令 diàolìng 転勤命令.出向命令.[接到～]出向命令を受ける.
调门儿 diàoménr〔音声の〕調子(高さ).〈転〉言葉つき.口調.態度.[～低 dī]調子が低い.[他说话～太高]彼は声がとてもかん高い.[这小子～高了,一步登天不认识老乡亲了]この若僧は態度が横柄になって,すっかり偉くなったつもりで昔なじみすら目に留まらない様子だ.
调派 diàopài ①派遣する.出張させる. ②転任させる.
调配 diàopèi 〔人・物を〕配分する.割り当てる.[～劳 láo 力]労力を配置転換する. → tiáopèi
调迁 diàoqiān 移動させる:[调动①]に同じ.
调遣 diàoqiǎn ①派遣する.さしむける. ②[～费 fèi]支度金. ③指図(する).[听他的～]彼の指図を聞く.
调枪花 diàoqiānghuā ⇒[掉枪花]
调勤 diàoqín 別の場所で勤務する.[跨 kuà 警区～]管轄地域を越えて同勤.
调取 diàoqǔ ①知らせて集める.工面する. ②[法]証拠を調べ採用する.
调人 diàorén ①派遣する.転任させる. ②交替させる.
调任 diàorèn 転任させる:[调动①]に同じ.[他由京调外任已经三年了]彼は都から地方勤務に転じてもう3年になる.
调审 diàoshěn 調べ審問する.
调升 diàoshēng 栄転する.昇進する.
调市 diàoshì 市場へ出す.都市へ送りこむ.…市に転動する.
调式 diàoshì [音]音階.
调署 diàoshǔ〈文〉転任して空席の代理を務める.
调头 diàotóu ⇒[掉头]
调头 diàotou〈方〉①調子. ②語気.
调歪 diàowāi ⇒[掉歪]
调销 diàoxiāo 他地で売る.他地へ運んで売る.
调休 diàoxiū 代休する.
调研 diàoyán 調査研究する.[～员 yuán]調査研究員.
调演 diàoyǎn [剧]各芸能団体から優秀なものを選んで公演する.[全国戏曲～]全国戯曲選抜公演.
调用 diàoyòng〔金銭・人員を〕調達使用する.[～物资]物資を調達して使用する.またその物資.[～干 gàn 部]幹部を配置転換して任用する.またその幹部.
调余补缺 diàoyú bǔquē 余りはよそへ回して不足を補う.
调援 diàoyuán 急援物資・人員を調達して送る.
调阅 diàoyuè 保管書類を取り寄せて読む.
调运 diàoyùn 調達して送る.
调账 diàozhàng 帳簿(の科目)を移しかえる.[～检 jiǎn 查]帳簿検査る.
调直 diàozhí ⇒[矫 jiǎo 直]
调值 diàozhí [声]声調の実際価.調値.
调职 diàozhí 職場転換する.職務を変わる.
调转 diàozhuǎn ①転任(する).転属(する).配置転換(する). ②⇒[掉转]
调子 diàozi ①調子.メロディー. ②論調.語調.文意.[～低沉 chén,无精打采]論調が無気力で精彩がない.
调子笛 diàozidí [音]調子笛.律管:楽器の調子を合わせるために用いる笛.

[荼・蓧] diào [古]除草用の農具.

[掉] diào (Ⅰ)①〈文〉振る.振り回す.揺り動かす.[尾 wěi 大不～]〈成〉尾が大きくて当方に変えにくい:下の者が上の者の思うままにならないこと. ②〈文〉ひけらかす. ③向きを変える.ぐるりと回す.[把船身～一下]船体をぐるっと向きを変える. ④[～过脸来]顔を振り向ける.振り向く. ④取りかえる.

(Ⅱ)①落ちる.落とす.下がる.[～在地下]地面に落ちる.[～雨点儿了]雨がパラパラと降ってきた.[～(眼)泪 lèi]落涙(する).[～进了他设计的骗局里]彼のたくらんだペテンにひっかかった. ②遅れる.落後する. ③脱落する.抜ける.[～一字]脱字(す

掉铫銱爹跕跌   diào~diē

る).〔治~发 fà〕抜け毛を治療する. ④取れて落ちる.なくす.〔马要不上夜 râ,身上就~膘 biāo〕馬は夜の飼料をやらないと体の肉が落ちて(やせて)しまう.〔扣 kòu 子~了一个〕ボタンが一つ取れた. ⑤…してしまう:動詞の後に置き離脱・消失・変化を表す.〔扣~〕控除する.〔跑 pǎo~了〕逃げてしまった.〔吃 chī~了〕食べてしまった.〔被規範删~的异形词〕規範化されて削除された同義異形語.〔丢 diū~〕なくしてしまう.〔忘 wàng~〕すっかり忘れる.

掉包(儿) diàobāo(r) ①⇒[调包(儿)] ②[電算]パケットロス.
掉臂 diàobì 〈文〉大手を振る.〔~而去〕大手を振って行く.一顧も与えずに出て行く.
掉膘 diàobiāo (家畜などが)やせる:〔落 luò 膘〕に同じ.↔[上 shàng 膘]
掉秤 diàochèng 〈方〉目減り(する)
掉蛋 diàodàn 〈方〉①腕白である. ②嘘をいう.
掉刀 diàodāo 旧武器の一種:両刃で切っ先の幅が広く,長い柄がついていてその端に石突きを有する.
掉点儿 diàodiǎnr 〈口〉ポツポツ雨が降り出す.
掉队 diàoduì 落後する.置いてきぼりをくう.〔前后看不到战友,他以为自己早已掉了队〕前にも後ろにも戦友たちの姿が見えないので彼は自分が置きざりにされたのだと思った.〔只有加紧学习,才不致~〕一生懸命勉強すれば落ちこぼれにはならない.
掉个儿 diàogèr ⇒[掉过儿]
掉过儿 diàoguòr 〔掉个儿〕[调过儿]ひっくり返す.向きをかえる.逆にする.〔那件事你~来想一想〕あのことは,逆にして(立場をかえて)考えてみたまえ.〔铅笔的这个头儿折了,掉个过儿使吧〕この鉛筆,こっちの端が折れたからひっくり返して使おう.〔~用〕取り替えて使う.
掉换 diàohuàn ⇒[调换]
掉谎 diàohuǎng ⇒[撒 sā 谎]
掉魂儿 diàohúnr たまげる.びっくり仰天する:〔失 shī 魂〕に同じ.
掉价(儿) diàojià(r) ①値が下がる.下落する. ②身分・格が下がる.〔军人砍 kǎn 价,有什么~的〕軍人が値引きを要求したからといって,品位を傷つけることになるだろうか.
掉脸 diàoliǎn ①顔の向きを変える. ②[~子]〈口〉難しい顔(怖い顔)をする.顔がこわばる.
掉脑袋 diàonǎodai ⇒[杀头]
掉弄 diàonong もてあそぶ.弄(ろう)する.
掉盘 diàopán 値が下がる.
掉枪花 diàoqiāngguā 〈方〉手段を弄(ろう)する.小細工を弄する:〔抢枪花〕とも書く.〔你别跟我~了,我什么不明白?!〕ぺてんにかけるな,何もわからぬとでも思っているのか.
掉肉 diàoròu やせる.〔我~了〕僕はやせた.
掉色 diàoshǎi 〔褪 tuì 色①〕
掉梢眉 diàoshāoméi 下がり眉毛.→[吊梢眉]
掉舌 diàoshé ①弁舌を弄する.〔掉三寸不烂 làn 之舌〕弁舌たくみにしゃべる. ②遊説する.
掉书袋 diàoshūdài 〈喻〉典故を引いたり,難しい語を用いたり学識を見せびらかす(風刺していう):〔掉书包〕ともいう.〔这位老先生,一说话就~〕この老先生たら,口を開けば難しいことばかり言う.→[掉文]
掉胎 diàotāi ⇒[堕 duò 胎]
掉头 diàotóu ①(頭を)振りむける.〔~不顾〕そっぽをむく.〔一看§〕ふり返って見ると. ②=[调头](逆の方向へ)向きを変える.引き返す.〔~就跑〕向きを変えて逃げる.〔所有开往国境的汽车全部Uターン转 zhuǎn 弯〕国境に向かった自動車は全部Uターンせざるをえなかった.〔船小好~〕船が小さければ小回りが利く. ③=[掉脑袋]首が落ちる.首を切られる.〔~的大罪〕首の落ちるような大罪. ④〈方〉金銭の費目を移し変える. ⑤〈方〉[妓女]くらがえする.

掉歪 diàowāi =[调歪]屁だくみをする.ずるをする.意地悪をする.
掉文 diàowén 文語をふり回す.言葉の中に文語を使う:〔转 zhuǎi 文〕に同じ.
掉线 diàoxiàn (電話・インターネット通信などが)切れる.
掉眩 diàoxuàn 中医筋肉がぴくぴく動く.
掉牙 diàoyá 歯が抜ける.〔笑 xiào 掉了牙〕〈喻〉大笑いした.
掉页 diàoyè 落丁(になる)
掉以轻心 diào yǐ qīng xīn 〔成〕高(くく)って油断すること.〔我们决不能~,丧 sàng 失警惕 tì〕我々は決して警戒心を失ってはならない.
掉闸 diàozhá =〔方〕跳 tiào 开关〕①(トランス・ヒューズが)切れる. ②電自動回路遮断器.
掉转 diàozhuǎn =[调转②]ぐるっと回す.〔~话头〕話頭を変える.〔~枪 qiāng 口〕銃口を逆の方向に向ける.〔~船头〕船の向きをぐるっと変える.
掉嘴 diàozuǐ 口論する.

[銱・铫] diào [一儿]やかん.湯わかし:ふつう〔~子〕という.〔沙 shā 儿〕土(ど)びん.〔药 yào ~儿〕煎薬用のやかん. → tiáo yáo
铫子 diàozi ⇒[吊子]

[銱] diào →[葫 shuò 銱]

diē ㄉㄧㄝ

[爹] diē ①〈口〉父.お父さん.〔~~ die〕④同前.〈方〉③祖父.おじいさん.〔~妈 mā〕[~娘 niáng]父と母.親子他~〕(妻が夫に対して)うちの人.おとうさん.あんた.→[爸 bà] ②〈方〉おじさん.おじいさん:年長者たる老人に対する尊称.=〔老 lǎo 爹〕

[跕] diē 〈文〉つまずき倒れる.ころげ落ちる. →[踮 diǎn]

[跌] diē ①つまずく.〔打 dǎ ~〕同前.〔~得浑 hún 身疼痛难 nán 忍〕ころんで身体中痛くてたまらない.〔至于阿Q~出六尺多远(鲁·Q3)〕阿Qのほうは6尺もなころぶとんだ. ②(物が)落ちる.→[跌水] ③(価格が)下落する.〔下 xià ~〕同前.〔~穿 chuān 1600点〕1600ポイントを割込む.〔~股 gǔ〕株価下落.〔物价~了百分之五〕物価が5%下落した.↔[涨 zhǎng].
跌潮 diēcháo 値下がりの(波·嵐).〔最大~〕大暴落.
跌打净 diēdǎjìng ⇒[武 wǔ 净]
跌打损伤 diēdǎ sǔnshāng 打ち身.くじき.打撲傷.
跌宕 diēdàng 〔跌荡〕とも書いた.〈文〉①(性格が)磊落(らく)である.〔~不羁 jī〕〈成〉自由奔放である. ②抑揚があり変化に富んでいる.〔经济发展显现~〕経済発展に著しい変化がみられる. ③〔~昭彰〕〈成〉(文章が)のびのびとして文意が鮮明である.
跌倒 diēdǎo つまずき倒れる.
跌跌撞撞 diēdiē zhuàngzhuàng 〔跌跌铳 chòng 铳〕〔跌跌绊 bàn 绊〕ともいう.千鳥足のさま.
跌份(儿) diēfèn(r) 〈方〉面目がたたない.沽券(こけん)に関わる.

diē~dié

跌风 diēfēng ⇒〔跌势〕(相場)の勢い.落潮.下落傾向な.⇒〔涨 zhǎng 风〕
跌幅 diēfú 國下げ幅(率)
跌跟头 diēgēntou ①つまずき転ぶ.②失敗する.しくじる.
跌价 diējià 値下がり(する).→〔贬 biǎn 值〕⇒〔涨 zhǎng 价〕
跌跤 diējiāo〔跌交〕とも書いた.〔~子〕は方言.①転ぶ(げ倒れる).〔跌了一跤〕すてんと転げた.②まちがいを犯す.挫折する.〔这样的人没有不~的〕こういう人間がつまずかないはずはない.
跌落 diēluò ①(物价・産量など)下落(する):〔下 xià 跌〕に同じ.〔币值~〕貨幣価値が下落する.②(物が)落ちる.
跌破 diēpò ①つまずいて壊し・傷つける.〔~眼 yǎn 镜〕〔(大)跌眼镜〕〈喻〉見込み違いをする.予期せぬ結果にびっくりする.②落ちこむ.悪くなる.
跌势 diēshì ⇒〔跌风〕
跌水 diēshuǐ ①急激に落ちる流れ.②水の流れを急降下させ落差をつける段階.〔在水闸 zhá の泄水口砌 qì 一个~〕水門の排水口に落差段階を築く.
跌死狐狸弯死蛇 diēsǐ húli wānsǐ shé〔谚〕狐はつまずき,蛇は曲げ折れる.〈喩〉ひどく歩きにくい,険しいこと.〔~的羊肠小道〕曲りくねった小道.
跌停板 diētíngbǎn 國株の最大下落幅.→〔涨停板〕
跌销 diēxiāo 國売れ行き不振.
跌眼镜 diēyǎnjìng〈喻〉意外なことにびっくりさせられる:常に〔大~〕(ひどく驚く)の形で用いる.
跌足 diēzú〈文〉じだんだ踏む:〔顿 dùn 足〕に同じ.〔捶 chuí 胸~,悔恨不迭 dié〕胸をたたき,じだんだを踏む(んで悔しがる)
跌坐 diēzuò 思わず腰を下ろす.立っていられず座る.

〔迭〕 dié

①互いに.代わるがわる.〔更~〕入れ代わる.代わりあう.〔~为宾主〕代わるがわる客となり,主人となる.〔刚柔~用〕硬軟両様の手口で交代に使う.②しばしば.繰り返し.〔~积 jī〕どんどん高く積み重なる.〔~出〕次々と出てくる.③〔不~〕止まない.〔叫苦不~〕しきりに苦しみを訴える.④〈姓〉迭(5)

迭次 diécì しばしば.繰り返し.〔~会商〕たびたび話し合う.
迭起 diéqǐ 次々に現れる.〔惨 cǎn 案~〕虐殺事件が相次いで起こる.
迭现 diéxiàn 次々と現れてくる.
迭兴 diéxīng〈文〉次々と興り栄える.

〔昳〕 dié 〈文〉太陽が西に傾くこと. → yì

〔瓞〕 dié 〈文〉小さい瓜. →〔绵 mián 绵瓜瓞〕

〔垤〕 dié ①〈文〉小高い土地.塚.丘.②〔蚁 yǐ~〕蟻塚.

〔咥〕 dié 〈文〉かむ. → xì

〔绖・絰〕 dié ①囯喪服に用いた麻の腰ひも.②〈姓〉経(5)

〔耋〕 dié 〈文〉70,80歳の老齢(老人).〔~艾 ài〕老人と若者.→〔耄 mào 耋〕(耆 qí 耋)

〔螲〕 dié〔~蟷 dāng〕囯ジグモ(フクログモ.ツチグモ). → zhì

〔谍・諜〕 dié ①うかがう.探る.〔通过卫星进行大空~影ス衛星を通して宇宙からスパイ写真を撮る.②同前をする人.〔间 jiān~〕スパイ.〔防 fáng~〕スパイ防止.

谍报 diébào ①敌方や外国の事情を探って知らせる.②敵方や外国の軍事・政治・経済についての情報.〔~员 yuán〕スパイ.

〔惵〕 dié 〈文〉恐れる.

〔堞〕 dié

堞墙 diéqiáng =〔城 chéng 堞〕胸墙(きょうしょう):城壁上に設けられた凹字形になる壁の穴を空けてある部分.内側にあるのを〔女 nǚ 墙①〕(ひめがき),外側にあるのを〔雉 zhì 堞〕という.〔~口 kǒu〕垛 duǒ 口同前.〔~楼 lóu〕同前のある望楼.
堞形螺母 diéxíng luómǔ〔开 kāi 花螺丝帽〕

〔揲〕 dié 〈文〉折りたたむ. → shé

〔喋(啑)〕 dié → zhá

喋喋 diédié ぺちゃくちゃしゃべる.〔~不休〕ぺらぺらしゃべり続ける.
喋血 diéxuè (戦闘や事件で)血の海になる.血の海を踏んで行く:〔蹀血〕とも書いた.〔~抗战〕血を踏んで抗戦する.〔~案 àn〕流血事件.

〔牒〕 dié ①囯文字を刻した札.②公文書.〔最后通 tōng~〕最後通牒.〔度 dù~〕囯僧侶に発給した証明書.③〈文〉書籍.④〈姓〉牒(5)

牒报 diébào〈文〉文書で報告する.
牒状 diézhuàng〈文〉訴訟文書.

〔碟〕 dié ①[-儿]小皿.〔玻 bō 璃~儿〕ガラスの小皿.→〔盘 pán 子〕②量詞.皿盛りの料理などを数える.〔一~菜 cài〕一皿の料理.

碟靶 diébǎ 囯(クレー射撃の)クレーピジョン.
碟匙坐响 diéchí zuò xiǎng〈喻〉にぎやかに楽しく食事をするさま.
碟机 diéjī〔方〕(VCD,DVDなどの)プレーヤー.
碟片 diépiàn ⇒〔光盘碟〕
碟仙 diéxiān 囯占いの一種:いろいろの文字を書いた紙に皿を伏せ,3人がそれぞれ1本ずつ指をその皿にかけて祈るうちに皿が動く.その時,皿の底の矢印が指している字によって神のお告げを知るというもの.
碟子 diézi 小皿:〔盘 pán 子〕より小さいもの.

〔蝶(蜨)〕 dié 囯チョウ.〔蝴 hú~〕同前.〔菜粉~〕モンシロチョウ.〔凤 fèng~〕アゲハチョウ.

蝶变 diébiàn 蛹(さなぎ)が蝶になる.〈喻〉美しく変身する.
蝶粉蜂黄 diéfěn fēnghuáng〈成〉①女性が美しく装うこと.②〈喩〉処女の貞操.
蝶骨 diégǔ 生理蝶形骨.→〔头 tóu 骨〕
蝶化 diéhuà〈喩〉夢(を)見る.
蝶梦 diémèng〈文〉居眠りして夢を見る.
蝶形花 diéxínghuā 囲蝶型花冠:〔蛾 é 形花〕ともいった.
蝶泳 diéyǒng ⊠(水泳の)①バタフライ.〔200公尺~〕200メートルバタフライ.②ドルフィンキック.〔海 hǎi 豚泳〕に同じ.

〔艓〕 dié 〈文〉小舟.

〔蹀〕 dié 〈文〉足を踏む.〔~~〕小刻みに進むさま.

蹀里蹀斜 diéli diéxié よろよろするさま:〔蹀里蹀斜 xié〕同前.
蹀躞 diéxiè ①〔蹩躞〕①小刻みに歩く.②行ったり来たりする.漫歩する.
蹀血 diéxuè ⇒〔喋血〕
蹀足 diézú ⇒〔顿 dùn 足〕

dié～dīng

〔**鲽・鰈**〕 dié 〔魚貝〕カレイ(総称):〔～鱼 yú〕は通称.〔星 xīng ～〕ホシガレイ.〔木叶～〕メイタガレイ.〔高眼～〕ソウハチ.〔―形目〕カレイ目(動物分類上の)

鲽鹣 diéjiān 鰈(カレイ)と比翼の鳥.〈喩〉仲むつまじい夫婦.〔鹣鲽〕ともいう.

鲽鱼 diéyú 〔魚貝〕カレイ.→〔比 bǐ 目鱼〕

〔**嵽・嵽**〕 dié 〔～嵲 niè〕〈文〉山が高く険しいさま.またその山.

〔**褋**〕 dié ①古代の袷(あわせ). ②〔姓〕褋(ディエ)

叠(疉・疊・疊・疊) dié ①積み重ねる.〔～石为 wéi 山〕〈成〉石を積んで山を築く.〔重 chóng ～〕重ねる.〔堆 duī ～〕積み上げる.〔层 céng 层～～地〕幾重にも積み重なって. ②折りたたむ.〔折 zhé ～〕同前.〔把报纸～起来〕新聞を折りたたむ. ③〈姓〉叠(ディエ)

叠报 diébào 〈文〉重ねて何回も知らせる.

叠层 diécéng 積層.〔～金属〕積層金属.〔～木板合板.ベニヤ板〕〔胶 jiāo 合板〕に同じ.

叠床架屋 diéchuáng jiàwū〈成〉二重手間をする:〔屋下架屋,床上施床〕ともいう.

叠翠 diécuì (山林が)青々としているさま.

叠放 diéfàng オーバーラップ.合成印刷.コンビネーションプリンティング:2枚写真のネガティブフィルムを重ねて引き伸ばして1枚写真をやる.

叠鼓 diégǔ 〈文〉太鼓を小刻みに軽く打つ.

叠合 diéhé 重なり合う.

叠加 diéjiā 一つ一つ加える.〔～的数儿 shùr〕同前の数.

叠句 diéjù 〔言〕畳句:語句を繰り返すこと.

叠罗汉 diéluóhàn (スポーツ・雑技などの)組み体操.人間ピラミッド.〔伏 fú 虎③〕に同じ.

叠码 diémǎ 点棒を積みあげる.〈喩〉かけごとをやる.

叠现 diéxiàn ⇒〔重 chóng 现〕

叠压 diéyā 重ねて積む.

叠印 diéyìn 〔=叠映〕(映画・テレビなどの画面を)オーバーラップする.ダブらせる.

叠影 diéyǐng (テレビの)ゴーストイメージ:受像不良のためテレビ画面に現れる二重像のうち弱い方の画像.

叠映 diéyìng ⇒〔叠印〕

叠韵 diéyùn 〔言〕(中国音韻学で)複音語が共通の韻母をもつこと.〔～词〕同前の単語:〔匍匐 púfú〕〔螳螂 tángláng〕など.〔双 shuāng 声〕

叠嶂 diézhàng 〈文〉連山.

叠字 diézì ⇒〔重 chóng 言①〕

叠字号 diézìhào 重ね字.踊り字:同一文字を重複して書く時用いる"〃""々"と"."など."〃"は縦書きの場合のみ.

〔**氎**〕 dié 〈文〉織り目の細かい綿織物,また毛織物.

---

dīng ㄉ丨ㄥ

〔**丁**〕 dīng（Ⅰ）①ひのと:十干の第4位.→〔干gān 支〕 ②順序の4番目. →〔甲 jiǎ④〕

（Ⅱ）①成年男子.〔抓 zhuā ～〕壮丁をかり集める. ②人口.家族数.〔添 tiān ～〕子が生まれる.家族が一人増える.〔～财〕〈文〉家族と財産. ③〈文〉使丁.身分の低い使用人.〔门 mén ～〕門番. ④〈姓〉丁(ディン)

（Ⅲ）〔―儿〕賽(さい)の目に切った小塊.〔肉 ròu ～〕賽の目に切った肉.〔切 qiē 成～〕賽の目に切る.

（Ⅳ)〈文〉あたる.その事に出会う.〔丁忧〕 → zhēng

丁坝 dīngbà 丁止め水制.小突堤:護岸堤防と丁字形をなして築造される防波堤.

丁苯橡胶 dīngběn xiàngjiāo SBR 合成ゴム:ブタジエンとスチレンとでできている.タイヤその他ゴム工業製品製造に用いられる.

丁部 dīngbù 四庫全書の〔经,史,子,集〕4部の中の〔集部〕の別名.

丁册 dīngcè 戸籍簿:〔丁口册〕ともいう.

丁宠家庭 dīngchǒng jiātíng〈音意訳〉若夫婦二人とペットの家庭.→〔丁克(族)〕

丁醇 dīngchún =〔酪 lào 醇〕化 ブチルアルコール.ブタノール.→〔醇④〕

丁村人 dīngcūnrén 史1954年山西省襄汾県丁村の近くで発見された古代人の化石.→〔北 běi 京猿人〕

丁当 dīngdāng ⇒〔叮当〕

丁倒 dīngdǎo ⇒〔颠 diān 倒〕

丁得耳现象 dīngdé'ěr xiànxiàng ⇒〔光 guāng 尘现象〕

丁等 dīngděng ①(等級の)4等.4級. ②(学習成績)不合格の点数.

丁点儿 dīngdiǎnr〈口〉量詞.ちっぽけな.ちょびっと:極めて少ないことを強調する.〔一～这〕〔不〕などにつく.〔不～〕同前.〔一～～〕ほんのちょっぴり.〔这个～的小岛上,挤 jǐ 了三百万的人口〕このちっぽけな島に300万もの人口がひしめいている.

丁丁 dīngdīng 〈擬〉①玉や金属のチャラチャラという音. ②水滴が水面にパチャンパチャンと落ちる音.

丁丁当当 dīngdīng dāngdāng ⇒〔叮当〕

丁东 dīngdōng ⇒〔叮咚〕

丁冬 dīngdōng ⇒〔叮咚〕

丁对 dīngduì〈方〉都合がよい.間がよい.〔你来了,我也来了,真～〕きみが来たところに,ぼくも来て,ちょうど都合よい.

丁二酸 dīng'èrsuān =〔琥 hǔ 珀酸〕

丁二烯 dīng'èrxī =〔二乙烯〕化 ブタジエン.

丁夫 dīngfū ①健康な男. ②人夫.

丁赋 dīngfù ⇒〔丁钱〕

丁忧 dīngyōu ⇒〔丁忧〕

丁祭 dīngjì 田中春と中秋の初めての丁(ちゅう)の日に孔子を祭ること.

丁艰 dīngjiān ⇒〔丁忧〕

丁腈胶 dīngjīng xiàngjiāo 化 ブタジエンアクリロニトリルゴム:ブタジエンとアクリロニトリルとの合成ゴム.

丁克(族) dīngkè(zú)〈音訳〉ディンクス.DINKS:ダブルインカムノーキッズ.〔丁克夫妻〕同前.〔丁克家庭〕夫婦共働きで子供のいない家庭.

丁口 dīngkǒu〈文〉家族数.人口数:〔丁〕は男,〔口〕は女.〔～兴旺〕家族が栄える.→〔丁册〕〔丁钱〕

丁(口)钱 dīng(kǒu)qián ⇒〔丁税〕

丁蛎 dīnglì =〔槌 chuí 蚶〕〔魚貝〕シュモクガイ.

丁灵 dīnglíng 史漢代の北方異民族の一.〔丁零②〕〔丁令〕とも書く.後世〔敕 chì 勒〕〔铁 tiě 勒〕といった.

丁零 dīnglíng ①〈擬〉リンリン.チリンチリン:鈴ベル・小金属片の鳴る音.〔～～〕と重ねて用いる.〔～～的自行车铃声〕自転車のリンリンと鳴るベルの音. ②同上.

丁零当啷 dīnglíng dānglāng〈擬〉ガチンガチン:金属や磁器などが続けざまにぶつかり合う音.〔啷〕は

dīng 丁仃叮玎疔町盯钉

〔郎〕とも書く.

丁卯分明 dīngmǎo fēnmíng ⇒〔丁是丁,卯是卯〕
丁母忧 dīngmǔyōu →〔丁忧〕
丁钠橡胶 dīngnà xiàngjiāo ブナ合成ゴム.
丁男 dīngnán 〈文〉成年に達した男子.
丁内艰 dīngnèijiān →〔丁内忧〕
丁内忧 dīngnèiyōu →〔丁忧〕
丁年 dīngnián 〈文〉男子の成年に達する年齢;漢では20歳,明・清では16歳.また成年に達した者.
丁宁 dīngníng ⇒〔叮咛〕
丁女 dīngnǚ 〈文〉①成年に達した女子. ②火.
丁钱 dīngqián =〔丁赋〕〔丁税〕〔丁银〕旧人頭税;〔丁口钱〕ともいう.→〔地 dì 丁②〕
丁强 dīngqiáng 〈文〉血気盛んなこと.
丁是丁,卯是卯 dīngshìdīng, mǎoshìmǎo 〈喩〉ものの けじめをはっきりする.一分一厘の融通もきかせない:〔钉是钉,铆是铆〕〔丁卯分明〕ともいう.〔丁〕は天干の一,〔卯〕は地支の一.二者を混同することはできない.また〔钉〕は〔榫 sǔn 头〕(ほぞ),〔卯〕は〔卯眼〕(ほぞ穴).
丁税 dīngshuì ⇒〔丁钱〕
丁酸 dīngsuān =〔酪 lào 酸〕〔乳 rǔ 脂酸〕酪酸. →〔酸⑤〕
丁头字 dīngtóuzì ⇒〔楔 xiē 形文字〕
丁外艰 dīngwàijiān →〔丁忧〕
丁外忧 dīngwàiyōu →〔丁忧〕
丁烷 dīngwán 化 ブタン.〔~气 qì〕ブタンガス.→〔烷〕
丁烯 dīngxī 化 ブテン.ブチレン.〔~橡 xiàng 胶〕〔丁基橡胶〕ブチルゴム.
丁烯酸 dīngxīsuān 化 クロトン酸.→〔酸⑥〕
丁香 dīngxiāng 植 ①=〔丁子香〕〔鸡 jī 舌香〕チョウジ(丁子):フトモモ科常緑喬木.花に強い香味があり,健胃剤にする.種子から〔~油 yóu 〕など芳香剤を作る.〔公~〕〔~结 jié〕丁香(ちょう):同前の花のつぼみ(干して薬材にする).〔母~〕同前の果実(干して薬材にする). ②リラ.ライラック:モクセイ科の落葉低木.〔紫 zǐ ~〕に同じ.花を〔~花〕という.
丁香核 dīngxiānghé 種の小さい種類の〔荔 lì 枝〕(レイシ)
丁香头 dīngxiāngtóu 美(中国画の)墨竹の枝の葉の出ているところ:小枝が3本合わさったところを〔雀 què 爪〕といい,直枝を〔釵 chāi 股〕という.
丁型搬子 dīngxíng bānzi 機 T型レンチ.
丁形管 dīngxíngguǎn ⇒〔三 sān 通②〕
丁形头螺栓 dīngxíngtóu luóshuān →〔丁字头螺栓〕
丁徭 dīngyáo ⇒〔丁役〕
丁夜 dīngyè ⇒〔四 sì 更〕
丁役 dīngyì =〔丁徭〕〈文〉夫役(ぶえき):昔時,公用のため壮年者を徴用して使ったこと.
丁银 dīngyín ⇒〔丁钱〕
丁忧 dīngyōu =〔丁艰〕〈文〉父母の死にあう.〔丁父忧〕〔丁外忧〕〔丁外忧〕父の死にあう.〔丁母忧〕〔丁内忧〕〔丁内忧〕母の死にあう.
丁种维生素 dīngzhǒng wéishēngsù →〔维生素〕
丁壮 dīngzhuàng 〈文〉青壮年の男.
丁子香 dīngzǐxiāng ⇒〔丁香①〕
丁字 dīngzì 丁字.T字.〔排 pái 成~〕丁字形に並ぶ.〔~形〕T 字型.〔~裤 kù〕Tバック.〔~街 jiē〕〔~路〕丁字路:丁字形に交わっている通り.〔~梁 liáng〕建 T 型ばり.ティービーム.〔~尺〕〔~规 T 型定規(じょうぎ).〔~铁〕〔T 字铁 tiě〕冶 T 型鋼.〔~拐 guǎi〕丁字形の杖.
丁字步 dīngzìbù 片方の足のかかとをもう一つの足

の土ふまずのあたりに引きよせ両方の角度が90度(丁字形)になるようにした姿勢.
丁字镐 dīngzìgǎo =〔十 shí 字镐〕〔双 shuāng 头镐〕丁字形のつるはし(両ヅル)
丁字架 dīngzìjià ⇒〔托 tuō 架〕
丁字鲨 dīngzìshā ⇒〔双 shuāng 髻鲨〕
丁字头螺栓 dīngzìtóu luóshuān =〔丁形头螺栓〕T型ボルト.

〔仃〕 dīng →〔伶 líng 仃〕

〔叮〕 dīng
①(蚊などが)刺す.〔腿上叫蚊 wén 子~了一个包〕太ももを蚊に刺されてぷくりと腫れた.→〔咬 yǎo ①〕 ②たたみかけて言う.念を押して尋ねる.だめを押す:〔钉③〕に同じ.〔我又~了他一句〕彼に念を押しておいた.〔我~~他到底是怎么回事〕いったいどういうことなのかよくただしてみる.

叮当 dīngdāng 〈擬〉チリンチリン.カランカラン:〔丁当〕〔叮珰〕とも書いた.金属・磁器・玉石などがぶつかり合う音.〔叮叮当当〕同前の重量形.〔~车〕国チンチン電車.〔~响 xiǎng〕ⓐチリンチリンと鳴る. ⓑ〈喩〉すっかりかんのさま.

叮当 dīngdāng 〈方〉争い(立ち回り)をおっぱじめる.〔他们两个人~起来了〕二人はけんかをおっぱじめた.

叮咚 dīngdōng 〈擬〉金属や玉(ぎょく)などが触れたり,水滴が落ちる音〔丁东〕〔丁冬〕とも書いた.

叮咛 dīngníng 嚙んで含めるように言う.くり返し言う:〔丁宁〕とも同じ.〔千~,万嘱 zhǔ 咐〕繰り返し繰り返し言い含める.

叮问 dīngwèn 〈方〉念を押して尋ねる.
叮咬 dīngyǎo (蚊などが)刺す.(虫に)食われる.
叮嘱 dīngzhǔ ねんごろに頼む.よく言い含める.〔他临别时再三~说如有危险,可以避 bì 到什么地方去彼彼は危険の場合にはどこへ避難してもよいとくれぐれも言い含めた.

〔玎〕 dīng
玎珰 dīngdāng ⇒〔叮当〕
玎玲 dīnglíng 〈文〉〈擬〉玉石が触れあって鳴る音.

〔疔〕 dīng
中医疔(ちょう).皮膚の深部にできる小さくて硬いできもの.〔~毒〕疔毒.〔鼻 bí ~〕鼻にできる疔.〔他长 zhǎng 了个~〕彼は疔ができた.

疔疮 dīngchuāng 中医疔.〔疔疽〕ともいう.
疔疽 dīngjū 同上.

〔町〕 dīng
地名用字.〔畹 wǎn ~镇〕地雲南省にある. → tǐng

〔盯〕 dīng
見つめる.注視する.〔钉④〕に同じ.〔他紧 jǐn 紧地~着我〕彼は目をこらして私を見ている.〔眼睛在我身上一~〕私の体をじろりと見つめた.

盯防 dīngfáng 又(サッカーやバスケットなどで)相手を注視しつつ守る.
盯岗 dīnggǎng 持ち場を守る.
盯梢 dīngshāo 尾行する.後にぴったりくっつく:〔钉梢〕とも書く.〔他盯我的梢监 jiān 视我呢〕彼はわたしにぴったりくっついて監視しているのだ.
盯视 dīngshì 注目する.凝視する.

〔钉・釘〕 dīng
①[~儿]くぎ.〔螺 luó 丝~〕ねじくぎ.〔好铁不打钉,好人不当兵〕〈諺〉上等の鉄でくぎは作らないし,よい人は兵隊にはならない.〔铆 mǎo ~〕リベット.〔填 tián 隙~〕コーキングネイル.かしめくぎ.〔图钉~儿)〕〔摁 èn ~(儿)〕〔揿 qìn ~儿)〕画鋲.押しピン. ②ぴったりと付く.〔他~着屁 pì 股要我答

応)彼はぴったりとぼくの後にくっついて回ってぼくにうんと言ってきた。〔今天下午我在这儿～着,你放心〕今日の午後は僕がここにちゃんといるからお任せ下さい。③念を押す。催促する:〔叮②〕に同じ。④じっと見つめる。凝視する:〔叮〕に同じ。〔人～人战术〕⊠マンツーマン戦法。　→ dìng

钉补黑白的 dīngbǔ hēibáide 〚旧〛いかけ屋:鍋や釜を修理する人。〔焊 hàn 锅匠〕

钉齿耙 dīngchǐpá ⇒〔钉耙〕

钉锤 dīngchuí 金づち:頭の部分の一方が釘抜きになっているものもある。

钉倒 dīngdǎo〔子 jié 儿〕(ボウフラ)の別名。

钉尖儿 dīngjiānr 釘の先。

钉坑儿 dīngkēngr〈方〉①じっと見つめる。じっと目を据える。②いつまでも食い下がる(離さない)。しつこい。〔钉着坑儿小,总有一天成功〕辛抱強く一つのことだけをやっていれば,必ず成功する。

钉螺 dīngluó〚魚介〛カタヤマガイ。ミヤイリガイ:日本住血吸虫の中間宿主。〔钉螺蛳〕ともいう。

钉帽 dīngmào 釘の頭。〔钉头①〕〔钉屁股 pì gǔ〕ともいう。

钉耙 dīngpá=〔钉齿耙〕〚農〛鉄製の熊手(冬).スパイクハロー.

钉梢 dīngshāo ⇒〔叮梢〕

钉是钉,铆是铆 dīngshìdīng, mǎoshìmǎo ⇒〔丁是丁,卯是卯〕

钉手钉嘴 dīngshǒu dīngzuǐ〈成〉あくどい手段をとげつない言葉。

钉头 dīngtóu ①⇒〔钉帽〕　②くぎ。〔～碰 pèng 铁头〕くぎが鉄にぶつかる。〈喩〉どちらも譲歩しない。

钉鞋 dīngxié ①⊠(陸上競技の用の)スパイクシューズ:短距離離競争用の〔跑 pǎo 鞋〕、ジャンプ競技用の〔跳 tiào 鞋〕など。②旧補強(修理)のため、裏に鋲(⁂)を打った〔油 yóu 鞋〕(雨天用の雨靴)。→ dìngxié

钉糟木烂 dīngzāo mùlàn ⇒〔海 hǎi 枯石烂〕

钉子 dīngzi ①くぎ。〔钉 dìng ～〕くぎを打つ。②〈喩〉障害。支障。〔碰 pèng ～〕壁にぶつかる。③〈喩〉内通者。

钉子户 dīngzǐhù 立ち退き拒否・家屋収用拒否世帯。〈喩〉ごねる人やごじれた物事。

钉子精神 dīngzi jīngshén ねばり強く勉強する精神:くぎには〔挤 jǐ 劲力〕(押しわけていく力)と〔钻 zuān 劲力〕(もぐり込む力)とがある。雷鋒がその日記の中で提唱した言葉。→〔雷 léi 锋〕

〔町〕 dīng ①〈~〉〔町 níng〕〈文〉耳 あか:〔耳 ěr 垢〕の古称。②〈姓〉町〔～〕

〔酊〕 dīng 〚薬〛チンキ(丁幾):〔～剂 jì〕ともいう。アルコールで浸出させた溶解させた薬品。〔碘 diǎn〕〔碘 酒〕〔碘 酢〕ヨードチンキ。〔橙 chéng 皮〕橙皮チンキ。〔阿 ā 片～〕〔劳 láo 丹〕アヘンチンキ。〔洋 yáng 金花～〕ジギタリスチンキ。〔火 huǒ 罗 ②〕〔火 huǒ 棉(胶)〕コロジオン。〔酒 jiǔ ②〕〔醅 xǔ ②〕　→ dǐng

〔靪〕 dīng ①鞋底に皮をあてて繕う。〔～鞋 xié 底〕同前。②つぎを打つ。〔补 bǔ ～〕同前。〔打补～〕つぎをあてをする。

〔顶・頂〕 dǐng ①頭のてっぺん。〔头～〕同前。②〔～儿〕頭上。頂。頂(冬):〔山 shān ～〕山頂。〔树 shù ～〕樹のてっぺん。〔楼 lóu ～〕二階家(あるいはそれ以上)のてっぺん。屋上。〔旗 qí 竿～〕旗ざおの先。〔那个人秃 tū ～〕あの人は頭のてっぺんが禿げている。〔塔 tǎ 上有个金～〕塔にはてっぺんに金の飾り物がついている。③最高点。〔到～点〕頂点に達する。④最も。一番の。〔我～喜欢唱歌〕歌が一番好きだ。〔～好〕最もよい。

→〔最 zuì ①〕　⑤頭にいただく(のせる)。頭で押す。頭で突きあう(突き上げる)。〔羊也能～人〕羊も人を頭で押してくることがある。〔一棵嫩 nèn 芽能把土～起来〕柔らかい芽でさえも土を持ち上げることができる。〔车在后面,一辆一辆车皮走〕機関車が後から、空(⁂)車を押して走る。〔一抬头,就要～着天花板了〕ひょいと頭を上げると頭が天井板にうつかえてしまう。⑥～する動作をする。つっぱる。つっぱね る。逆らう。〔用凳 dèng 子～门〕腰掛けでドアのつっかいをする。〔他心想～他,嘴里又不敢直说〕彼は心の中では反駁したいと思ったが口では率直に言えなかった。〔～着大雪去〕大雪を衡(⁂)いて行く。〔我几句话把他～了回去〕ちょっと話して彼を追い返した。〔～着困难前进〕困難にたち向かって前へ進む。⑦相当する。匹敵する。見せかける。かちあう。〔一个人～十个人的活〕一人で十人の力に匹敵する。〔以次货～好货卖〕下等品を上等品のように見せかけて売る。〔一颗 kē ～一颗〕一粒ぞろい。⑧役(任務)に当たる。担当する。代わりを務める。〔夜班由他～着〕夜勤は彼が務めている。〔由你～他的缺 quē〕きみが彼の辞めた後に座る。〔子～父缺〕子が父親の職を受けて引き継ぐ。〔一个下班了,你们代夜班来～〕昼番はあがりだ、君たち夜番が代わりだ。⑨回(営業権・建物の貸借権などを)譲渡・取得する。〔～出去〕同前を手放す。〔～进来同前を手に入れる。〔出 chū ～〕〔招 zhāo ～〕〔召 zhào ～〕家の権利を譲り受ける人を求める。〔承 chéng ～〕家の権利を譲り受ける。同前について…する。〔明天我～三点钟来〕明日わたしは3時までに来る。⑪量詞。てっぺんのある物を数える。〔一～帽 mào 子〕一つの帽子。〔一～轿 jiào 子〕1挺の駕籠(⁂)。〔～蚊帐〕かや1帳。⑫〈姓〉顶（⁂）

顶班 dǐngbān ①〔～儿〕代わって勤める。〔一个白班的工人病了,临时由干部～〕昼番の労働者が病気になったので、臨時に幹部が交替した。②担当する。責任を持ってやる。〔夜班由他～〕夜勤は彼が担当する。

顶板 dǐngbǎn ①〚鉱〛上盤。②天井(板)・コンクリート)。③〈口〉言い争いをする。

顶缸 dǐnggāng ①替え玉にする。②労役に服する。

顶驳 dǐngbó ⇒〔反 fǎn 驳〕

顶驳揭整 dǐng bó jiē zhěng つきあたる・押し返す・暴露する・矯正する:1957年の〔整风运动〕の際、右派分子に対する態度・やり方。

顶层 dǐngcéng ①最上階。②〈喩〉(組織・機構の)トップ。

顶承 dǐngchéng ①引き受ける。受け継ぐ。②受け止める。耐える。

顶吹转炉 dǐngchuī zhuǎnlú 〚工〛(純酸素)上吹転炉。

顶大梁 dǐngdàliáng 〈喩〉大黒柱となる。

顶戴 dǐngdài 〚旧〛官吏の等級別の帽子(飾)。→〔顶子②〕

顶当 dǐngdàng 他の物を質入れして前の質草を請け出す。

顶灯 dǐngdēng ①(天井に直付けされた)室内灯。②(タクシーなどの屋根の)表示灯。③→〔猴 hóu 儿顶灯〕 ④⇒〔怕老婆〕

顶颠 dǐngdiān ①〈文〉頭のてっぺん。②同下。

顶巅 dǐngdiān ①山頂。②頂上。頂点:〔顶颠①〕とも書く。

顶点 dǐngdiǎn ①頂点。絶頂。最高潮。〔欢乐的气氛达到了～〕喜びの雰囲気は最高潮に達した。〔金字塔从基底到～有142公尺高〕ピラミッドは基底から頂上までの高さが142メートルある。②〚数〛頂点。

顶端 dǐngduān ①最上部。頂点。〔电视塔的～〕テレ

dǐng

ピ塔のてっぺん. ②端. 尻. 終わり. ③圏尖端.

顶多 dǐngduō せいぜい. 〔~挨 ái 顿批评〕しかられるのが関の山だ.

顶费 dǐngfèi ≡〔顶钱〕回権利金.

顶风 dǐngfēng ≡〔逆 nì 风〕〔戗 qiāng 风〕〔抢 qiāng 风〕〔迎 yíng 风〕①向かい風. 逆風. 〔顶头风〕〔迎面风〕ともいう. 〔用~把门顶上〕つっかい棒で門戸を内側から支える. 〔~冒雪〕風雪を冒す. 〔~骑 qí 车〕風に逆らって自転車に乗る. →〔顺 shùn 风〕 ③〈喩〉公然と規定・法律に抵抗する.

顶峰 dǐngfēng 最高峰. ピーク. 〔攀 pān 登科学的~〕科学の頂点を極める.

顶盖 dǐnggài 飑①〔自動車〕ルーフパネル. ②トップキャップ. ③カノピ. 天蓋.

顶缸(儿) dǐnggāng(r) 〈方〉他人に代わって責任を負う. 身代わりになる. 〔拿我~！〕おれをだしに使いやがって！〔只有他肯给人拔冗顶缸 chuāng ~〕あの人だけは他人のために責任を負うことをいとわない.

顶岗 dǐnggǎng 〈方〉受け持つ. 担当する. 仕事に当たる.

顶杠 dǐnggàng 〔-子〕言い争う.

顶格(儿) dǐnggé(r) (縱書・横書で)マスを詰めて書く.

顶个屁 dǐnggepì 〈罵〉役立たず.

顶宫(儿) dǐnggōng(r) 〈方〉回男の帽子. 〔抛 pāo ~〕帽子かっぱらい.

顶骨 dǐnggǔ 生理頭頂骨. 〔天 tiān 灵盖〕は俗称. →〔颅 lú 骨〕

顶呱呱 dǐngguāguā 〔顶瓜瓜〕〔顶刮刮〕〔顶聒聒〕とも書く. とびきり上等である. とてもよい. たいへんすばらしい. 〔他买的真是~的了〕彼が買ったのはほんとにとびきり上等だ.

顶柜 dǐngguì 戸棚の上置き: 重ねだんすの一番上のもの. →〔立 lì 柜〕

顶花坛 dǐnghuātán → 〔顶技〕

顶级 dǐngjí 最高級(の). トップクラス(の). 〔~模特〕同前のモデル.

顶技 dǐngjì (曲芸で)頭に物をのせる芸: 〔顶花坛〕(花瓶のせ), 〔顶坛子〕(かめ回し), 〔顶碗〕(重ねた碗回し), →〔杂 zá 技〕

顶尖 dǐngjiān [-儿] ①最尖端. てっぺん. ②最高級. トップ. 〔~人物〕トップの人物. ③⇒〔顶心〕 ④⇒〔顶针〕

顶尖眼 dǐngjiānyǎn →〔中 zhōng 心眼〕

顶尖(座) dǐngjiān(zuò) →〔顶针座〕

顶浆 dǐngjiāng 医疱瘡を接種した部分が善感して腫れ上がってなること.

顶交 dǐngjiāo 農トップ交雑: 父系または母系の純種と一般種との交配.

顶角 dǐngjiǎo 数頂角.

顶盔贯甲 dǐngkuī guànjiǎ 〈成〉よろいかぶとを着ける.

顶老羊 dǐnglǎoyáng 〈喩〉頭と頭の押しくらをする. 〔磕 kē 着磕着, 两个头顶在一处改为~〕(老・四・惺15)お互いに何回も叩頭しあっているうちに二つの頭が一つにぶつかりあって頭の押しくらになってしまった.

顶礼 dǐnglǐ 圏 (仏教の)頂礼 (ちょう) : ひざまずいてひたいを受礼者の足につける. 〔~膜拜 móbài〕〈成〉最敬礼(仏教の).〈転〉(権力者・権威)にはいつくばる他ない.

顶梁柱 dǐngliángzhù 〈喩〉大黒柱: 中心となってその支えとなっている人.

顶楼 dǐnglóu ①〔建物の〕最上階: 〔顶层①〕ともいう. ②屋上に設けた小屋. ペントハウス.

顶马 dǐngmǎ 回先払い: 馬に乗って先行し道をあける.

顶眉 dǐngméi ⇒〔天 tiān 头①〕

顶门杠 dǐngménggàng (戸口の)つっかい棒. 心張り棒: 〔顶门杈 chā〕ともいう. 〔用~把门顶上〕つっかい棒で門を内側から支える.

顶立户 dǐngmén lìhù 〈成〉一家を構える. 家運を起こす.

顶门(儿) dǐngmén(r) ①頭のてっぺん. または前頭部. ②門につっぱりをする.

顶门心 dǐngménxīn ⇒〔囟 xìn 门〕

顶门一针 dǐngmén yīzhēn 〈成〉頂門の一針: 人の痛いところを押さえて戒める. 〔顶门(上一)针〕同前.

顶名(儿) dǐngmíng(r) ①名をかたる. ②名目だけである. 〔他成了个~的团员〕彼は名前だけの団員になった.

顶命 dǐngmìng 生命をもって償う.

顶牛儿 dǐngniúr ①牛が角つき合わせる. 〈喩〉正面衝突する. 〔他俩意见分歧 qí, 一谈就~〕あの二人は意見が合わないので, 話し出すとすぐ正面衝突する. 〔今天就公开顶上牛儿了〕今日はあからさまにかかった. ②≡〔接 jiē 龙〕トランプの"7ならべ"に似ų游戯: ある数を基準に順番に持ち札を出し, 早くあがった人を勝ちとする. →〔扑 pū 克〕

顶盘(儿) dǐngpán(r) 回 (倒産した工場や店を)譲り受ける. あとを引き受ける. →〔受 shòu 盘〕〔招 zhāo 盘〕

顶棚 dǐngpéng ≡〔天 tiān 棚①〕天井: 天井裏や上の階の床板裏に, 板やよしず・こうりゃんがらなどを, 上に紙などを張ったもの. →〔天花板〕

篷篷 dǐngpéng 日や雨風を防ぐための覆い. 幌(饮)

顶批 dǐngpī 文章の上欄に書き入れた評語.

顶钱 dǐngqián ⇒〔顶费〕

顶球 dǐngqiú 区 (サッカーの)ヘディング: 〔头 tóu 球〕ともいう. 〔~攻 gōng 门〕〔~射门〕ヘディングシュート.

顶缺 dǐngquē 欠員をうめる. 空席をうめる.

顶儿 dǐngr ①→〔字解〕 ②⇒〔顶子②〕

顶丧驾灵 dǐngsāng jiàlíng 回葬式のとき, 遺族が旗を持って棺頭につき従って行くこと.

顶神 dǐngshén 〔下 xià 神〕

顶事(儿) dǐngshì(r) 〔抵 dǐ 事〕役に立つ. 有力である. 効き目がある. 〔这付药顶事~〕この一服服はよく効く. 〔小孩儿顶不上事~〕子供は役に立たない. 〔他是村长, 说话很~〕彼は村長さんだから彼の言うことは役に立つ.

顶视图 dǐngshìtú ⇒〔俯 fǔ 视图〕

顶手 dǐngshǒu 代(理)人.

顶数(儿) dǐngshù(r) ①間にあわせに使う. ②役に立つ. 有用である. 数に入れる: 多く否定に用いられる. 〔你说的话不~〕君の言うことは物の数に入らない.

顶丝 dǐngsī 〔固 gù 定螺钉〕

顶坛子 dǐngtánzi ⇒〔顶技〕

顶替 dǐngtì ①替え玉に伪る(になる). 〔冒 mào 名~〕他人の名をかたって替え玉を使う(になる). ②(仕事・職務に)かわる. 交替する. 〔他走了, 谁来~〕彼がいなくなったら誰が代わりをするのか. 〔~工〕親の退職と引き換えに職に就く労働者. →〔顶职〕

顶天 dǐngtiān 〈喩〉上限. 極度. 〔那就顶了天 (儿) 了]これ以上はない.

顶天立地 dǐngtiān lìdì 〈成〉毅然(き)として大地を踏まえるさま: 〔立地顶天〕ともいう. 〔~的男子汉〕何も恐れぬ一本立ちの男一匹.

顶头 dǐngtóu ①真正面から. 真っ向うから. 〔~浪 làng〕逆波. 〔~碰见了他〕彼とばったり会った. ②

414

顶酊鼎订　　　　　　　　　　　　dǐng～dìng

顶　頭を突き合わせる．〔那两只羊直～〕あの2匹の羊はしきりに頭を突き合わせている．⑧〔-儿〕いちばん端．〔他住在那个～的门儿里〕彼はあのいちばん奥の門の中の家に住んでいる．

顶头风　dǐngtóufēng ⇒〔顶风①〕

顶头上司　dǐngtóu shàngsī 直属の上司，また組織．

顶碗　dǐngwǎn →〔顶技〕

顶位　dǐngwèi ピーク．絶頂．頂点．

顶瓮竞走　dǐngwèng jìngzǒu 〔スポ〕水を入れたかめをかついで走る競走：朝鮮族の民間スポーツ．

顶窝儿　dǐngwōr 旧赤ん坊が死亡した時ただちに他から養子をもらって育てること．

顶五儿　dǐngwǔr 旧買入れの期限満期後さらに5日間は猶予されるが，その最後の5日目になること．〈転〉最後の日がくる．

顶香　dǐngxiāng ①⇒〔看 kàn 香头〕　②旧頭の上で香をたく．〔～请愿〕頭に香をのせて請願する．

顶箱　dǐngxiāng たんすの上に載せる衣装箱．重ねたんすの一番上のもの．

顶心　dǐngxīn ①⇒〔顶尖③〕（棉花など）茎の先端．

顶心顶肺　dǐngxīn dǐngfèi 〔成〕信念を変えないこと．

顶芽　dǐngyá 植頂芽(ちょうが)：茎の先端に形成される定芽．

顶叶　dǐngyè ①生理頭頂葉．②植樹の頂端にある葉．

顶用　dǐngyòng 用に堪える．役に立つ．〔菜刀顶什么用〕包丁が何の役に立つのか．〔不～的东西，再便宜也别买〕役に立たないものはどんなに安くても買ってはいけない．→〔管 guǎn 用①〕

顶在头上怕摔了　dǐng zài tóushang pà shuāile〈喩〉非常に大切にしてかわいがる様子．〔顶在头儿上〕〔捧在手上〕ともいう．〔了〕は〔着〕ともいう．〔～，含在嘴里怕化了〕〔含在嘴里怕化了，～〕同義．

顶账　dǐngzhàng 貸金（売掛金）の代わりに物をとって勘定を帳消しにする．〔大年初一的早晨，喜儿被黄世仁抓 zhuā 去～〕お正月の朝，喜儿は黄世仁に借金のかたにさらわれました．

顶着　dǐngzhe 〔方〕食べすぎてお腹が苦しい．食い合わせが悪く消化しない〔顶住 zhu〕ともいう．よく〔吃～〕〔吃顶住〕の形で使う．

顶针　dǐngzhēn ①⇒〔顶尖④〕機中心．心(ん)．センター．〔～架〕センター台．〔死 sǐ ～〕工作物とともに移動している止まりセンター．②同下②

顶真　dǐngzhēn ①⇒〔认 rèn 真①〕　②=〔顶针②〕〔连 lián 珠⑤〕〔修辞〕文の終わりの字を次の文の始めに用いて順次しりとり式に文章をつくること．〔～续 xù 麻〕同前．

顶针(儿)　dǐngzhen(r) （針仕事用の）指ぬき：〔方〕针箍(こ)ともいう．

顶针眼　dǐngzhēnyǎn ⇒〔中 zhōng 心眼〕

顶针座　dǐngzhēnzuò =〔顶尖（座）〕〔车 chē 尾〕〔尾 wěi 架〕〈方〉乌 wū 龟木〕機旋盤の心(ん)押し台．

顶职　dǐngzhí 休退職者の後釜にその家族を就職させる．多く〔空 kòng 缺〕〔子が父の職を継ぐ〕の意．

顶重器　dǐngzhòngqì ⇒〔千 qiān 斤〔顶〕〕

顶珠(儿)　dǐngzhū(r) ⇒〔顶子②〕

顶住　dǐngzhù ①しっかり支える．しっかりつっぱる．②制圧する．排斥する．

顶柱　dǐngzhù 支柱．つっかい棒．〔～子〕建控え柱．

顶撞　dǐngzhuàng 頭をつきくっつかわれる（上の者に対して）．〔当面～领导〕面と向かって上司に盾突く．〔你别～他〕彼にはに逆らうな．

顶子　dǐngzi ①（あずまや・塔・駕籠などの）てっぺんの飾り．②＝〔顶儿②〕〔顶珠儿〕旧官吏の制帽の上端につけた等級を示す珠：一・二品官は〔红顶子〕で珊瑚，三・四品官は〔蓝顶子〕でサファイア，五・六品官は〔白顶子〕で水晶，七・八品官は〔黄顶子〕で金を用い，その色と質で品級を分けた．③屋根：〔房fáng 顶儿〕〔屋顶〕屋根を修復する．

顶嘴　dǐngzuǐ ＝〔方〕回 huí 口〕〔回嘴〕口答え（する）．言い争い（する）．口げんかする．〔你还跟我～吗〕口答えしようというのか．

顶罪　dǐngzuì ①身代わりになって罪をかぶる．　②⇒〔抵 dǐ 罪〕

[酊] dǐng　〔酩 mǐng ～〕〈文〉酩酊する．すっかり酔っぱらう．→ dīng

[鼎] dǐng　(Ⅰ)①固鼎(てい)：銅器の一種．円形また方形の胴で，三足または四足で二つの耳がある．食器として用いられた．②〈喩〉帝業・王位．→〔九 jiǔ 鼎〕　③〈文〉大きい．④〈方〉なべ．かま：〔锅 guō 〕に同じ．〔～间 jiān〕〔锅房〕台所．⑤〈文〉鼎(てい)：六十四卦の一．⑥〈姓〉鼎．(Ⅱ)〈文〉まさに．〔～盛 shèng〕真っ盛りである．たけなわである．〔春秋～盛〕壮年盛り．

鼎臣　dǐngchén 〈文〉大臣．

鼎鼎　dǐngdǐng 〈文〉盛大なさま．〔～大名〕〔大名～〕〔有名〕名声がとどろく．

鼎沸　dǐngfèi 湯わかし用の鼎の中の湯が沸きたつ．〈喩〉議論（世論）が沸く．〔人声～〕人声が沸きたつ．

鼎革　dǐnggé 〈文〉①革新する．②朝代が改まる．→〔革故鼎新〕

鼎镬　dǐnghuò 〈文〉①固鼎と鑊：大きなものを煮る鍋．〔～之刑 xíng〕②古代かまゆでの刑．→〔鼎〕

鼎甲　dǐngjiǎ 清〔殿 diàn 试〕の試験合格者中の最優秀の3名：〔状 zhuàng 元①〕〔榜 bǎng 眼〕〔探 tàn 花〕．4番目は〔二甲第＊名〕という．例えば〔二甲六名〕は及第者の中の第9位を意味する．→〔科 kē 举〕

鼎力　dǐnglì 〔尊〕大いに力を尽くすこと：人に頼る時や感謝する時に使う．〔全仗 zhàng 您的～〕全くお力によるものです．〔多蒙～协 xié 助，无任感谢〕いろいろご援助くださりましてたえません．

鼎立　dǐnglì 〔鼎峙〕三つの勢力が並び立つ．〔三国～〕三国は鼎(てい)立する．

鼎盛　dǐngshèng 一字陣②

鼎食　dǐngshí かなえを並べて食事をする．〈喩〉ぜいたくな生活．

鼎新　dǐngxīn 〈文〉更新する．〔～革故〕〔成〕古いものを取り去り新しいものにする．

鼎言　dǐngyán 〈文〉重要な（重みのある）話．〈転〉あなたのお言葉．

鼎业　dǐngyè 〈文〉帝業．

鼎彝　dǐngyí 固鼎器：上部に功臣を称える文字を刻む．

鼎峙　dǐngzhì ⇒〔鼎立〕

鼎助　dǐngzhù 〔尊〕援助・協力（する）．〔请先生～〕貴方のご援助をお頼みします．

鼎足　dǐngzú 鼎の脚．〈喩〉三つの勢力が対立する局面．〔～之势 shì〕同前．

鼎足三分　dǐngzú sānfēn ⇒〔三分鼎足〕

[订・訂] dìng　①（条約・契約などを）取り決める．締結する．〔～价 jià〕値段を取り決める．また同前の値段．〔～明〕はっきりと取り決める．〔～定日期〕期日を取り決める．〔～约会〕（会う）約束をする．〔～合 hé 同〕契約をする．②予約する．注文する．〔～电话〕電話でタクシーの予約をする．〔～杂 zá 志〕雑誌を予約する．〔～活(儿) huó(r)〕仕事を頼む．〔～外卖〕テイクアウトの注文をする．〔～房登记〕チェックイン．〔～行〕旅行を注文する．③（文章の誤りを）訂正する．〔～补 bǔ〕訂正補足する

dìng

る.〔校 jiào～〕校訂する.〔修 xiū～〕改訂する.④紙などを綴じあわせる.〔装 zhuāng～〕装丁(する).〔合 hé～本〕合本(ಬಣ).合冊本.⑤〈文〉評定する.

订报 dìngbào 新聞を注文(予約)する.〔上邮 yóu 局～去〕郵便局へ新聞を申し込みに行く.

订餐 dìngcān ①料理を予約する.②料理の出前をとる.

订单 dìngdān 注文状:〔订货单〕に同じ.〔定单〕とも書いた.

订购 dìnggòu =〔定购②〕注文する.購入予約をする.〔这批机床是从国外～的〕これらの工作機械は国外から取り寄せたものです.〔向国外～图书〕国外へ図書を発注して購入する.

订户 dìnghù (新聞・雑誌などの)定期購読者.予約者.注文者:〔定户〕とも書いた.〔报 bào 纸～〕新聞購読者.〔本刊～欢迎免费赠阅,欢 huān 迎长期～〕定期購読者には郵送料無料とし、長期の予約購読を歓迎.

订婚 dìnghūn 婚約する.〔定婚〕とも書いた.〔～戒 jiè 指〕エンゲージリング.

订货 dìnghuò 圆①注文(する).発注(する):〔定货〕とも書いた.〔～簿 bù〕オーダーブック.〔～会〕商品受注内覧会.〔～生产〕受注生産.〔样 yàng 本～〕見本による注文.〔接受～〕受注する.〔～单 dān〕〔～注文リスト.注文リスト〕②同前の商品.予約品.〔～目录〕カタログ.注文用商品目録.〔～账 zhàng〕注文控え帳.

订交 dìngjiāo 交友を結ぶ:〔定交〕とも書く.

订金 dìngjīn 〔订钱〕頭金.手付け:法的な裏付けはない.〔放～〕手付けを打つ.→〔定金〕

订立 dìnglì (条約・契約などを文書で)結ぶ.取り決める.〔～合 hé 同〕〔～契 qì 约〕契約を同前.

订留金 dìngliújīn 回引き止め料.

订盟 dìngméng 盟を結ぶ.同盟する.

订票 dìngpiào (切符・入場券など)予約する.予約して買う.

订期 dìngqī ①期日・期限を定める.②決定した期日.

订钱 dìngqián ⇒〔订金〕

订亲 dìngqīn ①婚約をする(約束する).②約束の時間.

订时 dìngshí ①時間を決める(約束する).②約束の時間.

订书机 dìngshūjī 〔订书机〕とも書く.①紙とじ機.ホッチキス(商標名):〔订书器 qì〕〔钉书器〕〔装 zhuāng 订器〕ともいう.②(特に製本用の)針金とじ機.→〔订书机〕

订约 dìngyuē ①約束を決める.〔～国〕条約締約国.②決めた約束.

订阅 dìngyuè 予約購読(をする):〔定阅〕とも書いた.〔～费〕購読料.

订正 dìngzhèng (文字を)訂正する.〔～了原稿中的错误〕原稿の誤りを訂正した.

订制 dìngzhì =〔定制①〕注文して作る.あつらえる.

订座 dìngzuò 〔-儿〕座席を予約する.〔这剧 jù 院上演"关汉卿",15号就开始～了〕この劇場では"関漢卿"を上演するが、予約席券の売り出しが15日からだ.

〔钉・釘(錠)〕 dìng →〔饾 dòu 钉〕

〔钉・釘〕 dìng くぎを打つ.くぎづけにする.〔～钉 dīng 子〕同前.〔～成本字〕本字を1本打ち込んでおく.〔双脚 jiǎo 像被钉子～在那里了〕両足がその場に釘づけになったようだ.

住汇 huì 率〕圀為替レートの固定化.ペッグレート.〔～牢 láo〕しっかり釘づけする.〔～劈 pī 了〕〈喩〉返答できなくなる(させる).〔～死〕(動かないように)打ちつける.②縫いつける.〔～钮 niǔ 扣〕〔～扣 kòu 子〕ボタンを同前.〔～带 dài 子〕ひもを同前.→ding

钉(马)掌 dìng(mǎ)zhǎng 馬の蹄鉄(ぎ)を打つ.〔～的〕蹄鉄工.

钉书 dìngshū 製本する.〔～的〕〔～匠 jiàng〕製本工.

钉书机 dìngshūjī ⇒〔订书机〕

钉鞋 dìngxié 回靴に鋲(ぢょ)をうつ.→ dīngxié

〔定(ㄉ)〕 dìng ①決まる(める).定まる(める).〔～都 dū〕都を定める.〔～地方(儿)〕場所を決める.〔已经～下来了〕すでに決まった(めた).〔还没～好〕まだきちんと決まっていない.〔一晴一看〕見渡る.〔约 yuē～〕決める(する).〔商 shāng～〕相談して決める.〔说 shuō～〕話して決める.茅 máo 台酒～为国宴酒〕茅台(ぢ)酒が国が主催する宴会の酒に指定された.〔买 mǎi～了〕買うことに決めた(ぜひ買う).〔打～了官 guān 司了〕告訴することに決めた.〔～于五号动身〕5日に出発することに決定した.②安定する(させる).落ち着く(ける).〔大局已～〕大局はすでに定まった.〔人心大～〕人心が大いに定まる(平静になる).〔心神不～〕心が落ち着かない.〔喘 chuǎn 息未～〕息切れがまだ落ち着かない.〔坐 zuò～〕きちんと着席する.〔站 zhàn～〕すっくと立つ.③固まる.凝固する.〔油 yóu～了油が固まった.〔～成块儿〕(凝結して)塊になる.〔糖汁～成坨 tuó 子〕砂糖の汁が(固まって)塊になった.④注文をつらえる.予約(申し込み)する.〔～房 fáng 间部屋を予約する.〔～桌子〕宴会の予約をする.〔～座 zuò〕座席を予約する.⑤定まった.一定の.所定の.〔～任务〕〔～时间〕〔～名額〕〔他拿着她的照片～一個よぎっと彼女の写真をみつめている.⑥きっと.必ず.〔～同前.〔～能成功〕きっと成功する.〔如此天气,～要下雨〕このような空模様では、きっと雨が降るだろう.⑦〔姓〕定(ㄉ)

定案 dìng'àn ①決定した案件.②最終の決定をする.〔根据確鑿凿 záo,可以～〕証拠が確実であるから、判決を下すことができる.〔经过一定的讨论,才决～〕一定の討論を経て最終決定をする.

定本 dìngběn 定本.決定版.

定比(定)律 dìngbǐ(dìng)lù 囮定比例の法則.

定编 dìngbiān ①編制する.組織に応じた定員とする.〔～定岗〕同前してポストを決める.②決められた組織・機構とその定員.

定标 dìngbiāo ①目標を設定する.②落札が決まる.〔決 jué 标〕同じ.

定产 dìngchǎn 食糧の安定生産(をする):"粮食三定政策",すなわち、〔～销②,〔～购①〕の一.

定常流 dìngchángliú 圀定常流.

定场白 dìngchǎngbái 圀(旧劇で)登場人物が最初に言う自己紹介の独白:〔引 yǐn 子〕と〔定场诗①〕の後に述べる.〔坐 zuò 场白〕ともいう.→〔开 kāi 场白〕

定场诗 dìngchǎngshī ①圀(旧劇で)登場人物が〔引 yǐn 子③〕に続いて唱う劇中の情景を述べる四句の詩.②長い評書や数書などを演じるとき、はじめにその情景を述べる詩や詞.

定喘 dìngchuǎn 息切れを落ち着かせる.〔吃了一剂～的药就好了〕息切れの薬を飲んだらおさまった.

定单 dìngdān ⇒〔订单〕

定当 dìngdāng 必ず.きっと.〔～赔偿损失〕必ず損害は賠償する.

定 dìng

定当 dìngdàng ⇒〔妥 tuǒ 当〕

定点 dìngdiǎn ①地点(部門)を定める.〔～劳动〕指定の場所で労働する.〔～观测〕定点観測. ②(時間·場所·事項の)定まっていること.〔～巡 xún 逻〕定時パトロール.〔～商场〕指定マーケット. ③圏点.スポット.

定调子 dìngdiàozi ①部類·範囲などを決める.位置づける.方向づける.〔对复杂的事情,不要随 suí 便～〕複雑な事柄を軽々しく枠にはめ込んではならない. ②圏主音調にする.調子を合わせる.

定鼎 dìngdǐng〈文〉①都を定める. ②天下をとる. →〔九 jiǔ 鼎〕

定冻儿 dìngdòngr 煮凝(にこごり)を作る.〔那盆 pén 里的汤都～了〕あの鉢の中の汁がすっかり煮凝りになった.

定笃 dìngdǔ しっかりとゆるぎないものにする.

定段 dìngduàn 段位を決める.〔～赛 sài〕同門の試合.

定夺 dìngduó =〔裁 cái 夺〕可否(採否)を決定する.決裁する.〔自行～之权 quán〕自分で決定を下す権限.

定额 dìng'é ①定額.定められた金額·人員·数量.〔生产～〕責任作業量.ノルマ.〔～包工〕ノルマ請負制.〔追求～,不顾质 zhì 量〕ノルマ達成のみを追求して,質を顧みない.〔～税 shuì 制〕〔包 bāo 税制〕定額税制.〔装 zhuāng 载～〕定額積載量. →〔差 chā 额〕〔名 míng 额〕 ②定额ノルマを定める.

定额管理制 dìng'é guǎnlǐzhì 国営工場の生産管理の方法.作業機設備の持つ生産限界を定めておき,必要な一定労働力を配置し一定数量の原料で一定数量の成果をあげること.

定风旗 dìngfēngqí 回風見旗.

定岗 dìnggǎng 職場·職務を決める.

定稿 dìnggǎo ①脱稿(する).〔词典正在修改,尚未～〕辞典は今改訂中で,まだ脱稿していない. ②決定稿.〔这是～,可以付印了〕これは最終稿だから,印刷に回してもいい.

定格 dìnggé ①一定の規格·規則. ②画面停止(TV や映画の).構図決定(写真など)

定更 dìnggēng =〔起 qǐ 更〕回夕方の8時頃に〔初 chū 更〕の大鼓が報ぜられること.〔～时分〕日暮れが近づいた頃.

定购 dìnggòu ①定量購入(をする). →〔定产〕 ②⇒〔订购〕

定规 dìngguī ①取り決め.きまり.〔什么事都有个～,办来来不会发生困难〕何事にも規定があれば,やる時になって困難が起こらない. ②〈方〉きっと.必ず.〔叫他不要去,他～要去〕行くなというのに行くと言い張る. ③〈方〉ほっとする.安らかになる.〔吃了这药去心里一点儿了〕この薬を飲めば気持ちが落ち着く.

定规 dìngguī〈方〉取り決める.〔这件事的办法～没有?〕この仕事のやり方は決まりましたか.

定户 dìnghù ⇒〔订户〕

定滑轮 dìnghuálún 定滑車. →〔滑车①〕

定婚 dìnghūn ⇒〔订婚〕

定活两便存款 dìnghuó liǎngbiàn cúnkuǎn 回定期当座随意預金.

定货 dìnghuò ⇒〔订货①〕

定级 dìngjí 級別·ランクを決める.

定计 dìngjì 計画を定める.

定价 dìngjià ①定価.〔~表〕定価表.〔～不二〕定価に掛け値なし. →〔言 yán 不二价〕 ②価格を決める.〔～权〕価格決定権.

定检 dìngjiǎn =〔定时检查〕定期検査.

定见 dìngjiàn 定見(ɕ).

定江山 dìngjiāngshān〈喻〉勝ちを制し.勝負を決める.

定交 dìngjiāo ⇒〔订交〕

定金 dìngjīn 圏手付金.保証金.〔定洋〕〔定银〕は旧称.俗に〔定钱〕〔底 dǐ 金〕という.〔下 xià ～〕〔放 fàng ~〕〔付 fù ~〕〔给 gěi ~〕手付金を打つ. →〔订金〕〔押 yā 金〕

定睛 dìngjīng 目をこらす.目を据える.〔～细 xì 看〕眼をこらして見る.

定居 dìngjū 定住する.〔～点〕定住地区.〔牧 mù 民～点〕遊牧民の定住地区.

定局 dìngjú ①(事柄·大勢が)決まる.結着がつく.最後の決定をする.〔这件事情还没～,明天还可以再研 yán 究〕この事はまだ最後の決定という訳ではないから,明日もう一度検討すればよい. ②定まった状態.不動の局面.〔今年丰 fēng 收已成～〕今年の豊作はもう動かぬものとなっている.

定礼 dìnglǐ 回(=〔彩 cǎi 礼〕)と同じ.〔下 xià ~〕結納を贈る婚約を結ぶ. →〔大 dà 定(儿)〕〔小 xiǎo 定(儿)〕

定理 dìnglǐ ①不変の道理.公理. ②数定理.〔毕 bì 达哥拉斯～〕〔勾 gōu 股～〕ピタゴラスの定理.

定例 dìnglì 定まった例.〔成了一个～〕一つの慣例になった.

定量 dìngliàng 量を決める.またその量.〔～分配〕量を定めて(定められている量を)配給する.〔～供 gōng 应〕定められた量を供給する.〔～分析 xī〕化定量分析.

定律 dìnglǜ 定律.法則.規則性.

定论 dìnglùn 定説.通説.

定苗 dìngmiáo 農最終的に良い苗を残して他を間引く(こと). →〔间 jiàn 苗〕

定名 dìngmíng 命名する(人には用いない).〔～为四季青公司〕四季青会社と名づけた. →〔命 mìng 名〕

定南针 dìngnánzhēn ⇒〔指 zhǐ 南针〕

定牌加工 dìngpái jiāgōng 経 OEM.相手先商標製造.〔定牌生产〕ともいう.

定盘 dìngpán 圏①相場を決める. ②決まった相場.

定盘星 dìngpánxīng ①竿秤(さおばかり)の零(ゼロ)のところに刻んである星の印. ②〈喻〉定見(多く否定的に用いる).〔他闷 yuè 历少,做事没有～〕あの人は経験が浅いから仕事についての定見がない.

定配 dìngpèi あつらえ調合する.〔～眼镜〕視力検査して作った眼鏡.

定评 dìngpíng 定評.〔早有～〕とっくに非常によい評判をとった.

定期 dìngqī ①期日·期限を定める.〔～不误 wù〕〈文〉期日をたがえずに約束することはない. ②定期(の).〔～刊物〕〔期刊〕定期刊行物.〔～存款〕定期預金.〔～储 chǔ 蓄〕定期貯蓄.〔作～检查〕定期検査をすすめる.〔～放款〕定期貸付.〔～还 huán 本〕〔～偿 cháng 还〕定期償還.〔～往返班机〕シャトル便.〔～航线〕定期航空路.〔～比赛〕回定期試合.〔～票据〕〔～汇 huì 票〕圏期限付为替手形.〔～活 huó 存〕

定期兑款 dìngqī duìkuǎn ⇒〔见 jiàn 票后定期付款〕

定钱 dìng·qián ⇒〔定金〕

定亲 dìngqīn =〔订亲〕(多く親が)縁談を決める.婚約する.〔文 wén 定〕に同じ.〔～仪 yí 式〕結納.婚約披露.

定情 dìngqíng 回(男女が誓いの物を取り交わして)結婚の契りを結ぶ.〔那个姑娘早就～于他〕あの娘は早くから彼に愛情を傾注していた.〔～诗 shī〕婚

dìng 定啶

約の時に作る詩.

定然 dìngrán 必ずや.きっと.〔你要那么办,～办不成〕そんなふうにやれば必ずうまくいかないよ.

定身法 dìngshēnfǎ 人の動きを止める術〔魔法の一種〕

定神 dìngshén [-儿] ①心を落ち着ける.気を静める.〔～药〕医鎮静剤.〔我定了一下 yíng了上去〕わたしは気を落ちつけてから近づいていった. ②注意を集中する.目をこらす.〔～细看〕目をこらして見る.

定胜糕 dìngshènggāo 〔方〕食老人の長寿や来臨を祝って食べる菓子〔蘇州の習慣〕

定时 dìngshí 定時.定刻. ①定刻どおりに.〔～罢 bà 工〕時限スト.〔～器 qì〕タイマー.〔～引信〕軍時限信管.〔～钟 zhōng〕④タイマー.⑥目覚まし時計:〔闹 nào 钟〕に同じ.〔～开关〕タイムスイッチ.

定时检查 dìngshí jiǎnchá ⇒〔定检〕

定时炸弹 dìngshí zhàdàn ①軍時限爆弾.〔埋 mái 下～〕時限爆弾をしかける.〔清除了隐 yǐn 藏在我们内部的～〕我々の内部にしかけられた時限爆弾を取り除いた.→〔长 cháng 期炸弹〕 ②〔喩〕かかえている重い病気.→〔糖 táng 衣炮弹〕

定式 dìngshì ①定まった様式. ②〔囲碁などの〕定石.

定势 dìngshì ①定まった姿勢. ②心的パターン.

定数 dìngshù ①定まった運命.〔～难 nán 逃〕定数は逃れがたいものだ. ②定額. ③〈方〉きっと.定め.

定说 dìngshuō 定説.

定损 dìngsǔn (保険の)損害(額)を決定する.〔～为7000元〕損害額を7000元に決める.

定态 dìngtài 静態:〔静 jìng 态〕に同じ.

定位 dìngwèi ①位置・場所などを探す.位置・場所などを決める.〔～器〕機ポジショナー. ②(確定された)位置・場所.枠組.〔～球 qiú〕又(ラグビーの)プレースキック. ③適切な評価を下す.

定温 dìngwēn 等温.定温:〔恒 héng 温〕ともいう.

定息 dìngxī ①一定の利息.一定の配当. ②1956年の業種別公私合営化後にとられた個人出資の資本に対する固定利息.

定弦 dìngxián [儿] ①弦楽器の調子を合わせる. ②〔方〕考えを決める.〔你先別追 zhuī 问我,我还没一～呢〕そんなふうに問いつめないでくれ,まだ決めかねているのだから.

定向 dìngxiàng ①指向的である.方向づける.〔～广播〕特定エリア放送.〔～天线〕指向性アンテナ.〔～火力〕方向測定機. ②一定の方向.〔～定向爆破法〕〔～能武器〕軍指向性エネルギー武器.〔～生〕卒業後の進路が決まっている学生.

定项 dìngxiàng ①実施項目を決定する. ②同一の項目.

定向培育 dìngxiàng péiyù 園定向養育.定向栽培:生物の遺伝性を好ましい一定方向に変える.〔定向培养〕ともいう.

定向系统 dìngxiàng xìtǒng 物ビームシステム.

定向招生 dìngxiàng zhāoshēng 一定の地域・部門から大学生を採ること.〔～定向分配〕同時に卒業後はもとの地域・部門で就職すること.

定销 dìngxiāo ①売り値を決める. ②定量販売(する).→〔定产〕

定心 dìngxīn ①精神を静める:〔定神①〕に同じ.〔～骨仏心中のよりどころ. ②センタリング.心取り.〔～机 jī〕機心(x)立て機.定心機.

定心汤 dìngxīntāng 民産後に産婦に飲ませる砂糖湯.

定心丸 dìngxīnwán =〔安 ān 心丸〕〈喩〉人を安心

させる言葉・行動.〔吃了～〕(鎮静剤でも飲んだような)気持ちが落ちついた.

定刑 dìngxíng 法刑を定める.

定形 dìngxíng ①形セッティング.凝固.固化.〔热～〕熱硬化. ②(繊維の)型入れ.

定型 dìngxíng ①定められた型(にする).一定の型(にはまる). ②(模型設計の)最終模型を定型する.

定省 dìngxǐng 〈文〉朝晩,両親の機嫌をうかがう.

定性 dìngxìng ①定性:分析によって成分が何であるかを調べ定めること.〔～处理〕熟成処理.〔～分析〕化定性分析.〔～滤 lǜ 纸〕化定性濾紙. ②(過ちや罪を犯した者に対し)問題の性質を規定すること.〔～错 cuò 误〕性質を誤ること.

定谳 dìngyàn 〈文〉(裁いて)判決する.

定洋 dìngyáng ⇒〔定钱〕

定样 dìngyàng 型・様式を決める.

定窑 dìngyáo [河北省]定州に築かれた窯,また定州産の磁器.

定义 dìngyì 定義:〔界 jiè 说〕は旧称.

定音 dìngyīn ①〔旧劇〕でドラを激しく打ち鳴らし場面の転換に従って最後の一打を高く打ってパッと止めること. ②最終結論を出す.〔千锤 chuí 打鼓,一锤～〕衆議一決す.

定音鼓 dìngyīngǔ 管ティンパニー(ケトルドラム)

定银 dìngyín ⇒〔定钱〕

定影 dìngyǐng ①(写真現像の)定着(させる):〔显 xiǎn 影〕(現像)されたものを〔～(药)水〕〔～液 yè〕(定着液)につけ画像を定着させること.定着する. ②イメージ.〔提 tí 起古都西安来,我们已经有了～〕古都西安といえば,もう決まったイメージがある.

定于一尊 dìngyú yīzūn 〈文〉皇帝のみが決定する.〈喩〉唯一の権威だけが決定する.

定语 dìngyǔ 国連体修飾語.限定語.→〔句 jù 子成分〕

定员 dìngyuán 定員(を決める).〔～定岗〕人員と職務・職場を決める.

定阅 dìngyuè ⇒〔订阅〕

定造 dìngzào 注文して作る.

定则 dìngzé 物定則.

定占勿药 dìngzhān wùyào 〈牘〉必ずや病気快癒のことと存じます.

定针儿定碗儿 dìngzhēnr dìngwǎnr 〔方〕瀬戸物職人の寸分狂わない仕事ぶり.〈喩〉確かで狂いのない見積もり.〔这事得办着瞧 qiáo,您跟我～可不行〕この事はやってみなくちゃならん,確かなところが求められてもだめだ.

定植 dìngzhí 農定植(する).

定址 dìngzhǐ ①(建設・着工)予定地を決める. ②一定の住所.〔居无～〕住所不定.

定制 dìngzhì ①⇒〔订制〕 ②定まった制度.〔历史～〕歴史的な制度.

定置网 dìngzhìwǎng 定置網.

定终身 dìngzhōngshēn 結婚を誓い合う.→〔终身大事〕

定准 dìngzhǔn ①[-儿]一定の標準. ②必ず.きっと.〔他～来〕彼は必ず来る.

定子 dìngzi 電固定子(iᴄ).↔〔转 zhuàn (动)子①〕

定罪 dìngzuì 法罪名を言い渡す.

定做 dìngzuò 注文して作る.〔～衣 yī 服〕服をあつらえる.〔～(的)注文品.オーダーメイド.→〔现 xiàn 成(儿)①〕

〔啶〕 dìng 〔吡 bǐ ～〕化ピリジン.〔哌 pài ～〕ピペリジン.〔嘧 mì ～〕ピリミジン.

〔腚〕 dìng〈方〉尻(㞑).〔光~的孩子〕尻を出した(裸の)子供.〔忙得顾 gù 头难顾~〕〈喩〉忙しくてたまらないこと.→〔屁 pì 股⑴〕

〔碇(矴・椗)〕 dìng ⑴ 石のおもり(いかり).〔下~石〕同前.〔下~〕停船する.〔启 qǐ ~〕出帆する.→〔锚 máo〕 〔Ⅱ〕→〔椗⑴〕

〔锭・錠〕 dìng ①紡錘.スピンドル:〔碇(Ⅱ)〕〔铤②〕とも書いた.〔~速 sù〕スピンドル回転速度.〔拥有二十五万~的大纱 shā 厂〕25万錘を有する大紡績工場. ②金属の鋳塊.インゴット:旧時,多く金・銀塊をいった.〔金 jīn ~〕〔~金块〕金錠.〔钢 gāng ~〕鋼塊.〔黄 huáng 铜~真鍮(chū)~〕塊.塊(kuài)状のもの.〔~剂 jì〕锭剤(薬).〔至宝~〕漢方薬の名. ④量詞.鋳塊や〔墨 mò〕(墨)を数える.〔一~墨〕墨一梃.〔一~元 yuán 宝〕元宝銀一つ.

锭钢 dìnggāng 溶製鋼.インゴットスチール.
锭壳 dìngké うち殻
锭模 dìngmú 鋳塊鋳型.インゴットモールド.
锭坯 dìngpī インゴットブランク.
锭铁 dìngtiě 鋳塊鉄.インゴットアイアン.
锭翼 dìngyì =〔锭壳〕(法 fǎ 兰叶)紡 フライヤー:紡織機の主要部分で形は∩のようになっていて,垂直の錠桿の上を回転させ,粗糸によりをかけて木管に巻きとらせる役目をするもの.
锭银 dìngyín 銀塊:〔银 yín 锭〕に同じ.〔银块 kuài〕は旧語.
锭子 dìngzi 紡 スピンドル.〔纱 shā ~〕同前.〔~油〕スピンドル油.→字解⑴

〔铤・鋌〕 dìng ①〈文〉あらがね.じがね. ②古く〔锭⑴〕に通じた.

tǐng

diu ㄉㄧㄡ

〔丢(丟)〕 diū ①なくす.失う.〔~了一块手表〕腕時計をなくした.〔学是学过,现在都~光了〕学びはじめた.すっかり忘れた.〔~尽 jìn 脸皮了〕面目まるつぶれだ.〔~球 qiú〕又(サッカーなどで)ボールを奪われる. ②落とす.投げる.飛ばす.〔小孩子往水里~石片 piàn 玩儿〕子供が水の中に石のかけらを投げ込んで遊ぶ.〔他~给我一句话〕彼は私に一言浴びせた. ③捨てる.捨て去る.手放す.〔被~弃 qì 的木材〕投げ捨てられた木材.

丢财惹气 diūcái rěqì =〔花 huā 钱 买 气〕〔伤 shāng 财惹气〕金を使った上にいやな思いをする.
丢丑 diūchǒu 醜態を演じる.面目を失う.恥をさらす.〔当众 zhòng ~〕みんなの前で恥をかく.→〔丢人〕
丢大头 diūdàtóu 〈喩〉大損を招く:多くは小利を得ようとする(得た)時に使う.→〔丢了西瓜,拣(了)芝麻〕
丢单 diūdān ⇒〔失 shī 单〕
丢到九霄云外 diūdào jiǔxiāo yúnwài〈慣〉どこかへすっかり忘れてしまう.
丢掉 diūdiào ①落とす.なくす.失う.〔~了一只鞋 xié〕靴を片方なくした. ②捨て去る.取り捨てる.〔~幻 huàn 想〕幻想を捨てる.
丢饭碗 diūfànwǎn 〈喩〉めしの種を失う.
丢份 diūfèn [-儿,-子]〈口〉顔をつぶす.赤恥をかく.
丢官 diūguān 官職を失う.

丢荒 diūhuāng 耕作を放棄して田畑を荒らす.
丢魂 diūhún 失神する.魂が抜ける.〔他失恋之后简 jiǎn 直像丢了魂似的〕彼は失恋してから後はまるで魂が抜けたようだ.
丢魂落魄 diūhún luòpò ⇒〔失 shī 魂落魄〕
丢急(的)说快(的) diūjí(de) shuōkuài(de)〈慣〉要点をかいつまんで述べる.
丢开 diūkāi 手を放す.放す.手を引く.〔现在有事丢不开手〕今は用事があって手が放せない.
丢盔卸甲 diūkuī xièjiǎ〈成〉よろいかぶとを捨てて逃げる.戦敗して狼狽するさま:〔丢盔弃 qì 甲〕ともいう.
丢了西瓜,拣(了)芝麻 diūle xīguā, jiǎn(le) zhī ma〈諺〉一文惜しみの百知らず.
丢脸 diūliǎn =〔丢面子〕恥をかく.顔がつぶれる.
丢面子 diūmiànzi 同上.
丢弃 diūqì 捨てる.放棄する.
丢巧针 diūqiǎozhēn 旧暦 7月 7日の〔乞 qǐ 巧节〕の日に,娘たちが針仕事の上達を占い祈るために,たらいに入れた水(針ほどの長さのひごを用いることもある)を落とす(浮かべる)こと:〔丢针儿〕ともいう.
丢却 diūquè ①捨て去る(捨ててしまう). ②失う.なくす.
丢人 diūrén 面目を失する.顔がつぶれる.恥をかく.面子がつぶれる.顔をつぶす.恥をかく.〔~一打脸〕〔~洒 sǎ 脸〕〔~现眼〕〈方〉敗相同前.〔丢死人〕赤恥をかく.〔只为那小小的失言,不知他丢了多大的人〕そのほんのちょっとした失言だけのために,彼がどれほど面目を失したかわからない.
丢三落四 diūsān làsì 〔丢三拉四〕とも書く.〈成〉忘れっぽい.仕事に手落ちが多い:〔丢三忘四〕に同じ.〔我的记 jì 性不好,总~的〕わたしは物おぼえが悪くて,よく物忘れする.
丢三忘四 diūsān wàngsì 同上.
丢失 diūshī 紛失する.見失う.〔~物 wù 件〕紛失物.落とす物.→〔失单〕
丢手 diūshǒu 手を放す.手を引く.放り出す.〔现在有紧事,不能~〕いま大事な用があって手が放せない.〔我看你还是趁 chèn 早~为好〕きみはやはり今のうちに手を引いた方がいいと思う.〔丢不开手〕手放せない.
丢手绢儿 diūshǒujuànr (遊戯の)ハンカチ落とし(をする).〔~,~,轻轻地丢(放)在小朋友的后边,大家不要告诉他,快点快点捉 zhuō 住他,快点快点捉住他〕ハンカチ落とそ,ハンカチ落とそ,誰かの後ろにそっと落とそ,しゃべっちゃだめよ,早く早くつかまえて〕(同前のはやし歌)
丢眼色 diūyǎnsè 目くばせする:〔使 shǐ 眼色〕に同じ.
丢在脑后 diūzài nǎohòu〈慣〉すっかり忘れてしまう.
丢帐 diūzhàng 商 掛け倒れ(になる)
丢招 diūzhāo 目くばせする.
丢针儿 diūzhēnr ⇒〔丢巧针〕
丢卒保车 diūzú bǎojū 〈喩〉(中国将棋の)"卒(㞑)"を捨てて"车(㞑)"を守る.〈転〉小さいもの・二次的なものを犠牲にしても大きいもの・重要なものを助ける.〔丢卒保帅 shuài〕ともいう.

〔铥・銩〕 diū 化 ツリウム:希土類金属元素.記号 Tm または Tu.ランタノイドの一.

dōng

dong ㄉㄨㄥ

〔东・東〕 dōng ①東(の).〔往→走〕東へ行く.②主人:古代,主人は東側,客は西側に座した.〔房 fáng〕家主.〔股 gǔ ～〕株主.〔财 cái ～〕金主.〔我做～,请你们吃饭〕わたしが主人役になって君たちにごちそうしよう.③〈姓〉東(ｶﾞ)

东安门 dōng'ānmén 北京皇城の東門;俗に〔外 wài 华门〕という.

东巴 dōngbā トンパ:智者の意.〔纳 nà 西族〕(ナシ族)の男性巫師.〔～文〕トンパ文字:絵文字のような象形表意文字.

东半球 dōngbànqiú 東半球.

东北 dōngběi ①中国の東北地域:旧時〔关 guān 东〕また〔关外〕ともいった.いわゆる"満洲"の地.〔～抗日联军〕史1931年の〔九 jiǔ 一八〕以後の中国共産党指導の抗日武装勢力.→〔东三省〕〔三 sān 江四省〕②東北の方向.

东北大鼓 dōngběi dàgǔ 〔辽 liáo 宁大鼓〕

东北三宝 dōngběi sānbǎo ⇒〔东三宝〕

东北亚条约组织 dōngběiyà tiáoyuē zǔzhī ニヤトウ.NEATO.〔东北亚军事同盟〕ともいう.

东奔西撞 dōngbēn xīzhuàng 〈成〉あたふた走りまわる.

东奔西走 dōngbēn xīzǒu 東奔西走する:〔东奔西跑〕ともいう.

东壁 dōngbì ①〈文〉二十八宿の中,玄武七星の一.壁宿.②東の方.〔～一队人马〕東の人馬一隊.

东便门 dōngbiànmén 旧北京外城の東北隅にある城門.→〔里 lǐ 九外七〕

东边 dōngbian 〔一儿〕東.東側.〔东面〕に同じ.

东部 dōngbù 〔地理上の〕東部:中国では沿岸の各省を指す.

东不拉 dōngbùlā ⇒〔冬不拉〕

东不成西不就 dōngbuchéng xībujiù →〔东成西就〕

东藏西躲 dōngcáng xīduǒ 〈成〉あちこちに逃げ隠れする:〔东躲西藏〕ともいう.

东厕 dōngcè =〔东净〕〔东司〕〈白〉便所.

东昌纸 dōngchāngzhǐ ⇒〔毛 máo 头纸〕

东抄西袭 dōngchāo xīxí 〈成〉あちらこちらから寄せ集めて自分のものにする:〔抄〕〔凑 còu〕〔剪 jiǎn〕ともいう.

东朝 dōngcháo ①⇒〔太 tài 子〕②⇒〔太后〕

东扯葫芦西扯瓢 dōng chě húlu xī chě piáo 〈喩〉手あたりしだいに話題を変える.ちゃちゃを入れる.

东成西就 dōngchéng xījiù 〈成〉何もかも成功する(うまくいく):〔东不成西不就〕何もかもうまくいかない.

东冲西突 dōngchōng xītū 〈成〉八方に進撃し戦う:〔东冲西撞 zhuàng〕ともいう.

东储 dōngchǔ ⇒〔太 tài 子〕

东窗事发 dōngchuāng shìfā 〈成〉悪事が露顕する:〔发〕は〔犯〕ともいう.宋の岳飛を家の東窓の下で謀殺した秦檜にまつわる故事.〔～,被捕 bǔ 入狱〕悪事がばれて捕らえられ獄に入れられる.

东床 dōngchuáng =〔东坦〕〈文〉娘婿(晋書・王羲之伝).〔～快 kuài 婿〕=〔东床娇婿〕〔坦 tǎn 腹～〕お婿さん.婿どの.→〔女 nǚ 婿〕

东倒西歪 dōngdǎo xīwāi 〈成〉①(建っている物などが)倒れかかっているさま.ゆがんでいるさま.〔～的草棚 péng〕倒れかかっているわらぶき小屋.〔～ふらとよろめくさま.〕他喝多了,走起路来～〕彼は酒を飲みすぎて,千鳥足で歩いている.

东道 dōngdào ①客を招く主人役.ホスト.〔～主〕〔北 běi 道主人〕同前.〔做 zuò ～〕主人役を務める.〈転〉の意.〔～国〕主催国.招請国.ホスト国.②客の招待・接待.

东德 dōngdé →〔德意志〕

东帝汶 dōngdìwèn 東ティモール:正式国名は〔～民主共和国〕.西南群島中のティモール島の東半分.首都は〔帝力〕(ディリ)

东电 dōngdiàn 旧一日付の電報.

东佃 dōngdiàn 地主と小作人.

东渡 dōngdù 〈文〉①(中国から)日本へ渡る.日本へ行く.②(ヨーロッパから)アジア・中国へ行く.

东躲西藏 dōngduǒ xīcáng ⇒〔东藏西躲〕

东翻西倒 dōngfān xīdào 〈成〉そこここをひっくり返して探す:〔倒〕は〔找〕ともいう.

东返 dōngfǎn ⇒〔东归〕

东方 dōngfāng ①東の方.〔～发 fā 白〕東の方が白む.→〔东部〕②〔歴史・文化上の〕東洋:エジプト以東.〔～文明〕東洋文明.〔～人〕東洋人.〔～专zhuān 制主义〕オリエンタルデスポティズム.〔～不亮 liàng 西方亮(黒了南方有北方)〕〈喻〉ここがだめだったら,よその所へ行ってよい.どこかに未来のあるところが必ずある.〔～明珠 zhū〕〈～之珠〉④香港の美称.⑤上海の美称.〔～人〕〈姓〉東方(ｶﾞ)

东方红 dōngfānghóng 音陜(ﾊﾞ)北地方の古い民謡に毛沢東・政策の歌詞を付したもの:〔革 gé 命歌曲〕の代表的なもの.

东房 dōngfáng 東の棟.→〔4 sì 合院〕

东非 dōngfēi 東アフリカ.

东风 dōngfēng ①東の風.こち(かぜ).〔～解 jiě 冻〕〈成〉春めいてくる.②〈転〉社会主義陣営の勢力または力.

东风射马耳 dōngfēng shè mǎ'ěr 〈喻〉馬耳東風.馬の耳に念仏:〔东风吹马耳〕〔马耳东风〕ともいう.〔耳旁风〕

东风压倒西风 dōngfēng yādǎo xīfēng 〈諺〉東風は西風を圧倒する:〔东风〕〔西风〕は対立するものの意味に用いられる.

东扶西倒 dōngfú xīdào 〈成〉東の方を支えてやると西の方が倒れる.〈喻〉自立していく力がないこと.

东干 dōnggān →〔回 huí 族〕

东宫 dōnggōng ①=〔春 chūn 宫①〕〔春坊〕〔青 qīng 宫〕旧東宮御所.皇太子の住居.②〈転〉皇太子:〔太 tài 子〕〔储 chǔ〕〈姓〉東宮(ｶﾞ)

东关 dōngguān 〈姓〉東関(ｶﾞ)

东归 dōngguī =〔东返〕①(欧米から)中国へ帰る.②(中国から)日本へ帰る.

东郭 dōngguō 〈姓〉東郭(ｶﾞ).〔～先生〕〈喻〉恩を仇で返される思慮のないお人好し:狩人に追いかけられた狼を助けたために,その狼に食い殺されかかる人物.→〔中 zhōng 山狼〕

东海 dōnghǎi 地①東シナ海:長江以南台湾海峡以北一帯の海.②旧東海県.同県を指す.

东海扬尘 dōnghǎi yángchén 〈成〉海が変じて陸になる:世の中の変転の激しい形容.→〔沧 cāng 海桑田〕

东汉 dōnghàn 史後漢:〔后 hòu 汉①〕ともいう.→〔汉②〕

东虹晴,西虹雨 dōnghóng qíng, xīhóng yǔ 〈諺〉東の虹は晴れ,西の虹は雨:〔方〕〔东霓 hòu 晴,西霓雨〕ともいう.

东华门 dōnghuámén 旧北京皇城の東門:東安門を〔外 wài ～〕というのに対して,〔内 nèi ～〕ともいう.

东 dōng

东伙 dōnghuǒ 回店主と店員:〔东家②〕と〔伙计〕

东家 dōngjia ①(商店·中小企业の)資本主.出資者.〔~掌 zhǎng 柜(的)〕店舗で番頭として直接経営に当たる者. ②(店员·雇い人に対する)主人.

东晋 dōngjìn 〔晋(Ⅱ)②〕

东京 dōngjīng 地①漢代,洛陽の別称. ②五代の晋以降宋代,開封. ③トンキン:ベトナムの北境,中国と境を接している地方.

东经 dōngjīng 回東経.

东净 dōngjìng ⇒〔东厕〕

东诓西骗 dōngkuāng xīpiàn 〈慣〉方方でうそを言ってだますこと.

东拉西扯 dōnglā xīchě =〔拉扯西扯〕〈成〉話や文章が寄せ集めで筋が通らないこと.

东莨菪 dōnglángdàng 植ハシリドコロ:ナス科の草.薬用される.〔~碱 jiǎn〕化スコポラミン:無痛安産剤などに用いられる.

东篱(君子) dōnglí (jūnzǐ) 菊の別称.→〔菊 jú ①〕

东邻 dōnglín ①東隣. 〔~西舍 shè〕近所隣り. ②〈喩〉日本.〔~扶 fú 桑〕同前.

东鳞西爪 dōnglín xīzhǎo 〈成〉全体が不明なこと:中国画の竜は一方に爪を他方に鱗(2³)を,身体が雲に覆われて全体が分からない.〔一 yī 鳞半爪〕ともいう.

东流 dōngliú (東に流れる)河川.〔付诸~成〕跡形もなくなってしまうこと.〔4年的辛苦努力又变了~水〕4年間の苦労はまた返らぬ夢となった.

东罗 dōngluó ⇒〔紫罗〕

东门 dōngmén 〔姓〕東門(な)

东盟 dōngméng 〔东南亚国家联盟〕(東南アジア諸国連合.アセアン ASEAN)の略.

东面 dōngmiàn 〔-儿〕東.東側.〔东边〕に同じ.

东庙烧香,西庙祷告 dōngmiào shāoxiāng, xīmiào dǎogào 〈喩〉方方の神仏に願掛けをして回る.

东南 dōngnán ①東南の方向. ②地中国の東南沿海地区:上海·江蘇·浙江·福建·台湾など.

东南雀飞 dōngnán quèfēi 〈喩〉〔孔 kǒng 雀东南飞〕

东南亚 dōngnányà 東南アジア.〔~公约组织〕東南アジア条約機構.シアトー SEATO.

东南亚国家联盟 dōngnányà guójiā liánméng ⇒〔东盟〕

东挪西借 dōngnuó xījiè 〈成〉方方から財物を借りる.

东欧 dōng'ōu 東ヨーロッパ.

东跑西颠 dōngpǎo xīdiān 〈成〉あちこち飛び回る(遊び回る).

东拼西凑 dōngpīn xīcòu 〈成〉方方から取り合わせる.

东坡巾 dōngpōjīn 固(蘇東坡がかぶった)四角の頭巾.

东坡肉 dōngpōròu 食豚のあばら肉(角切りにしたものもある)に醤油·砂糖·ねぎ·料理酒で味をつけ,弱火で長時間煮て柔くしてから特別なかめに入れ蒸したもの:蘇東坡が杭州に住んでいた時よく作ったといわれる料理(蘇東坡·食猪肉辞)

东三省 dōngsānshěng 〔辽 liáo 宁〕〔吉 jí 林〕〔黑 hēi 龙江〕の3省.→〔东北②〕

东纱 dōngshā 日本製綿糸.

东沙群岛 dōngshā qúndǎo →〔南 nán 海诸岛〕

东山老虎吃人 dōngshān lǎohǔ chīrén 〈諺〉どこの虎も人を食い虎ではない.

东山再起 dōngshān zàiqǐ 〈成〉返り咲く:晋の謝安が,今の浙江省にある東山に隠棲して,のち再び召されて出世したこと.〔妄 wàng 图~〕巻き返しをたくらむ.

东参 dōngshēn 東北産の〔人参〕(朝鮮人参).→〔关 guān 东三宝〕

东施效顰 dōngshī xiào pín =〔效颦〕〈成〉ひそみにならう.猿真似をする:楚の美女の西施は〔心 xīn 病〕(癲のやまい)が持病であったが,その痛みに顔をしかめると一段と美しかった.近所の醜女の東施がそれをまねて顔をしかめたところ一層醜かった.

东司 dōngsī ⇒〔东厕〕

东坦 dōngtǎn ⇒〔东床〕

东逃西窜 dōngtáo xīcuàn 〈成〉あちこち逃げ回る.蜘蛛の子を散らすように逃げる.

东头 dōngtóu 〔-儿〕東側のほう.

东突 dōngtū 地トルキスタン.→〔突厥〕

东土 dōngtǔ ①陕西以东の中国:秦以東の6国.〔~文字〕同前に用いられていた文字:秦始皇帝は文字を統一し,秦文に合わないこの種の文字は廃止した. ②中国の別称.

东望政策 dōngwàng zhèngcè 史ルックイースト政策.

东魏 dōngwèi →〔魏②⑥〕

东屋 dōngwū 東側の部屋.

东西 dōngxī ①東と西.東西.〔~下里有一条大马路〕東西に懸けて大きな通りがある.〔~合作〕沿海部と内陸部との経済協力. ②各奔 bēn ~〈成〉おのおの自分の欲する所へ行く. ②東西間の距離.〔~一里,南北三里〕東西が1里,南北が3里である.

东…西… dōng…xī… ①あちらでもこちらでも.あたりかまわず.〔~挪 nuó ~筹 chóu〕やりくり算段する.〔~抓~抓〕やたらに手出しする. ②〔~央~告〈成〉方方へ頼み回る.〔~一块~一块〕ばらばらに置かれているさま.〔~讨~伐 fá〕各地を転戦する. ②東のものが西へ移ることから〔~部〕の略.②東のものが西へ移ることから〔~部〕の略.②東のものが西へ移ることから〔~部〕の略.②東のものが西へ移ることから〔~部〕の略.②東のものが西へ移ることから〔~部〕の略.②東のものが西へ移ることから〔~部〕の略.②東のものが西へ移ることから〔~部〕の略.②東のものが西へ移ることから〔~部〕の略.②東のものが西へ移ることから〔~部〕の略.②東のものが西へ移ることから〔~部〕の略.②東のものが西へ移ることから〔~部〕の略.②東のものが西へ移ることから〔~部〕の略.②東のものが西へ移ることから〔~部〕の略.

东西南北 dōng xī nán běi ①東西南北. ②〈喩〉あらゆる場所.〔~人〕住居の一定しない人.

东西 dōngxi ①〔~方;物を買事〕品物.物.〔买 mǎi ~去〕買物に行く.〔~不好〕品物(の品質)がよくない.〔手边常用的~〕手回り品.〔他病好了,能吃~了〕彼は病気が良くなり,物が食べられるようになった. ②(道理·知识·芸術など)抽象的なこと.〔看小说也能学知许多~〕小説から多くの事を学ぶことができる.〔他新近写的~不少〕彼が近切書いたものは少なくない. ③人や動物を嫌悪あるいは親しみをもっていう.〔那个~〕あやつ.あいつ.〔他不是~〕彼はろくな奴じゃない.〔笨~〕おいぼれめ.〔笨 bèn ~〕〔骂〕ぐず.のろま.〔这小~真可爱〕この小さい奴はほんとうに可愛いやつだ. ④〈口〉~物〕(§)男性器.

东厢房 dōngxiāngfáng 一棟.

东乡族 dōngxiāngzú トンシャン族:中国少数民族の一.主として甘粛省東郷族自治区に居住する.宗教にイスラム教.

东亚 dōngyà 地アジア:中国·韓国·蒙古および日本などの地域.〔~病 bìng 夫〕旧列強に侵食されていた中国への蔑称.

东阳 dōngyáng 〔姓〕東陽(な)

东洋 dōngyáng 回日本.〔~刀〕日本刀.〔~人 rén〕〔~矮 ǎi 子〕〔~赤 chì 老 2〕〔骂〕日本人.〔~矮子〕はちび.〔~鬼 guǐ (子)〕日本兵:中国を侵略した者の蔑称.

东洋车 dōngyángchē ⇒〔洋车〕

东摇西摆 dōngyáo xībǎi 〈成〉歩きぶりがよろよろとしたさま.

东摇西晃 dōngyáo xīhuàng 〈成〉ゆらゆら揺れるさま.〔身不由己地~着…〕身体が思わずぐらりとして

dōng

东野 dōngyě〈姓〉東野(とうや).
东一句西一句 dōngyījù xīyījù〈慣〉話の順序がめちゃくちゃなこと.
东一把子西一扫帚 dōng yībǎzi xī yīsàozhou〈慣〉気まぐれに(無計画に)する:〔东一榔 láng 头西一棒子〕ともいう.〔他干事没什么计划,总是～的〕彼は仕事をするのが無計画で,いつも行きあたりばったりだ.
东瀛 dōngyíng ①東の海. ②日本の別称.
东游西逛 dōngyóu xīguàng〈成〉あちこち歩き回る:〔东游西荡 dàng〕ともいう.
东岳 dōngyuè 〔泰 tài 山①〕の別称.〔～大帝〕泰山の神:人の生死を司るとされ,元代には東岳天齐大生仁皇帝と称しあがめられた.〔～庙 miào〕同前を祭った廟.
东张西望 dōngzhāng xīwàng〈成〉あっちを見たり,こっちを見たりする:〔东瞭 liào 西望〕ともいう.
东震堂 dōngzhèntáng ⇒〔一 yī 貫道〕
东正教 dōngzhèngjiào =〔希 xī 腊正教〕ギリシア正教. →〔基 jī 督教〕
东直门 dōngzhímén 旧北京内城の東北壁にあった城門名.地名として残る. →〔里 lǐ 九外七〕
东周 dōngzhōu ⇒〔周⑥①〕
东绉 dōngzhōu 旧日本縮緬(ちりめん).
东珠 dōngzhū 東北の混同江・烏拉河などから産する珠玉. →〔关 guān 东三宝⑥〕

〔岽・崬〕 dōng 〔～罗 luó〕広西にある旧地名:現在は〔东罗〕と書く.

〔鸫・鶇〕 dōng〔鳥〕ツグミ(総称).〔斑bān ～〕ツグミ:〔〈口〉穿 chuān 草鸡〕〔窜 cuàn 儿鸡〕ともいう.〔乌 wū ～〕〔黑～〕クロツグミ:よく囀(さえず)り,他の鸟をまねて鳴く.〔百 bǎi 舌〕は古名.

〔蝀・蝀〕 dōng →〔蝃 dì 蝀〕

〔冬・鼕〕 dōng (Ⅰ)〔冬〕①冬:ふつう〔～天〕という.〔孟 mèng ～〕旧暦10月.〔仲 zhòng ～〕旧暦11月.〔季 jì ～〕旧暦12月.〔立 lì ～〕立冬:新暦の11月7日あるいは8日.〔～翻 fān 改土〕冬に畑を掘り起こして土壤を改良すること. ②〈姓〉冬(とう)
(Ⅱ)〔鼕〕⇒〔咚〕

冬安 dōng'ān =〔冬祺〕〔冬祉〕〈牘〉冬の平安:旧書簡文の結語に用いる.〔敬 jìng 颂～〕寒い折からのご安泰をお祈りします.
冬奥会 dōng'àohuì 〔冬季奥林匹克运动会〕の略.
冬病 dōngbìng 冬にかかりやすい病気.〔～夏 xià 治〕慣夏の暑さを利用して冬の病気を予防治療する.
冬播 dōngbō 農冬まき.
冬不拉 dōngbùlā 楽ドンブラ:〔东不拉〕とも書く.カザフ族のマンドリンに似た2弦の弦楽器.
冬菜 dōngcài ①白菜または〔芥 jiè 菜〕に香料を加え塩漬けにし,それを細かく切って天日で乾かしたもの:だしや具に使う. ②冬季に貯蔵する野菜:白菜など.
冬藏 dōngcáng 冬に貯蔵する.〔秋 qiū 收～〕秋に収穫し同前.
冬虫夏草 dōngchóng xiàcǎo =〔虫草〕植トウチュウカソウ:〔夏草冬虫〕ともいう.一種の下等菌類で,昆虫類・蜘蛛類中に寄生する.夏は宿主の内部にのびて草形となり,冬は虫形の部分がなくなり虫の体となる.セミタケ・ミミカキタケ(カメムシタケ)はこれに属する.漢方で栄養剤に用いられる.
冬储 dōngchǔ 冬に蓄えておく:〔冬存〕と

もいう.〔～白菜〕冬に貯蔵しておいた白菜.
冬葱 dōngcōng ⇒〔苍 gé 葱〕
冬电 dōngdiàn 旧二日付の電報.
冬防 dōngfáng ①冬の治安維持の備え. ②冬の防寒の備え.
冬服 dōngfú ⇒〔冬装〕
冬耕 dōnggēng 農冬田打ち.
冬宫 dōnggōng 冬宮:ロシアの〔圣 shèng 彼得堡〕(サンクトペテルブルグ).
冬菇 dōnggū 冬(立春前)に収穫されたシイタケ. →〔香 xiāng 菇〕
冬瓜 dōng·guā 植トウガ.トウガン(冬瓜):〔〈文〉寒 hán 瓜②〕〔水 shuǐ 芝②〕は別称.〔～架 jià〕冬瓜の棚.〔～条 r tiáo(r)〕冬瓜の砂糖漬.〔喝 hē ～汤 tāng〕冬瓜の吸物を飲む.〈方〉媒酌を務める.
冬灌 dōngguàn 農〔春の乾燥に備えて〕冬季に行う灌漑.
冬寒 dōnghán 冬寒の日.
冬寒菜 dōngháncài =〔冬葵〕植フユアオイ:〔冬苋 xiàn 菜〕〔葵 kuí ②〕ともいう.古代,食用された.
冬烘 dōnghōng〈喩〉頭が古くて識しないこと.〔～先生〕同前.
冬鸡 dōngjī 〔骨 gǔ 顶鸡〕
冬季 dōngjì 冬季:ふつう旧暦の10月~12月(立冬から立春まで).〔～体育运动〕ウインタースポーツ.〔～进补 bǔ〕中医冬の間に栄養食品や栄養剤をとること.
冬季奥林匹克运动会 dōngjì àolínpǐkè yùndònghuì 冬季オリンピック大会:〔冬季奥运会〕〔冬奥会〕は略称.
冬假 dōngjià〈方〉冬休み:〔寒 hán 假〕に同じ.
冬节 dōngjié =〔冬至〕
冬葵 dōngkuí ⇒〔冬寒菜〕
冬练 dōngliàn 冬に体を鍛えること.
冬令 dōnglìng ①冬の季候.〔春行〕〈成〉春なのに気候は冬のようだ.
冬绿油 dōnglǜyóu ⇒〔水 shuǐ 杨酸甲酯〕
冬梅 dōngméi =〔腊 là 梅〕
冬眠 dōngmián =〔冬蛰〕冬眠. →〔夏 xià 眠〕
冬暖夏凉 dōngnuǎn xiàliáng〈慣〉冬は暖かく夏は涼しい.
冬祺 dōngqí ⇒〔冬安〕
冬青 dōngqīng ①=〔万 wàn 年枝〕植ナナミノキ(近縁植物).〔～科モチノキ科,〔钝 dùn 齿～〕イヌツゲ,〔铁～〕クロガネモチ,〔细叶～〕ウメモドキなど. ②⇒〔榭 hú 寄生〕 ③=〔女 nǚ 贞〕
冬青油 dōngqīngyóu =〔冬绿油〕:〔水 shuǐ 杨酸甲酯〕(サリチル酸メチル)に同じ.
冬日 dōngrì ⇒〔冬天〕
冬扇夏炉 dōngshàn xiàlú〈成〉無益な事.無用な物.
冬笋 dōngsǔn =〔〈文〉苞 bāo 笋〕冬筍(とうじゅん). →〔春 chūn 笋〕
冬天・天 dōng·tiān =〔冬天〕冬.
冬瘟 dōngwēn 〔冬温〕とも書く.中医冬の流行病.
冬闲 dōngxián 農冬の農閑期.
冬(小)麦 dōng(xiǎo)mài 秋に播種し,翌夏収穫する小麦.
冬修 dōngxiū 農冬の農閑期における農具や水利施設の修理点検.
冬学 dōngxué 冬季農閑期に行われる農民識字教育・農民業余技術教育など.
冬训 dōngxùn 冬期訓練.冬季トレーニング.
冬汛 dōngxùn 冬場の出漁期.
冬衣 dōngyī 冬の防寒着.冬らしさ.
冬意 dōngyì 冬の気配.冬らしさ.

冬营盘 dōngyíngpán 越冬基地.
冬泳 dōngyǒng 寒中水泳.
冬月 dōngyuè〖旧〗旧暦11月の別称.
冬运 dōngyùn ①冬の運輸業務. ②冬季のスポーツ.
冬运会 dōngyùnhuì 冬季運動会.
冬蛰 dōngzhé ⇒〖冬眠〗
冬赈 dōngzhèn〖旧〗(貧民に対する)冬季救済事業.
冬社 dōngshè〖冬安〗
冬至 dōngzhì〖冬至〗冬至(ʰ)〖二èi十四节气〗の一. 新暦12月22日あるいは23日. 〖～点〗冬至点. →〖长 cháng 日〗
冬至线 dōngzhìxiàn =〖昼 zhòu 短 圈〗地 南回帰線の別称. →〖回 huí 归线〗
冬至日 dōngzhìrì ⇒〖冬月〗
冬种 dōngzhòng 冬に種まきをする. 冬に植える.
冬贮 dōngzhù ⇒〖冬储〗
冬装 dōngzhuāng =〖冬服〗〖冬衣〗冬の防寒服. 冬着. 〖～帽 mào〗防寒帽: 3枚の皮が前と両脇にとりつけられたもの.→〖皮 pí 帽〗
冬字头(儿) dōngzìtóu(r) =〖折 zhé 文(儿)〗

[咚] dōng〖象(II)〗〖擬〗ドン. トン. 〖～他一声〗掉在地下ドシンと音がして地面に落ちた. 〖炮 pào 声～～地响 xiǎng〗大砲の音がズンズンと響く. 〖咕 gū 〜〗ゴドン.

[氡] dōng〖理〗ラドン: 希ガス元素. 記号 Rn. 〖镭 léi 射气〗ともいう.

[董] dǒng ①〖文〗正す. 監督する. 取り締まる. ②〖理〗事. 重役. 理事. 役員. =〖〜事〗の略. 〖常〗常務理事. 常務役員. 〖校〜〗私立学校の理事. ③〈姓〉董(ʰ).
董酒 dǒngjiǔ 貴州遵義の董公寺産の白酒.
董士 dǒngshì 〈文〉土地の名望家.
董事 dǒng·shì 企業·学校·団体などの理事. 重役. 役員. 〖〜会〗理事会. 董事会. 〖〜长 zhǎng〗理事長. 代表取締役. 会長. →〖经 jīng 理②〗
董治 dǒngzhì 〈文〉管理する. 監督する.

[懂] dǒng ①わかる. 理解する. 〖不〜〜不〜〗きみ, わかるか(理解できるか). 〖〜俄é语〗ロシア語がわかる. 〖〜没〜〗〜了没有わかったか. 〖〜人情〗〖〜不〜情理〗人情をわきまえない. 〖看不〜〗見てわからない. →〖了 liǎo 解①〗 ②〈姓〉懂(ʰ).
懂得 dǒngde わかる. 理解できる. 〖他说的话, 你〜不〜?〗彼の言うことがわかるか. 〖他一点儿不〜道理〗彼は少しも道理がわからない. 〖不〜〜规 guī 矩的人〗礼儀作法をわきまえない人.
懂个屁 dǒnggepì 〈罵〉知ったこっちゃない. 何も関わりはしない. 〖你〜!〗何を分かってない. ⓑだまる. ⑥関係ない.
懂行 dǒngháng =〖口懂眼〗その道に明るい. 通(ʰ)である. 玄人(ʰ)である: 〖懂家〗ともいう. 〖对于这样儿的事情, 他倒是很〜, 这一点这么に かけては, 彼はなかなか通だ. 〖他简直不〜〗彼はまるっきり素人(ʰ)だ.
懂事(儿) dǒngshì(r) 世事をわきまえる. 〖为什么〜〗何でこんなに世間の事をわきまえないのか.
懂眼 dǒngyǎn ⇒〖懂行〗

[董] dǒng ①〈文〉草の名. ②〈姓〉董(ʰ)

[动·動(働)] dòng (I)〖动〗①〖搬 bān〜〗物を移す. 〖好 hào 〜不好静〗動くのが好きでじっとしているのが嫌い. 〖万物都在一着〗万物は動きつつある. 〖头不要〜〗頭を動かすな. 〖小猫着不〜〗小猫が寝ころんだまま動かない. 〖桌上的东西, 别一!〗テーブルのものを動かして(手を触れて)はいけない. 〖赔不三五万也〜不着一根栗毛〗4,5万損をしてもびくともしない. →〖静 jìng 不〗 ②動作をする. 行動をとる. 〖烟酒不〜〗タバコも酒もやらぬ. 〖一举一〜〗一挙一動. ③動かす. 動かされる. 〖〜心思〗心を引かれる. 工夫する. ④始める. 手をくだす. 着手する. ⑤感動する. 〖这戏演得很〜人〗この劇(の演技)は たいへん人を感動させた. ⑥怒る. 人を怒らせる. ⑦手をつける. 食べる: 多く否定形で用いる. 〖不〜荤 hūn 腥(儿)〗生ぐさいものには手をつけない(食べない). 〖他向来不〜牛肉〗彼は従来中肉には手をつけなかった(食べなかった). 〖这笔钱不能〜〗この金には手をつけられない. ⑧常に, いつもよく. ややもすれば. 〖〜以抗战为 wéi 念〗いつも抗戦を念頭にかけている. 〖此剧上演, 观者一以万计〗この劇が上演されると観客はいつも何万をもって数えるほど多い. →〖动不动〗 ⑨動詞の後に置き, その動作によって目的のものを動かすことを表す. 〖太沉, 一个人拿不〜〗重くて, 一人では動かせない. 〖挑不〜这么重的担 dàn 子〗こんな重い担ぎ荷は担げない. 〖驳 bó 不〜〗他の人では反駁(ʰ)できない. ⑩〈姓〉動(ʰ)
(II)〖働〗もと労働の意味に用いた.

动笔 dòngbǐ 筆に手をつける. 筆を執(ʰ)る:文章や絵画をかく.
动臂起重机 dòngbìqǐzhòngjī 〖機〗ジブクレーン.
动宾结构 dòngbīn jiégòu 〖語〗動(動賓)構造.
动兵 dòngbīng 〖軍〗兵を出す. 兵を起こす. →〖用 yòng 兵〗
动不动 dòngbudòng ともすれば. ややもすれば. 何かというと: 後に〖就〗を置く. 多く, なって欲しくないことに用いる. 〖他就说这话吓 xià 唬人〗何かというとあいつはこの話をして人を脅かす. 〖他身体很弱, 〜就生病〗彼はひ弱で, いつも病気がちだ.
动产 dòngchǎn 〖動〗動産:金銭·器物·証券など. ↔〖不 bù 动产〗
动车组 dòngchēzǔ〖动力机车组合〗の略. 客車に動力を備えて列車を走らせる技術: 新幹線などのタイプ. 〖城 chéng 际铁路〗に使用.
动词 dòngcí 〖語〗動詞: 〖动字〗〖云 yún 谓字〗は旧称.
动粗 dòngcū 粗暴な(手荒い)ことをする: 殴(ʰ)ったりする, どなったりする.
动荡 dòngdàng ①波立つ. 〖湖水〜〗湖水が波打つ. ②揺れ動く. 〖〜不安〗〖不〜定〗〖〜不稳 wěn 〗情勢が不安定である. 〖国际局势〜〗国際情勢が動揺する.
动刀刀兵 dòngdāodòngbīng 〈喩〉戦争をする.
动地 dòngdì →〖惊 jīng 天动地〗
动肝火 dònggānhuǒ しゃくにさわる. 腹を立てる.
动感 dònggǎn 〖芸〗(芸術作品などの)生き生きした感じ. あふれる生命感. 〖〜电影〗立体映画. 3D映画.
动工 dònggōng 着工する. 施行する. 〖我家里正动工呢〗わたしの家では今ちょうど普請(工事)しています. →〖开 kāi 工〗
动关节 dòngguānjié 〖生理〗動関節.
动摇 dòngyáo 〖口〗動かす. 〖热天人懒 lǎn 的〜〗暑い日は動くのが物憂い. →〖动换〗〖动弹〗
动滑轮 dònghuálún 動滑車. →〖滑车①〗
动画 dònghuà アニメーション.
动画片 dònghuàpiàn アニメーション(映画). 動画: 〖音訳〗〖卡 kǎ 通①〗ともいう. 〖〜儿 piānr〗同前. 〖小孩儿都喜欢看〜〗子供たちはみなアニメを見るのが好きだ.

dòng 动

动换 dònghuan 〈口〉動く.
动火(儿) dònghuǒ(r) 腹を立てる.怒る.〔动无名火〕無性(むしょう)に腹が立つ.→〔动怒〕〔动气〕
动机 dòngjī 動機.〔~不纯〕動機が不純だ.〔~调查〕モチベーションリサーチ.
动检 dòngjiǎn 動物検査.
动筋劲儿 dòngjīnjìnr 腕力を揮(ふ)う.〔动筋骨儿〕ともいう.
动静 dòngjing ①動静.兆候.〔没点儿~，大概不考了吧〕少しもそれらしい兆(きざ)しがないが，たぶん試験はしないことになったのだろう. ②物音.変わった様子.〔这狗一有~就叫唤〕この犬はちょっと物音がするとすぐほえる.
动觉 dòngjué 生理筋肉運動知覚.
动口 dòngkǒu 口を動かす.しゃべる.〔君子~不动手〕〈慣〉君子は言葉で戦うが，腕力は用いない.〔~食べる.
动筷子 dòngkuàizi 箸を動かす(つける).〔您怎么不~啊〕どうして召し上がらないのですか.→〔下xià 筷子〕
动力 dònglì ①動力.〔~ xué〕動力学.〔~铲 chuǎn〕パワーショベル.〔~耕 gēng 耘机〕動力耕耘(機. ②〈喩〉事物を前進させる力.〔人民的力量才是历史发展的真正~〕人民の力こそ歴史発展の真の動力である.
动力机 dònglìjī ⇒〔发 fā 动机〕
动量 dòngliàng 物運動量.
动乱 dòngluàn (社会的・政治的)動乱.騒乱.〔(十年)~时期〕文化大革命期を指す.
动轮 dònglún ⇒〔主 zhǔ 动轮〕工動輪.駆動輪.
动脉 dòngmài ①生理動脈.〔~弓〕(大~弓)大動脈弓.〔~硬化〕医動脈硬化症.〔粥 zhōu 样硬化〕医アテローム性動脈硬化症.〔~输血 shūxuè〕動脈輸血.〔静 jìng 脉〕〔主 zhǔ 动脉〕〔脉象〕②〈喩〉交通の幹線.〔南北交通的大~〕南北交通の大動脈.
动漫 dòngmàn アニメとコミック:〔动画〕と〔漫画〕
动摩擦 dòngmócā 物動摩擦.運動摩擦.
动脑筋 dòngnǎojīn ①頭を働かせる.考えぬく.〔动脑子〕ともいう. ②工夫する.〔他正在动增产的脑筋〕彼は目下増産のことを工夫している. ③利用する.〔他想动我的脑筋〕彼は僕をどうかしようとしている.
动能 dòngnéng 物運動エネルギー.〔~弹 dàn〕軍運動エネルギーミサイル.〔~武器〕軍運動エネルギー兵器.→〔热 rè 能〕〔势 shì 能〕
动怒 dòngnù 腹を立てる.憤る.→〔动火(儿)〕〔动气〕
动配合 dòngpèihé 工ランニングフィット.動きばめ.→〔配合③〕
动皮毛 dòngpímáo 〈喩〉上っ面(形式)だけやること.
动气 dòngqì 腹を立てる.怒る.〔动真 zhēn 气〕本気で怒る.→〔生 shēng 气②〕
动迁 dòngqiān 移転する(させる).〔~户 hù〕公共事業のために立ち退き世帯(企業)
动情 dòngqíng ①興奮する.感情が高ぶる. ②愛慕の情を起こす.
动人 dòngrén 感動させる.感動的である.〔~心魄 pò〕人の魂を揺さぶる.〔~心弦 xián〕心の琴線を揺さぶる.〔~的不朽 xiǔ 诗篇〕同創の不朽の詩篇.
动容 dòngróng 〈文〉①動作と表情. ②表情を変える.〔人人为 wèi ~〕誰もが感動の色を浮かべた.
动身 dòngshēn 出発する.旅立つ.〔起 qǐ 身①〕に同じ.〔您什么时候~〕いつお立ちですか.→〔起程〕
动手 dòngshǒu ①着手する.開始する.〔咱们现在就~办吧〕今すぐ始めようじゃないか. ②手を触れる.手で触る.〔请勿 wù ~〕手を触れないで下さい(揭示の文句). ③手を出す.人を殴る.〔有话好说，不要~〕話せばわかる，暴力はやめろ.
动手动脚 dòngshǒu dòngjiǎo 〈慣〉①(異性に対し)ふざける.からかう. ②手をあげる.打つ.
动手术 dòngshǒushù ①手術をする.→〔开 kāi 刀①〕 ②〈喩〉抜本的に変える.
动态 dòngtài ①動き.動向.〔呈 chéng 现出微妙的~〕微妙な動きを見せた.〔~平衡 héng〕医動態バランス. ②物動力動態.〔~键 jiàn 盘〕電算ダイナミックキーボード.〔~性〕動態性.
动弹 dòngtan (体を)動かす.身動きする.〔不得~〕動きがとれない.〔得了半身不遂 suí，瘫 tān 在床上~不了 liǎo 了〕半身不随になってベッドの上で身動きができなくなった.→〔动撵〕〔动换〕
动听 dòngtīng 人を引きつける.傾聴させる.耳触りがいい.〔~悦 yuè 耳〕〔悦耳~〕心地よく耳を傾けさせる.〔说得准确，流利，~〕話し方が正確・流暢で人を引きつける.
动土 dòngtǔ ①土を掘る(建築や埋葬で). ②工事を始める.→〔动工〕
动问 dòngwèn 〈謙〉お尋ねします:〔不敢 gǎn ~〕の形で用いる.〔不敢~，您是南京来的吗〕大変失礼ですが，あなたは南京からおいでになったのですか.
动窝儿 dòngwōr (場所を)移る.動く.〔催 cuī 了半天，他还没~〕長い間催促したんだが，彼はまだみこしをあげない.
动武 dòngwǔ 武力(腕力)に訴える.力づくでする.
动物 dòngwù 動物.〔~学 xué〕動物学.〔~纤 xiān 维〕動物繊維.〔~油〕(脂肪)動物性油.〔~园 yuán〕動物園.
动物胶 dòngwùjiāo ⇒〔明 míng 胶〕
动向 dòngxiàng 動向.社会傾向.
动销 dòngxiāo 荷が動く.発売する.
动心 dòngxīn 心を動かす.欲が出る.興味がわく.
动刑 dòngxíng 刑具を用いる.〔拷 kǎo 打~〕拷(ごう)問する.
动眼神经 dòngyǎn shénjīng 生理動眼神経:眼球の運動をつかさどる神経.
动摇 dòngyáo (心や考えなど)動揺する(させる).ぐらつく(つかせる).〔环境再艰 jiān 苦也~不了 liǎo 我们的决心〕環境がもっと悪かろうと我々の決心をゆるがすことはできない.→〔摇动〕
动议 dòngyì 動議.〔提出临时~一项〕緊急動議を一つ提出する.
动因 dòngyīn 動因.動機と原因.
动用 dòngyòng 流用する.〔这项专款，不能随便~〕特定費用だから，勝手に流用できない.
动员 dòngyuán ①動員する.かり出す.〔~令 lìng〕(戦時の)動員令.〔~戡 kān 乱时期〕回反乱鎮定時期:国民党が国共内戦期の1947年に定めた同臨時条項で1991年に廃止するまでの期間.〔~全体学生搞全校大扫除〕全学生を動員して全校大掃除をやる. ②働きかける.立ち上がらせる.説得する.〔舆 yú 论〕発动舆论〕世論を動かす.〔大家直~我〕みながしきりにわたしをひっぱり出そうとしている.
动杖 dòngzhàng 棍棒を持ち出す.〔転〕えもの(武器)を使う.〔拿 ná 刀~〕刀や棒などを持ち出す.武器を使う.
动辄 dòngzhé ややもすれば.〔~得 dé 咎〕〈成〉とかくすればとがとがめられる.〔动不动〕
动真(格)的 dòngzhēn(gé)de 〈方〉本気でやる.本気を出す.
动轴 dòngzhóu ⇒〔传 chuán 动轴〕
动字 dòngzì ⇒〔动词〕

dòng

动嘴 dòngzuǐ 口を動かす.〔你别光～,自己也多少干 gàn 点！〕しゃべってばかりいないで,少しは自分でもやりなさい.〔他光知道～！〕あいつは食うことしか知らん.

动作 dòngzuò ①動き.動作.挙動.〔～片 piàn〕～片儿 piānr〕アクション物.アクション映画.②行動をとる.動きだす.

〔**冻・凍**〕dòng ①〈水などが〉凍る.凍結する.〔河里～冰 bīng 了〕川に氷が張った.〔上 shàng ～〕凍ってくる.〔结〕凍りつく.〔解～了〕氷が溶けた.〔～薪 xīn〕ベースアップを凍結する.②〈身体が〉凍える.冷える.〔～得直哆 duō 嗦〕冷えて震えが止まらない.〔挨 ái 饿受～〕飢えと寒さに迫られる.〔真～得慌〕本当に冷える.〔小心别～着〕風邪をひかないように気をつけなさい.③〔-儿〕ゼリー(ジェリー).〔煮〕こごり:動植物の膠(にかわ)質分を煮出して作ったゼラチン状のもの.〔结 jié ～〕ゼリー状に固める.→〔冻儿〕④→〔鸡 jī 血石〕⑤〈姓〉凍(とう)

冻毙 dòngbì 〈文〉凍死(する)
冻藏 dòngcáng 冷凍貯蔵する.
冻疮 dòngchuāng =〔方〕冻疱〔医〕しもやけ:〔灶 zào 疮〕は文語.〔长 zhǎng ～〕同様の症状ができる(になる).→〔冻疱〕
冻豆腐 dòngdòufu 〔凍〕凍り豆腐:普通の豆腐をただ凍らせただけのもの.調理するには,水につけて氷を溶かしてから用いる.〔～难拌 bàn 〈歇〉凍った豆腐はかき混ぜられない:〈难办 bàn〉やりにくい.
冻害 dònghài 〔農〕冻害.→〔霜 shuāng 害〕
冻僵 dòngjiāng 凍える.かじかむ.〔手脚～了〕手足がかじかんだ.
冻结 dòngjié ①冷凍する.凍る(らせる).〔河水～了〕川が凍った.②凍結する(させる).一時止める.〔～存款〕預金を凍結する.〔～局面〕打破当前の～目前のできづまりを打破する.
冻款 dòngkuǎn 〔経〕預金(現金)封鎖する.
冻馁 dòngněi 〈文〉寒さと飢え.
冻凝 dòngníng 凍って凝る.
冻儿 dòngr 〔食〕こごり.煮こごり(ゼリー状になったもの).〔肉 ròu ～〕肉汁の同前.〔鱼 yú ～〕魚の同前.〔果(子)～〕くだものゼリー.
冻肉 dòngròu 冷凍肉.
冻伤 dòngshāng 〔医〕凍傷(にかかる):軽いしもやけから～死まで.
冻石 dòngshí 〔凍〕凍石:固く光沢のある石.印章·彫刻などに用いられる.単に〔冻〕ともいう.→〔昌 chāng 化石〕〔鸡 jī 血石〕〔青 qīng 田石〕〔寿 shòu 山石〕
冻死 dòngsǐ 凍死する.〔～冻活〕寒さの厳しいさま.〔冷得～寒くて生きた心地がしない.〔～不下驴 lǘ〕死んでもロバから下りない.〈転〉一本気.融通がきかない.頑固である.
冻挺 dòngtǐng 寒さでカチンカチンになる.
冻土 dòngtǔ 〔地〕凍土.凍った土:寒帯のツンドラ地帯に多い.
冻虾 dòngxiā 冷凍えび.
冻鱼 dòngyú 冷凍魚.
冻雨 dòngyǔ 〔気〕氷状の雨:地表に達すると氷結する雨.
冻原 dòngyuán 〔地〕凍土帯.ツンドラ地帯:〔苔 tái 原〕ともいう.
冻灾 dòngzāi 冷害.霜害.
冻着 dòngzháo 凍える(て風邪をひく).〔他～了〕彼は風邪をひいた.
冻瘃 dòngzhú ⇒〔冻疮〕

〔**栋・棟**〕dòng ①〈文〉棟木(むなぎ).おむね.〔画 huà ～雕 diāo 梁〕彩色した棟木をとりつぱり,〈喩〉豪華な建物.→〔脊 jǐ 檩〕②量詞.家屋の棟(むね)を数える.〔一～平房〕一棟の平屋.〔四～三门三单元〕4号棟3の3.③〈姓〉棟(とう)
栋梁 dòngliáng 棟木と梁(はり).〈転〉棟梁(とうりょう).〔～材〕大物となる人材.〔～之材〕大任を担うべき人物.〔国家的～〕国の重要な人物.〔我们研究所的～〕わが研究所の大黒柱.
栋宇 dòngyǔ 〈文〉家屋.→〔房 fáng 屋①〕
栋折榱崩 dòngzhé cuībēng 〈成〉棟木が折れ垂木(たるき)が破損する:国が衰える.大人物が逝去する.

〔**胨・腖**〕dòng ⇒〔蛋 dàn 白胨〕

〔**侗**〕dòng 〔～族 zú〕トン族:〔～家 jiā〕〔侗家〕ともいう.中国少数民族の一.貴州の西南·湖南·広東·広東各省(自治区)に分布する.〔～剧 jù〕同前の劇.〔～语〕同前の言語.→tóng tǒng

〔**洞**〕dòng ①〔-儿〕洞(ほら).洞穴.(貫通した)穴.〔老鼠～〕ねずみの穴.〔山 shān ～〕①(山の)洞穴.〔窑 yáo ～〕洞穴の住居.〔把敌人的装甲车炸得满是～〕敵の装甲車を爆破して穴だらけにした.〔衣服破了一个～〕服に穴があいた.〔～中方一日,世上已千年〕〈喩〉ちょっと見ない間に非常に大きく変化すること.→〔坑 kēng〕〔穴 xué〕②隧(ずい)道.トンネル.坑道.〔山～③〕同前.③見通す.はっきりしている.④〈文〉深い.⑤（電話などで）数字の〔零 líng ④〕（ゼロ·まる)を表す:例えば 10 57 は yāo 〔幺〕dòng 〔～〕wǔ 〔五〕guǎi 〔拐〕と読む.→〔幺〕⑥〔又〕(ゴルフで)ホール.〔18个～的高尔夫球场〕18ホールのゴルフ場.⑦〈姓〉洞(とう) → tóng

洞察 dòngchá 洞察する.見抜く.見通す.
洞彻 dòngchè 知り抜いている.
洞穿 dòngchuān ①通り抜ける.貫通する.〔被子 zǐ 弹～的她〕銃弾で貫通された彼女.②見通す.〔心事被他～〕心の中を彼に見破られた.
洞达 dòngdá 通曉(ぎょう)する.〔～人生〕人生を通暁している.
洞房 dòngfáng =〔喜 xǐ 房②〕新婚夫婦の部屋:〔新 xīn 房②〕ともいう.〔闹 nào ～〕〔闹房〕旧初夜に親戚·友人がおしかけて二人をからかい祝う同前.〔人 rù ～〕床入(とこい)りする.〔～花烛 zhú 夜,金榜 bǎng 挂名时〕新婚の夜と科挙の試験に合格した時:どちらも人生最大の喜び.
洞府 dòngfǔ 仙人の住まい.
洞家 dòngjiā ⇒〔侗族〕
洞见 dòngjiàn 見抜く.〔～症 zhēng 结〕〈成〉最大の障害を見抜く.
洞鉴 dòngjiàn 〈文〉明察する.
洞开 dòngkāi 大きく開ける.広く開く.〔～门 mén 户〕門戸を開放する.
洞孔 dòngkǒng 洞穴.
洞口 dòngkǒu 穴の口.トンネルの入口.
洞库 dòngkù 貯蔵用の洞穴.〔弹 dàn 药～〕地下弾薬庫.
洞然 dòngrán 〈文〉明瞭である.明らかである.
洞若观火 dòng ruò guānhuǒ =〔明 míng 若观火〕〈成〉火を見るように明らかである.
洞台 dòngtái →〔傣 dǎi 族〕
洞天 dòngtiān 〔宗〕（道教で）神仙の住むところ:10大洞天·36小洞天·72福地がある.〔～福地〕〈成〉名山勝境.
洞悉 dòngxī 洞察する.

洞箫 dòngxiāo 〔罽洞簫(xiāo)〕:民族管楽器の一.正面に6孔,背面に1孔あり,尺八よりやや細い.
洞晓 dòngxiǎo 通晓(xiǎo)している.
洞穴 dòngxué ①洞穴.洞窟.②地下壕.トンネル.
洞眼儿 dòngyǎnr 小さな穴.
洞烛其奸 dòngzhú qíjiān 〈成〉からくりを見透かす.〔烛〕は〔察 chá〕〔悉 xi〕ともいう.〔不管他们耍什么花招,我们都能~〕彼らがどんなごまかしをやっても,我々はすっかりわかるように見透かしている.
洞子 dòngzi ①半地下式の温室.〔花儿~〕同前.〔~货 huò〕覣同前に栽培した花や野菜.⑤冬の温室物(む).ハウス物.②穴.洞穴.③鉱山の坑.〔下 xià ~〕入坑する.

〔**恫**〕 **dòng** 〈文〉怖おる.おびえる.〔~吓 hè〕~喝 hè〕恫喝(きつ)する.脅しつける.〔~吓他,不许他声张〕彼を脅して声を出させない.〔百姓恐 kǒng〕人民が恐れ戦(おのの)く.〔危言~吓〕大げさに言って脅かす.〔原子武器~吓不了 liǎo 爱好和平的人民〕原子兵器でも平和の人民を恫喝することはできない. → tōng

〔**垌**〕 **dòng** ①〈方〉田.〔田 tián ~〕田畑.②地名用字(広東·広西地方に多い).〔儒 rú ~〕覣広東省にある. · tóng

〔**峒(峝)**〕 **dòng** ①トンネル.ほら穴.②地名用字.〔丁 dīng ~〕〔化 huà ~〕〔台 tái ~〕覣広西の少数民族地区にある. → tóng

〔**胴**〕 **dòng** ①胴.〔~体 tǐ〕⑧胴体本:特に屠(と)殺した動物の胴体.⑤人の裸体.〔双shuāng ~飞机〕双胴式飛行機. → 〔躯 qū 干〕②〈文〉大腸.

〔**硐**〕 **dòng** ほら穴.〔矿 kuàng ~〕鉱坑.

dou ㄉㄡ

〔**都(都)**〕 **dōu** ①すべて.みな.すっかり.どれもこれも:主に数量的な範囲を表す.〔他们~来齐 qí 了〕彼らはみな来そろった.〔这~是你的吗〕これはみな君のか.〔对不起,~怪我〕すみません,みな私のせいです.〔一个人不能把所有的书~读完〕一人の人間があらゆる本をすべて読んでしまうことはできない.〔那不~是一样吗〕それはすべて同じなのではありませんか(同じでしょう)〕それは内容が複数のものであることを示じ.〔~有什么何了〕彼の息子(達)はみな来た.③〔是〕を伴って,事柄のわけをとりたてて説明する.〔~是你瞎 xiā 出主意,叫我白跑了一趟 tàng〕くだらぬ事を言ったおかげで,ぼくはむだ足を運ばせられしまった.〔~是党の領導,才有今天幸福的生活〕党の指導があったればこそ,今日の幸せな生活があるのだ.〔~七点(~·七·也~)〕連(~··)·连(··也)の形をとるが,〔连〕は略されることもある.また,〔比···~〕(···に比べてもずっと)の意に用いられる.〔连~〕彼さえ行こうというのに,君はどうして行こうとさえしないのか.〔连小孩子~知道〕子供でも知っている.〔连这么点儿道理~不懂吗〕これくらいの道理さえわからないのか.〔忙得连吃饭的工夫~没有〕忙しくてご飯を食べる暇さえない.〔他待我比待他的亲儿子~好〕彼は自分の子どりわたしをよくしてくれる.〔一句话~不懂〕一言もわからない.⑤すっかり.とうに.もう:程度を強調する.差し迫った口調を帯びる.文末に〔了〕を伴う.〔~三月份了,天还这么冷〕もう3月だというのに,まだこんなに寒い.

〔说得嘴~干 gān 了〕しゃべって口がすっかり乾いてしまった.〔我的眼睛~看花了〕目がすっかりかすんだ.〔已经~十二点了〕もうとうに12時になってしまった.〔去了两年了~没学会〕2年も行っていたのに上手くならない.〔~什么时候了〕何時だと思っているんだ. → dū

〔**吺**〕 **dōu** 〈白〉感動詞.怒りを示したり脅かしたり,人の行動を制止しようという気持ちを表す:現在用いるとやや冗談めいた言葉となる.〔~!好小子!你办得好哇!〕ええい,この小僧め,うまいことをしやがったな.〔~~!好贼 zéi 子!〕おのれ,この悪人め. → 〔吠 dāi〕

〔**兜(兠)**〕 **dōu** (Ⅰ)〔~儿〕ポケット.袋.包み.〔裤 kù ~〕ズボンのポケット.〔中山服有四个~〕中山服には四つポケットがある.〔自行车上安一个布~〕自転車に布袋をとりつける.〔(紙やハンカチなどで)ふわりと)包む.囲む.〔~了一手绢儿 juànr 花生〕落花生をハンカチいっぱい包む.〔~包 bāo〕②〕③取り巻く.ぐるりと回る.〔~来~去〕行ったり来たりする.歩き回る.〔到街上~一个圈 quānr 来〕通りに出てぐるっと一回りする.〔哪一方面都~得转 zhuàn〕どの方面にも顔がきく.④〔取引や注文を〕取る.集める.〔~买mǎi 卖〕〔~生 shēng 意〕同前.〔~了一宗买卖〕商売(注文)を1口とった.⑤責任を負う.一手に引し受ける.請け合う.〔二百块以内,我~着〕〔老·四·惶18〕200元以内ならわしに任せなせえ.〔没关系,我~着你〕おまえらかり引き受ける.〔前辈怎么不~着后辈呢〕先輩が後輩の面倒を見ないなんてことがあろうか.⑥さらけ出す. → 〔兜底(儿)〕⑦真っ向うから.〔~一头一淋 lín〕頭からずぶぬれ(になる).〔~脸就是一(个)巴掌〕顔をびしゃりと殴りつける.
(Ⅱ)①⇒〔兠〕

兜捕 dōubǔ 〔~拿〕(三方から)取り囲んで捕らえる.〔~逃走的斑 bān 豹〕逃げ出した豹(ひょう)を囲んで捕らえる.

兜抄 dōuchāo (三方から)取り囲んで攻める. → 〔包 bāo 抄〕

兜齿子 dōuchǐzi ⇒〔倒齿关牙〕

兜搭 dōu·dā ①籠絡(ろう)する.〔奸 jiān 商~官吏没安着好心〕奸商が官吏を籠絡しようとするのはろくなことを考えていない.②〈白〉わずらわしい.〔倘tǎng 有些~,恐不方便〕(水 8)もし面倒がおこったら,具合が悪かろう.

兜裆布 dōudāngbù 覣ふんどし.
兜地 dōude 突然に.ひょっこり.
兜底(儿) dōudǐ(r) (秘密·内情を)さらけ出す.すっぱぬく.
兜兜 dōudou ①(小さな)ポケット.②⇒〔兜肚〕
兜兜裤(儿) dōudoukù(r) ⇒〔兜肚裤(儿)〕
兜肚 dōudǔ 〔~兜兜〕〈文〉腹胸腹部を覆う菱形の女性·子供用下着.→〔袜 mò 腹〕
兜肚裤(儿) dōudukù(r) 〔~兜兜裤(儿)〕覣腹掛けにパンツのつながったもの.寝冷え知らず:夏の幼児用のもの.
兜翻 dōufan 〈方〉①(古いものを)ひっくり返して調べる.②以前のことをむしかえす.〔陈谷子芝麻地~起来了〕以前のことを洗いざらい持ち出した.③暴き出す.〔把所有的隐 yǐn 情都给~出来了〕あらゆる裏側の事情を残らずぶちまけてしまった.
兜风 dōufēng ①風をはらむ(受ける).〔破帆兜不住风〕破れ帆から風がもれる.②〔车·船·馬など〕乗り回して涼む.〔开汽车~〕自動車でドライブする.

兜剿 dōujiǎo 包囲して討伐する.

兜客 dōukè 客を引く.

兜兰 dōulán 園スリッパラン.パフィオペディルム:ラン科の花.

兜揽 dōulǎn ①(取り引き・注文・顧客を)とる・集める・引く.〔买卖 mǎi cài〕.〔〈方〉拉 shēng yì〕同前.〔招 zhāo 揽〕 ②かかりあう.取りあう.〔~闲 xián 事〕余計なことにかかりあう.

兜拢 dōulǒng まとめる.談判をまとめる.〔谈了好几次,好容易~了〕幾度も話し合いをして,やっとまとめた.

兜卖 dōumài ⇒〔兜售〕

兜鍪 dōumóu 固戦闘用のかぶと.〔〈胄 zhòu ①〕に同じ.→〔头 tóu 盔①〕

兜拿 dōuná ⇒〔兜捕〕

兜屁股枪 dōu pìguqiāng 背後から(銃で)撃つ.退路を絶つ.〔狠 hěn 狠地给鬼子一顿~〕こっぴどく敵兵のいてもたってもいられないほどぶっぱなしてやった.

兜圈子 dōuquānzi ①ぐるりと回る.堂々巡りをする.〔兜一个圈子〕ぐるりと一回り回る. ②遠回しに言う.〔别跟我~,有话直截了当地说吧〕遠回しに言わないで,話があるならはっきり言いなさい.

兜儿 dōur ポケット.袋.→字解(I)①

兜纱 dōushā ベール.〔结 jié 婚~〕婚礼着用のベール.

兜售 dōushòu 〔兜卖〕〔兜销〕各地へ売りこむ.売りまわる.

兜头 dōutóu 頭から.真っ向から.〔~盖脸〕〔~盖脑〕〔贯 guàn〕ガツンと棒で一撃をくらう.〔我一听,就像~挨 ái 了一闷棍〕それを聞いて脳天をガンとやられたように頭がぼんやりとしてしまった.

兜销 dōuxiāo ⇒〔兜售〕

兜子 dōuzi ①袋.〔塑 sù 料~〕ビニール袋.→字解(I)① ②量詞.袋一杯.〔两~红枣 lí zǎor〕2袋のナツメ. ③⇒〔兜子〕

兜嘴 dōuzuǐ ①〈方〉よだれ掛け. ②口籠(ぐ)?:家畜につけるかご.

〔菟 (槐)〕 dōu =〈方〉①ある種の植物の根(茎).〔禾 hé ~〕イネ株.〔树 shù ~脑 nǎo〕木の切り株.〔坐~〕イネの苗が黄色くなって育ちが悪くなること. ②量詞.数本の苗を一穴または一株として植えたものを数える.〔一~树〕1本の樹.〔两~白菜〕白菜2株.〔三~禾 hé〕3株のイネ.〔这试验田的稻 dào 株,每亩 mǔ 约有十一万~,二百一十三万穗 suì〕この試験田の稲の株数は1ムーにつき約11万株,213万本ほどある.→〔棵 kē〕

兜距 dōujù 〈方〉農株間.〔株 zhū 距〕に同じ.

〔菟〕 dōu =〔方〕①〔~子〕〔子〕山かご:椅子に2本のかつぎ棒をつけたもの. ②竹や籐で編んだ器.

〔斗〕 dǒu ①〈度〉⑧穀物の量を量る単位:〔升〕の10倍.⑥〔市 shì ~〕の略称:〔(市)升〕の10倍.10リットルに当たる.⑥〔公 gōng ~〕デカリトル.〔十升〕の旧称.〔胆 dǎn 大小~〕〈喩〉肝っ玉が大きい.〔针鼻儿大的窟 kū 隆,~大的风〕〈喩〉冬のすき間風の厳しさ. ②〔~儿〕斗枡.またはのような形をしたもの.〔风 fēng ~(儿)〕風抜き:窓に付ける枡状の換気用の枠.ダクト.〔漏 lòu ~〕じょうご.〔煤 méi ~〕石炭入れの(箱).〔水 shuǐ ~〕水車についている枡形のもの.〔用~量 liáng 米〕斗枡で米を量る. ③斗枡の大きさ:枡のように大きい,または小さい.〔~碗 wǎn〕大碗.どんぶり.〔~升之水〕〈喩〉わずかな援助.→〔箕 jī ~〕 ④固酒を入れる器. ⑤渦状の指紋.→〔箕 jī ~〕 ⑥北斗七星の略称:〔~极 jí~〕

同前. ⑦〔斗(ド)〕:〔二 èr 十八宿〕の一.〔南 nán ~〕は通称. ⑧⇒〔陡②〕 ⑨引き出し.〔三~桌 zhuō〕引き出し三つのテーブル. → dòu

斗笔 dǒubǐ 大型の毛筆.

斗柄 dǒubǐng 囲北斗七星の"ひしゃく"の柄にあたる部分の三つの星:〔〈文〉杓 biāo ②〕に同じ.

斗车 dǒuchē トロッコ.

斗胆 dǒudǎn ①大胆である.図太い.〔你~,狂 kuáng 妄到顶啦!〕きさま図太い野郎だ,たいがいの骨頂だ. ②〈謙〉胆っ玉を太くする.〔~直言〕恐れずに直言する.〔我斗个胆试…〕遠慮なく申し上げれば.

斗方名士 dǒufāng míngshì 名士気取り.文人気取り:〔斗方(儿)①〕に字や絵をかき風流人を気取る.

斗方(儿) dǒufāng(r) ①書画用の1,2尺平方の紙. ②新年に門や壁などに貼る紙:"福"などめでたい文字をかいた正方形の紙.

斗拱 dǒugǒng 建ときょう.ますぐみ:柱の上に設けられ,棟木をうける部分.〔科拱〕〔枓栱〕とも書いた.古くは〔欂 bó 栌〕.

斗斛 dǒuhú 囲ます:1斗用の10斗(または5斗)用のます. ②〈喩〉少量.〔~之禄 lù〕微禄.

斗箕 dǒuji 〔斗记〕とも書いた.指紋.拇印:渦状のを〔斗⑤〕,蹄(ひづめ)状・弓状のを〔箕 jī〕という.〔指 zhǐ 纹〕に同じ.〔按~〕指紋を押す(とる)

斗酒百篇 dǒujiǔ bǎipiān よく飲み詩ができる:唐の杜甫の詩に〔李白斗酒诗百篇〕(李白は大酒家で酒一斗飲めば詩百篇ができる)とある.

斗酒只鸡 dǒujiǔ zhījī 〈成〉亡友を追悼する(懐しむ):曹操が亡友橋玄の墓前を通り過ぎ,酒と鶏で祭った故事による.

斗魁 dǒukuí 囲北斗七星の第1から第4までの四つの星の名.

斗笠 dǒulì 〔〈方〉斗篷②〕つばの広い笠(?)

斗粮 dǒuliáng 〈喩〉少量の食糧.

斗门 dǒumén 堰堤(?)の水門.

斗南一人 dǒunán yīrén 〈喩〉天下無双の人物.

斗牛 dǒuniú 〔南 nán 斗(星)〕と〔牵 qiān 牛①〕.→ dòuniú

斗篷 dǒupéng 服①マント.〔披 pī 风〕〔〈方〉一口钟〕〔一裹圆儿〕ともいう.〔披 pī 着一件~〕同前をひっかけて着る. ②⇒〔斗笠〕

斗渠 dǒuqú 灌漑〈水〉水路の分岐点(枡形の装置)から細い支流または田畑へ引く用水路.

斗山 dǒushān ⇒〔山斗〕

斗筲 dǒushāo 〈喩〉〈喩〉度量の小さい.見識のない:〔筲〕は古代の1斗2升入りの容器.〔~之辈 bèi〕〔~之器 qì〕〔~之人〕〔~之徒 tú〕〈慣〉同前の人.〔地位の低い.〔~之吏 lì〕同前の役人.

斗室 dǒushì 〈文〉小部屋.

斗式提升机 dǒushì tíshēngjī 囲バケットエレベーター:エンドレスチェーンにいくつものバケットをつけチェーンを車台のとし,物を上方に運び上げる運搬装置.

斗粟尺布 dǒusù chǐbù 〈成〉兄弟が相容れないこと:漢の文帝とその弟の淮南王が不和であったのを風刺して,一斗の(わずかの)粟でも搗(つ)いて一緒に食べることができるし,わずかの布でも縫って一緒に着ることができるのに,広い天下で兄弟二人が相容れないといった.〔尺布斗粟〕に同じ.→〔七 qī 步成诗〕

斗宿 dǒuxiù ①南斗:〔二 èr 十八宿〕の一. ②囲北斗七星.

斗烟丝 dǒuyānsī ⇒〔烟丝〕

斗转参横 dǒuzhuǎn shēnhéng 〈喩〉夜が明けよう

dǒu~dòu 斗斜抖料蚪陡

とすること.
斗转星移 dǒuzhuǎn xīngyí〈喩〉歳月が過ぎること:〔星移斗转〕に同じ.〔转〕は〔换 huàn〕ともいう.
斗子 dǒuzi ①(炭鉱用の)バケット. ②(家庭用の)石炭入れ.石炭バケツ. ③木の枝や板などで作られた物入れの道具.→〔料 liào 斗〕

〔斜〕 dǒu ①⇒〔陡①〕 ②⇒〔陡②〕 ③地名用字.〔~一口 kǒu〕囤湖北省にある.

〔抖〕 dǒu ①打ち振る.振り払う.〔~开手巾〕タオルをパッと打ち振って広げる.〔~一~身上的雪〕体の雪をふるい落とす.〔~风筝 zheng〕(凧糸をぐいっと引いて)凧をあげる. ②震える.〔颤 chàn ~〕同前.〔发 fā ~〕身震いする.〔吓 xià 得浑 hún 身孔~〕恐ろしく思って全身ガタガタと震える. ③(精神を)奮い立たせる.〔~起精神干吧〕元気を出してやれ. ④暴露する.ばらす.〔把他的罪恶~出来了〕彼の罪悪をばらした. ⑤運が向く,芽が出る.羽振りがよくなる.うだつが上がる:けなしていう.〔~份 fèn (儿)同前.〔几年不见, 那小子升了官, 长 zhǎng 了级, 还真~起来了〕何年も会わないうちに, あいつはえらく出世して, まことに羽振りがよくなってきた.
抖包袱 dǒubāofu〈喩〉剛(漫才などで)ギャグを入れる. 笑わせ所を見せる.
抖颤 dǒuchàn 震える.
抖胆 dǒudǎn 勇気を出す.
抖动 dǒudòng ①震え動く.〔两腿不住地~〕両足が震えて止まらない. ②(物を)ふるう. 揺すって動かす.
抖机灵 dǒujīling ①ばか丁寧にして機嫌をとる:〔抖机伶〕とも書いた.〔见上司一个劲儿 jìnr 地~〕上役の前では一生懸命に機嫌をとる. ②抜量を自慢する. 得意になる. 調子にのってやる.〔当着大伙~〕大勢の前で自慢する.〔你这两天真抖起机灵来了〕きょうこの2,3日ばかに精が出るじゃないか.〔年轻人别太~了〕若い者はあまり腕自慢などするものではない. ③死の直前に少し元気な様子を見せること.〔老爷子的病不轻, 这阵缓 huǎn 过来点儿, 怕是~呢〕父さんの病気は重い, このところ少し落ち着いてきているのはおそらくいよいよだめになる前の一時の元気ですよ.→〔回 huí 光返照①〕
抖劲(儿)dǒujìn(r) いばっている. 格好つける. 得意になる.
抖空竹 dǒukōngzhú 唐こまを回す:〔抖空筝〕〔抖空钟〕ともいう.→〔空竹〕
抖搂 dǒulou〔抖挏〕〔抖落〕とも書いた. ①(パッパッと)振る.布のような薄くて広いものの両端をもって強く振ること.〔把这桌布拿出去~~吧〕このテーブルクロスを外で振ってごみを落としなさい. ②浪費する. 乱用する(金や財物なども).〔别把钱~光了〕金を散財しつくしてはいけないよ. ③さらけ出す:〔抖露〕とも書く. ふつう〔~出来〕の形で用いる.〔所有的一切, 像"竹筒倒豆子"那样全~出来〕あることはみな竹筒から豆をあけるように全部さらけ出す.〔~包 bāo 袱底儿〕秘密をばらす. 手のうちをすっかり見せる.→〔兜 dōu 翻③〕
抖手 dǒushǒu 手を振る.〈喩〉その事と関係を断つ.〔一~就走了〕手を振って行ってしまった.
抖擞 dǒusǒu 奮い起こす. 奮い立たせる.〔抖抖擞擞〕ぶるぶる震えるさま.〔~精 jīng 神〕元気を出す. 気力をふるう.
抖威风 dǒuwēifēng いばって見せる. 強いところを見せる.〔要~, 跟他干 gàn 去〕いばりたいんだったら奴とけんかしに行け.
抖袖 dǒuxiù 剛 袖さばき: 京劇などの衣装は〔水 shuǐ 袖〕(袖口)に尺余の白絹の布が別についているしぐさに伴うこのこなしをいう.〔~工夫〕〔水袖工夫〕同前の技能.

〔枓〕 dǒu
枓拱 dǒugǒng ⇒〔斗拱〕

〔蚪〕 dǒu〔蝌 kē~〕剛 オタマジャクシ.→〔蝌〕

〔陡〕 dǒu ①〔~甘〕(切り立って)険しい.〔这楼梯很~〕この階段はとても急だ.〔这个路太~, 车上去要小心!〕この道はとても険しいので車で行く時は気をつけなさい.〔这山太~, 上不去〕この山は非常に険しくて登れない.〔山坡 pō 路~〕山坂で道が険しい.→〔坡②〕 ②=〔斗⑧〕〔枓②〕にわかに. 急に.〔~热 rè〕囤急に人気が出る.ⓑ急に暑く(熱く)なる.③〔姓〕陡(ǎ)
陡壁 dǒubì 絶壁.〔~悬 xuán 崖〕断崖絶壁.
陡变 dǒubiàn にわかに変わる. 急変する.〔雰 shà 时~〕たちまち急変する.
陡槽 dǒucáo 斜水溝. 射水路.
陡度 dǒudù 傾斜度. 勾配.
陡降 dǒujiàng 急に下落する.〔生产陷于停顿, 对外贸易随着~〕生産が停滞し, それにしたがって貿易が急減する.
陡峻 dǒujùn (地勢が)高く険しい:〔险 xiǎn 峻〕に同じ.
陡立 dǒulì (山や建物などが)切り立つ. そそり立つ.
陡坡 dǒupō 険しい坂. 急な坂.↔〔慢 màn 坡〕
陡起 dǒuqǐ 急に始まる. 急に起こる.
陡峭 dǒuqiào (山などが)険しい.〔~的山峰〕そそり立つ峰.
陡然 dǒurán にわかに. 突然.〔~间〕同前.
陡险 dǒuxiǎn 険しい.
陡削 dǒuxuē 切り立つ.〔这座冰山四周~〕この氷山は周りが切り立っている.
陡增 dǒuzēng 急増する.
陡长 dǒuzhǎng ①にわかに成長する. ②急に数値が上がる.〔行 háng 市~〕相場の急上昇.〔洪 hóng 水~〕洪水の水位の同前.
陡直 dǒuzhí (山や道が)険しい.〔坡 pō 太~, 不好上坡〕坂が急で登りにくい.

〔斗・鬥(鬦・鬪・鬬)〕 dòu ①争う. 闘う. やり合う. 殴り合う.〔~败 bài〕競争し負ける.〔~赢 yíng〕競争して勝つ.〔一阵 zhèn〕ひとしきりやり合う.〔奋 fèn ~〕奮闘する.〔械 xiè ~〕武器を持って争闘する.〔战 zhàn ~〕戦闘(する).〔~不过他〕彼にはかなわない.〔两只牛~了〕2頭の牛がけんかを始めた. ②闘わせる. 競う.〔我们要和他~〕彼と勝負する.〔在会场上~~他们〕会場で彼らをつるしあげてやる. ③〈口〉寄せ集める(寄り集まる). くっつける(くっつく). 合わせる(合う).〔把眉头儿一~〕眉の端をきりっとつり上げる.〔两个正方形~起来就成一个矩 jǔ 形〕二つの正方形をつけると一つの長方形ができる.〔~分子〕出し前を集める. ④⇒〔逗①②〕 ⑤〔姓〕斗(ǎ)→dǒu
斗鹌鹑 dòu'ānchún〈文〉ウズラを戦わせる(賭博・遊び):〔斗鹑〕ともいう.
斗百草 dòubǎicǎo 古代,(旧暦5月5日端午の節句に)数種の種々の草花を摘んで優劣を競う遊戯:〔斗草〕ともいう.
斗彩 dòucǎi 圑讕五彩をほどこした青磁器.
斗草 dòucǎo ⇒〔斗百草〕
斗茶 dòuchá ①茶葉の品評(をする). ②闘茶: 茶を飲んで産地・品名を当てる.
斗促织 dòucùzhī ⇒〔斗蟋蟀〕
斗倒 dòudǎo 打ち倒す.〔~"我"字个人主义を打

斗豆　　　　　　　　　　　　　　　dòu

斗鱼 dòuyú 闘魚をさせる〔賭博・遊び〕.〔华南〜〕〖魚貝〗パラダイスフィッシュ.

斗争 dòuzhēng 闘争する.〔阶级〜〕階級闘争.②つるしあげる.〔〜对象〕闘争の相手.〔〜会〕因悪質地主やボスなどに対して,その旧悪を暴露し糾弾する大衆大会."つるしあげ","人民裁判".③努力する.奮闘する.

斗志 dòuzhì 闘志.〔〜昂扬 áng yáng〕〈成〉闘志をたぎらせる.〔丧 sàng 失〜〕闘志がなくなる.

斗智 dòuzhì 知恵くらべする.〔〜斗勇 yǒng〕智恵くらべ胆くらべ.

斗嘴(儿) dòuzuǐ(r) ＝〈方/斗口齿〉①口論する.口げんかする.〔你们俩别〜〕きみたちロ論はよせよ.②冗談を言い合う.からかって言い合う.〔〜皮子〕冗談を言う.

〔豆(荳)〕 dòu （Ⅰ）〔豆(荳)〕① 圃マメ(科植物の総称)またその実.〔黄 huáng〜〕(ふつうの)大豆.〔大 dà〜〕大豆(総称).〔毛 máo〜〕枝豆:大豆の若い実のさやつきのもの.②マメに似た形状のもの.〔〜儿,哥 gē 哥〕チビッ子.おちびさん.〔金〜〕金の粒.〔土豆〜〕〈口〉じゃがいも.〔马 mǎ 铃薯〕に同じ.

（Ⅱ）圃 古代の食器の一種で,木・竹・玉・陶・銅などで作られ,ふたと脚(あし)がついて,"豆"の字形に似ている.→〖笾 biān〕　②〈姓〉豆(とう)

豆瓣菜 dòubàncài 圃クレソン.オランダがらし:〔水 shuǐ 蔊菜〕〔水田芥〕とも別称.

豆瓣儿 dòubànr ①大豆の皮を取り除き二つ割りにしたかけら.②同下.

豆瓣儿酱 dòubànrjiàng ＝〔豆瓣儿②〕〔豆酱〕食トウバンジャン:大豆・そら豆・小麦粉・塩などを材料とし,種麹(たねこうじ)を用いて発酵させて作った味噌:そら豆だけのものを〔干 gān 黄酱〕という.多く唐辛子粉を加えて非常に辛くしてあり〔豆瓣辣酱〕〔四川豆瓣〕,〔麻 má 婆豆腐〕〔回锅肉〕など四川料理の主要調味料とする.

豆瓣儿嘴 dòubànrzuǐ ⇒〔唇 chún 裂〕

豆包 dòubāo(r) 食あずきあん入りまんじゅう:〔豆沙包(子)〕ともいう.

豆饼 dòubǐng 大豆しめかす:〔油 yóu 渣饼〕ともいう.飼料・肥料に用いる.〔〜干 gān 部〕〈喩〉農村の下級幹部:上と下からの板挟みになっていることから.

豆扠儿 dòuchǎir ひき割り豆:〔豆莙〕とも書く.菓子にしたり粥にする.〔豆喳子〕ともいう.

豆豉 dòuchǐ 食大豆を発酵させて作った乾納豆.調味料,また薬材にも用いる.

豆单 dòudān 旧大豆の収穫期に東北地方で使われた証憑(しょうひょう)の一種.

豆粉 dòufěn ⇒〔豆面①〕

豆腐 dòufu 食豆腐:〔黄 huáng 豆〕(大豆)を水につけてふくらせてから摺(す)って煮た汁をこした〔豆浆〕に凝固剤を入れて固まらせた食品.〔油(炸豆)〜〕油揚げ.〔冻 dòng〜〕凍り豆腐.〔〜丁儿〕賽(さい)の目に切った豆腐.〔〜泡 pào(儿)〕小型の揚げ豆腐.〔〜饭店〕〈方〉会葬用の精進料理.〔〜楼 lóu〕旧一膳めし屋.〔〜方〕〜刀〕〈喩〉八方美人.〔〜官儿〕〈喩〉小役人.

豆腐坊 dòufufáng ＝〔水 shuǐ 作坊〕豆腐屋.

豆腐干(儿) dòufugān(r) 食豆腐の薄片を布にきつく包んで香辛料を加えて一度煮た後に布を取り去って乾かすためのもの.〔豆腐干皮〕〔香 xiāng 干(儿)〕〔香干子〕ともいう.これを串に刺してスープで煮込んだものを〔豆腐串儿 chuànr〕という.

豆腐浆 dòufujiāng ⇒〔豆浆〕

斗而铸兵 dòu ér zhùbīng〈成〉戦闘が始まってから兵器を作る.どろぼうを捕まえて縄をなう.〈喩〉時機を失する.→〔临 lín 渇掘井〕

斗法 dòufǎ ①法術をもって戦う(旧小説に見られる語).②〈喩〉計略を用いて争う.だまし合う.

斗富 dòufù 財富を競う.

斗鸡 dòujī ①闘鶏(をする・させる).〔一只〜〕一羽の闘鶏.〔〜坑 kēng〕闘鶏場.〔〜走狗〕同前やドッグレースをして遊ぶ.〈喩〉くだらない遊びにふける:〔狗〕は〈犬 quǎn〉また〈马 mǎ〉ともいう.〔〜走狗之徒〕やくざな連中.〔〜眉毛,吊 diào 客眼睛〕闘鶏のようにつり上がった眼に下がり眉毛.〈喩〉人相のよくないさま.②遊戯の一.けんけんして両手で膝をかかえ,相手とぶつかり合い,手を解いた方が負ける.

斗鸡眼 dòujīyǎn ⇒〔对 duì 眼②〕

斗技 dòujì 技を競う.

斗剑 dòujiàn 囚フェンシング(をする)

斗经纪 dòujīngji〈方〉①じらして挑発する.②気勢(掛け声)だけを上げて実行はしない.〔你们别净〜,赶快实行吧〕空騒ぎばかりせずに早く実行しろよ.

斗口齿 dòukǒuchǐ ⇒〔斗嘴(儿)〕

斗垮 dòukuǎ 闘争して相手を打ち倒す.

斗门(儿) dòumén(r) 圃たたかいがまえ.とうがまえ:漢字部首の"鬥".→付録1

斗闷子 dòumènzi ⇒〔逗闷子〕

斗拧儿 dòunǐngr 仲たがいになる(って反目しあう).〔〜就不好合作了〕仲たがいしていがみあうようになっては協力しない.

斗牛 dòuniú 闘牛(をする・させる):浙江省の金華地方が有名.〔〜士〕闘牛士.→dǒuniú

斗殴 dòu'ōu ⇒〔殴斗〕

斗牌 dòupái トランプやカルタ遊びをする(して賭博をする).〔斗纸 zhǐ 牌〕同前.

斗批改 dòupīgǎi 囚闘争・批判・改革:文化大革命の三大任務.1966年7月,毛沢東が提起したもの.

斗气 dòuqì ①意地になる.意地を張る.〔或与婆婆〜,或与丈夫反目〕しゅうとめと言いあったり,夫とにらみあったりする.〔他最喜欢和那些伪 wěi 君子〜〕彼はああいう偽君子連中とやりあうのがとても好きだ.②怒らせる.〔他成心跟我〜〕彼はわざと僕を怒らせて口を開かせようとする.

斗巧 dòuqiǎo ①巧みを競う.②⇒〔凑 còu 巧〕

斗蛩 dòuqióng ⇒〔斗蟋蟀〕

斗蛐蛐儿 dòuqūqur ⇒〔斗蟋蟀〕

斗趣儿 dòuqùr ⇒〔逗趣儿〕

斗士 dòushì 闘士.主義主張のため体を張って戦う人.

斗私批修 dòusī pīxiū 囚私心と闘い,修正主義を批判する:文化大革命中,1967年に出されたスローガンの一.

斗榫儿 dòusǔnr ほぞを合わせる.→〔榫〕

斗蟋蟀 dòuxīshuài ＝〔斗促织〕〈文〉〔斗蛩〕〈口〉〔斗蛐蛐儿〕こおろぎを戦わせる(賭博・遊び).

斗闲气(儿) dòuxiánqì(r) たあいないこと(つまらないこと)で争いをする.

斗心胸 dòuxīnxiōng 争い好きの気質.

斗心眼儿 dòuxīnyǎnr 悪知恵を闘わす:〔斗心工儿〕〔斗心计〕ともいう.〔爱〜〕腹のさぐり合いをしたがる.〔你们俩平时不是很好吗,何必这么〜呢?!〕きみたちは平素非常に仲がいいじゃないか,何でこんなにだまし合ったりするのか.

斗妍 dòuyán ⇒〔斗艳〕

斗眼 dòuyǎn(r) ⇒〔斗妍〕〔对 duì 眼②〕

斗艳 dòuyàn ＝〔斗妍〕あでやかさを競う.

dòu 豆逗

豆腐脑儿 dòufunǎor 〈方〉[食]にがりを入れてない非常に軟らかい豆腐:惣菜として[烧 shāo 饼]などにつけAs れる.

豆腐皮(儿) dòufupí(r) [食]ゆば:[〈方〉豆腐衣][油 yóu 皮]②]ともいう.→[腐 fǔ 竹]

豆腐乳 dòufurǔ =[豆乳][豆 fǔ 乳]〈方〉乳腐[食]賽の目に切った豆腐を生乾にして発酵させ塩味をつけたもの:[酱 jiàng 豆腐]に同じ.

豆腐丝(儿) dòufusī(r) [豆腐干(儿)]の千切り.

豆腐衣 dòufuyī ⇒[豆腐皮(儿)]

豆腐鱼 dòufuyú ⇒[龙 lóng 头鱼]

豆腐渣 dòufuzhā =[豆渣]豆腐から.おから:これを材料に[雪 xuě 菜](卯の花.きらず)を作る.[〜工程](鋼材・セメントなど建築資材などの)手抜き工事.

豆梗 dòugěng [植]豆の荚(さ)と茎をつなぐ部分.

花花儿 dòuhuār =〈方〉にがりを少なくした半固体の豆腐:[豆腐脑儿]に似ている.

豆黄 dòuhuáng 乾かす前の豆こうじ.→[豆豉]

豆荚 dòujiá (豆の入ったさや.[再晚累了要炸 〜减产了]これ以上刈り取りが遅れたらさやがはじけて減収だ.

豆浆 dòujiāng =[豆腐浆][豆乳]①〈方〉豆汁(儿)②]温水でふやかした大豆を擂(す)り,煮て濾した汁:煮立てて飲む.[北京人的早点,一般是油饼,〜]北京の人々の朝食は普通[油 yóu 饼]と同前だ.→[豆腐]

豆酱 dòujiàng ⇒[豆瓣儿酱]

豆角儿 dòujiǎor さや豆(さやいんげん)

豆秸 dòujiē 豆がら.→[豆萁]

豆筋 dòujīn =[干 qiān 张]①

豆蔻 dòukòu [植]①ビャクズク:[白 bái 〜]の別称.②同前の果実または種子:強い香味があり生薬に用いる.[草 cǎo 〜][草果]ともいう.

豆蔻年华 dòukòu nián huá 〈成〉少女の妙齢(唐の杜牧の詩,贈別より)

豆梨 dòulí ⇒[鹿 lù 梨]

豆卢 dòulú 〈姓〉豆卢(ろ)

豆绿 dòulǜ =[豆青][色]薄浅黄色(の):[青 qīng 豆]①(青大豆)の色.

豆面 dòumiàn 　[儿]①=[豆粉][食]大豆粉:[黄 huáng 豆粉](きな粉)に同じ.[〜糕 gāo][食]米の粉を水でこねて蒸し,きな粉をまぶしつけた菓子.②えんどう・そら豆・緑豆などを原料にした粉:ふつう小麦粉と混ぜて使う.

豆苗(儿) dòumiáo(r) えんどうの若い葉と茎(野菜として用いられる)

豆末酱 dòumòjiàng [食]炒った黒豆を原料にした味噌.

豆奶 dòunǎi [食][豆浆]と牛乳また大豆粉と粉乳を混ぜて作った飲み物.

豆娘(子) dòuniáng(zi) [虫]イトトンボ.

豆皮儿 dòupír =[豆皮.[食]湖北の一品料理:[绿 lǜ 豆]と米を粉にして,これを皮に豚肉・卯を具にして油で揚げたもの.③北方人が南方人を罵る語.→[京 jīng 片儿][疙瘩皮儿]

豆剖瓜分 dòupōu guāfēn =[瓜剖豆分]〈喻〉(領土が)四分五裂になる.分割する(される).分け取りする(される).

豆萁 dòuqí 〈文〉豆がら.[煮 zhǔ 豆燃〜]豆を煮るのに豆がらを燃す.〈喩〉肉親や仲間同士で傷つけあう(曹植の七歩詩の故事に出る).[相煎 jiān]同前.→[七句步成诗]

豆青 dòuqīng ⇒[豆绿]

豆纸 dòuzhǐ 豆紙.[〜饭 fàn]豆入りご飯.[〜纸 zhǐ][旧便所紙.[〜大的官 guān]〈喩〉小役人.

豆蓉 dòuróng [食]大豆・緑豆・えんどうなどのさらし餡(あ).[〜月饼]えんどうの餡入り月饼(が).→[月 yuè 饼]

豆乳 dòurǔ ①⇒[豆浆] ②⇒[豆腐乳]

豆沙 dòushā [食]あずきなどのさらし餡.[〜包(子)][豆包(儿)](あずき餡の)まんじゅう.あんまん.[〜馅儿 xiànr](まんじゅう・パン類の)あずきの餡.[〜色][色]小豆色(の).[〜澄 dèng 沙]

豆薯 dòushǔ =〈方〉地瓜 dì guā]〈方〉凉 liáng 薯][沙 shā 葛][植]クズイモ:マメ科一年生蔓性草本.でんぷんを取る.茎・葉・種子は有毒で殺虫剤を作る.

豆条 dòutiáo やや太い針金.

豆馅儿 dòuxiànr 豆の餡(あ).

豆象 dòuxiàng [虫]マメゾウムシ(総称):マメ科植物の害虫.[蚕 cán 〜][绿 lǜ 〜][豌 wān 〜]などの種類がある.

豆选 dòuxuǎn [旧]解放区で用いた一種の選挙方式:投票用紙の代わりに豆などを用い,これを候補者の後ろに置いてある碗に入れる.

豆芽菜 dòuyácài 同下.

豆芽(儿) dòuyá(r) =[豆芽菜]豆もやし:ふつうは[绿 lǜ 豆](ぶんどう)のもやし[掐 qiā 菜]をいう.[黄 huáng 〜]大豆のもやし.[豆芽子]〈喻〉もやしっ子.

豆雁 dòuyàn [鳥]ヒシクイ.オオカリ:[大 dà 雁]①]は通称.

豆油 dòuyóu =[大 dà 豆油]大豆油.

豆渣 dòuzhā ⇒[豆腐渣]

豆汁(儿) dòuzhī(r) ①[食]春雨(はるさめ)(豆そうめん)を作る時にできる汁を発酵させて作る灰色で酸味のある北京独特の飲料. ②⇒[豆浆]

豆制品 dòuzhìpǐn 豆腐及びその再加工製品:[豆腐干][豆腐皮(儿)]など.→[豆腐]

豆粥 dòuzhōu =[豆入りおかゆ][豆儿粥]ともいう.[红豆](あずき)や[绿豆](緑豆)を加えて作ったおかゆ.

豆猪 dòuzhū 体内に囊虫(のうちゅう)が寄生した豚.

豆子 dòuzi ①豆類作物の種子(総称). ②豆状のもの.[狗 gǒu 〜]犬のダニ.=[字解(I)②]

豆嘴儿 dòuzuǐr [青 qīng 豆]①](青大豆)を水につけてふくらせ,やや芽の出かかったもの.→[豆芽(儿)]

[逗] dòu (I)①あやす.からかう.[〜孩子]子供をあやす.[把小孩儿〜乐 lè 了]子供をあやして笑わせた. ②=[斗]④]まねく.誘発する.じらす.[他拿话〜我]彼はいろいろ言っては気をひく.[这只猫爱〜人]この猫はよく人にじゃれる. ③〈方〉笑わせる.[〜你的]なんちゃって.冗談冗談! [这话真〜]この話はほんとにおもしろい.

(Ⅱ)①=[逗留する.→[逗留] ②⇒[读] ③〈姓〉逗

逗春牛 dòuchūnniú 立春の日に,牛に扮してその動作をする:トン states の風習.

逗点(儿) dòudiǎn(r) ⇒[逗号]

逗哏 dòugén [劇]①(漫才などで)おもしろおかしく笑わせる.=[逗笑 xiào 声]②[相 xiāng 声][漫才]のつっこみ役:[斗哏]とも書いた.内容をおもしろおかしく進めていく役.相づちを打って笑わせる[捧 pěng 哏]に対している.

逗号 dòuhào =[逗点(儿)][語]コンマ.カンマ:句読符号の",".→[标 biāo 点符号]

逗火 dòuhuǒ =[逗火](いやがる事をして)怒らせる.[成心逗人家的火]わざと人を怒らせる.

逗乐儿 dòulèr ⇒[逗笑儿]

逗留 dòuliú [逗遛]とも書いた.逗留する.滞在する.

逗闷子 dòumènzi 〈方〉(退屈しのぎに)ふざける：〔斗闷子〕とも書く.

逗鸟 dòuniǎo 小鳥の世話をして遊ぶ.

逗弄 dòunong かき回す.からかう.いたずらをする：〔斗弄〕とも書いた.〔他常～她〕彼はいつも彼女をからかっている.

逗气(儿) dòuqì(r) 怒らせる.怒るように仕向ける.→〔斗气②〕

逗趣儿 dòuqùr 笑わせる：〔斗趣儿〕とも書いた.

逗人 dòurén ふざける.からかう.〔他的各种～的姿态不时引起观众大笑〕彼のいろいろな人をおもしろがらせるジェスチャーはひっきりなしに観客の爆笑を引き起こした.

逗笑儿 dòuxiàor =〔方〕逗乐儿〕(おもしろおかしいことを言って)笑わせる：〔斗笑儿〕とも書いた.→〔开 kāi 玩笑〕

逗引 dòuyǐn あやす.たわむれる.からかって楽しむ.→〔勾 gōu 引〕

逗着玩(儿) dòuzhewán(r) からかって遊ぶ(おもしろがる).じゃれる.〔两只小猫直～〕子ねこが2匹しきりにじゃれている.

[饾·餖] dòu

饾版 dòubǎn 〈文〉伝統的な木版画印刷：〔木 mù 刻水印〕の旧称.

饾饤 dòudìng 〈文〉お飾り(で食べられない)食品.〈転〉飾りの字句の多い文章：〔饤饾〕ともいう.

[脰] dòu 〈文〉頸(ぶ).〔断 duàn～〕斬(ざ)首.〔莺 yīng～湖〕囮江蘇省にある.

[痘] dòu 囮①天然痘(ちょう).痘瘡(ちょうそう).疱(ちょう)瘡.〔水～〕水ぼうそう.②天然痘ワクチン：〔～苗〕(牛 niú～(苗))は通称.〔种 zhòng～〕種痘(をする).③同前の発疹.

痘瘢 dòubān [天然痘の]あばた：〔痘疤〕〔痘斑〕ともいう.→〔麻 má 子〕

痘疮 dòuchuāng [痘疹]〈口〉痘子〕[疱 pào 疮]〈口〉天 tiān 花 ②〕〔天 然 痘〕天 然 痘：〔花 huā 痘〕⑩は略称.

痘毒 dòudú 天然痘の毒.

痘痕 dòuhén ①あばた.②種痘の跡.

痘浆 dòujiāng 〈文〉疱(ょう)瘡.天然痘のうみ汁.

痘苗 dòumiáo ⇒〔牛 niú 痘②〕

痘母 dòumǔ ⇒〔痘神〕

痘皮儿 dòupír ⇒〔豆皮儿④〕〈口〉あばた.→〔痘瘢〕

痘神 dòushén =〔痘母〕(迷信上の)痘瘡(天然痘)の神様.

痘疹 dòuzhěn ⇒〔痘疮〕

痘子 dòuzi ⇒〔痘疮〕

[荳] dòu 地名用字.〔西～〕囮広西にある.

[酘] dòu 〈文〉複発酵させた酒.

[读·讀] dòu =[逗(II)②]〈文〉文中の短い息つぎのところ.〔句 jù～〕〈文〉句読は文の終わりのところの読み切りのところ.〔句逗〕とも書いた. → dú

[窦·竇] dòu ①〈文〉孔.穴.〔闭 bì 门塞 sè ～〕〈慣〉厳重に門を守って警備する.厳重に固める.②疑 yí ～〕疑点.疑惑.〔弊 bì ～〕(不正·汚職である)あな.→〔空 kòng 子 ①〕②生 理人体の器官のくぼみ.〔鼻 bí ～ 炎〕医鼻カタル.〔洞 dòng 结节〕洞房結節.③〔姓〕竇(ぎ)

---

du ㄉㄨ

[丟(毆)] dū (ペン先·指·棒で)軽く突く.点を打つ.〔～一个点儿〕同前.〔点 diǎn ～〕(チョンチョンと)つつくように点を打つ

[都(都)] dū ① 都(ざ).首都.〔建 jiàn ～〕都を建てる.〔首 shǒu～〕〔国 guó ～〕首都.②大都市.〔钢 gāng ～〕鉄鋼の都.〔煤 méi ～〕石炭の都.③旧行政組織：県と郷の間に置かれていた.④〔姓〕都(と) → dōu

都柏林 dūbólín 囲ダブリン：〔爱 ài 尔兰〕(アイルランド)の首都.

都布 dūbù 囲厚地の布の一種：広東の嶺南に産するものが有名.

都察院 dūcháyuàn 囲行政を監察する官庁名.→〔三 sán 法司〕

都城 dūchéng 都(ざ).首都.

都督 dūdu 囲官名.歴代その任務が異なる.古代は軍事長官.民国初年には各省に置かれた軍政長官.のち,〔将 jiāng 军〕〔督 dū 军〕〔督办②〕と改められた.

都会 dūhuì 都会.〔国际大～〕国際的な大都市.

都老爷 dūlǎoye 〈俗〉中国の大夫〕

都梁香 dūliángxiāng ⇒〔华 huá 泽兰〕

都料(匠) dūliào(jiàng) 〈文〉大工仕事全般の棟梁.

都门 dūmén 〈文〉都.

都市 dūshì 大都市.大都会.〔～题材电视剧〕劇トレンディーテレビドラマ.〔～生活〕都会生活.→〔城 chéng 市〕

都统 dūtǒng ①[唐][元 yuán 帅②]に次ぐ武官名.②清·大·中·小将にあたる武官名：〔正 zhèng ～〕〔副 fù ～〕〔协 xié ～〕があった.③囲熱河·綏遠·察哈爾の3地区に設けられていた長官.〔府 fǔ〕同前の特別行政官庁.

都头 dūtóu 囲軍官名.

都尉 dūwèi ①囲正三位から従四位までの武官.②〈故〉婿(ぜ).

都雅 dūyǎ 〈文〉優雅である.〔仪 yí 貌～〕容貌が美しく優雅である.

[阇·闍] dū 〈文〉城門上の台.〔～台 tái〕同前.→〔闇 yīn 阇〕 → shé

[嘟] dū ①〈口〉前へ突き出す.口をとがらす.〔她嘟着嘴 zuǐ,气得说不下去〕彼女は口をとがらせ,怒りのあまり物も言えない. ②→〔嘟嘟〕

嘟嘟 dūdū ①〈擬〉ブーブー.プーブー.〔喇 là 叭～响 xiǎng〕ラッパがブーブーと鳴る.〔汽 qì 车在～〕自動車がブーブーと鳴らしている. ②形容詞の後に置き,強調する.〔紧～的嘴巴〕ぎゅっと閉じた口. ③〈方〉うるさくしゃべる.ぐずぐずしゃべる.〔小孩和她瞎 xiā～〕子供が彼女にやたらに何やらしゃべりかける.

嘟噜 dūlu 〔嘟鲁〕とも書いた. ①量詞.つながりあってふさ(束)になっている物を数える.〔好儿葡 pú 萄〕幾房ものぶどう.〔手里提 tí 着一大～东西〕手に大きなひとかたまりの荷物をさげている.〔一大～钥 yào 匙〕大きな鍵束. ②ぶらりと下がる(下げる).〔脖 bó 子下边一branch 肉〕のどの下方に肉がぶらりと垂れている. ③〔一儿〕舌先やのどびこをブルルとふるわせる.〔打～〕同前.

嘟囔 dūnang =〔嘟哝〕ぶつぶつ言う.ひそひそ話す.〔嘟嘟囔囔〕〔嘟嘟哝哝〕同前の重畳形.〔嘴里不住

地~〕口の中でしきりにぶつぶつ言う.〔別~了,有什么好事说给大家听听〕ひそひそ話すでない,何か良い事があるのなら皆に話して聞かせなさい.→〔嘀咕〕

嘟哝 dūnong 同上.

〔尿(启)〕
〔督〕 dū [-儿,-子]〈方〉① 尻(ホ).② 蜂やさそりの毒針.
dū ① 監督する.監察する.〔監 jiān〕監督.②〈方〉せきたてる.促す.あおる.助長する.〔捕 bǔ 逃犯〕逃亡犯の逮捕を督励する.〔~着这批俘 fú 虏快走〕この捕虜の一隊をせきたてて早く行かせろ.〔把他的火儿给~上来了〕彼の怒りに油を注いだ.③〈姓〉督(ఒ).

督办 dūbàn ①=〔督理〕監督して処理する(またはその役目の人).②=〔都督〕
督标 dūbiāo 清〔总 zǒng 督①〕直属の軍隊.
督察 dūchá 監督視察する(役目の人).〔~警 jǐng〕警察内部の監査をする警察官.
督饬 dūchì 〈文〉監督命令する.
督促 dūcù =〔督促〕督促(する).催促(する).
督催 dūcuī 同上.
督导 dūdǎo 〈文〉監督指導する.②同前の人.
督抚 dūfǔ 清〔总 zǒng 督①〕と〔巡 xún 抚〕:〔大 dà 府②〕は別称.
督工 dūgōng ⇒〔监 jiān 工〕
督军 dūjūn →〔都督〕
督理 dūlǐ ⇒〔督办①〕
督励 dūlì 督励する.
督粮道 dūliángdào =〔粮道〕団 各省の糧米運送の役人.
督师 dūshī (軍の)采配を振る.指揮を取る.
督署 dūshǔ 清総督公署.→〔总 zǒng 督①〕
督率 dūshuài 〈文〉監督引率する.
督堂 dūtáng ⇒〔总 zǒng 督①〕
督宪 dūxiàn ⇒〔总 zǒng 督①〕
督学 dūxué 視学官:以前〔视 shì 学〕といった.〔张~〕張視学官.
督院 dūyuàn =〔总 zǒng 督①〕
督造 dūzào =〔督制〕〈文〉監督して作る(作らせる)
督责 dūzé 戒飭(サニン)する.勧告する.
督战 dūzhàn 戦闘を督励する.
督阵 dūzhèn 國戦場(現場)で指揮する.
督制 dūzhì ⇒〔督造〕

〔顿・頓〕 dú〔冒 mò ~〕匈奴(ॸ゚ッ)の〔单 chán 于〕(首長)の名.→ dùn

〔毒(毒)〕 dú ① 毒.有毒なもの.〔病 bìng ~〕ウィルス.〔消 xiāo ~〕消毒する.〔中 zhòng ~〕中毒する.② 麻薬:特にアヘン.〔贩~〕麻薬を販売する.〔~祸 huò〕〔~患 huàn〕麻薬・毒薬の災い.〔~魔 mó〕〔贩 fàn ~分子〕麻薬密売人.③ 害毒.〔~穴 xué〕麻薬犯のかくれが(ポ).〔~流〕流した害毒.④ 毒殺する.〔用药~老鼠〕ねずみを薬で殺す.⑤ 悪辣(タラ)である.残忍である.〔~誓 shì〕相手をだます悪辣な約束・言葉.〔意狠 hěn ~〕心が残忍で悪辣である.〔他们的心真是比蛇蝎 xiē 还~〕やつらの心は蛇や蝎(ネ゙)よりも残忍だ.⑥ どぎつい.〔~焰 yàn〕激しい炎.〔~咒 zhòu〕どぎつい呪い言葉(で呪う).〔太阳~得厉 lì 害了〕太陽がギラギラとどぎつい.

毒案 dú'àn 麻薬や覚醒剤などの事件.
毒八角 dúbājiǎo =〔莽 mǎng 草〕植 シキミ,またその種子.
毒扁豆 dúbiǎndòu 植 カラバルマメ:種子は有毒.〔~碱 jiǎn〕〔依 yī 色林〕薬サルチル酸エゼリン.サルチル酸フィゾスチグミン.

毒菜 dúcài 残留農薬のある生野菜.
毒草 dúcǎo ① 毒のある草.②〈喩〉有害な言論や作品.〔~戏 xì〕同前の劇.〔大~〕同前の程度のひどいもの.→〔香 xiāng 花②〕
毒虫 dúchóng 毒虫.
毒疮 dúchuāng 〈方〉毒(化濃)をもったおでき.
毒刺 dúcì (蜂などの)毒針.
毒打 dúdǎ ぶん殴る.ぶちのめす.
毒蛾 dú'é 囮 ドクガ.
毒饵 dú'ěr 毒を入れたえさ.
毒犯 dúfàn 麻薬の製造・運搬・販売に係る犯人.
毒販 dúfàn 麻薬の売人.
毒害 dúhài ① 毒殺する.② ひどい手段で人に害(損害)を与える.またその害.〔~人心〕人心に害毒を与える.
毒狠 dúhěn 残酷である.あくどい.
毒花花 dúhuāhuā ① 激しく照りつけるさま.〔~的太阳〕ギラギラと照りつける太陽.②(色や模様が)どぎついさま.→〔花花〕
毒化 dúhuà ①〔宣传反动思想~人民〕反動思想を宣伝して良民を毒する.②(社会や関係などを)悪化させる.〔~两国间的关系〕両国間の関係を悪化させる.
毒蝮 dúhuǐ 國蝮(fǔ 蛇)(マムシ)の一種.
毒卉 dúhuì =〔罂 yīng 粟〕(ケシ)の別称.
毒火 dúhuǒ ⇒〔毒日〕
毒计 dújì 悪辣(クペ)な計画.
毒剂 dújì 团毒ガス.化学兵器.→〔毒气①〕
毒菌 dújūn 有毒菌類.〔~碱 jiǎn〕薬ムスカリン・アマニチンなどの有毒塩基(総称)
毒辣 dúlà 悪辣(タヘ)である.〔~的手 shǒu 段〕悪辣な手段.
毒瘤 dúliú ⇒〔悪è性肿瘤〕
毒骂 dúmà ひどく罵る.
毒麦 dúmài 囮 ドクムギ.
毒毛旋花素 dúmáo xuánhuāsù ストロファンチン.
毒谋 dúmóu 陰険邪悪な計略.
毒品 dúpǐn 麻薬・覚醒剤:アヘン・モルヒネ・コカイン・大麻・エフェドリン・MDMAなどの毒物.
毒气 dúqì ① 毒ガス:〈音義訳〉毒瓦斯ともいった.〔~弹 dàn〕〔毒気弾〕〈音義訳〉毒 wǎ 斯弹〕毒ガス弾.〔~面罩 zhàn〕〔~面具〕ガスマスク.〔~战〕毒ガス戦.② 有毒な気体.
毒芹 dúqín =〔芹叶钩吻〕植 ドクゼリ(オオゼリ)
毒区 dúqū 〈口〉毒ガス・放射能・化学薬品などの汚染地域.
毒热 dúrè 猛烈に暑い.
毒日 dúrì =〔毒火〕〈文〉強烈な日光:〈口〉~头ともいう.
毒杀 dúshā 〈毒殺〕
毒砂 dúshā 國硫砒鉄鉱:〔砷 shēn 黄铁矿〕ともいう.ヒ素の製造原料.
毒杀芬 dúshāfēn 薬トキサフェン.オクタクロルカンフェン.
毒舌 dúshé 〈文〉話に毒があること.
毒蛇 dúshé ①〔動 毒蛇.〔~猛兽〕〈喩〉人民に害を与える暴虐な悪人.②〈喩〉悪人:多く女性を指す.〔你这条~,我饶 ráo 不了你〕この悪女め,容赦しないぞ.
毒食 dúshí 有害食品.汚染食料.
毒手 dúshǒu 残酷な仕打ち.悪辣なやりくち.〔下~〕同前を下す.→〔毒 yīn 手〕
毒死 dúsǐ =〔毒杀〕毒殺する.毒で死ぬ.
毒素 dúsù ①薬毒素.トキシン.→〔类 lèi 毒素〕

②〈喩〉有害な物.〔清除封建～〕封建的な悪い考えを一掃する.

毒瓦斯 dúwǎsī ⇒〔毒气①〕

毒丸 dúwán 〔薬〕アヘン・モルヒネなどの麻薬を主剤とする丸薬.〔～计划〕〔股 gǔ 权摊薄反收购措施〕〔経〕ポイズンピル:敵対的買収への対抗策の一.

毒物 dúwù 毒物.有毒物質.

毒腺 dúxiàn 〔動〕毒腺:毒を分泌する外分泌腺の総称.蛇では牙の基に,サソリは尾にある.

毒枭 dúxiāo 〔口〕麻薬売人(の元締め)

毒刑 dúxíng 苛酷な체刑·体罰.

毒性 dúxìng 毒性(の).〔致 zhì 命的～〕致命的な毒性.

毒蕈 dúxùn 毒きのこ(総称):〔口〕毒蘑 mó 菇ともいう.〔毒蝇 yíng 蕈〕ベニテングタケ.

毒牙 dúyá (毒蛇の)毒牙.

毒药 dúyào 毒薬.

毒液 dúyè 毒液.

毒瘾 dúyǐn 麻薬中毒.〔染 rǎn 上～〕同前になる.

毒鲉 dúyóu 〔魚〕オニダルマオコゼ(総称).〔玫 méi 瑰毒鲉〕オニダルマオコゼ.→〔鲉〕

毒鱼 dúyú ①毒をもつ魚. ②毒物を水に投じて魚を捕る.

毒鱼子 dúyúzǐ ⇒〔巴豆 dòu〕

毒月 dúyuè 旧暦5月の俗称.

毒瘴 dúzhàng 〔瘴气〕

毒着儿 dúzhāor 〔毒招儿〕ともいう.陰険悪辣な手段(やりくち).〔他竟 jìng 使了～〕彼は意外に陰険なやりくちを用いた.

毒汁 dúzhī ①(動·植物の)毒汁. ②〈喩〉毒のある(悪意のある)言葉·文章.

毒质 dúzhì 有毒の物質.

毒资 dúzī 麻薬販売での収入·資金. ①麻薬を買う金.

〔独·獨〕dú

①ひとり.ひとつ.単独.〔～木桥〕丸木橋.〔孤 gū ～〕孤独. ②ただ(ただ一人)…だけ.〔～对 duì〕二人だけで向かい合う.〔大家都去,唯～他不去〕皆行くのに,ただひとり彼だけは行かない.〔不～…〕…であるのみならず. ③老いて子のない者.〔鳏 guān 寡孤～〕よるべのない·者. ④かたくなである.手前勝手である.〔她很~〕彼女はわがままだ. ⑤〈姓〉独(どく)

独霸 dúbà 制覇する.独占する.〔～世界〕世界に覇をとなえる.

独白 dúbái 〔劇〕独白(する).モノローグ(でやる)

独步 dúbù 〈文〉①一人で行く. ②第一人者となる.〔～当时〕〈成〉一時世にきわめて高くこと.

独步春 dúbùchūn 〔トキンイバラ〕

独裁 dúcái 独裁する.〔～者 zhě〕独裁者.

独唱 dúchàng 〔団〕独唱(する).ソロ(で歌う).→〔合 hé 唱〕

独出心裁 dúchū xīncái 〈成〉独創的な考え(考案)を出す.→〔别 bié 出心裁〕

独处 dúchǔ 独居する.

独创 dúchuàng 独自に創りだす.〔～性〕独創性.創作力.

独胆英雄 dúdǎn yīngxióng 〈成〉非常に大胆で勇敢な人.

独当一面 dú dāng yīmiàn 〈成〉ある範囲(分野)を一人で切り回す.一人立ちで仕事をする.

独到 dúdào 〔～的〕独自の優れたものである.〔有～之处 chù〕〔他~的見解〕独自の優れた点がある.〔这是他~的見解〕これが彼独自の見解だ.

独斗 dúdǒu ⇒〔单 dān 单〕

独断 dúduàn 独断(する).〔~行 xíng〕〔～专行〕〈成〉独断専行する.

独峰驼 dúfēngtuó 〔動〕ヒトコブラクダ:〔单 dān 峰驼〕ともいう.→〔双 shuāng 峰驼〕

独夫 dúfū 〈文〉人心を失った孤独者.〈喩〉暴君.〔～民贼 zéi〕〈成〉暴君であり,民を賊するものである.

独根孤种 dúgēn gūzhǒng 〈成〉天涯孤独のさま.

独根女 dúgēnnǚ ⇒〔独生女〕

独根儿 dúgēnr ⇒〔独生子〕

独孤 dúgū 〈姓〉独孤(どく)

独轨(电)车 dúguǐ (diàn)chē →〔单 dān 轨(电)车〕

独害 dúhài 〈方〉孤独を好み人と付き合うことをしないこと.〔他太~了,交不着 zháo 朋友〕彼は引きこもってばかりいるので,友達ができない.

独活 dúhuó ①〔长 cháng 生草②〕〔植〕①セリ科シシウド,またその近縁種. ②⇒〔土 tǔ 当归①〕ウコギ科ウド:①②ともに根·根茎を薬用する.

独吉 dújí 〈姓〉独吉(どく)

独家 dújiā 自家独持の().一軒だけ(の).〔～采访〕独占取材.〔～代理〕総代理店.総代理店.独占代理店.〔～经营〕一手販売.独占経営.〔～披 pī 露〕スクープ発表.〔～新 xīn 闻〕独占ニュース.特種(種).〔～赞助〕単独賛賞.

独脚蜂 dújiǎofēng 〔虫〕キバチ(樹蜂)

独脚莲膏 dújiǎolián gāo 〔中医〕サトイモ科の植物独脚蓮の根から作った膏薬:毒蛇·毒虫などの傷につける.

独角戏 dújiǎoxì 〔独脚戏〕ともいう.〔独唱〕①=〔单 dān 边戏〕一人芝居.〔独唱〕〈喩〉相手なしではけんかもできない.〔唱 chàng ～〕〈喩〉自分勝手にやる.②〔滑 huá 稽②〕

独角仙 dújiǎoxiān 〔虫〕カブトムシ(の雄):〔双 shuāng 叉犀金龟〕〔紫 zǐ 蜣螂〕ともいう.

独居 dújū ①一人暮らし(をする). ②唯一特別の場を占める.〔～公寓〕ワンルームマンション.

独居石 dújūshí 〔鉱〕モナズ石:トリウムの鉱石.

独具 dújù 独自にもつ.

独具慧眼 dújù huìyǎn 〈成〉非凡な観察眼あるいは見識を持つ:〔独具只眼〕に同じ.

独具匠心 dújù jiàngxīn 〈成〉(学芸·工芸の構想が)独自の境地に至っている.

独具一格 dújù yīgé 〈成〉独自の風格をそなえる.

独具只眼 dújù zhīyǎn 〈成〉独自のすぐれた観察眼あるいは見識を持つ:〔只眼〕は〔大自在天〕(ヒンドゥー教のシヴァ神)の額にある第三の目.

独绝 dújué 抜きん出る.〔天下~〕天下にすぐれている.

独揽 dúlǎn 独占する.〔～大权 quán〕〔大权~〕〈成〉権力を一手に握る.

独乐 dúlè ⇒〔陀 tuó 螺〕

独力 dúlì 独力(で).自力(で).〔～经营〕自力で経営する.〔～难行〕独力ではやり難い.

独立 dúlì ①独立(する).〔～国 guó〕独立国.〔～王国〕中央·上部の関与を許さないテリトリー.〔～性〕独立性.自力性.〔～自主〕(国家·民族·政党など)独立自主. ②一人立ちする.〔～工作〕一人立ちで仕事をする.〔能～工作了〕独力で仕事ができるようになった.〔～思考〕自分で考える.〔～董 dǒng 事〕〔経〕社外取締役.〔～核算制〕独立採算制. ③国家,地方,直上組織の統制を飛び越えて更に上級組織に属するもの.〔～旅 lǚ〕独立旅団.〔～师 shī〕独立師団.

独立国家联合体 dúlì guójiā liánhétǐ 独立国家連合体:〔独联体〕(CIS)は略称.〔苏 sū 联〕(ソ連)解体後に形成された国家連合体.

独立卡盘 dúlì qiǎpán →〔单 dān 动(独立)卡盘〕〔機〕インデペンデントチャック:〔独立单动卡盘〕ともいう.

dú 独读

独利则败 dúlì zé bài 〈成〉利益を一人占めにしようとすれば必ず失敗する.

独联体 dúliántǐ〔独立国家联合体〕の略.

独领风骚 dúlǐng fēngsāo〈成〉流行をリードする.一人風騒を独占する.

独龙族 dúlóngzú トールン族:中国少数民族の一,雲南省西北部に居住する.→〔俅 qiú ②〕

独轮车 dúlúnchē ①〔手押しの一輪車:〔小 xiǎo 车 ①〕に同じ.〔独木轮小车〕木造の一輪車. ②〔ス〕一輪車.

独门独院 dúmén dúyuàn 庭つき一戸建で:(他人と共同でなく)門も庭も別々になった(独立の)家.庭がない場合は〔独门独户〕という.

独门(儿) dúmén(r) ①自家独特の秘伝.お家芸.〔一方子〕家伝の処方.〔~热 rè 货〕独占的人気商品.〔这种药是他的~〕この種の薬はあの一軒だけだ(他では売っていない). →〔独门独院〕

独苗(儿) dúmiáo(r) 一粒種.特に一人息子:〔独苗儿〕ともいう.

独木 dúmù 1本の木.〔~舟 zhōu〕丸木舟.〔不成林〕〔独树 shù 不成林〕〔諺〕1本の木では林にならない.〈喩〉一人の力では何もできない.

独幕剧 dúmùjù 〔一幕物. →〔多幕 duō 幕剧〕

独木难支 dúmù nánzhī〈成〉1本の木では(倒れそうな)大きな建物を支える事ができない.一人では頽(き)勢を挽回したり大局を支えることはできない.〔一 yī 木难支〕ともいう.→〔孤 gū 掌难鸣〕

独木桥 dúmùqiáo ①丸木橋. ②〈喩〉険しい道.〔我走我的~〕自分勝手にやる. →〔阳 yáng 关大道〕

独女 dúnǚ ⇒〔独生女〕

独辟蹊径 dúpì xījìng〈成〉独自の道をひらく.〈喩〉新しい風格・機軸・方法を独創すること:〔蹊〕は〔新〕ともいう.

独任制 dúrènzhì〔法〕単独審議制. →〔合 hé 议制〕

独擅 dúshàn 一人占める.〔~胜 shèng 场〕〈成〉独壇(ぜ)場.独壇場.一人舞台.匹敵する者なし.

独善其身 dúshàn qíshēn〈成〉自分の事ばかり考え,人を顧みない態度.

独身 dúshēn ①独身.ひとり者.〔~主 zhǔ 义〕独身主義. ②単身(で).〔十几年~在外〕一人〈~〔独根女〕と十何年も旅の空で暮らす.

独生 dúshēng 一人っ子.〔~女〕〔独女〕に同じ.〔~子 zǐ〕〔方〕〔独根儿〕一人息子.(男の)一粒種.〔独子〕に同じ.〔~子女〕一人っ子証明書.〔~子 zhèng〕一人っ子証明書.

独胜一筹 dúshèng yīchóu〈成〉人よりアイディアにすぐれている.

独树一帜 dúshù yīzhì〈成〉別に一派をなす(たて).→〔别 bié 树一帜〕に同じ.

独他尔 dútā'er 〔ドュタール:ウイグル族の弦楽器.2弦.→〔丹 dān 不尔〕

独台戏 dútáixì〔一〕(雑技で)一人で各種の芸をやること.→〔独角戏①〕

独特 dútè 独特である.特有である.〔~的风格〕ユニークな風格.

独体 dútǐ ①単体.固体.〔~别墅 shù〕一戸建別荘.〔②〕〔単〕〔単 dān 体字〕ともいう.〔日〕〔我〕〔木〕など. →〔合 hé 体字〕

独挑儿 dútiāor 〈喩〉一人だけで受け持つ.一人きりで芸等をやる.→〔独角戏①〕

独(头)蒜 dú(tóu)suàn 球茎がひと塊となっているニンニク.

独吞 dútūn (利益を)一人占めする.

独往独来 dúwǎng dúlái〔独来独往〕ともいう.〈成〉①思うままに行動する.思うままに遊び歩く.

②他人と付き合わない.〔他这个人就是~〕あの人は誰とでも付き合わない.

独舞 dúwǔ 独演舞踊.ソロダンス.→〔独角舞〕〔单 dān 人舞〕ともいう.

独弦琴 dúxiánqín 〔一弦琴:〔京 jīng 族②〕の伝統楽器.→〔瓢 piáo 琴〕ともいう.

独享 dúxiǎng 一人だけで享受する.〔~利 lì 权〕〈喩〉利権を独占する.〔~其惠 huì〕〈成〉恩恵を一人占めする.

独行 dúxíng ①一人で道を行く.〔~其是〕〔自行其是〕〈成〉自分の考えどおりに行う. ②〈文〉世俗に流されないで孤高を守る.

独眼(儿)龙 dúyǎn(r)lóng 片目の人.独眼竜.

独养 dúyǎng 一人っ子の.〔~女儿〕一人娘. →〔独生〕

独一份儿 dúyīfènr 他にない存在.〔这个文文雅雅的态度,在邦家是~〕〔~的(老·四·惶 4)〕そのおっとりした態度は祁家では唯一の存在である.

独一个儿 dúyīgèr ①たった一つの(他にない)もの. ②→〔划 huá 拳②〕

独一无二 dúyī wú'èr〈成〉唯一無二.他に類がない.

独吟 dúyín 独吟.

独有 dúyǒu ①一人持っている.〔~的风格〕同前の風格.〔~钟情〕愛情を独占する. ②ただ,…だけ

独语句 dúyǔjù 〔一語文:〔独词句〕ともいう.〔谁?〕だれ.〔我〕僕に.

独院儿 dúyuànr 一戸建の家. →〔杂 zá 院儿〕

独占 dúzhàn 独占する.〔~资 zī 本〕〔垄 lǒng 断资本〕独占资本.

独占鳌头 dúzhàn áotóu〈成〉科挙の試験に〔状 zhuàng 元①〕(首席)で合格する:同前の者だけが皇宫の石段に刻まれた大亀の頭の浮き彫りを踏むことが許された.〈転〉一番になる.首位になる.

独住 dúzhù 一人住まい(する)

独酌 dúzhuó〈文〉独酌(する)

独资 dúzī 〔単独投資.100パーセント出資.自己資本:〔合 hé 资〕に対していう.〔~经 jīng 营〕同前で経営する.

独子 dúzǐ ⇒〔独生子〕

独自 dúzì 自分一人(で).〔~一人〕一人だけ(で).〔~决定〕自分一人で決める.〔~个(儿)〕一人で.

独奏 dúzòu 〔自〕独奏(する).〔~曲 qǔ〕独奏曲. →〔合 hé 奏〕〔协 xié 奏〕

独坐不神 dúzuòr →〔门 mén 神〕

[读・讀]

dú ①音読する.朗読する.〔朗 lǎng ~〕朗読する.〔他把报~给大家听〕彼は新聞を皆に読んで聞かせる. ②読書する.勉学する. 〔本报~者〕本紙の購読者.〔~博 bó〕博士課程で学ぶ.〔学习这种文件,还要精~〕この種の文書を学ぶにはもっと精読すべきだ.〔他入~了两年小学〕彼は小学校で2年学んだだけだ.〔他在大学~法律〕彼は大学で法律をやっている. ③読み取る.〔~视图〕 ④〈文字〉…と発音する.〔~音 yīn 平〕第1声に読む.→〔读破〕〔念 niàn (Ⅱ)①〕 → dòu

读报 dúbào 新聞を読んで皆に聞かせる.〔~员 yuán〕(1)農村・工場などで同前をする人.〔~组 zǔ〕同前のグループ.

读本 dúběn 読(k)本.教科書.国語・文学・外国語などの読物.

读出 dúchū 〔电算〕読み出し.〔~装 zhuāng 置〕〔~器 qì〕リーダーユニット.

读法 dúfǎ (書物や文章・文字をどのように読むべきかという)読み方.

读后感 dúhòugǎn 読後感.
读画 dúhuà 絵画を鑑賞する.
读经 dújīng 儒学の経典を読む.
读卡器 dúkǎqì =[卡片阅读机][卡片读出器]カードリーダー.カードアダプター.

读礼 dúlǐ 〈文〉父母の喪に服する:旧時,父母の喪中にある人は,ひたすら『礼記』の喪祭に関するところだけを読んだ.
读秒 dúmiǎo 秒読み(する).カウントダウン(する).[进入了最后一阶段]最終の段階に入った.

读破 dúpò 圓(漢字)の通常の読みでない音で読む:例えば[喜好]の[好]を hǎo と読まず hào と読むこと.その音を[破读]という.
读破句 dúpòjù ⇒[破句]
读如 dúrú 同下.
读若 dúruò 圓読若(どくじゃく):古代,漢字を注音する方法.…の如く読むの意.[反 fǎn 切]以前の注音法.[读如]ともいう.
读书 dúshū ①(音読・黙読で)本を読む.読書する.[~法][~破万卷 juàn]万巻の書を読む.②(学校で)勉学する.[读过两年书]2,3年勉学したことがある.[~做官论]勉強するのは将来役人(指導者)になるためだったという考え方.[~无用论]勉強しても何物も得られないという考え方.→[念 niàn 书]
读书班 dúshūbān 現場幹部を集中的に文献学習させる臨時の組織.
读书人 dúshūrén ①学者.学問のある人.インテリ.→[知 zhī 识分子] ②学生.
读书三到 dúshū sāndào 〈成〉書を読むには[心到,眼到,口到](心・眼・口で会得する)の"三到"が必要である.
读书亡羊 dúshū wángyáng 〈成〉書物を読んでいて,飼っていた羊を見失ってしまう.〈喩〉一つのことに気をとられて他がおろそかになる.
读数 dúshù (計器の針,または水銀柱などの)目盛り数.示度.[~器]読み取り機.
读死书 dúsǐshū 〈喩〉乱読する.丸暗記する.棒暗記する.
读图 dútú 設計図を読み取る(解釈する)
读为 dúwéi ある漢字の音となす:古代,ある字を類似の音の別の字によって音と義を表すこと.
读物 dúwù 読み物.[科学~]科学的読み物.
读训 dúxùn 読書教育.書物の詰めこみ教育.
读研 dúyán 大学院の院生として学ぶ:[硕 shuò 士研究生][博 bó 士研究生]になる.
读音 dúyīn 圓①文字の発音:[字 zì 音①]に同じ.[统 tǒng 一~]字音を統一する. ②(字の)読書音:古典や文語文を読むとき用いる特定の読み方.
读者 dúzhě 読者.[~信箱]読者投書欄.[~来信]読者の投書.[~文摘 zhāi]読者用のダイジェスト.

[渎・瀆(瀆)] dú (I)[瀆(瀆)]=[黷②]〈文〉みだりにする.[有~清神]〈牘〉お心をお煩わせる.[亵 xiè ~]汚す.[冒 mào ~]冒瀆する.
(II)[瀆]〈文〉①水.路.水.水溝.[沟 gōu ~]同前.②大河.[~宗 zōng]黄河の別称.[四 sì ~]古代,[长 cháng 江][黄 huáng 河①][淮 huái 河][济 jǐ 水]の4大河をいう.

渎烦 dúfán [牘]心を煩わせる:[渎琐 suǒ]ともいう.[~清 qīng 神]ご心配をかける.→字解(I)
渎犯 dúfàn 〈文〉冒瀆される.
渎恳 dúkěn [牘]失礼ながらお願いする.[冒 mào 昧~]突然にして失礼ながらお願いする.
渎职 dúzhí [瀆]職(をする).[~行 xíng 为]汚職行為.

dú~dǔ

為.

[椟・櫝(匵)] dú 〈文〉①ひつ.函棺. ②同前に入れる.

[殰・殰] dú 〈文〉胎児が出生前に母体内で死ぬこと.

[犊・犢] dú ①[-子]子牛.[轭]子供.(して嫁ぐ).[护 hù ~子]〈喻〉自分の子を偏愛する.[~不畏 wèi 虎]初生的牛~不怕虎][初生(之)~子不怕虎]〈諺〉産まれたばかりの小牛は虎をも恐れない.[老牛舐 shì ~]〈舐~情深〉〈成〉親が子を非常にかわいがる. ②(姓)犢.

[牍・牘] dú 〈文〉①木簡:古代,文字を刻すのに用いた木片.[札 zhá][①]に同じ.→[简 jiǎn ~][椠 qiàn ①] ②旧特殊な文体・用語の公文書・書簡の類.[尺 chǐ ~](文語体)の書簡文.[商 shāng 业尺~]商業通信文.[文 wén ~]文書.[信 xìn ~]書信. ③書籍.

[讟・讟] dú 〈文〉うらみ言.

[黩・黷] dú 〈文〉①軽率である.忒(tè)にする. ②⇒[渎(I)] 武力を用いる:战争を好む. ②⇒[渎(I)]

[髑(髑)] dú [~髅 lóu]〈文〉どくろ.しゃれこうべ.

[肚] dǔ [~儿](料理用の)家畜(豚・牛・羊など)の胃.[羊 yáng ~]羊の同前.[猪 zhū ~]豚の同前.[下水 xiàshuǐ]→ dù
肚仁儿 dǔrénr (料理用の)家畜の胃の厚い部分.
肚丝儿 dǔsīr (料理用の)家畜の胃袋を細切りにしたもの.
肚子 dǔzi 料理用の)豚・牛・羊などの胃.[羊~]羊の胃.→字解;dùzi

[笃・篤] dǔ ①〈文〉手厚い.ゆるがない.[~牢 láo]堅実である.[信心甚 shèn ~]信念が非常に固い. ②〈文〉病気が重い.[~疾 jí][病 bìng ~]同前.[~剧 jù]危篤. ③〈文〉はなはだしい. ④(姓)篤.
笃爱 dǔ'ài 深く愛する(こと)
笃诚 dǔchéng ⇒[笃厚]
笃定 dǔdìng 〈方〉①落ち着いている. ②きっと.必ず.[~泰 tài 山]〈慣〉確実でまちがいがない.
笃厚 dǔhòu =[笃诚]人情に厚く誠実である.親切で正直である.
笃深 dǔshēn 人情に厚い.
笃实 dǔshí ①真心が厚く親切である. ②てらいがない.真実である.[他的学问很~]彼の学問は充実している.
笃守 dǔshǒu 誠実に守る.
笃信 dǔxìn 深く信ずる.
笃行 dǔxíng 〈文〉篤行.誠実な行い.
笃学 dǔxué 〈文〉熱心に学問に励む.
笃悠悠 dǔyōuyōu [笃幽幽]とも書く.ゆったくりさま.
笃志 dǔzhì 〈文〉専念する.

[堵(堵)] dǔ ①塞(さ)ぐ.防き止める.[~漏 lòu]漏れを防ぐ.[~老鼠洞]ねずみの穴をふさぐ.[一在里头]中に詰め込む.中をふさぐ.[~挡 dǎng 风沙的袭击]風と砂ぼこりの襲撃を食い止める.[~复缺口]決壊場所を埋め復旧する.[~不住不爱的嘴]人々の口をふさぐことはできない. ②気がふさぐ.不愉快である.気がめいる.[心里~得难受]とても気がふさぐ(やりきれない). ③〈文〉壁.塀.[观 guān 者如~]見物人がぐるりととり巻いている. ④量詞.垣(fén)・塀(bì)を数

堵被窝儿 dǔbèiwōr〔口〕起床前に行く.寝込みに押しかける.→[堵窝儿掏]

堵车 dǔchē（自動車が）渋滞する：〔〈方〉塞 sāi 车〕に同じ.

堵击 dǔjī 迎撃する.要撃する.

堵截 dǔjié 遮って通さない.せき止める.〔～敌人的退路〕敵の退路を絶つ.

堵窟窿 dǔkūlong 穴を埋める.〈転〉借金を返す.〔这钱先别胡花,留着～吧〕この金はやたらに使わないで,とっておいて借金の穴埋めにしろ.

堵漏(洞) dǔlòu(dòng) ①もれる穴をふさぐ. ②不足を補う.穴埋めする.〔～雨 yǔ〕〈喩〉長雨.

堵卡 dǔqiǎ 検問する.

堵搡 dǔsang ＝〔〈方〉堵嘈〕〈方〉口答えしてたてつく.〔我好心劝他,他反倒～我〕わたしが好意で忠告しているのに彼は反対にわたしにくってかかる.

堵塞 dǔsè ふさぐ.せきとめる.埋める.〔交通～〕交通渋滞.〔～工作中的漏 lòu 洞〕仕事の落(ぉ)ちをうめる.

堵死 dǔsǐ ①塞(ふさ)ぎきる.しめきる.〔这间屋子要～〕この部屋は（壁を張って）しめきってしまおう. ②詰まって役にたたなくなる.詰まって通らなくなる.〔烟囱 cōng 被煤烟子～〕煙突が石炭のすすで詰まって役にたたなくなる.

堵窝儿掏 dǔwōrtāo〔方〕巣で取り押さえる.袋のねずみにして捕らえる.〔过了时候不来,我可～你去〕時刻が過ぎても来なければ家に乗り込んで捕らえに行くぞ.→[堵被窝儿]

堵心 dǔxīn 気がふさぐ.不愉快である.

堵嘈 dǔyē ⇒[堵搡]

堵源截流 dǔyuán jiéliú〔成〕根源を断ち切る.

堵嘴 dǔzuǐ ①口止めする.他人の発言をおさえる.②（言葉に窮して）口をつぐむ.

〔赌・賭〕dǔ ①賭け事(をする).ばくち(をする).〔久 jiǔ ～无胜家〕〔常〕～神仙输〕ばくちを続けていればどんな人でもいつかは負けるものだ.〔十人九骗 piàn〕ばくちをする者は10人に9人まではかたりをするものだ.〔～石〕(宝石などの)原石の投機買いをする.〔～马〕馬券を買う.競馬をする.〔～牌 pái〕賭けマージャン・トランプをする.〔～片 piàn〕ギャンブル映画.〔设～抽头〕賭場を開いて寺銭を取る. ②勝負をする.〔打 dǎ ～〕同前.〔我说这次的锦 jǐn 标一定是我们的,你敢跟我～吗〕今度の優勝はきっとぼくたちのものだ,それでも勝負する気かね.〔～一个输赢〕勝負をかける. ③〔方〕しっかり…する.負けまいと…する.〔～一～看！〕しっかりやってごらん.〔～眼力瞧〕しっかり目を見張って見る.〔偏 piān 要跟他们～一口气〕意地になって彼らと張り合っていこうとする.

赌案 dǔ'àn 法賭博事件.

赌本 dǔběn 賭博の資金.ばくちの元手.〈喩〉冒険する際の拠り所.

赌博 dǔbó ばくち.賭博.ギャンブル.〔博局①〕ともいう.〔～罪 zuì〕法賭博罪.〔政治～〕政治的賭け.

赌场 dǔchǎng カジノ.賭博場.〔～无父子〕〈慣〉ばくち場では親も子も関係ない.

赌城 dǔchéng ギャンブル都市.カジノ都市.

赌筹 dǔchóu 点棒:マージャンなどの数とりに使う細いへら状の竹片.〔～码(儿)①〕

赌点 dǔdiǎn (非公然の)賭け事.

赌东(道) dǔdōng(dào) 飲食を賭ける:賭け事に負けた人がおごること.〔赌个酒东儿〕(紅75)一杯やるのを賭ける.〔要是…的话,保管你输 shū のだのを賭けるとなれば,おまえが負けるのは請け合い

だ.→[做 zuò 东]

赌犯 dǔfàn 賭博犯.

赌风 dǔfēng ギャンブルの風潮.ばくちを容認する気風.

赌鬼 dǔguǐ ばくち常習者.→[赌徒]

赌棍 dǔgùn プロギャンブラー.賭博打ち(職業的).

赌伙 dǔhuǒ ＝[赌友(儿)]ばくち仲間.

赌局 dǔjú 賭博場.

赌具 dǔjù 賭博道具.

赌客 dǔkè 賭博客.

赌口齿 dǔkǒuchǐ 〈喩〉口論する.

赌窟 dǔkū ⇒[赌窝]

赌媒 dǔméi (賭博場の)さいころ振り.ディーラー.

赌癖 dǔpǐ ⇒[赌瘾]

赌品 dǔpǐn 〔文〕賭けっぷり.

赌气 dǔqì ①むかっとする(とした気持ち).〔～～走了〕かっとなって行ってしまった.〔～不管了〕むかっとしてほっぽらかしてしまう. ②意固地になる(なって…する).〔开～车 chē〕やけになって暴走運転する.〈喩〉かっとなって突っ走る.〔他挨 ái 了批评,～不吃饭,不睡觉要把活儿赶出来〕彼は人から欠点をあげられて,意固地になって食事もせず寝もせずに,仕事を大急ぎでやってしまおうとしている.

赌钱 dǔqián ばくちをする.

赌球 dǔqiú スポーツ賭博(サッカー試合などを対象とする).〔打～〕同前のをやる.

赌誓 dǔshì 誓いをたてる.

赌摊 dǔtān 移動式の賭博場.

赌头 dǔtóu ①賭ける品物.〔胴取(どうとり)〕②胴元.

赌徒 dǔtú 〔赌瘾〕ばくち好き.ギャンブル好き.→[赌鬼]

赌窝 dǔwō ＝[赌窟]賭博の巣窟(そうくつ).ばくち場.

赌瘾 dǔyǐn ばくち癖.ギャンブル中毒.

赌友(儿) dǔyǒu(r) ⇒[赌伙]

赌债 dǔzhài ばくちの借金.

赌帐 dǔzhàng ①同上. ②賭博上の勘定.

赌咒 dǔzhòu 神かけて誓う.

赌注 dǔzhù ①賭ける金.賭け物:ばくちの元手.かた.〔他所下的～输得一干二净〕彼は賭け金をすっかりかんにんしてしまった. ②〈喩〉冒険心.冒険への行動力.

赌庄 dǔzhuāng 賭博場.〔地下～〕違法カジノ.

赌资 dǔzī 賭博ではる金.元手.

〔睹(覩)〕dǔ 〔这是我亲眼目～的〕これはわたしがしかと(ちゃんと)この目で見たことだ.〔有目共～〕皆がちゃんと見ている.〔熟 shú 视不～〕見て見ぬふりをする.〔耳闻目～〕耳で聞き,目で見る.

睹物伤情 dǔwù shāngqíng〔成〕ゆかりの物を見て悲しい気持ちになる.

睹物生情 dǔwù shēngqíng〔成〕物を見ると懐しく思われる.

睹物思人 dǔwù sīrén〔成〕(その人にゆかりのある)物を見るとその人のことを思い出す.

〔茳〕dù 〔茳 jiāng ～〕植シチトウイ(七島藺).リュウキュウイ.

〔杜(殬)〕dù （Ⅰ）〔杜(殬)〕〔文〕ふさぎ止める.しめる.〔～绝流弊 bì〕長い間の弊害を根絶する.〔～塞 sè〕源を絶つ.〔以～奸宄 jiānguǐ〕これによって悪人を絶滅させる.

（Ⅱ）〔杜〕⑥〔杜梨〕ヤマナシ.→[杜梨] ②〈姓〉杜(と).

杜父鱼 dùfùyú 魚貝ドンコ.〔塘 táng 鳢〕の別称.〔渡父鱼〕〔土 tǔ 附鱼〕〔吐 tǔ 哺鱼〕とも書く.

杜狗 dùgǒu ⇒[杜蝼蛄]

杜衡 dùhéng 〔杜蘅〕とも書いた.植オオカンアオイ:

杜肚靯妒度 **dù**

根茎は薬になる.

杜渐防萌 dùjiàn fángméng〈成〉災いを未然に防ぐ:〔杜渐防微〕ともいう.→〔防微杜渐〕

杜鹃 dùjuān ①＝〔杜宇〕〔催 cuī 归 ②〕〔思 sī 归鸟〕〔鹎 tí 䴗〕〔谢 xiè 豹〕〔子 zǐ 规〕〈口〉自 zì 由黑儿〕🦅ホトトギス(鳥の総称).〔小～〕ホトトギス.〔中～〕ツツドリ.〔大～〕〔布 bù 谷(鸟)〕カッコウ.〔四声～〕四声カッコウ.⑥🌸ツツジ.サツキ.シャクナゲ.アザレア:シャクナゲ科植物の総称.〔踯 zhí 躅〕ともいう.〔～花〕同前の花.〔羊踯躅〕シナレンゲツツジ.〔樱 yīng 色～〕サクラツツジ.〔光脚～〕タイトンシャクナゲ.⑥特にタイワンツツジを指す:〔口 映 yìng 山红〕ともいう.

杜绝 dùjué ①途絶する.断ちきる.②🉑〔田畑の〕買いもどし条件なしで売ること.〔～卖 mài〕同前の売り渡し.〔～契 qì〕同前の約定書.

杜康 dùkāng 🈶伝説上の酒の発明者.夏の少康.〈転〉酒.〔何以解忧,唯有～〕(曹操)〈文〉何を以って憂をとかん,ただ酒あるのみ.

杜口 dùkǒu〈文〉口をつぐむ.沈黙する.

杜梨 dùlí 🉑ヤマカイドウ,またその実:バラ科のナシ属の樹木.〔文〕甘 gān 棠〕〔棠 táng 梨〕〔土 tǔ 梨〕は別称.

杜门 dùmén〈文〉門を閉めて外へ出ない.〔～不出〕同前.〔～谢 xiè 客〕門を閉めて面会を謝絶する.〔～却 què 扫〕〔闭 bì 关却扫〕〈成〉門を閉め人を避けて世間と交渉のない暮らしをする.

杜若 dùruò 🉑①＝〔若芝〕ヤブミョウガ.②アオノクマタケラン.〔若英〕

杜尚别 dùshàngbié 🈐ドゥシャンベ:〔塔 tǎ 吉克斯坦共和国〕(タジキスタン共和国)の首都.

杜松 dùsōng 🉑ネズ(ネズミサシ):〔土 tǔ 松〕ともいう.〔～(子)酒〕〔杜松烧酒〕〈音義訳〉金 jīn 酒〕〔音譯訳〕占 zhàn 酒〕ジン(酒).

杜威 dùwēi 🈚デューイ:アメリカの〔实用主义〕(プラグマティズム)哲学者(1859～1952)

杜英 dùyīng 🉑モガシ:常緑高木,観賞に用いられ,木材は建築に使われる.

杜宇 dùyǔ ⇒〔杜鹃①〕

杜仲 dùzhòng 🉑トチュウ〔思 sī 仲〕ともいう.トチュウ科の落葉高木.樹皮を乾燥したものを煎じて強壮薬に使う.〔～胶 jiāo〕トチュウの樹脂.グッタペルカ.

杜撰 dùzhuàn つくりごとをする.虚構をつくる.〔随便～〕勝手にでっち上げる.〔说什么事得有根据,不能～〕なにかものを言うからには根拠がなくてはならん,いいかげんなことを言うな.

〔**肚**〕dù ①〔-儿〕腹.〔小 xiǎo ～〕下腹.〔～子疼 téng〕〔～子痛 tòng〕腹が痛い.〔闹 nào ～(子)〕〔泻 xiè ～(子)〕跑 pǎo ～(子)〕下痢する.はらくだしをする.〔～子饿きる〕腹がへった.〔有了～儿了〕〈口〉ⓐ子ができた.ⓑおなかが出てきた.〔～里打电话〕腹の中の虫が鳴く:空腹のさま.〔饱 bǎo ～不知饿汉饥 jī〕〈諺〉満腹している者にはすき腹のひもじさはわからない.②物の腹部(中ほどのふくれた部分).〔大～瓶 píng〕腹の大きい瓶.〔指 zhǐ ～〕指の腹.〔心.腹の内.〔～内寻 xún 私〕腹の内であれこれと考える.〔牵 qiān 肠挂～〕あれこれと気に掛かる.〔～子里有数几 shù〕腹の中ではちゃんと成算がある.〔一～子气没地方说去〕腹いっぱいの怒りのもっていき所がない.〔赵五爷～里一轮(鲁・Q 7)〕趙旦那は考えをガラリと変えた.→〔腹 fù〕→ dǔ

肚倍 dùbèi →〔五 wǔ 倍子〕

肚肠 dùcháng〔-子〕腸.腹わた.おなか.〔笑着～疼〕おかしくておなかが痛い.

肚带 dùdài (馬の)腹帯(鞍をつけるための)

肚兜 dùdōu 腹かけ:〔兜肚〕に同じ.②前掛け.

肚腹 dùfù 腹わた.

肚量 dùliàng ①⇒〔饭 fàn 量(儿)〕②肚.度胸.度量.→〔度 dù 量〕

肚皮 dùpí ①腹の皮.②〈方〉腹.おなか.〔填 tián 饱～〕腹を満たす.

肚脐(儿) dùqí(r) へそ:〔〈方〉脖 bó 脐〕ともいう.〔～扣 kòu〕医 胃のカテーテル装置.〔～眼 yǎn (儿)〕〔脐眼儿〕〔〈方〉脖脐窝 wō〕へその穴)

肚痛 dùtòng ①腹痛.②〈転〉惜しむ.せちけちする.〔一提捐 juān 献,他就～〕献納の話をすると,あの人はさっそく腹が痛い(頭が痛い)なる.

肚子 dùzi ①腹.おなか.〔一一～气〕ぷんぷん腹をたてる.むかつく.〔笑得～疼〕腹をかかえて笑う.〔有一～学问〕〈喻〉学がある.〔～里有货〕〈喻〉腹の中にある见識・教養.〔一一坏水儿〕腹の中は真っ黒(悪だくみで一杯).②物の腹部(のふくれた部分).〔腿 tuǐ ～〕ふくらはぎ.こむら.③〈転〉心中.脳裏.
→ dǔzi

〔**靯・鈰**〕dù 🈯ドブニウム:記号Db.人工放射性元素の一.

〔**妒(妬)**〕dù 嫉妬する.ねたむ.妒(°)く.〔忌～ jìdù〕〔嫉 jí ～〕〔～忌〕〔～嫉〕同前.〔含 hán 有～意〕ねたむ気持ちがある.〔～谗 chán〕ねたみ陥れる.②〈方〉無力な無方嫉妬を治す薬にする.〔～劲儿 jìnr 很大〕ねたみようがひどい.

妒痴 dùchī 度を過ぎた嫉妬.ひどいやきもち.

妒妇 dùfù 嫉妬深い女:〔妒女〕ともいう.

妒悍 dùhàn〈文〉嫉妬心が強く気性が激しい.

妒火 dùhuǒ 嫉妬の炎.〔～中 zhòng 烧〕同前で頭に血がのぼる.

妒忌 dùjì →一字解.

妒贤嫉能 dùxián jínéng〈成〉才能のある人を忌みねたむ.

妒羡 dùxiàn ねたましくて羨ましい.

妒心 dùxīn ねたみ心.〔生 shēng ～〕同前を起こす.

〔**度**〕dù ①〔度量衡〕の度:長さ.寸 法.〔长 cháng ～〕長さ.〔宽 kuān ～〕幅.〔厚 hòu ～〕厚さ.②〈度〉温 wēn ～〕〔角 jiǎo ～〕〔经 jīng ～〕〔纬 wěi ～〕などの度."゚"で表す.〔北纬38°〕北緯38度.〔北京在东经116°28′〕北京は東経116度28分のところにある.〔零 líng 下 5～〕零下5度.〔电 diàn ～〕キロワットアワー.kWh:〔千 qiān 瓦(特)小时〕に同じ.→〔分 fēn ⑫〕③程度.度合い.〔程 chéng ～〕程度.〔密 mì ～〕濃度.〔硬 yìng ～〕硬度.〔强 qiáng ～〕強度.强さ.〔能见～〕視界.〔知名～〕知名度.〔保鲜 xiān ～〕鮮度.〔极 jí ～〕〈喻〉はなはだしい.〔高 gāo ～热情高い意欲.〔肆 sì 忌过～〕思慮が度を過ぎる.〔饮 yǐn 酒无～〕酒の飲み方にほどほどということがない.④法則.規定.〔法 fǎ ～〕法則.〔制 zhì ～〕制度.⑤心の度量.包容力で包容する.→〔器 qì 量〕⑥心に掛ける範囲.〔把生死置之～外〕生死を度外視する.⑦〈文〉越える.過ごす(特に時間を).〔飞 fēi ～穿越〕越えて行く.〔零 lì 下越〕越える.〔虚 xū ～光阴〕〔白 bái ～日月〕月日を空しく過ごす.〔～晚年之乐 lè〕晚年の楽しい生活を送る.〈渡②〉⑧🉑(仏教・道教で)済度する.〔济 jì ～〕同前.⑨量詞.回数・度数を表す.〔一一～接触〕ひとたび接触する.〔再一～会商〕二度目の会談をする.⑩〈姓〉度(°)~ → dúo

度牒 dùdié 🈐官庁から僧尼に与えた証明書:各種の恩典が与えられた.後世の〔戒 jiè 牒〕(僧尼の得度証)にあたる.

度过 dùguò 過ごす.暮らす.〔童年是在战乱中～

的]幼年時代は戦乱の中で過ごしてきた.
度荒 dùhuāng （飢饉を）切り抜ける.〔灾后立即做出～计划]災害後ただちに耐乏生活をする計画を立てた.
度假 dùjià 休暇を過ごす.〔～村]休暇村.リゾート村.〔～酒店]リゾートホテル.〔～胜地]リゾート地.〔～外交]休暇外交.
度量 dùliàng 度量.寛容度.〔～大]心が広い.
度量衡 dùliànghéng 度量衡=長さ(さし)・容積(ます)・重さ(はかり)
度命 dùmìng 命をつなぐ.命をながらえる.
度曲 dùqǔ 〈文〉①曲譜に合わせて歌う. ②作曲する.
度日 dùrì ＝[过 guò 度②]その日暮らしをする.〔～如年]〈成〉生活が苦しくて日々が過ごしにくいこと. →[过日子]
度身 dùshēn ①生活をする.暮らす. ②体の寸法を測る.〔～订制]オーダーメイドする.
度世 dùshì 〈文〉俗世を脱する.
度数 dùshu 度数.[这酒～不高]この酒は度数が低い.
度岁 dùsuì 越年する.
度汛 dùxùn 増水期(の危機)を過ごす.

[**渡**] dù ①渡る.渡す.〔强 qiáng～]軍強行渡河する.〔大军～江南下]大軍は長江を渡って南下する.〔飞～太平洋]太平洋を飛行機で渡る.〔这只小船只能一人,不能～货]この舟は人しか渡せず,荷物は渡せない. ②過ぎる.通り越す.〔过～时期]過渡期.→[度⑦] ③〈方〉液体(酒などを)つぐ.入れる.〔你来,给我把酒～到锡 xī 壶里,温一温]おい!酒のかんをしてくれ.〔妈妈给小孩～了一口水]母はロうつしで子供へ水を飲ませた. ④〈場〉橋か舟で渡れるところ:多くは地名用字. 〔风 fēng 陵～]軍山西省にある. ⑤[姓]渡(と)

渡板 dùbǎn ①エプロンコンベヤの板子.また旋盤の往復台前方懸垂部.
渡槽 dùcáo 水路橋:送水路が谷や川の上を横断する際に架設する橋梁.
渡船 dùchuán 渡し船.フェリー(ボート)
渡过 dùguò 過ごす.〔他的病已经～危险期]彼の病はすでに危険期を通り越した.〔～难关]難関を通り抜ける.
渡河 dùhé ⇒[过 guò 河]
渡荒 dùhuāng 〈文〉飢饉(饉人)を生きぬく.〔渡过灾荒]同前.
渡津 dùjīn （渡し場のある）船着場.
渡客 dùkè 渡る船客.
渡口 dùkǒu ⇒[渡头]渡し場.〔摆 bǎi 渡②]
渡轮 dùlún フェリー(ボート).大型連絡船.
渡钱 dùqián 渡し銭.
渡桥 dùqiáo ①仮設橋.仮橋.〔架设～]同前かける. ②橋を渡る:[过 guò 桥]に同じ.→[白 bái 渡桥]
渡头 dùtóu ⇒[渡口]

[**镀・鍍**] dù めっき(する).〔电 diàn～]電気めっき(する).〔～不上]めっきがのらない.不めっきで.〔铜 tóng 坯上～一层镍 niè]銅の生地にニッケルをめっきする.

镀层 dùcéng 着せ金.コート.
镀敷 dùfū 軍プレーティング.
镀铬 dùgè クロームめっき(する).〔～钢 gāng]クロームめっき鋼.
镀金 dùjīn ①金めっき(する):俗に[涮 shuàn 金][洗 xǐ 金]ともいう.[银 yín 坯～的]銀地に金めっきしたもの. ②〈転〉箔づけする.[出国～的人]洋行して箔をつける者.〔～手段]箔づけの手段.

镀镍 dùniè ニッケルめっき(する)
镀镪 dùqiāng 鉛着せ(する)
镀铅锡铁皮 dùqiānxī tiěpí ＝〈口〉青 qīng 铅铁]鉛錫(めっき)板.ターンシート.ターンプレート:鉛と錫(す)の合金をめっきした屋根ふき用鉄板.
镀铜 dùtóng 銅めっき(する)
镀锡 dùxī 錫めっき(する).〔～铁丝 sī]錫掛鉄線.
镀锡(皮) dùxī tiě(pí) ＝[马 mǎ 口铁(皮)]ブリキ.
镀锌 dùxīn 亜鉛めっき(する).ジンシング.ガルバナイジング.〔～管]亜鉛管.〔～钢板]亜鉛めっき鋼板.GIシート.〔～钢板]亜鉛めっき鋼板.
镀锌铁板 dùxīn tiěbǎn 同下.
镀锌(皮) dùxīn tiě(pí) ＝[镀锌铁板]トタン板.亜鉛めっき鉄板.〔白 bái 铅皮][白铁(皮)]〔方]铅 qiān 板][铅铁]に別称.
镀锌铁丝 dùxīn tiěsī ＝〈口〉白 bái 铅(铁)丝]〈口〉铅 qiān 丝]亜鉛めっき鉄線.亜鉛めっき針金.亜鉛びき鉄線.
镀锌线 dùxīnxiàn ガルバナイズドワイヤ.
镀银 dùyín 銀めっき(する)

[**斁・斁**] dù 〈文〉損なう.〔耗 hào～]損耗する. →yì

[**蠹(蠹・螙・蚃)**] dù ①軍 キクイムシ(木のしんを食う虫).シミ(衣服や書物などを食う銀白色の虫).〔～害 hài]同前の害.→[蠹鱼] ②むしばむ.〔流水不腐 fǔ,户枢不～]〈成〉流水は腐らず,枢(とぼそ)はむしばまず.

蠹弊 dùbì 〈文〉弊害.
蠹编 dùbiān ⇒[蠹简]
蠹虫 dùchóng ①虫シミ:[蠹鱼]に同じ. ②集団の利益を害する悪人.
蠹国 dùguó 〈文〉国を損なう.
蠹简 dùjiǎn ⇒[蠹鱼]シミにむしばまれた書籍.
蠹吏 dùlì ⇒[蠹役]〈文〉悪役人.
蠹蚀 dùshí 〈文〉むしばむ.〈転〉金銭をくすねる.
蠹役 dùyì ⇒[蠹吏]
蠹鱼 dùyú ＝[蠹虫①]〔书 shū 蠹①][书 虫][鱼][衣 yī 鱼][纸 zhǐ 鱼②]軍シミ(紙魚).〈喩〉本の虫:〈文〉蟫 yín]ともいう.〔这本书被～打了]この本はシミにやられている.→[蛀 zhù 虫]

duān ㄉㄨㄢ

[**耑**] duān [端]の本字.→[专 zhuān]

[**端**] duān (Ⅰ)①端.糸口.[水管的两～]ホースの両端.[旗 qí 杆的上～]旗ざおの上端. ②事のはじまり.[发 fā端][开 kāi 端]発端.始まり. ③事のきっかけ.理由.[无～发笑]わけもなく笑い声をたてる.〔端无]方面.[仅举 jǔ 其一～]わずかにその一端をあげて述べる.[作恶è多～]〈成〉悪事をあれこれやる. ⑤量詞.織物の単位:古来,反物の長さ2丈（一説には1丈8尺）のものを[一～]という.また[幛 zhàng 子]を数える.
(Ⅱ)①まっすぐである.曲がっていない. ②〔姿勢・態度が〕きちんとしている.端正である.[品 pǐn 行不～]品行がはしたない.[～然正坐]きちんと正座する. ③[姓]端(たん)
(Ⅲ)①(手で)ささげ持つ.[双手～起酒杯]杯を両手で持つ(酒をついでもらうときなど).[～茶 chá 盘子]お茶盆を持つ(持ち運ぶ).[～上来](料理などを)持ち運んで出す.[好好儿地～着别撒 sǎ 了]まく持ってこぼさないようにしなさい. ②一掃する.

duān～duǎn

さらけ出す.〔有问题都～出来〕問題があったら全部持ち出しなさい.〔～掉 diào 黑社会团伙〕やくざの一味を根絶する.

端底 duāndǐ 〈白〉①(明るみに)暴き出す. ②委細. 一部始終. わけ.〔端的③〕ともいう.〔忙何～〕どういうわけで尋ねる.〔要知~,请看下回分解〕委細をお知りになりたくば,どうぞ次回に明らかにしますのをお読みください:章回小説などの常套語.

端的 duāndì 〈白〉①はたして.まことに.まさしく.確かに.〔～是千载 zǎi 奇会〕まさしくまれに見る立派な集いである. ②結局.いったい.つまるところ.〔这人～是谁〕その人はいったい誰だ. ③⇒〔端底②〕

端点 duāndiǎn ①〖数〗線の両端. ②(物事の)起点と終点.

端端 duānduān 整然と.ちゃんと.〔～有理〕ちゃんと道理がある.

端方 duānfāng 〈文〉端正である.品行方正である.〔举动～〕立ち居ふるまいがきちんとしている.

端锅 duānguō (ばくちなどで)独り勝ちする.利益を独り占めにする.

端架式 duānjiàshì ⇒〔摆 bǎi 架子〕

端架子 duānjiàzi ⇒〔摆 bǎi 架子〕

端节 duānjié ⇒〔端午(节)〕

端襟 duānjīn 〈文〉容(タタ)を整える.襟を正す.

端谨 duānjǐn 〈文〉端正謹直である.

端静 duānjìng 端正でしとやかである.落ち着いている.

端居 duānjū 〈牘〉ご日常.

端楷 duānkǎi 正しく書いた楷書.

端口 duānkǒu ①電気器具の差し込み.コンセント. ②〖電算〗ポート.〔～扫 sǎo 描〕ポートスキャン.

端赖 duānlài 〈文〉ひとえに(もっぱら)…による(頼る).〔他有今日～父亲培 péi 植〕彼が今日のようになり得たのは全く父親のご苦労のおかげだ.

端丽 duānlì きりっとして美しい.

端粒 duānlì 〖生命〗テロメア.末端小粒.

端良 duānliang 善良である.

端量 duānliang つぶさに見る.

端门 duānmén ①御殿の正門. ②〖地〗北京の天安門と紫禁城正門である午門の間にある.

端面孔 duānmiànkǒng 仏頂面(ヅラ)をする.難しい顔をする.〔他端起面孔仿 fǎng 佛没听见一样〕彼は仏頂面をして聞こえないふりをしている.

端面(儿) duānmiàn(r) 〖工〗①円柱形の両端の平面. ②軸直角平面.

端木 duānmù 〈姓〉端木(%ジ)

端倪 duānní 〈文〉①手がかり.糸口.〔毫 háo 无～〕少しも手がかりがない.〔俟 sì 有～再定行止〕手がかりがあってから,あらためてどうするかを定める. ②先を見通す.予測する.

端人碗,归人管 duānrénwǎn, guīrénguǎn 〈諺〉人の御飯を食べると,人のために働かざるをえない.

端人正士 duānrén zhèngshì 〈成〉品行方正な人.

端日 duānrì ⇒〔元 yuán 日〕

端肃 duānsù 謹直である.端正である.

端午(节) duānwǔ(jié) =〔端五节〕〔端阳(节)〕〔菖 chāng 蒲 节〕〔重 chóng 午〕〔蒲 pú 节〕〔夏 xià 节①〕端午(旧暦5月5日)の節句:〔端五节〕とも書いた.〔五月节〕〔午节〕もいう.2008年から国の祝日.→〔三 sān 大节〕〔五 wǔ 毒①〕

端线 duānxiàn 〖スポ〗サイドライン.ゴールライン.ベースライン.エンドライン.→〔边 biān 线〕〔中 zhōng 线②〕

端详 duānxiáng ①子細.委細.〔细说～〕委細を細かく話す. ②端然(の)としている.

端详 duānxiang とも書く.念入りにながめる.しげしげと見る.〔细 xì ～〕同前.〔这人猛 měng 看不怎么样,可是受～〕この人は見た目はわるいが,よくよく見ると立派に見えてくる.

端绪 duānxù (事件の)糸口.手がかり.端絶.〔有了～了〕糸口がつかめた(があった).→〔头 tóu 绪②〕

端雅 duānyǎ 端正で上品である.

端砚 duānyàn 端渓(硯):広東省高要県端渓(現在の肇慶)産の〔端石〕で作ったすずり.→〔湖 hú 笔〕〔歙 shè 砚〕

端阳(节) duānyáng(jié) ⇒〔端午(节)〕

端由 duānyóu 原因.事由.

端整 duānzhěng 〈方〉きちんと整える.仕度する.〔您的午饭,～好了〕(茅・霜10)あなたの昼御飯は仕度しておきましたよ.

端正 duānzhèng ①端正である.きちんとしている.〔端端正正〕同前の重畳形.〔五官～〕目鼻立ちが端正である. ②正しくする.正す.〔～了政治方向〕政治の方向を正しくした. ③正しい.方正である.〔品行～〕品行方正である.

端重 duānzhòng 端正で荘重である.

端庄 duānzhuāng 端正で重々しい.〔神情～〕荘重なおももちである.〔行 xíng 止～〕ものごしが端正で重々しい.〔相 xiàng 貌～〕容貌が端正で重々しい.

端子 duānzi 〖電〗コネクター.端子.

端坐 duānzuò 姿勢正しく座る.端座する.

[短] duǎn

①短い.〔说话要～点儿〕話は短くしなければならない.〔时间太～〕時間が短すぎる.〔舌 shé 头～了〕舌が短い(まわらない).〔缩 suō ～短缩〕する.〔访 fǎng〕短期訪問(する).〔截 jié ～短く切る.↔〔长 cháng ～〕 ②欠ける.不足する.…が足りない,…が少ない.〔还 hái ～一个酒杯〕まだ杯が一つ足りない,就一他一个人〕他の人はみな来たが彼一人だけが欠けている.〔～一个点儿〕(文字に)点が一つ足りない.〔要买这块手表,还～三十元〕この腕時計を買うには,まだ30元足りない.〔这衣服还没做得 dé, 还一袖 xiù 子呢〕この服はまだできあがっていません,まだ袖がついていないんです.〔他没他们盘 pán 问～了彼らに問いつめられても弱ったりはしなかった.〔先打好了底儿,他就问不一了〕先に話の用意をしておけば,彼がいくら質問しても弱ることはない.〔我还～着他三万元呢〕彼にはまだ3万元借りている.〔钱不够,今天不用给了,～着吧〕金が足りないなら(ないから),今日はしくれ(あげ)なくていい,借りて(貸して)おこう.③〔一儿〕欠点.短所.〔所长 cháng 所～〕優れている点や劣っている点.〔揭 jiē ー儿〕人の弱点をさらけ出す.〔护 hù ～〕短所をカバーしてやる.弁護する.〔说长道～〕人の良いとか悪いとか言う:あれこれ言う. ④浅い.浅薄である(考えなど).〔见识～〕見識が浅い.

短板 duǎnbǎn ①〖建〗工事用の板が規格より短い.またその部分. ②〈喩〉最も弱い所.全体の発展を制約する部分.

短笔 duǎnbǐ 〈文〉筆足らず.〔但恨 hèn ～〕ただ文章のまずいのが残念である.

短边 duǎnbiān 〖数〗(直角三角形の)短辺.→〔勾 gōu 股〕

短兵 duǎnbīng 〈文〉刀剣などの武器:槍・矛や弓矢などの武器と〔长 cháng 兵〕という.〔～相接〕〈成〉つばぜりあいをする.白兵戦をやる.〈転〉真っ向から対決する.

短波 duǎnbō 〖電〗短波.〔～收 shōu 音机〕短波受信機.

短不了 duǎnbuliǎo ①欠くことができない.なくてはならない.是非必要である.〔～请您帮忙〕あなたにはぜひご加勢をお願いします.〔那是～的〕それはなくて

duǎn 短

はならないことです. ②免れない.余儀ない.ありがちである.…には不足しない.〔那山上〜有狼 láng〕あの山には狼がいないはずはない(きっといる).〔平时我〜往这边来〕ふだんわたしがよくこちらへまいります.

短长 duǎncháng 長短.優劣.よしあし.〔人各有〜〕人それぞれ長短あり.〔一较 jiào〜〕優劣を比べてみる.→〔长短〕

短程 duǎnchéng 短距離(の).近距離(の).近射程(の).〔〜弹 dàn 道导弹〕短距離弾道ミサイル.

短府 duǎnchéng 項目が不足している.

短吃少穿 duǎnchī duǎnchuān 〈慣〉衣食に事欠く.

短池 duǎnchí Ⓢ短水路.短距離プール:25メートルプール.

短齿 duǎnchǐ Ⓘ低歯.

短尺少秤 duǎnchǐ shǎochèng 〈成〉計量不足.

短丑 duǎnchǒu 背たけが低くて醜い.

短绌 duǎnchù 財政が乏しい.

短处 duǎnchu 短所.欠点. ↔〔长 cháng 处〕→〔缺 quē 点〕

短传 duǎnchuán =〔短递〕Ⓢ サッカー・バスケなどでショートパス.↔〔长 cháng 传〕

短粗 duǎncū 短くて太い.身体がずんぐりしている.

短促 duǎncù 時間が短く慌ただしい.〔时 shí 间〜〕同前.〔呼吸〜〕息せききる.呼吸が短い.

短打 duǎndǎ ①㊇(旧劇で)空拳(ﾎﾝ)あるいは短小武器を使っての戦い.立ち回り.〔〜武生〕同前の役(者).〔某某武生以〜见 长 cháng〕某(ｿ)武生(勇士・武官・英雄などに扮(ﾊ)する役者)は立ち回りに優れている.→〔武 wǔ 生〕 ②㊇(野球の)バント.③丈の短い仕事著.

短大衣 duǎndàyī ㊅ハーフコート.ショートコート. →〔大衣〕

短道 duǎndào Ⓢ(スピードスケートの)ショートトラック.〔〜速 sù 滑〕〔〜滑 huá 冰〕ショートトラックスピードスケート.

短笛 duǎndí ㊇①ピッコロ.→〔长 cháng 笛①〕②低(ｲ)族の管楽器.

短递 duǎndì ⇒〔短传〕

短短 duǎnduǎn ごく短い.〔在这一的时间内,解决所有的问题是不可能的〕このごく短い時間内にあらゆる問題をすべて解決することは不可能である.

短吨 duǎndūn ㊇美咪咂.

短耳鸮 duǎn'ěrxiāo ㊇コミミズク.→〔鸱 chī 鸮〕〔猫 māo 头鹰〕〔鸺 xiū 鹠〕

短发 duǎnfà ショートヘア.〔齐 qí 耳〜〕おかっぱ(頭)

短工 duǎngōng 臨時雇い.日雇い.〔零 líng 工〕に同じ.〔打〜〕同前を雇う.→〔长 cháng 工〕

短骨 duǎngǔ 生理短骨.

短褂 duǎnguà 上着:上半身の短い服.→〔长 cháng 衫①〕

短管炮 duǎnguǎnpào 军砲身の長さが口径の12倍以下の大砲.

短号 duǎnhào ㊇コルネット.→〔小 xiǎo 号④〕

短柬 duǎnjiǎn 〔牍〕短い手紙.

短见 duǎnjiàn ①浅はかな考え.短慮.〔〜寡 guǎ 闻〕見聞がせまい.②自殺行為.〔寻 xún〜〕自殺をする.

短剑 duǎnjiàn 短刀.短剣.

短交 duǎnjiāo 商契約商品の引渡し数不足.受渡し不足.個数不足.ショートデリバリー.

短缴 duǎnjiǎo 納入不足(する)

角角牛 duǎnjiǎoniú 动ショートホーン:英国原産の肉乳兼用牛.

短节目 duǎnjiémù ①短い番組.②Ⓢ(フィギュア・スケートの)ショートプログラム.

短斤缺两 duǎnjīn quēliǎng ⇒〔缺斤短两〕

短句 duǎnjù 短文.②短詩.

短剧 duǎnjù 劇寸劇.短い劇.〔独幕〜〕短い一幕もの.

短距离(赛)跑 duǎnjùlí (sài)pǎo ⇒〔短跑〕

短撅撅 duǎnjuējuē〔着物などが〕寸たらずでみっともないさま.〔梳 shū 着俩〜小鬏儿 biànr〕ちっぽけなおさげを二つ結っている.

短裤 duǎnkù 服半ズボン.ショートパンツ.バミューダパンツ.〜〔裤〕〔裤衩 chǎ〕

短款 duǎnkuǎn ①帳簿上より現金が少ないこと.②(服のデザインの)体にぴったりしている.〔〜大衣〕同前のオーバーコート.

短礼 duǎnlǐ 礼を欠く.〔少 shǎo 礼①〕ともいう.〔〜得很!〕〈挨〉どうも失礼しております.

短路 duǎnlù ①=〔捷 jié 路〕电短絡(する).ショート(する). ②〈方〉道をさえぎり,強奪する.〔〜营生〕追いはぎ稼業.

短命 duǎnmìng 若死にする.短命である.〔〜鬼 guǐ〕〈骂〉くたばり損ない.ろくでなし.ばちあたり.

短陌 duǎnmò 〔缺 quē 陌〕〔省 shěng 陌〕昔時の(制 zhì 钱 qián 铜钱)計算方法で,官(納税)などでは1個を1文,百個を百文,千個を1吊文とし,〔足 zú 陌〕と呼び,その銭を〔长 cháng 钱〕と称した.民間では80個で百文とする計算法を〔〜〕と呼び,その銭を〔短钱〕〔省陌钱〕と称した.

短盘驴 duǎnpánlǘ ㊇一駅(宿場)間だけを通うロバ.

短跑 duǎnpǎo ⇒〔短距离(赛)跑〕Ⓢ 短距離競走.〔他是一名将 jiàng〕彼は短距離の名選手だ.→〔长 cháng 跑〕

短篇 duǎnpiān 短編.〔〜小说选〕短編小説選集.

短片 duǎnpiàn 短編映画.ショートフィルム.〔〜儿 piānr〕〈口〉同前.

短票 duǎnpiào ①旧先取り利息の高利貸.②工事作業の指示書.

短评 duǎnpíng 短評.

短平快 duǎnpíngkuài ①Ⓢ (バレーボールで)クイック.〔〜扣 kòu 球〕クイックスパイク.②经(科学技術の商品化などで)投資金の回収する期間が短くて収益の回収が早いこと.〔〜工程〕同前のプロジェクト.

短期 duǎnqī 短期.短期間.〔〜行为〕近視眼的行動.〔〜拆 chāi 放市场〕〔〜拆借市场〕商コール市場.〔〜贴 tiē 现国债 zhài〕短期割引国債.〔〜拆贷〕コールマネー.〔〜国库券 quàn〕短期国債.TB.

短气 duǎnqì ①落胆する.弱音を吐く.〔人生不如意事常八九,何必〜〕人生は思いどおりにならないことが多いんだ,何で気を落とすことがあろうか.②中医息せききる.息切れ.

短钱 duǎnqián →〔短陌〕

短浅 duǎnqiǎn 短く浅い.〔目光〜〕先見の明がない.〔见识〜〕考えが浅はかだ.

短欠 duǎnqiàn 不足する.欠けている.

短枪 duǎnqiāng ①短銃:ピストルなど銃身の短いもの.②⇒〔手 shǒu 枪〕

短球 duǎnqiú ①Ⓢ (バドミントン・テニスの)ドロップショット.ドロップストローク. ②(卓球・フットボールの)ショートボール.

短拳 duǎnquán 拳法の一.拳の突きが短く鋭いもの.→〔长 cháng 拳〕

短缺 duǎnquē 欠乏(する).不足(する)

短裙 duǎnqún 服ショートスカート.〔超 chāo〜〕〔迷 mí 你裙〕ミニスカート.

短儿 duǎnr ①欠点.短所. ②軽装. ③〈方〉ひけめ.弱み.

duǎn～duàn

短日(照)〖植物〗 duǎnrì(zhào) zhíwù 〖植〗短日性植物.
短少 duǎnshǎo ⇒〖缺 quē〗
短视 duǎnshì ①見通しがきかない.〔对这个问题采取了极 jí 为～的政策〕この問題に対してきわめて目先にとらわれた政策をとった.②近视.近眼:〔近 jìn 视〕の旧称.
短寿 duǎnshòu 短命である.〔～命〗ショート・ライフ.使用期限が短い.
短书 duǎnshū 〈文〉①〔小 xiǎo 说〕〔杂 zá 记〕の類.②書信.
短亭 duǎntíng ⇒〖长 cháng 亭〗
短秃秃 duǎntūtū とても短いさま.〔～的树桩〕同前の木のきり株.
短途 duǎntú 短距離(の).近距離(の).〔～运输〗近距離輸送.
短袜 duǎnwà 〖服〗ソックス.→〖长 cháng 袜〗
短外套 duǎnwàitào 〖服〗ショートコート.半コート.
短尾猴 duǎnwěihóu 〖動〗ベニガオザル.〔断 duàn 尾猴〕〔藏 zàng 首猴〕ともいう.
短文 duǎnwén 短い文章.短文.
短纤维 duǎnxiānwéi ①短繊維.②〖紡〗スフ.
短线 duǎnxiàn ①短い糸.〔喻〕短期(の).②供給不足.生産能力不足.〔～产品〕④品不足商品.⑤短期で利益を上げる商品.→〖长 cháng 线〗
短项 duǎnxiàng 不得意分野.↔〖长 cháng 项〗
短消息 duǎnxiāoxi ⇒〖短信息〗
短小 duǎnxiǎo 小さい.小柄である.〔身材〕体が小さい.
短小精悍 duǎnxiǎo jīnghàn ①(人の体が)小柄できびきびしている.小柄で精かんである.②文章が簡潔である.短いが迫力がある.〔写文章要～〕文章は簡潔で精練されたものでなければならない.
短卸 duǎnxiè 〖商〗荷物積み下ろし不足.
短信 duǎnxìn ①短い手紙.②同下.
短信息 duǎnxìnxī =〖短信②〗〖短消息〗ショートメッセージ.電子メール.
短袖 duǎnxiù ①短い袖.半袖.〔～衫 shān〕半袖シャツ.②半袖の着る服を着る.
短训 duǎnxùn 短期訓練.〔暑期汉语～班〕夏季中国語短期セミナー.
短讯 duǎnxùn 簡単なニュース.
短幺九 duǎnyāojiǔ =〔断 duàn 幺九〕マージャンで,〔幺九牌〕(1と9の数牌および字牌)をまじえずに〔中张牌〕(2から8までの数牌)だけであがる役.タンヤオ.→〖全 quán 带么〗
短衣(裳) duǎnyī(shang) 短い上着にズボン.④〔古〕北方少数民族の服装.〔古〕労働用の軽便な服装;〔长 cháng 衣(裳)〕に対していう.〔短衣窄 zhǎi 袖〕筒袖の短い上着.〔短衣帮 bāng〕肉体労働者層.→〖短装①〗
短音 duǎnyīn 〖語〗短音.
短音阶 duǎnyīnjiē ⇒〖小 xiǎo 音阶〗
短语 duǎnyǔ =〔词 cí 组〕
短运单 duǎnyùndān 〖商〗陸揚げ不足証明書.
短暂 duǎnzàn (時間が)短い.慌ただしい.〔～的公休〕短い休日.
短针 duǎnzhēn (時計の)短針.〔时 shí 针〕に同じ.→〖长 cháng 针〗
短中取长 duǎnzhōng qǔcháng 〈成〉悪い中から比較的良いものを選ぶ.短所の中に長所を見出す:〔短中抽 chōu 长〕ともいう.
短轴 duǎnzhóu 埋込み込みボルト.スタッド.
短住了 duǎnzhùle 〔方〕不足して困る.金の工面がつかない.〔正赶 gǎn 上这几天我也～,不然就给办了〕ちょうどこの数日日わたしも金がなくて困っており,そうでもなければやってあげるのだけど.

短装 duǎnzhuāng 軽装(する):〔短い上衣とズボン(をつける).〔穿～〗軽装する.〔～打扮儿〕身軽な格好.→〖打 dǎ 短儿②〗
短资公司 duǎnzī gōngsī 〖経〗短資会社:短期金融商品の売買をする会社.

〖**段**〗 **duàn** ①〈文〉断ち切る.切り離す:〔断①〕に通じる.②量詞.道のり・時間・壁・話・文章・音楽・戯曲・芸能・物語・考え・理由などの一区切りを数える.〔一～话〕話の一区切り:〔一句 jù 话〕よりも長い.〔这一～墙是新砌qì的〕塀のこの部分は新しく作った.〔讲了一～故事〕お話を一つ聞かせた.〔谈了一～时间〕ひとしきり話をした.〔由五四到中国共产党成立这一～〕"五四"から中国共産党成立に至るまでの一時期.〔我送你一～路〕そこまでお送りします.〔-儿〕節(t).区切り.段落.〔分 fēn ～〕区分する(して).〔切成两～〕二つに切る.〔逐 zhú ～〕順を追って.④区:組織内の部門の下部単位.〔线 xiàn 路～〕(鉄道の)保線区.⑤(囲碁・将棋の)段位.⑥(野菜や肉の)小口切り.輪切り.→〔刀 dāo 工〕⑦(姓)段.

段干 duàngān 〈姓〉段干(ホん)
段落 duànluò 段落.区切り.結着.〔告 gào 一～〕一段落する.
段位 duànwèi (囲碁の)段位:9段に分かれる.
段旗 duànqíyì 〈文〉段旗(断).
段长 duànzhǎng 工区長:鉄道の〔线 xiàn 路段〕(保線区)などに用いる.
段子 duànzi 〔唱〕物・語り物・漫才など演芸の〕段.ひと区切り.ひと節:1回で演じ終わる内容と量の出し物.〔传统～〕昔からの演題.〔黄～〕エロ話.

〖**塅**〗 **duàn** 〔方〕平坦な広い土地.〔田心～〕〖地〗湖南省にある.

〖**缎**・**緞**〗 **duàn** 〖紡〗緞子(↗):通称〔缎子〕.地が比較的厚手のなめらかで光沢のある絹織物.薄手で軟らかいものは〔绸 chóu 子〕(しゅす).〔绸〕繻子(↗)と緞子:絹織物(総称).〔软 ruǎn 〕しゅす.〔素 sù 〕無地のどんす.〔花 huā 〕模様入りのどんす.〔一匹 pǐ 〕どんすの反物.〔～鞋 xié〕どんす製の中国靴.〔这件衣服镶 xiāng 着一边〕この服はどんすで縁どりしてある.

缎带 duàndài リボン:どんすの細い帯.〔花圈 quān 上的～〕花輪のリボン.〔丝 sī 带〕
缎纹 duànwén どんすのあや.どんす模様.
缎子 duànzi どんす.

〖**煅**〗 **duàn** ①焼く(♀)成する.焼く.〔～龙 lóng 骨〕〔中医〕竜骨を焼く(薬をつくる).→〖龙骨②〗②鍛造する:〔煅〕に通じて用いられる.

煅烧 duànshāo 〖工〗煅焼(♀).→〔石膏 gāo〕焼石膏.〔～石灰〕石灰焼成.〔炉炉 lú〕煅焼炉.
煅石灰 duànshíhuī ⇒〖石灰〗

〖**椴**〗 **duàn** 〖植〗シナノキ科植物(総称).〔～树 shù〕同前.〔华东～〕シナノキ.〔南 nán 京～菩 pú 提树〕(シナノキ科)ボダイジュ.〔辽 liáo ～〕マンシュウボダイジュ.

〖**碫**〗 **duàn** 〈文〉砥石.

〖**锻**・**鍛**〗 **duàn** 鍛造する:〔煅②〕に同じ.

锻锤 duànchuí 〖鍛〗鍛造用ハンマー.〔空 kōng 气锤〕エアハンマー.〔蒸 zhēng 气锤〕スチームハンマー.
锻打 duàndǎ 鍛造する.
锻工 duàngōng ①加熱した金属に対する鍛冶(๑)加工.②鍛工技術者.鍛冶職人.
锻焊 duànhàn ⇒〖锻接〗

duàn 锻断

锻件 duànjiàn 鍛造品.打ち物.
锻接 duànjiē =［锻焊］①鍛接:加熱した金属を打撃または加圧して行う溶接.
锻炼 duànliàn ①鉄を鍛える. ②(体を)鍛錬する.〔～身体〕我到农村劳动～已经一年多了〕農村で労働し鍛えられてもう1年余りになる.〔久经～的党员〕長く鍛えぬかれた(共産)党員.
锻炉 duànlú 鍛冶炉.
锻模 duànmú ①鍛造用の金型.フォージングダイ.
锻铁 duàntiě ⇒[熟 shú 铁]
锻压 duànyā ①鍛圧プレス.〔～机 jī〕プレス.
锻冶 duànyě ①鍛造する. ②〈喩〉(人や文章を)鍛える.
锻造 duànzào ①鍛造(쳑).〔～钻 zuàn 头〕鍛造ドリル.〔～机〕鍛造プレス.
锻制 duànzhì たたいて製作する.

[断・斷] duàn

①断つ.断ち切る:長く続いているものを二つまたそれ以上に切る.〔把树锯 jù 了〕樹をのこぎりで断ち切った.〔电线～了〕電線が切れた.〔一刀两～〕ⓐ一刀両断にする.ⓑきっぱりときりをつける. ②ぎれる.とだえる.遮る.〔接连不～〕引き続いて絶えない.〔～了来往〕行き来を絶った.〔打～了思路〕考えの筋道を断ち切った. ③(よくない嗜好を)断つ.(長く続いていることを)断つ.〔～烟 yān〕タバコを止める.〔～アヘンの吸飲をやめる(戒 jiè ③)〕. ④断ずる.判断する.裁く.〔这案子我～不出来〕この事件はわたしには裁きをつけることができない.〔～官 guān 司〕裁定を下す. ⑤断じて:主に否定を強調すること.〔～无此理〕断じてそのような道理はない.〔～难相允 yǔn〕断じて許しがたい.〔～不可信〕断じて信じてはいけない. ⑥〈口〉(値段などを)あてる.言いあてる.〔～价 jià 钱〕値段をあてる.〔你～(一)～这书值多儿钱〕この本がいくらぐらいするかあててみなさい. ⑦[姓]断(닥).

断案 duàn'àn ①[法]案件の裁きをつける.裁断を下す.判定を下す.〔那位审 shěn 判员～如神〕あの判事は裁きが非常に正しい. ②⇒[结 jié 论②]
断壁残垣 duànbì cányuán 〈成〉とぎれた壁と崩れ残った垣根:〔断壁残 1 垣〕[残垣断壁]ともいう.
断臂剜肉 duànbì gēròu 腕を切り落とし肉を削ぐ.〈喩〉スリム化する.合理化する.
断编残简 duànbiān cánjiǎn 〈成〉残欠のある書籍や文章:〔断简残编〕[残编断简]ともいう.
断层 duàncéng ①[地]断層.〔～带 dài〕[断裂 liè 带]断層帯.〔计 jì 算机～扫 sǎo 描〕[医]断層スキャン.CTスキャン. ②〈喩〉(事業・人材など)中断している状態.連続できない部分.〔出现～〕中断状態になる.
断肠 duàncháng 〈喩〉はらわたがちぎれるような悲しみ.断腸の思い.こらえきれない悲しみ.〔～人〕失意の人.
断肠花 duànchánghuā ⇒[秋 qiū 海棠]
断炊 duànchuī 貧乏で食えなくなる.干上がる.米櫃(빗)が空になる.
断代 duàndài ①跡継ぎがない:子孫や後継者がない. ②時代区分をする.〔对中国历史的～也有几种看法〕中国史の時代区分にもいくつかの考え方がある.〔～史 shǐ〕時代史.→[通 tōng 史]
断档 duàndàng ①(商品の)品切れになる. ②(物を)使い果たす.
断道 duàndào ①[旧]追いはぎをする.〔～儿的〕追いはぎ.片言強盗.→[断路①] ②道路をふさぐ.道をさえぎる.
断电 duàndiàn =[停 tíng 电]停電(になる)

断定 duàndìng 断定(する).〔～真假〕真偽なを断定する.〔结果如何,很难～〕結果がどうなるか,なかなか断定じにくい.
断断 duànduàn 断じて(…でない).決して(…でない):否定文に用いられる.〔～使不得〕絶対にしてはならない.
断断续续 duànduàn xùxù 切れたりつながったり.とぎれとぎれ.〔和平谈判～还没了 liǎo 结〕平和交渉はとぎれながら続いてまだ結着を見ない.→[断续]
断顿(儿) duàndùn(r) 〈口〉一日三食が続けられない.食事に事欠く.
断发文身 duànfà wénshēn 髪を切り,刺青(뮹)する:呉越一帯の風俗.
断根 duàngēn [~儿①②]子孫が絶える. ②根を断つ.根絶やしする.〔你的病,吃这个药准能～〕きみの病気はこの薬を飲めばきっと根治できる.
断梗 duàngěng 〈文〉転々と漂い(移って)一定していない.〔～飘 piāo 蓬〕同前.
断航 duànháng (船・飛行機の)航行が絶える.航路を断つ.
断喝 duànhè どなりつける.
断黑 duànhēi 〔方〕空が暗くなる.〔天已经～了〕空はもう暗くなった.
断痕 duànhén 割れ目.亀裂.〔出现～〕ひび割れができた.
断后 duànhòu ①跡継ぎが絶える.〔断代①〕[断根①]に同じ. ②[軍](退却の)掩護する.しんがりをつとめる.
断乎 duànhū ⇒[断然①]
断魂 duànhún 〈文〉魂がとぶ(極度の悲しみなどで).→[销 xiāo 魂]
断机 duànjī 〔孟 mèng 母断机〕
断简残篇 duànjiǎn cánbiān ⇒[断编残简]
断交 duànjiāo 絶交する:ふつう国交断絶のことを指す.
断结 duànjié 裁てけりをつける.結論を出す.
断金 duànjīn 金を断ち切る.〈喩〉(友情)が強固である.〔二人同心,其利～〕[义合・繁辞后]二人が心を合わせれば非常に強固である.〔～侣 lǚ〕[～契 qì]厚い交わり.
断井颓垣 duànjǐng tuíyuán 〈成〉荒れ果てた屋敷(風貌)
断酒 duànjiǔ ①酒を断つ. ②〈文〉酒造りを禁ずる.
断句 duànjù 臼句読点を打つ:昔の書物には[标 biāo 点符号]がないので,読む際に文意の切れ目に句読点を打った.
断决 duànjué きっぱり決める.決断する.
断绝 duànjué 断絶する.絶ち切る.〔～外交关系〕外交関係を断絶する.〔～邦 bāng 交〕国交を断絶する.〔～来往〕行き来を断つ.〔～交通〕交通を遮断する.
断口 duànkǒu ①[鉱]割れ目.断面.
断粮 duànliáng 食料が尽きる.食糧を断ち切る.〔～绝草〕〈成〉兵糧もまぐさもなくなる.
断梁胡子 duànliáng húzi 鼻下の溝の部分で左右に分けてあるひげ.
断裂 duànliè ①ひびが入って割れる.〔地层～〕地層がひび割れる.〔～带 dài〕[断层带]地断層帯. ②[工]破壊.フラックチュア.〔～重量〕[工]破壊重量.
断流 duànliú ①川の水が断たれる.〔河道～了〕河水が中断された. ②[電]セッティングオフ.〔～器 qì〕[電]カットアウトスイッチ.〔安全～〕安全スイッチ(家庭用)
断溜(儿) duànliù(r) 〔方〕中断する.途切れる.
断垄 duànlǒng [農]うねの中で作物の芽が出なかったり枯れたりすること.

断路 duànlù ①追いはぎをする. ②[電]ターンアウトブレーク. ③⇒[开 kāi 路④]
断路器 duànlùqì =[隔 gé 离开关][電]断路器.
断码(儿) duànmǎ(r) 商品のサイズが不揃いである.
断面 duànmiàn =[剖 pōu 面]
断奶 duànnǎi ①=[断乳]離乳する.授乳をやめる:〔忌 jì 奶〕に同じ.〔十个月左右～〕10ヵ月前後で乳をやめる.→[离 lí 乳] ②〈喩〉財政援助を打ち切る.
断念 duànniàn 断念する.あきらめる.
断片 duànpiàn ①[断字]断片. ②(映写中の)フィルムが切れる.〔口～断片儿 piānr〕同前.
断七 duànqī 〔旧〕死後四十九日目の法事(をする). →[七②]
断气 duànqì 息が絶える.息をひきとる.
断情 duànqíng 情愛がなくなる.〔他已经～于她〕彼はすでに彼女と交際を絶った.
断球 duànqiú 〈又〉(ハンドボールなどで)インターセプト.カット.→[削 xiāo 球]
断然 duànrán ①=[断乎]断然.断じて:多く否定文に用いられる.〔～不肯 kěn〕断じて承知しない.〔~不能这样办〕断じてこんなふうにやってはいけない.〔～措 cuò 施〕断固とした処置をとる.
断乳 duànrǔ ⇒[断奶]
断市 duànshì 商品の供給が途絶える.商品の流通が中断する.
断事 duànshì 事を判断する.
断赎 duànshú 質(c)流れになる.質の請け出しの期間が過ぎる.→[当 dàng 死]
断送 duànsòng 棒に振る.葬り去る.台無しにする.むだにする.〔把生命白白地～了〕命をむざむざ葬った.〔～革命的成果〕革命の成果をだめにしてしまう.
断头 duàntóu ①首を斬る.〔～台 tái〕断首台.ギロチン.〔転〕処刑場. ②(物の)切れ目.〔萝卜是家常菜,一年不～〕大根は家庭常用の野菜で一年中絶えない.〔～率〕[電]断線率.
断头香 duàntóuxiāng 〈喩〉離散:旧時,神仏に折れた線香を供えると来生で肉親と別れ別れになると信じられていた.
断头自停装置 duàntóu zìtíng zhuāngzhì [糸]糸切れ自動停止装置.
断瓦残垣 duànwǎ cányuán ⇒[断壁残垣]
断尾 duànwěi (家畜の)尾を短く切る.
断尾猴 duànwěihóu ⇒[短 duǎn 尾猴]
断弦 duànxián ①琴の弦が切れる. ②〈喩〉妻を失う(に死なれる):旧時,夫婦を[琴 qín 瑟]に喩えた.→[续 xù 弦]
断线 duànxiàn ①糸が切れる. ②(関係・連携が)中断する.
断线风筝 duànxiàn fēngzheng 糸の切れた凧(を).〈喩〉行ったまま戻らないこと.
断香火 duànxiānghuǒ 香火が絶える.〈喩〉家系が絶える.〔他没有儿子断了香火〕彼には子供がいなかったので家系が絶えた.
断想 duànxiǎng 断想.〔一篇～短文〕断片的な思い出をつづった短文.
断行 duànxíng 断然実行する.
断袖 duànxiù [断袭]とも書いた.〈文〉漢の哀帝が臣下の董賢を寵愛し,董賢の眠りを妨げないように自分の着物の袖を切って起きたという.〔転〕男色.ホモ癖.〔～之癖 pǐ〕同前.
断续 duànxù 断続する.〔我虽然不是天天做,可一地还做着呢〕わたしは毎日はやりませんが,とぎれとぎれにまだやっております.→[断断续续]

断叙法 duànxùfǎ [図]接続詞の使用を省いて語気を強める修辞法.
断崖 duànyá 断崖.
断言 duànyán ①断言する. ②結論.〔下～〕結論を下す.
断幺九 duànyāojiǔ ⇒[短 duǎn 幺九]
断疑 duànyí 疑いを解く.疑惑を解決する.
断音 duànyīn 〈又〉[断奏] 昆曲で入声字の歌い方:短く発してからごく僅かな休止を置くこと.
断瘾 duànyǐn (アヘンの)中毒症状を治す.〔～丸〕同前の丸薬.
断语 duànyǔ 断定の言葉.結論.〔下 xià ～〕断定(の言葉)を下す.
断狱 duànyù 〈文〉断罪する.判決を下す.
断垣残壁 duànyuán cánbì とぎれとぎれになった垣根や破れ残った家の壁:〔断壁残垣〕〔断瓦残垣〕ともいう.
断章取义 duànzhāng qǔyì 〈成〉著書や文章の一部分だけを(自分勝手に)とって論ずる.
断织 duànzhī 後漢の楽羊子の妻が夫の不勉強に対し機(を)織りの布を切って中途でやめることのよくないことを諫(いさ)めたこと.→[孟 mèng 母断机]
断肢 duànzhī 肢体を切断する.またその肢体.〔～再植〕[医]四肢再植.
断指 duànzhǐ 手の指を切断する.またその指.
断趾 duànzhǐ [旧]足指を断つ刑.
断种 duànzhǒng (生物の種(gi)が)絶滅する.
断子绝孙 duànzǐ juésūn 子孫が絶える.〔这～的阿Q〕(鲁・Q3)この跡継ぎもなくてなしの阿Qめ.
断奏 duànzòu [音]スタッカート:音を短く切って演奏する.〔断音①〕ともいう.→[连 lián 奏]

[断・䉒] duàn 竹の柵(zk)を水中に立てて魚やカニを捕らえる仕掛け.やな.〔鱼 yú ～〕同前.〔蟹 xiè ～〕カニを捕る同前.

dui ㄉㄨㄟ

[堆] duī ①小山.小さな丘:多く地名に用いる.〔～马马王堆〕 ②積み上げる.積み重ねる(なる).〔粮食～满仓 cāng,果子～成山〕穀物は倉いっぱい,果物は山ほど積まれている.〔把土～在一边儿〕土を一方に積んでおく. ③〈假 jiǎ 山〕築山を盛る.〔归 guī 里包～〕〔归了包～〕〈慣〉何もかもで,全部で. ④(用件や書類などを)積んでおく.ためておく.放ったらかしておく.〔许 xǔ 多问题～在一块儿了〕たくさんの問題が一緒にたまってしまった.〔把信件～在这儿不送〕郵便物をここに積んだまま発送しない. ④〈積み重なった〉山.〔煤 méi ～〕石炭の山.〔粪 fèn ～〕糞をうず高く積んだもの.〔原 yuán 子(反)反应～〕原子炉.〔拆 chāi ～〕山分けする.〔山～ 夹〕山積みにして売る. ⑤量詞.山のように積み重なったもの,および人の群れを数える.〔一～石头〕ひと山の石.〔一～花生〕落花生ひと山.〔堆成～〕ひと山に積みあげる.〔一～人〕一群れの人々.〔一大～事〕山のような事柄. ⑥〈方〉群がる.〔～在那儿听广播〕そこに集まって放送を聞く.〔～姓〕堆(%)
堆案 duī'àn 〈文〉多数の文書.山積の文書.
堆场 duīchǎng 貨物堆積所.
堆翅 duīchì ⇒[鱼 yú 翅]
堆存 duīcún 積んである.〔～货物〕商品を倉庫に積んでおく.
堆叠 duīdié 積み重ねる.〔桌 zhuō 上～着大批新书〕机にたくさんの新しい書物が積み重ねてある.
堆垛 duīduǒ ①積み重ねる.山積みする.〔～机〕〔堆

duī~duì 堆馉队对

积机.⑲パイラー.スタッカー.②山積み.〔秸 jié 秆～〕③茎だけの山.
堆放 duīfàng 積んで(放って)おく.〔把那些东西～在那儿吧〕そんな物はそこに積んでおきなさい.
堆房 duīfáng 物置小屋.納屋.倉庫.→〔货 huò 栈〕
堆肥 duīféi ⑲堆肥.コンポスト.
堆焊 duīhàn ⑨肉盛り溶接.ビード溶接.
堆红 duīhóng 堆朱の表面に朱の漆をひと掃けしたもの:〔假 jiǎ 剔红〕〔罩 zhào 红〕ともいう.→〔雕 diāo 漆〕
堆花 duīhuā(r) 押し絵.→〔堆绢〕
堆积 duījī 積み上げる.〔～如山〕山のように積み重なる.②⑲堆積.〔～岩 yán〕堆積岩.
堆集 duījí 積み上げる.山のように集める.
堆金积玉 duījīn jīyù〔成〕金や玉を山のように積む:大金持ちである.
堆绢 duījuàn 色のついた絹布を用いて作った押し絵:衝立(ﾂｲﾀﾃ)などの装飾に使う.→〔堆花(儿)〕
堆垒 duīlěi 積み重ねる(なる).〔他胖 pàng 得～着肉〕彼は太っていて肉が積み重なったようになっている.
堆垒数论 duīlěi shùlùn ⑭加法的の整数論.
堆料场 duīliàochǎng 資材置き場:〔煤 méi 场〕は石炭置き場.
堆弄 duīnong〈口〉積む.〔～衣裳 shang〕着物を積み上げる.
堆砌 duīqì ①(れんがや石などを)積み重ねる.②〈喩〉詩や文章に,よけいな言葉を多く用いる.
堆沤 duī'òu ⑨積み上げて腐熟させる.〔把麦 mài 秸～还 huán 田〕麦わらを堆肥にして畑にもどす.
堆儿菜 duīrcài 一山いくらで売る野菜.
堆石 duīshí 石を積み上げる.また積み上げた石.〔～坝 bà〕ロックフィルダム.
堆头 duītóu ①山積みの品物.②(積まれた)山の大きさ.〔～不小〕山が大きい.③〈方〉体つき.
堆土 duītǔ 土を積み上げる.またその土.
堆笑 duīxiào 笑いをうかべる.〔堆下笑来〕こぼれるような笑いを浮かべる.
堆芯 duīxīn ⑪(原子炉などの)炉心.
堆雪人(儿) duīxuěrén(r) 雪だるまを作る(遊び).
堆盐虎儿 duīyánhǔr ご飯の上に〔腌浸菜〕(漬物)をたくさんのせて食う人.漬物食い.→〔菜 cài 虎儿〕
堆栈 duīzhàn 倉庫:〔货 huò 栈〕に同じ.→〔交(侉)(货仓交(货))〔仓 cāng 交〕⑯倉庫渡し.
堆子 duīzi 積み重ねられたもの.〔土 tǔ ～〕土の山.

〔馉 · 饂〕 duī ⑯蒸して作った〔饼 bǐng ～〕:〔～子 zi〕ともいう.

〔队 · 隊〕 duì ①隊列.行列.〔排 pái ～〕隊列を組む.〔排着～行列を作って.②隊.チーム.グループ.〔消 xiāo 防～〕消防隊.〔游 yóu 击～〕ゲリラ部隊.〔篮 lán 球～〕バスケットボールチーム.〔领 lǐng ～〕隊長.③〈少〉少年先锋队〕を指す.少年先鋒隊.ピオネール.④人民公社時期の〔生 shēng 产队①〕を指す.〔三级所有,～为基础〕(人民公社·生产大队·生产隊)三級所有制で,生産隊を基礎とする.⑤量詞.隊伍をなすものを数える.〔一～宪 xiàn 兵〕一隊の憲兵.

队部 duìbù 機構の本部(事務所).〔生产队～〕生産隊本部.
队副 duìfù 副隊長.
队礼 duìlǐ 少年先鋒隊の敬礼:手のひらを前に向けて頭の上に挙げる.
队列 duìliè 隊列.行列.〔～歌 gē 曲〕行進する時に歌う歌.
队旗 duìqí ①隊旗.ペナント:団体やチームの旗.②少年先鋒隊の旗.

队日 duìrì 少年先鋒隊の活動日.
队伍 duìwu ①隊伍.隊列.〔～排 pái 得很齐 qí〕隊伍の並びがよく整っている.〔游 yóu 行～〕デモ隊(の列).②軍隊.部隊.〔开赴 fù 前线的～〕前線へ赴く部隊.
队形 duìxíng 隊形.〔整 zhěng 顿～〕隊形を整える.〔变换～〕隊形をかえる.
队医 duìyī チームドクター.
队友 duìyǒu チームメイト.クラブメンバー.
队员 duìyuán ①隊員.②チームのメンバー.③少年先鋒隊の隊員.〔成 chéng 员〕
队长 duìzhǎng ①隊長.②(チームの)キャプテン.〔～袖 xiù 标〕⑭(サッカーの)キャプテンマーク.〔足球～〕サッカーチームのキャプテン.→〔主 zhǔ 将〕③少年先鋒隊の隊長.

〔对 · 對〕 duì ①正しい.合っている.正常である.まちがっていない.〔他说得很~〕彼の言うことは全く正しい.〔钱数不~〕金額が合っていない.〔情 qíng 形不~〕様子がおかしい.〔脸上神气不~〕表情がおかしい.〔~了!〕そうだ.そのとおりだ.〔猜 cāi ～了〕言い当てた.②ふさわしい.かなっている.気が合う.仲がよい.〔他和她闹得~〕彼と彼女とはもともと仲がよくない.〔~他的心了〕彼の気に入った.③照合する(して調べる).あたってみる.〔校 jiào ～〕校正(する).〔~笔 bǐ 迹〕筆跡を照らし合わせて調べる〔~一~件数儿〕品数をつき合わせる(て調べる).④(基準に)合わせる.調整する.(員数を)そろえる.〔~表〕(時計の)時間を合わせる.〔好焦 jiāo 距〕ピントを合わせる.〔~得上〕一致する.⑤(二つのものを)合わせる.接ぐ.〔~上门〕(両開きの戸をぴたりと合わせて)閉める.〔两块版没~正〕二つの版木が正しく合っていない.⑥向かいあう.応対する.相手をする.答える.〔无 wú 言可~〕答える言葉がない.⑦〔~〕〈兑〉(液体を水などで)わる.混ぜる.〔酒里~水〕酒に水を混ぜる.〔汤 tāng 里~些水〕スープに水を少し足す.〔洗澡水别烧 shào 得这么热,~上点儿凉水吧〕風呂の湯はこんなに熱くしてはいけない,少しうめなさい.⑧〔~儿〕量詞.対になったものを数える.〔一~花瓶〕一対の花瓶.〔一~夫妻〕一組の夫婦.〔一~男女靴一足.〔做 zuò 成~〕〔成 chéng ~〕対をなす.〔成双成~〕二つそろって対になっている.〔双 shuāng ④〕⑨半分ずつに分け半半する.二等分する.〔~对半〕⑩対になる.相対する.〔为 wéi 仇作~〕敵対する.⑪…に対する(して).…に向かう(向かって).…について.〔~人很和气〕人に対しては穏やかである.〔~镜 jìng 镜〕鏡に向かう.〔~这问题有几种看法〕この問題についてはいろんな考え方がある.〔这话是~他说的〕この話は彼に向かって言っているのだ.〔我们刚学中文的人来说,这种字典很合适〕私たち中国語の初学者にとっては,こんな字引きはぴったりだ.→〔对于〕⑫〔~儿〕対句.〔七言～〕⑪七言の対句.〔~课〕〈文〉対句を作る訓練.⑬⑭パラ:〔对位②〕の略.〔~氨 ān (基)水杨酸〕〔~氨柳酸〕パラアミノサリチル酸:〔派 pài 司〕(PAS)ともいう.結核治療剤の一種.→〔间 jiàn ⑨〕⑭〈姓〉対(ﾂｲ).

对岸 duì'àn 向こう岸.向こう岸.
对白 duìbái ⑨対話.せりふ.ダイアローグ.
对板 duìbǎn ⇒〔块 kuài 规〕
对半拦腰截 duìbàn lányāo jié ①半分にして更に半分に切る切り方,すなわち,四分の一に切ること.②半分に切る.真っ二つに切る.
对半 duìbàn〔~儿〕①半分に.半分(ずつ).〔你们~分吧〕きみたちが半分ずつに分けなさい.〔~劈 pī〕二人で等分に分ける.山分けにする.→〔对分〕

对 duì

倍.〔～利〕倍の利益.倍のもうけをする.
对保 duìbǎo 保証人を確かめる.
对本 duìběn 元金と同額の利息:〔对本(对)利〕ともいう.
对苯二酚 duìběn'èrfēn ⇒〔海 hǎi 得罗几奴〕
对比 duìbǐ ①対比する.比較する.〔成了鲜明的～〕著しい対照をなしている.〔～度 dù〕(明暗の)コントラスト.〔～色〕補色.反対色.〔～比例.比率.〔男女学生人数～是三对一〕男女学生の人数の割合は3対1である.
对病下药 duìbìng xiàyào ⇒〔对症下药〕
对簿 duìbù〈文〉審問を受ける.〔～公堂〕法廷で審問を受ける.裁判沙汰になる.
对不起 duìbuqǐ ①すまなく思う.申し訳がない. ②〈挨〉すみません.〔我很～您〕まことに申し訳ありません.↔〔对得起〕
对策 duìcè ①[旧]科挙の試験の一科目:政治に関する出題について,対策案を述べるもの. ②対策.〔县政府根据汛 xùn 情采取了～〕県政府は増水の情況に応じて対策をとった.
对茬儿 duìchár 〈口〉符合する.つじつまが合う.〔他说的话,前后对不上茬儿〕彼の言う事は前後のつじつまが合わない.
对唱 duìchàng 二人でかけ合って歌う.またその歌.
对称 duìchèn 対称(になっている).つりあい(が取れている).釣合(が取れている).〔～轴 zhóu〕対称軸. 〔～形 xíng〕対称形. ➡ duìchēng
对称性理论 duìchènxìng lǐlùn [物]対称性原理.
对称 duìchēng [印]二人称. ➡ duìchèn
对冲基金 duìchōng jījīn [经]ヘッジファンド.
对词 duìcí ①〈文〉返答(する).答辞(を述べる).復命(する). ②〔～儿〕[劇]せりふ合わせ(をする).
对答 duìdá 応答する.返答する.返事をする.〔～如流〕〔应 yìng 答如流〕〈成〉すらすらと答える.
对打 duìdǎ (一対一で)なぐり合う(やり合う.渡り合う)
对待 duìdài ①(人に)対する.(事に)対処する.臨む.あたる.〔区别～〕区別して対処する.〔只有采取客观分析 xī 态度,才能够正确地～他们的错误〕客観的分析の態度のみが正確に彼らの誤りに対処しうる.→〔对付①〕 ②…に対する(して).向き合って)
对得起 duìdeqǐ 申し訳が立つ.期待に背かない.〔你这样努力,才～你的父母〕きみがこうして努力してこそ両親に申し訳が立つというものだ.↔〔对不起①〕
对等 duìděng 対等である.〔～条约〕対等の条約.
对敌 duìdí ①敵対する.相手になる. ②敵と向かい合う.
对调 duìdiào 入れ替える.差しかえる.替わらせる.〔一匹 pǐ 马和一头牛的匹和头不能～〕馬一匹と牛一頭の"匹"と"头"は入れかえられない.
对顶角 duìdǐngjiǎo [数]対頂角.
对动活塞 duìdòng huósāi [数]向かい合いピストン.
对对儿 duìduìr ①対(つ)に合わせる(一対にする). ②同上.
对对子 duìduìzi =〔对对儿②〕対句(ツィ)を作る:〔对对联〕ともいう.
对对和 duìduìhú (マージャンの)トイトイ:〔顺 shùn 子②〕をまじえない〔刻 kè 子①〕と〔杠 gàng 子②〕ばかりの組み合わせれる役.
对对双双 duìduì shuāngshuāng 対になって.二つそろいになって.〔双双对对〕〔成 chéng 双成对〕ともいう.
对二氯己环 duì'èrdànjǐhuán ⇒〔哌 pài 嗪〕
对方 duìfāng 相手.相手側.先方.〔尊 zūn 重～的意见〕先方の意見を尊重する.〔～付费(电话)〕コレクトコール.→〔我 wǒ 方〕
对分 duìfēn 折半する.〔和戏 xì 院～下来,十万元票房收入中,只得五万元〕劇場側と折半すると,10万元の入場料の中から5万元しか得られない.→〔对半①〕
对付 duìfu ①あしらう.対処する.取り組む.立ち向かう.うまく扱いにくい(扱いにくい).〔过去人们认为癌 ái 症是没有办法～的〕以前,人々は癌(ガン)は手のつけられないものと思っていた.〔这件事很棘 jí 手,至今想不出来怎么～〕この件は非常にやっかいで,今でもどう処理してよいか考えが浮かばない.→〔对待①〕 ②間に合う(わせる).どうにか切り抜ける.うまく…する.その場凌ぎをする.〔～着做〕どうにか間に合わせる.〔这枝钢笔你先～着用吧〕まずこの万年筆で間にあわせなさい.〔吃得不～〕食べたものが腹に合わない.〔对付付付〕どうやらこうやら.→〔应 yìng 付〕 ③仲がよい.うまが合う.〔俩人很～〕両人はとてもうまが合う.
对歌 duìgē 歌垣.歌合戦:南方の農村や山地(特に少数民族に多い)で主に男女の問答形式で行う.
对工 duìgōng 〈例〉(演劇で)役柄に合う.適役で好演する.〔～儿〕〈方〉ピタリと合う.
对攻 duìgōng ①〔又〕(球技で)双方のチームが互いに攻勢に出る. ②互いに攻め合う.
对供 duìgòng ⇒〔对审〕
对股劈 duìgǔpī 〈喩〉二つに割る(分ける).
对光 duìguāng レンズのピントを合わせる.絞りの調整をする.
对光镜 duìguāngjìng ⇒〔取 qǔ 景镜〕
对过(儿) duìguò(r) (道や河の)向かい.向かい側.〔我家～是饭馆〕わたしの家の向かいは料理屋です.〔斜 xié 筋〕向かいに当たる所.
对号 duìhào ①双方をつき合わせる. ②(つき合わせて)一致する.符合する.〔他说的和做的不～〕彼の言うこととすることが一致しない.〔～票 piào〕[口]座席指定券.〔～入座〕座席は指定席になっております(劇場・列車など).⑥〈喩〉自分のことを小説や芝居の人物・事件にあわせる.〔对不上号〕②番号が合わない.⑥つじつまが合わない.〔～儿〕チェックマーク:"∨"など.→〔错 cuò 号〕
对话 duìhuà ①対話する.向かい合って話す.〔用～的方式练 liàn 习会话〕対話形式で会話を練習する.〔～体 tǐ〕対話体. ②(関係者間で)会談する.〔～会〕双方または各方面の代表が対面して協議する会議. ③対話.会話.〔～框 kuàng〕[電脳]ダイアログボックス.
对换 duìhuàn 互いに取り換える.取り換え合う.
对流 duìhuǎng 嘘をつきとめる.うそをなじる.〔我要找 zhǎo 他去对谎〕わたしは彼のところへ行って嘘をとがめる.
对活 duìhuó ⇒〔对口①〕
对火 duìhuǒ 〔～儿〕火を移す.〔到灶 zào 坑用麻杆对了火这样一种作法〕彼へ行って麻杆から火を移した.〔对不住,对对火〕〔借 jiè 光,对个火儿〕すみませんが(たばこの)火を貸してください(たばこに火を移させてください).→〔点 diǎn 火〕
对家 duìjiā (マージャン等で)トイメン:自分の真向かい. ②結婚話の相手.先方.
对剑 duìjiàn [劇](剣を使っての)斬り合い.
对奖 duìjiǎng くじの当選番号をつき合わせる.
对讲机 duìjiǎngjī トランシーバー.
对焦 duìjiāo 焦点合わせ.
对角 duìjiǎo [数]対角.〔～线〕対角線.〔～线尺〕[分 fēn 厘尺]〔斜 xié 尺〕対角線尺.

duì

对接 duìjiē ①ドッキングする.リンクする. ②[工]突き合わせ接合.〔~锻炼 duànliàn〕[工]衝合鍛接.〔对接加压焊〕という.〔~焊〕[工]突き合わせ溶接.衝合溶接.バットウェルド.

对襟 duìjīn(r)〔对衿(儿)〕とも書く. [服](中国服の)向かいえり(前ボタン)の衣服.つき合わせ仕立の衣服.〔~毛(绒)衣〕カーディガン:〔开 kāi 衫〕ともいう.

对劲(儿) duìjìn(r) ①仲がよい.気が合う.〔他们俩很~〕彼ら二人はとても仲がよい.→〔投 tóu 缘对劲(儿)〕 ②気に入る.適切である.〔不~〕ぴったりしない(具合がよくない)

对景 duìjǐng ①ある情景に直面する. ②真実とピッタリ合う. 二者が符号しあう.

对景伤情 duìjǐng shāngqíng ⇒〔见 jiàn 景伤情〕

对局 duìjú 対局する.対戦する.対抗する.手合わせ:碁・将棋.スポーツ(球技など)に用いる.

对决 duìjué 対決する.

对开 duìkāi ①双方から発車する. 双方で(書類を)作成する. 〔公共汽车调 tiáo 整班次,每十分钟一辆〕バスはダイヤを調整し,10分毎に一台ずつ発車させる.〔~信 xìn 用证〕[商]同時開設信用状.バック・ツー・バック信用状:〔背 zhuāng〕という.〔~信用证贸易〕[商]バック・ツー・バック信用状式バーター. ②(二つ折り):新聞用紙の大きさ.〔~报纸〕普通新聞紙(二つ折りにして4ページだけにしてある).〔一张的降 jiàng 低为每份五分〕二つ折り1枚の新聞は1部につき5分値下げする.〔~本〕二つ折本.二つ折判.フォリオ.→〔八 bā 开〕〔四 sì 开①〕 ③五歩五歩に分ける.〔利润 rùn ~〕利益を折半する.

对开螺母 duìkāi luómǔ =〔开缝螺母〕〔开合螺母〕[機]ハーフナット. 半割りナット.

对槛儿 duìkǎnr〔对坎儿〕とも書く.〈方〉ぴったり合う.

对抗 duìkàng ①対抗する.対立する.〔阶 jiē 级~〕階級対立. ②抵抗する.手向かう.〔~赛 sài〕対抗試合.

对抗性 duìkàngxìng 敵対性.〔~关系〕敵対関係.

对抗性矛盾 duìkàngxìngmáodùn 敵対性の矛盾. ↔〔非 fēi 对抗性矛盾〕 ⇒〔敌 dí 我矛盾〕

对空 duìkōng 対空(の).〔~防御 yù〕[軍]防空.〔~台〕(航空)管制塔.〔~导 dǎo 弹〕[軍]対空ミサイル.〔~监 jiān 视〕[軍]対空監視.

对口 duìkǒu ①=〔对话〕掛け合い(やる).〔~山歌〕同調中の山歌. ②口に合う.〔~味〕=〔合口味〕同調中. ③(仕事の内容・性質が)合っている.似通っている.〔做到专业~,人尽其才〕専門を活かせば,人はその才能を余す所なく発揮出来る.〔~下厂〕自分の専門に合った工場に入る. ④[中医](口の後ろにあたる)後頭部の下(にできるできもの).〔~疮 chuāng〕〔脑 nǎo 后疮〕同前.〔~疽 jū〕〔脑疽〕同前の腫れ物.

对口词 duìkǒucí [劇]韻をふんで,二人で演ずる一種の演芸:身ぶりをまじえて詩・詞をかなり速いテンポで朗誦する. 3人以上で演ずるものを〔多 duō 口词〕といい,多数で演ずるものを〔群 qún 口词〕という.

对口会谈 duìkǒu huìtán 対応する部門別会談.〔双方官员就共同关心的双边问题举行了~〕双方の役人は共通に関心を持っている二国間問題について対応した部門別会談を行った.

对口快板儿 duìkǒu kuàibǎnr 二人で掛け合いでやる〔快板儿〕.

对口劳动 duìkǒu láodòng 各個人の専攻に見合った労働.〔学生一面学习一面参加必要的的~〕学生は学習のかたわらそれぞれの専攻に見合った必要な労働に参加する.

对口相声 duìkǒu xiàngsheng (二人で演ずる)掛け合い漫才:単に〔对口①〕ともいう.

对口型 duìkǒuxíng [劇](映画・テレビの)あてレコ.吹き替え. ②吹き込まれたテープに合わせて口を動かし,歌ったりしゃべったりすること.→〔假 jiǎ 唱〕

对了 duìle 同意や自己への注意を表す.〔~,我忘了告诉他了〕そうだ,彼に言うのを忘れていた.

对垒 duìlěi (両軍・両チームが)対峙する.攻守相対する.〔现将比赛全部~秩 zhì 序列后〕ここに全試合の対戦順序を次に列記する.→〔对峙〕

对擂 duìlèi 対戦する.競争する.→〔擂台〕

对立 duìlì ①対立する:相互に排斥・矛盾しあう. ②抵触する.反発する.〔~情绪〕反発する気分.

对立面 duìlìmiàn ①[図]対立面. ②争う相手.敵.〔为自己树 shù 了~〕自分自身のために対立する者を立てる.

对立统一规律 duìlì tǒngyī guīlǜ [哲]対立物の統一の法則.

对联(儿) duìlián(r) =〔对儿②〕〔对子〕① 対句:対になっている.〔喜 xǐ 对儿〕お祝いごとの時送る対聯.→〔对子〕〔流 liú 水对〕〔配 pèi 对子〕 ②対聯(レン):対句を2枚に書きわけて,入口・壁面・広間の柱などの左右に貼った(あるいは吊り下げた)もの. 新年用のものを特に〔春 chūn 联〕という.→〔上 shàng 联(儿)〕〔下 xià 联(儿)〕

对脸 duìliǎn (顔を)向き合って.向かい合う.〔娘儿俩~坐着〕母子二人は向き合って座っている.

对流 duìliú [物]対流.〔~层 céng〕〔变 biàn 温层〕[気]対流圈.〔~环流〕対流圏.

对硫磷 duìliúlín パラチオン:ホリドールは商標名.〔〈音訳〉拍 pāi 拉息昂〕〔硝 xiāo 苯硫磷酯〕に同じ.〔~乳 rǔ 油〕パラチオン乳剤.

对路 duìlù ①好みに合う.気に入る.ふさわしい.うってつけである.〔一句话不~就打他们〕言うことがちょっとでも気にくわないとすぐ彼らを殴る.→〔对腔①〕 ②需要に見合う.要求に見合う.〔不~的货 huò〕好みに合わない(売れの悪い)品.

对驴操琴 duìlǘ cāoqín ⇒〔对牛弹琴〕

对驴抚琴 duìlǘ fǔqín ⇒〔对牛弹琴〕

对轮 duìlún =〔链 liàn 轮齿 chǐ〕

对门 duìmén(r) ①(表門が)向かい合う.〔我们两家~〕私たちの家は向かい合っている. ②向かい側.真向かい.〔~的房子〕向かいの家.〔~有一家饭馆〕向かいに料理屋が一軒ある. ③向かいの家.〔我们家~新搬 bān 来一家广东人家的向かい(の家)〕に新しく広東人の一家が越してきた.

对面 duìmiàn(r) ①顔を合わせる. 顔と顔をつき合わす.〔~不相识〕互いに心を知り合わなければ,毎日顔を合わせていても見ず知らずと同じだ. ②反対の側.向かい側.〔我家就在邮局~〕私の家は郵便局の向かい側にある. ③真向かい.真正面.〔夜里黑乎乎的~什么也瞧不见〕夜は真っ暗で一寸先もわからないほどだ.〔跟我~坐着〕わたしの真向かいに座っている.

对牛弹琴 duìniú tánqín =〔对驴操琴〕〔对驴抚琴〕〈成〉牛に向かって琴を弾く:〔ねこに小判.馬の耳に念仏.

对偶 duì'ǒu ①二つそろったもの.二つの.二重の.〔修辞法〕対偶.〔~工整〕対偶がよく整っている.→〔对仗①〕

对牌 duìpái 〈文〉木札の引替証.

对脾胃 duìpí-wèi ⇒〔合 hé 脾胃〕

对撇子 duìpiězi 〈方〉気質がそっくり似ていること.

对　　　　　　　　　　　　　　　　　　　　　　　　　　　　duì

对枰 duìpíng 〈文〉碁を打つ.対局する.

对枪 duìqiāng 劇〔旧劇の〕槍を持った立ち回りで,技量伯仲,勝負なしで終わるもの.↔〔快 kuài 枪②〕

对敲 duìqiāo 商〔株式の〕クロス買い.

对区 duìqū ス〔バスケットボールなどの〕オポネントコート.相手コート.→〔本 běn 区〕

对儿 duìr ①〔よい〕相手.対抗できるもの.〔没～,真是！〕こんなにいいのは二つとはない,まったく.②⇒〔对联(儿)〕

对儿戏 duìrxì 劇重要な役柄が二つある芝居.

对审 duìshěn =〔对供〕法当事者を法廷で立ち合わせて審理すること.

对生 duìshēng 植対生:葉が一節に2枚,向かい合ってつくこと.〔叶 yè 〕同前の葉.→〔互 hù 生〕

对诗 duìshī 詩のやりとりをする.

对事 duìshì 〔对式〕〔对势〕とも書く.〈方〉ふさわしい.適当である.〔她没办力气,干重活儿不～〕力がないから重労働はむりだ.

对视 duìshì 見つめ合う.

对手 duìshǒu ①〔競技などの〕相手.〔～是世界强队〕相手は世界の强豪だ.〔好敵手.〔棋逢～〕好敵手に巡り合う.

对手拳 duìshǒuquán (拳)を打つ時のあいこ.→〔划 huá 拳〕

对手赛 duìshǒusài 相手を決めてする(增産)競争.

对手戏 duìshǒuxì →〔演 yǎn 对手戏〕

对数 duìshù ①数対数.〔～表〕対数表.〔常用～〕常用対数.〔双曲線対数,〔自然～〕自然対数.②〔列車・バスなどの〕運転本数.〔增 zēng 加列车的开行 xíng ～〕列車の運行本数を増やす.

对台经 duìtáijīng 宗みんなの亡くなった時に,仏教・道教・チベット仏教の僧が一緒に読経すること.

对台戏 duìtáixì 劇同じ演題を二つの劇団が同時にやること.〔喻〕対抗する.張り合う.〔唱～〕〔演～〕向こうを張る.

对题 duìtí 的(を)射ている.テーマに合っている.

对天明誓 duìtiān míngshì 〈成〉天地神明に誓う.〔这件事我敢 gǎn ～〕この事は天に誓ってもよい.

对头 duìtóu ①正しい.適当である.順当である.〔说得～〕言うことが合っている.〔事情办得不～〕事柄がうまくいかない.やり方がおかしい.②正常(である).あたりまえ(である):多く否定に用いる.〔你的脸色不～〕君,顔色が普通じゃないよ.③仲がよい.うまが合う:多く否定に用いる.〔过去他俩不大～,现在却 què 合得来了〕以前彼らはうまが合わなかったが,今はよくなった.

对头焊接 duìtóu hànjiē 工衝合溶接.つきあわせ溶接.バットウェルド.→〔焊接〕〔搭 dā 铆〕

对头螺栓 duìtóu luóshuān ⇒〔贯 guàn 穿螺栓〕

对头铆 duìtóumǎo 工突き合わせリベット.→〔对头焊接〕

对头 duìtou ①仇敵.かたき.〔偏 piān 巧又遇上了死～〕あいにく不具戴天の仇に出会った.②相手.ライバル.〔老～〕好敵手.

对外 duìwài (外部,外国または外国人に対する)対外(の).〔～关系〕対外関係.〔～援 yuán 助〕対外援助.〔～贸易〕〔对外〕対外貿易.〔～汉语教学〕外国人のための中国語教育.〔～招 zhāo 商〕外国企業誘致.〔～开放〕外国に(向かって)開放する.

对位 duìwèi ①位置を合わせる.狙いをつける.②→〔字链⑬〕

对位法 duìwèifǎ 音対位法.

对胃口 duì wèikǒu ①口に合う.気に入る.〔合 hé 口味〕に同じ.②気質に合う.気が合う.③⇒〔合脾胃〕

对味儿 duìwèir ①口に合う.〔正对我的味儿〕わたしの口によく合う.②心に適う.気に入る.③否定に用いる.〔他的话我越听越不～〕彼の話は聞けば聞くほどいや気がさしてくる.

对舞 duìwǔ (舞踊の)デュエット.パ・ド・ドゥ.

对戏 duìxì 劇舞台稽古.リハーサルをやる.

对虾 duìxiā 魚貝コウライエビ(タイショウエビ)の〔斑 bān 节虾〕〔大 dà 虾〕〔明 míng 虾〕〔蝎 níng 虾〕は別称.〔～噴儿 pènr〕同前の出盛り期.

对象 duìxiàng ①対象.〔革命的～〕革命の対象.〔研究的～〕研究の対象.②婚約者.〔他已経有了〕彼にはもうフィアンセがいる.〔搞 gǎo ～〕彼女(彼氏)と付き合う.〔找 zhǎo ～〕結婚(恋愛)の相手を探す.③配偶者:妻または夫.④電覽オブジェクト.

对消 duìxiāo 相殺する.帳消しにする.〔甲乙双方将旧欠～〕甲乙両者は古い借りを互いに相殺する.

对销贸易 duìxiāo màoyì 昻見返り貿易.カウンタートレード:〔反 fǎn 购交易〕ともいう.

对心思 duìxīn·sī 気に入る.〔你说的这番话真对我的心思〕君のこの言葉はほんとに僕の考え通りだ.

对汛 duìxùn 旧両国(両地域)の境界へ双方から派兵して巡視をすること.

对眼 duìyǎn ①〈口〉目にかなう.気に入る.気が合う.〔不～的人〕気が合わない人間.〔这货不～〕この品は気に入らない.うまが合わない.②〔-凡〕やじうみの一種:黒目が同じ側による斜視.〔斗 dòu 鸡眼〕〔斗眼(儿)〕〔中医 通 tōng 睛〕〔医〕内 nèi 斜视〕ともいう.

对译 duìyì 対訳する.

对弈 duìyì 〈文〉(碁で)対局する.手合わせする.

对饮 duìyǐn 〔相対り〕さし向かいで酒を飲む.

对应 duìyìng 対応する.相応する.〔～原理〕物対応原理.〔～关系〕対応関係.

对于 duìyú …にとっては.…には:対象・対応関係を表す.〔对⑩〕に同じ.一般的に〔～〕を〔对〕に改めることができる.ただし⑧人間関係を表す場合には〔对〕のみ用いる.〔大家对我很热情〕みんなに親切にしてくれる.⑤助動詞と副詞の後には用いられない.〔我们对(于)这件事会做出结论的〕〔对(于)这件事,我们会做出结论的:这里は这の事について,これから結論を出す:〔我们会对这件事做出结论的〕は〔～〕を用いない.

对月 duìyuè 結婚して1ヵ月経ってから,新婦が実家に帰って数日泊まる風習.里帰り.〔住 zhù ～〕同前.

对造 duìzào 〈文〉相手方.先方.

对仗 duìzhàng ①詩や駢儷(体)の文の対偶.②対戦(する).競争(する)

对账 duìzhàng 帳簿をつき合わせる.勘定書をつき合わせる.〔～单 dān〕貸借対照表.

对照 duìzhào ①対照する.照らし合わせる.〔～原文修改 yì 译文〕翻訳文と原文とを照らし合わせて訂正する.〔～表〕対照表.②対比する.〔汉日～商务信函 hán〕口語文・文語文対照の商業通信文.③対照.コントラスト.〔形成鲜明的～〕はっきりしたコントラストをなしている.

对折 duìzhé ①5掛けにする.半値にする.5割引にする.〔打 dǎ ～〕5割引する.②半分に折る.二つ折りにする.

对着干 duìzhegàn ①対決する.〔同错 cuò 误的政治路线～〕誤った政治路線とは対決する.②向こうを張って争う.つっかかる.〔他总是爱跟别人～〕彼はいつも人の向こうを張って争う.

对阵 duìzhèn 対陣する.〔与敌军～〕敵軍と対峙する.

对证 duìzhèng ①つき合わせ証明する.照合する.〔反正谁也不能倒 dào 过年代来～〕〔葉紹鈞・古代英雄的石像〕どのみち誰にせよ年代を逆転させて照合するわけにはいかない. ②照合しうる証拠.〔根本没有割群 qún 众中去调查～〕大衆の中に入って証拠にあたることをまるきりやっていない.

对症 duìzhèng 病状に相応する.〔～下药 yào〕〈成〉病状に応じて投薬する.〈転〉事情に応じて適宜に処理する:〔对病下药〕〔对症发药〕〔对症投方〕ともいう.

对质 duìzhì =〔质对〕①法对質する:容疑者たちあるいは容疑者と証人とをつき合わせて問いただす.〔传 chuán 到法庭去～〕法廷に出頭させつき合わせて問いただす. ②双方が互いに問いただす.

对峙 duìzhì 〈文〉①向きあって立つ.〔双峰 fēng ～〕二つの山が同前. ②対峙(き)する.→〔对垒〕

对轴 duìzhóu =〔吊 diào 挂轴〕機中間軸:動力を伝える伝動軸にベルトをかけに,縦軸に動力を伝える中間軸.

对撞 duìzhuàng 衝突する.〔中外文化的～与交流〕中国と外国との文化衝突と交流.〔～机〕衝突型加速器:〔正负电子～机〕の略.

对准 duìzhǔn ねらいを定める.

对酌 duìzhuó ⇒〔对饮〕

对子 duìzi ①⇒〔对联(儿)〕 ②マージャンで,同じ牌2個の組み合わせ:〔雀 què 头〕(あたま)ともいう. ③対をなしている句.→〔偶语〕 ④相対する人.対をなす物.〔～鱼〕魚貝フナの一種:〔独 dú 眼鱼〕ともいう.片目が特に大きく,常に2匹で泳ぐ.

对嘴 duìzuǐ 〈方〉口答えする.言い返す.→〔对舌〕〈慣〉口げんかをする.

对嘴儿 duìzuǐr〈方〉口口づけで(じかに).〔找不着 zháo 碗就～喝〕湯のみが見つからず,口からじかに飲む.

对嘴子 duìzuǐzi〈方〉一つ一つやりこめる言葉.ギャフンと参らせる言葉.〔你不听人劝 quàn,当 dāng 时就给你一个～〕お前が人の言うことを聞かないなら,そのときにギャフンと言わせてやろ.

〔怼・懟〕 duì〈文〉恨む.〔怨 yuàn ～〕同前.

〔兑(兌)〕 duì (Ⅰ)①回古くなった金銀製の装飾品・器などを新品と取り替えること.→〔银 yín 楼〕 ②(金を~に)換える.両替する.交換する.〔～領 lǐng〕引きかえに受け取る.〔汇 huì ～〕⇒替え.〔～零 líng 钱〕小さな切に両替する. ③混ぜる.わる:〔对〕に同じ.〔工业酒精～制的白酒〕工業アルコールを混ぜて製造した焼酎. ④(象棋で相手の駒を)とる.〔～卒 zú〕歩をとる.
(Ⅱ)①〈文〉兌:八卦の一.沢を意味する.→〔八 bā 卦〕 ②〈姓〉兌(だ)

兑赤 duìchì 旧北京で通用した金塊の名:重さは〔漕 cáo 平〕(当時の標準秤)で〔十两〕あり,純金98%を含んでいた.

兑付 duìfù 小切手・兌換券などを現金にする.

兑换 duìhuàn 現金に換える.両替する.〔～率 lǜ〕交換比率.為替レート.〔纸币 bì 不能～黄金〕紙幣は金(き)に交換できない.〔～券 quàn〕兌換券.〔外汇 huì ～券〕外貨兌換券:中国内で外国人が使用する人民元と同様に扱われた(1994年11月11日廃止された).→〔钞 chāo 票〕

兑奖 duìjiǎng ①当たりくじを賞品・賞金にかえる.〔～处 chù〕くじ交換所. ②奨励金を交付する.

兑车 duìjū（象棋で）車をとる.

兑取 duìqǔ 証券・兌換券などを現金化する.

兑现 duìxiàn ①(為替・手形などを)現金化する(こ

と).〔展 zhǎn 缓～〕現金への引き換えを日延べする.〔～转〕約束を実行する.

兑银发货 duìyín fāhuò 買い手は代金を支払い,売り手は品物を引き渡す.

兑银子 duìyínzi 旧銀の目方をはかる.

〔役〕 duì ①⇒〔殳 shū ①〕 ②〈姓〉殳(だ)

〔碓〕 duì ①回ふみ日(ざ):足踏みで杵(き)を上下させて米をつく設備.〔槽 cáo ～〕同前で水の流れを利用して動かすもの. ②〈姓〉碓(だ)

碓房 duìfáng ふみ小屋.精米所.
碓臼 duìjiù ふみ臼.
碓米 duìmǐ 米をふみ臼で搗(つ)く.
碓头 duìtóu ふみ臼のきね.

〔敦(敱)〕 duì 固食器の一種.半球形の蓋と器(うつわ)で,全体が球形で下に3本の短い足をもつ.⇒ dūn

〔錞・錞〕 duì〈徹〉〈文〉石突(いし):矛(ほこ)などの柄の端につけられた金具. ⇒ chún

〔憨〕 duì〈文〉①恨む.〔怨 yuàn ～〕同前. ②悪.奸悪.〔元恶大～〕大悪人.

〔镦・鐓〕 duì ⇒〔錞〕 → dūn

dun ㄉㄨㄣ

〔吨・噸〕 dūn ①〔度〕トン.t:重量の単位.1t = 1000kg.〔公 gōng ～〕は旧称(非法定計量単位).〔英～〕〔长～〕英トン:2240キログラム(1016.05キログラム).〔短～〕米トン:2000ポンド(907.18キログラム). ②〔度〕船の貨物積載容積を示す:1トンは2.83立方メートル.100立方フィート.〔登 dēng 记吨〕に同じ. ③〈姓〉噸(だ)

吨公里 dūngōnglǐ〔度〕トンキロ.t·km:貨物輸送総量を示す単位.

吨海里 dūnhǎilǐ〔度〕トン海里.

吨粮 dūnliáng 農 1ムーの田から1000キロ(以上)の米を収穫すること.

吨时 dūnshí〔度〕毎時トン.t/h:1時間につき1トンの流量.

吨位 dūnwèi〔度〕総トン.グロストン:船舶の全体積を表す.商船に用いられる.1トンは100立方フィート(2.83168立方メートル). ②容積トン:船舶の貨物積載量を容積で表したもの.1トンは40立方フィート(1.13267立方メートル). → 〔重〕同前の重量.→〔舱 cāng 位②〕〔载 zǎi 位〕 ③人の体つき:主に〔～大～〕の形で使う.〔他～儿〕れは大柄だ.

〔惇(憞)〕 dūn〈文〉誠実で人情に厚い.〔～笃 dǔ〕同前.〔～～〕同前のさま.

〔敦(敳)〕 dūn ①篤実である.実直である. ②督促する. ③〈姓〉敦(だ) → duì

敦促 dūncù ねんごろに促す.催促する.

敦厚 dūnhòu 実直で人情深い.〔为人～〕人となりが篤実である.〔朴 pǔ 实～〕飾り気がなく篤実である. ↔〔轻 qīng 薄〕

敦煌 dūnhuáng 地敦煌(ぽん):甘粛省の西北にある.〔～石窟 kū〕敦煌にある石室:唐・五代時代の貴重な写本が多数発見された.〔～学〕敦煌研究学.

敦刻尔克 dūnkè'ěrkè 地ダンケルク:〔丹 dān 刻克〕とも書いた.

敦伦 dūnlún〈文〉①情誼を厚くする. ②夫婦のい

となみをする.
敦睦 dūnmù 〈文〉睦まじくする.交わりをする.〔～邦 bāng 交〕国交を親密にする.
敦聘 dūnpìn 丁重に招聘する.〔～人才〕人材を同前.
敦请 dūnqǐng 〈文〉懇請する.
敦劝 dūnquàn 〈文〉ねんごろに忠告する.
敦实 dūnshí (体や什~)器·家具などががっしりして立派である.〔敦实敦实〕同前の重畳形.〔这套家具挺～,你在哪儿买的〕このそろいの家具はたいへん丈夫そうで立派だが,どこで買いましたか.〔他の身体又像年轻时那样～了〕彼の体はまた若い時のようにがっしりしてきた.

[墩(礅)] dūn ①土を盛り上げたもの.〔～同前.②厚みを持った木や石.〔树 shù ～〕木の切り株.〔桥 qiáo ～〕(鉄橋などの)橋脚.橋台.③[量]叢.幾株も一緒に生えていたり,群がり生えている植物を数える.〔一~谷 gǔ 子〕一叢の粟.④モップでふく.⑤[姓]墩(え)
墩布 dūnbù モップ:〔拖 tuō 把〕に同じ.
墩墩 dūndūn 太って丈夫なさま:〔矮 ǎi〕〔粗 cū〕〔肥 féi〕などの後に付ける.〔这孩子胖 pàng ～的真有意思〕この子は丸々と太っていてほんとに面白い.
墩台 dūntái ①土を盛り上げた台.②のろし台.③橋脚台:〔桥 qiáo 墩〕に同じ.
墩箱 dūnxiāng 衣服を入れる箱で,兼ねて腰を掛けるように丈夫に作ったもの.
墩柱 dūnzhù [建]道路·鉄道の橋脚.
墩子 dūnzi 一〔方:不 dǔn 子〕①木や石の丸材を輪切りにしたもの.〔肉 ròu ～〕肉切り用の木の同前.②でぶ.肥えた人.〔菜 cài ～〕野菜切り用の木の同前.→〔案 àn 板〕〔砧 zhēn 板〕②腰掛け:背もたれのない太い円柱形のもの.陶器のものや洋風布張りのものなどもある.〔石～〕石の同前.
墩座 dūnzuò たたく物のせる分厚い木や石.→字解②

[撴] dūn 〈方〉つかむ.〔一把～住他的手〕ぐっと彼の手をつかむ.→〔揪 jiū〕
撴得慌 dūndehuāng (車の揺れなどのために)尻をどくドスンドスンとぶっつける.
撴撴摔撺 dūndun shuāishuāi 〈方〉(怒って)ぷりぷりする.
撴葫芦摔马杓 dūn húlu shuāi mǎsháo 〈白〉おたまやひしゃくを放り出す.〔喩〕怒って手あたりしだいに放り投げる.

[礅·墪] dūn =〔墩〈②〉〕(家畜·家禽を)去勢する.〔～牛〕牛を同前.

[礅] dūn 荒く刻まれた分厚く大きい石.〔石 shí ～〕同前を円柱状に切った腰掛け.

[镦·鐓] dūn ①[口]金属板を圧延する.〔冷～〕冷圧延(する).〔热 rè ～〕熱圧延する.②⇒〔镦 duì〕

[蹾(撆)] dūn 〈口〉乱暴におろす.〔把碗一～〕茶碗をガチャンと置く.〔箱 xiāng 子里有仪 yí 器～不得往地下～〕箱の中には計器類が入っているから地面にドスンと降ろしてはいけない.
蹾了摔的 dūnle shuāide 〈方〉物をドシン(ガチャ)と放り出して怒る.〔他一不顺 shùn 心就～～可怎么好〕彼はちょっと思うとおりにならないとすぐ物を放り投げる.どうしたらいいものか.

[蹲] dūn ①しゃがむ.うずくまる.〔～下〕しゃがみこむ.〔你～着〕しゃがんでいろ.〔一位～しゃがんだ姿勢.→〔堵 dǔ 捉 zhuō 贼〕待ち込んで賊をつかまえる.→〔猴 hóu 〕〔踞 jù 〕②無力化し

(なすところなく)じっとしている.〔～戏 xì〕役にありつくためにに呼び出しを待つ.〔别净 jìng 在家里～着〕家にじっとばかりしているな.〔白～了半年也没找着 zháo 事做〕半年も家でごろごろしていたが職が見つからなかった.③拘禁される.〔～监狱〕刑務所に同前.〔～了有十天的禁 jìn 闭了〕閉じ込められて十日間もじっとしていた.→ cún
蹲班 dūnbān 留年する.落第する.
蹲膘(儿) dūnbiāo(r) (家畜を)働かせずて飼料を十分与えて太らせること.〈喩〉(人間の)楽をしてよく肥えていること:けなしていう.
蹲裆骑马式 dūndāng qímǎshì ⇒[骑马蹲裆式]
蹲底 dūndǐ 〈喩〉身を縮める.肩身をせまくする.〔咱这点礼,蹲了底丢 diū 了人〕これっぽっちの贈り物は見すぼらしくて面目を失くした.
蹲点 dūndiǎn 幹部が一定期間,末端の現場にとどまり調査研究または活動を行うこと.〔～干部〕同前の活動をする幹部.〔～绕 rào 身〕同前で居る所を一箇所に決め,そこを中心に周囲を回って活動する.〔领导成员到下边～〕上級指導者が下部へ降りて住み込む.→[跑 pǎo 面]
蹲风眼 dūnfēngyǎn 〈方〉留置場(ブタ箱)に入れられる.
蹲伏 dūnfú ①(伏して)うずくまる.しゃがむ(んで隠れる).ひそむ.②⇒[蹲守]
蹲踞式起跑 dūnjùshì qǐpǎo [又](陸上競技の)クラウチングスタート.
蹲坑 dūnkēng 〔一儿〕①しゃがむ(排便する).〔光～不拉 lā 屎〕〈喩〉格好だけつけて肝心なことをしない.②張り込む.
蹲牢 dūnláo 牢獄に入る:〔蹲监 jiān〕〔蹲狱 yù〕ともいう.
蹲苗 dūnmiáo ①[農]苗の根をはらす:ある期間施肥と灌水をひかえ,茎葉の徒長を防ぐこと.②〈喩〉生長のために中休みをとる.
蹲牛棚 dūn niúpéng 文化大革命時期に,批判された幹部や知識人が収容された施設で過すこと.→[牛棚]
蹲桥头儿 dūn qiáotóur [旧]物乞い.路上生活者になる.〔那么些产业,如今会～,真可怜 lián〕あんなにたくさんの身代だったが,いまでは物乞いになるなんてね,かわいそうに.
蹲猛子 dūnměngzi 〈方〉①水に潜る.②身を隠す.
蹲式便池 dūnshì biànchí しゃがみ式の便器:〔坐 zuò 式便池〕(座式トイレ)に対していう.
蹲守 dūnshǒu (刑事などが)張り込む:〔蹲伏〕に同じ.

[不] dǔn 陶器原料の煉瓦状の土塊.〔白 bái ～〕景徳鎮陶磁器用の同前.
不子 dǔnzi ①→字解.②⇒〔墩子〕
盹 dǔn 〔一儿〕居眠り.うたたね.〔～睡 shuì〕同前.〔打一个～儿〕うとうとと眠った.

[趸·躉] dǔn ①まとめて(ある).〔一大口(してある).②(売るために)まとめ買いをする.大口に仕入れる.〔～了不少的新货〕多くの商品を仕入れた.〔现 xiàn 趸～现卖〕仕入れた品をすぐ売ってしまう.〔转〕受け売りする.
趸船 dǔnchuán [商]ハルク:汽船会社が埠頭に定着係留して貨物を積み置く倉庫とし,または汽船乗客の上下船に便するため浮桟橋として用いられる船.
趸货 dǔnhuò 商品を仕入れる.
趸价 dǔnjià 卸し値.⇒[批 pī 发]
趸卖 dǔnmài ⇒[批 pī 发]
趸批 dǔnpī 大口である.まとめてある.〔～出卖〕大口に売り出す.卸し売りする.〔～进货〕まとめて買い入れる.②⇒[批发]

dǔn~dùn

趸铺艇 dǔnpùtǐng 〈方〉遊覧船.
趸售 dǔnshòu ⇒〔批 pī 发〕

〔沌〕 dùn →〔混 hùn 沌〕→ zhuàn

〔囤〕 dùn ①〔穀物囲い:長いござを大きな円筒状(直径数メートル,高さ3,4メートル)に巻き上げて臨時に穀物を貯蔵する囲い(またはその貯蔵).〔粮 liáng 食~〕同前.〔人~〕前に入れる.〔麦 mài ~〕麦囤い.〔米 mǐ ~〕米囤い.〔大~满,小~流〕大きい囤いはいっぱいだし,小さい囤いはあふれるくらいだ:豊作で収穫が上々だ.→〔芡 xué〕②〈姓〉囤(とん) → tún

囤底儿 dùndǐr 穀物囤いの底.〔~上打算盘〕〈慣〉穀物囤いが見えるようになってから算盤をはじく:懐さびしくなってから急に心みしった.
囤尖儿 dùnjiānr 穀物囤いの天辺.〔~不上打算盘〕〈慣〉穀物囤いの中身が上まで一ぱいある間は算盤はじかない:物がたくさんある時は考えなしに使ってしまう.
囤满仓盈 dùnmǎn cāngyíng〈喩〉生活が豊かである.

〔炖(燉)〕 dùn ①〔厚鍋で肉などを〕弱火で長時間煮る:肉などがひたひたになるくらいたっぷりの汁で,柔らかくなるまで煮ること.〔~一锅 guō 肉〕肉を鍋で煮込む.〔~得烂 làn 烂儿的〕柔らかくなるまで煮込む.→〔焖 mèn〕②〔酒や煎じ薬などを〕湯煎(ξ)にして温める.〔~酒〕烫 tàng 酒(ξ)燗(ξ)をつける.〔~药 yào〕温 wēn 药(ξ)煎じ薬を温める.③〈方〉沸かす.〔~开水〕湯を沸かす.

〔砘〕 dùn 〔まいた種の上にかぶせた土を〕おさえる.〔~地〕〈田〕同前.〔~子〕石~子〕同前用の石で作った農具.

〔钝・鈍〕 dùn ①〔刃物·武器が〕なまくらである.切れない.〔这把刀子~了,该磨 mó 了〕この刃物は切れなくなった,研(と)がなくてはならない.↔〔快 kuài ①〕〔利 lì ①〕〔锐 ruì ①〕②のろい.てきぱきしない.〔迟 chí ~〕同前.〔拙 zhuō 口~腮〕口べた.↔〔锐 ②〕③〈姓〉钝(とん)

钝兵 dùnbīng〈文〉①鋭利でない兵器.〔敌 bì 甲 ~〕ぼろぼろのよろいと同前.②弱兵.士気のあがらない軍隊.
钝凶轮 dùnchǐlún 歯車の刻みが鈍角のもの.
钝刀慢剐 dùndāo mànguǎ〈喩〉じわじわと責めさいなむ.
钝感 dùngǎn 鈍感である.
钝根 dùngēn 佛〕(仏教で)生来の愚鈍.↔〔利 lì 根〕
钝化 dùnhuà ①鈍化する(させる).②化〕不活性化させる.不活性化させる.
钝角 dùnjiǎo 数〕鈍角.↔〔锐 ruì 角〕
钝器 dùnqì 鈍器(凶行に使用する)
钝伤 dùnshāng 鈍器による傷害.
钝响 dùnxiǎng にぶい響き.
钝拙 dùnzhuō〈文〉愚かでぶつかない.

〔顿・頓〕 dùn ①〔足や物体で地面または床板を〕踏みならす.地団駄踏む.〔气冲 chōng 冲地用枪 qiāng ~得地板响〕〔周·暴〕プンプン怒って銃で床板を突き鳴らした.②〈文〉とどまる.駐留する.〔~师城下〕軍を城下にとどめる.③〈文〉宿泊地.駐留場所.〔安排好~顿する.④〔风 fēng 潮已经安~了〕騒動はもうおさきった.⑥ちょっと止まる.〔说到这一句时,~了一~〕このひと言まで述べてきた時,(語るのを)ちょっと止めた.⑦(字を書く時に)筆を強く押して止

める.⑧困り果てる.疲れる.〔困 kùn ~〕同前.⑨〈文〉にわかに.急に.〔~生爱慕 mù 之情(ξ)に〕愛慕の情が生ずる.〔令人~感 gǎn 新鲜〕はっと新鮮さを感じさせる.〔疑 yí 团~解〕数々の疑問が急に解決した.〔他放眼太湖~成一诗〕彼は太湖を見てその場で詩を作った.⑩量詞.食事や小言などの回数を表す.〔一天吃三~饭〕日に三度食事をする.〔~~吃(Ꮮ)吃三顿三度(ζ)ご飯のたびに)肉を食べる.〔吃一~,挨 ái 一~〕〔有上~儿,没下~儿〕食うや食わず,〔按 àn ~儿吃〕毎食(欠かさず)食べる.〔说了他一~〕彼を一度叱った.〔打了一~〕一回打ちすえた.→〔餐 cān 次〕⑪〈姓〉顿(ξ) → dú

顿笔 dùnbǐ (字を書く時)筆をとどめる:書くのをちょっと止めて筆をおく,または,力を入れるべきところでちょっと筆を止める.
顿踣 dùnbó〈文〉疲労困憊(ξ)して倒れる.
顿挫 dùncuò ①頓挫する.勢力がにわかに衰える.文勢が急にかわって強い筆鋒を柔らげる.〔~疗 liáo 法〕頓挫療法.②〔言葉の調子や音律などを〕抑えたり止めたりする.〔抑 yì 扬~〕抑揚をつける.
顿号 dùnhào 句読符号の"、":文中の語·語句の並列関係を表す.→〔标 biāo 点符号〕
顿渐 dùnjiàn〈文〉〔顿教〕(単刀直入に悟らせる方法)と〔渐教〕(順を追ってしだいに悟らせる方法)
顿觉 dùnjué ふとおぼえる.急に感じる.
顿开茅塞 dùnkāi máosè 塞ぎふさいでいた茅(ξ)が急に開く.〈喩〉今まで分からなかったことが急にわかってくる:茅塞顿开」ともいう.→〔茅塞〕
顿口无言 dùnkǒu wúyán〈成〉成言葉につまって何も言えない.舌がもつれて言葉が出ない.
顿然 dùnrán 突然.忽然.〔~觉 jué 悟〕〔~而悟〕はっと悟る.
顿时 dùnshí たちまち.にわかに.
顿首 dùnshǒu ①〔旧〕長上の者に対しての敬礼:頭を地面(あるいは床面)に打ちあてること.②〈牘〉発信人の記名の後に書き添え敬意を表す.→〔叩 kòu 头①〕
顿悟 dùnwù 佛〕(仏教で)たちまち悟る.言下に悟る:〔顿生感悟〕の略.→〔渐 jiàn 悟〕
顿踬 dùnzhì〈文〉つまずき倒れる.〈転〉困り果てる.
顿足 dùnzú〔跌 dié 足〕〔跺 duò 足〕〈文〉足を踏み鳴らす.地団駄踏む:〔顿脚 jiǎo〕ともいう.〔~捶 chuí 胸〕〈慣〉地団駄踏み胸をたたいて悔やしがる.

〔盾〕 dùn ①=〔楯〕〈方〉盾(ξ).〔干 gān 戈 gē~〕同じく.〔矛 máo ~〕矛盾.②盾の如きもの.〔后~〕後ろだて.③通貨単位.④ドン(ベトナム).〔越 yuè 南~〕同前.⑤〔卢 lú 比〕(ルピア)の別称(インドネシア).⑥ギルダー(オランダ).〔荷 hé 兰~〕同前:現在は〔欧元〕(ユーロ)を用いる.

盾构 dùngòu〔工法〕〈法〉同前.〔~机〕シールド:円筒型の掘削機.
盾牌 dùnpái ①盾(ξ).②〈喩〉言いわけ.口実.

〔遁(遯)〕 dùn ①〈文〉逃げ隠れる.身をくらます.〔隐 yǐn ~〕隠遁する.〔~消 xiāo〕消えて無くなる.〔入山中〕山中に身をくらます.②〈文〉遯(ξ):六十四卦の一.

遁避 dùnbì 回避する.
遁藏 dùncáng〈文〉逃げ隠れる.
遁词 dùncí〔遁辞〕とも書く.逃げ口上.遁辞.
遁化 dùnhuà〔道 dào 士〕が死去すること(婉語)
遁迹 dùnjì〈文〉行方をくらます.隠遁する.
遁甲 dùnjiǎ →〔奇 qí 门〕
遁入空门 dùnrù kōngmén〈喩〉仏門に入る.〔离开红尘 chén, ~〕俗塵をはなれた同前.
遁世 dùnshì〈文〉世間から逃避する.隠遁する.
遁逃 dùntáo〈文〉逃げ隠れる.逃亡する.

遁形 dùnxíng〈文〉姿を隠す.
遁隠 dùnyǐn 遁世隠居する.

[楯] dùn ⇒[盾①] → shǔn

duo ㄉㄨㄛ

[多] duō ①多い.〔不清楚的地方很~〕わからないところが多い.〔~年的至交〕多年のごく親しい交わり.〔~听、~写、~说〕多く書き、多く話す.〔比预计~出三天了〕予想よりも3日間長くなった.〔~加小心〕十分に注意する.↔[少 shǎo ①].②多くなる.越える.余る.〔比上月~了十万元〕先月より10万元増えた.〔你的钱给~了,退 tuì 给你80块〕きみのくれた金は余計にあったよ、80元返すよ.〔你的话说~了,还是少说为好〕君は口数が多すぎる、言葉を少しひかえなさい.③余計な.無用な.不必要な.〔你别~心〕余計な心配をするんじゃない.④ずっと……である:形容詞の後に置いて,その程度が"ずっと高い"ことを表す.〔好(得)~〕〔好~了〕ずっといい.〔大(得)~〕〔大~了〕ずっと大きい.〔今年比去年热 rè (得)~〕今年は去年よりずっと暑い.⑤……あまり.……と少し:数量詞の後について端数をくくる.〔来了一年~〕来てやっと一年あまり.〔已经有了一个~月了〕もうひと月あまりになる.〔十~万元〕10余万元.〔十~个人〕10数人.〔两千~〕2千あまり.→[来 lái ⑥] ⑥どれくらい:疑問を表し,程度・分量を聞く.ふつう,[长 cháng]〔大〕[远][粗]〔宽][厚]などの積極的な意義を持つ形容詞の前に置く.〔~〕の前に〔有〕,文末には〔呢〕を置くこともある.〔这块铁有~ zhòng〕この鉄塊はどのくらい重さがありますか.〔新楼有~高〕新しいビルはどのくらい高さがありますか.〔~会儿 huìr ~〕〔~咱 zán〕いつ.⑦ほど.〔~〕に同じ.〔祖国建设得~快呀!〕祖国の建設の進み方の何と早いことよ.〔工人们的发明~巧妙哇!〕労働者たちの発明の何と巧妙なことよ.〔~糟 zāo 啊〕何てまずいじゃないか.⑧いくら.どんなに:ある程度を表す.〔无 wú 论〕〔都〕などとよく連用する.〔无论~忙,我都去参加〕いくら忙しくても出席する.否定句の後に用いて漠然とある程度を表す.〔没~年,他就成了富翁 wēng 了〕何年もたたないうちに彼は金持ちになった.〔走出不~远,他又回来了〕いくらも行かないうちに彼は引き返して来た.⑨[音]ド:音階の一.→[多来米]〈姓〉多(たお).

多般 duōbān 種々(の).諸般(の).〔我受了他~的侮 wǔ 辱〕ぼくは彼から様々の侮辱を受けた.

多半(儿) duōbàn(r) =[多一半(儿)]①大半.大部分.②多分.大概.→[大 dà 半(儿)][过 guò 半]

多胞胎 duōbāotāi [医]多胎:[多胎(产)]ともいう.=[双 shuāng 胞胎]

多宝槅(儿) duōbǎogé(r) =[十 shí 景槅]骨董品や工芸品などを並べる飾り棚:[多宝架]ともいう.

多倍体 duōbèitǐ [生]倍数体.=[多元体]ともいう.

多边 duōbiān 多方面.多角的.〔~协 xié 议〕多国間協定.〔~贸易〕多角貿易.〔~条约〕多角条約.〔~形〕[数]多角形.

多变 duōbiàn 変化が多い.〔~的气候〕よく変わる天候.〔~的战 zhàn 术〕多様な戦術.変化に富む戦術.

多辩 duōbiàn 〈文〉弁舌が立つ.

多病 duōbìng よく病気にかかる.病弱である.〔~方知健是仙〕病弱になってみて初めて健康のありがたさがわかる.

多才多艺 duōcái duōyì〈成〉多芸多才である.

多财善贾 duōcái shàngǔ ⇒[多钱善贾]

多彩 duōcǎi 多彩である.〔丰 fēng 富~〕豊富多彩である.

多层 duōcéng 多層である.〔~次〕多重的.複合的.〔~(次)传销 xiāo〕=[直销法][経]マルチ商法.〔~住宅〕中層集合住宅:4～6階建住宅.

多产 duōchǎn 多産である.〔~作家〕作品の数が多い作家.

多吃多占 duōchī duōzhàn〈喩〉欲の皮がつっぱる.一人でうまい汁を吸う.

多重 duōchóng 多重である.〔~国籍 jí〕多重国籍.〔~编制程 chéng 序〕[電算]多重プログラミング.〔~处理机〕[機]多重プロセッサー.

多愁善感 duōchóu shàngǎn〈成〉感情にもろく,感傷に陥り易い.

多此一举 duō cǐ yījǔ〈成〉余計なことをする.〔何必~〕何でこんな余計なことをする必要があるのか.

多大 duōdà ①(年齢・時間などについて)どれくらい(の).〔他今年~年纪了〕今年あの方はおいくつになられたのですか.〔这个小宝宝~岁 suì 数儿〕今年おいくつですか.〔这个小宝宝~的坊ちゃんはおいくつ.〔得 děi 等~工夫儿〕どのくらいの時間待たねばならないか.〔用不了 liǎo ~工夫儿〕どれほども時間はかからない.②実に大きな:大きさや程度の甚だしいこと.〔~的房子!〕何と大きな家.

多弹头 duōdàntóu [軍]多弾頭.〔~导 dǎo 弹〕多弾頭ミサイル.

多党制 duōdǎngzhì 複数政党制(政治の)

多刀切削 duōdāo qiēxiāo [工]マルチカッティング:〔多刃 rèn 切削〕ともいう.

多道程序设计 duōdào chéngxù shèjì [電算]マルチプログラミング.

多得不如少得,少得不如现得 duōdé bùrú shǎodé,shǎodé bùrú xiàndé〈諺〉欲ばったことを空想するよりは、実際的に確実なものを求める方がいい.

多的是 duōdeshì〈口〉たくさんある.多い:〔有 yǒu 的是〕に同じ.

多动症 duōdòngzhèng [医]多動性障害.注意欠陥.〔儿 ér 童~〕児童多重性障害.

多端 duōduān〈文〉あれこれ様々.多方面.〔诡 guǐ 计~〕成い謀計百出.

多多 duōduō ①多い.〔得 dé 益~〕〈文〉利を得ると多多なり.②余計に.たくさん.くれぐれも.〔请您~原 yuán 谅〕どうぞゆうに御許しください.〔替 tì 我~问好〕どうぞくれぐれもよろしくお伝えください.

多…多… duō…duō… 二つの事が関連することを表す.〔~儿 ér ~累 lèi 〕子供が多いと苦労も多い.〔~愁 chóu ~病〕悩みがちでよく病気をする.〔~种 zhòng ~收〕多く植えて多く収穫する.

多多马 duōduōmǎ 地ドドマ:(タンザニア連合共和国)の首都.

多多少少 duōduō shǎoshǎo 多少とも.多少にかかわらず.①少量を表す場合.〔他~认 rèn 得几个字〕彼はほんの少々字を知っている.②多量を表す場合.〔不好了!~的穿靴 xuē 带帽的强盗来了〕(紅105)大変だ,大勢の長靴を穿いて帽子をかぶった強盗が押しこんできた.

多多益善 duōduō yìshàn〈成〉多ければ多いほどよい:劉邦が韓信に如何ばかりの兵を率いるを得ると尋ねると,韓信は〔臣多多而益善耳〕と答えた(史記)

多发 duōfā 多発的である.〔~性〕多発的.〔~病〕多発性の病気.→〔常 cháng 见②〕

duō 多

多方 duōfāng いろいろな手段·方法(で).多方面(にわたって).〔～设 shè 法〕八方手を尽くす.〔～奉 fèng 承我〕手をかえ品をかえてわたしにおべっかを言う.

多酚 duōfēn 化ポリフェノール.〔～无юー〕ともいう.

多佛尔海峡 duōfú'ěr hǎixiá ドーバー海峡.〔道 dào 维(尔)海峡〕ともいう.

多福饼 duōfúbǐng ⇒〔面 miàn 包圈〕

多福多寿 duōfú duōshòu 幸福で長命る.→〔三 sān 多〕

多哥 duōgē トーゴ.〔托 tuō 戈〕とも書いた.正式名称は〔～共和国〕.アフリカ南西岸にある.首都は〔洛 luò 美〕(ロメ)

多功能 duōgōngnéng 多機能.多目的.〔～汽车〕マルチパーパスビークル.MPV.〔～食品加工机〕フードプロセッサー.

多寡 duōguǎ〈文〉多少.多い少ない.〔～不拘 jū〕いくらでもよい.〔～悬 xuán 殊〕天地の差.

多管 duōguǎn〈白〉たぶん.おおかた.〔～也来请柴大官人入伙 huǒ〕(水52)たぶん柴大官人にも仲間に入っていただこうに頼みに来るのだろう.

多管闲事 duō guǎn xiánshì〔惯〕いらぬ〔余計な〕世話をする.〔狗 gǒu 拿耗子,～〕犬がねずみをとる;余計なお世話.

多辊轧机 duōgǔn zhájī 機クラスターロール.クラスター圧延機.

多国部队 duōguó bùduì 多国籍軍.

多国公司 duōguó gōngsī 多国籍企業.〔超 chāo 国公司〕〔跨 kuà 国企业〕〔跨国公司〕ともいう.

多哈 duōhā 地ドーハ.〔卡 kǎ 塔尔国〕(カタール国)の首都.

多花果 duōhuāguǒ ⇒〔复 fù 果〕

多会儿 duōhuir ①いつ.〔～开船〕いつ出帆ですか.②いつか(は).いつでも.〔～大家都齐 qí 心,事就好办了〕いつの日かみんなが心をあわせさえすれば,事はうまく運ぶ.〔我～有空儿～去〕いつでも暇な時に行きます.

多极 duōjí 多極的である.〔一 yī 极〕に対していう.〔～发电机〕多極発動機.〔～体系〕多極化体制.〔～化〕多極化(する)

多级火箭 duōjí huǒjiàn 多段式ロケット.

多角形 duōjiǎoxíng 多角形.

多解 duōjiě 多くの答え(である).→〔一 yī 解〕

多晶硅 duōjīngguī 化多結晶シリコン.

多晶体 duōjīngtǐ 化多結晶(体).→〔单 dān 晶体〕

多久 duōjiǔ どれくらい.いつ.〔你来了～〕来てからどれくらいになりますか.〔不大记得哭 kū 了～,也不知不觉得哭了很久,可能不太记得哭了多久,あまりよく覚えていない.〔现在没车,得等～〕いま車がないなら,どれくらい待つの.

多(聚)糖 duō(jù)táng 化多糖類;澱粉·糖原質·繊維素など.

多孔 duōkǒng 多孔性である.〔～蕈 xùn〕植アミズギタケ.〔～动物〕海綿動物.〔～塑料 sùliào〕〔泡 pào 沫塑料〕発泡プラスチック.〔～砖 zhuān〕建有孔レンガ.

多口相声 duōkǒu xiàngsheng ＝〔群 qún 活〕3人以上の漫才.→〔相 xiàng 声〕

多跨 duōkuà 建橋脚の多い.〔～桥 qiǎo〕多橋脚橋.

多快好省 duō kuài hǎo shěng 多く,はやく,立派に,無駄なく;社会主義建設の総路線のスローガンの一つ.〔鼓 gǔ 足干劲〕〔少 shǎo 慢差费〕〔总 zǒng 路线〕

多亏 duōkuī …のお陰で.〔～您帮助我〕ご助力いただいたお陰です.〔～您帮助我才…〕助けてくださっ

たお陰で….〔～是你,要是别人准做不来〕幸いきみだったからよかったが他の人だったらきっとできなかった.→〔幸 xìng 亏〕

多来米 duōláimí 音(音階の)ド·レ·ミ.〔发 fā,梭 suō,拉 lā,西 xī〕ファ·ソ·ラ·シ.

多劳多得 duōláo duōdé 多く働いた者が多く収入を得る.→〔按 àn 劳付酬〕

多礼 duōlǐ 丁重すぎる.〔您太～了〕ご丁重でいたみいります.

多历年所 duōlì niánsuǒ ⇒〔已 yǐ 有年所〕

多虑 duōlǜ ①十分に考えを巡らす.②余計な心配をする.

多么 duōme ①何と…なこと.〔～好〕何と立派なこと.〔～快〕何と速いこと.〔～gòu 多 ē（多）了〕どれくらい.〔一个～小时能跑～远〕1時間にどれくらいの距離が走れるか.→字解⑥~⑧

多媒体 duōméitǐ マルチメディア.〔～教室〕マルチメディア教室.〔～电脑〕電マルチメディアパソコン.

多蒙 duōméng 何かと…を受ける.〔～指 zhǐ 教感激ji 不尽〕何かとご指教をいただき感謝いたえません.〔～光顾 gù〕いろいろとご愛顧をいただく.

多米尼加 duōmǐníjiā ドミニカ.〔多明尼加〕とも書いた.正式名称は〔～共和国〕.首都は〔圣 shèng 多明哥〕(サント·ドミンゴ).西インド諸島,イスパニョラ島の東半部.

多米尼克国 duōmǐníkèguó ドミニカ国;小アンティル諸島内に位置する.首都は〔罗 luó 索〕(ロゾー)

多米诺骨牌 duōmǐnuò gǔpái〈音義訳〉(西洋カルタの)ドミノ,またその牌.〔～效 xiào 应〕ドミノ効果.

多面角 duōmiànjiǎo 数多面角.

多面手 duōmiànshǒu 多芸多才の人.マルチタレント.

多面体 duōmiàntǐ 数多面体.

多民族 duōmínzú 多民族.〔～国家〕多民族国家.

多谋善断 duōmóu shànduàn〈成〉知謀に優れ,決断が早い;〔好 hǎo 谋善断〕ともいう.

多幕剧 duōmùjù 幕数の多い大がかりな劇.→〔独 dú 幕剧〕

多纳饼 duōnàbǐng ⇒〔面 miàn 包圈〕

多难兴邦 duōnàn xīngbāng〈成〉国家多難の際は国民が発憤して国家を興隆させる.

多瑙河 duōnǎohé 地ドナウ川;ヨーロッパ第2の長流.

多年 duōnián 多年.長年.〔～的交 jiāo 情〕多年の友情.〔～的道儿熬 áo 成河,～的媳 xí 妇儿熬成婆 pó〕年を経た道は川となるし,お嫁さんも年をとればしっかりとめの立場になる.

多年生 duōniánshēng 植多年生(の).〔～植 zhí 物〕多年生植物.

多尿症 duōniàozhèng 医多尿症.

多频道 duōpíndào マルチチャンネル.

多普勒效应 duōpǔlè xiàoyìng 物ドップラー効果.

多歧亡羊 duōqí wángyáng〈成〉逃げた羊を追いていて数本のわかれ道でついに見失う.〈喩〉学問の道が多方面にわたると,なかなか真理がつかみにくい.

多钱善贾 duōqián shàngǔ =〔多财善贾〕〈成〉資力の多いものは商いをするのにやりやすい.〔长 cháng 袖善舞,～〕同前.

多情 duōqíng ①多情(の).〔～种子 zhǒngzǐ〕多情多恨の人.②情愛が深い.愛情に富む.

多儿 duōr〈方〉①いくら.〔一共～〕ひとついくら.②いつ.〔～咱们〕同じ.〔～去〕いつ行くの.

多刃切削 duōrèn qiēxiāo ⇒〔多刀切削〕

多任务 duōrènwu 電マルチタスク.

多日 duōrì〈文〉久しい間.何日(も)

duō

多肉果 duōròuguǒ ＝〔液 yè 果〕⌈植⌋液果:〔肉果①〕ともいう. 水分の多い〈多漿質〉の果実.〔核 hé 果〕〔浆 jiāng 果〕など.

多如牛毛 duō rú niúmáo 〈成〉(牛の毛のように)非常に多いさま.〔苛捐杂派～〕過酷で雑多な税金はあまりにも多い.

多少 duōshǎo ①多少(多いと少ない).〔无 wú 论～〕〔不管～〕〔～不 bù 拘〕多少にかかわらない. ②いくらか(でも). 多かれ少なかれ.〔您～吃点儿吧〕いくらかでもおあがり下さい. ③いささか. 少し. 少々.〔一立秋, 天气～有点凉意了〕立秋になるや少しは涼しさを感じるようになった.

多…少… duō…shǎo… 相反することの対比を表す.〔～给 gěi～取〕他人に奉仕する.〔～砍 kǎn～喊 hǎn〕場当たりにやる.〔～提租～补 bǔ 贴〕家賃を上げ手当て額は下げる.〔～栽 zāi 花, ～栽树〕〔～烧香, ～惹 rě 祸〕〔～嘘〕人の気分を害するようなことは避ける.

多少 duōshao ①＝〔方〕几 jǐ 多①〕(数を尋ねる場合の)いくら. どれだけ:〔几个〕がせいぜい 7,8 個までの数を指すのに対し,〔～〕はそれ以上の多数にも用いられる.〔有～人〕(人数は)どれくらいいますか.〔算算有～〕どれくらいあるか数えて(計算して)ください.〔～钱〕〔方〕多少钱いくら.〔要～给～〕どれだけでも要るだけやる.〔得 děi 一日子〕どれくらいの日数がかかりますか. ②(不定の数量を示すのに多く用いる). いくらでも. どんなに(多く).〔有～人家失去了亲人〕いくもの人々が親しい人を亡くした.〔没有～〕いくらもない.〔用不了一日子〕長い日数はかからない.〔在旧中国, 有～人没有衣服穿, 没有被子盖 gài〕旧中国では着る服もなく, かける布団もない人たくさんいた.

多神教 duōshénjiào ⌈宗⌋多神教.

多时 duōshí 久しい間.〔～未见〕久しくお目にかかっておりません.

多事 duōshì ①問題(事件・事故)が多い. 多難である.〔国家～〕国が多事である.〔～之秋〕〈文〉多事多難の時期. ②余計なことをする. してはいけない事をする.〔不要～了〕余計なことをするな.〔～的人〕おせっかいな人.

多手多脚 duōshǒu duōjiǎo 〈喻〉余計な手出し(をする).〔这些东西很娇 jiāo 嫩, 你别～地动〕これらの品は大変に華奢なものだから, 余計な手出しをしてはいけない.

多数(儿) duōshù(r) 多数.〔～人都赞 zàn 成就决定了〕多くの人の賛成により決定した.

多绥 duōsuí 〈牒〉ご多幸.

多肽 duōtài ⌈化⌋ポリペプチド.〔记忆～〕記憶物質.〔～酶 méi〕⌈化⌋ポリペプチターゼ.

多糖 duōtáng ⌈化⌋多糖類.

多头 duōtóu ①⌈商⌋(株式の)強気買い(する).〔～市场〕強気相場.〔做～〕空〕買いである. ↔〔空 kōng 头①〕 ②多方面の. 多面の. ③(很难～兼 jiān 顾〕事を同時に考えることがむずかしい.

多头菜 duōtóucài ⇒〔榨 zhà 菜〕

多头钻床 duōtóu zuànchuáng ⇒〔多轴钻床〕

多维 duōwéi ①多種のビタミン. マルチビタミン. ②多次元の.

多位数 duōwèishù ⌈数⌋2 桁以上の数.

多嫌 duōxian 〈方〉嫌う.〔你不必～我, 我这就走〕いやな顔をするな, ぼくはすぐ行くよ.

多向 duōxiàng 多方向(の).〔～投 tóu 资〕多面的投資.

多相 duōxiàng 多相. 不均質.

多项式 duōxiàngshì ⌈数⌋多項式.

多谢 duōxiè 〈挨〉ありがとう.〔～～〕同前.〔～的盛 shèng 情〕ご厚情ありがとうございます.

多心 duōxīn 〈多疑〉疑い深い. 気を回す.〔你太～了〕気を回しすぎだぞ. →〔过 guò 心①〕

多行不义 duōxíng bùyì 〈成〉多くの悪事をする.〔～必自毙 bì〕悪行を重ねると必ず身の破滅になる〔左伝〕.

多选 duōxuǎn 複数選択.〔～题〕正解が複数ある選択問題.

多血质 duōxuèzhì 多血質.

多言 duōyán 口数が多い.〔不必～了〕口数を多く費やす〈言くべる〉には及ばない.

多样 duōyàng 多様. さまざま.〔～化〕多様化(する).

多一半(儿) duōyībàn(r) ⇒〔多半(儿)〕

多一事不如少一事 duō yīshì bùrú shǎo yīshì 〈谚〉余計なことをするよりも控えめにしたほうがよい.

多疑 duōyí ⇒〔多心〕

多义词 duōyìcí ⌈語⌋多義語.

多因一果 duōyīn yīguǒ 多くの要素によって一つの結果になる.

多音字 duōyīnzì ⌈語⌋多音字: 2 以上の音がある字.

多余 duōyú 余計である. 余分である.〔～的事〕余計なこと.〔～的人〕〔你就～叫他来〕きみが彼を呼んだのは余計なことだ.〔这是～的话〕これは言うだけ余計だ.〔～人员〕余計な人員.

多元 duōyuán 多次元. 多元.〔～社会〕多元の社会.〔～文化〕多元的文化.〔～论 lùn〕⌈哲⌋多元論.〔～体〕〔多倍体〕⌈生命⌋倍数体.〔～酚 fēn〕〔多酚〕ポリフェノール.〔～化〕多元化(する).〔～酸 suān〕⌈化⌋多塩基酸.

多云 duōyún ⌈気⌋曇り. くもりがち.

多灾多难 duōzāi duōnàn 〈慣〉多難. 災難が多い.

多咱 duōzan 〈方〉いつ. いつか:〔多早晚(儿)〕ともいう.〔你打算～走〕きみはいつ出発するつもりか.〔～有工夫, 我一定去跟你商量〕いつか暇があったらきっとご相談させてもらいます.

多酯树脂 duōzhǐ shùzhī 〔聚 jù 酯树脂〕

多中心论 duōzhōngxīn lùn 中央の指導に従わないセクト主義. 小集団主義の一種.

多种多样 duōzhǒng duōyàng 〈慣〉多種多様(の).

多种经营 duōzhǒng jīngyíng ①多角経営. ②農作物や工業製品を多様化すること.

多轴钻床 duōzhóu zuànchuáng ＝〔多头钻床〕⌈機⌋多軸ボール盤.

多姿 duōzī 多彩である. 鮮やかである.〔～多彩 cǎi〕〈慣〉色も形もさまざまではなやかである.〔婀娜 ēnuó ～〕〈成〉たおやかで美しいさま.

多足类 duōzúlèi ⌈動⌋多足類.

多嘴 duōzuǐ 余計なことに口を出す.〔这事儿与你毫 háo 不相干, 干吗～呢〕この件はお前とは何も関係ないのか, 何で余計なことに口を出すのか.〔～多舌 shé〕〈慣〉口数が多い. 差し出口をする. くちばしを入れる.

[哆] duō → chǐ

哆罗呢 duōluóní ⌈紡⌋①旧厚手の広幅ラシャ地:〔哆罗绒 róng〕ともいう. ②粗製のじゅうたん.

哆嗦 duōsuo ふるえる. 身震いする.〔怕 pà 得直～〕怖くて震えが止まらない.〔哆里 li 哆嗦〕〔哆罗 luo 哆嗦〕〔哆嗦哆嗦〕ぶるぶる震えるさま.

[咄] duō 〈文〉①しかりつける. ②感動詞. おや. どういうこと: 驚き・軽蔑の意を表す.〔～！何事！〕これっ. 何事ぞ.

咄咄 duōduō 〈文〉嘆息・驚き・軽蔑の声: さても. ちぇっ. おや. これ. ～〔～逼 bī 人〕〈成〉勢い込んで人をたじろがせること.〔～怪 guài 事〕〈成〉はて, 奇怪な

duō～duǒ

こと.〔～书空〕〈成〉舌打ちして空中に手で字をかく:無念さを心にかみしめているさま.

咄嗟 duōjiē 〈文〉一喝する.
咄嗟立办 duōjiē lìbàn 〈成〉またたく間に処理すること.〔立〕は〔即 jí〕または〔可 kě〕ともいう.

〔**剁**〕 duō ①〔口〕刺す.突き立てる. ②〔口〕投げる.投げつける. ③〈文〉削除する.切り取る.

〔**掇(裰)**〕 duō ①拾う.〔～取 qǔ〕拾い上げる. ②〔方〕(両手で)持つ.動かす.〔把椅子～上一步〕椅子を一歩前に引き寄せる.→〔掇 diān 掇〕

掇弄 duōnòng 〔方〕①片づける.整理する.修理する. ②もてあそぶ.そのかす.あやつる.〔这是个摆bǎi 设儿,别～！〕これは飾っておくものだからいじってはいけない.〔小孩子爱～水〕子どもは水あそびが好きだ.〔受人～〕人にいいようにされる.→〔撺 cuān 掇〕

掇拾 duōshí ①〈文〉拾いとる.集める. ②→〔拾 shí 掇〕

掇臀捧屁 duōtún pěngpì 〈成〉下にも置かぬふうに持ち上げる.へつらう.

〔**裰**〕 duō ①〔衣服の破れを〕繕う.〔补 bǔ～〕同前. ②→〔直 zhí 裰〕

〔**夺・奪(敓)**〕 duó (Ⅰ)①奪う.取り上げる.〔～取〕奪い取る. ②勝ち取る. ③剥奪する.失わせる. ④圧倒する.制圧する. ⑤突き破る.こじ開ける.〔～口而出〕せきを切ったようにしゃべりだす.〔一门而入〕戸をつき破る勢いで入ってくる.〔～路而逃〕猛スピードで道路を走って逃げる. ⑥〈姓〉夺.(Ⅱ)①旧公用文で可否を決定すること.〔裁 cái～〕定〕決裁する. ②〈文〉失する.誤る. ③〈文〉(文字が)脱落する.〔讹 é～〕誤脱.

夺杯 duóbēi 賞杯を勝ちとる.優勝する.
夺标 duóbiāo ①優勝する.タイトルを取る.〔参加全国横渡长江赛,广州选手～归来〕全国長江横断レースに参加し,広州の選手は優勝して帰って来た.→〔冠 guàn 军〕 ②(入札・コンペなどで)落札する.
夺得 duódé 獲得する.勝ち取る.〔～胜 shèng 利〕勝利を勝ち取った.→〔获 huò 得〕〔取 qǔ 得〕
夺嫡 duódí 〈文〉〔庶 shù～〕が〔嫡子〕の相続すべき地位をとること.
夺冠 duóguàn 優勝を勝ち取る.
夺回 duóhuí 取り返す.奪い返す.〔～阵地〕陣地を奪い返す.〔～失去的时间〕失われた時間を取り返す.
夺眶而出 duó kuàng ér chū 目からはらはらと(涙が)あふれる.〔眼泪～〕同前.
夺魁 duókuí 首席(トップ)を占める.優勝する.
夺门而出 duómén ér chū ドアを突き開けて外にとび出る.
夺目 duómù 目がくらむ.まばゆい.〔光 guāng 辉～〕〈慣〉まばゆくて目がくらむ.
夺取 duóqǔ ①(力ずくで)奪い取る.〔～敌 dí 人的阵地〕敵の陣地を奪い取る. ②努力して勝ち取る.獲得する.〔～社会主义建设的新胜利〕努力して社会主義建設の新しい勝利を勝ち取る.
夺权 duóquán 権力を奪取する.〔无产阶级同资产阶级间一和反～的斗 dòu 争,是生死存亡的斗争〕無産階級と資産階級との奪権と反奪権の闘争は,生死存亡の闘争である.
夺胎换骨 duótāi huàngǔ ⇒〔脱 tuō 胎换骨〕
夺志 duózhì 〈文〉志を奪う.〔匹 pǐ 夫不可～也〕(論語・子罕)匹夫といえどもその志を奪うことはできない.

〔**泽・澤**〕 duó →〔凌 líng 铎〕
〔**铎・鐸**〕 duó ①鐸：昔の合図用の大きな鈴.金属製の舌のついたもの(軍用).〔金 jīn～〕金たく.〔木 mù～〕木たく:木製の舌のついたもの.〔転〕世間を覚醒させ教え導く人.〔～铎〕同前.
〔**度**〕 duó 〈文〉推し量る.〔揣 chuǎi～〕〔忖 cǔn～〕同前.〔揣情～理〕情理をよく考える.〔量 liàng 入～出〕〔量入为 wéi 出〕〈成〉収入額を考えて支出額を見積もる. → dù
度长絜大 duócháng xiédà 〈成〉比較して違いを見る.
度德量力 duódé liànglì 〈成〉自分の徳を度(はか)り力量を量る.(任にたえるか)自らの力を省(かえり)る.
〔**踱**〕 duó ①ゆっくり歩く.〔在屋里～来～去〕部屋の中で行ったり来たりする.〔方〕ばかである.〔～头～脑脑〕頭が足りない.薄のろ.
踱步 duóbù そぞろ歩く.ゆっくりと歩く.
踱方步 duófāngbù ゆっくり(きちんと)歩く.

〔**朵(朶)**〕 duǒ ①〔~儿〕量詞.花や雲(に似たもの)を数える.〔一～梅花〕1輪の梅の花.〔一～牡 mǔ 丹〕牡丹の花一つ.〔一～云 yún 彩〕一かたまりの雲.〔花开了好几～〕花がいくつも咲いた.〔白云～～〕白雲がふわふわと浮いている.〔花～〕花(総称). ②〈姓〉朵(ぱ).

朵儿 duǒr ①花. ②→字解①
朵颐 duǒyí 〈文〉(食べ物を含んで)口を動かす.〔大快～〕満腹するさま.
朵云 duǒyún 〈文〉(他人からの)書簡.

〔**垛(埵・𡎝)**〕 duǒ 〔～子〕①城壁や塀に一定間隔で外な上へ向けて凸出して築いた部分.〔城 chéng～〕城壁の厚く出ばった部分.また,姫垣〔墙 qiáng～〕塀や壁の厚く張り出した部分. ②的場(まとば)の土盛りした場所.〔箭 jiàn～〕同前. → duò
垛堞 duǒdié 同下.
垛口 duǒkǒu ＝〔垛堞〕〔堞 dié 口〕はざま:城壁や要塞の〔女 nǚ(儿)墙①〕(姫垣)の低く凹んでいる部分から外部の敵を射る.〔～墙 qiáng〕同前. → duǒkǒu
垛子 duǒzi →字解; duòzi

〔**哚**〕 duǒ 〔吲 yǐn～〕〈化〉インドール.

〔**躲(躱)**〕 duǒ 逃げ隠れる.避ける.よける.のく.身をかわす.〔～在家里〕家の中に隠れている.〔～不过〕〔～不开〕逃げ切れない.〔～一生〕身を隠して(二人日の)子を産む〔一人っ子政策に対して〕.〔～干净〕〈喩〉そ知らぬ顔をする.〔这个难关我算～过去了〕この難関はどうにかやり過ごすことができた.〔他总是～着我〕彼はどうもわたしを避けてばかりいる.〔走路要注意～车〕道を通る時は車を避けることに気を付けねばならない.〔明枪(容)易～,暗箭 jiàn 难(最)难防〕〈諺〉正面からかかってくるのは避けやすいが,闇討ちは防ぎがたい.
躲避 duǒbì よける.避ける.(法の網を)くぐる.〔～在深山里〕山奥に身を隠す.
躲藏 duǒcáng 身を隠す.避けて隠れる.
躲躲闪闪 duǒduǒ shǎnshǎn ①おじ気づくさま. ②隠しだてするさま.
躲风 duǒfēng 自分への風当たりを避ける.〈喩〉うまく身をかわす.
躲过初一,躲不过十五 duǒguò chūyī, duǒbuguò shíwǔ 〈諺〉(借金取りから)元日には逃れても,15日には逃れられない.いつかは捕まってしまう.

duǒ～duò

躲静求安 duǒjìng qiú'ān〈喻〉やっかいなことには手を出さない.
躲开 duǒkāi よける.避ける.のく.〔你~点儿让我过去〕きみちょっとのいてわたしを通してくれ.
躲懒(儿) duǒlǎn(r)＝〔托tuō懒儿〕〔脱tuō懒(儿)〕怠ける.ずるける.
躲猫(猫) duǒmāo(māo) ⇒〔捉 zhuō 迷藏①〕
躲匿 duǒnì〈文〉身を隠す.
躲让 duǒràng さっとよける.
躲闪 duǒshǎn 身をかわす.避ける.〔～不及 jí〕身をかわしても間に合わない.
躲是非 duǒshìfēi 議論・批判を避ける.〔为了～,还是和他们脱 tuō 离关系好〕面倒を避けるためには彼らと関係を断つほうがよい.
躲雨 duǒyǔ 雨やどり(する).雨を避ける.
躲债 duǒzhài ＝〔躲账〕借金取りを避ける.〔外出～〕借金取りから逃げる.
躲账 duǒzhàng 同上.

[埵] duǒ〈文〉①堅い土. ②土を盛りあげたもの.堆.

[嚲・軃(軃)] duǒ ＝〔軃〕〈文〉垂れ下がっているさま.

[鬌・鬠] duǒ ⇒〔嚲〕

[驮・馱(駄・馱)] duò →tuó
驮子 duòzi ①家畜に載せて運ぶ荷物.荷駄.〔马～〕馬に載せた荷.〔骡 luó ～〕ラバに載せた荷. ②荷を運ぶ家畜.〔赶~的人打着响鞭〕駄馬の馬方はむちをふるう. ③量詞.荷駄を数える.〔这儿有三～货〕ここに荷が3駄ある.

[杕] duò〈文〉舵(だ):〔舵〕に同じ. → dì

[柅] duò〈文〉舵:〔柅〕に同じ. → lí yí

[柂] duò〈文〉①舵:〔柅〕に同じ. ②通じる.導びく. → yí

[剁(剁)] duò ①振りおろして切る.斬りおろす.〔千刀万～〕〈成〉八つ裂きにする. ②(切り)刻む.〔包丁で繰り返し〕細かに切る.〔～肉〕肉をミンチにする.〔～成肉馅〕肉を切り刻んでひき肉のようにする.〔饺 jiǎo 子馅 xiàn ～得很细〕ギョーザの中身がとても細かに刻んである. ③〈方〉突き刺す.〔拿针~〕(入れ墨などで)針で刺す.〔～穷 qióng 的〕回くず拾いの一種:細長い棒の先に針のついたものを手に持ち,路上に落ちているたばこの吸いがらなどを拾って回る者.
剁白菜 duòbáicài 一種の遊戯:右脚を左脚の前へ曲げて左手で持ち,右手で右ももの膝に近いところを野菜を切るような手つきでたたき,長く片足で立っている競争をする.
剁斧石 duòfǔshí 人造石の一種:斧で切り込んだような筋をつけたもの.〔剁假石〕〔斩 zhǎn 假石〕ともいう.
剁碎 duòsuì 切り刻む.切り砕く.
剁馅(儿) duòxiàn(r) (具にする材料を)包丁で切り刻む.〔～包饺子〕餡を刻んでギョーザを作る.

[垛(垛・稵)] duò ①(きちんと)積み上げる.〔～麦垜〕麦わらを積み上げる.〔一五一十地上～数儿〕数を一々ずっと足し合わせていく. ②積み上げた山.〔草～〕草積み上げたもの.〔码 mǎ 高一个～〕きちんと積み上げる. ③量詞.きちんと積み上げたものを数える.〔一～柴火〕ひと山のたきぎ. → duǒ

垛口 duòkǒu 圃(伝統唱い芸で)調子をそろえた句を続けて唱う. → duǒkǒu
垛趾儿 duòzhǐr〈方〉長い間きゅうくつな靴を使用することによって足の第二指が親指の上に重なってくること.
垛砖 duòzhuān 煉瓦(がら)を積み上げる:セメントを用いて煉瓦積みすることは〔砌 qì 砖〕という.
垛子 duòzi 積みあげた(…の)山.〔砖～〕煉瓦の山. → duǒzi

[跺(踱)] duò 強く足踏みをする.地団駄踏む.足でドンと踏む.〔把脚一～就出去了〕足をドスンと踏み鳴らして出て行った.〔～～鞋上的雪吧〕靴についている雪を足踏みして落とさない.〔见水的沙子生～的黄土还硬棒 bang〕水を吸った砂は踏み固めた黄土よりもっと硬くなる.
跺脚 duòjiǎo 足を踏みならす.地団駄踏む.〔～捶 chuí 胸〕〈慣〉(悔やしくて)地団駄踏み胸を打ちたたく.〔他急得直～〕彼は気をもんでしきりに地団駄踏む.
跺蹄顿脚 duòtí dùnjiǎo〈慣〉地団駄踏んで怒るさま.

[饳・飿] duò →〔馉 gǔ 饳〕

[柮] duò →〔榾 gǔ 柮〕

[柁] duò ＝〔柂〕〈文〉舵(だ):〔舵〕に同じ. → tuó

[舵] duò (船などの)舵.操縦舵.〔把 bǎ ～〕〔掌 zhǎng ～〕〔拿 ná ～〕舵をとる.〔你要把稳了～〕舵をしっかり持ってろよ.〔里 lǐ ～〕〔左 zuǒ ～〕とり舵.〔外 wài ～〕〔右 yòu ～〕おも舵.〔升降～〕升降舵.〔方向～〕方向舵.
舵工 duògōng 舵取り.
舵楼 duòlóu (船舶の)操舵室.
舵轮 duòlún 操舵輪.ハンドル.〔舵盘〕〔方 fāng 向盘〕に同じ.
舵盘 duòpán 同上.
舵手 duòshǒu 舵取り.操舵手.(ボート・カヌーで)コックス.〈喩〉指導者.〔航 háng 海靠～〕航海は舵取りが頼りだ.
舵子商 duòzishāng 水運業(者).→〔水 shuǐ 客〕

[堕・墮] duò 落下する.落ち込む.〔~入云雾中 zhòng 弹~于海中〕敵機は弾にあたって海中に落ちた. → huī
堕地 duòdì ①墜落する. ②産れる.
堕巅 duòdiān 頭のてっぺんが禿げる.
堕落 duòluò ①堕落する.〔~下去〕堕落していく. ②落ちぶれる.
堕马 duòmǎ〈文〉落馬する.
堕民 duòmín ⇒〔惰民②〕
堕入 duòrù 落ち込む.
堕胎 duòtāi 堕胎する.(胎児を)おろす〔打 dǎ 胎〕〔掉 diào 胎〕〔化 huà 胎〕〔落 luò 胎〕〔坠 zhuì 胎〕ともいう.〔人 rén 工流产〕〔人流〕(人工流産する)は医学用語.→〔小 xiǎo 产〕
堕甑不顾 duòzèng bùgù〈成〉土鍋をとり落として振り向かないく.〈喩〉無益な後悔はしない.

[惰] duò ①なまける.〔勤〕勤怠.勤惰.〔怠 dài ～〕〔懒 lǎn ～〕怠惰(である).↔〔勤 qín ～〕 ②変化しにくい.
惰力 duòlì 圃惰力.
惰轮 duòlún＝〔方〕过 guò 桥齿轮〕〈方〉过桥牙〕〔介 jiè 轮〕〔中 zhōng (间)轮〕間車(がらま).仲立車.

惰 duòmín ①正業に就かない者. ②=[堕民][史]賤民:元を滅した元は宋の捕虜や罪人などを紹興へ集め[怯 qiè 怜 ní]と称した. 明では[丐 gài 户]とされ賤業に従事させたが清の雍正の時に平民と同列になった. また金に降参した宋の武将焦光瓚の部隊を金が引き上げてから,けなして言った.

惰性 duòxìng ①ずるけ怠ける心. ②[物]慣性. 惰性. [~气体][物]希ガス. 不活性気体:[稀 xī 有气体]の俗称. [~元素][物]希ガス元素(不活性元素. 不活性ガス):[氦 hài](ヘリウム),[氖 nǎi](ネオン),[氩 yà](アルゴン),[氪 kè](クリプトン),[氙 xiān](キセノン),[氡 dōng](ラドン)の6種. 原子価0で他の元素・化合物と化合しない.

[媠] duò 〈文〉なまける:[惰①]に同じ.

E

e　さ

[呃] ē 感動詞. えー. あのー:間を入れたり, ためらう気持ちを表す. →tè

[阿] ē (Ⅰ)①おもねる. へつらう. かたよって親しむ. [曲 qǔ 学～世][成]真理にそむいた学問を修めて世俗にへつらう. [～其所私], 〈成〉情実にとらわれておもねる. [守正不～][成]正道を踏んでへつらわない. ②〈文〉大きな丘陵. 高い丘. ③〈文〉彎曲した地形の所. [山～]山の隅(2). [水～]水の隅. 入り江形の河岸. ④〈文〉棟木. 梁(3). [四～]四本の大きいたる木が四角な屋根の四隅にある家. あずまや.
(Ⅱ)①[地]山東省東阿. →[阿胶]. ②〈姓〉阿(３). →ā a

阿保 ēbǎo 〈文〉①保護扶養する. 守り育てる. 保育する. [尝 cháng 有～之功](漢書・丙吉伝)かつて守り育てた功績があった. ②保母.

阿鼻(地狱) ēbí (dìyù) ⇒[阿 ā 鼻(地狱)]

阿城 ēchéng ①⇒[阿房宫]. ②[地]山東省阳谷県にある町.

阿党 ēdǎng 〈文〉おもねりくみする. [不～, 不私色](晏子春秋・内・問上)おもねりくみせず, 私にかたよらない.

阿堵 ēdǔ, ā~ [白]①これ. この. [～中]この中. [～辈]これらのやから. ②[転]銭:晋の王衍が銭という言葉を口にするのを嫌って[～物](このもの)と言った(晋書・王衍伝)

阿房宫 ēfánggōng, (旧)~páng~ ①=[阿城]. ②[史]阿房宫:秦の始皇帝の宫殿の名. 遺跡は西安市の西にある.

阿奉 ēfèng おもねる. とりいる. [他生性亢 kàng 直, 不肯～上官]彼は性質が剛直で, 上官におもねろうとしない.

阿附 ēfù =[阿媚][趋 qū 附]〈文〉へつらう. [～权贵]勢力のある者や身分の高い者へつらう. →[趋炎附势][巴 bā 结]

阿含(经) ēhán(jīng), ā~ [仏](仏教で)阿含(きん)経(総称):[长阿含][中阿含][杂阿含][增一阿含]の[四阿含]をいう.

阿好 ēhào 〈文〉人の好むところにおもねる. 迎合する.

阿吽 ēhōng [阿咴]とも書いた. [仏](仏教の)すべての文字音声の根本.

阿胶 ējiāo [中医]山東省東阿に産する膠(ぢゃ):阿井の水で黒いロバの皮を煮て作ったもの. [驴 lú(皮)胶]ともいい, 栄養剤として用いられる. [～青 gāo][食]同前・甘草・枸杞などをかたくり粉とともにゼリー状に固めた栄養食品.

阿罗汉 ēluóhàn ⇒[罗汉]

阿媚 ēmèi 〈文〉こびへつらう.

阿弥陀佛 ēmítuófó ①[仏](仏教の)阿弥陀仏(ｷﾞｬ):仏号, 阿弥陀仏は無量の意. 無量寿仏, 無量光仏, 無量清浄仏, 甘露王などと訳. [弥陀(佛)]ともいう. [南无 nāmó～]なむあみだぶつ. ②感動詞. 祈願や感謝の意を表す. [～, 这个难关算过了]ああ, ありがたや, この難関もどうやら越えたわけだ.

阿那 ēnuó ⇒[婀娜]

阿旁 ēpáng, ā~ ①[仏]阿房(ｳｪﾝ), すなわち牛頭(ｽﾞ). [阿傍]とも書いた. 地獄の中の鬼卒の名, で頭は牛, 体は人の形をしているので[牛头～][牛首～]ともいう. ②[転]鬼のように凶悪な人間.

阿热 ērè ⇒[阿 ā 热]

阿闍梨 ēshélí ⇒[阿 ā 闍梨]

阿屎 ēshǐ ⇒[屙屎]

阿史德 ēshǐdé ⇒[阿 ā 史德]

阿史那 ēshǐnuó ⇒[阿 ā 史那]

阿世媚俗 ēshì mèisú [成]世俗にへつらう.

阿私 ēsī 情実で偏頗なことをする. えこひいきをする.

阿魏 ēwèi ⇒[阿 ā 魏]

阿修罗 ēxiūluó ⇒[阿 ā 修罗]

阿徇不公 ēxún bùgōng 上におもねり, 私に偏し, 不公平な取り扱いをする.

阿谀 ēyú 〈文〉こびへつらう. おべっかをつかう. [～曲从][又阿比顺从]へつらい従う. [～苟 gǒu 合之徒]おもねりへつらい, いいかげんに迎合するやから. [～奉承][～逢迎]〈慣〉おもねり人の意を迎える.

[婀] ē

婀娜 ēnuó ⇒[婀娜]

[屙] ē =[屎][口]大小便をする. 排泄する. [～屎 shǐ]=[阿屎]大便をする. [～屈屁 bǎba]うんちをする. [～尿 niào]小便をする.

[婀(娿・娺)] ē ①→[婀娜] ②〈姓〉婀(３)

婀娜 ēnuó 〈文〉(美人の)たおやかで美しいさま:[妸娜][阿那]とも書いた. [华容～][成]花のようなかんばせ.

[㚖(㚖)] ē ⇒[屙]

[讹・訛(譌)] é (Ⅰ)[譌]①誤り(っている). まちがい(っている). [以～传～][成]次々と誤り伝えられる. [书中"生"字为"主"字之～]書中の生という字は主という字の誤りである. ②〈姓〉訛(３)
(Ⅱ)[転]①訛言. 流言. ②騙(³)る(りとる). ゆする. [～人家的钱]人の金を騙りとる. [借 jiè 事～钱]言いがかりをつけて金をゆする. [他～过我一笔钱]彼は彼から金をゆすりとられたことがある.

讹绷 ēbēng [白]騙(³)りとる(って持ち逃げする). [全仗的是磨揣～](児4)得意な手といえばすべて人にまつわりついたり騙ったりするようなことばかりだ.

讹传 échuán 誤伝. [这是～, 您还当 dàng 真了]これは誤伝なのに, きみは本気にしているのか.

讹舛 échuǎn 〈文〉(文字の)誤り. 間違い.

讹错 écuò 錯誤. 間違い.

讹夺 éduó ⇒[讹脱]

讹搅 éjiǎo [方]しらをきる. だます. [这明明儿是我

讹 吪 囮 俄 涐 哦 莪 峨 娥 睋 锇 鹅 é

讹赖 èlài 〈方〉言いがかりをつけて横どりする.だます.騙(だま)る.→〔讹诈〕

讹谬 émiù 〈文〉誤謬.まちがい.

讹人 érén 人にたかる.〔你别以为人家是傻子～啊〕人がばかだと思って金を巻き上げようとするな.

讹索 ésuǒ 騙(だま)って金や物をとる.〔你要再这样～人家的钱,我非送你到派出所里去不可〕おまえがまたこのように人の金を騙りとったりするなら,警察へ送らねばならなくなる.

讹头 étóu 人をゆするネタ.〔找～生事〕人をゆすりるかるネタをみつけて事を起こす.

讹脱 étuō =〔讹夺〕〈文〉(文字・文章の)誤りと脱落.誤字や脱字.

讹误 éwù (文字・文章の)誤り.

讹言 éyán 謡言.流言:〔讹谣 yáo〕ともいう.〔这都是～,你千吗这么相信呀〕これは全部デマなのに,きみはどうしてそんなに信じられるのかね.

讹音 éyīn なまり.不正確な発音.

讹诈 ézhà 〔勒 lè 诈〕騙る.詐取する.〔他专门喜欢～人家的钱财〕彼はすき好んで人の金を巻きあげている.ゆする.

讹字 ézì 〈文〉誤字.→〔白 bái 字〕

[吪] é 〈文〉①動く. ②化する.感化する.変わる.

[囮] é

囮子 ézi ⇒〔圞 yóu 子〕

[俄] é ①〈文〉たちまち.にわかに. ②ロシア:〔俄罗斯的〕の略.〔苏 sū ～〕ソビエトロシア.〔～帝 dì〕ロシア帝国(主義).〔～式衬 chèn 衫〕ルバシカ. ③〈姓〉俄(が).

俄而 é'ér =〔俄尔〕〈文〉にわかに.〔～暴雨骤 zhòu 至〕にわかに暴風雨が起こった.

俄尔 é'ěr 同上.

俄尔辛 é'ěrxīn 〔化〕オルシン:地衣類植物から得る一種の無色結晶の物質.

俄国 éguó ロシア.〔～革命〕ロシア革命.〔～话 huà〕〔俄语〕ロシア語.〔～轮 lún 盘〕ロシア(ン)ルーレット.ルシアンルーレット.

俄顷 éhuáng 桃色(ﾓﾓｲﾛ)(の).淡黄色(の)

俄罗斯 éluósī ロシア:〔罗 luó 宋〕は旧称.〔～联 lián 邦〕ロシア連邦:首都は〔莫 mò 斯科〕(モスクワ).〔～苏 sū 联〕

俄罗斯族 éluósī zú ①オロス(ロシア)族:中国少数民族の一.新疆ウイグル自治区伊犁(ｲﾘ)および烏魯木斉(ｳﾙﾑﾁ)市に分布している. ②ロシアの大部分を占める主要民族.

俄侨 éqiáo (在外)ロシア人居留民.

俄顷 éqǐng 〈文〉しばらく.間もなく. ③〈音義訳〉デシアチーン:ロシアの地積単位の一.

俄然 érán 〈文〉突然.にわかに.

俄延 éyán 〈文〉ひきのばす.おそくなる.

俄语 éyǔ ロシア語:〔俄罗斯语〕の略.

[涐] é 川の名:現在の大渡河.

[哦] é 〈文〉口ずさむ.〔吟 yín ～〕吟唱する. → ó ò

[莪] é

莪蒿 éhāo ヨモギの一種:〔萝 luó 蒿〕ともいう.

莪术 ézhú 〔植〕ガジュツ(莪朮):根茎を薬材にする. → 〔蓬 péng 莪术〕〔郁 yù 金〕

[峨(峩)] é ①〈文〉(山が)高くそびえる.〔嵯 cuó ～〕〔巍 wēi ～〕同前.〔～然不群〕〈成〉孤高を保つこと. ②→〔峨眉〕

③〈姓〉峨(が)

峨峨 é'é 〈文〉①高く聳(そび)えるさま. ②身体の揺れるさま.

峨冠博带 éguān bódài =〔巍 wēi 冠博带〕〈成〉高い冠と幅広い帯.〔喩〕士大夫の服装.〔転〕礼服(を着る)

峨髻 éjì 高く結ったまげ.

峨螺 éluó =〔衣 yī 螺〕〔魚貝〕エッチュウバイ:巻き貝の一.

峨眉 éméi 四川省にある中国四大仏教名山の一:〔峨嵋〕とも書く.〔～山〕同前.〔～宝光〕〔図〕峨眉山の御来光(ブロッケン現象)

[娥] é ①〈文〉(女性が)美しい.うるわしい. ②美女.〔嫦 cháng ～〕神話で,月に住んでいると言われる伝説の仙女の名. ③〈姓〉娥(が)

娥娥 é'é 〈文〉女性の美しいさま.〔～红粉妆〕美しく紅おしろいをつけた装い.

娥皇 éhuáng 尭(ｷﾞｮｳ)の娘の名.舜の皇后となった.

娥轮 élún 〈文〉月の別称:月の中には〔嫦 cháng 娥〕という仙女がいると伝えられることから.

娥眉 éméi ⇒〔蛾眉〕

[睋] é 〈文〉①(遠くを)見る. ②急に.すぐに:〔俄①〕に通じる.

[锇・鋨] é 〔化〕オスミウム:金属元素.記号 Os.〔鉄 mǐ〕は旧名.白金属の一.

[鹅・鵝(鵞・䳘)] é 〔鳥〕ガチョウ:〔家～〕家飼いの同前.〔天 tiān ～〕〔鳥〕ハクチョウ.

鹅抱蛋 ébàodàn 〔植〕ビャクレン(カガミグサ):〔白 bái 敛〕の別称.つる性の多年生草.根は薬用される.

鹅不食草 ébùshí cǎo 〔植〕トキンソウ:漢方薬に用いられる.

鹅蛋 édàn ガチョウの卵.

鹅蛋脸(儿) édànliǎn(r) 卵形の顔.

鹅儿肠 é'ércháng 〔植〕ウシハコベ:ナデシコ科の草本.〔牛 niú 繁缕〕=〔繁 fán 缕〕

鹅观草 éguāncǎo 〔植〕カモジグサ:イネ科の草.赤紫色の長い穗を生ずる.〔鹅冠草〕とも書く.

鹅黄 éhuáng 色(ﾓﾓｲﾛ)(の).淡黄色(の)

鹅口(疮) ékǒu(chuāng) 〔医〕鵝口瘡(ｶﾞｺｳｿｳ):乳児の口内が白くただれる病気.

鹅涟 é·lián 〈方〉汚れ.濡れてできたしみ:〔涎涟〕とも書く.〔衣服上有一片～〕服の上にしみができた. →〔污 wū 点〕

鹅翎 élíng ガチョウの羽毛.

鹅翎笔 élíngbǐ ガチョウの羽毛で作った筆.

鹅翎扇 élíngshàn ガチョウの羽で作った扇:〔鹅毛扇〕

鹅卵石 éluǎnshí (大きめの)玉石:水流にもまれて角がとれて球形となった石.→〔卵石〕

鹅毛 émáo ①ガチョウの羽毛.〔～大雪〕ぼたん雪.〔喩〕軽少のもの.〔千里送～,礼轻人意重〕〈諺〉礼物は軽少でも,その心づかいは軽からぬものがある.

鹅毛扇 émáoshàn ⇒〔鹅翎扇〕

鹅毛玉凤花 émáo yùfènghuā 〔植〕ダイサギソウ:ラン科の多年生植物.〔鹭 lù 兰〕ともいう.

鹅绒 éróng ガチョウの綿毛.

鹅头 étóu ①ガチョウの頭(のこぶ). ②ひたいの瘤(ｺﾌﾞ).〔撞 zhuàng 了一个大～〕ぶつかって,大きな瘤がひたいにできた. ③〈方〉ばか.

鹅行鸭步 éxíng yābù =〔鸭步鹅行〕〔喩〕ゆっくり歩むこと.〔你两个闲常在镇上抬桥 jiào 时,只是～,如今却怎地这等走的快〕(水32)おまえたち二

é～è 鹅蛾额恶厄苊扼

鹅油酥 éyóusū 〔食〕小麦粉にガチョウの脂肪をこね合わせて,〔酥③〕(ほろほろとした口あたりの作り方)に作りあげた〔点 diǎn 心②〕(お菓子).

鹅掌 ézhǎng ガチョウの水かきのある足.

鹅掌草 ézhǎngcǎo ⇒〔二 èr 轮草〕

鹅掌风 ézhǎngfēng 〈口〉手のひらにできるたむし(皮膚病).

鹅掌楸 ézhǎngqiū 〔植〕シナユリノキ.

鹅准 ézhǔn 雄(ぉ)のガチョウの頭上の赤い肉瘤.

〔蛾・蚕〕é ①〔虫〕蛾.〔蛾子〕は通称.②→〔蛾眉〕③〈姓〉蛾(ぉ)
— yǐ

蛾绿 élù 〈文〉①眉墨:青黒い色をしているのでこのようにいう.②〔色〕薄い黄緑色(の).

蛾罗 éluó 〔虫〕(蚕のさなぎから変態した)蛾.

蛾眉 éméi 美しい眉:〔娥眉〕とも書く.

蛾眉豆 éméidòu ⇒〔扁 biǎn 豆〕

蛾眉月 éméiyuè 新月.三日月:〔娥眉月〕とも書く. →〔月牙(ル)〕

蛾子 ézi →字解①

〔额・額(頟)〕é ①ひたい:〔前 qián 额〕に同じ.〔额头〕は
通称.俗に〔脑 nǎo 门子〕という.〔短发覆 fù ～〕短い髪がひたいを覆っている.〔他的～上受过刀伤(しょう)はひたいに刀傷を受けたことがある.→〔天 tiān 庭①〕.②(一定の)数量.定额.ノルマ.〔定〕所定の額.〔全 ～〕定員.〔超 chāo ～〕定数以上にする.ノルマを越える.〔～满为止〕枠(定数)一杯で打ち切る.〔配 pèi ～〕割当額.③額(がく).〔匾 biǎn ～〕横額.④〈姓〉額(がく)

额顶 édǐng ひたいのてっぺん.

额定 édìng 額の定まった.額を定めた.定額の.〔仍 réng ～预算系处 chǔ 理〕やはり予算枠内で処理する.〔～股 gǔ 本〕〔公称资本〕公称資本.〔～人数〕定員(数)

额度 édù 規定された額.定まった額.

额尔德尼 é'ěrdéní ①→〔班 bān 禅〕②〔人〕姓は納喇氏.満州正黄旗人.蒙古字と満州語をつづりあわせて清書(しんしょ)を創製した.功により太祖から〔巴 bā 克什〕の称号を贈られた.

额发 éfà 前髪.

额非尔士峰 éfēi'ěrshì fēng 〔音義訳〕エベレスト:〔珠 zhū 穆朗玛峰〕(チョモランマ)の旧称.〔埃 āi 佛勒斯峰〕とも書いた.

额风痧 éfēngshā 〔中医〕風邪でひたいの痛む症状.

额驸 éfù →〔驸马〕

额骨 égǔ 〔生理〕前頭骨.〔他的～很高,看相的说是主贵〕彼のひたいの骨はとても高いが,人相見はそれは高貴な身分になるのを表していると言う.→〔头 tóu 骨〕

额角 éjiǎo ひたいの両端部.

额颅 élú ⇒〔额头〕

额鲁特 élǔtè →〔瓦 wǎ 剌〕

额满 émǎn 一定の数に達する.〔数(题)は予算枠内で(止)〕定員に達ししだい締め切る.〔～即行截 jié 止〕定員に達ししだい締め切る.

额门 émén ひたい.〔急得～冒汗〕焦ってひたいに汗が出た.

额面 émiàn 〔商〕額面.〔票 piào 面〕ともいう.〔～股 gǔ 份〕額面株式.

额骈 épián 〔虫〕頭頂:昆虫類の両眼の間の高くなった部分.

额手 éshǒu ひたいに手をかざして敬意や祝意を表す.〔～称 chēng 庆〕〈成〉同前をして祝意を述べる.〔～相庆〕〈成〉同前をして祝いを述べあう.〔～敬〕〈成〉同前して敬意を表する.→〔额颂〕

额数 éshù =〔额子①〕定数.定額.ノルマ.〔～已经满了〕定数はもういっぱいだ.

额颂 ésòng ひたいに手をあて敬祝の意を表す.→〔额手〕

额头 étóu =〔文〕额顶〕ひたい(通称).→字解①

额外 éwài ①定額以外(の・に).枠外(の・に).〔～负担〕ノルマ外の負担.〔～手头〕超過支出.〔～股 gǔ 息〕(株)の)特別配当.〔得到～补 bǔ 助〕規定額以上の補助を得る.〔～津 jīn 贴〕特別の手当.超過勤務手当.③法外(な).〔提～的要求〕べらぼうな要求を出す.

额子 ézi ①⇒〔额数〕②〈文〉女性用の額にあてる装飾具.形は鉢巻に似ている.③旧劇で用いる半球形の帽子:多くの金属の装飾が付けられている.

〔恶・惡(噁)〕ě → è wū wù

恶心 ěxīn ①悪心(ぉしん).吐き気がする(胸のむかつく).〔有点儿～〕胸がむかつく.〔两眼昏 hūn 花,口里作～,呕 ǒu 出许多清痰来〕(儒⑥)両眼がくらくらとし,口の中がむかむかとして,ゲェゲェとたくさんの生つばを吐いた.②〈転〉たまらない気持ちになる.やりきれない思いをする.〔这种样子叫人一看就～〕こんなありさまを見ただけでいやな気分になる.〔～事都让我一个人碰上了〕いやな事が全部わたしの一人にふりかかってくる.いやな気分にさせる.むかっとさせる:〔～人〕の形をとる.〔他爱～人〕彼は人のいやがるようなことをしたがる. → èxīn

〔厄(阨・戹・阸)〕è ①〈文〉
災難.困難.〔遭 zāo 受困～〕困難にぶつかる.〔不忘当年之～〕当時の災難を忘れない.②(同前に遭って)苦しむ.〔船厄海上,～于风暴〕船が航行中,暴風に遭遇し苦しんだ.③険しいところ.〔险 xiǎn ～〕同前.〔闭关据～〕関所を閉ざして険しいところにたてこもる.④訳音字.

厄尔尼诺(现象) è'ěrnínuò (xiànxiàng) 〔音義訳〕図エルニーニョ(現象):〔埃 āi 尔尼诺(现象)〕とも書く. →〔拉 lā 尼娜(现象)〕

厄瓜多尔 èguāduō'ěr エクアドル:正式には〔～共和国〕.南米の赤道直下であるので〔赤 chì 道国〕ともいう.首都は〔基 jī 多〕(キト)

厄境 èjìng 難局.〔迭 dié 遭 ～〕何度も苦境に立たされた.

厄鲁特 èlǔtè →〔瓦 wǎ 刺〕

厄难 ènàn 苦難.災難.

厄立特里亚 èlìtèlǐyà エリトリア:正式には〔～国〕.紅海の入口にある.首都は〔阿 ā 斯马拉〕(アスマラ)

厄运 èyùn 悪運.悪い巡りあわせ.〔～当头〕災難到来.

〔苊〕è 〔化〕アセナフテン.〔～烯 xī〕アセナフチレン.

〔扼(搤・搹)〕è ①つかむ.捕まえる.握る.絞める.〔～
住咽 yān 喉〕のどをしめる.→〔扼要〕②とりひしぐ.押さえつける.〔力能～虎〕カよく虎を押さえひしぐ.③守る.守備する.〔～守〕(要衝)を固める.

扼吭 ècháng 〈文〉①首をつって自殺する.②要点をつかむ.〔～拊 fǔ 背〕〈成〉死命を制する.前後から急所をおさえ,敵を制する.

扼喉 èhóu 〈文〉のどを絞める.〈喩〉急所を握る.〔～拊 fǔ 背〕〔拊背〕〈成〉要衝を押さえて敵の死命を制する.

扼流(线)圈 èliú (xiàn)quān 〔電〕チョークコイル.

扼杀 èshā ①扼(や)殺する.絞め殺す.②〈喩〉圧殺する.

扼呃轭呝垩恶

扼死 èsǐ 絞め殺す.〈喩〉圧殺する.
扼腕 èwàn〈文〉我と我が腕を握りしめる:憤慨したり,残念がったり,意気込んだりする.
扼险 èxiǎn〈文〉険要の場所を守る.
扼要 èyào 要点をつかむ.〔~地说〕要を取って述べる.〔简单~〕簡単で要点を押さえている.
扼制 èzhì 抑圧(する).〔~欲 yù 望〕欲望を抑える.

〔呃〕 è ①=〔呃①〕しゃっくりする.→〔呃逆〕
②感動詞.注意をひくときや感動したときの声.あー.あの.→ ē e

呃逆 ènì しゃっくりする.ふつう〔打 dǎ 嗝（儿）〕という.

〔轭·軛〕 è（車の）くびき:車や鋤などを牛・馬に引かせる時,牛・馬の首にあてがう横木.〔~子〕〔~架 jià〕同前.

〔呝〕 è ①⇒〔呝〕 ②〈擬〉鳥の声.〔~呜 wō〕〔喔喔〕クックッ.クワックワッ.〔~儿啊 ā〕〈擬〉グワグワ.〔乌 wū 鸦~儿啊地飞〕からすがカーカーと鳴きながら飛ぶ.

〔垩·堊〕 è ①白土.〔白~〕白墨(ぼく). ②〈文〉同前で白く塗る.〔~壁〕壁塗り. ③〈方〉施肥.

垩室 èshì〈文〉荒壁の部屋:喪中にある者の住むところ.
垩帚 èzhǒu 壁塗り用の刷毛(け)

〔恶·惡〕 è ①悪.悪行.悪事.〔善~〕善悪.〔罪 zuì~〕罪悪.〔罪大~极〕その罪はきわまってこのうえもないこと.〔无~不作〕〈成〉どんな悪事でもやる.⇔〔善 shàn ①〕 ②凶悪である.たけだけしい.激しい.〔一场 cháng~战〕ひどい戦い.一戦.〔他俩一吵 chǎo 起来了〕二人ははげしく口論をしはじめた.〔我就来南京路逛一圈~买一气〕南京路に来て一回りし,めちゃくちゃに買い物をする.〔突击~写作业〕宿題をバタバタと片づける. ③悪い.好ましくない.〔恶行〕 ④〈文〉醜い.〔相 xiàng 貌不~〕容姿は醜からず. ⑤〈文〉粗末である.〔~衣~食〕粗衣粗食. ⑥〈方〉ひどく.とても.〔~灵 líng 利〕たいへん賢い. → ě wū wù

恶霸 èbà 悪(ワル)党の顔役.悪人のボス.〔~地主〕悪党地主.⇒〔恶棍〕
恶报 èbào 悪の報い.〔恶人有~,你可怜他干什么〕悪人に悪報ありで,かれをかわいそうに思ってやって何になる.⇔〔善 shàn 报〕
恶变 èbiàn 医悪性転化:腫瘍の癌化など.
恶病 èbìng 医〔~杨 yáng 梅疮〕
恶病质 èbìngzhì 医悪液質・カヘキシー:異常な痩せかた.貧血・精神衰弱などの症状.
恶补 èbǔ 大あわてで補充をする.
恶叉 èchā〈喩〉凶悪な人.〔~白赖〕〈成〉悪無頼.
恶炒 èchǎo 不実な操作をする.悪どい手を使う.
恶臭 èchòu 嫌なにおい.悪臭.〔~不堪 kān〕臭くてたまらない.
恶疮 èchuāng 中医悪性の瘡(かさ).〔长 zhǎng 了一身的~〕全身たちの悪い瘡ができた.
恶歹子 èdǎizi〈口〉(悪臭が)鼻をつく.〔~臭〕ひどく臭い.〔那根烟 yān 袋,实在又辣又臭,~难抽〕(児25)あのキセルは本当に辛くて臭くて,全く吸えたものではない.
恶道 èdào ①〈文〉悪の道. ②=〔恶趣②〕仏〔仏教で〕地獄・餓鬼・畜生の三途.〔凶恶道士.〔~凶 xiōng 僧〕悪い坊主や道士.
恶德 èdé 悪徳.
恶斗 èdòu 苦闘(する).激戦(する).〔这场~,直杀得飞沙走石,日月无光〕この激闘は,まことにすさまじいものであった.
恶毒 èdú 陰険悪辣(らつ)(である).あくどい.〔那个人

的心可真~〕あいつの性根(しょう)ときたら全く残虐だ.〔~中伤〕あくどい中傷.
恶心实实 è'è shíshí〈方〉ごみのある.どすのきいた.ひどい.〔只拾起眼皮儿来~的瞪了人家一眼〕(児26)上まぶたをつりあげて,ものすごい目つきで相手をじろりとにらんだだけだった.〔再一地热几天,大庄 zhuāng 稼也就熟了〕あと数日もしっかりとこの暑さが続けば,作物はもう実ってくる.
恶风 èfēng ①悪い風俗習慣.悪風. ②中医風邪のひどいもの. → wūfēng
恶妇 èfù 素行のよくない妻.〔~破 pò 家〕不行儀な女は家を滅ぼす.
恶感 ègǎn 不快感.いやな感じ.〔引起~〕不快感を招く.〔我对他可以说是毫 háo 无~〕彼に対しては全く嫌いではないと言える.
恶狗 ègǒu 凶暴な犬.猛犬.
恶贯满盈 èguàn mǎnyíng〈成〉悪事の限りを尽くしてきうとう年季の納め時になること.〔那个恶霸 bà 地主~,终于被人民镇 zhèn 压了〕あの悪党の地主は悪業の限りを尽くしたが,ついに人民に処刑された.
恶鬼 èguǐ 圏人を悩ます亡霊.〈喩〉悪党. ②〈罵〉こん畜生!
恶棍 ègùn 無頼漢.ごろつき.〔这家伙无法无天的,真是一个~〕この野郎はやりたい放題にやりやがる,全くの悪党だ. →〔恶霸〕
恶果 èguǒ 悪い結果.悪い報い.〔有恶因必有~〕悪因あれば必ず悪果あり.
恶寒 èhán 中医悪寒(おかん).〔~战栗〕同前で鳥肌が立つ.
恶耗 èhào 凶報.悪い知らせ.〔听到~他不禁 jīn 落泪了〕訃報を聞いて,彼は思わず涙を流した.
恶狠狠 èhěnhěn 憎々しげなさま.〔他~地跟我要钱〕あいつは憎々しげにわたしに金をせびった.〔他~地瞪 dèng 了我一眼〕彼は憎々しげに僕をにらみつけた.
恶化 èhuà ①悪化する(させる).〔病情〕病情が悪化する.〔~了经济形势〕経済情況を悪化させた. ②〈方〉(物などが)言いがかりをつけて,むりやり施しをさせること.
恶疾 èjí =〔恶症〕人に嫌がられる難病.
恶迹 èjì 以前に犯した罪.
恶口 èkǒu 悪辣な言葉.毒のある言葉.〔~伤人〕ひどい言葉で人を傷つける.
恶辣 èlà 悪辣である.〔~的手段〕悪辣な手段.
恶赖 èlài ①不良である.〔其风俗~如此〕その風習の悪さはこのとおりだ. →〔恶劣〕 ②チンピラ.ごろつき.
恶浪 èlàng ①荒波.〔经受人世間狂风~的磨练〕世の中の荒波にもまれる. ②悪の勢い.
恶劣 èliè たちが悪い.不良である.〔~的环境〕劣悪な環境.〔这个人给別人的印象~极了〕この人の他人に与える印象は極めて悪い.〔天气~〕天気が悪い.
恶露 èlù ①医悪露(ろ).産後の下(お)り物.〔~不净〕〔~不絶〕〔~不止〕産後の下り物が止まらないこと. ②〔仏教で〕身体の不净な汁液物:膿・血・尿・屎など.
恶駡 èmà 意地悪く口汚く罵(ののし)ることを言う.〔他这一顿~,谁听了都受不了〕彼の人を罵ったこの口汚さは,だれが聞いても耐えがたかった.
恶眉恶眼 èméi dèngyǎn〈方〉怖い目つき(の).凶悪な顔つき(の).=〔恶眉恶眼〕ともいう.〔別这么~地瞧 qiáo 人呀〕そんな怖い目つきで人を見るなよ.
恶梦 èmèng 悪い夢.悪夢.
恶苗病 èmiáobìng 園(イネの)〈慣〉バカ苗病.〔白秆〕〔水

è

恶

shuǐ 稻悪苗病]ともいう.

恶名 èmíng 悪名.評判が悪いこと.[怕担～]人から悪く言われるのを恐れる.

恶魔 èmó ①悪魔(のような人).②囲(仏教で)仏法及び全ての善事を妨げる悪魔.

恶逆 ènì ①心がよこしまで甚だしく道に背くこと.②固十悪罪の一:父母その他尊属を打ったり殺したりする罪.

恶念 èniàn 邪念.

恶癖 èpǐ 悪癖.よくない好み.

恶气 èqì ①悪臭.[一股～](具体的な)同前.[那个地方～冲 chōng 天,叫人怎么待着呢]そこは臭くて臭くて我慢しておれるものじゃありません.②不満.腹立たしさ.[出～]むかっぱらを立てる.[受人家～]人から悪意のあることをされる.

恶趣 èqù ①悪趣味.②⇒[恶道②]

恶人 èrén ①悪人.悪漢.[～自有～磨 mó]〈諺〉悪人は当然自分以上に悪い人からいじめられる.天理は公平だ.[～先告状]悪人が先に訴え出る.→[坏 huài 人] ②〈文〉醜い人.③人の恨みを買う人.人に憎まれる人.

恶煞 èshà 厄神(㊈).邪気.[犯了～]厄神をうける.[凶 xiōng 神～]凶神悪鬼.

恶讪 èshàn 言葉で人を傷つける.そしり笑い.

恶少 èshào 不良少年.非行少年.不良息子.[恶子 zǐ]ともいう.

恶神 èshén 災いの神.

恶声 èshēng ①罵言.怒(㊈)声.[到外头跟人家说话,别这么～恶气(的)外で人と話をする時はそんなどなり声を出すな.②よくない[不吉な]評判.[～传遍各地]悪い評判があまねく伝わる.

恶识 èshí 相手の機嫌を損ねる.恨みを買う.

恶实 èshí ⇒[牛 niú 蒡子]

恶食 èshí 〈文〉粗末な食物.→ wùshí

恶事 èshì 悪事.悪行.[～行千里]〈諺〉悪事千里を走る.

恶水 èshuǐ 汚水.濁水.

恶俗 èsú ①悪い風俗.[赌 dǔ 博这样的～几乎没有了]ばくちなどのような悪い風俗はほぼなくなった.②低俗である.卑俗である.

恶徒 ètú 悪徒(ども).悪漢(たち).[像这种～就该杀]このような悪人はすぐ死刑にすべきだ.

恶习 èxí 悪習:賭博.麻薬吸飲など.

恶限 èxiàn 〈文〉運の悪い時期.[白今年时犯岁君,正交～](水61)だが今年は"歳君"を犯す年に当たり,ちょうど悪運の時期である.→[太 tài 岁]

恶相 èxiàng 凶悪な人相.

恶心 èxīn 悪心.よくない考え.[这里有新的宾客…新的冷眼和～](鲁迅・孤独者)ここには新しい賓客,…新しい冷やかな眼と悪意がある.[～钱]正当でない金.→ ěxīn

恶行 èxíng 悪行.良くない行為.

恶性 èxìng 悪性(の).[～通货膨 péng 胀]医悪性インフレ(ーション).[～肿 zhǒng 瘤]医悪性腫瘍(㊈):俗には[毒 dú 瘤]という.[～循 xún 环]悪循環.↔[良 liáng 性]

恶凶凶 èxiōngxiōng 憎々しいさま.凶悪なさま.

恶谑 èxuè 悪意をもってあざける.

恶言 èyán 口汚無礼な言葉.悪口.[～恶语]同前.[君子绝交,不出～]君子は絶交することになっても,悪口は言わない.

恶业 èyè 囲(仏教で).身口意(㊈).

恶意 èyì 悪意.[怀 huái 有～]悪意をいだく.[曲 qū 解]悪くねじまげて解釈する.

恶因 èyīn 悪い原因.[～恶 è 果]悪因には悪い結果がある.

恶有恶报 è yǒu èbào 〈成〉悪事をなせば必ず悪い報いがある.

恶语 èyǔ 邪悪な言葉.悪口.[～伤 shāng 人][～中 zhòng 伤]悪口を言って人を中傷する.

恶运 èyùn 悪運.[交了～]悪運にあった.

恶札 èzhá 〈謙〉まずい(へたな)手紙.

恶战 èzhàn 激しく苦しい戦い.[恶仗 zhàng]ともいう.[～苦 kǔ 斗]悪戦苦闘.

恶兆 èzhào 悪い兆し.悪い前兆.

恶症 èzhèng ⇒[恶疾]

恶庄 èzhuāng ①いかさまばくちの親.胴元.②囲(株)の悪劣な仕手師.

恶浊 èzhuó 汚れている.汚ない.[空气～]空気が汚れている.

恶阻 èzǔ ①消化不良.胃のもたれ.②中医悪阻(㊈).つわり:[医悪性少吐]に同じ.

恶作剧 èzuòjù いたずら.悪さ.悪ふざけ:[恶剧]ともいう.[搞 gǎo ～]悪ふざけをする.[命运的～]運命のいたずら.

[饿・餓] è

①[文]腹がすく.飢える.[肚 dù 子～了]腹がへった.[饿不死]飢えても死ぬことはない.[～不了 liǎo]飢えることとはない.[快～死了]腹がへって死にそうだ.[你放心吧,在我这儿～不着 zháo 你]安心しなさい,わたしのところにおればひもじい目に会わせるようなことはないから.[～了吃糠 kāng 甜如蜜,不～吃蜜也不甜]〈諺〉ひもじい時には糠(㊈)も蜜の如く甘く,ひもじくない時は蜜を食べても甘くない.↔[饱 bǎo]→[饥 jī(Ⅰ)] ②飢えさせる.[让牲 shēng 口多拉几趟不要紧,可别～着它]家畜はちょっとばかり余計に使うのは構わないから,ちゃんと食わせなくてはいけない.

饿肚子 èdùzi 腹をすかせる.

饿饭 èfàn 〈方〉ひもじい.食べる物がない.

饿鬼 èguǐ 囲(仏教で)餓鬼.〈転〉食いしん坊.がつがつしている人.[他简直像个～]彼は全く餓鬼みたいにがつがつしている.

饿汉 èhàn [～子]飢えている人.[饱 bǎo 汉不知～饥 jī]飽食している者は飢えている人のことは分からない.[喻〉金持ちには貧乏人の苦しみはわからない.

饿虎扑食 èhǔ pū shí 〈成〉飢えた虎がえじきにとびかかる.[喻〉素早く激しく行う(とびかかる):[饿虎见羊]ともいう.

饿狼 èláng 飢えた狼.[喻〉食物や財物を貪る人.

饿殍 èpiǎo 〈文〉餓死死体:[饿莩]とも書く.[遍地～,惨不忍睹]一面餓死した屍(㊈)で,悲惨で見るに忍びない.

饿死 èsǐ 餓死する.[宁 nìng 可～,也不愿意偸 tōu 人家的]餓死しても,他人のものを盗みたくはない.[事小,失节事大]餓死することは問題は小さいが,操を失うこと(女性の再婚)は大事だ.

饿死岁 ètàisuì 貧乏神.[太岁②]

饿纹 èwén 餓死の相[饿文]とも書く.[脸上有～]餓死の相が現れている.

[谔・諤] è

①〈文〉直言する.②〈姓〉谔(㊈)

谔谔 è'è [愕愕②][鄂鄂]憚(㊈)らず直言する.[千人之诺 nuò 诺,不如一士之～](史記・商君伝)大勢のものがへいこら言っても,一人の人がびしっと言うのに及ばない.→[侃 kǎn 侃].

[鄂] è

①〈文〉辺際(㊈).はて.かぎり.②湖北省の別称.③訳音字.[～毕河]囲オビ川.④〈姓〉鄂(㊈)

鄂博 èbó ⇒[敖 áo 包]

鄂谔 è'è ⇒[谔谔]

鄂尔多斯 è'ěrduōsī ⇒[河 hé 套②]

鄂霍次克海 èhuòcìkè hǎi 囲オホーツク海.

è～ēi

鄂愕遌萼崿腭碍锷鹗颚鳄阏馤遏颏噩呃诶欸

鄂伦春族 èlúnchūn zú オロチョン族:中国少数民族の一.内蒙古自治区の〔呼 hū 伦贝尔〕(ホロンバイル)から黒竜江省にかけて居住する.

鄂温克族 èwēnkè zú エヴェンキ族:中国少数民族の一.内蒙古自治区のホロンバイルを中心に黒竜江省などに居住する.以前は〔索伦〕(ソロン)〔雅克特〕(ヤクート)〔通古斯〕(ツングース)に分けて称されていた.→〔敖 áo 鲁古雅族〕

[愕] è 〈文〉驚く.びっくりする.〔惊 jīng ~〕同前.

愕愕 èè 〈文〉驚くさま.⇒〔谔谔〕

愕然 èrán 愕然(がく)とする.〔他听到这个意外的消息,不禁为之一~〕思いがけない知らせで彼は思わず愕然とした.

[遌] è 〈文〉遭う.

[萼(蕚)] è 囲萼.〔花 huā ~〕同前.

萼绿华 èlǜhuā 〈文〉伝説中の女仙人の名.

萼绿君 èlǜjūn 〈文〉茉莉花(〔茉 mò 莉花〕)の別称.

萼片 èpiàn 囲萼片.

萼筒 ètǒng 囲萼筒.

[崿] è 〈文〉山の崖.

[腭(齶・喠)] è (人の)口腔上部.あご.〔颚2〕〔昆虫のあご〕に通じ用いられた.〔上颌 hé〕〔口 kǒu 盖〕に同じ.ふつう上腭 táng② という.〔硬 yìng ~〕硬口蓋.〔软 ruǎn ~〕軟口蓋.〔~下腺 xiàn〕唾液腺.

腭裂 èliè 囲口蓋裂症.

腭式破砕机 è shì pòsuìjī 囲かみ合わせ式破砕機.

腭音 èyīn 囲腭(がく)音.

[碍] è 地名用字.〔~嘉 jiā 街〕囲雲南省にある.

[锷・鍔] è 〈文〉刀剣の刃.→〔护 hù 手〕

[鹗・鶚] è ①囲ミサゴ:大形の鷲.よく魚類を捕食する.通称〔鱼 yú 鹰②〕.②〈喩〉才能のある人.

鹗顾 ègù 〈文〉鋭い目で(獲物を探すように)あたりを見る.

鹗荐 èjiàn 〈文〉人を保証し推薦する.

[颚・顎] è ①囲(節足動物の)口器.あご.〔上~〕同前の大あご.〔下~〕小あご.②⇒〔腭〕

颚骨 ègǔ 生理顎骨.

颚脚 èjiǎo ⇒〔腭 gè 脚〕

[鳄・鰐(鱷)] è 動ワニ:〔~鱼 yú ~〕.動アリゲーター.〔短吻 wěn ~〕.〔扬 yáng 子~〕ヨウスコウ(揚子江)ワニ.

鳄蜥 èxī 動シナワニトカゲ:体長30～40センチ.〔文〕〔雷 léi 公蛇〕〔方〕〔睡 shuì 蛇〕ともいう.

鳄鱼眼泪 èyú yǎnlèi 〈喩〉悪人の見せかけの情:西洋古代の伝説では,ワニが人畜を食う時に,食いながら涙を流す.

[阏・閼] è ①〈文〉塞ぐ(がる).〔水道壅 yōng ~〕水路が塞がる.②水門の戸板.→ yān

[馤・餩] è 〈文〉(飲み物に)むせる声.またげっぷの音.〔~~〕同前の声.→〔喃 yē〕

[遏] è ①抑(おさ)え止める.〔阻 zǔ ~〕阻止する.〔势不可~〕その勢いが強くて防ぎとめられない.〔怒 nù 不可~〕怒りを抑えることができない.②〈姓〉遏(か).

遏恶扬善 è'è yángshàn 〈成〉人の過失をかばいより.よいところをほめてやる.

遏防 èfáng 〈文〉防止する.

遏绝 èjué 遮り止める.禁絶する.

遏蓝菜 èláncài 囲〔遏音〕訓バイカナズナ:アブラナ科の一年生草本.〔荞 xī 荬〕は古称.

遏抑 èyì 抑圧する.抑える.〔难以~的怒 nù 火〕抑えがたい怒り.

遏止 èzhǐ (力で)阻止する.歯止めする.〔~不住〕抑え止めることができない.〔~战争〕戦争を阻止する.

遏制 èzhì 抑制する.〔~感情〕感情を押し込む.〔~通货膨张〕インフレを抑制する.

遏阻 èzǔ 阻止する.はばむ.

[颏・頞] è 〈文〉鼻柱.

[噩] è (人を)恐れおののかせる.ぞっとする.〔~讯 xùn〕凶報.悪い知らせ.〔~运 yùn〕凶運.悪運.→〔浑 hún 噩〕

噩耗 èhào 〔噩音〕訃報.凶報.近親者などの不吉の消息.〔这真是一个~〕これは正に凶報だ.→〔恶耗〕

噩梦 èmèng 不吉な夢.〔昨儿晚上我做了一个~〕わたしは昨晚悪夢を見た.→〔恶梦〕

噩音 èyīn 〔噩耗〕

噩兆 èzhào 恐ろしい兆.凶兆.→〔恶兆〕

[呃] e 語気助詞:文末に置いて賛嘆やいぶかしげな気分を表す. → ē ě

ê せ

[诶・誒] ē ⇒〔欸〕 → é ě è

[欸] ē 〈又音〉ei → 〔诶〕感動詞.呼びかけ,注意をうながす意を表す.〔~,你快来〕おい,早く来いよ. → āi ǎi ē é ě è éi ěi èi

[诶・誒] é 〈又音〉éi ⇒〔欸〕 → ē ě è

[欸] é 〈又音〉éi → 〔诶〕感動詞.不審あるいは問いただす意を表す.〔~,他怎么走了〕あれ,彼どうして行ってしまったんだろう.〔~,你的意见怎么样〕ねえ,きみの意見はどうなんだ. → āi ǎi ē é ě è éi ěi èi

[诶・誒] ě 〈又音〉ěi ⇒〔欸〕 → ē é è

[欸] ě 〈又音〉ěi → 〔诶〕感動詞.反対したやむを得ない意を表す.〔~,你这话可不对呀〕いやいや,きみの言うことはまちがっているよ. → āi ǎi ē é ě è éi ěi èi

[诶・誒] è 〈又音〉èi ⇒〔欸〕 → ē é ě

[欸] è 〈又音〉èi → 〔诶〕感動詞.応答あるいは同意を表す.〔~,我这就去〕はい,これからすぐ出かけます.〔~,就这么办〕よろしい,そういうことにしよう.〔~唷 yō〕おや.ああ.→〔哎 āi 呀〕 → āi ǎi ē é ě è éi ěi èi

ei ヽ

[诶・誒] ēi ē の又音.

[欸] ēi ē の又音.

〔诶・誒〕éi éの又音.

〔欸〕éi éの又音.

〔诶・誒〕ěi éの又音.

〔欸〕ěi éの又音.

〔诶・誒〕èi éの又音.

〔欸〕èi éの又音.

en ㄣ

〔奀〕ēn 〈方〉やせて小さい:多く人名に用いる.

〔恩〕ēn ①恩.恩惠.〔有~于某人〕ある人に恩を施した.〔施 shī ~孤老〕ひとり暮らしの老人に恵を与える.〔~客〕なじみ客(妓女などの). ②〈文〉恵む.慈しむ. ③〈方〉情愛が深い. ④〈姓〉恩(～).

恩爱 ēn'ài 愛情(夫婦間の).〔他们两口子倒是很～的〕彼ら夫婦二人はなかなか仲がよい.〔～夫妻〕相愛の夫婦.仲のよい夫妻.

恩宠 ēnchǒng (皇帝の臣下に対する)寵愛.〔她很得老爷子的～呢〕あの女はおやじに大変かわいがられている.

恩仇 ēnchóu ①感謝と怨恨.恩讐(ﾂﾞ):多く〔仇〕に重点がおかれる. ②味方と敵.〔人人都得把～分清楚〕誰でも味方か敵かはっきり分けて考えねばならぬ.〔～分明〕味方か敵かはっきりしている.

恩垂 ēnchuí 施しを与える.

恩赐 ēncì 恵み(む).恩恵(を与える).〔独立是斗 dòu 争得来的,不是什么人～的〕独立は闘い取ったものだ,誰かから恵まれたものではない.〔～观点〕恵んでやる(もらう)いう見方.

恩德 ēndé ①恩徳.厚い恩恵.〔一辈子忘不了您的～〕一生あなたのご恩は忘れることはできません. ②(仏教で)他人に恩恵を施す徳:如来三徳の一.

恩典 ēndiǎn ①恩情.情のある取り扱い. ②恵む.哀れむ.〔求您～~吧〕どうかお目をおかけください.

恩断义绝 ēnduàn yìjué 〈成〉(夫婦など)縁が切れる.

恩格尔系数 ēngé'ěr xìshù 経エンゲル係数.

恩格斯 ēngésī 人フリードリッヒ・エンゲルス:〔马 mǎ 克思〕(マルクス)と並ぶ社会主義運動の思想家・革命家.

恩公 ēngōng 〈文〉①恩人に対する尊称. ②主君.

恩好 ēnhǎo 〈文〉(夫婦間の)情誼.〔~如旧〕〈慣〉夫婦仲がもどる.

恩惠 ēnhuì 恩恵.恵み.恩沢.〔~期日〕契約の期限を更に特別に延長した期日.〔蒙 méng 赐~〕恩恵を与える.〔给予~〕恩恵を与える.

恩贾梅纳 ēnjiǎméinà ンジャメナ:〔乍 zhà 得共和国〕(チャド共和国)の首都.〔拉 lā 密堡〕(フォールラミー)が旧称.

恩将仇报 ēn jiāngchóu bào〈成〉恩を仇(ﾂﾞ)で返す.〔~,毫 háo 无良心〕恩を仇で返し,少しも良心がない.

恩旧 ēnjiù 〈文〉昔からのよしみ.旧知.

恩科 ēnkē 㴑定期以外に国家の慶典のあった場合行う科挙:〔恩试〕ともいう.

恩念 ēnniàn 〈白〉恩情.〔深谢国王~〕国王の恩に深く感謝した.

恩情 ēnqíng 親切.恩情.〔我一辈子也忘不了您的～〕あなたのご恩情は一生忘れません.

恩人 ēnrén 恩人.〔别把~给忘了〕恩人を忘れるな.〔以~自居〕恩人ぶる.恩をきせる.〔救命~〕命の恩人.〔~相见,分外眼明〕〈諺〉恩人に出会った時には,格別に目が輝く. →〔仇 chóu 人〕

恩荣宴 ēnróngyàn →〔琼 qióng 林宴〕

恩赏 ēnshǎng 恩賞.

恩赦 ēnshè 恩赦.特赦.

恩师 ēnshī 恩師.

恩同再造 ēn tóng zàizào〈成〉恩は再生の父母に同じ.〔您这样救我,真是~〕あなたにこのように救っていただきまして,全く命の親です.

恩威 ēnwēi 〈文〉慈しみと威厳.あめとむち.〔~并重 zhòng〕〔～并施〕〔～并行〕〔～并举〕優しさの中に威厳がある.

恩相 ēnxiàng 困宥閣下:長官に対する敬語.

恩养 ēnyǎng いつくしみ育てる.〔没良心的孩子白～〕心もたくない子供なんて,心をこめて養い育ててもむだな骨折りだ.

恩义 ēnyì 〈文〉恩義.〔恩深义重〕〈成〉恩愛が深く義侠心に厚い.

恩意 ēnyì 厚情.おぼしめし.〔这实在是您老的～,我是感激不尽的〕これは本当にあなた様のお情によるものです,感謝に堪えません.

恩遇 ēnyù ①君王の知遇. ②破格の待遇を受けること.

恩怨 ēnyuàn 恩と恨み.恩讐(ﾂﾞ):多く〔怨〕に重点がおかれる.〔处 chǔ 世做人切 qiè 不可～不明〕世にあって人たる以上,恩と仇とを区別しないようなことがあってはならない.

恩泽 ēnzé 〈文〉(君王の)人民への恵み:〔恩润〕ともいう.〔～被及草木〕恵みは草木にも及ぶ.

恩重如山 ēn zhòng rúshān〈成〉恩は山のように大きく重い.

恩主 ēnzhǔ 恩人.〔他是我的老～〕あの人はわたしの大恩人です.

恩准 ēnzhǔn 君主の恩赐による裁可.〔転〕(皮肉で)特別なおぼしめしによるお許し.

〔蒽〕ēn 化アントラセン:(绿 lǜ 油脑)ともいう.有機染料の製造に用いられる.〔～醌 kūn〕アントラキノン.

〔摁〕èn ①(指または手で)押す.おさえる.〔～电铃〕ベルを押す.〔~电钮 niǔ〕電気のボタンをおさえる. →〔按 àn ①〕 ②おさえしずめる.〔这件事多亏 kuī 你给～住了〕この事件は幸いあなたにおさえていただいた. →〔撳 qìn ①〕

摁钉儿 èndīngr ⇒〔图 tú 钉(儿)〕

摁扣儿 ènkòur →〔子 zǐ 母扣儿〕

摁下葫芦飘起来 ènxia húlu piáo qǐlái〈諺〉一難去ってまた一難:〔摁下葫芦,浮起来个瓢〕ともいう.

eng ㄥ

〔鞥〕ēng 〈文〉馬のたづな. →〔缰 jiāng 绳〕

er ㄦ

〔儿・兒〕ér (Ⅰ)①儿童.〔婴 yīng ~〕婴(ﾂﾞ)儿.〔幼～〕幼児.〔托～所〕託児所. ②男児.男子.〔一~一健児.ますのお. ③息子(男の子).〔~~一女一枝花,多～多女多

儿 ér

冤 yuān 家 〈諺〉子供は一男一女が花だ、なまじ多ければやっかいだ.〔他是我的亲~子〕あれはわたしの実の子だ.〔生~育女〕子女を生み育てる.→〔仔 zǎi ①〕 ④〈文〉子の親に対する自称.逆に、親の子に対する敬称:書信や旧小説にもよく用いられる.〔梅~知悉 xī〕わが子の梅(名前に梅という字のある子)に知らせる.梅よ、このような事情なのだ.〔~自别后,已两月余〕〈諺〉(子の)わたしが家を離れてから、もう2か月余になります. ⑤(馬・犬など)動物の雄(♂).〔~马 mǎ〕雄馬.→〔公 gōng ⑨〕 ⑥〈姓〉兒(ﾆ)

(Ⅱ)接尾語.発音表記は r.北方言、特に北京語に多く見られる"儿化韻"を表すために添えられる.ただ文字に書き表す時は省略されることが多い.例えば〔小孩~〕を単に〔小孩〕と書くなど.①名詞接尾語として、ⓐ一般に多く小さいもの(愛らしいもの)、好ましいものという感じを添える.例その反面、軽視するような感じを与える場合もある.〔~〕のかわりに〔子 zi〕が添えられると、この逆の感じを与えることが多い.〔梅 méi 花~〕梅の花.〔小官~〕小役人.〔小孩~〕子供.〔这个孩子多淘 táo 气！〕この子供ったらなんていたずらなんだろう.〔小猫~〕小猫.〔水珠~〕水玉.〔一子 zǐ ①〕少ないことを表す.〔不过有十来个~〕十数個しかない.〔我送你一段~〕ちょっとそこまで送りましょう.〔走几步~就到〕ちょっと歩けば着きます. ⓑ単音節の名前に付加されて、2音節なみの語にする.〔天~〕〔天气〕天気.空もよう.〔样 yàng ~〕〔样子〕ようす.さま. ⓒ 様式.型. ②形容詞や動詞の後に置き、名詞化する.〔没救 jiù ~〕救いがない.〔盼 pàn ~〕望み.〔挡 dǎng 着亮 liàng ~〕明かりを遮るもの.〔很有讲 jiǎng ~儿〕なかなかいわく因緣がある(いわくである). ④一部の動詞の接尾語.→〔火儿 huǒr〕 ⑤形容詞・副詞の重量形の後に付って;書面語やも、もと儿化韻のない方言圏の人が話す「普通话」では用いられないことも多い.〔常常(~)地〕常に.しょっちゅう.〔好好(~)地〕りっぱに.うまく.ちゃんと.〔快快(~)地〕はやく.〔明明(~)地〕明らかに.〔悄悄(~)地〕こっそり. ⑥意味の差別化を表す:例えば〔白面〕(メリケン)と〔白面~〕(ヘロイン).〔下本(下冊)〕と〔下本儿〕(元手を出す)など.

〔儿化〕による主な発音変化

i+r → ier	皮 pí → 皮儿 piér
j	i+r → er	事 shì →事儿 shèr, 子 zǐ →子儿 zěr
	ü+r → üer	鱼 yú →鱼儿 yúer
	u+r → uer	嘴 zuǐ →嘴儿 zuěr
	in+r → ier	信 xìn →信儿 xìer
	un+r → uer	村 cūn →村儿 cūer
	ün+r → üer	裙 qún →裙儿 qúer
k	ai+r → ar	牌 pái →牌儿 pár
	ei+r → er	味 wèi →味儿 wèr
	an+r → ar	判 pàn →判儿 pàr, 边 biān →边儿 biār, 短 duǎn →短儿 duǎr, 圈 quán →圈儿 quár
l	en+r er →儿 ní	盆 pén →盆儿 pér

儿辈 érbèi ①〈文〉子の代. ②⇒〔儿曹〕
儿不嫌母丑,狗不嫌家贫 ér bùxián mǔchǒu, gǒu bùxián jiāpín 〈諺〉息子は母の醜いのをいやがらない、犬は飼主の貧しいのをいやがらない:身内の者は互いに愛することをしない.
儿曹 ércáo ＝〔儿辈②〕〈文〉お前(たち):年輩者が子の世代の者に対する呼称.
儿茶 érchá ＝〔阿ā仙药〕
儿茶酚 érchàfēn ＝〔焦 jiāo 儿茶精〕（化）カテコール (ピロカテキン):〔儿茶〕および他の植物中の〔邻苯 línběn 二酚〕(ピロカテコール).写真、羊毛・頭髪の染色、分析化学の試薬に用いられる.
儿茶膏 érchágāo （医）カッチエキス:染色・皮なめしに用いる.
儿茶素 érchásù （化）カテキン:〔茶精②〕ともいう.
儿齿 érchǐ 老人になって歯が脱けた後にまたはえてきた細い歯:長寿のしるしとして喜ばれる.
儿夫 érfū （旧）妻が夫を呼ぶ語.
儿妇 érfù 〈文〉息子の嫁:口頭語の〔媳 xí 妇〕にあたる.
儿歌 érgē （書）わらべ歌.童謡.
儿狗 érgǒu ⇒〔公 gōng 狗〕
儿化 érhuà 北方語系で、音節末尾が卷舌音化する語音現象.〔~韵 yùn〕儿韵]同前で変化した韻母.→字解[儿]
儿皇帝 érhuángdì （史）外国に投降して地位を保つ売国奴:五代の時、石敬瑭は契丹に取り入って後晋を建、契丹王を〔父 fù 皇帝〕と称し、自らを〔~〕と称した.
儿麻 érmá （医）小児麻痺.ポリオ:〔小儿麻痺 bì 症〕の略.〔~后遗 yí 症〕小儿麻痺後遺症.
儿科 érkē 小儿科:〔小 xiǎo 儿科〕ともいう.〔~大 dài 夫〕小児科医.
儿郎 érláng 〈文〉①男子.男児. ②息子. ③士卒.
儿马 érmǎ ⇒〔公 gōng 马〕
儿男 érnán ①男子.男. ②男の子供.
儿女 érnǚ ①(親の子である)児女.子女.〔~债 zhài〕〈喩〉子女の養育・結婚などの費用・負担:これらは免れることのできないもので負債のようなものの意. ②(若い)男女.〔中华~〕中国の(国を代表できるほど優秀な)子女. 〈~情长〉〈成〉男女間の情が離れがたく深い.〔~情长,英雄气短〕〈諺〉男児の意気も恋情のうちに萎(ナ)えてしまう.
儿女亲家 érnǚ qìngjia (婚姻によってできた)両家の親たち同士の親戚関係.
儿女态 érnǚtài 人なつっこい態度.
儿女英雄传 érnǚ yīngxióngzhuàn （書）清代の長編小説.全40回、1878年刊:〔金 jīn 玉缘〕〔日 rì 下新书〕ともいう.満州旗人文康の著.〔十三妹〕が活躍する.
儿时 érshí 子供のころ.
儿孙 érsūn 子や孫.〈転〉子孫.
儿孙自有儿孙福 érsūn zì yǒu érsūn fú 〈諺〉子や孫たちにはおのずから自分たちの幸福があるものだ(親が心配しなくても).〔~,莫 mò 为儿孙作马牛〕子や孫たちにはおのずからそれぞれの幸福があるのだから、そのために牛や馬のように働くには及ばない.
儿童 értóng 児童:〔少 shào 年〕よりも年齢が低い.〔~票〕子供切符. 〔~医院〕小児科病院.〔~文学〕児童文学. 〔~学〕児童学.〔~剧〕児童劇.〔~乐 lè 园〕子供遊園地.〔~村 cūn〕国際児童村.〔~专 zhuān 场〕(映画館などでの)児童向け特別公演.
儿童多动症 értóng duōdòngzhèng 〔多动症〕
儿童剧留所 értóng jiliúsuǒ （旧）感化院.教養院.
儿童节 értóngjié 〔国 guó 际儿童节〕の略.子供の日(6月1日)
儿童团 értóngtuán （旧）解放前、中国共産党が根拠地で組織した児童の革命的組織.
儿嬉 érxī ⇒〔儿戏〕
儿媳妇儿 érxífùr 息子の嫁:単に〔儿媳〕〔媳妇①〕
儿戏 érxì 〔儿嬉〕①児戯.子供の戯れ.〔近乎~〕児戯に近い. ②遊びごとみたいにふるまう.まじめにしない.〔工作不能当~〕仕事を子供の遊びのようにしてはならない.

ér~ěr

儿韵 éryùn ⇒[儿化]
儿子 érzi せがれ.息子.[大~]長男.[好~]いい息子.[他是中国人民忠 zhōng 实的~]彼は中国人民の忠実な息子だ.

[**呃**] ér →[嚅 rú 呃]

[**而**] ér ①二つの動詞(句)・形容詞(句)をつなぎ,ⓐ~だが…であるけれど;逆接・対比を表す.[心有余~力不足]心はやれど力及ばず.ⓑかつ.しかも.また;並列・累加を表す.[强大~有力]強くかつ力がある.[公平~合理]公平かつ合理的である.[有系统~简明地]系統的かつ簡明に.[非徒 tú 无益,~又害之]ただ無益であるのみでなく,また害がある.ⓒ(…してから)その上.その後に;順接・前後関係を表す.[学~时习之]学んで(その上)時にこれを習う.[捆 kǔn ~杀之]しばって殺す.ⓓ~であって(…では～)逆接.[不是怕,~是恨]恐れているのではなくて,恨んでいるのだ.ⓔ状態・目的・原因などを表す連用修飾語として動詞をつなぐ.[席 xí 地~坐]地べたを蓆として座る.[促 cù 膝~谈]ひざを突き合わせて語る.[鸣 míng 鼓~攻之]鼓を鳴らして攻めてたてる.[匆~来]あただしくやって来る.[循 xún 原路~归]もと来た道のとおりに帰る.[从 cóng 今~后]現在以後.[除此~外]これ以外.[得此~放异彩]これを得て,異彩を放つ.[言~有信 huò]労せずして得る.[不言~喻]言わずしてさとる.[不谋 móu ~合]期せずして合致する.[不约~同]期せずして一致する.③もし;主語と述語の間に置き逆接や仮定などを表す.[民族战争~不依靠人民大众…]民族戦争でありながら人民大衆に依拠しないなら….[君~不可,谁其可乎?]君でもいけないというのなら,誰にこのことになるだろうか.[人~无勇,焉 yān 足以当此责任]どんな人でも勇気がなくては,どうしてこの責任を果たせるし,またそうしなければならぬ.④~へ…まで;段階を経ることを表す.[由易~难]容易から困難へ.[一~再,再~三]一度から二度,二度から三度.⑤<文>汝(^{なんじ}).[可归印~了]帰ってからお父さんに聞いてみるがよい.⑥語気助詞.句末・文末に置かれて文のリズムをつくる.[已 yǐ ~,已~,今之从政者殆 dài ~]〔論語・微子〕やめとけ,やめとけ,今の世で政治家になるのは危いぞ.⑦[姓]而.

而何 érhé <文>いかが.どう;[如 rú 何]に同じ.
而后 érhòu <文>(前をうけて)それから.その後.→[然 rán 后][以 yǐ 后]
而今 érjīn この節.現今.[~而后]今日以後.ただいまより.→[现 xiàn 在]
而况 érkuàng いわんや,まして.→[况且]
而来 érlái <文>以来.このかた.
而立 érlì <文>三十歳;論語の[三十而立]に由来する言葉.[~之年]同前.→[不 bù 惑]
而且 érqiě かつ.そのうえ.さらに.[不但没有益 yì 处,~还有害处呢]益がないどころか,しかも害がある.[我们可以~必须完成这个任 rèn 务]この任務を果たせるし,またそうしなければならない.
而上 érshàng <文>以上.[形~者谓之道](易経・繋辞伝)形をこえたものを道という.
而外 érwài <文>以外.…の外.[除 chú 此~]これの外.[某某~皆不足观]某々のものはどれも見るに足らない.
而下 érxià <文>以下.[形~者谓之器](易経・繋辞伝)形にとらわれたものを器という.
而言 éryán ただある事について言う;[就 jiù]と共に用いる.[仅就学习外语~的]外国語を学ぶことについてだけ述べた.
而已 éryǐ …のみ.…ばかり.[如此,岂有他哉]そ

れだけのことでほかにはなにもない.[略 lüè 表谢意~]いささか謝意を示すまで.[~,完了]ああ,終った.
而已矣 éryǐyǐ …ばかりのみである.
而又 éryòu しかも.それから.

[**洏**] ér <文>涙を流すさま.→[涟 lián 洏]

[**咡**] ér ①→[嚅 rú 呃] ②<文>感動詞.肯定を表す.[~,完了]ああ,終った.

[**胹**] ér ①<文>頬(^{ほお})の毛.頬ひげ. ②[姓]胹(^じ).

[**栭**] ér <文>①[斗拱(^{ときょう})],升形. ②枯木に生えるキノコ. ③[~栗 lì]モーバングリ;茅 máo 栗の古称.

[**輀・輀(轜)**] ér <文>霊柩車.[灵 líng ~]同前.

[**胹**] ér <文>煮る.

[**鸸・鴯**] ér [~鹋 miáo][鳥]エミュー:オーストラリア産の[火 huǒ 鸡](火食鳥)

[**鲕・鮞**] ér <文>(卵からかえったばかりの)幼魚.

[**尔・爾(尓)**] ér <文>①汝(^{なんじ})の.おまえ(の).[~等]おまえたち.[非~之过]汝の過にあらず.[~父]おまえの父.~[汝 rǔ ①] ②かくのごとし.[不~,则将~败事]このようにしなければ失敗するであろう.[不过~~]せいぜいこれくらいのものだ.→[如 rú 此] ③あれ.これ.[~时]あの時.[~处]ここ.かしこ.[~日]その日. ④…に過ぎず.→[耳(Ⅱ)] ⑤形容詞・副詞接尾語として用いられる.[偶 ǒu ~]たまに.偶然に.[率 shuài ~]にわかに.[遽 jù ~]にわかに.急に.[傲 ~]突然.不意に. ⑥[姓]爾(^じ).

尔曹 ěrcáo <文>汝(^{なんじ})ら.お前たち.
尔代节 ěrdàijié ⇒[开 kāi 斋节]
尔德节 ěrdéjié ⇒[开斋节]
尔尔 ěr'ěr <文>①然り.そうだ. ②かくの如し.[不过~~]それだけのことだ.[不过如此]に同じ.
尔格 ěrgé <度>[物]エルグ;[爱 ài 格][厄 è 格]ともいった.仕事量の単位;[1 达 dá 因](ダイン)の力が物体に作用して,その物体を力の方向へ1センチ進めるだけの仕事を1[~]という. ②⇒[尔刻]
尔后 ěrhòu その後.
尔刻 ěrkè <方>いま.現在;[尔格②]ともいう.
尔来 ěrlái それ以来,今まで.これまで.[~二十年矣]それ以来20年になる.
尔汝交 ěrrǔjiāo <文><喩>親密なる交わり.お前と互いに呼び合う間柄.
尔馨 ěrxīn <白>かくのごとし.このようだ.
尔许 ěrxǔ <文>こうだ.このようだ.
尔雅 ěryǎ ①<文>雅(^{みや})やかである.[温文~]<成>同前. ②[書]最古の字書.
尔虞我诈 ěryú wǒzhà <成>互いにだましあう;[尔诈我虞]ともいう.
尔朱 ěrzhū [姓]爾朱(^{じしゅ}).

[**迩・邇**] ěr <文>①近い.[自~]近いところから(始める).[暑假在~]夏休みが間近である.[名传遐 xiá ~]<成>名前が遠近になり響く.[遐~周知]<成>遠近を問わずあまねく知れわたる. ②近づく.[不~声色]心乱すようなものに近づかない. ③[姓]邇(^じ).

迩来 ěrlái <文>近来.
迩言 ěryán <文>分かりやすい言葉.

[**耳**] ěr (Ⅰ)①耳;ふつう(~朵)という.[一~朵].[~听]耳をくっつけて聞く.[侧 cè ~听]耳

耳 ěr

をそばだてて聞く.〔～不偏 piān〕公平に聞く.〔～听为虚 xū,眼见为实〕〈諺〉百聞は一見に如(し)かず:〔为〕は〔是〕ともいう.〔言犹 yóu 在～〕言葉がまだ耳に残っているようである. ②耳状のもの.〔木～〕榎キクラゲ. ③〔一子〕(器物の)耳.取っ手.つまみ:瓶(びん)・鍋などの両側に耳のようについているもの.〔～瓶 píng〕同前のついている瓶.〔锅 guō～〕鍋の取っ手.→〔把 bà①〕 ④両端に位置するもの.〔一排北房,三正房～〕一筋に並んだ北の建物は,母屋が三室で両わきに耳房がついている.→〔耳房〕 ⑤〈姓〉耳(に-) (Ⅱ)〈文〉語気助詞.…のみ.…だけだ.〔死则死～,不能屈 qū 服于敌〕死んだら死んだまでのこと,敵に屈服ってなるものか.→〔尔④〕

耳巴(子) ěrbā(zi) ①⇒〔耳光(子)〕 ②〈方〉掌.手のひら.

耳癌草 ěrbǎncǎo ⇒〔蒲 pú 公英〕

耳包 ěrbāo ⇒〔耳(朵)帽〕

耳报神 ěrbàoshén 〈喩〉告げ口をする人.密告者.

耳背 ěrbèi 〈方〉⇒〔耳沉〕聴力が弱い.〔我有点儿～,请你大点儿声说〕耳が遠いので,少し大きい声で話してください.

耳鼻喉科 ěrbíhóu kē 医耳鼻咽喉科.

耳边风 ěrbiānfēng ⇒〔耳旁风〕

耳鬓厮磨 ěrbìn sīmó 〈成〉耳と髪がすれあう.〈喩〉親密である:〔耳鬓相磨〕ともいう.多く若い男女をいう.〔咱们从小儿～,你不曾欺负我当外人待,我也不敢怠慢了你〕(紅72)わたしたちは小さい時からのなじみで,あなたはわたしを他人扱いしなかったし,わたしだってあなたを粗略にするはずがない.

耳脖子 ěrbózi 首の耳たぶに近いあたり.

耳不听,心不烦 ěr bùtīng, xīn bùfán 〈諺〉聞かなければ心を煩わさずにすむ.知らぬが仏.

耳沉 ěrchén ⇒〔耳背〕

耳垂(儿) ěrchuí(r) =〔耳唇〕〔耳朵垂儿〕生理耳たぶ.〔～大的人有福气〕耳たぶが大きい人は福がある.

耳唇 ěrchún 〈方〉同上.

耳聪目明 ěrcōng mùmíng 〈成〉耳も目も鋭く頭がよい.

耳珰 ěrdāng ①=〔耳珠〕耳飾り. ②⇒〔苍 cāng 耳〕

耳刀(儿) ěrdāo(r) 図ふしづくり:漢字部首の「卩」と大ざと・小ざと"阝"の総称.→付録1

耳底子 ěrdǐzi ⇒〔耳朵底子〕

耳朵 ěrduo ①耳.〔～长 cháng〕早耳である.〔吹 chuī 到了他の耳朵里に入った(小耳に入った).〔掏 tāo 一泥 ní〕〔挖 wā ～〕耳垢をとる.〔咬 yǎo ～〕耳うちする.〔把～竖 shù 起来〕聞き耳をたてる.〔这边一进那边一出〕右から左へ忘れる.〔咬住(一只耳朵)〕 ②漢字部首の"阝":偏旁のおおざと・こざと(総称).〔～陈〕〔耳东陈〕"陳"の字の説明.→〔单 dān 耳刀(儿)〕〔双 shuāng 耳刀(儿)〕

耳朵垂儿 ěrduochuír ⇒〔耳垂〕

耳朵底子 ěrduodǐzi 〈方〉中耳炎:〔(化膿性)中耳炎(中耳炎)〕中医耳脓 nóng〕の俗称.

耳朵尖 ěrduojiān 耳ざとい.〔这孩子～〕この子は ①耳ざとい. ②早耳である.

耳(朵)帽(儿) ěr(duo) mào(r) =〔耳包〕〔耳套〕〔耳(朵)套儿〕防寒用耳輪,耳当て:毛皮製の小さい輪状のもので耳にあて防寒用とする.〔护 hù 耳〕〔暖 nuǎn 耳〕

耳朵软 ěrduoruǎn 軽々しく人の言うことを信ずること:〔耳软〕〔耳根子软〕ともいう.〔他～,架 jià 不住三句好话〕あの人は人の言うことをうのみにするのにしろ三言の甘言にもすぐ乗る.

耳(朵)套儿 ěrduotàor ⇒〔耳(朵)帽〕

耳朵眼(儿) ěrduoyǎn(r) ①耳の穴.〔～有耳屎 shǐ〕耳の穴に耳垢がある.→〔外 wài 耳〕 ②〔耳环〕(ピアス)をつけるため耳たぶにあけた孔.

耳房 ěrfáng =〔正 zhèng 房①〕の両側(多くは東側)に連ねって建てられている小室:〔里 lǐ 屋〕の奥に続いて設けられている部屋で,〔～边 biān 屋①〕ともいう.両側が〔正房①〕の左右についている.この小室は〔正房〕へ通ずる出入口のほかに直接〔院 yuàn 子①〕〔庭〕へ出る入口のあるものがあり,それを〔揹 shāo 间房子①〕という.

耳风 ěrfēng 〈方〉うわさ:〔耳旁风〕ともいう.〔这个人近来很不检点,我也有些～〕この人は最近慎みが非常に足りない,わたしもそういうことを耳にしている.

耳福 ěrfú 耳の保養:美しい音楽や面白いことを聞き,耳を楽しませること.〔一口福 kǒu 福〕〔眼 yǎn 福〕

耳根 ěrgēn ①〔一子〕耳のつけ根.耳元:〔耳朵根子〕ともいう.〔对着他的～低声说〕彼の耳元にささやく.〔他的脸一直红到～)彼の顔は耳のつけ根まで赤くなった. ②〈方〉耳. 図 (仏教で)六根の一:聴覚.

耳垢 ěrgòu =〔耳矢〕〔耳塞③〕〔〈文〉耵 dīng 聍〕耳垢:俗に〔耳屎〕〔耳くそ〕という.〔用耳挖勺儿掏 tāo ～〕(耳かきで)耳垢をほる.

耳鼓 ěrgǔ =〔鼓膜〕

耳刮子 ěrguāzi ⇒〔耳光(子)〕

耳掴子 ěrguāizi ⇒〔耳光(子)〕

耳管 ěrguǎn 〔耳根〕に同じ.

耳光(子) ěrguāng(zi) =〈方〉〔耳巴(子)〕〔耳刮子〕〈方〉〔耳掴子〕びんた.横つらを張ること.〔打 dǎ ～〕〔给 gěi ～〕びんたを食わす.〔吃 ～〕びんたを食らう.

耳郭 ěrguō 生理耳殻(かく).耳介(かい).耳翼(よく):〔耳廓〕ともいう.

耳锅 ěrguō 両手鍋.

耳毫 ěrháo ①=〔耳毛〕耳の中の毛. ②(旧劇や絵画で)粗野な人を表す場合,耳の上に立つように毛をつけること.

耳乎 ěrhū 〈方〉注意して聞く(いて心得する).〔告诉你话,你怎么不～哇!〕お前に話しかけているのに,何で聞こうとしないのか.

耳环 ěrhuán =〔方〕耳圈〕〈方〉钳 qián 子〕イヤリング・ピアスなどの〔戴 dài ～〕同前をつける.〔穿 chuān 孔～〕ピアス.〔夹 jiā 式～〕イヤリング.→〔耳坠〕

耳秽 ěrhuì ⇒〔耳垢〕

耳机 ěrjī 〔一子〕〔电话〕の受話器:〔话 huà 筒①〕〔听 tīng 筒①〕に同じ. ②イヤホンレシーバー:〔耳塞②〕〔受 shòu 话机①〕〔听筒②〕ともいう.〔晶 jīng 体～〕クリスタルシーバー.〔装 zhuāng 上～收听〕イヤホンをつけて聞く.〔头 tóu 戴式～〕ヘッドホン.

耳疾 ěrjí 耳の病気.

耳际 ěrjì 耳のあたり.

耳尖 ěrjiān 耳ざとい.耳ばやい:〔耳朵尖〕ともいう.

耳鉴 ěrjiàn (書画の)鑑識力が耳学問頼りで浅いこと.

耳镜 ěrjìng =〔耳鏡〕.

耳科 ěrkē 医耳科.

耳孔 ěrkǒng 生理耳の孔(あな).外耳口:〔耳朵眼(儿)〕①〔外 wài 耳门〕ともいう.

耳廓 ěrkuò ⇒〔耳郭〕

耳力 ěrlì 聴力.

耳聋 ěrlóng 耳が聞こえない.〔～眼花〕耳が遠く目がかすむ:人の老いること.〔一人士 ～〕耳の不自由な人.〔～口吃〕耳は聞こえず話せば口ごもる.

耳漏 ěrlòu 医耳だれ.耳漏(耳の病気)
耳轮 ěrlún ①[子]生理耳殻の周りの(丸い)部分.耳たぶ. ②〈文〉耳輪.
耳麦 ěrmài マイクロホン付きヘッドホン.
耳毛 ěrmáo ⇒[耳毫①]
耳帽 ěrmào ⇒[耳(朵)帽]
耳门 ěrmén ①わき門.[大 dà 门]の両側にある小さな門. ②中医針灸の経穴(つぼ)の名:耳の前の小突起の前部.
耳鸣 ěrmíng 医耳鳴り.
耳膜 ěrmó [鼓 gǔ 膜]
耳目 ěrmù ①耳と目.〈転〉世間の目.人の目.[遮 zhē 掩~]耳目を覆う.人目をごまかす. ②耳目.見聞.[~不广]見聞が広くない.[~的及ぶところ].[~一新]〈成〉見るもの聞くものすべて珍しい. ③隠密の役を務める人.密告をする人.[他是上头的~]彼は上の方のスパイだ. ④監視(する).探る.[~难周]〈慣〉偵察不十分. [~官]旧[御 yù 史]の別称:天子の耳となり目となる職掌.
耳畔 ěrpàn 耳元.
耳旁风 ěrpángfēng =[耳边风]〈喩〉馬の耳に念仏.馬耳東風.[老二总把哥哥的话当做~](老・四・惺32)次兄はいつも兄の話をどこ吹く風と聞き流すだけだ.→[东dōng 风射马耳][如fú 风过耳]
耳屏 ěrpíng 生理耳珠(じゅ):耳孔の前の小突起.軟骨で構成され,外耳道を覆い守っている.
耳圈 ěrquān 耳環.
耳热 ěrrè 耳が熱くなる(興奮や恥ずかしさで).[酒后~]酒がまわって耳が熱くなる.
耳濡目染 ěrrú mùrǎn =[耳目濡染]〈成〉見慣れ聞き慣れる.見たり聞いたりして自然と覚える:[目濡耳染][耳熏xūn 目染]ともいう.[耳习目染地学了许多规矩礼路](老・四・惺1)度々見聞きするうちに自然に多くの礼儀作法を覚えた.
耳软心活 ěrruǎn xīnhuó 〈喩〉人の言葉を軽信する:自分に定見のないこと.
耳塞 ěrsāi ①耳栓. ②耳栓. ③⇒[耳垢]
耳扇 ěrshàn 防寒帽の両耳を覆う部分:[帽mào 耳]に同じ.
耳勺子 ěrsháozi 耳かき:[耳挖子]ともいう.
耳生 ěrshēng 聞きなれない.耳馴れない.[这个人名,我听着~]この人の名は聞いてぴんとこない.↔[耳熟]
耳识 ěrshí 仏(仏教で)六識の一.耳識:どんな境地から出た声か聞きわける能力.
耳食 ěrshí 〈文〉聞きかじり.[~之言(谈),不足为据]小耳にはさんだ噂はあてにならない.
耳屎 ěrshǐ 〈口〉耳くそ:[耳朵泥]ともいう.→[耳垢]
耳饰 ěrshì 耳飾り.→[耳环]
耳熟 ěrshú 耳慣れている.常に聞いている.[这个地名听着很~]この地名はしょっちゅう聞いている.[~能详 xiáng]〈成〉聞き慣れていて詳しく説明ができる.↔[耳生]
耳刷子 ěrshuāzi 耳掃除用のはけ.
耳顺 ěrshùn ①耳当たりがよい.[这台词我听着倒还~]このせりふは聞いてまあ納得がいく. ②〈文〉六十歳:論語の[六十而耳顺]に由来する.
耳孙 ěrsūn ⇒[仍 réng 孙]
耳套 ěrtào ⇒[耳(朵)帽]
耳提面命 ěrtí miànmìng 〈成〉じきじきに,また懇切に諭す.
耳听八方 ěrtīng bāfāng 〈成〉八方に注意をする.敏感に察知する.[眼观六路,~][眼观四处,~]同前.
耳听目睹 ěrtīng mùdǔ 〈成〉実際に見聞する:[耳听目见][耳闻目睹]ともいう.

耳挖儿 ěrwāshàor 同上.
耳挖子 ěrwāzi =[耳挖勺儿][耳勺子][挖耳(朵)] ②[耳かき.
耳闻 ěrwén (噂に)聞く.聞いて知っている.[~目睹 dǔ][~目击]〈成〉見聞する.[~不如眼见][~不如目见]〈諺〉耳で聞くより目で見るにこしたことはない.
耳蜗 ěrwō 生理(内耳の)蝸牛(ぎゅう).蝸牛殻.
耳习目染 ěrxí mùrǎn ⇒[耳濡目染]
耳下腺 ěrxiàxiàn 生理耳下腺:[腮 sāi 腺]に同じ.[唾 tuò 腺]の一.[~炎][腮腺炎]医耳下腺炎.[流 liú 行性~炎]流行性耳下腺炎.[痄 zhà 腮][蛤 há 蟆瘟](おたふく風邪)ともいう.
耳小骨 ěrxiǎogǔ ⇒[听 tīng 小骨]
耳性 ěr·xìng 聞いたことをよく覚えていること:多く否定に用いる.[怎么瞧 zhǔ 咐你的话老记不住呢,太没~了]お前には言いつけられたことがどうしていつも覚えられないのだ,(聞いたことを)忘れるのがあまりにもひどすぎる.
耳穴 ěrxué 中医耳穴(じゅ):耳殻にある経穴(総称).[耳针疗法]の時にここに針を刺す.
耳学 ěrxué 〈文〉耳学問.聞き覚えの学問.聞きかじりの学問.
耳熏目染 ěrxūn mùrǎn ⇒[耳濡目染]
耳咽管 ěryānguǎn =[欧 ōu 氏管]生理耳管.エウスタキー管.欧氏管:中耳から咽頭に通じている管.
耳炎 ěryán 医耳炎.
耳音 ěryīn 方言葉を聞き分ける力.聞きとる力.[口音总是不清楚,~也不好]発音がどうも明瞭でないし,聞く方もよくない.→[听 tīng 力]
耳语 ěryǔ 耳でひそひそ話しをすること(こと).[私下~]そっと耳打ちすること.[咬耳朵]
耳针 ěrzhēn 中医耳針.耳のツボに針をさすこと.[~疗 liáo 法]同前の治療法.→[耳穴]
耳珠 ěrzhū ⇒[耳珰①]
耳坠 ěrzhuì [-儿,-子]イヤリング:飾りの垂れ下がったもの.→[耳环]

[洱] ěr ①地名用字.[~海 hǎi]地雲南省大理市にある湖. ②〈姓〉洱(じ)

[饵・餌] ěr ①食物(総称).食餌.[果 guǒ ~](子供のおやつになる)飴菓子やビスケットなど. [药 yào ~]薬. 食粉で作った(菓子類の)食品.団子類の一.同前の総称. ②[-子]魚釣(つり)用のえさ.[鱼 yú ~]魚を釣るえさ.[钓 diào ~]釣り餌(え).[香 xiāng ~]鳥や魚を誘うえさ. ③〈又〉利をもって誘う.食らわす.[以重利~]重利をもって誘う. ④〈文〉食う.[~药]薬を飲む.
饵敌 ěrdí 〈又〉敵をえさで釣る.[以此~诱 yòu 其深入]これで敵を誘い寄せて深入りさせる.
饵料 ěrliào ①養殖魚のえさ. ②害虫退治の毒餌(じ).

[驲・駬] ěr →[騄lù 驲]

[珥] ěr 〈文〉①玉製の耳飾り.[~珰 dāng]同前. ②剣のつば.→[剑 jiàn 鼻] ③太陽・月の暈(かさ).[日~]日の暈. ④さしはさむ.

[铒・餌] ěr 化エルビウム:希土類金属元素.記号 Er. ランタノイドの一.

[二] èr ①2.二つ:数学また数字には[~]を用いる.[两 liǎng]に比べて文語的なもをもつ.文法上の~はどちらを用いてもよい場合の. ①度量衡の単位[尺 chǐ][斤 jīn]などの前.ただし[一丈二][两丈两]とは言えない.新しい

二 èr

度量衡には通常〔两〕を用いる.⑪〔百 bǎi〕の前にはふつう〔〜〕を用いるが〔两〕を用いてもよい.〔千 qiān〕〔万 wàn〕〔亿 yì〕の前には最高位のけたの場合,〔两〕を使うことが多いが,通常二つ(以上)のけたに連続して〔两〕を用いることはせず,後は〔〜〕とする.例えば〔两万〜千〜百〕区別して用いる場合.①序数には必ず〔〜〕を用いる.例えば〔第一课〕(第2課).〔〜儿子〕(次男.二番目の息子).〔第一个小时〕(2時間目).〔第一天〕(翌日.次の日).ただし序数であっても時刻の2時は〔两点钟〕.〔孔明〕(孔明はだし)は"より劣る·二流"の意であり序数である.⑫にた七の数字は,そのうちの一位·十位には〔〜〕を用いる.例えば〔十〕〈一百〜十〕〔两百〜十〕〔一千〜百〜十五〕.⑬量詞〔个,只,本,件〕などの前に一けたの数の場合には〔两〕を用いる.例えば〔两个,两只,两本,两件〕.ただし量詞〔两〕の前には〔〜〕を用い,〔两位〕は〔〜位〕ともいう.にけた以上の数字が用いられる場合は同前.習慣上量詞をつけずに用いられているもの,例えば〔〜人〕〔两人〕〔一字〕〔两字〕なども量詞をつけている場合には必ず〔两个人〕〔两个字〕となる.⑭分数·小数など数学的数概念では必ず〔〜〕を用いる.例えば〔〜分之一〕〔〜点五〕〔零点五(儿)〜〕.ただし〔今年秋收比去年增加两成〕(今年の秋の収穫は去年の2割増しだ).⑮成語·熟語中の〔〜〕と〔两〕とは固定的である.例えば,〔〜心〕〔三言两语〕〔知其一不知其〜〕〔划一不〜〕〔一是〜,一是〜〕〔言无〜价〕〔一而〜,〜而一〕〔功无一于天下〕〔隔三跳〜〕.⑯双方とも,ふたつのうちどちらも:必ず〔两〕を用いる.〔两相情愿〕双方ともに願っている.⑰概説(〔几 jǐ〕の意)に用いられる時は,必ず〔两〕を用いる.〔说两句话〕二言三言話す.〔到杭州去玩两天〕杭州へ,2,3日遊びに行く. ②異なるものの.〔不〜价〕掛け値なし.〔三心〜意〕〈成〉二足をふむ.〔〜人〕〈文〉等一人.背く.〔有死无〜〕〔左伝·僖公15年〕死すとも背くことなし. ④〔姓〕二(ﾆ).

二八 èrbā 〔文〕①16人.〔女乐〕〔左伝〕女の楽人16人:古代の舞踊は8人ずつ2列になり踊った. ②(女子の)16歳.〔〜佳人〕〔少年集〕16歳の娘盛り. ③(旧暦で)月の16日. ④〔仏〕(仏教の密教で)16の数:円満無尽を表す.

二八月 èrbāyuè 旧暦2月と8月.⑧農閑期(季).〔〜(的)庄稼人〕農繁期だけ野良仕事をする半ば村な百姓.〔~乱穿衣〕季節の変わり目は人々の服装がまちまちだ.

二把刀 èrbǎdāo ①〈喩〉知識や技術の不十分なこと.未熟.またそういう同前の人.〔英语说实在的可是~哇〕わたしの英語はほんのことをいうなまかじりだよ.→〔半 bàn 瓶(子)醋〕 ②=〔油 yóu 伙儿〕料理人見習い.調理場の下働き.〈喩〉見習い.新米.素人. ③外科手術の際の執刀医の次の医師.

二把手 èrbǎshǒu ①二番手.ナンバーツー. ②〔旧〕手押し一輪車と:〔二把手车子〕の略.

二白一黒 èrbáiyīhēi 〔旧〕上海商品市場の主要商品の米·綿糸(綿布)·石炭.

二百二(十) èrbǎi'èr(shí) ⇒〔红 hóng 药水(儿)〕

二百五 èrbǎiwǔ ①〈罵〉あほう.うすのろ.ばか:清末,銀貨500両を1〔半 fēng〕といった.250両は〔半封〕すなわち〔半疯 fēng〕に通じる.→〔十 shí 三点〕 ②⇒〔半 bàn 瓶(子)醋〕 ③〔方〕役に立たない. ④わがまま勝手な者.

二板市场 èrbǎn shìchǎng 〔経〕ナスダック市場.新興企業向け株式市場.→〔主 zhǔ 板市场〕

二半破子 èrbànpòzi 〔方〕生半可.〔就怕文不文,武不武,〜那可就不好办啦〕得意な部分が無くどっちつかずではうまくゆかなかろうよ.

二倍体 èrbèitǐ 〔植〕二倍体.〔〜植物〕二倍体植物.

二苯胺 èrběn'àn 〔化〕ジフェニルアミン.

二乙内酰脲钠 èrběn yǐnèi xiānniàonà ⇒〔苯妥英钠〕

二苯乙烯染料 èrběn yǐxī rǎnliào 〔化〕スチルベン染料.

二变 èrbiàn 〔音〕古代,〔七 qī 音(Ⅱ)〕における変宮と変徴の音律.

二便 èrbiàn 大小便.

二部合唱 èrbù héchàng 〔音〕二部合唱.

二不愣登 èrbùlèngdēng 〔二木棱 léng 登〕〔二不隆 lóng 冬〕ともいう.(頭の働きが)〈方〉ぼんやりしている.間が抜けている.

二部曲 èrbùqǔ 〔音〕二部曲.

二部制 èrbùzhì 二部教育制:小中学校で授業を午前·午後の二つの組に分けて行なう教育上の制度.

二茬 èrchá 〔二楂〕とも書く. ①〔農〕二番茬(ﾁｬ).後作.〔〜庄稼 zhuāng jiá〕同前の作物.→〔二熟〕〔连lián 作〕 ②〈喩〉二度目の.〔受〜罪〕二度目の苦難を受ける. ③〈口〉刈りとった後に生えてくるの.ひこばえ.〔〜头发〕頭をそった後にのびてきた頭髪.→〔茬〕

二场 èrchǎng ⇒〔三 sān 场〕

二产(业) èrchǎng(yè) 〔第 dì 二产业〕(第二次産業)の略.

二车 èrchē (汽船の)一等機関士(副機関長)→〔大 dà 车③〕

二乘 èrchéng 〔仏〕(仏教で)大乗と小乗.

二持 èrchí 〔仏〕(仏教で)仏戒の二方面:〔止 zhǐ 持〕は身·口·意を抑制して諸悪行をしないこと,また五戒·八戒などをいう.〔作 zuò 持〕は積極的に善業を行ない,布施·礼拝するなどをいう.

二尺半 èrchǐbàn 〔旧〕軍服(軍服など).〔穿上一身~,啥 shà 也不要了〕軍服を身にまとっておれば,ほかには何もいらない.

二重唱 èrchóngchàng 〔音〕二重唱.

二重工资制 èrchóng gōngzīzhì 〔経〕出来高払いと時間給との併算制.

二重性 èrchóngxìng 二重性:〔两 liǎng 重性〕ともいう.

二重奏 èrchóngzòu 〔音〕二重奏.デュエット.

二传手 èrchuánshǒu ①〔スポ〕(バレーボールの)セッター. ②〈喩〉橋渡し.〔做好〜的工作〕つなぎ役をうまくやる.

二次方 èrcìfāng 〔数〕平方.自乗.

二次方程 èrcì fāngchéng 〔数〕二次方程式.

二次革命 èrcì gémìng 〔史〕二次革命:辛亥革命の後,1913年袁世凱の独裁に孫中山が反対した戦争.

二次函数 èrcì hánshù 〔数〕二次関数.

二次加热器 èrcì jiārèqì 〔機〕再熱器.

二次能源 èrcì néngyuán 二次エネルギー.

二次曲面 èrcì qūmiàn 〔数〕二次曲面.

二次曲线 èrcì qūxiàn 〔数〕二次曲線.

二次文献 èrcì wénxiàn 二次文献:一次資料を加工編集した文献.

二代房 èrdàifáng 二世代住宅.

二当家 èrdāngjiā ①二番目の主人:主人に次ぐ地位の人.→〔当家〕 ②主人公のようにふるまう人.

二挡 èrdǎng 〔機〕セカンドギヤ.→〔挡④〕

二道贩子 èrdào fànzi (闇の)ブローカー:第二段階の販売人の意味.→〔倒 dǎo 爷〕〔经 jīng 纪人〕

二等 èrděng 二等(の).二流(の).〔〜残疾军人〕第二級の傷痍(ｲ)軍人.〔〜公民〕二等市民.

èr

二地主 èrdìzhǔ ①土地を又貸しする者.→〔二房东〕②地代取り立て人.

二叠纪 èrdiéjì 〔地〕二畳紀.ペルム紀:古生代最後の紀.2.9～2.5億年前.

二叠系 èrdiéxì 〔地〕二畳系.ペルム系.

二冬 èrdōng ①〔冬笋 sǔn〕と〔冬菜〕②〔天 tiān 门冬〕と〔麦 mài 门冬〕

二恶英 èr'èyīng 〔化〕ダイオキシン;〔二噁英〕とも書いた.〔英〕は〔噁〕〔因〕とも書く.〔被～污染〕ダイオキシン汚染.

二二迟迟 èr'èr chíchí 〈方〉踌躇(chóuchú)してぐずぐずするさま.腰がきまらないさま:〔二丝丝〕〔二思思〕ともいう.〔他做事一的〕彼は事をなすのに腰がきまらない.

二二乎乎 èr'èr hūhū 〔二二忽忽〕〔二二虎虎〕とも書く.〈方〉(態度が)あいまいであるさま.惑いためらうさま:〔看他那样一的,似乎还没决定要不要做〕彼の惑いためらっている様子を見ると,まだやるかやらないか決めていないようだ.→〔二乎〕

二返回头 èrfǎn huítóu 同上.

二反脚 èrfǎnjiǎo 〔二返回头〕〔二反投唐〕元の所にまい戻る.返り咲く.〔而今然一地再到北京,一定要手段 hòng 一手几漂亮的叫你们瞧 qiáo瞧〕このたび帰り新参(shēn)してまた北京へ来たからにはっと腕の冴えたところをやらかして,君たちに見ていただこう.

二反投唐 èrfǎn tóutáng 同上.

二房 èrfáng ①同じ祖先から分かれた2番目の系統(分家).②〔姨 yí 太太〕

二房东 èrfángdōng 家の又貸し人.→〔二地主①〕〔房东〕

二分 èrfēn ①春分と秋分.②〈文〉二分する.

二分点 èrfēndiǎn 〔天〕春分点と秋分点.分点.

二分法 èrfēnfǎ 〔論理学〕二分法.

二分音符 èrfēn yīnfú 〔楽〕二分音符.

二伏 èrfú ⇒〔中 zhōng 伏〕

二氟化铁 èrfúhuà tiě 〔化〕フッ化第一鉄.

二副 èrfù ①〔旧〕汽船の事務次長.②一等航海士(次席).→〔大 dà 副〕

二杆子 èrgǎnzi 〈方〉いっこく者.偏屈.〔～脾气〕同前の気性.〔你净说一些,哪有那些事儿呢〕へそ曲がりばかり言うが,どこにそんな事があろうか.

二哥 èrgē ①二番目の兄.→〔大 dà 哥〕②→〔店 diàn 小二〕③〈方〉農民の呼称:〔工人〕(労働者)は〔老大哥〕という.④〈方〉不法分子から袖の下を取る.〔收受～的好处费〕不良分子から袖の下を受け取る.

二哥大 èrgēdà 〔口〕コードレス電話.→〔大大〕

二更 èrgēng 〔旧〕夜刊9ッ.亥の刻:午後9時から11時頃.〔二鼓〕〔亥 hài 时〕に同じ.→〔五 wǔ 更〕

二管轮 èrguǎnlún (船の)二等機関士.→〔管轮(的)〕

二鬼子 èrguǐzi 傀儡(kuǐlěi)政府の軍隊(兵隊):特に抗日戦争期の傀儡軍をいう.

二锅头 èrguōtóu 烧酎の名:蒸留の時,最初に出たものと最後に出たものとを除いたもの.北京では大衆向けの酒.

二号人物 èrhào rénwù 二番目の人物.次席.二番手.

二号文件 èrhào wénjiàn 中央の政策・方針に反する地方制定の規定:皮肉った言い方.→〔土 tǔ 政策〕

二合土 èrhétǔ 二つが合わさった耕土:二つの土質,排水性と保水性,表面の柔かさと底の固さを兼ねもつ.

二胡 èrhú 〔南 nán 胡〕〔音〕二弦の弦楽器で〔胡琴 qín (儿)〕の一種:やや音調が低い.形は〔京胡〕よりやや大きく棹(sào)も長い.胴は木製または銅の六角形で部厚い.→〔京 jīng 胡〕

二虎 èrhǔ 2頭の虎.〔一相争,必有一伤〕〈歇〉両虎あい争えば,必ずどちらかが傷つく.〈喩〉どんなに強い者でも,互いに張合う片方は負ける.

二乎 èrhu ①〔二忽〕とも書く.〈方〉①恐れる.しりごみする.〔他在困难面前向来不～〕彼は困難にあっても,今までびくびくすることはなかった.②ためらって決心がつかない.〔你越说越把我弄一了〕あなたにそう言われると,わたしはますます決心がつかなくなる.〔他一了半天也没拿出个主意来〕彼は長いことぐずぐずしていたが,考えがきまらなかった.③見込みが薄い.〔我看这件事一了〕この事はまず望みがなくなったようだ.〔貳〕

二虎 èrhu 〈方〉①〔罵〕うすのろ.ぼんやり者.②いいかげんである.ぼーっとしている.てきぱきしない.〔～八地〕同前のさま.→〔马 mǎ 虎〕

二花脸 èrhuāliǎn ⇒〔花脸〕

二话 èrhuà 二の句.他のことば.文句.苦情.異議.不満:多く否定に用いる.〔为了工作,再苦再累,～不说〕仕事のためならいくら苦労しても文句はない.〔～没说,扭 niǔ 头就走〕二の句は言わずに,きびすを返して行ってしまった.→〔没话〕

二化螟 èrhuà míng 〔虫〕ニカメイガ:〔稻 dào〕苞虫〕(ニカメイチュウ)の成虫.

二荒地 èrhuāngdì 放棄され荒野にもどった農地.

二黄 èrhuáng 〔二簧〕とも書いた.①〔劇〕京劇の主体をなす曲調(節回し):清代に湖北の黄岡・黄陂両県の地から起こり,北京に入り〔西 xī 皮〕と合体して〔西皮一戏〕〔皮 pí 黄戏〕すなわち現在の〔京 jīng 剧〕の主要な曲調となった.〔～腔 qiāng〕同前のふし.②〔旧〕抗日戦中の日本軍に協力した傀儡政府軍(蔑称).〔黄〕は〔皇军〕に掛けたもの.

二婚 èrhūn ①再婚(する).②〔一儿〕再婚した女.ばついち:〔二婚头〕ともいう.→〔再 zài 婚〕

二荤铺 èrhūnpù 簡単な食事やお茶を出す食堂.〔清 qīng 茶馆〕(お茶だけを供する茶館)に対している.

二混子 èrhùnzi ⇒〔二流子〕

二和 èrhuò 二番せんじ(の).〔～茶〕同前のお茶.②二番せんじの薬:〔二和药 yào〕の略.〔晴雯服了药,至晚间又服了～〕(紅52)晴雯は薬を飲み,晩になってからまた二番せんじを飲んだ.

二极管 èrjíguǎn 〔電〕ダイオード.二極真空管.→〔半 bàn 导体〕

二级市场 èrjí shìchǎng 〔经〕流通市場:(証券・不動産などの)セカンダリーマーケット.

二家喜 èrjiāxǐ →〔划 huá 拳〕

二甲 èrjiǎ ⇒〔第 dì 二甲〕

二甲苯 èrjiǎběn 〔化〕キシレン(キシレン.ジメチルベンゼン)

二甲苯胺 èrjiǎ běn'àn 〔化〕ジメチルアニリン.

二价 èrjià ①客によって違う価格.〔言不～〕〔慣〕正札掛け値なし.②値切る駆け引き.→〔讨 tǎo 价还价〕.③〔化〕2価(の).

二煎 èrjiān 〔中医〕(生薬(shēngyào)の)二番せんじ.→〔二和〕

二尖瓣 èrjiānbàn 〔生理〕僧帽弁.二尖弁(心臓の).

二校 èrjiào 再校.二度目の校正.

二进宫 èrjìngōng ①〔劇〕京劇の演目の一.②〈喩〉(前科者が刑務所に)舞いもどる:〔宫〕は〔公安局〕にかける.

二进制 èrjìnzhì 二進法.〔二进位制〕ともいう.実数を0と1の二つの数字によって表す記数法.〔～数〕二進数.〔電算〕バイナリー.〔～文件〕バイナリーファイル.

二 èr

二九宝 èrjiǔbǎo 旧寧波で使用していた(銀塊)貨幣の名称:[纹 wén 银①](最上の銀塊)に比べ50両につき2両9銭のプレミアムをつけられた銀塊. 2両8銭のを[二八宝], 2両4銭のを[二四宝], 2両7銭5分のを[二七宝]といった.

二口虫 èrkǒuchóng 函二口吸虫. ジストマ:吸虫類の扁形動物. 牛・馬・羊などの肝臓に寄生する吸盤をもった虫.

二拉八当 èrlā bādàng 〈方〉ふんぎりがつかない. 思い直してきりがない.〔事情还~的呢, 别让认 rèn 真〕まだぐずぐずしてはっきりしていないんだよ. まず適当にしておけ.

二来 èrlái →[一 yī 来②]

二赖子 èrlàizi ⇒[二流子]

二蓝 èrlán 色鉄紺(の)

二郎神 èrlángshén 旧小説・戯曲上の人物. 小説では[杨戬 jiǎn]といい, 神通力を用い妖怪変化を退治した. 以来, 守護神とされ各地に廟や庙が建てられた.

二郎腿 èrlángtuǐ [腰をかけて]足を[重ねて]組む姿勢.〔他立刻坐到沙发上跷 qiāo 起~〕彼は早速ソファーに腰をおろして足を組んだ.

二老 èrlǎo ①年寄りの二人: 並べ敬意を込めていう.②父母:[二老双亲][二老爹 diē 娘]ともいう.

二老公 èrlǎogōng 旧妻と燕・年下の男の愛人.

二类商品 èrlèi shāngpǐn 囯 2類商品:国務院の各主管部が管理する比較的に重要な商品. 豚・卵・ミシン・自動車など. 1970年代末より次第に廃止. →[一 yī 类商品][三 sān 类商品]

二类物资 èrlèi wùzī 囯 2類物資:国務院の各主管部が管理する比較的に重要な物資, 鉱石・紡織機械など.[部 bù 管物资]ともいう. 1970年代末より次第に廃止. →[一 yī 类物资][三 sān 类物资]

二愣子 èrlèngzi 〈口〉がさつな人. そこつ者. 無鉄砲な人.

二愣 èrleng 〈方〉①恐れる. たじろぐ.〔你这样欺 qī 压人, 我决不~〕こんな人にいじめるなんて, 絶対に承知しない. ②驚いてぽかんとしてしまう.〔他一听钱多, 有点儿~〕彼は金額が多いのを少しどぎまぎした.〔他听了这话, 这一~, 半响 shǎng 说不出话来〕彼はこのことを聞きどぎまぎして, しばらくはものも言えなかった.

二连缸 èrliángāng 機二連ങ. →[三 sān 连缸盘]

二联式车床 èrliánshì chēchuáng 機粗合せ旋盤.

二流 èrliú 2流(の).〔~选 xuǎn 手〕2流選手.

二流打瓜 èrliú dǎguā [二流大挂]とも書く. 〈方〉不真面目でいいかげんである.

二硫化炭 èrliúhuàtàn 匧二硫化炭素.

二硫化物 èrliúhuàwù 匧二原子の硫黄と他のものとの化合物.

二流星 èrliúxīng (囲碁で)二連星.

二流子 èrliúzi =〈方〉二混子〈方〉二赖子〕ごろつき. ならず者. 与太者. ぶらぶらしていて正業につかない者. 遊び人.〈方〉混 hùn 混儿〕〈方〉屯 tún 溜子]に同じ.

二六板 èrliùbǎn 劇[西 xī 皮]の拍子の一. →[板眼]

二路(儿) èrlù(r) 第二等(の). 二流(の).〔~货〕二等品.〔一角儿 juér〕準主役:主役に次ぐ者.[~儿 転]サブリーダー.

二律背反 èrlǜ bèifǎn 二律背反.

二氯乙醇 èrlǜ yǐyīchún [伊 yī 伯利脱]

二氯化汞 èrlǜhuà gǒng ⇒[升 shēng 汞]

二氯化铁 èrlǜhuà tiě 匧塩化第一鉄.

二氯化锡 èrlǜhuà xī 匧塩化第一錫.

二轮草 èrlúncǎo =[鹅 é 掌草]ニリンソウ:キンポウゲ科の多年生草本. 観賞用.

二麻 èrmá =[月 yuè 麻]二番刈りの麻.→[头 tóu 麻]

二马一虎 èrmǎ yīhǔ 〈方〉いいかげんである. →[马马虎虎]

二毛 èrmáo =[二色]〈文〉白髪まじり(男の老人). ごま塩頭(男の老人)

二毛子 èrmáozi 旧①あいの子:西洋人(特にロシア人)との間の混血児. ②西洋人に雇われた者:中国人クリスチャン・西洋かぶれした者などを罵る語.→[大 dà 毛子] ③2歳の羊:1歳のを[库kù 尔布子]という.

二门 èrmén [一儿] 表門の次の門:[重 chóng 门][腰 yāo 门]に同じ.→付録6

二米禁线 èrmǐ jìnxiàn 囯(水球の) 2メートルライン.

二米(子)饭 èrmǐ(zi) fàn 米と粟 ($sù$) などの雑穀を一つを混ぜて炊いたご飯.

二秘 èrmì (大使館, 領事館の) 二等書記官.

二免三减 èrmiǎn sānjiǎn 囯1970年代の外資企業への優遇策:利益が出た年から 2 年間は免税, 3 年間は減税の政策.

二面角 èrmiànjiǎo 数二面角.

二拇指 èrmǔzhǐ 食指. 人差し指:[二拇][二指②][食 shí 指]ともいう.→[指头]

二萘嵌苯 èrnàiqiànběn 化ペリレン:[芘 běi]に同じ.

二奶 èrnǎi 妾. 二号さん.〔包~〕二号を囲う.〔~奶]奥さん:妾に対する敬称.

二萘品苯 èrnàipǐnběn 化ピセン:[芘 pǐ]に同じ.

二年根 èrniángēn 二年生植物の根.

二年生(植物) èrniánshēng (zhíwù) 囯 二年生(植物):発芽成長した翌春に開花結実して終わる植物.

二盘 èrpán 劇(寄り付き後の)第二節. 第二場. 第二巡. 寄り止め.→[开 kāi 盘②]

二炮 èrpào →[第 dì 二炮兵]

二蓬子 èrpéngzi [皖 wán 南花鼓戏]

二皮脸 èrpíliǎn 〈方〉ずうずうしい. あつかましい. 面の皮が厚い(人)

二撒鸡 èrsǎjī 〈方〉八字ひげ.〔他留起长达十八叶的~〕彼は18インチにも達する八字ひげをたくわえている.

二七大罢工 èrqī dàbàgōng 史2・7ストライキ:[二七惨案][二七纪念][二七事件]ともいう. 1923年2月7日, [京汉铁路]の労働者によるストライキに対して軍閥政権の行った流血の大弾圧事件.

二气 èrqì 〈文〉①陰陽の二気. ②気の不調和.〔人~则成病〕(淮南子・说山)人の気が不調和になると病気になる.

二千石 èrqiāndàn 〈文〉[知 zhī 府]の別称:漢の太守の俸禄は二千石であったことからいう.

嗪农 èrqínnóng 囮ダイアジノン:農業用殺虫剤.

二青 èrqīng 竹の子の外皮を削り取ったもの:[扁 biǎn 尖] (ほし筍)の材料となる.

二氢呋喃 èrqīng fūnán 化ジヒドロフラン.

二氰化汞 èrqínghuà gǒng シアン化水銀:染色・写真工業・消毒に用いる.

二巯基丙醇 èrqiújī bǐngchún 薬ジメルカプロール. バル:重金属砒素化合物解毒剤.

二渠道 èrqúdào 第二の流通ルート:[一渠道](国営企業)に対して個人企業のルート.

二染儿 èrrǎnr 〈方〉染め返し.〔别看是一竟 jìng 跟新的一样〕染め返しだとて馬鹿にしなさんな, まるで新しいのと同じだ.

二人夺 èrrénduó 仕込み杖.

èr 二

二人世界 èrrén shìjiè 夫婦二人の世界.

二人台 èrréntái 劇内蒙古や陝北で流行するうたいもの芸能:当初は2人が歌い踊るものであったが,後には変化して地方劇となった.

二人抬 èrréntái 乗る所が籐椅子の形をした二人担ぎの轎(きょう).→[肩 jiān 輿][轎 jiào]

二人转 èrrénzhuàn 劇東北各地に流行する民間芸能の一:女形と道化役の二人が簡単な楽器を用いて踊りながら歌うもの.一人で演じるのは[单出头],二人以上で戯曲形式で演じるのは[拉 lā 场戏]という.[吉 jí 剧](吉林省の地方劇)はこれから発展したもの.

二日本 èrrìběn 抗日戦争中,日本側についていた中国人に対する蔑称.

二腮类 èrsāilèi 劇軟体動物の頭足類(タコ・イカなど)

二三 èrsān ①2,3(の). [~道士席其间]2,3人の道士がその間にはべっている. ②第二,第三(の). [~产 chǎn 业]第二次と第三次産業. ③〈文〉変わりやすい. [~其德](詩経・衛風・氓)思想や節操が変わりやすい.→[三心二意]

二色 èrsè ⇒[二毛]

二审 èrshěn ⇒[第 dì 二审]

二生豆 èrshēngdòu ⇒[菜 cài 豆]

二十八调 èrshíbā diào 圖[五音]のうち宮・商・角・羽の4音に各七調がある.

二十八星瓢虫 èrshíbāxīng piáochóng 虫28ホシテントウムシ(テントウムシダマシ):馬鈴薯・茄子・豆類の害虫.→[花 huā 大姐]

二十八宿 èrshíbā xiù 二十八宿:[二十八舍 shè][二十八星]ともいう.古代中国で用いられた天球の区分法で,天の赤道に沿って見える28の星座を選んで命名された.それらを天体の位置を示す基準として月が二十八宿をひと巡りするのを一太陰月と考えた.四倶(四方位)に分け,[苍 cāng 龙](東方)の角・亢・氐・房・心・尾・箕,[玄 xuán 武](北方)の斗・牛・女・虚・危・室・壁,[白虎](西方)の奎・婁・胃・昴・畢・觜・参,[朱 zhū 雀](南方)の井・鬼・柳・星・張・翼・軫の28をいう.現代の星座・星の命名と対応し,例えば[角]は乙女座α,[房]はさそり座πである.

二十二酸 èrshí'èr suān ⇒[山 shān 萮酸]

二十(个)字方针 èrshí(ge)zì fāngzhēn 史1994年の社会主義市場経済体制を確立するためのスローガン:[抓住机遇,深代改革,扩大开放,促进发展,保持稳定].

二十进制 èr shí jìnzhì 電算10進法の数を2進法にするシステム.

二十六史 èrshíliù shǐ →[二十四史]

二十六酸 èrshíliù suān ⇒[蜡 là 酸]

二十四番花信风 èrshísìfān huāxìnfēng [小 xiǎo 寒]から[谷 gǔ 雨]までの八気二十四候のそれぞれの季節に応じて吹く季節風:単に[花信风]ともいう.[小寒]の一候は[梅 méi 花],二候は[山 shān 茶](ツバキ),三候は[水 shuǐ 仙],[大 dà 寒]の一候は[瑞 ruì 香](ジンチョウゲ),二候は[兰 lán 花],三候は[山矾 fán](ハイノキの花),[立 lì 春]の一候は[迎 yíng 春](オウバイ),二候は[樱 yīng 桃](シナミザクラ),三候は[望 wàng 春](ハクモクレン),[雨 yǔ 水]の一候は[菜 cài 花(儿)②],二候は[杏 xìng 花(儿)](アンズの花),三候は[李 lǐ 花](スモモの花),[惊 jīng 蛰]の一候は[桃 táo 花](モモの花),二候は[棣 dì 棠花](ヤマブキ),三候は[蔷 qiáng 薇],[春分]の一候は[海 hǎi 棠],二候は[梨 lí 花],三候は[木 mù 兰①],[清 qīng 明④]の一候は[桐 tóng 花],二候は[麦 mài 花],三候は[柳 liǔ 花],[谷 gǔ 雨]の一候は[牡 mǔ 丹花],二候は[酴 tú 醿](トキンイバラ),三候は[楝 liàn 花](センダンの花)

二十四节气 èrshísì jiéqì →[二十四节][二十四气]ともいう.古来中国では1太陽年を五日を一候,三候一気とした二十四気に分けた.これを12月に配し毎月二気となるが,それを調節することで暦が季節と対応することを維持した.二十四とは,立春・雨水・啓蟄・春分・清明・穀雨・立夏・小満・芒種・夏至・小暑・大暑・立秋・処暑・白露・秋分・寒露・霜降・立冬・小雪・大雪・冬至・小寒・大寒をいう.[农 nóng 历]

二十四开 èrshísì kāi ①24カラット(純金).→[开⑪] ②[新聞・印刷・製本用語で原紙の24分の1.→[八 bā 开][对 duì 开②][四 sì 开①]

二十四史 èrshísì shǐ 清乾隆年間に定めた中国歴代の正史.[廿 niàn 四史]ともいう.史記・漢書・後漢書・三国志・晋書・宋書・南斉書・梁書・陳書・魏書・北斉書・周書・隋書・南史・北史・旧唐書・新唐書・旧五代史・新五代史・宋史・遼史・金史・元史・明史.民国になってから新元史を加えて[二十五史],更に清史稿を加えたものを[二十六史]という.

二十四小时商店 èrshísì xiǎoshí shāngdiàn 昼夜営業のコンビニ・スーパー.

二酸 èrsuān ⇒[花 huā 生酸]

二碳五烯酸 èrtàn wǔxīsuān 化EPA.エイコサペンタエン酸:脂肪酸の一種.

二十五节 èrshíwǔ jié →[二十四节]

二十五弦 èrshíwǔ xián 〈文〉25弦の瑟.→[瑟 sè]

二十一条 èrshíyī tiáo 1915年,日本が袁世凱政府に要求した21箇条からなる政治・経済・文化的利権の要求.→[国 guó 耻纪念日]

二事 èrshì 〈方〉余計なこと.無用な手出し.→[闲 xián 事]

二世祖 èrshìzǔ 創業者の二代目.

二手 èrshǒu ①[-儿]喩間接的(の).他の手を経た(もの).二番煎じ(の). [~资料]二次資料.[~券 quàn 劇(2度目以上の売買対象となる)既発行債. [~烟]副流煙.受動喫煙. ②中古の.セコハンの. [~车]中古車. [~货]中古品. [~房]住宅・中古マンション.

二熟 èrshú 農一年に2回の収穫:[两 liǎng 熟]ともいう.主に小麦と大豆・とうもろこし・木棉・稲などの組み合わせ. [~稻田]同前の稲田.→[二茬]

二竖 èrshù <文>病魔:[二竖为灾][二竖之灾]ともいう.晋の景公が病んだとき良医の来る夢に,病気が二豎(二人の子供)となって,景公が名医緩を呼んだから我々は危険だ,針薬のとどかない育(こう)の上膏の下へ隠れようと言っていた.緩が診察してみると病はすでに膏肓(こうこう)に入っていて名医も手の施しようがなかった.→[病 bìng 入膏肓]

二束雄蕊 èrshù xióngruǐ 圃両体雄蕊(ずい)

二水 èrshuǐ [-儿]一度使用したもの:新調したもの(最初に使うもの)を[头 tóu 水]という.[〜货]中古品.

二四滴 èrsìdī 化2,4-D.2,4-ジクロロフェノキシ酢酸:除草用・果実の早期落下防止用の農薬品.

二胎 èrtāi 第2子(胎児や乳児).[〜指标]第二子出産許可の枠(人数).

二太爷 èrtàiyé 旧(世間の人からお屋敷の)使用人に対する尊称.

二碳化钙 èrtànhuà gài 化炭化カルシウム:俗に[电 diàn 石](カーバイド)という.

二糖 èrtáng ⇒[二糖類]

二踢脚 èrtījiǎo →[爆 bào 竹]

二踢子 èrtīzi →[爆 bào 竹]

二体人 èrtǐrén ⇒[二性子]

èr

二天 èrtiān 〈方〉後日.改めて:〔改gǎi 天〕に同じ.〔我～再来〕いずれ改めてまた来る.

二停(儿) èrtíng(r) ①10分の2.2割.〔十停儿的～〕同前.→〔停m〕 ②二つの部分.〔明字的结构可分左右〕"明"の字は左右二つの部分に分けられる.

二外 èrwài 第二外国語.

二万五千里长征 èrwànwǔqiānlǐ chángzhēng ＝〔长征①〕〔万里长征〕史1934年から1936年にかけて紅軍が華中・華南の革命根拠地から陝西・甘粛一帯へ大規模な戦略的移動を行ったこと.〔新xīn 的长征〕新たな長征:同前にも比すべき困難かつ壮大な事業のたとえ.

二维 èrwéi 数二次元.〔～空间〕二次元空間.

二乌眼 èrwūyǎn ⇒〔二五眼〕

二五减租 èrwǔ jiǎnzū 史2割5分の小作料引き下げ.第一次国内革命戦争の時に中国共産党から提出され、後解放区において〔土tǔ 地改革〕の前に実施された.

二进制 èrwǔ jìnzhì 電算2進－5進法.

二五眼 èrwǔyǎn ＝〔二乌眼〕〈口〉①生半可だ.腕がよくない. ②劣悪である.質が悪い.ものがよくない.〔那个东西太～,我不要〕あの品はひどく質が悪いし,わたしはいらない. ③しろうとだ.よくわかっていない.

二烯 èrxī 化ジエン:不飽和鎖式炭化水素で,炭素の二重(または三重)結合2個を有するもの.〔丙bǐng ～〕プロパジエン.→〔链liàn 式碳鏈化合物〕

二弦 èrxián 〈方〉

二线 èrxiàn ①軍戦線における後方の防御ライン. ②第二線:現役を退くこと.また責任の軽い職位.

二项式 èrxiàngshì 数二項式.

二象性 èrxiàngxìng 物二重性.

二硝基 èrxiāojī 化ジニトロ(化学基名).〔～氯lù 化苯〕ジニトロクロロベンゼン.〔～苯〕ジニトロベンゼン.

二心 èrxīn 〔贰心〕とも書いた. ①ふたごころ.異心.不忠実である. ②〔有～〕同前をもつ.→〔异yì 心〕 ②気が散る.あれこれ迷う.

二形花 èrxínghuā 〔花に長短二様の雌蕊(ずい)雄蕊を有するもの(桜草など)

二形人 èrxíngrén ⇒〔二性子①〕

二性霉素 èrxìng méisù 化アムホテリシン(B)

二性土 èrxìngtǔ =〔合土〕

二性子 èrxìngzi ①=〔二体人〕〔二形人〕〔二尾子〕〈口〉ふたなり:男女両性器を有する人.〔两liǎng 性～〕に同じ. ②まじりあっていて中性のもの.〔～水〕甘味も苦味もないどっちつかずの水.

二盐基酸 èryánjī suān =〔二塩基酸〕:1分子中に金属原子によって置換できる水素原子2個をもつ酸.例えば、炭酸・硫酸など.

二氧化氮 èryǎnghuà dàn 化二酸化窒素.

二氧化硅 èryǎnghuà guī =〔硅酐〕化二酸化ケイ素.無水ケイ酸.シリカ.

二氧化硫 èryǎnghuà liú =〔亚yà 硫酐〕化二酸化硫黄(亜硫酸ガス.無水亜硫酸)

二氧化锰 èryǎnghuà měng =〔锰酐〕化二酸化マンガン.

二氧化铅 èryǎnghuà qiān 化過酸化鉛.

二氧化氢 èryǎnghuà qīng 化過酸化水素.

二氧化碳(气) èryǎnghuà tàn(qì) 化二酸化炭素.炭酸ガス.CO₂ =〔碳(酸)气〕

二氧化物 èryǎnghuà wù 化二酸化物:2原子の酸素と他の原素との化合物.

二一添作五 èryī tiān zuò wǔ ①〔珠算〕で割り算の九九の文句:1を2で割れば答5(0.5)となる.

被除数の1をそのまま5にかえる.5玉は上にあるから〔天tiān 作五〕ともいう. ②二つに分ける.2等分する.〔剩shèng 下的我们再～〕残りは二人で2等分する.

二乙苯胺 èryǐ běn'àn 化ジエチルアニリン.

二基丙二酰缩脲 èryǐjī bǐng'èrxiān suōniào ⇒〔巴bā 比妥〕

二乙醚 èryǐmí 化エーテル.

二乙棉砜 èryǐ miánfēng ⇒〔索suǒ 佛那〕

二乙烯 èryǐxī =〔丁dīng 二烯〕

二乙酰吗啡 èryǐxiān mǎfēi 化ジアセチルモルヒネ:〔海hǎi 洛因〕(ヘロイン)に同じ.

二乙烟酰胺 èryǐyān xiān'àn =〔尼ní 可刹米〕

尾子 èryǐzi ⇒〔二性子①〕

二意 èryì ①二心.〔终无～〕終生裏切らない. ②ためらう.〔三心～〕あれこれと心が迷う.

二元醇 èryuánchún 化二価アルコール.

二元方程式 èryuán fāngchéngshì 数二元方程式.

二元论 èryuánlùn 哲二元論.

二元酸 èryuánsuān =化二塩基酸.

二月二 èryuè'èr 旧暦2月2日:啓蟄にあたる.〔龙lóng 抬头〕(竜が頭をもちあげる)ともいう.

二月逆流 èryuè nìliú 〔二月抗争〕ともいう.史文化大革命が2年目に入った1967年2月に軍長老らが文革の暴力的方法に反対した事件.文革派は〔～〕と称した.

二战 èrzhàn 〔第dì 二次世界大战〕の略.

二者必居其一 èrzhě bì jū qíyī 必ず二つのうちの一つである.二者択一.〔或者把老虎打死,或者被老虎吃掉,～,虎を打ち殺すか、虎に食われるか、二つに一つだ.

二职 èrzhí 〔第dì 二职业〕の略.サイドビジネス.

二指 èrzhǐ ①二つの指. ②⇒〔二拇指〕

二至 èrzhì 天冬至と夏至.〔～二分〕同前と春分・秋分.〔～点〕至点.二至点:夏至と冬至.

二致 èrzhì 一致しない.異なる.〔这故事与以前的绝无～〕この物語は以前のものとは全く異なった点はない.

二主 èrzhǔ ①化(所有権を争う裁判での)原告と被告. ②二人の主人.

二篆 èrzhuàn 印章大家〔之〕と小篆.

二尊 èrzūn ①〈文〉両親の尊称. ②宗(仏教で)釈迦と弥陀.

[弍] èr 〔二〕の古体:〔贰〕の略字として用いる.〔弍yī〕は一,〔弍sān〕は三の古体.

[貳・貳] èr 〈文〉①〔二〕の大字(ずう): 〔式〕証書類の金額記載などに用いる.→〔大dà 写②〕 ②副(ず).ひかえ.補佐しる代理をする人. ③副(ず)える. ④変節する.背く. ⑤〈姓〉貳(ずう)

貳臣 èrchén 〈文〉二君に仕える臣.節操のない臣下.

貳心 èrxīn ⇒〔二心①〕

貳言 èryán 〈文〉異議.反対の言葉:〔二言〕に同じ.

[樲・樲] èr 〔～(棘jí)〕〈文〉植サネブトナツメ.〔棘①〕に同じ.

[刵] èr 古耳を切り取る刑罰.

[佴] èr 〈文〉置く.留める. → nài

[咡] èr 〈文〉両頬.

F

fa ㄈㄚ

〔发・發〕 fā ①発生する(させる).起こる(こす).出る(す).放つ.表に出す.現す.〔～大水〕大水が出る.〔自～性〕自発性.〔～表了议论〕議論を起こした.〔散 sàn ～着芳香〕いい匂いを発している. ②発する.始める.引き起こす.〔引 yǐn ～〕同前. ③あける.開く.暴く.〔～仓 cāng 济贫〕〈文〉米倉を開いて貧民を救う.〔～覆〕〈文〉真相を明かす.〔告～〕告発する.〔揭 jié ～〕暴く.摘発する. ④送り出す.発送する.派遣する.〔～电报〕〔打电报〕電報を打つ.〔～团 tuán〕ツアー客を組織して出発させる(旅行会社用語).〔～行李〕手荷物を送り出す.〔～了两封信〕手紙を2通出した.〔打～人去找他〕彼を呼びに人をやる. ⑤出す.支給する.配る.〔～工资〕給料を支給する.〔～奖金〕ボーナス(賞金)を出す.〔～传 chuán 单〕ビラを配る.〔～给大家〕みんなに配る. ⑥発展する.拡大する.大きくなる.〔生～〕発展する.繁盛する. ⑦金持ちになる.富む.〔暴～户〕成り金.にわか分限者.〔他一下子就～了〕彼はたちまち金をもうけた. ⑧発散する.〔挥～〕揮発(する).〔蒸 zhēng ～〕蒸発(する). ⑨出発する.〔出 chū ～〕出発する.〔朝 zhāo ～夕至〕〈文〉朝出て夕方に着く.〔远 lǎ〕(犯人を)護送する.流罪にする.〔～县 xiàn〕県(の役所)へ護送する.〔把犯人～到边疆 jiāng 去〕犯人を国境へ流罪にする.〔～押 yā(l)④〕 ⑩ほぐす.気配がある.…を帯びてくる.…になってくる.〔～暗 àn〕(天気・顔つきが)暗くなる.〔味儿～酸 suān〕味がすっぱくなってくる.〔天儿～白〕空が白んで来た.〔桃花～红了〕桃の花が赤らんで来た.〔人老了手脚～笨 bèn 了〕人は年をとると手足がきかなくなってくる. ⑫発酵する(させる).ふくらす.(乾燥しているものを水で)もどす.〔～得不好〕発酵が不十分である.〔～鱼翅 chì〕ふかのひれを(水に浸けて)もどす.〔海带要先～一～〕昆布はまず水でもどさなければならない.〔面 miàn ～了小麦粉が発酵した(してふくれてきた).〔馒 mán 头是～面的东西〕マントーは小麦粉をふくらせたものだ. ⑬感覚が起こる.感じる.〔辣 là〕ぴりっとする.辛さを感じる.〔浑 hún 身～痒 yǎng〕体中かゆく感じる. ⑭〈文〉花が咲く.〔桃花怒～〕桃の花が一斉に咲く. ⑮発射する.〔几十门大炮齐 qí ～〕幾十門もの大砲が一斉に発射された.〔一枪 qiāng ～〕一発も打たない. ⑯一〔多 duō 来米〕 ⑰量詞.銃弾・砲弾を数える.〔枪膛 qiāngtáng 里只剩下一一～子 zǐ 弹〕銃の中には弾が一発しか残っていない. ⑱发〔发(髪)〕→ fà

发案 fā'àn 犯罪事件が起こる.〔～地点〕事件現場.

发白 fābái ①白くなる.空が白む.〔东方～〕東の方が白む. ②(血の気がなくなって)青白くなる.〔脸色～〕顔が青白くなる.

发板 fābǎn こわばる.固くなる.頑固になる.

发榜 fābǎng ＝〔出 chū 榜①〕合格者が掲示される(発表される).〔～科 kē 举〕

发包 fābāo (建築工事・商品加工など)請け負いに出す.〔～工程〕工事を同前.〔～人〕発注者.→〔包工〕

发报 fābào 電信(電報)を発信する.〔发电报〕同前.〔～机〕発信機.〔～人〕発信人.→〔送 sòng 报〕

发背 fābèi 医 背中にできる腫物(いぢ).

发变 fābiàn 発育変化する.成長して変わっていく.〔这姑娘～得更好看了〕この娘は大きくなるにつれてますますべっぴんになった.

发标 fābiāo 〈方〉かんしゃくをおこす.むっとする.いばりちらす.

发表 fābiǎo ①発表する.公表する.〔～公报〕コミュニケを発表する.〔～谈话〕談話を発表する. ②掲載する.載る.〔报纸上～了他的论文〕彼の論文が新聞に掲載された. ③＝〔解 jiě 表〕 中医 発汗させて"表"(皮膚と皮下)の邪気を発散すること.

发兵 fābīng 出兵する.軍隊を派遣する.

发病 fābìng 医 発病(する).発症(する).〔～率〕罹(り)病率.

发播 fābō (電波などを)発信(する).送信(する).

发布 fābù 公布(する).公表(する).〔～命令〕命令を出す.〔～新闻〕ニュースを公表する.〔～指示〕指示(指図)を出す.→〔公 gōng 布〕

发财 fācái ①金を儲ける.金持ちになる.〔他现在发财了〕彼は今では金持ちになった.〔发了横 hèng 财〕(あくどい)ぼろ儲けをした.〔发红财〕まともに儲ける.〔发洋 yáng 财〕(外国人相手に)大金を儲ける.〔发国难财〕戦争成り金. ②～致富〕大金持ちになる. ③⇒〔恭 gōng 喜〕

发颤 fāchàn (体が)震える.〔今天真冷,我烤 kǎo 着火,还有点～呢〕今日はひどく寒くて,火にあたっていてもまだ震えるよ.〔手不停地～〕手の震えが止まらない.～发抖〕揺れる.〔这个独木桥～,走着有些发毛〕この丸木橋はぐらつくので渡るとひやひやする.

发钞银行 fāchāo yínháng 経 発券銀行.

发潮 fācháo 湿気をおびる.〔天快下雨了,墙有点儿～〕今にも雨が降りそうだ,壁がしめっぽくなっている.

发车 fāchē 発車する.〔～信号〕発車信号.

发痴 fāchī ①⇒〔发呆〕 ②⇒〔发疯①〕

发愁 fāchóu (犯し烦に)心配する.悲しむ.いやになる.〔我一看课本就～〕教科書を見ると頭が痛くなる.

发臭 fāchòu 腐る.腐って臭いが出る.

发出 fāchū ①出す.出る.〔～函 hán 件〕手紙を送る.〔～声音〕声が出る.声を出す.〔～疑问〕疑問を出す.〔花儿～一股芳香〕花が甘い匂いを放つ. ②発表する.発布する.〔～通告〕通告を出す. ③(匂いや熱気が)発散する.広がる.

发憷 fāchù 〔发怵〕当をする.おびえる.気おくれする.びくびくする.〔不必那么～〕そんなびくびくする必要はない.〔做事情别～,就可以成功〕事をなすのに恐れてはいけない,そうすれば成功するよ.

发喘 fāchuǎn 喘 ぐ.喘息(ぜん)の発作がおこる.

发春 fāchūn ⇒〔孟 mèng 春〕

发达 fādá ①発達する.向上する.発展する.〔～国家〕先進国.〔～起来〕発展し始める.〔肌肉～〕筋肉が発達している.〔经济～〕経済が発展している. ②盛んである.景気がよい.〔广东饭很～〕広東料理屋は景気がよい.

发呆 fādāi ＝〈方〉发痴①〕ぼんやりする.ぽかんとしている.血のめぐりが悪い.気持ちが張りがない.力を落とす.ぼける.〔除了吃喝之外,一天到晚坐在那儿～〕飲み食いのほかは一日中あそこにいてぼんやりしている,〔问他话,他不回答净～〕彼に問うても答えないでぽかんとしている.

发单 fādān 商 ①レシート.領収書.〔发票①〕に同じ. ②インボイス.送り状.〔发货单〕に同じ.〔～价格〕送状価格.〔～存根〕(売り側の)インボイスプッ

发

fā

ク.〔~副本〕インボイスコピー.送状副本.〔~总值〕インボイス金額.〔附单据~〕書類添付送状.〔委购货物~〕委託買付インボイス.〔委托销售~〕委託販売インボイス.〔船送~〕税関用送状.〔修正~〕訂正送状.〔船运~〕船積送状.〔定价~〕確定送状.〔提要~〕略式送状.〔落luò地价格~〕持込売約送状.

发嗲 fādiǎ〔方〕甘える.

发电 fādiàn ①発電(する).〔~厂〕[发电站]発電所:単に〔电厂〕ともいう.〔~量 liàng〕発電量.〔~能力〕発電能力.〔~设备〕発電装置.〔水力~〕水力発電(する).〔原子能~〕原子力発電(する).②電報を発信する:〔去 qù 电①〕に同じ.

发电机 fādiànjī 圈ダイナモ.発電機.〔柴 chái 油~〕〔<音義訳>狄 dí 塞尔~〕ディーゼル発電機.〔~机油〕ダイナモ油.〔交流~〕交流発電機.〔汽油~〕ガソリン発電機.〔直流~〕直流発電機.

发动 fādòng ①動作を始める.起こす.〔~战争〕戦争を起こす.②動員する.動かす.発揮させる.〔~群众〕大衆を動員する.〔~所有的亲属去追寻〕全親族を動員して探す.〔要学会~大家动手干 gàn〕みんなが積極的に仕事に着手するように働きかけることを学びとらねばならない.→〔调 diào 动②〕③發動する.〔~马达〕モーターを動かす.〔~汽车〕自動車のエンジンを発動する(入れる).④医出産の時の陣痛.

发动机 fādòngjī ＝〔动力机〕圈機関.発動機.エンジン:〔引 yǐn 擎〕(エンジン)は音訳.〔~防 fáng 盗锁止系统〕イモビライザー.〔~盖 gài〕〔~罩 zhào〕自動車のボンネット.

发抖 fādǒu 身震いする(寒さや恐怖のために).〔他吓 xià 得~〕彼はたまげて震えている.

发堵 fādǔ うっとうしい.ゆううつになる.〔连着阴天叫人心里~〕どんよりした日が続いて気がめいる.

发端 fāduān 発端となる.…を原因とする.〔那次暴动~于种 zhǒng 族问题〕その暴動は人種問題に起因している.→〔起 qǐ 头(儿)①〕

发端词 fāduāncí （发语词）

发凡 fāfán ①〔文学・学説などの〕前置き.執筆の要旨.②〔同前〕を述べる.説明する.〔立义~〕同前.

发放 fāfàng ①物を支払う(主て〈金などを〉.〔~股息〕株の配当を出す.〔~救济米〕救助米を放出する.〔~粮 liáng 食〕食糧を放出する.〔~信贷〕クレジットを供与する.詰める.②放つ.〔~信号弹 dàn〕信号弾を打つ.③⇒〔发落〕

发粉 fāfěn ⇒〔焙 bèi 粉〕

发奋 fāfèn ①発奮する.奮い立つ.〔~有为 wéi〕〔奋发有为〕奮発して向上を図る.〔~图强〕奋发图强〈成〉発憤して向上を図る.〔只要~做,你们定有成就〕頑張りさえすればきっと成果を得られる.奋①同下.

发愤 fāfèn ①堅く決心をする:〔发奋②〕に同じ.〔~图强〕〈成〉向上しようと堅く決心をする.〔~忘食〕〈成〉食を忘れて打ち込む.②〈文〉不満をもらす.憤慨する.

发疯 fāfēng ①＝〔方〕发痴②〕発狂する.②〈喩〉気が変になる.突拍子もない.〔急得我要~了〕心配で気が狂いそうだ.〔你~啦,把烟头儿扔到纸篓 lǒu 里〕君,気がおかしくなったのか,吸いがらをくずかごの中に入れるやつがあるか.

发奉 fāfèng〔牍〕ご送付申し上げます.

发福 fāfú かっぷくがいい:多く中老年が太ったことをいう.〔您~了〕福々しくおなりになりましたね.→〔清 qīng 瘦〕

发付 fāfù ①支給する.〔~他一笔遣 qiǎn 散费叫他家伙就是〕彼が解散手当を貰って家に帰らせ

るがよい.②〈白〉行くようにはからう.差し立てる.〔~他回乡下去〕彼を何とかあしらって田舎へ帰らせる.

发干 fāgān 乾く.乾燥する.〔嗓 sǎng 子~了〕のどが乾いた.〔嘴唇~〕唇が乾く.

发绀 fāgàn 医青色症.チアノーゼ(になる):〔青 qīng 紫(症)〕ともいう.

发糕 fāgāo 圏蒸し菓子の一種:とうもろこしの粉・米の粉・小麦粉などを発酵させたつめの実などを混ぜたものを蒸籠(ざ)で蒸し,切り分けて食べる.

发稿 fāgǎo ①通信社がマスコミにニュースなどの原稿を提供する.②出版社の編集部から出版部,又は出版部から印刷所へ原稿を送る.

发个儿 fāgèr（体が)がっしり大きくなる.

发给 fāgěi 給付・交付する.下付する.〔~工资〕給料を支給する.〔~护 hù 照〕旅券を交付する.〔~孩子们点心〕菓子を子供たちに配る.

发哽 fāgěng のどがふさがる.

发梗 fāgěng 詰まって物が通りにくくなる.〔咽 yīn 喉~〕のどが同前.

发光 fāguāng ①光る.発光する.〔~二极体〕物発光ダイオード.〔~器官〕物発光器.〔~强度〕光の強さ.〔~颜料〕夜光顔料.〔~油漆〕夜光塗料.〔萤 yíng 火虫自身~〕ほたるは自分で発光する.〔树叶照得闪 shàn 闪~〕木の葉がきらきら輝く.②〔冷光(現象)〕ルミネセンス.

发汗 fāhàn 汗を出す.発汗させる.〔感冒了,应当吃点~的药〕風邪の時には発汗剤を飲まねばならない.→〔出 chū 汗〕

发行 fāháng ①売り出す.②卸売り(商).卸売り(問屋).〔~价(儿)〕卸値段.→ fāxíng

发号施令 fāhàoshīlìng 号令を出す.命令を出す.〔~权威をかさにあれこれ指図をする.

发黑 fāhēi ①暗くなる.〔天有点儿~了〕日が暮れてきた.②黒ずむ.黒みを帯びている.〔皮肤多晒 shài 太阳为什么会~〕皮膚はたくさん日に当たるとなぜ黒ずむのか.③眼がくらむ.〔病刚好,一起床,眼睛就~〕病気がよくなったばかりには,起きると眼がくらむ.

发狠 fāhěn ①思いきる.がむしゃらにやる.がんばる.〔他一~,三天的任务,两天就完成了〕彼はこうと決めれば,3日間かかる仕事を2日でやり終える.→〔发奋〕②むきになる.かっとする.怒る.〔他们要是~来跟我们为 wéi 难,也很麻烦〕もし彼らがむきになって我々を困らせにかかったら,これはなかなかやっかいだ.

发横 fāhèng のさばりだす.横車を押す.

发横财 fāhèngcái やましい金を儲ける.ぼろ儲けをする.悪銭を儲ける.→〔发财〕

发红 fāhóng 赤くなる.赤みがかる.

发洪(水) fāhóng(shuǐ) 洪水になる.→〔发水〕

发糊涂 fāhútu ぼんやりする.うわごとを言う.〔病得不轻,净~〕病気が重くてしきりにうわごとを言う.→〔发老糊涂〕老いぼれた.

发花 fāhuā ①目がかすみ始める.〔我最近眼睛有点儿~了〕わたしは最近目が少しかすみ始めた.②花が開く.〔这棵树眼看着要~了〕この木は見ている間に(もうすぐ)花が開くだろう.

发话 fāhuà ①ものを言う.〔~人〕電話の掛け手:〔收话人〕電話の受け手.②〔用事を〕言いつける.指図する.命ずる.〔领导~〕指導者が命じた.③(かんかんに)怒ってものを言う.

发话器 fāhuàqì 受話器:〔话筒①〕に同じ.電話(送話器・受話器)は〔发话〕と〔受 shòu 话〕が同一の器具でできているので,事実上〔受话器〕〔听 tīng 筒①〕に同じ.

473

fā 发

发坏 fāhuài 〈方〉ひねくれる.〔你别瞧他不言不语,心里正在那儿~呢〕彼が黙っているのもやむとは言えない,今はふてくされているんだから.

发还 fāhuán ①送り返す.返却する.返す:目上の者からいう.〔~本人〕本人に返却する.〔~作文本作文のノートを返す.②払い戻す.〔~股款〕株金を払い戻す.③却下する.

发慌 fāhuāng 狼狽する.うろたえる.慌てる.〔有点儿~〕同前.〔不要~〕落ち着きなさい.

发黄 fāhuáng 黄色になる.〔树叶子~〕木の葉が黄ばむ.

发灰 fāhuī ①灰色になる.②衰えていく.しぼんでいく.

发挥 fāhuī ①発揮する.〔充分~潜 qián 力〕潜在能力を思いきり発揮する.〔~本领〕腕前を生かす.〔~才能〕才能を生かす.〔~作用〕効力が出る.役立つ.②詳しく発表する.展開する.〔~高见〕ご意見発表.〔~题意〕主題を展開する.

发回 fāhuí 送り返す.送還する.

发昏 fāhūn ①気が遠くなる.〔气得~〕腹が立って気が遠くなりそうだ.②精神が正常でなくなる.ぼける.のぼせ上がる.〔你一啦〕きみ,頭がおかしいぞ.〔脑袋有点儿~了〕頭が少しぼけてきた.③目がくらむ.目まいがする.〔突然感到~〕急に目の前が暗くなる.

发浑 fāhún 濁る.

发火 fāhuǒ ①火が燃える.火がつく.発火する.〔~器 qì〕圈点火器.点火装置.イグナイター.②爆発する.発射する.〔打了一枪,没有~〕1発打ったが不発だった.③火がよく燃える.〔这个炉 lú 灶好~〕このかまどはよく燃える.④〈方〉火事を起こす.⑤〔~儿〕怒り出す.かんしゃくが起こる.腹を立てる.〔别惹 rě 他,他快要~了〕彼を相手にするな,やつはすぐ怒るよ.→〔发脾气〕

发货 fāhuò 出荷する.荷物を発送する.〔~簿〕貨物引渡簿.貨物発送簿.〔~人〕貨物発送人.〔~账 zhàng〕仕切書の控帳.〔~契 qì 约单〕出荷申込書.〔~通知书〕貨物発送通知書.↔〔收 shōu 货①〕

发货单 fāhuòdān =〔发货票②〕〔发票②〕〔货单①〕〔货 fā 单〕〔清 qīng 单〕〔送 sòng 货 单〕〔装 zhuāng 货清单〕圖インボイス.送り状.仕切状.積荷明細書:〔发单②〕に同じ.〔开发票〕〔开清单〕インボイスを出す.〔临时~〕仮送状.仮仕切書.→〔发票①〕

发货票 fāhuòpiào ①⇒〔发票①〕 ②同上.

发急 fājí 〔发急〕とも書いた.①気をもむ.焦る.いらだつ.→〔起 qǐ 急〕 ②〈方〉怒る.立腹する.

发迹 fājì 出世する.立身する.志を得る.〔这个青年人日后定能~〕この青年は将来きっと出世する.

发悸 fājì おじける.

发家 fājiā 家を興す.家が栄える.財産を作る.〔~史〕家の発展史.〔~致富〕家が栄え,金持ちになる.〔他辛勤工作,终于发了家〕彼は一生懸命に仕事に励んで,ついに家を興した.〔他们本来是靠一张嘴~的〕彼らはもともと口先一つでなりあがったのだ.

发价 fājià ⇒〔出 chū 价〕

发贱 fājiàn くろでもないことをする.下卑⒝たことをする.鼻持ちならない.いやらしい.〔他老给科长拍马,~〕やつはいつも課長におべっかをつかう,鼻持ちならん.

发僵 fājiāng こわばる.自由がきかず動かなくなる.〔冻得手脚~〕こごえて手足がかじかむ.

发奖 fājiǎng ボーナス・賞品・賞状を渡す.〔~仪 yí 式〕表彰式.

发强 fājiàng ①強情をはる.素直でない.〔你去你爹不放心,要替你换几个人来,别~〕お前が行くとお父さんが心配されるんで話し合いをなさいよ,強情をはらないでね.②〈方〉こわばる.つっぱる.〔发偃〕に同じ.

发交 fājiāo 送付する.引き渡す.送り渡す.

发焦 fājiāo ①焦げる.こんがり焼ける.②乾く.からからになる.

发轿 fājiào ⇒〔起 qǐ 轿〕

发酵 fājiào 発酵(する).〔酦酵〕とも書いた.〔~酒〕醸造酒.〔~菌 jūn〕発酵菌.〔使葡萄~酿造葡萄酒〕ブドウを発酵させてブドウ酒を作る.→〔酝 yùn 酿〕

发(酵)粉 fā(jiào)fěn ⇒〔焙 bèi 粉〕

发酵母(儿) bājiàomǔ(r) ⇒〔发面头〕

发酵头 fājiàotóu ⇒〔发面头〕

发解 fājiè 圈圉科挙で挙人の試験の第1位として及第する.→〔科 kē 举〕

发紧 fājǐn ①つっぱる.きゅっとつまる.引きしまってゆるまない.〔腿 tuǐ 肚子~了〕ふくらはぎがつった.〔胸口~〕胸が苦しい.②極度に緊張する.〔心里一阵~〕心中ひとしきり不安を感じる.

发噤 fājìn 〔发禁〕とも書いた〈方〉緊張する.〔瑞宣心中还~,实在不想说话〕(老・四・偷27)瑞宣は心中なお緊張がとれず,まったく話したくなかった.②(寒さのために)ぶるぶる震える.

发痉 fājīng =〈方〉打 dǎ 嘟噜〉〈方〉物が細かく振動する(こと)

发窘 fājiǒng 立場に苦しむ.弱ってしまう.困る.

发酒疯 fājiǔfēng 〔~儿〕酔っぱらってくだをまく.酒乱になる.

发觉 fājué 気がつく.悟る.〔~时,已经晚了〕気がついた時はもう手遅れだった.〔~自己错了〕自分が間違ったことに気付いた.

发倔 fājué 融通がきかない.すねる.つむじをまげる.〔这个老头子,头脑不清,一说话就~〕このおやじ,頭が悪く,口を開けばすぐつむじをまげる.

发掘 fājué 発掘(する).〔~古物〕古物を発掘する.〔~潜 qián 力〕潜在能力を掘り起こす.〔~人才〕人材を見つけだす.

发刊 fākān (印刷物を)刊行する.〔~词〕発刊の辞.

发棵 fākē 〔~儿〕〈方〉(樹木が)芽を出し枝となる.〔~生长 zhǎng〕芽を出して枝となり,生長する.②〔分 fēn 蘖〕

发苦 fākǔ 苦くなる.

发狂 fākuáng 発狂する.〔发疯①〕に同じ.

发困 fākùn 眠くなる.

发蓝 fālán ①青黒くなる.②=〔烧 shāo 蓝〕圈ブルーイング.鉄鋼の黒染法.青熱着色法.〔烤 kǎo 蓝〕ともいう.

发懒 fālǎn ①疲れて(だるくなって)動きたくない.〔天热了人有点~〕暑くなったので体がだるく感じて動きたくなくなる.②怠ける.怠惰になる.〔他现在越来越没出息,上学都~〕彼は今ではますます見込みがなくなってしまった,学校に行くことまで怠けている.

发牢骚 fāláosāo 不平を言う.ぶつぶつ言う.

发冷 fālěng 寒気(ぎ)がする.〔~发热〕寒気と発熱がある:疟(ぎ)のようなものをいう.

发愣 fālèng 〔发楞〕とも書いた.〈口〉ぼかんとする.きょとんとする.びっくりする.ぎょっとする.

发力 fālì 力をぱっと出す.力を入れる.

发利市 fālìshì 〈方〉①〔开店後の〕初商い.②商売が儲かる.うまく儲ける.→〔发市〕

发凉 fāliáng 涼しくなる.冷たくなる.〔手脚~〕手足が冷えてくる.

发　　　fā

发亮 fāliàng ①明るくなる.〔东方~〕东の空が明るくなる. ②光る.〔~的钻 zuàn 石〕きらきら光るダイヤモンド.

发令 fālìng 命令を出す.〔~旗〕スタートを知らせる旗.〔~枪〕スタート用のピストル.〔~纸〕同前用の紙玉火薬.〔~员〕(運動競技の)スターター.

发聋振聩 fālóng zhènkuì 大声を出して耳の遠い人に聞こえるようにする.〈喩〉言論や宣伝によって大衆を奮い立たせる;「振聋发聩」ともいう.

发露 fālù 現れる.〔他一喝酒就~出本性来〕彼は飲むと本性を現す.→「显 xiǎn 露」

发落 fāluò =〔发放③〕始末する.処理する.処分する.結着をつける.〔从轻~〕軽く処置する.〔站在一旁听候~〕かたわらに立って指図を待っている.

发麻 fāmá ⇒〔发木〕

发卖 fāmài 売り出す.発売する.

发毛 fāmáo ①(身の毛がよだつほど)恐れる.驚く.ぶるぶる震える.〔你别~,只管去不碍 ài 事〕びくつくことはない,どんどん行って何でもないよ.〔他见阴谋败露,有些~〕彼は陰謀が露見したので驚き慌てている. ②<方>怒る.癇癪(かんしゃく)を起こす. ③黴(かび)が生える.

发毛咕 fāmáogu <方>(疑いをおこして)恐れる.怖くなる.自信がなくて落ち着かない.

发霉 fāméi ①=〔长 zhǎng 霉〕黴(かび)が生える.かびる.〔囤 tún 到~之后,又抛 pāo 到市场上去〕かびるまでストックしておいて,また市場に投げ売りする. ②発酵する.

发闷 fāmēn ①天気がぐずつく.うっとうしい.〔今天~〕今日は蒸し暑い. ②音がこもる.

发闷 fāmèn 気がふさぐ.もだえる.〔他一个人~〕彼は一人で煩悶(はんもん)している.

发蒙 fāmēng =〔发惛〕〔口〕わけが分らなくなる.〔弄得我~〕めまいがする.

发蒙 fāméng ⇒〔启 qǐ 蒙〕

发蒙振聩 fāméng zhènkuì <成>盲人も目が開き聾(ろう)者も耳が聞こえるように,卓越した考え方を知って見識が広くなること.

发蒙振落 fāméng zhènluò <成>目にかぶさっているものをとり,枯葉を振り落とす.<喩>事の極めてたやすいこと.

发惛 fāmēn ①⇒〔发蒙 mēng〕 ②はっきりしない.ぼんやりする.めまいがする.

发面 fāmiàn =〔起 qǐ 面①〕(小麦粉を)発酵する.〔发面〕発酵してふくれた小麦粉.

发面饼 fāmiànbǐng 発酵させた小麦粉を焼いで(蒸して)作った「饼」;〔起 qǐ 面饼〕ともいう.

发面头 fāmiàntou =〔发酵母〕〔发面头〕〔方〕老 lǎo 面〕〔引 yǐn 子⑥〕パン用イースト;〔面肥①〕の別称.小麦粉を発酵させて〔馒 mán 头〕(マントー)などを作った時,ひとちぎり残しておいて次に作る時発酵の種とするもの.→〔焙 bèi 粉〕

发乜 fāmiē 目がぼんやりする(疲れて)

发明 fāmíng ①発明(する).〔~家〕発明家.〔~权 quán〕発明権. ②(見方・考え方について)新しく創り出す用いる.明らかにする.

发墨 fāmò (砚(すずり)が)墨をすりやすい(こと)

发木 fāmù =〔发麻〕しびれる.麻痺(まひ)する.〔坐的工夫儿大,我的脚~了〕長いこと座っていたので足がしびれてきた.→〔麻 má 木①〕

发奶 fānǎi ⇒〔下 xià 奶②〕

发难 fānàn ①騒動を発する(出す).反乱を起こす.〔少 shào 壮派军官首先~〕若手の将校たちは最初に決起した.〔《新青年》是号召文学革命的~者〕雑誌

『新青年』は文学革命を唱えた張本人(主動者)である. ②<文>詰問する.問いつめる.

发腻 fānì 嫌気がさす.〔我对于这个工作有点儿~了〕私はそろそろこの仕事が嫌になった.

发蔫 fāniān 〔口〕①草木がしおれて元気がなくなる.しおれる. ②元気がなくぼんやりする.精彩がなくうちしおれる.〔近年好像他有什么心事,~了〕近ごろ彼は何かなやみごとがあってしおりしているようすだ.

发粘 fānián ねばりけが出る.ねばねばする.〔发粘〕とも書いた.〔嘴里~不好受〕口がねばついて気持ちが悪い.

发蔫 fānié 気力がなくなる.〔发蔫①〕に同じ.〔他累 lèi 了,直~,叫他睡觉吧〕彼は疲れてくたくたになっている,寝かせなさい.

发怒 fānù 怒る.立腹する.

发疟疾 fānüèjí 〔医〕おこり・マラリアがでる.

发排 fāpái (原稿を)製版に回す.植字に回す.

发盘 fāpán 〔商〕オファー(する)

发胖 fāpàng 肥える.太る.〔他最近~了〕彼は最近太ってきた.

发炮 fāpào →字解⑮

发泡 fāpào 〔化〕発泡(する).〔~剂 jì〕発泡剤.〔一次性~塑 sù 料餐 cān 具〕発泡スチロール製の使いすて食器.

发配 fāpèi <白>流刑に処する(して罪人を苦役させる).

发皮 fāpí 歯ざわりが悪い.〔玉米花一受 shòu 潮就~〕ポップコーンは湿ると同前.

发脾气 fāpíqi〔发大气〕とも書く.癇癪(かんしゃく)を起こす.怒る.〔发火②〕〔闹 nào 脾气〕に同じ.

发飘 fāpiāo (足元が)軽く感じる.ふらつく.

发票 fāpiào ①=〔发货票〕領収書.レシート.〔不要开~〕領収書をきりますか. ②送り状.インボイス;〔发货单〕に同じ. ③約束手形を発行する.〔~人〕約束手形振出人.〔~券〕を配る.

发泼 fāpō 泣きわめく.無理を通そうとして騒ぎたてる.

发起 fāqǐ ①発起(する).呼びかけ(る).〔联合~国〕共同提案国.〔~人〕発起人.〔~人股份〕発起人株. ②(動作を)起こす.開始する.〔~反攻〕反撃を起こす.

发气 fāqì あたり散らす.〔他动不动就拿老婆~〕彼は何かというと女房に向って怒る.〔~撒 sā 气①〕

发遣 fāqiǎn =〔发往①〕<文>派遣する.(人を)やる.

发怯 fāqiè 恐れる.おじける.

发青 fāqīng 青くなる.青みがかる.〔柳 liǔ 条儿儿~〕柳が青くなった.〔因为劳累缺觉 jiào,脸色有点~〕疲労や睡眠不足で顔色が少し青ずんでいる.

发情 fāqíng 〔生理〕発情する.さかりがつく.〔~期〕発情期.

发球 fāqiú 〔スポ〕(テニス・バレーボール・バドミントン・ピンポンなどの)サーブ.〔发长 cháng 球〕ロングサービス.〔发高远球〕ロングハイサービス.〔换~〕チェンジサービス.〔接~〕サーブレシーブ.〔~区〕サービスエリア;サービスコート.〔~线〕サービスライン.〔~员〕〔~者〕サーバー.

发热 fārè ①熱を発する(出す).〔~丝 sī 〕〔电〕(真空管の)フィラメント.→〔灯 dēng 丝〕 ②熱がある.熱が出る(病気で);〔发烧〕に同じ.〔~门诊 zhěn〕発熱外来. ③冷静でない.熱くなる.〔头脑~〕頭が正常でなくなる.

发人深思 fārén shēnsī <成>深く考えさせる.

发人深省 fārén shēnxǐng〔发人深醒〕とも書いた.<成>深く反省させる.

发轫 fārèn <文>(車のとめ木をゆるめて)車を動か

fā 发

发软 fāruǎn ①やわらかになる.②力がぬける.〔两腿～〕両足が同前.
发散 fāsàn ①発散させる.四方にひろがる.〔有气没地方～〕腹が立っても(怒りを)晴らすところがない.②[中医]散らす:体内の毒や熱を散らすこと.〔～药〕[解jiě 表药]熱さまし.→[物]発散.
发散思维 fāsàn sīwéi 拡散的思考:〔扩 kuò 散思维〕[求 qiú 导же思维]ともいう.
发散透镜 fāsàn tòujìng ⇒[凹 āo 透镜]
发丧 fāsāng ①死亡を一般に知らせる.死亡通知を出す.②葬儀を営む.
发涩 fāsè ①渋い.渋さがある.②滑らかでない.鈍くなる.
发色团 fāsètuán [化]発色团.
发痧 fāshā ①⇒[中zhòng暑] ②[医][痧](コレラなどの急性伝染病)にかかる.
发傻 fāshǎ ①ぼーっとする.〔快点干啊！你站在那儿发什么傻!〕早くしろ,そんなところへぼけっと立ってないで.②ばかげたことをする(言う)
发讪 fāshàn 〈方〉恥ずかしがる.はにかむ.間が悪い.〔玩笑开得他有点儿～〕からかわれて彼はちょっとはにかんだ.〔一进门看见这么多人,有点儿～〕中に入ったらこんなに多くの人がいたので,ちょっと間が悪かった.
发烧 fāshāo =[发热②]①熱が出る.体温が上がる.〔～不～〕熱がありますか.〔发高烧〕高熱が出る.②(趣味などに)のめり込む.熱中する.〔～友〕ファン.マニア.サポーター.…狂.…馬鹿.〔～友会〕ファンクラブ.〔网络～〕ネットおたく.
发射 fāshè 発射(する).〔一场〕発射場.〔～井〕ミサイル地下貯蔵庫.〔一台〕発射台.〔～装置〕発射装置.〔～了人造卫星〕人口衛星を打ち上げた.
发射点 fāshèdiǎn =[火huǒ力点](銃砲の)発射起点.
发射光谱 fāshè guāngpǔ [物]発光スペクトル.放出スペクトル.
发射极 fāshèjí [电]トランジスターエミッター.
发射真空管 fāshè zhēnkōngguǎn [电]送信用真空管.
发身 fāshēn ①[生理]思春期になって体に大人じみた変化を生じること(第二次性徴の現れること)②〈方〉発身する.
发神经 fāshénjīng 気が触れる.正常ではなくなる.
发瘆 fāshèn (怖くて)鳥肌が立つ.
发生 fāshēng 発生する.生ずる.〔～关系〕男女関係になる.〔～了一起事件〕ある事件が発生する.→[产 chǎn 生]②[物]発生:生物の卵が成体に達するまでの形態上の変化.〔～学〕発生学.〔～器〕[化]ジェネレーター.
发声 fāshēng 発声する.発音する.〔～炉煤 méi 气机〕[机]発生炉ガス機関.
发湿 fāshī 湿る.〔钱先生手按着酒瓶,眼中微微发了湿〕(老・四・惺5)銭先生は手で酒瓶をおさえ,その眼が少し涙ぐんでいた.
发实 fāshí 〈方〉太くて丈夫である.
发市 fāshì 初商いがある:商店で一日の最取り引きに買い手がつく.→[发利市]
发誓 fāshì 誓いをたてる:〔起qǐ誓〕〈文〉[立lì誓]に同じ.
发势盘 fāshìpán ⇒[飞fēi轮]
发售 fāshòu 発売(する).売り出し(す)
发抒 fāshū 表す.発表する.〔～情感〕感情を表す.〔～意见〕意見を発表する.
发舒 fāshū のびのびさせる.のんびりする.〔～肺fèi叶〕肺を気持ちよくのびのびさせる.

发

发水 fāshuǐ 大水が出る.〔一下雨就发大水〕雨が降るとすぐ洪水になる.
发送 fāsòng 発送する.送り出す.発信する.〔～货物〕商品を発送する.
发送 fāsòng 〈口〉弔いをする.葬式をする.〔儿女～老家儿〕息子や娘たちが親の弔いをする.
发酸 fāsuān ①酸っぱくなる.②(食べ物が)腐る.③(体が)だるくなる.ぐったりする.〔浑hún身～〕体中がだるくなる.④悲しくなる.胸へこみあげてくる.〔心里一阵～〕胸がじんとする.
发疼 fāténg 痛みを感じる.
发条 fātiáo (時計などの)ぜんまい.〔上～〕同前を巻く.〔弹tán簧〕
发帖 fātiě ①(招待状・書きつけ・ビラなどを)出す.②[电算](インターネット上の書き込み)(をする)
发痛 fātòng 痛みを感じる.
发秃 fātū ぶっきらぼうである.もの足りない.〔这样儿的说法有点儿～〕そんな言い方では少しぶっきらぼうだ.
发往 fāwǎng ①⇒[发遣] ②(…へ)向かう.(…へ)行く.〔～地[图](输出・输送)の仕向地.発送先.
发网前球 fāwǎngqiánqiú [又](バドミントンの)ショートサービス.→[发球]
发威 fāwēi いばる.いばりちらす.
发文 fāwén 公文書を発送する.またその公文書.〔～簿bù〕発信控.
发问 fāwèn 問いを出す.質問する.〔想～的人请举手〕質問したい方は手を挙げてください.
发乌 fāwū 黒くなる.黒ずむ(皮膚などが)
发物 fāwù アレルギーを起こす食物.
发现 fāxiàn ①発見(する).〔～了一条规律〕ある法則を発見する.②〈文〉表す(れる).〔良心～〕良心が表れる.③気づく.〔善于～别人的优点〕よく人の長所に気づく.
发现权 fāxiànquán [法]発明権.
发祥 fāxiáng ①吉兆を示すこと.②発生(する).発祥(する).〔～地〕ものごとの最初に興った土地.〔黄河流域是中国古代文明的～地〕黄河流域は中国古代文明の発祥地である.
发饷 fāxiǎng [给]給料・俸給を払う(渡す).↔[领lǐng饷]
发想标语 fāxiǎng biāoyǔ [発]発想標語.
发小性儿 fāxiǎoxìngr =[犯fàn小性儿](子供などが)だだをこねる.〔你都三十好几岁了,还～,真没羞xiū!〕30を越えた者が,だだをこねて,恥ずかしくないか.
发笑 fāxiào 笑う(わせる).〔令人～〕人を笑わせる.
发泄 fāxiè 発散する.〔～不满〕不満をもらす.〔他不高兴时就拿老婆孩子～〕不機嫌になると妻や子にあたり散らす.
发薪 fāxīn 給料を支払う.〔今天～〕今日は給料日だ.
发信 fāxìn (公文書・電報など特に手紙を)出す.送る.〔～人〕発信人.郵便使差出人.↔[收shōu信]
发行 fāxíng ①発行(する).〔～电影〕映画を配給する.〔商务印书馆出版,新华书店北京～所〕商務印書館出版,新華書店北京発行所発行.〔～本〕一般に発売されている書籍.②(切手・紙幣・公債などを)発行(する).〔～银行〕発券銀行.→ fāháng
发醒 fāxíng 眠くて目がしょぼしょぼする.〔眼睛～〕同前.
发性子 fāxìngzi 〈方〉癇癪(かんしゃく)を起こす.
发虚 fāxū ①おどおどする.〔身体～〕体の力が弱くなる.②虚勢を張る.〔心里～〕心中虚勢を張る.
发噱 fāxué 〈方〉人を笑わせる.おかしい.

发芽 fāyá 芽が出る.芽を出す:[出 chū 芽①][萌 méng 芽①]ともいう.[~率]発芽率.[~势]発芽勢.

发哑 fāyǎ 声がかすれる.濁った音を出す.

发烟弹 fāyāndàn 発煙筒.

发言 fāyán ①発言する.口を開く.[~权 quán]発言権.[~人]スポークスマン.[~的机会]発言の機会.[敢于~]思い切って発言する.→[开 kāi 口①][启 qǐ 齿] ②発表された意見.[~提纲]発言要項.

发炎 fāyán 医炎症を起こす(腫れたり膿(う)んだりし

发扬 fāyáng (ある基礎にたって更に)拡大強化する.発揮する.[~踔 chuō 厉][~蹈 dǎo 厉]意気盛んである.[~朴 pǔ 实的作风]堅実なやり方を更に向上させる.[~传 chuán 统]伝統を高める.[~优点]優れた点をおしのばす.くみよ指示[~民主]民主を発揚する.[~光大]成[一層の輝かしさを加える.

发洋财 fāyángcái →[发财]

发痒 fāyǎng かゆくなる:[〈方〉刺 cì 痒]ともいう.

发疟子 fāyàozi [口]おこりが出る.マラリアにかかる:[打 dǎ 摆子]ともいう.→[疟 nüè 疾]

发阴 fāyīn 陰気になる.気がめいる.[这屋子有点~]この部屋は陰気だ.

发音 fāyīn (具体的な語・句の)発音.[这字的~怎么拼 pīn]この字の発音はどうつづるのですか.→[口 kǒu 音]

发引 fāyǐn ⇒[执 zhí 绋]

发引机 fāyǐnjī 機(自動車などの)起動装置.スターター.[自由~]自動スターター.セルモーター.

发语词 fāyǔcí [发端词]話発語の辞:文語助詞の一種で句の初めに置き,語勢を強めるために用いるもの.例えば[夫天地者万物之逆旅,光阴者百代之过客…](李白·春夜宴桃李園序)の[夫].

发育 fāyù 発育(する).[~健全]健やかに発育する.[~不全]発育不全.

发谕 fāyù 〈文〉命令を下す.

发源 fāyuán ①河川の源.水源. ②事の始まり.発端.[~地]ⓐ水源地.ⓑ発生地. ③源を発する.[这条河~于西藏 zàng]この川はチベットに源を発している.

发愿 fāyuàn 誓いを立てる.[发下心愿]同前.

发晕 fāyūn 目まいがする.頭がくらくらする.[我头痛,~]頭が痛くて目まいがする.

发运 fāyùn 積み出する.発送する.[~使]困米粟の運送をつかさどった官.

发躁 fāzào ①いらだつ.いらいらする.[越急越做不好,实在叫人~]気が急(せ)くほどうまくいかない,本当にいらいらするよ. ②熱っぽくなる. ③[天气热了,穿夹 jiá 袄有点儿~了]暑くなったので,あわせを着ていると身体がむれる.

发乍 fāzhà 〈方〉怖くて身の毛がよだつ.[毛孔~大吃一惊]鳥肌が立つほどびっくりした.

发债 fāzhài 圖債券を発行する.

发展 fāzhǎn ①発展する.良くなる.[~农业生产]農業生産を高める.[~权 quán](国家·民族の)発展の権利.[~中国家]発展途上国[不 bù 发达国家]は旧称. ②拡大する.増やす.[今年只~了三个团员]今年は団員を3人獲得しただけだ. ③開発する.[~核武器]核兵器を開発する.

发战 fāzhàn 体が震える.[激动得浑 hún 身~]興奮のあまり全身が震えた.

发胀 fāzhàng ①つばる.ふくらむ.[吃多了,肚子有点儿~]たくさん食ったら,腹が少しつっぱる.[乳 rǔ 房~]乳が張ってくる. ②[中医](針灸で)しびれる感

じがくる.

发涨 fāzhàng 血がのぼる(ある部分)(特に頭)に).[头脑~]頭がガンガンする.頭に血がのぼる.

发照 fāzhào 許可証を発給する.免状を下付する.

发疹伤寒 fāzhěn shānghán =[斑 bān 疹伤寒]医発疹チフス.

发赈 fāzhèn (被災者に)食糧などを救援する.

发怔 fāzhèng ぼんやりする.

发直 fāzhí こわばってくる.すわってくる.[两眼~](物に憑(つ)かれたように)目がすわる.

发滞 fāzhì 鈍って動かなくなる.目がとろんとなる.[脑筋~]頭が鈍くなる.

发冢 fāzhǒng 〈文〉墓を暴く.[~断棺 guān][~斫 zhuó 棺]墓を暴いて棺を切り中から物を盗み取る.

发紫 fāzǐ ①紫色になる.[嘴唇~]唇が紫色になる. ②<喻>一層人気が出る.[红得~]この上なく人気がある.[红]は人気があるの意.

发踪指示 fāzōng zhǐshì 猟師が猟犬に獲物を追わせること.(転)背後から手下をあやつること:[发纵 zōng 指示]ともいう.

发作 fāzuò ①医(病気などの)発作が起きる.[他的喘 chuǎn 病又~了]彼の喘(ぜん)息がまた発作を起こした. ②作用を起こす(が起きる).[刚才喝的两杯酒现在在~了]今飲んだ2杯ばかりの酒がきいてきた. ③怒る.[他心里愤 fèn 愤不平,可在人家面前不敢~]彼は腹の中は不満だが,人前では怒り出すわけにはいかない.

[酦 · 醱] fā → pō

醱酵 fājiào ⇒[发酵]

[乏] fá

①欠乏する.欠ける.[~陈 chén 新意]新しさに欠け古くさい.[不~其人]そのような人が少なからずいる.[承~]欠員の代理をする. ②くたびれる.疲れる.[跑 pǎo 了一天的路,真~了]一日中歩いてすっかり疲れた. ③力がない.弱い.無力である.役に立たない.[茶~了]茶が出きった.[火~了]火が弱くなった.[贴 tiē ~了的膏药 gāo]貼って効かなくなった膏薬.[你这个~小子哭 kū]この弱虫め,泣くな. ④物バール.記号 bar:無効電力の単位.

乏地 fádì やせた土地.[像这一毛不长 zhǎng 的~,白送我都不要]こんな何も生えないやせ地は,ただでくれてもいらない.

乏顿 fádùn ⇒[乏困]

乏话 fáhuà 元気のない話.弱音を吐く.[你别说这样儿的~]お前そんな弱音を吐くな.

乏货 fáhuò 〈方〉①意気地なし.弱虫.役立たず.能なし.ろくでなし. ②⇒[劣 liè 货①]

乏倦 fájuàn =[累累]倦(う)み疲れる.

乏绝 fájué 〈文〉欠乏してなくなる.

乏角儿 fájuér 〈方〉下手な役者.大根役者.

乏困 fákùn =[乏顿]疲れる.

乏累 fálèi ⇒[乏倦]

乏力 fálì ①疲れて力がない. ②能力が足りない.

乏煤 fáméi まだ少し燃える石炭の燃えかす.

乏气 fáqì ⇒[排 pái 气①]

乏汽 fáqì 蒸気機関から排出される使用済み蒸気.

乏趣 fáqù 興ざめになる.面白味がない.

乏人 fárén ①役に立たない者.意気地のない者. ②人材に乏しい.

乏色曼氏反应 fásèmànshì fǎnyìng 医ワッセルマン反応:[瓦 wǎ (色曼)氏反应]とも書く.

乏善可述 fáshàn kěshù [犢]申し上げる程のよいこ
とはありません.無為に過ごしております:[乏善可陈][无 wú 善可述]ともいう.

乏术 fáshù 手の施しようがない.[海底油井起火燃

rán 烧,专家救火〜〕海底油田が火を出し,専門家が火を消ôsôうにも手の施しようがない.

乏嗣 fásì 子孫がない.

乏透 fátòu ①疲れきる.疲労の極に達する.②何もなくなる.

乏味 fáwèi 味気ない.面白味がない.〔语言〜〕言葉が味気ない.〔听了〜连串统计数字实在~得很〕だらだら統計数字を聞かされて実に面白味がない.

〔伐〕 fá ①罪あるものを攻める.征伐する.〔讨tǎo~〕討伐(する).②〔立木をばっさりと〕切る.〔砍 kǎn ~〕同前.〔把一棵大树~倒 dǎo 了〕1本の大木を切り倒した.〔东征~纣 zhòu〕東に出兵し殷朝の紂(ᵗᵒᵘ)を討伐する.→〔砍①〕③〔文〕誇る.〔自~其功〕自らその功をひけらかす.④たたく.撃つ.⑤〔姓〕伐(ᶠᵃ)

伐鼓 fágǔ〈文〉進軍の太鼓を打つ.

伐锯 fájù のこぎりの目立てをする;〔锉 cuò 锯齿〕ともいう.

伐柯 fákē〈文〉媒酌をする.〔~人〕媒酌人.

伐毛洗髓 fámáo xǐsuǐ 髪を切り髄を洗う.〈喩〉汚い物を洗い落とし,身心を清める.

伐木 fámù 伐採する.〔~工〕伐採人.きこり.〔~业 yè〕伐採業.

伐区 fáqū 伐採地区.

伐善 fáshàn〈文〉自己の善を誇る.

伐阅 fáyuè ⇒〔阅阅〕

伐罪吊民 fázuì diàomín〈成〉悪い統治を罰して民を安心さす.

〔阀・閥〕 fá (Ⅰ)①特殊な勢力あるいは権力をもつ集団.〔军~〕軍閥.②門地.家柄.〔门~〕門閥.〔~阅〕同前. (Ⅱ)㊥バルブ.弁.〔~门〕は通称.〔球~〕球形乳而)グローブバルブ.〔闸 zhá 门~〕〈方〉閘门凡而)ゲートバルブ.〔~弹门〕吸気弁.〔吸气~弹 tán 簧〕吸气弁バネ.〔排气~〕排気弁.〔进气~〕(内燃機関)吸気弁.〔保险~〕〔安全活门〕安全弁.セーフティーバルブ.〔止回~〕逆止め弁.逆流防止弁.チェックバルブ.〔制动~〕〔闸~〕ブレーキバルブ.〔三通~〕⓪(流体に使う)三方コック.三方弁.⓹〔自動空気ブレーキ装置に使う)三動弁.〔~门〕

阀导 fádǎo㊥(内燃機関)弁案内.バルブガイド.

阀盖 fágài㊥弁覆い.バルブカバー.

阀杆 fágān㊥弁軸.弁棒.

阀门 fámén ≡〔瓣 bàn 儿〕〈方〉凡而〕〔活 huó 门〕〔气 qì 门②〕〔汽 qì 门②〕㊥バルブ.〔~厂〕バルブ工場.〈手解(ᵘ))

阀套 fátào㊥バルブポケット.

阀心 fáxīn㊥バルブコア.

阀阀磨剂 fá yánmójì㊥バルブ研磨用練物:金剛砂の微細な粉末に油を混ぜた磨き砂.

阀阅 fáyuè〔伐阅〕とも書く.①㊥功績を書いて門にかけた札:左にかけるのを〔阀〕といい功労を指し,右にかけるのを〔阅〕といってその経歴を示した.〔~之家〕同前の家柄.②功労.

阀装置 fázhuāngzhì㊥弁機構.弁装置.バルブギヤ.

阀座 fázuò㊥弁座.バルブシート.

〔垡〕 fá ①耕す.掘りおこす.〔~地〕同前.〔秋~地〕秋耕する畑.〔打~〕㊥代(ᵈᵃⁱ)掻きをする.②耕された土塊.〔深耕晒 shài~〕㊥深耕して土塊を日にさらす.③地名用字.〔葫 hú 芦~〕㊥北京市房山区にある.

垡子 fázi〈方〉①耕された,または掘りおこされた土塊.〔坯垡头〕ともいう.②量詞.比較的長い時間を数える.

〔茷〕 fá〈文〉草の葉の茂ったさま.草葉の多いさま.

〔筏(栰)〕 fá ①いかだ(渡河用に竹や木を編んだもの).〔~工〕いかだ師.〔竹 zhú ~〕竹のいかだ.→〔簰 pái ①〕②〈姓〉筏(ᶠᵃ)

筏渡 fádù いかだで渡す.いかだ渡し.

筏式笼养 fáshì lóngyǎng (漁業の)いかだ養殖.

筏子 fázi いかだ.

〔罚・罰(罸)〕 fá ①罰(する).処罰(する).〔~单 dān〕罰金納入通知書.〔挨 ái ~〕受 shòu ~〕罰を受ける.〔~他唱个歌儿〕罰として歌を歌わせる.〔以~代刑 xíng,~过放行〕罰金を取って刑を許し,過失には罰金を納めれば目こぼしをする:法の執行がいい加減のこと.↔〔赏 shǎng ~〕②〈姓〉罰(ᶠᵃ)

罚不当罪 fá bù dāngzuì〈成〉処罰が罪相当でない.犯行に対して処罰がつり合わない.

罚出场 fáchūchǎng ⓇⓈ反則退場(を命ぜられる)

罚点球 fádiǎnqiú Ⓡ(サッカーの)ペナルティーキック.

罚跪 fáguì 罰としてひざまずかせる.

罚金 fájīn ①Ⓙ(刑法上の)科料に処する.②同前の科料.③同前の罰金.〔罚款③〕同じ.

罚酒 fájiǔ 罰杯(にする).〔罚三杯〕罰杯3杯.〔敬酒不吃,吃~〕すすめられている間は飲まずに,罰杯となればすなおに飲む.〈喩〉事態の見通しが甘い.

罚款 fákuǎn ①Ⓙ(行政上の)過料処分にする.過料をとる.②同前の過料.〔违章~〕反則金.③違約金.罚金.〔罚金①〕に同じ.〔~一条 tiáo 款〕Ⓙ違約条項.

罚粮 fáliáng ⓇⒿ罰金代わりに納めた穀物.

罚没 fámò 罰金と没収.〔~款〕罚金と没収金.

罚钱 fáqián 俗に罚金をいう.

罚球 fáqiú Ⓡ(ラグビー,サッカーなどの)ペナルティーボール.(バスケットの)フリースロー.〔~点〕ペナルティーキックマーク.〔~点球〕ペナルティーキック.〔~区〕Ⓡペナルティーエリア.〔~线〕〔七米线〕(ハンドボールの)ペナルティーライン.

罚睡 fáshuì 居眠り運転手に強制的に睡眠をとらせること.

罚一儆百 fáyī jǐngbǎi ⇒〔惩 chéng 一警百〕

罚则 fázé 罰則.

罚站 fázhàn 罰として立たせる.〔罚他站〕彼を罰として立たせる.

〔法(㳒・灋)〕 fá (Ⅰ)①方法.やり方.〔先进工作~〕進歩した仕事のやり方.〔没~子〕仕方がない.〔想~〕手だてを考える.何とかする.②法.制度.法則.おきて.〔~〕法を犯す.〔婚姻~〕婚姻法.〔普 pǔ~〕法律知識を普及する.③模範.手本.〔~教 jiào〕しつけと教育.〔不足为 wéi ~〕模範とするに足らない.④效(ᵉ)ならう.〔~其遗志〕その遺志に則る.⑤效(ᵒ)〕ならう.⑤宗教の理法.〔说~〕説法(する).⑥宗教儀礼.〔作~〕同前を行う.⑦〔~儿〕の音り...さ.〈転〉:形容詞のあとにつけて程度を表す.〔这个热~真行〕この暑さは相当なもんだ.⑧〈姓〉法(ᶠᵃ)
(Ⅱ)〔~国〕(フランス)の略.〔~(~国)人〕フランス人.
(Ⅲ)〔音訳〕ファラ(ッ)ド.記号F:静電容量の単位.→〔法拉〕

法案 fǎ'àn 法律案.法案.

法办 fǎbàn 法によって罰する.〔免 miǎn 予~〕処罰を免じてやる.

法半夏 fǎbànxià Ⓜ決まった方法によって加工された半夏(ᵍᵉ):〔法夏〕ともいう.

法 fǎ

法宝 fǎbǎo ①神通力を持った宝物.〈喩〉特に有効な思想・事物・方法.→〔三 sān 大法宝〕 ②囮(仏教)の仏,または僧侶の錫杖(しゃくじょう)・衣鉢(えはつ)など身辺で日常必要とするもの.〔随 suí 身〜〕同前.

法币 fǎbì 围定の紙幣:1935年11月の通貨改革で定められた〔中央〕〔中国〕〔交通〕〔農民〕の4銀行の発行する紙幣.→〔人 rén 民币〕

法不徇情 fǎ bù xùnqíng 〈成〉法は公正無私である.

法不责众 fǎ bù zézhòng 〈成〉法によって処罰されるべき事を大多数の者がしているため罰するわけにいかぬこと.〔法不制众〕ともいう.

法才 fǎcái 法律に明るい人物.

法场 fǎchǎng ①=〔刑 xíng 场〕囮处刑場. ②⇒〔道 dào 场①〕

法船 fǎchuán 旧暦7月15日の中元に燃やす紙製の舟:旧時,これを焼いて死者の霊を済度する.

法槌 fǎchuí 囮(法廷)の開廷の時にたたく槌(つち).〔敲 qiāo〜〕同前をうつ.

法典 fǎdiǎn 法典.

法定 fǎdìng 法定(の).〔〜代表人〕法定代表者.〔〜代理人〕法定代理人.〔〜汇 huì 价〕公定為替レート.〔〜计量单位〕法定計量単位.〔〜继承〕法定継承.〔〜假 jià 日〕法定休日.〔〜利息〕法定利息.〔〜利率〕法定利率.〔〜人数〕法定人数.

法度 fǎdù ①法律.法制.②おきて.規則.制度.③手本.模範.

法服 fǎfú 僧衣.袈裟(けさ)

法古 fǎgǔ 古人から学び,まねる.

法官 fǎguān ①裁判官(総称).〔〜和律师〕同前と弁護士.〔〜袍 páo〕法服.〔审 shěn 判〜〕 ②法事をとり行う道士.

法规 fǎguī 法規:法律・条例・規則・規定・命令などの総称.

法国 fǎguó フランス(通称).〔〜大革命〕=资产阶级革命〕囲フランス革命(1789〜1799).〔〜话〕〔〜文〕〔法语〕フランス語.

法国号 fǎguóhào 囮フレンチホルン:〔法国铜 tóng 角〕〔圆 yuán 号〕ともいう.

法国梧桐 fǎguó wútóng ⇒〔悬 xuán 铃木〕

法国绉纱 fǎguó zhòushā 囲クレープデシン:〔双 shuāng 绉〕ともいう.

法海 fǎhǎi ①仏法の広大なさま. ②囲京劇"白蛇伝"の悪和尚の名.

法号 fǎhào ①(仏教の)=〔法名〕法名:例えば唐の玄奘(げんじょう)は法名,原名は陳褘(い).三蔵法師は尊称.物语中では唐僧という. ②儀式のラッパ.〔齐鳴 míng〕ラッパが一斉に吹かれた.

法华 fǎhuá 囮(仏教の)法華(ほっけ).〔〜经〕莲 lián 经〕妙法蓮華経の略.〔〜宗〕法華宗.天台宗.

法徽 fǎhuī 裁判所のマーク(バッジ)

法会 fǎhuì 囮(仏教などの)法会(ほうえ)

法绘 fǎhuì ご作品.あなたが描いた絵:他人の絵の尊称.

法纪 fǎjì 法律と規律.〔目无〜〕法律も規律も眼中にない.

法家 fǎjiā ①戦国時代の一学派:李惺・商鞅・韓非子などこれに属する. ②〈文〉大家(たいか)

法检 fǎjiǎn 囮司法解剖.

法界宗 fǎjièzōng (仏教の)華厳宗.

法警 fǎjǐng ①司法警察職員. ②執行吏.廷吏.法廷の看守.

法拉 fǎlā 〈音訳〉囮ファラ(ッド).記号F:静電容量の単位.単に〔法囮〕ともいう.〔微 wēi〜〕マイクロファラ(ッド).μF.〔微微〜〕ピコファラ(ッド).pF.

法兰 fǎlán ⇒〔凸 tū 缘〕

法兰克人 fǎlánkè rén 〈音義訳〉フランク:〔日 rì 耳曼人〕〔ゲルマン民族〕の一.

法兰盘 fǎlánpán ⇒〔凸 tū 缘〕

法(兰)绒 fǎlánróng 〔佛 fó 兰绒〕〈音義訳〉囲フランネル:〔法蓝绒〕〔法琅绒〕とも書く.

法兰西 fǎlánxī 〈音訳〉フランス.〔〜共和国〕フランス共和国:首都は〔巴 bā 黎〕(パリ)

法兰叶 fǎlányè 〔锭 dìng 翼〕

法郎 fǎláng 〈音訳〉フラン:〔佛 fó 郎〕とも書いた.スイスなどの通貨単位名.またフランスなどの旧通貨単位名.→〔欧 ōu 元〕〔生 shēng 丁〕

法老 fǎlǎo 〈音訳〉囲ファラオ:古代エジプトの王の称号.

法理 fǎlǐ ①法理. ②囮(仏教の)真理.

法力 fǎlì 仏法の力.〈転〉神通力.

法例 fǎlì 囮法律の条例.

法令 fǎlìng 囮①法令:政府機関が公布した命令・指示・決定などの総称. ②囲法律の命令.

法律 fǎlǜ 囮①法律:狭義では全人代で制定されたものをいう.〔〜援助〕司法援助.〔〜责任〕法的責任.〔〜制裁〕法的制裁.〔服从中华人民共和国宪 xiàn 法和中华人民共和国憲法及び法律に従う. ②特に刑法を指す.

法轮 fǎlún ①(仏教の)輪廻(りんね)の法則.〔〜功 gōng〕気功の修練を行う宗教的カルト集団.〔〜子 zi〕チベット仏教典を羊皮で円筒状に包んだもの:チベット仏教寺院の本堂の廊下に吊しておき,参拝者が手でこれを回すとその経文を読んだものとされる.

法螺 fǎluó 〔鱼贝〕ホラガイ:〔海 hǎi 螺〕は通称. ②法螺贝:ホラガイの頭部に穴をあけ吹き鳴らすようにしたもの.船上で吹いたり,仏教の儀式で奏した.

法盲 fǎmáng 囮法の無知.

法门 fǎmén ①囮(仏教の)仏道に入る道. ②〔勉学・修行に入る〕方法・順序. ③やり口.うで.〔我要连这个小〜都不会,还当什么庶 shù 务?〕(老・四・惺23)このちょっとした奥の手を出せないようでは,庶務なんか勤まるもんですかね.

法名 fǎmíng =〔法号〕囮(仏教の)僧侶・尼僧・道士の法名.〔〜道名〕(尊称)

法袍 fǎpáo 法服.

法器 fǎqì ①(仏教で)①仏の弟子たる素質のあるもの. ②=〔法物〕法会で用いる楽器,器物.

法权 fǎquán 法的権利.〔资产阶级〜的残 cán 余〕ブルジョアジー的権利の残りかす.

法儿 fǎr 方法.やり方.

法人 fǎrén 囮法人.〔〜股 gǔ〕法人株.〔〜(所得)税 shuì〕法人税.

法绒 fǎróng ⇒〔法(兰)绒〕

法身 fǎshēn (仏教で)①仏身(ぶっしん).仏の本性. ②高僧の身体.

法师 fǎshī ①囮(仏教の)有徳の高僧(僧侶または道士に対する尊称).〔〜和 hé 尚〕 ②奇術や魔術をして悪魔払いまたは雨乞いなどをする道士.

法式 fǎshì ①〈文〉法度・制度. ②囮(仏教の)法式. ③フランス風(の).〔〜建筑〕フランス風建築(物)

法事 fǎshì 囮(仏教の)法事.法要.

法书 fǎshū ①書道の典範とするに足る書. ②法典のような本. ③御書:他人の書いた書に対する敬語.

法术 fǎshù ①囮法家の国を治めるための学説と方法. ②囲(道士や巫(ふ)師などが行なう)方術や巫術.

法数 fǎshù 囮法数:四則計算の加数・減数・乗数・

fǎ~fà   法砝发珐

除数の総称.→[实 shí 数①]

法台 fǎtái [宗](僧侶や道士の)法会を営む祭壇:[法坛 tán][斋 zhāi 坛]ともいう.

法体 fǎtǐ [宗](仏教で)①宇宙万有の真相.②僧形(ぎょう)

法条 fǎtiáo おきて.規則.

法帖 fǎtiè ＝[墨 mò 帖]法帖(ぢょう):有名書家の書の拓本または印本.[碑 bēi 帖][字 zì 帖]

法庭 fǎtíng 法廷.→[法院][公 gōng 堂⑨]

法统 fǎtǒng 統治権力の法的淵(えん)源.権力の合法性:憲法と法律の伝統.

法王 fǎwáng ①ローマ法王.[教 jiào 皇]ともいう.②[宗](仏教の)仏陀(だ).

法网 fǎwǎng 法網:網のように張りめぐらされた法律.[难逃 táo]法網は逃れ難い.

法文 fǎwén ①法律の条文.②フランス語.フランス文:[法国话][法语①]ともいう.

法物 fǎwù ⇒[法器②]

法西斯 fǎxīsī <音訳>①ファッショ:[权 quán 标]は意訳.[~蒂 dì]ファシスト.[衣 yī ~][衣 dǎng]ファシスト党:[棒 bàng 喝团][黑 hēi 衣党]ともいう.②ファッショ的(傾向・運動・体制など)

法西斯主义 fǎxīsī zhǔyì ＝[棒 bàng 喝主义][棒斧 fǔ 主义][国 guó 家社会主义]<音義訳>ファシズム.野蛮な独裁制度と思想の体系.

法夏 fǎxià ⇒[坐半夏]

法线 fǎxiàn [数]法線.

法相宗 fǎxiàngzōng ⇒[唯 wéi 识宗]

法像 fǎxiàng ①仏像.②仏様や教祖の写真.

法新社 fǎxīnshè AFP通信社.

法学 fǎxué 法学.

法眼 fǎyǎn [宗](仏教で)菩薩の眼.僧侶の眼識.②ご眼識.[难逃老师~]先生のご眼識には恐れ入った.

法衣 fǎyī [宗](仏教の)袈裟.僧衣.

法医 fǎyī 監察医.鑑定医.[~学]法医学.

法语 fǎyǔ ①[法文②]②[宗]仏法を説いた言葉.③<文>礼法にかなう言葉.

法院 fǎyuàn 裁判所.[高级~]高等裁判所.[~组织法]裁判所の組織および権限を規定する法律.→[法庭][检 jiǎn 察]

法则 fǎzé ①法則.[自然~]自然法則.[定 dìng 律]②法規.③<文>模範.④⇒[公 gōng 式②]

法正 fǎzhèng ①人に自分の書を贈る時,相手の名の下に謙遜して書く語.→[雅 yǎ 正③] ②<文>おきて.決まったやり方.

法旨 fǎzhǐ ①[宗]仏法の要旨.②(迷信でいう)神のおぼしめし.

法治 fǎzhì ①法に従って国を治めること.↔[人 rén 治]②[史]先秦時代,法家の主張した法に従い国を治めること.

法制 fǎzhì 法律制度.[~不完善]法制度が未整備だ.

法子 fǎzǐ [宗](仏教の)仏法修行者.

法子 fǎzi 方法.[好~]いい方法.[没~]どうしようもない.

法座 fǎzuò ①<文>まつりごとを聞く玉座:[法坐]とも書く.②仏法を説く座席:[法筵 yán]ともいう.

[砝] fǎ

砝码(儿) fǎmǎ(r) (天秤(ぴん)や台秤(ばかり)の)分銅・おもり:俗に[码子⑧]ともいう.→[砣 tuó ①]

[发・髮] fà

①[发の毛・頭の毛.[毛~](人の)毛と髪.[假 jiǎ ~]かつら.[理Ⅱ~]理髪する.調髪する.[染 rǎn ~]髪を

染める.ヘアダイ.[生~蜡 là]チック.[生 shēng ~香水][生~油]ヘアートニック.→[毛 máo(Ⅰ)①] ②<姓>髪(はつ) → **fā**

发辫 fàbiàn おさげ.

发菜 fàcài ＝[头 tóu 发菜][植]ファーツァイ:寧夏などの河川に生ずるミズゴケの一種で"もずく"に似た藻.食用する.[金钱发 fā 财]同前を用いた料理名:[发财]「金もうけ」とかけて縁起をかつものだ.

发带 fàdài [服]ヘアリボン.ヘアバンド.

发短心长 fàduǎn xīncháng <喩>年老いて,思慮深いこと.

发匪 fàfěi ⇒[长 cháng 发贼]

发膏 fàgāo ポマード.

发箍 fàgū [服]カチューシャ.ヘアバンド.

发孩儿 fàháir <方>幼友だち.[他们是~]彼らは幼友だちだ.

发际 fàjì (髪の)生えぎわ.

发髻 fàjì 髷(まげ)

发夹 fàjiā ヘアピン.ヘアクリップ.[卷 juǎn ~子]カーラー.

发剪 fàjiǎn 理髪用はさみ.

发胶 fàjiāo ポマード.ヘアクリーム.[擦 cā ~]打つ]同前を塗る.

发晶 fàjīng [鉱]草入水晶:髪のような草紋の入った水晶.

发卷 fàjuǎn ヘアカーラー.

发枯唇燥 fàkū chúnzào 髪はパサパサで唇はカサカサである.<喩>非常に疲れている(やつれている)さま.

发蜡 fàlà ＝[美 měi 发膏](コスメ)チック.ポマード.ヘアワックス.

发廊 fàláng [美]理髪店.美容院.[方発廊]

发绺 fàliǔ ⇒[头 tóu 发绺]

发露 fàlù ヘアローション.

发妻 fàqī <文>成人してすぐ娶(めと)った妻.正妻:[结 jié 发妻]ともいう.

发卡 fàqiǎ ①ヘアピン.②髪止め.

发乳 fàrǔ ヘアクリーム.

发式 fàshì ⇒[发型]

发刷(子) fàshuā(zi) ＝[毛 máo 刷]ヘアブラシ.

发丝 fàsī 髪(の毛)

发套 fàtào かつら:付け毛・添え毛も含む.

发厅 fàtīng 理髪店.美容院.[方发廊][方发屋]ともいう.

发网 fàwǎng ヘアネット.[押 yā 发]ともいう.

发屋 fàwū ⇒[发厅]

发小儿 fàxiǎor <方>幼友だち.竹馬(ば)の友.[~的弟兄]同前.[跟他是~]彼とは幼少からの友だちだ.→[青 qīng 梅竹马]

发型 fàxíng [美式]髪型.ヘアスタイル.

发癣 fàxuǎn [医]しらくも:頭にできる皮膚病.[白 bái 癣①]に同じ.

发油 fàyóu ⇒[头 tóu 油]ヘアポマード.ヘアオイル.ヘアローション.

发指 fàzhǐ 髪の毛が逆立つ.<喩>激怒する.[~眦 zì 裂]髪は立ち,まなじりは裂ける:激怒のさま.[令人~]人を激怒させる.

发字头(儿) fàzìtóu(r) [図]かみがしら:漢字部首の"髟".→付録1

[珐(琺)] fà

珐琅 fàláng ＝[搪 táng 瓷]琺瑯(ほうろう):[珐蓝][珐琅]とも書いた.[~铁器]ほうろう鉄器.[~铁盆]ほうろうびき洗面器.

珐琅质 fàlángzhì ほうろう質.エナメル質.[釉 yòu 质]に同じ.

fa~fān

〔哦〕 fa 〈方〉語気助詞:疑問を表す.

fan ㄈㄢ

〔帆(帆・颿)〕 fān ① (船の)帆.〔一～风顺〕〈喻〉事が順調に進む. ②帆船.船.〔征 zhēng ～〕〈文〉遠方へ行く船.

帆板 fānbǎn ボードセーリング.ウインドサーフィン(商標).
帆布 fānbù 〔紡〕帆用の布.キャンバス.ズック.〔～床〕ズックの携帯用ベット.
帆船 fānchuán ①帆かけ船.帆船.ジャンク.〔机～〕機帆船. ②〔又〕ヨット.〔～比赛〕ヨットレース.〔～运 yùn 动〕ヨッティング.
帆竿 fāngān ⇒〔帆樯〕
帆桁 fānhéng 帆桁(ぼ)
帆篷 fānpéng 船の帆.
帆樯 fānqiáng 〔帆 竿〕帆柱.マスト.〔～如林〕〈慣〉帆柱が林のように立っているさま.
帆索 fānsuǒ 帆綱.

〔番〕 fān (Ⅰ)外国(の).異民族(の):〔蕃①〕に同じ.〔～书〕外国の書物. (Ⅱ)①交代する.交代に事を行う.〔更 gēng ～〕同前.〔轮 lún ～〕代わるがわるする.→〔翻⑦〕 ②量詞.③回数を表す.〔前 qián ～〕前回.〔研究一～〕一度研究する.〔整理一～〕一応整理をする.〔三～五次〕たびたび.⑤心情・労力などを要する行為を数える:数詞〔一〕のみ.〔一～心血〕一つの骨折り.〔大哥的这一～厚意〕あなたのこの度のご厚情.⑥種類を数える:数詞〔一〕のみ.〔别有一～风味〕ひと味違う.④倍.〔翻 fān 两～〕4倍になる.〔翻一～〕倍にする.→ fān

番邦 fānbāng 〈文〉①外国. ②野蛮人の国.
番饼 fānbǐng 〈方〉旧時,外国銀貨.〈転〉銀貨.
番菜 fāncài 洋食.西洋料理:〔西 xī 菜〕の旧称.
番佛 fānfó 旧国外国銀貨・外国貨幣.
番狗 fāngǒu ①洋人. ②因侵入した蕃族をいった.
番瓜 fānguā ①⇒〔南瓜〕 ②〔南 nán 瓜〕
番鬼佬 fānguǐlǎo 〈方〉毛唐(氵);欧米人への蔑称.〔番(鬼)婆 pó〕女毛唐:女性の同前.
番(ン)荔枝 fān(guǐ)lìzhī 植パレイシ.シュガーアップル:〔荔枝(氵)〕より大きく,表面が小さい突起になっている.〔菩 pú 提果〕ともいう.
番号(儿) fānhào(r) 〔軍〕部隊番号(称号).〔部 bù 队～〕同前.
番红花 fānhónghuā =〔泊 jì 夫蓝〕植サフラン:アヤメ科多年生薬用植物.→〔藏 zàng 红花〕
番椒 fānjiāo 植〔辣 là 椒〕(とうがらし)の別称:〔蕃椒〕とも書いた.
番蕉 fānjiāo ⇒〔苏 sū 铁〕
番经 fānjīng 因チベット仏教のお経.
番荔枝 fānlìzhī ⇒〔番(鬼)荔枝〕
番木鳖 fānmùbiē =〔马 mǎ 钱(ュ)〕〔马钱子①〕植マチンキ.ストリキニーネノキ(ホミカ.木鼈.馬銭子):フジウツギ科.インド原産の高木.花は白.この種子からストリキニーネを取る.〔～酊 dīng〕ホミカエキス.〔～膏 jīn 膏〕ホミカエキス.
番木鳖碱 fānmùbiējiǎn =〔士 shì 的年〕医ストリキニーネ.
番木瓜 fānmùguā =〔番瓜①〕〈方〉木瓜①〕〔蕃瓜〕〔万 wàn 寿果〕植パパイア.〔～树〕熱帯アメリカ原産のパパイア科の高木.〔～霉 méi〕植パパイン.
番茄 fānqié 〔〕トマト:〔西 xī 红柿〕は通称.〔番柿〕

〔蕃茄〕〔六 liù 月 柿〕〔外 wài 国 茄 子〕〈方〉洋 yáng 柿子〕などともいう.〔～汁 zhī〕 トマトジュース.⑤トマトソース.〔小西红柿〕ミニトマト.
番茄酱 fānqiéjiàng 食トマトペースト.トマトピューレ.(トマト)ケチャップ:〔番茄酱〕は旧称.ケチャップは,〔洋茄酱〕は旧称.〔音意訳〕番茄沙司〕ともいう.→〔茄汁〕
番僧 fānsēng ラマ僧.
番石榴 fānshíliú =〔蕃石榴〕植グアバ.ばんじろう:フトモモ科の植物,またその果実.生食する.
番柿 fānshì ⇒〔番茄〕
番薯 fānshǔ ⇒〔甘 gān 薯〕
番戍 fānshù 交代で見張る.〔要塞 sài 上昼夜有哨 shào 兵～〕要塞では歩哨兵が昼も夜も同前.
番泻树 fānxièshù 植センナ:マメ科植物.〔番泻叶〕センナ葉.〔～流 liú 浸膏〕センナ流(氵)エキス.
番杏 fānxìng 植ナ.ハマチシャ:〔白 bái ～〕は別称.〔洋 yáng 菠菜〕は俗称.
番夷 fānyí 異民族.野蛮人.

〔蕃〕 fān ①外国(の).異民族(の).〈転〉野蛮(である):〔番(Ⅰ)〕に同じ.〔～民〕蛮人.〔～客〕団因ペルシア・アラビアから来た客.外国使節.〔～酋 qiú 蛮人の酋(氵)長.〔～坊 fāng〕〈文〉困大都市における外国人居住区.→〔木瓜〕〔番茄〕〔番石榴〕 ②固王室の属国:〔藩②〕に通ずる.〔～国诸侯国〕→ bō fān

〔幡〕 fān ①=〔旛〕だけ長の旗,幟(ぼり).〔～旗 qí〕同前. ②→〔幡儿〕

幡幢 fānchuáng 旗と幟.
幡杆 fāngān 喪家の門前に立て送葬の時に持って行く幟の竿.〔～账 zhàng〕親の死後に返す約束で借りる借金:〔幢账〕ともいう.
幡儿 fānr 旧(喪家で)棺の前に立てる幟:出棺の際は喪主が持って行く.〔打～〕同前を立てる.
幡然 fānrán すっかり心の変わるさま.翻然と:〔翻然〕とも書いた.〔我们希望他们通过自己的反思能够～悔 huǐ 悟〕彼ら自身の自覚を通じて翻然として悔い改めるよう希望する.

〔旛〕 fān ⇒〔幡①〕

〔藩〕 fān ①籬(ぎ).さかい.境界. ②〈文〉守り.守る力.〔屏 píng ～〕守り. ③固王室の属国.属地:〔蕃②〕に同じ. ④〈姓〉藩(氵)

藩国 fānguó 固諸侯の国:〔藩国〕とも書く.
藩篱 fānlí 〈文〉①まがき.垣根.囲い.〈転〉戸.⑤つい立て.〔谁也逃不出这个～〕誰もこの垣根から逃げられない. ②範囲.
藩屏 fānpíng ⇒〔屏藩〕
藩属 fānshǔ 封建時代王室の属地.属国.
藩司 fānsī =〔布 bù 政使〕
藩台 fāntái =〔布 bù 政使〕
藩障 fānzhàng 〈文〉保障する.〔多一重～比较严紧一些〕もう一重の保障があればより厳重な守りになる.
藩镇 fānzhèn 固辺境と重要地域に設けた節度使.

〔翻(翻・飜)〕 fān ①ひっくり返す(る).裏返す(る).〔～一篇儿〕〔～一页〕ページをめくる.〔车～了〕車が転覆した. ②作りかえる.直す.〔～唱 chàng 老歌〕昔の歌を(作り直して)歌う.〔～做衣服〕服をリフォームする. ③翻訳する.通訳する.〔把俄 é 文～成中文〕ロシア語を中国語に翻訳する. ④旗を翻るさま.動くさま.〔翻 piān ～〕翻る. ⑤〔～儿〕〈口〉態度を変える.急に腹を立てる.〔他又～了〕彼はまた腹を立てった.〔别把我招～了〕おれを怒らせるようなことをするな.〔他们俩闹～了〕彼ら二人は仲たがい

fān 翻

している. ⑥決定をくつがえす.〔一定要把这个案~处理〕この案をかならずくつがえさせようと思う. ⑦倍に増やす(増える).〔~了一番〕〔~了一倍〕bèi 倍になった.〔~两番〕4倍になる. ⑧飛び越える. 乗り越える.〔~墙 qiáng 〕塀を飛び越える.〔~雪山〕雪山を乗り越える. ⑨まぜ返す. いじくり回す.〔你别~我的东西〕おれの品物をかき回すな.〔东西找不着,就应该一大家身上吗〕物が見あたらないからといって,すぐ他人の身体検査をしてよいものか.〔从他的箱子里~出来了〕彼の箱の中をかき回してひっぱり出した.〔又把这个问题~出来了〕またこの問題を蒸し返してきた.

翻案 fān'àn ①[法]決定された判決を翻す. ②(通説や評価などを)ひっくり返す. 名誉回復する.〔~文章〕同前のための文章.〔~风〕同前のうごき.

翻把 fānbǎ〈方〉①勢力を盛り返す. ②(前言を)翻す. 反古(§)にする.

翻白草 fānbáicǎo [植]ツチグリ:バラ科の多年草.

翻白眼(儿) fān báiyǎn(r) ①(怒りや軽蔑の気持ちで)白い目で見る.〔气得老头儿直~〕おやじが怒ってぐっとにらみつけている. ②仕方がないとあきらめる. 後悔する.〔事情已然到了这步天地,也就是~了〕このような状態に立ち至っては,もはや仕方もない. ③瀕死の状態になる.〔打楼上掉下来,就摔得~了〕2階から落ちて,ひどく打って死んだ.

翻板 fānbǎn 獣類を捕らえるわなの一種:落とし穴の上に板を置いたもの.〔不留神踩 cǎi 上~就掉到陷阱里去了〕うっかり落とし穴を踏んで中へ落ちた.

翻版 fānbǎn ①翻刻(する).〔~书〕復刻本.〔~书比原版便宜得多〕復刻本は原刻本よりずっと安い. ②ダビングする. リプリント(する). ③〈喩〉焼き直しする. そのまますっかり真似る.

翻板运输机 fānbǎn yùnshūjī [機]スラットコンベヤー.

翻本(儿) fānběn(r) 〔扳 bān 本(儿)〕〈方〉梢③〕(賭博(た)などで)負けた金をまた勝負して取り返す.〔这回打就输了,等会儿再~〕負けたら取り返していい,いずれまた取り返す.

翻饼 fānbǐng ①〈喩〉寝返りばかり打って眠れない. ②〔肚子疼得躺在床上直~〕腹が痛くてベッドの上でのたうち回る.

翻茬 fānchá [農](作物を刈った後の)田畑を耕し切り株を埋め込むこと.

翻场 fāncháng ①[農]〔场院〕(穀物取り入れの庭)にひろげた穀物をひっくり返して日光に当てよく乾燥させること. ②劇舞台で上演中,わざと別の役者のあげ足をとること.

翻唱 fānchàng 原曲にまねて歌う.

翻车 fānchē ①(車が)転覆する(させる).〔路不太好,留神别~〕道が悪いから車をひっくり返さないように気をつけなさい. ②〈喩〉途中で挫折する. 頓挫(ざ)する.〔他气急败坏地说:这回可倒了大霉了!~了〕彼は慌てふためいて言った,とんでもないことになった,だめになった. ③〈方〉怒る. ④〔水车〕(田に水を注ぐ)水車.

翻车机 fānchējī [機]カーダンパー(トリップ):車を傾けて積荷を下ろす装置.

翻车鲀 fānchētún [魚]マンボウ(マンボウザメ.ウキギ):〔翻车鱼〕ともいう.

翻沉 fānchén 転覆して沈没する.〔小船不小心有~的危险〕小船は注意しないと転覆して沈没する危険がある.

翻嗤 fānchi 〈方〉かきまわす. 探す.〔翻咴〕とも書く.〔把所有的箱子都~一遍了〕箱を全部めちゃくちゃにかきまわした.

翻穿 fānchuān =〔反 fǎn 穿〕着物を裏返しに着る.〔~皮袄 ǎo 毛朝外〕毛皮裏のついた着物を裏返して着れば毛は外側を向く:全部何もかもさらけだす.

翻船 fānchuán ①船がひっくり返る. ②〈喩〉くつがえる. 負ける. 失敗する.〔险些~〕危うく負けるところだった.〔阳沟里头~〕〈喩〉みずかけ(むざむざ)失敗する.

翻底车 fāndǐchē ⇒〔倾 qīng 卸汽车〕

翻地 fāndì 犁(シ)で田畑をすきかえす.〔~机〕耕耘機.

翻动 fāndòng (位置·状態を)変える. 動かす.

翻斗 fāndǒu [機]バケット.

翻斗卡车 fāndǒu kǎchē ⇒〔倾 qīng 卸汽车〕

翻番 fānfān ⇒〔翻番〕

翻飞 fānfēi ①ひらひら飛ぶ.〔海鸥 ōu 在水面上~〕カモメが水面の上で飛んでいる. ②ひらひら動く.〔屋顶上的红旗不住地~〕屋上の赤旗がしきりにためいている.

翻覆 fānfù ①ひっくり返る. 転覆する.〔车辆~〕車両が同前. ②〈喩〉徹底的に変化する.〔天地~〕同前. ③寝返りを打つ. 体を反転する.〔夜间~不能眠〕夜中輾(5)転反側して眠れず. ④反復する. 繰り返す.

翻改 fāngǎi (服を)仕立て直す. こしらえ直す.

翻盖 fāngài =〔翻建〕建て直す. 改築する:古い家や道路などを壊して新しく建てる.〔~房屋〕家屋を建てかえる.〔我们的房子从前是马厩 jiù,后来~的〕我々の家は,以前は馬小屋だったのを後に改築したものだ.

翻个(儿) fāngè(r) ①⇒〔翻儿〕 ②身を翻す. ③倍増する.

翻跟头 fāngēntou とんぼがえりする. もんどりうって倒れる.(体操の)宙返りをする. つまずいて倒れる. 転ぶ:〔方〕翻跟斗〕〔翻筋斗〕〔折 zhē 跟头〕ともいう.〔翻过跟头的人生之路,〕〔翻过跟头的人大概不会那么莽 mǎng 撞 j 苦い経験をもっている人ならあんな向こう見ずなことをするはずがない. ③〈喩〉(値段が)倍増する. 上る上がる.〔价格~〕同前.

翻耕 fāngēng [農]田がえしする.

翻工 fāngōng ⇒〔返 fǎn 工〕

翻供 fāngòng 申し立てを翻す. 自供を否認する.〔头审 shěn 已然招认了,哪知到二审又~了〕一審では自白したのだ,ところが二審でまた否認した.

翻古 fāngǔ 〈方〉古い事をあれこれ言う.〔别怪我翻你的古了〕古いことをほじくり返すようだが怒るなよ.

翻股 fāngǔ ⇒〔翻花样儿〕

翻逛 fānguàng 〈喩〉180度の転換をすること.

翻滚 fāngǔn ①ころころと転がる. 転げ回る.〔潮流中~〕潮流の中を転がる:時勢の流れに翻弄(5)される.〔他肚子疼得~〕彼は腹が痛くでのたうち回っている.〔~运动〕[ス]タンブリング. ②(湯が)煮えくり返る.(波が)うち巻く. 沸き返る.〔波が〕うち巻く.〔烟が〕もくもく立ちのぼる.〔白波~〕白波がさか巻く.

翻锅底 fānguōdǐ 〈喩〉事物の根元に立ち返って探究すること. 過去へさかのぼり徹底的に究明すること.

翻过儿 fānguòr ひっくり返る. 逆になる:〔翻个儿①〕ともいう.〔小小一个工作队,来到这村子,好像是要把这里子翻个过儿来〕小さな工作隊の一隊がこの村に到着しただけで,まるでこの村をひっくり返そうとしているかのようだ.〔他们家是翻了过儿了〕彼の家はすることがあべこべだ.

翻过来掉过去 fānguolái diàoguoqù〈慣〉繰り返して~する.〔掉〕は〔吊〕〔调〕とも書く.〔~地说〕くどくどと言う.〔~地讨论〕あれやこれやと繰り返し論じる.

翻 fān

り返して討論する.
翻花鼓 fānhuāgǔ 同下.
翻花样儿 fān huāyàngr ＝[翻古][翻股][翻花鼓][翻绳儿]糸とり.あやとり(女児の遊戯).[和小孩儿～玩]子供とあやとりをして遊ぶ.
翻黄 fānhuáng ⇒[竹 zhú 黄]
翻簧 fānhuáng ⇒[竹 zhú 黄]
翻悔 fānhuǐ ＝[反 fǎn 悔]気が変わる.後悔して前言をくつがえす.反古(ほご)にする.翻意する.[上回你不是应定了吗,怎么又～了呢]この前は承知したじゃないか,どうしてまた気が変わったのか.
翻检 fānjiǎn (書籍などを)ひっかき回して探す.[把行李～了半天才放行]手荷物を長い間ひっかき回したうえでやっと通行を許した.
翻建 fānjiàn ⇒[翻盖]
翻浆 fānjiāng ＝[反 fǎn 浆][返 fǎn 浆]春先になり凍っていた地面や道路が解けて水や泥がしみ出すこと.[～道]どろんこの道路.
翻江倒海 fānjiāng dǎohǎi ＝[倒 dǎo 海翻 江]〈成〉水が激しい勢いで押し寄せるさま:[翻江搅 jiǎo 海]ともいう.❶勢いや力がきわめて盛んなさま.[～地彻底干起来]大変な勢いでとことんまでやりだす.→[排 pái 山倒海]❷大騒動のさま.[为三个钱的油раз得～]ささいなことで大騒動をする.
翻搅 fānjiǎo かきまわす.[心里被～得难受]心がかき乱れてつらい.
翻旧账 fānjiùzhàng ⇒[翻老账]
翻卷 fānjuǎn ぐるぐる動く.くねり回る.ひらひら翻る.
翻看 fānkàn (書籍などを)ひもとく.開いてみる.
翻刻 fānkè 翻刻する.[～重 chóng 印]翻刻重刷する.
翻口 fānkǒu 前言を翻す.→[翻供]
翻来覆去 fānlái fùqù 〈慣〉❶寝返りを打つこと.❷同じことを幾度も繰り返すこと.[一句话一地说,不嫌腻 nì 烦吗]同じことを何遍も繰り返しゃべってうるさくありませんか.❸病気が良くなったり悪くなったりすること.[～来回来去]
翻老账 fānlǎozhàng ＝[翻旧账]〈喩〉昔の(古くさい)事を持ち出す.
翻脸 fānliǎn ＝[翻腔][变 biàn 脸]不快な顔をする.がらりと態度を(悪く)変える.ひらきなおる.[～不认人]態度を変えて相手にしない.[这么些年的交情了,好意思～吗]こんな長い間の付き合いなのに,手のひらを返したようにしていいものですか.
翻脸无情 fānliǎn wúqíng ＝[反 fǎn 脸无情][反面无情]〈成〉態度を一変して人情を顧みない.[想不到患难夫妻也这么～]苦労をともにした夫婦でもこんなに仲がいがみあうなんて.
翻领 fānlǐng [一儿][折り襟(えり)].[夏天穿～衬 chèn 衫凉快]夏には開襟シャツを着ると涼しい.
翻录 fānlù (録音·録画テープを)ダビングする.
翻毛 fānmáo [一儿]❶毛皮.毛を表に出した皮.[～大衣]毛皮のオーバー(コート).❷＝[翻皮]裏皮.裏を表に出した皮.[～(皮)鞋]裏皮の靴.
翻弄 fānnòng もてあそぶ.いじり回す.[～得一塌糊涂]めちゃくちゃにしてしまう.
翻拍 fānpāi フィルムに収めてコピーする.[～文件]書類を撮影してコピーする.
翻牌 fānpái ❶(マージャンで)一翻つく牌.[三元牌·庄风牌·门风牌]など.❷看板やレッテルを取りかえる.[～公司]同例の会社.
翻盘 fānpán ❶(株式の)急騰·急落する.❷〈喩〉〈劣势〉を逆転させる.
翻篇儿 fānpiānr ページをめくる.

翻腔 fānqiāng ⇒[翻脸]
翻切 fānqiè ⇒[反 fǎn 切]
翻然 fānrán ⇒[幡然]
翻砂 fānshā ❶[Ⅰ铸型(いがた)]:[铸 zhù 工❶][铸造]の通称.[～工][铸 zhù 工❷][铸物工.[～厂]铸物工場.❷[Ⅱ砂铸型]砂塵を巻きおこす.
翻晒 fānshài ひっくり返して日に当てる(乾かす).[～新谷]取り入れた穀物をひっくり返して天日に干す.
翻山 fānshān 山を越える.[～越岭][爬 pá 山越岭]山を登り峰を越す.[～喩]長旅の辛さ.
翻梢 fānshāo 〈方〉❶生まれ変わる.盛り返す.[受了三年的罪,今年才～了]3年間苦しんだが今年やっと運が向いてきた.❷仕返しする.❸⇒[翻本 (儿)]
翻身 fānshēn ❶寝返りをうつ.[他翻了一个身,又睡着 zháo 了]彼は寝返りを一つうったが,また眠ってしまった.❷〈喩〉解放されて立ち上がる.生まれ変わる.[～作主]同前.[～户]前同の人々.[打～仗 zhàng]❸苦況を脱却する闘いをする.❹どんでん返しをめざして闘う.[让荒山大～]荒れた山を(開墾または植林して)すっかり見違えるようにする.❺向きをかえる.[他～便跑]彼はくるっと後ろを向いて駆けだした.[～回返回]Ⅹ(水泳の)ターン(をする)
翻升 fānshēng (相場などが)上がる.[卷 juǎn 筒白报纸连续～]新聞巻取紙の相場は続騰.
翻绳儿 fānshéngr ⇒[翻花样儿]
翻手 fānshǒu 手のひらをさっと返す.[二德子～要抓常四爷的脖 bó 领儿][老·四]二德子は返す手で常四爷のえりくびをつかませた.
翻手为云,覆手为雨 fānshǒu wéiyún, fùshǒu wéiyǔ ⇒[翻云覆雨]
翻书 fānshū ❶本をめくる.ひもとく.❷書物を翻訳する.
翻摔 fānshuāi 放り投げる.
翻水 fānshuǐ (遠方から水を)揚水する.[～站zhàn]揚水ステーション.
翻思 fānsī 繰り返し考える.[他把这问题整整～了一夜]彼はこの問題をまる一晩中くりかえして考えていた.
翻丝绵 fānsīmián 囲真綿入れの着物を作る際に,着物の格好に真綿を広げること.[江南妇女多数会～]江南の婦人の多くはこんなこ事は同前できる.
翻胎 fāntāi ❶(修理のため)タイヤをめくる.❷タイヤを再生する.
翻腾 fānténg ❶激しく上下にひっくり返る.[波浪～]波がさかまく.[在脑子里～]めまぐるしく思う.❷いじる.動かす.動き回る.[把桌上的书都～乱了]机の上の本をいじってめちゃくちゃにした.[直一到半夜才睡着了]寝るばかり打って12時ごろやっと寝ついた.❸むし返す.同じようなことを反復する.
翻蹄亮掌 fāntí liàngzhǎng 〈慣〉足の不格好なさま.[他脚长 zhǎng 得～多难看]彼の足は不格好で非常に醜い.
翻天 fāntiān ❶大騒ぎする.[吵 chǎo ～][闹 nào ～]同前.❷〈喩〉造反する.反逆する.
翻天覆地 fāntiān fùdì ＝[天翻地覆][地覆天翻]〈喩〉天地がひっくり返る.[闹得～]上を下への大騒ぎをする.
翻弯儿 fānwànr 農つるがえし(をする)
翻胃 fānwèi ＝[反 fǎn 胃][中医]❶食物が胃にもたれたり,吐き気をもよおす.❷胃が食物を受けつけない病気.慢性嘔吐(おと)·胃癌(がん)など.
翻戏 fānxì ❶陰険なやり口.❷手練手管.いんち

き.べたん.

翻箱倒柜 fānxiāng dǎoguì 〈成〉箱をひっくり返して洗いざらい探す.〔翻箱倒篋 qiè〕ともいう.

翻新 fānxīn ①がらっと変わって新しくなる.再生して新しくする.〔~大衣〕オーバーを作りかえる. ②新味を出す.〔花样~〕模様が新しくなる.

翻修 fānxiū 改築する.建て直す.修復する.〔马路正在~〕大通りを目下修復中.→〔返 fǎn 修〕

翻眼 fānyǎn ①目をむく.にらみつける.〔李如珍瞪了小毛一眼〕李如珍は小毛をじろっとにらんだ. ②目をそらす.知らんぷりをする.〔他~不承认〕彼は知らんぷりをして承認しない. ③〔~儿〕上目を使う.〔~瞟 piǎo 他〕上目を使って彼をちょっと見る.

翻译 fānyì ①翻訳する.〔~暗码暗号電報を翻訳する.〔~成日文〕日本語に翻訳する. ②〈戏〉翻訳劇.〔用中文~〕中国語で訳す. ②通訳(者).〔~向 xiàng 导〕通訳ガイド.〔当~〕通訳になる.~官〕通訳官.〔~机〕インタープリター.→〔通 tōng 译〕〔译员〕

翻一番 fānyīfān 倍増する.〔翻番〕に同じ.〔翻了一翻还多〕倍増以上.〔明年钢产再~〕来年は鉄鋼生産高をさらに倍増させる.

翻印 fānyìn 翻刻(する).書籍を元のまま複刻する(こと).多く他人の編著をそのまま印刷すること.

翻涌 fānyǒng (感情または水・雲・煙など)激しくわきあがる.〔波浪~〕波が逆巻く.〔心潮~〕感動がこみ上がってくる.

翻阅 fānyuè めくって目を通す.調べて見る.書物を見る.〔到图书馆去~资料〕図書館へ行って資料を調べる.

翻越 fānyuè 越える.乗り越える.〔障碍物〕障害物を乗り越える.

翻云覆雨 fānyún fùyǔ 〈成〉手練手管(くだ)を弄(ろう)する.手を替え品を替える.〔翻手为云,覆手为雨〕

翻造 fānzào 古いものを取り除き新しく作り直す.〔~橡 xiàng 皮〕再生ゴム.

翻照 fānzhào 焼き直し(する).〔底版丢了就再~一张也行〕ネガをなくしたなら,複写したらよかろう.

翻制 fānzhì 再製(する).複製(する).〔~副本发售〕コピーを作って売り出す.

翻铸 fānzhù 改鋳する.〔这些废铁要回炉~农具〕これらのくず鉄は炉に戻して農具に改鋳される.

翻撰 fānzhuǎn ひっくり返す.

翻嘴 fānzuǐ ①〈口〉言葉を替える.言い替える. ②〈方〉言い返す.口答えする.

[凡 (凢)] fán

(Ⅰ)①概略.要旨.大要.〔发~起例〕要旨を述べ,凡例を決める. ②すべて(の).およそ(の).おおむね(の).〔全书у一八册〕全書すべて 8 冊.〔~有标志的请注意〕すべて目印がしてあるのにご注意ください.〔~事要小心〕万事用心が大切だ. ③普通である.並である.〔~人.平凡(である)〕.〔不~.非凡(である)〕. ④俗世間.〔下~〕(神仙が)俗界に下る. ⑤〈姓〉凡.

(Ⅱ)→〔工 gōng 尺〕

凡百 fánbǎi 〈方〉すべての.あらゆる.〔~事业〕すべての事業.

凡尘 fánchén 俗世間.浮世.

凡尔 fán'ěr ⇒[阀 fá 门]

凡尔丁 fán'ěrdīng →[凡立丁]〈紡〉トロピカル.ポーラー.夏服用の生地.

凡尔赛 fán'ěrsài 〈地〉ベルサイユ:もと〔维 wéi 尔赛〕と書いた.〔~和 hé 约〕〈因〉ベルサイユ(平和)条約.〔~宫 gōng〕ベルサイユ宮殿.〔巴 bā 黎和会〕

凡夫 fánfū 平凡な人.〔~俗子 zǐ〕同前.→〔烟 yān 火中人〕

凡几 fánjǐ すべて.いくばく.どれほど.〔不知~〕どれほどかわからない.

凡间 fánjiān ⇒[凡世]

凡例 fánlì 凡例(はんれい)

凡立丁 fánlìdīng ⇒[凡尔丁]

凡立水 fánlìshuǐ →[清 qīng 漆]

凡立司 fánlìsī →[清 qīng 漆]

凡目 fánmù ①大旨と細目. ②俗な人の眼力.

凡人 fánrén ①平凡人.普通の人. ②俗人.

凡世 fánshì →[人间]俗世間.人間界.

凡是 fánshì およそ.すべて.〔~会员都能进去旁听会议〕およそ会員はすべて入場して会議を傍聴することができる.

凡士林 fánshìlín 〔花 huā 士 ± 岺〕〈矿 kuàng 脂〕〔硬 yìng 石脂〕〈音訳〉〈红〉ワセリン.

凡是派 fánshìpài 〔两个凡是〕ともいう派.1976,77年頃,〔文 wén 化大革命〕以来毛沢東の権威をかさにきて,現状を変えることに消極的な華国鋒を中心とする指導グループをいった.

凡事预立之,不预则废 fánshì yù zé lì, bùyù zé fèi 〈諺〉およそ事は前もって準備すれば成り,準備しなければ成らず.

凡俗 fánsú 平凡である.凡庸である.通俗である.

凡响 fánxiǎng 平凡な音楽.〈転〉平凡な事柄.

凡心 fánxīn 俗世に対する未練の気持ち.〔动~〕俗念をおこす.

凡亚林 fányàlín 〈音訳〉〈音〉バイオリン.〔小 xiǎo 提琴〕の旧称.〔伐 fá 玉林〕〔梵 fàn 亚铃〕〔外 wài 奥林〕とも書く.

凡眼 fányǎn 凡人の見方.普通の見方.〔~尘 chén 躯〕俗世にある体(からだ)

凡庸 fányōng 何の取り柄もない.凡庸である:多くは人を指す.

[矾・礬] fán 〈化〉ミョウバン(硫酸アルミニウムカリウム):〔明 míng ~〕は通称.〔〔口〕白 bái ~〕ともいう.〔干 gān 煉明~〕〔烧 shāo 明~〕〔红 fēi ~〕焼きみょうばん.〔皓 hào ~〕〔硫 liú 酸锌硫酸亜鉛.〔绿 lù ~〕〔硫酸亚铁〕硫酸鉄(緑ばん).〔胆 dǎn ~〕蓝 lán ~〕〔硫酸铜〕硫酸銅(胆ばん).

矾石 fánshí みょうばん石.〔白~〕同前.

矾土 fántǔ 〈方〉宝 bǎo 砂〕〔礬土(ばん).アルミナ〔铝 lǚ 氧土〕は天然産の同前.〔氧化铝〕(酸化アルミニウム)の通称.〔~水泥〕アルミナ・セメント.→〔刚 gāng 玉〕

[钒・釩] fán 〈化〉バナジウム.バナジン:金属元素.記号 V.〔鐇〕は旧名.

钒铁 fántiě フェロバナジン:鉄とバナジウムとの合金.

[氾] fán 〈姓〉氾(はん) →[泛 fàn]

[烦・煩] fán ①思い煩う.悩む.いらいらする.〔心~意乱〕思い悩んで心が乱れる.〔心里有点~〕心がくさくさする.〔又勾 gōu 起他的~心了〕また彼に思い悩みをかきたてた. ②煩わしい.うるさい.いとわしい.〔这些话都听~了〕そういう話は聞きあきた.〔厌 yàn ~〕うんざりする.あきあきする.〔腻 nì ~〕あきを通りこしていやだ.〔话多真絮 xù ~〕言葉が多いと,まことにくだくだしくていとわしい. ③煩わす.いとわしい思いをさせる.〈転〉手数をかける.〔~您给带点儿东西的手数ですが少し物を持って行って(届けて)ください.〔这件事要~你给办一下〕このことはご面倒ですがあなたにやっていただきたいのですが. ④煩雑である.くだくたしい.〔要言不~〕〈成〉言葉が要約されてくだ

fán

烦埕蕃缫燔璠膰镭鷭蹯樊蟚繁

- 烦呈 fánchéng〈贐お使いの方にことづけて一筆申し上げます〕先方からの使いに返事を託する場合に用いる.
- 烦愁 fánchóu 悩む.思い煩う.くよくよする.
- 烦聒 fánguō やかましくてうるさい.〔这些孩子～得人脑袋疼〕この子たちはやかましくて頭が痛くなる.
- 烦惑 fánhuò 煩悶する.
- 烦交 fánjiāo ①(人に託して)手渡す.〔～张老师〕ご面倒でも張先生にお渡しください. ②(郵便の)気付.様子.→〔转 zhuǎn 交〕
- 烦劳 fánláo ①苦労をする. ②人に苦労をかける.面倒をかける.煩わす.手数をかける.〈転〉すみませんが.〔～您帮帮忙吧〕すみませんがお手伝い願います.→〔烦请〕〔烦托〕
- 烦累 fánlèi 煩わす(しい).〔这么～您,我真不过意〕こんなにお手数をかけては本当にすみません.
- 烦乱 fánluàn ①いらいらする. ②⇒〔繁乱〕
- 烦闷 fánmèn =〔烦懑〕悩む.気がめいる.〔问题得到解决就不～了〕問題が解決したので気持ちが楽になった.
- 烦懑 fánmèn 同上.
- 烦难 fánnán 煩雑で面倒である.〔自己的事自己办,尽可能别～人〕自分のことは自分でしろ,できるだけ人に面倒をかけるな.
- 烦恼 fánnǎo ①心配する.気をもむ.くよくよする.〔为这么点儿事何必～呢〕これくらいのことに気をもむことはない.〔这都是运气,你不要～〕これは運だよ,くよくよするな.〔吐露心中的～〕心にかかることを吐き出す. ②悩む.悲しむ.
- 烦腻 fánnì ①飽きる. ②嫌になる.うんざりする.
- 烦气 fánqì 面倒くさい.しつこく搞这些啰唆 luō 唆事不嫌～吗〕一日中こんな煩わしい事をしていて面倒くさくはありませんか.
- 烦请 fánqǐng 煩わしお願いする.〔今天的娱乐节目是特别一名演员担任的〕今日の娯楽番組は特に名優にお願いしてやってもらうのです.→〔烦劳〕〔烦托〕
- 烦扰 fánrǎo 邪魔する.煩わす.面倒をかける.〔～了人家半天自然要道谢〕長い間,人様を煩わしたら当然お礼をせねばならない.
- 烦热 fánrè ①暑苦しい.〔要是痛痛快快下场大雨就不会这么～了〕ザーッと気持ちよく大雨が降れば,こんなにも暑苦しくなくなるはずだ. ②中医熱があって苦しい症状.
- 烦人 fánrén ①うんざりさせる.〔废话连篇真～〕長々とくだらない話でいらいらさせられた. ②人に頼む.
- 烦冗 fánrǒng ⇒〔繁冗〕
- 烦神 fánshén 旧先方の配慮を謝する意:書簡文によく用いられた.
- 烦碎 fánsuì 煩瑣である.面倒くさい.〔家里的～事整天做不完〕家の中の煩瑣なことは一日中やってもきりがない.
- 烦琐 fánsuǒ ⇒〔繁琐〕
- 烦琐哲学 fánsuǒ zhéxué ①旧スコラ(哲)学:〔经 jīng 院哲学〕の別称. ②スコラ的(煩瑣な空理空論をこねる)やり方.
- 烦托 fántuō お願いする.お手数をかける.〔这件事您看～哪位先生办好?〕このことはどなたにお願いしてやっていただいたらよいでしょうか.
- 烦文 fánwén 冗文.冗長な文章. ②虚礼.
- 烦嚣 fánxiāo うるさく騒がしい.〔市声～扰 rǎo 人安眠〕街の物音が騒がしく人の安眠を妨げる.
- 烦心 fánxīn ①心配する.心を悩ます.〔谁也想不出好法子,真～透了〕誰もよい方法を考え出せ

ないので,本当に心配になってしまった.
- 烦絮 fánxù ⇒〔絮烦〕
- 烦言 fányán ①〈文〉口やかましい言い分.〔啧 zé 有～〕多くの人が口やかましくうるさく言う. ②=〔繁言〕くどい言葉.
- 烦言碎词 fányán suìcí〈成〉言葉(文字)がくだくだしく細かいこと:〔烦言碎词〕〔烦言碎语〕ともいう.
- 烦厌 fányàn ⇒〔厌烦〕
- 烦忧 fányōu〈文〉悩み愁える.
- 烦杂 fánzá =〔繁杂〕
- 烦躁 fánzào ①いらだつ.気がいらいらする.〔心中～〕いらいらする. ②中医熱があって苦しく,体をもだえ動かして,じっと寝ていられない症状.

[埕] fán〈文〉墓.墳.

[蕃] fán ①繁殖する.繁殖する. ②〈文〉盛んである.繁多である. → bō fān
- 蕃茂 fánmào ⇒〔繁茂〕
- 蕃庶 fánshù〈文〉数多く(の).繁多(である)
- 蕃息 fánxī =〔蕃滋〕〈文〉盛んに繁殖する.
- 蕃衍 fányǎn ⇒〔繁衍〕
- 蕃殖 fánzhí ⇒〔繁殖〕
- 蕃滋 fánzī ⇒〔蕃息〕

[缫・繙] fán〈文〉反復する.→〔翻 fān〕
- 缫缘 fányuán〈文〉風り旗をゆらすさま.

[燔] fán〈文〉①焼く. ②あぶる.

[璠] fán ①固宝玉の一種.〔～玙 yú〕〔玙～〕〈文〉美玉.宝. ②〈姓〉璠(氏)

[膰] fán〈文〉宗廟(びょう)・社稷(しょく)の祭祀に用いるあぶり肉.

[镭] fán ⇒〔钒〕

[鷭・䴋] fán 图オオバン:〔骨 gǔ 頂鸡〕の別称.〔大～〕同前.〔小～〕バン:〔红 hóng 骨顶〕ともいう.

[蹯] fán〈文〉獣の足.〔熊 xióng ～〕熊の足.→〔熊掌〕

[樊] fán〈文〉①垣根.まがき. ②鳥籠. ③乱雑なさま.
- 樊篱 fánlí〈文〉①垣根.〈喻〉障壁.枠組み.
- 樊笼 fánlóng ①鳥籠. ②檻(おり).〈転〉自由を束縛される境遇.〔凶 xiōng 猛的斑豹的～〕凶暴な豹(ひょう)のおり.〔她终于冲 chōng 破家庭的～,到日本去留学〕彼女はついに家庭の束縛を打ち破って日本へ留学した.
- 樊然 fánrán〈文〉雑然としたさま.

[蟚] fán 固バッタの幼虫:〈文〉阜 fù 螽(しゅう)に同じ.

[繁(緐)] fán ①繁忙である.繁雑である. ↔〔简 jiǎn ①〕 ②面倒である.煩わしい.〔头绪纷 fēn ～〕(成)事柄が面倒である. ③多い.盛んである.〔人口日～〕人口が日に日に多くなる. ④にぎやかである.入り組んでいる. ⑤繁殖する(家畜が).→ pó
- 繁本 fánběn ①複数の版本をもつ書籍で,最も内容の充実した版本. ②ダイジェスト版の原本.
- 繁博 fánbó〈文〉①博学である. ②(傍証の)多く広いこと.
- 繁多 fánduō 煩わしく多い.非常にたくさん.おびただしい.〔种类～〕種類が非常に多い.
- 繁分数 fánfēnshù 数繁分数:分子分母の中に分数を有するもの.
- 繁复 fánfù 繁雑である.複雑である.〔那件事内情～,不是三两句话说得清的〕あの事は内情がこみ

っているので,少しぐらいの話では話しきれない.

繁花 fánhuā 咲き繁る花.〔～似锦jǐn,芳草如茵yīn〕花は錦の如く,草はしとねのようだ.

繁华 fánhuá 繁華である.にぎやかである.〔～热闹〕非常ににぎやかなこと.

繁简 fánjiǎn 繁と簡.〔～两样的文章〕長短両方の文章.

繁礼 fánlǐ 煩わしい儀礼.

繁丽 fánlì (詞藻が)豊富で華麗である.

繁缕 fánlǚ 圃ハコベ(ハコベラ).〔牛～〕ウシハコベ:〔鹅é儿肠〕ともいう.

繁乱 fánluàn ごちゃごちゃしている.〔烦乱②〕に同じ.〔头绪～〕ことがらがごちゃごちゃしている.

繁忙 fánmáng 繁忙である.せわしい.〔工作～〕仕事が忙しい.

繁茂 fánmào ＝〔蕃茂〕①(草木の)おい茂る.繁茂する.②盛んである.繁昌する.

繁密 fánmì 繁密である.密生している.多くてすき間がない.〔～的枪炮声〕絶え間ない銃砲の音.〔～的树林〕.

繁难 fánnán 繁雑でしかも難しい.〔这个～的问题解决了,大家非常轻松〕この厄介な問題が解決して皆はとてもほっとした.〔烦难〕.

繁闹 fánnào 繁栄している.にぎやかである.

繁荣 fánróng ①繁栄(する).繁昌(する).〔～昌盛〕繁栄隆昌.〔商业～〕商業が繁栄している.②繁栄させる.繁昌させる.〔～市场〕市場を活性化させる.

繁冗 fánrǒng ①繁雑(である).〔手续～〕手続きが繁雑である.②(文章や話が)くどくて長い.冗長である.〔烦冗〕とも書いた.

繁缛 fánrù 〔文〕こまごましくて煩わしい.〔如今～的礼节简化了〕新社会では煩わしい儀礼は簡単になった.

繁若群星 fán ruò qúnxīng 〔成〕星のように数が多いこと.〔寥liáo若晨星〕.

繁盛 fánshèng 繁昌(する).盛ん(である).栄え(る).

繁琐 fánsuǒ 〔烦琐〕とも書く.こまごまとして煩わしい.手数がかかっていわしい.〔～的事务工作〕面倒くさい事務の仕事.

繁体 fántǐ 圖(漢字の)省略してない書体.〔～字〕同前の漢字.↔〔简jiǎn体〕(简化汉字)

繁文 fánwén 虚礼.形式.〔咱们都是至好,何必多此～〕わたしどもはみな懇意な間だから,何も形式ばったことをやるには及ばない.

繁文缛节 fánwén rùjié 〔成〕煩わしい虚礼やきまり.煩雑で余分な事:〔繁文缛礼〕ともいう.

繁芜 fánwú 〔文〕①(文字が)多くて蕪(ǎ)雑である.〔文章中的杂で無駄な字.

繁细 fánxì 煩わしくて細かい.

繁兴 fánxīng 盛んに興る.繁昌する.〔市面～,厂商赚zhuàn了钱〕市場が繁昌してメーカーや商社は儲かった.

繁星 fánxīng 無数の星.

繁言 fányán ⇒〔烦言〕

繁衍 fányǎn 〔文〕広く多く散布する.繁栄する:〔蕃衍〕とも書いた.〔这样的老人欺盼望着子孙～旧社会的老人となれば,とても子孫の繁栄を望んだものだ.〔艺术的繁荣在这种环境下受到破坏是理所当然的〕芸術の隆盛がこうした環境のもとでは損なわれるのは当然だ.

繁育 fányù 繁殖させて育てる.〔～优良品种zhǒng〕良種を繁殖させる.

繁杂 fánzá 煩雑である.〔烦杂〕とも書いた.

繁征博引 fánzhēng bóyǐn 〔成〕博引旁証.

繁殖 fánzhí ＝〔蕃殖〕繁殖(する).〔～率lǜ〕繁殖率.

繁重 fánzhòng (任務や仕事が)多くかつ重い.〔这是一个极其～的任务〕これはきわめて繁雑で重大な任務である.

〔**繁**〕 fán 圃タカヨモギ:〔白 bái 蒿〕の古名.

〔**反**〕 fǎn ①(向きを)ひっくり返す(る).逆にす
〔**反**〕 る.裏返す.〔～败为胜〕逆転勝ちする.〔易如～掌〕〈成〉そのたやすいことは掌を返すようなものである.〔把话说～了〕逆のことを言う.〔把纸～过来〕紙を逆にする.〔袜wà子穿～了〕靴下を表表あべこべに履いた.②反対(の).逆(の).マイナス(の).〔适得其～〕〈成〉思っている事の逆の結果になる.〔图章上刻的字是～的〕判に彫った字は裏返しになっている.〔～效果〕圃マイナス効果.〔～季蔬菜〕季節はずれの野菜.〔～铐kào〕後ろ手に手錠をかける.③反対に.逆に.かえって.〔不以为耻～以为荣〕恥をかえって光栄と思う.〔吃了这药,～而更疼了〕この薬を飲んでかえって一層痛くなった.〔画虎不成～类犬 quǎn〕虎を描いてうまく得がたく,かえって犬に似てくる:似ても似つかないものになってしまう.④～反する.〔～历史主义〕歴史主義に違反する.⑤反対する.対抗する.背く.〔～烟 yān 运动〕禁煙運動.〔～犹 yóu 活動〕反ユダヤ活動.〔～坦 tǎn 克雷〕圃対戦車地雷.⑥〔反动派〕《反革命》をさす.〔帝,修,～〕帝国主義・修正主義・反動派.〔镇zhèn～〕反革命を鎮圧する.⑦返る.戻す.復帰する:〔返〕に通じる.⑧省みる.悔いる.⑨〔文〕類推して考える.〔举一～三〕〈成〉一によって三を考える.⑩→〔反切〕⑪圃トランス型化合物を示す接頭字.

反把 fǎnbǎ 〈方〉前言を翻す.ぶり返す.〔土地老老实实地分给群众,再别～〕(曲・林30)土地は真面目に大衆に分与したのだ,後になってからぐずぐず言っていけない.

反霸 fǎnbà ボスに反対する.〔霸権主義に反対する.→〔霸〕

反绑 fǎnbǎng ＝〔文〕反縛〕後ろ手に縛り上げる.

反包围 fǎnbāowéi 圃逆包囲:包囲せんとしている敵を逆にこちらから包囲する.

反报价 fǎnbàojià 圃カウンターオファーする.逆申し込みする.〔还 huán 价〕に同じ.→〔报价〕

反比 fǎnbǐ ①逆比.反比.②圃反比例.〔～例 lì〕同前.

反驳 fǎnbó ＝〔顶 dǐng 驳〕反論(する).〔他对那种指摘进行了～〕そういう指摘に対して彼は反論を行っている.

反哺 fǎnbǔ 〔文〕鳥が食物を親鳥に口移しに食わせる.〈喩〉親の恩に報いる.〔～农 nóng 业〕〈喩〉郷鎮企業で得た金を農業に戻すこと.

反側 fǎncè ＝〔反仄〕〔文〕寝返りする(安眠ができない).〔辗 zhǎn 转～〕ごろりごろり寝返りする.

反差 fǎnchā ①(写真の)コントラスト.②格差.ひらき.

反常 fǎncháng 異常(である).〔～现象〕異常な現象.〔气候～〕気候が普通でない.

反超 fǎnchāo 圃逆転する.

反潮流 fǎncháoliú 時勢に逆らう.〔～精神〕同前の精神.

反车儿 fǎnchēr 圃腕立て後方転回.

反衬 fǎnchèn ①反対面を対比させることによって,際立たせる.②引き立て役(の事物)

反冲 fǎnchōng ⇒〔反动①〕

反冲力 fǎnchōnglì ⇒〔后 hòu 坐 zuò 力〕

反刍 fǎnchú 反芻(芻)＝俗に〔倒 dǎo 嚼〕という.〔～动物〕圃反芻類:ウシ・シカ・キリンなど.〔～

反 fǎn

胃 wèi 動反翷胃.

反穿 fǎnchuān ⇒〔翻 fān 穿〕

反串 fǎnchuàn ①劇俳優が余興として専門外の役を演ずる:例えば〔生(II)④〕(男役)・〔浄(II)〕(敵役)が〔旦 dàn(II)〕(女形)を演ずるなど.〔~戏 xì〕代役芝居.→〔钻 zuān 锅〕 ②代行する.代わりをする.〔由他~扼è 守中坚〕彼が代行してセンターハーフを守る.

反唇 fǎnchún〈文〉口答え(する):不服不満をいう.〔~相讥 jī〕~相譏 jī〈成〉同席で相手を責める.

反弹道导弹 fǎn dàndào dǎodàn 軍対ミサイル用ミサイル. AMM.

反倒 fǎndào =〔文/+倒反〕かえって.予期に反して.〔不但不赔钱~赚 zhuàn 钱了〕損するどころか,かえって儲けた.→〔反而〕

反帝 fǎndì 反帝国主義.〔~爱国运动〕反帝愛国の運動.〔~反封建〕反帝反封建.

反掉 fǎndiào 反対し除いてしまう.〔~保守思想〕保守の思想に反対し(それを)除き去る.

反调 fǎndiào 反対の論調.〔唱~〕反対を唱える.

反丁烯二酸 fǎn dīngxī'èrsuān ⇒〔延 yán 胡(索)酸〕

反动 fǎndòng ①=〔反冲〕反動する. 反発.〔~力〕 反動力する. ②反動的である.〔~分 fēn 子〕反動分子.〔~派〕反動派.〔~会道门〕反動的な会・道・門.

反冻 fǎndòng 冬至から81日以後にまた氷の張ること.

反动轮 fǎndònglún 機反動車.

反对 fǎnduì 反対する.〔~党〕野党.

反恶霸斗争 fǎn'èbà dòuzhēng 反ボス闘争.

反厄尔尼诺(现象) fǎn'è'ěrnínuò (xiànxiàng) ⇒〔拉 lā 尼娜(现象)〕

反而 fǎn'ér ①かえって.逆に. ②ところが.何と(意外の気持ちを表す).→字解③

反二苯乙烯 fǎn èrběnyǐxī 化スチルベン(トランスージフェニルエチレン):〔茋 dǐ〕に同じ.

反方 fǎnfāng（ディベートの)否定派.攻撃側.→〔正 zhèng 方〕

反封建 fǎnfēngjiàn 封建主義に反対する.

反封锁 fǎnfēngsuǒ 史新中国成立後,アメリカによる中国封鎖の禁輸に反対すること.

反讽 fǎnfěng 諷刺から風刺する.反語的風刺する.

反腐倡廉 fǎnfǔ chànglián 汚職を取り締まりクリーンを提唱する.

反复 fǎnfù ①反復(する).繰り返し(す).〔他的病又~了〕彼の病気はまたぶり返した.〔这个病还会有~〕この病気はまた再発しそうだ.②常に変わる.定まらない.〔~无常〕〈成〉常に変わって一定しない.むしかえしてばかりいて定見がない.〔我和他说得好好儿的怎么他又~了呢〕わたしは彼と話がちゃんとついたのに彼はどうして裏切ったのかね.〔说一是一,说二是二,决不会~〕言った事は必ず実行し,約束を破るようなことは決してしない.

反缚 fǎnfù ⇒〔反绑〕

反干扰 fǎngānrǎo ①電クラッター消去. ②干渉に反対する.〔反对外台干扰〕外国放送局の電波妨害に反対する.

反感 fǎngǎn 反感(をもつ).〔他的表现,令人~〕彼の言動は反感をもった.〔她表示~〕彼女は非常に反感をもった.〔有~〕反感をもった.

反戈 fǎngē ほこを逆さまにする.〈喩〉裏切って味方を攻める.〔~一击 jī〕〈成〉ほこ先を逆に向けて一撃する.味方を逆に攻撃する.

反戈(儿) fǎngē(r) 語ほこがまえ:漢字部首の"戈".→付録1

反革命 fǎngémìng ①革命に反対する.〔~分 fēn 子〕反革命分子. ②反革命分子.〔镇 zhèn 压~〕反革命分子を鎮圧する.

反攻 fǎngōng 反攻(する).逆襲(する).

反躬 fǎngōng〈文>我が身に思い比べて反省する.〔~自问〕~自省 xǐng〈成〉自分の身にふり返り考えてうる.〔抚 fǔ 躬自问〕

反攻倒算 fǎngōng dàosuàn 因打倒された地主階級が反撃を加え,農民に分配されている土地・財産などを逆清算する(奪い返す)すること.

反购交易 fǎngòu jiāoyì ⇒〔对 duì 销贸易〕

反古 fǎngǔ ⇒〔复 fù 古〕

反骨 fǎngǔ 生理頭蓋骨(ぅ)の後頭部中央にいくらか突き出した骨;旧時,このような頭の人を反骨をもった人間といい反逆の相とした.

反顾 fǎngù =〔返顾〕①顧みる.回顧する. ②ためらう.翻意する.〔义无~〕〈成〉することが正しければ,翻意したりはしない.

反观 fǎnguān 逆の立場で見る.違う角度から見る.〔~现实〕現実を同前.

反光 fǎnguāng ①光を反射する. ②物反射光線.〔~镜 jìng〕反射鏡.リフレクター.⑥バックミラー.サイドミラー.〔~灯〕反射鏡を用いたサーチライト.

反规避 fǎnguībì 迂回(ぅ)防止.

反过来 fǎnguòlái ①返る.翻す.ひっくり返す. ②反対に.逆に.〔~说也是一样〕逆に言ってもやはり同じだ.

反函数 fǎnhánshù 数逆関数.

反黑 fǎnhēi 暴力組織を取り締まる.犯罪行為を摘発する.

反华 fǎnhuá 反中国(的)の).〔~势 shì 力〕反中国勢力.

反话 fǎnhuà 反語:〔反语〕ともいう.〔用~激他〕心にもないことを言って彼を激させる.〔用~骂〕裏を言って人を罵る.

反悔 fǎnhuǐ ⇒〔翻 fān 悔〕

反击 fǎnjī 反撃(する).

反季(节) fǎnjì(jié) 季節外れ(の)

反剪 fǎnjiǎn ①両手を後ろに縛る.後ろ手に縛る. ②手を後ろに組む.後ろ手する.〔~着手〕後ろ手を組んで(いる).〔~背 bèi 着手(儿)〕

反间 fǎnjiàn ①スパイを逆用すること:もと孙子兵法〔五 wǔ 间〕の一.②敵の内部を離間すること.〔~计〕離間策.反間苦肉の計.

反浆 fǎnjiāng ⇒〔翻 fān 浆〕

反胶海绵拍 fǎnjiāo hǎimiánpāi 区(卓球の)裏ソフトラバーラケット.

反骄破满 fǎnjiāo pòmǎn〈成〉高慢に反対し,自己満足を根絶する.

反诘 fǎnjié 問い返す.詰問する.

反经 fǎnjīng〈文〉常道に反する.〔~行 xíng 权〕〈成〉常道に背いて権を行う.〔~合义〕〈成〉常道に背いているが義としては合っている.→〔离 lí 经叛道〕

反抗 fǎnkàng 反抗(する).抵抗(する)

反客为主 fǎnkè wéizhǔ〈成〉主客(本末)転倒する.

反恐 fǎnkǒng 反テロ.テロ活動に反対する.〔~声 shēng 明〕反テロ声明.

反口 fǎnkǒu 前言をくつがえす.

反扣 fǎnkòu ⇒〔左 zuǒ 螺纹〕

反馈 fǎnkuì ①電帰還.送還.フィードバック.〔正~〕再生帰還.正帰還.〔负~〕抑圧帰還.負帰還. ②反響がくる.〔市场销售信息不断~到工厂〕市場の売れ行きの情報は絶えずメーカーに送り返される.

反老还童 fǎnlǎo huántóng ⇒〔返老还童〕

fǎn

反粒子 fǎnlìzǐ 〔物〕反粒子.→〔粒子〕
反脸无情 fǎnliǎn wúqíng ⇒〔翻 fān 脸无情〕
反垄断法 fǎn lǒngduànfǎ 〔法〕独占禁止法.
反乱 fǎnluàn 反乱(する)
反面 fǎnmiàn ①〔一儿〕裏面.反対の側.〔用法写在～了〕用法は裏に書いてある.〔細かい～叫什么〕細かい反対は何と言うか.②悪い.消極的である.否定的である.〔～教材〕悪い見本として反省や戒めの材料となる教材.〔～教育〕反面教育.〔～教員〕反面教員.悪いお手本.〔～人物〕(文芸作品などの)否定的人物.〔走向～〕反対する方へかわる.③(問題の)他方.反面.逆の面.↔〔正 zhèng 面〕→〔背 bèi 面〕〔阴 yīn 面②〕
反面无情 fǎnmiàn wúqíng ⇒〔翻 fān 脸无情〕
反目 fǎnmù 反目する.〔夫妻～〕夫婦が仲たがいする.〔～成仇 chóu〕〈成〉反目して敵対関係となる.
反逆 fǎnnì ①謀反を起こす.②反逆.
反纽 fǎnniǔ 〔反切〕と〔声 shēng 纽〕
反扒 fǎnpá スリの取り締まり.
反拍 fǎnpāi (テニスなどの)バックハンドで打つ.
反派 fǎnpài 悪役.仇(かたき)役.
反叛 fǎnpàn ①謀反(叛)を起こす.〔～传统〕伝統に反逆する.②謀反人.不届きな奴.
反批评 fǎnpīpíng 逆批判(する)
反聘 fǎnpìn ⇒〔返聘〕
反扑 fǎnpū ①反撃(する).〔打退敌 dí 人的～〕敵の反撃を打ち退ける.②反攻する.反抗する.〔叛 pàn 乱集团的残余部队最近向政府军～〕反乱グループの残存部隊が最近政府軍に向かって反攻した.
反璞归真 fǎnpú guīzhēn ⇒〔返璞归真〕
反其道而行之 fǎn qídào ér xíngzhī〈成〉その道に反して行う.〔喻〕相手と異なる方法で行う.
反气旋 fǎnqìxuán 〔気〕反対旋風.逆旋風.高気圧圏.
反潜 fǎnqián 〔軍〕対潜水艦攻撃(をする).〔～机〕対潜水艦攻撃機.〔反～舰 jiàn〕〔軍〕駆潜艇.
反切 fǎnqiè =〔翻 fān 切〕〔語〕(中国音韻学で)ある字の音を他の2字の子音部と母音部を借りて表す方法:〔丹〕は〔都 dū 寒 hán 反〕あるいは〔都寒切〕とすることによって,dとanを合わせてdānとなる.〔读 dú 若〕
反侵略 fǎnqīnlüè 反侵略.〔～战争〕反侵略戦争.
反倾销 fǎnqīngxiāo 反ダンピング制裁を行う.〔～税 shuì〕反ダンピング税.
反求诸己 fǎnqiú zhūjǐ〈成〉かえってこれを己に求む(孟子・離婁上):反省して自分の責任を追求する.〔别把责任推给别人,应该～自己才对〕他人におしつけないで,自分を反省して見るべきだ.
反犬(儿)fǎnquǎn(r) 〔犬 犹yóu(儿)〕〔犬于(儿)〕けものへん.漢字部首の"犭".〔反犬旁(儿)〕ともいう.→付録1
反扫荡 fǎnsǎodàng 反掃討作戦(をする)
反舌无声 fǎnshé wúshēng〈喻〉言葉に窮する.〔他给双方这么一问,一答 dá 不上话来了〕彼は相手にこう問いつめられて言葉に窮して答えられなくなった.
反射 fǎnshè 反射.〔～线 xiàn〕反射光線.〔～炉 lú〕〔倒 dào 焰炉〕〔冶〕反射炉.
反身 fǎnshēn くるりと身を反対に向ける.〔～跳 tiào 水〕〔スポ〕(水泳の飛び込みで)ひねり飛び込み.
反噬 fǎnshì ⇒〔反咬〕
反手 fǎnshǒu ①後ろ手にする.後ろ手に手を回す.②=〔覆 fù 手〕掌を返す.〈喻〉いとも簡単にやること.〔～可得 dé〕やすやすと手に入れる:〔翻 fān 手〕ともいう.③〔スポ〕バックハンド.↔〔正 zhèng 手③〕
反手拈 fǎnshǒunián 〔紡〕糸の左撚(より).→〔顺 shùn 手拈〕

反守为攻 fǎnshǒu wéigōng 守りから攻めに転じる.
反水 fǎnshuǐ ①反逆する.②気が変わる.慣例を変える.
反思 fǎnsī (客観的に過去を)省察(する).→〔反省〕
反诉 fǎnsù 〔法〕反訴:被告が逆に原告を相手取って訴訟を起こすこと.→〔本 běn 诉〕
反锁 fǎnsuǒ 錠をして閉じ込める.〔把门～上〕ドアに同前する.
反贪 fǎntān 腐敗・不正・汚職を取り締まる.
反弹 fǎntán 反発する.跳ね返る.もとに戻る.〔～球 qiú〕〈スポ〉(テニスの)ハーフボレー.〔一颗子弹 dàn ～至学生身后落地〕弾丸が跳ね返って学生の後ろに落ちた.〔日元回落,美元～〕日本円が下落し,米ドルが反発上昇した.〔～琵 pí 琶〕〈喻〉発想の転換をすること.
反坦克雷 fǎn tǎnkèléi 〔軍〕戦車防御地雷.
反坦克炮 fǎn tǎnkèpào 〔軍〕対戦車砲〔防 fáng 坦克炮〕〔战 zhàn 防炮〕は旧称.〔反坦克火箭 jiàn 炮〕〔坦克火箭筒〕バズーカ砲.
反特 fǎntè スパイと戦う.
反题 fǎntí 〔哲〕アンチテーゼ.反定立.
反跳 fǎntiào ①反対側へ跳ぶ.後ろへ跳ぶ.②一旦下がってから反発する(また上がる).③〔～现象〕〔医〕ホルムズスチュアート現象.
反推力 fǎntuīlì 逆推進力.
反托马斯方式 fǎn tuōmǎsī fāngshì →〔先 xiān 出后述〕
反胃 fǎnwèi 〔翻 fān 胃〕
反卫星武器 fǎnwèixīng wǔqì 〔軍〕反衛星兵器.
反文(儿)fǎnwén(r)〔語〕ぼくにょう.とまた:漢字部首の"攵".〔～旁(儿)〕〔斜 xié 文旁(儿)〕ともいう.→〔缺 quē 支(儿)〕;付録1
反问 fǎnwèn ①反問する.〔～句〕〔語〕反語文.
反握 fǎnwò (鉄棒など)逆手.アンダーグリップ:〔正 zhèng 握〕は順手.
反诬 fǎnwū 誣告する.逆に訴える.
反物质 fǎnwùzhì 〔物〕反物質.
反响 fǎnxiǎng 反響.こだま.
反向 fǎnxiàng 逆方向.〔～铲 chǎn〕〔機〕バックホー(掘削機械).〔～电流〕逆電流.〔～卫星〕逆推進(人工)衛星.〔～的发想〕逆の発想.
反像 fǎnxiàng ⇒〔负 fù 像〕
反省 fǎnxǐng (誤りを)反省する.(内面的に)自己批判する.〔停职～〕停職謹慎する.〔～院〕国民党政府が反政府分子を収容して反省させた施設.→〔反思〕〔检 jiǎn 查〕
反修 fǎnxiū 修正主義(に)反対(する).〔～防修〕修正主義に反対し,修正主義を防止する.
反牙 fǎnyá ⇒〔左 zuǒ 螺纹〕
反咬 fǎnyǎo 〔反噬〕さかねじを食わす.〔～一口〕一発さかねじを食わす.
反义 fǎnyì 反義(である).〔～词〕反義語.反対語.=〔同 tóng 义词〕
反应 fǎnyìng ①〔化〕反応.〔连 lián 锁～〕連鎖反応.②反応.反響.〔他的演说没引起什么～〕彼の演説は何の反響もない.〔～不一〕反応が一つでない.反響がさまざまである.→〔反映①〕
反映 fǎnyìng ①反映(する・させる).〔这部宪 xiàn 法～了人民的共同愿望〕この憲法は人々の共通の願望を反映している.〔～论〕反映論.〔观念是现实生活的～〕観念は現実生活の反映である.②(上級に対し)意見や報告を述べる.伝える.〔及时～群众的意见〕すみやかに大衆の意見を報告する.

反返犯 fǎn～fàn

〔要～的问题太多,一时说不过来〕言いたいことがあまりにも多くて、一度に話しきれない.〔把意见～给教师〕意見を教師に述べる. ③評判.〔对老王的工作态度车间的～不大好〕王さんの働きぶりについては職場内の評判はあまりよくない.

反应堆 fǎnyìngduī 原子炉.〔原 yuán 子～〕〔核 hé～〕の略.〔浓缩铀 yóu～〕濃縮ウラニウム原子炉.〔增殖〕増殖炉.

反右(派)斗争 fǎnyòu(pài) dòuzhēng 右派分子に対する闘争. →〔整 zhěng 风运动〕

反语 fǎnyǔ (わざと反対のことを言う)皮肉.反語.アイロニー.〔反话〕に同じ. →〔讽 fěng 刺②〕〔讥 jī 讽②〕

反仄 fǎnzè ⇒〔反侧〕

反战 fǎnzhàn 反戦.戦争に反対する.

反掌 fǎnzhǎng 手のひらを返す事の極めて容易なさま.〔易 yì 如～〕慣〕同前. →〔反手①〕

反照 fǎnzhào ⇒〔返照〕

反整 fǎnzhěng 返り討ちする.逆にやり返す.

反证法 fǎnzhèngfǎ ①正と不正. →〔～合〕正反合の理.弁証法の理. ②正しい状態に返る.〔拨 bō 乱～〕乱を除いて太平にする. ③帰順する. →〔倒 dǎo 戈〕

反证 fǎnzhèng 反証(する).〔法〕反証.反証法.⑤=〔归 guī 谬法〕背理法.帰謬(^{liù})法.

反正 fǎnzheng ①いずれにしても.どのみち.どうせ.必ず前文に〔无论〕〔不管〕や正反対の二つの情況を表す語を置く.〔信不信由你、～我不信〕信じるも信じないも君の勝手だが、僕は信じないよ. ②情況あるいは理由を強調する.〔不贵, 就多买点儿吧〕どうせ高くないのだから、もうちょっと買いなさい. →〔好 hǎo 歹③〕〔横 héng 竖〕

反之 fǎnzhī これに反して.反対に.〔坚持治疗病就会好, ～讳 huì 疾忌医, 病就难愈 yù〕病気をきちんと治療すればよくなる.いずれにせよ病気を隠して医者に行かないなら治るのは難しい.

反殖 fǎnzhí 〔反対殖民主义〕(反植民地主義)の略.

反质子 fǎnzhìzǐ 物〕アンチプロトン.反陽子.

反中子 fǎnzhōngzǐ 物〕反中性子.

反转 fǎnzhuǎn 反転する.方向を変える.〔～片 piàn〕反転フィルム.〔～来〕逆に.反対に.

反转 fǎnzhuàn 逆回転する.反対に回転する:時計の針の場合左回り. ↔〔正 zhèng 转〕

反坐 fǎnzuò 法〕反坐(^{bó})〕:〔告 gào 〕告で人を罪に陥れた者がその罪と同程度の刑を受けること.

反作用 fǎnzuòyòng 反動.反作用.逆効果.〔～力〕物〕反作用力.

[返] fǎn 返る(す).戻る(す).元へ返る(す).
〔～城 chéng〕(農村から)都会へ戻る.〔重 chóng～故乡〕故郷へ帰る.〔～港〕香港へ戻る.→港へ戻る. →〔⑦〕

返本还原 fǎnběn huányuán ⇒〔拔 bá 本塞原〕

返场 fǎnchǎng 劇〕アンコールに応える.

返潮 fǎncháo 湿気がつく.湿る(地面や品物などが).→〔犯 fàn 潮〕

返程 fǎnchéng 帰り道.帰途.

返抵 fǎndǐ 〔文〕帰着する.〔昨已～北京〕昨日すでに北京へ帰着した.

返防 fǎnfáng 基地・駐屯地に帰る.〔安然～〕無事基地に帰る.

返岗 fǎngǎng 職場に戻る.職場に復帰する.

返工 fǎngōng =〔翻 fān 工〕仕事あるいは製品が不合格で)差し戻しになる.仕事のやり直しをする.〔不能不注意质量, 等到要～的, 麻烦了!品质に注意しなくてはいけない、後で差し戻しにでもなったら面倒だ.〔由于设计上的粗心, 这个工作又得～〕設計疎漏のため仕事はまたやり直さねばならない.

返顾 fǎngù ⇒〔反顾〕

返观 fǎnguān ふり返る.〔～历史〕歴史をふり返る.

返归 fǎnguī 〔文〕帰る.〔～故里〕ふる里へ帰る.

返航 fǎnháng ①(船・飛行機が)帰航する.帰還する. ②航行力を取り戻す.〔恢复正常〕正常な航行に戻る.

返还 fǎnhuán 返還する.

返回 fǎnhuí 帰る.戻る.〔半路～〕途中から引き返す.〔～式卫星〕=〔～舱 cāng〕回収衛星.

返魂 fǎnhún 生き返る.復活する.〔～香〕④(伝説でこれを焚けば)死者がよみがえる香(^{う}).⑤死者に会える香.

返魂草 fǎnhúncǎo 〔紫 zǐ 菀〕

返检 fǎnjiǎn 再検査する.

返碱 fǎnjiǎn 地〕地層中の塩分が水に溶解されて地表に現れ、結晶して白色を呈する現象.〔泛 fàn 碱〕ともいう.

返浆 fǎnjiāng ⇒〔翻 fān 浆〕

返锦 fǎnjǐn 〔文〕人からの贈り物を辞退すること.

返老还童 fǎnlǎo huántóng 〔反老还童〕〔成〕老いてますます元気になる.若返る.

返利 fǎnlì リベートを出す.利益の一部を相手側に返す.

返聘 fǎnlǐ ⇒〔返乡〕

返贫 fǎnpín 貧乏を抜け出てからまた元に戻る.

返聘 fǎnpìn 辞めた(定年退職した)従業員を継続して雇用する.〔反聘〕とも書く.

返璞归真 fǎnpú guīzhēn 〔成〕本来の素朴な姿に戻る.〔归真返璞〕という.

返迁 fǎnqiān 移住後, また元の地へ戻り住む.

返青 fǎnqīng (春がきて、また移植後)草木が青い芽を出す.〔回 huí 青〕に同じ.

返券 fǎnquàn キャッシュバッククーポン.

返任 fǎnrèn 任地に返る.帰任する.

返弱还强 fǎnruò huánqiáng 〔慣〕弱劣を変じて強壮にする.

返俗 fǎnsú ⇒〔还 huán 俗〕

返酸 fǎnsuān 生理〕胸やけする:胃からすっぱい汁が逆流すること.

返现 fǎnxiàn 現金を返す.〔推出～活动, 每买100元返20元现金〕キャッシュバックの催しを打ち出し、100元買ったら20元の現金を返している.

返乡 fǎnxiāng =〔返里〕郷里に戻る.

返销 fǎnxiāo ①(食糧を)供出して以後国から再び買い戻すこと.〔～粮 liáng〕同前の食糧. ②→〔补 bǔ 偿贸易〕

返校 fǎnxiào ①(休暇があけて)帰校する. ②(休暇中に一時的に)登校(帰校)する.

返修 fǎnxiū (物品を)修理し直す.再修理する.

返院 fǎnyuàn ①(患者が)再入院する. ②(病院関係者が)もとの病院に戻る.

返照 fǎnzhào ⇒〔反照〕①日が照り返す.〔夕 xī 阳～〕〔慣〕夕映え. ②臨終の病人が息を引きとる直前、急にはっきり意識を取り戻すこと. →〔回 huí 光返照〕

返祖现象 fǎnzǔ xiànxiàng 生命〕隔世遺伝.先祖返り.

[犯] fàn ①害する.侵害する.〔人不～我, 我不～人〕他人がこちらを侵害しなければ、こちらも he said侵さない.〔敌人胆敢～我边境, 我必给以痛击〕敵側が辺境を侵害するなら、必ず痛撃を与えてやる. ②違犯する.抵触する.〔触 chù～〕触れる. ③犯す人.罪人.〔罪 zuì〕同前.〔战～〕戦犯.〔囚 qiú～〕囚人. ④(よくないこと)が起こる.…を

しでかす.…になる.〔~错误〕間違いを犯す.〔让人~晕 yūn〕頭がくらくらする.〔~官僚主义〕官僚主義的なことをする.⑤〈方〉ばれる.〔他心里也把这事儿~了,就招出来了〕彼は事が露顕したと悟って白状した.⑥〈姓〉㈱

犯案 fàn'àn 〔犯行が〕露見する.発覚する.→〔犯罪〕

犯膘 fànbiāo 〈方〉有頂天になる.いい気になる.〔犯彪〕とも書く.〔这儿说正格的呢,你别在这儿~〕今は真面目な話をしてるとこだ,こういう際に有頂天になっちゃいかん.

犯别扭 fànbièniu 具合の悪い状態になる.気まずくなる.〔俩人犯了别扭〕二人の間がまずくなった.

犯病 fànbìng ①持病が再発する.〔犯旧病〕同前.②古い悪習が再発する.

犯不上 fànbushàng …するまでもない.…する値打ちがない.…するには及ばない.〔犯不着〕に同じ.〔我~给他出力〕わたしが彼のために尽力するには及ばない(…する必要はない).〔这事~这样搞〕このことはこんなようにするには及ばない.〔你不讲交情,我也~再客气〕(老・四・惺21)おまえが人情を無視するなら,わたしも以上遠慮するには及ばんわけだ.↔〔犯得上〕

犯不着 fànbuzháo 同上.

犯潮 fàncháo 湿る.湿気をおびる.〔返 fǎn 潮〕に同じ.〔要下雨了,屋子里处 chù 处~〕雨が降るのだろう,室内のいたるところじめじめしている.

犯愁 fànchóu ⇒〔发 fā 愁〕

犯憷 fànchù 〔犯怵〕とも書く.おじける.ひるむ.〔我心里有些~〕わたしはいささかひるんでいる.

犯刺儿 fàncìr ことさらに人に逆らう.つっかかる:〔犯疵儿〕とも書く.

犯得上 fàndeshàng (好ましくないことを)押しきってする.無理してやる:〔犯得着〕に同じ.〔你~这样做吗〕きみは(無理して)そうやるだけの値打ちがあるのか.〔果真有些好处,也还~〕ほんとにいくらかいいところがあるなら,無理してもやるだけのことはある.↔〔犯不上〕

犯得着 fàndezháo 同上.

犯嘀咕 fàndígu あれこれ考えためらう.〔~睡不着 zháo〕あれこれ考えて眠れない.

犯堵 fàndǔ 〈口〉息がつまる.気がつまる.

犯法 fànfǎ 法律を犯す.罪を犯す.

犯规 fànguī ①規則に違犯する.②Ⓢフライング.反則ルー.〔投手〕(野球の)ボーク.

犯讳 fànhuì ①〔長上の〕諱(いみな)を冒す(使うべきではない).②タブーを犯す.

犯浑 fànhún 〈口〉前後の見さかいがなくなる.

犯急 fànjí 〈口〉いらいらする.じりじりする.〔你別跟他~〕彼にいらいらするな.

犯忌 fànjì 禁句を口にする.

犯贱 fànjiàn 〈口〉おっちょこちょいである.軽薄である.

犯僵 fànjiāng 〔犯强〕とも書く.〈方〉ごてる.〔别人的话也应该考虑考虑,不能一个人~〕他人の言うことも考えてみるべきで,一人だけでごてちゃいかん.

犯节气 fànjiéqi 時候やまい:時候の変わり目に慢性病の発作が起こる.

犯戒 fànjiè 戒律を破る.

犯境 fànjìng 〔犯界〕境界を犯す.国境を犯す.

犯劲 fànjìn 〈方〉①強情を張る.いこじになる.〔他这个人见上扬的小子才拐弯儿吧〕彼がいこじになると,突きあたって鼻柱をくじかれないうちは向きをかえない.②りきむ.むきになる.〔犯牛劲〕同前.因为一时~走上了斜 xié 路真可惜〕一時の若気の至りから横道を足を踏み込んでしまったのはまことに惜

しいことだ.

犯禁 fànjìn 禁制を犯す.法を犯す.〔~的东西〕〔~的货〕禁制品.

犯境 fànjìng ⇒〔犯界〕

犯科 fànkē 法を犯す.

犯困 fànkùn くうくう眠くなる.

犯懒 fànlǎn 怠け癖が出る.ずるける.

犯乱 fànluàn でたらめにやる.むちゃくちゃにする.

犯蛮 fànmán 無法なことをする.

犯难 fànnán 〈口〉困る.困ったことになる.〔为 wéi 难①〕に同じ.〔再来整地,也不~〕後でやつをやっつけるのも,そう難しくはない:(周・暴上8)

犯难 fànnàn 〈文〉①冒険する.②反乱する.

犯腻 fànnì あきあきする.くり返しでいやになる.

犯脾气 fànpíqi 癇癪(かんしゃく)をおこす.悪い癖が出る.

犯贫 fànpín 〈口〉へらずロをきく.→〔要 shuǎ 贫嘴〕

犯人 fànrén 犯人.犯罪人.犯罪者.

犯色 fànsè (色の)のうつりが悪い.配色が悪い.

犯傻 fànshǎ 〈口〉①間が抜けたふりをする.とぼけている.〔你別在这儿~〕ここでとぼけるな.②ぼんやりする.ぼんやりする.〔他话也不说,老坐在那儿~〕彼は口もきかず,ずっとあそこでぼんやりしている.③ばかなことをしでかす.

犯上 fànshàng 年長または上級の人をないがしろにする.〔~作乱〕㈱皇帝に向かって反乱を起こす.〈転〉お上にたてつく.

犯舌 fànshé おしゃべりする.口数が多い.

犯事 fànshì 罪を犯す.

犯土(禁) fàntǔ(jìn) 土地の神の祟(たた)りを受ける:家を建てるなどの工事をして土地の神の忌諱(きい)に触れ家族が病気するなど災厄(さいやく)に遭うこと.

犯恶 fànwù 人にいやがられる(言葉・行動により)

犯嫌 fànxián 〈方〉いやがらせる.嫌われる.〔~的话〕いやがらせの話.

犯嫌疑 fànxiányí 嫌疑をかける(られる).疑う(われる).

犯相 fànxiàng ①悪相.②(干支)の組み合わせが悪い.合い性が悪い.〔要是没有大~的话可以定案了〕相性がたいして悪くなければ婚約してもよい.〔我跟他~〕わたしと彼とは気が合わない.→〔属 shǔ 相〕

犯小性儿 fànxiǎoxìngr ⇒〔发 fā 小性儿〕

犯心 fànxīn ①意見が合わない.②感情を傷つける.仲たがいする.〔为一点儿小事儿他们俩犯了心〕ちょっとした行き違いから二人は仲たがいした.

犯颜 fànyán 〈文〉君主や上役の顔色など気にとめない.〔~强谏 jiàn〕㈱相手の顔色など気にせずに強くいさめる.

犯夜 fànyè 〈文〉夜間外出の禁を犯す.

犯疑(心) fànyí(xīn) ①疑念をもつ.疑いを起こす.〔好话別议疑,犯疑无好话〕㈱よい話に疑いをしないもの,疑ったりしてはよい話などがありっこない.

犯瘾 fànyǐn (よくないことに)やみつきになる.中毒にかかる.

犯由 fànyóu 〈文〉犯罪の事由・原因.

犯罪 fànzuì 罪を犯す.犯罪をおこす.〔~嫌 xián 疑人〕〔疑 yí 犯〕(犯罪の)被疑者.〔~心理学〕犯罪心理学.〔~行 xíng 为〕犯罪行為.犯行.〔~学〕犯罪学.

〔泛(氾・汎)〕 fàn (Ⅰ)〔泛(汎)〕
①〈文〉浮かぶ.浮かび漂う.②あまねく広い.一般的に広い.〔这句话用得很广~〕この言葉は広く用いられている.〔~心论〕汎心論.③ありふれている.平凡である.不確実である.うわべの.④あふれ出る.もれ出る.〔~黄〕

黄ばむ.<喩>古くなる.〔脸上～起了红晕 yùn〕顔に赤みがさした.〔～臭 chòu 味儿〕臭気がする.（Ⅱ）〔泛(汜)〕のあふれ広がる.→〔氾 fán〕

泛爱 fàn'ài 〈文〉博愛.

泛常 fàncháng 〈文〉①ありふれた.普通の.平常の.②つねづね.

泛称 fànchēng 総称(する).→〔泛指〕

泛读 fàndú さっと目を通す(して読む).→〔精 jīng〕

泛泛 fànfàn ①〈文〉浮かび漂うさま.②うわべだけである.浅い.〔～的交情〕〈～之交〉通り一遍の(うわべだけの)付き合い.③普通である.平凡である.〔～之才〕平凡な才能.

泛函分析 fànhán fēnxī 〘数〙関数解析.

泛化 fànhuà 拡大する.

泛家浮宅 fànjiā fúzhái ⇒〔浮家泛宅〕

泛碱 fànjiǎn ⇒〔返碱〕

泛交 fànjiāo ありきたりの交際.

泛滥 fànlàn 氾濫(ﾊﾝﾗﾝ)(する).〔～成灾〕氾濫して災害を引き起こす.

泛露 fànlù むき出しに見える.浮かび上がって見える.〔华发 fà 中～缕缕青丝〕白髪の中に幾筋かの黒髪の毛が浮かび上がっている.

泛论 fànlùn ①広く論ずる.②一般的に論ずる.

泛美 fànměi 汎アメリカン.〔～会议〕全米会議.〔～集团〕汎アメリカ集団.〔～主义〕汎アメリカニズム.全米主義.

泛起 fànqǐ 浮き上がる.浮き出る.

泛神论 fànshénlùn 〘哲〙汎神論.

泛酸 fànsuān ①〔本 běn 多酸〕〘化〙パントテン酸:ビタミンＢの一種.②〘医〙胃酸過多(になる).③<喩>辛い思い.〔让人心里～〕せつない思いをさせる.

泛味儿 fànwèir 〈方〉臭気を出す.

泛亚 fànyà 汎アジア.〔～会议〕汎アジア会議.

泛溢 fànyì 〈文〉氾濫(ﾊﾝﾗﾝ)する.

泛音 fànyīn 〘音〙上音(倍音)〔陪 péi 音〕に同じ.→〔基 jī 音〕

泛引 fànyǐn 出典を漠然と示す引用.→〔明 míng 引〕

泛指 fànzhǐ ①一般に…を指す.総括して指す.〔这个说法不过是～一般的人,要有特殊情形,自然又当别论〕これは一般の人を指しての言いかたにすぎない,もし特殊な事情があればもちろん話は別になる.②汎称.

泛舟 fànzhōu 〈文〉舟遊びをする.

〔**范・範**〕 fàn ①〈文〉ひな型.型.〔铁 tiě ～〕鉄のひな型.②模範.手本.〔示 shì ～〕模範を示す.③規則.法(ｵｷﾃ).〔规 guī ～〕同範.④<くぎり.範囲.〔就 jiù ～〕指揮に従う.⑤<姓>范・範(ﾊﾝ)

范本 fànběn (書画などの)手本.模範となる本.

范畴 fànchóu ①〘哲〙範疇(ﾊﾝﾁｭｳ).カテゴリー.②類型.範囲.〔社会科学的～〕社会科学の範囲.

范读 fàndú 模範朗読:教師が範を示すため,学生たちにテキストを読んできかせる(こと)

范例 fànlì 範例.手本となる事例.

范式 fànshì 範式.手本.

范围 fànwéi ①範囲.〔～极其广泛〕範囲がきわめて広い.〔广～的调查〕広範囲の調査.②〈文〉制限する.概括する.〔纵 zòng 横四海,不可～〕四方八方にあふれ出ることができないし,広がっていくこともできない〔这种现象相当普遍,决非例外两字所能～〕こういう現象は相当に広く渡っていて,決して例外の二字で概括できるものではない.

范文 fànwén 模範文.

范性 fànxìng ⇒〔塑 sù 性〕

〔**饭・飯**〕 fàn ①食事.食べ物.飯(ﾒｼ).〔早～〕朝食.朝食.〔午～〕〈午〉晌 shǎng ～〕昼飯.昼食.〔晚～〕晩飯.夕食.〔吃～〕食事をする.〔开～〕食事を出す.食事にする.〔每天吃三顿 dùn ～〕毎日三食取る.〔一大家吃〕食べ物があればみんなで食う.〔～后三十步不用开药铺 pù〕食後に30歩も歩けば薬屋の厄介にはならない.→〔膳 shàn〕②食事をとる.食する.〔～前〕〈后〉食前食後.③米飯.〔面 miàn 食〕〔面饭〕(小麦粉食品)に対していう.〔你今天吃的是～,还是面?今日食べたのはご飯ですか,麺類ですか.→〔干 gān 饭①〕

饭包 fànbāo 弁当.

饭钵 fànbō どんぶり茶碗.

饭菜 fàncài ①食事(飯やおかず).〔每天的～很好〕毎日の食事はとてもよい.②飯のおかず.〔末了 liǎo 再来一个～〕終わりにご飯のおかずを一つ出してくれ.

饭铲儿 fànchǎnr 〔饭勺(子)〕

饭场 fànchǎng (農村で)めしを食べながら集合する空き地.〔大家拿着饭碗到～来,一面吃饭一面开会〕みんなはどんぶりばちを持って広場へ集まり,めしを食べながら会議を開く.

饭匙骨 fànchígǔ 〔肩 jiān 胛骨〕

饭匙倩 fànchíqiàn 〘動〙アジアコブラ:〔眼 yǎn 镜蛇〕の別称.〔饭铲 chǎn 头〕ともいう.

饭袋 fàndài 〔〈文〉饭囊〕めしを入れる袋.<喩>ごくつぶし.大めし食らい.

饭单 fàndān 〈方〉①食事用の前掛けの白布.テーブルナプキン.②エプロン.

饭店 fàndiàn ①=〔〈方〉酒 jiǔ 店②〕ホテル:洋式で規模も大きく設備の整っているもの.→〔旅 lǚ 馆〕②食堂.料理店.

饭豆 fàndòu ①⇒〔豇 jiāng 豆〕②→〔红 hóng 豆〕

饭嘎巴儿 fàngābār ①⇒〔锅 guō 巴〕②〈服〉などにくっつけたご飯の粒が乾燥してまだらに染みた汚れ.

饭馆 fànguǎn 〔～儿,～子〕料理店.食堂.レストラン.〔下～〕外食する.→〔饭铺〕〔餐 cān 馆〕〔馆子①〕

饭锅 fànguō ①炊事用に火にかける鍋(釜).→〔饭碗①〕

饭含 fànhán 旧葬制で死者の口に米を入れるのを〔饭〕,玉を入れるのを〔含〕といった.〔含〕は〔唅〕とも書く.

饭盒(儿) fànhé(r) ①弁当(箱).②飯盒(ﾊﾝｺﾞｳ).

饭后 fànhòu 食後.〔～百步走,活到九十九〕<諺>食後の軽い運動は長生きの秘訣.〔～茶余〕〔茶余～〕食後のくつろぎ.ひととき.

饭局 fànjú 宴会.(仕事の)付き合い.〔今天晚上有～〕今晩は接待がある.→〔饭〕

饭口 fànkǒu 食事時.〔这个时候,正在～〕今はちょうど食事時だ.

饭来张口 fànlái zhāngkǒu 〔慣〕飯が来れば口を開く.<喩>気楽なさま:〔饭来开口〕ともいう.〔～,衣来伸手〕〔茶来伸手,～〕〔水来伸手,～〕同語.

饭辙儿 fànlàor 〈方〉生活の種.生活のよりどころ:生活費のもととなる職業・職場・住所などをいう.〔好歹 dǎi 是个～,先将就吧〕よかれあしかれとにかく飯の種だ,まあこのままにしておこう.

饭粒 fànlì 〔-儿〕飯粒:特に一粒一粒になったもの.

饭量(儿) fàn-liàng(r) =〔肚 dù 量①〕〔食 shí 量〕食べる量.〔这一小锅饭,一人一顿就吃完了〕この小さい鍋の飯ぐらい,食の太い人なら一遍に食べてしまう.

饭箩 fànluó 飯を盛る竹製の器.

饭米粒儿 fànmǐlìr 飯粒(ﾒｼﾂﾌﾞ).〔吃饭没有不掉～

fàn～fāng

的〕食事の時に飯粒を落とさない者はいない.〔喩〕人はだれでも過ちはある.
饭囊 fànnáng ⇒〔饭袋〕
饭棚子 fànpéngzi （路傍でよしず・幕などを張った店を出している）めし屋.→〔饭摊儿〕
饭瓢 fànpiáo （ひさごのからを二つに割って作った）飯すくい.→〔饭勺子〕
饭票(儿) fànpiào(r) ①食券.〔菜 cài 票〕〔粮 liáng 票〕〔米票〕〔面 miàn 票〕などを含む. ②〔喩〕めしの種.〔～丢 diū 了〕仕事がなくなった.
饭铺(儿) fànpù 飲食店.めし屋.→〔饭馆〕
饭前 fànqián 〈酒〉食前酒.〔开 kāi 胃酒〕ともいう.〔～洗手,百病没有〕〔諺〕食前に手を洗えば万病知らず.
饭钱 fànqián 食事代.→〔膳 shàn 费〕
饭磬 fànqìng （寺院などで）食事を知らせるためにたたく磬.
饭糗茹草 fànqiǔ rúcǎo 〈文〉乾飯や草を食う（孟子・尽心下）.〔喩〕貧しいこと.
饭僧 fànsēng 圀（仏教の）僧に飯を接待すること.
饭勺(子) fànsháo(zi) =〔饭铲儿〕（ご飯）しゃもじ.飯杓子.
饭时 fànshí 〈方〉①朝食. ②食事時.
饭食(儿) fànshí(r) 食事.食べものの総称.ごはんとおかず.〔他们吃这样的～〕彼らはこんな食事をしている.
饭市 fànshì 囻農村で家の前で人が集まって食事をすること.また其の場所.
饭摊儿 fàntānr （路傍で店を出す）めし屋.→〔饭棚子〕
饭堂 fàntáng 同下.
饭厅 fàntīng =〔饭堂〕（大きな建物の中の）食堂.
饭桶 fàntǒng 飯桶(ﾊﾝ).めしびつ.〔喩〕大飯食らい.ごくつぶし.無能な人間.〔～一个〕〔～大人〕同前.〔饭成了～了〕お前は本当に能なしだな.→〔菜 cài 包子②〕〔衣 yī 裳架子〕
饭桶茶罐子 fàntǒng cháguànzi 〔饭桶大茶罐〕ともいう.飯びつと茶筒.〔喩〕飲食以外に能のないもの.
饭团子 fàntuánzi 握り飯.おむすび.
饭碗 fànwǎn ［-儿］①（飯を盛る）碗.飯碗. ②=〔饭锅②〕〔転〕生活の種.飯の種.仕事.職業.〔～问题〕生活問題.〔打破了～〕生活の道がなくなる.〔我的～怕打碎 suì〕飯の食いあげになりそうだ.〔找个好～〕よい仕事にありつく.〔有准～〕飯の食いそこないがない.〔～撒 sā 砂 shā〕飯茶碗の中へ砂をまく.〔喩〕生活の道を絶つ.他人の生活を脅かす.
饭缘(儿) fànyuán(r) 生活のできる運.〔有人缘儿就有～〕人づきあいがよければ生活のできる運もおのずから向いてくる.
饭甑 fànzèng 米飯を蒸す器.→〔蒸 zhēng 笼〕
饭渣 fànzhā 食べかす.残飯.
饭账 fànzhàng 食事代.
饭辙 fànzhé 〈方〉生計の道.
饭庄 fànzhuāng ［-子］大型の高級料亭.
饭桌(儿) fànzhuō(r) 食卓.ちゃぶ台.飯台.
饭座儿 fànzuòr 料理屋や飲食店に入っている（現に食事をしている）お客.

〔**贩・販**〕 fàn ①買い入れる.仕入れる.〔新～来了一批货〕新たに一口の品を仕入れた. ②売りさばく.商売する.〔～毒 dú 集团〕麻薬密売組織. ③行商人または小商人.〔菜 cài ～〕野菜売り.〔摊 tān ～〕露天商.〔小～〕呼び売り.行商人.
贩夫 fànfū =〔贩卖〕〈文〉物売り.行商人.〔～走卒 zú〕〈文〉小商人と小役人.下層の人々.
贩妇 fànfù 女行商人.物売り女.
贩黄 fànhuáng ポルノ商品（雑誌・写真・テープ・ビデ

オなど）を売る.
贩假 fànjiǎ 偽物（ブランド品）を売る.
贩客 fànkè =〔贩夫〕
贩买 fànmǎi 仕入れる.買い入れる.
贩卖 fànmài 仕入れて売る.売る.〔～黑货〕闇の商品を売りつける.〔～人口〕人身売買（をする）.
贩私 fànsī 密輸品・禁制品を売買する.
贩运 fànyùn 仕入れて他地に運搬する.
贩子 fànzi ①商人.行商人.縁日商人.〔～客 kè〕商売人.〔鱼～〕魚屋さん. ②仲買人.博労(ﾊﾞ).〔战争～〕〔喩〕戦争屋.死の商人.

〔**贩**〕 fàn 〈方〉①田畑.〔张家～〕囻陕西省にある地名. ②量詞.大きな田畑を数える.〔一～田〕1枚の田地.

〔**梵**〕 fàn ①仏教に関すること：梵語で、清浄で汚れのない意. ②古代インド.〔～僧 sēng〕インド人の僧. ③〈姓〉梵(ﾎﾞﾝ).
梵呗 fànbài 圀経の声.
梵本 fànběn 〈文〉梵語の経文.仏書.
梵刹 fànchà ＝〔梵宫〕〈文〉圀（仏教の）寺院.
梵蒂冈 fàndìgāng ＝〔梵宫殿〕バチカン＝〔宫殿〕バチカン宫殿：ローマのバチカンの丘にある法王の宮殿. ②〔～城 chéng 国〕バチカン市国：首都は〔～城〕（バチカン市）.→〔罗 luó 马〕
梵宫 fàngōng ⇒〔梵刹〕
梵皇 fànhuáng 〈文〉仏の別称.
梵书 fànshū 〈文〉仏典. ②梵字.
梵文 fànwén ⇒〔梵语〕
梵学 fànxué 〈文〉仏学：仏教に関する学.
梵亚铃 fànyàlíng ＝〔凡 fán 亚林〕
梵宇 fànyǔ 〈文〉寺院.
梵语 fànyǔ ＝〔梵文〕サンスクリット.梵(ﾎﾞﾝ)文.梵語：インドの古代語.悉曇(ｼｯ)ともいう.→〔悉 xī 昙①〕
梵钟 fànzhōng 〈文〉仏寺のつり鐘.
梵众 fànzhòng 〈文〉僧徒.
梵字 fànzì インドの古代文字.→〔梵语〕

〔**婹**〕 fàn 〈方〉（鳥類が卵を）生む.〔鸡～蛋〕にわとりが卵を生む.

fang ㄈㄤ

〔**方**〕 fāng （Ⅰ）①方形(の).四角（の）.立方体(の).〔正～形〕正方形.〔长～〕長方形（の）.〔～砖 zhuān〕真四角の平煉瓦(ﾚﾝ).〔～盒 hé〕四角の箱. ②場所.地.〔～田〕区画整理された碁盤目のような田畑. ③远yuǎn～〕遠方. ③方向.方面.…側(ﾊﾞ).〔东～〕東方.〔双 shuāng ～〕双方.〔对 duì ～〕相手.〔我～没有任何损害〕わが方には何も損害はなかった.〔资 zī ～〕〔厂 chǎng ～〕資本家側.経営者側.〔劳 láo ～〕労働者側.被雇用者側.〔雇 gù 佣 yòng ～〕労使(ﾕｳ)双方. ④やり方.方法.きまり.〔指 zhǐ 导有～〕指導が当を得ている.〔教子 zǐ 有～〕子供のしつけが同前. ⑤正しい.〔端 duān ～〕品行方正である. ⑥方術.一〔行方①〕〔一儿〕薬の処方.〔药 yào ～〕同前.〔开 kāi 个～〕同前を書く. ⑧囻果実:自乗の積.〔平～〕平方.〔立 lì ～〕立方.〔乘 chéng 方〕 ⑨量詞.四角なものを数える.〔一～图 tú 章〕印鑑1個.〔一～砚 yàn 台〕すずり一面.〔～平方メートル.立方メートル.〔铺 pū 十五～〕15平方メートルの床板を敷く.〔土石三～〕3立法メートルの土砂石. ⑩旧制では、①平方丈の面積（敷地や野原）. ⑪1丈平方高さ1尺の体積、すなわち10分の1立方丈（土・砂・れんが・破片など）. ⑫立方尺(石). (Ⅳ)

方 fāng

尺平方高さ1丈の体積,すなわち100分の1立方丈(木材).〔~塌 tā 方〕〔土 tǔ 方①〕⑩<文>ちょうど.まさに.やっと.〔国家~兴 xīng〕国が今まさに隆盛になろうとしている.〔到晚~停〕晩になってやっとやむ.〔如此~能达到目的〕このようにしてばやっと目的を達することができる.⑪<文>背く.逆らう.〔~命之处,务祈原谅〈谅〉贵意にそいかねます点については,どうか承知下さい.⑫<姓>方(ホウ)(Ⅱ)<度>フォン(ホーン):音(騒音)の大きさを表す単位.〔吩〕は旧訳名.現在は〔分 fēn 贝〕(デシベル)を用いる.

方案 fāng'àn ①計画.提案.〔实施~〕実施プラン.〔作战~〕作戦計画.②草案.規定案.〔二简~〕第二次漢字簡化方案.

方便 fāngbiàn ①便利である.〔有电话~〕電話があるほうが(あれば)便利だ.〔交通很~〕交通の便がいい.〔~筷 kuài 子〕割り箸.〔~(商)店〕コンビニ(エンスストア).〔~纸巾〕ティッシュ(ペーパー).②具合がよい.都合がよい.〔身子不~〕妊娠している.〔要是不~的话,不去也行〕もし都合が悪ければ行かなくてもよい.〔手头不~〕持ち合わせがない.手元不如意である.③便宜をはかる.〔送货上门~群众〕商品を家まで届けて大衆の便宜をはかった.④用便する.〔我想~一下儿〕ちょっとお手洗いに.〔这是洗手的地方,您要不要去~一下〕こちらが手洗いです,手洗いのご用はありませんか.⑤方便.便宜.手立て.〔打开~之门〕融通をつける.突破口を開く.〔把~让给别人,把困难留给自己〕便宜は他人に譲り,困難は自分で引き受ける.

方便面 fāngbiànmiàn ⇒〔便面〕

方便面 fāngbiànmiàn =〔快 kuài 食面〕〔泡 pào 面〕<方>速 sù 食面〕〔伊 yī 面〕インスタントラーメン.

方便食品 fāngbiàn shípǐn インスタント食品.

方冰块 fāngbīngkuài アイスキューブ.

方步 fāngbù 〔-儿〕ゆっくり大股で歩く.→〔迈 mài 步〕

方才 fāngcái ①⇒〔刚 gāng 才〕②やっと.とうとう.〔方始〕〔才〕に同じ.語気はやや重い.〔等到天黑,他~回来〕日が暮れてからやっと帰って来た.

方材 fāngcái 角(方)材:〈方>方子③〕ともいう.

方策 fāngcè 方(法).策略.

方程(式) fāngchéng(shì) 数化方程式.化学方程式.〔解方程组〕連立方程式を解く.

方程式赛车 fāngchéngshì sàichē スフォーミュラー・カー.

方城之战 fāngchéng (zhī zhàn) <喩>マージャン:〔方城〕は四角の城の意で,4人で牌を四角に積むことからいう.→〔麻 má 将〕

方尺 fāngchǐ <度>平方尺.1尺平方.〔平 píng 方市尺〕同前:100(平方市尺)に等しい.

方寸 fāngcùn ①<度>平方寸.1寸四方.〔平 píng 方市寸〕同前.②<文>心.〔~已乱〕〔成〕心が乱れている.

方单 fāngdān 地契.土地売買契約書.

方得 fāngdé...てこそはじめて...し得る.〔必须熟练地掌握技术~随心应 yìng 手〕技術を十分に身につけてこそ,はじめて意のままにやることができる.

方凳 fāngdèng 四角の腰掛け.

方底圆盖 fāngdǐ yuángài <成>四角の底に円いふた.<喩>互いにうまくあわない.互いに相容れない.→〔方柄圆凿〕

方钉 fāngdīng ⇒〔切 qiē 钉〕

方鼎 fāngdǐng 〔古>四つ足の鼎(かぞ)〕

方队 fāngduì =〔方阵②〕四角に組んだ隊列:〔长cháng 队〕(長い隊列)に対していう.

方法 fāngfǎ 方法.手段.手立て.やりかた.〔~论〕方法論.→〔方式〕

方方面面 fāngfāng miànmiàn 各方面.さまざまな方面.

方钢 fānggāng 工角鋼.角鋼材.→〔钢材〕

方格儿 fānggér ⇒〔方格(子)②〕

方格绒 fānggéróng =〔格绒〕紡市松縞(ぃち)毛織地.碁盤縞毛織地.

方格纸 fānggézhǐ 方眼紙.

方(子) fānggé(zi) ①<文>正しい基準.② =〔方格儿〕〔方罫〕格子(ごぅ)模様.チェック.碁盤格子.〔~花布〕格子柄の布地.〔小~人造丝料子〕小格子ごま化繊服地.〔~草障 zhàng〕流砂防止用の格子状に敷いた麦わらマット.〔破~绒〕ブロークンチェック地.

方根 fānggēn 数開方根(ぇ):単に〔根⑨〕ともいう.

方公里 fānggōnglǐ <度>平方キロメートル.〔平 píng ~〕の略.

方罫 fāngguà ①碁盤の目.②⇒〔方格(子)②〕

方壶 fānghú ①胴が丸く口の四角な壺.② =〔方丈②〕伝説上,渤海の東にあるといわれる仙山.

方技 fāngjì <文>医術・占星・占いなどの技術.神仙の術.

方剂 fāngjì 処方箋.処方:〔方药②〕に同じ.

方家 fāngjiā 専門家.エキスパート.大家(たぃ):〔大dà 方之家〕に同じ.

方驾 fāngjià <文>①車を並べて行く.②匹敵する.

方尖碑 fāngjiānbēi 口オベリスク.方尖塔(柱)

方解石 fāngjiěshí 鉱方解石.特に純粋透明なものを〔冰 bīng 洲石〕という.

方巾 fāngjīn ①〔方巾〕明代の文人のかぶった一種のかぶりもの.<転>文人.〔~气 qi〕〔书 shū 卷气〕文人気質:読書人の文雅な容貌・態度.〔他老是带着那么一股~气〕彼はいつも文人然としている.

方今 fāngjīn 今.目下.ただ今.〔~正是太平盛世,逢年过节怎不热闹呢〕今や天下太平で,新年や節句にはにぎやかでわるいのか.

方块(儿) fāngkuài(r) ①四角い(かたまり).〔~字〕漢字:〔汉 hàn 字〕の別称.②<喩>生(^ㄤ)真面目である.謹直である.③〔扑 pū 克(牌)〕(トランプ)のダイヤ.

方块图 fāngkuàitú ⇒〔方框图〕

方匡(儿) fāngkuāng(r) =〔大 dà 口(儿)〕〔大口匡(儿)〕〔四 sì 匡栏(儿)〕〔四堵墙(儿)〕圕くにがまえ:漢字部首の"囗":〔匡〕は〔框〕とも書く.→付録1

方框(框) fāngkuàng(kuang) 四角の枠.→〔框框〕

方框图 fāngkuàngtú 四角の枠組みと直線で示す概略図:〔方块图〕〔框图〕に同じ.

方括号 fāngkuòhào 角括弧"[ ]":〔中 zhōng 括号〕ともいう.

方腊起义 fānglà qǐyì 史宋末,浙江の農民である方臘を指導者とした反乱.

方厘米 fānglímǐ <度>平方センチメートル.〔平 píng ~〕の略.

方里 fānglǐ <度>平方里.1里四方.〔平 píng 方市里〕同前:22,500〔平方市丈〕に等しい.

方领矩步 fānglǐng jǔbù <成>学者らしい服装・立居振舞.

方略 fānglüè <文>計画の大綱.〔建国~〕画孫文の著作.

方螺纹 fāngluówén 圏角ねじ:ねじ山の断面が方形をしている.→〔螺纹③〕

方帽 fāngmào 角帽.

方米 fāngmǐ <度>平方メートル.〔平 píng ~〕の略.

fāng 方

方面 fāngmiàn ①…方(ミネ).…側.→字解③;〔一 yī 方面〕①分野.領域.〔经济〜〕経済面.経済の分野.③側面.

方面大耳 fāngmiàn dà'ěr 四角い顔に大きい耳.〈喩〉堂々たる容貌.→〔方大耳〕

方面军 fāngmiànjūn 軍方面軍:いくつかの師団・艦隊・航空兵団などを統轄する最大の編成.

命 fāngmìng =〔放 fàng 命〕〈文〉命に背く.〔〜之愆 qiān〕〈牘〉ご要求に応じられない答(ヨミキ).→字解⑪

方盘脸 fāngpánliǎn 四角な顔.

方袍 fāngpáo 僧のつける袈裟(ケサ).〈転〉僧侶.

方棚 fāngpéng ⇒〔变 biàn 压器〕

方铅矿 fāngqiānkuàng 鉱方鉛鉱:銀と鉛を含有する鉱石.

方且 fāngqiě〈文〉なおかつ.まだ.なお依然として.〔岂可如此〜忍耐一时吧〕(事が)こういうふうになっているのだから、まあしばらくこらえなさい.→〔尚 shàng 且〕

方丘(坛) fāngqiū (tán) ⇒〔地 dì 坛〕

方枘圆凿 fāngruì yuánzáo〈成〉四角な枘(ホゾ)に円い枘孔(ホゾアナ).〈喩〉互いにしっくりいかない.互いに相容れない.→〔方底圆盖〕

方纱 fāngshā ⇒〔方巾〕

方山冠 fāngshānguān 回宗廟祭典の際奏楽する人のかぶった冠.回唐宋隠士のかぶった冠;〔方山巾 jīn〕ともいう.

方胜 fāngshèng =〔采 cǎi 胜〕〔彩 cǎi 胜〕〔彩结〕①違菱(ちがいびし):絹を折りたたんで四角の菱形を横に重ね◇形にしたもの.他のものに縫いつけて装飾に用いる.②同前の模様.

方始 fāngshǐ〈文〉〔方才②〕

方士 fāngshì ①=〔道 dào 士〕②方術師:仙術祈禱(きとう)を行う人.②固獄吏.

方式 fāngshì 方式.方法.一定の形式.手続き.〔没有正确的领导〜和工作方法〕正しい指導方式と仕事のやり方がない.〔生活〜生活様式.→〔方法〕

方书 fāngshū ①方術の書.②⇒〔方志〕③医薬書.

方术 fāngshù 固医術・祈禱・易卜(ウラ)・星相の術・神仙の術など.学芸技術.→〔方士①〕

方俗 fāngsú 地方の風俗.

方糖 fāngtáng 角砂糖.

方屉 fāngtì 豆腐製造に使う型箱.

方条 fāngtiáo 工角鋼.

方铁 fāngtiě 工角鉄.

方瞳 fāngtóng 四角な瞳(ヒトミ):長寿の徴候とされる.

方头 fāngtóu ①角ばったもの.〔〜皮鞋〕先の角ばった皮靴.〔〜大耳〕角ばった頭と大きな耳.〈喩〉福相の顔.〔方面大耳〕②〈文〉気が利かない.

方头括号 fāngtóu kuòhào 太亀甲.すみつき括弧 "【】"

方头鱼 fāngtóuyú 魚貝アマダイ.

方瓦 fāngwǎ 四角な瓦:屋根の頂などに用いる.

方外 fāngwài〈文〉①浮世を離れたところ.世の外.〈転〉僧侶.道士.〔〜人〕同前.②異域・境界外・国外などその範囲に属さないもの.

方位 fāngwèi 方向.方位.②方向と位置.〔〜感不强〕方向感覚が音痴だ.〔〜词 cí 語方向や位置を表す名詞:単純方位詞は〔上、下、前、后、左、右、东、西、南、北〕.複合方位詞は単純方位詞の前に〔以〕や〔之〕をつける:〔以上〕、〔之下〕など.後ろに〔边〕〔面〕〔头〕をつける:〔前边〕、〔左面〕、〔里头〕など.並列すると:〔上下〕、〔前后〕などがある.

方位角 fāngwèijiǎo 数〔磁 cí 偏角〕

方物 fāngwù〈文〉①各地の物産.②物を識別する.〔不可〜〕〈史記〉識別することができない.

方夏 fāngxià 中国の古称.→〔华 huá 夏〕

方响 fāngxiǎng 回楽器の一種:16枚の薄い長方形の鉄片を2列につり下げたもので、銅の小槌でこれを打ち演奏する.

方向 fāngxiàng ①方向.方角.向き.〔顺时针〜〕時計の針の進む方向.〔迷失〜〕方角をとりちがえる.道に迷う.〔〜费 fèi〕(鉄道で)荷主が贈る賄賂:〔确 què 认〕(方向確認)して貨車を割り当てこことから.〔〜感〕方位感覚.方向感覚.〔〜舵 duò〕(飛行機の)方向舵:垂直尾翼につけてある.〔〜盘 pán〕(转 zhuàn 向盘)ハンドル(自動車の).操舵(ダ)輪:〔〜方向舵〕に同じ.②目指す目標.行き先き.〔军队朝渡口〜行进〕軍は渡河口へ向かって進んだ.〔〜牌 pái〕(列車などの)行き先き表示板.④情勢.趨勢.動向.〔政治〜〕政治の流れ.政治動向.〔看〜做事〕情勢を見て事をする.

方相 fāngxiàng 疫病除けの神.

方向 fāngxiàng〈文〉方法.望み.見込み.〔简直来没有〜〕全く見込みがない.

方兴未艾 fāngxīng wèi'ài〈成〉ちょうど盛んになり始めたところでまだ十分ではない.今ちょうどまさに発展しつつあるところ.〔建设的高潮,正在〜〕建設の高まりはまさに盛んであるがまだ十分ではない(発展途上にある).→〔风 fēng 起云涌〕

方形 fāngxíng 数四角形:正方形・長方形など.

方型木材 fāngxíng mùcái 角材.

方兄 fāngxiōng ⇒〔孔 kǒng 方兄〕

方言 fāngyán 国方言.〔标 biāo 准话〕に対していう.〔〜土话〕同前.〔〜词〕方言語彙.〔北方〜〕(北方话)北方方言.〔湘〜〕(湖南话)湘方言.湖南語.→〔土 tǔ 话〕

方眼面巾 fāngyǎn miànjīn 紡升織りタオル.

方药 fāngyào 漢方薬の処方で使う薬.②⇒〔方剂〕

方音 fāngyīn 方言音.訛(ナマ)り.

方圆 fāngyuán ①四角と円形.②周囲.まわり.付近.〔〜左近的人,谁不知道他〕界隈で一人として彼を知らないものはない.〔〜四百里〕周囲400里.〔〜不到一百公尺的部落〕周囲100メートル足らずの中庭.③⇒〔方圆圆角〕

方圆儿 fāngyuánr 四角の角がとれて丸味を帯びた形.

方岳 fāngyuè 回中国の東西南北の四方にある〔岱 dài 岳〕〔华 huá 山〕〔衡 héng 山〕〔恒 héng 山〕

方泽 fāngzé ⇒〔地 dì 坛〕

方张 fāngzhāng まさに発展しつつある.〔业务〜前途很是乐观〕業務は発展しつつあり前途は非常に明るい.

方丈 fāngzhàng ①〔度〕1平方丈.1丈四方.〔平 píng 方市丈〕同前:100〔平方市尺〕に等しい.②⇒〔方壶②〕

方针 fāngzhēn 方針.

方阵 fāngzhèn ①固方陣:正方形の陣形.②⇒〔方队〕③数正方行列.

方正 fāngzhèng ①真四角である.正方形をなしている.ゆがんでいない.②厳正不偏である.正直である.〔为人〜〕人となりが非常に正直だ.

方趾圆颅 fāngzhǐ yuánlú〔方圆②〕四角なかかと,まるい頭:人類.人間.

方志 fāngzhì ⇒〔方书〕②地方誌:〔地 dì 〜〕に同じ.

方舟 fāngzhōu〈文〉①四角ばった舟.〔诺 nuò 亚〜〕ノアの箱舟.②舟を並べる.舟を舫(モヤ)う.

方竹 fāngzhú =〔四 sì 方竹〕植シホウチク(四方

竹〕.シカクダケ.
方砖 fāngzhuān 角煉瓦.(甃)
方桌 fāngzhuō 四角な机.四角なテーブル.
方字 fāngzì 幼児が字を覚えるのに使う四角な小さい紙片に書いた文字.裏に絵を書いたものもある.
方子 fāngzi ①匣医処方箋:〔药 yào 方〕に同じ.〔开～〕処方箋を書く.→字解⑦　②⇒〔配 pèi 方③〕　③角材:〔枋子②〕とも書く.

[邡] **fāng** ①地名用字.〔什 shí～〕回四川省にある.②〔姓〕邡(ペ)

[坊]
fāng ①巷(ᡯ).町なか.②囧都市や町の下級行政区画名:〔二十间〕(500戸)を〔一～〕という.〔～长 zhǎng〕同町の長.〔～众 zhàng〕同町の住民.③囧善行・功徳者を表彰し記念するために建てた屋根のある(石のものは屋根のないのが多い)鳥居状の建築物.〔忠孝～〕忠臣孝子を表彰する同前.〔牌 pái～〕囧記念表彰のための同前.④囧北京の四城に置かれた裁判所.〔交～看 kān 押〕同前に引き渡し拘禁する.⑤〔姓〕坊(ᡏ)

坊本 fāngběn 囮民間の書店が出版した書籍:〔坊刻〕に同じ.
坊间 fāngjiān 〈文〉①町なか:多くは本屋街を指す.②〈転〉世間.
坊刻 fāngkè 囮民間の書店が出版した書物(総称).→〔官 guān 板〕
坊门 fāngmén 囧町の小路の入口の門(抨)
坊厢 fāngxiāng 城の内外の地:城中を〔厢〕,付近の城外を〔厢〕という.→〔城 chéng 厢〕
坊巷 fāngxiàng 小路.横丁.

[芳]
fāng ①芳しい.香りがよい.〔芬 fēn～〕同前.②名声.徳行.誉れ.〔万古流～〕万世に芳名を伝える.③立派である.美しい.④〈尊〉他人の物につける敬称.〔～仪 yí〕(贐)結構な品(いただき物).〔～范 fàn〕〈尊〉尊顔.⑤〔姓〕芳(ᡏ)

芳草 fāngcǎo 芳香ある草.〈喩〉君子の美徳.
芳辰 fāngchén よい時節:多くは春をいう.→〔良 liáng 辰〕〈喩〉(若い)女性)の誕生日.〔王小姐的～是几儿啊〕王お嬢さんの誕生日はいつですか.
芳醇 fāngchún ①芳醇である.〔酒味～〕酒の味は芳醇だ.②美酒.
芳菲 fāngfēi ①草花の芳しく美しいさま.②草花.
芳馥 fāngfù 芳しく匂う.〔酒气～扑 pū 鼻〕酒のにおいがかぐわしい.
芳翰 fānghàn =〔芳笺〕〔芳缄〕(贐)貴簡.お手紙.
芳华 fānghuá 〈喩〉青春のとき.→〔春 chūn 华〕
芳笺 fāngjiān ⇒〔芳翰〕
芳缄 fāngjiān ⇒〔芳翰〕
芳兰 fānglán 〈文〉よい香りの蘭.〈喩〉君子.
芳邻 fānglín 〈文〉お隣.近所に住む人をいう敬称.
芳龄 fānglíng 芳紀.女子の年齢.
芳名 fāngmíng =〔芳字①〕〈尊〉若い女性の名前.〔那位小姐的～呢〕あのお嬢さんのお名前は.②名声.よい評判.③囮芸者の呼び名.源氏名.
芳年 fāngnián 青春.若い年齢.
芳祺 fāngqí (贐)〔芳祉〕〔近维〕=〔叶 xié 吉为颂〕ご清祥のこととお慶び申し上げます.
芳气 fāngqì 香気.
芳卿 fāngqīng 〈文〉夫が若妻を呼ぶ時の敬称.
芳容 fāngróng ①(女性の)美しい顔立ち.②美しい風景.
芳烃 fāngtīng ⇒〔芳(族)烃〕
芳香 fāngxiāng =〔芳蘂〕芳香.〔室内漂散着百合花的～〕部屋にユリのいい香りが漂っている.〔～疗 liáo 法〕アロマセラピー.〔～氛行法〕ともいう.〔～浴〕花や薬草を入れた薬湯(゚)

芳香氨醇 fāngxiāng'ān xǔ 薬芳香アンモニア精.→〔醋〕
芳香油 fàngxiāngyóu ⇒〔挥 huī 发油〕
芳香月季 fāngxiāng yuèjì 植マイカイ:玫瑰の読読み.〔玫 méi 瑰〕とは別種.強い芳香をもつバラで,干して花弁で紅茶に香りをつける.
芳香族化合物 fāngxiāngzú huàhéwù 化芳香族化合物.
芳心 fāngxīn 若い女性の気持ち.やさしい女心.
芳馨 fāngxīn ⇒〔芳香〕
芳讯 fāngxùn ①=〔芳札〕(贐)お手紙.〔顷奉～〕ただいまお手紙頂戴致し.②〈文〉花だより.
芳泽 fāngzé ⇒〔香 xiāng 泽〕
芳札 fāngzhá =〔芳讯①〕
芳躅 fāngzhú 〈文〉古人の遺跡.〔名山大川概有其～〕名山大川には皆古人の遺跡がある.
芳姿 fāngzī 〈文〉女性のきれいな姿.
芳字 fāngzì ⇒〔芳名〕
芳(族)烃 fāng(zú)tīng 芳香族炭化水素.

[枋]
fāng ①固車を作るのに用いた木.②〈文〉角材.③築堤用の木のくい.
枋子 fāngzǐ 〔苏 sū 枋〕(スオウ)の実:水に浸けて腐らせ肥料とする.
枋子 fāngzi ①棺.棺桶.②⇒〔方子③〕

[钫・鈁]
fāng ①化フランシウム:アルカリ金属元素.記号 Fr.②固口が四角で胴の大きな油壺.③〈文〉鍋の一種.

[蚄] **fāng** →〔蚜 zǐ 蚄〕

[防]
fáng ①防ぐ.守る.防御する.〔预 yù～〕予防する.〔～人之心〕他人を警戒する心.〔严 yán～〕厳重に警戒する.〔谨~假冒}伪物に注意.〔～癌 ái〕ガン予防(をする).〔～艾 ái〕エイズの予防(をする).〔～霉剂 méijì〕防止剤.②備え.防備.〔边～〕国境防備.〔海～〕海上防備.〔意外之～〕意外の出来事に対する備え.③堤防.〔堤 dī～〕同前.④〔姓〕防(ᡏ)

防暴 fángbào 暴動を防ぐ.〔～警察〕機動隊.
防爆 fángbào 爆発を防止する.
防备 fángbèi 防備する.備える.〔这一点倒不能不～〕このことは用心しないわけにはいかん.→〔提 dī 防〕
防避 fángbì 防備・回避(する)
防病 fángbìng 病気を予防する.
防病毒软件 fángbìngdú ruǎnjiàn 電算アンチウイルスソフト.ワクチンソフト.
防波堤 fángbōdī →〔海 hǎi 堤〕
防不胜防 fáng bù shèngfáng 〈成〉防ぐに防ぎきれない.(あまりに厄介で)どうにも防ぎようがない.
防潮 fángcháo ①防湿(する).〔防湿〕ともいう.②高潮などの害を防ぐ.〔～闸 zhá 门〕防潮水門.〔～堤〕防潮堤.
防尘 fángchén 塵を防ぐ.〔～口罩〕防塵マスク.
防虫 fángchóng 防虫(する).〔～剂〕防虫剤.
防除 fángchú 予防と消滅.〔～白蚁〕白アリの予防と駆除.〔～虫害〕虫害の予防と駆除.
防磁 fángcí (時計・精密機械などの)耐磁性(の)
防弹 fángdàn 防弾(する).〔～衣〕防弾着.〔～背心〕防弾チョッキ.〔～玻璃〕防弾ガラス.
防盗 fángdào 盗難を防ぐ.〔～门〕〔防犯门〕〔防撬门〕戸口にとりつける防盗難用ドア.
防地 fángdì 軍防御地域.
防冻 fángdòng 凍結を防ぐ.〔～剂 jì〕防凍結剤.
防毒 fángdú 防毒(する).〔～面具〕〔～面罩〕防毒マスク.
防范 fángfàn 防止する.備える.〔预先～〕予防す

fáng 防

る.〔严 yán 加～〕防備を固める.

防风 fángfēng ①〕風を防ぐ.〔～林〕防風林.〔～夹 jiā 克〕ウインドブレーカー. ②植ボウフウ:根は真防風といい, 煎じて発汗・祛痰(㘳)薬として用いる.〔～根油〕オボナックス油(香料)

防辐射 fángfúshè 輻射を予防する.

防腐 fángfǔ 防腐(する).〔～剂 jì〕防腐剤.〔～材料〕防腐材料.

防寒 fánghán 防寒(する)

防旱 fánghàn 早魃(㘳)防止.

防洪 fánghóng 洪水を防ぐ.〔～抢险〕洪水を防ぎ, 危険個所の応急修理をする.

防后手儿 fánghòushǒur 〈方〉後々に備える.〔女人总喜欢攒 zǎn 几个私房钱～的女というのはちょっとばかりのへそくりをためては後々のことに備えたがる.

防护 fánghù 防備と保護.防ぎ守る.〔～林〕保安林.〔～罩 zhào〕防護マスク.〔～眼镜〕防護眼鏡.ゴーグル.〔～堤〕防護堤(㘳).〔～能力〕防護力.

防护帽 fánghùmào ⇒〔安 ān 全帽〕

防护装置 fánghù zhuāngzhì 安全装置.防災装置.〔这部机器没有～〕この機械には安全装置が施されていない.

防滑轮 fánghuálún (自動車の)タイヤチェーン;〔防滑轮 lún 胎〕はスノータイヤ.

防化 fánghuà 軍化学兵器・核兵器を防ぐ.〔～兵〕対化学戦部隊.〔～服 fú〕防毒服.

防患 fánghuàn 〈文〉災害に対して警戒する.〔～(于)未然〕災害を未然に防ぐ.→〔曲qū 突徙薪〕

防荒 fánghuāng 〈文〉飢饉に備える.〔这一万块钱我还留着～儿呢〕この1万元の金は残しておいて, もしもの時の準備にしておく.→〔防饥〕②砂漠化を防ぐ.

防火 fánghuǒ 防火(する).〔～(林)带〕防火(林)带.〔注意〕火の用心.〔～用水〕防火用水.〔～衣〕防火服.〔～剂〕防火剤を塗った布.〔～布〕不燃性材料で造った布.〔～钩〕防火用のかぎ.とびぐち.→〔救 jiù 火〕

防火墙 fánghuǒqiáng ①⇒〔风 fēng 火墙〕 ②電算防火壁.ファイアウォール.

防饥 fángjī 〈文〉飢饉に備える.〔积 jī 谷～〕穀物を蓄え飢饉に備える.→〔防荒①〕

防己 fángjǐ 〔青 qīng 藤①〕植ツヅラフジ:つる草の一種, 茎は細く丈夫で籃(㘳)を作るのに用い, 根は薬用である.

防检 fǎngjiǎn (家畜・家禽の病気について)予防検査(する).防止検査(する)

防骄破满 fángjiāo pòmǎn 〈慣〉おごりを防ぎ, うぬぼれを打ち破る.

防劫板 fángjiébǎn (自動車の)運転席の仕切り.

防近 fángjìn 近視の予防(する).〔～用品〕近予防用品.

防空 fángkōng 防空.〔～(部)队〕防空部隊.〔～演习〕防空演習.〔～警 jǐng 报〕防空警報.〔～帽 mào〕防空ずきん.〔～洞 dòng・～壕 háo〕防空壕.〈喻〉悪い人や思想の隠れ場所.隠れみの.

防痨 fángláo 結核を予防する.

防老 fánglǎo 老いを養うために蓄える.老後に備える.〔养儿 ér～〕子を育て老後に備える.〔省吃俭用地积下些钱～也暮らしを切りつめていくらか金を貯めるのも老後のためだ.

防涝 fánglào 冠水防止.〔抗旱～〕干害克服・冠水防止.

防裂膏 fánglièɡāo 保湿クリーム.〔防裂唇 chún 膏〕リップクリーム.

防凌 fánglíng 川の氷が解凍した時, 氷塊が水道を妨げるのを防ぐ.

防漏衬垫 fánglòu chèndiàn 機ガスケットパッキング.

防栏门 fángqiàomén ⇒〔盗门〕

防区 fángqū 防御地区.防備地区.

防龋 fángqǔ 虫歯予防(をする)

防热 fángrè ①⇒〔防暑〕②行き過ぎを防ぐ.

防沙林 fángshālín 防砂林.→〔防护〕

防晒 fángshài 日焼け防止(をする).〔～霜 huāng〕〔隔 ɡé 离日霜〕日焼け止めクリーム.〔～油〕日焼け止めオイル.

防身 fángshēn 身を守る.〔～术 shù〕護身術.〔～刀〕護身刀

防渗 fángshèn 滲出(水漏れなど)防止(をする).〔～胶 jiāo 垫〕水漏れ(ガス漏れ)パッキング.〔水发头～〕水道蛇口の同削.

防生化 fángshēnghuà 軍生物・化学兵器の防止(をする)

防湿 fángshī 防湿(する):〔防潮①〕に同じ.

防蚀剂 fángshíjì 防蝕剤.さび止め.

防蚀铝 fángshílǚ ⇒〔耐 nài 酸铝〕

防守 fángshǒu 防ぎ守る.守備する.〔～国境〕国境を守備する.〔对方～不严〕相手の守備は甘い.

防暑 fángshǔ ⇒〔防热〕暑さを防ぐ.暑気あたりを防ぐ.

防戍 fángshù 防衛する.

防霜 fángshuāng 霜よけをする.

防水 fángshuǐ 防水(の).〔～布〕防雨布〕〔雨 yǔ 衣布〕防水布.〔～表〕〔游 yóu 泳表〕防水時計.〔砂纸〕防水サンドペーパー.〔～纸〕防水紙.ターポリン紙.

防松螺母 fángsōng luómǔ ⇒〔锁 suǒ 紧螺母〕

防缩 fángsuō 収縮防止.〔～加工〕防縮加工.〔～绵 mián 织品〕紡サンフォライズ.防縮加工繊維製品.

防台 fángtái 台風を防ぐ

防坦克炮 fángtǎnkè pào 軍対戦車砲:〔反 fǎn 坦克炮〕ともいう.〔防坦克火箭炮〕バズーカ砲.

防特 fángtè 諜報活動をする.スパイ活動を防止する.→〔特务 wu〕

防头 fángtóu 〈白〉用心する.注意する.〔倘若说话不～〕(紅7)もし言葉に気をつけないと….

防微杜渐 fángwēi dùjiàn 〈成〉悪いことがまだ軽微であるうちに手当てをして, それが漸次拡大することを防止する.→〔杜渐防萌〕

防伪 fángwěi 偽造(品)防止(をする).〔～标志〕偽造防止マーク.

防卫 fángwèi 防衛と保護.防ぎ守る.〔～计划〕防衛計画.〔～能力〕防衛力.〔正当～权〕法正当防衛権.〔～过当 dàng〕法過剰防衛.

防污 fángwū 汚染防止をする.〔～林〕同前の林.

防务 fángwù 国防業務.

防闲 fángxián 〈方〉防ぐ.用心する.〔～得很严〕しっかり用心する.

防线 fángxiàn ①防衛線.防御線.〔冲 chōng 破～〕防衛戦を突破する.〔第一道～〕第一防御線.〔齐 qí 格菲～〕〔马 mǎ 其诺～〕史マジノ線.〔因～〕ジークフリート線. ②〈喻〉最後の一線.守るべき操.

防修 fángxiū (政治上の)修正主義を防ぐ.

防锈 fángxiù さび止め(する).〔～剂 jì〕防銹剤.防蝕剤.

防雪林 fángxuělín 防雪林.

防汛 fángxùn 雨期洪水の予防.〔～救灾〕洪水の予防と災害の救助.〔～排涝〕洪水を防ぎ, 浸水を排水する.

防疫 fángyì 伝染病を予防する.〔打～针〕予防注射を打つ.〔～站〕防疫所.〔采取～措施〕防疫対策を講

防坊妨房 fáng

防意如城 fángyì rúchéng 〈成〉城を守るように私欲を防ぐ.

防雨布 fángyǔbù 防水布:〔防水布〕〔雨衣布〕ともいう.〔橡胶~〕ゴム引き防水布.

防御 fángyù 防御(する).〔~力〕防御力.〔~战〕防御戦.〔~工事〕防御用建造物.〔~行为〕法 防衛行動.

防灾 fángzāi 災害を防ぐ.防災.

防躁 fángzào いらいらを押さえる.気持ちを安定させる.〔需要~,还得适当地休息.〕同前と適当な休息が必要だ.

防震 fángzhèn ①地震に対する防備.防震.〔~棚 péng〕地震用の仮小屋.応急テント. ②(時計などの)アンチショック.

防止 fángzhǐ 防止(する).〔~煤气中毒〕ガス中毒を防止する.〔~老化〕老化を防止する.

防治 fángzhì ①予防と治療(をする).〔对疾病的研究和~〕疾病に対する予防治療.〔综合~医院〕総合予防治療病院. ②防止と駆除(する).〔~病虫害〕病虫害を防除する.〔~风沙〕風で砂塵が吹きつけられるのを防除する.

防皱 fángzhòu ①皺を防ぐ.〔~霜 shuāng〕しわ止めクリーム. ②〔纺〕縮み防止(をする).〔~整理〕ノーアイロン化.

防蛀 fángzhù 虫食いを防ぐ.

[坊] fáng

①=〔房⑨〕比較的旧式・小規模の工場・作業場.〔作 zuō ~〕同前.〔染 rǎn ~〕染色工場.〔油~〕搾油工場. ②作業場の付随する店.〔酒 jiǔ ~〕酒屋.つくり酒屋. ③〈姓〉坊(姓). → fāng

[妨] fáng

①妨げる.邪魔する.妨害する.差し支える.差し障りがある.〔无~〕差し支えない.かまわない.〔不~事〕差し支えない.問題ない.〔何~试试看〕やってみようではないか.〔不~连选连任〕再選再任を妨げない. ②〈文〉傷つける.損なう.

妨碍 fáng'ài 差し支え.邪魔.〔没什么~〕何も差し支えない.〔~执行公务〕法 公務執行妨害(する).〔~行车〕車の運行を妨害する.

妨夫 fángfū (年回り・相性が)夫(の出世・健康・寿命など)に障る:妻に障るのは〔妨妻〕という.

妨害 fánghài 妨害する.妨げる.〔于军事上很有~〕軍事上非常な妨害の付随.〔~治安〕治安を妨げる.〔~公务罪〕公務執行妨害罪. →〔牵 qiān 碍〕

妨妻 fángqī →〔妨夫〕

妨诉抗辩 fángsù kàngbiàn 法 被告が原告の訴訟条件が不十分であるとして抗議すること.

妨贤 fángxián 〈文〉賢者を押さえて進路を妨げる.賢者の邪魔をする.〔~病国〕賢人を排斥して国を害する.

[房] fáng

①家.住家.家屋.〔盖 gài ~子〕家を建てる.〔库 kù ~〕物置.〔瓦 wǎ ~〕瓦ぶきの家.〔土 tǔ ~〕泥で築きあげた家.〔平 píng ~〕平屋.〔~场 chǎng〕宅地.〔楼 lóu ~〕2階以上の家屋.〔四合~〕正房・東西両廂房・倒座の4棟からできている家.〔三合~〕三方向の倒座のない家.〔对~〕正房と倒座と2棟ある家.〔~虫儿〕〈喩〉不動産投機家. →〔家 jiā (l)①〕 ②一棟の家の各部屋.〔三间~子〕部屋三つ.③三部屋ある家.〔正~〕①〔上~〕母屋.〔后~〕正房の後ろにある棟.〔卧 wò ~〕寝室.〔客~〕客間.〔书~〕書斎.〔厨 chú ~〕炊事室.お勝手.台所.〔内~〕女性の部屋.〔~儿〕下僕の住む部屋.〔门~儿〕門番の部屋.〔这国一月расход多少钱〕この部屋代はひと月いくらですか.③親族の単位:大家族制度で子が結婚してから部屋(家)を持った場合.〔~份〕同前の兄弟それぞれの別部屋に住む人.〔长 zhǎng ~〕長男.長男の家庭.〔次 cì ~〕〔二 èr ~〕次男.次男の家庭.〔二~的孩子比三~多〕次男のところの子供は三男のところより多い.〔正~〕正妻.本妻.〔二~〕〔偏 piān ~〕妾.〔娶 qǔ 了一~媳妇儿〕嫁を一人もらった. ⑤蜂の巣など・その他の中で内部がいくつかの部屋状に分かれているもの.〔蜂 fēng ~〕蜂の巣.〔莲 lián ~〕はすの実の苞(ほう).〔心~〕心臓の心房. ⑥ふさ.〔乳 rǔ ~〕乳房.〔二~〕〔二 èr 十八宿〕の一. ⑧(夫婦間の)性交.〔行 xíng ~〕房事を行う. ⑨⇒〔坊〕 ⑩〈姓〉房(姓)

房吧 fángbā 家屋売買の取引場所.

房本 fángběn 〔-儿〕〈口〉不動産(家屋)登記簿謄本.家屋所有権証.

房补 fángbǔ ⇒〔房贴〕

房舱 fángcāng ①船の客用船室. →〔统 tǒng 舱〕 ②〔二等船室. →〔大 dà 餐间〕〔官 guān 舱〕〔洋 yáng 舱〕

房产 fángchǎn 家屋敷.家作.家屋不動産.〔~税〕家屋不動産税.〔~主〕家作の所有者:家賃によって生活している者.→〔产业〕

房颤 fángchàn 医 心房細動:〔心 xīn 房颤动〕に同じ.

房车 fángchē ①キャンピングカー.トレーラーハウス.②〈方〉セダン.

房贷(资金) fángdài (zījīn) 住宅ローン.住宅貸付.

房倒屋塌 fángdǎo wūtā 家が崩れ倒れる.

房地产 fángdìchǎn 不動産(土地・家屋).〔~市场〕不動産市場.→〔产业①〕

房地契 fángdìqì 土地・家屋権利証.

房顶 fángdǐng 屋根.屋上.〔~上开口〕〈喩〉天狗になること:〔鼻 bí 子朝天〕ともいう.〔~绿化〕ビル屋上の緑化(する)

房东 fángdōng =〔房主②〕大家(おおや).〔叫~撵 niǎn 出来了〕追い立てを食った. →〔二 èr 房东〕

房飞子 fángfēizi ⇒〔房帖儿〕

房费 fángfèi ①⇒〔房租〕 ②宿泊料.ルームチャージ.

房改 fánggǎi 住宅制度の改革(をする).〔~房〕同前により購入した住宅.

房份 fángfèn 一〔字解〕

房官 fángguān 科挙の郷試・会試の試験官:〔房考 kǎo 官〕ともいう.〔房师〕は尊称. →〔科 kē 举〕

房管 fángguǎn 家屋管理.不動産管理.

房号 fánghào 〔-儿〕ルームナンバー.部屋番号.

房荒 fánghuāng 住宅拡張(ぼう).住宅難.

房基 fángjī 建物の敷地や土台.〔~得 děi 打结实〕敷地はよく突き固めなければならない.

房脊 fángjǐ 屋根の棟:単に〔脊〕ともいう.〔屋 wū 脊〕に同じ.〔~头〕屋根の棟の両端.

房价 fángjià 家屋の値段.

房架(子) fángjià(zi) 家屋の骨組み.

房间 fángjiān 部屋.〔开 kāi ~间〕旅館の一室をとる.〔有空 kòng ~吗〕空いている部屋があるか.

房介 fángjiè 住宅の仲介(をする).〔~公司〕住宅紹介会社.

房捐 fángjuān 家屋に対する税金.家屋税:〔房税〕〔房屋税〕ともいう.

房卡 fángkǎ (ホテルなどの)ルームカードキー.

房开商 fángkāishāng 住宅開発業者.

房客 fángkè 借家人.店子(たなこ).

房老虎 fánglǎohǔ 住宅の管理配分についての顔役.

房梁 fángliáng =〔房柁〕家屋の梁(はり).

fáng～fǎng

房檩 fánglǐn 家屋の桁(けた).
房梁 fángliáng ⇒[房栈]
房龄 fánglíng （家屋）築年数.
房栊 fánglóng ＝[房梁]窓の格子.
房奴 fángnú 〈喩〉住宅ローンの奴隷.
房契 fángqì 家屋売買の契約書.家屋証書:[房照][宅zhái券]ともいう.
房钱 fángqián →[拉lā房纤]
房纤 fángqiàn →[拉lā房纤]
房山 fángshān 建物の両横側の壁:上の方が山形（切妻屋根形）になっており[山墙]ともいう.
房舍 fángshè 〈文〉家屋.家.
房市 fángshì 住宅（関連）市場:[住房市场][商品房]の略.
房事 fángshì 房事.夫婦間の性交:[房室②]に同じ.[～过多]房事過多.→[性xìng交]
房室 fángshì ①部屋. ②同上. ③⇒[心xīn室]
房术 fángshù 性交法:[房中术]ともいう.
房水 fángshuǐ 生理（眼球の）房水.
房税 fángshuì ⇒[房捐]
房贴 fángtiē ＝[房补]住宅手当.
房帖(儿) fángtiě(r) ＝[房飞子]貸家札:[招zhāo租帖儿]ともいう.
房头(儿) fángtóu(r) 大家族制度で子が結婚して一家をかまえた場合の分家.→字解③
房托儿 fángtuōr 住宅販売促進のためのさくら.[房展上有不少～]住宅展示会にはたくさんのさくらが雇われて入っている.
房柁 fángtuó ⇒[房梁]
房屋 fángwū 家屋.住宅.建物.[～置换市场]住宅買い換え市場.[～所有权证]家屋所有権証.
房无一间,地无一垄 fáng wú yījiān, dì wú yī lǒng 〈慣〉家のひと間も、畑のひとうねも持っていない;素寒貧(すかんぴん)である.[解放前,不少贫农是～]解放前は貧農にはひと間の家も、ひとうねの畑も持っていない者が少なくなかった.
房下 fángxià 〈文〉自分の妻.→[内nèi人①][外wài子①]
房星 fángxīng ⇒[辰chén星①]
房型 fángxíng 建間取り.部屋のタイプ.
房宿 fángxiù ⇒[二èr十八宿]
房牙 fángyá 家屋ブローカー.
房檐(儿) fángyán(r) 家の軒(のき).[～风]すきま風.[～上掉diào馅饼～]棚からぼたもち.
房源 fángyuán 住宅供給源.
房展 fángzhǎn 住宅見本市.住宅展示会.
房长 fángzhǎng 一族中の各家庭の戸主.→字解③
房照 fángzhào ⇒[房契]
房证 fángzhèng 家屋権利証.家屋登記済み証.
房址 fángzhǐ 家の建っているところ.所在地.
房中术 fángzhōngshù 性交法:[房中丹dān]は催春剤.
房主 fángzhǔ ①不動産（家屋）の所有者. ②⇒[房东]
房子 fángzi 建物.住宅.家.住家.→字解①
房租 fángzū ＝[房费]①[房钱]家賃.店(たな)賃.部屋代.
房族 fángzú 先祖の残した家に所有権の一部を持つ親族.

[肪] fáng [脂zhī～]動植物の脂肪.

[鲂・魴] fáng 魚貝トガリヒラウオ:コイ科淡水魚.[～鱼]は通称.[团tuán头～][团头鳊][武wǔ昌鱼]は同前の近似種.〈姓〉鲂(ほう)

鲂鮄 fángfú ＝[竹zhú麦鱼]魚貝ホウボウ.

鲂鱼 fángyú →字解①

[访・訪] fǎng
①訪問する.人を訪ねる.[家～]家庭訪問.[顺～]ついでに訪れる.[今天我到府上去寻～]本日お宅へお訪ねいたします.[日本学生～华团]日本学生访中団. ②探し求める.探訪する.[采cǎi～]インタビューする.[新闻采～]ニュース探望.[～着zháo了一位老师]一人の先生を探しあてた.[查chá～]聞き込みをする.[上～]上の方へ陳情に行く. ③〈姓〉訪(ほう)

访查 fǎngchá 探訪調査する.現場に出かけ調査する:[访察]とも書く.
访古 fǎnggǔ 〈文〉古跡を訪ねる.[他有～癖]彼は古跡を訪ねる癖（趣味）がある.
访缉 fǎngjī ＝[访拿]〈文〉（犯人を）捜し出して捕らえる.捜索して逮捕する.[逃犯王某警察局正在各处～]逃亡犯の王なにがしは警察当局が今各方面を捜索し逮捕せんとしている.
访旧 fǎngjiù 旧跡や旧知を訪ねる.
访客 fǎngkè 来訪者.訪問客.
访困问难 fǎngkùn wènnàn （上級が）困窮者を訪ね窮状を聞くこと.
访觅 fǎngmì ⇒[访问]搜.
访拿 fǎngná ⇒[访缉]
访贫问苦 fǎngpín wènkǔ 貧困者を訪ね苦しみを聞く.
访求 fǎngqiú 目的の場所または人を訪ねて探す.[～古文献]出かけて古文献を探す.
访视 fǎngshì （医療関係者が）家々を訪ね見舞う.
访事 fǎngshì 探索する.探訪する.[～员][访员]民新聞の特派員.
访谈 fǎngtán 出向いて話を交わす.[～录lù]面前の記録. ②取材し論評する.
访听 fǎngtīng （消息または人のうわさを）聞いて回る.[女家在～男家的好坏]嫁方の方で男の方の評判の問い合わせをする.
访问 fǎngwèn ①訪問(する).[～中国]中国を訪問する.[～学者]（外国からの）訪問学者. ②尋ね聞く.尋ね探す.聞きただす.[我～了半天才明白了]いろいろ尋ね探してやっと分かりました. ③電算アクセス（する）.[～权限]アクセス権.
访贤 fǎngxián 賢者を訪問する.[～问道]賢者を訪ねて道を学ぶ.人材を求める.
访寻 fǎngxún ⇒[访旧]～[故友]旧友を訪ねる.
访演 fǎngyǎn 訪問公演.
访谒 fǎngyè 訪問して会う.
访友 fǎngyǒu 友人を訪ねる.
访员 fǎngyuán ⇒[访事员]

[仿（彷・倣・髣）] fǎng
（I）[做]
①似る.[相～]似ている. ②まねる.模倣する.似せる.[～人型机器人]人型ロボット.[～着这个样子造一个模型]これを手本にして一つの模型を造る. ③手本を模写した字. ④〈姓〉仿(ほう)
（II）[彷・髣] →[仿佛][仿páng]

仿办 fǎngbàn 既成のものにならって実行する.
仿单 fǎngdān （商品の種類や値段などの説明・宣伝ビラ:多く商品のパッケージ中に入れる説明書.
仿佛 fǎngfú [彷彿]とも書く. ①どうやら….ほのか(に).ぼんやりの. [～看得见]ぼんやりと見える. ②あたかも（…のようだ）.まるで（…らしい）.[～…似以做的]ちょうど….[部队～是一个大家庭]部隊はまるで大家族のようだ.[他俩～是兄弟]あの二人はまるで兄弟のようだ. ③似ている.通じている.[这两部机器的构造相～]この二つの機械の構造は似ている.[年纪～]同じくらいの年

仿格(儿) fǎnggé(r) ⇒[仿纸]
仿古 fǎnggǔ 昔の器物や美術品をまねる.[～笔意]古人の筆調をまねて書く(いた).[～纹 wén 纸]古風な絵入り便箋.
仿建 fǎngjiàn (古い家屋を)まねて造る.
仿冒 fǎngmào 模造する.[～品]模造品.[～厂 chǎng 家]偽ブランド品メーカー.[～其他公司的商品]他社製品を模造する.
仿皮 fǎngpí 模造皮.
仿若 fǎngruò ①似る.②あたかも(…のようだ)
仿上仿下 fǎngshàng fǎngxià [慣]似たりよったり.だいたい同じ.[他的岁数儿和我哥哥～]彼の年はわたしの兄とだいたい同じだ.
仿生 fǎngshēng 生物体の機能を模倣する(した).[～建筑]同前の建築物.[～学]生体工学.生物工学.バイオニクス.
仿宋 fǎngsòng 圓宋朝体:宋代刊本の字体を模倣した(活)字体.方形のもの(方宋体)とたて長のもの(長宋体)および平たいもの(扁宋体)がある.[～体 tǐ][～字]ともいう.[～本]同前を用いて刊行した書籍.→[宋体字]
仿效 fǎngxiào [効仿]まねる(う)
仿行 fǎngxíng〈文〉まねしてする.
仿形铣床 fǎngxíng xǐchuáng ⇒[靠 kào 模铣床]
仿羊皮纸 fǎng yángpízhǐ 模造羊皮紙.
仿印 fǎngyìn まねして印刷する.[～商标]商標を偽造する.
仿影 fǎngyǐng [～儿]習字用紙の下に敷く手本.
仿造 fǎngzào 模造する.似せて作る.[～品]レプリカ.イミテーション.[这是～的珍珠]これは模造真珠だ.[仿制]
仿照 fǎngzhào まねる.[～真的制造]本物をまねて作る.
仿真 fǎngzhēn 模擬(する).シミュレーション(する).①本物・本番そっくりにやる.[～试卷]模試問題.[～器 qì]シミュレーター.[～食品]コピー食品.[～武器]コピー兵器.
仿纸 fǎngzhǐ =[仿格(儿)]習字用紙:ふつう1枚が9個の枠に区切られている.[仿格纸]ともいう.
仿制 fǎngzhì ⇒[仿造]

[纺・紡] fǎng ①つむぐ:綿・麻・毛などを糸にすること.[一天～了多少线]一日に糸をどれほど紡いだか.[混 hùn～]混紡.[毛～]羊毛紡績.②圓薄手の絹織物:[～绸]の略.[杭 háng～]杭州絹.[小～]糸の細い薄い絹織物・富士絹の類.[白～]白の絹ポプリン.[色 sè～]色ポプリン.[盛 shèng～]浙江省盛沢鎮産の同前.[绍～]紹興県産の同前.

纺车 fǎngchē 圃 糸車:糸を紡ぐ器具.
纺绸 fǎngchóu →字解②
纺锤 fǎngchuí 圃紡錘.[～根]圃紡錘状の根:[甜 tián 菜](砂糖大根)の根がこのようなり.[～缓 huǎn 冲器]圃紡錘緩衝機.スピンドルバッファー.
纺锭 fǎngdìng ⇒[纱 shā 锭]
纺花车 fǎnghuāchē 圃 スピニングホイール.紡ぎ車.
纺绩器 fǎngjìqì 国 (クモ・蚕などの)糸を吐き出す器官.
纺棉机 fǎngmiánjī 圏 コットンマシン.→[轧 yà 花机]
纺纱 fǎngshā 紡績(糸に紡ぐ).[～厂]紡績工場.[～锭管]紡績用糸車.[～机(器)]紡績機械.
纺丝 fǎngsī 絹糸を紡ぐ.
纺丝绸 fǎngsīchóu 薄絹の一種.
纺索机器 fǎngsuǒ jīqì 圏 バンドスピニングマシン.
纺线 fǎngxiàn ①糸に紡ぐ.②紡いだ糸.
纺织 fǎngzhī 紡織:糸を紡ぐことと織ること.[～厂]紡績織布工場.[～机器]紡績機械.[～纤 xiān 维]紡織用繊維.[～品]織物.[～工(人)]紡績工.
纺织娘 fǎngzhīniáng 国 クツワムシ:[纺线娘]ともいう.[络 luò 丝 娘][〈文〉络 纬][〈文〉莎 shā 鸡][〈文〉酸 suān 鸡]と別称.
纺绉 fǎngzhòu 圃 羽二重.

[昉] fǎng〈文〉①明るくなる.明け方になる.朝がくる.②始まる(り).[活版印书～自毕升]活版印刷は畢升(宋の人)から始まった.
昉此 fǎngcǐ〈文〉今から.今度から.ここから(始まる)

[舫] fǎng ①舟.[轻 qīng～]軽舟.[画～]美しく塗り飾にした舟.[石～]石船.②〈文〉板を渡した二つ並んだ舟.

[放] fàng ①拘束を解く.解放する.放して自由にする.赦(ゆ)す.[～辔 pèi]手綱を放す.〈喩〉自由にさせる.[解 jiě～]解放する.[开了门,把他～进来了]戸を開けて彼を(さしとめないで)中へ入らせた.[机会不能轻易～过]機会はあっさり見逃してはいけない.②追放する.放逐する.[流～]同前.③離す.逃がす.放出する.[一屋子都是烟,开开窗户～一～]ぺやにもくっている煙を窓を開けて出しなさい.④(牛・羊などを)放し飼いにする.[～羊]羊を放牧する.[～狗]犬を(庭に)放す.⑤休む.ひける.[～工]一日休業.⑥火を放つ.[～人→火]人殺しや火つけ.⑦放つ(弓や鉄砲を).放ち出す(光や音などを).[～了一枪]銃を一発放った.[～箭 jiàn]矢を放つ.[～鞭炮][～爆竹]爆竹を鳴らす.[～烟火]花火を上げる.[现在收音机在～什么音乐]今ラジオはどんな音楽を放送しているか.[～电影]映画を上映する.[请把这个磁带～一～]このテープをかけてください.⑧支給する.[发～](资金を)交付する.⑨貸し出す.[～款]金を貸し出す.⑩気ままにする.ほしいままにする.勝手にする.思う存分にする.[～大了胆子]胆を大きくして.大胆に.[～量痛饮]思う存分飲む.⑪ゆるめる.のばす.広げる.[把这张一寸相片～成八寸的]この1寸の写真を8寸にのばす.[在显微镜下～大一千倍]顕微鏡で1千倍に拡大する.[上衣的身长要～一厘米]上着の丈は1センチ長くしなければならない.[洗、晒、～]現像・焼付・引伸.DPE.⑫下部へ送り出す.[下～]下放する.⑬花が咲く.[怒 nù～]勢いよく咲く.[百花齐～]百花が一斉に咲く.⑭入れる.混ぜる.置く.おろす.[菜里～水]酒に水を混ぜる.[菜里酱油～多了]料理に醤油を入れすぎた.⑮置き去る.放棄する.[打了的粮食～在田里]収穫した穀物は囤(むしろで囲った穀物貯蔵倉)に置いてある.[药～久了就要沉淀]薬は永く放置しておくと沈殿する.[我的话,你怎么老不～在心上]おれの言うことを、お前はどうしていつも心にとめておかないのか.[眼睛没～~]視線のやり場がない.[把桌子上的东西都～到抽屉里去吧]テーブルの上のものをみな引き出しの中にしまいなさい.[別那么老～在那儿]いつまでもあそこへ放っておいてはいけない.[银行里～着钱]銀行にお金を預けておく.[～着这个问题不研究]この問題にかまわず研究はしない.[～着正道不走,却去钻 zuān 牛犄角]正道は捨てておれに細かいことにこだわる.⑯(行動・態度を)抑制する.[脚步～轻些]そっと音をたてないように歩く.[遇事～小心些]物事に注意する.[～聪明些]もっと利口になれ.[把态度～尊重些]もっと品のある態度をとれ.[口气～缓和了]口

fàng 放

ぶりが穏やかになった.⑰〔木を〕切り倒す.〔上山~树〕山へ行って伐採する.⑱〈白〉旧時,中央の官吏を地方へ転任させる.〔~外任〕地方の役人に任じられる.⑲〈姓〉放(ほう)

放暗箭 fàng'ànjiàn ⇒〔放冷箭〕

放白鸽 fàngbáigē →〔美 měi 人计〕

放包 fàngbāo 請け負いに出す:主に農作業についていう.〔承 chéng 包〕

放步 fàngbù 大股で歩く.〔~前进〕大きく前進する.

放长 fàngcháng 延長する.長く延ばす.〔~了桃 guāng 儿看〕(凧を揚げる際)糸を長く伸ばして見る.〈転〉長い目で見る.〔尺头~〕物差しで計る時,ゆとりをもって計る.

放长线,钓大鱼 fàng chángxiàn, diào dàyú = 〔拉 lā 长线儿〕長い糸をつけて大魚を釣る:じっくり構えて大きく収穫する.眼前の小さいことには目もくれない.〔他们正在干一件~的事〕彼らはちょうどじっくり構えて大きく収穫しようという仕事をやっているところだ.

放车 fàngchē ①⇒〔加 jiā 工余量〕 ②〔車を〕車庫から出す. ③〈旧〉人力車が流しながら客を拾うこと.

放冲 fàngchōng =〔放铳⑤〕(マージャンで)振り込む.〔他连胡了两把,都是瑞丰太太放的冲〕(老・四・憎28)彼は(マージャンで)続けて2回上がったが,それはどちらも瑞豊の奥さんが振り込んだものだ. ②人のいやがっている点を突く.〔这事还瞒着他呢,这是谁放的冲让他知道了?〕このことはせっかく彼に知らせずにいたのに,だれが彼の痛いところを突いて知らせたのだろう.

放出 fàngchū ①出す.放つ.〔玉簪花~阵阵的清香〕玉簪花はほのかにいい香りを放つ.〔~光彩〕光彩を放つ. ②釈放する.

放黜 fàngchù 〈文〉放逐する.

放春 fàngchūn〔植物が〕春芽を出すこと.

放达 fàngdá 〈文〉鷹揚(おうよう)である.闊達である.

放大 fàngdà ①大きくする.引き伸ばす.〔~倍数〕拡大度.〔~照片〕写真を引き伸ばす.〔冲洗,晒印,~〕現像・焼付・引伸.DPE.〔~机〕引き伸ばし機.〔~纸〕(写真の)引き伸ばし用印画紙.↔〔缩 suō 小〕 ②〔電〕増幅する.〔~装置〕増幅装置.〔高频 pín ~〕高周波増幅.〔低 dī 频 ~〕〔音 yīn ~〕低周波増幅.〔~器〕増幅器.アンプ.

放大尺 fàngdàchǐ 倍尺.

放大定(儿) fàngdàdìng(r)〔旧〕風習で〔大定(儿)〕(結納)を送る(こと).〔通 tōng 信②〕ともいう. →〔放定①〕

放大镜 fàngdàjìng 拡大鏡.虫眼鏡.ルーペ:正式には〔凸 tū 透镜〕(凸レンズ)という.〔用~才能阅读〕拡大鏡を使ってようやく読むことができる.

放大炮 fàngdàpào ほらを吹く.大きなことを言う.〔除了~他还会什么〕ほらを吹くことのほかに何ができるか.

放贷 fàngdài 貸付(をする):〔放款〕に同じ.

放带机 fàngdàijī ヘッドフォン付きカセットプレーヤー〔随 suí 身听〕

放胆 fàngdǎn 大胆に(する).思いきってする.〔~子 zi〕同前.〔迟疑多时,这才~的走去〕(魯・Q 8)しばらくためらった末,やっと度胸を決めて出かけた.〔有他保驾怕什么,~干就是了〕彼が用心棒をしてくれるのだもの,何が怖いことがあるか,大胆にやればいい.

放诞 fàngdàn 〈文〉みだりに大言を放つ.気まま勝手にでたらめを言う.〔~无忌〕同前.

放荡 fàngdàng =〔狂 kuáng 荡〕放縦である.したい放題(ほう)だ.〔~不羁〕〈慣〉やりたい放題である. →〔放浪〕

放倒 fàngdǎo 横にする(なる).ねかす.〔~就睡〕ごろりと横になるとすぐ眠る.

放灯 fàngdēng 旧暦1月15日の元宵節に提灯(ちょうちん)を飾ること. →〔元 yuán 宵节〕

放低 fàngdī 低くする.〔~声音〕声をひそめる.〔~姿态〕態度を軟化させる.

放电 fàngdiàn ①放電(する).〔雷是云和大地之间发生的~现象〕雷は雲と大地との間に起こる放電現象である. ②色目を使う.

放刁 fàngdiāo ①無理難題を言って人を困らせる.難癖をつけて意地悪をする.いいがかりをつけて人をなぶる.〔撒 sā 刁〕

放定 fàngdìng ①結納を送る.〔下 xià 定〕に同じ.〔~的礼物〕結納の贈り物.〔~之礼〕結納の儀. →〔放大定(儿)〕〔小 xiǎo 定(儿)〕 ②ある場所にきちんとまとめて置く.

放毒 fàngdú ①毒物・毒ガスなどをまく. ②〈喩〉反動的言論・悪宣伝などを言いふらす(まきちらす).

放对 fàngduì 〈白〉①手合わせする.喧嘩(けんか)の相手になる. ②一騎討ち.

放伐 fàngfá 〈文〉君主を武力で放遂・討伐する. →〔禅 shàn 让〕

放翻 fàngfān ひっくり返す.打倒する.追い出す.

放飞 fàngfēi ①飛行機の離陸を許可する. ②〔凧(たこ)などを〕高くあげる.〔鳥などを〕籠から出してとばす.

放份儿 fàngfènr ①〔旧〕人力車の貸し賃を取らない.〔大八月十五的,车厂子硬不~〕(老・四・憎16)中秋の節句というのに,車厂はどうしても損料をまけてくれない. ②〈方〉大きな顔をする.

放风 fàngfēng ①風を入れる.空気を通す.〔獄同から囚人を屋外へ出す(風にあてさせる). ③言いふらす.情報をもらす.〔~吹气〕デマをとばす.〔竟将反动派~吹气把人都弄迷糊了〕反動派のためにデマをとばすことまでして人を迷わせる. ④〈方〉見張る.偵察する.

放风筝 fàngfēngzheng 凧を揚げる.〔树林子~〕〈喩〉物事のこんがらがること.〔床底下~〕〈喩〉高くとも限度があること.

放缝头儿 fàngfèngtour 〔裁〕縫い代(しろ)をとっておくこと(裁縫用語).

放高 fànggāo 高くする.高くなる.〔小崔的声音故意~〕(老・四・憎7)小崔はわざと大きい声で言った.

放高射炮 fàng gāoshèpào ①高射砲を打つ. ②⇒〔络 luò 管儿〕

放歌 fànggē 大きな声で歌う.

放鸽子 fànggēzi 鳩を飛ばす.鳩を籠から出す.〈喩〉勝手にさせる.

放工 fànggōng =〔放活②〕仕事が終わる.仕事が休みになる.〔他们~之后,回到家里,地儿小人多,根本无法生活吧〕彼らは仕事がすんでから家に帰るが,狭いところに家族がごろごろしているので,まるで休息がとれない.

放狗屁 fànggǒupì 〈罵〉口からでまかせを言う.

放谷气 fànggǔqì 放屁する.

放关 fàngguān 税を免じて通過させる. →〔放行〕

放光 fàngguāng 発光する.

放光芒 fàngguāngmáng 光芒を放つ.光がきらきらして立派である.人目を引く.

放归 fàngguī 放たれて帰る.〔把笼子里的鸟儿~森林〕籠の中の鳥は放たれて森に帰った.

放过 fàngguò ①放っておく.許す.見逃す.〔别~他去〕彼には甘くするな. ②逃す.〔~好机会〕チャンスを逃す.

放 fàng

放号 fànghào (携帯電話などの)番号を割り当てる.
放河灯 fànghédēng 囧灯籠(ﾛｳ)流し(をする):旧暦7月15日中元節の行事.→[盂 yú 兰盆会]
放横 fànghéng <方>横になる.寝る.
放横炮 fànghéngpào 間で邪魔をする.横槍を入れる.
放虎归山 fànghǔ guīshān 虎を放って山に帰す.<喩>禍を将来に残す:[放蛇入洞]同じ.[〜,必有后患]同前.[纵 zòng 虎归山]
放花 fànghuā 〔放烟火〕花火を上げる.
放花炮 fànghuāpào 花火や爆竹を鳴らす:[花]は仕掛花火や手筒のように火花を出すが音のしないもの.[炮]は[爆 bào 竹]のことで音を出すもの.→[放花]
放话 fànghuà =[放言]①考えなどをもらす.明らかにする.
放化疗 fànghuàliáo 医放射線療法と化学(薬物を使用する)療法.
放怀 fànghuái ①心のままにする.思うままにする.[今天咱们弟兄可以一痛饮一趟了]今日我々兄弟はひとつ思う存分痛飲しよう. ②安心する.安堵する.
放还 fànghuán ①もとの所に置く. ②釈放する.
放荒 fànghuāng 野焼きをする.
放活 fànghuó ①自由にやらせる.[〜价 jià 格]経価格を自由にあやつること.[你把心眼儿〜一点吧]あんた頭を少し働かせなさい. ②[〜儿]仕事が終わる[放工]に同じ.
放火 fànghuǒ ①火つけをする.放火する.[准是他〜烧的]確かに彼が放火して焼いたんだ. ②騒ぎを起こす.
放货 fànghuò ①(商品を)手放す.売る. ②通関させる.商品の移動を認める.
放假 fàngjià (学校・役所などが)休みになる.[放暑shǔ 假]夏休みになる.[放两天假]二日間休みにする.[放工]/[放学]/[请 qǐng 假]
放浆 fàngjiāng (雄の魚が)授精する.
放脚 fàngjiǎo ⇒[放足①]
放进 fàngjìn ①中へ入れる.[把东西〜去]物を中に入れておきなさい. ②中へ入ることを許す.[不带证件的不许〜去]身分証明書(勤務証明書)を持っていない者は入れてはいけない.
放开 fàngkāi ①大きくする.[〜胆子]=[〜胆量]気を大きくもつ. ②のばす.ひらく.広げる(たたんであるもの・くくってあるものを).[〜手干革命]思う存分に革命をする.[放不开](心や行動を)のばす(のびのびする)ことができない.[性格开朗放得开]性格が明るく,言動がのびのびしている. ③放す.拘束を解く.放免する.[你〜他]彼を放してやれ.
放开肚皮吃饭,立定脚跟作人 fàngkāi dùpí chīfàn, lìdìng jiǎogēn zuòrén <諺>存分に飯を食べ,どっしりとかまえる.くよくよしないで楽観的に生活する.
放客音乐 fàngkè yīnyuè <音義訳>圏ファンクミュージック.
放空 fàngkōng 空(ｶﾗ)のままで放つ(船・車などに荷物を載せず空で走る).[〜的骆驼]空荷のらくだ.[单边〜]片道は空荷.
放空炮 fàngkōngpào ①空砲を打つ. ②できもしないことを言う.
放空气 fàngkōngqì うわさをたてる.雰囲気を作り出す.気分を醸成する.[看他们还在村里〜不!]これであの奴らが村で悪い空気を作り出すかどうか見てやろう.
放宽 fàngkuān 緩和する.ゆるめる.[〜禁运限制]禁輸制限をゆるめる.[把心〜]気を大きくもつ.[〜日]手形支払猶予期間.

放款 fàngkuǎn (金銭を)貸し出(す).貸し付(ける).[〜增加]貸し出しが増える.[那个银行的主要业务是〜]あの銀行の主な業務は貸付だ.↔[存 cún 款]→[放贷][贷 dài 款]
放旷 fàngkuàng <白>気ままにふるまう.
放赖 fànglài ⇒[耍 shuǎ 赖]
放缆 fànglǎn ①ともづなを解く:船が出帆すること.[解 jiě 缆]に同じ. ②ケーブル布設する.
放浪 fànglàng 気ままにしたいことをする.[〜形骸 hái〕成]わがままで無作法なふるまいをする.→[放荡]
放冷风 fànglěngfēng 流言飛語をまき散らす.デマを言いふらす.
放冷箭 fànglěngjiàn =[放暗箭]<喩>闇打ちをする.暗に人を陥れる.暗に人を中傷する.
放力轮 fànglìlún ⇒[摘 qín 纵轮]
放量 fàngliàng ①思う存分に.いくらでも:多くは食べることや飲むことについていう.[有的是饭,你,〜吃吧]飯ならたくさんある,うんと食べなさいよ. ②圏(市場に)出る株式や商品の)放出量.
放疗 fàngliáo ①医放射線治療:[放射治疗]の略. ②治療をやめる.
放流 fàngliú (魚を)放流する.
放马 fàngmǎ 馬を放牧する.[〜的]馬の放牧人.馬飼い.
放慢 fàngmàn (歩みを)ゆっくりする.ゆるめる.[〜脚步]歩をゆるめる.[从三月上旬开始就〜生产]3月上旬からサボタージュが始まる.
放忙假 fàngmángjià (学校の)農繁休暇に入る:[放农忙假]ともいう.
放明白 fàngmíngbái 分別をする.[〜些!](けんかの時使う)分別をしろよ.→[识 shí 相]
放命 fàngmìng ⇒[方 fāng命]
放目 fàngmù 見渡す.
放牧 fàngmù 放牧する:[牧养]に同じ.[〜地]放牧地.
放牛 fàngniú 牛を放牧する.[〜的]牛飼い.[〜娃 wá]牧童.
放排 fàngpái ①筏(ｲｶﾀﾞ)を流す. ②筏で貨物を輸送する.
放盘 fàngpán ①テープを回す. ②同下.
放盘(儿) fàngpán(r) ①値引きする.割引販売(する).安売り(する).[〜出售]同前.[〜三十天]30日間大安売り.[〜减jiǎn 价] ②圏高値買い.→[盘⑥]
放炮 fàngpào ①=[开 kāi 炮]①大砲を打つ.→[放枪]. ②破裂する.[灯泡〜]電球が割れる.③タイヤが[轮胎放了炮了]タイヤがパンクする. ④爆竹を鳴らす.→[放花] ⑤発破(ｶﾞ)をかける.火薬を爆発させる.
放屁 fàngpì ①放屁する.屁(ｵﾅﾗ)をひる(たれる).おならをする:[出 chū 虚恭]ともいう.[刚才是谁〜的]今だれが屁をひったのか.[放臭屁]くさいくらべをひる. ②<罵>でたらめを言う.[〜!]ほざくな.ばかを言え.[放些啥 shá 屁]何をほざくか.[别〜啦!]ばかを言え.[放臭屁]くだらない事を言う.でまかせを言う.[那些话简直是〜,我不要听]あの話は全くでたらめでわたしは聞きたくない.
放屁崩坑儿 fàngpì bēngkēngr 子供のやんちゃなさま.[〜,撒 sā 尿和 huò 泥儿]同前.
放屁虫 fàngpìchóng ⇒[屁步甲]
放屁拉抽屉 fàngpì lāchōuti <慣>屁を放ってその音をごまかすため引き出しを引き出す.<喩>他事にかこつけて自己の欠陥・失敗などをごまかす.
放平 fàngpíng 平らにする(置く).[把车椅背〜]自動車の背もたれを平らに倒す. ②<喩>徹底的に

fàng

やっつける.〔你再多嘴,我就～你〕これ以上つべこべ言うなら痛い目にあわせるぞ.

放泼 fàngpō ⇒〔撒 sā 泼〕

放期账 fàngqīzhàng ⇒〔信 xìn 用贷款〕

放气 fàngqì ①空気・ガス・蒸気などを放出する.〔～门〕蒸気調節バルブ.②汽笛を鳴らす.〔工厂～〕工場のサイレンが鳴る.

放弃 fàngqì 放棄(する).〔～权利〕権利を放棄する.→〔抛 pāo 弃〕

放卡子 fàngqiǎzi 歩哨(しょう)を出す.監視に立つ:〔放哨〕に同じ.〔咱们站在外头给你们～〕わしらは外に立っておまえのために見張ってやろう.

放钱 fàngqián ①旧〔慈善家や官庁などが〕貧民たちに金を与える.〔大善士給众貧民〕大慈善家が貧民たちに金を与える.②金を貸す.〔～的〕金貸し.〔放重利息钱〕高利の金を貸す.

放炮 fàngpào 鉄砲を撃つ.発砲する:〔开 kāi 枪〕に同じ.〔放了一枪〕一発撃った.

放青 fàngqīng 野飼にする.草原に放牧する:春,家畜を放牧して若草を食べさせるときに言う.〔春天到了,牲口也该一去了〕春が来たら,家畜を野飼にしなければならない.

放青苗 fàngqīngmiáo 旧〔青田買い:地主(または商人)が穀物が実らない前に安く買い取ってしまうこと.〔买mǎi 空合〕ともいう.

放情 fàngqíng 思う存分に.

放晴 fàngqíng 雨が上がって晴れる.

放权 fàngquán 権限をおろす.〔～让 ràng 利〕(下部機関や企業へ)権限をおろしてその利益を増やす.

放热 fàngrè 放熱.〔～反应 yìng〕発熱反応.〔～帘 lián〕放熱カーテン.カーテンラジエーター.〔～器〕〔散 sàn 热器〕ラジエーター.

放任 fàngrèn 放任(する).〔～自流〕自由放任にする.成り行きに任せる.

放散 fàngsàn 発散する.放ち散らす.

放哨 fàngshào 哨兵を出す.見張りを出す.巡邏する:〔放卡子〕ともいう.

放小人洞 fàngshě rùdòng ⇒〔放虎归山〕

放射 fàngshè ①放つ.撃つ(矢・鉄砲など).②四方へ放出する.〔～光芒〕光芒を放つ.〔～路〕放射状の道路.〔～形〕放射形.③放射する.〔～能〕放射能.〔～病〕医放射能被爆症.〔～疗法〕医放射線療法.〔～源 yuán〕放射線源.〔～治疗〕医放射線治療.

放赦 fàngshè 罪を許し自由にさせる.放免する.

放射性 fàngshèxìng 物放射性.〔～战 zhàn 剂〕放射能剤.〔～同位元素〕物放射性同位元素.ラジオアイソトープ.〔～微 wēi 尘〕物放射能塵.〔～元素〕物放射性元素.〔～污 wū 染〕物放射能汚染.

放生 fàngshēng 仏〔仏教で〕生き物を放してやること(供養などのために).〔～池〕捕らえることを禁じて生き物を放してある池.〔～会〕放生会(ほうじょうえ).

放声 fàngshēng 声を出す.声を張りあげる.〔～大哭〕声をあげて泣く.

放矢 fàngshǐ 〈文〉矢を放つ.〔无的 dì ～〉∥的ないに矢を放つ∥いいかげんにつく.

放手 fàngshǒu ①手を放す.手放す.〔这东西差一点儿叫他给骗了去,幸亏我没～〕この品物はもう少しで彼にだまし取られるところだったが,幸いにわたしは手放さなかった.〔～单飞〕(飛行訓練で)単独飛行をさせること.〈喩〉子供の自由行動を許すこと.②手をゆるめる.気合を抜く.〔那件事他做了一半儿就～了〕あの事は彼は半分だけしてほったらかしにした.③勇敢に(突き進む).思いきって(やる).大胆に(する).〔一定可以成功,你们～去做吧〕この仕事はぜったい成功するよ,きみ勇敢にたちむかって

やってみたまえ.〔～一搏 bó〕思いっきり闘う.〔～发动群众〕思い切り大衆を立ち上がらせる.〔～养 yǎng 鱼〕〈喩〉干渉を減らし自由に活動させること.④手広くする.〔～买卖〕(資金などを無視して)手広く商売する.

放水 fàngshuǐ ①(水门・水路などを開き)放水する.②(容器に)水や湯を入れる.③(賭博で)わざと客に勝たせてやる.④囚八百長試合をする.

放私 fàngsī 密輸を見逃してやる.

放肆 fàngsì 〔〕勝手気ままである.ほしいままである.〔我们决不能允许他这样～〕我々は決して彼のこのような勝手気ままを許すことはできない.〔恕我～说两句话〕わたしのわがままをお許しくださって一言いわせてください.②乱暴(する).〔他在我家门口～呢〕彼はわたしの家の前で乱暴している.③⇒〔放纵②〕

放松 fàngsōng ①ゆるめる.リラックスする.〔～肌 jī 肉〕筋肉を緩める.〔想一两天〕2,3日リラックスしたい.〔工作就是要抓緊,稍一一日期就迟延了〕仕事は気合を入れることこそ大切だ,一日でもゆるくすると期日に遅れる.②大目に見る.寛大にする.〔何必斤斤计较呢,～一点算了〕細かい詮索はいいではないか,少し大目に見てやるさ.③手放す.放免する.

放送 fàngsòng 放送する.〔电台～音乐〕ラジオ局が音楽を放送している.→〔播 bō 送〕

放缩尺 fàngsuōchǐ 伸縮図画器.パントグラフ.

放秃尾巴鹰 fàng tūwěiba yīng 尾のない鷹を放つ.〈喩〉③人に金を貸して持ち逃げされる.⑤放漫な貸し出しをする.〔这笔账是～了〕これは放漫な貸し付けだ.

放卫星 fàngwèixīng ①人工衛星を打ち上げる.②〈転〉途方もないことをする.新記録を作る.

放下 fàngxià ①下に置く.下におろす.〔～包袱 bāo-fu〕〔丢 diū 掉包袱〕古い思想や悪習を捨てる.精神面の重荷をおろす.〔～架 jià 子〕傲慢な態度を捨てる.〔～脸 liǎn 来〕ぶすっとした顔(仏頂面)になる.②放棄する.〔把工作～不管〕仕事をおっぽりだしてしまう.

放下屠刀 fàngxià túdāo 〈慣〉刀を捨てる.〔～,立地成佛〕〔～,立便成佛〕〈喩〉悪事から足を洗えばすぐに善人になれる.

放线 fàngxiàn 地割りなどの縄を張る.線引きのロープを張る.

放像 fàngxiàng ①ビデオテープをテレビで再生する.〔～机 jī〕ビデオデッキ.再生機.②(写真を)引き伸ばす.〔～纸〕引き伸ばし印画紙.→〔印 yìn 相〕

放小定儿 fàngxiǎodìngr ⇒〔小定(儿)〕

放血 fàngxiě ①医瀉血する.〔采 cǎi 血〕赤字で売る.出血サービスする.③人に金を出させる.損をさせる.

放心 fàngxīn ①安心する.〔你～吧〕ご安心なさい.〔～不下〕〔放不下心〕安心できない.心配だ.〔悬着的心,这才算～了〕やっと安心できた.〔一个心放下了,另一个心又提起来了〕一つ気がかりが片づくなと別の心配事が起こってきた.〔～肉〕安全な〔豚〕肉.汚染のない(豚)肉.〔～菜〕安全な野菜.→〔安 ān 心①〕②〈文〉放逸の心.

放行 fàngxíng 通行を許可する.行かせる.〔免税～免税パスさせる.〔～单〕⑥納税証明書.⑥許可証.出港免状.輸入許可証.→〔关〕

放学 fàngxué ①〔散 sàn 学〕①→〔下 xià 学①〕学校がひける.〔放回家〕学校がひけたらすぐ帰る.②〈方〉学校が休暇になる.〔放三天学〕(学校が)三日間休みになる.

放鸭 fàngyā あひるを放し飼いにする.〔～式教育〕放任主義教育.

放烟火 fàngyānhuǒ ⇒〔放花〕
放烟幕 fàngyānmù 煙幕を張る.真意や行動を隠すための言動をする.
放言 fàngyán ①⇒〔放话〕②放言する.言いっぱなしにする.大げさに言う.
放眼 fàngyǎn 目を上げ見わたす.〈喩〉視野を広める.〔~一望尽是翠绿的草木〕見わたせば一面緑の草や木だ.〔~未来,筹谋大局〕未来を視野に入れ大局をふまえる.
放焰口 fàngyànkǒu 宗(仏教で)〔接 jiē 三〕をする:人が死んで三日目の夜,僧侶・道士を招いて終夜読経供養すること.→〔光 guāng 头三〕
放羊 fàngyáng ①羊を放牧する.〔~的〕羊飼い.→〔拦 lán 羊〕②放ったらかす.
放洋 fàngyáng〈文〉①船が海に出る.②洋行する.
放养 fàngyǎng 養殖する.育てる.〔水库里~了许多种鱼〕貯水池に何種類もの魚が養殖されている.
放样(儿) fàngyàng(r) 工設計模型を作る.
放夜 fàngyè 回夜間の通行を許す.↔〔夜禁〕
放印子 fàngyìnzi〔印子(钱)〕
放鹰 fàngyīng ①放鷹する.②〈喩〉二度と帰らない.全なくする.すっからかんになる.〔那笔钱算是~了,别指望能收回来〕あの金はおしゃかだ,回収できると思わんほうがいい.③〈喩〉美人局(つつもたせ)をさせる.
放映 fàngyìng(映画などを)上映(する):〔上 shàng 映〕ともいう.〔~电影〕映画を上映する.〔~网上映网.配給組織.〔~员〕映写技師.〔~机 jī〕映写機.〔~头〕映写機ヘッドマシン.
放淤 fàngyū ①沈殿した土砂を放水で流し去ること.②農川の泥水を田に入れ,沈殿させて肥料とすること.
放在脑后 fàngzài nǎohòu〈喩〉少しも気にとめない.
放闸 fàngzhá 水門を開く.
放债 fàngzhài 金を貸して利息を取る.〔~人〕貸し主.債権者.〔~图利〕金を貸して利息を取る.
放账 fàngzhàng 金(他托我给~吃,点利)(老・四・偷28)彼女はぼくに頼んで金を貸し,少しばかり利を稼いでいる.〔放账 yán 王赋〕高利の金を貸す.〔~局〕回金貸し業.高利貸し.
放赈 fàngzhèn 罹(")災者に金銭・糧食・物品などを与えて救済すること.
放之四海而皆准 fàng zhī sìhǎi ér jiē zhǔn〈成〉世界のどこでも適用できる.〔科学真理~〕科学的真理は普遍妥当性を持つ.
放置 fàngzhì 据(')えて置く.置く.
放粥 fàngzhōu 回粥を施すこと:〔粥厂〕で貧民に粥(ぎ)を与えること.
放猪 fàngzhū 豚を野飼いにする.〔~的〕豚飼い.
放逐 fàngzhú 放逐する.追放する.
放主(儿) fàngzhǔ(r) 貸し主.債権者.→〔放钱的〕
放恣 fàngzì〈文〉わがまま勝手である.⇒〔放肆①〕
放纵 fàngzòng ①勝手気ままである.放埒(らつ)である.②=〔放肆①〕不作法である.〔在别人面前,不要过于~〕人前では,なれなれしすぎてはいけない.
放走 fàngzǒu 逃がす.
放足 fàngzú ①=〔放脚〕〔撒 sā 脚〕〕纏足(び)をほどく(やめる).→〔缠 chán 足〕②十分にやる.〔田里肥料放得足〕田に肥料を十分に施す.〔做菜要~作料〕料理には調味料を十分に入れなければならない.

fei ㄈㄟ

〔飞・飛〕 fēi ①飛ぶ(鸟・虫・飞行機などが).〔这架飞机由北京起~〕この飛行機は北京から飛ぶ.〔~赴 fù〕飛行機で行く.〔~抵北京〕飛行機で北京に到着する.〔~离上海〕飛行機で上海へ向かう.〔~往上海〕飛行機で上海へ向かう.②(空中に物が)漂う.舞う.飛び散る.〔雪花儿~〕雪がちらちら舞う.③(飛びように)〔~跑〕速く走る.④事実無根の.何のいわれもない.〔流言~语〕成流言飛語.⑤意外である.突然起こる.〔贼 zéi 喊捉~智〕〈成〉泥棒は思いがけない知恵を出す.⑥発散する.なくなる.〔盖上瓶子吧,免得香味儿~了〕瓶のふたをしなさい,香りが発散しないように.〔钱~了〕銭がなくなった.〔~了〕とびやか.非常に.ものすごく.〔心里乐~了〕心中非常に楽しい.⑧フェムト.記号 f:1000兆分の1(10⁻¹⁵)を表す.〔~母托〕の略.〔~米 m²〕フェムトメートル.10⁻¹⁵ メートル.⑨〈姓〉飛(")

飞白 fēibái ①かすれ書き(書体,また画法).〔~书〕後漢の蔡邕(")〕があみ出したといわれる同前の書体.②(修辞)文字を書き間違うこと.
飞报 fēibào 急報(する)
飞奔 fēibēn 飛ぶように走る.
飞边 fēibiān 捲(捲)れ.ひれ.耳(み)
飞镖 fēibiāo ①旧手裏剣.②〔飞标〕とも書く.ブーメラン:〔~施镖〕ともいう.
飞播 fēibō 農飛行機(ヘリコプター)で種子をまく.
飞步 fēibù 大急ぎで.〔他立刻~报告园警〕彼はさっそく大急ぎで公園警備員に報告した.
飞不高跌不重 fēi bùgāo diē buzhòng 高く飛ばなければ落ちてもけがは軽い.〈喩〉平凡にしているのがいちばん安全だ.
飞叉 fēichā〔中国曲芸〕のさすまた(を使う芸)
飞车 fēichē ①(自転車・自動車などを)とばす.走らせる.またその車.〔~抢 qiǎng 夺〕(車で)ひったくる.〔~追 zhuī 逐战〕カーチェイス.〔~大盗〕列車強盗.〔~走奥壁〕サイカロール.アイアンホール:曲芸の一種.自転車やオートバイでそれらが形の構造物の内壁を疾駆するもの.→〔杂 zá 技〕
飞尘 fēichén 飛び散る塵埃(ǎi)
飞驰 fēichí 疾駆する.〔马路上又~着得胜的军阀的高车大马〕(老・四・慢 1)道路上にはまた勝ちほこった軍閥の大きな車や馬が飛ぶように走っている.
飞虫 fēichóng よく飛ぶ虫:蚊や虻や虻(")など.
飞船 fēichuán ①宇宙船.〔宇 yǔ 宙~〕同前.⇒〔飞艇①〕
飞刺 fēicì⇒〔毛 máo 头②〕
飞弹 fēidàn ①⇒〔流 liú 弹〕②自動飛行装置のある爆弾:ミサイルのようなもの.
飞刀 fēidāo ①刀を使うことの速いこと.〔~乱斫 zhuó〕同前.②刃物を投げて人を殺すこと:〔飞剑〕に同じ.〔~之术〕手裏剣の術.③工銑いフライス.
飞抵 fēidǐ 飛行機で到着する.
飞地 fēidì ①飛び地.②〈方〉黄砂が舞う不毛の土地.
飞碟 fēidié〔飞盘(儿)〕①空飛ぶ円盤.UFO.②工クレー.〔~射 shè 击〕(クレー射撃)の的(素焼きの皿).③工フリスビー(商標名).またその競技.
飞渡 fēidù 飛び渡る.〔乱云~〕乱雲が飛んで行く.
飞短流长 fēiduǎn liúcháng=〔蜚短流长〕〈成〉あれこれとデマを流す批評をする.とかくの批評をする.〔自从她丈夫走后,外面就~,说她的闲话〕彼女の亭主が

出て行ってからは、世間ではあれこれ取り沙汰した.

[蛾] fēi'é 〖灯 dēng 蛾〗〖灯相公〗〖火 huǒ 花②〗〖幕 mù 光〗国カトリボ:灯火に集まる蛾.

[蛾投火] fēi'é tóuhuǒ 〖飞蛾扑火〗ともいう.〈成〉飛んで火に入る夏の虫:自ら身を滅ぼすこと.〖自 fén 身〗〖灯蛾扑火,惹 rě 焰烧身〗同前.〖明知那里是贼窝,你偏要闯进去,这不是~,自取其祸吗〗あそこが賊の本拠と知りながら,どうしてもそこにおどりこむというのは,それは飛んで火に入る夏の虫で自分から災いを招くようなものじゃないか.

[耳] fēi'ěr 遠方のことを聞くことのできる耳.〈喩〉早耳.地獄耳.

[矾] fēifán ⇒〖干 gān 燥明矾〗

[鸽] fēigē 〖-儿〗〖飞儿〗ハト.

[归] fēiguī 珠算除法の速算法の九九.

[翰] fēihàn 〈文〉急ぎの手紙;〖飞札〗に同じ.

[航] fēiháng 飛行機で航行する.飛行する.〖~式导 dǎo 弹〗軍飛翔航式ミサイル.

[红] fēihóng ①すぐに顔を赤らめる(恥ずかしさなどで).②〖绯红〗

[虹] fēihóng 虹.

[鸿] fēihóng ①国サクラツガン.②〈文〉書簡.手紙.

[狐] fēihú ①形が狐に似ていて,飛膜が四肢および尾に連なってよく飛ぶことができる伝説上の動物(山海経).②⇒〖鼯 wú 鼠〗

[花] fēihuā 〖飞落绵〗〖废 fèi 棉(花)〗

[蝗] fēihuáng 国トノサマバッタ(ダイミョウバッタ).ヒコウ.〖蝗虫〗

[黄腾达] fēihuáng téngdá 〈成〉伝説中の神馬のように速く走る.〈喩〉とんとん拍子に出世するさま:〖飞黄腾路〗ともいう.

[火] fēihuǒ 鍋の中で炎をあげて熱する調理法.

[祸] fēihuò 思わぬ災難.不慮の災禍:〖飞灾横祸〗に同じ.

[机] fēijī 飛行機.航空機.〖~厂〗飛行機工場.〖~场〗〖飞机场〗飛行場.〖~驾驶舱〗コックピット.〖~驾驶员〗〖~师〗〖飞行员〗パイロット.〖~库 kù〗飛行機格納庫.〖~女服务员〗〖空中小姐〗〖航空小姐〗〖空姐〗女性客室乗務員.〖~票 piào〗〖机票〗航空券.〖~起落轮〗飛行機の車輪.〖~射 shè 击枪〗〖~大炮 pào〗高射砲.〖~头 tóu〗髪型の一種;前髪をかけたもの.〖~长 zhǎng〗〖机长〗機長.〖喷 pēn 气式~〗〖喷射式~〗ジェット機.〖涡 wō 轮螺旋桨式~〗ターボプロップエンジン航空機.〖旋 xuán 桨式~〗プロペラ式飛行機.〖直升~〗ヘリコプター.〖~上加 qī 茶〗〈歇〉飛行機の中でお茶を入れる:〖水瓶高〗水準が高い.〖水瓶 píng〗同音.〖乘~〗〖乘~〗飛行機に乗る.

[机铝合金] fēijī lǚhéjīn ⇒〖硬 yìng 铝〗

[架] fēijià 高く架ける.〖一桥~南北〗南北に橋を高くかける.

[检] fēijiǎn ⇒〖飞行检查〗

[剪机] fēijiǎnjī クリッパー機:快速旅客機の一種.

[剑] fēijiàn 〖飞刀②〗

[溅] fēijiàn ①飛び散る.②飛沫.しぶき.

[将军] fēijiāngjūn 〈喩〉勇敢な将兵;前漢の将軍李廣のあだ名から.

[脚] fēijiǎo 旧式練武の一種.〖打~〗足を蹴(っ)上げ手でこれを打つ法.〖賜 tī ~〗両足を交互に続けて頭の高さまであげる法.

[跨] fēikuà 飛び越える.

[快] fēikuài ①飛ぶように速い.②よく切れる.非常に鋭利である.〖这把刀子~〗この小刀はものすごくよく切れる.

[来去] fēilái fēiqù 〈慣〉忙しくあちこち回る.

[来凤] fēiláifèng 〈喩〉意外の所得.思いがけない拾いもの.意味ふかい.〖买了一张马票就得了头彩,这真是~的事〗馬券を1枚買ったら1等賞に当たった,全く棚ぼただ.

[来横祸] fēilái hènghuò 〈成〉不慮の災禍.

[雷] fēiléi 軍手榴弾(ฎ๋)の一種.

[廉] fēilián 植ヒレアザミ:アザミの一種.

[蠊] fēilián ⇒〖蟑 zhāng 螂〗

[灵] fēilíng 〈方〉①非常に敏捷である.②特別な効果.

[龙] fēilóng 旧①空を飛ぶ竜.〈喩〉⑧天子.⑥良馬.駿馬.②〖-儿〗エゾライチョウ:〖花 huā 尾榛鸡〗の別称.古代,歳貢に用いられた.

[掠] fēilüè かすめるように飛ぶ.〖贴近海面〗海面すれすれに飛ぶ.

[轮] fēilún 機①=〖方〗发 fā 势盘〗〖惯 guàn 性轮〗;〈方〉甩 shuǎi 轮〗整速輪.はずみ車.フライホイール.②〖-儿〗自転車の後輪についているチェーンのかかる歯車.

[落] fēiluò 飛来して下る.

[(蚂)蚁] fēi(mǎ)yǐ 国ハアリ(羽蟻)

[毛腿] fēimáotuǐ 韋駄天(ぃ͂).足の速い人.

[米] fēimǐ 〖一字解⑧〗

[沫] fēimò 飛沫(ǎ).しぶき.〖~传染〗〖传播〗医飛沫伝染.

[母托] fēimǔtuō 一字解⑧

[纳尺] fēinàchǐ ⇒〖厚 hòu 薄规〗

[鸟] fēiniǎo 飛ぶ鳥.〖~尽,良弓藏〗〖鸟尽弓藏〗〈成〉飛ぶ鳥を打ち尽くせば弓は仕舞われる.〈喩〉天下定まって功臣の棄てられること.→〖狡 jiǎo 兎死,良狗烹〗

[奴] fēinú 〈文〉伝書鳩:〖传 chuán 信鸽〗に同じ.

[女] fēinǚ 〈方〉不良少女.→〖阿飞〗

[盘(儿)] fēipán(r) ⇒〖飞碟〗

[蓬] fēipéng ①植エゾムカシヨモギ.〖小~〗ヒメムカシヨモギ.①〖蓬⑧〗 ②揺れ動き定まらないさま.〖~随 suí 风〗〈成〉枯れよもぎが風のまにまに飛ぶ.〈喩〉境遇に翻弄されること.

[票] fēipiào プレミアムつきのキップ.転売の目的であらかじめ買い求めたキップ.→〖黄 huáng 牛③〗

[瀑] fēipù 飛瀑.〖万丈~〗万丈の飛瀑.

[启者] fēiqǐzhě 〖膳〗取り急ぎ一筆申し上げます.

[签] fēiqiān 田犯人逮捕の手配書.〖~火票〗片隅を焼いて至急の意味を表した犯人逮捕の手配書.〈喩〉火急なさま.→〖烧 shāo 角文书〗

[钱] fēiqián =〖便 biàn 换〗函を替手形:地方の商人が都市で物を売った際,代金を役所に納め,その領収書を半分にちぎり,一方は売り主がもち,また地方政府に送付される.帰郷のうえ地方政府に出向き,2枚をつき合わせて残金の代金を受けとる.

[潜动植] fēi qián dòng zhí 〈喩〉あらゆる動植物.

[枪] fēiqiāng ⇒〖梭 suō 枪〗

[桥] fēiqiáo 〖悬 xuán 桥〗高いところに架けたつり橋.

[禽] fēiqín 鳥類.〖~走兽 shòu〗〈慣〉鳥獣類の総称:〖飞走〗ともいう.

[泉] fēiquán ①〈文〉滝.瀑布(ぼう).②〖喷 pēn 泉〗

[拳] fēiquán 拳を飛ばせること.拳を闘わせること(旧式練武の一種)

[人] fēirén ①(曲芸の)空中ブランコ.またそれをする人.〖空中~〗同前.②〖(陸上競技の)跳躍や短距離のすぐれた選手.〖亚洲女~〗アジアの女性の同前.

[散] fēisàn 飛び散る.

[沙走石] fēishā zǒushí 〈慣〉風の荒れ狂うさま.

飞妃非 fēi

〔大风一起就~，尘土满天〕大風が吹くとひどく荒れ狂って，土ほこりがもうもうと立ちこめる．
飞身 fēishēn ①飛びあがる．②(水泳の)飛び込みフォーム．→〔起 qǐ 跳〕
飞升 fēishēng (物価などの)奔騰(する)．
飞虱 fēishī 虫ウンカ．→〔浮 fú 尘子〕
飞石 fēishí 石弓：戦具．
飞驶 fēishǐ 疾駆する．〔~而过〕猛スピードで通り抜ける．
飞逝 fēishì あっという間に過ぎる．
飞书 fēishū 〈文〉①⇒〔飞条〕匿名の手紙．②至急の手紙．
飞鼠 fēishǔ ①⇒〔鼯 wú 鼠〕②⇒〔蝙 biān 蝠〕③〈喩〉飛行機を使って金を股に悪事を働く者．
飞丝 fēisī ⇒〔游 yóu 丝②〕
飞速 fēisù 飛ぶように速い．〔~发展〕非常に速い発展．
飞梭 fēisuō 紡自動飛び杼(ひ)．
飞腾 fēiténg ①すばやく飛び上がる．→〔飞黄腾达〕②(値が)暴騰する．〔~暴 bào 涨〕
飞梯 fēitī 長梯子：城を攻めるのに用いた戦具．
飞天 fēitiān ①天を飛ぶ．②飛天(てん)．天女(じょ)．〔~大侠〕スーパーマン：アメリカ映画の主人公名．
飞天十响 fēitiān shíxiǎng 〔爆 bào 竹〕
飞条 fēitiáo ⇒〔飞书〕
飞艇 fēitǐng ①⇒〔飞船〕飛行船．〔热气~〕熱気球．②高速艇．ホバークラフト．モーターボート．
飞文 fēiwén 〈文〉怪文書．
飞蚊症 fēiwénzhèng ⇒〔飞蝇症〕医飛蚊(ぶん)症：〔中医飞蝇垂珠〕ともいう．
飞吻 fēiwěn 投げキッス．
飞舞 fēiwǔ (空中に)舞う，漂う．飛び散る．〈喩〉生き生きしている．はつらつとしている．
飞锡 fēixī 仏(僧侶の)行脚(あん)すること．
飞檄 fēixí ①急の檄(げき)文．火急の回状．②檄を飛ばす．
飞翔 fēixiáng 空中を飛びかける．あまかける．
飞泻 fēixiè 大水が直下する．〔瀑 pù 布~〕滝が落ちる．
飞星 fēixīng ⇒〔流 liú 星〕
飞行 fēixíng 飛行(する)．〔~员〕〔~士 shì〕飛行機の操縦士．パイロット．〔~帽〕飛行帽．〔~训练〕飛行訓練．〔~时间〕飛行時間．〔~能见度〕飛行視界距離．〔~大会〕集会・解散をすばやく行う集会．〔~云〕飛行機雲．〔~器〕飛行物体(総称)．〔~记录仪器〕ブラックボックス．〔~检查〕〔飞检〕④抜き打ち検査．⑥ドーピング検査：〔~药 yào 物検查〕ともいう．
飞絮 fēixù 風に飛ぶ柳のわた．
飞旋 fēixuán 旋回する．〔飞机在空中~〕飛行機が空を旋回している．
飞雪 fēixuě 空中に飛んでいる雪．
飞崖 fēiyá 地フィヨルド．峡江．峡湾：〔峡 xiá 湾〕に同じ．
飞檐 fēiyán 建軒先がそりかえったもの：中国古典建築物の軒先．〔~走壁〕軒さきを伝い，壁をつたわって走る．〈喩〉極めて身のこなしが軽いさま．武芸にぬきんでているさま．
飞眼(儿) fēiyǎn(r) 眼で情を伝える．色目を使う．→〔溜 liū 眼睛〕
飞燕草 fēiyàncǎo 植ヒエンソウ．チドリソウ．
飞扬 fēiyáng 又飞飏とも書いた．①高くあがる．〔大风起兮云~〕(漢高祖・大風歌)大風が起こり雲が高く飛ぶ．②心が高揚する．
飞扬跋扈 fēiyáng báhù〈成〉〔~的情形，就令人作…

呕三日〕彼ののしばり方をみると，吐き気が三日も治らない．
飞蚁 fēiyǐ ⇒〔飞(蚂)蚁〕
飞翼 fēiyì 又ハングライダー．
飞鹰走狗 fēiyīng zǒugǒu 〈成〉鷹(たか)を飛ばし犬を走らせる．〈喩〉狩猟をすること：〔飞鹰走犬〕ともいう．
飞蝇垂珠 fēiyíng chuízhū ⇒〔飞蚊症〕
飞蝇症 fēiyíngzhèng ⇒〔飞蚊症〕
飞鱼 fēiyú ①=〔燕 yàn 鱼〕魚貝トビウオ(総称)．〔飞儿鱼〕〔燕鳐〕〔文 wén 鳐鱼〕ともいう．②建屋根のむねの両角にかぶせるもの．
飞语 fēiyǔ ⇒〔蜚语〕
飞跃 fēiyuè ①飛び上がる．ジャンプ(する)．高く飛び立つ．→〔跳 tiào 台滑雪〕②目ざましく変貌する．〔~发展〕飛躍的に発展する．③哲飛躍．→〔突 tū 变③〕
飞越 fēiyuè 飛び越える．
飞灾 fēizāi 不慮の不幸．にわかの不幸．〔~横 hèng 祸〕〔~同前．
飞仔 fēizǎi〈方〉チンピラ．不良少年(少女)：〔阿飞〕に同じ．→〔太 tài 保②〕〔太妹〕
飞贼 fēizéi ①塀づたいに素早くやってくる出没自在な賊．②空から攻めてくる敵．③〈口〉すり．かっぱらい．
飞札 fēizhá ⇒〔飞翰〕
飞涨 fēizhǎng 暴騰する．青天井．〔暴 bào 涨〕
飞针走线 fēizhēn zǒuxiàn〈喩〉縫い物の早いさま．
飞舟 fēizhōu 〈文(走る)〉(っている)船．〔浪遏~〕飛ぶように速い船を波が遮る．
飞挝 fēizhuā 鉤鋼繩：兵器の一種．鷹(たか)の爪のようなかぎが長い縄をつけたもの．
飞转 fēizhuàn 飛ぶように回転する．

〔妃〕fēi ①古天子の妃(きさき)．中宮：〔后 hòu〕(皇后)に次ぐもの．〔嫔 qiáng，嫱 qiáng，御 yú〕(女御や更衣にあたる)などはいずれも天子につかえる高位の女性．〔贵 guì 妃〕〔西 xī 宫〕②皇太子や皇族の正夫人．正妃．つれあい．〔天子之~曰后〕天子の配偶者を后という．④女神の尊称．〔天~〕天女の神．
妃嫔 fēipín 妃嫱：〔嫔妃〕ともいう．→字解①
妃色 fēisè 色淡紅色(の)．
妃子 fēizi 妃．〔~笑〕(果物のライチ：〔荔 lì 枝〕の別称．楊貴妃が好んだことから．

〔非(非)〕fēi (I)①〈文〉…ではない．…でない．〔已~原状〕すでに原状のようないうきわり．→〔微 wēi⑨〕②間違い(とする)．正しくない(とする)．→〔非非①〕③悪(いとする)．不正(である．とする)．〔今~乍 zǎ 办〕悪いことばかりする．◆〔是 shì⑬〕④反対(する)．〔众人皆~之〕衆人が皆これに反対する．⑤責める．とがめる．そしる．〔非议〕⑥是非とも．ねばならない：多く後に否定詞を伴う．また反語文で用いる．〔~你来不成〕きみはどうしても来なければ無理矢理そうしなければいけないと言うんです．⑦〈姓〉非(ひ)．
(II)地アフリカ．〔东~〕東アフリカ．〔非洲〕
非病原菌 fēibìngyuánjūn 医非病原菌．
非…不可 fēi…búkě 是非とも…でなければいけない．…に決まっている．…には：〔即…不可〕〔他很有能力~成功〕彼は非常に有能だから成功するに決まっている．〔~一看~〕是非見なければならない．
非…才… fēi…cái… …でなければ…できない．〔~组织起来~能发挥力量〕組織しなければ力を発揮

fēi 非

することができない.

非暴力运动 fēibàolì yùndòng 因非暴力運動:インドのガンジーが主導した民族独立運動.〔非武力抵抗〕ともいう.

非常 fēicháng ①非常(の).異常(の).特殊(の).〔～的现象〕異常な現象.〔～的人物〕並でない人物.〔～上诉〕非常上訴.②(程度の)はなはだ.とても.まことに.〔～欢迎〕現金大歓迎.〔～好〕とてもよい.〔天气～地热〕天気がとても暑い.〔～～精彩〕とても素晴しい.→〔十 shí 分〕③非常事態.〔修武备,备～〕武力をたくわえて有事に備える.

非常规 fēichángguī 非通常非従来型.〔～武器〕軍核兵器と生物化学兵器.〔～能源〕非従来型エネルギー.

非常之… fēichángzhī… 非常に.大変.〔～需要〕きわめて必要だ.〔～当然〕確かにそうだと思った.〔那当然～好〕それは勿論たいへんよろしい.

非处方药 fēichǔfāng yào 医大衆薬品.OTC (over the counter)

非此即彼 fēi cǐ jí bǐ 〈慣〉これでなければあれ.こちらかあちらかどちらかだ.

非代替物 fēidàitìwù 圖非代替物.→〔代替物〕

非但 fēidàn =〔非 独〕〈文〉非 特〕〈文〉非 徒〕〔文〕非唯〕ただ…のみでなく…であるばかりでなく.後に〔并 bìng 且〕〔而 ér 且〕〔反 fǎn 而〕〔还 hái〕などを伴う.〔~ bù 但〕

非党人士 fēidǎng rénshì 非共産党員.

非导体 fēidǎotǐ 物不良導体.

非得 fēiděi …しなければならない.しなくては ならない.是非とも…ふつう後に〔不 bù 成〕〔不可〕〔不行〕を伴う.〔...〕に同じ.〔～你去(不可)〕きみが行かなくてはだめだ.

非典型肺炎 fēidiǎnxíng fèiyán 医新型肺炎.〔非典〕ともいう.〔音訳)萨 sà 斯〕(サーズ.SARS).〔严 yán 重急性呼吸系统综合症〕(重症急性呼吸器系症候群)ともいう.〔闹 nào 非典〕サーズが暴れている.

非电解质 fēidiànjiězhì 化非電解質.

非独 fēidú ⇒〔非但〕

非对抗性矛盾 fēiduìkàngxìng máodùn 圖非敵対性矛盾.〔对抗性矛盾〕→〔人 rén 民内部矛盾〕

非法 fēifǎ 非合法(の・に).不法(の・に).〔～行 xíng 为〕不法行為.〔～夺 duó 取〕不法に奪う.〔～拘 jū 禁〕不法監禁.〔～地位〕法の根拠のない地位.〔～手段〕非合法の手段.

非凡 fēifán 非凡である.並ではない.〔会场热闹～〕会場は異常な賑わいだ.〔有～的才能〕並外れた才能がある.

非非 fēifēi 〈文〉①非を非とする.〔是是～谓之知〕(荀子・修身)是を是とし非を非とすることを知という.②〔仏教で〕〔非想〕〔無想〕を越えた境地:〔非想～想〕ともいう.→〔想 xiǎng 入非非〕

非…非… fēi…fēi… …でもなく…でもない.〔～亲 qīn ～眷〕〈喩〉赤の他人.〔～僧 sēng ～俗〕〈喩〉変な恰好していること.知人でもない.→〔不 bù ～…〕

非分 fēifēn 己の分に安んじない.分不相応である.〔不求～,不作非为〕分不相応なことを求めず悪事をなさず.

非公莫入 fēigōng mòrù 公務以外の者は入場(入室)を禁ず.

非公务 fēigōngwù 業務外.

非官方 fēiguānfāng 非公認の.非公式である.〔～消息〕非公式のニュース.〔网 wǎng 点〕非公式サ

イト.〔～团体〕〔非政府组织〕非政府機関.NGO.

非关税壁垒 fēiguānshuì bǐlěi 圖非関税障害.

非婚生子女 fēihūnshēng zǐnǚ 私生児.婚外児.非嫡出児.

非机动车 fēi jīdòngchē (自転車など)エンジンのない車.

非…即… fēi…jí… …でなければ…である.〔～攻～守〕攻めるか防御するか.〔~亲~友〕親戚でなければ知人だ.〔~嫖 piáo ~赌 dǔ〕女遊びや賭博ばかりする.

非讦 fēijié 〈文〉人をそしり暴く.そしり責める.

非金属 fēijīnshǔ 非金属.〔～元素〕非金属元素.〔～光泽〕非金属性の光沢.〔～矿物〕非金属鉱物.

非经济物 fēijīngjìwù 経済的代価・代償を必要としないもの.自由財(日光・空気など)

非晶体 fēijīngtǐ 非結晶体.〔~金属〕アモルファス金属.

非君莫属 fēijūn mòshǔ 貴方以外には適任者はいない:〔非你莫属〕ともいう.

非军事区 fēi jūnshìqū 非軍事区域.非戦闘区域.

非军事人员 fēijūnshì rényuán 非戦闘員.一般市民.シビリアン.

非类 fēilèi 〈文〉①行いの正しくないもの.〔不交~〕悪徒とは交わらない.②同類・同種族でないもの.親類でないもの.

非礼 fēilǐ ①礼儀に背いている.無礼である.②(女性)にいやしい行為をする.痴漢行為をする.

非驴非马 fēilú fēimǎ ロバでもウマでもない.〈喩〉得体が分からない.ろくでもない.

非卖品 fēimàipǐn 非売品.

非命 fēimìng 横(héng)死.非業(yè).〔他 已死于~〕彼はすでに横死をとげた.

非…莫… fēi…mò… どうしても…でないとだめだ:〔非…不可〕に同じ.〔第一功臣~他～属 shǔ〕第一の功労者は彼以外に誰もいない.

非那西丁 fēinàxīdīng 〔非那西汀 tīng〕とも書く.薬フェナセチン(アセトパラフェネチジン):〔醋 cù 酰乙氧苯胺〕〔乙 yǐ 酰非那替丁〕ともいう.

非那宗 fēinàzōng ⇒〔安 ān 替比林〕

非难 fēinàn 非難する.なじる.

非农 fēinóng 農業以外の産業.〔~户口〕都市戸籍.〔~产值〕農業を除く産業の生産高.

非诺尔 fēinuò'ěr ⇒〔酚 fēn〕

非企业法人 fēi qǐyèfǎrén 非企業法人.

非亲非故 fēiqīn fēigù 親戚でも知人でもない.〈喩〉まるで関係がない.

非人 fēirén 〈文〉①人でなし.悪人.②人間としてみない.〔~的待遇〕非人道的な待遇.〔~酷 kù 刑〕残虐な刑罰.③旧障害者.④㊑(仏教の)夜叉(yè)・羅刹(shà)

非生产劳动 fēishēngchǎn láodòng 圖非生産労働.

非时 fēishí 適時ではないこと.正しい時でないこと.

非…所… fēi…suǒ… …するところではない.〔当时情景～语言～能形容〕当時のありさまはとても言葉で形容できるものではない.

非特 fēitè ⇒〔非但〕

非条件反射 fēitiáojiàn fǎnshè 無条件反射:〔无 wú 条件反射〕ともいう.

非通商港 fēi tōngshānggǎng 法避難や緊急時以外は外国船の入港を禁じた港.

非同 fēitóng …と違う.格段に…である:後に状況を表す語を置く.〔~小可〕小事ではない.ただごとではない.〔~寻 xún 常〕〔~一般〕〔~凡响 xiǎng〕普通ではない.格別である.例外である.

非统 fēitǒng ⇒〔非洲统一机构〕

fēi~féi

非统招 fēitǒngzhāo 全国統一大学入学試験によらず,各大学が学生を募集すること.〔~学生〕同前による入学生.
非徒 fēitú ⇒〔非但〕
非望 fēiwàng 〈文〉分不相応な望み.分に過ぎた望み.
非唯 feiwéi ⇒〔非但〕
非暴力抵抗 fēiwǔlì dǐkàng ⇒〔非暴力運動〕
非笑 fēixiào 嘲笑する.そしり笑う.
非心 fēixīn 〈文〉正しくない心.邪心.
非刑 fēixíng 不当な刑罰.〔~毒打〕〔~拷打〕不法に拷問する.
非要… fēiyào… ⇒〔非得〕
非议 fēiyì 〈文〉非難(する).論議(する).〔招来~〕非難をまねく.
非意 fēiyì 〈文〉思いもよらない.意外である.
非营利组织 fēiyínglì zǔzhī 民間非営利組織(団体).NPO.〔营〕は〔盈〕とも書く.
非有先生 fēiyǒu xiānsheng 仮説の人名.そんな人はないという名の人:〔吴 wú (无) 有人〕〔梅 méi (没) 有仁〕などと同じく一種のしゃれ言葉.
非再生资源 fēizàishēng zīyuán 再生不可能資源.
非战斗员 fēi zhàndòuyuán ⇒〔非戦闘員〕
非政府组织 fēizhèngfǔ zǔzhī ⇒〔非官方団体〕
非正式 fēizhèngshì 非公式である.非公式(の)
非织造布 fēi zhīzàobù 不織布.
非职务发明 fēizhíwù fāmíng 非職務発明.
非智力因素 fēizhìlì yīnsù 非知能的要素.
非致命武器 fēizhìmìng wǔqì 非殺傷兵器.非致死性兵器.
非洲 fēizhōu アフリカ州:〔阿ā非利加洲〕の略.〔亚 yà 非各国〕アジア・アフリカ諸国.〔~统一机构〕統一アフリカ統一機構.OAU.〔黑~〕ブラックアフリカ.
非洲鲫鱼 fēizhōujìyú 〔鱼〕ティラピア:〔罗 luó 非鱼〕ともいう.

〔菲〕 fēi ①〈文〉花盛りでよい香りがする.〔芳 fāng~〕芳しい.→〔菲菲〕 ②〔化〕フェナントレン〔品 pǐn 三苯〕ともいう. → fěi
菲尔茨国际数学奖 fēi'ěrcí guójì shùxué jiǎng フィールズ賞.
菲菲 fēifēi 〈文〉(花の)きれいで芳しいさま.
菲律宾 fēilǜbīn フィリピン:正式には〔~共和国〕.首都は〔大 dà 马 mǎ 尼拉市〕メトロ・マニラ).〔奎 kuí 松城〕(ケソン)は旧首都.〔胙 féi 力宾〕とも書いた.
菲佣 fēiyōng 〈方〉フィリピンの女中・お手伝い:〔菲姆〕ともいう.

〔啡〕 fēi 訳音字.〔咖 kā ~〕コーヒー.〔吗 mǎ ~〕モルヒネ.
啡儿啡的 fēi'rfēide 〈方〉怒ったさま.ぶんぶんするさま.〔沸儿沸儿的〕とも書く.〔气得他~的〕怒ってぶんぶんしている.

〔骓・骓〕 fēi 〈文〉①副馬(控)〔骊 sì 马〕(四頭立ての馬車)の両外側の馬.内側の馬を〔服 fú〕といい,外側の馬を〔~〕または〔骖 cān〕という.②馬の通称.

〔绯・緋〕 fēi ①〔色〕緋(ʰ)の色(の).赤色(の) ②〔色〕赤の練り絹.
绯红 fēihóng 〔=〔火红②〕〔色〕深紅(色の).濃紅(色の)
绯绿 fēilǜ 赤色と緑色.〔~社戏〕〔剧〕宋代の雑劇:赤や緑の服を着て演じた低俗なもの.
绯闻 fēiwén 艶聞.(男女間の)スキャンダル・ゴシップ:〔桃 táo 色新闻〕ともいう.

〔扉〕 fēi ①門のとびら.〔柴 chái ~〕〈文〉柴の折戸.〈転〉粗末な住居.③〈姓〉扉().

扉画 fēihuà (書籍の)扉絵.
扉页 fēiyè ①(書物の)①〔書物の〕表紙の後の第一ページ.〔封 fēng 面②〕〔封一〕に同じ.②見返し:表紙(または裏表紙)の裏.〔衬 chèn 页〕

〔蜚〕 fēi 〈文〉飛ぶ:〔飞①〕に通ずる. → fěi
蜚短流长 fēiduǎn liúcháng ⇒〔飞短流长〕
蜚色 fēisè 〈文〉①顔色.気色.②〈喩〉大げさな文章の調子.
蜚声 fēishēng 〈文〉名を馳せる.有名になる.〔~银坛〕映画界で有名になる.〔~于海内外学术界〕国内外の学術界で有名である.
蜚语 fēiyǔ =〔飞语〕噂.デマ.〔~流言〕流言蜚(ʰ)語.

〔霏〕 fēi 〈文〉①(雪や小雨などが)降りしきる.〔雨 yǔ 雪霏~〕同前.②漂う.〔烟~云敛 liǎn〕もやがたなびき雲がおさまる.
霏霏 fēifēi 〈文〉降りしきるさま.〔雨雪〕雨風が降りしきる.
霏微 bēiwēi 〈文〉立ちこめるさま.〔烟雨〕霧雨が立ちこめている.

〔鲱・鯡〕 fēi 〔鱼〕ニシン(総称):〔鯟 liàn〕〔〈方〉青 qīng 条鱼〕ともいう.〔太平洋~〕ニシン.〔~鱼籽 zǐ〕数の子.

〔肥〕 féi ①脂肪分の多い.肉質のよい.肥えている:多く食用の動物についていう.〔这只鸭子很~〕このあひるは非常に肉づきがよい.→〔胖 pàng〕 ②(衣服が)大きくゆったりしている.だぶだぶしている.〔衣服很~〕服をゆるめに作った.〔这条裤子太~了〕このズボンは全くだぶだぶだ.↔〔痩 shòu ③④〕 ③肉食品の脂身(ボ「ʰ)〔这块肉~的少,瘦的多〕この肉は脂身が少なく赤肉が多い.④(地味が)肥えている.〔这块地很~〕この土地は地味が肥えている.〔~床 chuáng〕〔農〕土の肥えている苗床.⑤土地を肥やす.施肥をする.→〔肥田〕 ⑥不当な利益を得る.不正常にもうけている.〔他最近~起来が近頃かれは懐具合がよくなってきた.〔专想~己〕私腹を肥やすことばかり考えている.⑦利益.もうけ.うま味(ᵃ).〔分~〕もうけを分ける.〔抄~〕うまい汁を吸う.⑧肥料.〔氮 dàn ~〕窒素肥料.〔积 jī ~〕堆肥(を作る).〔颗粒~料〕粒状肥料.〔底 dǐ ~〕根肥(ba).もと肥.〔追 zhuī ~〕追肥.〔害 hài〕インキ肥料による被害.⑨〈姓〉肥(ᵖ)
肥差 féichāi 役得のある官職.
肥肠(儿) féicháng(r) 〔食〕豚の大腸.
肥大 féidà ①(衣服や体が)大きい.〔身体~〕体が太って大きい.〔衣服~〕服が大きくてだぶだぶしている.〔叶 yè 子~〕葉が大きい.↔〔痩 shòu 小〕 ②〔医〕肥大.〔前列腺~〕前立腺肥大.
肥地 féidì ⇒〔肥田〕
肥嘟嘟 féidūdū でぶでぶ太っているさま:〔〈方〉胖脾 dā 脾〕ともいう.
肥分 féifèn 肥料の有効成分の割合:パーセントで表す.
肥滚滚 féigǔngǔn 〈方〉ころころ太っているさま.〔~的小猪崽〕太ってころころした子豚.
肥厚 féihòu 肥えて厚い.〔~的手掌〕厚手のひら.〔不快の油水很~〕別途の収入が非常に多い.
肥活 féihuó ①(土壌などが)肥えている.②〔=~儿〕うまい仕事.もうけの大きい仕事.
肥己 féijǐ 私腹を肥やす.自己のためにする:〔自 zì 肥〕に同じ.
肥力 féilì 土壌の肥沃さ.
肥料 féiliào ①肥料.〔钾 jiǎ 质~〕カリ肥料.
肥溜溜 féiliūliū ①肉がついて艶がある.②豊か

féi~fěi

である.〔过着～的日子〕豊かな生活をしている.

肥马轻裘 féimǎ qīngqiú 〈喩〉(富豪や貴紳などの)馬車や衣服の立派なこと.

肥煤 féiméi コークス用炭:有烟炭の一種.→〔煤①〕

肥美 féiměi ①脂がのっていておいしい.〔～的羊肉〕同前のマトン.②(地味が)肥えている.〔～之地〕肥沃な土地.

肥嫩 féinèn (肉などの)肥えて柔らかい.

肥腻 féinì (肉や魚の)脂が多すぎる.こってりしている(食べる気がしない)

肥年 féinián 豊かな年.豊かな正月.〔过一个～〕豊かな正月を迎える.

肥胖 féipàng 太っている.でぶでぶしている.〔～症 zhèng〕肥満症.

肥缺 féiquē 金になる役職.実入りのいい地位:〔美 měi 缺〕ともいう.

肥饶 féiráo (土地が)肥沃である.

肥肉 féiròu ①脂身.〔～大酒〕うまい肉によい酒.〈喩〉ぜいたくな料理.↔〔瘦 shòu 肉〕うまいこと.うまいもの.〔这块～吃上了〕うまい物にありついた.いい事にうまくぶちあたった.

肥实 féishí 〈口〉①脂ぎってがっしりしている.〔他家的猪养得真great〕彼のところの豚は実によく肥えている.②たっぷりある.十分ある.〔肥肥实实〕同前の重畳形.

肥瘦儿 féishòur ①(衣服・穿き物の)ゆるいかきついかの程度.②(動物や肉などの)肥えているか瘦せているかの程度.③〈口〉脂身と赤身が半々の豚肉.

肥水 féishuǐ ①養分に富む水.〈喩〉うまい汁.甘い汁.〔～外流〕甘い汁をよそに取られる.〔不流外人田〕利益を一人占めにすること.門戸を開放せず閉鎖主義をとる.

肥硕 féishuò 〈文〉(果実,また肢体が)肥えて大きい.

肥私 féisī 私腹を肥やす.〔损 sǔn 公～〕国家に損を与え同前.

肥酸 féisuān ⇒〔己 jǐ 二酸〕

肥田 féitián =〔肥地〕〔肥土〕地味の肥えた田畑.②田畑に肥料を施す.

肥田草 féitiáncǎo 肥料になる草:〔苜 mù 蓿〕(ウマゴヤシ),〔紫 zǐ 云英〕(レンゲソウ)など.

肥田粉 féitiánfěn 〔硫 liú 酸铵〕(硫酸アンモニウム,硫安)の俗称.〔这批货可以换回～来〕この品物を硫安とバーターすることができる.

肥田料 féitiánliào 肥料.〔肥料〕ともいう.

肥头大耳 féitóu dà'ěr 〈成〉ぶくぶくと肥えたさま:多くけなす場合に用いる.

肥孑子儿 féitóuzǐr →〔无 wú 患子〕

肥土 féitǔ ①沃土.よく肥えた土.②⇒〔肥田①〕

肥沃 féiwò 地味のよいこと.↔〔瘠 jí 薄〕

肥效 féixiào 肥料の効力.

肥腴 féiyú ①肥沃である.②太っている.

肥育 féiyù 肥育(する):家畜・家禽を屠殺する一定期間前に穀物飼料を用いて太らせること.〔育肥〕〔催 cuī 肥〕ともいう.

肥源 féiyuán 肥料の原料の供給源.〔开辟～〕同前を開拓する.

肥仔 féizǎi 〈方〉でぶの(男の)子.

肥皂 féizào ①石けん:〔〈方〉洋 yáng 碱〕〔〈方〉胰 yí 子①〕ともいう.〔～水〕石けん水.〔钾 jiǎ ～〕〔绿 lǜ ～〕カリ石けん.〔～盒〕石けん箱.〔～泡(沫)〕シャボン玉.石けんの泡.〔～剧 jù〕ソープオペラ:テレビ・ラジオの連続メロドラマ.〔视 jiàn 油〕〔香 xiāng 皂〕②〔～树 shù〕=〔荚 jiá 迪〕シャボテンサイカチ:マメ科.昔時,果実の莢(き)を水とともに砕き洗濯に用いた.

肥皂油 féizàoyóu ⇒〔乳 rǔ 化油〕

肥猪 féizhū ①肥えた豚.〔～拱 gǒng 门〕〔～滚 gǔn 门〕肥えた豚が鼻で門を開けて入ってくる.〈喩〉鴨が葱を背負って来る.棚からぼた餅.②〈喩〉でぶ.

肥壮 féizhuàng (動・植物が)よく育って丈夫である.

〔淝〕 féi 〔～水〕囮安徽省を流れる古水名.古戦場として有名.②〈姓〉淝(ʷ)

〔蜰〕 féi ⇒〔臭 chòu 虫〕

〔贲・賁〕 féi 〈姓〉賁(ʷ) → bēn bì

〔腓〕 féi 〈文〉①ふくらはぎ.こむら:〔〈口〉小 xiǎo 腿肚(子)〕に同じ.②(草木が)枯れる.

腓肠肌 féichángjī 〔生理〕ふくらはぎの筋肉.

腓骨 féigǔ 〔生理〕骨腓(ʷ).〔小 xiǎo 腿〕

腓尼基 féiníjī 〈音訳〉(古代の)フェニキア.〔～文字〕フェニキア文字.

〔朏〕 fěi 〈文〉新月が光り始める.

〔诽・誹〕 fěi 人を非難する.そしる.〔腹 fù ～〕口に出さないで心中で人を非難する.

诽谤 fěibàng 誹謗(ほう)する.そしる.あしざまに言う.〔～罪 zuì〕名誉毀損罪.→〔毁 huǐ 谤〕

〔匪〕 fěi (Ⅰ)①強盗.匪賊.〔不是兵,就是～〕兵隊でなければ匪賊だ:旧時,ろくでなしの見本.〔～案 àn〕匪賊による事件.②浮わついているふざけている模様.恐らくは何かまっとうな派人彼の格好はふざけたもので,おそらくまっとうな人間ではないだろう.

(Ⅱ)〈文〉…ではない.…でない.〔我心～石〕わたしの心は石のようではない.〔得之～易〕〈成〉これを得るのはたやすくはない.

匪帮 fěibāng 土匪・匪賊・ギャングなどの群れ.匪賊仲間.賊の一味:敵側の軍・政治団体などを見下げていう.〔～特务〕敵側のスパイ.

匪巢 fěicháo =〔匪窟〕〔匪窝儿〕〔匪穴〕匪賊の巣窟.

匪盗 fěidào 匪徒.盗賊.

匪谍 fěidié 匪賊のスパイ.敵のスパイ.

匪话(儿) fěihuà(r) やくざ・ごろつき・賊徒仲間の合言葉・符丁.→〔黑 hēi 话〕

匪患 fěihuàn 匪賊による災難.

匪祸 fěihuò 匪賊による被害.

匪警 fěijǐng 110番に〔报 bào 警〕に同じ.〔～火 huǒ 警〕

匪军 fěijūn 匪賊の軍隊.敵軍.

匪窟 fěikū =〔匪巢〕

匪类 fěilèi 無頼の徒.

匪里匪气 fěilǐ fěiqì 下品なさま.下司っぽいさま.

匪气 fěiqì ①下品である.下司である.不真面目である.〔～的话〕下品の話.他穿起相当漂亮的衣裳,也一点不显着～〕彼はかなり派手な服を着ても少しも嫌味は感じられない.

匪首 fěishǒu 匪賊の頭(かしら).

匪特 fěitè 敵側の特務工作員.→〔匪帮〕

匪徒 fěitú ①悪党.無頼漢.②盗賊.

匪窝儿 fěiwōr =〔匪巢〕

匪穴 fěixué =〔匪巢〕

匪言村话 fěiyán cūnhuà 下劣な言葉.卑俗な言葉.

匪夷所思 fěiyí suǒsī 〈成〉思いがけない.普通では

fěi~fèi

[悱] **fěi** 〈文〉①言おうとして言い得ない(さま).〔不~不発〕〔論語〕心中に理解していながらも言葉にできない場合になって初めて教える. ②心中哀れみ悲しむこと.→〔悱惻〕

悱惻 **fěicè** 〈文〉心の中で悲しみ哀れむ.

[菲] **fěi** ①薄い.軽い.少ない.〔报酬~薄〕報酬が少ない. ②菌菰（じ）の類. → fēi

菲薄 **fěibó** 〈文〉①(能力や財力などが)弱い.(待遇などが)薄い,軽い. ②けなす.〔不要妄 wàng 自~〕訳もなく自分を軽んじてはならない.〔他为了一党,举出了党内许多事情〕彼は党をけなすために,党内のいろいろなことを挙げた.

菲才 **fěicái** ＝〔菲质〕〈文〉鈍才.愚かな者(謙辞)

菲敬 **fěijìng** ⇒〔菲仪〕

菲礼 **fěilǐ** 同下.

菲仪 **fěiyí** ＝〔菲敬〕〔菲礼〕〈謙〉粗末な贈り物.粗品.

菲质 **fěizhì** ⇒〔菲才〕

菲酌 **fěizhuó** ＝〔薄酒〕.〔敬备~,恭候光临〕〈牘〉粗酒をそなえておいでをお待ちしております.

[斐] **fěi** ①〈文〉(文章が)あやがあって美しい.〔優美である. ②顕著である.〔成绩~然〕成績が優れている. ③〔音訳〕(ギリシア文字)φフィー.→〔希 xī 腊字母〕 ④〔姓〕斐（ひ）

斐济 **fěijì** フィジー.正式国名は〔~群島共和国〕:南太平洋にある群島国家.首都は〔苏 sū 瓦〕(スバ)

斐然 **fěirán** 〈文〉①(文才が)すぐれているさま.〔文辞~〕文章が華やかで美しい. ②目立っている.めざましい.

[棐] **fěi** 〈文〉補佐する.

[榧] **fěi**

榧实 **fěishí** 同下.

榧子 **fěizi** ①＝〔文〕榧实〕〔〈口〉三 sān 代果〕〔玉 yù 山果〕カヤの実:薬用する.また塩味をつけたものを〔香 xiāng ~〕といい,食用する. ②同下. ③親指と中指をひねって音をたてること.〔打~〕指を鳴らす.

榧子树 **fěizishù** 圃カヤ(近縁種):イチイ科の常緑高木.建築用材になる.〔榧子②〕は通称.香気があり〔香 xiāng 榧〕ともいう.

[蜚] **fěi**

蜚蠊 **fěilián** 虫ゴキブリ(アブラムシ):〔蟑 zhāng 螂〕に同じ. 〔~科全虫ゴキブリ科. → fēi

[翡] **fěi** ①固毛の赤い鳥. ②〔姓〕翡（ひ）

翡翠 **fěicuì** ①＝〔翠玉〕鉱ひすい:〔翠玉〕〔硬 yìng 玉〕ともいう.〔~(绿)玉〕②同前.ⓑエメラルド. ②＝〔翠鸟〕〔水 shuǐ 狗②〕〔鱼 yú 狗〕鳥カワセミ.〔~鸟〕同前.〔赤~〕〔赤 chì 羽雀〕鳥アカショウビン.

翡翠石 **fěicuìshí** ＝〔蓝 lán 宝石〕

[筐] **fěi** 〈文〉円形の竹製の容器.筐(かご)の類.→〔筐 kuāng ①〕

[菲] **fèi** →〔蔽 bì 菲〕→ fú

[肺] **fèi** ①生理肺臓.〔硅 guī ~〕硅肺(職業病). ②〈文〉心の中.→〔肺腑①〕

肺癌 **fèi'ái** 医肺がん.

肺病 **fèibìng** ＝〔肺痨〕〔〈口〉肺病〕.→〔肺结核〕〔痨 láo (病)〕

肺肠 **fèicháng** 肺と腸.〔転〕心.心意.〔不知是何~〕どういう気か分からない.

肺尘埃沉着病 **fèichén'āi chénzhuóbìng** 医塵肺:〔尘肺〕は通称.

肺动脉 **fèidòngmài** 生理肺動脈.

肺风 **fèifēng** ⇒〔肺炎〕

肺腑 **fèifǔ** ①肺臓.〈転〉心の底.真心.〔~话〕〔~之言〕真心をこめた話.誠意のある話.〔~里掏出来的话〕心の底から打ちあけた話. ②〈喩〉親密な関係または人.

肺肝 **fèigān** 肺と肝.〈転〉真情.〔如见其~然〕心の中を見るように誠意真情がよくわかる.

肺活量 **fèihuóliàng** 肺活量.

肺结核 **fèijiéhé** 医肺結核:〔肺病〕は通称.中医痨 láo (病)ともいう.

肺静脉 **fèijìngmài** 生理肺静脈.

肺痨 **fèiláo** 中医肺病.＝〔肺劳〕とも書く.〔肺病〕に同じ.

肺瘰 **fèiluǒ** 中医肺にできる瘰癧(れき).肺結核.→〔肺结核〕

肺脓肿 **fèinóngzhǒng** 医肺膿瘍＝〔中医肺痈〕ともいう.

肺泡 **fèipào** 生理肺胞.

肺气肿 **fèiqìzhǒng** 医肺気腫:肺の弾力性がなくなって,肺臓が異常にふくれる病気.

肺切除术 **fèi qiēchúshù** 医肺切除手術.

肺鼠疫 **fèishǔyì** 医ペスト.

肺栓塞 **fèishuānsè** 医肺塞栓.

肺水肿 **fèishuǐzhǒng** 医肺水腫.

肺体操法 **fèi tǐcāofǎ** 深呼吸法.

肺吸虫 **fèixīchóng** =〔肺蛭〕肺ジストマ.

肺心 **fèixīn** 生理心肺.〔~机能〕呼吸器・循環器系機能.〔~病〕医肺性心.肺心症.

肺循环 **fèixúnhuán** 生理肺循環.小循環.

肺炎 **fèiyán** ＝〔肺风〕医肺炎.

肺叶(儿) **fèiyè(r)** 生理肺葉.

肺蛭 **fèizhì** ⇒〔肺吸虫〕

肺痈 **fèiyōng** ⇒〔肺脓肿〕

肺鱼类 **fèiyúlèi** 魚貝肺魚類:水中では鰓で呼吸し,空気中では肺で呼吸する魚類.

肺脏 **fèizàng** 生理肺臓.

肺蛭 **fèizhì** ＝〔肺吸虫〕

[吠] **fèi** 〈文〉(犬が)ほえる.〔鸡 jī 鸣犬 quǎn ~〕鶏が鳴き犬がほえる.〔狼只会嚎 háo 不会~〕狼は遠ぼえはするが(犬のように)鳴かない.→〔叫 jiào (I)〕〔嘷 xiào ①〕

吠日 **fèirì** 四川省地方は霧が多く,太陽を見ることが少ないことを誇張してその地方の犬は太陽が出るとこれに向かってほえるという.〈喩〉見識が狭く平凡な事でも不思議に思うこと.〔蜀 shǔ 犬~〕〈成〉同前.

吠舍 **fèishě** 史バイシャ:(インドの)カーストにおける平民.〔吡 pí 舍〕ともいう.→〔种 zhǒng 姓(制度)〕

吠陀 **fèituó** 宗ベーダ:〔婆 pó 罗门教〕(バラモン教)の根本聖典.〔吡 pí 陀〕ともいう.

吠形吠声 **fèixíng fèishēng** ⇒〔一 yī 犬吠形,百犬吠声〕

吠影吠声 **fèiyǐng fèishēng** ⇒〔一 yī 犬吠形,百犬吠声〕

[沸] **fèi** ①(湯が)沸く.(湯を)沸かす.〔将生煮~〕水(湯)を沸かがす.〔~油〕煮えたぎる油. ②(水などが)わき出る.〔心潮~涌 yǒng〕〈慣〉心が激しく波立つ. ③〈喩〉騒がしい.

沸点 **fèidiǎn** 物沸騰点.沸点.→〔滚 gǔn 水度〕

沸反盈天 **fèifǎn yíngtiān** 〈喩〉無茶苦茶な大騒ぎ:議論するさま.〔大家一地嚷起来〕みんながわいわいと騒ぎだした.〔消息一地传开了〕ニュースがぱっと広がった.

fèi 沸狒费镄废

沸羹 fèigēng 〈喩〉(話し声の)騒々しいさま.
沸滚 fèigǔn =〔滚沸〕煮えたぎる.
沸泉 fèiquán 〔地〕沸騰する温泉.
沸热 fèirè 煮えたぎっている.
沸水 fèishuǐ 煮えたぎる水;〔开 kāi 水〕に同じ.
沸腾 fèiténg ①沸騰する.たぎる.煮えかえる. ②水がわき出るさま. ③わきあがる.〔物议~〕議論が沸

〔狒〕 fèi 動ヒヒ:通称〔狒狒〕.〔黄 huáng~〕キイロヒヒ.〔阿ā拉伯~〕マントヒヒ.
狒狒 fèifèi 動ヒヒ.〔狗 gǒu 头猕猴亚科〕(ヒヒ属)のサル.

〔费・費〕 fèi ①費やす.消費する.〔花~〕浪費する.〔~鞋 xié〕靴が減りやすい. ②不経済である:金・時間・労力が余分にかかる.〔~电 diàn〕電気をくう.↔〔省 shěng②〕 ③厄介である.面倒である.〔把~猜 cāi 的问题解开了〕なぞ解きがむずかしかった問題がやっと解けた.〔~眼〕見るのに骨が折れる.目が疲れる. ④料金.手数料.費用.〔保 bǎo 险~〕保険料.〔丧 sāng 葬~〕葬祭料.〔住 zhù 院~〕入院費用.〔安 ān 家~〕転勤手当. 〔免 miǎn~〕無料にする.↔〔收〈牧〉费〕
费边社会主义 fèibiān shèhuì zhǔyì 〈音義訳〉フェビアン社会主義:〔费边社〕〔费边协会〕フェビアン協会.
费菜 fèicài キリンソウ:ベンケイソウ科の多年生草本.夏に黄色の小花をつける.
费唇舌 fèichúnshé ①口数をきく.長い言葉を費やす:〔费唾沫〕〔费嘴皮子〕ともいう. ②説明または解釈が容易でない.
费厄泼赖 fèi'è pōlài〈音訳〉フェアプレー.
费尔 fèi'ěr〈音訳〉フィルス:イラク・ヨルダンなどの補助通貨単位名.1000〔~〕が1〔第 dì 纳尔〕(ディナール)
费改税 fèigǎishuì 手数料から税金(の徴収)にかえる(政策)
费工 fèigōng 手間がかかる.手数がかかる.〔这个活儿很~〕この仕事は手間がかかる.
费工夫 fèigōngfu 手間がかかる.暇をつぶす. ②手間がかかる.時間が不経済だ.手数をかける.
费话 fèihuà ①余計な話をする.〔趁乹儿去,别在这儿~〕ここでいらないことを言ってないで早く行きなさい.〔不用~〕ぐずぐず言うな. ②=〔费嘴〕口を酸っぱくして説得する.〔这件事得费点话才能叫你明白〕この事は細かく話さなければ,わかってもらえない.
费解 fèijiě わかりにくい.難解である.
费尽 fèijìn 使い尽くす.〔~心力〕〔~心机〕〈成〉智恵をしぼる.
费劲(儿) fèijìn(r) 力がいる.骨が折れる.〔下车还得 děi 真费点儿劲儿呢〕車を降りるのもちょっと大変だね.〔没白~〕骨折り甲斐(がい)がある.
费力 fèilì ①骨を折る.精力を費やす.〔~不讨好〕骨折り損のくたびれもうけ. ②事がやりにくい.てこずる.
费率 fèilù 費用率.特に保険料率.
费洛蒙 fèiluòméng 〔生理〕フェロモン:〔外 wài 激素〕〔信 xìn 息素〕ともいう.
费米子 fèimǐzǐ 物 フェルミ粒子:電子・陽子・中性子など.〔玻 bō 色子〕
费难 fèinán ⇒〔费事〕
费钱 fèiqián ①金を使う.金銭を浪費する. ②金がかかる.不経済である.↔〔省 shěng 钱〕
费神 fèishén ⇒〔费心〕
费时 fèishí ①時間を費やす. ②時間がかかる.↔

〔省 shěng 时〕
费事 fèishì =〔费难〕面倒である.厄介である.煩わしい.↔〔省 shěng 事〕
费手脚 fèishǒujiǎo 面倒である.手間がかかる.
费思索 fèisīsuǒ 考慮を必要とする.熟慮を要する.〔这问题不简单,很~〕この問題は簡単ではなく,よく考慮せねばならない.
费唾沫 fèituòmo ⇒〔费唇舌①〕
费心 fèixīn ①〔费神〕気をつかう.心配をかける.煩わす.面倒をかける. ②〈挨〉ご苦労さま:人に心をつかわせる感謝の意を表す言葉.〔哪里那么~〕お気づかいなく.〔叫您~〕お気をつかわせてすみません.〔~~!〕ご心配をいただきありがとう.→〔分 fēn 心①〕
费心思 fèixīnsi 心を(気を)つかう.配慮する.工夫を巡らす.
费心血 fèixīnxuè 心血を注ぐ.非常に苦心する.〔费了许多心血才做成的〕多大の心血を注いでやってできあがったのである.
费用 fèiyòng 費用.〔生 shēng 活~〕生活の費用.→〔资 zī②〕
费嘴 fèizuǐ ⇒〔费话②〕
费嘴皮子 fèi zuǐpízi ⇒〔费唇舌②〕

〔镄・鐨〕 fèi 化 フェルミウム:超ウラン元素.アクチノイドの一.はじめセンチュリウムと呼ばれたこともある.記号 Fm または Ct.〔鉦 zhèng〕は旧名.

〔废・廢(廃・癈)〕 fèi ①崩れる.消滅する.〔百~俱兴〕〈成〉多くのすたれていたことをすべて復興する. ②廃止する.捨て去る.やめる.やめさせる.〔不平等条约现在都~了〕不平等条約は現在全部廃止された.〔这架机器报~了岂不可惜!〕この機械を廃棄しては惜しいではないか.〔~弃〕廃棄する. ③中途でやめる.〔半途而~〕〈成〉中途でやめる.〔半途而~〕〈成〉〔~教 jiào〕役人になるため教師をやめる. ③無用の(物).効力のなくなった(物).役にたたなくなった(物).〔~地〕荒れすたれるまま放置された土地. ④身体に障害がある.〔残 cán〕同前. ⑤気落ちする.がっかりする.
废弛 fèichí すたれる.ゆるむ.
废除 fèichú 廃棄する.取り消す.〔~条约〕条約を破棄する.
废黜 fèichù 罷免する.地位を奪う:多く王位または特権的地位を取り上げること.
废次 fèicì 劣った(もの).役に立たない(もの).〔~钢材〕不良鋼材.〔知名度或~景点〕知名度が低くかったり,すたれてしまった観光スポット.
废帝 fèidì 廃帝.
废话 fèihuà ①無駄話(をする).〔~又说了一大套〕また長いこといらぬ口をたたいた. ②無駄口をたたく.〔别~〕無駄口をたたくな.→〔费话①〕
废件 fèijiàn ①廃品.廃材. ②不合格品.
废井 fèijǐng〈文〉廃井戸.〔~苍 cāng 苔积〕同前にアオゴケが生える.→〔枯 kū 井〕
废旧 fèijiù 不用になったもの.〔用~纸钉成的本子〕反古紙をとじ合わせたノート.〔~螺丝〕使い捨てられた釘.〔~材料〕使いものにならなくなった資材.
废坑地 fèikēngdì ①廃坑. ②掘ったあとの穴ぼこ.
废立 fèilì ①廃棄と存置. ②旧〔臣下が〕君主を廃し新君主を立てる.
废两改元 fèiliǎng gǎiyuán 旧 従来の〔银 yín 两〕(テール)を廃し,不換紙幣である〔银元〕に換えること(1932年).〔元Ⅲ〕
废料 fèiliào ①廃物.廃材.〔是利用~,利用星期日

fèi～fēn

休息时间,进行义务劳动兴建的)廃材を利用し日曜日休息の時間を利用して奉仕作業を行って建てたものである.②⇒[废物 wu].

废毛 fèimáo くず毛.毛くず.
废棉(花) fèimián(huā) 㓇くず綿.コットンウェイスト.→[飞 fēi 花]
废棉纱 fèimiánshā くず綿糸.
废片 fèipiàn ⇒[废(影)片]
废票 fèipiào ①無効小切手・証券類. ②無効の券・キップ・チケット. ③無効票.
废品 fèipǐn ①[~收购站]不要品買入れ所. ②(工業製品の)不合格品.不良品.[十年来没出过~]10年このかたおしゃかを出したことがない.[~率 lù]不良品率.→[副 fù品] ③<喩>できの悪い卒業生.
废气 fèiqì 排気ガス.廃ガス.[排 pái 气]に同じ. →[三 sān 废]
废汽 fèiqì 不要になって排出される水蒸気.
废弃 fèiqì 廃棄する.放置する.[~物 wù]廃棄物. [把~的土地改成良田]荒れていた土地をいい畑に変えた.[~原判]因原判決を破棄する.
废寝忘餐 fèiqǐn wàngcān <成>寝食を忘れる:[废寝忘餐]|[忘寝废食]ともいう.[~地工作]寝食を忘れて事業する.→[宵 xiāo 衣旰食]
废然 fèirán <文>失望して力のないさま.がっかりするさま.[~而返]がっかりして帰る.
废热 fèirè 廃熱.
废人 fèirén ①身体障害者.[残~]同前. ②役に立たない人.無用の人.
废纱(头) fèishā(tóu) くず綿糸.
废石 fèishí 国廃石.ずり:採掘した鉱石に混じっている無価値な岩石片.
废水 fèishuǐ 工場廃水.
废丝 fèisī くず生糸.
废铁 fèitiě くず鉄.スクラップ.[进口大量的~]大量のくず鉄を輸入する.
废铜烂铁 fèitóng làntiě 廃棄された金属.<喩>無用で廃棄するもの.
废物 fèiwù 廃物.[~利用]廃物利用.
废物 fèiwu =[废料②]=[骂]無能の者.役立たず. [你真是个~]お前は役にもたたぬやつだ.[~点心] <喩>全然役にたたない人物.→[笨 bèn 蛋]
废墟 fèixū 廃墟(ﾍｷｷｮ).
废学 fèixué 中途で学問をやめる.
废液 fèiyè 廃液.工場などで使用した後の不要になった液体.→[三 sān 废]
废(影)片 fèi(yǐng)piàn 映画フィルムのスクラップ.
废油 fèiyóu 廃油.
废约 fèiyuē ①条約を廃棄する. ②解約する.
废渣 fèizhā ①固型廃棄物. ②残りかす.→[三 sān 废]
废止 fèizhǐ 止める(になる).
废址 fèizhǐ 家屋や城の壊れた跡.
废纸 fèizhǐ ①反古(ﾎｺ).紙くず.[作为~]ほごにする.無効とする.[~箱]字紙簍儿(ﾛｳｰ)紙くずかご.[~篓](電車)ゴミ箱. ②回収率]廃紙回収率.②無効になった証券や書類.
废滞 fèizhì <文>中途で廃する.またそうなった事.
废置 fèizhì ①捨てて顧みない. ②(役所・施設などを)廃止する.

[篚・籭] fèi <文>竹むしろ.

[剕(跰)] fèi 因五刑の一.足を切断する刑(に処する).[~刑 xíng]同前.→[肉 ròu 刑]

[痱(疿)] fèi あせも.[热 rè ~]<方>同前. [长 zhǎng ~]あせもができる.
痱子 fèizi あせも.
痱子粉 fèizifěn 汗しらず.てんかふん.タルカムパウダー.→[天 tiān 花粉]

fen ㄈㄣ

[分] fēn ①分ける.分割する.[一个瓜~两半]一つの瓜を二つに分ける.[上午午~两班]午前午後と2組にする.[~三回吃]3回に分けて食べる.[~不开手]手が離せない. ②分配する.配当する.与える.[~土地]土地を分配する. ③弁別する.区別する.見分ける.明らかにする.[~清敌我]敵か味方かはっきり区別する.[不~青红皂白 zào bái]<喩>黒白を明らかにしない. ④全体から分けた(もの).派生した(もの).[~会]分会. ⑤国分(ﾌﾝ).分数.[约 yuē ~]約分(する).[二~之一]2分の1. ⑥点数.得点数(学業成績・スポーツなどの).[~儿]同前.[考了一百~]テストで100点とった.[拿満~]満点をとる.[赛篮球赢了三~]バスケットボールの試合で3点勝った.[五~制]5点評価制度.[得 dé 五~]同前で満点をとる. ⑦量詞.10分の1の割合.[九~收成]九分(ﾌﾝ)の作柄. ⑧<度>計量の単位.[厘 lí (I)①]の10倍.[毫 háo ⑥]の100倍を表す.[(市)~]㋐長さの単位:[(市)尺 chǐ]の100分の1,センチメートルの3分の1に当たる.[十(市)~=一(市)寸 cùn]10分は1寸である.㋑重さの単位: [(市)斤 jīn]の10000分の1(旧制では1600分の1). 約0.5グラムに当たる.[十(市)~=一(市)钱 qián]10分は1銭である.㋒地積の単位:[(市)亩 mǔ]の10分の1,6[平方(市)丈 zhàng](旧制では5[平方丈]).約0.67アール.[五~果树园]半エーカの果樹園. ⑨デシ.記号 d:[公 gōng 制](メートル法)で基準単位の10分の1 (10^{-1})を表す.[~米]デシメートル.[~升]デシリットル. ⑩補助通貨単位.[元 yuán (III)④]<口>块 kuài ③]の100分の1,[角 jiǎo (II)]<口>毛 máo (I)④]の10分の1. ⑪分(ﾌﾝ):時間の単位.[两点二十~]2時20分.[二十~钟]20分間. ⑫分(ﾌﾝ).角度の単位:[度 dù]の60分の1. ⑬金利(の分(ﾌﾝ)):利率の単位. ㋐年利では10分の1,すなわち1割. ㋑月利では100分の1,すなわち1分(ﾌﾝ). ㋒日歩計算では銀100元に対し1分,すなわち1万分の1. ⑭[姓]分.

分班 fēnbān 組分け(する).[~考试]プレースメントテスト.
分半 fēnbàn 1分5厘.[~利钱]1分5厘の利息.
分包 fēnbāo ①(分散して)下請けする.請け負い業務の一部を受け持つ.[~商]下請け業者の.→[承 chéng 包] ②国一座または一人の俳優が1日のうちに数ヵ所へかけもち出演すること.
分保 fēnbǎo 再保険.
分贝 fēnbèi 𫔻デシベル.記号 db:音・電圧・効率などの強さをはかる単位.[~尔 ěr]ともいった.→[方 fāng (II)]
分崩离析 fēnbēng líxī <成>四分五裂する(集団・国家など).
分辨 fēnbiàn 見分ける.[~真正的敌友]真の敵と友を見分ける.[~是非]是非を区別する.[~不出真伪]真偽を見分けられない.[~率为1024×768像素]圖表示解像度は1024×768画素.
分辩 fēnbiàn =[分说]<争う>言い訳する.弁解する.[不容~]有無を言わせない.[无论怎么~也

511

fēn 分

说不过去〕なんと言い訳しようと通らない.〔你还有什么好~的〕まだ何かうまい言い訳があるか.

分表 fēnbiǎo →〔总 zǒng 表〕

分别 fēnbié ①別れる.〔暂时~,不久就能见面〕しばしお別れだ,すぐにまたお会いできます.②区别(する).弁别(する).〔~是非〕是か非かを見分ける.〔~轻重缓急〕軽重緩急を弁別する.→〔区 qū 别②〕〔~处理〕别々に処理する.〔~述说〕分けて述べる.〔~代表双方在协 xié 定上签 qiān 字〕それぞれ双方を代表して協定に調印する.〔个 gè 别 ⑪〕→〔分头①〕

分兵 fēnbīng 軍隊を分けて派遣する.〔~把口〕軍隊を分けて関所を守る.

分拨 fēnbō (人や物を)割り当てる.ふり分ける.〔分派②〕に同じ.

分拨儿 fēnbōr 班やグループに分かれてやる.

分布 fēnbù 分布(する).分配(する)

分部 fēnbù (機械の)部分.〔第二~〕第2支部.

分步到位 fēnbù dàowèi 段階的に目標達成する.

分餐 fēncān 料理を取り分ける.〔~制 zhì〕同前の食事.

分槽喂养 fēncáo wèiyǎng 〔農〕飼料桶を家畜別に分けて飼料を与える.〔~喩〕英才教育

分册 fēncè 分冊.〔分成四~〕4分冊になっている.〔第4~〕第4分冊.

分层抽样 fēncéng chōuyàng 層化抽出.層別抽出.

分拆 fēnchāi 分社化する.子会社化する.〔~上市〕同前して上場する.

分钗断带 fēnchāi duàndài 〈喩〉夫婦が離別する:〔分钗破镜〕ともいう.

分厂 fēnchǎng 分工場.

分场 fēnchǎng ①〔劇〕劇を一場毎に分ける.またその劇.②農場などを区分する.またその分場.

分成(儿) fēnchéng(r) 歩合.分配高.〔四六~〕4ぶ6の歩合.〔~制 zhì〕歩出来高払い.

分炊 fēnchuī 下同.

分爨 fēncuàn =〔分炊〕〈文〉①かまどを別にする:〔分灶①〕に同じ.②〈転〉別居する.→〔分居〕〔析 xī 居〕

分寸 fēncùn 〈文〉寸分.徴細.〔~之功〕わずかな手柄.

分寸 fēncun 適当な尺度.しかるべき範囲.〈転〉分别.けじめ.限度.度合.分際.〔合~〕妥当である.〔说话办事得有~〕言うこともすることにもけじめがなくてはならない.

分大小(儿) fēndàxiǎor ⇒〔认 rèn 大小〕

分担 fēndān 分担(する).〔~费用〕費用を分担する.〔工作由五个人~在短期间内完成〕仕事を5人で分担して短時間でやり上げる.

分档 fēndàng ランク分けする.〔~收费〕等級をつけ費用を取る.〔~仪 yí〕測定器.

分道 fēndào ①行く道を異にする.〔~扬镳 yángbiāo〕〔分路扬镳〕〈成〉おのおの自分の道をたどる.自分の流に従う:〔扬镳〕は馬のくつばみを引くこと.②〔区〕(陆上の)セパレートコース.

分得 fēndé 分け前を手に入れる.

分等 fēnděng 等級別に分ける.〔~论价〕等級によって価格を決める.

分地 fēndì 土地を分配する.→ fèndì

分电 fēndiàn ①分けて打電する.②〔電〕電気を分ける.〔~盘〕配電器.配電盤.

分店 fēndiàn 支店.分店.→〔分行〕

分度 fēndù 〔機〕割り出し.〔機〕直接~法〕直接割りつけ.〔~盘 pán〕〔機〕割り出し盤.〔~头〕〔機〕割り出し台.〔~轮 lún〕〔機〕目盛り車.

分度规 fēndùguī ⇒〔量 liáng 角器〕

分度器 fēndùqì ⇒〔量 liáng 角器〕

分队 fēnduì 〔軍〕分隊:班·小隊·中隊·大隊までの軍組織の一つ.

分而治之 fēn ér zhìzhī 〈成〉分割統治する.

分发 fēnfā ①一つずつ分けてやる.頒布する.②〈文〉人員を任地(または職場)へ送り出す.③(書道の)左にはねる書法.〔~掠 lüè ④〕

分房 fēnfáng 住宅の分配.

分肥 fēnféi 不正に得たものを山分けする.〔教唆 suō 两个孩子行窃,他坐地～〕二人の子供をそそのかして泥棒させ,影の人物は,居ながらにして盗品を山分けする.

分分 fēnfēn ⇒〔纷纷〕

分分儿 fēnfènr 割り前を与える.

分封 fēnfēng ①〔史〕分封.②⇒〔分群〕

分赴 fēnfù それぞれ別の所へ赴く.手分けして行く.

分付 fēn·fù 〔吩咐〕

分甘共苦 fēngān gòngkǔ 〈成〉苦楽をともにする:〔分甘同苦〕〔同 tóng 甘共苦〕ともいう.

分割 fēngē 分割(する).〔~土地〕土地を分割する.〔民主和集中这两方面是统一的,任何时候都不能~开〕民主と集中とは統一のものであって,いかなる時でも分割することはできない.

分隔 fēngé 分割して離す.〔用屏风将房间～开〕部屋を屏風で仕切る.

分工 fēngōng =〔分业〕分業.作業分担.〔~负责制〕責任分業制.持ち場責任制.〔~合作〕分業的に~する.〔国际的分業.〔国 guó 际的分業.〔社 shè 会~〕社会的分業.〔自 zì 然~〕自然的分業.〔随着生产工具的发展,产生了~〕生産用具の発展にともって,〔~工②〕

分工互助 fēngōng hùzhù ⇒〔通 tōng 功互事〕

分公司 fēngōngsī 支店.支社.

分家 fēnjiā 分家·分産の証書.〔写下亲笔~〕分家分产的证书を親筆で書く.

分管 fēnguǎn 分担して受け持つ.

分光计 fēnguāngjì 〔物〕分光計.

分光镜 fēnguāngjìng 〔物〕分光器.

分规 fēnguī ⇒〔分(线)規〕

分行 fēnháng ⇒〔分号〕支店.分店.〔总 zǒng 行〕(本店)に対する支店.→〔分店〕〔支 zhī 行〕

分毫 fēnháo 〈喩〉ほんのわずか.一分一厘(り).〔分厘毫丝〕に同じ.〔~不差 chà〕〔不差~〕少しも間違わない.

分号 fēnhào ①セミコロン.句読符号の“；”.→〔标 biāo 点符号〕

分合 fēnhé 分合.分割と統合.

分红 fēnhóng (企業などが)配当金を与える.利益配当をする.期末利益分配をする.〔有盈余时还可~〕利益があった時には配当を出すことができる.

分洪 fēnhóng 洪水による下流の被害を小さくするために上流で水を分散させること.〔~渠 qú 道〕同前の放水路.

分户 fēnhù 世帯分けする.

分化 fēnhuà ①分化(する).分かれる.〔贫 pín 富两极~〕貧富両極に分化する.②〔物〕分化.〔~手法〕離間策.〔~瓦解 wǎjiě〕〈慣〉ばらばらになる(する).

分还 fēnhuán 分けて返済する.〔~给十名债主〕10人の債権者にそれぞれ返済する.

分会 fēnhuì 分会.

分机 fēnjī (代表電話に接続される)内線.子機.→〔总 zǒng 机〕

分级 fēnjí クラス分け(する).ランク分け(する).〔按学生的年龄程度~〕学生の年齢によってクラスを分ける.〔水果~机 jī〕選果機.

分　fēn

分寄 fēnjì 分送する.それぞれ送る.
分家 fēnjiā ①分家する.〔~单过〕独立して一家を構える. ②分ける.分離する.分割する.
分(家)单 fēn(jiā)dān 家産を分割するための取り決め証書.
分拣 fēnjiǎn〈物を〉別々に選び出す.〔按邮编~信件〕郵便番号によって手紙を仕分ける.〔垃圾~回收〕ごみは分別回収する.
分件轮 fēnjiànlún 〖機〗割出調車.割車(かつしゃ).
分件皮带轮 fēnjiàn pídài lún =〔哈ha夫fū皮带盘〕〖機〗スプリットプーリー.割車.
分疆划界 fēnjiāng huàjiè〈慣〉境界(区画)をはっきり定める.
分角规 fēnjiǎoguī ⇒〔量 liáng 角器〕
分角器 fēnjiǎoqì ⇒〔量 liáng 角器〕
分节法 fēnjiéfǎ 〖数〗大きな数字を書く場合,千の位,百万の位などにコンマを入れて読みやすくする法.
分解 fēnjiě ①解説する.説明する.〔且听下回~〕いかが相成りますかは次回にお話し申しあげます;〔章 zhāng 回小说では〕話の終わりに用いられるきまり文句. ②〖化〗分解(する).〔~热 rè〕〖化〗分解熱. ③〖中医〗病気がよくなりかける.熱が下がる. ④仲裁する.和解させる.〔你去给~一下〕君が行って調停してみてくれ. ⑤分裂(する).〔促使敌人内部~〕敵の内部分裂を促進させる.
分界 fēnjiè 界わける.境界とする.〔河北省和辽宁省在山海关~〕河北省と遼寧省とは山海関を境界にしている.〔~线 xiàn〕ⓐ境界線.ⓑ〈喩〉物事を区別するもの.
分斤掰两 fēnjīn bāiliǎng〈成〉斤を分け両を割る.〈喩〉気が小さくこせこせしていること;〔分金掰两〕〔分斤拨两〕ともいう.
分镜头 fēnjìngtóu (映画などで)カットに分ける.
分居 fēnjū 別居する:一家が別々に暮らす.〔跟父母~〕両親と別居する.〔他承认因圩過她,但不同意~〕彼は彼女を殴ったことを認めるが,しかし別居には同意しない.→〔分爨②〕〔分灶②〕〔析 xī 居〕
分居另爨 fēnjū lìngcuàn 同上.
分居另过 fēnjū lìngguò =〔分居另爨〕〈成〉分かれて暮らす.
分局 fēnjú 分局:〔公安局〕〔税务局〕などの下部.
分句 fēnjù〖語〗(中国文法で)分文:複文を構成する単文.節.〔~单 dān 句〕〔复 fù 句〕
分开 fēnkāi ①分かれる.離れる.〔~过过〕分かれに暮らす. ②分ける.分離する.〔~政企〕政治と企業を分ける.
分科 fēnkē ①学科別にする. ②学科の一部.〔语言学的~〕言語学の一部.
分科目 fēnkēmù 〖画〗仕分ける.
分克 fēnkè〖度〗重量の単位.デシグラム:〔公 gōng 厘〕は旧称.→〔克⑫②〕
分口 fēnkǒu〔-儿〕分けて帰属させる.〔~管理〕部門別に管理する.
分块 fēnkuài 区域を分割する.〔~治理〕地域を分けて管理に責任をもつ.〔~突 tū 围〕分散して包囲網を突破する.〈喩〉組織を身軽にして危機をのりこえること.
分栏 fēnlán (新聞・書籍を)区分けする.
分类 fēnlèi 分ける.分類する.〔~学〕分類学.〔~垃圾 lā jī〕ゴミ分(别)(する).また同前のゴミ.
分类账 fēnlèizhàng 〖商〗仕訳帳.元帳.
分厘 fēnlí ①分毫一分一厘(名).ごくわずか.〔~毫丝〕〔分毫〕〈慣〉同前.〔~不留〕〈慣〉すっかりなくなる(する).→〔分毫〕
分离 fēnlí ①分ける.分離する. ②別れる.離散する.〔~已久〕長く別れている. ③〖化〗分離.

分厘表 fēnlíbiǎo ⇒〔千 qiān 分尺〕
分厘尺 fēnlíchǐ ⇒〔对 duì 角线尺〕
分厘法 fēnlífǎ ⇒〔百 bǎi 分法〕
分厘卡 fēnlíkǎ ⇒〔千 qiān 分尺〕
分厘率 fēnlílǜ 〖商〗分率.〔百 bǎi 分率〕に同じ.
分理 fēnlǐ 分担して処理する.〔~处 chù〕都市銀行の出先.出張所.
分力 fēnlì 〖物〗分力.
分立 fēnlì ①分立する.〔三权~〕三権分立. ②分けて制定する. ③分けて設立する.
分利 fēnlì ①利益を分ける. ②おすそ分けにあずかる. ③〖中医〗発汗させて熱を下げること.
分列 fēnliè それぞれ並べる.列挙する.〔~式 shì〕〖軍〗分列行進して観閲をうける隊形.
分裂 fēnliè 分裂(する.させる).〔~生殖 生命〕分裂生殖.
分灵 fēnlíng 〖圏〗本尊の霊を分けて祭ること.〔从湄 méi 州祖庙~出去的妈 mǎ 祖庙〕(福建省中部にある島の)湄州の御本尊から分かれた媽祖廟.
分流 fēnliú ①分流. ②配置転換する.再配置(する).リストラ(する).
分留 fēnliú 〖化〗分留(する)
分路 fēnlù ①分路.枝路.〔~电阻〕〖電〗分路抵抗.〔~器〕〖機〗シャフト. ②道を分ける.〔分三路进攻〕三方向から攻撃する.
分路塞门 fēnlù sāimén ⓆⒾ分岐点塞栓.
分路扬镳 fēnlù yángbiāo ⇒〔分道扬镳〕
分袂 fēnmèi 別れる.決別する.
分门 fēnmén 部門別にする.〔~別户〕〈喩〉違う形式で流派に分ける.〔~结 jié 党〕それぞれ分かれて党を作る.〔~別类〕〈成〉部門別にすること.→〔群 qún 分类条〕
分米 fēnmǐ ①〖度〗長さの単位.デシメートル:〔公 gōng 寸〕は旧称.〔~波 bō〕デシメートル波.→〔米⑫〕 ②米を分配する.〔福利物資的~分油〕福利物資として与える米や食用油.
分泌 fēnmì 分泌(する).
分蜜 fēnmì 分蜜する:製糖工程の一.
分娩 fēnmiǎn 分娩(する).出産する.
分面 fēnmiàn 〖数〗相交わる2本の線で平面を4つの部分に分けること.
分秒 fēnmiǎo 一分一秒.〔~必争〕〈成〉時間をおろそかにしないこと.
分明 fēnmíng ①はっきり分ける.明らかである.はっきりしている. ②明らかに.明白に.〔那~是谎言〕それは明らかに嘘だ.
分母 fēnmǔ 〖数〗(分数の)分母.
分年摊还法 fēnnián tānhuán fǎ 年賦償還法.→〔摊还〕
分蘖 fēnniè =〔方〕发 fā 棵②〕分蘖(ぶんげつ)する.
分派 fēnpài ①分けて派遣する. ②割り当てる.〔这项费用怎样~呢〕この費用はどういうふうに割り当てるか.〔~盈亏 yíngkuī〕〖商〗損益分配(する).
分傍缝儿 fēnpángfèngr 髪を横に分ける.
分配 fēnpèi ①分配(する).〔~制〕配給制. ②割り当てて配置する.分けて組み入れる.〔~给我的房子〕僕に割り当ててくれた家.〔~他担任…〕…を担当するよう彼の配置を決める.
分批 fēnpī 組を分ける.〔~派遣〕グループに分けて派遣する.
分片 fēnpiàn 区域を細分する.〔~包干〕いくつかの部分に分かれ一部の責任を負う.
分期 fēnqī 時期を分ける.一期一期に分ける.〔~票〕分割払い証書.〔~付款〕〔~交款〕定期分割払いをする.〔~收款〕同前を受けとる.割賦販売する.〔~摊付〕分割払いする.

fēn 分

分歧 fēnqí 不一致である.まちまちである.〔意見～〕意見の不統一.
分清 fēnqīng はっきり分ける.はっきり区別する.
分渠 fēnqú 用水路の支線.→〔渠道〕
分权 fēnquán 分権.
分群 fēnqún =〔分封②〕〔分窝〕囲蜜蜂の分封(鲂)
分任 fēnrèn 分担する.
分润 fēnrùn 利益を分ける.もうけを分配する.→〔分肥〕
分散 fēnsàn ①分散する.分かれ分かれになる.ばらばらになる.〔～力〕團分散能力.〔～主义〕分散主義.②配る.分け与える.
分色镜 fēnsèjìng 物ダイクロイックミラー.
分社 fēnshè 支社.
分设 fēnshè 分けて設置する.〔这家银行～了几个分行〕この銀行はいくつか支店を置いた.
分身 fēnshēn ①都合をつけて別の事をする.〔～乏 fá 术〕いくつ身があっても足りないさま.〔我今天有事不能～〕今日は用事があるから手が離せない.②囲(仏教で)仏や菩薩(肾)が姿をかえて世に現れること.
分身法 fēnshēnfǎ マジックの一種:一つの体をあちらこちらに現していろいろなことをしてみせる.
分神 fēnshén ⇒〔分心〕
分升 fēnshēng 容量の単位.デシリットル. dl:〔公 gōng 合〕は旧称.一字解⑨
分声 fēnshēng ⇒〔边 biān 音〕
分尸 fēnshī 死体をばらばらにする.〔~案 àn〕ばらばら死体事件.
分时 fēnshí 時間を区分する.〔～电价〕時間帯別電気料金.〔～度 dù 假〕会員制のリゾートホテルなどで休日を過すこと.
分时系统 fēnshí xìtǒng 電算タイムシェアリングシステム.時分割方式. TSS.
分式 fēnshì 数分数式.
分手 fēnshǒu ①離れる.別れる.②関係を絶つ.手を切る(恋愛·結婚で).〔和情人真的～了〕愛人と本当に手を切る.〔～散 sàn 去〕離婚して去る.
分守 fēnshǒu 手分けして守る.
分书 fēnshū ①⇒〔八 bā 分③〕②遺産分配証書.
分属 fēnshǔ 分属する.
分数 fēnshù ①数〔～式〕分数式.〔～法〕分数で表す方法.〔～级数〕分数級数.〔～方程式〕分数方程式.〔～系数〕分数系数.〔带 dài ～〕帯分数.〔～指数〕〔分指〕分数指数.〔～线〕分数の横棒.ⓑボーダーライン.合格最低ライン:〔录 lù 取线〕に同じ.②〔-儿〕点数.〔～挂帅 shuài〕点数優先.点取り主義.
分水岭 fēnshuǐlǐng ①分水嶺.〔～线〕ともいう.②分岐点.③河南省南召県の北部にある山.
分水闸 fēnshuǐzhá ⇒〔节 jié 制闸〕
分税制 fēnshuìzhì 経分離課税方式.
分说 fēnshuō ⇒〔分辩〕
分送 fēnsòng ①分けて届ける.②分けて贈る.
分诉 fēnsù〈文〉言い訳をする.申し開きをする.〔有口难 nán ～〕口では言い訳しにくい.
分岁 fēnsuì おおみそかに寝ないで年を送ること:〔守 shǒu 岁〕に同じ.
分摊 fēntān 均等に分担する.割り勘にする.〔均 jūn 摊〕に同じ.〔按 àn 月～〕毎月払いにする.
分体 fēntǐ(機器の)コンポーネント.〔～空调〕コンポーネント・エアコン.
分田 fēntián(土地改革や請け負い制により)土地を分配する.〔～包 bāo 干〕畑を小さく分けてそれぞれ一部分に責任を負う.

分庭抗礼 fēntíng kànglǐ〔分庭优礼〕とも書いた.〈成〉対等に振る舞う.
分头 fēntóu ①=〔分别④〕それぞれ手分けして.〔～办理〕手分けして事を処理する.②髪を分けた頭.
分团(団体で)臨時に設ける分団.
分文 fēnwén〈喩〉〔一分(ˇ)や一文の〕少しの金(ˇ).多く否定に用いる.〔～不值〕一文(ˇ)の価値もない.〔～不取〕一文も取らない.〔伤筋惹气~捞 lāo 不到手〕心配したりいやな思いをしたりしても,びた一文にもありつけない.
分窝 fēnwō ⇒〔分群〕
分析 fēnxī 分析(する).〔～法〕分析法.〔～士〕アナリスト.〔～语〕分析語.〔综 zōng 合语〕
分辖 fēnxiá〈文〉区分して治める.
分(线)规 fēn(xiàn)guī =〔两 liǎng 脚规〕囲ディバイダー.両脚器.
分享 fēnxiǎng(楽しさ·嬉しさを)分かち合う.〔～胜利的喜悦〕勝利の喜びを分かち合う.
分相 fēnxiàng 電相分け.
分销 fēnxiāo 分け売りする.小売りする.〔～店〕代理販売店.
分晓 fēnxiǎo ①はっきりしている.明らかである.〔你去问一问就有～〕君が行って聞いてみればはっきりする.②〈文〉事柄の真相または結果:多く〔见 jiàn〕の後に用いられる.〔究竟谁胜谁负,明天就见～〕誰が勝って誰が負けたかは,明日になればわかる.③道理:多く否定に用いる.〔没～〕道理がない.
分写 fēnxiě 分けて書くこと.→〔连 lián 写〕
分心 fēnxīn ①〔分神〕心配をかける.面倒をかける.〔叫您～了〕ご面倒をかけました.→〔费 fèi 心〕②注意力を分散させる.〔做一件事不可～〕一つの事をやるのに気を散らせてはいけない.
分蓄洪 fēnxùhóng 分流·貯水·遊水させて洪水を防ぐこと.〔～区 qū〕同前の区域.
分压器 fēnyāqì 電分圧器.
分秧 fēnyāng 農田植えする.〔秧田〕(苗代)から苗を取り分ける.〔方〕蒔 shì 秧〕ともいう.→〔插 chā 秧〕
分野 fēnyě〈文〉分野.区分された範囲.限界.〔政治～〕政治分野.
分业 fēnyè ⇒〔分工〕
分阴 fēnyīn 寸陰.わずかな時間.
分忧 fēnyōu 心配を共にする.力になってやる.〔你有什么为难的事,我可以想法子～〕どんな困ったことがあるのですか,わたしが何とかお力になりましょう.
分院 fēnyuàn 分院.
分韵 fēnyùn ⇒〔赋 fù 韵〕
分赃 fēnzāng 盗品を山分けする.
分葬 fēnzàng 夫婦別々の墓に埋葬する.
分灶 fēnzào ①かまどを分ける.〔～吃饭〕〈喩〉個々の利益だけを考え全体の利益を見ないこと.②分家する.
分则 fēnzé 各則:総則に対していう.
分张 fēnzhāng〈文〉別離する.
分掌 fēnzhǎng〈文〉①分担する.②分けて管理する.
分账 fēnzhàng ①一定比率で財産や負債の償還などを配分する.②個別帳簿.→〔总 zǒng 账〕
分针 fēnzhēn(時計の)分針.長針:〔长 cháng 针〕ともいう.→〔刻 kè 针〕〔时 shí 针②〕
分诊 fēnzhěn(病院などで)カルテを分けて各科に示す.〔~台〕同前の部署.〔~护 hù 士〕同前を担当する看護師.
分争 fēnzhēng ①⇒〔分辩〕②分け前(シェア)を争う.

fēn～fén

分支 fēnzhī 枝分かれしたもの．〔～机构〕支部．
分枝 fēnzhī 枝を分ける．〈転〉分家．部分．
分值 fēnzhí ①〔貨幣や現物によって表される労働点数の価値．②点数の配分量．〔作文～〕作文の配点点数．

分指手套 fēnzhǐ shǒutào 〔野球の〕グローブ：〔连lián 指手套〕(ミット)に対していう．→〔手套〕
分至 fēnzhì 因春分·秋分と．夏至·冬至．二分点と二至点：春分点·秋分点·夏至点·冬至点の総称．

分装 fēnzhuāng 分けて入れる．分けて積み込む．
分子 fēnzǐ ①数〔分数の〕分子．②物分子：物質の構成単位．〔～式〕分子式．〔～量〕分量：〔相対の質量〕の略．〔～热〕分子热．〔～力〕分子力．〔～结构〕分子構造．〔～筛 shāi〕化モレキュラーシーブ．

分子筛 fēnzǐshāi → fēnzǐ
分总成 fēnzǒngchéng 機械(全体)の一部．ある部分のひとそろい．→〔总成〕
分总图 fēnzǒngtú ＝〔部 bù 分总合图〕複雑な機械などの、1枚の図面〕には表せない部分図．
分租 fēnzū 分割して貸す．又貸しする．〔不得将房屋～〕家屋を又貸ししてはならない．
分组 fēnzǔ 組分けする．組に分ける．〔～讨论会〕分科会．〔電電〕パケット．〔～通信〕パケット通信．

〔芬〕 fēn
①香り．香気．清々しい．②芳しい．香りよい．〈姓〉芬(ñ)
芬芳 fēnfāng 芳しい．〔～四溢〕馥郁(ふく)とした香りがあたりに満ちる．
芬菲 fēnfēi 〈文〉乱れるさま．
芬馥 fēnfù 香り高く芳しいさま．
芬兰 fēnlán フィンランド．正式国名は〔～共和国〕：首都は〔赫 hè 尔辛基〕(ヘルシンキ)．〔～浴 yù〕サウナ風呂．〔桑 sāng 拿(浴)〕は音義訳．
芬烈 fēnliè 〈文〉香りが強烈である．
芬尼 fēnní ペニヒ：ドイツなどの補助通貨単位名．〔分尼〕〔盘 pán 尼〕とも書いた．→〔马 mǎ 克〕
芬香 fēnxiāng 芳しい．
芬郁 fēnyù 香り高い．非常に芳しい．

〔吩〕 fēn
①→〔吩咐〕②〈度〉1吋(インチ)の8分の1．→〔角 jiǎo 8⑧〕
吩咐 fēn·fù 言いつける．申しつける．命ずる．〔付分〕とも書いた．〔主人～她拿茶来〕主人が彼女にお茶を持ってくよう言いつける．〔父亲～大哥务必八点以前赶回来〕お父さんは兄さんに必ず8時前に帰るよう申しつけた．〔我们俩做什么，由你～吧〕わたしたち二人は何をするのか、あなたから言いつけてください．

〔纷·紛〕 fēn
①入り乱れる．からみ合う．②紛糾．争い合い．〔解 jiě ～〕
紛争を解決させる．③〈姓〉纷(ñ)
纷呈 fēnchéng 次々と現れる．
纷繁 fēnfán ごたごたして多い．煩雑である．〔～复杂〕同前．〔头绪～〕筋道が複雑である．
纷飞 fēnfēi (花びら·雪などが)飛び交う．舞う．〔战火～〕あちこちで戦火に見舞われる．
纷纷 fēnfēn ＝〔＜文＞纷纷〕①続々と．しきりに．どしどしと．次々と：連続して断えないさま．〔～扬扬〕同前．〔恶è 革～〕悪評紛紛(々)．〔海外各方～与我国建立贸易关系〕海外各地が続々わが国と貿易関係を持ち始めている．〔大家～地提出了意见〕皆が続々と意見を出した．〔意见～的很得多〕意見がまちまちである．〔不一～成〕議論がばらばらで取りとめがない．
纷华 fēnhuá 華やかでにぎやかである．
纷来 fēnlái ⇒〔纷至〕

纷乱 fēnluàn 入り乱れる．ごたごたする．
纷纶 fēnlún 〈文〉ごたごたとした様子．
纷披 fēnpī 〈文〉乱れて広がっている様子．
纷扰 fēnrǎo 混乱する．ごたごたと乱れる．〔纷纷扰扰〕同前のこと．
纷散 fēnsàn ちりちりばらばらになる．
纷沓 fēntà ⇒〔纷至〕
纷纭 fēnyún ＝〔纷杂〕(事柄や議論が)入り乱れて(ごたごたとして)いる．
纷杂 fēnzá 同上．
纷争 fēnzhēng もつれ争う．〔～不休〕〈慣〉紛糾(ぎょう)がおさまらない．
纷至 fēnzhì ＝〔纷来〕〔纷沓〕〈文〉続々と来る．〔～沓来〕〔纷来沓至〕同前．

〔玢〕 fēn → 〔赛 sài 璐玢〕 → bīn

〔盼〕 fēn 〈姓〉盼(ñ)

〔氛(雰)〕 fēn
(Ⅰ)〔氛〕①気．空気．〔夕～〕夕方の空気．②雰囲気．様子．情況．〔气 qì～〕雰囲気．気分．気配．〔战 zhàn ～〕戦況．③〈文〉悪気．〔～气 qì〕同前．〔～祥〕不吉な気配とめでたい気配．
(Ⅱ)〔雰〕霧や塵埃．
氛埃 fēn'āi 〈文〉ちり．塵埃(ばなぐ)．
氛尘 fēnchén 〈文〉①塵埃．ほこり．②世俗の騒々しいことのたとえ．
氛氛 fēnfēn 〈文〉雪の盛んに降るさま．
氛围 fēnwéi ①〈文〉大気．空気．②雰囲気．〔形成争先恐后的～〕遅れまいという雰囲気をつくりだす．→〔气 qì 氛〕
氛邪 fēnxié 〈文〉邪気．
氛妖 fēnyāo 〈文〉災い．災難．

〔菜〕 fēn 〈文〉においのよい木．香木．

〔酚〕 fēn
化フェノール．石炭酸：〔苯 běn ～〕〔音訳〕非 fēi 诺尔〕〔加 jiā 波力(克酸)〕〔石 shí 炭酸〕は別称．〔液 yè 化～〕〔臭 chòu 药水②〕〔方〕臭水(儿)〕〔方〕～水〕フェノール水．石炭酸水．〔已 jǐ 基间甲苯二～〕〔己烷 wán 雷琐辛〕ヘキシルレゾルシン．〔硝 xiāo 苯～〕ニトロフェノール〔煤 méi ～〕〔甲 jiǎ (苯)〕クレゾール．〔萘nài～〕〔纳 nà 夫妥〕ナフトール．〔木溜 liū 油(～)〕クレオソート．〔木焦 jiāo 油〕モクタール．〔麝 shè 香草～〕チモール．
酚红 fēnhóng 化フェノールレッド：〔苯 běn 酚磺酸〕(フェノールメルホフタレイン)に同じ．
酚醛树脂 fēnquánshùzhī ＝〔白 bái 氏塑胶〕化フェノールホルムアルデヒド樹脂．ベークライト(商標名)．〔～盖 gài〕ベークライト製ふた．
酚树脂 fēnshùzhī 化フェノール樹脂．
酚酞 fēntài 化フェノールフタレイン．
酚盐 fēnyán 化石炭酸塩．

〔嬏(勧)〕 fēn
〈方〉まだ…したことがない：〔勿曾〕の合成字．〔～说过歌〕まだ言ったことがない．〔未 wèi 曾〕

〔汾〕 fén
地山西省汾陽一帯を指す．〔～河〕地山西省にある．呂梁山から出て黄河に入る．
汾酒 fénjiǔ 山西省汾陽市杏花村産の焼酎(ちゅ)：これに各種の薬材を加えたものを〔竹 zhú 叶青酒〕という．〔五加皮～〕〔白玉～〕〔玫 méi 瑰～〕〔桂guì花～〕などは、汾酒の持ち味を生かしたもので、薬草やバラの花などを浸して独特の風味をつけたもの．

〔枌〕 fén
①植シロニレ：〔白 bái 榆树〕の古名．②〈姓〉枌(ñ)

粉谊 fényì〈文〉同郷のよしみ.

[芬] fēn〈文〉①からむ.乱れる.[〜瞀 mào]同前.[治丝益〜]絹糸をととのえようとしてますます乱れる,うまくいかない.②短い梁(はり).むな木.③麻布.

[鼢(蚡·鳻)] fén
鼢鼠 fénshǔ 動ヒガシモグラジネズミ;[盲 máng 鼠][方]地dì 羊]ともいう.

[坟·墳] fén ①(土を盛り上げた)土墳.塚.土饅頭.[上〜去]墓参りする.→[冢 zhǒng(I)①] ②〈文〉突出する.[坟起] ③〈文〉大きい.④〈姓〉墳(だ)

坟包 fénbāo 土盛り.
坟场 fénchǎng 墓場.墓所.
坟地 féndì 墓地.
坟地好不如心地好 féndì hǎo bùrú xīndì hǎo〈諺〉(墓地の相や方位がいいと子孫に幸があるというが)墓をよくするより心がけをよくするほうがいい.
坟典 féndiǎn〈文〉古書を指す.
坟堆 féndui 土饅頭.
坟坑 fénkēng 墓穴.
坟墓 fénmù〈〜之地〉〈文〉家代々の墓のあるところ.〈転〉故郷.[〜墓①]
坟起 fénqǐ〈文〉突起する.盛り上がる.
坟丘 fénqiū 花砂.
坟圈子 fénquànzi 墓の敷地.墓地.
坟山 fénshān [方]①墓地にする山.②墓地.
坟头 féntóu [方](土饅頭(まんじゅう)の土を盛り上げた部分;[坟包][坟堆]ともいう.
坟茔 fényíng ①墓.②墓に付属する畑や庭園.
坟园(子) fényuán(zi) ①墓地.②墓地に付属する畑や庭園.
坟冢 fénzhǒng〈文〉墓.→[冢(I)①]
坟烛 fénzhú〈文〉大蠟燭(ちゅう).大きな灯火.

[渍·瀆] fén〈文〉水際(の高い土地)

[贵·賁] fén〈文〉草木の実が大きくて多いさま.[桃之夭 yāo 夭,有其实](詩経・周南・桃夭)桃の葉が茂り,実はふっくらと大きい.

[帧·幀] fén〈文〉馬の轡(くつ)につける飾り.[朱〜镳 biāo 镳](詩経・衛風・碩人)赤々と飾られたこと.

[獖·獖] fén ①〈文〉去勢されたブタ.②[方]家畜の雄(おす).[〜猪 zhū](公 gōng 猪)に同じ.

[焚] fén ①焼く.燃やす.[〜毀 huǐ 鸦片]アヘンを焼却する.[玩火自〜]火遊びして自分が焼け死ぬ.〈喩〉自業自得.[忧心如〜]〈成〉心配で居ても立ってもいられない.②〈姓〉焚(た)

焚顶 féndǐng ⇒[焚香顶礼]
焚风 fénfēng 気フェーン.[〜現象]フェーン現象.
焚膏继晷 féngāo jìguǐ〈成〉夜は灯油を燃やし昼間の仕事を続ける:昼も夜も勉学や仕事を怠らないこと.
焚化 fénhuà ①焼いて灰にする:(供養のために)紙銭を燃やす.→[纸zhǐ钱(儿)]②火葬する.[遺体八日已在罗马〜]遺体は8日ローマで火葬した.
焚毀 fénhuǐ⇒[烧shāo 毁]
焚劫 fénjié⇒[焚掠]
焚坑 fénkēng⇒[焚书坑儒]
焚林而猎 fénlín ér liè 森を焼いて狩りをする.〈喩〉目先の利益だけを見ること.
焚掠 fénlüè [焚劫]〈文〉家を焼き,物を掠奪すること.

焚溺 fénnì〈文〉水火の苦しみ.〈喩〉非常に苦しい境遇.
焚琴煮鹤 fénqín zhǔhè =[煮鹤焚琴]良い(美しい)物をだめにしてしまう.〈喩〉殺風景な(味気ない)こと.
焚券 fénquàn〈文〉借金の証文を焼き捨てる:貧困者を救済すること.
焚如 fénrú〈文〉火の盛んに燃えるさま.〈転〉火災.[〜之刑]火あぶりの刑.
焚烧 fénshāo 焼く.燃やす.
焚尸 fénshī 死体を焼く.[〜案 àn]死体焼却事件.[〜灭 miè 迹]証拠をなくすために死体を焼き捨てる.[〜工 gōng][化 huà 尸工]火葬場従業員.
焚书坑儒 fénshū kēngrú 書物を焼き学者を穴埋めにする.文化の破壊と知識人の弾圧:秦の始皇帝の行った思想弾圧.
焚香 fénxiāng 香をたく.[〜顶礼][焚顶]香をたいて最敬礼する.〈喩〉きわめて礼儀正しいこと.
焚修 fénxiū 仏(仏教で)香をたいて修行する.
焚丹 fénzhōu (軍隊の渡河作戦で渡河の後)船を焼き棄てる(秦穆公の故事)〈喩〉決死の覚悟をする.→[破pò釜沉舟]
焚灼 fénzhuó 火で焼く.

[粉] fěn ①おしろい.[脂 zhī〜]べにおしろい.→[扑 pū 粉①]②粉.粉末.[煤 méi〜]粉炭.花粉.[牙〜]歯みがき粉.③粉末にする(する).[石灰放久了,要要〜了]石灰は放っておくと粉になる.④小麦粉.[面〜]の略称.[标准〜][標準粉]標準小麦粉.⑤粉製品.とくにはるさめをいう.[凉 liáng〜]贯緑豆粉などで作ったところてんのような食品.[龙口〜]はるさめの極上品:山東省煙台市一帯で生産されるもの.[〜汤 tāng]はるさめスープ.⑥色白色(の).[〜〜的脸 liǎn]白い顔.⑦色浅紅色(の).ピンク(の).[〜牡丹]薄牡丹色.⑧〈方〉淫靡なもの.エロ的なもの.[〜戏xì]みだらな芝居.[黄 huáng〜]⑨〈方〉(壁などを)しっくいで白く塗る.[墙上〜一层灰]壁の上に石灰の上皮を塗る.⑩⇒[粉①]

粉白 fěnbái (白粉(おしろい)を塗ったように)白い.
粉白黛黑 fěnbái dàihēi [粉白黛绿]ともいう.〈成〉①白粉と眉墨で美しく化粧すること.②〈喩〉美人.→[粉黛①]
粉本 fěnběn ①絵の下がき.下絵.→[画 huà 稿①]②粉本:後の参考にするために模写したもの.
粉笔 fěnbǐ =[方]白 bái 墨]白墨.チョーク.[一枝〜]白墨1本.[红 hóng〜]赤チョーク.[蓝 lán〜]青チョーク.[〜盒儿]チョーク入れ.[抛 pāo 弃〜生涯,另谋出路]教員の職を投げ捨ててほかに職を求める.
粉壁 fěnbì ①白壁.[〜花牆]彩色を施した立派な家.〈喩〉回妓楼(ぎ(ろう)など.②壁を白く塗る.
粉饼 fěnbǐng プレストパウダー(化粧品)
粉彩 fěncǎi ①劇(旧劇の)粉白粉を用いる顔づくり.→[油 yóu 彩]②磁器釉の絵の一種;[软 ruǎn 彩]ともいう.[雍正〜]清の雍正期の同前.
粉肠(儿) fěncháng(r) 薄くたたく粉に少量の油脂・塩・調味料を加えたものを[肠衣](ソーセージの皮)に詰めて蒸した副食物.
粉尘 fěnchén 粉塵(じん)
粉刺 fěncì 座瘡(そう):多く顔にできるにきび[医]痤cuó 疮]の通称.にきびは[黑头][〈方〉酒 jiǔ 刺][面 miàn 疱]ともいう.
粉翠 fěncuì 北京風のひすい細工.②斑紋のあるひすい.
粉黛 fěndài〈文〉①[粉白黛黑]の略.〈喩〉美しく化粧した女.美人.[六宫〜无颜色](白居易・長恨

歌)六宮(天子の後宮)の美人たちもかすんで見える.②=[粉墨].⑧白粉と黛(まゆずみ):化粧品.⑤化粧する.〔～轻 qīng 施淡小ざっぱりと化粧している.

粉底 fěndǐ ファンデーション.化粧下(した).〔～霜 shuāng〕クリームファンデーション.〔～液 yè〕リキッドファンデーション.

粉蝶 fěndié 団シロチョウ(総称).→〔菜 cài 粉蝶〕

粉定 fěndìng 陶磁器の名称:固定窯を模倣し青田石の粉を入れて焼いたもの.

粉坊 fěnfáng 回緑豆(リョクトウ)粉ひき小屋:畜力などを動力とする小規模のものを指すことが多い.主にはるさめを作る.〔粉房〕とも書く.

粉房 fěnfáng 同上.

粉骨砕身 fěngǔ suìshēn ⇒〔粉身碎骨〕

粉菌亭亭 fěnjùn tíngtíng 〈喩〉(女性·花·建物などが)姿形よく立っているさま.

粉盒(儿) fěnhé(r) (化粧用の)コンパクト.白粉(おしろい)入れ.→〔粉匣〕〔粉装儿〕

粉红 fěnhóng =〔粉色〕色 淡紅色(の).とき色(の).桃色(の).ピンク(色の).〔～色 sè〕同前.→〔浅 qiǎn 红〕

粉红领 fěnhónglǐng ⇒〔粉领〕

粉剂 fěnjì 粉剤:〔散 sàn 剤〕ともいう.

粉浆 fěnjiāng ①小麦粉を熱湯で溶かして作ったもの.→〔浆粉〕.②塗装用の石灰液.→〔灰 huī 浆①〕

粉金 fěnjīn 芙金粉(款)·膠(ニカワ)の液にあわせたものを〔金油〕といい,絵や書をかくのに用いる.

粉蜡笔 fěnlàbǐ クレパス.→〔蜡笔〕

粉连纸 fěnliánzhǐ 家屋の窓や壁などに貼る白色の紙.

粉领 fěnlǐng =〔粉红领〕①高学歴のオフィスレディ.②自由業の女性.③専業主婦層.→〔白 bái 领〕

粉瘤 fěnliú 医アテローム.粉瘤.

粉面 fěnmiàn 〈文〉おしろいを塗った顔.〔～朱唇〕〈慣〉紅やおしろいで化粧したさま.

粉面儿 fěnmiànr 〈方〉片栗粉.⇒〔团 tuán 粉〕

粉墨 fěnmò ①⇒〔粉黛②〕.②扮装(ふんそう)した役者.→〔粉墨登场〕.③〈文〉〔文辞〕を修飾する.〔凡亲属名称,皆须一,不可滥也〕(颜氏家訓)すべて親属の名称は皆区别しなければならない,度を過ごしてはいけない.

粉墨登场 fěnmò dēngchǎng メーキャップして登場する.〈喩〉(悪人が装いをこらして)政治の舞台に出る.→〔袍 páo 笏登场〕

粉末(儿) fěnmò(r) 粉末.

粉末冶金 fěnmò yějīn 〔烧 shāo 结〕工 粉末冶金法.

粉囊 fěnnáng 植花粉のう:雄蕊の先端の花粉袋.

粉嫩 fěnnèn 白くてやわらかい.〔～的小脸蛋〕(子供の)白くてやわらかな顔.

粉拍 fěnpāi ⇒〔粉扑儿〕

粉牌 fěnpái (白い塗料や毛筆で書く)小黒板.小さなホワイトボード.→〔水 shuǐ 牌〕

粉皮(儿) fěnpí(r) 回ひsomeone状のはるさめ:緑豆または〔白薯〕(さつまいも)などの澱粉で作る.→〔粉条(儿)〕.②毛を抜き去った羊の皮.③(壁画などの)塗料を塗った壁面.

粉扑儿 fěnpūr =〔粉拍〕〔粉铺儿〕(パウダー)パフ.おしろいたたき.

粉铺 fěnpū 同上.

粉铺 fěnpù 回おしろい屋.化粧品店.

粉芡 fěnqiàn くず粉(片栗粉)を水で溶いて糊状にしたもの.

粉枪 fěnqiāng 白い毛のある茶の葉の若芽(茶の最初の若芽)

粉墙 fěnqiáng ①白壁.②壁の上塗りをする.

粉色 fěnsè ⇒〔粉红〕

粉沙 fěnshā 細砂.〔～岩 yán〕地沈泥岩·シルト岩.

粉身碎骨 fěnshēn suìgǔ 〈成〉身命を惜しまない:〔粉骨碎身〕.

粉虱 fěnshī 団コナジラミ(科総称):桑·ねぎ·りんごなどの害虫.

粉食 fěnshí 米の粉で作った食品:小麦粉のものは〔面 miàn 食〕という.

粉饰 fěnshì 飾る.粉飾する.糊塗する.〔你的缺点,怎么一也没用〕お前の悪いのをどんなに飾ってもだめだ.

粉饰太平 fěnshì tàipíng 悪い状態を糊塗して何事もないように見せる.〔成〉臭い物にふたをする.〔一味地~不去改良〕もっぱら臭い物にふたをして改良しようとしない.

粉刷 fěnshuā (石灰やしっくいなどで)壁を白く塗る·ふきつける.〔室内～〕室内塗装.

粉丝 fěnsī 食緑豆で作ったはるさめ.→〔粉条(儿)〕

粉碎 fěnsuì ①粉にする.粉に砕く.〔茶杯打得得～〕湯のみが粉々に割れた.〔撕 sī 得～〕八つ裂きにする.②粉砕する.打ち負かす.〔～敌人的进攻〕敵の攻撃を徹底的にくじきやぶる.

粉条(儿) fěntiáo(r) =〔方〕索 suǒ 粉〕太いはるさめ:さつまいも·じゃがいも·えんどう·緑豆などの澱粉から作ったもの.すぐ使えるように水に浸してあるものを〔水 shuǐ 粉〕といい,乾燥したものを〔干 gān 粉〕という.

粉头 fěntóu ①回妓女.②⇒〔白 bái 脸〕

粉团 fěntuán ①⇒〔麻 má 团〕②〔～儿〕白色で美しいさま.〈転〉若い女性:特に遊女を指す.

粉团花 fěntuánhuā ⇒〔绣 xiù 球②〕

粉匣 fěnxiá おしろい入れ.〔粉盒(儿)〕よりは大きなもの.

粉线 fěnxiàn ①裁縫用具の一種·小袋に白い粉を詰めそれに糸を通したもの.寸法線を引くのに用いる.その袋を〔～口袋(儿)〕という.②同前で引いた線.

粉油 fěnyóu 芙胡粉(こふん)を油でといたもの.

粉友 fěnyǒu 〈口〉麻薬中毒者の(仲間).ヤク仲間.→〔白 bái 粉〕

粉泽 fěnzé 〈文〉化粧品類:〔粉黛脂泽〕の略.

粉蒸肉 fěnzhēng ròu 〈方〉米粉肉〕〈方〉鲊 zhǎ 肉〕食豚肉の同前.〔荷叶～肉〕食同前を蓮の葉で包んで蒸したもの.〔～鲤 lǐ 鱼〕食鯉肉の同前.

粉纸 fěnzhǐ ①アート紙.〔单面～〕一面のみ塗被して光沢を出したアート紙.片面アート紙.〔双面～〕双面アート紙.②化粧用のおしろい紙.

粉妆 fěnzhuāng 〈文〉おしろいで化粧する.

粉装儿 fěnzhuāngr 女性のおしろい入れ.→〔粉盒〕

粉妆玉琢 fěnzhuāng yùzhuó 〈喩〉①皮膚が透きとおるように白い.②装いが丹念である.

粉子 fěnzi 〈方〉粉.粉末.②糊(のり)用の粉.③〔炒 chǎo 面②〕

[分] fēn

①〔～儿〕…の分(ぶん).分け前.持ち分:〔份①〕に同じ.〔我的那一儿在哪儿〕わたしの分はどこにあるか.②成分.〔水～〕水分.〔养分.务め.責務.〔本～〕本分.〔职 zhí ～〕職分.〔保衛祖国,人人有一〕祖国を守るにはめいめい責務がある.③身分.品位.等級.地位.〔身 shēn ～〕身分.〔天 tiān ～〕高い天分に恵まれている.〔位 wèi ～〕社会の身分.〔宿 sù ～〕宿命.⑤分限.分際.程度.〔～内的事〕分限内のこと.〔安 ān ～〕分に安

fèn

んずる. ⑥よしみ. 情誼. [情 qíng 〜]情として当然なこと. [看我〜上]わたしの顔に免じて. ⑦〈文〉思料する. 〜 fēn
分地 fēndì 圄農奴が領主から分け与えられた土地(所有権は領主に属する). [分地]とも書いた. → fēndì
分际 fēnjì 〈文〉①けじめ. 程合い. ②程度.
分量 fēn·liàng ①分量. 重さ. かけめ. [分两] [份量]とも書いた. [〜不够]目方が足りない. [家庭作业的〜不少]宿題の分量は多い. ②(言葉の)深さ. 重み. [说话很有〜]言うことになかなか含みがある.
分内 fēnnèi 本分の内. 当然なすべきこと. [份内]とも書いた. [〜之事]同前のこと. ↔[分外②]
分儿 fēnr →字解
分所当然 fēn suǒ dāngrán [成]職務上(責任上)当然のこと. [分所当为] [分所应当] [分所应为]ともいう.
分外 fēnwài ①とりわけ. 格別に. [〜照顾看你一点儿]特にきみには目をかけてやっている. [〜高头]格別の喜び. [〜地好看]きわ立って美しい. [月到中秋〜明]〈成〉中秋になると月がひときわ明るく照る. [〜之赏]特別の賞. ②本分外の. [份外]とも書いた. ↔[分内]
分子 fēnzǐ ①(国家や団体などを構成する)分子. 成員. [份子]とも書いた. [坏 huài 〜]不良仲間. [知识〜]知識分子. [右派〜]右派分子. [投机〜]投機分子. → fēnzǐ

[份] fèn ①[〜儿](…の)分(ぶ). 分け前. 持ち前. [分①]に同じ. [股 gǔ 〜]株式. ⓑ割り当. [我的那一儿在哪儿]わたしの分はどこにあるか. ②[〜儿]量詞. …人前(なん). …口(にち). そろい. 組になったもの, またその一部分. [一〜儿菜]料理1人前. [一〜儿嫁伙]ひと揃いの道具. [一〜儿妆奁]一組の嫁入り道具. [把钱数 shǔ 了数分成两〜儿]銭を数えて2口に分けた. [报](か):部:印刷物など. [一〜儿报 bào]新聞1部. ②抽象的な事柄に [这(那)〜儿]の形をとる. [睡他那〜儿德性]奴のざまを見ろ. ③[省·县·年·月]などの区分された単位を示す. [三月〜的销售额]3月分の売り上げ高. ④[〜儿]様子. 威勢. 力. [〜儿不小]威勢が強い. [只有到 dào 气的〜儿]息も絶え絶え: 臨終のさま. ⑤[〜儿]程度. 情况. [苦到什么〜上呢?]その苦しみはどの程度か. [一直〜上他还不觉悟]このようになっても彼はまだ自覚しない. ⑥[〜儿]立場. 身分. 位地. [内中有几个有〜的人]その中には2,3の身分ある人がいる. [在这儿他没有〜]ここでは彼はうだつがあがらない(地位がない). [〜不在部长以下]地位が大臣以下ではない. [长〜]メンツが立つ. [跌 diē 〜]メンツがつぶれる. ⑦[〜儿]立派である. [挺够〜儿]とってもかっこいい. ⑧[〜儿]着物を縫う時の縫い込み.
份地 fèndì ⇒[分地]
份额 fèn'é ①分け前. ②占有率. シェア.
份儿菜 fènrcài ①一人分の料理. 一人前のおかず. 定食. ②準備ずみの料理の材料一式.
份儿饭 fènrfàn 定食. →[客 kè 饭]
份金 fènjīn ⇒[份子 zi ①]
份礼 fènlǐ ⇒[份子 zi ①]
份量 fèn·liàng ⇒[分量]
份内 fènnèi ⇒[分内]
份数 fènshù 部数. [报纸发行〜]新聞発行部数.
份外 fènwài ⇒[分外]
份子 fènzǐ ⇒[分子]
份子 fèn·zi ①大勢で贈物に代えて贈るお金. また自の負担分. [份资] [份子] とも書いた. [份金] 各

礼]に同じ. [出〜]慶事時に金銭(ご祝儀·香典など)を贈る. →[随 suí 份子] ②〈転〉同前のための訪問. あいさつ. [今儿我有个〜]今日わたしはつきあいがあるんだ.

[坋] fèn ①〈文〉塵(ちり). ②〈文〉塗りつける. ③〈文〉大堤. ④[古 gǔ 〜]福建省にある. →[坌 bèn]

[忿] fèn 怒る. 憤る. [〜不欲生] [慣]死ぬほど. [〜不〜(儿)]いまいまい. [〜不〜(儿)]いまいまい.
忿忿 fènfèn ⇒[愤愤]
忿恨 fènhèn ⇒[愤恨]
忿懑 fènmèn ⇒[愤懑]
忿怒 fènnù ⇒[愤怒]

[奋·奮] fèn ①〈文〉鳥が羽ばたく. [〜翅 chì]〜羽ばたいて飛ぶ. ②奮い立つ. [〜发]発奮する. [振 zhèn 〜]同前. [〜不顾身]〈成〉危険を顧みず突進する. [勤 qín 〜]真面目にがんばる. ③振り上げる. [〜臂 bì 一呼]〈成〉腕を振り上げてオーイと呼ぶ. [一笔疾 jí 书]〈成〉一気呵成に書きあげる. ④〈体〉奮(ふん).
奋斗 fèndòu 奮闘(する). [〜到底]最後までがんばる.
奋发 fènfā 発奮する. 奮起する. [〜有为 wéi]発奮して意気込む. [〜图强]〈成〉強くなろうと心を励ます.
奋飞 fènfēi (鳥が)舞い上がる.
奋击 fènjī 勇敢に進撃する.
奋激 fènjī 奮起し心が高ぶる.
奋进 fènjìn 奮い立って前へ進む.
奋力 fènlì 力を奮う. 思い切りやる.
奋袂 fènmèi 〈文〉奮然と袂をはらう. [喻]決然と行動する態度. [〜而起]決然と立ちあがる.
奋勉 fènmiǎn 発奮努力する.
奋起 fènqǐ ①奮い立つ. [〜直追]奮い立って追う. ②力を入れて持ち上げる.
奋然 fènrán 〈文〉元気一杯なさま. 奮い立つさま.
奋蹄 fèntí [喻](馬が)疾駆するさま. [〜振鬣 liè]同前.
奋勇 fènyǒng 勇気を奮い起こす. [〜直前]勇気を出して突進する.
奋战 fènzhàn =[力 lì 战]力いっぱいに戦う.
奋争 fènzhēng 力を奮って勝ちとる. [〜金牌]金メダルを同前.

[偾·僨] fèn ①〈文〉倒れる. 覆される. 〈転〉だめになる(する). ②〈文〉激しく動く. [〜兴 xīng]激しく動き出す. ③〈姓〉偾(ふ).
偾事 fènshì 〈文〉事を壊す. [一言〜]一言で事を壊してしまう.

[愤·憤] fèn ①憤り(る). 立腹(する). [孤 gū 〜]一人の怒り. [宿 sù 〜]古くからの憤り. [〜青 qīng]怒る若者. [发 fā 〜]発憤する. ②恨む(む). もだえる. [泄 xiè 〜]うっぷんを晴らす. ③〈姓〉愤(ふ).
愤发 fènfā ⇒[奋发]. 発憤して努力する.
愤愤 fènfèn 憤慨するさま. 腹の虫がおさまらないさま. [忿忿]とも書いた. [〜不平]〈成〉心中安らかでない(怒り·もだえのために)
愤恨 fènhèn 〈文〉憤り恨む. [忿恨]とも書いた.
愤激 fènjī 憤激する. 腹をたてる.
愤慨 fènkǎi 憤慨する. 腹をたてる.
愤懑 fènmèn 心にたまった怒り. [忿懑]とも書いた.
愤怒 fènnù 憤り(る):[忿怒]とも書いた.
愤然 fènrán 〈文〉憤然とするさま.
愤世嫉俗 fènshì jísú 〈成〉世の中の不正·不合理を

憎み怒る.

[鲼・鱝] fèn [魚貝]エイの一種.〔鸢 yuān 〜〕トビエイの一種.→〔釭 hóng〕〔鳐 yáo ①〕

[粪・糞] fèn ①糞(ホ).大便.下肥(ホミ゙):〔大 dà 便〕に同じ.〔上 〜〕〔送 sòng 〜〕〔落 luò 〜〕肥やしをかける.下肥をやる.→〔屎 shǐ ①〕 ②〈文〉肥(ミ゙)を施す.〔〜地〕田畑に肥前.③〈文〉掃除する.→〔粪除〕 ④〈姓〉糞(ホ).

粪霸 fènbà 回〔肥〕汲み取り人夫のボス.
粪便 fènbiàn 糞便.〔清除工人〕汲み取り人夫.
粪叉(子) fènchā(zi) 〔粪杈(子)〕とも書く.[農]肥料用フォーク.
粪车 fènchē 汲み取り車.おわい車.〔吸 xī 〜〕バキュームカー.
粪池 fènchí =〔粪缸〕〔粪坑〕①糞壺.おとしがめ.②肥だめ.〔粪窖 jiào〕に同じ.
粪除 fènchú 〈文〉掃除する.
粪兜 fèndōu 〔-子〕(荷車をひく馬・牛などにつける)糞入れ袋.
粪堆 fènduī ①肥料の小積み.堆肥. ②ごみ溜め.
粪肥 fènféi (人・家畜の)糞尿肥料.下肥(ホミ゙).
粪夫 fènfū 回廃便汲み取り人.
粪缸 fèngāng ⇒〔粪池〕
粪箕子 fènjīzi 〔粪箕②〕糞をとる箕(ホ):糞便や堆肥(ホミ)などを運ぶのに用いる箕形の竹もっこ.
粪坑 fènkēng ⇒〔粪池〕
粪筐 fènkuāng ①糞を入れる籠(ホッ). ② ⇒〔粪箕子〕
粪门 fènmén ⇒〔肛 gāng 门〕
粪棋 fènqí ⇒〔臭 chòu 棋〕
粪蛆 fènqū 蛆(ミ')虫.
粪勺 fènsháo 肥びしゃく.
粪田 fèntián 田畑に肥料を施す.
粪桶 fèntǒng ①肥桶. ② ⇒〔马 mǎ 桶〕
粪土 fèntǔ ①糞と泥(の混ざったもの).〔钱财如〜,仁义值千金〕〔諺〕金銭は土くれの如く,仁義は千金に値する.②〈喩〉何の価値もないもの.また役に立たない者.

[濆] fèn 〈文〉水が地下から噴出する.〔〜泉 quán〕湧泉.湧水.→〔涌 yǒng 泉①〕

feng ㄈㄥ

[丰・豐] fēng (Ⅰ)〔丰〕風采(ホッ)・容姿の立派なさま.
(Ⅱ)〔豐〕①草木が繁茂している. ②豊かである.多い.盛んである.〔产量甚〜〕生産量が甚だ多い. ③穀物がよく実ること. ④厚い.広く大きい. ⑤〈文〉豊(ホ):六十四卦の一. ⑥〈姓〉豊(ホ).→〔豊Ⅱ〕

丰碑 fēngbēi 大きく高い石碑.〔这部著作不愧为中国新文化运动的〜〕この著作は中国新文化運動における不滅の名作と称するにたえる.
丰标 fēngbiāo =〔丰神〕〈文〉容貌.風貌:〔风标②〕〔风神①〕に同じ.〔〜韶 sháo 秀〕風貌の優れて美しいさま.
丰采 fēngcǎi (人の)立派な様子:〔风采①〕に同じ.
丰产 fēngchǎn 豊作.〔〜丰收〕すばらしい作柄と収穫.〔〜模范〕農業増産の模範(となる人物). 〔〜方〕多収穫化の大規模農地.〔〜田〕収穫量の高い田畑:1958年全国で行われた多収穫試験田の経験を基礎にしたもの. ↔〔歉 qiàn 产〕
丰登 fēngdēng ⇒〔丰熟〕

丰富 fēngfù ①豊富(である).〔这篇文章内容真是〜〕この文章は内容が実に豊富だ.〔营养〜〕 営養たっぷり.②豊富にする.〔〜儿童的校外生活〕児童の校外生活を豊かにする.〔〜了节日的内容〕プログラムの内容を豊富にした.
丰富多彩 fēngfù duōcǎi 〈成〉色とりどりである:〔丰富多采〕とも書いた.〔〜的节目〕多種多様なプログラム.
丰功伟业 fēnggōng wěijì 〈成〉偉大な功績:〔丰伟业 yè〕ともいう.
丰亨 fēnghēng 〈文〉豊かである.あり余る.
丰厚 fēnghòu =〔丰腴②〕〈文〉豊かである.〔〜的礼品〕手厚い贈り物.〔海狸的皮绒毛〜〕ビーバーの毛皮はふかふかしている.
丰满 fēngmǎn ①豊かである.いっぱいである.〔谷粒〜〕穀粒が充実している. ②よく肥えている.〔她比从前〜得多了〕彼女は前よりずっとふくよかになった.
丰茂 fēngmào =〔丰蔚②〕〈文〉豊かに茂る.〔林木〜〕〈成〉林が鬱蒼(ミミミ)としている.
丰美 fēngměi 豊かで美しい.立派である.〔今天的菜真〜〕今日の料理は本当に立派です.
丰年 fēngnián 豊年. ↔〔歉 qiàn 年〕 →〔大 dà 年 ①〕〔穰 ráng 岁〕
丰沛 fēngpèi 多く豊かである.〔来源〜〕供給が豊富である.〔〜的雨水〕豊かな雨水.
丰歉 fēngqiàn 〈文〉豊作と凶作.豊年と凶年.
丰取刻与 fēngqǔ kèyǔ 〈成〉貪欲(ホキ)で吝嗇(ホネキ):取ることには欲ばりで与えることにはけちだ.
丰穰 fēngráng ⇒〔丰熟〕
丰壤 fēngrǎng 〈文〉肥えた土地.肥沃な土地.
丰饶 fēngráo ①豊かに多い.〔土地〜〕土地が豊かである. ②作物が豊かに実る.〔储廪〜〕穀倉がいっぱいになる.
丰稔 fēngrěn ⇒〔丰熟〕
丰容 fēngróng ①⇒〔丰姿〕 ②〈文〉福々しい容貌.
丰乳 fēngrǔ ⇒〔丰胸〕
丰润 fēngrùn 〈文〉豊潤である.肉づきがよくて皮膚がつやつやしている.
丰赡 fēngshàn 〈文〉豊富.
丰上锐下 fēngshàng ruìxià 額が広くて頬(ボ)からあごにかけて痩せこけている顔.
丰神 fēngshén ⇒〔丰标〕
丰盛 fēngshèng 豊かで盛んである.盛大である.〔今天的菜太〜了,我们已经酒足饭饱了〕今日の料理はたいへん豊富で,十分ごちそうになりました.
丰实 fēngshí ⇒〔丰足〕
丰收 fēngshōu 豊作.豊収. ↔〔歉 qiàn 收〕
丰熟 fēngshú =〔丰登〕〔丰穰〕〔丰稔〕〔丰盈③〕〈文〉穀物が豊かに実る(こと).〔五谷〜〕五穀豊穣(ミョツ).
丰硕 fēngshuò (果実が)多くて大きい.丸々と大きい(多く比喩に用いる).〔〜的成果〕多大の成果.〔〜的果实〕豊かな実り.
丰腆 fēngtiǎn ⇒〔丰厚〕
丰伟 fēngwěi 〈文〉肥えて大きい.〔体质〜〕体格が大きい.
丰蔚 fēngwèi 〈文〉山林・果実が豊かなこと. ② ⇒〔丰茂〕
丰沃 fēngwò ①肥沃である. ②豊富である.
丰胸 fēngxiōng =〔丰乳〕①豊乳.でかパイ.→〔平 píng 胸〕 ②豊胸手術する.
丰艳 fēngyàn 〈文〉容貌の美しいさま.
丰衣足食 fēngyī zúshí 〈成〉暖衣飽食:生活が豊かなさま.→〔饱 bǎo 暖〕

fēng 丰沣酆风

丰仪 fēngyí 〈牍〉貴下.
丰盈 fēngyíng ①豊かで丸々としている.〈転〉人のよく肥えている.〔体态~〕同前. ②富み栄えている.豊かである.〔衣食~〕衣食満ち足りる. ③⇒〔丰熟〕
丰腴 fēngyú ①よく肥えている.〔土地~气候适宜〕土地は肥えており気候は適している. ②〔料理〕よいものが沢山ある.〔菜肴~〕料理が同前である.
丰裕 fēngyù 〈文〉豊かで余裕がある.富裕である.〔生活~〕生活にゆとりができる.
丰韵 fēngyùn ⇒〔风韵〕
丰灾 fēngzāi 豊作貧乏.
丰致 fēngzhì ①立派な風采. ②〔詩文〕風流な趣.
丰姿 fēngzī 〔丰容〕〔风姿〕容姿.みめ.
丰足 fēngzú 〔丰实〕たっぷりある.〔衣食~〕衣食が満ち足りている.

[沣・灃] fēng ①〔~水〕陝西省にある. ②〈姓〉沣〔灃〕

[酆] fēng ①〈姓〉酆〔酆〕. ②〔~都县〕重慶市にある:現在は〔丰都县〕と書く. ③〔~都 dū 城〕冥土.あの世·中国の東北にある平都山の景勝地.漢の王方平らがここで登仙したことから.〔鬼 guǐ 城〕ともいう.

[风・風] fēng ①風.〔刮 guā~〕風が吹く. ②風俗.習慣.ならわし.〔纠 jiū~〕風紀を正す.〔相沿成~〕〔成〕だんだんに風俗となる. ③民謡.〔国~〕詩経の国ぶりの歌.〔采 cǎi~〕民謡を採集する. ④気風.気概.風格.態度.ありかた.肌あい.〔大国之~〕大国の品格.〔这幅画有古~〕この絵は非常に昔の風格がある.〔有国士之~〕国士の風格をもつ.〔整~〕行動の態度を整え正す.〔歪~〕正しくない態度. ⑤消息.うわさ.〔走~〕消息をもらす.〔闻~而至〕うわさを聞いて来る. ⑥確実な根拠のないさま.〔~传 chuán〕風づてに伝わる.うわさに聞く.〔风言风语〕 ⑦景色.ながめ.〔风光〕 ⑧〔中医〕病因と考えられていた〔六 liù 淫〕の一.常に他の病邪と結合して病気をおこすもの.〔~邪 xié〕同前. ⑨感冒.中风.〔伤~〕感冒.中風のけ~する. ⑩〈俗〉風の力で…する. ⑪〔风化作用〕 ⑩(风で)乾燥させたもの. →〔风鸡〕 ⑪〈姓〉风(ﾌｳ)

风暴 fēngbào ①暴風. ②〈喩〉規模が大きく勢いの激しい事件,または現象.〔红色~〕革命的の騷擾(ｿｳ)事件.〔革命的~〕革命の嵐.
风暴潮 fēngbàocháo 〔风〕风津浪.高潮.
风泵 fēngbèng ⇒〔气 qì 泵〕
风痹 fēngbì 〔中医〕遊走性関節リウマチ.→〔风湿病〕
风标 fēngbiāo 〈文〉(現われた)本性.風·様子.〔文章者盖性情之~〕文章なるものは蓋(ｹﾀ)し性情の現れである. ②⇒〔风标〕 ③風見(ﾐ). ④〔~鸡 jī〕風見鶏.
风波 fēngbō ①風と波. ②波乱.いざこざ.騒動.ごたごた. ③〈喩〉世の中の波風.移り変わり.〔政治~〕政治事件.紛争. 〔平地起~〕何事もないところにもめ事が起きる.
风伯 fēngbó ①〔风师〕〈文〉風の神:〔风姨〕ともいう. →〔雨 yǔ 伯〕
风不刮树不摇 fēng bùguā shù bùyáo 風が吹かなければ樹はゆれない〈諺〉火のない所に煙は立たぬ.
风采 fēngcǎi ①様子.風采.〔丰采〕に同じ.〔~骨力〕風采や気概.〔~动人〕姿形が人をひきつける. ②〔~文 wén 采〕同上.
风餐露宿 fēngcān lùsù 〔餐风宿露〕〔露宿风餐〕〈成〉旅のつらさ·厳しさ:〔风餐雨宿〕ともいう.
风操 fēngcāo 〈文〉節操.気骨.
风铲 fēngchǎn 〔机〕チッパー.空気シャベル.

风场 fēngchǎng 風向き·風速の分布.
风氅 fēngchǎng 〔旧〕貴人が着用した防風用のマント.
风潮 fēngcháo ①風向きと潮の満ち干(ﾋ). ②台風.嵐. ③騒動.衝突.紛争:〔浪 làng 潮②〕に同じ.〔学界~〕学界の騒動.〔工~〕労働争議. ④(時代の)風潮.
风车 fēngchē ①〔农〕唐箕(ﾄｳｷ). ②〔扇 shàn 车〕に同じ. ②风车.〔転〕風車が回る. ③〔~〔方〕风葫芦②〕風車(ﾀﾞｼ):子供の玩具の一種.
风尘 fēngchén ①風に舞う土ぼこり. ②〈喩〉世間の俗事.俗世間.〔今~碌碌,一事无成〕(紅1)今俗世にあたふたとして何一つものにしたことはない.〔~表物〕世俗を超越した傑物. ③〈喩〉困難な旅路.旅行の辛苦. ④〈喩〉兵乱.戦乱. ⑤〈喩〉〔旧〕商売女の暮らし.水商売.〔沦 lún 落~〕淪落(ﾘﾝﾗｸ)して水商売渡世をする.
风尘仆仆 fēngchén púpú 〈成〉(長旅や世間で)苦労すること:〔仆仆风尘〕ともいう.〔~但又年轻发红的脸〕世の中にもかれて苦労してはいるが,それでも年も若く生き生きした顔をしている.
风成 fēngchéng 〔地〕风で成.〔~土〕风成土:黄土など.〔~岩 yán〕〔地〕风成岩.
风池 fēngchí 〔中医〕針灸の経絡の一つ:耳の後らの髪ぎわにある.
风驰电掣 fēngchí diànchè 〈喩〉電光石火のようである.迅速にさま.〔风驰电扯〕ともいう.
风传 fēngchuán ⇒〔风闻〕
风吹草动 fēngchuī cǎodòng 〈成〉風が吹いて草が動く.かすかな動き.
风吹日晒 fēngchuī rìshài 〈成〉風や日に晒される.
风吹雨打 fēngchuī yǔdǎ 〈成〉風に吹かれ雨に打たれる.〈喩〉苦労させられること.
风锤 fēngchuí 〔机〕エアハンマー.
风挡 fēngdǎng 〔机〕风险(ｹﾝ).〔~玻璃〕(自動車などの)風防ガラス.フロントガラス.→〔挡板①〕
风刀霜剑 fēngdāo shuāngjiàn 風や霜が刀剣のように人の身を刺す.〈喩〉酷寒さは苦境.
风道 fēngdào ①風みち. ②风穴.
风灯 fēngdēng ①=〔耐 nài 风灯〕暴風用ランプ.耐風ランプ.ハリケーンランプ:〔雨风灯〕ともいう. ②〔方〕灯籠(ﾄｳﾛｳ).
风笛 fēngdí 〔楽〕バグパイプ.袋笛.
风电 fēngdiàn 风力发电.〔~场 chǎng〕集合型風力発電所:〔风力发电场〕の略.
风调 fēngdiào 〈文〉人や文章·言葉の風格.
风动 fēngdòng ①風の動き.〈喩〉動き. ②圧縮空気を用いて動かす.〔~工具〕〔风力工具〕同前の工具.〔~输 shū 送机〕空気コンベヤー.空気輸送機.
风洞 fēngdòng 风洞:風洞の実験に用いる一種のアーチ形の建築物.
风斗(儿) fēngdǒu(r) 風抜き.空気抜き:冬季,窓に付けると紙を張った桝状の換気用の枠.〔往窗户上安~〕窓に空気抜きをつける.
风度 fēngdù ①=〔风气①〕風格.人のもつオーラ.〔学者の~〕学者の風格. ②〔~翩 piān 翩〕〈成〉さっそうとした態度.立派な人柄.〔少 shào 有豪迈(ﾏｲ)之~〕〈文〉若い時から豪邁(ﾏｲ)な風があった.
风铎 fēngduó 风铎(ﾀﾞｸ):塔の軒にかかっている銅鐸形の鈴.
风发 fēngfā 〈文〉風のように勢よく出る.〈転〉威勢のいいこと.意気盛んなこと.〔意气~〕元気が良い.
风帆 fēngfān (船の)帆.〔~船〕帆かけ船.帆前船.
风幡 fēngfān 〈文〉風の中の幡(ﾊﾀ)が動くのでもないし,幡が動くのでもない.人の心が動くのである(禅問答)

风 fēng

风范 fēngfàn〈文〉人の鏡となる風格・気風.
风痱 fēngfèi〔中医〕中風(ちゅうぶ)の半身不随.
风风火火 fēngfēng huǒhuǒ〈喻〉①慌てふためくさま.②意気盛んなさま.
风风雨雨 fēngfēng yǔyǔ〈喻〉さまざまな苦労や挫折をするさま.
风干 fēnggān ①風で乾く(かす):木材・蔬菜(きぃ)などを風にあてて乾かすこと.〔～腊là肉〕〔食〕干し肉.②干からびる:〔～福橘皮〕乾かしたみかんの皮.→〔福 fú 橘〕
风钢 fēnggāng ⇒〔高 gāo 速(度)钢〕
风缸 fēnggāng ⇒〔压 yā 气缸〕
风镐 fēnggǎo〔工〕空気削(さく)り岩機.空気錐.
风疙瘩 fēnggēda ⇒〔风疹块〕
风格 fēnggé ①風格.品格.②ある時代・民族・流派・人の文芸作品のもつ芸術的特質.
风骨 fēnggǔ ①気っ風(ぷ).風格.②(詩・文・画などの)雄壮で力のある風格.
风光 fēngguāng 風光.風景.〔新 xīn 年～〕新年風景.〔南国～〕南国の風光.〔～片(儿)piàn(piānr)～〕風景映画・テレビ.〔大好～〕すばらしい景色.
风光 fēngguang〈口〉①〔冠婚葬祭などり〕豪勢である.人がかりである.〔这场事办得棘へ～〕(老・四・倫26)今度のことはなかなか豪勢にやれた〔～一阵〕そのことによって私はとても鼻高々となった.〔它让我很是～了一阵〕そのことによって私はとても鼻高々となった.〔到京城去逛逛算是极其～的事情〕田舎の人から見れば,都へ行って見物するというのはたいへん鼻高々なことだ.
风柜 fēngguì〔農〕ふいご式の脱穀器.→〔风箱〕
风害 fēnghài 風害.
风寒 fēnghán ①冷たい風と寒気.②〔中医〕寒冷から生じる疾病.風邪.〔感冒～〕〔受～〕風邪をひく.→〔伤 shāng 风〕
风耗 fēnghào 風による被害・損害.
风和日暖 fēnghé rìnuǎn〈成〉風穏やかに日うららに:〔风和日丽⑴〕ともいう.
风虹 fēnghóng ⇒〔月 yuè 晕〕
风葫芦 fēnghúlu ①ヨーヨー(玩具).〔甩 shuǎi～〕〔抖 dǒu 悠悠〕ヨーヨーをして遊ぶ.②⇒〔风车③〕③⇒〔鼓 gǔ 风机〕
风戽 fēnghù 風力を利用した灌漑用水車.
风花雪月 fēng huā xuě yuè ①一年の移り変り.自然の風景.②〈転〉美辞麗句を並べた月並みな文学.③男女の交情.
风华 fēnghuá 風采と才華.〔～正茂 mào〕〈成〉成長盛りである:若者のよい年頃.→〔正 zhèng 当年〕
风化 fēnghuà ①教化(する).感化(する).〔有伤～〕良風を乱す.②〔地〕風化(する).〔～作用〕風化作用.〔～壳 qiào〕岩石の表面の風化物.③〔化〕風解.
风话 fēnghuà〈白〉猥褻(わいせつ)な言葉.みだらな冗談.〔只得装些温柔,说些～要 shuǎ(水21)おとなしいふりをしながらいっちゃって〕
风鬟雾鬓 fēnghuán wùbìn〈成〉女性の髪の美しいさま:〔雾鬓风鬟〕に同じ.
风鬟雨鬓 fēnghuán yǔbìn〈成〉女性の髪の乱れるさま.
风火墙 fēnghuǒqiáng =〔防 fáng 火墙①〕(家屋の)防風・防火壁:長い建物の中間に延焼を防ぐように作られた厚いレンガの隔壁.→〔隔 gé 火墙〕
风火事(儿) fēnghuǒshì(r)〈方〉①火急のこと.②危険なこと.〔打仗是个～〕戦争は危険なことだ.
风火性 fēnghuǒxìng せっかちで怒りっぽい性質.
风机 fēngjī ①送風機:換気扇や送風ポンプなど.②風力発電機.

风鸡 fēngjī〔食〕鶏の腹に塩・山椒を詰め,風にあてて乾燥させたもの.
风级 fēngjí〔気〕風力・風速を表す等級:13級に分けられ,0級は秒速0.2メートル以下,12級は秒速32.6メートル以上をいう.→〔风力〕
风急云骤 fēngjí yúnzhòu〈成〉風雲急である.
风纪 fēngjì 風紀.規律.〔～扣 kòu〕制服のボタン.
风鉴 fēngjiàn〈文〉①人を見る眼識.〔～明远〕人を見る目が高い.②人相を見ること.〔～家〕人相見.方位家.〔请～〕観相家に見てもらう.
风教 fēngjiào〈文〉風俗と教化.
风井 fēngjǐng〔鉱〕換気孔.
风景 fēngjǐng 風景.眺め.〔～画(儿)〕風景画.〔～优 yōu 美〕風光明媚.〔～如画〕〈慣〉絵のような景色.〔～区〕景勝地区.〔～线〕景勝地帯.⑤情景.風景.
风镜 fēngjìng 塵(ちり)よけの眼鏡.ゴーグル.
风卷残云 fēng juǎn cányún 風が残雲を吹き払う.〈喻〉物事を一気に片づけてしまうこと.〔一盘菜刚端上来一下子就俊一般,吃了个精光〕料理が一皿出されたかと思うとあっという間にきれいに食べてしまった.
风口 fēngkǒu 風の通路.風の入口.風あたりの強い所.〔～里坐〕風の吹いてくる所に座る.〔～浪尖〕風あたりの強い所は波も鋭い.〈喻〉激烈・尖鋭な社会闘争の舞台.矛盾の発言闘争の鋭く対立する所.
风库 fēngkù 風害発生の原因となる黄土地帯.
风块 fēngkuài ⇒〔风疹块〕
风匡栏(儿) fēngkuānglán(r) かぜがまえ:漢字部首の"几".〔匡〕は〔框〕とも書く.→付録1
风兰 fēnglán フウラン.
风浪 fēnglàng ①風と波.〔突然～大作〕突然大風大波が起こる.②〈喻〉危険な事.突発事.
风雷 fēngléi 狂風と激しい雷:勢いの強い猛烈な衝撃力をいう.〔革命的～〕革命の猛烈な衝撃力.
风力 fēnglì〔気〕風力.風速.〔台风中心附近最大～是十二级〕台風の中心附近の最大風速は"12级"である.〔～发电机〕風力発電機.〔～空气工具〕:〔风动工具〕〔气 qì 动工具〕ともいう.→〔风级〕
风里来,雨里去 fēnglǐlái,yǔlǐqù 風の日も雨の日も仕事し続けること.苦労をいとわない.
风帘 fēnglián ⇒〔空 kōng 气帘〕
风凉 fēngliáng 風があって涼しい.〔大家在～地方休息〕みんな涼しい所で休憩する.
风凉话 fēngliánghuà 無責任なひやかし.〔说～〕いやみを言う.
风量 fēngliàng〔物〕単位時間内における空気の流通量:送風ポンプ・送風設備の能力を表すのに用いる.単位は毎秒立方メートル.
风铃 fēnglíng 風鈴.仏殿や塔の軒に掛けられている鈴.〔风马儿〕に同じ.〔～草 cǎo〕〔植〕フウリンソウ.→〔檐 yán 铃〕
风流 fēngliú ①〈文〉風韻.風流.〔此杨柳～可爱,似张绪当年时〕(南史・張緒伝)この柳は風流で愛すべし,張緒の往年に似たり.②優れている.幽雅である.〔千古~人物潇洒的才華ある人.〔数～人物,还看今朝〕(毛沢東詞)優れた人物を論ずるならば,現代こそ最も多く最も優れたものがいる.③男女間の情事.〔痴情事件.色恋ざた.〔~债〕恋の苦労.④粋である.おしゃれである.〔~一时的人物〕一時的に持てはやされている人物.⑤同下.
风流(旦) fēngliú(dàn)〔劇〕旧劇で,おてんば娘・淫婦・毒婦の役:〔花 huā 旦〕の一.→〔旦(II)〕
风流云散 fēngliú yúnsàn〈喻〉跡形もなく消え去る.別離のさま:〔云散风流〕ともいう.

风流罪过 fēngliú zuìguò ①ちょっとした罪. ②色事のごたごた.

风炉 fēnglú こんろ:うちわであおぐもの.→[鼓 gǔ 风炉]

风马牛不相及 fēngmǎniú bùxiāngjí〈成〉何も関係のないこと.無関係な話である(左伝·僖公 4 年):ⓐ発情しても馬と牛では交尾することはない.ⓑ斉と楚は南北に離れているので,はぐれた馬や牛が相手の領地に着くことはない.

风马儿 fēngmǎr ⇒[风铃]

风铆锤 fēngmǎochuí =[柳(钉)枪]

风貌 fēngmào ①風采容貌. ②風格相. ③景色.

风帽 fēngmào ①防寒帽:後部が垂れさがって首筋まで覆い,風よけになる帽子. ②上衣につけてあるフード.

风媒花 fēngméihuā〔植〕風媒花.→[虫 chóng 媒花]

风门 fēngmén ①[—儿,—子]冬,寒風を防ぐのにとりつける戸. ②①空気コック.アクセレレーター(アクセル):自動車の加速ペダル.(調整器の)タンパ.(ラジエータの)フラップなど. ②[中医]風門:脊柱(せきちゅう)第 2 椎の下.脊骨の横含 1.5 寸のところにある人体の急所.針灸経穴(けっ)の一.

风靡 fēngmǐ 風靡(ふうび)する. [〜一时]〈成〉一時期を風靡する.→[风行②]

风鸣器 fēngmíngqì エレベーターのベル.

风魔 fēngmó ①狂風. ②[疯魔]

风磨铜顶子 fēngmó tóngdǐngzi チベット仏教寺院の塔の頂にある擬宝珠.

风磨 fēngmò 風車による粉ひき臼.

风木 fēngmù ⇒[风树]

风能 fēngnéng 風力エネルギー.

风鸟 fēngniǎo =[极 jí 乐鸟]

风派 fēngpài (政治的に)風向きを見てうまく立ち回る一派:[〜人物]風見鶏的人物. [〜的主要特征是看风使舵,投机取巧]日和(ひより)見主義者の主な特徴は,風向きを見てうまく立ち回るということだ.

风篷 fēngpéng ⇒[船 chuán 篷②]

风平浪静 fēngpíng làngjìng 風が穏やかで波も静かなこと.〈喩〉事が平穏になること.平静で何事もないこと.

风起云涌 fēngqǐ yúnyǒng〈喩〉嵐のような勢いで引きも切らず現れること:[风起水涌][风生水起]ともいう. [〜,雷电交加]大風が吹き雲が出,その上雷まで鳴りだした.

风气 fēngqì ①〈文〉風気.習慣.ムード.ブーム. [游山玩水的〜]レジャーブーム. ②⇒[风度] ③〈文〉空気.風. ④[中医]中風.

风枪 fēngqiāng ①=[气 qì 枪] ②エアドリル.

风墙 fēngqiáng ①〔建〕風よけの塀. ②(草木を保護するための)風よけ.

风樯 fēngqiáng 帆船のマスト.帆柱.

风茄花 fēngqiéhuā ⇒[曼 màn 陀罗]

风琴 fēngqín〔音〕オルガン. [管 guǎn 〜]パイプオルガン. [弹 tán 〜]オルガンを弾く.→[木 mù 琴][手 shǒu 风琴]

风清弊绝 fēngqīng bìjué =[弊绝风清]

风情 fēngqíng ①風向き.風力などの状態. ②男女の色恋さた. [卖弄〜]しなをつくる. ③風雅の趣.風情(ふぜい).

风趣 fēngqù 趣.味.おかしみ. [她〜地说]彼女はユーモラスに言った.

风圈 fēngquān〔天〕太陽や月のかさ:[日 rì 晕][月 yuè 晕]のこと.

风人 fēngrén〈文〉①風流な人. ②詩人.

风韧 fēngrèn =[气 qì 闸]〔機〕エアブレーキ.

风骚 fēngsāo ①〈文〉文学·文芸,またその才能や素養:[风]は詩経の風, [骚]は[离骚]〈喩〉文壇同前がやや欠けている. [独领〜]〈成〉同前の面でリードしている. ②(女性の)つやっぽさ. [〜的女人]あだっぽい女.

风扫落叶 fēngsǎo luòyè 秋風が枯葉を吹き払う.〈喩〉失ったものを取り除くことの容易さこと: [秋 qiū 风扫落叶]に同じ.

风色 fēngsè ①風向き.風の模様.天候. [〜不顺]風向きが逆である. ②〈喩〉物事の形勢.様子.人の顔色. [看〜]様子をうかがう.

风沙 fēngshā 風が吹きあげる砂. [〜满天]空を覆う砂ぼこり.

风痧 fēngshā ⇒[风疹]

风扇 fēngshàn ①扇風機: [电 diàn 〜][电扇]ともいう. ②①室内にかけた布をひもを引いて動かし風をおこす道具:扇風機代わりに用いた.→[电扇] ③〔機〕送風あるいは排気に用いる扇風機.ベンチレーター.通風機: [送 sòng 风机][通 tōng 风机]に同じ. [〜带 dài]=[〜皮带]〔機〕ファンベルト. ④風見(風の方向を見る器具).

风尚 fēngshàng〈文〉人々の好み.気風.風格.スタイル. [出现了新〜]新しい気風が現れた.

风神 fēngshén ①⇒[丰标] ②〈文〉芸術品の気品.

风笙 fēngshēng サイレンの旧称. [鸣〜]サイレンを鳴らす.→[警 jǐng 笛][汽 qì 笛]

风声 fēngshēng ①吹く風の音. ②評判.風説.うわさ.風評. [走漏〜]風説をもらす. ③情勢. [〜紧]情況がきびしい.

风声鹤唳 fēngshēng hèlì〈成〉怖気だってちょっとのことにも驚く. [〜,草木皆兵]うわさに怖気づいて,草木のそよぎも敵襲かとびくつく.

风师 fēngshī =[风伯]

风湿 fēngshī [中医]風湿症: [风⑧]と[湿②]からくる病気. [〜痛 tòng]同前による疼痛. [〜病 bìng]〈békn 2〉倭 lóu 麻疯病]リウマチ(ロイマチス). [〜热 rè]リウマチ熱. [〜性心内膜炎]リウマチ性心内膜炎. [〜小结]リウマチ性小結節.

风蚀 fēngshí〔地〕風蝕.

风势 fēngshì ①風の強さ. ②形勢. [〜不对]形勢がよくない.

风树 fēngshù〈喩〉親が亡くなって孝行ができない. [〜之叹][〜之思][〜之悲]同前の嘆き: [风木]に同じ.

风霜 fēngshuāng〈喩〉①辛苦.困難. [饱经〜][饱阅〜]世事に十分経験を積む. ②2年月の推移.

风水 fēng·shuǐ 方位や相をもって墓地や宅地の吉凶を判断すること:気は風に当たると散り,水に当たると止まることから[地 dì 理忠]ともいった. [一说]〜思想]同前の考え. [〜家][〜先生][大〜][地理先生][形 xíng 家]同前を鑑定する人. [看〜]看宅子?]家や宅地の)方位を鑑定する. [他们家〜好]彼らの家は吉相(きっそう)がある. [〜树 shù]旧死後の棺材用の木材とするため生前に植えておく木. [〜地脉]

风丝(儿) fēngsī(r) そよ風.微風. [一点儿〜也没有]少しの微風もない.

风俗 fēngsú 風俗.風習. [〜画]風俗画.浮世絵. [〜画家]浮世絵師.

风速 fēngsù 風速. [〜计]自記風速計. [〜表]風速計. [〜器 qì]ⓐ同前.ⓑ(ライフル銃の)風力調節計.

风瘫 fēngtān [中医]身体の麻痺·不随: [疯瘫]ともいた. [瘫痪①]に同じ.

风痰 fēngtán [中医]風邪によって痰を出す病症.

风 fēng

风涛 fēngtāo 風濤(とう).風浪.風が起こす高波.
风藤葛 fēngténggé 植フウトウカズラ.
风调雨顺 fēngtiáo yǔshùn〈成〉気候が順調である.〔过去中国农民靠天吃饭,渴ké望～〕以前中国の農民は天候まかせの生活をしていたので気候が順調であることを渇望していた.→〔五 wǔ 风十雨〕
风筒 fēngtǒng ①通风管.送風管.
风头 fēngtóu 風向き.〔～不顺 shùn〕～不对〕風向きが悪い.
风头 fēngtou ①〈喻〉情勢.動向.なりゆき.〔投机分子 fènzǐ 看～说话〕投機分子はなりゆきを見て話をする.〔避避～〕風向きが悪いのでちょっと鳴りをひそめる.〔这几天～很紧〕この数日は情勢が緊迫している.②出る杭を売りだよる.ひけらかす.〔出～〕出しゃばる.目立ちたがる.〔～主义〕出しゃばり主義.③羽振り.〔那时他在中央当委员,正在～上〕そのころ彼は中央で委員をやっていて、ちょうど羽振りのよい時だった.
风土 fēngtǔ 風土.〔～驯化〕風土に順応できること.〔～人情〕風土と人情.
风味 fēngwèi ①風味.特色.色彩.〔江南以南の地方色.〔中国的～〕中国の特色.〔～小吃〕地方の料理.②風流の趣.趣味.
风闻 fēngwén ⇒〔风传〕うわさ.風聞.→〔风声②〕
风物 fēngwù 風物.景色.地方色ある景物.
风习 fēngxí 風習.
风匣 fēngxiá ⇒〔风箱〕
风痫 fēngxián 中医激しいてんかんの発作:人事不省となるもの.②小児ひきつけ.
风险 fēngxiǎn 危険.〔冒 mào ～〕危険を冒す.〔担～〕危険を覚悟する.〔～管理〕危機管理.リスクマネージメント.〔～企业〕ベンチャー企業.〔～投资〕〔创 chuàng 业投资〕ベンチャー投資.〔～资 zī 金〕〔～资 zī 本〕ベンチャーキャピタル.
风箱 fēngxiāng =〔风匣〕〔方铺 bài〕〔文鞴〕ふいご.〔拉～〕〔打～〕ふいごを吹く.←〔风柜〕
风向 fēngxiàng ①風向.〔～逆 ní 转〕風の方向が逆転する.②〈喻〉動向.形勢.
风向标 fēngxiàngbiāo =〔风向器〕〔风向仪〕〔风信器〕〔风信器〕風向計.風向計.〔文相风(铜)乌〕〔文相乌〕風見鶏.
风向袋 fēngxiàngdài 空風向きを知るために掲げる吹き流し.
风向器 fēngxiàngqì ⇒〔风向标〕
风向仪 fēngxiàngyí ⇒〔风向标〕
风邪 fēngxié 一字解〕
风心病 fēngxīnbìng 医リウマチ性心臓病:〔风湿性心脏病〕の俗称.
风信 fēngxìn ①風の時期方向.風模様.②季節の風.③たより.消息.
风信鸡 fēngxìnjī 風見鶏:〔风标鸡〕〔风向鸡〕ともいう.
风信器 fēngxìnqì ⇒〔风向标〕
风信子 fēngxìnzǐ 植ヒヤシンス:〔洋 yáng 水仙〕は俗称.
风信子石 fēngxìnzǐ shí 鉱①ジルコニウム石.②ジルコン.→〔锆 gào〕
风行 fēngxíng ①〈文〉風が吹く.②〈喻〉広くいきわたって行われる.広く使われる.流行する.はやる.〔这种表早已～欧美〕この時計はとっくに欧米で流行している.
风行草偃 fēngxíng cǎoyǎn 風の吹くところ草木がなびく.〈喻〉徳行のいきわたること.
风行一时 fēngxíng yīshí 〈成〉ある期間流行が一時迅速に広く広範囲にわ

たること.→〔风靡一时〕
风选 fēngxuǎn 風で箕にかける.簸(ハ)る〕:風で穀物の皮などを吹き除くこと.〔～机〕風選機.吹き分け機.→〔扬 yáng 场〕
风癣 fēngxuǎn 医はたけ:皮膚病の一種.〔桃 táo 花(儿)癣〕ともいう.
风雪 fēngxuě 吹雪.〈喻〉苦しい試練.〔和～严寒搏斗〕吹雪や厳寒と闘う.〔～帽 mào〕フードつき帽子.ウインターキャップ.
风讯 fēngxùn 風についての情報(暴風などの)
风压 fēngyā 風圧.
风牙 fēngyá 中医歯痛:〔风火牙〕ともいう.
风雅 fēngyǎ ①詩経の篇名:国風・大雅・小雅のこと.②〈転〉詩文.〔～之道〕詩の道.③風雅:〔文 wén 雅〕に同じ.〔～骚 sāo 士〕〔骚人雅士〕風流人.
风烟 fēngyān 風のまにまに漂う煙.
风言风语 fēngyán fēngyǔ 〈喻〉無根の風説.中傷的なうわさ.
风眼 fēngyǎn 中医はやり目:〔流行性角膜結膜炎〕(流行性結膜炎)の別称.
风谣 fēngyáo 〔谣言②〕固民謡.風俗歌謡.
风衣 fēngyī 〕ダスターコート.スプリングコート.〔风雨衣〕ともいう.②ウインドヤッケ.ウインドブレーカー.
风姨 fēngyí 〈文〉風の神:〔风伯〕に同じ.名を〔女 nǚ 夷〕という.〔～肆虐〕風が吹き荒れる.
风油精 fēngyóujīng 薬ぬり薬の一種.
风雨 fēngyǔ 雨と風.〈喻〉(社会の)艱(カン)難辛苦.〔～操 cāo 场〕雨天体操場.〔～灯〕风灯①〕ハリケーンランプ.〔～衣 yī〕〔风衣〕風ⓐダスターコート.ⓑウインドブレーカー.〔～无 wú〕〔～无 wú 阻〕〈慣〉晴雨にかかわらず行う.〔～苍 cāng 黄〕〈喻〉時代が大きく変わること.〔～交加〕〈喻〉いろいろの悲哀がこもごもやって来ること.〔～飘 piāo 摇〕〈喻〉情勢が非常に不安定なこと.〔～如晦 huì〕〈成〉雨風で空が暗いさま:社会が暗いこと.〈喻〉きびしい情況の下でも自分の信念や節操を変えないこと.〔～如磐 pán〕〈成〉激しい雨風で圧しつぶされそうなさま:人民の生活が圧迫されていること.〔～同舟〕〔同舟～〕〈喻〉苦難を共にする.〔经 jīng ～见世面〕苦しみを味わってはじめて世間を知る.
风源 fēngyuán ①風の発生源.②悪風の発生源.
风月 fēngyuè 〈文〉①風と月.山水の風光.〈喻〉風流.→〔清 qīng 风〕②男女間の情事.〔爱～〕〔好 hào ～〕女道楽をする.〔～情〕男女の情交.〔～子 zǐ 弟〕放蕩息子.道楽者.〔～话〕愛の物語.
风云 fēngyún 風と雲.〈転〉社会変動.〔～人物〕風雲児.〔～突 tū 变〕〈成〉局面が突如変化する.〔～变幻〕〔～变色〕〈喻〉変化の複雑で迅速なこと.
风晕 fēngyùn 月のかさ.
风韵 fēngyùn =〔丰韵〕①優雅な様子.風雅高尚なさま.②風の音.風籟(ライ).③おもしろい趣.
风灾 fēngzāi 風災.
风闸 fēngzhá エアブレーキ.〔～软 ruǎn 管〕エアブレーキホース.
风障 fēngzhàng 農苗を守る風よけ:畑の芦や高粱の幹で編んだもの.
风针 fēngzhēn ⇒〔风向标〕
风疹 fēngzhěn =〔风疹〕医風疹(三日ばしか)
风疹块 fēngzhěnkuài =〔风疙瘩〕〔风块〕〔疯疙瘩〕〔方鬼 guǐ 风疙瘩〕医じんましん:〔荨 xún 麻疹〕の俗称.
风筝 fēngzheng ①=〔鹞 yào 子〕②〔纸 zhǐ 鸢〕〔方纸鹞〕凧.〔放 fàng ～〕凧を揚げる.〔抖 dǒu ～〕凧糸をぐいぐい引く(引いて凧を上方へ揚げ

fēng

风汊枫疯砜吽封

る).〔~儿〕風のうなり.②〈文〉軒先(℡)にかけ
る風鈴.〔~铃〕風鈴.
风致 fēngzhì 〈文〉①(姿態の)優美さ.②味わい.
趣.情緒.
风中秉烛 fēngzhōng bǐngzhú 〔风中之烛〕ともい
う.〈成〉風前の灯(℡).
风中血脉 fēngzhōng xuèmài 中医顔面神経麻痺.
风烛残年 fēngzhú cánnián 〈成〉余命が長くないこ
と:〔风烛之年〕ともいう.
风姿 fēngzī ⇒〔丰姿〕
风阻 fēngzǔ 物①風の影響による流れの偏り.②風
圧面:船体の風の作用する面.③風損.
风钻 fēngzuàn 機①削岩(₈)機.空気ドリル.②
金属に孔をあけるドリル.→〔轩 qiān 子〕
风嘴 fēngzuǐ 機(溶鉱炉の)羽口:熱風管が溶鉱炉
に入る口.

〔**汊・渢**〕 **fēng** 〈文〉①水の広がる音.
②美しい楽音.

〔**枫・楓**〕 **fēng** ①植 フウ.→〔枫香〕
②植カエデ;〔槭 qì〕に通じ
る.〔三角~〕三角楓 トウカエデ.③〈姓〉楓(ਡ)

枫锦 fēngjǐn 〈喩〉紅葉.
枫栌 fēnglú 植カエデ.
枫桥 fēngqiáo 地江蘇省蘇州市郊外にある:〔封桥〕
とも書いた.
枫实 fēngshí フウの実:別称〔路 lù 路通〕.薬用にす
る.
枫树 fēngshù ①同下.②植カラコギカエデ.
枫香 fēngxiāng 植フウ(楓):マンサク科,俗に〔枫树〕
という.
枫杨 fēngyáng = 〔枫柳〕〔柜 jǔ 柳〕〔榉 jǔ 柳〕植サ
ワグルミ(近縁種):クルミ科の高木:街路樹に多い.
葉と樹皮は有毒で殺虫の効がある.
枫叶 fēngyè カエデの葉.〈転〉紅葉.
枫叶海棠 fēngyèhǎitáng 植ベゴニア.→〔洋 yáng
秋海棠〕

〔**疯・瘋**〕 **fēng** ①精神異常をおこす.気
がおかしい.〔发~〕気が狂う.〔半~(儿)〕半分気
がおかしい.〔你又~了〕君またやっているな:冗談めかしていう.②ひきつけを起こ
す.〔抽了一阵~〕痙攣(ひきつけ)をおこす.→〔抽
chōu 风②〕③遊びほうける.軽薄である.軽々し
い.④でたらめである.ばかげている.〔打退敌人的
~狂进攻〕敵の狂気の猛攻撃を撃退する.〔股市~
潮 cháo 已冷清〕熱狂的な株式ブームは下火になっ
た.〔~抢 qiǎng〕有無を言わせず自分のものにする.
⑤(作物が徒長して)実を結ばない.〔柏这些棉桃花
~了〕この綿は伸びすぎて実がつかないだろう.

疯病 fēngbìng 〈口〉精神病:〔精 jīng 神病〕に同
じ.
疯权 fēngchà ⇒〔疯枝〕
疯癫 fēngdiān = 〔瘋狂〕気がおかしい.瘋癲(﹅ᵗ):
〔疯颠〕とも書く.
疯疯癫癫 fēngfēng diāndiān 気がおかしいさま.常
規を逸したさま:〔疯疯魔 mó 魔〕ともいう.〔~地闹
事〕我を忘れたりして騒ぐ.
疯疙瘩 fēnggēda ⇒〔风疹块〕
疯狗 fēnggǒu 狂犬.→〔狂 kuáng 犬病〕
疯话 fēnghuà ばかげた話.妄言.
疯狂 fēngkuáng 気が変(になる).〔~行动〕おかしな
行動.〔~病〕医ノイローゼ.〔~反扑〕狂ったような
反撃.
疯魔 fēngmó ①=〈文〉风魔②.①気がおかしい.②
夢中になる(させる).病みつきになる(させる).熱狂
する(させる).〔入 rù 迷〕〈人魔〉
疯牛 fēngniú 狂い牛.〔~病〕狂牛病.BSE:〔牛海

绵状脑病〕の通称.〔~进了瓷器铺〕狂い牛が瀬戸
物屋に暴れ込んだ.〈喩〉むやみやたらに物を壊し回
る.〔~肉〕ホルモン剤を投与した牛の肉.
疯人 fēngrén = 〔疯子〕狂人.〔~院〕精神病院.
疯瘫 fēngtān ⇒〔风瘫〕
疯头疯脑 fēngtóu fēngnǎo 夢中になっているさま.
疯长 fēngzhǎng 〈口〉(植物が)徒長する.
疯枝 fēngzhī = 〔疯权〕徒長枝.むだ枝.〔打~〕同
前を切る.
疯子 fēngzi ⇒〔疯人〕

〔**砜・碸**〕 **fēng** 化スルホン.

〔**吽**〕 **fēng** ⇒〔方 fāng(II)〕

〔**封**〕 **fēng** ①〈文〉土を積んで境とする.②
〈文〉境界.=〔封疆①〕③〈文〉帝王が知
行(₈ₐ)や爵位称号などを臣下に与えて賞する.〔分
~诸侯〕諸侯に封ずる.〔~神〕封神.神として祭る.
〔~圣 shèng〕列聖.聖人の称号を与える.④封を
する.閉じる.密閉する.〔写完的信还没有~呢〕書
いた手紙はまだ封をしてないよ.〔药瓶用白蜡~口〕
薬瓶は白蝋(﹅)で口を密閉する.⑤封鎖する.制限
する.禁止する.〔~报 bào 抓人〕新聞社を封鎖し,
記者を逮捕する.〔查 chá~〕差し押さえる.〔启 qǐ
~〕封印を解く.〔故步自~〕〈成〉旧態のままにとど
まって少しも向上を求めさせる.⑥〔~儿〕紙袋.〔信
~〕封筒.⑦〈文〉大きい.豊かである.〔封豕长
蛇〕⑧量詞.封じた手紙や一包みにして封じた品
物を数える.〔一~信〕1通の手紙.〔一~银子〕一
包みの銀(₈ᵢ).⑨〈姓〉封(﹅ᵍ)

封笔 fēngbǐ (作家・書家・画家などが)創作活動を
やめる.擱筆する.
封闭 fēngbì ①密封する.密閉する.〔~管理〕外部
との接触を少なくして管理する.〔~教育〕管理教
育.〔~式(﹅)密閉式(﹅).〔~性〕密封性.密閉
性.〔用火漆~瓶口〕封蝋で瓶の口を密封する.②
封鎖(する).〔~矿坑〕鉱坑ロックアウト.〔~疗 liáo
法〕医神経ブロック療法.〔~式传送系统〕シールド
コンベヤーシステム.封閉式運搬装置.③封鎖
さえる.
封边 fēngbiān 機エッジシーリング.シールエッジ.
封财门 fēngcáimén 旧大みそかの夜が過ぎ元旦の子
(﹅)の刻になると,表門に封を施し金紙・銀紙で作っ
た元 yuán 宝(﹅ㄢ)を貼る.〔谚 gào 言〕
封册 fēngcè 固帝王が王侯を封ずるのに用いた詔
書.
封存 fēngcún 封をしてしまっておく.
封底 fēngdǐ =〔底封面〕(書籍などの)裏表紙:〔封
四〕〔里 lǐ 封面〕ともいう.〔~内页〕〔封三〕同前の
裏.表見返し.→〔封里〕〔封面①〕
封地 fēngdì 領地.知行地.
封典 fēngdiǎn 旧官吏の曾祖父母・祖父母・父母・
妻らに賜わる恩典.→〔诰 gào 封〕
封顶 fēngdǐng ①頭打ちになる.〔上不~〕上限がな
い.②植茎の発芽が止まる.③建棟上げをする.
封冻 fēngdòng 一面に凍結する.〔~期〕凍結で船の
航行を禁止する期間.
封堵 fēngdǔ 周りを囲んで進入を防ぐ.〔采取~措
施恢复草原〕同前で草地をよみがえさせる.
封二 fēng'èr (書籍などの)表見返し.表紙の裏.→
〔封里〕〔封面①〕
封发 fēngfā 封をして送る.
封港 fēnggǎng 港湾封鎖する.
封关 fēngguān ①税関の休暇.②各種商店・銀行
などの休暇.
封官 fēngguān 官に封ずる.(高い)役職を与える.

封　　　　　　　　　　　　　　　　　　　　　　　　　　　fēng

封罐机 fēngguànjī 〈図〉(缶詰の)缶シーマー.
封裹 fēngguǒ 密封する.閉じ込める.
封航 fēngháng 航路・路線を封鎖する.〔緊急～〕緊急の路線封航.
封号 fēnghào 〈文〉(帝王が臣下に)称号を与える.また,その称号.
封河 fēnghé 河川が結氷する:船舶の交通が断たれる.↔〔开 kāi 河①〕
封侯 fēnghóu ①諸侯に封ぜられる.②諸侯.
封火 fēnghuǒ 炉の蓋(ふた)などを閉じたり火をいけたりして,火が消えない程度に火力を弱める.
封寄 fēngjì 封をして送る.〔封固寄呈〕同義.
封缄器 fēngjiānqì 〈図〉(封筒などの)自動封緘(かん)機.
封建 fēngjiàn ①〈史〉封建:天子が臣下に爵位と領地を与えて諸侯とすること.〔～割 gē 据〕封建的な割拠(きょ).〔～礼教〕封建的な礼法と道徳.〔～社会〕封建社会.〔～时代〕封建時代.〔～势力〕封建時代の残滓(ざん)物である貴族・軍閥・地主・地方のボスなど.〔～余孽 yúniè〕封建的な残りかす.封建的な不良分子や悪勢力.〔～制度〕封建制度.〔～主〕封建時代の領主.〔～主义〕封建主義.〔〈口〉封建的で古くさい.〔他老～〕彼は封建的である.
封建把头 fēngjiàn bǎtóu ⇒〔把头〕
封疆 fēngjiāng 〈文〉①〔封río〕〔封域〕境界.境内の地.②国境を守る将軍:明・清以後は〔督 dū 抚〕という.
封禁 fēngjìn ①⇒〔封杀①〕②差し押さえる.発禁とする.
封镜 fēngjìng ⇒〔闭 bì 镜〕
封局 fēngjú 〈口〉打ち込める.
封君 fēngjūn =〔封翁〕〈図〉子や孫が高位高官になったため天子から封典を受けた父祖.→〔封典〕
封口 fēngkǒu(r) ①口を締める.(瓶や封筒などの)封をする.(傷口が)癒合する.②口をつぐむ.物を言わない.〔～费 fèi〕口止め料.→〔闭 bì 口〕③〈喩〉限度を守る.
封蜡 fēnglà 〔火 huǒ 漆〕封蠟(ろう):瓶の口などを封ずるのに用いるもの.
封里 fēnglǐ (書籍などの)見返し:表紙の裏.〔封二〕,〔封三〕をいう.→〔封底〕〔封面〕
封门 fēngmén ①門を閉じる(て出入りを禁止する)②→〔封条①〕③戸口に封印する.〔~抄家〕家を差し押さえ,家(か)探しする.④〈方〉年長者が亡くなった家で,門の対聯や門神の画像を白布で覆うこと.⑤前言を変えない.
封面 fēngmiàn ①=〔〈方〉封皮③〕(書籍などの)おもて表紙:〔〈口〉书 shū 皮(儿)②〕に同じ.〔里 lǐ ~〕〔封底〕うら表紙.〔二~〕〔封一〕〔封 fēng 面①〕:洋装本の見返しの次にあり書名・著者名などが書かれているページ.見返し:線装本の表紙の裏面.書名などを表示してある.
封面儿女郎 fēngmiànr nǚláng 表紙モデル(女性).カバーガール.
封墓 fēngmù 旧墓の土を盛ること:死者に対する一種の礼.もと,皇帝の恩恵として行った.〔封茔 yíng〕ともいう.〔封比干墓〕(書経)比干の墓を封ず.
封泥 fēngní ①〔口〕封泥:空気の漏出を防ぐのに管の接ぎ目に詰める.②〔古〕竹筒などを縄で縛り,その結び目を封じた泥に印を押したもの.〔泥封〕同義.
封牛 fēngniú 〈動〉肩峰牛:首の上の肉が突起している牛.
封盘 fēngpán ①〔図〕(株式市場などで)取引中止(となる).②⇒〔封棋〕

封皮 fēngpí ①〔信 xìn 封(儿)〕②⇒〔封条〕③⇒〔封面①〕④酒瓶(びん)を封じてある泥土.
封妻荫子 fēngqī yìnzǐ 〈文〉妻は恩典を受け子孫は官職を世襲する:〔荫子封妻〕ともいう.
封圻 fēngqí ⇒〔封疆〕
封棋 fēngqí ①=〔封局〕〔封盘②〕(囲碁などで)一時中断する.封じ手.
封签 fēngqiān 商品などの封印用のラベル.
封球 fēngqiú (ハンドボールの)ボールチャージ.
封三 fēngsān (書籍などの)裏見返し.裏表紙の内側:〔底封里〕〔封底内页〕ともいう.→〔封里〕
封杀 fēngshā ①=〔封禁①〕封じこめる.〔～历史真相〕歴史の真相を黙殺する.〔～型运动〕封じ込め型の社会的活動.②〈ス〉(野球の)フォースアウト.→〔出 chū 局〕
封山 fēngshān (伐木・伐採のための)入山を禁止する.〔～育 yù 林〕造林を禁止して造林を育成する.
封禅 fēngshàn 〔古〕泰山で帝王が天地を祭ること.
封赏 fēngshǎng 〈文〉臣下に土地や爵位・称号を与える.またそのもの.
封识 fēngshí (税関や検査所などの)合格証明・検査済証明ラベル.
封豕长蛇 fēngshǐ chángshé 大きな豕と長い蛇.〈喩〉貪欲で強暴な人(大悪党)
封事 fēngshì ⇒〔封奏〕
封死 fēngsǐ ①(通路などを)ふさぐ.ふさぎ止める.②〈ス〉ブロックする.ブロッキング.→〔封网〕
封四 fēngsì ⇒〔底底〕
封锁 fēngsuǒ ①閉めて鍵をかける.②封鎖する.〔～禁运〕封鎖して輸出入を禁止する.〔～线〕封鎖線.〔经济～〕経済封鎖.
封台 fēngtái ⇒〔封箱〕
封套 fēngtào 書類ケース.厚紙封筒.
封条 fēngtiáo =〔封皮②〕封じ紙:物を封印するのに用いる細長い紙札.日付を書き押印する.
封王 fēngwáng ①〔古〕王に封ぜられる.王になる.②〈転〉(男性が)トップに立つ.→〔称 chēng 后〕
封网 fēngwǎng ①=〔拦 lán 网〕〈ス〉(バレーボールの)ブロック.→〔封死②〕
封翁 fēngwēng =〔封君〕
封箱 fēngxiāng ①箱に封をする.②=〔封台〕〔旧〕旧時,年末の最後の興行の後で道具を片づけ,〔戏 xì 箱〕(道具箱)に封をすること.〔～戏〕歳末(の打ちあげ)の芝居.③〔旧〕旧時,役者が引退すること.→〔开 kāi 箱〕
封檐板 fēngyánbǎn 〔建〕軒.ひさし.
封一 fēngyī ⇒〔封面②〕
封邑 fēngyì 〈文〉諸侯の領地.
封印 fēngyìn ①封印(する).②〔旧〕年末から正月中旬までの間,政府の官印に封をして公務を行わないこと.↔〔开 kāi 印〕
封育 fēngyù ⇒〔封山育林〕
封域 fēngyù ⇒〔封疆①〕
封赠 fēngzèng 〔清〕天子が高位の官吏の曾祖父母・祖父母・父母・妻などに恩典を与えること.→〔封典〕
封斋 fēngzhāi =〔把 bǎ 斋〕〔斋戒 jiè ②〕〔宗〕(イスラム教の)ラマダン:イスラム暦9月に30日間にわたって昼間,飲食などをしない斎戒.→〔吃 chī 斋〕
封章 fēngzhāng ⇒〔封奏〕
封装 fēngzhuāng 密封包装する.
封资修 fēngzīxiū 〔封建主义〕〔资本主义〕〔修正主义〕の総称.
封奏 fēngzòu =〔封事〕〔封章〕〈文〉密封した上奏文.
封嘴 fēngzuǐ 口をふさぐ.

fēng

[菶] fēng 〈文〉[植]カブ(ラ)の古名.→[菶 wú 菁]→fēng

[峰(峯)] fēng ①峰.山のとがった頂.〔珠 zhū 穆朗玛~〕チョモランマ峰.〔<音訳>埃 āi 非尔士~〕(エベレスト峰)のこと. ②同前状ものる.〔洪 hóng ~〕(河川)の増水のピーク.〔一~骆驼〕独 dú ~骆驼〕〔单 dān ~骆驼〕一瘤（ᶾ）骆驼.〔双~骆驼〕二瘤ラクダ. ③量詞.〔两~骆驼〕2匹のラクダ.〈姓〉峰(ᵐ)

- 峰巅 fēngdiān 山頂.〈喩〉最高峰.頂点.
- 峰顶 fēngdǐng 山頂.
- 峰谷 fēnggǔ 最高と最低.〔~电价〕電力のピーク時の電気料金と需要の低い時の電気料金.
- 峰回路转 fēnghuí lùzhuǎn 〔成〕山並が起伏し,道が曲りくねっている.〈喩〉今までのやり方を変えること.
- 峰会 fēnghuì トップ会談.首脳会談.サミット.
- 峰立 fēnglì そびえ立っ.
- 峰岭 fēnglǐng 〈文〉山の峰.
- 峰峦 fēngluán 〈文〉峰が連なっている.〔~迭 dié 秀〕〈慣〉重なりあった美しい峰.
- 峰年 fēngnián ピークに達する年.
- 峰位 fēngwèi〔数値の〕最高点.⇔[底 dǐ 位]
- 峰值 fēngzhí ピーク時の値.最高値.

[烽] fēng のろし(火)

- 烽鼓 fēnggǔ ①のろしと太鼓.→[烽火鼙鼓] ②〈転〉戦争.戦乱.
- 烽火 fēnghuǒ ①のろし(火).〔~台〕のろし台.〔~鼙 pí 鼓〕〔成〕のろしと太鼓.→[烽燧] ②〈転〉戦火.〔烽火连三月,家书抵万金〕(杜甫·春望詩)戦苦労が続いている時の家族の手紙ほど有難いものはない.
- 烽燧 fēngsuì〈文〉のろし:(外敵が来襲した時)昼間に煙をあげるのを〔烽〕といい,夜間に火をあげるのを〔燧〕という.
- 烽烟 fēngyān のろしの煙.〈転〉戦火.→[烽燧]
- 烽子 fēngzǐ〈文〉のろし台の番兵.斥候兵.

[锋·鋒] fēng ①ほこ先.切(ᵗ)っ先.ほう部分.〔刀 dāo ~〕刀の切っ先.〔交 jiāo ~〕ほこを交える.戦争する. ②器物の先端.鋭い部分.〔笔 bǐ ~〕筆の穂先.〔针 zhēn ~相对〕互いに鋭く対峙する. ③軍隊の先鋒.前衛.〔先 xiān ~〕前衛隊.〔前~〕ⓐ前衛.ⓑ⟨ス⟩フォワード.〔冲 chōng ~〕突撃する.〔前~〕前鋒級.〔同~〕同前.〔冷~〕寒冷前線.〔暖~〕温暖前線.〔静止~〕停滞前線. ⑤〔言葉·文章の〕気勢.勢い.

- 锋镝 fēngdí〈文〉切っ先と矢じり.〈転〉武器.戦争.〔~余生〕〈慣〉戦に生き残る.
- 锋钢 fēnggāng ⇒[高 gāo 速(速)钢]
- 锋棱 fēngléng ①物の先端·角.②人の鋭気.
- 锋口 fēngkǒu 切っ先.ほこ先.
- 锋快 fēngkuài〔刃物が〕よく切れる.
- 锋利 fēnglì 鋭利(である).〔~的论调〕鋭い論調.
- 锋芒 fēngmáng ①〔锋铓〕とも書いた.刃の切っ先.〔把斗争的~指向帝国主义〕闘争の切っ先を帝国主義に向ける.〔~所向〕はこ先の向かうところ. ②〈喩〉鋭気.才能.〔~毕露〕〈成〉才気をあますところなく現す.自己の才をことさらにひけらかす.〔~逼 bī 人〕〈成〉他人に対する才を誇り鋭くせまる.③微細な事.〔~毫发 fà 之事〕ほんの些細なこと.
- 锋面 fēngmiàn ⟨気⟩不连続面.
- 锋刃 fēngrèn 鋭利な刃.
- 锋锐 fēngruì ほこ先のように鋭い.

- 锋线 fēngxiàn ⟨サッカーなどの⟩フォワードのライン

[蜂(蠭·䗬)] fēng ①[虫]ハチ(蜂).〔蜜 mì ~〕ミツバチ.〔土 tǔ ~〕ツチバチ(アカスジバチ).〔山~〕〔革~〕〔大黄~〕ヤマバチ(クマバチ).〔胡 hú ~〕キバチ.〔黄 huáng ~〕ヒメアシナガバチ.〔一只~〕一匹の蜂.〔一群~〕一群の蜂.〔特に蜜蜂を指す.〔养了一窝~〕蜂を一箱飼った.→[蜂蜜] ②大勢の人のたとえ.→[蜂聚][蜂拥]

- 蜂虿 fēngchài 蜂とさそり:〔虫〕はさそりの一種.〔~有毒〕蜂やさそりは小さくても毒を持っている.〈喩〉小さいものでも,その害は大きい.
- 蜂场 fēngchǎng 養蜂場.
- 蜂巢 fēngcháo〔蜜〕蜂の巣:全体を指す.〔蜂窝〕は通称.→[蜂房①]
- 蜂巢莲 fēngcháolián ⟨化⟩バイオレットの一種.〔盐基~〕メチールバイオレットの一種.
- 蜂巢石斑鱼 fēngcháo shíbānyú ⟨魚⟩カンモンハタ.
- 蜂巢胃 fēngcháowèi ⟨動⟩反芻(ᵗᵘ)動物の胃の第二室:〔蜂窝胃〕ともいう.
- 蜂刺 fēngcì ⇒[蜂勾子]
- 斗针菜 fēngdǒucài ⟨植⟩フキ.
- 蜂毒 fēngdú 蜂の毒.
- 蜂坊 fēngfáng 蜜蜂の飼育場.
- 蜂房 fēngfáng ①巣房:〔蜜〕蜂の巣の一つ一つの部屋.②密集している小部屋.
- 蜂糕 fēnggāo ⟨食⟩蒸し菓子の一種:小麦粉(もとは米粉)を発酵させ砂糖·モクセイの花·ラードなどを加えてよくこね,蒸籠(ᵘᶦʳᵘᵘ)の中に厚さ5,6センチのように入れ,表面にナツメの実·青梅·ハスの実の砂糖漬けなどをのせこうして蒸し上げて作る.切り分けると断面が蜂の巣状にみえる.〔蜂糖糕〕ともいう.
- 蜂勾子 fēnggōuzi =[蜂刺]〔蜂针〕蜂の針.
- 蜂猴 fēnghóu =〔懒 lǎn 猴〕.
- 蜂虎 fēnghǔ ⟨鳥⟩ハチクイ(総称):蜂を好んで食べる鳥.
- 蜂花粉 fēnghuāfěn 蜂花粉.ビーポーレン:蜜蜂が集めた花粉(を固めたもの)
- 蜂花酸 fēnghuāsuān =〔三 sān 十(烷)酸〕⟨化⟩メリシン酸.
- 蜂黄 fēnghuáng ⟨旧⟩蜂の体についている花粉
- 蜂胶 fēngjiāo ロイヤルゼリー:カプセル入りが多い.
- 蜂聚 fēngjù 〈喩〉人々の大勢集まること.
- 蜂蜡 fēnglà =〔蜜 mì 蜡(ᵅ)〕(粗製の)蜜蠟:通称〔黄 huáng 蜡〕という.→[白 bái 蜡①]
- 蜂蜜 fēngmì =〔蜂糖〕単位に〔瓶〕もいう.〔纯 chún 净~〕⟨薬⟩精製蜂蜜.→[蜂乳]
- 蜂鸣器 fēngmíngqì =[蜂响器]〔蜂音器〕ブザー.
- 蜂目豺声 fēngmù cháishēng 蜂の針のように鋭い目と狼のような声.〈喩〉すごい目つきと恐ろしい声.
- 蜂鸟 fēngniǎo ⟨鳥⟩ハチドリ:鳥類中最小のもの.
- 蜂农 fēngnóng 養蜂農家.
- 蜂起 fēngqǐ 蜂が群がって飛びたつ.〈喩〉群をなして決起する.蜂起する.→[起义]
- 蜂群 fēngqún ハチの群れ.
- 蜂乳 fēngrǔ ロイヤルゼリー:〔蜂王浆〕に同じ.〔~精〕〔~浆〕同前.→[蜂蜜]
- 蜂糖 fēngtáng =〔蜂蜜〕
- 蜂屯蚁聚 fēngtún yǐjù〈成〉多人数が寄り集まること.
- 蜂王 fēngwáng ⟨虫⟩女王蜂.〔~精 jīng〕〔~浆 jiāng〕〔蜂乳〕⟨王浆⟩ロイヤルゼリー.→[雌 cí 蜂]
- 蜂窝 fēngwō ①⇒[蜂巢] ②〔-儿〕多くの穴があいているもの.〔~煤 méi〕穴あき錬炭.
- 蜂窝织炎 fēngwōzhīyán ⟨医⟩蜂窩織炎(ᵘᵃʳᵒᵏⁱᵉⁿ)

蜂箱 fēngxiāng 養蜂箱.
蜂响器 fēngxiǎngqì ⇒[蜂鸣器]
蜂腰 fēngyāo ①蜂のようなくびれた腰. ②〈喩〉中間がくびれている:例えば3人兄弟の中で2番目が劣っているような場合. →[八 bā 病]
蜂音器 fēngyīnqì ⇒[蜂鸣器]
蜂拥 fēngyōng〈喩〉大勢の人が押しあいへしあいしていること.[～而来]大勢が押し寄せてくる.
蜂针 fēngzhēn ⇒[蜂勾子]

〔**冯・馮**〕 féng〈姓〉馮(ひょう). → píng

冯妇 féngfù 囚虎狩りの名人:やめると決めた虎狩りを再び始めた(孟子).[重 chóng 作～]〈成〉もとの仕事を再び始めること.

〔**逢**〕 féng ①(ある時に)会う.出会う.[相 xiāng ～]ばったり会う.[毎月二・七开庙]毎月2と7の日が縁日だ.[～会就讲治山治水的工作]会議のたびに治山治水の仕事を話す. ②迎合する. ③〈姓〉逢(ほう) → páng

逢场作戏 féngchǎng zuòxì〈成〉①間に合わせのことをする.お茶をにごす.場当りでやる. ②気まぐれやいたずら心でする.本気でしない.
逢低吸纳 féngdī xīnà 囲押し目買い.
逢集 féngjí 市(ぃち)[我们这儿是三、八～]わたしのところは3の日、8の日に市がたちます. →[集 shì 2]
逢九庆十 féngjiǔ qìngshí〈方〉49歳の時50歳の誕生日を祝い、59歳の時還暦を祝い、69歳の古稀を祝う習慣.
逢君 féngjūn〈文〉君主の意に迎合する.上役の意に迎合する.[～之恶](孟子・告子)君主の悪事に迎合する.
逢年过节 féngnián guòjié 新年と節句のたびごとに.[～行 xíng 人情]新年とか節句のたびに付け届けを贈る.
逢人且说三分话,未可全抛一片心 féngrén qiě shuō sānfēnhuà, wèikě quánpāo yīpiànxīn〈諺〉人に会ったら3分(ぶ)の話をするだけで、腹の中全部を打ち明けるな.人と話しをする時に余すところなく話すな.
逢人说项 féngrén shuōxiàng〈成〉いたる所で人の美点をほめたたえる.
逢上必倒 féngshǎng bìdǎo 囲(中国語)の第3声が重なれば前の声調は必ず第2声に変わる.
逢时 féngshí タイムリーである.いい時期に出あう.
逢凶化吉 féngxiōng huàjí〈成〉①凶事に会ったのを吉事に変える. ②危険を脱して安全な状態になる.
逢迎 féngyíng ①〈文〉接待する. ②へつらいおもねる.[～权势]権勢に迎合する. →[奉 fèng 承①]

〔**缝・縫**〕 féng ①縫う.繕う.[～衣服]服を縫う.[～接 jiē]ぴたりと継ぎ合わせる. ②〈姓〉縫(ほう) → fèng

缝补 féngbǔ 縫い繕(つくろ)う.[缝补缝补]縫ったり繕ったりする.
缝缝连连 féngféng liánlián 継ぎ合わせる.
缝焊接 fénghànjiē 工継溶接.縫合(ほうごう)溶接.シーム溶接.
缝合 fénghé 医縫(する).[～伤口]傷口を縫い合わせる.[～线 xiàn][缝线]④医縫合糸. ⑤地大陸プレートの断層面における銀状の線.
缝穷 féngqióng 囲(貧しい女性の)針仕事をして生計をたてる.[～的][～妇]同断をする女性.
缝纫 féngrèn 裁断・裁縫する.[～机 jī]ミシン(足踏み式のもの).[手摇 yáo～机]手回しミシン.[电动～机]電動ミシン.
缝线 féngxiàn ①縫い糸.[～开了]縫い目がほころびる. ②⇒[缝合线]
缝衣针 féngyīzhēn =[方]引ツ张り线④]縫い針.
缝制 féngzhì 縫製する.
缝缀 féngzhuì 縫い合わせて繕う.

〔**讽・諷**〕 fěng (Ⅰ)〈文〉唱え読む. (Ⅱ)①あてこする.遠回しに言う.ほのめかす.[讥 jī ～]そしる.[嘲 cháo ～]あざけりあてこする.

讽嘲 fěngcháo あざけり. =[嘲讽]に同じ.
讽刺 fěngcì ①風刺(する).皮肉(を言う).あてこすり(る).[～画]風刺画.カリカチュア.[～世事]世事を風刺する. ②⇒[反 fǎn 语]
讽谏 fěngjiàn 遠回しに諫(いさ)める.それとなく諌める.
讽诵 fěngsòng〈文〉①口ずさむ.調子をつけてよむ. ②そら読みする.
讽喻 fěngyù 圃諷喩(ふうゆ).[～诗 shī]諷喩詩.

〔**嘦(覂)**〕 fěng〈文〉①ひっくり返る.覆す. ②[～车]⇒[驾 jià]車がひっくり返る.

〔**唪**〕 fěng〈文〉①大声で読む.[～经 jīng][念 niàn 经]圃誦経する. ②大笑いする.

〔**凤・鳳**〕 fèng ①鳳凰(ほうおう):特に雄をいう.[龙 lóng ～]竜と鳳凰. ②(料理に出てくる)鶏の別名. ③〈姓〉鳳(ほう)

凤车 fèngchē ⇒[凤凰车]
凤雏 fèngchú〈文〉鳳凰の雛.〈喩〉才気活発な若者. →[伏 fú 龙凤雏]
凤吹 fèngchuī 圃笙(しょう)・簫(しょう)などの楽器の称.
凤蝶 fèngdié =[野 yě 凤蝶]圃オランダアゲハ.
凤冠 fèngguān ①固后妃の用いた垂旒(すいりゅう)のある髪飾り. ②囲一般の女性が婚礼の時に用いた同断.[花 huā 冠②]ともいう.[～霞 xiā 帔]同前と肩掛け.
凤凰 fènghuáng [仁 rén 鸟][瑞 ruì 鹍]ともいう.鳳凰(ほうおう).伝説による雄を[凤]、雌を[凰]という.また瑞祥や帝王、優れた人物に喩える.[～车]凤车]天子の車.[～木]圃ホウオウボク(鳳凰木):マメ科の常緑高木. [～琴 qín]古琴の一種.[～于 yú 飞]〈成〉鳳凰が相並んで飛ぶ.〈喩〉夫婦相睦まじいこと:新婚を祝う言葉としてよく用いられる.[～衣 yī](蛋 dàn 膜衣)孵化したニワトリ(またはアヒル)の卵の殻の内側の薄い膜:漢方薬とする.
凤凰竹 fènghuángzhú ⇒[凤尾竹]
凤鲚 fèngjì ⇒[凤尾鱼]
凤驾 fèngjià ⇒[凤辇]
凤姐 fèngjiě 囚『紅楼夢』(清代の長編小説)中のあくらつでやり手の女性の名. →[红 hóng 楼梦]
凤梨 fènglí =[波 bō 罗蜜③][菠 bō 萝]②][黄 huáng 梨]圃パイナップル(の果実).
凤梨草莓 fènglí cǎoméi 圃オランダイチゴ.
凤律 fènglǜ 圃12律. →[十 shí 二律]
凤毛麟角 fèngmáo línjiǎo =[麟角凤毛]〈成〉鳳凰の毛と麒麟の角.〈喩〉極めて得難い人や事:[凤毛][麟角]]とも.
凤鸣朝阳 fèngmíng zhāoyáng〈成〉朝日をうけて鳳凰が鳴く.〈喩〉太平の瑞祥.また才のある者が発展の場を得ること.
凤辇 fèngniǎn =[凤驾]①天子の車. ②仙人の乗る車.
凤求凰 fèngqiúhuáng〈喩〉エリート男性がエリート女性を求める.
凤体 fèngtǐ 皇后・妃(の体)
凤头豹尾猪肚子 fèngtóu bàowěi zhūdùzi〈慣〉

fèng 凤奉

(文章の)書き出しは美しく、しめくくりは力強く、主体部分は豊かに書くこと.

凤头潜鸭 fèngtóu qiányā 〔鳥〕キンクロハジロ.
凤头鞋 fèngtóuxié 〔旧〕靴の先に鳳凰の刺繍をしたもの(女性や子供の履物)
凤尾 fèngwěi ①鳳凰の尾. ②〔食〕平たい乾麺.〔~面〕同前.→〔挂 guà 面〕
凤尾草 fèngwěicǎo ⇒〔凤尾蕨〕
凤尾蕉 fèngwěijiāo ⇒〔苏 sū 铁〕
凤尾蕨 fèngwěijué =〔凤尾草〕〔井 jǐng 口边草〕〔石 shí 长生〕〔植〕イノモトソウ:シダ類多年生草本.石垣の間・崖面などによく生える.
凤尾松 fèngwěisōng ⇒〔苏 sū 铁〕
凤尾鱼 fèngwěiyú 〔魚〕エツ:〔凤鲚〕の通称.〔刀 dāo 鱼〕は別称.
凤尾竹 fèngwěizhú 〔凤凰竹〕〔植〕ホウオウチク.
凤仙花 fèngxiānhuā =〔染 rǎn 指 zhǐ 草〕〔小 xiǎo 桃红〕〔指 zhǐ 甲花〕〔植〕ホウセンカ(鳳仙花)
凤眼 fèngyǎn 鳳凰の目.<喩>目じりの切れ上がった美人の目.
凤眼莲 fèngyǎnlián 〔植〕ホテイアオイ(布袋葵):〔水 shuǐ 葫芦〕ともいう.
凤阳花鼓 fèngyáng huāgǔ(xi)〔戏〕明代に安徽鳳陽府各県の民間の俗曲から発展してできた地方戯曲:〔花鼓(戏)〕〔口〕打击花鼓〕〔卫 wèi 调〕ともいう.湖北省に入ったものを〔楚 chǔ 剧〕という.〔凤阳歌 gē〕は同前で歌われた曲.
凤爪 fèngzhǎo ⇒〔鸡 jī 爪〕
凤子 fèngzǐ 〔虫〕大型の蝶.

〔奉〕 fèng ①〈文〉恭しくささげる. ②いただく. 承る.〔~到命令〕命令を承る.〔昨~手书〕〈牘〉昨日お手紙拝受しました.〔敬~〕うやうやしく承る.〔~派参加首都保卫工作〕命令を受け首都防衛活動に参加する. ③尊ぶ.あがめる.〔~为指针〕尊んで指針とする.〔~之如经典,唯命是从〕経典の如くあがめ奉って,命じられれば必ず従う.〔~之为首〕あがめて首領に推戴(たい)する. ④仕える.かしずく. ⑤信仰する.〔~同前.〔~基督教〕キリスト教を信仰する. ⑥身を持する.暮らす.〔自~甚俭〕身を持することを甚だ質素である.甚だつつましやかに暮らす.⑦〈謙〉謹んで…(する) ⑧奉天省(遼寧省の旧称)の略.〔~天〕〔旧〕瀋陽の旧称.〔~系〕〔史〕民国初期,張作霖を首領とする〔北 běi 洋军阀〕の一派. ⑨と奉(牛)

奉安 fèng'ān 〈文〉①(亡くなった皇帝・皇后を)陵に葬る. ②神体・仏像などを安置する.
奉布 fèngbù 〈牘〉申し述べる.〔特此~〕特にここに申し述べます.→〔布达〕〔布闻〕
奉差(事) fèngchāi(shi)出張の命を受ける.
奉承 fèngchéng 〈文〉命を奉ずる.命を受ける.
奉承 fèngcheng ①おべっかをつかう.ごきげんをとる:〔谄 chǎn 媚〕〔恭维 gōngwéi〕に同じ.〔~人家〕他人のごきげんをとる.〔他喜欢人家~他〕彼は人からこびへつらわれることを喜ぶ.〔说~话〕お世辞を言う.②〈方〉勧める.もてなす.〔我不坐着,用不着~我〕〔老・茶〕おれはゆっくりしてはいられない,かまわないでくれ.
奉此 fèngcǐ 〈公〉…の趣承知しました:下級機関が上級機関の来文を引用して,その命令を奉じる場合に用いる.〔奉××号训令,内开……等因.~,……〕××号訓令によれば…の趣,拝承いたしました.上級機関から下級機関への公文では〔据…等情.据此,〕となり,同級機関相互間の公文では〔准・咨称:…等由.准此.〕となる.→〔据 jù 此〕
奉达 fèngdá =〔奉致〕〈牘〉ご通知致します.
奉调 fèngdiào 〈文〉転任の命を受ける.〔~移防〕軍隊の移駐を命ぜられる.
奉读 fèngdú 〈文〉謹んで読む.
奉渎 fèngdú 〔牘〕恐縮ながらお願い申し上げます.ご面倒お願い申し上げます.
奉访 fèngfǎng 〈謙〉ご訪問申し上げます.〔~不晤 wù, 怅 chàng 甚〕〈牘〉お訪ねしましたがお目にかかれず,甚だ残念でした.
奉复 fèngfù 〔牘〕ご返事申し上げます.
奉告 fènggào 〈謙〉申し上げる.お知らせする.〔无可~〕申し上げることはありません.ノーコメント.
奉公 fènggōng 〈文〉公のために力を尽くすこと.官に仕えること.〔~守法〕公のために力を尽くし法を守る.〔廉 lián 洁~〕廉潔で節操を守り公のために力を尽くす.
奉候 fènghòu 〈文〉①人の安否を伺う.お訪ねする.お伺いする. ②お待ち申し上げる.
奉还 fènghuán 〈謙〉ご返却致します.
奉讳 fènghuì 〈文〉服喪する.
奉寄 fèngjì 〈謙〉(郵便で)お送り申し上げます.
奉饯 fèngjiàn 〈文〉餞別を贈る.送別の宴を贈る.
奉缴 fèngjiǎo 〈文〉返上する.お返しする.〔如数~〕もとの数のまま(全部)ご返上致します.
奉经 fèngjīng 〈公〉…を承って…いたしました.〔~…的文书,接し,ただちに…いたしました.
奉敬 fèngjìng 〈文〉差し上げる.献上する.
奉敬老拳 fèngjìng lǎoquán ⇒〔老拳奉敬〕
奉恳 fèngkěn 〉奉求〕
奉泐 fènglè 〔牘〕書きしるし奉る.〔专 zhuān 此~〕まずは可まで.
奉令 fènglìng 〈謙〉ご命令を奉じる:〈公〉衔 xián 命〕に同じ.〔~承 chéng 教〕〔牘〕ご命令を遵守します.〔~前因〕〈公〉前記の事項の命令を受け取りました.〔~唯 wéi 谨〕〈公〉ご命令を謹んで承ります.
奉命 fèngmìng 〈謙〉ご命令を奉ずる:〔奉令〕ともいう.〔~而行〕命令により行う.
奉攀 fèngpān 〔牘〕ご案内申し上げます.
奉陪 fèngpéi ①〈謙〉お供出しします.随行致します. ②〈転〉お相手申す.後にはひかない.〔他们要打我们就~到底〕彼らが戦いを挑むなら,我々も徹底的に受けて立つ.
奉赔 fèngpéi 〈謙〉賠償させていただく.〔照价~〕値段どおり同前.
奉请 fèngqǐng 〔牘〕お招き申し上げます.ご案内申し上げます.
奉求 fèngqiú =〔奉恳〕〔奉托〕〈謙〉お願いします.ご依頼いたします.
奉劝 fèngquàn 〈謙〉お勧め致します.ご忠告する.〔~你少喝一点酒〕お酒を少し控え目にされるようお勧めします.
奉扰 fèngrǎo 〈謙〉①(おおせに従って)ご馳走になる.〔今天有事,下次再~吧〕今日は用事がありますので,この次にご馳走になりましょう. ②お邪魔致します.
奉若神明 fèng ruò shénmíng 〈成〉神仏のようにあがめ奉る.目上のものと見なす.
奉商 fèngshāng 〈文〉ご相談申し上げます.〔有事~〕ご相談申し上げたいことがあります.
奉上 fèngshàng 〈謙〉①差し上げる.呈上する. ②捧げ持つ.
奉使 fèngshǐ 〈文〉使臣となる.〔~出国〕国使となって外国に行く.
奉侍 fèngshì かしずく.〔由许多仆 pú 人~度日〕大勢の召し使いにかしずかれて暮らす.
奉祀 fèngsì 〈文〉祭る=〔祭 jì 祀〕に同じ.
奉送 fèngsòng ①=〔奉赠〕〈謙〉上げます.進呈

奉俸匎葑赗缝勪佛　　　　　　　　　　　　　　　　　fèng～fó

します．②お見送りします．
奉天大鼓 fèngtiān dàgǔ →〔大鼓②〕
奉托 fèngtuō →〔奉托〕
奉为 fèngwéi 恭しく…とする．〔～圭臬 guīniè〕〈成〉ある事物・言葉をあがめて規準にする．
奉献 fèngxiàn 差し上げる．献上する．〔中央电视台特别～〕中央テレビ局の特別提供．〔无偿～〕無償提供．〔～精神〕奉仕精神(国家などへの)
奉行 fèngxíng 命令のとおりにする．〔～故 gù 事〕〈成〉従来の慣例によって事を行う．
奉询 fèngxún 〈牍〉お尋ねします．お伺いします．〔专此～〕まずは右お尋ねで．
奉养 fèngyǎng 父母に孝養する．〔～父母〕同前．→〔供 gōng 养〕
奉邀 fèngyāo 〈文〉招聘(しょうへい)．お招きする．
奉谒 fèngyè お目通りする．
奉诣 fèngyì 〈牍〉ご訪問申し上げる．〔～申谢(しゃ)〕のお礼申し上げます．
奉迎 fèngyíng ①こびへつらう．②〈謙〉お迎えする．
奉谕 fèngyù 〈牍〉ご劉論を承る．〔～敬悉 xī 一切〕ご来示により一切拝承いたしました．
奉赠 fèngzèng ⇒〔奉送①〕
奉召 fèngzhào 召喚をうける．〔～回国〕呼びもどされて帰国する．
奉赵 fèngzhào ⇒〔完 wán 璧归赵〕
奉旨 fèngzhǐ 〈文〉①ご趣旨(お考え)を承る．②皇帝の命令を承る．
奉致 fèngzhì 〔奉达〕
奉准 fèngzhǔn 〈文〉許可をいただく．
奉子完婚 fèngzǐ wánhūn 出来ちゃった婚(する)．授かり婚(する)

〔**俸**〕**fèng** ①旧官吏の俸禄．俸給．扶持(ち)．〔薪 xīn ～〕同前．〔领 lǐng ～〕俸給を受け取る．〔官 guān ～〕官給の俸禄．②〈姓〉俸(ほう)
俸级 fèngjí 官吏の給料の等級．
俸给 fènggěi ⇒〔俸金〕
俸季 fèngjì 旧官吏が俸禄を受け取る季節：俗每年春秋 2 回に分け，〔春 chūn 季俸〕は旧暦 2 月 1 日，〔秋 qiū 季俸〕は 8 月 1 日に支給した．
俸金 fèngjīn 〔俸给〕給料．俸禄．→〔工 gōng 资〕
俸廉 fènglián 〔廉俸〕旧俸給〔俸禄〕と〔养 yǎng 廉(银)〕(通常俸給外の加給)
俸禄 fènglù 俸禄．扶持(ち)
俸米 fèngmǐ 旧禄米(ろくまい)．俸禄米．
俸钱 fèngqián ⇒〔俸银〕
俸薪 fèngxīn 〔俸给〕給料．月俸：旧官吏に毎月与えられる常禄を〔俸〕，別に毎月炊事材料として与えられるものを〔薪〕といった．
俸银 fèngyín 〔俸钱〕旧給金．俸禄．

〔**匎**〕**fèng** 〔方〕言うに及ばない．…してはならない：〔甭 béng〕に同じ．〔～提起〕言うな．

〔**葑**〕**fèng** 〈文〉真菰(まこも)〔竹：茭 jiāo 白根〕の古称．→〔茭白〕
葑田 fèngtián 江南地方で真菰(まこも)の根の入りくんだものに泥が堆積してできた田．

〔**赗・賵**〕**fèng** 〈文〉喪家を援助するために財物を贈る．またその金品．〔赙 fù〕同前．

〔**缝・縫**〕**fèng** ①縫い目．継ぎ目．〔无 wú ～钢管〕継目なし鋼管．②すき間．割れ目．(ものの)間隙(げき)．〔板墙 qiáng 裂了一道～地面到天花板までの間にすき間ができた．〔桌面有条裂～〕テーブルの面に裂け目がある．〔没～儿下蛆 qū〕〈喩〉②あらぬ噂をたてる．⑤わざと事をおこす．〔说话漏 lòu 了～儿〕話の中に〔投人错～儿〕人のあらを捜す．〔见～插针〕〈成〉ちょっとのすきを

ま)も利用すること．→ féng
缝隙 fèngxì すき間．裂け目．〔没有一丝～可乘 chéng〕つけ入るすきも無い．〔～产业〕ニッチ産業．
缝子 fèngzi ひび．さけ目．すき間．→字解②

fiao ㄈㄧㄠ

〔**勪(勥)**〕**fiào** 〔方〕いらない．…してはいけない：〔勿要〕の合成．〔不 bù 要〕に同じ．

fo ㄈㄛ

〔**佛**〕**fó** ①ほとけ．仏陀．〔成 chéng ～〕成仏する．②仏教の略．→〔佛老〕③仏像．〔铁 tiě ～〕鉄仏．〔石 shí ～〕石仏．④〈姓〉佛(ち)→ fú
佛利 fóchà 仏教寺院．
佛得角 fódéjiǎo カーボヴェルデ：正式には〔～共和国〕．首都は〔普 pǔ 拉亚〕(プライア)
佛灯 fódēng 仏前に供える灯明．
佛地 fódì →〔彼 bǐ 岸②〕
佛典 fódiǎn 仏教の経典．
佛殿 fódiàn 仏殿：〔香 xiāng 殿〕ともいう．
佛豆 fódòu ⇒〔蚕 cán 豆〕
佛法 fófǎ ①仏教の道理．〔～无边〕仏法は広大無辺である．②仏法の力．法力．
佛法僧 fófǎsēng ①⇒〔三 sān 宝〕仏教の三宝である仏・法・僧．②ブッポウソウ(称経)：〔三宝鸟〕ともいう．〔蓝 lán 胸～〕ニシブッポウソウ．〔～属〕ブッポウソウ科．
佛骨 fógǔ 〔佛舎利〕釈迦の遺骨．仏舎利．
佛光 fóguāng ①⇒〔图〕仏の光明．→〔宝 bǎo 光〕②〈図〉ご来迎．ブロッケンの妖怪．
佛果 fóguǒ ①大悟徹底して仏となること．②善因善果．悪因悪果．
佛海 fóhǎi 〈喩〉仏法の広大なこと．〔同归～〕等しく仏法に帰す．
佛号 fóhào 〔仏教で〕①念仏：仏教徒が唱える仏の称号．②僧侶としての名．〔有～的俗家弟子〕僧の名をもつ在家の仏弟子．
画佛像 fóhuàxiàng 〔图〕(チベット仏教の)タンカ．
佛会 fóhuì 仏を礼拝するための集い．
佛家 fójiā 仏教に携わる人．僧侶．
佛甲草 fójiǎcǎo ⇒〔佛指甲①〕〔垂 chuí 盆草〕图ツルマンネングサ：ベンケイソウ科の多肉性草本．
佛教 fójiào 仏教：〔佛②〕〔释 shì 教〕ともいう．〔～学〕仏教学．
佛界 fójiè ①⇒〔极 jí 乐世界〕②寺院．
佛经 fójīng 仏教の経典：〔释 shì 典〕ともいう．
佛龛 fókān ⇒〔佛(爷)龛〕
佛口蛇心 fókǒu shéxīn 〈喩〉言葉はきれいだが心が汚いこと．→〔口蜜腹剑〕
佛兰绒 fólánróng ⇒〔法 fǎ 兰绒〕
佛郎机 fólángjī 旧フランキ．⒜ヨーロッパ人(特にポルトガル人とスペイン人)．⒝同時のもたらした大砲．→〔炮 pào〕同前．
佛老 fólǎo ①釈迦と老子．仏教と道教．
佛鲁那 fólǔnà ⇒〔巴 bā 比妥〕
佛罗那 fóluónà ⇒〔巴 bā 比妥〕
佛门 fómén ①仏門．〔～弟子〕仏教徒．仏教の信者．②仏教に携わる人．僧侶．
佛面竹 fómiànzhú ⇒〔龟 guī 甲竹〕
佛青 fóqīng ⇒〔佛(头)青〕

fó~fū

佛桑 fósāng ⇒〔朱 zhū 槿〕
佛舍利 fóshèlì ⇒〔佛骨〕
佛生日 fóshēngrì 釈迦の降誕の日.旧暦4月8日.
佛事 fóshì 法要.法事.
佛手 fóshǒu 囿ブッシュカン(仏手柑),またその果実.〔佛手柑 gān〕ともいう.柑橘〔枸 jǔ 橼〕(シトロン・マルブシュカン)の変種.〔～(柑)油〕香 xiāng 柠檬油)ベルガモット油.〔～羔 gāo〕食菓子〕の名:小麦粉で製し,内になつめを煮つめて作ったあんまたはあずきあんを入れ,仏手柑の形に作る.〔～瓜 guā〕囿〔隼 sǔn 人瓜〕囿〔菜 cài gāo 梨〕は別称.〔～蕉 jiāo〕囿海南地方の芭蕉.またその実.小型の甘いバナナ.〔～酒〕仏手柑で作った酒:焼酎に仏手柑の汁を混ぜたもの.〔～露 lù〕〔～水〕仏手柑で作ったサイダー・シロップ.
佛寺 fósì 仏寺.寺.
佛塔 fótǎ 寺の塔.仏塔.
佛堂 fótáng 仏を祭る部屋.仏間.
佛提树 fótíshù 囿ファスチック.②囿同前からとれる染料.
佛跳墙 fótiàoqiáng 食福建料理の一.鶏・あひる・豚・羊・ヒレなどを材料にして煮こんだもの:仏様も垣根を飛び越えてくるほどの美味の意.〔全福寿〕ともいう.
佛头 fótóu ①仏像の頭.仏頭.②〔朝 cháo 珠〕の大きな珠(宝)
佛(头)青 fó(tóu)qīng =〔群 qún 青〕色ぐんじょう色(の)
佛头石 fótóushí ⇒〔玉 yù 髓〕
佛头着粪 fótóu zhuófèn 仏像の頭に鳥が糞をする.<喩>貴重なものを訳もなく汚して(だめにして)しまうこと:〔着〕は〔著〕に同じ.〔着粪佛头〕ともいう.
佛徒 fótú 仏教信者.仏教徒.
佛陀 fótuó 〔梵〕仏:覚の義で,自覚・覚他・覚行円満の三義を兼ね備えたもの.〔佛①〕に同じ.〔浮 fú 屠①〕は旧訳.
佛像 fóxiàng 仏像.
佛心 fóxīn 仏心.(仏のような)慈悲の心.〔他很有～,总做慈 cí 悲的事情〕彼は非常に慈悲心が深く,いつも恵み深いことをする.
佛性 fóxìng 仏性.仏心.
佛学 fóxué 仏教(学)
佛牙 fóyá 釈迦の歯.
佛眼相看 fóyǎn xiāng kàn <成>好意をもって待遇する.大目に見る.
佛(爷)龛 fó(yé)kān 仏像を安置する厨子(ず).仏壇.
佛爷 fóye ①釈迦を敬っていう言葉.②囿臣下の皇帝・皇后・皇太后に対する尊称.〔老～〕西太后に対する尊称.
佛藏 fózàng 仏教経典の書庫.→〔道 dào 藏②〕
佛指甲 fózhǐjiǎ ①⇒〔佛甲草〕②⇒〔白 bái 果〕③⇒〔野 yě 百合〕
佛粥 fózhōu ⇒〔腊 là 八粥〕
佛珠 fózhū ⇒〔数 shù 珠〕
佛子 fózǐ ①菩薩.②仏の弟子つまり仏教徒.仏教信者.③恵み深い人.
佛祖 fózǔ ①仏教の祖:釈迦.②仏教の各宗派の祖師.

fou ㄈㄡ

〔不〕 fōu 〈姓〉不(ᵃ) → bù
不第 fǒudì 〈姓〉不第(ᵈᵢ)

〔缶〕 fǒu ①固缶(ᵃ):口が狭く腹の大きい土器.もたい.ほとぎ.〔瓦 wǎ ～〕②囿打楽器とした缶.〔击 jī ～〕缶(ᵃ)を打つ.③固容量の単位,4斛(ᵘ)すなわち40斗.④〔罐 guàn ①〕の俗字.

〔炱〕 fǒu 〈文〉煮込む.〔～粥 zhōu〕かゆを煮込む)

〔否〕 fǒu ①いなむ.同意しない.認めない.〈文〉…するや否や.…かどうか.〔是～真確〕確かどうか.〔可～查验〕検査していいかどうか.〔然～〕然るか否か.〔有问题与一时不得而知〕問題があるか否かすぐにはわからない.③〈文〉…か:疑問の助詞.〔汝 rǔ 知之～〕お前これを知っているか.④〈文〉などいる.→ pǐ
否定 fǒudìng 否定(する).打ち消し(す).〔～之〕二重否定.〔～词 cí〕囿否定詞.〔～思维 wéi〕もっぱら問題点・矛盾点から考えるやり方.↔〔肯 kěn 定①〕
否决 fǒujué 否決(する).〔～权〕拒否権.
否认 fǒurèn 否認(する).承認しない.〔～权〕囿否認権.
否则 fǒuzé しからざれば….でないと….〔现在就得去,～要误事〕今すぐ行かねばならない,でないと支障ができる.〔～的话〕そうでなければ.→〔不 bù 然①〕

fu ㄈㄨ

〔夫〕 fū ①囿おのこ.成年男子の称.〔匹 pǐ ～〕匹夫(ᵖᵘ).〔壮 zhuàng ～〕壮年男子.〔老～〕男の老人(の自称).②夫(ᵗᵗ).〔新婚 ～〕新婚夫婦.〔～产 chǎn〕夫の財産.③囿肉体労働者(男性).〔马～〕馬丁.〔火～〕火夫.〔农 nóng ～〕農夫.農民.〔渔 yú ～〕漁夫.漁民.④〔伕〕囿官・軍に徴用された男性.人夫.〔民～〕民夫.〔拉 lā ～〕強制的に徴用していく.⑤〈姓〉夫(ᵃ) → fú
夫唱妇随 fūchàng fùsuí 夫唱婦随(ᴢᴢᴸᵃᵛ):夫が言うことに妻が従う.<喩>夫婦仲がむつまじい.家庭が平和である.〔夫倡妇随〕とも書いた.〔倡随〕ともいう.
夫妇 fūfù 夫妻:〔夫妻〕に同じ.〔年青～〕若い夫妻.〔老年～〕老人夫妻.
夫妇花 fūfùhuā 蘭と水仙.
夫家 fūjiā 夫の家.→〔婆 pó 家①〕
夫君 fūjūn =〔夫婿〕〔夫君③〕〔夫主〕囿妻から夫をいう語.→〔郎 láng 君〕
夫妻 fūqī 夫と妻.夫婦.〔～财产制〕法夫婦財産制.〔我们一俩〕わたしら夫婦二人.〔～恩 ēn 爱〕夫婦の(恩)愛.〔～店 diàn〕夫婦二人だけでやっている店.<喩>夫婦の二人三脚.〔～船 chuán〕夫婦二人で操業している漁船(渡し舟)
夫渠 fūqú ⇒〔芙 fú 蕖〕
夫权 fūquán 囿夫権.夫の威厳・威令.〔～不振〕夫の威厳が振るない.→〔権 qián 近〕
夫人 fū·rén ①〈文〉諸侯の妻の称.〈文〉天子の側室.〔三～〕同前の〔贵 guì 妃①〕〔贵嫔〕貴人②.③夫の妻の称:社会的地位の高い女性.(外国人に対して)ミセス,またマダムに当てて用いる.〔史密斯～〕ミセス・スミス.〔～外交〕夫人外交.〔嫂 sǎo～〕囿奥さん:友人に対しその妻をいう.→〔女 nǚ 士①〕〔太 tài 太①〕〔妻 qī 子〕
夫荣妻贵 fūróng qīguì <成>夫(ᵗᵗ)が出世すれば妻まで身分が上がる.〔夫荣妇贵〕ともいう.
夫婿 fūxù =〔夫君〕

夫伕呋玞肤砆铁麸趺柎稃孵痡敷鄜镴 fū~fú

a
夫役 fūyì 国家または公の労役に服すること.または同前の人.
夫主 fūzhǔ ⇒[夫君]
夫子 fūzǐ 旧①学者に対する尊称.[孔～]八孔子.

b
[～庙 miào]八孔子]庙]孔子廟.[朱～]宋熹. ②旧先生.師. ③⇒[夫君] ④〈転〉先生:古書を読み,思想の陳腐な人をさげすんでいう.頭の固い人.[老～]老先生.[迂 yū～]古い観念にとらわれ融通のきかない人.[腐～]陳腐な道学者気質.[～自道〈成〉人のことを言っていて自分にあてはまってしまうこと.

c
[伕] fū ①⇒[夫④] ②〈姓〉伕(ᶠ)

[呋] fū

d
呋喃 fūnán 化フラン.フラーン.[氧 yǎng 茂]う.有機化合物の一. [～树 shù 脂]フラン樹脂. [～葡 pú 糖]グルコフラノース.

[玞] fū〈文〉玉につぐ美玉. [珷 wǔ 玞]

e
[肤・膚] fū ①皮膚.肌.[皮 pí～][肌 jī～]同前.[切 qiē～之痛]〈慣〉肌を切るような苦痛.②浅薄である.
肤寸 fūcùn〈転〉わずかの長さや量:[肤]は指を四本並べた長さ,[寸]は指1本の幅.

f
肤泛 fūfàn 浅薄である.
肤见 fūjiàn〈文〉浅見.皮相な判断.
肤觉 fūjué 生皮膚感覚.
肤廓 fūkuò〈文〉大げさなことを言って実質の伴わないこと.貧弱な内容をいたずらに誇大化すること.

g
肤挠目逃 fūnáo mùtáo〈成〉①皮膚を刺されてはたみ,目を刺されては先をそらすこと.②〈転〉胆っ玉の小さいこと.勇猛心の無いこと.
肤皮潦草 fūpí liáocǎo ⇒[浮 fú 皮潦草]
肤浅 fūqiǎn 皮相である.浅薄である.[理论 lùn～]理論が皮相である.

h
肤色 fūsè 皮膚の色.肌色.
肤受 fūshòu 皮膚を刺されるように切実に感じること.[～之愬 sù]〈論語・顔淵〉切実な訴え.②うわべだけを受け伝えること.経験の浅いこと.半可通.なまかじり.

i
肤疹 fūzhěn 医はしかの類.

[砆] fū →[珷 wǔ 玞]

[铁・鈇] fū〈文〉①（わらを切る）押し切りの兵器.[～子 fú 子]→[铡 zhá 刀] ②斧:古代の兵器.[～子 fú 子]→[斧 fú 子]
铁铽 fūyuè〈文〉①斧とまさかり(古代の武器):[斧 fú 铽]ともいう. ②〈転〉死刑に処すること.

k
[麸・麩(䴸・稃)] fū ①ふすま.から こ:小麦のひきがら. ②→[麩筋]
麸(氨)酸 fū(ān)suān ⇒[谷 gǔ 氨酸]
麸筋 fūjīn 正生麸(ᶠ):単に[麸]ともいう.[面 miàn 筋]に同じ.

l
麸壳儿 fūkér ⇒[麸子]
麸皮 fūpí ⇒[麸子]
麸曲 fūqū ふすま麹(ᶜ)
麸炭 fūtàn =[浮 fú 炭][稃 fú 炭]水の中に投入して作った炭.消し炭.

m
麸质 fūzhì ⇒[面 miàn 筋①]
麸子 fūzi =[麸壳儿]ふすま.

[趺] fū ①[跗][趺]② 仏教で]趺坐(ⁱ)(す)る. [～坐 zuò]同前. ③〈文〉石碑の台座. [龟 guī～]亀形の同前.

n

[柎] fū〈文〉①花の萼(ᵏ). ②太鼓・鐘をのせる台の足.

[跗] fū =[跗①]足の甲.
跗骨 fūgǔ 生理跗骨:足の甲を組みたてる7枚の骨. [足 zú～] [跗跖骨]同前.
跗关节 fūguānjié 生理跗骨と脛骨との関節.
跗面 fūmiàn 足の甲. [～高]甲が高い.
跗蹠 fūzhí 跗蹠(ᶻʰí):鳥類の腿(ᵗ)から趾(ʰ)までの部分.

[稃] fū 稲や麦などの花の外側を包んでいる殻.

[孵] fū 卵をかえす.孵化(ᵃ)する. [～小鸡 jī]ひよこをかえす. [产不～出]〈喩〉生産が入荷に間に合わない.
孵坊 fūfáng 孵卵場.
孵化 fūhuà ①=[孵育]孵化(する). [～期]孵化期. ②〈喩〉新規起業(特にハイテク企業)のためのインキュベーション. [～基金]インキュベーター.
孵化器 fūhuàqì ①孵化器. ②〈喩〉ビジネス・インキュベーター.
孵卵 fūluǎn 孵卵(ᵃⁿ)(する). [人工～]人工孵化. [～器]孵卵器.
孵育 fūyù ⇒[孵化]

[痡] fū〈文〉疲れる.過労で病む.

[敷] fū ①敷く.施す. ②〈文〉ひろめる.あまねく延べる. ③塗る.塗りつける. [～粉]おしろいをつける. ④足りる. [入不～出]支出に対し収入不足. [足～应用]必要なだけ十分にある. ⑤〈姓〉敷(ᵘ)
敷陈 fūchén〈文〉申し述べる. [～其 qí 事]その事を申し述べる.
敷料 fūliào 医(手当用の)薬品・包帯類.
敷设 fūshè 敷設(する). [～路轨 guǐ]レールを敷設する.
敷网 fūwǎng (漁業の)敷網(ᵃᵐⁱ)
敷衍 fūyǎn ⇒[焙 bèi 鸭]
敷演 fūyǎn =[敷衍③]敷衍(ᵃⁿ)する.意味をおしひろげて説明する.
敷衍 fū・yǎn =[敷演](物事や人に対して)不真面目である.いい加減にあしらう.ていよくあしらう.うわべだけをとりつくろう. [他一点儿也不诚恳 kěn,对人总是～]彼は少しも誠意がなく,人をいつもいい加減にあしらう. [不要～]いい加減にしておいてはいけない. [～了几句]体我のいいこと(表面だけのこと)を一言二言述べる. [～了这 liǎo 事]いい加減にお茶を濁す. [～塞 sè 责]=[搪 táng 塞]いい加減にして責めを逃れる. ②なんとか持ちこたえる.なんとかしのげる[还能～一个来星期]あと一週間ぐらいは同前. ③⇒[敷演]

敷药 fūyào ①薬を塗る. [旧伤仍然疼痛,昨天还～来看]以前の古傷がなお痛み,昨日もまだ薬を塗らなければならなかった. ②塗り薬.外用薬.

敷用 fūyòng (薬などを)塗る(って治す).

[鄜] fū 地名用字. [～县 xiàn]陝西省にある:現在は[富县]と書く. [～〈姓〉鄜(ᵘ)

[镴・鏷] fū 化[铼 bù](プルトニウム)の旧名.

[夫] fú〈文〉①それ.いったい.そもそも:発語の言葉. [～人必自侮 wǔ,然后人侮之](孟子・離婁上)それから自ら侮るから,然るのち人これを侮る. ②ああ…かな:文の終わりに置く詠嘆の言葉. [嗟 jiē～]ああ! [三年之丧亦已久矣～](礼記・檀弓)3年の喪もまたすでに久しいかな! [逝 shì 者如斯～,不舍昼夜](論語・子罕)逝くものは

fú 夫芙扶蚨市芾弗佛刜怫

かくのごときか,昼夜をわかたず.③それ.その.あれ.あの.〔不扶輿者为谁〕(論語・徴子)かれをしてるのはだれか.④かれ.〔使～往而学焉〕かれをして往きて学ばしむ.→ fū

〔芙〕fú

芙蕖 fúqú 〈文〉蓮の花:〔芙渠〕〔芙蕖〕〔夫 fū 渠〕ともいう.

芙蓉 fúróng 植ハス.またその花:〔荷 hé ①〕〔蓮 lián ①〕に同じ.〔～出水〕〈喩〉詩文が清新で超俗していう.

芙蓉城 fúróngchéng ①〈喩〉仙境.②地成都の別称:〔蓉城〕ともいう.

芙蓉糕 fúrónggāo ①〔食〕糯米(ぉび)と砂糖で作り油で揚げた菓子.②〈喩〉同種の菓子は片方だけ砂糖がついていることから,自分のことだけ考えて他人のことは顧みないこと.

芙蓉国 fúróngguó 〈文〉湖南の別称:唐の譚用之の詩に〔秋風万里～〕とあり,湘江一帯は芙蓉が多かった.

芙容花 fúrónghuā 植フヨウ=〔木 mù 芙蓉〕〔木蓮②〕に同じ.

芙蓉鸟 fúróngniǎo ⇒〔金 jīn 丝雀〕

芙蓉石 fúróngshí 鉱芙蓉石:宝石の一種.=〔薔 qiáng 薇石英〕ともいう.

芙蓉汤 fúróngtāng 鶏卵と片栗粉で作った汁物.

〔扶〕fú

①(ものにつかまって)支える.よりかかる.もたれる.〔～着柱子〕柱によりかかる.〔～墙摸壁〕〈成〉垣にもたれ壁にとりつく.②手で支える.支え持つ.手を貸す.肩を貸す.③助ける.〔救死～伤〕〈成〉死にかけた者を救い傷ついた者を助ける.〔～残 cán 助残〕身体障害者に肩を貸す.〔眼看就倒了,还不快～住！〕今にも倒れそうだ,早く支えなさい.〔～着他走〕彼に手を貸して歩かせる.④無理をして(…)する.〈成〉⑤〔姓〕扶(ふ)

扶帮 fúbāng 援助する.→〔帮忙〕
扶病 fúbìng =〔扶疾〕〈文〉病をおしてがんばる.
扶残 fúcán 障害者に手をかす.
扶榇 fúchèn 〔扶灵〕
扶持 fúchí 手を貸す.手伝う.〔～到底〕徹底的に救援する.
扶床 fúchuáng ようやく寝台の縁をつたい歩くこと(幼児や病人など)
扶芳藤 fúfāngténg =〔爬 pā 藤〕植ツルマサキ(近縁種):ニシキギ科の蔓性常緑木.
扶乩 fújī =〔扶箕〕神降ろしを行って吉凶を占うこと:〔扶箕〕とも書いた.丁字形の架の下端に木筆をつけ,その下に砂を盛った盤を置き,二人が両側に立って各その一端を持ち,神降ろしを行えば木筆が動きだして砂に種々の文字または記号が現れる.それを読むことによって吉凶を占う.また同時に現れた文字や記号."こっくりさん"に似ている.
扶疾 fújí ⇒〔扶病〕
扶济 fújì 助ける.援助する.
扶教 fújiào 教育事業を援助する.
扶柩 fújiù =〔扶灵〕
扶栏 fúlán 手すり.
扶老 fúlǎo 老人を助ける.〔～携 xié 幼〕〔～挈 qiè 幼〕〈成〉老人や子供づれ.一家総出.
扶犁 fúlí まぐわを持つ.農耕をする.
扶灵 fúlíng =〔扶榇〕〔扶柩〕霊柩を守り葬列に行く.
扶留(藤) fúliú(téng) =〔浮留〕植キンマ.→〔蒟 jǔ 酱〕
扶鸾 fúluán =〔扶乩〕
扶轮社 fúlúnshè ロータリークラブ:〔国际～〕ともいう.

扶苗 fúmiáo 園倒伏した苗を起こす.
扶贫 fúpín 貧困家庭・地域を支援し援助する.〔～帮困〕〔～济 jì 困〕同前.〔扶瓶 píng 干部〕酒や遊びに熱中する幹部:〔～干部〕のもじり.
扶清灭洋 fúqīng mièyáng 清国を助けて外国人を追い払う:義和団の標語.→〔义 yì 和团〕
扶渠 fúqú ⇒〔芙蕖〕
扶弱抑强 fúruò yìqiáng 〈成〉弱い者を助けて強い者をくじく:〔抑强扶弱〕ともいう.
扶桑 fúsāng ①⇒〔朱 zhū 槿〕②植扶桑(ホシ):神話で東海の日の出る所にあるという神木(山海経).〈転〉日本の別称:〔榑桑〕とも書く.
扶上马 fúshàngmǎ 手を貸して馬に乗せる.〈喩〉新卒業者で新しく仕事を始める人を助ける.〔～送一程〕同前.
扶侍 fúshì ⇒〔服侍〕
扶手 fú·shǒu 手すり・欄干など:よりかかることのできるもの.〔这楼梯没有～真不好上〕この階段は手すりがないのでとても登りにくい.〔～椅 yǐ〕ひじかけ椅子.アームチェア.
扶疏 fúshū 〈文〉枝葉が茂り,高低疏密があり趣のあること:〔枝叶～〕同前.
扶梯 fútī ①(船の)タラップ.②手すりのある階段.〔自动～〕〔电动～〕エスカレーター.③〈方〉梯子.
扶危 fúwēi 危ない時に助ける.〔～济困〕危険にさらされたり困っている者を助ける.
扶养 fúyǎng 扶養(する)
扶摇 fúyáo ①下から上へ吹きまくる暴風.つむじ風.〔～直升！〕〈喩〉ⓐ官位の栄進の早いこと.ⓑ勢いの盛んなさま.②神木のこと.
扶掖 fúyè 〈文〉支え助ける.〔王凤卿对梅兰芳～备至,互相合作演出达二十余年〕王鳳卿と梅蘭芳はな名コンビで,共演20数年に及ぶ.
扶正 fúzhèng ①旧妾が本妻になる:〔白册 cè 正〕ともいう.②医抵抗力を高める.〔～祛 qū 邪〕同前で病因を除く.
扶植 fúzhí ①もりたてる.助け育てる.〔特別积极地～某某集団〕特に積極的に某のグループをもりたてる.②=〔扶殖〕地盤を固め,勢力をうえつける.〔～势力〕勢力を固める.
扶直 fúzhí 同上②.
扶竹 fúzhú ①⇒〔笻 qióng 竹〕 ②対に生える竹.
扶助 fúzhù 助ける.扶助する.援助する.

〔蚨〕fú →〔青 qīng 蚨〕

〔巿〕fú ⇒〔韨①〕

〔芾〕fú 〈文〉①草木が茂る.②⇒〔韨①〕→ fèi

〔弗〕fú
①〈文〉(…で)ない.(…し)ない:否定を表す.〔～食〕食べない.〔～及 jí〕及ばぬ.②〔姓〕弗(ふ)

弗里敦 fúlǐdūn 地フリータウン:〔塞 sài 拉利昂共和国〕(シエラレオネ共和国)の首都.
弗林 fúlín ⇒〔福林〕
弗林玻璃 fúlín bōlí 〔燧 suì 石玻璃〕
弗石 fúshí 〔萤 yíng 石〕

〔佛(彿・髴)〕fú
(Ⅰ)〔彿・髴〕=〔仿 fǎng 佛〕
(Ⅱ)〔佛〕〈文〉逆らう.反対する:〔拂〕に同じ.→ fó

佛戾 fúlì 〈文〉そむく.違反する.

〔刜〕fú 〈文〉たたき斬る.

〔怫〕fú 〈文〉①気がふさぐ.〔～郁 yù〕同前.②むっとして怒る.

怫然 fúrán むっとするさま.腹をたてるさま.〔~不悦〕〔~作色〕むっとして怒る.

〔芾〕 fú 〈文〉①草が乱れ茂っているさま.〈転〉ふさがる.〔道~不可行也〕道が草によってふさがって通れぬ.②除草する.草を刈りとる.〈転〉治める.③古く〔福①〕に用いた.

〔拂〕 fú ①はたく.ぬぐう.〔~去桌子上的尘土〕机のほこりをぬぐう.②〈風などが〉かすめて過ぎる.(軽く)表面をなでる.〔~动〕かすかに揺れる.③近づく.→〔拂晓〕④払う.振る.→〔拂袖〕⑤〈文〉逆らう.反対する.〔佛Ⅱ〕に同じ.不忍~其意〕その意に逆らうに忍びない.〔~輿人情〕民意に逆らう.〔~耳〕耳に逆らう.⑥〈文〉補佐する;古く〔弼 bì〕に通じた.→〔姓〕拂(ふつ)

拂尘 fúchén ①=〔拂子〕〔拂①〕〈文〉蝇 yíng 拂〕〔塵 zhǔ 尾〕はえ追い.ほつ:馬のしっぽの毛やしゅろの繊維をたばねて作ったもの.〔棕 zōng 拂子〕しゅろの繊維で作った払子(ほっす).俗に〔蝇 shéng 甩儿〕という.②⇒〔接 jiē 风〕

拂晨 fúchén ⇒〔拂晓〕
拂荡 fúdàng ①揺れ動く.②風にそよぐ.
拂拂 fúfú 風がそよそよ吹くさま.〔凉风~〕涼風がそよそよと吹いている.
拂面 fúmiàn 顔をかすめる.〔暖风~〕暖い風がそっと顔をかすめる.
拂逆 fúnì 逆らう.反対する.
拂拭 fúshì 塵を払う.ぬぐい去る.〈転〉優遇して起用する.
拂暑 fúshǔ 〈文〉暑気払いする.
拂晓 fúxiǎo 夜明け.払暁;〔拂晨〕〔拂曙 shǔ〕〔侵 qīn 早〕ともいう.→〔凌 líng 晨〕
拂袖 fúxiù =〔拂①〕〈文〉衣の袖を振り動かす;不愉快または心中怒ったさま.〔~而去〕(怒って)袖を払って去る.
拂煦 fúxù 〈文〉暖かい風が吹くさま.〔微風~〕そよ風が暖かく吹く.
拂衣 fúyī ①⇒〔拂袖〕②⇒〔归 guī 老〕
拂意 fúyì 〈文〉意にもとる.意に逆らう.
拂子贝 fúzǐbèi 〔魚貝〕ホッスガイ(ウミホッス)
拂子 fúzi ⇒〔拂尘〕

〔咈〕 fú 〈文〉①たがう.反する.②〈文〉いな.そうではない.〔~哉 zāi〕そうではない.③〈姓〉咈(ふつ)

〔绋・紼(綍)〕 fú 〈文〉①太い綱.特に棺をひく綱.〔执 zhí~〕同前を握る.〈転〉葬送する.

〔氟〕 fú 〔化〕フッ素:非金属元素.記号 F.ハロゲン元素の一.
氟化 fúhuà 〔化〕フッ化.〔~铝 lǚ〕フッ化アルミニウム.〔~镁 měi〕フッ化マグネシウム.〔~氰 qíng〕〔氟酸〕フッ化水素.〔~钙 gài〕フッ化カルシウム.〔~物 wù〕フッ化物.〔~亚 yà 铁〕フッ化第一鉄.
氟利昂 fúlì'áng フロンガス:〔氟氯烷〕の商標名.
氟氯烷 fúlǜwán 〔化〕クロロフルオロカーボン.→〔氟昂〕
氟石 fúshí 〔鉱〕〔萤 yíng 石〕(ほたる石)の別称:フッ化カルシウムから成る鉱物.〔砩石〕とも書いた.
氟橡胶 fúxiàngjiāo フッ素ゴム.

〔砩〕 fú 〔化〕フッ素:〔氟〕の旧称.
砩石 fúshí ⇒〔氟石〕

〔艴〕 fú 〈文〉立腹する.

〔鲋・鮒〕 fú →〔鲂 fáng 鲋〕

〔伏〕 fú (Ⅰ)①うつぶせになる.うつむく.伏す.〔~地〕地にひれ伏せる.〔~在桌上〕机の上にうつぶせになる.〔~思〕〔臆〕伏して思うに….②下がる.低くなる.〔~起〕①起伏.③隠れる.隠れひそむ.〔昼 zhòu~夜出〕昼は隠れ夜に出る.〔埋 mái~〕隠れひそむ.〔设 shè~〕伏兵をおく.〔潜 qián~期〕潜伏期間.④三伏の候.〔~耕 gēng〕農夏の耕作.〔~天〕屈服させる.〔誤ちを〕認めさせる.⑥屈服する.降服する.〔不~老〕〔不服老〕〈転〉年よりの冷や水.⑦〈姓〉伏(ふく)
(Ⅱ)量詞.〔電〕ボルト:〔伏特〕の略.
伏安 fú'ān 〔電〕ボルトアンペア.VA:皮相電力の単位.〔伏特安培〕の略.〔千~〕キロボルトアンペア.KVA.
伏案 fú'àn 机に向かう.〔~读书〕机に向かって読書する.〔~埋头〕机にかじりつく:よく勉強する様子.
伏笔 fúbǐ 伏線.伏せ筆.〔作了~〕伏線を張る.
伏辩 fúbiàn ⇒〔服辩〕
伏兵 fúbīng 伏兵.
伏窜 fúcuàn 逃げ隠れる.姿を隠す.逃れひそむ.
伏打电池 fúdǎ diànchí 〔電〕ボルタ電池.
伏地 fúdì ①〈方〉その土地の.本場の.〔~圣 shèng 人〕その土地の物知りでそれをきかすひとたち.〔~大米〕本場米.②旧式の方法による製造の.〔~面〕旧式の製法による小麦粉.
伏尔加河 fú'ěrjiā hé 〔地〕ボルガ川;〔窝 wō 瓦河〕とも書いた.
伏法 fúfǎ =〔伏刑〕〔伏诛〕〈文〉法を犯して処刑される.殺される.
伏妃 fúfēi 〔人〕伏羲氏の娘:洛水で溺死し,その神となった.〔宓妃〕とも書く.〔灵 líng 妃〕に同じ.
伏旱 fúhàn 夏の日照り.三伏(ぷく)中の干ばつ.
伏虎 fúhǔ ①虎をうずくまらせる.またその虎.〔降 xiáng 龙~〕⟨成⟩強敵に打ち勝つ.②〔ス〕タンブリング:体操の日体操の一.〔~叠 dié 罗汉〕
伏击 fújī 要撃する.待ち伏せて攻撃する.〔~战〕伏奇襲戦.
伏礁 fújiāo 暗礁;〔暗 àn 礁〕に同じ.
伏角 fújiǎo ⇒〔磁 cí 倾角〕
伏腊 fúlà 夏の三伏と旧暦の12月.→〔三 sān 伏(天)〕
伏枥骅骝 fúlí huáliú ⇒〔老 lǎo 骥伏枥〕
伏凉儿 fúliángr ⇒〔知 zhī 了〕
伏苓 fúlíng ⇒〔茯苓〕
伏流 fúliú 〔地〕伏流.〔~水〕伏流水.→〔暗 àn 河〕
伏龙凤雏 fúlóng fèngchú 〔喩〕才能を持ちながら世に出て活躍しない決俊傑の士;漢末の諸葛亮と龐統を指す.〔卧 wò 龙凤雏〕ともいう.
伏龙肝 fúlónggān ⇒〔灶 zào 心土〕
伏莽 fúmǎng ①〈文〉が仇に隠れる.②兵士が林や草むらの中に隠れること.
伏魔大帝 fúmó dàdì 〔关 guān 帝〕の別称.
伏匿 fúnì 〈文〉が仇に隠れる.②世を避ける.
伏牛花 fúniúhuā =〔虎 hǔ 刺〕〔植〕アリドオシ:アカネ科の常緑亜低木.雛(ひいな)などに用いられる.
伏苹果 fúpíngguǒ 〔植〕リンゴの変種.北方の早生リンゴ.
伏鲨 fúshā 〔魚貝〕ムツゴロウ:海水・淡水混合の浅海や河口に生息する.
伏事 fúshì ①隠れている事.秘密のこと.②⇒〔服事〕
伏侍 fúshi ⇒〔服侍〕
伏手 fúshǒu 使いやすい.便利である.重宝である.→〔顺 shùn 手(儿)②〕
伏首贴耳 fúshǒu tiē'ěr ⟨成⟩おとなしく観念する.とてもかなわないとおとなしくする:かしこまりおとな

fú

伏茯洑栿袱幞襆凫芣罘孚俘郛浮

伏输 fúshū ⇒[服输]
伏暑 fúshǔ [伏天]の暑さ.暑い時.
伏松 fúsōng 囶ハイマツ:[偃 yǎn 松][卧 wò 藤松]は別称.
伏桃 fútáo 囶盛夏に結実した[棉 miáo 桃][綿の実]
伏特 fútè 物ボルトV:電圧・電位・起電力の実用単位.単に[伏]ともいう.[~表][~計][电 diàn 压表]ボルトメーター.
伏特加(酒) fútèjiā (jiǔ) 〈音義訳〉ウォッカ:ロシアの酒.[俄é得克][俄斯克][倭wō得略]とも書いた.→[火 huǒ 酒②]
伏天 fútiān 夏季の最も暑い時期.→[三 sān 伏(天)]
伏帖 fútiē ①同下. ②⇒[服帖]
伏貼 fútiē (上に)しっかり貼る.貼りつける:[伏帖①]とも書いた.
伏惟 fúwéi 〈文〉謹んで思うに.
伏羲 fúxī :[宓羲]とも書く.古代の伝説上の皇帝,[三皇][三圣①]の一.初めて民に漁猟・牧畜を教え,八卦を描き文字を作ったといわれる.[庖 páo 羲][皇 huáng 皇②]ともいう.[~子孙][喻]中国人(漢民族)
伏线 fúxiàn 伏線.[埋 mái ~]伏線を張る.
伏刑 fúxíng ⇒[伏法]
伏休 fúxiū 夏(土用)の休業期.
伏汛 fúxùn 河川の夏期の増水.→[三 sān 汛]
伏叶 fúyè [烟叶]中に収穫した煙草の葉.
伏翼 fúyì 動ヒナコウモリ(属の総称).[普通~][东亚~]アブラコウモリ.→[蝠 fú]
伏枕上言 fúzhěn shàngyán 〈牍〉病床より啓上します.
伏诛 fúzhū ⇒[伏法]
伏奏 fúzòu 〈文〉伏して上奏する.
伏罪 fúzuì ①⇒[服罪] ②まだ発覚しない旧罪.

[茯] fú ①→[茯苓] ②〈姓〉茯(ɸ)
茯苓 fúlíng =[伏苓][松 sōng 腴]囶ブクリョウ(マツホド):単に[苓]ともいう.サルノコシカケ科の菌類.薬用とする.
茯苓糕 fúlínggāo 飮ぶくりょうを原料とし,米の粉とまぜ合わせ,これに砂糖を入れて水でこね,せいろで蒸した食品."延命餅"と呼ぶ.
茯苓(夹)饼 fúlíng (jiā) bǐng 飮ぶくりょう餅:ぶくりょうをすりつぶし,小麦粉と水を入れて糊(こ)状にし,それを薄くうすい餅状にし,2枚を重ね合わせ,その間にくるみやさんざしをはさんで焼いたもの.

[洑] fú ①〈文〉地下水.伏流水.→[伏流] ②〈文〉うず(を巻いて流れる) ③〈姓〉洑(ɸ)→ fù

[栿] fú 〈文〉(家屋の)梁(はり)

[袱] fú 〈文〉物を包む布:[襆③]に同じ.[~包 bāo 袱①]

[幞] fú 〈又音〉pú 囶男子用の頭巾:[幞头 tóu][〈文〉帕 mò 头]ともいう.

[襆(襆)] fú 〈又音〉pú 〈文〉①敷布.②布で包む.[~被 bèi]旅装をととのえる. ③⇒[袱]

[凫・鳧] fú ①〈文〉鳥カモ類(総称) [水~子]囶カモ→[野 yě 鸭(子)①] ②[~游②] ③〈姓〉凫(ɸ)
凫茈 fúcí [凫茨]とも書く.〈文〉囶クログワイ:[荸bí荠]に同じ.
凫葵 fúkuí ⇒[荇 xìng 菜①]
凫趋 fúqū ①〈文〉小躍りして喜ぶ.[~雀 què 跃]〈成〉同前. ②喜んで赴く(お祝いなどに)
凫水 fúshuǐ [浮水]〈文〉泳ぐ.→[游 yóu 泳]
凫翁 fúwēng 〈文〉雄鴨.

[芣] fú
芣苢 fúyǐ [芣苡]とも書く.囶オオバコの古名:[车 chē 前]に同じ.

[罘] fú 〈文〉兎を捕える猟具.
罘罳 fúsī [浮思][桴思][罦思][覆 fù 思]とも書く.〈文〉①すかし彫りにしたついたて(門外にたてる). ②軒下に鳥が巣を作るのを防ぐため張った金網. ③→[影 yǐng 壁(墙)]

[孚(孚)] fú ①〈文〉人を信服させる.[难~众望]衆望をつなぎがたい. ②〈姓〉孚(ɸ)

[俘] fú 捕虜(にする).とりこ(にする).[敌军千余人被~]敵軍千余人を捕虜にした.[战~]捕虜にする.[遣 qiǎn ~]捕虜を送還する.
俘获 fúhuò 敵を捕虜にし戦利品を捕獲する.[~甚众]捕虜と戦利品がたくさんあった.→[缴 jiǎo 获]
俘虏 fúlǔ ①捕虜にする. ②=[俘囚][囚 qiú 房]捕虜.
俘囚 fúqiú 同上②.

[郛] fú 〈文〉城の外郭(ɡǎ).[~郭 guō]同前.[~转]保障(する)

[浮] fú ①浮く(かぶ).浮かべる.漂う.[油~在水上]油が水の上に浮かんでいる.[千年文物~出水面]千年前の文物が浮かび上がった.↔[沉 chén ①] ②=[凫②](水を)泳ぐ. ③漂う.浮いている.ふわりとしている.[只是沾 zhān 上一点~土,一刷就掉]土がふわりとついているだけけで,払えばすぐ落ちる.[刷了一层~色]ひと色薄く色をぬる. ④空虚である.上調子である.軽はずみ.[这个人太~,办事不踏 tā 实]この人は上調子で,仕事がしっかりしていない. ⑤落ち着きのない.浮わついている.[心~气躁]心落ち着かず気がざわざわする. ⑥表面の.上っらの.→[浮皮] ⑦あり余る.余計である. ⑧臨時の.一時的の.固定してない.→[浮掩] ⑨[~白](罰として)酒を飲む.→[浮白] ⑪〈姓〉浮(ɸ)
浮白 fúbái [白]酒杯を挙げること:もともと[白]は罰杯を言った.[浮~]罰則で酒を飲む.
浮报 fúbào =[浮开冒报]実際よりも数量を多く報告する(こと).步增しをして報告する(こと).→[虚 xū 报]
浮标 fúbiāo ①=[浮筏][浮泡②][浮桩]浮標.ブイ:俗に[水 shuǐ 鼓]という.→[浮筒] ②うき:[浮子]に同じ.
浮冰 fúbīng 浮き氷.
浮薄 fúbó 軽はずみ.軽薄なこと.
浮财 fúcái 金銭・家財・衣服・食糧などの動産.[没 mò 收一切~]一切の動産を没収する.
浮槎 fúchá 〈文〉筏(いかだ).〈喻〉遠方への旅:筏で天の河を渡ったの伝説より.
浮尘 fúchén 空中に舞い上がっているほこり.器具に軽くついているほこり.
浮尘子 fúchénzǐ 囶ヨコバイ:[叶 yè 蝉]の通称.稲などの害虫で,俗に[稻苗飞虱]ともいう.広く[飞 fēi 虱](ウンカ)を含めている場合もある.
浮沉 fúchén ①浮き沈み. ②〈转〉盛衰.成り行き.[与世~]世のならわしに従って行動する.
浮沉子 fúchénzǐ 物浮沈子(ちん)
浮出水面 fúchū shuǐmiàn 〈喻〉(事が)あらわになる

浮船坞 fúchuánwù 浮ドック.〔浮船渠〕〔浮坞〕ともいう.→〔船坞〕

浮词 fúcí 〔浮辞〕とも書く.<文>虚飾の言葉.根拠のない言葉.

浮存 fúcún 当座預金:旧時の〔钱 qián 庄〕の用語.→〔长 cháng 存〕

浮厝 fúcuò ①⇒〔浮埋〕②埋葬せずに墓地に仮に置いてある棺.

浮荡 fúdàng ①ゆらゆらする.②軽薄だ.

浮雕 fúdiāo 美浮き彫り.

浮吊 fúdiào ⇒〔起 qǐ 重船〕

浮动 fúdòng ①漂う.〔树叶在水面上～〕木の葉が水面を漂っている.②浮動(する).〔～汇 huì 率〕経変動為替相場.フロート制.〔～利率〕経変動金利.〔～行 háng 情制〕〔浮息〕変動相場.〔～价格〕変動価格.〔～工资〕步合給.変動賃金.

浮筏 fúfá 圖浮き筏.

浮泛 fúfàn ①<文>水に浮かべる.②不確実である.確実性のない.③現れる.〔她的脸上～着天真的表情〕彼女の顔には無邪気な表情が現れている.

浮费 fúfèi ①浪費.無駄づかい.②名目を偽って浮かした費用.

浮梗 fúgěng <文>水面に浮かぶ浮き草の茎.<喩>漂流無定.

浮瓜沉李 fúguā chénlǐ ⇒〔沉李浮瓜〕

浮光 fúguāng 水面に反射した光.

浮光掠影 fúguāng lüèyǐng〈成〉水面に映る光やさっと掠(す)め去る影.<喩>ちょっと目にしただけで深い印象をとどめない.

浮花绫 fúhuāduàn 昼夜織り.昼夜斜文織り:片面綾のおもてうらの組織を,市松模様に配列したもの.

浮华 fúhuá うわべを飾る.表面は華やかで,中身は空虚だ.

浮滑 fúhuá 軽薄で上すべりしている.

浮猾 fúhuá 軽薄でずるい.

浮记 fújì 回商家で一時の覚え書きに記入すること:多くは〔水 shuǐ 牌〕(漆塗りの板·札)などに記入する.〔～账〕商品出納の仮の帳簿.当座账.

浮家泛宅 fújiā fànzhái 〈成〉浮いている家:船をすみかとする一か所に定住していないこと.

浮借 fújiè 一時金を借り入れること.当座借り.

浮居 fújū <文>仮の住居.

浮开冒报 fúkāi màobào ⇒〔浮报〕

浮夸 fúkuā 誇張する.大げさに言う.水増しする.〔～风〕大げさに言うやり方.〔共 gòng 产风〕

浮浪 fúlàng 定職もなくぶらぶらしている.〔～人〕〔～子弟〕(游手～之民)浮浪人.道楽者.

浮礼(儿) fúlǐ(r)〈方〉虚礼.

浮力 fúlì 物浮力.

浮利 fúlì あぶく銭.みかけの利益.

浮梁 fúliáng ⇒〔浮桥〕

浮留 fúliú 〈儿〉〔扶留〕植物.

浮露 fúlù ①表面に表れる.②素直な表現.

浮轮 fúlún 機浮き車輪.

浮埋 fúmái 〔浮厝①〕〔浮葬〕仮埋葬:地下に掘り下げないで地面に棺を置き埋葬すること.

浮脉 fúmài 中医浮脉:皮下浅く触れやすい脉.

浮面 fúmiàn 〔～儿〕(物事·情况)の表面.うわべ.〔～话〕おざなりの話.〔～皮儿〕上っら(の).〔～儿的知识〕薄っぺらな知識.

浮名 fúmíng 〈書〉[虚 xū 名]

浮没 fúmò ①浮き上がることと沈没すること.②<転>現れたり隠れたりする.

浮囊 fúnáng 浮き袋.

浮沤 fú'ōu ①=〔浮泡①〕水面に生ずる泡.②<喩>世の無情なこと:その生滅ははかないため.

浮沤钉 fú'ōudīng ⇒〔门 mén 钉(儿)〕

浮泡 fúpào ①⇒〔浮沤〕②⇒〔浮标〕

浮棚 fúpéng 仮小屋や天幕.

浮皮蹭痒 fúpí cèngyǎng 上つらで,かゆい所をすりつける.<喩>徹底的にはしない.〔要管孩子就得认真管,这么一地骂一顿有什么用呢〕子供をしつけるのなら本気でなくちゃならない,こんなにいいかげんなやり方で叱って何になるか.

浮皮潦草 fúpí liáocǎo =〔肤 fū 皮潦草〕上っつらでぞんざいなさま.

浮皮(儿) fúpí(r)〈口〉①体の表皮.表層の皮膚.②物の表面.

浮漂 fúpiāo ①ふわふわ漂う.②<喩>軽薄である(こと).上つらの(こと).薄っぺらな(こと)

浮萍 fúpíng =〔青 qīng 萍〕植コウキクサ:ウキクサ科の多年生草本.〔水 shuǐ 萍〕は総称.〔～心性〕<喩>浮気な性分.→〔萍〕

浮气 fúqì 上調子の.〔粗心～的话〕そそっかしくて上調子な話.

浮签 fúqiān 〔～儿〕付箋(さん).帖り紙.〔附 fù 签〕ともいう.

浮浅 fúqiǎn 軽薄である.浅はかだ.〔你的想法太～〕君の考えは実にあさはかだ.

浮欠 fúqiàn ⇒〔浮缺〕

浮桥 fúqiáo 〔～儿〕浮き橋.船橋:舟や筏(かだ)を並べてその上に板をのせて橋としたもの.

浮丘 fúqiū 〈姓〉浮丘(ちゅう).

浮缺 fúquē 〔浮欠〕圖当座貸付:旧時の〔钱 qián 庄〕の用語.〔往来〕同前.

浮冗 fúrǒng 余計なもの.不必要である.

浮沙 fúshā 地表にいつでも移動しやすい砂土.

浮生 fúshēng ①<文>はかない人生.〔～若梦,为欢几何〕(李白·春夜宴桃李园序)人生夢の如し,歓をなす幾何(いく)ぞ.②圃水面で植物が育つこと.〔～植物〕浮生植物:浮草など.

浮剩 fúshèng =〔浮盈〕剩余.

浮尸 fúshī <文>うかぶ死体.水死体.

浮石 fúshí ①=〔轻 qīng 石〕軽石(ばち):〔浮岩〕の通称.②⇒〔海 hǎi 花石〕

浮世 fúshì 当世.浮世.

浮士德 fúshìdé 書ファウスト:ドイツの〔歌德〕(ゲーテ)作の長編詩劇.

浮收 fúshōu 正規外に徴収する(金)

浮水 fúshuǐ〔凫水〕

浮水植物 fúshuǐ zhíwù ⇒〔浮叶植物〕

浮思 fúsī ⇒〔呆思〕

浮苔 fútái 植イチョウゴケ.

浮炭 fútàn ⇒〔炱 fū 炭〕

浮筒 fútǒng 〔浮標.ブイ.〔响 xiǎng ～〕〔打钟～〕ベルブイ.〔系 jì 船～〕(係船ブイ.→〔浮标〕

浮头儿 fútóur〈方〉表面.〔把～的油撇 piē 了去〕表面の油をすくって捨てる.→〔浮面〕

浮屠 fútú 〔浮图〕とも書く.①〈梵〉仏陀の旧訳.〔～经〕お経.〔～氏〕仏教徒.②仏塔.③<文>和尚.④<姓>浮屠(き)

浮土 fútǔ ①表面の土.地の表面.②埃(ほこ)

浮往来账 fúwǎnglái zhàng 圖当座預金帳:旧時の〔钱 qián 庄〕の用語.

浮文 fúwén 空文.形式ばかり飾った文.〔不叙～〕形式的な文は省略する.

浮坞 fúwù ⇒〔浮船坞〕

浮物 fúwù 動産.移動可能な品物.家財道具.→〔浮財〕

浮息 fúxī 経変動金利:〔浮动利息〕の略.

浮现 fúxiàn ①心中に自然に現れる.目に浮かぶ.

fú

〔他那笑容可掬 jū 的样子,到现在还～在我的脑海里〕彼のにこにこしたさまは今でも目に浮かぶ. ②こぼれ出る.外に現れる.

浮箱 fúxiāng 機フロートチャンバー.

浮想 fúxiǎng ①思い浮かぶ.回想する.〔～联翩 piān〕〈成〉あれこれと思い浮かべる. ②回想.

浮小麦 fúxiǎomài〔小麦〕のしいな.実のない籾(もみ). 〔中医〕ひからびた小麦:寝汗にきく.

浮性 fúxìng 物浮性.

浮选 fúxuǎn 鉱浮遊選鉱:鉱石選鉱法の一.

浮言 fúyán 風説.根拠のない話.内容のない話.〔～谬 miù 论〕〈慣〉でたらめな話や誤った議論.

浮岩 fúyán ⇒〔浮石①〕

浮掩 fúyǎn 軽く覆う様.軽く閉める.

浮艳 fúyàn 〈文〉①うわべがあでやかである. ②文章は美しいが内容が貧弱である.

浮扬 fúyáng ①浮き上がる.舞い上がる. ②〈文〉遊び回る. →〔翱 áo 翔〕

浮漾 fúyàng 浮かぶ.漂う.〔～摇曳〕〈成〉漂い揺れる.

浮叶植物 fúyè zhíwù ⇒〔浮水植物〕植浮水植物:蓮.じゅんさいなど.

浮盈 fúyíng ⇒〔浮剩〕

浮油 fúyóu ①水・スープなどに浮かぶ油. ②海上に浮かぶ油.

浮游 fúyóu ①浮遊する.〔～生物〕動浮遊生物. ② ⇒〔蜉蝣〕③漫遊する.

浮余 fúyú 余分の(に).余った.

浮语虚词 fúyǔ xūcí 内容のない話.〔喩〕大ぶろしき. 〔他好讲些～〕彼はよく大ぶろしきをひろげる.

浮员 fúyuán 余剩人員.

浮圆子 fúyuánzi ⇒〔元 yuán 宵②〕

浮云 fúyún ①浮雲.〔其笔势飘 piāo 若～〕筆勢が軽やかで速い. ②〔喩〕ⓐあてにならないもの.ⓑつまらないもの.ⓒ流動変化するもの.

浮云蔽日 fúyún bìrì〔喩〕悪人・奸臣がのさばりかえること.

浮云朝露 fúyún zhāolù〔喩〕時間の短いさま.〔人生若～〕人生は浮雲朝露の如し.

浮灾 fúzāi 不意に起こった災害.

浮栽 fúzāi 農仮植える.

浮葬 fúzàng ⇒〔浮埋〕

浮躁 fúzào 軽率である.上調子である.〔精神～〕そわそわしている.

浮渣 fúzhā 冶ドロス.浮きかす.湯あか.

浮摘 fúzhāi 臨暂時全の融通を受ける.短期間借金する.

浮证 fúzhèng 規定以上に徴税する(金)

浮支冒领 fúzhī màolǐng 余分に請求して差額を自分のものにすること.

浮肿 fúzhǒng ⇒〔水 shuǐ 肿〕

浮舟 fúzhōu 水上飛行機のフロート.

浮桩 fúzhuāng ⇒〔浮标①〕

浮子 fúzi ①うき(魚釣りに用いる):〔浮标〕〔漂 piāo 儿〕〔渔 yú 漂〕ともいう. ②機フローティング・フロート.

〔莩〕 fú =〔苻②〕〈文〉葦(あし)の茎の中の白い皮. → piāo

〔桴〕 fú ①〈方〉=〔桴〕太鼓をたたくばち. ②小さな筏(いかだ). ③〈方〉二重梁(はり):梁の上にある小さな梁.〔～子〕同前.

桴鼓 fúgǔ〈文〉ばちと太鼓.〔～相应〕〔～转〕軍陣〔桴鼓〕とも書く.〔～相应〕〈成〉ばちでたたけば太鼓が鳴る. 〔喩〕対応がきわめて緊密なこと.

桴思 fúsī ⇒〔罘罳〕

桴炭 fútàn ⇒〔麸 fū 炭〕

〔罘〕 fú〈文〉鳥を捕る網.

罘罳 fúsī ⇒〔罘罳〕

〔蜉〕 fú ① →〔蜉蝣〕② →〔蚍 pí 蜉〕

蜉蝣 fúyóu =〔浮游②〕〈文〉渠 qú 略〕虫カゲロウ.〔～在世〕〔喩〕はかない浮世.はかない命.

〔宓〕 fú〈姓〉宓(ふく) → mì

〔苻〕 fú ①植ヒヨドリジョウゴ:俗に〔鬼 guǐ 目〕という. ②〈文〉=〔莩〕③〈姓〉苻(ふ)

苻秦 fúqín 晋代五胡十六国の一:〔前 qián 秦〕の別称.

〔符〕 fú ①〔古代,朝廷で用いた〕割り符.しるし.あかし:竹・木・玉・銅などで作った〔牌 pái 子〕(ふだ)の上の方に文字を書き二つに切り分けて君臣,また双方が各その一半をもち,必要のとき合わせて証拠とするもの.〔兵 bīng ～〕軍中の割り符.〔虎 hǔ ～〕虎の形に作った〔兵～〕. ②符号.記号.〔音～〕音符. ③〈道家〉の秘文秘語.護符.守り札.〔护 hù 身～〕お守り札. →〔符箓〕④合する.合う.一致する.〔说话前后不～〕話の前後が合わない.〔数目相～〕数量が符合する. ⑤〈姓〉符(ふ)

符谶 fúchèn〈文〉〔符命〕と〔谶纬〕の総称.

符袋(儿) fúdài(r)お守り〔文を入れる〕袋.

符号 fúhào ①記号.標記.〔～表〕電電マークシート.〔～论〕記号論.〔～逻 luó 辑〕記号論理(学). ②体(衣服の上)につけている身分・職務などを表す標識.

符号经济 fúhào jīngjì 金融〔為替・信用などの経済〕の実物経済に対するもの.

符合 fúhé 符合する.適合する:〔这一改革～现实的需要〕この改革は現実の需要に符合している.〔不太～题意〕テーマにあまりピッタリきていない.

符节 fújié 古割り印・証拠札・門鑑・委任状など(総称).〔若合～〕〈成〉双方が完全に符合する. →〔字解①〕

符箓 fúlù 道家秘文.護符・守り札(総称)

符码 fúmǎ 符号.標識.

符命 fúmìng〈文〉天子たるべき者への天からのめでたい兆.その瑞祥と天子の功徳を讃えた文章.

符瑞 fúruì めでたいしるし.瑞兆.

符头 fútóu 冠符頭:音符の楕円形の黒まる・白まる.〔符冠〕

符望 fúwàng 希望通りになる.

符尾 fúwěi 冠符尾:音符の垂線. →〔符头〕

符祥 fúxiáng 吉兆.

符效 fúxiào 吉凶のしるし.

符信 fúxìn〈文〉割り印.証拠.

符验 fúyàn 印証.しるし.

符印 fúyìn 官印.割り印.

符应 fúyìng〈文〉天命と人間世界の事が相一致すること.またその兆.

符咒 fúzhòu〔道家〕の秘文.護符.まじないの言葉:悪鬼を追い払うために用いる〔符篆①〕と〔咒语②〕.

〔服〕 fú ①衣服.服装.〔制～〕制服.〔工作～〕労働服. ②〈文〉衣をつける.着る.〔夏日～单衣〕夏にはひとえを着る. ③喪服.〔有～在身〕喪中である. →〔服丧〕④従う.従事する.〔～兵役〕兵役に服する.〔～劳役〕服役する. ⑤服従する.〔不～指导〕指導に従わない. ⑥心服する(させる).敬服する(させる).〔真～了你了〕本当にまいってしまった.〔心悦诚～〕心から喜んで心服する〔以理～人〕筋道をたてて人を納得させる.〔没有～众 zhòng 的魅力〕人を引きつける魅力はない.

服胉鵩箙绂祓韍黻枹涪虙匍幅 **fú**

⑦(…に)慣れる.適応する.〔不～水土〕風土になれない.⑧(薬を)飲む.〔～药〕薬を飲む.⑨〈文〉駟si 马〕(四頭立ての馬車)の内側の馬.⑪非 fēi ①⑩〈姓〉服(ぷ) → fù

服辩 fúbiàn ＝〔伏辩〕回法判決に服する旨の供述.
服从 fúcóng 服従する.〔～命令〕命令に服従する.〔～组织分配〕組織の配属に従う.
服低做小 fúdī zuòxiǎo 〈白〉人にへりくだるさま：〔做小服低〕
服毒 fúdú 服毒(自殺)する.
服法 fúfǎ ①判決に従う.②薬の飲み方.服用法.
服劲儿 fújìnr 納得する.→〔服气〕
服老 fúlǎo 老齢による衰えを認める.
服满 fúmǎn ①⇒〔满服〕②服役期間が満了(する)
服判 fúpàn 判決に従う.〔～不上诉〕同前で上告しない.
服气 fúqì 心服して満足する.心から服従する.〔不～就再讲理去〕不服ならすぐわけを言いに行け.〔他好像有点儿不～〕彼には多少の不服があるらしい.
服勤 fúqín 仕事をする.〔随 suí 军～人员〕従軍勤務員.
服劝 fúquàn 忠告を聞く.〔他不～〕彼は人の忠告を聞き容れない.
服阕 fúquè 圖 3年の服喪が終わる.→〔满 mǎn 服〕
服人 fúrén 信服させる.
服软(儿) fúruǎn(r) ①譲歩する.②過ちを認める.無能であることを自認する.〔好汉决不～〕好漢は決してへこたれない.〔个性强的人就是不容易～〕個性の強い人はなかなか間違いを認めようとしない.③下手(ʃた)に出れば言うことを聞く.〔～不服硬〕〈成〉下手に出れば言うことを聞くが,強くでると言うことを聞かない.
服丧 fúsāng 服喪する.→〔满 mǎn 服〕
服色 fúsè 衣服のデザインや色柄.
服食 fúshí ①〈文〉衣服と食事.②道家の養生法で,〔丹 dān 药〕(ねり薬)を飲むこと.〔伏食〕とも書く.
服式 fúshì 衣服の様式.
服事 fúshì ＝〔伺事②〕①〈文〉(君主に)仕える.②⇒〔服侍〕
服饰 fúshì 衣服と装飾.服飾.
服侍 fúshi 世話をする.面倒をみる:〔服事②〕〔伏侍〕〔扶侍〕とも書いた.
服输 fúshū 敗北を認める.降参する:〔伏输〕とも書いた.〔认 rèn 输〕に同じ.
服水土 fúshuǐtǔ (身体が)その土地の気候風土に慣れる(慣らす)
服帖 fútiē 〔服贴〕〔伏帖②〕とも書いた.①従順である.おとなしく服従する.〔为什么在他面前这么服服帖帖的〕なぜ彼の前では言いなり放題になるのか.②穏当である.妥当である.〔事情弄得服服帖帖〕事のやり方が妥当だ.③(気分が)すっきりする.
服务 fúwù ①服務(する).勤務(する).〔一年限〕勤務年限.②奉仕する.サービスする.〔～产品〕商品化されたサービス.〔～费〕サービス料.〔～公约〕サービスモットー.〔～(行 háng)业〕サービス業:食堂・旅館・理容・修理など.〔～链 lián〕サービスチェーン.〔～器〕電算サーバー.〔～区 qū〕(高速道路などの)サービスエリア.〔～人员〕サービス業関係者.〔～台〕フロント・サービスカウンター.受付.〔～性〕サービス性.〔～外包〕アウトソーシングサービス.〔～员 yuán〕(接客の仕事の)従業員.サービス係:ホテル・料理店・商店などのメイド・ボーイ・給仕など.〔～站〕サービスステーション.〔售 shòu 后～〕アフターサービス.〔～为人民〕人民のために奉仕する.→〔工 gōng 作〕〔勤 qín 务①〕

服下 fúxià ⇒〔服用①〕
服孝 fúxiào 服喪する:〔服丧〕に同じ.
服刑 fúxíng 圓刑に服する.〔～者〕受刑者.
服药 fúyào 薬を飲む:〔吃 chī 药〕に同じ.
服役 fúyì ①兵役に服する.②圓労役に服する.→〔免 miǎn 役〕③圓(武器・交通手段・スポーツ選手など)現役として活躍する.
服翼 fúyì 〈文〉〔蝙 biān 蝠〕.
服膺 fúyīng 〈文〉心に刻んで片時も忘れず守り従う.信奉する.
服用 fúyòng ①＝〔服下〕(薬などを)服用する.②〈文〉衣服と用品.③〈文〉(衣服・器物を)用いる.〔～甚俭〕同前が甚だしい.
服育 fúyù 圓成虫になって出る蟬.
服制 fúzhì 圓服喪の制度規定.
服装 fúzhuāng 服装.〔～整齐〕服装がきちんとしている.〔～管理员〕衣装係.〔～产业〕アパレル産業.〔～模特(儿)〕ⓐマネキン(人形).ⓑファッションモデル:〔时 shí 装模特(儿)〕に同じ.〔～设计师〕〔～师 shī〕服飾デザイナー.
服罪 fúzuì 自分の罪を認める.服罪する:〔伏罪①〕とも書いた.

［菔］ fú →〔莱 lái 菔〕

［鵩・鵬］ fú 〈文〉不祥の鳥:ミミズク(フクロウ)の類.

［箙］ fú 〈文〉えびら(矢を入れる器)

［绂・紱］ fú ①＝〔绂②〕〔黻③〕圓官印・佩玉に結んである絹紐.

［祓(袚)］ fú ①圓災厄をはらい清める祭祀.②〈文〉取り除く.
祓除 fúchú はらい清める.
祓禊 fúxì 圓水辺で身を清めて不祥を除く祭.悪鬼払いの祭:旧暦 3 月 3 日に行った.

［韍・韨］ fú ①＝〔韍②〕〔黻②〕圓官印②〕古礼服・祭服の膝を覆うなめし皮.②⇒〔绂〕

［黻(黼)］ fú ①圓礼服に施した文様:黒っぽい色で己または弓の字を二つ背中合わせにした形の刺繡.②⇒〔韍①〕③⇒〔绂〕

［枹］ fú 太鼓のばち:〔桴①〕に同じ. → bāo

［涪］ fú 〔～江 jiāng〕阯四川省にある.〔～陵 líng 市〕阯重慶市の東部にある.〈姓〉涪(ぷ)

［虙］ fú 〈姓〉虙(ぷ)

［匍］ fú →〔匍 pú 匐〕

［幅］ fú ①〔-儿〕(布地・反物・紙などの)幅(はば).横幅.〈转〉物事の〔双 shuāng ～〕二幅(の).広幅(もの).〔大～的窗帘〕大幅のカーテン.〔振 zhèn ～〕振幅.③書いたり描いたりするものの紙面.〔篇 piān ～有限〕紙面には限りがある.〔条 tiáo ～〕掛物.条幅(た).④ヘり.縁(た).⑤〔-儿〕量詞.布・毛織物・書画などを数える.〔一～布〕1枚の布.〔一～画〕一幅の掛け図.
幅度 fúdù 度合い.幅.〔物价涨 zhǎng 落的～〕物価の騰落の幅.〔大～增产〕大幅な増産.
幅宽 fúkuān 同下.
幅面 fúmiàn 〔幅宽〕布地の幅.
幅员 fúyuán ①土地の広さ.境域.〔～广大,人口众多〕土地は広く,人口も多い.②広さ.

fú

[福] fú
① 幸福.福運.天祐:富貴·寿·吉事などの幸い.〔享 xiǎng〜〕福を受ける.〔多寿〕幸福で長寿.〔有之人〕福徳のある人.⇔幸福な人.↔〔禍 huò①〕 ②回女性の敬礼法·おじぎ:〔万 wàn 福〕彼女は客の前に出ておじぎをした. ③国祭祀に用いた酒肉.→〔福物〕 ④〔福建〕の略.〔〜佬 lǎo〕〔潮 cháo 州人〕広東一帯の福建人.→〔闽 mǐn①〕 ⑤〔姓〕福.

福安 fú'ān ①〔=腊〕幸福と平安(をお祈りします):手紙の結尾用語. ②国福建省にある県.

福庇 fúbì =〔福荫〕お陰さま.ご高庇.〔多蒙〜〕〔=腊〕お陰さまです.ご高庇にあずかる.

福备 fúbèi 幸便.

福不双至 fú bù shuāngzhì =〔福无双至〕〔成〕福は一度に二つはこない.好運は重なってこない.〔〜,禍 huò 不単行〕=〔福无双至,祸必重 chóng 来〕〔諺〕福は並んでこないが禍は重なってくるもの.〔双〕は〔重〕ともいう.

福彩 fúcǎi =〔福利彩票〕

福德 fúdé 福運と徳行.

福地 fúdì 回①神仙の居所. ②寺社道観.

福尔马林 fú'ěrmǎlín 〈音訳〉ホルマリン:〔富尔马林〕ともいう.〔甲醛 (溶) 液〕に同じ.

福尔摩斯 fú'ěrmósī 人〈シャーロック〉ホームズ:〔柯 kē 南道尔〕(コナンドイル)の探偵小説中の主人公.

福分 fúfen 〈口〉天から定められたその人の幸せ.定まっている福運·幸福.〔〜不是强求的〕幸運は無理に求むべきものでない.〔他〜大〕彼は福運が強い.→〔福气〕

福过灾生 fúguò zāishēng ⇒〔乐 lè 极生悲〕

福惠 fúhuì 福徳と知恵.

福将 fújiàng 武運に恵まれた武将.〔转〕巡り合わせの良い人.

福晋 fújìn 史満洲族で,親王などの妻.

福酒 fújiǔ 祭祀の後に分配されるお神酒.

福橘 fújú =〔红 hóng 橘〕福建産のみかん.

福利 fúlì 福利(を言う).福祉.〔〜费〕福利費.〔〜彩票〕〔福彩〕福祉目的の宝くじ.〔〜院 yuàn〕福祉施設.〔〜工厂〕福祉施設としての作業場.〔〜房〕(機関や企業が)構成員に低価格で提供する住居.

福林 fúlín 〈音訳〉フォリント:ハンガリーの通貨単位名.〔弗林〕とも書いた. 1〔〜〕は100〔菲 fēi 勒〕(フィレル)

福禄 fúlù ①=〔福泽〕〈文〉福と禄.幸福.〔胜常〕〔〜〕ますますご清祥の段.〔斑 bān 马〕

福禄令 fúlùlìng ⇒〔荷 hé 兰芹〕

福禄寿 fúlùshòu 幸福と俸禄と長寿.〔〜三星〕同前を名づけた福神(楊成の姿をとる),禄神(張仙の姿をとる),寿神(好好爺の姿をとる)の三神.

福摩萨 fúmósà 音訳フォルモサ:かつて欧米人が台湾を指していった.

福气 fúqì ①幸せ.天から定められたその人の幸福.福運.果報.〔〜不小〕たいへん幸せだ.〔福々しい〕〔福分〕

福儿 fúr ①=〔福字儿②〕赤い四角な紙に福の字を書いたもの:正月に壁や帳場などに貼る. ②端午の節句に,子供や女性が紙や糸でひょうたんや虎の形を作って飾りとするもの.

福如东海 fú rú dōnghǎi 〈喩〉幸福の非常に大きいこと.〔〜,寿 shòu 比南山〕〈成〉多幸と長寿:祝辞に用いる.

福善 fúshàn 〈文〉善人を祝福する.〔〜禍 huò 淫〕〈成〉善行には幸を与え淫行には禍をくだす.

福寿 fúshòu 幸福と長寿.〔〜双全〕〔〜康宁〕〔〜

长〕〈成〉福寿ともに十分なこと.〔〜饼〕宴席などに出る特製の餅菓子:蝙蝠(紋)が桃をくわえているめでたい形などに作る.→〔八 bā 件儿〕〔汤 tāng 饼会〕

福随貌转 fúsuí màozhuǎn 〈成〉福は人相によって巡りくる.福相の人には福がつく.

福特制 fútèzhì フォードシステム:ヘンリー·フォード(1863〜1947)によって始められた自動車製造のコンベアーシステムを中心とする作業管理方式.

福田 fútián ①困(仏教で)布施をして徳をほどこし幸福を積むことは功徳を積むことは田を耕すのと同じである.〔〜衣〕袈裟(絵)の別称.→〔悲 bēi 田院〕 ②〈文〉幸福をうけるべき下地.〔树〜〕よい種をまく.→〔造化〕幸福.

福娃 fúwá 北京オリンピック(2008)のマスコット人形(5 体の総称):〔贝 bèi 贝〕〔晶 jīng 晶〕〔欢 huān 欢〕〔迎 yíng 迎〕〔妮 nī 妮〕.合わせて〔北京欢迎你〕となる.

福无双至 fú wú shuāng zhì =〔福不双至〕

福物 fúwù 国祭祀用の酒肉.お供物.

福相 fúxiàng 福々しい顔つき.あなたの容貌.

福星 fúxīng 〔福の神.幸運の星.〔一路〜〕〈成〉道中ご無事に.〔〜高照〕〔〜拱照〕〈喩〉福星が高く照らす:めでたい文句に用いる. ②木星の別称.

福音 fúyīn ①よい便り.有益な言葉. ②国〔キリスト教の〕イエスの言葉·教え.〔〜书〕福音書.〔〜堂〕=〔教会〕プロテスタント教会.→〔基 jī 督教〕

福荫 fúyìn =〔福庇〕

福佑 fúyòu 神仏のご加護.

福泽 fúzé =〔福禄①〕

福纸 fúzhǐ (死者のために焼く〔紙钱〕を包む)黄色の包み紙.

福祉 fúzhǐ 〈文〉幸い.幸福.

福至心灵 fúzhì xīnlíng 〈成〉幸福になれば頭の働きもよくなる.〔这孩子〜,将来错不了〕この子は賢まれて将来有望だ.〔他〜,頗 pō 为得意〕彼はうまく妙案を得てとても満足した.

福州戏 fúzhōuxì =〔闽 mǐn 剧〕

福字儿 fúzìr ①福の字. ②⇒〔福儿①〕

福祚 fúzuò 〈文〉幸福.〔〜绵延〕幸福が永く続く.

[輻·輻] fú
(車の輻〔=〕:車輪の轂(〜)と輞(〜)とを支える放射状の木.〔轮 lún 〜〕同前.

辐凑 fúcòu 車輪の輻(〜)が轂(〜)に集まるように,人や物などが一か所に集まること.

辐合思维 fúhé sīwéi 收敛(〜)的思考.↔〔发 fā 散思维〕

辐角 fújiǎo 物偏角.

辐散 fúsàn 放射形に散る.

辐射 fúshè ①放射状に広がる. ②物放射(する).輻射(する).〔〜防护〕放射線防護.〔〜化学〕放射線化学.〔〜面〕輻射面.〔〜能 néng〕=〔〜源〕放射エネルギー.〔〜热〕輻射熱.〔〜雾 wù〕輻射霧.〔〜线〕輻射線.放射線.〔〜形〕放射形.→〔雷 léi 姆〕

辐射尘 fúshèchén 物フォールアウト.放射性降灰.〔那两艘船受了比基尼核试验〜的污染〕その 2 隻の船はビキニ核実験による死の灰の汚染を受けた.

辐射性同位素 fúshèxìng tóngwèisù 放射性同位元素〔同位体〕.ラジオアイソトープ:〔放 fàng 射性同位素〕ともいう.

辐条 fútiáo 車の輻(〜).スポーク(自転車の):〔车 chē 条〕に同じ.

辐照 fúzhào 放射線輻射する.〔〜食 shí 品〕同前の食品.

蝠澓榑父斧釜滏甫輔脯黼簠黻抚　fú～fǔ

〔蝠〕fú 〘動〙コウモリ(目の総称). →〔蝙 biān 蝠〕
〔鼠 shǔ 耳蝠〕〔伏 fú 翼〕

蝠鱝 fúfèn 〘魚貝〕トビエイ科エイ.

〔澓〕fú ①〈文〉(水が)逆流する. ②〈姓〉澓(ふ)

〔榑〕fú
榑桑 fúsāng ⇒〔扶桑②〕

〔父〕fǔ ①〈文〉古代, 老人(男性)や男性に対する尊称.〔尚 shàng ～〕姜太公(呂尚)の尊称.〔田 tián ～〕田舎のお年寄り.〔漁 yú ～〕漁夫のじいさん.〔樵 qiáo ～〕きこりのじいさん. ③〈姓〉父(ふ)　→ fù

〔斧〕fǔ ①斧(おの):〔斧子〕〔斧头 tou〕は通称.〔一把～子〕一挺(ちょう)の斧.〔板 bǎn ～〕刃(ザックリ切ったように)きちんとそろっていう. ②〘軍〙まさかり(古代の武器).

斧头 fǔtóu 斧の頭:柄に対して, 鉄の部分.
斧头 fǔtou 斧.〔～镰 lián 刀〕斧と鎌.
斧削 fǔxuē ⇒〔斧正〕
斧钺 fǔyuè 〈文〉①斧と鉞(えつ):古代の兵器. ②〈喩〉(斬首の)重刑.
斧凿 fǔzáo 〈文〉①斧と鑿. ②文章の修飾が過ぎること. →〔斧凿〕
斧凿痕 fǔzáohén 〈文〉斧と鑿で加工した痕跡:多くは詩文の文句のぎこちないことをいう.〔这篇文章写得很流畅,毫无～〕この文章は非常に流暢で, 無理が全くない.
斧藻 fǔzǎo 〈喩〉文章の修飾.
斧正 fǔzhèng〔～斧政〕とも書く.〈謙〉(詩文の)添削(を人に頼む).〔斧削〕〔削 xuē 正〕〔郢 yǐng 正〕に同じ.〔恭请～〕どうぞご添削を願います.
斧锧 fǔzhì 〘古〙処刑用具:押し切りに似たもの.
斧子 fǔzi 斧.
斧足类 fǔzúlèi 〘動〙二枚貝類. 斧足類.

〔釜〕fǔ ①〈文〉〘古〙①器物:炊具の一.〔锅 guō〕(なべ)にあたる. →〔甗 yǎn〕. ②〘古〙量器名:6斗4升を容れた.

釜底抽薪 fǔdǐ chōuxīn 〈成〉釜の下の薪をとりのける:〈喩〉根本的な問題を解決する. →〔抽薪止沸〕
釜底游鱼 fǔdǐ yóuyú ⇒〔釜中之鱼〕
釜脐墨 fǔqímò 〘中医〙鍋底の煤(すす):薬用とされる. →〔百 bǎi 草霜〕
釜中生鱼 fǔzhōng shēngyú 〈成〉釜の中から魚が出る.〈喩〉食粮がなくなって飯も炊かない. 生活が極めて貧しいこと.
釜中之鱼 fǔzhōng zhī yú ⇒〔釜底游鱼〕釜の中の魚.〈喩〉極めて危険な状態に居ること. 長くは生きられないこと:〔釜中鱼〕ともいう.

〔滏〕fǔ 地名用字.〔～阳河〕〘地〕河北省南部にある.

〔甫〕fǔ (Ⅰ)①〘古〙男性の名の下につけた美称.〔父①〕に同じ.〔周大夫有嘉～〕周の大夫に嘉といううかたがいた. ②〘回〘字の下.〔台～〕〔台甫～〕あなたの字. ③人の父に対する尊称.〔尊 zūn ～〕お父上. ④〈姓〉甫(ふ)
(Ⅱ)〈文〉初めて. やっと.〔～到〕やっと着いた.〔创 chuāng 伤～愈,不宜多劳〕傷がやっと治ったばかりだから, あまり無理をされないがよい.〔惊 jīng 魂～定〕驚きがやっと治まった.〔年～十岁〕年齢がわずかに10歳.

甫甫 fǔfǔ 〈文〉大きくて多いさま.

〔輔・辅〕fǔ ①力を添え助ける. 補佐する. 助ける. 助け合っていく.〔～而行〕相たずさえて行く.

②〘古〙国都付近の地.〔畿 jī ～〕同前. ③〈姓〉辅(ふ)

辅币 fǔbì 〘経〙補助貨幣:〔副 fù 币〕ともいった. →〔主 zhǔ 币〕
辅弼 fǔbì 〈文〉①〘古〙天子を補佐する. ②〈転〉宰相.
辅车 fǔchē 〈文〉相助け合うこと.〔辅〕は烟骨,〔车〕は〔牙 yá 车〕(あご).〔～相依〕〈成〉相互に助け合う. 密接な関係がある.
辅导 fǔdǎo 補助し導く. 補習する. 指導する. 補導する.〔～班 bān〕特別指導クラス.〔～站 zhàn〕学生指導センター.〔～员〕各種の指導員.〔～少先队～员〕少年先锋队の指導員.〔全省财政～员〕全省の财政指導員.〔校外～员〕(児童の)校外から招いた指導員.〔老师常常～我们〕先生はよく補習してくれる. →〔领 lǐng 导〕〔指 zhǐ 导〕
辅道 fǔdào ⇒〔辅路〕
辅读学校 fǔdú xuéxiào 障害児を対象とする学校.
辅机 fǔjī 〘機〙補助的な機械装置.
辅角 fǔjiǎo ⇒〔补 bǔ 角〕
辅警 fǔjǐng ⇒〔协 xié 警②〕
辅料 fǔliào 補助材料.
辅路 fǔlù =〔辅道〕側道:幹線道路の両側に付設された道.
辅酶 fǔméi 補酵素.
辅食 fǔshí 〘食〙サプリメント. 補助食品.
辅相 fǔxiàng 〈文〉①助け支える. ②天子の補佐. 宰相.
辅修 fǔxiū 大学で専攻学科以外の科目を修得すること.
辅翼 fǔyì 〈文〉〔辅〕(ふ)り守る.
辅音 fǔyīn 〘語〙子音:〔子 zǐ 音〕ともいう.〔元 yuán 音〕(母音)に対していう.〔～声 shēng 母〕
辅音丛 fǔyīncóng ⇒〔复 fù 辅音〕
辅助 fǔzhù ①手伝う. 手助けする.〔～人〕〘法〙被告法定代理人. ②補助的である.〔～劳动〕補助的な作業.〔～授权〕〘商〙人工授权.〔～业务〕付随業務.〔～单位〕国際単位制での補助的な単位.〔～货币〕補助貨幣.〔～材料〕補助材料.
辅佐 fǔzuǒ 〈文〉(皇帝を)補佐する.

〔脯〕fǔ 干し肉:調理・味付けして干したもの.〔牛肉～〕牛肉の干し肉. ②果実の砂糖漬けを陸干しにしたもの.〔果 guǒ ～〕同前.〔桃 táo ～〕桃の同前.〔杏 xìng ～〕あんずの同前. → pú

脯醢 fǔhǎi 〈文〉〘古〙干物に塩つけ.〈喩〉死体を塩にして乾燥したり, 突き砕いたりする極刑.
脯鲞 fǔxiǎng 干魚.
脯资 fǔzī 干し肉と食糧. 食料.〈喩〉旅費.

〔黼〕fǔ ⇒〔釜〕

〔簠〕fǔ 〘古〙祭器の一種. 五穀を盛り供える器.

簠簋 fǔguǐ ほき:五穀や食物を盛り供える祭器.〔～不饬 chì〕供え物がきちんとされていない.〈喩〉清廉でない大官.

〔黼〕fǔ 〘古〙礼服に施した文様:黒と白の斧の模様の刺繍.

黼黻 fǔfú 〈文〉①古代の礼服:黼(ふ)と黻(ふつ)の文様を縫いとりしたもの.〔黻〕 ②〈転〉あや. いろどり.〈喩〉華麗な文章.
黼冕 fǔmiǎn 〘古〙礼服と冠.
黼扆 fǔyǐ 〈文〉黼を描いた屏風(玉座の背後に立てる).〈喩〉天子.
黼座 fǔzuò 〈文〉天子の御座. 玉座.〈転〉天子.

〔抚・撫〕fǔ ①なでる. さする. そっとおさえる. →〔抚摸〕 ②〈転〉慈しむ. かわいがり育てる.〔～之成人〕大人になるまで養

fǔ 抚府拊俯腑

育する.⑧〈転〉慰める.〔好言相～〕やさしく慰める.〔～問〕慰める.慰問する.④〈文〉叩(たた)く.打つ:〔拊〕に同じ.

抚爱 fǔ'ài なでる.愛撫する.
抚触 fǔchù ①〔手で〕さする.なでる.②医タッチング:スキンシップの一種.
抚躬自问 fǔgōng zìwèn =〔抚心自问〕〈成〉胸に手をあてて反省する.→〔反 fǎn 躬自问〕
抚今追昔 fǔjīn zhuīxī〈成〉今昔を思い比べる:〔抚今思昔〕ともいう.
抚摩 fǔmā なでる.さする.なでまわす:〔抚摩〕に同じ.
抚摸 fǔmō なでる.さする.〔～着面颊 jiá〕ほおをなでる.
抚弄 fǔnòng なでまわす.可愛がる.〔～小狗〕小犬をなでまわす.
抚平 fǔpíng やさしくなだめる.いたわり落ち着かせる.〔～了心灵的创 chuāng 伤〕心の傷を慰めた.
抚琴 fǔqín〈文〉琴を弾ずる.〔拊琴〕に同じ.
抚慰 fǔwèi 見舞って慰める.いたわる.〔～受伤人员〕負傷者を見舞う.
抚心自问 fǔxīn zìwèn ⇒〔抚躬自问〕
抚恤 fǔxù （勤務中負傷や死亡した人を）救済する.補償を与える.〔～金〕救済金.
抚养 fǔyǎng =〔育养〕保護し養う.慈しみ育てる.〔他是祖母～大的〕彼は祖母おばあちゃんっ子だ.→〔扶 fú yǎng〕
抚膺 fǔyīng〈文〉胸をたたいて悲しむ:〔拊膺〕に同じ.
抚育 fǔyù ⇒〔抚养〕
抚院 fǔyuàn 清①巡撫の役所.②巡撫の別称.
抚掌 fǔzhǎng〈文〉手を打つ（て喜ぶ）:〔拊掌〕ともいう.

〔府〕 fǔ
①固物品を収蔵する役所の庫.〔书～〕書庫.〔天～之国〕四川省の別称:資源・物産に富む土地.②旧時の官庁.役所.また政府機関.〔官～〕同前.〔政 zhèng ～〕政府.〔市政～〕市役所.③旧時の貴族や大官の邸宅.また国家首脳の住居.〔～丞 chéng 相～〕丞相邸.〔王～〕親王邸.〔总统～〕大統領府.→〔邸 dǐ ①〕〔宅 zhái ～〕④〈転〉お宅.〔趋 qū ～奉访〕お宅に参上する.→〔府上〕⑤回〔省〕の下,〔县〕の上にあった行政区域名.〔顺天～〕順天府.〔知～〕府知事.⑥〈姓〉姓.
府城 fǔchéng 旧府の役所所在地.
府绸 fǔchóu 紡①ポプリン:〔毛 máo 葛〕は別称.②タッサーシルク:〔柞 zuò 蚕丝〕で織った〔茧 jiǎn 绸〕（けんちゅう）.→〔蚕 cán 丝〕〔山 shān 东府绸〕
府邸 fǔdǐ 同下.
府第 fǔdì 〔府邸〕旧時,貴族や官僚などの邸宅.
府干 fǔgàn〈白〉府の小役人.〔押了一纸公文,差 zhuó 一个～亲自赍 jī 了〕(水17) 公文を作成し府の小役人に言いつけて持たせてやった.
府会 fǔhuì 政府と議会.
府君 fǔjūn〈文〉①亡くなった祖先に対する尊称.②园太守の別称.
府考 fǔkǎo →〔科 kē 举〕
府库 fǔkù 旧官庁の文書や貴重品を蔵する所.
府上 fǔ・shàng〈尊〉①お宅.お屋敷.〔～在哪儿住〕お住まいはどちらですか.②ご家族.〔～都好啊〕ご家族はみなお元気ですか.→〔贵 guì 府〕〔里 lǐ 舍〕〔舍 shè 下〕
府试 fǔshì 回府が行う科挙の試験.→〔科 kē 举〕
府尹 fǔyǐn〔府主①〕函（漢から清まで）首都ある治は陪都（副都）の所在する府の長官.
府治 fǔzhì 旧通〔知 zhī 府〕の駐在地.
府主 fǔzhǔ ①⇒〔府尹〕②回幕僚の職にあるもの

が,その長官のことをいう時の称.

〔拊〕 fǔ
〈文〉たたく.打つ:〔抚④〕に同じ.
拊背扼喉 fǔbèi èhóu ⇒〔扼吭拊背〕
拊琴 fǔqín ⇒〔抚琴〕
拊翼 fǔyì〈文〉奮起する.〔～俱起〕(漢書・叙伝)気力を振いともに活路をひらく.
拊膺 fǔyīng ⇒〔抚膺〕
拊掌 fǔzhǎng ⇒〔抚掌〕

〔俯（俛・頫）〕 fǔ
①うつむく.〔或～或仰〕うつむいたり,仰向(あおむ)いたりする.↔〔仰 yǎng〕②かがむ.〔～拾 shí〕かがんで拾う.③〈尊〉俯して…して下さる:昔時の公文書や書簡に用いた.→〔俛 miǎn〕
俯察 fǔchá ①見下す.②牍ご了察.
俯冲 fǔchōng 急降下攻撃（する）.〔～轰炸 hōng-zhà〕急降下爆撃（する）
俯伏 fǔfú〈文〉①うつぶせになる.身を伏せる.②平伏する.古代の礼法.
俯鉴 fǔjiàn 牍ご高覧.
俯角 fǔjiǎo 数俯角.→〔仰 yǎng 角〕
俯就 fǔjiù〔迁 qiān 就③〕①不本意ながら従う.まげて応ずる.譲歩する.〔一再忍着～他〕我慢して彼に従っておく.②〈尊〉まげて（任務・職務を）引き受けていただく.〔您要是肯～的话,那是求之不不得 dé 的〕もしまげてお引き受けくださればば,願ってもないことです.→〔屈 qū 尊②〕
俯瞰 fǔkàn ふかんする.見おろす.→〔俯视〕
俯临 fǔlín ①高い所から下に面している.②〈尊〉ご光臨を乞う.
俯念 fǔniàn〈牍〉思いやりをいただく.了承していただく.
俯拍 fǔpāi ⇒〔俯摄〕
俯屈 fǔqū〈文〉俯(ふ)して屈する.忍従する.〔～以自抑〕(史記) 己を抑えて忍従する.
俯摄 fǔshè =〔俯拍〕俯瞰(ふ)で撮影（する）
俯身 fǔshēn 体をかがめる.
俯拾即是 fǔshí jíshì〈成〉拾いあげて見ると全部そうだ.どれでもそうだ.ざらにある:〔俯拾地芥〕〔俯拾皆是〕ともいう.
俯视 fǔshì 上から見おろす.〔～图 tú〕〔顶 dǐng 视图〕上面図.→〔平 píng 面图〕
俯首 fǔshǒu ①うなだれる.うつむく.②頭を低くさげる.人の言うことを聞く.〔～帖 tiē 耳〕〈成〉（犬のように）おとなしく服従する:〔帖〕は〔贴〕とも書いた.〔～就范〕言うとおりに従う.〔～称 chēng 臣〕頭を下げて部下となることを誓う.勝負に負けたことを認める.〔～听命〕おとなしく言うことを聞く.
俯顺 fǔshùn〈文〉為政者が下の者に従う.〔～民情〕まげて民の声に従う.
俯卧 fǔwò 腹ばいになる.横になる.
俯卧撑 fǔwòchēng 区腕立て伏せ.
俯卧式 fǔwòshì 区（走り高跳びなどの）ベリーロール（式）.〔～跳高〕走り高跳びの同前.
俯仰 fǔyǎng〈文〉俯仰いたりする.〔～无愧 kuì〕俯仰(お)天地に恥じない.〔喩〕心中何もやましいことがない.〔～之间〕〈喩〉一瞬間.またたく間.〔～由人〕〈喩〉何事でも他人の指図を受ける.人の言いなりになる.
俯泳 fǔyǒng 区平泳ぎ.ブレストストローク.
俯允 fǔyǔn〈牍〉〈謙〉お許し願う.ご承諾願う.
俯准 fǔzhǔn 同上.

〔腑〕 fǔ
中医胸・腹など空腔のある臓器の総称:胃・胆・三焦・大腸・小腸・膀胱の〔六～〕をいう.〔～脏 zàng〕〔脏～〕内臓.はらわた.→〔五

wǔ 脏六腑〔肺 fèi 腑〕

[腐] fǔ ①腐る.〔流水不~〕流水は腐らない. ②古い.古くさい.〔陈 chén ~〕同前. ③豆腐:〔豆 dòu 腐〕(とうふ)の略.

腐败 fǔbài ①腐りきる.堕落する.〔~行为〕腐敗した行为.〔~分子〕汚職・収賄者.

腐败素 fǔbàisù 囮セプシン.腐敗素.

腐臭 fǔchòu 腐って臭い.

腐恶 fǔ'è 腐った悪,また腐敗した凶悪な勢力.

腐化 fǔhuà ①腐ってくる.〔腐烂①〕に同じ. ②堕落する.〔~分 fèn 子〕堕落分子.〔经不起糖衣炮弹的诱惑,~的干部也不少〕砂糖の衣を着けた砲弾(わいろ)の诱惑に抗しきれずに堕落した幹部も少なくない.〔贪 tān 污~〕汚職腐敗.

腐旧 fǔjiù 古くさい.沈滞している.陳腐である.

腐烂 fǔlàn 〔腐化①〕腐りただれる.腐って形がくずれる.

腐儒 fǔrú =〔腐生〕くされ儒者.陳腐で役に立たない学者.へぼ学者.

腐乳 fǔrǔ =〔豆 dòu 腐乳〕

腐生 fǔshēng ①⇒〔腐儒〕 ②囮腐生(ほふ).

腐蚀 fǔshí 腐食する.腐りむしばむ.〔~革命灵魂〕革命の魂を腐食させる.〔反~〕腐敗・堕落に反対する.〔~剂 jì〕囮腐蝕剂.

腐史 fǔshǐ 〔史记〕の別称:著者の司馬遷が〔腐刑〕を受けたことから.

腐熟 fǔshú 腐熟する.

腐心 fǔxīn 〈文〉心中にはげしく憎む.あせり苦しむ.〔日夜切 qiè 齿~也〕(史记·荆軻伝)日夜歯ぎみして憎み呪う.

腐刑 fǔxíng =〔宫 gōng 刑〕

腐朽 fǔxiǔ ①腐る.腐れ朽ちる. ②〈喻〉(思想・制度などが)陳腐である.堕落している.〔~思想〕堕落した考え.〔~庸俗 yōng sú〕陳腐でとりえがない.

腐鱼毒 fǔyúdú 囮マスカリン.

腐殖酸 fǔzhísuān 腐植酸:腐熟作用を起こす多種の化合物混合体.

腐殖质 fǔzhízhì 腐植質.

腐竹 fǔzhú 食棒状ゆば.→〔豆 dòu 腐皮(儿)〕

[讣・訃] fù =〔文:赴③〕死亡を通知する.→〔小 xiǎo 报②〕

讣告 fùgào ①〈文〉死亡を通知する. ②死亡通知.

讣文 fùwén 〔讣闻〕ともす.死亡通知.死亡記事.〔接到~〕死亡通知を受け取る.

[赴] fù ①(……へ)赴く.行く.〔~边 biān〕辺境の地へ行く.〔~京 jīng〕上京する.〔~申 shēn 上海〕上海へ行く.〔~外务人员〕外国への出稼ぎ労働者.〔赴~前线〕前線へ急いで行く. ②泳ぐ.〔~水 shuǐ〕同前.〔游 yóu 泳〕泳ぐこと.あえて行く.〔~死〕死地に赴く. ④⇒〔讣〕 ⑤〈姓〉赴(ふ)

赴敌 fùdí =〔赴战〕〈文〉戦場に赴く.

赴会 fùhuì 会合に出席する.

赴救 fùjiù 〈文〉救助に行く.

赴考 fùkǎo =〔赴试〕〈文〉受験に行く.

赴命 fùmìng 赴任する.〔急如星火地~〕直ちに赴任する.

赴难 fùnàn ①救難にかけつける. ②死地に赴く.

赴任 fùrèn 赴任(する).

赴试 fùshì ⇒〔赴考〕

赴汤蹈火 fùtāng dǎohuǒ 〔成〕水火をも辞さない:〔赴汤投火〕ともいう.

赴席 fùxí 同下.

赴宴 fùyàn =〔赴席〕宴会に出席する.

赴义 fùyì 〈文:赴义〕義,義のために死につく.

赴约 fùyuē 約束した所へ行く.

赴战 fùzhàn ⇒〔赴敌〕

[父] fù ①父.父親. 〔~女〕父と娘.〔家 jiā ~〕わたしの父. ②父の世代の親族男性.〔伯 bó ~①〕父方(ほう)の伯父.〔叔 shū ~①〕父方の叔父.〔母の伯父と叔父.〔姑 gū ~〕姉妹の夫.〔姨 yí ~〕母の姉妹の夫. ③囮老人に対する尊称. ④〈姓〉父(ぼ.ほ) → fǔ

父辈 fùbèi =〔父亲〕父の同輩.

父本 fùběn 囮雄性の親株.→〔母 mǔ 本①〕

父党 fùdǎng 〈文〉父方の親族.→〔母 mǔ 党〕

父老 fùlǎo 囮〈尊〉おとり寄り.ご老体.〔~兄弟〕お年寄りや若者の皆さん. ②土地の長老.

父母 fùmǔ 父母.両親.〔你~都健在吗〕ご両親はご健在ですか.→〔双 shuāng 亲〕

父母官 fùmǔguān 囮知州・知県など直接に人民を治める地方長官.

父母运儿 fùmǔyùnér 〈方〉親がかり.親のすねかじり:〔父母运儿 yùnr〕ともいう.

父亲 fùqīn =〔爹〕〔方〕爹爹〕〈方〉dà大①〕父:呼びかけには〔爸 bà 爸〕を用いる.〔我~〕わたしの父.〔~节 jié〕父の日.→〔爸〕

父权制 fùquánzhì 囮家父長制度.〔~大家庭〕家父長制大家族.

父是英雄,儿好汉 fù shì yīngxióng, ér hǎohàn 〈諺〉この父にしてこの子あり.→〔有 yǒu 其父,必有其子〕

父台 fùtái 囮地方名士の地方長官に対する敬称.

父系 fùxì ①父方(の). ②父系制(の).〔~家族〕父系家族.〔~制度〕父系制度.

父兄 fùxiōng ①父と兄. ②〈転〉家族.家族中の目上の者.

父训 fùxùn 父の教え.

父业 fùyè 父の仕事・職業.〔子承~〕父の後を継ぐ.

父一辈,子一辈 fù yībèi, zǐ yībèi 代々の.〔你多分心吧,谁教 jiào 咱们是~的交情呢〕(老·四·惶15)よろしくお願いしますよ,何といってわたしたちは代々のおつきあいなんですから.

父荫 fùyìn 父のおかげ.親の七光.

父执 fùzhí 〈文〉父の友人.

父子 fùzǐ 父と息子.〔父债 zhài 子还 huán〕父の借金を子が返す.〔~兵 bīng 〕囮親子のように団結した組織.身内で固めた組織.

[付] fù ①交付する.渡す.与える.授ける.〔~以全权〕全権を与える.=〔交 jiāo ①〕 ②(金钱を)支払う.支出する.〔电费已经~过了〕電気料はもう支払った. ③……の処置をとる.〔~表决〕表決に付する. ④⇒〔副〕⑤ ⑤⇒〔服〕⑥〈姓〉付(ふ)

付丙(丁) fùbǐng(dīng) =〔付丙字〕〔付火〕〔付于丙丁〕〈文〉火で焼く.焼き捨てる:旧時,秘密書類の末尾に書き添え,読後焼却されたいの意を表した.〔丙丁〕は"火".

付丙字 fùbǐngzì 同上.

付酬 fùchóu 賃金を支払う.〔按所制产品数量~〕生産した物の量に応じて賃金を支払う.

付出 fùchū (金銭または代价を)支出する.払い出す.費やす.〔~代价〕代価を支払う.〔~辛勤的劳动〕並々でない労力を費やす.〔~帐〕現金支出帐.

付船 fùchuán 船積みする.〔本月份~的墨西哥棉花〕今月分船積みのメキシコ綿.

付定 fùdìng 手付金を渡す.

付方 fùfāng 囮貸方:〔贷 dài 方〕に同じ.↔〔收 shōu 方〕

付费 fùfèi 料金・費用を支払う.〔~頻 pín 道〕有料放送のテレビチャンネル.

付给 fùgěi, ~jǐ ⇒〔付与〕

fù 付附

付还 fùhuán 払い戻す.返済する.〔附还〕に同じ.
付火 fùhuǒ ⇒〔付丙(丁)〕
付寄 fùjì 送る.送付する.
付款 fùkuǎn 〔画〕支払う.〔~办法〕支払方法.〔~地〕支払地.〔~银行 háng〕支払銀行.〔~后交付单据〕〔~交単〕支払渡し荷為替手形(D/P).〔~日期〕支払期日.〔~人〕(手形などの)支払人.〔对~〕〔受话人~〕コレクトコール.→〔过 guò钱〕
付款票据 fùkuǎn piàojù 〔画〕支払手形.
付利 fùlì ⇒〔付息〕
付排 fùpái (原稿を)植字工に回して組版させる.〈転〉印刷する.
付讫 fùqì ⇒〔付清〕
付钱 fùqián 金を払う(渡す)
付清 fùqīng =〔付讫〕支払い済み.すっかり返金する.〔~图章〕支払い済みの印.〔账 zhàng 款全部~〕勘定全額支払い済み.〔退休时一次~〕退職時に全額まとめて支払う.
付托 fùtuō 委託する.
付息 fùxī =〔付利〕利息を支払う.
付现 fùxiàn 現金で支払う.
付项 fùxiàng ⇒〔贷 dài 项〕
付型 fùxíng 紙型を作る.
付学费 fùxuéfèi 学費を払う.また,代償を支払うたとえ.〔交 jiāo 学费〕ともいう.
付印 fùyìn ①印刷に付する.②原稿を出版社に渡す
付邮 fùyóu =〔交 jiāo 邮〕郵送する.〔~寄呈〕郵便で送呈する.
付于丙丁 fùyú bǐngdīng ⇒〔付丙(丁)〕
付与 fùyǔ =〔付给〕渡す.与える.授ける.
付运 fùyùn 送り出す.
付载 fùzài 積出し(する).積込み(する).〔付儀〕とも書く.
付账 fùzhàng 借りを返す.勘定を支払う.
付之东流 fùzhī dōngliú 〔成〕水泡に帰する.苦労がむだになる.〔付诸东流〕ともいう.
付之一炬 fùzhī yījù 〈成〉焼いてしまう.
付之一笑 fùzhī yīxiào 〈成〉一笑に付す.
付诸 fùzhū …に付す.〔诸〕は〔之于〕の合音字.〔~实施〕実施に移す.〔~行动〕行動に移す.
付诸东流 fùzhū dōngliú ⇒〔付之东流〕
付梓 fùzǐ 上梓(ずる):原稿を版木に刻み,また活字に組んで印刷すること.〈文〉梓行〕〔上 shàng 梓〕ともいう.

〔附(坿)〕

fù ①別に…付け加える.…に付け足す.添える.〔你给我再一上一笔〕もう一筆書き足して下さい.〔辱承惠函并~汇票一纸〕〔牘〕お手紙ならびに同封為替一通ありがたくいただきました.②従属する.付随する.③くっつく.付着する.(病菌~在苍蝇的腿上)病菌がハエの脚に付着する.〔鬼魂~身〕亡霊にとりつかれる.④近づく.接近する.〔~在他的耳朵旁边低声说话〕彼の耳の近くで低い声で話す.⑤〈姓〉附(ふ)
附白 fùbái 説明をつけ加える.
附本 fùběn ⇒〔护 hù 本〕
附笔 fùbǐ ①手紙や文書の末尾に補筆する.②⇒〔又 yòu 及〕
附编 fùbiān 付属編.
附表 fùbiǎo 付表.
附单 fùchēng 〔牘〕同時に送付する.同送する.〔~价目单一纸〕定価表を同送します.
附从 fùcóng 〈文〉随従する.
附带 fùdài ①付随する.付帯(する).〔~单据〕添付書類.〔~业务〕付随業務.〔~的劳动〕付随的な労働.〔~地说明〕つけ加えて説明する.

附单 fùdān ①付表.②同封の書きつけ.
附地菜 fùdìcài 〔植〕キュウリグサ:ムラサキ科.
附点 fùdiǎn 〔音〕付点.
附耳 fù'ěr 〈文〉ささやく.私語する.〔~低语〕ひそひそささやく.〔~密谈〕ひそひそ密談する.
附方 fùfāng 〔中医〕薬の処方(薬物の配合と用法)
附凤攀龙 fùfèng pānlóng ⇒〔攀龙附凤〕
附睾 fùgāo 〔生理〕精巣上体.副睾丸.〔~炎〕〔医〕副睾丸炎.
附骨疽 fùgǔjū 〔中医〕化膿性骨髄炎.
附函 fùhán 添状.添書.
附和 fùhè 他人の意見(行動)に合わせること.付和する.迎合する.追従する.〔~别人〕〔随声~〕他人に迎合する.〔~大势〕流れに順応する.〔~雷同〕〔~成〕付和雷同する.→〔趋 qū 承〕〔趋附〕
附后 fùhòu 後につける.〔全文~〕全文はつけてある
附还 fùhuán ⇒〔付还〕
附会 fùhuì こじつける.ばつをあわせる:〔傅会〕とも書いた.〔牵 qiān 强~〕〈成〉無理にこじつける.〔穿凿~〕〈成〉こじつける.
附记 fùjì ①⇒〔附言〕②(手紙の)追伸.
附寄 fùjì 同封して送る.
附骥 fùjì =〔附尾〕〈文〉驥尾(き)に付す:優れた人の後について行く.〔~尾 wěi〕同断.
附加 fùjiā ①付加(する).付加(する).〔~保险费〕追加保険料.〔~费 fèi〕追加料金.〔~工资〕〔経〕付加賃金.〔~赛 sài〕(競技の)第二次選考試合.〔~税〕付加税.〔~值 zhí〕〔経〕付加価値.②付帯的(である)
附加刑 fùjiāxíng 〔从 cóng 刑〕
附件 fùjiàn ①〔儿〕器具・機械の付属品.付属装置.アタッチメント.→〔部 bù 件〕〔零 líng 件〕②付属文書.〔它的法律地位在~中规定〕その法律の地位は付属文書中に規定してある.③(文書と一緒に送達する)関係書類.④電章〕アクセサリ.⑤添付ファイル.添付文書.
附件炎 fùjiànyán 〔医〕子宮付属器炎.
附近 fùjìn 附近.近所.〔~有地方包饭〕近所に食事を請け負ってくれるところがある.
附捐邮票 fùjuān yóupiào 寄付金付き切手.
附刊 fùkān 付録(版).
附款 fùkuǎn ①〔法〕付帯条項.②〈文〉よしみを通ずる.〔(符洪)~江东〕〔晋书・符洪载记論〕(符洪)は江東によしみを通じていた.
附丽 fùlì 〈文〉付属する.くっつく.依存する.〔附隶〕とも書く.
附录 fùlù ①本文の後に記す.②付録.
附逆 fùnì 敵や逆賊に追随し,加担する.〔有的虽然在北平,可是隐蛰埋名的闭户讀书不肯~〕〔老・四・偷11〕北京にまだとどまっている者がいるが,名前を隠して門を閉め,一人読書して,敵側につくようなことはしようとしない.
附签 fùqiān ⇒〔浮 fú 签〕
附上 fùshàng (手紙などに)封入する.同封する.〔随信~技术说明书一份,请查收〕取扱説明書を一部同封致しますので,御査収下さい.
附设 fùshè 付設する.
附身 fùshēn 〔付体〕身につきまとう.身にくっつく.〔死鬼~〕死者の靈が人につきまとう.
附生 fùshēng 〔明〕科挙を受けて府・州・県学に採用されて〔生員〕となった学生.〔附学生〕ともいう.
附生兰 fùshēnglán 〔植〕着生ラン.
附生植物 fùshēng zhíwù 〔植〕着生植物.〔~寄 jì 生植物〕
附书 fùshū =〔寄 jì 书①〕〈文〉手紙を出す.〔~与

fù

附咐驸袝鲋负

六亲〕(杜甫詩)手紙を六親に与う.
附属 fùshǔ ①付属する.〔~国〕従属国.〔~货印〕合所の印.〔~机构〕付属機構.〔~品〕付属品.〔~医院〕付属病院. ②帰属する.頼る.つく.
附学 fùshùn〔文〕つき従う.
附送 fùsòng 本体に加えて送る.つけ加えて送る.
附随 fùsuí ①付帯する.付随する. ②付着する.くっついて頼る.
附损 fùsǔn 商品につけられた義捐金.
附体 fùtǐ ⇒〔附身〕
附条 fùtiáo 付箋(せん)
附图 fùtú 付図.
附尾 fùwěi ⇒〔附骥〕
附息 fùxī 利付きの.〔~债〕利付債.
附小 fùxiǎo〔附属小学〕(付属小学校)の略.
附新认股权公司债 fùxīnrèn gǔquán gōngsīzhài〔商〕新株引受権付社債.ワラント債.
附信 fùxìn 追伸の手紙(文章)〔在~上说〕追伸の中で述べている.→〔又 yòu 及〕
附学 fùxué 他人の家塾に入って読書すること.
附言 fùyán =〔附記〕あとがき.後記.
附炎弃寒 fùyán qìhán〔文〕勢いの盛んな時はつき従い,衰えたら捨てて顧みない.
附依 fùyī〔文〕頼る.すがる.
附议 fùyì ①他人の提案に賛成し,共同提案者となる. ②議案に賛成する.〔我~〕わたしも賛成する.
附庸 fùyōng 付属(する).従属(する).〔~地位〕属属的な地位.〔~国(家)〕属国.〔只不过是它的~〕ほんの~にすぎない.
附庸风雅 fùyōng fēngyǎ 旧官僚・地主・商人などが見栄を張り,品(ひん)を作るために名士と交際し,文化的な活動をすること.
附有 fùyǒu 付随している.〔~文件〕付随文件.
附载 fùzǎi 付載する.
附葬 fùzàng〔文〕合葬する.
附则 fùzé 付則.
附肢 fùzhī〔動〕付属肢.
附志 fùzhì 同下.
附识 fùzhì〔付志〕付記(する).〔~谢忱〕〔文〕謝意を付記する.
附中 fùzhōng〔附属中学〕(付属中学校)の略称.
附注 fùzhù 付注.
附赘悬疣 fùzhuì xuányóu〔喩〕余計で無用なこと.
附着 fùzhuó 付着する.粘着する.つく.〔~根〕気根.〔~力〕粘着力.
附子 fùzǐ〔植〕トリカブト,またその傍根:〔乌 wū 头①〕の別称.
附坐 fùzuò 補助席.

〔**咐**〕fù →〔吩 fēn 咐〕〔嘱 zhǔ 咐〕

〔**驸・駙**〕fù〔文〕① (数頭立て馬車の)副馬(ふくば). ②速い.迅速である.
驸马 fùmǎ〔文〕皇帝の女婿.皇女の夫.〔~都尉〕〔官名.皇帝の近侍でそえ馬の管理者.魏晋以後は皇帝の女婿がもっぱらこの役に任じられ,宋では〔粉 fěn 侯〕,清では〔额 é 驸〕と呼ばれた.

〔**袝**〕fù 固新しい死者を祖廟(びょう)に合祀すること.

〔**鲋・鮒**〕fù〔鱼貝〕フナ(鮒)=〔鲫 jì 鱼〕の古称.〔涸 hé 辙之~〕〔喩〕非常に困窮し援助を待ち望んでいる人.

〔**负・負**〕fù ①背負う.(荷物などを)担ぐ. ②負担する.負う〔責任・借金など〕.引き受ける.〔完全责任〕完全に責任を負う.〔如释重 zhòng ~〕重荷を下ろしたようだ.

〔以前~了许多债〕以前たくさんの借金をした.→〔担 dān 负〕〔肩 jiān 之〕 ③責任.任務.〔减 jiǎn ~〕過重な負担を軽減する. ④受ける.こうむる.〔身~重伤〕重傷を負う. ⑤持つ.有する.〔素~盛名〕かねてから有名である. ⑥頼る.頼む.〔自~〕自負する. ⑦(人の恩義・好意・期待に)背く.捨てて顧みない.ほったらかす.〔我不~人〕人の好意に背かない.→〔辜 gū 负〕〔辜负义〕 ⑧負ける.敗れる.〔胜~〕勝負はすでにはっきりした.↔〔胜 shèng ①②〕→〔败 bài ①〕 ⑨〔電気〕マイナス.(正に対する)負.〔~五度〕〔零 líng 下五度〕マイナス5度(温度の).〔~值 zhí 效应〕マイナス効果.〔~二百米〕水平面下二百米〕水平面下200メートル.↔〔正 zhèng ⑫〕→〔反 fǎn ②〕 ⑩〔姓〕负(ふ).
负案 fù'àn (警察が)立件する.
负背 fùbèi〔文〕①背負う. ②背く.
负才 fùcái〔文〕自分の才能に自信を持つ.
负戴 fùdài〔文〕①(荷を)頭にのせる.背に負う. ②労働に従事する.〔夫婦が助け合って清貧の生活を送る.
负担 fùdān ①負担.責任.重荷.〔加重心脏~〕心臓に負担をかける. ②責任を負う.負担する.引き受ける.〔费用各~〕費用は各自が負担する.
负担卡 fùdānkǎ 税金・納付金の徴収についての説明書カード:俗に〔明 míng 白卡〕という.
负电 fùdiàn =〔阴 yīn 电〕〔物〕負電気.陰電気.↔〔正 zhèng 电〕
负电荷 fùdiànhé =〔阴 yīn 电荷〕負電荷.↔〔正 zhèng 电荷〕
负电子 fùdiànzǐ =〔阴 yīn 电子〕陰電子.ネガトロン.
负恩 fù'ēn 恩に背く.忘恩.〔~忘义〕〔忘恩负义〕〔忘恩负义〕〔成〕恩義に背く.
负贩 fùfàn〔文〕商品を肩に担いで行商する(人)
负根 fùgēn〔数〕負の根.
负固 fùgù〔文〕堅固な土地を要害として頼ること.
负郭 fùguō 外城近くの場所.
负号(儿) fùhào(r)〔数〕マイナス符号.↔〔正 zhèng 号(儿)〕→〔减 jiǎn 号〕
负荷 fùhè ①=〔负载②〕負荷.荷重(かじゅう).〔最大~〕〔峰 fēng ~〕最大荷重.ピークロード. ②〔文〕負担.〔减轻生活上的~〕生活上の負担を軽減する.
负蝗 fùhuáng 虫オンブバッタ.→〔蝗〕
负极 fùjí ⇒〔阴 yīn 极〕
负笈 fùjí〔文〕遊学する.〔~从师〕遊学して師につく.
负加速度 fù jiāsùdù〔物〕マイナスの加速度.
负角 fùjiǎo ⇒〔俯 fǔ 角〕
负荆(请罪) fùjīng (qǐngzuì)〔成〕自らいばらの刑杖を負って処罰を待つ:自分から誤りを認めて謝罪すること(廉頗と藺相如の故事).
负疚 fùjiù〔负咎〕とも書く.心中すまないと思う.
负亏 fùkuī 欠損.
负劳 fùláo 田ヨッボトンボ.
负累 fùlěi ①巻き添えにする.迷惑な目に遭わせる. ②〈文〉笔(?)罪で長く悪名を被る.
负离子 fùlízǐ =〔阴 yīn 离子〕〔物〕負イオン.陰イオン.〔~发生器〕マイナスイオン発生器.↔〔正 zhèng 离子〕
负利率 fùlìlǜ 国マイナス利率.
负量 fùliàng〔数〕マイナスの量.
负面 fùmiàn (物事の)マイナス面.〔~效 xiào 应〕マイナス効果.〔~新闻〕(自分または所属する組織にとって)マイナスとなるニュース.
负泥虫 fùníchóng〔虫〕イネドロオイムシ:稲の害虫の

一.葉で体を覆い土を負うように見える.

负片 fùpiàn (写真の)ネガフィルム:[底 dǐ 片①]は通称.↔[正 zhèng 片]

负婆 fùpó →[负翁]

负气 fùqì ①腹にすえかねる.[～出走]むっとして家出する.②意地で人に頭を下げない.

负情 fùqíng 情に背く.薄情である.[～负义]〈成〉情義に背く.義理を忘れる.

负屈 fùqū 〈文〉①屈辱を受ける.②冤罪を受ける.[～含冤]〈成〉同前.

负人 fùrén 借金を抱えている人:[富人]のもじり.

负伤 fùshāng 負傷(する).[受 shòu 伤]に同じ.

负恃 fùshì 〈文〉頼みにする.よりどころとする.

负手 fùshǒu 〈文〉後ろ手を組む.両手を腰の後ろに置く.

负鼠 fùshǔ 〔動〕フクロネズミ.オポッサム.

负数 fùshù 〔数〕負数.↔[正 zhèng 数]

负翁 fùwēng ローンをしながら豊かな生活を送る男性:[负婆]は同前の女性.[富翁][富婆]のもじり.

负险 fùxiǎn 〈文〉天険を頼みとする.[～固守]〈成〉険しい地形によって守りぬく.

负项 fùxiàng 〔数〕マイナスの項.

负像 fùxiàng =[反 fǎn 像](写真の)陰画.↔[正 zhèng 像①]

负心 fùxīn ①良心に背く.良心に恥じる.②恩を忘れる.[～贼 zéi]恩知らず.裏切り者.③心変わりする.[～汉]心変わりした男.薄情男.

负薪 fùxīn 〈文〉薪を背負う.〈喩〉徴賤の者.[有～之忧]〈喩〉病気になる.

负薪救火 fùxīn jiùhuǒ [抱 bào 薪救火]

负喧 fùxuān 〈文〉ひなたぼっこをする.→[晒 shài 太阳]

负养 fùyǎng 〔旧〕役所に雇われた労務者.

负义 fùyì 義に背く.義理を忘れる.[恩恩～]〈成〉恩義を忘れる.

负有 fùyǒu 負っている.帯びる.[～重大使命]重大な使命を帯びている.

负隅(顽抗) fùyú (wánkàng) 〈成〉天険によって頑強に抵抗する.[隅]は[嵎]とも書いた.

负约 fùyuē 約束に背く.約束を守らない.

负载 fùzài ①担う.②=[负荷]③〈文〉背に負い頭にのせる:労役に従事する.

负责 fùzé 責任を持つ.責任を負う.役割を負う.[～人]責任者.[～人事]人事を担当する.[由我～]わたしが責任を持つ.[对人民～]人民に対して責任を負う.[你～什么工作]あなたはどんな仕事を受け持っているんですか.[这件事我～处 chǔ 理]この件はわたしは責任を持って処理する.❷責任を立派に果たす.責任感をもつ.[他对工作很～]彼は仕事に対して真面目である.

负增长 fùzēngzhǎng 〔経〕マイナス成長(する).

负债 fùzhài ①借金する.債務がある.→[欠 qiàn 账①]②〔商〕負債(勘定).[～累 lěi 累]山のような借金.[～经营]赤字経営.

负指数 fùzhǐshù 〔数〕マイナスの指数.→[指数②]

负质子 fùzhìzǐ 〔物〕負陽子.

负重 fùzhòng 重荷を背負う.[～致远]〈成〉重い責任を持つ目的に向かう.

负罪 fùzuì ①罪をかぶる.②罪の責任を負う.

[蝜・蝜] fù

蝜蝂 fùbǎn 〈文〉重い物を好んで担ぐ虫:唐の柳宗元の[～传 zhuàn]にみえる.

[妇・婦(娸)] fù

①女性(特に既婚の).[少 shào ～]若い人妻.②妻.[夫～]夫妻.夫婦.[妻 qī ～]③〈姓〉婦(ふ・).

妇产科 fùchǎnkē 〔医〕産婦人科:[产科](産科)と〔产科〕(産科)

妇产医院 fùchǎn yīyuàn 〔医〕産婦人科病院.

妇道 fùdào ①女性の守るべき道.女の道.②〔旧〕息子の嫁.

妇道 fùdao 女性.婦女子.[～家][～人家]ご婦人がた.女の身.

妇姑 fùgū 〈文〉①嫁と姑.[～勃谿 bóxī]〈成〉嫁姑のいがみ合い.②兄嫁と小姑.

妇家 fùjiā 妻の実家.

妇救会 fùjiùhuì 〔史〕[妇女(抗日)救国联合会]の略:抗日戦争中の根拠地における婦人組織.

妇科 fùkē 〔医〕婦人科.

妇联 fùlián ⇒[中 zhōng 华全国妇女联合会]

妇女 fùnǚ 婦人.女性:成年女性に対する通称.[～病]婦人病.[～委员]女性の委員.[～能顶半边天]〈諺〉女性は天の半分を支えている.[～商店]婦人商店:女性だけで経営している商店.→[女①]

妇女节 fùnǚjié =[国 guó 际(劳动)妇女节]

妇女运动 fùnǚ yùndòng =[妇运]婦人運動.

妇人 fùrén 女性(とくに既婚の).[小～]〔旧〕婦人の自称.[～之见]〈喩〉浅はかな考え.[～之仁]〈成〉小さな恩恵.安っぽい同情.

妇孺 fùrú 女性と子供.[～皆知]女性と子供にまで知られている.[～救济会]婦人子供救済会.

妇学 fùxué 〔古〕周礼(らい)で、女性の学ぶべき[四德](婦徳・婦言・婦容・婦功)をいう.のち、文芸の意.

妇婴 fùyīng ①産婦と乳児.②女性と幼児.

妇幼 fùyòu =[妇稚]女性と幼児.[～保健站]同前のための保健所.[～卫生]同前の衛生.

妇孕 fùyùn ⇒[妇女运动]

妇稚 fùzhì ⇒[妇幼]

[阜] fù

①〈文〉丘.土の山.②〈文〉豊かである.多い.③〔財〕富を増やす.[物～民丰]〈成〉物が多く民豊かである.④〈姓〉阜(ふ・)

阜城门 fùchéngmén 〔地〕旧北京内城の西側の門.

阜镇城乡 fùzhèn chéngxiāng 都会と田舎.都市と農村.〈喩〉あちらこちら至る所.

阜螽 fùzhōng 〈文〉〔虫〕バッタの幼虫で.[蠜 fán]は古名.

[服] fù

量詞.漢方薬の1回に飲む量を数え[付⑤][副④⑥]ともいう.[一～药]一服の薬.→副③ → fú

[洑] fù

水泳る.泳ぐ.[～水]〔方〕浮 fú 水.②[泅 qiú 水][游 yóu 水]同前.→[游泳] → fú

[复・復・複] fù

(Ⅰ)[復]①ふたたび.また.[去而～返]行ってまた返る.[故态～萌]元の状態がまた息を吹き返してくる.[死灰～燃]〈成〉消えた火がまた燃えあがる.②元どおりになる.回復する(させる).[已～原状]すでに原状に復した.[收～失地]失地を回復する.[伤口平～]傷口が元どおりになる(治る).[光～]滅亡した国土を回復する.失地を回復する.③報復する.[报～]報復する.④反転する.反復する.[～辟④]に同じ.[反～]常に同前で不安定なさま.[往～]往復する.⑤回答する.返事を出す.[答～]に同じ.[答 dá ～]同前.[敬～][赎]敬(つつ)んで御返事申し上げます.[请即电～][赎]折り返し電報で御返答願います.⑥〈文〉復(ふ):六十四卦の一.⑦〈姓〉复(ふ).

(Ⅱ)[複]①重複する.重なっている.[重 chóng ～]同前.②繁雑である.[复 fù 单 dān ①]

复摆 fùbǎi 実体振子.剛体振子.複振子.

复本 fùběn 副本:同じ書籍や文書を複数所蔵するこ

复　　　　　　　　　　　　　　　　　　　　　　　　　fù

際,一つを除く他のものをいう.→〔副本〕
里面的数字需要～一下)報告中の数字は調べてつき合わせる必要がある.③[物]複合核.

复辟 fùbì 〔重 chóng 祚〕①〈文〉一旦退位した天子が再び帝位につく.②(失脚した統治者や無くなった制度が)復活する.〔防止资本主义～〕資本主義の復活を防止する.

复查 fùchá 再検査(する).再審査(する).

复呈 fùchéng (上司へ)再提出する.

秤处 fùchèngchù (市場に設置された)目方を計り直す場所.

复仇 fùchóu 復讐(する).仇をうつ.報復する.

复出 fùchū 再び得が復帰する.〔～江湖〕〈喩〉返り咲いた大物(親分)

复词 fùcí 〈文〉意味の重複している語.

复聪 fùcōng 聴覚を取り戻す.

复道 fùdào [古]楼閣との間の空中の道路.

复电 fùdiàn 返電.

复调音乐 fùdiào yīnyuè [音]ポリフォニー.多声音楽.

复读 fùdú 浪人する.出身学校で再履習する:〔回 huí 读〕ともいう.〔～生〕浪学者.再入学者.

复读机 fùdújī 外国語学習専用のテープレコーダー.

复发 fùfā 再発(する).ぶり返し(す)る.〔旧病又～了〕持病が再発した.

复返 fùfǎn ひき返す.戻ってくる.〔黄鹤一去不～〕(崔顥·黄鹤楼)黄鶴ひとたび去ってまた帰らず.

复方 fùfāng [中医]複方:複数の処方による調合.②[医]2種類以上の薬材を調合した薬.→〔单 dān 方〕

复方碘溶液 fùfāng diǎnróngyè =〔卢 lú 戈氏溶液〕[薬]複方ヨードグリセリン(ルゴール液)

复方氯化钠注射液 fùfāng lǜhuànà zhùshèyè =〔林 lín 洛二氏溶液〕[薬]リンゲル液.〔乐 lè 克溶液〕

复方吐根散 fùfāng tùgēnsǎn =〔陀 tuó 氏散〕[薬]ドーフル散(阿片吐根散):咳止め去痰薬.

复分解 fùfēnjiě [化]分解.

复符号 fùfúhào [数]複符号:±の符号(加または減を示す)

复辅音 fùfǔyīn [言]子音連続:〔辅音丛 cóng〕ともいう.

复岗 fùgǎng (元の職場へ)復帰する.

复根 fùgēn ①[植]ひげ根:単子葉植物の根など.〔须 xū 根〕に同じ.②[化]複成基:2個あるいはそれ以上の原子の結びつきによる基.③[数]複重ルート.

复工 fùgōng ①一旦中止(停止)した仕事を再び始める.②(ストライキの後)職場に戻る.→〔罢 bà 工〕③(もとの職場に)復帰する.復職する.

复古 fùgǔ =〔反 fǎn 古〕復古(する·させる).

复关 fùguān〔关贸(总协定)〕(ガット)に復帰する.

复归 fùguī もとの状態に戻る.

复果 fùguǒ =〔多 duō 花果〕[植]複果(ぶっか):果実がたくさんの花の集まりからできる桑の実·松かさのようなもの.

复函 fùhán =〔复简〕〔复书〕〔复文〕〔膾〕返信(を書く)〔立即～〕即刻返信する.→〔复信〕

复航 fùháng 航行を再開する.

复合 fùhé 複合する.〔～笔 bǐ 画〕[語]複合筆画.〔～材 cái 料〕[工]複合材料.〔～饲料〕[農]配合飼料.〔～电路〕[電]複合回路.〔～钢 gāng〕[工]複合鋼.〔～管 guǎn〕[工]ラミネートチューブ.〔～机床〕[機]複合工作機械.〔～量 liàng 词〕複合量詞.〔人次〕[秒立方米〕など.〔～型人材〕マルチタレント.〔～油〕コンパウンドオイル.

复核 fùhé ①[法]再審理(する):特に死刑判決に対する最高人民法院の再審をいう.②[会]照合する.〔报告

复合词 fùhécí =〔合成词⑤〕

复合元音 fùhé yuányīn [語]複合母音.重母音:〔普通话〕の ai, ie, uai など.

复红 fùhóng =〔一 yī 品红①〕

复还 fùhuán ①戻す.返す.②戻ってくる.帰ってくる.

复会 fùhuì (会谈·会議を)再開する.

复婚 fùhūn 離婚し復縁する.

复活 fùhuó ①生きかえる.蘇生する.〔耶 yē 稣～节〕〔～日〕〈音義訳〉伊 yī 斯特尔节〕イースター(祭).復活祭.②復活させる.〔警惕军国主义～〕軍国主義の復活を警戒する.

复机 fùjī (止められていた電話が)元通り使用できる.→〔停 tíng 机④〕

复基 fùjī [化]错基.

复激(励) fùjī(lì) [電]複巻励磁.〔～发电机〕複巻発電機.

复籍 fùjí 復籍する.従前の籍に戻す.

复检 fùjiǎn 再検査する.

复简 fùjiǎn ⇒〔复函〕

复建 fùjiàn (建築物や機構を)再建する.建て直す.改めて設立する.

复健 fùjiàn リハビリする:〔康 kāng 复〕に同じ.

复交 fùjiāo 関係を復活させる.特に外交関係を回復する.

复进口 fùjìnkǒu [商]①(国内産の貨物を)再輸入する.②(出港手続きを完了した船が)再入港の手続きをする.

复晶 fùjīng〔连 lián 晶〕[鉱]連晶:結晶体が天然に多数相連なって結合したもの.

复旧 fùjiù 旧に復する.復古する.

复句 fùjù [語]複文:従属節のある文.〔多重 chóng ～〕二つ以上の従属節を含む文.→〔单 dān 句〕〔分 fēn 句〕

复卷机 fùjuǎnjī 巻き戻し機.

复决权 fùjuéquán =〔创 chuàng 制权〕

复刊 fùkān 復刊(する)

复课 fùkè 授業を再開する.

复垦 fùkěn (つぶした農地を)もとの農地に戻す.

复累 fùlěi ⇒〔蚜 hán 子〕

复利 fùlì [経]複利.〔以～计算〕複利で計算する.→〔单 dān 利〕

复录 fùlù 再録する.リプリントする.ダビングする.

复螺纹 fùluówén [機]2種以上のネジ山.↔〔单 dān 螺纹〕

复萌 fùméng 再び芽生える.〔故态～〕昔の状態が復活するきざしがみえる.

复名 fùmíng (漢族で)二字の名.

复明 fùmíng 視力が戻る.

复数名 fùmíngshù [数]複数名.

复命 fùmìng 復命する.

复排 fùpái [劇]復活上演(する)ためのリハーサル.

复牌 fùpái [商]①証券市場を再開する.②再上場する.

复盘 fùpán ①(囲碁·将棋で終局後)並べ直す.②[商](証券市場で)取引を再開する.

复盆子 fùpénzǐ ⇒〔覆盆子〕

复评 fùpíng 重ねて評定する.

复魄 fùpò [古]風習で死者の死亡直後に魂(hún)を呼び返す儀式.〔招魂〕魂を招き魄を呼び返す.→〔魂 hún〕

复启者 fùqǐzhě =〔复者〕〔膾〕拝復.

复权 fùquán [法]復権.

复绕组 fùràozǔ [電]多重巻.

fù 复腹

复任 fùrèn 〈文〉(官吏が)もとの任務に復する.
复赛 fùsài 〖ス〗準決勝戦:〔半 bàn 决赛〕に同じ.〔次～〕準々決勝.
复审 fùshěn ①再度調査する.②〖法〗再審(する)
复生 fùshēng 生き返る.よみがえる.
复圣 fùshèng 〖古〗顔回(孔子の弟子)に対する尊称.→〔至 zhì 圣〕
复市 fùshì 商店が再開する.
复示 fùshì =〔复音①〕.〖牘〗ご返事.
复式 fùshì 複式(の).〔～班 bān〕複式学級.〔～簿 bù jì〕〖商〗複式簿記.〔～发 fā 动机〕〖機〗複式機関.〔～河 hé 床〕(水利)高水敷.〔～教学〕〔～编 biān 制〕複式学級.複式教育.〔～轮 lún 系〕〖機〗二組以上の主動歯車と副動歯車とが連動関係を持っている式のもの.〔～住 zhù 宅〕〔～楼〕〔跃 yuè 层〕部屋を上下に仕切った住宅.メゾネット.→〔单 dān 式〕
复视 fùshì 医複視.二重視.
复试 fùshì 第二次試験:〔初 chū 试〕に対していう.
复书 fùshū ⇒〔复函〕
复述 fùshù ①くり返して話す.もう一度言う.②(読み物の内容を)自分の言葉で述べる:国語教育の一方法.
复数 fùshù ①〖語〗複数(形).②〖数〗複素数.→〔单 dān 数②〕
复水泵 fùshuǐbèng ⇒〔凝 níng 结(水)泵〕
复税制 fùshuìzhì 複数の課税法をもつこと.
复丝 fùsī 〖紡〗マルチ糸:長い単繊維のより合わせ糸.
复思 fùsī ⇒〔罘 fú 罳〕
复诵 fùsòng ①復唱する.②再度読み上げる.
复苏 fùsū 復活(する).甦(そ)生する.回復(させる).取り戻し(する).〔经济～〕経済の回復する.
复谈 fùtán 会談・商談を再開する.
复通 fùtōng 交通路線が回復する.
复退 fùtuì 〖軍〗復員・退役する.社会復帰する.〔～军人〕同前の軍人.
复位 fùwèi ①君主が復位する.②医整復する.〔脱 tuō 位～〕〔脱臼(きゅう)～〕と整復.③〔電算〕リセット(する)
复胃 fùwèi 動反芻(す)胃.複胃.
复文 fùwén ⇒〔复函〕
复习 fùxí ⇒〔復習〕(する).〔温 wēn 习〕ともいう.〔～功课〕勉強のおさらいをする.②受験浪人する.〔～生〕留年生.〔～一年再考〕一浪して再受験する.
复现 fùxiàn 再現する.
复线 fùxiàn (鉄道の)複線:〔双 shuāng 轨〕に同じ.↔〔单 dān 线①〕
复写 fùxiě 〔カーボン紙〕で複写する.〔～纸 zhǐ〕〔拓 tà 蓝纸〕旧複写用炭酸紙(カーボン紙)などの複写紙.〔用～纸作一份副本〕複写紙で控えを1通作る.〔炭 tàn 精纸〕炭素紙.
复新 fùxīn 新しくやりかえる.刷新(する・させる)
复信 fùxìn 返信(を書く).〔覆信〕とも書いた.〔写了一封～〕返信を書いた.
复兴 fùxīng 復興(する・させる).〔～国家〕国家を復興させる.〔文艺～〕ルネッサンス.文芸復興.
复姓 fùxìng は〔双 shuāng 姓〕と複姓:(漢族で)二字の姓.〔诸葛〕〔司马〕など.→〔单 dān 姓〕②他姓を名乗っていたものがもとの姓に返る.〔～归宗〕〈成〉同前でもとの宗族関係に返える.
复选 fùxuǎn ①二次選挙.二次選択.②間接選挙(する):最初の当選者による選挙.
复学 fùxué ⇒〔復学〕(する).〔病愈 yù ～〕病気が治って同前.②〔廃校になった学校が〕再建する.
复盐 fùyán 化複塩.
复眼 fùyǎn 動複眼:トンボ・エビ・カニなどの眼.〔单 dān 眼〕

复验 fùyàn 再検査(する)
复椰子树 fùyēzǐ shù 〖植〗フタゴヤシ.
复业 fùyè ①本業に返る.②営業を再開する.
复叶 fùyè 〖植〗複葉.
复议 fùyì 再議する.再討議する.
复翼机 fùyìjī 複葉機
复音 fùyīn ①⇒〔复示〕②〖物〗複合音:原音と倍音の重なったもの.
复音词 fùyīncí 〖語〗多音節語:〔复音节词〕〔多 duō 音节词〕ともいう.→〔单 dān 词〕
复印 fùyìn 複写する.コピー(する).〔～三份〕3部複写する.〔～机 jī〕〔拷 kǎo 贝(印刷)机〕複写機.コピー印刷機.〔～件 jiàn〕コピーした資料.
复又 fùyòu 〈文〉再び.また.またまた:強調を表す.
复员 fùyuán ①武装力その他一切を平時の体制に復すること.②〖軍〗復員(する).〔～令〕同前の命令.〔复人〕退役軍人.〔～还 huán 乡〕復員して郷里に帰る.
复圆 fùyuán →〔食 shí 相〕
复原 fùyuán 〔复元〕とも書く.①もとの状態に返る.旧に復する.〔～后的金缕 lǚ 衣〕復元された金縷玉衣.②(病気が治って)健康体に戻る.〔他身体已经～了〕彼の体はもう健康になった.
复月 fùyuè 旧暦11月の別称.
复韵母 fùyùnmǔ 〖語〗複母音.
复杂 fùzá 複雑(である).①(情況～)状況が複雑である.〔～的心情〕複雑な心境.〔～化〕複雑化(する).〔～劳 láo 动〕複雑労働.〔单 dān 纯①〕〔简 jiǎn 单①〕
复杂反应 fùzá fǎnyìng 化複合反応.
复照 fùzhào 相手国に対する返事(をする)
复辙 fùzhé ⇒〔復轍〕
复者 fùzhě ⇒〔复启者〕
复诊 fùzhěn 医再診(する)
复职 fùzhí 復員・転業する.〔～军人〕同前の軍人.
复指示剂 fù zhǐshìjì 化配合指示薬.
复制 fùzhì ①複製(する).コピー(する).〔～品〕複製品.レプリカ.〔～生物〕〈音訳〉克 kè 隆〕クローン生物.〔～牛〕〈音義訳〉克隆牛.クローン牛.〔電算〕コピー.
复种 fùzhǒng 〖農〗同一耕地に、一年間,複数回作付け収穫すること.〔～指数〕作付け指数.
复转 fùzhuǎn 復員・転業する.〔～军人〕同前の軍人.
复壮 fùzhuàng 〖農〗復活.若返り.

[腹] fù 生理腹.〔小～〕〔小肚子〕しも腹.しの内.〔肚皮①〕〔～中〕胸の内.腹の内.〔满～含冤〕腹いっぱいに不平をもつ.③(内部の)重要なところ.中心となるところ.〔山～〕山腹.④(容器の)胴(この部分).〖姓〗姓.
腹案 fù'àn ①心の中で考えている案.まだ公表されていない案.
腹板 fùbǎn ①〖機〗ウエブ板.腹板(ばん).②動腹板.
腹背 fùbèi 〈喩〉①〈文〉極めて近いこと.〔～相亲〕とても親しい間柄である.②前後.〔受敌〕前後から敵の攻撃を受ける.
腹壁 fùbì 生理腹壁.
腹部 fùbù 腹.内陸地.奥地.
腹地 fùdì 内地.内陸地.奥地.
腹诽 fùfěi =〔腹议〕〈文〉口では言わないが心中否定していること:〔腹非〕とも書く.
腹杆 fùgǎn
腹稿 fùgǎo =〔默 mò 稿〕頭の中で作っている原稿.腹案.〔我这不过是～,还没有写出来〕ぼくの腹案,まだ書面にしてはいない.
腹股沟 fùgǔgōu =〔鼠 shǔ 蹊〕生理鼠(そ)径部.

fù

〔～疝 shàn〕医鼠径ヘルニア.
腹和水 fùjīshuǐ ⇒〔臌 gǔ 胀〕
腹筋 fùjīn 生腹筋.腹部の筋肉.
腹满 fùmǎn 中医腹部の膨張.→〔臌 gǔ 胀〕
腹闷 fùmèn 煩悶(%&)する.悩みもだえる.
腹面 fùmiàn 腹.体の前側.
腹鸣 fùmíng =〔肠 cháng 鸣〕医腹鸣.
腹膜 fùmó 生腹膜.〔～炎〕医腹膜炎.
腹鳍 fùqí (魚の)腹びれ.→〔鳍〕
腹腔 fùqiāng 生腹腔.
腹热心煎 fùrè xīnjiān 〈喩〉焦燥にかられるさま.
腹式呼吸 fùshì hūxī 腹式呼吸.
腹水 fùshuǐ 医腹水.
腹笥 fùsì 〈喩〉その人に蓄積された学問.〔～空 kōng 虚〕無学なこと.
腹胎 fùtāi 子をはらむ.またその腹.〔～中孕 yùn 育着新生命〕お腹の中に新しい生命をはぐくんでいる.
腹痛 fùtòng 医腹痛.
腹泻 fùxiè 医下痢.腹くだし:〔水 shuǐ 泻〕ともいう.→〔拉 lā 稀〕
腹心 fùxīn ①⇒〔心腹②〕②〈文〉要所.急所.③〈文〉腹心の(の者)
腹心交 fùxīnjiāo 極めて親密な交際.
腹议 fùyì ⇒〔腹诽〕
腹胀 fùzhàng ⇒〔臌 gǔ 胀〕
腹中有剑,笑里藏刀 fùzhōng yǒujiàn, xiàolǐ cángdāo 〔諺〕腹中剣あり笑中刀あり.外面に如菩薩(塘)内心如夜叉(煤).薔薇(塘)にとげあり.
腹足类 fùzúlèi 動腹足類:軟体動物の一種.カタツムリ・タニシなど.

〔**蝮**〕fù

蝮蛇 fùshé 動マムシ(毒蛇)

〔**鲍・鯆**〕fù

鲍鱼 fùyú 魚貝アワビ:〔鲍 bào 鱼〕の古称.

〔**覆**〕fù ①〈文〉くつがえる(す).ひっくり返る.〔～颠 diān ~〕(政府を)転覆する.〔翻 fān 天～地〕〔天翻地〕〈成〉天地がひっくり返る.〔翻来～去〕〈慣〉⑧くり返すこと.⑥寝返りをうつこと.⑥病気がおこすこと.②滅亡する.滅びる.③〈文〉覆う.かぶせる.〔～蔽 bì〕覆い隠す.〔被〕同前.④⇒〔复(1)①〕⑤⇒〔复(1)⑤〕
覆被 fùbèi ①覆いかぶす.覆う.②植被覆,またその草木.
覆瓿 fùbù 〈喩〉文章が一読の価値もないこと.
覆巢无完卵 fùcháo wú wánluǎn 〈成〉巣がひっくり返れば完全な卵は残らない:大きな災難からは誰も逃れられない.
覆车之鉴 fùchē zhī jiàn 〈成〉前車のくつがえるを見て後車の戒めとする.前人の失敗を見て自らの戒めとする:〔覆车当戒〕〔覆车之戒〕〔前 qián 车覆后车戒〕〔覆辙〕ともいう.→〔覆辙〕
覆盖 fùgài ①覆う.〔森林～率 lǜ〕森林被覆率.〔～区(域)〕通話可能エリア(携帯電話の).〔～表面〕表面を覆っている.②圈覆い.カバー.(溶液による)被覆.③農マルチング.④電覆上書き.
覆盖面 fùgàimiàn ①被覆面.②影響面.
覆面纸 fùmiànzhǐ 死者の顔を覆う紙:死者の顔を見るに忍びないため.
覆灭 fùmiè 徹底的に消滅する.
覆膜 fùmó (表面に)膜を張った.〔～肥料〕肥料の表面に膜を張ったもの:遅延性の効果がある.
覆没 fùmò ①〈文〉船が転覆して沈む.②全滅する.〔全军～〕全軍潰滅する.
覆盆 fùpén ①ひっくり返し(下向きに)かぶせた鉢.

〈喩〉暗黒.〔～之冤 yuān〕訴えるところのない不平不満・苦しみ.②⇒〔倾 qīng 盆〕
覆盆子 fùpénzǐ =〔复盆子〕植トックリイチゴ,またその果実:キイチゴ属の野生イチゴ.乾燥未熟果を薬用(止渴·清涼·強壮)にする.→〔悬 xuán 钩子〕
覆手 fùshǒu ⇒〔反 fǎn 手〕
覆水难收 fùshuǐ nán shōu 〈成〉覆水盆に返らず:一度してしまった事は取り返しがつかない.
覆土作物 fùtǔ zuòwù 農覆土作物.
覆亡 fùwáng 覆滅する.滅びる.
覆信 fùxìn ⇒〔复信〕
覆载 fùzài 〈文〉天地.〔天覆地载〕同前.〔～之恩 ēn〕天地の恩.皇帝の恩.
覆辙 fùzhé 前に通った轍(%'),〈転〉先人の仕損じた先例:〔复辙〕とも書いた.→〔覆车之鉴〕
覆舟 fùzhōu 〈文〉舟が転覆する.〈喩〉消滅する.

〔**馥**〕fù 〈文〉香気がある.芳(%')しい.香る.〔芳～〕芳 fēn ~〕芳しい.
馥馥 fùfù 〈文〉芳しい香りが濃く漂う.
馥香 fùxiāng 〈文〉芳しい香り.
馥郁 fùyù 〈文〉芳しいさま.香気の濃厚なこと.ふくいくとする.

〔**副**〕fù ①〈文〉二つに割る.②(主要なもの・正に対する)副.ⓐ次位にあって補佐する:内々では〔～〕をとっていることがある.王副校長を〔王校长〕というように.〔～市长 zhǎng〕地位の副.〔市长〕付帯的な.控えの.〔～食品〕〔～食〕副食物.→〔副业〕ⓒ二級の.⑥かなう.適合する.伴う.〔名～不实〕〈慣〉名目と実際が一致しない.〔以～雅嘱〕〈慣〉あなたのご依頼に添う.④=〔付④〕量詞.〔～组.そろい.対(&'):一組,一そろいをなしたものを数える.〔一～耳环〕一対のイヤリング.〔一～棋〕一組の碁器.〔～对联〕一対の対聯(%').〔全～武装〕完全武装.⑥顔の表情に用いる:数詞は〔一〕のみ.〔一～笑脸〕笑った顔.ⓒ⇒〔服〕⑤〈姓〉副(&')
副榜 fùbǎng =〔副车②〕旧郷試において合格者の正式発表以外に補欠合格候補者の発表のこと.これに該当した者を〔～贡(生)〕といった.→〔正 zhèng 榜〕
副本 fùběn ①(公文書などの)副本.控え.写しコピー.↔〔原 yuán 本①〕②肉筆原稿以外の写し・コピー.→〔复本〕
副币 fùbì ⇒〔辅 fǔ 币〕
副标题 fùbiāotí ⇒〔副题〕
副部长 fùbùzhǎng ①(国務院各部の)次官.②(中国共産党各級機関の各部の)助役.
副裁判 fùcáipàn 区副審.→〔主 zhǔ 裁判〕
副产品 fùchǎnpǐn =〔副产物①〕副産物.
副产物 fùchǎnwù ①同上.②化副生物.
副车 fùchē 〈文〉①従車.添え車:天子の乗る輿(%)の後に従う空(%)の車.②⇒〔副榜〕
副车架 fùchējià 圆サブフレーム.
副成单 fùchéngdān 圆商品注文仮契約書.
副齿轮 fùchǐlún 圆小歯車.ピニオン:〔龆 tiáo 轮〕ともいう.
副词 fùcí 圈副詞.→〔状 zhuàng 语〕
副刺尾鱼 fù cìwěiyú 魚貝ナンヨウハギ.
副电极 fùdiànjí 圆補助電極.
副防御 fùfángyù 軍副防御:敵の進撃を防ぎ,敵を味方の射撃下にさせる障害物.
副钢轨 fùgānggǔ 工副軌条.サブレール.
副高 fùgāo 〔副高級〕〔副上級職〕の略:〔副教授〕〔副主任〕など.→〔正 zhèng 高〕
副歌 fùgē 音歌曲中のリフレイン(される部分)

fù　　　　　　　　　　　　　　　　　　　　　　　　　　　　副富

副官 fùguān ［旧］軍隊の副官：長官の補佐.
副管事 fùguǎnshì ⇒〔副经理〕
副虹 fùhóng ［天］副虹(第2次虹)：〔文〕雌 cí 虹〕に同じ.→〔虹〕
副霍乱 fùhuòluàn ［医］パラコレラ.エルトールコレラ.→〔霍乱①〕
副机 fùjī 補機.
副件 fùjiàn ①付録物.添え物. ②書類の写しなど.
副交感神经 fù jiāogǎn shénjīng ［生理］副交感神経.〔～麻醉剂〕副交感神経遮断麻酔剤.
副教授 fùjiàoshòu （大学の）准教授.助教授.→〔教授②〕
副经理 fùjīnglǐ 副支配人.副社長.〔副理〕ともいう.〔副管事〕は旧称.→〔经理②〕
副净 fùjìng 〔净(Ⅱ)〕
副刊 fùkān （新聞の）文芸・学術欄(頁).〔人民日报〕〔人民日报文艺・学術欄.〔专 zhuān 刊①〕
副科 fùkē カリキュラムの非主要科目.
副郎 fùláng ⇒〔员 yuán 外郎〕
副理 fùlǐ ⇒〔副经理〕
副林带 fùlíndài →〔林带〕
副轮 fùlún ［機］副輪（ふくりん）.
副末 fùmò ［劇］（旧劇の）端役（はやく）：開幕の口上を述べたりする.〔末尾〕
副牌 fùpái （企業名・商標などの）通名.
副品 fùpǐn （工業製品の）規格外製品.二級品.不良品.↔〔正 zhèng 品〕.〔废 fèi 品②〕
副燃料箱 fù ránliàoxiāng ⇒〔副油箱〕
副热带 fùrèdài ［地］亚 yà 热帯］に同じ.
副伤寒 fùshānghán ［医］パラチフス.→〔伤寒①〕
副神经 fùshénjīng ［生理］副神経.
副肾 fùshèn ［生理］副腎.
副肾上腺 fùshènshàngxiàn ［生理］副副腎.マーチャンド副腎.
副食 fùshí（物）.おかず.〔～费〕副食費.〔～品〕〔～物〕副食品.副食物.惣菜.〔～(品商)店〕主食以外の食品を売る店.〔～购货本〕〔购 gòu 货本〕副食品購入通帳.
副使 fùshǐ 正使の補佐役.
副手 fùshǒu ①助手.助役. ②手伝い.
副署 fùshǔ ［法］副署.
副谈 fùtán 交渉の副責任者：〔副谈判人〕の略.
副题 fùtí 副題.サブタイトル：〔副标题〕ともいう.
副线圈 fùxiànquān ［電］副巻線.2次コイル：〔次 cì 级线圈〕ともいう.
副项 fùxiàng 副次的な項目.
副性征 fùxìngzhēng ［生理］第二次性徴：〔第 dì 二性征〕ともいう.
副修 fùxiū 主要科目以外の勉強.〔～科〕専攻に対し副次的な科目.
副研(究员) fùyán(jiūyuán) 副研究員.→〔研究员〕
副业 fùyè 副業.〔～队 duì〕副業隊：農村における副業の組織的.→〔业务①〕
副页 fùyè 〔副叶〕とも書く.書籍の表紙の次に挿入した白紙(遊び紙).付き物ページ.
副翼 fùyì （飛行機の）補助翼.
副用语 fùyòngyǔ ［語］（旧文法用語）前置詞・接続詞・助動詞など他の語句の補足を必要とするもの.
副油箱 fùyóuxiāng ＝〔副燃料箱〕燃料補助タンク.
副职 fùzhí 副である職位.
副轴 fùzhóu ［機］中間軸.
副主席 fùzhǔxí ①副議長. ②副主席.→〔主席〕
副总(经理) fùzǒng(jīnglǐ) 副社長.副頭取.

副族 fùzú ［化］亜族.
副座 fùzuò ①（首長に対して）"副"の位にある人に対する敬称. ②（車の）助手席.
副作用 fùzuòyòng ［医］副作用.

〔**富（冨）**〕 fù ①豊富である.多い.豊かである.あり余る.〔～有经验〕経験が豊かだ.〔～于养分〕養分に富む. ②金がある.財産がたくさんある.富 pín（～乏〕方丈穷 qióng 了庙〕〔諺〕住職は豊かになりお寺は貧乏になる.権力者は金持ちになったが組織・企業はがたがたになる.↔〔贫〕〔①〕 ③金銭.財貨.資産.資源.〔财～〕財産. ④豊かにする.富ませる.→〔富国〕⑤〔姓〕富（ふ）
富产 fùchǎn 産出の豊かなこと.
富春秋 fùchūnqiū 〔喩〕年が若いこと.〔富于春秋〕同前.
富队 fùduì 人民公社時期の,裕福な生産隊(生産大隊)
富尔玛林 fù'ěrmǎlín ⇒〔福 fú 尔马林〕
富二代 fù'èrdài 改革開放政策により富を築いた人の子供(の世代)
富富有余 fùfù yǒuyú〔慣〕余裕たっぷりのさま.
富贵 fùguì 富貴（である）.〔～逼人〕金持ちすぎて富貴になる.〔～病〕〔口〕金持ち病：十分な栄養と長期休養を必要とする病気.〔～荣华〕栄耀栄華.〔～疮 chuāng〕〈口〉梅毒の腫れ物.
富贵草 fùguìcǎo フッキソウ(キチジソウ)：ツゲ科の常緑多年生草本.庭園の下草とする.
富贵虫 fùguìchóng 〔喩〕"蝗蟲"
富贵花 fùguìhuā ①⇒〔牡 mǔ 丹〕 ②⇒〔海 hǎi 棠〕
富贵衣 fùguìyī ［劇］旧劇の衣装で,貧乏人や物乞いに扮（ふん）する者が着る.雑色の四角や丸いきれをつぎはぎした黒衣.
富国 fùguó ①富国.②国を富ませる.〔～兴 xīng 邦〕同前.〔～强 qiáng 兵〕〈成〉富国強兵.〔～安民〕〈成〉富国安民.
富含 fùhán 大量に含む.
富豪 fùháo 富豪.大金持ち.
富户(儿) fùhù(r)〔口〕金持ちの家.裕福な家：〔富人家 jia〕ともいう.
富宦 fùhuàn〈文〉裕福な官吏.
富集 fùjí 自然濃縮する.凝縮する.〔～区 qū〕資源密集地域.〔油气～〕天然ガスの同前.
富家郎(儿) fùjiāláng(r) 同下.
富家子 fùjiāzǐ ＝〔富家郎（儿）〕金持ちの子弟.
富甲 fùjiǎ 長者番付第一位.豊かさ第一等.
富姐 fùjiě 金持ちの若い,または中年女性.→〔富婆〕
富矿 fùkuàng ［鉱］高品位の鉱石・鉱床.
富勒烯 fùlèxī ［化］炭素20面体.C_{60}：バッキーボール.フラーレンともいう.
富丽 fùlì 華やかである.立派である.〔～堂皇〕立派で堂々たること.
富民 fùmín〈文〉①民を富ます. ②富める民.
富纳富提 fùnàfùtí ［地］フナフティ：〔图 tú 瓦卢〕(ツバル)の首都.
富年 fùnián 〔年富〕〈文〉少壮の時.
富农 fùnóng 富農：〔地 dì 主①〕と並び,中国農村における搾取階級とされた.→〔上 shàng 中农〕
富婆 fùpó 金持ちマダム.女富豪.→〔富姐〕
富强 fùqiáng （国家の）富強.
富强粉 fùqiángfěn ＝〔精 jīng 粉〕上質小麦粉:100kgの小麦から60-70kgの精白粉をとるもの.ふつうの小麦粉は(八一粉)という,100kgの小麦から81kgの粉をとる.〔标 biāo 准粉〕

548

富饶 fùráo 豊かである.豊かで余裕のあること.〔土地~〕地味が豊かである.
富人 fùrén 富める人.金持ちの人.
富商 fùshāng 大商人.〔~大贾 gǔ〕同前.
富绅 fùshēn <文>金持ちの紳士.
富实 fù·shí 富裕である.〔他们也~起来了〕彼らは裕福になった.
富庶 fùshù 人口が多くて富んでいる.豊饒(ほう)である.
富水 fùshuǐ いい運勢.いい卦(け).→〔风 fēng 水〕
富态 fùtai <口>福々しい.よく肥えている.〔脸上很~〕顔が福々しい.〔中等身材,相当地~〕中肉中背でかなりふっくらとしている.
富翁 fùwēng 大金持ち.富豪:年齢性別に関係なく用いる.〔女~〕女富豪.〔百万~〕百万長者.〔亿万~〕億万長者.
富营养化 fù yíngyǎnghuà 富栄養化(水中の窒素やリンなど)
富油 fùyóu (石油)リッチオイル.
富有 fùyǒu ①裕福である.〔~的家庭〕裕福な家庭.②~に富む.~を生命力や生命力に富む.
富于 fùyú …が十分ある.…に富む.
富余 fù·yú あり余る.〔敷 fū 余〕とも書いた.〔富富余余〕余裕たっぷりである.〔~一张票〕切符が1枚余る.〔~人员〕余剰人員.
富裕 fùyù 十分豊かである.余裕がある.〔~的生活〕裕福な生活.
富裕中农 fùyù zhōngnóng ⇒〔上 shàng 中农〕
富源 fùyuán <文>(森林・鉱山など)富の生ずる源.財源.自然資源.
富在深山有远亲 fù zài shēnshān yǒu yuǎnqīn <諺>富貴でさえあればたとえ山奥に住んでいても,遠縁の者までが訪ねて行く.→〔贫 pín 居闹市无人问〕
富足 fùzú 豊富である.〔~的生活〕満ち足りた生活.

〔**赋・賦**〕 fù (Ⅰ)①[旧]土地税.〔田~〕農地の租税.②<文>徴税する.
(Ⅱ)①(目下の者に)与える.授ける.〔~以重任〕重要任務を与える.〔~予他权力〕彼に権力を与える.②人の天性.〔禀 bǐng ~〕同前.
(Ⅲ)①[固]文体の一種:特に漢魏六朝の頃に流行した韻文と散文の組み合わせ.〔赤壁~〕(蘇軾),〔阿房宫~〕(杜牧)など.〔辞 cí (Ⅰ)②〕②詩を作る(うたう).〔~咏 yǒng〕詩をうたう.③<文>詩の〔六义〕の一:事物を直接述べてうたう.

赋 fù'é 一定の課税金額.割り当て額.
赋分 fùfēn ⇒〔赋性〕
赋格 fùgé <音訳>〔遁フーガ.遁〕走曲(~曲)という.
赋归 fùguī <文>隠退すること:陶淵明が〔归去来辞〕を作って郷里へ隠退した故事から.
赋诗 fùshī 詩を作る(うたう).〔~一首〕詩を一首作る.→〔吟 yín 诗〕
赋税 fùshuì 租税(総称):〔田 tián 赋〕と〔租 zū 税〕
赋闲 fùxián <文>官を退き自適すること.〔转〕無職で家でぶらぶらしていること.〔~无事〕同前.
赋形剂 fùxíngjì [医]佐薬(さやく).賦形剤.結合剤.
赋性 fùxìng =〔赋分〕〔赋质〕生まれつきの性質.天性.天分.
赋徭 fùyáo 同下.
赋役 fùyì =〔赋徭〕<文>①租税と夫役(ぶえき).②国税の総称.
赋有 fùyǒu 天性として備わっていること.
赋予 fùyǔ 授け与える.賦与する.〔赋与〕とも書いた.〔~厂长很大的权力〕工場長に大きな権力を与える.

える.
赋韵 fùyùn =〔分 fēn 韵〕<文>前もって各人の用いる韻字を与えて詩を作らせること.
赋质 fùzhì ⇒〔赋性〕

〔**傅**〕 fù ①<文>教え導く.②(学芸・技術の)師匠.③<文>付着する.〔皮 pí 之不存,毛将安~〕<喩>大本がなくなれば付属したものも無くなる(左伝).④<文>塗りつける.〔~彩〕着色する.⑤〔姓〕傅(ふ)

傅粉 fùfěn <文>化粧をする.〔~何郎〕〔成〕だて男:魏の何晏は色白の美男子であったことから.
傅会 fùhuì ⇒〔附会〕
傅科摆 fùkēbǎi <音訳>[天]フーコー振り子:地球の自転を証明する振り子.
傅育 fùyù <文>逮捕して護送する.

〔**缚・縛**〕 fù <文>(縄で)縛る.ぐるぐる巻く.〔束 shù ~〕束縛(する).〔手无~鸡之力〕<成>手に鶏を縛る力もない.<喩>体力が貧弱である.無力である.②<姓>縛(ふ)
缚绑 fùbǎng <文>縛る.くくる.
缚送 fùsòng <文>逮捕して護送する.

〔**赙・賻**〕 fù <文>財貨を贈り葬儀を援助する.〔~布〕~钱 qián〕〔~仪 yí〕〔~金〕死者を弔うための金銭.〔~赗 fèng〕〔~赠 zèng〕同前を贈る.

G

ga ガ

〔**夹・夾**〕 gā → jiā jiá
夹肢窝 gāzhiwō ⇒〔胳肢窝〕

〔**旮**〕 gā
旮旮旯旯儿 gāga lálár <方>あらゆる隅.〔~都打扫干净了〕隅々までそれいに掃除した.
旮旯儿 gālár <方>隅.<喩>狭い曲がりがくねった辺鄙(へんぴ)なところ:〔旮旯子〕ともいう.〔墙 qiáng ~〕壁の隅.〔山~〕山のくま:(山中の)狭く辺鄙な所.→〔角 jiǎo 落〕

〔**伽**〕 gā <音訳>[物]ガル.記号 Gal:加速度のCGS単位. cm/sec² に当たる. → jiā qié
伽马 gāmǎ <音訳>(ギリシア文字)γ ガンマ:〔伽玛〕とも書く.〔~射 shè 线〕〔γ 射线〕ガンマ線:〔丙 bǐng 种射线〕に同じ.〔~铁 tiě〕ガンマ鉄.〔~刀〕〔光 guāng 刀④〕〔γ 刀〕[医]ガンマナイフ.→〔希 xī 腊字母〕

〔**咖**〕 gā → kā
咖喱 gālí <音訳>カレー(粉).〔加厘〕〔咖喱〕とも書いた.〔~饭 fàn〕[食]カレーライス.〔~粉〕カレー粉.〔~鸡 jī〕カレー粉を使った鶏の料理.〔~酱 jiàng〕カレーペースト.

〔**呷**〕 gā ①=〔呷呷〕②〔~洛 luò〕[地]四川省にある:現在は〔甘 gān 洛〕という. → xiā
呷呷 gāgā ⇒〔嘎嘎〕

〔**胳**〕 gā → gē gé
胳肢窝 gāzhiwō <口>わきの下:〔夹肢窝〕とも書く.〔腋 yè 窝〕の通称.〔~最容易出汗〕わきの下は最も汗をかきやすい.〔夹 jiā 在~里〕わきの下に挟む.

gā~gāi 嘎轧钆桚噶玍尕尬该

〔嘎(嘎)〕 gā ①〈擬〉短くてよく通る音.〔~啦一声雷响〕ガラッと雷が鳴る.②〈姓〉嘎(ㄎ). → gá gǎ

嘎巴 gābā 〈擬〉折れちぎれる音:〔嘎叭〕とも書く.〔~一声〕ポキッと音を立てて.

嘎巴 gābā 〈口〉①(ねばねばしたものが)乾いて固まる.〔这粥都一在锅上了〕この粥はなべ上ですっかり固まっている.②〔-儿〕同example のかたまり.〔泥 ní ~〕泥のこびりついて固まったもの.〔血 xiě ~〕血の同前.③(一か所に)へばりつく.

嘎吧溜脆 gābā liùcuì 〈方〉はっきり.思いきって.〔你说~下命令吧〕

嘎嘣脆 gābēngcuì 〈方〉①(菓子などが)カリッとして歯ごたえがもろい.②てきぱきしている.〔他办事何来就是~〕彼はずっと仕事ぶりがてきぱきしている.

嘎嗒 gāda 〈擬〉カタ.コツ.〔钟~~走地走〕時計がコチコチと動いている.

嘎噔 gādēng 〈擬〉①ポキッ.カタッ:物が折れたり,軽く当たった音.②ドキッ:驚いた時の心臟の音など.

嘎噔派 gādēngpài → 〔喇ǐá嘛教〕

嘎嘎 gāgā = 〔呷呷〕〈擬〉①カラカラ(と笑う).〔~地笑〕カラカラと笑う.②コッコッ.ガアガア:鳥の鳴き声,鶏・蛋丸〕鶏が卵を産んでコケコッコッと叫ぶ.〔乌wū 鸦~的叫声吵得人受不了liǎo〕カラスがガアガアとうるさくてたまらない.③キュキュッ:皮製品を着たり,履いたりして起こる音. → gága

嘎啦 gālā 〈擬〉①ガラ(雷などの音).②オギャー(赤ん坊の泣き声)

嘎然 gārán 音が突然止まるさま.〔琴声一而止〕琴の音(ㄅ)がパタッと止まった.

嘎斯 gāsī ⇒ 〔瓦 wǎ 斯〕

嘎渣儿 gāzhar ①焦げ.焦げた部分.〔饭 fàn ~〕おこげ.②かさぶた. → 〔疴 chuāng 痂〕

嘎吱 gāzhī 〈擬〉多く連用する.①ポキッ.ミシッ(物の折れる音)②ギシギシ(物のきしむ音).〔扁担压得~~直响〕天秤棒がギイギイ鳴る.③コツコツ・カタカタ(音など). → 〔咯 gē 吱〕

〔轧 · 軋〕 gá 〈方〉①関係をつける.ひっぱり込む.〔~朋友〕友達を作る.〔~好〕うまく付き合う.②(つき合わせて)計算する.調べる.〔~账〕帳簿をつき合わせ調べる.〔把账~平〕帳面づらを合わせる.③大勢が押しあい争う.行列を作って買う.〔~米〕行列を作って米を買う. → yà zhá

轧差 gáchā → 〔轧公单〕
轧多 gáduō → 〔轧公单〕
轧公单 gágōngdān 〈方〉画旧時,〔公单〕(一種の信用手形)を手形交換所で相殺決済すること:帳尻が受け入れ過多を〔轧多〕,支払い過多を〔轧缺〕〔轧差〕という.
轧空 gákōng → 〔抛 pāo 空〕
轧龙门 gálóngmén 〈方〉画旧式簿記法の一:為替における商品の出し入れ,金銭の出納に対し一期ごとに決算して収支を明らかにする方式.
轧姘头 gápīntóu → 〔搭 dā 姘头〕
轧缺 gáquē → 〔轧公单〕
轧实 gáshí 〈方〉確かに.本当に.(はっきりと)金の工面をする.
轧头寸 gátóucun 〈方〉資金の融通を受ける.
轧直 gázhí 〈方〉取引上貸借の決済をする.

〔钆 · 釓〕 gá ㊦ガドリニウム:希土類金属元素.記号 Gd. ランタノイドの一.

〔桚〕 gá

桚桚 gága 〔嘎嘎〕とも書く.〈口〉①子供の玩具の一.両端がとがり真中がふくらんでいる短い棒.別の長い棒でとばして遊ぶ:〔桚儿〕〔嘎儿〕ともいう.②同前に似たもの,両端がとがり中がふくらんでいるナツメ.〔~枣 zǎo〕両端がとがり中がふくらんでいるナツメ.〔~汤 tāng〕食とうもろこしの粉などを同前の形にしたすいとん.

〔嘎(嘎)〕 gá → gā gǎ

嘎调 gádiào 劇(京劇の歌で)激しく高く歌う箇所.
嘎嘎 gága ⇒ 〔桚桚〕
嘎儿 gár ⇒ 〔桚桚①〕

〔噶〕 gá ①訳音字.②〈姓〉噶(ㄎ).

噶当派 gádāngpài → 〔喇ǐá嘛教〕
噶厦 gáxià 因旧チベット地方政府の最高行政機関:ラサに設けられ,4人の〔噶伦〕(ガロン)で組織された.
噶伦 gálún 〈音訳〉因ガロン:〔噶市伦〕〔噶隆〕ともいう.旧チベット地方政府でダライ・ラマ(活仏)の命を受けてチベットの政治全般を処理した官職.

〔玍〕 gǎ ⇒ 〔嘎〕

玍古 gǎgu → 〔嘎古〕
玍七码八 gǎqī mǎbā → 〔嘎七马八〕
玍杂子 gǎzázi → 〔嘎杂子〕
玍子 gǎzi → 〔嘎子〕

〔尕〕 gǎ 〈方〉小さい:親愛感を表す.〔~娃 wá〕赤ん坊.〔~李ǐ〕李ちゃん.

〔嘎(嘎)〕 gǎ =〔〈口〉玍〕(性格が)ひねくれている.偏屈である.〔那个人太~〕あの人はへそ曲がりだ.②腕白である.いたずらである.〔二~子〕やんちゃな男坊. → gā gá

嘎古 gǎgu = 〔玍古〕①(性質が)ひねくれている.ねじけている.人と折り合いが悪い.→ 〔别 bié 扭〕②(物の質が)劣る.③(物事の結果が)よくない.
嘎七马八 gǎqī mǎbā 〈方〉いろいろな.あれやこれや:〔玍七码八〕とも書く.〔~地买了许多日用品来〕いろいろな日用品をどっさり買いこんだ.
嘎杂子 gǎzázi = 〔玍杂子〕①ひねくれ者.腹黒い人.〔这个~〕このへそまがりめ.②ひねくれている.〔~话〕ひねくれた話.下品な話.③悪だくみ.〔他一肚子~〕彼の腹の中は悪だくみでいっぱいだ.
嘎子 gǎzi = 〔玍子〕腕白者.いたずらっ子.

〔尬〕 gà → 〔尴 gān 尬〕

gai ㄍㄞ

〔该 · 該〕 gāi (Ⅰ)①…すべきである.…でなければならない.〔学生一好好儿地学习〕学生はしっかり勉強すべきである.〔~两天的话,一天就做完了〕二日かかるはずの仕事を一日でやってしまった.②~の番である.…するの番である.〔上回我去了,下次~你了〕前回はわたしが行ったから次回はきみの番だ.〔今天~你做东〕今日はきみのおごる番だ.〔不~我,~你〕おれの番じゃない,きみの番だ.③(結果として)きっと…するにちが

いない.…となるに決まっている.〔再不浇水,花都～蔫 niān 了〕水をやらないと,花が萎(しお)んでしまう.〔家庭作业,要不好好儿地做,老师又～说你了〕宿題をちゃんとやっとかないと,また先生に叱られるぞ.④当然そうなるはずである.当り前である.

〔活〕(非難・吐責・罵りの気持ちで)当たり前だ.自業自得だ.ざまを見ろ.〔～！谁叫他不听话来着〕いいきみだ,人の言うことを聞かないからさ.⑤大変.非常に:感嘆文中に用いられ,語気を強める.〔现在～多么好啊〕今は何といいじゃないか.→〔够 gòu ②〕⑥〔欠〕该(の)

(Ⅱ)〈口〉借りがある.〔我～他一千块钱〕彼に千元借りがある.〔不～不欠〕何の借りもない.→〔借 jiè (Ⅰ)①〕

(Ⅲ)①その.この.上記の.前記の:非難のニュアンスを帯びることもある.〔～地有几种特产〕その土地には数種の特産がある.〔～记者〕その記者.〔～犯〕この犯人.②〈公〉回下行文で,相手を指す語.〔仰～局立即查明呈报为要〕貴局はただちに調査して報告されたし.

(Ⅳ)〔賅〕

该博 gāibó ⇒〔賅博〕
该不是 gāibùshi …だろう.…かもしれない:多く文末に〔吧〕を置く.
该当 gāidāng ①当然…すべきである.…ねばならない.〔～安分守己〕身のほどをわきまえて本分に安んぜねばならない.〔是…～的〕それは当然だ.→〔应 yīng 当〕②〈文〉该当する.〔～何罪〕何の罪に該当するか.
该…就… gāi…jiù… やるべきことはきちんとやる.〔就〕は省略できる.〔～吃(～)吃,～睡(～)睡〕食べる時は食べ,寝る時は寝る.
该欠 gāiqiàn 借金がある.借金している.〔他在外边～的也不少〕彼はよそにだいぶ借金がある.
该杀 gāishā 死に該当する.ひどいやつ.〔～的〕同前.〔他真〕～あいつは本当にひどいやつ.
该死 gāisǐ 〈口〉くたばってしまうべきだ:はなはだしい嫌悪やいまいましい気持ちを表す.〔你这～的〕こん畜生.〔～的猫又叨 diāo 走一条鱼 jí しからん猫だ,また魚をかっぱらって行った.〔～,～,又把钥匙丢在家里了〕そっ！また鍵を家に置き忘れてきちゃった.→〔活 huó 该〕
该下 gāixià 借金がある.
该应 gāiyīng 〈文〉①…でなければならぬ.→〔应该〕②どうしても…となる.
该账 gāizhàng ①つけ:借り・貸しの勘定.②借りがある.
该着 gāizháo 〈口〉①どうしても…となる.〔穷人就～饿死吗〕貧乏人は当然餓死は逃れられないとでもいうのか.②当然だ.いい気味だ.
该着 gāizhe …に①借りている.〔你不记得你～我多少钱吗〕きみはぼくにいくら借りているか覚えてないかい.②順番に当たっている.〔这次～你说了〕今度はきみが話をする番だぞ.

〔侅〕 gāi 〈姓〉侅(がい)
〔陔〕 gāi 〈文〉①きざはしに近いところ.②段々.重なり.〔九～之上〕九重の天の上.③畑の中の小畝い箇所(ちゃ).あぜなど.
陔步 gāibù 〈文〉歩調を整える.〈転〉典雅な音楽.
陔夏 gāixià 固楽章の名,九夏の一:宴会の時に奏した.→〔九 jiǔ 夏〕

〔垓〕 gāi 〈文〉①荒れた辺境の地.境界.垓(がい):古代の数の単位.10万を億,10億を兆,10兆を経,10経を垓とした.〔亿 yì〕にあたる.④〈喩〉極めて多数.〔领雄兵穰 ráng 穰～～〕雲霞(が)の如き精兵を率いる.

垓埏 gāidiàn 〈文〉境.境界線.
垓下歌 gāixiàgē 固項羽(ぅ)下〔安徽省霊壁県東南にあたる古地名〕で漢の高祖に包囲された時作った悲憤慷慨(がい)の歌:〔力拔山兮 xī 气盖世,时不利兮骓 zhuī 不逝,雖不逝兮可奈何,虞 yú 兮虞兮奈若何〕力は山を抜き気は世を覆う,時に利あらず騅(馬の名)行かず,騅行かざるを如何せん,虞(寵姫(ちょう)の名)や虞や汝をいかにせん.→〔四 sì 面楚歌〕
垓心 gāixīn 〈白〉戦場の中心.〔困于～〕重囲に陥る.

〔荄〕 gāi 〈文〉草の根.〔根～〕木の根草の根.

〔賅・賠〕 gāi =〔该〕Ⅳ〈文〉①行き届いている.備わっている.〔言简意～〕成〕言葉は簡単で,気持ちは十分に表れている.②兼ねる.包括する.含む.〔举一～百〕成〕一事を挙げて百事を概括する.
賅备 gāibèi 〈文〉広く備わっている.
賅博 gāibó 〈文〉(学識が)深く広いこと:〔该博〕ともいう.
賅括 gāikuò ⇒〔概 gài 括〕

〔擖(擖)〕 gái

擖搂 gáilǒu 〈方〉とっておく.しばらく残しておく:〔擖拉〕ともいう.〔不管好的坏的全往家～〕いいのでも悪いのでもおかまいなし,全部家へとっておく.

〔改〕 gǎi 変え改める.変える.〔～时间〕時間を変える.〔知过必～〕成〕過ちを知れば必ず改める.〔大学生～当小工〕大学生をやめて労務者になる.〔～晚乘车〕予定を遅らせて乗車する.〔～走别的路〕ほかの道に変えて行く.②改革する.〔土～〕土地改革.〔体～〕体制の改革.③できあがったものに手を入れ,直しをする.〔～文章〕文章を訂正する.〔汗衫做肥了,您给～～〕このシャツは大きすぎる,作り直してください.④〈方〉ひやかす.〔糟 zāo～〕同前.〔你別～我了〕ひやかすな.⑤〈姓〉改(がい)

改版 gǎibǎn ①版を改める.改版する.②(マスメディアが)編成を変える.
改扮 gǎibàn 身なりを変える.〔乔 qiáo 装～〕変装する.〔～成女人〕女に変装する.
改編 gǎibiān ①編制を替える.〔～军队〕軍隊を改編する.〔～预算〕予算を組みかえる.②(原作の)脚色する.(原曲を)編曲する.〔改写②〕に同じ.〔根据这本小说～的剧本〕この小説をもとに脚色した脚本.〔这支歌已～成小提琴曲了〕この歌は編曲されてバイオリン曲になっている.
改变 gǎibiàn (考え・態度・事物など)変える(わる).改める(まる).変化する(させる).〔～名义〕名義を変更する.〔～形象〕イメージチェンジ(する).〔解放以后,中国完全～了〕解放後中国はすっかり変わった.
改薄 gǎibó (基礎教育の)薄弱な点を改める.
改产 gǎichǎn 製造品目を転換する.→〔转 zhuǎn 产〕
改朝换代 gǎicháo huàndài 〔成〕時世がかわる:政権の交替をいう.
改称 gǎichēng 改名する.改称する.
改次 gǎicì この次.次回.
改窜 gǎicuàn 〈文〉文章を改竄(ざん)する.
改错 gǎicuò 誤りを正す.
改贷 gǎidài 又借り(貸し)する.
改刀 gǎidāo ①切り方を変える.切り直す.〔块儿切得太大了,快改～吧〕ぶつ切りを大きく切りすぎた,

gǎi 改

早く切り直しなさい. ②⇒〔改锥〕
改道 gǎidào ①コース(車線・道筋・河道など)を変更する.車輌はコースを変更して走行すること.〔黃河～〕黄河河道の変化. ②〈文〉制度を改変する.
改地 gǎidì 場所を変える.
改点 gǎidiǎn 決めた時刻を変更する.
改调 gǎidiào ①📖変調(する). ②他の職務につく.
改订 gǎidìng (書籍・文章などを)改め訂正する.改訂する.〔～章程〕規約を改める.
改定 gǎidìng ①改訂する. ②改めたうえ決定する.
改动 gǎidòng (字句・項目・順序など)変更を加える.手を入れる.手直しする.〔时间表没有大～〕時間表には大した変動はない.
改恶从善 gǎi'è cóngshàn 〈成〉心を入れかえていいことをする.→〔改过〕
改稿 gǎigǎo 改稿する.またその原稿.
改革 gǎigé 改革(する).〔～制度/制度を改革する.〔文字～〕文字改革.〔～开放〕史1970年代末の政治経済体制の改革と国内市場の対外開放の政策.
改观 gǎiguān 〈文〉外貌(⾙)を改める.新しい面目を見せる.〔这样,我们的工作很快～了〕このようにして,わたしたちの仕事はすばやく立ち直った.
改过 gǎiguò 過ちを改める.〔～迁善〕〈成〉悔い改めて善人となる.〔～自新〕〈成〉心を入れかえる.
改行 gǎiháng ⇒〔改业〕転業する.商売を変更する.仕事を変える.
改换 gǎihuàn 変更する.取り換える.〔～方式〕方式を変更する.〔～调 diào 门儿〕言いっぷりを変える.
改换门庭 gǎihuàn méntíng 〔改换门闾lǘ〕〔改换家门〕ともいう.〈成〉①家名をあげる.名声をあげる. ②新しい主・看板・やり方に変える.
改悔 gǎihuǐ 悔い改める.〔悔改〕に同じ.〔死不～〕どうしても悔い改めない.
改嫁 gǎijià (女性が)再婚(する).〔再 zài 嫁〕に同じ.
改建 gǎijiàn (家屋などを)リフォームする.〔～校舍〕校舎を改築する.
改醮 gǎijiào 回(女性が)再婚する.→〔改嫁〕
改进 gǎijìn 改良進歩(させる).改善(する).〔～两国贸易关系〕両国の貿易関係を改良進歩させる.
改卷 gǎijuàn 答案を添削する.〔晚上还要备课与～〕そのうえ晚には授業の準備や答案の添削をせねばならない.
改刊 gǎikān 出版物の内容・形体・出版時期などを一新する.
改口 gǎikǒu =〔改嘴〕①言うことを変える.口調を変える.〔他改了口了〕彼は言うことが変わった.〔怕他见怪,赶紧～〕彼に変に思われるのが心配で急いで言葉を変えた. ②(人を呼ぶ)呼び方を変える.
改良 gǎiliáng 改良(する).〔～主义〕改良主義.〔～土壤〕土壌を改良する.〔～种 zhǒng〕改良品種.〔～派 pài〕(政治上の)改良派.
改名 gǎimíng 名を改める.改称する.〔～换姓〕〔移 yí 名改姓〕〈惯〉姓名を変える.→〔更 gēng 名〕
改年 gǎinián ①年号を変える.→〔改元〕 ②年とも言い.いずれ後の年.
改判 gǎipàn ①法原判決を変える.原判決をくつがえす. ②⼈(アンパイア)が判定を変える.
改平 gǎipíng 平らな状態にする.〔一直上升的飞机～了〕上昇中の飛行機が水平飛行に移った.
改期 gǎiqī 期日を改める.
改旗易帜 gǎiqí yìzhì 〈成〉旗じるしを変える.商売替えをする.
改签 gǎiqiān 契約変更(する).〔可以随意～〕自由に約束を変更できる.

改任 gǎirèn 転任する.職務を変える.〔他从上月起～车间主任〕彼は先月からポストが変わって管理職に.
改日 gǎirì 日を改め.後日:〔改天〕に同じ.
改容 gǎiróng 〈文〉威儀を正す.真面目な顔になる.→〔改色②〕
改色 gǎisè ①色調が変わる. ②顔色を変える.→〔改容〕
改善 gǎishàn 改善する.〔～条件〕条件を改善する.〔今天～生活〕今日はごちそう(馳走(ち))を作る.
改水 gǎishuǐ ①治水をする. ②(特に農村で)水質・水量を改善する.
改天 gǎitiān 日を改め.他日.後日:〔改日〕ともいう.〔～再说〕後日のことにしましょう.〔～见 jiàn〕(挨)またお目にかかりましょう.さようなら.→〔隔 gé 日②〕
改天换地 gǎitiān huàndì 〈成〉自然(社会)を改造して面目を一新させる.〔～,重 chóng 整山河〕同前.
改头换面 gǎitóu huànmiàn 〈喩〉表面・形式だけを変える.
改图 gǎitú 〈文〉計画を変更する.
改途 gǎitú 〈文〉①道を変える. ②〈喩〉方法を新たにする.〔～别辙〕〈成〉別な方法をとる.商売替えをする.
改土 gǎitǔ 农土壌を改造する.〔～造田〕土壌を改良し,農地を造成する.
改土归流 gǎitǔ guīliú 📖史少数民族の土司(地方の土侯)を廃して一般の州県道府の統治機構を置いたこと.〔改土为流〕ともいう.→〔流官〕〔土官〕
改为 gǎiwéi …に変わる.〔小路～马路〕小さい道が大通りになる.
改弦更张 gǎixián gēngzhāng 〈成〉古い弦を張り替える.〈喩〉制度・規則・方式などを改正する方法:〔解jiě 弦更张〕ともいう.
改弦易辙 gǎixián yìzhé 弦を張り替え,車の通り道を変える.〈喩〉方向・方法・態度を変える.
改线 gǎixiàn 路線・回線を変更する.
改向 gǎixiàng 方向を変える.
改邪归正 gǎixié guīzhèng =〔弃 qì 邪归正〕〈成〉正道に立ちかえる.
改写 gǎixiě ①書き直す(原稿などを). ②脚色をする:〔改编②〕に同じ.
改型 gǎixíng 机モデルチェンジする.
改性 gǎixìng ①变性. ②性転換.〔～手术〕性転換手術.
改姓 gǎixìng 姓を改める.→〔更 gēng 姓〕
改选 gǎixuǎn 改選する.〔～理事〕理事を改選する.
改削 gǎixuē 〈文〉文章を訂正削除する.改訂する.
改样(儿)gǎiyàng(r) 形が変わる.形を変える.〔没～变わらない.
改业 gǎiyè ⇒〔改行〕
改易 gǎiyì 〈文〉变更する.
改用 gǎiyòng (…の)かわりに…を使う.〔废除旧名,～新名〕古い名称を廃止し新しい名称にする.
改元 gǎiyuán 元号を变える.→〔建 jiàn 元〕
改葬 gǎizàng 回墓地を移す:〔捡 jiǎn 骨〕ともいう.→〔迁 qiān 葬〕
改造 gǎizào ①改造する.〔～自然〕自然を改造する. ②考え方を変える.〔～思想〕同前.
改章 gǎizhāng 規則を変える.規則を改正する.
改辙 gǎizhé 〈喩〉習慣を変える.旧習を改める.方法を変える.
改正 gǎizhèng ①訂正する.誤りを改める.〔求您给～〕ご訂正ください. ②正しい評価に戻す.名誉回復をする.→〔平 píng 反〕

改制 gǎizhì ①制度を改変する.②所有制を改革する.
改铸 gǎizhù 改鋳する.
改装 gǎizhuāng ①身なりを変える.②装飾を変える.包装を改める.③[機](装置を)取り替えて備えつける.リフィッティング.
改锥 gǎizhuī ＝[改刀]〔赶 gǎn 锥〕〔螺 luó 丝刀〕〔螺丝起子〕〔起qǐ子②〕〔旋 xuán 凿〕ねじ回し.(スクリュー)ドライバー.
改组 gǎizǔ 改組(する).組織がえ(する):構成員の入れかえ.
改嘴 gǎizuǐ ⇒[改口]

[胲] gǎi 〈文〉頰の下の肉. → hǎi

[丐(匄・匃)] gài ①〈文〉請い求める.②物乞い.〔乞 qǐ～〕〔花 huā 子〕同前.〔流 liú～物乞い〕各地を流れ歩く物乞い.③〈文〉与える.施す.〔沾 zhān～〕よい影響を与える.利益をもたらす.④〈姓〉丐(がい)
丐帮 gàibāng ①組織された物乞い.②[旧]物乞いの同業組織.
丐妇 gàifù 〈文〉女性の物乞い.
丐头 gàitóu 物乞いの親分.

[钙・鈣] gài [化]カルシウム:アルカリ土類金属元素名.記号 Ca.〔～质 zhì〕同前.〔氯 lǜ 化～〕塩化カルシウム(塩化石灰.塩.クロールカルシウム).〔乳 rǔ 酸～〕乳酸カルシウム(乳酸石灰).〔溴 xiù 化～〕臭化カルシウム(ブロムカルシウム).〔缺 quē～〕カルシウム不足.
钙长石 gàichángshí [鉱]灰〜長石.
钙华 gàihuá [地]トラバーチン.凝灰岩.
钙化 gàihuà カルシウム化(する).〔肺结核业已～〕肺結核はもう固まった.〔～点〕石灰化部位.
钙化醇 gàihuàchún ⇒[骨 gǔ 化醇]
钙镁磷肥 gàiměilínféi 溶成苦土石灰リン肥.溶成リン肥.
钙基润滑脂 gàijī rùnhuázhī カルシウムグリース.
钙碱性岩 gàijiǎnxìng yán [鉱]カルクアルカリ岩.
钙片 gàipiàn カルシウム(錠)剤.

[芥] gài → jiè
芥菜 gàicài ⇒[盖菜]→jiècài
芥蓝(菜) gàilán(cài) [植]カイラン(カイランサイ):一種の結球しない〔甘 gān 蓝〕(カンラン)

[隑・隑] gài ①[戯][方]①(斜めに)よりかかる.もたれる.たてかける.②頼りにする.威を借りる.

[盖・蓋] gài (Ⅰ)①覆う.かぶせる(ふた状のものでふたをするように).〔把井口～好〕井戸にふたをする.〔撒 sǎ种 zhǒng 后再～上一层 céng 土〕種をまいて土をひとかぶせしておく.②(印鑑を)押す.③覆い遮る.覆い隠す(人に知られないように).〔自己做错了事,还掩 yǎn 掩～～〕自分が間違いをしでかしておいて,なおあれやこれやと覆い隠そうとする.④圧倒する.勝る.超える.〔他的技艺把别人～下来的.这种的技は他の者を圧倒している〕〔群众如狂的欢呼声～过了庆祝的锣 luó 鼓声〕群衆の狂喜した歓呼の声はドラや太鼓の音をかき消した.⑤(家を)建てる.〔～房 fáng(子)〕同前.⑥[-儿,-子](びん・つぼ・鍋・釜その他の道具の)ふた.〔盖 gài 上～儿〕ふたをする.〔锅 guō～〕同前.〔壺 hú～儿〕同前.〔瓶～儿〕びんのふた.→[瓶 píng 塞(儿)] ⑦[-儿,-子]ふた状のもの.〔头～(骨)〕頭蓋骨(ず).〔膝 xī～(骨)〕膝(ひざ)蓋骨.〔带～的口袋～〕ふた付きのポケット.〔螃 páng 蟹～儿〕カニの甲羅.

〔乌 wū 龟～儿〕カメの甲羅.⑧[方]いい.すばらしい.すてきである.〔今天的电影真～〕今日の映画は最高だ.⑨〈文〉蓋.〔华 huá～①〕[宝]輪型(ほう)飾りのついた同前.⑩＝[耕 lào①][農]耕した土を砕いてならすためのつるを編んで作った農具:〔～擦〕ともいう.〔～擦〕ともいう.
(Ⅱ)〈文〉①発語の詞.そもそも:〔～闻古人钻 zuān 木取火〕古代人は木にきりもみして火をおこしたと聞く.おそらく.〔～出于此〕たぶんだろう?前文をうけて理由・原因を述べる.〔来会者,～千人〕来会者はおそらく千人くらいいたのであろう(あったろう).〔用法益刻,～自此始〕法の運用がますます厳しくなったのは,けだしこの時から始まったのであろう. → gě

盖菜 gàicài [芥菜]とも書く.[植]カラシナ(変種).茎・葉には辛味があり,主として漬物に用い,また,煮食にも用いる.その種子は粉末にし,からしとして食用・薬用する.
盖层 gàicéng [地]キャップロック.帽岩:岩塩ドームのすぐ上にある硬石膏・石灰岩などの塊.
盖戳 gàichuō [-儿,-子]捺印(なついん)する.印を押す:〔盖章〕に同じ.
盖地 gàidì ①〈喩〉(人などが)多数いるさま.〔遮 zhē 天～〕同前.〔～而来〕〈喩〉多数の者がやってくる.②[農]土地を平らにならす.一字解(Ⅰ)⑩
盖饭 gàifàn ＝[盖浇饭][日]丼物(どんぶりもの):ご飯の上に炒めた肉・野菜などのおかずをのせたもの.
盖革-米勒计数管 gàigé-mǐlè jìshùguǎn [音義訳]ガイガーミュラー計数管.ガイガーカウンター:〔米勒〕は[勃動]とも書いた.〔盖革计数管〕は略称.
盖棺论定 gàiguān lùndìng [成](人の評価は)棺を覆って(死んで)から決まる.
盖果 gàiguǒ [植]蓋果(がいか).
盖火 gàihuo ＝[火 huǒ 盖]火消し蓋(ぶた):かまどやこんろの上にかぶせて,火を消す道具.→[拔 bá 火罐儿]
盖浇饭 gàijiāofàn ⇒[盖饭]
盖巾 gàijīn [旧]女性の面部を覆う布.→[盖头]
盖韭 gàijiǔ [農]ニラの霜害を防ぐため,夜間だけ馬糞,麦糠(ぬか)などで覆うこと.
盖口 gàikǒu ①ふたのかぶせ目.〔合～〕合わせ目がぴったり合う.〔轉〕話がぴったり合う.②[劇](旧劇で)二人の役者がかけあいで歌うこと.
盖老 gàilǎo ①[白]亭主.宿六:妻が夫(おっと)をいう.②:〔孤 gū 老③〕
盖了 gàile [方]すごい.上手い.たいしたものだ.〔～帽 mào了〕同前.
盖帘 gàilián(r) 水がめのふた:コーリャンがらなどで編んだもの.
盖露 gàilù [植]タバコの茎のいちばん上についた葉.
盖帽儿 gàimàor [スポ](バスケットボールで)ブロックショット.②[方]すばらしい.とてもよい.〔简直是盖了帽儿了〕全く大したもんだ.→[盖了]
盖愆 gàiqiān 〈文〉善いことをして過失の埋め合わせをする.
盖儿鞋 gàirxié 甲にベルトのついたスリップオン型の靴.
盖然性 gàiránxìng ⇒[或 huò 然性]
盖世 gàishì 世に冠(かん)たる(対抗するものがない).〔～英雄〕蓋世(がいせい)の英雄.〔～文豪〕一世の文豪.〔力拔山兮 xī 气～〕(項羽)山を抜くほどの力と,世を圧するほどの意気.〔～无 wú 双〕[挙 jǔ 世无双]:彼に並ぶものがない.
盖柿 gàishì [植]柿の一種:種がなく平たく大きい.〔柿饼〕(干し柿)を作る.
盖世太保 gàishìtàibǎo 〈音訳〉[史]ゲシュタポ:ナチスドイツの国家秘密警察.

盖斯勒管 gàisīlè guǎn 〈音訳〉⑰ガイスラ管:〔该 gāi 斯勒管〕とも書いた.
盖头盖脑 gàitóu gàinǎo 〈口〉頭からすっぽりかぶせる.⑧転〙真っ向うから.真正面から勢いよく.
盖头 gàitou ⑪花嫁が嫁入りのとき頭にかぶった赤い布:文語の〔缡 lí〕にあたる.→〔盖巾〕
盖图书 gàitúshū ⇒〔盖章〕
盖图章 gàitúzhāng ⇒〔盖章〕
盖碗(儿) gàiwǎn(r) ふた付きの茶碗:茶托つきが多い.
盖销 gàixiāo 消印を押す.〔~邮票〕④切手に消印を押す.⑤使用済み切手.
盖因… gàiyīn… 〈文〉けだし…のため.おおかた…のため.
盖印 gàiyìn ⇒〔盖章〕
盖印支票 gàiyìn zhīpiào 支払保証手形.
盖造 gàizào 建てる.建築する.
盖章 gàizhāng =〔盖戳〕〔盖图书〕〔盖图章〕〔盖印〕捺印する.判をつく:〔签 qiān 名〕〔署名捺印〕する.→〔捺 nà 印〕
盖子 gàizi ①ふた.ふた状のもの.②喩本質を隠す覆い.〔不要做~〕邪魔になってはならない.〔揭 jiē ~〕ベールをはがす.③(動物の)甲羅.→字解(Ⅰ)⑥⑦

〔溉（漑）〕 gài （水を）注ぐ.流す.〔引水~田〕田の水を引いて田に注ぐ.〔灌 guàn ~〕かんがい(する)

〔概（概・槩）〕 gài (Ⅰ)①〈文〉升掻〕升に入れた穀物をすりきり一杯にするための短い棒.②大体.おおむね.③一切.すべて.一律に:後に〔不〕を置くことが多い.〔~~不管 guǎn〕一切かまわない.④〈姓〉概
(Ⅱ)①態度.様子.〔气~〕気概.②〈文〉様子.状況.
概不… gàibù… 一様に(一切)…しない.〔~接待〕一切応接はいたしません.〔~赊 shē 账〕掛け売り一切お断り.
概查 gàichá 概略を調べる.おおよそをみる.
概而论之 gài ér lùnzhī 総括的にこれを論ずる(れ)
概观 gàiguān 概観(する)
概见 gàijiàn 〈文〉ざっと見る.ざっと目を通す.大体わかる.
概况 gàikuàng 概況.大体の状況.
概括 gàikuò =〔文败 gǎi 括〕概括(する).総括(する).要約(する).〔~性〕総合性.〔说得很~要領よく話す.〔~起来说〕ひっくるめて言えば.〔他把小说的内容~地说了一遍〕彼は小説の筋書きを一通りかいつまんで話した.→〔总 zǒng 括〕
概览 gàilǎn 概要:書名に多く用いる.
概率 gàilǜ ⑨確率:〔或 huò 然率〕〔几 jī 率〕は旧称.〔降 jiàng 雨~降水概率~〕〔~论 lùn 確率論.
概略 gàilüè ①概略.大要.あらまし.②かいつまんで.ひっくるめて.
概论 gàilùn 概論:多く書名に用いる.
概貌 gàimào 概観.〔反映人民生活的~〕人々の生活のおおよその状況を反映する.
概莫能外 gài mò néng wài 〈成〉例外はありえない.
概念 gàiniàn ⑳概念.〔~化〕概念化(する).〔~股〕コンセプトカー.〔~地产〕テーマを掲げた宅地:リゾート宅地やエコロジー宅地など.
概述 gàishù 概述(する).〔作一个~〕あらましを述べる.
概数 gàishù 概数:〔几天〕(数日間)のように〔几

…多〕〔…上下〕などで表したり,〔五六天〕(5,6日)のように接近する数字で表す.
概说 gàishuō 概説(多く書名に用いる)
概算 gàisuàn 概算する.見積(る).〔~报价单〕⑰概算見積書.〔~送货单〕⑳見積送り状.試算り状.ブロフォーマインボイス.〔~金额〕見積り金額〕
概行 gàixíng 〈文〉すべて(一様に)…を行う.〔~豁 huò 免〕一切免除する.
概要 gàiyào 概要:多く書名に用いる.

〔戤〕 gài 〈方〉①名前または商標などをかたる.〔影 yǐng ~〕他人の商標を盗用する.名前をごまかす.②(人や物品を)抵当に入れる.を頼りにする:〔陗〕に同じ.〔~山〕〔~头〕後ろ盾.
戤牌(头) gàipái(tou) 他人の名義をかたる.他人の商標(勢力)で仕事をする.〔戤他的牌(头)〕彼の肩書きを利用する.
戤司林 gàisīlín ⇒〔汽 qì 油〕

gan ガン

〔干・乾（乾・乾）〕 gān (Ⅰ)〔干〕
①固唐.→〔盾 dùn ①〕 ②〈姓〉干(ｶﾝ)
(Ⅱ)〔干〕〈文〉犯す.触れる.乱す.〔致~究办〕犯したおきは究明のうえ処分する.〔~天之怒〕上(ｼｮｳ),天の怒りに触れる.〔有~例禁 jìn〕禁令に抵触している.②あずかる.かかわる.〔不相~〕関係がない.〔不~我事〕わたしの事にはかかわりがない.〔这事与 yǔ 你呵~〕これが君と何のかかわりがあるか.〔一人〕全関係者:関係者一同.③〈文〉求める.得ようとする.〔~求 qiú〕同前.〔拜 bài ~〕〈牘〉お願いします.
(Ⅲ)〔干〕〈文〉岸辺.〔河~〕〔江 jiāng ~〕河岸.
(Ⅳ)〔干〕干支(ｼｭﾝﾈ)〔天 tiān 干〕
(Ⅴ)〔乾（乾・乾）〕①乾燥している.乾いてパサパサしている.水を使わない.〔这劈 pǐ 柴真~〕この薪(ﾏｷ)はよく乾いている.〔把衣服晾 shài ~〕干して乾かす.〔河水都~了〕川の水がすっかり干上がった(川の水まで干上がった).〔煮饭小心~了锅〕飯を炊く時なべの水がないように気をつけて下さい.〔口~舌燥〕口の中がからからである.〔说了半天,嘴都~了〕長いことしゃべって口がすっかりからからになった.〔搓~沐 mù 浴〕手で全身を摩擦する.〔弄 nòng ~〕乾燥させる.〔焙 bèi ~〕火にあぶって乾かす.〔晾 liàng ~〕陰干しで乾かす.〔吹 chuī ~〕吹いて乾かす.吹かれて乾く.〔风 fēng ~〕風で乾く.風に乾かす.〔馒头~了不好吃〕このマントーはパサパサしていておいしくない.↔〔湿 shī ①〕.②⑭干した食品.乾物.〔牛 niú 肉~〕干し牛肉.〔饼 bǐng ~儿〕ビスケット.〔葡 pú 萄 ~〕干しぶどう.③乾燥無味である.形ばかりそうでも中身はからっぽである.見かけ倒しである.〔他说的话很~〕彼の言うことはそっけない.〔~哭,不下眼泪〕そら泣きで,涙も流さない.④空虚である.そっけない.〔外强 qiáng 中~〕という句わざは強そうでも中身はからっぽである.見かけ倒しである.〔他说的话很~〕彼の言うことはそっけない.〔~哭,不下眼泪〕そら泣きで,涙も流さない.④⑰親子・兄弟の誓いをした間柄:お互いに頼りあるいは意気投合して年少者が相手に拝礼をして親属同様の関係を結ぶ場合の関係.親子の関係の場合は年齢の差によって適当に定める.→〔义 yì ⑤〕 ⑤し尽くす.なくなる.〔他把钱都花~了〕彼はお金を使い切ってしまい尽くした.〔把钱输 shū ~〕勝負事で負けてすってんてんになる.〔一气儿喝~了〕一気に飲みほした.〔这几天的工夫,那些钱就~了吗〕ほんの数日であれだけの金がもうなくなったのか.⑥ただ…するばかり

干 gān

り.空しく…するのみ:伴うべき中身または結果がないこと.[不能一拿薪水,不下 gàn 活]ただ給料をもらうばかりで,仕事を全然やらないのはいけない.[~吃饭,不吃菜]飯ばかり食べておかずを食べない.[~说大话]ただ大きなことを言うばかり.②~瞧着帮不上手儿]ながめているだけで加勢はできない.[吃住都供给,赚 zhuàn的钱就是~攒儿 zǎnr,还能不富裕吗]食事も住まいもあれがけで,儲けたらそっくり貯めるとあっては,金持ちにならないはずがない.①<方>つっけんどんに言う.憎まれ口をたたく.冷たくあしらう.そっけなくする.[我又~了他一顿]私はまた彼にきついことを言ってやった.[主人走了,把咱们~起来了](その家の)主人は行ってしまってわたしたちをほったらかしにした.→[乾 qián]→ gàn

干碍 gān'ài <文>①気にかかる.心配する.②干渉する.妨害(する)

干巴巴 gānbābā ①水気がなくかさかさしている.コチコチに干からびている.[没有什么汤汤水水就着,就这么一地吃吗]汁気のあるものを添えずに,パサパサのまま食っているのか.②そっけない.手持ちぶさたである.[~地坐着]彼はすっかり手持ちぶさたで座っている.[无味乾燥である.[他说出话来都~的]彼の言う事は実に味気ない.

干爸 gānbà →[干爹]

干瘪 gānbiě <口>①(水分が無くなって)干からびる.しなびる.②(やせたり,脂肪の欠乏で皮膚が)がさがさする.ざらざらする.[老不下雨,地里都~了]長く雨が降らないので皮膚はすっかりからからしている.[~儿瘦 shòu]やせている.[这个~老头儿还挺有劲儿]このしわくちゃの年寄りはまだとても元気だ.②(話・言葉が)味気ない.[他的文章~得很]彼の文章は無味乾燥だ.

干巴呲咧 gānba cīliě [干巴疵裂]とも書く.<方>①からからに乾いている.[一的,连点儿水分都没有]からからに乾いて少しの水分もない.[你怎么,脸上~的]どうしたの,顔がすっかりがさがさだ.②単調無趣味である.[一座山,看什么劲儿]ただ一つの単調な山なのに何の見どころがあるものか.[写得~的]文章が無味乾燥である.

干白 gānbái 辛口の白ブドウ酒.無糖の白ワイン.

干板 gānbǎn (写真の)乾板.[硬 yìng 片]に同じ.→[胶 jiāo 片]

干鲍 gānbào 食干しアワビ.

干杯 gānbēi 乾杯(する).[咱们干一杯吧]ぐっとやりましょう.[为 wèi 中日友好~!]中日友好のために乾杯.[祝你健康,~!]御健康を祝して乾杯.

干贝 gānbèi 食(ホタテガイの)干した貝柱.[江 jiāng 珧柱 zhù]ともいう.→[扇 shàn 贝]

干贝鱼 gānbèiyú 魚貝マンボウ.[翻 fān 车鱼]の別称.

干绷儿 gānbēngr →[螺 luó 蛳饽饽]

干比阿膏 gānbǐ'ā gāo ⇒[阿仙药]

干煸 gānbiān 油で炒める.

干瘪 gānbiě ①干からびてしわくちゃになる(の).[~老头儿]干からびてしわくちゃの老人.②(文章の内容などが)無味乾燥である.

干瘪瘪 gānbiěbiě 干からびたさま.しわくちゃである.

干冰 gānbīng ドライアイス.

干菜 gāncài ①乾燥野菜.②⇒[霉 méi 干菜]

干草 gāncǎo 干し草.とくに干しわら(飼料).→[青 qīng 草]

干柴棒子 gānchái bàngzi 乾いた薪(きぎ).<喩>やせた人.やせっぽち.

干柴烈火 gānchái lièhuǒ <慣>乾いた薪(きぎ)と勢いのよい火に近づけるようなもの.<喩>一触即発.あるいは,情々の男女の仲.

干产 gānchǎn 区早期破水.

干唱 gānchàng 劇(旧劇で)無伴奏で歌う(こと)

干城 gānchéng <文>盾と城壁.<喩>国を守る武将.

干船坞 gānchuánwù 乾ドック.→[船坞]

干醋 gāncù →[吃 chī 干醋]

干脆 gāncuì ①すぱっ(している).あっさり(している).てきぱき(している).[这样倒 dào 看~]このようにするほうがかえって大変さっぱりする.[他说话不~]彼の言うことは歯切れがよくない.[你要多少钱]ずばりいくら欲しいのか.[~嘹 liáo 晄说吧]はっきりと言え.②いっそ.思い切って.[~买现成的吧]いっそできあいのを買おう.

干打雷 gāndǎléi ①(雨は降らずに)雷が鳴る.から雷.②<喩>そら泣きをする.口先ばかりで行動を伴わないこと.[~不下雨](慣)同前.[姑爷哭丈母娘,~不下雨]<歇>娘が夫の母の死に遭って泣く(そら泣きばかりで涙は出ない).③むやみにどなりちらす.[他打了会子雷,谁也没人理他]彼はひとくの間ただむやみにどなりちらしていたが,誰も相手にしなかった.

干打垒 gāndǎlěi 建①2枚の板を利用してその間に粘土を入れて突き固めただけの簡易な壁積みの方法.②(華北一带の)同前で建てた粗末な家屋.

干瞪眼 gāndèngyǎn ①目を見張るばかりでどうにもならない.[他一遇见事就~]彼はいざ事となると目を丸くしているだけで何もできない.

干弟 gāndì 乾弟の契りを結んだ弟.義兄弟の弟分.→字解(V)④;[义 yì 弟]

干点 gāndiǎn 干菓子.

干店 gāndiàn 宿屋.

干电池 gāndiànchí 乾電池.→[电池]

干爹 gāndiē [干爸]<口>父子の誓いをした父[老子]ともいう.↔[干儿(子)]→字解(V)④;[义 yì 父]

干儿(子) gān'ér(zi) 父子の誓いをした子.↔[干爹]→字解下名]②;[义 yì 子]

干法 gānfǎ ①[干律]<文>文法を犯す.②化乾式.[~分 fēn 析]乾式分析.[~试金]乾式試金.

干犯 gānfàn [干冒][冒]①違犯する.[~国法]国法を犯す.

干饭 gānfàn ①(粥に対して)ご飯.米飯.→[稀 xī 饭]②[干粮]

干房 gānfáng [干店]宿屋・下宿屋などで部屋だけを借りること.[住 zhù~]素泊まりする.

干肥 gānféi ①水で溶かしてない粉(片栗粉).②糞尿を土に混ぜ乾かした肥料.

干粉 gānfěn ①[一儿]はるさめの乾燥したもの.②[燐二]酸アンモニウム塩の粉末(消火器に充填する).③[一灭 miè 火器]同前の消火器.

干俸 gānfèng ⇒[干薪①]

干儿几的 gānérde パリパリに乾いた.[~手巾]同前のタオル.②空手で.[~来](何もおみやげを持たずに)手ぶらで来る.③たったの.わずかに.[这五块钱怎么办~?]

干戈 gāngē 盾と矛(ほこ).武器.<転>戦い.[大动~]戦争を起こす.[~四起]戦いが方々で起こる.

干哥哥 gāngēge 義兄弟の兄.兄貴分.→[义 yì 兄]

干哥儿(们) gāngēr(men) [干兄弟]兄弟の契(ちぎ)りを結んだ兄弟.義兄弟.→字解(V)④;[义 yì 兄弟]

干钩鱼 gānggōuyú "干"の字の縦棒をはねた"干":干の書き方をいう.

干股 gāngǔ 経会社に無償で贈与する株.

干果 gānguǒ 干し果物.ドライフルーツ.[果干

gān 干

儿〕〔水果干〕に同じ.〔～铺 pù〕同前を売る店. ②圖乾果(ガ):果実の一種.ナッツ類及び水分の少ない果実.栗・くるみなど.

干寒 gānhán ⇒〔干冷〕

干旱 gānhàn 日照り.〔～少 shǎo 雨〕日照りで雨が少ない.

干号 gānháo 〔干嚎〕とも書いた.空泣きする.

干耗 gānhào じっと食い延ばしていく.何もせず時間を食いつぶす.〔我可不想在这儿～着〕ここでむだに時間をすごそうとは思わぬ.

干涸 gānhé 〔湖水・池などの〕水がかれる.〔井 jǐng 水～〕井戸の水がかれる.

干红 gānhóng 辛口の赤ブドウ酒.無糖なた低糖度の赤ワイン.→〔干酒〕

干花(儿) gānhuā(r) ドライフラワー.〔干燥花〕ともいう.

干灰 gānhuī 〔肥料用の〕草木の灰.

干货 gānhuò ①干した食品.乾物. ②内実.内容.→〔水 shuǐ 分②〕 ③〈喩〉金銭.

干霍乱 gānhuòluàn 中医乾霍乱(カンカク):胃腸がつかえて吐くことも下すこともできない症状がある.→〔霍乱〕

干及 gānjí 〈文〉波及する.影響が及ぶ.〔事情还未直接～到我身上〕ことはまだわたしの一身まで直接には波及していない.

干急 gānjí 〔干着急〕気をもむだけである.ただ焦るばかりである.

干己 gānjǐ 〈文〉自分に関係がある.〔事不～〕ことは自分には関係がない.

干季 gānjì 気(雨季に対する)乾季.

干煎 gānjiān 少量の油をひき弱火で焼く.〔～丸子〕食同前の肉団子.

干姜 gānjiāng 薬乾燥させた生姜(ショウ).

干将 gānjiāng 春秋呉の干将の作った名刀:呉王に献じた一対の宝剣で雌剣を〔～〕,雌剣を〔莫 mò 邪 yé〕と名づけた.転じて広く宝刀をいう. → gànjiāng.

干酵母 gānjiàomǔ 乾燥酵母.ドライイースト.→〔酶 méi〕

干结 gānjié 水気が抜けて固くなること.〔大便～〕大便の秘結.

干姐姐 gānjiějie 義姉妹の姉.→〔义 yì 姐〕

干姐们儿 gānjiěmenr 同下.

干姐儿(们) gānjiěr(men) =〔干姐们儿〕契りを結んだ姉妹.義姉妹=〔干姐妹〕ともいう.→字解(V)④

干疥 gānjiè 医乾燥性疥癬(ガンセン).

干禁 gānjìn 禁を犯す.

干井 gānjǐng 涸(ガレイ)れ井戸・油井・ガス井戸.

干净 gānjìng ①清潔(である).〔这凉 liáng 水～吗〕この水はきれいですか.〔你把院子扫一吧〕庭をきれいに掃除しなさい. ②すっきれいさっぱり:少しも残さないこと.〔干干净净(儿)〕同前の重畳形.〔杀 shā 个～〕残らず殺す.〔卖 mài～了〕すっかり売り払う.〔抢 qiǎng 了一千二净〕すっかり奪い取ってしまった. ③何も起こらずに済む.

干净利落 gānjìng lìluo きれいさっぱりとしている.すっぱりしている.〔他办事～,彼の仕事ははきはきとしている.〔这一仗 zhàng 打得～〕この戦闘は余すところなくやりきった.

干酒 gānjiǔ 糖分を含まない,また低糖分の酒.→〔干白〕〔干红〕甜 tián 酒.

干倔 gānjuè ぶっきらぼう.〔他就是那么个～性子,其实心眼儿挺好〕彼はあんなぶっきらぼうな性格だが,根はとてもいい男だ.

干咳 gānké =〔干嗽〕空(カラ)咳(が出る):痰が出ない.

干渴 gānkě (のどが)からからに乾く.

干啃 gānkěn (乾いて固いものを)かじって食べる.

干枯 gānkū 干からびる.しなびる.涸(カ)れる.〔河水～〕川の水が涸れる.〔皮肤～〕皮膚がかさかさになる.

干哭 gānkū 泣きまねする.そら泣きする.

干老(儿) gānlǎo(r) ⇒〔干爹〕

干酪 gānlào =〔奶 nǎi 饼〕〔奶酥〕〔牛 niú 奶酥〕食チーズ.〔计 jì 酪〕〔乞 qǐ 斯〕〔气 qì 斯〕は旧音訳.〔～桶〕チーズバット.〔～压榨器〕チーズプレス.

干酪素 gānlàosù 化カゼイン.〔酪朊〕ともいう.→〔奶 nǎi 酪〕

干冷 gānlěng =〔干寒〕空気が乾いて寒い.

干礼 gānlǐ 贈り物に代えての現金(を贈ること).→〔水 shuǐ 礼〕

干连 gānlián 関連する.

干粮 gān·liáng =〔干饭〕②①乾飯(カレイ):炒り米,はったいの粉,小麦粉などを炒ったものなどのように乾燥させた携帯食品. ②汁気のない長持ちする食料品:主として〔馒 mán 头〕や〔烙 lào 饼〕などのように小麦粉を主材料とし中に餡(ア)を入れないで蒸しあるいは焼いたもの. ③=〔炒 chǎo 面〕

干裂 gānliè 乾いて裂ける.ひび割れする.

干馏 gānliú 物乾留(する)

干律 gānlǜ ⇒〔干法①〕

干妈 gānmā ①=〔干娘〕母子あるいは母娘の契りを結んだ母.→字解(V)④;〔义 yì 母〕 ②⇒〔鸨 bǎo 母〕

干冒 gānmào ⇒〔干犯〕

干梅子 gānméizi 食干して固くなった砂糖漬の梅:〔干梅儿〕ともいう.

干妹妹 gānmèimei 〈方〉干妹子①姉妹または兄弟の契りを結んだ妹.→字解(V)④;〔义 yì 妹〕

干妹子 gānmèizi ①同上. ②〈方〉同年代の親しい若い女性に対する呼称.

干面 gānmiàn 〈水を加えてない〉小麦粉.→〔面粉〕

干没 gānmò ⇒〔吞 tūn 没①〕

干娘 gānniáng ①⇒〔干妈①〕 ②〈白〉おばあさん. ③ばあや(女の使用人)

干女(儿) gānnǚ(r) 父娘または母娘の契りを結んだ娘.→字解(V)④;〔义 yì 女〕

干呕 gān'ǒu ⇒〔干哕〕

干啤 gānpí ドライビール.辛口ビール.〔～酒〕同前.

干亲 gānqīn (婚姻関係や血縁関係ではなく盟約による)義理の親戚.

干卿何事 gānqīng héshì 〈成〉君と何の関係があるか(南唐・李璟(中主)):〔干卿底 dǐ 事〕ともいう.〕〔吹 chuī 皱一池春水〕

干亲家 gānqīngjia 子供が他人と契りを結んで子となった場合,双方の父母相互間の呼称.

干鹊 gānquè 〔喜 xǐ 鹊〕

干儿 gānr 食果物や肉の干したもの.〔牛肉～〕牛肉の干したもの.〔杏 xìng ～〕あんずの実の干したもの.

干嚷 gānrǎng どなっても反響がない.〔～了一会儿走了〕少しの間どなったが相手にされずに立ち去った.

干扰 gānrǎo ①かき乱す.邪魔する.〔他正在备课,我不便去～他〕彼は今授業の準備をしているところなので邪魔するわけにはいかない. ②電波障害・妨害・干渉.〔～弹 dàn〕軍ジャミング弾.

干扰素 gānrǎosù 生理インターフェロン.

干热 gānrè ①空気が乾燥している. ②乾燥状態で加熱すること.〔～灭菌〕乾熱減菌.

干人 gānrén 〈方〉貧乏人.

干撒网 gānsǎwǎng 名目をつけて祝儀目あてに人を招待し,ろくにごちそうもしないこと.→〔撒帖子打

干忓玕杆肝　gān

网〕
干涩 gānsè (感情・皮膚・声などが)かさかさしている.干からびている.しわがましている.〔头发 fà~〕髪の毛がぱさぱさしている.〔~的黄土〕乾燥して潤いのない黄土.
干烧 gānshāo 肉などを汁がなくなるまで煮つめる(こと):味をしみ込ませる技法.
干涉 gānshè ①干渉(する).〔互不~内政〕互いに内政に干渉しない.→〔干预〕 ②〈文〉かかわり.関係をもつ.〔二者了 liǎo 无~〕二者は全くかかわりがない.③物干渉(する).〔~条 tiáo 纹〕干渉縞(じま).〔桨 jiǎng 叶~〕ブレード干渉.〔机身~〕ボディー干渉.〔最大~〕最大干渉.〔支轴~〕スピンドル(心棒)干渉.〔~现象〕干渉現象.
干尸 gānshī 干からびた死体.ミイラ状の死体.→〔木乃伊 mù nǎi yī〕
干湿表 gānshībiǎo 図乾湿球温度計:〔干湿计〕〔湿度计〕ともいう.
干时 gānshí 〈文〉①世の中に迎合する. ②時勢に逆らう.
干世 gānshì 〈文〉世間の役に立とうする.
干瘦 gānshòu やせこけている.〔身体~~的〕同前.〔~如柴 chái ~〕やせて骨と皮になる.
干爽 gānshuǎng (気候・土地・道路など)乾いてさっぱりしている.
干水 gānshuǐ 保水剤:〔固 gù 体水〕ともいう.
干丝 gānsī 食〔豆 dòu 腐干(儿)〕を細く切ったもの.
干死蛤蟆, 饿死老鼠 gānsǐ hámá, èsǐ lǎoshǔ ガマガエルが干からびて死に、ネズミが餓死する.〈喻〉極端に生産力の貧弱な土地.
干松 gānsōng 〈口〉乾いてぱさぱさしている.〔一片~的沙滩〕からからに乾いた広い砂原.〔祥子的衣服早已湿透,全身没有一点~地方〕(老・骆18)祥子の着物はもうようしく濡れとおってしまい、全身少しも乾いたところはなかった.
干嗽 gānsòu ⇒〔干咳〕
干笋 gānsǔn 干したけのこ. ②メンマ.
干缩 gānsuō 干からび縮む.
干苔 gāntái ⇒〔海 hǎi 苔①〕
干田 gāntián 乾田:排水して乾かした田.
干挺儿 gāntǐngr ひたすらがんばるだけである.ひたすらがんばる.〔该人家的钱一个也不还 huán,~〕人に借りている金は少しも返さず,がむしゃらにやる.〔别人没有出席,就是他~〕ほかの人は出席せず彼一人だけだ.
干洗 gānxǐ ドライクリーニング(する).→〔水 shuǐ 洗①〕
干系 gān·xì かかわり.〔~重大〕かかわりが大きい.→〔关 guān 系①〕
干鲜果品 gānxiān guǒpǐn 食果物:乾燥果物と鮮果の総称.
干舷 gānxián (船舶の)乾舷(ǎn).フリーボード.
干笑 gānxiào つくり笑い(をする).そら笑い(をする).〔一声也没言语,给了我个~〕一言もものを言わず,わたしにつくり笑いをくれた.
干薪 gānxīn ①=〔文〕干俸〕仕事をせずに受ける給料.名義料. ②〈文〉乾いた薪.
干性皮肤 gānxìng pífū 乾燥肌.
干性油 gānxìngyóu 乾性油.
干兄弟 gānxiōngdì ⇒〔干哥儿(们)〕
干休 gānxiū 手を引く.引き下がる.あきらめる.〔骂来骂去两不~〕罵り合って両方やめようとしない.〔不肯~〕手を引こうとしない.→〔甘休〕
干选 gānxuǎn 鉱乾式選鉱.
干癣 gānxuǎn =〔鳞 lín 屑癣〕医乾癣(ǎn)

干雪 gānxuě 水分の少ない粉雪.
干血浆 gānxuèjiāng 医乾燥血漿(ょぅ)
干血痨 gānxuèláo 中医月経が滞るために起こる一種の悪性貧血.→〔女 nǚ 儿痨〕
干眼症 gānyǎnzhèng 医眼球乾燥症.
干椰(子)肉 gānyē(zi) ròu コプラ.〔椰干儿〕
干咽 gānyè (涙も出ず)むせび泣く.→〔哽 gěng ①〕
干谒 gānyè 〈文〉(顕官・高官などを)願い事があって訪問する.面会を求める.
干衣机 gānyījī (洗濯した衣服の)乾燥機.
干邑 gānyì ①地コニャック:フランス南西部にある地. ②同前産のブランデー:〔〈音訳〉科 kē 涅克〕ともいう.
干硬 gānyìng 乾いて硬い.
干预 gānyù 関与(する).口出し(する):〔干与〕〔干豫〕とも書いた.〔监 jiān 督和~〕監督と関与(をする).→〔干涉①〕
干哕 gānyue =〔干呕〕〈口〉胸がむかつく.吐き気はあるが出ない.→〔净 jìng ~吐 tù 不出来〕むかつくだけで吐けない.→〔恶 è 心①〕
干云蔽日 gānyún bìrì 〈成〉(樹木や建物の)天に届くように高いさま.
干燥 gānzào 乾燥(する.している).〔~剂 jì〕乾燥剤.〔~箱〕乾燥箱.〔大便~〕便秘する.〔气候~〕気候が乾燥している. ②面白味がない.味気ない.〔~无味〈成〉無味乾燥.
干燥明矾 gānzào míngfán =〔飞 fēi 矾〕〔枯 kū 矾〕〔烧 shāo 明矾〕化焼ミョウバン(焼明礬).→〔明矾〕
干炸 gānzhá 粉をまぶして揚げる.からあげにする.→〔炸〕
干着急 gānzháojí ⇒〔干急〕
干证 gānzhèng その訴訟案件の関係証人.
干政 gānzhèng 〈文〉政治に干渉する.
干支 gānzhī 干支と十二支:〔十干十二支〕〔十天干十二地支〕〔天干地支〕の略.十干は〔甲 jiǎ, 乙 yǐ, 丙 bǐng, 丁 dīng, 戊 wù, 己 jǐ, 庚 gēng, 辛 xīn, 壬 rén, 癸 guǐ〕.十二支は〔子 zǐ, 丑 chǒu, 寅 yín, 卯 mǎo, 辰 chén, 巳 sì, 午 wǔ, 未 wèi, 申 shēn, 酉 yǒu, 戌 xū, 亥 hài〕.これを組み合わせて〔甲子〕〔乙丑〕…〔癸亥〕で60組となる.旧時,これを年月日・時刻および方角の順序と周期を表した.〔阴 yīn 历〕(旧暦)では現在も用いられる.〔地 dì 支〕〔天 tiān 干〕; gānzhī
干重 gānzhòng 湿気を取り去った重さ.→〔净 jìng 重〕〔自 zì 重②〕
干抓儿 gānzhuār 〈方〉食(汁なしの)うどん.
干皱 gānzhòu 干からびてしわくちゃである.
干租 gānzū 経ドライリース:操作・管理の人員を伴わない機械や車輌などの.→〔湿 shī 租〕
干罪 gānzuì 〈文〉服罪する.

〔忓〕 gān 〈文〉妨害する.犯す.

〔玕〕 gān →〔琅 láng 玕〕

〔杆〕 gān 柱.太いさお.〔一根(儿)旗~〕1本の旗ざお.〔电 diàn 线~〕電信柱.〔桅 wéi ~〕帆柱.〔栏 lán ~〕欄干. → gǎn
杆儿犯 gānrfàn ①〈方〉①微罪の初犯者. ②強姦犯.
杆塔 gāntǎ (トラス構造の)電線用の柱.
杆线 gānxiàn 電信柱と電線.〔~到村工程〕農山村に電話をつける大規模プロジェクト.
杆子 gānzi ①柱・ポール・長い棒.〔杆儿〕ともいう.〔水泥~〕セメント柱. ②〈方〉一揆の一味.

〔肝〕 gān ①生理肝.肝臓.〔~病 bìng〕医肝臓病. ②〈転〉こころ.

557

gān 肝矸竿酐甘

肝癌 gān'ái 医肝臓がん.
肝肠 gāncháng 肝と腸.〈转〉胸のうち.想い.〔~寸 cùn 断〕〈成〉⑧腹わたのちぎれるような悲しみ.⑤腹が減って餓死しそうだ.
肝胆 gāndǎn ①肝と胆.〈喩〉真心.〔~相照〕〔~照〕〈成〉肝胆相照らす:真心の交情をする.②〈喩〉勇気.胆力.血気.〔~过人〕胆力が人一倍勝れている.
肝淀粉 gāndiànfěn ⇒〔糖 táng 原〕
肝肺 gānfèi ①肝と肺.②〈转〉誠意.真心.
肝风 gānfēng 肝臓の異常興奮症状:頭痛・目まい・顔面紅潮・神経異常興奮など.
肝功(能) gāngōng(néng) 医肝機能.
肝昏迷 gānhūnmí 肝機能障害からくる昏睡.
肝火 gānhuǒ ①かんしゃく.癇(かん).〔大动~〕〈喩〉ひどくかんしゃくを起こす.〔~盛 shèng〕〔~旺 wàng〕かんがせきかんだちつ.〔~直上冒〕怒りが爆発する.②中医肝機能の亢(こう)進による病症.
肝脑涂地 gānnǎo túdì〈成〉①戦闘で肝や脳が飛び散って無残に死ぬ.②一身を顧みず忠誠を尽くす.
肝气 gānqì ①中医癇(かん).②癇癪(かんしゃく).〔犯~〕〔动~〕かんしゃくを起こす.むかっ腹を立てる.
肝儿 gānr 牛・豚・羊の肝臓.レバー(食材).→〔内 nèi 脏〕〔下水 xiàshui〕
肝儿颤 gānrchàn〈方〉震えあがる.〔这回我可~了〕今度は本当に恐ろしかった.
肝素 gānsù 薬ヘパリン.
肝泰乐 gāntàilè 薬グルクロラクトン.
肝吸虫 gānxīchóng ①肝臓の寄生虫(総称).②医肝吸虫.肝臓ジストマ:〔华 huá 支睾吸虫〕ともいう.通称〔华肝蛭 zhì〕
肝炎 gānyán 医肝炎.〔甲 jiǎ 型~〕〔甲肝〕A 型肝炎.〔乙 yǐ 型~〕〔乙肝〕B 型肝炎.
肝硬变 gānyìngbiàn 医肝硬変.〔肝硬化〕ともいう.
肝油 gānyóu 薬肝油.〔给小孩儿喝~〕子供に肝油を飲ます.→〔鳘 mǐn 鱼肝油〕
肝郁 gānyù 中医肝臓の不調による病症.
肝脏 gānzàng 生理肝臓.
肝掌 gānzhǎng 肝硬変患者の手(不規則な赤い線が出る)
肝蛭病 gānzhíbìng 医肝臓ジストマ病:〔片 piàn 形吸虫病〕ともいう.
肝肿大 gānzhǒngdà 医肝臓肥大.肝腫脹.

〔矸〕 gān

矸石 gānshí ぼた:採炭砿石(特に石炭)の中にまじっている経済的価値のない石ころ:〔〇〕矸子〕ともいう.〔煤 méi ~〕同前.

〔竿〕 gān

竿 gān ①〔-子〕さお.〔一根(儿) gēn(r) 竹~〕1 本の竹ざお.〔钓 diào ~〕釣りざお.〔~叉 chā〕(竹ざおを物干し台の高い所にかけるための)また.〔~梢 shāo〕さおの先.〔揭 jiē ~而起〕〈成〉むしろ旗を立てて立ちあがる.百姓一揆を起こす.〔百尺~头,更进一步〕〈成〉百尺竿(かん)頭一歩を進める:高い成果を得たあとも,更に進歩を求める.②〈姓〉竿(かん).
竿子 gānzi 竹ざお.〔一~插到底〕〈喩〉上級の意を末端組織まで徹底させる.

〔酐〕 gān

酐 gān 化酸無水物:〔酸 suān ~〕の略.〔碳 tàn (酸) ~〕〔碳(酸)气〕二酸 yǎng 化炭(气)無水炭酸(炭酸ガス).〔醋 cù ~〕無水酢酸.

〔甘〕 gān

甘 gān ①甘い.↔〔苦 kǔ〕→〔甜 tián ①〕②〈文〉〈喻〉(食べ物の)うまいもの.食べ物,寝 qǐn 不安〕食事もまずく,寝ても覚めても満たされる.心地よい.(言葉が)甘い.〔寝~无 wú 梦〕〈成〉夢も見ずにぐっすり眠る.〔心有未~〕〈成〉心に満足できない点がある.〔言~辞 cí 巧〕〈成〉言葉が甘く人の心を引く.④生きていく幸福を享受する.…を楽しむ.〔同甘 ~无苦〕〔分 ~共苦〕〈成〉ともに楽しむともに苦しむ.〈喻〉甘んじる.〔~冒 mào 风险〕自ら好んで危険を冒す.〔不~失败〕失敗に甘んじない.〔~受处分〕甘んじて処分を受ける.⑥地甘肃(省)の略:昔時の〔甘州〕(現在の張掖)と〔肃 sù 州〕(現在の酒泉)の地.〔陇 lǒng ②〕ともいう.⑦〈姓〉甘(かん).
甘拜下风 gān bài xiàfēng〈成〉甘んじて人の風下に立つ.心服して負けを認める.
甘草 gāncǎo 植カンゾウ(甘草),またその根:マメ科多年生草本.根は甘味を帯び,甘味剤となり,また鎮痛,鎮咳(がい)剤とする.〔~浸 jìn 膏〕甘草エキス.
甘脆 gāncuì〔甘脆〕とも書く.〈文〉美食.〔~肥 féi 浓〕
甘当 gāndāng 心から当たる(つとめる).〔爪 zhǎo 牙〕悪人の手先をいいそとする.
甘地 gāndì 人ガンジー:インドの宗教・政治の指導者で,不服従運動によって英国からインドの独立を勝ち取った(1869~1948)
甘尔林 gān'ěrlín ⇒〔咪 mī 唑〕
甘芳 gānfāng 甘くて香ばしい.
甘服 gānfú 甘んじて服従する.
甘汞 gānggǒng =〔氯 lǜ 化亚汞〕〔一 yī 氯化汞〕化甘汞(かん)(塩化第一水銀.カロメル).
甘瓜苦蒂 gānguā kǔdì〈成〉甘い瓜でもへたは苦い.〈喻〉欠点のものは無い,天下万物無全美同前.
甘蕉 gānjiāo ⇒〔香 xiāng 蕉②〕
甘结 gānjié 旧誓約書.受諾書.〔具 jù ~〕誓約書を書く.
甘井先竭 gānjǐng xiānjié 良い水の出る井戸は早く涸(か)れる.〈喻〉才能の優れた人は早く衰えるものだ.→〔取 qǔ 之不尽〕
甘居 gānjū 甘んじる.〔~中游〕〈成〉ほどほどで満足すること.→〔力 lì 争上游〕
甘菊 gānjú 植カモミール(カミツレ)
甘苦 gānkǔ ①甘さと辛(から)さ.(人生の)味.〔同~共苦〕〈成〉苦楽を共にする.〔年轻人不知道~〕若い者は人生の味がわからない.②辛(から)さ.苦労の味.
甘蓝 gānlán 植(野菜の)カンラン(総称):変種が大変多く,それぞれ通名でよばれる.ⓐ.〔卷 juǎn 心菜〕(キャベツ):〔普 pǔ 通~〕といい,もっぱら結球した葉を食用する.ⓑ.〔茎 pič 蓝〕(コールラビ.カブカンラン):〔球 qiú 根~〕といい,肥大させた球茎(根)を漬物として食用する.ⓒ.〔花(椰)菜〕(ハナヤサイ.カリフラワー).ⓓ.〔芥 gài 蓝(菜)〕(結球しないカンランン).
甘冽 gānliè 清く澄んで甘い.
甘霖 gānlín =〔甘雨〕〈文〉慈雨〈〉.めぐみの雨:〔膏 gāo 霖〕に同じ.
甘露 gānlù ①甘露(かん).②〈文〉恩沢.
甘露醇 gānlùchún 化マンニトール.マンニット.
甘露王 gānlùwáng →〔阿 ē 弥陀佛〕
甘露子 gānlùzi →〔甘螺儿〕[甘露儿]〔甘露菜〕ともいう.〔宝 bǎo 塔菜〕〔地古蚕①〕〔螺 luó 丝菜〕は別称.〔草 cǎo 石蚕〕は旧称.巻貝に似た塊茎の漬物は〔螺丝酱 jiàng 瓜〕という.
甘螺儿 gānluor 同上.
甘美 gānměi 美味である.おいしい.
甘泉 gānquán おいしい清水.またその湧き出し口.
甘受 gānshòu 甘受する.〔~其苦〕苦しみを甘んじて

gān～gǎn

受け入れる.
甘鼠 〚鼷 xī 鼠〛

甘薯 gānshǔ 植 サツマイモ: 皮の白っぽいのを〔白薯〕, 赤いのを〔红薯〕という.〔地 dì 瓜①〕〔番 fān 薯〕〔红 苕 sháo〕〔山 芋〕〔芋 头 ⑫〕の方言.〔烤 kǎo 白薯〕焼きいも.〔白薯挑儿 tiāor〕旧焼芋の行商人.〔白薯小米粥 zhōu〕食イモ入りの粟(ৄ)がゆ.

甘素 gānsù 化 ズルチン:〔对 duì 乙氧苯基脲〕〔乙 yǐ 氧基苯脲〕は学名.→〔糖 táng 精〕

甘遂 gānsuì 〚甘泽〛植 ナットウダイ(近縁植物): 毒草で薬用される.〔陵 líng 稿〕〔陵泽〕は古名.

甘棠 gāntáng ⇒〔杜 dù 梨〕

甘甜 gāntián おいしい.

甘为 gānwéi よろこんでなる.〔～人民的奴仆〕喜んで人民の下僕となる.

甘味 gānwèi ①〔～口〕美味(のもの). ②おいしい.〔食不～〕食べてもおいしくない.

甘心 gānxīn ①甘んじる(じて).喜んで(する).〔～忍 rěn 受〕甘んじて耐え忍ぶ.〔他们并不～自己的失败〕彼らは決して自己の失敗に甘んじてはいない. ②満足である.〔～乐 lè 意〕喜んで希望する.〔～情 qíng 愿〕心から願う.〔要是能让我跟她见上一面, 就是死也～〕もし彼女に一目会わせてもらえたら死んでも本望だ. ③気がすむ. 納得する.〔我见他不～, 就帮他一起找〕わたしは彼があきらめないと知って, 一緒に探した.〔他叫不开门又不～〕彼は門を開けてもらえなくてとあきらめなかった.

甘辛 gānxīn ①楽しみと苦しみ. ②やや辛みを帯びた甘さ.

甘休 gānxiū やめる. 手を引く: 多く否定・反語に用いる.〔不肯～〕そのままで済まそうとしない.〔岂 qǐ 能善 shàn 罢～〕おめおめと引き下がれるものか.

甘言 gānyán ⇒〔甜 tián 言〕

甘油 gānyóu〔丙 bǐng 三醇〕化 グリセリン(リン. グリセロール):〔(音訳)格 gé 立舎林〕〔口洋 yáng 蜜〕という.〔硝 xiāo 化～〕ニトログリセリン.〔～明胶 jiāo 药〕グリセロゼラチン座剤.

甘油磷酸钙 gānyóulínsuāngài 化 グリセロ燐(ⁿ)酸カルシウム(グリセロ燐酸石灰)

甘于… gānyú… 喜んで…する.〔～牺 xī 牲个人利益〕喜んで個人の利益を犠牲にする.

甘雨 gānyǔ ⇒〔甘霖〕

甘愿 gānyuàn 快く希望する.〔心甘情愿〕望むところである.

甘泽 gānzé ⇒〔甘遂〕

甘蔗 gānzhe 植 サトウキビ. またその茎:〔薯 shǔ 蔗〕〔糖 táng 蔗〕ともいう.〔～(渣 zhā 压制)板〕甘蔗の繊維を圧搾して作った人工板〔纤 xiān 维板〕の一種.→〔芦 lú 粟〕

甘之如饴 gān zhī rúyí〈成〉(苦しみに)飴のような味を感じる.〔転〕苦労や犠牲をいとわない.

甘旨 gānzhǐ〈文〉美味(な食べ物).〔虔 qián 设～称上寿〕恭しく料理を並べ, ご長寿をことほぐ: 旧時の料理屋の宜伝文句.

甘竹 gānzhú ⇒〔淡 dàn 竹〕

甘紫菜 gānzǐcài 植 ノリ. アサクサノリ:〔紫菜〕の別称.

〔**泔**〕 **gān**

泔脚 gānjiǎo 同下.

泔水 gān·shuǐ 米のとぎ水.〔転〕お勝手の用済みの水:〈方〉〔泔 脚〕〔米 mǐ 泔 水〕〔淘 táo 米(泔水)〕ともいう.〔～桶 tǒng〕汚水桶.

〔**坩**〕 **gān** 〈文〉陶製の盛り鉢.〔～子 zi〕〈方〉土器.〔～土〕〈方〉陶土. カオリン:〔瓷 cí 土〕に同じ.

坩埚 gānguō 工 るつぼ: 俗に〔倾 qīng 银 罐〕〔熔 róng 锅〕〔熔 róng 金 锅〕〔熔 金 匹 碗〕〔银 yín 碗儿〕ともいう.

〔**苷**〕 **gān** 化 配糖体(グリコシド): 有機化合物の一種. 広く植物に存在し, 漢方薬の〔甘草〕〔陈皮〕などに含まれる.〔甙 dài〕〔配 pèi 糖物〕〔配糖体〕は旧称.

〔**柑**〕 **gān** ①植 ミカン, またその果実: 大形で皮が厚い. 小形のものは多く〔橘 jú〕という.〔～子〕ミカン(果実).〔橘 jú〕柑橘(%)類.〔金～〕キンカン:〔金 jīn 柑(儿)〕ともいう.〔椪 pèng ～〕ポンカン.〔姓〕柑(父)

〔**疳**〕 **gān** 中医 疳(ἅ): 子供が食欲がなく, 痩せて腹がふくれ, 時々熱が出る症状.〔～积 jī〕同前. ②局部の溃瘍・化膿.→〔走 zǒu 马(牙)疳〕

疳疮 gānchuāng ⇒〔下 xià 疳〕

〔**尴・尴(尲)**〕 **gān**

尴尬 gāngà ①事が紛糾して処理し難い.〔局面很～〕局面は手のつけようがない.→〔不 bù 尴不尬〕〔糟 zāo 糕〕 ②(態度・様子が)正常でない. おかしい. 怪しい.〔看那人神色～, 怕有病〕あの人は表情がおかしい, 病気ではないだろうか.〔～人做一事〕ろくな奴ろくでもないことをする. ③具合が悪い. ばつが悪い.〔偏 piān 偏和昨天吵过架的人坐到一块儿, 未免～〕あいにく昨日けんかをした奴と同席することになり, 気まずい思いをした.

〔**漧**〕 **gān** 〈文〉干からびる. 乾燥している.

〔**杆(桿)**〕 **gǎn** ①〔-儿, -子〕(ᵏ)・ハンドル・レバー: 物を手で握る棒状の部分.〔枪 qiāng ～〕銃身.〔笔 bǐ ～〕筆の軸.〔秤 chèng ～〕さお秤のさお.〔烟 yān 袋～〕キセルの羅宇(ぅ).〔腰込～〕腰.〔～把〕ハンドル.〔～子〕②機軸. スピンドル. ロッド: 道具の部分と部分をつなぐ棒状の部分.〔镗 táng ～〕ボーリングバー.〔结 jié 合～〕コネクティングロッド.〔测 cè 量～〕測量棒. ③量詞. 柄のついた棒状の器具を数える.〔一～秤 (祝)〕一つ.〔一～枪〕銃 1 丁.→ **gān**

杆秤 gǎnchèng さお秤(ᵏ).〔天 tiān 平〕

杆弟 gǎndì〈球 qiú 童〉

杆菌 gǎnjūn〔杆状细菌〕ともいう. 医 桿(ⁿ)菌. バチルス.〔大肠～〕大腸桿菌.

杆儿 gǎnr ①⇒字解① ②〈方〉物乞い.

杆锤 gǎnzhuī ⇒〔改 gǎi 锤〕

杆子 gǎnzi ①⇒字解① ②〈方〉土匪.〔～头〕同前の頭(ᵏ)

〔**秆(稈)**〕 **gǎn** 〔-儿, -子〕(植物などの)茎. 幹. 藁(ℓ).〔一根(儿)麦 mài ～儿〕1 本の麦藁.〔麻 má ～儿〕麻の茎.〔高 gāo 梁～儿〕高梁(ₐ)がら.〔～人(儿)〕稲 dào 草人.〔藁人(儿)病〕植 銹 xiù 病. 茎さび病.

〔**赶・趕**〕 **gǎn** ①追う. 追いかける.〔～贼 zéi〕賊を追いかける.〔话～话〕相手の話にすぐ続けて物を言う. 売り言葉に買い言葉.〔成绩～过他们去〕成績は彼らを追い越す. ②追い払う.〔～鬼〕亡霊を追い払う. 邪気を払う.〔他出去〕彼を追い出す.〔把他～出来〕あいつを追い出せ.〔喝烧酒 ～一～寒〕焼酎を飲んで寒さを払う. ③车馬を驱る. 驱りたてる.〔～大车〕荷馬車を同前.〔～马 mǎ 车〕馬車を駆る. ④急ぐ. 駆けつける.〔～做 zuò〕急いでする.〔～造〕急いで製造す

gǎn

る.〔~功课〕宿題を急いでやる.〔正在~着准备〕急いで準備しているところだ.〔~着瞧吧〕やってみましょう.〔连夜~路〕夜になっても道を急ぐ.〔闻wén信~到〕知らせを聞いて駆けつける.〔~火huǒ车〕汽車に駆けつける.〔~钟zhōng点〕時間に(遅れないように)急ぐ.⑤〔一つ所に〕集まる.行って集まりに加わる.〔各种事~在一天太忙乱〕いろいろなことが一日に集中して目が回るように忙しい.〔本来就穷,又加上病,都~在一块儿了〕もともと貧しいのに、かてて加えてまた病気にさえなった.⑥〔出来事に〕ぶつかる.出くわす.〔~上下大雨〕大雨に出くわす.〔~巧了,元旦正是星期六〕うまいことになっている,元日がちょうど土曜だ.〔现在正~上放假的时候〕ちょうど休暇中だ.⑦〈口〉…向ける.…に対して:〔等děng(II)②〕に同じ.〔~他回来再说〕彼が帰って来てからのことにしよう.〔~到那个时候〕その時になってから.⑧〈姓〉赶(干)

- **赶榜** gǎnbǎng =〔背bēi榜〕〔扛káng榜〕びりで及第する(者).→〔坐zuò红椅子〕
- **赶不及** gǎnbují 間に合わない.↔赶得及
- **赶不上** gǎnbushàng ①追いつけない.及ばない.かなわない.〔走远了~了〕遠くへ逃げた,もう追いつけない.②間に合わない.③うまく巡り合わない.〔一个星期日总~好天气〕この2週間は日曜がよい天気に出くわさない.↔赶得上
- **赶场** gǎnchǎng ⇒赶集①
- **赶场** gǎnchǎng 画①(俳優などが)舞台をかけもつ.②急いで登場する.
- **赶超** gǎnchāo 追いつき追い越す.〔~世界先进水平〕世界のトップレベルに追いつき追い越す.
- **赶潮** gǎncháo 引き潮を追いかける(残された魚をつかまえて遊ぶ)
- **赶潮流** gǎncháoliú 〈喩〉ブームに乗る.時流を追う.
- **赶车** gǎnchē ①車を走らせる.車を御する:馬車・牛車など.〔~的〕御者.②発車時刻に遅れないように急ぐ.
- **赶趁** gǎnchèn 〔白~〕利を求めて走り回る.〔~人〕縁日や祭りで芸を見せる者.②重なる.集中する.
- **赶寸** gǎncùn 〈方〉ちょうどうまいときにいく.〔~了,我许能参加你们的婚礼〕ちょうどうまくやりくりがつけば,きみたちの結婚式に出られるかもしれない.→〔寸劲儿②〕
- **赶档子** gǎndàngzi 〈方〉①(縁日などの盛り場に)店を出す.〔~的〕縁日商人.香具師(さ).〔到集jí上~去〕市(%)へ店を出しに行く.②どさくさ紛れにことをする.足手まといになることをする.〔他家办喜事,你们去赶什么档子〕彼の家でお祝いごとをやっているのに,なんで行って足手まといになるのか.
- **赶到** gǎndào ①(間に合うように)急いで駆けつける.〔一定4点以前~学校〕必ず4時までに学校に着く.②…の時から(から)/…の時になってみると.〔那时候再说吧〕その時になってからのことにしましょう.→〔等děng到…〕
- **赶道(儿)** gǎndào(r) 道を急ぐ:〔赶路〕に同じ.
- **赶得及** gǎndeji 間に合う.↔赶不及
- **赶得上** gǎndeshàng ①及ぶ.かなう.〔没有一个~他的〕彼にかなう者は一人もない.②間に合う.追いつく.↔赶不上
- **赶点** gǎndiǎn ①(遅れを取りもどそうと)加速して急ぐ.②必要をちょうど満たす.うまく間に合う.③〈~的赌博〉賽(%)をふって目の数を競う.
- **赶赴** gǎnfù 駆けつける.〔~现场〕現場へ急行する.
- **赶工** gǎngōng 仕事・工事を急ぐ.速度を上げる.
- **赶海** gǎnhǎi ①〔素人が〕急ぎ商売を始める.〔~发财〕同僚で一山大当たる.②〈方〉〔潮の引いた干潟で〕魚貝などを捕る.

- **赶汗** gǎnhàn 〈方〉発汗させる(熱い飲み物などを飲んで)
- **赶行市** gǎnhángshì 〈方〉投機売りする.商機に素早く対応する.
- **赶好** gǎnhǎo ①乗り遅れないようにする.うまく急がせる.②⇒赶巧
- **赶猴儿** gǎnhóur 〈方〉博打(ぐ)の一種:さいころ3個を投じてぞろ目(同じ数の出た2個)以外のもう1個の数で勝負を決める.→〔掷zhì老羊〕
- **赶回** gǎnhuí ①急いで引き返す.②追い返す.
- **赶会** gǎnhuì ①=〔赶庙会〕縁日に行く.お祭りに行く.②縁日に行く(店を出したにまたは買い物に)
- **赶活(儿)** gǎnhuó(r) 仕事を急ぐ.
- **赶伙儿** gǎnhuǒr 婚礼や葬式などに雇われる人夫がかけもちで(1日に数か所)仕事を請け負うこと.
- **赶即** gǎnjí ただちに.至急.急いで.
- **赶急** gǎnjí 急いで.
- **赶集** gǎnjí ①市(%)へ出かける(売買または見物に行く):〔赶场cháng〕〔赶街〕〔赶市〕〔赶圩〕は方言.②驰(%)せ集まる.
- **赶脚** gǎnjiǎo ロバ(ラバ)で人や荷物を運ぶ.〔~(儿)的〕〔赶驴的〕同前の馬子.〔~的骑qí驴,眼前快活〕歇)馬子がロバに乗る:目の前の楽しか考えない.行きあたりばったり.
- **赶街** gǎnjiē ⇒赶集①
- **赶紧** gǎnjǐn 急いで.ただちに.〔~(地)做〕急いです.〔~刹shā车〕急ブレーキをかける.→赶忙
- **赶尽杀绝** gǎnjìn shājué 〔成〕追い払い殺し尽くす.〈転〉容赦なく痛めつける.〔睁一眼闭一眼是必要的,不能~;大家日后还得见面的〕(老舍:上任)多少のお目こぼしも必要だ,きれいさっぱりというわけにはいかない,いずれまた顔をあわせなければならないんじゃないか.
- **赶开** gǎnkāi 追い払う.〔早晨被一个小蝇子在脸上爬来爬去爬醒,~,又来,~,又来〕朝,ハエが一匹顔をはいまわったので目を覚まさせられた,追ってもまたしつこくやって来るのだった.
- **赶考** gǎnkǎo 回(科挙の)試験を受けに行く.
- **赶快** gǎnkuài いそいで.早いうちに.〔~地de同前.〔把它~说了吧〕あのことをさっさと言ってしまいなさいよ.
- **赶浪头** gǎnlàngtou 〈喩〉時流に追随する.場当たりにうまくやる.⇒赶会①
- **赶礼** gǎnlǐ (慶弔時の)贈り物をする.→〔送sòng礼〕
- **赶拢** gǎnlǒng 〈方〉駆けつける.急ぎやってくる.〔有钱的人家儿总不免有许多帮闲的~来〕金持ちのところに大勢の取り巻きがご機嫌取りにやってくるのはよくあることだ.
- **赶路** gǎnlù 道を急ぐ.
- **赶碌** gǎnlu 〔赶罗〕〔赶落〕とも書く.〈方〉あわてふためかせる.せきたてる.〔赶碌碌地せかせかと〕〔不要把人~急了〕人を窮地に追い込んで困らせるものではない.
- **赶忙** gǎnmáng =〔赶急〕急いで.〔~地de〕同前.〔他~地道谢〕彼は急いで礼を言った.
- **赶庙会** gǎnmiàohuì ⇒赶会①
- **赶明儿** gǎnmíngr そのうち.いつかまた.〔有什么话,~再说〕何かあったらそのうちにまた相談しよう.
- **赶跑** gǎnpǎo 追い払う.追いだてる.
- **赶前** gǎnqián 予定を早める.〔~不赶后〕早めても遅らせない.〔~错后〕慣〕予定の時期より前後す
- **赶巧** gǎnqiǎo =〔赶好①〕ちょうど(その時に).折しも.〔~有船〕折よく船がある.〔不赶巧〕他不在家〕あいにく彼は留守にしている.〔可真赶得巧〕ほんとに間(%)がよかった.→〔凑còu巧①〕

gǎn

赶热闹 gǎnrènao [—儿] 物見高く人の集まる所へ行く.〔小孩儿最喜欢～〕子供はお祭り騒ぎが大好きだ.

赶任务 gǎnrènwu 急いで任務を完成する.

赶山 gǎnshān 山へ入る(山菜採りや狩りに).

赶上 gǎnshàng ①追いつく.間に合う.〔～火车〕汽车に間に合う.〔～了他〕彼に追いついた.〔那出戏我一个后尾巴〕あの芝居は終わりごろやっと間に合った. ②出くわす.〔～雨了〕雨にあった.〔这个礼拜天能～好天气就好了〕今週の日曜がよい天気になればよいが.〔～不好的年月〕悪い時期にあたる.〔正～他也坐在那儿〕ちょうど彼もそこに居あわせた.→〔赶不上〕〔赶得上〕

赶时间 gǎnshíjiān 急いでいる.時間が切迫している.

赶时髦 gǎnshímáo 流行を追う.〔在服装上～〕流行ファッションを追う.

赶市 gǎnshì ⇒〔赶集①〕

赶死赶活 gǎnsǐ gǎnhuó 〈慣〉非常に急ぐこと.あわてふためくこと.

赶趟儿 gǎntàngr ①間に合う.手が回る.ついて行ける.〔穿兔 tù 子鞋跑,也不～〕どんなに速く走っても間に合わない.〔实在太忙,赶不上趟儿〕ほんとに忙しくて手が回りきらない. ②時期に合っている.〔这个时候穿皮袄 ǎo 正～〕今毛皮の服を着るのはちょうど時期に合っている.〔应 yìng 时以〕

赶往 gǎnwǎng 急行する.〔～现场〕急いで現場にかけつける.

赶下台 gǎnxiàtái 〈喩〉ポストから追い落とす.〔赶下课〕ともいう.

赶先进 gǎnxiānjìn 先進者に追いつく.

赶圩 gǎnxū ⇒〔赶集①〕

赶鸭子上架 gǎnyāzi shàngjià 〈諺〉アヒルをとまり木に追い上げる.〈喩〉無理難題を言う.できないことをするよう迫る.〔把～〕〔拿〕〔逼〕ともする.

赶早(儿) gǎnzǎo(r) ①〔旅〕で朝立ちする. ②⇒〔趁 chèn 早(儿)〕

赶毡 gǎnzhān 〈方〉毛が互いにくっついてかたまりになる.→〔擀毡②〕

赶阵儿 gǎnzhènr 〈方〉陣痛(がくる).〔只要不难产,一～就快生了〕難産でさえなければ,陣痛がくればすぐ生まれる.

赶锥 gǎnzhuī ⇒〔改 gǎi 锥〕

赶走 gǎnzǒu ⇒〔赶跑〕

赶嘴 gǎnzuǐ 〈方〉人の家にご飯時に行ってそのままごちそうになる.また,宴会に予定外の者が出席してごちそうを食べる.〔我～来了〕ごちそうになりに来てしまいました.

箅

〔箅〕 gǎn 地名用字.〔镇 zhèn ～〕(地)湖南省鳳凰県にある.

〔擀(扞)〕

〔擀(扞)〕 gǎn ①平たくのす.のして平たく薄くする.〔～饺 jiǎo 子皮儿〕ギョーザの皮を(のす).〔～面条〕うどんをのす(作る).〔～不开〕のし広げられない. ②〈方〉力を入れて細かく速くこする.磨きをかける.〔先用水把玻璃擦净,然后再一过〕まず水でガラスを拭いてからもう一度よく乾(ゑ)き拭きをしなさい.→〔捍 hàn〕

擀面 gǎnmiàn こねた小麦粉のす.〔～杖 zhàng〕〔眼儿 gùnr〕〔面杖〕同样のめん棒. 〔～板(子)〕のし板.〔手～〕手打ち麺(ミ).〔～杖吹火,一窍 qiào 不通〕〈歇〉麺(ミ)棒で火を吹く:一つの穴(仕事のこつ)も通っていない.何もわかってない.全くのしろうとである.

擀毡 gǎnzhān ①毛氈(ਛ).フェルトを作る(こと). ②〈転〉毛皮・メリヤス地・ネル地や頭髪などの毛(あ)るいはけが)が固まって板状になること.〔这皮袄 ǎo

都～了〕この裏毛皮つきの服はすっかり毛が固まってしまった.

〔筸〕

〔筸〕 gǎn 〈文〉矢竹.矢柄.

〔敢(敢)〕

〔敢(敢)〕 gǎn ①あえて…する.思い切って…する.恐れずに…する.〔不～不〕…しないではいられない.やむにやまれず.〔我没(有)～说了〕私は言うのを控えた.〔请饶 ráo 我这一次吧,下次我不～了〕今度のことは許してください,この次はいたしませんから.〔～犯任何罪〕どんな犯罪行為もはばかることなくする.〔～为人先〕まっ先に立ってやる.〔～不敬逊〕〈文〉どうして命に従わないことがあろうか. ②勇気がある.度胸がある.〔勇 yǒng～〕勇敢(である).〔～谦〕恐れ入りますが…大変ぶしつけですが….〔～请 qǐng〕恐れ入りますがお願いします.〔～烦 fán〕まことにお手数ですが.→〔岂 qǐ 敢〕 ④〈方〉おそらく.ひょっとすると.ことによると.→〔敢是〕

敢保 gǎnbǎo 〈方〉まちがいなく…になる.請け合って…する.〔管 guǎn 保〕に同じ.〔～一定还 huán 给你〕まちがいなくお返しします.

敢不… gǎnbù… →〔不解①〕

敢打硬仗 gǎndǎ yìngzhàng 〈慣〉困難な戦に真正面から挑みやり抜く.

敢待 gǎndài 〈白〉…しようとする.〔这早晚～来也〕こんな時刻に来ようとするのか.

敢当 gǎndāng 引き受ける勇気がある.〔敢作～〕思い切ってやり,深く責任を取る.→〔不 bù 敢当〕

敢干 gǎngàn 大胆にやる.〔敢想～〕ずばっと言い,思い切ってやる.〔敢想〕大胆に考え大胆にやる.

敢莫 gǎnmò …ではないだろうか.〔莫非〕に同じ.〔～我听错了〕よもや私の聞きまちがいだったのではないか.

敢怒而不敢言 gǎnnù ér bùgǎnyán 心中の怒りを口に出せない(せない)

敢怕 gǎnpà 〈白〉たぶん.おそらく.〔～有四五百斤重〕(水28)おそらく4,5百斤の重さはあろう.

敢情 gǎnqíng 〈方〉〔敢 qíng 则〕〈方〉〔敢自〕〈口〉①〔～(今わかった)〕.道理で(…だったのか).〔～他会,他学了三年了道理でできるはずだ,彼は3年間勉強しているんだもの.〔～是这么回事呀〕なるほどそういうことだったのか.〔～是他呀〕なるほど彼だったのか.〔～他是个骗子〕何と彼はかたりだったのか.〔～怪 guài 不得呀〕〔原 yuán 来 〕 ②もちろん.むろん.〔那～好〕それはむろん結構です.〔～！〕もちろんです.

敢是 gǎn·shì 〈口〉恐らく.たぶん.〔那本书,我找了半天也没找着,～他拿去了〕あの本は長い間捜したのに見つからなかった,たぶん彼が持って行ったのだろう.

敢死队 gǎnsǐduì 決死隊.

敢问 gǎnwèn 〈謙〉お尋ねいたします.〔～二位尊姓大名〕お二人のお名前をお教え下さい.

敢许 gǎnxǔ 〈方〉もしかしたら…かもしれない.〔你好好找一找,～会找到〕もっとよく探してごらん,見つかるかもしれない.

敢于 gǎnyú 思いきって…する.恐れずに…する.〔～斗 dòu 争,～胜利〕恐れずに闘い,勝利を求める.〔～克服困难〕勇敢に困難を克服する.

敢则 gǎnze ⇒〔敢情〕

敢字当头 gǎnzì dāngtóu 〈慣〉敢然と立ち向かう.勇敢に立ち向かう.〔～向一切敵人宣战〕鲁迅は敢然と一切の敵に対して宣戦した.

敢自 gǎnzi ⇒〔敢情〕

敢作敢当 gǎnzuò gǎndāng 〈慣〉思い切ってやり,深く責任を取る.

敢作敢为 gǎnzuò gǎnwéi〈慣〉腹をすえてやる.

〔澉〕 gǎn ①地名用字.〔~浦 pǔ〕浙江省海塩県の南方にある. ②〈姓〉澉(さん)

〔橄〕 gǎn ①→〔橄榄〕 ②〈姓〉橄(さん)

橄榄 gǎnlǎn ①⌘(カンラン科)カンラン、またその果実:果実は〔青 qīng 果〕〔青榄〕〔忠 zhōng 果〕ともいう.〔~帽 mào〕⌘軍帽の一種.〔~球〕⌘ラグビー、またアメリカンフットボール.〔同前用のボール.楕円形のボール. ②⌘(モクセイ科)オリーブ:〔油 yóu ~〕の通称.果実は〔齐 qí 墩果〕という.〔~绿 lù〕⌘オリーブ色(の).青緑色(の).〔~石 鉱〕かんらん石.〔~树〕オリーブの木.〔~岩 yán 鉱〕かんらん岩を主成分とする鉱物.〔~油〕〔橄榄油〕オリーブ油〔俄 é 列夫油〕は旧音義訳語.〔~枝 zhī〕オリーブの枝:(欧米で)平和の象徴.

〔感〕 gǎn ①感じ.思い.〔有点隔 gé 靴搔痒之~〕少し核心から隔てられている感がある.〔百~交集〕〈成〉百感こもごも至る. ②感ずる(じさせる).〔~兴 xìng 趣〕興味を感じさせる.〔深~厚 hòu 谊 之〕厚情に深く感謝する.〔请即电洽 qià 为~〕⌘ただちに電報にてご相談くださらば幸なり.〔~人〕⌘深く感動させる.〔深有所~〕深く感じ入れられた.〔哦、真~人!〕いや、すばらしい.実に感動的だ.〔~天动地的爱〕天地をも感動させる愛情. ③中医感ずる.外~:内伤.感冒と内臓の障害. ⑥〔写真で〕感光する. ⑦〈姓〉感(かん)

感触 gǎnchù 感銘.感慨.感動.〔想起那时的情形、~特别多〕あの時の事を思い出すと感慨ひとしおである.〔深有~地说〕深い思いをこめて言った.

感传 gǎnchuán 中医鍼(はり)の感覚が経絡を伝わる

感戴 gǎndài 感激し支持する(上の者に対して).〔~无既〕感激のきわみである.

感到 gǎndào 感じる.〔~困难〕困難を感じる.〔~十分高兴〕非常にうれしく思います.〔~情况有些不妙〕形勢が少々思わしくないようだ.→〔觉 jué 得〕

感动 gǎndòng 感動する(させる).〔他的话使我深受~〕彼の言葉に強く心を打たれた.

感恩 gǎn'ēn 恩に感謝する.〔对政府的照顾~不尽〕政府の配慮に対して感激に堪えない.〔图 tú 报〕恩に感じてお返しをしようとする.〔~戴 dài 德〕〈成〉恩徳に感激する.〔~节 jié〕感謝祭(アメリカ・カナダに)

感奋 gǎnfèn 感奮(する).〔听了领导同志的讲话,大家非常~〕指導者の話を聞いて、みんな非常に感激して奮い立った.

感愤 gǎnfèn〈文〉憤慨(する).

感服 gǎnfú〈文〉感服する.

感官 gǎnguān ⇒〔生理〕〔感覚器官〕の略.官能.〔~生活〕官能生活.

感光 gǎnguāng 感光(する).〔~片〕感光フィルム.感光材料.〔~度 dù〕感光度.〔~纸 zhǐ〕感光紙.→〔片 piàn〕

感荷 gǎnhè〈牘〉ありがたく幸せに思う.

感化 gǎnhuà 感化(する).〔受人家的~〕人から感化される.〔~院 yuàn〕旧感化院.〔工 gōng 读学校〕

感怀 gǎnhuái 心動かされるものがある.感慨にふける.〔~往昔〕往事をしのぶ.〔中秋~〕中秋節感懐:詩の題.

感激 gǎnjī (人の好意・援助に)感激(する).〔~不尽〕〈慣〉感激に堪えない.〔~涕 tì 零〕〈慣〉感激にふける.感激の涙にむせぶ.〔~莫 mò 名〕〈慣〉感激は言葉に出せないほどである. ②〈文〉(心が)激する.

感旧 gǎnjiù ⇒〔念 niàn 旧〕

感觉 gǎnjué ①⌘感覚.〔~器 qì 官〕〔感官〕感覚器官. ②感じ.印象.〔我有点儿这么个~〕私は少しそういう感じがある.〔意思倒一样、~上差 chà 一点儿〕意味は同じだが、ニュアンスは少し違う.〔她对那种类型的男的没有~〕彼女はそのタイプの男には興味がわからい. ③感ずる.…のような気がする.…と思う.〔他~事情还顺利〕彼は仕事はまあまあ順調と感じた思った.→〔觉〕

感觉神经 gǎnjué shénjīng =〔传 chuán 入神経〕生理感覚神経.知覚神経.→〔运 yùn 动神経〕

感慨 gǎnkǎi 感慨(する.を覚える).〔~万端〕〔~万千〕〈成〉感慨無量である.〔~系 xì 之〕〈成〉このことによって感慨をもよおす.

感抗 gǎnkàng 感応リアクタンス.

感叹 gǎntàn〈文〉(深く)感じて嘆息する.

感愧 gǎnkuì〈文〉感謝の念と申し訳なさ.〔~交 jiāo 加〕感謝と申し訳なさが重なって身にしむ.〔~兼 jiān 之〕ありがたくもあり申し訳なさである.

感泐 gǎnlè〈文〉感謝し肝に銘ずる.

感冒 gǎnmào ①感冒.〔流行性〕〔流感〕医インフルエンザ.流行性感冒.〔得 dé 了~〕風邪をひいた. ②風邪をひく:〔伤 shāng 风〕〔着 zháo 凉〕ともいう. ③〈口〉(冗談で)興味がある:〔不~〕の形で用いる.〔对棒 bàng 球并不~〕野球なんておもしろくもない. ④不快に感じる.

感铭 gǎnmíng 感銘(を受ける)

感念 gǎnniàn 感謝して懐かしむ. ②偲(しの)ぶ.

感佩 gǎnpèi ①感激していつまでも忘れない. ②感服する.

感泣 gǎnqì 心動かされて涙を流す.

感情 gǎnqíng ①感情.気持ち.〔动~〕感情に走る.〔用事感情的态度〕投資・好感を得るための投資・努力. ⑤人間関係を重視する経営管理. ②交情.友情.情愛.親しみ.〔有了~〕情が生まれる.〔~专 zhuān 一〕一人の相手をひたすら愛する〕男女の情愛の強さから.〔~走私〕愛人をつくる.浮気をする.

感情号 gǎnqínghào〔叹 tàn 号〕

感情色彩 gǎnqíng sècǎi ⌘(言語表現の)感情的傾向:〔表 biǎo 情色彩〕〔情态色彩〕に同じ.

感染 gǎnrǎn ①感染する.〔~传 chuán 染病〕伝染病にかかる.〔~力〕感染力.〔~途 tú 径〕感染経路. ②共感する(させる).感化する.〔艺 yì 术~力〕芸術の感化力.〔能~观众的心を動かすことができる.→〔沾 zhān 染〕

感人 gǎnrén 人を感動させる.〔~肺 fèi 腑〕〈成〉人を深く感動させる.

感纫 gǎnrèn〈牘〉感激する.

感伤 gǎnshāng 傷感をもよおす.心に感じ悲しむ.〔~主义〕センチメンタリズム.→〔伤感〕

感生 gǎnshēng 電誘導(される):〔感応〕に同じ.〔~电流〕感応電流.誘導電流.

感世 gǎnshì 世の(不正がはびこる)有様に感慨をもつ

感受 gǎnshòu ①感受する.〔~性 xìng〕感受性.〔~器 qì〕生理感受器.体験. ②感じ(たこと).印象.〔用亲身的~驳 bó 斥他〕自分の体験によって彼に反駁する.〔对此、我有点~〕この事にわたしは感じる所がある.

感叹 gǎntàn 感嘆する.〔~号 hào〕〔惊 jīng 叹号〕⌘感嘆符「!」:〔叹号〕の別称.〔~句〕感嘆文.〔~词 cí〕叹词.感嘆詞.

感同身受 gǎn tóng shēnshòu〈成〉①(他人に対する)好意を)自分自身が受けたのと同様にありがたく思う. ②自分が人に代わって感謝する.〔如蒙接见指導不但本人感激、弟弟~矣〕もしご接見ご指導を賜らば、

感鱥干旰骭绀㿟凎贛　　　　　　　　　　　　　　　gǎn～gàn

本人の感激はもちろん,小生も同様に感謝に堪えません.②(伝聞などを)実際に体験したことのように感じる.
感悟 gǎnwù　感ずるところ(がある).悟り(る)
感想 gǎnxiǎng　感想.
感谢 gǎnxiè　感謝(する).[～不尽]感謝に堪えない.[衷 zhōng 心～]心から感謝する.[～信 xìn]感謝の手紙.
感性 gǎnxìng　图感性.[～认 rèn 识]感性的認識.→[理 lǐ 性①]
感言 gǎnyán　感動の言葉.[校庆六十周年～]学校創立60周年を慶賀する所感.
感应 gǎnyìng　①(心の)感応(する).[有什么～吗]なにか反応があったか.②電誘導(される).[～发 fā 电机]誘導発電機.[～诱 yòu 导②]と もいう.[～电动机]誘導電動機.[～电流]感生電流.誘導電流.[～电路]起誘導回路.[～门铃]センサー付きベル.感応式ベル.[～器]インダクター.誘導子.[～式]センサー式.[～线 xiàn 圈]～捆 kǔn]誘導コイル.感応コイル.③ 图感応]:真心が天に通じること.
感遇 gǎnyù　①感嘆称賛する.②遭遇に感慨を催す.
感赞 gǎnzàn　感謝の言葉.
感召 gǎnzhào　感化する.精神的影響を与える.[～力]感化力.[受他的～]彼の感化を受ける.
感知 gǎnzhī　感覚的知覚.感知する.

[**鱥・鱥**] gǎn　[魚貝]ボウヨ:コイ科の大型淡水魚.[竿鱼鱼]黄huáng 鉆]ともいう.[鰥 guān] [黄颡]は古称.

[**干・幹(榦)**] gàn　(Ⅰ)[幹(榦)]
①幹.胴体.主要部(である).[枝 zhī～]枝と幹.[树 shù～]樹の幹.[躯 qū～]胴体.[～提 dī]本堤防.[骨 gǔ～作用]中心となって推進する作用.[組織の幹部.(Ⅱ)[幹]①する.なす.[埋 mái 头干～]没頭して一心不乱にやる.[他不～]彼はやめた.[～了三百块钱了]300元も使ってしまった.→[办 bàn ①][做 zuò ②]②才能(のある).有能(である).[他很有才～]彼はなかなか手腕がある.[他很能～]彼はなかなかやり手だ.③担当(する).職務.用事.[你到上海去什么公～呢]上海に行かれるのはどういう公務がおありなのですか.④[方]だめにする(なる).失敗する.間違う.死ぬ.[～了,又错了]しまった、また失敗した.[这回可～了]今度はだめらしいくじった.[这棵树要～]この樹はだめになる(枯れる).[哎呀,～啦,我的眼镜忘在家里了]アッ,いけない、眼鏡を家に忘れてきた.→干 gān
干部 gàn·bù　幹部.⓵指導的地位にある者.[广大公务员全般.[机关～]同前.[高级～][高干]高級幹部.[老～]古参幹部.[基层～]末端幹部.[领导～]上級幹部.最高幹部.
干部学校 gànbù xuéxiào　⇒[干校]①各機関に設けられている幹部の短期再訓練のための学校.②→[五 wǔ 七干校]
干才 gàncái　①仕事の能力.才能.腕.[这个人还有点～]こいつはちょっと才能がある.②やり手.有能な人.
干道 gàndào　幹線道路.
干掉 gàndiào　やっつける.殺す.消す.
干父之蛊 gàn fùzhīgǔ　(文)父のやり残した事業を完成させる(または父母の罪過を償うに足るほどの)立派な子.
干革命 gàngémìng　革命をやる.革命事業に従事する.
干活儿 gànhuór　〈口〉力仕事をする.働く.[做 zuò 活儿]に同じ.

干架 gànjià　⇒[干仗]
干将 gànjiāng　腕きき.猛者(ᵃ).[他手脚勤快,是个～]彼は働きがよくて,やり手だ.→ gānjiāng
干劲(儿) gànjìn(r)　[仕事の]意気込み.勤労意欲.[有～]やる気がある.[鼓 gǔ 起～]大いに張り切る.[～十足]〈成〉大変な意気込みよう.[～冲 chōng 天]〈成〉天をつく意気ごみ.
干警 gànjǐng　警察.検察.司法の三部門の幹部と一般警官.[公安～]警察.[交通～]交通警察.
干练 gànliàn　腕きき(である).老練(である).[精明～][精明强干]頭もきれるし腕もきくさま.
干流 gànliú　图(河川の)本流.主流.[主 zhǔ 流]ともいう.→[支 zhī 流]
干略 gànlüè　〈文〉才能があり知略もあること.
干吗 gànmá　[干嘛]とも書いた.〈口〉①なんで.どうして.②何をするのか.③なんなら.[你要是～的话,我不去也可以]もしなんならわたしは行かなくてもいい.→[干什么]
干渠 gànqú　幹線用水路:水源から直接水をとるものこと.[支渠][斗 dǒu 渠][毛渠]などが分かれる.→[渠道]
干群 gànqún　幹部(公職者)と(民間)大衆.[～关 guān 系]同前の関係.
干啥 gànshá　〈口〉①何をするか.②(いぶかって)なんで.どうして.→[干什么]
干什么 gànshénme　①何をするか.[你～来着]君は何をしていたんだ.②何かをする.[～都没精神をやっても元気ない.③(いぶかって)どうして:人の気持ちを問う.[你不去呀]きみはどうして行かないのか.→[为 wèi 什么]
干事 gànshi　幹事.事務担当者.[文娱～]レクリェーション～]、[总 zǒng～]幹事長.事務総長.[～行 háng]幹事銀行.
干属 gànshǔ　幹部の家族.
干探 gàntàn　《方》検察部門の刑事.
干细胞 gànxìbāo　[生理]①幹細胞.[胚 pēi 胎～]ES細胞.②造血幹細胞.[～移植]骨髄移植.
干线 gànxiàn　本線.幹線.[～支线]⇒[支 zhī 线]
干校 gànxiào　⇒[干部学校]
干休所 gànxiūsuǒ　[老 lǎo 干部休养所]の略.高級の公職者・退役将校の養老施設.
干仗 gànzhàng　《方》けんかする.[干架]ともいう.
干支 gànzhī　幹線と支線.[～衔 xián 接]同前が接続する.→ gānzhī

[**旰**] gàn　〈文〉日暮れ.夜.[宵 xiāo 衣～食]〈成〉朝早く起き日が暮れて食事をする:政務に勤めること.

[**骭(骭)**] gàn　〈文〉[生理]①脛(ᵖᵉ)骨.→[胫 jìng]　②肋(ᵃᵃ)骨.→[肋 lèi(巴)]

[**绀・紺**] gàn　色赤黒(の).[天 tiān 青]ともいう.[～黄]同前.
绀青 gànqīng　色紫紺(ᵗᵃ).[の).茄子(ᵃ)紺(の):[绀紫][红 hóng 青]ともいう.

[**㿟**] gàn　地名用字.[～井沟]四川省忠県にあり,新石器時代以降の文化財を出す遺跡で有名.

[**凎**] gàn　①〈文〉水が舟の中に入ること.②地名用字.[～水]江西省にある.[新～]江西省にある県:現在は[新干]と書く.③[姓]凎(ᵃ)

[**贛・贛(贑・灨)**] gàn　①地(江西省の別称.[～南]江西省南部.[～江][～县]ともに江西省にある.②〈文〉[贡 gòng]に通じ用いられる.[～姓]贛(ᵃ)
赣剧 gànjù　[地]江西省の地方劇:[弋 yì(阳)腔]から

変化して、上饒・景徳鎮などで行われるもの.
贛語 gànyǔ 〘江戸語〙:〔贛方言〕ともいう。漢語の7大方言の一.

gang 〘ガ〙

〔冈・岡〕 gāng ①丘:低くて平らな山の尾根.〔土 tǔ ～〕土でできた丘.〔～峦 luán 起伏〕〈慣〉小山の尾根が高く低く連なっている.→〔岗①〕 ②〈姓〉岡(ざ)

冈比亚 gāngbǐyà ガンビア:正式には〔～共和国〕.アフリカ西部にある.首都は〔班 bān 珠尔〕(バンジュール)

冈阜 gāngfù 丘.
冈陵 gānglíng 丘陵.
冈峦 gāngluán 連なる丘や小山.
冈坡 gāngpō 山腹.
冈桐 gāngtóng ⇒〔紫 zǐ 花桐〕

〔刚・剛〕 gāng (Ⅰ)①堅い.剛(ご)い.強い.激しい.くじけない.〔性情太～〕気性が激しすぎる.↔〔柔 róu ①〕 ②〈姓〉剛(ざ)
(Ⅱ)①ちょうど.〔不大不小,～合适〕大きさもよく、ぴったりだ.〔材料～够用〕材料はちょうど足りる.〔我～要走的时候他来了〕わたしがちょうど出かけようとしていた時に彼が来た. ②ほんの少し前.…したばかり.〔我们～接到命令〕我々は命令を受けたばかりだ.〔我～来,没赶上送他〕僕は今来たばかりで,彼の見送りには間に合わなかった.〔他～从北京回来〕彼は北京から帰ったばかりだ. ③どうにか.やっと…ができる.〔时间～够 gòu 用〕時間がやっと足りる.〔天黑得很、能看出个人影儿〕外は真っ暗で人影がやっと見えるくらいだ. ④後にくる〔就 jiù〕と呼応して、二つのことが相接して発生することを表す.〔～过立春,天气就异乎寻常地热〕立春が過ぎたばかりで(天気も)もう異常に暑くなった.〔他～一走你就来了〕彼は出かけたばかりのところへ君がやって来た.〔～说了一句,他就急了〕ひとこと言ったとたん彼はいきり立った.〔刨 páo 了一二尺深,水就涌yǒng 出来了〕2尺掘っただけで水がわき出した.

刚暴 gāngbào 荒っぽい(人).たけだけしい.
刚愎 gāngbì 片意地である.強情である.〔～自用〕〈成〉勝手にやって、人の意見に耳を傾けない.
刚才 gāngcái 今さっき.たった今.〈方〉オ 刚〔方 fāng ①〕〈方〉将 jiāng オ〕〔适 shì オ〕ともいう.〔～他来了〕ついさっき彼が来た.→〔刚刚〕〔恰 qià オ〕
刚肠 gāngcháng 〈喩〉(物事に屈しない)強くしっかりした性情.
刚度 gāngdù 〘理〙刚度:工材の変形力に抗する度合い.
刚风 gāngfēng ⇒〔罡风〕
刚刚 gāng-gāng ①たった今.〔八点半的快车～开〕8時半の急行はたった今出た.〔～新任的总统〕就任したばかりの大統領. ②民主共和国〕〈方〉オ〔恰 qià オ〕 ③ちょうど.ぎりぎりで.〔～有三百张〕ちょうどきっちり300枚ある.〔～赶上了〕ぎりぎりに追いついた(間に合った).
刚果 gāngguǒ コンゴ. ⓐ〔～共和国〕:もと〔康 kāng 果〕とも書いた.首都は〔布 bù 拉柴维尔〕(ブラザビル). ⓑ民主共和国〕:首都は〔金 jīn 沙萨〕(キンシャサ).〔扎 zā 伊尔共和国〕は旧称.〔～红〕〔茶 chá 红〕〘染〙コンゴーレッド.〔～树胶〕コンゴーゴム.
刚好 gānghǎo ①ちょうどいい.〔不大不小,～大

からず小さからず,ちょうどよい.→〔字解(Ⅱ)① ②折よく.都合よく.〔会议～六点结束了〕会議は6時にちょうど終わった.
刚健 gāngjiàn 剛健である.〔～的舞姿〕力強い踊りの姿.
刚介 gāngjiè 〈文〉剛直である.
刚劲 gāngjìng (姿・形)が堅く強い.〔～有力〕がっちりして強い.〔～的笔力〕雄勁(ひ)な筆跡.
刚决 gāngjué 果断である.〔～的气魄〕断乎たる気魄.
刚口(儿) gāngkǒu(r) 〈方〉①(芸人や物売りの)巧みな弁舌.〔好～〕同前. ②話の核心・ポイント.
刚棱 gāngléng 〈文〉剛直でかどがある.
刚烈 gāngliè 剛直である.
刚吕 gānglǚ 〘中国音韻学で〕〔齐 qí 齿呼〕をいう.→〔四 sì 呼〕
刚铅石 gāngqiānshí 〘鉱〙アランダム.
刚律 gānglǜ 〘中国音韻学で〕〔开 kāi 口呼〕をいう.→〔四 sì 呼〕
刚毛 gāngmáo 〘生理〙剛毛.硬い毛.
刚强 gāngqiáng しんが強い.不屈である.〔意 yì 志～〕意志が強い.〔性 xìng 情～〕気性が激しい.
刚巧 gāngqiǎo ⇒〔恰 qià 巧〕
刚韧 gāngrèn (意志・材質が)強靭(ジ)である.〔～柔 róu 止〕
刚日 gāngrì 〈文〉十干のうちの〔甲・丙・戊・庚・壬〕の日.↔〔柔 róu 止〕
刚柔 gāngróu 剛と柔.〔～相济〕〈成〉剛と柔が相まっている.〔相～并 bìng〕ともいう.
刚石 gāngshí ⇒〔刚玉〕
刚体 gāngtǐ 〘物〙剛体.
刚性 gāngxìng 〘物〙剛性(であること).〔～铸 zhù 铁〕高剛性鋳鉄.→〔柔 róu 性①〕 ②固定性がある.不可変的である.融通がきかない.〔～工资〕〘経〙固定給.〔～就业〕役所の按配による就職.〔～宪 xiàn 法〕〘法〙硬性憲法.
刚毅 gāngyì (性格・意志が)堅い.
刚硬 gāngyìng ①堅い.堅固である. ②強硬である.気がきつくて人の言うことを受け付けない.
刚勇 gāngyǒng 〈文〉強く勇ましい.
刚玉 gāngyù ＝〔刚石〕〔钢玉〕〘鉱〙鋼玉.コランダム:天然酸化アルミ(アルミナ)を主成分とする.〔红hóng 宝石〕(ルビー),〔蓝 lán 宝石〕(サファイア),〔绿 lǜ 宝石〕(エメラルド)など.粒状不透明なものは研磨用に用いられる.→〔金 jīn 刚石〕
刚正 gāngzhèng 強くて真正直である.〔～不阿 ē〕〈成〉一本気で人におもねることがない.
刚直 gāngzhí 剛直(である).〔为 wéi 人～〕人となりが剛直である.
刚竹 gāngzhú 〘植〙コウチク.〔桂 guì 竹〕(マダケ)の一種.

〔㭎・棡〕 gāng ⇒〔杠〕

〔岗・崗〕 gāng ①低くて平らな山の尾根.〔冈①〕に通用される. ②〈姓〉崗(ざ) → gǎng gāng

〔纲・綱〕 gāng ①網の〔总 zǒng 绳〕(おおずな). ②〈転〉大綱.要点.〔大～〕大綱.〔提 tí ～挈 qiè 领〕〈成〉(要点を)大づかみに把握する.〔目～〕要目. ③〘史〙昔、一団にして貨物を輸送する組織.〔盐 yán ～〕官塩の集団輸送.〔花 huā 石～〕珍しい花木や石の同前.〔茶 chá ～〕お茶の同前.〔～总 zǒng 制〕同前〔帮〕.〔～运 yùn〕〈古〉大量の貨物を幾組かに分けて集団輸送する.〔智取生辰～〕水滸伝で、大名府の梁中書から都の蔡太師の誕生祝いの献上品として輸送された祝いの品々を梁山泊の英雄たちがまんまと横取りした事件. ④〘生命

纲枫钢　　　　　　　　　　　　　　　　　　　　gāng

纲 (生物分類上の)綱:〔門 mén ⑩〕の下.〔目 mù ⑥〕の上にあたる.④〈姓〉綱(ぅ)

纲常 gāngcháng 〔三 sān 纲五常〕をいう;儒教の根本をなしている〔君臣〕〔父子〕〔夫妇〕と〔仁、义、礼、智、信〕をいう.

纲纪 gāngjì〈文〉綱紀:社会秩序と国家の法規.

纲举目张 gāngjǔ mùzhāng〈成〉網の大づなを持ちあげさえすれば、網目はおのずから開いてくる.〈喩〉⒜物事の要点をつかめば他のことはおのずとそれに伴うこと. ⒝文章などの筋道がはっきりしていること.

纲领 gānglǐng 綱領.大綱.テーゼ.〔共同~〕共同綱領.〔~性文件〕綱領的の文献.

纲目 gāngmù〔大 dà 纲〕と〔细 xì 目①〕.〔本草~〕囯明の李時珍の著で代表的な本草書.

纲要 gāngyào ①綱要.主要ポイント.②概要:多く書名などに用いる.③→〔全 quán 国农业发展纲要〕

〔枫·槓〕 gāng →〔青 qīng 冈〕

〔钢·鋼〕 gāng ①囯はがね.鋼鉄.鋼:鉄と微量の炭素との合金.〔碳 tàn 素~〕炭素鋼.〔合金~〕特殊鋼.〔沸 fèi 腾~〕リムド鋼.〔镇静~〕キルド鋼.〔极 jí 软~〕極軟鋼.〔软 ruǎn ~〕軟鋼.〔硬 yìng ~〕硬鋼.〔极硬~〕極硬鋼.〔不锈 xiù ~〕ステンレススチール.〔三角~〕山形鋼.〔丁 dīng 字~〕T形鋼.〔槽 cáo 形~〕溝形鋼.〔乙 yǐ 字~〕Z形鋼.〔工 gōng 字~〕Ⅰ形鋼.H形鋼.〔打铁炼 liàn 成~〕鉄を打って鋼にする.②はがねのように強い人・物.〔百炼成~成〕鍛えぬいて立派な人になる.③〈姓〉鋼(ぅ)→gàng

钢板 gāngbǎn ①囯鋼板:厚さ4ミリあるいは16分の3インチ以上のものを〔厚 hòu 板〕〔厚板〕、これより薄いものを〔中 zhōng 板〕(中板)という.〔造 zào 船~〕造船用鋼板.〔~轮 lún〕囯鋼板ホイール.〔腊 là 纸〕〔腊板纸〕同前用の原紙.〔刻 kè 写~〕〔刻蜡版〕〔誊 téng 写~〕ガリ板(原紙)を切る. ③(自動車などの)サスペンション.→〔弹 tán 簧〕

钢包 gāngbāo ⇒〔钢水包〕

钢镚儿 gāngbèngr 硬貨〔钢镚子〕ともいう.→〔镚〕

钢笔 gāngbǐ ①ペン:インクをつけてかくペン.〔蘸 zhàn 水~〕ともいう.〔~尖 jiān(儿)〕〔~头 tóu(儿)〕ペン先.〔~杆 gǎn(儿)〕ペン軸.〔~画 huà(儿)〕ペン画.〔~水(儿)〕インク.②万年筆:〔自来水笔〕に同じ.〔~帽 mào(儿)〕同前のキャップ.〔~套 tào(儿)〕④に同前. ⑤万年筆を入れるサック. ⑥⇒〔钦 qī 金笔〕⑦〔铁 tiě 笔①〕

钢边 gāngbiān 囜(スキーの)エッジ.→〔雪 xuě 板〕

钢鞭 gāngbiān 鋼製の一.鉄製の鞭.

钢材 gāngcái 鋼材:鋼管・鋼板・形鋼など.

钢叉 gāngchā ①圈魚叉(ぅ). ②古武器の一.鋼のさすまた.

钢厂 gāngchǎng 製鋼所=〔制 zhì 钢厂〕に同じ.

钢尺 gāngchǐ =〔方〕钢卷尺〕〔方〕钢皮尺〕〔弹簧钢尺〕鋼尺的鋼製の巻尺(薄板).

钢窗 gāngchuāng 囯スチールサッシ.窓用鉄枠(?)

钢锉 gāngcuò やすり.

钢带 gāngdài 鋼帯.スチールベルト.

钢刀 gāngdāo ①(鋼製の)刀. ②圈バイト. →gàngdāo

钢锭 gāngdìng 囯鋼鉄インゴット.鋼鋳塊.〔~模 mú 子〕同前の鋳型.〔脱了模的~〕型からはずした鋼塊.

钢都 gāngdū 製鉄中心地.〔~鞍 ān 山〕製鋼業の中心地鞍山.

钢构 gānggòu 囲鉄骨構造(建築)

钢骨 gānggǔ ⇒〔钢筋〕

钢鼓 gānggǔ 圕ドラム管を加工して作ったドラム.

钢管 gāngguǎn 囗鋼管.〔无 wú 缝~〕シームレスパイプ.

钢轨 gāngguǐ(鉄道・門型移動式クレーンなどの)レール.〔铁 tiě 轨〕ともいう.

钢号 gānghào ①鋼番:鋼材の型・等級を表す番号. ②⇒〔钢印②〕

钢花 gānghuā 囗溶鋼の飛び散ったもの.

钢化 gānghuà 強固化:ガラスなどを硬くすること.〔~玻 bō 璃〕淬 cuì 火玻璃〕強化ガラス.〔~塑 sù 料〕強化プラスチック.

钢婚 gānghūn 結婚満10年.→〔金 jīn 婚〕

钢剑 gāngjiàn 鋼鉄の剣.

钢结构 gāngjiégòu 囲鉄骨構造.

钢筋 gāngjīn =〔钢骨〕〔鉄筋〕.〔~工〕鉄筋組み立て工.〔~混 hùn 凝土〕〔钢骨混凝土〕〔钢筋水泥〕囯鉄筋コンクリート.〔~铁骨〕〈成〉身体強健で意志が強いさま.

钢精 gāngjīng =〔钢种〕(生活用品的の)アルミニウム.〔~锅〕アルミ鍋.=〔铝 lǚ〕

钢锯 gāngjù かなひき鋸(ぎり)

钢卷尺 gāngjuǎnchǐ 〔钢尺〕

钢口 gāng·kǒu 〔-儿〕刃物の質.

钢筘 gāngkòu 囝鋼製筬(が).金筬(ぢり)

钢块 gāngkuài 囯ブルーム.→〔坯 pī ②〕

钢框架 gāngkuàngjià 囯鋼鉄製の枠組み.スチールフレーム.〔~结构〕〔钢结构〕囯鋼骨構造.

钢盔 gāngkuī 鉄かぶと.ヘルメット.〔戴着~的伞兵〕鉄かぶとをかぶった落下傘兵.→〔安 ān 全帽〕

钢缆 gānglǎn ⇒〔钢丝缆〕

钢梁 gāngliáng 囲鋼鉄的の梁(う).スチールガーダー.

钢领工人 gānglǐng gōngrén〈喩〉工業用ロボット.=〔机 jī 器人〕

钢帽 gāngmào 鉄製のキャップ・ふた.

钢炮 gāngpào ①囯鉄製火器.②〈喩〉頑丈な車.

钢坯 gāngpī 囗鋼塊.ビレット.→〔坯②〕

钢皮带 gāngpídài 荷造り用帯金.

钢皮尺 gāngpíchǐ ⇒〔钢尺〕

钢片琴 gāngpiànqín 圕①チェレスタ.②鉄琴.〔木 mù 琴〕

钢瓶 gāngpíng ガスボンベ.〔液 yè 化气~〕液化ガス用のボンベ.

钢钎 gāngqiān たがね.ドリルロッド.

钢枪 gāngqiāng ①步兵銃.②囯鋼炮.

钢琴 gāngqín =〔洋 yáng 琴②〕囗ピアノ.〔大~〕〔卧 wò 式~〕〔三角~〕囗グランドピアノ.〔竖 shù 式~〕アップライトピアノ.〔~家〕ピアニスト.〔弹 tán ~〕ピアノを弾く.〔~曲〕囗ピアノ曲.

钢琴丝 gāngqínsī ⇒〔白 bái 钢丝〕

钢青色 gāngqīngsè 囜鋼灰色(の)

钢球 gāngqiú ⇒〔滚 gǔn 珠〕

钢圈 gāngquān(自動車・自転車的の)リム.

钢砂 gāngshā ①=〔钢玉砂〕金剛砂:〔金 jīn 刚砂〕的別称.〔~布〕〔砂布〕布ペーパー.〔~纸〕〔砂纸〕サンドペーパー.②(一般に)研磨材.

钢绳 gāngshéng ⇒〔钢丝绳〕

钢石粉 gāngshífěn ⇒〔金 jīn 刚砂〕

钢帅 gāngshuài 〔钢铁②〕

钢水 gāngshuǐ 囗溶鋼.〔~包〕〔钢包〕=罐 guàn 子〕取瓶(ぎ):同前を入れる耐熱容器.→〔铁 tiě 水〕

gāng～gǎng

钢丝 gāngsī〔鋼鉄の〕針金.鋼鉄線.スチールワイヤー.〔～背 bèi 心〕防弾チョッキ.〔～床 chuáng〕ⓐスプリングベッド.ⓑ鉄線を編んで底とするベッド.〔～吊 diào 运机〕ケーブルクレーン.〔～锯 jù〕〔方〕镂 sōu 弓子〕糸鋸.〔～起毛机〕絨梳毛機(絨緘).カード.〔～圏 quān〕圏リング.トラベラー.〔～绒 róng〕スチールウール.〔～刷 shuā〕スチールワイヤーブラシ.〔～弹 tán 簧〕鋼線ばね.〔走〕〔走钢索〕劇(曲芸の)綱渡り.

钢丝钳 gāngsīqián（針金を切る）ペンチ.

钢丝绳 gāngsīshéng =〔钢缆〕〔钢丝索〕鋼鉄線でなった縄.スチールワイヤーロープ.ケーブル.〔～轮 lún〕工ワイヤードラム.

钢丝索 gāngsīsuǒ 同上.

钢丝网 gāngsīwǎng ⇒〔铁丝纱〕

钢索 gāngsuǒ スチールケーブル.ケーブルワイヤ.スチールチェーン.

钢条 gāngtiáo 工棒鋼.スチールバー.

钢铁 gāngtiě ①〔钢〕と〔铁〕. ②鋼鉄.〔～切 qiē 断刀片〕鋼切断刀.〔～元帅 shuài〕〔钢铁〕〔钢坤〕鋼鉄優先:1958年〔大跃进〕時代のスローガン.③〈喩〉意志や信念が堅実なこと.〔～般的意志〕鉄の意志.〔～战士〕鋼鉄の戦士.〔～长城〕强大な軍隊:中国人民解放军を指す.

钢铁厂 gāngtiěchǎng ①製鉄工場. ②製鋼工場.

钢铁联合企业 gāngtiě liánhé qǐyè 鋼鋼コンビナート.鉄鋼総合企業:1957年初めて鞍山・包頭・武漢の3か所に建設された.

钢印 gāngyìn ①ドライスタンプ:機関・団体・学校・企業などで使用する鋼・真鍮(チュウ)で作った硬印. ②=〔钢号②〕(金属の表面につけられた)浮き出し線のマーク.

钢玉 gāngyù ⇒〔刚玉〕

钢玉砂 gāngyùshā ⇒〔钢砂①〕

钢甾 gāngzāi ⇒〔钢甾〕

钢渣 gāngzhā 工鋼滓③.スラグ.

钢针 gāngzhēn ①縫い針(総称). ②(レコードプレーヤーーの)スチール針.⇒〔唱 chàng 针〕

钢直 gāngzhí〈姓〉鋼直(ニ・・).

钢纸 gāngzhǐ 工(バルカナイズド)ファイバー=電気絶縁などに使われる特殊な紙.

钢种 gāngzhǒng =〔钢精〕

钢珠 gāngzhū ⇒〔滚 gǔn 珠〕

钢铸件 gāngzhùjiàn 溶かした鋼を型に流し込んで作った鋳物.

钢砖 gāngzhuān 耐火煉瓦.〔耐 nài 火砖〕の俗称.

钢锥 gāngzhuī 工(登山用の)ピトン.ハーケン:〔岩 yán 楔钉〕ともいう.

钢钻 gāngzuàn 機金属用(コンクリート)ドリル.

〔**江**〕 gāng〈姓〉江(コウ).

〔**扛(摃)**〕 gāng =〔抲〕〈文〉両手でさし挙げる.〔力能～鼎 dǐng〕大いなえをさし挙げるほど強力(ニ)である.〔～鼎问天〕人智の限りを尽くして是非を問う.〔～鼎天下〕実力を此に示す. ②〈方〉(二人以上で)物を担ぐ. → káng

〔**杠**〕 gāng ①〈文〉橋. ②〈文〉竿.旗竿. ③〈姓〉杠(コウ).

〔**肛(疘)**〕 gāng 生理直腸末端と肛門(総称).〔脱 tuō～〕脱肛.

肛表 gāngbiǎo 肛門体温計.

肛道 gāngdào =〔肛管〕生理直腸から肛門まで:〔中医谷 gǔ 道〕ともいう.

肛裂 gāngliè 医肛門裂創.裂肛.

肛瘘 gānglòu 医痔瘘(チッ):〔肛门流脓〕ともいう. 〔中医瘘疮〕〔漏 lòu 疮〕ともいう.

肛门 gāngmén 生理肛門:〔粪 fèn 门〕〔屁 pì 股眼儿〕(尻の穴)は俗称.〈文〉后 hòu 窍〕〈文〉后阴〕〈文〉谷道 qiào〕は〈文〉肛门.

肛门栓 gāngménshuān 肛門座剤.

〔**矼**〕 gāng ①〈文〉石橋. ②地名用字.〔石笋 sǔn ～〕地安徽省宣城にある名勝.

〔**钙・釭**〕 gāng〈文〉(油を燃やす)灯.ランプ.

〔**缸（瓨）**〕 gāng ①甕(カメ):底がせまく口が大きなもの.〔一口水 shuǐ ～〕水がめ一つ.〔酒 jiǔ ～〕酒がめ.〔米～〕米を入れるかめ.〔面 miàn ～〕穀物の粉を入れておくかめ.〔染 rǎn ～〕染め物用のかめ.〔鱼 yú ～〕金魚鉢など魚を飼うかめ.〔糖 táng ～〕砂糖つぼ.〔粪 fèn ～〕〈方〉坑肥～〕便所のかめ.〔茶 chá ～〕湯飲み(大形の茶碗).→〔坛 tán ①〕〔瓮 wèng ①〕かめ状のもの.〔汽 qì ～〕〔气 qì ～〕機気筒.シリンダー. ③焼き物用の素地.→〔缸瓦〕 ④〈姓〉缸(コウ).

缸管 gāngguǎn（焼き物の)土管の通称:〔陶 táo 管〕に同じ.

缸炉(烧饼) gānglú（shāobing）〈方〉焼き菓子の一種:小麦粉・胡・砂糖をこねて発酵させ、直径8センチほどの丸く平たい形にして焼きあげた黄色を帯びた菓子.

缸螺儿 gāngluór =〔草 cǎo 石蚕〕

缸面 gāngmiàn できたばかりの酒.

缸盆 gāngpén たらい形のかめ.

缸瓦 gāngwǎ 陶土と砂をこねた焼き物用の素地.またその焼き物:うわ薬をかけたものもある.単に〔缸 ③〕ともいう.〔～行 háng〕瀬戸物屋.

缸窑 gāngyáo 甕(カメ)と焼く窯(カマ)、またその工房.

缸砖 gāngzhuān 陶土製の煉瓦.

缸子 gāngzi ①コップ.湯のみ. ②つぼ.〔糖 táng ～〕砂糖つぼ.

〔**罡**〕 gāng ①〔天 tiān ～(星)〕固北斗(七)星の別称.また、そのうちの〔斗 dǒu 柄〕(ひしゃくの柄)にあたる星. ②〈姓〉罡(コウ).

罡风 gāngfēng〔刚风〕とも書いた. ①圀(道教で)天の高いところを吹いている風. ②強風.

〔**堽**〕 gāng ①地名用字.〔～城坝 bà〕山東省寧陽の東北にある歴史上の堰(セキ)堤. ②〈文〉尾根.

〔**岗・崗**〕 gǎng ①丘.丘陵. ②〔一儿〕平面の中で(細長く)盛り上がっている部分.〔脊 jǐ 梁上肿起一道～子〕背中に一筋のみみず腫れができる.〔眉 méi 毛脱了,只剩下两道肉～〕眉毛が抜けた二筋の皮膚の盛り上がりの状. ③步哨(ショウ)の場所.〔～哨ち持ち場.ポジション.職位.〔在教育工作的～位上〕教育の仕事場にいる.〔站 zhàn～〕見張りに立つ.立哨する.〔上～〕な勤務につく.ⓑ就職する.〔下～〕ⓐ勤務を終える. ⓑ失職する.失業する.リストラされる.〔待～〕レイオフする.一時帰休する.自宅待機する:基本給などの保障はある.〔门 mén ～〕門衛所. ④〈姓〉岗(コウ). → gāng gàng

岗地 gǎngdì 高くなっている土地.高台の畑.

岗房 gǎngfáng =〔哨 shào 房〕警備員詰所.

岗警 gǎngjǐng（任務の場で)勤務中の警官.

岗楼 gǎnglóu 望楼.

岗峦 gǎngluán 連なる丘陵.

岗卡 gǎngqiǎ 検問所.

岗前培训 gǎngqián péixùn 就業前の事前訓練.

岗哨 gǎngshào ①步哨所.見張り所. ②步哨.見

gǎng～gāo

張り.
岗台 gǎngtái 交通や警備の巡查の立ち台.
岗亭 gǎngtíng 警官の立ち小屋.交番.
岗位 gǎngwèi ①(警官・歩哨(ほしょう)などが)見張りに立つ(立哨する)場所. ②〈転〉(仕事の)持ち場.職場.〔教授～数〕教員定員枠.〔~津 jīn 貼〕職場手当.〔~责 zé 任制〕持ち場責任制.
岗子 gǎngzi ①丘.〔土～〕小山. ②細長く盛り上っている部分. ～字解～

[岘] gǎng ①⇒〔岗〕 ②回雲南省傣族地区の農村部における行政単位で〔乡 xiāng 级〕に相当する.またその首長をいった.

[甿・甿] gǎng 〈文〉塩池:塩分を含む沼地.〔~田〕⇒〔冈〕.

[港] gǎng ①〔军 jūn ~〕軍港.〔商 shāng ~〕商港.〔冻~〕不凍港.〔空 kōng ~〕空港(机 jī 场)に同じ. ②(本流から分かれた船の通うことのできる)支流.〔江山～〕浙江省にある川. ③〔香 xiāng ~〕回ホンコンの略称.〔~衫 shān〕香港製のシャツ.〔~货 huò〕香港製品.〔~商〕港商人.〔~星〕香港スター.〔星 xīng ~〕シンガポールと香港.〔赴 fù ~〕香港へ出かける.〔~台 tái 词语〕香港と台湾で通用する語彙. ④〈姓〉港(う).
港澳 gǎng'ào 回香港とマカオ.〔~同胞〕同胞の中国人同胞.〔~台 tái〕同前と台湾.
港胞 gǎngbāo 香港人.
港币 gǎngbì 香港ドル.〔港洋〕〔港元〕〔港 xiāng 洋〕ともいう.
港埠 gǎngbù 港.波止場.〔開港場(じょう)〕
港汊 gǎngchà ⇒〔汊港〕
港府 gǎngfǔ 香港特別行政区政府:旧香港政庁.
港股 gǎnggǔ 香港株式市場(の上場株)
港汇 gǎnghuì 香港為替.
港姐 gǎngjiě ①ミス香港:〔香港小姐〕の略. ②香港娘.
港警 gǎngjǐng 香港警察.
港客 gǎngkè 香港から大陸への旅客.
港口 gǎngkǒu 港.〔~费用〕回港湾諸掛り.〔~装卸 xiè 机械〕〔港机〕荷役機械.〔~口岸〕
港口交(货) gǎngkǒu jiāo(huò) ⇒〔船 chuán 上交(货)〕
港旗 gǎngqí 香港特別行政区旗:香港を象徴するバウヒニアの花がデザインされている.
港派 gǎngpài 香港風(ふう).香港スタイル:〔港式〕に同じ.
港人 gǎngrén 香港人.
港式 gǎngshì ⇒〔港派〕
港湾 gǎngwān 港湾.
港味儿 gǎngwèir 香港風(の味).香港的(な傾向)
港务 gǎngwù 港湾管理.〔~局 jú〕〔港务管理局〕港湾管理局.〔~监 jiān 督〕港湾の監督.
港洋 gǎngyáng ⇒〔港币〕
港元 gǎngyuán ⇒〔港币〕
港纸 gǎngzhǐ 香港紙幣.
港资 gǎngzī (大陸などに向けられた)香港資本.

[杠(槓)] gàng ①太い棒.担ぎ棒.〔举 qǐ ~〕～担ぎ上げる.〈転〉出 棺 (す)る. ②又鉄棒・平行棒(器具).〔单 dān ~〕鉄棒(競技・器具).〔双 shuāng ~〕平行棒(競技・器具).〔高低 ~〕段違い平行棒(競技・器具). ③機(旋盤などの)槓杆(ぼう).レバー. ④〔-儿〕太い線.傍線.下線.〔~一三星□等一本線のような印と三つ星:上尉の肩章.〔在不正确的地方画了许多红～〕文章の通じないところに赤い太線をいくつも引いた. ⑤太線(横線)を引く.〔~杠子〕同前. ⑥〔-儿〕⑯"特定の規律.しきたり.けじめ. → gāng

杠棒 gàngbàng 担ぎ棒.担(にな)い棒.
杠荡 gàngdàng 〈方〉揺り動かす.揺すぶる.〔好好坐着,别把椅子～散 sǎn 了〕ちゃんとかけていなさい,椅子を揺すぶって壊さないで.
杠刀 gàngdāo ⇒〔钢刀〕
杠房 gàngfáng 回葬儀屋:葬儀人夫・楽隊・葬具などの賃貸し業.
杠夫 gàngfū 回棺担ぎ人夫.
杠杆 gànggǎn ①てこ.レバー.〔~闸 zhá〕機レバーブレーキ.〔~原理〕てこの原理. ②〈喩〉てこの働き(調整・均衡)をする事物.〔~的效果〕レバレッジ効果.〔发挥~作用〕てこのように大きな効果を生む.
杠杠(儿) gànggang(r) 〈口〉①傍線.アンダーライン.〔在文件上打的~的印の線〕〔打~〕打ち印を入れる. ②けじめ.基準.条文.〔照老~办理〕古いしきたり通りに処理する.
杠铃 gànglíng 又バーベル.〔举 jǔ 重哑铃〕は旧称.〔~片 piàn〕〔铃片〕同前のディスク.→〔举 jǔ 重〕
杠柳 gàngliǔ 植クロバナカズラ:ガガイモ科植物.
杠头 gàngtóu ①〔杠夫〕の頭(かしら). ②〈喩〉口争いの好きな人間.議論好き.うるさがた.
杠香的 gàngxiāngde 〔庙 miào ②〕(寺社)の開帳の行列で,〔香箱〕(香箱)をのせた台を担いで進む者.
杠子 gàngzi ①太い棒.〔棍 gùn ~〕 ②又鉄棒.平行棒.〔练 liàn ~〕同前の練習をする.〔盘 pán ~〕鉄棒をする.〔表演~鉄棒・平行棒の演技をする. ③太い横線・横棒. ④マージャンで同じ牌を4枚そろえること.→〔刻 kè 子〕〔顺 shùn 子〕

[岗・岗] gàng → gāng gǎng
岗尖(儿) gàngjiān(r) 〈方〉山のように盛り上げている.〔~了一的十碗饭〕ご飯を山盛り10杯食べた.〔盛 chéng 得~满〕山盛りに(飯を)よそう.
岗口儿甜 gàngkǒurtián 〈方〉とても甘い:〔杠口儿甜〕とも書く.

[钢・鋼] gàng ①研ぐ:刀を布・皮・砥石(いし)・かめのへりなどに強くこすりあてて切れ味をつける.〔这把小刀儿钝 dùn 了,要~一~〕ナイフが切れなくなったから,研がねばならない.〔上~刀布/革砥 (とぎ)〕〔~磨 mó ②〕 ②刃物の上に鋼を打ち,より鋭利にする. ③〈文〉かたい.
→ gāng
钢刀 gàngdāo =〔杠刀〕刃物を研ぐ:〔方〕抗 kàng 刀〕ともいう. → gāngdāo

[筻] gàng 地名用字.〔~口〕回湖南省岳陽の南にある.

[戆・戇(戆)] gàng 〈方〉思慮がない.無鉄砲である.〔~大〕〔~头 tóu〕罵おろかもの.ばか.〔~头脑〕ばかである. → zhuàng

gao 《幺

[羔] gāo 〔-儿〕動物の子:特に,羊の子.〔羊儿羊得好,一年两次~〕羊は2回は子を生む.〔~皮袄 ǎo〕小羊の毛皮を裏につけた服.〔胎 tāi ~皮〕〈音訳〉阿 ā 斯特拉罕羔皮〕アストラカン.
羔皮 gāopí 子羊の皮.ラム(スキン).キッド.
羔羊 gāoyáng 小羊.〈転〉か弱い者.純心な者.
羔子 gāozi ①一,三星.匯一本羊の子.〔动物の子.〔鹿 lù ~〕子鹿.〔兔 tù ~〕小兎. ③〈罵〉ばか.〔王八~〕ばか野郎.

[糕(餻)] gāo 食主として米の粉(または小麦粉)を蒸して作った菓子.蒸

gāo 糕高

し菓子.→〔发 fā 糕〕〔年 nián 糕〕〔盆 pén(儿)糕〕②⑫カステラの類.〔蛋 jī 蛋〕カステラ.〔槽 cáo(子)糕〕〔蜂 fēng 糕〕〔绿 lǜ 豆糕〕〔凉 liáng 糕〕 ③⑫果物を砂糖で煮てゼリー状の薄い角形に作った菓子.〔山 shān 楂〕さんざしの同前.〔梨 lí〕梨(?)の同前. ④〈姓〉糕(?).

糕饼 gāobǐng ⑫①〔糕〕と〔饼〕. ②(お供え,あるいは贈答用の)菓子.〔~店 diàn〕同様を作って売る店.

糕点 gāodiǎn ⑫蒸し菓子・焼き菓子類の総称.〔~铺(pù)〕同前を作って売る店.〔~师 shī〕菓子職人(敬称).→〔点心〕

糕干 gāogan ⑫落雁(がん)・打物(もの)・干菓子(ひがし)の類.蒸して乾かした米の粉に砂糖・水あめなどを入れ,いろいろな型にはめて乾かしたもの.乳幼児によく食べさせる.〔贴 tiē ~〕乳児に(乳が足りないので)落雁の類を足してやる.

[高（高）] gāo

①(高さが)高い.〔两棵树一~一矮ǎi〕2本の木のうち1本は高く1本は低い.〔身 shēn 量儿~〕背丈が高い.〔~不可及〕高根の花.↔ 〔矮 ǎi ①〕〔低 dī ⑤〕 ②高さ.〔那座山有多~?〕あの山はどのくらいの高さがあるか.〔这片地怎么~起一块来〕この土地はどうして一か所高くなっているのか.→〔洼 wā ①〕 ④(価格・額)が高い.〔~价 jià 收买〕高い値段で買い取る.〔贵 guì ①〕 ⑤(音が)高い.〔~叫一声〕一声高く叫んだ.〔~呼万岁〕万歳を高く唱える.〔嗓 sǎng 门儿~〕声の調子が高い. ⑥高levelである.〔年 nián~〕〔幼 yòu ①〕. ⑦優れている.上等である.〔眼 yǎn 力~〕眼が高い.〔见识比别人~〕見識が人より優れている.〔素 zī 质~〕素質がよい.〔货 huò~价出头〕品質が良ければ値段もはる.〔差 chà ①〕〔浅 qiǎn ③〕 ⑧程度が高くなってくる.肥えてくる.〔眼睛看~了〕眼が肥えてきた.〔~尊〕相手に関する事物につける.〔您~寿 shòu?〕おいくになられましたか(老人に対して). ⑩〔高中(校)〕の学年を表す.〔我农~二的化学〕高校二年の化学を教えている.→〔初 chū ⑥〕 ⑪⑫过(:)普通の原子価より多い割合で元素が結合していることを表す. ⑫〈姓〉高(?).

高矮(儿) gāo'ǎi(r) 高さ.丈.

高昂 gāo'áng ①価が高い.値がはる. ②(声や意気が)あがる.高まる.〔歌声欢乐~〕歌声はますます高まってきた. ③歌えあげる.高々とあげる.

高傲 gāo'ào =〔文高亢 ③〕えらぶっている.尊大である.〔他那そ人~得很〕彼という人は非常に傲慢だ.〔~自大〕人と人と思わぬさま.

高八度 gāobādù ①⑫オクターブ上. ②〈喩〉声が汚く高いこと.

高白花 gāobáihuā 上等の綿.

高保真 gāobǎozhēn ハイファイ.〔~录像机〕ハイファイビデオ.

高倍 gāobèi 高倍率.〔~望 wàng 远镜〕高倍率望遠鏡.

高标号 gāobiāohào 数字の大きい番号:一般に工業製品は数字が大きいほど品質がいい.〔~水泥〕高品質セメント:400号以上のセメント.

高标准 gāobiāozhǔn 高規準(の).〔~公路〕高規準ハイウエイ.〔~严要求〕より高い目標を目指し,より厳しく要求する.

高拨子 gāobōzi ⑫⑫安徽劇の主要な楽調の一:京劇・江劇などでも用いる.単に〔拨子 ③〕ともいう.

高不成, 低不就 gāo bùchéng dī bùjiù〔諺〕望むのは手に入らないし,手に入るものは気にいらぬ:結婚相手などについていう.〔高不扬低不就〕〔高不

攀 低不就〕ともいう.

高不可攀 gāo bùkěpān〈成〉容易に到達できない:〔高不可及〕ともいう.

高材 gāocái 優れた才能(をもった人):〔高才〕とも書く.〔~疾 jí 足〕〔~捷 jié 足〕〈成〉学力・手腕ともに優れた人.秀才.

高参 gāocān ①〔軍高級参謀の略. ②〈転〉知恵袋.相談役.

高层 gāocéng ①高層の.〔~住宅〕高層住宅.〔~云 yún〕⑫高層雲. ②高級(の).ハイレベル.〔~次 cì〕同前.〔~人物〕上層幹部.大物.

高差 gāochà 高度差.

高产 gāochǎn 高生産.〔~作物〕多収穫作物.〔~指标〕高生産の指標.〔~稳 wěn 产〕多収穫と安定収穫.〔~月〕生産量の多い月.〔~田〕多収穫耕地:稲は1畝あたり800斤以上,とうもろこしは400斤以上の場合.〈転〉多収穫を得る.

高昌 gāochāng ⑫5世紀ごろトルファン地方にあった王国:漢族の植民国家でのち唐に滅ぼされた.

高敞 gāochǎng (土地が)高く広く開けている.

高唱 gāochàng ⓐ高らかに歌う.高らかに叫ぶ.〔~人云 ~成〕歌声が高くあがる. ⓑ文辞が激烈なこと.〔~和平〕平和を高らかに唱える.

高超 gāochāo 水準をはるかに超えている.〔~手段〕巧妙な手段.〔技术 ~〕技術がずばぬけている.〔~声速〕超音速.

高潮 gāocháo ①高潮.〈転〉山.クライマックス.〔革 gé 命 ~〕革命運動の盛り上がり. ②⑫満潮.〔~线 xiàn〕満潮時潮位線. ③⑫⑫〔低 dī 潮〕

高程 gāochéng ⑫海抜高度.標高.

高处 gāochù ①高所.〔站在 ~〕高所に立つ. ②発展した所.先進的な所.

高矗 gāochù ⇒〔高耸〕

高次方程 gāocì fāngchéng ⑫高次方程式.

高醋 gāocù ⑫上物の酢.上酢.

高大 gāodà ①高くて大きい.〔~的房子〕同前の建物.〔~粗壮的树〕高くて太い木.〔~全的人物〕(考えや行動が)完全な人物. ②(人や思想が)気高い.〔~的形象〕気高い姿.〈転〉〔白 ~ 全〕とっている.

高待 gāodài〔方〕優待(する).優遇(する)

高蛋白 gāodànbái ⑫高蛋白(質)

高档 gāodàng 高級(の).一流(の).良質(の).〔~商品〕〔~产品〕高級品.高額品.〔~时装店〕高級ブティック.〔低 dī 档 ①〕

高蹈 gāodào =〔高举 ①〕〈文〉俗世間から逃避する.〔~避 bì 世〕〔~远 yuǎn 引〕同前.〔~派 pài〕高蹈派. ②遠方に行く.

高等 gāoděng 高等(の).〔~动 dòng 物〕⓱高等動物.〔~学 xué 校〕⓱高校:大学・短大・高等専門学校の総称:一般に大学を指す.〔~院校〕単科大学と総合大学の総称.〔~教 jiào 育〕⓱高教:大学教育.〔~教育〕自学考试〕大学卒業資格認定試験.〔~植 zhí 物〕⓱高等植物.

高等级公路 gāoděngjí gōnglù 高規格自動車道路.

高低 gāodī ①高さ.高低.〔~柜 guì〕高さの高低がある収納家具.チェストやキャビネットなど. ②良し悪し.〔货有 ~〕品物には良し悪しがある.〔不识 ~〕けじめがわからない.身のほどである.〔不识 ~〕勝負.〔~ ~〕勝負をする. ④どうしたって.何といっても:多く否定に用いる.〔劝了大半天, 他 ~不听〕長いことなだめすがしたが, どうしても聞き入れない. ⑤〈方〉ついに.とうとう.

高低杠 gāodīgàng ⑫段違い平行棒, またその器具.→〔双 shuāng 杠〕

高底 gāodǐ 底の厚い.〔~鞋 xié〕⑫(満州族の)底

高 gāo

の厚い女性用の靴:〔花 huā 盆底〕ともいう.現在は主に旧劇に用いられる.

高地 gāodì 高地.ハイランド.〈喩〉優位な場所.

高弟 gāodì ①優れた弟子.高弟.〔门下~〕門下の高弟.②=〔高足〕お弟子さん.

高中 gāozhōng ⇒〔高中 zhòng〕

高淀粉酶 gāo diànfěnméi 〔薬〕タカジアスターゼ.

高调 gāodiào ①高き.〔囯〕調子.↔〔低 dī 调①〕②〔~儿〕高い声の調子.〈転〉上(ずゎ)調子.〔唱 chàng ~〕きれいごとを言いたて.

高度 gāodù ①高さ.〔~计〕〔~表〕高度計.〔飞行~〕飛行高度.②高度の.〔~酒〕高アルコール度の酒.〔~的劳动热情〕高度の労働意欲.〔~评价他的业绩〕彼の業績を高く評価する.

高端 gāoduān 高規格(の).高品質(の).高レベル(の).〔~技术〕ハイテク.〔~市场〕ハイクォリティーマーケット.

高额 gāo'é 高額(の).〔~利息〕高い利子.

高尔夫球 gāo'ěrfū qiú ⓧゴルフ,またそのボール:〔高而富球〕〔高夫球〕〔考 kǎo 尔夫球〕〔勺 sháo 球〕などともいった.〔~棒 bàng〕クラブ.〔~俱乐部〕ゴルフクラブ.〔~场 chǎng〕ゴルフ場.〔打~〕ゴルフする.

高尔基 gāo'ěrjī ⓧゴーリキー:ソ連の作家(1868~1936)

高发 gāofā ①頻繁に発生する.発生率が高い.〔地震~地带〕地震多発地帯.〔~病〕高発生率の病気.②⓪科挙の試験に合格する.

高法 gāofǎ ①⇒〔高级人民法院〕②⇒〔最 zuì 高人民法院〕

高飞远走 gāofēi yuǎnzǒu 〈成〉遠くへ逃げだす:〔高飞远遁 dùn〕ともいう.

高分 gāofēn 〔~儿〕高得点.〔得 dé ~〕高点を取る.〔~低能〕成績はいいが実用には適さない.

高分子 gāofēnzǐ 高分子化合物:〔高分子化合物〕の略.〔高聚物〕に同じ.

高风 gāofēng 〈文〉立派な風格.〔~亮 liàng 节〕〔峻 jùn 节〕高風亮節.

高峰 gāofēng ①高い峰.高峰(ǎ).②〈喩〉最高点.絶頂.最大量.ピーク.〔~会议〕峰会①頂上会談.トップ会談.〔~论坛〕サミットフォーラム.〔上班的~时间〕通勤ラッシュのピーク.〔汽车路线超満員のバス路線.〔~期 qī〕ピーク期間.→〔巅 diān 峰〕

高秆作物 gāogān zuòwù 〔農〕長稈作物.→〔矮 ǎi 秆作物〕

高干 gāogàn 〔高级干部〕の略.〔~子弟〕高級幹部の子弟.→〔干部〕

高岗儿 gāogǎngr 〔方〕上座.〔他竟不客气地坐在~上了〕彼は何と(意外にも)遠慮なく上座についてしまった.

高高低低 gāogāo dīdī ①でこぼこしているさま.〔~的路〕でこぼこ道.②まちまちである.〔学生的程度~,很不好教〕学生のレベルがまちまちで,とても教えにくい.

高高(儿) gāogāo(r) 高々と.

高高手(儿) gāogāoshǒu(r) ⇒〔高抬贵手〕

高高在上 gāogāo zàishàng 〈慣〉高い所にいる.〈転〉〔~,(官气十足)お高くとまって,役人風をいやというほど吹かせている.

高歌 gāogē 高らかに歌う.〔~猛 měng 进〕〈成〉意気高く突き進む.

高阁 gāogé ①高い建物.高楼.②高い棚.

高个儿 gāogèr 背丈の高い人.のっぽ:〔高个子〕ともいう.

高根 gāogēn =〔古 gǔ 柯〕⓪コカ:熱帯性常緑低木.葉からコカインを製する.→〔古柯碱〕

高跟儿鞋 gāogēnrxié ハイヒール(靴).→〔平 píng 跟儿鞋〕

高工 gāogōng 〔高级工程师〕の略.技術者の職位の一.→〔工程师〕

高句丽 gāogōulí ⓩ高句麗(š).高麗(š):〔高句骊〕とも書く.昔時,朝鮮半島北部にあった国名.→〔高丽①〕

高估 gāogū 高すぎる評価をする.買いかぶる.

高古 gāogǔ 〔文章などが〕優雅で古風である.

高官厚禄 gāoguān hòulù 〈成〉官位が高く高給をもらう:〔高官重禄〕〔尊 zūn 官厚禄〕ともいう.

高管 gāoguǎn 高級管理職.

高贵 gāoguì ①高貴である.気高い.〔~品质〕崇高な品格.②極上である.とびきり上等.③⇒〔尊 zūn 贵〕

高寒 gāohán 地勢が高くて寒い.〔~地带〕ⓩ標高の高い寒冷地帯.

高喊 gāohǎn 大声で叫ぶ.

高呼 gāohū 大声で呼ぶ.〔振 zhèn 臂~〕腕を振りあげて声高く呼ぶ.

高胡 gāohú ⓩ高音の〔二 èr 胡〕(胡弓):〔粤 yuè 胡〕ともいう.普通,四弦に鉄線を用いる.

高积云 gāojīyún ⓧ高積雲.

高级 gāojí ①高級(の).上級(の).〔~班 bān〕上級クラス.〔~干部〕高級幹部.〔~知识分子〕正副の,大学教授・研究所研究員・主任医師など高度の専門知識を持つ者.②(品質・水準など)上等である.上質である.〔~衣料〕高級衣料.

高级人民法院 gāojí rénmín fǎyuàn 省・自治区・直轄市に置かれ,1審・2審の裁判を行い,中級以下の裁判所所在地で管轄する:〔高法〕〔高院〕は略称.

高级人民检察院 gāojí rénmín jiǎncháyuàn 省・自治区・市・県に置かれ刑事訴追を行う:〔高检①〕は略称.

高级社 gāojíshè 〔高级农业生产合作社〕の略:1956年〔初级社〕(初級農業合作社)の略.土地改革後各人が農地を出資しあって,個別経営し,それに応じて収穫物を配するもの)から発展したもの.土地・耕畜・大型農機具などが集団所有となり,土地報酬を廃し,〔按労分配〕(労働に応じて分配される)を実行した.1958年に〔人 rén 民公社〕となった.

高级神经活动 gāojí shénjīng huódòng 〔生理〕大脳皮質の活動.→〔条 tiáo 件反射〕

高级小学 gāojí xiǎoxué (4·2制での)高等小学校:(6年制の)5·6年生にあたる.略して〔高小〕ともいう.→〔初 chū 级小学〕

高级中学 gāojí zhōngxué 高等学校:中等教育の後期の3年.〔高中〕は略称.→〔初 chū 级中学〕

高技术 gāojìshù ハイテク(ノロジー)の.先端技術:〔高科技〕〔高新技术〕に同じ.〔~战争〕ハイテク戦争.

高加索 gāojiāsuǒ ⓩ①コーカサス山脈.②コーカシア:コーカサス山脈の南北にわたる地方.

高加印 gāojiāyìn ⇒〔可 kě 卡因〕

高甲戏 gāojiǎxì ⓑ福建省の泉州市や厦門市また台湾などで行われている地方劇の名:〔迎 yíng 神赛会〕の時に水滸の英雄に扮したことから〔宋 sòng 江戏〕ともいい,後に〔合 hé 興戏〕と改称し,また〔戈 gē 甲戏〕〔九 jiǔ 角戏〕などともいう.

高价 gāojià 高値.〔~出售 shòu〕高い値段で販売する.〔~股 gǔ〕値がさ株.〔~生〕高額納付金入学生.↔〔廉 lián 价〕

高架路 gāojiàlù 高架(式)道路.

高架桥 gāojiàqiáo 高架橋.陸橋.

高架铁路 gāojià tiělù 高架鉄道:〔高架〕〔高铁〕と

gāo 高

もいう.

高检 gāojiǎn ①⇒[高级人民检察院] ②⇒[最zuì 高人民检察院]

高见 gāojiàn ①すぐれた見識.②〈尊〉(あなたの)お考え.[对于这件事,您有什么~]この事についてどんなご意見がありますか.[~以为如何]ご意見はいかがお考えですか.

高脚杯 gāojiǎobēi 脚の高いグラス.[高脚酒杯]ワイングラス.シャンパングラス.

高脚架 gāojiǎojià 美イーゼル;野外写生用の画架.

高脚牌 gāojiǎopái 旧お触れや広告の看板.また葬式・婚礼などの行列の先頭に長い柄をつけて担ぐ[肃sù 静回避]などと書かれた高札.→[肃静牌]

高脚蟹 gāojiǎoxiè 魚貝タカアシガニ.

高教 gāojiào ①[高等教育](大学教育)の略.[~自考][高(等)教(育)自(学)考(试)]大学卒業資格認定試験.②[~]お教え.③[聆 líng 取~][赡]あなたのお教えをいただく.

高节 gāojié 〈文〉高い節操.[~不屈 qū][成]節操が高く容易に屈しない.

高洁 gāojié (思想・品格が)高潔である.

高精尖 gāojīngjiān (技術水準が)高級・精密・尖端的である.[~产品]最先端技術製品.[大 dà 老粗]

高酒出偏巷 gāojiǔ chū piānxiàng〈諺〉よい酒が片田舎にできる:ありふれた普通のところにでも優れたものがあるということ.

高就 gāojiù 〈尊〉仕事に就く.栄転する.[另 lìng 有~]別有~]他に栄転する.[请您另找~吧]どうか他に仕事を探してください.→[高迁]

高举 gāojǔ ①[高跟]②高々と揭げる.[~手,矮 ǎi 作揖]〈喻〉非常に丁寧にあいさつする.

高踞 gāojù 君臨する.[共产党员絶不可~于群众之上]共産党員は大衆の上に決して君臨してはならない.

高聚物 gāojùwù ⇒[高分子]

高峻 gāojùn 高く切り立っている.

高坎 gāokǎn 阶段状の土地の高い所.

高看 gāokàn 重視する.高く評価する.[我们对他们要~一眼]我々は彼らに対して尊敬の念をもって見なければならない.

高亢 gāokàng ①(声が)高くよく響く.[歌声~入云]歌声が天まで響き渡る.②(地勢が)高い.③⇒[高傲]

高考 gāokǎo 大学入試:[高等学校招生考试]の略.毎年7月7,8,9の3日間実施.[~状元]同前の最高点合格生.[~落榜生]同前不合格生.[~移民]〈喻〉大学合格率の高い都市へ戸籍を移す受験者.

高科技 gāokējì ⇒[高技术]

高空 gāokōng 高空.[~作业 zuò yè]建高所での作業.とびの仕事.[~运输线]運搬ケーブル.[~飞行]高空飛行.

高旷 gāokuàng ①高くて広い.②広々としている.

高栏 gāolán スハイハードル.[110公尺~赛跑]110メートルハイハードルレース.→[跨 kuà 栏]

高丽 gāolí ①史高麗;朝鮮王朝の一.②[朝 cháo 鲜]の別称.[~棒 bàng 子]旧(軽蔑して)朝鮮人.→[高句丽] ③⇒[高丽肉] ④食北京風料理法の一:材料に下味をつけ泡立てた卵白をころもにして揚げる.フリッターのようなもの.

高丽果 gāolíguǒ 植黒竜江の山野に叢生する紅色で甘酸っぱい果物.

高丽肉 gāolíròu 食豚肉を砂糖で甘くあめたもの:一般に[高丽③]という.

高丽参 gāolíshēn 植朝鮮人参:[人 rén 参](中国国内産の朝鮮人参)に対して特に朝鮮半島産のものをいう.

高丽虾仁 gāolí xiārén 食えびのむき身を砂糖で甘く炒めたもの.

高丽纸 gāolízhǐ 桑皮を原料として作った厚手の紙:質は強く窓・壁に貼るのに用いる.

高利 gāolì 高利.[~贷 dài]高利貸し(の金).[借 jiè ~贷]同前を借りる.[放 fàng ~贷]同前を貸す.

高良姜 gāoliángjiāng =[良姜]植コウリョウキョウ;ショウガ科ハナミョウガ属の多年生草本.根茎は芳香があり健胃薬に用いる.

高粱 gāoliáng 植コウリャン(モロコシ),またその実:[蜀 shǔ 秫][蜀黍]ともいう.[红 hóng ~]実の赤い同前.[~秆 gǎn 儿][秫 shú 秸(秆)儿]高粱の茎.[~米]精白した高粱.[~蚜 yá]虫高粱などにつくアブラムシ.[~酒 jiǔ][~烧 shāo]高粱酒:[白 bái 干儿]ともいう.[~面(儿)]高粱の粉.→[稷 jì①]

高邻 gāolín ご近所のかた.

高齢 gāolíng ①高齢(である):多く60歳以上をいう.②年をとっていること.[~社会]高齢化社会.[~产妇]高年齢産婦.

高领 gāolǐng 襟の高い.ハイネック.

高岭石 gāolǐngshí 鉱カオリナイト.

高岭土 gāolǐngtǔ 鉱カオリン:江西省景德鎮の高嶺産の上質白陶土.

高六七 gāoliùqī 史文革の1967年に高校卒業の時代:[高六六][高六八]は1966年・1968年の同前.

高楼 gāolóu 大きな建物.ビルディング.[~大厦 shà]同前.[一席酒,穷 qióng 汉半年粮]〈諺〉大きな館での金持ちの一席の酒宴は,貧乏人の半年分の食糧にも当たる.[出~,出深院]〈喻〉⑧現実離れした閉鎖的な社会から出てくる.象牙の塔から世間に出る.⑤役所や機関から出て大衆の中に行って実践に携わる.

高炉 gāolú 工高炉.→[鼓 gǔ 风炉]

高氯酸 gāolǜsuān 化過塩素酸.

高论 gāolùn ①優れた議論をする.②〈尊〉ご高説.

高买 gāomǎi〈方〉万引き(する).[嘿!小心点儿,她可像个~]おい,気をつけろ,あの女は万引きのようだぞ.

高迈 gāomài〈文〉①高く優れている.②老いている.[年既~须 xū 发皆白]年老いて,あごひげも髪の毛も真っ白だ.

高慢 gāomàn 高慢である.傲慢である.

高帽(子) gāomào(zi) ①紙製の三角帽子.②〈喻〉おだて言葉.お世辞.おべっか:[高帽(儿)]ともいう.→[戴 dài 高帽子]

高门 gāomén〈喻〉富貴の家.[~大户][成]名門の一族.門閥.

高锰钢 gāoměnggāng 高マンガン鋼.ハットフィールド鋼.

高锰酸钾 gāoměngsuānjiǎ =[灰 huī 锰氧]化過マンガン酸カリウム:消毒に用いる.

高密度脂蛋白 gāomìdù zhīdànbái 医HPL.善玉コレステロール.

高棉 gāomián ⇒[柬 jiǎn 埔寨]

高妙 gāomiào 非常に優れている.[手段~]手段が巧妙である.[笔法~]筆法が非常に優れている.

高名 gāomíng〈尊〉ご高名.

高明 gāomíng ①(見識・技術・力量が)優れている.②同前の人.[我没有能力担負这样重大的任務,另请~吧]わたしにはこんな重大な任務を引き受ける力はありません,別の立派な人にご依頼下さい.

高末儿 gāomòr 上等のジャスミン茶から出たお茶の粉.

高 gāo

高难 gāonán 大変難しい.〔～动作〕高難度動作.

高能 gāonéng 物①高エネルギー.〔～粒子 lìzǐ〕高エネルギー粒子.〔～燃料〕高エネルギー燃料. ②高カロリー.〔～食品〕高カロリー食品.

高睨大谈 gāonì dàtán 〈成〉見解や論ずるところが凡俗とは違って優れている.

高年 gāonián =〔大 dà 年④〕①高齢(の人).老年(の人).年が上の(人). ②とくに高齢の親.

高年级 gāoniánjí 高学年.

高攀 gāopān 自分より身分の高い人と交際する.高望みする:〔仰 yǎng 攀〕に同じ.〔那可～不起,你们几位都是老前辈,我是晚生后辈〕わたしなどみんな に背のびしてご交際願えません,あなたがたは大先輩ですわしわたしなど弱年の後輩ですから.

高抛靶房 gāopāo bǎfáng 区(クレー射撃の)ハイハウス.→〔低 dī 抛靶房〕

高抛发球 gāopāo fāqiú 区(卓球の)放り投げ(上げ)サーブ.→〔发球〕

高炮 gāopào 高射砲:〔高射炮〕の略.〔～部队〕高炮部隊.〔～三连〕高射砲第3中隊.

高朋满座 gāopéng mǎnzuò 〈成〉立派な人たちが座に満ちている:来賓の多いこと.

高票 gāopiào 高得票.

高频 gāopín 電高周波.〔～率 lǜ〕同周波.〔甚 shèn ～〕超短波. VHF.〔超～〕極超短波. UHF.〔～电波〕高周波数電磁波.

高品位 gāopǐnwèi 高品位.高品質.

高聘 gāopìn ①昇格(給)して任用される. ②高給で招聘する.

高坡 gāopō 高い坂.

高企 gāoqǐ 経(経済指数の)高止まり.

高起点 gāoqǐdiǎn 高水準の出発点.

高气压 gāoqìyā 区高気圧.〔～区 qū〕高気圧域.

高迁 gāoqiān 位があがる(こと).身分がよくなる(こと).→〔高就〕

高腔 gāoqiāng 音①声楽の高い調子. ②〔弋 yì(阳)腔〕と各地の民間の調子とが合わさってできた節回し:歌い方・伴奏などは〔弋(阳)腔〕に同じ.打楽器で伴奏する.

高强 gāoqiáng 武芸の優れていること.〔枪 qiāng 法 ～〕槍術が上手.

高墙 gāoqiáng 周囲を囲む高い壁.〈喩〉監獄.

高强度 gāoqiángdù 高強度.〔～钢 gāng〕高力鋼.〔～不锈 xiù 钢〕高力ステンレス鋼.

高跷 gāoqiāo =〔高橇〕〔踏 tà 跷〕①長さ1メートルくらいの木の棒で作った竹馬のようなもの. ②高脚踊:同前を両足に縛りつけて背丈を高くして踊りきる民芸.〔～会 huì〕同前に乗って豊年を祈る会で,旧正月の15日までの間に行われる.現在は,大きな祭典などの時にも余興として行われる.

高橇 gāoqiāo 同上.

高亲贵友 gāoqīn guìyǒu 高貴な身分の親戚や友人.〈尊〉ご親戚ご友人.

高清晰度电视 gāo qīngxīdù diànshì ハイビジョンテレビ.

高擎 gāoqíng 高く掲げる.

高热 gāorè ⇒〔高烧〕 ②高熱量.〔～食品〕高カロリー食品.

高人 gāorén ①〈文〉気品の高い人物.人格者. ②腕達者.人並み優れた人.〔～一等〕〔～一筹 chóu〕〈成〉人よりひときわ優れている.

高僧 gāosēng 仏(仏教の)高僧.

高山 gāoshān 高い山.〔没有も・不显平地〕〔不见～不显平地〕〈諺〉高い山がなければ平地はもりあがらぬ:ものは比べてみてはじめて高低が分かる.

高山病 gāoshānbìng 医高山病:〔高山反应〕〔高原适应不全症〕ともいう.〔山晕 yùn〕は俗称.

高山滑雪 gāoshān huáxuě 区(スキーの)アルペン種目:〔快降下〕(滑降),〔小回转障碍降下〕(回転.スラローム),〔大回转障碍降下〕(大回転)

高山景行 gāoshān jǐngxíng 〈成〉高い山と明らかな道:徳が高くて行いが立派であること(人)

高山流水 gāoshān liúshuǐ 〈成〉すぐれた楽曲.〈喩〉知己にめぐり合うこと:〔流水高山〕ともいう.→〔知 zhī 音〕

高山族 gāoshānzú 中国少数民族の一:台湾の中北部および台東の山地に居住する.〔山地同胞〕とも称せられる.

高尚 gāoshàng 高尚である.低俗でない.高潔である.〔～的娱乐〕高尚な娯楽.

高烧 gāoshāo =〔高热〕①高熱.〔他发～了,得请医生看看〕彼は高熱が出ている,医者を呼ばなければりゃ.→〔低 dī 烧〕

高射机枪 gāoshè jīqiāng 軍高射機関銃.

高射炮 gāoshèpào ①軍高射砲:〔高炮〕ともいう.〔放 fàng ～〕④同前を打つ.⑤⇒〔络 luò 管儿〕 ②モルヒネを吸う格好:旧時,モルヒネを吸うには,紙巻煙草の一端をすかしモルヒネをつめて煙草を立てたまま吸う.

高深 gāoshēn 高くて深い.〔～的理论〕高度な理論.〔修养～〕修養を深く積んでいる.〔～莫 mò 测〕〈成〉高遠で測り知れない.

高升 gāoshēng ①昇進する.地位が上がる.〔步 bù 步～〕しだいに高まる.〔～～〕ご昇進おめでとう. ②高騰(㐂)する. ③ロケット花火の一種.→〔爆 bào 竹〕

高声 gāoshēng 大声である.声が大きい.

高师 gāoshī〔高等师范学校〕の略.

高士 gāoshì (俗世間に出ず引きこもっている)高潔な人物.→〔隐 yǐn 士〕

高视阔步 gāoshì kuòbù 〈成〉眼を上の方に向けてのし歩く.〈喩〉傲慢ではばかるところのないさま.

高手(儿) gāoshǒu(r) 名手.〔烹任 pēngrèn ～〕料理の達人.

高寿 gāoshòu ①長寿(である). ②〈尊〉老人(あるいはその老人の卑属)に対して丁寧に年齢を尋ねる言葉.お年は?〔老太爷今年～?〕お父上は今年おいくつになられますか.→〔贵 guì 庚〕

高爽 gāoshuǎng 広々としている.〔地势～〕地勢が広く見わたされる.

高斯 gāosī〈口〉〔音訳〕物ガウス. G:磁束密度のCGS電磁単位.

高四 gāosì〈口〉大学受験浪人.〔～生〕浪人生.

高耸 gāosǒng =〔高矗〕〈文〉高くそびえる.〔～云天〕〈成〉空にそびえ立つさま.〔～的鼻梁儿〕高い鼻柱.

高速 gāosù 高速度(の).〔～车床〕(快 kuài 速车床)機高速旋盤.〔～挡〕(自動車の)トップギア.〔～公路〕高速道路.〔～(冷)存(储器)〕電電キャッシュメモリ.〔～精密装上钻床〕機高速精密卓上ボール盤.〔～宽带网〕電電高速ブロードバンドネット.〔～溜旧冰场〕区スピードスケート.〔～切 qiē 削〕□高速度切削.〔～铁路〕高速鉄道.〔～增长〕高度成長(する).

高速(度)钢 gāosù(dù) gāng =〔白бай(锋)钢〕〔风 fēng 钢〕〔锋 fēng 钢〕□高速度(工具)鋼:高速金属切削工具の製作に用いる鋼.

高台 gāotái ①高地.石の築山. ③高い台.〔～定车〕(サーカスの)自転車の曲乗り.

高抬 gāotái ①高くあげる.〔～腿 tuǐ〕区(ランニングの)ももあげ. ②〈按〉もちあげすぎる.〔别~我了〕もちあげないでください.〔～贵 guì 手〕〔高手(儿)〕

gāo 高

〈挨〉大目に見て下さい.お目こぼし下さい(相手の許しを請う).〔请您~！〕同前.

高摊儿 gāotānr 机·台などの上に商品を並べた露店.→〔地 dì 摊(儿)①〕

高谈阔论 gāotán kuòlùn 〈成〉勝手に放言する.

高碳钢 gāotàngāng 〔工〕高度カーボン鋼.高炭素鋼.→〔碳钢〕

高汤 gāotāng ①〔食〕豚·鶏·あひるなどの肉はその骨を煮て取ったスープ.調理に用いる. ②⇒〔清 qīng 汤〕 ③醤油味のだし汁.→〔白 bái 汤〕

高堂 gāotáng ①〈文〉高い(立派な)部屋·建物. ②〈転〉父母.⑤ご両親. ④〈姓〉堂堂(ど).

高唐梦 gāotángmèng ⇒〔巫 wū 山之梦〕

高挑 gāotiǎo ①〔-儿〕背がすらっと高い.〔~挑〕同前.〔~个 gè 子〕すらっと高い体つき(の人). ②高々と掲げる.

高通胀 gāotōngzhàng 激しいインフレ:〔高通膨 péng〕ともいう.→〔通货〕

高筒(皮)靴 gāotǒng (pí)xuē 長靴(ながぐつ).ロングブーツ:〔高统(皮)靴〕とも書く.→〔长 cháng 筒靴〕

高头大马 gāotóu dàmǎ 〈成〉体格の立派な馬(人)

高头讲章 gāotóu jiǎngzhāng 〈成〉経書の本文の上部にある注や解釈.またその経書.

高头 gāotou 〔方〕上.上の方.〔放在桌子~了〕テーブルの上に置いた.→〔上头 shàngtou ①〕

高徒 gāotú 高弟.弟子.

高危 gāowēi (伝染病などの)危険性の高い.〔~人群〕同前の人々(グループ).〔~职 zhí 业〕危険な職業.〔~产业〕(爆発物など扱う)危険な産業.

高纬度 gāowěidù 〔地〕高緯度.

高位 gāowèi ①高位.高い身分. ②(身体)の上の部分. ③上位.〔~截 jié 瘫〕両脚上部の麻痺.

高温 gāowēn 高温(である).〔~作业〕高温作業.〔~车间〕高温作業する職場·現場.〔~日〕猛暑日.

高卧 gāowò ①枕を高くして寝る. ②のんびりと隠居生活を過ごす.

高屋建筑 gāowū jiànlíng 〈成〉屋根の上から瓶の水をあける.〈転〉有利な位置にあること.有利な立場で勢いがあること.

高息 gāoxī 高利息.〔~揽 lǎn 储〕高利で預金を集める.

高下 gāoxià 高下(ゲ).優劣.〔难分~〕優劣をつける.

高下在心 gāoxià zàixīn 〈成〉臨機応変の処置をとる.→〔随 suí 机应变〕〔因 yīn 时制宜〕

高限 gāoxiàn 上限.

高香 gāoxiāng 上等の線香.また長い線香.→〔烧 shāo 高香〕

高消费 gāoxiāofèi 高額な消費.〔奢 shē 侈的~生活〕ぜいたくな高い消費生活.

高小 gāoxiǎo ①〔高级小学〕の略称. ②小学校の高(5·6)学年.

高校 gāoxiào 〔高等学校〕(大学·短大·高専)の略.〔~游 yóu〕大学見学ツアー. 〔~概念股〕産学共同企業の関連株.

高效 gāoxiào 効率(効能)が高い.〔~能 néng〕高能率.〔~率 lù〕高能率.

高薪 gāoxīn 高い俸給.〔领~〕高給をもらう.

高新技术 gāoxīn jìshù →〔高技术〕

高辛氏 gāoxīnshì →〔喾 kù〕

高兴 gāoxìng 楽しい(しがる).喜ばしい.〔他听这话很不~〕彼はこの話を聞いてひどく不愉快になった.〔见到你我很~〕お目にかかれてうれしく存じます.〔我真替你~啊〕(あなたの事で)僕は本当にうれしいよ.〔看你~的〕まあうれしそうなこと.〔别

~得太早〕喜ぶのは早すぎる.〔高高兴兴上班,平平安安回家〕元気に出勤,無事に帰宅(交通安全の標語).〔兴大忙〕〔高兴~する.〔你~去就去,不~去就别去〕行きたければ行く,行きたくなければ行くな.

高悬 gāoxuán 高々とつるす.〔~明鉴〕〈喻〉お目がたかい.

高血糖 gāoxuètáng 〔医〕高血糖.

高血压 gāoxuèyā 〔医〕高血圧.〔~病 bìng〕高血圧病.

高血脂 gāoxuèzhī 〔生理〕高血脂.

高压 gāoyā ①〔电〕高圧.電圧·気圧など.〔~带 dài〕高圧帯.〔~电〕高電圧.〔~锅 guō〕〔压力锅〕(調理用の)圧力がま.圧力なべ. ②〈軍〉〔高空脊〕〔高压楔 xiē〕区高気圧の峰.〔~氧 yǎng 舱〕高圧酸素室(タンク). ③区最高血圧:〔收 shōu 缩压〕(収縮期血圧). ④威圧する.頭ごなしに押さえつける.〔~手段终于失敗了〕高圧的な手段は結局失敗した.

高压釜 gāoyāfǔ ⇒〔加 jiā 压金〕

高压球 gāoyāqiú 〔スポ〕(テニスの)頭上からの打球.〔~扣 kòu 杀〕オーバーヘッドスマッシュ.

高压线 gāoyāxiàn ①〔高压电線〕.〔高压输电线〕高圧送電線. ②〈喻〉触れてはならないもの.

高崖 gāoyá 高く険しい崖.

高雅 gāoyǎ 気高くみやびやかである.〔他的谈吐倒很上品,颇有君子风度〕彼の談話は高雅で,なかなか君子の風がある.

高眼鰈 gāoyǎndié 〔魚〕ソウハチ.メダカガレイ.

高扬 gāoyáng ①高くあがる.〔情绪~〕気持ちが高ぶる. ②大いに発揮する.

高阳酒徒 gāoyáng jiǔtú 〈成〉勝手気ままな大酒飲み(史記·酈生陸賈列伝)から.

高腰 gāoyāo 同下.

高靿 gāoyào =〔高腰靴(靴下)の丈の長いもの.〔~靴 xuē (子)〕〔长 cháng 筒靴(子)〕長靴.ブーツ.〔~袜 wà〕長靴下.〔~雨鞋〕ゴム長靴.

高义 gāoyì ①すぐれた徳義. ②同下①

高谊 gāoyì ①〔高义②〕ご高誼.〔盛 shèng 情~同前. ②〈文〉崇高な道義.

高音 gāoyīn ①高い音.〔~喇 lǎ 叭〕高音用スピーカー.ツィーター. ②〔音〕高音.〔女~〕ソプラノ.〔男~〕テノール.〔~家〕ソプラノ(テノール)歌手.→〔低 dī 音〕〔中 zhōng 音〕

高于 gāoyú ……より高い.〔~一切〕一切より高い.最高である.

高原 gāoyuán 高原.〔~期 qī〕停滞期.横ばい期.

高原封 gāoyuánfēng 上等の元詰め(の酒)

高远 gāoyuǎn ①高く遠い.〔~的蓝 lán 天〕高い青空.〔~球 qiú〕(バドミントンの)ハイクリアー. ②高遠である.〔志在~〕志を高くもつ.〔思虑~〕思慮が深い(すぐれている)

高院 gāoyuàn 〔高级人民法院〕の略.〔江苏~〕江蘇高級人民法院.

高云 gāoyún 〔気〕巻雲.

高燥 gāozào 地形が高くて乾燥している.

高瞻远瞩 gāozhān yuǎnzhǔ 〈成〉高遠なところに目をつける.〈喻〉志の高遠なこと.

高涨 gāozhǎng (物価·運動·気分などが)高まる.増大する.〔物价~〕物価が高騰する.

高掌远蹠 gāozhǎng yuǎnzhè 〈喻〉遠大な野心(はかりごと)

高招 gāozhāo ①〔-儿〕いいやり方.うまい方法:〔高着(儿)〕に同じ.〔我教给你一个~〕いい方法を教えてあげよう.→〔上 shàng 策〕 ②〔高等学校招考新生〕(大学入試)の略.

高着(儿) gāozhāo(r) 同上①.
高枕 gāozhěn〈文〉枕を高くして心配なく眠る.〔～而卧 wò〕同前.〔～无 wú 忧〕〈成〉平穏で何の心配もないさま.
高支 gāozhī 脳高番手.高級紡織.
高知 gāozhī〔高級知識分子〕の略.〔～楼 lóu〕同前用のマンション.
高枝(儿) gāozhī(r)〈喩〉高い地位.〔巴 bā～〕上の者に取り入る.
高职 gāozhí ①〔高等職業技術学校〕の略. ②高級職(員).
高指标 gāozhǐbiāo 高過ぎる指標.〔瞎 xiā 指挥〕(めちゃくちゃな指揮)と並んで〔大 dà 跃进〕の否定的側面とされる.
高中 gāozhōng〔高級中学〕の略.〔～生〕高校生.
高中 gāozhòng ＝〔高第〕良い成績で科挙に合格する.
高桩儿 gāozhuāngr〈方〉つり鐘型(の).〔～柿 shì 子〕同前の柿(筆柿の一種).〔～馒 mán 头〕つり鐘型のマントー.→〔馒头〕
高姿态 gāozītài 心の広い態度.〔你应该～〕度量を示すべきだ.
高自标置 gāo zì biāozhì〈成〉お高くとまる.〔高自位置〕ともいう.
高足 gāozú ご高弟・お弟子に〔高弟〕に同じ.〔～弟子 zǐ〕同前.
高祖 gāozǔ ①＝〔高祖王父〕〔高祖父〕祖父の祖父. ②先祖〔曾 zēng 祖〕(曾祖父)以上の先祖. ③初代の天子.〔汉 hàn～〕漢の高祖・劉邦を指す.
高阻表 gāozǔbiǎo ＝〔迈 mài 欧表〕〈文〉〔摇 yáo 表〕電メガー.絶縁抵抗計.
高祖父 gāozǔfù ⇒〔高祖〕
高祖母 gāozǔmǔ ⇒〔高祖王母〕祖父の祖母.
高祖王父 gāozǔ wángfù ⇒〔高祖〕
高祖王母 gāozǔ wángmǔ ⇒〔高祖母〕
高作揖,矮请安 gāo zuòyī, ǎi qǐng'ān〈慣〉頭をぺこぺこ下げる.

〔膏(膏)〕 gāo ①〔薬やエキスなどを〕練ったもの.クリーム状のもの.〔药 yào～〕練り薬.〔牙 yá～〕練り歯みがき.〔软 ruǎn～〕軟膏.〔梨 lí～〕梨の汁と蜜を練り固めた水飴状の咳止め薬.〔雪花～〕バニシングクリーム.〔＝膏药〕②脂肪.あぶら.肥えた肉.〔民肥民～〕〈成〉人民の膏血.〔春雨如～〕〈成〉春の雨は洩れたように貴重だ.〔～脂 zhī〕(豚・牛の)脂肪. ③〈文〉肥沃(よく)である.潤いのある.〔～壤 rǎng〕肥えた土. ④〔中医〕心臓の下部の脂肪のある場所:薬効のない場所とされた.→〔膏肓〕 → gào
膏肓 gāohuāng〔中医〕膏と肓(心臓と膈膜の間の部位):薬効がおよばないところ.〔病入膏肓～〕〈成〉病膏肓(ぼう)に入る:事態が好くなる見込みがない.
膏火 gāohuǒ〈文〉ともし火.〈喩〉学資.勉学の費用.
膏剂 gāojì〔中医〕水あめ状の内服薬.練り薬.
膏捐 gāojuān〔旧〕アヘン吸飲所の納付する税金.
膏粱 gāoliáng 脂のこった肉と上等の穀物(米・麦).〈転〉②美味.美食. ⑥富貴.〔～人家〕富貴の家.〔～子 zǐ 弟〕金持ちの子弟.〔～之性〕ぜいたくな気性.
膏霖 gāolín ⇒〔甘 gān 霖〕
膏霜 gāoshuāng 化粧用クリーム(総称).→〔霜②〕
膏田 gāotián〈文〉肥沃な田.
膏头银鱼 gāotóu yínyú ⇒〔大 dà 银鱼〕
膏土 gāotǔ 粗製アヘン.〔烟 yān 膏〕
膏沃 gāowò 土地が肥沃(よく)である.
膏血 gāoxuè〈文〉膏脂(脂と汗).〈喩〉苦しい労働

の結晶.
膏药 gāoyao 中医貼り膏薬.〔～油 yóu 子〕④貼り膏薬に塗ってある薬. ⑤貼り膏薬をはがしたあとに残っている膏薬.〔贴 tiē～〕膏薬を貼る.〔揭 jiē 下～〕同前.
膏腴 gāoyú〈文〉肥沃(な土地).〔～之地〕沃土.
膏泽 gāozé〈文〉恩沢.恩恵.
膏滋药 gāozīyào 中医ペースト状の飲み薬.
膏子 gāozi 膏(ɡ)薬.練り薬.〔～药 yào〕軟膏.→〔膏药〕

〔篙(篙)〕 gāo ①木や竹の棒.特に(舟の)棹(ɡǎo):〔方〕篙头 tou〕ともいう.〔杉 shā～〕杉の丸太.〔竹 zhú～〕竹ざお. ②〈姓〉篙(ɡ)
篙子 gāozi〔方〕①(建築現場の)足場を組むための丸太・太い竹. ②木や竹の棒・さお.〔～工 gōng〕〔～人 rén〕棹取りの舟子.〔～师 shī〕棹使いのうまい人.

〔皋(皋・皐)〕 gāo ①〈文〉沼沢.水辺の高地. ②〈文〉岸. ③〈文〉〔高〕に通じ用いた. ④〈姓〉皋(ɡ)
皋芦 gāolú ＝〔瓜 guā 芦〕〔过 guò 罗②〕唐茶.苦い茶.
皋月 gāoyuè 旧暦5月の別称.→〔毒 dú 月〕

〔槔(槔・橰)〕 gāo〔桔 jié～〕(井戸への)はね釣瓶(ɡ)

〔睾(睪)〕 gāo
睾固酮 gāogùtóng ⇒〔睾丸激素〕
睾丸 gāowán 生理睾丸(ɡ):人や動物の〔精 jīng 巣〕.〔口〕蛋 dàn 子儿〕〔方〕卵 luǎn 子〕(きんたま)俗称.〔中医外 wài 肾〕は別称,→〔睾 yī〕
睾丸激素 gāowán jīsù ＝〔睾固酮〕〔睾丸素(酮)〕生理テストステロン:男性ホルモンの一.〔丙 bǐng 酸睾丸素〕テストステロンプロピオネート.〔甲 jiǎ 基睾丸素〕メチルテストステロン.→〔激素〕
睾丸素(酮) gāowánsù(tóng) 同上.

〔囊〕 gāo〈文〉①(弓・剣・よろいなどの)武具を入れる袋.〔～鞬 jiān〕弓矢を入れておく袋. ②同前におさめる.〔～弓卧 wò 鼓〕〔～甲束 shù 兵〕〈成〉戦いが終わり平和となる.

〔杲〕 gǎo ①〈文〉(日の光の)明るい.〔～～〕明るいさま.〔～日 rì〕明るい太陽.〔～杏 yǎo〕さすらさま,〈転〉〔日～〕日が明るい. ③〈姓〉杲(ɡ)

〔搞(搞)〕 gǎo ①する.やる.なす.行う. ⓐ一般的な意味で〔做 zuò〕〔办 bàn〕〔干 gàn〕〔弄 nòng〕の意に用いられる.〔胡 hú～〕でたらめをする.〔上去〕向上させる.〔错 cuò〕とりまちがう.〔～掉 diào〕やっつける.〔可別～糟 zāo 了〕やり損なうな.〔～乱 luàn〕かき回す.〔～垮 kuǎ〕だめにする.〔～看〕やってみる. ⑤〔进行〕〔实行〕などにほぼ同じで,〔活动〕〔运动〕などを対象とする.〔～四个现代化〕"四つの近代化"を行う.〔～科研工作〕科学研究の仕事をする.〔～好学习,及时总结〕学習をよくやり適時にしめくくりをやる.〔跟顽强的关系也～不好〕上司との関係もうまくやっていけない. ⓒ具体的な事物(特に見たりさわったりすることができる)の場合で〔制 zhì 订〕〔创 chuàng 作〕〔建 jiàn 立〕などに近い.〔～托儿所〕託児所を営む.〔～一项事业〕一つの事業をやる. ⓓたくらむの意で〔玩 wán 弄〕〔策 cè 划〕に近づく.〔～阴谋诡计〕陰謀詭計・ペテンをする.→〔闹 nào ⑦〕 ⓔ手に入れる.ものにする.〔～对 duì 象〕恋人を作る.恋愛ができない.〔始终也没～到手〕いつまでも手に入れることができない.〔～车〕ⓐ車を手に入れる. ⓑ車を盗む.

gǎo～gào

搞臭 gǎochòu 手を使って評判を悪くさせる.〔~个人主义〕個人主義をこてんこてんにやっつける.
搞大 gǎodà 大きくする.
搞掂 gǎodiān 同上.
搞定 gǎodìng =〔搞掂〕やりとげる.しとげる.解決する.
搞法 gǎofǎ やり方.方法.〔他这个~不大妙,早晚要失败〕彼のこのやり方はあまりうまくない,遠からず失敗するだろう.
搞革命 gǎogémìng 革命をやる.
搞鬼 gǎoguǐ よからぬことを企む.インチキをする.
搞好 gǎohǎo うまくやる.〔~关系〕関係をよくする.〔~生产〕生産をうまくやる.〔搞不好〕しくじる.
搞花架子 gǎo huājiàzi〈喩〉うわべをとりつくろう.見た目を飾る.
搞坏 gǎohuài いじり壊す.なぶり壊す.〔把机器~〕機械をいじり壊す.〔把事情一了〕事を仕損じた.
搞黄 gǎohuáng 失敗する.しくじる.→〔黄⑤〕
搞活 gǎohuó 活性化する.〔对外开放,对内~的政策〕国外に向けては開放,国内に対しては活性化の政策.
搞价儿 gǎojiàr 値段のことを話し合う(交渉をする).
搞僵 gǎojiāng 緊張を作る.硬直状態に陥る.
搞七念三 gǎoqī niànsān〔搞七廿三〕とも書く.〈方〉①めちゃめちゃ.混乱させる.②不正な男女関係をする.男女関係がだらしない.
搞清楚 gǎoqīngchu はっきりする(させる).〔把问题~〕問題をはっきりさせる.〔搞不清〕わからない.
搞深搞透 gǎoshēn gǎotòu〈慣〉(キャンペーン・運動などを)徹底的に遂行する.
搞手 gǎoshǒu プランナー:(イベントなどを)企画する人.
搞通 gǎotōng ①=〔想 xiǎng 通〕わかるようにする.理解し得る.〔这件事我一了〕この事についてはよくわかった.〔搞不通〕理解できない.②正しい考えをしっかり理解する.〔~思想,问题就容易解决了〕正しい考えを理解すれば,問題はたやすく解決される.
搞头 gǎotou やり甲斐.〔大有~〕大いにやりがいがある.
搞卫生 gǎowèishēng 掃除をする.
搞小动作 gǎo xiǎodòngzuò 小細工をする.陰でこそこそやる.
搞笑 gǎoxiào 笑わせる.〔~片儿 piānr〕お笑い映画.〔~明星〕お笑いスター.喜劇スター.

〔缟・縞〕 gǎo 〈文〉白絹.〔~冠 guān〕喪中に用いる白絹の冠.〔~衣 yī〕白絹の服.〔~羽〕白い羽.
缟素 gǎosù〈文〉白装束(束く).喪服.

〔槁(槀・藁)〕 gǎo 同前.枯れ木.
槁木 gǎomù〈文〉枯れ木.〔~死 sǐ 灰〕〔死灰〈成〉枯木と灰.〈喩〉一切に幻滅を感じ,物事に無関心になる.
槁梧 gǎowú〈文〉①〔琴 qín〕の別称.②文机.

〔暠〕 gǎo〈文〉①明るい.②白い.→ hào

〔镐・鎬〕 gǎo つるはし.〔~头〕は通称.→〔镢 jué〕→ hào
镐头 gǎotou つるはし.〔鸦 yā 嘴 zuǐ〕〈方〉鋳(zhuó 钩)になっているつるはし.〔投 tóu~〕つるはしを投げる.〔大铁~〕大きなつるはし.〔丁 dīng 字~〕〔十字~〕〔双 shuāng 头~〕(T字形の)つるはし.

〔~车 chē〕〔卷 juǎn 扬机〕ウインチ.

〔稿(稾・藁)〕 gǎo ①〔~儿〕下書き.原稿.画稿.〔打 dǎ~〕〔拟 nǐ~〕原稿を作る.〔留 liú 个~〕原稿の控えをとっておく.〔投 tóu~〕投稿する.〔切勿一两投〕二股かけた投稿はお断り.②〔~儿〕腹づもり.計画.ちゃんとした考え.きまり.〔他做什么事都不打~〕彼はどんなことでもちゃんとしたことはない.〔这事哪有准~！〕こんなことが何でちゃんとしたきまりがあるものか.③〈文〉イネ科植物の茎.藁.〔~人〕〈姓〉稿(ぅ)
稿案 gǎo'àn ①文書の草案.〔立下~〕同前を作成する.②旧官署で文書の発送・受理を担当した吏員.
稿本 gǎoběn 著書の原稿.
稿酬 gǎochóu 同下.
稿费 gǎofèi =〔稿酬〕原稿料.稿料(文章・絵画・写真など).→〔润 rùn 笔〕
稿件 gǎojiàn (編集者からみた)原稿.
稿荐 gǎojiàn わら布団.わらぶく.
稿源 gǎoyuán 原稿の出所.〔~不足〕原稿の集まりの不足.
稿约 gǎoyuē ①原稿応募規定.②執筆の約束.
稿纸 gǎozhǐ 原稿用紙.〔原 yuán 稿纸〕稿箋(jiān)ともいう.
稿子 gǎozi ①原稿.草案.②腹案.腹づもり.→字解①②

〔藁〕 gǎo 地名用字.〔~城〕河北省にある.

〔告〕 gào ①〔上部へ〕報告する.〔~禀 bǐng〕〔禀~〕上申する.②告げる.告げて言う.述べる.〔有什么不~〕他人に言えないようなことがあるのか.③広く知らせる:実現し終わったことの形式的な言い方.〔~一段落 luò〕一段落を告げる.〔已一~终了 liǎo〕終了を告げる.終了する.④告発する.訴える.〔把他给~了〕彼を告発してやった.〔~烟 yān〕タバコ被害訴訟.⑤願い出る.申請する.〔~三天假〕三日間の休暇をとる.⑥〈姓〉告(ぅ)
告哀 gào'āi ①苦衷を訴えて哀願する.②死亡を通知する.
告白 gàobái ①広く世間に知らせるための声明.広告.張り紙.掲示.〔~帖儿 tiěr〕広告張り紙.②表明する.説明する.
告败 gàobài (勝負で)負ける.〔以2比1~〕2対1で敗れた.↔〔告胜〕
告帮 gàobāng (知り合いや友だちに金銭的な)助けを仰ぐ.〔和朋友~〕友人に無心する.
告窆 gàobiān〈文〉出棺の知らせ(を出す)
告便(儿) gàobiàn(r)〈挨〉ちょっと失礼させていただく:暫時席をはずす時の文句.多く手洗いへ行く時用いる.〔我告个便儿再来〕わたしはちょっと失礼してすぐまた来ます.
告别 gàobié ①別れを告げる.〔道 dào 别〕に同じ.〔~乡〕故郷に別れを告げる.〔~宴会〕お別れパーティー.〔寄送~来了〕わたしもとまどいにあがりました.②死者との別れ(をする).〔遗体~仪式〕告別式.〔向遗体~〕遺体に別れを告げる.
告病 gàobìng 旧病気の届けを出す(して辞職する・欠勤する)
告成 gàochéng 完成を告げる.落成する.竣工する:〔告竣〕に同じ.〔这项工程接近~〕この工事も完成間近だ.
告吹 gàochuī だめになる.ふいになる.〔这件事也可能我もおじゃんになりそうだ〕
告春鸟 gàochūnniǎo ⇒〔黄 huáng 鹏〕

告诰 gào

告辞 gàocí いとまを告げる.〔我先～了〕お先に失礼します.

告贷 gàodài ＝〔借〕借金を頼る.〔～无 wú 门〕〈喩〉困窮でも助けがないさま.

告倒 gàodǎo 〈口〉敗訴させる.裁判で勝つ.〔告不倒〕裁判に負ける.

告地状 gàodìzhuàng 路上に自分の経歴や窮状などをチョークで書き,通行人の同情を乞うて金をもらう.〔～的〕同前の物乞い.

告刁状 gàodiāozhuàng 上司に狡猾な告げ口をする.

告发 gàofā 法告発する.〔～人〕告発者.〔被以欺 qī 诈罪～〕詐欺罪で告発される.→〔控 kòng 告〕

告乏 gàofá〈文〉欠乏してくる.

告负 gàofù（勝負などで）負ける.〔中盘～〕(囲碁などで）中盤で投了する.

告官 gàoguān 役所に訴える.

告急 gàojí 緊急事態の発生を告げて救いを頼る.〔～电〕急を告げる電報.〔风云～成〕風雲急を告げる.

告假 gàojià 休みをとる.〔告长 cháng 假〕回永のいとまをとる.辞職する.→〔请 qǐng 假〕

告结 gàojié 終わりを告げる.終わる.

告捷 gàojié 勝利を告げる.〔初战～〕初戦で勝つ.

告竭 gàojié（貯蔵・埋蔵が）底をつく.尽きる.

告诫 gàojiè（下の者に対して）戒める.警告を与える.〔～成〕とも書いた.〔尽管再三～,依然我行我素何度も注意したが,依然としてやりたいようにやっている.→〔训诫〕

告借 gàojiè ⇒〔告贷〕

告紧 gàojǐn 緊急を告げる.

告警 gàojǐng 緊急を告げ,援助や警戒を求める.→〔报 bào 警〕

告绝 gàojué 終わりを告げる.終息する.〔匪 fěi 患～〕匪賊の心配はなくなった.

告竣 gàojùn 落成する.竣工する.〔告成〕に同じ.

告劳 gàoláo 人に苦労を訴える.〔不敢～〕精一杯やらせていただいた.

告老 gàolǎo 回老齢で官職を辞する.〔～还 huán 乡〕〔～归 guī 田〕郷里に隠退する.

告令 gàolìng 回大総統が広く人民に命令を通達するための公文書.

告妈妈状 gào māmazhuàng〈方〉①（母親に）告げ口をする.（母親に）文句を言う.②〈喩〉泣きごとを言う.

告满 gàomǎn 目標値に達する：満員・満車・満室など.〔仓 cāng 库～〕倉庫が満杯になる.

告密 gàomì 密告する.〔把我们～了〕我々を密告した.〔向警察～〕警察に密告する.〔～信〕〔黑 hēi 信〕投書.密告書.〔写 xiě ～信〕同前の書く（いて密告する）

告免 gàomiǎn〈文〉免罪を請う.

告庙 gàomiào 出来事を先祖の霊に告げる.

告票 gàopiào（役所の）呼び出し状.

告破 gàopò 事件が解決する.真相を解明する.

告罄 gàoqìng（財物が）なくなる.尽きる.

告缺 gàoquē（物や人が）欠乏する.不足する.底をつく.

告饶 gàoráo ＝〔求 qiú 饶〕わびを入れる.許しを請う：〔讨 tǎo 饶〕に同じ.〔求情〕〈慣〉お情けにすがって勘弁してもらう.→〔叨 tāo 扰〕

告身 gàoshēn 回官に就くときの辞令.

告胜 gàoshèng（勝負で）勝つ.↔〔告败〕

告示 gàoshì ①告示.掲示.②回標語.〔红绿～〕赤や緑の紙に書かれたスローガン.〔贴 tiē 出～〕掲示を貼り出す.

告输 gàoshū〈文〉訴訟に負ける.→〔败 bài 诉〕

告送 gàosong〈方〉告げる.言う.教える：〔告诉〕とも書く.

告诉 gàosù 法①告訴(する).②起訴する.〔～才处 chǔ 理〕処理する.

告诉 gàosu 言う.知らせる.教える.〔～我,出了什么事〕言ってよ,何があったの.〔你可不能～别人〕人に言ってらだめだよ.〔我谁也没～〕ぼくは誰にも言っていない.〔请你～他（说）今天晚上七点钟开会〕今晚7時から会議だと彼に伝えて下さい.〔你看我不给～妈才怪呢〕(子供のけんかで）お母さんに言いつけてやるからね.→〔告状〕

告天鸟 gàotiānniǎo⇒〔云 yún 雀〕

告天状 gàotiānzhuàng 直訴する.〔县里告不下索 suǒ 性～！〕県の役所で訴えが受理されないならっそ直訴だ.

告天子 gàotiānzǐ ⇒〔云 yún 雀〕

告退 gàotuì ①（集会の時）断って先に退出する.〔对不起,我先～了〕すみません,お先に失礼します.②引退する.③⇒〔告休〕

告危 gàowēi ①危険を知らせる.②（病勢が）危篤である.

告慰 gàowèi ①慰める.安心してもらう.②安心した旨を知らせる.〔悉闻 hé 府康宁,甚为～〕〈牘〉貴家御一同様御健勝の由,承り安心いたしました.

告休 gàoxiū ⇒〔告假③〕〔回辞職を願い出る.

告阴状 gàoyīnzhuàng あの世で裁きを求める：無実の罪を遺書に書いて自殺すること.

告赢 gàoyíng 訴訟に勝つ.→〔胜 shèng 诉〕

告语 gàoyǔ〈文〉告げる.語る.〔互相～〕語り合う.〔无可～〕語るべきことはない.

告谕 gàoyù〈文〉①（下の者へ）諭(さ)す.②告示（する）

告御状 gàoyùzhuàng 回皇帝に訴える.〈喩〉国家の最高指導者に訴えた.

告枕头状 gào zhěntouzhuàng〈慣〉寝物語りに夫（または妻）に他人を悪く言う.→〔枕边之言〕

告知 gàozhī（告げて）知らせてやる.〔有事望来信～〕何かあったら手紙でお知らせください.

告终 gàozhōng 終わりを告げる.終わる.

告状 gàozhuàng ①訴える.自訴する.〔告黑状〕匿名の手紙：内部告発・中傷など.〔告洋状〕〈喩〉外国の圧力を利用すること.〔告他一状〕彼を告訴する.②（上の者に）告げ口をする.言いつける.→〔告妈妈状〕〔告御状〕

告准 gàozhǔn 法告訴が受理されること.

告祖 gàozǔ 回祖先に報告する.

告罪 gàozuì〔挨～〕失礼をわびる.〔我先告个罪说,…〕失礼なことを申しますが,….

告坐 gàozuò 席につく：〝では失礼〟と断って腰をおろす.→〔谢 xiè 坐〕

[诰·誥] gào

〈文〉①（上から下へ）告げる.②君主の訓戒的な文章.③皇帝が（臣下に）任命あるいは封爵する（文書）.みことのり.

诰敕 gàochì 明清官吏に土地や爵位を賜る辞令：五官以上に対するものを〔诰命①〕,六品官以下に対するものを〔敕命〕という.

诰封 gàofēng 清五品以上の文武官が土地や爵位を受ける時,その本人が受けるのを〔诰授 shòu〕,存命中の曾祖父母・祖父母・父母および妻に賜るのを〔～〕,死没した者に賜るのを〔诰赠 zèng〕という.

诰诫 gàojiè ⇒〔告诫〕

gào～gē

诰命 gàomìng ①→[诰敕]. ②〈文〉皇帝が臣下に下す命令.詔命. ③〈文〉皇帝から位を授けられた女性.[～夫人]同前.

[郜] gào 〈姓〉郜(ぢ)

[锆・鋯] gào 〔化〕ジルコニウム：金属元素.記号 Zr.[～石 shí]ジルコン.[～风 fēng 信子石]

[膏(膏)] gào ①〔機〕(車軸や回転軸に)グリース油を塗りつける.[～油 yóu]同前. ⑥〈喩〉鼻薬をかがせる.[～车 chē]車にグリースを塗る.[～车油]車用のグリース. ②筆を墨に浸し,硯のふちで毛を整える.[～笔 bǐ] [～墨 mò]同前. ③〈文〉潤す.[阴 yīn 雨～之] (詩経)しとしとと降る雨が潤す. → gāo

gē 《さ》

[戈] gē ①〔固〕ほこ.兵器の一種：青銅製の両刃を長い柄の先に柄と直角になるように取り付けたもの.[干 gān～]盾(ぢ)とほこ.〈転〉武器.戦い.[动干～]武力を発動する.[化干～四起]戦いが方方に起こる.→[矛 máo] ②〔物〕グレイ.→[戈瑞] ③〈姓〉戈(ぢ)

戈比 gēbǐ カペイカ:ロシア等の通貨単位名.100[～]が1[卢 lú 布](ルーブル).

戈壁 gēbì 〔地〕ゴビ:蒙古語で草木が生えにくい地の意.[～滩 tān]同前.[瀚 hàn 海③] [硬 yìng 砂漠]

戈法 gēfǎ 書道で、"乚"のように引いてはねる筆法.戈法(ぢ).

戈甲戏 gējiǎxì →[高 gāo 甲戏]

戈矛 gēmáo ほこ類の総称.

戈瑞 gēruì 〈度〉グレイ.記号 Gy：(放射線の)吸収線量の単位.1グレイは100ラド.単に[戈②]ともいう.→[拉 lā 德]

[仡] gē [～佬 lǎo 族]コーラオ族:中国少数民族の一.大部分は貴州省に居住する. → yì

[圪] gē

圪垯 gēda ①[圪塔] [圪塔]とも書いた.小さな丘：地名にも用いられる. ②→[疙瘩]

圪节 gējie 〈方〉①稲・麦・高粱・竹などの節(だ). ②二つの節の間.ひとふし.一般に長い物の一部.ひとふし.

圪蹴 gējiu =[〈方〉硌 gè 碱]〈方〉しゃがむ.うずくまる：[蹲 dūn ①]に同じ.

圪塄 gēléng 〈方〉隅:地名に用いられる.

圪梁 gēliáng 〈方〉小さな峠.山の背.〈転〉山.

圪针 gēzhēn 〈方〉ある種の植物のとげ.[枣 zǎo～]ナツメの木のとげ.[刺 cì ⑥]

[屹] gē → yì

屹塔 gēda ⇒[疙瘩]

[纥・紇] gē → hé

纥繨 gēda ⇒[疙瘩]

[呙・咼] gē 〈姓〉咼(ぢ)

[疙] gē

疙疤 gēba 〈方〉(傷口の)かさぶた.[疙瘩]とも書いた. ①球状または塊状のでこぼこしているもの：[纥繨]とも

書いた.[土～]土くれ.[冰 bīng～]氷の塊.[算盘～]中国服のボタン.[面 miàn～]食すいとん.[芥 jiè (菜)～][大 dà 头菜①]④圃 カラシナ(根).[同前の漬物:[咸 xián 菜～]ともいう.[酱 jiàng～]食みそに漬けた(根)のみそ漬.[～缨儿 yīngr][～缨子]からし菜の葉.[路上有土～,车开不快]道ででこぼこがあるので車は速力を出せない. ②[-儿]できもの.腫れもの. ③[～长 zhǎng～了]おできができた. ③〈転〉わだかまり.悩み.しこり.[心里有个大～]心の中に大きなわだかまりがある.[心上的～早去了一半]心の悩みもとっくに半分は解消した. ④すらすらと行かないこと.ぎこちないこと.順調にいかないこと.[这件事有些～]この事はなかなか順調にいかない. ⑤〈方〉量詞.かたまりを数える.[一～泥]泥ひとかたまり. ⑥〈方〉ひねくれ(ている).[她脾 pí 气相当～]彼女は性格がかなりひねくれている. ⑦→[老 lǎo 疙瘩]〈方〉ところ.地方.[这～]ここ.この地方. ⑨→[扑 pū 克(牌)]

疙疙瘩瘩 gēgedādā [疙里疙瘩] [口] ①でこぼこしている.ごつごつしている.ふしくれだっている.[～的手]ふしくれだった手. ②(物事の)ぎくしゃくして順調にいかない.[这么～的要解开可得费点工夫儿吧]こんなにごちゃごちゃもつれているのをほどくにはかなり時間がかかりますよ.

疙疙楞楞 gēgelēnglēng でこぼこしている.

疙疙渣渣 gēgezhāzhā じゃりじゃりする.

疙痂儿 gējiār かさぶた.[疙渣儿①]に同じ.[揭 jiē～]同前をはぐ.

疙里疙瘩 ⇒[疙疙瘩瘩]

疙渣儿 gēzhar 〈方〉①かさぶた. ②お焦げ.[嘎 gā 渣儿①]に同じ.

[咯] gē → kǎ lo luò

咯嗒 gēdā 〈擬〉めん鶏が卵を産んだ時の声.

咯噔 gēdēng 〈擬〉①〈擬〉ゴトン.カタン.コツコツ:物があたる音.また足音.[～一下一点声音没有了]カタンといったっきり,ウンともスンともなくなった. ②[～噔地响]ゴトンゴトンと鳴る. ③ドキッ.ドキン:心臓が強くおどる音.

咯咯 gēgē =[格格]〈擬〉①クックッ:笑う声.[他听到这儿,～地笑了起来]彼はここまで聞くとクックッと笑い出した. ②ギリギリ.ギシギシ:歯ぎしりの音. ③カタカタ.タッタッ:機関銃の音.

咯吱 gēzhī 〈擬〉①ギシギシ.ギイギイ.ガリガリ:物がきしむ音.[肩上的扁担压得～～直响]肩に担っている天秤棒は重さでギシギシとする音. ②コツコツ:物が軽くあたる音. →[嘎 gā 吱]

[饹・餎] gē [～馇(儿)zha(r)]食大豆の粉をこねて円盤状にしたもの:角切りにして油で揚げたり炒めたりする.[锅 guō 渣]ともいう.[～馇盒儿 hér]食同前に具を包んで油で揚げたもの. → le

[格] gē

格登 gēdēng ⇒[咯噔]

格格 gēgē ⇒[咯咯]

[胳(肐)] gē → gā gé

胳臂 gēbei 同下.

胳膊 gēbo =[胳臂] [手 shǒu 臂①]うで.かいな:腕の付け根から手首まで.[～扭 niǔ 不过大腿] [～拧 nǐng 不过大腿] [小腿扭不过大腿] [諺]強い者には勝てない.[～折 shé 了在袖儿里]腕は折れても袖の中にある:外部の人には内輪の苦痛は知らせない.[～腕 wàn 子] [～腕儿]うで首.手首:[腕儿]は

胳袼擱哥歌　　　　　　　　　　　　　　　　　　　　　　　　　　　　　　　　　　gē

手首.手首から先は〔手〕という.〔～肘儿 zhǒur〕〔～肘子〕ひじ:〔肘儿〕〔肘子〕①〔臂 bì 肘〕鷹ying 嘴〕ひじの里側〕〜味方をひいきする.〔～朝朝 cháo 外拐〕〜肘向外拐〕〜他人をひいきする.→〔臂〕

胳棱瓣儿 gē·lengbànr 〈方〉ひざ小僧:〔胳肋拜儿〕ともいう.〔〈方〉磕 kē 膝盖（儿）に同じ.

〔袼〕gē

袼褙 gēbei 布切れ（また紙）を数枚打ちして厚く書く.布靴の底などに用いる.〔搁褙〕〔隔褙〕ともいう.〈方〉袼褙 bèi 子〕に同じ.

〔搁・擱〕gē

①置く.（入れて）置く.収容する.〔～在桌子上〕テーブルの上に置く（いてある）.〔～在脖 bó 子后头〕忘在脖子后头〕喩っすかり忘れる.〔桌子上～着饭碗〕テーブルの上にご飯茶碗が置いてある.〔～歪 wāi がめて置く.〔要～在别人就打起来了〕いた人だったらすぐけんかになるところだ.→〔放 fàng⑭⑮〕②さし置く.ほったらかす.放置する.〔这是件急事,可不能～着〕これは急を要するので放っておくことはできない.〔～一～再办吧〕置いといずれやりましょう.〔鱼都～臭了,也没人管〕魚がほったらかしで臭くなるというのにかまう人もいないなんて.③差し加える.入れる.入れておく.〔汤 tāng 里没～酱油〕おけの中にしょうゆを入れなかった（入れない）.④〈姓〉擱(ɡ)　←　gé

搁褙 gēbei ⇒〔袼褙〕
搁笔 gēbǐ 筆を置く.書く（画く）のを止める.
搁车 gēchē 〈方〉途中でやめる（になる）.中止する（になる）
搁稻 gēdào 農稲作で,立秋後水田の水を落として10日ほど置くこと.
搁放 gēfàng 置く.入れておく.
搁局 gējú 賭場を開帳する.〔～赌 dǔ 钱〕賭場を開いて賭博する.
搁浅 gēqiǎn ①＝〔搁沙〕浅瀬に乗り上げる.座礁する.〔～触 chù 礁〕②中途で行きづまる.〔会谈～〕交渉がデッドロックに乗り上げた.〈方〉手形の不渡り.〔～票〕不渡り手形.
搁沙 gēshā 同上①
搁下 gēxià ①（手を放して）下に置く.〔先把箱子～〕まず箱を降ろせ（下に置け）. ②（中途で）やめる.〔把差 chāi 事～〕役を引く.退職する.〔把字～了〕字を書くのを止めた. ③入れて置く.収容する.〔屋里搁不下这么些人〕部屋の中にこんなに多くの人は収容できない.
搁心（儿） gēxīn(ǎr)〈方〉心に留める.気にする.〔人家骂 mà 他,笑他,他都不～里〕人が罵ろうと笑おうと彼は気にかけない.
搁置 gēzhì うちすてて置く.さしおく.放任する.〔～不理〕放任してかまわない.〔他们愿意～領土问题〕彼らは領土問題を棚上げする事を希望している.

〔哥〕gē

①兄.兄さん（呼びかけ）:ふつう〔～～〕という.〔大～〕いちばん上の兄(さん).〔二～〕2番目の兄(さん).→付録5．②親戚中の同世代で年上の男子.〔叔 shū 伯～〕〔堂～〕いとこ（父方の従兄）.〔表 biǎo ～〕（母方の）いとこ.→〔弟 dì〕〔兄 xiōng 弟〕③あんた:(民謡で)若い娘が恋人に対していう.〔哥哥⑤〕に同じ.④〈姓〉哥(ɡ)

哥本哈根 gēběnhāgēn 地コペンハーゲン:〔丹 dān 麦王国〕(デンマーク)の首都.
哥达纲领批判 gēdá gānglǐng pīpàn 書ゴータ綱領批判:〔马克思〕(マルクス)の著作.〔共产党宣言〕と並ぶ重要な文献とされる.

哥弟会 gēdìhuì ⇒〔哥老会〕
哥多巴 gēduōbā〈音訳〉コルドバ:ニカラグアの通貨単位名.1〔～〕は100〔生 shēng 太ボ〕(センターボ)
哥哥 gēge ①兄.兄さん. ②年上の（男の）いとこ.〔叔伯～〕(父方の)従兄.〔远房～〕遠縁の従兄.③祖父.④→〔行 xíng 不得也哥哥〕⑤＝〔字哥〕③
哥郎 gēláng コロン:コスタリカ・サルバドルの通貨単位名.
哥老会 gēlǎohuì ＝〔哥弟会〕史清初の秘密結社〔天 tiān 地会〕の支派:太平天国以来次第に勢力が大きくなり,滅満興漢運動の中心となり,辛亥革命とも関係があった.→〔红 hóng 帮〕〔青 qīng 帮〕
哥路登 gēlùdēng ⇒〔面 miàn 筋〕
哥伦比亚 gēlúnbǐyà 地コロンビア:正式には〔～共和国〕.〔可 kě 伦比亚〕とも書いた.首都は〔波 bō 哥大〕(ボゴタ)
哥伦布 gēlúnbù 人コロンブス:イタリア人.1492年,西インド諸島および南米を発見した.
哥罗仿 gēluófǎng〈音訳〉薬クロロホルム:〔哥罗芳〕〔哥罗仿姆〕ともいう.〔氯 lǜ 仿〕に同じ.
哥们儿 gēmenr〔哥儿们〕①兄弟:〔哥儿①〕に同じ.②兄弟同士.兄弟分:兄ちゃんやいとこなど親戚の中で同輩に当る者たちの総称.③男の友人に対する仲間意識を含んだ呼び方.＝〔义 yì 气〕義侠心.〔～都是街道儿上的朋友,有话好说〕男伊達(だ)はみんな仁義を重んずる付き合いの仲間ですから,話せば分かることですよ.〈方〉不得 dé ～〕人好きしない.嫌味がある.〔姐 jiě 们儿②〕
哥儿 gēr ①兄弟:一番上が男である兄弟.〔你们～几个〕お前のところは何人兄弟か.〔我们〔四个〕うちは4人兄弟です.→〔弟 dì ①〕〔姐 jiě 儿①〕②＝〔哥子〕（金持ちの）坊ちゃん.ぼんぼん.〔公子～〕大家(がˊ)の坊ちゃん.〔这位～真能花钱〕この坊ちゃんときたら金遣いが荒い.③仲の良い男同士.〔～俩〕〔哥俩儿〕兄弟二人.〔～俩好〕＝〔兄弟〕二人は仲が良い.⑤→〔划 huá 拳②〕
哥儿们 gērmen ⇒〔哥们儿〕
哥萨克 gēsàkè〈音訳〉コサック:〔可 kě 萨克〕とも書いた.〔～人〕同種.〔～马队〕コサック騎兵隊.
哥嫂 gēsǎo 兄と兄嫁.
哥士的 gēshìdì ＝〔苛 kē 性钠〕
哥舒 gēshū〈姓〉哥舒(ɡ)
哥斯达黎加 gēsīdálíjiā コスタリカ:正式には〔～共和国〕.首都は〔圣 shèng 何塞〕(サンホセ)
哥特式 gētèshì〔哥德式〕とも書いた.〈音義訳〉(美術様式の)ゴシック.ゴチック.〔哥特字〕〔黒体字〕ゴシック活字.〔建築〕ゴシック建築.〔～教 jiào 堂〕ゴシック式の教会.
哥子 gēzi ①〔白〕兄:あにき.②⇒〔哥儿②〕

〔歌（謌）〕gē

①＝〔儿〕歌.〔唱 chàng ～〕歌を歌う.〔这个时间的节目,先请听一曲〕この時間のプログラムはまず歌をお聞きください.〔老～〕高い歌.〔恒 héng 高ら〕一曲歌う.〔可～可泣 qì〕の古装恋爱巨片 piàn〕歌と涙の時代恋愛大作.③たたえる.

歌本 gēběn(r) 歌曲集.歌の本.
歌唱 gēchàng ①歌う.〔～家〕声楽家. ②讃える.〔～祖国的繁栄富强〕祖国の繁栄と富強を讃える.
歌吹 gēchuī 歌声と楽器の音.
歌词（儿） gēcí(r) 歌詞.
歌带 gēdài 歌曲の録音テープ.
歌单 gēdān〔一儿〕曲目表（リクエスト用の）
歌碟 gēdié レコード.CD.

gē

歌德 gēdé 〈人〉ゲーテ:ドイツの詩人(1749~1832)
歌功颂德 gēgōng sòngdé 〈成〉功績や徳をもち上げる。お追従(じゅう)する:〔歌功诵德〕とも書く.
歌喉 gēhóu 〔歌手としての〕のど・声.
歌后 gēhòu 人気女性歌手.
歌会 gēhuì 歌唱会。歌曲コンサートやリサイタル.
歌姬 gējī 〈文〉歌姫:〔歌伎 jì〕〔歌妓 jì〕ともいう.→〔歌女⑴〕
歌剧 gējù 歌劇。オペラ.〔小~〕オペレッタ.〔轻 qīng 松~〕レビュー.〔音乐~〕ミュージカル.〔~院 yuàn〕オペラハウス.
歌诀 gējué (九九のように)仕事や学習のこつや要領を1カ条について1句ずつにうまくまとめて口ずさむようにした文句.〔汤 tāng 头~〕漢方薬の数え歌.→〔口 kǒu 诀〕
歌龄 gēlíng 歌手生活年齢.
歌蛨 gēměng 〈国〉ナキイナゴ.
歌迷 gēmí 歌曲ファン。歌の大好きな人.
歌女 gēnǚ ①(ダンスホールなどの)女性歌手。歌姫.②〈文〉門(も)付けの女芸人.③⇒〔蚯 qiū 蚓〕
歌篇儿 gēpiānr 歌の楽譜(ピース):〔歌片儿〕とも書く.
歌谱 gēpǔ 〔-儿〕歌譜。曲譜.→〔乐 yuè 谱〕
歌鸲 gēqú コマドリ属の鳥(総称).〔新疆~〕ナイチンゲール.〔蓝 lán ~〕コルリ.〔蓝喉~〕〔蓝点颏〕オガワコマドリ.〔红 hóng 喉~〕〔红点颏〕ノゴマ.
歌曲 gēqǔ 歌曲。歌曲.
歌声 gēshēng 歌声.
歌手 gēshǒu 歌手.→〔歌星〕
歌颂 gēsòng =〔歌诵②〕〔歌赞〕(詩歌を作ったりして)ほめたたえる.〔人们~他的伟大事迹〕人々は彼の偉大な事跡をほめたたえる.→〔歌功颂德〕
歌诵 gēsòng ①声を長く伸ばして読む.②同上.
歌台舞榭 gētái wǔxiè 〈文〉歌ったり踊ったりする舞台.
歌坛 gētán 歌謡界。声楽界.〔~新秀〕有望な新人歌手.
歌厅 gētīng 音楽ホール.
歌童 gētóng 歌うたいを業とする子供:〔歌僮〕とも書いた.
歌王 gēwáng 人気男性歌手.
歌舞 gēwǔ 歌と踊り(をする).〔~剧 jù〕歌舞劇.〔~团 tuán〕歌舞団.〔~厅 tīng〕ダンスホール.〔~升平〕〈成〉太平の世をたたえる。一瞬の繁栄に浮かれる.→〔舞剧〕〔音 yīn 乐歌舞〕
歌星 gēxīng 有名歌手.〔红 hóng ~〕同前.→〔歌手〕
歌行 gēxíng 古体詩の一.
歌圩 gēxū 歌垣。歌合戦:〔壮 zhuàng 族〕の風習。旧暦3月3日に行われることが多い.
歌谣 gēyáo 民謡。民謡。童謡.
歌吟 gēyín 吟詠する。朗詠する.
歌咏 gēyǒng 歌う。吟咏する.〔~组〕合唱サークル.〔~队 buì〕合唱団.
歌仔戏 gēzǎixì 〔劇〕台湾オペラ.→〔芗 xiāng 剧〕
歌赞 gēzàn ⇒〔歌颂〕

〔**鸽・鴿**〕 gē 〈鸟〉ハト(総称).〔野~〕野鳩.〔原 yuán ~〕〔河 hé ~〕鳩.〔家 jiā ~〕家鳩。土(ど)鳩.〔岩 yán ~〕〔山石~〕高麗(こうらい)鳩.〔传 chuán 信~〕〔信~〕〈文〉飞 fēi 奴〕伝書鳩.
鸽派 gēpài 〈喩〉はと派:戦争に反対し平和を求める一派.↔〔鹰 yīng 派〕
鸽哨 gēshào 〔-儿〕鳩の尾につけて、飛ぶと自然に鳴るようにした笛.

鸽子 gēzi 〈鸟〉鳩(通 称):〔拙 zhuō 鸟〕〔鹁 bó ~〕〔勃鸪〕などは別称.〔~肉〕鳩の肉(食用).〔~市〕〔斑 bān 鸽〕
鸽子树 gēzishù ⇒〔珙 gǒng 桐〕

〔**割**〕 gē ①〔刃物で〕切る。切り落とす。ものの一部分を切りとる.〔把脑袋~下来〕首を切り落とす.〔~麦 mài 子〕麦を刈る.〔~草〕草を刈る.〔收~〕刈り取る。収穫する. ②分割する.〔把…~给某国〕…を某国に割譲する. ③引き渡す。取り引きする.→〔交 jiāo 割〕 ④〈方〉肉を買う.〔~肉②〕同前. ⑤捨て去る。別れる.〔俩人难~难舍 shě〕両人は別れがたくつらそうである.
割爱 gē'ài 割愛する。大切なものをあきらめる.
割臂盟 gēbìméng 〔啮 niè 臂盟〕
割除 gēchú 切り取る。取り除く.
割打机 gēdǎjī →〔康 kāng 拜因〕
割刀 gēdāo →〔切 qiē 刀〕②⇒〔贴 tiē 现〕
割地 gēdì 領土(土地)を割譲する.
割肚牵肠 gēdù qiānchángg 〈成〉非常に気にかける.
割断 gēduàn 断ち切る.〔电话线被~了〕電話線が切断された.〔~联系〕連絡を絶つ.
割恩 gē'ēn 〈文〉大義のために私恩を顧みない.→〔割情〕
割符 gēfú 〈文〉割り符.
割谷 gēgǔ ⇒〔割禾〕
割股 gēgǔ 〔孝子が親の(妻が夫の)病を治そうとして自分の股(もも)の肉を切り取って薬餌(じ)としたこと.〔~疗 liáo 疾〕同前.
割禾 gēhé 穀物を刈り取る:〔割谷〕に同じ.
割划 gēhuà 地域を区分する.
割鸡焉用牛刀 gējī yān yòng niúdāo 〈成〉ささいなことを大げさにする必要はない:〔杀 shā 鸡焉用牛刀〕ともいう.
割胶 gējiāo (ゴム液を採集するため)ゴムの樹に刀で傷をつける(こと)
割接 gējiē (ネットワークや通信などの)システム切り換え.
割接法 gējiēfǎ ⇒〔劈 pī 接法〕
割炬 gējù ⇒〔割枪〕
割据 gējù 割拠する.〔封建~〕封建的な割拠.〔~一方〕一地方を占拠する.
割捆机 gēkǔnjī 刈り取り結束機。バインダー.
割老公 gēlǎogong ⇒〔割势〕
割礼 gēlǐ 〈宗〉(ユダヤ教・イスラム教など)割礼(する)
割裂 gēliè 無理に引き裂く。切りとる:多く抽象的な事柄に用いる.
割列销 gēlièxiāo 〔割〕リビン。スプリットピン.
割麦机 gēmàijī 〈農〉麦刈機.
割卖 gēmài 土地をさいて売る.
割煤 gēméi 石炭の大きな塊を小さく切る.〔~机 jī〕同前に用いる機械.
割蜜 gēmì 〈農〉(養蜂で)蜜のたまっている巣を切りとる採取法.
割袍断义 gēpáo duànyì 〈喩〉絶交する.
割烹 gēpēng 調理。割烹(ぽう)。煮炊き.
割漆 gēqī (ウルシの木の樹皮に傷をつけ)ウルシをとる(こと)
割脐带 gēqídài へその緒を切る.〈喩〉癒着関係を断つこと.
割弃 gēqì 切り捨てる.
割枪 gēqiāng 〔切〕切断トーチ。ガスバーナー:〔割炬〕に同じ.
割切 gēqiē ⇒〔切割〕
割青 gēqīng 青草を刈る.〔~苗 miáo〕〈喩〉青田刈り.
割情 gēqíng 〈文〉大義のために私情を顧みない.

割革苯阁格　　　gē~gé

割 →〔割恩〕
割让 gēràng（領土を）割譲する．
割肉 gēròu ①肉を切る．〈喩〉犠牲を我慢する．赤字処分をする．②〈方〉肉を買う．
割晒机 gēshàijī 〔農〕刈り取り乾燥機．リーパー．モーア．
割伤 gēshāng ①切り傷（を受ける）．②切り傷を負わせる．
割舍 gēshě 手放す．思い切る．捨て去る．〔~不下〕別れるに忍びない．名残り惜しい．〔不肯~〕手放そうとしない．
割牲节 gēshēngjié 〔宗〕（イスラム教の）犠牲祭．
割势 gēshì =〔方〕割老公〕〔去 qù 势〕〔阉 割去势〕．→〔劁 qiāo〕〔骟 shàn〕〔阉 yān ①〕
割尾巴 gēwěiba〈喩〉残余を取り除く．〔割资本主义尾巴〕資本主義の尻尾を切る：文化大革命中，自家用菜園などをなくすこと．
割席 gēxí〈文〉席を分ける．〈転〉絶交する．
割线 gēxiàn〔数〕割線．
割削 gēxiāo 削り取る．切り取る．カッティングする．〔~宽 kuān 度〕削り幅．
割削工具 gēxiāo gōngjù ⇒〔刀 dāo 具①〕
割占 gēzhàn 領土を分割して占領する．
割治 gēzhì 切開して治療する．

〔**革**〕 gé（I）①毛を取り去って加工した獣皮．なめし革．〔皮 pí~〕皮革．〔染 rǎn~〕革を染める．〔制~工业〕皮革工業．〔~制品〕皮革製品．②〈文〉よろい．〔兵 bīng~〕武器とよろい．③〈文〉革（II）〔六十四卦の一．⇒〈姓〉革（II）
（II）①変える．変える．〔变 biàn~〕同前．〔~其困染〕以前からの悪習を改める．〔沿 yán~〕沿革．②職務を取り上げる．罷免する．〔被 bèi~〕やめさせられる．〔开 kāi~〕解職（罷）する．→ jí
革翅目 géchìmù 〔虫〕革翅目（はさみむし）
革出 géchū 免職追放する．追い出す．〔~教会〕教会から破門する．
革除 géchú ①=〔革黜〕免官する．罷免する（になる）．②取り除く．除き去る．
革黜 géchù 同上．
革掉 gédiào ①やめさせる．〔被~职务〕職をとかれる．②廃止する．無くしてしまう．〔~陈规陋 lòu 习〕古い規則や無用の風習を無くしてしまう．
革蜂 géfēng =〔大 dà 黄蜂〕〔虫〕クマバチ（通称）
革故鼎新 gégù dǐngxīn〔成〕古いものを捨てて新しいものを作り出す．〔鼎新革故〕ともいう．→〔革新〕
革龟 géguī ⇒〔棱 léng 皮龟〕
革胡 géhú 〔民族楽器である二胡の基礎の上に、近代中国で作られた絃楽器〕
革履 gélǚ 〔皮 pí 鞋〕
革面洗心 gémiàn xǐxīn〔成〕すっかり悔い改める：〔洗心革面〕ともいう．→〔革心〕
革命 gémìng ①革命（をする）．〔~闯 chuǎng 将〕革命の猛将．〔~大学〕解放初期に設けられた旧知識階級の再教育と革命幹部の育成のため設置された学校．〔对象〕革命の対象となる人（物）．〔~风暴〕革命のあらし．〔~歌曲〕革命歌．〔~根据地〕革命根拠地．〔~家〕〔~者〕革命家．〔~派〕革命派．〔~圣 shèng 地〕有名な革命歴史上の地．〔~性〕革命性的．②革命的である．〔~化〕（意識や思想が）革命化する．〔工人阶级是最~的〕労働者階級は最も革命的である．③根本的な改革・変革（をする）．〔技术~〕技術革命．
革命委员会 gémìng wěiyuánhuì 〔因文化大革命〕により成立した権力機構：略して〔革委会〕という．1980年以降消滅した．

革命现代京剧 gémìng xiàndài jīngjù〔劇〕文化大革命の時期に流行した京劇：〔智取威虎山〕〔红灯记〕〔沙家浜〕〔海港〕〔杜鹃山〕など．→〔样 yàng 板戏〕
革拿 génná →〔革职〕
革囊 génáng〈文〉皮袋．→〔皮 pí 袋〕
革囊虫 génángchóng〔虫〕サハダカシムシ：海岸の岩の間や海藻の中にすむ虫．
革退 gétuì〈文〉辞職させる．除籍する．
革委会 géwěihuì ⇒〔革命委员会〕
革心 géxīn〈文〉心を改める．改心する．
革新 géxīn 革新（する）．〔生产技术不断~〕生産技術は絶えず革新されている．
革职 gézhí 免職にする（なる）．〔~留任〕〔革留〕官吏を懲罰する法の一：職務は続けさせておいて後日の功労を見て再び元の職位を与えること．〔~拿办〕〔~拿问〕〔革拿〕免官して逮捕し審問する．〔~永不叙 xù 用〕免官の上永久に任用しない．〔~查处 chǔ〕免官して調査し処置する．→〔革除①〕

〔**苯**〕 gé
苯葱 gécōng 〔植〕ギョウジャニンニク：強いにんにく臭があり食用する：〔山 shān 葱〕に同じ．→〔水 shuǐ 葱①〕

〔**阁・閣**（閤）〕gé ①高殿（たか）．閣：1層また2層で、仕切り・欄干・回廊などがない多角形の眺望用の建物．〔楼 lóu ~〕楼閣．②古代の中央官署．〈転〉内閣．〔内 nèi ~〕同前．〔组 zǔ ~〕組閣（する）．〔入~〕入閣する．〔~员〕＝〔僚 liáo〕閣僚．〔~议〕〔倒 dǎo ~〕内閣を倒す．③〈文〉女性の居室．〔闺 guī ~〕閨房．〔出~〕嫁に行く．④〈文〉蔵書用建物．⑤〈文〉間仕切りした小部屋．⑥〈文〉物を置く棚．⑦〈文〉小門．⑧〈姓〉阁（ɡé）→〔合 hé Ⅲ〕
阁道 gédào〈文〉桟道．
阁揆 gékuí 〔内閣総理の別称：〔文〕揆席〕〔文〕首 shǒu 揆〕ともいう．
阁令 géling 〔旧〕内閣から出す命令．
阁楼 gélóu =〔方〕阁子①〕部屋を上下に仕切って作った二階部分．
阁下 géxià〈尊〉閣下．貴下：外交上，相手国の高級軍人や高官に対する敬称．〔~在中国有几年了〕貴下は中国に幾年おられますか．
阁正 gézhèng 〔阁政〕とも書く．〈文〉〈尊〉（他人の）奥様．奥方様．
阁子 gézi ①板囲いの建物．〔板~〕同前．②間仕切りした小部屋．③⇒〔阁楼〕

〔**格**〕gé（I）①〔~儿〕格子（ɡǒ）．格子模様．方眼の罫（ɡuì）．枠．〈転〉容器内の各区分の単位．〔打 dǎ ~〕〔打格子〕方罫を引く．〔24一秒的摄像频率〕毎秒24コマの送りピッチ．〔四~的书架〕4段の本棚．〔药瓶上有~〕薬瓶に刻み目がある．②標準．定格．〔不够~〕標準に達しない．〔合 hé ~〕合格（する）．〔规 guī ~〕規格．〔破 pò ~〕破格．型破り．③品格．品質．〔人 rén ~〕人格．〔损害国家~的事件〕国家の品格をそこなう事件．④〈姓〉格（ɡé）
（II）〔語〕格：文法や修辞における格．〔主~〕主格．〔夸 kuā 张~〕誇張表現法．
（III）〈文〉①〔格斗〕取っ組む．〔~武 wǔ 艺〕武芸をたたかわせる．②はばむ．遮る．〔~于成例〕〈成〉前例にはばまれる．③量る．④つきとめる．きわめる．→〔物格〕 → gē
格布 gébù ⇒〔格 gē 褙〕
格查尔 géchá'ěr〔音訳〕ケツァル：グアテマラの通貨単位名．

gé 格胳搁骼鬲隔

格调 gédiào ①（文芸作品などの）格調．〔～高的诗〕格調高い詩．②〈文〉（人の）品格．風格．
格斗 gédòu 格闘（する）．〔～空空导弹〕軍空対空攻撃ミサイル．→〔搏 bó 斗〕
格范 géfàn〈文〉模範．手本．
格非 géfēi〈文〉非を正す．
格格不入 gégé bùrù〔成〕（互いにぶつかる所があって）しっくりとしないさま．ぴったり合わないさま．
格格 gége 旧（満洲族の）皇女・内親王の称呼．
格局 géjú 枠組み．スタイル．構造．方式．形態．〔布置得没有～〕配置がさまになっていない．〔鲁镇的酒店的～，是和别处不同的〕（鲁迅·孔乙己）魯鎮の酒店の造りはよそとは違っている．〔在这场足球比赛中我终保持"四三三"的～〕このサッカーの試合中わがチームは終始4·3·3の布陣を保っていた．
格兰姆 gélánmǔ ⇒〔克 kè 兰姆〕
格雷欣规律 géléixīn guīlǜ〈音義訳〉経グレシャムの法則：〔格雷欣法则〕〔劣 liè 币驱逐良币规律〕ともいう．
格楞 géleng〔格愣〕とも書く．〈方〉ほんの少しの停頓．〔说话不打～〕言葉に少しもよどみがない．
格里历 gélǐlì〈音義訳〉経グレゴリオ暦：〔格里果利历〕ともいう．→〔阳 yáng 历〕
格立舍林 gélìshělín ⇒〔甘 gān 油〕
格林纳达 gélínnàdá グレナダ：西インド諸島南東部の島国．首都は〔圣 shèng 乔治〕（セントジョーンズ）
格林尼治时间 gélínnízhì shíjiān〈音義訳〉グリニッジ時間．GMT：〔格林尼治时〕〔格林时〕〔世界时〕ともいう．〔格林威治时间〕とも書いた．
格林炮 gélínpào〈音義訳〉ガットリング機関銃．
格令 géling〈度〉グレイン．
格鲁吉亚 gélǔjíyà グルジア：正式には〔～共和国〕．首都は〔第 dì 比利斯〕（トビリシ）
格鲁派 gélǔpài →〔喇嘛嚷 ge〕
格路 gélù〈方〉普通と異なる．風変わりである：〔隔路〕〔各路〕ともいう．
格律 gélǜ 詩歌における形式·規則：字数·句数·対句·平仄（zè）·押韻（yùn）など．〔～诗 shī〕同前をふまえた詩：七言·五言の律詩や絶句．
格论 gélùn〈文〉名言（げん）．
格木 gémù 植アカバノキ．
格呢 géní =〔格子花呢〕图格子じまの毛織物．タータンチェックの毛織物．
格绒 géróng ⇒〔方 fāng 格绒〕
格涩 gése〈方〉風変わりである．まともではない．ひねくれている．〔隔色〕〔各色〕とも書く．〔那个人真～〕あいつは全くへそまがりだ．
格杀 géshā うち殺す．〔～勿 wù 论〕〔～不论〕〈成〉切り捨てご免：（罪人が凶器をもって捕縛に抵抗する時は）これを殺しても罪に問わない．
格式 gé·shì ①法式．規格．ひな形．書式．〔～纸〕一定の書式用紙．〔一条 tiáo 件〕法契約書の片方によって決定された条件：〔格式合 hé 同〕ともいう．②图（文法的）パターン．③電軍フォーム．〔～化〕フォーマット化（する）
格套 gétào 旧習．しきたり．〔打破老～〕古いやり方を革新する．
格外 géwài ①格別に．とりわけ．並はずれて．〔显得～漂亮〕とりわけきれいに見える．②別に（の）．他に（の）．余分に（の）．〔卡车装不下，～找了一辆大车把余下的东西都载せきれないので，別に荷車をもう一台見つけて残りを全部積んだ．
格物 géwù〈文〉①事物の原理を究める．→〔格致②〕 ②⇒〔格致③〕
格西 géxī 团（チベット仏教で）僧侶の最高の学位．博士．→〔善 shàn 知识〕

格心 géxīn〈文〉正しさに帰ろうとする心．
格言 géyán 格言．
格针 gézhēn 草木の茎のとげ．とげのある草木．
格正 gézheng〈方〉きちんとしている．〔他的衣服总是那么～〕彼の服はいつもピンとしている．
格致 gézhì ①（文芸作品の）風格．おもむき．②〔格物致知〕の略．事物の原理を究めて広く知識を得る．③=〔格物②〕旧物理学·化学（総称）
格纸 gézhǐ マス目のある用紙．→〔方 fāng 格纸〕
格子 gézi 格子（ごうし）．〔～纸〕升目の印刷された習字用紙．〔～布〕〔格子花呢〕チェック地．〔窗 chuāng ～〕窓格子．→字解(I)①
格子花呢 gézi huāní ⇒〔格呢〕

[胳] gé → gā ge

胳肢 gézhi〈口〉（こちょこちょ）くすぐる：〔膈肢〕〔隔肢〕とも書く．〔怕～〕くすぐったがる．〔～人〕（転じ）いやがらせをする．〔我没有痒 yǎng 痒肉，不怕～〕くすぐったがる肉なんてないから，くすぐっても平気だ．

[搁・擱] gé 受ける．受けとめる． → gē

搁不住 gébuzhù 受けとめられない．〔～这么大的责任〕こんなに重い責任には堪えられない．〔～揉搓 róucuō〕ふみつけられるのがまんができない．〔瓷 cí 茶碗～摔〕瀬戸物の茶碗は地面へ落としたらひとたまりもない．〔老人～生气〕老人は腹を立てると体にさわる．
搁得住 gédezhù 支えきれる．〔再结 jiē 实的东西，～你这么使吗〕いくら丈夫なものでもそんな手荒な使い方をされちゃたまらないよ．

[骼・骼] gé〈文〉①骨（総称）．〔骨 gǔ～〕骨骼．②（動物の死体の）さらされている骨．

[鬲(鬲)] gé ①人名·地名用字．〔胶 jiāo～〕〈人〉殷末·周初の賢人．〔～津 jīn 河〕圃河北から山東に流れる．②〈姓〉鬲（き） → lì

[隔・隔(隔)] gé ①隔てる．仕切る．遮る．〔这屋子很大，～成两间用吧〕この部屋は大きいから二部屋に仕切って使おう．〔中间～着一层布〕間を1枚の布で仕切ってある．〔不开两国的友好往来〕両国間の友好的な往来を遮ることはできない．②隔たる．離れる．〔这村到那村～着三里地〕この村からあの村まで三里隔たっている．〔～得远〕遠く隔たっている．

隔岸观火 gé'àn guānhuǒ〈成〉対岸の火事．高見の見物．
隔板 gébǎn ①仕切り板．②本箱などの棚板．
隔辈 gébèi〈口〉世代を隔てる．〔对～人的疼爱〕祖父母の孫に対する溺（できあい）．
隔褙 gèbei ⇒〔袼 gē 褙〕
隔壁 gébì 隣家．隣室．隣人．
隔壁戏 gébìxì 演〔口 kǒu 技〕（物まね）の一種：幕の陰で人の声色や鳥·獣の鳴きまねをする芸．
隔别 gébié 別れ隔たる．〔～已有多年〕別れてからすでに何年も経った．
隔长不短 géchángbùduǎn〈方〉ほどないうちに．〔～地就来这么一手〕いくらもたたないうちにその手を用いる．
隔代 gédài 中間の世代を越える．〔～家长〕同前の祖父母．〔～教育〕両親に代わり祖父母が孫の教育をすること．〔～遗 yí 传〕生物隔世遺伝．
隔断 géduàn 隔て遮る．仕切る．はばむ．〔～联系〕連絡を断つ．
隔断 géduan（へやなどの）仕切り．間仕切り．→〔隔

隔滆塥嗝槅膈镉葛　　　　　　　　　　gé

扇.
隔房 géfáng （一族の中で）系統が異なる(同族).〔~同辈〕〔~兄弟〕遠縁のいとこ.
隔行 géháng ①商売違い.業界違い.〔不隔理〕〈慣〉商売は違っても道理は変わらない.〔~如隔山〕〈慣〉餅は餅屋. ②（書くのに）行をあける.1行おきにする.
隔阂 géhé ⇒〔隔膜①〕
隔火 géhuǒ ①〔香 xiāng 炉〕の火にかぶせる中ぶた. ②防火（する）.〔~墙 qiáng〕防火壁.
隔间 géjiān 間仕切りした部屋.
隔绝 géjué 途絶える.断ち切る.〔~空气〕空気を遮断する.
隔开 gékāi 仕切る.遮る.分け隔てる.
隔块 gékuài （れんがや板などの）間仕切り材.
隔离 gélí ①隔離（する）.〔中央~带〕(道路の)中央分離帯. ②〔~墩 dūn〕(道路中央分離標識の).〔~室〕〔独房〔刑務所の）. ④隔離病室.〔~（病）房〕隔離病棟.〔种 zhǒng 族~〕囻アパルトヘイト.〔~反省 xǐng〕(強制的に)隔離して反省させること.〔~電〕シールド（する）.〔~线〕シールド線.〔~罩 zhào〕シールドケース.
隔离开关 gélí kāiguān ⇒〔断 duàn 路器〕
隔里不同风 gélǐ bùtóngfēng〔諺〕1里隔てれば風向きも変わる.
隔路 gélù ⇒〔格路〕
隔膜 gémó ①=〔隔阂〕(感情や意見の相違による)みぞ（ができる）.隔たり（ができる）.心里有点儿~心中はわだかまりがある.歴史上遺留下来的~不是一时能消除的歴史上に残存しているみぞはちょっとの間で取り除くことができるものではない. ②事情に暗い.疎い.我对于音乐,实在~得很 わたしは音楽については全く不案内です.
隔年 génián 間に一年を経ている.隔年（に）.〔隔一年来一次〕1年おきに1度来る. ②何年かの隔たりがある.〔~黄 huáng 历〕〔~皇历〕古くなった暦の本.〈喩〉過ぎ去った事物.役に立たない事.
隔片 gépiàn 囻スペーサー：間隙（けき）に入れるもの. ②仕切り材.
隔墙 géqiáng ①壁の向こう（に）.〔~有耳〕〔~须有耳,窗外岂 qǐ 无人〕〈諺〉壁に耳あり. ②内部壁.隔壁.〔防火~〕防火壁.
隔热 gérè 建断熱（する）.〔~材料〕断熱材.
隔日 gérì ①=〔隔天〕1日をおく.1日を経る. ②そのうちに.改めて.〔~再喝吧〕また飲みましょう.→〔改 gǎi 天〕
隔三岔五 gésān chàwǔ〈成〉三日にあげず.しばしば.しょっちゅう.〔隔三差五〕とも書く.→〔接 jiē 二连三〕
隔色 gése ⇒〔格涩〕
隔山 géshān ①山を隔てる.〈喩〉情報が乏しいこと.〔~买老牛〕〈諺〉よく知らないまま軽々しく決める（決めて失敗する）. ②片親違い：異母兄弟姉妹の関係.〔~弟 dì 兄〕片親違いの兄弟.〔一层肚皮一层山,弟兄~和睦的少〕〈諺〉腹の皮一枚か或いは山一つもの隔たりになる.腹違いの兄弟で仲のよいのは少ない.→〔三 sān 窝两块〕
隔扇 géshan =〔槅扇〕部屋の仕切り:通常,紙またはガラスをはめた戸をびょうぶのように連ねたもので,取りはずせる.〔~心 xīn 儿〕同前の戸の真ん中:ここに絵かあるいは字を張りだす形をする.
隔声 géshēng 建防音.遮音.
隔世 géshì ①時代が隔たる.〔~遗 yí 传〕隔代遺传生命隔世遺伝.〔有~之感〕隔世の感がある. ②来世.

隔手 géshǒu （直接でなく）人の手を通す.〔~办 bàn 事〕他人の手を通してする.
隔天 gétiān ⇒〔隔日〕
隔宿 géxiǔ ⇒〔隔夜〕
隔心 géxīn 気が合わない.互いの心にみぞがある.〔我们俩不~〕われわれ二人は気が合う.〔拆 chāi 掉~墙〕わだかまりを取る.
隔靴搔痒 géxuē sāoyǎng〈成〉靴の上からかゆい所をかく.〈喩〉(言葉や事柄の)核心に触れず,問題を解決できないこと.
隔厌 géyàn 嫌う.いやになる.〔大家都~她〕みんなが彼女を嫌っている.
隔夜 géyè 一夜を隔てる(てて).前の晩の:〔隔宿〕に同じ.〔~拆 chāi 借〕囻コール(マネー)
隔音 géyīn ①建防音（する）.〔~板〕防音板.〔~纸 zhǐ〕防音用紙.〔~室〕防音スタジオ.→〔隔声〕 ②囻音síng の分離.〔~符 fú 号〕漢語拼音方案で定められている同前の符号"'":〔皮袄 pí'ǎo〕のように表示する.
隔着门缝儿看人 gézhe ménfèngr kànrén〈歇〉門のすきまから人を見る〈喩〉,人を馬鹿にし見積る.人を馬鹿にする.〔隔着门缝儿瞧瞎,把人低估了〕ともいう.
隔肢 gézhī ⇒〔胳肢〕
隔周 gézhōu 隔週の.一週間間をおいて.
隔子 gézi〈文〉格子（こうし）のある建具.〔书 shū ~〕書棚.

【**滆**】 gé 地名用字.〔~湖 hú〕囻江蘇省にある.〔沙 shā 子湖〕ともいう.

【**塥**】 gé〔方〕砂地.〔青草~〕囻安徽省にある.

【**嗝**】 gé〔~儿〕げっぷ:〔嗳 ài 气〕（おくび）に同じ.〔打~儿〕げっぷが出る.〔打饱嗝~儿〕満腹でげっぷが出る. ②しゃっくり：〔方〕嗝嗲儿 der〕〔方〕隔嗝儿 děngr〕〔呃 è 逆〕に同じ.〔止不住打~〕しゃっくりが止まらない.〈方〉死ぬ.

【**槅**】 gé〈文〉①くびき. ②器物を置くための仕切り.何段かの棚板.〔~子 zi〕同前.→hé
槅门 gémén〈文〉装飾をほどこした仕切り戸:位置が中央のは両開き,端は片開き.
槅扇 géshan ⇒〔隔扇〕

【**膈**】 gé 生理 隔膜.横（おう）隔膜：〔~膜〕〔横héng~膜〕は旧称. →gè
膈膜 gémó →字解
膈疝 géshàn 医横隔膜ヘルニア.
膈食病 géshíbìng 同下.
膈证 gézhèng〔中医〕膈の病い:食道麻痺性嚥下（げ）困難・食道拡張・食道狭窄（さく）・食道がんどをいう.〔膈食病〕〔噎 yē 膈〕に同じ.
膈肢 gézhi ⇒〔胳肢〕

【**镉**・**鎘**】 gé 化カドミウム:金属元素.記号Cd.〔~黄 huáng〕医 カドミウムイエロー.〔~中 zhòng 毒〕カドミウム中毒.〔~污 wū 染〕カドミウム汚染.〔~镍 niè 电池〕ニッケルカドミウム電池.→〔骨 gǔ 痛病〕

【**葛**】 gé ①圖クズ:マメ科の多年生草本.根を薬用とし,また葛（くず）澱粉を製する.〔~麻①〕〔野 yě ~①〕ともいう. ②囻縦糸に絹(や人絹（じん）),横糸に麻や木綿を用いて模様を織りだした布.〔毛~〕〔府 fǔ 绸②〕ポプリン.→gě
葛布 gébù 旧葛布（かっぷ）.
葛粉 géfěn くず粉.
葛根 gégēn 中医葛の根.葛根(こん).
葛巾 géjīn 旧葛布製の頭巾（ずきん）.〔~服〕粗末な衣服.

葛蕾 gélěi 植 サンカクヅル.ギョウジャノミズ:ブドウ科の植物。
葛麻 gémá ①植 クズ。②葛の茎の繊維。
葛纱 géshā 紡 葛の繊維で織った紗(しゃ)。
葛上亭长 géshàng tíngzhǎng 虫 ダイズ・アズキ・バレイショなどの葉裏につく豆斑猫(とうはんびょう)属の昆虫:〔斑 bān 蝥〕〔芫 yuán 青〕と同様に引赤発泡剤に用いられる。
葛藤 géténg 葛と藤〈転〉からみ合い。もつれて解きようのない関係。〔斩 zhǎn 断~〕もつれを切る。
葛衣 géyī 服 葛布の着物。

[轕・轕] gé 〔軒~〕交錯する。→〔纠 jiū 葛〕

[颌・頜] gé〈文〉口(くち)。→ hé

[蛤] gé ①魚貝 ハマグリ類(総称)。②→〔蛤蚧〕→ há

蛤蚌 gébàng 魚貝 貝:(食用)二枚貝類(総称)。〔蚌〕はカラスガイ(総称)。
蛤粉 géfěn =〔蛤灰〕牡蛎(かき)殼などの貝殻を焼きまたは砕いて作った粉:成分は炭酸カルシウム。
蛤干 gégān 食 あさり・はまぐりの干物。
蛤灰 géhuī ⇒〔蛤粉〕
蛤蚧 géjiè 動 オオヤモリ:別称〔大 dà 壁虎〕
蛤蜊 gé-lí 〔蛤蛎〕とも書く。①→〔马 mǎ 珂〕魚貝 シオフキガイ.バカガイ。②→〔文 wén 蛤〕③→〔溜 liù 虫子〕④〔抱 bào 柱对(灯)〕
蛤柱 gézhù ばか貝の貝柱(の干物)。→〔江 jiāng 珧柱〕
蛤仔 gézǐ =〔玄 xuán 蛤〕魚貝 アサリ。

[辂] gé〈方〉①両手できつく抱く。②交際する。

辂棋 géjù ⇒〔插 chā 棋〕

[个・個(佪・箇)] gè〔自 zì~儿〕
〈口〉自分(で) → gè

[合・閤] gé ①〔度合 (ど)〕容量の単位:〔市 shì~〕の略称。〔(市)升 shēng〕の10分の1。〔分 fēn 升〕(デシリットル)に当たる。②囘一合ます。→ hé

[各] gé〈口〉特別である。人並みでない。〔这人很~〕この人は変わっている。②→〔自 zì 个儿〕→ gè

[挌] gé〈文〉よしとする。よろしい。〔~矣 yǐ 能言〕(左伝)口の達者なのはよろしいものである。

[舸] gé〈文〉大船。〔走~〕〈文〉(水軍の)早(はや)船。

[盖・蓋] gé〈姓〉盖(がい)→ gài

[葛] gé〈姓〉葛(かつ)→ gé

[个・個(佪・箇)] gè(Ⅰ)①(物の)大きさ.かさ。(人の)体.背たけ。→〔个儿①②〕②個別的の.単独(の)。③量詞.ふつう軽声となる。④決まった量詞を持っていない名詞に用いる。また決まった量詞のある名詞にも用いることがある。〔三~〕3人。〔两~世界〕二つの世界。〔做了一~报告〕一つの報告をした。〔一~心〕一条心の心。⑤〔一~〕(一つ)の省略。〔买~梨吃〕なしを一つ買って食べる。〔这会开得好〕この会はよい時に開かれた(よい時に開かれた)。⑥動作に対する1回あるいは一わたりを表す:動詞+〔一~〕+目的語の形をとる。〔洗了(一)~澡〕ひとふろ浴びた。〔行 xíng~礼〕一挙の敬礼をした。⑦動作の程度が極点または満足の程度に達していることを表す:補語の前に置かれて〔得〕と同じ働きをする。〔把敌人打了一落 luò 花流水〕敵をこてんこてんにやっつけた。〔把我气了~死〕わたしを死ぬほど立腹させた。〔这个月弄了~満堂红〕この1か月で大成功をおさめた。〔吃了~饱〕腹いっぱい食べた。〔玩儿~够〕存分に遊ぶ。〔来~不闻不问〕ほったらかし(聞きもせず問いもしない)を決め込む。⑥れども、ものの概数を表す.数的表現の前に置いて語調を軽くする。〔等~三年五载 zǎi〕かれこれ4,5年待つ。〔生~一男半女〕子供を一人や二人は生む。〔多花~一千两千的也不要紧〕たかが金の千や二千ぐらいよけいにかかっても平気だ。⑤〔没〕や〔有〕と連用して、強調する。〔说~没完〕しゃべってもとめどがない。
(Ⅱ)接尾語。①〔些 xiē〕の後につけて名詞を導く。〔那些~事儿〕ああいった事。〔好些~时间〕たくさんの時間。②〔口〕時間を表す一部の名詞につける。〔今儿 jīnr(~)〕今日。〔明儿 míngr(~)〕明日。〔昨儿 zuór(~)〕昨日。→ gě

个案 gè'àn 個別的事例。
个把 gèbǎ 1,2個(の):少数を強調する。〔~月 yuè〕1,2か月。〔这样的大事业并不是~人一年工夫或一个人年把工夫可以做得完的〕このような大事業は一人や二人が1年でとか、一人の人間が1年そこらでとかでとてもやり終えられるものではない。
个半月 gèbànyuè〈方〉ひと月半(ほど)
个别 gèbié ①個別的(な)。〔进 jìn 行~的交涉〕個別的交渉を進める。②ごく一部(の)。〔~干部有缺点〕ほんの一部の幹部によくない点がある。〔像他这种人还是极~的〕彼のようなこんな人は極めて特異な事例だ。③囘個別。〔~和一般〕個別と一般。
个唱 gèchàng 個人リサイタル。
个顶个 gèdǐnggè(r)①一人が一人に相当する:一人前だ。〔我今年五十一,过年五十二,干活、赶车还是~〕今年51,年を越せば52だが、仕事でも、馬車ひきでもやっぱり一人前にやるよ。②どれも負けず劣らずだ。
个个 gègè どれも.〔~都不错〕どれもこれも立派だ。→〔各个〕〔一 yī 个个〕
个股 gègǔ 商 個別株。
个例 gèlì ①個別的具体例。②特殊例.個別的な例。
…个屁 …gèpì〈口〉動詞の後に置いて強い否定を表す。〔~后悔〕後悔なんかするものか。〔你一个外行 háng 懂~〕おまえみたいな素人にわかってなに。
个儿 gèr ①(身体や物体の)大きさ:〔个头儿〕ともいう。〔大 dà~〕〔大高~〕のっぽ。〔~很大〕背が大きい。〔かさが大きい。〔这个梨好大~〕この梨はたいへん大きい。〔~大的卖好价〕粒の大きいのはいい値に売れる。→〔个子①〕②それぞれ。それぞれの個数。〔这种货都是论~卖〕この種の商品はみな一ついくらで売る。〔整 zhěng~〕全体。③〈方〉対抗できる力のある人。〔你可不是~〕おまえはとても相手にならない。
个人 gèrén ①個人。〔这个他~的意见〕これは彼個人の考えだ.心づもり。〔~的考え.心づもり。〔~崇 chóng 拜〕個人崇拝。〔~新闻发布会〕個人記者会見。〔~所得税〕個人所得。〔~空间〕プライベートな空間。〔~银行〕個人を客とする銀行と=主页〕個人のホームページ。②私。(我)〔~认为~〕私は…と考える。
个人电脑 gèrén diànnǎo パソコン。〔个人专用电脑〕〔个人计算机〕ともいう。
个人混合(式)游泳 gèrén hùnhé(shì) yóu)yǒng 区(水泳の)個人メドレー。
个人全能 gèrén quánnéng 区(体操の)個人総合。

个人数字助理 gèrén shùzì zhùlǐ PDA. パーソナル・デジタル・アシスタント.

个人问题 gèrén wèntí ①個人の問題.〔这是我～, 请你别干涉〕これはわたし個人の問題だから、干渉しないでもらいたい.②(公事に対し)私事.プライベートな問題.〈転〉結婚.恋愛.〔她的～还没解决〕彼女はまだいい人が見つからない.

个人主义 gèrén zhǔyì 個人主義.利己主義.

个数 gèshù 個数.

个税 gèshuì 経〔个人所得税〕の略.〔不缴 jiǎo～〕個人所得税を納めない.

个体 gètǐ ①(個人、個体がする)個体.〔～工商业〕個人経営の小商工業:修理・小飲食・小手工業・サービス業など.〔～户〕個人経営者.自営業者.〔～经济〕(農や手工業者の)個人経営の経済:(集体经济)(集団経営の経済)に対していう.〔～所有制〕個人所有制.〔～农 nóng 民〕個人経営農民.〔～老板〕個人経営の商店主.〔～企业〕個人経営の企業.⇔〔集 jí 体〕〔群 qún 体〕

个调税 gètiáoshuì 個人収入調節税.

个头儿 gètóur (身体・物体の)大きさ.なり.かさ.〔个儿①〕に同じ.

个位 gèwèi 数一の位(くらい).〔～数(儿)shù(r)〕同前の数.

个性 gèxìng ①(個々の人、あるいは事物が持つ)個性.②哲個別性.〔共性和～〕共通性と個別性.〔～化〕個性化する.

个演 gèyǎn =〔个唱〕独演会.ワンマンショー.ソロコンサート.

个月 gèyuè 〈方〉ひと月(ほど).〔～期程〕同前.

个展 gèzhǎn 個展.

个中 gèzhōng 〈文〉その中.〔～人〕関係者.〔～事〕その間の事情.=〔此 cǐ 中〕

个子 gèzi ①(人や動物の)背丈.体つき.物体の大きさ.〔高～〕のっぽ.〔小～〕ちび.〔～大的狗〕体の大きな犬.→〔个儿①〕②束にした物.麦 mài~〕麦束.

〔**各**〕gè ①おのおの(の).めいめい(の).それぞれ(の).〔～有一方的好处〕それぞれにその良さがある.②〈姓〉各(か) = gě

各半 gèbàn ①半々(である).〔利弊 bì～〕利害相半ばする.②半分ずつ.半分ずつ分ける.

各奔前程 gè bèn qiánchéng〈成〉それぞれの道を進む.〔各奔东西〕ともいう.

各便 gèbiàn それぞれの便宜(都合)のよいようにする.〔咱们～吧〕〈挨〉では(それぞれ都合がよいように)ここで別れましょう.→〔两 liǎng 便①〕

各别 gèbié ①それぞれ別々に(:).②他と異なっている:けなす意味に用いる.〔他性情古怪,干什么有点～〕彼は気質が変わっていて何をやってもいささか人と異なった点がある.③〈方〉新奇である.風変わりである.〔这个台灯式样很～〕この電気スタンドはなかなかユニークだ.

各不相关 gè bù xiāngguān 〈慣〉各々互いに何の関係もない.

各持己见 gèchí jǐjiàn =〔各执己见〕皆それぞれ自己の意見を主張する.

各处 gèchù 各所(で).いたる所(で)

各打五十大板 gè dǎ wǔshí dàbǎn〈喩〉平等に責任を負わせる.けんか両成敗.

各得其所 gèdé qísuǒ〈成〉それぞれが適所を得る.みんなそれぞれ力を出す場がある.

各地 gèdì 各地.

各方 gèfāng 各方面.それぞれの方面.

各负其责 gèfù qízé それぞれが責任を負う.

各干各的 gègàn gède 自分自分の事をする.〔各自干自的〕同前.〔那么就～去吧〕それならそれぞれ自分のことをしましょう.

各个 gègè ①各々.どれもみな.②各個(の).一つ一つ.〔～团 tuán 体〕各団体.〔～击 jī 破〕各個撃破する.→〔个个〕

各个 gègè〈方〉おのおの.各自.それぞれ.

各…各 gè…gè ①各々(自分の・を).それぞれ.〔～顾 gù～〕〔～管 guǎn～〕めいめいが勝手である.自由に行動する.〔～忙 máng～的〕それぞれ自分の調子に一生懸命である.〔～吹～的号,～唱～的调 diào〕〈喩〉各々自分の道を行く.②様々である(そのどれも).〔～家～户〕〔每 měi 家每户〕どの家々も.〔～行 háng～业〕様々な職業.→〔各种各样〕

各国 gèguó 各国.

各级 gèjí 各級(の).〔～领导干部〕各レベルの指導者.

各界 gèjiè 各方面.〔～人士〕各界の人々.

各尽其职 gèjìn qízhí〈成〉各人がその仕事をしっかりやる:〔各司 sī 其职〕という.

各尽所能 gè jìn suǒ néng〈成〉各人がそれぞれ最善を尽くす.〔～,按劳分配〕同前で,労働に応じて分配する.〔～,按劳付酬〕同前で,労働に応じて報酬を与える.〔～,各取所需〕同前で,各自必要なだけ取る.

各就各位 gèjiù gèwèi ①それぞれの持ち場(部署)につく.②軍部隊につけ(の号令).

各就位 gèjiùwèi 区位置について.ヨーイ:競走の際,スタートの姿勢をとる時の号令.

各款 gèkuǎn ①各箇条.②各費目.

各类 gèlèi 各種の.

各路 gèlù ①各地(の).各方面(の).〔～义 yì 勇军〕各地からの義勇軍.〔～货 huò 品〕各種の商品.③⇒〔格 gé 路〕

各取所需 gè qǔ suǒ xū →〔各尽所能〕

各人自扫门前雪 gèrén zìsǎo ménqiánxuě〈諺〉人は人,自分は自分のことをやる).〔莫管他人瓦上霜〕と対をなす句.〔各扫自己门前雪,休 xiū 管他家瓦上霜〕ともいう.〔人不为己,天诛地灭〕

各色 gèsè ①各種(の).各様の.〔～货物〕いろいろな商品.〔～俱 jù 全〕各種のものごとくが備わっている.〔～人等〕各種の人々.②〈方〉特別だ.変わっている.〔格 gé 涩〕に同じ.

各式 gèshì 各種(の).各様の.〔～各样 yàng〕各種各様.

各抒己见 gèshū jǐjiàn〈成〉各自が自分の見解を述べる.

各位 gèwèi 各位.皆さん.〔在座的～〕御列席の皆様.→〔诸 zhū 位〕

各显其能 gèxiǎn qínéng →〔八 bā 仙过海〕

各显神通 gèxiǎn shéntōng →〔八 bā 仙过海〕

各项 gèxiàng 各項目(の).〔～任务〕諸任務.

各向同性 gèxiàngtóng xìng 物等方性:物質の物理的性質が方向の変化によって変わらないこと.

各向异性 gèxiàngyì xìng 物異方性.

各行其是 gèxíng qíshì〈成〉各自が自分の信ずることをする:多くは思想・行動が一致しないことをいう.〔各行其道〕とも言う.〔各持己见〕

各言其善 gèyán qíshàn〈成〉各人が自分の美点や特技をいうこと.

各样 gèyàng 各種.各様.〔～俱 jù 全〕各種の品がそろっている.〔各式〕〔各色〕〈慣〉種々さまざまである.

各异 gèyì それぞれが違う.〔神态 tài～〕表情・態度が同前.

各应 gèying ⇒〔膈 gé 应〕

各有千秋 gèyǒu qiānqiū 〈成〉おのおのの長所（長く受け継がれたもの）がある：〔各有所长 cháng〕〔各有所专 zhuān〕に同じ．
各有所好 gèyǒu suǒhào 〈成〉各々好む所がある．
各执己见 gèzhí jǐjiàn ⇒〔各持己见〕
各执一词 gèzhí yīcí 〈成〉各自が自分の意見を主張して譲らない：〔各执一端 duān〕〔各执词〕に同じ．→〔各持己见〕
各种 gèzhǒng 各種（の）．〔～各样〕種々さまざま．〔～报纸〕各種の新聞．新聞各紙．
各自 gèzì 各自めいめい（で）．それぞれ自分（で）．〔～留 liú 神〕めいめい気をつける．〔～干 gàn～的〕各千各的)それぞれ自分のことをする．〔～为阵 zhèn〕それぞれ独自の陣を構える（体制を作る）．〔～为政 zhèng〕めいめい勝手にふるまう．〔～为战 zhàn〕めいめい勝手に戦う．
各族 gèzú 各民族．〔～人民〕各民族の人々．

〔**硌**〕gè〈口〉(でこぼこがあって）ごつごつする．（異物があって）ゴリゴリ（ジャリジャリ）する：不快感があったり、異状が出ること．〔褥 rù 子没铺 pū 平，躺在上面～得难受〕敷きぶとんが平らに敷いてないので、その上に横になるとごつごつして気持ちが悪い．〔船被岸边水底的石头～坏 huài 了〕船が岸辺の水底の岩に接触して破損した．〔鞋里进去些砂子，脚～得难疼了〕靴の中に砂が入り込んで足がざらざらして痛む．〔饭里砂子～了牙了〕飯の中の砂がジャリッと歯に当たった． → luò
硌牙 gèyá ⇒〔吃 gè 齦〕
硌窝儿 gèwōr (ニワトリやアヒルなど)の卵の殻に傷がある．

〔**铬・鉻**〕gè 化 クロム：金属元素．記号 Cr．〔克 kè 罗 米〕は音訳．〔镍niè～合金〕ニクロム．〔～钢 gāng〕クロム鋼．〔～污 wū 染〕クロム汚染．
铬矾 gèfán ⇒〔铬(明)矾〕
铬黄 gèhuáng 化 クロムイエロー．
铬(明)矾 gè(míng)fán 化 クロム明礬（ばん）．
铬镍钢 gèniègāng ⇒〔镍铬钢〕
铬鞣 gèróu クロムなめし(皮)．
铬酸 gèsuān クロム酸．
铬铁 gètiě 冶 フェロクロム：鉄とクロムの合金．〔～矿〕クロム鉄鉱．

〔**虼**〕gè
虼螂 gèláng ⇒〔蜣 qiāng〕
虼蚤 gèzao ⇒〔跳 tiào 蚤〕

〔**膈**〕gè
膈应 gèying〔各应〕とも書く．〈口〉いやな感じがする．うっとうしい．〔最～说死字儿〕"死ぬ"という字を口にするのがいちばんいやだ．〔我不嫌你，你倒～我！〕おれはお前を嫌いはしないが、お前がおれをいやがっているのだ．〔这两天老鸦直叫，叫得人心里挺～〕この2，3日は鳥がしきりに鳴き、不吉な感じがする．

gei ㄍㄟ

〔**给・給**〕gěi ①手渡す．与える．やる．〔～你这个〕君にこれをあげる．〔～我，我替你送去〕こちらへ下さい、お届けしてあげます．〔～，你擦这个〕(さあ(君に渡すから)，これを塗って．〔～，你爸给了我一支铅笔〕父ちゃんがおれに鉛筆を1本くれた．〔这次访问～了我一个很好的教育〕今回の訪問でわたしは大変良い教育を受けた．②ひどい目に遭わせる．くらわせる．〔～他几сん〕

彼にガミガミ言う．③ⓐ動詞の後につけてその働きの向かう所、すなわち誰に与えるかを示す．〔送～他〕彼にあげる．〔倍～你君にあげる．〔卖～你〕君に売ってあげる．〔把一切都贡献～国家〕すべてを国にささげる．ⓑ動詞で"与える""あげる"の意味のあるものは上へ重ねることができる．〔还 huán～他一本书〕彼に本を返す．④使役・許容を表す．〔说～你听〕君に言ってきかせる．〔做实验～学生们看〕実験をして学生達に見せる．⑤一部の動詞の前に置かれ、その動詞の行為が誰に対してあるいは誰のためであるかを表す．〔～他写信〕彼に手紙を出す．〔倍～他写信〕彼に手紙を書く．〔～他打电话〕ⓐ彼に電話をかける．ⓑ彼のために電話をかける．〔小朋友～老师行礼〕子供たちが先生に礼をする．〔我～您送去〕ⓐあなたに届けてあげます．ⓑあなたの代わりに(ために)お届けします．〔～我看看吧〕ⓐちょっと(わたしに)見せて下さい．ⓑちょっと(わたしに)貸して下さい．〔纽 niǔ 扣儿掉了一个，你～(我)钉上〕ボタンが一つとれた、つけてくれ．〔他～(我们)当翻译〕彼は我々に通訳をしてくれる．〔你把门～我开上〕ドアを閉めて下さい．⑥動詞の直前に置かれ受動・処置などの意味を表す場合の語気を強める．ただしこの場合〔～〕は略すことができる．〔把花瓶～打了〕花瓶を壊した．〔他喝醉了酒，把桌子～翻了〕彼は酒に酔ってテーブルをひっくり返した．〔把这个～拿了去吧〕これを取りのけてくれ．⑦命令文で、〔我〕と連用して強い要求を表す．〔快～我拿出来〕すぐに取り出して来い．〔快～我滚 gǔn 出去〕出て失せろ．〔你～我小心点儿〕気をつけてくれよ．⑧〔被 bèi⑤〕に同じく受動を表す．〔这本书～人批判了〕この本は批判を受けた．〔糖都～小孩子们吃了〕あめはすっかり子供達に食べられてしまった．〔叫 jiào(Ⅲ③)〕〔让 ràng⑧〕などと呼応して動詞の前に置かれ受動を表す～は省略することもできる．〔叫狗～咬 yǎo 了〕犬にかまれた．〔叫车～撞了～车にぶつけられた．〔鱼叫猫～叼 diāo 走了〕魚は猫にとられてしまった．〔房子让火～烧了〕家が火事で焼けた．〔老树让大风～刮倒了〕老木は大風に吹き倒された．〔东西被贼 zéi～(偸)了〕品物をどろぼうに盗まれた．⑩〈方〉…に．…と．〔他说〕彼に(と)話す．〔我～你说话〕君に(と)話があるんだが．→〔跟 gēn④〕⑪〈姓〉給（きゅう）．→ jǐ

给出路 gěichūlù 活路を与える．
给价儿 gěijiàr 値をつける．値を切り出す．
给宽心丸儿吃 gěi kuānxīnwánr chī〈喩〉慰める．気休めを言ったんだ、本気でするな．〔那是～呢，别当真〕それはうれしがらせを言ったんだ、本気にするな．
给脸 gěiliǎn ＝〔给面子〕①顔を立ててやる．〔你给我个脸，务必赏光〕きみ、ぼくの顔を立ててぜひご光来願うよ．〔你别～不要您，我已经对你很客气了〕きみの顔を立ててやっているのを無にしてはいけない、ぼくはきみに対してはもうずいぶん遠慮しているんだぜ．→〔赏 shǎng 脸〕②いい顔をする．〔那个人给不得脸〕あの男には甘い顔は見せられない．
给脸子瞧 gěi liǎnzi qiáo いやな顔をしてみせる．
给面子 gěimiànzi ⇒〔给脸〕
给颜色看 gěi yánsè kàn〈慣〉ひどい目に会わせる．目に物見せる．〔他要是还那样，我就给他点儿颜色看看〕もし彼がそのままだったら今度もきついめに遭わせてやる．
给以 gěiyǐ 与える．後に2音節の名詞で与える物(多くは抽象事物)を表し、それを受ける人をいわない．受ける人を表す場合は単に〔给〕というか〔给…以…〕の形などをとる．〔～致命的打击〕致命的打撃を与える．〔～援 yuán 助〕援助を与える．〔请同志

们~批评、指教]どうか同志の皆さん、ご批評やご教示を願います。[兄弟院校给了我们(以)很大的支持]姉妹大学に大きな支持を与えてくれた。

给予 gěiyǔ 〈文〉与える．多く抽象的なことに用いる．[~优 yōu 待]優待する．

gen ≪ㄍㄣ

〔**根**〕 gēn ①[-儿] 植 根．[树 shù ~]木の根．②[-儿] 根元(のあたり)．土台との連結部．[柱子从~上糟 zāo 了]柱は根元のところからだめになっている．[在墙~踢 dūn 着]垣根の根元のところにうずくまっている．[城~盖了三间房]城壁のきわに三間(*)の家を建てた．[基 jī②][脚 jiǎo③] ③[-儿]基礎．土台．[咱们的事业,已然在群众里面扎 zhā 下~了]我々の事業はすでに大衆の中に根をおろした(基礎ができた)．[吴家~子硬,不好摆动]呉家の土台がしっかりしているから,たやすくは揺さぶれない．④根拠．よりどころ．⑤[-儿]事の起こり．もと．根源．[他们不和的~是因着赌钱]彼らが不和になったもとはばくちからだ．[祸 huò~]災いのもと．[创 páo ~儿问底几根]根掘り葉掘り尋ねる．[您这话说到~儿上了]あなたのおっしゃることは根本をついている．[打一~儿上说]初めから話す．⑥生活の受divの~子]これが貧乏になったもとだ．[~子硬 yìng](事)の根が深い．⑦[-儿]素性．出身．来歴．[~正苗红]革命階級の家庭出身であること(文革期の用語)．[不知~儿的人,谁敢用]素性のわからない人を誰が採用するものか．[~子正]出身がいい．⑦将来に血筋をつないでくれる者．[独~一粒种．[他是冯家的~儿孙~]あの子はこの馮家を継ぐ頼みの綱だ．⑧徹底的な．[~治] ⑨[-儿]量詞．細長い物を数える．[一~绳 shéng 子][一~电线杆子]一本の棒．[一~香 xiāng 烟]1 本のタバコ．[一~筷 kuài 子]箸 1 本．⑩数 ①一元方程式の解．根(え)．⑥ルート；開方根や立方根など．化①イオンになった基．[氢 qīng ~]水素基．[硫 liú 酸~]硫酸基．②〈姓〉根(え)．

根保 gēnbǎo 旧(農奴制時代のチベットで)地頭．
根本 gēnběn ①根本(の)．基礎(の)．本質(の)．[~法 fǎ]法 根本法：憲法を指す．[~解 jiě决]根本的な解決(をする)．[~上]根本的に．もともと．元来．[~没有这样的事]そもそもそのようなことはない．③全く．全然．[我~就不赞成你的主张]君の意見には全く反対だ．[~否定了他的意见]彼の意見を完全に否定した．④主要である．根幹をなす．[最~的问题]最も重要な問題．⑤徹底的に．完全に．[问题已经~解决]問題はすでに完全に解決された．
根部 gēnbù 植 根部：[主 zhǔ 干①](幹部)に対していう．
根插 gēnchā 農 根の部分を切って植える方法．
根尘 gēnchén 宗(仏教で)眼・耳・鼻・舌・身・意の[六 liù 根]と色・声・香・味・触・法の[六尘](六塵)
根除 gēnchú 徹底的に取り除く．[~恶习]悪習を根絶する．
根词 gēncí 言 最も基本的な単語：接辞を含まず、[词根]を一つしか持たない語．
根代 gēndài 〈方〉後継ぎ．
根底 gēndǐ [根柢]とも言えた．①根底．基礎．根本．②もとのわけ．いきさつ．[追问~]内情を踏み込んで聞く．③〈方〉財産．
根蒂 gēndì ①植物の根．②物事の根本．根拠．
根雕 gēndiāo 木の根を材料とする彫刻(品)．

根腐病 gēnfǔbìng 農植物の根くされ病．
根干 gēngàn ①根幹．②(物事の)主要な部分．
根痼 gēngù 〈文〉持病．宿痾．
根冠 gēnguān 植 根冠：根の先端にある帽子状の組織．
根号 gēnhào 数根号．ルート記号．
根基 gēnjī ①基礎．土台．[~打得牢 láo]土台がしっかり築いてある．②素性．品行．③家産．
根脚 gēnjiao ①根本．②旧(建物の)基礎．[这座房子的~很牢靠]この建物の基礎はしっかりしている．②〈白〉出身．出自．
根茎 gēnjīng 植 根茎：[根状茎]ともいう．
根究 gēnjiū 根本から追究する．
根据 gēnjù ①根拠(をおく)．よりどころ(とする)．[有根有据]根拠のある．②~に基づいて．[~过去的经 jīng 验]過去の経験に基づく．→[依 yī 据]
根据地 gēnjùdì ①根拠地．②旧農村における革命の根拠地：共産党の影響のもとに政権を確立し、一定の人的・物的な力を持った、作戦行動の立脚地．→[解 jiě 放区][苏 sū 区]
根绝 gēnjué 根絶やしにする．[~血 xuè 吸虫病]住血吸虫病を絶滅する．
根卡 gēnkǎ 楽 チベット族の弦楽器の一種：三弦は球形．地面に立て、回して演奏できる．
根粒 gēnlì 同下．
根瘤 gēnliú =[根粒] 植根瘤(こぶ)．[~菌 jūn]根瘤バクテリア．
根脉 gēnmài 源．根源(からつながるもの)
根毛 gēnmáo 植根毛(毛)．
根苗 gēnmiáo ①根とは生えた芽．→[根芽] ②〈喩〉根源．由来．[造祸 huò 的~]災いの根源．③〈喩〉子孫．後継ぎ．
根目录 gēnmùlù 電算 ルートディレクトリ．
根器 gēnqì 〈文〉①気質．②知識・修養．
根梢 gēnshāo 根と枝．〈転〉~本末．⑨終始．[根梢梢]一部始終．
根深蒂固 gēnshēn dìgù 〈成〉(事柄の)基礎がしっかりしていてぐらつかないこと：[根深柢 dǐ 固][深根固柢]ともいう．
根深叶茂 gēnshēn yèmào 〈成〉根が深く張り葉が茂る．〈喩〉しっかりと根を張り発展すること．
根生土长 gēnshēng tǔzhǎng 〈成〉はえ抜きである：[根生土养 yǎng]ともいう．[他是~的北京人]彼は生粋の北京人だ．
根式 gēnshì 数 ルートによって示された数を含む式．
根嗣 gēnsì 〈文〉長男．
根外施肥 gēnwài shīféi ⇒[叶 yè 面施肥]
根蔓(儿) gēnwàn(r) ①根とつる．②物事の根本原因と派生した事柄．
根问 gēnwèn 徹底的に尋問する．
根系 gēnxì 植根系：一株の植物の根の全体．[须 xū ~]ひげ根系：主根が未発達で、ひげ根が発達したものをいう．[直 zhí 根~]に対していう．
根性 gēnxìng 本質的な性質．[劣 liè ~]下劣な性格．[他是一个~卑 bēi 鄙的东西]彼は根性のさもしい奴だ．
根须 gēnxū 植 ひげ根．
根芽 gēnyá ①根と芽．②植物の根から出た芽．
根由 gēnyóu 由来．来原．
根源 gēnyuán 根源．根本原因．
根植 gēnzhí 根づく．[~于 yú…][~在…]の形で比喩的に用いる．[作家应该~在人民中间]作家は人民の中に根を下ろさなければならない．
根指数 gēnzhǐshù 数 開方の次数：例えば開平は 2，開立は 3 である．
根治 gēnzhì 根治する(させる)．[~病患]病気を根

根状茎 gēnzhuànggēng ⇒[根茎]

根追 gēnzhuī 追究する(し調べる)

根子 gēnzi <口>①根.根元. ②根源.原因. ③素性.出自.→[字解]

[**跟**] gēn ①[—儿]かかと.[脚 jiǎo 后〜]足のかかと.[鞋 xié 后〜]靴のかかと.[高〜鞋]ハイヒール. ②つき従う.ついて行く.[〜我来]ついて来なさい.[你们一着我一块儿念吧]皆さんわたしについて一緒に読みなさい. ③[(…)に]嫁ぐ.[一个好男人]いい男の所へ嫁に行く.[我不愿意永远〜着他]わたしは彼に連れ添うつもりはない. ④…に一:動作の対象を表す.[我们要〜他学]我々は彼に(から)学ばねばならない.[〜大家宣布]皆に向かって宣言する.[你这是一谁说呢]お前がそれは誰に対して言うことか.[已经〜他说过没有]もう彼に話したかね.[一母亲要零用钱]母親にこづかいをねだる. ⑤[向 xiàng (I)②] ⑤と…:並列を表す.[我〜他是弟兄]わたしと彼は(わたしは彼と)兄弟です.→[和 hé (II)③] ⑥…と(比べて):比較の対象を表す.[〜以前不同一样]と同じだ.[现在〜以前不同]以前とは違う.→[同 tóng ⑤⑥] ⑦<方>…に.…で:場所を表す.[这儿走]ここを行く.[他正〜家里学习]彼はちょうど家にいますよ.[你〜哪儿念书]きみはどこで勉強しているか.

跟班 gēnbān ①(ある集団に)付き従ってる.[〜听课]クラスに入って一緒に勉強する.[〜劳 láo 动]行政幹部や研究関係者が現場作業員と一緒に労働すること. ②=[跟差]—儿]旧(官員の)従者.お供の者:[〜儿的]ともいう.[跟随②][长 cháng 随]に同じ.

跟包(儿) gēnbāo(r) 旧①俳優に付き添って服装や髪などの世話をすること. ②付き人(に).[〜的]同前.

跟捕 gēnbǔ =[跟缉]追跡して捕らえる.

跟不上 gēnbushàng ①ついて行けない. ②及ばない.[我还〜他]わたしはまだ彼には及ばない.↔[跟得上]

跟差 gēnchāi ⇒[跟班②]

跟车 gēnchē ①乗車して貨物を監督輸送する.[〜的]同前の者. ②車の後につく.[〜采访]車を追って取材する. ③馬車などの従者する.[〜的]同前の者.

跟从 gēncóng つき従う.[〜随行者.従者.

跟单汇票 gēndān huìpiào 画荷付き替手形.

跟得上 gēndeshàng ①ついて行ける. ②比肩できる.比べられる.[他的本事〜他哥哥了]彼の腕前は兄と匹敵するようになった.↔[跟不上]

跟丁 gēndīng 旧従者.召使.

跟斗 gēndou ⇒[跟头]

跟风 gēnfēng 流行を追う.風潮に流される.猿まね

跟骨 gēngǔ 生理解剖骨.

跟官的 gēnguānde 旧仕丁(丁):書記.会計.受付などの雑務に当たった役人の従者.

跟缉 gēnjī ⇒[跟捕]

跟腱 gēnjiàn 生理アキレス腱.[〈音義訳〉阿 ā 基里斯腱]ともいう.[〜痛 tòng]医アキレス腱痛.

跟脚 gēnjiǎo ①靴が足にぴったりであること.[这双鞋太大了点儿,不〜,一走一掉]この靴は少し大きすぎて足に合わない,歩くたびに脱げる. ②[—儿]旧従者の者. ③[—儿]つきまとう.まといつく. ④[—儿]すぐさま.すぐ後で.

跟进 gēnjìn 後について進む.[开发高尔夫球场后〜的是房地产项目]ゴルフ場を開設した後に続いて進出してくるのは不動産開発プロジェクトである.

跟屁虫 gēnpìchóng [—儿]<喩>人の尻についてまわる者.→[跟踪狂]

跟前 gēnqián ①=<方>近 jìn 前②[—儿](人の)そば.身近(な所).[请你到我〜来]どうぞわたしの近くへお寄り下さい. ②もうすぐ.直前.[暑假〜]夏休み直前.

跟前 gēnqian ひざもと:子供の有無を言ったり問うたりする時に用いる.[他〜只有一个儿子]彼は手元に息子が一人いるだけだ.[〜人]旧召使いで同時に妾(qǐng)であるもの.=[侍 shì 妾]

跟梢 gēnshāo ひそかに跡をつける.尾行する.

跟摄 gēnshè (撮影の)流し撮り.

跟手(儿) gēnshǒu(r) <口>①すぐ続いて.好都合に.[你走了他一就来了]きみが去ったところへ彼がやって来た. ②ついでに.[就 jiù 手(儿)]に同じ.

跟谁学谁 gēnshuí xuéshuí <諺>良くなるのも悪くなるのもその交友によって左右される.

跟随 gēnsuí 付き従う.後からついていく. ②⇒[跟班②]

跟趟儿 gēntàngr <方>①人におくれない.[怎么追也跟不上趟儿]どんなにも追いつけない. ②間に合う.[吃完饭再去也〜]食事をしてからでも間に合う.→[赶趟儿]

跟头 gēntou ①=<方>跟斗]宙返り.前後転などの動作.[折 zhē 〜][翻 fān 〜]とんぼを切る.宙返りをする.[〜骨碌 gūlu]<方>転げるように走る.すっとんでいく.[〜摔 shuāi 〜][栽 zāi 〜]もんどり打つ.ひっくり返る.[叫车带 dài 了个〜]車にひっかけられて転んだ.→[筋 jīn 斗] ②<口>失敗する.しくじる.[他们栽一啦]彼らしくじったね.

跟头虫(儿) gēntouchóng(r) =[筋 jīn 斗虫儿]虫ボウフラ.[子 jié 孓]の俗称.

跟尾儿 gēnyǐr <方>すぐ後で.[说明了缘故一告辞]わけを説明したらすぐ辞去する.[您先去,我一就去]先にお出で下さい,あとからすぐ行きます.

跟着 gēnzhe ①つき従う.後につく.[〜你走]きみについていく.[〜感觉走]感覚によってやっていく. ②すぐ後で.引き続き.[念了一回,〜就讲解]1回読んだら引き続き解釈する.[天气暖和起来,我的病〜也好起来了]気候が暖かくなるにつれて,病気もよくなっていく.=[随 suí 着]

跟追 gēnzhuī 跡を追いかける.

跟踪 gēnzōng 追尾する.尾行する.追跡する.[〜服 fú 务]アフターケア.[〜狂 kuáng]ストーカー.[卫星〜站 zhàn]人工衛星追跡ステーション.[〜追击]追撃する.→[钉 dīng 梢][電翼トレース.[〜程序]トレースルーチン.[〜控制]追従制御.

[**哏**] gén <口>①[—儿]おもしろおかしい.ひょうきんである.おどける.[这孩子笑的样子真〜]この子の笑い方ときたらほんとにおもしろい. ②ギャグ.笑わせどころ.笑わせる所作.[临时抓(个)〜]アドリブでギャグをとばす.[逗 dòu 〜]人を笑わせる. ⑤[相 xiàng 声(儿)](漫才)で主役をつとめて話をすすめる側.つっこみ.[捧 pěng 〜]①相づちを打って笑わせる. ⑥漫才で受け役をつとめる側.ぼけ.

哏里哏气 génli génqì =[哏头哏脑]<方>すっとんきょうなさま.ひょうきんさま.

哏(儿)**哏**(儿) gén(r)gén(r) <擬>ケラケラ:笑い声.[小妞子笑得〜的](老·四·甲 15)小妞子はケラケラ笑った.→[哈 hā 哈①]

哏头哏脑 géntou génnǎo ⇒[哏里哏气]

[**艮**] gén <口>①(野菜·果物が)しなびて固い.[〜萝 luó 卜]しなびた大根. ②(性格に丸みがなく)固い.かどがある.[这个人真〜]この人間

は本当にかどがある. ③〔言葉が〕ぶっきらぼうである. 固い. すげない.〔他说的话太～〕彼の言うことは愛想がなさすぎる. → gèn

[亘(亙)] gèn ①(古今東西に)亘(こう)る. 連なる.〔长城绵一五千余里〕万里の長城が五千里余も連なっている. ②〈姓〉亘(こう).

亘古 gèngǔ 古(いにしえ)のすべての時にわたって(を通じて).〔～及今〕〈成〉古から現代まで.〔～以来〕古来.〔未有〕〈成〉未曾有(みぞう)のことだ.

[艮] gèn ①〈文〉艮(ごん).〔八卦 guà〕の一で, 山を意味する.〕艮(うしとら)ともいう.→〔卦〕 ②回うしとら:東北をさす. ③〈姓〉艮(ごん).→ gěn

[茛] gèn →[毛 máo 茛]

geng 《ㄥ

[更] gēng (I)①変え改める. 変える. ②〈文〉経る. 経歴する.
(II)①回夜間(日没から夜明けまで)を五分して2時間ごとに〔初 chū ～〕(午後7～9時頃)から〔五～②〕(午前3～5時頃)に区切った. 各時刻に太鼓を打ち(後には夜回りが)時を知らせて回った.〔定 dìng ～时分〕初更の開始を告げる太鼓の鳴る時刻.〔看 kān ～〕〔守 shǒu ～〕夜回りを務める.〔打 dǎ ～〕(夜回りが拍子木を打って)時を知らせる.〔深 shēn ～半夜〕深夜.〔三～半夜〕夜半(やはん); 午前零時前後をいう.〔起五～睡半夜〕明け方に起きて真夜中に寝る.→〔鼓 gǔ ⑦〕 ④〈姓〉更(こう).
→ gèng

更变 gēngbiàn 改变. 変更.
更次 gēngcì =〔更头〕回夜間の1更(2時間)の長さ.〔昨儿夜里醒了有两个～〕昨夜はふた時(4時間)も目が覚めていた.
更迭 gēngdié (人事が)異動する. (政権が)交代する.
更定 gēngdìng 修正する. 改定する.〔～次序〕順序を入れ替える.
更动 gēngdòng 変更する(がある).〔旅行日程～了〕旅行スケジュールが変わった.〔～计划〕プランを変更する.〔人事～〕人事に異動がある.
更番 gēngfān 〈文〉入れ替わって. 代わるがわる.
更房 gēngfáng 回夜番の詰め所.
更夫 gēngfū =〔打 dǎ 更的〕回夜間に時を知らせて回った夜番.→〔打更〕
更改 gēnggǎi 改める. 変更(する).〔～了列车时刻表〕列車のダイヤを変更した.→〔改 gǎi 弦更张〕
更鼓 gēnggǔ 回時を知らせる太鼓(の音)
更换 gēnghuàn 取り替える.〔～人事〕人事更迭(をする).
更阑 gēnglán 回夜深夜になる.
更楼 gēnglóu 回更鼓を置くやぐら.→〔鼓 gǔ 楼〕
更漏 gēnglòu 固(水時計を使用した)時を計る設備.〈転〉時間.
更锣 gēngluó 回時を知らせるどら.
更名 gēngmíng 名を変える.〔～改姓〕姓名を変える.→〔改 gǎi 名〕
更年期 gēngniánqī 生理 更年期.〔～综 zōng 合症〕回更年期障害:〔更年期障 zhàng 碍〕ともいう.
更仆难数 gēngpú nánshǔ 〈成〉物事が繁雑で数えきれないほどである.
更深 gēngshēn 夜がふける.〔～人静〕深夜人静〕〔～夜静〕夜がふけて静かになる.
更生 gēngshēng ①よみがえる. 復活する.〔自 zì 力

～〕自力更生(する). ②再生する.〔～布〕再生布.〔～棉〕再生綿(めん).〔～袜 wà〕再生靴下.〔～纸〕再生紙.
更生霉素 gēngshēng méisù 化 アクチノマイシン.
更始 gēngshǐ 更新する. 初めからやり直す.
更事 gēngshì ①〈文〉経験を積む.〔少 shào 不～〕年が若くて経験を積んでいない. ②回ありきたりの事.
更替 gēngtì 交替する. 移り変わる.
更头 gēngtóu =〔更次〕.
更相 gēngxiāng 〈文〉互いに.〔～谦让〕互いに譲り合う.
更香 gēngxiāng 固時刻を推測するための線香.
更新 gēngxīn 更新する.〔万象～〕すべてが新しくなった(新年のこと).〔设备～〕設備が更新された.〔～换 huàn 代〕〈成〉新しく発展したもので古く遅れたものと換えていくこと.
更新世 gēngxīnshì 回更新世. 最新世. 洪積世.
更行 gēngxíng 〈文〉(女が)再婚する. →〔改 gǎi 嫁〕
更姓 gēngxìng 〈文〉姓を改める.
更衣 gēngyī ①衣服を着替える. ②便所に行く(婉語).→〔解 jiě 手〕
更衣室 gēngyīshì ①更衣室. ②トイレ(婉語)
更易 gēngyì 変える. 改める.
更狱 gēngyù 固(不可～的历史定制)改正を許されない歴史的制度.
更张 gēngzhāng 琴(の弦)を調律する.〈喩〉変革する.〔改弦～〕弦を張り替える.→〔改 gǎi 弦更张〕
更正 gēngzhèng 訂正(する).〔～启事〕訂正広告.〔～错误〕誤りを訂正する.

[浭] gēng 地名用字.〔～水〕固 河北省にある: 蓟運河の上流.

[㟒] gēng 地名用字.〔格 gé ～〕〔遂 suì ～〕固 いずれも広西にある.

[庚] gēng ①十干の第7位. かのえ. →〔干 gān 支〕 ②順序の7番目. ③→〔甲 jiǎ (I)④〕 ④〈文〉年齢.〔年 nián ～〕同前.〔同 tóng ～〕同年齢.〔贵～?〕回お年は:年齢を尋ねる丁寧な言葉. →〔甲子④〕 ⑤〈姓〉庚(こう).

庚齿 gēngchǐ 〈文〉年齢.
庚二酸 gēng'èrsuān =〔蒲 pú 桃酸〕ピメリン酸.
庚伏 gēngfú 〈文〉三伏の候: 旧時, 夏至後の第三・第四及び立秋後の最初の庚(かのえ)の日に始まる〔初伏〕〔中伏〕〔末伏〕(計30日間)を三伏をいう.〔三 sān 伏(天)〕
庚日 gēngrì 〈文〉庚の日:〔干支〕で, 庚のつく日(庚子, 庚寅など)
庚桑 gēngsāng 〈姓〉庚桑(こうそう).
庚帖 gēngtiě =〔八 bā 字帖(儿)②〕〔八字帖(儿)〕〔媒 méi 帖〕〔小 xiǎo 帖(儿)〕生まれた年・月・日・時を干支(えと)で書き表した書き付け:例えば甲子(年), 丙寅(月), 丁丑(日), 癸卯(時)のように8字となる. 縁談の時これを交換して相性を見る.〔瞧 qiáo 八字儿的〕〔批 pī 八字(儿)的〕〔八字先生〕相性を見, 運勢を占うことを専門とする人.→〔年 nián 庚八字〕
庚烷 gēngwán 化 ヘプタン. →〔烷①〕
庚信 gēngxìn 〈文〉生理月のもの=〔月 yuè 经〕に同じ.
庚子之役 gēngzǐ zhī yì 固義和団事件.→〔义 yì 和团〕

[赓・賡] gēng ①〈文〉続く(ける).〔歌音断而复～〕歌声がとぎれてはまた続く. ②〈姓〉赓(こう).
赓唱 gēngchàng 〈文〉詩・歌のやりとりをする.
赓酬 gēngchóu 〈文〉詩を作って贈りあうこと.
赓续 gēngxù 続く.〔如果物价～下跌 diē, 所受危

gēng～gěng

険很大}もしも物価が下落し続ければ、受ける危険は非常に大きい。

赓扬 gēngyáng 〈文〉しきりにほめそやす。〔～功gōng 绩〕功績をほめそやす。

赓韵 gēngyùn ⇒〔和hè 韵〕

〔鹒·鶊〕 gēng →〔鸧 cāng 鹒〕

〔耕(畊)〕 gēng
①耕す。農作業をする。〔深～细作〕深く耕して念入りに作る。〔～夫〕〈文〉農夫。〔～耙 bà〕土を耕し砕く。〔春 chūn ～〕春の田(畑)耕し。〔中～〕中耕。〔怠 dài ～〕耕作を怠る。②〈喩〉従事する。暮らしを立てる。〔笔 bǐ ～〕筆で生計をたてる。〔舌 shé ～〕旧教師として過ごす。③〈姓〉耕(ɔ)。

耕畜 gēngchù 農耕用家畜:牛·馬·ろばなど。
耕地 gēngdì ①土地を耕す。②耕地。田畑。〔～面积〕耕地面積。
耕读 gēngdú 農作し、かたわら勉学(教育)する。
耕具 gēngjù 耕作用農具:犁(ℓ)や鍬(ĩ)など。
耕牧 gēngmù 耕作と牧畜。
耕牛 gēngniú 耕作用の牛。役牛。
耕三余一 gēngsān yúyī 〈成〉3年間耕作して1年分の余剰蓄積を生みだすこと。
耕桑 gēngsāng 〈文〉田畑を耕し、養蚕をする。農業に従事する。
耕绳 gēngshéng 農具と役畜を結ぶ綱。
耕田 gēngtián ①土地を耕す。耕作する。〔～队 duì〕因1930年ごろ〔苏 sū 区〕(中国ソビエト地区)農村で行われた労働互助組織。③耕地。農地。
耕耘 gēngyún 耕して草をとる。〈喩〉努力する。〔～机 jī〕〔耕种机〕耕耘(ɔ)機。→〔中 zhōng 耕机〕
耕云播雨 gēngyún bōyǔ 人力で自然改造すること。〈文〉援助に支援し育てること。
耕者有其田 gēngzhě yǒu qítián 因耕す者には土地を与える:孫文の"三民主義"の民生主義で述べられた〔土 tǔ 地改革〕の基本目標。
耕织 gēngzhī 〈文〉田畑を耕し布を織る:農業に従事する。→〔耕桑〕
耕种 gēngzhòng 耕して栽培する。〔～机 jī〕耕耘(ɔ)播種(ਦੇ)機。
耕作 gēngzuò 耕作(する)、農作(する)。〔～方法〕～(制度)耕作システム。

〔绠·綆(緪)〕 gēng
〈文〉太い綱。ロープ。〔～前〕〔～桥 qiáo〕綱のつり橋。〔～索 suǒ〕同〔梯 tī〕綱はしご。

〔羹〕 gēng
㊟あつもの。シチュー:肉·野菜などで作った濃厚なスープ。〔肉～〕肉の濃厚スープ。〔豆腐～〕とうふの煮込み汁。〔燕 yàn 窝～〕つばめの巣をとりより甘く煮た高級料理。〔果 guǒ ～〕果物を甘く煮たスープ:料理の一種として出される。〔白果果～〕ぎんなんとくりを甘く煮たもの。〔分一杯～〕〈喩〉おこぼれにあずかる。→〔羅 huò〕
羹匙 gēngchí ＝〔调 tiáo 羹〕ちりれんげ。スープ用スプーン。〔汤 tāng 匙〕に同じ。
羹汤 gēngtāng ㊟(とろみのある)吸い物。スープ。

〔埂〕 gěng
①〔～儿、～子〕あぜ。あぜ道。〔地 dì ～〕〔田 tián ～〕〔田塍 chéng〕田のあぜ。→〔垄 lǒng ②〕②細長く続く高地。③〈又〉堤。〔堤 dī ～〕〔～堰 yàn〕土手。

〔哽〕 gěng
①むせぶ。声のどにつかえて出ない。〔悲 bēi ～〕〈文〉悲しみむせぶ。②(食べ物などの)のどにつまる。③㊐〔芝居脚本で〕せきばらいの"エヘン"。
哽吃 gěngchi 〔方〕〔興奮や悲しみでの〕声がとぎれである。〔～了半天才说出来〕もごもごしていたがやっと言葉になった。→〔吭 kēng 哧〕

哽嗓咽喉 gěngsǎng yānhóu のどもと。〈喩〉要害の急所。重要な所。
哽咽 gěngyè 声が出ない。言葉につまる。
哽噎 gěngyē ①(食べ物などの)のどにつまる。むせる。②(感情が激して)声をつまらせる。
哽咽 gěngyè ⇒むせび泣く。〔梗咽〕とも書いた。〔～～咽咽〕同前のさま。
哽阻 gěngzǔ つまる。〔咽 yān 喉〕のどがつまる。

〔绠·綆〕 gěng
〈文〉水汲み桶の縄。〔汲 jí〕に同前。

绠短汲深 gěngduǎn jíshēn 〈成〉つるべ縄が短くて深いところの水を汲むことができない。〈喩〉能力が不足で任に耐えない:多く謙遜していう。〔绠汲〕に同じ。
绠汲 gěngjí 同上。

〔梗〕 gěng
①〔～儿〕(花·葉·草などの)茎。〔花 huā ～〕花の茎。〔荷 hé 叶～〕はすの葉の茎。②まっすぐにする。まっすぐである。〔～着脖子〕首をまっすぐにして。③気性がまっすぐである。はきはきしている。④〈文〉(考え·意志が)固い。かたくなである。〔顽 wán ～不化〕〈成〉頑固でなじまない。⑤阻害する。妨げる。〔从中作～〕間にいて妨げする。⑥〈姓〉梗(ɔ)。

梗草 gěngcǎo ⇒〔桔 jié 梗〕
梗概 gěnggài (話·物語の)あらすじ。梗概。
梗梗(着) gěnggeng(zhe) 〔方〕まっすぐである。〔怎 zě ～脖子？是那莕 lào 枕了吗〕どうして首が回らないんですか、寝違えたのか。
梗塞 gěngsè ①ふさがり詰まる。行きづまる。〔交通～〕交通渋滞である。行きづまる。〔音 yīn 信～〕音信不通である。②図(血流の)梗塞(ɔ)：ふつう〔梗死〕という。
梗死 gěngsǐ 因血管梗塞して組織が壊(ɔ)死する。〔心 xīn 肌 jī ～〕〔心肌梗塞〕心筋梗塞。〔脑 nǎo ～〕脳梗塞脑梗塞。
梗性 gěngxìng まっすぐで堅い性質。意地っぱり。
梗咽 gěngyè ⇒〔哽咽〕
梗直 gěngzhí ⇒〔耿直〕
梗滞 gěngzhì ふさがり滞(ɔ)る。
梗阻 gěngzǔ ①ふさがる。とだえる。とまる。滞る。〔肠 cháng ～〕因腸閉塞。②阻害する。じゃまする。
梗子 gěngzi (草·木の)枝や茎。〔茶叶～〕茶葉の茎。

〔鲠·鯁(骾)〕 gěng
①〈文〉魚の骨。〔～在喉〕(のどに魚の骨が刺さる。〔骨 gǔ ～在喉〕同前。②〈文〉心がまっすぐである。
鲠直 gěngzhí ⇒〔耿直〕

〔耿〕 gěng
①剛直である。まっすぐである。一本気である。〔刚 gāng ～〕気骨がある。〔～实 shí〕剛直で誠意がある。②〈文〉明るい。照り輝く。〔银 yín 河～〕銀河が輝いている。③〈文〉気にかかる。悲しむ。〔忧 yōu ～〕気にかかり心配する。④〈姓〉耿(ɔ)。

耿饼 gěngbǐng 〔柿 shì 饼〕(干し柿)の一種。
耿耿 gěnggěng ①明るいさま。②心に何かかかえて気にかかっているさま。〔～于怀 huái〕心にかかっていること。〔～不寐 mèi〕気にかかって眠れない。③忠誠の念に燃えるさま。〔～忠心〕忠心一途に。
耿介 gěngjiè 〈文〉剛直で容易に人と妥協しない。
耿直 gěngzhí 気性が強く心がまっすぐである:〔鲠直〕〔梗直〕に同じ。(生性、书生气重)性格が真っ正直で世間慣れしていない。

〔颈·頸(頚)〕 gěng
〔脖 bó ～儿〕首筋。うなじ。→ jǐng

〔硗〕 gěng 地名用字.〔石 shí ~〕囧広東にある.

〔更〕 gèng ①さらに.いっそう.〔现在他的身体~好了〕今では彼の体はさらによくなった.〔~进一步地研究研究〕さらに一歩を進めて研究する.〔您自己做~好〕あなたが自分でなさればいっそうよい.→〔再 zài ④〕 ②〈文〉そのうえ.加えて.〔~有甚 shèn 者〕これよりもなおひどいのは.〔~兼 jiān〕〈文〉かねて加えて. → gēng

更加 gèngjiā ますます.なおいっそう.〔~朝气蓬勃〕いっそう生気はつらつとなった.〔~发展〕さらに発展する.〔~混乱〕いっそう混乱する.〔~愈 yù 加〕

更其 gèngqí 〈文〉さらに.とりわけ.いっそう.〔~恶劣的是…〕一層悪いのは….〔~令人不解〕さらに理解しがたい(してもらいたい).

更上一层楼 gèng shàng yīcéng lóu 〈成〉より高いレベルを目指す.〔欲穷千里目,~〕〔唐・王之渙・登鹳雀楼〕より.

更为 gèngwéi さらに.もっと.〔意义~深远〕いっそう意義深い.

〔堩 (塘)〕 gèng 〈文〉道路.

〔暅 (晒)〕 gèng 〈文〉(日に)干す.

gong 《メム

〔工〕 gōng (Ⅰ)①(肉体)労働者.工員.現場労働者.〔职 zhí ~〕職員と労働者の.〔童 tóng ~〕年少労働者.幼年労働者.〔青 qīng ~〕青年労働者.〔常 cháng ~〕専業労働者.専従労働者.〔短 duǎn ~〕〔临 lín 时 ~〕臨時工.〔矿 kuàng ~〕鉱山労働者.〔熟 shú 练~(人)〕熟練労働者.熟練工.〔募 mù ~〕労働者を募集する(こと).〔职工〕職員と労働者.②(肉体)労働者.労働.作業.仕事.〔上~①〕作業にかかる.始業(になる).〔下 xià ~①〕作業終了(する).終業(する).〔日~〕昼間労働.昼間就労.〔夜~〕夜間労働.夜間就労.〔件~〕出来高払い労働.〔长 cháng 日~〕昼間専従労働.昼間就労専門労働者.〔长夜~〕夜間専従労働.夜間就労専門労働者.〔兼 jiān ~〕兼業(する).〔罢 bà ~〕同盟罷業(する).ストライキ(する).〔停 tíng ~〕就労停止(する).操業停止(する).③人工(%).手間(キ).〔一人の労働者の1日分の労働.〔要几个~,人工はどれだけいるか.④工事.〔开~〕〔动~〕工事を始める.〔竣 jùn ~〕〔完~〕落成する.⑤技師.〔工程师〕の略.〔高级工程师〕高級技師:職位の一.⑥工業.〔~商业〕工業と商業.⑦[-儿]芸.技術.テクニック;〔功④〕に同じ.〔这位演员的做~(儿)〕〔临(儿)好〕この俳優のしぐさは歌う方の芸よりもうまい.⑧〔書・画・細工などが〕精密である.精巧である.⑨得意である.うまい.〔~于绘 huì 画〕絵が上手である.⑩⇒〔红〕 ⑪〔姓〕工(氏).

(Ⅱ)→〔工尺〕

工班 gōngbān 作業グループ.作業班.

工本 gōngběn 人工(ᅉ)と元手:生産コスト.〔~费 fèi〕生産費用.〔不惜~〕生産費用を惜しまない.

工笔 gōngbǐ 同〔恭笔〕困(中国画)で細密に描く画法.〔~画 huà〕密画.〔~写 xiě 意〕

工兵 gōngbīng ⇒〔工程兵〕

工部 gōngbù ①囧官営工事などをつかさどった省名.〔~尚 shàng 书〕同前の長官.〔六 liù 部〕②⇒〔工段①〕

工部局 gōngbùjú 囧上海の〔公共租 zū 界〕(共同租界)の)行政統治機関.

工残 gōngcán 労働作業による障害(者).

工厂 gōngchǎng 工場.〔~成本〕工場原価.〔~价格〕〔企 qǐ 业价格〕工場価格.〔~立法〕(産業革命以後の)工場法.→〔工段〕〔厂①〕〔车 chē 间〕

工场 gōngchǎng 同〔工厂〕.〔~手工业〕囧マニュファクチュア.工場制手工業.

工潮 gōngcháo 労働争議.〔闹 nào ~〕同前が起きる.→〔劳 láo 动争议〕

工尺 gōngchě 囧中国古来の楽譜記号:一般に "合・四・一・上・尺・工・凡・六・五・乙" で表され,〔简jiǎn 谱〕の 5・6・7・1・2・3・4・5・6・7 (ソ・ラ・シ・ド・レ・ミ・ファ・ソ・ラ・シ)に当たる.この楽譜を〔工尺谱 pǔ〕という.またリズムを表わすには〔板 bǎn 眼〕の記号を用いた.

工程 gōngchéng ①工事:土木,建築,鉱山,発電などの工事をいう.〔~车〕工事車両.〔~处 chù〕工事事務所.工務所.〔~队 duì〕作業隊.〔~估 gū 单〕工事見積書.〔~技 jì 术人员〕工事技術者.〔~塑 sù 料〕機械工作の材料用プラスチック.〔~水〕水利工事.〔~浩 hào 大〕工事が大がかりである.→〔工事〕 ②社会的大規模活動テーマプロジェクト.→〔计 jì 划〕〔项 xiàng 目〕

工程兵 gōngchéngbīng 軍〔工兵〕〔工兵〕は旧称.

工程师 gōngchéngshī ①技師:技術官の階級の一.上から〔高级~〕〔助理~〕,一般技術者は〔技术员〕〔技工〕に分ける.〔总 zǒng ~〕技師長. ②技術者.エンジニア.〔~节 jié〕囧(禹(°))の出生日にちなんだ技師の日.〔技师〕

工程图 gōngchéngtú 完成(予定)図.→〔设 shè 计图〕

工程院 gōngchéngyuàn 〔中国工程院〕の略.国家科学技術院.〔中 zhōng 国科学院〕

工单 gōngdān 作業伝票.作業企画書.作業仕様書.

工党 gōngdǎng 労働党.〔工人党〕の略.〔~执 zhí 政时的英国〕労働党が政権をとっている時の英国.

工地 gōngdì 工事現場.〔建筑 zhù ~〕建築現場.〔津 jīn 贴〕現場手当.→〔现 xiàn 场〕

工读 gōngdú ①学費を稼ぎながら勉強する.〔~的学生〕アルバイト学生.苦学生.→〔勤 qín 工俭学〕②(非行少年を)職場と教育する.〔~教 jiào 育〕矯正教育.〔~生〕少年院収容生.〔~学校〕〔教 jiào 养学校〕少年院.→〔少 shào 年犯管教所〕

工段 gōngduàn ①=〔工部②〕(工場)の現場の部門.職区.〔车 chē 间〕(工場の現場)の中をさらに生産過程にしたがって区分けしたものをいう.〔铸 zhù 钢车间可分部门分化〕,木模 mú ~等〕鋳物工場の現場は溶解部門.木型部門などに分けられる.②工事の作業の段階.またそれを担当する施工組織.

工房 gōngfáng 〈方〉①職員工住宅. ②作業場.現場の小屋掛け:〔工棚〕に同じ.

工费 gōngfèi 工事費.

工分 gōngfēn =〔劳 láo 动工分〕囧労働点数:農業集団化の時期の労働量を計算する単位.〔~值 zhí〕1〔~〕にあたる人民元の値. ②=〔工资分〕田解放初期,賃金計算の現物を基礎にした標準単位:北京・天津では 1〔~〕の内容は粟 0.48〔市斤〕,小麦粉 0.32〔市斤〕,ごま油 0.05〔市斤〕,食塩 0.02〔市斤〕,石炭 2.0〔市斤〕,綿布 0.2〔平方尺〕,〔折 zhé 实单位〕ともいった.⑤賃金を算出するための労働量単位.

工蜂 gōngfēng 囧働き蜂:旧称〔职 zhí 蜂〕.

工夫 gōngfū 囧時期雇.臨時工.

工服 gōngfú ⇒〔工作服〕

工夫 gōngfu〔功夫〕とも書く.①時間.時間の長

さ.〔一会儿的～,天就变了〕ちょっとの間に天気が変わった. ②〔-儿〕暇.〔有～再来玩儿吧〕暇があったら,また遊びにいらっしゃい. ⑧〈口〉とき.ころ:〔时候(儿)〕に同じ.〔旧社会,我出国 guī 女都～,不用说学技术,连大门还不叫出呢〕旧社会では,私が娘だった頃はその技術の習得はおろか,表門からさえ出られなかったのです.

工行 gōngháng 〔中 zhōng 国工商银行〕の略.
工号牌 gōngháopái 職場・個人番号と氏名を書いたプレート.〔戴 dài ～〕ネームプレートをつける.
工荒 gōnghuāng 求人難.労働者不足.
工会 gōnghuì〔工联〕〔工团〕は旧称.〔～章 zhāng 程〕労働組合規約.〔～法〕労働組合法.〔～官僚〕組合ボス.組合貴族.〔～主席〕労働組合議長. →〔工人会〕〔职 zhí 工会〕
工会工厂制 gōnghuì gōngchǎng zhì ユニオンショップ制.全労働者労働組合参加制度.
工价 gōngjià 手間賃.加工賃:建築・製造にかかわる人件費.
工架 gōngjià ⇒〔功架〕
工间 gōngjiān 勤務中の休憩時間.〔～休息〕勤務内休憩.〔～操 cāo〕職場体操.業間体操. →〔保 bǎo 健操〕
工坚料实 gōngjiān liàoshí〈慣〉仕事は確実で材料もしっかりしている.
工件 gōngjiàn ⇒〔作 zuò 件〕
工匠 gōngjiàng〔手工艺〕職人.
工交 gōngjiāo 工業と交通運輸.
工缴费 gōngjiāofèi 旧加工賃:〔工缴〕ともいう.〔公 gōng 私合营〕当時企業が私営企業に委託加工した時に支払う加工費.
工具 gōngjù ①工具.仕事の道具.〔～车 chē 床〕工工具旋盤.〔～袋〕道具入れ.キット.〔～钢〕回工具鋼.〔～书〕辞典・字引き・事典・年鑑・年表などの書籍.〔～胎 tāi〕ポジショナー.〔～箱〕道具箱.〔交通〕交通用具.〔～碳 tàn ～钢〕回炭素工具鋼. ②〈転〉手段.〔他们拿和平两个字,当 dàng 做侵略的〕彼らは平和という2字を侵略の道具にする.〔～运 yùn ～〕輸送手段. ③〔電算〕ツール.〔～栏 lán〕ツールバー.
工具机 gōngjùjī ⇒〔工作母机〕
工具磨床 gōngjù móchuáng ⇒〔刀 dāo 具磨床〕
工绝 gōngjué 非常に巧みである.
工竣 gōngjùn 竣工(する)
工卡 gōngkǎ ①(勤務時の)身分証明カード. ②就業許可証.
工楷 gōngkǎi ①きちんと整った楷書. ②楷書に巧みである.
工考干 gōngkǎogàn 労働者が幹部を評定する.〔～制度〕同働の制度.
工科 gōngkē (大学の)応用科学技術学系.〔～院校〕応用科学技術系大学.
工矿 gōngkuàng 工業と鉱業.
工力 gōnglì ① ⇒〔功力①〕 ②労働力(量).人工(どん)
工联主义 gōngliánzhǔyì 史トレードユニオニズム.労働組合主義:〔工会主义〕ともいう.
工料 gōngliào ①经(コスト としての)労働人件費と材料費. ②工事に必要な材料.
工龄 gōnglíng =〔工作年限〕(労働者・事務員の)勤続年数.経験年数.在職年数.〔～津 jīn 贴〕勤続手当. →〔军 jūn 龄〕
工贸 gōngmào 工業と貿易業.
工帽 gōngmào 作業用帽子.
工农 gōngnóng ①労働者(階級)と農民(階級)〔～干部〕同前出身の幹部.〔～兵 bīng〕④労働者・農民・兵士. ⑤旧10元紙幣.〔～兵学员〕〔～兵大学生〕1972年～76年当時の大学生をいう.〔～联 lián 盟〕労農同盟.労働者と農民の同盟.〔～速 sù 成中学〕回労働者・農民の幹部に速成的に初級中学程度の知識を授ける学校. ②工業と農業.
工农红军 gōngnóng hóngjūn ⇒〔中 zhōng 国工农红军〕
工棚 gōngpéng (工事現場などの)飯場(ばぁ).小屋掛け.プレハブ宿舎.
工票 gōngpiào 就労記録原票.
工期 gōngqī 工事の期日.工期.
工钱 gōng·qián ①〔口〕賃金:〔工资〕に同じ. ②手間賃.〔做套衣服要多少～〕服を一着作ると仕立て賃はいくらですか.
工巧 gōngqiǎo (芸術品が)精巧である.精緻である.
工青妇 gōngqīngfù〔工会〕〔青年团〕〔妇联〕の合称.
工区 gōngqū 鉱工業企業の下部生産現場の単位.
工人 gōng·rén ①労働者:〔劳 láo 动者〕〔劳工〕〔职 zhí 工〕〔工党〕〔工党労働党〕〔季 jì 节性〕①季節労働者.〔农 nóng 业～〕農業労働者.〔短 duǎn 工(儿)〕〔临 lín 时工(人)〕臨時工.〔老 lǎo ～〕古参労働者.熟練労働者.〔～分红制〕労働者が利潤の分配にあずかる制度.〔～贵族〕労働貴族.〔～会〕旧労働者の組織.〔～帽〕いわゆる人民帽:〔中 zhōng 山装〕とともに新中国の一般的なスタイルであった.〔～运动〕〔工运〕労働運動. ②〈文〉占ト(鈞)者. ③〈文〉楽人.
工人阶级 gōngrén jiējí 労働(者)階級.プロレタリアート. →〔无 wú 产阶级〕
工人文化宫 gōngrén wénhuàgōng 労働者のために設けられたクラブ.図書館を兼ねた施設. →〔文化宫〕
工日 gōngrì 労働日(数):労働者一人の1日の仕事量.〔工,人 rén 日②〕ともいう.〔一个～〕1労働日. →〔工时〕
工伤 gōngshāng 公傷.労災.〔～保险〕労災保険.〔～事故〕労災事故. →〔工亡〕〔公伤〕
工商 gōngshāng 商工業.〔～业〕同前.〔～税〕商工業税.〔～管理博士〕DBA.経営学博士.〔～管理硕 shuò 士〕MBA.経営学修士.〔～部〕旧商工行政をつかさどる省名.
工商联 gōngshānglián 商工会議所:〔中 zhōng 华全国工商业联合会〕の略.
工时 gōngshí 労働量を計算する単位:一人の労働者の1時間の労働量. →〔工日〕
工事 gōngshì 旧塹壕(がぅ)・トーチカ・バリケードなど陣地構築物.〔防御～〕防御用の同前.〔挖 wā ～〕塹壕を掘る.〔地下～〕地下壕. →〔工程〕
工细 gōngtián〔方〕手間賃.工賃.
工头 gōngtóu ①職工長.職長.工長.職人頭.人夫頭.〔领 lǐng 班①〕 ② ⇒〔包 bāo 工头〕
工团 gōngtuán ⇒〔工会〕
工团主义 gōngtuán zhǔyì 史サンジカリズム:19世紀末よりフランスなどで栄えた急進的無政府主義的産業組合主義.〔无政府〕
工亡 gōngwáng 業務上(で)死亡(する)
工委 gōngwěi ①旧〔中国共产党中央工作委员会〕の略. ②〔中国共产党中央直属机关工作委员会〕,また〔中央国家机关工作委员会〕の略.
工稳 gōngwěn 字・句の使い方が整っていて無理がない.〔对得很～〕対句の構成に無理がない.
工细 gōngxì 精巧で細緻(ち)である.
工效 gōngxiào 作業能率.〔～挂 guà 钩〕同前と賃金を連動させる(こと).〔～不高〕仕事の能率が悪

工 gōng

い.

工薪 gōngxīn サラリー.給料:〔工资〕に同じ.〔~阶 jiē 层〕サラリーマン階層.〔~族 zú〕〔上班族〕サラリーマン層.給料取りたち.

工形钢 gōngxínggāng ⇒〔工字钢〕

工休 gōngxiū ①仕事の一区切りに設ける休み.〔~日〕公休日.→〔公休〕〔厂 chǎng 礼拜〕 ②出勤中の休憩.

工序 gōngxù 製造工程.仕事の順序・段取り.〔~流转卡 kǎ〕生産工程表.

工宣队 gōngxuānduì〔工人毛泽东思想宣传队〕の略:〔文 wén 化大革命〕期に各学校に派遣されていた.

工学 gōngxué ①工学.〔~院 yuàn〕工科大学. ②仕事と学習.〔~矛 máo 盾〕在職しながら通学することの矛盾.

工巡局 gōngxúnjú 旧上海の〔公共租界〕の警察組織.→〔工部局〕

工业 gōngyè 工業.〔~病〕①産業上の職業病.⑥産業の発展がもたらす社会の弊害.〔~布局〕工業分布.工業の全体的配置.〔~产 chǎn 权〕工業財産権.〔~革命〕〔产 chǎn 业革命〕⑪産業革命.〔~国〕工業国.〔~化〕工業化(する).〔~间 jiàn 谍〕産業スパイ.〔~链 liàn〕工業ベルト地帯とさまざまの生産連関.〔~品 pǐn〕工業品.〔~气压〕工工業部門で用いる圧力の単位.1 kgwt/cm². 〔~区〕①園工業地区.〔~生产合作社〕工業生産協同組合.〔~体系〕工業の生産体系.〔~总 zǒng 产值〕工業総生産額.〔原 yuán 子能~电力站〕商業用原子力発電所.

工业学大庆 gōngyè xué dàqìng "工業は大慶に学ぶ":1964年から全国で展開された,一種の生産性向上運動.→〔大庆②〕〔农 nóng 业学大寨〕

工衣 gōngyī ⇒〔工作服〕

工蚁 gōngyǐ 虫働き蟻.

工艺 gōngyì ①生産加工技術:原材料あるいは半成品を加工して製品化する労働・方法・技術.〔~流程〕〔流程②〕〔同前〕の工程.〔~规程〕〔~过程〕技術工程.〔~装备〕技術工程の上で必要な装備:種々の〔补 bǔ 助工具〕を含む.②手工芸.〔~品〕手工芸品.〔~美术〕工芸美術.

工役 gōngyì ①回〔官庁・学校あるいは官僚・紳士の家庭などで雑事に従事した雇い人.用務員.→〔工友①〕 ②土木工事の従事者〕

工尹 gōngyǐn 固手工業を司る役所.②<姓>工尹(さん).

工友 gōngyǒu ①(役所・学校などの)用務員.雑役夫.給仕.→〔勤 qín 杂人员〕 ②回労働者相互間または資本家が職工に親愛感を示すための呼称.

工于 gōngyú …に巧みである.〔~心计〕機転に富んでいる.〔~洋画の技に長じている.

工余 gōngyú 仕事の余暇.〔~时间〕同前.

工欲善其事,必先利其器 gōng yù shàn qíshì, bì xiān lì qíqì〈成〉職人は仕事を立派に仕上げるために,道具の切れ味をよくしておかねばならない(論語)

工源 gōngyuán 労働者の供給源.

工运 gōngyùn〔工人运动〕(労働運動)の略.

工贼 gōngzéi 労働者階級の裏切り者.

工折 gōngzhé 回労働手帳:仕事の内容,時間および労働点数などを記入する.〔工折本〕ともいう.

工整 gōngzhěng きちんとそろっている.〔雕 diāo 得~〕彫りが立派である.〔他能写一筆~的钢笔字〕彼はきちんとしたペン字が書ける.

工致 gōngzhì 細工が細かで巧みである.

工种 gōngzhǒng 工鉱業企業内における職種.〔~粮 liáng〕鉱工業などに従事する特別配給の主食.

工装 gōngzhuāng ①圓作業着.作業服.〔~裤 kù〕オーバーオール.胸当て(作業)ズボン.〔换 huàn 上了~〕作業衣に着替えた. ②工業製品を作る時に使用する用具(総称)

工拙 gōngzhuō 上手と下手.うまさ.

工资 gōngzī 賃金.給料.サラリー.〔<口>工钱〕〔工薪〕〔薪 xīn 资〕ともいう.〔~等级制〕賃金等級制.〔~体系〕賃金体系.賃金表.〔~卡 kǎ〕給料払い込み通帳.〔~制 zhì〕賃金制.〔变 biàn 相~〕形を変えた賃金.〔标 biāo 准~〕標準賃金.基準賃金.〔固 gù 定~〕固定給.〔计 jì 时~〕時間給.〔名 míng 义~〕回名目賃金.〔实 shí 际~〕回実質賃金.〔拖欠~〕未払い賃金.〔扣 kòu 除~〕賃金カット(する).〔扣押~〕賃金差し押さえ(をする).〔预 yù 付~〕賃金の前払い(をする).〔你~多少〕給料はいくらですか.

工资分 gōngzīfēn ⇒〔工分②〕

工字 gōngzì Ⅰ形.H形.〔~形〕同前.〔~表 biǎo〕回Ⅰ形懐中時計:軸受がⅠ形をしたもの.〔~钢 gāng〕〔工形钢〕Ⅰ形鋼.H鋼.〔~梁 liáng〕建アイビーム Ⅰ形桁.〔~铁 tiě〕建Ⅰ字形鉄.

工作 gōngzuò ①働く.仕事をする.〔她是在公司~,不是在地里干活〕彼女は会社勤めで,農家ではない.〔你在哪个单位〕どちらにお勤めですか.〔他在这儿~〕彼はここで働いている.〔积极~〕積極的に働く.〔机器正在~〕機械は作動中.〔人民为~〕人民のために働く.〔人民公社机关~〕人民公社機関.〔~包 kuáng〕ワーカホリック.仕事中毒.〔~量 liàng〕仕事量.〔~日〕作業日(数).勤務日(数).就業日(数).〔~室〕作業室.〔~人员规则〕就業規則.〔~规则〕就業規則.〔~效 xiào 率〕作業効率.〔~需要〕仕事のために必要である.〔~作风〕仕事をする態度・やり方.〔加 jiā 点~〕時間外の労働.残業.〔实 shí 在~时间〕実働時間.〔宣 xuān 传~〕宣伝活動. ⑧職業・仕事.〔~饭〕〔~(午)餐 cān〕ビジネスランチ.〔~(凭 píng)证〕勤務証(明).〔~(权 quán)〕労働権.就労権.〔文艺~者〕文芸従事者.〔医务~者〕医療業務従事者.〔参加~〕就職する.→〔服 fú 务〕〔劳 láo 动〕〔勤 qín 务人员〕〔勤 qín 杂人员〕

工作定额 gōngzuò dìng'é 作業基準(ノルマ).〔提 tí 高~〕ノルマを引き上げる.→〔定额〕

工作队 gōngzuòduì ①政策遂行のため現地に派遣され,短期間指導工作にあたるチーム:比較的大規模な運動の際組織される.〔土改~〕土地改革の際の同前.②作業チーム.〔~组〕

工作服 gōngzuòfú 作業衣.仕事着.〔工服〕〔工衣〕ともいう.

工作岗位 gōngzuò gǎngwèi 仕事の持ち場.職場.〔祝贺你走上~〕く挨〉ご就職おめでとう.

工作件 gōngzuòjiàn ⇒〔件件〕

工作介质 gōngzuò jièzhì 圏(機器の中で)エネルギーを伝達する媒質.

工作面 gōngzuòmiàn ①鉱切羽(きりは).切場:〔掌 zhǎng 子面〕に同じ.②鉱加工面.作業面.

工作母机 gōngzuò mǔjī =〔工具机〕〔机床〕〔母机〕工作機械:旋盤など金属材料を加工して他の機械を製作するもの.

工作年限 gōngzuò niánxiàn ⇒〔工龄①〕

工作人员 gōngzuò rényuán スタッフ.職員.〔政 zhèng 府机关~〕公務員.〔服 fú 务人员〕〔勤 qín 杂人员〕

工作时间 gōngzuò shíjiān =〔劳 láo 动时间〕労働時間.勤務時間.就労時間.就業時間.→〔工时〕

工作台 gōngzuòtái 仕事台.作業台.→〔平 píng 台〕

gōng 工功红攻

工作条件 gōngzuò tiáojiàn ⇒〖劳 láo 动条件〗

工作语言 gōngzuò yǔyán 業務(会議)用語:〔应 yìng 用语言〕ともいう.〔联合国〕国連公用語.

工作站 gōngzuòzhàn ①プロジェクト実施のためのステーション. ②[電算]ワークステーション.

工作者 gōngzuòzhě 従事者.取扱者.〔文艺〜〕文芸関係者.→〖工作人员〗

工作证 gōngzuòzhèng (勤務先の)身分証明証:〔军人证〕軍人の同前.〔学生证〕学生の同前.

工作组 gōngzuòzǔ ①問題あるいは困難がある職場(工場)に派遣され短期間に整頓・監督・指導工作にあたる小グループ. ②具体的な仕事に当たるグループ.→〖工作队〗

〔功〕 gōng ①勲功.いさおし.手柄.功績.〔立 lì 〜〕手柄を立てる.〔〜不可没 mò〕〜の功績は無視されない.↔〔过 guò (l)⑦〕 ②成果.達成.成就.〔成 chéng 〜〕成功(する).〔大〜告成〕(得意全〜)大業が完成を告げる.重大な任務が完成する.〔徒 tú 劳无〜〕むだ骨折り.〔教 jiào 育之〜〕教育の効果. ③〔〜儿〕技術(の練れ).素養.〔唱〜(儿)〕(芝居の)歌(の技術).〔做〜(儿)〕(芝居の)所作.〔基本〜〕基本的な知識と技術.〔用 yòng 〜〕勉強する.修練する. ④[物]仕事:単位は〔焦 jiāo 耳〕(ジュール.記号 J).〔焦〕は 1×10⁷〔尔格〕(エルグ.erg).→〖功率〗 ⑤〈姓〉功(り)

功败垂成 gōngbài chuíchéng 〈成〉成功の一歩手前で失敗すること.→〖功于一篑〗

功曹(吏) gōngcáo(lì) 〖旧〗郡の属官.

功册 gōngcè 〈文〉論功帳.

功臣 gōngchén ①〈功績のある臣下. ②〈転〉功労者.〔一等〜〕1級功労者.

功成不居 gōngchéng bùjū 〈成〉成就があっても自分の功績としない:〔功成而弗居〕(老子)による.

功成名就 gōngchéng míngjiù 〈成〉功労が高く名を遂げる.〔功成名立〕〔功成名遂〕ともいう.

功成身退 gōngchéng shēntuì ⇒〖功遂身退〗

功到自然成 gōng dào zìrán chéng 〈諺〉努力がしてあれば事は自ら成る.〔工到自然成〕ともいう.

功德 gōngdé ①功績と德行.〔〜无量〕量りしれぬ利益を及ぼすことをする.〔〜不负有心人〕人のために努力してきた人はいつか必ず報われる. ②[宗](仏教の)功德(〜).〔〜圆 yuán 满〕〈喩〉万事が円満に成就する.

功底 gōngdǐ 基礎的な知識・技能の素地.

功伐 gōngfá 〈文〉功労.功績.

功法 gōngfǎ 気功の術.

功服 gōngfú 〖五 wǔ 服〗

功夫 gōngfū ①腕前.技能.技.〔他的诗〜很深〕彼の詩は練れている.〔这个杂技演员真有〜〕この曲芸師の腕前はたいしたものだ.〔练〜〕(武芸などに)修業を積む. ②武術.カンフー.中国拳法.〔〜演 yǎn 员〕カンフー俳優.〔〜片 piàn〕〔〜儿 piānr〕カンフー映画. ③⇒〖工夫〗

功夫茶 gōngfuchá コンフ茶道:茶葉・道具・茶碗などを吟味し,茶道によって飲む中国茶.もと〔广东潮州〜〕の略.

功过 gōngguò 功績と過失.〔功不抵 dǐ 过〕功より罪の方が多い.〔〜相抵〕功罪が相つぐえる.〔〜三七开〕功績3分(⁶)過失7分.

功耗 gōnghào 作業効率のロス分.

功绩 gōngjì 功績.手柄.〔〜彪 biāo 炳〕功績が光り輝く.〔历史〜〕歴史的功績.

功架 gōngjià [劇](旧劇で)俳優のしぐさ(の型).〈転〉(人の)身のこなし.〔工架〕とも書く.

功课 gōngkè ①(決められた課程による)授業での学習.〔要毕业得选修三十多门〕卒業までに30数科目を選択して学習しなければならない.〔〜表〕课表〕授業時間表. ②(宿題や予習などの)勉強.〔忙着做〜〕宿題に忙しい.〔做完了吗〕宿題は済んだかね. ③[宗](仏教で)勤行(こんぎょう).お勤め.

功亏一篑 gōng kuī yīkuì 〈成〉〖九 jiǔ 仞功亏一篑〗〈成〉九仞(じん)の山を築くに簣(き)を欠く:成功寸前にちょっとしたことで失敗する.→〖功败垂成〗

功劳 gōngláo 功労.貢献.〔〜簿 bù〕功績簿.〔不要躺在自己的〜上过去の功績にあぐらをかくな.

功力 gōnglì (多く芸における)修練しての腕前:〔工力①〕とも書く.〔〜悉 xī 敌〕両者の腕前が匹敵している.〔練〜〕功を積む.修業する.

功利 gōnglì 功利.実利.〔〜主义〕功利主義:〔边 biān 沁主义〕(ベンサミズム)ともいう. ②功名と官禄.名誉と財産.

功烈 gōngliè 〈文〉勲功.功業.

功令 gōnglìng 〖旧〗法律.法令.

功率 gōnglǜ [物]仕事率.単位時間の仕事量.〔速い率〕ともいう.単位は〔瓦 wǎ 特〕(ワット)または〔马 mǎ 力〕.〔〜因数〕〔力 lì 率〕[物]力率.

功名 gōngmíng ①[旧](科挙合格による,また得た官職の)称号.〔〜富 fù 貴〕同前と富貴. ②功名.

功能 gōngnéng 機能.働き.〔肝 gān 〜不正常〕肝臓の働きが異常だ.〔〜丧 sàng 失〕機能不全.〔性疾病〕機能性疾患.〔〜团〕官能基.作用基.→〖机 jī 能〗〖效 xiào 能〗〖性 xìng 能〗

功牌 gōngpái 〖牌面〗总督・巡抚らが軍功のあったものに与えた一種の功労牌:長方形のものに"賞"の字を刻したもの.最初は銀製であったが,清代には紙製になった.

功遂身退 gōngsuì shēntuì 〈成〉功績を残して引退する(老子):〔功成身退〕〔名 míng 成身退〕ともいう.

功效 gōngxiào 効能.効果.〔治肺結核很有〜〕肺結核の治療に非常に効き目がある.

功勋 gōngxūn 勲功.〔〜艺术家〕芸術功労者.

功业 gōngyè 偉業.

功用 gōngyòng 効用.機能.作用.→〖功能〗

功罪 gōngzuì 功績と罪過.

〔红・紅〕 gōng =〖工⑩〗[旧](裁縫や刺しゅうなど)婦人の手仕事.またその作品.〔女〜〕 → hóng

〔攻〕 gōng ①攻める.〔围 wéi 〜〕包囲攻撃(する).〔猛 měng 〜〕激しく攻める.↔〔守 shǒu〕〕 ②〈文〉責める.〔起而〜之〕立ち上がって糾弾する. ③研究に打ちこむ.〔专 zhuān 〜医学〕医学を専攻する.〔〜硕 shuò〕修士課程で学ぶ.〔〜博 bó〕博士課程で学ぶ. ④〈姓〉功(り)

攻砭 gōngbiān [中医]石針を身体に刺して病を治療すること.

攻城 gōngchéng 城(都市)を攻める.〔打授〕〈成〉城を攻め敵の援軍を討つ.〔〜略 lüè 地〕〈成〉都市を占領し,土地を奪い取る.〔〜炮 pào〕攻城用の(大)砲:古代の射石砲やカノン砲など.

攻错 gōngcuò ⇒〖他 tā 山攻错〗

攻打 gōngdǎ 攻撃する.進攻する.

攻读 gōngdú 努力して勉強(専門の研究)をする.〔〜博士学位〕博士号をとるため同前.

攻伐 gōngfá 〈文〉討伐する.

攻防 gōngfáng 攻防(する).攻撃し防御する.

攻关 gōngguān 難関に挑む.要害を突く.〈転〉研究上の難題を突破する(しようと努力する).→〖关⑤〗

攻击 gōngjī ①攻撃(する).〔总 zǒng 〜〕総攻撃する.〔〜机 jī〕戦闘機. ②非難する.〔人身〜〕人

gōng

攻弓躬公

攻 身攻擊する.

攻奸 gōngjiān 擊滅する.

攻坚 gōngjiān ①敵の堅い守りを攻める. ②〈喩〉難関に挑む. [～战 zhàn]陣地攻擊戰.〈転〉難関突破作業(工事).→[攻关]

攻讦 gōngjié 〈文〉(対立関係にある)人の失策を暴いて攻める.

攻劫 gōngjié 〈文〉襲撃し略奪する.

攻克 gōngkè 打ち勝つ.攻めとる.〈喩〉突破する.[～了这一难关]この難関を突破した.

攻擂 gōnglèi 演武台でその主と武技を競う.〈転〉(チャンピオンに)挑戦を受ける.→[擂台]

攻略 gōnglüè 〈文〉攻略する. ②方策.計略.

攻掠 gōnglüè 〈文〉攻擊し略奪(侵略)する.

攻螺丝 gōngluósī =〈方〉攻丝 〈方〉套丝(扣) 機 ねじ立て.タッピング.

攻螺丝扳手 gōngluósī bānshou 機 タップ回し.タップレンチ.

攻难 gōngnàn 非難攻撃する.

攻破 gōngpò 攻め破る.

攻其不备 gōng qí bùbèi 〈成〉虚をついて攻める:[攻其无 wú 备]ともいう.→[出 chū 其不意]

攻其一点 gōng qí yīdiǎn, bùjí qíyú 〈成〉(人や物に対し)全体を見ないで,ある部分だけを批判する.→[知 zhī 其一,不知其二]

攻球 gōngqiú 区攻め球(ʰ).攻撃球.[凌厉～]厳しいショット.

攻区 gōngqū 区(ホッケーの)アタッキングゾーン.ゴール側のエンドゾーン.[～蓝线越位](アイスホッケーの)ブルーラインオフサイド. ↔[守 shǒu 区]

攻取 gōngqǔ 攻略する.攻撃して奪い取る.

攻势 gōngshì 攻勢.

攻守 gōngshǒu 攻撃と守備. [～同盟 méng]④攻守同盟.⑥ぐるになって互いにかばいあうこと.

攻丝 gōngsī ⇒[攻螺丝]

攻丝钻头 gōngsī zuàntóu [套 tào 丝钻头]機 タップ錐(ʰ).ねじ下錐.

攻无不克 gōng wú bùkè 〈成〉向かう所敵なし.[战无不胜 shèng,～]同前.

攻袭 gōngxí 襲撃する.

攻陷 gōngxiàn 攻め落とす. [～敵人城堡]敵の城を攻め落とす.

攻心 gōngxīn ①〈文〉心理的に攻めたて敵の闘志を打ちくだく.[～为 wéi 上,攻城次之]同上で上策で,城を力で攻め落とすのは次策だ. ②(激情や悲痛で)意識が昏迷する.生命が危うくなる. [怒气～]怒りのために頭がくらむ.→[下 xià 攻]

攻心翻 gōngxīnfān ⇒[克 kè 山病]

攻研 gōngyán 〈文〉力を注いで研究する.

攻玉 gōngyù →[他山攻错]

攻占 gōngzhàn 攻め落として占領する.

攻子 gōngzi 農 結実期に灌漑(ʲⁱ),または施肥して実らせること.

[弓] gōng

①弓. [拉 lā～]弓を引きしぼる. [～弩 nú](総称).→[射 shè 箭] ②[-儿]弓状のもの.弓に弾力のあるもの. [弹弓～]はじき弓. [弹 tán 棉花的绷 péng～]綿打ち弓. [琴 qín～]バイオリンや胡弓などの弓. ③旧 地積を測量するのに用いた木具,また同前で測った単位:1[～]は5 [尺 chǐ]. [步 bù～]ともいう. [步弓~]弓状をなし両端間の長さは5尺,360[～]を1里とし,240[弓]を1[亩 mǔ]とする.④弓形. ⑤弓を曲げる(させる). [～着身子]体を曲げる(て).→[哈巴腰] ⑤〈姓〉弓(ᵏʸᵒ)

弓背 gōngbà 弥(ᵏʸᵘ).弓の柄(ᵉ).

弓背 gōngbèi ①[-儿]弓の背:孤形をなす部分. ② [-儿]曲がった道路. [走 zǒu～]回り道をする. ③背を曲げる. [小学生们背 bèi 着和体型不相称 chèn 的大书包弓着背去上学]小学生が体に不釣合いの大きなカバンを背負って前かがみになって登校する. ④⇒[驼 tuó 背]

弓袋 gōngdài ⇒[弓衣] [弓袋(ᵏʸᵘ)]

弓房 gōngfáng 弓道場.

弓囊 gōngnáng 弓・矢を入れる袋.

弓鞬 gōngjiān 〈文〉(騎馬用の)弓矢を入れる道具.

弓肩缩背 gōngjiān suōbèi 肩をすぼめ背を丸める.

弓箭 gōngjiàn 弓矢.弓と矢. [～步 bù](拳)拳法の基本型の一:前に踏み出した足の膝を直角に曲げ,後ろの足を真直ぐに伸ばして腰をしずめた姿勢.前足を弓,後足を矢に見立てたもの. [~手 shǒu] [弓手]弓の使い手.弓を使う兵.

弓匠 gōngjiàng 弓師.弓つくり.

弓锯 gōngjù 弓のこ: [弓形锯]ともいう. →[钢 gāng 锯][钢丝锯]

弓里 gōnglǐ 〈姓〉弓里(ᵏʸᵒʳⁱ).

弓马 gōngmǎ ①弓術と馬術. ②弓手と騎手. ③〈転〉武芸.

弓棚 gōngpéng 農半月形のビニールハウス. →[拱 gǒng 棚]

弓上弦刀出鞘 gōng shàngxián dāo chūqiào 弓には弦が張られ刀は鞘(ᵏᵉ)を払われる. 〈喻〉(戰闘)準備が完了する.

弓梢(子) gōngshāo(zi) ゆはず:弓の両端の弦をかけるところ.

弓蛇 gōngshé ⇒[杯 bēi 弓蛇影]

弓身 gōngshēn ⇒[躬身]

弓矢 gōngshǐ 〈文〉弓矢.

弓手 gōngshǒu ⇒[弓箭手]

弓弦 gōngxián [-儿]①弓弦. ②〈喻〉まっすぐな道. [走 zǒu～]回り道をせず)まっすぐに行く.

弓弦乐器 gōngxián yuèqì 楽(棹や胴に弦を張った)弦楽器.

弓鞋 gōngxié 旧 纏足(ᵗᵉⁿᵘ)した女性用の靴.

弓形 gōngxíng ①弓形. [~虫 chóng 病]医 トキソプラズマ症. ②アーチ. [～垫 diàn 板]機 弓形敷き板(座金)

弓腰 gōngyāo ⇒[弯 wān 腰]

弓衣 gōngyī ⇒[弓袋]

弓子 gōngzi ①弓状のもの. [胡琴~]胡弓の弓. ②=[车 chē 弓子][弓形(弧状)の板ばね.リーフスプリング:車輪と車台の間に用いられる.

弓足 gōngzú 纏足(ᵗᵉⁿᵘ)をした足.

弓钻 gōngzuàn 弓ぎり.舞ぎり:弓形の道具の弦を軸に巻きつけ弓を動かして回す錐(ʰ).

[躬(躳)] gōng ①〈文〉わが身.自身(で). [反～自问]自分が身を省みて自らの心に問う. [～行实践]自ら実践する. [事必～亲]事は必ず自ら行う. ②体を前方に曲げる(げて敬礼する).[～身(腰 yāo)]腰をかがめる.→[鞠 jū 躬] ③〈姓〉躬(ᵏʸᵘ)

躬逢 gōngféng 〈文〉自ら体験する. [～其盛] [～盛世]〈成〉盛況を体験する.

躬耕 gōnggēng 〈文〉自ら耕す.

躬亲 gōngqīn 〈文〉自ら行う. [~为 wéi 之]同前. [事必～]〈成〉[躬]とも書く. [~下拜] [～施礼]体を曲げて敬礼する.

躬行 gōngxíng 自ら行う. [~力行]自発的に努力してやる.

[公] gōng (Ⅰ)①公(ᴷᴼ)(の・に).公用(の).政府(の). [办 bàn～]公用をする.執務する. [因～外出]公務で外出する. [充 chōng～]没収する. [私 sī①] [官 guān①③] ②公衆

gōng 公

の.共同の(で).みんなの(で). ③公平(である・に).公正(である・に).〔~生明廉lián生威〕誘〕公正は立派な考えを生じ清廉は威厳を生じる.〔大~无wú 私〕きわめて公平で私心がない.〔秉bǐng~处chǔ 理〕公平に処理する.〔审 shěn 判不~〕裁きが公平でない. ④〈文〉公にする.公開する.〔~之同好 hào〕同好の士に公開する.

(Ⅱ) ①爵位〔~、侯、伯、子、男〕の第1位.〔王安石封jiāng荆国~〕王安石は荆国公に封ぜられた.〔鲁lǔ 哀~〕鲁の哀公. ②回男性、特に年寄りに対する敬称.姓に付して尊称として用いられる.〔张~〕张先生.张氏.〔此 cǐ ~〕このお人. ③夫の父.しゅうと.またその他の呼称に用いられる.〔姑 gū~〕しゅうとめとしゅうと. ④祖父の姉妹の夫.母方の祖父の姉妹の夫.〔太 tài ~〕曾祖父.〔外~〕(母方の)祖父.→付録 5 ④ (動物の)雄:種類により〔雄 xióng ⑦〕〔郎 láng (Ⅰ)⑦〕〔叫 jiào (Ⅰ)⑦〕なども用いる.→〔牡 mǔ ~〕 ⑤ 〔国际〕~〕制〔米mǐ 制〕(メートル制)に定められた各単位に用いる.〔平方~里〕(平)方千米〕平方キロ. ⑥〈姓〉公(ㄍㄨㄥ).

公安 gōng'ān ①公安.治安. ②〔~部〕公安省:国务院の一部門.〔~机关〕公安機関.〔~局〕公安局.〔~派出所:单に〔派出所〕ともいう.公安と戸籍事務を扱う.〔~人员〕公安関係の職員. ②警察官.公安職員.

公案 gōng'àn ①回役所で政務を決裁する大型の机. ②社会問題になっている案件.難しい裁判事件.〔无头~〕解決の手がかりのない複雑な事案.〔~小说〕事件小説.裁判小説.

公办 gōngbàn 官営・公営である.→〔民 mín 办〕
公报 gōngbào ①コミュニケ.声明.〔发 fā 表~〕同前を発表する.〔联 lián 合~〕共同コミュニケ.共同声明. ②官报.
公报私仇 gōng bào sīchóu〈成〉個人的な恨みを公の事を利用して晴らす:〔官 guān 报私仇〕ともいう.
公倍数 gōngbèishù 数公倍数.
公本正传 gōngběn zhèngzhuàn ⇒〔恭本正传〕
公比 gōngbǐ 数公比:等比数列で、各項とすぐその前の項との比.
公便 gōngbiàn ①公共の便利. ②〈公〉〔上 shàng 公文〕(上级官庁あての公文書)の結びの言葉で、"…くだされば実に公の好都合であります"の意.〔备文呈请钧长鉴核备案实为~〕文書を呈上し貴長官のご審査ならびに記録保存を願えれば幸甚であります.→〔上行③〕
公表 gōngbiǎo 公表する.
公宾 gōngbīn〈姓〉公賓(ㄍㄨㄥ).
公禀 gōngbǐng 回連名で申し立てる.嘆願する.
公伯 gōngbó〈姓〉公伯(ㄍㄨㄥ).
公布 gōngbù ①(法令布告・通達を)公布(する).→〔发 fā 布〕 ②公表(する).〔~修正案〕修正案を発表する. ③~结果)結果を発表する. ④ぶちまける.さらけ出す.〔并未~消息来源〕ニュースソースを明かさなかった.→〔公开①〕
公厕 gōngcè ①〔公共厕所~〕公衆便所.
公差 gōngchā ①回許し代(k)工作物の許された最大寸法と最小寸法の差.規定の長さや重さに対して許容される誤差. ②数公差.→〔gōngchāi〕
公差制 gōngchāizhì ⇒〔极 jí 限制〕
公差 gōngchāi ①公用・公務のための出張. ②〔~公務のため派遣された下級役人.→〔gōngchā〕
公产 gōngchǎn 公有財産.公共財産.国有財産.
公娼 gōngchāng 公娼.
公车 gōngchē 公用車.→ gōngjū
公称 gōngchēng 公称(する).→〔资 zī 本〕①公称

資本:〔额 é 定资本〕ともいう.
公呈 gōngchéng ①連名で願い出る(請願書)
公尺 gōngchǐ〈度〉〔米 mǐ(Ⅱ)〕(メートル)の旧称.〔制 zhì〕国 guó 际公制〕メートル制.〔~制螺luó 旋纹〕回メートルねじゲージ.
公出 gōngchū 公用出張(をする).〔他~了〕彼は出張している.
公畜 gōngchù 雄の家畜:種馬・種牛など.
公垂线 gōngchuíxiàn 数共通垂線.
公寸 gōngcùn〈度〉〔分 fēn 米 ①〕(デシメートル)の旧称(非法定計量単位).→〔米 mǐ(Ⅱ)〕
公撮 gōngcuō〈度〉〔毫 háo 升 ①〕(ミリリットル)の旧称(非法定計量単位).→〔升 shēng(Ⅰ)①〕
公阜 gōngfù〈货 piào 庄〕(金融業者)が同業者間決済のために発行した一種の信用手形.
公担 gōngdàn〈度〉キンタル:重量の非法定計量単位.100キログラム.
公道 gōngdào ①公正な道理.真理.〔主持~〕正義を擁護する.〔~自在人心〕人はみな正義感をもっている. ②公の通路.
公道 gōngdao〈口〉公平(である).公正(である).〔公公道地〕公平に.〔价钱很~〕値段は適正である.〔不~〕不公平である.〔讨~〕うまいことをする.〔~老儿 lǎor〕回田畑の境界に植える境木(ㄅ):欲ばってその木の根元を掘るとその方に向かって木が太ることから.
公德 gōngdé 公共道徳.社会道徳.
公敌 gōngdí 共通の敵.〔人民的~〕人民の敵.
公地 gōngdì 官有地.
公电 gōngdiàn ①公電. ②公開の連名の請願電報.
公吊 gōngdiào ⇒〔官 guān 吊〕
公爹 gōngdiē ⇒〔公公①〕
公丁香 gōngdīngxiāng 干したチョウジのつぼみを入れた薬用飲料.
公定 gōngdìng 公に定める.
公董局 gōngdǒngjú 回上海フランス租界の行政機関.→〔工部局〕
公牍 gōngdú ⇒〔公文①〕
公断 gōngduàn ①公平な判断(をする).当事者でない人による裁断(をする).〔~人〕〔仲 zhòng 裁人〕官選または争いの当事者により委託された仲裁人.〔~条 tiáo 约〕仲裁条約. ②回お上(蒼)・役所の裁き(による).
公吨 gōngdūn〈度〉トン:〔吨〕の旧称(非法定計量単位)
公而忘私 gōng ér wàngsī〈成〉公(裟)のために私を忘れる.
公法 gōngfǎ 法公法.〔国际~〕国際法.↔〔私 sī 法〕
公方 gōngfāng〔公私合营〕の場合、〔私 sī 方〕(個人側・資本家側)に対して官側、すなわち政府行政機関である政府側の代表者.→〔~人员〕政府側の代表者.
公方 gōngfāng〈度〉立米(ッ):〔立 lì 方米〕(立方メートル)の旧称(非法定計量単位).→〔方〕
公房 gōngfáng ①官舎.公舎.社宅. ②〈方〉(少数民族の族などの)若衆宿.娘宿.
公费 gōngfèi 公費.〔~奢 shē 侈〕役人が公費を浪費すること.〔~生〕公費生.国費生.〔~医疗〕公費による医療.
公分 gōngfēn〈度〉①〔厘 lí 米〕(センチメートル)の旧称.→〔米 mǐ(Ⅱ)〕 ②〔克 kè(Ⅳ)②〕(グラム)の旧称(非法定計量単位)
公愤 gōngfèn 大衆の怒り.
公分儿 gōngfèr〈方〉皆で出し合った金.〔凑 còu 个~买礼物说〕金を出しあって贈り物を

594

公 gōng

買う.〔吃了顿〈~饭〉皆で金を出しあって飯を食べた.〔一个人出一块钱的~〕めいめい1元出し合う.

公府 gōngfǔ ①〔囯君主の居宅.②〔囯役所.③〔囯总 zǒng 统府〕の旧称.

公干 gōnggàn ①公務を行う.②⇒〔公事①〕 ③=〔贵 guì 干〕お仕事.ご用件.〔您这次到此地有何 hé ~〕このたび当地に来られたのはどんなご用件がおありなのですか.

公膏 gōnggāo=〔公土〕〔公洋药〕囯税金を納めた官許のアヘン.

公告 gōnggào ①政府や諸団体が広く内外に宣告して周知させるための布告.〔政府〕政府広告.〔~牌 pái〕掲示板.〔~离 lí 婚〕夫婦の一方の裁判所への申し立てによる離婚.→〔启 qǐ 事①〕 ②⇒〔通 tōng 告〕

公合 gōnggě <度>〔分 fēn 升〕(デシリットル)の旧称.→〔升 shēng (I)①〕

公共 gōnggòng 公共 (の).共用 (共同) の.〔~事 shì 业〕公共事業.〔~财产〕共同の財産.〔~课 kè〕(大学の)一般共通科目.教養科目.〔~选修课〕同前の選択科目.〔~浴 yù 池〕銭湯.〔~社 shè 会〕共同社会.ゲマインシャフト.〔~卫 wèi 生〕公衆衛生.〔~租 zū 界〕囯上海にあった共同租界.

公共厕所 gōnggòng cèsuǒ ⇒〔公厕〕
公共关系 gōnggòng guānxì ⇒〔公关〕
公共积累 gōnggòng jīlěi 集団の拡大再生産のための共有の蓄え.→〔公积金〕
公共筷子 gōnggòng kuàizi ⇒〔公筷〕
公共汽车 gōnggòng qìchē=〔公交车〕〔方〕巴 bā 士〕路線バス.〔~站〕バス停留場.

公公 gōnggong ①=〔公参〕しゅうと.夫の父.〔~婆婆 pópo〕しゅうとしゅうとめ.=〔舅 jiù ③〕 ②=〔祖 zǔ 父〕 ③=〔外 wài 祖父〕 ④男の年寄りに対する敬称.〔老~〕おじいさん.じい様.⑤〔宦 huàn 官〕に対する称呼:小説・戯曲に用いられる.

公狗 gōnggǒu=〔方〕儿狗〕〔公〕牙 yá 狗〕雄犬.↔〔母 mǔ 狗〕

公估 gōnggū (第三者による)公正な見積り(評価)
公股 gōnggǔ〔公方①〕(政府側)の持ち株.→〔公私合营〕

公关 gōngguān〔公共关系〕の略.1組織・個人の社会活動における相互の関係.〔~意识〕公共的意識.公共観念.②渉外・広報業務.PR 活動.〔~部门〕渉外部門.〔~广告〕PR 広告.〔~大爷〕先生(特に役所との)の渉外担当者(男性):役人の天(を)下りが多い.〔~小姐〕(女性の)渉外担当者.③俗に接待.〔美女~〕美人の接待.〔麻将~〕マージャン接待.

公館 gōngguǎn ①囯役人や金持の住宅.②<尊>邸宅.③囯住宅兼用の事務所.

公国 gōngguó 公国.〔摩 mó 纳哥~〕モナコ公国.
公海 gōnghǎi〔法〕公海.〔~领 lǐng 海〕
公害 gōnghài ①公害.〔~日益严重〕公害は日々重大化している.〔三 sān 废〕〔污 wū 染〕 ②公益の侵害.社会の害毒.

公函 gōnghán <公>〔(公)文〕の一種.すなわち同級機関の間または従属関係にない機關の間で往復する公文.→〔公文①〕

公衡 gōnghéng <度>10〔公斤〕(キログラム)の旧称(非法定計量単位)

公侯 gōnghóu 公爵と侯爵.〔~转〕貴顕.
公戶 gōnghù〔姓〕公戶(ू)
公患 gōnghuàn <文>広く人々の被っている災害.
公会 gōnghuì ①=〔同 tóng 业公会〕 ②同業組合.③ギルド.

公讳 gōnghuì 囯皇帝の名に用いる字を一般に使用しなかったこと、またはその文字.↔〔私 sī 讳〕

公贿 gōnghuì 公金による賂賄.
公鸡 gōngjī〔鸡〕のおんどり.〔方〕鸡公〕〔公〕雄 xióng 鸡〕ともいう.〔戴 dài 冠〕〔司 sī 晨〕は別称.↔〔母 mǔ 鸡〕

公积金 gōngjījīn 法定積立金.法定準備金.→〔公共积累〕

公祭 gōngjì 公葬(する).告別式(を行う):政府機関や一般団体・各業界などが行うもの.

公价 gōngjià 政府規定価格.公定価格:〔官 guān 价〕に同じ.

公假 gōngjià 公休(日).→〔公休〕
公家 gōngjia (〔私人①〕に対して)公(ダ):国家・公共機関・団体・企業を指す.

公牘 gōngjiān〔姓〕公牘(,)
公肩 gōngjiān〔姓〕公肩(,,)
公检法 gōngjiǎnfǎ〔公安机关〕〔检察机关〕〔司 sī 法机关〕の総称.

公餞 gōngjiàn ①公に開く送別会.②同前を開いて送別する.

公啓 gōngjǐ ⇒〔公启①〕
公交 gōngjiāo 公共交通.〔公共交通〕の略.〔~车〕〔公共汽车〕路線バス.〔~车道〕=〔专用道〕(都市の)バス専用レーン.

公教人员 gōngjiào rényuán 囯公務員と教職員.→〔工作人员〕

公斤 gōngjīn <度>キログラム.kg:重量の単位.〔千 qiān 克〕ともいう.〔~力〕重力キログラム.kgf.=〔斤(II)〕

公车 gōngjū〔姓〕公车(,).→ gōngchē
公挙 gōngjǔ 公に推薦する.公選する.〔会长是大家~的〕会長は皆で選んだのだ.

公具 gōngjù 連署する.〔~保证〕〔~结〕連署して保証をする.

公决 gōngjué 公議で決定する.みんなで決める.
公爵 gōngjué 囯公爵.
公开 gōngkāi ①公に.公然に.公開の.〔~场合〕公式の場.〔~表示〕公開する.〔~宣布〕正式に表明する.〔~展 zhǎn 览〕公開して展覧する.②公にする.公開する.〔~他的秘密〕彼の秘密を暴露する.〔~信〕公開状.〔~化〕公開化する.〔~赛 sài〕スオープン競技:選手の参加資格がゆるやかな試合.↔〔秘 mì 密①〕

公空 gōngkōng 〔法〕公空.
公筷 gōngkuài=〔公共筷子〕〔公用筷子〕取り箸:大皿の料理を各人に取り分けるための箸.

公款 gōngkuǎn 公金.〔使用~〕公金を使う.
公厘 gōnglí <度>〔毫 háo 米〕(ミリメートル)の旧称.→〔米 mǐ 3〕

公里 gōnglǐ <度>キロメートル.km:長さの単位.〔千 qiān 米〕ともいう.

公理 gōnglǐ ①正当な道理.②(学問上の)公理.③公にして管理する.〔公財当〕公共財産はオープンにして管理すべきだ.

公历 gōnglì 西暦.(太)陽暦.〔西 xī 历〕は旧称.=〔阳 yáng 历〕

公立 gōnglì 公立(の).〔~学 xué 校〕公立学校.
公例 gōnglì 一般の法則.原則.
公良 gōngliáng〔姓〕公良(,,)
公粮 gōngliáng 農業税として国家へ納める穀物.〔征收~〕同前を徴収する.

公两 gōngliǎng <度>〔百 bǎi 克〕(ヘクトグラム・100 グラム)の旧称(非法定計量単位).→〔克 kè (I)②〕

公了 gōngliǎo 司法手段や上級機関・主管部門による決着(をする).↔〔私 sī 了〕

公路 gōnglù=〔马 mǎ 路②〕自動車道路.〔高速

gōng 公

~〕高速道路.ハイウエー.〔青蔵～通车〕青海・チベット間の自動車道路開通.〔~网〕自動車道路網.

公驴 gōnglú 雄ろば:〔叫 jiào 驴〕〔方〕骚 sāo 驴〕に同じ.
公论 gōnglùn 公論.世論.輿論.
公马 gōngmǎ 〔方〕儿 ér 马〕〔方〕马 公〕雄馬.↔〔母 mǔ 马〕
公买公卖 gōngmǎi gōngmài 〈慣〉公正に売り買いする.
公卖 gōngmài ①公売(にする).②公共機関が販売する.
公猫 gōngmāo 雄猫:〔郎 láng 猫〕ともいう.↔〔母 mǔ 猫〕
公门 gōngmén ①回官署の門.王府の門.②回官署の総称.〔~里〕官界(では).役所内(では).〔~使 shǐ 费〕大官に贈る賄賂の費用.
公孟 gōngmèng 〈姓〉公孟.
公民 gōngmín ①回公民権を持っている人民.公民.〔~权 quán〕公民権.〔三等〕〈口〉個人商人.〔四等〕〈口〉出稼ぎ者や失業者.→〔国 guó 民 rén 民〕②回中学校の教科(書)の一.
公名 gōngmíng ⇒〔普 pǔ 通名词〕
公明 gōngmíng 〈姓〉公明.
公母 gōngmǔ 雄と雌.
公亩 gōngmǔ 〈度〉面積の単位(非法定計量単位).アール. a : ふつう100〔平方米〕を用いる.0.15〔市〕亩に当たる.〔阿 ā 尔〕〔安 ān ⑬〕は旧音訳.
公姥 gōnglǎo ⇒〔公婆〕
公墓 gōngmù ①=〔公家〕共同墓地.〔叫回〕共同墓地〕の略.〔乂 yì 地〕回王侯・諸臣の墓地.
公母俩 gōngmǔliǎ 〔方〕夫婦二人.夫婦二人.
公牛 gōngniú ①=〔方〕牤 māng 牛〕〔方〕牤子〕〔文〕牡 mǔ 牛〕〔方〕牛 公〕雄牛.↔〔母 mǔ 牛〕〈方〉牛②.
公派 gōngpài 政府・機関からの派遣(をする).〔~留学生〕政府派遣留学生.〔~身份〕公務出張の身分.
公判 gōngpàn ①=〔公审〕〔预 yù 审①〕②大衆による批判(をする).
公平 gōngpíng 公平である.公正である.〔~交易 jiāo yì〕公正に(真面目に)取引をする.〔~秤 chèng〕(売り場の)標準ばかり:客が量目を確かめるためのもの.〔~道 dao〕
公评 gōngpíng ①公衆の評論.②公正な評論.
公婆 gōngpó ①=〔公姥〕しゅうとしゅうとめ.夫の父母.=〔姑 gū 公①〕②〔方〕夫婦.〔~俩〕〔两~〕夫婦二人.
公仆 gōngpú 公僕.〔人民~〕人民の公僕.
公綦 gōngqí 〈姓〉公綦.
公启 gōngqǐ ①=〔公鉴〕御中:機関・団体・企業や複数の人にあてた手紙のあて名の下に書く言葉.②多くの人が名を連ねた書状.
公钱 gōngqián 〈度〉〔十 shí 克〕(デカグラム・10 グラム)の旧称(非法定計量単位).→〔克 kè (Ⅳ)②〕
公切线 gōngqiēxiàn 回共通接線.
公勤人员 gōngqín rényuán 公務員・用務員(総称).→〔工作人员〕〔勤杂人员〕
公卿 gōngqīng 史〕三公と九卿.〈喩〉高官.
公顷 gōngqǐng 〈度〉面積の単位(非法定計量単位).ヘクタール. ha : ふつう 1 万〔平方米〕を用いる.〔合 hé 搭尔〕は旧音訳. 100〔公亩〕(アール), 15〔市〕亩にあたる.→〔垧 shǎng〕〔市 shì 亩〕
公请 gōngqǐng 皆で(共同して)招待する.
公权 gōngquán 公権.
公然 gōngrán 公然と.〔~作弊 bì〕おおっぴらに不

正をする.〔~采取敌对行动〕堂々と敵対行動にでる.
公冉 gōngrǎn 〈姓〉公冉.
公人 gōngrén ①回公務員.②回官署の雑役(夫)
公认 gōngrèn 皆が認める.異論がない.
公沙 gōngshā 〈姓〉公沙.
公山 gōngshān 〈姓〉公山.
公伤 gōngshāng 公傷.労災.→〔工伤〕
公上 gōngshàng 〈姓〉公上.
公勺 gōngsháo ①〈度〉〔厘 lí 升〕(センチリットル)の旧称.→〔升 shēng (Ⅰ)①〕②(大皿から)各人へ取り分け用の大きなスプーン・しゃもじ:〔公勺子〕ともいう.→〔公筷〕
公设 gōngshè 数据公準.
公社 gōngshè ①〔人民~〕の略.②コミューン.〔巴 bā 黎~〕史〕パリコミューン.③原始共同体.〔氏族~〕氏族共同体.
公审 gōngshěn 法〕公開裁判(する).〔开~大会〕公開裁判を開く.
公升 gōngshēng 〈度〉〔升(Ⅰ)①ⓐ〕(リットル)の旧称(非法定計量単位).
公乘 gōngshèng 〈姓〉公乘.
公师 gōngshī 〈姓〉公师.
公使 gōngshǐ 公使.〔~馆 guǎn〕公使館.
公示 gōngshì 公示する.開示する.〔~催 cuī 告〕法〕公示催告.
公式 gōngshì ①一般の方式.〔~化ⓐ〕(文芸創作で)ステレオタイプである.月並みである.ⓑ形式的である.〔~主义〕形式主義.→〔教 jiào 条主义〕②数〕公式:〔法 fǎ 则④〕は旧称.
公事 gōngshì ①〔公干②〕公務.公の用事.〔~包 bāo〕アタッシュケース.〔~公办〕〔官 guān 事官办〕〈成〉杓子定規のお役所仕事.〔转〕それはそれ,これはこれ.③〈方〉公文.(公文による)命令・許可.〔~下来我才准走〕許可が下りてはじめて出発できる.
公事房 gōngshìfáng 回事務所.事務室.
公叔 gōngshū 〈姓〉公叔.
公输 gōngshū 〈姓〉公输.
公署 gōngshǔ ①回役所.官庁.〔县 xiàn ~〕県庁.②地区一級行政機関の事務所作.
公说公有理,婆说婆有理 gōng shuō gōng yǒulǐ, pó shuō pó yǒulǐ〈諺〉それぞれ自分が正しいと主張し,結局水かけ論に終わること.
公司 gōngsī 会社:法に基づき設立された営利目的の企業法人.〔~制 zhì〕株式会社制.〔~章 zhāng 程〕会社の定款.〔~債 zhài 券 (票)〕社債.〔无 wú 限(责任)~〕合名会社.〔两合(股份)~〕合资会社.〔股 gǔ 份 (有限)~〕株式会社.〔多国~〕〔跨国~〕多国籍企業.コングロマリット.〔协 xié 作~〕コーポレーション.
公丝 gōngsī 〈度〉①長さの単位.〔毫 háo 米〕(ミリメートル)の旧称(非法定計量単位).②〔毫克〕(ミリグラム)の旧称(非法定計量単位).→〔克 kè (Ⅳ)②〕
公私 gōngsī 公私.公事と私事.〔~合 hé 营〕史〕経〕〔方〕〕(国側)が幹部を派遣し,〔私方〕(資本家側)と共同で経営すること.〔~兼 jiān 顾〕〔公益私益ともに配慮する.ⓑ新民主主義経済を特徴づける政策の一.→〔劳 láo 资两利〕〔四い面八方政策〕
公诉 gōngsù 法〕公訴(する).〔提 tí 起~〕公訴の提起をする.〔人〕国を代表して訴訟を提起する者.→〔自 zì 诉〕
公孙 gōngsūn 〈姓〉公孙.
公孙树 gōngsūnshù ⇒〔银 yín 杏〕
公所 gōngsuǒ 回①(区・郷・村の)役場.役所.〔村

〜]村役場. ②同業者また同地域の事務所. →〔会huì 馆〕

公摊 gōngtān 金を分担する. 割り勘にする.〔要是钱不够的话, 咱们一也好〕もし金が足りねば皆で出しあってもよい.〔今天谁也不请谁, 大家一好了〕今日は誰ものおごりではなくて割り勘にします.

公堂 gōngtáng ①[旧]官庁の正庁. ②=〔公庭〕[法]法廷:〔法 fǎ 庭〕の旧称. ③⇒〔祠 cí 堂〕

公梼 gōngtáo ⇒〈姓〉公梼(ぢ)

公田 gōngtián ①公の田地. ②[旧]井田法における9区画のうち真ん中の田地.

公铁 gōngtiě 自動車道路と鉄道.〔〜两用桥 qiáo〕同前を併設した橋.

公庭 gōngtíng ⇒〔公堂②〕

公投 gōngtóu 住民投票:〔公民投票〕の略.

公土 gōngtǔ ⇒〔公膏〕

公推 gōngtuī 共同推薦(推戴)する.

公微 gōngwēi 〈度〉長さの単位. ミクロンメートル:〔微米〕の旧称(非法定計量単位)

公文 gōngwén ①=〔公牍〕(機関・団体などの)公式文書. 公文.→〔程式〕同前の書式.〔〜纸 zhǐ〕公用便箋.〔〜包〕アタッシュケース.〔〜旅行〕〈喩〉お役所仕事:公文書のたらい回しで決裁が長びくこと. →〔公函〕⇒〈姓〉公文(ぶ)

公务 gōngwù 公務.〔〜舱 cāng〕(航空機の座席の)ビジネスクラス:〔头 tóu 等舱〕(ファーストクラス)と〔普 pǔ 通舱〕(エコノミークラス)の中間.〔办理〜〕公務をする.〔〜电报〕公電.〔〜护照〕公用パスポート.

公物 gōngwù 公の物. 公共物.

公务员 gōngwùyuán ①公務員. ②[旧]用務員. 雑役夫.→〔工作人员〕〔勤 qín 杂人员〕

公西 gōngxī 〈姓〉公西(ぢ)

公皙 gōngxī 〈姓〉公皙(ぢ)

公夏 gōngxià 〈姓〉公夏(ぢ)

公弦 gōngxián [数]共通弦

公心 gōngxīn ①公正な心. ②公の利益を優先する心.

公信 gōngxìn 一体感(をもつ).〔〜度〕大衆の信頼度.〔〜力〕信頼性.

公行 gōngxíng 公然と行う(われる).〔贿 huì 略〜〕贿略が公然と行われる.

公休 gōngxiū 公休日. ⓐ日曜・祝日・記念日. ⓑ商店・企業などの定休日:〔公休假日〕ともいう.→〔厂chǎng 休〕

公绪 gōngxù 〈姓〉公绪(ぢ)

公选 gōngxuǎn 公開選抜する.

公学 gōngxué ①〈乂 yì 学〉②[清]政府や教会が設置した学校. ③[旧]抗日戦争中開設された中国共産党の幹部養成学校. ④解放後設置された少数民族のための学校. ⑤(英国の)パブリックスクール.

公鸭 gōngyā 雄あひる.〔〜嗓儿 sǎngr〕〈喩〉ガラガラ声. かん高い声.

公演 gōngyǎn 公演(する)

公羊 gōngyáng ①雄羊. ②〈姓〉公羊(ぢ)

公洋药 gōngyángyào ⇒〔公膏〕

公冶 gōngyě 〈姓〉公冶(ぢ)

公仪 gōngyí 〈姓〉公仪(ぢ)

公议 gōngyì 衆議する.〔自报〜〕自分で申請して衆議を経て決する.

公役 gōngyì 公役(ぎ)

公益 gōngyì 公益.〔〜金〕公益金:(企業・組織で)福祉・厚生の積立金.〔〜广告〕公共広告.〔〜诉sù 讼〕[法]住民訴訟. ↔〔私 sī 益〕

公意 gōngyì (全体あるいは多数の人の)意思.

公仪儿 gōngyìr ⇒〔公份儿〕

公因式 gōngyīnshì 同下.

公因数 gōngyīnshù [数]共通因数:〔公因式〕ともいう.〔公约数〕

公引 gōngyǐn 〈度〉〔百 bǎi 米〕(ヘクトメートル)の旧称(非法定計量単位).→〔米 mǐ(II)〕

公印 gōngyìn ⇒〔公章〕

公英 gōngyīng ⇒〔蒲 pú 公英〕

公营 gōngyíng (国. 地方公共団体による)公営(の).→〔公私合营〕

公映 gōngyìng (映画の)公開上映(する)

公用 gōngyòng 共同で使用する.〔〜厨 chú 房〕共同炊事場.〔〜电话〕公衆(呼び出し)電話.〔〜局〕公共事業局.〔〜事业〕公益事業.

公用筷子 gōngyòng kuàizi ⇒〔公筷〕

公有 gōngyǒu 国有(の). 集団所有(の).〔〜土地〕公有地.〔〜制〕共有制. 社会的な共有制.→〔集 jí 体所有制〕〔全 quán 民所有制〕

公余 gōngyú 勤務の余暇.〔〜时间〕同前の時間.

公鱼 gōngyú ①雄魚. ②[魚貝]ワカサギ. アマサギ.

公玉 gōngyù 〈姓〉公玉(ぢ)

公寓 gōngyù ①[旧]下宿屋. ②アパート. マンション.〔外交〜〕外国人向けマンション. ③(大学・企業などの)高級宿舎. ④[旧]月極めで部屋を貸す旅館.

公元 gōngyuán 西暦紀元.〔西 xī 元〕は旧称.〔〜前三世紀初〕紀元前3世紀の初め.→〔纪 jì 年②〕〔纪元〕

公园 gōngyuán 公園.

公约 gōngyuē ①[条約]:多く3か国(以上)間のものをいう.〔日内瓦〜〕ジュネーブ条約.→〔条 tiáo 约〕②(機関・団体・町内会などの)規約・申し合わせ.

公约数 gōngyuēshù [数]公約数.

公允 gōngyǔn 公正妥当である.〔品質优良, 价格〜〕品質優良, 価格公正.

公葬 gōngzàng 共同墓地に埋葬する.

公债 gōngzhài 公債.〔〜券〕公債証書.〔国家〜〕〔国债〕国債.

公展 gōngzhǎn 公開展示(する)

公章 gōngzhāng ⇒〔公印〕公印.

公丈 gōngzhàng 〈度〉〔十 shí 米〕(デカメートル)の旧称(非法定計量単位).→〔米 mǐ(II)〕

公账 gōngzhàng 公の勘定.

公正 gōngzhèng 公正(である). 公明正大(である).〔〜的结论〕公正な結論.〔〜无私〕〈成〉公正無私.

公证 gōngzhèng [法]公証(する).〔〜处〕〔〜楼〕公証所.〔〜书〕〔〜纸〕公証証書.〔〜人〕公証人.

公之于世 gōng zhī yú shì〈成〉公(おおやけ)にする:〔公之于众 zhòng〕ともいう.→〔公诸〕

公职 gōngzhí (政党・役所・学校・病院・国営企業での)正式職務.〔开除〜〕職務解任(をする). 免職処分(をする)

公制 gōngzhì 国際単位:〔国 guó 际〜〕の略.〔米mǐ 制〕(メートル法)に同じ.〔市 shì 制〕

公忠体国 gōngzhōng tǐguó〈成〉全てを国のために考える.

公冢 gōngzhǒng ⇒〔公墓①〕

公仲 gōngzhòng 〈姓〉公仲(ぢ)

公众 gōngzhòng 公衆. 大衆.〔〜卫 wèi 生〕公衆衛生.〔〜舆 yú 论〕世論.〔〜人物〕噂の大物(各界のスター).〔〜假日 期〕国民休日.〔〜棚 péng〕一般観覧席.

公诸 gōngzhū 事情を公にする:〔公之 zhī 于 yú〕のつまったもの.〔〜报 bào 端〕〈成〉広く新聞紙上で発表する.〔〜同好 hào〕〈成〉広く同好者に公開する.〔〜社会〕広く世に知らせる.

gōng 公共蚣供邦恭

公猪 gōngzhū =〔方〕猪哥〕〔方〕猪郎〕〔方〕豵 zòng〕雄豚. ↔〔母 mǔ 猪〕

公主 gōngzhǔ 旧王女.姬.内親王:皇帝の娘.また は諸侯の娘.〔白雪〕~白雪姫.

公助 gōngzhù ①共助(する). ②公的補助(する)

公转 gōngzhuǎnmín 公から民への転換である.

公转 gōngzhuàn 天〔惑星〕の公転.→〔自 zì 转〕

公子 gōngzǐ ①旧貴公子.若殿:諸侯の子弟,のち に官僚の子弟.〔~王孙〕貴族·高官の子弟.〔~お坊様.〔花(花)~〕道楽息子.プレーボーイ.〔~哥儿 gēr〕旧世間知らずの大家(か)の坊ちゃん.<転>(やや軽侮の意で)お坊ちゃん.②<転>ご令息.③〈姓〉公子(か)

公族 gōngzú ①<文>諸侯の同族. ②〈姓〉公族

公祖 gōngzǔ ①旧土地の有力者がその地方の長官に対しこびへつらう時の呼称.〔~大人〕同前. ②〈姓〉公祖

公罪 gōngzuì 職務上の過失で犯す罪.〔~不可无,私罪不可有〕<諺>公罪はやむをえないところもあるが,個人的な罪はあってはならない.

[共] gōng ①<文>うやうやしい:古く〔恭〕に通用した. ②古地名.現在の河南省輝県市. 〈姓〉共(き)→ gòng

[蚣] gōng →〔蜈 wú 蚣〕

[供] gōng ①供する.提供する.〔~参考之用〕参考に供する.〔~食用〕食用にする.〔一切费用都由他~〕一切の費用は彼が提供する.〔母亲做工,挣来的钱~他上学〕母親が仕事をして稼いだ金を彼が学校に行くのにあてる.〔用多少都~得 liǎo〕いくら必要でも手当てできる. ②供給(する).〔~给量 liàng〕供給量. 〈姓〉供(き)→ gòng

供不应求 gōng bù yīngqiú 〈慣〉供給が需要に応じきれない:〔供不敷 fū 求〕〔供不敷需〕ともいう.〔供不上〕

供不上 gōngbushàng (手が回らなくて.間に合わなくて)供給しきれない.〔一个人做饭,一大家吃〕一人ご飯の支度をしていては大勢には食べさせきれない.〔~卖 mài〕仕入れが追いつかず売るきれない.→〔供不应求〕

供产销 gōngchǎnxiāo 〔供给、生产、销售〕(供給·生産·販売)の略.

供车 gōngchē ①(有料または無料で)車を提供する. ②<方>ローンで車(タクシー用車)を買う(売る)こと. ③車を саくる.

供电 gōngdiàn 電気を供給する.〔~系 xì 统〕給電システム.

供多需少 gōngduō xūshǎo 〈慣〉供給が多く需要は少ない.

供饭 gōngfàn 食事を支給する.→〔管 guǎn 饭〕

供方 gōngfāng 供給者側.

供稿 gōnggǎo 原稿を提供する.

供过于求 gōng guò yú qiú 〈慣〉供給が需要より大きい.〔供大于求〕ともいう.

供汇 gōnghuì 経(外国為替銀行が)外国為替を売却する.

供货 gōnghuò 商品を供給する.

供给 gōngjǐ 供給(する).給与(する).〔~粮food〕食糧を給与する.〔~装 zhuāng 置〕供給装置.〔~制 zhì〕①旧現物支給賃金制.②〔发 fā 放〕〔薪 xīn 金〕

供浆 gōngjiāng 血漿を供給する:多く売血することを.→〔献 xiàn 血〕

供楼 gōnglóu 〈方〉ローンで住宅を買う(売る)こと.

供暖 gōngnuǎn 暖房を供給する.

供盘 gōngpán ⇒〔报 bào 价〕

供气 gōngqì ①空気を供給する.〔~软 ruǎn 管〕(潜水用の)通気用ゴム管. ②ガスを供給する.

供求 gōngqiú (商品の)需給.需要供給.〔~相忤 wǔ〕需給が食い違う.〔~紧 jǐn 张〕需給が逼迫する.〔改善~情况〕需要供給の状況を改善する.〔~关 guān 系〕需給関係.〔~率 lǜ〕需給率.

供热 gōngrè ①(ガス·電気·蒸気など)エネルギーを供給する. ②スチームを供給する.〔~电站〕電力·スチーム発電所.

供膳宿 gōngshànsù 食事·宿舎を提供する.

供少需多 gōngshǎo xūduō 〈慣〉需要に対して供給が少ない.

供水 gōngshuǐ 給水(する)

供体 gōngtǐ 医献体(する)

供销 gōngxiāo 供給と販売.〔~(合作)社〕購買販売協同組合.

供需 gōngxū 需要供給.需給.

供养 gōngyǎng 扶養(する).〔~老人是我们年轻人的责任〕老人の世話をするのは若い者の責任だ.〔断绝了~〕扶養を絶つ(やめる).→ gòngyǎng

供氧 gōngyǎng ①酸素を補給する. ②医酸素吸入.〔~器 qì〕酸素マスク.

供应 gōngyìng 提供(する).供給(する).補給(する).〔~紧张〕供給不足.〔~点〕補給所.〔~站〕補給センター.〔~舰 jiàn〕(補)旧軍 |補給母艦.〔~原料〕原料を供給する.〔~粮 liáng〕移入食糧:〔南 nán 粮北调〕などで移入される食糧.

供者 gōngzhě 提供者.〔骨髓~〕医骨髄提供者.

供职 gōngzhí 奉職する.仕事をもつ.〔他除在单位~外,另在当地一所大学讲授英文〕彼は職場で勤務するかたわら、別にそこの大学で英語を教えている.

[邦] gōng 〈姓〉邦(きょう)

[恭] gōng ①うやうやしい.〔必~必敬地〕いとも恭しく.〔前居后~〕成初めは居丈高で後は丁寧である. ②大小便:やや上品な表現.〔出~〕便をする.〔出大~〕大便をする.〔出小~〕小便をする.〔出虚 xū ~〕放屁する. ③〈姓〉恭(きょう)

恭本 gōngběn (言語·動作が)恭しい.慎み深い(く).真面目.〔~地聊~地说、别净聊闲篇儿儿〕きまじめな話ばかりしていないで真面目に話したれ.

恭本正传 gōngběn zhèngzhuàn 〈成〉恭しい.慎み深い:〔公本正传〕とも書く.

恭笔 gōngbǐ ⇒〔工笔〕

恭呈 gōngchéng 恭しく呈する.〔~御览〕〈文〉天覧に供する.

恭代 gōngdài ⇒〔敬 jìng 末〕

恭逢 gōngféng 〈文〉…の良き日に当たる(り)

恭奉 gōngfèng 〈文〉恭しく奉ずる.

恭贺 gōnghè 恭しく祝う.〔~新 xīn 年〕〔~新禧〕新年を祝う.あけましておめでとう！年賀状などに書く文句.〔庆祝圣诞~新禧〕メリークリスマス·アンド·ハッピーニューイヤー:クリスマスカードと年賀状を一緒にした時の文句.

恭候 gōnghòu 〈尊〉恭しくお待ちする.〔~光 guāng 临〕〔~台 tái 驾〕おいでをお待ち申し上げる.〔我一定在舍~〕小生は必ず自宅でお待ち申し上げます.

恭谨 gōngjǐn 丁重である.恭しい.〔待 dài 人~〕人に接する態度が丁重である.

恭敬 gōngjìng 恭しい.〔恭恭敬敬地〕恭しく.〔~不如从命〕言いつけに従うのが最も丁重である.<転>失礼してそのようにさせていただきます.〔您既这么说,那就~不如从命了〕そんなに言ってくださるなら、おっしゃるとおりにさせていただきましょう.

恭楷 gōngkǎi 端正な楷書.
恭聆 gōnglíng〈文〉謹んで承る.〔～雅 yǎ 教〕謹んでお教えを承る.
恭謙 gōngqiān 慎み深く謙遜である.
恭請 gōngqǐng〈文〉謹んでお招きする.〔～台光〕〔～光临〕〈慎〉ご光来を賜りたく存じます.
恭人 gōngrén 高級官吏の妻への称号.
恭順 gōngshùn 素直に服従する.〔态 tài 度～〕態度が従順である.
恭肅 gōngsù かしこまっているさま.
恭听 gōngtīng 恭しく聞く.〔洗耳～〕〈成〉耳をすませてかしこまって聞く.
恭桶 gōngtǒng ⇒〔马 mǎ 桶〕.
恭维 gōng・wéi 〔恭惟〕とも書いた. こびへつらう. 機嫌をとる.〔奉 fèng 承①〕に同じ.〔～话 huà〕④へつらい. お世辞. ⑤⇒〔颂 sòng 扬语〕
恭喜 gōngxǐ 〔恭禧〕とも書いた. ①〈挨〉おめでとう.〔～～!〕〔～发 fā 财〕おめでとうございます(新年の挨拶).〔～您得了一位公子〕!男のお子さんがお生まれになっておめでとうございます. ②〔回〕務先を丁寧に尋ねる時に用いた.〔发 fā 财②〕に同じ.〔您在哪家公司～〕どちらにお勤めですか.〔令兄在哪儿～〕お兄様はお勤めはどちらですか.
恭迎 gōngyíng かしこまって出迎える.
恭正 gōngzhèng きちんと整っている.〔写得很～〕きちんと書いてある.〔工整〕
恭祝 gōngzhù 謹んで祈る.

[龚・龔] gōng〈姓〉龔(キ̄ョˊ)

龚古尔奖 gōnggǔ'ěr jiǎng〔音意訳〕ゴンクール賞: フランスの文学賞.

[鹌・鶻] gōng 鳥 シギダチョウ(科総称): 形はウズラに似る.

[塨] gōng 人名用字.

[肱] gōng〈文〉上腕.二の腕: ひじから肩までの部分.〔股 gǔ ～〕腕と股(も̄も).〈喩〉手足. 最も頼みになる部下.〔曲 qū ～而枕〕〈成〉ひじをまげて枕にする.〔曲～之乐〕〈成〉貧に安んじた気楽な楽しみ.→〔肘 zhǒu〕

肱骨 gōnggǔ 生理 上腕骨.上膊骨.

[宫(宮)] gōng (I)①宫殿.殿堂.神殿.〔天～〕天上の宫殿.〔～规 guī〕旧宫中のしきたり.〔～卫～〕近衛兵.〔故 gù～〕旧旧皇居:特に北京にある旧皇城をいう.〔少 shào 年文化～〕少年のための文化娯楽センター.②道教・チベット仏教の寺廟.〔雍和～〕北京にあるチベット仏教寺院名.③回〔五刑〕の一.生殖器を除去し去勢する刑(5処す).→〔肉 ròu 刑〕④生理子宫.〔刮 guā ～〕医子宫(内膜)搔爬(パˊ).⑤〈姓〉宫(キ̄ョˊ)
(II)回古代の音符で,〔五 wǔ 音②〕の一.

宫保 gōngbǎo 回①太子太保,太子少保への尊称,後には高官に対する尊称.②材料を油で揚げ,辛味のあるあんをかけた料理.〔～鸡丁〕鶏肉の同前.

宫城 gōngchéng 宫殿を囲む城壁.

宫绸 gōngchóu 高級絹織物の一種.

宫词 gōngcí 宫庭の事を述べる詩.〔七绝〕の形をとるものが多い.

宫灯 gōngdēng きれいなふさのついた八角あるいは六角形の紙張りの灯籠(ロˊ)〔祝いごとや祝祭日などの日に軒先にかける.

宫殿 gōngdiàn 宫殿.

宫调 gōngdiào ⇒〔九 jiǔ 宫〕回古代の楽曲:主音を〔宫(II)〕とするもの,それ以外の音を主とする〔调

⑥〕の総称.
宫娥 gōng'é ⇒〔宫人〕
宫粉 gōngfěn 高級なおしろい.
宫观 gōngguàn〈文〉①道教の寺院. ②離宫.
宫鬟 gōnghuán ⇒〔宫女〕.
宫禁 gōngjìn〈文〉宫門の禁令.〈転〉宫中.
宫颈 gōngjǐng 生理子宫頸:〔子 zǐ 宫颈〕の略.〔～癌 ái〕医子宫颈癌.
宫漏 gōnglòu 回宫中の水時計.
宫門 gōngmén 宫城の門.
宫门抄 gōngménchāo ⇒〔邸 dǐ 报〕
宫内节育器 gōngnèi jiéyùqì 医子宫内避妊具:〔宫内避 bì 孕器〕〔节 jié 育环〕〔避妊リング〕は別名.
宫女 gōngnǚ ⇒〔宫人〕
宫墙 gōngqiáng 宫城をとりまく塀.
宫阙 gōngquè〔丹 dān 阙〕〈文〉宫阙(ケˊツ).宫城(前の両側にある楼)
宫人 gōngrén =〔宫娥〕〔宫鬟〕〔宫女〕〔宫娃〕女官.
宫人草 gōngréncǎo 植アマリリス:ヒガンバナ科の多年生草本.
宫纱 gōngshā 平織り絹布.
宫扇 gōngshàn ①回玉座の後ろの長柄のうちわ.→〔掌 zhǎng 扇〕②⇒〔团 tuán 扇〕
宫商 gōngshāng〈文〉〔五 wǔ 音②〕の"宫"と"商"
宫室 gōngshì〈文〉①家屋.〈転〉宫殿.②妻.
宫孙 gōngsūn〈姓〉宫孙(シ̄ユˊ)
宫缩 gōngsuō 子宫収縮.
宫体 gōngtǐ 宫庭の生活を描写した詩体.〔～诗 shī〕恋愛詩.
宫庭 gōngtíng〈文〉①宫廷. ②宫廷内の統治集団.〔～政变〕〈喩〉政権内部の権力交替.
宫娃 gōngwá ⇒〔宫人〕
宫外孕 gōngwàiyùn 医子宫外妊娠.
宫碗 gōngwǎn〔大 dà 碗〕
宫闱 gōngwéi〈文〉①後宫(の后妃). ②宫城.
宫戏 gōngxì 回宫中で上演された〔托 tuō 偶戏〕(人形芝居)
宫刑 gōngxíng =〔阉 yān 刑〕回(男女)の生殖器を除去した去勢ぐ〔腐 fǔ 刑〕〔蚕 cán 腐〕は男性,〔幽 yōu 闭〕は女性に用いる.一字解(I)③
宫熏 gōngxūn ⇒〔熏笔〕
宫掖 gōngyè〈文〉宫殿.宫廷.
宫苑 gōngyuàn 皇居内の動植物園.
宫妆 gōngzhuāng 女官の装い:〔～头 tóu〕女官の髪の結い方.

[觥(觵)] gōng〈文〉①〔兕 sì〕(雌犀)の角で作った古代の酒器.〔兕～〕同前.〔～筹 chóu 交错〕〈成〉絶えず酒杯をとる(絶えず飲み続ける).〔～令 lìng〕〔酒 jiǔ 令〕宴会で人に酒をたくさん飲ませるための遊び. ②盛んである.〔饭〕豪勢なお料理.大きい.〔～羊 yáng〕大羊. ③〔～～〕剛直なさま.⑤壮健なさま.

觥筹 gōngchóu 回酒杯のやりとりの数取り.〈喩〉宴会.〔～交错〕〈成〉酒杯が盛んにやりとりされ宴たけなわなさま.〔～狱 yù〕〈喩〉宴会地獄.

[巩・鞏] gǒng ①強固(である・にする). ②〈姓〉鞏(キ̄ョˊ)

巩固 gǒnggù 強固である.強固にする.〔～我们所学的成果〕我々の学んだ成果を強固にする.→〔坚 jiān 固〕

巩膜 gǒngmó ⇒〔白 bái 膜〕生理強膜.強膜.

[汞] gǒng ①化水銀:金属元素.記号 Hg.〔水 shuǐ 银〕は通称.〔～齐〕は旧称.〔～电 diàn 池〕水銀電池.〔～化 huà〕水銀化.〔～灯 dēng〕水

銀灯. ②〈姓〉汞(キン).
汞合金 gǒnghéjīn ⇒〔汞齐〕
汞弧灯 gǒnghúdēng 水銀灯：〔汞灯〕の旧称.
汞齐 gǒngqí ＝〔汞合金〕アマルガム(水銀アマルガム).
汞软膏 gǒngruǎngāo ＝〔蓝汞色软膏〕水銀軟膏.
汞溴红 gǒngxiùhóng ＝〔红汞〕麼マーキュロクロム,〔红药水(儿)〕
汞柱 gǒngzhù 水銀柱.

〔**拱**〕 **gǒng** (Ⅰ)①手をこまねく(いて会釈をする).→〔揖 yī ①〕 ②(体を弓形に)曲げる.〔～背〕背を丸くする.〔黑猫～了一腰〕黒猫がちょっと背を丸くした.③抱きかかえるようにする(して守る).〔～护 hù〕護衛する. ④建造物の弧状の部分.〔～墓 mù〕アーチ型の墓.→〔斗 dǒu 拱〕 ⑤量詞.かかえ：樹木などの大きさを表す.〔～木 mù〕ひとかかえほどの大きな木.〔～把 bǎ 相的树〕ひとかかえほどの太さの樹.→〔楼 lóu 公〕 ⑥縫い方の一種：雑巾を縫うときなどのふつうの運針法. ⑦〈姓〉拱(キョウ).
(Ⅱ)①突き上げる.もち上げる.はねつける.〔猪用嘴～地〕豚が口で土をはねあげる.〔～食 shí〕豚などが鼻でほじくって食べる.〔肥猪～门〕太った豚が門を押し入って来る：鴨がねぎを背負ってくる.〔马把草筐 pǒ 箩～翻了〕馬がまぐさ入れのざるをはねてひっくり返した.〔芽儿从土里～出来〕芽が土の中から突き出てくる.〔他只觉得喉咙里一～一的〕のどがごくんごくんとなった. ②おしのける.こづく.〔党内斗争所～倒了〕彼は党内闘争で失脚させられた.〔你别～我〕そんなにこづくな.〔上任没多久,又叫人给～了〕着任して間もなくまた人に足をすくわれた.
拱坝 gǒngbà 建アーチダム.〔连 lián ～〕アーチを横に連ねた形の同閘.
拱抱 gǒngbào 取り巻く.〔青竹～〕竹がまわりに繁っている.〔群峰～〕峰々が取り囲むように連なっている.
拱北 gǒngběi ①〈文〉全ての星が北極星を取り巻く.〔喻〕四方が帰服すること. ②(ウイグル族の)円頂の聖廟.
拱璧 gǒngbì 〈文〉(両手で抱えるほどの)大きな玉.〔转〕珍宝.
拱别 gǒngbié 〈文〉拱手(キョウシュ)の礼をして別れる.〔转〕別れる.
拱点 gǒngdiǎn 天太陽の回りを公転する天体の近日点(遠日点)
拱顶 gǒngdǐng 〈文〉円屋根.円天井.
拱洞 gǒngdòng 〈文〉アーチ(建築・橋桁などの)
拱服 gǒngfú 〈文〉敬服(する)
拱候 gǒnghòu 〈文〉手をこまねいて待つ.
拱火儿 gǒnghuǒr 〈方〉人の怒りをかきたてる.
拱肩缩背 gǒngjiān suōbèi 〔慣〕肩をすくめ背をちぢめる：寒い時あるいは照れくさいありさま.
拱廊 gǒngláng アーケード.屋根つきの通路.
拱立 gǒnglì 〈文〉恭しく立つ.
拱门 gǒngmén アーチ型の門.〔～上画着龙和象〕同前には竜や象の絵が描いてある.
拱棚 gǒngpéng 農ビニールトンネル.ビニールハウス.
拱桥 gǒngqiáo 〔窟 kū 窿桥①〕アーチ橋：〔罗 luó 锅桥〕は俗称.〔石～〕アーチ型の石橋.
拱让 gǒngràng 恭しく譲る.
拱式涵洞 gǒngshì hándòng アーチ式の地下水路.
拱手 gǒngshǒu ＝〔抱 bào 拳〕〈文〉又 chā 手〕〈文〉交 jiāo 臂②〕回左手で右手のこぶしを軽く握り,胸元で上下する：恭しさを表す.〔打 dǎ 揖〕同前なれば深く下げる.〔～直立〕恭しく立つ.〔～旁 páng 观〕〔喻〕ただ

呆然とするばかりである.〔～出卖〕〈成〉恭しく売り渡す.おめおめと献上する（嘲笑の意味を含めていう).〔～相让 ràng〕〈成〉手をこまねいて譲歩する.→〔鞠 jū 躬①〕〔万 wàn 福②〕
拱鼠 gǒngshǔ ⇒〔黄 huáng 鼠〕
拱卫 gǒngwèi 〈文〉周囲を取り巻いて守る.〔自由世界～者〕自由世界の守護者.
拱形 gǒngxíng アーチ型.⇒〔圆顶〕ドーム.
拱券 gǒngxuàn 建アーチ.せりもち：橋・門・窓など建築物のアーチ型の部分.〔券〕に同じ.
拱揖 gǒngyī 〈文〉拱手(キョウシュ)して会釈する.

〔**珙**〕 **gǒng** 〈文〉①大きな玉.〔～县 xiàn〕地四川省にある.
珙璧 gǒngbì 〈文〉大きな玉.
珙桐 gǒngtóng 〔栱桐〕とも書く.樋オオギリ(ハンカチノキ.ダビディア)：〔水 shuǐ 梨子〕(中 zhōng 国鸽 gē 子树〕は別称.

〔**栱**〕 **gǒng** →〔斗 dǒu 栱〕
栱桐 gǒngtóng ⇒〔珙桐〕

〔**蛬**〕 **gǒng** 〈文〉コオロギ：〔蟋 xī 蟀〕の古名.

〔**共**〕 **gòng** ①合計して,合わせて.〔中国有十三亿多人口〕中国は合計13億余りの人口がある.〔全文～三千字〕文全体で計3000字.→〔统计〕〔总 zǒng 计〕 ②〈文〉共に(する).一緒に(する).〔～求 qiú 进步〕ともだちに進歩をはかる.〔这所房屋为 wéi 夫妻二人～有〕この家屋は夫婦の共有のものである.〔昼和 zhāo 夕～〕日夜行動を共にする.〔对饮～酌 zhuó〕さしで酒をくみかわす.〔甘同苦,～患难〕甘苦を同じくし,患難を共にする. ③〔共性〕の〔共同〕. ④〈产党〉,特に〔中国～产党〕の略.〔国～合作〕田国民党と共産党との合作.〔中～〕中国共産党の略. ⑤〈姓〉拱(キョウ)→ 変
共变 gòngbiàn 共変(の).〔～向量〕物共変ベクトル.
共餐 gòngcān 皆で食事をする.〔～制 zhì〕一つに盛りつけた料理を皆でつつき合って食べる方式.
共产党 gòngchǎndǎng 共産党.〔～员〕共産党員.〔～人〕共産主義者.→〔中 zhōng 国共产党〕
共产风 gòngchǎnfēng 全てを共同所有とするやり方：〔浮 fú 夸风〕(大げさに言うやり方)と並んで〔大跃 dà 进の否定的側面とされる.
共产国际 gòngchǎn guójì 田コミンテルン：第三インターナショナル.国际共产党.→〔第 dì 三国际〕
共产主义 gòngchǎn zhǔyì 共産主義.〔～者 zhě〕共産主義者.コミュニスト.
共产主义青年团 gòngchǎn zhǔyì qīngniántuán →〔中 zhōng 国共产主义青年团〕
共处 gòngchǔ 共存(する).〔和 hé 平～〕平和共存.〔双方～于一个统一体中〕双方が一つの統一体の中に存在する.
共存 gòngcún 共存(する).〔长期～,互相监督〕長期にわたって共存し,互いに監督しあう：共産党と他の政党との関係についての言葉.
共党 gòngdǎng 旧国民党側から中国共産党に対しての呼称.→〔共产党〕
共点线 gòngdiǎnxiàn 同一点上を過ぎるいくつかの直線.
共电式 gòngdiànshì 電共電式.
共度 gòngdù 共に過ごす.〔住在饭店～新年〕ホテルに泊まって一緒に新年を過ごす.
共轭 gòng'è ①数共役.〔～角〕共役角. ②物共役.〔～点〕共役点.〔～键〕共役結合.
共发射极 gòngfāshè jí 電共有エミッター.

gòng

共犯 gòngfàn 〔法〕①共犯.②共同犯罪.
共工 gònggōng →〔颛 zhuān 顼〕
共管 gòngguǎn ⇒〔国 guó 际共管〕
共合 gònghé 〈方〉合計.合わせて.→字解①
共和 gònghé 共和制度.〔～国〕⑧共和国.⑥中華人民共和国を指す.⑥〔国 guó wèi 士〕中国の軍人・警察官を指す.〔～制 zhì〕共和制.
共话 gònghuà 共に語る.〔～当年〕往事を共に語る.
共基极 gòngjījí 〔電〕共有ベース.
共计 gòngjì ①合計する.〔两个班～50人〕二つのクラスは合計50人だ.②共謀する.共同で図る.
共济 gòngjì 相互扶助(する).〔～保险〕共済保険.
共价 gòngjià 共有原子価.〔～键 jiàn〕共有結合.電子対結合.
共建 gòngjiàn 共同してうちたてる.〔军民～精神文明〕軍と民が一緒に健全な文化と気風を樹立する.
共进会 gòngjìnhuì 〔史〕共進会:1907年東京で組織され,武昌蜂起の口火を切った革命団体.
共晶 gòngjīng 〔化〕共晶.共融混合物.〔～组织〕共晶組織.〔～点〕共融点.
共居 gòngjū ①〈文〉共に存在する.②共に住む.
共聚 gòngjù ①〔化〕共重合.②一緒に集まる.〔～一堂〕一堂に会する.
共军 gòngjūn 〔旧〕共産軍:国民党側から中国共産党の軍隊に対しての呼称.
共勉 gòngmiǎn 互いに励ましあう.〔同行～〕共に頑張って行く.〔愿～之〕お互いに頑張ろう(手紙・別れの時の贈り言葉)
共鸣 gòngmíng 共鳴.共感.〔～箱 xiāng〕〔音 yīn 箱〕(楽器・音響機器等の)共鳴箱.
共谋 gòngmóu 〈文〉共謀(する)
共栖 gòngqī 〔動植〕共生する:特に片利共生をいう.→〔共生①〕
共青团 gòngqīngtuán 〔中 zhōng 国共产主义青年团〕の略称.
共庆 gòngqìng 共に祝う.
共商 gòngshāng 一緒に相談する.〔～国是〕国家の大計を共に論じる.
共生 gòngshēng ①〔動〕共生(する).共利共生(する).→〔共栖〕②〔矿产〕:幾種かの鉱石・鉱床が互いに接触,影響をおよぼし合いながら形成される現象.〔～矿〕同前による鉱石.
共时 gòngshí 共時的(である).〔～〕〔历 lì 时〕
共识 gòngshí 共通認識.〔达成了一定的～〕一定のコンセンサスに達した.
共事 gòngshì 一緒に従事する.〔和人～〕人と共同で仕事する.
共通 gòngtōng 共通(する).〔～的道理〕共通の道理.
共同 gòngtóng 協同する(して).〔～办 bàn 理〕協同して処理する.〔～举办音乐会〕一緒に音楽会を開く.〔～语 yǔ 言的话题・主張・考え方・趣味などを指す.〔～性〕共通性.〔～点 diǎn〕〔～之处 chù〕共通点.〔～犯 fàn 罪〕〔法〕共同犯罪.〔～侵犯〕共同不法行為も.
共同纲领 gòngtóng gānglǐng 〔史〕全国各階級・各党派・各少数民族・各人民団体および社会民主人士が共同して制定した政治綱領:正式には〔中国人民政治協商会議〕という.1949年9月29日,中国人民政治協商会議第一回全体会議で採択.→〔中 zhōng 国人民政治協商会議〕
共同市场 gòngtóng shìchǎng ①いくつかの国家が共同して形成する市場.②〔欧 ōu 洲〕欧州共同市場.欧州経済共同体(欧州経済共同体.EEC)の別称.

共同体 gòngtóngtǐ ①共同体.共同社会.②国家連合の形式の一.〔欧洲～〕〔欧共体〕EC.〔欧洲经济～〕EEC.
共析 gòngxī 〔工〕共融合金.
共襄 gòngxiāng 〈文〉協力して行う.〔～义 yì 举〕協力して義挙する.
共享 gòngxiǎng 〔共飨〕とも書く.共に享受する.〔～和 hé 平〕共に平和を享受する.〔～税 shuì〕中央と地方で分け合う税.
共享软件 gòngxiǎng ruǎnjiàn 〔電算〕シェアウエア.
共性 gòngxìng 〔哲〕共通性.〔矛盾的～和个性的～的共通性と個有性.→字解③
共议 gòngyì 共に討議する.
共赢 gòngyíng 共に～(転)どちらもためになる.
共用 gòngyòng ①共用(する).②総使用高:皆で消費(支出)したものの合計.
共有 gòngyǒu ①合計…ある.みんなで…ある.②共同所有.
共运 gòngyùn ①共産主義運動の略.〔国际～〕国際共産主義運動.②共同運輸(する)
共振 gòngzhèn 〔物〕共振.共鳴.レゾナンス:〔谐 xié 振〕ともいう.
共轴 gòngzhóu 〔数〕同軸の.共軸の.
共总 gòngzǒng ⇒〔总共〕
共祖 gòngzǔ 〈文〉同じ祖先.

〔供〕 gòng（Ⅰ）①供える(物).〔果 guǒ～〕果物のお供え.〔上 shàng～〕お供え物を供える.〔请 qǐng～〕お供え物を買いととのえる.〔～酒 jiǔ〕酒を供える.〔在烈士灵前～果品〕戦没者の霊前に果物類を供える.〔偷 tōu 吃了祭神的～〕神に供えてあるお供えをこっそり食べた.②従事する.担当する.〔～事〕職務を担当する.
（Ⅱ）供述(する).自白(する).〔口 kǒu～〕自白.〔～人〕(共犯者について)口を割る.〔翻 fān～〕自供を翻す.〔逼 bī～〕自白を強要する.〔录 lù～〕供述を書き取る.〔画 huà～〕供述書に署名する(させる).→ gōng

供案 gòng'àn ⇒〔供桌〕
供包袱 gòngbāofu 〔旧〕紙袋に〔纸 zhǐ 钱(儿)〕を入れ,表紙にあて名として祖先名と発送者として自分の名を書いて〔祖先に送金するつもりで〕焼くこと:〔送 sòng 寒衣〕〔中 zhōng 元(节)〕の日に行う.
供菜 gòngcài 神仏に供える膳.
供称 gòngchēng 〔法〕供述する.
供词 gòngcí 〔法〕供述.自白内容.
供奉 gòngfèng ①仕える.供える.〔～父母〕父母に仕える.②〔旧〕宮中奉仕の官.③〔旧〕技芸をもって宮中に仕える者.
供佛 gòngfó 仏に供える.仏を祭る.
供果 gòngguǒ お供えの果物.
供尖儿 gòngjiānr ①供物のおさがり:供物の上の方は神仏が十分に賞味されたところであるという考えから下の方よりもありがたがる.②⇒〔蜜 mì 供〕
供具 gòngjù =〔供器〕神仏へお供え物を盛る器.
供品 gòngpǐn =〔供物〕神仏や死者への供え物.供え物.
供器 gòngqì ⇒〔供具〕
供认 gòngrèn 〔法〕犯行を認める.〔～不讳 huì〕犯行の一切を認める.→〔供招〕
供神 gòngshén 神に供える.神を祭る.
供事 gòngshì 職務を担当する.
供述 gòngshù 〔法〕供述する.
供碗 gòngwǎn お供え用の碗.
供物 gòngwù ⇒〔供品〕
供香 gòngxiāng お供えの香.奉物する.献上する.

供养 gòngyǎng （神仏や祖先に）供え物をして供養する．→ gōngyǎng
供月儿 gòngyuèr〔中 zhōng 秋(节)〕(旧暦 8 月 15 日)のお供えをする．
供招 gòngzhāo 白状し認める．
供职 gòngzhí 奉職する．〔~于宫廷的乐 yuè 师〕宫中につとめた楽(师)师．
供状 gòngzhuàng ⇒供述書．
供桌 gòngzhuō [-儿]供物を供える台:[供案]に同じ．

〔贡・貢〕 gòng ①(属国あるいは臣下からの)貢ぎ物(を献上する).朝貢(する).〔纳 nà ~〕同前．〔~米〕献上米．②回[科挙によって]人材を選抜して朝廷に推薦すること．③<姓>貢[.

贡菜 gòngcài 食やまくらげ:〔莴 wō 苣〕(チシャ)の類の漬物．
贡茶 gòngchá 囲(献上品としての)銘茶．
贡缎 gòngduàn 纺緞子(¾)に似た綿布．
贡奉 gòngfèng ⇒[贡进]<文>献上する．〔~不绝〕献納が絶えない．
贡赋 gòngfù ⇒[贡税]
贡进 gòngjìn ⇒[贡奉]
贡酒 gòngjiǔ 囲(献上品としての)銘酒．
贡举 gòngjǔ 臣下がすぐれた人物を君主に推挙すること．〔~科 kē 举〕を指す．
贡米 gòngmǐ 囲献上品としての米．→[黑 hēi 米]
贡墨 gòngmò 囲献上墨．<転>最高級墨．
贡品 gòngpǐn ①貢ぎ物.献上品．②<転>最上等品．
贡生 gòngshēng 明清科挙の生員のうち選抜されて都の国子監に入学した者．→[明 míng 经③]
贡士 gòngshì 囲科挙で［会 huì 试］に合格した者．→[科 kē 举]
贡税 gòngshuì ⇒[贡赋]固献上品・金銭．
贡献 gòngxiàn 貢献(する).寄与(する).ささげる．〔~出一切力量〕あらゆる力をささげる．〔应当对于人类有较大的~〕人類に対してできるだけ大きな貢献をすべきだ．
贡宣 gòngxuān 最上等の宣紙(画仙紙)
贡院 gòngyuàn 囲科挙で［会 huì 试]〔乡 xiāng 试]の行われた場所．→[科 kē 举]
贡烛 gòngzhú 囲外地から朝貢されたろうそく．<転>最上のろうそく．

〔唝・嗊〕 gòng 〔~吥 bù〕カンボジャ:カンボジアの南岸にある．〔贡布〕〔贡不〕〔金 jīn 鉢〕とも書いた．

gou ㄍㄡ

〔勾〕 gōu（I）①かぎじるしをつける(消す).線などで消したり、拾い出したりすること．〔把他的名字~去]彼の名を消してしまう．〔~了一笔账〕勘定を帳消しにした．②かぎ状に曲がっている．〔鹰 yīng ~鼻子〕わし鼻．〔~轮廓]同前．〔~勾画〕③隙間を(灰やセメントなどで)ぬりつぶす．〔~墙 qiáng 缝]壁の隙間を同前．〔~一条边儿]ヘりをぬりつける．④ゆっくりかきまわす(とろみをつける).[~一锅粥]かゆをかきまわす．⑥引き起こす．誘い出す．[~起心事]悩みを同前.〔~起病来了]病気を引き起こした.〔我的几句话就把他的真心话~出来了]わたしのちょっとした一言で、彼の本音を引き出した．⑦結合する．組む．つるむ．~合〕⑧⇒[勾兑]⑨<文>不等辺三角形の直角を構成する辺の短い方(古代の数学名詞).→[勾股] → gòu

勾扯 gōuchě ⇒[勾搭]
勾尺 gōuchǐ ⇒[钩尺]
勾除 gōuchú 除き去る.取り除く．
勾串 gōuchuàn ⇒[勾结]
勾搭 gōuda ＝[勾扯]〔方〕刮 guā 剌〕①結託する．くっつく．こそこそ不正なやりとりをする．〔你来我往,勾勾搭搭]〈喩〉切っても切れない仲．②男女が私通する．〔他们~上了〕二人はくっついた．
勾刀 gōudāo 農草刈り鎌．
勾点撇捺 gōu diǎn piě nà 国筆画の"亅、丶、丿、乁"．
勾掉 gōudiào ⇒[勾销]
勾动 gōudòng 引き起こす．
勾兑 gōuduì ブレンドする:原酒に他の酒を混ぜること．②(酒)のカクテルをつくる．③<喩>悪質な油をつくる．~劣质油]同前．
勾缝 gōufèng [-儿](セメントなどで)目地を塗りつぶす．
勾勾 gōugōu →[直 zhí 勾勾]
勾股 gōugǔ <文>数直角三角形の直角をはさむ短辺を(勾],長辺を(股)といった．〔~定理]〈音義訳〉毕 bì 达哥拉斯定理]ピタゴラス(三平方)の定理．
勾股形 gōugǔxíng ⇒[直 zhí 角三角形]
勾合 gōuhé ⇒[勾结]
勾画 gōuhuà ①図輪郭画．②⇒[勾绘](輪郭だけを)描写･描く．〔勾划]とも書いた．〔他简单扼ě要地地~出中国政府的立场〕彼は簡単にかつ要領よく中国政府の立場を説明した．
勾绘 gōuhuì ⇒[勾画]同上⇒
勾魂(儿) gōuhún(r) 魂を奪い取る.心を奪われる．〔~鬼 guǐ〕[无 wú 常(鬼)]冥土の使者.死神．〔~摄 shè 魄]心をうっとりさせる．
勾稽 gōujī ⇒[钩稽]
勾肩搭背 gōujiān dābèi 〈成〉肩や腕に手をまわすこと:〔背]は[臂]とも書く．
勾结 gōujié ⇒[勾串]〔勾合]〔勾手]〔勾通]ぐるになる.結託する.気脈を通ずる．〔~作弊]共謀して悪いことをする．→[串 chuàn 通]
勾栏 gōulán ①囲盛り場:遊芸や雑技を演じた場所．〔勾阑]とも書く．<転>妓楼．〔~中 zhōng]花柳界．②<文>欄杆．
勾勒 gōulè 輪郭を描き出す．アウトラインを示す．〔勾勒]とも書いた．〔到底是什么样的东西,很不容易明确地~出来]いったいどんなふうな物かをはっきり描き出す事は容易じゃない．
勾勒法 gōulèfǎ 美輪郭を描いてから色を塗っていく画法．→[双 shuāng 钩①]〔没 mò 骨画]
勾连 gōulián 〔勾联]とも書いた．①つながり合う．②関係が及ぶ.巻き込む．③結託する．〔~结 jié 伙)~成]徒党を組み結託する．〔暗中]気脈を通じる．
勾连搭 gōuliándā 囲棟(kǒ)続き．
勾脸(儿) gōuliǎn(r) 劇[京劇([净jìng)(II)][丑 chǒu(III)]などが)顔にくまどりをする．→[上 shàng 彩]
勾留 gōuliú (用事で)とどまる．(ひっかかって)滞在する．〔他从上海,一时不能回,~彼は上海に滞在しており、しばらくは帰れない．→[逗 dòu 留]
勾龙 gōulóng <姓>勾龍(𠛤)．
勾描 gōumiáo 輪郭をとる．
勾抹 gōumǒ ①塗りつぶす．〔~墙 qiáng 缝子]壁のすき間を塗りつぶす．②〈転〉抹消する.抹殺する．
勾票 gōupiào 令状．
勾芡 gōuqiàn 食あんかけ:片栗粉でとろみをつけること．

勾沟钩 gōu

と、またはその汁.→〔芡②〕
勾曲 gōuqū 曲がっている.
勾取 gōuqǔ 〈文〉召喚する.逮捕して取り調べる.
勾去 gōuqù ⇒〔勾销〕
勾儿 gōur ⇒〔钩儿〕
勾惹 gōurě かまう.相手にする.〔你别去～他〕彼に かまうな.
勾三搭四 gōusān dāsì (男女間のことで)こそこそや りとりする.私通する.
勾摄 gōushè 捕らえて取り調べる.
勾手 gōushǒu ⇒〔勾结〕
勾通 gōutōng ⇒〔勾结〕
勾头 gōutóu うなだれる.穂がたれる.
勾掉 gōudiào ⇒〔勾杀〕抹殺する.消す.ご破算にする.〔勾消〕〔勾销〕とも書いた.〔一笔～〕ひと思いにご破算にする.あっさり取り消す.
勾心斗角 gōuxīn dòujiǎo 〔成〕宮殿の建築構造が精緻であるさま.〈喩〉秘策を戦わせて互いに争う：〔钩心斗角〕とも書く.〔在裁 cái 军会议上～〕軍縮会議でかけひきする.
勾乙 gōuyǐ かぎかっこ「 「 をつける)
勾引 gōuyǐn ①誘う.引き込む.〔被小芹～住了〕(趙・小6)小芹に誘惑された. ②結託する. ③呼び起こす.〔一系列对往年的回忆〕過ぎ去った昔の追憶へいざなう.
勾鱼 gōuyú ⇒〔海 hǎi 鳗(鱛)〕
勾针 gōuzhēn ⇒〔钩针〕
勾捉 gōuzhuō 捕縛する.召し取る.

〔沟・溝〕 gōu ①〔-儿〕溝(塹).トレンチ.塹(壏)壕.下水道.小川.堀.谷間.〔一条～〕1 本のみぞ.〔明 míng ～〕〔阳 yáng ～〕ふたのない下水溝.〔暗 àn ～〕〔阴 yīn ～〕ふたのある下水溝.〔河 hé ～〕川や畑の.〔垄 lǒng ～〕うね溝.〔撤山填～造平原〕山を崩して谷間を埋め平地を造成する.〔旱 hàn ～〕水の干上がった堀.〔瓦～〕屋根瓦につけられる雨水の流れる溝すじ.〔脊 jí 梁～〕背筋の溝.〔挖 wā ～沟を掘る.〔掏 tāo ～〕溝をさらう.〔代 dài ～〕世代間の溝.ジェネレーションギャップ.②〈姓〉溝さん.
沟帮 gōubāng 溝の両側.
沟播 gōubō うねの溝に種をまく.
沟池 gōuchí 水溜まり.どぶ.
沟渎 gōudú ⇒〔沟渠〕
沟沟道道 gōugōu dàodào たくさんの溝や道.
沟沟坎坎 gōugōu kǎnkǎn 道路上のでこぼこ.〔道路上的～不少〕道にでこぼこがひどい.〈喩〉いろいろ困難や障害.〔一辈子总能遇到也～的〕死ぬまでどうしても苦難の道を歩くことを避けられない.
沟谷 gōugǔ 谷間.
沟灌 gōuguàn 〔垄畦灌(漑)〕灌漑.
沟壑 gōuhè 渓谷.谷間.
沟堑 =〔沟堑〕くぼみと盛り上がり.〔步道两旁的〕步道の両側の側溝.
沟满壕平 gōumǎn háopíng 〔慣〕①溝や壕(塹)に水がいっぱいになる.〈喩〉どんな地方のすみずみにもここもまた水がたまっている.②〈転〉腹いっぱいに食べるさま.〔吃了个～〕たらふく食べた.
沟堑 gōuqiàn
沟渠 gōuqú =〔沟渠〕通水渠.クリーク.用水路.
沟施 gōushī 〔农〕うねの溝に肥料を入れ、それに施肥する方法：〔条 tiáo 施〕ともいう.
沟蚀 gōushí 深い谷.
沟鼠 gōushǔ 〔动〕ドブネズミ：〔大 dà 家鼠〕〔水 shuǐ 鼠〕〔褐 hè 家鼠〕ともいう.→〔鼠①〕
沟塘 gōutáng 通水溝と池.

沟通 gōutōng 橋渡しをする.意志を疎通する(させる).～了感情)感情を疎通させた.〔欠 qiàn ～〕通を欠く.〔中日两国文化〕中日両国の文化を交流させる.
沟洫 gōuxù 〈文〉田地の間の水溝.〔～畦 qí 田〕溝で仕切られた田地.
沟沿(儿) gōuyán(r) 溝のへり.溝の岸.
沟眼 gōuyǎn 溝のはけぐち.
沟圳 gōuzhèn 〈方〉用水路.水溝
沟子 gōuzi 〈方〉溝.

〔钩・鉤(鈎)〕 gōu ①〔-儿〕鉤(釒).フック.鉤針.〔钓 diào ～〕〔鱼 yú ～〕釣り針.〔帐 zhàng ～〕蚊帳(ᄾ)の釣り手.〔秤 chèng ～〕さおばかりのかぎ.〔防 fáng 火～〕とびロ.〔～(儿)鼻子〕かぎ鼻.〔上了他的～〕彼の計略にかかった.②〔-儿〕漢字の筆画「亅・乚・乁」など.〔倒 dǎo ～一笔〕〈喩〉(評価を)否定する.〔一笔 bǐ 画〕〔折 zhé ⑨〕③〔-儿〕鉤状のもの.チェックマーク"√".〔画 huà 上～〕〔划～〕チェックをする(つける)：正しい場合に用いる.もとは削除する場合に用いた.→〔叉(I)①〕〔叉 chā ③〕〔圈 quān ③〕 ④まっすぐでない(曲折のある.後に尾をひき・すっきりしない)事柄・状態.話里带～言うことの中にコチンとさたえるものがある.〔叫卖的声音拉长了有个后～〕物売りの声音が長くひっぱけた尾をひく.⑤=〔勾(I)⑥〕数字〔九〕の別称：09は〔洞 dòng ～〕と読む.⑥鉤(のようなもの)でひっかける.〈転〉(異性に)ひっかける.〔～不上〕ひっかけられない.愛想がない.〔～住〕(しっかり)ひっかける.〔把掉在水里的东西～上来〕水の中に落ちたものを釣り上げる.〔～枪 qiāng 机〕〔～机子〕(銃の)引き金を引く.〔我～她一～看看怎么样〕あの子の娘をちょっとひっかけてみようか.⑦探り窺める.→〔钩玄〕⑧→〔勾勒〕⑨縫い方の一種:衣服のへりを目を粗く縫いつけて、まつり縫いをする.〔～贴 tiē 边〕同前.〔～花〕同前の飾り模様.→〔缘 liáo〕⑩鉤針で編む.⑪〈姓〉鉤(钅)さん
钩沉 gōuchén 〈喩〉深い道理を探索し、散逸した資料を集めること.〔～探隐〕深奥をさぐる.〔古小说～〕魯迅の著作.
钩秤 gōuchèng さおばかりの一種：フックで物をつるして測る.
钩尺 gōuchǐ 〈文〉さしがね：一端に鉤形の鋼板をとりつけたものさし.
钩虫 gōuchóng 十二指腸虫：鉤(ȝ)虫科の線虫.〔～病 bìng〕医同前による病気.
钩刀 gōudāo ⇒〔镗 táng 刀〕
钩端螺旋体病 gōuduān luóxuántǐ bìng 医レプトスピラ症：〔钩体病〕ともいう.〔钩端螺旋体黄疸〕医ワイル病.
钩饵 gōu'ěr 釣り針と釣り餌.
钩缝儿 gōufèngr ①(ほころびを)ざっとかがる. ②造作のすみずみや道具の接ぎ目などの要所要所を手直しする.手を加える.
钩环 gōuhuán 機(ねじ連結器の)シャックル：〔链 liàn 条〕(くさり)の一端にとりつけたU字型の掛け金.
钩稽 gōujī =〔勾稽〕①考察する.②つき合わせ計算する.
钩拒 gōujù =〔钩距〕[古]敵船を引きよせたり押したりする鉤のついた棒状の武器.
钩具 gōujù 止め金.
钩距 gōujù ①〈文〉つりこんで事情を探る.上手に聞き出す. ②
钩勒 gōulè ⇒〔勾勒〕
钩镰 gōulián ①農刈取り鎌. ②古武器の一種.敵

鈎拳 gōuquán ⊠〈ボクシング〉フック.鉤撃ち.

鈎儿 gōur =[勾儿]①鉤(⑦).フック.鉤状の物"∨".②→字解②.③→[扑 pū 克].

鈎心 gōu(r)xīn よからぬ(ことを考えている)心.

鈎染 gōurǎn 美画法の一:花葉枝幹などをまず薄墨で細く輪郭を描いてから彩る.

鈎绳 gōushéng 〈文〉さしがねと墨糸.〈転〉曲直を正すよりどころ.

鈎索 gōusuǒ 〈文〉深遠な道理を求め窮める.

鈎藤 gōuténg =[钓 diào 藤]植カギカズラ.

鈎梯 gōutī =[云 yún 梯①]

鈎吻 gōuwěn =[野 yě 葛]植ストリキニーネノキ属の灌木.フジウツギ科の蔓性有毒植物:[黄 huáng 藤][葫 hú 蔓藤][烂 làn 肠草]〔水 shuǐ 莽草〕[冶 yě 葛][固野 yě 葛]などは別称.【ツタウルシ:ウルシ科蔓性植物.樹液はウルシに似て有毒.皮膚炎を起こす.

鈎弦 gōuxián 弓の弦を引く具.ゆがけ.

鈎销 gōuxiāo ⇒[勾销]

鈎心斗角 gōuxīn dòujiǎo ⇒[勾心斗角]

鈎玄 gōuxuán 〈文〉真理を探求する.

鈎援 gōuyuán ⇒[云 yún 梯①]

鈎章棘句 gōuzhāng jíjù [成]難しくごつごつした文章.

鈎爪 gōuzhǎo 鉤状の爪(⑦)

鈎针 gōuzhēn =[鉤 ④ 针]針.クロッシェ:[勾针]とも書いた.[~编织品]クロッシェで編まれた製品.

鈎辀格磔 gōuzhōu gézhé 〈文〉①しゃこ鳥の鳴き声.②(文章などが)ごつごつして難解なこと.

鈎子 gōuzi ①カギホック.かぎ.かぎすじ.し.②鉤状の物.

〔句〕 gōu ①地名・人名用字.[高 gāo～丽 lí]古代朝鮮の国名:[高丽]に同じ.[～践 jiàn]図春秋時代の越の国王.②古書で[勾(Ⅱ)]に通用する.③〈姓〉句(ざ.)→jù

〔佝〕 gōu

佝偻 gōu.lóu 背がひどく曲っている:[俯 fǔ 倭][痀 jū 倭][瘘瘘][跼 jǔ 倭]ともいう.

佝偻病 gōulóubìng 医[佝偻④]病:[软 ruǎn 骨病①][口 □ 缺 quē 钙]による.

〔枸〕 gōu [～橘 jú][臭 chòu 橘][枳 zhǐ ④]植カラタチ:同前の成熟間近い実を[枳壳 qiào](きこ)といい,漢方薬にする.

〔缑・緱〕 gōu 〈文〉①刀の柄(⑦)に巻く細ひも.②地名用字.[～氏山][～氏镇]いずれも河南省偃師県にある.③〈姓〉緱(ざ.)

〔篝〕 gōu 〈文〉①かがり籠.②籠(⑧).[熏 xūn ～][伏篝④].[～火狐鸣 míng]〈故事〉秦末の陳渉の反乱の際,夜篝の中に火をともして狐の叫び声をまねて兵を動かした(史記).③〈姓〉篝(ざ.)[～火 huǒ]同前.

〔鞲〕 gōu 固皮製の袖カバー(鷹狩りの鷹をのせるためのもの).

鞲鞴 gōubèi ピストン:[活 huó 塞④]の別称.ドイツ語の音訳.

〔苟〕 gǒu 〈姓〉苟(ざ.)

〔苟〕 gǒu (Ⅰ)①〈文〉かりそめにする.なおざりにする.おろそかにする.気ままにする.[不～言]いいかげんには言わない.[不～笑 xiào]たやすくは笑わない.[未敢～同]やたらに同調したりはしない.②〈姓〉苟(ざ.)

(Ⅱ)〈文〉仮にも(…ならば).いやしくも(…ならば).[～不注意,必将受害]いささかでもしっかりしていなければ必ずや害を被るだろう.[～非…]もし…でなければ.

苟安 gǒu'ān 一時の気休め(をする).一寸逃れ(をする).[～偷 tōu 生]いたずらに生きながらえる.→[苟且偷安]

苟存 gǒucún =[苟活]〈文〉なおざりに生きながらえる.

苟得 gǒudé 〈文〉ごまかしてわが物にする.[临财毋 wú ～](礼記)財物に対してはごまかして自分の物にしたりしてはいけない.

苟合 gǒuhé (男女の)野合(する).密通(する).[～之事]浮気.不倫.

苟欢 gǒuhuān ①一時の安楽(をむさぼる).②男女が不正な関係をもつ.

苟活 gǒuhuó ⇒[苟存]

苟简 gǒujiǎn 〈文〉いいかげんにする.粗略にする.

苟利子 gǒulìzi あやつり人形(芝居)

苟免 gǒumiǎn 〈文〉一時逃れ(をする).その場しのぎ(をする)

苟且 gǒuqiě ①なおざりにする.いいかげんにする.一寸逃れをする.[～了 liǎo 事]いいかげんにけりをつける.[～偷 tōu 生]ごまかして生きている.無意味な生き方をする.[～偷安]〈成〉その日暮らしの目先の安逸をむさぼる.②(男女間係の)だらしのない.まっとうでない.

苟全 gǒuquán 一時の間(命など)を保つ.

苟同 gǒutóng いいかげんに同意(同調)する.

苟安 gǒuyān 〈文〉おざなりにする.いいかげんにする.その場しのぎをする.

苟延 gǒuyán 無理に引き延ばす.[～度 dù 日]〈成〉なんとか生き永らえる.[～残 cán 喘]〈成〉虫の息をつなぐ.一時の余命を保つ.

苟言 gǒuyán 〈文〉軽はずみな言葉.

苟营 gǒuyíng 悪賢く汚い手に取り入る.

〔岣〕 gǒu 地名用字.[～嵝 lǒu]囸湖南省衡陽県北方の衡山の主峰.

〔狗〕 gǒu ①動イヌ(犬).[犬 quǎn]は文語.[一只 zhī ～][一条 tiáo ～]一匹の犬.[看 kān 家～]〈文〉[守 shǒu 犬][守 shǒu 门使]番犬.[狼 láng ～]シェパード.[哈巴巴～]パグ.狆(ぢ).[疯 fēng ～]狂犬.[他是属～的]彼はい年の生まれだ.=[犬 quǎn]②人を罵る言葉.[走～]〈喩〉悪人の手先.[～地主]憎むべき地主.

狗绊 gǒubàn ⇒[狗脾圈]

狗宝 gǒubǎo 中医犬の胆嚢(⑦)・腎臓・膀胱内の結石:できものなどの薬にする.⇒[羊 yáng 宝]

狗蹦子 gǒubèngzi [方]①=[狗蚤].畜生.馬鹿.③〈喩〉腕白小僧.茶目な若者.

狗鳖 gǒubiē ⇒[狗豆芽]

狗脖围 gǒubówéi =[狗绊]犬の首輪.

狗不理包子 gǒubùlǐ bāozi 食天津名物の[包子]:[狗不理]とあだ名のある男が作った[包子]は,[狗子卖包子,一概不理](ワン公は包子を売るほかは何もできない)とひやかされていたことからいう.

狗不嫌家贫 gǒu bùxián jiāpín →[子 zǐ 不嫌 母丑]

狗才 gǒucái [罵]①ろくでなし.ごくつぶし.②小ずるいやつ.

狗吃屎 gǒuchīshǐ 犬が人間の糞(⑦)を食う.〈転〉腹ばいにつんのめる(嘲笑の意を含む).[跌 diè 了个 ～][摔 shuāi 了个～]つんのめった.→[马 mǎ 趴]

狗胆 gǒudǎn 悪事をする胆っ玉・心臓.[～包天 ～][罵]途方もない大胆不敵さ.恐ろしい厚かましさ.

狗盗 gǒudào ⇒[狗偷]

狗　　　　　　　　　　　　　　　　　　　　gǒu

狗丁 gǒudīng ①犬(ペット)販売業者．②犬の世話係．
狗洞 gǒudòng =〔狗窦〕犬用の壁穴．〔～大开〕〈喩〉前歯の抜けたさま．→〔猫 māo 洞〕
狗窦 gǒudòu 同上．
狗豆子 gǒudòuzi =〔狗鳖〕〈口〉(虫)(犬につく)ダニ．
狗耳草 gǒu'ěrcǎo ⇒〔牵 qiān 牛花〕
狗吠 gǒufèi 〈文〉犬が吠(⁴)える．〔鸡 jī 鸣～〕〈成〉鶏が鳴き犬が吠える．
狗肺 gǒufèi 腹黒い．奸悪である．〔狼心～的东西〕腹黒いやつ．
狗粪蜣 gǒufènfú →〔蜣 huī ①〕
狗改不了吃屎 gǒu gǎibuliǎo chīshǐ〈諺〉犬が糞(ｆ)を食うことはやめさせられない：雀百まで踊り忘れず．
狗苟蝇营 gǒugǒu yíngyíng =〔蝇营狗苟〕〈喩〉犬畜生のような下劣なことをする．
狗官 gǒuguān 悪役人．
狗獾 gǒuhuān 動アナグマ：単に〔獾〕ともいう．
狗急跳墙 gǒují tiàoqiáng 中医窮鼠(ᶰⁱᶻᵘ) 猫をかむ：せっぱつまって，とんでもないことをしでかすこと．〔～，人急 jí 悬 xuán 梁〕同前，人が追いつめられれば首をも吊りかねない．
狗脊 gǒují 枝シダの一種．〔金毛～〕タカワラビ．〔～蕨 jué〕〔贯 guàn 众③〕オオグマ．
狗荠 gǒují 枝イヌナズナ．〔葶 tíng 苈〕ともいう．→〔芥菜〕
狗鹫 gǒujiù 鳥イヌワシ．
狗瞌睡鱼 gǒukē shuìyú ⇒〔鲳 chāng〕
狗来富，猫来开当铺 gǒulái fù, māolái kāi dàngpù〈喩〉犬の来る家は家業が発展し，猫の来る家は質屋を開くほど金持ちになる：犬や猫がにおいをかいで集まってくる．
狗粮 gǒuliáng ⇒〔狗食〕
狗命 gǒumìng いやしがない命．〔饶 ráo 你一条～〕お前のつまらぬ命でも，助けてやるわ．
狗拿耗子 gǒu ná hàozi〔歇〕犬がねずみを捕る：〔～，多管闲事〕余計なおせっかいをする．〔拿〕は〔咬 yǎo〕ともいう．
狗奶子 gǒunǎizi ⇒〔枸杞子〕
狗男女 gǒunánnǚ〈罵〉悪いやつら：男女二人に対するとは限らない．
狗撞的 gǒuzhuàngde〈罵〉犬に犯(ⁿ)されたやつ：女性を罵る下等な言葉．
狗挠门 gǒunáomén 犬が戸を掻く．〈喩〉胡弓などをガリガリ弾くこと．
狗撵鸭子 gǒu niǎn yāzi →〔呱 guā 呱叫〕
狗娘 gǒuniáng ①母犬．②〈罵〉あまっちょ：女性を罵る言葉．
狗娘养的 gǒuniáng yǎng de ⇒〔狗养的〕
狗尿苔 gǒuniàotái ⇒〔鬼 guǐ 笔〕
狗奴才 gǒunúcái〈罵〉犬のようなやつ：悪人の手先を罵る言葉．
狗刨 gǒupáo 又(水泳の)犬かき．〔狗爬(式)〕ともいう．
狗碰头 gǒupèngtóu〈口〉薄い板で作った安物の棺桶(ᶠⁿ)．〔狗碰儿〕ともいう．→〔薄 báo 皮(棺)材〕
狗皮膏药 gǒupí gāoyao 中医鎮痛用の貼り薬：小片の犬の皮に塗りつけて張る膏薬．〈転〉インチキ膏薬．インチキ商品：普通のものより効目があったのに，悪質な薬売りがこぞって売った．
狗脾气 gǒupíqì〈喩〉悪い癖．〔狗皮气〕とも書く．〔又犯了～了〕また悪いくせが出たね．
狗屁 gǒupì〈罵〉くだらない．へでもない．〔～不通的言论〕道理(筋道)の通らない論．〔～文章〕ろくでもない文章．
狗气杀 gǒuqìshā つつくだけ飼料がでてくる仕組みの鶏の給飼器．
狗窃 gǒuqiè ⇒〔狗偷〕
狗人车 gǒurénchē〈方〉モーター式輪タク．
狗日的 gǒurìde〔狗养的〕
狗日们 gǒurìmen 〔狗养的〕
狗肉 gǒuròu〔犬〕イヌの肉．
狗乳草 gǒurǔcǎo ⇒〔蒲 pú 公英〕
狗人的 gǒurùde 〔狗养的〕
狗舌草 gǒushécǎo 植オカオグルマ．
狗虱 gǒushī 虫Ⅳじらみ．
狗食 gǒushí =〔狗粮〕犬の食い物．ドッグフード．
狗屎 gǒushǐ ①犬の糞．②〈喩〉くだらないやつ(こと)．〔～堆 duī〕〈罵〉くそ野郎．〔不齿 chǐ 于人类的～〕人間のくず．→〔猫 māo 儿尿〕
狗事 gǒushì〈方〉①人のごきげんとり．②人の機嫌をとる．おべっかを言う．〔他没别的能耐就会～〕彼は他の能はないが，ただ人の機嫌とりだけはうまい．〔何必～巴结人呢?何で人におべっかを言って取り入る必要があろうか．〕〔献 xiàn 殷勤〕
狗偷 gǒutōu =〔狗盗〕〔狗窃〕こそどろ：〔小 xiǎo 偷(儿)〕に同じ．〔～鼠 shǔ 窃〕〔鼠窃～〕同前．
狗头 gǒutóu 犬の頭．〈転〉ばか野郎．〔狗脑〕大ばか者．
狗头雕 gǒutóudiāo〔秃 tū 鹫〕
狗头钉 gǒutóudīng〔道 dào 钉①〕
狗头军师 gǒutóu jūnshī〈喩〉陰で人に小知恵をつける策士．
狗头猕猴 gǒutóumíhóu〔狒 fèi 狒〕
狗头锏 gǒutóuzhá =〔锏①〕
狗屠 gǒutú 屠犬を殺してその肉を売る者．
狗腿子 gǒutuǐzi 悪人の手下．→〔走 zǒu 狗〕
狗尾(巴)草 gǒuwěi(ba)cǎo 植エノコログサ(ネコジャラシ)：〔莠 yǒu 子〕は古名．
狗尾续貂 gǒuwěi xùdiāo =〔狗续貂尾〕〈喩〉良いものの後ろに悪いものをつなげる．前後のつりあいがとれていないこと：昔時，役人はテンの尾を冠の飾りにしていた．のちに役人の数が増え，テンの尾が不足したために，犬の尾を使わざるをえなくなったことから．〔貂〕
狗窝 gǒuwō 犬小屋．
狗熊 gǒuxióng ①〔黑 hēi 熊〕ツキノワグマ：〔黑 hēi 熊〕の通称．〔～掰 bāi 棒子〕ツキノワグマがとうもろこしをもぎ取る．〈喩〉目先の欲だけを考えて結果的に損をすること．②臆病者．
狗续貂尾 gǒu xù diāowěi ⇒〔狗尾续貂〕
狗血喷头 gǒuxuè pēntóu〈慣〉くそみそに罵る．頭ごなしに罵る．〔狗血〕：犬の血は迷信で妖術を破るとされた．〔狗血淋头〕ともいう．
狗牙 gǒuyá 生理犬歯．
狗牙儿 gǒuyár 歯状にとがっている縁．〔～边 biān〕同前．〔～绦 tāo 子〕同前用の縁取りひも．
狗眼看人低 gǒuyǎn kànrén dī〈喩〉ばかにした眼で人を見る．人を軽蔑する．〔～，难道我这不明白?〕(茅·霜5)人をばかにしてかかっているのだ，そんなことわしにもわからないと思っているのか．
狗养的 gǒuyǎngde =〔狗娘养的〕〔狗日的〕〔狗日们〕〔狗人的〕〔狗崽子〕〈罵〉ばか野郎．畜生：下等な罵り言葉で，"犬の生んだやつ"の意．"日"は俗に"交尾する"の意．〔狼 láng 日的〕〔驴 lú 日的〕などもいう．
狗咬刺猬 gǒuyǎo cìwèi〈諺〉犬がはりねずみに向かってほえる：どうにもならない．〔狗向刺猬咬〕ともいう．
狗咬狗 gǒuyǎogǒu 犬と犬とのかみ合い．〈転〉醜い

狗 ~ **gòu**

仲間げんか.(悪人の)内輪争い.〔～,一嘴毛〕犬と犬とのかみ合いはどうせ一口毛をかみ取るにすぎない.〈喩〉仲間割れの喧嘩(ばか)は大事にはならない.

狗咬耗子 gǒuyǎo hàozi ⇒〔狗拿耗子〕

狗咬吕洞宾 gǒuyǎo lǚdòngbīn 〈歇〉犬が呂洞賓のような人格者にほえる.〔～,不识好歹〕〔～,不识好人心〕〔～,不识activity仙〕同前で,人の善悪の見境がつかない.身のほどを知らない生意気なことをする.しゃらくさいことをする.

狗咬尿脬 gǒuyǎo suīpāo 〈歇〉犬が臓物の膀胱にありついて咬む.〔～,空欢喜〕同前で固くてかめない:ぬかよろこび.〔空〕は〔瞎 xiā〕ともいう.

狗蝇 gǒuyíng 囲イヌバエ.〔狗蝇蝇〕ともいう.

狗蝇胡子 gǒuyínghúzi 〈喩〉しょぼしょぼと生えたひげ.

狗蝇梅 gǒuyíngméi 〈腊 là 梅〉

狗友 gǒuyǒu 悪友.〔狐朋〕同前.

狗鱼 gǒuyú ①〔鱼〕パイク.カモギチ(カワカマス):〔鸭 yā 子鱼〕ともいう.②〔鱼〕サンショウウオの俗称.→〔鲵 ní〕

狗仔队 gǒuzǎiduì 〈喩〉パパラッチ.

狗崽子 gǒuzǎizi ①犬の子.犬ころ.②⇒〔狗崽的〕

狗蚤 gǒuzǎo =〔くロ〕狗蹦子①〕囲イヌノミ:ノミの一種.→〔跳 tiào 蚤〕

狗仗人势 gǒuzhàng rénshì 〈喩〉虎の威を借る狐.〔狐 hú 假虎威〕

狗彘 gǒuzhì 犬や豚.〈喩〉犬畜生(のような人間).〔～不若 ruò〕〈喻〉犬畜生にも劣る.〔～不食其余〕犬や豚らの食べ残りを食べない:犬や豚がやらない鼻もひっかけない.

狗子 gǒuzi ①犬.〔黑〕野郎.畜生め.

狗嘴吐不出象牙 gǒuzuǐ tǔbuchū xiàngyá 〈谚〉犬の口から象牙は吐き出せない:下品な人間はどうせろくなことは言えない.〔狗嘴掉不出象牙〕〔鼠 shǔ 口不出象牙〕ともいう.

〔耉(耇)〕 gǒu 〈文〉長寿(である).高齢(である)

〔枸〕 gǒu → gōu gū

枸骨 gǒugǔ 囲ヒイラギモチ(セイヨウヒイラギ).〔くロ〕〔猫 māo 儿刺〕ともいう.モチノキ科常緑高木.葉は薬に用い〔功 gōng 劳叶〕という.

枸杞 gǒuqǐ 〔枸杞〕囲クコ(キジ).〈文〉狗奶子〕中医クコの実.〔地骨皮〕中医クコの根皮.

〔笱〕 gǒu 〈方〉うえ(うけ.うえやに):細く割いた竹を編んで徳利型に作り,入った魚が出られないようにしたもの.

〔勾〕 gòu ①(体を乗り出しあるいは背伸びをして)つかむ.〔衣柜太高,～不着 zháo〕たんすがあまりに高くて手が届かない.〔够〕②〈姓〉勾(ぎ・ゥ) → gōu

勾当 gòu·dàng 〈口〉こと.行為:多くよくない事に用いる.〔肮 āng 脏～〕汚い事.汚いやり方.〔无 wú 耻～〕恥じ知らずなことだ.〔一男一女在那里讲话,一定要有～〕〔鲁·Q 4 与〕男と女が話しこれはきっとあやしい関係があるものだ.②取り引き.〔这种商人的～是令人讨厌的〕このような商人の取引は人に嫌われる.

〔构・構(搆)〕 gòu (Ⅰ)〔構・搆〕①構える.造り上げる.〔一屋中〕家を(組み)立てる.〔结 jié ～〕構造.〔机～〕機構.〔(事)を構える.(抽象的な)つくる.〔～怨 yuàn〕恨みの種をまく.③(文艺)作作.④(人を)陷れる.→〔构陷〕⑤〈姓〉构(ぎ・ゥ)
(Ⅱ)〔构〕囲カジノキ:クワ科の落葉植物.ふつう〔～

树〕という.〔楮 chǔ〕の通称.〔穀 gǔ〕は古名.→〔小xiǎo 构树〕

构兵 gòubīng 〈文〉兵を構える(交戦する)

构成 gòuchéng 構成(する).組み立て(る).形成(する).〔～威 wēi 胁〕脅威となる.〔～犯罪〕犯罪を構成する.

构词法 gòucífǎ 語造語法.

构划 gòuhuà 考えを練る.〔～新的对策〕新しい対策を練る.

构架 gòujià ①(物の)骨組み.骨格.②(抽象的な)枠組みを作る.〔～艺术理论〕芸術理論を構築する.

构件 gòujiàn ①組み子.部材.メンバー.ピース:機構を構成する個々の単元.〔内～〕内部材.〔外～〕外部材.〔斜～〕斜材.対角材.〔抗压～〕抗圧材.→〔机 jī 件〕〔零 líng 件〕〔配 pèi 件〕②建物の構成部分:〔梁〕とか〔柱〕を指す.

构建 gòujiàn (組織などを)うちたてる.組み立てる.

构精 gòujīng 〈文〉①=〔媾精〕性交する.②精神を集中する.〔覃 tán 思～〕〔魏书·释老志〕同前.

构乱 gòuluàn 反乱を企てる.

构难 gòunàn 〈文〉敵となる.交戦する.

构拟 gòunǐ 構想する.設計する.

构扇 gòushàn 〈文〉事を構えて扇動する:〔构煽〕とも書く.

构树 gòushù →字解Ⅱ

构思 gòusī 構想(をたてる)

构图 gòutú 構図.

构陷 gòuxiàn 〈文〉人をわなにかけて罪に陥れる.〔实为佞 nìng 人所～也〕実は悪人のために陥れられたのである.

构想 gòuxiǎng 構想(する).発想(する)

构象 gòuxiàng 化立体配座

构衅 gòuxìn 〈文〉事を構える.争いのもとを作る.

构型 gòuxíng 化配置

构造 gòuzào ①構造.〔～地震〕構造地震.〔～地质学〕構造地質学.〔汽车～〕自動車の構造.②造り上げる.

构造型钢 gòuzào xínggāng Ⅰ型鋼(ぎ・ゥ):〔I型鋼〕に同じ.

构置 gòuzhì うちたて(る).配置(する)

构筑 gòuzhù 構築する.組み立てる.〔～工事〕陣地構築物を造る.〔～物〕構築物:一般には直接生産労務しないものをいう.

〔购・購〕 gòu 買う.買い入れる.購入する.〔～货 huò〕品物を購入する.〔～粮 liáng〕食糧を買入する.〔选 xuǎn ～〕選び買う.〔统～统销〕統一買付け·統一販売.〔收 shōu ～〕買い上げる.〔采 cǎi ～〕買いつける.仕入れる.

购办 gòubàn 購入して備える.

购备 gòubèi 購入して備える.

购并 gòubìng 囲買収合併する.M&A:〔并購〕ともいう.

购捕 gòubǔ =〔购拿〕〔购求〕懸賞付きで人を捕らえる.

购藏 gòucáng 買って保存する.収集する.

购存 gòucún ①買っておく.②買い置き.

购单 gòudān ⇒〔购(货)单〕

购得 gòudé 手に入れる.買い入れる.

购货本 gòuhuòběn =〔购货证〕副食品(を中心とした)購入通帳:〔副 fù 食品～〕の略.

购(货)单 gòu(huò)dān 購入単.注文書.

购(货)券 gòu(huò)quàn 商品購入券:企業などが発行する商品券で,賃金外の闌給与として従業員に発給し,指定された商店で使用できる.

购货证 gòuhuòzhèng ①⇒〔购货本〕②物品購入証.

购价 gòujià 〈文〉購入価格.
购粮本 gòuliángběn ⇒〔粮本〕
购买 gòumǎi 購入(する). 買い入れる.〔～力〕購買力.〔～手段〕購買手段.〔希望～的图书〕購入希望図書.
购募 gòumù 懸賞をつけて求める.
购拿 gòuná ⇒〔购捕〕
购求 gòuqiú ①買い求める. ②⇒〔购捕〕
购妥 gòutuǒ 購入済み.〔已从别处～〕すでに他の方面より購入済み.
购物 gòuwù 買い物.ショッピング.〔～券 quàn〕商品券.クーポン券.〔～车 chē〕(スーパーなどの)買物用の手押し車.ショッピングカート.〔～中心〕ショッピングセンター.
购销 gòuxiāo 購入と販売.買いつけと売り込み.
购置 gòuzhì ＝〔购办〕買い入れる(て備える).〔图书 tú shū 一费〕図書購入費.〔～成本〕〔取 qǔ 得成本〕取得原価.→〔置备〕

[冓(冓)] gòu 〈文〉屋敷の一番奥.

[遘] gòu 〈文〉遇う.〔～会〕出会う.〔～时〕好機に同前.

[媾] gòu ①親戚同士が縁組みする.〈転〉結婚(する).〔婚 hūn ～〕同前. ②〈文〉交媾する.まぐわいする.〔～疫 yì〕馬の生殖器の伝染病:交配によって伝染する.〔交 jiāo ～〕性交する. ③よしみを結ぶ. ④〈姓〉(媾)
媾合 gòuhé 〈文〉性交する.交配する.
媾和 gòuhé 講和する.〔～条款〕講和条項.〔两国终于～了〕両国がついに講和した.
媾精 gòujīng ⇒〔构精①〕

[觏・覯] gòu 〈公〉出会う.体験する.目にする.〔罕 hǎn ～〕まれに出くわす(見る).〔实不多～〕全く多くは見られない(珍しい)ことである.〔稀 xī ～书〕稀覯本.

[诟・詬] gòu 〈文〉①＝〔垢③〕恥.〔含 ～忍辱〕成)恥を忍ぶ.〔～迹 jì〕〈喩〉不行跡. ②辱める.〔百般～骂 lì〕ことごとに辱め罵る.
诟病 gòubìng 〈文〉非難する:〔诟丑〕〔诟疾〕ともいう.〔为人所～〕人に辱められる.非難される.
诟厉 gòulì ⇒〔诟骂〕
诟詈 gòulì 同下.
诟骂 gòumà ＝〔诟厉〕〔诟詈〕〈文〉辱め罵る.
诟怒 gòunù 〈文〉怒って罵る.
诟辱 gòurǔ 〈文〉辱める.

[垢] gòu ①汚れ.垢(ⅎ).〔油 yóu ～〕油汚れる.〔牙 yá ～〕歯垢(ば).〔去 qù ～〕汚れをとる.〔藏 cáng 污纳～〕成)悪人や悪事をかくまう. ②心汚い.不潔である. ③⇒〔垢①〕 ④〈姓〉垢(ⅎ)
垢秽 gòuhuì ＝〔垢污〕〈文〉汚れ.
垢面 gòumiàn あかだらけの顔.〔蓬 péng 头～〕成)ぼうぼうの髪にあかだらけの顔.
垢腻 gòunì 垢(ⅎ).
垢污 gòuwū 垢秽.
垢衣 gòuyī 〈文〉汚れた着物.〔～弊 bì 带〕成)汚れた着物に破れた帯.

[姤] gòu 〈文〉姤(ⅎ):六十四卦の一.

[够(夠)] gòu ①(数量が)足り(る).…に足り(る).〔～不～？〕足りるか.〔足 zú ～〕十分足りる.〔～吃〕食べるのに足る.食べるだけある.〔～标准〕基準に達している.〔钱不～花〕金が(使うのに)足りない. ②足りる.足りている.〔有多少喝多少没个～〕あるだけ飲んでしまってきりがない.〔～三十人吗〕30人に足りて(達しって)いますか.〔～了〕⑦もう十分です(感謝する).⑥もういい(うるさい). ②十分に…である.〔这出戏演得不～好〕この芝居は演技があまりよくない.〔咸～咸 xián 不～〕料理は塩気が足りてますか(塩気は十分ですか).〔你看我～不～一位大名角儿〕ねえ、ぼく名優らしく見えるかな.〔真～可してめる(至られ).〔～了〕全く様(ž)にもならない. ③…し飽きる.〔这话我真听～了〕その話はわたしはすっかり聞き飽きた.〔敌人如果活～了,就让他们冲锋吧〕敵が命を惜しまないのなら(もう生きるだけは十分に生きたというのなら)突撃して来るがよいさ. ④〈口〉手(首/身体)を伸ばす.〔～得着 zháo 手が届く.〔他站在桌子上～着贴横披〕彼はテーブルの上に立ち,手を伸ばして〔横 héng 披〕(正月に貼る紙の横書きにしたもの)を貼っている.〔把碗放在桌子上,低头～着吃〕ご飯茶碗を食卓に置いたまま手で持たずに口を近づけて食べる. ⑤(条件・資格が)十分である.〔～朋友〕友達甲斐がある.〔投考大学,我～条件吗〕わたしは大学を受ける資格がそろっています.〔你还不～资格〕あなたにはまだその資格がない.→〔够格儿〕

够本(儿) gòuběn(r) 原価に足る.引き合う.…の甲斐がある.〔不～〕元値をきる.損をする.〔这么做可不～〕こうしたのでは引き合わない.
够不上 gòubùshàng 及ばない.達しない.〔够得上〕は可能形.〔～资格〕資格が足りない.
够不着 gòubuzháo 及ばない.届かない.〔够得着〕は可能形.〔要是～,站在椅子上拿吧〕届かなければ,椅子の上にあがって取りなさい.
够多(么) gòuduō(me) 〈口〉何とまあ！〔～好看〕何とまあ美しいこと.〔～好啊〕④何とすばらしいことよ.⑤全くひどい話じゃないか.→〔多么①〕
够份(儿) gòufèn(r) 〈文〉身分相応である.〔够分儿〕とも書く.〔论地位嘛,也算～了〕地位ということになると,まあ分相応というとこだ.
够哥们儿 gòugēmenr 〈口〉義理固い.友達甲斐がある.
够格(儿) gòugé(r) 標準に達している.資格がある.似合っている.〔他的模样和服装都很～〕彼の容貌も身なりも一人前だ.
够过儿 gòuguòr どうにか暮らしていける.
够火 gòuhuǒ 〈口〉景気がいい.繁盛している.人気がある.〔旅游业这几年真是～的〕観光業界はここ数年うけに入っている.
够交情 gòujiāoqing ①交わり(交情)が厚い. ②⇒〔够朋友〕 ③⇒〔够面儿〕
够嚼裹儿 gòujiáoguǒr ＝〔够嚼过儿〕〔够缴裹儿〕とも書く.〈方〉口すぎ(暮らし)がつく.〔挣来的钱刚～〕稼いだ金でどうにか暮らしが立つ.
够劲(儿) gòujìnr もうほい(もう十分)という程度に達する.〔这酒真～〕このお酒のきつさは物すごい.
够句子 gòujùzi 〈方〉①ちゃんと法にかなっている.きちんと行き届いている.〔这个招待会,安排得真～〕この招待パーティーは準備がきちんとしている. ②話の受け答えがうまい.〔好口才！这话说得～〕なかなか口は達者だ,実にうまいことを言っている.
够量(儿) gòuliàng(r) 十分に飲む(食べる).〔我～了,喝不下去了〕わたしは十分いただきました,(もう)飲めません.
够面儿 gòumiànr ＝〔够交情③〕情誼に厚い:〔够面子〕ともいう.〔他这么仗义真～〕こんなに義侠気にやっていただくとは,彼はほんとに義理がたい人だ.
够朋友 gòupéngyou ＝〔够交情②〕友達甲斐がある.実のある.〔你真～〕ご親切にしていただいた.

够呛 gòuqiàng 〈口〉たまらない.すごい.いやになる:好ましくないことに用いる.〔~够伐〕とも書く.〔真~〕全く話にならない.〔疼痛~〕痛くてたまらない.→〔够受的〕

够瞧的 gòuqiáode (よくない程度が)ひどい.〔这回的损失~〕今回の損失はひどかった.〔冷得~〕相当な寒さだ.

够受的 gòushòude たまらない.…の程度がひどい.〔穷 qióng 得~〕ひどく貧乏である(貧しさがひどい).〔很够我受的〕わたしはとてもつらい.〔这阵子买卖不见好,又吃了这么大的亏 kuī 实在~〕近ごろは商売がよくないところに,またこんな大損をして実にやりきれない.→〔够呛〕

够数 (儿) gòushù(r) 数(量)が足る.十分である.〔这钱你数 shǔ 数,看够不~〕合ってるかどうか確かめて下さい.〔打的枣儿差不多~了〕打ち落とした棗がほぼ十分な数になった.

够岁数 (儿) gòusuìshù(r) かなり年をとっている.一定の年齢に達している.〔结婚也~了〕結婚の年齢にも達している.

够损的 gòusǔnde 〈方〉辛辣である.悪辣である.

够味儿 gòuwèir ①味がある.味わい深い.相当なものだ.〔她唱得真~〕彼女の歌はなかなかのものだ.②味がよい.〔这个菜~〕この料理は味がよい.

够样儿 gòuyàngr 立派である.見よい.体裁がよい.〔这件西服~〕この洋服は格好がいい.

够意思 gòuyìsi ①大したものだ.立派である.すばらしい.〔不~〕感心できない.②友達甲斐がある.親切である.

够用 gòuyòng 間に合う.役に立つ.

[彀] gòu 〈文〉①力いっぱい弓を引く.②矢の届く範囲.③十分に足りる.

彀中 gòuzhōng 〈文〉矢の届く範囲.〈転〉思う壺(つぼ).計略.〔入~〕思う壺にはまる.わなに落ちる.

gu ㄍㄨ

[估] gū ①見積もる.評価する.推量する.〔~不 zhòng 了〕推量が的中した.〔不要低~了群众的力量〕大衆の力を過小評価してはいけない.〔你~一~能卖多少钱？〕これはいくらで売れると思うかね.②〈文〉商人.〔~客〕行商人. → gù

估猜 gūcāi =〔估测〕推量する.あてずっぽうで言う.

估摸 gūmo 同上.

估产 gūchǎn 生産見積もり(する).〔每亩~五百六十斤〕1ムー当たり収穫見積もりは560斤.

估单 gūdān (価格の)見積書.

估堆儿 gūduīr ひとまとめ(ひと山)いくらで値踏みする(こと).ひとからげにして値をつける(こと).まとめて見積る(こと).

估计 gūjì 見積もる.測る.〔~皮重〕皮袋(たい)の重さの見積もり.〔过低~〕過小評価(する).〔~错误〕誤算(する).見込み違い(をする).〔~数 shù 推定数.〔~全 quán 年可达一百万元〕1年をで見積もると合計100万元に達する.〔据 jù ~,…〕見積もりによると…〕.〔他们没有~到成事~下〕彼らは(それまでは)計算に入れなかったか計算が足りなかったのである.〔你~他有多大年纪〕きみ,彼はいくつだと思う.→〔估摸〕

估价 gūjià ①(価格を)見積もる.〔这件旧大衣你给估个价儿〕この古いオーバーの値段を見積もって下さい.②~过高〕評価が高すぎる.

估价单 gūjiàdān ⇒〔估单〕

估量 gū·liáng 見計らう.見積もる.見当をつける.〔不可~的损失〕はかりしれない損失.極めて大きな損失.→〔掂 diān 掇②〕

估摸 gūmo =〔约 yuē 摸〕〈口〉だいたいのところを推量する.あてずっぽうする.〔你~现在几点钟了〕だいたいのところでいま何時ぐらいかね.〔你~着这事有几分把握？〕きみの推量ではこの事はどのくらいの確実さがあると思うかね.〔您~,要是行就定下来吧〕あなたがお考えになって,もしもよいということならすぐに決めましょう.〔~有六米高〕だいたい6メートルくらいの高さがある.

估算 gūsuàn 見積もり計算(する).

[沽] gū (Ⅰ)〈文〉①〈文〉(酒·油などを)商う:売り手から言えば"売る",買い手から言えば"買う"の意.〔~油 yóu〕油を買う.〔~酒 jiǔ 去〕酒を買いに行く.〔减 jiǎn ~〕値引きして売る.〔待 dài 价而~〕〈文〉値段が出る(上がる)のを待って売る.〈転〉出馬を頼まれてからみこしを上げる.→〔贾 gǔ ③④〕②〈文〉求める.〔~虚 xū 名〕虚名を求める.

(Ⅱ)地天津の別称:〔津 jīn ~〕ともいう.〔~河〕海河の別称.〔~水〕河北省の白河上流の古称.

沽激 gūjī 売名行為をして名声を得ようとする.〔不以~取虚名〕売名行為をして虚名を求めるようなことをしない.

沽酒 gūjiǔ ①酒を売る(買う).②買った酒(買って来た酒)

沽名 gūmíng 売名なことをする.〔~钓 diào 誉〕〈成〉ことさら善いことをして名声を求める.

[咕] gū 〈擬〉ココ.コケコッコー:カッコーなど鳥の鳴き声.〔鸡~~叫叫〕(めん)鶏がコココと鳴く.〔喔 wō〕

咕哒咕哒 gūdā gūdā 〈擬〉カタカタ.〔~地拉风箱〕カタカタとふいごを引く.

咕叨 gūdao ⇒〔咕哝〕

咕噔 gūdēng 〈擬〉ガタ.ゴト.ガタゴト.

咕咚 gūdōng 〈擬〉①ゴトン:重い物が落ちる音.〔~一声摔 shuāi 在地下〕地面にゴトンと転がる.②ゴクゴク:水などを飲む音.〔~~地往肚子里灌 guàn 闷酒〕やけ酒をぐいぐいあおる.

咕嘟 gūdū 〈擬〉①グツグツ.グッグツ:水の激しく動揺する音の形容.〔水~~,烧 shāo 开了〕お湯がグラグラと沸いた.

咕嘟 gūdu 〈口〉コトコト煮る.〔把白菜再~~〕白菜をさらにコトコト煮る.〔~烂 làn 了〕グツグツ煮て煮とろけた.②=〔鼓 gǔ 嘟〕くちびるをとがらせて怒る.〔~着嘴 zuǐ 〕口をとがらせて怒る.

咕咕 gūgū 〈方〉①〈擬〉クックッ:ハトなどの鳴き声.②鳥キジバト.〔斑 bān 鸠〕に同じ.

咕叽 gūjī 〈擬〉ビシャ.ピシャ:〔咕唧〕とも書いた.〔他在雨地里走着,脚底下~~地直响〕彼が雨の中を歩くと,足元でピチャピチャ音がする.

咕唧 gūji =〔咕叽〕.(ひとりで)ブツブツ言う:〔咕叽〕とも書いた.〔咕叽咕叽地说〕同前.

咕隆 gūlōng 〈擬〉ゴロゴロ:雷や荷車の音.〔~咕隆~〕.〔雷声~~,由远而近〕雷がゴロゴロとだんだん近づいてくる.

咕噜 gūlū 〈擬〉〔咕噜噜〕ともいう.グウグウ.ゴロゴロ.〔饿得肚子~~〕すきばらでおなかがグウグウ鳴る.〔咕噜噜的雷声〕ゴロゴロという雷鳴.

咕噜 gūlu ぶつぶつ言う.ひそひそ話す.〔咕噜〕とも書いた.

咕哝 gūnong =〔咕叨〕(小声で)ぶつぶつ言う:〔咕噜〕とも書いた.

咕容 gūróng 〈方〉うごめく.

[姑] gū (Ⅰ)〈文〉夫の母.しゅうとめ.〈文〉威 wēi ~同前.〔翁 wēng ~〕しゅうとしゅう

姑轱鸪菇蛄辜　　　　　　　　　　　　　　　　　gū

姑 うとめ.→〔公 gōng(Ⅱ)③〕　②おば.伯(叔)母:父の姉妹に当たる伯(叔)母.呼びかけには,〔~~〕あるいは姉妹内の長幼の順序を示して〔三~〕(3番目のおばさん)のように呼ぶ.→〔小 xiǎo 姑(儿)〕　③こじゅうと:夫の姉妹.〔大~(子)〕夫の姉.〔小~子〕〔小~儿〕夫の妹.　④尼(₂).〔尼 ní ~〕同前.　⑤田舎の娘.〔村~〕村娘.　⑥〈文〉しばし.暫時.〔~置勿论〕しばらく論じないでおく.　⑦〈姓〉姑(ℷ)

姑表 gūbiǎo ＝〔姑舅〕いとこ:いとこのうち,〔姑母〕(父の姉妹)の子および〔舅舅〕(母の兄弟)の子に当たる間柄.〔~亲〕同前.　〔~弟〕従弟:父の姉妹の息子で自分より年少の者.その妻を〔表弟妇〕〔表弟妹〕という.〔~兄〕従兄:父の姉妹の息子で自分より年長の者.〔~嫂 sǎo〕同前の妻.　〔~兄弟〕従兄弟(どち):父の姉妹または母の兄弟の息子.〔~姊 zǐ 妹〕〔~姐妹〕従姉妹(どち)の娘.→〔姨 yí 表〕

姑布 gūbù 〈姓〉姑布(ェぅ)

姑爹 gūdiē ⇒〔姑父〕

姑夫 gūfu 同下.

姑父 gūfu ＝〔方〕姑爹〕〔姑 夫〕〔〈文〉姑 婿〕〔姑丈〕おじ(さん):父の姉妹の夫.

姑公 gūgōng ①＝〔〈文〉姑嫜〕しゅうとめとしゅうと:夫の母と父.→〔公婆〕　②祖父の姉妹の夫:〔祖 zǔ 姑丈〕に同じ.　③母の〔姑父〕

姑姑 gūgu ⇒〔姑母〕

姑姑老姨 gūgu lǎoyí 親戚中の女たち.〔在~之間充分的表现他的無知与重要〕(老.四·惺15)親戚中の女たちの間では,彼のつまらなさと重要さとは十分に知られている.

姑舅 gūjiù ⇒〔姑表〕

姑舅成亲 gūjiù chéng qīn 父の姉妹の子と母の兄弟の子,すなわち従兄弟(どち)同士で結婚する:〔姑舅作亲〕ともいう.

姑宽 gūkuān 寛大にする.大目に見る.

姑姥姥 gūlǎolao 母の〔姑母〕

姑老爷 gūlǎoye ①婿どの:娘むこに対する敬称.　②⇒〔姑外祖父〕

姑姥爷 gūlǎoye 母の〔姑父〕

姑妈 gūmā ⇒〔姑母〕

姑妹 gūmèi 同下.

姑母 gūmǔ ＝〔姑姑〕〔姑妈〕〈文〉姑妹〕〈方〉姑娘 niáng〕〔姑妈〕〔姑娘 niáng〕は父の姉で既婚の伯(叔)母:〔姑妈〕〔姑娘 niáng〕は父の姉で既婚の伯(叔)母.

姑奶奶 gūnǎinai ①嫁いだ娘に対する里方での呼び:かなりの年配に達すると[姑太太]と呼ばれる.〔小~〕⑧末娘の同前.⑥未婚の女児への呼称.〔我的小~,你少说话话〕おまえ,口を慎みなさい.〔新~〕花嫁.〔接 jiē ~〕里帰りした花嫁を迎える.〔少 shào ~〕実家の更に一代上の尊族から,嫁いで行った娘に対する呼称.　②父の姉妹に当たるおばさん.→〔姑母〕⑥したたかなおばさん.またその自称.

姑念 gūniàn ひとまず考えておく.

姑娘 gūniáng ⇒〔姑母〕
　　　　　　　　　　　　　　　　　　　　　　⑧末婚の女性.少女.女の子.若い女性.⑥(父親の立場からの)娘.〔大 dà ~〕一人前の娘.⑥一番上の娘.〔小 xiǎo ~〕⑥小娘.⑥お嬢さん.→〔女 nǚ 孩儿〕

姑娘家 gūniángjia (未婚の)若い娘.

姑娘儿 gūniangr 〈方〉妾·妓女に対する別称.

姑婆 gūpó 〈方〉夫の父と父の姉妹.

姑且 gūqiě 〈文〉しばらく.まず.〔难易~不论〕難易はひとまず置く.→〔暫 zàn 且〕

姑嫂 gūsǎo 女性とその兄弟の妻(兄嫂·弟嫁)との合称.

姑射 gūshè 〔地〕山西省臨汾県にある山.　②〈文〉神仙.仙女.美女:伝説上の〔~山〕に住んだ(荘子)

姑孰 gūshú 〈文〉じばしまた.

姑苏 gūsū 〔地〕蘇州の別称.〔~城外寒山寺〕唐の張継.〔楓橋夜泊〕の詩.

姑太太 gūtàitai ⇒〔姑奶奶①〕

姑外祖父 gū wàizǔfù ＝〔姑老爷②〕母の父(母方の祖父)の姉妹の夫.

姑妄听之 gūwàng tīngzhī 〈成〉ひとまず聞いておく:あとは適当にやる.

姑妄言之 gūwàng yánzhī 〈成〉一応伝える:真偽は保証の限りではない.〔我是~,希望你也姑妄听之〕一応伝えるだけだけ,君の方でもそのつもりで聞いてきなさい.

姑息 gūxī 甘やかす.寛容すぎる.寛大に取り扱う.〔~养 yǎng 奸〕〈成〉扱い方が甘いために悪人をはびこらせる.〔~迁就〕まあまあとおざなりにする.〔不可用~了〕もうこれ以上いいかげんにしておくべきでない.〔~疗 liáo 法〕一時しのぎの手当て.その場しのぎの処置.〔不能采取~政策〕姑息な政策をとってはならない.

姑婿 gūxù ⇒〔姑父〕

姑爷爷 gūyéye おじさん:父の姉妹の夫.→〔姑父〕

姑爷 gūye 娘婿:嫁いだ娘の実家の尊属が婿のことをいう称呼.さらに一代上の尊属からは〔少 shào ~〕と呼ぶ.→〔姑老爷①〕

姑嫜 gūzhāng ⇒〔姑公①〕

姑丈 gūzhàng ⇒〔姑父〕

姑姊 gūzǐ →〔姑母〕

姑子 gūzi ⇒〔尼 ní 姑〕

姑祖 gūzǔ 祖父の姉妹の夫:〔〈文〉祖姑丈〕に同じ.

姑祖母 gūzǔmǔ 祖父の姉妹:〔〈文〉祖姑①〕に同じ.

〔轱·軲〕gū

轱辘 gūlu 〔毂辘〕〔轱轳〕とも書いた.①[-儿]〔口〕わっぱ.車輪:ふつう〔车 chē 轮〕という.〔四~大车〕四輪の(荷物を運ぶ)馬車.〔胶 jiāo 皮~车〕ゴム輪の車.〔~刮 guā〕車輪の泥除け.　②[-儿]物の分段.節.一くぎり.〔=〔籠节儿〕に同じ.〔把甘蔗切成好几~〕砂糖きびを幾節かにも切る.〔断了好几~〕幾くぎりにも切れた.〔一~香肠儿〕ソーセージの一くくり.　③ころがる.ころころと転ぶ:〔骨碌〕に同じ.

轱辘车 gūluchē トロッコ.〔小铁~〕小さな鉄製トロッコ.

轱辘锅的 gūluguōde 〔职〕鋳掛屋.→〔焊 hàn 锅匠〕

轱辘码子 gūlumǎzi 〔旧〕労働者の仕事の回数を計算するための数取り盤:細い棒に木の珠を多数貫いて左右に自由に動かせるようになったものを何段にも取り付けたもの.これを1回につき1個ずつ他の端へ移動させて仕事を記録する.　②幼児の玩具の計数板.

轱辘钱儿 gūluqiánr 〔旧〕穴あき銭(一文銭)に似た文様.

〔鸪·鴣〕gū ①〔鹧 zhè ~〕〔鱼 yú 〕シャコ.　②〔鹁 bó ~〕スズカケバト.

〔菇(菰)〕gū 〔植〕キノコ類.〔香 xiāng ~〕シイタケ.〔草 cǎo ~〕フクロダケ.〔蘑 mó ~〕食用キノコ.特にマッシュルーム.②〈姓〉茹(ᵍ)→〔菰〕

〔蛄〕gū ①〔蝼 lóu ~〕〔虫〕ケラ(オケラ):俗に〔蝲蝲~gú〕という.　②〔蟪 huì ~〕〔虫〕ニイニイゼミ.→ gǔ

〔辜〕gū ①罪.〔~人〕罪人.〔无 wú ~的居民〕罪のない居住者.　②＝〔孤〕〈文〉背く.〔~恩 ēn〕恩に背く.　③〈姓〉辜(ℷ)

gū　辜酷呱孤

辜負 gūfù 無にする.背く:〔孤负〕とも書いた.〔他的美意〕彼らの好意を無にする.〔～大好春光〕せっかくの春の陽光・景色をむだにする.〔我决不～大家对我的期望〕わたしはみんなの期待を裏切るようなことは決してしない.〔不能～党的教育和培养〕党の教育と育成を無にしてはならない. →〔负⑦〕

辜高 gūgāo〈姓〉辜高(ミョ)．

辜月 gūyuè〈文〉旧暦11月の別称.

[酷] gū〈文〉①薄い酒.さっぱりした酒.②酒を売る.〔～酒 jiǔ〕同前.〔～榷 què〕政府が酒を専売する.〔～户 hù〕酒屋.③酒を買う.

[呱] gū〈文〉嬰(ミサ)児の泣き声. → guā guǎ

呱呱 gūgū〈擬〉オギャー.〔～～坠 zhuì地〕呱呱(ウ)の声をあげる.オギャーと生まれ落ちる. → guā-guā

[孤] gū ①幼少で父を亡くした.みなし子の.②単独の.寂しい.〔～树不成林〕〔諺〕1本の木では林にはならない，一人で大きなこと(事業)はできない.③固王・侯の自称.〔称 chēng 一道寡(ニ)〕〈喩〉お山の大将をきどる. →〔寡④〕→〔辜②〕⑤〈姓〉孤(ᠯ)．

孤哀子 gū'āizǐ 回両親ともに亡くした人(父母どちらかを先に亡くし後にまた片方を亡くした人)の服喪中の自称. →〔子②〕〔哀子〕

孤傲 gū'ào 他人と協調せず，一人高ぶっている.

孤本 gūběn 1冊しか現存していない珍しい古書や，手書きの原稿，拓本など.

孤标 gūbiāo〈文〉高く突き出た枝や峰.〈喩〉高潔な人格.

孤臣孽子 gūchén nièzǐ〈成〉独りぼっちで後ろ盾を持たない臣と妾腹(ショヮ)に生まれて親愛を受けることの少ない子:自分にふさわしい地位に恵まれず冷遇されている人.〔孤孽〕ともいう.

孤城 gūchéng ①孤立無援の城.②孤立している辺境の町.

孤雛腐鼠 gūchú fǔshǔ〈喩〉とりたてて言うに足りない事柄(人や物).とるに足りない事物．

孤雌生殖 gūcí shēngzhí 生理 単為生殖。〔单 dān 性生殖〕ともいう。

孤单 gūdān ①=〔孤零〕〔孤另〕単独(である).独りぼっち(である).〔孤单单单〕さみしい.〔感到～〕孤独を感じる.〔～凄 qī凉〕〔孤凄〕独りぼっちで寒々と寂しい.②〔力が〕不足している.弱い.

孤单零丁 gūdān língdīng ⇒〔孤苦伶仃〕

孤胆 gūdǎn 単独で大胆に(大勢の敵と戦う).〔～英雄〕同前の英雄.

孤岛 gūdǎo ①孤島．離れ島.②〈喩〉孤立した地区:抗日战争中的上海など．

孤灯 gūdēng 一人ぼっち灯る火.

孤丁丁 gūdīngdīng =〔孤零零〕独りぼっちで寂しいさま.

孤丁 gūding〈方〉①突き出ているもの．出っぱり.②突然に事情が変わったり厄介なことが起こること.〔这边刚料理停当,那边又起了～〕こちらをやっとちゃんと始末をつけたら,あちらの方にまた厄介なことが起こった.③〔賭博で〕賭けた.張る. →〔孤注〕

孤独 gūdú ①独りぼっちである.〔～的一生〕孤独な一生.〔～症 zhèng〕医 自閉症.②⇒〔孤僻〕

孤恩 gū'ēn〈文〉恩に背く．

孤儿 gū'ér ①〔孤子①〕父なし子.〈転〉親なし子.〔～院〕孤児院.

孤儿寡母 gū'ér guǎmǔ〔孤寡〕〈文〉孤媚①母一人子一人.孤児とやもめ.夫(父)に死なれた母子.

孤芳自赏 gūfāng zìshǎng〈成〉高潔の士をもって自任し自己陶酔すること．一人よがり.

孤峰 gūfēng 孤峰.

孤负 gūfù ⇒〔辜负〕

孤高 gūgāo〈文〉凡俗を超越しているとうぬぼれること.〔～傲世〕孤高で世人を見下げる.

孤寡 gūguǎ ①⇒〔孤儿寡母〕②独りぼっち．

孤拐 gūguǎi〈方〉①ほおぼね:ふつう〔颧 quán骨〕という.②くるぶし(のでっぱり).〔脚 jiǎo——〕同前．

孤魂 gūhún 供養する後嗣がなく祭祀(ザ)してもらえぬ霊.〔～野鬼〕〈喩〉独りぼっちの人間．〔～会〕無縁仏の供養会.

孤寂 gūjì 独りぼっちで寂しい．

孤家寡人 gūjiā guǎrén〈喩〉〔喻〕独りぼっち天下：〔孤家〕是昔時,帝王の自称.

孤孑 gūjié ①単独.独りぼっち.②孤高.

孤军 gūjūn 孤立無援の軍隊.

孤军奋斗 gūjūn fèndòu〈成〉孤军奋斗(する)：〔孤军奋战〕〔孤军作战〕ともいう．

孤客 gūkè〈文〉一人旅の客人．

孤苦 gūkǔ 独りぼっちで貧しい．身よりがなくて貧しい.〔～无依的老人〕独りでよるべもない老人．

孤苦伶仃 gūkǔ língdīng〔孤苦零丁〕とも書く．独りぼっちで頼るところがない:〔孤单零丁〕〔伶丁孤苦〕に同じ.〔父母都死了就剩下～一个孩子了〕父母ともに死んでただ子供だけが一人残された．

孤老 gūlǎo ①〈文〉孤独の老人．②〈方〉間男(ᠯット).③=〔盖 gài 老②〕〈方〉(芸者・歌妓などの)後援者.だんな．パトロン．

孤立 gūlì 孤立(する).〔～主义〕(国家の)孤立主義.〔～木 mù〕一本立ちの木.〔～语 yǔ〕〔词 cí 根语 问〕孤立语.〔～无援〕無助く慣〉孤立無援.〔～少数敌人〕少数の敵を孤立させる.

孤例 gūlì 例外中の例外.たった一つのこと．〔不是～例〕特別な例ではない．

孤零 gūlíng ⇒〔孤单①〕

孤零零 gūlíngling ⇒〔孤丁丁〕

孤另 gūlìng ⇒〔孤单①〕

孤陋寡闻 gūlòu guǎwén =〔孤陋〕〈成〉見聞が狭く学識が浅い．

孤孽 gūniè ⇒〔孤臣孽子〕

孤女 gūnǚ 両親を亡くした娘．

孤蓬万里 gūpéng wànlǐ 一艘(ミウ)の小舟で万里の旅に出ろ人.〈喩〉一人で寂しく旅行する．

孤僻 gūpì =〔孤独①〕〈性质〉がひねくれていて〉人づきあいをしない．〔他的性格变得～了〕彼は人ぎらいの性格になってしまった．

孤凄 gūqī ⇒〔孤单凄凉〕

孤峭 gūqiào〈文〉性格が激しくて世俗に順応しないこと．

孤弱 gūruò よるべがなく弱い．〔～女子〕幼くして親を亡くした女の子．

孤身 gūshēn 単身.単身.独身.〔～无 wú靠〕〈慣〉独り身でよるべがない.

孤孀 gūshuāng ①=〔孤儿寡母〕②⇒〔寡 guǎ妇〕

孤耸 gūsǒng〔孤竦〕とも書く．一つだけそびえる．

孤行 gūxíng〈文〉単独で行う.〔～己见〕自分の考えを押し通す．

孤悬 gūxuán〈文〉孤立する(させられる)．

孤雁 gūyàn 群から離れた雁(ホᠯ).〔～单飞〕〈喩〉独りわが身逆をゆく．

孤影 gūyǐng 独りで寂しげな姿.〔～萧 xiāo然〕同前のさま．

孤云野鹤 gūyún yěhè〈喩〉世俗の名利を捨てて超然としている人物．

孤掌难鸣 gūzhǎng nán míng 〈喩〉一人では何事もできない。〔一 yī 木难支〕

孤斟 gūzhēn =〔孤酌〕〈文〉独りで酒を飲む．

孤证 gūzhèng 唯一の例証．〔〜不立〕複数の証明が無ければ説を立てない．〔单 dān 辞〕一方だけの主張と唯一の証拠．

孤忠 gūzhōng 〈文〉自分だけでまっすぐな気持ちを貫くこと．〔〜亮 liàng 节〕まっすぐな気持ちを貫く節操を変えない．

孤注 gūzhù =〔整 zhěng 注〕〈文〉賭博で有り金全部を賭けること．〔〜一掷 zhì〕乗るか反るか勝負を決する．→〔一 yī 掷乾坤〕

孤装 gūzhuāng 圏〈古代劇〉の道化役:旧劇の〔丑 chǒu 脚〕に当たる．

孤酌 gūzhuó ⇒〔孤斟〕

孤子 gūzǐ ①⇒〔孤儿〕 ②母は健在で父の喪に服している人(父を亡くした人)の自称．〔哀 āi 子〕

〔**轱·軲**〕gū 〈文〉ほお骨．大きい骨．

〔**罛**〕gū 〈文〉大型の魚網．

菰(苽) gū 匢 マコモ．〔〜菜 cài〕〔茭 jiāo 白〕〔茭儿菜〕〔茭瓜〕〔茭笋〕マコモダケ:マコモの新芽の茎が黒穂病菌の寄生で肥大したもの．竹の子に似てよく料理に使われる．〔〜米 mǐ〕〔茭米〕〔雕 diāo 胡米〕〔黑 hēi 米 ③〕マコモの実:食用される．→〔菇〕

〔**觚**〕gū ①固觚(っ)酒器の一種．口はラッパ状に開き，胴は四角または八角，口と同型の脚がついた酒杯．②古文字を書くのに用いた木の札．〔〜牍 dú〕同前．〔操 cāo 〜〕文章を作る．→〔竹 zhú 简〕 ③〈文〉方形，四角．〔破 〜 为圆 yuán〕〈文〉固執しない． ④〈文〉角(ヵ)．〔〜棱 léng〕宮殿の最上部の屋根の角:鳳凰などの飾りを取りつける部分．⑤〈姓〉觚(ヵ)．

〔**骨(骨)**〕gū →gǔ

骨朵儿 gūduor =〔骨葖②〕〈口〉つぼみ．→〔花 huā 蕾〕

骨碌碌 gūlūlū くるくる回るさま:〔骨渌渌〕〔骨鲁鲁〕〔骨噜噜〕とも書いた．〔他的眼睛一地直转 zhuàn〕彼はしきりに目をきょろきょろさせた．

骨碌 gūlu ころころ転がる:〔轱辘③〕に同じ．〔油桶一下去了〕ドラム缶が斜り落ちていった．〔球 qiú 〜到哪儿去了〕ボールはどこかへ転がっていった．〔一〜爬 pá 起来了〕ごろりと寝返りうって立ち上がった．

〔**菩(菩)**〕gū

菩葖 gūtū ①匢袋果(のう)シャクヤク・シキミ・八角茴香(きょう)の果実のように成熟して乾果になると一側だけが開裂するもの．〔〜果 guǒ〕同前． ②⇒〔骨朵儿〕

〔**縠·縠**〕gū →gǔ

縠辘 gūlu =〔轱辘〕

〔**箍**〕gū ①〔〜儿〕たが(帯状の輪)．たが状の物．〔一道铁 tiě 〜〕一本の帯鉄．〔民兵们右臂上带着红〜〕民兵たちは右腕に赤い腕章をつけている．②たがをはめる．帯状のもので巻く．〔〜桶 tǒng〕桶(ゅ)にたがをはめる．〔〜桶的〕〔〜桶匠〕桶職人．〔拿白布一来把头上巻きつける．〕〔头上一条白布〕頭にはちまきをする．→〔紧 jǐn 箍咒〕

箍儿 gūjier ⇒〔轱辘②〕

箍铁 gūtiě =〔方〕路 lù 皮(铁)鉄のたが．带鋼(梱包用鉄带)：〔铁箍〕ともいう．

箍眼 gūyǎn 〔方〕角膜のにごり．→〔出 chū 箍眼(儿)〕

箍子 gūzi 〔方〕指輪．

箍嘴 gūzuǐ 〈方〉かごの口．

〔**古**〕gǔ ①昔．いにしえ．〔上 shàng 〜〕史上古．〔中 zhōng 〜〕史中古．↔〔今 jīn ①〕 ②古い．年代を経ている．〔〜树 shù〕老木．〔〜①〕〔老 lǎo ④〕 ③〈転〉(人心が)質朴である．〔人心不〜〕人心が質朴さをなくしている．④〔一体诗〕の略．〔五ー〕五言古诗．⑤〈姓〉古．

古奥 gǔ'ào (诗や文が)古風で難解である．〔〜的词句〕難解な語句．

古巴 gǔbā キューバ:正式には〔〜共和国〕．中部アメリカの島国．首都は〔哈瓦那〕(ハバナ)．

古板 gǔbǎn ①かたくなである．〔那个人太〜〕あいつは融通がきかない．〔〜脾 pí 气〕頑固の気性． ②古くさい．

古堡 gǔbǎo 古い砦(ヒゥ)．

古贝 gǔbèi →〔木 mù 棉〕

古本 gǔběn 版の古い古書．

古币 gǔbì 古代の貨幣．

古刹 gǔchà 〈文〉古い寺院．

古城 gǔchéng ①古城．古都．②古代都市の遺跡．

古代 gǔdài 圏(时代区分上の)古代．⑨中国では多くは19世紀中葉以前をいう．⑥奴隷社会の時代:原始共同体の時代も含む．⑤近 xiàn 代〕

古代汉语 gǔdài hànyǔ =〔古汉语〕

古道 gǔdào ①〈文〉いにしえの教え．いにしえの学問．②古風．〔〜热 rè 肠〕〈成〉義理人情に厚い． ③古道．旧道．(丝绸〜) (古い)シルクロード．

古典 gǔdiǎn ①古典．〔〜文学〕古典文学．〔〜主义〕古典主義．〔〜音乐〕クラシック音楽．②〈文〉古代から伝わって来た正宗，または典範．③出典．〔典故①〕に同じ．

古调 gǔdiào 古代の音調．〈転〉古めかしい調子．〔〜不弹 tán〕〈成〉古い純朴な曲は誰も弾かなくなる．昔のよさが今はないこと．

古董 gǔdǒng ①骨董:〔骨董〕とも書いた．〔卖〜的〕骨董屋．時代屋．→〔古玩〕〔旧 jiù 货〕 ②〈転〉石頭．頭の古い人．

古都 gǔdū 古都．

古渡 gǔdù 〈文〉古くからの渡船場．

古尔邦节 gǔ'ěrbāng jié 〈音譯〉函コルバン祭:イスラム教暦12月10日．いけにえを神に捧げるイスラム教の重要な祭日．〔宰 zǎi 牲节〕ともいう．

古尔族 gǔ'ěrzú クルド族:トルコの民族名．

古方 gǔfāng 匡古代の処方．→〔时 shí 方〕

古风 gǔfēng ①古代の風俗習慣．古風で素朴な気風．②⇒〔古体诗〕

古怪 gǔguài ①奇怪である．不可解で奇異である．〔样子很〜〕様子が奇怪である． ②時代ばなれしている．〔这个人很〜〕この人はまことに変わっている．

古国 gǔguó 歴史の古い国．

古汉语 gǔhànyǔ =〔古代汉语〕圏古代漢語．

古画 gǔhuà 古画．

古话 gǔhuà 昔話．古代の名言．

古籍 gǔjí 古書:古本は〔旧 jiù 书〕という．〔文物〜〕文化財と古書．

古迹 gǔjì 古跡．〔名胜〜〕名勝古跡．〔文物〜〕文化財と古跡．

古加 gǔjiā ⇒〔古柯〕

古建 gǔjiàn 古代建築(をまねた建築)

古今 gǔjīn 古今．〔〜独 dú 步〕〈成〉古今に比べるものがない．非常に優れている．〔〜中外，概莫能外

gǔ 古诂牯罟钴蛄嘏盬

古井无波 gǔjǐng wúbō〈成〉涸(ˋ)れ井戸の水は波が立たない:(主として寡婦が)心変わりしないこと.
古劲 gǔjìng (書などが)素朴で雄勁(!!)である.
古旧 gǔjiù 古くさい.古めかしい.旧式である.〔~书〕古書と古本.
古柯 gǔkē〈音訳〉𣖺 コカ(ノキ):〔古加〕〔高 gāo根〕〔可 kě kě〕ともいった.〔~叶 yè〕コカの葉.~碱 jiǎn〕〈音訳〉可 kě 卡因 圈コカイン.
古来 gǔlái 古来.昔から.〔自 zì 古以来 lái〕同前.→〔古往 wǎng 今来〕
古兰经 gǔlánjīng =〔可 kě 兰经〕〈音義訳〉圈(イスラム教の)コーラン.クルアーン.
古老 gǔlǎo ①古老.②古ぼけた.古めかしい.昔(風)の.〔~的城市〕古めかしい都市.〔~的风俗〕古い風俗.
古老钱 gǔlǎoqián 古銭:特に漢代のものをいう.
古礼 gǔlǐ 古代からの礼式.
古历 gǔlì ⇒〔农 nóng 历〕
古隶 gǔlì 秦・漢代の隸書.〔今 jīn 隸〕
古龙水 gǔlóngshuǐ ⇒〔花 huā 露水〕
古庙 gǔmiào 古寺.
古墓 gǔmù 古墳.
古朴 gǔpǔ 古風で飾り気がない.
古钱 gǔqián 古銭.
古琴 gǔqín 圈古琴(5弦または7弦で小型):〔七 qī 弦琴〕ともいう.
古曲 gǔqǔ 圈古典曲.クラシック音楽.
古趣 gǔqù 古雅なおもむき.
古人 gǔrén ①昔の人.②故人.③旧人:〔旧 jiù 人①〕ともいう.〔猿 yuán 人〕と〔新人④〕の中間に位する化石人類.
古色 gǔsè 古めかしい色(外観).〔~苍 cāng 然〕古色蒼然としている.古めかしい色や様式.〔~古香〕〔古香~〕(書画・器物・風物などが)古めかしく優雅な様子をしている.
古生代 gǔshēngdài 𦤷古生代.
古生界 gǔshēngjiè 𦤷古生層.
古生物 gǔshēngwù 古生物.〔~学〕古生物学.
古尸 gǔshī 古代人の死体.
古诗 gǔshī ①古代の詩.②⇒〔古体诗〕
古时 gǔshí 昔.
古书 gǔshū 古書.
古树化石 gǔshù huàshí ⇒〔硅 guī 化木〕
古丝路 gǔsīlù ⇒〔丝绸之路〕
古塔(坡)胶 gǔtǎ(pō) jiāo〈音義訳〉圈グッタペルカ(ゴム).
古体诗 gǔtǐshī =〔古风②〕〔古诗②〕古体詩:唐代に格律の厳しい〔律诗〕が興り,これより一定の平仄(ヘ ソ゚ゾ)図による律詩・絶句を〔近 jìn 体诗〕とし,これに従わないものを〔~〕という.
古铜 gǔtóng 古代の銅.〔~器 qì〕古銅器.〔~色〕𦤷古銅色(黒ずんだ銅色)の.
古玩 gǔwán 骨董品.〔~店〕古美術店.〔~玉器〕骨董や玉(ǵ̃)の器物.→〔古董①〕〔旧 jiù 货〕
古往今来 gǔwǎng jīnlái〈成〉昔から今まで.
古为今用 gǔwéi jīnyòng 昔のものを現在に役立てる.〔~,洋为中用〕同前で,また外国のものを中国のために利用する.
古文 gǔwén ①文言文の総称:特に五四運動以前のもの.②圈先秦の文字:〔今 jīn 文〕(漢代の通用文字である隸書)に対していう.〔古文字〕に同じ.〔~学〕同前で書かれた経書を研究する学問.〔~字〕③秦・漢代の文体.④同前を模範とし〔四六文〕を排した文体.〔唐 táng 宋 sòng 八大家〕の韓(?)愈・柳宗元らが唱えた同前の運動を〔八股

文〕に対していう.⑤→〔六 liù 书②〕
古文献 gǔwénxiàn 古文献(図書・文物・資料)
古文字 gǔwénzì 古代の文字:特に甲骨文・金文・大篆・小篆など秦以前のものをいう.
古物 gǔwù 古代の器具,特に古美術品.骨董.
古昔 gǔxī〈文〉昔.
古稀 gǔxī 古稀(ˋ):70歳の別称.杜甫の詩〔人生七十古来稀〕(人生七十古来稀なり)から出た語.〔年近~〕年齢は70に近い.→〔七 qī 秩〕
古先 gǔxiān ①大昔.②祖先.
古香古色 gǔxiāng gǔsè ⇒〔古色古香〕
古训 gǔxùn 昔から言い伝わってきた訓戒.
古雅 gǔyǎ 古めかしくて優雅である.
古谚 gǔyàn 古いことわざ.
古窑 gǔyáo 古代の陶磁器の窯(ˋ)跡.
古野 gǔyě〈姓〉古野.
古已有之 gǔ yǐ yǒuzhī〈成〉昔からあった.
古意 gǔyì ①昔の趣き.古めかしい様子.②懐古の情.
古音 gǔyīn 圈古語の語音.ⓐ周・秦・漢の語音:〔上 shàng ~〕ともいう.ⓑ隋・唐の語音:〔中 zhōng ~〕ともいう.↔〔今 jīn 音〕
古语 gǔyǔ ①古語.古文.〔~词〕同前.②古くから伝えられた話.〔~说〕昔から言っている.
古猿 gǔyuán 古代(漸新世)の猿類:〔化 huà 石类人猿〕ともいう.
古远 gǔyuǎn はるか昔.昔昔.
古乐 gǔyuè 古代の音楽.
古韵 gǔyùn 古代のロマン.昔の雅やかさ.
古哲 gǔzhé〈文〉昔の賢人.
古镇 gǔzhèn 古い町.
古筝 gǔzhēng 圈筝(ˋ):日本の琴に似た弦楽器.単に〔筝①〕ともいう.もと13弦,のち16弦,現在は25弦.
古质 gǔzhì 古めかしくて質朴である.
古籀 gǔzhòu〔古文①〕と〔籀文〕
古注 gǔzhù 漢・唐代の学者による経書の注釈.
古装 gǔzhuāng 昔の服装.〔~戏〕〔袍 páo 带戏〕時代劇.〔~片 piàn〕時代劇映画.→〔时 shí 装①〕
古拙 gǔzhuō 古風で素朴である.古拙である.

〔**诂・詁**〕gǔ〈文〉当代の言葉で古語を解釈すること.〔训 xùn~〕〔解 jiě~〕訓詁(ˋ).注釈.

〔**牯**〕gǔ

牯岭 gǔlǐng 𦤷江西盧山にある町:〔云 yún 中山城〕とも.
牯牛 gǔniú〈文〉①牡(ˋ)牛:〔公 gōng 牛①〕に同じ.②牝(ˋ)牛.〔口〕去勢した牡牛.

〔**罟**〕gǔ〈文〉①網.〔~客 kè〕〔~师 shī 渔师.②網で魚を獲る.

〔**钴・鈷**〕gǔ ①𦤷コバルト:金属元素.記号 Co.〔~矿 kuàng〕コバルト鉱山.〔氧 yǎng 化~〕酸化コバルト.〔~蓝 lán〕𦤷コバルトブルー.〔~胺 àn 素〕維 wéi 生素 B₁₂ コバラミン(ビタミン B₁₂).〔~炮 pào〕圈コバルト放射線治療.②〈姓〉鈷.
钴鉧 gǔmǔ〈文〉火のし.→〔熨 yùn 斗〕

〔**蛄**〕gǔ ①→〔蝲 là 蛄〕 ②→〔拉 lā 拉蛄〕→ gū

〔**嘏**〕gǔ〈又音〉jiǎ 〈文〉幸い.幸福.〔祝 zhù~〕長寿を祝う.

〔**盬**〕gǔ

盬子 gǔzi =〔沙 shā 盬子〕中国料理で,〔汤 tāng(煮出し汁)を作るとき長時間とろとろ煮るのに

盬鹽汩谷股 gǔ

用いる深底の土鍋.〔大〜〕同前の大型のもの.→〔煨 wēi ②〕

〔盬〕 gǔ 〈文〉①塩湖. ②堅牢でない. ③止む.

〔汩〕 gǔ 〈文〉①水を通す.治水する. ②水中の. ③水の流れるさま.

汩汩 gǔgǔ〔擬〕水の流れる音.〔〜而流〕〔水流〜〕水がザーザー流れる.

汩没 gǔmò〈文〉埋没する.

〔谷・穀〕 gǔ (Ⅰ)〔谷〕①谷.〔山 shān 〜〕渓谷.〔万丈深〜〕深い谷.〔硅 guī〜〕地シリコンバレー.〔药 yào〜〕喩医薬工業基地. ②窮まる.〔进 jìn 退维〜〕進退窮まる. ③〈姓〉谷.
(Ⅱ)〔穀〕①穀物.穀類.〔五〜〕五穀.〔〜秆 gǎn〕穀類植物の茎.〔百 bǎi〜〕穀類植物の総称.〔〜类植物〕穀類植物. ②画アワ,またその実:〔〜子〕は通称.脱穀したものを〔小 xiǎo 米 (儿)〕という.〔粟 sù ②〕は文語.優良品種を〔梁 liáng ①〕という.茎は家畜の飼料とする.〔黏 nián 〜子〕もち粟(あ). ③〈方〉稲.籾(もみ). ④〔旧〕同前. ④〈文〉佳(よ)い. ⑤〈姓〉穀 → ⑥yù.

谷氨酸 gǔ'ānsuān =〔戊 wù 氨二酸〕化グルタミン酸.〔羟 fū (氨)酸〕ともいう.

谷氨酸钠 gǔ'ānsuānnà 化グルタミン酸ソーダ.→〔味 wèi 精〕

谷仓 gǔcāng 穀物倉.

谷草 gǔcǎo ①粟のわら:飼料として使われる. ②〈文〉稲わら.

谷场 gǔcháng 農脱穀作業場:農家の広場.

谷旦 gǔdàn〈文〉吉日.

谷盗 =〔谷蛾〕地コクヌスト.

谷道 gǔdào 中医直腸と肛門:〔肛 gāng 道〕に同じ.

谷底 gǔdǐ ①谷底.〔〜田〕谷間の田畑. ②商(景気・株価などの)谷底:〔底谷〕ともいう.

谷地 gǔdì 谷.

谷蛾 gǔ'é 虫コクゾ虫.

谷坊 gǔfáng 旧防砂堰(えん)

谷风 gǔfēng ①谷風:谷間から山頂へ吹き上げる風. ②〈文〉東風:〔东 dōng 风①〕の別称.

谷谷 gǔgǔ〈方〉ヤマガラの鳴く声.〔戴 dài 胜〜催春耕〕(欧陽修詩)ヤマガラがクックッと春の野良仕事の時期を告げている.

谷贱伤农 gǔjiàn shāngnóng〔成〕穀物の値が安くて農民の利益を損なうこと.

谷精草 gǔjīngcǎo 植ホシクサ.

谷糠 gǔkāng 米ぬか.

谷壳(儿) gǔké(r) 籾(もみ)がら. →〔稲 dào 糠〕

谷类作物 gǔlèi zuòwù 穀類作物.

谷粒 gǔlì 籾(もみ)1粒. →〔选择机〕籾粒選別機.

谷梁 gǔliáng 〈姓〉穀梁

谷蓼 gǔliǎo 植ヤナギタデ.

谷那 gǔnà 〈姓〉谷那(彤).

谷胚 gǔpēi 穀物の胚芽.

谷神星 gǔshénxíng 天セレス.

谷日 gǔrì 旧暦正月8日の別称. ②吉日.

谷朊 gǔruǎn 化グルテン(グリテリン).麩(ふ)素:穀物に含まれている蛋白質

谷水 gǔshuǐ 〈文〉〔潜水〕

谷穗 gǔsuì [〜儿]①粟(あ)の穂. ②稲の穂.

谷维素 gǔwéisù 薬オリザノール.

谷物 gǔwù ①穀物.穀類.〔〜海岸〕地穀物海岸:アフリカ西部リベリアの海岸.象牙岸西方にあたる.

谷象 gǔxiàng 虫コクゾウムシ.

谷芽 gǔyá ①穀物の実の発芽したもの. ②発芽した

米を乾燥させたもの.

谷雨 gǔyǔ =〔棟 liàn 花风〕二十四節気の一.4月20日または21日にあたる.

谷贼 gǔzéi ⇒〔谷盗〕

谷种 gǔzhǒng 穀物の種.

谷子 gǔzi →〔谷①〕

谷租 gǔzū 旧穀物で納める税.

〔股〕 gǔ (Ⅰ)①〈文〉もも.ももた.〔刺 cì 〜〕喩刻苦勉学する. ②〔大 dà 腿〕 ③〔-儿〕ある機関・団体・企業・事業など組織上の一部門.係:〔卫生科防疫〜〕保健課予防係.〔分〜办事〕いくつかの係に分けて処理する.→〔局 jú ①②〕 ③〔-儿〕より合わせた紐・糸の一本一本.〔多〜线〕より糸. ④量詞.ある種の集合体を数える. ①一まとまりの人:多くかなり大勢の人の集まり.〔两〜敌 dí 军〕二手の敵軍.〔一〜土匪〕匪賊の一団. ②〔-儿〕長く伸びている線状をなしたものを数える.〔一〜清泉〕一筋の泉の流れ.〔一〜逆流〕一筋の逆流.〔一〜线〕1本の線・糸・ライン. ③におい・気体・力などに用い,ふつう〔一〜〕として用いる.〔一〜香味〕一筋の(よい)におい.〔一〜热气〜的热气.〔一〜儿烟〕けむり一筋.〔大家拧 nǐng 成一〜劲儿〕みんなの力を一つに合わせる.〔一〜脑(儿)〕一緒に(にして).→〔股⑨〕 ⑤経股金.量詞としても用いる.〔一百〜B种〜票〕B種株式100株.〔深圳〜〕シンセン株.〔按人〜均分〕出資額に応じて均分する.〔集 jí 〜〕資金を集める.〔招 zhāo 股多少万〜〕何万株を募集するのか.〔入 rù〜(儿)〕〔认 rèn 〜〕株を引き受ける.株主になる.〔合 hé〜〕合資(する).〔财 cái 〜〕〔银 yín 〜〕出資.金銭.〔空 kōng〜(力)〕〔人 rén 〜(力)〕〔身〜(儿)〕労力出資.〔红〜〕権利株.〔新 xīn 〜〕新株.〔老〜〕旧株.〔优 yōu 先〜〕優先株.

(Ⅱ)〈文〉直角三角形の直角をはさむ2辺のうちの長辺:短辺は〔勾(Ⅱ)〕.〔勾 gōu 〜形〕直角三角形.

股本 gǔběn 経株式資本. ②(一般の)資本.資本金.

股东 gǔdōng ①株主.〔大会〕〔年会〕〔〜会〕株主総会.〔〜名册〕株主名簿. ②出資者.〔〜分摊 tān〕〔〜配 pèi 股〕株主割当.

股匪 gǔfěi 強盗の集団.山賊団.

股份 gǔfèn〔股分〕とも書いた.株式株:単に〔股〕ともいう.〔(有限)公司〕株式会社.Co,Ltd.〔合资〜公司〕株式合資会社.〔〜承受人〕株式引受人.〔〜制 zhì 企业〕株式制企業.〔他有这家公司的〜〕彼はこの会社の株を持っている.

股改 gǔgǎi (国有企業の)株式会社への転換(をする).

股肱 gǔgōng 股肱(ここう).〈喩〉最も頼りにしている輔佐役.

股骨 gǔgǔ 生理大腿骨.

股关节 gǔguānjié 生理股(こ)関節.

股海 gǔhǎi 〈喩〉株式業界.投資の世界.

股汇 gǔhuì 株(価)と為替(レート)

股价 gǔjià 株価.〔平均〜〕平均株価.

股金 gǔjīn 経出資金.〔交纳〜证明〕〔〜通知〕株金払込命令.〔〜在两千元以上的私方人员〕出資金が2,000元以上の資本家側の経営者. →〔公 gōng 私合营〕

股款 gǔkuǎn 株金.

股利 gǔlì ⇒〔股息〕

股栗 gǔlì〈文〉(恐れて)膝ががたがたする.

股盲 gǔmáng 投資音痴.株音痴.

股迷 gǔmí 投資狂.

股民 gǔmín ①株券を持つ人. ②株をやる人.株式投資家.

股票 gǔpiào 経株券.〔〜行 háng 市表〕株式相場

gǔ　　　　　　　　　　　　　　　　　　　　　　　　　　　　　　　股羖骨

表.〔～交 jiāo 易所〕株式取引所.〔～(价格)指数〕〔股指〕株価指数.〔～上市〕株式の上場.〔～热 rè 〕株式ブーム.〔～市盈 yíng 率〕株価収益率. PER:〔市盈率〕ともいう.〔～指数期货〕株式指数先物(取引).〔～经纪(人)〕株式仲買人.
股评 gǔpíng　株価の動きの分析・予測(をする).〔～家〕〔～人士〕証券市場アナリスト.投資コンサルタント.
股权 gǔquán　⃣商株主の権利.〔～摊薄反收购措施〕〔毒 dú 丸计划〕⃣経株式の敵対的買収対抗措置(金融用語)
股儿 gǔr　分け前.割り当て.
股市 gǔshì　⃣商①株式市場. ②株式相場.
股息 gǔxī　=〔股利〕⃣商①株式配当. ②⃣回株式利息.
股癣 gǔxuǎn　⃣医頑癬(がん).陰金田虫.
股友 gǔyǒu　投資仲間.
股约 gǔyuē　株式規則:株に関する規定.
股灾 gǔzāi　株式市場の危機.大暴落.
股占 gǔzhàn　持ち株比率.
股长 gǔzhǎng〔会 kuài 计~〕会計課長.
股指 gǔzhǐ〔股票(价格)指数〕の略.
股子 gǔzi　量詞.気体・匂い・気力・気持ちなどに用いる.〔哪儿来的一～鱼腥 xīng 味〕どこからか魚くさいにおいがする.〔好几～劲儿集中在一块儿〕いろんな力が一緒に集中する(される)

羖(羝)
gǔ 〈文〉黒色の牡(xˇ)羊.→〔公 gōng 羊〕

骨(骨)
gǔ ① 骨.〔脊 jǐ ～〕背 骨.〔腕 wàn～〕腕の骨.〔牛 niú ～〕牛の骨.→〔骨头①〕② 器物の骨,また骨に似たもの.〔钢～水泥〕鉄筋コンクリート.→〔骨子〕③ 気性.気骨.気概.〔硬 yìng ～〕硬骨漢.〔傲 ào ～〕傲り岸.〔俗 sú ～〕俗人.〔风～〕気骨.⑥作風.〔鲁迅没有丝毫的奴颜和媚～〕魯迅には少しも奴隷のような顔つきや人にこびるような気性はなかった. ④〈姓〉骨(，) → gū
骨槽风 gǔcáofēng　⃣中医歯槽膿漏(ろう).下顎(がく)骨潰瘍(よう)
骨刺 gǔcì　⇒〔骨质增生〕
骨雕 gǔdiāo　骨の彫刻品.
骨顶鸡 gǔdǐngjī　⃣動オオバン:〔白 bái 骨 顶〕〔水 shuǐ 姑 顶〕〔冬 dōng 鸡〕別称.〔红 hóng 骨顶〕〔黑 hēi 水鸡〕バン.
骨董 gǔdǒng　⇒〔古董〕
骨朵 gǔduǒ ① 兵器の一種:鉄あるいは木の棒の先に瓜形の丸いものをつけた武器,後には〔金 jīn 瓜〕と称して主に葬式のときの儀仗(ぢょう)に用いられた.
骨肥 gǔféi　=〔骨粉〕骨粉肥料.
骨粉 gǔfěn　=〔骨粉〕③同上.
骨感 gǔgǎn　骨張った感じ.ごつごつ感.スレンダー.
骨干 gǔgàn ① 基本(的である).基幹(の).〔～中坚(の)〕〔～分子 zǐ〕中堅分子.〔～产业〕基幹産業.〔～力量〕主力.技術・中心の中心人物.〔～工人〕基幹労働者. ② 積極分子.中心人物. ③ ⃣生理骨幹.
骨骼 gǔgé　骨格.〔看～〕骨相を見る.→〔骨架〕
骨骼肌 gǔgéjī　⇒〔横 héng 纹肌〕
骨鲠 gǔgěng ① 魚の骨.〔～在喉 hóu〕①骨がのどにつかえた.〔～在喉,不吐不快〕同前で言い出せずに苦しむこと.〔哑 yǎ 巴吃黄连〕 ②=〔骨直〕〈文〉剛直である.
骨(关)节 gǔ(guān)jié 関節.
骨骸 gǔhái　⇒〔骸骨①〕
骨骺 gǔhóu　⃣生理骨端:〔骺〕に同じ.長い骨の両端の部分.

骨化 gǔhuà　⃣生理骨化.化骨.
骨化醇 gǔhuàchún　=〔钙 gài 化醇〕⃣維 wéi 生素 D_2〕ビタミン D_2. →〔维生素〕
骨灰 gǔhuī ① 動物の骨を焼いた灰. ② 遺骨(火葬した後の).〔～林〕墓石の代わりに樹木を植えた公園式墓地.〔～堂 táng〕納骨堂:ふつう火葬場には骨灰が置かれる.〔～寄存证〕遺骨箱預り証.〔～盒 hé〕〔寿 shòu 盒〕骨(ㄥ)つぼ.〔～安放仪式〕納骨式.→〔骨瓮〕
骨架 gǔjià　=〔方〕骨庞儿〕骨組み.骨格.〔凭 píng 我郭木山这份～,人家还不要我吗〕この郭木山ほどの体格なら,人さまが受け入れてくれないとすることあるものか.〔用八百六十吨钢材作为～〕860トンの鋼材で骨組みを作る.→〔骨骼〕
骨胶 gǔjiāo　(動物の骨からとった)にかわ.〔皮 pí 胶〕
骨节 gǔjié　⇒〔骨(关)节〕
骨结核 gǔjiéhé　⃣医骨(関節)結核.
骨科 gǔkē　⃣医整形外科:〔矫 jiǎo 形外科〕の別称.
骨刻 gǔkè　骨の彫刻品.
骨库 gǔkù　⃣医(移植用の)骨の貯蔵庫.
骨痨 gǔláo　⃣中医骨(关 節)結核:〔流 liú 痰〕の別称.→〔痨〕
骨力 gǔlì 〈文〉〔書道・絵画・詩文などの〕筆力.筆勢:〔骨气②〕に同じ.
骨立 gǔlì　〈文〉痩せこけている.
骨力 gǔlì 〈方〉(体あるいは紙などが)丈夫である.しっかりしている.〔这张纸真～〕この紙は実に丈夫だ.〔他的身子骨儿真～〕彼の体はたいへん頑丈だ.
骨粒 gǔlì　骨粒(肥料)
骨量 gǔliàng　⃣医骨量:骨に含まれるカルシウムなどの量.
骨料 gǔliào　⃣建(コンクリートの)骨材.混合材(砂・小石など)
骨龄 gǔlíng　骨年齢.
骨瘤 gǔliú　⃣医骨腫.
骨密度 gǔmìdù　⃣医骨密度.
骨膜 gǔmó　⃣生理骨膜.〔～炎 yán〕骨膜炎.
骨牌 gǔpái　=〔牙 yá 牌〕骨(ㄥ)牌.カルタ:"推牌九"に用いる賭博具.骨・象牙(または竹・木)で作った牌(全部32枚)に各々2個~12個の点が彫ってある.〔斗 dòu ～〕〔弄 nòng ～〕カルタ遊びをする.〔～不但能赌还能打非劣 guà〕"骨牌"は賭博に用いられるばかりでなく,占うことにもできる.
骨牌效应 gǔpái xiàoyìng　⇒〔多 duō 米诺骨牌〕
骨庞儿 gǔpángr　⇒〔骨架〕
骨盆 gǔpén　⃣生理骨盆.
骨气 gǔqì ① ほね.気概.気骨.〔有～的人〕気骨のある人物.〔没有～〕意気地もない. ②〈文〉(書の)筆力.筆勢:〔骨力 lì〕ともいう.
骨器 gǔqì　骨角器.
骨肉 gǔròu ① 骨と肉. ②〈転〉(父母兄弟姉妹などの)肉親.〔团聚〕肉親の者の団欒(ん).〔亲生～〕〔～之亲 qīn〕血のつながっている肉親.〔～相残 can)~成~〕骨肉相食(しょく)む.→〔骨血〕〔~〈喩〉つながりが緊密である.〔～相连 〈成〉~成〕骨と肉のようにつながりが緊密である.
骨肉皮 gǔròupí 〈音訳〉グルービー.追っかけ族:芸能人を追っかけ回す人.
骨软化症 gǔruǎnhuàzhèng　⃣医骨軟化症.
骨软筋酥 gǔruǎn jīnsū　〔喩〕(疲れや恐れで)力が抜けてへたへたとなる.
骨舌鱼 gǔshéyú　=〔金 jīn 龙鱼〕⃣動アロワナ:アマゾン流域に生育する.
骨殖 gǔshi　遺骨:納骨のため洗い清めたもの.→〔骨灰②〕

骨瘦如柴 gǔshòu rúchái〔骨瘦如豺〕とも書いた. <喩>非常にやせているさま.

骨髓 gǔsuǐ 生理骨髄.〔~库 kù〕医骨髄バンク.〔~移植〕医骨髄移植.

骨碎补 gǔsuìbǔ 植シノブ:シダ植物.根を薬用する.

骨炭 gǔtàn 〔兽 shòu 炭〕骨炭.獣炭:活性炭の一.薬剤にもなる. →〔炭③〕

骨痛病 gǔtòngbìng 医イタイイタイ病:〔镉 gé 中毒〕による骨疾患.

骨痛热 gǔtòngrè ⇒〔登 dēng 革热〕

骨头 gǔtou ①骨.〔~筷 kuài 子〕骨製の箸.〔~缝儿〕骨と骨とのすきま.②<喩>人品・人柄.〔硬骨.骨っぷしが堅い.〔贱 jiàn ~〕<罵>下品なやつ.〔懒 lǎn ~〕のらくら者.〔软 ruǎn ~〕腰抜け.いくじなし.弱虫.〔他的~很硬〕彼は骨が硬い〕.〔傲骨.気概.〔这个人有~〕この人は気骨がある.〔他的字有~〕<喩>彼の書は雄渾(えん)である.〔没~〕だらしがない.意気地がない.③不満.悪意.〔耍 shuǎ ~〕悪ふざけする.〔话里有~〕<喩>話にとげがある.

骨头板儿 gǔtoubǎnr ⇒〔骨头老儿〕

骨头架子 gǔtoujiàzi ①骨格.②<喩>やせこけた人.〔瘦得只剩个~〕やせて骨と皮になった.

骨头老儿 gǔtoulǎor =〔骨头板儿〕<方>冗談好きの人.〔这个人整天家逗着玩,简直是个~〕この人は一日中ふざけていて,まったくの冗談好きだ.〔~耍 shuǎ 子〕耍子头

骨相 gǔxiàng ①体格と容貌.②<転>人品.

骨性疏松症 gǔxìng shūsōngzhèng 医骨疏鬆(しょう)症.〔骨质疏松〕ともいう.

骨学 gǔxué 骨学.

骨血 gǔxuè <喩>肉親.子女. →〔骨肉②〕

骨疡 gǔyáng 医カリエス.骨くされ.

骨油 gǔyóu 骨油.

骨折 gǔzhé 医骨折.

骨针 gǔzhēn 骨針.

骨蒸 gǔzhēng 医結核性の熱.

骨直 gǔzhí ⇒〔骨鯁②〕

骨质 gǔzhì 骨質.骨を作る成分.〔~疏 shū 松〕〔骨性疏松症〕骨疏鬆症.〔~增 zēng 生〕〔口~刺〕医骨増殖体.

骨肿瘤 gǔzhǒngliú 医骨腫.

骨子 gǔzi ①〔器物の〕骨.〔伞 sǎn ~〕傘の骨.〔扇~〕扇の骨.②<転>要点.骨子(ぉ).

骨子里(头) gǔzilǐ(tou) ①隠れた裏面.うら.本音.内心.実質(そしる意味で).〔他们表面上谈停火,~是在推动战争〕彼らは表面では停戦を討議しているが,裏面では戦争を推し進めている.②〔方〕内輪(うち).〔这是他们的~的事,你不用管〕これは彼らの内輪のことだ,口出しするな.

〔**馉・餶**〕gǔ〔~饨 duò〕匞一種の〔馄 hún 饨〕(ワンタン)

〔**榾(榾)**〕gǔ〔~柮 duò〕木っ端(ば).ほた.

〔**鹘・鶻**〕gǔ〔~鸼 zhōu〕古書に見えるウソに似た鳥.〔鹘鸠 jiū〕ともいう. → hú

〔**贾・賈**〕gǔ ①<文>店舗を持つ商人:行商人と〔商 shāng〕といった.富商大(~)人.〔商~〕<客 kè>商人.①商いをする.②買う.〔~马〕馬を買う.③売る.〔余勇可~〕まだまだ力は出せる.⑤招く.〔~祸 huò〕禍を招く. → jiǎ

贾户 gǔhù <文>商家.

贾勇 gǔyǒng 勇気を奮う.

贾怨 gǔyuàn <文>恨みを買う.

〔**溰**〕gǔ <文>混濁する.混乱する.

〔**蛊・蠱**〕gǔ ①伝説上の害虫:各種の害虫を壺の中に入れて共食いさせ最後に残ったもの.〔~道〕同前を粉にして毒薬や媚薬に用いる呪術.②〔文〕惑わす.誘惑する(迷う)魅かせられる.〔假使小尼姑的脸上不滑腻,阿Q便不至于被~〕(魯・Q・4)もし若い尼姑の顔がすべっこくなかったら,阿Qは魅かされることにはならなかった.③<文>事業に従事する.〔干 gàn 父之~〕父の業を受け継ぎよく行う.④<文>蛊(ぅ):六十四卦の一.<姓>蛊.

蛊毒 gǔdú <文>毒を盛る.匞各種の毒気.また毒薬.

蛊惑 gǔhuò =〔蛊感〕たぶらかし惑わす(して害す).〔他近来生异心,都是让别人~的〕彼が近ごろ変な心を起したのは,惑わされているのだ.〔~人心的反動口号〕人心を惑わす反動的なスローガン.

蛊媚 gǔmèi <文>魅惑する.

〔**鹄・鵠**〕gǔ <文>弓の的.〔中 zhòng ~〕的に当たる.図星である. → hú

鹄的 gǔdì〔鹄子〕<文>弓の的.標的の中心.〔鹄子红心〕同前.②<転>目的.目標.

鹄子 gǔzi 同上.

〔**鼓(皷)**〕gǔ ①音鼓.太鼓.〔大 dà ~①〕太鼓.〔单 dān 面~〕〔扁 biǎn ~〕〔太 tài 平~〕うちわ太鼓.〔定音~〕ティンパニー.〔铃 líng ~〕タンバリン.〔八角~儿〕八角形の小鼓.〔拨浪~(儿)〕〔波 bō 浪~(儿)〕振り太鼓.〔腰 yāo ~〕腰に結びつけてたたきながら踊る細長い太鼓.〔锣 luó ~〕どらや太鼓.〔打 dǎ ~〕〔<方>敲 qiāo ~〕太鼓をたたく.〔点 diǎn ~〕太鼓を軽くたたく. →〔钲 zhēng ~〕②太鼓のような(形・音・働きのある)もの.〔蛙 wā ~〕蛙の鳴く声.〔石~〕石鼓.〔<文>たたいて鳴らす.〔~琴 qín〕琴を鳴らす.〔~钟 zhōng〕鐘を鳴らす.〔大张旗 qí ~地〕鳴り物入りで.おおげさに.④膨れる(らす).膨れた.ふくれている.〔着襁 sǎi 带 dài 的~胖子.〔打肿脸充 chōng 胖子〕打肿脸充胖子はおを膨らせて太ったふりをする.<喻>やせ我慢をする.負け惜しみをする.もったいぶる.〔~起小嘴说〕口をとがらせて(ふくれっ面で)言う.〔~肚 dù 子〕腹を膨らせる.⑤膨れた腹.〔肚子吃得太~了〕たくさん食べすぎて腹がパンパンになった.〔皮 pí 球~个篮 biè, 一个~〕ボールが一つはべしゃんこ,一つは膨れている.〔墙 qiáng 都~了〕塀(の表面に塗った石灰やペンキが)がすっかり(湿気で)膨れあがってしまった.⑤(ふいごなどで)あおる.⑥鼓舞する.奮い起こす.(弁舌)を振るう.〔~起勇气〕勇気を鼓舞する.〔~不起劲儿来〕ファイトが沸く闘志がわいてこない(わからない).〔~其如簧 huáng 之舌〕巧みな弁舌を振るう.⑦匞時刻を知らせるために鳴らす太鼓.〔更~〕ともいう.日没から夜明までを2時間ごとに〔头 tóu ~〕一番太鼓(宵五ッ.戌の刻.午後7時~9時頃)から〔五~〕五番太鼓(暁七ッ.寅の刻.午前3時~5時頃)に分けた. →〔更 gēng(II)①〕⑧<姓>鼓(こ).

鼓板 gǔbǎn ⇒〔拍 pāi 板①〕

鼓棒 gǔbàng =〔鼓槌〕に同じ.

鼓包 gǔbāo てっぱり.こぶ.はれもの.できものなど.

鼓绷绷 gǔbēngbēng 膨らんでいるさま.〔肚 dù 子~的〕腹がパンパンの.

鼓床 gǔchuáng ⇒〔鼓架子〕

鼓吹 gǔchuī ①鼓吹(い)する.〔~新生活〕新生活運動を鼓吹する.②おだてあげる.③ほらを吹く.吹

gǔ 鼓臌瞽穀穀

(六)聴する.→[吹④]
鼓槌 gǔchuí [鼓棰]とも書く.[一儿]太鼓のばち.
鼓词 gǔcí 〔[鼓儿词]圖[鼓词]圖[曲 qǔ cí 艺]〕[諢い物芸能]で,七字句を主とする物(総称).→[大 dà 鼓书][河 hé 南坠子][落 lào 子②]
鼓荡 gǔdàng 激しくあおる.激動する.[~人心的消息]人を鼓舞するニュース.
鼓捣 gǔdao ①いじくり回す.[鼓逗][咕 gū 捣]に同じ.[~了半天还没摸 mō 着窍 qiào 门儿]長いこといろいろといじくり回してみたが,まだ見当がつかない.[你不懂别给~坏了]きみにはわからないことだ,いじり壊すな.[一边瞅 chǒu 着哥哥,一边一股般 tóu 子]兄をちらっと見ながらさいころをいじくっている.→[拨 duō 弄②] ②そそのかす.けしかける.[这两个人不和,都是他~的]この二人の仲が悪くなったのはみなあいつがけしかけたからだ.
鼓点(子) gǔdiǎn(zi) 圓 ①太鼓のリズム. ②拍子をとって他の楽器を指揮する.
鼓动 gǔdòng ①鼓動する. ②扇動する.アジる.[~人心]人心をあおる.[~性]扇動的.
鼓逗 gǔdòu ⇒[鼓捣]
鼓嘟 gǔdu ⇒[咕 gū 嘟②]
鼓风 gǔfēng 送風する.(ふいごで)あおぐ.[~分离机]サイクロン分離機·脱穀精米機.[~炉 lú]圓(銅·鉛·錫·ニッケルなどの冶金に用いられる)送風式溶鉱炉.
鼓风机 gǔfēngjī 送風機.[(方)风葫芦]ともいう.
鼓腹 gǔfù ①太鼓の腹. ②太鼓腹.[文]腹鼓(ぼ)をうつ.〈転〉満ち足りたさま.→[击 jī 壤歌]
鼓鼓 gǔgǔ いっぱいにふくれているさま.[~的]同前.[~囊 nāng 囊](袋·ポケットなどに物がいっぱい入って)膨らんでいるさま.はちきれそうなさま.
鼓惑 gǔhuò ⇒[蛊惑]
鼓架子 gǔjiàzi [鼓床]太鼓をのせる枠:細長い竹棒を組み合わせて小さな太鼓を平らにのせるようになっている.→[大 dà 鼓书]
鼓角 gǔjiǎo (軍隊で用いられた)戦鼓と角笛.
鼓劲(儿) gǔjìn(r) がんばる.[再鼓一~]もっとがんばれ. ②励ます.
鼓励 gǔlì 励ます.力づける.[~和支持党内的自下而上的批评和人民群众对党的批评]党内の下より上への批判と人民大衆の党に対する批判を励まし支持する.[他咬 yǎo 着牙,心里边一自己一定要挺住,一定要坚持到底]彼は歯をくいしばり,心の中でふんばるんだ,最後まで持ちこたえるんだ,と自分を励ました.
鼓楼 gǔlóu 鼓楼:城門の上,また市中に設けられた時報の太鼓を置いた楼.→[钟 zhōng 楼①]
鼓膜 gǔmó 生理膜[耳 ěr 鼓][耳膜]ともいう.
鼓弄 gǔnong [口]いじくる.もてあそぶ.[~古董]骨董いじりする.
鼓盆 gǔpén [文]妻の死(妻を亡くす):荘子が妻を亡くした際に盆をたたいて歌ったという故事による.
鼓气 gǔqì ①元気づける. ②ふくれっとする.[他躺在家里~]彼はごろ寝してむかついている.
鼓秋 gǔqiu [方]いじくる.[别把好好的东西一坏了]ちゃんとしているものをいじくり回して壊してはいけないよ.→[鼓捣①][拨 duō 弄②]
鼓儿词 gǔrcí ⇒[鼓词]
鼓煽 gǔshàn 扇動する.
鼓舌 gǔshé [文]弁舌をふるう.
鼓师 gǔshī 圓(旧劇の楽隊で)[拍 pāi 板①]をたたく:指揮または主となる役をする.
鼓室 gǔshì [中 zhōng 耳]
鼓手 gǔshǒu 葬式や婚礼·パーティなどに参加する楽隊の太鼓打ち.[吹 chuī ~] ②前の楽隊(員)

⑥鼓吹したり,おだてたりする人.[~楼]圓地方の役所の大門の外にあるやぐら.[迎 yíng 妆~]圓婚礼の際,嫁入り道具を途中まで迎える楽隊.
鼓书 gǔshū ⇒[大 dà 鼓书]
鼓凸 gǔtū ふくらむ.でっぱる.[地面~起来了]地面が盛り上がった.
鼓舞 gǔwǔ ①励まして元気づける.鼓舞する.[~人心]人心を鼓舞する.[他们的革命精神永远~着我们]彼らの革命精神はいつまでも我々を励まし続ける.[受到巨大的~]非常に大きな励ましを受けた. ②興奮する.元気を出す.[欢欣]喜び勇む.
鼓眼睛 gǔyǎnjing ①目を丸くする.目をむく. ②出目.
鼓翼 gǔyì [文]羽ばたく.[~翱 áo 翔[戒]鸟が翼を広げて空を飛ぶ.
鼓乐 gǔyuè 太鼓をたたき楽(が)を奏する音.[~喧 xuān 天]同前がかまびすしい.
鼓噪 gǔzào [文]ガヤガヤ騒ぎたてる.鳴り物入りで,わめき立てる.
鼓掌 gǔzhǎng 〔[拍 pāi 巴 bā 掌][拍手]拍手(する);[击 jī 掌][抵 zhǐ 掌]は文語;[雷雨般的~声]嵐のような拍手の音.[~欢迎来宾]盛んな拍手で迎える.[热烈~]熱烈な拍手を送る.
鼓胀 gǔzhàng ①ふくらんでいる.ふくれている. ②⇒[臌胀]
鼓棹前进 gǔzhào qiánjìn [成]太鼓に合わせて舟をこぎ進める.
鼓正 gǔzheng [方]ふっくらしている(中身が充実して).[看!这些豆粒够多~]どうだね,この豆粒のふっくらしていること.
鼓铸 gǔzhù [文](貨幣や器物を)鋳造する.[~银圆]銀貨を鋳造する.
鼓子词 gǔzicí 圓宋代に起こった雑劇の一:太鼓で拍子をとりながら語りと謡(う)を交えて一つのまとまった物語をうたうもの.[大 dà 调曲子]ともいう.
鼓子花 gǔzihuā ⇒[旋 xuán 花]
鼓足干劲 gǔzú gànjìn [成]仕事への意欲を十分に奮い立たせる:[鼓]は奮い立たすの意.社会主義建設の総路線のスローガンの一つ.[~,力争上游,多快好省地建设社会主义]大いに意気込み,常に高い目標を目指し,多く,早く,立派に,むだなく社会主義を建設する.→[总 zǒng 路线]

[臌] gǔ

臌胀 gǔzhàng [鼓胀②][胀满][腹 fù 积水][腹胀][气 qì 臌]中医腹部膨満.[~腹痛]
臌症 gǔzhèng 中医腹部の膨満の病気.

[瞽] gǔ

[文]①盲目の人.[~目]同前.[~者 zhě][~人]盲人.[~叟 sǒu]囚舜の父. ②古代の楽人:盲人が従事した.[~蒙 mēng]同前.楽識能力のない.→[瞽说][瞽议]
瞽词人 gǔrcírén 盲人が太鼓·三弦を鳴らして歌う芸.
瞽师 gǔshī [文]楽人.楽師.
瞽说 gǔshuō [文]でたらめの言説.
瞽言 gǔyán ものの分らぬ者の言葉.
瞽议 gǔyì おろかな議論(をする)

[轂·轂] gǔ

[文]①車輪のこしき.[~下 xià][~辇 niǎn 下]天子のおひざもと.帝都.[~击 jī 肩摩][喩]人出が多くて繁盛するさま. ②車両. → gū

[榖] gǔ

圓コウゾノキ(楮 chǔ)の古名.[~树皮]同前の樹皮:しわが多くごつごつしている.纖維をとる.[三寸丁~树皮]『水滸伝』の武大郎のあだ名.→[构 gòu (II)]

gǔ～gù

〔灃〕 gǔ 地名用字.〔～水〕湖南省にある:〔谷水〕とも書く.

〔估〕 gù → gū
估衣 gùyi 回(売物の)古着.〔～铺 pù〕古着屋.〔～摊 tān (儿)～摊儿〕(露店の)古着屋.

〔固〕 gù (Ⅰ)①丈夫(である).堅牢(である).堅い.〔基 jī 础 已～〕基礎はもう堅い.〔坚～〕堅固(である).丈夫(である).〔顽 wán ～〕かたくな(である).稳 wěn ～〕安定して堅固(である).〔凝 níng ～〕凝固する.〔加 jiā ～〕堅さを加える.②堅くする.固める.〔～持 jiān chí〕堅く持する.③固まる.堅くさせる.固定する.〔～本〕根固め(する).〔巩～统一战线〕統一戦線を強固にする.〔～国强国〕国境を固め国を強くする.〔～沙植物〕流砂を防ぐ植物.④〈姓〉固(こ).
(Ⅱ)①もとから.元から.元来.〔我～知其将返〕自分は彼が近く帰ることを初めから知っていた.〔～所愿也〕もともと願うところである.②〈文〉むろん.もとより.

固步自封 gùbù zìfēng ⇒〔故步自封〕
固辞 gùcí 〈文〉固辞する.
固氮 gùdàn 生命窒素同化.〔～菌 jūn〕アゾトバクター.窒素同化(固定)バクテリア.〔～作用〕窒素同化作用.
固定 gùdìng ①固定(の).〔～词 cí 组〕固定フレーズ.〔～工资〕固定給.〔～户口〕永住戸籍.〔～汇 huì 率〕固定為替レート.〔～价格〕固定価格.〔～节目〕レギュラー番組.〔～职 zhí 工〕常傭('ぢょう')工.〔～资 zī 本〕〔常 cháng 住资本〕固定資本.〔～资产〕固定資産.〔～资金〕固定資金.→〔流 liú 动 ①〕②固定させる.固める.〔～设备〕設備を固定させる.〔把学习制度～下来〕学習制度を固める.
固定螺钉 gùdìng luódīng =〔方〕dǐng 丝〕〔方〕支 zhī (头)螺丝〕機止めねじ.セットスクリュー.押しねじ.
固封 gùfēng しっかり封をする.
固化 gùhuà 固体にする.凝固させる.〔～酒精〕固形アルコール.
固疾 gùjí 〔痼疾〕
固件 gùjiàn 電翼ファームウエア.〔硬 yìng 件〕ハードウエア.〔软 ruǎn 件〕ソフトウエア.
固结 gùjié 〈文〉心を固く合わせる.固くかためる.
固陋 gùlòu 見識がかたくなで狭い.〔～无 wú 知～成〕かたくなで無学である.
固请 gùqǐng 〈文〉たってお願いする.
固然 gùrán もとより.無論.〔这话～不错,但是也应该考虑考虑对方〕その話はもとより結構だが,やはり相手の立場をよく考えてみるべきだ.
固溶体 gùróngtǐ 回固溶体.
固若金汤 gù ruò jīntāng 〈成〉[陣・城塞など]難攻不落である:〔金〕は鉄の壁,〔汤〕は沸騰した堀の水.
固涩 gùsè 中医収斂作用で治療すること.
固沙 gùshā 流砂を固定させる.防砂する.〔～林〕砂防用の造林.
固守 gùshǒu ①堅く守る.固守する.〔～阵地〕陣地を固守する.②固執する.頑固に守る.〔～老一套的办法〕古いやり方を頑固に守る.
固属 gùshǔ 〈文〉①もともと…に属する.②もともと.
固态 gùtài 物固態.ソリッドステート:物質の固体の状態.〔～潮 cháo〕回天体引力による地殻の潮汐('せき)現象.〔～水〕〔干 gān 水〕保水剤.
固体 gùtǐ 固体.〔～燃 rán 料〕固体燃料.〔～饮料〕固体飲料.
固习 gùxí ⇒〔痼习〕

固有 gùyǒu 固有(の).もとからある.〔～文化〕固有文化.〔～名词〕固有名詞.
固执 gùzhí ①固執する.強くこだわる.〔～己见〕〈成〉自分の意見を固執する.②かたくなである.強情である.〔性情～〕気性が頑固である.〔你为什么这样～〕どうしてこんなに頑固なの.〔他是一个很～的人〕彼はとても強情だ.→〔僵 jiāng 硬①〕
固智 gùzhì 〈文〉しっかり取り付ける.
固着 gùzhuó ①固着する.付着する.②病的執着.偏執.強迫観念.

〔故〕 gù (Ⅰ)①わけ.原因.〔无缘无～地〕何のわけもなしに.〔不知何～〕どういうわけかを知らない.〔托 tuō ～不来〕(何かの)理由にかこつけて来ない.〔轮轴转 zhuàn 动不灵,乃是缺油之～〕シャフトの回転がスムーズでないのは油が不足しているためである.②〈文ゆえに〉.〔因有信心,～能战胜困难〕信念があるので困難に打ち勝つことができるのだ.③出来事.事故.〔事～〕同前.〔遭 zāo 逢变～〕事変に遭遇する.〔一家多～〕家庭内に事故が多い.④故意に.わざと.〔明知～犯〕よく知りながらわざと犯す.⑤〈姓〉故(こ).
(Ⅱ)①古い.古くから(の).以前(の).多年(の).〔余～尝 cháng 居此〕自分は以前ここにいたことがある.〔日月如～〉〈成〉日月は以前のとおりである.②旧知.旧交.旧情.〔亲 qīn ～〕親戚や旧友.〔朋 péng ～〕友人.旧知.〔与 yǔ 之有～〕これと旧知の関係がある.〔欢 huān 然道～〕うれしそうに旧情を述べる.〔一见如～〕〈成〉一度会っただけですぐ旧知のようになり親しくなる.〔沾 zhān 亲带～〕〈成〉親戚あるいは旧知の関係がある.→〔旧 jiù ④〕〔老 lǎo ③④〕③みまかる.〔身 shēn ～〕同前.病 bìng ～〕病没する.〔身～美国〕その身はアメリカで亡くなった.

故步自封 gùbù zìfēng =〔固步自封〕〈成〉古いしきたりに閉じこもって進歩を求めようとしない.〔～的人难以进步〕保守的な人は,いつになっても進歩しっこない.
故常 gùcháng 〈文〉元のままで変わらない(こと)
故城 gùchéng 古い都市.
故出 gùchū 固犯した罪のわりには軽い刑を科すること:〔～人罪〕ともいう.→〔故入〕
故此 gùcǐ こういうわけで.〔～问你〕だから君に問うのだ.→〔因 yīn 此〕
故倒前辙 gùdǎo qiánzhé 〈成〉故意に前と同じ過失を犯す.
故道 gùdào 〈文〉①古い道.〔転〕古い方法.
故地 gùdì 以前に住んでいた所.〔～重 chóng 游〕〔慣〕同前に再び来る.
故典 gùdiǎn ⇒〔典故〕
故都 gùdū 古都.→〔古 gǔ 都〕〔旧 jiù 都〕
故而 gù'ér =〔故尔〕ゆえに.だから.→〔所 suǒ 以〕
故尔 gù'ěr 同上.
故犯 gùfàn 故意に犯し(した罪)→字解(Ⅰ)④
故宫 gùgōng 前王朝の皇帝の宮殿:特に北京旧皇城をいう.〔紫 zǐ 禁城〕〔紫金城〕ともいう.〔～禾 hé 黍〕〈成〉祖国を思慕する情.
故宫博物院 gùgōng bówùyuàn 旧北京皇城の前半分を1914年〔古物陈列所〕とし,1925年,後半分を〔～〕として開放,1947年以来統合され,旧時の宝物を陳列し一般の観覧に供されている.また台北に1965年同名の博物館が建てられた.
故国 gùguó 〈文〉①古い歴史のある国.②故国.③故郷.かつて住んでいた地.
故伎 gùjì 〈喩〉すでに使い古されたやり口:〔故技〕とも書く.〔～重 chóng 演〕〈成〉使い古した手(同じやり口)をまた使う.

gù 故埂崮痼錮鯝顧

故家子弟 gùjiā zǐdì 今は没落した名家の息子.
故交 gùjiāo =[故旧]〈文〉古くからの交わり.多年の友人.→[旧 jiù 友]
故旧 gùjiù 同上.
故居 gùjū 旧宅.昔の住居:ふつう故人についていう.[魯迅~]魯迅の旧居.[老舍~]老舍の旧宅.→[旧 jiù 居]
故垒 gùlěi 昔の陣地.
故里 gùlǐ 故郷.
故庐 gùlú 〈文〉旧居.
故弄玄虚 gùnòng xuánxū〈成〉故意に他人を煙にまくようなことをやる.はったりをやる.[~,欺騙衆人耳目]あること無いことを言いふらして多くの人をだます.→[虚张声势]
故去 gùqù ⇒[故世]
故人 gùrén 〈文〉①旧友.昔なじみ. ② 亡くなった人.故人. ⑧夫妻.先夫.先夫.昔の恋人.
故人 gùrù 国犯した罪のわりには重い刑を科することと.→[故出]
故杀 gùshā 国故意に人を殺す.↔[误 wù 杀]
故山 gùshān 〈文〉出身地.故郷.[贵~]お国はどちらですか.
故甚其词 gù shèn qící〈文〉ことさらにその説にもったいをつける.
故失 gùshī 国故意にまたは過失で刑を重くあるいは軽くすること.
故实 gùshí 〈文〉典故.古い事柄.[他引证了许多古今中外的~]彼は多くの古今東西の故実を引証した.
故世 gùshì =[故去]亡くなる:[去 qù 世]に同じ.
故事 gùshì 〈文〉故事.先例.古いしきたり.古い習慣.[奉行~]先例に従う.
故事 gùshi ①物語.ストーリー.[这是农村的一个~]これは農村のある物語です.[~片 piàn][~片儿 piānr]劇映画.[小~]こばなし.[讲~]物語をする.[~诗 shī]叙事詩の一.物語詩. ②筋.構想.プロット.[这部小说~性很强]この小説ははっきりとしたプロットを持っている. ③やっかいな事.[天天又闹 nào 起~来了](红61)毎日事をひき起こすようになってきた.
故书 gùshū 〈文〉①古書. ②版の古本.
故态 gùtài 旧態.[~复萌 méng]〈成〉もとのもくあみになる.→[老 lǎo 态]
故土 gùtǔ ふるさと.[~难离][~难移]〈谚〉故郷は離れがたい.
故我 gùwǒ 〈文〉元のままの自分.[依 yī 然~]依然として元のままの私である.
故习 gùxí 古いしきたり.
故乡 gùxiāng 故郷.→[家 jiā 乡]
故意 gùyì =[有 yǒu 心③]〈口〉故意に.わざと.[您别生气,他不是~得 dé 罪您的]お怒りにならないで,彼はわざとあなたにいやがらせをしているんじゃないのです.
故友 gùyǒu ①古い友人:[旧 jiù 友]に同じ.→[故交] ②亡友.
故园 gùyuán 〈文〉故郷.
故宅 gùzhái 旧邸.
故障 gùzhàng (機械などの)故障.[~车]故障車.[出~][发生~]〈口〉故障を起こす.[障害が出る.→[出 chū 车①]
故辙 gùzhé 〈文〉古い轍(わだち).古い道跡.〈転〉古いやり方.
故知 gùzhī ⇒[故交]
故址 gùzhǐ 旧跡.遺跡.
故纸 gùzhǐ 反故紙.[~堆 duī]反故紙の山:数が多く非常に古い書物や資料(そしっている)

故智 gùzhì 〈文〉かつて用いられた計略.
故主 gùzhǔ 〈文〉元の主君(主人).
故纵 gùzòng 国故意に囚人を逃がす.
故作 gùzuò わざとする.故意にする.[~姿态]思わせぶりをする.[~镇静,似 wěi 装剛強]強がって平気なふりをする.引かれ者の小唄.[她~正经地说的]彼女は真面目くさって言った.

[埂] gù 国堤.[海 huáng ~][龙 lóng ~集]国いずれも山東省にある.[龙~]国江蘇省にある.

[崮(嵎)] gù 周囲が切り立ち,頂上が平らな山:多く石灰岩からなる.[~子]同前.[抱 bào 犊~][孟 mèng 良~]国いずれも山東省にある山.

[痼] gù 長くかかっても直らない(病気や不具合)

痼弊 gùbì 悪弊.
痼疾 gùjí 持病.難病:[固疾][錮疾]とも書いた.
痼癖 gùpǐ 容易に直らないくせ.悪癖.
痼习 gùxí =[固习]容易に直らない悪習.

[錮・錮] gù 国 ①金属を溶かして流し込み隙間をふさぐ.[~锅 guō]鍋の穴をふさぐ. ②禁止する.監禁する.[禁 jīn~]禁止して外出させない.[~身 shēn]拘禁する. ③〈文〉閉じ込める.[~蔽 bì]閉ざし覆う.

錮疾 gùjí =[痼疾]
錮漏 gùlòu 金属を溶かして隙間をふさぐ:[錮露]とも書いた.

[鯝・鯝] gù 魚類ヨコグチ:コイ科淡水魚.[银 yín ~]同前.

[顧・顧] gù ①ふり返る.顧みる.見る.[~而一笑]顔を見回して笑う.[回 huí ~]回顧(する).[四 sì ~]あたりを見回す.[左 zuǒ ~右yòu]右を見て左を見てためらう.[不~一切]一切を顧みない.[奋 fèn 不~身]奮起してわが身を顧みない. ②訪問する.訪ねる.[三~茅庐 lú]〈成〉三顧の礼:劉備が三たび諸葛孔明を訪ねて出馬を請うたこと. ③気を配る.気にかける.気をとられる.[事情多,~不过来]仕事が多く,気が回らない.[净~说话]話にばかり気をとられる.[净~说话]話にばかり気をとられる.[~身(~到)]気にかける.[只~赶任务忽 hū 略了质量]任務を遂行することだけに気をとられて質をおろそかにする. ④ひいきにする.顧客として来る.[光~]ひいきにする. ⑤〈文〉かえって. ⑥〈文〉ただし.しかし. ⑦〈姓〉顧(~).

顾不到 gùbúdào 手が回らない.[事情太多,~那样的小事情]仕事が多いので,そんな小さい事までは手が回らない.
顾不得 gùbúde 顧みていられない.手が回らない.[~贫不贵]高い安いなどかまっていない.[他家里穷,~体面]彼の家は貧乏で,体面などかまっていられない.
顾不上 gùbushàng 考えていられない.それどころではない:[顾不及]ともいう.[忙得连饭都~吃]忙しくて食事どころではない.
顾此失彼 gùcǐ shībǐ〈成〉こちらを立てればあちらが立たない.注意が全てには及ばない.
顾得 gùde 気を配る.かまう.気をとられる.[只~说话,忘了泡 qī 茶]話にばかり気を取られて,お茶を入れることを忘れた.
顾护 gùhù 損なわないように気をつける.[~肠胃]胃腸を同前.[~他的自尊心]彼の自尊心を大切にしてやる.
顾及 gùjí 世話が行き届く.…のことまで気にかける.[无暇 xiá~]かまう暇がない.
顾忌 gùjì 気兼ねする.はばかる.[他们做事毫无~]

彼らはやり方があまりにも勝手すぎる.〔不得不有所～〕ちょっと遠慮しないわけにいかない.
顾家 gùjiā うち(家庭)の世話をやく(気にかける)
顾客 gùkè 顾客.〔～满意度〕〔客户满意度〕顾客満足度.→〔主 zhǔ 顾〕
顾怜 gùlián かわいそうに思う.
顾脸(面) gùliǎn(miàn) ＝〔顾面子〕面目を重んずる.顔を立てる.心にかける.
顾恋 gùliàn 恋々(kǒu)とする.
顾虑 gùlǜ 顾虑する.気にかける.〔消除了～〕心配をなくした.〔他毫无～地谈出了自己的想法〕彼は何の懸念もなく自分の考えを話し出した.
顾盼 gùmiàn〈文〉顾みながめする.振り返る.
顾面子 gùmiànzi →〔顾脸(面)〕
顾名思义 gùmíng sīyì〈成〉名称を見て意味を考える.〈転〉その名の示すとおり.〔这次友好使节团的中国之行,～是以友好为目的的〕このたびの友好使節団の中国訪問はその名の示すとおり親善を目的としている.
顾命 gùmìng 生命を惜しむ.〔不～地干〕命を惜しまずにやる.
顾念 gùniàn〈文〉気にかけて思いやる.配慮する.〔多蒙您的～〕〈挨〉大変お気遣いいただきました.
顾盼 gùpàn あたりを見回す.〔左右～〕左右を見回す.〔～自雄〕〔～自得〕〈成〉周りを見回して得意になる.
顾前不顾后 gùqián bùgùhòu〈谚〉一方に気をとられて後の事が留守になる.頭顾して尻隠さず;〔顾头不顾尾〕ともいう.
顾全 gùquán 不都合が生じないようにする.〔～之策 cè〕万全の策.〔～大局〕大局を重んずる.
顾赡 gùshàn 救済する.助ける.〔他一点儿不～人〕彼は少しも人の面倒を見てやらない.
顾上不顾下 gùshàng bùgùxià〈惯〉上ばかりを見て下を顾みない.
顾头不顾尾 gùtóu bùgùwěi ⇒〔顾前不顾后〕
顾问 gùwèn 顾问.〔中央～委员会〕〔中顾委〕中国共产党内で1982年から92年まで設けられた.〔～律 lǜ 师〕顾问弁護士.〔～公司〕コンサルタント会社.〔高级～〕相談役.シニアアドバイザー.
顾惜 gùxī ①心にかける.大切にする.〔～体面〕体面を重んずる.②良く扱みたわる.
顾绣 gùxiù〔苏 sū 绣〕(蘇州産の刺繡製品)の別称:明代の進士で上海の顾绣海の妾であった蘭玉が刺繡に巧みであったところから刺繡品一般の通称となった.
顾恤 gùxù〈文〉いたわり哀れむ.
顾一头 gùyītóu 一つの事にのめりこむ.一方だけに夢中になる.
顾影弄姿 gùyǐng nòngzī〈成〉自己陶酔(顕示)する.
顾影自怜 gùyǐng zìlián〈成〉みじめな自分を哀れに思う,後の事を考えない.
顾瞻 gùzhān 顾みる.回顾する.
顾主 gùzhǔ (商売の)得意先.バイヤー.→〔主顾〕
顾嘴不顾身 gùzuǐ bùgùshēn ①食うことにいっぱいでやりふり構わない.②〈喩〉一時的に羽振りをきかせ,後の事を考えない.

m **[雇(僱)]** gù ①雇う.〔～人做活〕人を雇って仕事をすすめる(させる).〔～不下来〕(そのくらいの金では)雇うことができない.〔～不起〕(金がなくて)雇えない.〔～请 qǐng 钟点工〕パートタイマーを雇う.〔～兄 xiōng〕殺し屋を雇う.
n ②雇いの.→〔雇农〕 ③〈姓〉雇(ｺﾞ)

雇镖 gùbiāo 用心棒を雇う.→〔镖客〕
雇房 gùfáng 雇用者側.
雇工 gùgōng ①劳动雇用:雇用人(雇われ百姓)を雇うこと.〔富农的剥 bō 削方式主要是～〕富農の搾取形態は主として小作を雇って仕事をさせることだ.②日雇い.雇われ者.雇われ百姓.→〔雇农〕
雇脚 gùjiǎo 荷運び人足を雇う.
雇农 gùnóng 〔雇農.雇われ百姓:農村における無産階級.〔雇工②〕ともいう.〔所谓农村无产阶级,是指长工,月工,零工等～而言〕(毛·中国社会各階级的分析)农村プロレタリア階級とは,年ぎめ·月ぎめ·日雇いなどの雇農を指す.→〔贫 pín 农〕〔下 xià 中农〕〔中 zhōng 农〕
雇请 gùqǐng 雇う.〔～保姆〕お手伝いを雇う.
雇役 gùyì〈文〉人夫.
雇用 gùyòng 雇用する.〔～工人〕賃金劳动者.〔～观点〕雇われ人根性.〔～劳动〕雇用劳动.〔～合同〕雇用契約.〔～兵〕傭(yōng)兵.〔～兵役制〕傭兵制.〔～军〕傭兵軍.
雇佣 gùyòng 雇い入れ(る).〔～临时工〕アルバイトを雇う.
雇员 gùyuán 旧雇員.臨時職員.
雇主 gùzhǔ 雇い主.
雇主佣工争执 gùzhǔ yōnggōng zhēngzhí ⇒〔劳劳 动争议〕

[梏] gù〈文〉手かせ:古代の刑具.〔手～〕同前.〔桎 zhì ～〕足かせと手かせ.〈転〉束縛.〔手 shǒu 铐〕

[牿] gù〈文〉①(牛の)角(ｶﾄﾞ)木:人を突かないように両方の角にわたす横木.②牛馬を飼う囲い.

gua ≪ｸﾒｱ

[瓜(瓜)] guā ①圃ウリ(瓜)(総称).〔西 xī ～〕スイカ(西瓜).〔蜜 mì ～〕〔甜 tián ～〕〔香 xiāng ～〕マクワウリ.メロン.〔白 bái ～〕シロウリ.〔黄 huáng ～〕〔胡 hú ～〕キュウリ.〔南 nán ～〕倭 wō ～〕〔番 fān ～〕②カボチャ.〔冬 dōng ～〕ﾄｳｶﾞﾝ.〔苦 kǔ ～〕ﾆｶﾞｳﾘ.〔卖 mài ～的说～甜〕〈谚〉手前みそを並べる.〔老王卖～,自卖自夸〕〔王婆卖～,自卖自夸〕〈歇〉王さんが瓜を売り,自分で売っていて自分でほめる:手前みそを並べる. ②瓜状のもの.〔脑 nǎo ～儿〕脑 nǎo 袋〕〈方〉あたま.〔～～〕〈方〉〈骂〉うすらばか.〔傻 shǎ ～〕馬鹿っぱか者. ③〈姓〉瓜(ｶ)

瓜不离秧儿 guā bùlí yāngr 瓜は蔓(ﾂﾙ)から離れられない:不可分の関係の形容.
瓜菜 guācài 瓜と野菜.〔～代 dài〕(食糧の代わりに)瓜や野菜を食べること.
瓜车 guāchē スイカ(メロンなど)を運ぶ車.〔运～〕ともいう.〔农用～〕農用のトラクター.
瓜搭 guāda ⇒〔呱嗒〕
瓜代 guādài〈文〉任期が満ちて交替する.
瓜地 guādì 瓜畑.
瓜蒂 guādì 瓜のへた.瓜のほぞ.〔～绵延〕〈成〉子孫が栄える.
瓜瓞 guādié〈文〉瓜:〔瓞〕は小瓜.〔绵绵～〕〈成〉子孫が栄える.〔～绵绵〕〔瓜绵〕ともいう.
瓜分 guāfēn (国土·利益を)分割する.分け取りする.〔瓜 dòu 剖瓜分〕
瓜葛 guāgé〈喩〉かかわりあい.ひっかかり.〔你是他的什么人,和他有什么～没有？〕お前は彼の何にあたるのか,何か関わりがあるのかね.
瓜瓜叫 guāguājiào ⇒〔呱呱叫〕

guā 瓜呱胍刮

瓜果 guāguǒ [-儿]瓜や果物.〈転〉生の果物や木の実.[~行 háng]果物屋.

瓜叽 guājī 〈擬〉ガチッ:物をかみあてた音.堅い物をかんだ音.

瓜棚 guāpéng 瓜棚.

瓜拉尼 guālāní 〈音訳〉グアラニー:パラグアイの通貨単位名.

瓜类 guālèi ウリ類.

瓜李之嫌 guālǐ zhī xián あらぬ疑い.→[瓜田李下]

瓜连 guālián 〈方〉かかわり.[米醋和治病有啥 shá ~]米酢と病気の治療と何のかかわりがあるのか.

瓜蒌 guālóu ⇒[栝楼]

瓜芦 guālú ⇒[皋昌 gāo lú 芦]

瓜绵 guāmián →[瓜瓞]

瓜瓤子 guāráozi 〈方〉皮むき(器):大根や瓜・芋などの皮をむく道具.[用~刮 guā 冬瓜皮]皮むきでとうがんの皮をむく.

瓜农 guānóng 西(瓜)作り農家.

瓜皮 guāpí 瓜の皮.[一艇 tǐng]小舟の別称.[~帽(儿)][~小帽][帽儿](小 xiǎo 帽)(儿)]圖帽子の一種:6枚の黒布片を縫い合わせ,二つに割った西瓜のように見えるつばなしのもの.頂辺に丸いつまみがある.

瓜片 guāpiàn 緑茶の一種:安徽省六安・霍山一帯に産す.

瓜剖豆分 guāpōu dòufēn ⇒[豆剖瓜分]

瓜期 guāqī ⇒[瓜时]官吏の交替期間.→[瓜代]

瓜瓤(儿) guāráng(r) 瓜の実(種の周りの果肉).

瓜仁(儿) guārén(r) 瓜の種の中身:[瓜子(儿)仁儿]ともいう.

瓜参 guāshēn →[光 guāng 参][海 hǎi 胡瓜][海茄子]圖キンコ(科総称).→[海参]

瓜时 guāshí ⇒[瓜期]

瓜守 guāshǒu →[黄 huáng 守瓜]

瓜熟蒂落 guāshú dìluò 〈喩〉時期が至れば事は自然に成就する:[瓜熟自落]ともいう.

瓜藤 guāténg 瓜のつる.

瓜田 guātián 瓜畑.[~李 lǐ 下][成]瓜の畑,すももの樹の下:人から疑いをもたれやすいような状況.[不纳履,李下不整冠]〈諺〉あらぬ疑いを避ける.[~〈姓〉瓜田(テネヅ).

瓜条 guātiáo 圖(砂糖漬けにした)瓜の細切り.

瓜蔓(儿) guāwàn(r) 瓜のつる.[~抄 chāo]いもづる式につかまえる(殺す)

瓜香草 guāxiāngcǎo ⇒[仙 xiān 鹤草]

瓜秧(儿) guāyāng(r) 瓜のつる.[回]弁髪.

瓜萤(儿) guāyíng →[黄 huáng 守瓜]

瓜蝇 guāyíng →[黄 huáng 守瓜]

瓜月 guāyuè 旧暦7月の別称.

瓜柱 guāzhù 圖つか.→[梁 liáng ①]

瓜子金 guāzǐjīn ①瓜の形をした小さな金塊. ②圖ヒメハギ.→[远 yuǎn 志②]

瓜子(儿) guāzǐ(r) 圖西瓜・かぼちゃ・ひまわりなどの種:塩煎りして中の実をお茶うけとする.[~仁儿 rénr][瓜仁(儿)][瓜子(儿)]瓜の種の中身.[西 xī ~][黑 hēi ~]西瓜の種.[南 nán ~][倭 wō ~]かぼちゃの種.[白~]かぼちゃの種の皮のついたまま煎したもの.[葵 kuí 花子(~)][香 xiāng ~]ひまわりの種.[五香~]ゆでた[~]を[五香]で味つけしたもの.[~不饱是人心]〈諺〉西瓜の種では満腹にはならないが,そでもやはり人情だ:気は心.

瓜子(儿)脸 guāzǐ(r)liǎn 瓜実(辭)顔.→[鸭 yā 蛋脸儿]

[呱] guā 〈擬〉物がぶつかる音やアヒル・カエルの鳴く声. → gū guā

呱嗒 guādā [呱哒]とも書いた.〈擬〉カタカタ.コツコツ.カタン.

呱嗒 guādā [呱哒][瓜搭][瓜耷][刮搭②][挂 guà 搭]とも書いた.[口]①仏頂面をする.不機嫌な顔をする.[~着脸]同前.[皱 zhòu 着眉把脸一~]眉をしかめてふっと不機嫌な顔をする.[一下脸儿来]不機嫌な顔になってくる.[一生气就把脸子一~]腹が立つとすぐくれっつらをする. ②ぺらぺらしゃべる(けなす意).

呱嗒板儿 guādābǎnr [呱哒板儿][刮搭板儿][挂 guà 搭板儿]とも書いた.①→[拍 pāi 板①] ②〈方〉木(で作った)サンダル.つっかけ式の履物=[跶 tā 拉板儿]に同じ.

呱呱 guāguā 〈擬〉ガァーガァー.グワッグワッ.ケロケロ:アヒル・蛙などの鳴き声.[~叫 jiào][~呱]とびきりよい:[瓜瓜叫][刮刮叫][嗷 áo 嗷叫]ともいう.略して[~]ともいう.[狗撵 niǎn 鸭子,~叫]〈歇〉とびきりよい.[一顶 dǐng 呱呱]

呱唧 guāji ①〈擬〉パチパチ:拍手する音. ②拍手する.[大家给我~]皆は私に拍手した.

呱啦 guāla 〈擬〉ガラ.

[胍] guā 圖グアニジン:有機化合物.

[刮・颳] guā (Ⅰ)[刮]①(刃物やへら状のもので)こそぐ.削る.むく.

刮(~)> [~不净]きれいに削れない.[~摩 mó]〈文〉磨きをかける.[~擦 cā]強くこする.[~蹭 cèng]強くこすってはがれる. ②しぼり取る.搾取する.[搜 sōu ~]同前.[~钱财]金や財産を掠(ᅙ)め取る(まき上げる).[~空 kōng]なくなるまで搾り上げる.→[刮地皮] ③塗りつける.こすりつける.[~浆 jiàng 子]のりを塗る.のりづけする. (Ⅱ)[颳](風が)吹く.[~大风]強い風が吹く.[~得厉 lì 害]風の吹き方がひどい.[~得满天尘土]風で空じゅうほこりが舞う.

刮板 guābǎn ①圖穀物類を均(ᅮ)らしたり集めたりするのに用いる板.ふつう人力で行う.[~式输送机]圖(播(*))きゲりコンベヤー.スクレーパーコンベヤー. ②→[车 chē 板]

刮刨 guābào かんなをかけて削る.[~见 jiàn 新]かんなをかけて新しくなる(する).

刮鼻子 guābízi ①相手の鼻の先を人差し指で軽くこするしぐさ:ゲームに負けた相手に"どうだ"と威張ったり,大人が小さい子供に"こいつめ"と親しみを込めて軽く叱る意.[王老头刮了小孩子一下鼻子]王じいさんは子供をあざけった.[被老师刮了一顿鼻子]先生に怒られた. ②相手に向かって自分の鼻を人差し指で軽くこするしぐさ:あざけりさげすむ意.

刮吃 guāchi かき落とす.[粘 zhān 上的泥嘎 gā 巴儿得~~才能干净]こびりついた泥をかき落とさなければきれいにならない.

刮大白 guādàbái 〈方〉古い土壁など削り取ってきれいにする:左官の一.

刮搭 guādā ①たたく.なぐる. ②⇒[呱嗒]

刮搭板儿 guādābǎnr ⇒[呱嗒板儿]

刮打扁儿 guādǎbiǎnr ⇒[刮 guā 头蝇]

刮刀 guādāo 圖きさげ.スクレーパー.[半圆~]三日月型スクレーパー.[平~]平型スクレーパー.[三角~]angle型スクレーパー.

刮地皮 guādìpí 地面を削り取る.〈転〉人民を搾取する:旧時,地方官が任地の人民の膏(ೋ)血をしぼったこと.この裏返しの意味で地方官の栄・転任の際,頌(ኔ ᆰ)徳の言葉として[天高一尺]と書き暗そしった.[做了一任县知事刮了三十多万地皮]一度県知事を務めて人民から30万も搾取した.

刮耳光 guā'ěrguāng びんたを食らわす.びんたをは

刮风 guāfēng 風が吹く.〔刮起风来了〕風が吹き始めた.〔～是香炉,下雨是墨盒子〕〔谚〕風が吹けば香炉のようにほこりが高く舞い上がり,雨が降れば町中墨つぼのようになる:道路の悪さのたとえ.

刮宫 guāgōng 医掻爬(ぱ)する.〔～引产〕喻むりやりに事を進める.

刮垢 guāgòu 垢(あか)をかき落とす.〔～磨 mó 光〕〔成〕垢を落としてピカピカに磨く.〔喻〕⑧人材を育てあげる.ⓑ詳細に研究する.

刮刮叫 guāguājiào ⇒〔呱呱叫〕

刮卡 guāguǎkǎ インスタント宝くじ.スクラッチ:こすって当選番号をひらくくじ.またはそれをこすること.

刮痕 guāhén 引っかき痕.

刮胡刀 guāhúdāo ひげそり用かみそり:〔剃 tì 须刀〕に同じ.

刮胡子 guāhúzi ひげを剃(そ)る.〔～了一顿〕喻叱る.〔他以前经常被部长～〕彼はむかしはいつも部長に叱られてばかりいたんだ.→〔碰 pèng 钉子〕

刮拉 guālā 〔方〕巻き添えにする(される)

刮剌剌 guālàlà 擬ガラガラ.

刮剌 guāla ⇒〔勾 gōu 搭〕

刮脸 guāliǎn =〔文修 xiū 面〕顔をそる.ひげをそる.〔～刀(儿)〕カミソリ.〔～刷 shuā 子〕同前用のはけ.

刮脸皮 guāliǎnpí 〔方〕人差し指で顔をそるまねをする.〔不要脸〕(つらの皮が厚い)の意.→〔做 zuò 鬼脸(儿)〕

刮眉刀 guāméidāo 眉毛そり用かみそり.

刮目 guāmù 物の見方をはっきり変える.〔～相 xiāng 看〕〔～相待〕〔成〕新しい目で見る.→〔拭 shì 目以待〕

刮皮 guāpí ①〔刃物で〕皮をむく.②喻けちである.〔～匠 jiàng〕けちんぼ.

刮晴 guāqíng 風が吹き雲をとばして晴れる.

刮痧 guāshā 中医〔霍 huò 乱〕や〔中 zhòng 暑〕(熱中症)などの素人(ã)療法:銅貨などに水を付けて患者の胸や背をこすり皮膚を紫色に充血させて治療すること.

刮舌(儿) guāshé(r) =〔刮舌子〕舌こき:竹製·セルロイド製あるいは銀製のへら状のもの.両手でその端をもって舌苔(ã)をこそぎ落とす.

刮舌子 guāshézi 同上.

刮水 guāshuǐ くり返し少しずつ水を汲む.〔～器 qì〕〔刮雨器〕〔雨 yǔ 刮器〕(自動車の)ワイパー.

刮头 guātóu ふけを取る.〔～篦 bì 子〕すきぐし.

刮土机 guātǔjī ①スクレーパー:運土および削土機.→〔铲 chǎn 土机〕〔电 diàn 铲〕〔推 tuī 土机〕

刮削 guāxiāo ①削り取る.〔这些石器是猿人～食物(的)工具〕これらの石器は猿人が食物を削った道具である.②絞り取る.〔～地 dì 皮〕人民から同前.

刮型工 guāxínggōng 工鋳型整備の仕事.

刮研 guāyán 圆きさげかけ.スクレーピング.

刮油 guāyóu ピンハネする.搾取する.→〔揩 kāi 油①〕

刮油胀圈 guāyóu zhàngquān ⇒〔油令〕

刮雨器 guāyǔqì (自動車の)ワイパー.〔刮水器〕〔雨刮器〕ともいう.

[括] guā →〔挺 tǐng 括〕→ kuò

[苦] guā
苦蒌 guālóu →〔栝楼〕

[栝] guā ①植ビャクシン.→〔桧 guì〕②→〔栝楼〕→ kuò

栝楼 guālóu 植キカラスウリ,またその果実:〔瓜篓〕

〔苦蒌〕〔果 guǒ 裸〕とも書く.〔～根 gēn〕瑞 ruì 雪①同前の根:ふつう〔天 tiān 花粉〕といい,薬用する.〔假瓜～〕

[鸹·鴰] guā 〔口〕老鸹～〕乌 wū 鸦鳥カラス.〔鹕 cāng ～〕マナヅル.

[䯄·䯄] guā 〔文〕口の所が黒い赤毛の馬.

[绔·綶] guā 〔文〕黒紫色の印綬.→ wō

[劀] guā 〔文〕削り取る.

[呱] guǎ →〔拉 lā 呱儿〕→ gū guā

[剐·剮] guǎ ①古代,体を幾つにも切り刻み,なぶり殺しにする(酷刑).〔～死 sǐ〕斬殺する.〔千刀万～〕〔成〕体をずたずたに切り刻む.〔凌 líng 迟〕②(尖ったものにひっかけて)破れる.割れる.裂ける.〔～蹭 cèng〕接触して傷がつく.〔手上～了一个口子〕手をひっかけて傷ができた.〔钉 dīng 子把衣服～破了〕釘で服にかぎざきを作ってしまった.

[寡] guǎ ①少ない.欠ける.乏しい.〔多～不等〕多さがまちまちである.〔兴 xìng 趣～然〕興ざめする.〔落 luò 落～合〕ぎくしゃくとしてなかなか合わない.〔沉 chén 默～言〕だんまりで言葉が少ない.↔〔众 zhòng ①〕②やもめ(の):昔時は男の場合にも用いた.〔守 shǒu ～〕やもめ暮らしをする.〔～妇 shuāng〕さびしい.味がない.〔清汤～水〕油も塩もない吸い物.④固王侯(謙称).〔～君〕わが主君:他国の者に対している.〔称 chēng 孤道～〕自ら王と称する.〔喻〕お山の大将をきめこむ.→〔孤 gū ③〕⑤〔方〕…ばかり.…だけ:〔光 guāng ⑪〕に同じ.〔～喝 hē 酒〕(食べるものなしに)酒だけ飲む.〔～饭 fàn〕(おかずなしの)ご飯だけ.

寡白 guǎbái 蒼白である.

寡薄 guǎbó 〔文〕①薄弱である.貧弱である.②乏しい.欠乏している.

寡不敌众 guǎ bù dízhòng 〔成〕衆寡敵せず:〔寡不胜众〕ともいう.→〔好灶 虎架不住一群狼〕〔双 shuāng 拳〕

寡淡 guǎdàn 味気ない.無味乾燥である.

寡蛋 guǎdàn 受精しない鶏卵.

寡德 guǎdé 〔文〕徳が少ない.不徳である:謙遜語にも用いる.

寡断 guǎduàn 〔文〕決断力が乏しい.〔优柔～〕優柔不断.

寡恩 guǎ'ēn 不親切である.〔刻 kè 薄～〕〔成〕薄情でつめたい.

寡二少双 guǎ'èr shǎoshuāng 〔成〕匹敵するものがない.並ぶものがない.

寡夫 guǎfū ⇒〔鳏 guān 夫〕

寡妇 guǎfu =〔喻寡鹤〕〔喻寡鹄〕〔文〕孤孀②:寡婦.やもめ.後家.未亡人.〔～脸 liǎn〕罵やもめ面:受精しないのに卵を産んだ雌鶏の顔.〔～儿 ér〕寡婦と孤児.〔喻〕孤独な弱者.→〔鳏 guān 夫〕

寡合 guǎhé 〔文〕なかなか人とそりが合わない.

寡鹄 guǎhú ⇒〔寡妇〕

寡欢 guǎhuān 〔文〕喜びが少ない.〔终 zhōng 日郁 yù 郁～〕一日中気がふさいでいる.

寡见少闻 guǎjiàn shǎowén 〔成〕見聞が狭い.

寡酒 guǎjiǔ 〔文〕肴(ã)なしで飲む酒.

寡居 guǎjū 〔文〕やもめ暮らし(をする).

寡廉鲜耻 guǎlián xiǎnchǐ 〔成〕恥知らず.

寡陋 guǎlòu ⇒〔孤 gū 陋寡闻〕
寡默 guǎmò 〈文〉物を言わずに静かにしている.寡黙である:〔沈默寡言〕
寡母 guǎmǔ 〈文〉寡婦になった母.〔孤儿〕〈慣〉(夫・父)を亡くした母子.
寡情 guǎqíng 薄情(である).〔～薄义〕義理人情に欠ける.
寡趣 guǎqù 味わいに乏しい.
寡人 guǎrén 〈謙〉〈朕〉昔時,帝王の自称.寡德の人の意.→〔孤 gū 家寡人〕〔朕 zhèn ①〕
寡瘦 guǎshòu 〈方〉やせ細っている.
寡头 guǎtóu 寡頭.政治・経済の大權を握っている少数の支配者.〔金融～〕金融の同前.〔～政治〕寡頭政治.
寡味 guǎwèi 趣がない.味がない.
寡闻 guǎwén 〈文〉見聞が浅い.〔孤陋 lòu ～〕〈成〉同前.
寡言 guǎyán 〈文〉ことば数が少ない.
寡欲 guǎyù 〈文〉欲が少ない(を少なくする)
寡占 guǎzhàn 寡占する.
寡照 guǎzhào 日照(時間)が不足する.
寡助 guǎzhù ⇒〔得 dé 道②〕

〔**诖・註**〕guà 〈文〉①だます.②連座し.免職となる.〔～误 wù〕巻き添えを食う.

〔**卦**〕guà ①固八卦(ぱ)の卦(ぱ).〔乾 qián ①〕〔坎 kǎn Ⅱ〕〔震 zhèn ①〕〔巽 xùn Ⅰ〕〔离 lí Ⅱ〕〔三〕〔坤 kūn ①〕〔兑 duì ①〕の八つの卦を二重に組み合わせた六十四卦で占う.〔卜 bǔ ～〕〔打 ～〕〔算 suàn ～〕〔占 zhān ～〕八卦を見る(見てもらう).易で占う(占ってもらう).〔变 biàn ～〕決められたことが中途でがらりと変わる.突然気が変わる.→〔爻 yáo〕②吉凶を占う物や行為.

卦辞 guàcí ⇒〔彖 tuàn 辞〕
卦姑 guàgū 占い女.
卦候 guàhòu 八卦と季節のかみ合わせ.
卦礼 guàlǐ 占い料.
卦摊儿 guàtānr 囗大道易者の台
卦筒 guàtǒng 算木(ぎ)や筮竹(ぜ)を入れる丸い筒.
卦兆 guàzhào 八卦に現れた兆候.
卦子儿 guàzǐr 算木.

〔**挂(掛・罣)**〕guà (Ⅰ)〔挂(掛)〕①掛ける(かる).揭げる.ひっかける(かる).つるす.連結する.〔把地图～在墙上〕地図を壁に掛ける.〔墙上～着地图〕壁に地図が掛かっている.〔～掉电话〕受話器を(フックに)掛ける(電話を切る).〔～长途电话〕長距離をかける(つながる).〔我明天再给你～电话〕明日また電話します.〔发 fā 国际电话〕国際電話をかける.〔请你～总务科〕総務課へ(電話を)つないで下さい.〔等～电话〕電話をかけないでください.電話を切らないでください.〔钉 dīng 子把衣裳～住了〕服を釘にひっかけた.〔～牌行 xíng 医〕看板をかけて医院を開く,開業する.〔把腰刀～起来〕腰刀をつり下げる.〔～运 yùn〕連結輸送する.②(心)にかける(か).〔～在心上〕同前.〔心上老～着一件事〕心にいつも一つのことが気がかりである.③(粉状あるいは液状のもの)がかかる.付く.〔脸上～着一层灰土/脸にべったりほこりがかかっている.〔油纸不～墨,写不上/油紙は墨が付かないから書けない.〔这苹果还～着霜儿呢〕このリンゴにはまだ粉がかかっている(新鮮で).〔这柿饼子～了霜儿了〕この干し柿には霜(糖分)がふいている.〔玻璃上～了一层哈气〕ガラスに白いくもりがかかっている.④名前を

出す.登録する.〔上一个虚 xū 名儿〕ほんの名前だけを出す.⑤船が立ち寄る.〔这只船不～上海〕この船は上海には寄港しない.⑥浮かべる.表情に出る(出す).〔脸上～着微笑〕顔にほほえみを浮かべる.⑦量詞.そろいのものや,つながったものを数える.〔一～葡 pú 萄〕〔一嘟 dū 噜葡萄〕一房(ふ)のぶどう.〔一～珠 zhū 子〕一連の珠.〔一～鞭〕一連の(一くさり)の爆竹.〔一～大车〕一台の大八車.(Ⅱ)〔罣〕①引き止める(さえる.にする).ひき及ぼす.〔～误 wù〕〔诖误〕〔诖误〕同前.〔打～误官 guān 司〕巻き添え裁判をくらう.裁判ざたに巻き込まれる.連座する.〔劝 quàn 架的受了～伤〕けんかの仲裁人が巻き添えのけがをした.②ひっかかる.不都合が生じる.〔～阁 gé〕差し障りとなる.〔触 chù〕にふれる.

挂碍 guà'ài ひっかかり.気がかり.懸念.〔心中没有～〕気にかかるものは何もない.〔一身无～〕気楽なひとり身.
挂包 guàbāo (肩)掛けかばん.雑嚢(ぞう).囊.
挂鞭 guàbiān 〔一束になった爆竹.〔小～〕小さな同前.〔放～〕爆竹を鳴らす.教師授業をやめる.
挂表 guàbiǎo ⇒〔怀 huái 表〕
挂不住 guàbuzhù ①掛けられない.〔这钉子太小,那么大的钟怕～吧〕この釘は小さすぎて,大きな時計は掛けられない.②〈方〉きまりが悪い.〔脸上〕〔面子上〕同前.〔那当著客人,连我都要～了〕それにしてお客さんの前で私まで大恥をかいてしまう.
挂彩 guàcǎi ①祝い事の飾りの色絹を掛けること:〔挂红①〕に同じ.〔披红〕同前.〔挂红③〕〔挂花②〕に同じ.几个战士～了兵士が何かで軽傷を負った.〔～儿〕〈受〉负伤(けんかして)血を流すこと.〔彩号〕〔受 shòu 伤〕
挂叉子 guàchāzi 掛竿:〔画 huà 杈子〕ともいう.掛け軸を掛ける棒.
挂车 guàchē ①車を連結する.②⇒〔拖 tuō 车②〕
挂齿 guàchǐ 歯牙(が)にかける.言葉にして言う.〔区区小事何足～〕ほんの些細な事ですので,そんなにおっしゃるようなことはありません.→〔齿及〕
挂锄 guàchú 農耕地作業が終わる.
挂褡 guàchú つり棚.
挂褡 guàdā ⇒〔挂单②〕
挂搭 guàdā ⇒〔呱 guā 嗒〕
挂搭板儿 guàdābǎnr ⇒〔呱 guā 嗒板儿〕
挂单 guàdān ①⇒〔落 luò 单②〕②＝〔挂褡〕行脚(きゃ)僧が寺院に投宿すること.〔～僧 sēng〕雲水.〔静法曾在青山寺挂过褡〕静法は青山寺に宿泊したことがある.
挂挡 guàdǎng ギアを入れる.〔挂高速挡〕トップギアにする.
挂得扁儿 guàdebiǎnr ⇒〔舂 chōng 米郎〕
挂灯 guàdēng ①〔灯笼 lóng〕(ちょうちん)や〔彩 cǎi 灯①〕(飾りちょうちん)をつるす.②つり下げランプ(ちょうちん)
挂点零儿 guàdiǎnlíngr ⇒〔挂零(儿)〕
挂电话 guàdiànhuà ⇒字解前①
挂斗 guàdòu トレーラー:エンジンのある車に牽引(いん)されて主に荷物を運搬する小型の付随車.→〔拖 tuō 车②〕
挂肚 guàdù 気にする.〔牵 qiān 肠～〕〔～牵心〕〈成〉深く心にかける.→〔挂念〕
挂钩 guàgōu 鉤.フックに掛ける.
挂钩 guàgōu ①(車などの)連結器.〔火车～〕汽車の同前.②物を掛けるかぎ(くぎ).〔吊 diào 车～〕クレーンフック.③列車を連結する.〔～人〕連結手.④〈喩〉渡りをつける.関係をつける.つながりを

挂 guà

持つ.〔产销〕生産と販売の連携.〔人民币与美元～比率制度〕團元・ドルペッグ制.〔和他们挂上了钩〕彼らにコネをつけた.

挂冠 guàguān　=〔挂冕〕〈文〉官職を辞する.
挂果 guàguǒ　〔挂货〕実をつける.〔今年苹果没怎么～〕今年はリンゴがあまり実をつけなかった.
挂号 guàhào　①(病院などで)申し込む.手続きする.〔～费 fèi 申込金.受付料.〔看病先要～〕診察を受けるには,まず手続きをしなければなりません.〔先给我挂个号〕先に申し込みをします(受付てください).〔你～了没有？〕きみはもう登録したかね.②〈転〉書留(にする).〔这封信寄以～〕この手紙は書留で出す.〔单 dān～〕普通書留.〔双 shuāng～〕配達証明付書留.〔～信 xìn (件)〕〔～邮 yóu 件〕書留郵便(物).〔～收据〕(回～执据)書留の引受証.〔电报～〕電信略号.〔他是市里头挂了号的人物〕彼はこの町ではふだつきの人間だ.
挂号室 guàhàoshì　(病院などの)受付:〔挂号处〕ともいう.→〔传 chuán 达室〕〔窗 chuāng 口〕
挂红 guàhóng　①(開店・開業など祝い事で)飾りの赤色の絹布を掛け回すこと:〔挂彩①〕ともいう.〔～绸 chóu①同前.⑥同前の絹布.②宴席で拳(quán)を打つときに酒を飲む時,勝った人が負けた人のお相伴をして飲むこと.〔赢了是人家赢,他也～〕勝ったら相手が飲むのが彼もお相伴をして飲む.→〔划 huá 拳②〕
挂花 guàhuā　①着飾る.おめかしする.②⇒〔挂彩②〕
挂怀 guàhuái　⇒〔挂念〕
挂幌子 guàhuǎngzi　①看板をかける.〈転〉商売を見せかける.③外に現れる.顔に出る.〔他刚才准是喝酒了,脸上都～了〕彼は今さっきまで酒を飲んだんだ,顔にまで出ている.④〈喩〉顔に傷をつける.
挂火(儿) guàhuǒ(r)　〈方〉怒る.(いらだって)怒る.〔年轻人容易～〕若い者は怒りっぽい.〔你再一激 jī 他,他更～了〕きみがもう一度けしかけたら彼はもっと怒りだすよ.→〔生 shēng 气〕
挂货 guàhuò　⇒〔挂果〕
挂机 guàjī　電話を切る:〔挂断〕に同じ.
挂记 guà-jì　〔挂念〕心にかける.
挂甲 guàjiǎ　(軍人が)退役する.
挂件 guàjiàn　〔一儿〕かけてある装身具・装飾品.〔汽车～〕自動車のミラーにつけるアクセサリー.
挂剑 guàjiàn　〈文〉亡くなった友人を偲ぶこと:春秋時代,吴国の王子の季札は鲁国に使いし,途中で徐君に立ち寄った.徐王は季札の剣を欲しいと思ったが,言い出せなかった.鲁国からの帰路に季札は徐王に剣を贈ろうと立ち寄ったが,徐王はすでに亡くなっていたので,その墓の榜の木に剣をかけた.
挂笺 guàjiàn　⇒〔门 mén 笺〕
挂脚 guàjiǎo　⇒〔吊 diào 架〕
挂金 guàjīn　金メダルをとる.優勝する.
挂金灯 guàjīndēng　⇒〔酸 suān 浆①〕
挂劲(儿) guàjìn(r)　〈方〉いらだつ.せきこむ.〔事情越办越坏,他挂了劲(儿)了,对这位法子了〕事はかかばかりずまずく事っているので,彼はいらだってきたが,どうにもしかたがなかった.
挂镜线 guàjìngxiàn　建(室内の壁の)なげし:〔画 huà 境线〕ともいう.
挂靠 guàkào　①横づけにする.〔这个码头可以一万吨级船只以～〕1万トン級の船舶を横づけにすることができる.②(組織・団体などに)所属し依拠する.〔～单位〕形式上の上部組織.名義上の所属機関.〔～公司〕同前の会社:政府などの後ろ盾のあるふりをする会社.
挂拉枣儿 guàlazǎor　⇒〔焦 jiāo 枣(儿)〕
挂兰 guàlán　⇒〔吊 diào 兰〕
挂络儿 guàlàor　〔挂涝儿〕〔挂落儿〕とも書く.〈方〉巻き添え(になる).〔吃 chī～〕巻き添えを食う.〔不能叫您跟着吃～〕あなたまで巻き添えを食わせるにはいかない.〔我总得 děi 吃你的～〕ぼくは君の巻き添えを食わないではすまない.
挂累 guàlěi　①⇒〔连累〕　②⇒〔挂念〕
挂历 guàlì　(壁に掛ける)カレンダー.→〔历(II)〕
挂连 guàlián　関連する.
挂镰 guàlián　刈り入れを済ませる.収穫が終わる.
挂恋 guàliàn　恋しがる.〔孩子～妈妈〕子が母を恋しがる.
挂链 guàliàn　〔一儿〕ストラップ.〔手机～〕携帯電話のストラップ.
挂零(儿) guàlíng(r)　はしたがつく.…あまり.…ちょっと.〔岁数在二十岁往点零儿〕年齢は20歳とちょっとというところ.〔二十万吨～〕20万トンとちょっと.→〔有 yǒu 零〕
挂漏 guàlòu　遺漏がある.〔～势所难免〕この分では遺漏は免れがたい.〔挂万漏一〕〔挂一漏万〕
挂炉 guàlú　豚のももやあひるなどをつり下げて炙(zhì)り肉を作る土製の炉.またその製法.〔～烤鸭〕〔烤 kǎo 鸭(子)〕同前の作ったあひるの丸焼き.
挂虑 guàlǜ　⇒〔挂念〕
挂绿 guàlǜ　〔荔zhī 枝〕の最上品種の名.
挂轮 guàlún　⇒〔交 jiāo 换齿轮〕
挂络枣儿 guàluozǎor　⇒〔焦 jiāo 枣(儿)〕
挂冕 guàmiǎn　⇒〔挂冠〕
挂面 guàmiàn　食干しうどん.干麺:細いものを〔龙 lóng 须②〕(そうめん),扁平なものを〔凤 fèng 尾②〕(きしめん).
挂面子 guàmiànzi　〔皮 pí 桶子〕(服の裏につける毛皮)に表をつける:〔皮袄 ǎo (儿)〕(毛皮の着物)を作ること.
挂名 guàmíng　①名前を記入する(登録する).〈転〉名前だけを連ねる.〔～夫妻〕名前だけの夫婦.〔～差 chā 事〕肩書きだけの官職.〔～会员〕名ばかりの会員.→〔担 dān 名〕②→〔科 kē 举〕
挂念 guàniàn　=〔挂怀〕〔挂累②〕〔挂虑〕〈方〉挂神〕〔挂心〕〔挂意〕〔惦念〕〔紫萦怀〕気にかける.〔现在不知道您身体康健吗？我的确在～着〕現在はお体のほうはお元気でしょうか,本当に心配しています.〔车～〕〔担 dān 心〕〔惦 diàn 记〕
挂拍 guàpāi　団ラケットを置く.(選手が)現役を引退する.
挂牌 guàpái　①看板をかける.開業する.オープンする.〔要领得开业执照才能～〕開業許可証をもらわなくては開業できない.〔～生产 chǎn〕生産を始める.〔挂头 tóu 牌〕④主役を務めさせる.〔～交易〕園上場取引(する).③IDカードをつける.ネームプレートを下げる.〔～服务〕同前してする任務(をやる).④プロ選手がチームを変わる時に,名前を公示させる.
挂牌医生 guàpái yīshēng　開業医.
挂袍 guàpáo　神仏に願掛けし,そのお礼として衣を奉納すること.
挂屏(儿) guàpíng(r)　縦長の額縁にはめこまれた書画.多く4～8枚組になっている.
挂瓶儿 guàpíngr　掛花瓶.
挂旗 guàqí　旗を掲げる(たてる).〔挂半旗〕〔下半旗〕〔降半旗〕半旗(弔旗)を掲げる.→〔降 jiàng 旗〕
挂气(儿) guàqì(r)　〈方〉腹を立てる.〔他也挂了～来なさかったってきた.→〔生 shēng 气〕
挂起来 guàqilai　①掛けておく.②ほうっておく.棚

上げにしておく.結論を出さないままにする.
挂牵 guàqiān 心配である.気がかりである.→[挂念]
挂欠 guàqiàn 掛け売り(買い)する.つけにする.
挂钱 guàqian(r) [<方>花 huā 钱②][<方>欢 huān 乐纸]回正月に門楣(がく)などにはる[发 fā 财][吉 jí 祥①]を求める切り紙:紅紙に一文銭あるいは[福 fú 字(じ)]や[进宝财][四季平安]など縁起のよい文字や竜・鯉その他の模様を透かし彫りにしたり,[八仙]などを美しい色彩でいろどったりしてある.数枚並べて貼りつけたり仏壇や窓の下にも貼られる.
挂缺 guàquē 支払わ残.
挂伤 guàshāng 負傷する.[滑了一跤 jiāo,腿挂了伤]滑って足をけがした.
挂上 guàshang ①つり下げる.[不要把电话~]受話器を掛けないように(電話を切らないように).②(申し込んだ)電話がかかる.[你的电话挂不上]申し込みの電話は通じません.
挂神 guàshén ⇒[挂念]
挂失 guàshī 紛失届(を出す).手形などの紛失無効届(を出す).[~票 piào][~单 dān]同前.[~止 zhǐ 付]紛失届を出して支払いを停止させる.[已 yǐ 向银行~]すでに銀行へ紛失届を提出ずみ.
挂帅 guàshuài 元帥に任ぜられ統帥をとる.<転>ⓐ総師として華々しく活躍する.先頭に立って采配を振るう.[县委书记~,各级党委带头,发动全县群众…]党の県委員会委員が指揮をとり,各級党委員が先頭に立ち,全県の大衆を動員して…が優先する.…第一.[政 zhèng 治~]政治優先(する).[利 lì 润~]利益(利潤)第一.
挂霜 guàshuāng 〔食揚げて砂糖をまぶした(した菓子).→字解(I)③
挂水 guàshuǐ ⇒[输 shū 液]
挂索 guàsuǒ ロープ・ケーブルをかける.
挂锁 guàsuǒ 錠前.南京錠:かけ金にぶらさげる式のもの.
挂毯 guàtǎn ⇒[壁 bì 毯]
挂图 guàtú ①掛け図.②図を掛ける.
挂托儿 guàtuōr (手品師などが)種しかけをする.
挂万漏一 guàwàn lòuyī <成>思いがけない手ぬかり.[挂漏][挂一漏万]
挂网 guàwǎng ①流し網を張る.②<喩>法網にかかる.
挂误 guàwù →字解(II)①
挂锡 guàxī 〔仏教で〕僧が止宿する.→[锡杖]
挂线 guàxiàn 回赤ん坊を初お目見えで親戚・知人の家へ連れて回る時,訪わを受けた側から穴あき銭に白糸を通したものを赤ん坊の首に掛けてやる:長命を祈って[钱少後小,白糸到老](銭は少なく糸は細いが,白髪になるまで長命に)と唱えながら掛けてやる.
挂线疗法 guàxiàn liáofǎ 医薬線で痔瘻(ろう)を結紮(さつ)して治療する方法.
挂相 guàxiàng 表情が顔に出る.
挂孝 guàxiào ⇒[穿 chuān 孝]
挂笑 guàxiào 笑いを浮かべる.[满脸~]満面に笑いを浮べる.
挂心 guàxīn ⇒[挂念]
挂靴 guàxuē [<喩>]シューズを履く]スポーツ選手が引退する.[挂鞋 xié]ともいう.
挂羊头卖狗肉 guà yángtóu mài gǒuròu [说 shuō 真方卖假药]<成>羊頭狗肉(にく).羊頭を掲げて狗肉(にく)を売る:見せかけ(ふれこみ)だけが立派で実が伴わない.[炫 xuàn 玉賈石]
挂衣钩 guàyīgōu 衣裳掛けのくぎ.

挂一漏万 guàyī lòuwàn <成>(記述の)遺漏が甚だしい.[~之处望请读者赐 cì 以指正]遺漏の点は何とぞ読者の皆さんからご指教をいただきたく存じます.→[挂漏][挂万漏一]
挂意 guàyì ⇒[挂念]
挂印 guàyìn <文>①印綬(じゅ)を帯びる.②離任する.
挂掌 guàzhǎng 蹄鉄(ていてつ)を打ちつける.
挂账 guàzhàng ①掛け売り(する).[现钱交易,不~]現金取り引き,掛け売りなし.②帳面につける.
挂职 guàzhí 出向する:原来の職場に籍を保留しながら臨時に職務を担当する.
挂钟 guàzhōng =[壁 bì 钟]柱時計.掛け時計.→[座 zuò 钟]
挂轴(儿) guàzhóu(r) =[立 lì 轴①]掛け軸.→[中 zhōng 堂②]
挂桩 guàzhuāng 犯人を見張る.→[钉 dīng 梢]
挂嘴边 guàzuǐbiān いつも口にする.よく言葉に出る.[挂在嘴边][挂在嘴上]同前.

[绺・絓] guà <文>ふさがる.ひっかかって離れない.[心~结而不解]心がふさいで晴れない.②[挂(II)①]に通じる.[~牙齿]シケジダ.

[褂(袿)] guà [~儿,~子]回 ①(中国服の)ひとえの短い衣服(内着では,外に長い衣服を着ない場合は上着).[小 xiǎo ~(儿)]シャツ.じゅばん.[单 dān ~儿]ひとえの上着.[大 dà ~(儿)]ひとえの長い衣服.[马 mǎ ~(儿)]通常の礼服として長い衣服の上に着用する短い上着.→[长 cháng 衫][中 zhōng 山装] ②うちかけ.[外 wài ~]同前.

[罫] guà 碁盤の罫(けい)

guai 《ㄨㄞ

[乖] guāi (I)(子供が)利口である.賢い.おとなしい.言うことをよく聞く.[学 xué ~](見習って)賢くなる.[~的也疼 téng,呆 dāi 的也疼](諺)利口な子もかわいいし愚かな子もかわいい.[这孩子多~呀]この子なんてお利口なこと.[得 dé 便 pián 宜卖~]ⓐうまい具合になってくるとずるくかまえる.ⓑうまい都合になってきてもさりげなくかまえる.
(II)<文>①背く.もとる.違う.[与 yǔ 原意相~]元来の意味に相反する.(名実两~)表向きと実際が食い違う.②(性質が)ひねくれている.まともでない.変っている.
乖舛 guāichuǎn <文>間違い(っている).行き違い(っている).食い違い(っている)
乖乖 guāiguāi ①良い子!おりこうちゃん!:小さな子に対する愛情のこもった呼び方.[~骗 piàn ~]<喩>きつねとたぬきがだましあう(のだましあい).②[~(儿)的]おとなしい(く).行儀がいい(よく).[孩子~躺着,什么也不干什么]子供がおとなしく横になっているのに打つねんて何をするんだい.[想不到他居然~答应了]まさか彼がおとなしく承知しようとは思いがけなかった.③<方>ほっぺた.[咬 yǎo ~]ほおにキスする.
乖乖 guāiguai おやまあ.あらまあ:感嘆・驚きを表す感動詞.
乖滑 guāihuá ①ずるい.ずる賢い.②頭がいい.頭が鋭い.
乖蹇 guāijiǎn <文>運が悪い
乖觉 guāijué 利口である.はしっこい.機敏である.

〔この小孩子很～〕この子供はませている.〔出来做几年事,人也一起来了〕世の中へ出てから数年も働けば,賢くなってくる.

乖睽 guāikuí ⇒〔乖违〕

乖剌 guāilà ①〈文〉もとる.背く.②ねじけている.

乖离 guāilí 〈文〉①背く.乖(はい)離する.②分離する.別れる.

乖戻 guāilì 不自然である.ねじれて曲がっている.

乖谬 guāimiù 曲がっている.でたらめである.

乖僻 guāipì ひねくれている.つむじ曲がりである.〔性情～不好交〕性格が偏屈で,つき合いにくい.

乖巧 guāiqiǎo ①(人の)受けがいい.(人に)好かれる.②利口である.機転がきく.

乖顺 guāishùn 聞き分けがいい.

乖违 guāiwéi ⇒〔乖睽〕〈文〉①背く.背反する.②異常である.道理に合わない.③離反する.別れる.

乖误 guāiwù 〈文〉過失.

乖异 guāiyì (性格が)風変わりである.常識からかけ離れている.

乖张 guāizhāng ①(性質が)ひねくれている.ねじけている.〔脾气～〕同前.〔这个小孩子很～〕この子はとてもひねくれている.②〈文〉順調でない.不具合である.

〔掴・摑〕 guāi 〈又音〉guó 手でひっぱたく.〔～个耳光〕〔～一巴掌〕びんたをくらわす.横っつらをひっぱたく.

〔拐(柺)〕 guǎi (Ⅰ)〔拐〕①かどわかす.誘拐する.〔～孩hái子〕子供をさらう.②だまし取る.ごまかす.〔钱叫他～了〕彼にだまされて金を持ちさられた.〔把东西～走了〕品物を持ち逃げされた.〔～回来〕❷物をちょろまかしてくる.❷物を少しかすめて沢山のおかえしをせしめる.〔～款kuǎn潜逃〕金を持ち逃げして姿をくらます.③〈方〉ひっかける.はねのける.〔不留神把茶碗～到地下了〕不注意で湯のみ茶わんをひっかけて床に落としてしまった.〔用胳 gē 膊肘儿～了他一下〕ひじで彼をぱっとついた(ついている)
(Ⅱ)〔拐〕①(曲がり角を)曲がる.方角を変える.〔～进胡同里去〕角を曲がって横町へ入る.〔前面不能通行,～回来吧〕この先は通れないから引き返しなさい.〔向东话说一～到工作上去了很自然地把话题を仕事の方に持って行った.〔往东一～就到了〕東へ曲がればすぐ着きます.②足をひきずる.〔走路一～一～的びょこびょこと足をひきずりながら歩く.〔一瘸qué一～〕足をひきずる.〔走了一天的路,有不少人走～了腿〕一日中歩いたので多くの者が足をひきずっていた.③〈口〉数字の「七qī」の別称.→〔幺 yāo ①〕④〈姓〉拐〕
(Ⅲ)〔拐(柺)〕握りの部分が曲がった杖(つえ).〔架着双～〕両手に松葉杖をついている.

拐棒(儿) guǎibàng(r)〈口〉①曲がった棒・ステッキ.くるぶし.〔～骨 gǔ〕〔踝 huái(子骨)〕くるぶしの骨.❷牛・羊・豚などの肉をとった足の骨(食材).④いやしい者.下品な人.

拐脖儿 guǎibór 曲がった煙突:つなぎに用いるひじつぎ手.

拐打 guǎidǎ〈方〉たたく.はたく.〔等晒干了～～土就掉了〕乾いてからたたけば土はすぐ落ちる.

拐带 guǎidài 誘拐する.拐帯する.〔巨 jù 款〕大金を持ち逃げする.〔～妇女〕女性を誘拐する.

拐点 guǎidiǎn ①〖数〗変曲点.②ターニングポイント.転換点.

拐贩 guǎifàn ⇒〔拐卖〕

拐匪 guǎiféi 誘拐犯.

拐孤 guǎigu (性質が)ひねくれている.偏屈である.〔～脾 pí 气〕ひねくれ性.〔就是脾气～,碰上还

有点暴躁〕(梁・红34)ただ性質が偏屈で,それが爆発することがある.

拐棍(儿) guǎigùn(r) ①握りが曲がった杖・ステッキ.〔拐杖〕に同じ.②〈喩〉老人を支える子供.

拐角(儿) guǎijiǎo(r) 曲がり角:〔拐弯(儿)①〕に同じ.〔胡 hú 同～〕路地の角.

拐掳 guǎilǔ かどわかす.連れ去る.

拐卖 guǎimài 〔拐贩〕(人を)誘拐して売りとばす.〔～妇女〕女性を同前.

拐骗 guǎipiàn 誘拐する.だまし取る.持ち逃げする.

拐弯(儿) guǎiwān(r) ①曲がり角(を曲がる).〔拐拐弯弯的道路〕曲がりくねった道.〔在那～的地方有个钟表店〕あの角のところに一軒時計店がある.〔从那往十字路口儿往西一～就到〕あそこの十字路のところから西の方へ曲がるとすぐ(来る).〔拐大弯儿〕大回りする.→字解⑪① ②〈喻〉(考えを)変更する.転換する.〔这人死心眼儿,脑筋不容易～〕この人は融通がきかない男で,なかなか考えを切り変えることができない.③〈喻〉まわりくどい.遠回しである.〔拐着骂地骂人〕遠回しに悪口を言う.〔～的亲 qīn 戚〕遠い親戚.

拐弯抹角 guǎiwān mòjiǎo〈喩〉あちこち曲がるさま.遠回しに言うさま:〔转 zhuǎn 弯抹角〕ともいう.〔～地走〕曲がり曲がって行く.〔～地说〕遠回しに言う.

拐诱 guǎiyòu 誘拐する.

拐杖 guǎizhàng 握りの部分が曲がった杖.(老人の)杖.〔拄 zhǔ 着～〕杖をついて(いる).→〔手 shǒu 杖〕

拐轴 guǎizhóu ⇒〔机 jī 轴①〕

拐肘 guǎizhǒu〈口〉ひじ:〔胳 gē 膊肘子〕に同じ.

拐棋 guǎiqí ⇒〔枳 zhǐ 棋〕

拐子 guǎizi ①足をひきずる.足が不自由である.またその人.→〔瘸 qué 子〕②握りの曲がった杖.③糸巻き:〔桄 guāng 子〕に同じ.④人さらい.ぺてん師.〔～手〕誘拐犯.⑤〈方〉足首:〔脚 jiǎo 腕(子)〕に同じ.

〔夬〕 guài 〈文〉夬(かい):六十四卦の一.→〔卦 guà〕

〔怪(恠)〕 guài ①怪しい.おかしい.〔～呀!〕怪しい(おかしい)の.〔拉拉队队在看台上～叫〕応援団がスタンドで奇声をあげている.〔真～!他怎么又开了?〕ほんとに変だ,彼はどうしてまた行かないことになったのか.②怪しいもの(こと).のばけ物.怪物.〔妖 yāo ～〕妖怪.〔鬼 guǐ ～〕幽霊と化(け)物.〔作 zuò ～〕たたる.→〔鬼 guǐ ①〕 ③怪しむ.いぶかる.疑う.〔难 nán ～〕怪しむに足らない.もっともだ.道理で….だ.〔大惊 jīng 小～〕くさいな事で大げさに騒ぐ.④咎(とが)める.悪く思う.うらみに思う.〔请你别见～!〕悪く思わないでください.〔人家 jiā 人のせいだ〔怪我〕だ.〔也～我这是怪得急了点儿〕私が(自転車を)急いでこいでいたのも悪いんです.〔这是你自己干了的,不着别人〕これはお前が自分でやったんだから他人を咎められる筋合いではない.⑥何とも.ばかに.なかなか.とても:ふつう後に(的)を伴う.〔～不好看的〕何も見苦しい.〔～不好意思的〕うきまりが悪い.〔～想他的〕妙に彼に心をひかれる.⑥〈姓〉怪〕

怪不得 guàibude ①答(と)めることはできない:〔怪不道〕ともいう.〔怨 yuàn 不得〕に同じ.〔你～他〕彼を咎めてはならない.②道理で.なるほど:〔难 nán 怪〕に同じ.〔～他的中国话说得那么好呢,原

怪才 guàicái 異才.奇才.〔异 yì 才〕に同じ.

怪诞 guàidàn 奇怪ででたらめである.〔~不经〕〈成〉荒唐無稽である.

怪道 guàidào〔白〕道理で.〔原来便是尊翁 wēng,一面貌相似〕(儒者 8)何と御曾父におわしたか,道理でお顔が似ておられる.→〔怪不得②〕

怪话 guàihuà ①風変わりな話.でたらめな話.〔~连篇〕とりとめのない話を並べたてる.②不平不満.文(ず)句.〔讲 jiǎng~〕说~〕愚痴をこぼす.不平不満をいう.③〔方〕卑猥な話.

怪杰 guàijié 怪傑.

怪谲 guàijué〔文〕奇怪で荒唐である.

怪客 guàikè ⇒〔骇 hài 客〕

怪里怪气 guàiliguàiqì (格好・身なり・声などが)変ちくりんである.風変わりである.〔这人打扮得~,特别惹 rě 人注目〕この人は突飛(ぴ)ななりをしていてことさらに人目を引く.

怪力乱神 guài lì luàn shén〔成〕怪異・勇力・叛乱・鬼神など非合理で不思議な現象や存在.〔子不语~〕孔子は同前を語らず〔論語・述而〕

怪论 guàilùn 奇怪な論.〔奇谈~〕〈慣〉奇説怪論.

怪模怪样(儿) guàimú guàiyàng(r) へんてこな様子である.奇妙な格好である.〔她打扮得~儿的〕彼女は変な格好をしている.

怪癖 guàipǐ へんな癖.悪習.奇癖.

怪僻 guàipì 偏屈(である).〔性 xìng 情~〕性質が偏屈である.

怪圈(儿) guàiquān(r)〈喩〉悪循環の場.不可解な状況.〔陷 xiàn 人一个~〕同前に陥っている.

怪人 guàirén ①怪人.変な人.②人を怪しむ(とがめる).〔这也不能~〕これとても他人を悪く思うことはできない.

怪声 guàishēng 奇怪な声.異様な音.〔~怪气〕〈慣〉変な声・調子である.

怪石嶙峋 guàishí línxún〈成〉奇岩累(るい)累.

怪事(儿) guàishì(r) 怪しい事柄.不思議な現象.

怪兽 guàishòu 怪獣.奇怪な姿の野獣.

怪傩 guàituo 妖魔.

怪胎 guàitāi 奇形胎児.〈喩〉鬼っ子.

怪特 guàitè 異様である.不気味である.

怪味 guàiwèi ①〔-儿〕変なにおい(味).〔有~〕(何かわからない)変なにおい(味)がする.②〔食〕辛い・塩辛い・酸っぱいなどの味をミックスした四川料理のたれ.〔~鸡 jī〕同前のたれをかけた鶏料理.

怪物 guàiwu ①怪物.②奇人.変人.

怪相 guàixiàng ①魁(かい)偉な容貌.②妙な表情.いやらしい顔.

怪笑 guàixiào 気味悪く笑う.またその笑い声.

怪讶 guàiyà 怪しむ.不思議に思う.

怪样(儿) guàiyàng(r) 変な格好.奇妙な様子.

怪异 guàiyì ①不思議である.怪奇である.〔~事儿〕不思議なこと.②怪奇現象.

怪怨 guàiyuàn 咎め恨む.

怪责 guàizé〔文〕咎め責める.

怪招(儿) guàizhāo(r) 非常識なやり口.変わった手口.

怪罪 guàizuì 悪く思う.怒る.咎(とが)める.〔别~他〕彼を悪く思うな.

来他是中国人啊〕彼の中国語はあんなにうまいわけですね,もともと彼は中国人なんだ.→〔怪道〕〔敢 gǎn 情①〕

---

guan ㄍㄨㄢ

〔关・關(関・關)〕 guān ①閉じる.閉める.〔~腹 fù 区〕(開腹したものを)縫合する.〔把电视声~小点儿〕テレビの音をしぼる.〔把门~上〕ドアを閉める.〔把电灯~上〕電灯を消せ.↔〔开 kāi ①〕→〔闭 bì ①〕 ②(企業などが)閉鎖される.店を閉める.〔去年年底,好了好些企业〕昨年末にはたくさんの企業が閉鎖された.③閉じ込める.監禁する.閉じこもる.〔把犯人~起来〕犯人を閉じこめる.〔错 cuò 人人をまちがって拘禁する.〔他尽~在屋子里看书〕彼は部屋に閉じこもって本ばかり読んでいる.④〈文〉かんぬき.⑤関.関所.関門.〔~人〕〔国 guó 関所人役人.〔~税 shuì〕関税.〔过了一~又(是)一~〕一つの難関を越えると先にはまた一つの難関.〔年 nián ~〕年の瀬.〔~征 huī〕税関の徴章.〔~长 zhǎng〕〔海 hǎi ~長〕税関長.⑥山海関を指す.〔人~〕同前に入る.⑦関節となる部分.重要なところ.〔有的科学家两鬓 bìn 气霜的研究〕科学者のうちには両鬓に霜を置くようになっても苦しくて難しい研究に没頭している人もある.⑧心にかける(こと).かかわる(ところ).〔这事正在交有~部门中讨中〕この事は目下関係部門で検討中.〔与你无~〕お前にかかわりはない.〔无~轻 qīng 重〕〔无足轻重〕〈成〉とるに足らない.〔事~重要〕这件事情是重要的〕事は重大である.〔毫 háo 不相~〕〈成〉少しもかかわりがない.〔痛 tòng 痒相~〕〈成〉何かにつけて気にかけて互いに心配しあう.⑨支給する.→〔关饷①〕⑩〔中医〕脈を見る時,人指し指・中指・薬指の3本の第二指(中指)の当たる部位をいい,この脈を「~脉」という.→〔手 shǒu 脉〕 ⑪〔姓〕関.

关爱 guān'ài 目をかけてやる.思いやる.大切にする.

关隘 guān'ài〈文〉険要な関所.〔把守~,渡口〕関所や渡し場を固める.

关碍 guān'ài 妨げ(る).障害(となる).

关板(儿) guānbǎn(r) 〈方〉閉じる.

关闭 guānbì ①閉めきる.閉業する.〔工厂~了〕工場が閉鎖された.②止める.停止する.切る.〔机场~了〕空港が閉鎖された.

关车 guānchē (機械の)運転を止める.

关垂 guānchuí =〔关注②〕〔赓〕ねんごろな配慮を与える.〔承 chéng 蒙~〕ねんごろなご配慮をいただく.→〔垂念〕

关岛 guāndǎo〔地〕グアム島.

关帝 guāndì =〔关夫子〕〔关公〕〔关老爷〕〔关圣〕〔关圣帝君〕〔关王〕三国時代,蜀の大将の関羽の尊称.〔~庙 miào〕〔关庙〕〔老 lǎo 爷庙〕〔武 wǔ 庙〕〔武帝庙〕関羽を祭る廟〔~老爷求子〕关老爷求子宝廟に関羽を振り回す.身の程知らず.〔关公面前耍 shuǎ 大刀〕〈諺〉関羽の前で大刀を振り回す.身の程知らず.

关电门 guāndiànmén 通電スイッチを切る.

关钉儿 guāndīngr〔方〕はっきり言ってしまって動きがとれなくなること.確かめる.

关东 guāndōng〔地〕山海関以東の地,〔东北①〕をいう:古代には〔关外〕すなわち〔函 hán 谷关〕または〔潼 tóng 关〕以東の地(河南・山東など)をいった.〔~烟 yān〕同前原産のたばこ.〔~糖 táng〕麦芽・もち米製の白あめ.〔~三宝〕〔东北三宝〕⑤〔人 rén 参〕〔貂 diāo 皮〕〔乌 wù 拉草〕〔人参〕〔貂皮〕〔鹿 lù 茸〕〔~人参〕〔乌拉草〕〔东珠〕をいう.

关 guān

关防 guānfáng ①関所(の守り). ②(警戒あるいは秘密が漏れるのを防ぐため)交通を止めて固める. 機密漏えいを防止する. ③＝[官防](明・清の公印の一種:長方形で公文書の偽造を防ぐために用いた. →[印 yìn 信] ④←[尿 niào 盆(儿)]

关夫子 guānfūzǐ

关服 guānfú 税関職員の制服.

关公 guāngōng ⇒[关帝]

关顾 guāngù 気を払う. [对学生的生活时时～]学生の私生活に絶えず注意を払う. [请多多～]〈挨〉なにとぞよろしくお願いします.

关乎 guānhū (…に)かかわる. (…に)関連する. [～人民生活的大事]人民の生活に関係する大事.

关护 guānhù 世話し守る.

关怀 guānhuái 思いやり(る). 懸念(する). 関心(をもつ). 配慮(をする):対象は人に限る. [～备 bèi 至]〈慣〉至れり尽くせりの配慮をする. [在党和政府的～下困難一定是可以克服的]党と政府の配慮により困難は必ず克服できる. →[关心]

关机 guānjī ①(機器の)電源を切る. オフにする. [～时间]同前の時間. [電脳]シャットダウン. システム終了.

关键 guānjiàn ①門のかんぬき. ②〈喩〉(事柄の)鍵(ぎ). かなめ. [这是民族复兴的～]これが民族復興のキーポイントである. [～时刻]成否を分ける時点. [～性行业]基幹産業. [～性作用]かなめになる役割り. [～词]キーワード. [～字][電脳]キーワード. [～货币]基軸通貨.

关节 guānjié ①[生理]関節. [方][骱 jiè 节] [～炎 yán][医]関節炎. [膝 xī ～]膝関節. →[骨 gǔ (关)节] ②〈転〉キーポイントとなる部分. 重要な一環. 賄賂を出して裏で渡りをつける. [这事先要打通一才好进行]この件はまずコネをつけておいてからでないとうまくいかない. ④[繁]ジョイント. 継ぎ手.

关津 guānjīn 〈文〉①関所と渡し場. 〈喩〉水陸の要所. ②学説の神髄.

关金 guānjīn [民]①税関の税収の計算単位. 関税納付証券:通貨の代用として使われた.

关金券 guānjīnquàn →[海 hǎi 关金单位]

关紧 guānjǐn 〈方〉緊急で重要である.

关口 guānkǒu ①(必ず通る)要道.関所.税関の入口. ②⇒[关头] ③⇒[关煞]

关老爷 guānlǎoye ⇒[关帝]

关了钉儿 guānle dīngr 〈方〉はっきり言ってしまって動きがとれなくなる. はっきりとしたものになる.

关里 guānlǐ ⇒[关内]

关联 guānlián [关连]とも書いた. 関連する. かかわる. リンクする. [干 gān 连]に同じ. [～词 cí (语)][国]関連語句:[因为…所以 / 只要…就]など.

[～交易][経]内部(身内)の商取引. インナー取引.

关捩(子) guānliè(zi) 機械装置の仕掛け. 〈転〉物事やからくりの重要点. 心臓部.

关脉 guānmài →字解⑩

关贸(总协定) guānmào (zǒngxiédìng)[経]ガット. GATT. [关税与贸易总协定]の略.

关门 guānmén ①門(戸)を閉める. [随手～]開放無用(あけたら閉めて下さい). ②＝[上 shàng 门]①その日の商売を終わりにする. (飲食店・バーなどの)看板にする. ③廃業する. 休業する. [～大吉]〈喩〉(商店・工場の)店をしめる. 廃業する. →[关张] ④門戸を閉ざす(入れない). [～打狗](部屋を包囲して)殲(せん)滅する. [～闭户]〈喩〉世間との交渉を絶つ. ⑤関所の門. 〈転〉大切な所. ⑥〈喩〉人の言うことを一方的に断つ. ⑦〈喩〉最後の. [～弟子]最晩年の弟子.

关门办学 guānmén bànxué 大衆・社会から遊離し, 員工や農村の労働にも参加もせず, 学内のみで学校を運営する. ↔[开 kāi 门办学]

关门养虎,虎大伤人 guānmén yǎnghǔ, hǔdà shāngrén〈諺〉虎を養えば虎が成長すると人を傷つけるようになる:のちのちの大きな災いのもとをつくる.

关门主义 guānmén zhǔyì 排他主義. 閉鎖主義. セクト主義.

关门子誓 guānménzishì〈喩〉断然たる誓約. [四爷见金三爷起了～,不便再说什么](老・四・惶21)四爺は金三爺がこれほどまでに(断然と)言うので,もう何も言えなくなった.

关庙 guānmiào ⇒[关帝庙]

关目 guānmù [劇]芝居の山場に組み込まれた筋. →[关子]

关内 guānnèi ⇒[关里]山海関以西, 嘉峪関(古くは函谷関)以東の地をいう. ↔[关外①]

关念 guānniàn 心にかける.

关平 guānpíng [旧]税関の収税用の標準秤(ばかり):一両が[库 kù 平]の1.013両に当たった. ⇒[银][关银 yín]海関両(テール):[旧]関税収税に用いた銀両.

关卡 guānqiǎ ①徴税・検問の要所:交通の要所に設けられたもの. ②〈喩〉関門. 難関.

关钱 guānqián (俸給などの)金を受け取る.

关窍 guānqiào ①[中医]人体の五臓器と五官. ②要所.

关切 guānqiè ①気づかい(う). 配慮(する). [～地说]気づかうように言った. [～的神气]気づかうような表情. ②ねんごろ(である). 心暖か(い). [他待人非常和蔼～]彼の人に接する態度はとても穏やかで心暖かい.

关塞 guānsài〈文〉辺境の要所に設けた関所.

关煞 guānshà ＝[关口]〈口〉坎 kǎn 儿②厄. 障(ぜ)り. [～年 nián]厄年. [快请大夫看看,他今年是个～]早く医者を呼んでみてもらいなさい, 彼は今年は厄年なんだ.

关山 guānshān 関所と山岳. [～万里]交通不便な彼方.

关哨 guānshào 関所の見張り.

关涉 guānshè 〈文〉かかわる. 関係する. [毫 háo 无～]まるでかかわりがない.

关圣 guānshèng ⇒[关帝]

关圣帝君 guānshèngdìjūn ⇒[关帝]

关市 guānshì ①[古]交通の要衝に立つ市場. ②辺境(国家間, 民族間)の交易市場.

关书 guānshū [旧]家庭教師・幕僚の招聘状. →[关约]

关属 guānshǔ ⇒[关涉]

关税 guānshuì 関税. [～壁 bì 垒]関税障壁. [～与贸易总协定][关贸(总协定)]ガットGATT. 関税及び貿易に関する一般協定. →[世 shì 界贸易组织]

关说 guānshuō〈文〉口をきく. とりなす.

关停并转 guān tíng bìng zhuǎn (赤字の国営企業の)閉鎖, 生産停止, 合併, 生産転換:国家が経済改革上の必要からとる処置.

关头 guāntóu ＝[关口②]山場. 分かれ目. [紧 jǐn 要～]重大なポイント. [生死～]生きるか死ぬかの分かれ目. [成 chéng 败～]成否の瀬戸際.

关外 guānwài ①[旧]山海関以東, 嘉峪関(古くは函谷関)以西の地を指す. 東北①に同じ. [关东]に同じ. ↔[关内] ②[旧](株式取引の)大台越え. [升 shēng 到八百元的～]800元の大台を越えた.

关王 guānwáng ⇒[关帝]

关文 guānwén [旧][平 píng 行(公)文]の一種:多く

gūan 关观

問い合わせの公文.
关西 guānxī 函谷関以西の地,すなわち現在の陝西・甘粛の地をいった.
关系 guān·xì ①関係する.関連する.〔～不着 zháo〕関係しっこない.〔农业生产的提高～着工业发展的速度〕農業生産の向上は工業発展の速度に関係している. ②関係. ⓐ特別のつながり.〔～人〕関係者.〔～方面〕関係方面.〔人民民生活没有多大～〕人民生活とはたいした関係がない.〔拉～〕コネをつける.〔有～〕コネがある.〔～户 hù(儿)〕縁故関係のある相手方.得意先.取引先(不正な意味に用いる).〔～网 wǎng〕ネットワーク.人脈.〔～学〕コネづくりの学(皮肉で言う). ⓑ間柄.〔同志～〕同志の間柄.〔和她是一般～〕彼女とはふつうの関係です. ⓒ影響.〔我看没有什么～〕何の影響もないと思う.〔没～,来得及〕大丈夫だ,間にあう. ⓓ原因・条件などの関係.〔由于时间~,我就说到这儿〕時間の関係で私の話はこれで終わりです. ③(組織についての)関係書類.〔随身帯上团的～〕共産主義青年団員の身分を示す書類を携帯している.
关衔 guānxián 税関役人の階級.〔海关总监〕〔关务监督〕〔关务员〕など.
关厢 guānxiāng ⇒〔城 chéng 厢〕
关饷 guānxiǎng ①(軍隊などで給与を)支給する.受領する.〔転〕給料をもらう. ②税関で徴集する税金.
关心 guānxīn ①関心(を寄せる).思いやり(る).対象によって強弱を示す.〔同学们都很～你的健康,让我来看看你〕みんなは君の体を心配してて,ぼくに見舞いに行って来いと言うんだ.〔谢谢你的~〕気にかけて下さって有難う.同じ～,同一の問題〕ともに関心を寄せる問題. ②気にかけて.関心をもって.〔～地〕気づかって.気がかりな様子で.〔关 zhào xīn〕気にかけて世話をやく.→〔关怀〕
关押 guānyā 留置する.拘禁する.
关眼儿 guānyǎnr ひもを通して結(ゆ)わえる穴.
关银 guānyín =〔关(平)银〕
关印 guānyìn 税関の印.
关于 guānyú …に関する.…に関して(は).ⓐ係り合いのあることを示す:対象を示す場合は〔对 duì 于〕を用いる.両方の意味を持つ場合はどちらを用いてもよい.〔～(对于)节约用煤的建议〕石炭節約についての提案.ⓑ状況語となる時は主語の前にのみ置く:〔对于〕は主語の前でも後でもよい.〔～中草药,我知道得很少〕(漢方薬について僕はほとんど知りません)は〔我～中草药〕…〕とすることはできない.〔对于中草药,我感兴趣〕(漢方薬に対して大変興味がある)は〔我对于中草药…〕としてもよい.ⓒ単独で文章の題目とできる:〔对于〕は目的語でなければならない.〔～提高教学质量〕(教学の質を高めることに関して),〔对于提高教学质量的几点意见〕(教学の質を高めることに対する若干の意見)
关与 guānyù〔文〕関与する.
关元 guānyuán 中医針灸のつぼの一:へその下部.
关约 guānyuē 国人を招聘(へいする)ための契約書.〔备 bèi 办〕招聘の契約書を作成する.〔聘 pìn 书〕
关闸 guānzhá ①水門やせきをしめる.〔合 hé 闸〕に同じ. ②(税関などが)手続・通行をしめる.
关栈 guānzhàn =〔税 shuì 仓库〕保税倉庫.
关张 guānzhāng ①〔商(儿)〕廃業する.休業する.〔那家～了〕あの店をたたんだ(倒産した).→〔开 kāi 张①〕 ②〔人〕関羽と張飛.

〈挨〉いろいろお世話になり厚くお礼を申しあげます.→〔关照〕 ②言って知らせる.言いつける.〔你～一声吧〕一声知らせてくれ.あなたから手配する.
关中 guānzhōng 陝西の渭河流域一帯の地:古代,東は〔函 hán 谷 关〕,南は〔武 wǔ 关〕,西は〔(大)散关〕,北は〔萧 xiāo 关〕の中央部.
关粥 guānzhōu 施しの粥(かゆ)をいただく.
关注 guānzhù ①関心をはらう.〔引 yǐn 起~〕関心を呼んだ.〔对这一事件十分~〕この事に重大な関心を寄せている.〔～人生〕人生を重視する. ②⇒〔关怀〕
关子 guānzi (小説・劇・講釈などで)山場.クライマックス.〈喩〉ポイント.節目.〔～书〕同前のある演(芸)〔熟 shú 悉戏里他的~和穿插〕劇の中のクライマックスやエピソードによく通じている.〔说书的卖了个~〕講釈師がさわりの場面を述べた.〔他卖~似地咳嗽了一声方接着说~〕彼はもったいぶってせきを一つしてからやおら続けて言った.〔讨 tǎo~〕要点を教えてもらう.援助を請う.〔偷 tōu ~〕秘密をスパイする.→〔关目〕

【**观・観**】 **guān** ①ながめる.見る.〔坐井~天〕〈成〉井戸の中から天をながめる:見解がせまい.〔走马～花〕〔走马看花〕大ざっぱに見る.〔冷眼旁 páng ~〕冷淡な態度で傍観する.〔成绩很可~〕成績はなかなか見るべきものがある. ②観.状況.有様.〔～外观〕〔奇 qí ~〕奇観.〔壮~〕雄大な眺め.壮観.〔改~〕外観が変わる.〔洋 yáng 洋大~〕広々とした大きなながめ. ③見解.見方.〔人生~〕人生観.〔世 shì 界 ~〕世界観.〔价值~〕価値観. ④〈文〉観=:六十四卦の一. → guàn

观兵 guānbīng〈文〉兵器と兵勢を誇示する.
观测 guāncè ①観測(する).〔～气象〕気象を観測する. ②⇒〔观察(する)〕.〔～敌情〕敵情をさぐる.
观察 guānchá 子細に観察(する).〔～家〕政治評論家.〔～所 suǒ〕監視所.〔正在院〕入院して様子を見守っている.〔～员〕(外交上の)オブザーバー.
观察家 guānchájiā (bào) オブザーバー(紙):英国の新聞名.
观潮 guāncháo ①潮流(うず巻き)を見物する.〔～会〕旧暦8月18日に,銭塘江の大潮を観る会. ②〈喩〉傍観する.傍観者的評論する.〔～派 pài〕傍観派(の人).→〔骑 qí 墙派〕
观察哨 guāncháshào 観測情報察哨所(哨兵)
观察室 guāncháshì (病院にある)診断を下すため一時的な観察をする部屋.
观点 guāndiǎn 観点.政治の観点.〔群 qún 众~〕大衆の立場に立った見方.〔没有正确的立場,就不会有正确的~〕立場が正しくなければ,(政治的)観点も正しいはずはない.
观风 guānfēng ①動静をさぐる.見張りをする.〔~測 cè 云〕〈成〉天下の形勢をはかる.〔～相 xiàng 机〕〈成〉様子を見,機をうかがう. ②〈文〉風俗のよしあしを観察する.〔~问俗〕同前. ③観覧・観戦マナー.〔不文明的~〕粗野な同前.
观感 guāngǎn (参観しての)感想・印象・所感.〔在意见簿上写下~〕意見簿に感想をしたためた.〔观后感〕観覧後の感想.
观光 guānguāng 観光(する).〔～客〕観光客.〔~农业〕観光農業.体験農業.〔～团 tuán〕観光団.
观过知仁 guānguò zhīrén〈成〉その人の過ちの犯したかを観察することによってその人間がわかる.
观湖 guānhú (チベット仏教で)湖面に現れる幻影を見て〔活佛〕の転世霊童が出現する方向を見定めることをいう.〔观圣湖〕ともいう.〔~显 xiǎn 影〕同前.
观火 guānhuǒ 火を見る.〔転〕はっきりわかる.明確

观纶官　　　　　　　　　　　　　　　guān

である.〔洞 dòng 若～〕〈成〉火を見る如くはっきりしている.
观景 guānjǐng 景色を見る.様子を見る.
观看 guānkàn 観察する.ながめる.観覧する.〔～比赛 sài〕試合を見物する.
观客 guānkè 〈方〉観客.
观览 guānlǎn ①観覧する.〔～车〕観覧車.②〈文〉目を通す.
观礼 guānlǐ (式典に)参列する.〔～台〕観礼台：来賓や高官の座る特別席(スタンド)
观摩 guānmó お互いに見習う.〔促 cù 进～学习〕参観学習を促進させる.〔～车 chē〕マラソンの伴走車.〔～演出〕研究上演.〔音乐～会〕音楽発表会.
观念 guānniàn 観念.〔传 chuán 统～〕伝統的観念.〔～论 lùn〕観念論：ふつう〔唯 wéi 心论〕を用いる.〔～形 xíng 态〕〔意 yì 识形态〕イデオロギー.
观赏 guānshǎng 楽しく見る.観賞(する).〔～植物〕観賞用植物.〔～鱼 yú〕観賞魚.
观世音 guānshìyīn =〔观音大士〕〔观自在〕闌(仏教の)観世音(菩薩).〔观音〕は略称.〔观音菩 pú 萨〕観音菩薩ともいう.→〔白 bái 衣大士〕
观听 guāntīng 〈文〉耳目(を).視聴.
观玩 guānwán 〈文〉見て楽しむ.
观望 guānwàng ①眺める.〔四下～〕四方を見渡す.②様子を見る.〔～的态 tài 度〕なりゆきをながめの態度.〔意存～〕ひより見を決め込む.〔～不前〕様子をうかがっているだけで進もうとしない.
观相 guānxiàng 人相を見る.〔观耳 ěr 鼻〕〔看 kàn 相〕ともいう.〔～先生〕人相見.〔～算 suàn 命〕
观象 guānxiàng 〈文〉天象を観察する.〔～台 tái〕天文・気象・地磁気・地震などの観測施設.→〔气 qì 象台〕〔天 tiān 文台〕
观衅 guānxìn 〈文〉すきをうかがって行動を起こす.〔～而动〕すきをうかがって行動を起こす.
观星 guānxīng 〈文〉星を観測する.
观叶植物 guānyè zhíwù 闌観葉植物.
观音 guānyīn =〔观世音〕同じ.唐の太宗李世民の世の字を避けて言った.〔～大士〕同前.〔～菩萨～〕
观音兜 guānyīndōu 闌防寒用の女性のずきん.〔～堂 táng〕観音堂.
观音粉 guānyīnfěn ⇒〔观音土〕
观音莲 guānyīnlián 闌ミズバショウ：山間の沼沢地に群落をなして繁茂する.②⇒〔海 hǎi 芋〕
观音柳 guānyīnliǔ ⇒〔柽 chēng 柳〕
观音娘娘 guānyīnniángniang 観音さま(像)：〔方〕观音妈〕ともいう.宋以後の観音像は女装のため〔娘娘〕〔妈 mā〕といった.
观音土 guānyīntǔ 〔观音粉〕闌飢饉(jǐn)の時に災害者が飢えしのぎに食べた一種の白土.
观于海者难为水 guānyú hǎizhě nánwéishuǐ 〈諺〉大海を見た眼には,ありきたりの河川ぐらいは水のうちには入らない：広い世間を経験した者にとっては足らない.→〔泰 tài 山見ぬ不見山〕
观瞻 guānzhān 〈文〉ようすを見る.①見た目.外見.外観.〔以せ～〕外観を立派にする.〔有碍 ài ～〕目障りである.
观宅子 guānzháizǐ 闌家相見.→〔风 fēng 水〕
观战 guānzhàn (戦争・戦闘・スポーツ試合などを)観戦する.
观照 guānzhào ①詳しく観察する.②闌観照.
观者如堵 guānzhě rúdǔ 〈成〉見物人が人垣ができること.
观阵 guānzhèn 〔喩〕傍(páng)らから情況を観察する.
观止 guānzhǐ 〈文〉最高のものだとして見るのを

止めること.〔叹 tàn 为～〕最高だと賛美する.〔古文～〕闌古文観止：古文の粋を集めたもの.
观众 guānzhòng 観衆.見物人.〔一个～〕一人の見物人.〔广大～〕広範な観衆.〔～台〕観衆席.→〔听 tīng 众〕
观自在 guānzìzài ⇒〔观世音〕

〔纶・綸〕 guān 〈姓〉綸(gǎn·) ─ lún

纶巾 guānjīn 固男性用一種の頭巾：黒絹の組ひものついたもの.諸葛孔明が用いたので,〔诸 zhū 葛巾〕ともいう.→〔羽 yǔ 扇纶巾〕

〔官〕 guān (Ⅰ)①役人.官吏.官職.〔当～(儿)的〕〔做～(儿)的〕役人.〔小 xiǎo ～〕小役人.〔大～〕大役人.〔外交～〕外交官.〔～儿很大〕役人の官位が非常に高い.〔军 jūn 官〕軍人(将校).→〔吏 lì 治①〕②〈文〉官職につく.〔林则徐曾～两广总督〕林則徐は以前に両広総督の職についたことがある.③政府.国の.御上の.〔～项 xiàng〕官金.公金.↔〔私 sī ①〕→〔公 gōng 家①〕④共同の.共有の.〔～中的戏衣〕共同で使う芝居衣裳.〔～房 fáng〕〔～茅 máo 房〕共同便所.⑤固上等の.正式の.〔～酱 jiàng〕上等みそ.〔官燕〕〔官座儿〕⑥〈姓〉官(ǎr)(Ⅱ)生理器官.〔五～〕五官.〔听 tīng ～〕聴覚器官.

官罢 guānbà =〔官休〕〈文〉御上(ǎr)の裁きを待つ.〔～私休？〕〔官了 liǎo 私了？〕裁判で裁きをつけるか,それとも示談にするか.→〔私 sī 和〕
官版 guānbǎn 固政府刊行の書.〔坊 fāng 刻〕
官板儿(钱) guānbǎnr(qián) ⇒〔制 zhì 钱〕
官办 guānbàn 官営(の).国営(の).
官报 guānbào 固政府機関の発行する新聞.
官报私仇 guānbào sīchóu 〔公 gōng 报私仇〕
官本 guānběn ①固政府刊行・所蔵の書.→〔官版〕②⇒〔官股〕
官本位 guānběnwèi 官僚本位(の).〔～主义〕同の主義.
官逼民反 guānbī mínfǎn 〈成〉役人が圧迫するので止むなく民衆が反抗する.
官兵 guānbīng ①士官と兵士.②固朝廷の兵隊.
客不修面,客不修店 kè bùxiū yǎ, kè bùxiū diàn 〈諺〉役人は(いつ転任するかわからないし,廉潔を示すため)役所の修理はしないし,泊まり客は宿の修理はしない：一時世話になるだけの場合は後のことはかまわない.
官仓 guāncāng 固政府の米倉(糧食).〔～(老)鼠~〕悪徳役人.
官舱 guāncāng 固一等客室.→〔大 dà 餐間〕〔房 fáng 舱〕〔统 tǒng 舱〕〔洋 yáng 舱〕
官曹 guāncáo 〈文〉役所.
官差 guānchāi ①役所の仕事.公務.②役所の下役.→〔差事〕
官产 guānchǎn 国有財産.
官场 guānchǎng ①固官界.〔～中〕同前.〔～如戏 xì (场)〕〈諺〉官界は芝居(場)のように偽りに満ちている.〔～现形记〕清末,李宝嘉の章回体小説.②固官営市場.
官称(儿) guānchēng(r) 普通の称呼：特別な関係や尊・卑の観念を示さない称呼.
官尺 guānchǐ 固政府が定めた尺.
官船 guānchuán 固御用船.
官次 guāncì 〈文〉①官吏の職階の序列.職務.②官舎.役所.
官大脾气长 guān dà píqì zhǎng 〈諺〉〈大官になると鼻息が荒くなる.〔你真是～〕きみは羽振りがよくなって全く鼻息が荒くなったよ.

guān 官

官大有险,树大招风 guān dà yǒu xiǎn, shù dà zhāo fēng〈谚〉大官になれば危険があり、木が大きくなれば風あたりが強い：出る杭(\`)は打たれる.

官倒 guāndǎo ①(国の機関・企業またその幹部の)職権を利用した不当な取引き.②同villager と行う者.官僚ブローカー:〔官倒爷 ye〕ともいう.→〔倒爷〕

官道 guāndào ①国道.②〈方〉自動車道路.

官堤 guāndī 〔旧〕国で築造した堤防.→〔民 mín 埝〕

官邸 guāndǐ =〔官寓〕〈口〉官宅)官邸.〔首相~〕首相官邸.

官地 guāndì 〔旧〕官有地.〔~红 hóng 利〕〈文〉官有地から生じた政府に納むべき利益配当金.→〔官利〕〔红利②〕

官第 guāndì ⇒〔官邸〕

官佃 guāndiàn 〔旧〕官有地の小作人.

官吊 guāndiào =〔公 gōng 吊〕人が亡くなったとき悔みに贈る型どおりのお供物:〔线 xiàn 香〕(線香)〔蜡 là 烛〕(ろうそく)や〔纸 zhǐ 钱(儿)〕(霊前で燃やす紙製の銭)など.

官牒 guāndié 〔旧〕職員録.

官斗 guāndǒu =〔官斛〕旧〕政府の所定の升(斗)

官督商办 guāndū shāngbàn 〔旧〕政府監督下の民営(事業)

官渡 guāndù ①官設の渡船場.②漢末曹操が袁紹を破った地:現在の河南省中牟県の東北.

官法 guānfǎ 〔旧〕官のおきて.〔~如炉 lú〕〈成〉同前は厳しいものである.

官饭 guānfàn 官給の飯.〔吃 chī ~〕〈口〉役人の飯を食う.役人勤めをする.

官方 guānfāng ①政府当局.〔~人士〕官辺筋.政府筋.〔~文件〕公式文書.〔~消 xiāo 息〕政府筋の情報.〔~评论〕公式論評.〔~贴 tiē 现率〕公定手形割引レート.〔~利率〕公定歩合.②〈文〉官の守るべき礼法.〔整肃 sù ~〕同前を粛正する.

官防 guānfáng ⇒〔关防⑨〕

官费 guānfèi 〔旧〕官費.〔~留洋〕官費留学.

官风 guānfēng ①官僚主義的な気風.②指導者の人格や行状.

官俸 guānfèng 〔旧〕官吏の俸給.

官服 guānfú 〔旧〕官服.〔野 yě 服〕(平民の平服)に対していう.

官府 guānfǔ =〔官家〕〔旧〕役所.官宿(gǔ):特に地方をいう.またその役人.

官复原职 guān fù yuánzhí 罷免された官吏が復職すること.

官股 guāngǔ =〔官本②〕政府所有株.

官官相护 guānguān xiānghù〈成〉役人同士がかばい合う:〔官官相为 wèi〕〔官官相卫 wèi〕ともいう.

官规 guānguī 〔旧〕官吏の服務規則.

官桂 guānguì 上等の肉桂(柱)

官斛 guānhú ⇒〔官斗〕

官话 guānhuà ①〔元明清以来〕標準語として用いられた北方語の総称.マンダリン:旧時の〔国 guó 语〕,現在の〔普 pǔ 通话〕にほぼあたる.官界あるいは上流社会一般に用いられた.→〔标 biāo 准话〕②国語諸方言:〔北方~〕〔中原~〕〔西南~〕〔江淮~〕などがある.③⇒〔官腔〕

官宦 guānhuàn 〔旧〕役所勤め.役人.〔~人家〕同前.〔~子弟〕役人の子弟.

官讳 guānhuì 〔旧〕①本名.②官界で用いる名.

官级 guānjí =〔官阶〕〔旧〕官吏の等級.官阶.

官妓 guānjì 〔旧〕朝廷おかかえの妓女.

官家 guānjiā ①〔古〕皇帝〔天 tiān 子〕に同じ.②⇒〔官府〕

官价 guānjià 公定価格:〔公 gōng 价〕に同じ.

官架子 guānjiàzi 役人風(\`).官僚的な態度.〔官不大, ~不小〕役職は低いが役人根性が強い.〔摆 bǎi ~〕役人風を吹かす.

官阶 guānjiē ⇒〔官级〕

官界 guānjiè 官界.

官井 guānjǐng 〔旧〕政府が掘った井戸.公共用の井戸.

官久自富 guānjiǔ zìfù〈谚〉役人勤めが長くなれば自然に財産ができる.

官卷 guānjuàn →〔官生〕

官爵 guānjué 官職と爵位.

官军 guānjūn 政府軍.

官客 guānkè〈方〉男性.殿方(\`).〔~免 miǎn 入〕男子入るべからず.↔〔堂 táng 客②〕

官款 guānkuǎn ①公金.官金.②役人と金持ち.〔~相穆〕同じがなれ合うこと.

官老爷 guānlǎoye (けなして)お役人.御上(\`):〔官儿老爷〕ともいう.

官立 guānlì 官立(の)

官吏 guānlì 官吏(総称).〔~债 zhài〕官吏が地方に任命されたとき赴任・支度費として借用する金.

官利 guānlì 〔旧〕公約配当金:〔股 gǔ 息〕の別称.→〔红 hóng 利〕〔余 yú 利〕

官僚 guānliáo ①官僚.官吏.〔~政 zhèng 治〕官僚政治.②官僚的である.役人風を吹かす.〔~主义〕官僚主義.〔真~哇!〕本当にいばっている.〔~派 pài〕〈今〉〔官 派〕〔官气〕役人風(\`).官僚臭.役人気質.役人タイプ.

官僚资本 guānliáo zīběn 官僚資本.〔~主义 yì〕官僚資本主義.

官僚资产阶级 guānliáo zīchǎn jiējí 官僚ブルジョア階級.→〔四 sì 大家族〕

官了 guānliǎo ⇒〔公 gōng 了〕

官绿 guānlǜ サクソンブルー(の)

官满如花谢 guānmǎn rú huāxiè〈谚〉官吏が年期が来て引退するのは、花がしぼむようである：寄りつく者もいなくなる.

官媒 guānméi 〔旧〕女囚世話係の女:女囚が許されて嫁にく場合や配偶者を選んだりする時に世話をやく女役人.

官迷 guānmí 役人になりたがって夢中になる(人).→〔官癖〕

官面儿 guānmiànr ①〔旧〕政府.御上(\`).官界.〔~上〕当局.その筋.②〈喩〉表ざた〔私 sī 面儿〕(内間)に対す.

官民 guānmín 官と民.

官名 guānmíng 〔旧〕①幼名以外の正式の名前.②官職名.

官能 guānnéng 生理(有機体の)感覚器官の機能.〔~症 zhèng〕医機能性疾患.〔~团〕〔功 gōng 能团〕の化学で用いる名.

官品 guānpǐn ①〔旧〕役人の位階.②役人のモラル.

官平 guānpíng 公定の秤(\`):〔漕 cáo 平〕〔关 guān 平〕〔库 kù 平〕の総称.↔〔市 shì 平〕

官凭 guānpíng 役所から下附された証拠書類.

官铺 guānpū 〔官①〕(1等船室)のベッド.②旅館のりっぱなベッド.

官气 guānqì 役人風.官僚臭:〔官僚派〕に同じ.

官契 guānqì ⇒〔红 hóng 契〕

官腔 guānqiāng ①役人口調.官僚的なしゃぶり.〔打~〕〔要 shuǎ ~〕杓子(\`)定規なことを言う.紋切り型の逃げ口上をのべる.〔别再打~〕もう不人情な口はきくな.→〔官气〕②官話の話しぶり.

官亲 guānqīn 〔旧〕役人をしている親戚.

官清司吏瘦, 神灵庙主肥 guān qīng sī lì shòu, shén líng miàozhǔ féi〈谚〉上官が清廉であれば

官佞棺　guān

部下の役人は痩せ,神霊あらたかであれば神主(㊟)職は肥える.

官情 guānqíng ①官界の風潮. ②官吏の情義.〔～如紙薄〕〈諺〉役人の情義は紙のように薄い.

官儿不打送礼的 guānr bùdǎ sònglǐde〈諺〉役人は贈り物を持って来る者にはつらく当たらない.

官人 guānrén ①〈文〉官職についている人.お役人. ②〈白〉旦那(㊟):一般男子の尊称.→〔大 dà 官人〕 ③〈白〉旦那様:妻が夫に対していう.

官纱 guānshā 浙江省杭州·紹興一帯産の絹織物:古くから朝廷に献上された.

官鲨 guānshā ⇒〔双 shuāng 髻鲨〕

官商 guānshāng ①官営商業.〔～合办〕回官民共営.→〔公 gōng 私合营〕 国営商業.またその従業員.〔～作风〕同前の無愛想な接客態度. ③役所と民間商業.官と民.

官舍 guānshè 〈文〉官邸.

官绅 guānshēn 官吏と地元の名士.

官身 guānshēn 役目を帯びた体.宮仕えの身.

官生 guānshēng 旧上級官吏の子弟で〔乡 xiāng 试〕を受験するもの:その答案を〔官卷 juàn〕といい,他の受験者の分と別個に採点され一定の人数の合格者そこから採った.→〔科 kē 举〕

官声 guānshēng〈文〉官吏としての評判.

官事 guānshì ①役所のすること.役所仕事.〔～官办〕公事公办〕〈成〉杓子定規のお役所仕事.〔喩〕通り一遍の処置をする.→〔公 gōng 事①〕 ②訴訟事件.訴訟沙汰(㊟).

官守 guānshǒu 〈文〉官吏の職責.

官书 guānshū ①〈文〉公文.公文書. ②旧官府の編集·刊行書物.

官署 guānshǔ ⇒〔官衙〕

官私 guānsī ①旧公事と私事. ②官吏と人民.→〔公 gōng 私〕

官司 guānsī ①訴訟.〔打 dǎ ～〕訴訟をおこす. ②〈喩〉論争.

官田 guāntián 官有の田地.

官帖 guāntiè ①仲買人の営業鑑札. ②官庁で印刷した〔字 zì 帖〕(習字手本)

官厅 guāntīng ①⇒〔官衙〕 ②〔一儿〕曲旧北京内城の警備に任じた81箇所の歩兵駐屯所. ③河北省懐来県にある.〔～水库〕官庁ダム.

官位 guānwèi 官職.

官席 guānxí 回正式の宴席.

官衔(儿) guānxián(r) 役所の肩書.官職名.〔～牌 pái〕旧同前を書いた札:高位の役人が行列を作って外出する時,先払いがこれを捧(㊟)げて進んだ.

官饷 guānxiǎng 回役人の俸給.

官向官,吏向吏 guān xiàng guān, lì xiàng lì〈喩〉高官は高官同士,属吏は属吏同士で庇護し合う.〈喩〉同類の人はお互いに助け合ったりして親しくする:〔官向官,民向民〕に同じ.

官星 guānxīng ⇒〔官运〕

官休 guānxiū ⇒〔官罢〕

官修 guānxiū 官の編集になる.〔～史书〕同前の歴史書.

官靴 guānxuē 礼装用の長靴.↔〔便 biàn 鞋〕

官学 guānxué〈文〉官学:〔太学〕〔国子监〕は朝廷の,〔府学〕〔州学〕〔县学〕は地方の官学.

官衙 guānyá ⇒〔官署〕〔官厅①〕官衙(㊟).官庁.

官盐 guānyán 回政府の許可を得た専売塩.〔～别当 dàng 私盐〕〈喩〉きちんとしたものを同前でない物と同じように取り扱ってはいけない.→〔私 sī 盐〕

官燕 guānyàn 食つばめの巣料理に用いる〔金丝燕〕の〔燕窝〕(つばめの巣)で,精製した純白で美しい光沢のある上等品:形のよく整ったものを〔燕盖〕と

ぶ.→〔毛 máo 燕〕

官样 guānyàng ①紋切り型(の).月並(の).〔～文章〕紋切り型の文章.形式的な文章.〈方〉様(㊟)になって立派である.〔打扮得很～〕身なりがきちんとして立派である.〔摆设得十分～〕飾りつけが型にはまって立派である.

官窑 guānyáo 国国営の陶磁器製造所:特に宋代及び明清代のもの.

官爷 guānyé 回お役人さま.お役所の旦那.

官银 guānyín 回政府の保持する金銭.

官银号 guānyínhào 回政府の許可を経て銀の売買·交換および〔银票〕を発行した銀行の一種.

官瘾 guānyǐn 役人になることに熱中する(こと).〔过～〕任官欲を堪(㊟)能する.

官印 guānyìn ①回役所の(角形の)印判.→〔印信〕 ②官吏の印. ③回人の〔名 míng 字〕(名前)の尊称.〔您～是怎么称 chēng 呼〕お名前は何とおっしゃいますか.〔～是哪个字〕お名前はどんな字ですか.

官荫 guānyìn 回官吏の功労者または殉職者の子弟が父祖の功で官職を得ること.

官员 guānyuán ①回(一定の地位以上の)官吏. ②外交関係の政府職員.外務官僚.

官运 guānyùn ①＝〔官星〕役人の出世運.官職の運.〔～亨 hēng 通〕出世運に恵まれる. ②回政府の直営運輸.〔～官销 xiāo〕政府が運んで政府が売りさばくの.

官宅 guānzhái ⇒〔官邸〕

官长 guānzhǎng 回主任職の役人.高級官吏.将官.

官箴 guānzhēn〈文〉官吏心得.

官职 guānzhí 官制.

官止神行 guānzhǐ shénxíng 奥(㊟)義を極めたさま:意識を超えて自ずと完全に行動できること.〔官〕感覚器官.〔神〕いわれは精神のこと.

官制 guānzhì 官制.

官中 guānzhōng ①〈文〉宮中. ②〈方〉共有(の).〔官众〕ともいう.

官撰 guānzhuàn 回ご高実.→〔篆③〕

官准 guānzhǔn 官許.

官资 guānzī ①〈文〉官吏としての資格や経歴. ②官僚と資本家.政府と資本家.

官子 guānzǐ 囲碁の寄せ:一·二路で争われる最終段階をいう.〔收 shōu 官②〕ともいう.

官字 guānzì 政府·官庁の発表する文書·声明.

官佐 guānzuǒ 回将校.〔～弁 biàn 兵〕将校と下士兵卒.

官座儿 guānzuòr 回①劇場の特等席に当たる高桟敷(㊟). ②劇場などに設けられた役人や警官の席.

〔佞〕

佞 guān ①〔农 nóng〕(農村で家畜の世話係り). 〔牛 niú ～〕牛飼い.〔猪 zhū ～〕豚飼い.〔羊 yáng ～〕羊飼い. ②回客商壳·水商壳や雑役に従事する者.〔请 qǐng ～〕雛妓(㊟).半玉(㊟).〔红 hóng ～〕〔红一人〕〔浑 hún ～〕〔大先生 (儿)〕一本になった妓女.〔堂 táng ～〕(食堂·料理屋の)ボーイ.〔磨 mò ～〕粉ひき.

〔棺〕

棺 guān 棺.ひつぎ:遺体を納める箱.〔开～验尸〕棺を開いて死体を検証する.〔盖 gài ～论定(㊟)〕〈成〉人が死んだ後にはじめて功罪が決まる.→〔柩 jiù〕〔灵 líng ③〕

棺材 guāncái 棺おけ〔寝棺〕〔棺木〕に同じ.〔～扛 káng ～〕一本の棺おけ.〔～板 bǎn〕棺おけを作る板.〔～铺 pù〕同前を売る店.〔～瓤 ráng 子〕＝〔瓤子〕〔～馅 xiàn〕〈罵〉棺おけの中身:老いぼれの半病人.

棺材里伸手 guāncaili shēnshǒu〈歇〉棺おけの中か

guān～guǎn　棺矜冠莞瘝鳏馆琯辖瘝管

棺椁 guānguǒ ①〈文〉棺とうす棺.〔椁〕は〔棺〕を入れる外箱. ②棺おけ.
棺柩 guānjiù 〈文〉かん.ひつぎ.〔柩〕は遺体が納めてある棺.
棺木 guānmù 棺おけ.〔棺材〕に同じ.
棺罩 guānzhào 棺おけの覆い:竹や木を骨組みにし、外を絹布で覆ったかごのようなもの.

[矜] guān ①⇒〔鳏①〕②⇒〔瘝①〕 → jīn qín

[冠] guān ①かんむり.かぶりもの.〔免miǎn～〕かぶりものをとる. ②かんむりのようなもの.〔鸡jī～(子)〕①とさか.〔花～〕①花冠.〔树～〕樹木の枝や葉の繁っている部分. ③髪おさえ:髪飾りの一種. ④〈姓〉冠(ぐ) → guàn

冠齿轮 guānchǐlún 匣正面歯車.
冠带 guāndài 〈文〉冠と带.衣冠.〈転〉④ 役人.官吏. ⑤爵位のある者.
冠盖 guāngài 固かんむりと車の覆い.〈転〉位の高い官吏.〔～相望〕〈成〉役人が絶えず出入りする.〔～云集〕〔～如云〕〈成〉高位高官が雲のごとく集まる.
冠履 guānlǚ 〈文〉冠と履物.〈喩〉上下尊卑の区別.
冠冕 guānmiǎn ①固冠冕(ぐ):帝王のつける両端に玉飾りの垂れた冠.〈転〉人のかしらたる人になる). ②立派にみえる.体裁がいい.〔谈tán tǔ〕述べることが鷹揚(ぐ)である.〔一堂 táng 皇〕外面は堂々として立派である.〔～话 huà〕体(ぐ)のいいおざなりの言葉.
冠鸟 guānniǎo 動とさかのある鳥類.
冠心病 guānxīnbìng 医(状)動脈性心疾患(心臓病)
冠鸭 guānyā 鳥ツクシガモ.
冠玉 guānyù 冠の玉:美男子の形容.
冠状病毒 guānzhuàng bìngdú 医コロナウイルス.
冠状动脉 guānzhuàng dòngmài 医冠状動脈.〔～痉 jìng 挛〕医冠状動脈痙攣(ぐ).
冠子 guānzi 〔鸟类の〕とさか.〔公鸡の～比母鸡的大〕おんどりのとさかはめんどりのより大きい.

[莞] guān ①植フトイ:カヤツリグサ科の植物:〔水 shuǐ 葱〕の古称. ②〈姓〉莞(ぐ) → guǎn wǎn

[瘝(癏・瘝)] guān 〈文〉① =〔〈文〉矜①〕病(ぐ).〈転〉苦しみ. ②廃する.

[鳏・鰥] guān ①=〔〈文〉矜①〕男やもめ.→〔寡 guǎ ②〕 ②⇒〔鳏 gǎn〕
鳏夫 guānfū 男やもめ.独身男:〔鳏儿〕〔鳏棍子〕〔鳏寡汉〕という.〔寡 guǎ 夫〕〔光 guāng 棍儿〕〔旷 kuàng 夫〕に同じ.〔寡妇〕
鳏寡 guānguǎ 男やもめと女やもめ.〔～孤 gū 独〕〈成〉〈喩〉社会で寄るべのない人たち.
鳏居 guānjū 〈文〉やもめ暮らし.

[莞] guān 地名用字.〔东～市〕匣広東省にある. → guǎn wǎn

[馆・館(舘)] guǎn ①一定の目的に使用される公共的建物.施設.〔大使～〕大使館.〔领 lǐng 事～〕領事館.〔博 bó 物～〕博物館.〔图 tú 书～〕図書館.〔殡 bìn 仪～〕葬儀場. ②旅館・ホテル.宿舎など人の宿泊に供する建物.〔旅 lǚ～〕旅館.〔宾 bīn～〕ホテル. ③〔-儿,-子〕サービス業の店:料理飲食店.劇場その他.〔饭 fàn～〕料理屋.〔酒 jiǔ～〕飲み屋.〔茶 chá～〕(中国の旧式な)喫茶店.〔理发～〕理髪店.〔照 相 xiàng～〕写真屋.〔戏 xì～〕

(子)旧〔芝居の〕劇場. ④旧私塾:家庭教師が上流家庭の子弟に学問を教えた.〔散 sǎn 学～〕〔私 sī 塾〕同前.〔教 jiāo～〕〔就 jiù～〕〔上 shàng～〕〔坐 zuò～〕同前の教師になる.〔脱 tuō～〕同前の教師をやめる.
馆藏 guǎncáng ①〔図書館・博物館・美術館などが〕所蔵する.〔～图 tú 书〕同前の図書. ②収蔵物.
馆地 guǎndì 旧家庭教師として教えるところ.家庭教師の口.〔我还有一处～〕私もう一ところ教えているところがあります.
馆东 guǎndōng 旧家庭教師あるいは〔幕 mù 友〕〔顾问〕の雇(ぐ)主.
馆阁 guǎngé 匣翰林の別称.〔～气〕文章が派手できざっぽいこと.〔一体 tǐ〕翰林風の典雅な字体.
馆金 guǎnjīn 旧家庭教師の報酬.
馆内 guǎnnèi 館内.〔在～阅览〕館内で閲覧する.
馆舍 guǎnshè 〈文〉宿舍.宿泊所.旅舍.
馆甥 guǎnshēng ⇒〔女 nǚ 婿〕
馆驿 guǎnyì ⇒〔驿站〕
馆员 guǎnyuán 〔館員:図書館・博物館・公文書館など.②同前の中級技術職員の身分.
馆长 guǎnzhǎng 館長.〔图 tú 书馆～〕図書館長.
馆子 guǎnzi 〔飲食店.料理屋.レストラン.〔上～〕〔下～〕レストランへ行く.〔吃～〕料理屋で飲食する.→字解〕 ②旧劇場.〔～戏 xì〕劇場で上演する芝居.

[琯] guǎn 固玉(ぐ)製の縦(ぐ)笛(6孔)

[辖・輨(錧)] guǎn〈文〉(車の)轂(ぐ)のきせがね.

[瘝] guǎn〈文〉疲労する.疲れて病気になる.〔～ 〕同前のさま.

[管(筦)] guǎn (I)〔管(筦)〕①〔-儿,-子〕管.筒.チューブ.〔橡 xiàng 皮～〕ゴム管(ホース).〔水 shuǐ～〕通水管. ②管状のもの.〔笔 bǐ～(儿)〕筆の軸.〔输 shū 油～〕油送パイプ.〔气 qì～〕気管.〔输卵～〕輸卵管. ③〔音〕管状の楽器.〔单 dān 簧～〕クラリネット.〔巴松～〕ファゴット.バスーン.〔中音萨 sà克～〕アルトサキソフォン(アルトサックス). ④〈文〉筆.〔搦 nuò～作书〕筆をとり書をする. ⑤量詞,中空の管状のものを数える.〔一～笔〕1本の筆.〔一～笛〕笛1本.〔一～牙膏〕練り歯みがき1個. ⑥管理する.担当する.世話する.〔接 jiē 一工厂〕工場の管理を引き継ぐ.〔他是～什么的〕彼は何を担当しているのか.〔东西堆着没人～〕品物は積み上げられていて管理するものがない.〔这新添 tiān 的物品归谁～〕この新しく購入した物品はだれが管理することになるね.〔这事我不能～〕このことにはぼくはかまっておられない(管理する資格はない).〔有什么危险都不～〕どんな危険があろうとかまわない.〔你别～他〕彼にかまうな. ⑦監督する.しつける.〔不怕它,只怕～〕谚ぐ役人は怖いながら,(我々より)かかり合ってくるのが怖い.管理下に入るのが怖い.〔一儿 ér 女子供をしつける.〔～得太严了也不行〕しつけ方が厳しすぎてもよくない.〔一 ～〕⑧かかわり合う.か まう.〔你要去不去,～我什么事?〕おまえが行きたかろうと行きたくなかろうと私に何のかかわりがあるか. ⑨(支障をきたさないことを)請け合う.保証する.〔包 bāo～使用〕使用を請け合う.〔～吃～住 zhù〕食事と住宅の供給に責任をもつ.〔～灯 dēng 水〕電灯と水道の供給に責任をもつ. ⑩〈姓〉管(ぐ).筦(ぐ)

(II)〔管〕①〈白〉きっと.〔这时～有人暗笑〕いまごろはきっと誰かが陰で笑っていることだろう. ②…のことを…という:後に〔叫 jiào〕を伴う.〔日本话～这

管 guǎn

个叫什么]日本語ではこれのことを何といいますか.〔老乡们～拖tuō拉机叫火犁lí〕いなかの人たちはトラクターのことを"火犂"という.③〈方〉…を問わず.…にかかわらず.〔～它好的孬nāo的,买一个再说〕いいのであろうとまずいのであろうと一つ買ってからのことにしよう.④〈方〉…に向って.…に対して:対象を示す.〔～他借钱〕彼に金を借りる.

管搬子 guǎnbānzi 請け合う.保証する.

管保 guǎnbǎo 請け合う.保証する.〔保管③〕ともいう.〔～来回〕〔～回换〕〔管包来回〕品物の返品・取り替えを保証する.

管鲍之交 guǎnbào zhī jiāo〈成〉管仲と鮑叔の交情.ごく親しい交わり:ともに戦国時代の斉の名臣.〔管鲍分金〕ともいう.

管不了 guǎnbuliǎo (多すぎて)かまいきれない.制御しきれない:〔管得了〕は可能形.

管不着 guǎnbuzháo かまうことは及ばない.かまう力(資格)がない:〔管得着〕は可能形.〔咱们管咱们自己的事儿,～这个〕私たちは私たち自身のことを心がけよう,そんなことにはかまわなくてよろしい.〔你～]お前の知ったことか,大きなお世話だ.

管不住 guǎnbuzhù 制御しきれない.つなぎとめられない:〔管得住〕は可能形.〔自己的孩子都～]自分の子供ですら思うとおりにできない.〔这个螺 luó 丝钉～这块木板]このねじくぎはこの板を(動かないように)つけることができない.

管材 guǎncái 管材.管状の材料.

管城子 guǎnchéngzǐ〈文〉毛筆の別称.

管穿 guǎnchuān 衣服を支給する.〔～不管吃〕衣服は支給するが食事は支給しない.

管打来回 guǎn dǎláihuí →〔管保〕

管待 guǎndài〈白〉酒食でもてなす.〔款 kuǎn 待〕

管道 guǎndào ①管.配管.〔煤méi气～〕ガス配管.〔～运yùn输〕パイプ輸送.〔石油～〕石油パイプライン.②管状のもの.筋道.〔透过各种～]各種のルートを通す.→〔渠 qú 道〕

管定 guǎndìng かまわずにいられない.

管端螺纹 guǎnduān luówén〔方〕管牙〕㊣パイプねじ.

管端止回阀 guǎnduān zhǐhuífá㊣ターミナルチェックバルブ.

管段 guǎnduàn 管理区域.〔这个～的民警jǐng〕この交番のお巡りさん.

管而不死,活而不乱 guǎn ér bùsǐ, huó ér bùluàn〈成〉取り締まりはあまりひどくせず,融通性があっても乱れない.

管而无方 guǎn ér wúfāng〈成〉取り締まりはしているが適切にはなっていない.

管饭 guǎnfàn →〔管伙食〕賄い付き(にする).〔～不～]賄い付きでない.⑤素泊り:宿泊だけで食事無し.→〔管穿〕

管放 guǎnfàng 管理と放任.統制と自由.

管风琴 guǎnfēngqín㊣パイプオルガン.→〔风琴〕

管附件 guǎnfùjiàn ⇒〔管接头〕

管葛 guǎngě 管仲と諸葛亮:古代の二人の名宰相.

管箍 guǎngū〔方〕〔内 nèi 螺丝〕㊣カップリング 連結器:管継手(つぎて)の一種で,短いパイプの両端の内面にねじ山ができており,二つの管を棒つなぎにするとき使用する.→〔管接头〕

管顾 guǎngù 面倒を見る.世話をする.

管灌 guǎnguàn㊤給水パイプによる灌水.

管护 guǎnhù 管理(し)保護(する).〔～自然资源〕自然資源を守る.

管换 guǎnhuàn (商品の)取り替えに応ずる.〔不好～]よくなければ取りかえに応ずる.→〔包 bāo 管来回〕

管伙食 guǎnhuǒshí ①賄(まかな)いをつける.②⇒〔管饭〕

管家 guǎn·jiā ①家事をとりしきる.②同前の人.㊂執事.番頭.〔～大人〕同前に対する尊称.〔～妇fù〕〔～婆pó〕ⓐ同女中頭(がしら).ⓑかみさん(家庭の主婦)

管见 guǎnjiàn〈謙〉卑見.わたくしの見解:管の中から見るような狭い考え・知識.

管键 guǎnjiàn ⇒〔锁 suǒ 钥〕

管教 guǎnjiào ①保証する.〔听他的话,～没错〕彼の言う通りにしていれば,まちがいっこないよ.②しつける.取り締まり(まる).〔～儿ér女〕子供をしつける.〔母亲的～很严〕母のしつけが厳しい.〔～所suǒ〕未成年者を軟禁し教育する施設.→〔少 shào 管所〕

管…叫… guǎn…jiào… →字解(II)②

管接头 guǎnjiētóu〔管附件〕㊣管継手(つぎて).ねじ込み継手(総称):〔管箍〕(カップリング),〔肘 zhǒu 管〕(ひじ継手),〔三通〕(丁継手),〔四通〕(十字継手),〔管套节〕(ユニオン継手),〔异小径管节〕(径違いソケット(外側にはまる継手をソケットという)),〔补 bǔ 心〕(入れ子)〔ニップル〕など.

管界 guǎnjiè ①管轄範囲の境界.②管轄区域.

管劲 guǎnjìn〔方〕ききめがある.役に立つ.〔这个药～]この薬はよく効く.

管井 guǎnjǐng 動力ポンプで深層の水を汲み上げる井戸.→〔机 jī 井〕

管控 guǎnkòng 管制する.

管库的 guǎnkù(de) 倉庫係.

管窥 guǎnkuī 浅見である.見識が狭い(こと).〔～蠡lí测〕〈成〉竹の管から天をのぞき,水びしゃくで海の量をはかる:見識が狭く,短慮である.→〔以 yǐ 管窥天〕〔以蠡測海〕

管理 guǎnlǐ ①管理(する).規制(する).監視(する).〔～牲口〕家畜の世話をする.〔～俘 fú 虜〕捕虜を管理する.〔～人员 yuán〕管理人員.管理職員:集合名詞として用いる.〔～员〕管理員.管理人.〔㊈マネージャー.〔～兼教练〕マネージャー兼コーチ.

管路 guǎnlù㊤パイプライン.

管轮(的) guǎnlún(de) (汽船の)機関士の俗称.〔大管轮〕1等機関士.〔二管轮〕2等同前.〔三管轮〕3等同前.〔轮机长〕機関長.

管莫 guǎnmò〈方〉たぶん.おそらく.〔～他不来了〕たぶん彼は来ないでしょう.〔～是他的吧〕おそらく彼のでしょう.〔～是在那儿卖钱吧〕たぶんあそこでぼくをしているのだろう.

管内 guǎnnèi 管内.管轄内.

管坯 guǎnpī㊤〔钢 gāng 管〕(鋼管)を作る〔钢坯〕(仕上げ加工前の鋼材)

管片(儿) guǎnpiàn(r) 管轄部分(住居・警察関係など)

管卡压 guǎnkǎyā (行政執行上の)管理・規制・圧力.

管钱(的) guǎnqián(de) 出納係.会計係.

管钳子 guǎnqiánzi =〔管搬子〕〔管子扳手〕㊣パイプレンチ.→〔钳子〕

管情 guǎnqíng〈白〉請け合う.〔你吃上盅 zhōng 热酒,～好了〕熱い酒の一杯も飲めばすぐ良くなることは請け合いだ.→〔管保〕

管区 guǎnqū 管轄区域.管区.

管儿灯 guǎnrdēng〔日〕棒型蛍光灯.

管纱 guǎnshā㊩コップ:円錐(すい)状の巻き糸.

管山有柴烧,管河有水吃 guǎnshān yǒucháishāo, guǎnhé yǒushuǐchī〈諺〉物を管理している者はその物について不自由はしないものだ.すべて余禄はあ

管生植物 guǎnshēng zhíwù ⇒[显 xiǎn 花植物]

管事 guǎnshì ①[事]を管理する.とりしきる. ②[旧]執事.番頭.家扶.管理人.[管事的]ともいう. ③[~儿]ききめがある.役に立つ.[这个药很~]この薬は大変ききめがある.

管事部 guǎnshìbù （船舶の）司厨長.→[管事长]

管事长 guǎnshìzhǎng （船舶の）司厨長.

管束 guǎnshù ①取り締まる.しつける.[不服上司~]上役の締めつけに服しない.[父母要好好地~自己的儿女]父母は子供たちをよくしつけなければならない. ②⇒[管制]

管他呢 guǎntāne ⟨口⟩かまうものか.ままよ.くそっ.

管套节 guǎntàojié ＝[活 huó 接头]〔油 yóu 令②〕[機]ユニオン.ユニオン接手(ヅ).→[管接头]

管头管脚 guǎntóu guǎnjiǎo ⟨喻⟩きびしいしつけ.[~教 jiào 育]徹底した管理教育.

管退 guǎntuì ⇒[包 bāo 退]

管辖 guǎnxiá 管轄(する).統轄(する)

管下 guǎnxià [旧]部下.管内.

管弦 guǎnxián [音楽器(総称)].[~乐 yuè]管弦楽.[~乐队]管弦楽団.オーケストラ.

管闲事 guǎnxiánshì よけいな世話をやく.出しゃばることをする.[~落 luò 不是(殄)]おせっかいをやく,ろくなことにはならぬ.[好 hào ~]出しゃばり好きである.

管线 guǎnxiàn ①各種パイプ・電線・ケーブル(総称).[敷 fū 设]同前に敷(ゲ)設する.②路線・方針などに関係する.

管形车胎 guǎnxíng chētāi チューブレスタイヤ.

管许 guǎnxǔ きっと.…にまちがいない.

管穴 guǎnxué ⇒[管窥蠡测]

管押 guǎnyā [旧]拘留する.拘禁する.

管牙 guǎnyá ⇒[管端螺纹]

管佗人 guǎnyīngr ⟨方⟩指(～)図.[不受人家的~]人の指図は受けない.

管涌 guǎnyǒng [建]堤防の漏水.

管用 guǎnyòng 効き目がある.[这方子很~,你就试试吧]この処方(薬)は非常に効くので,飲んでみなさい.[他的脑子真~]彼の頭は全くよく働く.[一杯水啊里!一]一杯の水が何の役に立とうか.[顶 dǐng 用]

管约 guǎnyuē ⟨文⟩監督する:やかましく言って取り締まる.

管乐 guǎnyuè ① [~器 qì]管楽器:[吹 chuī 奏乐器]に同じ.[~队 duì]管楽団. ②管仲と楽毅:古代の二人の名臣.

管篇 guǎnyuè ⟨文⟩笙と篇(テ):古代の管楽器.

管账(的) guǎnzhàng(de) 会計係.

管治 guǎnzhì 統治する.支配する.

管制 guǎnzhì ①管制(する).統制(する).[~物价]物価を統制する.[~进口]輸入を取り締まる.[~灯火]灯火管制(する). ②[旧]管制(する).[法院の判決や公安机関の執行に基づき強制的な拘束をせず,社会の監視下におく処分]:旧時,解放区では[管束]といった.[~分子 fēnzǐ]同前の要監視人. ③[軍]軍事管制.

管中窥豹 guǎnzhōng kuī bào ⟨成⟩竹の管から豹を見る.全体を見て全体を見ていないことのたとえ.ⓑ[~,可见一斑]部分を見て全体を類推すること:[可]=[略 lüè]ともいう.→[管窥蠡测]

管桩 guǎnzhuāng [建]橋脚として打ち込む鉄管の杭.

管状花 guǎnzhuànghuā [植]管状花:花冠が管状のもの.キク科に多い.

管自 guǎnzì ⟨方⟩①ひたすら.ただただ.②そのまま.勝手に.かまわずに.

管子 guǎnzi ①管.パイプ.[~扳 bān 手][機]パイプレンチ:[管钳子]に同じ.[~虎 hǔ 钳][機]パイプ万力.[~铰 jiǎo 板]ストックダイス.[~螺 luó 丝攻][機]パイプタップ.→[螺纹攻] ②⇒[竿 bǐ 篇]

管嘴鱼 guǎnzuǐyú [魚貝]ハシナガチョウチョウオ.

管座 guǎnzuò (真空管などの)ソケット.→[灯 dēng 头②]

〔**鳤・鳤**〕guǎn [魚貝]モロコ近似種:コイ科淡水魚.

〔**卝**〕guàn [~角 jiǎo]⟨文⟩幼児の髪を左右に分けて頭上でわがねたさま.総角(ゲ).→[总 zǒng 角]

〔**观・觀**〕guàn ①道教の寺院.[~宇 yǔ]同前.[白云~]北京にある道教の寺.[姓]观(グ).→ guān

〔**贯・貫(毌)**〕guàn ①貫く(とおす).徹する.[学~中西]⟨文⟩中国の学にも西洋の学にも通じている.[本书体例,前后一~]本書の体裁は前後一貫している. ②=[积 jī 极]一貫して積極的である. ③連なる(ねる).(ひもで)通す.[鱼~而入]⟨成⟩(魚の列のように)ぞろぞろ続いて入る.[垒 lěi 垒如~珠]ずらりとひもに通されて珠玉のように連なる.[~钱 qián]銭さし:穴明き銭をさす糸ひも. ④量词.古代の貨幣単位.[一~(钱)]銭(テ)=一千文(銭さしにさしたもの):[一吊 diào (钱)][一串 chuàn (钱)]ともいう. ⑤原籍.[籍 jí ~]同前.出生地. ⑥⟨文⟩慣例.慣習:[惯]に通用された. ⑦[姓]贯(グ).

贯标 guànbiāo 基準遵守の表示.

贯彻 guànchè 貫徹する.貫く:方針・政策・精神など.[贯澈]とも書く.[加以~执行]やりとげる.[~党委的决议]党委員会の決議を徹底的に実行する.[~到底]とことんまでする.

贯穿 guànchuān ①貫通(する).[这条公路~十几个县]この自動車道路は十数県を通り抜けている.[~辐 fú 射]透過性放射線.[~螺 luó 栓][对 duì 头螺栓][機]通しボルト.締付用ボルト. ②同下.

贯串 guànchuàn ＝[贯穿]①貫く.一貫する.[~于一切过程的始终]全過程の初めから終わりまで貫かれている.

贯耳 guàn'ěr ⇒[如 rú 雷贯耳]

贯节 guànjié ⇒[贯众①]

贯口 guànkǒu (せりふや歌を)息をつがず,一気に言ったり歌ったりする.[活儿]同前の技術.

贯气 guànqì 運がむく.好運に恵まれる.

贯渠 guànqú ⇒[贯众①]

贯日 guànrì ⟨文⟩①日を重ねる. ②日光を遮る.[白虹 hóng ~]⟨成⟩白い虹が同前:不吉な兆候.

贯通 guàntōng ①徹底する.通じている.[~意思]意味がよく徹底する.[融 róng 会~]⟨成⟩あれこれ合わせて精通する. ②貫いて通る.[隧 suì 道~了]トンネルが開通した.

贯盈 guànyíng 銭(テ)をつらぬき通して一貫となる.⟨喻⟩罪の多いこと.[罪 zuì 恶~]⟨成⟩罪悪が非常に多い.[商 shāng 罪~]⟨成⟩商の罪はきわめて多い(书経)

贯月忍冬 guànyuè rěndōng [植]ツキヌキニンドウ.

贯众 guànzhòng [植]=[贯节][贯渠]ヤブソテツ.[东 dōng 北~][绵 mián 马(鳞毛蕨)]オシダ. ③=[狗 gǒu 脊蕨]オオグマ.

贯珠 guànzhū ①ひもに通して輪にした珠玉. ②⟨喩⟩美音の形容.

贯注 guànzhù ①注入する.傾注する.集中する.[全神~在书上]すべての注意力を書物に集中する. ②(話や文が)一貫している.しっかり繋がっている.

guàn

〔**惯・慣**〕 guàn ①慣れる(らす).〔习 xí〕～し慣れる.〔走 zǒu～了〕歩き慣れた.〔看不～〕④見慣れない.⑤気にくわない.〔吃～了中国菜,不觉得油腻〕中国料理を食べ慣れると油っこいとは感じない.〔这个人一说笑话〕この人は冗談をよく言う.②甘える(やかす).増長する(させる).〔～子 zǐ 如杀子 zǐ〕諺子を甘やかすのは殺すようなものだ.〔～小孩子〕子供を甘やかす.这个孩子一坏 huài 了〕この子は甘やかされて悪くなった(甘えっ子になった).〔出了一身的毛病〕甘やかしてすっかり悪い癖がついた.〔以前说一不二地～着他〕以前は言うなりになって甘やかしていた.〔再忍耐恐怕他越发～了以上我慢していたら彼はますます増長することだろう.

惯常 guàncháng ①慣れっこ(になる). ②いつも.常に.
惯盗 guàndào どろぼうの常習犯.〔惯窃〕に同じ.
惯犯 guànfàn 常習犯.〔这个家伙是个～〕この悪者は常習犯である.
惯匪 guànfěi 悪事を重ねている強盗.
惯伎 guànjì 〔惯技〕とも書く.例のやり口.常套手段.〔使用～的手段を使う.
惯家子 guànjiāzi 〔方〕腕ききの.したたか者.
惯例 guànlì 慣例.通例.〔违 wéi 背～〕慣例に背く.〔按一办〕慣例どおりにする.
惯量 guànliàng 〔物〕慣性質量.→〔惯性〕〔质 zhì 量①〕
惯扒 guànpá すり・かっぱらい常習犯.
惯量 guànliàng 〔物〕慣性質量.→〔惯性〕
惯骗 guànpiàn 詐欺(師)の常習犯.
惯窃 guànqiè 窃盗の常習犯.〔惯偷〕に同じ.
惯熟 guànshú 慣れきる.熟達する.
惯偷 guàntōu ⇒〔惯窃〕
惯习 guànxí ⇒〔习惯①〕
惯性 guànxìng 〔物〕惰性.慣性.〔利用～穿过自由太空〕惰性を利用して広々とした宇宙を突き抜ける.〔一定律〕慣性の法則:〔～轮〕〔飞轮①〕はずみ車.
惯养 guànyǎng 甘やかして育て(られ)る.〔娇 jiāo 生～〕
惯用 guànyòng 慣用(する).常用(する).〔～的手段〕〔～的伎俩〕〔～手法〕使い慣れた手段.いつもの手.〔～左 zuǒ 手〕(手)が左ききである.〔～语 yǔ〕慣用語.
惯于 guànyú (…に)慣れている.〔～夜间工作〕夜間仕事をするのに慣れる.
惯贼 guànzéi 窃盗常習犯:〔惯窃〕に同じ.
惯纵 guànzòng 甘やかして気ままにさせておく.

〔**掼・摜**〕 guàn 〔方〕①ほうり出す.ほうり投げる.〔～在一边〕かたわらにほうり出す.〔用力往地下一～〕力まかせに地面にほうり投げる.〔～跤 jiāo〕〔摔 shuāi 跤①〕すもうをとる).②(一端を持ち他の一端を)たたきつける.〔～稻 dào〕稲をうつ.〔把鞭子在空中一～得嗖 sōu 嗖响〕鞭を空中でビュウビュウ鳴らす.③ぶつ.倒れる.倒す.〔他一～了一个跟头〕彼はステンと転んだ.〔我抱住他的腰,又把他一～倒了〕わたしは彼の腰をかかえてもう一度投げとばした.

掼纱帽 guànshāmào 〈喩〉腹を立てて辞職する(手をひく)

〔**冠**〕 guàn ①男子が20歳に成人する〔冠をかぶること.〔男子年二十而加～〕〈文〉同前.→〔笄 jī ③〕 ②〈文〉冠をかぶる. ③〈転〉最優秀(となる).第一(となる).〔～于环 huán 球〕世界に冠たり.〔～

〔工作成绩为全厂之～〕仕事の成績が全工場で最優秀となった. ④名前をかぶせる.〔我現在～上老姓了〕今では元の姓に戻りました.〔在车站的站名前面～以所在地的地名〕バス停の名前に所在地の名称を冠する.⑤〈处〉冠(す) → guān

冠词 guàncí 〔英文法などの〕冠詞.
冠代 guàndài 〈文〉一世に冠たる.時代の第一人者となる.
冠笄 guànjī 〈文〉男子と女子の成年(式).→〔笄冠〕
冠绝 guànjué 〈文〉はるかに優れる.
冠军 guànjūn 第一位(になる).優勝者(になる).優勝チーム(になる).〔蝶泳得了～,自由泳得了亚 yà 军〕バタフライは優勝し,自由形は準優勝した.〔～赛〕〔锦 jǐn 标赛〕决勝戦.優勝戦.グランプリ.〔田径运动～赛〕陸上競技優勝大会.〔跳 tiào 水～赛〕(水泳の)飛び込み選手権大会.
冠礼 guànlǐ 固冠をつける礼式:男子の元服の式.男子は20歳で成年に達した.→〔醮 jiào ②〕
冠名 guànmíng 名前をかぶせる.〔～权 quán〕建物・競技などへの命名権.〔～赛 sài〕冠大会.スポンサー付大会.〔～列车〕命名列车.爱称列车.
冠群 guànqún 〈文〉衆に優れる.
冠世 guànshì 〈文〉一世に優れる.ぬきん出る.
冠姓 guànxìng 〔満蒙人がその本来の姓を漢人式にして新たに姓をつけること(つけた姓)
冠以 guànyǐ かぶせる.〔～著名作家的称号〕著名作家の名をかぶせる.

〔**涫**〕 guàn 〈文〉①沸騰する.沸く.〔～沸 fèi〕同前.②手や颜を洗う.

〔**祼**〕 guàn 固酒を地に注いで神を招き迎える儀式.

〔**盥**〕 guàn 〈文〉①(手や顔を)洗う. ②(同前用の)洗い桶.

盥洗 guànxǐ 手を洗う
盥漱 guànshù 颜を洗い口をすすぐ.〔～室〕洗面所.
盥诵 guànsòng 〔牍〕体を清めて拝読する:謹んで拝見しました.
盥洗 guànxǐ (手や顔を)洗う:洗面する.〔～室 shì〕洗面所.手洗い(トイレ).〔～用具〕洗面用具.

〔**灌**〕 guàn ①注ぐ.流し込む.〔你去～一壶 hú 水来〕きみ,やかんに水を一杯いで来てくれ.〔～气 qì〕(ボンベなどに)ガスを注入する.〔～了一肚子凉风〕腹いっぱい涼しい風を入れた.〔耳朵里～满了不好听的话〕不愉快な話をいっぱい聞かされた.→〔浇 jiāo ①〕〔倒 dào (I)②〕 ②田に水を入れる.〔～田〕灌溉.〔排 pái ～〕排水する.灌溉(する). ③録音(する).吹き込み(をする).→〔灌唱片儿〕 ④〈又〉(サッカーなどで)シュートする. ⑤〈处〉灌(す)

灌肠 guàncháng 医浣腸(を)(する);俗に〔〈口〉打 dǎ 水②〕という.
灌肠 guànchang 〔食〕豚の腸に澱粉(豚のひき肉を混ぜるものもある)をつめたものを蒸し,それを輪切りにしたものを油でいため,塩水とすりつぶしたにんにくをつけて食べる.北京の庶民の食品の一種. ②⇒〔香 xiāng 肠(儿)〕

灌唱片儿 guànchàngpiānr レコードの吹き込み(をする).〔她的新歌已灌成唱片儿了〕彼女の新曲はレコードになっている.

灌丛 guàncóng 〈文〉①草木が群がり生えるさま. ②密生している潅木.
灌顶 guàndǐng 医(仏教の)灌頂(ちょう).〔醍 tí 醐～〕〈喩〉道理を植えつけて覚醒させる.
灌佛 guànfó ⇒〔浴 yù 佛〕
灌服 guànfú (薬などを)無理に服用させる.

guàn～guāng

灌溉 guàngài 灌溉(㉚)(する).〔～渠 qú〕〔灌渠〕農業用水路.→〔浇 jiāo 灌①〕

灌浆 guànjiāng ①建セメント・モルタル・コンクリートの流し込み(をする).②農乳熟(する).③〔-儿〕(疱瘡(㋥))が化膿する.

灌浇 guànjiāo 水を流し込む.

灌精(儿) guànjīng(r) 乳児に乳をふくませる.

灌酒 guànjiǔ むりやりに酒を注ぐ(いで勧める)

灌救 guànjiù ①薬を飲ませて急を救う.②(水をかけて)火事を消す.

灌口 guànkǒu 〈方〉家畜に薬を注入して飲ませる器具.

灌录 guànlù テープ・レコードを制作する:吹き込み録音すること.

灌麦 guànmài 麦畑を灌漑する.

灌莽 guànmǎng 〈文〉群がって生えている草木.

灌米汤 guànmǐtāng〈喩〉(胸に一物あって)おべっかを言う:〔灌迷 mí 汤〕〔灌迷魂 hún 汤〕ともいう.

灌木 guànmù 圃灌木(㋥)↔〔乔 qiáo 木〕

灌脓 guànnóng 化膿する.

灌铅 guànqiān ①鉛を流し込む.②鉛で偽銀貨を作る.

灌区 guànqū 灌漑(㊞)地区.

灌渠 guànqú ⇒〔灌漑渠〕

灌搡 guànsang〔灌丧〕とも書く.〈方〉酒をあびるほど飲む,くらう.

灌输 guànshū ①(液体を)引き入れる.②(精神に)注入する.〔～新 xīn 思想〕新思想を植つける.

灌水 guànshuǐ ①水を注ぐ.水を引く.→〔洒 sǎ 水〕②水を無理に飲む(ませる)

灌洗 guànxǐ 医(胃・腸・肺などを)洗浄する.

灌药 guànyào 薬に一〜もし彼緩醒過来て〕薬を飲ませると彼は意識もどしてきた.

灌音 guànyīn (音声を)吹き込む.録音する.→〔录 lù 音〕

灌域 guànyù ⇒〔流 liú 域〕

灌园 guànyuán 〈文〉菜園に水をやる.作物の世話をする.

灌制 guànzhì (吹き込んで)レコードを作る.(音盤に)カッティングする.〔～唱片〕同前.→〔灌唱片儿〕

灌注 guànzhù ①流し込む.流れ込む.②(心血などを)傾注する.③(知識・思想などを)注入する.植えつける.

灌装 guànzhuāng (液体・気体を)容器につめる.〔～机〕瓶詰め機.

灌醉 guànzuì 無理に飲ませて酔わせる(される).〔他被～了〕彼は酒を飲まされて酔っぱらった.

[爟] guàn 〔～火 huǒ〕〈文〉かがり火.のろし.

[瓘] guàn 〈文〉玉(㋢)の一種.

[瞷] guàn 〈文〉眼を見張る.

[鹳・鸛] guàn 鳥コウノトリ(総称).〔东方白～〕コウノトリ〔老 lǎo ～〕〔～雀 què〕ともいう.〔锅 guō ～〕ナベコウ.〔白～〕〔黑 hēi ～〕〔乌 wū ～〕ナベコウ.〔白～〕シュバシコウ.

[罐(鑵・鏆)] guàn 〔-儿〕缶・陶磁金属製の口の広い器.〔洋 yáng 铁～〕回缶詰用ブリキ缶.〔茶 chá 叶～〕茶缶入れ.〔七星～〕陶 táo ～〕陶盆缶同上.〔煤 méi 气～〕ガスボンベ.〔翻 fān 盆倒 dǎo ～〕〈喩〉徹底的に掃除する.②鉱トロッコ.〔煤装～〕石炭用トロッコ.〔矿 kuàng 车～〕同上.③量詞.缶・ボンベなどの容器に入ったものを数える.〔一～水 shuǐ〕一缶の水.→〔听 tīng(Ⅱ)②〕〔筒 tǒng ⑤〕

罐车 guànchē =〔槽 cáo 车〕タンクローリー.〔油 yóu 槽(汽)车〕油罐(汽)车.石油の同前.

罐笼 guànlóng 圃ケージ:鉱道の立坑で使う箱型昇降機.

罐炉 guànlú 鍋炉(㋤).壺釜.

罐焖 guànmèn 陶制のつぼに入れてとろ火で煮込む.

罐儿啤 guànrpí ⇒〔听 tīng 啤〕

罐头 guàntou ①缶詰.瓶詰.〔～货 huò〕缶詰類.〔～食 shí 品〕缶詰食品.〔水果～〕果物の缶詰.〔～菜 cài〕缶詰の野菜.〔鱼～〕魚の缶詰.〔沙丁鱼～〕いわしの缶詰.〔～芦 lú 笋〕缶詰のアスパラガス.〔～盒 hé〕缶詰の缶.〔～工厂〕缶詰工場.〔～刀〕〔～起 qǐ 子〕〔开 kāi 罐器〕缶切り.②⇒〔罐子①〕

罐装 guànzhuāng 缶入り(の).〔～啤 pí 酒〕缶ビール.

罐子 guànzi ①(蓋付きの)缶・広口の瓶:〈方〉罐头②〕ともいう.②⇒〔火 huǒ 罐(子)〕

guang 《ㄨㄤ

[光] guāng ①光.可視光線.〔发 fā ～〕〔放 fàng ～〕発光(する).〔日～〕〔阳 yáng ～〕日光.〔灯 dēng ～〕ともし火.〔射 shè 出一道～来〕一筋の光が射し出てくる.〔验 yàn ～〕検眼する.②明るい.光っている.③充分.輝かす.〔～前裕后〕④ほまれである.名誉(である).〔为国争～〕国のために栄光を争う.〔脸 liǎn 上无 wú ～〕面目がない.〔儿童～了他的老子,做父亲的脸上有～〕子供が一番になって父親として鼻が高い.⑤〔尊〕(いただいた)お陰(㋕).余沢.恩恵.相手の行為に対する敬意を表す.〔沾 zhān ～〕お陰を被(㋝)る.〔连我也沾了他的光了,我まで彼の恩恵を被りました.〔借 jiè ～〕ご免ください.ちょっとものを伺いますが.〔候 hòu ～〕おいでをお待ちします.→〔光临〕.⑥つるつるしている.すべすべしている.〔把这块石头磨 mó ～〕この石をピカピカに磨け.〔这种纸很～〕この種の紙はすべすべしている.⑦風光.様子.〔到北京来观～〕北京へ観光にやって来る.〔春～明媚〕春の景色が麗しい.→〔光景〕⑧時間.〔时～〕同前.〔年～〕歳月.⑨何もない.無一物である(にする).〔房屋倒 dǎo ～〕全壊家屋.〔已经～了〕すっかりなくなった.〔用 yòng ～〕使い果たす.〔敌 dí 兵都跑～了〕敵兵はすっかり逃げ去った.〔剃 tì ～〕すっかりそり落とす.⑩むき出しにする.露呈させる.〔～着身体〕裸になって.〔～头〕〔～着脑袋〕帽子もかぶっていない.⑪ただ単に.〔这说不够〕だけでしない.〔～吃菜不吃饭〕おかずを食べるだけで飯は食べない.〔～剩 shèng 下他一个人〕ただ彼一人を残すだけ.〔～你一个人〕お前一人だけ.⑫〈白〉見込み.望み.〔他若见你入来,不动身时,这～便有四分了〕(水24)もしあなたが入って来ても(潘金蓮が)うごかに一歩も動かれば,この(色事の)見込みは四分どおりはあるというものです.⑬〈姓〉光(㋕)

光巴出溜 guāngbachūliū 〈方〉真っ裸である.

光斑 guāngbān ①天(太陽面の)白斑.→〔太 tài 阳黑子〕②ライトスポット.

光板儿 guāngbǎnr ①毛がすり切れ地肌の出た毛皮.〔～皮 pí 袄〕表地と裏地のついていない毛皮だけの着物.〔～床 chuáng〕(ふとんのない)はだかベッド.〔～货 huò〕〈罵〉あま:陰毛のない女の意.②回模様や字のない銅貨.

光膀子 guāngbǎngzi ①肩をむきだしにする.肩ぬぎをする.上半身を裸にする.〔光着膀子〕同前.②はだけた肩.裸の上半身.

光刨 guāngbào ⇒〔精 jīng 刨〕

光 guāng

光笔 guāngbǐ ①[電算]ライトペン.②蛍光ペン.
光标 guāngbiāo [電算]カーソル.〔游 yóu 标〕に同じ.〔~阅 yuè 读机〕マーク読み取り装置.〔~阅卷 juàn 机〕マークシート読み取り装置.〔~键 jiàn〕矢印キー.方向キー.
光饼 guāngbǐng 〈方〉真ん中に穴をあけ紐を通せるようになっている携帯食糧:福建・広東方面の大衆食品.明の将軍の威継光が発明したものという.
光波 guāngbō 光(電磁波としての).→〔光线〕
光彩 guāngcǎi〔光采〕とも書いた.①名誉(である).誉れ(である).〔郑家的~呀〕鄭家の誉れじゃ.〔不~〕体裁が悪い.〔~照 zhào 人〕誉れをあげ注目の的となること.②色つや.光のあや.かがやき.〔夺 duó 目〕目もあやに色とりどりで美しい.
光灿灿 guāngcàncàn きらきら光るさま.
光车 guāngchē ⇒〔精 jīng 车〕
光尘现象 guāngchén xiànxiàng =〈音義訳〉丁 dīng 得耳现象 チンダル現象.
光程 guāngchéng [物]光路長.光学距離.
光赤 guāngchì 裸である.〔~着身子〕裸である.
光宠 guāngchǒng 〈文〉(いただいた)栄誉.恩恵.
光出溜(儿) guāngchūliū(r)〈方〉つるつると光って滑らかである.〔巴巴出溜〕に同じ.〔姑娘穿着一的缎 duàn 子夹娘〕はつるつる光った繻子(チュ)の着物を着ている.
光触媒 guāngchùméi 光触媒.
光存储器 guāng cúnchǔqì [電算]光メモリー.
光打雷,不下雨 guāng dǎléi, bùxiàyǔ 雷が鳴るだけで,雨が降らない.〈喩〉@口ばかりり威勢がいいが,行動しない.⑥そら泣きすること.〔干 gān 打雷,不下雨〕〔只 zhǐ 打雷,不下雨〕ともいう.
光大 guāngdà ①輝かしい.〔发 fā 扬~〕一層の輝かしさを加える.②広大である.
光带 guāngdài ①光の带(模様).光のバンド.②〈口〉コンパクトディスク.CD.〔激 jī 光唱片〕に同じ.
光蛋 guāngdàn ①〈方〉一文無し.〔穷 qióng ~〕素寒貧.②[又]零敗.スコンク.〔吃~〕スコンクをくらう.零敗を喫する.
光刀 guāngdāo ①レーザーメス.②(同前に用いる)レーザー光.③⇒〔光坯刀〕[機]仕上げ刀.仕上げバイト.④⇒〔伽 gā 马刀〕
光导 guāngdǎo [物]光電導:〔光电导〕ともいう.〔光敏感应抵抗(器)〕〔光管 guǎn〕光電導管.〔~纤 xiān 维〕〔光纤〕光ファイバー.
光道 guāngdào 〈文〉黄道.
光地轴 guāngdìzhóu ⇒〔光晕〕
光电 guāngdiàn 光電気.太陽電気.〔~站 zhàn〕太陽電気発電パネル.〔~钟 zhōng〕光電池時計.〔~卡 kǎ〕〔光卡〕レーザーカード.〔~池〕[物]光電池.〔~管〕[電]光電管.〔~效应〕[物]光電効果.
光电子 guāngdiànzǐ [物]光電子.〔~技 jì 术〕光電子技術.
光碟 guāngdié ⇒〔光盘①〕
光腚 guāngdìng〈方〉尻(ケツ)まる出し(にする).素裸(になる)
光度 guāngdù 光度.@発光体の持つ光の強さの程度.単位は〔坎 kǎn 德拉〕(カンデラ).記号 cd.〔~表〕[一个计]光度計.⑥恒星の光度強度.
光萼苔 guāng'ètái [植]オクラマ.
光粉 guāngfěn ①おしろい.②白粘土.
光风草 guāngfēngcǎo ⇒〔苜 mù 蓿①〕
光风霁月 guāngfēng jìyuè〔霁月光风〕〈成〉空気が澄み明るいさま.〈喩〉@心境が明るいがすがしい.⑥平和で明るい世の中.
光辐射 guāngfúshè [物]光放射.

光复 guāngfù 旧業を回復する:倒された国家を再び興す.〔~国土〕失地を回復する.
光复会 guāngfùhuì [史]清末の革命的政治結社名:浙江出身の蔡元培・章炳麟らが中心となり,1904年,滅満興漢を目的とし結成された.→〔中 zhōng 国同盟会〕
光杆儿 guānggǎnr〈喩〉丸裸:高粱(リャン)などの茎・葉が落ちて硬くなった樹木・葉のついていない枝・部下をすっかりなくした将軍や上役・住まいやつれ合いを失った人など.〔~司令〕〈喩〉一人ぼっち(部下のいない)司令官.大衆の支持のない指導者.
光杠 guānggàng =〔进 jìn 刀杆〕送り棒.
光工 guānggōng [工]仕上げ工.
光谷 guānggǔ〈喩〉光通信産業の拠点.→〔硅 guī 谷〕
光顾 guānggù ①ご愛顧.〔如蒙~,无任欢迎〕ごひいき願えましたら大歓迎を致します.②⇒〔光临〕
光怪陆离 guāngguài lùlí〈成〉奇怪な様相をして光彩が入り混じっているさま.
光光 guāngguāng 形容詞や名詞の後に置き,@光っているさまを表す.〔油~〕油でテカテカしている.⑥何も無いさまを表す.〔赤 chì ~〕素っ裸である.〔牙掉得~的〕歯が全部抜けている.
光棍 guānggùn ①よたもの,やくざ,ちんぴら.〔~回头饿死狗〕〈諺〉やくざが改心できれば野良犬だって餓死する.〔善人が善にたえることは困難である.②〈方〉利口な人.男気のある人.〔~不吃眼前亏 kuī〕〈諺〉賢い人は一時の不利益にはまんがする.〔人穷 qióng 志不穷,算他~〕武士は食わねど高楊枝というやつで,彼こそは男だ.〔~调 diào〕立派な態度.
光棍儿 guānggùnr〈口〉男の独身者.ひとり者.男やもめ:〔单 dān 身汉〕〔光棍子〕ともいう.〔~汉 hàn〕同前.〔打~〕(男が)やもめ暮らしをする.
光合作用 guānghé zuòyòng [植]光合成.
光呼吸 guānghūxī [植]光(コウ)呼吸.
光华 guānghuá〈文〉①輝かしい.華やかである.②輝き.輝かしい光.
光滑 guānghuá すべっこい.滑らかでつやがある.〔~滑〕同前.
光化浮雕防伪标识 guānghuà fúdiāo fángwěi biāozhì 光をあてると浮き出る透し(偽造防止用)
光化学 guānghuàxué [物]光化学.〔~烟雾〕〔光雾〕光化学スモッグ.
光化作用 guānghuà zuòyòng [化]光化学作用:〔光化学反应〕ともいう.
光环 guānghuán ①[天]星の環:土星・天王星などの環.→〔日 rì 晕〕②[美](仏像などの)円光.光輪.③後光.ハロー.〔~效 xiào 应〕ハロー効果.
光辉 guānghuī 一[光耀①]②光輝,輝き.〔~灿 càn 烂〕光がきらきらと美しい.②明るく,輝かしい.〔他是我们学习的~榜样〕彼は我々の学ぶべき輝かしい手本である.〔~著作〕輝かしい著作.
光火 guānghuǒ〈方〉腹を立てる.〔叫人~〕頭にくる.かっとなる.
光机 guāngjī 光学器機:〔光学机械 xiè〕〔光学精 jīng 密機械〕の略.
光(激)质子 guāng(jī)zhìzǐ [物]光陽子.フォトプロトン.→〔质子〕
光脊梁 guāngjǐliáng〈方〉もろはだ脱ぎ(になる)
光鉴 guāngjiàn〈牍〉ご承知.〔伏乞惟~〕なにとぞお承知ください.
光降 guāngjiàng ①⇒〔光临〕②〈文〉賜わる.くださる.
光焦度 guāngjiāodù [物]フォーカルパワー.
光脚 guāngjiǎo はだし(になる).〔光着脚〕はだしで.

guāng 光

[～的不怕穿鞋的]はだしの者が靴をはいている者を恐れることはない:何も持たない者は怖いものなし.→[赤 chì 脚]

光洁 guāngjié 滑らかできれいである.[～度]⑱仕上げ精度.粗滑度.

光解作用 guāngjiě zuòyòng ⑯光分解.

光介子 guāngjièzǐ ⑰光中間子.

光景 guāngjǐng ①光景.状況.様子.景気.[瞧瞧～再说]様子を見てからのことにしよう.[～不好]景気がよくない.②暮らし向き.[～总是过得的]生活は何といっても暮らしなかなか.[～也不赖 lài]暮らし向きも悪くない.③今の(この)様子では.様子から判断すれば:推定・推量を表す.[凉风四起,～是要下雨]涼しい風がしきりに吹く,この様子では雨が降りそうだ.[～是王家的儿子吧]どうやら王のうちの子らしい.④ほど.ばかり:時間・数量の概数を表す.[等了有一个钟头的～]1時間ほど待った.[有五十岁的初老的人]50歳くらいの初老の人.[过半点钟～,我再来]30分ほどでまた来る.

光卡 guāngkǎ 光カード.レーザーカード.

光炕席 guāng kàngxí オンドルにアンペラ(敷物)があるだけ:⑳非常に貧乏なさま.

光可鉴人 guāng kě jiànrén 人間の姿や顔が映るほどピカピカしている.

光控 guāngkòng ⑰光コントロール.[～灯 dēng]自動センサーランプ.

光缆 guānglǎn 光ケーブル:[光纤电缆]の略.

光浪 guānglàng 光の波.光の波動.

光亮 guāngliàng ①明るい光.明り.[～度 dù]光沢度.②明るい.ピカピカ光る.光沢がある.[电灯比油灯～多了]電灯はランプよりずっと明るい.[光光亮亮]は重量形.ピカピカするさま.

光量子 guāngliàngzǐ ⇒[光子]

光疗 guāngliáo 医(太陽光や人工光による)光線療法.

光临 guānglín ⇒[光顾][光降]①<尊>ご来光(くださる).ご来臨(いただく).[恭候～][敬请～]おいでをお待ちしております.→[屈 qū 驾]

光溜溜 guāngliūliū ①すべすべするさま.てかてかするさま.[～的大理石]すべすべした大理石.②一糸もまとわないさま.[孩子们脱 tuō 得～的子供たちが服を脱いで素っ裸になっている.[身 shēn 上～]体は素っ裸.

光溜 guāngliu 滑らかである.(何もなくて)すべっこい.[这种纸很～]この手の紙はとてもすべっこい.

光流 guāngliú ⑰通過光量.

光卤石 guānglǔshí ⑱カーナライト.

光芒 guāngmáng 光.光芒.きらめき.[～四射 shè]明るい光が四方を照らす.[～万丈]⑳成果がいつまでも輝くこと.

光密度 guāngmìdù ⑰光学密度.

光密媒质 guāngmì méizhì ⑰透過光線の屈折率が大きい媒質.↔[光疏媒质]

光面 guāngmiàn ⑧うどんだけで,他に何も入っていないうどんの意.→[阳 yáng 春面]

光面儿 guāngmiànr ①つやのある面.②表面・壁面を固めた部分.

光面塞 guāngmiànsāi ⑱スムースプラグ.

光敏 guāngmǐn ⑰感光性(の).[～电阻]感光抵抗片.[～性]⑭光周性.

光明 guāngmíng ①光明(ぞう).[黑暗中的一线～]暗やみに射す一筋の光.②明るさに満ちている.[～的远景]明るい未来.③公明である.[～正大][正大～]公明正大である.[不～]堂堂としない.[～磊 lěi 落]公明正大でさっぱりしている.[心地～]心にやましいところがない.

光明丹 guāngmíngdān ⇒[铅 qiān 丹]

光明日报 guāngmíng rìbào 1949年中国民主同盟機関紙として北京で創刊され52年2月各民主党派共同の機関紙の由来をもつ.学術・文芸・思想・教育などに重点を置く.

光脑 guāngnǎo 光コンピューター.

光能 guāngnéng ⑰光の(もつ)エネルギー.

光年 guāngnián ⑰光年.

光盘 guāngpán ①=[方]光 碟]光ディスク.CD-ROM. MD.[～驱动器][光驱]光ディスクドライブ.②[蓄音機・レコードプレーヤーの]回転盤.ターンテーブル.

光盘刻录机 guāngpán kèlùjī ⇒[刻录机]

光坯刀 guāngpīdāo ⇒[光刀②]

光票 guāngpiào ⑱普通為替手形.信用手形.[～信用状]クリーン信用状.

光谱 guāngpǔ ⑰スペクトル.[～带 dài]同前.[～分析 xī]⑯スペクトル分析.[～照 zhào 相]スペクトル写真.[原子～]原子スペクトル.[～线 xiàn]スペクトル線.[～仪 yí]⑰分光器.[光带]

光漆素 guāngqīsù 透明漆.透明ワニス.

光气 guāngqì ⑰[碳 tàn 酰氯]

光前裕后 guāngqián yùhòu [光裕]⑳祖先の名を揚げ,子孫を潤す:人の偉業へのほめ言葉.

光球 guāngqiú 天光球.[～活动]太陽の黒点や白斑などの活動.

光驱 guāngqū ⇒[光盘驱动器]

光圈 guāngquān ①(カメラの)絞り:[光孔 kǒng][光闌 lán]ともいう.②[日晕 rìmiǎn]

光热 guāngrè ①[光热]光と熱.[太阳能～]太陽エネルギーの利用.②光学の熱.

光荣 guāngróng ①光栄(である).栄誉(ある).[～归于祖国]祖国に栄光あれ.[感到非常～]大変光栄だ.[他～地获得我国第一块金牌]彼は光栄にもわが国はじめての金メダルを得た.[～榜 bǎng][红 hóng 榜②]表彰板:労働模範や優秀な人物を表彰する大候と名簿を掲示するところ.[～岗位 gǎngwèi]名誉の職場.[～花 huā]栄誉をたたえて贈る(あるいは首に掛ける)花.[～军 jūn 属]参軍した者の家族の家.[～烈 liè 属]革命に殉じた者の家族の家.②世の人の尊敬を受ける.

光润 guāngrùn (皮膚など)光沢(潤い)があってみずみずしい.

光砂 guāngshā ⑱雲母の細片を含有する砂.

光轴 guāngshà =[光地軸]⑰普通鋼磨き軸材.

光栅 guāngshān ⑰回折格子:光を屈折させてスペクトルを得るために用いる装置.

光闪闪 guāngshǎnshǎn きらきら輝くさま.

光参 guāngshēn ⇒[瓜 guā 参]

光渗 guāngshèn ⑰光渗(⑬)

光是 guāngshì ただ…だけで:後に[就]を置く.[～报汉语系的就有三百多人]中国語学部を志願する者だけでも300人余りいる.

光疏媒质 guāngshū méizhì ⑰透過光線の屈折率が小さい媒質.↔[光密媒质]

光束 guāngshù [光柱]光束.ビーム.

光丝 guāngsī ガス糸:木綿糸の表面をガスの炎で処理して光を出したもの.

光速 guāngsù ⑰光速.

光挞挞 guāngtàtà <白>つるつるに光っている.[见一块～大青石(水23)]一つのつるつるに光った大きな黒い石が見える.

光堂堂 guāngtángtáng ⇒[光秃秃]

光趟 guāngtang [光烫]とも書く.<方>滑らか.つるつるしている.

光天化日 guāngtiān huàrì 〈成〉悪がまかり通らぬ太平の世.〈転〉大衆の面前.白日(はく)の下.〔～之下]どうしてこんなにも没良心的事啊|白昼堂々とこんな非人間的なことができるものか.

光通量 guāngtōngliàng 〖物〗光束密度:単位時間内にある面積を通過する光束の量.単位は〔流 liú 明〕(ルーメン).記号 lm.

光通信 guāngtōngxìn ⇒〔光纤通信〕

光头 guāngtóu ①無帽(である). ②坊主頭.はげ頭.〔～上的虱 shī 子]はげ頭についたしらみ.〈喩〉はっきりそれとわかること.〔～党 dǎng]〈口〉ネオナチ党.

光头三 guāngtóusān 〔旧]人が亡くなった時,〔接 jiē 三]の儀式のみ行って〔放 fàng 焰口]をする.

光秃秃 guāngtūtū つるつるにはげているさま:〔光堂堂]に同じ.〔～头顶～的]丸坊主である.〔～的岩石]露出した岩肌.

光腿赤脚 guāngtuǐ chìjiǎo 〈慣〉靴下も靴もはかないで,素足(で).

光污染 guāngwūrǎn 光公害.光汚染.

光雾 guāngwù 光化学スモッグ.〔光化学烟雾]の略.

光鲜 guāngxiān ①けばけばしい.派手である. ②〈方〉見栄えがいい.体裁がいい.

光纤 guāngxiān 光ファイバー:〔光导纤维]の略.〔～电缆]〔光缆]光ファイバーケーブル.〔～通信]〔光通信]光ファイバー通信.

光线 guāngxiàn 光線.光.→〔光波]

光心 guāngxīn レンズの中心.

光行差 guāngxíngchā 〖物〗光行差.

光学 guāngxué 〖物〗光学.〔几 jǐ 何～]幾何光学.〔～计算机]〔光脑]光コンピューター.〔～玻 bō 璃]光学ガラス.〔～分度头]割出し台の一種.〔～镜 jìng]光学レンズ.〔～平玻璃]〖機]光線定盤:水晶または光学ガラスを磨いて作った正確な平行平面盤.

光压 guāngyā 〖物〗光圧.

光艳 guāngyàn あでやかである.〔～的服装]派手な服装.

光焰 guāngyàn 炎.輝く光.〔～万丈～的]〈喩〉遠くまで(後世にまで)光を投げかけているさま.

光洋 guāngyáng 〈方〉一元銀貨.→〔大 dà 洋②]

光耀 guāngyào ①⇒〔光辉] ②光栄である. ③輝かしいものにする.名を輝かす.

光仪 guāngyí 〈文〉〈敬〉容姿.お姿.

光阴 guāngyīn ①時.時間.〔～似 sì 箭〕〔～如箭 jiàn]〈成〉光陰矢のごとし. ②〈方〉暮らし.生活.〔解放后,～越过越好了]解放後,暮らしは日に日によくなった.

光裕 guāngyù ⇒〔光前裕后]

光源 guāngyuán 〖物〗光源.

光晕 guāngyùn (撮影で)ハレーション.

光泽 guāngzé ①光沢.〔一点儿～也没有]少しも光沢がない. ②〈文〉光ってつややかでいる.

光照 guāngzhào ①光が照らす. ②光線の照射.〔～度 dù]〔照度]照度:単位は〔勒 lè 克斯](ルクス).記号 lx.

光针 guāngzhēn 〖医〗レーザー光線による鍼またその光線.

光制 guāngzhì =〔精 jīng 制②]〔工]精密仕上げ(する).〔光刀④]に同じ.〔～工作]仕上げ作業.

光质子 guāngzhìzǐ ⇒〔光(激)质子]

光周期 guāngzhōuqī 〖物〗光周期.

光轴 guāngzhóu 〖物〗光軸.

光柱 guāngzhù ⇒〔光束]

光子 guāngzǐ 〖物〗光子(フォトン):〔光量 liàng 子]ともいう.

光宗耀祖 guāngzōng yàozǔ 〈成〉祖先の名を上げる.(做官)役人になって同前.

[优] guāng 〈文〉盛大である.

[洸] guāng ①〈文〉〔～洋 yáng]〔～荡 dàng]水が揺れ動いて光っているさま. ②〔～～]勇ましいさま. ③地名用字.〔～河 hé]山東省にある.〔～水]ともいう.〔洸 hán ～]〖地]広東省にある.

[咣] guāng 〈擬〉ガタン.バタン.ゴーン:物が強くぶつかる音.〔～的一声,关上了大门]バタンと門を閉めた.

咣当 guāngdāng 〈擬〉ゴトン.ガタン:重いもの・硬いものが当たってひびく音.〔～咣呜]とも書く.〔火车～～地通过了道口]列車がゴトンゴトンと踏切りを通った.

咣啷 guānglāng 〈擬〉ガラン:金属のものがぶつかる音.〔～啷]ガランガラン.

[珖] guāng 〈文〉玉(ぎょく)の一種.〔～琯 guān]〖古]玉製のたて笛.

[桄] guāng 〔榔 láng]〖植]サトウヤシ,またその果実:〔砂 shā 糖椰子]ともいう. → guàng

[胱] guāng ①〔膀 páng ～]〖生理]膀胱. ②〔～胺 ān 酸]〖化]シスチン.

[銤・鉳] guāng 〖化]〔镭 léi](ラジウム)の旧名.

[广・廣] guǎng (Ⅰ) ①広い.(広く)大きい.〔地～人多]土地が広く人も多い.〔宽～]ゆったりと広い.〔推行得很～]非常に広く行われている.〔集 jí 博采~]広く集めあまねく求める.〔~为 wéi 宣传]広く宣伝する.〈反〉〔狭 xiá~]→〔宽 kuān~] ②多い.〔阅 yuè 历甚 shèn~]非常に多くの経歴を持っている.〔大庭~众]大勢の人のいる場所.〔见多识~]多くする.知識をたくさん持っている.〔财源~进]金銭がざくざく入ってくる. ③広げる.広める.〔～见～闻]〈慣〉見聞を広める.〔推 tuī 而～之]推し広げる. ④〈文〉幅.〔东西～五百里,南北长千里]東西の幅500里,南北の長さ1000里.→〔宽②]
(Ⅱ) ①〔旧]広東または広州の略称:広西の別称は〔桂 guì],ただし〔两 liǎng～]〔两粤 yuè]は広東広西.→〔粤] ②〈姓〉廣(ぢ)→

广安门 guǎng'ānmén 北京外城の西にあった門:俗に〔彰 zhāng 仪门]とも呼んだ.→〔里 lǐ 九外七]

广板 guǎngbǎn 〖音]ラルゴ.

广帮 guǎngbāng 広東商人.〔广东帮]の略.

广被 guǎngbèi 〈文〉恩恵が広く及ぶ.

广播 guǎngbō ①(ラジオ・テレビ・有線放送などにより)放送(する).放映(する).〔听～]ラジオ(放送)を聞く.〔～节目]放送番組.〔～(体)操]ラジオ体操.〔～函授]放送通信教育.〔～稿 gǎo]放送原稿.〔～员]〔播音员]〔播音員]アナウンサー.〔～电 diàn 台]〔电台]ラジオ放送局.〔～台]放送ステーション.〔实况～]実況放送.ライブ放送.〔～网 wǎng]放送網.〔～剧]〔播音剧]ラジオドラマ.放送劇.〔超短波～]超短波放送.〔调 tiáo 频～]FM放送.〔～电视大学](ラジオ・テレビ)放送大学.〔～卫 wèi 星]放送衛星.〔～段 duàn]放送伝播波範囲:〔中波]〔短波]など. ②〈文〉広める.

广博 guǎngbó 該博(である):多くの学識についていう.〔～的知识～]知識が豊富である.

广长舌 guǎngchángshé 長広舌.

广场 guǎngchǎng 広場:広さの基準は各都市で異なる.〔天安门～]〖地]天安門広場.〔村外的一片～]村外れの広っぱ.

guǎng～guàng

广场剧 guǎngchǎngjù ⇒〖街 jiē 头剧〗
广疮 guǎngchuāng 〖梅 méi 毒〗
广大 guǎngdà （空間・範囲・規模・人数など）広大である．巨大である．多数である．〖～农村〗広大なる農村．〖～群众〗広範な大衆．〖～读者〗広範な読者．〖掀 xiān 起～的增产节约的运动〗広範な増産節約の運動を盛り上げる．
广电 guǎngdiàn ラジオとテレビ．
广东帮 guǎngdōngbāng ⇒〖广帮〗
广东菜 guǎngdōngcài 広東料理；〖粤 yuè 菜〗ともいう．
广东番话 guǎngdōng fānhuà 圉（広東における）ピジンイングリッシュ．
广东锅 guǎngdōngguō 〈方〉取っ手が二つある中華なべ．片手のものは〖方〗北京锅〗という．
广东戏 guǎngdōngxì ⇒〖粤 yuè 剧〗
广东音乐 guǎngdōng yīnyuè 圉広東の民間音楽．
广度 guǎngdù 広さ．広がりの程度．〖深度与～〗深～．深さと広さ．
广而告之 guǎng ér gàozhī〈慣〉広く大衆に知らせる．→〖广告〗
广而言之 guǎng ér yánzhī〈慣〉一般的に言う（言えば）．大ざっぱに言う（言って）．
广泛 guǎngfàn 広範囲である．幅広い．〖～地展开宣传工作〗広範に宣伝工作を展開する．〖兴 xīng 趣～〗興味が広い．〖结成～的统一战线〗広範の統一戦線を組む．
广柑 guǎnggān ⇒〖甜 tián 橙〗
广告 guǎnggào 広告（する）．〖做～〗広告する．〖登 dēng ～〗広告を出す．〖～户 hù〗～主〗広告主．スポンサー．〖～刊 kān 例〗広告料金規定．〖～代理制〗広告代理業制．〖～条 tiáo〗バナー広告．〖～特刊〗活模特刊〗広告のモデル．〖～信 xìn 件〗広告郵便物．〖～气 qì 球〗アドバルーン．〖～衫 shān〗（広告・宣伝などの）ロゴ入りTシャツ．〖～画〗ポスター．〖～栏〗広告欄．〖～牌 pái〗広告（掲示）板．立て看板．〖～色 sè(shǎi)〗ポスターカラー．
广寒宫 guǎnghángōng （伝説上の）月の宮殿：〖月 yuè 宫〗に同じ．
广红 guǎnghóng =〖广皮〗甲匡広東産の〖橘 jú 红①〗
广花 guǎnghuā 旧広東産の藍（ﾄ）の顔料．
广货 guǎnghuò ① 広東産の日用雑貨．② 広東回りの舶来品．〖～洋品店〗
广交 guǎngjiāo 広く（く）交際（する）
广交会 guǎngjiāohuì =〖广州交易会〗春と秋に広州で行われた大規模な中国産品の輸出販売会(1957～2006)：〖中国出口商品交易会〗の別称．
广角镜 guǎngjiǎojìng ① 広角レンズ．〖～头 tóu〗同前．② 〈喩〉視点が広いこと．
广居 guǎngjū〈文〉広大な邸宅．
广橘 guǎngjú ⇒〖甜 tián 橙〗
广开 guǎngkāi〈文〉広く～を開く．〖～言 yán 路〗意見を述べやすい環境を用意する．〖～才路〗才能のある人を発揮する．〖～财 cái 源〗財源を開拓する．
广阔 guǎngkuò 広々としている．〖人条～〗人づきあいが広い．〖～的前景〗広々とした前途．
广梨 guǎnglí ⇒〖鸭 yā 儿广〗梨〗
广料 guǎngliào 広東産のガラス器具．
广罗 guǎngluó 広く網羅する．
广袤 guǎngmào〈文〉〖土地の広さ：東西を「广」，南北の長さを「袤」という．〖几千里〗幾千里．〖～的丘陵地带〗広々とした丘陵地帯．② 広大である．
广莫 guǎngmò 〖广莫〗とも書く．果てしなく広い．〖～的荒野〗広漠たる荒野．

广纳 guǎngnà 広く受け入れる．〖～建 jiàn 议〗提案を広くとり入れる．〖～一流的人员〗一流の人材を大幅に採用する．
广皮 guǎngpí ⇒〖广红〗
广漆 guǎngqī 天然漆の一種．
广求 guǎngqiú 広く求める．
广渠门 guǎngqúmén 北京外城の東にあった城門：俗に〖沙 shā 窝门〗とも呼んだ．
广厦 guǎngshà〈文〉高く大きな建物．〖～万间〗大きな家が非常に多い．
广参 guǎngshēn 〖食〗寧波産の海鼠（ﾅﾏｺ）．
广嗣 guǎngsì 子福（ﾙｸ）：子女の多いこと．
广土众民 guǎngtǔ zhòngmín〈慣〉土地が広く人口が多い．
广为 guǎngwéi 広く…．あまねく…．〖～收集〗広範に集める．
广心宽事 guǎngxīnshù ⇒〖含 hán 笑②〗
广绣 guǎngxiù 広東製の刺繡：〖粤 yuè 绣〗に同じ．
广延 guǎngyán 〖物〗伸び．〖～属 shǔ 性〗広がりの属性．
广义 guǎngyì ① 広義（の）．↔〖狭 xiá 义〗② 〈文〉意義を広める．
广宇 guǎngyǔ ① 広々とした空間．② 広いホール．
广域 guǎngyù 広域．〖～网 wǎng〗電算広域ネットワーク．WAN．〖～信息〗WAN 情報．
广玉兰 guǎngyùlán 〖荷 hé 花玉兰〗
广远 guǎngyuǎn 広く遠くにある．
广众 guǎngzhòng〈文〉大勢の人．
广种薄收 guǎngzhǒng bóshōu ①〖农〗大規模粗放農法の一．②〈喩〉粗製濫造すること．
广州交易会 guǎngzhōu jiāoyìhuì ⇒〖广交会〗
广字旁 guǎngzìpáng(r) 圉まだれ：漢字部首の"广"．→付録1
广坐 guǎngzuò〈文〉列座．大勢の人のいる席．

[犷・獷] guǎng〈文〉粗野である．〖粗 cū ～〗同前．
犷悍 guǎnghàn 荒々しい．
犷俗 guǎngsú 粗野な風習．

[逛] guàng 出歩いて遊ぶ．〖游 yóu ～〗ぶらぶら見物する．〖～（～）去〗遊びに行く．〖～商店市场をひやかす．〖～公园 [去]〗公園へ遊びに行く．〖闲 xián ～〗ぶらぶら遊ぶ（散歩する）．〖～得腿 tuǐ 酸〗ぶらつき回って足がだるい．
逛荡 guàngdàng =〖游逛〗① ぶらつく．ほっつく．うろつく．→〖逛里逛荡〗② （液体を）振り動かす．〖別把水～洒 sǎ 了〗水を揺すってこぼすな．
逛灯 guàngdēng （旧暦正月15日の）灯籠見物に行く．→〖元 yuán 宵节〗
逛街 guàngjiē 街をぶらつく．
逛景 guàngjǐng ⇒〖逛山游景〗
逛客 guàngkè 遊び客．遊覧客．
逛里逛荡 guànglǐ guàngdàng ① ぶらぶらするさま．揺れ動くさま．→〖逛荡〗② 物がその場所にそぐわないこと．似合わないさま．〖衣服又肥又长、穿着～〗服がだぶだぶで長く、着たときに体にぴったりせずしまっともない．
逛庙 guàngmiào 縁日に遊びに行く．→〖庙会〗
逛青(儿) guàngqīng(r) 郊外を歩き回る．野外を散策する．→〖踏 tà 青〗
逛山游景 guàngshān yóujǐng 〖逛景〗物見遊山（に行く）
逛头(儿) guàngtou(r) 遊びに行くだけの値打ち．遊ぶ目的．〖没什么～〗別に見どころはない．
逛窑子 guàngyáozi 旧女郎買いをする．芸者遊びする．〖嫖 piáo 窑子〗
逛野景儿 guàngyějǐngr 野山に遊びに行く：〖逛野

意儿]ともいう.
逛游 guàngyou ⇒[逛荡]

[桄] guàng ①横木(織機・梯)などの).②(かせに)糸を巻きつける.[把线 xiàn 一上]糸をかせに巻きつける.③[一儿]かせ.かせから外して輪にしたもの.[线一儿]同前.④かせ.同前を数える量詞.[一~线]一かせ(巻)の(木綿)糸.[买 mǎi 一~]1かせ買う.→[绺 liǔ ①]→ guāng

桄子 guàngzi [方]桛(㋐):つむいだ糸を巻きつけるI字形の道具.[改~]〈喩〉気が変わる(を変える)

gui ㄍㄨㄟ

[归・歸(埽・遉)] guī ①帰る.[早出晚~]朝早く出かけて夜遅く帰る.→[营 yíng军]帰隊る.[战 zhàn 士荣~]戦士が手柄を立てて帰る.[无家可~]帰るべき家がない.→[回 huí ③].②返す.戻す.[物~原主]物を元の所有者に返す.[~而不还]〈慣〉名のみ返上する.[把所欠的都~上了]借りていたのをみな返してしまった.→[完 wán 璧归赵].③一方に集める(まる).ひとところにまとめる.[把东西~到一块儿]品物を一緒にかためる.[行 háng](銀行)に金が集められる.現金が戻ってくる.[众 zhòng 望所~]〈慣〉衆望帰するところ.④(…に)帰る.(…の)ものになる(ものである).(…と)いうことになる.[这几所房子~他了]この数軒の家は彼のものになる.[收藏的事も~我管]収納のことは私が取り扱うことにならない(私の任務ではない).[这事~你办]このことはきみにやらせる(処理を任せる).[~为 wéi 官有]官有になる.[你不请假就~旷 kuàng 工]休暇を願い出なければ欠勤ということになる.[光荣~于战斗英雄]光栄は戦闘英雄のものである.[有利~己,有害于人]利があれば自分のものにし,損なことがあれば人になすりつける.⑤…するのは…したが,たとえ…であっても:結局は…ができない.[厉害~厉害,可到底被我们治服了]凶暴ではあるが,結局ぼくらにやっつけられた.⑥[数](珠算で)除数が一桁の除法.[九~法]九九.[带 dì]の.

归案 guī'àn [法](被疑者が)審判に附される.[~法办]審判に附され法廷で裁かれる.
归本还原 guīběn huányuán 元どおりにする.
归并 guībìng ①合併する.併合する.[~成一个学校]一つの学校に統合する.②まとめる(て).一括(する).[这三笔帐~起来是四百五十元]この3件をあわせると450元です.
归巢 guīcháo 〈喩〉家に帰る.
归程 guīchéng 帰りの道程.帰路.帰途.
归除 guīchú [数](珠算で)除数が二桁以上の割り算.→字解⑥
归档 guīdàng (分類して)保存する.[整理~的工作]文書を整理保存する仕事.
归堆 guīduī 〈方〉まとめる(めて).一緒にする(して)
归队 guīduì ①[軍]帰隊する.②本職に帰る.原職に復帰する.
归服 guīfú 帰服する.
归附 guīfù ⇒[归顺]
归复 guīfù 〈文〉復帰する.復する.[~古 gǔ 制]古い制度に復帰する.
归根 guīgēn 元に戻る.本来の所に帰る.〈喩〉他郷に流浪する人が故郷へ戻るたる.[~到底][~结底]結局.つまるところ.とのつまり:[底][柢]はいずれも同じ意.[带 dì]でも.ついに.[~结底]結局.[忙了几天~把事办成了]幾日か

忙しくやってとうとう事を終えた.
归耕 guīgēng ⇒[归田①]
归公 guīgōng =[归官]没収する.公の物とする.[~招 zhāo 变]没収した上で払い下げる.
归功 guīgōng =[归元]の手柄とする.[~于党和人民]賜物とす.[一切成就和荣誉都~于党和人民]全ての成果と栄誉は党と人民の賜物である.
归骨 guīgǔ 他郷で死んだ人の遺骨を故郷に埋める.
归官 guīguān =[归公]
归国 guīguó 帰国(する).→[回 huí 国]
归航 guīháng ①帰航(する).②(飛行機の)無人誘導.[~信标]=ホーミングビーコン.
归化 guīhuà ①帰化(する).ナチュラリゼーション.②帰順(する).[归顺]に同じ.
归还 guīhuán ①返却する.[如数~]全て返却する.②日期]返却日.②帰還する.
归回 guīhuí 帰る.戻る.[~祖国]祖国へ帰る.
归集 guījí ⇒[归拢]
归寂 guījì =[归元][仏教で]死去する.
归结 guījié ①清算する.しめくくる.総括する.②帰結.結果.[这部小说,~总算是圆满了]この小説は結末はすべてめでたしめでたしだ.
归咎 guījiù 結局は.
归咎 guījiù ⇒[归罪]
归聚 guījù ⇒[归拢]
归客 guīkè よそから帰ってきた人.
归口 (儿) guīkǒu(r) ①(分類したうえで)一体化する.一本化する.帰属する.[~管理]一本化して管理する.②もとの仕事に戻る.
归款 guīkuǎn 返金する.
归来 guīlái 帰ってくる.戻ってくる.
归老 guīlǎo =[归隐][拂 fú 衣]〈文〉老齢で退官する.
归老包堆 guīlao bāoduī ⇒[归里包堆]
归了包堆 guīle bāoduī =[归里包堆]
归类 guīlèi 類別する.
归里 guīlǐ 〈人~乡里に帰る.
归理 guīlǐ =[归整]片づける.[好好儿地~~]きちんと片づけなさい.
归里包堆 guīli bāoduī [口]ひっくるめて.[归老包堆][归了包堆]ともいう.[堆]はふつう zuī とよむ.[~也不过200来块钱]全部合わせても200円くらいしかない.[~全买]ひっくるめて全部買う.
归拢 guī-lǒng =[归集][归聚]1か所にまとめる.片づけて集める.[把这些小东西~~]これらの小さいものをまとめて下さい.
归路 guīlù 帰途.
归马放牛 guīmǎ fàngniú [成]戦に徴用していた牛や馬を返す:戦いをやめる.
归妹 guīmèi 〈文〉帰妹(ぎま):六十四卦の一.
归命 guīmìng ⇒[归顺]
归译法 guīmiùfǎ ⇒[反 fǎn 证法⑤]
归纳 guīnà ①帰納する.[~出一个道理来]帰納して一つの道理を導き出す.[~起来,大略如下]つまり大略以下のとおり.②[論]帰納(法).[~推理]同前.↔[演 yǎn 绎]
归宁 guīníng 〈文〉①帰省する.②里帰り(する)
归期 guīqí 帰る時期(期日).
归齐 guīqí 〈方〉①合計(で).[~不到一个月]合わせて1か月にも達しない.②つまるところ.結局.[说 shuō ~][到了~]同前.結局.[~~使不上]いろいろやってみたがこの方法は結局は使えない.
归侨 guīqiáo ①海外引き揚げ者.②[归国华侨](帰国華僑)の略.

guī 归圭邽闺珪硅

归清 guīqīng 全部返済する.皆済する.完済する.
归去 guīqù 〈文〉帰る.〔~来兮 xī〕帰りなんいざ（帰去来辞・陶淵明）
归趣 guīqù 〈文〉物事の帰着点.究極の目標.
归人 guīrén 〈文〉①死者.②故郷に帰った人.
归入 guīrù 繰り入れる.
归煞 guīshà ⇒〔回 huí 煞〕
归山 guīshān ①終結する.落ち着く.〔交渉暫到~〕交渉は一応落着した.〔刚搬过来的,还没有~〕今引っ越したばかりでまだ落ち着かない.②落ち着くところ.
归属 guīshǔ 帰属(する).〔无所~〕帰属する所がない.〔~关系〕帰属関係.
归顺 guīshùn ＝〔归附〕〔归命〕帰順(する).帰服(する).〔归化②〕ともいう.
归思 guīsī 〈文〉帰心.帰郷したい気持ち.
归宿 guīsù 帰結.結着.落ち着く所.
归天 guītiān ＝〔归古〕〔归山②〕〔归土〕〔归西〕〔归亡〕なくなる.死ぬ.みまかる（婉語）.〔一对老伴儿,先搅 sā 手~的多是丈夫〕一組の老夫婦で先にあの世へ行くのはたいてい夫の方である.→〔去 qù 世〕
归田 guītián 〈文〉①〔归耕〕官職を辞して郷里に帰る.〔解甲~〕武装を解いて農業に従事する.②史班田教授で20歳で授けられた田を60歳になって返還すること.
归途 guītú 帰り道.帰途.
归土 guītǔ ⇒〔归天〕
归位 guīwèi もとの場所に戻す(戻る)
归西 guīxī ⇒〔归天〕
归降 guīxiáng ⇒〔降服〕
归向 guīxiàng 心を向ける.接近する.〔人心~大致已定〕人心の向かう所は大体決まった.
归心 guīxīn ①家(故郷)に帰りたい気持ち.〔~似 sì 箭〕〈慣〉帰心矢のごとし.②心服する.
归省 guīxǐng 帰省する.〔~父母〕郷里に帰って父母に会う.
归依 guīyī ①宗(仏教で)帰依する.〔皈依〕とも書く.②〈文〉頼りにする.
归因 guīyīn 帰因する.（…の）せいである.
归阴 guīyīn ⇒〔归天〕
归隐 guīyǐn ⇒〔归老〕
归于 guīyú ①(…に)帰する.(…に)属する.(…の)ものとなる.〔把过错~别人〕自分の過ちを他人になすりつける.〔光荣~祖国〕栄光は祖国に帰する.②帰着する.落着する.〔经过讨论,大家的意见一致〕重ねてみられた意見は一致点に達した.
归元 guīyuán ⇒〔归寂〕
归葬 guīzàng （他地で死んだ人を）故郷の墓に埋葬する.
归赵 guīzhào ⇒〔完 wán 璧归赵〕
归着 guīzhe ⇒〔归置〕
归真 guīzhēn ①〈文〉本来の姿に返る.〔~返璞 pú〕〔返璞~〕成〕同前.〔璞〕は〔朴〕とも書く.②宗(イスラム教で)死去する：魂が肉体を離れ〔真主〕(アラー)のもとに帰るの意.→〔归寂〕
归整 guīzhěng ⇒〔归理〕
归正 guīzhèng 正道にたち返る.〔改 gǎi 邪~〕同前.
归政 guīzhèng 〈文〉政権を返す(渡す)
归置 guīzhi 〈口〉片づける.整理する：〔归着〕ともいう.〔行李整~好了〕荷物は別々にきちんと整えた.
归终 guīzhōng 〈方〉終始.結局.最終的に.
归宗 guīzōng 〈文〉①本家(の)に戻る.実家へ戻る.②もとへ戻る.
归总 guīzǒng 合計(する.で).まとめ(る.て).〔一句话〕一言にまとめれば.→〔共 gòng 总〕
归罪 guīzuì ＝〔归咎〕（…の）せいにする.（…に）罪を帰する.〔他们把出口不振~于国内外市况不好〕彼らは輸出の不振を国の内外の市況の不活発のせいにしている.

〔**圭**〕 guī （Ⅰ）＝〔珪〕古①圭(ǚ)：下が四角で上がとがった玉(ǔ).帝王や諸侯が儀式の時に手にするもの.〔~玉 yù〕同前.②日影を測る器具.→〔表〕〔臬 niè〕
（Ⅱ）古体積の単位：黍(ǔ)64粒の量で,一升の10万分の一.また4000分の入口.〈姓〉圭(ǚ)
圭表 guībiǎo 古日時計の一種：〔土 tǔ 圭〕ともいう.
圭角 guījiǎo 〈文〉圭のかど.〈転〉才気.〔不见~〕〔不露圭~〕〈成〉才気を外に現さない.
圭臬 guīniè 〈文〉標準.模範.〔奉 fèng 为~〕あがめて模範とする.
圭亚那 guīyànà 地①ガイアナ：ブラジル北方,大西洋に面した地域.ガイアナ・スリナム・仏領ギアナに分かれる.②ガイアナ：正式名称は〔~合作共和国〕(ガイアナ協同共和国).首都は〔乔 qiáo 治教〕(ジョージタウン)
圭璋 guīzhāng 玉器の貴重なもの.〈喩〉人品の高潔さ.

〔**邽**〕 guī ①地名用字.〔下~〕地陝西省渭南にある古地名.②〈姓〉邽(ǚ)

〔**闺・閨**〕 guī ①女子の居間.〈転〉女性.②〈文〉小門：上部が丸く下部が角形に作られた通用門.
闺范 guīfàn 古女性の模範.②婦徳.
闺房 guīfáng ＝〔閨房(ǔ)〕：女性の〔内 nèi 室〕(奥の居間)をいう.
闺阁 guīgé ①女性の居室.②〈文〉宮庭(の内宮の大奥)
闺阃 guīkǔn 古女性の居室：〔壼 kǔn 闺〕に同じ.
闺门 guīmén 〔闺房〕の入口.〈転〉閨房.
闺门旦 guīméndàn ＝〔小 xiǎo 旦〕劇 (旧劇の)娘役：お嬢様や活発な娘の役柄.→〔旦(Ⅱ)〕〔細 xì 旦〕
闺女 guīnǚ ①未婚の女性.＝〔室 shì 女〕〔口〕娘.〔这是我~〕これはわたしの娘です.→〔女孩儿②〕
闺闼 guītà 〈文〉女子の居室.
闺庭 guītíng 〈文〉家庭.
闺秀 guīxiù ①古大家(ǎ)の令嬢.〔大家~〕同前.②才学の優れた婦人.
闺怨 guīyuàn ①女性の思いのかなわないことに対する恨みごと.②同前の意味を託した詩や詞.

〔**珪**〕 guī ①⇒〔圭(Ⅰ)〕 ②⇒〔硅〕

〔**硅**〕 guī 化ケイ素.シリコン：非金属元素.記号 Si.〔矽 xī〕とも書く.〔矽 xī 肺〕は旧名.
硅尘 guīchén （ケイ化合物の）粉塵.
硅肺 guīfèi 医珪①肺：俗に〔~病 bìng〕という.〔矽 xī 肺〕は旧称.
硅酐 guīgān ⇒〔二 èr 氧化硅〕
硅钢 guīgāng 工ケイ素鋼.〔~板〕〔~皮〕〔~片〕〔硅铁皮〕ケイ素鋼板.
硅谷 guīgǔ 地シリコンバレー：アメリカサンフランシスコ近郊の渓谷地帯で,最先端技術の中心地.
硅华 guīhuá 地土の沈殿物.
硅化 guīhuà ケイ化.〔~木 mù〕〔古树化石〕国ケイ化木(化石)
硅胶 guījiāo 化シリカゲル（防湿剤）.〔氧 yǎng 化~〕ともいう.
硅可控整流器 guīkěkòng zhěngliúqì 電サイリスターシリコン制御整流器.
硅铝镁 guīlǔměi 鉱シルミン：ケイ素を多量(12%)

硅鲑龟妫规　　　　　　　　　　　　　　　　　　　　　　　　　　　　　　　　**guī**

に含んでいる鋳造用アルミニウム合金.
硅锰钢 guīměnggāng ⌞冶⌟シリコマンガン鋼.
硅片 guīpiàn シリコンチップ.
硅砂 guīshā ＝〖白 bái 砂〗ケイ砂.
硅石 guīshí ⌞鉱⌟シリカ.珪⌞化⌟石.
硅酸 guīsuān ⌞化⌟ケイ酸.〔～盐 yán〕ケイ酸塩.〔～钙 ài〕ケイ酸カルシウム.〔～钾 jiǎ〕ケイ酸カリウム.〔～铝 lǚ〕ケイ酸アルミニウム.〔～钠 nà〕〖水 shuǐ 玻璃〗ケイ酸ナトリウム(ケイ酸ソーダ)
硅酸盐水泥 guīsuānyán shuǐní ⇒〖波bō特tè兰lán水泥〗
硅铁 guītiě ケイ酸鉄.フェロシリコン.
硅酮 guītóng ⌞化⌟シリコン.〔～树 shù 脂〕シリコン樹脂.
硅橡胶 guīxiàngjiāo シリコンゴム.〔硅酮橡胶〕ともいう.
硅岩 guīyán ＝〖石 shí 英岩〗⌞鉱⌟石英岩.
硅藻 guīzǎo ⌞植⌟ケイソウ(珪藻).〔～土 tǔ〕珪藻土.
硅砖 guīzhuān ケイ石れんが＝酸性耐火煉瓦の一.

〔**鲑・鮭**〕 **guī** ①⌞魚⌟サケ(総称):〔～鱼 yú〕も通称.〔大 dà 马哈鱼〕〈音譯〉〖撒 sā 蒙鱼〗(サーモン)ともいう.〔～鱼子 zǐ〕⌞食⌟いくら:サケの卵. ②⇒〖河 hé xié〕 ③〈文〉〔姓〕 → xié

〔**龟・龜**（**龜・龟・亀**）〕 **guī** ⌞動⌟カメ(科総称):古く神聖な動物とされた.〔乌 wū～①〕ⓐ同前.ⓑクサガメ.〖水 shuǐ～①〗イシガメ.〔海～〕ⓐウミガメ(総称).ⓑアオウミガメ.〖象 xiàng～〗ゾウガメ.→ jūn qiū
龟板 guībǎn ⌞中医⌟亀の甲羅:薬用する.〔龟甲②〕に同じ.
龟鸨 guībǎo ＝〖龟婆〕⌞旧⌟牛太郎とやりて婆(妓女を世話する男衆と婆):に対する蔑称.→〖鸨母〕
龟贝 guībèi ＝〖龟货〗⌞旧⌟貨幣:亀甲や貝殻を用いた.
龟背 guībèi ①亀の背.またそれに似たもの.〔～构 gòu 造〗⌞建⌟亀背構造. ②⇒〖驼 tuó 背〗
龟背竹 guībèijhú ⌞植⌟亀甲模様の植物.
龟卜 guībǔ ⌞古⌟亀卜(ぼく).→〔占 zhān 卜〕
龟鼎 guīdǐng 〈文〉元亀と九鼎:どちらも国家の重器でこれのあるところに天子の位があるので、帝位にたとえられる.
龟儿子 guīr'érzi ⇒〖龟孙〗
龟趺 guīfū 〔龟碑〕の亀形台座.
龟鹤 guīhè 〔喩〕長寿.〔～延年〕亀は千年鶴は万年:〔龟年鹤寿〕ともいう.老人への祝辞.
龟货 guīhuò ⇒〖龟贝〗
龟甲 guījiǎ ①亀の甲(背甲と腹甲):昔時,占卜に用いた.→〔卜 bǔ 辞〕 ②＝〔龟板〕
龟甲竹 guījiǎzhú ⌞植⌟⌞植⌟キッコウチク:〔佛fó 面竹〕〔罗 luó 汉竹〕は別称.
龟鉴 guījiàn 〔龟镜〕〈文〉龟鑑.手本.
龟镜 guījìng 同上.
龟壳(儿) guīké(r) 亀の甲羅.→〔甲 jiǎ 壳〕
龟龄 guīlíng 〈喩〉長寿.
龟年鹤寿 guīnián hèshòu →〔龟鹤〕
龟纽 guīniǔ 〔印 yìn 鼻〕
龟婆 guīpó ⇒〔龟鸨〕
龟筮 guīshì 〔龟卜と筮竹(ぜい)〕:占い.
龟孙 guīsūn 〔龟儿子〕〈罵〉畜生.
龟缩 guīsuō 首をちぢこめる.首を縮める.
龟头 guītóu (男性生殖器の)亀頭:〔阴 yīn 基头〕の俗称.
龟文 guīwén 〔龟纹〕とも書く.亀甲模様.
龟文竹 guīwénzhú ＝〔龟甲竹〕
龟胸 guīxiōng 亀の背のように突き出た胸.→〔鸡 jī

龟兆 guīzhào 亀の甲に焼け火箸を強く押しつけてできた裂け目を占い、現れたお告げ.
龟足 guīzú ＝〔石 shí 蚴〕⌞魚⌟カメノテ:甲殻類エボシガイ科.

〔**妫・嬀**〕 **guī** ①地名用字.〔～水〕⌞地⌟北京市の北方から河北省を経て〔桑 sāng 干河〕に入る. ②〔姓〕嬀⁽⁾

〔**规・規（槼）**〕 **guī** ①コンパス.〔两 liǎng 脚～〕〖圆 yuán ～〕同前.〔线 xiàn ～〗ワイヤゲージ.〔卡 kǎ ～〕＝すみゲージ.〔塞 sāi ～〗インサートゲージ.〔块～〗ゲージブロック.〔中心～〗センターゲージ.〔节 jié ～〗ピッチゲージ.〔厚 hòu 薄～〗シックネスゲージ.すきまゲージ.〔比内径～〗穴パス.〔比外径～〗丸パス.→〔规矩①〕〔测 cè 规〕 ②きまり.しきたり.規則.〔校 xiào ～〕校則.〔革 gé 除陋 lòu ～〗悪いしきたりを打破する.〔墨 mò 守成～〕成既成のしきたりをそのまま守る. ③〈文〉謀(ぼ)る.計画する. ④〈文〉諫(いさ)め正す.⑤〔姓〕妫⁽⁾
规避 guībì 何とかして避ける.〔～谈及南北协商问题〕南北会談問題に言及するのを回避する.
规程 guīchéng 規定.＝〔规则①〕
规尺 guīchǐ 定規(じょうぎ)
规定 guīdìng ①規定(する).〔依照现行～的条件,…〕法律の定める条件に基づき…〔得太死的规子(ぴ～)〕定規である. ②規定の内容.〔～动作〕(体操などの)規定演技. ③⌞化⌟規定:溶液の濃度を表す単位の一.〔～液〕規定液.
规阀 guīfá ⌞機⌟ゲージバルブ.
规范 guīfàn ①手本(にする).規範(にする). ②規範的である.〔化(标準化する. ③〔这个词的用法不～〕この言葉の使い方は規範に合わない.
规费 guīfèi 規定手数料.
规复 guīfù 〈文〉旧制(もとの状態)に戻る.〔～旧 jiù 制〕同前.
规格 guīgé ①(原料・製品の)規格. ②ランク.
规划 guīhuà 企画(する).計画(する):総合的,長期的のガイドライン.〔长远～〕長期計画.→〔计jì 划〕
规谏 guījiàn 正し諫(かん)める.
规诫 guījiè 正し戒める:〔规戒〕とも書いた.〔～绳 shéng 墨〕＝〔准 zhǔn 绳〕規矩準縄(きじゅんじょう).〔～喻〕よるべきー定である.
规矩 guīju ①定め.きまり:〔规①〕(コンパス)と〔矩尺〕(大工の用いる曲尺).〔不守～〕きまりを守らない.〔按ān～办～〕きまりのとおりにする.〔老～〕前からのきたり.〔没有～〕だらしがない.〔懂得～〕行儀作法を心得ている.→〔循 xún 规蹈矩〕 ②きちんとしている.真面目である.礼儀正しい.〈他人を〉彼は人柄はとても真面目だ.〔你做事做得~点儿〕きみ仕事はきちんとやりなさいよ.〔规规矩矩漫 màn 条斯理(儿)〕きまじめで四角四面.
规矩块 guījukuài ⇒〔块规〕
规例 guīlì 規則と先例.
规律 guīlǜ 法則:自然のきまり.〔法 fǎ 则〕ともいう.〔人口～〕人口法則.〔语言发展～〕言語発達の法則.〔自然～〕自然法則.〔自然の～性〕自然の法則性. ②規則正しい.規則に合っている.
规勉 guīmiǎn 忠告し励ます.
规模 guīmó 規模.しくみ.〔大～的经济计划〕大規模な経済計画.〔粗具～〕大体の形ができている.〔～化〕相当の規模にする.〔～效 xiào 益〕⌞經⌟スケールメリット.〔～经 jīng 济〕大規模経済.〔～经营〕相当規模の経営.
规那树 guīnàshù ⇒〔几 jǐ 那树〕

guī〜guǐ

规劝 guīquàn （あやまちに対して）諫(いさ)め勧告する．説喩する．

规条 guītiáo ①⇒〔条款〕 ②〘圏〙ゲージバー．

规行矩步 guīxíngjǔbù 〔成〕はかったように行動し，少しのこともゆるがせにしない．〈転〉しきたりを守って融通がきかない．

规银 guīyín ＝〔规元〕回上海で通用した銀：百両につき〔漕 cáo 平〕と5両5銭の差があり，またその純分は98％であったので〔九八〜〕とも呼ばれた．

规元 guīyuán 同上．

规约 guīyuē ①规约．规定．〔コントロールする．规制する．

规则 guīzé ①规则．制度．〔交通〜〕交通规则．②规则的である．整然としている．〔很不〜〕てんでバラバラである．

规章 guīzhāng 规则．规程．定款．〔〜制度〕规则制度．

规整 guīzhěng ①きちんと整える．②きちんとしている．整然としている．

规正 guīzhèng ①戒め正す．②整然としている．

规制 guīzhì ①规则・制度．〔没有〜大家无所遵 zūn 循〕法规がなくてはみな従うべきものがない．②（建物の）规模形態．

〔鬶・鬹〕 guī 鬹(き)：古代の陶製の炊事道具．口と柄で中が空洞の三本の足がある．〔鬲 lì〕

〔皈〕 guī 〘仏〙〘仏教で〕仏を信ずる．〔〜依 yī〕归依〕信教に帰依(きえ)する．

〔庪〕 guī 〔〜山〕河南省洛陽市西南にある〔谷 gǔ 口山〕の古名．→ wěi

〔傀〕 guī 〈文〉①奇怪である．〔〜异 yì〕〔〜奇〕同前．②孤立している．〔〜然 rán 独立天地之间〕ひとり天地の間にすっくと立っている．→ kuǐ

〔瑰（瓌）〕 guī 〈文〉玉(ぎょく)に似た美石．②〈文〉珍しい．またとない．〔〜奇 qí〕珍奇（である）．③→〔玫 méi 瑰〕

瑰宝 guībǎo 珍貴な宝．極めて貴重な宝物．

瑰丽 guīlì すばらしくきれいである．〔迎看〜の晚霞到旷野去游玩〕きれいな夕焼けに向かって広野に出て遊ぶ．

瑰玮 guīwěi 〔瑰伟〕とも書いた．〈文〉①珍しくて優れている．②（文章が）華美である．

瑰异 guīyì 奇異である．

〔沕〕 guī 〈文〉横から噴き出す泉．〔〜泉 quán〕斜面泉．→ jiǔ

〔宄〕 guī 〈文〉悪人．〔〜奸 jiān〕〔奸〜〕奸悪な者．

〔轨・軌〕 guī ①〈文〉辙(わだち)．②軌道．レール．定まった道筋．〔无 wú〜电车〕トロリーバス．〔单 dān 钢〕モノレール．〔单〜〕〔单线〕〔铁道の）単線．〔宽 kuān〜铁路〕広軌鉄道．〔分 fēn 道〕（鉄道の）ポイント．〔铺 pū〜〕鉄道（レール）を敷く．〔出 chū〜①〕脱線する．〔步 bù 入正〜〕正しい軌道に入る．③法(ほう)．おきて．秩序．〔〜度 dù〕〔〜法 fǎ〕〔〜物 wù〕〔则 zé〕同前．〔越 yuè〜〕〔出〜〕法(ほう)を越える．常軌を逸する．〔〜模 mó〕手本．模範．〔〜外的行 xíng 动〕常軌を逸した行動．〔图 tú 谋不〜〕谋为不〜〕〔成〕よくないことをたくらむ．④〈文〉基づく．依る．〔〜于〕〔処〕仿（仿）

轨道 guǐdào ①レール．軌道．〔〜车 chē〕（鉄道の）レール保全車．レール点検車．〔飞 fēi 车〕〔过 guò 山车〕'ジェットコースター．〔华 huá 轨〕ジェットコースター．②〈軌〉軌道を用いた交通．〔〜衡 héng〕軌道付計量台．③ ＝〔轨迹②〕（物体・天体の）軌道．〔人造卫星の〕

人工衛星の軌道．③（抽象的に）軌道．〔生产走上〜〕生産が軌道にのる．

轨道钉 guǐdàodīng ⇒〔道钉①〕

轨范 guǐfàn 手本．模範．

轨迹 guǐjì ①軌跡．〔〜球 qiú〕〘電算〙トラックボール．②⇒〔轨道②〕③步み．道筋．

轨距 guǐjù ゲージ：レール間の距離．

轨距规 guǐjùguī 〔厚 hòu 薄规〕

轨条 guǐtiáo レール．

轨鞋 guǐxié 〘圏〙トラックシュー．車輪止め．

轨辙 guǐzhé 〈文〉①辙(わだち)．〔轨躅①〕ともいう．→〔车 chē 辙〕②〈喩〉往事．過去のこと．

轨枕 guǐzhěn （鉄道の）枕木．

轨躅 guǐzhú ①⇒〔轨辙①〕②〈文〉前人の遺した模範．

〔匦・匭〕 guǐ 〈文〉小箱．〔〜票 piào〜〕〔票箱 xiāng〕小票や入場券を入れる箱．

〔庋（庪）〕 guǐ 〈文〉①保存する．貯蔵する．〔〜藏 cáng〕＝〔置 zhì〕〔図書館・博物館に〕収蔵する．〔中国字〜撷 xié 法〕数字を用いた漢字検索法の一：燕京大学図書館引得（インデックス）に用いられた．②物を置く棚．〔〜架 jià〕蔵書棚．③棚にのせておく．

〔诡・詭〕 guǐ ①偽る（である）．だます（しむける）．〔〜诈 zhà〕②〈文〉不思議で怪しい．奇異である．〔〜特〕特異（である）．③〈文〉悖(もと)る．〔有所〜于天理〕天理に違反する点がある．

诡变 guǐbiàn 怪しげによく変わる．

诡辩 guǐbiàn ①＝〔诡辩〕〔詭辯〕（論理学の）詭弁．〔进行〜〕〔做〜〕詭辯を使う．②道理に合わぬ言い方をする．詭弁を使う．〔狡 jiǎo 辩〕にいう．

诡称 guǐchēng 詐称する．〔敌特〜自己是公安人员〕敵のスパイは警察の者だと偽った．

诡词 guǐcí ⇒〔诡词①〕

诡辞 guǐcí ⇒〔诡词①〕

诡诞 guǐdàn とりとめのない．でたらめである．

诡道 guǐdào 〈文〉①不正な方法．人をあざむくやり方．②近道．

诡道 guǐdao 〔方〕（子供が）聡(さと)い：〔鬼道②〕ともいう．〔这孩子真〜〕この子はほんとに賢い．

诡怪 guǐguài 怪しい．いぶかしい．

诡幻 guǐhuàn 変幻奇異である．

诡计 guǐjì 〜べん．詭計．トリック：〔鬼计〕とも書いた．〔阴 yīn 谋〜〕〔成〕権謀術数．〔〜多端〕〔成〕あれこれと悪だくみをする．

诡谲 guǐjué ①奇怪である．〔〜多变〕怪しげである．何の見当もつかない．②でたらめである．〔言语〜〕得体の知れない事を言う．〔空中飘浮着一片〜的云彩〕空に怪しげな雲が漂っている．〔诡谲谄谄地对我笑〕いわくありげに私の方を見て笑う．③ずる賢い．狡滑である．

诡秘 guǐmì 秘密があって察知しがたい．〔行踪〜〕足どりがつかめない．

诡谋 guǐmóu 巧妙なたくらみ．

诡奇 guǐqí ⇒〔诡异〕

诡色 guǐsè 〈文〉①風変わりなさま．②多彩でまぎらわしい．

诡妄 guǐwàng 〈文〉事実無根（である）．でたらめ（である）

诡衔窃辔 guǐxián qièpèi 〔成〕馬がおとなしくないさま：束縛がひどければ，これに抗する力もますます大きくなる．

诡异 guǐyì ＝〔诡奇〕奇異である．

诡遇 guǐyù 〈文〉不正な手づるで名利を得ようとすること．

诡诈 guǐzhà 狡猾である.悪賢い.〔阴 yīn 险～〕陰険でずるい.

[佹] guǐ 〈文〉①奇異(である).②反する.もとる.

[垝(陒)] guǐ 〈文〉(垣が)崩れる.壊れる.〔～垣 yuán〕同前の垣.

[姽] guǐ 〔～婳 huà〕〈文〉女性の(立居に振る舞い)静かで感じのよいこと.

[癸] guǐ ①みずのと:十干の第10位.→〔干 gān 支〕②(十干の)順序の最後.③→〔甲 jiǎ〕④〈文〉月経を表す:五行で水に配せられるため.〔～水 shuǐ〕経水.月経.〔～期 qī〕月経期.⑤〈姓〉癸(き).

癸二酸 guǐ'èrsuān =〔皮 pí 脂酸〕⑮セバシン酸.
癸酸 guǐsuān =〔羊 yáng 蜡酸〕⑮カプリン酸.
癸烷 guǐwán ⑮デカン.→〔烷①〕

[鬼(鬼)] guǐ ①亡霊.幽霊.〔这宅子里有～〕この屋敷には亡霊がついている.〔闹 nào～〕幽霊が出る.→〔怪 guài②〕〔妖 yāo①〕②性癖・悪業をなした者・悪癖をもつ者などに対する軽蔑・憎悪を表す.〔洋 yáng～〕毛唐.〔东 dōng 洋～〕日本人め.〔～子兵 bīng〕外国兵め.〔烟 yān～〕⑳ヘビースモーカー.いやな者.〔酒 jiǔ～〕アル中.のんだくれ.〔讨 tǎo 厌～〕いやなやつ.〔胆 dǎn 小～〕臆病者.〔色～〕(男の)色情狂.〔～迷 mí①〕③うしろ暗い.いかがわしい.悪い.〔～天气〕いやな天気.〔～地方〕いやな所.ひどい所.あやしげな場所.〔这～地方连草都不长〕こんなひどい所は草木さえも生えない.〔～地方〕このざま.これはみな彼がしでかしたインチキだ.〔搞 dǎo～〕ⓐごまかす.ⓑ悪だくみをする.〔有～〕何か得体の知れないものがある.何かたくらみがある.⑤ずる賢い.こざかしい.巧妙である.ずるい.〔这孩子真～〕この子は本当にこざかしい.⑥子供に対する愛の称呼.〔小 xiǎo～〕小僧.⑦鬼(き).〔二 èr 十八宿〕の一.⑧〈姓〉鬼.ほうず.

鬼八卦 guǐbāguà 〈方〉悪だくみ.悪知恵.
鬼把戏 guǐbǎxì ①〈方〉鬼串.〈方〉鬼吹灯②〉インチキな手.悪だくみ.陰険なてくだ.〔识 shí 破了他们的～〕彼らの欺瞞手段を見破った.
鬼笔 guǐbǐ ①〈方〉狗 gǒu 尿苔〕⑯①キツネノタイマツ(オニノエガキフデ).②キツネノエフデ.
鬼才 guǐcái 鬼才.特異な能力の(持ち主).
鬼出电入 guǐchū diànrù ⇒〔神 shén 出鬼没〕
鬼串 guǐchuàn ⇒〔鬼把戏〕
鬼吹灯 guǐchuīdēng ①灯火が突然青く変わったり下の方が消えて上の方だけ燃えたりする現象.②⇒〔鬼把戏〕
鬼聪明 guǐcōngmíng 小利口.猿知恵.
鬼打墙 guǐdǎqiáng 幽霊が塀を築く:幽霊のために一か所をどうどう巡りさせられて目的地に行けないこと.〈喩〉目に見えない障害.
鬼搞 guǐdǎo ①〈方〉陰でこそこそする.②やる.すけなしていう.
鬼道 guǐdào 邪法.法術.〔転〕ぺてん.インチキ手段.〔鬼道道儿 daor〕ともいう.
鬼道 guǐdao ⇒〔诡道 dao〕
鬼灯檠 guǐdēngqíng 〔矢 shǐ 车草〕⑯ヤグルマソウ:ユキノシタ科の多年草.
鬼点子 guǐdiǎnzi 悪だくみ.悪知恵.
鬼风疙瘩 guǐfēng gēda ⇒〔荨 xún 麻疹〕
鬼斧 guǐfǔ 〔鬼工〕文が精巧きわまる工芸.〔～神工〕〔神工～〕〈成〉入神の技.
鬼工 guǐgōng 同上.
鬼怪 guǐguài ①=〔鬼魅〕幽霊と妖怪.〈喩〉邪

悪な勢力.〔～神灵〕化物と神霊.〔～式战斗轰 hóng 炸机〕⑯ファントム戦闘爆撃機(アメリカ空軍の).②〈喩〉小人(ぼう).愚かな人間.

鬼鬼祟祟 guǐguǐ suìsuì 陰でこそこそする.〔〈方〉鬼鬼搞搞〕〔鬼鬼随 suí 随〕ともいう.〔他在背地里～地弄,不叫我们知道〕彼は陰でこそこそやっていて,我々に知らせない.→〔鬼祟〕
鬼话 guǐhuà うそ.ほらぬね.たわごと.〔～连 lián 篇〕でたらめばかり(並べる)
鬼画符 guǐhuàfú 〈喩〉①でっちあげたうそ.②ひどく乱雑な字.
鬼魂 guǐhún 亡霊.
鬼混 guǐhùn ①のらくらとごまかして日を過ごす.〔这还成个什么体统？简直是～〕何というずぼらだ,遊び回っているだけではない.②まともな暮らしをしない.ふしだらな生活をする.
鬼火 guǐhuǒ(r) =〔鬼磷〕鬼火(が).狐火:〔磷 lín 火〕〔野 yě 火〕の俗称.
鬼机灵儿 guǐjīlingr 〈口〉こざかしい.→〔机灵儿〕
鬼计 guǐjì ⇒〔诡计〕
鬼箭 guǐjiàn 〈喩〉体のある部分が原因不明で突然に痛みを感ずること.〔中 zhòng～〕同前になる.
鬼箭羽 guǐjiànyǔ =〔卫 wèi 矛〕
鬼节 guǐjié 回亡くなった人を祭る節句:〔清 qīng 明④〕〔中 zhòng 元(节)〕〔送 sòng 寒衣〕をいう.
鬼臼 guǐjiù 〔⑯メギ科ミヤオソウ近縁種.
鬼车 guǐjū =〔九 jiǔ 头鸟〕
鬼哭狼嗥 guǐkū lángháo 〈喩〉ギャーギャーと泣きわめくさま.〔鬼哭神号〕〔狼号鬼叫〕ともいう.〔嗥〕は〔嚎〕とも書いた.
鬼脸青 guǐliǎnqīng ⑯〔陶磁器の〕暗青色の
鬼脸(儿) guǐliǎn(r)①仮面.お面・お面.→〔假 jiǎ 面具①〕②おどけた滑稽な顔.わざとつくった変な顔:あかんべえ・ひょことなど.〔向我扮了个～〕わたしに対する変な顔をした.
鬼磷 guǐlín ⇒〔鬼火(儿)〕
鬼灵精 guǐlíngjīng 〈口〉ぬけ目ない人.ちゃっかり屋.〔鬼精灵〕ともいう.
鬼录 guǐlù 過去帳.鬼籍:あの世の(人(死者)の)名簿.〔鬼箓〕とも書く.〔入 rù～〕鬼籍に入る.〈喩〉死亡する.
鬼魅 guǐmèi ⇒〔鬼怪〕
鬼门道 guǐméndào 回芝居小屋の舞台裏両袖にある(役者の)出入口.
鬼门关 guǐménguān 古関名.広西の北流市の西南にあり,ベトナムへ経由されるにあたる.〈喩〉辺僻(へ).で危険な場所.〔在～〕生死のきわをさまよう.〔进 jìn～〕〈喩〉死ぬ.〔他家的大门成了～〕彼の家に行くとひどい目にあう.
鬼迷心窍 guǐ mí xīnqiào 〈喩〉魔が差す.ついうっかりする.
鬼名堂 guǐmíngtáng 〈喩〉①知られないたくらみ.悪だくみ.②奇怪なこと.
鬼魔 guǐmó ⇒〔魔鬼〕
鬼母 guǐmǔ ①〔南端の国に住むという伝説の神.②⇒〔鬼子母(神)〕③〈方〉巫女〈少〉.→〔巫 wū 婆〕
鬼目 guǐmù ①⇒〔紫 zǐ 葳〕②⇒〔苻 fú①〕③⇒〔羊 yáng 蹄〕
鬼伞 guǐsǎn ⑯ヒトヨタケ.
鬼森森 guǐsēnsēn 字気味悪いさま.
鬼神 guǐshén 鬼神.幽霊と神霊.→〔牛 niú 鬼蛇神〕
鬼使神差 guǐshǐ shénchāi =〔神差 guǐ 使〕〈成〉鬼神(物の化)がとりついたようだ:自分が意図したのではないこと.〔～,决非偶然〕同前で決して偶然ではな

guǐ～guì

鬼市 guǐshì ①〔旧〕売り手と買い手がお互い顔が見えないように夜間,暗やみで灯火をともさずに取引をする(某).泥棒市.また迷信で,亡霊が集まって取引をする場所.②暗いうちから開く朝市(某).

鬼祟 guǐsuì ①亡霊(のたたり).②陰でこそこそする.〔行 xíng 动〕行動がこそこそしている.

鬼胎 guǐtāi うしろ暗い(魂⑤)胆.〔各怀～〕互いに心中一物を持っている〔下心がある〕.〔怀 huái 着～〕うしろめたさをもっている.

鬼剃头 guǐtìtóu ⇒〔斑 bān 秃〕

鬼头刀 guǐtóudāo 首切り用の大刀.

鬼头鬼脑 guǐtóu guǐnǎo 険険ずるいさま.うさんくさいさま.〔你怎么这么～地〕何でこそこそしているのか.

鬼头 guǐtou 〈方〉(子供が)賢く愛くるしい.〔这小孩儿很～〕この子はほんとに利口でかわいい.

鬼物 guǐwù 亡者(終).亡霊.

鬼戏 guǐxì ①劇亡霊が登場人物に乗り移る芝居.②〈喩〉人をあざむくための細工.

鬼魅 guǐxiè 〈文〉ずる賢い.

鬼晓得 guǐxiǎode ⇒〔鬼知道〕

鬼蟹 guǐxiè 魚貝ヘイケガニ(平家蟹)

鬼雄 guǐxióng 〈文〉亡くなった英雄:人のため犠牲となったのをたたえる語.

鬼宿 guǐxiù →〔二 èr 十八宿〕

鬼衣 guǐyī ⇒〔冥 míng 衣〕

鬼鲉 guǐyóu 魚貝オコゼ.オニオコゼ:オコゼ科.俗に〔海 hǎi 虎子〕〔老 lǎo 虎鱼〕ともいう.→〔鲉〕

鬼蜮 guǐyù 〔蜮(I)〕(人を害するの水中の化物).〔奸 jiān 同～,行若狐鼠〕その奸悪なること鬼蜮(ぎょ)のごとく,その行いは狐鼠(ぎ)のごとし(こそこそしている).〔～伎 jì 俩〕険険邪悪なやりくち.

鬼月 guǐyuè 旧暦 7 月の別称:〔中元节〕に地獄の門が開き,亡者が集まる俗信から.

鬼针草 guǐzhēncǎo 植センダングサ.

鬼知道 guǐzhīdao 〈慣〉誰も知らない.知るわけがない.知ったことか.〔鬼晓得〕〔天 tiān 知道〕に同じ.〔～他要干什么〕彼が何をやるか知ったことか.

鬼主意 guǐzhǔyi ①悪だくみ.②おかしな考え.

鬼子母(神) guǐzǐmǔ(shén) →〔鬼母②〕〔图〕(仏教の)鬼子母神:〔呵 hē 利帝〕〔呵利帝母〕が梵語.

鬼子 guǐzi →字解②

鬼子姜 guǐzǐjiāng →〔菊 jú 芋〕

鬼卒 guǐzú 閻魔(念)王の手下.→〔阎 yán 王①〕

[殳] guǐ ⇒〔簋〕

[晷] guǐ ①〈文〉日影:日光が物に遮られてできる影.〈転〉時間.〔～刻 kè〕同時.〔日无暇 xiá～〕(成)一日として暇がありません.〔日 rì ～〕
②→固 日景を観測して時刻をきめる日時計.

[簋] guǐ ①〔殳〕固耳(取っ手)のついた丸い青銅の容器:祭祀の時〔黍 shǔ〕(もちきび)や〔稷 jì〕(たかきび)を盛る.

[刽・劊] guì 断ち切る.

刽客 guìkè ⇒〔骇 hài 客〕

刽子手 guìzishǒu ①〔旧〕首切り役人.②〈喩〉人民を弾圧・殺害する者.

[桧・檜] guì 植ビャクシン(イブキ):ヒノキ科.〔～柏 bǎi〕の通称.〔刺 cì 柏〕〔红 hóng 心柏〕〔龙 lóng 柏〕〔圆 yuán 柏〕〔真 zhēn 珠柏〕ともいう.→〔柏 bǎi①〕〔栝 guā①〕→ huì

[昋] guì 〈姓〉昋(ぞ)

[炔] guì 〈姓〉炔(ぞ) → quē

[柜・櫃] guì 〔一儿〕①ひつ・戸棚・貯蔵箱.収納ケース.〔米 mǐ～〕米びつ.〔衣 yī～〕(脚つきの)たんす.〔顶 dǐng～〕戸棚などたんすや戸棚の上にのせる置物.〔卧 wò～〕横長の戸棚.〔保 bǎo 险～〕金庫.〔钱 qián～〕銀 yín～(ぎん)びつ.現金箱.〔冰 bīng～〕冷凍庫.〔铁 tiě～〕①キャビネット.ロッカー.売り台.勘定台.→〔柜台〕 ③帳場.〈転〉商店.〔前 qián～〕店頭の帳場.〔内 nèi～〕奥の方の帳場.〔掌 zhǎng～(的)〕〔旧〕(商店の)店主.支配人.番頭.→〔匮 kuì〕 → jǔ

柜橱(儿) guìchú(r) 食器棚.食器戸棚.水屋.〔橱柜〕

柜房 guìfáng (商店の)帳場.勘定場.→〔账 zhàng 房(儿)①〕

柜上 guìshang ①帳場.〈転〉商店.〔～忙 máng 不忙〕店はお忙しいですか.〔～紧 jǐn than〕店(のやりくり)が苦しい.→〔账 zhàng 房(儿)①〕

柜台 guìtái カウンター.勘定台:商店・銀行などで客と従業員との間を隔て,品物や代金を扱うための台.この字形あるいは身振りに角形に回してあるものを〔柜围〕という.〔～交易〕画(株式の)店頭取引.→〔栏 lán 柜〕

柜围 guìwéi →〔柜台〕

柜员 guìyuán (多く銀行などの)窓口係.カウンター係.〔～机〕現金自動預払機.ATM.

柜子 guìzi 戸棚.本棚.ひつ.たんす.

柜组 guìzǔ (百貨店などの)特定商品の専用売場従業員グループ.

[炅] guì 〈姓〉炅(ぞ) → jiǒng

[刿・劌] guì 〈文〉傷つく.切る.

[鲑・鮭] guì 魚貝ハヤの一種(淡水魚).〔蓝 lán 氏～〕カラアブラハヤ.

[贵・貴] guì ①(値段が)高い.〔价 jià 钱很～〕同義.〔～不了 liǎo 多少〕いくらも高くはない.〔～的不～,贱 jiàn 的不贱〕〈諺〉高い安いの値段では言えない(品質が問題である).↔〔贱 jiàn①〕〔高 gāo④〕 ②(身分が)貴い.〔高～②〕〔尊 zūn～〕高貴(である).〔富 fù～〕富貴(である).③貴重である.大切である.〔朋友为～,越送越～〕友人は大切だ,遠い友人ほど大切である.④貴ぶ.貴しとする.〔～精不～多〕質のよいことを貴び,数の多いことを貴ばない.〔难 nán 能可～成〕奇特なことである.〔春雨～如油〕〈諺〉春の雨は油のように貴ばれる(喜ばれる).〔敢为社会牺牲的精神是可～的〕人民のために進んで社会のために犠牲になれる精神は貴ぶべきである.⑤〈尊〉相手にかかわることを敬っていう.〔～方〕〈方〉貴方.そちら様.〔～行 háng〕〈号 hào〕貴店.貴行.〔～社〕貴社.御社.〔～国是中国吗〕お国は中国ですか.↔〔敝 bì③〕→〔宝 bǎo 号〕 ⑥は別称.貴州(省)の略称:〔黔 qián②〕は別称.⑦〈姓〉贵(ぞ)

贵宾 guìbīn 貴賓.要人.VIP.〔～楼 lóu〕貴賓館.〔～席 xí〕貴賓席.

贵处 guì·chù ～(儿)①ご郷里は:〔贵土〕〔贵乡〕ともいう.〔～是什么地方〕ご郷里はどちらですか.②貴方.

贵东 guìdōng 貴下のご主人:店主・資本主・家主などを指す.

贵耳贱目 guì'ěr jiànmù 〈成〉話で聞いたことを(尊んで)信じ,目で見たことを(卑しんで)信じようとしない.事実でもよらず伝聞をすぐ信じる.

贵芳邻 guìfānglín ご近所の方々.

646

guì

贵妃 guìfēi ①天子の[皇 huáng 后]に次ぐ夫人の称:[贵嫔][贵人②]とともに[三夫人]と称された.→[妃] ②[杨 yáng ~]の略称.[~醉 zuì 酒]楊貴妃と高力士とのロマンスを扱った京劇の外題.→[京 jīng 剧] ③小型の愛玩犬の一種.

贵府 guìfǔ =[贵门]〈文〉貴宅.お宅.[届 jiè 时奉访~]時間どおりに貴宅をご訪問いたします.→[府上]

贵妇 guìfù 貴婦人.

贵干 guìgàn 〈尊〉ご用件.お仕事:[公 gōng 干③]に同じ.

贵庚 guìgēng 〈尊〉お年:年輩者の年齢を問う言葉.[贵甲子]ともいう.→[高 gāo 寿②]

贵公子 guìgōngzǐ ①〈文〉貴族の子. ②〈尊〉ご令息.

贵函 guìhán お手紙.

贵号 guìhào 〈尊〉貴店:[贵栈][贵庄]ともいう.[宝 bǎo 号],〈文〉鸿 hóng 号]に同じ.

贵贱 guìjiàn ①貴賎. ②[価格の]高低. ③〈口〉どっちみち.いずれにせよ. ④〈口〉是が非でも.どうしても.

贵金属 guìjīnshǔ 貴金属.

贵客 guìkè 〈尊〉お客さま.[~临 lín 门]同前が訪れる.[挨]ようこそおいで下さいました. ②あなたのお客様. ③⇒[牡 mǔ 丹]

贵昆仲 guìkūnzhòng 〈尊〉ご兄弟.[~有几位]ご兄弟は何人おられますか.

贵门 guìmén ⇒[贵府]

贵门生 guìménshēng 〈尊〉貴下の弟子.貴下の学生.

贵嫔 guìpín 国天子の側室の称.→[贵妃①]

贵戚 guìqī 〈文〉天子の親族.ご親戚.

贵妾 guìqiè 国妾(㚻)で子供を生んだものの称.

贵人 guìrén ①高貴の人.上流の人.[~多忘 wàng 事][~善 shàn 忘]〈成〉身分の高い人はよく物忘れをする.[转]物忘れした人に対する取りなし(からかい)の言葉.[~眼 yǎn 高][慣]偉い人は小馬鹿にする.不愛想な人に対する皮肉.[~语迟 chí][~话迟]〈成〉高貴な人は軽々しくしゃべらない. ②国宮中の女官名:天子の側室.→[贵妃①] ③[運命判断で]将来力になってもらえる人.

贵上 guìshàng 〈尊〉[下僕の]主人.[你们~是几时来的]ご主人様はいつ来られたのかね.

贵体 guìtǐ ご体.

贵同乡 guìtóngxiāng 〈尊〉ご同郷の人.

贵县 guìxiàn ①〈尊〉貴県. ②〈尊〉貴官:旧時,県知事に対する尊称. ③国広西の貴港市の旧称.

贵相知 guìxiāngzhī 〈尊〉ご友人.

贵相 guìxiàng 高貴の相.

贵姓 guìxìng =[大 dà 姓②]〈尊〉お名前(姓).[您~?]お名前(姓)は何とおっしゃいますか.どなたまでですか.→[敝 bì 姓]

贵恙 guìyàng =[清 qīng 恙]〈尊〉[貴下の]ご病気.[~大好了吗]ご病気はすっかりよくおりですか.

贵重 guìzhòng 貴重である.大切である.[~东 dōng 西][~物 wù 品]貴重な品物.

贵州文琴 guìzhōu wénqín →[黔 qián 剧]

贵胄 guìzhòu 〈文〉貴族の子孫.

贵子 guìzǐ 〈尊〉お子様:お祝いの常套語.

贵族 guìzú 貴族.[封 fēng 建~]封建貴族.[资产阶级精神~]ブルジョア精神貴族.[~学校]〈喩〉名門私立学校.エリート養成学校.

〔贵・貴〕 guì [柜]の古体. → kuì

〔赜・賾〕 guì 〈文〉めしい.盲目:目がつぶれていること.[睛 xiā ①]

〔桂〕 guì (Ⅰ)①ニッケイ.[肉 ròu ~]の略称.→[桂皮③] ②モクセイ.[木 mù 樨]の別称.[金 jīn ~]ーキンモクセイ.[丹 dān ~]キンモクセイ.[银 yín ~]モクセイ.ウスギ.[四季~]四季咲きキンモクセイ.→[桂花] ③ゲッケイジュ[月 yuè 桂]の略称.
(Ⅱ)①広西の別称.→[广 guǎng (Ⅱ)①] ②[~江 jiāng]国広西にある. ③〈姓〉桂(⁽⁾)

桂蠹 guìdù モクセイの木につく虫.

桂冠 guìguān 月桂冠:古代ギリシアで勝利者に与えられた月桂樹の枝で作った冠.[~诗 shī 人]桂冠詩人.

桂海 guìhǎi 国[南 nán 海](南シナ海),特に広西チワン族自治区沿海をいう.

桂花 guìhuā 国モクセイの花:[木 mù 犀]の通称.香りがあり,[九里香]の別称がある.[~树 shù]木犀(の木).[~茶 chá]木犀の花を入れた茶.[~糖 táng]木犀の香を入れた砂糖菓子.

桂花(鱼)翅 guìhuā (yú)chì 食翅(⁽⁾)のひれと鶏卵の黄味とを材料とした高級料理の一種:黄味を桂花にたとえる.

桂籍 guìjí 国進士及第者の名簿.→[科 kē 举]

桂剧 guìjù 国広西の地方劇.

桂窟 guìkū ①月(宫):伝説で月にある宮殿に木犀の木があることから. ②国科挙の試験場.[探 tàn ~](科挙の試験)に及第する.→[科 kē 举]

桂林一枝 guìlín yīzhī 〈喩〉学識や力量が衆に抜きん出ている人物.[~,昆 kūn 山片玉]同前.

桂皮 guìpí ①国ケイ.ケイノキ,またその樹皮(薬用・香料).[~树 shù]同前の木. ②[肉 ròu 桂](ニッケイ)の樹皮(薬用・香料)

桂皮油 guìpíyóu ⇒[桂油]

桂魄 guìpò ⇒[桂月①]

桂秋 guìqiū ⇒[桂月②]

桂通 guìtōng 中医にっけいの枝.

桂油 guìyóu =[桂皮 油][肉 ròu 桂 油][玉 yù 桂 油]国桂皮油.肉桂油.

桂鱼 guìyú ⇒[鳜鱼]

桂圆 guìyuán 国リュウガン:俗に[龙 lóng 眼①]という.[~肉][龙眼(肉)]同前の果肉.

桂月 guìyuè ①〈文〉月:[〈文〉桂魄]に同じ. ②旧暦の8月は:[桂秋]ともいう.

桂枝 guìzhī ①〈文〉月(の中にある桂の木). ②〈文〉科挙に及弟すること. ③漢方薬としての肉桂.

桂竹 guìzhú 国マダケ.

桂酌 guìzhuó 〈文〉中秋に酌(⁽⁾)む酒.

桂子兰孙 guìzǐ lánsūn 〈尊〉ご令息.ご令孫.

〔笙〕 guì 国マダケの一種.→[桂竹]

〔跪〕 guì ①ひざまずく:両ひざを地につけること.[~姿 zī]同前の姿勢.[~坐 zuò]正座する.→[三 sān 跪九叩][一 yī 跪三叩] ③〈姓〉跪(⁽⁾)

跪拜 guìbài =[跪叩]国ひざまずいて拝礼する:手とひざを地面につける丁重な礼.

跪倒 guìdǎo ひざまずく.ひれ伏す.

跪叩 guìkòu ⇒[跪拜]

跪链子 guìliànzi =[跪锁(子)]国刑具の一種:罪人をひざまずかせる鉄鎖製のもの.[压 yā 杠子]

跪门 guìmén 〈文〉門にひざまずく.[~请罪]門前にひざまずいて許しを請う.

跪请金安 guì qǐng jīn'ān 〈牘〉ご両親様のご健康をお祈り申し上げます:手紙の結びの言葉.

跪人头(儿) guìréntóu(r) ⇒[撇 piě 刀头(儿)]

跪射 guìshè 軍又(射撃の)膝射(ひざう).折り敷ける射撃.ひざ射ち.
跪诵 guìsòng〈牘〉拝読.拝誦(ぱい).
跪锁(子) guìsuǒ(zi) ⇒[跪链子]
跪铁锁 guìtiěsuǒ 旧[跪链子]に座らせて拷問する.〔跪上铁锁还是不招〕同例にかけても白状しない.
跪谢 guìxiè ひざまずいてお礼を述べる.
跪奏 guìzòu〈文〉ひざまずいて天子に奏上する.

[鳜・鱖] guì〔~鱼 yú|魚貝〕ケツギョ〔鱖魚〕:〔~豚 tún|桂鱼|花 huā 鲫鱼|华 huá 鲫鱼|石 shí 桂鱼|水 shuǐ 豚 ①〕は別称.淡水魚で非常に美味である.

gun 《ㄍㄨㄣˇ》

[衮(袞)] gǔn〈文〉古代,天子・王公の礼服.〔~ 衣 yī|~ 服 fú|龙 lóng 袍|龙衣〕ともいう.②大いさま.③次々とつながるさま.
衮衮 gǔngǔn〈文〉多いさま.途切れないさま.〔~诸 zhū 公〕〈成〉(働きのない)お歴々:〔诸公~登台省〕お偉がたが続々と登庁される(杜甫·醉時歌)より.
衮冕 gǔnmiǎn〈文〉天子の衣冠(をつける).〔冕〕は天子の冠.
衮阙 gǔnquè〈文〉主君の過ち.〔弥 mí 缝~〕同前を取り繕う.

[滚(滾・滾)] gǔn ①(ころころ)転がる.転がす.〔皮 pí 球~过来,~过去〕ゴムまりがあっちへころころ,こっちへころころする.〔满地直~〕あたり中転げ回る.〔~打〕取っ組み合いの争いをする.〔~龙 lóng 身壮に体をくねらす竜.〔他和大伙一床~,一桌吃〕彼は皆と一つベッドに寝,一つテーブルで食事する.〔在地下打了一个~儿〕地べたでごろりとひっくり返った.〔修理球场得把它~得溜平才好〕球場の手入れにはローラーで地ならしをせねばならぬ.②出ていく.〔~出去!〕〈罵〉出て行け.さかまく.沸き返る.沸き立つ.〔把水烧 shāo ~〕〔把水煮 zhǔ ~〕水をグラグラに沸かす.④服緣(ぐ)を取る.ふちどりをする(:〔绳边〕ともいう.〔滚边〕⑤非常に.とても.特に.〔~圆 yuán〕まん丸い.⑥転がって大きくなる.繰り込む.〔这笔钱~在里头〕この金は中に繰り込まれておく.〔开会的人~着疙 gē 瘩来〕参加人が一かたまりになって次々とやってきた.⑦〔姓〕滚(ǎ).
滚鞍 gǔn'ān 鞍から転がるように降りる.〔~下马〕同前.
滚边 gǔnbiān 服(布のヘリに細い布などで)縁(を)かざりをつける.ふちどりをする:〔绳边儿〕とも書く.〔在袖口上滚一道边儿〕そでロに玉ぶちをつける.
滚槽机 gǔncáojī 機溝切りフライス盤.
滚齿刀 gǔnchǐdāo ⇒〔滚刀〕
滚齿机 gǔnchǐjī =〔螺 luó 旋铣床〕機ネブ盤.歯鑿(ざ)機:〔滚(齿)床|滚齿盘〕ともいう.
滚存 gǔncún 繰り越し(する).〔~ 金 jīn〕〔~(款 kuǎn)项〕繰越金.
滚蛋 gǔndàn ⇒〔滚开②〕
滚汤 gǔntāng 沸き立つ.滾湯.
滚刀 gǔndāo =〔滚齿刀|滚铣刀〕ホブ:カッターの一種.各種の歯車の製作に用いる特殊な鑿歯(ざ)器具.
滚刀块(儿) gǔndāokuài(r) 切る材料を転がしながら乱切りにしたもの.〔把罗卜切成~〕大根を乱切りにする.
滚刀肉 gǔndāoròu〈方〉箸にも棒にもかからんやつ:〔滚刀筋 jīn〕ともいう.〔~的脾气〕人に押さえられることの嫌いな人.〔他是个~,咱们还是敬而远之吧〕あいつは手に負えない.まあ敬遠しよう.
滚道 gǔndào 機ころコンベア.ローラーコンベア.→〔輸 shū 送机〕
滚地龙 gǔndìlóng こもやむしろ掛けの小屋:〔滚地棚 péng〕ともいう.
滚地球 gǔndìqiú〈野球〉のゴロ.
滚动 gǔndòng 転がる(球・車輪などが).回転する.〔一条 tiáo〕電覚スクロールバー.〔~饭 bǎn〕機ローラープレート.〔~播 bō 出〕同一番組を時間差を設けて放送すること.〔~计 jì 划〕ローリングプラン.〔~摩 mó 擦〕回転摩擦.
滚动轴承 gǔndòng zhóuchéng〔=减 jiǎn 摩轴承〕機ころがり軸受.減摩軸受:〔滚针轴承|滚珠轴承|滚柱轴承〕などを含めていう.→〔球 qiú 轴承〕
滚翻 gǔnfān〈体操〉の前・後転:〔前 qián〕(前转)と〔后 hòu〕(後転)
滚肥 gǔnféi ころころ肥えている.〔~的猪 zhū〕同前の豚.
滚沸 gǔnfèi ⇒〔沸滚〕
滚杠 gǔngàng 機ローラー.ころ.
滚瓜 gǔnguā〈喻〉丸々としたさま.〔肚子像~似的〕腹が丸々としてる.〔~烂 làn 熟〕〈成〉習熟していて,すらすらと読む.暗唱すること.〔~溜 liū 圆〕〈喻〉(家畜などが)丸々と肥えているさま.〔~流油〕〈喻〉(毛皮などが)つるつるに光っているさま.
滚滚 gǔngǔn ①水の流れ続けるさま.〈転〉尽きないさま.〔财 cái 源~|财源が絶えることがない〕②どぎれなく押し寄せるさま.〔沙 shā 尘~〕砂ほこりが押し寄せる.〔历史车轮~向前〕歴史の車輪はぐんぐん前進する.
滚花 gǔnhuā =〔压 yā 花(纹)〕口ナーリング.すべりどめ模様:金属製品の表面や,ネジの頭・ハンドル・ノッブの類に刻まれた凸凹のあるすべりどめの模様.〔~ 刀〕〈方〉擂 léi 丝(刀)〔压 yā 花刀〕機ナーリングツール.ローレット.〔~〕を作る時に用いる刀具.
滚开 gǔnkāi ①水が(グラグラ)沸く.〔~的水〕沸きたった水.②=〔滚蛋〕〈罵〉出てうせろ.
滚雷 gǔnléi ①連続して鳴る雷.〔~〕軍転がして爆発させる地雷.
滚乱 gǔnluàn〈方〉ごちゃごちゃ(になる・にする)
滚轮 gǔnlún〈体〉〔=滚子①〕〈体操〉のフープ:鉄の輪2個を数本の鉄棒でつないだもの.〔虎 hǔ 伏〕は音訳.
滚落 gǔnluò 転げ落ちる.〔从衣兜里~了一枚一角的硬币〕ポケットから1角硬貨がポロリと落ちた.
滚磨机 gǔnmójī 機ローラーミル.
滚木 gǔnmù 旧城壁上から敵兵へ落とす丸太.〔~礌 léi 石〕同前と大きな石.
滚木球 gǔnmùqiú ⇒〔滚球〕
滚偏仪 gǔnpiānyí 機クリノメーター.傾斜仪.
滚屏 gǔnpíng 電覚スクロール.
滚坡 gǔnpō ①坂を転げ落ちる.②へまをする.③〈喻〉ぶりくりめ.
滚球 gǔnqiú 又ボウリング.またそのボール:〔滚木球〕〈音義 訳〉保 bǎo 龄 líng 球〕ともいう.〔~场 chǎng〕ボウリング場.
滚热 gǔnrè (飲食物や体が)とても熱い.〔~的饭〕ほっかほかのご飯.
滚入 gǔnrù 繰り入れる).〔~下年新帐〕次の年の勘定に繰り入れる.→〔结 jié 转〕
滚石乐 gǔnshíyuè =〔摇 yáo 滚乐〕
滚式 gǔnshì 正面跳び.=〔跳 tiào 高〕
滚水 gǔnshuǐ ①熱湯:〔开 kāi 水〕に同じ.②水が

gǔn～guō

a 溢れる.〔～坝 bà〕溢れた水を逃がす型の堤.〔～度 dù〕沸 fèi 点〕(沸騰点)の旧称.
滚（算）利 gǔn(suàn)lì 複利(で利がつく).〔～钱 qián〕複利の金.〔利上～〕利が利を生む.
滚汤 gǔntāng 〈方〉熱湯:〔开 kāi 水〕に同じ.〔～泼 pō 老鼠〕熱湯をねずみの穴に注ぎ込む.〈喩〉全滅させる.一人も逃さない.
滚淌 gǔntǎng (涙や汗など)液体(の粒)が流れ落ちる.
滚烫 gǔntàng とびっきり熱い.焼けるように熱い.
c **滚梯** gǔntī エスカレーター：〔自 zì 动扶梯〕の通称.〔坐～〕同乗に乗る.→〔电 diàn 梯①〕
滚铁环 gǔntiěhuán 輪回し遊び(をする).
滚筒 gǔntǒng 機シリンダー.ロール.ロール：〔～呢 ní〕〔滚子呢〕〔罗 luó 拉呢〕ローラークロス.〔～d 油 yóu 印机〕輪転式謄写機.
滚铣 gǔnxǐ エホビング：歯車の歯を刻むこと.
滚铣刀 gǔnxǐdāo ⇒〔滚刀〕
滚雪球 gǔnxuěqiú 雪だるま(を作る).雪の球(を転がして大きくする).〔～式的扩充〕雪だるま式の増え
e 方.→〔雪人〕
滚轧 gǔnzhá 機圧延(する).〔～机 jī〕圧延機.
滚针轴承 gǔnzhēn zhóuchéng 機針状ころ軸受.ニードル(ローラー)ベアリング.
滚轴 gǔnzhóu ① 機ローラー軸.〔～旱 hàn 冰〕旱
f 冰〕スローラースケート.②车轮轴.〔轴〕
滚珠 gǔnzhū 〔钢 gāng 珠〕〔钢球〕〔～儿〕機ボールベアリングの鋼球.スチールボール.〔～链 liàn〕ボールベアリングのチェーン.〔～轴 zhóu 承〕〔球 qiú 轴承〕ボールベアリング.玉軸受け.
g **滚柱窝** gǔnzhùwō 機ローラーネスト.ころ穴(e)
滚柱轴承 gǔnzhù zhóuchéng 機ころ軸受.ローラーベアリング.
滚装 gǔnzhuāng ばら積みする.〔～货船 chuán〕ロールオン・ロールオフ貨物船.
h **滚子** gǔnzi ①〈口〉ローラー.〔滚轮①〕ともいう.〔用～轧 yà 平场地〕ローラーで用地を平らにする. ② ⇒〔电 diàn 动机〕
滚罪 gǔnzuì 罪を認めない.

〔**磙（磙）**〕gǔn ①石のローラー.〔石 shí
i ～〕に同じ.→〔磙子〕②ローラーをかける.〔～压 yā〕同前.〔～地〕地面にローラーをかける.
磙子 gǔnzi (脱殻・製粉または整地などに使う)石製のローラー.〔石头～〕同前.→〔碌 liù 碡〕

〔**绲・緄**〕gǔn ①織り上げた帯.〔～带
j dài〕同前.②〈文〉ひも.なわ. ③ 服緣(を)とる.玉ぶちをつける.へりをかがる：〔滚④〕に同じ.〔～边 biān 儿〕〔滚边〕同前.〔～条〕緣どる.

〔**辊・輥**〕gǔn 機ローラー：〔～子 zi〕
k 〔音訳〕罗 luó 拉〕ともいう.〔轧 zhá～〕圧延ローラー.〔木 mù 头～〕脱殻用の木製ローラー.
辊筒印花 gǔntǒng yìnhuā 紡ロール捺染(rǎn).〔～机 jī〕機ロール捺染機.
辊轴 gǔnzhóu ローラー(軸)

〔**鲧・鯀（鮌）**〕gǔn ①古代,伝説上の大魚. ②夏(a)の禹王の父の名.

m 〔**棍**〕gùn ①〔～儿〕棒.ステッキ：旧時,ステッキのことを〔文明～儿〕〔洋 yáng 杖〕といった.〔拄 zhǔ 着根粗粗的～〕太い棍(ě)棒をついている.→〔棒 bàng①〕〔手 shǒu 杖〕②悪党.無賴.〔恶 è～〕〔痞 pǐ～〕同　前.〔地 dì～〕〔土 tǔ
n ～〕〔地痞〕土地のならずもの.〔赌 dǔ～〕〔赌徒

ばくち打ち.ギャンブラー.
棍棒 gùnbàng ①棍棒:長い棒と短い棒の総称. ②〔新体操のクラブ.棍棒.
棍法 gùnfǎ ⇒〔棍术〕
棍球 gùnqiú ⇒〔棒 bàng 球〕
棍儿茶 gùnrchá 茶の棒柄で作った(下等の)茶葉.
棍术 gùnshù ＝〔棍法〕棒術(武術)
棍条 gùntiáo 〈方〉身体が引き締まっている.〔这儿位选手个个都挺～〕これらの選手はだれもかれも皆とてもきりっとしている.

棍香 gùnxiāng 線香.
棍子 gùnzi ① 棒.→字解① ② 〈喩〉(政治的な)非難攻撃(に使われる人).〔打～〕言いがかりをつけてやっつける.

guo ㄍㄨㄛ

〔**过・過**〕guō 〈姓〉過(a) → guò

〔**挎・㧟（㧮）**〕guō 〈文〉弓をひきしぼる.

〔**呙・咼**〕guō 〈姓〉呙(a) → wāi

〔**涡・渦**〕guō ①地名用字.〔～河 hé〕地
河南省に発し,安徽省に流入する.②〈姓〉涡(a) → wō

〔**堝・堝**〕guō →〔坩 gān 堝〕

〔**锅・鍋**〕guō ①鍋.底の浅い釜(a).
〔一～肉 ròu〕一鍋の肉料理.〔一口铁 tiě～〕一つの鉄鍋.〔沙 shā～〕土鍋.〔饭 fàn～〕飯炊き鍋.〔吃大～饭〕みんなで一つ釜の飯を食べる.〈転〉親方日の丸.〔水 shuǐ～〕湯わかし鍋.〔火 huǒ～〕アルコール上で水たきができるように,炭火あるいはアルコールなどを燃やす設備のついた鍋.② 〔～儿〕(器物下方についている)鍋のような形をした部分.〔烟 yān 袋～儿〕キセルの雁首(がん).〔笙 shēng 下面的～〕笙(しょう)の下部の(吹き口と本体を取りつけてある)受け. ③〈姓〉鍋(a)
锅巴 guōbā 食①＝〔锅焦〕〔饭屁嘎巴儿①〕〕お焦げ:釜底にできる狐色のお焦げ.②お焦げ料理.〔三鲜 xiān～〕三種の具入りの同前.お焦げせんべい(菓子)
锅饼 guō·bǐng 食小麦粉をとかしたり,こねたり(発酵させたものもある)したものを〔铛 chēng〕浅い平底の鉄鍋)で大きく厚く焼いた食品.〔烙 lào 饼〕〔烧 shāo 饼〕
锅铲 guōchǎn フライ返し:材料を油炒めしたり,かき回したり,鍋から飯や料理を取り出すのに用いる.
锅底 guōdǐ ①鍋の底. ②〈喩〉不景気の底.〈喩〉水はけの悪い土地.〔～洼 wā〕同前.
锅底灰 guōdǐhuī ⇒〔百 bǎi 草霜〕
锅底儿 guōdǐr 食①〔火 huǒ 锅②〕のスープ.〔鸳 yuān 鸯～〕同前で辛いスープとあっさりした味のスープに分けてあるもの. ②鍋に残っている食物.〔~我吃吧〕残り物は私が食べるよ.
锅垫 guōdiàn 鍋敷き.
锅耳子 guō'ěrzi 鍋の取っ手.鍋の耳.
锅房 guōfáng 〈方〉台所:〔锅屋〕に同じ.→〔厨 chú 房〕
锅盖（儿） guōgài(r) 鍋のふた.
锅盖鱼 guōgàiyú 魚貝ウチワザメ:エイの一種.〔团 tuán 扇鳐〕ともいう.
锅垢 guōgòu ⇒〔水 shuǐ 锈①〕
锅鹳 guōguàn ⇒〔黑 hēi 鹳〕

锅伙(儿) guōhuo(r) 旧小あきんどや土工などが縁日や工事の現場に臨時に作って住む仮小屋.飯場.

锅焦 guōjiāo ⇒[锅巴①]

锅盔 guō·kuī 圖小型の[锅饼].[锅魁 kuí]ともいう.[~帽 mào]圈鍋型の帽子.

锅梁儿 guōliángr 鍋の手.鍋づる.

锅炉 guōlú [蒸 zhēng 气锅炉]圓ボイラー.[火 huǒ 管~]ファイヤーチューブボイラー.[高压~]高圧ボイラー.[内燃 rán ~]内燃式缶.[~房 fáng]ボイラー室.→[汽 qì 锅]

锅炉火坝 guōlú huǒbà ⇒[炉桥①]

锅炉塞 guōlúsāi [易 yì 熔塞]

锅圈(儿) guōquān(r) ①鍋敷.②髪型の一種:子供の頭髪の上部を円く剃り落として、頭の周囲だけ輪形に残したもの.

锅烧 guōshāo 材料をいったん油で揚げ,油をきってからさらに調味料を加えとろ火で柔らかくなるまで煮ること.→[锅煽]

锅煽 guōtā 材料に混ぜた生卵を塗り,小麦粉をまぶして揚げてからさらに調味料を加えてとろ火で柔らかくなるまで煮ること.[~鸡 jī]圈鶏を同前の方法で煮た料理.→[锅烧]

锅台 guōtái かまど(の上部).[~转]<喩>女性.主婦.→[灶 zào 台]

锅挑(儿) guōtiāo(r) 圖釜揚げうどん.→[过 guò 水面]

锅贴儿 guōtiēr 圖①焼きギョーザ.→[饺 jiǎo 子]②平たい浅底の鍋に貼りつけて焼いた食品.[~乌 wū 鱼]魚名.

锅筒 guōtǒng =[方]汽 qì 包]圈ボイラーの一部で,蒸気や水を貯めておく円筒形の部分.

锅驼机 guōtuójī 圈ロコモビル:動力用に用いられる固定式あるいは移動式の蒸気エンジン.

锅碗瓢勺 guō wǎn piáo sháo 台所調理具(総称):[锅碗瓢盆]ともいう.

锅屋 guōwū [锅房]

锅心 guōxīn =[方]炉 lú 胆]圈煙管(がん).

锅烟子 guōyānzi 鍋墨.[刮 guā ~]鍋墨をかき落す.[煤 méi 食]食苔]

锅灶 guōzào 鍋とかまど.

锅渣 guōzhā =[铬 gě 馇(儿)]

锅庄 guōzhuāng <音訳>(チベット語で)チベット族の民間舞踏.[~舞 wǔ][锅桩(舞)]ともいう.

锅子 guōzi ①鍋.釜.②(器物についている)鍋状の部分.③⇒[火 huǒ 锅]

[郭] guō ①圃城の外囲い.[三里之城,七里之~]3里または城壁,7里には外囲い.[城 chéng]<文>城郭.<転>都市.→[城①] ②外回り.[铜 tóng 钱的周~]銅銭の外回り.③<姓>郭(かく)

郭公 guōgōng ⇒[布 bù 谷(鸟)]

[崞] guō 地名用字.[~山]圈山西省にある.

[墎] guō <文>①(棺を入れてから)墓穴の四方に煉瓦を積む.②同前の壁.

[啯・啯] guō [~~]<擬>ゴクゴク.グイグイ:飲む(呑み)下す音.②ガァガァ:蛙やアヒルの鳴き声.

[蝈・蟈] guō [~~儿][~儿 guor]=[方]叫 jiào 哥哥]圈キリギリス.[札儿 zhá'ér]<文>蟚 zhōng 斯]に同じ.②→[蝼 lóu 蛄]③<姓>蝈

[聒] guō 声が大きくてうるさい.うるさくしゃべる.[~~]ⓐ<擬>ガヤガヤ.⑤無知なさま.

聒耳 guō'ěr やかましい.

聒絮 guōxù くどくどと言う.

聒噪 guōzào がやがやうるさい.騒々しい.

〔国・國（囯・囻・囗）〕 guó

国家 guójiā ふつう[~家 jiā]という.[万~]万国.各国.[保家卫~]家を守り国を護る. ②故国.自分の国.[归 guī ~华侨]故国へ帰った外国居住の中国人. ③国を代表するもの.国的であるもの.[~丘 pīng 乓队]男子卓球の国家チーム.④[中国]~民党]の略.[~共合作]国民党と共産党との合作.⑤<姓>国(く)

国安 guó'ān (台湾の)国家安全局:特務機関.

国奥队 guó'àoduì ナショナルオリンピックチーム.

国办 guóbàn [国务院办公厅](内閣官房)の略.

国宝 guóbǎo ①国宝.②国宝的な人.

国本 guóběn 国家の基本.国の基礎.

国标 guóbiāo ①[国家标准]の略.[~码 mǎ](中国漢字の)GBコード.②[国际标准]の略.[~舞 wǔ]国際標準社交ダンス.

国别 guóbié 国別.

国宾 guóbīn 国賓(ひん).[~馆 guǎn]迎賓館.→[外 wài 宾]

国柄 guóbǐng 国家の権力.

国步 guóbù <文>国家の歩み.[~斯 sī 频]国運が急迫する.[~艰 jiān 难]国の発展が艱難である.

国策 guócè 国策.

国产 guóchǎn 国産(の).[~品 pǐn]国産品.[~片 piàn]国産映画.→[国货]进 jìn 口②]

国朝 guócháo <文>本朝.当代.

国耻 guóchǐ 国辱.[~纪念日]1915年5月9日,日本が21箇条の要求を袁世凱政府に承諾させた日:[五 wǔ 九]ともいう.→[二 èr 十一条]

国仇 guóchóu 国の仇(きゅ).[~家恨]国家国民の仇.

国储 guóchǔ ①<文>皇太子.②[中国国家物資储备局]の略.

国粹 guócuì 国粋.国の精粋.

国道 guódào 国道.[208~]国道208(号線).→[公 gōng 路]

国鼎 guódǐng ⇒[九 jiǔ 鼎①]

国典 guódiǎn 国家の典礼や制度.

国都 guódū 国の首都:ふつう[首 shǒu 都]という.→[京 jīng 师]

国度 guódù ①国家:とくにその国情.②⇒[国用]

国而忘家 guó ér wàngjiā <成>国事のために家(事)を忘れる.

国法 guófǎ 国法.[国有~,家有家规]<諺>国には国法あり,家には家規あり.

国防 guófáng 国防(の).[~力量]国防力.[~费 fèi]国防費.[~军]国(防)軍.[~绿 lù]色)軍服の緑色の.⑤.[~转]军服.[~教育]国防教育.[~部 bù 长]国防大臣.[~建设]防衛力の向上.[~体制]国防体制.

国房 guófáng 国内の住宅.[~景 jǐng 气报告]国内の住宅販売建設景気報告.

国防文学 guófáng wénxué 圈1936年,抗日民族統一戦線の呼びかけに応じる形で周易らが提唱したスローガン:魯迅らはこれに対し,"民族革命戦争の大衆文学"を提唱した.

国风 guófēng ①国の風習.②圖詩経の"国風"篇.

国府 guófǔ 史中華民国国民政府の略称.[~主 zhǔ 席]国民政府主席.

国父 guófù 国家の創建に主となって尽くし功績のあった人に対する尊称:中華民国においては[孙 sūn 中山(孫文)]を[~]の遺嘱]孫中山の遺嘱.

国富 guófù 国が豊かであること.[~民安]<成>国

富み民は安定する.〔~民強〕〈成〉国は富み民は栄える.

国歌 guógē 国歌.〔奏 zòu ~〕国歌を演奏する.→〔义 yì 勇军进行曲〕

国格 guógé 国家の品格.〔有损 sǔn ~〕国の尊厳を損ねる.

国故 guógù ①〈文〉国の大事.大難.②その古来の文化・学術(多くは言語・文字・文学・歴史を指す)

国光 guóguāng 〈文〉国家の栄光.

国号 guóhào 国号.

国花 guóhuā 国を象徴する花:中国では〔牡 mǔ 丹〕または〔梅 méi 花〕をいう.→〔国色②〕

国画 guóhuà 中国画.↔〔西 xī 画〕

国槐 guóhuái ⇒〔槐①〕

国徽 guóhuī 国章.国の紋章〔中华人民共和国宪 xiàn 法〕の規定によれば,周囲を穀物の穂と歯車で囲み,中は五つの星が天安門を照らしている図柄.

国会 guóhuì〔议 yì 会〕中国では〔全 quán 国人民代表大会〕がこれに相当する.〔~制〕議会制.

国讳 guóhuì〔国君〕(当代の君主)の名前を避ける(こと):旧時,皇帝の名と同じ字は,一般にこれを避けて他の字を用いるか画数を減じて書くなどした.→〔避 bì 讳〕

国魂 guóhún 国家・国民精神.

国货 guóhuò 国産(工業)製品.〔爱 ài 用~〕国産品愛用(する).→〔国产〕

国籍 guójí ①(個人)の国籍.〔双重 chóng ~〕二重国籍.②(船舶・飛行機などの)所属国.〔~不明の飞机〕国籍不明の飛行機.

国计 guójì〈文〉①国家の経済.〔~民生〕〈成〉国の経済と人民の生活.②国の政策.

国技 guójì その国特有の技芸や武術.

国际 guójì 国際(的である).〔~奥 ào 委会〕〔~奥林匹克委员会〕IOC.国際オリンピック委員会.〔~笔 bǐ 会〕国際ペンクラブ.〔~标准化组织〕ISO.〔~标准(交谊)舞〕国際標準社交ダンス.〔~裁 cái 判员〕国際審判員:国際競技会の公認レフリー.〔~财团〕コンソーシアム.国際借款団.〔~法〕〔~公法〕法 国際法.公法.〔~分 工〕国際分業.〔~惯 guàn 例〕国際慣習法.〔~公务员〕〔~职 zhí 员〕国際的組織の職員.〔~汉学〕外国人の中国歴史・文化・言語研究,またそれを対象とする中国人の研究.〔~航空 邮 yóu 简〕航空書簡.エアログラム.〔~河川〕河川.〔~互 hù 联网〕〔~网〕〔~网络〕〔~信 xìn 息(互联)网〕〔音訳〕因 yīn 特网 電算 インターネット.〔~化〕国際化(する).〔~机场〕国際空港.〔~接轨〕グローバルスタンダードになる.〔~结 jiē 算〕~清算国際決済.〔~经济〕国際経済.〔~纠 jiū 纷〕~争端国際紛争.〔~空间站〕国際宇宙ステーション.ISS.〔~劳 láo 工组织〕国際労働機関.ILO.〔~联 lián 运列车〕〔~列 liè 车〕国際列車.〔~贸易〕国際貿易.〔~日期变 biàn 更线〕日付変更線.〔~关系〕国際関係.〔~收 shōu 支〕国際収支.〔~水平〕国際の水準.〔~私法〕法 国際私法.〔~特快专递〕〔全球特快专递〕EMS.国際エキスプレスメール.〔~通信卫星组织〕インテルサット.国際電信衛星機構.〔~象 xiàng 棋〕チェス.〔~小姐〕ミスインターナショナル.〔~性〕国際性.国際的.〔~影 yǐng 星〕国際的な映画スター.〔~友人〕外国の友人.〔~展 zhǎn 览 lǎn 会〕国際博覧会協会.BIE.〔~制 zhì 裁〕国際的制裁.〔~主义〕国際主義.インターナショナリズム.〔~组 zǔ 织〕国際的組織.〔打~电话〕国際電話をかける.

国际单位制 guójì dānwèizhì 国際単位系:SI 単位(基本単位,組立単位,補助単位)とSI接頭語(キロ,センチ,ナノなど)からなる.〔国际制〕ともいう.

国际儿童节 guójì értóngjié =〔儿童节〕〔六 liù 一 (国际)儿童节〕国際児童デー:1949年,国際民主婦人連盟の提唱で6月1日を国際児童デーに指定.翌年から実施.

国际法院 guójì fǎyuàn 国際司法裁判所.〔向海牙~控告英国〕ハーグの国際司法裁判所に英国を訴える.

国际歌 guójìgē 音 インターナショナル:〔音訳〕英 yīng 特纳雄耐尔〕ともいう.作詞〔欧仁・鲍 bào 狄埃〕(ウジェーヌ・ポティエ),作曲〔皮埃尔・狄 dí 盖特〕(ピエール・ドジェテール)

国际公制 guójì gōngzhì =〔公制〕〔米 mǐ 制〕〈度〉メートル法.国際単位:メートルを長さ,リットルを体積,グラムを質量(重さ)の基本単位とする十進法度量衡.〔标 biāo 准制〕〔公尺制〕〔音义訳米突制〕〔万 wàn 国制〕〔市制〕〔市 shì 制〕

国际共管 guójì gòngguǎn〔共管〕共同統治(管理):2国以上の国家が共同で一地域を統治または管理すること.

国际货币基金组织 guójì huòbì jījīn zǔzhī 国際通貨基金.IMF.

国际(劳动)妇女节 guójì (láodòng) fùnǚjié = 〔三 sān 八 (国际劳动)妇女节〕国際婦人デー:1909年3月8日米国婦人によって始められた自由解放運動で,翌年コペンハーゲンで婦人社会主義者が大会を開き,この日を国際婦人デーと決めた.中国では1949年12月〔妇女节〕とした.

国际劳动节 guójì láodòngjié ⇒〔五 wǔ 一国际劳动节〕

国际联盟(会) guójì liánméng(huì) 国際連盟:略して〔国联〕という.→〔联合国〕

国际社会党 guójì shèhuìdǎng ⇒〔第 dì 二国际〕

国际狮子会 guójì shīzǐhuì ライオンズクラブ:自由・知性・友愛・奉仕などを目的とする国際的団体.

国际音标 guójì yīnbiāo 言 国際音声記号.万国音標文字.

国际纵队 guójì zòngduì 史 1936~39年スペイン内戦の際,スペイン人民を支援し,フランコ政権に反対した外国の労働者・農民の部隊.後には侵略に反対する外国人の義勇軍.

国家 guójiā ①国.国家.〔保卫~〕国を守る.〔~计划国家計画.〔社 shè 会主义~〕社会主義国.〔~标 biāo 准〕〔国标〕(工業)国家規格:JIS に相当するもの.〔~风险度〕カントリーリスク.〔~公园 yuán〕国立公園.〔~股 gǔ〕国有企業株.〔~税 shuì〕〔国税〕国税.〔~赔 péi 偿〕国家賠償.〔~队 duì〕スポーツ 国家代表チーム.ナショナルチーム.〔~机构〕国家機関.〔~机器〕国家権力機構.〔~结构〕国家組織.〔~元 yuán 首〕国家元首:中国では〔中华人民共和国主席〕〔国家主席〕がこれにあたる.〔~(主)义〕国家主義.〔资本主义~〕資本主義国家.〔~垄 lǒng 断资本主义〕国家独占資本主義.〔~认 rèn 同〕ナショナルアイデンティティー.〔~所有制〕国有制.〔~质 zhì 量(奖)国家品質賞.②中央政府.〔~干部〕中央政府の役人.

国家裁判 guójiā cáipàn スポーツ (中国)一級審判員.

国家汉考 guójiā hànkǎo HSK =〔国家汉语水平考试〕の略.

国家机关 guójiā jīguān ①国家機関.②特に中央の国家機構をいう.

国家计划委员会 guójiā jìhuà wěiyuánhuì 国務院

guó 国

に属する中央官庁の一：1998年,〔国家发展计划委员会〕となった.〔计委〕は略称.

国家教育委员会 guójiā jiàoyù wěiyuánhuì 中央官庁の一：1985年〔教育部〕を廃止し〔~〕を新設したが,1998年〔教育部〕に戻った.

国家社会主义 guójiā shèhuì zhǔyì ①国家社会主义. ②⇒〔法fǎ 西斯主义〕

国将不国 guó jiāng bùguó 〈成〉亡国の危険.

国交 guójiāo 国交：〔邦 bāng 交〕ともいう.

国脚 guójiǎo =〔国足〕又(サッカーの)ナショナルチーム選手.

国教 guójiào 国国定の宗教.国教.

国界 guójiè 国境(線)

国境 guójìng ①国の領土. ②国境.〔~线 xiàn〕国境線.〔~站 zhàn〕〔国際列車で〕国境の駅.

国酒 guójiǔ 一国の代表的な酒.

国舅 guójiù 旧皇帝の母・皇后や貴妃の兄弟.

国剧 guójù 国の代表的な伝統演劇：〔京 jīng 剧〕の別称.→〔地 dì 方戏〕

国军 guójūn ①国民党の軍隊. ②国の軍隊.

国君 guójūn 国の君主.

国库 guókù 国庫：〔金 jīn 库②〕に同じ.〔~券 quàn〕〔库券〕国家债券.国债.

国老 guólǎo 国の元老.

国礼 guólǐ 国家からの贈り物.

国力 guólì 国力.

国立 guólì 国立(の).〔~大学〕国立大学.

国联 guólián 〔国际联盟(会)〕の略.

国旅 guólǚ 〔中国国际旅行社〕の略称.

国论 guólùn 国論.

国脉 guómài ①国民のライフライン. ②〈文〉国家の命脈.〔~民命〕〔~民运〕国家と国民の運命.

国门 guómén 〈文〉①国都の城門. ②城門外の地・辺境.

国民 guómín 国民.〔~待 dài 遇〕内国民待遇.〔~公德〕すべての国民が守るべき公衆道徳.〔~经济〕经国民経済.〔~生产总 zǒng 值〕国民総生产.GNP.〔~收 shōu 入〕经国民所得.→〔公 gōng 民①〕〔人 rén 民〕

国民党 guómíndǎng 〔中国国~〕の略.

民革命军 guómíngémìngjūn 旧第一次国共合作时期の国民政府军.→〔八 bā 路军〕

国母 guómǔ 旧天子の母：〔国太〕ともいう.〔明・清代の〕天子の生母である皇太后の称.→〔圣 shèng 后皇太后〕

国难 guónán 国难.〔~财 cái〕战争中のごたごたに乗じてもうけた财・富.

国内 guónèi 国内.〔~战争〕内战.〔~形势〕国内情势.〔~市场〕国内市场.〔~生产总 zǒng 值〕经国内総生产.GDP.〔~汇兑〕内国为替.

国鸟 guóniǎo 国鸟.

国破家亡 guópò jiāwáng 〈成〉国は破れ家は滅ぶ.

国戚 guóqī 〈文〉天子の外戚(后・妃の実家).→〔皇 huáng 亲〕

国旗 guóqí 国旗：〔中华人民共和国宪法〕の規定による〔五 wǔ 星红旗〕が中国国旗.

国企 guóqǐ 〔国有企业〕の略.〔~改革〕同前の改革.

国情 guóqíng 国情.〔~咨 zī 文〕(アメリカ国家元首が)議会に送るメッセージ：大統領の一般教書.

国庆 guóqìng 建国記念日：〔~节 jié〕〔~日〕ともいう.中華人民共和国.1949年10月1日北京天安門で毛泽东主席により成立宣言が行われた,10月1日を国庆節とする.〔~观礼〕同前の式典.

国人 guórén 〈文〉(その)国の人.国民.→〔邦 bāng 人〕

国丧 guósāng ①=〔国孝〕旧皇帝・皇后・皇太后などの丧. ②国葬.

国色 guósè ①=〔国姝〕〈文〉国の代表的な美人.〔~(转)〕牡丹.〔~天~香〕〈喻〉女性の美しさの形容.

国殇 guóshāng 〈文〉殉国の士.国を守る战争で犠牲となった人.〔哀 āi 〕同前を悼む.

国史 guóshǐ ①国史. ②旧史官.

国士 guóshì 国士.

国事 guóshì 国事.〔~犯 fàn〕国事犯.〔~访问〕元首・首相などの外国公式访问.

国势 guóshì ①国勢. ②国力.

国是 guóshì 〈文〉国是(ぜ).国の大方針.

国士无双 guóshì wúshuāng ①〈成〉天下第一の人物.国士无双. ②=〔十 shí 三幺(九)〕マージャンで,〔幺 yāo 九牌〕を13種1個ずつそろえ,そのうち1種の牌を雀頭とした上がり：役满貫の一.

国手 guóshǒu その道きっての名手：名医・名棋士・名選手など,また国家チームのメンバー.

国书 guóshū 国书.〔呈 chéng 递〕〔递 dì 交〕国书を捧呈(ほうてい)する.

国姝 guóshū ⇒〔国色〕

国术 guóshù 中国の伝統的武術.

国税 guóshuì ①〔国家税〕の略.国税：〔中 zhōng 央税〕ともいう.〔地 dì (方)税〕国家税収.

国泰民安 guótài mín'ān 〈成〉国が泰平で民の暮らしも平安である.

国帑 guótǎng 〈文〉国帑(ど).国の财産.

国体 guótǐ ①国体.国家の政治体制：奴隷制・封建制・资本主义・社会主义国家など.→〔政 zhèng 体〕

国统区 guótǒngqū 旧国民政府支配地区.→〔解 jiě 放区〕

国土 guótǔ =〔邦 bāng 土〕国土.

国外 guówài 国外.〔~汇款〕仕向送金(为替)

国王 guówáng 国王.

国威 guówēi 国威.

国文 guówén ①自国の文字(と言語).→〔中 zhōng 文〕②旧小中学校の国語(教科・教科书名)：主に文語文の読み书き.→〔国语〕

国务 guówù 国务.〔~卿 qīng〕ⓐ国务長官(アメリカなどの).ⓑ旧中华民国初期における官職.

国务院 guówùyuàn ①国务院：中国国家行政の最高権力執行機関.內閣にあたり,〔~总理〕(国务院总理)とそれを補佐する〔国务委 wěi 员〕(各大臣)などから構成される. ②(アメリカの)国务省. ③旧中华民国初期の內閣.

国玺 guóxǐ 国璽(じ).→〔印 yìn 玺〕

国香 guóxiāng 〔兰 lán 花(儿)〕(蘭の花)の別称.→〔国花〕

国孝 guóxiào ⇒〔国丧〕

国姓爷 guóxìngyé 囚明末の英雄の郑成功の別称：皇帝の姓"朱"を賜ったことによる.

国学 guóxué ①中国の伝統的文化・学問.〔~的底子〕同学の素養. ②旧国家が設立した学校.〔国子监〕

国宴 guóyàn 元首(首相など)が主催の宴会.〔举行~欢迎某国代表团〕政府主催の宴会を開き某国代表团を歓迎する.

国药 guóyào ⇒〔中 zhōng 药〕

国医 guóyī ⇒〔中 zhōng 医〕

国音 guóyīn 旧国家の制定した漢語の標準音.〔老~〕同前.→〔国语罗马字〕

国音字母 guóyīn zìmǔ ⇒〔注 zhù 音字母〕

国饮 guóyǐn 〔国产饮料〕の略.国産の飲み物：〔国水〕ともいう.

国营 guóyíng 国营(の).〔中央~〕中央各部門で経

guó～guǒ

営されるもの.〔地方〜〕県以上の地方政府経営によるもの.〔〜企业〕国営企業.〔〜商店〕国営商店.〔〜农 nóng 场〕国営農場：〔国有农场〕の旧称.→〔集 jí 体农庄〕

国用 guóyòng ＝〔国度②〕〈文〉国の歳出.

国优 guóyōu 全国最優秀である製品：〔国家优质产品〕の略.

国有 guóyǒu 国有である.〔〜化 huà〕国有化する.〔〜大中型赤字亏 kuī 损企业〕国有大中型赤字企業.〔〜股 gǔ〕国(政府)保有株.〔〜资 zī 产〕国有資産.〔〜农场〕国有農場.〔〜民营 yíng〕国有建築物でテナントは民間の商店.〔〜经济〕国有経済.〔〜企业〕国企〕国有企業.

国语 guóyǔ ①一国の公的な共通語.②〔標準漢語：旧時の〔官 guān 话〕,現在の〔普通话〕にはぼあたる.〔他会说〜〕彼は国語をしゃべることができる(方言地区の出身者であるが,標準語を話せる).→〔标 biāo 准话〕 ③小中学校の国語(教科・教科書名)：現在は(国文)である.

国语罗马字 guóyǔ luómǎzì 國〔国音〕を注音するためのローマ字：民国17年(1928)中華民国大学院から公布された〔国音字母第二式〕であり,これに対して〔注 zhù 音字母〕を〔国音字母第一式〕と呼ぶ.〔〜〕の注音書方式は声調記号まで綴りによって表した精密なもので,(例えば〔〜〕を Gwoyeu Roma Tzyh と書く)それがかえって欠点となり,普及しなかった.→〔汉 hàn 语拼音方案〕〔拉 lā 丁化新文字〕

国语统一筹备委员会 guóyǔ tǒngyī chóubèi wěiyuánhuì 民国17年(1928)に成立し教育部に属した国語の計画と促進のための機関,のち改組して〔国语推行委员会〕となった.

国语运动 guóyǔ yùndòng 全国共通のことばと文字の確立をめざす運動.清末より始まり民国に到り同上の機関により推進されたが中日戦争の激化により中断された.→〔文 wén 字改革〕

国乐 guóyuè ＝〔中国伝統音楽〕.

国运 guóyùn〈文〉国運.

国葬 guózàng 国葬.

国贼 guózéi 国賊.

国债 guózhài 国債.〔〜券 quàn〕〔国库券〕国債証券.→〔内 nèi 债〕〔外 wài 债〕

国丈 guózhàng〈文〉旧時天子の妻(皇后)の父君.

国子监 guózǐjiàn 國都に設置された最高学府：〔国子学〕とも称したが隋以後〔〜〕と改め〔国学②〕と略称.〔泮 pàn 宫〕〔学宫〕ともいった.〔〜祭 jì 酒〕同前の学長に相当する官職.〔〜司 sī 业〕同前の教授.〔太 tài 学〕

国足 guózú ⇒〔国脚〕

〔涸・澗〕 guó 地名用字.〔北〜〕圃江蘇省江陰市東南にある.

〔掴・摑〕 guó guāiの又音.

〔帼・幗〕 guó ①囲女性が頭髪を包みかぶった布.〈转〉女性.〔巾 jīn 帼〕〜英 yīng 雄〕女傑.〔巾 jīn 帼〕 ②〈姓〉帼〕

〔膕・膕〕 guó ひかがみ/膝の裏のくぼんだところ.〔膝 xī 弯〕ともいう.〔〜窝 wō〕同前.

〔馘(聝)〕 guó 圃戦いで敵を捕らえて左耳を切り落し,戦功の記録のためにそ
の数を数えたこと.またその耳.〔斩 zhǎn 〜甚 shèn 众〕〈文〉〈左〉耳を切った数はおびただしかった.

〔虢〕 guó ①周代の諸侯国：周の文王の弟の虢(𩦬)仲,虢叔が建てた.現在の陝西省から河南省にかけて,東虢,西虢(のち南虢),北虢の4国があった.→地名用字.〔〜王 wáng 乡〕陝西省鳳翔県にある.③〈姓〉虢〕

〔漍〕 guó〔〜〜〕〈文〉水の流れる音.

〔果(菓)〕 guǒ（Ⅰ)〔果(菓)〕〔-儿〕植物の果実.実.〔水 shuǐ 〜〕果物.〔鲜 xiān 〜〕新鮮な(生の)果実.〔结 jiē 〜(子)〕(植物が)実を結ぶ.→〔果子①〕
（Ⅱ)〔果〕①結果.〔结 jié 〜〕④結果.ⓑ片づける.ⓒ白ㄑ殺す.〔前 qián 因后〜〕原因結果.〔自食其〜〕自業自得.〔恶 è 〜〕悪い結果.〔成 chéng 〜〕成果.〔杀 shā 敌致〜〕〈文〉敵をやっつけて戦果をあげる(勝利を得る).→〔果子①〕 ②果たして.予期したとおり.〔〜否 fǒu〕〈文〉果たしてそのとおりかどうか.〔〜能如此…〕もしこのようにやるならば….〔〜应 yìng 了我的话了〕果たして私の話のとおりになった.③〈文〉果たす.遂げる.満たす.〔本定今日举行球赛,因雨未〜〕実はきょう球技の試合がある予定であったが,雨のため遂行できなかった.
④〔-儿〕〈方〉卵(鷄卵)の中.〔卧 wò 〜儿〕卵を(かきまぜずに)汁などの中に落とし込んで煮る(煮たまご).落とし卵.〔甩 shuǎi 〜〕卵をかき混ぜて湯の中へ入れる.→〔鸡 jī 蛋〕 ⑤〈姓〉果⁽ᵃ⁾
（Ⅲ)〔果〕きっぱりしている.〔〜敢 gǎn〕果敢(に).〔付必〜〕くどくどせず,きっぱりやる.

果胞子 guǒbāozǐ 圃果胞子.造果胞子.
果报 guǒbào 圃(仏教の)因果の報い.
果不其然 guǒbùqírán ＝〔果不然〕果たして.案の定：〔果然〕に同じ.
果不然 guǒbùrán 同上.
果茶 guǒchá ①お茶とお菓子.②果肉入りのジュース.
果丹皮 guǒdānpí 圙くずのリンゴ・サンザシを原料とする食品：甘酸っぱく消化によい.
果刀 guǒdāo 果物ナイフ.
果冻(儿) guǒdòng(r) 圙フルーツゼリー：〔果子冻(儿)〕ともいう.
果断 guǒduàn 果断である.思い切りがよい.
果饵 guǒěr 圙(あめ菓子やビスケットなど)おやつ(総称)
果粉 guǒfěn 圃熟した果物の皮にでる白い粉.
果脯 guǒfǔ 圙果物の砂糖づけ.〔苹 píng 〜〕リンゴの同前.〔〜儿 饯〕
果腹 guǒfù〈文〉満腹する(させる).〔食 shí 不〜〕腹一杯食べることができない.
果干儿 guǒgānr ＝〔果干儿②〕〔干果〕圙ドライフルーツ.干し果物.→〔脯 fǔ ②〕
果敢 guǒgǎn 果敢である.〔〜坚 jiān 决〕断固としている.
果戈里 guǒgēlǐ 囚ゴーゴリ：〔果哥尔〕〔歌 gē 郭里〕とも書いた.ロシアの作家(1809〜1852)
果梗 guǒgěng 圃果柄.果梗.
果瓜 guǒguā ⇒〔甜 tián 瓜〕
果核 guǒhé 圃(梅やあんずなどのような)果物の堅い種.〔-儿 húr〕タネ.
果盒(儿) guǒhé(r) 茶菓を盛る小さい器.
果酱 guǒjiàng ＝〔果子酱〕ジャム.〔〜酶 méi〕圃ペクチナーゼ.
果胶 guǒjiāo 圃ペクチン.
果酒 guǒjiǔ ＝〔果子酒〕果実酒.
果决 guǒjué 思い切りがよい.
果料儿 guǒliàor 蒸し菓子や焼き菓子のデコレーション用の果実の実：西瓜・桃・松などの種の実や干しブドウあるいは〔红 hóng 丝〕〔青 qīng 丝〕(細く切ったきくらんぼや青梅の砂糖漬け)

guǒ

果绿 guǒlǜ 〔色〕うす緑(の)
果裸 guǒluǒ ⇒〔栝蔂楼〕
果蓏 guǒluǒ 〔蜾蓏〕
果木(树) guǒmù(shù) =〔果树〕果樹.〔木园 yuán〕〔果树园〕〔果树园〕.
果奶 guǒnǎi 果汁入り乳飲料(総称)
果农 guǒnóng 果物生産農家.果樹栽培農家.
果藕 guǒ'ǒu (生食用の)蓮根:若い蓮根の皮をそぎ落として輪切りにして食べる。固い〔菜 cài 藕〕(煮て食べる蓮根)に対していう.→〔藕〕
果盘(儿) guǒpán(r) くだものの鉢.〔高 gāo 脚〜〕脚つきの同前.
果皮 guǒpí ①〔植〕果皮. ②果物の皮.〔〜箱 xiāng〕ごみ箱(路旁に置いてある)
果品 guǒpǐn くだものの類:干した果物も含める.〔罐 guàn 头〜〕〔罐装〜〕缶詰くだもの.
果然 guǒrán ①果たして.果たせるかな.案の定:〔果不其然〕〔果不然〕に同じ.〔〜如此〕〈文〉果たせるかなかくのごとし. ②もし….果たして….〔你〜爱她,你就应该帮助她〕君が彼女を愛しているのなら力になってやるべきだ.
果仁(儿) guǒrén(r) ①果物の種の中味.さね. ②〈方〉落花生の実.
果肉 guǒròu 果肉.
果实 guǒshí ①果実. ②〈喻〉収穫.成果.〔保卫胜利〜〕勝利によって得た成果を守る.
果市 guǒshì 果物市場.
果蔬脆片 guǒshū cuìpiàn 〔食〕果物・野菜のチップを加工した食品.〔〜饮 yǐn 料〕同前入りジュース.
果树 guǒshù ⇒〔果木(树)〕
果松 guǒsōng ⇒〔红 hóng 松〕
果酸 guǒsuān 〔医〕果汁 石酸〕
果穂 guǒsuì トウモロコシ・コーリャンなどのように実の集まっている部分.
果摊儿 guǒtānr 露天の果物売り屋.
果糖 guǒtáng 〔化〕果糖.
果席 guǒxí 果物の出る宴席:〔酒 jiǔ 席〕(宴席)で特に果物の出る場合をいう.
果馅饼 guǒxiànbǐng 〔食〕①=〔果馅儿〕果実餡を入れた菓子. ②フルーツパイ.タルト.
果馅儿 guǒxiànr 〔食〕果肉で作った餡. ②同上.
果序 guǒxù 〔植〕花序にしたがって形成される果果の配列.
果毅 guǒyì 〈文〉果敢で毅然としている.
果饮 guǒyǐn フルーツジュース.〔天然 rán 〜〕天然果汁.
果蝇 guǒyíng 〔虫〕ショウジョウバエ:〔黄 huáng 果蝇〕ともいう.
果园 guǒyuán 果樹園:〔果木园〕〔果树园〕ともいう.
果真 guǒzhēn ①果たして.やはり.〔他〜死了〕彼はやはり死んでしまった.〔〜是他〕やはり彼だった. ②もしも(本当に)…だら.
果枝 guǒzhī ①(果実の)結果枝.なり枝. ②綿の実のなる枝.
果汁(儿) guǒzhī(r) 果汁.フルーツジュース.〔浓 nóng 缩〜〕濃縮果汁.
果子 guǒzi ①(食べることのできる)果実.果物. ②⇒〔馃子〕
果子冻(儿) guǒzidòng(r) ⇒〔果冻(儿)〕
果子干儿 guǒzigānr ①〈方〉〔食〕おやつの一種:〔柿 shì 饼〕や〔杏 xìng 干〕〔干しあんず〕などを水に浸して柔らかくふやけさせて甘く煮たものを冷まし,薄く切った〔果藕〕(生食する蓮根)を添えて供する. ②⇒〔果子酱〕
果子酱 guǒzijiàng ⇒〔果酱〕
果子酒 guǒzijiǔ ⇒〔果酒〕
果子狸 guǒzilí 〔動〕ハクビシン(白鼻心):〔花 huā 面狸〕の別称.〔白 bái 额 灵 猫〕〔青 qīng 猫〕〔玉 yù 面猫〕ともいう.
果露 guǒzilù 果物のジュース.果物のシロップ.
果子盐 guǒziyán 〔薬〕果実からとれる一種のカルシウム塩:下剤に用いられる.

〔馃・餜〕guǒ

馃子 guǒzi =〔果子②〕〔食〕①小麦粉をこねて細長く伸ばして油で揚げたもの.〔麻 má 花 (儿)①〕〔油 yóu 条①〕〈方〉昔風の菓子(総称)

〔猓〕guǒ 〔彝 yí 族〕(イ族)の蔑称.〔〜猡 luó〕同前.

猓然 guǒrán 〈动〉〔长 cháng 尾猿〕

〔裹〕guǒ

①包む(包み込む).巻く(巻いて押さえる).〔用细 bēng 带把伤口〜好〕包帯で傷口をしっかり巻く.〔〜伤.包装物. ③巻き込む.混ぜ込む.紛れ込む(ませる).〔被波浪〜了去了〕波に巻き込まれてしまった.〔匪军一退,〜走了几个人〕匪賊の軍は退却し(その際)幾人かの人をどさくさまぎれに連れ去った.〔把次货〜在里头卖〕不良品を中に混ぜて売る.〈方〉吸う.飲む.〔〜奶 nǎi〕乳を飲む. ⑤〈姓〉裹]
裹创 guǒchuāng 〔裹疮〕とも書く.傷を包む.包帯する.
裹肚 guǒdù 〔兜 dōu 肚〕
裹合 guǒhé 〈方〉ごちゃまぜにする.〔得 děi 弄个清楚明白,不要乱〜〕よくわかるようにはっきりさせておかねばならない,やたらにまぜてはいけない.
裹脚 guǒjiǎo ①=〔〈文〉裹足①〕〔缠足 (纟)〕をする:〔缠 chán 足〕に同じ.→〔小 xiǎo 脚(儿)〕 ②同下.
裹脚布 guǒjiǎobù ①纏足の足を巻いていた長い布:〔裹脚②〕〔裹脚条 tiáo 子〕ともいう.〔〜一条子理 lǐ〕〈喻〉長々しくてろくでもない理屈.
裹粮 guǒliáng 〈文〉携帯食糧.
裹乱 guǒluàn 〈方〉邪魔する.かき乱す.→〔捣 dǎo 乱〕
裹抹 guǒmǒ 〔裹没〕とも書く.〈方〉①ちょろまかす.ごまかす.〔眼不见的工夫,我的东西让他给〜去了〕目を離していた間に,ぼくのを彼にちょろまかされた. ②取りまぎれる.ごちゃごちゃになる.〔没留神把他的书给〜过来啦〕うっかりして彼の本をこちらに紛れ込ませちゃった.
裹奶 guǒnǎi 〈方〉(乳児が母の乳頭を舌で包むようにして)乳を飲む.
裹身(儿) guǒshēn(r) ぴっちりと肌につく.〔棉衣瘦得〜〕綿入れが小さくてぴっちりと体についている.
裹腿 guǒtuǐ ズボンが脚にひっつく(細かったり汗が出たりしてひっついて歩きにくい)
裹腿 guǒtui 脚絆(はばき).ゲートル.〔打〜〕〔扎 zā 〜〕〔绑 bǎng 〜〕〔腿带(儿)〕
裹胁 guǒxié 脅迫して悪事に荷担させる.〔他做这件事是受了坏人〜〕彼がこの事をやったのは悪者に脅かされたからだ〔彼は悪人に引き込まれたのだ〕.
裹挟 guǒxié (形勢・潮流など)巻き込んで押し流す(される)
裹扎 guǒzā 包み縛る.〔脸上〜绷 bēng 带的人〕顔に包帯を巻いた人.
裹足 guǒzú ①〈文〉(ためらって)前に進まない.〔〜不前〕〔〜不进〕〔〜成〕二の足を踏む. ②⇒〔裹脚①〕

〔蜾〕guǒ

蜾蠃 guǒluǒ 〔虫〕トックリバチ:〔〜蜂 fēng〕の通称.〔果蠃〕とも書いた.→〔螟 míng 蛉〕

[椁(槨)] guǒ 囿 そとひつぎ.うわひつぎ: 棺の外側にかぶせる外棺.[石~]石の同前.→[棺 guān 椁]

[过・過(逈)] guò (Ⅰ)①通過する.~上海 上海を通過する.上海を通る.[快~来]早くおいで.[~了这(个)村儿,没这(个)店儿]〈諺〉こんなチャンスはまたとない.②時間が過ぎる.期限が切れる.[~了两个钟头了]2時間が経過した.[~两天我再来]2,3日したらまた来ます.③移る.伝わる(える).渡る(す).[请~那屋里坐把]どうぞあちらの部屋にお移り下さい.④暮らす.生活する.過ごす.[~得好]いい暮らしをしている.[孩子们~了这样的日子]子供達はこのような暮らしをしている.[結婚以后愿意和父母一起~]結婚後は両親と同居したい.⑤[手続きや処理を]経る.通す.[先一下油]まずちょっと油通しをする.⑥超過する:ある範囲や限度を越す.[树长得~了房]樹が伸びて屋根を越えた.⑦過ち.過ちを犯す.[~則勿憚改]〈文〉過ちを改めるに憚ることなかれ(論語).[功不抵~]手柄が過ちを棒引きにする程ではない.↔[功 gōng ①]⑧…過ぎる:程度が甚だしいことを表す.[水~热]湯が熱すぎる.[~猛]猛すぎる.[~慢]のろ過ぎる.[统得~死]一律に管理されてひどく融通が利かない.⑨〈白〉死ぬ:必ず[了 le]を伴う.[老太太~了]お祖母さまが亡くなった.⑩〈文〉訪問する.⑪量詞.ひとわたり.ひととおり:動作を数える.[一字不差地背了一~(儿)]1字も間違わずに一通り暗唱した.→[遍 biàn ②]
(Ⅱ)①動詞の後に置き④動作の経過して行く(また来る)感じを表す.[拉~来]引っ張り寄せる.[扔~去]投げ捨てる.[醒~来]醒めた気分を取り戻してくる.[晕~去]気が遠くなる.気絶する.[~来][~去]は共に軽声.⑤方向を変えることを表す.[他转~脸去擦泪]彼女は背を向けて涙を拭いた.⑥ある地点・限界を越えることを表す.[坐~站了]乗り越してしまった.⑥勝・圧倒することを表す:[得 de][不 bu]を併用して可能・不可能を表す.[敌得~他]彼に打ち勝てる.[谁都说不~她]誰も口では彼女に勝てない.[一台拖拉机抵得~几十个人]1台のトラクターは十人分にあたる.[甲容詞の後に置い]て比較し超過していることを表す.[甲好~乙]甲は乙より良い.[将来的人一定新~现在的人]将来の人間は現在の人間より進歩的であるだろう.
(Ⅲ)ふつう軽声に読む.①動詞の後に置き,④過去の経験を表す.[我没(有)去~中国]私は中国へ行ったことがない.⑥ある時点における完了を表す.[吃~饭再去吧]食事を済ませてから行きなさい.[钱已经数~了]お金はもう数えた.②形容詞の後に置き,比較する意味で,かつての性質・状態を表す.[他们以前穷~,这两年富起来了]以前彼らは貧しかったが,ここ2,3年で裕福になってきた.⑥[不]を介して"この上なく…"であることを表す.[这是明白不~的道理]これはこの上なくはっきりした道理だ.[再好不~了]この上なく良い.
→guō

过百岁(儿) guòbǎisuì(r) 〈方〉生後百日のお祝い(をする)
过班 guòbān 圁役人が(推薦を受けたり,献金をして)上級の職に就くこと.
过班儿 guòbānr 圁(芸者が他の宴席からの)呼びがかかる.
过板(儿) guòbǎn(r) ⇒[过门儿]
过半 guòbàn 半ばを越す.過半である.[~数 shù]過半数.[不愿回国者不~]帰国を希望しないものが半ばを越える.→[大 dà 半(儿)①]

过磅 guòbàng 計量する.[过一过磅]台秤にかけて量目を量る.
过饱和 guòbǎohé 囮過飽和.
过兵 guòbīng 軍隊が通過する.
过驳 guòbó 廂觟(拟)取り.觟荷役:船から船へ荷を移すこと.
过不去 guòbuqù ①通って行けない.渡って行けない.越せない.[这是死胡同,~这は袋小路で通り抜けられない.②申し訳なくて気がすまない.[心里~]同前.⑥たてつく.困らせる.いじめる.[他跟我~]彼はわたしにたてつく.[跟自己~]自分で自分を苦しめる.↔[过得去]
过差 guòchā 〈文〉過ち.
过长江 guòchángjiāng →[全 quán 国农业发展纲要]
过场 guòchǎng 囿①(京劇で)役者が舞台を素通りする:進軍または行路中であることを表す.②筋の前後をつなぐ場:[~戏 xì]ともいう.[走 zǒu〈喩〉間(r)]を持たす.うわべを繕う.お茶をにごす.
过称 guòchēng 評判が実際以上である.ほめすぎである.
过程 guòchéng 過程.プロセス.
过秤 guòchèng 秤にかける.[过一过秤]同前.
过从 guòcóng 〈文〉行き来する.交際する.[两人~甚密]二人は親密につきあっている.
过错 guòcuò 〈文,俗〉落ち度.過失.[是我的~]私の過失です.⑥囲故意または過失により相手に与えた違法行為.
过大 guòdà 大きすぎる.
过当 guòdàng 〈文〉度を越す.妥当でない.
过道(儿) guòdào(r) 囲①玄関から各部屋へ通ずる廊下.②(屋敷内の)建物と建物・壁の間の通路.⑥圁表門から建物への通路になっている部屋:特に表門のある部屋を指す.[门 mén 道②][门洞(儿)].④〈文〉劇場場内の通路.
过得去 guòdeqù ①通り抜けられる.②暮らしていける.どうにか暮らせる.[孩子们都大了,家里还~]子供達はみな大きくなったので,どうにか暮らしていける.⑥我慢できる.まあまあである.[能准备点儿茶点还~]茶菓の準備でもできればまずまず結構だ.[他能~谁也不愛生气]彼は気できさえすれば誰だって怒りたくはない.④気がすむ:多く反語文に用いる.[给你什么你都不要,叫我心里怎么~呢]何を差し上げてもお断りされては,わたくしの気が済まないじゃありませんか.↔[过不去]
过低 guòdī 過度に低い.[~估计]過小評価する.↔[过高]
过电 guòdiàn ①電気が(体を)流れる.感電する.→[触 chù 电①]②電気を用いた刑罰を行う.
过电压 guòdiànyā 囿過電圧.
过电影 guòdiànyǐng 映画の場面のように脳裏に浮かぶ.走馬灯のように思い浮かべる.
过定 guòdìng ⇒[过礼①]
过冬 guòdōng 冬を過ごす.[这件薄棉袄就能~吗]こんな薄い綿入れで冬が過ごせるか.
过冬作物 guòdōng zuòwù ⇒[越 yuè 冬作物]
过斗 guòdǒu 升で量る(ってみる).
过度 guòdù ①度を越えている.[~疲劳]過労.[饮酒~]酒の飲み過ぎ.②⇒[废旧]
过渡 guòdù ①河を船で渡る.②[~形式]過渡的な形態.②(段階的に)移行する.[从社会主义社会到共产主义社会に社会主义社会から共产主义社会へ移行する.[~营 yíng 地]囿(登山の)前進キャンプ.[~色 sè]囿中間色(の).[~阶 jiē 级]小資産階級と農民.[~贷款]囿[过桥贷款]囿つなぎ融资.[~科 kē 目]囿仮勘定.

guò 过

过渡时期 guòdù shíqī 過渡期:とくに中華人民共和国成立から社会主義的改造が達成されるまでの期間.〔～总路线〕社会主義的工業化を実現するとともに、農業・手工業・私営工商業に対する国の社会主義的改造を実現すること:1956年基本的に達成された.〔～政府〕過渡期の政府.

过端 guòduān （少数民族的）スイ(水)族の年越し.

过多 guòduō 多過ぎる.〔喝 hē 得～〕飲み過ぎた.

过耳 guò'ěr 風評を耳にする.小耳にはさむ.〔～之言〕ちょっと小耳にはさんだうわさ.〔传 chuán 言〕人づてに聞く.

过饭 guòfàn ⇒〔下 xià 饭①〕

过房 guòfáng ⇒〔过继〕

过访 guòfǎng〔文〉来訪(する).〔昨承～…〕〔贖 qǔ〕昨日はご来訪いただき….

过费 guòfèi むだ遣いする.

过分 guòfèn〔过份〕とも書いた.必要以上の(に).行き過ぎた(て).〔～要 yāo 求〕行き過ぎた要求(行き過ぎて要求する).〔不要～宠 chǒng 爱孩子〕子供を甘やかしてはいけない.〔～谦 qiān 虚，就显 xiǎn 得虚假了〕謙遜もしすぎるとわざとらしく見える.

过风(儿) guòfēng(r) 風を通す.風に当たる.〔这里倒～，我们在这里凉快凉快吧〕ここは風通しがよいから、ここで涼もう.〔屋里太热、出来过～吧〕部屋の中はとても暑いから、出て来て風にあたりなさい.

过福 guòfú〔方〉分にすぎるぜいたく.

过腹还田 guòfù huántián 農畜の糞を肥料として田畑にかえす.

过付 guòfù ①仲に立つ(って手引きする).あっせん(する).〔～人〕あっせん者.ブローカー.②払い過ぎる.

过负荷 guòfùhè 电 過負荷.〔载 zài 荷〕

过高 guògāo 高過ぎる.〔～估计〕過大に評価する.〔我们不要抱～的期望〕我々は度を越えた期待を持ってはならない.〔反 低〕

过关 guòguān ①関門・難関．テスト・批判などを通過する.パスする.〔～斩 zhǎn 将〕〈成〉難関・強敵に次々と打ち勝つ.〔过五关,斩六将〕同前:『三国演義』中の関羽の故事.②標準に達する.〔这种新产品的质量已经～〕この新製品の品質は標準に達している.

过惯 guòguàn 生活に慣れてしまう.〔～了学校的散漫生活〕大学のルーズな生活が身にしみついている.

过海 guòhǎi 海を渡る.海上を航行する.洋行する.

过河 guòhé 川を渡る.〔渡 dù 河〕ともいう.〔～钱 qián〕三途(ず)の川を渡る金.〔喻〕葬式代.〔～拆 chāi 桥〕〔过桥拆桥〕〈喻〉自分がどうようでいってもらった後は野となれ山となれ.〔～有矮 ǎi 子,天塌 tā 有大个儿〕〔諺〕背の低い者でも河を渡る、天が落ちても大男が支える.〔喻〕心配無用である.→〔过江〕

过河卒(子) guòhézú(zi) 河(中国将棋の境界線)を渡った〔小卒:过河能吃车马拍〕〈諺〉步(*)も成金にしなければ車馬を食う.〔河④〕

过后 guòhòu 後(後日)になって.後で(は).〔～你再找他去〕後で彼を尋ねて行きなさい.〔好容易会了一点儿可是～全忘了〕やっとのことで少しできるようになったのが後ですっかり忘れた.〔以 yǐ 后〕

过户 guòhù 〈不動産や有価証券の〉名義書き換え(をする)

过话 guòhuà〔-儿〕〈口〉①言葉を交わす.〔没过过 guo 话〕言葉を交わしたことがない.②言(ご)づけ(られたこと)を伝える.

过黄河 guòhuánghé →〔全 quán 国农业发展纲要〕

过会 guòhuì 祭礼の行列が演技をしながら街をねり歩くこと.

过活 guòhuó〈口〉暮らす.日を過ごす.〔一家人就靠父亲做工〕一家の者は父の働きで暮らしをたてている.〔独自～〕独り暮らしている.

过火(儿) guòhuǒ(r)〈喻〉(言動が)ひどすぎる.度を越す.〔他说的话未免有些～〕彼の言うことはいささかひどすぎる点がある.〔～的行为 wéi〕行きすぎた行為.

过货 guòhuò 通関する.税関を通過する貨物.

过激 guòjī 過激である.〔～派 pài〕過激派.〔～之谈 tán〕過激な言い方.

过急 guòjí 急ぎ過ぎる.

过继 guòjì （自分の子がないので、兄弟の子をもらって）養子にする.養子になる:〈方:过房〉ともいう.〔～过来〕養子になって来る.〔～出去〕養子になって行く.〔～乞 qǐ 养〕養子をもらって老後をみてもらう.〔～子 zǐ〕養子.養女.

过季(儿) guòjì(r) 時季はずれ(になる).〔现在已经过了季儿了〕今では時季はずれです.

过家伙 guòjiāhuo ⇒〔打 dǎ 出手①〕

过家家(儿) guòjiājiar(r)〈口〉①日々を暮らす.②ままごと遊び(をする).〔办 bàn 席面〕〔我们在这儿～玩儿呢〕わたしたちここでままごとをして遊んでいるのよ.

过嫁妆 guòjiàzhuang 嫁入り道具を街でお披露目しながら運ぶ.

过江 guòjiāng 川を渡る.〔～之鲫 jì〕〈成〉時流に乗ろうとするものが江南に再興された時、北方から長江を渡って地位を得ようとした多くの上流階級の連中をいう.→〔过河〕〔全 quán 国农业发展纲要〕

过江龙大锯 guòjiānglóng dàjù 横挽き大鋸(鋸)

过奖 guòjiǎng〈谦〉褒めすぎ(る):相手が自分に対して、〔～～!〕〈挨〉お褒めすぎで(恐縮で)す.→〔溙 miù 奖〕

过街 guòjiē ①通りを横切る.②通りの両側にまたがる.〔～地 dì 道(桥)〕〔隧 suì 道〕〔地道〕地下連絡道.

过街烂 guòjiēlàn〈喻〉すぐ壊れる物.ボロ:もとは紙で作った靴を指す.〔这个帽子成了～了〕この帽子はすっかりボロになっちゃった.

过街老鼠 guòjiē lǎoshǔ 通りを横切るネズミ.〈転〉嫌われ者.〔仗多欺人,为所欲为,一旦靠山将了,就变成、人人喊 hǎn 打〕他人の勢力を笠に着て、やりたい放題をやっていても、ひとたび後ろ盾がなくなれば、そこぞ皆の嫌われ者.

过街柳 guòjiēliǔ ⇒〔雪 xuě 柳①〕

过街楼 guòjiēlóu 建 路地の入口にまたがって作られ、下りがかっている建物.

过街天桥 guòjiē tiānqiáo 歩道橋.〔过街桥〕〔天桥③〕ともいう.

过节 guòjié 祝祭日・節句を過ごす(祝う・楽しむ)

过节儿 guòjiér〈口〉①贈答や交際上の(細かな)礼儀(順序・手続き).〔熟朋友何必注意那些小～〕親しい友人が何で今んな義理にかかわる必要があるのか.②〔感情的〕隔たり.溝.いさこざ.〔他们俩有些～〕彼ら二人の間には少し溝ができている.

过界 guòjiè 境界を越える.〔他还相信,妻子和她的上司没有～〕彼はまだ妻とその上司は最後の一線を越えていないと信じていた.

过劲(儿) guòjìnr ～する.度を越している.〔累 lèi 得过了劲儿〕疲れすぎてしまう.

过景(儿) guòjǐng(r)〈口〉時期はずれ(になる).流行はずれ(になる).全盛を過ぎる.〔现在已经过了景儿了〕今や時期はずれだ.

guò

过境 guòjìng 国境線・境界線を通過する.〔～签 qiān 证〕通過査証.トランジットビザ.〔～税〕(輸入貨物の)通過税.〔～贸易〕通過貿易.〔～旅客〕通過旅客.トランジットパッセンジャー.

过巨 guòjù〈文)巨額に過ぎる.

过刊 guòkān 既刊.バックナンバー.

过客 guòkè 旅客.通りすがりの客.〔去日本旅游的～〕日本へ旅行する人.

过快 guòkuài とてもはやい.はやすぎる.

过来 guò·lái ①やって来る.近づいてくる.〔你～！〕こちらへ来い.〔他有时候～〕彼は時々やって来る.〔你去请林先生～〕きみ林さんをお呼びしてきてくれ.②(時期・試練を)越える.

-**过来** -guolai 動詞の後に置いて,その動作がある経路を経て来る感じを表す(近づく.向かい合わせになる.元に戻る.時間・能力・数量的に十分あるなど).〔把手心翻一让我瞧瞧〕手の平を返して見てごらん.〔扔一吧〕こちらへ投げて下さい.〔捷报从四面八方飞～〕勝報が四方から飛び込んでくる.〔昏过去又醒～〕気絶したが正気に戻った.〔佛教是由印度传～的〕仏教はインドから伝わって来た.〔好容易把他劝 quàn ～了〕やっとのことで彼をなだめた.→〔-得 de 过来〕

过来人 guò·láirén〈喩)体験者.経験者.〔要知山上路,须问～〕〈諺)山で道を知りたければ通って来た人に聞かねばならない:知らないことは経験者に聞くべきだ.

过劳 guòláo 酷使.過労.〔～死〕過労死.

过冷 guòlěng ①冷えすぎる.②物過冷却.

过礼 guòlǐ ①=〔过定〕〔过聘(礼)〕結納を贈る(届ける).〔一通信〕結納を贈って嫁入りの日を約する.→〔通 tōng 信③〕

过梁 guòliáng 建図・入口などの上に横に渡した梁.→〔门 mén 楣①〕

过量 guòliàng 量を過ごす.多く飲酒について.

过磷酸钙 guòlínsuāngài 化過燐酸石灰.

过淋 guòlìn 漉(す)す.〔这个水喝不得,得～〕この水は飲んではいけない,漉さなくちゃいけない.

过录 guòlù 書き移す.転記する.写しかえる.

过路 guòlù〔-儿〕道を通る.通行する.〔～的〕〔～人〕通行人.通りがけの人.〔～店 diàn〕田舎中の主要道路3～6キロおきに設けられた茶店で,6～12キロおきに設けられた食事や宿泊もできる店.〔～的买 mǎi 卖〕ふりの商売.〔～财 cái 神〕通りがけの福の神:一時的に多額の金銭を預かっている人.金はその人の手を通り抜けて行くだけ.

过路黄 guòlùhuáng 植イソノキ.

过虑 guòlǜ 心配し過ぎる.よけいな心配をする.〔你不必～了〕取り越し苦労をしなさるな.

过滤 guòlǜ 漉(こ)す.過(こ)す.濾過する.〔～嘴儿 zuǐr〕タバコのフィルター.またそのタバコ.〔～嘴香烟〕フィルターつきタバコ.

过罗 guòluó ①⇒〔过筛(子)〕②⇒〔皋 gāo 芦〕

过卖 guòmài〈白)飲食店の使用人.→〔堂 táng 倌〕

过慢 guòmàn 遅すぎる.

过门 guòmén ①門・入口を通る.②〔-儿〕(嫁に)入れる.〔还没～〕まだ嫁入りしない.

过门儿 guòménr =〔过板(儿)〕〔小 xiǎo 过门儿〕劇間奏.あいの手:旧劇で,〔唱 chàng ①〕の前弾きあるいは段切れ,または唱の間に挿入するせりふ.

过锰酸钾 guòměngsuānjiǎ 化過マンガン酸カリウム.〔高 gāo 锰酸钾〕〔灰 huī 锰氧〕ともいう.

过密 guòmì (人口分が)過密(である)

过敏 guòmǐn ①医アレルギー(の).アレルギー性(の).〔神经～〕神経過敏.〔～性反应〕アレルギー性疾患.アナフィラキシー反応.〔～原 yuán〕アレルゲン.〔~症〕過敏症.②過敏である.

过目 guòmù 目を通す.一通り見る.〔请过目〕どうかお目を通してください.〔~不忘 wàng〕一度目を通したら忘れない.〔~成诵 sòng〕成〕一度目を通せばすぐ暗唱できる:記憶力のよいさま.

过木梳 guòmùshù くしで髪をとく.〈喩)しらみつぶしにする.

过年 guònián 年を越す.新年を迎える:新・旧暦いずれにも用いる.〔我们也过阳历年〕わたくしどもは旧正月でいたします.〔过个年,也不过是几天的新鲜〕年越しといっても,2,3日のもの新しさにすぎない.〔李局长,～好！〕李局長さん,おめでとうございます.〔~瞧 qiáo 街坊〕〈諺)年の瀬になると近所の人々の人情がよく分かる.→〔新 xīn 年〕

过年 guò·nián〔口-〕〔明 míng 年〕に同じ.

过硼酸钠 guòpéngsuānnà 化過硼酸ナトリウム.

过聘(礼) guòpìn(lǐ)⇒〔过礼①〕

过期 guòqī 期間を過ぎる.期限を越す.〔～作废 fèi〕期限を過ぎた場合は無効とする.〔～杂 zá 志〕雑誌のバックナンバー.〔～提 tí 单〕〔失 shī 效提单〕図期限経過書類や期限切れ船荷証券.

过气 guòqì〈喩)時代おくれ(である).〔有点儿～了〕いささか時代おくれとなった.

过谦 guòqiān 謙遜に過ぎる.〔～～！〕〈挨)ご謙遜でしょう.

过钱 guòqián〈方)金を渡す.→〔付 fù 款〕

过桥 guòqiáo 橋を渡る.〔过 dù 桥〕ともいう.

过桥拆桥 guòqiáo chāiqiáo ⇒〔过河拆桥〕

过桥车床 guòqiáo chēchuáng 機切落し旋盤.

过桥齿轮 guòqiáo chǐlún ⇒〔惰 duò 轮〕

过桥米线 guòqiáo mǐxiàn 食さっとゆでた〔米 mǐ 线〕(太めのビーフン)の上に具をのせ,熱いスープを上からかけたもの.雲南の地方料理.

过桥牙 guòqiáoyá ⇒〔惰 duò 轮〕

过勤 guòqín 度を過ごす.頻繁すぎる.〔今年雨水～〕今年は雨があまりにも多い.〔去的～讨人嫌〕あまりひんぱに行くと人に嫌われる.

过去 guòqù 過去.以前.むかし.

过去 guò·qù ①過ぎる.遠ざかる.〔～的事就别说了〕過ぎ去ったことだからもう言わなくていい.②(こちらから)やって行く.〔你～看看〕行って見てみなさい.③亡くなる.(婉辞)〔~他了〕を伴う.〔他混父听天夜里～了〕彼のおじいさんは昨夜半亡くなられた.

-**过去** -guoqu ①動詞の後に置いて動作がある経路を経て行く感じを表す(遠ざかる・正常な状態でなくなる・し終えるなど).〔这么小的河我们可以跳~〕こんな小さい川は飛び越えていける.〔把敌人骗～了〕敵をうまくだましてやった.〔他背昏过气去了,一会儿又醒过来了〕彼は意識を失ってしまったが,間もなく意識を取り戻した.〔真滑 huá 头,说辽来掉 diào ～谁也说不过他实にずるいやつだ,ああ言ったかと思うとこう言って,誰も口では彼にかなわない.②形容詞の後に置いて,上回る・超過する意を表す.〔鸡蛋还能硬得过石头去吗〕卵が石より固いことがあろうか:長いものには巻かれろ.→〔-得 de 过去〕

过热 guòrè ①あつすぎる.過熱.スーパーヒート.スーパーヒーチング.〔~器 qì〕〈方)〔干 gān 汽管〕圏過熱器.〔~蒸 zhēng 汽〕物過熱蒸気.③過熱する.度を過ぎる.

过人 guòrén ①人並み以上である.〔聪 cōng 明～〕人一倍賢い.〔～之材〕人にまさった人材.②区〈体〕(サッカー・バスケットボールなど)ドリブルしながら相手

guò 过

をかわして進むこと.③〈方〉他人に伝染する.〔这个病要～的〕この病気はよく人にうつるのだ.

过日子 guòrìzi 生活する.〔他靠什么～〕彼は何で暮らしをたてているか.〔她很会～〕彼女は世帯持ちが上手だ.

过三关 guòsānguān 〔劳动关〕〔生活关〕〔思想关〕の三つの関所を越える:1960～70年代(文革期)の〔下 xià 放〕された知識分子の受けた試練.

过筛(子) guòshāi(zi) ＝〔过罗〕①ふるいにかける.②厳しく選別する.

过山车 guòshānchē ジェットコースター:〔轨 guǐ 道飞车〕〔滑 huá 板〕ともいう.

过山龙 guòshānlóng ⇒〔虹 hóng 吸管〕

过山炮 guòshānpào 〔山炮〕〔山地炮〕の旧称.

过山跳 guòshāntiào 回船と桟橋に渡す踏み板.

过晌 guòshǎng 〈方〉昼すぎ.

过身 guòshēn 〈方〉①通り過ぎる.②亡くなる.

过甚 guòshèn 〈文〉ひどすぎる.大げさである.〔～其 qí 词〕〈成〉言葉を大げさにする.〔逼 bī 人～〕人にくらあたりすぎる.

过剩 guòshèng 過剰(である).多すぎ(る).〔～时代〕物余りの時代.

过(组织)生活 guò (zǔzhī) shēnghuó (党・団)の定期的な組織活動を行う.

过失 guòshī 過失.過ち.〔～杀人〕法過失致死.

过时 guòshí ①時期が過ぎている.時期遅れである.旧式である.〔基本原则没有～〕基本原則は時勢遅れにはなっていない.〔这件衣服的样式有点～了〕この服の型はもう流行遅れだ.②(予定の)時間を過ぎる.時間に遅れる.〔校车六点开车,～不候〕スクールバスは6時に出ます,時間が過ぎたら待ちません.

过世 guòshì ①＝〔去 qù 世〕②〈文〉世間に卓越する.〔绝俗～之士〕(荘子)世間一般より卓越して優れた人物.

过手 guòshǒu 仲買いする.取り扱う.→〔经 jīng 手②〕

过寿 guòshòu 〈方〉老人の誕生日を祝う.

过熟林 guòshúlín 過熟林.

过数(儿) guòshù(r) 数をあたる(数えて確かめる).

过水 guòshuǐ 水を通す.水につける.〔～面 miàn〕食冷やむぎん.〔饭碗连水儿都泡过吗〕茶碗は水にもまだつかれないのか.〔锅 guō 挑(儿)〕

过税 guòshuì ①〈方〉税金を納める.②回通過税.

过速 guòsù 速すぎる.〔心动～〕医心搏の異状に速いこと.

过核儿 guòsuōr 回＝〔过作儿〕〈方〉行き過ぎる.ひど過ぎる.〔走～了,快拐 zhě 回来吧〕行き過ぎた,早く元に戻れ.

过所 guòsuǒ 古護照.旅行手形.

过堂 guòtáng 回法廷に立つ(で裁きを受ける)

过堂风 guòtángfēng 〔穿 chuān 堂风〕[-儿](部屋の両側に窓あるいは通風口があいていて)通りぬける外気.通りぬける涼しい風.

过天 guòtiān 〈方〉後日.〔～再见吧〕後日また会いましょう.

过厅 guòtīng 建回①通り抜けできる広間.②各部屋に通じる廊下.

过头(儿) guòtóu(r)〈口〉限度を越えている.…し過ぎている.〔～话 huà〕出過ぎた話.〔走过了头又回来了〕行き過ぎた末戻って来た.〔有点改得～了〕改正が少しいき過ぎた.

过屠门而大嚼 guò túmén ér dàjué 肉屋の門前を通って大いに口を動かり.〈喩〉空想して自己満足するをいう:〔屠门大嚼〕ともいう.

过网 guòwǎng 区〔バレー・バドミントンの〕オーバーネット.

过往 guòwǎng ①往来する.行き来する.〔今天是什么日子？～行人这么多〕今日は どういう日なんだ,往来する人が多い.②つき合う.交際する.〔他们是老朋友,～甚密〕あの人達は古い友達で親しく交際している.

过旺 guòwàng 度を越して盛んになる.〔引起了总需求～和通貨膨胀〕総需要の極度の旺盛とインフレを引き起こしている.

过望 guòwàng 望み以上である.〔大喜 xǐ ～〕望外の喜び(である)

过味 guòwèi 味が濃過ぎる.

过问 guòwèn ①口を出す.〔不愿意～〕かかりあおうとしない.〔这是属于中国主权的事情,外国政府无权～〕これは中国の主権に属することで,外国政府が口を出すべきことではない.②意見を述べる.

过午 guòwǔ 昼過ぎ(になる).〔已经～了〕もう昼過ぎだ.

过五关,斩六将 guò wǔguān, zhǎn liùjiàng ⇒〔过关斩将〕

过误 guòwù 〈文〉誤ち.過失.

过细 guòxì ⇒〔仔 zǐ 细①〕

过夏 guòxià 夏を過ごす.〔他真会舒服,今年将在西山～了〕彼はけっこうなことに,今年は西山で夏を過ごすんだそうだ.

过线 guòxiàn ⇒〔踏 tà 线②〕

过小年 guòxiǎonián 旧暦12月23日,〔灶 zào 王爷〕(かまどの神)を祭ること:〔祭 jì 灶〕に同じ.

过心 guòxīn 〈方〉①気を回す.→〔多 duō 心〕②気心が知れている.→〔知 zhī 心〕

过眼 guòyǎn ①ざっと眼を通す.〔请过一下眼,再往上报〕一通りお目を通していただいたら上級へ御報告願います.②ちらっと目の前を通る.〔～云 yún 烟〕〔～烟 yān 云〕〈喩〉(煙や雲のように)さっと消え失せるさま.

过氧化 guòyǎnghuà 化過酸化.〔～钡 bèi〕過酸化バリウム.〔～钠 nà〕過酸化ナトリウム.〔～铅 qiān〕過酸化鉛.〔～丙酮 tóng〕過酸化アセトン:高性能爆薬.〔～氢 qīng〕過酸化水素.〔～酶〕カターゼ.〔～氢溶液〕オキシドール(オキシフル.過酸化水素水)

过夜 guòyè ①泊まる.外泊する.②一夜越し.宵越し:〔隔 gé 夜〕に同じ.

过意 guòyì ①気を回す.ひどく気にする.〔我说这话不怕你～〕ぼくがこんなことを言って思い違いされるかもしれないが.②良心に恥じない.

过意不去 guòyì bùqù すまない.恐縮に思う:〔不过意〕にあたる.〔多次让您费心,实在～〕いつもいつもご配慮いただいてほんとに恐縮です.

过瘾 guòyǐn (中毒者・マニア・ファンが)堪能(ぬう)する.十分に満足感を持つ.〔过了瘾了〕十分に堪能した.〔只说这一点儿,总觉得不～〕このくらいのことを言っただけではどうも物足りない気がする.〔过烟 yān 瘾〕タバコをたばこ(アヘン)を吸う.

过硬 guòyìng ①厳しい試練に耐えうる.がんばりがきく.困難に負けない.〔锻 duàn 炼出～功夫〕いかなる試練にも耐えうる技量と能力を鍛え上げる.〔在关键时刻过得硬〕肝心な時に頑張りがきく.②しっかりしている.〔他开车很～〕彼の運転技術はとてもしっかりしている.〔思想过硬〕思想がしっかりしている.

过油 guòyóu さっと油を通す.〔走 zǒu 油②〕ともいう.〔肉 ròu〕豚肉の豚肉.

过犹不及 guò yóu bùjí 〈成〉過ぎたるはなお及ばざるがごとし.

过右 guòyòu 過度の右傾化(する)

过于 guòyú (程度が)…に過ぎる.ひどすぎる.〔～小

心]小心に過ぎる.〔那太～乐观了]それは楽観的すぎる.〔～强 qiáng 调]あまりにも強調しすぎる.

过誉 guòyù 〈謙〉ほめすぎる(る):〔过奖]に同じ.〔如此～,不胜惶恐〕〈贖〉過分のおほめで恐縮に存じま

过逾 guòyu 度がすぎる.やりすぎる.

过云雨 guòyúnyǔ 通り雨.

过载 guòzài〔过儎〕とも書いた. ①積載超過(す る). ②(貨物・乗客の)積み換え・乗り換えをする.

过早 guòzǎo 早過ぎる.〔不能～收割]刈り入れが早過ぎてはいけない.

过站 guòzhàn ①車が停車位置を越す.乗り越す. ②〈方〉度を越す.〔还没起来呀？可真是睡～了〕(周・暴)まだ起きねえのかね,そりゃあんまり寝すぎだよ.

过账 guòzhàng 圖転記する:伝票・証拠書類などを元帳(または日記帳)へ記入すること.

过招儿 guòzhāor (武術など)勝負する.〈转〉競争する.

过中线 guòzhōngxiàn 因(バレーボールの)センターライン.→〔踏 tà 线②〕

过重 guòzhòng ①重量超過する.過重となる.〔课业负担～〕学業の負担が重すぎる. ②重さをはかる.〔过一过重〕同前.

过作儿 guòzuōr ⇒〔过梭儿〕

过左 guòzuǒ 過度の左傾化(する).〔～的偏 piān 向]極左的偏向.

H

ha ㄏㄚ

[哈(煆)] hā（I）〔哈〕①息を吐く.〔～磨く时〕.〔手都冻僵 jiāng 了,～了半天才伸开]手がすっかり寒さでかじかんでしまい,長いこと息を吐きかけて,やっと伸ばし広げた. ②〈方〉夢中になってあこがれる.熱狂的になる.〔～韩 hán 族]韓国大好き族.〔～日族]日本大好き族.〔～美族]アメリカおたく. ③〈擬〉ハッハッ:笑い声.多く重ねて用いる.〔～～笑〕アハハと笑う. ④感動詞.驚き・喜び・得意な様子を表す:多く重ねて用いる. ⑤→〔哈喇(呢)〕〔～～罗 luo)〕ハロー！〔～得 dé 孙河〕圈ハドソン川.
（II）〔哈〕〈口〉(腰を)曲げる.かがめる.〔～腰 yāo〕〔弯 wān 腰]同前.〔点 diǎn 头～腰〕軽くうなずき同前.→〔鞠 jū 躬①〕 ~ **hā há**

哈巴涅拉 hābānièlā 固ハバネラ.

哈勃常数 hābó chángshù 因ハッブル定数.

哈博罗内 hābóluónèi 固ハボローネ:〔博茨瓦纳共和国〕(ボツワナ共和国)の首都.

哈吃 hāchī ⇒〔哈欠〕

哈佛大学 hāfó dàxué ハーバード大学(アメリカ)

哈夫皮带盘 hāfu pídàipán ⇒〔分 fēn 件皮带轮〕

哈夫轧头 hāfu yàtou 〈方〉旋盤ドグ.回し金:旋盤の付属品.

哈哈 hāhā ①〈擬〉ハッハッ:笑う声. 〔～～大笑]声を出して笑う.→字解(I) ②感動詞.喜びや得意な様子を表す.→字解(I)④

哈哈镜 hāhājìng マジックミラー.びっくり鏡.

哈哈腔 hāhāqiāng 圖地方劇の名:〔喝 hē 喝腔〕〔合 hé 儿腔〕ともいう.河北省一帯で行われる.一人で演じたものが,のち発展して芝居形式となった.出し物は〔小送年〕〔三拜花堂〕などが有名.

哈哈儿 hāhār ①〔打 dǎ 哈哈〕〔～儿〕〈方〉お笑いぐさ.物笑いの種.〔～人]いいかげんな人:〔马 mǎ虎人]に同じ.

哈吉 hājí 〈音訳〉ハッジ:メッカへの巡礼をしたイスラム教徒に与えられる栄誉ある称号.

哈拉雷 hālálèi 圈ハラレ:〔津 jīn 巴布韦](ジンバブエ)の首都.

哈喇子 hālázi ＝〔粘 nián 涎子〕〈口〉よだれ.〔哈拉子〕〔哈啦子〕とも書く.→〔口 kǒu 水〕

哈喇 hālɑ ①〈口〉(食品の脂肪分などが変質して)味がおかしい.〔～味儿 wèir]変になった風味.〔这些核桃仁儿都～了]このくるみの実はすっかり悪くなっている.〔你把这块点心给吃了吧.再不吃就搁～了]きみこのお菓子を食べちまえよ,そうでないと置いといて悪くなっちまうよ. ②〈口〉〈方〉あっさりやる.首を切る.〔只消差人赚将韩信到来,～了就是〕(元・赚蒯通)使いの者をやって韓信をだまし連れてきて,亡き者にしてしまえばそれまでだ.

哈喇(呢) hālɑ(ní) 绒チベット産の上等のラシャ.

哈雷彗星 hāléi huìxīng 因ハレー彗星.

哈里发 hālǐfā 〈音訳〉カリフ.①イスラム教国家の政教を合わせた指導者. ⑤〔清 qīng 真寺](中国のイスラム教寺院)の経典を学んでいる者.

哈密瓜 hāmìguā 圈ハミ瓜:マスクメロンの一種.新疆ウイグル自治区の哈密・鄯善一帯を原産とする.皮が薄く肉が柔らかく口に入れるとすぐ溶けるようなのと,皮が厚く肉が固く甘いものとがある.

哈姆雷特 hāmǔléitè 〈汉 hàn 姆莱特〉

哈那 hānà ⇒〔扁 biǎn 头哈那鲨〕

哈乃斐派 hānǎifěi pài →〔逊 xùn 尼派〕

哈尼族 hānízú ハニ族:中国少数民族の一.雲南省に居住する.宗教は多神教.

哈气 hāqì ①息を吐く.息を吐きかける.〔哈口气,暖暖手〕息を吐きかけて手を温める.〔～擦 cā 玻璃〕息を吐きかけてガラスを磨く.〔哈了一口气]息をハーっと吐いた. ②〔哈气〕.〔～成霜]吐いた息が凍る. ③.水蒸気のついたくもり.〔玻璃上的～]ガラスのくもり.

哈欠 hāqian あくび:〔哈吃〕〔哈咈 chi〕〔哈失〕〔哈呵 hē 欠]は方言.〔打～]あくびする.あくびがでる.

哈萨克斯坦 hāsàkèsītǎn カザフスタン:正式には〔～共和国〕.首都は〔阿斯塔纳](アスタナ).

哈萨克族 hāsàkè zú カザフ族:中国少数民族の一.主として新疆ウイグル自治区・甘粛省・青海省に居住するいわゆるチュル系イスラム民族で〔哈萨克斯担〕(カザフスタン)の主要民族でもある.→〔哥 gē 萨克〕

哈失 hāshī ⇒〔哈欠〕

哈瓦那 hāwǎnà 圈ハバナ:〔古 gǔ 巴](キューバ)共和国の首都.

哈息 hāxī ⇒〔哈欠〕

哈腰 hāyāo →字解(II)

[铪・鉿] 号 Hf. 化ハフニウム:金属元素.記

[虾・蝦] há 古く〔蛤]に通用した. → xiā

虾蟆 háma ⇒〔蛤蟆〕

[蛤] há → gé

蛤蟆 háma 動カエル.ガマ:〔虾蟆]とも書いた.〔青 qīng 蛙](トノサマガエル)や〔蟾 chán 蜍〕〈口〉〔癞lài～〕(ヒキガエル)などの総称.〔土 tǔ 蛙〕ともいう.→〔蹲 dūn〕地下道.(浅い)ほら穴.〔～夯

há～hái 蛤哈奤哈咳嗨还

hāng〔樁〕フログランマー．〔～镜 jìng〕ファッショングラス．ファッションサングラス．〔～腿 tuǐ〕にまた．〔～瘟 wēn〕[医]おたふくかぜ：〔耳 ěr 下腺炎〕の俗称．〔～吵坑〕蛙が水たまりで鳴く．〔喻〕たいへんにぎやかまし．〔～垫桌腿儿〕〔歇〕ひきがえるが机の足をつっぱる：〔～干 gān 鼓肚〕むやみに腹を膨らす．怒って顔をふくらせ物も言えないでいるさま．〔～跳井〕くガマが井戸に飛び込む：〔扑 pū 通〕（ポトン）と音が立つ事から〔不懂 bùdǒng〕（わからないに通じる）．〔癞～想吃天鹅肉〕〔諺〕ガマが白鳥の肉を食いたがる：身の程しらず．〔井 jǐng 里的～，没见过碗大的天〕井戸の中のカワズは，どんな程の空しか見えない．〔喻〕見識の狭いこと．→〔蛙 wā〕

蛤蟆骨朵儿 háma gǔduor 〔蝌 kē 蚪〕

蛤蟆秧子 háma yāngzi →〔蝌 kē 蚪〕

[哈] hǎ ①〔方〕大声でどなりつける．どなりつけて脅す．〔～人〕しかりつける．〔～了他一顿〕彼をひとしきり叱った．〔他常挨 ái 上头的～〕彼はいつも上司にどなりつけられる．②〔方〕おろかである．ばかである．③〔姓〕哈（ǎ）→ há hà

哈巴狗 hǎbagǒu〔哈吧狗〕〔哈叭狗〕とも書く．①[動]パグ．またチン（狆）：〔八 bā 哥犬〕〔巴 bā 哥犬〕〔巴 bā 狗〕〔吧 bā 儿狗〕〔叭 bā 儿狗〕〔獅 shī 狖 xiě 犬〕は別称．→〔京 jīng 巴儿狗〕②〔喻〕飼い主に従順な手下．〔谁要是报告者老师，谁就是小叭儿狗〕先生に告げ口した奴はチンコロだ．

哈达 hǎdá〈音訳〉ハタ：チベット人・蒙古人が神仏よ珍客に尊敬のしるしとして献ずる長い帯状の薄絹．白が多く，黄・藍色などのものもある．

哈达门 hǎdámén〔哈德门〕とも書く．北京の旧城門の崇文門の俗称．→〔里 lǐ 九外七〕

哈唬 hǎhu〔方〕〔哈唬〕ともいう．どなりつける．在家里老迈ゝ，谁都受不了〕彼は家でいつもがみがみどなりつけるので誰も皆やりきれない．→〔叱 chì 呼〕

[奤] hǎ 地名用字．〔～苍屯 bātún〕[地]北京にある．→ tǎi

[哈] hà → hā hǎ

哈巴 hàba〈方〉①がにまたで歩く．〔～着走〕同前．〔～腿 tuǐ（儿）〕〔罗 luó 圈腿〕がに股．②〈転〉ぶかっこうである．ぶざまである．

哈士蟆 hàshimǎ〔哈什蚂〕〔蛤士蟆〕とも書く．[動]アカガエル：〔（中 zhōng 国）林蛙〕〔雪 xuě 蛤〕ともいう．〔～油 yóu〕[中医]同前の雌の輸卵管を乾物にしたものの（強壮剤）．

哈撒 hàsa〈方〉ゆり動かす．揺する．〔别～砂子〕砂をバサバサやってはいけない．

hai ㄏㄞ

[咍] hāi〈文〉①嘲笑する．〔～笑 xiào〕同前．②喜ぶ．楽しむ．〔欢 huān〕同前．③呼びかけの言葉．

哈台 hāitái〈白〉いびき（をかく）．〔～大鼾 hān〕大いびきをかく．

[咳] hāi ＝〔嗨！〕感動詞．①おい：呼びかけ・注意・制止などを表す．〔～！你到这边来〕おい，こっちへ来い．〔～！小心汽车〕おい，自動車に注意しろ．②あれ．おや．いや：驚き・嘆き・不審などを表す．〔～！可惜〕ああ，惜しいな（失敗した）．〔～！我忘了带钱来〕あれ，お金を持ってくるのを忘れた．→ ké

咳声叹气 hāishēng tànqì しきりにため息・吐息をつ

くさま．

[嗨] hāi ①⇒〔咳〕②ヘイ：歌詞の中の合いの手．〔我们工人有力量，～！我们工人有力量〕労働者はたくまし．ホイ！労働者はたくましい．→〔杭 háng 育〕→ hēi

嗨呀 hāiya 感動詞：驚き・苦痛を表す．

嗨哟 hāi-yō，～yāo 感動詞．①せーの！よいしょ！こらしょ！どっこいしょ！：多人数が力仕事をするときの掛け声．②歌の中の合いの手．

[还・還] hái ①なお．まだ（時間的に）．〔十点钟～没到〕10時にはまだならない．〔他～没有来〕彼はまだ来ない．〔他怎么～不来呢〕彼はどうしてまだ来ないのだろう．〔他～只有三岁的时候，他母亲就去世了〕彼はまだ三歳の時に母に死なれた．②ある事柄が行われ，その上さらに付加されること．〔～有事得办〕まだしなければならない用事がある．〔～要做什么东西吗〕まだ何か食べようと言うのかね．〔～有一天〕まだ1日ある．もう1日ある．③いつもの通り．やはり：ある事・ある状態が繰り返されるさま．また変化がたこと．〔不是这个，～是那个〕これではなく，やはりいつもの例のとおり彼だ．〔来迟了的～是他〕遅刻したのは例のとおり彼だ．〔周末我～不就是看电视什么的〕週末にはいつもテレビを見たりなどしているだけだ．〔他最大的愿望～是到中国去留学〕彼の最大の望みはやはり中国へ留学することだ．④なお一層．さらに：比較を表す．ある相当程度のものに比し，さらに程度が超えていること．〔中国的人口比印度～多〕中国の人口はインドよりも多い．〔明天恐怕～冷〕明日はもっと寒いだろう．⑤まずまずである．まあまあである：ある程度の譲歩による認定を表す．〔今天～算暖和〕（十分とは言えないが）今日はまあまあ暖かい方だ．〔这个～可以凑合着用〕これは（十分ではないが）まずまず何とか使える．〔这个～不错〕これはまあまあだ．⑥さえ．すら．〔他～搬不动，何况你呢〕彼でさえ運べないものを，どうして君にできるものか．〔月球～到得了 liǎo，南极北极算得了 liǎo 什么呢〕月でさえ行ける，南極北極などお茶の子だ．⑦結局．つまり．やっぱり：多く〔～是〕の形をとる．〔～是机器的效率高〕やっぱり機械の効率はいい．〔～なかなか．けっこう：予想外・予想以上の結果に対する気持ちを表す〕と～ともいう．〔他～真把事儿办成了呢，彼は本当にやりとげてしまった．⑨〔是〕前进呢，～是后退呢〕前進か，それとも後退か．⑩（反語的に）どうして．〔～…？どころか（～までも）．〔这样的好产品，～有什么说的〕こんな上等な製品が，それでも何か文句があるかね．〔～说呢〕⑧そのとおり．くよく言うよ．〔这么点儿忙都不想帮，～朋友呢〕こんなに忙しいのに手伝おうともしないなんて，何が友達だ．→ huán xuán

还好 háihǎo ①〈まんざら〉悪くもない．まずまずである．〔还行 xíng〕〔还可 kě 以〕ともいう．〔大家的情绪～〕皆の気持ちはまあまあだった．②幸運である（にも）．運がいい（よく）．〔～，赶上了〕幸いにも間に合った．

还是 háishi ①依然として．あいかわらず．〔～老样子〕昔のままである．〔～我来吧〕新味がない．〔他也想得周到〕やはり彼の考えは行き届いている．②案外である．〔那儿～真冷〕あそこは意外に寒かった．③…する方がいい．〔～我来吧〕やはり僕がやろう．④…それとも…か：〔或 huò 者〕と違い疑問文にも用いる．〔我去吧，～你来呢〕僕の方から行こうか，それとも君の方から来るか．→字解⑦⑧⑨

还许 háixǔ〈口〉ひょっとして・あるいは（…かもしれ

ない.〔他〜不同意呢〕ひょっとしたら彼は賛成してくれないかもしれない.

还有 háiyǒu そのうえ.それから.

[孩] hái [〜儿,-子〕①子ども:男女の幼児.小儿.儿童.青年(成年前の).〔小〜〕同前:〔小〜儿〕は「可愛がる気持ちが表される.〔男〜〕男の子.男子.〔女〜〕女の子.女子.②息子.娘.→〔儿 ér ①〕

孩虫 háichóng 囯幼虫.

孩儿 hái'ér 〔白〕父母が自分の子供を(また子供が父母に対して自分を)称する言葉.

孩儿茶 hái'érchá ⇒〔阿 ā 仙药〕

孩儿脸 hái'érliǎn ⇒〔孩子脸〕

孩儿们 hái'érmen ①子どもたち.②〔旧〕盗賊・匪(ピ)賊などの部下.手下.手下の子ども:〔喽 lóu 罗〕に同じ.

孩儿面 hái'érmiàn 淡紅色の珊瑚(ジュ)や玉石.

孩儿参 hái'érshēn ⇒〔太 tài 子参〕

孩虎 háihǔ 子虎(の).〔老 lǎo 虎①〕

孩气 háiqì ⇒〔孩子气〕

孩儿 háir →字解

孩提 háití〈文〉①幼い時.②児童.小児.〔〜时代〕幼年時代.〔〜之事〕子どものやること.〈喩〉極めて易しい事.

孩童 háitóng〈文〉小児.児童.

孩子脸 háiziliǎn 子どもの顔.子どもらしい顔つき.〔孩儿脸〕ともいう.

孩子气 háiziqì =〔孩气〕〔稚 zhì 气〕①子供らしさ.幼さ.②稚(オサナ)気.子どもっぽさ.〔一脸〜〕まるで子どもっぽい.〔他火了,那么点儿事不值得发那么大的〜〕彼は本当に大人気ないよ,あんなつまらん事で怒るなんて.

孩子(他)爹 háizi(tā)diē こどものお父さん:〔孩子(他)爸〕ともいう.妻が自分の夫を呼ぶ時また他人に対していう時のいい方.〔孩子(他)妈 mā〕こどものお母さん:夫が妻に対する同前.ともに他人に対していう時には〔我们那口子〕(うちの人,うちのやつ),〔老伴儿 bànr〕〔老头儿〕(つれあい)などともいう.直接いうのはできるだけ避けたが,〔老王〕〔小张〕など相手の姓で呼ぶ時もある.

孩子头(儿) háizitóu(r) =〔孩子王①〕を大将.→〔淘 táo 气①〕②子ども好きの人.こどものような大人.

孩子王 háiziwáng ①同上①.②幼稚園・小学校の先生(戯称)

[骸(骸)] hái ①骨.骸骨(コツ).②体・形・姿などの身体(総称).〔病 bìng 〜〕病気の体.〔残 cán 〜〕残骸(コツ).〔形 xíng 〜〕形骸.〔遗 yí 〜〕遺骸.〔尸 shī 〜遍野〕〈成〉死骸が野に遍在する.

骸骨 háigǔ ①骸骨:多く死者の骨.〔一具〜〕一体の骸骨.②体.〔乞 qǐ 〜〕旧臣下が主君に対して辞職を請うこと.〈喩〉身軀.

骸炭 háitàn ⇒〔焦 jiāo 炭〕

[海] hǎi ①海.沿岸の海.〔大〜〕大海.〔〜钓 diào〕海釣り.〔〜洋 yáng ②〕②由緒ある池.〔邛 qióng 〜〕四川省にある湖.〔里〜〕囮カスピ海.〔洱 ěr 〜〕囮雲南省大理県にある湖.〔什 shí 刹〜〕[中 zhōng 南〜]は北京にある池.③広く大きなことの形容.茫漠(バ)としてきわまりのない形容.〔火〜〕火の海.〔墨 mò 〜〕大きな硯(スヴ).〔树 shù 〜〕樹海.〔〜说〕一説.〔大〜的话〕〈成〉一般でない話.〔人 rén 山人〜〕〈成〉黒山の人.④回回から来たもの.舶来(の).→〔海关〕⑤上海の別称.〔〜宝 bǎo〕上海万博(2010年)のマスコット:人の字をモチーフに作られた人形.〔〜

之宝〕(世界の宝一子供たち)の意.→〔沪 hù ①〕⑥〈方〉むちゃに.勝手に.際限なく.〔有钱就〜化〕金があるとむだづかいをする.〔吃 chī 〜喝 hē〕めったらふく飲み食いする.⑦〈方〉非常に多い:後に〔了〕〔啦〕などを置くことが多い.〔广场上的人可〜啦〕広場の人の何と多いこと.〔东西〜着呢〕品物はいくらでもある.⑧〈姓〉海.

海岸 hǎi'àn 海岸.〔〜线 xiàn〕海岸線.〔〜炮 pào〕〔岸炮〕囮海岸用大砲.〔〜地 dài〕海岸地帯.

海拔 hǎibá 海抜:〔拔海〕ともいった.〔〜零点〕海抜ゼロ(メートル).〔3130呎的大帽山〕海抜3130フィートの大帽山(香港—の山)

海白菜 hǎibáicài ⇒〔石 shí 莼〕

海百合 hǎibǎihé 囮ウミユリ.トリノアシ(棘皮動物)

海报 hǎibào (演劇・映画・スポーツなどの)ポスター.→〔戏 xì 报子〕

海豹 hǎibào 囮ゼニガタアザラシ.ゴマフアザラシ.〔豹形〜〕ヒョウアザラシ.〔象 xiàng 鼻〜〕ミナミゾウアザラシ.

海笔 hǎibǐ ⇒〔海鳃〕

海边 hǎibiān 海岸.海沿いのところ.

海滨 hǎibīn 浜辺.海辺.〔〜浴 yù 场〕海水浴場.

海贝齿轮 hǎibó chǐlún 囮ハイポイド歯車.AVAU形:食い違い軸歯車の一種.

海哱罗 hǎiboluó 囮(魚)ホラガイ.〔海螺〕の別称.

海波(苏打) hǎibō (sūdá) 囮ハイポ(写真の定着剂):〔硫 liú 代硫酸钠(チオ硫酸ナトリウム)〕の別称.

海捕 hǎibǔ 圌全国指名手配(する).〔通 tōng 缉〕

海不扬波 hǎi bù yángbō〈成〉天下太平.

海菜 hǎicài 食用の海草:こんぶ・わかめの類.

海草 hǎicǎo 海草.→〔海藻〕.

海测 hǎicè 海洋の測量(をする)

海产 hǎichǎn =〔海货〕海産物.②海産(の).〔〜植 zhí 物〕海産植物.〔〜品〕囮海産品.

海昌蓝 hǎichānglán 囮ヒドロンブルー:硫化建染染料に属する青色染料.②同前で染めた布.

海肠子 hǎichángzi ⇒〔蚰 yi〕

海潮 hǎicháo うしお.潮流.潮の干満.〔〜音〕囮(仏教の)海潮音:仏・菩薩の説法の声の大きいこと.

海程 hǎichéng 航海の行程.

海船 hǎichuán 海を航行する船.→〔河 hé 船〕

海带 hǎidài 囮マコンブ.〔嫩 nèn 〜〕〔裙 qún 带菜〕ワカメ.〔〜草 cǎo 房〕囮コンブで屋根をふいた山東省沿岸漁民の住家.〔〜族 zú〕囮海待族〕海外留学から帰国して求職中の者.→〔海归族〕

海胆 hǎidǎn 囮(魚)ウニ.〔〜酱〕囮ねり雲丹:ウニの卵巣を塩と酒でねった食品.

海岛 hǎidǎo 島嶼(ショ).〔〜棉 mián〕囮シーアイランドワタ(ベニバナワタ).またその繊維.

海盗 hǎidào =〔海匪〕〔海寇〕〔海贼〕海賊.〔〜行 xíng 为〕海賊行為.〔〜版 bǎn〕海賊版(図書・CDなど)

海道 hǎidào 海路.航路.

海得罗几奴 hǎidéluójīnú 〔对 duì 苯二酚〕囮ヒドロキノン:写真現像薬・有機合成原料とする.→〔米 mǐ 吐尔〕

海灯 hǎidēng ①囮ウミボタル:海面に浮遊する軟体動物で夜燐光を発する.②仏前に供えるガラス製の一種の灯明用具.

海堤 hǎidī ①=〔防 fáng 波堤〕防波堤.護岸壁.②島に通るための道路用の堤.

海笛 hǎidí 圌海笛〕:チャルメラの小さいもの.〔唢 suǒ 呐〕

海底 hǎidǐ =〔海の底〕.〔〜山脉〕海底山脈.〔〜脊〕〔海岭〕海底山脈.〔〜潜 qián 水〕スキューバーダイビング.〔〜隧

hǎi 海

suì道〕〔海隧〕海底トンネル.〔~电缆〕〔海缆〕海底電線.海底ケーブル. ②⇒〔会 huì 阴〕

海底捞月 hǎidǐ lāoyuè ①⇒〔水 shuǐ 中捞月〕 ②中国武術の型の一種. ③（マージャンで）〔海底牌〕（自摸(ᵗ)）することのできる最後の牌）であがること.

海底捞针 hǎidǐ lāozhēn ①〔海里捞针〕〔海里摸锅〕海の底から針をすくい上げる.〈喩〉暗中模索.五里霧中.つかみどころがなく,とうてい実現不可能なこと.〔大 dà 海捞针〕〔海底摸锅〕ともいう.

海底牌 hǎidǐpái 海底(ᵗ)牌:マージャンで自摸(ᵗ)することのできる最後の1枚(日本では7かさね14枚残しての1枚).→〔底牌〕

海地 hǎidì ハイチ:正式国名は〔~共和国〕.西インド諸島中の共和国.〔伊 yī 斯帕尼奥拉岛〕(イスパニョーラ島)の3分の1を占める地域にある.首都は〔太子港〕(ポルトープランス)

海甸 hǎidiàn ①〈文〉沿海地. ②同下.

海淀 hǎidiàn 地北京の西北郊外にある区:〔海甸②〕とも書いた.

海雕 hǎidiāo →〔虎 hǔ 头海雕〕

海东青 hǎidōngqīng ⇒〔白 bái 尾海雕〕

海鹅 hǎi'é ⇒〔信 xìn 天翁〕

海发 hǎifā ⇒〔仙 xiān 菜〕植イギス(海草)

海防 hǎifáng 〔海防〕.〔~舰〕〔浮炮台〕海防艦.〔~部队〕海防部隊.〔~炮〕海岸砲.

海匪 hǎifěi ⇒〔海盗〕

海粉 hǎifěn 〔刺 cì 海龟〕(トゲアメフラシ)の乾燥させた卵.

海风 hǎifēng 気①うみかぜ:海から陸へ吹いて来る風.〔~陆 lù 风〕 ②海上を吹く風.海風(ᵗ)

海港 hǎigǎng 海岸の港.〔~河 hé 港〕

海蛤蜊 hǎigélì ⇒〔牡 mǔ 蛎〕

海沟 hǎigōu ①海の入り江.〔正好到那~避风〕ちょうどよい,あの入り江へ行って風を避けよう. ②地海溝(ᵗ).〔菲 fēi 律宾~〕フィリピン海溝.

海狗 hǎigǒu 動キタオットセイ:〔海熊〕〔腽 wà 肭兽〕ともいう.〔~肾 shèn〕中医同種のペニスなどから製する雄精剤.→〔海獅〕

海狗鱼 hǎigǒuyú ⇒〔鲵 ní 鱼〕

海股 hǎigǔ 内海.入海.深く入りこんだ湾.波斯〔~〕ペルシア湾.

海瓜子 hǎiguāzǐ 三角形の殻の小さい貝.

海关 hǎiguān 税関.〔~检查〕(荷物・商品などの)税関検査.〔~道〕〔关道〕税関の管理に当る長官.→〔税 shuì 务司〕

海关金单位 hǎiguān jīndānwèi 旧時,〔海关〕で関税支払いに用いられた一定純分の金による計算単位:これに基づく金券を〔~兑 duì 换券〕〔关金券〕といい,紙幣同様に流通した.

海龟 hǎiguī 動①ウミガメ.〔大~〕オオウミガメ. ②アオウミガメ.

海归族 hǎiguīzú 外国の大学・大学院留学からの帰国者:〔海归派〕ともいう.

海涵 hǎihán 〈尊〉度量の大きい(こと).包容し許す(こと).〔招待不周,还望~〕〈謙〉不行き届きの点はご海容下さい.

海航 hǎiháng 〔海军航空兵〕の略.

海蒿子 hǎihāozi 植ホンダワラ.

海河 hǎihé 〔河北省にある〕〔沽 gū 海〕ともいう.

海和尚 hǎihéshàng →〔江 jiāng 豚〕

海红 hǎihóng ①〔海棠〕 ②椿の花:〔山 shān 茶花〕の別称. ③⇒〔贻 yí 贝〕

海猴 hǎihóu ⇒〔艶 yì 鲷〕

海吼 hǎihǒu ⇒〔海啸〕

海胡瓜 hǎihúguā ⇒〔瓜参〕

海虎绒 hǎihǔróng 紡シルクビーバー:綿状のビロードで黒色に染色したもの.→〔黄 huáng 獭绒〕

海花石 hǎihuāshí =〔浮 fú 石②〕キクメイシ:腔腸動物.

海魂衫 hǎihúnshān 服水兵シャツ:白と青の横縞のTシャツ.

海货 hǎihuò 海産物:〔海产①〕に同じ.→〔山 shān 货〕

海基会 hǎijīhuì 〔海峡交流基金会〕の略.大陸との交流事務を行う台湾側の機関.

海脊 hǎijǐ ⇒〔海岭〕

海鲫 hǎijì 〔〈方〉海鲋〕〔〈方〉九 jiǔ 鱼 九鱼〕魚ウミタナゴ:硬鰭類の海魚.

海疆 hǎijiāng 領海と沿海地方.〔万里~〕長く続く同前.

海椒 hǎijiāo ⇒〔辣 là 椒〕

海角 hǎijiǎo ①岬. ②〈文〉海のすみ.海のかなた.極遠の地.〔~天涯 yá〕〔天涯~〕海や空のはて.極めて遠いところ.

海姐 hǎijiě 女性船員.

海界 hǎijiè 海上の境界・国境線.

海金砂 hǎijīnshā 植カニグサ.ツルシノブ:カニグサ科の多年生隠花植物.

海进 hǎijìn 地海進:〔海侵〕ともいう.→〔海退〕

海禁 hǎijìn ①国民の出国および外人の入国を禁ずること. ②史(アヘン戦争前の)鎖国令.

海景 hǎijǐng 海景色.

海警 hǎijǐng 〔海上警察〕〔海上警察〕の略.

海镜 hǎijìng 魚貝ツキヒガイ:殻で器具を製する.

海鸠 hǎijiū 鳥ウミガラスの類.

海军 hǎijūn 〔~陆 lù 战队〕海軍陸戦隊.〔~航 háng 空兵〕〔海航〕海軍航空兵.〔~岸 àn 防兵〕沿岸警備兵.〔~呢 ní〕海軍ラシャ.〔~旗 qí〕〔旗 jiàn 旗〕軍艦旗.

海口 hǎikǒu ①内河が海に出るところ. ②海港. ③大ほら.大言壮語.〔夸 kuā 下~〕大ほらを吹いた.→〔夸 kuā 海口〕 ④地海南省の省都:〔椰 yē 城〕は別称.

海寇 hǎikòu ⇒〔海盗〕

海枯石烂 hǎikū shílàn 〔钉 dīng 槽木烂〕海が涸れ石が粉となる:〈喩〉誓いや決心が永久に変わることがない.

海况 hǎikuàng ①海洋の状況. ②波浪の状況.~表 biǎo〕程度により,0 (無風)から9 (波浪により視界ゼロ)までの段階に分けた表.

海葵 hǎikuí ⇒〔矶 jī 帽〕〔菟 tù 葵①〕イソギンチャク.

海阔凭鱼跃 hǎikuò píng yúyuè 〈喩〉活躍の場が広ければ大いに能力が発揮できる.〔~,天高任鸟飞〕同前.

海阔天空 hǎikuò tiānkōng 〈喩〉茫漠(ᵗ)として限りのないこと.(文章・話・考えの)とりとめのないこと,自由奔放なこと.

海蓝 hǎilán 色紺碧色(の).マリンブルー(の).〔~的天空〕紺碧の空.〔~宝石〕藍玉(ᵗ).アクアマリン.

海兰泡 hǎilánpào 地〔布拉戈维申斯克〕ブラゴヴェシチェンスク:黒竜江の北岸にあるロシアの都市.

海缆 hǎilǎn ⇒〔海底电缆〕

海浪 hǎilàng 波.〔~滔 tāo 天〕波浪が天をつく.

海狸 hǎilí ⇒〔河 hé 狸〕

海狸鼠 hǎilíshǔ 動ヌートリア.

海里 hǎilǐ 〔海浬〕とも書いた.海里:海面距離の単位,1海里は1852メートルにあたる.〔浬 lǐ〕は旧称.〔每小时航行二十五~的船〕時速25ノットの船.→〔节 jié ⑯〕

海 hǎi

海里捞针 hǎilǐ lāozhēn ⇒〔海底捞针〕
海里摸锅 hǎilǐ mōguō ⇒〔海底捞针〕
海力司粗呢 hǎilìsī cūní 勔ハリスツイード.
海蛎子 hǎilìzi 魚貝イタボガキ.コロビガキ=〔牡蛎(カキ)〕の一種.
海量 hǎiliàng〈喩〉①酒量の大きいこと.→字解③〔酒 jiǔ 量(儿)〕 ②〈尊〉度量の大きいこと.→〔雅 yǎ 量①〕
海量存储 hǎiliàng cúnchǔ 電算大容量メモリー.
海岭 hǎilǐng 地海底山脈:〔海底山脉(海底山脉)〕・〔海脊〕ともいう.
海流 hǎiliú ①(暖流・寒流などの)海流:〔洋 yáng 流〕ともいう. ②流れている海水.
海柳 hǎiliǔ〔珊 shān 瑚〕
海龙 hǎilóng ①魚貝ヨウジウオ:〔钱 qián 串子⑤〕〔杨 yáng 枝鱼〕ともいう. ②⇒〔海獭〕 ③動(古代動物の)爬虫類の一種.
海鸬鹚 hǎilúcí =〔海乌鹚〕〔乌鹚〕鳥ヒメウ.→〔鸬鹚〕
海路 hǎilù 海路.〔走〜〕海路を行く.船で行く.
海绿石 hǎilǜshí 鉱海緑石.
海轮 hǎilún 外洋汽船.→〔轮船〕
海伦主义 hǎilún zhǔyì〈音義訳〉ヘレニズム.
海萝 hǎiluó 植フクロフノリ.
海螺 hǎiluó 魚貝ホラガイ.またその殻:〔法 fǎ 螺〕の通称.〔海螺罗〕〔梭 suō 尾螺〕
海螺壶 hǎiluózhàn =〔鹦 yīng 鹉螺〕
海洛因 hǎiluòyīn 音訳ヘロイン:〔海洛音〕〔海洛英〕〔白洛因〕とも書いた.麻薬として俗に〔白 bái 货儿〕〔白粉③〕〔白土②〕〔老 lǎo 海〕〔料 liào 面〕は別称.化学名は〔二èr 乙酰吗啡〕(ジアセチルモルヒネ)
海马 hǎimǎ ①=〔水 shuǐ 马〕魚貝サンゴタツ:タツノオトシゴ・タカクラタツなどを含めていう.〔龙 lóng 落子〕に同じ. ②⇒〔海象〕 ③生理海馬:大脳皮質の部分.
海马齿 hǎimǎchǐ 植ミルスベリヒユ.
海鳗(鳗) hǎimán(lí) 魚貝ハモ:〔勾 gōu 鱼〕〔即 jí 勾〕〔狼 láng 牙鳝〕は方言.
海猫 hǎimāo 鳥ウミネコ.
海妹 hǎimèi 大型客船の女性サービス係.
海米 hǎimǐ ①乾燥させた海産の小えび(むき身).→〔虾 xiā 米①〕 ②=〔蒲 shī 草〕植コウボウムギ:カヤツリグサ科の海辺の砂地に生える多年生草本.
海绵 hǎimián ①動海綿動物. ②同前の角質骨格.③スポンジ.海綿.〔~底球鞋〕スポンジ底のスポーツシューズ.〔~垫 diàn 褥〕〔~泡 pào 沫垫〕スポンジクッション.〔~(球)拍(卓球の)スポンジラケット.〔~铁 tiě〕鉱海綿鉄.多孔質鉄塊.
海绵土 hǎimiántǔ やわらかくふわっとした土.有機質に富んだ肥沃な土壌.〔海绵田〕同前の畑.〔熟 shú 土〕
海面 hǎimiàn 海面.
海模 hǎimó 船の模型.ミニチュア船.
海纳百川 hǎi nà bǎichuān〈成〉包容力の大きいこと.
海南 hǎinán ①南部沿岸地域. ②〔~省〕〔~岛〕の略称:〔琼 qióng〕は別称.〔~戏 xì〕〔琼剧〕同前地方の劇.
海难 hǎinàn 海難.〔~信号〕海難信号.
海内 hǎinèi ①国内.〔~外〕国内外. ②〈文〉四海の内.天下.〔~无双〈成〉〕天下に並ぶものなし.〔~存知己,天涯 yá 若比邻③〕天の下に知己があれば,地の果てに居ようと気持ちは通じ合う(唐・王勃の詩)
海鲇鱼 hǎiniányú 魚貝ウミナマズ:〔鲇〕は〔鲶〕とも書いた.
海鸟 hǎiniǎo 鳥海鳥.
海牛 hǎiniú カイギュウ.アメリカマナティー.
海鸥 hǎi'ōu 鳥ウミカモメ.
海派 hǎipài (京劇の)上海在住の一派:〔京jīng 派〕に対していう. ②上海流(の).上海風(の).〈転〉最先端を行く.〔~打扮〕上海風の装い.
海盘车 hǎipánchē =〔海星②〕〔星 xīng 鱼〕動ヒトデ.
海螃蟹 hǎipángxie ⇒〔蜎 yóu 蚌〕
海泡石 hǎipàoshí 鉱海泡石:乾燥剤・吸収剤・脱色剤として用いられる.
海盆 hǎipén 海盆.海底盆地:〔洋 yáng 盆〕ともいう.
海螵蛸 hǎipiāoxiāo ①いかの甲:いかの舟型をした骨:〔乌 wū 贼骨〕ともいう. ②中医同前から作った止血剤.
海平面 hǎipíngmiàn ①波立たない海面. ②波が無いという想定上の海面.干満の間の平均水平面.
海平线 hǎipíngxiàn 水平線.
海气 hǎiqì 海上の霧.もや.〔蜃気楼〕
海鞘 hǎiqiào =〔老 lǎo 海蛆〕魚貝ホヤ.
海茄子 hǎiqiézi ⇒〔瓜 guā 参〕
海侵 hǎiqīn〔海进〕
海青 hǎiqīng ①回僧衣. ②回広袖の衣服. ③同下.
海青辗 hǎiqīngniǎn 古脱穀・製粉用の大石うす:〔海青③〕ともいう.
海青天 hǎiqīngtiān →〔海瑞罢官〕
海鳅 hǎiqiū〔黑 hēi 露脊鲸〕
海区 hǎiqū 海域.海区.
海曲 hǎiqū〈文〉海岸の入り込んだところ.
海蛆 hǎiqū 虫フナムシ.
海雀 hǎiquè 鳥ウミスズメ.
海儿发 hǎi'rfà →〔刘 liú 海儿②〕
海儿鱼 hǎi'ryú ⇒〔三 sān 刺(河)鲀〕
海人草 hǎiréncǎo 植マクリ.カイニンソウ(海人草).
海瑞罢官 hǎiruì bàguān 書1961年歴史学者呉晗作の歴史劇:明代の高潔な官僚,海瑞(海青天,または南包公ともいう)の活躍を描いたもの.1965年,反党反社会主義的とされて〔文 wén 化大革命〕の口火となった.→〔三 sān 家村②〕
海撒 hǎisǎ 海上散骨する.〔海葬②〕ともいう.
海鳃 hǎisāi =〔海笔〕動ウミエラ:腔腸動物の一.
海鲨鱼 hǎishāyú =〔鲨 shā 鱼②〕
海扇 hǎishàn 魚貝帆立貝.
海商法 hǎishāngfǎ 法海事商法.
海上 hǎishàng ①海上.〔~保险单〕海上保険証書.〔~救助〕海難救助. ②地上海の別称.→〔沪 hù 上〕
海上篇 hǎishàngpiān〈方〉出放題.(口から)出まかせ.出るにまかせて,言う方ものだ.
海上丝路 hǎishàng sīlù 固海のシルクロード:中国と海外各地を結ぶ航路.〔陆上丝绸之路〕の略.
海蛇 hǎishé 動①ウミヘビ(科総称). ②マダラウミヘビ:〔青 qīng 环〕〔斑 bān 〜〕ともいう.
海参 hǎishēn 動ナマコ(総称):〔徐 tú 笋〕〔土 tǔ 笋〕は別称.〔黑 hēi 〜〕〔干 gān 海参〕干しなまこ(いりこ).〔〜席〕なまこを最高の料理とする宴席料理:あまり上等でない宴席料理.〔刺 cì 参〕〔瓜 guā 参〕〔燕 yàn 窝(窝)席〕参见①②〕
海参崴 hǎishēnwēi 地ウラジオストック:〔符 fú 拉迪伏斯托克〕ともいう.
海狮 hǎishī 動アシカ・オットセイ・トド(総称).〔南

hǎi 海

〜〕カリフォルニアアシカ.〔南美〜〕オタリア.〔灰〜〕オーストラリアアシカ.〔北〜〕トド.→〔海狗〕

海石 hǎishí 動アナサンゴモドキ：腔腸動物の一種.→〔珊 shān 瑚〕

海蚀 hǎishí 地海食.海岸侵食.

海石榴 hǎishíliú ⇒〔山 shān 茶〕

海市 hǎishì ⇒〔海市蜃楼〕

海事 hǎishì ①海上で起こる種々の事項に関すること. ②船舶事故(接触・火災・座礁など).→〔海難〕

海誓山盟 hǎishì shānméng 〈成〉(男女の)深い契り；〔山盟海誓〕ともいう.〔立下了〜〕永遠の愛を誓い合った.

海市蜃楼 hǎishì shènlóu ＝〔海市〕〔蜃楼〕①(気象)気楼(蜃気楼(しんきろう)).海市；〔海市蜃景 jǐng〕ともいう. ②〈喩〉まぼろし.→〔幻 huàn 景〕

海兽 hǎishòu (動)海獣：海に住む哺乳動物の総称.

海蓉子 hǎishǔzǐ 植ホウオウモク.

海水 hǎishuǐ 海水.〔〜不可斗 dǒu 量〕海の水は升で量れる事ができない〈喩〉外見や目先のことから人の才能を推し量ることはできない.〔浴 yù〕海水浴.〔洗 xǐ〕澡〕海水浴をする.〔〜面〕平均海面.〔〜淡 dàn 化〕〔〜脱 tuō 盐〕海水の淡水化.

海狮 hǎishī 魚イトカケガイ.

海丝瓜 hǎisīguā 動ウミヘラマ.ワタリカリナ：海綿動物.

海松 hǎisōng ①⇒〔红 hóng 松〕 ②＝〔黑 hēi 珊瑚〕〔铁 tiě 树〕(動)ウミマツ.クロサンゴ：腔腸動物で珊瑚類.食用.

海损 hǎisǔn 商海損：航海中に生じた船舶および積荷の損失.〔〜存款〕海損供託金.〔〜理算〕海損精算.〔〜专业人员〕海損精算人.

海索面 hǎisuǒmiàn 植ウミゾウメン：ベニモズク科の紅藻類.食用する.

海獭 hǎitǎ ＝〔海龙〕(動)ラッコ.〔〜皮 pí〕ラッコの毛皮.

海苔 hǎitái ①＝〔干 gān 苔〕〔绿 lǜ 紫 zǐ 菜〕〔石 shí 发〕植アオノリ.→〔紫 zǐ 菜〕 ②〔侧 cè 理纸〕

海滩 hǎitān 海浜：波打ち際から広がる浜辺(砂・泥・石ころ).

海棠 hǎitáng 植カイドウ.またその果実：バラ科の落葉低木.〔〈文〉川 chuān 红〕〔花 huā 仙〕は別称.〔〜果(儿)〕⇒〔海红〕(梨 lí)〔海红〕①かいどうナシ.〔〜脯 fǔ〕干したかいどうの実の蜜漬(ざ).〔〜花〕かいどうの花.〈喩〉なよやかな美人.〔枫 fēng 叶〜〕ベゴニア.〔贴梗〜〕木瓜①.〔木瓜①〕⇒〔木瓜①〕ボケ.

海塘 hǎitáng 海岸堤防.防潮堤.

海棠梨 hǎitánglí →〔海棠〕

海桐 hǎitóng 植トベラ：海辺に生ずる常緑低木.〔〜花〕同前の花.

海图 hǎitú 海図.

海涂 hǎitú ＝〔滩 tān 涂〕(河口近くの)干潟(がた)：単に〔涂⑤〕ともいう.

海兔 hǎitú 魚貝アメフラシ；〔雨 yǔ 虎〕ともいう.

海兔子 hǎitúzǐ 〔银 yín 鲛〕

海退 hǎitui 地海退.→〔海进〕

海豚 hǎitún (動)イルカ.〔真 zhēn 〜〕〔海猪〕(マイルカ)ともいう.クジラ目マイルカ科の海獣.〔鼠 shǔ 〜〕〔无 wú 喙家ネズミイルカ(無嘴).〔糙 cāo 齿长吻〜〕ハシナガイルカ(長嘴).〔〜泳 yǒng〕〔水泳の〕ドルフィンキック.

海外 hǎiwài 国外.〔〜奇 qí 谈〕根も葉もない話.天下の珍話.〔〜关 guān 系〕外国にいる親戚や友人との関係.〔〜侨 qiáo 胞〕海外にいる同胞.〔〜兵 bīng 团〕〈喩〉中国から流失し海外で活躍する人々(スポーツ選手)

海湾 hǎiwān ③海.陸地に深く入りこんだ湾.〔〜国家〕ペルシア湾岸諸国.→〔海股〕

海碗 hǎiwǎn 大碗.どんぶり.〔头 tóu 海〕最大のどんぶり用.〔二海〕2番目に大きい同前.→〔大 dà 碗〕

海王星 hǎiwángxīng (天)海王星.→〔九 jiǔ 大行星〕

海味 hǎiwèi ①海 産の食品.〔〜店〕＝〔行 háng 铺〕海産物商.〔山珍 zhēn 〜〕〔山珍海错〕山海の珍味.

海乌鹈 hǎiwūtí ⇒〔海鸬鹤〕

海屋添筹 hǎiwū tiānchóu 〈成〉長寿を祝う言葉：伝説で年代計算用の数取り棒を納めた建物で歳月を数えること.〔海屋等添添〕.

海蜈蚣 hǎiwúgōng ＝〔沙 shā 蚕〕(動)ゴカイ.

海峡 hǎixiá 海峡.〔〜两岸〕地中国大陸と台湾.〔台湾〜〕台湾海峡.〔〜西岸〕福建省沿岸.

海鲜 hǎixiān 食新鮮な(生の)海の食用魚貝類，またその料理.〔吃〜去〕同前を食べに行く.〔〜舫 fǎng〕同前を食べさせる浮き船の料理屋.〔〜十锦 jǐn 锅〕魚貝類のよせ鍋.→〔鱼 yú 鲜〕

海咸河淡 hǎixián hédàn 海水は塩辛く川水は辛くない〈喩〉自然の定め.

海相沉积 hǎixiàng chénjī 地海成層の堆積.

海象 hǎixiàng ＝〔海马②〕(動)セイウチ.

海啸 hǎixiào ＝〔海吼①〕津波.〔〜灾 zāi 区〕津波被害地区.②暴風による高潮.

海蝎子 hǎixiēzi →〔鬼 guǐ 蚰〕

海协会 hǎixiéhuì 〔海峡两岸关系协会〕の略.台湾との交流事務を行う中国側の機関.

海蟹 hǎixiè 海のカニ.→〔河 hé 蟹〕

海星 hǎixīng ①動棘皮(しょくひ)動物の総称. ②⇒〔海盘车〕

海熊 hǎixióng ⇒〔海狗〕

海鸰 hǎixù ⇒〔海鹣〕

海选 hǎixuǎn 広く多数の中から選ぶ.

海寻 hǎixún 〈度〉水深の単位.1〔〜〕は1.852mで千分の1海里；〔浔 xún〕〔嗨〕は旧合成略字.

海压 hǎiyā ⇒〔保 bǎo 安阀〕

海牙 hǎiyá 地ハーグ：〔荷 hé 兰〕(オランダ王国)の政府所在地.

海盐 hǎiyán 海水を煮て製した塩→〔井 jǐng 盐〕〔岩 yán 盐〕

海鳀 hǎití 魚貝アンチョビー：〔鳀 tí〕(カタクチイワシ)の幼魚，またその加工したもの.〔〜酱 jiàng〕アンチョビーペースト.〔〜酱油〕ひしこ製ソース.

海眼 hǎiyǎn 地中に潜流している泉水が海へ流れ込むと考えられた)大きな出口.〔白填〜〕〈喩〉むだ金を使う.

海盐 hǎiyán 魚貝味はえびに似た浙江省郵県に産する一種の小魚.

海燕 hǎiyàn ①鳥ウミツバメ.〔黑又尾〕ヒメクロウミツバメ.②動イトマキヒトデ.

海晏河清 hǎiyàn héqíng ⇒〔河清海晏〕

海洋 hǎiyáng 海洋.〔〜国土〕〔蓝色国土〕領海とその島.〔〜能〕海洋エネルギー.〔〜权〕領海権.〔〜生物〕海洋生物.〔〜性气候〕海洋性気候.〔〜学 xué〕海洋学.

海羊齿 hǎiyángchǐ 動ウミシダ：棘皮(しょくひ)動物の海百合類の一種.

海椰子 hǎiyēzi 植フタゴヤシ.

海鹰 hǎiyīng 動ウミワシ.

海鱼 hǎiyú 海の魚.

海芋 hǎiyù ＝〔观 guān 音莲②〕植クワズイモ(マンシュウイモ)：毒草の一種.

海域 hǎiyù 海域.

hǎi～hān

海员 hǎiyuán 航海船の職員・船員(通称).
海月 hǎiyuè ①海上の月. ②=[窗 chuāng 贝][鱼贝]マダカイ. ③印刷・写真用紙の一種.
海岳 hǎiyuè〈文〉①海と山. ②大恩のたとえ.
海月水母 hǎiyuè shuǐmǔ [鱼贝]ミズクラゲ.
海运 hǎiyùn 海運. ⇨[报 bào 单]海運申告書.〔～同盟]海運同盟(船主間)
海葬 hǎizàng ①水葬(する). ⇨[海撒]
海枣 hǎizǎo ①[波 bō 斯枣][椰 yē 枣](伊 yī 拉 lā 克密枣]〔战 zhàn 木]ナツメヤシ,またその実.
海藻 hǎizǎo [植]①海中の藻類(総称). ②[中医]海蒿子](ホンダワラ)近縁種の〔羊 yáng 栖菜](ヒジキ・ヨレモク)
海藻虫 hǎizǎochóng ⇨[蛚 jié]
海贼 hǎizéi ⇨[海盗]
海战 hǎizhàn 海戦.
海蜇 hǎizhé ①[鱼]蛇 zhà]①[鱼贝]ビゼンクラゲ.〔蛋]同前の塩漬け:傘の部分を[～皮 pí][蜇皮],口・足を[～头 tóu]という.
海震 hǎizhèn [地]海震((地)):海底などに起こった地震による海水の震動. →[海啸]
海中捞月 hǎizhōng lāo yuè ⇨[水 shuǐ 中捞月]
海珠 hǎizhū ⇨[刺 cì 海龟]
海猪 hǎizhū ⇨[海豚]
海猪鱼 hǎizhūyú [鱼贝]ベラ(総称).〔花鳍 qí ～]キュウセン.
海字号儿 hǎizìhàor〈方]最大・特大.
海子 hǎizi ①〈方]湖沼. ②⇨[海洛因]

〔**胲**〕hǎi [化]ヒドロキシルアミン:[羟 qiǎng 氨]に同じ. →gǎi

g 〔**醢**〕hǎi [古]酒器の一種.

〔**醢**〕hǎi〈文〉①肉を刻んで漬けたもの.肉醤(ひしお). (鱼 yú ～]魚肉で作った同前のもの. ②(身体の肉を)こま切りにして肉醤にする酷刑.〔菹 jū ～]〈文〉同前.

〔**亥**〕hài ①亥(い):十二支の第12位.〔～猪 zhū]同前. ②[干 gān 支]順序の最後. ③亥の刻:昔時の時刻で,夜9時～11時頃.〔二 èr 更][乙 yǐ 夜]に同じ.〔～刻 kè]=[時]同前. →[五 wǔ 更] ④[旧]北西の方位.
亥时 hàishí =[字解]
亥豕 hàishǐ 字形の類似による誤用:"亥""豕"は古文字体がよく似ていて誤りやすかったため.〔鲁 lǔ 鱼～]〈成]同前.

〔**忺**〕hài〈文]①非常に苦しい. ②愁い悩む.

〔**骇・駭**〕hài ①びっくりする.驚き恐れる.〔～怕 pà]同前. ②馬が驚く.〔～散]む.擾乱((攪))~する. ④いぶかる.
骇弹 hàidàn〈文〉驚き恐れる.〔百兽～]百獣が驚き恐れる.
骇愕 hài'è〈文〉驚き怪しむ.びっくりする.
骇怪 hàiguài =[惊 jīng 诧]〈文]驚き怪しむ.
骇鸡犀 hàijīxī 犀(さい)の角. →[犀角]
骇惧 hàijù 恐れる.〔毫 háo 不～]まったく恐れない.
骇客 hàikè [電算]クラッカー:悪意のあるハッキングをする者.〔怪 guài 客][剑 jiàn 客][快 kuài 客]ともいう. →[黑 hēi 客]
骇浪 hàilàng 荒波.大浪.
骇然 hàirán〈文〉驚くさま.
骇人听闻 hàirén tīngwén [成]〈喻]聞く人を驚かす.〔～的消息]ショッキングなニュース.
骇异 hàiyì〈文〉驚きいぶかしく思う.

〔**氦**〕hài [化]ヘリウム:希ガス元素.記号He.通称[～气 qì].

氦原子核 hài yuánzǐhé ヘリウム原子核.

〔**害**(**害**)〕hài ①損なう.壊す.だめになる.〔～农 nóng 民]農民を痛めつける.〔～得我睡 shuì 眠不足]おかげで私は寝不足だ.〔～得我没家可归](害をうけた結果)帰るに家がないということになった.〔因為他不会游,～得我也懒得去游泳了]彼が泳げないので,おかげでぼくも泳ぎに行くのがおっくうになった. ②有害.不利益.災い.〔酒喝多了对身体有～]酒は飲みすぎると体によくない.〔兴利除～]〈成]利をおこし,害を除く. ↔[利 lì]③[益 yì]①② ③殺す.〔被 bèi 特务暗～]スパイに暗殺された. ④妨げる.〔～不着你]〔碍不着你]きみのじゃまはしない.お前に関係のないことだ. ⑤気に病む.おののく.心が波立つ.苦しむ.〔～什么怕]何を恐れるのか. ⑥(病気)にかかる.〔～肚 dù 子]下痢をする.〔～头 tóu 疼]頭を痛める.〔～了一場伤寒]チフスにかかった.〔害眼]⑦〈文〉ねたむ.〔心～其能]人の才能をねたむ.
害病 hàibìng 病気にかかる.〔害一場病]一度病気をする.〔害相思病]恋わずらいをする. →[生 shēng 病]
害虫 hàichóng 害虫.
害处 hàichù 欠点.有害さ.〔对人体没有～]人体には害がない.
害河 hàihé ①暴れ川.よく水害を起こす川. ↔[利 lì 河] ②有害な水質の川.
害口 hàikǒu ⇨[害喜]
害命 hàimìng 殺害する.〈喻〉有害なもの.〔謀財～]財物を詐取しようとはかり人を殺害する.
害鸟 hàiniǎo 害鳥. ↔[益 yì 鸟]
害怕 hàipà 恐れる.怖がる.心配する.〔没必要～]恐れる必要はない.
害群之马 hàiqún zhī mǎ〈喻]大勢の人の迷惑になる者.社会に害毒を流す人物.
害人虫 hàirénchóng〈喻]社会の敵.人間の屑.
害人精 hàirénjīng 人に災いを及ぼす悪者:[精]は妖怪の意.
害人犹害己 hàirén yóu hàijǐ〈成]人を害するようなものだ:人を呪うは穴二つ.
害臊 hàisào =[怕 pà 羞]〈口]はにかむ.恥ずかしがる.〔不要～大胆去干]照れずに思い切ってやれ.
害事 hàishì ⇨[坏 huài 事]
害兽 hàishòu 害獣.
害喜 hàixǐ =〈方]害口].[闹 nào 喜]つわりがある.〔她最近～了]彼女は最近おめでたになった. →[喜病][孕 yùn 吐]
害羞 hàixiū 恥ずかしがる.恥じる.きまり悪がる.
害眼 hàiyǎn 〈口]眼病を患う.

〔**嗐**〕hài 感動詞. ①悔恨・残念・不満を表す.〔～!想不到他病得这样重]ああ,彼の病気がこんなに重いとは知らなかった. ②賛嘆を表す.ほほう.

han ㄏㄢ

〔**犴**(**豻**)〕hān =[犴]動]ヘラジカ:[驼 tuó 鹿]の古称. →àn

〔**顸・頇**〕hān ①〈口]太い:太くて長い.〔这颗大树,该有多～啊]この大木はどのくらいの太さがあるだろうかな.〔这线太～,有细的没有]この糸はあまりに太い,細いのはないか. →[粗 cū ⑥] ②⇨[颟 mān 顸] ③〈姓]顸(か).
顸实 hānshí〈方〉太くて丈夫である.

〔**玵**〕hān ⇨[犴]

[鼾] hān
いびき.〔打~〕〔方〕打呼 hū 嚕〕いびき
- **鼾声** hānshēng いびき声.〔~如雷 léi〕〔慣〕鼾声(かんせい)雷の如し.
- **鼾睡** hānshuì いびきをかいて熟睡する.〔~不醒 xǐng〕いびきをかいてぐっすり寝こむ.

[蚶] hān
〔魚貝〕フネガイ(総称):ハイガイ・アカガイ・サルボウなど.〔~田〕同前の養殖場.〔甲 jiǎ 阡 ~〕サルボウ:殻に毛がある貝で〔甲 jiǎ 阡 ~〕(A型肝炎)の宿主.
- **蚶子** hānzi =〔复 fù 累〕〔魁 kuí 蛤〕〔方〕瓦 wǎ 楞子〔魚貝〕アカガイ(総称):食用にする.貝殻は薬用にする.

[酣] hān
①心ゆくまで酒を飲む(楽しむ).〔~饮 yǐn〕痛飲する.→〔酒 jiǔ 酣耳热〕 ②たけなわである.真っ最中である.思う存分にしている.〔兴 xīng 正~〕興趣まさにたけなわである.
- **酣畅** hānchàng たっぷりである.思う存分にしている.心ゆくまでしている(飲酒や睡眠など)
- **酣春** hānchūn 〔文〕春の真っ盛り.春たけなわ.
- **酣放** hānfàng 〔文〕①(文章が)奔放自在(である). ②ほしいままに飲酒する(こと)
- **酣歌** hāngē 〈文〉楽しく酒を飲んで歌う.
- **酣酣** hānhān 〈文〉①十分に酒を飲んで心が伸びのびしたさま. ②花盛り,また春景色などの美しさま.
- **酣梦** hānmèng 快眠.熟睡.
- **酣眠** hānmián 熟睡する.
- **酣然** hānrán 〈文〉うっとりとするさま.〔~入梦〕うっとりとして眠り,夢に入る.
- **酣适** hānshì ここちよい.
- **酣睡** hānshuì 熟睡する.
- **酣兴** hānxìng 〈文〉酒を飲んで気分が盛り上がる.
- **酣宴** hānyàn 〈文〉たけなわの酒宴:〔酣谶〕とも書く.
- **酣饫** hānyù 〈文〉酒・さかなに食べ飽きる(こと).酒の回り腹一杯になる.
- **酣战** hānzhàn 激戦する.〔两队~长达两个小时〕両チームは2時間を越える熱戦を続けた.
- **酣醉** hānzuì 大酔(する)

[憨] hān
①愚かである.鈍い.〔~痴 chī〕うすばかである. ②素朴である.純心である.〔~〕=〔乎 hū 乎〕同前のさま.〔一 股 ~ 劲 (儿) jìn(r)〕正直さ.素直さ. ③〈姓〉憨(かん)
- **憨包** hānbāo ⇒〔憨蛋〕
- **憨忡** hānchǔn 愚かである.ばかである
- **憨蛋** hāndàn 〔方〕憨包〕〔方〕愚者.ばか者:〔憨大〕ともいう.
- **憨瓜长得大** hānguā zhǎng dedà 〔喩〕大きいだけで何の取り柄もない:〔憨瓜结 jié 得大〕ともいう.
- **憨厚** hānhòu 正直である.実直である.真面目である.〔~人有福气〕実直な人には福がある.
- **憨傻** hānshǎ 正直さが過ぎて愚かである.〔~呆孽 niè〕気まじめで間が抜けている.
- **憨声** hānshēng 大きい声.〔~憨气〕同前.
- **憨实** hānshí 実直である.律(りち)儀である.
- **憨态** hāntài 無邪気な態度.〔~可掬 jū〕〈喩〉天真爛漫さであふれている.
- **憨头憨脑** hāntóu hānnǎo 愚鈍である.馬鹿正直である.
- **憨笑** hānxiào ばか笑いする.無邪気な笑いをする.
- **憨直** hānzhí ばか正直である.朴訥(ぼくとつ)である.
- **憨子** hānzi 〈方〉まぬけ.ばか者.

[邗] hán
①囲古代の国名:今の江蘇省江都県一帯.〔~沟 gōu〕囲古代の運河の名:今の江南運河の揚州(江都)より淮安(末口)に至る間.〔~江 jiāng〕囲江蘇省にある県名. ②〈姓〉邗(かん)

[邗] hán
〔可 kè ~〕囬韃靼(だったん).蒙古・トルコ諸族の首長の称号:その妻を〔可 (贺)敦 dūn〕という.〔成吉思 (可) ~〕囚ジンギス汗:蒙古帝国の創設者.太祖. → hàn

[邯] hán
- **邯郸** hándān ①囲河北省南部にある都市. ②〈姓〉邯鄲(かんたん)
- **邯郸梦** hándānmèng ⇒〔黄 huáng 粱(美)梦〕
- **邯郸学步** hándān xuébù =〔学步邯郸〕〈成〉戦国の頃,燕国の人が趙国の都の邯鄲で人々の歩く姿の美しさをまねてみたものの,うまくできなかったばかりか,自分本来の歩きを忘れてしまい,這(は)って燕に帰った(荘子・秋水).〈喩〉他人を真似て似て非なるものとなったばかりか,自分本来のものまで失ってしまうこと.

[含] hán
①(口の中に)含む.〔嘴 zuǐ 里~着糖〕口にあめを含んでいる. ②含有する.〔粗粮里~有丰富的营养〕雑穀類は豊富な栄養素を含有している. ③(ある感情などを心の中に)抱く.帯びる.しのばせる.〔暗 àn ~〕暗に含んでいる.〔~悲 bēi〕悲しみを含む.〔~颦 pín〕顔をしかめる.眉をひそめる. ④〈文〉耐える. ⑤⇒〔唅〕
- **含苞** hánbāo 〈文〉(花が)つぼみを持つ.〔~待 dài 放〕〔欲 yù 放〕今にも花のつぼみが開きそうである.〔~花蕾 huā lěi〕
- **含贝** hánbèi 〈文〉白く美しい歯の形容.〔齿如~〕歯が白く美しい貝を口に含んでいるようだ.
- **含而不露** hán ér bùlù 心中に納めて表面に出さない.〔~地劝说〕それとはなしに忠告する.
- **含愤** hánfèn 〔含忿〕とも書く.怒気を含む.
- **含垢纳污** hángòu nàwū 〈成〉恥辱をも耐え忍ぶこと.
- **含垢忍辱** hángòu rěnrǔ 〈成〉恥辱を忍ぶ:〔忍辱含垢〕ともいう.
- **含毫** hánháo 〈文〉文章を作るに筆をなめて沈思黙考する(こと)
- **含恨** hánhèn 恨みを抱く.〔~而死〕恨みをのんで死ぬ.〔九泉 quán ~〕〈成〉あの世へ行ってもうらめしく思う.
- **含糊** hánhu 〔含混〕〔含胡〕〔函胡〕とも書いた. ①あいまいである.はっきりしない.〔证 zhèng 据也~不清〕証拠もはっきりしない. ②不真面目である.いいかげんである.粗雑である.〔他含含糊糊地答应了〕彼はいいかげんに返事をした.〔做事不可~〕仕事をごまかしてはいけない. ③恐れる.びくびくする:否定形で用いる.多くすばらしい,相当なものであるを表す.〔谁也不~谁〕お互いに弱味を見せない.〔他打乒乓球可真不~〕彼の卓球の腕は実にたいしたものだ.
- **含糊其词** hánhu qící 〈成〉言辞をあいまいにする.言葉を濁す:〔(词)は(辞)〕とも書く.〔说些~的话〕あやふやなことを言う.
- **含混** hánhùn あいまい(である).いいかげん(である).〔言词〕言葉があいまいである.〔~不清 qīng〕あいまいなさま.はっきりしないさま.
- **含金量** hánjīnliàng ①金の含有量. ②〈喩〉実質的価値.うまみ.実利.
- **含泪** hánlèi 涙をたたえる.
- **含殓** hánliàn 〈文〉納棺(する)
- **含量** hánliàng 含有量.〔脂 zhī 肪~〕脂肪含有量.
- **含氯石灰** hánlǜ shíhuī =〔漂 piǎo 白粉〕さらし粉(クロル石灰.カルキ)
- **含怒** hánnù 心中に怒りを持つ.腹が煮えくり返る.
- **含片** hánpiàn トローチ.
- **含情** hánqíng 情がある.愛情を心に抱く(顔に出る).〔~脉脉 mòmò〕情愛深いまなざし.

hán

含权 hánquán [経](株式や金銭の)配当権付.
含沙射影 hánshā shèyǐng〈喩〉暗に人を中傷する:蜮(yù)という虫はいつも水中にいて,砂を含んで人の影を射るとその人は病気になるという伝説による.→[影射]
含漱 hánshù うがいをする.[~剤]うがい薬.[~口]
含水层 hánshuǐcéng [地]含水層.
含桃 hántáo ⇒[樱yīng桃]
含味 hánwèi よく味わう.含味する.
配含息 hánxī [経]配当金付.
含笑 hánxiào ①ほほえむ.笑いを浮かべる.[~九泉]〈喩〉あの世でほほえむ. ②[植]オガタマノキ(総称):[广 guǎng 心树][黄 huáng 心树②]とは別称.[~花][台湾〜]オガタマノキ.
含辛茹苦 hánxīn rúkǔ〈成〉辛苦をなめる:[茹苦含辛]ともいう.
含羞 hánxiū 恥ずかしがる.はにかむ.
含羞草 hánxiūcǎo =[羞草][见 jiàn 诮草][惧 jù 内草][知 zhī 含羞草]オジギソウ.ネムリグサ.ミモザ:[屈 qū 佚]氏樹]は古名.
含蓄 hánxù [涵蓄]とも書く. ①含み(がある).[~的批评]さりげない批判. ②深い意味(がある).含蓄(がある). ③(感情·考えを)容易に表さない.
含血喷人 hánxuè pēnrén =[血口喷人]〈喩〉あくどいやりかたで人を陥れる.[这是毫无理由的〜]これは根も葉もないあくどい言いふらしである.
含饴弄孙 hányí nòngsūn〈成〉あめを口に入れて孫をあやす:老後ののんびりした生活の形容.
含义 hányì =[涵义]字や語句の含んでいる意味·内容·概念.ニュアンス.[这句话的〜]この言葉の意味.[所有制的〜更加明確了]所有制の概念はいっそうはっきりした.
含意 hányì (詩文や言葉の)字面(zì)に現れていない意味.真意.
含英咀华 hányīng jǔhuá〈成〉文章の精神を味わって読み解くこと:[韓愈の進学解より.
含油层 hányóucéng [地]含油層.
含有 hányǒu 含有する.含んでいる.
含冤 hányuān 冤罪(yuān)を負う.泣き寝入りする.[~负屈]〈成〉同前.
含怨 hányuàn 恨みを持つ.→[埋 mán 怨]
含蕴 hányùn ⇒[涵蓄①]
含族 hánzú ハム族:[诺亚](ノア)の子[哈姆](ハム)の子孫といわれる.→[闪 shǎn 族]

[浛] hán [〜洸 guāng][地]広東省にある.

[崡] hán [〜岈 yá]〈文〉山の深いさま.

[焓] hán [物]エンタルピー:熱力学の状態量関数の一.[热 rè 含]][热焓]ともいう.

[琀] hán =[含⑤]〈文〉死者を納棺する時その口に玉(yù)を含ませること.またその玉.[〜殓 liàn]納棺する.

[晗] hán〈文〉空が明るくなろうとする.夜が明けようとする.

[函(凾·圅)] hán ①箱.ケース.またはそれを数える量詞.[镜 jìng 〜]鏡うき化粧箱.[全书共四〜]全冊4ケース入り. ②手紙(を出す.音信(する).[随〜寄 jì 上报告书]同時にご報告書を郵送する.[〜聘 pìn]手紙で招聘する.[前〜]前回の手紙.[惠 huì 〜]ご書簡(を賜る).[来〜][贈]お手紙.[奉 chēng]手紙にて,と称している.[驰 chí 〜奉询]〈牘〉書面でお尋ね申し上げます.→[翰 hàn ①][信 xìn ⑥] ③含む.包含する. ④〈文〉鎧(よろい).→[甲 jiǎ (Ⅱ)②]

函达 hándá =[函致][泐 lè 达]手紙で申し送る.[特此〜][牘]ここに特にご通知申し上げます.
函大 hándà [函授大学]の略.通信教育大学.
函电 hándiàn 手紙と電報.[〜纷 fēn 驰]手紙や電報が頻繁に送られる.
函调 hándiào 外部への書面による調査.
函牍 hándú 書簡.手紙.
函复 hánfù [〈文〉泐 lè 复]書面で返事する.
函告 hángào 書面で知らせる.
函购 hángòu 通信販売で買う.
函谷关 hánggǔguān [地]先秦時代に現在の河南省霊宝県に設けられた関.[险险如函(谷关)]函谷関のように山が深く険しい.
函胡 hánhu [含糊]
函件 hánjiàn 書信.郵便物:[信 xìn 件]に同じ.[国际挂号〜]国際書留郵便(物)
函恳 hánkěn 書面で懇願する.
函洽 hánqià〈文〉(手紙で)交渉する.問い合わす.
函请 hánqǐng 書面でお願いする.
函授 hánshòu 通信教授.[〜教 jiào 育]通信教育.[〜大学][函大]通信教育大学.[〜学员]通信教育受講学生.→[面 miàn 授①]
函售 hánshòu 通信販売(する):[邮 yóu 购]に同じ.[〜店]通販店.
函数 hánshù [数]関数.[因 yīn 变量]
函索 hánsuǒ 手紙で請求する.[〜即寄]〈牘〉お手紙で請求ありしだいご送付申し上げます.
函询 hánxún 手紙で問い合わせる.
函致 hánzhì =[函达]

[涵(涵)] hán [此 cǐ 词一有二义]この語には二つの意味が含まれている.[海 hǎi 〜]度量が大きい. ②水に浸す.潤す. ③[鉄道·道路の下の]排水トンネル.排水路.[桥 qiáo 〜]橋と暗渠(きよ). ④[〜江][地]福建省にある.

涵洞 hándòng ①=[山 shān 洞](鉄道·自動車道路の下の)排水トンネル.地下水路.→[隧 suì 道] ②高速道路·高架式鉄道の下の通路·道路.
涵盖 hángài ⇒[包 bāo 容①]
涵管 hánguǎn ①排水管.下水道管. ②管状の排水路.
涵鉴 hánjiàn [牘]ご海恕.[尚希·无任企祷]ご海恕のほど切にお願い申し上げます.
涵括 hánkuò ⇒[涵盖]
涵渠 hánqú 地下排水·用水路.
涵容 hánróng ⇒[包 bāo 容①]
涵蓄 hánxù ⇒[含蓄]
涵养 hányǎng ①修養.強い自制心.[他很有〜]彼はよく練(れん)られた人だ.[有〜的人]人間のできた人.→[修 xiū 养] ②徐々に蓄える.[〜水源]水源を維持する.
涵义 hányì ⇒[含义]
涵闸 hánzhá ①排水トンネルと水門の総称. ②水量·水位を調節するための水門.

[寒] hán ①寒い.寒さ.寒気.[〜彻 chè 骨髓]寒さが骨身に浸みる.[受了一点〜]少し風邪をひいた. ⑤[植物]にちっとも寒さがたった.[〜凝 níng 大地]寒さつもの大地.[〜冷][〜冷] ②寒い季節.寒冷の候.↔[暑 shǔ ①] ③恐れる.[胆 dǎn 〜]ぞっとする.胆を冷やす.[胆战心〜]恐れおのく. ④貧しい.粗末である.[贫 〜]貧乏(である). ⑤[谦]拙宅.あばら家. ⑥[中医]六淫の一.[风 fēng 〜]寒冷から起きる疾病. ⑦〈姓〉寒(hán)

hán / 寒

寒包火 hánbāohuǒ 〔中医〕身体の芯が熱く外表は冷える症状.

寒痹 hánbì ＝〔痛痹〕〔中医〕リューマチ性関節痛:寒さに会うと激痛となる.

寒蝉 hánchán ①＝〔〈文〉寒蜩〕〔寒蜩〕〔国〕ツクツクボウシ.〔〈文〉寬 ní 蜩〕ともいう. ②〔寒〕くなって鳴かなくなった,あるいは声の小さくなった蟬(禁).〔噤 jìn 若〕〜.〔～伏 fú 寒〕〈喩〉黙りこむ.口をつぐむ.口に出さない.

寒潮 háncháo ＝〔寒流〕〔気〕寒波.寒気団.

寒碜 hánchen 〔寒伧〕とも書いた. ①醜い.貧弱である.貧相である.見苦しい.体裁の悪い.〔长 zhǎng 得真〜〕顔は実にお粗末だ.〔这么〜的衣裳,还能穿得出去吗〕こんなみっともない服を着て出られるものですか. ②面目を失う.体裁が悪い.〔这话传出去,你不嫌～吗〕このことが世間に知れたら,きみは顔がつぶれるじゃないか. ③人の顔をつぶす.笑いものにする.〔你别人了〕人に恥をかかせるものじゃない.

寒窗 hánchuāng 〈喩〉苦学する生活.〔(经过)十年〜(苦)〕蛍雪10年(を経た).

寒带 hándài 〔地〕寒帯.

寒冬 hándōng 厳冬(期).真冬.〔～腊 là 月〕旧暦年末の厳冬季.

寒风 hánfēng 寒風.北風.〔～刺 cì 骨〕〔慣〕寒風が骨にしみる.

寒瓜 hánguā ①⇒〔西 xī 瓜〕 ②⇒〔冬 dōng 瓜〕

寒光 hánguāng 身の凍るような光.〔大刀的～〕青竜刀のそっとするような光々とした光.

寒花晚节 hánhuā wǎnjié 〈喩〉名声を保って晩年の節操を守ること.

寒火 hánhuǒ ①熱のない火(蛍火のような). ②冬の灯火. ③〈喩〉あり得ない光.

寒极 hánjí 世界最寒の地.

寒假 hánjià 冬休み.

寒贱 hánjiàn 家柄の低いこと.身分の卑しいこと.

寒噤 hánjīn ⇒〔寒蝉①〕

寒噤 hánjìn ＝〔寒栗〕身震い:〔寒战〕に同じ.〔打～〕身震いする.→〔冷 lěng 噤〕

寒荆 hánjīng 〈文〉家内.荊(ほ)妻.

寒厥 hánjué 〔中医〕血液の循環が衰え,手足の先から冷えてくる症状.

寒客 hánkè ⇒〔腊 là 梅〕

寒苦 hánkǔ 貧乏する.困窮する.〔他这两年～得了不得〕彼はこの2,3年非常に貧乏している.

寒来暑往 hánlái shǔwǎng 寒さが来て暑さが去る.〈喩〉時の巡りきる.

寒冷 hánlěng 寒い.寒冷である.〔气 qì 候～〕気候が寒冷だ.〔～的早 zǎo 晨〕寒い朝.

寒栗 hánlì ⇒〔寒噤〕

寒凉剂 hánliángjì 〔医〕消炎用の薬剤.

寒林 hánlín ①冬枯れの林. ②＝〔尸 shī 陀林〕〔梵〕墓場:旧時,死体を捨てたところ.

寒流 hánliú ①〔地〕寒流.⇔〔暖 nuǎn 流①〕 ②⇒〔寒潮〕

寒露 hánlù 二十四節気の一:10月8日か9日に当たる.〔～风〕南の地方で寒露のころに現れる寒気.→〔二 èr 十四节气〕

寒毛 hánmáo 〔生理学〕(生)毛.〔汗 hàn 毛〕〔胎 tāi 毛〕〔〈文〉妍 yán 毛〕ともいう.〔一根～也不拔 bá〕〈喩〉一本の金でも出し惜しみをする.〔～倒 dào 竖〕〔～直 zhí 竖〕〈成〉身の毛がよだつ.

寒莓 hánméi 〔植〕フユイチゴ.カンイチゴ:バラ科の山地自生のツル性低木.

寒门 hánmén ①〈文〉貧しい家.〈転〉拙宅:〔寒舍〕に同じ. ②旧身分の低い家柄.

寒暖 hánnuǎn ①寒暖. ②〈喩〉生活状況.〔问～〕同間を尋ねる.

寒疟 hánnüè 〔中医〕悪寒のみであまり発熱しないマラリア.→〔疟〕

寒气 hánqì ①寒け.〔喝点儿热酒赶走～〕熱かんで一杯飲んで寒けを追い払う. ②寒さ.寒気.〔～逼人〕寒さが身にしみる.

寒峭 hánqiào 〈文〉寒さが肌を刺すさま.

寒秋 hánqiū 晩秋.

寒热 hánrè 〔中医〕①寒と熱:病気の本質を表す対立する二つの型.陽が衰え陰がこれをおさえた症状を〔寒〕,その逆を〔热〕という. ②悪寒と発熱(症状).〔～往来〕悪寒のある時は熱がなく,熱が出ると悪寒がなくなる症状をという.〈方〉発熱.

寒热病 hánrèbìng ①⇒〔疟 nüè 疾〕 ②重い感冒.

寒儒 hánrú 〈文〉貧乏学者.

寒色 hánsè 〔美〕寒色(ジ).〔冷 lěng 色〕ともいう.寒い感じを与える色.⇔〔暖 nuǎn 色〕

寒山寺 hánshānsì 江蘇省蘇州にある古寺:唐の張継の〔枫 fēng 桥夜泊〕の詩で有名.

寒山竹 hánshānzhú ⇒〔篱 lí 竹〕

寒舍 hánshè 〈文〉貧困の家.〈転〉拙宅.→〔荒 huāng 舍①〕〔寒门①〕

寒食(节) hánshí(jié) 清明節前二日の節句,4月4日あるいは5日に当たる:この日は火を禁じて冷食をきすることから〔禁 jìn 火〕〔禁烟(分)〔冷 lěng 节〕という.また〔寒食〕の前日あるいは翌日を〔小 xiǎo 寒食〕という.地方によっては清明節を〔～〕〔百 bǎi 五日〕という.

寒士 hánshì ＝〔白 bái 士〕〈文〉貧乏学者.貧乏紳士.貧乏書生.

寒暑 hánshǔ ①寒暖.〔～表降到五度〕寒暖計が5度に下がった. ②冬と夏. ③〔假 jià〕冬休みと夏休み. ④〈転〉一年.年月.〔度 dù 过了十个～〕十年の歳月が経った.〔～代序 xù〕〔～迭 dié 代〕歳月が過ぎ去ること.

寒素 hánsù 〈文〉①赤貧である.またその人. ②質素である.

寒酸 hánsuān 貧乏でみすぼらしい.素寒貧(款^)である.〔～气 qì〕貧乏書生ふう.みみっちい考え.〔～相 xiàng〕しみったれた格好・物腰.

寒天 hántiān 寒空.寒い日.

寒蜩 hántiáo ⇒〔寒蝉①〕

寒腿 hántuǐ 〈口〉(足の)リューマチ性関節炎.

寒微 hánwēi 貧しく身分の低い.〔出身～〕微賤の出.

寒温带 hánwēndài 〔地〕亜寒帯.

寒武纪 hánwǔjì 〔音義訳〕〔地〕カンブリア紀:〔寒武利亚纪〕とも.→〔地 dì 质年代〕

寒泻 hánxiè 〔中医〕腹部が冷えて下痢する症状.

寒心 hánxīn ①気を落とす.がっかりする.〔他是一再受打击寒了心了〕彼は二度三度と打撃を受けて気がくじけた.〔不要让大家寒了心〕みんなをがっかりさせるな. ②ぞっとする.〔解放前的日子现在想起来都～〕解放前のころのことはいま思いだしてもぞっとする.

寒星 hánxīng 冬の星.〔～冷 lěng 月〕〈喩〉さむざむとした冬の夜空.

寒暄 hánxuān 寒暖.〈転〉(顔を合わせた時)時候のあいさつをする.〔～了一阵〕ひとしきり時候のあいさつをした.→〔应 yìng 酬①〕

寒鸦 hányā ①〔動〕ニシコクマルガラス:〔慈 cí 乌〕〔孝 xiào 乌〕は別称. ②〈文〉寒空のカラス.

寒烟 hányān 冬の寒として霞や煙.

寒药 hányào 〔中医〕陽証すなわち炎症・充血・発熱などの症状に用いる寒性の薬品.

寒夜 hányè 〈文〉寒い夜.〔隆冬～〕〈成〉厳冬の冷えこんだ夜.
寒衣 hányī ①冬着.②旧暦10月1日の衣替えの節句に墓前で焼く(死者のための)紙製の冬服.
寒意 hányì 寒け.〔午夜以后,更有些～〕夜半を過ぎるといっそう寒さを感じる.
寒月 hányuè 〈文〉(さむざむとした)冬の月.
寒战 hánzhàn〔寒颤〕とも書いた.身震い.〔寒噤〕に同じ.〔打～〕身震いする.→〔冷 lěng 战〕
寒证 hánzhèng 中医寒証(ﾊﾝ):〈中医〉寒邪のために現れる諸症状.体温不足·顔面蒼白など.↔〔热 rè 证〕
寒症 hánzhèng 中医寒証を現す疾患.↔〔热 rè 症〕
寒族 hánzú〈文〉①微賎の家柄.②〈謙〉わが一族.

[韩·韓] hán ①古代の国名.⑥西周の諸侯国の一.現在の陝西省の韓城一帯.⑥戦国七雄の一.現在の河南の中部·山西の東南部の地.⑥朝鮮の旧称.⑥韓国:〔大～民国〕の略称.〔～国〕は通称.〔～流〕韓国文化の潮流.〔～元〕ウォン(通貨単位)〔朝 cháo 鲜〕〈姓〉韓(は).

韩潮苏海 háncháo sūhǎi〈成〉韓愈の文章は潮(ˢ)のごとく,蘇軾の文章は海のごとし.〔韩海苏潮〕〔苏海韩潮〕ともいう.
韩信将兵,多多益善 hánxìn jiàngbīng, duōduō yì shàn →〔多多益善〕
韩湘子 hánxiāngzǐ →〔八 bā 仙〕

[罕] hǎn ①少ない.まれである.〔～世〕世にも稀である.〔稀 xī～①〕珍しい.まれである.〈姓〉罕(は).
罕百理派 hǎnbǎilǐ pài →〔逊 xùn 尼派〕
罕达犴 hǎndáhān ⇒〔驼 tuó 鹿〕
罕父 hǎnfǔ 〈姓〉罕父(は).
罕觏 hǎngòu 同下.
罕见 hǎnjiàn ①〈文〉罕觏.まれに見る.まれである.珍しい.〔～现 xiàn 象〕めったに見ることのできない現象.②〔仅 jǐn 见〕
罕譬而喻 hǎnpì ér yù〈成〉たとえは少なくてもよくみんながわかる.簡単明瞭であること.
罕事 hǎnshì めったにない事.
罕闻 hǎnwén まれに聞く.
罕有 hǎnyǒu めったにない.〔～的事〕同前の事.
罕至 hǎnzhì めったに行かない.〔人迹 jì～〕人はめったに来ない.

[喊] hǎn ①叫ぶ.大声で言う.〔叫 jiào①〕に同じ.〔大声～〕叫ぶ.〔～号 hào〕大声でスローガンを叫ぶ.〔叫 jiào～〕叫ぶ.〔～救火〕火事だと叫ぶ.〔～打〕やっつけろ.〔～累 lèi〕辛(ɡ)さを訴える.〔～声〕声をかける.〔他来〕彼を呼びつける.③〈方〉称する.呼ぶ.
喊倒好(儿) hǎn dàohǎo(r) ⇒〔叫 jiào 倒好(儿)〕
喊好(儿) hǎnhǎo(r) ⇒〔叫 jiào 好(儿)〕
喊话 hǎnhuà (宣伝や勧告のための)大声の呼びかけ.〔对 duì 敌～〕投降を勧める同前.
喊魂 hǎnhún 死者の霊を呼び戻す.
喊价 hǎnjià ①画呼び値.→〔叫 jiào 价〕②売り値(買い値)を示して声を上げる.
喊叫 hǎnjiào 叫ぶ.わめく.〔喊叫〕に同じ.
喊苦 hǎnkǔ 苦痛を訴える(こと).苦しい叫びをあげる(こと)
喊卖 hǎnmài ⇒〔叫 jiào 卖〕
喊嗓 hǎnsǎng ①〔子〕大声をあげる.叫ぶ.②発声練習をする.→〔吊 diào 嗓子〕
喊醒 hǎnxǐng 呼びおこす.→〔叫 jiào 醒〕に同じ.
喊冤 hǎnyuān 無実の罪を言いたてる(訴える).〔～叫屈 qū〕〈成〉同前.

[阚·闞(鬫)] hǎn ①⇒〔喊〕②〈姓〉阚(は).—— kàn
[嘁·嚂] hǎn =〔阚①〕〈文〉虎のほえる声.

[汉·漢] hàn ①漢族(の).②朝代名:ⓐ紀元前206年～220年.劉邦の建国したもの.〔西～〕〔前～〕と〔东～〕〔后～①〕の〔两～〕をいう.ⓑ→〔蜀 shǔ 汉〕ⓒ→〔后 hòu 汉②〕ⓓ→〔南 nán 汉〕ⓔ→〔北 běi 汉〕③〔～水〕陝西·湖北両省を流れ長江に合流する川.④男.男子.①立派な男.〔正家〕大丈夫.〔文〉天の川:ふつう〔天 tiān 河〕という.〔天～〕〔银 yín～〕〔云 yún～〕同前.→〔河 hé 汉①〕⑤武漢の略.〔～渝 yú〕重武漢と重慶.〔～沪〕武漢と上海.⑥〈姓〉汉(は).

汉白玉 hànbáiyù 鉱白色の大理石.宮殿建築などの装飾用材とする.
汉堡 hànbǎo 画ハンブルグ:ドイツの北部にあるエルベ川下流の港市.〔～(牛肉)饼 bǐng〕〔～牛排 pái〕〔音訳〕～司代克〕画ハンバーグ(ステーキ).〔～包 bāo〕画ハンバーガー.
汉城 hànchéng 画京城:韓国の〔首 shǒu 尔〕(ソウル)の旧称.
汉大臣 hàndàchén 濁(漢満二大臣制の)漢族大臣.
汉点字 hàndiǎnzì 漢字の点字.
汉调 hàndiào ⇒〔汉剧〕
汉宫秋 hàngōngqiū 画元の馬致遠の作った戯曲:元曲中の傑作といわれている.漢が匈奴に対する和親政策として王昭君を匈奴に送る故事.
汉化 hànhuà ①中国化する.②電算中国語バージョン化する.
汉语 hànyǔ ⇒〔汉语〕
汉奸 hànjiān (中国の)売国奴.国賊:外国侵略者の手足となり,国家·民族の利害を害する裏切り者.〔～卖国贼〕漢族であって漢族の国家を売る者.→〔叛 pàn 徒〕
汉界 hànjiè →〔楚 chǔ 河汉界〕
汉剧 hànjù 画湖北などで行われる旧劇(総称)〔汉调〕ともいう.〔楚 chǔ 调〕は旧称.その声調は"西皮"と"二黄"を主体とし,京劇に影響を与えた.
汉军 hànjūn 画漢族の軍:清初,降服した明軍で編成した〔八 bā 旗〕に編入された漢人の部隊.
汉隶 hànlì 漢代の隷(す)書:〔唐 táng 隶〕に対していう.〔八 bā 分③〕に同じ.
汉民 hànmín ⇒〔汉人①〕
汉姆雷特 hànmǔléitè 画ハムレット:〔哈姆雷特〕と書く.〔莎士比亚〕(シェークスピア)作の戯曲名.
汉俳 hànpái 漢字俳句:五七五の形式·季語·脚韻を備えることを原則とする.「古池や蛙(ꞵ)飛びこむ水の音」(芭蕉)はたとえば幽幽古池畔,青蛙跳破镜中天,丁冬一声喧」となる.
汉青 hànqīng ハンブルー:兵馬俑などに用いられた顔料.
汉人 hànrén ①漢民族に属する人.漢人:〔汉民〕は口頭語.②金に服属した北部の漢族:〔南人〕(南部の漢族)の上位に置いた.→〔色 sè 目人〕③漢代の人.
汉土 hàntǔ 漢民族の土地.〈転〉中国.
汉托 hàntuō〔汉语水平考试〕の俗称.→〔托福②〕
汉文 hànwén ①漢代の文章.②漢族の言葉と文字.〔～学校〕(文学)の意.〕
汉席 hànxí 圓漢族の会席料理:〔満 mǎn 席〕に対していった.→〔教 jiào 席〕〔満汉全席〕
汉显 hànxiǎn 電算漢字表示.〔～(BP)机 jī〕同前のポケベル.
汉姓 hànxìng ①漢族の人の姓.②漢族以外の人

hàn 汉熯暵汗闲扞旱

が自分につけた漢族風(漢字)の姓.

汉学 hànxué ①=〔朴 pǔ 学〕漢(のち唐)の訓詁の学: 後には宋学(宋·明の性理の学)に対して, 特に清の乾隆·嘉慶年代の考証学をいった.〔朴〕朴实の意.→〔宋 sòng 学〕 ②中国学: シノロジー. チャイニーズスタディ: 西欧で一般に中国に関する学問をいう.〔~家〕シノロジスト. 中国学者.

汉语 hànyǔ 圈漢語. 中国語: 狭義にはその規範である〔普 pǔ 通话〕をいう.〔中 zhōng 文〕〔中国话〕は一般的な言い方.〔汉话〕は別称.〔华 huá 语〕〔国 guó 语〕は旧称.〔~是汉民族的语言, 又是今天中国各民族间交际的共同语言〕漢語は漢族の言葉であると同時に, 各兄弟民族間の交際に用いられる共通の言葉でもある.〔上古~〕先秦から漢末ごろの漢語.〔现代~〕五四運動以後の中国語. →〔白 bái 话〕〔国 guó 语〕〔普 pǔ 通话〕〔文 wén 言〕

汉语拼音方案 hànyǔ pīnyīn fāng'àn 圈中国語ローマ字表音方式: 文字改革委員会によって製作され, 1956年2月公表され, 更に全国的な規模において検討修正の上1958年2月公布された. 漢字を注音するための26個のローマ字すなわち〔拼音字母〕表と〔声母〕表,〔韵母〕表, 声調記号及び隔音記号からなる. →〔国 guó 语罗马字〕〔拉 lā 丁化新文字〕; 付录 2

汉语水平考试 hànyǔ shuǐpíng kǎoshì 中国語を母語としない人, 特に外国人のための中国語検定試験. HSK は〔汉托〕は俗称.

汉装 hànzhuāng 漢人の服装.〔缠足(ミャ)〕していない自然の足〕.

汉字 hànzì 漢字: 俗には〔方 fāng 块字〕という.〔~编码〕漢字コード: 4桁の数字で表す. 例えば〔汉〕は2626.

汉字改革 hànzì gǎigé 漢字改革: 清末の簡字運動·民国以来の表音文字運動を継承し中華人民共和国によって〔汉字简化方案〕が実施普及された. →〔汉字简化〕

汉字简化 hànzì jiǎnhuà 漢字の簡単化: 古来民間に普及しているものをなるべく採用し, 急激な簡化はしない方針でおこなわれ〔简化汉字〕が定められた.〔印 yìn 刷通用汉字字形表〕には6196字が収められている.〔~〕1956年1月国務院から公布され, 簡化された漢字は517字, 偏旁(Ѯᬓ)簡化54個であり, それ以前異体字整理により1055字が廃された. 現在用いられている簡化字は1986年10月国家語言文字工作委員会からあらためて公布された《简化字总表》の〔简化汉字〕.

汉子 hànzi ①男. 男子. ②〔方〕夫(シッᢏ)

汉族 hànzú 漢族: 漢民族. 中国で最大の人口を有する民族. →〔少 shǎo 数民族〕

〔**熯**〕hàn〈文〉①乾燥する. ひからびる. ②燃やす. ③〔少量の油で〕炒める. ④蒸す.

〔**暵**〕hàn〈文〉①日に乾かす. ひからびる. ②枯れる.

〔**汗**〕hàn ①汗.〔出 chū ~〕汗をかく.〔跑 pǎo 了一身~〕走って全身が汗だくになった. ②〔姓〕汗〔汗〕→ hán

汗斑 hànbān ①同下. ②⇒〔汗碱〕
汗斑 hànbān =〔汗斑〕①〔花 huā 斑癣〕医䑛風(ॅѮ): 俗に〔黑〕なまずという.
汗背心 hànbèixīn 圈ランニングシャツ.
汗臭 hànchòu 汗臭さ. 発汗臭.
汗褂儿 hànguàr ⇒〔汗褂(儿)〕
汗简 hànjiǎn ⇒〔汗青①〕
汗碱 hànjiǎn =〔汗斑〕②汗のしみ: 着物に汗がしみ込んで乾いたあと残る白い斑紋(ঁ৳).
汗脚 hànjiǎo あぶら足. 汗まみれの足.

汗巾(儿) hànjīn(r) ①圈〔着物をしめる房のついた〕腰帯. ②〈方〉手ぬぐい.
汗津津 hànjīnjīn 汗がにじむさま. 汗ばむさま.
汗孔 hànkǒng 生理毛穴.〔汗毛孔〕〔口〕毛máo 孔ともいう.
汗裤 hànkù ⇒〔衬 chèn 裤〕
汗流浃背 hàn liú jiā bèi 汗びっしょりになる.〈喩〉非常に恐れる, または恥ずかしがるさま.
汗淋淋 hànlínlín,〔口〕~ línlīn 汗のしたたるさま.〔~的〕同前.
汗流满面 hàn liú mǎnmiàn 満面汗まみれ.
汗流如雨 hàn liú rú yǔ ⇒〔汗如雨下〕
汗漉漉 hànlùlù 汗でびっしょりのさま.
汗马功劳 hànmǎ gōngláo〈成〉①〈文〉汗馬の労. 戦場での手柄: 戦場で馬が疾駆して汗を出すほどの戦功. ②〈喩〉(仕事上での)功績. 貢献:〔汗马之劳〕ともいう.
汗漫 hànmàn〈文〉①広くて限りがない.〔~之言〕漠然とした言葉. ②水面がはてしなく広い.
汗毛 hànmáo〔口〕産毛(ᬗᬓ)毛:〔寒 hán 毛〕に同じ.〔口〕~孔 kǒng〔汗孔〕毛穴.
汗牛充栋 hàn niú chōng dòng〈喩〉蔵書が多いこと: 家の棟まで届き, 運べば牛に汗をかかせるほどである.
汗青 hànqīng ①=〔汗简〕古代, 青竹の一片の表面を火にあぶって水分や脂気を取り去り字を書きやすくして竹簡とした.〔転〕著作を書きあげる. →〔杀shā 青①〕〔竹 zhú 简〕 ②史書. 記録.〔人生自古谁无死, 留取丹心照~〕(文天祥·過零丁洋)人は昔から死を免れるはない, 忠誠の真心をとどめ歴史に照らすだけだ.
汗如雨下 hàn rú yǔ xià〈慣〉汗みずくになる:〔汗流如雨〕に同じ.
汗衫 hànshān ①圈肌着. 下着. じゅばん. 肌シャツ. アンダーシャツ:〔內 nèi 衣〕〔貼 tiē 身(内)衣〕ともいう. ②⇒〔汗褂(儿)〕 ③⇒〔衬 chèn 衫〕
汗水 hànshuǐ 汗水(ᏏĠ). 大汗.〔~湿透衣衫〕汗がシャツにしみとおった.
汗褟(儿) hàntà(r)〔汗衫②〕〔汗褟子〕〈方〉圈(袖なしの)旧式のシャツ. 汗取りシャツ: 夏期, 農民などがよく着る. 俗に〔汗褂儿〕という.〔~布〕シャツ用綿布地.
汗褟子 hàntàzi 同上.
汗腺 hànxiàn 生理汗腺(ᷡᏯ).
汗腥气 hànxīngqì 汗の臭み.〔有~的衣服〕汗臭い服. →〔汗臭〕
汗血 hànxuè ①⇒〔血汗〕 ②〈文〉汗血馬: 古代, 大宛国に産出する駿馬.〔天 tiān 马①〕に同じ.
汗颜 hànyán〈文〉(心中)恥ずかしくて顔に汗をかく.〈喩〉恥ずかしがること.〔深感~〕汗顔の至り.
汗液 hànyè 生理汗液.
汗疹 hànzhěn 医あせも. あせぼ.
汗珠子 hànzhūzi 玉の汗:〔汗珠儿〕ともいう.
汗渍 hànzì 汗のあと, 汗のしみ.
汗渍渍 hànzìzì 汗がにじむさま.

〔**闲·閑**〕hàn〈文〉①大木戸: 小路の入口に設けられた門. ②〈文〉垣根. ③〔姓〕閑(シ)

〔**扞**〕hàn〈文〉そこなう. 食いちがう.〔~格 gé〕〈文〉互いに食い違う.〔~格不入〕〈成〉食い違って一致しないこと. →〔捍〕〔撼 gǎn〕

〔**旱**〕hàn ①日照り(になる).〔天~〕同前.〔抗kàng ~〕干害防止(する).〔~年〕日照りの年.〔涝 lào ~〕②陸路. 陸地:〔水 shuǐ ①〕に対していう.〔起 qǐ ~走〕陸路を行く. →〔陆 lù ①〕 ③水と関係のないことを表す. →〔旱地〕〔旱伞〕〔旱

旱悍垾捍焊 hàn

烟〕
旱魃 hànbá 日照りの鬼神.〔～为虐 nüè〕日照りの神がたたる.干害で凶作になる.
旱冰 hànbīng スローラースケート.〔溜 liū～〕滑 huá～〕同前をする.〔～鞋 xié〕ローラースケートシューズ.〔～场 chǎng〕ローラースケート場.
旱厕 hàncè （水洗式でない）便所.
旱船 hànchuán ①→〔跑 pǎo 旱船〕 ②建（公園の池辺の）船形の建物.
旱稻 hàndào ＝〔旱粳子〕〔旱棱〕〔陆 lù 稻〕農陆稻.→〔水 shuǐ 稻〕
旱道（儿）hàndào(r) ⇒〔旱路〕
旱地 hàndì ①〔旱田①〕に同じ.乾田.畑. ②水源がなく灌漑不能の耕地. ③降水のない地.〔～滑雪场〕人工雪スキー場.
旱干 hàngān 干ばつ.〔干旱〕に同じ.
旱谷 hàngǔ ①水が干上がった河床.（雨季以外は水枯れの峡谷）. ②畑作の穀類.〔～粗 cū 粮〕（米麦に対して）高粱やあわ・とうもろこしなど.
旱沟 hàngōu 空堀.水のない溝.
旱瓜涝枣 hànguā làozǎo〈諺〉瓜には日照りがよく，なつめには雨の多いのがよい.
旱海 hànhǎi ①地宁夏回族自治区霊武県の東南帯の乾燥した砂地地域. ②〈転〉砂漠.
旱河 hànhé 水無し川.
旱季 hànjì 乾季.
旱祭 hànjì〔雨乞 gǎn〕祭.
旱金莲 hànjīnlián 植ノウゼンハレン.キンレンカ（金蓮花）
旱粳子 hànjīngzi ⇒〔旱稻〕
旱井 hànjǐng ①ため井.水源の乏しい地方の雨水をためるための井戸. ②穴ぐら:冬季野菜の貯蔵用に用いる.
旱涝 hànlào 日照りと水害.〔～保收〕干ばつにあっても，水害にあっても収穫が保証される.〔喻〕何が起こっても収益が保証されること.
旱棱 hànléng ⇒〔旱稻〕
旱莲 hànlián〔昙 yǐ 树〕
旱柳 hànliǔ ＝〔方〕河 hé 柳②〕植カンリュウ:華北で一般に〔柳①〕といえばこれを指す.
旱路 hànlù ＝〔方〕旱道（儿）陆路.↔〔水 shuǐ 路〕→〔走 zǒu 旱路〕
旱魔 hànmó 大干ばつ.
旱蒲 hànpú〔马 mǎ 葡〕
旱桥 hànqiáo 陸橋.ガード.また，水がれの谷にかかる橋.
旱芹（菜） hànqín(cài) ⇒〔芹菜〕
旱情 hànqíng 干ばつの状況.〔下雨缓 huǎn 了～〕雨が降って干ばつ状況が緩和された.
旱区 hànqū 干ばつ被災地区.
旱伞 hànsǎn ⇒〔阳 yáng 伞〕
旱生 hànshēng 生命乾生.〔～植 zhí 物〕乾生植物.〔～动 dòng 物〕乾生動物.
旱獭 hàntǎ 動（リス科）マーモット（総称）〔〈口〉土 tǔ 拨鼠〕〔〔鼢鼠 tuóbá〕は旧称.特に〔草原～〕（ボバタマーモット，タルバガン）を指す.〔灰～〕ステップマーモット〔长尾～〕オナガマーモット.
旱田 hàntián ①乾田.畑.〔旱地①〕ともいう.↔〔水 shuǐ 田〕 ②水源がなく，灌漑不能の耕地.〔旱地②〕に同じ.
旱甜瓜 hàntiánguā 日照りにできたマクワウリ.〈喻〉特別の味わいがあるもの.
旱象 hànxiàng 干ばつの現象.またその様相.
旱雪 hànxuě 砂・落葉・ビニール布などを敷いたスキーそり遊び.〔～场 chǎng〕同前の滑降場.
旱鸭子 hànyāzi〈喻〉かなづち.泳ぎのできない人.

旱烟 hànyān （普通のキセルで吸う）刻みたばこ.→〔水 shuǐ 烟〕
旱烟袋 hànyāndài 刻みたばこ用のキセル:ふつう〔烟袋〕という.〔方〕旱烟管〕ともいう.
旱灾 hànzāi 日照りの災害.干害.
旱作 hànzuò 農〕畑作（を）する.②同前の作物.

〔悍（猂）〕 hàn ①精悍（ｹｲ）である.〔那人精悍但是人是短軀（ｸ）〕 精悍である.〔强 qiáng ～〕屈強である. ②荒々しい.凶暴である.〔泼 pō ～〕悪辣（ラ）で凶暴である.〔～匪 fěi〕凶暴な賊.凶悪な強盗.〔凶 xiōng ～〕凶暴である.

悍妒 hàndù 気が荒く嫉妬（ﾄ）心が強い.
悍妇 hànfù 気の荒い女.
悍将 hànjiàng 勇猛な将軍.
悍马 hànmǎ 荒れ馬.暴れ馬.悍馬（ｶﾞ）.
悍泼 hànpō 女性が気が荒くて乱暴である.
悍然 hànrán 手ごわいさま.理不尽なさま.〔～拒 jù 绝〕強硬に拒絶する.〔～不顾 gù〕頑として顧みない.〔～撕 sī 毁协议〕強引に取り決めを破棄する.
悍勇 hànyǒng 強くて勇ましい.

〔垾〕 hàn 小さい堤.〔中～〕地安徽省にある.

〔捍（扞）〕 hàn 防ぐ.守る.防衛する.

捍拨 hànbō 音琵琶（ｵ）などの撥（ｹﾞ）.
捍卫 hànwèi 力で守る.防衛する.〔～祖国〕祖国を防衛する.
捍御 hànyù 防ぐ.抗戦して守る.

〔焊（銲・釬）〕 hàn （金属を）溶接する.はんだ付けする.〔电泊～〕電気溶接（する）.〔把壶 hú 底～上〕やかんの底をはんだで繕う.

焊锅匠 hànguōjiàng いかけ屋:〔补 bǔ 锅的〕ともいう.
焊缝 hànfèng ①工〕継目溶接する. ②溶接継目.溶接シーム.
焊膏 hàngāo ⇒〔焊油〕
焊工 hàngōng ①溶接の仕事. ②溶接工.
焊管工 hànguǎngōng 工〕パイプ溶接の仕事，またはその職工.
焊剂 hànjì ⇒〔焊药〕溶接剤.溶剤.→〔焊料〕
焊接 hànjiē 〔溶接（する）:金属の部分的融合による結合.〔～熔 róng 接〕〔烧 shāo 焊〕〔烧焊〕ともいう.〔熔 róng ～〕融接.〔釬 qián ～〕ろう付け.〔压 yā ～〕圧接.〔对 duì 头～〕つき合わせ溶接.〔相 xiāng 嵌～〕はめ溶接.〔～火焰 yàn〕トーチランプ.火吹ランプ.
焊炬 hànjù ⇒〔焊枪〕
焊口 hànkǒu 俗にはんだ付けの継ぎ目をいう.〔～开了〕継ぎ目がはがれた.
焊镴 hànlà ⇒〔焊锡〕
焊料 hànliào はんだ:金属の接合剤.〔软 ruǎn ～〕（軟ろうはんだ）〔硬 yìng ～〕（硬ろうはんだ）があり，前者は主に〔焊锡〕（すずと鉛の合金）で後者は〔铜 tóng ～〕（銅はんだ）である.〔镴 là〕〔镴 là〕
焊钳 hànqián 工溶接棒ホルダー:溶接の道具.
焊枪 hànqiāng 工〕溶接ガン.溶接銃.〔焊接吹管〕〔焊炬〕（溶接トーチ）ともいう.
焊丝 hànsī ウェルディングワイヤ.溶接ワイヤ.
焊条 hàntiáo 工〕（アーク）溶接棒.
焊锡 hànxī ＝〔焊镴 là〕〔锡 là〕〔白 bái 镴〕はんだ（すずと鉛の合金）.しろめ.→〔锡焊〕
焊药 hànyào ⇒〔焊剂〕
焊液 hànyè はんだろうの液.
焊油 hànyóu はんだペースト:〔焊膏〕ともいう.

hàn～háng

[睅] hàn 〈文〉目を見張る.[〔其目〕目をむく.

[菡] hàn [～菜cài][辣là米菜] 圕イヌガラシ.近縁種:アブラナ科多年生草本.茎葉ともに味にぴり辛味があり食用に供せられる.また漢方薬とする.[水～][豆dòu瓣菜] クレソン.

[頷・領] hàn 〈文〉①おとがい.したあご.[白須xū 満～] 白いひげがあごいっぱい.→[下xià巴頦儿] ②うなずく.[笑xiào而～之] 笑ってうなずく.

頷聯 hànlián 〈文〉律詩の第2聯(ﾚﾝ):対をなす第3句と第4句.
頷首 hànshǒu 〈文〉うなずく(承諾の意).

[菡] hàn [～萏dàn]①地を突き固める.[～机jī] ランマー.〔荷hé花(儿)]に同じ.

[撖] hàn [姓]撖(ｶﾝ·).

[憾] hàn 不本意(である).不満足(である).[感到遺yí～] 遺憾に思う.残念に思う.心残りに思う.心中申し訳なく思う.
憾恨 hànhèn 残念がる.恨む.
憾然 hànrán 失望するさま.残念に思うさま.
憾事 hànshì 遺憾な事.残念な事.申し訳ない事.

[撼] hàn ①揺さぶる.揺り動かす.[～山之力]山を動かすほどの大力.[搖～] 揺り動かす.
撼動 hàndòng 揺り動かす.揺れ動く.震撼させる.
撼天動地 hàntiān dòngdì 〈成〉天地を揺り動かす.〈喩〉音声・勢いがすさまじいさま.

[翰] hàn ①〈文〉長くて硬い羽毛.〈喩〉⑧毛筆. ⓑ文書.書信.[華huá～] 貴信.お手紙.[文]文辞.文章.[揮huī～] 筆で字を書く.→[翰hán●～翰(].
翰池 hànchí 〈文〉硯池(ﾁｬｸ).〈喩〉筆・硯(文房具)
翰海 hànhǎi ⇒[瀚海].
翰林 hànlín ①=[翰苑(ｴﾝ)]①文苑(ｴﾝ).詩壇.[翰林]が林のごとく多い意から.②[翰林学士]また[翰林院]の略.
翰林学士 hànlín xuéshì 歴唐以来置かれた官職:朝代により内容は異なる.唐では皇帝の側近の秘書官.後代では宰相に任じられた.[翰林②][金馬玉堂]ともいう.
翰林院 hànlínyuàn 歴唐以来置かれた官署:時代により内容は異なる.清代では主に国史の編修,式文撰定などをつかさどった.[翰林②][翰苑②][金馬玉堂]ともいう.→[清qīng貴衙门]
翰墨 hànmò ①筆墨.②文章・書画(総称)
翰苑 hànyuàn ①⇒[翰林①] ②[翰林院]の別称.
翰札 hànzhá 書簡.手紙.

[瀚] hàn 〈文〉広大なさま.[～～] 同前.[浩hào～] 広大で多い.[～水shǐ] 悠久の歴史.
瀚海 hànhǎi =[翰海] ①砂漠.②圕ゴビ砂漠の旧称.→[戈gē壁]

hang ㄏㄤ

[夯(砼)] hāng ①=[撞zhuàng錘]地突きに用いる木製や石製の道具.蛸(ﾋ)胴突き.[手～]人力で扱う同前.[鉄tiě～] 鉄製の同前.[打～] 同前で地面ならす.→[硪wò] ②(土木建築,畑などの地を突いて固める(こと).地固めする(こと).[～地]地基]把地面～実shí 固める. ③〈方〉[力を込めて]打つ.[～起拳头向下～] 拳骨を下の方に打ちおろしてなぐる. ④〈方〉肩でしっかり担ぐ.→[扛káng①] → bèn

夯歌 hānggē 数人で地突きする時に拍子を合わせる歌.よいとまけの歌.
夯汉 hānghàn 力仕事をする男.人夫.
夯号 hānghào よいとまけの音頭(ｵﾝ)
夯机 hāngjī 地固め機.ランマー.[打～][夯土机]ともいう.
夯具 hāngjù 胴突き:地固めの道具.
夯实 hāngshí 地を突き固める.
夯土 hāngtǔ ①地を突き固める.[～机jī] ランマー. ②[夯机].
夯陀 hāngtuó 胴突きの地面にあてるところ:石または金属でできているものが多い.

[行] háng ①行(ﾊﾝ).列.行.列.[雁yàn阵成～] 雁が列をつくる.[双～]2行.2列.[我róng～] 軍隊. ②量詞.行や列を数える.[一～字]1行の字.[两～树]2列の樹木.[一一庄稼]一畝(ﾎ)の作物. ③兄弟姉妹間の長幼の序列.[排pái～] [他②]彼は総領だ.[～二](兄弟中の)2番目. →[排行] ④営業の機關.商店.[银yín～] 銀行.[总zǒng～] 本店.[分～] 支店.[电diàn料～] 電気材料店. ⑤各業界(での商売・職業),またその専門知識技能.[同～(儿)] 同業(者).[内～①] 玄人(ﾎﾄ).[懂dǒng～] [在～] 同前である.事情に通じている.[外～①] [生～] 素人(ﾄ).[这～买卖] この商売.[学了一～手艺] 一つの職業技能を身につけた. ⑥⇒[衍] ⑦[白…]のところ.[~的]のところ.[你～] あなたのところ. ⑧[白たち.ら.[姉zǐ妹～] 姉妹たち. ⑨固兵制で兵25人を[一～]とした. →[卒zú(I)④] → háng héng xíng

行帮 hángbāng 旧同業者団体.利益共同団体:[商帮](商業組合)や[广东帮](広東人会)などがある. →[行会]
行輩 hángbèi =[班bān辈](家族・親族の中での)世代・長幼関係の身分.[论年岁他比我大,可是要论～我长一辈]年齢的にいう彼はわたしより年上だが,世代関係というとわたしの方が一代先輩だ.[从名字的用字算出～来] 名に用いられている字から世代長幼の位置を計算しだす:同じ世代のものは名の一字が同じ字であるか,または同じ偏旁(ﾍﾝ)の字である. →[辈行]
行车 hángchē 〈方〉圏ブリッジクレーン.天井走行起重機:[天tiān车]に同じ. → xíngchē
行当 hángdang ①[一儿]〈口〉職業.仕事.商売.[受罪的～] つらい目を見ねばならない商売.[吃乞乞一的～手段で暮らしを立てている人.[他是哪一个～上的] あの人は何の商売をしているのか. ②圏[旧剧]で役柄による分類:京劇などの[生shēng],[旦dàn],[净jìng],[丑chǒu]など.
行道 hángdao 〈方〉職業:[行业]に同じ. → xíngdào
行東 hángdōng 旧商店主.手工業主.
行风 hángfēng 業者・業界の気風・態度・モラル.
行規 hángguī 業者団体の規定.
行行出状元 hángháng chū zhuàngyuán 〈諺〉どの職業にも優れた人がいる.いずれの職業でも成功者を出せる.[不要肯干,不论哪一行都有出头之日]どの商売からも出世頭が出る.その気にさえなれば,どの商売でも日の目をあびることができる.
行话 hánghuà =[行业话]業界内・同業者間の(符丁めいた)専門語.業界語:[行家话][行业词]ともいう. →[切qiè口]
行会 hánghuì ①→[同tóng业公会] ②旧同業者団体.

háng

行货 hánghuò ①粗悪品.劣等品.〔各路~充斥 chì 市面〕様々な粗悪品が市場に充満している.②正規(通関)の商品.③[-子]〈罵〉やつ.〔那矮 ǎi 脚~滚到哪里去了〕あのちびめ,どこへ行きやがった.→ xínghuò

行价 hángjià （業界の）相場.〔按~批发〕業界価格で卸す.→ [批 pī 价①]

行家 hángjia ①玄人（くろうと）.（さ）.専門家.〔京 jīng 剧名~〕京劇のベテラン役者.〔瞒 mán 不了 liǎo 您这位大~〕あなたのような大家（たいか）をごまかすことはできない.〔一里儿〕慣エキスパート.プロ.〔~话〕〔行话〕業界の専門語.符丁.→ [老 lǎo 手(儿)〕〔内 nèi 行〕②〈方〉玄人である.精通している.〔想不到您对于种zhòng 花儿也挺~的〕あなたが花の栽培にも非常に精通していられるとは思いませんでした.〔日子一多,做得也~了〕日がたてばやることもプロのできになる.

行间 hángjiān ①行間（ぎょうかん）.行や列の間.〔栽种向日葵 kuí ~的距离要宽〕ひまわりを植えるにはうねの幅を広目にとるべきだ.②〈文〉軍隊の中:〔行伍之间〕の略.

行距 hángjù ①農畝（せ）幅.〔株 zhū 距〕②行の幅.

行款 hángkuǎn 書法の字配り.印刷の割付け.配置の型.レイアウト.

行列 hángliè ①（縦列の）隊列.行（ぎょう）列.並び.〔~式 shì〕①建建物が行列のように整然と並ぶ配置.⑤[行列式].共通の目的や性質を持った人や団体の群れ.

行频 hángpín 電（テレビの）水平走査線周波数.

行情 hángqíng ①商品の一般的な価格.②相場（の動き）.市況.〔随其~出售〕相場の成行（なりゆき）で売る.〔~看涨 zhǎng〕相場が強含みである.〔~看跌 diē〕相場が安安である.〔-单（子）〕相場表.

行儿 hángr ①回各同業公会や工場などで徒弟に技能を教えるために設けた学校.〔他们公司里办个~来培养徒弟〕あの会社では学校を開いて徒弟たちを養成している.②職業.〔不能干一~怨 yuàn 一~〕仕事に就くたびにその仕事を不満に思うようではいけない.

行市 hángshi 〈口〉回相場.〔行情〕に同じ.〔~落〕相場が下がる.〔股票的~看涨,买气很盛〕株価が先高で買い意欲が旺盛である.

行式印刷机 hángshì yìnshuājī 電算ラインプリンタ.

行首 hángshǒu ①行（ぎょう）のはじめ.②隊列の先頭.

行伍 hángwǔ 古軍隊の編成兵５人を〔伍〕,25人を〔行〕とした.〔转〕軍隊.〔我是个~出身的老粗儿〕わたしは兵隊あがりの無骨者です.

行戏 hángxì 回集興同業者団体主催の演劇公演:多く元宵節後から順次に行われ４月末まで続いた.

行业 hángyè ＝〈文〉[行道]職業.職種.〔关键 jiàn ~〕カギとなる業界.〔~标 biāo 志服〕（職業が識別できる）制服.〔~标准〕業界標準.デファクトスタンダード.

行业语 hángyèyǔ ⇒[行话]

行佣 hángyòng 〈方〉業界仲間または同屋業の手数料.口銭.マージン.

行友 hángyǒu 同僚.

行员 hángyuán 商店・銀行などの職員.

行院 hángyuàn ①[衍行②]回〈白〉妓院.または妓女.→[瓦 wǎ 舍②]〔院本①〕②（金・元時代の）芝居役者（の住所）.→[杂 zá 剧]③〈文〉職業.職種.

行栈 hángzhàn 倉庫業兼仲買業.

行长 hángzhǎng ①銀行総裁.〔中国人民银行副~〕中国人民銀行副総裁.②銀行支店長.

行针 hángzhēn ＝（裁缝に用いる）まち針.留め針:〔文〕插 chā ②〕に同じ. → xíngzhēn

行子 hángzi 中縄,また裏地とを所々めぐってとじる.〔这都是那个混账~干的蠢 chǔn 事〕これはみなあの馬鹿がやった愚かなことだ.〔我不在乎你送的这些~〕きみがくれたこれらのくだらぬものが欲しいわけじゃない.

[绗・絎] háng
＝[行⑥]（ふとん・綿入れなどの）綴（と）じ（をする）:表地と中綿,また裏地とを所々めぐってつけること.〔~缝 féng〕〔~被 bèi 子〕同前.〔~棉 mián 袄〕綿入れをとじる.〔做被褥 rù 时多~几趟,棉花不滚也就不出窟窿了〕ふとんを作る時は多めに綴じをしておくと,綿がずれない穴ぼこにもならない.

[珩] háng → héng
珩床 hángchuáng 機ホーニング盤.砥石盤.
珩磨 hángmó 口ホーニング.油砥（じ）磨き.

[桁] háng
首や足にはめる枷. → hàng héng

[迒] háng
〈文〉①獣の足跡や轍（わだ）.②道路.

[吭] háng
〈文〉のど.〔引~高歌〕〈成〉声高らかに歌う.→[喉 hóu 咙]〔嗓 sǎng 子①〕→ kēng

[杭] háng
①地浙江省杭州の略.〔~绸 chóu〕〔~纺 fǎng〕回同前産の繻子（しゅす）.〔~绢 juàn〕（~绫 duàn）同前産の絹.〔~菊 jú〕同前産の菊:乾燥して菊茶とする.②〈姓〉姓.

杭育 hángyō 感嘆詞.せ—の.よいしょ:大勢で力仕事する時の掛け声.〔杭唷〕とも書く.〔哼 hēng 唷〕に同じ.

[颃] háng
颃颃 hángyuán ①〈文〉職業.職種.②⇒[行院]

[颃・頏] háng → [颉 xié 颃]

[航] háng
①〈文〉船.②（船・飛行機・ロケットで）航行する.航海する.飛行する.〔由~出航する.〔宇 yǔ ~〕宇宙~行〕宇宙航行（する）.〔~高〕飛行高度.③〈姓〉姓（う）.

航班 hángbān 定期航空便または飛行機.〔红眼~〕〈口〉深夜便.〔~号〕フライトナンバー.〔~表〕就航ダイヤ.

航标 hángbiāo 航路標識.

航材 hángcái 航空機材.〔~储 chǔ 备库〕同前の部品倉庫.

航槽 hángcáo 船の航路:河床（の深さ）

航测 hángcè 航空測量（する）.

航程 hángchéng ①（船舶・飛行機の）航程.②航続距離:〔续 xù 航距离〕ともいった.

航船 hángchuán ①就航船.②〈文〉（江蘇・浙江一帯の水郷地方で）市町間を運航する木造船.

航次 hángcì ①（航空または航海の）就航の順番.②航海・航空の回数.便（びん）数.

航道 hángdào 航路.水路:船などの指定路.〔国际川~〕国際航路.国際飛行ルート.〔~工〕河川・港湾水路管理労働者.

航海 hánghǎi 航海（する）.〔~历 lì〕航海暦.〔一家〕航海の経験に富んだ人.〔~信号〕航海信号.〔~学〕航海学.

航徽 hánghuī 航空会社などのシンボルマーク.

航迹 hángjì 航路.航行経路.飛行航跡.

航寄 hángjì 航空便で送る.

háng～háo

航空 hángkōng 航空(の):大気圏内の飛行.〔〜兵〕軍航空兵.〔〜队〕空軍.〔〜病〕医航空病.〔磁场〕航空機による地球磁場の方向・強度などを測定する作業.〔〜港 gǎng〕空空港.〔大型〕空港.〔〜公司〕航空会社.〔〜天飞机〕空天飞机.〔大気圏外航空可能飛行機.〔〜螺 luó 旋浆〕飛行機のプロペラ.〔〜母艦〕航母〕軍航空母艦.〔〜器 qì〕飛行機器:飛行機・気球・飛行船など.〔〜汽油〕航空ガソリン.〔〜摄 shè 影〕航空写真.〔〜提单〕空运提单〕商エアウエイビル.航空貨物運送状.〔〜小姐〕〔飞 fēi 机女服务员〕空中小姐〕〔空姐〕フライトアテンダント.女性客室乗務員.〔〜信〕航空郵便.エアメール.〔〜邮 yóu 件〕航空郵便物.〔〜运 yùn 动〕スカイスポーツ.〔民用〕民間航空.〔中枢 shū 〜港〕ハブ空港.
航空邮简 hángkōng yóujiǎn 航空書簡.エアログラム.〔国际〜〕〔邮简〕ともいう.
航理 hánglǐ 航行・航空の理論.
航龄 hánglíng ①飛行機・船舶の就航年数. ②飛行士などの操縦年数.
航路 hánglù 航路.〔〜标 biāo 记〕〔航标〕航路標識.
航模 hángmó 飛行機や船の模型:〔空 kōng 模〕は飛行機の模型.〔船 chuán 模〕は船の模型.
航母 hángmǔ 〔航空母艦〕の略.
航拍 hángpāi 空から撮影する:〔航摄 shè〕ともいう.
航旗 hángqí 航海に際し揚げる旗.
航速 hángsù 航速度.
航天 hángtiān 宇宙飛行(の):太陽系内・大気圏外の飛行.〔〜舱 cāng〕宇宙船のカプセル.〔〜飞机〕〔太空梭 suō〕スペースシャトル.〔〜服 fú〕宇宙飞行服〕宇宙服.〔〜技术〕宇宙飞行技術.〔〜器 qì〕大気圏外飛行物体:人工衛星.宇宙船など.〔〜食 shí 品〕宇宙食.〔〜员〕宇宙飞行組員.〔〜站〕宇宙空間站〕宇宙站〕宇宙ステーション.→〔宇 yǔ 宙②〕
航图 hángtú 航海図.航路図.
航务 hángwù 航空・船舶運行業務.
航线 hángxiàn 航路.航行ルート.〔定期〜〕定期航路.〔夜间〜〕夜間航路.
航向 hángxiàng 針路.航行の方向.<喩>進むべき方向.
航校 hángxiào 航空学校や商船学校.
航行 hángxíng 航行(する)
航讯 hángxùn ①航行に必要な情報.②航行中の船舶・航空機からもたらされる情報.
航意险 hángyìxiǎn 航空機搭乗保険:〔航空人身意外伤害保险〕の略.
航油 hángyóu 航空機・船舶用燃料.
航宇 hángyǔ 宇宙飛行:〔航空〕に同じ.
航运 hángyùn 水上運輸.〔内河〜〕内河運輸.〔沿海〜〕沿岸運輸.〔远洋〜〕遠洋運輸.〔〜公司〕船会社.

〔行〕 hàng 並木.〔树 shù 〜子〕同前. → háng héng xíng
〔桁〕 hàng 〔衣桁(いこう)〕着物掛け. → héng
〔沉〕 hàng <文>水面の広大なさま.〔〜瀁 yàng〕同前.
沉瀣 hàngxiè <文>夜気中の水蒸気.夜露.
沉瀣一气 hàngxiè yīqì 〔成〕よく気が合うこと:唐代.科挙の試験官崔沆が受験生の崔瀣を合格にしたという故事.多く〔臭 chòu 味相投〕〔串 chuàn 通一气〕(ぐるになる)の意味に用いる.〔不屑 xiè 与某人〜〕連中とぐるになるのを潔しとしない.→〔志 zhì 同道合〕

〔巷〕 hàng → xiàng
巷道 hàngdào 鉱坑道.〔掌子面上生产出来的原煤,只有通过〜才能源源运送到地面上去〕坑内の切羽(きりは)から生産された原炭は,坑道だけを頼りに後から後から地面に運び出される.

hao ㄏㄠ

〔蒿(蒿)〕 hāo ①植キク科ヨモギ(総称):通称〔〜子〕.〔白 bái 〜〕シロヨモギ.〔草 cǎo 〜〕〔青 qīng 〜〕〔香 xiāng 〜〕カワラニンジン.〔茵 yīn 陈〜〕カワラヨモギ.〔蒌 lóu 〜〕ヤマヨモギ(オオヨモギ).〔黄 huáng 花 〜〕〔臭 chòu 〜〕クソニンジン.〔牡 mǔ 〜〕オトコヨモギ.→〔艾 ài (1)①〕 ②〔文〕使い減らす.なくす.→〔耗〕③ <文>気のわき出るさま. ④<姓>蒿(さ).
蒿艾 hāo'ài <文>よもぎなどの雑草.<喩>民間にかくれている人士.
蒿莱 hāolái ⇒〔蒿 tóng 蒿〕
蒿草 hāocǎo よもぎ類の草.〔转〕雑草.
蒿莱 hāolái <文>よもぎとあかざ.<喩>田野.草野.
蒿目 hāomù 憂え見る:〔时 shí 艰 jiān 〕〔成〕国の多難なのを見て憂えること.〔〜忧 yōu 世〕〔成〕世の乱れを見て憂えること.
蒿雀 hāoquè 鳥アオジ:ホオジロに似た小鳥.
蒿子 hāozi →〔蒿①〕
蒿子秆儿 hāozigǎnr →〔蒿 tóng 蒿〕

〔嚆〕 hāo <文>叫び声.
嚆矢 hāoshǐ <文>かぶら矢.〔转〕物事のはじまり:矢より先に音がとどくこと(荘子・在宥)

〔薅〕 hāo ①(手で草などを)抜く.抜きとる.〔〜苗儿 miáor〕苗取りする.〔〜毛 máo〕毛を抜く.〔〜下一缕 lǚ 头发来〕髪の毛を一筋抜き取る. ②〈方〉(手で)つかむ.握る.→〔揪 jiū〕
薅草 hāocǎo (手で)草を抜きとる.〔薅了几把草〕いくつかみかの草をむしり取った.
薅锄 hāochú (除草用の)草掻き.移植ごて:〔薅刀 dāo〕ともいう.

〔号・號〕 háo ①大声で叫ぶ.〔呼 hū 〜〕同前. ②(風が)ほえる.〔狂 kuáng 风怒 nù 〜〕暴風が吹きすさぶ. ③大声で泣く:〔嚎〕に同じ.〔哀 āi 〜〕悲しんで大声で泣く.〔干 gān 〜〕(涙を出さず)声をあげて泣く. → hào
号叫 háojiào 大声で叫ぶ.→〔叫号〕
号哭 háokū 〔嚎哭〕泣き叫ぶ.
号乳 háorǔ <文>乳を欲しがって大声で泣く.
号丧 háosāng 〔〜嚎丧〕葬儀の時に喪主や弔問客が大声で泣くこと(実際はしもべなどの他の者を使って代わって泣かせること):〔哭 kū 丧〕ともいう.
号丧 háosang 〔〜嚎丧〕めそめそする.〔你〜什么〕泣きべそをかくな.
号啕 háotáo 〔号咷〕〔嚎咷〕〔嚎啕〕とも書く.大声で泣く.〔〜大哭〕同前.
号天扣地 háotiān kòudì 〔成〕天地に訴えて泣き悲しむさま:〔号天叩地〕ともいう.

〔蚝(蠔)〕 háo 魚貝カキ:〔牡 mǔ 蛎〕の別称.〔干 gān 〜〕〔豉 chǐ 食〕かきの乾物.
蚝白 háobái かきのむきみ.生がき.
蚝山 háoshān かきの山:かきが群がり付着して山形になったさま.
蚝油 háoyóu 食かき油.オイスターソース.

háo

[毫] háo
①細い毛. ②(動物の,筆などに用いる)剛毛. 〔羊 yáng ～(笔)〕羊の毛の筆. ③〔転〕筆. 〔挥 huī ～〕揮毫(ごう)する.書を書く. ④〔秤 chèng ～〕(秤の)下げ緒(お).取り緒.〔头～〕同前の第1番目のもの.元緒(もと)の第2番目のもの.元緒(もと). ⑤〔喩〕いささかも.少しも:否定文にのみ用いる.〔～不相干〕〔～无关系〕少しも関係ない.〔～不利己,专门利人〕少しも自分のためでなく,ひたすら人に尽くす. ⑥〈度〉毫(ごう):〔市制〕の計量(長さ,重さ)単位.〔丝 sī ③〕の10倍,〔厘 lí(I)①〕の10分の1,〔分 fēn ⑧〕の100分の1を表す.〔(市)～〕長さの単位.〔(市)尺 chǐ〕の1万分の1. ⑥重量の単位.〔(市)斤 jīn〕の10万分の1,5ミリグラムに当たる. ⑦1.記号 m:〔公 gōng 制〕(メートル法)などで基準単位の千分の1 (10^{-3})を表す.〔～米 m〕ミリメートル. ⑧〈方〉1元の10分の1.すなわち1角を〔一～子〕という. ⑨〈姓〉毫(ごう).

毫安 háo'ān 〈音義訳〉〈度〉电ミリアンペア.〔～计〕ミリアンメーター.〔安培〕

毫巴 háobā 〈音義訳〉〈度〉ミリバール:圧力示度の旧単位.1ヘクトパスカル(hPa)に同じ.→〔帕 pà 斯卡〕

毫不… háobù… 全く…ない.〔～关 guān 心〕見向きもしない.〔～含 hán 糊〕決していいかげんではない.〔～留 liú 情〕情け容赦なく.〔～犹 yóu 豫〕なんの躊躇(ちゅうちょ)もなく.〔～在乎〕全く気にかけない.〔～胆 dǎn 怯地回答〕悪びれずに答えた.

毫法 háofǎ 〈音義訳〉〈度〉电ミリファラ(ッ)ド.〔毫微法〕ミリミクロファラ(ッ)ド.

毫发 háofà 〈文〉うぶ毛と頭髮.〔喩〕きわめて少ないさま:多く否定文に用いる.〔～不爽 shuǎng〕〔不差 chā ～〕少しも違わない.〔～无憾(hàn)〕いささかも心残りはない.

毫赌 háodǔ (のるかそるかの)大ばくちをうつ.

毫分 háofēn 〈喩〉きわめて少ない.〔～不差 chā〕寸分違わない.

毫伏 háofú 〈音義訳〉〈度〉电ミリボルト.

毫克 háokè 〈音義訳〉〈度〉ミリグラム.〔公 gōng 丝 ②〕は旧称.→〔克(Ⅱ)②〕

毫厘 háolí 〔豪厘〕旧度量衡の,毫と厘.〔喩〕きわめて微少であること.〔～不爽 shuǎng〕わずかの間違いもない.〔～千里〕〔失之～,谬 miù 以千里〕〔成〕初めの少しの違いが,後に大きな違いになる.

毫毛 háomáo ①〈人や動物の〉うぶ毛. ②〔転〕ごくわずかなもの(こと).〔不准你动他一根～〕おまえは彼にちょっとでも手出しをしてはいかん.

毫眉 háoméi ⇒〔寿 shòu 眉〕

毫米 háomǐ 〈音義訳〉〈度〉ミリ(メートル).〔咪 mī 立〕〔密 mì 理〕は旧名.〔公 gōng 厘〕は旧称.〔耗〕は合成略字.〔～波 bō〕电ミリメートル波.→〔米(Ⅱ)〕

毫米汞柱 háomǐ gǒngzhù 〈度〉物水銀柱ミリ(メートル).→〔标 biāo 准大气压〕

毫米水柱 háomǐ shuǐzhù 〈度〉物水柱ミリ(メートル):圧力の単位.

毫秒 háomiǎo 〈音義訳〉〈度〉ミリ秒.千分の1秒.

毫末 háomò 〈文〉うぶ毛の端.〔喩〕極めて少ないこと.

毫升 háoshēng 〈度〉ミリリットル:〔公 gōng 撮〕は旧称.〈音義訳〉西 xī 西〕(シーシー.cc)に同じ.→〔升(Ⅱ)〕〔立り方米〕

毫宋 háosòng 〈音義訳〉〈度〉ミリソーン:音響の単位.→〔宋(Ⅱ)〕

毫瓦(特) háowǎ(tè) 〈音義訳〉〈度〉ミリワット.

毫微 háowēi 〈度〉ミリミクロン.10^{-9}.〔～技 jì 术〕

〔～工艺〕ナノ技術.

毫微米 háowēimǐ 〈音義訳〉〈度〉ミリミクロンメートル:10^{-9}メートル.〔纳 nà 米〕(ナノメートル)の旧称.

毫微秒 háowēimiǎo 〈音義訳〉〈度〉ナノ秒:10^{-9}秒.〔纳 nà 秒〕〔纤 xiān 秒〕ともいう.

毫无 háowú 少しも…ない.〔～所得〕少しも得たところがない.〔～疑 yí 问〕〔～疑义〕疑う余地はない.〔～表 biǎo 露 lù 感情〕全く無表情である.〔～道理〕全く理屈に合わない.〔～用处〕何の役にも立たない.〔～二致〕少しも違わない.

毫系儿 háoxìr 秤(はかり)の取り緒(お).→字解

毫洋 háoyáng 広東・広西などの地区で流通した小銀貨.

毫针 háozhēn 中医毫针(ごうしん):鍼灸(しんきゅう)で用いる極細の針.

毫子 háozi 回広東・広西省などに流通した1角,2角,5角銀貨:2角のがよく使われた.〔银～〕〈方〉小額銀貨. ②→字解

[壕] háo
壕(ごう).〔公山～〕地内蒙古にある.

[豪(豪)] háo
①才能や力量が抜群に優れた人.〔文〕〔文豪.〔英雄～杰 jié〕英雄豪傑.→〔自 zì 豪〕 ②豪気である.気魂(ごん)が大きく小事にとらわれない. ③財力や勢力が強い.〔～贵 guì〕財力と権勢がある.〔～阔 kuò〕金に糸目をつけない. ④横暴である.〔土～劣绅〕地方の有力家やボス. ⑤勢いが激しい.大量である.→〔豪雨〕 ⑥誇らしく思う.

豪侈 háochǐ 豪奢(ごう)である.〔～的生活〕同前の生活.〔豪奢〕ともいう.

豪诞 háodàn 豪気で思いのままする.

豪荡 háodàng 〔豪宕〕とも書く.人間のスケールが大きく奔放なこと.

豪夺 háoduó 権勢をかさにして奪う.

豪放 háofàng 豪放である.〔～不羁 jī〕太っ腹でこせこせしない.〔性情～〕性格が豪放である.→〔奔 bēn 放〕

豪富 háofù ①金があり威勢がある. ②大金持ち.富豪.

豪横 háohèng 勢力を笠に着ていじめる.横暴である.

豪横 háoheng 〈方〉きかぬ気である.人柄に骨がある.〔～,穷死也不肯受人周济〕彼は非常に強情で,困窮しても人の助けは受けない.

豪华 háohuá 豪華である.華美である.〔～的生活〕ぜいたくな生活.〔～吊灯〕シャンデリア.〔～轿车〕高級乗用車.〔～的大楼 lóu〕デラックスなビル.

豪杰 háojié 英傑.豪傑.

豪举 háojǔ 豪毅で勢力が強いふるまい.豪者なふるまい.

豪客 háokè 〔文〕①豪気な人. ②強盗.

豪厘 háolí ⇒〔毫厘〕

豪迈 háomài 気魂が大きい.豪放不羁(ふき)である.〔～的步伐 fá〕勇壮な足取り.

豪门 háomén 旧勢力・地位の強大な家柄.〔～大族〕〔～望 wàng 族〕成〕豪家族.

豪奴 háonú 横暴なやから.

豪气 háoqì 豪気.雄々しい気概.

豪强 háoqiáng 横暴で勢力が強大である(人)

豪情 háoqíng 気魂の大きな心.〔满怀革命~,庆祝五一节〕革命の軒昂(けんこう)たる意気込みでメーデーを祝う.〔壮 zhuàng 志〕成〕気概の壮大なこと.

豪商 háoshāng 豪商.

豪奢 háoshē 豪奢(ごう)である.〔～的生活〕同前の生活.→〔豪侈〕

豪绅 háoshēn 旧地域の有力者.〔～恶 è 霸〕同前と

ボス.〔地主〜〕地主と同前.
豪士 háoshì 豪気·侠(きょう)気をもった人.
豪爽 háoshuǎng 豪快でさっぱりしている.
豪侠 háoxiá 胆力と義侠心をそなえている(人).〔江～〕世間に名高い任侠者.
豪兴 háoxìng ひどく心をそそられること.強い興味.
豪言壮语 háoyán zhuàngyǔ〈成〉大言壮語.
豪饮 háoyǐn (酒を)痛飲する:〔豪酌 zhuó〕ともいう.
豪右 háoyòu〈文〉豪族.権門.
豪雨 háoyǔ 大雨.豪雨.
豪语 háoyǔ 豪語.
豪宅 háozhái 豪邸.
豪猪 háozhū =〔刺 cì 猪〕〔箭 jiàn 猪〕〔响 xiǎng 铃猪〕動 ヤマアラシ.
豪壮 háozhuàng 勇壮雄大である.たくましい.
豪纵 háozòng ①勝手気ままである.②豪放である.
豪族 háozú 豪族.〔名门〕=〔名門豪族.

[濠] háo ⇒〔壕①〕②〔～水〕 地 安徽省にある.

[壕(壕)] háo ①=〈文〉濠①)城の堀〔城 chéng〕同前.②みぞ.長方形の穴.壕(ごう).〔防 fáng 空〜〕防空壕.〔堑 qiàn ～〕塹壕(ざんごう)

壕沟 háogōu ①塹壕.②溝.通水溝.
壕堑 háoqiàn 塹壕.〔～战 zhàn〕塹壕戦.

[嚎(嗥)] háo ①(動物が)ほえる.鳴き叫ぶ:〔嗥〕に同じ.〔狼 不会吠 fèi〕狼は遠ぼえはするが(犬のように)鳴かない.〔狼～鬼叫〕(鬼哭啾(々嗥)〕②悲痛な叫び声をあげる.⑤醜い叫び声を出す.→〔啸 xiào ②〕②大声で泣く:〔号③)に同じ.

嚎春 háochūn(動物の発情期の)さかり声.
嚎叫 háojiào (動物が)ほえる.
嚎哭 háokū ⇒〔号哭〕
嚎丧 háosāng ⇒〔号丧〕
嚎咷 háotáo 〔号啕〕
嚎啕 háotáo 〔号啕〕

[嗥(嘷·獔)] háo (野獣が)ほえる.鳴き叫ぶ:〔嗥①〕に同じ.〔～叫 jiào〕同前.

[貉] háo 動 タヌキ.〔～子皮 pí〕タヌキの毛皮. =hé mò
貉绒 háoróng 剛毛を除去したタヌキの毛皮.
貉子 háozi〈口〉タヌキ:〔貉 hé〕の通称.

[好] hǎo ①良い.立派である.善良である.〔这～,那个不～〕これはいいが,あれはよくない.〔～东西〕いいもの.〔～事情〕いい事.↔〔坏 huài①〕②親しい.仲がいい.〔他们俩很～〕彼ら二人は仲がいい.〔~朋友〕仲のいい友人.〔他跟我要～〕彼は僕と親しくしたがっている.③(身体が)健康である.病気が治る.〔你～〕〈挨〉お元気ですか.〔你们家里都～吗〕お宅では皆さんお元気ですか.〔他的病～了〕彼は病気がよくなった.④動詞の後に置き,その動作の結果が満足できる,また完全にやり終わることを表す.〔准 zhǔn 备～了〕すっかり準備ができた.〔说～了〕話がうまくいった.話がついた.〔办～了〕(仕事など)やり終わった.〔计划订 dìng ～了〕計画がついた.〔功课准备～了〕学習が終わった.〔外边天冷,穿~了衣服再出去〕外は大変寒いです,服をきちんと着て外出しなさい.〔坐～吧,要开会了〕腰を掛けなさい,開会です.〔写得～〕字がうまい.〔～来得正～〕ちょうどいい所に来た.⑤だいぶ.非常に.かなり.なんと:形容詞や動詞,また時間や数を表す語の前に用いて程度の大きさとうれしさに対する感嘆の語気を示す.〔～冷〕非常に寒い.

〔~远〕非常に遠い.〔~漂 piào 亮〕非常に(なんと)きれいだ.〔~大的工程〕非常に(又)大きい工事.〔原来你躲在这儿,害得我~找〕なんだ,こんなところに隠れていたのか,おかげで捜しあぐねたよ. →
⑥発話の冒頭に置いて応諾·賛成·同意·不満·反語などの語調を示す.〔~,就这么办〕よろしい,そうしよう.〔~,他是个好手〕なるほど,彼は名人だよ.〔~,这一下子可不得了啦〕いやまったく,これで大変難しくなってしまった.〔~,你打就打〕なにを.殴るなら殴れ.⑦動詞の前に置いて,ⓐその動作が易いことを表す:〔路～走〕道は歩きいい.〔~回答〕答え易い.〔三好学生也不是那么~当的〕模範的学生をやり遂げるのはそう楽なことではない.→〔好办〕ⓑ…するのに便利であることを表す.〔~记 jì〕覚えやすい.〔告诉我他在哪儿,我~找 zhǎo 他去〕彼がどこにいるか私に教えて下さい,捜しに行くのだから.ⓒ効果がよいことを表す.〔~懂〕分かりやすい. → hào
好啊歹啊 hǎo'a dǎi'ade〈方〉良いのも悪いのもみて.〔那一堆 duī ~我都买下〕あの一山は良いのも悪いのもぼくが全部買ってしまおう.
好八连 hǎobālián ⇒〔南 nán 京路上好八连〕
好办 hǎobàn やりやすい.〔那~〕おやすいことだ.
好半天 hǎobàntiān 長い時間.長い間.
好比 hǎobǐ ①あたかも…である.ちょうど…と同じだ.②例えば…である.〔~我吧〕たとえば僕がそうだろう.
好饼 hǎobǐng〈方〉良い人.善人.
好不… hǎobù… とても.非常に…:多く2音節形容詞の前に置かれて程度の深いことを,同時に感嘆の語気を帯び,〔好〕と置きかえることもでき,肯定を表す.〔人来人去~热闹〕人の往来が繁くたいへんにぎやかだ.〔~快乐〕何とうれしいことよ.→〔好不容易〕
好不当儿 hǎobudāngr〈方〉わけなく.ゆえなく.理由なく:〔好不当央儿(的)〕〔好不央儿(的)〕〔好不应儿(的)〕ともいう.〔~生什么气〕!理由もなく何をと腹を立てるのだ.
好不容易 hǎoburóngyì やっとのこと(で).かろうじて.ようやく:多く後に〔才 cái〕をおく.〔好容易〕に同じ.〔这张照片我找了半天,~才找到〕この写真は長いこと探してやっとみつけた.〔他~才追上那辆马车〕彼はようやくにしてやっと馬車を追いかけた.
好彩 hǎocǎi〈方〉好運.つき.
好缠 hǎochán ⇒〔好惹〕
好吃 hǎochī〈方〉うまい.うまい.おいしい(食べ物が).〔~的东西〕うまいもの.→〔好喝①〕②食べるのに都合がよい.
好丑 hǎochǒu〈方〉①よしあし.〔不识 shí ~〕事の善悪もわきまえない.②何にせよ.〔你~走一趟吧〕いずれにせよ一度行ってみよ.→〔好歹〕
好处 hǎochù 付き合いやすい.
好处费 hǎochǔfèi 見返り料.リベート.仲介料:多く賄賂.
好处 hǎochu ①よい点.長所.益するところ.プラスになる点.②見返りとしての利益·うまみ:多く不当なものを指す.〔受了人家的~,自然替人家说好话〕人から利益を受けたものは自然にその人のことをよく言う.
好歹 hǎodǎi ①=〔好赖〕良いと悪い.よしあし.②〔～儿〕危急の事.万一の事.〔万一他有个～,可真要命〕万一彼にもしもの事があったら,それこそお手上げだ.③=〔好赖〕よかれあしかれ.いずれにしても.どうあろうと.④いいかげん.間に合わせて.〔～了事〕委細にかまわずお茶をにごす.〔～感 gǎn 冒治好了〕どうにかこうにか風邪を治した.
好的 hǎode ①いいもの.〔～不多〕いいもの(人)は少ない.②よろしい.なるほど.いいよ.→字解⑥

好　　　　　　　　　　　　　　　　　　　　hǎo

好端端 hǎoduānduān 平穏無事である。申し分ない。何のことか。〔～的人,一霎 shà 时便染上急病〕丈夫でぴんぴんしていた人がいきなり急病にとりつかれた。〔～地,你垂头丧气的喀 hāi 什么〕何事もないのにしょげて何ために息をしているのだ。→〔好好(儿)〕

好多 hǎoduō ①非常に多い。〔～人〕たくさんの人。〔还有～的事〕まだどっさりある事。→字楽⑤　②〔方〕いくら。どれだけ。〔有～?〕どのくらいあるか。

好儿不吃分家饭,好女不穿嫁时衣 hǎo'ér bùchī fēnjiāfàn, hǎonǚ bùchuān jiàshíyī 〔諺〕しっかりした子供は父母の余蔭(x)を受けて生活することを潔しとしない。〔分家饭〕〔嫁时衣〕は両親のお蔭によるもの。〔好儿〕〔好女〕ともいう。

好感 hǎogǎn 好感.感じのよさ。〔祁老人对书籍没有什么～〕(老·四·惺 4)祁老人は書物に対しては何も好感は持っていない。〔产 chǎn 生～〕好感を持つ。

好个 hǎoge 〔好一个〕①ちょうどよい。立派だ。②反語に用いる。〔真人君子！老俺坏事〕なるど偉い聖人君子だ、ろくなことはりゃしない。

好过 hǎoguò ①暮らしが豊かである(こと)。生活が快適である。〔现在他的日子～多了〕現在彼の暮らしはよほど楽になった。②気分がよい。気持ちがよい。〔他吃了药,觉得～一点儿了〕彼は薬を飲んで、少し気分がよくなった。

好汉 hǎohàn 立派な男.大丈夫。〔英雄 xióng ～〕豪傑.英雄。〔～不吃眼前亏 kuī〕〔諺〕わかりきった損(災難)は避けて行く。勝ち負けのわからないうまい金を使わない。〔～不说当年勇 yǒng〕〔諺〕好漢は昔の手柄話などしたりしない。〔～不提 tí〕ともいう。〔～哪怕出身低〕〔諺〕有為の人は出身のいかんは問題でない。〔～一言,快马一鞭 biān〕〔諺〕男子の一言,金鉄のごとし。〔～只怕病来磨〕〔諺〕豪傑も病苦だけは恐れる。〔～做 zuò～,当 dāng〕〔～作事,一当〕〔諺〕立派な人間なら自分のやったことの責任を負うものだ。

好好(儿) hǎohǎo(r), 〈口〉～hāor 〔たいへんよい。立派である。申し分ない。問題ない。〔～的你干吗又伤心?〕問題ないはずなのにどうしてまた悲しんでいるの。〔～的东西别糟蹋〕けっこうなよい品物をだめにしてはいけない。②きちんと.とっくり.念入りに。ずいぶんに。がまん強く。〔有话～说,别着 zháo 急〕話があったらちゃんと言いなさい、そんなにせきこまないで。〔～学习,天天向上〕しっかり学習して一日一日向上する。〔你～等着,我一会儿就回来〕おとなしく待っていらっしゃい、すぐ戻ってきますからね。〔放了假 jià 咱们～地玩几天〕休みになったら、思う存分何日か遊ぼう。→〔好端端〕

好好先生 hǎohǎo xiānsheng 〈喩〉人に逆らわない人。物事をはっきりさせない人。事なかれ主義の人。

好喝 hǎohē ①味がよい.おいしい(飲み物が)。②飲みやすい(苦い薬など)。→〔好吃〕

好合 hǎohé 気がよく合う。仲むつまじい：〔和 hé 好～〕に同じ。〔百年～成〕一生の連れ添い(結婚式の祝辞)

好虎架不住一群狼 hǎohǔ jiàbuzhù yīqúnláng 〈諺〉多勢に無勢。〔寡 guǎ 不敌众〕

好花也得绿叶扶 hǎohuā yě děi lǜyè fú 〈喩〉どんな偉い人も皆の助けがなくては成功しない。

好话 hǎohuà ①よい話。よい話し。〔～别犯猜,犯猜无～〕〔諺〕よい話は疑うな、疑えばよい話はない。〔～不背 bèi 人,背人无～〕〔諺〕よい話は人に隠さず、人に隠す話は人によいことはない。〔无〕〔没〕ともいうこと。〔～不怕人〕〔諺〕公明正大な話は人に聞かれること

を恐れない。〔～千言不觉多〕〔諺〕いい話はいくら聞いてもいやにならない。〔～三遍,连狗也嫌〕〔諺〕忠言もたび重なれば犬でもきらう。〔～好说〕〔諺〕人の喜ぶいい話は、喜ばせるように言ってやるものだ。〔～说尽,坏事做绝〕口ではお世辞美辞麗句を言いつくし、やることは悪事の限りをつくす。②称賛の言葉.耳に心地よい言葉。うれしがらせ。〔当面说～,背后下毒手〕面と向かってうまいことを言って影では悪辣な事をする。③(頼みや詫びの)へりくだりの言葉。

好坏 hǎohuài 善悪。よしあし。〔～都行 xíng〕なんでもよい。どんなのでもよい。

好货 hǎohuò 良い品。〔～不贱,贱货不好〕〔諺〕良い品は高い,安物に良い品はない。

好鸡不跟狗斗,好男不跟女斗 hǎojī bùgēngǒu dòu, hǎonán bùgēnnǚ dòu 〔諺〕良い鶏は犬とけんかしない。男は女と争わない。

好几 hǎojǐ 〈口〉数量や時間の多いことを強調する。〔～天〕何日間(も)。②きりのよい数の後につけ、多い目の端数を表す。〔今年已经四十一了〕今年でも40(歳)をいくつか越した。

好家伙 hǎojiāhuo 〈口〉これはこれは.そうだったのか。おやおや：あきれ.驚き.ほめるなどの感動詞。〔～,敬情会有这么一手儿〕何とね,そんな方法も有りうるんだね。〔～！可吓死我了〕なんだ,びっくりしたじゃないか。

好借好还,再借不难 hǎojiè hǎohuán, zàijiè bùnán 〔諺〕借りたら返せ、また借りられる。

好景 hǎojǐng いい状況。〔～不如美 měi 食〕〈喩〉花より団子。〔～不常 cháng〕〈喩〉〔～不长 cháng〕〔～不再〕月にむらくも花に風。

好久 hǎojiǔ (時間)が非常に長い。〔～没见！〕〔～不见了！〕久しぶりですね。

好看 hǎokàn ①(見た感じが)美しい。きれいである。立派である。〔你看,那些花真～〕ごらん、あの花とてもきれいだ。〔橱 chú 窗里有各种各样的帽子～极了〕ショーウインドーの中にはいろいろな帽子があって実にきれいだ。〔那个女孩儿真～〕あの女の子はほんとにきれいだ。〔～漂 piào 亮〕②体裁がよい。見ばえがする。〔论 lùn ～呢,倒是选架寿幛显着冠冕 miǎn 体裁をよくしたら、誕生祝いの掛け物を送った方が立派だ。〔体 tǐ 面〕③おもしろい。〔这部电影很～〕この映画はたいへんおもしろい。④顔をつぶす.さまに無らない.人の笑い者になる：多く〔要…的〕の形で反語に用いる。〔你让我上台表演、又不是要我的～吗〕私に舞台に出て芸をやれなんて、まるで恥をかかせるようなもんじゃないか。

好来宝 hǎoláibǎo 〔胡尔()似た四弦の楽器に合わせて歴史物語などをうたう内蒙古の歌：〔好力宝〕ともいう(蒙古語)

好莱坞 hǎoláiwù 〔地〕ハリウッド：アメリカの映画製作中心地。

好赖 hǎolài ⇒〔好歹①③〕

好了伤疤忘了疼 hǎole shāngbā wàngle téng 〔諺〕のどもと過ぎれば熱さを忘れる：〔好了疮痢 bā-la 忘了疼〕〔好了疙瘩 gēda 忘了疼〕〔好了疮 chuāng 疤忘了疼〕ともいう。

好力宝 hǎolìbǎo ⇒〔好来宝〕

好脸(儿) hǎoliǎn(r) 〈口〉機嫌のよい顔。〔他一天到晚没个～〕彼は一日中むっとしている(にこりともしない)

好么 hǎoma ①よいか.ふつう〔好吗〕と書く。②よし！なのだ！〔～！你居然也反对起我来了〕なんだ！お前まで反対するのか。

好马不吃回头草 hǎomǎ bùchī huítóucǎo 〈喩〉気がありすぎた事に恋々として中途後戻りなど

hǎo 好

ない.→[回头路]

好马不用鞭催，响鼓不用重槌 hǎomǎ bùyòng biāncuī, xiǎnggǔ bùyòng zhòngchuí〈諺〉良い馬はむちで打つ必要はなく、よく鳴る太鼓は強く敲(た)く必要はない.頭の良い人はあれこれ言われなくても良い仕事をする:〔好马〕は〔快马〕ともいう.

好名 hǎomíng ①良い名. ②名声.よい評判.

好命 hǎomìng よい運勢.幸せ.好運.

好模当样儿 hǎomú dāngyàngr〈方〉わけもなく.何でもないのに:〔好模样儿〕ともいう.〔好不当儿〕に〔～，你哭什么，何でもないのに、なぜ泣くの.

好男 hǎonán〈文〉美男子.立派な男.

好评 hǎopíng 良い評判.好評.〔博 bó 得～〕好評を博した.

好气 hǎoqì〈方〉腹が立つ.〔又～又笑〕腹が立つやらおかしいやら.→[可 kě 气]

好气儿 hǎoqìr〈口〉よい気色(ちょく).よい機嫌.温かい扱い:多く否定的に用いる.〔他没有～〕彼はいい気分がしなかった.〔同行的当中也得不到～〕(老·骆)同業者からもいい顔をされない.

好逑 hǎoqiú〈文〉良い配偶:〔好仇〕とも書く.〔窈窕 yǎotiǎo 淑女，君子～〕(詩経·国風周南)しとやかな娘は君子のよき配偶である.

好球 hǎoqiú ⊠ ①〔野球のストライク:ボールカウントの言い方は例えば〔一击 jī 一球〕ワンストライクノーボール(アンパイアがコルすると表[外 wài 角〕外角ストライク.〔三～〕スリーストライク(アウト).〔一部位〕ストライクゾーン. ↔ [坏 huài 球] ②(テニス、バレーボールの)インサイドボール.〔线 xiàn 内〕 ③ナイスプレー.ナイスボール:称賛の言葉.

好儿 hǎor ①恩恵.利益.〔遇上没良心的人，就是累死也落 lào 不了 liǎo ～〕義理知らずのもとでは、くたびれ死んだって〔命がけで働いても〕一文にもならない.〔坏事干多了终究没有～〕あまり罪を作ると最後はろくなことがない. ②ほめ言葉.喝采の言葉.挨拶の言葉.〔讨 tǎo 个～〕喝采を受ける.〔叫个～〕称賛する.〔不落 lào ～〕よく言われる.〔给他带个～〕よろしく言ってね.

好惹 hǎorě ＝[好缠]くみしやすい.気がいい.始末しやすい:多く反語や否定に用いる.〔他不～〕彼にはてをやく.

好人 hǎorén ①善人.立派な人.〔～不当兵，好铁不打钉〕〈諺〉〔回〕良い人間は兵士にならない、良い鉄は釘にはならない:〔～人を助けてやるなら〕とことんまでやってやれ. ②おひとよし.よく人に合わせる人.〔～主 zhǔ 义〕事なかれ主義.まあまあ主義.なれあい主義. ③健康な人.健康者.

好人好事 hǎorén hǎoshì 立派な人やいい行い.〔表善同前を表彰する.

好人家(儿) hǎorénjiā(r) 良家.筋目の正しい家柄.〔～的姑娘〕同前の娘.

好人物 hǎorén·wù しっかりした人.才智、徳のそなった人.

好日子 hǎorìzi ①吉日.よい日. ②めでたい日(誕生日·婚礼の日など).〔明天是他们俩的～，咱们一块儿去祝贺祝贺吧〕明日のあの二人の結婚式の日だから、一緒にお祝いに行こう. ③いい暮らしむき.いい生活.

好容易 hǎoróngyì かろうじて.ようやく.やっと:多く後に不 cái をおく.〔不好容易〕に同じ.〔他～才追上那辆马车〕彼はようやくその馬車に追いついた. → [好不…]

好上 hǎoshàng 仲がよくなる.親密になる.〔他与一个湖南妹～了〕彼は湖南娘とできてしまった.

好身手 hǎoshēnshǒu ①立派な体格すぐれた技芸. ②雄壮で威武のある人.武術や腕力やスポーツに優れた人.

好生 hǎoshēng ①よく.しっかり.まじめに. ②はなはだ.非常に.〔～奇怪〕とてもおかしい.奇怪千万である. ③注意して、気をつけ上げて. ＝ [看 kān 着，别洒了]よく気をつけて見ていて、こぼさないようにしなさい. → hàoshēng

好声好气 hǎoshēng hǎoqì おだやかでていねいなさま.

好使 hǎoshǐ ①使いやすい.使用に適している.〔这支钢笔～〕この万年筆は使いよい.〔秃 tū 笔不～〕穂先のちびた筆は使いづらい. ②有用である.役に立つ.〔周忠这个人年纪虽大，脑袋～〕周忠という人は年はとっているが、頭が切れる.〔高大泉耳朵～〕高大泉は耳がいい.

好事 hǎoshì ①よいこと. ②吉慶事.〔～双成〕吉事には偶数がいい. ③回居善のこと.〔做 zuò ～〕人に哀れみをかける. ④仏〔仏教で〕法要.仏事.〔做～〕回同前を営む. ⑤悪いこと(反語).〔这又是他做的～〕これはまたあれがしでかしたけっこうなことだ. → hàoshì

好事不出门，恶事传千里 hǎoshì bùchūmén, èshì chuánqiānlǐ〈諺〉よいことは容易に人々の目に現れず、悪事は千里の遠きに伝わる:〔好事不出门，坏 huài 事行 xíng 千里〕ともいう.

好事多磨 hǎoshì duōmó〈成〉好事魔多し:よい事の実現には紆(う)余曲折がある.

好手 hǎoshǒu 名人上手(じょうず).腕利き.名手.〔他是做买卖的～〕彼は商売上手だ.〔能 néng 手〕

好受 hǎoshòu 快適である.心地よい.〔白天太热，夜里还～〕昼は暑くてやりきれないが、夜はまあしのぎいい方だ.〔心里很不～〕心中大変つらい. ↔ [难 nán 受]

好说 hǎoshuō〈挨〉①どういたしまして.〔叫你受累[～～]〕ご苦労さまでした.どういたしまして. ②話になる.相談してもよい.〔您要买这件东西，价钱～〕この品物をお買いくださるなら、お値段は何とでもご相談いたします.〔这～，这ような事はなんでもない.〔还有什么～的〕この上話し合う余地はない.

好说歹说 hǎoshuō dǎishuō〈口〉ああ言ったりこう言ったりして説明する(頼む).〔我～，他总算答应了〕おだてすかしたりして、何とか彼が引き受けてくれたと言う訳だ.

好说话(儿) hǎoshuōhuà(r) 心やすい.話しやすい.相談しやすい.〔他～，会答应你的〕彼は気さくだから、承知してくれるよ.

好死 hǎosǐ 天寿を全うして死ぬ.大往生をとげる.〔能得～吗？〕畳の上でねるものか.〔不得～〕畳の上で死ねない.ろくでもない死に方. → [良 liáng 死]

好死不如赖活着 hǎosǐ bùrú làihuózhe〈諺〉立派に死ぬよりいきていいる方がよい:命あってのものだね.立派でも死んで花実が咲くものか.

好似 hǎosì〈文〉①…に似ている.よく似ている.ちょうど…のようである.〔好像〕 ②よりすぐれている.勝る.〔一代～一代〕

好天(儿) hǎotiān(r)〈口〉いい天気.好天.

好铁 hǎotiě よい鉄.〔好人〕

好听 hǎotīng ①聞きよい.耳によい感じのする.〔这音乐很～〕この音楽はとてもよい. ②(言う事が)人を喜ばせる.言う事が立派である.〔他总说～的〕彼はいつも耳ざわりのよいことを言う.

好头 hǎotóu 幸先のよさ.事のよい始まり.

好玩(儿) hǎowán(r) 本当におもしろい.おもしろく遊べる.〔这孩子真～〕この子は本当にかわいらしい.〔惹 rě 出是非事，可不是～的〕ひと悶着おこしたら、ただでは

678

好郝号　　　　　　　　　　　　　　　　　　　　　　　hǎo～hào

すまない.
好望角 hǎowàngjiǎo 〚地〛喜望峰:アフリカ大陸南端. 〔开 kāi 普ດ〕(ケープタウン)南方の岬.
好戏 hǎoxì ①いい芝居. ②〈喩〉(風刺の意味で)面白い立ち回り. 見もの.〔这回可有~看了〕今度は全く目も当てられないものだった.
好险 hǎoxiǎn 全く危険だ. →字解⑤
好像 hǎoxiàng 似ている. …のようである.〔~…似的(shìde)〕〔~…一样〕同前.〔正~〕ちょうど…のようだ.〔~喇叭花儿似的朝开的花のようだ.〔他的长相 zhǎngxiàng ~他哥哥〕彼の顔つきは兄貴そっくりだ. ②…ような気がする:不確かな判断・感じを表す.〔这人我~在哪儿见过似的〕この男はどこかで会った事があるようだ.〔~要下雨了〕雨が降りそうだ.
好小子 hǎoxiǎozi ①若い衆:若者のことを親しみをこめて言う. 若僧. 青二才:若者を罵って言う.〔~,你往哪儿跑〕このやろう,逃がしはせんぞ.
好笑 hǎoxiào おかしい. 笑わせる.〔那时候的尴 gān 尬样子,想起来自己也~〕あの時の慌て方と来たら,思い出すと我ながらおかしい.〔太~了！〕ちゃんちゃらおかしい.
好些 hǎoxiē ①少しよい.〔好一些〕ともいう.〔这个比那个~〕これはあれよりも幾分よい. ②たくさん. 多い. かなり多い.〔好一些〕ともいう.〔~(个)人)相当多くの人.〔~日子〕長い間. 幾日間も.
好鞋不踩臭狗屎 hǎoxié bùcǎi chòugǒushǐ 〈諺〉よい靴では臭い犬の糞は踏まない. 金持ちけんかせず.
好心 hǎoxīn 善意. 親切な心.〔~好意〕同前.〔~人〕いい人.
好性儿 hǎoxìngr <口>気性がいい. 気立てがやさしい.
好言 hǎoyán よい言葉.〔~好语〕同前.〔~劝 quàn 解〕親身になってなだめる.
好样儿的 hǎoyàngrde <口>硬骨漢. できる人. 手本となる人.〔是~,跟我一起往上冲〕度胸があるなら,どんと一緒にやってみろ.〔他真是~,学习,工作都走在前头〕彼は見上げたものだ,学習でも仕事でも皆をリードしている.
好一个 hǎoyīge ⇒〔好个〕
好一会儿 hǎoyīhuìr かなりの時間.
好一阵(子) hǎoyīzhèn(zi) 長い間.〔我~没来过〕長いこと来ていない(来なかった).
好意 hǎoyì 好意. 好情.〔你别辜负也这番~〕彼の親切を無にするな.〔~善 shàn 意〕
好意思 hǎoyìsi 厚かましく. 平気で. 気の毒に思わず. 恥ずかしくもなく:多く反語や否定に用いる.〔这事不~告诉他〕この事は気の毒で彼に言えない.〔怎么~叫他一个人儿去呢〕きまりが悪くて彼を一人行かせるわけにはいかない.〔怎么~见人！〕よくもまあ平気で人に顔を会わせられたものだ.
好音 hǎoyīn <文>よい便り. うれしい知らせ.
好友 hǎoyǒu 親しい友.→〔老 lǎo 朋友〕
好运 hǎoyùn 幸運.〔交~〕運がいい.
好在 hǎozài 幸いにも. 折よく:(不利な状況の中にも)事態を好転できる条件があること.〔~今天天气好〕いい具合に今日は天気がよい.〔~幸 xìng や~〕
好找 hǎozhǎo ①探しやすい. 見つけやすい.〔~とのことで探し出す.
好转 hǎozhuǎn 好転する. 良い方に変わる.〔他的病还不见~〕彼の病気はまだ好転の兆しが見られない.
好自为之 hǎo zì wéi zhī <成>(自分で)うまくやる. 心置きなくやる.

好走 hǎozǒu ①歩きやすい. ②<挨>お気をつけておかえりください.〔不远送了,您~〕ここでお別れします,どうかお気をつけて.

〔**郝**〕hǎo <姓>郝(ｶｸ)

〔**号・號**〕 hào（Ⅰ）①名称.〔国~〕国号.〔牌 pái ~儿〕ⓐ屋号. ⓑ商標.〔番号.〔买 mǎi ~(とする)〕ⓐ順番を買う. ⓑナンバーを買う.〔名(とする). 別名とする〕雅号(とする):もと〔名①〕(本名)や〔字⑤〕(あざな)以外の呼び名のいった.〔苏轼的字是子瞻、~叫东坡〕蘇轼は字(あざな)を子瞻,号を東坡と言う.→〔字 zì ⑤〕④〔~儿〕しるし. 目印. 記号.〔借~①〕信号.〔暗~(儿)〕ⓐ暗号.〔同~(儿)〕疑問符号.〔咳嗽一声为~〕せきばらいを合図とする. ⑤人員中の事故者を表す.〔病 bìng ~(儿)〕病人(病気欠席者).〔伤 shāng ~〕負傷者. ⑥〔~儿〕サイズ. 型の種類. 等級.〔多大~的？〕サイズはいくつ.〔小~〕Sサイズ. ⓑ特殊な人(単数)や物を軽蔑していう. 〔像他这么~(儿)〕懒 lǎn 人如今少なからず珍しい.〔那~坏事情〕あんなひどいこと. ⑦量詞. ⓐ人数を表す.〔您请多少~人〕何人招待なさるのですか. ⓑ日:数字の後に冠して,順序をあらわす.〔天字第一~〕いの一番.〔门牌一百~〕100番地.〔六月一~〕6月1日. ⓒ店. 特に大型商店を数える.〔三~买卖〕三つの店舗. ⑧数記号・印をつける.〔~房子〕家に占用者や用途などの記号をつける. ⑨<旧>商店.〔总 zǒng ~〕総本店.〔银~〕<旧>公用馬の飼育場. ⑩中医脈をとる.→〔诊 zhěn 脉〕⑪<姓>号(ゴウ)
（Ⅱ）①呼びかける. 呼びつける. ②命令. 号令.〔发~施令〕号令を出す. ③(楽器の)ラッパ(総称).〔大~④〕(大(铜)喇叭〕铜喇叭. チューバ.〔短~〕コルネット.〔长~〕トロンボーン.〔法国~〕(フレンチ)ホルン.〔吹 chuī ~〕ラッパを吹く. ④合図としてのラッパの吹奏(音).〔冲 chōng 锋~〕突撃ラッパ.〔集 jí 合~〕集合ラッパ.〔起 qǐ 床~〕起床ラッパ.

号兵 hàobīng 〚軍〛ラッパ手.→〔司 sī 号员〕
号称 hàochēng ①(宣伝して)…と名乗る. いいふらす.〔~世界第一〕世界第一と公言する.〔四川,一向~天府之国〕四川省は昔から天府の国とうわれている.
号灯 hàodēng (夜間の)信号灯:軍営や船舶で用いる.
号贩子 hàofànzi 並び屋:列に並び順番の権利を売って金をとる.
号房 hàofáng ①<旧>(役所などの)受付. またその係.→〔传 chuán 达室〕②〚軍〛(行軍中の部隊の)宿営を手配する.→字解(Ⅰ)⑧
号角 hàojiǎo 〚軍〛軍隊で信号に用いた角笛.〔转〕ラッパ. 号令.〔向现代化进军的~〕近代化への進軍ラッパ.
号坎(儿) hàokǎn(r) <旧>(上衣の上に着る)番号入りのベスト. 印半纏(ﾊﾞﾝﾃﾝ):掃除夫・車夫・運搬人夫などが着る番号入りのやつ.→〔号衣〕
号令 hàolìng ①号令(する). 命令(する). ②さらしものにする. 罪人を刑に処して衆に示す.〔小崔的人头是在五牌楼上~着的〕(老.四.倫15)小崔の首は五牌楼にさらされているのだ.→〔悬 xuán 首〕
号码(儿) hàomǎ(r) 番号. ナンバー:〔号马(儿)〕ともいう.〔~牌〕ナンバープレート.〔~簿〕番号帳.〔电话~簿〕電話~本〕電話番号帳.〔~机〕番号押印器. ナンバリング(マシン).〔(号码)盘 pán〕拨 bō 号盘〕電話のダイヤル.
号脉 hàomài ⇒〔诊 zhěn 脉〕

hào

号牌(儿) hàopái(r) 番号札.番号プレート.
号炮 hàopào ①号砲.②信号弾.
号票账 hàopiàozhàng 商品現金売上帳.
号旗 hàoqí 信号旗.
号手 hàoshǒu ラッパ手.→〔号兵〕
号数(儿) hàoshù(r) ①(排列・型式を示す)記号・番号.→〔号码(儿)〕②→〔支 zhī 数〕
号筒 hàotǒng (軍用の)号令ラッパ:古くは竹製や木製.→〔号角〕〔话 huà 筒③〕〔军 jūn 号〕
号头(儿) hàotóu(r) ①〈口〉番号.→〔号码(儿)〕②〈方〉(月うちの)特定の日.
号外 hàowài 号外.〔报纸~〕新聞の号外.
号外钢 hàowàigāng 〚工〛規格にはずれた廃鋼.
号型 hàoxíng 製品の規格・型式:主にファッション用品などに使う.→〔型号〕
号衣 hàoyī 〚旧〛兵士の制服.旅館・料理屋あるいは船・車内のボーイの着る仕着せといった:印半纏(はんてん)・あつしなど:おおむね職分を示す印がある.
号长 hàozhǎng 〈口〉(監獄の)世話役の囚人.牢名主.
号召 hàozhào (ある目的のため)呼びかける.〔向全国发出的~〕全国に発した呼びかけ.〔~作用〕宣伝効果.〔响 xiǎng 应~〕呼びかけに応える.〔~书 shū〕呼びかけ書.→〔呼 hū 吁〕
号志灯 hàozhìdēng (鉄道の手提げ)信号灯.
号子 hàozi ①音頭.②(大勢で)作業をする)掛け声.〔打夯 hāng~〕よいとまけ(地固め)の同前.〔船夫~〕船唄.③〈口〉記号.目印.マーク.④たぐいの一.手あい.⑤〈口〉獄房.

〔好〕

hào ①好む.…したがる.…好きである.〔~学不倦 juàn〕学問を好んであきない.〔~打架〕けんかが好き.〔~偷 tōu 懒〕怠け好き.〔~摆 bǎi 架子〕格好をつけていばりたがる.〔~辩 biàn 论〕議論好き.〔~出头露脸〕でしゃばり好き.〔~博不精〕間口を広げたがるだけで精雑である.〔~酒贪 tān 杯〕非常に酒好き.〔~打扮〕おめかし好き.②よく…する.…しがちである.〔刚会骑车的人~摔交〕自転車に乗りたての人はよくひっくり返る.→ hǎo

好吃懒做 hàochī lǎnzuò〈成〉食いしん坊のなまけもの.→ hǎochī

好吃萝卜的不吃梨 hàochī luóbode bùchīlí〈諺〉大根を好んで食べる人は梨を食べない.人の好みはすきずきだ.〔好吃萝卜的不吃山里红〕〔山里红〕はさんざし.〔萝卜白菜各有所好 hào〕ともいう.

好大喜功 hàodà xǐgōng〈成〉ひたすら大きな仕事をしたがり,手柄をたてようとする:着実さがなくさえくれだけを好む.

好戴高帽(子) hàodài gāomào(zi) お世辞を言われるのを好む.いばりたがる.〔~爱 ài 戴高帽子〕

好赌 hàodǔ 〈方〉〔~要钱〕ばくち好き.
好动 hàodòng 活発である.行動的である.
好骛远 hàogāo wùyuǎn〈成〉理想ばかり高くて着実でないこと:〔好高务远〕とも書いた.
好静 hàojìng 静かさを好む.
好客 hàokè 客好きである.
好哭 hàokū 泣き虫(である).泣きじょうご(である).
好面子 hàomiànzi メンツを重んじる.
好闹 hàonào 騒ぐのを好む.冗談好きである.
好奇 hàoqí 知りたがる.もの好きである.〔~心〕好奇心.〔对西洋音乐~〕西洋音楽に興味をもつ.
好强 hàoqiáng 負けん気である.〔他是个~的小子,从来没认输过输〕彼は気の強い若者で,弱音を吐いたことなどない.→〔要 yào 强〕
好色 hàosè 女好きである.〔~不淫〕美色を好むが淫しない.

好善乐施 hàoshàn lèshī〈成〉善行や慈善を喜んでおこなう:〔乐施好善〕ともいう.
好尚 hàoshàng 好み.
好生 hàoshēng〈文〉殺生を好まない.→ hǎoshēng
好胜 hàoshèng 勝ち気が強い.鼻っぱしが強い.〔他年轻~,什么事都想高人一头〕彼は若くて負けず嫌いだから,何でも人より一歩抜きん出ようとする.
好事 hàoshì もの好きである.でしゃばりである.〔~之徒〕おせっかい屋.→ hǎoshì
好耍 hàoshuǎqián〈方〉好賭.
好为人师 hào wéi rénshī〈成〉教えたがる.先生を(孟子・離婁上)
好问 hàowèn 学問好きである.〔勤 qín 学~〕真面目に勉強し進んで教えを乞うこと.〔好瞎 xiā 问〕やたらに質問する.
好恶 hàowù 好き嫌い.〔个人的~〕個人的な好み.
好惜 hàoxī ①好む.珍重する.②〈方〉かわいい.
好喜 hàoxǐ 〈方〉好む.
好闲 hàoxián 怠け好き.遊び好き.仕事嫌い.
好学 hàoxué 学問が好きである.
好逸恶劳 hàoyì wùláo〈成〉楽なことを喜び労をいとう.
好勇斗狠 hàoyǒng dòuhěn〈成〉威勢がよく血気にはやる.強がりでけんか早い.
好战 hàozhàn 戦争をしたがる.〔~分子〕好戦主義者.
好者为乐 hàozhě wéilè〈諺〉好むものは楽しみである.身こそそのため.
好整以暇 hào zhěng yǐxiá〈成〉(多忙中にあっても)整い乱れず余裕のあるさま.

〔姡〕

hào〈姓〉姡(ハオ).

〔秏〕

hào ①〈文〉稲の一種.②⇒〔耗①〕

〔耗〕

hào ①=〔耗②〕消費する.使い減らす.〔别~灯油了〕灯油をむだにするな.〔~力〕力を費やす.〔~钱〕金を使い減らす.〔煤~〕石炭の消費量.②〈口〉時間をつぶす.ぐずぐずどる.〔直~到六点钟〕ずっと6時までぐずぐずしていた.③消息.通知:特に悪い知らせを指す.〔接~〕知らせを受ける.〔噩 è ~〕凶報.
耗比 hàobǐ 消耗比.消費比.
耗材 hàocái 材料を消耗する.また消耗性材料.
耗电 hàodiàn 電気を消費する.〔~量〕電気消費量.
耗费 hàofèi 消費(する).消耗(する).浪費(する).〔钱财〕金銭を浪費する.〔~精力〕精力を消耗する.〔~时间〕時間を費す.〔~太大〕出費がとても大きい.〔~能源〕耗能;消費エネルギー.
耗夹子 hàojiāzi ねずみ取り器:バネではさんで取るような仕掛けのもの.〔捕 bǔ 鼠央〕ともいう.
耗竭 hàojié 同下.
耗尽 hàojìn =〔耗竭〕使い果す.
耗量 hàoliàng 消費量.
耗率 hàolǜ 消費率.
耗能 hàonéng エネルギーを消費する.またその消費エネルギー.〔耗费能源〕の略.
耗散 hàosàn ①消失する.②〚物〛散逸.〔功率~〕仕事率の減失.
耗山膀 hàoshānbǎng 〚劇〛俳優などが腕・肘・肩などを鍛える基本動作の一:左の手を前の高さにあげて伸ばし,右手も胸の前で左へまげ,両手のひらをそれ外側にむけ,漸次右腕を最初の高さを保ったまま右方へ回して伸ばし,その姿勢を時間をかけて保つ.
耗神 hàoshén 気力・神経を消耗する.

耗昊淏浩皓鄗滈镐虠皞顥灝诃呵 hào〜hē

耗损 hàosǔn ①使い減らす.ロスが出る.〔～精神〕気力をすりへらす.〔～率 lǜ〕目減り率. ②目減り.ロス.減失分.

耗用 hàoyòng ①費用.出費. ②費やす.消費する.

耗油 hàoyóu 石油を消費する.〔～量〕石油消費量.

耗资 hàozī 資材・資金を消耗する.

耗子 hàozi 〔方ネズミ〕ふつう〔老 lǎo 鼠〕という.〔～舔 tiǎn 猫鼻子〕<喩>命知らずのばかな事をする.〔～眯 méi ～〕<口>石炭ばりぼう.〔～药 yào〕薬ねこいらず:〔杀 shā 鼠剂〕〔殺鼠(ヤッソ) 剤〕の俗称.〔～成精〕ねずみが化けて妖怪となる(悪さをする).〔～拉木锨 xiān〕<歇>ねずみが木の穀物用のシャベルを引く:〔大头在后头〕重要な事は大物が後にくる. 〔～爬 pá 秤钩〕<歇>ねずみが秤にのる:〔自己称自己〕自分で自分を評価する(ほめる).

［昊］ hào <文>①天.空.〔～空 kōng〕同前.〔～慈 cí〕天の恩恵.〔苍 cāng ～〕蒼天. ②広大無辺さ.

昊天 hàotiān ①広大な天空.〔～网极〕<喩>父母の大恩きわまりないこと. ②空.天空.

昊天不吊 hàotiān bùdiào <成>天に見放された.

［淏］ hào <文>水の澄んでいるさま.

［浩（澔）］ hào ①(規模や気勢いが)壮大である.広大である. ②多い.莫大である. ③→[浩星]

浩博 hàobó <文>豊富である.非常に多く広い.

浩大 hàodà 盛大である.〔声势〕気勢が盛んである.〔工程〕工事の規模が巨大である.

浩荡 hàodàng ①(水勢が)広大で果てしない. ②<喩>壮大である.〔浩浩荡荡〕同前.〔浩浩荡荡的游行队伍〕堂々たるデモの隊伍.

浩繁 hàofán 大変大きく多い.〔～的开支〕おびただしい支出.

浩瀚 hàohàn ①(水勢が)盛んである. ②<喩>広大で多い.〔载籍～〕書籍は無数に有る.

浩浩 hàohào (水勢の)盛んなさま.〔～江水〕沿々たる河川. ②広大としている.

浩劫 hàojié ①大きな災害.〔十年～〕<喩>文化大革命(1967年〜76年の10年間)をいう. ②園(仏教)きわめて長い時間.

浩茫 hàománg 広々として果てしないさま.

浩渺 hàomiǎo〔浩淼〕とも書く.<文>水の広く茫(ボウ)洋としている.

浩气 hàoqì 気高い精神.

浩然 hàorán <文>①広々として果てしない. ②気節が大きく直である.〔～之气〕<成>浩然の気.

浩然巾 hàoránjīn <文>防寒頭巾:唐の孟浩然がよくかぶっていたところから.

浩如烟海 hào rú yānhǎi <成>もやの立ちこめた大海の如く広々としている.<喩>文献や資料などの非常に豊富であること.

浩叹 hàotàn <文>大いに嘆く.長嘆息する.

浩特 hàotè (蒙古語で)居住集落.まち.〔呼和～〕団フフホト:内蒙古にある.青いまちの意.

浩星 hàoxīng <姓>浩星(ﾎｳｾｲ).

［皓（皜・暠）］ hào ①光る.明るい. ②真っ白い. ③<姓>皓(ﾎｳ).

皓白 hàobái 真っ白である.純白である.

皓齿 hàochǐ 真っ白い歯.〔～明眸〕〔明 míng 眸～〕〔星眸～〕<成>明眸(ﾒｲﾎﾞｳ)皓歯:人の美しい容貌をいう.

皓矾 hàofán 化こうはん:硫酸亜鉛の七水和物.→〔硫 liú 酸锌〕

皓皓 hàohào ①純白である.けがれのないさま. ②明らかに立派なさま. ③むなしく広いさま.

皓首 hàoshǒu <文>白頭.<転>年老いたこと.老人.〔～无 wú 依〕年老いて寄るべがない.〔～穷 qióng 经〕白髪になるまで研鑽(ﾀ)する.

皓月 hàoyuè <文>明月.〔～当空〕明月が中空に輝いている.

［鄗］ hào ①古果名:現在の河北省柏郷県北部. ②<姓>鄗(ﾎｳ).

［滈］ hào〔～河〕陝西省にある.

［镐・鎬］ hào 回周の初期武王当時の都:現在の西安市の西南. → gǎo

［虠］ hào <姓>虠(ﾎｳ).

［皞（暭・皥）］ hào <文>①明るく輝かしい. ②広大である. →[昊②] ③のびやかである.〔～～〕心がゆったり落ち着いているさま.

皞天 hàotiān <文>①大空. ②天帝.

［顥・顥］ hào <文>明るく白い.白く輝いている.〔～～〕同前のさま.〔苍 cāng ～〕光の明るく白い天.青空.

顥气 hàoqì <文>天の清新の気.

顥穹 hàoqióng <文>青空.

顥天 hàotiān <文>(西の)空.

［灝・灝］ hào <文>①広大である:〔浩〕に同じ. ②白く光る.明るい:〔皓〕に同じ. ③〔豆乳〕.

灝灝 hàohào <文>果てしなく広々としたさま.

he ㄏㄜ

［诃・訶］ hē ①訳音字.〔契 qì ～夫〕チェーホフ:ロシアの文学者.〔樱桃园〕(桜の園)などの作品がある.〔～利帝(母)〕〔梵〕カリテイモ:〔鬼 guǐ 子母(神)〕に同じ. ②<姓>诃(ﾎ).

诃子 hēzi 檀カリロク,またその果実:〔诃黎勒〕〔藏 zàng 青果〕ともいう.シクンシ科の常緑高木.実はタンニンに富み,染色・インキ製造に用いる.また止瀉薬とする.

［呵（訶）］ hē (Ⅰ)〔訶〕なじり責める.〔斥 chì ～〕しかりつける.
(Ⅱ)〔呵〕息を吹きかけて暖める.〔～手〕手に同前.
(Ⅲ)〔呵〕感動詞.怪訝(ｹﾞ)や意外を表す:〔嗬〕に同じ. → ā á ǎ à a kē

呵叱 hēchì 怒って大声でどなる.

呵斥 hēchì 激しく詰責する.

呵导 hēdǎo ⇒[喝 hè 道②]

呵冻 hēdòng <文>息を吐いてとかす:〔呵笔 bǐ〕凍った毛筆に息をかけて柔らかにする,また〔呵砚 yàn〕〔砚的墨汁を同前)すること.

呵佛骂祖 hēfó màzǔ 団(仏教で)仏祖を叱り罵る:禅の用語で仏祖の教義をうち破るほどの気迫で努力勉学する意.<喩>一切顧慮しないで思い切ってやる.

呵呵 hēhē〔擬〕①ハハ.ホホ:笑い声. ②聞きとりくい声. ③→[乐 lè 呵呵]〔傻 shǎ 呵呵〕

呵喝 hēhè <文>どなる:おどかしたり制止したりする.

呵护 hēhù ①保護するしいる. ②<文>(子女)〔自分の子供を愛護する. ②<文>(神霊が)加護する.

呵禁 hējìn 大声で制止する.

呵利帝母 hēlìdìmǔ ⇒[鬼 guǐ 子母(神)]

呵气 hēqì 息を吹きかける.息を吐く.

呵欠 hēqiàn ⇒〖哈 hā 欠〗
呵求 hēqiú 責めしかる.
呵责 hēzé 〈文〉きびしくしかりつける.
呵止 hēzhǐ しかって止める.しかってやめさせる.

〖**喝(飲)**〗 hē (Ⅰ)〖喝(飲)〗①(液体・流動食などを)飲む.する.〔~茶 chá〕お茶を飲む.〔~酒 jiǔ〕酒を飲む.〔~药 yào〕水薬を飲む.〔~吃 chī①②〕 ②酒を飲む.〔~醉 zuì 了〕酒に酔った.〔我一不多,一就上脸 liǎn 了〕あまり飲めない,飲むとすぐ顔に出るんです.〔爱 ài ~〕酒好きである.
(Ⅱ)〖喝〗感動詞.ほう.おや.驚きを表す:〔嗬〕に同じ.〔~,十岁 suì 个子可不矮〕ほう,10歳にしては背が高いね. → **hè**

喝冬瓜汤 hē dōngguātāng 〈方〉結婚の仲立ちをする.
喝风 hēfēng ⇒〖喝西北风〗 ②冷たい空気を吸い込んで寒けあたりをする.〔你肚子疼,是一啦〕きみ腹痛かね,そりゃ冷えたんだ.
喝干 hēgān 飲み干す.
喝喝腔 hēhēqiāng ⇒〖哈 hā 哈腔〗
喝交杯 hējiāobēi ⇒〖合 hé 卺〗
喝闷酒 hēmènjiǔ やけ酒をあおる.
喝迷魂汤 hē míhúntāng 〈喩〉人にだまされる.
喝墨水(儿) hēmòshuǐ(r) 〈口〉学問をした(人).本を読んで字がわかる人.
喝呛 hēqiāng 飲んでむせる.
喝水不忘掘井人 hēshuǐ bùwàng juéjǐngrén 〈諺〉水を飲む時に井戸を掘った人の恩を忘れない.→〖饮 yǐn 水思源〗
喝西北风 hē xīběifēng ―〖喝风①〗すきっ腹をかかえる;飢えて食う物のないこと.
喝哑吧酒 hē yǎbajiǔ 〈喩〉ひたすら酒ばかり飲むこと;話もせず拳(㊥)も打たないこと.
喝粥 hēzhōu ①粥をすする.粥を食べる. ②〈喩〉十分ご飯が食べられないこと. ③⇒〖坐 zuò 月子〗

〖**嗬**〗 hē 感動詞.ほう.へえ.驚きや意外感を表す:〔~,来了这么多的人!〕ほほう,こんなにたくさんの人が来たか.

〖**蠚**〗 hē ⇒〖蜇 zhē ①〗

〖**禾**〗 hé ①穀類(の苗).〔~种 zhǒng〕穀物の種類. ②稲の株.〔嘉 jiā ~〕立派な稲.多収の稲.③〖古〗〖黍〕谷 gǔ 子〗に同じ. ④→〖禾木旁(儿)〗 ⑤〈姓〉禾(㊥)
禾本科 héběnkē 〖植〗イネ科.
禾叉 héchā 〖農〗フォーク.
禾场 hécháng 〈方〉もみ干し場.脱穀場.
禾虫 héchóng 〖動〗イトメ:〔疣 yóu 吻沙蚕〕ともいう.ゴカイ科の環形動物.→〖沙 shā 蚕〗
禾兜 hédōu 〖禾兜〗とも書く.水稲の株.〔~分蘖 niè〕〖農〗稲の分蘖(㊥)
禾秆 hégǎn 稲の藁.
禾谷 hégǔ 〖植〗イネ科の穀類.〔~类植物〕イネ科植物.
禾花雀 héhuāquè ⇒〖黄 huáng 胸鹀〗
禾稼 héjià 穀類の作物.
禾蜡虫 hélàchóng 〖虫〗ツマグロスケバ:テングスケバ科に属する昆虫.
禾麻鲍 hémábào ―〖大 dà 间鲍〗〖魚貝〗オオマアワビ. →〖鲍①〗
禾苗 hémiáo 穀物の苗.
禾木旁(儿) hémùpáng(r) 〖印〗のぎへん.漢字部首の"禾".〔禾④〕〔禾字旁(儿)〕ともいう.→付録1
禾雀 héquè 〖鳥〗ブンチョウ(文鳥)
禾菽 héshū 穀類と豆類.

禾黍 héshǔ 穀類(総称)
禾穂 hésuì 稲の穂.
禾田 hétián 稲田.

〖**诃·訸**〗 hé 〈文〉仲睦まじい.なごやかである.

〖**和(咊·龢)**〗 hé (Ⅰ)〖和(咊·龢)〗 ①おだやかである.やすらかである.〔心平气~〕気持ちがなごやかだ. ②和する.〔两国~〕両国が仲違いする.〔言语失~〕言葉の行き違いができる.〔地利不如人~〕〈諺〉地の利は人の和にしかず. ③とけ合う.〔诸 xié ~〕調和がとれている.〔脾 pí 胃不~〕〖中医〗胃カタル. ④和解する.和睦する.〔说~〕同前.〔讲 jiǎng ~〕講和する. ⑤和やかである.暖かである.〔风~日暖〕風和やかで日は暖かい. ⑥棺の前後の板:特に前の部分だけを指すこともある. ⑦(球技・碁・将棋などで)引き分けになる.〔最后一盘~了〕最後の一局は持将(㊥)になった. ⑧〈姓〉和(㊥)

(Ⅱ)〖和〗①…ごと.…ながら.…ともども.…ぐるみ.〔~盘托出〕皿ごと差し出す.〈喩〉さらけ出す.〔~衣而卧〕服を着たまま眠る. ②…と.…と:動作の対象を表す.〔他~我打听您来我们这儿的事〕彼は私にあなたのことを尋ねていました.〔他一块儿去〕彼と一緒に行く.〔我要一他学中文〕わたしは彼について中国語を習います.〔这个~那个都好〕これとあれはみなよろしい.〔讨论、检查~改进生产计划〕生産計画を討論し,検査し,一改改良する. ③と.〔同 tóng⑥〕. ④[数]和:二つ以上の数を加えて得た値.〔二跟三的~是五〕2と3の和は5である. ⑤〖古〗日本:日本の自称.〔~服〕和服.〔~文〕和文:ふつう〔日 rì 文〕(日本語)という. → **hè huó huò**

和蔼 hé'ǎi (態度が)穏やかである.〔~可亲〕〈成〉和やかで親しみやすい.〔和人说话从容~〕人と話をするのに落ち着きがあって和やかである.
和璧 hébì ⇒〖和氏璧〗
和菜 hécài ①〔~(テーブル単位の)のコース料理. ②〔春饼〕を巻くための何品かのお菜. ③数種類の材料を使って煮込んだ料理.
和畅 héchàng のどかである.〔春风~〕春の風が同前.
和而不同 hé ér bùtóng 〈成〉人と交わるうちとけるが盲従はしない:〔和而不流〕ともいう.→〖同而不和〗
和风 héfēng ①のどかな風.そよ風.〔~丽 lì 日〕風が穏やかで日うららか.〔~细 xì 雨〕〈喩〉人に対する温和な態度. ②[気]秒速5.5~7.9メートル,風力4の風.
和姑 hégū ⇒〖半 bàn 夏〗
和光同尘 héguāng tóngchén 〈成〉世俗に調子を合わせて際立つことをしない:〔和光混俗〕ともいう.
和好 héhǎo ①仲がよい.〔~和睦〕和睦(する).仲直り(する).〔~如初〕元通り仲直りする.
和合 héhé ①むつまじい.和合する. ②合一する. ③婚礼の時に祭る神の名:一方は〔荷 hé 花〕を,他方は〔盒 hé 子〕を手に持つ.〔~二仙〕寒山と拾得(㊥)の2仙人.
和缓 héhuǎn ①なごやかである.〔语调~〕語調が穏やかである. ②やわらげる.〔~两国关系〕両国関係を緩和する.→〖缓和〗
和会 héhuì 平和会議.講和会議:〔和平会议〕の略.〔巴黎~〕〖因〗パリ講和会議.
和解 héjiě 和解する.仲直りする.〔~书〕示談書.
和局 héjú ―〔平 píng 局〗〔平手〕〖又〗(競技で)同点(になる).引き分け(る).持碁(㊥)・持将棋(に

和盉合 hé

なる).〔天津队同北京队以二比二打成~〕天津チームと北京チームとは2対2で引き分けた.
和睦 hékuǎn 講和条項.
和乐 hélè むつまじく楽しい.
和美 héměi むつまじい.〔一家~〕一家がむつまじい.〔过得和和美美的〕仲むつまじく暮らしている.〔妯娌 zhóu li 俩挺~〕兄嫁と弟嫁がほんとに仲がよい.
和睦 hémù むつまじい.〔夫妻~〕夫婦仲がよい.〔民族~〕各民族が睦まじい.〔~相处 chǔ〕仲良く暮らす(つき合う)
和暖 hénuǎn 温暖(である).〔天气~〕天気が温暖である.〔的阳光〕暖かな日ざし.
和盘托出 hépán tuōchū お皿ごと差し出す.〈喩〉(事を)洗いざらいさらけ出す〔全 quán 盘托出〕に同じ.
和平 hépíng ①平和.〔~鸽 gē〕平和のハト.〔~城市〕非武装都市.〔~工业 yè〕平和産業.〔~过渡〕平和的移行.〔~伙伴关系〕平和的パートナーシップ.〔~崛 jué 起〕平和的台頭(論).〔那件事现已~了 liǎo 结了〕あの事件は今はすでに無事解決した.②おとなしい.温和である.〈人俗~〕人物が穏やかである.〔药性~〕薬の作用が穏やかである.→〔平和〕
和平共处 hépíng gòngchǔ (国家間の)平和共存.〔~五项原则〕史中国政府の外交の基本をなす五つの原則:1.主権・領土の保全の相互尊重.2.相互不可侵.3.相互内政不干渉.4.平等互恵.5.~.
和平理事会 hépíng lǐshìhuì ⇒〔世 shì 界和平理事会〕
和平利用 hépíng lìyòng 平和的に利用(する).〔~原子能〕原子力を平和的に利用する.
和平谈判 hépíng tánpàn 和平交渉(する).〔和谈〕は略称.
和平演变 hépíng yǎnbiàn 史帝国主義勢力の戦争によらない社会主義体制の転覆.
和棋 héqí (囲碁・将棋の)引き分け勝負.持(じ)棋.持将棋.→〔和局〕
和气 héqi ①おとなしい.穏やかである.〔他对人很~〕あの人は愛想のいい人だ.②仲がよい.睦まじい.〔他们彼此和和气气 qi qi〕彼らはとても仲がよい.③親しさ.〔伤~〕気まずくなる.〔吃~酒 jiǔ〕手打ち・仲直りの酒を飲む.
和气生财 héqi shēngcái〈成〉(商売人は)おとなしくて愛想がいいと金持ちになる.〔他常说~〕彼の口癖は同前だ.
和洽 héqià むつまじくとけあう.うちとけている.
和谐 héxié〈文〉穏やかでへりくだって.
和亲 héqīn 史むつまじく親しむ.歴代漢族の王朝が周辺の少数民族首長と講和し,姻戚関係を結ぶこと.〔昭 zhāo 君~〕漢の王昭君が匈奴(きょうど)の王に嫁し両国の親しい関係を結んだ故事.
和软 héruǎn 穏やかで柔らかい.〔~的口气〕穏やかな口調.〔~的沙发〕柔らかいソファー.
和善 héshàn (性質の)善良である.〔笑咪 mī 咪地显出~的样子〕にこにことした人のよい様子が表に現れる.
和尚 héshang 仏(仏教の)おしょう.坊さん.:〔和上〕とも書いた.〔~头 tóu〕坊主頭.〔~放责果〕坊主頭に橄欖(かんらん)の実を載せる.〔心事のしにくいこと〕.〔无儿 ér 不孝子多〕和尚には子がなくても布施(ふせ)をする信者がたくさんいる.〔一个~挑水吃,两个~抬水吃,三个~没水吃〕〈諺〉和尚が一人で水をもって来て飲み,二人なら水を担いで来て飲み,三人(大勢)となるともたれあって汲めなくなるので水も飲めない.〔小~〕口陰茎.→〔法师 shī 師①〕
和尚菜 héshangcài 植ノブキ:キク科.

和尚打伞 héshang dǎsǎn〈歇〉坊さんが傘をさす.〔~,无法 fǎ 无天〕むちゃくちゃをやる:坊さんは頭をそっているので〔无发 fà〕(髪がない)また傘をさすと空が見えないので〔无天〕(空がない).天理にもとる.
和声 héshēng ①音ハーモニー.和声.〔~乐 yuè 器〕複音を奏することができる楽器:風琴・ピアノなど.〔~学〕和声学.②穏やかな声.〔~细语〈成〉声が穏やかである.
和氏璧 héshìbì =〔和璧〕春秋の頃,楚の卞和(べんか)が発見した宝玉.〈転〉美玉.→〔荆 jīng 璞〕〔连 lián 城璧〕
和事佬(儿) héshìlǎo(r)〔和事老(儿)〕とも書く.仲裁人.取りなし役.
和数 héshù 数和:単に〔和(II)④〕ともいう.
和顺 héshùn 温和で従順である.
和谈 hétán〔和平谈判〕の略.
和田玉 hétiányù 鉱新疆の和田に産する白玉.
和头 hétóu 棺の前後の部分.また棺の前部だけをいう.
和婉 héwǎn (言葉が)穏やかに婉曲である.
和为贵,忍为高 hé wéiguì, rěn wéigāo〈諺〉温和と忍耐は尊い.
和息 héxī〈文〉和解(する).〔~呈词〕和解の届書.〔摆~宴〕和解の宴を開く.
和弦 héxián 音コード.和音.〔~手机〕和音着メロ付携帯電話.
和祥 héxiáng 穏やかで親切である.
和谐 héxié 調和のとれている.和やかである.〔~社会〕調和社会.〔这张画的颜色很~〕この絵は色の調和がよくとれている.〔家庭内がしっくりしない.〔琴 qín 瑟~〕〈喩〉夫婦円満.
和煦 héxù〈文〉天気がよく暖かい.〔春风~〕春風が穏やかで暖かい.
和颜悦色 héyán yuèsè〈成〉にこやかなさま.
和议 héyì 和議.〔达成~〕和議がととのう.
和易 héyì 態度が柔らかく親しみやすい.物柔らかである.〔~近人〕やさしくて近づきやすい.
和音 héyīn 音和音.
和约 héyuē 講和条約.平和条約.
和悦 héyuè 愛想がいい.穏やかである.
和战 hézhàn 和戦.平和と戦争.
和衷共济 hézhōng gòngjì〈成〉心を合わせ難事を解決する.

【盉】 hé 盉(か):古代青銅製の酒器.燗をしたり,水を割るのに用いた.多く3本足で蓋つき.注ぎ口と取っ手がある.

【合・閤】 hé (I)〔合〕①閉じる.〔一~眼就睡着了〕目を閉じたとたんに寝ついた.〔把书~上〕本を閉じなさい.②合わせる.〔公私~营〕公私共同経営.〔同心~力〕同心協力.心を合わせる力を合わせる.〔你一口我一口的~吃一个苹果〕君が一口僕が一口という風に一つのリンゴを食べる.③かなう.〔不~他的脾气〕彼には気に入られない.〔他们很~得来〕彼らはたいへん気が合う(仲がいい).〔~則留不~則去〕意気が合えばとどまり,合わなければ去る.④合計する.〔請~一下,計算してください.〕⑤相当する.あたる.〔一万日元~人民币多少钱〕1万円は人民元でいくらにあたるか.⑥配偶する.〔天作之~〕天が結ぶ縁.〔百年好~〕いつまでも仲むつまじく:新婚の祝辞.⑦因合(う):地球から見て惑星と太陽が同じ方向にあること.〔上~〕外合.〔下~〕内合.↔〔冲 chōng (I)⑤〕⑧全部(の).全体(の).⑨〈文〉まさに…すべし.当

hé

合

然…すべきである:旧公文で(上級機関へ出す)上行文に用いる語.〔理〕具文申请查核〕理としてまさに文書をもって申請しご審査を請うべきである.〔~亟通告〕まさにすみやかに通告すべきである. ⑩→〔工gōng 尺(字)〕 ⑪〈白〉〈量〉量詞.戦闘や合(ごう)戦を数える:〔回 huí 合〕に同じ. ⑫〈姓〉合(ごう)
(Ⅱ)〔閤〕全体:〔圊①〕に同じ.〔~村〕村中.〔~府 fǔ〕一家.御家族.〔~家欢乐〕一家団欒(らん).
⇒〔阁 gé〕〔一 gè〕

合办 hébàn ①共同でする.〔~事业〕共同事業(をする).②外国と共同で事業を経営する.〔~公司〕合弁会社.→〔合营〕

合瓣花冠 hébàn huāguān 囲合弁花冠:(アサガオのように)花弁の下部が合して一つの花冠となっているもの.↔〔离 lí 瓣花冠〕

合胞体 hébāotǐ 生命多核体.

合抱 hébào ①〔文〕合囲〕两手で抱える(ほどの太さ).〔~大树〕ひとかかえもある大木.〔~之木,生于毫 háo 末〕(老子)強大なものも,もとは幼弱なものから育つ.

合抱语 hébàoyǔ ⇒〔撮 cuō 聚语〕

合璧 hébì 組み合わせて整った型にする.二つのものを一緒に並べる.〔中西~〕田中国語と英語が対照的である.⑥中国式と西洋式が結び付けてある.

合编 hébiān ①(軍や組織を)統合する.⑥二人(以上)共同で編集する.⑥複数のものをまとめて1冊に編集した(したもの).

合并 hébìng ①合併する.〔~结算〕囲連結決算.〔~同类项〕同類項をまとめる.〔那所学校拒絶~〕あの学校は合併статьсяを拒否している.②(病気が)併発する.〔~症〕囲併発症.合併症.

合不拢嘴 hébùlǒng zuǐ 口が閉まらない.〔笑 xiào 得~〕笑いこける.

合不来 hébùlái 気が合わない.性(ショウ)が合わない:〔合得来〕は肯定形.〔我和他差~〕僕は彼とそりが合わない.

合不着 hébùzháo 〈方〉引き合わない.する甲斐がない:〔合得着〕は肯定形.→〔划 huá 不来〕

合餐 hécān 大皿に盛って,皆がそこから分けて食べる(料理).

合槽 hécáo (家畜を)共同飼育する.

合厂 héchǎng 工場合併(する).

合唱 héchàng 囲合唱(する).〔~队 duì〕〔~团 tuán〕合唱団.コーラスグループ.〔独 dú 唱〕

合唱队 héchàngduì

合称 héchēng 合わせて言う(言い方).

合成 héchéng ①合成する.合わせて…とする.②化合成する.〔~氨 ān〕合成アンモニア.〔~汽油〕合成ガソリン.〔~染 rǎn 料〕合成染料.〔~树 shù 脂〕合成樹脂:俗に〔塑 sù 胶〕といった.〔~洗衣粉〕洗濯用合成洗剤.〔~洗 dí 剂〕(洗涤)合成洗剤.〔~橡 xiàng 胶〕合成ゴム.〔~酒精〕〔~醇〕囲合成アルコール.〔~革 gé〕合成皮革. ③軍(異なる軍種・兵種の)協同運用(する).〔~孔 kǒng 径雷 léi 达〕SAR.合成開口レーダー.

合乘 héchéng 相乗り(する).〔~出租车〕⑥タクシーに相乗りする.

合成词 héchéngcí 圖複合語.合成語.⑥二つ以上の語素からなる語.→〔词素〕〔单 dān 纯词〕⑥語根に接辞がついたもの:〔复 fù 合词〕ともいう.広義では〔派 pài 生词〕の一種.即ち〔~〕は〔複合詞〕と〔派生詞〕からできている.

合成纤维 héchéng xiānwéi 〔合纤〕は略称.合成繊維.〔涤 dí 纶〕(テトロン),〔的 dí 确良〕(ダクロン),〔维 wéi 尼)纶〕(ビニロン)など.〔~人 rén 造纤维〕

合订本 hédìngběn 合本(ガッ).合訂本.

合度 hédù 程がよい.長短が適当である.

合而为一 hé ér wéiyī〈成〉混然一体となる.

合二而一 hé'èr ér yī 囲二が合して一となる:対立物の統一という考え方.〔一分为二〕②二つこにする.〔合二为一〕ともいう.

合法 héfǎ 法にかなっている.合法である.〔~的手续〕合法的手続き.〔~地位〕合法的地位.〔~化〕合法化する.〔~性〕合法性.

合方 héfāng 中図2以上あるの処方を合わせた調合.→〔单 dān 方〕

合缝 héfèng ①ぴったり継ぐ. ②(継ぎ目が)ぴったり合う.

合该 hégāi ①〈口〉当然…しなければならない.当然…のはずである.運命が…ということに決まっている.〔~不死〕死んではならないのだ. ②あたりまえだ.ざまをみろ.〔活 huó 该〕に同じ.

合格 hégé ①規格に合う.基準に合う.〔~品〕品品.〔~产品〕製品が規格に合う.②合格する.〔英语课~了〕英語の試験に合格した.〔~证〕合格証明書.

合共 hégòng 合計する.合わせる.→〔一 yī 共〕

合股 hégǔ ①資本を出し合って企業経営をする.〔~公司〕合資会社.〔~人〕〔合伙人〕共同経営者.→〔合伙〕 ②2本の糸を合わせて1本にする.

合乎 héhū …に合う.〔~要 yāo 求〕要求に合致する.〔我以为这话是~事实的〕この話は事実に合っているものと思う.

合欢 héhuān ①=〔合昏②〕〔马 mǎ 缨花〕〔绒 róng 花树〕夜 yè 合〕〔夜合树〕ネムノキ(合歓).また,その花.(相愛の男女が)一緒にする.〔~酒〕新婚夫婦の固めの杯.〔~席 xí〕結婚第一日の宴席.

合欢扇 héhuānshàn 円形の図案のあるうちわ.

合会 héhuì 囲無尽講・頼母子講の一種:決めた順番で落とす方式を〔轮 lún 会〕,サイコロで決めるのを〔揺 yáo 会〕,入れ札で決めるのを〔标 biāo 会〕という.

合昏 héhūn ①たそがれ. ②=〔合欢①〕

合婚 héhūn 囲結婚する前に双方が〔庚 gēng 帖〕(生まれた年月日時を書いたもの)を交換してそれによって占者が将来の吉凶を占わせること.〔~的〕同前の占者.

合伙 héhuǒ 〔~儿〕仲間を組む.共同でする〔打 dǎ 伙儿〕に同じ.〔~经 jing 营〕共同で経営する.〔~企业〕パートナーシップ企業.〔~人〕〔~者〕〔合股人〕共同経営者.パートナー.〔~消费〕生活共同組合的消費.〔单身的职员们出钱~吃大锅饭〕独身の職員たちはみんなで金を出しあって共同炊事をする.→〔合 dā 伙儿〕

合击 héjī ①軍共同攻撃(する).はさみ撃ち(する). ②〈喩〉(一つの目標に向かって)両方から進む.〔南北两头~〕南と北から進める.

合辑唱片 héjí chàngpiàn 囲オムニバス盤.

合计 héjì 合計する.総計する.〔你~~一共多少钱〕みなでいくらになるか計算してください.→〔总 zǒng 计〕

合剂 héjì 薬合剤.混合薬.

合计 héjì ①相談する.検討する.〔我上农会去,跟赵主任~点事情〕(周·暴)わしは農会へ行って赵主任と少し相談することがある. ②考えを巡らす.思案する.〔他一天到晚心里老~这件事〕彼は一日中この事ばかり考えている.

合家 héjiā =〔全 quán 家〕家中の人々.〔~欢 huān〕家族一同の記念写真.〔全 quán 家福〕ともいう.

合加速度 héjiā sùdù 囲二つ以上の加速度が合成されてできる加速度.

合脚 héjiǎo (靴・靴下が)足に合う.ぴったりである.

合金 héjīn 工合金.〔~铁 tiě〕合金鉄.アロイアイア

合 hé

ン．〔镍 niè 铬～〕ニクロム(ニッケルとクロムの合金).〔汞 gǒng～〕〔汞齐 qí〕アマルガム．〔铝 lǚ 铁～〕鉄アルミニウム合金．〔二元～〕2 元合金．→〔齐(I)⑦〕〔硬 yìng 铝〕

合金钢 héjīngāng →〔特 tè 种(合金)钢〕特殊鋼．合金鋼．アロイスチール．

合卺 héjǐn =〔(方)喝 hē 交杯〕〈文〉新郎新婦が酒杯を交わす．〈転〉結婚する．〔～合欢酒〕

合槚 héjù (複数の農家が)共同で家畜や農具などを出し合って耕作する(こと)

合刊 hékān ①合本を出す．合冊して出版する．②合併号．

合口 hékǒu ①傷口がふさがる．②口に合う．〔～的菜〕この料理は私の口に合う．〔这个菜倒挺合我的口〕この料理はとても僕の口に合う．〔对 duì 口②〕〔可 kě 口〕〔适 shì 口〕

合口呼 hékǒuhū →〔四 sì 呼〕

合口味 hékǒuwèi 口に合う．〔合口②〕に同じ．〔合不合你的口味,请尝尝〕口に合うかどうか,ひとつお召し上がりください．

合饹 héle ⇒〔饸饹〕

合理 hélǐ 理に合う．道理にかなう．〔办得很～〕取り扱いが方法が合理的である．〔～调整工商业〕工商業を合理的に調整する．〔不～的规章制度〕不合理な規則と制度．〔～部署〕→布局配置を合理的に行う．〔～价格〕適正価格．〔~错误〕～性错误〕新企画や新事業に付随するミス．〔～冲 chōng 撞〕(サッカーの)チャージング(フェア)の．〔～化〕合理化(する)

合力 hélì ①力を合わせる．〔同心～〕心を一つにし,力を合わせる．②物合力．

合练 héliàn 合同練習(する).合同予行演習(する)．

合流 héliú ①(川が)合流(する)．②〈喩〉(思想・行動が)一致していく．③(文芸・学術など)融合する．

合龙 hélóng ①適正地点からのびてきてつながる(施工法).〔截流大坝已经～了〕川をせきとめる大堤堤はつながった．〔～口冲破了〕接合部がつき破れた．

合拢 hélǒng 一緒にする．ぴったり閉じる．

合霉素 héméisù 薬シントマイシン:抗生物質の一．

合萌 héméng 園クサネム：マメ科の一年生草本．薬草の一種．

合谋 hémóu 合議(する)．共同謀議(する)

合拍 hépāi ①テンポが合う．息が合う．〔很～〕よく調子が合う．〔和时代の～的调子〕時代の風潮に合う調子．→〔拍子〕②共同撮影(する)．合作映画(を作る)．〔～片 piàn〕合作映画．③一緒に写真を撮る．

合脾胃 hépíwèi 〔合脾味〕とも書く．気性に合う．はだに合う．〔对 duì 脾胃〕〔对胃口儿③〕〔投 tóu 脾胃〕に同じ．

合浦珠还 hépǔ zhūhuán 〈成〉一度失った物が再び手にかえること:合浦郡の真珠貝から真珠が産出されたが,貪欲な官吏が赴任してきて乱獲したため,真珠は他所に移ってしまった．孟嘗が合浦太守になってからは真珠がまたかえって来た．〔珠还合浦〕に同じ．

合气 héqì 意地になって争う．

合情合理 héqíng hélǐ 〈慣〉情理に合う．〔这个建议～〕この意見は情理に合う．〔不合情理〕情理に合わない．

合群 héqún ①〔-儿〕他者との折り合いがいい．〔～的人容易交朋友;合不合得来う主い人はすぐに友達ができる．这匹马很不～〕この馬は群れとなじまない．②団体を作って助け合う．〔使之～〕団結させる．

合儿腔 hérqiāng ⇒〔哈 hā 哈腔〕

合扇 héshàn ⇒〔合页〕

合身 héshēn 〔-儿〕(衣服が)体に合う：〔合体①〕に同じ．→〔合适〕

合十 héshí 〔合什〕とも書く．国(仏教で)合掌する：〔合掌〕に同じ．〔焚祷〕合掌して祈る．

合时 héshí 時流に合う．〔不～〕流行遅れである．

合式 héshì ①様式・規格に合う．②同下．

合适 héshì ①大きさがぴったりだ．具合がよい．似合う．〔大小正～〕大きさがぴったりだ．〔去上海坐哪趟车为～〕上海へはどの列車が都合よいか．〔那个对老年人不～〕あれは年寄りに似つかわしくない．

合手 héshǒu ①手のひらを合わせる．②手をとる．③手ごろである:〔可 kě 手〕に同じ．

合署 héshǔ 関係機関・部門が一緒に．〔～办公〕同前で行う．

合数 héshù ①数合成数．②〈文〉道理に合う．

合朔 héshuò 因太陽と月が出会う,すなわち旧暦の毎月一日前後．

合祀 hésì 合祀する．

合算 hésuàn ①=〔上 shàng 算〕利がある．ひきあう．算盤が合う．採算がとれる：〔划 huá 算〕に同じ．〔自己做比在外头买～〕自分で作れば外で買うより安上がりだ．②合算する．合計する．〔这共是多少钱〕全部でいくらか計算しなさい．

合桃 hétao →〔核桃〕

合题 hétí ①ジンテーゼ．②題意に合う．

合体 hétǐ ①身体に合う．〔正～的衣服〕ぴったりの服．②同下．

合体字 hétǐzì 国合成字．2 以上の独立できる構成部分からなる漢字:〔明〕〔桂〕など．〔字①〕にあたるもの．〔合体②〕ともいう．→〔独 dú 体字〕

合同 hétong =〔契 qì 字(约)(书)〕〔订～〕〔立～〕契約する．契約書を作る．〔撕 sī 毁～〕契約を破棄する．〔续 xù ～〕契約を継続する．〔集 jí 体～〕〔团 tuán 体协约〕労働協約．団体協約．〔师 shī 徒～〕徒弟契約．〔暂 zàn 行～〕仮契約．〔长 cháng 期～〕長期契約．〔医 yī 院~指定〕指定病院．〔～工〕契約労働者．〔～产 zhì 约〕契約制．請負制．〔～制工人〕契約社員．→〔契约〕

合围 héwéi ①⇒〔合抱〕②包囲する．

合胃口 héwèikǒu ①口に合う．②気性に合う．

合洗 héxǐ 〔合成洗涤剂〕(合成洗剤)の略．

合戏 héxì 国役合わせ(をする)

合纤 héxiān 〔合成纤维〕の略．

合销 héxiāo 共同で販売する．

合写 héxiě 共著(する)

合心 héxīn ①気に入る．〔这件衣服很合我的心〕この服はお気に入り．②心を同じくする．

合兴戏 héxīngxì →〔高 gāo 甲戏〕

合讯 héxùn 巫合同審判．合同尋問．

合盐 héyán 化精塩．

合眼 héyǎn ①眼を閉じる．②眠る．③死亡する

合演 héyǎn 共演(する)

合页 héyè =〔(方)合扇〕丁番（ちょうつがい）．蝶番（ちょうつがい）：〔合叶〕〔荷叶〕とも書いた．→〔铰 jiǎo 链①〕

合页饼 héyèbǐng ⇒〔薄 báo 饼〕

合一 héyī 一つにする．一体にする．

合宜 héyí 相応している．適当である．〔这很～〕これはおあつらえ向きだ．

合议 héyì ①合議する．〔～庭 tíng〕巫合議制法廷．〔～制〕合議制．②協定する．〔～拆息〕日步（ひぶ）を協定する．協定日歩．

合意 héyì ①考え方が一致する．②心にかなう．〔恐怕不合您的意〕お気に召さないかもしれません．

合音字 héyīnzì 国二字の読みを合わせてできた文字:例えば,〔甭 béng〕は〔不〕〔用〕,〔诸 zhū〕は

hé

〔之〕と〔于〕からできたもの.

合营 héyíng ＝〔合营〕.合弁(する).〔～企qǐ业〕合弁企业.共同経営企业.〔公私～〕政府と民間(個人)との共同経営.→〔合办〕〔联 lián 营〕

合影 héyǐng ＝〔合照〕①〔写真を〕一緒に撮る.共同の写真.〔～留念〕記念撮影(する).記念写真を撮る).〔这是我在天津跟他们一起的照片〕これは天津で彼らと一緒に撮った写真です.

合用 héyòng ①用に適する.手ごろである. ②共同で使用する.〔两家～一个厨房〕一つの台所を2世帯で使う.

合于 héyú 適する.合う.〔～外国人的口味〕外国人の口に合う(味)

合约 héyuē 簡単な契約.取り決め.合意.→〔合同〕

合乐 héyuè 〔音〕音合わせ(をする)

合葬 hézàng (夫婦を)合葬する.

合闸 hézhá ①水門を閉じる.〔关 guān 闸〕に同じ. ②〔電〕電気を入れる.スイッチオン(にする)

合章 hézhāng 規定に合致している.〔行为都是～的〕行為はすべて～

合掌 hézhǎng 〔仏〕〔仏教で〕合掌する.〔合十〕に同じ.

合照 hézhào ⇒〔合影〕

合辙(儿) hézhé(r) ①〔車の轍(が)〕の跡がぴったりと一致する.一致する.合う.〔他们两个人的想法一样,所以一说就～〕あの二人は同じ考えを持っているから,話がすぐ一致した. ②（戯曲や小唄などが）韻を踏んでいる(こと).〔～押韵 yùn〕同前.

合着 hézhe 〔口〕結局(…ということになる).〔～全光着〕結局すっかりすっからかんになっていた.

合指手套 hézhǐ shǒutào ⇒〔连 lián 指手套〕

合众国 hézhòngguó 合衆国.〔美利坚〕アメリカ合衆国.

合众国际社 hézhòng guójìshè UPI 通信社.

合著 hézhù 共著(する)

合传 hézhuàn 〔史記の管晏列伝などのごとく〕数人の伝記が一緒に書いてあるもの.

合资 hézī 共同出資(する).〔～经营〕合弁経営.〔～企业〕合弁企业.〔～公司〕ⓐ合资会社.ⓑ合弁会社.

合子 hézǐ 〔生〕接合子.接合体.

合子 hézi ①〔食〕〔饼 bǐng ①〕の中に肉や野菜を入れて焼いたもの. ②小箱.〔盒子①〕に同じ.→〔盒①〕

合子草 hézǐcǎo 〔植〕ゴキヅル;ウリ科の一年生草本.

合子饭 hézifàn 〔信 xìn 用〕.

合纵 hézòng 〔史〕戦国時代に蘇秦がとなえた,韓・魏・趙・燕・楚・斉の六国が同盟して秦に対抗する策;〔约 yuē 纵〕ともいう.〔～抗秦〕同前.〔纵横捭闔〕〔连 lián 衡〕

合奏 hézòu 〔音〕合奏(する).→〔独 dú 奏〕

合作 hézuò 協力(する).共同(してする).提携(する).コラボレーション.〔～办学〕外国の大学などと提携して教育を行うこと.〔～出版〕合同出版.〔～工厂〕協力工場.〔～化〕合作化(する).協同組合化(する).〔～伙伴〕ビジネスパートナー.〔～教育〕産学協同の教育.〔～经 jīng 营〕共同経営.〔～开发〕共同開発.〔～商店〕合作商店.〔～商店〕合作商店.〔～学习〕インターンシップ.就業研修.〔分工～〕分担して協力する.〔技术～〕技術提携.

合作社 hézuòshè 協同組合⊂〔工 gōng 业生产～〕〔农 nóng 业生产～〕〔畜牧业生产～〕〔渔 yú 业生产～〕〔手 shǒu 工业～〕〔供 gōng 销～〕〔购買販売協同組合〕〔消 xiāo 费～〕〔信 xìn 用～〕などがある.1958年人民公社の成立とともに発展的解消をした.→〔产 chǎn 销合作社〕〔高 gāo 级社〕〔人 rén 民公社〕

合作医疗 hézuò yīliáo 〔史〕人民公社の協同医療制度.〔～站〕協同医療診療所.

[郃] hé 〔地〕陝西省にある古県名;現在は〔合阳〕と書く.⒝〈姓〉郃(ふ)

[饸・餄] hé

饸饹 héle 〔食〕そば粉またはコウリャンの粉,トウモロコシの粉をこね,〔床子〕(箱の底板に小さい穴をあけたもの)から煮立っているなべの中へ押し出して作った食品;〔合饹〕〔河漏 lou〕とも書いた.〔～〔荞 qiáo 麦〕面 miàn〕同前.〔轧 yà ～〕同前を(押し出して)作る.

[硆] hé 歯をかみ合わせる.

[盒] hé

①〔～儿〕(ふたつきの)小箱.いれこ.〔香皂～〕せっけん箱.〔烟～〕巻きタバコ入れ.〔粉～〕おしろい入れ.〔墨 mò ～〕墨つぼ.〔印色～〕印肉入れ.→〔匣 xiá〕〔箱 xiāng①〕 ②量詞.小箱に入ったものを数える.〔一～香烟〕巻たばこ1箱.〔一～火柴〕マッチ1箱. ③〔～子〕箱形の仕掛け花火の一種.〔花～〕ともいう.〔花 huā ⑤〕

盒带 hédài カセットテープ.ビデオテープ;〔盒式录音带〕また〔盒式录像带〕の略.→〔磁 cí 带〕

盒饭 héfàn 小箱に入れた飯.弁当.〔〈方〉便当 biàn-dāng〕ともいう.

盒盖 hégài いれこのふた.小箱のふた.

盒钱 héqián 人から〔盒子①〕に入れた〕贈り物を受けた時,使いの者にやる心付け.

盒式 héshì カセット式(の).箱型(の).〔～磁带录音机〕暗 àn ～挟帯音盒机〕〔卡 kǎ (座)式录音机〕カセットテープレコーダー.〔～磁盘〕カートリッジディスク.〔～快餐〕箱に入った弁当.〔～录像带〕ビデオテープ.〔～录音带〕カセットテープ.〔～收录两用机〕ラジカセ(ラジオカセットテープレコーダー)

盒纸板 hézhǐbǎn ダンボール紙.

盒装 hézhuāng 箱入り(の).〔～糖果〕箱入りキャンディー.

盒子 hézi ①(ふたつきの)小箱;〔盒儿〕ともいう. ②箱形の仕掛け花火;〔花～〕ともいう. ③⇒〔盒子枪〕

盒子房 hézifáng 〔建〕ユニット式プレハブ建物.

盒子炮 hézipào 同下.

盒子枪 héziqiāng ＝〔盒子③〕〔盒子炮〕〔匣 xiá (子)枪〕〔毛 máo 瑟枪〕(モーゼル拳銃),〔驳 bó 壳枪〕の別称.

[颌・頷] hé

〔生理〕顎(がく);動物の口腔を構成する骨と筋肉組織.〔颚と〕は昆虫のあご.〔上～〕上顎.〔下～〕〔口〕下巴颊(儿)〕〔文〕颌 hàn〕下顎.〔上～窦 dòu 蓄脓症〕〔慢 màn 性鼻窦炎〕〔医〕蓄膿症.慢性鼻炎.→ gé

颌骨 hégǔ 〔生理〕颌骨.〔上～〕上颚骨.

颌下腺 héxiàxiàn 〔生理〕颌下腺;唾液腺の一.

颌针鱼 hézhēnyú 〔魚貝〕ダツ(針魚)

[纥・紇]

①〔文〕劣悪な生糸. ②→〔回 huí 纥〕→ qē

[齕・齕] l

〔马皆～草饮水〕馬はみな草をかみ水を飲む.

[何] hé

〔文〕疑問また反語を表す.ⓐなに:もの.ひと.こと.〔～人〕何人.〔～事〕何事.〔有～见教〕何のご用ですか.〔作～生理〕何をして暮らしを立てていますか.〔～官无私,～水无鱼〕自分の利益をはからぬ官吏はなく,魚の住まぬ川はない.ⓑいつ:時.〔～时〕いつ.ⓒいずこ.いずれ:ところ.場所.〔汝将～往〕汝どこへ往かんとする.ⓓ〔～忧～虑〕何を心憂い,何をかおもんばかる.〔问

何 河　　　　　　　　　　　　　　　　　　　　　hé

君〜所思]きみに問う,思うところ何なるかを.〔〜从 cóng 谈起]どこから話をはじめるか.〔有〜可 yǐ 问]聞いてもよいようなことがある.〔还能〜?]いったいどうしておかしいか.④なんぞ.いかで.なぜ:理由.原因.〔〜意 yì]〔〜为 wéi]なんじのゆえに.〔于心〜忍]心中堪えられない.〔〜敢当谢宾]お礼などおっしゃられては恐れ入ります.〔为〜不来呢]なぜ来ないのですか.〔〜在乎这个虚礼呢]何でそんな虚礼にこだわることがあるか.〔〜文 wén]なんぞ(まあ).〔〜拔剑而起,〜壮也]剣を抜いて立つ,なんぞ壮なる.⑤<姓>何(か)

何必 hébì (必ずしも)…するに及ばぬ.何ぞ必ずしも…せん.〔〜管人家的事呢]他人のことをかまうには及ばない.〔〜这么拘泥]そんな遠慮するには及ばない.〔早知今日,〜当初]こんなことになっていたら,始めからしなければよかった.

何不 hébù なぜ…しない.〔〜早说]なぜ早く言わなかったか.

何曾 héceng どうして…であろうか:反語を表す.〔50年过去了,我〜忘记过一天]50年も経ったが,一日も忘れることがあったであろうか.

何尝 hécháng どうして…であろうか.〔他有生以来,〜顺心了一日]彼は生まれてから今日まで一日でも思いどおりになった時があったか.〔〜不是呢]ごもっともです.〔我〜不是如此]私も同様です.

何啻 héchì <文>ただ…だけではなく,…にとどまらず:反語の口調を表す.

何处 héchù いずこ.〔家住〜]どこにお住まいですか.

何等 héděng ①何と(まあ).〔〜愚蠢]何というばかだろう.〔〜悦耳的名字]何と感じのよい名前でしょう.②どのような.〔你知道他是〜人物]君,彼がどんな人物か知っているかい.〔他是〜样儿的人]彼はどんな人物であるか.

何妨 héfáng ①かまわない.軽く勧めたり励ますとき.〔你〜试一试]ちょっとやってみたらどう.→〔不 bù 妨〕②<文>何に妨げない.〔有〕〔不〕同değil.

何干 hégān 何のかかわりがあるか.〔于你〜]きみに何のかかわりがあるか.

何敢 hégǎn どうして…をあえてしよう.〔〜多言]決してよけいなことは言わぬ.

何故 hégù なぜ.何ゆえ.〔〜如此]なぜこんなですか.

何家姑娘嫁郑家 héjiā gūniang jià zhèngjiā〈歇〉何さんちの娘が鄭さんちに嫁ぐ:「郑何氏]すなわち〔正 zhèng 合适](ぴったり)である.

何堪 hékān どうして…に得よう.…に堪えぬ.〔〜设想]考えただけでぞっとする.

何苦 hékǔ 何をわざわざ.なぜ.〔〜来]同前.〔〜这样]〔〜乃尔]何をしてそうするのか.〔为一点小事这么生气,〜来呢]ちょっとのことで何もそんなに腹を立てることはないのにどうしたんだ.

何况 hékuàng ①まして.…においてはなおさらである.〔圣人尚且有错处,〜你我呢]聖人でさえも過失がある,まして我々においてはなおさらだ.②しかもなお.さらに加えて.〔已经这么晚了,〜明天再去吧]もうこんなに遅くなった,しかもまだ遠いし,明日行きなさい.

何乐而不为 hélè ér bùwéi どうしてよろこんでそうしようとしないのか.

何能 héneng なんぞよく…せんや:…でありえない.〔中国一切都在改革中,教育〜例外]中国は全てを改革中であり,教育だけがその例外ではありえない.

何其 héqí (疑問・非難・感嘆)なんぞや.なんと.〔叛徒〜毒也]裏切者はなんとあくどいことよ.

何去何从 héqù hécóng〈成〉(重要な問題で)どちらの道を選ぶか.〔〜,你们自己选择吧]どっちかは,きみたち自分で決めるがいい.

何人 hérén <文>何人(なにびと).〔谁 shuí 人]に同じ.

何如 hérú ①<文>どう(であるか).どんな(であるか).②(反問の語気で)…するよりも…したらどうか.〔与其外地供应,〜就地取材自己制造]外地からの供給を仰ぐよりは,現地の原料で自分で製造したらどうだ.

何伤 héshāng〈文>何か障りがあろうか.何の障りもない.

何胜 héshèng〈牘>なんぞ…に堪えん.〔〜感戴]〔〜铭感]〈成>まことに感謝の至りにたえません.

何时 héshí いつ.〔〜到此]いつここに来ましたか.

何首乌 héshǒuwū =〔地 dì 精]〔種]ツルドクダミ:茎を〔首乌藤 téng]〔夜 yè 交藤],根葉を〔鲜 xiān 首乌]といい,ともに何首烏(かしゅう)と称し薬用する.〔人身〜]人の形をした同時に特効がある.

何所 hésuǒ ①どこ.②何:行為の内容.〔问君〜思]きみはいったい何を考えているのか.〔〜不为]どんな(悪い)ことでもする.〔〜闻而来,〜见而去]何を聞いて来,何を見て去ったのか.

何谓 héwèi <文>①何をか…という.〔〜幸福]幸福とは何か.〔〜其后之〜]その後の〔也]を置く.〔此〜也]これはどういう意味か.

何仙姑 héxiāngū →〔八 bā 仙〕

何消 héxiāo …する必要はない.〔这〜一说,我总理会]何も言う必要はない,わかりきっていることだ.

何须 héxū …する必要はない.

何许 héxǔ <文>どこ.〔〜人]どこの人.何者:そしる意を含む.

何以 héyǐ <文>①何をもって.どのような手段で.〔〜教我]何をもってわれたるを教えるのか.②どうして.〔既经议定,〜变卦]すでに約束したことなのに,どうして気が変わったのだろう.

何异 héyì <文>何か違いがあろうか.なんら違いもない.

何用 héyòng ①…するに及ばない.〔我是常来的,〜这么客气呢]私はいつも来るのですからこんなにおかまいくださいますように.②何の役に立つ.何に用いる.〔买它〜]あんなものを買って何に使うのか.

何在 hézài <文>どこにあるか.〔原因〜]原因はどこか.→〔安 ān 在〕

何止 hézhǐ それだけではない.〔他犯的错误〜这一次]彼の犯したまちがいは今回だけではない.

何至于 hézhìyú どうして…になるものか.

何足 hézú …に足らぬ.…するに及ばない.〔〜挂齿]〈成>言うに足らぬ.問題とするに足らない.

何罪之有 hézuì zhī yǒu〈成>まったく正しい.何の罪もない.

【河】 hé ①河.水路.〔〜里没鱼市上看]〈諺>河の中に魚はいなくても市場に行けば見ることができる:ここになくてもどこかにある.→〔川 chuān ①〕②特に〔黄河]をいう.〔〜东 dōng]山西省内黄河以東の地.〔〜西 xi]黄河以西の地:陕西・甘肃.→〔江 jiāng〕③〔マージャンで〕四角に囲んだ牌の内側.④(中国将棋で盤面の)中間地帯:「楚河」,「漢界」と書かれているところ.〔过 guò 河卒(子)]〔井 jǐng 圈〕⑤因銀河(系).〔〜外 xīng 系]〔〜外星云 yún]銀河系外星雲.→〔河汉①〕⑥<姓>河(か)

河岸 hé'àn 河岸.岸.

河坝 hébà ①堤.川の土手.②〔堰(えん)〕

河浜 hébāng〈方>小川.

河蚌 hébàng〔魚貝〕カワガイ:多く淡水に住む貝.

河北梆子 héběi bāngzi〔河北地方の劇の一:〔梆子(腔)]の一.〔京 jīng 梆子]〔直 zhí 隶梆子]ともいう.

河贝子 hébèizi〔魚貝〕カワニナ.ニナ.腹足目の巻貝.

hé 河

肺臓ジストマの中間宿主.
河边(儿) hébiān(r) 川岸.川辺.
河滨 hébīn 水際.川辺.
河伯 hébó =〔河公〕〔冰 bīng 夷〕〔冯 píng 夷〕〈文〉黄河の神.〈転〉水の神.〔水 shuǐ 伯〕ともいう.
河埠 hébù 河港.河の船着場.
河槽 hécáo ⇒〔河床〕
河汊子 héchàzi 〔河岔子〕とも書く.川の支流.
河车 héchē〈文〉①道家が丹薬を練る材料とした鉛.②→〔紫 zǐ 河车〕
河川 héchuān 河川(総称)
河船 héchuán 河船.→〔海 hǎi 船〕〔江 jiāng 船〕
河床 héchuáng ⇒〔河槽〕〔河身〕河床.かわどこ.
河刀鱼 hédāoyú →〔鲚 jì 鱼〕
河道 hédào 川.川筋:多くは船の航行できる河川をいう.
河灯 hédēng 供養のため川に流す灯籠.〔七月十五放~〕(旧習)旧暦7月15日には同前を流す.
河堤 hédī 川の堤防.川土手.
河东 hédōng 地黄河の東:山西省一帯.〔~狮吼〕〈喩〉ひどくやきもちをやくこと:宋の陳慥の妻の柳氏は河東の名家の出で非常に嫉妬深く,大声で亭主をどなりつけた(蘇東坡の詩による)
河段 héduàn 地河の一部.
河防 héfáng ①川の水害を防ぐこと:特に黄河の水防をいう.②黄河の堤防.一般河川の堤防.③軍黄河を防衛線とする軍事的防衛.
河肥 héféi 肥料である河川・湖・池の泥土.
河干 hégān 川べり.河岸.
河港 hégǎng 河港.→〔海 hǎi 港〕
河工 hégōng ①河川工事:とくに黄河の治水工事.②同前の労働者.
河公 hégōng ⇒〔河伯〕
河沟 hégōu クリーク.溝.→〔沟①〕
河谷 hégǔ 河谷(z).川底と両岸間の平らな地.
河鼓 hégǔ 天牽牛星の北にある星の名.
河汉 héhàn〈文〉①天の川.→〔汉②〕②黄河と漢水.③〈喩〉とりとめのない話.絵空事.〔~之言〕同前.④信じない.無視する.〔幸毋 wú ~斯言〕この言葉をゆめ疑うな.
河鲫 héjí〔鲜 zhāng 子〕
河口 hékǒu 河口.〔~湾 wān〕入江.
河魁 hékuí 固①(占星術で)天罡と並んでその月の凶神とされる星.②戌の方位(北西)戦場では主将が本営を設ける方角.
河狸 hélí 動ビーバー.〔海 hǎi 狸〕は旧称.〔~鼠 shǔ〕〔~香〕海狸香(zx).カストリウム.
河梁 héliáng ①川にかけた橋.②送別の地(李陵の詩による).〔~吟〕送別の詩.
河流 héliú 川.河流.河流.〔~袭 xí 夺〕河川侵食.
河柳 héliǔ ①植アカメヤナギ.②⇒〔旱 hàn 柳〕
河漏 hélou =〔饸饹〕
河路 hélù 水路.
河卵石 héluǎnshí ⇒〔卵石〕
河落海干 héluò hǎigān〈成〉尽きはてるさま.
河洛人 héluòrén〈方〉台湾住民の大半を占める福建地方からの移住民の子孫:閩南語の河洛方言(台湾語)を使用する.
河马 hémǎ 動カバ(河馬).
河鳗 hémán ⇒〔鳗鲡〕
漫滩 hémàntān 河川敷.
河面 hémiàn 川面(ɔ)
河姆渡遗址 hémǔdù yízhǐ 史新石器時代の長江下流文化遺跡.浙江の余姚にある.→〔仰 yǎng 韶文化〕
河南梆子 hénánbāngzi ⇒〔豫 yù 剧〕

河南坠子 hénánzhuìzi =〔坠子③〕圀河南で発生し,北部の各地で行われる民間芸能の一種:伴奏は二弦で胴に桐の板を用いた胡弓を用い,歌い手は片手に〔拍 pāi 板①〕(カスタネットの一種)を持って鳴らしながら主として七字句より成る語り物を歌う.→〔大 dà 鼓(书)〕〔鼓 gǔ(儿)词〕
河内 hénèi ①(河南省の)黄河以北の地方の古称.②地ハノイ:〔越 yuè 南社会主义共和国〕(ベトナム)の首都.
河泥 hění 川・湖・海の底の泥(肥料)
河畔 hépàn 水際.川岸.川端.
河清 héqīng 黄河の水が千年に一度澄むこと.〈喩〉時機の遭遇しがたいこと.〔~难俟〕いつまで待っても見込みのないこと.
河清海晏 héqīng hǎiyàn ⇒〔海晏河清〕黄河は清く,海は澄む.〈喩〉平和で盛んな世.
河曲 héqū 川の曲りくねり.曲がっている所.
河渠 héqú 川と堀.水路.
河润 hérùn 河水の潤い.〈転〉恩恵が遠くに及ぶこと.
河山 héshān 山河.国土.=〔山河〕に同じ.〔~迢 tiáo 遥〕〈成〉山河の遠く隔たっていること.
河身 héshēn 川底.
河神 héshén 河の神.〔河龙王〕ともいう.〔~庙 miào〕同前をまつるやしろ.→〔河伯〕〔龙 lóng 王庙〕
河水 héshuǐ 黄河の水.〔~不泛船〕〈喩〉余計な世話を焼かない.互いに関連していても何のもめ事もない.
河水不犯井水 héshuǐ bùfàn jǐngshuǐ ⇒〔井水不犯河水〕
河朔 héshuò ①川の北岸.②黄河以北の地.
河套 hétào ①地河の州.河曲.
河塘 hétáng 河川と堤堤(ɔ).囲われた狭い水域.
河套 hétào 地①大きく川で取り囲まれた地,またその川.②黄河が甘粛省から北流して寧夏に入り,東へ湾曲してから南下しているところ,一大農業地帯:黄河が∩形に湾曲し,三方を囲まれた地.歴史上〔鄂尔多斯〕(オルドス).〔黄河百害,唯富一套〕〈諺〉黄河は災害ばかり与えるが,同前の地だけを富ましている.
河图 hétú 古伏羲氏の時に黄河から出た竜馬の背に現れたという図.八卦の図.〔洛 luò 书〕
河豚 hétún 魚貝フグ(河豚).〔鲑 guī ②〕〔鲍 tún〕古名.〔~毒 dú 素〕フグの毒.〔拼 pīn 死吃~〕〈喩〉危険を覚悟で事を行う.
河外星系 héwài xīngxì 天銀河系外の星雲:〔河外星云〕ともいう.
河湾 héwān 河湾.川の入り江.
河网 héwǎng 水路網.〔~化〕水路網をつくる.
河务 héwù 黄河の水利に関する(管理)業務.
河西 héxī 地黄河の西:黄河上流の寧夏・甘粛一帯.〔河右〕ともいう.〔~走廊 láng〕河西回廊.
河系 héxì 地水系.
河虾 héxiā 川にすむエビ.→〔虾〕
河鲜 héxiān 川でとれる新鮮な魚介類.またその料理.→〔海 hǎi 鲜〕
河蟹 héxiè 川蟹.
河心 héxīn 川の中流.
河沿 héyán〔~儿〕川岸.川辺.川辺.〔南~〕地北京にある.
河右 héyòu ⇒〔河西〕
河泛 héyàn 川の流砂・流土の堆積(した州)
河鱼 héyú ①川魚.淡水魚.②〈喩〉腹くだし(魚の腐敗はまず腹から始まることからいう).〔~之疾〕〔~腹疾〕同前.
河源 héyuán 川の源.

hé

河岳 héyuè 山河.
河运 héyùn 内陸 の水路による運輸.
河洲 hézhōu 川の州.中州.
河宗 hézōng 川の神.→[河伯]

〔荷〕 hé (Ⅰ)[荷] ハス(蓮).ハチス:[莲 lián ①]の通称. ②〈姓〉荷(か)
(Ⅱ)オランダ:[～兰 lán]の略. → hè

荷包 hé·bāo [物]きんちゃく.ポシェット.[～袋 dài]同前.[～香]香を入れるきんちゃく.[烟袋～]タバコ入れ.[槟榔～]びんろうを入れるきんちゃく.
[～铺]袋物を売る店.→ポケット.
荷包蛋 hé·bāodàn [食]①目玉焼き. ②落とし卵.ポーチドエッグ.→[卧 wò 果儿]
荷包牡丹 hé·bāo mǔdān [植]ケマンソウ.ケマンボタン.フジボタン:ケシ科の草本.
荷盾 hédùn ギルダー(ガルデン):オランダの通貨単位名.[荷兰盾]〔荷兰元〕ともいう.→[欧 ōu 元]
荷尔蒙 hé'ěrméng 〈[贺 hè 尔蒙]音訳〉[生理]ホルモン:[激 jī 素]に同じ.
荷梗 hégěng 蓮の葉柄:薬用する.
荷花 héhuā 〔-儿〕蓮(の花).〔君 jūn 子花〕〔水 shuǐ 花魁〕は別称.[～池 chí]=[莲池]:[荷塘]ともいう.[～虽好,也要绿叶扶持]〈諺〉蓮の花も緑の葉に支えられなければならない:外見派手なものも,縁の下の力持ちに支えられなければならない.→[红 hóng 花①]〔牡 mǔ 丹花]
荷花大少 héhuā dàshào 〈喩〉夏場は蓮の花のようにりゅうとした身なりをしているが,冬になると冬着を買う金もない道楽息子.
荷花梅 héhuāméi [植]花弁のやや狭い[蜡 là 梅](ロウバイ).
荷花生日 héhuā shēngrì 観蓮節(旧暦6月24日)
荷花玉兰 héhuā yùlán =[广 guǎng 玉兰][洋 yáng 玉兰][植]タイザンボク.
荷兰 hélán オランダ.正式には[～王国].[尼 ní 德兰](ネーデルランド)は別称.首都は[阿 ā 姆斯特丹](アムステルダム).政府の所在地は[海 hǎi 牙](ハーグ).
荷兰豆 hélándòu [植]エンドウ.[豌 wān 豆]の変種.
荷兰盾 hélándùn ⇒[荷盾]
荷兰莓 hélánméi =[洋 yáng 莓][植]オランダイチゴ.西洋イチゴ.[凤 fèng 梨草莓]ともいう.北米原産.果実は生食し,酒造用に供する.
荷兰牛 hélánniú ⇒[黑白花奶牛]
荷兰芹 hélánqín ⇒[洋 yáng 芫荽]
荷兰水 hélánshuǐ 〈方〉サイダー.ラムネ.→[汽 qì 水(儿)]
荷兰鸭儿芹 hélán yārqín ⇒[旱 hàn 芹(菜)]
荷兰猪 hélánzhū ⇒[天 tiān 竺鼠]
荷塘 hétáng =[荷花池]
荷洋 héyáng ⇒[荷盾]
荷叶 héyè ①蓮の葉. ②⇒[合页]
荷叶饼 héyèbǐng =[薄 báo 饼]
荷叶肉 héyèròu [食]豚肉を薄く切り,米の粉を加えて醤油・料理酒・香辛料などをしみ込ませ,蓮の葉で包んで蒸したもの.
荷叶粥 héyèzhōu [食]蓮の葉かゆ:粥に蓮の葉を入れ煮て,香りをつけたもの.
荷月 héyuè 旧暦6月の別名.

〔菏〕 hé [地]①[～水]山東省にあった古河名. ②[～泽 zé]山東省にある.

〔劾〕 hé 罪状を暴く.[弹 tán ～]弾劾(がい)する.
劾状 hézhuàng 罪を弾劾する文.
劾奏 hézòu 上奏してその罪を弾劾する.

〔阂・閡〕 hé 隔て(る).妨げ(る).[阻 zǔ ～]同前.[隔 gé ～]双方に隔たりがあって感情または意見が疎通しない.

〔核(覈)〕 hé (Ⅰ)[核]①[植]果実の核(さね.種).[桃～]桃の種. ②核となる物.[细胞～]細胞核.[原子～]原子核. ③[物]原子核.[～难 nàn]核による災難.
(Ⅱ)[核]詳しく対照考察する.[～拨 bō]〔～查拨款 kuǎn]審査してから金を支出する.[～灾 zāi]被災状況を調べる. ②〈文〉真実である.確実である. → hú

核按钮 hé'ànniǔ 核兵器発射のボタン.[喩]同前を左右する権力.
核办 hébàn 調査し処理する.実状を確かめて行う.
核保 hébǎo 保険金支払い審査.[～核赔 péi]同前と賠償金の支払審査.
核保护伞 hé bǎohùsǎn [軍]核の傘.
核爆炸 hébàozhà [軍]核爆発.
核裁军 hécáijūn [軍]核軍縮.
核查 héchá ①子細な(に)調査(する).綿密な検査(する).②核査察(する)
核磁共振 hécí gòngzhèn 磁気共鳴.映像法 MRI.[～检 jiǎn 查][医]磁気共鳴画像法検査.[～仪 yí]MRI. スキャン.
核大国 hédàguó 核大国.
核弹 hédàn [軍]核爆弾.[～头 tóu]核弾頭.
核蛋白 hédànbái [理]核タン白質.
核导弹 hédǎodàn [軍]核ミサイル.
核电 hédiàn 原子力発電.[核子能发电]の略.[～厂][～站 zhàn][原子能发电站]原子力発電所.[～事业]原子力発電事業.
核定 hédìng 調査のうえ決定する.[～商品价格]商品価格を査定する.→[核价②]
核动力 hédònglì 原子力.
核蹲 hédūn 検査監察する.
核对 héduì 調べ合わせ(る).つき合わせ(る).照合(する)
核夺 héduó 〈公〉審査決定する:[审 shěn 核定夺]の略.…并将遵办情形具报》,此令:[同時に(当方からの命令に従って)処理した状況の報告書を提出して当方から決定の上指示するのを待たれたし,右命令する.
核讹诈 hé'ézhà [軍]核による威嚇.
核发 héfā 審査のうえ発給する.[～许 xǔ 可证]許可証を発給する.
核反应 héfǎnyìng [物]核反応.[～堆 duī][反応堆]原子炉.
核废料 héfèiliào 核廃棄物.
核辐射 héfúshè [物]原子核放射(能)
核复 héfù 調査の上回答する.
核甘酸 hégānsuān [生命]ヌクレオチド.
核稿 hégǎo 原稿を審査する.
核果 héguǒ [植]:[石 shí 果](石果)に同じ.桃や杏のような果実.→[多 duō 肉果]
核黄素 héhuángsù =[乳 rǔ 黄素][化]ビタミンB_2(リボフラビン):[维 wéi 生素B_2]:[维生素乙 yǐ 二]に同じ.
核火箭 héhuǒjiàn [軍]核ロケット.
核基因 héjīyīn [生命]核遺伝子.
核计 héjì 計算する.数を調べる.
核价 héjià ①価格を調査決定する.値段を決める. ②査定した値段.
核减 héjiǎn 審査して削減する.
核禁试 héjìnshì 核実験全面禁止.
核聚变 héjùbiàn [核]核融合.[～能]核融合反応・エネルギー

689

核军备 héjūnbèi 軍核軍備.
核扩散 hékuòsàn 軍核拡散.
核力 hélì 物核力.
核粒 hélì 細染色粒:細胞核内核糸上の小顆粒(ツブ),色素を吸収する強い性質がある.
核裂变 hélièbiàn 物核分裂.〔核分裂〕ともいう.
核垄断 hélǒngduàn 核の独占.
核明 hémíng 子細に調べ明らかにする.
核膜 hémó 生命核膜:細胞核を包んでいる膜.
核能 héněng ⇒〔子能〕
核批 hépī ⇒〔核批〕
核潜艇 héqiántǐng 軍原子力潜水艦.
核儿 hér,〔口〕húr 果実の種·芯(しん).
核燃料 héránliào 物核燃料.〔核燃料〕ともいう.
核仁 hérén ①生命仁.核小体. ②植石果の堅い殻(内果皮)の中にある種子.→〔核果〕
核审 héshěn ⇒〔审核〕
核实 héshí 実際を調査する.〔～产量〕生産高を確かめる.
核试验 héshìyàn 核実験:〔核实 shí 验〕ともいう.
核收 héshōu 調べたうえで受け取る.
核数 héshù 数を調べる.
核素 hésù 核種:原子核の種類を示すことば.
核酸 hésuān 生命核酸.
核算 hésuàn 計算(する).見積(る).〔成本～〕原価計算.〔～单位〕コストの計算単位.〔独立～单位〕独立採算の経営単位.
核糖 hétáng 化リボース.〔～核酸 suān〕リボ核酸.RNA.〔脱 tuō 氧～核酸〕デオキシリボ核酸.DNA.
核桃 hétao ⇒〔合桃〕〔胡 hú 桃〕〔羌 qiāng 桃〕植クルミ.またその実.昔時,胡の地(あるいは西域)から伝わった.〔～仁 rén〕〔桃瓤(儿) ráng(r)〕〔桃仁(儿)〕くるみの実.〔～壳 ké(儿)〕果肉をのぞいたくるみの殼.〔～墙 qiáng 子〕くるみの殼の中の隔壁.
核桃虫 hétaochóng ⇔〔蛴 qí 螬〕
核桃酥 hétaosū 食小麦粉·クルミのみじん切り·砂糖·サラダ油などを原料にして焼いた菓子:〔桃酥〕は通称.→〔八 bā 件儿〕
核外电子 héwài diànzǐ 物核外電子.
核微粒沾染 héwēilì zhānrǎn (核爆発後の)放射性チリ(降下物)による汚染.
核威慑 héwēishè 核による抑止:〔核威胁 xié〕〔核の威嚇〕ともいう.
核武器 héwǔqì 軍核兵器:〔核子 zǐ 武器〕〔原子 zǐ 武器〕ともいう.→〔氢 qīng 弹〕〔原 yuán 子弹〕
核武装 héwǔzhuāng 軍核武装.
核销 héxiāo ①審査のうえ帳消しする. ②許可を取り消す.
核心 héxīn 核心.中核.〔～力量〕核心的な力.〔～成员〕中核メンバー.〔～家庭〕基 jī 本家庭.〔夫妇家庭〕核家族.〔～企 qǐ 业〕中核企業.〔领导～〕指導(部)の中心.〔～期刊〕最先端の学術刊行物.〔～作用〕中核的の役割.
核验 héyàn 照合して調べる.チェックする.〔～指纹〕指紋を照合する.
核战争 hézhànzhēng 核戦争.
核账 hézhàng 帳簿をチェックする.
核质 hézhì 生命核質.
核装置 hézhuāngzhì 核装置(多くは原水爆を指す)
核准 hézhǔn 審査のうえ許可する:〔核批〕に同じ.
核查 hécházhōu 資金·資産を照合して調べる.財産を見積もる.
核子 hézǐ 物核子:〔原 yuán 子核〕を構成している〔质 zhì 子①〕(陽子)と〔中 zhōng 子〕(中性子)とをあわせていう.〔～反应 yìng〕核反応.〔～物理学

核物理学.→〔子①⑫〕
核子能 hézǐnéng 〔核能〕物原子(核)エネルギー.原子力:〔原 yuán 子能〕ともいう.〔～发电〕〔核电〕原子力発電.
核子武器 hézǐ wǔqì ⇒〔核武器〕
核子瘟 hézǐwēn ⇒〔黑 hēi 死病〕

[**曷**] hé 〈文〉①何. ②いつ. ③なぜ.

[**鹖・鶡**] hé 鳥ヤマドリの古称.
鹖旦 hédàn 鳥オオコウモリの古名.
鹖鸡 héjī ⇒〔褐 hè 马鸡〕

[**鞨**] hé ①〈文〉はきもの. ②→〔靺 mò 鞨〕

[**盍(盇)**] hé 〈文〉①なんぞ…せざる:〔何不〕に同じ.〔～兴乎来〕どうして一緒に立ちあがらないのか. ②なぜ.

[**阖・闔**] hé ①〈文〉すべて.みな.全部:〔合⑪〕に同じ.〔～村全知〕村中がみな知っている. ②〈文〉門のとびら.〔～扇 hàn〕同前.〈文〉閉じる.〔～眼 yǎn〕目を閉じる.眠る. ④〔姓〕闔(コウ).
阖城 héchéng 全城.
阖第 hédì 同下.
阖府 héfǔ =〔阖第〕〔阖家〕〔阖宅〕〔尊〕ご一家.〔～咸了ぞ〕ご一家皆様ごきげんよろしく.
阖户 héhù 戸を閉める.
阖家 héjiā ⇒〔阖府〕
阖庐 hélú 同下.
阖闾 hélú ①=〔阖庐〕居宅.居室. ②囚春秋時代,呉王の名. ③地蘇州の別称.〔～城〕同前.
阖宅 hézhái ⇒〔阖府〕

[**涸**] hé 〈文〉(水や液体が)かれる.乾く.〔干gān ～〕河水が干上がる.→〔涸辙之鲋〕
涸辙 héjié 涸涸(らこ).(水や液体が)かれる.
涸阴 héyīn 〔穷 qióng 阴晚冬歳末の年末に尽きようとする時期.〔～冱寒〕厳冬の厳しい寒さ.
涸泽而渔 hé zé ér yú ⇒〔竭泽泽而渔〕
涸辙之鲋 hézhé zhī fù 〈成〉水のかれた車のわだちの中の鲋(ふな)のように困難に陥って救いを求めていること:〔涸辙枯鱼〕ともいう.

[**貉**] hé 動タヌキ(ムジナ):イヌ科の動物.通称〔～子 háozi〕.〔一丘之～〕同じ穴のむじな.〔喻〕同類の悪党.→〔猪 zhū 獾〕→〔háo mò

[**槅**] hé 〈文〉果実の核を:〔核①〕に同じ.

[**槅**] → gé

[**翮・翩**] hé 〈文〉①鳥の羽のくき(管状の部分).羽軸. ②つばさ.〔奋～高飞〕つばさをひろげて高く飛ぶ.

[**礉**] hé 〈文〉厳しい.むごい.

[**吓・嚇**] hè ①脅かす.威嚇する.〔恫 dòng ～〕同.恫喝(どうかつ)する. ②〔へえ.えっ:不満を表す感動詞.〔～,怎么能这样呢!〕フン,何でこうなんだ. → xià
吓怒 hènù 〈文〉憤怒する.立腹する.
吓诈 hèzhà 脅してだます.〔～人的财物〕人の財物を脅して詐取する.

[**佫**] hè 〔姓〕佫(コウ).

[**和**] hè ①唱和する.追従する.付和する.〔随 suí 声～〕〔～者盖 gài 寡〕応ずる者は少ないだろう.〔一唱 chàng 百～〕〈成〉一人が言い出すと皆が追従する.→〔曲 qǔ 高和寡〕 ②他人の詩に合わせて詩を作る.〔奉 fèng ～〕同前して(相手に)差

hè

し上げる．→ hé hú huó huò
和诗 hèshī 相手の詩に互いに合わせて詩を作る．またその詩．〔步 bù 韵〕
和韵 hèyùn ＝〔文〕〔赓 gēng 韵〕他人の作った詩の韵に合わせて（詩を作）ること．"用韵·依韵·次韵"の3種がある．

〔贺·賀〕 hè ①祝う．賀す．祝意を表す．〔~客〕祝賀の客．〔~妆 zhuāng〕賀状．〔道~〕祝う気持ちを述べる．〔可喜 xǐ 可~〕まことにおめでたい．②〈姓〉賀(が)．

贺拔 hèbá 〈姓〉賀拔(がばつ)．
贺匾 hèbiǎn お祝に贈る横額．
贺词 hècí 〔贺辞〕とも書く．祝いの言葉．祝辞．
贺电 hèdiàn 祝（賀）電（報）．〔发~〕〔拍 pāi ~〕祝電を打つ．
贺尔蒙 hè'ěrméng ⇒〔荷尔蒙〕
贺函 hèhán 祝賀の手紙．〔贺信〕ともいう．
贺节 hèjié 佳節を祝う．
贺卡 hèkǎ グリーティングカード．〔新年~〕年賀状．
贺悃 hèkǔn 〈牍〉心からの祝意．〔并申~〕あわせて心からお喜び申し上げます．
贺赖 hèlài 〈姓〉賀賴(がらい)．
贺礼 hèlǐ 祝う贈り物．祝儀（金品）．〔生日~〕バースデープレゼント．
贺联 hèlián ⇒〔喜 xǐ 联〕
贺年 hènián ＝〔贺岁〕新年を祝う．新年の挨拶をする．〔~卡〕〔~片〕年賀状．〔~有奖明信片〕くじ付き年賀葉書．〔~档 dàng〕新年の出し物．〔~电报〕年賀電報．
贺若 hèruò 〈姓〉賀若(がじゃく)．
贺寿 hèshòu （老人の）誕生日を祝う．
贺岁 hèsuì 新年を祝う．〔贺年〕に同じ．〔~片（儿）piān(r)〕お正月映画．〔~剧 jù〕正月テレビドラマ．
贺喜 hèxǐ 祝いを述べる．〔向他~了〕彼にお祝いを述べた．
贺信 hèxìn ⇒〔贺函〕
贺仪 hèyí 〈文〉祝儀．祝いの贈り物．→〔礼 lǐ 钱（小 xiǎo 儿）〕
贺幛 hèzhàng お祝に贈る横幕．

〔荷〕 hè ①肩に担ぐ．担う．②引き受ける．ありがたい．かたじけない．〔感~〕ご恩を感謝する．〔祈赏收是~〕〔牍〕ご受納くださらばかたじけない．③〔物〕电荷の略．〔正~〕正の电荷．→hé

荷承 hèchéng ＝〔荷蒙〕〔承荷〕…を受ける．…までうむる．〔~青睐感谢奚如〕〔牍〕ご愛顧（ご注文）に賜り感謝の上もありません．
荷担 hèdān ①担う．担ぐ．②引き受ける．
荷负 hèfù ①荷物を背負う．②引き受ける．
荷蒙 hèméng ⇒〔荷承〕
荷枪 hèqiāng 銃を担う．〔~实弹〕実弾を込めた銃を担ぐ；完全武装する．
荷载 hèzài ①受けとめる．負う．〔~重任〕重大な任務を負う．②＝〔荷重②〕〔载荷〕〔荷重(じゅう)〕．→〔负 fù 荷〕
荷重 hèzhòng ①（重いものを）担う．担ぐ．②同上②

〔猲〕 hè 〈文〉①びくついて息もつげないさま．②脅す．→ xiè
〔愒〕 hè 〈文〉脅す．→ kài qì

〔喝〕 hè 叫ぶ．大声で言う．〔大~一声〕大喝(かつ)．

喝彩 hècǎi 喝采する．〔喝采〕とも書いた．〔为他~〕彼に喝采する．→〔喝倒好〕〔叫 jiào 好（儿）〕
喝道 hèdào ①むかしの．〔班 bān 长~："起床！"〕"起床"と班長は大声で叫んだ．②＝〔呵 hē 导〕（行列

などの）先払い・先触れ（する）．〔鸣 míng 锣~〕鸣锣开道〕〈成〉ドラを鳴らして先払いする．
喝倒彩 hèdàocǎi やじる．ブーイング：〔喝倒采〕とも書いた．〔频频喝其倒彩〕しきりにやじる．→〔叫 jiào 倒好（儿）〕
喝令 hèlìng 号令をかける．大声で命令する．
喝六呼幺 hèliù hūyāo （ばくちの）丁半の掛け声．
喝散 hèsàn しかりちらす．
喝问 hèwèn 大声で詰問する．
喝五吆六 hèwǔ dàoliù ⇒〔胡 hú 言乱语〕
喝吆三 hèwǔ yāosān 〈白〉あれやこれやとどなりちらす．
喝止 hèzhǐ 大声で制止する．

〔褐〕 hè ①〔色〕褐色(の)．黒黄色(の)．〔~色〕同前．②〔古〕粗布または粗布の衣服．〔短~〕同前の上着．③〈文〉貧賤な人．〔~夫〕貧乏人．

褐斑病 hèbānbìng 〔医〕褐斑病．
褐变 hèbiàn 褐変．
褐夫 hèfū 〈文〉貧賤な人．
褐（家）鼠 hè(jiā)shǔ 〔動〕ドブネズミ：〔沟 gōu 鼠〕の別称．
褐鲣鸟 hèjiānniǎo 〔鳥〕カツオドリ：〔鲣鱼〕の別称．
褐马鸡 hèmǎjī 〔鳥〕ミミキジ：〔鹖 hé 鸡〕〔黑 hēi 雉〕ともいう．
褐煤 hèméi ＝〔褐炭〕〔木 mù 煤〕褐炭．亜炭．→〔煤①〕
褐锰矿 hèměngkuàng 〔鉱〕褐色マンガン鉱．
褐色土 hèsètǔ 〔地〕褐色土．
褐色炸药 hèsè zhàyào 褐色火薬：〔三 sān 硝基甲苯〕
褐石 hèshí 〔鉱〕軟マンガン鉱：〔软 ruǎn 锰矿〕の別称．
褐鼠 hèshǔ ⇒〔褐（家）鼠〕
褐炭 hètàn ⇒〔褐煤〕
褐炭蜡 hètànlà ＝〔蒙 méng 丹蜡〕
褐铁矿 hètiěkuàng 〔鉱〕褐鉄鉱．
褐土 hètǔ 〔地〕褐色土：〔褐色土〕ともいう．
褐衣 hèyī ①粗布の衣服．②〈喩〉貧賤な人．
褐鹰鸮 hèyīngxiāo 〔鳥〕アオハズク．→〔鸱 chī 鸮〕
褐猿 hèyuán ＝〔猩 xīng 猩〕
褐藻 hèzǎo 〔植〕カッソウ類．

〔熇〕 hè 〈文〉火勢が激しい．〔~~〕①同前のさま．②盛んなさま．

〔翯〕 hè 〔~~〕〈文〉（羽毛が）真っ白で光沢を帯びているさま．〔白鸟~~〕白鳥は白く輝いている．

〔赫〕 hè （Ⅰ）①明らかなさま．〔声名~~〕〈成〉名声（評判）が非常に高い．②盛んなさま．〔地位显 xiǎn ~〕地位が高く勢力がある．③〈姓〉赫(か)．
（Ⅱ）〔物〕ヘルツ．〔千~〕1000ヘルツ．→〔赫兹〕

赫尔辛基 Hè'ěrxīnjī 〔地〕ヘルシンキ：〔芬 fēn 兰共和国〕（フィンランド共和国）の首都．
赫尔兹 Hè'ěrzī ⇒〔赫兹〕
赫赫 hèhè 輝かしいさま．かくかくたる．〔~有名〕名が知れ渡っている．〔~战果〕輝かしい戦果．
赫连 Hèlián 〈姓〉赫連(かくれん)．
赫尼亚林 Hèníyàlín 〈音訳〉〔化〕ヘルニアリン：〔脱 tuō 肠草素〕ともいう．→〔疝 shàn ②〕
赫然 hèrán ①ふいに現れ出るさま．〔一只猛虎~出现在山坡上〕1匹の猛虎がぬっと坂の上に現れた．②猛烈に腹が立つさま．〔~而怒 nù〕〔~震 zhèn 怒〕かっとなって大いに怒る．
赫烜 hèxuǎn ⇒〔烜赫〕
赫哲族 Hèzhézú ホジェン族：中国の少数民族の一．黒竜江省に居住する．ナナイと自称する．
赫兹 Hèzī ＝〔赫尔兹〕〔物〕ヘルツ．記号 Hz：振動数

の単位.単に[赫(II)]ともいう.→[頻 pín 率①]

[鶴・鶴] hè ①[鳥]ツル(総称).[～白 bái ~]~[丹 dān 頂 ~][仙 xiān ~]@タンチョウ(ヅル).[灰 huī ~]クロヅル.[蓑 suō 羽～]アネハヅル.②[~鶴(在)]

鶴氅 hèchǎng 鶴の羽根で作った皮ごろも.〈転〉羽毛を使った外套(総称).
鶴城 hèchéng [地][齐 qí 齐哈尔](チチハル市)の別称.
鶴发鸡皮 hèfà jīpí ⇒[鸡皮鹤发]
鶴发童颜 hèfà tóngyán [成]老齢だが若々しいさま.[童颜鹤发]ともいう.
鶴骨松姿 hègǔ sōngzī 〈文〉非常にやせているさま.
鶴驾 hèjià 〈文〉①太子の乗り物.②仙人の乗り物.③〈喩〉人の死:[鹤驭]に同じ.
鶴警 hèjǐng 〈喩〉警報:鶴は警戒心が強い.
鶴立 hèlì =[鹄 hú 立].〈喩〉ひとり際立つ.[～鸡群]〈成〉鶏群の一鶴(さ):[鸡群鹤立]ともいう.②首を長くして待つ.→[鹤企]③かしこまって立つ.
鶴唳 hèlì〈文〉鶴が鳴く.[风声～]〈喩〉何でもないことに恐れおののく.
鶴鳴之士 hèmíng zhī shì〈喩〉よく身を修め言行一致して世人に賞賛せられる人.
鶴企 hèqǐ =[鹤望][鹄 hú 企][鹄望]〈喩〉足を立まだて首を長くして待つ.→[鹤立②]
鶴虱 hèshí [中医][天 tiān 名精](ヤブタバコ)の実.
鶴寿 hèshòu =[鹤算][文].[鹤算同长]同前.
鶴算 hèsuàn 同上.
鶴鴕 hètuó [中医]ヒクイドリ.[食 shí 火鸡]ともいう.
鶴望 hèwàng〈喩〉首を長くして待つのは:[鹤企]に同じ.[～兰 lán]ストレリチア,ゴクラクチョウカ.
鶴膝 hèxī ①→[八 bā 病]②書道で縦棒のはねたところがとがってのびたもの.
鶴膝风 hèxīfēng [中医]結核性関節炎.
鶴驭 hèyù〈文〉①仙人の車.②〈喩〉人の死:[鹤驾③]ともいう.[～仙游]〈成〉同前.[～辽天去不还 huán]遠く他の世に旅立つ.
鶴嘴鎬 hèzuǐgǎo 鶴嘴(鍬(まゎ)).[鹤嘴锄 chú][洋 yáng 镐][十 shí 字镐]ともいう.

[壑] hè ①谷間.[溪 xi ~]渓谷.[丘～]山や谷.[千山万～]多くの山や谷.〈喩〉遠く苦しい道のり.②山間の深い沢.[沟～]溝.池.

hei ㄏㄟ

[黑(黒)] hēi ①[色]黒(い).黒色(の).[乌 wū ~]真っ黒(い).↔[白 bái ①]②暗い(くなる).[～屋子暗い.[～了一天了]日が暮れた.③[一儿]夜.[一天到～]朝から晩まで.④非合法(の).秘密(の).やみ(の).[～指 zhǐ 示]不正な指示.[～告]ひそかな告訴.[～工]もぐりの仕事.[～窑 yáo]もぐりの炭鉱.[～医 yī]もぐりの医者.⑤隠す.私(ろ)する.[他把钱都～起来了]彼は金をみなくすねた.[被30万元被他给～了]30万元近くも彼にだまし取られた.⑥悪い.悪辣である.あくどい.[起了～心]悪心がおこった.[~了 了 了 心]悪心をおこした.[~了 了 心]悪心をおこした.[～纲领]反動的な綱領.⑦[黑]黑龙江省の略称.⑧[姓]黒(ろ).
黑暗 hēi'àn 暗い.暗黒である.[～世界]暗黒世界.[～统治]暗黒の支配.
黑白 hēibái ①黒と白.[～世界]〈喩〉囲碁の世界.[～旋 xuán 风]〈喩〉ピアノブーム.②正邪と善と悪.[不分～]是非を区別しない.[捏 niē 造～]

あることないことをでっちあげる.[～分明][黑白分明]善悪がはっきりしている.③モノクロ.[～电影]モノクロ映画.
黑白菜 hēibáicài ①⇒[塌 tà 棵菜]②⇒[鸡 jī 冠菜]
黑白电视 hēibái diànshì 白黒テレビ.[～机]モノクロテレビジョン.→[彩 cǎi 色电视][彩电]
黑白电影片 hēibái diànyǐngpiàn ⇒[黑白片(儿)]
黑白花 hēibáihuā 黒白のまじった模様.[～的猫]白黒ぶちのねこ.[～奶 nǎi 牛][～牛][动]ホルスタイン:[荷 hé 兰牛]ともいった.
黑白画 hēibáihuà 墨絵.
黑白片(儿) hēibáipiàn, ~piānr 白黒映画.モノクロ映画:[黑白电影片]ともいう.→[彩 cǎi 色片]
黑白污染 hēibái wūrǎn 排気ガスとプラスチックによる汚染.
黑班 hēibān 違法補習クラス.[考研～]大学院入試のための同前.
黑斑 hēibān 黒斑.[～病][農]黑斑病.[～蛙 wā][动]トノサマガエル:[青 qīng 蛙]の別称.
黑板 hēibǎn 黒板.[～擦(儿)][～擦子]板擦儿]黑板ふき.黑板消し.[～报][板报]黑板にチョークで書く壁新聞.[～大 dà 字报]
黑帮 hēibāng 反動組織・秘密結社・犯罪組織の構成員.[～分子]同前の構成員.
黑贝 hēibèi [动]シェパード(犬).ふつう[狼 láng 狗]という.
黑不溜秋 hēibuliūqiū [口]黒ずんでいるさま.どす黒いさま.[~秋][~敞][~敞]とも書く.[一个浓眉大眼,~的小旦]眉の色濃い目の大きな色黑の小娘役.
黑材料 hēicáiliào 人を陥れるために集めたでっち上げの資料.
黑菜 hēicài ①[植]アラメ.クロメ:黒褐色の海草.②[食]なすや瓜などの味噌漬け:黒くて皮がある.
黑黲黲 hēicǎncǎn [口]~cāncān (皮膚の)浅黒いさま:[黑参参]とも書く.
黑灿灿 hēicàncàn 黒々としているさま.
黑苍苍 hēicāngcāng 青黑いさま.
黑茶 hēichá 黒茶:[普 pǔ 洱茶](プーアル茶)などのように茶葉が黒いもの.
黑潮 hēicháo ①[気]黒潮.→[暖 nuǎn 流]②〈喩〉反動的潮流.
黑车 hēichē ①もぐりの車.ナンバープレートのない車.②白タク.闇タク.
黑沉沉 hēichénchén 暗くどんよりとしたさま.
黑吃黑 hēichīhēi〈喩〉やくざ・ならずもの同志の鞘(さ)当て・出入り:[黑吃黄 huáng]やくざが売春やポルノで稼ぐこと.
黑齿 hēichǐ ①〈姓〉黑齿(ぢ).②[史]古代,南部の少数民族の一.
黑杵 hēichǔ [劇]内緒の出演料.しろうとの内緒の報酬:旧劇で,[票 piào 友](=[素人俳優]が頼まれて劇に出演する場合,無報酬が原則とされていた時代に,そのならわしに反して報酬を受け取ることを[拿～]という).[她宁愿意作拿～的票友,而不敢去搭班儿](老・四・慢24)彼女はむしろ素人俳優でいることを望み,ある一座に加わろうとは願わない.
黑船 hēichuán 無国籍船.密輸船.
黑疸(病) hēidǎn(bìng) ⇒[黑穗病]
黑档 hēidàng 好ましくない人や身上書.
黑道 hēidào ①[一儿]暗闇の道.[拿着电筒,省得走~怀中電灯を持って行けば暗闇を歩かずにすむ.ゴッドファーザー.やくざ.裏の社会.[～教 jiào 父](=[走～]悪の道へ入る.[受到～袭 xí

黑　　　　　　　　　　　　　　　　　　　　hēi

击]裏の社会の襲撃を受けた．⑧黒色の筋・線．④固]月の運転する道．[~日(子)]厄日．悪日．凶日．↔[黄 huáng 道日(子)]

黑灯瞎火 hēidēng xiāhuǒ [慣](灯火がなくて)真っ暗いさま：[黑灯下火]とも書いた．[等明儿早起去好不好？~的怎么走啊]明日の朝行ったらどうか，こんな暗くなってからどうして行けるの．

黑地 hēidì ①登記をせずに隠しているやみの土地．脱税地：[黑田]ともいう．②[~儿]黑地(ðィ).黑無地(ðィ).↔[白 bái 地②]

黑点 hēidiǎn ①黒い点．②因]太陽黒点．③喻]過失．黒星．汚点．④もぐりの場所．[非正規的~售 shòu 票处]正規でない未公認のチケット販売店．⑤死角．交通事故多発地点．

黑店 hēidiàn ①旧]旅客を害し金銭を奪う目的で悪者の開いているはたご．②もぐりの店．客からぼる店．

黑貂 hēidiāo 動]クロテン．[紫 zǐ 貂]に同じ．

黑鹟 hēidōng ⇒[乌 wū 鹟]

黑洞 hēidòng ①暗い洞穴(ɡ)．②因]ブラックホール：[坍 tān 缩星]に同じ．③喻]社会的巨大な闇．

黑洞洞 hēidòngdòng 〈口〉~dōngdōng=[黑漆漆](空間が)真っ暗やみのさま．[隧道里~的，什么也看不见]トンネルの中は真っ暗で何も見えない．

黑豆 hēidòu 黒大豆．→[豆①]=[大 dà 豆]

黑豆腐 hēidòufu →[蒟 jǔ 蒻]

黑恶 hēi'è 闇と悪賢(の)．[~势力]同前の勢力．~[犯罪]同前の犯罪．

黑儿茶 hēi'érchá ⇒[阿仙药]

黑发 hēifà 黒髪．[~剂 jì]白毛染め．

黑饭 hēifàn ①⇒[黑货③]②喻]不正不義なこと．[吃 chī ~]賊を働く．

黑非洲 hēifēizhōu 固]ブラックアフリカ．→[白 bái 非洲]

黑粉病 hēifěnbìng ⇒[黑穗病]

黑粪 hēifèn 医]メレーナ：消化管の出血によるタール状の血便．

黑风 hēifēng ①土埃や砂塵を吹き飛ばす暴風．[~暴 bào]因]突然の暴風．②悪い風儀．[~邪气]よこしまな気風．反動的なやり方．

黑钙土 hēigàitǔ ⇒[黑土①]

黑干枯瘦 hēigān kūshòu [慣]顔色が悪くやせ細っているさま．

黑疙星儿 hēigēxīngr [黑胳星儿]とも書く．〈方〉小さい黒いつぶ．[这面里の几つ黒い~啊]この小麦粉にどうして黒い粒が少し入っているのだろう．

黑格尔哲学 hēigé'ěr zhéxué 固]ヘーゲル哲学．

黑更半夜 hēigēng bànyè [慣]真夜中．[这样~的，送人总派我]こんな深夜に人を送るとなるといつもおれだ．

黑肱 hēigōng [姓]黒肱(キョン)

黑狗 hēigǒu ①黒犬．②喻]抗日戦中の傀儡政権の兵士や警官の蔑称．

黑狗参 hēigǒushēn ⇒[黑参]

黑咕冬 hēigūdōng 真っ暗なさま．

黑咕隆咚 hēigu lōngdōng 〈口〉真っ暗でくっきりしないさま：[黑咕笼咚][黑古龙冬][黑谷隆东][黑格 gé 隆冬]とも書いた．[里面~的什么也看不见]中が暗くて何も見えない．

黑瓜子(儿) hēiguāzǐ(r) 西瓜の種．→[瓜子(儿)]

黑管 hēiguǎn ⇒[单 dān 簧管]

黑鹳 hēiguàn =[锅 guō 鹳][乌 wū 鹟]動]ナベコウ．

黑光 hēiguāng ①紫外線：[紫 zǐ 外线]の俗称．②

黒い光．[~灯 dēng]動]誘蛾灯の一種．

黑广告 hēiguǎnggào 違法広告．

黑锅 hēiguō ①黒いなべ．②喻]無実の罪．[让他背 bēi ~]彼にぬれぎぬを着せる．

黑锅底 hēiguōdǐ ①黒いなべの底．[面如~]顔が黒い．②鳥の凧(ぃ)．

黑孩子 hēiháizi =[黑娃]①戸籍に登録されていない子供．無戸籍の子供．②ててなし子．私生子．

黑海 hēihǎi 地]黒海．

黑海参 hēihǎishēn 食]イリコ：ナマコの干物．→[海参]

黑盒 hēihé ①⇒[黑匣子]②黒インクカートリッジ．

黑鹤 hēihè ⇒[玄 xuán 鹤]

黑乎乎 hēihūhū [黒忽忽][黒糊糊]とも書く．①真っ黒なさま．[两手油泥~的]両手は油で真っ黒だ．②黒々としているさま．[路旁站着~的一片人]道端に人が黒山のようにたかっている．③[屋子里~的]部屋の中は真っ暗だ．

黑户 hēihù ①戸籍のない世帯．[~口]同前．②営業許可証のない商店など．[~公司]同前．

黑花蛇 hēihuāshé 動]カラスヘビ．

黑话 hēihuà =[春 chūn 点(儿)]①(やくざ・盗賊などの)仲間内の隠語・符丁．[说~]隠語を使う．②反動的な言説．→[切 qiè 口]

黑桦 hēihuà 植]クロカンバ．

黑鲩 hēihuàn ⇒[青 qīng 鱼①]

黑灰 hēihuī ①黒みを帯びたねずみ色(の)．

黑会 hēihuì 悪事を企てる会合．

黑活 hēihuó ①違法の仕事．禁制の仕事．②だまし討ち(する)．闇討ちする．

黑货 hēihuò ①密輸の商品：脱税品・違法品・盗品・密輸品など，不正な手段で入手した品．→[白 bái 货①]②反革命・反動的言論．③旧](毒物としての)アヘン．[~鸦 yā 片]同前．[黑饭][黑米]とは別称．④石炭：運輸業界の符丁．石炭以外を[白货⑤]という．

黑虎 hēijǐ 動]マエガミホエジカ．

黑记 hēijì ①⇒[黑痣]②悪徳記者．

黑(家)鼠 hēi(jiā)shǔ 動]クマネズミ．→[鼠①]

黑间 hēijiān 〈口〉夜・夜中：〈方〉[黑家 jie]〈方〉[黑价]ともいう．

黑酱 hēijiàng (大豆製の)黒みそ．[~酱①]

黑酱油 hēijiàngyóu (普通の)醤油：[白 bái 酱油]に対している．

黑胶布 hēijiāobù 電線絶縁用テープ．

黑胶绸 hēijiāochóu ⇒[拷 kǎo 绸]

黑脚 hēijiǎo ①因](サッカーで)相手チームの選手を故意に蹴りつけること．②旧]臨時に雇い入れたスト破り．

黑脚杆子 hēijiǎo gānzi 旧]貧乏百姓：農民への蔑称．

黑节草 hēijiécǎo 植]コクセッソウ：デンドロビュームの一種．

黑价 hēijie ⇒[黑间]

黑家 hēijie ⇒[黑间]

黑金 hēijīn ブラックマネー．黒金．賄賂．

黑金子 hēijīnzi ①喻]石炭．石油．鉄．

黑晶 hēijīng 函]黒水晶．

黑胶病 hēijīngbìng 医]気腫症．

黑晶晶 hēijīngjīng 黒々としているさま．

黑颈鹤 hēijǐnghè 動]クロヅル．

黑净 hēijìng ⇒[黑头]

黑卷 hēijuàn ⇒[朱 zhū 卷]

黑卡 hēikǎ ①偽造カード．②ブラックカード：プラチナカードより格上のクレジットカード．

hēi 黑

黑客 hēikè ①旧アヘン吸飲者. ②〈音訳〉[電算]ハッカー.〔电脑〜〕[計算机]〜〕同前.

黑口 hēikǒu [書]木版本の版式の一:俗に〔象 xiàng 鼻②〕という.中央の折り目の上下に刷られた黒い線.巾の広いのを〔大〜〕、細いのを〔小〜〕という.→〔白 bái 口〕

黑框 hēikuàng 黒枠(死亡欄などの)

黑腊头 hēilàtou ⇒〔红 hóng 鳍圆鲀〕

黑蓝 hēilán [色]濃藍色(の).黒に近い藍色(の)

黑牢 hēiláo 牢獄.監獄.

黑老大 hēilǎodà やくざの親分.暴力団の組長.

黑里康大号 hēilǐkāng dàhào〈音義訳〉[音]ヘリコン:大型の管楽器.

黑脸 hēiliǎn 〔〜儿〕①[劇]京劇における凶暴な人物や豪快な人物の隈取り(の役柄).〔勾 gōu 〜〕同前の隈取りをする.〔唱〜〕同前を演じる.〔唱〜的〕同前の役.→〔黑关〕〔白 bái 脸〕〔红 hóng 脸〕 ②〈転〉正義心が強く実行力のある役人. ③老獪(かい)な人.

黑亮 hēiliàng 黒光りしている.〔〜的眼 yǎn 睛〕黒い瞳.

黑磷 hēilín [鉱]黒い磷.

黑溜溜 hēiliūliū 黒々と光っているさま.〔一双〜的大眼睛〕黒く輝くつぶらな目.

黑领 hēilǐng〈喩〉汚い・きつい・格好悪い仕事の労働者:〔白领〕(ホワイトカラー)、〔蓝领〕(ブルーカラー)に対している.〔〜工人〕同前.〈喩〉同前の仕事をするロボット.

黑瘤 hēiliú [医]黒色腫(しゅ)

黑楼 hēilóu 違法建築ビル.

黑鹿 hēilù ⇒〔水 shuǐ 鹿〕

黑露脊鲸 hēilùjǐjīng [動]セミクジラ:〔海鳅〕は古称.

黑马 hēimǎ ダークホース:意外に有力な競走馬または候補者.

黑麦 hēimài =〈音訳〉[来 lái 麦] [植]ライムギ.

茫茫 hēimángmáng かぎりなく暗いさま.〔〜的夜晚〕真っ暗な夜.

黑煤 hēiméi ⇒〔烟 yān 煤〕

黑霉 hēiméi クロカビ.

黑眉蝮蛇 hēiméi jǐnshé サキシママムシ(スジオヘビ):〔黄 huáng 領蛇〕ともいう.

黑眉乌嘴 hēiméi wūzuǐ〈慣〉(顔の)真っ黒にすすけたさま:〔黑煤乌嘴〕とも書く.

黑门坎儿 hēiménkǎnr [旧](罪人を捕らえる)捕り手.岡っ引き.

黑蒙蒙 hēiméngméng 薄暗いさま.

黑米 hēimǐ ①[農]黒米:皇帝専用とされ,〔贡 gòng 米〕ともいった.→〔白 bái 米〕②玄米.〔糙 cāo 米〕の俗称.③〔菰 gū 米〕(マコモ)の別称.

黑面 hēimiàn ①粗製の小麦粉.②ソバ・大豆・小麦の混合粉.

黑面包 hēimiànbāo [食]黒パン.

黑名单 hēimíngdān ①ブラックリスト.②環境汚染商品・企業の公開リスト.

黑牡丹 hēimǔdān ①濃い紫色の牡丹(花).②黒毛の飼い犬.③〈喩〉黒いが美しいもの:つやつやした立派な黒い牛や,色の黒い美人など.

黑幕 hēimù 内幕.内情.裏面.〔揭 jiē 穿〜〕内幕を暴く.〔〜小说〕暴露小説.

黑木耳 hēimù'ěr ⇒〔木耳〕

黑奴 hēinú 黒人奴隷.

黑牌 hēipái 文化大革命でつるし上げられた者が首からぶらさげる自分の名前を書いた札.→〔戴 dài 高帽子〕

黑袍 hēipáo 黒の長衣.①裁判官の法服.

黑皮 hēipí ⇒〔西 xī 瓜〕

黑啤酒 hēipíjiǔ 黒ビール.

黑皮铁板 hēipí tiěbǎn ⇒〔黑铁皮〕

黑漂白 hēipiǎobái〈喩〉やくざが足を洗うこと.

黑票 hēipiào やみ切符.

黑七类 hēiqīlèi →〔黑五类〕

黑漆寥光 hēiqī liáoguāng 真っ暗なさま.

黑漆漆 hēiqīqī 〔黑洞洞〕

黑旗军 hēiqíjūn [史]清末,中国南部で起きた宋景詩や劉永福の反乱軍.

黑铅 hēiqiān ⇒〔石 shí 墨〕

黑签(儿) hēiqiān(r) [旧]頼母子講の金をすでに受けとり抽選権がなく掛け金だけ出す(人).〔我上的是一支〜会,没指望了〕わたしの掛けているのは,あとしてしまったあとの空掛けだから,楽しみはない.↔〔白 bái 签(儿)〕

黑钱 hēiqián 不正な金:賄賂・口止め料・ぼくちなどで得た金銭.

黑枪 hēiqiāng ①闇鉄銑.凶弾.②隠匿銃器.不法銃器.無許可銃器.

黑黢黢 hēiqūqū 真っ黒なさま.真っ暗なさま.〔天黒了,屋子里〜的〕日が暮れて部屋の中は真っ暗だ.

黑热病 hēirèbìng [医]カラアザール:〔白蛉(子)〕(チョウバエ)によっておこる伝染病.〔痞 pǐ 块〕

黑人 hēirén ①黒人.②無戸籍者.〔〜黑户〕無戸籍世帯.③〈喩〉悪人.陰険者.陰の人間.

黑茸茸 hēiróngróng 黒い毛のもじゃもじゃ生えているさま.〔〜的脚〕毛むくじゃらの足.

黑三棱 hēisānléng [植]ミクリ.

黑色 hēisè ①[色]黒い色(の).黒色(の).〔〜食品〕黒さ:黒米などの黒色の食品.②〈喩〉不法.違法.不吉など.〔〜星期五〕〔黑星期五〕(13日のブラックフライデー.〔〜星期一〕〔黑星期一〕[経]ブラックマンデー.〔〜幽 yōu 默〕ブラックジョーク.〔〜收入〕違法な収入.〔〜火药〕黒色火薬.〔〜恐 kǒng 怖〕無政府主義者による要人テロ.

黑色金属 hēisè jīnshǔ ①〔铁〕(鉄)・〔锰 měng〕(マンガン)・〔铬 gè〕(クロム)の総称.②鉄合金:鋼あるいは鉄と他の鉄を主成分とする合金の総称.→〔有 yǒu 色金属〕

黑色路面 hēisè lùmiàn アスファルト舗装道路.

黑色人种 hēisè rénzhǒng ⇒〔黑种(人)〕

黑森森 hēisēnsēn 黒々としたさま.暗くて陰気なさま.

黑纱 hēishā〈喩〉喪章:黒の腕章.〔戴 dài 〜〕〔臂 bì 缠〜〕同前をつける.

黑沙蒿 hēishāhāo [植]マンシュウサワギク.

黑山 hēishān モンテネグロ:正式には〔〜共和国〕.〔门 mén の内哥罗〕は旧称.首都は〔波 bō 德戈里察〕(ポドゴリツァ).→〔塞 sāi 尔维亚〕

黑衫党 hēishāndǎng ⇒〔黒衣党〕

黑珊瑚 hēishānhú ⇒〔海 hǎi 柳②〕

黑哨 hēishào [スポ]八百長審判:〔哨〕はホイッスル.〔假 jiǎ 球〜〕選手・審判ぐるみの八百長.

黑社会 hēishèhuì 裏の社会:マフィア・やくざ・暴力団などの牛耳る世界.〔〜性质组织〕同前.

黑参 hēishēn クロナマコ.〔黒狗参〕ともいう.

黑牲口 hēishēngkǒu 豚:イスラム教徒が,豚を諱(い)んで言う語.

黑市 hēishì ①闇相場.闇市.ブラックマーケット.〔买卖〕闇商売.①〜价格竟高达一百二十元 [闇取引の相場はついに120元の高値になった.〔〜汇 huì 率〕[経]闇レート.→〔暗 àn 盘〕〔行 háng 市〕②(夜明け前に暗闇に立つ)どろぼう市:〔鬼 guǐ 市①〕に同じ.

黑手 hēishǒu ①黒幕.影で操っている人.②魔手.悪辣な手段.〔下〜〕毒手を使う.〔〜党〕マフィア.

黑瘦 hēishòu 黒くて痩せている.

黑 hēi

黑鼠 hēishǔ ⇒〔黒(家)鼠〕
黑水 hēishuǐ 〈喩〉悪だくみ.〔他一肚子~〕彼はとても腹黒い.
黑水城 hēishuǐchéng 地 カラホト:11世紀西夏の国城であった地.
黑水鸡 hēishuǐjī 鳥 バン:〔骨 gǔ 顶鸡〕ともいう.
黑水洋 hēishuǐyáng ⇒〔黄 huáng 海〕
黑死病 hēisǐbìng ⇒〔鼠 shǔ 疫〕
黑四类 hēisìlèi 史①解放初期に批判の対象とされた地主・富農・反革命分子・悪質分子. ②〔文化大革命〕中,攻撃の対象とされた〔叛 pàn 徒〕〔特 tè 务〕〔走 zǒu 资派〕〔臭 chòu 老九〕〔資産階級知識人〕.→〔黑五类〕
黑松 hēisōng クロマツ. オトコマツ.
黑素 hēisù メラニン:動物の皮膚などにある黒褐色の色素.〔黑色素〕ともいった.
黑穗病 hēisuìbìng 農 黒穂(ぼ)病:〔黑疸(病)〕〔黑粉病〕ともいう.
黑索今 hēisuǒjīn〈音訳〉ヘキソーゲン(一種の爆薬):〔三 sān 甲撑三硝基胺〕(トリメチレントリニトロアミン)の俗称.〔六 liù 素精〕ともいう.
黑檀 hēitán ⇒〔乌 wū 木①〕
黑糖 hēitáng ⇒〔红 hóng 糖〕
黑桃 hēitáo (トランプの)スペード.→〔扑 pū 克〕
黑陶 hēitáo 古代の黒色陶器.〔~文化〕史 中国における新石器時代晩期の文化.〔龙 lóng 山文化〕の別称.
黑腾腾 hēiténgténg 暗いさま.
黑体 hēitǐ ①物 黒体. ②(活字の)ゴシック. ゴチック:〈音楽訳〉哥豊 特体〕ともいう.〔~字〕同前.→〔白 bái 体〕〔宋 sòng 体字〕
黑天 hēitiān〔-儿〕夕方. 夜.〔~白日〕~白日~夕〕昼夜を問わず四六時中.〔夕方になる. 日が暮れる.〔一~就睡觉〕日が暮れるとすぐ寝る.
黑田 hēitián ⇒〔黑地②〕
黑甜 hēitián ぐっすり寝る.〔日人~乡 xiāng〕すでに熟睡した.
黑铁 hēitiě 锡・亜鉛などのメッキを施していない鉄〔鋳鉄を除く〕.〔~管〕鉄管.
黑铁皮 hēitiěpí =〔黑皮铁板〕〔黑洋鉄板〕〈口〉馬口鉄:錫・鉛などのメッキを施していない鉄鉄板. メッキしてないブリキ板. 黒色薄鉄板.→〔韧 rèn 性铸鉄〕
黑帖(儿) hēitiě(r) ⇒〔无 wú 名帖(儿)〕
黑艇鲅 hēitǐngbà ⇒〔红 hóng 鳍圆鲮〕
黑头 hēitóu =〔黑净〕劇①黒色を多く使った隈取りをした豪快・剛直な役柄. 男役:元来は京劇で包公の役柄をいった.〔~包 bāo 公案〕 ②〔大 dà 花脸〕を指す.→〔花 huā 脸④〕
黑土 hēitǔ ①地 黒土. チェルノーゼム. 黒色土:〔黑钙土〕ともいう. ②⇒〔黑地③〕
黑腿病 hēituǐbìng 医 黒腿症:〔气 qì 肿疽〕ともいう.
黑娃 hēiwá ⇒〔黑孩子〕
黑文 hēiwén 反動的な文章.
黑窝(点) hēiwō(diǎn) 悪者の巣窟.
黑钨矿 hēiwūkuàng 鉱 ウォルフラマイト(鉄マンガン重石).
黑乌乌 hēiwūwū 暗黒なさま. 真っ黒なさま.
黑屋子 hēiwūzi ①暗室. ②監獄. 獄房.
黑五类 hēiwǔlèi 旧〔红 hóng 五类〕の反対のもの:批判粛清の対象となる地主・富農・反革命分子・悪質分子・右派分子の5種類. 文化大革命ではこれに走資派・牛鬼蛇神を加えた〔黑七类〕,さらに実権派・資産階級知識人を入れた〔黑九类〕があった.→〔四 sì 类分子〕

黑瞎子 hēixiāzi ⇒〔黑熊〕
黑匣子 hēixiázi ブラックボックス:〔飞 fēi 行记录仪〕(フライトレコーダー)の俗称.〔黑盒子〕ともいう.
黑下 hēixià〈方〉夜間.〔一~白日〕夜ひる. 日夜.
黑线 hēixiàn ①(印刷で)無双罫. ②犯罪組織とのつながり. 反社会的な方向. 裏の筋.〔~人物〕同前の人. ③(文化大革命で)資本主義・修正主義路線を指した.
黑箱 hēixiāng 暗箱. ブラックボックス.〈喩〉内部実状が分からない物事.〔~操 cāo 作〕暗ね箱操作〕裏工作をする.
黑枭 hēixiāo〈喩〉暗黒街の顔役.
黑心 hēixīn ①〈方〉⑺心. ②腹黒い. 陰険な性根.〔~肝 gān〕同前.→字解⑥
黑心棉 hēixīnmián 紡粗悪綿. くず綿を加えた綿.
黑心钱 hēixīnqián あぶく銭. 悪銭.〔大撈 lāo ~〕不正手段で大もうけする.
黑心韧铁 hēixīn rèntiě 工 黒心可鍛鋳鉄:可鍛鋳物に使用する鍛鉄の一種.〔黑心马铁〕ともいう.→〔白 bái 心韧铁〕
黑信 hēixìn 匿名の手紙. 密告書:〔匿 nì 名信〕〔无 wú 名信〕に同じ.〔土財主收到了一封勒索~〕田舎大尽(だいじん)が金銭強要の脅迫状を受け取った.
黑猩猩 hēixīngxing 動 チンパンジー:〈文〉黑猿猿 yuán〕ともいう.〔类 lèi 人猿〕
黑熊 hēixióng 動 ツキノワグマ(ヒマラヤグマ):〔狗 gǒu 熊①〕〈方〉〔黑瞎子〕ともいう.
黑秀才 hēixiùcai〈喩〉①よこしまな下請け作家. ②〔文化大革命〕の時)知識人に対する罵りの言葉.
黑魆魆 hēixūxū ①闇の深いさま.〔这船从~中荡来〕(鲁・Q 7)この船は真っ暗やみの中をこぎつけた. ②黒く大きいさま.〔一团~的云彩〕真っ黒な雲のかたまり.
黑学 hēixué 無認可学校. やみ学校.
黑鸦 hēiyā ⇒〔鸬 lú 鹚〕
黑压压 hēiyāyā〔黑鸦鸦〕とも書く. 黒山をなしているさま.〔这时门外~地站满了人〕この時には,戸の外には黒山の人が立っていた.→〔黑乎乎③〕
黑烟灰 hēiyānhuī ⇒〔碳 tàn 黑〕
黑烟子 hēiyānzi ①〔煤〕煙. 煤煙. ②同前を原料とした墨の顔料.→〔媒 méi 烟子〕
黑眼镜 hēiyǎnjìng 黒眼鏡. サングラス:〔太 tài 阳(眼)镜〕に同じ.
黑眼乌珠 hēiyǎn wūzhū 黒い眼.〔~瞧见白银子〕諺金銀には人を引きつける力がある:〔黑眼睛看见了白银子〕ともいう.
黑眼珠 hēiyǎnzhū〔-儿〕黒目:目玉の中の黒い部分.→〔白 bái 眼珠〕
黑洋薄铁 hēi yángbáotiě ⇒〔黑铁皮〕
黑样板 hēiyàngbǎn 悪い見本. 代表的な反動分子.
黑曜岩 hēiyàoyán 鉱 黒曜岩:火山岩の一種.
黑夜 hēiyè 暗夜. やみの夜.
黑衣 hēiyī〈文〉①宮廷警備の兵士. ②僧.
黑衣党 hēiyīdǎng〔黑衫党〕(イタリアの)ファシスト党.→〔法 fǎ 西斯①〕
黑衣判官 hēiyī pànguān〈喩〉サッカーの悪徳審判員.
黑影 hēiyǐng ①人や物の影. ②暮色.〔走着走着,~就下来了〕どんどん歩いていくが,いまもなく暮れてきた.
黑硬橡皮 hēi yìngxiàngpí〔硬橡胶〕
黑油 hēiyóu ⇒〔焦 jiāo 油①〕
黑油绿 hēiyóulǜ 仙斋茅(あおい)(の). 黒ずんだ緑(の)
黑油油 hēiyóuyóu,〈口〉~yōuyóu〔黑幽幽〕〔黑黝

勁〕とも書く.真っ黒なさま.黒くてつやつやのさま.〔~的乌辫子〕真っ黒な長いお下げ.

黑黝黝 hēiyǒuyǒu ①同上. ②真っ暗なさま.
黑鱼 hēiyú ⇒〔鳢 lǐ〕
黑云 hēiyún ①黒雲. ②〈喩〉悪或や悪い勢力.
黑云母 hēiyúnmǔ 鉱 黒うんも:〔玫 méi 瑰③〕ともいう.
黑运 hēiyùn 悪運.凶運.
黑早(儿) hēizǎo(r) 夜明け前.明け方.
黑灾 hēizāi （北方の）牧草地の冬季の雪不足による被害.
黑枣 hēizǎo ①植 シナガキ.マメガキ. ②同前の果実:乾すと黒くなる.〔软 ruǎn 枣〕ともいう. ③→〔吃 chī 黑枣儿〕
黑藻 hēizǎo 植 クロモ.
黑账 hēizhàng 闇帳簿.裏帳簿.〔~单 dān〕不正請求書.
黑针针 hēizhēnzhēn 黒光りするさま.〔~的马〕つやつやした黒毛（の馬）
黑枕黄鹂 hēizhěn huánglí ⇒〔黄鹂〕
黑汁白汗 hēizhī báihàn 〈喩〉汗を流し,真っ黒になって働くさま.〔大伙在这里~地干活〕大勢がここで真っ黒になって働く.
黑痣 hēizhì 生理 ほくろ.黒いあざ:〈文〉黑子①〔瘊子 wùzi〕ともいう.〔黑记①〕は生来のもの.→〔青 qīng 痣〕
黑雉 hēizhì ⇒〔褐 hè 马鸡〕
黑种(人) hēizhǒng(rén) 黒色人種:〔黑色人种〕〈音義訳〉尼 ní 格罗人种〕（ネグロイド）ともいう.→〔人種〕
黑竹 hēizhú ⇒〔紫 zǐ 竹〕
黑庄 hēizhuāng 〔賭博の親.胴元. ②投機筋.
黑子 hēizǐ ①〈文〉ほくろ.あざ:〔黑痣〕に同じ. ②→〔太 tài 阳黑子〕 ③〔囲碁の〕黒石.〔~后手〕黒後手（の）〔白 bái 子〕
黑鬃 hēizōng 黒豚の毛.
黑嘴 hēizuǐ 〈喩〉口まかせ出まかせを言う人.

〔**嘿**〕 hēi 〔嗨①〕感動詞.①おいおい:軽く呼びかけたり,制止や注意を促す.〔~！别站在车道上〕おいおい,車道に止まるな.〔~,你这边儿来〕おうこっちへ来たまえ. ②ほほう.どうだ:贊嘆・得意などを表す. ⓒへえー.えっ:驚き・意外などを表す.〔~,糟了〕チェッ,だめだ. ②〈擬〉へへ.ふふ:冷笑を表す.多く重ねて用いられる.〔~~地笑了〕へっへっと笑った. → mò

嘿儿乎 hēirhu 〈方〉①ねらう.人の目を盗んでかすめる.〔猫在那儿~着呢〕猫がそこでねらっている. ②しかる.怒る.大声で注意する.
嘿儿喽 hēirlou 〈方〉①ぜーぜー言う.〔昨儿晚上老太爷~了半宿 xiǔ 没睡〕ゆうべおじいさんは夜半までぜーぜーしていて眠らなかった. ②人を背負う.肩車する.

〔**镖・鐰**〕 hēi ハッシウム.記号 Hs:人工放射性元素の一.

〔**嗨**〕 hēi ⇒〔嘿〕 → hāi

hen ㄏㄣ

〔**痕**〕 hén ①傷跡.〔伤 shāng ~〕同前. ②跡.跡形.〔泪 lèi ~〕涙の跡.
痕迹 hénjì 〔印 yìn 痕〕印迹.①痕跡.〔车轮的~〕わだち. ②面影.〔这个村子,旧日的~几乎完全消失了〕この村には昔の面影が跡形も無くなっていた.
痕检 hénjiǎn 鑑識（する）
痕量 hénliàng 化 痕跡:検出されるが定量しがたい微量.〔痕迹量〕ともいう.

〔**很**〕 hěn 非常に.たいへん.とても:程度のはなはだしいことを表す意味が事実上消失して,単に形容詞や一部の副詞・動詞・動詞の接頭語のように用いられることが少なくない.〔~好〕よい.〔好得~〕とてもよい.〔畜 xù 牧业也要~好地发展〕牧畜業も立派に発展させなくてはならない.〔~爱坐汽车〕自動車に乗るのが（たいへん）好き.〔我~知道他的脾气〕彼の気性はよく知っている.〔~大程度上决定于那个人的人品〕かなりの程度はこの本人の人格によって決まる.〔~读了几本书〕何冊もの本を読んだ.〔对于这种学问,我不~懂〕この種の学問については,わたしはあまりわからない.〔~不好〕とてもよくない.〔~多人〕たくさんの人々:〔多人は不可.〔~不安全〕たいへん危険だ:好ましくないことの場合にのみ用いる.〔~不危险〕とは用いない.→〔大 dà ②〕〔非 fēi 常②〕〔挺 tǐng ⑤〕

〔**狠**〕 hěn ①残忍である.凶悪である.邪険である.〔心~〕心が残忍である.〔他们的心真是比豺狼还~〕連中の心はほんとに山犬や狼よりも残忍だ. ②ひどい.激しい.ものすごい.〔~打〕ひどく殴る.〔~斗〕容赦なく闘争する.〔~~地瞪 dèng 他一眼〕憎々しげに彼をにらみつける. ③強いて感情を抑える.思いきってする.ぐっとこらえる.つらい気持ちを抑える.〔~~心〕〔~了~心〕の形をよく使う.〔~了~心和他分手了〕思いきって彼と別れた.〔~〕〈文〉事非常に.ひどく:〔很〕に同じ.
狠巴巴 hěnbābā きわめて邪険である.〔表面老实心里他是~的〕外身は実直だが内心はどうしてどうしてたいへん邪険だ.
狠毒 hěndú 残忍きわまる.悪辣（な）である.
狠狠 hěnhěn ひどく.思いきって.容赦なく.〔~（地）打〕ひどく殴る.〔~骂〕ひどく罵る.
狠话 hěnhuà おどし文句.どすをきかせた言葉.
狠揭猛批 hěnjiē měngpī 容赦なく摘発して痛烈に批判する.
狠劲(儿) hěnjìn(r) ①堅忍不抜.不屈の精神. ②力を入れる.
狠辣 hěnlà 残忍である.〔手段~〕手段が残忍だ.
狠戾 hěnlì 〈文〉暴戾（な）
狠命 hěnmìng 死にものぐるいで.全力を尽くして.〔~地打〕思いきりひどく殴る.
狠儿 hěnr 小さい子供に怒った格好をさせること.〔乖！~一个〕おりこうだね,めっ！（だめっ！叱りつける格好！）してごらん.
狠下功夫 hěn xiàgōngfu 思い切って努力する.思う存分努力する.
狠心 hěnxīn ①心を鬼にする.思い切ってする.あくどくする.〔我再三赔好话,他还是我看心不理我〕わたしは再三謝ったのだが,彼はそれでもすげなくとりあってくれない. ②むごい.残忍である.腹黒い.〔~狼 láng〕〈喩〉冷淡な人.〔~做财主〕あくどくなければ金持ちにはなれない.お人よしには金は持てない. ③決心.決意.思い切り.一字解③
狠招 hěnzhāo 〔~儿〕きびしい手段・方法.過酷な規定・手続き.
狠抓 hěnzhuā 思い切って力を入れる.全力投球する.〔~革命〕革命に力を傾注する.〔~质量〕品質をきびしく管理する.

〔**恨**〕 hèn 憎む.憎い.〔人都~他〕人はみな彼を憎む.〔怨 yuàn ~〕恨む.〔可~〕恨めしい.情けない.〔~得要命〕〔~得要死〕ひどく恨む.〔大家都~死他了〕みんながあいつを憎んでいる. ②恨み.〔新仇旧~〕昔の恨みに憎しみが重なる.〔怀 huái

恨亨哼脝哼行珩桁鸻恒　　　　　　　　　　　　　　　　　　　　hèn～héng

～)恨みをもつ.③〈文〉遺憾である.〔相見～晚〕会うことの遅さをうらむ.

恨不得 hènbude ＝〔恨不能〕…できないのが残念である.とても…したいものだ.…できたらなあと思う.〔～把他死〕彼をうち殺してやりたい.→〔一插 chā 翅乃去〕羽をつけて飛んでいきたい.→〔巴 bā 不得〕

恨不能 hènbunéng 同上.

恨海 hènhǎi ⟨喩⟩深い恨み.

恨恨 hènhèn 心に恨み憎むさま.〔好容易才捉 zhuō 到一个中的,～的塞 sāi 在厚嘴唇里狠命一咬(鲁·Q 3)〕ようやく中ぐらいのもの(しらみ)を一匹捕まえて,いまいましそうに厚い唇の中へ入れ,力いっぱいかんだ.

恨悔 hènhuǐ ⟨文⟩恨み悔やむ.→〔悔恨〕

恨命 hènmìng ⟨白⟩力の限り.懸命に.〔狠 hěn 命〕に同じ.

恨人 hènrén ⟨方⟩腹立たしい.うらめしい.憎たらしい.

恨入骨髓 hèn rù gǔsuǐ ＝〔恨之入骨〕〈成〉恨み骨髄に徹す.とことん憎む.

恨事 hènshì ⟨文⟩残念な事.〔人生第一件～〕人生第一の痛恨事.

恨天怨地 hèntiān yuàndì 〈成〉天を恨み地を恨む:身の不運などを非常に恨むこと.

恨铁不成钢 hèn tiě bùchéng gāng ⟨喩⟩ますます良かれと望む.進歩の遅いことを焦る.

恨怨 hènyuàn ⟨文⟩恨む.→〔怨恨〕

恨之入骨 hèn zhī rùgǔ ⇒〔恨人骨髓〕

heng ㄏㄥ

〔亨〕 hēng (Ⅰ)①通る.すらすら行く.順調にいく.②〈姓〉亨(ジ)
(Ⅱ)→〔亨利〕

亨利 hēnglì ⟨物⟩ヘンリー.記号H:電磁感応インダクタンスの単位.単に〔亨(Ⅱ)〕ともいう.→〔电 diàn 感〕

亨衢 hēngqú ⟨文⟩①交通の大道.大通り.②⟨喩⟩運が広く開けていること.

亨司 hēngsī ⟨音訳⟩ハンク.かせ:生産された綿糸や毛糸を計算する単位.1かせは綿糸は840ヤード,毛糸は550ヤード.

亨通 hēngtōng ⟨文⟩すらすらといく.〔万事～〕⟨慣⟩万事順調である.

〔哼〕 hēng ①ウンウンなる(声).〔病人直～〕病人はウンウンなりどおしだ.〔疼 téng 得～～了〕痛くてウンウンうなった.②(ウンと)うなずく.返事する.〔不敢～一声〕うんともフンとも言わぬ.③低い声で歌う.鼻歌をうたう.〔一边儿走一边儿～小曲儿〕歩きながら鼻歌をうたう.→ hng

哼啊哈 hēng'àhā ⇒〔哼儿哈儿〕

哼哧 hēngchī ⟨擬⟩ハアハア:荒い息遣いの声.〔他跑得～～地直喘〕彼は走ってハアハアいっている.

哼哈二将 hēnghā èrjiàng ①(寺院の門の左右に立つ)仁王像:口を閉じた〔哼〕と口を開いた〔哈〕の二将.②⟨転⟩似合いのひと組:二人がつるんで悪事を働くことなどにいう.〔外边称为赵家～的那两个家伙〕世間で趙家の仁王と呼ばれている連中.→

哼哼 hēngheng ウンウンうなる(声).〔～了一了一夜〕病人は一晩中うなりつづけた.→〔哼哼唧唧②〕

哼哼唧唧 hēngheng jījī ①鼻声で歌ったり,小声で口ずさむさま.話し方がぐずぐずしていて意味のはっきり聞きとれないさま.〔屋里有人～地念书〕部屋の中で誰かが小声で本を読んでいる.〔地让人冒火〕ぐずぐずと何を言っているのやらわからず,腹立たしいさま.②⟨擬⟩あえぎうなる声.

哼唧 hēng·ji 小声でつぶやく.低い声で口ずさむ.〔我勉强会一一几句〕わたしは少し位は口ずさめる.〔你要什么,好好儿地说,别～～〕いったい何が欲しいのか,むにゃむにゃ言わないではっきりお言い.

哼气 hēngqì ⟨方⟩口をきく.

哼儿哈儿 hēngrhār ＝〔哼啊哈〕⟨擬⟩フン.ハア:ものうげに,無関心に,またはその場をつくろったり,ごまかしたりする言い方.〔她对丈夫只～地带理不理〕(老·四·慢29)彼女は夫に対してただフンと軽くあしらっておくだけである.

哼声 hēngshēng ⟨電⟩ハム:ラジオなどの雑音の一種.

哼唷 hēngyō 感動詞.せーの.よいしょ.えんやこら:大勢での力仕事の掛け声.〔杭育 hángyō〕に同じ.

〔脝〕 hēng →〔膨 péng 脝〕

〔哼〕 hēng ⟨文⟩いかん.だめだ:禁止を表す声. → hèng

〔行〕 héng 〔道 dào ～〕⟨口⟩⟨俗⟩(仏教の)僧道の修行.⟨転⟩一般の能力.技能. → háng hàng xíng

〔珩〕 héng ⟨文⟩佩(おびもの)の飾りの横玉. → háng

〔桁〕 héng ⟨俗⟩桁(ふつう〔檩 lǐn〕という. → háng hàng

桁架 héngjià ⟨建⟩トラス.けた構:重量を支える骨組

桁条 héngtiáo ⟨建⟩ストリンガー:〔檩 lǐn 条〕⟨方⟩檩子〕ともいう.

〔鸻・鴴〕 héng ⟨鳥⟩チドリ(総称).〔白 bái ～〕ⓐシロチドリ.ⓑチドリ.〔金～〕ムナグロ.

〔恒(恆・恆)〕 héng ①永久(の).とこしえ(の).久しい.〔永 yǒng ～〕同前.②常(に).いつもの.〔此为～见之事〕これは常に見かけることである.③不変の心.恒心.〔持之以～〕恒心をもって長続きする.〔学贵有～〕〈成〉学問は恒心があることが大切だ.④〈姓〉恒(ジ).⑤易の卦.六十四卦の一.永久に変わらぬ象.⑤〈姓〉恒(ジ).

恒产 héngchǎn 土地・田畑など恒久的な財産.恒(ジ)産.不動産.

恒常 héngcháng ⟨文⟩①常に.②永久不変である.

恒齿 héngchǐ ＝〔恒牙〕⟨生理⟩永久歯.〔成 chéng 齿〕ともいった.→〔牙 yá〕(1)

恒等式 héngděngshì ＝〔恒方程式〕⟨数⟩恒等式.

恒定 héngdìng ①永久に変わらぬ.〔一个人应该在年青的时候就有～的目标〕一人の人間として若いうちから不変の目標をもつべきだ.②⟨電⟩コンスタント.〔～电流〕定電流.

恒方程式 héng fāngchéngshì ⇒〔恒等式〕

恒风 héngfēng ⟨気⟩吹き続けて止まぬ風.

恒规 hénggui ⟨文⟩定規(ジ゙).常規.変わらぬきまり.

恒河猴 hénghéhóu ⇒〔猕 mí 猴〕

恒河沙数 hénghé shāshù ＝〔恒沙〕ガンジス川の砂粒の数.⟨喩⟩浜の真砂のように多いこと.

恒久 héngjiǔ 永久.永遠.〔～不变〕永久に変わらない.→〔永 yǒng 久〕

恒量 héngliàng ＝〔常 cháng 量〕

恒流 héngliú ①⟨物⟩定流.〔～调 tiáo 节器〕常流レギュレーター.②⟨文⟩普通の人間.

恒民 héngmín ⟨文⟩普通の人.常人.

恒情 héngqíng 普通の人情.かわらぬ人情.

恒忍久耐 héngrěn jiǔnài 〈成〉長く耐えしのぶ.

恒沙 héngshā ⇒〔恒河沙数〕

恒山 héngshān ⇒〔北 běi 岳〕⟨地⟩恒山(ジ):山西省

hóng 恒姮横

東北部にある.五岳の一.→[五 wǔ 岳]
恒生指数 héngshēng zhǐshù 経ハンセン指数.
恒湿 héngshī 恒常湿度.
恒态 héngtài〈文〉常態.普通の状態.
恒温 héngwēn 恒温.定温.〔~器〕サーモスタット.調温器.〔~动物〕温血動物〕動恒温動物.定温動物.〔热 rè 血动物〕は俗称.↔[变 biàn 温动物]
恒心 héngxīn ①一定不变的心.恒心.②人の常に持っている善心(境遇などによって変わらない)
恒星 héngxīng 天恒星.〔~年〕恒星年.〔~日〕恒星日.〔~系 xì〕恒星系.〔星系〕は略称.〔~团〕星系のあつまり.〔~月〕恒星月.
恒性 héngxìng 根気.根性.〔干什么都没~〕何をしてもあきっぽい.
恒压器 héngyāqì 電バロスタット.
恒牙 héngyá ⇒[恒齿]
恒姿 héngzī〈文〉ふだんのままの姿.

[姮] héng

姮娥 héng'é ⇒[嫦 cháng 娥]

[横] héng

①横.[画 huà 一条~线]横線を1本引く.[人行~道]横断歩道.〔~看岭側成峰〕成同じ山でも横に見れば嶺で,斜めに見れば峰と呼ぶ(蘇軾詩).〈喩〉角度を変えて見れば別物になる.= [直 zhí ③][纵 zòng (I)①] ②東西に向かっている.地面に平行である.〔~渡太平洋〕太平洋を横断する.↔[竖 shù ②③] ③横たえる.横にする.〔竖着过不去、一过来好过去〕縦にしては通らないが,横にすれば楽に通る.④(縦長のもの)を横切る.〔穿马路〕大通りを横切る.⑤不合理である(に).不正である(に).非常識である(に).〔~插chà 一杠〕横やりを入れる.〔~加拦阻〕みだりに邪魔する.⑥〈方〉なんでも.どうしても.いずれにせよ.〔念了一有一百多回〕少なくとも百回あまりは唱えた.〔事情是你作的,我~没过问〕やったのは君だ,どのみち僕は関係ない.⑦だいたい.たいがい.〔她~不乐意;彼女はたぶん賛成しないだろう.⑧[~儿]漢字の筆画の"一"(横棒).〔两~〕漢字部首の"二".〔十字是一横一竖〕十の字は横棒と縦棒だ.〔三~王的字.三本の王の字.一[笔 bǐ 画⑨]⑨縦横に入り乱れる.[血肉~飞]成激戦のさま.[老泪一流]老(涙)の涙をぽろぽろこぼす.→[横七竖八] ⑩[姓]heng(hèng) ÷ hèng

横比 héngbǐ 共時的比較.→[纵 zòng 比]
横匾 héngbiǎn 横額(がく).→[横額]
横标 héngbiāo 横書きの標語・看板.〔巨幅~〕大きな同前.
横波 héngbō 物横波.波の振動がその進行方向に垂直である.
横草不动,竖草不拿 héngcǎo bùdòng, shùcǎo bùná〈喩〉横のものを縦にしない.横着で何事もしないこと.〔横草不拿,竖草不拈〕[横草不拈,竖草不动]ともいう.
横陈 héngchén ①横になる.伏せる.横たわり寝る.②横に並べる.横に陳列する.
横冲直撞 héngchōng zhízhuàng〈成〉めちゃくちゃに走り回る.縦横無尽に突進する.暴れ回る.〔横冲直闯 chuǎng〕[直冲横撞]ともいう.〔汽车~〕自動車が縦横にはしる.
横穿 héngchuān 横切る.〔~马路〕大通りを横切る.
横吹 héngchuī 横に持って吹く(笛)古代楽器の一種で西域から伝わったもの.
横打鼻梁 héngdǎ bíliáng〈方〉人さし指を鼻梁に十字にさえる.〔请け合う,責任を持つという意味を表す.〔他~一口答応了〕彼はまかせておけと即座に

答えた.
横挡 héngdǎng (ズボンの)渡り幅.
横挡 héngdǎng〈方〉横たえる(遮る)
横挡 héngdàng 横にわたして固定するもの.クロスピース.
横荡 héngdàng ⇒[莨 làng 荡]
横刀 héngdāo 刀を腰にさす.〔~夺 duó 爱〕〈喩〉力づくで愛をかちとる.〔~立马〕〔~跃 yuè 马〕〈喩〉思う存分の闘いをする.
横刀架 héngdāojià ①=〈方〉平 píng 面拖板機 刃物台の刃物取付部が主軸台に直角に送ることができるもの.②⇒[横梁]
横倒竖歪 héngdǎo shùwāi〈慣〉横倒しになったり傾いたりする.
横道 héngdào ①横道.わき道.②道を渡る道.[人行~]横断歩道.
横澄乱窜 héngdèng luànchuàn〈慣〉でたらめにやる.見さかいなく暴れる.
横笛 héngdí 音横笛:古曲のまっすぐ吹くものに対していう.
横渡 héngdù (川などを)横断する.渡る.〔~长江〕長江を渡る.
横断 héngduàn 横断する.〔~面 miàn〕横断面.[横截面][横剖面]ともいう.→[剖 pōu 面]
横队 héngduì 横隊.
横額 héngé がく.よこがく.→[横匾]
横飞 héngfēi ①交差して飛ぶ.②思いきって自由に飛ぶ.
横幅 héngfú ①⇒[横披] ②横書きの標語・横断幕・字や絵.〔墙上挂着大字标语~〕壁に大きな横書きの標語が掛けてある.
横竿 hénggān〔横杆〕とも書く.又〔棒高跳び・走り高跳びの)バー.〔~落地〕跳躍に失敗する.
横杠 hénggàng ①又〔重量あげバーベルの〕シャフト.〔~杠铃〕②横の文字.〔句子下面打着~〕文の下に太いアンダーラインを入れる.③階段章の筋.〔有三条~〕三本筋が入っている.④〈口〉自転車の横パイプ.横材.
横膈膜 hénggémó ⇒[膈膜]
横格紙 hénggézhǐ 罫紙.
横亘 hénggèn 横にわたる.またがる.〔一座雄伟的大桥~在江上〕雄大な橋が川にまたがっている.
横贡呢 hénggòngní 紡サテン.
横骨插身 héngǔ chāshēn〈慣〉つむじまがりで心のねじけたこと.つむじまがり.ひねくれもの.
横贯 héngguàn 横に貫く.横断する.〔这条航线,由北美洲、~欧洲及小亚細亚地区而至远东〕この航空路は,北米から欧州および小アジアにとび,さらに極東までのびている.
横焊 hénghàn 工〔角 jiǎo 型焊接〕(T型溶接)で水平面あるいは垂直面に金属をはめこんで溶接する場合をいう.
横加 héngjiā みだりに…を加える.〔~干渉〕みだりに干渉する.〔~威吓辱骂〕みだりに脅かしたり侮辱したりする.〔~阻 zǔ 挠〕〔~阻挡〕みだりに阻止する.〔~梗阻〕やたらにじゃまする.
横街 héngjiē 横町.
横结肠 héngjiécháng 生理横行結腸.
横截面 héngjiémiàn ⇒[横断面]
横空 héngkōng 空を横切る.〔~出世〕雲の上に抜きん出る.〈喩〉並はずれている.
横跨 héngkuà またがる.〔一道彩虹~天际〕七色の虹が空にアーチをかけている.
横拉竖割 hénglā shùgē〈慣〉八つ裂きにする(こと)
横联 hénglián ①⇒[横披] ②横断的に聯合する.
横梁 héngliáng ①けた.横梁.②機〔龙 lóng

横 héng

門刨床〕(平削盤)や〔立lì式鐽床〕(中ぐり盤)などのベッドにつけられた T 字形の溝.テーブルの水平往復運動の案内となる〔导 dǎo 轨〕(レール)=〔<方>横刀架〕に同じ. ③Ⅸ(サッカーなど)ゴールポスト内のクロスバー.

横列 hénglièi 横隊.

横流 héngliú ①盛んに行われる.〔物欲~〕物欲が横行する. ②しきりに流れる.〔老泪~〕老いの涙があふれ出る. → hèngliú

横罗十字 héngluó shízì 十の字になって(大の字になって)寝ること:〔罗〕は広げる意.

横眉 héngméi 眉をつりあげる:怒ったさま.

横楣 héngméi 戸や窓の上の横木.→〔楣〕

横眉冷对 héngméi lěngduì <成>眉をいかつくし,冷ややかに対応する.〔~千夫指,俯首甘为孺子牛〕同前で千人の批判に抗し,首を垂れ甘んじて若者たちの牛となる:革命者を憎み,人民を愛する極めて鮮明な立場をいう(鲁迅の詩)

横眉竖眼 héngméi shùyǎn 〔横眉怒目〕〔横眉立目〕ともいう.〈成〉眉をいかつくし,目かどを立てる:険しい顔つきのさま.

横木 héngmù ①横にわたした木. ②=〔门 mén 楣〕 ③Ⅸ(ラグビーなどの)クロスバー.

横目 héngmù 漢字"四"の隠語.

横目头(儿) héngmùtóu(r) =〔扁 biǎn 四(儿)〕

横拍 héngpāi (卓球のラケットの握り方で)シェークハンドグリップ.=〔握 wò 拍〕

横排 héngpái (活字の)横組み.〔~简体字本〕横組み簡体字版.

横批 héngpī ①同下. ②〔对联(儿)〕に合わせて門や家の入口の上に貼る横書きの字.

横披 héngpī =〔横幅①〕〔横联①〕〔横批①〕横軸(壁に掛ける横長の軸物)

横剖面 héngpōumiàn ⇒〔横断面〕

横七竖八 héngqī shùbā =〔横三竖四〕〈慣〉ごたごたと物が乱れている.〔几张~的桌子空空的摆在那里〕〔丁・我〕ごたごたといくつかの机ががらんとしてそこに並べてある.

横起来 héngqǐlái ①物を横に置く. ②<方>責任を負う.本腰を入れる.乗りだす.〔那件事他既~了,就好办了〕彼が本腰を入れるからには,もうきっとうまくいく.〔这件事,诸位甭为难了,我~就是了〕この件は皆さんお困りになることはありません,わたくしが本腰を入れることです.

横切 héngqiē 横に切る.切断する.〔~面〕切断面.

横儿 héngr =字解⑧

横刃 héngrèn Ⅸドリルの先端の刃の部分.

横肉 héngròu 凶悪な顔つき.〔一脸~〕〔满脸~〕満面凶悪な顔つき.

横三撇(儿) héngsānpiě(r) ⇒〔三撇(儿)〕

横三竖四 héngsān shùsì ⇒〔横七竖八〕

横扫 héngsǎo ①横なぐりに払う.掃蕩する.〔~一切害人虫〕人々に害を与える奴らを一掃する. ②視線を横にさっと動かす.

横生 héngshēng ①あふれ出る.次々に現れる.後から後から現れる.〔逸趣~〕優れた趣がそこにもここにも現れている.〔草など〕ぼうぼうに茂る.〔劲草~〕硬い草がぼうぼうに生い茂る.〔是非〕間,〔枝节〕<成>思わぬ問題が派生する.→〔旁 páng 出①〕 ④<文>(人類以外の)万物.

横是 héngshì ①⇒〔横许〕 ②<方>どのみち.いずれにしても.

横竖 héngshù どうせ.どのみち.どうあっても.〔~我不去〕わたくしはいずれにせよ行きません.〔~我不撒谎〕どうあってもうそは言わない.〔反正 fǎnzheng ①〕

横・竖~ héng...shù... 横からも…縦からも….〔~看~看〕どう見ても.〔~攀~比〕周囲と競う.〔~针不知道~针〕全く針仕事を知らぬ.〔~拦 lán 挡〕〔~拦~遮 zhē〕あれこれ邪魔する.〔~说~说〕ああも言いこうも説く.

横竖横 héngshùhéng <方>生死を物ともしない.〔抱着~的心理.拼ぴ〕捨ててばかりになっている.

横门 héngshuān 門の閂(かんぬき)

横顺 héngshùn <方>いずれにせよ.どのみち.

横唐 héngtáng ⇒〔莨 làng 若〕

横躺竖卧 héngtǎng shùwò <慣>多くの人間がごろごろと横たわっているさま.〔~的都是死尸 shī〕ごろごろころがっているのはみんな死骸(がい)だ.

横挑鼻子竖挑眼 héngtiāo bízi shùtiāo yǎn 縦横に鼻や目をほじくる.<喩>あれこれ人のあら捜しをする.何を見ても気くわない.→〔挑毛弄刺〕

横头 héngtóu 物の両側面.幅の狭い方の両側.〔坐在桌子的~〕テーブルの横へ座った.

横拖倒拽 héngtuō dàozhuài <慣>むやみにひっぱること.

横尾翼 héngwěiyì 水平尾翼.水平安定板.

横位 héngwèi 医(胎体内胎児の)横(が)位.

横纹 héngwén 生理横筋.

横纹肌 héngwénjī 生理横紋筋〔横纹筋 jīn〕〔骨骨 gǔ 骼肌〕〔随 suí 意肌〕ともいう.→〔平 píng 滑肌〕

横卧 héngwò 横になる.

横屋 héngwū ⇒〔厢 xiāng 房〕

横线 héngxiàn アンダーライン.〔用红鉛筆画上条~吧〕赤鉛筆でアンダーラインを引いておきなさい.→〔旁 páng 线②〕

横线支票 héngxiàn zhīpiào 〔横線小切手.線引き小切手〕=〔平 píng 行线支票〕〔划 huà 线支票〕〔转 zhuàn 账支票〕ともいう.

横向 héngxiàng 水平方向(の).水平的.横割(の).〔~滑动〕横滑り.〔加强~联系〕横断的な協力関係を強める. ②平行している.〔~分析 xi〕平行的の分析.〔~联 lián 合〕企業の横断的の協力.↔〔纵 zòng 向〕

横销 héngxiāo Ⅸ横ピン.

横斜筋 héngxiéjīn 生理腹筋の一.

横写 héngxiě 横書き(する)

横心 héngxīn 決心してやる.心に決する.心を鬼にする.死にものぐるいでやる.〔只好~割爱了〕思い切って割愛せざるを得なかった.〔横下心去做〕思い切ってやる.〔他老实了一辈子,这回可横了心斗今度は一生涯おとなしくしていた男だが,今度という今度は思い切った事をすることにした.

横行 héngxíng ①=〔<文>横行〕横行する(正道に従わないで).のさばる. ②=〔霸 bà 道〕<成>暴虐の限りをつくす.わがもの顔に振る舞う.〔~天下〕天下を横行する. ②横ばいする.〔~介 jiè 士〕〔~公子 zǐ〕蟹の別称.=〔螃 páng 蟹〕

横行道 héngxíngdào 横断歩道:〔人 rén 行横道〕に同じ.

横行文字 héngxíng wénzì 横書き文字.

横许 héngxǔ =〔横是①〕<方>おそらく.たぶん.

横痃 héngxuán =〔<方>便 biàn 毒〕〔中医魚 yú 口疮〕医よね(性病の一)

横溢 héngyì ①氾濫する.〔泥 ní 流~〕泥流が同前. ②<喩>あふればかりである.〔才华~〕才能が豊かである.〔精神~〕元気一杯である.

横越 héngyuè 横切る.渡る.

横遭 héngzāo 不意打ちをくらう.〔~不幸〕突然不幸に遭う.

横着走 héngzhezǒu <喩>横紙破りをする.我意を張

る.わがままを働く.いい気になる.〔剛剛挣上几百块钱,就～〕やっと何百元か稼ぐと,もういい気になって勝手なことをする.
横争霸占 héngzhēng bàzhàn〈成〉横暴に人の物を取る.〔仗者势力～〕勢力を頼んでわがままに振る舞う.
横征暴敛 hèngzhēng bàoliǎn〈成〉むちゃくちゃに税を取り立てる.〔～,搜括民脂民膏〕重税を取り立て,民の膏血をしぼり取る.
横直 héngzhí〈口〉どうせ.どのみち.→〔横竖〕
横轴 héngzhóu ①圏横軸.②横軸の書画.
横走 héngzǒu 横歩きする.
横坐标 héngzuòbiāo 圏横座標.

〔衡〕 héng ①〈文〉物の軽重をはかる器.はかり.→〔秤 chèng〕②〈文〉重さ・高低をはかる.〔～情度 duó 势〕〈成〉世の動きをよく見極める.〔～以世界最新标准]世界の最新基準で評定する.③つり合いを考える.④等しい.〔平～〕同前.⑤〔姓〕衡(ê)
衡鉴 héngjiàn〈文〉是非曲直を見定める.
衡量 héngliáng ①重さをはかる.②くらべる.〔～得失〕得失をはかる.〔总得把利害 hài ～一下才能决定〕利害得失をはかってみてからでないと決定できない.③考慮して判断する.
衡门 héngmén〈文〉①木を横たえて門にする.〈喩〉あばらや.②〈転〉隠者の草庵.
衡平 héngpíng 全体のバランスをとり維持すること.
衡器 héngqì 計量器.はかり.
衡情酌理 héngqíng zhuólǐ〈成〉情理を斟酌(しんしゃく)する.
衡山 héngshān 地湖南省衡山県にある:〔南 nán 岳〕ともいう.〔五岳〕の一.
衡巷 héngxiàng 民間.
衡行 héngxíng ⇒〔横行①〕

〔蘅〕 héng →〔杜 dù 蘅〕

〔嚄〕 hèng 感動詞.決断や怒りを表す.フム.ウヌ.→héng

〔横〕 hèng ①横暴である.粗暴である.威張って人をないがしろにする.〔这人太～〕この人はばかに横暴だ.〔蛮 mán ～〕乱暴である.②思いがけない.不吉である.→héng
横霸 hèngbà 横暴に我が物顔にふるまう.
横霸霸 hèngbàbà〈方〉横暴きわまる.
横暴 hèngbào 横暴(である)
横财 hèngcái あくどい方法で得た金.ぼろもうけの悪銭.あぶく銭.〔发～〕あぶく銭をもうける.
横话 hènghuà 横暴な言葉.乱暴な言い分.
横祸 hènghuò ═〔横灾]思いがけない災難.不慮の災難.〔～非灾〕〜飞灾]同前.
横劲 hèngjìn〈方〉ゆるがぬ決心・決意.
横酷 hèngkù 残酷である.
横流 hèngliú あふれた水が一面に流れる.→héng-liú
横蛮 hèngmán ⇒〔蛮横]
横民 hèngmín 暴民.無法者.
横逆 hèngnì 横暴非道なやりくち.無理な仕打ち.
横抢硬夺 hèngqiǎng yìngduó〈慣〉強奪する.無理に奪い取る.
横声硬气 hèngshēng yìngqì〈慣〉傲慢にどなるさま.
横事 hèngshì 凶事.意外な災い.
横死 hèngsǐ 非命に死ぬ(こと).横死(する).悲惨な死に方をする.〔～于车祸 huò〕交通事故で不慮の死をとげる.
横天 hèngyāo 年若くて横死する(こと)

横议 héngyì〈文〉はばかるところなく勝手な議論をする.正道によらずみだりに論議する.〔处 chǔ 士～〕(孟子)在野の人士が勝手な議論をする.
横灾 hèngzāi ⇒〔横祸〕
横遭 hèngzāo よくない目にあう.〔～厄 è 运]悪運にめぐりあう.〔～摧 cuī 残]ほしいままに危害を加えられる.
横恣 hèngzì〈文〉横暴でしたい放題にすること.

hm ㄏㄇ

〔嚄〕 hm 感動詞.叱責・不同意を表す.〔～,你骗 piàn 得了 liǎo 我!〕フン,わたしをだませると思うのか.〔～,你还不满意？〕フム,お前はまだ不服なのか.

hng ㄏㄥ

〔哼〕 hng 感動詞.フン:不満・軽視・威脅・疑いを表す.〔～！这可不行〕フン,こりゃいかん.〔～！你配吗〕フン,きみがその柄かい.〔～！咱们走着瞧]フン,今に見ていろ.→hēng

hong ㄏㄨㄥ

〔吽〕 hōng 圏(仏教の)呪文(じゅもん)に用いる字.→〔阿 ā 訇〕
〔哄〕 hōng(大勢が)どっと声をあげる.またその声.〔～赶 gǎn〕同前で追い払う.〔闹～]〈大勢が)わめきたてる.騒ぎたてる.→ hǒng hòng
哄传 hōngchuán 言いはやされて伝わる.〔这个消息不久就～开了〕このニュースはすぐに口から口に伝わった.
哄动 hōngdòng ⇒〔轰动〕
哄哄 hōnghōng わいわいと騒ぐ(声)
哄闹 hōngnào がやがやと騒ぐ.
哄抢 hōngqiǎng 奪い合う.奪いあって買う.〔冲入商店～商品〕どっと商店に乱入し商品を略奪した.
哄然 hōngrán どよめくさま.〔听众～大笑〕聴衆はドッと笑った.→〔哄然〕
哄抬 hōngtái 投機的にあおって値をつり上げる.〔～物价〕同前.
哄堂 hōngtáng どっと笑う.〔～大笑 xiào〕同前.
哄笑 hōngxiào どっと笑う.〔说得大伙儿都～起来]話すと皆がどっと笑いだした.

〔烘〕 hōng ①あぶる.火にあてる.〔衣服湿了,～～！〕服が湿ったから,火にあてて乾かせ.〔～屋子]部屋を暖める.→〔烤 kǎo ①〕②きわだたせる.くまどる.〔画 huà 山水画,用淡墨～出远山来〕山水画を描くには薄墨で遠くの山をきわだたせる.〔烘云托月〕
烘焙 hōngbèi 火であぶる.
烘焙鸡 hōngbèijī ⇒〔主 zhǔ 页〕
烘饼 hōngbǐng〈喩〉拷問・折檻(せっかん)用の焼きごて.
烘托 hōngchèn ⇒〔烘托①〕
烘房 hōngfáng 乾燥室.
烘干 hōnggān 火であぶって乾かす.〔～机 jī〕乾燥機.→〔焙 bèi〕
烘缸 hōnggāng 乾燥機.乾燥機.
烘谷机 hōnggǔjī 穀物乾燥機.
烘光瓷漆 hōngguāng cíqī ストービングエナメル.
烘光漆 hōngguāngqī 焼きつけラッカー.
烘烘 hōnghōng ①〈擬〉火が盛んに燃えている音.

うぼう．②形容詞の後に置き，にぎやかさ・強烈さを表す．[热 rè ～的]焼けつくような太陽．[臭 chòu ～]ばかに臭い．[乱 luàn ～]ごたごたしている．

烘火 hōnghuǒ ①火であぶる．②火にあたる．
烘烤 hōngkǎo 火であぶる．あぶって焼く．
烘篮 hōnglán =[烘笼(儿)]．[(方)火烘笼][-儿]中に火を置いて暖を取る，竹か柳の状になった携帯容器．
烘笼(儿) hōnglóng(r) ①火ばちなどの火の上に覆いかぶせる竹や柳で編んだもの．②同上．
烘炉 hōnglú ①蒸し焼きがま；[烧 shāo 饼]の一種である[烤 kǎo 饼]を作るのに用いられる．→[吊 diào 炉①][烤 kǎo 箱]②暖炉．ストーブ．
烘漆 hōngqī 焼付け塗装．
烘染 hōngrǎn 潤色を加える．
烘托 hōngtuō ①=[烘衬]きわだたせる．ひきたたせる．浮き出させる．[演奏～了全剧的戏剧气氛]演奏はドラマの雰囲気をひきたたせた．→[烘云托月]②(美)中国画の技法の一；周りをうすくふちどって浮かび上がらせる．→[渲 xuàn 染①]
烘碗机 hōngwǎnjī 食器乾燥器．
烘箱 hōngxiāng ①天火．オーブン．②乾燥器．
烘相机 hōngxiàngqī 写真(現像)の乾燥器．
烘云托月 hōngyún tuōyuè 周囲を暗く，雲模様でぼかして月の形を美しく浮き出させる．<喩>一つのものを借りて他のものをきわだたせる．→[烘托]

[轰・轟(揈)] hōng (Ⅰ)[轟]①<擬>雷鳴や爆音などの音．[～的一声，地雷爆炸了]ドーンという音をたてて，地雷が爆発した．②大音響がする．[雷・电闪]雷が鳴り稲妻が光る．③大砲をうつ．爆破する．爆撃する．[敌人的碉 diāo 堡被～平了]敵のトーチカはぺしゃんこに爆破された．[炮 pào ～敌舰 jiàn]敵艦を砲撃する．[大会～，小会挤 jǐ 的方法](他者のある者などを)大会でひどくやっつけたり，小会合でじわじわしめつけたりするやりかた．
(Ⅱ)[揈]追い出す．追い払う．[～出去]同前．[～苍 cāng 蝇]ハエを同前．[～猪 zhū]豚を同前．[～鸡]ニワトリを同前．[～下台]追いおとす．
轰毙 hōngbì 爆殺する．
轰沉 hōngchén 爆沈する．撃沈する．[船只被炮～]船舶が大砲で撃沈された．
轰动 hōngdòng 人を驚かせる．人の心を揺さぶる．注意を引く．[哄动][～全国]全国をわきたたせる．[引起～]センセーションを巻き起こす．[～一时]一時期世間を騒がせる．[～效 xiào 应]突発的大事件の反応．→[惊 jīng 动①]
轰赶 hōnggǎn 追い払う．[～苍 cāng 蝇]ハエを同前．
轰轰烈烈 hōnghōng lièliè <成>勇ましく盛大なさま．[烈烈轰轰]ともいう．
轰毁 hōnghuǐ <文>爆破する．
轰击 hōngjī ①砲撃する．爆撃する．[～敌人阵地]敵陣を砲撃する．②(物)(原子核などに中性子線などをあてて)衝撃を加える．
轰雷 hōngléi 雷がゴロゴロ鳴る．
轰隆 hōnglōng <擬>ガラガラ．ゴーゴー．ドカン．ゴロゴロ；車輪・雷・爆発の音．[～隆]同前．[列车～～地前进]列車がゴロゴロ音をたてて進行する．
轰鸣 hōngmíng ①ゴーゴーと音がする．うなり声を上げる．[马达～]モーターが轟く音を立てる．[雷声～]雷がゴロゴロ鳴る．[雷～地面をゆさぶるような音．②轰音①に同じ．
轰然 hōngrán 大きな音がとどろくさま．[大楼～倒塌]ビルがドサッと倒壊した．→[哄然]
轰死 hōngsǐ 爆死する．

轰场 hōngtā (爆破して)倒壊する．
轰天动地 hōngtiān dòngdì 天地をゆるがす．<喩>世評をわきたたせる．
轰下 hōngxià 引きずりおろす．[被列车员～卧铺]列車乗務員にむりやり寝台から引きずりおろされた．
轰响 hōngxiǎng ①ドンドンと鳴る．ゴーゴーと鳴り響く．[炮声～]砲声がドーンドーンと響いている．[马达～]モーターが唸る．②轰(zhá)音．[一声～]轰音一発．→[轰鸣]
轰响天下 hōngxiǎng tiānxià <成>(名声などが)天下にとどろく．
轰饮 hōngyǐn <文>痛飲する．暴飲する．
轰炸 hōngzhà 爆撃(する)．[～机]⑲爆撃機．
轰走 hōngzǒu 駆逐する．追い払う．
轰醉 hōngzuì 大酔する．

[訇] hōng ①<擬>大きい音声の形容．[～～]ドシン．ドサッ．[～然倒下]ドシンと倒れた．②→[阿 ā 訇]③<姓>訇(⑮)
訇哮 hōngxiāo <文>(風や雷などの)大きな音の形容．
訇隐 hōngyǐn <文>大きな音が響きわたる形容．

[輷・輥] hōng [～～]<文>多くの車の動く音．

[薨] hōng <文>⑥(国君・王公など)の死をいう；天子の死は[崩 bēng ⑧]
薨薨 hōnghōng <文>①虫の群れ飛ぶ音．②騒がしい声，とどろき響く音．

[弘] hóng ①広大である．→[宏①]②広める．広くいきわたらせる．③<姓>弘(⑮)
弘大 hóngdà 広く大きい．
弘法 hóngfǎ 俗(仏教で)教えを広める．[鉴 jiàn 真大师东渡～]鑑真が日本に渡り仏教を広めた．
弘量 hóngliàng ⇒[洪量]
弘论 hónglùn ⇒[宏论]
弘誓 hóngshì <文>大きい誓い．大きい願い．[～大愿 yuàn]大念願．
弘图 hóngtú ⇒[宏图]
弘扬 hóngyáng <文>発揚する．[宏扬]とも書いた．
弘毅 hóngyì <文>大志をもち意志が固い．
弘愿 hóngyuàn ⇒[宏愿]
弘旨 hóngzhǐ <文>大きな意向．

[泓] hóng <文>①水の深いさま．②量詞．一筋(の)．一面(の)；清水を数える．[一～清泉]泉の清らかなみ．
泓澄 hóngchéng <文>水が深く澄んでいるさま．
泓涵 hónghán <文>水が深くて広いさま．

[軝] hóng <文>[轼 shì](車の横木)の中央を覆う皮．

[红・紅] hóng ①⑥ 赤(い)．くれない(の)．…のような赤い．[桃～]桃色(の)．[火～]真っ赤(の)．②赤い．赤くなる．赤くする．[树叶子～了]木の葉が赤くなった．[～着脸]顔を赤らめて．③めでたい事・お祝いを表す？[白 bái ⑧]は不幸を表す．→[红事][满 mǎn 堂红]④運がいい．[走～运]運がのっている．[～鸿运]⑤商売が繁昌する．[铺子一开业就～了起来]店を始めるとすぐ繁昌した．⑥認められる．人気が出る．受けがいい．羽振りがいい．[她唱这个歌儿唱～了]彼女はこの歌で人気が出た．[～遍海峡两岸]大陸と台湾で広く人気を得ている．[～演员]人気スター．売れっ子だ．[几个月长里，他累最～的局长たちのうち，彼が一番羽振りがいい．[阔 kuò 大③]⑦利潤．利益配当金．[分～]利益を配当する．⑧うらやましがる．[看人家赚钱，他就眼～了]他人がもうけるのを見ると彼はうらやましくなった．⑨目くじら立てる．顔を赤らめて怒る．[他急～了脸]彼は

hóng 红

真っ赤になって怒った. ⑩革命・進歩・善を表す:〔反~14〕は反革命・反動を表す.〔~孩子〕革命的な少年(少女).〔又~又专〕思想も革命的だし,業務にも精通している.〔只~不专〕政治思想面ではしっかりしているが,専門の面では習熟していない.〔专不~〕業務に習熟しているが,思想的にはしっかりしていない.〔~五月〕赤い五月:五月は〔五一节〕(メーデー),〔青qīng年节〕(五四運動記念日)などがあるため.→〔赤chì②〕 ⑪紅茶:〔~茶〕の略.〔滇 diān~〕雲南産の同種. ⑫醬油を用いて味つけること.まだその料理に塩を用いたものを〔白⑯〕という. ⑬〈姓〉紅(う) → gōng

红案(儿) hóng'àn(r) 〔菜cài案〕調理上の区分で,調理する〔人〕料理する〔人〕.〔白bái案〕すなわち飯炊き・"焙餅"焼き・マントー蒸しなど主食作りと区別していう.

红八行 hóngbāháng 赤罫(い)入り8行書きの書簡箋.

红白 hóngbái ①吉事と凶事.〔~二事〕同前. ②革命的と反革命的.

红白恩赏 hóngbái ēnshǎng ⇒〔红白赏恤〕

红白脸儿练 hóngbáiliǎn 〈喩〉二股膏薬:〔红脸③〕は旧劇の役者の赤のくまどり(善玉),〔白脸〕は同じく白のくまどり(悪玉).〔一个诚实的人玩不来~的把戏〕誠実な人は両方にいい顔をしてみせることはできない.

红白赏恤 hóngbái shǎngxù ⇒〔红白恩赏〕圃八旗官員の家に吉凶事があった時,品級に応じ支給された金銭.

红白事 hóngbáishì 同下.

红白喜事 hóngbái xǐshì 結婚を〔喜事〕,天寿を全うする事を〔喜丧〕といい,合わせて〔~〕という.総じて結婚と葬儀をいい,〔红白事〕ともいう.

红斑 hóngbān 医红斑:皮膚病の一.皮膚の充血に起こる赤色の斑点.〔~狼疮〕紅斑性狼瘡.

红帮 hóngbāng 〔洪帮〕〔洪门〕〔哥老会〕の支派で〔天地会〕の流れをくむ民間の秘密結社.清末には〔反清复明〕を唱え,長江・珠江・黄河流域から西南・西北に広く活動した.後,無頼の徒も加わり民国時代には〔青qīng帮〕と並ぶ反動組織となった.

红榜 hóngbǎng ①旧合格者発表の掲示(板). ②社会主義建設の功労者を発表する掲示(板):〔光guāng荣榜〕ともいう.

红包 hóngbāo ①〔一儿〕旧祝いの時や年末に赤い紙や布に包んで従業員などに与える祝儀.金一封. ②〔一儿〕(企業の幹部・従業員への)非公開のボーナスや報酬.→〔奖jiǎng金①〕 ③〔一儿〕賄賂的の謝礼.〈口〉皮膚にできる赤いはれもの,おでき.

红宝石 hóngbǎoshí 〔红玉〕ルビー.〔刚gāng玉〕

红宝书 hóngbǎoshū 〔文化大革命〕中,④主として毛沢東語録をいう.〔小~〕同前. ⑥毛沢東選集をいう.

红本 hóng běn(ben) 〔一儿〕①〈口〉不動産(家屋)登記簿謄本.家屋所有権証:〔房fán本〕に同じ. ②表彰状.

红笔 hóngbǐ 朱線.〔下面有~道道的句子〕下に朱線が書きこまれている文.

红不棱登 hóngbulēngdēng 〈方〉赤味がかっている.赤味を帯びている(嫌悪の意を含む).〔红不楞登〕とも書く.〔这蓝布染得不好,太日一晒更显得~的〕この紺の布は染めが悪くて,日にあたるとへんに赤茶けてくる.

红菜汤 hóngcàitāng 食ボルシチ:ロシア風スープ.〔方〕罗luó宋汤〕ともいう.

红菜薹 hóngcàitái 植コウサイタイ.

红菜头 hóngcàitóu ⇒〔胡hú萝卜〕

红茶 hóngchá 红茶.〔~房〕茶館.コーヒー店.→〔绿lù茶〕

红肠面包 hóngcháng miànbāo ⇒〔热rè狗〕

红肠(儿) hóngcháng(r) ⇒〔香xiāng肠(儿)〕

红场 hóngchǎng 地赤の広場:モスクワの中心広場.

红潮 hóngcháo ①恥じて赤面すること. ②⇒〔月yuè经〕

红尘 hóngchén 繁華雑踏の意.〈転〉浮き世.世の中.俗世間.〔看破~〕浮世を見きわめる.

红虫 hóngchóng ⇒〔鱼yú虫(儿)〕

红筹股 hóngchóugǔ 圃(香港株式市場の)レッドチップ:中国国内企業の株.

红绸 hóngchóu 助紅色の紬(む).

红袋 hóngdài 〈方〉賄賂.

红丹 hóngdān ⇒〔铅qiān丹①〕

红丹丹 hóngdāndān まっ赤なさま.

红蛋 hóngdàn 圃子どもが生まれて三日目の祝いに煮て殻を赤く染めた鶏卵:産婆や知人などに渡す.

红道 hóngdào ①昼日中(う)の明るい道. ②正規のルート. ③赤い筋.赤しま模様.

红灯 hóngdēng ①赤い提灯(ちょう).赤ランプ.赤電灯.〔~区〕ネオン街.歓楽街.〔~文化〕ポルノ文化. ②赤信号.〔闯~〕赤信号を無視してまっすぐ行く.〔食品~〕〈喩〉危険食品.有害食品.→〔红绿灯〕〔绿lù灯〕 ③〈喩〉不合格点.

红灯讯号 hóngdēng xùnhào 危険信号.赤信号:〔红灯信号〕ともいう.

红灯照 hóngdēngzhào ⇒〔义yì和团〕

红点颏 hóngdiǎnké 鳥ノゴマ:ツグミ科の小鳥.〔红靛颏儿〕〔红喉歌鸲〕〔红歌gē鸲qú〕

红顶(子) hóngdǐng(zi) 圃一.二品官の制帽の上端につけた珊瑚の珠.〔~商shāng人〕〈喩〉企業経営に関与している高級官僚.党や政府の要職と企業経営を兼務している人.→〔顶子②〕

红定 hóngdìng 結納:新郎から新婦へ贈る装飾品.

红丢丢 hóngdiūdiū 〈方〉①赤く濁って黒ずんださま. ②⇒〔红彤彤〕

红豆 hóngdòu ①迴トウアズキ〔相xiāng思豆〕の別称. ②⇒〔赤chì小豆〕

红豆杉 hóngdòushān 植イチイ〔东北~〕の通称.

红豆树 hóngdòushù 植①ホリシャアカマメ(総称) ②〔越yuè橘〕

红都 hóngdū 池江西省瑞金市の別称:1931年に中華ソビエト共和国臨時中央政府が置かれた.

红嘟嘟 hóngdūdū (顔が)赤々としているさま.

红矾 hóngfán ⇒〔砒pī霜〕

红矾钾 hóngfánjiǎ 化〔重zhòng铬酸钾〕(重クロム酸カリウム)の俗称.

红矾钠 hóngfánnà 化〔重zhòng铬酸钠〕(重クロム酸ナトリウム)の俗称.

红粉 hóngfěn 紅と白粉.〈転〉美女.〔~佳人一族〕ファッションを追う若い女性.

红封儿 hóngfēngr ⇒〔赏shǎng封儿〕

红凤头鸭 hóngfèngtóuyā ⇒〔红头潜鸭〕

红浮 hóngfú ブイ.浮標.

红福 hóngfú 赤い四角な紙に書いた福の文字.〔~倒dào为挂〕同前を逆に貼ること:〔福到〕(福がくる)にかける.

红浮萍 hóngfúpíng ⇒〔满mǎn江红〕

红富士 hóngfùshì リンゴの品種の一:〔红津轻〕と同様に日本から導入されたもの.

红高粱土 hóng gāolingtǔ ⇒〔赤chì石脂〕

红格(儿)纸 hónggé(r)zhǐ 赤線の罫(い)が入った紙.

红　hóng

红汞 hónggǒng ⇒〔汞溴红〕
红汞水 hónggǒngshuǐ ⇒〔红药水(儿)〕
红姑娘 hónggūniang ①(回)売れっ妓(ご).はやり芸者.②⇒〔苦 kǔ 瓜①〕③⇒〔酸 suān 浆①〕
红股 hónggǔ 商功労株.権利株.優先株.
红骨顶 hónggǔdǐng ⇒〔黑 hēi 水鸡〕
红骨髓 hónggǔsuǐ 生理赤色骨髄.
红瓜子(儿) hóngguāzǐ(r) 広東産の赤い色をした瓜子(儿).
红信儿 hóngguānr →〔大 dà 先生(儿)〕
红信人 hóngguānrén →〔大 dà 先生(儿)〕
红光硷性紫 hóngguāng jiǎnxìngzǐ 〔甲 jiǎ(基)紫〕
红光硫化元 hóngguāng liúhuàyuán 染サルファーブラック：硫化染料の一種：〔红光硫青〕ともいう.
红光满面 hóngguāng mǎnmiàn 〈慣〉血色がよく元気に満ちあふれているさま：〔满面红光〕ともいう.
红闺 hóngguī 若い娘の部屋.→〔红楼〕
红桧 hóngguì 植ベニヒ.タイワンヒノキ.
红果儿 hóngguǒr 〈方〉植ミサンザシ：〔山査 shānzhā②〕に同じ.
红海鲷鱼 hóng hǎidiāoyú 魚貝マダイ.
红鹤 hónghè ⇒〔朱 zhū 鹮〕
红黑白 hónghēibái 〈喩〉モルヒネ・アヘン・ヘロイン.→〔红丸〕
红黑账 hónghēizhàng 史抗日戦争中,傀儡(ぐつ)政府の軍隊の善行を赤紙に,悪行を白紙に書き警示した文章.
红红绿绿 hónghóng lùlù (衣裳などの)柄・色とりどりで華やかなさま.→〔大 dà 红大绿〕
红乎乎 hónghūhū 赤いさま.
红狐 hónghú ⇒〔赤 chì 狐〕
红胡子 hónghúzi 〈方〉匪賊.土地のギャング.
红花 hónghuā ①赤い花.〔〜,白藕,青荷叶,三教原来是一家〕〈諺〉赤い花,根は白く,葉は青い,同様に(儒・仏・道と)三教に分かれていても元これ一家である.〔〜还得绿叶扶〕〈諺〉赤い花は美しいが,それでも緑の葉に支えられねばならない：誰でも自分ひとりの力だけではどうにもならないものだ.②=〔红蓝花〕 植ベニバナ(スエツムハナ)：赤色天然染料を製し,これは薬用,茎・葉は食用にする.
红花草 hónghuācǎo ⇒〔紫 zǐ 云英〕
红花闺女 hónghuā guīnǚ ⇒〔黄 huáng 花闺女〕
红黄不分 hónghuáng bùfēn 赤も黄も区別しない.〈転〉わけのわからない.たわけている.
红灰 hónghuī 代赭(しゃ)石.
红会 hónghuì 〔中国红十字会〕の略.
红烩 hónghuì 料理法の一：醬油色の煮物.色の深いものは〔深〜〕,浅いものは〔浅〜〕という.〔〜牛肉〕食ビーフシチュー.
红货 hónghuò 宝石類.〔〜店〕〔〜行〕宝石店.宝石商.
红火 hónghuo にぎやか(である).盛ん(である).〔日子过得很〜〕暮らし向きがとても豊かである.〔庙会非常〜〕縁日の市がにぎわっている.
红极一时 hóng jí yīshí 〈慣〉ひとしきり最高の人気をよぶ.
红颊獴 hóngjiáméng ⇒〔爪 zhǎo 哇獴〕
红笺 hóngjiān 赤い色の用紙や便箋：詩文を書いたり名刺に使う.
红柬 hóngjiǎn 赤色の名刺.
红豇豆 hóngjiāngdòu 植チョウジタデ科の一年生植物.
红降汞 hóngjiànggǒng ⇒〔红氧化汞〕
红蕉 hóngjiāo 〔美 měi 人蕉①〕
红椒干 hóngjiāogān たかのつめ：干した赤とうがらし.→〔辣 là 椒〕

红角鹗 hóngjiǎoxiāo 鳥コノハズク.→〔鸺 chī 鹠〕〔猫 māo 头鹰〕〔鹞 xiāo 鵰〕
红教 hóngjiào ⇒〔喇 lǎ 嘛教〕
红巾起义 hóngjīn qǐyì 史元末の大規模な農民暴動：参加者が赤い頭巾をかぶったことからいう.
红净 hóngjìng 劇(京劇の)役柄の一：顔を赤く塗る〔净⑧〕.忠臣・赤誠の士を表す.関羽はその代表的なもの.〔红脸③〕ともいう.→〔净⑧〕
红酒 hóngjiǔ ⇒〔红葡萄酒〕
红橘 hóngjú ⇒〔福 fú 橘〕
红角儿 hóngjuér ①(旧劇の)人気俳優.②人気者.時の人.
红军 hóngjūn 史①1928年〜1937年の〔中国工农红军〕の略.→〔中 zhōng 国人民解放军〕②革命の軍隊.赤軍.③ソ連赤軍.〔工农〜〕労農赤軍.↔〔白 bái 军〕
红口白舌 hóngkǒu báishé ⇒〔赤 chì 口白舌〕
红口白牙 hóngkǒu báiyá ⇒〔红嘴白牙〕
红辣椒 hónglàjiāo とうがらし.
红蓝花 hónglánhuā 〔红花②〕
红狼 hóngláng 動ドール：イヌ科の動物.
红泪 hónglèi 血涙.
红礼 hónglǐ 〈方〉お祝いの金品.→〔白 bái 礼〕
红鲤(鱼) hónglǐ(yú) 魚ヒゴイ(緋鯉)
红利 hónglì ①(株主配当金〜).割増配当金.②企業が職員に与えるボーナス.〔奖 jiǎng 金〕
红痢 hónglì 赤痢.
红莲 hónglián 染レッドバイオレット.〔阴丹士林〜〕〈音訳語〉インダンスレンレッドバイオレット.
红脸 hóngliǎn ①恥じて顔が赤くなった顔.顔を赤くする(怒る,恥じる,照れる,はにかむ).〔我和他没红过脸儿〕ぼくは彼に怒って顔を赤くしりしたことはない.彼といさかいをしたことがない.②劇(京劇の)忠臣の役柄:赤のくまどりをする.〔红净〕に同じ.〔唱〜〕同前を演ずる.〔唱〜的忠臣役.〕→〔红生〕〔白 bái 脸〕〔黑 hēi 脸①〕
红粮 hóngliáng 高粱(リャン).もろこし.とうきび.
红磷 hónglín ⇒〔赤 chì 磷〕
红铃虫 hónglíngchóng 〔花 huā 虫〕〈方〉棉mián 花蛆〕虫〔棉红铃虫〕(ワタリバガ)の幼虫：綿の球さやの中の種を常食とする.
红领巾 hónglǐngjīn ①赤ネッカチーフ：少年先鋒隊のしるしとして用いられるもの.②〈転〉少年先鋒隊員(ピオネール)
红领章 hónglǐngzhāng 旧紅軍.中国人民解放軍(1955年10月1日以前の)の赤いえり章.
红柳 hóngliǔ 植タマリスク.→〔柽 chēng 柳〕
红楼 hónglóu 〈文〉(金持ちの)女性の居室.
红楼梦 hónglóumèng 書清代の長篇小説：〔石头记〕〔金玉缘〕ともいう.全120回のうち前80回は曹雪芹の著.後40回は高鶚の著か.大貴族賈家の貴公子賈宝玉と従姉妹の林黛玉,薛宝釵らの恋愛を軸に,当時の社会経済状態がリアルに描かれている.〔红学〕
红绿灯 hónglǜdēng 交通信号灯.
红鸾 hóngluán (星占いで)吉事を司るめでたい星.
红罗 hóngluó ①赤い薄絹.②植荔枝(レ)の一.
红螺 hóngluó 魚貝オウムガイの一種で,殻は薄くて酒器になる.
红萝卜 hóngluóbo ①〈方〉にんじん：〔胡 hú 萝卜〕の別称.〔〜上在蜡 là 烛账上〕〈諺〉にんじん代をろうそくの帳面につけあげる：いい加減にやる.ちぐはぐなことをする.②植ムラサキダイコン.③〈喩〉霜焼けで赤

hóng 红

くふくらんだ指.
红麻 hóngmá ⇒〔槿 jǐn 麻〕
红麻料儿 hóngmáliàor ⇒〔朱 zhū 雀①〕
红马甲 hóngmǎjiǎ ①赤いベスト.②〈転〉(証券取引所の)場立ち.手振り:赤いベストを着ている.〔股 gǔ 票经纪(人)〕の別称.
红毛(番) hóngmáo(fān) 旧オランダ人など西洋人の称:〔红毛番〕とも書く.
红毛鹭 hóngmáolù ⇒〔池 chí 鹭〕
红毛坭 hóngmáoní ⇒〔水 shuǐ 泥〕
红帽子 hóngmàozi ①(駅などの)赤帽.②旧アカのレッテル:共産党員・共産主義者のレッテル.③国営企業・集団企業の名称.〔~企业〕同前を冠した企業.
红媒 hóngméi 初婚の女性の媒妁人.↔〔白 bái 媒〕
红玫瑰 hóngméiguī 植ハマナシ(ハマナス)または赤バラ.〔~酒 jiǔ〕高粱酒に白色の玫瑰花(はまなし,はまなす)をひたして造った酒.
红霉素 hóngméisù 薬エリスロマイシン.
红米 hóngmǐ ①もろこし(コウリャン)の実.→〔黄 huáng 米〕②赤米:広西・雲南・福建などに産する紅色の米.→〔白 bái 米②〕③米に紅麹菌をつけた紅麹:みその発酵に用いるが料理に赤みをつける時にも用いる.
红棉 hóngmián ⇒〔木 mù 棉〕
红面生 hóngmiànshēng ⇒〔红生〕
红貃鞨 hóngmòhé 〔靺鞨〕(中国古代の東北にいた部族の国)に産する桜色の宝石.
模子 hóngmúzi (子供の)習字用の用紙:〔描红纸〕と同じ.文字を印刷したもの,その上を墨筆でなぞる.→〔描 miáo 红②〕

H

红木 hóngmù ①ベニノキ:種子の外皮から赤色染料をとる.②セコイア→〔水 shuǐ 杉〕
红男绿女 hóngnán lǜnǚ〈成〉きれいに着飾った若い男女.
红娘 hóngniáng ①〔西厢记〕にでる召使いの名.〈転〉ⓐ召使いの女.ⓑ恋の手引きをつとめる女.仲人役の女性.〔~热线〕結婚仲介ホットライン.→〔梅 méi 香〕〔西 xī 厢记〕②⇒〔红娘子〕
红娘华 hóngniánghuá 虫タイコウチ:水田や池沼に棲む.小魚を捕食するので,養魚に大害を与える.
红娘子 hóngniángzi ⇒〔瓢 piáo 虫〕
红镍矿 hóngnièkuàng 鉱赤ニッケル鉱.
红牌 hóngpái ①⚽(サッカーの)レッドカード.〔出示~〕レッドカードを示す.②〈喩〉警告.〔忽 hū 略了市场亮出的~〕市場に現れた警告を見過ごした.
红盘 hóngpán ①正月の初相場.ご祝儀相場:旧時の商業慣習の一.旧暦正月 5 日に〔财 cái 神(爷)〕を祭った後,同業者がそれぞれの公会に集まって初取引をし,その〔开 kāi 盘①〕(寄り付き相場).〔~〕という.また,その年はじめて開店するときの初値.②値上がり株価や指数.→〔绿 lǜ 盘〕
红棚 hóngpéng 祝い事の時,庭に作る仮屋.→〔白 bái 棚〕〔棚①〕
红砒 hóngpī ⇒〔砒霜〕
红皮柳 hóngpíliǔ →〔蒲 pú 柳①〕
红皮书 hóngpíshū 赤書:米国の外交文書.またオーストリア・スペインなどの政治公報をいう.→〔白 bái 皮书〕
红飘带 hóngpiāodài ①赤いリボン.赤いたすき.②〈喩〉紅軍の歩んだ長征のルート:〔红旗飘飘〕〔红飘带〕から.→〔长 cháng 征〕
红绿色 hónglǜosè 色べにばな色(の).
红票 hóngpiào ①旧①演劇・遊芸などの興業関係者が配る招待券.②〔劇場などの〕予約前売り券.→〔花 huā 会票〕

红珀 hóngpò 赤い琥珀(こ).
红扑扑 hóngpūpū 赤く生気があふれるさま.〔脸~的〕赤ら顔で元気いっぱい.
红葡萄酒 hóng pútáojiǔ 赤ブドウ酒.ポートワイン:〔红酒〕ともいう.
红漆 hóngqī ①朱塗り.②赤うるし.
红旗 hóngqí ①赤旗④革命を象徴する旗.〔插 chā ~赤旗を立てる:社会主義建設の先進的な,優れた,新しい業績をあげたしるし.ⓑ〈転〉模範(社会主義建設の各方面においての).ⓒ(競技会などで)勝利者に授ける赤い旗.②中国共産党中央委員会機関誌名(1958年〜88年).
红旗单位 hóngqí dānwèi 先進的な団体.模範的な職場.
红旗渠 hóngqíqú 1960年代末に大行山脈の山麓の河南省林県に設けた用水路.〔~精神〕同前を開発した精神:貧困地域における自立更正の模範例.
红旗参 hóngqíshēn 食遼東産のイリコ.→〔海 hǎi 参〕
红旗手 hóngqíshǒu 生産活動で優秀な成績をおさめた先進的な人物の称号.〔三八~〕女性への同然.
红鲭圆鲀 hóngqí yuántún =〔黑黑腊头〕〔黑鯡鲼〕魚魚〕トラフグ.
红钱 hóngqián 清新疆地区で造られた銅貨.
红契 hóngqì 旧朱印のある証書:土地・家屋などの不動産に関する②〔印 yìn 契〕(役所の納税済み登記済みなどの印のある契約書)の通称.↔〔白 bái 契〕
红千層 hóngqiāncéng 植カリステモン.ブラシノキ.
红铅粉 hóngqiānfěn ⇒〔铅丹〕
红铅矿 hóngqiānkuàng 鉱赤鉛鉱:成分は〔铬 gè 酸铅〕(クロム酸鉛),柱状あるいは針状の結晶.花崗(う)岩や片岩中に存在する.
红枪会 hóngqiānghuì 中国北部農民の自衛組織:宗教的色合いが濃厚で多くは白蓮教を信奉していた.赤い布を長い槍(ゃり)の先につけていた.
红墙 hóngqiáng 赤い壁.〔~绿瓦〕〈喩〉皇居:もと皇居の壁は代赭(たぃ)色で屋根は緑色であった.
红薔 hóngqiáng 植バラの一種.
红茄冬 hóngqiédōng 植ヤエヤマヒルギ.
红青 hóngqīng ⇒〔绀 gàn 青〕
红区 hóngqū 中国共産党支配下の地区.→〔解 jiě 放区〕
红曲 hóngqū 食こうじの一種:うるち米を水に浸しこうじを加え発酵させて水にしめり造る.色は鮮紅色で薬用や調理に用いる.
红雀 hóngquè =〔梅 méi 花雀〕鳥ベニスズメ.
红壤 hóngrǎng ⇒〔红土①〕
红热 hóngrè 物紅熱.→〔白 bái 热①〕
红人 hóngrén ①〔-儿〕勢いにのった人.お気に入り.②⇒〔红种人〕
红日 hóngrì 太陽.朝日.
红肉 hóngròu ①(肉の)赤身:〔瘦 shòu 肉〕に同じ.②油で焼いた,また揚げた肉:〔红烧肉〕など.
红蕊 hóngruǐ〈文〉花の赤いしべ.
红润 hóngrùn (皮膚が)赤く潤いのある.〔脸色~〕顔色は血色がよい.
红三叶 hóngsānyè 植ムラサキツメクサ(アカツメクサ):緑肥作物の一種.〔~同前.
红伞 hóngsǎn ①赤い傘.〔~现象〕因太陽が暈(かさ)をかぶっていること.②〔万 wàn 民伞〕
红色 hóngsè ①色赤色(の).〔~名单〕レッドリスト:絶滅の危機にある種のリスト.〔~通缉令〕インターポールの指名手配.②共産主義的.革命的.〔~专家〕思想的にも立派な学術・技術などの専門家.〔~歌曲〕革命的な歌.〔~政 zhèng 权〕赤色政権.

红　　　　　　　　　　　　　　　　　　　　　　　　hóng

〔～经典〕革命闘争を描いた名著.〔～旅游 yóu〕中国革命史跡めぐり.

红色国际 hóngsè guójí ⇒〔第 dì 三国际〕

红色消费 hóngsè xiāofèi 結婚式に伴う消費.

红彤 hóngshā ⇒〔猩 xīng 红热〕

红杉 hóngshān 植カラマツ（唐松）

红山文化 hóngshān wénhuà 因内蒙古赤峰の紅山で発見された新石器時代の文化を示す女神廟や玉器などに代表されるもの.

红伤 hóngshāng 刀傷や鉄砲傷：〔白 bái 伤〕は血の出ない傷.

红烧 hóngshāo 料理法の一：材料に〔糖色 shǎi〕（砂糖を半焦げにして作った赤色の液.調味着色料）と醤油を入れて煮た料理.〔～肉〕〔～鲤鱼〕〔～全鸡〕などがある.

红苕 hóngsháo〔方〕サツマイモ：〔甘 gān 薯〕の別称.

红参 hóngshēn いったん蒸して乾燥させた朝鮮人参：〔红葭〕とも書いた.→〔白 bái 参〕

红生 hóngshēng =〔红面生〕剧（京劇などで）顔を赤くくまどる〔武 wǔ 老生〕：例えば関羽のような役柄.→〔红脸③〕〔老 lǎo 生〕

红绳 hóngshéng ⇒〔红丝绳②〕

红十字会 hóngshízì huì 赤十字社.〔中国～〕〔红会〕中国赤十字社.

红十字约 hóngshízì tiáoyuē ⇒〔日 rì 内瓦条约〕

红事 hóngshì 結婚.吉事.祝い事：〔喜 xǐ 事〕に同じ.↔〔白 bái 事①〕

红属 hóngshǔ 紅軍兵士の家族.→〔红军〕

红薯 hóngshǔ ⇒〔甘 gān 薯〕

红树 hóngshù 植オヒルギ.マングローブ.〔～林〕マングローブ.〔～烤 kǎo 树〕

红丝 hóngsī ①→〔青 qīng 丝①〕　② =〔红绳〕〔红线③〕赤い糸：男女間をつなぐえにしの糸.→〔赤 chì 绳系足〕

〔～砚 yàn〕〔～研〕赤い筋の入っている同前の硯.

红丝疮 hóngsīchuāng 同下.

红丝疗 hóngsīdīng =〔红丝疮〕中医悪性はれものの一.リンパ管炎.→〔血 xuè 箭〕

红松 hóngsōng =〔果 guǒ 松〕〔海 hǎi 松①〕〔新 xīn 罗松〕植チョウセンゴヨウ（チョウセンゴヨウ）：良質の建築材料.〔～林〕同前の松林.

红隼 hóngsǔn =〔方〕红 雀子〕〔红 鹰〕〔方〕黄 huáng 燕〕鸟チョウゲンボウ（長元坊）.マクソタカ：ハヤブサの一種.

红糖 hóngtáng 食黑砂糖.赤砂糖：〔赤 chì 砂糖〕に同じ.〔黑 hēi 糖〕〔黄 huáng 糖〕は方言.→〔糖(I)①〕〔砂 shā 糖〕

红桃 hóngtáo （トランプの）ハート.〔红心②〕〔鸡 jī 心〕〕〔朴 pǔ 克①〕ともいう.

红套 hóngtào ⇒〔热 rè 配合〕

红藤 hóngténg ⇒〔白 bái 藤〕

红帖 hóngtiě 慶事の際に用いる書状.

红彤彤 hóngtōngtōng、〈口〉～ tōngtōng 真っ赤である：〔红烫烫〕〔方〕红丢丢②〕〔红通通〕ともいう.

〔他脸晒得～的〕彼の顔は日焼けして真っ赤だ.

红铜 hóngtóng ①⇒〔紫 zǐ 铜〕　②特殊黄銅.赤(ǐ)銅.レッドブロンズなど.

红头阿三 hóngtóu āsān 因上海租界のインド人巡査に対する蔑称.

红头文件 hóngtóu wénjiàn 中央の最高レベルの文件：文書の上に〔…文件〕というタイトルが赤く印刷されている.〔下发～〕同前が発せられた.

红头潜鸭 hóngtóu qiányā 鸟オシハジロ.〔红凤头鸭〕

红头涨脸 hóngtóu zhàngliǎn 〈慣〉かんかんになる：

〔红头胀脸〕とも書く.〔～地辩论〕真っ赤になって議論する.

红透专深 hóngtòu zhuānshēn 〈成〉共産主義思想に徹していて、技術面も非常に優れている.

红土 hóngtǔ ①〔红土(ご)〕.ラテライト：〔红壤〕ともいう.　②⇒〔红土子〕

红土网球场 hóngtǔ wǎngqiúchǎng 又（テニスの）クレイコート.→〔草 cǎo 地网球场〕〔硬 yìng 地网球场〕

红土子 hóngtǔzi =〔红土②〕ベンガラ：帯黄赤色の顔料.〔铁 tiě 丹〕ともいう.

红外线 hóngwàixiàn 物赤外線：〔红外光〕〔热 rè 线①〕ともいう.〔一片 piàn〕赤外線フィルム.→〔紫 zǐ 外线〕

红外成像仪 hóngwài chéngxiàngyí 物赤外線画像機：〔热 rè 线仪〕ともいう.

红丸 hóngwán 薬モルヒネに硫酸を加えた化合物で作ったもので、烈性モルヒネよりも劇烈性が強い.

红卫兵 hóngwèibīng 史〔文化大革命〕の初期、実力行動を起して活躍した学生を中心とする集団またはそのメンバー：後にその過激な活動が厳しく批判された.→〔红五类〕〔高 gāo 六七〕

红五类 hóngwǔlèi 因〔文化大革命〕初期に最も革命的とされた五種類の人々：労働者・貧農下層中農・革命軍人・革命幹部・革命烈士をいう.→〔黑 hēi 五类〕

红五月 hóngwǔyuè 一字解⑩

红细胞 hóngxìbāo 生理赤血球：〔红血球〕に同じ.

红霞 hóngxiá 夕焼け.

红线 hóngxiàn ①正しい政治路線、または政治路線.②都市計画工事用図上の建築用地,道路用地の境界線.③→〔红丝②〕

红小兵 hóngxiǎobīng 因〔文化大革命〕期の小学生の〔红卫兵〕

红小豆 hóngxiǎodòu ⇒〔赤 chì 豆〕

红小鬼 hóngxiǎoguǐ 紅軍に参加した少年少女に対する愛称.→〔小 xiǎo 鬼②〕

红蟹 hóngxiè =〔螃 péng 蟹〕

红心 hóngxīn ①革命への忠誠心.　②⇒〔红桃〕

红心柏 hóngxīnbǎi →〔桧 guì〕

红锌矿 hóngxīnkuàng 磯紅亜鉛鉱.

红新月会 hóngxīnyuè huì イスラム教国の赤十字社：白地に赤い新月をその標章に用いている.

红星 hóngxīng ①赤い五角形の星（図案）.　②有名スター.〔电 diàn 影～〕映画の人気スター.→〔明 míng 星①〕　③リンゴの一種.

红星报 hóngxīngbào 因①瑞金ソビエト時代の中央軍事委員会機関紙.②クラスナヤズベスタ：旧ソ連国防省中央機関紙.

红杏出墙 hóngxìng chū qiáng 〈喩〉きれいな女性が外で浮気をすること.

红袖 hóngxiù 女性服の赤い袖.〈転〉美女.〔～添香〕美妾を持つ.

红袖标 hóngxiùbiāo ①赤色の腕章.　②〈喩〉地域の治安維持のボランティア.

红漠天 hóngmòtiān ⇒〔朱漠红〕

红学 hóngxué 〔红楼梦〕を研究する学問.

红血球 hóngxuèqiú ⇒〔红细胞〕

红牙 hóngyá 紫檀の〔拍 pāi 板①〕（拍子木）

红殷殷 hóngyānyān 赤黒いさま：〔～的血 xiě〕赤黒い血.

红盐 hóngyán 磯アゾ染料塩.

红颜 hóngyán ①〔文〕花 の かんばせ（顔）.〈喩〉美人.〔～薄命〕美人薄幸.〔～知己〕初恋の人.　②⇒〔朱 zhū 颜〕

红眼 hóngyǎn ①目を血走らせる.②ねたみ,うらや

hóng 红荭虹虹鸿

む.〔你发了财了,他就红了眼了〕きみが金をもうけたので,彼がねたんだ. ③⇒〔红眼病〕 ④〈喻〉点灯したうごと.〔~航 háng 班〕夜中の航空夜ダイヤ.夜間フライト. ⑤⇒〔梭 suō 鱼〕

红眼病 hóngyǎnbìng (喻〉ねたみ病:他人をねたむ称.
红艳艳 hóngyànyàn 鲜やかに赤いさま.
红氧化汞 hóngyǎnghuàgǒng =〔红降汞〕〈方〉三sān仙丹〕(化) 赤降汞(赤色酸化水銀).→〔黄huáng 氧化汞〕
红氧化铁 hóngyǎnghuàtiě (化)赤色酸化第二鉄.
红样 hóngyàng 赤入りの校正ゲラ.
红药水(儿) hóngyàoshuǐ(r) =〔红汞水〕(薬)赤チンキ.マーキュロ液:〔二 èr 百二(十)〕という.成分は〔汞 gǒng 溴红〕(マーキュロクロム)である.
红鹞子 hóngyàozi ⇒〔红隼〕
红叶 hóngyè もみじ.红葉.→〔霜 shuāng 叶〕
红医 hóngyī〔文化大革命〕期の〔突出政治〕と認められた医師・看護婦・保健婦及び〔赤脚医生〕をいう.〔~兵〕,工場では〔~工〕といった.
红一点 hóngyīdiǎn 〔万 wàn 绿丛中一点红〕
红衣主教 hóngyī zhǔjiào ⇒〔枢 shū 机主教〕
红夷 hóngyí (旧)オランダ人の称.
红银矿 hóngyínkuàng (鉱)紅銀鉱:良質の銀屏鉱.
红缨 hóngyīng (旧)役人の帽子につけた赤いふさ.〔~枪〕同前のついた旧式の長槍.
红鷹 hóngyīng ⇒〔红隼〕
红鱼 hóngyú ①⇒〔金 jīn 线鱼〕 ②朱塗り木魚.
红雨 hóngyǔ 〔红雨花が雨のように散ること.〔桃 táo 花乱落如~〕桃の花が雨のようにばらばら散る.
红玉 hóngyù ①⇒〔红宝石〕 ②リンゴの一種.
红芋 hóngyù 〔甘 gān 薯〕
红云 hóngyún 〈喻〉頬の赤み.
红运 hóngyùn 幸運.〔鸿运〕とも書く.〔走~的人〕幸運な人.〔~当头〕有卦(うけ)に入っている.↔〔背bèi 运〕
红晕 hóngyùn (ほおなどの)紅潮.〔脸上泛出~〕顔がほんのりと赤らむ.
红糟 hóngzāo 米こうじを原料に作った発酵調味料.福建料理によく用いられる.
红枣 hóngzǎo 〈赤棗(なつめ)〉.べになつめ:干したなつめ.〔~稀 xī 饭〕同前を加えて炊いた粥;病人食などにする.赤く熟したなつめ.
红藻 hóngzǎo (植)紅色藻類の総称.
红掌 hóngzhǎng (植)アンスリウム.
红着心 hóngzhexīn〈方〉ひたむきに.夢中で:〔火huǒ 着心〕に同じ.〔~创 chuàng 业〕しゃにむに事業を起こそうとする.〔他不像先前那样~拉买卖了〕老・骆19〕彼は以前のようにがむしゃらに客をとろうとはしなくなった.
红蜘蛛 hóngzhīzhū ⇒〔麦 mài 蜘蛛〕
红踯躅 hóngzhízhú (植)ツツジ(俗称).→〔杜 dù 鹃②〕
红痣 hóngzhì 赤あざ.
红中 hóngzhōng →〔大 dà 三元①〕
红肿 hóngzhǒng (出来物などで)皮膚が赤くはれる.
红种 hóngzhǒng 銅色人種.→〔人 rén 种〕
红种人 hóngzhǒngrén =〔红人①〕アメリカインディアン.レッドインディアン.
红烛 hóngzhú 祝い用の赤いろうそく.
红专 hóngzhuān 共産主義思想がしっかりしていることと専門業務の知識や技術があること:1950,60年代に用いられた.〔~大学〕人民公社幹部のために設けられた学校.〔又 yòu 红又专〕
红砖 hóngzhuān 赤煉瓦.

红妆 hóngzhuāng =〔红装〕①女性の化粧・飾り. ②〈転〉女性.特に若い女性をいう.
红装 hóngzhuāng 同上.
红子 hóngzǐ 〔~儿〕将棋の赤の駒.→〔黑 hēi 子〕
红紫 hóngzǐ (色)赤紫色(の).→〔~色 sè〕同前.
红棕色 hóngzōngsè (色)赤褐色(の).
红嘴白牙 hóngzuǐ báiyá =〔红口白牙〕〈慣〉紅い口に白い歯.口元の美称.
红嘴绿鹦哥 hóngzuǐ lǜyīnggē ⇒〔菠 bō 菜〕
红嘴鸥 hóngzuǐ'ōu (鳥)ユリカモメ.
红嘴朱雁 hóngzuǐzhūyàn ⇒〔灰 huī 雁〕

〔**荭・葒**〕 hóng (漢)〔~草 cǎo〕(植)オケタデ.〔大 dà 蓼①〕に同じ.

〔**虹**〕 hóng (気)虹(にじ):〔彩 cǎi ~〕は通称.円弧の外側に赤色,内側に紫色の見える7色の虹を〔~〕〔正 zhèng ~〕〔雄 xióng ~〕〔主虹〕といい,その外側に離れて色の順たが逆であるものを〔霓(I)①〕〔副 fù ~〕〔雌 cí ~〕〔副虹〕という.〔彩桥〕〔带 dài 弓〕〈文〉螮 dì 蝀〕〈方〉鑊 huò 耳 ⑥〕〔天tiān 弓〕は別称. ②〈喻〉橋. ③〈姓〉虹(ぢ)~jiàng

虹彩 hóngcǎi ①虹の光彩. ②⇒〔虹膜〕
虹段 hóngduàn 〔虹吸管設置箇所.→〔虹吸管〕
虹膜 hóngmó 〔生理〕虹彩〔.〕〔虹彩②〕〔虹彩膜〕は旧称.〔眼 yǎn 帘①〕ともいう.
虹霓灯 hóngní dēng 虹:主虹と副虹.→〔霓虹灯〕
虹桥 hóngqiáo ①〈喻〉虹. ②アーチ状の橋.〔飞 fēi 桥〕ともいう.
虹吸管 hóngxīguǎn =〔吸龙〕〔过 guò 山龙〕サイフォン.
虹吸现象 hóngxī xiànxiàng (物)サイフォン現象.
虹鳟 hóngzūn (魚)ニジマス.

〔**魟・魟**〕 hóng (貝)エイ:〔鯆 pū ②〕は古称.〔赤 chì ~〕〔土 ~〕アカエイ.〔尖嘴 ~〕〈文〉〔方〕蝴蝶 hú dié 鱼〕ツバクロエイ.→〔鯕 fēn 鰩 yáo ①〕

〔**鸿・鴻**〕 hóng ①(鳥)ヒシクイ.ヌマタロウ:大型の雁(がん)の一種. ②〈文〉書簡.〔来 ~〕御書簡. ③広大である. ④〈姓〉鸿(ぢ)

鸿安 hóng'ān =〔鸿祺〕〈牘〉ご平安(手紙の結びの言葉の一)
鸿豹 hóngbào (動)ノガン(野雁).〔鸨 bǎo〕の別称.
鸿便 hóngbiàn〈牘〉音信.便り.書面.
鸿博 hóngbó〈文〉博識である.〔~之士〕博識の人.
鸿才 hóngcái〈文〉偉大な才能.大才.
鸿恩 hóng'ēn =〔隆 lóng 恩〕
鸿飞 hóngfēi〈文〉高く遠く飛ぶ.
鸿福 hóngfú =〔洪福〕
鸿沟 hónggōu (固)楚と漢の国境であった川.〈転〉境界線.両者の開き.〔不可逾越的~〕埋めることができないギャップ.溝がますます深まる.
鸿鹄 hónghú〈文〉大きな白鳥.〔~之志〕〈喻〉遠大な志.
鸿基 hóngjī〈文〉大事業の基礎.
鸿烈 hóngliè〈文〉偉勲.偉業.
鸿鳞 hónglín〈牘〉書簡.手紙.
鸿毛 hóngmáo〈文〉〔鸿①〕の毛.〈喻〉軽いこと.軽微なこと.〔轻 qīng 如~〕
鸿门宴 hóngményàn 鸿門の宴.〈転〉客を陥れようとする招宴.〔赴 fù ~〕わなと知りつつ敵の招待に応じる.
鸿蒙 hóngméng〈文〉宇宙が形成される前の混沌状況.
鸿名 hóngmíng〈文〉偉大な名声.ご高名.
鸿篇巨制 hóngpiān jùzhì〈成〉大作.巨作.巨篇.

hóng

〔鴻篇巨制〕ともいう.
鴻祺 hóngqí ⇒〔鸿安〕
鴻儒 hóngrú =〔宏儒〕〔洪儒〕<文>大学者.
鴻私 hóngsī <文>大きな私恩.
鴻図 hóngtú ⇒〔宏图〕
鴻文 hóngwén =〔宏文〕<文>大文章.巨作.
鴻禧 hóngxǐ 同下.
鴻禧 hóngxǐ =〔鸿釐〕<文>大きな幸福.
鴻雁 hóngyàn ①=〔大 dà 雁〕⓪サカツラガン. ②〈喩〉手紙.書信.〔~传 chuán 书〕遠方の人へ手紙を届けること.〈典〉
鴻業 hóngyè <文>帝王の大業.
鴻儀 hóngyí <文>①人の立派な風采.〈転〉貴下.あなた.〔久闻～渴念何似,侧~瞻,久しくお目にかかりませんで思慕の情に堪えません.②人からの立派な贈り物.③官位をたとえていう.
鴻音 hóngyīn 〈喩〉①音信.②人の手紙に対する美称.
鴻運 hóngyùn ⇒〔红运〕
鴻藻 hóngzǎo <文>大文章.
鴻爪 hóngzhǎo <文>過去の痕(えん)跡.〔雪泥～〕<成>同前.
鴻志 hóngzhì <文>大志.
鴻鐘 hóngzhōng ⇒〔洪钟〕

〔**宏**〕 hóng ①広大である.〔~阔 kuò 的天空〕広々とした大空.←〔弘①〕 ②広くする.大きくする.③〈姓〉宏(え)
宏博 hóngbó 該博である.〔内容～〕内容が広く多岐にわたる.
宏才 hóngcái 優れた才能.
宏敞 hóngchǎng (建物などが)高く広々としている.
宏辞 hóngcí <文>立派な文章.大文章.囲科挙の科目の一.〔词同〕とも書く.
宏达 hóngdá <文>①才識豊かで物事に広く通じている.②闊達流る.
宏大 hóngdà 広大である.〔~志愿〕偉大な志.〔规模～〕規模が巨大である.
宏恩 hóng'ēn ⇒〔隆 lóng 恩〕
宏放 hóngfàng <文>闊達(だ)である.
宏富 hóngfù <文>広く豊かである.豊富である.
宏观 hóngguān ①巨視的.マクロの的.〔~调 tiáo 控〕経マクロコントロール.〔~经济〕経マクロ経済.〔~世界〕大宇宙.大世界.↔〔微 wēi 观〕②肉眼で見える.〔~组织〕肉眼組織.
宏朗 hónglǎng ①声が大きくよく響く.②巨大で明るい.
宏丽 hónglì 壮麗である.
宏亮 hóngliàng ⇒〔洪亮〕
宏量 hóngliàng ⇒〔洪量〕
宏论 hónglùn 見識の広い言論.〔弘论〕とも書いた.
宏赡 hóngshàn 該博である.
宏图 hóngtú 遠大な計画.大作.〔弘图〕〔鸿图〕とも書いた.〔大展～大计を実施に移す.〔~大略〕遠大なる計画.
宏伟 hóngwěi 壮大である:計画・構想・目標など抽象的なことがらに用いる.〔~的计划〕壮大な計画.→〔雄 xióng 伟①〕
宏文 hóngwén ⇒〔鸿文〕
宏扬 hóngyáng ⇒〔弘扬〕
宏业 hóngyè <文>大事業.
宏猷 hóngyóu <文>大きな計画.
宏愿 hóngyuàn 大願.大望:〔弘愿〕とも書いた.
宏旨 hóngzhǐ 主旨.重要な意味:〔弘旨〕とも書いた.〔无关～〕取るに足りない.
宏指令 hóngzhǐlìng 電算マクロ命令.

宏壮 hóngzhuàng <文>規模の宏壮なこと.

〔**闳·閎**〕 hóng ①<文>大きい.②<文>町の出入口の木戸.③〈姓〉闳(え)
闳诞 hóngdàn 大きくて途方もない.
闳衍 hóngyǎn <文>豊かできれいな文辞.
闳中肆外 hóngzhōng sìwài <成>文章の内容が充実し,用字が豪放である.

〔**吰**〕 hóng →〔噌 chēng 吰〕

〔**纮·紘**〕 hóng <文>①古代,冠の結びひも.②広大である:〔宏①〕に同じ.〔八～〕古代神話中の,天地をつなぐ八本の綱.〈転〉八方極遠の地.

〔**竑**〕 hóng <文>量る.測定する.②広く大きい.

〔**铉·鈜**〕 hóng <文>金属の鳴る音の形容で,人名用字.

〔**浤**〕 hóng 〔~~〕<文>広い水面がわきあがるさま.

〔**翃(翃)**〕 hóng <文>虫の飛ぶさま.

〔**竑**〕 hóng <文>①大きな音声.②大きい.広い.
竑竑 hónghóng <文>谷間で反響する大きな音.
竑议 hóngyì <文>広大な議論.

〔**洪**〕 hóng ①大きい.〔声音~亮〕声が大きく朗らかである.②大水.洪水.〔~暴 bào〕洪水の脅威.〔山~〕山津波.〔分~〕放流ダムを造って水量の調節をすること.〔蓄~〕貯水ダムを造り貯水をすること.③中医脈が浮き出て強く打つこと.④〈姓〉洪(え)
洪帮 hóngbāng ⇒〔红帮〕
洪波 hóngbō <文>大波.
洪大 hóngdà (声などが)大きい.
洪都拉斯 hóngdūlāsī ホンジュラス:中部アメリカの共和国.〔哄都拉斯〕〔宏都拉斯〕〔浑 hún 杜剌斯〕などとも書かれた.首都は〔特 tè 古西加尔巴〕(テグシガルパ)
洪恩 hóng'ēn ⇒〔隆 lóng 恩〕
洪泛区 hóngfànqū 洪水被害地.水害地.
洪峰 hóngfēng 増水期における河川の最高水位.またその洪水.
洪福 hóngfú 大きな幸福.盛運.〔鸿福〕とも書いた.〔~齐 qí 天〕<成>幸福の大きさが天に等しいほどである.無上の幸福.
洪害 hónghài 洪水によって引き起こされる災害.
洪荒 hónghuāng ①太古未開の時代.②荒涼たる広野.
洪积 hóngjī 地洪積.〔~扇 shàn〕洪積扇状地.
洪钧 hóngjūn <文>万物が造化する宇宙自然.〈喩〉国家政権.
洪涝 hónglào 水びたし.洪水や冠水.
洪亮 hóngliàng =〔宏亮〕声が大きくてよく通る.〔嗓音～〕同前.
洪量 hóngliàng =〔宏量〕度量や酒量の大きいこと.
洪流 hóngliú 大きな流れ.〔时代的～〕時代の奔流.
洪炉 hónglú 溶炉.大きい炉.〔社会的～〕社会という溶鉱炉.
洪脉 hóngmài 中医脈象の一種:波が勇きたつような脈の打ち方.
洪门 hóngmén →〔红帮〕〔中 zhōng 国致公党〕
洪魔 hóngmó 〈喩〉洪水.
洪儒 hóngrú ⇒〔鸿儒〕
洪水 hóngshuǐ 洪水.大水.〔~位〕洪水位.〔~湖

多雨湖.
洪水猛兽 hóngshuǐ měngshòu 洪水と猛獣.〈喩〉恐るべき災厄をもたらすもの.
洪水热 hóngshuǐrè ⇒〔恶 yàng 虫病〕
洪涛 hóngtāo〈文〉大きな波.
洪勋 hóngxūn〈文〉大功.偉勲.
洪业 hóngyè〈文〉大事業.
洪饮 hóngyǐn〈文〉牛飲する.鯨飲する.
洪荫 hóngyìn〔旧〕大きなご庇護.おかげさま.
洪雨 hóngyǔ〈文〉豪雨.大雨.
洪灾 hóngzāi 洪水の被害.
洪钟 hóngzhōng 大きな鐘.〔鸿钟〕とも書く.〔声如～〕〈喻〉朗々とした声.

〔**铥・鈜**〕hóng ⇒〔驽 nǔ 牙〕

〔**渱**〕hóng ⇒〔苰〕

〔**葒**〕hóng →〔雪 xuě 里葒〕→ hòng

〔**黉・黌**〕hóng〈文〉古代の学校・学舎.〔～门 mén〕〔～舍 shè〕同前.

〔**哄**〕hǒng ①うそを言ってだます.〔欺 qī～〕同前.〔老板的妻子将已回乡的二奶～回,用老鼠药将二奶毒死〕店の主人の妻はすでに郷里に帰って行った二号さんをだまして呼びもどし,殺鼠(ｿ)剤で毒殺した.②あやす.〔～孩子〕子供をあやす.すかしなだめる.③うまいことを言って歓心を買う.〔劝 quàn〕同前.〔这孩子的嘴真会～人儿〕この子はほんとにうまいことを言うのが上手だ.→ hōng hòng

哄逗 hǒngdòu あやす.嬉しがらせる.機嫌をとる.〔～小孩儿〕子供をあやす.
哄弄 hǒngnòng〈方〉だます.ばかにする.なぶる.〔拿我当 dàng 小孩子～〕おれに子供だましをする.
哄骗 hǒngpiàn あざむく.ごまかす.だます.〔骗哄〕に同じ.
哄人 hǒngrén ①人をだます.②人を嬉しがらせる.
哄松 hǒngsōng なだめすかす.
哄诱 hǒngyòu 欺いていざなう.誘惑する.

〔**讧・訌**〕hòng ①つぶれる.やぶれる.②乱れる.もめる.〔内～〕内輪もめ(する).〔～乱 luàn〕紛糾する.

〔**澒・澒**〕hòng〈文〉①混沌(ミ)として分明でないさま.広がって限りのないさま.〔～洞 dòng〕同前.②水の深く広いさま.〔～溶 róng〕同前.

〔**哄(閧・鬨)**〕hòng ①大勢で騒いだり言い争う.〔起～〕がやがや言ったりわいわい騒ぐ.〔一～而散 sàn〕〈成〉わいわい言いながら解散している.〔一～而聚〕〈成〉わーっと集まる.②冗談を言う.からかう.ひやかす.〔大家把他～得脸都红了〕みんなが冗談言って彼をからかった.彼を真っ赤にさせた.〔大伙儿把他给～跑了〕みんなで彼を(いたたまれなくさせて)追っ払った.→ hōng hǒng

哄堂 hòngcháng やじる.
哄闹 hòngnào (大勢が)やがやが騒ぐ.

〔**葒**〕hòng〈文〉①茂る.②草木の芽.→ hóng

hou ㄏㄡ

〔**齁**〕hōu ①いびき声の形容.〔～鼾 hān〕いびき(をかく).〔～声 shēng〕いびき(の声).②(塩辛すぎたり,甘すぎて)口の中がおかしくなる.い

がらっぽくなる.〔～得难受〕同前でがまんできない.〔～着 zháo 了〕同前の状態になる.〔～得慌〕同前である.③ひどく:形容詞の前に置き,不満の意を表す.〔～咸 xián〕ひどく塩辛い.〔～苦 kǔ〕ひどく苦い.〔～臭 chòu 烘 hōng 的〕ひどく臭い.〔～腻 nì〕

〔**侯(矦)**〕hóu ①[古]5爵位の第2位.〔诸葛亮被封为武乡～〕諸葛孔明は武郷侯に封ぜられた.②貴人.高官.③〈姓〉侯(ｺｳ).→ hòu

侯爵 hóujué [日]侯爵.
侯门 hóumén〈文〉封建時代の貴族の家柄.〔～如海〕高官の邸宅が広大で出入りしにくいこと.
侯莫陈 hóumòchén〈姓〉侯莫陳(ﾎｸﾊﾞﾁﾝ)
侯爷 hóuyé [旧]侯爵さま.

〔**喉**〕hóu のど.喉頭.〔咽 yān～〕[生理]咽喉.〔结 jié～〕のどぼとけ.〔歌 gē～〕(歌をうたう意)の喉.→〔咽〕

喉痹 hóubì [中医]のどがはれて痛む症状.
喉鳔类 hóubiàolèi =[鳗口类][動]浮き袋と食道がつながっている魚類:ドジョウ・ナマズ・コイなど.
喉擦音 hóucāyīn [語]声門摩擦音.
喉蛾 hóu'é =[乳 rǔ 蛾] [中医]扁桃腺の炎症.→[扁 biǎn 桃腺炎]
喉风 hóufēng [中医]のどがはれて痛む病気.
喉疳 hóugān [中医]風邪熱あるいは梅毒により咽喉の周辺に紅斑または白い粒状の潰瘍ができる病気.
喉管 hóuguǎn ①[生理]気管.②[音]チャルメラに似た管楽器.→[唢 suǒ 呐]
喉核 hóuhé [喉结]
喉节 hóujié 同下.
喉结 hóujié =[喉核][结喉]〔喉节〕〈方〉颏 kē 勒 喀〕[生理]のどぼとけ.[苹 píng 果核儿②]〔アダムのリンゴ〕ともいう.→[悬 xuán 壅垂]
喉衿 hóujīn ①のどとえりくび(人体の重要部分).〈喻〉要所.要衝.
喉镜 hóujìng [医]咽頭鏡.
喉科 hóukē [医]咽喉(ｺｳ)科.
喉咙 hóulóng のど;〔咽 yān 喉〕(いんこう)の通称.→[嗓 sǎng 子]
喉码 hóumǎ [工]ホースの絞め具.
喉钳 hóuqián [工]パイプレンチ.
喉枪 hóuqiāng [医]喉頭注入器.
喉塞音 hóusèyīn [語]声門閉鎖音.
喉痧 hóushā ⇒[白 bái 喉][中医]猩(ｼｮｳ)紅熱:[烂 làn 喉丹痧]ともいう.
喉舌 hóushé のどと舌.〈喩〉代弁者.〔党的～〕党の代弁者.
喉头 hóutóu [生理]喉頭(ｺｳﾄｳ).
喉吻 hóuwěn のどと口辺.〔一碗～润,两碗破孤闷〕1杯のお茶で口がうるおい,2杯で寂しさを忘れる.〈転〉(地勢上の)要所.
喉咽 hóuyān ①のど.②〈喩〉要所.〔河南天下～〕(漢書)河南は天下の要所である.
喉炎 hóuyán [医]咽喉炎.
喉音 hóuyīn [語]①喉(ｺｳ)音:喉擦音と喉塞音がある.〔古代字韵学の喉音.→[七 qī 音][五 wǔ 音]
喉症 hóuzhèng [医]のどの病気.

〔**猴**〕hóu [一][儿][動]サル.モンキー:〔～子①〕は通称.〔树腋 qú 科〕(ツパイ科)を除くサル.ふつう[类人猿](ヒトニザル)を区別していう.〔长 cháng 尾～〕オナガザル.〔懒 lǎn ～〕〔蜂 féng ～〕スローロリス.〔狨 mí ～〕〔黄 huáng ～〕アカゲザル.〔豚 tún 尾～〕ブタオザル.〔金 丝 ～〕〔仰 yǎng 鼻～〕キンシコウ.イボハナザル.〔科猕猴属〕(動物学で)オナガザル科マカク属.→

〔猿 yuán〕 ②〔口〕〈子供が〉いたずらである.わんぱくである.这孩子多 pí ya～啊〕この子はとてもやんちゃだね. ③〈方〉〈体をまるめて〉うずくまる.しゃがむ.〔别学他们～在马上〕あの連中のように〈馬に乗って〉馬上で体を丸くするのをまねしてはいけない. ④〈姓〉猴(ㄏㄡˊ)

猴抱琵琶 hóu bào pípa 〈歇〉猿が琵琶をかかえる:〔～,乱弹 tán〕〔乱谈 tán〕同前でめちゃくちゃにかきならす(むやみやたらにしゃべる)

猴吃人参 hóu chī rénshēn 〈歇〉猿が〈高価な〉朝鮮にんじんを食べる:〔猴子吃 rù 仙桃〕ともいう.〔～,不知好坏〕同前で善し悪しが分からない. 猫に小判.

猴筋儿 hóujīnr ⇒〔橡 xiàng 皮筋②〕

猴面包树 hóumiànbāo shù 国 バオバブ:熱帯アフリカ産のパンヤ科の大木.

猴年马月 hóunián mǎyuè 〈喻〉いつか分からない日:〔何 hé 年某 mǒu 月〕のもじり.〔驴 lú 年马月〕,〔牛年马月〕などともいう.

猴皮筋儿 hóupíjīnr ⇒〔橡 xiàng 皮筋②〕

猴儿 hóur 〔猴子〕〔猴子①〕に同じ.〔耍 shuǎ～的〕猿回し.〔孙 sūn～〕〔孙行者〕孫悟空(西遊記の).②〈方〉〈冗談めいて〉うつくしい.〔～,～,你不怕下割舌地狱?〕(紅29)うそつき,舌抜き地獄に落ちるのが怖くないの. ③〔知 zhī 知道.思索.〔弄出～来〕知恵をしぼる.〔没有了〕考えがうかばない.

猴儿顶灯 hóur dǐngdēng 猿が灯りを頭で支える.〈喻〉あぶなっかしい置き方をする.〔～这么大的水壶,坐在这么小的炉子上,这不是～吗〕こんな大きなやかんをこんな小さな七輪にかけるなんてあぶなっかしいじゃないか.

猴儿顶碟子 hóur dǐngdiézi 猿が皿を頭にのせている.〈喻〉帽子がなんとかに変な格好である.〔这帽子不是你的吧,成了一了〕この帽子はきみのではないだろう,まるでさるが皿をかぶったようだ.

猴儿急 hóurjí 急をもむ.気をもむ.〔悉得他～就什么也不顾忌了〕いらいらさせられて彼は前後のわきまえもなくなった. →〔着 zháo 急〕

猴儿精 hóurjīng ①頭がよくする賢い. ②さるの生まれかわり.さるの妖怪(ばけ). ③いたずら子.

猴儿拉马 hóur lāmǎ 〈歇〉さるが馬を引く.〔～,三儿溜 liù〕三儿溜〕で,年齢36歳:〔猴儿〕にあるし.〔拉马〕は〔溜6〕に同じ.また〔三儿溜〕は〔三十六〕に通じる.

猴儿帽 hóurmào 毛糸で編んだ目出し帽.

猴儿脾气 hóurpíqi さるのように落ち着きがなく怒りっぽい:人に嫌われる性癖.

猴儿头 hóurtóu ①爪の奇形. →〔灰 huī 指甲〕 ②⇒〔猴头(菌)〕

猴儿崽子 hóurzǎizi さるの子供.〈転〉いたずらっ子.

猴拳 hóuquán 拳術のひとつ.〔猴儿拳〕ともいう.

猴三儿 hóusānr 〔三 sān 儿①〕

猴市 hóushì 国〔株式の〕乱相場. →〔牛 niú 市②〕

猴手猴脚 hóushǒu hóujiǎo そわそわして落ち着きがない.

猴狲 hóusūn 〈方〉サル.〔～王〕〔獝 hú 狲王〕〈喻〉いたずらっ子達の大将:教師を茶化して.

猴头猴脑 hóutóu hóunǎo 〈喻〉①軽はずみである.②ずる賢い. ③みにくい.

猴头(菌) hóutóu(jùn) 国 ヤマブシタケ:〔猴儿头②〕〔猴头蘑 mó〕ともいう.

猴王 hóuwáng 猿の王様:〔孙 sūn 悟空〕の別称.

猴戏 hóuxì ①〔猴芝居.猿回し.②猿悟空の劇.

猴行 hóuxíng サルのようによく体を動かすこと.〔～蚁 yǐ 食〕同前にアリのようにゆっくり食べることで:〔老人が留意すべき養生法.

猴枣 hóuzǎo ①干黒なつめ.②柿の一種.③〔药〕猿

の胆嚢・輸胆管中の結石:薬用され,喘息・療癰(ㄌㄠˋ)などに効がある.

猴子猴孙 hóuzǐ hóusūn 〈喻〉手下ども:〔徒 tú 子徒孙〕に同じ. 孫悟空が体からひとつまみの毛を抜いてそれを多数の小ざるにしたことから出た語.

猴子 hóuzi ①猿(通称). ②〈転〉小者(召使い). ③⇒〔猴子〕

猴子炉 hóuzǐlú 回鉄を溶かす炉の一種:かじ屋で使う簡単なもの.

〔瘊〕 hóu 〔～子 zi〕〔猴子③〕〔口〕〈小さな〉いぼ:〔肉 ròu 赘〕〔疣(ㄧㄡˊ)〕(赘)〕は医学用語.〔长zhǎng～子〕いぼができる. →〔疣 yóu〕

〔睺〕 hóu →〔罗 luó 睺罗〕

〔篌〕 hóu →〔箜 kōng 篌〕

〔餱(餱)〕 hóu〈文〉糒(ひほしい).〔～粮 liáng〕同前.

〔骺(骺)〕 hóu 長形骨の両端のふくらんだ部分.〔骨 gǔ一〕生理用語.

〔吼〕 hǒu ①〈獣類〉が大声で鳴く.ほえる.〔～啸 xiào〕同前.〔狮 shī 子～得好害怕〕ライオンがほえてとても怖い.②〈人が〉大声で叫ぶ.どなる.〔～道 dào:"滚!"〕出ていけとどなった.〔大一声〕大喝(ㄏㄜˋ) 一声.〔怒～吧,中国!〕ほえろ,中国.③〔風が〕うなる.(汽笛が)鳴り響く.(爆弾が)とどろく.〔汽笛长～了一声〕汽笛が長く鳴り響いた. →〔叫 jiào(I)①②③〕 ④〈姓〉吼(ㄏㄡˇ)

吼猴 hǒuhóu 〔吼猿〕ホエザル.

吼叫 hǒujiào 大声でどなる.うなり声をあげる.

吼三喝四 hǒusān hèsì 〈方〉なんだかだとわめき立てる.〔吃 chī 吗(喝)六〕

吼声 hǒushēng 雄たけび.〔发出最后的～〕最後の雄たけびをあげる.

吼猿 hǒuyuán ⇒〔吼猴〕

〔犼〕 hǒu 回伝説上の犬に似た人を食うという野獣.〔金毛～〕金色の毛の同前:仏や仙人が乗る.

〔**后・後**〕 hòu（I）〔后・後〕①あと(の・に).後方(の・に).うしろ.〔往ー退〕あとへさがる.〔～十名〕あとの10名.〔落 luò 在人～〕人後におちる.〔这件衣裳是～赶着做的〕この服は後から急いで作って間に合わせたものだ. ↔〔前 qián ①〕 ②〔のち(の・に).〔暑假～〕夏休み後.〔日～〕今後.他日.〔～现代〕ポストモダン.〔～工业化时代〕ポスト工業化時代.〔先来～到到〕到着の前後.先着順.〔前 qián 一〕前後(して).〔他走～我才发觉〕彼が立ち去ってからわたしはやっと気づいた. ③〈文〉後継ぎ.子孫.〔不孝有三,无～为大:不孝に三あり,後なきを最大とす. ④〈文〉後にする(なる).遅れる.〔努力工作,向不～人〕仕事に励み,いままで人に遅れをとったことがない.

（II）〔后〕〈文〉君主.②〔后(ㄏㄡˋ)〕①:帝王の妻.〔皇～〕同前.〔妃 fēi①〕→〔扑 pū 克①〕 ④〈姓〉后(ㄏㄡˋ)

后爸 hòubà ⇒〔后爹〕

后半 hòubàn 後半.〔～年〕〔下半年〕後の半年.〔～生〕～辈子〕後半生.〔～月〕月の後半.

后半截儿 hòubànjiér 後半分.後半の部分.

后半晌(儿) hòubànshǎng(r) 同下.

后半天(儿) hòubàntiān(r) =〔〈方〉后半晌(儿)〕午後.後の半日:〔下半天(儿)〕ともいう. →〔下 xià 午〕

后半夜(儿) hòubànyè(r) 夜中:真夜中から夜明けまで.〔下 xià 半夜(儿)〕ともいう.

后碑 hòubēi ⇒〔碑阳〕

hòu 后

后备 hòubèi ①後方の備え.〔~力量〕蓄積してある力.予備力.余力.〔~役 yì〕匣予備役.〔~箱 xiāng〕〔行 xíng 李箱〕(自動車の)トランク.②補欠.〔加选三名为~〕補欠に3名を追加選出する.

后背 hòubèi ①背中.→〔前 qián 胸〕②うしろ側.

后辈 hòubèi ①後輩.年下でキャリアの浅い同僚.→〔前 qián 辈〕〔晚 wǎn 辈〕〔下 xià 辈①〕〔先 xiān 辈①〕②子孫.

后备军 hòubèijūn 匣①予備役軍人.→〔退 tuì 伍〕②予備軍.〔产业~〕産業予備軍.→〔常 cháng 备军〕

后边(儿) hòubian(r) 後ろ(の方).背後.→〔后面(儿)〕

后步 hòubù 余地.余裕.〔留~〕(やりなおしや言い逃れがされるために)あらかじめ余地を残しておく.

后部 hòubù 後の部分.

后舱 hòucāng 船・飛行機の後部船室・後部座席.

后场 hòuchǎng 区(テニスコートで)サービスラインとベースラインの間.自コート側.→〔前 qián 场②〕

后撤 hòuchè 撤退する.

后尘 hòuchén〔文〕(車や人の)後に立つ土ぼこり.〈喻〉人のあと.〔步 bù 人~〕〈成〉後塵を拝する.

后厨 hòuchú 調理場の客の目にふれない場所.〔餐馆~的工作〕料理屋の下働き.

后挫力 hòucuòlì ⇒〔后坐力〕

后代 hòudài ①後世.後の世.②子孫.③後代(次の世代).

后灯 hòudēng (自動車の)尾灯.テールランプ.

后殿 hòudiàn〈文〉しんがり(を務める).②前殿の後に建てた殿堂.奥殿.③→〔台 tái 阶(儿)③〕

后凋 hòudiāo 他のものに遅れてしぼむ.〈喻〉最後まで節操をまっとうすること.

后爹 hòudiē→〔口 口 后爸〕〔后父〕〔口〕ままちち.継父:母の後ぞいである義理の父.→〔继 jì 父〕〔义 yì 父〕

后盾 hòudùn=〔仗 zhàng 身〕後ろ盾.〔本国的兵力做他们的~〕本国の兵力が彼らの後ろ盾になっている.

后发制人 hòufā zhìrén〈成〉後の先手:あとから打ってでて相手を制すること.〔先 xiān 发制人〕(先手をとる)の反対のやり方.

后方 hòufāng ①後ろ.後方.②前方:〔前 qián 线〕(前線)に対していう.〔~部队〕後方部隊.〔~勤务〕後方勤務.

后房 hòufáng =〔后楼〕囲特に上海式住宅建築のうち〔正 zhèng 房①〕すなわち母屋の裏側に建てられた家屋.作りはほぼ〔正房①〕と同じ.→〔前 qián 房③〕〔上 shàng 海式楼房〕②⇒〔后罩房〕③古天子・諸侯の側室などの居所.〈転〉側室・妾.

后房水 hòufángshuǐ 生理眼球後部の無色透明の液体.

后妃 hòufēi 皇后と妃嬪(ひん).

后夫 hòufū 二度目の夫.継夫.

后福 hòufú 未来のあるいは晩年の幸福.

后父 hòufù ⇒〔后爹〕

后付 hòufù 後払い(する).

后阁 hòugé 宮殿・寺院などの奥にある小楼.

后跟(儿) hòugēn(r) かかと.靴や靴下のかかと.

后宫 hòugōng =〔后庭〕①囲後宮:宮中で天子の〔妃 fēi 嫔〕たちの住む区画.また〔妃嫔〕をいう.

后钩儿 hòugōur ①し残しておいた事.②音声の余韻(x).〔唱了一声,拉下长长的~〕一声歌って長い余韻を残した.

后顾 hòugù ①後々の心配.〔~之忧〕後顧の憂い.②振り返る.回顧する.〔~与前瞻〕回顧と展望.

后柜 hòuguì ⇒〔内 nèi 柜①〕

后滚翻 hòugǔnfān 区(床(xx)運動の)後転.

后果 hòuguǒ 後の悪い結果をいう.〔~不堪设想〕後の結果は想像にたえないものがある.→〔成果〕

后汉 hòuhàn ①⇒〔东 dōng 汉〕②⇒〔蜀 shǔ 汉〕③囲後漢:朝代名.五代の一.947年~950年.劉知遠が建てた国.

后滑 hòuhuá 区(スケートの)バック.→〔前 qián 滑〕

后话 hòuhuà 後で話すこと.後の話.後記.→〔后记〕

后患 hòuhuàn 後の憂い.〔~无穷 qióng〕将来の災いがいつまでも続く.

后悔 hòuhuǐ 後悔(する).〔~也晚了〕後悔してもおっつかない.〔他~自己结婚仓促,没找准对象〕彼は結婚を急いで相手の選択に失敗した事を後悔した.〔我~不该去〕わたくしは行くべきでなかったと後悔している.→〔失 shī 悔〕

后悔莫及 hòuhuǐ mòjí〈慣〉後悔さきに立たず.

后悔药 hòuhuǐyào〔-儿〕後悔の念をいやす薬.〔事先不小心,等失败了再吃~也来不及了事前に注意を怠って,失敗してからしまったと悔やんでもおっつかない.〔~没处买去〕後悔してもどうにもならぬ.

后会有期 hòuhuì yǒuqī〈成〉再会の時がありましょう.そのうちまたお目にかかりましょう:別離をなぐさめる言葉にも使う.

后婚 hòuhūn〔-儿〕再婚(する),またその女性のことをいう:〈文〉再醮 jiào〕に同じ.

后脊梁 hòujíliang 背中.

后记 hòujì (書物などの)後記.あとがき.

后继 hòujì 後継ぎ.〔~人选〕後継者の人選.〔~有人〕〈成〉前赴後継者がつき進めば後が続く.〔前赴 fù ~〕〈成〉前赴後継者がつき進めば後が続く.〔~乏人〕〈成〉後継者がいない.

后架 hòujià 後ろの荷台.〔自行车〕自転車の荷台.

后角 hòujiǎo=〔间 jiàn 隙角〕〔隙 xì 角〕工 隙間角:切削用具(刃物)と被切削物の間にもたせるすきまの角度.

后脚 hòujiǎo あとの足.うしろ足.〔前脚一滑,~也站不稳了〕先に踏みだした足が滑ると,後の足もぐらつきだ.〔-儿〕一歩おくれて.すぐ後.〔我前脚进大门,他~就到了〕私が門を入ると彼はすぐ後からやってきた.

后街 hòujiē ①裏側の町.②家の後ろの通り.裏の通り.

后金 hòujīn 囲後金:清の初期の国号.→〔清 qīng ①〕

后襟 hòujīn 衣服の背.身手頃:背にあたるところ全部を指す.〔后身②〕ともいう.↔〔前 qián 襟〕

后进 hòujìn ①〈文〉後進.後輩.②遅れている(人・単位).進歩の遅い(人・単位).〔~赶 gǎn 先进〕後の雁が先にたつ.→〔先 xiān 进〕

后劲 hòujìn〔-儿〕①事後の効果.後から効く力.〔黄 huáng 酒~大〕黄酒は後からうんと酔いが回る.②後半の努力.最後のがんばり.

后晋 hòujìn 囲後晋:朝代名.五代の一.936年~946年.石敬瑭が後唐を滅ぼして建てた国.

后景 hòujǐng (絵・写真などの)背景.

后空翻 hòukōngfān 区(体操の)後方宙返り.

后昆 hòukūn〈文〉後代の子孫.

后来 hòulái ①以後.後ほど.それから:過去のことについて述べ,今後または予想している時に用いる.〔~呢?〕その後は?〔~再没买过你们的东西〕その後便りがない.〔我本想学历史,~学中文了〕わたしはもともと歴史を勉強するつもりだったが,その後中国語を学ぶ事になった.→〔以 yǐ 后〕②後から来る.〔~人〕後継者.

后進.
后来居上 hòulái jūshàng 〈成〉遅れたものが,先のものを追い越す者の雁(㌔)が先になる(史記).〖我们青年人应该~超过老一辈〗我々若い者は古い世代よりもっと前に進まなくてはならない.
后浪推前浪 hòulàng tuī qiánlàng 後のものが先のものを推してすすめる.〈喩〉新陳代謝して,たえず前進する.
后老婆 hòulǎopó 後妻(㌔).
后脸儿 hòuliǎnr 〈方〉人の後ろ姿.物の後ろ側.
后凉 hòuliáng 史後凉:朝代名.晋代の五胡十六国の一.386年~403年.
后梁 hòuliáng 史後梁:朝代名.⑪→〖梁(Ⅱ)②〗 ⑫→〖梁(Ⅱ)③〗
后溜槽 hòuliūcáo 鉱 バックシュート.→〖溜槽〗
后楼 hòulóu ⇒〖后房①〗
后路 hòulù ①軍行軍の後衛または兵站(㌔)線.②後方.退路.〖切断~〗退路を絶つ.〖扎(㌔)~〗後方をひく場所.〖面临~问题〗今後の身の振りかた.逃げ道.〖后手⑦〗に同じ.〖留~〗逃げ道を残しておく.
后掠翼 hòulüèyì 〈飛行機の〉後退翼.
后轮 hòulún 〈車の〉後輪.
后妈 hòumā =〖后母〗〔〈口〉后娘〕〖晚妈母〗〈方〉晚娘〉〈ロ〉ままはは(対他称).父の後添である義理の母.〖~生的〗連れ子.継母が生んだ子.〈喩〉日陰者.→〖继jì母〕〖义yì母〕
后门 hòumén ①〔入〕裏門.裏口.→〖前qián门 ①〕.②〖~儿〗裏道.逃げ道.〖不要追急了他,还是给他开个~吧〗追いつめてしまわないで,ほら逃げ道をあけてやろう.③〈喩〉インチキ.不正ナルート.手段.〖走~〗裏取引(をする).不正ルート(手段)である.〖杜絶~〗裏からのコネを断つ.〖走上了大学〗大学へ裏口入学した.
后门货 hòuménhuò 〈方〉出どころ(生産地・メーカーなど)のわからない商品.特に盗品.
后面(儿) hòu·miàn(r) ①後方.うしろ側.②あと(で).〖~还有话说呢〗あとに話はまだあるんです.
后命 hòumìng 後から続けて発する命令.
后莫磺胺 hòumò huáng'àn =〔〈音 訳〉马mǎ法尼〕〈音義訳〉薬 ホモスルファミン.→〖磺胺〗
后母 hòumǔ ⇒〖后妈〗
后脑 hòunǎo 生理後脳:延髄・小脳および第4脳室よりなる.
后脑勺(儿) hòunǎosháo(r) 〈方〉後頭部のつき出した部分をいう.↔〖前qián额〕〖脑勺儿〗
后年 hòunián ①明後年.さ来年.→〖今jīn年〕 ②⇒〖明míng年〕
后娘 hòuniáng ⇒〖后妈〗
后怕 hòupà 事後に回想して身震いすること.後になって怖くなる.〖当时我倒没理会,现在想想怪~的〗当時は気がつかなかったが,いま考えるとまたしく身ぶるいがする.→〖前qián怕狼,后怕虎〕
后排 hòupái ①〔入〕劇場の1階正面の後方の席.③〔入〕(バレーボールの)後衛.→〖前qián排〕
后盘 hòupán 商 〖取引所〗の後場(㌔):〖后市〗に同じ.→〖盘⑥〗
后凭 hòupíng 〈文〉後の証拠.
后妻 hòuqī =〖后室〗後妻.→〖填tián房〕
后期 hòuqī ①後期.〖~录lù音〕アフレコ.後日録音.〖~服fú务〕アフターサービス.②〈文〉(予定の)期日に遅れる.
后起 hòuqǐ 〖~之秀xiù〕〈成〉後から出て来た優秀な新人.優れた新進.ルーキー(新人選手).
后墙 hòuqiáng 建 裏の壁.(多くの)北側の壁.
后桥 hòuqiáo 機 (自動車の)後車軸(後軸).

后窍 hòuqiào 〈文〉肛門(㌔)の別称.→〖肛 gāng门〕〖下 xià窍〕
后秦 hòuQín 史後秦:朝代名.晋代の五胡十六国の一.384年~417年.陕西・河南・甘肃にあった.
后勤 hòuqín ①軍後方支援.〖~工作〗後方支援工作:〖前 qián 线〕(前線)に対する補給業務.〖~部〕兵站(㌔)部.〖~基地〕兵站基地.②(企業・学校・団体の)総務・庶務.
后鞦 hòuqiū 馬のしりがい.
后儿(个) hòur(ge) ⇒〖后天〗
后人 hòurén ①後世の人,または子孫.〖前人种树,~乘凉〕前代の人が木を植え,後代の人が涼む:前代の人が苦労すれば後代の人が楽をするたとえ.②人に遅れる.〖捐输不敢~〕(人に)ほどこすことはあえて人後におちない.
后任 hòurèn 後任.
后日 hòurì ①⇒〖后天〗 ②〈文〉将来.後日.
后三角形 hòusānjiǎo duìxíng V字型隊形.
后厦 hòushà 家の後方に設けた廊下.〖前 qián 廊~〕家屋の前の廊下と後ろの廊下.
后晌 hòushǎng 〈方〉午後.〖~时分〕昼過ぎごろ.
后晌饭 hòushangfàn 〈方〉夕飯.〖~饭〕夕飯.
后哨 hòushào 後方で見張りをする者.
后身 hòushēn ①〔入〕ある区域あるいは建造物などの裏側.〖他在这~住〕彼はこの裏に住んでいます.②〖~儿〗うしろみごろ:衣服のうしろみごろ.〖后襟〕ともいう.③〖~儿〗後姿.後影.〖我只看見~,认不清是谁〗わたくしは背中を見ただけなので誰だかはっきりしない.④宗 (仏教で)生まれかわり.〈転〉後身.〖这个大学是有名的私立医科学校的~〕この大学は有名な医学塾の後身です.
后生 hòu·shēng ①(口)1年少後進の者.若者:〖多く男性を指す〗.〖~可畏〕〈成〉後生恐るべし.若者は先輩をしのぐ可能性を秘めている.②若若しい.〔看不出已经五十多岁了,脸庞 páng 真~〕50歳とは見えない,顔は本当に若若しい.
后生女 hòushēngnǚ 〈方〉若い娘.小娘.
后生小子 hòushēng xiǎozi 後輩.若者.青二才:〖后生子〗ともいう.→〖小伙子〕
后生仔 hòushēngzǎi 〈方〉若者.
后生子 hòushēngzǐ ⇒〖后生小子〗
后市 hòushì 商 後場(㌔):〖后盘〗ともいう.
后世 hòushì ①後の世代.将来の世代.〖子孫.③宗 (仏教の)後の世(㌔).来世.
后事 hòushì ①死後の事.死後の始末.葬儀.〖料理~后的始末をする〕.②将来の事.〖前事不忘,~之师〕今後の事を手本とする.〖欲知~如何,且听下回分解〕あとのなりゆきはいかがありますか(知りたかったら)それは次回の講釈にて申しあげます:〖章 zhāng 回小说〕中で毎回の終わりのきまり文句.
后室 hòushì ⇒〖后妻〗
后视镜 hòushìjìng (自動車の)バックミラー(サイドミラー).
后手 hòushǒu ①〖~儿〗あとで.後刻.〖〈方〉后首①〗〖后手里〕ともいう.〖~再说吧〕〖罗・風2〕また相談しましょう.②〖~儿〕備え.予備.③回後任(者).後継(者).④経 一番目の人から手形を引きついだ人.手形の引受人,手形の受取人.⑤〖这一着儿走错了,就变成~了〕この一手をまちがえたので,後手になってしまった.↔〖先 xiān 手〕⑥後ろ手.⑦〖~余地.逃げ道.〖要是不~将来有事就难应付了〕もし逃げ道を残しておかなかったら,将来事がおきたとき対処できない:〖后路③〕に同じ.
后首 hòushǒu ①同上〖.②(順次)後ろに.
后手里 hòushǒuli ⇒〖后手①〕

hòu

后熟 hòushú 〘農〙後熟.〔~作用〕採取後,果物の渋味を取りる過程をいう.

后蜀 hòushǔ 〘史〙後蜀:五代十国の一.934年~965年.孟知祥が蜀に拠って建てた国.

后嗣 hòusì ＝〔后裔〕〔后胤〕後を継ぐ者.後継ぎ.子孫.

后台 hòutái ①舞台裏.楽屋.〔前 qián 台①〕(舞台)に対していう. ②背後で糸をひいている者.操っている者.黒幕.〔幕 mù 后〕

后台老板 hòutái lǎobǎn 〘旧劇〙(旧劇の)座長:舞台裏の仕事を取り締まる人.〈転〉陰で事態を操る者.黒幕の人物.後ろ盾.

后唐 hòutáng 〘史〙後唐(ﾄｳ):五代の一.923年~936年.李存勖が大梁(開封)に建てた国.〔南唐〕ともいう.

后提 hòutí ⇒〔小 xiǎo 前提〕

后天 hòutiān 〈形〉〔-〕後天的(な).〔~学力〕後天的な(生れつきでない)学力.〔~性免疫〕〘生理〙後天的免疫. ↔〔先 xiān 天〕

后天 hòu·tiān ＝〔后儿〕〔个〕〈文〉后日〕あさって.明後日.〔大~〕明々後日.しあさって.〔大大~〕しあさっての次の日. →〔今 jīn 天〕

后庭 hòutíng ①〔后宫〕 ②〈文〉女官.官仕えの女. ③肛門.臀(ﾄﾞﾝ).〔~赏玩〕〈喩〉男色(をする).ホモ(になる)

后头骨 hòutóugǔ 〘生理〙後頭骨.

后头 hòutou ①(位置・順序の)うしろ.後方.後部. ②以後.その後.〔吃苦在~呢〕苦しみ(苦労)はこれからだよ.

后图 hòutú 〈文〉将来の計画.後のはかりごと.

后土 hòutǔ 〈文〉大地.土地の神.皇天~〕天地の神々.

后腿(儿) hòutuǐ(r) あと足.〔拖~〕〔拉~〕あと足をひっぱる.制約する.

后退 hòutuì 後退する.

后臀尖 hòutúnjiān 〘食〙(食材としての)そともも:動物の尻の肉.

后王 hòuwáng 〈文〉君主.②後継の王.

后卫 hòuwèi ①〘軍〙行軍の時,本隊の警戒に任ずる部隊. ②〘ス〙(ラグビー・サッカーなどの)フルバック.(バスケットの)ガード.(アイスホッケーの)ディフェンス.〔右~〕ライトバック.〔左~〕レフトバック.〔前 qián 卫〕

后魏 hòuwèi ⇒〔魏②〕

后项 hòuxiàng 〘数〙後項.

后效 hòuxiào 将来の効験.後からの効き目.〔以观 guān ~〕以後の態度を観察する.

后心 hòuxīn 背中の中央部.

后行 hòuxíng 後で行う.後から進める.〔先行减租减息,~分配土地〕まず小作料や利息の引き下げを行い,後から土地の分配をする.

后续 hòuxù 後から続く.〔~部队〕後続部隊. ②⇒〔续娶〕

后学 hòuxué 〈文〉後進の学者:学者の謙称.

后燕 hòuyān 〘史〙後燕:朝代名.384年~407年.晋の五胡十六国の一.慕容垂が燕王と称して中山(今の河北定県)に都した.

后言 hòuyán 陰口.〔退有~〕裏で陰口をきく.

后仰 hòuyǎng (頭を)仰向けになる.仰向けになる.〔~壳 ké〕(仰壳)〈方〉同前.

后腰 hòuyāo 腰の後部.〔撑 chēng ~〕後押しする. ②〔~眼儿〕腰の後ろ左右にある神経の集まっているところ.

后叶 hòuyè 〈文〉後世.〔流名~〕後世に名をとどめる.

后遗症 hòuyízhèng ①〘医〙後遺症. ②〈転〉残された

悪い状況.

后尾儿 hòuyǐr 〈口〉①末尾.後尾.〔汽车的~坏了〕自動車の後尾が壊れた. ②後方.〔在~追随〕後ろから追随する.〔他走得慢,落在~了〕彼は歩くのが遅いのでしかりになってしまった.

后羿 hòuyì 〔羿〕

后裔 hòuyì ⇒〔后嗣〕

后阴 hòuyīn 肛門(ﾋ)の別称:〔后窍〕に同じ.

后音儿 hòuyīnr ①弦外の音.言外. ②(味の)あと口.あと味.

后胤 hòuyìn ⇒〔后嗣〕

后影(儿) hòuyǐng(r) 後ろ姿.〔昨天我看见一个人,~像她〕昨日後ろ姿が彼女に似た人を見た.

后园 hòuyuán 家の後ろの庭園.

后援 hòuyuán ①後ろから援助する.〈転〉支援.支持.援助.

后院 hòuyuàn ①〔-〕裏庭.〔院①〕〔中 zhōng 层②〕 ②〈喩〉内部.背後.〔~起火〕〈喩〉足元がぐらついている.内部でいざこざがおこる.〔~之火〕〈喩〉不安材料.

后月 hòuyuè ①⇒〔下 xià 月〕 ②⇒〔下下月〕

后掌儿 hòuzhǎngr 靴のかかとの底皮.

后账 hòuzhàng ①あとでする清算.〔算~〕後で勘定する. ②裏帳簿.

后赵 hòuzhào 〘史〙後趙(ﾁｮｳ):朝代名.319年~351年.晋の五胡十六国の一.石勒が建てたもの.

后罩房 hòuzhàofáng 〈方〉〘建〙〔正房〕(母屋)の後ろにそれに並行して建てられた家屋:〔照 zhào 房〕ともいう.〔正 zhèng 房①〕

后者 hòuzhě 後者.後のもの.↔〔前 qián 者①〕

后肢 hòuzhī ①脊椎動物の後部あるいは下部の2本の足. ②昆虫などの後ろ足.

后周 hòuzhōu 〘史〙後周(ﾁｮｳ):朝代名.⑭五代の一.951年~959年.後漢の隠帝の臣,郭威が民衆に擁されて建てた国.都は汴(現在の河南省開封市). ⑤⇒〔北 běi 周〕

后轴 hòuzhóu 〘工〙後車軸.

后主 hòuzhǔ (末代の君主となる)後継の君主.〔刘 liú ~〕〘人〙蜀漢の劉禅.〔李~〕〘人〙南唐の李煜(ﾕ)

后缀 hòuzhuì 〘語〙接尾語.接尾辞.→〔词 cí 尾〕

后子 hòuzǐ 〈文〉①後継ぎの子. ②後妻の子.

后坐 hòuzuò (弾丸を発射した時の)反動.〔~力〕〔后挫 cuò 力〕〔反 fǎn 冲力〕反動力.〔无 wú ~力炮〕〘軍〙無反動砲.〔~量〕砲身が後退運動する距離.

后座 hòuzuò ①後列の座席.〔~司机〕〈喩〉背後で影響力を行使する人. ②⇒〔货 huò 架子②〕 ③⇒〔尾 wěi 骨〕

〔郈〕 hòu ①古地名:現在の山東省にあった. ②〈姓〉郈(ｺｳ)

〔逅〕 hòu 〔邂 xiè ~〕思いがけず出会う.巡り会う.

〔厚〕 hòu ①〔厚〕の古体. ②〔神~〕〘地〙河南省禹州市の西部にある.

〔鮜・鲘〕 hòu ①⇒〔鳢 hù 〕 ②〔~门 mén〕〘地〙広東省海豊の南にある.

〔厚〕 hòu ①厚い.〔~棉袄〕厚い綿入れ.〔冰冻得很~,не〕氷が厚く張る.↔〔薄 báo ~〕 ②厚さ.〔长,宽 kuān,~〕長さ・幅・厚さ.〔~有三寸〕〔有三寸~〕厚さは3寸ある(3寸の厚さがある).〔冻了不到一厘~〕2寸くもいかく凍っている. ③(数量・利潤・価値)が多い.豊富である.〔送的礼~呢〕贈り物は高価だよ. ④手厚い.大切にする.重視する.〔~养薄葬〕老人に対して生きているうちに手厚くし葬儀は簡素にすること. ⑤こまやか

厚 である．情が深い．〔交情很～〕交わりが厚い．⑥〈転〉(味い)濃い．こくがある．〔味儿很～〕味がなかなか濃い．⑦〈姓〉厚(ɔ̌)

厚爱 hòu'ài ねんごろにする．手厚くもてなす．〔承蒙～〕ご愛顧を蒙る．ご厚情を賜る．

厚薄 hòubó ①厚さ薄さ．〔和这个比～怎么样〕これと比べて厚さはどうですか．②(交情の)厚さ薄さ．→〔亲 qīn 疏〕

厚薄规 hòubóguī ⇒〔方〕飞 fēi 纳 尺〕〔轨 guǐ 距规〕〔方〕塞 sāi 尺〕シックスゲージ．すきまゲージ．すき見ゲージ：厚さの異なる薄鋼板を組み合わせて，すきまに差し込むことで寸法をはかるゲージ．〔飞纳尺〕はフィーラーの音義訳．→〔规①〕

厚诚 hòuchéng 誠実(である)．

厚酬 hòuchóu 多額な報酬．

厚此薄彼 hòucǐ bóbǐ これには厚くし，あれには薄くする．〔喩〕不公平にする．えこひいきをする．

厚赐 hòucì けっこうな物をいただく．けっこうないただき物．〔承蒙～至为感谢〕〔牍〕同様をいただきましてありがとうございます．

厚待 hòudài 優待(する)．手厚いもてなし(をする)．

厚道 hòudao 手厚い(あたたかである)．〔他待 dài 人很～〕彼は人に対して同前．

厚德载福 hòudé zàifú 〈成〉徳ある者に福有り．

厚度 hòudù 厚さ．厚み．

厚墩墩 hòudūndūn 分厚く盛り上がっているさま．〔～的头发〕厚く盛り上がった頭髪．〔天气很冷，人们都穿着～的棉大衣〕大変寒いので，みんな厚ぼったい綿入れの外套を着ている．

厚恩 hòu'ēn 厚い恵み．厚い恩．

厚非 hòufēi 〈文〉ひどく非難する．〔未可～〕〔无可～〕むやみにとがめるわけにもいかない．

厚俸 hòufèng 〈文〉高給．

厚福 hòufú 〈文〉この上ない幸福．

厚抚 hòufǔ 〈文〉手厚く慰める．

厚古薄今 hòugǔ bójīn 〈慣〉古い物を尊び，今の物を軽くみる．〔教师们在研究上普遍存在着一的倾向〕教師たちの研究に古を重んじ，現代を軽んずるという傾向が広く存在している．→〔厚今薄古〕

厚黑 hòuhēi つらの皮が厚く腹黒い．はったりをする．〔你这人怎么这么～呀〕お前さんはどうしてこんなに腹黒いのか．〔小～以处 chǔ 世，大～以治国〕小さいはったりで世に処し，大きいはったりで国を治める．②同前の処世法．〔同前〕〔这事得用～学来对付才行〕これは処世学で学びとって対処しなければならない．

厚厚 hòuhou 分厚い．〔河上结了一层冰〕河に分厚い氷がはった．

厚积薄发 hòujī bófā 〈喩〉巨万の富をためながらもぴりぴりと使う．〈喩〉中身は充実していなければいけないこと．→〔深 shēn 入浅出〕

厚交 hòujiāo つきあいが深い(人)．

厚金 hòujīn 十分な礼金．〔～重聘〕高給で手厚く招聘する．

厚今薄古 hòujīn bógǔ 〈慣〉(学術面で)今を重視し，昔を軽んずる．→〔厚古薄今〕

厚壳树 hòukéshù ⿱ チシャノキ：〔方〕松 sōng 杨〕ともいう．

厚贶 hòukuàng 〈文〉手厚い賜り物．〔多谢～〕けっこうな贈り物をありがとうございました．

厚礼 hòulǐ 手厚い贈り物．

厚利 hòulì ①大きな利益．②⇒〔厚息〕高い利子．

厚脸皮 hòuliǎnpí 鉄面皮である．恥を知らない．〔厚着脸皮说〕厚かましく言う．→〔老 lǎo 脸①〕

厚禄 hòulù 〈文〉手厚い俸給．高禄．〔高官～〕〔官厚禄〕が高く俸給も厚い．

厚貌深情 hòumào shēnqíng 〈成〉表面は篤実であるが内心は知りがたい．〔厚貌深文〕〔厚貌深辞〕ともいう．

厚呢 hòuní ⿱ ①厚いラシャ地．②＝〔厚绒〕〈音義訳〉梅 méi 尔顿呢〕メルトン．

厚皮菜 hòupícài ⇒〔叶 yè 用甜菜〕

厚皮香 hòupíxiāng ⿱ モッコク．

厚朴 hòupò ⿱ カラキホオ．カラコウボク：ホオノキの近縁のモクレン科の落葉高木．樹皮を薬用する．

厚漆 hòuqī 堅練りペイント．〔白 bái 铅～〕亜鉛堅練りペイント．

厚情 hòuqíng 厚情．人を大切にする心．

厚扰 hòurǎo 〈挨〉大変お世話になりました．

厚绒 hòuróng ⇒〔厚呢②〕

厚赏 hòushǎng 手厚い恩賞．

厚实 hòushi 〔口〕①厚い．分厚い．〔这褥 rù 子真～〕この敷き布団はほんとに分厚い．〔炕上厚实实地铺着一层稻草〕オンドルの上にふかふかとわらが敷いてある．②厚くてがっしりしている．③(学問などが)着実でしっかりしている．④豊かである．裕福である．

厚望 hòuwàng 〈文〉①大きな期待．〔不负 fù ～〕期待に背かない．②深く期待する．

厚味 hòuwèi こくがかったうまい味(食物)．

厚诬 hòuwū 〈文〉誹謗を加える．ひどく欺く．

厚息 hòuxī ⇒〔厚利②〕

厚稀纱 hòuxīshā ⿱ ネーシック：インド原産のインドモスリンの一種．〔人造丝 sī ～〕スフモスリン．

厚谢 hòuxiè 手厚く礼をする．

厚蟹 hòuxiè ⿱ アシハラガニ．

厚颜 hòuyán 〈文〉厚顔．鉄面皮．〔～无 wú 耻〕〈成〉厚顔無恥．厚かましくて恥知らず．

厚谊 hòuyì 深い友よしみ．

厚意 hòuyì 心のこもった思いやり．〔多谢你的～〕あなたのご厚意に感謝します．

厚遇 hòuyù 厚遇する．

厚载 hòuzài 〈文〉大地．

厚葬 hòuzàng 手厚く葬(ほうむ)る．盛大に葬儀を行う．

厚泽 hòuzé 〈文〉万物を養う厚いめぐみ．

厚植 hòuzhí ①深く根付く．〔～台湾〕台湾に同前．②優遇育成する．〔～军力〕軍事力を同前．

厚重 hòuzhòng ①厚くて重い．②手厚い．③重々しい．

[侯(矦)] hóu 〔闽 mǐn ～〕⿱ 福建省にある県．→ hóu

[候] hòu ①見張る．待ちうかがう．〔斥 chì ～〕斥侯(する)．偵察(する)．②待つ．〔等 děng ～〕同前．〔稍～一会儿〕ちょっと(しばらく)待つ．〔排 pái 队～检 jiǎn〕列を作って検査を待つ．③〈文〉ごきげんをうかがう．見舞う．〔敬～起居〕謹んでご安否を伺う．④季節の雰囲気．季節の期間．〔～伤 shāng〕季節替わりの流行病．〔季～风〕季節風．⑤古暦法で，五日を１～とする．⑥〔-儿〕(事物の進行の)度合・程度・加減．〔症 zhèng ～〕症状．⑦〈姓〉候(ɔ̌)

候案办结 hòu'àn bànjié 〈公〉裁判の結審を待つ．

候榜 hòubǎng 試験の発表を待つ．

候补 hòubǔ ①候補．〔～党员〕党員候補．〔～中央委员〕中央委員候補．〔～军 jūn 官〕士官候補生．②⿱ 官吏が任官されるのを待つこと．③空席を待つこと．〔～旅 lǚ 客〕キャンセル待ちの客．

候查 hòuchá 尋問を待つ．取り調べを待つ．

候潮 hòucháo 潮(ɔ̌)のさしてくるのを待つ．

候场 hòuchǎng ⿱ (出演者を)(出)(番)を待つ．

候车 hòuchē (乗り合いの)車を待つ．〔～室〕(駅の)待合室．〔～场〕乗車を待つ客のいる所．

候虫 hòuchóng 国候虫(こうちゅう):コオロギ・マツムシなどのように一定の季節に現れるもの.
候船 hòuchuán (乗り合いの)船を待つ.
候风地动仪 hòufēng dìdòngyí 国後漢の張衡の作(132年)といわれる記録に残る最古の地震計.
候馆 hòuguǎn ⇒〔候楼〕
候光 hòuguāng =〔候驾〕〈牘〉おいでをお待ち申しあげます.〔洁 jié 樽~〕粗酒を準備して同前.
候函 hòuhán ①あいさつの手紙. ②手紙を待つ.
候机 hòujī 飛行機を待つ.〔~大楼〕空港ビル.〔~室〕~(大厅)空港のラウンジ.
候驾 hòujià ⇒〔候光〕
候教 hòujiào 〈牘〉ご高説を拝聴したく存じます.
候楼 hòulóu =〔候馆〕駅楼.
候录 hòulù 採用を待つ.採用を予定する.
候脉 hòumài 診察する.脈をみる.
候命 hòumìng 待機する.命令を待つ.
候鸟 hòuniǎo ○渡り鳥.〔旅 lǚ 鸟〕〔时 shí 鸟〕〔随 suí 阳鸟〕〔信 xìn 鸟〕などともいう.〔冬~〕冬の同前.〔留 liú 鸟〕②〈喩〉季節労働者.渡り人夫.
候骑 hòuqí 斥候騎兵.
候缺 hòuquē 阳(暫定的官職での)欠員待ち.
候审 hòushěn 公審問を待つ.
候示 hòushì 〈牘〉ご通知・ご返事・ご指示を待つ.
候温 hòuwēn 五日間の平均気温.→字解⑤
候问 hòuwèn 〈牘〉(起居・安否を)おうかがいする.
候晤 hòuwù 〈牘〉お目にかかれる時を待つ.
候叙 hòuxù 〈牘〉おいでで(お話できる時)を待つ.
候选 hòuxuǎn 阳(有資格者が)任官を待つ. ②候補者名簿にのる.〔~人〕選挙候補者.〔~名单 (選挙)候補者名簿.〔~资 zī 格〕候補者の資格.
候雁 hòuyàn 雁の別称.→〔雁〕
候账 hòuzhàng (みんなの飲食代を)支払う.〔会 huì 账〕に同じ.
候诊 hòuzhěn 診察を待つ.〔~室〕患者控え室.病院の待合室.

〔堠〕 hòu ①国土を盛って作った里程標:5里を〔一~〕という.〔~程 chéng〕〈転〉旅行. ②古代,敵情を探る土塁.

〔鲎・鱟〕 hòu ①魚貝カブトガニ:〔~魚〕はこの通称.〔东方~〕〔中国~〕ともいう. ②〈方〉虹.→〔虹 hóng〕
鲎虫 hòuchóng 魚貝カブトエビの一種:〔水 shuǐ 鳖子〕〔王 wáng 八鱼〕ともいう.
鲎试剂 hòushìjì 毒物検出試薬.
鲎鱼 hòuyú 魚貝カブトガニ(通称)

hu ㄏㄨ

〔乎〕 hū (Ⅰ)〈文〉①文末の助詞.④…か:疑問あるいは反問の語気を表す.〔伤人~〕けが人は出たか. ⑤推測の語気を表す.〔哲人其萎~〕哲人それ病まんか. ⑥感嘆の助詞・感嘆を表す.〔惜~!〕惜しいかな.〔天~〕天よ.②人を呼ぶ際,語気にちょっと加える.〔母~!儿去矣!〕おかあさん,わたし行きますよ. ③接尾語.形容詞・副詞の後に置き修飾語をつくる.〔巍巍~高大无比〕たかだかとして大きく比べものがない.〔确~重要〕確かに大切である.
(Ⅱ)…に,…より:動詞の後に置き介詞として機能する.〔于 yú 〕に同じ.〔合~规格〕規格に合う.〔出~意料〕意表に出る.意想外である.

〔呼(嘑・虖・謼)〕 hū (Ⅰ)①息を吐きだす. ②人を呼ぶ.〔~之即来〕呼べばすぐ来る.〔他不在你就~他吧〕彼がいないならポケベルで呼び出しなさい.〔清~1104〕1104番をおよび下さい.オペレーター呼び出しの録音テープなど. ③いびき.〔他夜里打的~一声音很大〕彼は夜中に大きないびきをかく.
(Ⅱ)〔呼〕〔嘑・虖・謼〕大声で叫ぶ.〔高~口号〕大声でスローガンを叫ぶ.〔次 huān ~〕歓呼(する).喜んで叫ぶ.→〔呼声〕
(Ⅲ)〔呼〕〈擬〉掛け声・風の音など.〔大风~~地刮〕大風がビュービュー音をたてて吹いている.
呼毕勒罕 hūbìlèihǎn 蒙〔胡 hú 毕尔罕〕
呼哱哱 hūbóbō ⇒〔戴 dài 胜〕
呼哧 hūchī〈擬〉激しい呼吸の音.息をきらす音:〔呼蚩〕とも.〔马也累得直~〕馬も疲れてしきりにフウフウいっている.〔累 lèi 得~~的〕疲れてぜいぜい荒い呼吸をしている.
呼叱 hūchì〈文〉しかりつける.〔呵 hē 叱〕に同じ.
呼嗒 hūdā〈擬〉パタパタと風がたてる音.〔忽搭〕とも書く.
呼风唤雨 hūfēng huànyǔ〈成〉①風を呼び雨を呼ぶ:自然を意のままに従える大きな力のたとえ. ②面倒をおこす.騒ぎをおこす.
呼韩邪 hūhányé 澳匈奴(ぎょうど)の〔单 chán 于〕(首長)の名,略して〔呼韓〕ともいう.
呼喊 hūhǎn 呼ぶ.〔大声~〕大声で叫ぶ.
呼号 hūháo 泣き叫ぶ.〔奔跑 běn 走~〕叫びわめいて走り回る.
呼嚎 hūháo 大声で叫ぶ.〔风在~〕風がビュービュー吹いている.
呼号 hūhào ①コールサイン. ②スローガン.
呼和浩特 hūhéhàotè 地フフホト:内蒙古自治区政府所在地.
呼喝 hūhē ①どなりつける. ②大声で呼ぶ.
呼吼 hūhǒu ほえる.〔猛虎~〕猛虎が大きくほえる.
呼噜 hūlū〈擬〉大きなヒューヒューの音.いびきの音. ②程度のひどいことを表す:〔屋里有火炉子热~~的〕部屋の中にストーブがカンカンになっている.〔气~~〕ぷんぷんと怒る.〔脚心~~地热了〕足の裏がかっと熱くなった.
呼唤 hūhuàn 呼ばわる.呼ぶ.呼びかける.〔祖国在~我们〕祖国は我々に呼びかけている.
呼机 hūjī ポケベル.〔寻呼机〕の略称.〔~号(码)〕同前の呼び出し番号.〔~族〕ポケベル族.
呼叽号寒 hūjī háohán〈成〉飢えと寒さに泣き叫ぶ.
呼叫 hūjiào ①(ポケベルなどの)呼び出し.〔~转 zhuǎn 移〕同前の転送. ②叫ぶ.呼ぶ.
呼救 hūjiù 叫んで救いを求める.〔~信号〕SOS.〈転〉救助を求める合図.
呼啦 hūlā〔呼拉〕〔呼喇〕〔忽拉〕〔嗚喇〕とも書いた.〈擬〉①がらがら.〔大树~的一声が崩れたり,大きな人が集散する〕声. ②ひらひら,ぱたぱた:薄片状の物が出す音.
呼啦啦 hūlālā〈擬〉ザーザー.ぱたぱた:水の流れや小鳥の羽根の音.〔呼喇喇〕とも書いた.
呼啦圈 hūlāquān 又フラフープ:〔呼拉圈〕とも書く.〔~运 yùn 动〕同前.
呼啦舞 hūlāwǔ フラダンス:〔呼拉舞〕〔呼啦圈 quān 舞〕ともいう.
呼来唤去 hūlái huànqù〈慣〉いばって人をこき使う:〔呼来喝 hè 去〕ともいう.
呼隆 hūlōng ①〈擬〉(風や飛行機などの)とどろく音. ②(仕事などをする時)掛け声ばかりで真面目にやらないさま.〔干活不要搞大~〕仕事は同前のようにしてはいけない.
呼噜 hūlū〈擬〉①グーグー.〔打~〕〔打呼〕いびきをかく.〔呼呼地打~〕グウグウいびきをかく. ②ビュー

呼呼轷浮戏帪胍忽　　　　　　　　　　　　　　　　　　　　　　　　**hū**

ッ．ヒューッ：物のとぶ音．〔呼嚕嚕〕ともいう．

呼卢喝雉 húlú hèzhì 〔ちょぼくぢ〕：〔卢〕(黒のこま)とか〔雉〕(白のこま)とか掛け声を出してやった．→〔樗 chū 蒲〕

呼牛呼马 hūniú hūmǎ 牛と呼び馬と呼ぶ．〈喩〉ほめようとくさそうと勝手に言わせておく．

呼朋引类 hūpéngyǐnlèi 〈成〉同類を呼び集める．〔引类呼朋〕ともいう．

呼气 hūqì 息を吐く．〔大口～〕ハッと大きく息を吐く．

呼嚷 hūrǎng わめく．

呼扇 hū‐shān 〈口〉(平たくて薄いものを)揺り動かす．(上下に)揺れる：〔呼搧〕〔嘁扇〕とも書く．〔別~被窝〕掛け布団をバサバサさせて風を入れてはいけない．〔老奶奶呼搧着右手说…おばあさんは右手を振りながら言った．→〔搧 shān 忽〕

呼哨 hūshào 口笛．指笛：〔忽哨〕〔嘁哨〕〔胡哨〕とも書く．〔打~〕口笛を吹く．

呼声 hūshēng 呼び声．叫び声．(世論などの)声．〔正义～〕正義の叫び．〔这是出席座谈会的老工人们一致的～〕これは座談会に出席した古参労働者たちの一致した声であった．

呼台 hūtái ⇒〔寻 xún 呼台〕

呼天抢地 hūtiān qiǎngdì 天に叫び(頭を)地をうちたたく．〈喻〉悲痛のはなはだしいさま：〔呼天喊地〕〔呼天唤地〕〔呼天叫地〕〔呼天撞地〕〔抢地呼天〕ともいう．

呼图克图 hūtúkètú 〖宗〗(チベット仏教の)活仏の尊称：蒙古語で不滅の生命をもつ者の意．〔呼土克图〕〔胡 hú 图克图〕とも書く．〔口~活 huó 佛〕は俗称．

呼吸 hūxī 息をする(하다)．吸って吐く．〔~相通〕〈与共〉〈成〉考えが通いあう．利害が通じあう．〔~作用〕呼吸作用．〔~器〕呼吸器．〔~道〕気道．〔~系统〕呼吸器系統．

呼吸之间 hūxī zhī jiān ひと息する間．ちょっとの間．瞬間．

呼啸 hūxiào 〈口〉大声で叫ぶ．〈高く長い音をたてる．〔炮弹在天空中~〕砲弾が空中でビューとうなりをたてた．〔北风~〕北風がびゅうびゅう音をたてている．

呼延 hūyán 〈姓〉呼延(えん)．

呼幺喝六 hūyāo hèliù 〈成〉①〔幺〕とか〔六〕とか掛声を掛けて骰(さい)をふり賭博(とばく)をして騒ぐ．②〈喩〉大声で叫びやたらに威張りちらす．

呼应 hūyìng 呼応する．照応する．〔这篇文章前后不~〕この文章は前後に照応していない．

呼语 hūyǔ 呼びかけ語．

呼吁 hūyù (言葉や文章で)呼びかけ訴える(こと)．アピールする(こと)．〔~书〕呼びかけの文章．→〔号 hào 召〕

呼冤 hūyuān 無実を訴える．

呼噪 hūzào やかましく叫ぶ．がなりたてる．

呼之欲出 hū zhī yùchū 〈成〉①(人物画や文章のできばえが真に迫って)呼べばすぐ〔画(文)の中から出てきそうである．実に生き生きとしている．②(計画などが)まさに実施されようとしている．

呼之即来，挥之即去 hūzhī jílái, huīzhī jíqù 〈成〉呼べばすぐ来るし，手をふればすぐ去る．人を意のままに命ずる．

m 〔烀〕 **hū** 〈口〉半ば蒸すようにして煮る．〔~白薯〕さつまいもを同前．

〔轷・軤〕 **hū** 〈姓〉軤(こ)．

〔滹〕 **hū** 〔~沱 tuó 河〕山西省から河北省に入り子牙河となり，天津で北運河と合流する．

〔戏・戲(戯)〕 **hū** 〔於 wū ~〕嗚呼(をこ)〈文〉ああ：感動詞．→ xì

〔幠・憮〕 **hū** ①〈方〉覆い隠す．かぶせる．〔小苗让草~住了，赶快锄 chú 吧苗に草がかぶさっている，すぐにすきですきなさい．②〈文〉大きい．③〈文〉思い上がった．人を馬鹿にした．

〔胍・膴〕 **hū** 〈文〉古代，祭祀用の大切りの肉や魚肉．

〔忽〕 **hū**（Ⅰ）①突然・にわかに・だしぬけに・いきなり・知らぬ間に(変化する)．〔~已三载 zǎi〕早すでに三とせ．②相反する，また関連する意味の二つの単音の動詞・形容の前に置き，変化の速いことを表す．〔镜大～远～近〕ロングショットだったり(ズーム)アップだったりする．〔电灯～亮～灭〕電球が点滅する．〔工作情绪不要～高～低〕仕事に対する意欲は高低のむらがあってはならない．→〔乍 zhà ②〕

（Ⅱ）ゆるがせ(にする)．おろそか(にする)．〔疏 shū ~〕同前．〔不可~视〕おろそかに見てはいけない．軽視してはいけない．③〈度〉忽(こ)

（Ⅲ）①〈度〉忽(こ)：小数の単位．〔丝 sī ③〕の10分の1，〔毫 háo ⑤〕の100分の1．②(ある単位素で基準単位の)10万分の1を表す．

忽布(花) hūbù(huā) 〖酒 jiǔ 花〗〖啤 pí 酒花〗〖蛇 shé 麻(草)〗〖香 xiāng 蛇麻〗〈音義訳〉 ホップ：クワ科多年生蔓草．多く新疆に産する．〔加~〕ホップを入れる．〔~子 zǐ〕ホップの種子．〔摘 zhāi ~子〕ホップの実を摘む．

忽搭 hūdā 〔哕哕〕

忽地 hūdì すばやく．さっと．たちまち．にわかに：〔忽的〕とも書く．→〔忽然〕

忽而…忽而… hū'ér…hū'ér… 今…であると思うと，またすぐに…である．〔~哭~笑〕今泣いたかと思うともう笑っている．

忽忽 hūhū 〈又〉①失意のよう．〔说是算被儿子拿去了吧，总还是~不乐〕(鲁・Q2)息子に持って行かれたことにしてみても，やはり釈然としない．②粗忽(そ)．不注意である．③たちまち．慌ただしく．〔~一年〕またたく間に1年になる．

忽…忽… hū…hū… …したり…したりする．…したと思うとぐ～．〔~隐~现〕かくれたかと思うとまた現れる．〔~冷~热〕暑かったり寒かったり．〔~南~北〕南かと思えば北に行く．〔灯光~明~暗〕灯火が明るくなったり暗くなったりする．→字解(I)②

忽荒 hūhuāng 空漠(ばく)としたさま．

忽拉 hūlā ⇒〔呼啦〕

忽拉巴儿 hūlābār 〈方〉不意に．突然．〔~放了一枪~不意に(銃を)1発発射した．〔她的脸上~阴暗起来〕(梁・红4)彼女の顔は急にくもった．

忽律 hūlǜ ⇒〔鳄〕

忽略 hūlüè ゆるがせにする．なおざりにする．よく注意しない．見落とす．〔~不计〕無視する．〔把机会~过去〕機会を不注意で見逃す．

忽漫 hūmàn にわかに．突然．

忽米 hūmǐ 〈度〉ミクロン：〔毫 háo 米〕(ミリメートル)の100分の1．〔道(I)②〕に同じ．→〔米 III〕

忽然 hūrán たちまちに．にわかに．突然．〔天~下起雨来了〕にわかに雨が降り出した．〔~间病了〕急に病気になった．〔他~停住不住下说了〕彼は急に(話を)やめて先を言わないった．→〔突然〕

忽闪 hūshǎn ぱっと明るく光る(さま)．〔~一亮，闪光弹从黑暗的天空忽悠忽悠地降下来了〕ぴかっと光って照明弾が真っ暗な空からゆらりゆらりと地上

へ落ちて来た.
- **忽闪** hūshan （目が）きらめく.きらきらする.ぴかぴか光る.〔眼睛～～地眨 zhǎ了几下〕目をパチパチと幾度かまばたきした.
- **忽哨** hūshào ⇒〔呼哨〕
- **忽视** hūshì ないがしろにする.〔不可～的力量〕軽視できない力.
- **忽悠** hūyōu 〈口〉はためく. 揺れる.〔一杆大旗,风吹得直～〕一さおの大旗が風に吹かれてずっとゆらゆら動いている.〔渔船上的灯火～～的〕漁船のあかりがゆらゆらしている.

〔昒〕
hū〈文〉（夜明け前の）空の暗いこと.〔～爽 shuǎng〕～昕 xīn〕黎明.

〔淴〕
hū 水の流れるさま.
- **淴泱** hūyāng 水がどっと流れるさま.人々がどっと出てくるさま.
- **淴浴** hūyù 入浴（する）

〔惚〕
hū →〔恍 huǎng 惚〕

〔唿〕
hū〈擬〉ヒューヒュー.ビュービュー:指笛や風などの音.〔风～～地刮〕風がヒューヒューと吹く.
- **唿喇** hūlā ⇒〔呼啦〕
- **唿喇喇** hūlālā〔白〈擬〉物が出る大きな音:〔忽喇喇〕とも書く.
- **唿扇** hū·shan ⇒〔呼扇〕
- **唿哨** hūshào ⇒〔呼哨〕

〔㧑〕
hū
- **㧑𬶨** hūlū〔白〈鳄(è)〉:〔忽律〕とも書く. →〔鳄 è (鱼)〕

〔糊〕
hū （ねばついたもので）すきまや穴などを塗りつぶす.〔墙上有个窟窿,用泥把它～住〕壁に一つ穴があったので,泥でそれを塗りつぶす.〔～缝儿 fèngr〕合わせ目を塗りつぶす.〔疮口被脓血～住〕傷口が膿血でふさがれる. → hú hù

〔囫〕
hú
- **囫囵** húlún 丸ごと.完全に.そっくりそのまま.ごっちゃに.〔～个觉 jiào〕一度も目を覚まさずに自然と目が覚めるまで眠ること.
- **囫囵个儿** húlúngèr〈口〉そっくり.丸ごと.〔孩子乏得～睡着了子供は疲れてそのまま眠ってしまった.
- **囫囵吞枣** húlún tūnzǎo なつめを丸のみにする.〈喩〉物事をよく分析せずうのみにする.〔继承文化遗产,～,不重要经过批判,不能～全盘接受〕文化遗产を受け継ぐ場合は必ず批判的でなければいけない,一切合切をうのみにしてはいけない.
- **囫囵著** húlúnzhe 丸ごと.ひっくるめて.おおざっぱに.〔～吞下去〕丸のまま飲みこむ.

〔和〕
hú マージャンで,牌がそろって上がる:〔胡〕とも書く.〔摸了张白板来,～了〕パイパンをつもったので上がりになった. → hé hè huó huò
- **和底** húdǐ あがりの基準点数をいう:〔胡底〕とも書く.〔加～〕〔加贺员儿〕組合わせによる得点を同時につけ加えること. →〔听 tīng 牌〕

〔胡・鬍（衚）〕
hú （I）〔胡〕① 国中国の北方及び西方辺地の遊牧民族;秦漢では〔匈 xiōng 奴〕といった. →〔五 wǔ 胡〕 ② 国外来（北方及び西方から）の意. ③〔胡琴〕の略.〔二～〕胡弓の一種. ④でたらめに.むやみやたらに.めちゃくちゃに.いいかげんに. ⑤〈姓〉胡(¨)
（II）〔胡〕〈文〉何のために.どうして.〔～不归〕どうして帰らないのだ.

（III）〔鬍〕口ひげ.〔连鬓 bìn ～子〕ほおひげ.〔两撇儿 piěr ～〕〔八字～〕八字ひげ.〔留～子〕ひげをはやす.
（IV）〔衚〕→〔胡同(儿)〕

- **胡毕尔罕** húbì'ěrhǎn 国（チベット仏教で）活仏が死後,転世して現れること.またこのように活仏を定めること〔呼 hū 毕勒罕〕ともいう（蒙古語）.〔自在转生〕（自在に化身する）の意.
- **胡编乱造** húbiān luànzào 作り話を作る.
- **胡碴(儿)** húchá(r)〔胡茬(儿)〕とも書く. ①ぶしょうひげ. →〔胡子碴儿〕 ②短くて硬いひげ. ③身についている古い立ち遅れ.古い考え方.〔咱要翻身嘛,就得拔～〕(丁・太) 我々は立ちあがろうというんだ,古い立ち遅れた考えは抜き捨てなけりゃ.
- **胡柴** húchái〔白〕でたらめを言う.
- **胡搀乱对** húchān luànduì むやみに混ぜものをする.でたらめに混ぜ合わせる:〔对〕は〔兑〕とも書く.
- **胡缠** húchán むやみにからみつく.うるさくつきまとう.からまりあってはっきりしない.〔一味～〕一途につきまとう.
- **胡扯** húchě ①⇒〔胡说〕 ②世間話をする.雑談をかわす.
- **胡吃海塞** húchī hǎisāi〈慣〉やたらにつめ込む（食べる・飲む）. →〔胡海喝〕〔胡吃海花〕
- **胡吃闷睡** húchī mènshuì〈慣〉食ったり寝たりするだけで過ごす.
- **胡臭** húchòu →〔狐臭〕
- **胡传** húchuán でたらめな事を伝える.
- **胡床** húchuáng →折りたたみ式の腰掛け. →〔马 mǎ 扎〕 ②⇒〔交 jiāo 椅〕
- **胡吹** húchuī だぼらを吹く.〔～一通〕ひとしきりほらを吹く.
- **胡吹乱打** húchuī luàndǎ でたらめに・やかましく・調子はずれに,楽器を吹いたりたたいたりする.
- **胡达** húdá〈音訳〉国（イスラム教の）フダー（ペルシャ語）:アラーのこと. →〔安 ān 拉〕
- **胡底** húdǐ ⇒〔和底〕
- **胡蝶** húdié →〔蝴蝶〕
- **胡豆** húdòu 国①ニワフジ（イワフジ）:観賞植物の一種. ②〔蚕 cán 豆〕（ソラマメ）の別称.
- **胡儿** hú'ér 国北方及び西方の異民族の蔑称:戯曲・小説の中に多く用いられた.
- **胡匪** húfěi ⇒〔胡子②〕
- **胡粉** húfěn ごふん.白堊(¨):炭酸カルシウムから成る粉で,天然に多く産出する.
- **胡蜂** húfēng =〔壺蜂〕国スズメバチ（総称）〔马 mǎ 蜂〕;(俗に熊蜂という)は通称.〔金环～〕スズメバチ.〔黄边～〕モンスズメバチ. →〔木 mù 蜂〕
- **胡服** húfú 国北方及び西方の異民族の服装.〔～骑 qí 射〕国戦国時代,趙の武霊王が北や西の異民族の服装と騎馬術を導入し強大な騎兵軍団を作ったこと.〈喩〉外部(他人)の長所を導入する.
- **胡搞** húgǎo 勝手に（でたらめに）する.〔跟別の女人～〕他の女とみだらな関係をもつ.
- **胡瓜** húguā ⇒〔黄 huáng 瓜〕
- **胡胡** húhu →〔胡琴(儿)〕
- **胡花** húhuā むだづかいする.
- **胡话** húhuà たわごと.でたらめな言葉.うわごと.〔他烧得直说～〕彼は熱にうかされてしきりにうわごとを言う.
- **胡黄连** húhuánglián =〔胡连〕国コオウレン:ゴマノハグサ科多年生草本.根茎がきわめて苦く薬用される. →〔黄连〕
- **胡混** húhùn ①その日暮らしをする.無為に日を送る. ②よくない事やみだらな事をする.
- **胡墼** hújī〈方〉日干し煉瓦:〔胡基〕〔胡期 qī〕ともい

胡　　　　　　　　　　　　　　　　　　　　　　　　　　hú

う.

胡椒 hújiā 古代,北方の異民族の笛:あしの葉を巻いて作ったもの.単に〔笳〕ともいう.

胡椒 hújiāo 植コショウ.〔~面儿〕〔~粉〕胡椒の粉.〔~八百斛 hú〕〈喩〉賄賂(ゟ)をむさぼること.〔没有~面儿,不算是馄饨〕胡椒の粉がなくては馄饨(ﾁ)とはいえない.〈喩〉物は一品欠けてもいけない.

胡椒鲷 hújiāodiāo 魚貝コショウダイ:イサキ科.

胡搅 hújiǎo ①やたらに騒ぐ.ばか騒ぎをする.茶々を入れる.②横紙破りをする.無茶な強弁をする.

胡搅蛮缠 hújiǎo mánchán =〔死 sǐ 搅蛮 缠〕〈慣〉むやみにごてつく.うるさくじゃまする.やたらにからむ.

胡侃神聊 húkǎn shénliáo 〈慣〉でまかせを言う.とりとめなくしゃべる:〔神聊侃侃〕ともいう.

胡克定律 húkè dìnglǜ〈音義訳〉物フックの法則:イギリスの物理学者フックが1678年発見した弾性に関する法則.

胡箜篌 húkōnghóu ⇒〔竖 shù 箜篌〕

胡拉 húlā〈方〉①はらい落とす.軽くなじる.横にはらう.〔把土~掉〕ほこりを払い落とす.②口にかきこむ.〔我把这口饭~进去就走〕私はご飯をかきこんですぐ行く.

胡来 húlái ①考えなしにやる.きまりを乱す.〔还是按部就班地做好,别~〕やはり一歩一歩順序を立ててやった方がよい,考えなしにやってはいけない.②でたらめにやる.いい加減にする.

胡赖 húlài ①出まかせを言って人をおとし入れる.②なりふりかわまずしらを切る.ぬれぎぬを着せる.

胡里胡涂 húli hútú ⇒〔糊里糊涂〕

胡连 húlián ⇒〔胡黄连〕

胡房 húfáng ⇒〔匈 xiōng 奴〕

胡噜 hūlu〔胡橹〕とも書く.〈方〉①なでる.さする.〔他的头疼了,你给他~~〕頭をぶつけて痛がっているようだから,なでてやりなさい.②払うようにしてかきのける.かき集める.〔把橘子皮~到簸 bò 箕里〕みかんの皮をちりとりにかき集める.〔顶棚上的灰都给~下来〕天井のほこりもすっかり払い落としなさい.③手広く活動する.〔有什么事给~着点儿〕何か仕事があったら(それをこちらへくれるように)世話してください.

胡乱 húluàn ①みだりに.でたらめに.〔不可~怀疑别人〕やたらに人を疑ってはいけない.②まにあわせに.間にあわせる.そそくさと.〔~买些东西来充饥〕間にあわせに何か買って来て腹の足しにする.〔他~吃了几口饭又下地去了〕彼は食事もそこそこにまた野良へ出かけた.

胡…乱… hú…luàn… …めちゃくちゃに…する.〔~打~用〕(鳴るものを)むちゃくちゃにたたく.〔~花~用〕むだづかいをする.

胡萝卜 húluóbo =〈方〉红 hóng 萝卜①〈方〉红菜头〕植ニンジン.〔~人 rén 参〕

胡萝卜素 húluóbo sù =〔橙 chéng 黄 素〕〔叶 yè 红素〕化カロテン(プロビタミンA).→〔维 wéi 生素〕

胡麻 húmá 植①芝麻①(ゴマ)の学名.②亚 yà 麻〕(アマ・アカゴマ)の別称.

胡麻(籽)油 húmá(zǐ)yóu =〔亚 yà 麻(籽)油〕

胡母 húmǔ〈姓〉胡母(ﾎﾞ)

胡闹 húnào むやみに騒ぐ.でたらめをやる.〔净是~〕でたらめばかりやっている.→〔乱 luàn 弹琴〕

胡闹八光 húnào bāguāng〈慣〉むやみに騒ぎ立てる.よからぬことをするさま.

胡鲇 húnián 魚貝ヒレナマズ:〔胡子鲇〕ともいう.

胡弄 húnòng でたらめにやる.もてあそぶ.

胡琴(儿) húqin(r) =〈口〉胡噯〕音胡弓(ｷｭｳ):北方から伝わった楽器名.棹(ｻｵ)も胴も竹製で,胴の表に蛇皮をはる.弓は竹製で弓のつるは馬の尾の毛を使い,2弦の間を通して,こすり合わせて鳴らす.→〔二 èr 胡〕〔京 jīng 胡〕

胡吣 húqìn〔胡唚〕とも書く.〈方〉でたらめ.でまかせ:〔呛〕は犬猫の嘔吐の意,でたらめな話を罵って言う.〔别听他~〕彼のでたらめを聞いてはいかん.

胡人 hùrén 旧北方及び西方の異種族.

胡日鬼 húriguǐ〈方〉めちゃくちゃ・でたらめにすること.不真面目にやる.

胡哨 húshào ⇒〔呼 hū 哨〕

胡梳(儿) húshū(r) ひげをすくくし.

胡说 húshuō =〔胡扯〕でたらめ(を言う).放言(する).〔别~〕でたらめを言うな.〔~八道〕〔~霸道〕〈白〉~白道〕〈慣〉口にまかせてでたらめを言う.→〔乱 luàn 弹琴〕

胡思乱想 hú sī luànxiǎng〈慣〉あれやこれやとやみくもに思い巡らす.

胡荽 húsuī ⇒〔香 xiāng 菜〕

胡孙 húsūn ⇒〔猢狲〕

胡孙眼 húsūnyǎn =〔桑 sāng 黄〕植サルノコシカケ:木質のキノコの一種.

胡桃 hútáo ⇒〔核 hé 桃〕

胡桃楸 hútáoqiū 植マンシュウグルミ.

胡天胡帝 hútiān húdì〈文〉法外.べらぼう:〔胡天胡地〕とも書く.〔~的价格〕法外な(べらぼうな)価格.〔~肆到无忌惮〕もってのほかでたらめをやり,誰はばかることもない.

胡桐 hútóng 植テリハボク.テリハノキ.〔海 hǎi 棠果〕〔红 hóng 厚壳〕ともいう.

胡桐泪 hútónglèi中医〔胡杨〕の樹脂:解熱・解毒・痛み止め剤として用いられる.

胡同(儿) hú·tòng(r) 小路.横町.路地:〔街 jiē 筒(子)〕とか,ややや広いのを〔道〕とかいう.〈口〉固有名詞の場合は儿化はしない.〔胡同口儿〕小路の入口.〔~里赶驴〕路地の中でロバを急がせる.〈喩〉直進して外に出られないこと.〔死~〕袋小路.〔~串 chuàn 子〕横町の行商人.→〔叫 jiào 卖〕〈方〉里 lǐ 弄〕〈方〉巷 xiàng ①〕

胡涂 hútu ⇒〔糊涂〕

胡颓子 hútuízǐ ①植ナワシログミ:常緑樹.②中医同科の果実:下痢どめに用いる.

胡须 húxū ひげ:ロひげとあごひげ.

胡言 húyán でたらめ(を言う).でまかせ(を言う).〔一派~〕全くでたらめだ.〔~乱 luàn 语〕〈方〉喝 hè 五道六〕〈慣〉でたらめの話(をする).うわごと(を言う).ばかげたこと(を言う)

胡羊 húyáng 外来種の羊.

胡杨 húyáng 植ナガバドロノキ:ヤナギ科の植物.〔~碱 jiǎn〕同樹の葉からとる塩.

胡掖 húyè〈姓〉胡掖(ﾖ)

胡怡 húyí ⇒〔糊涂〕

胡支乱花 húzhī luànhuā〈慣〉でたらめに金銭を支出し,使う.

胡枝子 húzhīzǐ 植ヤマハギ.

胡志明市 húzhìmíng shì 地ホーチミン市:ベトナム南部の都市.旧称〔西 xī 贡〕(サイゴン).

胡诌 húzhōu でたらめをいう.出まかせを言う.〔~白啊〕〔~八扯〕〔~八咧〕〈方〉同前.〔~了一大堆理由〕あれこれと理由を述べたてる.

胡子 húzi ①ひげ.〔~碴儿 chár〕〔~茬儿 chár〕ぶつりひげ.〔~叭巴碴〕〔~八叉〕同前がのびているさま.〔~越 yuè 剃越长〕〈喩〉悪の芽はいくら取っても無くならない.〔~生 shēng〕(旧)長いひげをつけている老人役.〔~兵〕老兵.〔~工程 chéng〕

hú 胡湖葫猢煳瑚鹕糊

だらだらして進まぬ工事・プロジェクト.→字解(Ⅲ)②=〔胡匪〕〔胡贼〕〈方〉土匪. 馬賊.

胡子拉碴 húzi lāchā ひげもじゃのさま. ひげぼうぼうのさま.〔满脸～的〕顔中ひげぼうぼうだ.

胡子眉毛一把抓 húzi méimáo yībǎ zhuā ひげもまゆ毛も一緒につかむ.〈喻〉何もかもいっしょくたにする.

胡子鲇 húzinián ⇒〔胡鲇〕

胡作非为 húzuò fēiwéi〔成〕でたらめや非道な行為(をする).〔侵略军到处～〕侵略軍はいたる所で悪の限りを働いた.

〔湖〕 hú

①湖. 池. 沼. ②地〔浙江省〕湖州市の略称. ③地湖北・湖南を指す.〔两～〕同前.〈丝 sī〕同前産の生糸.〈姓〉湖(ゞ)

湖北大鼓 húběi dàgǔ →〔大鼓〕

湖笔 húbǐ 浙江省湖州産の毛筆:安徽省徽州産の墨とともに.〔～徽 huī 墨〕といわれる.

湖滨 húbīn 〔湖のほとり.〕

湖汊 húchà 湖の入り江.

湖床 húchuáng 湖底.

湖荡 húdàng 湖沼.

湖光 húguāng ①湖水のきらめき. ②湖の風光.

湖光山色 húguāng shānsè〔成〕山紫水明の景色.〔～尽收眼底〕同前を一望のうちにおさめることができる.

湖广 húguǎng 地湖北・湖南の長江中流域をいう:元代に広東・広西を入れて〔～〕と言ったが, 明代に広東・広西が省れ清代に湖北・湖南に分け, 名の存在した.〔～兑督〕湖広総督.〔～熟 shú 天下足〕〈諺〉湖北・湖南が豊作であれば天下は満ち足りる.

湖剧 hújù 地浙江・湖州一帯に広く行われる芝居.

湖蓝 húlán ①〈喻〉湖水. ②〔湖水色〕色ブリリアントブルー(の). ライトブルー(の).〔酸性水色〕医酸性ブリリアントブルー, パテントブルーなど.

湖绿 húlǜ 色浅黄緑色(の)

湖畔 húpàn 湖畔.

湖泊 húpō 湖の総称.

湖区 húqū ⇒〔行 xíng (蓄) 洪区〕

湖色 húsè 色淡緑色(の). 水色(の).→〔西 xī 湖色〕湖水の色.

湖石 húshí〔太 tài 湖石〕の略.

湖水色 húshuǐsè ⇒〔湖蓝②〕

湖滩 hútān 湖畔の砂地.

湖田 hútián 湖沼の周囲の一部を堤で囲った水田.

湖心 húxīn 湖心. 湖の中心.〔～亭 tíng〕湖水などの中に建てた亭(ゞ)

湖羊 húyáng 湖羊:太湖流域に分布する綿羊の優良種.

湖泽 húzé 湖沼.

湖贼 húzéi 旧洞庭湖・太湖などの土匪.

湖沼 húzhǎo 湖沼.

湖绉 húzhòu 浙江省湖州に産する絹織物.

〔葫〕 hú

①植ニンニクの古名.〔～蒜 suàn〕〔大蒜〕同前:西域から伝わったことからいう.〈姓〉湖(ゞ)

→〔葫芦〕〈姓〉湖(ゞ)

葫芦 húlu 植①ヒョウタン. ふくべ. またその果実:胴のくびれたのを〔蒲 pú 芦〕, 細長いのを〔棒 bàng 子～〕, 扁円形(ゞゞゞ)のを〔瓢 piáo ～〕という.〔～藓 xiǎn〕ヒョウタンゴケ.〔～案 àn〕〈喻〉迷宮入りの事件.→〔瓢 hù 子〕〔瓢①〕 ②旧魔よけのため門に貼られたひょうたん形に切った赤い紙.〔旧式の木製滑車.〔～滑 huá 车①〕 ③〔糖 táng 葫芦 (儿)〕

葫芦冰 húlubīng 樹氷.〔～的枝条, 向树干周围伸张, 像一座大的宝盖〕樹氷の木の枝は周りに伸びて

あたかも大きな天蓋(ゞ)のようだ.

葫芦药 húluyào〈喻〉理由. わけ.〔不知葫芦里卖的什么药〕ひさごの中からどんな薬を(とり出して)売るものかわからない.〈喻〉どういう魂胆かわからない.

葫蔓藤 húmànténg ⇒〔钩 gōu 吻①〕

〔猢〕 hú

猢狲 húsūn 動アカゲザル. アカクザル:オナガザル類のマカカ属サルの通称.〔胡孙〕とも書く.〔孫 mí 猴〕に同じ.〔树倒～散〕木が倒れればさるは逃げる.〈喻〉ボスが倒れれば手下の者も散ってしまう.→〔猴hóu〕〔猿 yuán〕

猢狲袋 húsūndài →〔颊 jiá 嗛〕

猢狲人布袋 húsūn rù bùdài さるが布の袋に入る.〈喻〉拘束されて勝手な活動ができない. 野性を拘束されること.

猢狲王 húsūnwáng 旧村塾の教師の蔑称.

〔煳〕 hú

=〔糊(Ⅲ)〕(煮たものや焼いたものが)焦げる.〔～焦 jiāo〕同前.〔馒头烤 kǎo ～了〕マントウが黒焦げになった.=〔焦 jiāo①〕

煳味 húwèi =〔煳味〕焦げ臭いにおい.

〔瑚〕 hú →〔珊 shān 瑚〕

瑚琏 húliǎn 旧祭祀をする時の穀物を盛る器.〈喻〉国家有用の人材.

〔鹕・鶘〕 hú〔鹈 tí ～〕鳥ペリカン(ガランチョウ):〔塘 táng 鹅〕は別称.

〔糊(粘・餬)〕 hú (Ⅰ)〔糊①〕のり.〔糊 jiàng ①〕のりで紙を貼る.〔～顶棚〕天井に紙を貼る.〔贴 tiē (Ⅰ)①〕と同じである. 不明である. はっきりしない.〔模～〕はっきりしない. (Ⅱ)〔粘・餬〕〈文〉かゆ状の食品.〔棒子面～〕食とうもろこしの粉の同前. ②かゆをする.〈転〉口すぎること. 生計を立てる.〔～不上一个月〕一か月も暮らしていけない. (Ⅲ)〔煳〕焦げる.

糊裱匠 húbiǎojiàng ⇒〔裱糊匠〕

糊糊 húhu =〔稀 xī 糊糊〕〈方〉食小麦粉や高粱(ゞゞゞ), とうもろこしなどの粉で作った糊状のもの:貧しい人の食べもので, 塩を入れたもの, 甘いのがあり, 何も入れないこともある.

糊精 hújīng 〔デキストリン.

糊口 húkǒu 口を糊する. どうにか生計を立てる.〔做个小买卖, 暂时～〕小商売をして一時の生計を立てる.

糊里糊涂 húli hútú〔慣〕ばかである. 事理をわきまえない:〔胡里胡涂〕とも書いた.〔～地混日子〕意味のないばかげた生活をする.

糊料 húliào 増粘剤. のり剤.

糊米茶 húmǐchá〈方〉炒った高粱を煮出した汁.

糊枪头子 hú qiāngtóuzi〈方〉銃の先を血糊だらけにする. 銃のまとにする. 銃殺する.

糊墙 húqiáng 壁に壁紙を貼る.〔～纸〕壁紙.

糊涂 hútu =〔胡突〕〔胡突〕とも書いた.〔糊涂突〕とも書く. ①あいまいである. こんがらがっている. はっきりしない.〔越想越～〕考えれば考えるほどわからなくなる.〔你气～了吧〕怒って同前になっているのだろう.〔我老了, 老～了〕わしは年をとったので, もうろくしたよ.〔～账 zhàng〕ごちゃごちゃになっている帳簿 (または勘定).〈転〉こんがらがっている事情. ②愚かである. 事理をわきまえない.〔～虫〕=〔蛋 dàn〕～人〕〈罵〉ばか. ばか者.〔装～〕ばかのふりをする. とぼけた.〔～事儿〕=〔胡涂事〕. 〔我真～啊ぼくはほんとばかだった.↔〔聪 cōng 明〕

hú

糊味 húwèi ⇒〔胡味〕

〔蝴〕 hú

蝴蝶 húdié 🖫チョウチョウ:〔胡蝶〕とも書いた.→〔蝶〕
蝴蝶斑 húdiébān 顔面のしみ.
蝴蝶骨 húdiégǔ 生理蝴蝶(ちょう)骨.
蝴蝶花 húdiéhuā =〔紫zǐ蝴蝶〕①シャガ:アヤメ科.多年生常緑草本.〔菖 chāng 兰〕ともいう.②〔三 sān 色堇〕(三色スミレ)の俗称.
蝴蝶芙蓉 húdié fúróng 植ヤブテマリ:落葉低木.〔蝴蝶戏珠花〕ともいう.
蝴蝶结 húdiéjié ①〔领 lǐng 结〕 ②同下①.
蝴蝶扣儿 húdiékòur ①=〔蝴蝶结②〕〔蝶結び〕②🖫中国式上着の蝶形ボタン.
蝴蝶瓦 húdiéwǎ ⇒〔小 xiǎo 青瓦〕
蝴蝶鞋 húdiéxié 蝶の模様のついた中国靴.
蝴蝶装 húdiézhuāng 🖫(製本の)胡蝶(ちょう)装.

〔醐〕 hú →〔醍 tí 醐〕

〔狐〕 hú

①動キツネ:〔~狸 li〕は通称.〔白~〕シロギツネ.〔银 yín ~〕ギンギツネ.〔火~〕アカギツネ.②〈姓〉狐(こ)
狐白 húbái きつねのわきの下の皮:毛が純白ですこぶる珍重される.〔~裘 qiú〕同前の皮を集めて作った皮ごろも.
狐步舞 húbùwǔ フォックストロット:社交ダンスの一.〔跳~〕同前を踊る.
狐臭 húchòu =〔狐腋〕〔狐臊〕〔方〕猪 zhū 狗臭 わきが:〔腋 yè 臭〕に同じ.〔胡臭〕とも書いた.〔~粉 fěn〕わきが止めパウダー.
狐蝠 húfú 動オオコウモリ(総称).〔大~〕インドオオコウモリ.
狐猴 húhóu =〔狐猿〕🖫キツネザル.
狐貉子 hújízi きつねの背中の皮:皮ごろもを作る.
狐假虎威 hújiǎ hǔwēi〈成〉虎(とら)の威を借るきつね:〔虎威狐假〕〔狐借虎威〕ともいう.→〔狗 gǒu 仗人勢〕
狐狸 húli きつね(通称)
狐狸精 húlijīng きつねのお化け(化けた女).〈転〉色っぽくて男をまどわす人.まどずるずるしい人.
狐狸尾巴 húli wěiba〈喩〉(悪い)本性.正.体.地金.〔终于露出~来了〕とうとう本性を現した.
狐埋狐搰 húmái húhú きつねが物を自分で埋めてまた自分で掘り返す.〈喩〉あれこれ考えすぎ、疑い深くて物事が成功しない.
狐媚 húmèi 色気で男を惑わす.
狐魅 húmèi きつねのお化け.
狐朋狗友 húpéng gǒuyǒu〈慣〉悪友.不良仲間:〔猪 zhū 朋狗友〕ともいう.→〔狐群狗党〕
狐皮 húpí きつねの毛皮.
狐腋 húqiǎn (毛皮業で)狐の胸腹の部分と腋下の部分の毛皮.
狐嵌 húqiàn きつねの皮を組み合わせて作った皮:〔金钱嵌〕〔葡 pú 萄嵌〕などの種類がある.
狐裘 húqiú きつねの皮で作った皮ごろも.〔~羔 gāo 袖〕狐の皮ごろもに小羊の皮のそで.〈喩〉立派なものであるが、少し欠点もあること.
狐群狗党 húqún gǒudǎng〈慣〉徒党を組んだ悪者仲間:〔狐朋狗党〕ともいう.
狐骚 húsāo ⇒〔狐臭〕
狐死狗烹 húsǐ gǒupēng ⇒〔兔 tù 死狗烹〕
狐死首丘 húsǐ shǒu qiū〈喩〉故郷を切に懐かしむ:狐は首を巣穴のあった方に向けて死ぬ.
狐死兔泣 húsǐ tùqì ⇒〔兔死狐悲〕

狐祟 húsuì きつねつき.きつねのたたり.
狐兔之悲 hútù zhī bēi ⇒〔兔死狐悲〕
狐腿儿 hútuǐr 狐の足の毛皮:すこぶる珍重される.
狐仙 húxiān 年を経た狐が行を積んで仙人の姿になったもの:〔大 dà 仙爷〕〔魏 wèi 仙爷〕
狐腋 húyè きつねのわきの下からとる毛皮.
狐疑 húyí〈喩〉疑い深い.むやみに疑いをもつ.〔满腹~〕〈成〉猜疑心のかたまり.
狐猿 húyuán ⇒〔狐猴〕
狐爪尖儿 húzhǎojiānr 同下.
狐爪儿 húzhǎor =〔狐爪尖儿〕狐の足部の毛皮.

〔弧〕 hú

①円周の一部.②湾曲している.弓なりである.③〔文〕(木製の)弓.④〔括 kuò ~(儿)括弧.⑤〈姓〉弧(こ)
弧度 húdù 数弧度.ラジアン.記号 rad:平面角の単位の一.〔弪 jìng〕ともいう.
弧光 húguāng 物弧状の光.アーク放電の光.
弧光灯 húguāngdēng アーク灯.〔弧(光电)灯〕〔碳 tàn(极)弧灯〕ともいう.
弧焊 húhàn〔电 diàn 弧焊接〕
弧角 hújiǎo 数球面角.
弧菌 hújūn 生物(細菌)ビブリオ.
弧圈球 húquānqiú〔又〕(卓球で)ドライブを特にきかせたボール.ループ.〔前 qián 冲~〕ループドライブ.
弧三角 húsānjiǎo 数球面三角法.
弧矢 húshǐ ①弓と矢.②武功.③弓形.
弧线球 húxiànqiú〔又〕(球技で)アーチ型の打球・投球やシュート.
弧形 húxíng 弧形.アーチ型.
弧线 húxiàn 弧を描く線.

〔壶・壺〕 hú

①つぼ:形が丸くふくらみ口のすぼまった蓋つきの容器.〔~儿〕同前.〔拿~坐开水〕やかんを火の上にかけて湯を沸かす.〔开~〕お湯の沸いたやかん.〔茶~〕きゅうす.〔酒 jiǔ~〕德利.ちょうし.燗(かん)どっくり.〔保~〕魔法びん.ポット.ジャー.〔夜~〕しびん.〔喷 pēn~〕じょうろ.②量詞.つぼに入った液体(酒など)を数える.〔一~烧酒〕烧酎1本.〔烫一~酒〕酒を1本つける.③〈姓〉壺(こ)
壶把儿 húbàr きゅうす・ポットの握り.つぼの取手.
壶烽 húfēng ⇒〔壶天〕
壶柑 húgān 植柑橘類の一種.
壶梁儿 húliángr どびんのつる.
壶铃 húlíng〔又〕リングウエート:ウエートトレーニングの道具の一.
壶丘 húqiū〈姓〉壺丘(きゅう)
壶儿 húr ①つぼ.②=〔鼻 bí 烟壶(儿)〕
壶觞 húshāng さかずき.
壶天 hútiān =〔壶中天〕
壶穴 húxué 滝つぼ.淵.
壶中天 húzhōngtiān =〔壶天〕〈喩〉別世界.仙境.
壶中物 húzhōngwù〔文〕酒の別称.
壶状花冠 húzhuàng huāguān つぼ形花冠:アサガオ・ツツジなどに見られる花冠.
壶嘴 húzuǐ つぼ・きゅうす・ポットの口.

〔核〕 hú

[~儿]くだもの部分.芯(しん).核(さね).〔吃完了梨,剩下一个~儿〕梨(なし)を食ったら芯が残る.〔煤 méi~儿〕石炭がら.豆炭がら.〔冰 bīng~儿〕長方形の氷菓子.

〔斛〕 hú

①固口が小さく、底が大きな四角のますもの.②〈度〉古代の容量単位.10斗(後には5斗)③〈姓〉斛(こ)
斛律 húlǜ〈姓〉斛律(きつ)

〔觳〕 hú

旧composition字. pùshi'er とも読んだ.→〔蒲 pú 式耳〕

〔槲〕 hú 圖カシワ．→〔柞 lì〕〔柞 zuò〕

槲寄生 hújìshēng ＝〔冬 dōng 青〕圖ヤドリギ．ホヤ：常緑低木でカシワ・クリなどの樹枝に寄生する．→〔寄生〕〔桑 sāng 寄生〕

槲栎 húlì 圖ナラガシワ：〔青 qīng 冈〕ともいう．クヌギの一種，葉に〔柞 zuò 蚕〕(サクサン)を飼育し，樹皮・染料・皮革のなめしに用いる．

〔鹄・鵠〕 hú 〈文〉ハクチョウ：〔天 tiān 鹅〕の古称．→ gǔ

鹄候 húhòu 〈續〉謹んでお待ち申しあげてる．
鹄立 húlì 〈文〉まっすぐに立つ．=〔鹤 hè 立③〕
鹄面鸟形 húmiàn niǎoxíng ⇒〔鸠 jiū 形鹄面〕
鹄企 húqǐ ⇒〔鹤 hè 企〕
鹄侍 húshì 直立してそばにつかえる．
鹄俟 húsì 〈續〉立って首をのばして待つ．
鹄望 húwàng =〔鹤 hè 企〕

〔㧟（㧟）〕 hú 〈文〉①掘る．〔狐埋之而狐 ～之〕〔狐埋狐～〕きつねが自分で埋めては掘る．〈喩〉あれこれ考えすぎて事が成らないこと．②濁す．乱す．

㧟㧟 húhú 〈文〉力をこめるさま．〔～然用力甚多而見功寡〕(荘子)うんとこさと力を出してやってはいるが効果は少ない．力を尽くさま．
㧟搂 húlu 〈方〉①手で払う．はたく．②なぜる．ふく．

〔鹘・鶻〕 hú 圖ハヤブサ：〔隼 sǔn〕の古称．②→〔回 huí 鹘〕 gǔ

鹘突 hútu ⇒〔糊涂〕

〔鲉・鯡〕 hú 魚貝ニシン：〔鲱 fēi〕の古称．

〔縠〕 hú 圖古代のちぢみのような絹織物の一種．→〔绉 zhòu 纱〕

〔觳〕 hú

觳觫 húsù 〈文〉①(牛などが)恐れおののくさま．身ぶるいするさま．②〈転〉牛．

〔许・許〕 hǔ → xǔ

许许 hǔhǔ 〈文〉大勢が一緒に力を合わせてする時出す掛け声．〔伐木～之声〕木を切るヨイショヨイショの掛け声．

〔浒・滸〕 hǔ 水のほとり．みぎわ．水辺の地．〔水～〕同前．〔～湾〕河南省にある．→ xǔ

〔虎（虎）〕 hǔ ①動トラ：ふつう〔老 lǎo 虎〕という．〔山神爷〕〔大虫〕は別称．〔东北～〕トウホクトラ．アムールトラ．〔华南～〕チュウゴクトラ：長江以南に住む小型のもの．〔猛～〕猛虎(ʾ)．〔～吞～咽〕成〈喩〉狼や虎のようにがつがつ食らう．〔～着脸 liǎn〕〔～起脸〕凶悪な顔つきをしている．③⇒〔唬〕④〈姓〉虎(ʾ)．→ hù

虎榜 hǔbǎng ①圖科挙の進士の試験に合格した者の掲示：〔龙 lóng 虎榜〕の略称．②溜〔武 wǔ 举〕(武官登用試験)に合格した者の掲示．
虎背熊腰 hǔbèi xióngyāo 虎の背，熊の腰．〈喩〉体格が頑健である．魁偉(ˆ)である：〔熊腰虎背〕ともいう．
虎贲 hǔbēn 周近衛兵．〈転〉勇士．
虎变 hǔbiàn 時宜を得て虎の皮の模様のようにはっきりとよい方に移り変わる．
虎彪彪 hǔbiāobiāo たくましく勇ましいさま．〔～的青年战士〕同前の若い兵士．
虎伥 hǔchāng 猛虎を導いて人を食わせる想像上の怪物．〈転〉悪事を助ける人間．〔为 wèi 虎作伥〕〈成〉同前となり，悪人を助けてひどいことをさせる．
虎刺 hǔcì ⇒〔伏 fú 牛花〕
虎胆 hǔdǎn 豪胆．〈喩〉英雄の勇猛心．
虎豆 hǔdòu ⇒〔黎 lí 豆〕
虎毒不吃子 hǔdú bùchīzǐ 虎はいくら残忍でも自分の子は食べない．
虎蹲炮 hǔdūnpào ⇒〔臼 jiù 炮〕
虎而冠 hǔ'érguàn 虎が人間の皮をかぶっている．〈喩〉非常に残虐な人間．
虎耳草 hǔ'ěrcǎo 圖ユキノシタ．
虎伏 hǔfú ⇒〔滚 gǔn 铃②〕
虎符 hǔfú 〈文〉戦国時代の虎形の銅印：割符のように二つに割り，一つを中央機関にとどめおき，他の一つを出先の将校に与えた．兵の移動は二つを合わせなければ行えなかった．
虎父无犬子 hǔfù wú quǎnzǐ 虎の父に犬の子はない．〈喩〉しっかりした父はよい子を育てる．
虎负嵎 hǔfùyú 虎が山の曲($\frac{s}{s}$)による．〈喩〉天険によって頑強に抗戦する．
虎骨 hǔgǔ 中医虎骨〕．〔～酒 jiǔ〕虎の脛(ʾ)骨を浸した薬酒：鎮痛・筋骨強化作用に効果がある．
虎虎 hǔhǔ ①怒って憎らしそうなさま．②生き生きしたさま．勇ましいさま．〔～有生气〕非常に生気がある．勇ましくて活気にあふれている．
虎将 hǔjiàng 勇将．
虎劲（儿） hǔjìn(r) まっしぐらに突進する勢い．
虎鲸 hǔjīng 圖〔逆 nì 戟鲸〕圖シャチ(オルカ)：クジラの一種．〔伪 wěi ～〕オキゴンドウ．
虎踞龙盘 hǔjù lóngpán 〈成〉虎や竜がうずくまりねだかまる．〈喩〉険要な肝要の地：〔龙盘虎踞〕ともいう．〔盘〕は〔蟠〕とも書く．
虎口 hǔkǒu ①虎の口．〈喩〉危ないところ．〔～夺 duó 食〕〈喩〉①冒険する．②強力な相手から奪い取ること．〔～里探头〕虎の口をのぞきこむ．〈喩〉危険なことをする．〔～逃 táo 生〕〈喩〉虎口を逃れる．〔～拔 bá 牙〕〔龙 lóng 嘴掏珠〕〈喩〉非常に危険な冒険をして獲得すること．〔～余生〕〈喩〉九死に一生を得る．大難を経ながら生きながらえる．②親指と人指し指との間のまたの部分．③かけつぎ(囲碁用語)
虎狼 hǔláng 虎と狼．〈喩〉残酷な人．猛々(ʿ)しい人．〔～世界〕暴虐な世の中．残酷な世の中．〔～之国〕虎や狼のように欲深くて暴虐な国．侵略的な国家．
虎里虎气 hǔli hǔqì 〈慣〉たくましく強そうなさま．
虎列拉 hǔlièlā ⇒〔霍 huò 乱〕
虎略龙韬 hǔlüè lóngtāo 〈慣〉思い切った出色の計略．→〔六 liù 韬三略〕
虎落平阳被犬欺 hǔ luò píngyáng bèi quǎn qī 〈諺〉かつての権勢をひとたび失うと，並みの人にもばかにされる．
虎麻 hǔmá 中医アカショウマ(赤升麻)
虎皮 hǔpí 虎の皮．〈喩〉人を恫喝(ʾ)したりだましたりする道具．→〔拉 lā 大旗作虎皮〕
虎皮宣（纸） hǔpíxuān(zhǐ) 黄・赤・藍などの地に虎の皮のように白い斑紋(ʿ)がある宣紙．
虎魄 hǔpò ⇒〔琥珀〕
虎气 hǔqì 威勢．負けん気．〔～雄 xióng 风〕元気いっぱいのさま．
虎钳 hǔqián ⇒〔台 tái 钳〕
虎鲨 hǔshā 魚貝ネコザメ(科総称)．〔狭纹～〕シマネコザメ．
虎生生 hǔshēngshēng 勇気りんりん．
虎士 hǔshì 勇士．
虎市 hǔshì 圖(株式の)模様見の相場．→〔牛 niú

虎视 hǔshì ①〈すきあらばと〉様子をうかがう.〔～眈眈 dān dān〕同前.②きびしい視線でみつめる.
虎势 hǔshi 〔虎实〕とも書く.〈方〉①頑健である.〔肥头大耳的,看着真～〕顔がでかく,がっちりした体つきだ.②威勢がよい.〔那小伙子很～〕あの若者はなかなか威勢がよい.
虎头 hǔtóu ①虎の頭.②貴人の相.
虎头海雕 hǔtóu hǎidiāo 〔鳥〕オオワシ.
虎头虎脑 hǔtóu hǔnǎo 〈子供が〉雄々しくたくましいさま.〔那孩子长得～的才是丈夫で元気だ〕
虎头兰 hǔtóulán ⇒〔碧 bì 玉兰〕
虎头牢房 hǔtóu láofáng 囮死刑囚を入れる牢屋.
虎头帽 hǔtóumào 虎の頭をかたどった子供の帽子.
虎头牌 hǔtóupái 囮役所の門などに掛けた虎頭の形,又は虎の頭を描いた高札.
虎头钳 hǔtóuqián ⇒〔台 tái 虎钳〕
虎头蛇尾 hǔtóu shéwěi 〔龙 lóng 头蛇尾〕〈成〉竜頭蛇尾(む).頭でっかち尻つぼみ.
虎头鞋 hǔtóuxié 虎の頭の飾りのついた子供靴.
虎头鹦鹉 hǔtóu yīngwǔ 〔鳥〕セキセイインコ.
虎头铡 hǔtóuzhá →〔铡〕
虎头捉蚤 hǔtóu zhuō shī 虎の頭のしらみを取る.〈喩〉極めて危険なことをする.
虎威 hǔwēi 勇武なさま.〔～狐假〕〔狐 hú 假～〕〈成〉虎の威を借る狐.
虎尾草 hǔwěicǎo 〔植〕オヒゲシバ:イネ科の雑草.
虎尾春冰 hǔwěi chūnbīng 虎の尾を踏み,春の氷の上を歩む.〈喩〉非常に危険な状況にいること.
虎纹蛙 hǔwénwā 〔動〕トラフガエル.→〔田 tián 鸡②〕
虎啸龙吟 hǔxiào lóngyín ⇒〔龙吟虎啸〕
虎须 hǔxū 虎のひげ.〔不敢捋 luō～〕権力者の怒りに触れるような冒険をあえてしない.
虎穴 hǔxué 〈喩〉虎の住むような危険なところ.〔不入～,不得虎子〕〔不入～,焉 yān 得虎子(ん)〕〈喩〉危険を冒さなければ大利は得られない.
虎穴龙潭 hǔxué lóngtán 虎の穴や竜の棲(ｾ)むところ.〈喩〉危険きわまりない所.
虎牙 hǔyá ①虎の牙.②〈口〉糸切り歯.八重歯:突き出した〔犬齿〕の俗称.
虎疫 hǔyì 〔霍 huò 乱〕
虎翼 hǔyì 虎に翼を付ける.〈喩〉暴れ者をいっそう手に負えないようにすること.〔～〈更〉残忍な役人.
虎鲉 hǔyóu 〔魚貝〕ミシマオコゼ.〔虎鱼②〕は通称.→〔鲉〕
虎鱼 hǔyú 〔魚貝〕イトウ近縁種:長江上流に棲む.②〈口〉オコゼ・カサゴ(総称)→〔䲢 téng〕
虎跃龙腾 hǔyuè lóngténg ⇒〔龙腾虎跃〕
虎瘴 hǔzhàng ⇒〔天 tiān 南星〕
虎帐 hǔzhàng 虎を描いてある幕営:大将のいる陣屋.
虎杖 hǔzhàng 〔植〕イタドリ:根を薬用する.
虎鸷 hǔzhì 虎と猛鳥.〈喩〉勇将の勇猛なこと.
虎子 hǔzǐ 虎の子(供)
虎字头(儿) hǔzìtóu(r) 囲虎かんむり:漢字部首の"虍"付録1
虎子 hǔzi ①〈文〉しびん.→〔夜 yè 壺〕②〈口〉…狂.…マニア.〔吸～〕食いしんぼ.〔烟 yān～〕ヘビースモーカー.〔菜 cài～〕食い道楽.

〔唬〕hǔ ＝〔虎③〕脅す.脅かす.ごまかす.〔吓～xiàhu〕同前.〔～人〕人を脅かす.〔你别～我〕脅すなよ.ごまかすなよ.〔让他～住了〕〔叫他给～住了〕彼にすっかり脅かされてしまった.→xià

〔琥〕hǔ 囮の形に造った玉器.
琥珀 hǔpò 〔鉱〕琥珀(ｸ):〔丹 dān 魄②〕〔松 sōng 根石〕は別称.〔虎魄〕とも書いた.
琥珀树胶 hǔpò shùjiāo アンバーゴム.
琥珀酸 hǔpòsuān ＝〔丁 dīng 二酸〕囮琥珀酸.〔草～〕シュウ琥珀酸.→〔酸⑥〕
琥珀酰基 hǔpò xiānjī 囮サクシニル基:〔丁 dīng 二酰基〕ともいう.

〔户（戶）〕hù ①〔片開きの〕とびら.部屋の出入り口.昔時,1枚扉を〔户〕,2枚扉を〔门 mén ①〕といった.〔路不拾遗,夜不闭～〕〈喩〉世の中が平安なこと.②一家.一戸.一世帯.〔挨～通知〕家ごとに通知する.〔落～〕定住する.③家柄.〔小～人家(儿)〕貧乏な家.〔吃大～〕囲ききんや戦乱で食糧不足のとき窮民・難民が豪族を襲って食いあらすこと.〔门当～对〕〈成〉(結婚する男女の)家がつりあっている.④ある種の職業の家.その家族.〔猎 liè～〕猟師.〔佃 diàn～〕小作人.〔船～〕船頭.⑤商業・金融機関のひとつの顧客.〔用～〕使用者.〔汽车用～〕自動車のユーザー.〔订～〕予約購読者.〔存（款）～〕預金者.〔过～〕名義書替えをする).名義変更(する).⑥量詞.世帯を数える.〔那里有几～人家〕あそこに何戸ありますか.〔全村三十～〕全村で30戸ある.⑦〔姓〕戸
户办 hùbàn 個人経営(の).〔～工厂〕同前の工場.
户部 hùbù 囮官署の名:〔六 liù 部②〕の一で,戸籍・税・財政などを管轄した.
户籍 hùjí 戸籍.戸籍簿.〈転〉戸籍上の身分.〔～改革〕〔户改〕戸籍管理制度の改革:〔农转非〕(農村から都市への戸籍管理)の緩和政策など.
户籍警 hùjí jǐng(chá) 戸籍の登記・管理を扱う警官.
户交产结 hùjiāo hùjié 農民が収穫物を政府などへ売った代金を直接受けとる方法:それまでの〔户交村 cūn 结〕(村当局が受け取ってから農民へ支払う方法)を改めたもの.
户均 hùjūn 1世帯平均.〔～收入〕1戸当たり平均収入.
户口 hùkǒu ①戸数と人口.②戸籍.〔上～〕戸籍に入れる.〔销～〕戸籍を抹消する.〔～迁移证〕戸籍移動証明書.〔～调查〕戸籍調査.〔迁～〕戸籍を移す.〔～簿〕戸籍簿.〔残～〕戸籍簿.〔～簿〕戸籍簿.③(結婚・出生などで新しく)入籍する.④親戚・友人などが寄宿することを報告する.〔报临时～〕同前.⑤(引っ越しなどで)転入を報告する.→〔査 chá 户口〕
户枢 hùshū とぼそ.〈転〉物の支えとなるもの.〔～不蠹 dù〕〈成〉とぼそ〈開き戸の支え〉は虫に食われない.〔流 liú 水不腐,～不蠹〕〈諺〉いつも動いているものは腐蝕しない.
户庭 hùtíng 〈文〉家の庭.内庭.→〔院 yuàn 子①〕
户头 hùtóu ①〈銀行〉の口座.〔开一个～〕同前をひらく.②〈文〉戸主.家長.③ひいき筋.スポンサー:金を出してくれる人.
户外 hùwài 戸外.〔～作业〕戸外作業.
户限 hùxiàn 〈文〉門の下の横木.敷居.〔～为穿〕〈成〉戸口の敷居に穴があくほど来客が多い.→〔门 mén 槛〕
户型 hùxíng 建(多く集合住宅の)間取り.部屋タイプ:〔房 fáng 型〕に同じ.
户牖 hùyǒu 〈文〉①門.門戸.②門と窓.
户喻 hùyù 家ごとに告げる.→〔家 jiā 喻户晓〕
户长 hùzhǎng ①〈方〉戸主.②→〔保 bǎo 甲（制度）〕

户政 hùzhèng 人口・戸数・結婚・出産・死亡・戸籍などの行政業務.
户主 hùzhǔ 戸主.世帯主.

[沪・滬] hù ①囲®呉淞江の下流のすなわち黄浦江をいう.⑤もの別称:〔申 shēn⑩〕〔海 hǎi ⑤〕ともいう.〔~菜 cài〕上海料理.〔~语 yǔ〕上海語.〔~产〕上海製(品).〔~市函〕上海株式市場.〔~宁铁路〕上海-南京間鉄道.〔月初抵 dǐ ~〕〈文〉月初めに上海に到着する. ②〈魚をとる〉えり:細長く屈曲した袋状に竹簀(ず)を立てて魚をとらえる装置. ③〈姓〉滬

沪剧 hùjù 劇滬=劇:もと〔申 shēn曲〕といった.上海・蘇州・無錫・嘉興・南京などに流行する.江南の農村山歌から発展して,のち上海の〔滩 tān 簧〕(大道芸の一種)の影響を受けて形成された.

沪上 hùshàng 上海の別称。→〔海 hǎi 上〕

[护・護] hù ①守る.救う.〔救~〕救い守る.〔~住 zhù 财产〕財産を守る.〔~面子〕メンツを守る.②庇う.〔庇 bì ~〕庇う.〔你怎么这么~着他〕どうしてそんなに彼に肩入れするのだい. ③〈姓〉護(ご)

护岸 hù'àn ①護岸(ぁん).②岸壁を補強する.〔~林〕護岸保安林.

护扳手 hùbǎnshǒu 安全装置.安全栓:銃の引き金の上を覆って暴発を防止する装置.

护板 hùbǎn ①窓の外部を覆う板戸. ②圏保護板.プロテクター.

护本 hùběn 囲〔钱 qián 庄〕で資本不足のため資本主が定期預金のような条件で出資する資金をいう:〔附 fù 本〕ともいう.

护庇 hù·bì かばう.〔你和她好,你就~她〕きみは彼女と仲が良い,だから彼女をえこひいきするんだ.

护壁 hùbì ⇒〔墙 qiáng 裙〕

护臂 hùbì 〈アーチェリーの〉アームガード.

护兵 hùbīng 護衛兵.

护城河 hùchénghé ⇒〔城河〕

护持 hùchí ①守り保つ.②〈神仏の〉加護.〈皇帝の〉愛護.

护床 hùchuáng 圏水叩(ɔ)き.

护从 hùcóng ①ボディーガード.ガードマン.②随行警備する.

护堤 hùdī 堤防を増強する.

护犊子 hùdúzi 自分の子供を溺愛する.親バカである.猫可愛がりをする.

护短 hùduǎn 短所・過失をかばう.〈成〉〔自护己短〕言い訳をする.

护队 hùduì 軍行軍中の警戒部隊:〔前 qián 卫②〕〔后 hòu 卫①〕など.

护耳 hù'ěr 〔耳(朵)帽〕

护法 hùfǎ ①仏法を擁護する(人).〈転〉寺社に喜捨する(人). ②国法を擁護する.

护发 hùfà 毛髪をケアする.〔~膏 gāo〕トリートメント.〔~素 sù〕〈直義訳〉~潤 rùn 丝〕リンス.〔~罩 zhào〕ヘアカバー.

护封 hùfēng 書籍のカバー.ジャケット.

护肤 hùfū スキンケアをする.〔~霜〕スキンクリーム.〔~品 pǐn〕スキンケア化粧品.

护符 hùfú ①〔护身符〕〔お守り(札).護符. ②〈転〉頼ることのできる人または物.後ろ盾.

护哥 hùgē 〈男性の〉看護師.

护工 hùgōng 〈病人の〉付添人.ヘルパー:〔护士〕の資格のない者.〔~所 suǒ〕同前の派遣センター.

护航 hùháng 船舶・飛行機を護衛する(こと).〔~舰 jiàn〕軍護衛艦.

护驾 hùjià 随行警備する.護送する.

护肩 hùjiān 〈方〉肩あて.肩パッド.

护具 hùjù 囚防具.プロテクター.

护拦 hùlán ガードレール.

护理 hùlǐ ①介護する.手当てをする.世話する.〔医院〕人員の看護担当者.〔~学〕看護学.〔~人〕病人を介護する.看病する. ②介護者.付添人.→〔护士〕 ③〈農作物などを〉保護する.管理する.〔小麦越冬~〕小麦が越冬できるように管理する. ④上級官の職を下級官に代理させること.

护理员 hùlǐyuán 准看(護師):〔助理护士〕ともいう.

护林 hùlín 山林保護(する).〔~运动〕同前の運動.

护龄 hùlíng 看護師としての勤続年数.

护领 hùlǐng 服かけえり.

护路 hùlù ①道路・鉄道守備(をする).〔~队〕鉄道守備隊. ②〈道路などを〉維持する.〔~林〕(道路の両側にある)保安林.

护绿 hùlǜ 緑化保全(をする).緑化保護(をする)

护面 hùmiàn 又〈野球・フェンシングなどの〉マスク.→〔面罩 zhào ①〕

护目镜 hùmùjìng ゴーグル.ちりよけめがね.保護めがね.

护盘 hùpán 囲買い支える.〔用大量资金介入~〕大量の資金を使って市場に介入し同前.

护坡 hùpō 石やセメントで固めた斜面(河川・道路などの).

护侨 hùqiáo 外地居留民の保護.〔派出海军陆战队去~〕海兵隊を派遣して自国居留民を保護する.

护青 hùqīng 青い草の保護(をする).〔農〕畑どろぼうを見張る.

护秋 hùqiū 農〈取り入れ前の〉畑どろぼうを見張る.

护日 hùrì 旧太陽の病気(日食)のなおるよう太鼓や銅鑼(ɔ)をたたいて願うこと.

护丧 hùsāng 喪主を助けて葬儀を主宰すること.またその人.

护身 hùshēn 身を守る.〔~法宝〕身を守る神通力のある宝物.〈喻〉有効な用具や方法.

护身符 hùshēnfú ⇒〔护符〕

护生草 hùshēngcǎo ⇒〔荠 jì 菜〕

护师 hùshī 高級看護師:勤続年数が長く,能力ある〔护士〕が認定された者.

护士 hùshi (正)看護師:〔看 kān 护〕は旧称.〔男~〕男性看護師.〔女~〕女性看護師.看護婦.〔助 zhù 理~〕〔护理员〕准看(護師).〔~学校〕看護師養成学校.〔~长 zhǎng〕看護師長.〔~站 zhàn〕看護師詰所.ナースステーション.→〔护师〕

护手 hùshǒu ①〈刀剣の〉鍔(ば). ②手を守る.〔~膏 gāo〕〔~霜 shuāng〕ハンドクリーム.

护守 hùshǒu 守護(する).防御(する)

护书 hùshū 紙挟(はさみ).書類ばさみ.〔~匣 xiá〕同前の箱.

护送 hùsòng 守り送り届ける.〔~伤员去后方医院〕負傷者を後方の病院へ護送する.〔~救灾物资〕救援物資を護送する.〔押 yā 送〕

护疼 hùténg 痛みを恐れる.はれものにさわらないようにする.〔治不了伤,还是忍忍让大夫动手术吧〕痛いのを怖がっては傷はよくならないよ,やはり我慢して医者に手術してもらいなさい.

护田林 hùtiánlín 田畑を風や砂などの自然災害から保護する森林.

护秃 hùtū はげを隠す.〈喻〉自分の過失を(隠し)かばう.

护腿 hùtuǐ ①すねあて・ゲートルの類.→〔裹 guǒ 腿〕 ②又〈野球・アイスホッケーなどの〉レッグガー

护袜 hùwà 靴の上を覆う布(足元の汚れる仕事をする人が用いる).
护腕 hùwàn ひじあて.リストバンド.
护网 hùwǎng ガードネット.
护卫 hùwèi ①守る.護衛する.〔~舰〕軍護衛艦.〔~艇 tǐng〕巡視艇.哨戒(しょうかい)艇.②軍護衛兵.③回ボディーガード.
护膝 hùxī ひざあて.サポーター.〔戴~〕同前をする.
护校 hùxiào ①学校を見回る.〔~队〕学校パトロール.②看護師養成学校:〔护士学校〕の略.
护心镜 hùxīnjìng〈文〉ふしんの胸当て.
护胸 hùxiōng〈又〉胸当て.プロテクター.
护袖 hùxiù〈方〉袖おおい.腕ぬき.
护眼镜 hùyǎnjìng ゴーグル.保護目鏡.
护养 hùyǎng ①保護し育てる.〔~秋 yāng 苗〕苗を栽培する.〔~仔猪〕子豚を飼育する.②維持管理する.〔~公路〕道路の補修を怠らない.
护佑 hùyòu 守り助けること:〔护佑〕とも書く.
护渔 hùyú (海军が)漁業活動を守るために巡視する.
护院 hùyuàn 回屋敷内の見回り(をする).〔~犬 quǎn〕同前の番犬.→〔看 kān 家狗〕
护月 hùyuè 回旧月食の時に太鼓や銅鑼(どら)をたたいて早く月の病気(月食)のなおるように願うこと.
护掌 hùzhǎng〈又〉(鉄棒などで)手のプロテクター.
护照 hùzhào ①パスポート.〔办~手续〕パスポートの手続きをとる.〔外交~〕外交官用パスポート.〔普 pǔ 通~〕一般旅券.②回(旅客や貨物運送上の)身分証明書.免状.〔出洋~〕海外渡航免状.〔行 xíng 李~〕手荷物証明書.〔行运~〕運送証明書.→〔签 qiān 证〕〔执 zhí 照〕
护罩 hùzhào 機保護おおい.〔铁 tiě 丝 sī 网~〕鉄条網保護おおい.

【戽】hù ①田に水を汲み入れる小さい桶(おけ):人力用また水車の外輪による.〔风 fēng 戽〕②水をくみ入れる.〔把塘里的水~到田垄 lǒng 里〕池の水を田のあぜにくみ入れる.

戽斗 hùdǒu =〔戽桶〕水田灌漑用の農具.水桶:〔水 shuǐ 戽〕という.桶の両側に(2本ずつ)縄をつけ、二人で水をくみ上げる.桶は木桶または柳の枝で編んだ〔柳 liǔ 罐〕の用.〔用~打水水桶で水をくみ入れる.

戽水 hùshuǐ ①水をくむ.〔~灌田〕水をくんで田に入れる.〔~机〕水くみ用水車.→〔水车〕〔车 chē 戽〕②機スクープ.〔~式给料器〕スクープフィーダー.

戽桶 hùtǒng ⇒〔戽斗〕

【扈】hù ①〈文〉従者.供.②〈文〉後ろに従う.〔~卫 wèi〕供をして守る.護衛する.〔姓〕扈(こ)③〈文〉(横暴に)はびこる.〔跋 bá ~〕同前.④〔姓〕扈(こ)

扈跸 hùbì ⇒〔扈驾〕

扈从 hùcóng 〈文〉①回天子の巡幸に随従した者.②高位の人のお供をする.

扈驾 hùjià =〔扈跸〕回天子の駕(が)に随従する.

扈伦 hùlún 東東北部の部族の国名:現在の辽宁省東北、辽河の西、松花江の東,すなわち烏喇・哈達・葉赫および輝発などの地.〔~四部〕ともいう.清に滅された.

【互】hù ①互に.〔相~〕同前.〔交~〕代わる〔~不退让〕互いに譲らない.〔~换队旗〕互いにペナントを交換した.〔姓〕互(ご.)

互爱 hù'ài 互いに愛す.〔~互敬 jìng〕互いに敬愛する.

互保 hùbǎo 相互保証(する).〔~公司〕相互保険会社.

互补 hùbǔ 互いに補う.

互不干涉 hù bùgānshè 相互不干涉.〔主张平等互利和~内政〕平等互恵と互いに内政に干涉しないことを主張する.

互不侵犯条约 hù bùqīnfàn tiáoyuē 相互不可侵条約.

互不相干 hù bùxiānggān 互いに関係をもたない.〔这两件事~,不要扯在一块儿〕この二つのことは相互関係はないのだから、いっしょくたにしてはいけない.→〔河 hé 水不犯井水〕

互串 hùchuàn ①互いに出入りする.②〔植〕交配する.〔花粉~〕受粉する.→〔串花〕

互导 hùdǎo 電相コンダクタンス.

互抵 hùdǐ 双方の債権と債務を差し引き勘定する:〔相互抵价〕に同じ.

互动 hùdòng 互いに影響を与える.相互作用.インタラクティブ.〔~电视〕双方向テレビ.〔~广告〕双方向広告.

互访 hùfǎng 互いに訪問する.

互感 hùgǎn =相互誘導.〔互感应〕ともいう.〔~器〕電相互誘導器.

互…互… hù…hù… 互いに.〔~教~学〕互いに教え合い学び合う.〔~让~让〕互いに理解し合い譲り合う.〔~勉~助〕互いに励まし合い助け合う.〔~帮~学〕互いに助け合い学び合う.

互换 hùhuàn ①互いに交わす.取り交わす.〔~记者〕互いに記者を派遣しあう.〔~性 xìng〕互換性.〔~约章〕条約書を取り交わす.②経スワップ.〔货币~〕通貨スワップ.③圧染色体の相互転座.

互惠 hùhuì 相互に利益と恩典を享受する.〔~条约〕互恵条約.〔~主义〕両国間の条約締結に際し、商業上および二その他の面において互いに利益を交換することを主旨とする.〔~关税〕互恵関税.

互助 hùzhù 互恵互助.

互济 hùjì 互助.

互见 hùjiàn ①(文章中で)互いに説明・補充の関係にある.②〈文〉両者ともにある.

互教互学 hùjiào hùxué 互いに教えあう.

互结 hùjié 官庁に差し出す二人以上(または店舗2軒)の相互保証の保証書.

互谅 hùliàng 互いに理解し合う.〔~互让~成〕互いに理解し譲り合う.

互利 hùlì 双方ともに利益を受ける.〔~互助〕互いに利し,互いに助ける.〔~惠 huì〕互利互恵.

互联网 hùliánwǎng 電算インターネット:〔~音義訳〕因特网〕ともいう.

互门铃 hùménlíng 独居老人宅にとりつける助け合いチャイム.

互勉 hùmiǎn 互いに励ましあう.

互派 hùpài 互いに派遣する.〔两国~大使〕両国が互いに大使を派遣する.

互评 hùpíng 互いに評価し合う.

互让 hùràng 互いに譲り合う.〔互助~〕お互いに助け合い、譲り合う.

互溶 hùróng 液体が溶けあう.

互生 hùshēng 植互生(ごせい):葉が茎の一節に1枚ずつつくこと.

互通 hùtōng 互いに通じあう.〔~消息〕〔~情报〕互いに情報を交換し合う.〔~有无 wú〕〈成〉互いに有無を通じ合う.〔立交桥〕インターチェンジ.

互为 hùwéi 互いに…となる.〔~补充〕互いに補充し合う.〔~因果〕互いに因果をなしあっている.

互文 hùwén 国対句で対となる位置に別の語を用いて重複を避けること.

hù～huā

互相 hùxiāng 相互(に).〔～往〕相互に交際する.〔～尊重〕相互に尊重する.〔～仇视〕互いに敵視する.〔～帮助〕互いに助け合う.〔～呼应〕相呼応して.〔～关心〕互いに関心を持つ.〔～攻讦 jié〕互いに攻撃し合い暴露し合う.〔～让步〕互いに歩み合う.〔～依存〕相互依存.〔～搭 dā 配〕抱き合わせる(る).組み合せる(る).セット(にする)→〔相互〕

互销 hùxiāo →〔补兑 偿贸易〕
互选 hùxuǎn 互選(する)
互训 hùxùn 圖互訓:(文章中で)語や字が互いに注釈の関係にあること.
互译 hùyì 互いに翻訳する.〔汉日～〕中国語日本語対訳.
互质 hùzhì 数二つの正の整数の公約数が1個だけである関係.
互中 hùzhòng 区(フェンシングなどの)相打ち.二重命中打.
互助 hùzhù 互いに助け合う.〔～合作运动〕新民主主義経済の下で行われた農業互助合作化運動.個人経済を基礎として〔自愿互利〕の原則に基づき社会主義に向かうため集団労働の普及を当面の特徴としていた.〔～会〕互助会:1950年～60年に行われた各単位内部の経済互助組織.〔～组 zǔ～〕〔劳动～组〕ともいう.農業合作化の初期の段階で、数戸あるいは十数戸の農家が自願互利、等価交換の原則で共同作業を行うもの.土地,畜・農業とも収穫物は個々のものとなる.〔临 lín 时～组〕(季節的なものと),〔常 cháng 年～组〕(常設的なものがある.〔合 hé 作社〕で仕事や学習のグループや班〔～小组〕ともいう.

[冱(沍)] hù 〈文〉①(寒冷で)凍結する.〔～凝 níng〕同断.〔～寒〕極寒.②ふさぐ.

[梐] hù →〔楦 bì 桔〕
[芐] hù ⇒〔地 dì 黄〕
[怙] hù 〈文〉よりどころとする.力を借りる.頼る.〔～气〕意気込みにまかせる.〔无所～〕頼るところがない.〔失 shī ～〕〈喩〉父親の死に会う)
怙恶不悛 hù'è bùquān〈成〉悪行をしていると知りながら改めない.
怙乱 hùluàn〈文〉乱に乗じてうまい汁を吸う.
怙恃 hùshì〈文〉①たよりする.〔～其众〕衆をたのみ、多勢であることで気を強くする.②〈喩〉父と母.〔少 shào 失～〕幼くして父母に死なれた.

[岵] hù〈文〉草木の多い山.
[祜] hù 〈文〉幸い.幸福.天の助け.〔～佑 yòu〕神仏の加護.天の助け.〔～拉 lā 族〕
[楛] hù 〈文〉古書で、イバラの一種:幹で矢を作った.〔～矢弩〕同断の矢と石弓. → kǔ
[糊] hù ねばねばした液汁.〔面～〕小麦粉を水でどろどろにしたもの.〔辣椒～〕とうがらし粉をゴマ油でといた味噌状のもの. → hū hú

糊涁 hùnìng〈方〉(果物が腐敗して)ぐちゃぐちゃになる.〔都烂得～(儿)的,还不快扔了〕すっかり腐ってしまったのに早く捨ててしまわないか.
糊弄 hùnong〈口〉①いいかげんにする.まに合わせにする.〔～着修理完了そこそこに修理した.②ごまかす.だます.〔好歹～起来就得了〕何はともあれ,まにあわせておけばよい.〔～人〕人をごまかす.〔～局(儿)〕人をだましたり、ごまかしたりするりくち.

[虎] hù → hǔ

虎不拉 hùbulā ⇒〔伯 bó 劳〕
[笏] hù〈文〉しゃく:昔時、高官が朝見の際、手に持つ細長い板.天子にものを言う時、これで顔を隠し恭敬の意を表す.裏側に奏上文のメモを貼った.〔~板 bǎn〕〔朝 cháo ~〕〔手板①〕ともいう.〔牙 yá ~〕象牙製の同前.〔群峰~立〕〈成〉群山が屹立する.

[瓠] hù ①→〔瓠子〕 ②〈姓〉瓠(ミ)
瓠瓜 hùguā ⇒〔瓠子〕
瓠果 hùguǒ 圃瓠果(み).うり状果:うり類など水分を含んだ外皮の堅い果実をいう.
瓠杓 hùsháo ユウガオの果皮で作ったしゃくし.→〔瓢 piáo ①〕
瓠子 hùzi →〔扁 biǎn 蒲〕〔蒲 pú 瓜〕〔夜 yè 开花〕圃ユウガオ.フクベ.またその果実:とうがんのように大きい瓜.〔瓠瓜〕の通称.→〔葫 hú 芦〕

[鄠] hù ①〔～县 xiàn〕圖陝西省にある:現在は〔户县〕と書く.②〈姓〉鄠(ミ)

[鸌・鸌] hù 鸟ミズナギドリ(総称):大型の海鳥.〔白鸌～〕オオミズナギドリ.〔曳 yè 尾～〕オナガミズナギドリ.

[鳠・鳠] hù 鱼ギギ(総称):小型淡水魚.〔鮠 hú ①〕に同じ.ナマズに似る.〔江 jiāng 鼠〕〔石 shí 扁头〕は方言.

hua ㄏㄨㄚ

[化] huā 費やす.使う.〔花⑰〕に同じ.〔～工夫〕時間を費やす.〔～钱 qián〕金(を使う).〔用〕費用.消費. → huà
化子 huāzi →〔花子〕

[花(苍)] huā ①〔～儿〕花:被子植物の器官の一.〈転〉観賞用植物.〔一朵 duǒ ～〕一輪の花.〔一枝～〕(枝に咲いている)花一枝.〔～园里种 zhòng 满了～〕花園には花がいっぱい植えてある. ②わた.棉花:〔棉花 hua〕に同じ. ③〔～儿〕〈転〉花の形,また花の散る様子に似たもの.〔雪 xuě ～〕空中を舞い落ちる雪.〔血 xuè ～〕血しぶき.④粒状・小塊状のもの.〔盐 yán ～〕〔少量の)塩.〔泪～〕涙の粒. ⑤花火の一種:色彩の美しさを楽しむもの.〔～盒(子)〕〔太平～〕炭粉に黒色火薬をまぜたりしたものを数個の花火を一つの箱のように作った仕掛け花火.次々と連続して点火される.〔放～〕花火を上げる.〔礼～〕祭典に打ち上げる花火.→〔烟火 yānhuo〕 ⑥〔～儿〕模様.柄.図案.〔新～样子〕新柄見本.〔印～布〕捺染(ミミ)布.⑦色の入り混じっている.〔～白头发〕ごましお頭.⑧手のこんでいる.巧妙である.誠意がない.見かけだけはよい.→〔花言巧语〕〔花招(儿)〕 ⑨いろいろ取り混ぜる. ⑩花や模様などで飾られたもの.→〔花布〕〔花灯〕 ⑪(ぼんやりしている)はっきりしない.かすんでいる.〔耳不聋 lóng 眼不～〕耳も聞こえるし,目もかすまない.〔昏～〕目がかすむ. ⑫〔～儿〕園ほうそうの〔天～〕〔痘疮〕の略称.〔出～儿〕〔上～〕ほうそうができる(にかかる).→〔痘 dòu 疮〕 ⑬〈喩〉(文化の)精華.〔文艺之～〕文芸の精華. ⑭〈喩〉美女.〔姊 zǐ 妹～〕①姉妹.②〈喩〉仲のよい女友達同士. ⑮〈喩〉妓女または花柳界.→〔花街柳巷〕 ⑯〈喩〉戦傷.けが.〔挂 guà 了两次～〕2度戦傷を受けた.⑰〔～花〕〔乱哄哄〕はっきりしない.〔为了解决这个问题阿姨们～的心思可真不少〕の問題を解消するため保母たちの心配も容易ではない. ⑱〈方〉動物の子.〔鱼～〕稚魚. ⑲〈姓〉花(ミミ)

花   huā

花把式 huābǎshi〔花把势〕とも書く.花卉(^き)園芸家.花作りの名人.
花白 huābái 頭髮・鬢鬚(びんしゅ)がごましおになる(こと).〔~胡子〕ごましおのひげ.〔两鬢 bìn 都~了〕両鬢がみなごましおになった.
花白菜 huābáicài 圃ハボタン.
花斑 huābān まだら(のある).ぶち(になっている).〔~禿 tū〕まだらにはげた皮膚(樹皮).〔~马〕まだら毛の馬.ぶち駒.
花斑癬 huābānxuǎn ⇒〔汗 hàn 癬〕
花瓣(儿) huābàn(r) 圃花弁.
花帮 huābāng 旧綿花取引圏の同業者団体.
花苞 huābāo 圃苞の通称:花梗(こう)の下部のうろこ状の片.うてな.がく.
花炮 huābào ⇒〔花炮〕
花被 huābèi ①圃花被(ひ):がくと花冠の総称.②柄物のふとん.
花绷子 huābēngzi 刺しゅう布を張る枠.
花边 huābiān ①〔~儿〕縁どり.縁かざり.〔瓶口上有一道~〕瓶の口に縁どりが1本ついている.②〔印刷用語〕飾り罫(けい)模様のついた枠.〔~新闻〕囲み記事.③〔~儿〕衣服につける刺繡やレースの総称.〔镂 lòu 空~〕すかし模様の同前.〔~衣〕衣服の縁のほどこし.透かし縫い布.機械製レース.〔棉质~〕綿織レース.〔丝质~〕絹織レース.〔~纸〕レース紙:縁に模様の入れてある紙.⑤〈方〉[银 yín 圆]の俗称.お金.〔手里有几块~了〕手元に少しのお金があった.
花别针 huābiézhēn 飾りのあるブローチ.
花柄 huābǐng ⇒〔花梗〕
花饼 huābǐng 綿実かす.
花玻璃 huābōli 模様ガラス.
花柄 huābǐng ⇒〔花梗〕
花布 huābù 模様のある布.サラサ.プリント地.〔印 yìn ~〕花洋布(に).〔蓝色白点~〕紺絣(かすり).
花部 huābù 劇〔雅 yǎ 部〕(崑曲)以外の各地方の戲曲をいう:清の乾隆の時に分けた.
花布织机 huābù zhījī ⇒〔提 tí 花机〕
花不棱登 huābulēngdēng〔花不拉叽〕〔花不楞登〕〔花不溜丢〕ともいう.模様が非常に派手なさま.色の配合がゴテゴテしているさま.〔这件衣服~的,我不喜欢〕この服は色がゴテゴテしていて,好きでない.
花菜 huācài ⇒〔花〕(椰)菜〕
花草 huācǎo ①鑑賞用の花や草.②⇒〔紫 zǐ 云英〕
花插 huāchā ①花瓶.花器.⇒〔花瓶(儿)〕 ②剣山:花を花瓶の底や水盤に固定するもの.
花插着 huāchāzhe〈口〉交差している.たがいちがいに組み合わせる.→〔交 jiāo 叉又〕
花茶 huāchá ⇒〔香片〕花入り茶.〔茉 mò 莉花〕や,〔代 dài 代花〕などの花を入れた緑茶に〔碧 bì 螺春片〕江蘇省太湖洞庭山産の緑茶に〔茉莉花〕を入れたもの.
花钗 huāchāi ①女性が頭髮に挿す装飾品.②花木をつぐ時のつぎ穂.
花菖蒲 huāchāngpǔ ⇒〔玉 yù 蝉花〕
花厂 huāchǎng ①〔~子〕植木屋:花を作り売る店.②旧綿繰り工場(ば).
花车 huāchē 赤や紅白の布などで飾りつけた汽車・自動車・馬車など:祝い・婚礼・貴賓の出迎えなどのために仕立てたもの.→〔彩 cǎi 车②〕〔专 zhuān 车〕
花晨月夕 huāchén yuèyè ⇒〔花朝月夕〕
花城 huāchéng ①〈文〉繁華な町並み.②〔广州〕(広州市)の別称:〔花都 dū〕ともいう.
花痴 huāchī ①花の愛好者.②〈方〉恋の病.恋煩

い.
花池子 huāchízi 花壇:園中で緑をれんがなどで囲んだ部分.→〔花圃〕
花虫 huāchóng ⇒〔红 hóng 铃虫〕
花船 huāchuán 美しく飾られた船.遊興船.屋形船.
花窗儿 huāchuāngr ⇒〔花墙洞〕
花床子 huāchuángzi ①花木の苗床.②花屋.
花丛 huācóng 密集して咲いている花.花の群れ.
花簇 huācù 密集した花.花の群れ.
花簇簇 huācùcù 花の咲きこぼれたさま.
花搭 huādā〈口〉違うものを交互に組み合わせる.〔粗 cù 粮,細粮~着吃〕"粗粮"(高粱(コーリャン)・とうもろこし・あわなど)と"細粮"(米・麦など)をあれこれ混ぜて食べる.
花大姐 huādàjiě ⇒〔二 èr 十八星瓢虫〕
花旦 huādàn ⇒〔浪 làng 旦〕劇〔旧劇〕の色女形:おてんば娘やあばずれなどの若い女性に扮する役者.→〔旦〕〔彩 cǎi 旦〕
花灯 huādēng〔灯彩〕①飾り提灯(ちょうちん).灯籠(ろう).〔元 yuán 宵节〕(旧暦正月15日)いわゆる〔灯节〕の日に家人たちが作って飾るものが多い.
花灯戏 huādēngxì 劇地方劇の一:雲南・貴州・四川などに流行するもので,民間の歌舞から発展した.
花点子 huādiǎnzi ①人を欺く策略.②実現性のないアイディア.
花店 huādiàn ①花屋.②綿屋.
花钿 huādiàn 固(女性の)髪飾り:花の形に金・銀・宝石を散りばめたもの.
花雕 huādiāo 固上等の〔绍 shào 兴酒〕をいう:花模様を彫刻したかめに入れ長い年月貯蔵するので〔远年~〕の名がある.〔女 nǚ 儿酒〕
花斗儿 huādǒur 花かご.
花都 huādū ⇒〔花城②〕
花缎 huāduàn 圃模様入りのどんす.
花朵 huāduǒ ①一輪一輪~の花.〔打扮得~似的〕花のように美しく飾る.〔儿童是祖国的~〕児童は祖国の花である.
花蛾蝉 huā'échán 虫エゾゼミ.→〔蝉①〕
花萼 huā'è 圃萼(がく).〔花盘②〕
花儿 huā'er 固甘粛・青海・寧夏などで行われる民間歌謡の一.〔~小调 diào〕同前.
花发 huāfà ごましお頭.
花房 huāfáng ①花の温室.
花舫 huāfǎng 飾りたてた遊覧船.
花肥 huāféi 農花肥.〔施 shī ~〕同前をやる.
花费 huāfèi 使う.費やす.費やす.〔钱未到手先~〕金が手に入らぬ前にまず使う.〔~时间〕時間を費やす.〔~心血 xuè〕心血を注ぐ.
花费 huāfèi 費用.入り用.経費.生活費.〔开 kāi 销〕
花粉 huāfěn ①圃花粉.〔~篮 lán〕ハチの後足にある花粉を入る器官.〔~管〕圃花粉管.〔~食品〕花粉食品.〔~过敏 mǐn〕〔~症 zhèng〕医花粉症.②⇒〔天花粉〕③女性の化粧用品.
花粉银 huāfěnyín 固女性の~として使う~〔胭粉银〕.
花疯 huāfēng ①色狂い.〔淫 yín 疯症〕(色情狂)の俗称.〔色 sè 鬼〕に同じ.②恋の病.恋煩い.
花盖 huāgài 圃花蓋(がい):萼(がく)と蕊.花冠の区別のできないもの.
花杆(子) huāgān(zi) (土地測量用の)ポール.
花甘蓝 huāgānlán ⇒〔花(椰)菜〕
花钢板 huāgāngbǎn 圃縞鋼板:鋼板の厚板の表面に滑り止めや縞目の模様や凸凹を圧延製出したもの.
花岗石 huāgāngshí 同下①

huā　花

花岗岩 huāgāngyán ①花崗岩(がん).〔花岗石〕〔〈方〉麻 má 石〕ともいう. ②〈喩〉頑固(である).〔一脑 nǎo 袋 dài 花岗石あたま.わからず屋.

花糕 huāgāo 〔食〕〔重 chóng 阳节〕(重陽の節句)に食べる菓子の一種:蒸しもちの表面になつめまたはくりを付けたもの.

花格 huāgé 〔囲碁〕盤縞.

花梗 huāgěng ＝〔花柄〕囲花柄(がい).→〔蔓 tái ②〕

花工 huāgōng 〔花卉(き)栽培農場の労働者. ②(仕事に)手間をかける.

花狗 huāgǒu ぶちの犬.

花菇 huāgū 天白どんこ.しいたけの高級品種名.

花骨朵 huāgūduo 〈口〉花のつぼみ.〔花蕾〕に同じ.

花姑娘 huāgūniang 囲妓女(ぎ)

花鼓 huāgǔ ①飾りをつけた太鼓. ②劇民間芸能の一(総称):ふつう男女二人が組になり、一人が小さいドラ、もう一人が小さい太鼓をたたいて歌い踊るもの.多く各地の名を冠して呼ばれる.〔～舞 wǔ〕〔打～〕.〔～戏 xì〕同前から発展した芝居.湖南・湖北・安徽・陕西・广东一帯に流行するもの(総称):〔～灯〕は安徽・淮北一带に流行するもの.

花瓜 huāguā 〈方〉〈喩〉血まみれの頭か顔.〔俩人脸上打得一似的.二人は顔を血だらけにしてけんかした.

花冠 huāguān ①囲花冠.〔合辦 bàn ～〕合弁花冠.〔凤凰 fèng 冠②〕

花龟 huāguī 劇ハナガメ(シナガメ).〔中国～〕ともいう.

花棍舞 huāgùnwǔ ⇒〔霸 bà 王鞭②〕

花国 huāguó ①花の総称. ②花柳界.

花果 huāguǒ 花と果実.〔～(的)酒〕焼酎の中に花または果物を浸して製した酒. ③花や果物の料理をさかなに飲む酒.〔～山〕果樹の山.『西遊記』にある孫悟空の住む山.

花好月圆 huāhǎo yuèyuán 〈喩〉幸福で円満でめでたいずくめ:多く新婚の祝詞に用いる.

花耗 huāhào 経費.費用.

花和尚 huāhéshang なまぐさぼうず.→〔鲁 lǔ 智深〕

花盒(子) huāhé(zi) →字解⑤

花红 huāhóng ①囲賞与、ボーナス.〔～(的)利〕懸賞金付き指名手配. ③ワリンゴ、またその果実:小型で酸味がある.〔林 lín 檎〕〔沙 shā 果(儿)〕ともいう. ④囲結婚などの祝いの贈り物:金色の花や赤い飾りをつける.〔彩品〕結納品.

花红轿儿 huāhóng jiàor ⇒〔花轿〕

花红柳绿 huāhóng liǔlǜ (成)①春に花や木が繁茂し色の鮮麗なさま. ②色どりが華やかな美しい景色.

花户 huāhù 〈文〉①花屋. ②妓楼. ③旧時の戸口(こう):人名を〔花名②〕という.

花花 huāhuā ①色のあざやかなさま.けばけばしいことを表す.〔穿着～衣服〕同前の服を表す. ②一部の形容詞・名詞の後について程度の甚だしいことを表す.〔白～〕ぴかぴかする.〔油～〕てかてかして.〔冷～〕寒くてぞっとする.

花花彩轿 huāhuā cǎijiào ⇒〔花轿〕

花花搭搭 huāhuā dādā ①(大きさや密度が)まちまちであるさま.まだらであるさま.〔他脸上～的大麻子〕あの人は顔のあちこちにあばたがある. ②やったりやめたりするさま.→〔花搭〕

花花点点 huāhuā diǎndiǎn 点々と模様がまだらになっているさま.とっかえひっかえするさま.

花花公子 huāhuā gōngzǐ 金持ちの放蕩(どう)息子.道楽息子.プレーボーイ.

花花绿绿 huāhuā lǜlǜ 色が鮮やかで美しいさま.色とりどりのさま.

花花事起 huāhuāqǐ 〈方〉姦通事件.〔左右邻居谁不知道她俩人有～,只不过瞒着她丈夫一个人就是了〕彼ら二人の関係は隣り近所だれ知らぬ者はあろうか,彼女の夫一人をごまかしているだけだ.

花花事 huāhuāshì 女道楽.浮気.

花花世界 huāhuā shìjiè ①繁華なところ.華やかな歓楽の地. ②俗世間.浮き世.

花花太岁 huāhuā tàisuì 道楽息子の悪(だ)

花花孝 huāhuāxiào 囲孫が服する喪:服喪中の人の帽子の頂に赤毛糸で印をつけること.

花花絮絮 huāhuāxùxù 〈喩〉こまごまと入りまじったさま.→〔花絮〕

花花肠子 huāhua chángzi ＝〔花花点子〕〈方〉腹黒い考え.好ましくない考え.

花花点子 huāhuadiǎnzǐ 同上.

花环 huāhuán 花輪.

花黄 huāhuáng 囟女子が飾りとして額に貼った黄色の花片.

花幌子 huāhuǎngzi 囲料理屋の看板:紅色の紙を細く切ってふさにして下げたもの.

花卉 huāhuì ①囲草花類の総称. ②美(中国画で)草花を題材としたもの.〔～画〕同前の絵.〔～翎 líng 毛〕花鳥画.〔～鳞 lín 毛〕

花会 huāhuì ①成都や广州で毎年春挙行される大きな市:戯劇・武術などが演じられる. ②囲上海・广东で行われた賭博(ばく)の一種:紙片に34人の古人名を書きその中の1枚を取ってかける.当たった者はかけた金の30倍をもらう.

花会票 huāhuìpiào 囲芝居の会員券.→〔红 hóng 票〕

花魂 huāhún 花の精.

花活 huāhuó ①手の込んだ細工.〔棚 péng 里的～全是新的〕式場内の飾り物などは全部新しいものである. ②かけひき.ごまかしの手.〔他老爱耍 shuǎ ～〕彼はいつも術策を弄(ろう)したがる.→〔花招(儿)②〕

花鸡 huājī 鳥アトリ(アットリ):燕雀目(もく)の小鳥.ホオジロに似る.

花季 huājì ①花盛りの季節. ②〈喩〉青春期(とくに若い女性の).〔～少女〕同前の少女.

花鲫鱼 huājìyú 〈喩〉貴(guì)

花甲 huājiǎ ①〔六十花甲子〕還暦.満60歳:干支で年を数えると60年でもとの年に戻る.〔平 píng 头甲子〕ともいう.〔～之年〕還暦の年.〔年逾 yú ～〕〈文〉年齢が60歳を越えた.→〔六 liù 旬〕

花架 huājià 花の棚.〔～子〕同前.

花架子 huājiàzi ①同上. ②〈喩〉かっこよさ.見てくれのよい物:〔花架式〕ともいう.〔语言力求容易上口、避免形式主义,不搞～〕言語はできるだけしゃべり易いのがよく,形式主義を避け,パフォーマンスは問題にしない.

花笺 huājiān 花模様の便箋.

花剪绒 huājiǎnróng 囲天鵞絨(ビロード)

花剑 huājiàn 〔スポ〕(フェンシングの)フルーレ(競技,またそれに用いる剣):〔轻 qīng 剑〕は旧称.→〔击 jī 剑〕

花键儿 huājiànr ⇒〔毽子〕

花见羞 huājiànxiū 〈喩〉絶世の美人:唐の明宗の妃,王氏の別称.花も羞じるほどの美貌であった.

花键轴 huājiànzhóu 機スプラインシャフト:〔多 duō 槽轴〕ともいう.

花匠 huājiàng ⇒〔花(儿)匠〕

花将 huājiàng 〈喩〉金使いの荒い人.〔谁家里要出这么个～,多大的财主儿也得完〕どこの家でもこんな極道者(金使いの荒い人)が出ては,どんな分限者

花　　　　　　　　　　　　　　　　　　　　　　　　　　　　huā

花椒 huājiāo ①[植]サンショウの一種:陕西や四川産のものは有名で〔巴 bā 椒〕〔川 chuān 椒〕〔秦 qín 椒〕①〔秦 qín 椒〕〔蜀 shǔ 椒〕という. ②同前の実から作る香味料:中国料理の香味料として〔大 dà 料〕(ハッカクウイキョウ)と共に主要なもの.

花浇儿 huājiāor 花に水をかける器具:〔喷 pēn 壶(じょうろ)〕の類.

花椒盐 huājiāoyán 〔椒盐(儿)〕炒ったサンショウの実を細かくひいて塩と混ぜた調味料:主として唐揚げの食品にまぶして食する.

花轿 huājiào 〔旧〕婚礼のとき新婦の乗る花かご:〔彩 cǎi 轿〕〔彩舆〕〔花红彩轿〕〔花红轿儿〕〔喜 xǐ 轿〕ともいう.

花教 huājiào →〔喇 lǎ 嘛教〕

花窖 huājiào 花室(ょ).〈転〉の温室.

花秸 huājiē 短く刻んだわら.

花街柳巷 huājiē liǔxiàng 〈喩〉花柳のちまた.花柳街.色町.

花节 huājié ①木の節の模様.→〔木 mù 理〕 ②⇒〔花朝 zhāo 节〕

花姐 huājiě 〔旧〕売春婦.娼妓(ょう).→〔妓 jì 女〕

花界 huājiè 花柳界.

花茎 huājīng ⇒〔花轴〕

花径 huājìng 花の散っている小道.

花境 huājìng 花壇.

花镜 huājìng 老眼鏡:〔老花镜〕ともいう.

花韭 huājiǔ =〔韭花②〕[植]ハナニラ.

花酒 huājiǔ 花でかもした酒.〈②〉芸者をはべらせて飲む酒.妓楼の宴会.茶屋酒.

花局 huājú →〔吃 chī 花酒〕

花捐 huājuān 〔旧〕芸妓にかけた税.

花卷(儿) huājuǎn(r) 〔食〕くるくると巻いた形になっているマントー.巻き方の組み合わせにより多種多様の形のものが作れる.

花棵(儿) huākē(r) 小さな株の花木:〔花棵子〕ともいう.

花款 huākuǎn 模様.柄.〔~过时的花布〕模様が時代遅れになったサラサ.→〔款式〕

花魁 huākuí ①=〔梅 méi 花①〕 ②[旧]名の売れた妓女.③→〔水花魁〕

花括号 huākuòhào 中かっこ.ブレース:{ }

花蜡(烛) huālà(zhú) ⇒〔花烛〕

花栏 huālán 花などを彫刻した手すり.

花栏杆 huālángān 〔家屋の回廊のはめ板に装飾を施した欄杆(ん).〕壁の下部や戸棚類の戸などの装飾模様.

花篮螺丝 huālán luósī 〔松 sōng 紧螺旋扣〕

花蓝(儿) huālán(r) ①模様で美しく飾ったかご.②慶事の儀式に用いる花を入れたかご.花かご.

花蕾 huālěi 花のつぼみ:〔〈文〉蓓 bèi 蕾〕〈口〉花骨朵〕に同じ.

花梨木 huālímù ⇒〔花榈木〕

花梨鹰 huālíyīng ⇒〔游 yóu 隼〕

花狸子 huālízi ⇒〔豹 bào 猫〕

花里胡哨 huālǐ húshào 〔花丽狐哨〕〔花里花绍〕とも書く.①色どりだけが華やかである.見た目は派手で中身がない.〔岁数大了穿得~的不好看〕年とってからけばけばしい服装をしては見苦しい.②きれいでよくわからない.目ちらついてはっきりわからない.ぼんやりしている.〔有些字~,认不得〕よくわからなくていくつかある.

花鲢 huālián ⇒〔鳙 yōng 鱼〕

花脸 huāliǎn =〔老 lǎo 脸③〕[劇](旧劇)で主に敵(ぅ)役の〔净 jìng 角(Ⅱ)〕の通称:顔に特殊な隈取りをするところから.〔大~〕は〔大花面〕〔大副〕や hēi 头〕〔铜 tóng 锤(~)〕ともいい,主役の一.〔二~〕は〔二花面〕〔二面〕〔架子花〕〔架子净〕ともいう.〔三~〕は〔三花面〕〔文 wén 丑(儿)〕〔小~〕〔小花面〕などもいい,道化役に当たる.〔打~〕くまどりをする.

花脸鸭 huāliǎnyā =〔巴 bā 鸭②〕[鳥]トモエガモ:〔黑 hēi 眶鸭〕〔眼 yǎn 镜鸭〕ともいう.

花林粉阵 huālín fěnzhèn 〈喩〉美人の群れ.美人連.

花蔺 huālìn 〔[蓑 mào 蔺〕[植]ハナイ:水辺に生育する多年生草本.

花绫 huālíng [紡]模様入りの綸子(ぷ)

花翎 huālíng 〔清〕文武官の功勞のある者に与えられた官帽の後ろにさげる丸い紋様のあるくじゃくの羽根:一眼・双眼・三眼の別がある.〔蓝 lán 翎〕

花菱草 huālíngcǎo =〔金 jīn 英花〕[植]ハナビシソウ.カリフォルニアポピー.

花令 huālìng 花の咲く季節.

花柳 huāliǔ ①〈文〉妓楼(ろ).〔眠花宿 sù 柳〕妓楼に泊まる.〔昔在长安醉~〕(李白詩)昔は長安の妓楼で酔ったこともある.②〈文〉美人佳人の集まるところ.〔~繁华地〕(紅1)同前のにぎやかなところ.③同下.

花柳病 huāliǔbìng 花柳病:〔性 xìng 病〕の旧称.単に〔花柳〕ともいう.

花鲈 huālú ⇒〔鲈鱼〕

花露 huālù ①花の露.②はすの花・すいかずらの花などを蒸留した成分を含む発泡水(薬用される)

花露水 huālùshuǐ オーデコロン:〔〈音義訳〉古 gǔ 龙水〕ともいう.

花露油 huālùyóu 乳液.ローション.

花榈木 huālǘmù [植]カリン:マメ科の高木:〔花梨木〕は通称.

花罗 huāluó [紡]紋絽(ぅ)

花罗缎 huāluóduàn [紡]模様入り綿ポプリン.

花麻 huāmá ⇒〔枲 xǐ 麻〕

花麦 huāmài →〔荞 qiáo 麦〕

花鬘 huāmán →〔华 huá 鬘〕

花猫 huāmāo ぶちの猫.とら猫.三毛猫.

花毛 huāmáo 綿くず.〔灰尘和~结 jié 在一起〕ほこりと綿くずとがからみあって.

花帽 huāmào 吉祥図を刺繍した絹の子供の帽子.

花貌 huāmào 美しい容貌(ぅ).

花虻 huāméng [虫]ハナアブ:花の蜜を吸うアブ.

花蜜 huāmì ①花の蜜.②蜂蜜.

花面 huāmiàn ①=〔花颜〕花のように美しい顔. ②→〔花脸〕

花面狸 huāmiànlí [動]ハクビシン:〔果 guǒ 子狸〕ともいう.

花面料 huāmiànliào 柄入りの生地.

花苗 huāmiáo ①天然痘の予防ワクチン. ②花の苗. ③〈方〉綿の苗.

花名 huāmíng ①〔~儿〕花の名. ②〔旧〕=戸籍簿に登録してある人名.人別(ぉ).〔~册〕人名簿.⑤職員録.→〔花户〕 ③〔~儿〕同源氏名(遊女などの芸名).〔纷纷为此小星赠~〕ぞくぞくこの妾に源氏名を贈った.

花明柳暗 huāmíng liǔ'àn 花は美しく咲き柳は木陰をつくる.〈喩〉困難の中に希望が見える.→〔柳暗花明〕

花模 huāmó ⇒〔面 miàn 塑〕

花木 huāmù 花と樹木.

花木瓜 huāmùguā ①[植]ハナボケ:観賞用で食べられない. ②〈転〉賢そうだが内実はばか.

花木兰 huāmùlán 〔人用の〕吸水スポンジ:〔花泥 huāní (生花用の)吸水スポンジ:〔花泉〕ともい

huā 花

花呢 huāní 〔䋞柄〕のあるウール製品.→〔呢〕
花娘 huāniáng 〔文〕妓女.女郎.
花娘娘 huāniángniang 疱瘡(㈱)の神.
花鸟 huāniǎo ①花と鸟.②〔美〕花鸟画(花や鸟を図としたもの).〔━画〕同前.
花牛 huāniú まだら牛.
花农 huānóng 花作り専門の農家.園芸農家.
花牌 huāpái →〔麻 má 将〕
花盘 huāpán ①〔㈱〕面板(㈱):旋盤で,回し板より大きいものを主軸に組込み,これに加工物をとりつけて回転させる.②〔㈱〕花盤:〔花托〕の頂部で盆状になっている部分.
花炮 huāpào =〔花爆〕花火の総称.〔~作 zuò〕花火屋.→字解⑤;〔炮〕③〔爆 bào 竹〕〔鞭 biān 炮〕
花盆 huāpén ①⇒〔花盆儿〕 ②〔美〕花火の一種;植木鉢の形をしたものに数多くの火炎の花を咲かせるもの.
花盆底 huāpéndǐ ⇒〔高 gāo 底鞋〕
花盆儿 huāpénr 植木鉢.〔花盆〕〔花盆子〕ともいう.
花皮 huāpí →〔西 xī 瓜〕
花票 huāpiào ①〔回〕身代金目当てに誘拐された女性.→〔绑 bǎng 票〕.②〔地方政府が発行する農作物購入代金がわりの定期預金証書(半年ー一年先満期).③〔方〕富くじ.富札の類.→〔彩 cǎi 票〕
花屏 huāpíng 模様のあるびょうぶ.
花瓶(儿) huāpíng(r) ①花瓶:色あざやかな飾りものの瓶.②〈喻〉飾りものとしての美人.
花圃 huāpǔ 花畑.→〔花池子〕
花谱 huāpǔ 花の名や事項を集録した書.
花期 huāqī ①花の開花期.②〈喻〉女性の妙齢期.
花畦 huāqí 花畑.
花旗 huāqí 星条旗:アメリカ国旗の俗称.〔~国〕〈口〉アメリカ.〔~佬 lǎo〕アメ公.ヤンキー.〔~行〕シティーバンク(米国の銀行名).〔~布〕回米国製綿布.〔~松 sōng〕㈱アメリカマツ.米松.〔~参 shēn〕米国産の朝鮮人参(近緑種)
花气 huāqì 花のにおい.〔~袭 xí 人知寒暖〕花のにおいで季節の変化を知る.
花汽车 huāqìchē 彩りのすてきな自動車.→〔花车〕
花扦儿 huāqiānr ①枝ごと切り取った花.切り花.②造花.ペーパーフラワー.
花钱 huāqián ①=〔用 yòng 钱〕金を使う.銭を使う.〔化钱〕とも書く.〔~买气〕金を使ったうえにいやな思いをする.〔瞎 xiā ~〕むだに金を使う.②⇒〔挂 guà 钱(儿)〕
花前月下 huāqián yuèxià 〈喻〉男女が愛を語る場所.
花枪 huāqiāng ①旧武器の一種:やや短い飾りつき槍(㈱).②〈転〉巧妙な手段.〔掉 diào ~〕〔要 shuǎ ~〕巧妙な手段を弄(㈱)する.〔他的~要 shuǎ 得很好〕彼のやりくちはなかなか巧妙だ.
花腔 huāqiāng ①正常な調子以外に歌曲を際立たせるために入れる独特のふし回し.②〔ー儿〕甘い言葉.手練手管.=〔花招(儿)〕.③㈱コロラチュラ.〔~女高音〕コロラチュラソプラノ.
花墙 huāqiáng 上部を煉瓦やかわらで模様入りに積んだ塀□.
花墙洞 huāqiángdòng =〔花窗儿〕枠に飾り模様のある窓:〔漏 lòu 窗〕に同じ.
花俏 huāqiào あざやかで美しい.
花青 huāqīng ①中国画の顔料の一:天然の藍から作る.②㈱シアニン.
花楸 huāqiū ㈱①アズキナシ.②ナナカマド.

花楸糖 huāqiūtáng ㈱ソルボーゼ:糖類の一種.→〔糖〕(II)
花鳅 huāqiū 〔魚〕シマドジョウ.
花圈 huāquān 花輪:追悼の意を表すため,造花・生花などで作った花輪.ふつう墨で追悼の文句と献じた者の名を書いた2本の〔缎 duàn 带〕(白色のリボン)をからげる.〔各界人士抬着~到大使馆吊唁 yàn 总统逝世〕各界人士は花輪をささげ大使館に行き大統領の逝去を弔った.
花拳 huāquán ①見掛けの立派な型だけの拳術.〔~绣 xiù 腿〕〈喻〉外見だけの言動.②中国拳法の一:江蘇・浙江一帯で行われる.→〔拳托〕
花儿洞子 huārdòngzi はなむろ.(花を栽培する)温室.
花(儿)匠 huā(r)jiàng 花つくり.植木職.
花(儿)牌楼 huā(r)páilou ①美しく彫刻された〔牌楼〕(額を掲げ鳥居の形をした門).②生花または造花などで飾った〔牌楼〕:祝事または葬儀などの時に作る.
花儿盘障 huārpánzhàng 花をはわせた垣根や生け垣.
花儿样子 huāryàngzi 刺しゅうの下絵.
花儿园子 huāryuánzi 花苗を栽培するところ.
花儿针 huārzhēn 刺しゅうの針.
花容 huāróng 〔文〕花のかんばせ:女性の美しい容貌.〔~月貌〕㈱同前のさま.
花乳石 huārǔshí ㈱珪理(㈱)に似た石材:印材に用いる.
花蕊 huāruǐ ㈱花のずい.しべ:〔口〕花心①〔〕〔文〕花须〕ともいう.
花色 huāsè ①模様や色.②品柄.種類.〔~多样〕〔~齐 qí 全〕いろいろな種類がそろっている.③〔~素〕㈱アントシアニジン.
花纱布 huāshābù ㈱綿花・綿糸・綿布(総称)
花衫 huāshān ①㈱(旧劇の)おてんばやあばずれの若い女の役.〔花旦〕(色女形(㈱))と〔正 zhèng 旦〕(荘重貞淑な若い女の役)を兼ねる俳優.→〔旦 dàn(I)〕②嬰児に着せる刺繍をした絢麗な上衣.
花哨 huāshao 〔花梢〕〔花绍〕とも書いた.①(色・模様が)派手である.けばけばしい.〔到了节下,大姑娘,小媳妇都打扮得挺~〕お祭りになると娘も若い嫁さんもみなとても派手に着飾る.②豊富多彩で変化に富んでいる.バラエティーに富む.〔嘴子子~〕口がうまい.〔那个说书的说得不~〕あの講釈師は話し方がじみだ.〔她太~呢,滥交男朋友〕彼女はだらしない,男友だちを渡り歩いている.
花舌子 huāshézi 〔方〕①口先のうまい人間.②=〔机 jī(关)枪〕
花神 huāshén ①花をつかさどる神.〔~庙〕花神のやしろ.②花の精.
花生 huāshēng 落花生:〔落 luò 花生〕の略.〔~饼 bǐng〕落花生のしぼりかす.〔~酱 jiàng〕ピーナッツバター.〔~壳(儿 ké(r)〕ピーナッツの殻.〔~方〕〔~豆儿〕〔~仁儿〕〔生仁〕〔仁 rén 果〕ピーナッツ:殻を取った落花生の実.〔大~〕〔带 dài 壳儿~〕殻つきの落花生.〔花招儿〕㈱落花生の粉を水飴でねり,薄くのばした食品.〔~油〕〔生油〕落花生油(食用・灯用に供する).〔~糖 táng〕落花生飴.〔~捶儿 tānr〕落花生糖の露店.〔~占〕〔~蘸〕とも書く.→〔长 cháng 生果〕〔人 rén 参果②〕
花生酸 huāshēngsuān =〔二 èr 十酸〕㈱アラキン酸.
花圣 huāshèng 〔蔷 qiáng 薇〕(バラ)の別称.
花石纲 huāshígāng 旧地方から朝廷に献上される奇花異石の輸送隊.〔~纲〕

花 huā

花市 huāshì ①草花を売る市. ②特に大晦日(おおみそか)の夜に立つ花市.
花式 huāshì 模様.型.デザイン.→〔花样〕
花事 huāshì 開花の状況.花に関する行事.〔~正盛〕花見などが真っ盛りだ.
花饰 huāshì 飾りの紋や模様.
花士苓 huāshìlíng ⇒〔凡 fán 士林〕
花书 huāshū ⇒〔花押〕
花鼠 huāshǔ 動シマリス.
花束 huāshù 花束.ブーケ.
花说柳说 huāshuō liǔshuō〈方〉(気に入るような)うまいことを言う.口ぐるまにのせる:〔花言巧语〕に同じ.〔任凭他~,你的主意总要早定〕彼がどんなうまいことを言っても,きみの考えはちゃんとしたものをもってなくちゃいかん.
花丝 huāsī ①植花糸〕:おしべの柄. ②金銀線細工.〔~工〕飾り職人.
花丝葛 huāsīgé 紋紋羽二重(はぶたえ)
花台 huātái 花台.
花坛 huātán ①花壇. ②同下.
花坛(儿) huātán(r) ①模様のある甕(かめ). ②曲芸の一種:小さい甕を扱っていろいろな芸をする.
花毯 huātǎn 柄毛布.
花糖 huātáng 旧暦12月23日の夜にかまどの神に供える.〔关 guān 东糖〕(麦芽糖の一種).→〔送 sòng 灶〕
花天酒地 huātiān jiǔdì〔成〕酒色のかぎりを尽くすさま.
花条马 huātiáomǎ ⇒〔斑 bān 马〕
花厅 huātīng 建庭に面した応接間.
花葶(儿) huātíng(r) 花茎(くき).→〔葶 tái ②〕
花艇 huātǐng 遊覧船.
花童 huātóng 結婚式などで行列の先導をしたり花をまいたりする美しく着飾った少女.
花筒 huātǒng ①筒形の花火や爆竹(ばくちく).〔喷 pēn ~〕同前. ②のぞきめがね.万華鏡:〔万 wàn 花筒〕ともいう. ③切り花をさす花さし.
花头 huā·tóu いろいろな奸(よこしま)な策.手練引管.〔耍 shuǎ ~〕小細工を使う.〔~经 jìng〕〈方〉トリック.詭(き)計.たくらみ. ②同一品種内の種類. ③色々な模様・柄.変わった思いつき.新奇な方法.〔这些人里面就数他~最多〕この人たちの中では彼が一番よく奇抜なことをする.〔他们到底没能摆出~,输了〕彼らは結局奥の手が出せなくて負けた.
花团锦簇 huātuán jǐncù〔成〕きらびやかなさま.
花托 huātuō 植花床(はなぶさ).花托.
花洼子 huāwāzi ① ⇒〔池 chí 鹭〕 ② ⇒〔草 cǎo 鹭〕
花蔓儿 huāwànr 草花のつる.
花王 huāwáng〔牡 mǔ 丹〕(ボタン)の別称.
花纹 huāwén〔-儿〕飾り模様.紋(あや).〔~玻璃〕型板ガラス.〔白点~布〕水玉絣(かすり).
花腊 huāxī〈文〉花卉を乾燥したもの.
花仙 huāxiān ⇒〔海 hǎi 棠〕
花线 huāxiàn 色糸(いろいと)(縫い用などの). ②電電気コード:被覆電線.数本の電線入りのもの.→〔软 ruǎn 线〕
花香 huāxiāng 花の香気.〔~鸟 niǎo 语〕〔鸟语~〕〔成〕春のうららかなさま.
花项 huā-xiàng〈方〉金の使いみち.〔没有什么~,要不了这么的钱〕何ら決まった使いみちもないのでこんな大金はいらない.
花销 huāxiāo〔花消〕とも書いた.〈口〉①出費(する).経費(をおとす). ②資本や商売の手数料または税金. ③機溝付軸:回転軸にスプラインを切り,相手にもこれに応ずる溝を切り,キイと同じ役目をさせたもの.
花鞋 huāxié〈方〉刺しゅうした靴.
花心 huāxīn ①〔口〕花のずい.〔花蕊〕の俗称. ②浮気心(をおこす).移り気(がでる).多情(である):多く男性についていう.
花信 huāxìn ①花信.花の便り. ②女性の青春期. ③〔花信风〕の略.
花信风 huāxìnfēng ⇒〔二 èr 十四番花信风〕
花绣 huāxiù〈文〉入れ墨.文身.
花须 huāxū ⇒〔花蕊〕
花序 huāxù 植花序:花が茎や枝につく並び方,あるいは花をつけた茎または枝.〔伞 sǎn 形~〕多くの花梗(~)が著しく短い手車から傘甲状に広がるもの.〔圆锥 zhuī ~〕〔复 fù 总状~〕花序全体が円錐形をなしたもの.〔穗 suì 状~〕ふさのような形のもの.〔远心~〕花は一平面に集合していて中央から先に咲き,漸次外方に及ぶもの.
花絮 huāxù ①花の綿毛.〔柳树的~〕柳絮. ②〔喻〕各種の小事件.ニュース種.ゴシップ.〔大会~〕大会こぼれ話.余聞.〔社会~〕社会.〔电影~〕映画界ゴシップ.→〔花花絮絮〕
花雪 huāxuě〈文〉①あられ.→〔霰 xiàn〕 ②柳絮(雪).③花ふぶき.
花汛 huāxùn〈文〉綿花の出回り期.
花熏茶 huāxūnchá ⇒〔花茶〕
花押 huāyā =〔花书〕〔花字〕旧書き判.花押(かおう).
花牙 huāyá テーブルの四周の側面の部分の彫刻.→〔牙〕〔牙子②〕
花芽 huāyá 植花芽.
花烟馆 huāyānguǎn 旧売淫(ばいいん)兼業のアヘン窟(くつ).
花盐 huāyán 精製塩.
花颜 huāyán ⇒〔花面①〕
花言巧语 huāyán qiǎoyǔ〔成〕美辞麗句(を並べる).甘い言葉(をかける).→〔巧言〕
花眼 huāyǎn ⇒〔老 lǎo 花眼〕
花秧 huāyāng 移植用の花の若木.
花洋布 huāyángbù 紡サラサ.
花样百出 huāyàng bǎichū いろいろな型が次々に出る.いろいろな手段が次々に用いられる.
花样(儿) huāyàng(r) ① =〔式 shì 样〕種類型.模様のパターン.〔~繁多〕バラエティーに富んでいる.→〔款 kuǎn 式〕 ②〈喻〉あの手この手.トリック.〔他虽然弄了不少~,到底叫我看破了〕彼はいろいろな手を使ったが,結局わたしに見破られてしまった.→〔花招(儿)②〕
花样刀 huāyàngdāo〔又〕(フィギュアスケート用の)スケート靴のエッジ.
花样翻新 huāyàng fānxīn〔成〕独創的な新しさを創り出す.
花样滑冰 huāyàng huábīng〔又〕フィギュアスケート:〔花样溜冰〕〔花式滑冰〕は旧称.
花样滑雪 huāyàng huáxuě〔又〕フリースタイルスキー.
花样经 huāyàngjīng〈方〉〈喻〉手練手管.〔他的~多得很〕彼の手練手管とてきたらすごく多い.
花样游泳 huāyàng yóuyǒng〔又〕シンクロナイズドスイミング:〔花游〕は略称.〔く音訳義〕水上芭 bā 蕾〕ともいう.
花药 huāyào ①植(雄しべの)葯(やく). ②草花の薬.
花(椰)菜 huā(yè)cài =〔菜菜〕〔花甘蓝〕〔菜花(儿)〕〔椰花菜〕カリフラワー.→〔甘 gān 蓝〕
花叶 huāyè ①花と葉.花びら. ②葉が変形したもの.〔~病 bìng〕同前の病気.
花用 huāyòng 費用.消費:〔化 huā 用〕ともいう.
花羽绫 huāyǔlíng 紡紋綾呉呂(ちりめん)

huā〜huá 花哗恚划

花园 huāyuán ①[-儿]花園.庭園.〔花园子〕ともいう.〔~工厂〕〈喩〉環境のすぐれた工場. ②[建]高級住宅(団地)〔-式〕庭園付き(建物)

花月 huāyuè ①花と月.美しい季節·景色.〔~缘 yuán〕才子佳人のロマンチックな契り. ②旧暦2月の別称.

花栅子 huāzhàzi ⇒〔花障(儿)①〕

花债 huāzhài 回花柳界での借金.〔该了一屁股两肋巴的~〕芸者屋に山ほどの借財をした.

花展 huāzhǎn 生花展.華道展.

花账 huāzhàng 二重帳簿.虚偽の出納簿.〔报~同前を報告する.〔开~〕うその請求書を作る.

花帐 huāzhàng [-子]模様入りの寝台幕.

花障(儿) huāzhàng(r) ①=〔花栅子〕草花をはわせたまがき. ②装飾のついた屏風.

花朝 huāzhāo 回花神を祭る旧暦2月2日あるいは12日,15日.〔~节〕〔花节②〕〔百 bǎi 花生日〕ともいう.

花招(儿) huāzhāo(r) 〔花着(儿)〕とも書いた. ①武術でこけおどしの手動作.〔转⇒手数(カ)〕.あいの手.あや.〔他的胡琴没有一个~〕(老·四·悭24)彼の胡弓(のひき方)はけれん味がない. ②=〔噱 xué 头〕〈喩〉人の目をくらますための手この手.手練手管.変わったからくり.〔要 shuǎ~〕手段を弄(3)する.小細工をする.〔别在行家面前使~〕専門家の前で小細工するな.→〔花活②〕〔花腔②〕〔花样(儿)②〕

花朝月夕 huāzhāo yuèxī 〔花晨月夜〕〔成〕春の花と秋の月.花鳥風月の楽しい時節.

花针 huāzhēn ししゅう針.

花砧(子) huāzhēn(zi) =〔型 xíng 砧〕鍛冶(きん)の蜂の巣金物.

花枝 huāzhī 花の付いている枝.〈喩〉美しい女性.〔~招 zhāo 展〕〈喩〉女性が美しく着飾ったさま.→〔招展〕

花纸 huāzhǐ ①模様のある紙.色紙. ②⇒〔年 nián 画(儿)〕

花籽儿 huāzhǒngr ⇒〔花籽儿①〕

花轴 huāzhóu =〔花茎〕花軸(氣).→〔花梗〕

花绉 huāzhòu 凾友禅縮緬(ガ%)

花烛 huāzhú [新]〔华 huá 烛〕回〔新婚夫婦の部屋に用いる〕龍鳳の飾りのある赤いろうそく.華燭.〈転〉新婚.〔~洞房〕〔洞房〕同前と新婚夫婦の寝室.〈喩〉新婚(の夜).〔~之喜〕новые婚の喜び.〔~大妻〕〈喩〉正式に結婚式を挙げた夫婦.

花柱 huāzhù 回花柱.

花砖 huāzhuān 建化粧れんが.〔镶 xiāng 上~〕同前で舗装する.→〔瓷 cí 砖〕

花籽儿 huāzǐr 〔花子儿〕とも書く. ①花の実(種子).〔花种儿〕ともいう. ②〈方〉綿花の実.

花字 huāzì ⇒〔花押〕

花子 huāzi ⇒〔乞 qǐ 丐〕

花嘴 huāzuǐ 〈方〉①甘い言葉. ②[-子]三つ口.〔唇 chún 裂〕

花樽 huāzūn 〈方〉口のやや大きい花瓶.

[哗·嘩] huā〈擬〉水が勢いよく溢れ出たり,堅い物がぶつかったりする音.〔~地一下子把水泼下来了〕ザァーッと水をまき散らした.〔衣裤都拧 níng 得出汗水~~的〕(老·骆)上着もズボンもぼったりと汗がポタポタする.〔~的一声铁门关上了〕ギーと鉄の門扉が閉じてしまった.

哗啦 huālā 〔哗拉〕〔哗啦〕とも書く. ①〈擬〉ガラガラ,グラグラ,ガヤガヤ.〔一放炮,岩石~地掉下来了〕発破(,)をかけたら岩石がガラガラ落ちて来た.〔~水一啦地开〕湯がグラグラと沸く.〔背着~~响的

书包〕背中のランドセルをガチャガチャさせて.〔大雨~~地下〕大雨がザーッと降る.〈方〉瓦解する.失敗する.〔敌人的军队,没等我们打,自己就~了〕敵の軍隊は,わが方の攻撃を待たずに,ひとりでにくずれ去った.

哗啷 huālāng 〈擬〉ガランガラン.〔~棒儿 bàngr〕〔哗楞 leng 棒儿〕ガラガラ:幼児をあやすおもちゃ.

[恚] huā 〈擬〉サッ.パッ:素早く動く時の音.〔乌鸦~地飞了〕カラスがパッと飛んだ.→ xū

[划·劃] huá (I)〔划〕①水をかく.(櫂(だ)で舟をこぐ.〔~橹〕櫓で舟をこぐのは〔摇 yáo〕.〔在水里扑腾了两下,拼命地~〕水中で二度三度あぶあぶあがり,懸命に水をかいた.〔这船一得快〕この舟は(こいで)船足が速い.→〔拔 bō ③〕 ②→〔划子〕
(II)〈口〉(頭の中で)そろばんをはじく.勘定する.
(III)〔劃〕〔刃物または他の鋭くとがったもので〕切り開く.〔物の表面を刃物または他のもので非常に軽く〕こする.する.〔~割 gē〕傷をつける.〔~花了〕こすって消してしまった.〔~炮 pào〕爆竹に点火する.〔拿指甲~一下〕爪ですうっと印をつける.〔这个火柴受了潮了,~不着〕このマッチは湿っていてすっても火がつかない.→ huà

划不来 huábúlái そろばんに合わない.引き合わない.もったいない.〔划得来〕は可能形.

划船 huáchuán (かいを用いて)舟を漕(ユ)ぐ.→〔摇 yáo 船〕

划荡儿 huádàngr チャコで布の上に線を引く.

划粉 huáfěn チャコ:裁縫用具.〔画 huà 粉〕〔粉笔〕ともいう.

划痕 huáhén 傷跡.〔青春的~〕青春の傷跡.

划尖底眼 huájiān dǐyǎn →〔划眼②〕

划桨 huájiǎng かい(オール)をこぐ.〔那时的帆船是在桅下~的.その この的帆船は船室の下でオールをこぐのだった.→〔摇 yáo 橹〕

划开 huákāi (とがったもので)すり切る.〔~玻璃〕ガラスをすり切る.

划拉 huála 〈口〉①払い落とす(のける).〔大概其~就得了〕おおざっぱに掃きのければそれでよい.→〔胡乱 luán ②〕 ②取り入れる.取り込む.かき込む.〔你光寻思往个人腰包里~〕きみは自分の財布の中に取り込むことばかり考えているね. ③ぞんざいに書く.書きなぐる.〔拿我的矿笔瞎~什么呢〕おれの上等の筆で何を書きなぐっているのか.〔这付对联请你好歹给~上吧〕この対幅(ガ)にとにかく一筆とやって下さい.

划搂 huálou 〈方〉がつがつ食う(飲む).〔他赶紧~了三大碗饭〕彼は急いで3杯大めしをかきこんだ.

划平底眼 huápíng dǐyǎn →〔划眼②〕

划破 huápò 掻(ネ)き破る.さく.

划拳 huáquán ①=〔猜拳〕じゃんけんをする.〔~决定〕じゃんけんで決める.〔~赢 yíng 了〕じゃんけんに勝った.→〔铮 bēn 铰戏〕 ②=〔文〕拇 mǔ 战〕(宴席で座興をそえるための)拳を打つ(:〔划〕は〔哗〕〔豁〕〔滑〕とも).打ち方は,双方同時に1から10までの任意の数を唱えながら指で0(にぎりこぶしで表す)から5までの数をつくって前方に突き出し,唱えた数が両方の指の数の和になった方が勝ち.例えば,口に〔七巧!〕と言いながら手の方は親指を折って4の数をつくって突き出し,相手が3を出した場合,合計が7となるのでこちらが勝ちとなる.掛け声はまちまちで次のとおりであるが,現在は数字だけを唱えることが多い.〔独 dú 一个儿〕〔一心净〕〔一点高升〕〔一定发财〕〔一定恭喜〕〔一品高升〕〔二喜喜〕〔哥儿俩 liǎ 好〕〔两相好〕〔三

星(高)照〕〔三阳开泰②〕〔照三星〕,〔四季(发)财〕〔四季平安〕〔四路进财〕〔四喜〕〔五奎〕〔五魁(首)②〕〔五子登科〕,〔六顺财财〕〔六大(大)顺〕,〔七个巧〕〔七巧②〕〔七星〕〔巧巧巧〕,〔八匹马②〕〔八仙③〕〔八仙寿〕〔八仙过海②〕〔八九登高②〕〔八九快〕〔快快九〕〔九莲灯〕〔九子十成〕〔快喝酒〕〔快快快〕,〔满福寿〕〔全福寿〕〔全来到〕〔全来了 liǎo〕〔十全〕②〕〔十全福(禄)〕〔满堂红③〕.〔～猜 cāi 令〕酒席で拳をうち負けた方が酒を飲むこと.→〔酒 jiǔ 令〕

划伤 huáshāng ①かすり傷(つき傷) ②同前を負う(わせる)

划水 huáshuǐ ①魚のひれの近くの柔らかい肉.〔妙 chǎo ～〕⑤同前と使った浙江料理. ②囚(水泳で)ストローク.

划算 huásuàn ①引き合う.そろばんに合う:〔合 hé 算〕に同じ.〔这块地还是种麦子一〕小麦を植えた方が採算に合う.〔用几个人做一个人的工作不～〕何人かで一人分の仕事をするのは採算が合わない.②そろばんをはじく.合算する.

划艇 huátǐng ①ボート(をこぐ).②囚カナディアンカヌー.カヌー.〔～比赛〕カヌー競技.ボートレース.レガッタ.〔～皮 pí 舰〕

划行 huáxíng 舟をこぐ.

划眼 huáyǎn ①〔鏨井(ざん)で〕油井の穴が狭くなるのを防ぐこと.②圓皿穴をあける:穴の口を円形に広げてネジの頭を埋めること:皿穴を円錐形にすることを〔划尖底眼〕,円柱形にすることを〔划平底眼〕という.

划子 huázi (平底で上のあいている)小舟:〔小 xiǎo 划(子)〕ともいう.

划钻 huázuàn ⇒〔钻天〕

〔华·華（華·崋）〕 huá

(I)①輝く光.つや.いろ.〔日月光～〕太陽や月が光り輝く.
②〈文〉派手で美しい.豪勢である.〔质 zhì 朴无～〕質朴で派手なところがない.〔奢 shē ～〕ぜいたくで派手(である).〔繁 fán ～〕豪華(である).⑤あでやか(である).③精粋(最も優れたもの,精髄)をいう.〔精 jīng ～〕精華.〔才 cái ～〕優れた才能.④〔輝く〕歳月.⑤囚暦(こよみ).⑥〔～影〕月の暈.⑥髪が白髪まじりである.⑦〔転〕相手の事柄を尊んでいう時に用いる.→〔华翰〕
(II)①華夏·中華の略称:中国人など中華僑を指すことがある.〔访～〕中国を訪問する(こと).〔～英词典〕中英辞典.→〔汉 hàn ①〕〔中 zhōng ⑧〕
(II') 湯の"はな". → huà

华北 huáběi 囫一般に北京·天津·河北·山西をさす.また⑥〔～平原〕のように広く〔长江〕以北をいう.⑥〔行 xíng 政区〕,〔军 jūn 区〕などでは時代により各省市に若干の出入りがある.→〔北方〕

华表 huábiǎo 囲古代,宮殿·城壁·陵墓など大建築物の前に建てられた装飾用の巨大な石柱:柱身に竜·鳳の図案が彫刻されており,上部に花を刻した石板が横に挿されている.天安門前のものは有名.

华埠 huábù (外国における)チャイナタウン:〔唐 táng 人街〕に同じ.

华彩 huácǎi ①色どり.②色とりどりで美しい.〔～人生〕輝かしい人生.③文章の立派なこと.〔文采〕に同じ.

华彩乐段 huácǎi yuèduàn 圄カデンツァ:協奏曲中における主奏者の独奏部分.

华茶薰 huáchábiāo 国セブサンゼン:〔莺 niǎo〕は古称.

华辞 huácí 虚飾の言.

华达呢 huádání 囮ギャバジン〔轧 gá 别丁〕〔葛 gé 巴丁〕は音訳.

华诞 huádàn 〈尊〉誕生日.〔八十～〕80歳の同前.

华德 huádé ⇒〔瓦 wǎ 特〕

华灯 huádēng ①美しい飾り提灯.→〔花 huā 灯〕②輝く灯火.

华颠 huádiān ⇒〔华发〕

华甸 huádiàn 〈文〉国都の地.

华东 huádōng 囫一般に上海·山東·江蘇·浙江·安徽·江西·福建および台湾を指す.また⑥漠然と中国の東部をいう.⑥〔行 xíng 政区〕,〔军 jūn 区〕などでは時代により各省市に若干の出入りがある.

华而不实 huá ér bùshí 花は咲くが実はならない.〈喩〉見かけ倒し.

华尔街 huá'ěrjiē 囫ウォール街:〔垣 yuán 街〕は意訳.米国の金融市場の代名詞.〔～日报〕ウォールストリートジャーナル(米国の新聞名)

华尔纱 huá'ěrshā 囮ボイル:きわめて軽い薄物で夏の婦人服に用いられる.

华尔兹 huá'ěrzī 〈音訳〉囶ワルツ:〔慢 màn 三步〕〔圆 yuán 舞曲〕に同じ.〔～舞 wǔ〕ワルツ(ダンス)

华发 huáfà =〔华颠〕〈文〉ごま塩頭.白髪まじりの頭.〔～苍颜〕老人.

华府 huáfǔ ⇒〔华盛顿〕

华盖 huágài 囲①帝王や貴人の乗る車にさしかける傘.→〔宝 bǎo 盖①〕 ②星の名:人の運命がこの星をよぎると不幸になるとされた. ③囚太陽や月の暈(さ).

华工 huágōng 外国に居留している中国人労働者.

华贵 huáguì ①豪華·高価である.②富貴である.

华函 huáhán 同下.

华翰 huáhàn =〔华函〕〔华笺〕〔华缄〕〔华简〕〔华札〕〈尊〉貴簡.貴信.

华鲫鱼 huájìyú ⇒〔鳜 guì〕

华笺 huájiān ⇒〔华翰〕

华缄 huájiān ⇒〔华翰〕

华简 huájiǎn ⇒〔华翰〕

华居 huájū 〈尊〉他人の住宅に対する美称.

华里 huálǐ 〈度〉中国里:1〔～〕は0.5キロメートル.現在は〔市里〕という.→〔里⑧〕

华丽 huálì きらびやかである.華やかである.〔～的宮殿〕美しい詞藻·美辞麗句.

华鬘 huámán =〔花 huā 鬘〕古代インドで糸に花を通して首にかけまたは仏前に供えた一種の花輪.

华美 huáměi 派手である.華やかである.

华南 huánán 囫一般に広東·広西·海南と香港·澳門を指す.また広義では南嶺以南及び武夷山以東の地をさし,福建·台湾も含む.

华年 huánián 青春時代.〔时值～〕青春真っ直中.

华侨 huáqiáo 華僑:外国に居住する中国籍中国人.→〔侨胞〕

华鰁 huáquán 囼カラヒガイ:コイ科の淡水魚.

华人 huárén 〔中国人.②外国国籍中国人.〔美籍～〕アメリカ国籍の中国人.〔～城〕〔唐 táng 人街〕チャイナタウン.〔～社 shè 团〕〔华社〕〔华团〕華人社会.華人集団.

华容 huáróng 美しい容貌(ぼう)

华沙 huáshā 囫ワルシャワ(ワルソー):〔波 bō 兰共和国〕(ポーランド)の首都.〔～条约〕〔华约〕囻ワルシャワ条約:1955年5月東欧8ヵ国がワルシャワで結んだ条約.

山松 huáshānsōng ⇒〔白皮松⑧〕

华商 huáshāng 中国商人.中国商店.

华社 huáshè ⇒〔华人社団〕

华盛顿 huáshèngdùn 〈音訳ワシントン.⑥囫①アメリカ50州の一.⑥アメリカ合衆国の首都:〔～哥伦比亜特区〕(ワシントン·コロンビア)特別区.〔华府〕

huá

ともいう。ⓑ[八]米国第一代大統領.

华氏(度) huáshì(dù) カ氏(温度). [华氏温度] (華氏温度)ともいう. [～温标]カ氏温度測定表示: °Fで表す. [华氏温度计]カ氏寒暖計. [列liè 氏(度)] [摄shè 氏(度)]

华首 huáshǒu 〈文〉①白髪の頭. ②[転]老人. ③美人の黒髪.

华司 huásī ⇒[垫 diàn 圈]

华丝葛 huásīgé [纺]浮き出し模様のある一種の絹織物: 浙江省湖州が主産地.

华丝纱 huásīshā [纺]絹織物の一種: 原料は [华丝葛]と同じ. 織り方が羅紋織で白色あるいは浅い色に染色されたものが多く,夏季衣料に用いられる. 広東に産するものは [云 yún 纱] と称せられる. [拷云纱]というのは[云纱]の捺染(ぞ)されたもの.

华团 huátuán ⇒[华人社团]

华文 huáwén 中国語. [世界～文学]海外の中国語で書かれた文学.

华屋山丘 huáwū shānqiū [华屋山邱] [华屋丘墟] 〈成〉華麗な家が廃墟に帰す; 興亡のすみやかなこと, また巨大な災難に遭うこと.

华西 huáxī [地]一般に四川一帯,長江上流をいう.

华夏 huáxià 中国人が自国を呼ぶ称呼: [中 zhōng 华]に同じ.

华校 huáxiào 華僑学校.

华兴会 huáxīnghuì [历]清末の革命的政治結社名: 湖南出身の黄興・宋教仁らが中心となり, 1903年滅満興漢を目的とし結成した. →[中 zhōng 国同盟会]

华严宗 huáyánzōng [宗](仏教の)華厳宗.

华艳 huáyàn 華麗である.

华裔 huáyì ①中国系の国外で生まれ, その国の国籍をもつ人. [～文学]同前の人による文学. ②〈文〉中国及びその周辺の国.

华语 huáyǔ 中国語: 多く外国に居住する中国系の人の共通語を指す. →[汉 hàn 语]

华约 huáyuē ⇒[华沙条约]

华泽兰 huázélán =[兰草②] [都 dū 梁香] [植](キク科)ヒヨドリバナ(近縁種).

华札 huázhá ⇒[华翰]

华章 huázhāng 〈尊〉美麗な詩文: 他人の詩文をほめていう. ほめたたえるのに用いる.

华中 huázhōng [地]一般に河南・湖北・湖南一帯, 長江中流をいう.

华胄 huázhòu 〈文〉①華夏の後裔(ぞ). 漢民族. ②貴族の後裔.

华烛 huázhú ⇒[花 huā 烛]

华馔 huázhuàn 〈文〉美味佳肴(ぅ). 立派なごちそう.

华宗 huázōng 〈尊〉ご同族: 相手の同族をいう.

华族 huázú 〈文〉名門貴族. 華族.

[哗・譁(譁)] huá (人声が)やかましい. 騒がしい. [喧 xuān～]やかましく騒ぐ. 大勢でがやがや騒ぐ. [～笑 xiào]がやがやと笑う. [社会興 yú 论一起]世論が大きく盛り上がる. [肃静勿～]静粛に願います(掲示用語). [众人哗之大～]みなのものはこれを聞いて大騒ぎをした. → huā

哗变 huábiàn 軍隊にわかの反乱.

哗门吊嘴 huáméndiàozuǐ ⇒[油 yóu 嘴滑舌]

哗拳 huáquán ⇒[划拳②]

哗然 huárán 大勢の声が入り混じるさま. 騒がしくかましいさま. [大笑]大勢がワッと大笑する. [议论～]やかましく議論する.

哗众取宠 huázhòng qǔchǒng 〈成〉派手にたちまわり, あおりたてて人々の人気を得る. 歓心を得たり名声を得たりすること.

[骅・驊] huá

骅骝 huáliú 〈文〉駿馬: 周の穆王の赤毛の愛馬の名.

[铧・鏵] huá 犁(すき)の先に取り付ける鉄片の刃. [犁～]同前. [双轮双～犁] 2輪2枚刃の犂.

[滑(滑)] huá ①つるつるである. 滑らかである. [桌面很～]テーブルの上が同前. [下雨路上～]雨が降って道がすべりやすい. ②滑る(らせる). [走着走着行く(通走). [水把人一了一跤]氷で滑ってころんだ. [～了个筋斗 jīn dǒu](滑って)ステンコロリところんだ. ③ずるい. こすい. [狡猾] [狡滑](同前). [奸 jiān ～] [奸滑]わるがしこい. [～巧 qiǎo]ずる賢い. [要耍]ずるくかまえる. → [猾] ④ごまかす. [他们想～是～不过去的]彼らはごまかそうとしても, ごまかしおおせない. ⑤古国名: 現在の河南省にあった. ⑥〈姓〉滑(ぷ).

滑板 huábǎn ①[スケートボード. [～运动]同前の競技. ②⇒[滑梯] ③[机]すべり面. ④[スポ](卓球の)フェイント. →[伴 yáng 攻]

滑冰 huábīng =[溜 liū 冰①②]スケート(をする). [花式～] [花样～]フィギュアスケート. [快速～] [速度～]スピードスケート. [～鞋]スケート靴. [～场] [冰场]スケート場. [～早 hàn 冰]ローラースケートをする. ②氷上を滑走する.

滑步 huábù [スポ](砲丸投げの)グライド: 左足を低く引き出し, 右足で低くホップするような足運び.

滑不叽溜 huábujīliū [滑不喞溜]とも書く. [方]①つるつるしている. すべすべしている. つるつるすべる: [滑不喞溜]同前という⇒[滑头滑脑]

滑草 huácǎo [スポ]グラススキー.

滑肠 huácháng [中医]腸の動きが過剰になること. [～致病下痢]同前により下痢をおこす.

滑车 huáchē [机]滑車: [滑轮]の通称. [双轮～] [複滑車. [差动～]差動滑車. [链 liàn ～]鎖ろくろ. チェーンブロック. [机械用～]モータープーリー. →[葫 hú 芦③] ②織機の滑車. 絞軸.

滑车神经 huáchē shénjīng [生理]第4脳神経: 滑車神経. 眼球の運動を司る.

滑串流口 huáchuàn liúkǒu 〈慣〉言葉巧みで軽口である. 立板に水(のようにぺらぺらしゃべる)

滑倒 huádǎo 滑ってころんだ.

滑道 huádào 滑走道: 滑り台のような装置. [垃圾～]ダストシュート.

滑动 huádòng ①滑る. 動く. 滑走する. [～关税] [経]スライド関税. [～价格]スライド価格. ②[機]摺動. [～摩 mó 擦]滑り摩擦. [～齿 chǐ 轮] [機]滑り歯車. [～关 guān 节] [生理]骨関節の一種. [～轴zhóu 承] [普 pǔ 通轴承]同前の軸受.

滑动配合 huádòng pèihé ⇒[滑配合]

滑竿(儿) huágān(r) [旧]竹で編んだ長椅子を2本の竹竿にしばりつけ二人で担ぐ登山用の竹かご. →[竹 zhú 兜(子)]

滑轨 huáguǐ ⇒[过 guò 山车]

滑过去 huáguòqu ごまかして通り過ぎる. →字解④

滑旱冰 huáhànbīng [スローラースケート(をする)

滑合座 huáhézuò ⇒[滑配合]

滑滑 huáhuá 〈方〉つるつる・ぬるぬるしているさま.

滑环 huáhuán [機]スリップリング.

滑货 huáhuò 〈罵〉ずるい(ふまじめな)やつ. 気まぐれ者.

滑稽 huá·jī ①こっけいである. おもしろおかしい. ひょうきんである. おどけている. [～片 piàn]喜劇映画. [他说话很～]彼の話しぶりはひょうきんだ. [滑天

滑稽鳎

huá

下之大稽]笑止千万である.全く不思議である.②漫才.漫談:1920年代,上海一帯で行われた.一人でやる〔相 xiàng 声(儿)]のようなもの.〔独 dú 角戏②]は別称.

滑稽戏 huá·jīxì 劇〔滑稽剧]ともいう.同上②の発展した一種の演劇.

滑(机)油 huá(jī)yóu ⇒〔润 rùn 滑油]

滑剂 huájì 中医附着したものをすんなりと排出させるもの.例えば便通をよくする薬.

滑键 huájiàn 機滑りキイ:回転軸にとりつけた車などを軸と平行に滑らせる場合に用いる.

滑降 huájiàng ①滑空して降下する.②(スキーの)滑降.〔~比赛 sài]滑降競技.

滑跤 huájiāo 滑って転ぶ.〔地上都是冰,当心~]地面はすっかり凍っているから滑らないように気をつけなさい.

滑脚 huájiǎo するりと抜け出す.逃げる.

滑精 huájīng ⇒〔遗 yí 精]

滑客 huákè スキー・スケート客.

滑垒 huálěi 〔铲 chǎn 垒]ともいう.(野球・ホッケーなどの)スライディング.

滑利 huálì ①なめらかである.②順調である.

滑熘 huáliū 〔滑溜]ともも書く.料理法の一.肉や魚を片栗粉の固めにといたものでまぶして油で揚げ,ねぎなどを加え,また片栗粉でとろりとさせる.くず煮.〔~里脊 鹿]ロース肉の同前.〔~鱼片]魚の切り身の同前.→〔熘]

滑溜溜 huáliūliū 〔滑流流]とも書く.すべすべしているさま.滑らかなさま.

滑溜 huáliu 〈口〉すべすべする.

滑轮 huálún 物 滑車.プーリー.〔定~]固定滑車.〔动~]動滑車.〔~包]キャリーケース.キャスター付旅行かばん.〔~鞋 xié]〔旱 hàn 冰鞋]ローラースケート・シューズ.〔~组 zǔ 機]複滑車.組み合わせ滑車.→〔滑车]

滑落 huáluò 滑落する.

滑脉 huámài 中医脈象の一種.脈の流れ方が滑らか.

滑门 huámén 引き戸.

滑嫩 huánèn (皮膚が)すべすべとやわらかい.

滑腻 huánì (皮膚が)滑っこくてきめが細かい.つるつるする.

滑跑 huápǎo 滑走(する).〔这种飞机能缩短起飞着陆的~距离]この種の飛行機は離着陸の滑走距離を短縮することができる.

滑配合 huápèihé =〔滑动配合]〔滑合座]機 スライディングフィット.すべりばめ.→〔配合]

滑坡 huápō ①地滑りする.崩落する.→〔泥 ní 石流]②區(生産・販売などの)減少する.下降する.下落する.〔旅 lǚ 游业~变上坡]観光業界は不振から好調に変わった.

滑人 huárén ずるい人間.

滑润 huárùn 潤いがあって滑らかである.〔皮 pí 肤~]肌がしっとりしている.〔~油]潤滑油.

滑润法 huárùnfǎ 工 給油法.〔循 xún 环~]循環給油法.

滑润器 huárùnqì 油差し.給油器.〔水压~]水圧給油器.〔离心力~]遠心力油差し.〔机力~]機械給油器.

滑涩 huásè 中医倦怠感が消える.〔~补精]だるさが無くなり元気になる.

滑舌 huáshé =〔滑嘴]①口先が巧みである.〔甜言~]〔油嘴~]同前.

滑石 huáshí 鉱滑石.タルク:柔らかく蠟(ろう)のような光沢の鉱物.石筆・塗料・滑剤に用いる.〔~粉]~石粉.タルカムパウダー.〔爽 shuǎng 身粉]〔扑 pū 粉]などの主材料.

滑鼠 huáshǔ 電算マウス.

滑爽 huáshuǎng なめらかで心地よい.

滑水 huáshuǐ スキー水上スキー(をする).〔~橇 qiāo]水上スキーのボード:〔水橇]ともいう.〔~运动]水上スキー.

滑胎 huátāi →〔小 xiǎo 产]

滑膛 huátáng 軍螺線条溝を施さない銃砲身.〔~炮]滑腔砲.

滑梯 huátī 〔滑板]滑り台.〔滑~]同前で遊ぶ.滑る.

滑铁卢战役 huátiělú zhànyì 史 ワーテルローの戦い:ナポレオン軍が大敗した戦闘.〈喩〉決定的な負け戦.落ち目の始まり.

滑头 huátóu 〔滑头]①ずるくて信用のおけない人.狡猾(こう)な人間.〔老~]海千山千.したたか者.〔~~]ずる賢い.狡猾である.不誠実である.〔耍 shuǎ ~]狡い手をつかう.

滑头滑脑 huátóu huánǎo =〔滑不叽溜②]ずるくていいかげんなさま.

滑翔 huáxiáng 滑空する.〔~伞 sǎn]〔~跳 tiào 伞]④パラグライダー.⑤ハング(グ)ライダー.〔~动 dòng 力伞]②モーターパラグライダー.〔~机]グライダー.滑空機.

滑行 huáxíng ①滑走する.〔飞机在跑道上~]飛行機は滑走路を滑走している.〔~(跑 pǎo)道]〔跑道]滑走路.②惰力で前進する.

滑学 huáxué ⇒〔逃 táo 学]

滑雪 huáxuě スキー(をする).スノーボード(で滑る).〔~场]スキー場.ゲレンデ.〔~大回转]アルペンスキー大回転.〔~吊 diào 椅]スキーリフト.〔~蜡]雪蜡(ロウ).〔~衫 shān]スキージャケット.〔~身击]バイアスロン.〔~跳跃台]シャンツェ:スキーの跳躍台.〔~鞋]スキー靴.〔~板 bǎn]〔雪板]④スノーボード.〔~衣]スキーウエア.〔~运动家]スキーヤー.〔~杖]〔雪杖]ストック.〔高山~]アルペン種目.〔跳 tiào 台~]〔跳雪]スキーのジャンプ.

滑牙利嘴 huáyá lǐzuǐ 〔慣]能弁なさま.話じょうずなさま.

滑液 huáyè 生理滑液:骨と骨の摩擦を防ぐ骨と骨関節の間に充満する液体.

滑音 huáyīn ①〔音声学で]経過音:甲の音から乙の音へ移る時,自然に生じるつなぎの音.②音ポルタメント.

滑油 huáyóu ⇒〔润 rùn 滑油]

滑泽 huázé なめらかである.つるつるしている.

滑贼 huázéi =〔猾贼②]

滑脂 huázhī グリース.〔润 rùn 滑脂]に同じ.〔硬~]ハードグリース.〔齿 chǐ 轮~]ギヤグリース.〔~杯 機]グリースカップ.〔~泵 bèng 機]グリースポンプ.〔~枪 qiāng]〔油 yóu 枪②]機グリースガン.グリース注入器.〔~旋 xuán 塞]機グリース注口栓.

滑嘴 huázuǐ ①⇒〔滑舌]②よくしゃべる人.

[猾(猾)] huá ずるい.〔狡猾~]ずるがしこい.〔~吏]ずるい小役人.〔奸 jiān ~]わるがしこい.→〔滑③]

猾伯 huábó 非常に悪賢い人間.

猾棍 huágùn 悪賢い人間.

猾贼 huázéi ①狡猾である.悪賢い.②=〔滑贼]前の人間.

[鳠・鰴] huá 魚 ①コウライニゴイ(近縁種):コイ科の淡水魚.〔鲷 wèi]は古称.〔花~]〔花骁 jué]ともいう.〔鲮 líng

~〕〔唇 chún ~〕ニゴイ. ②固伝説上の魚.発光するトビウオ.

〖搳〗huá
搳拳 huáquán ⇒〖划拳②〗

〖豁〗huá → huō huò
豁拳 huáquán ⇒〖划拳②〗

〖化〗huà ①変わる.変化する.〔水受热～成汽〕水が熱せられて蒸気になる.〔千变万～〕さまざまに変化する.〔狐狸～人身〕きつねが人の姿に化ける.②変える.〔～悲哀为力量〕悲しみを力に変える.③感化する(させる).〔教～〕教化する.〔頑固不～〕頑固で箸にも棒にもかからない.④とける.〔雪～了〕雪がとけた.〔松花江刚开始～冻〕松花江は氷がとけ始めたばかりだ.⑤こなれる.消化する.〔消 xiāo ～〕同前.〔食古不～〕古典を鵜呑みにして消化しきれないこと.⑥焼く.〔尸体已经火～了〕死骸(がい)はすでに焼いて(骨にし)た.→〖烧 shāo 化〗⑦(仏教・道教で)死ぬ.〔坐～〕端座したまま往生する.〔羽～③〕(道士がいう)死ぬ.⑧布施を請う.〔布施〕同前.〔来了一个癞 lài 头和尚,说要～我去出家〕(紅3)きたない坊主が来て私を請いうけて坊さんにしたいと言った.⑨風気.習俗.〔文～〕文化.〔伤 shāng ～败俗〕〈成〉風俗を損なう.⑩自然の機能.〔造～ zàohuà〕〈文〉自然の造物者.⑪化学の略.〔理 lǐ ～〕理化.⑫～(する):名詞・形容詞・動詞の後に置き,ある状態・性質にすることを表す.〔实现社会主义工业～〕社会主義的工業化を実現する.〔大众～的艺术〕大衆化された芸術.〔把共性和个性的差别绝对～〕共性と個別性の差を絶対化する.⑬〈姓〉化(か)
→ huā
化场 huàchǎng ⇒〖化(人)场〗
化成 huàchéng 化して～にする.～に変わる.〔把一切丑恶～美丽〕一切の醜いものを美しく変える.
化除 huàchú ①無くす.〔～成见〕今までの考えを捨てる.②除草剤を使って雑草を取り除く.
化导 huàdǎo 教化し導く.
化冻 huàdòng (凍結が)とける.
化度 huàdù 囡(仏教で)衆生(じょう)を感化し済度する.
化恶魔的 huà'èyuánde くそ坊主.僧の蔑称.
化肥 huàféi 化学肥料.〔～厂〕化学肥料工場.→〔农 nóng 家肥(料)〕
化粪池 huàfènchí (水洗便所の)浄化槽.
化干戈为玉帛 huà gāngē wéi yùbó〈慣〉戦争をやめ平和になる.
化工 huàgōng ①造化のたくみ.天工.②化学工業:〔化学工业〕の略.〔～产品〕化学工業製品.〔～厂〕化学工業工場.〔～原料〕化学工業原料.
化合 huàhé 囮化合(する).〔～量 liàng〕(元素の)当量.〔～价〕〔原 yuán 子价〕物原子価.〔～力〕(化学)親和力.〔～态 tài〕元素が化合物の形で存在する状態.〔～碳 tàn〕当分子頭の結合している炭素.コンパインドカーボン.〔～物 wù〕化合物.→〖混 hùn 合②〗
化鹤 huàhè〈文〉鶴と化す.〈喩〉昇天(死去)する.
化解 huàjiě 溶解する.とける.なくなる.〔化郁 yù 解忧〕心のうさを晴らす.
化境 huàjìng 絶妙の境地.精妙で普通を越えた境地(多くは芸術作品についていう)
化疗 huàliáo 囮化学療法.〔化学疗法〕の略.
化民成俗 huàmín chéngsú〈成〉民衆を教化して風俗を良くする.
化名 huàmíng 変名(する).改名(する).仮名(を使う).〔～存款〕架空名義の預金.
化募 huàmù ⇒〖化缘〗
化脓 huànóng =〔酿 niàng 脓〕化膿(か)する.うむ.〔～菌〕化膿菌.〔～性中耳炎〕囡中耳炎.
化(人)场 huà(rén)chǎng 火葬場:〔化(人)厂〕とも書く.〔火 huǒ 化场〕に同じ.
化散 huàsàn 消散する.
化身 huàshēn ①化身(けん):抽象観念の具体的形象.〔那位教师是爱的～〕あの先生は愛の化身だ.②生まれかわり(かわる).〔他是菩萨的～〕彼は菩薩(ぼ)の生まれかわりだ.
化生 huàshēng ①(天地が気を化して)生ずる.育つ.②囡(仏教で)突然に出現する.③生理化生.変質形成.
化尸 huàshī 火葬にする.〔～工〕〔焚 fén 尸工〕(火葬場の)火葬係.
化石 huàshí 化石.〔～学〕化石学.〔～燃 rán 料〕化石燃料.
化痰 huàtán 痰を少なくする.痰をなくす.
化铁炉 huàtiělú 溶鉄炉.〔冲 chōng 天炉〕
化外 huàwài〈文〉文化の及ばない地.文化の恩沢に浴していない人.
化为 huàwéi …に変わる.…に変える.〔使这种认识～实践〕この認識を実践に変える.〔～泡 pào 影〕〈成〉泡と消える.〔～乌 wū 有〕すっかりなくなる.(火事で)まる焼けになる.
化～为… huà～wéi… …を…にかえる.〔～繁～简〕繁雑を簡素にかえる.〔～零 líng ～整 zhěng〕〔～散～整〕ばらばらのものを一つにまとめる.〔～整 zhěng ～零〕同前.〔～险 xiǎn ～夷 yí〕〔～险～平 píng〕〈成〉危険な状態を平穏な状態にかえる.〔～大公～小公〕私欲を優先する.〔～腐 fǔ 朽～神奇〕朽ち果てたものを生き返らせる.〔～剑 jiàn ～犁工〕戦争をやめて平和にする.〔～公～私〕私物化する.〔～鹰～鸠〕悪人を善人にかえる.
化纤 huàxiān 化繊:〔化学纤维〕(化学繊維)の略.〔～布〕同前の布.
化香树 huàxiāngshù 植ノグルミ:煮汁を黒色染料とする.
化形 huàxíng (化け物・妖怪などが)化ける.変化(げ)する.
化学 huàxué〔囮化学.〔～变化〕化学変化.〔～电池〕化学電池.〔～镀 dù〕化学鍍金(ぎ).〔～反应〕化学反応.〔～方程式〕化学方程式.〔～肥料〕化学肥料.〔～分析 xī〕化学分析.〔～符号〕化学記号.〔～工业〕〔化工〕化学工業.〔～耗 hào 量〕〔～需氧量〕化学的酸素要求量.COD.〔～键 jiàn〕ボンド.原子の手.〔～疗法〕〔化疗〕囡化学療法.〔～木浆 jiāng〕化学パルプ.〔～能〕化学エネルギー.〔～式〕化学式(総称).〔～武器〕化学兵器.〔～纤 xiān 维〕〔化纤〕化学繊維.〔～纤维织 zhī 品〕化繊織り物.〔～线〕囮化学変化を起こさせる放射線(紫外線など).〔～元素〕化学元素.〔～战〕〔毒 dú 战〕毒ガス戦争.②⇒〖赛 sài 璐珞〕
化验 huàyàn 化学的検査(物理的・化学的方法で分析・実験.検査)(する).〔～单〕(化学)検査表.分析表.〔～室〕(化学)実験室.検査室.〔～报告〕(化学)分析レポート.〔～员〕化学実験担当者.検査技師.〔～证明书〕分析証明書.
化油器 huàyóuqì 囮キャブレター.気化器:〔汽 qì 化器〕に同じ.
化淤 huàyū ①中医とどこおった血をとり除く.〔活血～〕血液の流れをよくして鬱(うっ)血をとり除く.②〈喩〉つまったものを除いて流れをよくする.
化雨 huàyǔ よく万物を育成する雨.〈喩〉おのずと人を教導する良い教育環境・教育者.〔春风～〕〔～春

风]同前.
化育 huàyù (天地万物を)育むこと.感化し育成すること.
化缘 huàyuán ＝[化募]⟨仏⟩(僧や道士が)布施の喜捨を求める：[募 mù 化]⟨文⟩募缘]⟨求 qiú 化]ともいう.[〜的]お布施もらいの坊主.[〜十方]各所を托鉢して回る.[〜薄 bù]奉加帳：喜捨の金额·姓名を記入する帳面.
化斋 huàzhāi (僧侶や道士が)食を乞う.托鉢する：[打 dǎ 斋]に同じ.
化整为零 huà zhěng wéi líng ⟨成⟩集中したものを分散させる.
化纸 huàzhǐ 紙銭を焼く.
化州橘红 huàzhōu júhóng 陳皮(がん)の一種：広東省化州に産する蜜柑の皮を乾かしたもの.
化主 huàzhǔ ⟨仏⟩(仏教の)①仏陀.②[化缘]の僧.
化妆 huàzhuāng 化粧する.めかす.[〜品]化粧品.[〜包 bāo]化粧ポーチ.[〜室 shì]①化粧室.⑥⟨方⟩便所.[〜棉 mián]化粧用コットン.
化装 huàzhuāng (役柄に)メーキャップする.扮(ふ)装する.変装する.[〜舞会]仮装(仮面)舞踏会.[〜室]メーク室.→[打 dǎ 扮]①[假 jiǎ 扮]

[华] huà ①⟨山⟩陝西省にあり,五嶽の一：[西 xī 岳]ともいう.→[五 wǔ 岳]②[姓]華(ホ).[〜佗 tuó]⟨入⟩三国時代の名医.[转]名医.[〜佗高 gāo](漢方の)水虫薬.─huá

[桦·樺] huà ⟨植⟩カバノキ(総称).[白皮桦][〜树 shù][〜木][口白皮桦]シラカバ.[〜皮]同前の皮.[〜烛 zhú]同前の皮で巻いて作ったろうそく.[黑〜]クロカンバ.[红〜]キハダカンバ.

[划·劃] huà ①しきる.線引きする.区分する.分割する.[〜回]区別してもどす.[〜时代]時代を画する.[把这部分〜归第二组]この部分を第2組に入れる.②はかる.計画する.計画の枠組み·段取りを作る.[计〜]計画(する).[筹 chóu 〜]計画(する).[是谁替你〜的策]だれが君のために策を立ててくれたのだ.[〜帐]⟨転⟩上まった現物で金や物に振り替える.割り当てる.譲る.[〜一点给我们]商品を少しこちらに分けてくれる.④⇒[画][划](5)⇒[姓划](5)⇒[姓](5)⇒[姓]huá
划拨 huàbō ①(振り替えで)金を送る.金を払う.[〜10亿资金]資金10億元を振り替える.②一部を譲渡する.分け与える.
划策 huàcè 画策(する).[画策]とも書く.→[出 chū 谋划策]
划叉(儿) huàchā(r) ×点をつける：[画叉(儿)]に同じ.
划成分 huàchéngfèn 出身階級·身分を部類分けする.→[成分②]
划道道 huàdàodào 同下.
划道儿 huàdàor ①⟨方⟩划道道]①線を引く.②方法を決める.道を開く.道を示す.[有什么事,您划个道儿,我就走]何でもあなたがやりかたを決めてくださればそのとおりにします.
划地 huàdì 土地を区分する.土地にしきりを入れる.[〜绝交]土地の境にしきりをして絶交する.[〜为牢][〜做牢]地域を限ってそこから出るのを禁ずる.軟禁する.
划定 huàdìng しきりを定める.[〜界限]境界線を画定する.
划分 huàfēn ①(境界を)区分する.[〜土地]土地を区画する.→[区 qū 分]②区別する.識別する.一線を画する.[〜阶级]階級を区分する.
划付 huàfù =[划交](金)を支出する.支払う.
划杠 huàgàng 線を引く.

划归 huàguī 区分してくり入れる.[这笔收入,应〜地方]この収入は地方(中央に対する)の収入に帰属させるべきである.
划价 huàjià ①料金を計算する：治療費·薬代を処方箋の欄外に計算する.[〜处 chù](病院の)会計窓口.②価格を明記する.
划交 huàjiāo ⇒[划付]
划界 huàjiè (国の)境界を決める.土地の境界を確定する.→[画界]
划款 huàkuǎn 金銭を分けて融通する.
划框框 huàkuāngkuang 制限をする.範囲を区切る.
划片 huàpiàn (大きな地域または範囲を)区切る.
划清 huàqīng はっきり区分する.[〜了工人阶级和资产阶级的思想界限]労働者階級と資産階級の思想の項目をくっきりとくぎった.[〜敌我界限]敵味方の境界をはっきりとつける.[跟他〜界线]彼と明白に一線を画する.
划然 huàrán 画然(と)
划时代 huàshídài 一時代を画する.[〜的作品]画期的な作品.
划头 huàtóu 画即日支払い(手形)
划线 huàxiàn ①階級的な立場を分ける線をひく(文革のころいわれた).→[划清]②⇒[画线]
划一 huàyī ①一律的である.画一である.[动作〜]動作が一律である.②規格化する.一律にする.[〜标准]〜を揃える.[〜体例]様式を画一する.
划一不二 huàyī bu'èr ①掛け値なし：広告の文句.→[言 yán 不二价]②きまりなっている.一律の変わりはない.[写文章没有〜的公式]文章を書くのに画一的なきまりはない.
划账 huàzhàng ⇒[转 zhuǎn 账]
划转 huàzhuǎn 権利移譲する.[向第三者〜股权]第三者に株主の権利を譲渡する.

[画·畫(畵)] huà ①[-儿]絵.[绘画.[一幅〜][一张〜]1枚の絵.②描く.[〜画儿]絵をかく.③(記号·線を)かく.ひく：[划]とも書く.[〜一道红线]赤い線を1本ひく.[用手指を空中〜圈]指で空中に円をかく.[〜一张平面图]一枚平面図をかく.[从前的〜押等于现在的签名]昔の花押は今のサインと同じだ.④漢字の画.[划]とも書く.[笔〜]同前.["和"字有八〜]"和"という字は8画だ.⑤手振りで示す.ジェスチャーで表す：[划]とも書く.
画板 huàbǎn 画板.
画报 huàbào 画報.グラフ：書名に用いる.[画刊①]に同じ.
画笔 huàbǐ 絵筆.
画饼 huàbǐng 絵に描いた餅.[〜充 chōng 饥]⟨成⟩描いた餅で飢えをしのぐ.[〜喻⟩名のみで実のないこと.
画布 huàbù 油絵用のキャンバス.画布.
画槽 huàcáo [印浅い線をひくこと.
画册 huàcè 画帖.画集.絵本.
画策 huàcè ⇒[划策]
画叉(儿) huàchā(r) ×点をつける：[划叉(儿)][打 dǎ 叉(儿)]に同じ.
画杈(子) huàchā(zi) 掛竿：掛軸をかける竿.[画叉子][挂 guà 叉子]ともいう.
画船 huàchuán ⇒[画舫]
画到 huàdào ⇒[签 qiān 到]
画等号 huàděnghào イコールにする.同等にみる：多く否定的に用いる.[不能完全〜]全てをイコールにすることはできない.
画荻 huàdí ⟨文⟩父母の教えをたたえる言葉：宋の欧陽修の母は家が貧しいため筆が買えず,おぎの茎で地に

huà

字を書いて学問を授けたという.

画地为牢 huàdì wéi láo 地面に円を描いて牢屋とする.〈喩〉指定の範囲外で活動することを禁ずる.

画栋 huàdòng 絵をかいたりっぱな棟木(むなぎ).〔～雕梁～〕絵をかいた棟木,彫刻した梁(はり).〈喩〉手のこんだ装飾のある豪華な建物.

画法 huàfǎ 画法.

画舫 huàfǎng =〔画船〕画舫(がほう):美しく飾った遊覧船.

画粉 huàfěn ⇒〔划 huá 粉〕

画符 huàfú ①〈神仏の〉おふだ:呪文(じゅもん)が特異な書法で描いてあるもの. ②〈同前を〉書く.〔～念呪〕神符(お札)を書き呪文を唱える.〈喩〉へたな字を書く.

画幅 huàfú ①絵画.〔美丽的田野是天然的～〕美しい田野は天然の絵である. ②絵の寸法・サイズ.

画稿 huàgǎo ①〔一儿〕下絵.素描. ②〔回〕関係する各責任者が文書に署名決裁すること.

画舸 huàgě 〈文〉画舫:〔画舫〕に同じ.

画工 huàgōng ①絵をかく職人.画工:〔画匠①〕に同じ. ②同下.

画功 huàgōng 絵の技術.絵を描くうで.〔他的～不错〕彼の絵のうではすばらしい.〔画工②〕とも書く.

画供 huàgòng 犯人が口述書に署名すること.

画鼓 huàgǔ 絵で装飾した太鼓.

画规 huàguī =〔(方)炬 jǔ 车〕デバイダー.割コンパス.

画虎不成反类犬 huàhǔ bùchéng fǎn lèiquǎn ⇒〔画虎类犬〕

画虎画皮难画骨,知人知面不知心 huàhǔ huàpí nánhuàgǔ, zhīrén zhīmiàn bùzhīxīn 〈喩〉虎を描くに皮をはぐのはたやすいが骨は描きにくい:人を知るに顔を知るのは易いが心を知るは難しい.

画虎类狗 huà hǔ lèi gǒu =〔画虎不成反类犬〕虎を描いて犬に似る.〈喩〉高望みをしてかえってまずい結果になる:〔画虎类犬〕ともいう.

画集 huàjí 画集.

画夹 huàjiā 画用紙挟み.

画家 huàjiā 画家.

画架(子) huàjià(zi) 〔美〕イーゼル.画架:油絵や写生画用の台.

画匠 huàjiàng ①絵描き職人.画工. ②絵かき(けなした言い方).→〔画家〕

画角 huàjiǎo 〔旧〕軍楽器の一.竹などで作り彩色してある.

画界 huàjiè 境界を定める.→〔划界〕

画境 huàjìng 画境.〔仿佛身在～中〕自分があたかも画境にいるようだ.

画镜线 huàjìngxiàn ⇒〔挂 guà 镜线〕

画具 huàjù 絵を描く道具.

画句号 huàjùhào ピリオドを打つ.

画卷 huàjuàn ①絵画の巻き物.絵巻き. ②〈喩〉壮大な景色,あるいは感動的な場面.

画绢 huàjuàn 絵絹.

画刊 huàkān ①グラフ:〔画报〕に同じ. ②〔旧〕新聞などのグラビア頁.→〔画报〕

画框(儿) huàkuàng(r) 額縁.→〔镜 jìng 框〕

画廊 huàláng ①絵が描いてある廊下. ②絵画・写真などを展覧する廊下. ③画廊.

画梁 huàliáng 絵を描いた美しい梁(はり).

画料 huàliào 絵の具.

画龙点睛 huàlóng diǎnjīng 〈成〉竜の体を描き終わって最後にひとみを入れる.〈喩〉最後の仕上げ(である).文書など肝心なところできめ手となる言葉を使って精彩あるものにする:〔点睛〕にも.

画盲 huàmáng 絵の目利(めき)のない人.

画卯 huàmǎo ⇒〔点 diǎn 卯〕

画眉 huàméi ①〔鸟〕ガビチョウ:鳴き声の良い愛玩鳥. ②=〔扫 sǎo 眉〕〈文〉夫が妻にまゆげをひいてやる.〈喩〉夫婦仲のよいこと.

画眉草 huàméicǎo 〔植〕ニワホコリ.

画面 huàmiàn (絵画・映画・テレビなどの)画面.画像.映像.

画诺 huànuò 承認のサイン(しるし)をする.→〔画行 xíng〕

画派 huàpài 絵画の流派.

画皮 huàpí 化けの皮.仮面.偽装.〔剥～〕化けの皮をはぐ.

画片(儿) huàpiàn,~piānr ①印刷した小型の絵.絵カード. ②絵葉書.

画品 huàpǐn ①絵画の品(かく). ②絵画に対する評論.

画屏 huàpíng 絵を描いたびょうぶ・ついたての類.

画谱 huàpǔ ①絵画を論じた本. ②絵の手本:〔画帖 tiè〕に同じ.

画圈儿 huàquānr 丸印をつける.閲了印をつける.〔画了一个圈儿〕了承して丸をつけた.

画商 huàshāng 画商.

画蛇添足 huàshé tiānzú 〈成〉蛇を描いて足をつける.〈喩〉よけいなつけたしをする.蛇足をつける.

画圣 huàshèng ①大画家への尊称. ②〔人〕唐の画家呉道子に対する尊称.

画师 huàshī ①画家:〔画家〕に同じ. ②画工.絵描き職人:〔画工②〕に同じ.

画十字 huàshízì ①字を知らぬ者が契約書やその他文書に"十"の字を書く:署名のかわりにした. ②〔宗〕(キリスト教徒が)祈りのとき額から胸へ,左肩から右肩まで"十"字を切る.

画室 huàshì 画室.アトリエ.

画手 huàshǒu 画家.

画坛 huàtán 画壇.

画堂 huàtáng 〈文〉華麗な建築物.

画帖 huàtiè 絵の手本.

画图 huàtú ①図形をかく.製図する.〔～器 qì〕製図器具.〔～纸 zhǐ〕製図用紙.画用紙. ②絵画.〔这些诗篇构成了一幅农村生活多彩的～〕これらの詩篇は一幅の農村生活の多彩な絵画を構成している.

画外音 huàwàiyīn (テレビ・映画の)ナレーション.画面外の声.

画线 huàxiàn =〔划线〕①線を引く.〔画上横线〕アンダーラインを引く.〔画了一条线〕線を一本引いた. ②〔工〕罫書(けがき):機械工作に必要な中心点・円・直線などを被工作物にひくこと.

画线板 huàxiànbǎn ⇒〔直 zhí 尺〕

画线卡钳 huàxiàn kǎqián 罫書用カリパ.片パス:丸棒の中心を求めたり,板の端面に平行線をかいたりする道具.

画像 huàxiàng 肖像画(を描く)

画行 huàxíng 〔旧〕公文書の末尾に長官が"行"(よろしい)という字を書いて署名したこと.承諾あるいは許可のしるし.→〔画诺〕

画选 huàxuǎn 絵画の選集.

画押 huàyā =〔(方)画字〕花押をかく.書判をする:契約書や文書の末尾に関係者の名前をかき,その下に,各自分の手で花押をかいたり,十の字を書いたりして,責任を明らかにする.

画页 huàyè (本などの)挿絵または写真のあるページ.グラビアページ.

画意 huàyì 画のテーマ(絵に内含された意味)

画影图形 huàyǐng túxíng 〈白〉(犯人捜査用の)人相書きをかく.

画苑 huàyuàn 〈喩〉美術界.

huà

画院 huàyuàn ①[图]宮廷内の絵の作成・保存をした役所:宋の徽宗時代のものが最も有名.画法は緻密を特長とし,後にこの画風を〔～派〕と称した. ②画家の制作団体.
画赞 huàzàn ⇒[图 tú 赞]
画展 huàzhǎn 絵画展.
画杖 huàzhàng 油絵を描く時,腕を托するために使用するつえ.
画针 huàzhēn ①[罫書針(けいがきばり)]:加工物の表面に定規を使い線を引く道具.
画针盘 huàzhēnpán ①[罫引(けびき)].トースカン:柱に針をとりつけ,定盤その他の平面上を滑らせて,これに平行線を引く.
画知 huàzhī [知単](連名の招待状の自分の名前)に"出席"の意味で[知]という字を書くこと.
画脂镂冰 huàzhī lòubīng 〈成〉油脂や氷に絵をかき彫刻する.〔喩〕苦労しても効果がないこと.
画轴 huàzhóu 絵画の軸物.掛軸.
画字 huàzì ⇒[画押]
画作 huàzuò 絵画作品.画作.

[婳・嫿] huà →[婉 guǐ 婳]

[话・話(語)] huà ①[－儿]ことば.話.〔学～〕ことばを習う.〔中国～〕中国語.〔土～〕方言.〔卑俗な言葉.〔闲～〕的話.の話. 世間話.②文句.難くせの語.〔说～〕話をする. ②こと.事柄.〔这～有几年了吧〕それは数年前のことでしょう.〔不然的～…〕もしそうでないなら,〔你要不来的～…〕もし君も来ないというなら. ③〈文〉話す.〔洛阳归来～中原〕洛陽から帰ってきて中原について話す.

话吧 huàbā 多数の電話機を置き,客に長距離電話サービスを提供する店. →[吧(II)]
话把儿 huàbàr 話柄.
话白 huàbái =[剧 白](旧劇で)せりふ(をしゃべる). ②[口](講談で)まくらを話をする. ③[－儿]〈方〉皮肉を言う.〔我～了他几句〕わたしはひと言彼に皮肉をいってみた.
话本 huàběn 宋・元代の語り物の種本.特に[小说②]に関するものをいう. →[评 píng 话][说 shuō 话]⑥[章 zhāng 回小说]
话别 huàbié 〈文〉別れの語らいをする.
话柄 huàbǐng =[口>话把儿](談笑のための)話の種.話のねた.語りぐさ.
话不贴题 huà bù tiētí 〈慣〉話が横道にそれる.
话不投机半句多 huà bù tóujī bànjù duō →[酒 jiǔ 逢知己千杯少]
话糙理不糙 huàcāo lǐ bùcāo 〈慣〉言葉は乱暴だが筋は通っている.
话茬儿 huàchár [话槎儿][话碴儿]とも書いた. ①話題.話のつぎは.〔一时抓不着～〕急には話の糸口がみつからない. ②語気.話しっぷり.〔我一听他的～不对,赶快就解释〕彼の口ぶりが変なので,すぐに説明した.
话搭拉儿 huàdā-lār ⇒[话拉 lá 拉儿]
话到嘴边留半句 huà dào zuǐbiān liú bànjù 〈慣〉もっと言いたいところをこらえておく.口から出かかったことを言わずにおく:〔话到口边留半句〕[话到舌 shé 边留半句]ともいう.
话调儿 huàdiàor ⇒[话口儿]
话多了不甜 huà duōle bùtián 〈喩〉話が多すぎては興がさめる.話し過ぎはよくない.
话费 huàfèi 電話料金.[电话费]の略.
话赶话 huàgǎnhuà ⇒[话挤话]
话锋 huàfēng 話の糸口.話のむき.話題.〔他把～一转,就谈起别的事来〕彼は話題を変えて他のことを話し始めた.
话归正传 huà guī zhèngzhuàn ⇒[言 yán 归正传]
话机 huàjī 電話機.[电 diàn 话机]の略.
话挤话 huàjǐhuà =[话赶话]言葉のゆきがかりからおもわぬことを言ってしまう.
话家常 huàjiācháng 日々の暮らしを取り沙汰する.
话旧 huàjiù 〈文〉懐旧談をする.往事を語る.
话剧 huàjù 新劇.現代劇:歌を主とする[旧剧戏](例えば[京 jīng 戏]など)に対していう.〔新 xīn 剧][白话剧][真新剧]ともいった. →[文 wén 明(新)戏]
话句子 huàjùzi 語句.ことば.
话口儿 huàkǒur =[口>口ぶり.話の様子:〔话调儿]に同じ.〔探 tàn ～]口振りを探る.〔他的～挺硬〕彼の口ぶりは強硬だ.
话拉拉儿 huàlā-lār =[话搭 dā 拉儿]〈方〉話好き.話の長い人.〔那是有名的～,到哪儿都说上没完〕あの人は有名なおしゃべりで,どこへ行っても話し出したらきりがない.
话痨 huàláo 〈方〉口数の多い人間.やかまし屋.
话里套话 huàli tàohuà 〈慣〉①かまをかける.たくみに話しかけて相手に本音を吐かせる. ②同下.
话里有话 huàli yǒuhuà =[话里套话]〈慣〉言外に意味がある:〔话中有话]ともいう.〔他这～,你要仔细琢磨琢磨〕彼の言うことには言外の意があることを,きみはよくよく考えてみなくてはならない.
话料儿 huàliàor 話の種.[在洋车夫里,个人的委屈与困难,是公众的～](老・骆)人力車夫の間では,各人の不平や苦しみなどの話の種だ.
话篓子 huàlǒuzi 〈方〉おしゃべり(な人).〔话匣子③)に同じ.
话梅 huàméi [食]塩と砂糖で漬け,日に干した梅干し.華南地方のお茶うけの一種.
话片子 huàpiànzi ⇒[话匣子片儿]
话说 huàshuō そもそも,さて:[说书]や[章 zhāng 回小说]などの冒頭の語.お話はと申しますとの意.
话题 huàtí 話題.〔儿童教育问题成了会上的～〕子供の教育が会で話題になった.〔转～]話題を変える.
话亭 huàtíng 公衆電話ボックス.
话筒 huàtǒng ①(電話)の受話器:[发 fā 话]と[受 shòu 话]が同一の器具でできるので事実上〔听 tīng 筒①]〔耳 ěr 机(子)]に同じ. ②マイク(ロフォン):[微 wēi 音器]に同じ.〔传 chuán 声器]に同じ.〔麦 mài 克风]は音訳.〔带式传声器][带式微音器]ハンドマイク.〔无线～]ワイヤレスマイク.〔～座]マイクスタンド. ③メガホン:〔传 chuán 声筒]〔喊 hǎn (话)筒]〔喇叭 lǎ 叭筒]ともいう.
话头(儿) huàtóu(r) ①[口>話の糸口.〔你别拦我的～]話の糸口をさえぎるな.〔打断别人的～]人の話の腰を折る.〔～醒 xǐng 尾]〈方〉飲み込みが早いこと. ②[口>話のむき.話題.〔转 zhuǎn 换～]話のむきをかえる. ③話の前におく言葉:〔我想]〔你看]〔大家知道]〔老实说]など.
话外音 huàwàiyīn 言外の意.〔话外有音]言外に意味がある.
话网 huàwǎng 電話通信網.
话务台 huàwùtái 電話交換台.
话务员 huàwùyuán 電話交換手.オペレーター:[电话 话接 jiē 线员]に同じ.
话匣子 huàxiázi ①[口>蓄音機.〔留 liú 声机]の旧称.〔～片(儿)][话片子(儿)]の旧称. ②ラジオ:[收 shōu 音机]の旧称. ③〈喩〉おしゃべり(な人).〔他是个～]あの人はおしゃべりだ:[话篓子]に同じ.〔他又打开～了]彼はまたしゃべり出した.

huà~huái　话怀耲懷徊淮槐

话言话语 huàyán huàyǔ　談話.〔他心里头的意思～地带出来了〕彼の思わくが言葉のやりとりに出てきた.

话音(儿) huàyīn(r)　①話し声.発音.〔他的～未落,从外面进来了一个大汉〕彼が言い終わらないうちに,外から一人の大男が入ってきた. ②口ぶり.〔你听他的～,准是不愿意去〕きみ,彼の口ぶりではきっと行きたくないのだろうね.

话语 huàyǔ　ことば.文句.〔合同上的～〕契約書面の文言(ぞ).〔他～不多〕彼は口数が少ない.

话中有话 huàzhōng yǒuhuà　⇒〔话里有话〕

huai　ㄏㄨㄞ

〔**怀・懷(懷)**〕 huái　①ふところ.胸.〔孩子睡在妈妈～里〕子どもがおかあさんの懐で眠っている.〔敞 chǎng 胸露～〕着物をゆるめて胸をあらわにする(はだける). ②考え.意向.思い.心の中.胸のうち.〔开～〕うちとける.〔正中 zhòng 下～〕ちょうど自分の考えと合う. ③(心の中に)抱く.持つ.〔胸～壮志〕〈成〉胸に壮志をもつ.〔心～有恶è意〕〈慣〉悪意をもつ.〔那人不～好意〕彼は好意を持っていない.〔他～着感激的心情离开了故乡〕彼は感動の気持ちを抱きながら故郷を後にした. ④思いしのぶ.心しのぶる.〈文〉～人.遠くの人に思いをよせる.〔关～〕関心をもつ.気にかける. ⑤安心させる.安撫する.〔～远以德〕徳をもって遠方の人をも鎮撫する. ⑥みごもる.妊娠する.〔～孩子〕同前. ⑦〈姓〉懐(あい).

怀抱 huáibào　①懐(の中).〔远方游子盼望早日回到故乡的～〕遠い他郷へ出ている人は一日も早く故郷の懐へかえることを望んでいる. ②懐に抱く.〔母亲～着婴儿〕母親は赤ちゃんを懐に抱いている. ③心に思う.〔～远大的理想〕遠大な理想を抱く. ④〈文〉思い.考え.抱負.〔他有伟大的理想与～〕彼は偉大な理想と抱負とをもっている. ⑤[―儿]〈方〉嬰児期.赤ん坊の頃.〔女儿才～〕娘はまだ赤ん坊.

怀璧 huáibì　⇒〔怀玉〕

怀表 huáibiǎo　=〔(方)挂 guà 表〕懐中時計.→〔表(II)〕

怀才不遇 huáicái bùyù　〈成〉才能がありながら認められない.→〔曲 qǔ 高和寡〕

怀揣 huáichuāi　胸中にしまってある.

怀春 huáichūn　=〔思 sī 春〔知 zhī 春〕〈文〉〈少女が〉色気づく.思春期になる.

怀贰 huái'èr　〈文〉二心を抱く.〔怀二〕とも書く.

怀古 huáigǔ　懐古する.いにしえに思いをはせる.〔赤壁～〕赤壁で同前(詩題の一)

怀鬼胎 huáiguǐtāi　〈喩〉悪事を企てる.人に言えないようなたくらみ·考えを持っている.〔那个人偷偷摸摸的样儿,他一定怀着鬼胎呢〕あの人はこそこそしているが,きっと悪いことを企てているに違いない.

怀恨 huáihèn　恨む.恨に思う.〔～在心〕同前.

怀襟 huáijīn　〈文〉胸の中.こころ.

怀瑾握瑜 huáijǐn wòyú　美玉を抱きもつ.〈喩〉人が高貴な徳と優れた才能をそなえていること.

怀镜(儿) huáijìng(r)　懐中鏡.

怀旧 huáijiù　懐旧にふける.すぎ去った日や人をなつかしむ.〔～食品〕昔の食べ物.→〔(乙 yǐ 苦)反〕

怀里 huáilǐ　〔懐(の中).心(の中)〕 ②道路の内側:自分から見て右側をいう.〔往～拐 guǎi〕右へ曲がる.

怀恋 huáiliàn　慕情を抱く.ノスタルジアを感じる.

怀炉 huáilú　旧かいろ.〔带上～〕かいろを入れる.

怀念 huáiniàn　懐かしむ.心にかけて思う.慕う.〔～伟大的祖国〕偉大な祖国を(心にかけて)思う.

怀奇 huáiqí　〈文〉奇才を持っている.

怀腔 huáiqiāng　⇒〔黄 huáng 梅戏〕

怀妊 huáirèn　⇒〔怀孕〕

怀柔 huáiróu　手なずける.〔～政策〕懐柔政策.

怀私 huáisī　〈文〉私心を抱く.

怀思 huáisī　〈文〉考える.思念する.思いをいだく.

怀胎 huáitāi　⇒〔怀孕〕

怀乡 huáixiāng　故郷を懐かしむ.

怀乡病 huáixiāngbìng　ホームシック.度の過ぎた郷愁.→〔乡愁〕

怀想 huáixiǎng　慕い思う.懐かしく思う.〔无日不在～〕案じない日とてない.

怀邪 huáixié　〈文〉邪心を抱く.

怀挟 huáixié　①かかえもつ.挾みもつ. ②旧科挙の受験の際密かに書物を持って入場すること.〔～入场〕同前.

怀刑 huáixíng　〈文〉王法を恐れかしこみ自重する.〔君子～,小人怀惠〕君子は王法にかしこみ従い,小人は恩恵に慣れて増長する.

怀疑 huáiyí　疑いを抱く.疑う.〔引起～〕疑いをまねく.〔他产生了～〕彼は疑問を持つようになった. ②見当をつける.推測する.〔我～他不想来〕彼は来たくないのだと思う.

怀友 huáiyǒu　〈文〉友を懐かしむ.友をしのぶ.

怀有 huáiyǒu　心に抱く.〔对他～好感〕彼に対して好感を抱いている.

怀玉 huáiyù　〈喩〉多く財産や優れた才能を持っていること:〔怀璧〕に同じ.〔～有罪 zuì〕〔怀璧其罪〕〈喩〉貴重なものを所持しているためにかえって罪を犯す.

怀孕 huáiyùn　=〔怀妊〕〔怀胎〕みごもる.妊娠する.→〔有 yǒu 孕〕

〔**耲**〕 huái　①〈~耙-bà〉土を掘りかえす旧式の農具:東北でよく用いられ,形は雪そりに似ている. ②同時で溝を掘るまき土をかぶせる.

〔**懷**〕 huái　〔～香 xiāng〕植ウイキョウ:〔茴 huí 香〕の古名.

〔**徊**〕 huái　→〔徘 pái 徊〕

〔**淮**〕 huái　①〔～河 hé〕地河南省から出て安徽省に入り江蘇省より海に至る.〔～北〕地淮河以北の地:特に安徽の北部を指す.〔～南〕地淮河以南,長江以北の地区. ②〈姓〉淮(わい).

淮海 huáihǎi　地徐州を主とする,淮河以北及び海州(現在の連雲港市西南)一带の地区.〔～戏 xì〕劇同前に伝わる地方劇:〔～小戏〕は旧称.

淮剧 huáijù　劇江蘇省塩城·塩城あたりで行われる地方劇:もと〔江 jiāng 淮戏〕といった.

淮书 huáishū　⇒〔说 shuō 书〕

淮盐 huáiyán　淮河流域に産する岩塩.

淮扬菜 huáiyángcài　江蘇省揚州地方の料理:〔扬州菜〕に同じ.→〔中 zhōng 国菜〕

〔**槐**〕 huái　[国エンジュ(～树)は通称.〔玉 yù 树〔国 guó ～〕ともいう.〔刺 cì(儿)～〕〔洋 yáng ～〕ニセアカシア(ハリエンジュ):俗にアカシアという. ②〈姓〉槐(かい).

槐安梦 huái'ānmèng　一場の夢.〈喩〉人生のはかなさ:〔南 nán 柯一梦〕に同じ.

槐蚕 huáicán　虫〈方〉〔绿 lù 虫〕虫えんじゅにつくエダシャクトリ蛾の幼虫.〔吊 diào 死鬼②〕

槐虫 huáichóng　同上.

槐豆 huáidòu　えんじゅの実:漢方薬として,又醤油·酒の製造に用いる.

槐花 huáihuā =[槐米] 中医 えんじゅの花のつぼみ：止血などに用いる.
槐角 huáijiǎo 中医 えんじゅの実：[槐实]ともいう. 止血などに用いる.
槐米 huáimǐ ⇒[槐花]
槐叶苹 huáiyèpíng 植 サンショウモ.
槐月 huáiyuè 旧暦4月の別称.

[踝]
踝 huái くるぶし.[~(子)骨]くるぶしの骨.

[坏・壞]
坏 huài ①悪い.[好~]よしあし.[气~]候很~]気候が非常に悪い.[他这一招儿可真~]彼のこの一手は実によくないな.[出~主意]よくない考えを起こす.↔[好 hǎo ①].②壊れる(す).だめになる(する).[他把你~了]彼は役人の職をだめにした(失った).[~了良心]良心をなくしてしまう.[一马勺~一锅][諺]一部分のことで全体をだめにする.③腐る.いたむ.[这碗菜~了,不能吃了]このおかずは腐って食べられない.④動詞・形容詞の後に置き、程度がひどいことを表す：だめになってしまう.ひどく~の思いをする(させられる).[白菜都冻~了]白菜が凍って使いものにならなくなった.[这一来,可把我急~了]こうなってくるとわたしはすっかりいらいらしてしまった.[真把我忙~了]まったくひどく忙しいめをさせられた.[气~了]ひどく腹をたてた.[乐 lè ~了]ひどくうれしくなってしまう.⑤悪巧み.[一肚子~]腹の底までの悪知恵.→[坏 pī]
坏包(儿) huàibāo(r) ろくでなし.悪党.→[坏蛋]
[坏骨头]
坏钞 huàichāo ⇒[坏钱][白]金を使う.[什么道理教你众人们~](水7)おまえたちにこんなに散財させるわけいはない.⇒[破 pò 费]
坏处 huàichu 悪い所.欠点.壊れた所.
坏醋 huàicù <方>酢が薄まる.<喩>失敗する.
坏蛋 huàidàn [罵]ろくでなし.不良.悪.(⛐)玉.悪党.→[坏包(儿)][坏骨头]
坏胆固醇 huài dǎngùchún ⇒[低 dī 密度蛋白]
坏点子 huàidiǎnzi <口>悪い考え.悪だくみ.
坏东西 huàidōngxi ①悪い品物.②[罵]悪いやつ.[像他这样~~你何必同他往来]あいつのような悪党と何でつきあわねばならぬのだ.
坏肚子 huàidùzi 腹を壊す.[生冷的东西吃多了~]冷たいなまものを食べすぎて、腹を壊した.
坏分子 huàifènzǐ 悪質分子：窃盗犯・詐欺犯・殺人犯・放火犯・やくざなどをいう.[清除~]悪質分子を一掃する.
坏根 huàigēn 災いの根源.悪の根源.<転>悪いやつ.[~散 sàn 布了一些谣言,人心又有一些摆帜](周・暴14)ならずもが謡言をまきちらしたので、人心がまた少し動揺した.
坏骨头 huàigǔtou <方>悪者.[天生的~,还能做得出好事来吗]根っからの悪人によいことができるものか.→[坏包(儿)][坏蛋]
坏话 huàihuà ①悪口.[说人家的~]人の悪口を言う.②いやな言葉.不愉快な話.
坏家伙 huàijiā·huǒ [罵]ろくでなし.わる.
坏疽 huàijū 医 壊疽(え).脱疽(だつ).[舌~]舌壊疽.→[坏死]
坏了 huàile ①壊れた.腐った.②困った.だめだ.しまった.[~,下起雨来啦]ちぇっ、雨が降って来た.→[字解]
坏名 huàimíng ①悪名.②醜名.悪い評判.
坏坯子 huàipīzi [罵]悪いやつ.ろくでなし.
坏钱 huàiqián ⇒[坏钞]
坏球 huàiqiú (野球のストライクに対する)ボール：カウントは[球]で数える.[一击 jī 一~]ワンストライクワンボール.[四~]フォアボール.↔[好 hǎo 球①]⇒[死 sǐ 球]
坏人 huàirén 悪人.悪党.
坏事 huàishì =[害 hài 事]①悪いこと.②事を壊す.だめにする.[成事不足,~有余]成事不足,败 bài 事有余]事をしあげるには力が足りないが、壊すには十分な力をもっている：ろくなことはしない.[~鬼 guǐ]ぶちこわし屋.
坏水(儿) huàishuǐ(r) ①<喩>よこしまな心.わるだくみ.陰謀.[他满肚子是~]彼の腹の中はよからぬ考えで一杯だ.②[硫 liú 酸]の別称.
坏死 huàisǐ 医 死：生体の局所的死滅.
坏胎(子) huàitāi(zi) ろくでなし.悪者.→[坏蛋]
坏头(儿) huàitóu(r) 悪のはじまり.[他带了个~]彼は悪習の発端をもたらした.
坏小子 huàixiǎozi 悪太郎.悪がき.
坏笑 huàixiào ずるい笑い.下品な笑い.[露出了一脸~]にたりとうすら笑いを浮かべた.
坏心眼儿 huàixīnyǎnr 悪い心根.[使 shǐ ~]意地悪をする.[没有~]腹黒い心がない.
坏血病 huàixuèbìng 医(⛐)血病(ビタミンC欠乏症).→[败 bài 血症]
坏意 huàiyì よこしまな心.悪意.
坏杂碎 huàizásuì <方>よからぬ考え.悪いたくらみ.[那个人,简直地别惹他,一肚子~!]あの男にはけっしてかかわりあうべきでなく、とても悪辣なたくらみばかり考える男だから.
坏账 huàizhàng 経 不良債権(総称)：こげつき・不正貸付けなど.[~准备金][备 bèi 抵~]貸倒引当金.
坏着儿 huàizhāor ①(碁・将棋などの)悪手.②悪だくみ.
坏种 huàizhǒng <口>悪いやつ.ワル.
坏主意 huàizhǔyi 悪い考え.よくない了見.

huan ㄏㄨㄢ

[欢・歡(懽・讙・驩)]
欢 huān ①喜び楽しむ.うれしがる.楽しい.うれしい.[联~会]懇親会.交歓会.コンパ.②<口>元気がよい.活発である.盛んである.[干 gàn 起活来,属 shǔ 他干得最~]仕事となると、あいつが一番元気だ.[炉子里的火很~]ストーブの火がよく燃えている.③<方>…の程度がひどい.激しい.思いきり(ぞんぶんに)~する.[哭 kū 得~]ひどく泣く.[跑得别提多~了]思う存分とびまわったことはもちろんだ.④情人.いとしい人：古代、女が男の恋人をいった.[新~]新しい恋人.[另有所~]別に好きな人がある.⑤[姓]欢(⛐).→[讙]
欢蹦乱跳 huānbèng luàntiào [欢奔乱跳]とも書く.<慣>①喜んでは走り回る.②活発・元気であるさま.ぴんぴんしている.[昨天还~来着,今天会病得起不来了]きのうまではまだぴんぴんしていたが、きょうは病気で起き上がれないんだなあ.
欢忭 huānbiàn <文>歓喜する.
欢伯 huānbó <文>酒の別称.
欢场 huānchǎng 歓楽街.風俗営業スポット.[~小姐]風俗嬢.ネオン街の女性.
欢唱 huānchàng 楽しく歌う.
欢畅 huānchàng 思いっきり楽しくする.心ゆくまで気持ちよい.
欢度 huāndù 楽しく過ごす.
欢歌 huāngē ①楽しく歌う：[欢唱]に同じ.②喜びの歌(声).[车厢里充满了~]車中は楽しい歌声で

huān~huán　欢谨獾还

あふれていた.〔~笑语〕〔欢声笑语〕楽しげな歌声や笑い声.

欢呼 huānhū 歓呼(する).喜びの叫び(をあげる).〔鼓掌~〕手をたたいて歓呼する.〔~万岁 suì〕ばんざいを叫ぶ.

欢叫 huānjiào ①喜んで叫ぶ.②喜びの声(をあげる).

欢聚 huānjù 喜び集まる.〔~一堂〕一堂に楽しく会する.

欢快 huānkuài 陽気である.愉快である.上機嫌である.〔~的曲调〕陽気なメロディー.〔随音乐~地起舞〕音楽にのって陽気に踊る.

欢乐 huānlè 楽しい(み).喜ぶ.愉快(である).〔~球儿 qiúr〕割って音を出す風船(爆竹がわりの)

欢乐纸 huānlèzhǐ ⇒〔挂 guà 钱 (儿)〕

欢眉喜眼 huānméi xǐyǎn 〔慣〕明るくほがらかである.〔(方)欢眉大眼〕ともいう.

欢门 huānmén 慶事など行事のある時,五色の絹などで飾りたてた門.

欢闹 huānnào ①楽しく遊ぶ.②さわがしい.やかましい.

欢洽 huānqià 〈文〉喜びうちとけ合う.

欢情 huānqíng 喜びの感情.

欢庆 huānqìng 喜び祝う.〔~新年〕新年を喜び祝う.〔~丰收〕豊作を喜び祝う.〔~佳 jiā 节〕めでたい日を祝う.

欢声 huānshēng 喜びの声.〔~雷动〕〈成〉歓声が雷の如くおこる.〔~笑语〕〔欢歌笑语〕〈成〉楽しげな声や笑い声.

欢实 huānshi 〔口〕元気できげんよい.〔欢势〕とも書いた.〔玩得可~了〕とても元気に遊んだ.〔这孩子多~!〕この子の元気なこと.〔机器转得挺~〕機械が勢いよく回転している.

欢送 huānsòng (人を)歓送する.〔~会〕歓送会.〔~词〕送别の辞.〔前来~的人很多〕見送りに来た人々がたいへん多い.

欢腾 huānténg 喜びにわきかえる.狂喜する.〔四海~〕国中が同前.

欢天喜地 huāntiān xǐdì 〈成〉大喜びするさま.狂喜するさま.

欢跳 huāntiào 小踊りしてよろこぶ.

欢慰 huānwèi 喜び安心する.

欢喜 huānxǐ ①喜ぶ.〔满心~〕胸がうれしさで一杯になる.〔欢欢喜喜地过春节〕喜んで旧正月を過ごす.〔她掩藏不住心中的~〕彼女は胸中の喜びを隠しきれなかった.好く.好む.可愛くおもう.〔~禅 chán〕〈転〉男女のみだらな楽しみ.〔~佛 fó〕〔~天〕歓喜仏.喇嘛廟 (miào) にある男女交合の仏像.男を(佛公),女を(佛母)という.

欢喜钱儿 huānxǐqiánr 〔旧〕喜びごとの時に恵み与える金銭.〔乞丐们常聚集在办喜事的人家的门口,等着讨几个~〕物乞いはいつも祝いごとのある家の門口に集まり,いくらかの恵み銭をねだろうとする.

欢喜团 huānxǐtuán 〔食〕①東北一帯の正月の食べもの:白菜・豚肉を餡(あん)とし,外側は緑豆の粉をねったもので包み,〔元 yuán 宵②〕のようにまるめ,ゆであげたもの.一家円満の象徴として喜ばれる.②湖北地方の甘い揚げ菓子・うるちの粉をねり,餡を包んでごまをまぶし,油で揚げたもの.

欢笑 huānxiào 楽しげに笑う.

欢心 huānxīn 歓心.〔讨好人的~〕人の歓心を買う.〔博得老人的~〕年寄りに気に入られる.

欢欣 huānxīn うれしくて心が高ぶる.〔~鼓 gǔ 舞〕〔欣鼓舞〕人々が喜びに躍り上がる.喜び勇む.〔~雀 què 跃〕〔欣雀跃〕(ぴょ)躍する.

欢叙 huānxù 歓談する.〔促膝谈心,~友谊〕膝を交

え胸をひらいて語り,友情を披瀝した.

欢颜 huānyán 〈文〉うれしそうな顔つき.

欢宴 huānyàn 盛大な宴会を開く.宴席でもてなす.〔总统~了使节团员〕大統領は使節団のために盛宴を開いた.

欢饮 huānyǐn 愉快に飲む.

欢迎 huānyíng 歓迎(する・される).〔~,~!〕〈挨〉②ようこそいらっしゃいました.⑤ぜひいらっしゃって下さい.〔~来我国访问〕我が国を訪問されるのを歓迎します.〔~你跟我一起去〕あなたが僕と一緒に行ってくれるならたいへん有難い.〔很受大家的~〕みんなに人気がある.みんなの好評を得た.〔深受顾客的~〕お客の評判が大変よい.〔不受~的人〕〔法〕ペルソナ・ノン・グラータ.

欢娱 huānyú 歓楽する.愉快に遊ぶ.

欢愉 huānyú 喜び楽しむ(こと).〔沉浸在节日的~之中〕祝日の喜びにたっぷりひたっている.

欢悦 huānyuè 喜ばしく楽しい.〔~无比〕無上の悦楽.〔满心~〕心底楽しい.

欢跃 huānyuè 喜んでおどりはねる.非常に喜ぶ.

〔谨・謹(嚾)〕 huān (I)〔謹(嚾)〕
〈文〉やかましい.騒がしい.
(II)〔謹〕圖春秋時代の魯の地.現在の山東省肥城市の南.

〔獾(貛・獾)〕 huān ＝〈文〉貆 huán ③〕動アナグマ
(総称)〔~科〕イタチ科.〔~〕アナグマ.〔蜜 mì ~〕ラーテル.〔貂 yòu ~〕〔山~〕イタチアナグマ.〔狼 láng ~〕〔貂 diāo 熊〕クズリ.〔猪 zhū ~〕〔沙~〕ブタアナグマ.

獾笔 huānbǐ 穴熊の毛で作った筆.

獾狗 huāngǒu 穴熊などを捕らえる猟犬の一種.

獾皮 huānpí 穴熊の皮.

獾油 huānyóu 穴熊の油:やけど治療用.

〔还・還〕 huán
①(元に)かえる.かえす.〔~乡〕古里に帰る.→〔归 guī ①〕〔回 huí (I)②〕②(元の状態に)戻す.復する.〔~他本来的面目〕彼本来の面目(様子)に戻らせる.〔返老~童〕〈成〉若返る.③(他人の行動に)こたえる.しかえしする.やり返す.値切る.〔跟父母~嘴,岂有此理〕親に口答えするなんて,とんでもないことだ.〔他打我,不许我~手吗〕あいつがおれを殴ったのに仕返しして悪いか.〔~到坎儿 kǎnr 上〕売り手の腹づもりの値まで値切る.④(借りた物や金を)返す.償う.〔~不清 qīng〕借金を完済できない.〔~产 chǎn〕資産を返還する.〔~(给)他一本书〕彼に本を1冊返す.〔那笔钱一时~不了 liǎo〕あの金はすぐには返せない.〔血 xuè 债 zhài 要用血~〕血の借りは血で返さなければならない.〔本书借一星期就~〕この本は1週間拝借してお返しします.⑤〈文〉とりまく.めぐる.⑥〈姓〉還(かん) → hái xuán

还报 huánbào ①(恩などに)報いる.②仕返しする.〔以责骂~责骂,以武力~武力〕悪罵(ば)には悪罵をもって,武力には武力をもって報復する.

还本 huánběn 元金を返済する.〔~付息〕〔~付利〕元利払い.

还绷子 huánbēngzi 〈方〉人からのごちそうや贈り物にすぐお返しする.〔还朋子〕とも書く.

还贷 huándài 借金を返す.〔提前~〕期限前償還(する)

还丹 huándān →〔金 jīn 丹〕

还发价 huánfājià ⇒〔还价②〕

还工 huángōng ①労働力を他に換算する.②借りた労働力を返す.→〔变 biàn 工〕

还归 huánguī 帰る.もどる:〔归还②〕に同じ.

还环　　　　　　　　　　　　　　　　　　　　　　　　　　　huán

还魂 huánhún ①死人(の魂)が生き返る(復活する).②⟨喩⟩再生する.〔~纸〕再生紙.〔~橡胶〕再生ゴム.

还魂草 huánhúncǎo ⇒〔卷juǎn柏〕

还火 huánhuǒ 銃火で反撃する(こと).〔为了自卫而还了火〕自衛のため反撃した.

还击 huánjī ①反撃(する).〔回huí击〕に同じ.②⟨スポ⟩(フェンシングの)リポスト:相手の突きをよけてすばやく突き返すこと.

还籍 huánjí 原籍に帰る.帰郷する.

还家 huánjiā 郷里に戻る.〔发财、~、盖房、置地、养老少〕外地で金を儲け,故郷へ錦を飾り,住宅を建て,土地を買い,一族を養う.

还价 huánjià 〔-儿〕値切る:〔驳bó价(儿)〕に同じ.〔讨tǎo价(儿)〕売り主の求める言い値に対して買い主が値切ること.値段のかけ引き(をする).⟨転⟩(一般に)交渉上のかけ引き(をする).②⟨商⟩カウンターオファー(する).売り値の申し込みに対する買い手側からの(反)対注文:〔还盘〕〔还发价〕〔出chū价②〕

还建 huánjiàn 立ち退き用の建物(をつくる).〔拆chāi迁~〕建物を撤去し新しい土地に代替の建物をたてる.

还敬 huánjìng ①お返し(する).⟨転⟩反撃(する)

还口 huánkǒu 言い返す.言い返して口答えする.〔还嘴〕に同じ.〔他骂了我一顿,我没法子~〕おれをどなりやがったが,言い返しようがなかった.→〔还手〕

还礼 huánlǐ ①⇒〔答dá礼〕 ②贈り物のお返し(をする)

还林 huánlín もとの林(山)にもどす.〔还山〕禿げ山に木を植えもとの姿にもどす.

还盘 huánpán ⇒〔回huí迁〕

还迁 huánqiān ⇒〔回huí迁〕

还钱 huánqián ①金を返す.②値切る:〔还价〕に同じ.

还欠 huánqiàn 借りを返す.

还清 huánqīng (借金を)完済する.〔还不清〕完済しきれない.

还情 huánqíng ⇒〔填tián情〕

还权 huánquán 権限を返す.権限を戻す.

还少 huánshào ⟨文⟩若返る.→〔返fǎn老还童〕

还世 huánshì ①生まれかわる. ②(魂が)この世に返る.蘇生する.

还手 huánshǒu 手向いする.仕返しをする.〔打不~,骂不还口〕殴り返さないし,口答えしない.

还俗 huánsú ⟨仏⟩(仏教の)還俗(する)

还田 huántián もとの農地にもどす.〔薬〕など(作物)を田畑に戻す.

还童 huántóng 銘茶の一:飲めば若返り,元気をとりもどす意.〔关东〕(山海関以東の地)の名産.

还息 huánxī 利息を払う.

还席 huánxí ①⇒〔回huí请〕〔回席〕②返礼の宴会をする.〔我打算在这一两天之内还还席〕この一両日中に返礼の宴会をするつもりだ.②⟨方⟩人にごちそうになって酒を飲みまわって吐く.

还乡 huánxiāng ⟨文⟩帰郷する.〔衣锦~〕⇒〔成〕故郷に錦をかざる.

还乡团 huánxiāngtuán ⟨史⟩帰郷団:第3次国内革命戦争時期,解放区から来た地主などが作った反動武装団体.

还香愿 huánxiāngyuàn ⇒〔还愿①〕

还醒 huánxǐng 〔白〕息を吹き返す.〔不要紧,~过来了〕大丈夫だ,意識をとり戻してきた.

还言 huányán 言い返す(言葉).買い言葉(で返す).〔人家骂你,你不可~〕人がきみを罵っても言い返すものではない.

还阳 huányáng 死後息を吹き返す.気絶後息を吹き返す.

还揖 huányī ⟨文⟩答礼する.おじぎを返す.

还元 huányuán ⟨文⟩本復する.健康が元に戻る.

还原 huányuán ①原状に復する.元に戻す.②⟨物⟩還元(の).〔~剂jì〕還元剤.〔~染rǎn料〕化還元性染料.〔将氧化铁~成铁〕酸化鉄を還元して銑鉄とする.

还原奶 huányuánnǎi ⟨食⟩還元牛乳.

还原焰 huányuányàn ⟨物⟩還元炎:炎の下部の青緑色に輝く円錐形の部分.〔内nèi焰〕ともいう.

还愿 huányuàn ①=〔还香愿〕(神仏にかけた願がかなえられ)お礼まいり(する).願ほどき(する).〔病好了,他就上娘娘庙~去了〕病気がよくなって彼は"娘娘庙"にお礼まいりに行った.↔〔许xǔ愿①〕②⟨喩⟩約束を守る.約束を履行する.〔你说话得算数儿,别净许愿不~〕言ったことは責任をとらねばならぬ,空約束ばかりではいけない.

还债 huánzhài =〔偿cháng债〕借金を返す.〔父债儿ér还〕親の借金は子が返す.

还账 huánzhàng 借り勘定を返す.

还赵 huánzhào ⟨文⟩返す.返却する.→〔完wán璧归赵〕

还政 huánzhèng 政権をかえす.〔~于民〕人民へ同前.

还踵 huánzhǒng ⟨文⟩踵を返す.

还嘴 huánzuǐ =〔还口〕〔方〕回huí口〕口答えする.いい返す.→〔顶dǐng嘴〕

〔环·環〕

huán ①環状の玉器.〔玉~〕同前.②〔-儿〕輪(になったもの).〔门~〕ノッカー:両開きの戸左右1個ずつとりつけてある金属製環状の引きて.〔口铁〕(台座)にけちつけて鳴らし.〔滚gǔn铁~〕輪回し遊び(をする).〔指~〕〔戒jiè指〕ゆびわ. ③めぐり囲む.とりまく.〔~布 bù〕輪状に分布する.〔~濠háo群落輪中〕.〔四面~山〕四面山がとり囲んでいる. ④一環.節目.→〔环节〕. ⑤射撃で用いる点:〔靶bǎ子〕(まと)の点数の単位.〔世界最高成绩は599~,只有一发子弹是打在9~上,其余59发子弹都命中10~〕世界最高の成績は599点で,ただ1発だけが9点に当たり,その他の59発は皆10点に命中した. ⑥⟨姓⟩環.

环靶 huánbǎ ⟨スポ⟩円輪状の標的.

环保 huánbǎo 〔环境保护〕の略.環境保護(をする).〔~局〕環境保護局.〔~产业〕環境ビジネス.〔~型汽车〕エコカー.〔~产品〕エコグッズ.〔~袋dài〕エコバッグ.マイバック.

环抱 huánbào 囲む.取り囲む.〔群山~的村庄〕山々に囲まれた村.

环剥 huánbō 樹皮を環状にはぎとる.

环城 huánchéng 都市を取り囲む.〔~(公)路lù〕〔环行路〕環状道路.〔~赛sài跑〕市内一周マラソン.〔~铁tiě路〕環状鉄道.

环衬 huánchèn 遊紙(ゆうし):書物の表紙と扉の間につける無地の紙.

环虫 huánchóng ⟨動⟩環形動物:ミミズなど.

环带 huándài ①=〔带宽〕⟨機⟩無端ベルト. ②⟨動⟩環形動物の生殖帯.

环岛 huándǎo ①(交差点の)ロータリー.環状交差路. ②島巡り(をする).〔~接力赛〕島一周リレー競走.

环堵 huándǔ ⟨文⟩四面土垣(どえん)に囲まれた小さい家.〔~萧xiāo然〕小さな家でひっそりしている.

环肥燕瘦 huánféi yànshòu 〔成〕環(唐玄宗の妃(楊貴妃)の名)は太って美しく,燕(漢成帝の后の名)はやせて美しい:肥えていても痩せていても美人

huán

は美人.異なる個性にそれぞれいい点がある.
环攻 huánggōng〈文〉包囲攻撃(する)
环拱 huánggǒng 取り囲む.
环顾 huángù 四方の情勢を見回す.
环规 huángguī＝[套tào规][圆yuán套规]リングゲージ.
环海 huánhǎi＝[寰海]〈文〉①国の四方をとり囲む海.〔~之転〕国内.天下.
环合 huánhé (自然が)まわりを取りかこむ.
环环相扣 huánhuán xiāngkòu〔慣〕それぞれがつながっており一つも欠かせないこと.
环击 huánjī〈文〉取り囲んで攻撃する.
环己间二烯 huánjǐjiàn'èrxī 化シクロヘキサジエン: [芑qǐ]の略.
环己六醇 huánjǐ liùchún ⇒[肌jī醇]
环己酮 huánjǐtóng 化シクロヘキサノン.→[酮]
环己烷 huánjǐwán 化→[蒽烷]
环节 huánjié ①物事の進行過程における重要なふしぶし(ポイント.節目.段階.一環.一こま).[重要~]キーポイント.[薄弱~]手うすな部分.[~かなめの部分.[決定~]決定的な点.→[关guān键]②環節:環形動物の一つ一つの分節.[~动物]環形動物.
环境 huánjìng 環境.周囲の状況.身辺の事情.周囲の世界.[~保护][环保]環境保全.[~壁垒][绿色壁垒]環境障壁.グリーン障壁.[~标志][中国~标志]エコマーク.[~标准]環境基準.[~激素]環境ホルモン.[~监测]環境モニタリング.[~科学]環境科学.[~容量][~承載力]環境容量.[~卫生][环卫]環境衛生.[~污染]環境汚染.[~武器]環境兵器:地震兵器·気象兵器·生態系破壊兵器の総称.[~要素]環境要素.[~影响评估]環境アセスメント.
环距 huánjù〈文〉中心よりの距離.
环列 huánliè 《ぐるりとまわして並ぶ.
环流 huánliú ①〈文〉輪のようにめぐり流れる.②気環流:水や空気の循環流.
环路 huánlù 環状道路.環状線.
环幕 huánmù マルチスクリーン.[~电影]マルチスクリーン映画.
环佩 huánpèi〈文〉女性の装身具.[~叮dīng噹]同前がチャラチャラ音をたてる.
环球 huánqiú ①=[寰球][全quán球]地球.全世界.[~小姐大赛sài]ミスユニバースコンテスト.[~公司]ユニバーサル社(アメリカの映画会社名).[~网wǎng][全球信息网][万维网网][電算]wwwワールドワイドウェブ]②地球を回る.[作了一次~旅行]世界一周旅行をした.
环圈 huánquān 口かませ環(ポルトなどをしめる)
环绕 huánrào とりまく.取り囲む.[车停在一个大山~的百里]くるまは大きな山に囲まれた村にとまった.[速度]循環速度.第1宇宙速度.[~声]サラウンド.
环山 huánshān ①ぐるりと山を巡る.[~公路]ループライン.②山にかこまれる.[四面~的村子]四面山にかこまれた村.
环蛇 huánshé 动アマガサヘビ(属の毒蛇)
环生 huánshēng 次々と出現する.連続して出る.[险象~]危険状況が続出する.
环食 huánshí 金環食:学術的には[日rì~]という.[金jīn环食]は旧称.→[日食]
环视 huánshì 四面を見わたす.
环碳氢化合物 huánshì tànqīng huàhéwù＝[环烃]环式炭化水素化合物.
环丝氨酸 huán sī'ānsuān 薬サイクロセリン.
环伺 huánsì 周囲からうかがう.

环眺 huántiào 周囲を眺望する.
环烃 huántīng＝[闭bì链烃]环式炭化水素:[环式碳氢化合物]の略.
环烷 huánwán 化飽和環状炭化水素.ナフテン.シクロパラフィン.
环卫 huánwèi ①[环境卫生]の略.[~工人]清掃作業員.②旧宮城を守衛する.
环戊二烯 huán wù'èrxī 化シクロ(サイクロ)ペンタジェン.
环线 huánxiàn 環状線.
环行 huánxíng 周りを巡る.[~电车][電車]環状線.[~公共汽车]循環バス.[他们绕着大使馆~抗议运来这批导弹]彼らは大使館の周りをぐるぐる行進し、今回のミサイル導入に抗議した.
环形 huánxíng 環状(の).[~山]月面のクレーター.[~交叉chā]ロータリー交差点.
环旋 huánxuán ぐるぐる回る.巡る.
环旋杠杆 huánxuán gànggǎn 機リングターニングレバー.
环氧树脂 huányǎng shùzhī 化エポキシ樹脂.
环游 huányóu 周遊する.
环宇 huányǔ ⇒[寰宇]
环晕 huányùn 月や太陽の周りにできるかさ.
环志 huánzhì 渡り鳥標識リング:[环形标志]の略.[鸟niǎo类]ともいう.
环状 huánzhuàng 環状.[~软ruǎn骨]生理輪状軟骨:のどの最下部で、円形をしている部分.
环状毛巾 huánzhuàng máojīn [卷juǎn毛巾]
环坐 huánzuò 車座になって座る.とり囲んで座る.
环子 huánzi 環状の物.[门~]門環.ドアノッカー.→字解g

[漶] huán ①〈文〉波浪のうずまくさま.[漩xuán~]同前.②[~水]地湖北省にある.

[寰] huán 広大な地域.[人~]人の住むこの世界.[~球]地球.全世界.[瀛yíng~]海陸:地球上の全域.
寰海 huánhǎi ⇒[环海]
寰内 huánnèi〈文〉①旧国都外千里(500キロメートル)以内の地.②国内.天下.
寰球 huánqiú ⇒[环球①]
寰区 huánqū〈文〉全国.
寰宇 huányǔ＝[环宇]〈文〉全世界.[~漫游]世界一周旅行をする.
寰中 huánzhōng〈文〉宇内.天下.
寰椎 huánzhuī 生理第一頸椎の別称.→[颈jǐng椎]

[闤·闠] huán〈文〉都市の周囲の城壁.市街を形成する壁.[~阓huì]市街.まち.

[圜] huán〈文〉巡らす.囲む:[环③]に同じ.→[转zhuǎn圜]→yuán

[嬛] huán →[琅láng嬛]

[缳·繯] huán〈文〉①輪にしたつな·ひもなど.[~投~]首をくくって自殺する.②しめる.くびる.まきつける.[~首]絞首の刑(にする)

[轘·轘] huán → huàn
轘辕 huányuán 地河南省にある山,また山上にあった古代の関.

[锾·鐶] huán 金属の輪.

[鹮·鷵] huán 鳥ヘラサギ(総称).[白~]ヘラサギ.[朱zhū~]朱

鹮 トキ.

[鬟] huán ①固女性の輪郭のまげ.〔云 yún ~〕女性の黒髪. ②〔丫 yā ~〕回女の召使い.女中.下女.小間使い.

[郇] huán <姓>郇(ｘｕｎ) → xún

[洹] huán ①〔~水〕甸河南省にある:〔安 ān 阳 yáng 河〕ともいう. ②<姓>洹(ｘｕｎ)

[桓] huán ①固官署などの建築物の前に立てた標柱. ②囿ムクロジ:〔无 wú 患 子〕の古称. ③<姓>桓(ｘｕｎ)
桓圭 huánguī ⇒[瓛]
桓桓 huánhuán <文>威勢のよいさま.

[貆] huán <文>①〔<文>貉 hé〕(タヌキ)の子. ②ヤマアラシ:〔豪 háo 猪〕に同じ. ③アナグマ:〔獾 huān〕に同じ.

[圿] huán <文>漆と灰をまぜ合わせて器物に塗る.

[萑] huán <文>囿オギ.〔~苇 wěi〕オギやアシ.
萑苻 huánfú 囿春秋時代鄭の国のオギ・アシのおい茂った沢.<喩>盗賊の隠れ家.どろぼうの巣.

[锾・鍰] huán ①古代の重量単位:〔一~〕は 6 两.または 11 銖半. →[铢 zhū] ②<文>貨幣.〔罚 fá ~〕罰金(を科する)

[瓛・瓛] huán <文>玉圭(ｇｕｉ)の一種:〔桓圭〕ともいう.

[缓・緩] huǎn ①おそい.緩慢である.〔水位~涨 zhǎng〕水位がゆるやかに上昇している.↔[急 jí ①] ②おくらせる.のばす.〔~不开手〕手が暇にならない.〔~不开身子〕体が暇にならない.〔刻 kè 不容~〕一刻も猶予できない.〔事~有变〕ぐずぐずすると支障が起きる.〔~交〕[~缴 jiǎo]滞納する.〔~后〕引き延ばす. ③緊急にに.〔这要看事情的~急〕これは事の緩急にいだ. ④緩和する.ゆるめる.〔情势为~情勢が緩和した.〔~危 wēi 解困〕窮状を和らげる. ⑤取り戻す.回復する.息を吹き返す.〔昏过去又~了过来〕気絶して又息を吹き返した.〔蔫了的花,浇上水又~过来了〕しおれた花が水をやったら息を吹き返してきた. ⑥<姓>缓(ｘｕｎ)
缓办 huǎnbàn 延期して行う.実施を延ばす.〔暂 zàn 行~〕しばらく同前.
缓兵之计 huǎnbīng zhī jì <成>(戦備が調うまで)時をかせぐ計略.引き延ばし策.
缓步 huǎnbù ⇒[款 kuǎn 步]
缓步代车 huǎnbù dàichē <成>(車に乗らずに)ゆっくり歩いて行く.ぜいたくせずあり合わせにまに合うの〔缓步当车〕ともいう.
缓不济急 huǎn bù jì jí <成>急場の間に合わない.
缓冲 huǎnchōng 衝撃を緩和する.〔~材料〕クッション.緩衝材.〔~杵 chǔ 臼〕囿緩衝棒ピストン.〔~地带〕緩衝地帯. ~国〕緩衝国. 〔~器 qì〕囿⑤緩衝器. ⑤電圖バッファー.〔~弹 tán 簧〕緩衝ばね.バッファースプリング.〔~简 tǒng〕囿はじき壺(ｏ).〔~凸轮杆〕バッファーカムレバー.〔~作用〕緩衝作用.〔气垫~器〕囿空気緩衝器.
缓除 huǎnchú 刑(の処分執行)を延期する.→[缓刑]
缓怠 huǎndài <文>なまける.怠る.ゆるがせにする.
缓付 huǎnfù 支払いを延期する.
缓和 huǎnhé ①緩和(する).穏やか(になる).〔~紧张气氛〕緊張した空気をやわらげる.〔对方语气~,大约可以和平了 liǎo 结吧〕相手の語気は穏やかのから多分平穏にけりがつくだろう.〔最近时间~

来了〕近ごろは時間に余裕ができてきた. ②緩和させる.和らげる.〔~内部矛盾〕内部矛盾を緩和させる.〔~剂〕囿〔原子炉の〕減速剤.
缓缓 huǎnhuǎn ゆるゆる.ゆっくりと.〔~而行〕ゆるゆる歩く.ゆるゆる行く.
缓火 huǎnhuǒ <文 wén 火>
缓急 huǎnjí ①緩急.緊急度・きびしさの程度.〔轻重~〕重要な事とそうでない事,早急で事とそうでない事を区別する. ②急を要する(こと).〔~相助〕<成>急場を助け合う.
缓颊 huǎnjiá <文>①それとなく忠告する. ②だれかに代わって頼みこむ.
缓减 huǎnjiǎn ①緩和し軽減する. ②滞納許可と納付軽減.
缓建 huǎnjiàn 建設・建築を遅らせる.
缓缰 huǎnjiāng たづなをゆるめる.
缓降器 huǎnjiàngqì 緩降機:脱出用の避難用具.
缓解 huǎnjiě 軽減する.緩和する.〔病情〕病情がやわらぐ.
缓慢 huǎnmàn ゆるやかである.〔行动〕行動がのろしている.
缓辔 huǎnpèi <文>くつわをゆるめる.馬をゆるゆる進める.
缓聘 huǎnpìn 招聘を延期する.人事を保留する.
缓坡 huǎnpō だらだら坂.
缓期 huǎnqī 延期する.期限を延ばす.〔~实行〕延期して実施する.実施を延期する.〔~执行〕執行を延期する.執行を猶予する.〔~付款〕支払いを延期する.
缓气 huǎnqì 呼吸の激しいのを元に戻す.呼吸を整える.〔缓过气儿来〕息づかいがおだやかになる.
缓升 huǎnshēng 上昇がゆるやかになる.
缓图 huǎntú <文>ゆっくり計画し直す.
缓限 huǎnxiàn 期限を延長する.→[宽 kuān 限]
缓泻剂 huǎnxièjì 圖緩下剤.〔~剂 jù 泻剂〕
缓行 huǎnxíng ①徐行する.〔车辆一律~〕車輌は一律に徐行のこと. ②実施を延期する.
缓刑 huǎnxíng 囿刑の執行猶予(をする)
缓性 huǎnxìng 慢性の.
缓醒 huǎnxǐng <方>(仮死した者などが)よみがえる.息を吹き返す.〔~过来〕息を吹き返してくる.
缓议 huǎnyì 一時延期して相談する.あらためて相談する.〔这件事还是~吧〕このことはまたの相談としよう.
缓役 huǎnyì 徴兵を延期する.
缓征 huǎnzhēng 徴兵・徴税延期(をする)

[幻] huàn ①まぼろし.〔虚 xū ~〕同前. ②架空である.非現実的である. ③変化(ｘｕｎ)の.〔~变~莫测〕<成>変化の予測し難いこと.
幻彩 huàncǎi 色彩・光・音などにより,多彩な幻の形や場面を描き出したり演出すること.
幻灯 huàndēng ①幻灯(ｘｕｎ).〔~片 piàn〕<口>~片儿.幻灯フィルム.〔~机〕幻灯機.スライド映写機.プロジェクター.〔~机〕ともいう.〔彩 cǎi 色~〕カラースライド映写機.
幻化 huànhuà ①幻のように変わる.化ける. ②<文>(人が)死ぬ.
幻景 huànjǐng <文>幻の(現実でない)情景.
幻境 huànjìng <文>幻の世界.夢幻の境.はかない世界.
幻觉 huànjué 幻覚.
幻梦 huànmèng 夢まぼろし.<転>はかなさ.〔一场~破灭了〕まぼろしが破れた.
幻灭 huànmiè 幻滅(する)
幻视 huànshì (心理)幻視.幻影.
幻术 huànshù 魔術.マジック.妖術.→[魔 mó 术]

huàn 幻奐涣換

幻听 huàntīng 図幻聴.
幻想 huànxiǎng 幻想(する).〔抱有～〕幻想を抱く.〔沉湎于～〕空想にふける.〔～曲〕幻想曲.〔科学～影片〕SF 映画.
幻象 huànxiàng 幻影.
幻影 huànyǐng 幻影.幻.

〔奂(奐)〕 huàn ①〈文〉鮮やかで美しいさま.→〔奐〕 ④同前. ③盛んなさま.〔轮～〕建築の壮麗なこと.④〈文〉数多いさま.盛大なさま. ⑤〈姓〉奐(かん)

〔涣(渙)〕 huàn ①散る.解ける.散らばる. 消失する.→〔涣散〕 ②〈文〉水流の盛んなさま. ③〈文〉涣(かん):六十四卦の一.
涣涣 huànhuàn 〈文〉水流の盛んなさま.
涣然 huànrán さらりと解けるさま.〔～冰释 shì〕〈成〉氷解する.水に流す.
涣散 huànsàn ちりちりばらばらになる(する).ゆるむ(める).だらけさせる(けさせる).〔他们企图利用这种观念来～劳动人民的意志〕彼らはこのような観念を利用して働く人民の意志をばらばらにしようとしている.〔～斗志〕闘志をにぶらす.〔～人心〕人々の心をゆるませる.

〔换(換)〕 huàn ①交換する.引き換える.やりとりする.〔~兑 duì〕両替する. 兌(だ)換する.〔用工艺品~机器〕工芸品と機械を交換する.〔以货~货〕物々交換(する).〔用一张十元的票子~零钱〕1枚の10元札をこまかい金にくずす. ②取り換える.〔他~了一套西服〕彼は洋服に着がえた.〔他~上了西服〕彼は洋服を取り換えた.〔他~上了西服〕彼は洋服に着がえた.〔~衣服〕着物を着かえる.〔~了人人が(他の人に)かわった.〔不下~~〕〔乗り物を〕降りないのなら入れかえてくれ.③〈姓〉換(かん)
换班 huànbān ①勤務交代(する).→〔倒 dǎo 班〕〔交 jiāo 班〕〔接 jiē 班〕 ②入れかえる. ③軍〔衛兵·步哨等などで〕交替する.
换边 huànbiān 図コートチェンジ.サイドチェンジ:〔交换场区〕ともいう.
换拨儿 huànbōr 交代する.〔驻日美国兵换了一拨儿了〕駐日米兵は交代した.
换步 huànbù 歩調をかえる.
换茬 huànchá ⇒〔轮 lún 作〕
换车 huànchē 乗り換える(汽車·電車など).→〔倒 dǎo 车〕
换乘 huànchéng (乗り物を)乗り換える.乗り継ぐ.〔~站〕乗換駅.
换代 huàndài ①モデルチェンジ(する).一新する.〔产品更新~制品を同時(する).②朝代がかわる.〔改 gǎi 朝换代〕
换挡 huàndǎng (自動車の)ギアチェンジ(をする)
换发 huànfā (古いものをやめ)新しいものを出す.新しく交付する.
换发球 huànfāqiú ㋛サーブチェンジ.
换防 huànfáng 軍駐屯の交代(をする).移駐(する)
换房 huànfáng 住宅の交換(をする)
换俘 huànfú 俘虜交換(する)
换岗 huàngǎng ①歩哨を交替する.②勤務を交替する. ③仕事をかわる.職場をかえる.
换个儿 huàngèr =〔换洗儿〕(場所を)取りかえる.〔这两个人抽 chōu 屉大小不一样,不能~〕この引き出しは大きさが違うから取りかえられない.
换工 huàngōng 経農村で個人間また生産単位間で労働力を融通しあうこと.→〔变 biàn 工〕
换购 huàngòu 買いかえる.〔以旧车~新车〕古い車を売って新車に同時.
换股 huàngǔ 商株式を買いかえる.
换骨 huàngǔ 翌(道家の)金丹を服用することによって凡骨を仙骨にかえること.
换骨夺胎 huàngǔ duótāi ⇒〔脱 tuō 胎换骨〕
换骨脱胎 huàngǔ tuōtāi ⇒〔脱胎换骨〕
换过儿 huànguòr ⇒〔换个儿〕
换过帖的 huànguòtiěde ⇒〔拜把把子的〕
换行 huànháng 改行する.〔另 lìng 起一行〕ともいう.〔提 tí 行〕は縦書き文の場合をいう.→〔抬 tái 头〕③
换花样 huànhuāyàng 趣向を変える.〔开动脑筋多～,把饭菜做得美观而且可口〕頭を働かせていろいろ方法を考え,料理を見た目もよく味もよくする.
换回 huànhuí 別の品物にかえてもらう.〔用原料～成品〕原料を出して製品にとりかえる.
换汇 huànhuì 外貨にかえる.〔出口～〕輸出による取得外貨.
换货 huànhuò 物品をとりかえる.〔以货～〕物々交換(する).バーター取り引き(をする).〔～贸易〕バーター貿易.交換貿易.〔～货〕
换机 huànjī ①⇒〔转 zhuǎn 机〕 ②機械をかえる.〔～放映〕映写機を切り替えて映写する.
换季 huànjì ①季節のかわり目. ②ころもがえ(する).〔衣裳该～了〕ころもがえする時期になった.
换肩 huànjiān ①肩をかえる.②代わって担ぐ.
换届 huànjiè 次のメンバーを選任する.
换景 huànjǐng 劇舞台情景を転換させる.
换句话说 huànjùhuà shuō 言葉をかえて言えば.换言すれば.〔换言之〕
换口味 huànkǒuwèi 料理をかえる(違う味の物に).趣向を変える:〔换口胃〕とも言う.
换零 huànlíng 高額紙幣を小銭にくずす.
换流机 huànliújī ⇒〔变 biàn 流器〕
换流器 huànliúqì ⇒〔变 biàn 流器〕
换马 huànmǎ 〔㋥メンバーを入れかえる.
换面 huànmiàn ①装いを一新する. ②(表面の)生地をかえる.
换脑(筋) huànnǎo(jīn) 〔㋥頭を切りかえる.
换能器 huànnéngqì 物(エネルギー)変換器.トランスデューサー.
换排 huànpái ⇒〔换速率〕
换谱 huànpǔ 〔换帖①〕
换气 huànqì ①換気をする.〔～扇 shàn〕換気扇.〔～机 jī〕㊫ベンチレーター.②ガスボンベをかえる. ③㋛水泳中の呼吸.息つぎ.
换钱 huànqián ①両替(する).〔换零钱〕小銭にかえる.〔换美元〕米ドルにかえる.米ドルにかえる.→〔破 pò 开〕②(物品を)金にかえる.换金する.
换亲 huànqīn 両家が互いに相手方の娘をめとること:結納金などを相殺することができる.
换取 huànqǔ かえて受け取る.〔修理两艘轮船,以～木材〕2隻の汽船を修理して,木材を受け取る.
换取灯儿的 huàn qǔdēngrde〈方〉くず屋:旧時のくず屋はふれ歩いて家々のおはらいものを〔取灯儿〕(マッチ)と換えていた2隻の汽船を修理して,〔打 dǎ (小)鼓儿的〕
换人 huànrén ㋛メンバーチェンジする.〔㋥人をかえる.人がかわる.
换容 huànróng ①(手術によって)容貌を変える.整形する.〔～术 shù〕整形手術. ②変貌する.
换水土 huànshuǐtǔ 気候風土が変わる.水が合わない.〔～初めてのところに来て慣れないせいかこの2,3日本の調子があまりよくない,たぶん水が合わないせいだろう.→〔不 bù 服水土〕
换速率 huànsùlǜ ⇒〔换排〕ギアシフト.
换算 huànsuàn 換算する.〔～表〕換算表.
换胎儿 huàntāir 腹が変わる:男ばかり生んだのが女を生むようになったり,またはその逆をいう.〔她这次

huàn

换唤焕痪宦浣晥鲩逭患漶

〜得了女孩儿了]彼女はこんど腹が変わって女の子ができた.
换台 huàntái (テレビ・ラジオ)放送局を切りかえる.
换汤不换药 huàntāng búhuànyào 煎(せん)薬の湯だけは取りかえても薬は取りかえても実質には何の変わりもない.二番煎じ.→[穿 chuān 新鞋过老路][新 xīn 瓶装旧酒]
换帖 huàntiě ①=[换谱]回義兄弟になるため,互いに祖先三代の名前・履歴・生年月日などを記入した証書を交換すること;市販の(金兰谱)以上のことを書いて交換することが多い.[〜弟兄]回拜把兄弟.义子的]义兄弟.→[兰 lán 谱②]②=[换小帖(儿)]回結婚のとき男女が(八字帖(儿))[縁談のために生年月日を干支で書いたもの)を取り交わして相性を見ること.→[八 bā 字(儿)]
换头 huàntóu 詞・曲中の繰り返しの文で,文頭の語や調子をかえること.
换位 huànwèi 立場をかえる.位相をかえる.[〜思考]相手側に立った考え方・見方.
换文 huànwén ①(国家間の)交換公文.②(国家間の)文書をとりかわす.
换洗 huànxǐ (服などを)取り替えて洗う.[今天该一衬衣了]今日はシャツを着替えて洗わなくちゃ.[〜的衣服]着替えの服.
换小帖(儿) huànxiǎotiě(r) ⇒[换帖②]
换血 huànxiě 血を入れ替える.<喩>④人員を入れ替える.⑤全てを一新する.
换型 huànxíng モデルを変える.[汽车〜提速]自動車のモデルチェンジが早まる.
换心 huànxīn [口]①心が通じ合う.[〜朋péng 友]親友.②心臓移植(をする).[〜人]同前を受けた人.
换牙 huànyá (乳歯が永久歯に)抜けかわる.
换言之 huànyánzhī <文>(これを)換言すれば.→[换句话说]
换样儿 huànyàngr 様子をかえる.目先をかえる.気分を新たにする.
换药 huànyào 薬を取り替える(塗り薬など)
换羽 huànyǔ 鳥の羽根が抜け(生え)変わる.
换约 huànyuē (国家間で)文書を交換する.
换债 huànzhài 回借換債.
换装 huànzhuāng ①服を着替える.②武器装備を入れ替える.③積載の形式を変える.[〜车区][列車両台車交換区.

[唤(唤)] huàn ①呼ぶ.呼びかける.[召zhào 〜]呼びかけ(る).[〜他来吧]彼を呼んでこい.②叫ぶ.[叫〜]同前.

唤起 huànqǐ ①(声をかけて)呼び起こす.奮いたたせる.[〜民众]民衆を奮いたたせる.[〜注意]注意を呼びおこす.②奮いおこす.[〜回忆]昔の記憶を思い起こす.
唤审 huànshěn 呼び出して取り調べる.
唤头 huàntou [民间]とも書いた.町を流して物を売り歩く行商人,あるいは刃物磨ぎ・理髪職人などが用いる小型の鳴り物:例えば理髪職人の場合,大きな鉄製はさみの形をしたものを細い鉄棒で引っかくように叩いてふれまわった.
唤醒 huànxǐng ①呼びさます.②覚醒させる.
唤雨 huànyǔ 雨を降らせる.[呼 hū 风〜]<成>風雨をよぶ.

[焕(焕)] huàn ①光り輝く.明らかなさま.②光芒を放つさま.③<姓>焕(かん)

焕发 huànfā ①光彩が外に輝きあふれるさま.[精神〜]<成>元気はつらつとしている.[容光〜]<成>顔の表情がいきいきしている.奮い起こす.[〜革命精神]革命精神を奮いたたせる.
焕烂 huànlàn 輝かしく美しい.[风光〜,引人入胜]風光が明媚(び)で人をひきつける.
焕然 huànrán きっぱりと.さっぱりと.[〜冰释 shì]<成>疑念が氷解する.[〜一新]<成>すっかり新しくなる.面目を一新する.

[痪(痪)] huàn →[瘫tān 痪]

[宦] huàn ①官吏.役人.[〜 guān]<文>官吏.[〜场 chǎng]役人の世界.官界.②<文>官途につく.[仕〜]<文>[为 wéi 〜]同前.[〜情qíng]同前の気持ち.[达官显〜]<成>高官.貴顕.③回宦官(がん).[〜竖 shù]同前の蔑称.→[宦官]④<姓>宦(かん)

宦官 huànguān ①=[宦寺]回宮廷に仕えた去勢された官吏.宦官(がん);通称 太 tài 监.[公 gōng 公〜][老 lǎo 公〜][天 tiān 刑]お宮仕え.②<文>役人.
宦海 huànhǎi 官途.官界.[〜 guān ①]に同じ.[〜浮沉]官界での浮き沈み.
宦家 huànjiā <文>役人の家筋.[〜子弟]官吏の子弟.
宦门 huànmén <文>役人の家柄.
宦囊 huànnáng <文>役人になって在職中ためた金.
宦寺 huànsì ⇒[宦官①]
宦途 huàntú 官途.
宦游 huànyóu <文>仕官を求めてあちこちと渡り歩く.[〜四方]同前.
宦资 huànzī <文>官吏の収入

[浣(澣)] huàn ①<文>洗う.すすぎ洗う.[西施原是〜纱女](美女の)西施はもともと洗濯女だった.②<文>旬(じゅん)(で)唐代,官吏は十日の一日は休息および沐浴のための休みとされた.[上〜][上旬xún]上旬.[中〜][中旬]中旬.[下〜][下旬]下旬.③<姓>浣(かん)

浣溪沙 huànxīshā <文>詞牌の名.もと唐の教坊の曲名.
浣熊 huànxióng [動]アライグマ.
浣雪 huànxuě <文>恥をすすぎ除く.
浣衣 huànyī <文>①服を洗う.②洗った服.

[晥] huàn <文>①明るい.②美しい.③幸(こう)多い.

[鲩・鯇] huàn =[鲩]ソウギョ:[草cǎo 鱼]の学名.

[逭] huàn <文>逃れる.逃避する.[罪无可〜]<成>罪は逃れるべくもない.[〜暑 shǔ]避暑(する)

[患] huàn ①憂える.わずらう(う).心配(する).[有备无〜]<成>備えあれば憂いなし.[不〜寡 guǎ 而〜不均 jūn]少なきを憂えず,均しからざるを憂う.②病気にかかる.患う.[〜心脏病]心臓病になる.③災害.災難.不運.[水〜]水害.[虫〜]虫害.④病気.[疾 jí 〜]同前.⑤<姓>患(かん)

患病 huànbìng 病気をわずらう.
患处 huànchù 患部(主として外傷)
患得患失 huàndé huànshī <成>ちょっとの損得によくよくする.
患苦 huànkǔ ①病気で苦しむ.②憎みきらう.
患难 huànnàn 憂いと苦しみ.[有相从〜成苦難をともにする.[〜之交]同前のまじわり.親友.[〜与共,休戚相关]艱難を共にし,苦楽を分かちあう.
患鸟 huànniǎo 病鳥.
患者 huànzhě 患者.病人.[结核病〜]結核病患者.

[漶] huàn [漫 màn 〜]<文>ぼんやりしてはっきり見えない.[字迹漫〜]字がぼやけてわからない.

huàn～huāng

〔豢〕 huàn ①動物を飼育する. ②〈喩〉えさで人を釣る.
　豢养 huànyǎng ①飼育する.〔~两只丹顶鹤〕2羽の丹頂鶴を飼う. ②金で抱きこむ.〔受反动派的~〕反動派に金でつられる.〔他是帝国主义~起来的走狗〕彼は帝国主義が飼い慣らしてきた走狗(そうく)である.

〔奐〕 huàn 〈姓〉奐(かん)

〔鯶・鯇〕 huàn ⇒〔鲩〕

〔擐〕 huàn 〈文〉貫きうがつ.手を通して身につける.〔~甲执兵〕〈成〉武装する:よろいを身につけ武器を持つ.

〔轘・轘〕 huàn 固車裂き(の刑).〔~裂 liè〕同前. → huán

huang ㄏㄨㄤ

〔肓〕 huāng ①中医心臓の下部と横隔膜の上部(胸と腹の中間).〔病人膏 gāo ~〕やまい膏肓(こうこう)に入る:病気の部位が深いと,薬物や針灸も効果をあげることができない.〈転〉事態の悪化が救いようのないほど深刻なこと.〔~门〕鍼灸術の"つぼ"の一:背骨の第13椎の下左右各3寸離れた部位. ②〈姓〉肓(こう)

〔荒〕 huāng ①(土地が)荒れ果てている.〔地~了〕畑が荒れ095ている.〔开了十亩~〕10ムーの荒れ地を開墾した.〔~火〕野火.③凶作(である).飢饉(である).〔~年逃~〕凶作の年は他の地方に逃げて行く.〔备~〕飢饉に備える.〔度 dù ~〕飢饉を切りぬける. ④さびれている.もの寂しい.すたれている.〔~寒 hán〕荒涼としている.〔~坟〕荒れた墓. ⑤〈喩〉(ひどい)欠乏.深刻な不足.〔煤~〕石炭飢饉.〔电~〕電力不足.〔房~〕住宅難.〔石油~〕〔石油危机〕石油不足.オイルショック. ⑥捨て置く,おきっぱなしにする.怠ける.にぶる(技術などが).〔地不能~着〕土地はほったらかしておいてはいけない.〔火别叫它~着〕火をほったらかしにむだにするな.〔~废学业〕学業をまたほったらかしおろそかにする.〔多年没说中文,~了〕長年中国語を話さなかったので,忘れました. ⑦でたらめである.全く理に合わない. →〔荒唐〕 ⑧のめり込む.けじめがない.〔~酒〕酒にひたりすぎる. ⑨〈方〉確かでない.本当でない.〔这只是一个~信儿〕これはただ,一つの真偽不明のニュースにすぎない. →〔荒数(儿)〕 ⑩〈姓〉荒(こう)
　荒草 huāngcǎo 荒れ地の草.野草.雑草.
　荒村 huāngcūn 片田舎のさびれた村.荒れ果てた村.寒村.
　荒诞 huāngdàn =〔诳 kuáng 诞〕荒唐無稽である.でたらめである.とりとめのない.〔~无稽〕同前.〔~不经〕でたらめで正しくない.
　荒岛 huāngdǎo 無人島.
　荒地 huāngdì 開墾してない土地.荒れ地.
　荒顿 huāngdùn 荒廃する.停滞する.〔久病淹滞,众职~〕〈文〉ながく患いで職務がおろそかになる.
　荒废 huāngfèi ①(土地が)荒れすたれる. →〔抛 pāo 荒②〕 ②⇒〔荒疏〕 ③(時間を)無駄にする.浪費する.
　荒沟 huānggōu 荒涼とした谷間.
　荒古 huānggǔ 太古.
　荒蒿 huānghāo 生え放題のよもぎ.〔~丛生〕草ぼうぼうである.
　荒秽 huānghuì 荒れ果てている.

　荒货 huānghuò 〈方〉廃品.中古品.
　荒瘠 huāngjí (土地が)荒れてやせている.
　荒寂 huāngjì うらぶれてもの寂しい.〔~多年的废墟〕同前の廃墟.
　荒碱地 huāngjiǎndì 圃アルカリ性土壌の荒地.
　荒郊 huāngjiāo 荒れて寂しい原野.荒れ野.もの寂しい郊外.
　荒馑 huāngjǐn 飢饉.
　荒里荒唐 huāngli huāngtáng 〈慣〉①でたらめである.いいかげんである.〔他~的,看摊儿行吗〕(老・竜2の2)あの子はいいかげんでしょ,露店の番人などをさせてだいじょうぶですか. ②慌ただしい.慌てる.
　荒凉 huāngliáng 荒れてもの寂しい.人影のない.〔村子民~〕村が荒れてもの寂しい.
　荒料 huāngliào ⇒〔坯 pī 料〕
　荒乱 huāngluàn 世の中が乱れる(こと).混乱している(こと).〔~的年月〕(戦争などで)騒がしい年代.
　荒落 huāngluò 荒涼としてさびれている.
　荒湎 huāngmiǎn 〈文〉耽溺(たんでき)する.酒色に溺れる.
　荒民 huāngmín 飢饉で飢えた民.
　荒谬 huāngmiù 荒唐無稽(こうとうむけい)である.道理に合わない.でたらめである.〔~透顶〕〔~绝 jué 伦〕〈成〉徹底したでたらめ.うそ八百.
　荒漠 huāngmò ①荒れ果ててはてしなく広い.〔~的草原〕はてしない草原. ②荒涼たる砂漠·荒野.〔~化〕砂漠化する.
　荒年 huāngnián =〔文〕贱 jiàn 年〕〔凶 xiōng 年〕凶作の年.飢饉の年.
　荒僻 huāngpì 辺鄙(へんぴ)な(土地).〔~地方人气(じんき)が無い所.
　荒坡 huāngpō 荒れた傾斜地.
　荒弃 huāngqì 〈文〉荒れるにまかせる.
　荒歉 huāngqiàn 〈文〉凶作.飢饉.
　荒丘 huāngqiū 荒丘.
　荒沙 huāngshā 荒涼とした砂漠地帯.
　荒山 huāngshān 荒れた山.〔~僻 pì 野〕荒れた山,偏僻な原野.〔~秃 tū 岭〕〈成〉荒れはてた山々.
　荒舍 huāngshè 〈文〉①あばらや. ②〈転〉拙宅:〔寒 hán 舍〕に同じ.
　荒时暴月 huāngshí bàoyuè 〈成〉凶作の年と端境(はざかい)期.
　荒疏 huāngshū =〔荒废②〕なおざりにする.〔学业~〕学業は長い間ほったらかしにした.
　荒数(儿) huāngshù(r) 〈方〉あらかたの数.おおざっぱな数.
　荒率 huāngshuài 〈文〉そそっかしい.ずぼらである.
　荒滩 huāngtān 荒れた海岸·河岸.
　荒唐 huāng·táng ①でたらめである.いいかげんである.〔~无稽〕〈慣〉荒唐無稽(こうとうむけい)である.全く非常識である.〔这话真~〕この話ははるで根も葉もないものだ.〔可笑〕ばかげておかしな事(話). ②放縦である.自堕落である.〔他决~的〕彼は決して自堕落ではない.〔~鬼〕怠け者.ずぼらなやつ. ③漠然としている.誇大である.
　荒田 huāngtián 荒れはてた田畑.
　荒腆 huāngtiǎn 〈文〉ひたる.おぼれる.〔~于酒〕酒におぼれる.
　荒土 huāngtǔ ①荒れ地.開墾してない土地. ②(東北方向にある)遠隔の地.
　荒颓 huāngtuí 荒れ果てている.
　荒外 huāngwài 〈文〉①極遠の地. ②辺境.
　荒亡 huāngwáng 〈文〉狩猟や飲酒にふけること.
　荒妄 huāngwàng 根拠がなく無稽である.でたらめである.
　荒芜 huāngwú 土地が耕やす人なく荒れ果てて雑草

のはびこっているさま.
荒无人烟 huāngwú rényān〈成〉荒れ果てて人が住んでいない.〔~孤 gū 寂〕ともいう.
荒信 huāngxìn〔-儿〕〈方〉不確実な消息.
荒墟 huāngxū 廃墟.
荒野 huāngyě 荒野.
荒淫 huāngyín 生活が荒れさんでいる.酒色におぼれる.〔~无度〕〈成〉同前で節度がない.〔~无耻〕同前で恥知らず.
荒银 huāngyín 銀貨のくず.
荒原 huāngyuán 荒野.荒れ地.
荒远 huāngyuǎn 遠い.
荒账 huāngzhàng ＝〔呆 dāi 账〕不良貸し付け.貸し倒れ.
荒政 huāngzhèng ①飢饉を救う政策. ②〈君主が〉政治を怠ること.
荒置 huāngzhì 置き放しにしてかまわない.放り出したままにする.
荒冢 huāngzhǒng〈文〉荒れた塚:〔败 bài 冢〕に同じ.
荒子 huāngzi 半加工品.粗削りのもの.半成品.

〔**慌**〕 **huāng** ①慌てる.むやみに急ぐ.〔做事太~〕仕事をするのに慌てすぎる.〔心~〕①慌がせく.どぎまぎする.〔沉住气,不要~〕おちつけ,慌てるな.〔发~〕狼狽する.うろたえ慌てる.〔敌人吓~了〕敵は驚き慌てた.〔恐~〕恐れ慌てる(こと).恐慌(を起こす). ②慌てて…になる.〔~了神儿了〕気が狂った. ③動詞・形容詞の後に置き程度が激しい.ひどい.たまらない.やりきれないことを表す:〔…得~〕慌の形をとる.〔冷得~〕ひどく寒い.〔吵得~〕騒がしくてたまらない.〔闷 mèn 得~〕ひどく退屈だ.〔累得~〕ひどく疲れた.〔气得~〕しゃくに障ってたまらない.〔心里想得~〕懐かしくてたまらない.
慌促 huāngcù あわただしい.ひどく急ぐ.
慌慌 huānghuāng そわそわして落ち着かないさま.〔~忙忙地〕慌ただしく.〔~失失〕慌ふためく.うろたえる.〔~张张〕慌ふためく(いて).慌ただしく.→〔慌忙〕.
慌惶 huānghuáng 慌て恐れる.〔~失措〕慌ててとりみだしてどうしていいかわからない.
慌急 huāngjí あわてふためく.
慌里慌张 huānglǐ huāngzhāng〈惯〉大慌てに慌てる.狼狽 $(fú)$ する.→〔慌张〕.
慌乱 huāngluàn 慌てて混乱する.
慌忙 huāngmáng 急ぎ慌て(て).大急ぎで.〔~急促 cù〕慌ふためくさま.
慌神儿 huāngshénr〈口〉気が落ち着かない.気がせく.〔不要~,——不要更容易犯错儿〕慌ててはいけない,慌てだしたらいっそうあわがわしくなる.
慌手慌脚 huāngshǒu huāngjiǎo 慌ふためくさま:〔慌手冒脚〕〔慌手脚〕ともいう.
慌速 huāngsù 慌ふためいて.気をもんで.焦って.〔接到信儿～跑了去了〕知らせを受けとり,慌てて駆けつけた.
慌张 huāng-zhāng ①慌てる. ②そそっかしい.落ちつきがない.〔以后可要好好儿干,别再~了〕今後はしっかりやり,そそっかしくやってはいけない. ③そわそわする.〔神色~〕そわそわした様子を見せる.
慌作一团 huāng zuò yītuán〈惯〉多くの人がいっしょになって慌てうろたえる.〔大家~都不知道怎么办オ好〕皆がいっしょになってうろたえるだけで,どうしていいかわからない.

〔**琥**〕 **huāng** (地中から)掘りたての鉱石.

〔**皇**〕 **huáng** ①〈文〉堂々として大きい.→〔堂 táng 皇〕 ②皇帝.天子.→〔国皇国.〔~恩 ēn〕皇恩.〔影 yǐng ~〕映画界の帝王.〔~都 dū〕みやこ.〔沙 shā ~〕ツアー(リ)旧ロシア皇帝.〔英 yīng ~〕イギリス皇帝. ③〈文〉先代に対する敬称:多く死んだ尊属親に対して用いる.→〔先 xiān ④〕 ④〈姓〉皇 (r)
皇妣 huángbǐ〈文〉亡き母上様.
皇朝 huángcháo 皇朝.
皇城 huángchéng 回①宮城.皇居.〔~根儿 gēnr〕 ⓐ皇居のひざもと・周囲. ⓑ〈喻〉みやこ. ②都.京.
皇储 huángchǔ 皇位継承者.→〔太 tài 子〕
皇帝 huángdì 皇帝.〔秦 qín 始皇〕以後の天子の称.〔小~〕〈喻〉一人っ子.〔~女儿不愁嫁〕〈喻〉売手市場.引くてあまたのさま.
皇甫 huángfǔ〈姓〉皇甫 (r)
皇宫 huánggōng 皇居.
皇姑 huánggū〈文〉(夫の)亡き母上様.
皇冠 huángguān ①王冠.クラウン:王権の象徴. ②〈喻〉最高のものを最上のもの.〔~牌〕王冠じるし.〔~玻璃 bōli〕〔冕 miǎn 牌玻璃〕クラウングラス.
皇后 huánghòu 皇后.→〔贵 guì 妃〕
皇皇 huánghuáng ①〈文〉立派で盛大なさま.〔~巨著〕〈成〉堂々とした大著. ②⇒〔遑遑〕 ③⇒〔惶惶〕
皇家 huángjiā ＝〔皇室〕皇室.〔~海军〕英国海軍.
皇舅 huángjiù〈文〉(夫の)亡き父上様.亡くなったおしゅうと様.
皇考 huángkǎo〈文〉①亡き父上様. ②回曽祖父.
皇了 huángle ⇒〔黄了〕
皇历 huánglì 回陰暦のこよみ:もと清代,朝廷が黄色の紙に刷ったので〔黄历〕ともいう.〔老~翻 fān 不得〕〈諺〉古い暦というもの:旧套に固執していてはいけない.→〔历书〕
皇陵 huánglíng〈文〉皇陵.
皇粮 huángliáng 回お上 (s) の貯蔵食料.〈喻〉政府の援助金.
皇鸟 huángniǎo 凤 (sf) の別称.→〔凤 fèng 凰〕
皇亲 huángqīn 皇帝の親戚.〔~国戚〕同前.
皇权 huángquán 皇帝の権力.
皇上 huángshang〈口〉(在位中の)皇帝.陛下.お上:臣下が皇帝に対していう.
皇室 huángshì ⇒〔皇家〕
皇太后 huángtàihòu 皇帝の母親(尊号).〔圣 shèng 后〕回母生母でない皇太后.〔国母〕回滴生母である皇太后.
皇太子 huángtàizǐ ⇒〔太子〕
皇天 huángtiān 天.天の神.〔~不负苦心人〕〈諺〉天はみずから助くるものを助く.〔~后土〕〈成〉天地に対する尊称.
皇统 huángtǒng 王系.帝系.
皇位 huángwèi 皇位.
皇庄 huángzhuāng 回滴皇室管轄の荘園.
皇子 huángzǐ 皇帝の息子.皇子.
皇族 huángzú 皇族.
皇祖妣 huángzǔbǐ〈文〉亡き祖母様.
皇祖考 huángzǔkǎo〈文〉亡き祖父様.
皇座 huángzuò〈文〉首位.〔水球队连保三年~〕水球チームは引き続き3年首位を確保している.

〔**偟**〕 **huáng**〈文〉暇.

〔**凰**〕 **huáng**〔凤 fèng 凰〕ほうおう:古代の想像上の瑞鳥.雄を〔凤〕といい,雌を〔~〕〔雌 cí ~〕という.

〔**隍**〕 **huáng** 城のから堀:水のある堀は〔池 chí〕という.〔~文〕〔阆 làng ②〕に同じ.〔城 chéng

huáng

～.⑦ⓐ城のほり.ⓑ土地の守護神.鎮守(詁)の神.産上(社)神.[城―庙 miào]同前を祭ったやしろ.

[湟] **huáng** ①〈水〉地 ⓐ青海・甘粛両省にまたがる[西宁 níng 河]のこと.ⓑ広東省にある.[～鱼 yú][鱼贝]コウギョ(湟魚):コイ科の魚.青海湖に生息する.[青 qīng 海湖湟裸魚]ともいう.

[惶] **huáng** 恐れる.不安である.[～悸 jì]恐れおののく.[～急 jí]恐れ慌てる.[～窘 jiǒng] 〈文〉うろたえる.

惶惶 huánghuáng 不安で びくびくするさま.恐れ慌てるさま.驚き慌てるさま:[皇皇(詁)]に同じ.[～然 rán]びくびくして.恐れあわてて.[人心～～]人心が不安である.[不可终日]びくびくして一日として安らかな日はない.

惶惑 huánghuò (心中)恐れ惑う.
惶惧 huángjù 〈文〉恐れ慌てる
惶遽 huángjù 〈文〉狼狽える
惶恐 huángkǒng 驚き恐れる.恐れいる.[～不安]恐れ不安.[～万状]恐怖にとりつかれる.恐ろしさで正気を失う.
惶愧 huángkuì 恐れ恥じる.
惶乱 huángluàn 狼狽える.
惶然 huángrán 驚くさま.びっくりするさま.
惶悚 huángsǒng 〈文〉恐れる.恐縮する.[～不安]恐れ落ち着かない.

[遑] **huáng** ①〈文〉時間的なゆとり.暇.[不～…]…する暇がない.[不～进食]食事をとるいとまがない.[免辽未～,敢言成绩]間違いなくやる余裕もないのに,成果なんてとんでもない.②(心が)せく.慌てる.落ち着きがない.

遑遑 huánghuáng 〈文〉慌ただしいさま.心の落ち着きかねるさま:[皇皇]に同じ.
遑急 huángjí [遑遽](心が)急(セ)く.恐れ慌てる.
遑遽 huángjù
遑论 huánglùn 〈文〉論外である.[此事尚不能行,～其他]このことすら行われないのにどうしてその他のことができようか.

[喤] **huáng** [～～]〈文〉〈擬〉①子どもの大きな泣き声.②[鐘・太鼓の]合い和して鳴りひびく音.

[徨] **huáng** =[偟①]〈文〉さまよう.行きつ戻りつする.まごまごする.[～～]おろおろするさま.→[彷 páng 徨]

[馈・饍] **huáng** →[饫 zhāng 馈]

[煌] **huáng** 〈文〉①きらめく.輝く.[～～]ⓐ同前.星火～～]流星が空を明るく照らす(急を告げている).ⓑ立派なさま.[～～之功]立派な功績.[辉 huī ～]輝く.輝かしい.

[鍠・鍠] **huáng** 〈文〉①まさかりの一種:古代の武器.②[～～]〈擬〉鐘や太鼓の音.

[蝗] **huáng** =[蚕 qióng ①]田バッタ.イナゴ(総称).通称[～虫].[稻 dào ～]イナゴ.[短翅 chì 稻～][打～][灭～]いなごを退治する.[～旱]いなごと日照りの二大災害.

蝗虫 huángchóng 田バッタ.イナゴ:〈方〉[蚂 mà 蚱 ①].〈文〉蚆 bā 蜡]ともいう.[～科]バッタ科.→〈方〉[刮 guā 扁拍儿][蚱 zhà 蜢]
蝗灾 huángzāi [蝗灾飞蝗(ピ)の害:[飞 fēi 蝗](トノサマバッタ)などが集団移動して稻や麦などを食い荒らすこと.[赤 chì 地千里][寸 cùn 草不留][遮 zhē 天蔽日]などは同前のすさまじさを表す.

蝗军 huángjūn 旧抗日戦争時期に[皇军](日本陸軍)をそしっていった.[皇军帽 mào]旧日本陸軍の戦闘帽.
蝗蝻 huángnǎn =[跳 tiào 蝻]ばったの幼虫:[蝻蝗]ともいう.
蝗神庙 huángshénmiào 田いなごの害を封じる神を祭るやしろ.
蝗灾 huángzāi ⇒[蝗害]

[篁] **huáng** 〈文〉①[①]竹林.竹やぶ.[幽 yōu ～]薄暗い竹やぶ.②[竹]を指す.[修 xiū ～]長くのびた竹.

[艎] **huáng** →[艅 yú 艎]

[鰉・鰉] **huáng** [魚貝]ダウリアチョウザメ.=[鱼 yú]同前:[鮪 wěi ③].[鳇 zhān]は古称.

[黄(黄)] **huáng** ①[色]黄色(い).黄色(の):ⓐ赤みをおびた色まで含む.[鹅é掌～]山吹色(の).淡黄色(の).[橘 jú ～]オレンジ色.[金～色头发]金髪.[麦子都～了]麦がすっかり黄色く熟した.[天晒得草都焦～了]日照りで草が枯れてしまった.②黄金.③卵の黄身.[双～蛋]黄身が二つの卵.④堕落したもの,またはエロチックなもの.[这部电影相当～]この映画はかなりエロチックだ.[～碟 dié ～][～盘 pán][色 sè 情影碟]ポルノディスク.[～哥 gē][～骂]すけべ野郎.[～话]みだらな話.⑤[～口]だめになる.ふいになる:物事の失敗あるいは消滅すること.[因为借不到这么点儿钱这门亲事做～了]こればかりの金が借りられなかったので,この縁談も壊れてしまった.[这笔生意又～了]この商談もおじゃんになってしまった.[要不是他,这个会就算～了]彼がいなかったら,この会は正に流れになるところだった.⑥[吹 chuī ⑥] ⑦黄河.[治～]黄河の治水工事をする.⑦田[炎 yán ～]炎帝と黄帝. ⑧田嬰児:3 歳未满の子をいった.⑨〈姓 xìng〉

黄埃 huáng'āi 〈文〉黄塵.
黄白 huángbái ①黄色と白色.②[金と銀.[～之术]道士が丹薬を製錬して金銀を得る法術.
黄斑 huángbān [生理]黄斑(ビン)]眼球の網膜上の黄色の小斑.[老 lǎo 虎](トラ)の別称.
黄板牙 huángbǎnyá 黄色になった歯.
黄帮 huángbāng [一子](キャベツ・白菜などの)黄色くなった外側の葉.
黄榜 huángbǎng ①田天子の制札:木札に黄紙を貼ったもの.②科挙の殿試合格者発表の掲示.
黄包车 huángbāochē ⇒[洋 yáng 车]
黄本 huángběn 宋版の書籍で黄色紙を用いて印刷したもの.→[白 bái 本]
黄骠马 huángbiāomǎ 白い斑点の交じる栗毛の馬.
黄表纸 huángbiǎozhǐ 神前で焼く黄色の紙.
黄病 huángbìng ⇒[黄疸①]
黄檗 huángbò [黄柏]とも書く.田キハダ(黄檗).[黄波罗][栗木]ともいう.
黄檗宗 huángbòzōng 田(仏教の)宗派の一:唐代福建省黄檗山の正幹禅師の創始.
黄菜 huángcài 〈方〉鶏卵を用いた料理.→[摊tān 鸡蛋]
黄灿灿 huángcàncàn 金色に輝くさま.[～的稻子]黄金色に輝く稻穂.
黄草 huángcǎo =[鸱 chī 脚沙][荩 jìn 草]田 ブナグサ:イネ科の原野に生長する一年生草本,茎と葉の汁は黄色染料に用いられる.〈喩〉枯れ草.
黄册 huángcè 田[1]清(徴兵・徴税のための)戸籍簿.②清室室に関する戸籍簿.
黄茶 huángchá 茶葉の一種:葉も湯茶も黄色.[黄

黄 huáng

大茶〕〔黄小茶〕〔黄芽〕などの種類がある.
黄鳝鱼 huángchángyú ⇒〔黄颡鱼〕
黄巢起义 huángcháo qǐyì 〖史〗唐末の黄巣の乱(蜂起)
黄虫 huángchóng ①ポルノ作品を作り売る者. ②〔面 miàn 的〕
黄串香色 huángchuànxiāng sè 〖款冬花(きゃ)〗(の)
黄带子 huángdàizi 〖清〗皇族が用いた黄色の帯.また皇族をいう.
黄丹 huángdān ⇒〔铅 qiān 丹①〕
黄疸 huángdǎn ①=〔黄病〕〖医〗黄疸(おうだん).〔～病〕同前. ②⇒〔黄疸病〕
黄道 huángdào ①〖天〗黄(こう)道:天球上における太陽の年間視道道.〔～带〕黄道带.〔～十二宫〕〖古〗白羊・金牛・双子・巨蟹・獅子・室女・天秤・天蝎・人馬・摩羯・宝瓶・双魚の12の星座.〔赤 chì 道〕 ②(九星術などで)百事に吉という日.〔～日(子)〕〔～吉日〕大安吉日.↔〔黑 hēi 道日(子)〕
黄道眉鹀 huángdàoméiwú 〖鸟〗ノジコアオジ.
黄澄澄 huángdēngdēng 〔黄登登〕とも書く.山吹色に輝くさま.
黄灯区 huángdēngqū 〈喩〉警戒区域.危険地帯.危機の前兆.
黄帝 huángdì 古代伝説上の帝王で,姓は〔公孙〕,号は〔轩 xuān 辕①〕,また〔有熊〕ともいう.〔三 sān 皇〕の一.〔～陵〕黄帝陵.
黄碘 huángdiǎn 〔碘仿〕
黄鲷 huángdiāo 〖鱼貝〗キダイ.
黄顶子 huángdǐngzi 〔顶子②〕
黄豆 huángdòu ダイズ.〔大 dà 豆〕の別称.〔～粉〕〔方～面(儿)〕〔豆粉〕〔方~豆面儿〕〖食〗大豆粉:きな粉.また生のを碾いたもの.〔～芽 yá〕大豆もやし.→〔豆芽(儿)〕
黄豆绿 huángdòulǜ 〖色〗柳茶(や)(の)
黄毒 huángdú 各種のポルノ(の毒害).〔扫清～〕前を粛清する.〔黄色②〕
黄独 huángdú ⇒〔黄药(子)〕
黄赌毒 huángdǔdú ポルノ・賭博・麻薬.
黄段子 huángduànzi 卑猥な話.エロ話や猥談のくさり:〔荤 hūn 段子〕ともいう.
黄发 huángfà 〈喩〉老人.
黄販 huángfàn ポルノ製品の売人.
黄泛区 huángfànqū ①黄河氾濫地域:とくに1947年に起こったもの. ②ポルノ産業中心の歓楽街.
黄蜂 huángfēng 〖虫〗スズメバチ.アシナガバチ(総称).〔～房〕同前の巣.〔胡 hú 蜂〕
黄狗 huánggǒu あか犬:〔粤 yuè 菜〕(広東料理)で〔三六香肉〕(犬の肉)を〔补 bǔ 品〕(滋養の食べ物)として食用する.俗に「一黄,二黑,三花,四白」といい,あか犬は珍重される.
黄姑鱼 huánggūyú 〖鱼貝〗コイチ.
黄牯 huánggǔ 〖動〗あか牛:とくに雄牛.→〔黄牛①〕
黄骨鱼 huánggǔyú 〖鱼貝〗ギギの一種:淡水魚.→〔黄颡鱼〕
黄瓜 huáng·gua =〔胡 hú 瓜〕〔方〕〔王 wáng 瓜②〕〖植〗キュウリ.〔～熬 áo 白瓜一色货〕〖歌〗きゅうりと白瓜を煮る.一つ穴のむじなだ.
黄瓜菜 huángguācài 〔黄花菜②〕〖植〗=ニガナ. ⑥オニタビラコ.
黄瓜香 huángguāxiāng ①〖植〗芙苴果蕨(クサソテツ)の別称. ②⇒〔地 dì 榆〕
黄冠 huángguān 道士(の冠)
黄果蝇 huángguǒyíng 〖虫〗キイロショウジョウバエ.→〔果蝇〕
黄海 huánghǎi 黄海.
黄颔蛇 huánghànshé ⇒〔黑 hēi 眉锦蛇〕

黄河 huánghé 〖地〗青海省中部に発し北流して甘粛・寧夏に至り山西西境を南に下って河南・山東を経て勃海に注ぐ.延長5460余キロ,中国第二の大河:単に〔黄⑥〕ともいう.〈文〉凟 dú 宗〕は別称.〔～清〕黄河の濁流が澄む.〈転〉稀有なこと.〔不到～不死心〕〈諺〉物事がもうどうにもならないところまできつくまでは決して心を翻さない.〔百害,唯富一套〕黄河は百害をもたらすが〔河套地区〕だけには富をもたらす.〔跳到～也洗不清〕〈喩〉身を黄河に投じても無実の罪をすぐことができない.〔～尚有澄清日〕黄河の濁流でも水の澄む時がある.〈喩〉運が向く時は必ずある.→〔长 cháng 江〕
黄河为界 huánghé wéi jiè 黄河を境界とする.〈転〉厳重な境界とする.〔～不相往来〕厳重な境界を作ってお互いに行き来しない.
黄褐斑 huánghèbān 〖医〗肝斑(かんぱん):俗に〔斑点〕(しみ)という.
黄鹤楼上看翻船 huánghèlóushàng kàn fānchuán 黄鶴楼の上から船がひっくり返るのを見る.〈喩〉他人の災禍を喜ぶさま.
黄褐色 huánghèsè 〖色〗茶褐色(の)
黄花 huánghuā ①〖植〗〔菊 jú 花〕の別称.〔～晚 wǎn 节〕〈喩〉年をとっても高い節操を守っていること. ②〖植〗〔金 jīn 针菜〕の通称:〔黄花菜①〕ともいう. ③〈口〉童貞.処女.〔～女儿〕処女.おぼこ.〔～后生〕童貞.
黄花菜 huánghuācài ①同上②. ②⇒〔黄瓜菜〕 ③〖植〗キバナヒメフウチョウソウ:〔白花菜〕の近縁種で花が黄色のもの.
黄花地丁 huánghuā dìdīng 〔蒲 pú 公英〕
黄花岗 huánghuāgǎng 〖地〗広州市東北の白雲山の麓にある丘.〔～起义〕黄花岡における武装蜂起.1911年4月27日総督署を襲撃して成らず,殉難した革命烈士72人を祭ってある.
黄花闺女 huánghuā guīnǚ 〈口〉おぼこ.きむすめ:〔黄花姑娘〕〔黄花女儿〕〔方〕〔红 hóng 花闺女〕ともいう.
黄花蒿 huánghuāhāo →〔蒿〕
黄花龙牙 huánghuā lóngyá 〖植〗オミナエシ.
黄花苜蓿 huánghuā mùxu 〔金 jīn 花菜〕〖植〗ウマゴヤシ近縁種.→〔苜蓿〕
黄花松 huánghuāsōng 〖植〗チョウセンカラマツ:カラマツ属の針葉樹.〔黄花落叶松〕ともいう.
黄花乌头 huánghuā wūtóu 〖植〗キバナトリカブト:〔白 bái 附子〕は別称.
黄昏 huánghūn =〈口〉下 xià 晚儿〕たそがれ.あたりが暗くなった日没時.〔恋 liàn〕〈喩〉らくの恋.熟年の愛.〔落 luò 黑〕〔傍 bàng 晚(儿)〕
黄活 huánghuó 〖旧〗疱瘡の神様に供える黄紙で作った旗・天蓋・轎・馬など.〔活⑧〕
黄货 huánghuò ①金(製品). ②ポルノ商品.
黄祸 huánghuò ①エロ・ポルノの害. ②〖史〗黄色人種の禍:欧米人から見た13,4世紀のモンゴル人の力を恐れる主張. ③唐末の黄巣の乱. ④〖旧〗糞尿くみ取り人夫のストライキ. ⑤黄河の氾濫による災害.
黄麂 huángjǐ ⇒〔黄猄〕
黄鲫 huángjì 〔麻 má 口鱼〕〔毛 máo 口鱼〕〖鱼貝〗ツマリエツ:カタクチイワシ科の魚.
黄姜 huángjiāng 〖植〗①ショウガ. ②ヤマノイモ科の植物:根茎を薬用する.
黄酱 huángjiàng =〔大 dà 酱〕赤みそ(大豆と麦粉で作った黄色のみそ).〔黑 hēi 酱〕〔清 qīng 酱〕
黄降汞 huángjiànggǒng ⇒〔黄氧化汞〕
黄教 huángjiào →〔喇 lǎ 嘛教〕
黄金 huángjīn ①金(きん).ゴールド.〔～市场〕〖商〗金取

huáng 黄

引所.[～储 chǔ 备]国金準備. →[下 xià 币] ②〈喩〉この上なく貴重な.[～搭 dā 档]最高のペア.[～地带]黄金地带.[～时代]黄金時代.[～档 dàng](番組の)ゴールデンアワー枠.[～机会]絶好のチャンス.[～时间][～时段](テレビ放送の)ゴールデンアワー.プライムタイム.[～水道]〈喩〉長江.[～宴 yàn]〈喩〉ⓐ豪勢な宴会.ⓑ金箔を入れた料理の宴会.

黄金法则 huángjīn fǎzé 宗(キリスト教の)黄金律:新約聖書マタイ伝·ルカ伝にある説教の一節.

黄金分割 huángjīn fēngē 黄金分割:[中 zhōng 外比]ともいう.

黄金海岸 huángjīn hǎi'àn 地ゴールドコースト:ⓐアフリカ西海岸にある.[加 jiā 纳](ガーナ)として独立.ⓑオーストラリア東南海岸のリゾート地.

黄巾起义 huángjīn qǐyì 史後漢末に張角の指導した大規模農民暴動:黄色の頭巾をかぶっていたことからこの名がある.

黄金入柜 huángjīn rùguì 〈喩〉老人を葬る:古代,揚州府の南部にある金櫃山は墓地の多いところで,ここに葬られるのが金櫃(ぎ)にはいるようなものだとの説.

黄金树 huángjīnshù ①植キササゲ.ハナキササゲ.②⇒[桉 ān 树]

黄金塔 huángjīntǎ ①⇒[窝 wō 头] ②〈喩〉とぐろを巻いたようなうんこ.

黄金万两 huángjīn wànliǎng 旧正月に赤い紙に書いて箱などに貼る吉祥の文句:普通,組み合わせ文字で4字を重ね合わせて1字にする.

黄金周 huángjīnzhōu ゴールデンウィーク:[五一劳动节][十一国庆节][春节]を含む(前後の)休暇となる連明日.[黄金假 jià 日]ともいう.

黄堇 huángjǐn 植ミヤマキケマン(ケマンソウ):ケシ科の草本.

黄经 huángjīng 天黄経(ぶぅ).

黄荆 huángjīng 植タイワンニンジンボク.

黄麞 huángjīng =[小 xiǎo 鹿]動キョン(ヨツメジカ):小型の鹿.[黄麂]ともいう.

黄精 huángjīng =[鹿 lù 竹]ナルコユリ:ユリ科の薬草.根茎から澱粉を製し食用にもなる.

黄酒 huángjiǔ うるち米やもち米で作る醸造酒:色が黄色いので[白 bái 酒](蒸留酒の焼酎)に対していう.また長い年数を置くのがよいとされるので[老 lǎo 酒][陈 chén 酒]ともいわれる.[绍 shào 兴酒]はその代表的なもの.

黄卷 huángjuàn 古書籍.特に仏教経典:古くはしみを防ぐため黄檗に浸み込ませたので紙が黄色がかったことから.[～青灯]〈喩〉苦学すること.

黄绢幼妇 huángjuàn yòufù [绝 jué 妙](この上なくよい)の意の隠語:黄絹は色糸の[绝],幼婦は少女なので[妙]

黄口 huángkǒu =[黄吻]黄色い口.黄色いくちばし.⓵雛鳥.②〈喩〉〈転〉青二才.若僧:人を罵る言葉.[～儿][～孺 rú 子][～小儿]同他.

黄葵 huángkuí 植リュウキュウトロロアオイ.

黄蜡 huánglà [蜂蜡](蜜蜡)の通称.→[白 bái 蜡①]

黄蜡蜡 huánglàlà つやがないさま.[～的面孔]つやがない顔.

黄腊团子 huánglà tuánzi 薬を包むのに用いる球形の臘(ぢ)

黄狼 huángláng ①⇒[黄鼠狼] ②⇒[水 shuǐ 貂]

黄老 huánglǎo 黄帝と老子.[～之学]道家の学問:道家では黄帝と老子を道教の祖とする.[～之士]道教を信奉する人士.

黄了 huángle →字解⑤

黄梨 huánglí ⇒[凤 fēng 梨]

黄鹂 huánglí 鸟コウライウグイス(総称):[黄鸟②][黄莺][仓 cāng 庚][鹂 cāng 鹂][春 chūn 莺][告 gào 春鸟][黑 hēi 枕][离 lí 黄][鸝 lí 黄]ともいう.[金 jīn 衣公子]は雅称.[～莺 yīng]

黄历 huánglì [皇历]

黄连 huánglián ①植オウレン:キンポウゲ科の草木で薬草を苦味健胃剤とする.古くは[梵]安閣 ānshé 那]といった.[土～]は別称.[假 jiǎ ～][水～]は[当 dāng 药](イヌセンブリ)の別称.[哑巴吃～,有苦说不出来]〈歇〉唖者がオウレンを飲む,苦(く)くても(苦しみがあっても)口には出せない.②〈喩〉生活の困苦.[我们原来的生活,和～也差不多了]我々の従来の生活は実に苦しいものだった.

黄连木 huángliánmù 植カイノキ(トネリバハゼノキ):種子から油をとる.[〈方〉楷 jiē 木]ともいう.

黄连素 huángliánsù ⇒[小 xiǎo 檗碱]

黄脸婆 huángliǎnpó 老けた女.所帯じみた女(房)

黄楝 huángliàn [苦 kǔ 木]に同じ.

黄粱 huángliáng 大粟(ぉ)

黄粱(美)梦 huángliáng (měi)mèng =[邯 hán 郸梦].[～一 yī 枕黄粱]〈成〉山東の廬生が邯鄲の宿屋で仙人呂洞賓に会い,そのまくらを借りて仮睡し,夢に大官となって栄華をきわめ80歳の長寿を保ち,まさに死のうとするとき目を覚ます;それは炊きかけていた[黄粱](大粟)の飯ができあがるまでの短い時間内のことであった.〈喩〉夢のようなはかない人生.=[吕 lǚ 公枕][南 nán 柯一梦]

黄粱木 huángliángmù ドアバング(の木材)

黄鸲 huángqú 鸟[白 bái 腰]

黄零草 huánglíngcǎo ⇒[灵 líng 香草]

黄六 huángliù ペテン師,詐欺師.[～医生]〈方〉もぐりの医者.藪医者.

黄龙 huánglóng ①地金の大本営の置かれた地.[～府]同前.[直捣～府]一気に金の都をつく:宋の岳飛の言葉.②〈喩〉黄河の水.③〈喩〉黄色土地帯の砂けむり.黄塵.

黄龙宗 huánglóngzōng 宗(仏教の)禅宗の一派,宋代の慧南の創始.

黄炉 huánglú ハグマノキ.マルバハゼ:[栌木]ともいう.材は黄色で,染色に用いた.

黄麻 huángmá =[紫 yíng 麻]ジュート:つなぎ·かばけきおインド麻·カルカッタ麻·絨斗などとも呼ばれる.

黄马褂(儿) huángmǎguà(r) ①服黄色の[马褂(儿)](長衣の上に着る羽織のような上衣):清代の官服または皇帝から功臣に賜ったもの.②高官.

黄毛鹭 huángmáolù ⇒[池鹭 背鷺]

黄毛(儿)丫头 huángmáo(r) yātou 小娘.娘っ子:少女に対するからかい·軽侮の言葉.

黄茅瘴 huángmáozhàng →[瘴]

黄帽子邮筒 huángmàozi yóutǒng 〈口〉中央郵便局が直接取り扱う郵便ポスト:ポストのてっぺんが黄色.1983年に使用開始.[〈方〉黄帽子信筒]ともいう.

黄梅季(节) huángméijì(jié) =[梅雨天][霉 méi 天]つゆどき.[黄梅天]ともいう.

黄梅戏 huángméixì 劇中国地方劇の名:[怀 huái 腔][黄梅调]ともいう.安徽および江西·湖北などの地区に流行し,その前身は湖北東部黄梅一帯の[采茶调]

黄梅雨 huángméiyǔ 気つゆ.[梅雨]に同じ.

黄梅瘴 huángméizhàng →[瘴]

黄门 huángmén ①黄色の宮門.②昔時の官署の一.③宦官.④〈口〉子種のない男.

黄   huáng

黄焖 huángmèn 料理法の一種.まず炒めてから蓋をして煮込む.料理の黄色くなる.赤っぽいものを[红焖]という.〔~鸭块〕[食]あひる肉を大切りし醤油と酒とを加えて,弱火で煮詰めた料理.〔~鸡条〕鶏肉を短冊切りにした料理.

黄米 huángmǐ 精白したきび.特にもちきび:〔<方>黏 nián 米〕①ともいう.〔~面〕同前の粉.→〔白 bái 米〕〔黍 shǔ〕〔小 xiǎo 米〕

黄明 huángmíng 〔清 qīng 明(节)〕(旧暦 3 月の節句)の次の日(また前日)

黄明胶 huángmíngjiāo ⇒〔水 shuǐ 胶〕

黄嫩嫩 huángnènnèn 薄黄色で柔らかいさま.

黄鸟 huángniǎo ①⇒〔金 jīn 丝雀〕 ②⇒〔黄鹂〕

黄牛 huángniú ①スキ科.あめ牛.②コウギュウ(黄牛):ウシ属肩峰牛系の牛.多くは役用種で〔蒙古牛〕(モウコギュウ)〔华北牛〕(マンシュウギュウ)などがある.③〈口〉闇ブローカー.闇屋.〔找~买黑票〕ダフ屋からプレミアムつきの切符を買う.〈<口>あてにならない(人).信用できない(人).いいかげん(な人).→〔老 lǎo 黄牛〕

黄农 huángnóng ⇒〔黄炎〕

黄牌 huángpái ①[ス](サッカーなどの)イエローカード.警告を与えられた選手に出される.〔~警告〕警告をした.②法律違反・不正営業などに対する当局の警告.

黄胖 huángpàng [中医]鈎虫症の一:〔黄症〕〔黄肿〕ともいう.

黄袍 huángpáo ①天子の着物.〔有朝一日~加身〕時がくれば天子の位につく:クーデターに成功して権力を握る.→〔柘 zhè 之〕 ②黄色の僧衣.また同時に着る職位の高い僧.〔正面那位披 pī ~的就是方丈〕正面の黄色の衣をまとっている方がご住職です.

黄皮寡瘦 huángpí guǎshòu 〔慣〕(病気で)顔色が悪く痩せこけているさま.[寡]は[刮]とも書く.

黄片(儿) huángpiàn, ~piānr ポルノフィルム.ポルノビデオ.

黄芪 huángqí 〔黄菁〕とも書く.[植]キバナオウギ.タイツリオウギ:根は強壮剤.利尿剤・止痛排膿剤などに用いられる.〔膜荚~〕ともいう.

黄旗 huángqí 黄色の旗:天子の儀仗の一.〔~紫 zǐ 盖〕父帝王旗人の出現・存在を示す)

黄铅粉 huángqiānfěn ⇒〔密 mì 陀僧〕

黄钱(儿) huángqián(r) 銭形に作った黄色の紙(旧俗で神仏を祭る時や葬式の時に焼く)

黄芩 huángqín [植]コガネバナ.コガネヤナギ:薬草の一種.

黄曲霉素 huáng qūméisù [生命]アフラトキシン:発癌性のあるかび毒.〔黄曲霉菌 jūn〕同前を出す真菌:アスペルギルス・フラブス(など)

黄泉 huángquán 〔~路〕[泉路]〔泉世〕〔<文>九 jiǔ 泉〕〔穷 qióng 泉〕冥途(グ゙).〔~之下〕〔泉下〕あの世.泉泉(鷺)の国.〔含笑于~〕〔含笑九泉〕あの世.〔~路上没老少 shào 年龄不定(ᇵᇏ)〕:人間の命数は定めのないもので,老若とは無関係で予知できない.

黄雀 huángquè [鳥]マヒワ(ヒワ).〔藏 zàng ~〕チベットヒワ.

黄雀在后 huángquè zàihòu →〔螳 táng 螂捕蝉〕

黄壤 huángrǎng [地]黄色土壌:鉄分を含み酸性が強い.→〔黄土〕

黄热病 huángrèbìng [医]黄熱(℡)病.

黄瑞瑞 huángruìxiāng [植]ジンチョウゲの類縁低木.

黄伞格 huángsǎngé 旧書簡文では用紙 1 枚に 8 行書き,文の途中で相手に関する言葉が出るときに[抬行](行きかえ)をし,その後の行の最上にもっていく方法.ただし 8 行の中 1 行は紙の下端まで書かなければならない.

されていたので,ちょうど傘のような格好になる.最高の格式をそなえた手紙文の形式.→〔抬 tái 头③〕

黄颡鱼 huángsǎngyú =〔黄鯪鱼〕[魚]コウライヒゲギギ:ギギの類.ナマズ科の淡水魚.→〔鳜 wéi〕

黄色 huángsè ①[色]黄色.②赤みがかった黄色をも含む.③扇情的である.わいせつである.腐敗堕落している.〔~电影〕ブルーフィルム.ポルノ映画.ピンク映画.〔~小说〕扇情的な歌.〔~歌曲〕扇情的な歌.〔~工会〕御用労働組合.〔~刊 kān 物〕〔~书刊〕エロ・グロ出版物.〔~文学〕エロ文学.ポルノ文学.

黄色国际 huángsè guójì ⇒〔第 dì 二国际〕

黄色人种 huángsè rénzhǒng ⇒〔黄种(人)〕

黄色炸药 huángsè zhàyào ①黄色火薬:成分は〔三硝基甲苯〕(トリニトロトルエン).〔梯 tī 恩梯〕(TNT)の俗称.②=〔苦 kǔ 味酸〕ピクリン酸の俗称.→〔黑 hēi 色火药〕

黄沙 huángshā 砂漠(の黄砂)

黄山 huángshān [地]安徽省南部にある名山:ただ[五岳]には数えられていない.〔五岳归来不看山,~归来不看岳〕五岳を見て帰れば山を見ようとは思わず,黄山を見て帰ればもう五岳を見ようとは思わない.

黄鳝 huángshàn =〔鳝鱼〕[魚]タウナギ(カワナギ).〔鳗 mán 鱼〕〔河 hé 鳗〕(ウナギ)より一般的な食用淡水魚.

黄蓍胶 huángshìjiāo ⇒〔西 xī 菁胶〕

黄守瓜 huángshǒuguā =〔瓜守〕〔瓜蚕〕〔瓜蝇〕〔守瓜〕[虫]ウリハムシ(ウリバエ):ホタルに似た瓜の害虫.葉を食害するので"守瓜"という.

黄书 huángshū エロ本.ポルノ雑誌.

黄熟 huángshú [農]黄熟.〔玉米~的时候〕トウモロコシの熟するころ.

黄熟梅子卖青 huángshú méizi màiqīng 〈喩〉熟練しているにもかかわらず未熟を装う.年をとっているにもかかわらず若く見せる.

黄鼠 huángshǔ =〔豁 hún 鼠〕[動]ハタリス(属総称):西北砂漠地方で土中に穴居する一種の鼠.立って胸元で両手を合わせる格好をするので〔拱鼠〕〔礼鼠〕の名がある.また〔<方>大眼賊〕〔<方>地 dì 松鼠〕ともいう.〔达乌尔~〕ドウリアハタリス.〔小~〕[鼠 sōng 鼠]

黄蜀葵 huángshǔkuí =〔秋 qiū 葵①〕[植]トロロアオイ.

黄鼠狼 huángshǔláng [動]イタチ(チョウセンイタチ):〔黄鼬〕の通称.〔黄狼①〕〔<方>黄皮子〕〔<方>黄竹筒〕〈<文>貔 pí 子〕〈<文>鼠狼〕ともいう.〔~单咬鸡弓~〕〈喩〉弱い者につく.⑤泣き面に蜂.〔~给小鸡拜年〕〈歇〉イタチが鶏のところに年賀に行く:〔~,没安着好心〕善意からではなくて下心がある.→〔鼬 yòu 〔鼠〕〕

黄水 huángshuǐ ①〈口〉黄水.(%):胃液.〔他哇地一声吐了一大口~〕彼はワァと音をたてて大へどをついた.②黄河の(洪)水.

黄水疮 huángshuǐchuāng =〔浸 jìn 淫疮〕[中医]黄色の汁の出るかさ:初めは粟粒状で,化膿して破れると黄色の汁が出る.=〔脓 nóng 疱〕

黄松 huángsōng [植]アメリカ松:〔美 měi 国~〕〔西 xī ~〕ともいう.

黄猩绒 huángtāróng [紡]シルクシール:綿地のビロードで土色地に染色したもの.→〔海 hǎi 虎绒〕

黄檀 huángtán ①オウダン:ツルサイカチ属の落葉喬木.②〔檀香〕の一種.

黄汤(子) huángtāng(zi) (嫌悪の意をこめての)酒.〔你少灌点儿~吧〕酒もいい加減にしたらどうだ.

黄(红)糖 huáng(hóng) táng =〔红 hóng 糖〕

黄藤 huángténg [植]トウ(総称):ヤシ科の植物.

huáng 黄潢璜癀磺

黄体 huángtǐ 生理黄(き)体.〔～生成素〕〔～激jī素〕黄体ホルモン:〔孕yùn酮〕(プロゲステロン)その他のホルモンからなる.

黄体酮 huángtǐtóng 生理プロゲステロン:〔孕yùn酮〕の别称.

黄髫 huángtiáo <文>前髪をたらした幼児.〔～童tóng子〕〔黄童〕同前の男の子.〔黄⑧〕

黄铁矿 huángtiěkuàng 鉱黄鉄鉱.

黄铜 huángtóng 真鍮(ちゅう).〔～管〕真鍮管.〔～条〕ブラスパー.〔～竿〕ブラスロッド.→〔铜①〕

黄童白叟 huángtóng báisǒu 幼児と老人.

黄铜矿 huángtóngkuàng 鉱黄銅鉱.

黄头虫 huángtóulú ⇒〔牛niú背鹭〕

黄土 huángtǔ 地黄土.レス.〔～高原〕黄土高原.〔兔子也不拉屎的～包子〕うさぎすら来て便をすることもない黄土地帯.〔三人一条心,～变成金〕〈喩〉みんなで団結さえすれば,どんな事業でもできる.

黄萎病 huángwěibìng 農(棉花の)灰色疫病.

黄吻 huángwěn ⇒〔黄口〕

黄蚬 huángxiǎn 魚ハセシジミ.→〔蚬〕

黄心树 huángxīnshù ①⇒〔木mù莲①〕②⇒〔含hán笑②〕

黄胸鹀 huángxiōngwú =〔方〕禾hé花雀〕鳥シマアオジ.

黄锈病 huángxiùbìng =〔黄疸②〕農サビ病:〔小xiǎo麦锈病〕ともいう.小麦類に多く発生する.条状に出るものを〔条tiáo锈病〕〔小麦杆锈病〕という.

黄癣 huángxuǎn 医黄癣(せん):黄癣菌によってできる皮膚病.子供の頭にでき,毛が脱け再生しない.〔癞là痢〕〔秃tū疮〕は方言.

黄血盐钾 huángxuèyánjiǎ =〔亚yà铁氰化钾〕化フェロシアン化カリウム.黄血塩:黄色で柔らかく少し蛍光を発する結晶.羊毛・絹の染色,鋼の焼き戻しやプルシアンブルーの製造などに用いる.

黄汛 huángxùn 黄河の洪水.→〔汛①〕

黄牙板子 huángyá bǎnzi 黄色い歯.〔天生的～,怎么刷也不白〕生まれつきの黄色い歯なので,どんなに磨いても白くならない.→〔黄板牙〕

黄芽菜 huángyácài 山東白菜の類.→〔白bái菜〕

黄芽韭 huángyájiǔ =〔韭菜〕軟化栽培にした.

黄牙嘴子 huángyá zuǐzi 黄色い嘴.〔轻〕子どもっぽい,〔他～的小孩儿什么也不知道〕彼はくちばしの黄色い子どもで何も知らない.→〔黄口〕

黄烟 huángyān <方>(粗い目の)きざみタバコ.

黄炎 huángyán 黄帝軒轅氏と炎帝神農氏:中華民族の始祖.〔黄农〕〔炎黄〕に同じ.

黄燕 huángyàn ⇒〔红hóng隼〕

黄羊 huángyáng 動モウコガゼル:〔蒙méng原羚〕の通称.

黄杨 huángyáng 植ヒメツゲ近縁種:櫛や彫刻の材料とされる.

黄氧化汞 huáng yǎnghuàgǒng =〔黄降汞〕化黄降汞(こう).黄色酸化水銀.→〔红hóng氧化汞〕

黄猺 huángyáo ⇒〔青qīng鼬〕

黄药(子) huángyào(zǐ) 植ニガカシュウ,またその塊茎:ヤマイモ科.〔黄独〕〔金jīn线钓蛤蟆〕〔土tǔ芋〕は別称.

黄页 huángyè 電話帳のイエローページ:企業体の広告頁.

黄衣 huángyī 宗(道教)の道士の衣服.〔～道士〕道士.

黄衣僧 huángyīsēng 黄色の僧衣を着た僧.特に喇嘛(らま)僧.→〔喇là嘛教〕

黄莺 huángyīng ⇒〔黄鹂〕

黄鹰 huángyīng ⇒〔苍cāng鹰①〕

黄油 huángyóu ①=〔奶nǎi油①〕〔乳rǔ酪②〕食バター:〔白bái揚油〕〔白拓油〕〔白酥油〕〔白脱(油)〕は音義訳.〔人rén造～〕マーガリン.→〔清qīng油〕②グリース:〔润rùn滑脂〕の別称.

黄鼬 huángyòu イタチ:〔黄鼠狼〕は通称.

黄鱼 huángyú 魚ニベ(グチ・イシモチ)の類の魚(総称).〔大～〕〔大鲜〕フウセイ:鱗・鳔(うおうち)から膠を採る.〔小～〕モイ.〔石shí首鱼科〕②〈口〉金の延べ棒.③〈口〉不正乗車(船)客:旧時,車掌や水夫などがひそかに金をもらって乗せた客.

黄鱼车 huángyúchē <方>(荷物用の)三輪自転車(オートバイ)

黄玉 huángyù =〔酒jiǔ黄宝石〕鉱トパーズ(黄玉)

黄源 huángyuán ポルノ製造・販売元.

黄藻 huángzǎo 植キミドリモ(黄緑藻)

黄樟 huángzhāng ⇒〔樟chá②〕

黄账 huángzhàng <口>不良債権.借金のこげつき.

黄赭色 huángzhěsè ⇒〔赭黄色〕

黄纸板 huángzhǐbǎn 馬糞紙(ばふんし):わらを原料とした板紙.通称〔马mǎ粪纸〕→〔纸板〕

黄钟 huángzhōng ①古中国音楽の音律で1番目の音階.〔～大吕之作〕〈喩〉正真正銘の作品.→〔十shí二律〕②旧暦11月の別称.

黄种(人) huángzhǒng(rén) 黄色人種:〔黄色人种〕〔蒙měng古人种〕(モンゴロイド)ともいう.→〔人种〕

黄钻 huángzuàn ⇒〔鳠gǎn〕

黄嘴尖鸭 huángzuǐ jiānyā ⇒〔斑bān嘴鸭〕

〔潢〕 huáng ①〈文〉深い水たまり.ため池.②古防虫のため黄檗(ばく)の汁で紙を染めること.→〔装zhuāng潢〕③〔～河〕地吉林省にある:〔西辽liáo河〕ともいう.④〔装huáng①〕飾りつける.⑤表装する.〔这一把刀装～得很好看〕この刀は飾りがほんとに立派だ.

潢池 huángchí <文>皇室(のため池).〔～弄bīng兵〕〈成〉謀反を起こす.

〔璜〕 huáng 古半円形の玉.

〔癀〕 huáng

癀病 huángbìng <方>家畜の炭疽病:〔炭疽tànjū病〕に同じ.

〔磺〕 huáng 硫黄:ふつう〔硫liú～〕という.

磺胺 huáng'àn =〔酰酰胺〕〔氨ān苯磺(酰)胺〕薬スルホンアミド:〔苏sū化那米〕は音訳.〔～片piàn〕スルファミン錠(商標名).〔双shuāng～〕ジスルファン.〔～乙yǐ酰〕アセチルスルファミン.〔后hòu莫～〕〔马mǎ法尼〕ホモスルファミン.〔羧suō苯甲酰～噻哩〕〔酞tài酰～噻哩〕フタリルスルファチアゾール.

磺胺吡啶 huáng'ànbǐdīng 薬スルファピリジン:〔磺胺氮苯〕〔消xiāo发炎吡啶〕は音訳.

磺胺哒嗪 huáng'àndáqín 薬スルファジアジン(サルファダイアジン):〔磺胺地疼〕〔磺胺二氮苯〕〔磺胺嗒啶〕ともいう.〔苏sū化太秦〕〔苏化太仙〕〔消xiāo发地亚净〕は音訳.

磺胺胍 huáng'àngūa =〔痢lì疾粉〕スルファグアニジン:〔苏sū化呱定〕〔苏化果万丁〕〔消xiāo发困万定〕は音訳.

磺胺甲基嘧啶 huáng'ànjiǎjīmǐdīng =〔消xiāo发美拉净〕は音訳.スルファメラジン.

磺胺脒 huáng'ànmǐ 薬スルファミジン(スルファメタジン):〔消xiāo发发定〕〔消发灭定〕は音訳.

磺胺噻唑 huáng'ànsāizuò =〔消xiāo治龙〕薬スルファチアゾール:〔消发噻〕ともいう.〔磺胺硫氮茂〕

唑)は音訳.
磺化 huánghuà ㊓スルフォン化.
磺基 huángjī ㊓スルフォン基.
磺基鱼石油酸铵 huángjīyúshíyóusuān'ǎn ⇒〔鱼石脂〕
磺酸 huángsuān ㊓スルホン酸.
磺酸盐 huángsuānyán ㊓スルホン酸塩.
磺酸胺 huángxiān'àn ⇒〔磺胺〕

[锽・鍠]

huáng 〈文〉(大きな)鐘の音.②⇒〔簧②〕

[蟥]

huáng →〔蚂mǎ蟥〕

[簧]

huáng ①リード.舌:(吹奏器などの)薄い振動片.〔笙 shēng ~〕笙の舌.〔巧舌如~〕〈成〉本当のような嘘を言うこと.=〔锽②〕ばね.ぜんまい.発条:弾力性のある(機械の)部分品.〔弹 tán ~〕同前.〔锁の錠の内部にあるばね.
簧板 huángbǎn 〚劇〛ばね板.
簧片 huángpiàn 〚楽〛(リード楽器の)リード.〔舌 shé 管〕ともいう.
簧诱 huángyòu 〈文〉巧みな口先で人をだます.

[恍(怳)]

huǎng ①ぼうっとしたさま.ぼんやりしたさま.②〈文〉(あたかも)…のようである.③ふいに.はっと.→〔恍然〕

恍睹雅教 huǎngdǔ yǎjiào ⇒〔恍亲雅教〕
恍惚 huǎng・hū 〔恍忽]とも書いた.①ぼんやりしている.〔精神〕精神がぼんやりする.②定かでない.〔~听见有人从外面进来〕誰かが外から入って来たような物音がする.〔恍恍惚惚地看见一个人影儿〕ぼんやりと一つの人影が見える.
恍亲雅教 huǎngqīn yǎjiào →〔恍睹雅教〕〔牍〕お手紙を頂戴してご返事に接した思いです.
恍然 huǎngrán 急に悟ったさま.〔~大悟〕〈成〉はたと思いいたる.
恍如 huǎngrú あたかも…のようである:〔恍若〕ともいう.〔~隔 gé 世〕隔世の感がある.
恍悟 huǎngwù はっと我に返る.

[晃(㫮)]

huǎng ①きらめく.輝く.〔太阳一眼睛〕太陽がきらめいて目がまぶしい.②ちらりとする.きらっと見える.〔人影一~就不见了〕ちらりと人影が見えなくなった.〔虚~一刀〕空を切って刀を一閃させる.③さっと過ぎる.〔一~儿的工夫〕つかの間.〔半年的时间一~儿就过去了〕半年という時間がまたたく間に過ぎ去った.④〔姓〕晃(x̌) → huàng

晃朗 huǎnglǎng 明るかなさま.きらきら光るさま.〔阳光~〕日の光が輝いている.
晃眼 huǎngyǎn ①目をまばゆくする.〔在太阳底下看书不嫌~吗〕太陽の下で本を見ては目がまぶしくないか.②(目をまばゆくする)一瞬.〔~間〕同前.

[幌]

huǎng ①〈文〉幔幕.②〔旧〕実物看板:通称〔幌子〕.③〔布~〕布製の同前.
幌子 huǎng・zi ①〔幌①〕の通称.旧時の実物看板:〔望 wàng 子〕に同じ.商品実物またはその象徴物を掲げて看板としたもの.例えば,うどん屋の実物看板は黄色や赤の紙を細く切って吊り下げ,両替屋は木で作った大きな穴あき銭をかけておき,田舎の木賃宿には箒(ほうき)を高い竿のはしにつけて立てておくなど多種多様であった.〔酒 jiǔ 幌(子)〕酒店の看板.②〈転〉表看板.人に見せる(それとわかる)しるし(標識・キャッチフレーズなど).〔他没说没喝酒,脸上都挂~了〕酒は飲んじゃいないとは言うものの,顔にちゃんと看板かけてある.〔他一喝酒就带~〕彼は酒をとすぐ顔に出る.〔红鼻子是吃~的〕〈喩〉鼻の赤いのは酒飲みのしるしだ.③〈喩〉隠れみの.〔以~

目をくらまし隠す行為・言葉.〔~公司〕ダミー会社.〔他拿这句话当~,实在心怀叵 pǒ 测〕彼はこの文句を隠れみのとしているが,本心は何をたくらんでいるやら.〔挂社会主义的~,拿资本主义的手段对待我们〕社会主義の看板をかけて,資本主義の方法で我々を遇している.

[谎・謊]

huǎng ①うそ.でたらめ.〔说~〕うそをつく.〔步步儿~〕うそばかり言う.〔~信〕不確かなニュース.②うその.みせかけの.〔没有多大~〕たいしたふっかけもない.〔他们铺子都是言无二价不要~的,那の店は正札販売で掛け値はしない.③だます.ペテンにかける.

谎报 huǎngbào 偽って報告する.うその報告をする.〔~军情〕戦況を偽って報告する.
谎称 huǎngchēng 偽って言う.詐称する.〔~有病〕仮病を使う.
谎花(儿) huǎnghuā(r) あだ花.実のならない雄花.〔开~〕同前咲く.
谎话 huǎnghuà =〔假 jiǎ 话〕虚言.でたらめ.うそ.〔开口就说~〕口を開けばすぐうそを言う.〔~连篇〕うそ八百.
谎价 huǎngjià 〔~儿〕掛け値:〔二 èr 价①〕:〔虚 xū 价〕に同じ.〔要 yào ~〕高い値段を吹っ掛ける.
谎皮流人 huǎngpíliúr 〈方〉うそばかり言う人.〔他是个~,谎话顺嘴乱溜,说一句是言うはうそつきで,出まかせを言う,一言として本当のことはない.→〔谣 yáo 谎山〕
谎骗 huǎngpiàn ①偽る.かたる.②偽りだます.
谎托 huǎngtuō ごまかして他のせいにする.
谎言 huǎngyán 虚言.偽り.〔~腿短〕〈慣〉つくり話はすぐばれる.
谎诈 huǎngzhà 偽る.うそをついてだます.
谎账 huǎngzhàng (請求書の)水増し勘定.

[晃(㫮)]

huàng (I)〔晃(㫮)〕揺れる.揺れ動く.揺り動かす.〈喩〉ゆっくりと歩く.ぶらぶらする.〔树 shù 枝几来回~〕木の枝がゆらゆら揺れ動く.〔~来~去〕@あちこちに揺れる.⑥行ったり来たりする.〔一~~旗子〕旗を振る.〔我一喝酒,浑身一晃 dàng 地站不住〕わたしは酒を飲むとふらふらして立っていられなくなる.(II)〔晃〕〔~县 xiàn〕〚地〛湖南省にあった.現在は新晃侗族自治県にふくまれる.

晃板 huàngbǎn 曲芸の一種.2本の転がる丸太にのせた板の上で芸をするもの.
晃荡 huàngdang ①揺れる.打ち振る.揺れる.〔晃晃荡荡 dàng 荡〕ゆらゆらするさま.ぶらぶらするさま.〔把瓶子~一下才知道里头已经空了〕びんをゆすってみてはじめて中身がからになっていることがわかった.〔躺在躺椅上~着身躯〕ロッキングチェアに寝て体をゆすっている.→〔摇 yáo 晃〕②ぶらつく.〔他到处~〕彼はあちこちぶらぶらしている.
晃动 huàngdòng ゆり動かす.
晃了晃荡 huàngle huàngdang 〈口〉ゆらゆらする.ふらふらする.
晃脑袋 huàngnǎodai ①首を横に振る:否定の意を表す.②頭を振る:得意なさま.〔她扭头朝我们看一眼,见了~,好像说:"我挺勇敢呢!"〕彼女は我々を一目もう頭をゆさぶって言うたの如くであった,"どうです,わたしはとても勇敢でしょう".
晃悠 huàngyou 〈口〉ゆっくり振る.揺さぶる.あちこち揺れる.〔把瓶子~再倒〕びんを振ってから(中のものを外に)つぐ.〔树枝来回~〕木の枝がゆらゆら揺れている.②ぶらぶらする.〔一天到晚不

学習も晃晃悠 yōu 悠的.一日中勉強もせずぶらぶら遊んでいる.

[㼿] huàng 〈文〉水が深く広いさま.

[榥] huàng 〈文〉①窓の枠・格子. ②とばり・ひき幕・つい立てのような間仕切り.

[鍠] huàng 人名用字.[慕 mù 容~]東晋の初年の鮮卑族の首領.

hui ㄏㄨㄟ

[灰] huī ①灰.[炉 lú ~]ストーブやかまどの灰.[烧 shāo 成~]焼いて灰にする.焼けて灰になる. ②石灰.モルタル.[~墙]石灰を塗った白壁. ③[色]灰色(の).[~色]同前.[银~]銀ねずみ色(の). ④土ぼこり.細かなほこり.[大风天,满处都是~]風の強い日は,どこもかしこもほこりだらけだ. ⑤意気消沈する.がっかりする.失望する.[心~意懒][~成]がっかりして何もする気にならない.

灰暗 huī'àn 薄暗い.陰鬱である.[~的天空]どんよりした空.

灰白 huībái ①薄い灰色(の).くすんだ白色(の).[脸色~]顔色が真っ青に.[头发~]ごましお頭.

灰背隼 huībèisǔn [鳥]コチョウゲンボウ.[灰鹞子]

灰不答 huībudá 〈方〉がっかりしているさま:[答は[搭][塌]とも書く.

灰不溜丢 huībuliūdiū 暗い.灰色でぱっとしない:[灰不留秋 qiū][灰不剌唧 lājī]ともいう.[这么~的太素净了]こんなにぐすんでくすんでいるのは地味すぎる.

灰菜 huīcài [植]アカザ.シロギ.[藜 lí ①]の別称.

灰尘 huīchén つちほこり.塵埃(㊍).[~病][医]塵肺.[天花板上的~结成网状]天井板に付着しているほこりがつづれて網のようになっている.

灰沉沉 huīchénchén (空が)どんよりしているさま.

灰顶 huīdǐng しっくい塗りの屋根.

灰兜 huīdōu 〈方〉(左官用の)石灰などを入れた布袋.

灰度 huīdù [灰阶]白黒階調.グレースケール.

灰房 huīfáng ⇒[灰棚①]

灰飞烟灭 huī fēi yān miè 〈成〉跡形もなく消える.

灰分 huīfēn 物を燃焼したあとの無機成分(の割合):[钾 jiǎ](カリウム)・[钠 nà](ナトリウム)・[钙 gài](カルシウム)など.

灰粪 huīfèn 積み肥.堆肥.

灰膏 huīgāo かすを取り除いて沈澱させたペースト状の消石灰.

灰姑娘 huīgūniang [人]シンデレラ:童話の主人公(少女)の名.

灰光 huīguāng ①ライムライト. ②[天]月の陰の部分に見える微光.

灰鹤 huīhè =[鸧 cāng 鸹][玄 xuán 鹤][鳥]ネズミヅル(クロヅル).

灰糊糊 huīhúhú くすんでいるさま.薄暗くてはっきりしないさま

灰狐皮 huīhúpí 銀狐の毛皮(主として張家口方面に産する)

灰化土 huīhuàtǔ [地]ポドゾル性土(壌).→[灰壤]

灰浆 huījiāng ①石灰モルタル.水で練った石灰:壁などに塗るもの. ②⇒[砂 shā 浆]

灰阶 huījiē ⇒[灰度]

灰烬 huījìn =[爐 wēi 烬]〈文〉灰燼(㊍).燃え残り.[~化为~]灰燼に帰す.燃えかすになってしまう.

灰(口)铁 huī(kǒu)tiě [工]切断面が灰色を呈する

[灰生铁](灰铣)や[灰口铸铁](鼠铣)など.→[白bái 口铁]

灰口铸铁 huīkǒu zhùtiě [工]鼠铣(鉄).→[灰(口)铁]

灰空间 huīkōngjiān [建]多機能スペース:[模 mó 糊空间]ともいう.

灰蓝 huīlán [色]灰青色(の)

灰冷 huīlěng 意気消沈する.がっかりする.

灰椋鸟 huīliángniǎo [鳥]ムクドリ.

灰领 huīlǐng グレイカラー.→[白 bái 领][蓝 lán 领]

灰溜溜 huīliūliū ①興ざめしたさま.がっかりして生気がないさま.[敢情碰钉子了,怪不得~的呢]なるほど断わられたのか,どうりであのような様子をしてると思った. ②ぱっとしない.色のとりあわせがまずい.[屋子多年没粉刷,~的部屋は長年壁を塗り替えていないので,黒ずんでいた.

灰鹭 huīlù ⇒[苍 cāng 鹭]

灰绿 huīlù [色]灰緑色(の).モスグリーン(の)

灰茫茫 huīmángmáng (一面に)どんよりしているさま.[~的天]どんよりした空.

灰蒙蒙 huīméngméng 薄暗くてどんよりしているさま.[~的夜色]薄暗くほうっとした夜景.

灰锰氧 huīměngyǎng ⇒[高 gāo 锰酸钾]

灰灭 huīmiè 〈文〉消滅する(させる)

灰泥 huīní プラスター.しっくい.

灰念 huīniàn ⇒[灰心]

灰棚 huīpéng 〈方〉①=[灰房]瓦を葺かない小さな家:[瓦 wǎ 房](瓦の大きな家)に対していう. ②わら灰を貯蔵する小屋.

灰扑扑 huīpūpū くすんでいるさま.

灰墙 huīqiáng ①しっくい壁.白壁. ②灰色の壁.

灰雀 huīquè ウソ.タカサゴウソ.

灰壤 huīrǎng [地]ポドゾル:上層部は酸性が強く灰白色または灰色化の進んだもの.

灰色 huīsè ①[色]ねずみ色(の). ②〈転〉暗くて陰気である.望みのもてない.[~电影]暗い内容の映画. ③〈態度〉がはっきりしない.不明朗である.あいまいである. ④〈転〉ひそかにはびこる悪.[~通道]〈喩〉違法ルート.やみの経路.[~地帯]グレーゾーン.

灰色市场 huīsè shìchǎng 非正規市場.グレーマーケット:[灰市]ともいう.

灰色收入 huīsè shōurù ①給与以外の収入. ②正当な収入でも不法収入でもない収入.→[白 bái 色收入][黑 hēi 色收入]

灰沙燕 huīshāyàn [鳥]ショウドウツバメ:河岸の崖などに穴を掘って巣を作る.

灰生铁 huīshēngtiě [工]灰铣鉄.灰铣(㊍):製鋼用原料として使われる鉄.炭素含有量が多く灰色を呈する.→[灰(口)铁]

灰市 huīshì ⇒[灰色市场]

灰鼠 huīshǔ ①=[松 sōng 鼠②] ②=[绒 róng 鼠②][動]チンチラ:[长 cháng 尾龙猫]の通称.毛皮は珍重される.[~皮]チンチラの毛皮.→[小 xiǎo 毛]

灰鼠兔 huīshǔtù [動]ヒマラヤナキウサギ.

灰水 huīshuǐ ①汚水. ②⇒[灰汁]

灰孙子 huīsūnzi 玄孫より下の数えられないほど遠い子孫.[灰]は[灰尘](土ぼこり)の如く細かいの意.[十八代的~]18代の孫(遠い子孫)

灰膛 huītáng 炉の底部で火格子の下に落ちる灰を受ける所:送風の道にもなる.→[炉 lú 膛(儿)]

灰铁 huītiě ⇒[灰(口)铁]

灰头土脸 huītóu tǔliǎn ①ほこりだらけの顔.頭も顔もほこりだらけ.[灰头土面①][灰头土脑 nǎo]と

灰诙恢咴扚挥珲晖辉　　　　　　　　　　　　huī

もいう.②〔嗨〕意気消沈したさま.〔兴冲冲地去了不要弄个〜回来〕大のり気で行ったが尾羽打ち枯らして戻るなどということのないようにしろ.

灰头土面 huītóu tǔmiǎn ①同上.②仏教衆生を救済するためにほこりにまみれていること.

灰土 huītǔ ①土ぼこり.〔人终为土，书终以传世〕〈谚〉人間はやがて土になるが，名著は永遠に伝えられる.②建たたき：〔三七土〕ともいう.

灰洼子 huīwāzi ⇒〔夜 yè 鹭〕

灰瓦房 huīwǎfáng 屋根の上半分を瓦で下半分を石灰で塗って葺いた家.

灰喜鹊 huīxǐquè 鳥オナガ：スズメ目の鳥.

灰心 huīxīn〔灰意〕意気沮喪する.がっかりする.〔丧 sàng 气〕〈成〉がっかりして気抜けする.失望落胆する.

灰雁 huīyàn〔红 hóng 嘴雁〕鳥ハイイロガン：〔灰腰雁〕ともいう.

灰窑 huīyáo 石灰を焼くかま.

灰鹞 huīyào アンデスチュウヒ.

灰鹰 huīyīng ⇒〔白尾 尾鹞〕

灰枕 huīzhěn〔枕木〕に同じ.

灰汁 huīzhī〔灰水②〕あく：草木灰を水に浸した上ずみの液.

灰指甲 huīzhǐjiǎ 爪水虫：〔甲 jiǎ 癣〕の俗称.

灰质 huīzhì 生理灰白質.

f **灰子** huīzi〔方〕アヘン.

〔诙・詼〕 huī ①〈文〉あざけり笑う.からかう.②(言葉に)面白さがある.ユーモアのある.

诙谐 huīxié 冗談.おどけ.〔〜之谈〕冗談話.

g **诙谑** huīxuè〈文〉戯れる.からかう.冗談を言う.

〔恢〕 huī ①大きい(くする).広い(くする).〔〜我疆宇〕わが領域を広げる.②→〔恢复〕

恢诞 huīdàn〈文〉(文章や言葉が)大げさで中身がない.空虚ででたらめである.

h **恢复** huīfù〈文〉元に返る.取り返す.〔〜原状〕元の状態に返る(返す).〔〜失地〕失った領土を取り戻す.〔体力尚未〜〕体力がまだ元に戻らない.〔数分钟后，又重新〜运转〕数分後には運転を再開することができた.

i **恢弘** huīhóng〈文〉①広くて大きい.〔气度〜〕気宇が壮大である.②発揚する.〔恢宏〕とも書く.〔〜志士之气〕志士の気を天下にひろめる.

恢恢 huīhuī〈文〉広大でどこまでも大きいさま.〔天网〜，疏而不失〕〈成〉天網恢恢，疏にして漏らさず：天の網は広くて目も粗いが悪人を取り逃がすことはない.

j **恢廓** huīkuò〈文〉①広大である.②拡大する.

恢奇 huīqí〈文〉雄偉で尋常でない.優れて大きくめったにない.

k **〔咴〕** huī〔〜儿〜儿〕〈擬〉ヒヒーン：馬の鳴き声.

〔扚・撝〕 huī〈文〉①へりくだる.〔〜谦 qiān〕同前.②指揮する.

〔挥・揮〕 huī ①(手・腕をあげて)振り動かす.振り回す.〔〜刀〕刀を振り回す.①(手を)ふって別れる.〔〜刀〕刀を振り回す.〔请大笔一〜〕ご揮毫を願います.〔把大旗一〜〕大旗をひと振りする.〔〜杆 gǎn〕ゴルフのクラブを振る.〔〜拍 pāi〕ラケットを振る.〔〜抹 mǒ〕塗りたくる.〔〜扇〕扇子であおぐ.②ふるい落とす.ぬぐい落とす.〔〜之不去〕忘れようにも忘れられない.→〔挥汗〕⑧(手で)〜して去らせる.追い払う.〔招之即来，〜之即去〕手招きすれば来るし，手を振れば去る.④指揮する.号令する.〔〜师 shī〕④軍を指揮する.⑤〈转〉組織・機構を指揮する.〔指〜〕指揮する.⑤(能力を表に)

表わす.まき散らす.〔发〜〕力や考え腕前などを外に表わす.発揮する.⑥(姓)揮(a).

挥鞭 huībiān 馬鞭をふるう.軍を進める.

挥斥 huīchì ①したい放題する.②叱りつける.叱りつけて追い出す.

挥春 huīchūn〈方〉春聯.または春聯を書くこと.

挥动 huīdòng 振り動かす.

挥发 huīfā 化揮発（する）：液体が常温で気体に変化すること.〔〜油 yóu〕④揮発油：〔汽 qì 油〕（ガソリン），〔石 shí 油精〕（ベンゼン）など.⑤芳香エッセンス：〔芳 fāng 香油〕〔精 jīng 油〕ともいう.

挥戈 huīgē 矛(武器)をふるう.〔〜前进〕(軍隊が)奮闘して進む.

挥汗 huīhàn 汗を振りはらう.汗をぬぐう.〔〜成雨〕〔〜如雨〕<成〉汗を雨のようにポタポタ流す.⑥多数の人がひしめき集まる.

挥毫 huīháo〔振 zhèn 毫〕〈文〉筆をふるう.書画を書く.〔〜泼墨〕同前.

挥霍 huīhuò ①金銭を気ままに使いちらす.〔〜无 wú 度〕〈成〉大盤振る舞いする.〔赌 dǔ 博〜公款八千元〕ばくちで公金を八千元つかいこんだ.②気まま洒脱に振る舞う.⑧すばやい.迅速に.

挥金如土 huījīn rú tǔ〈成〉金銭を湯水のように浪費する.

挥泪 huīlèi〈文〉涙をはらう.〔〜而别〕〔〜分手〕<成〉涙を流して別れる.〔〜斩马谡 sù〕〈成〉泣いて馬謖(し)を斬る：諸葛亮は蜀漢に仕え,孔明に信頼され，魏を攻める先鋒に任じられたが,命に反し街亭で大敗したため罰せられた.

挥令 huīlìng 指揮命令する.

挥锹 huīqiāo ①鍬(s)をふるう.現場で力仕事をする.②喩定礎する.〔〜奠 diàn 基〕定礎式を行なう.

挥拳 huīquán こぶしをふるう.なぐりつける.

挥洒 huīsǎ ①思いのままに書を書いたり絵を描いたりする(こと).〔随意〜〕〔〜自如〕〈成〉縦横に筆をふるう.〔涙や水を〕こぼす.流す.ふりまく.

挥手 huīshǒu 手を振る.(手を振って)合図(指示)する.〔〜告别〕手を振って別れを告げる.〔〜致意〕手を振ってあいさつする.

挥舞 huīwǔ (手をあげて，握った物を)振り回す.〔〜着拳头高喊口号〕こぶしを振り回して大声でスローガンを叫ぶ.〔挥锹 xiān 舞橛 jué〕〈成〉農作業や土木工事に精を出す.

〔珲・琿〕 huī〔瑷 ài 〜〕地黒竜江省の旧時の県：現在は〔爱辉〕と書く.〔中俄废〜条约〕因アイグン条約. → hún

〔晖・暉〕 huī 日の光.輝き.〔朝日〜〕朝日.〔春〜〕春の陽光.〈転〉恩愛.〔斜 xié 〜〕〈文〉夕陽.

〔辉・輝(煇)〕 huī ①ひかり.輝き.光彩.〔满室生〜〕部屋中輝きを生じる.〔光〜〕光.輝き.②輝く.〔星月交〜〕星や月が輝きあっている.〔灯烛〜煌〕灯火がきらきら輝く.〔〜煌的成绩〕輝かしい成績.③〔姓〕輝(a).

辉长岩 huīchángyán 地斑糲(h)岩.

辉光 huīguāng ①〈文〉光の輝き.②光って明るい.③電低気圧放電光：〔〜灯〕〜放電管グローランプ.

辉赫 huīhè〈文〉輝きらめく.(世に)光彩を放つ.

辉煌 huīhuáng〈文〉(光が)輝く.輝かしい.〔〜的成就〕輝かしい成果.〔金碧〜〕〈成〉(黄金や宝石のように)きらきら光り輝く.

辉绿岩 huīlǜyán 地輝緑岩.

辉钼矿 huīmùkuàng 地輝水鉛鉱.

辉石 huīshí 鉱輝石.オージャイト:火成岩の主要成分.

辉锑矿 huītīkuàng 鉱輝安鉱.

辉铜矿 huītóngkuàng 鉱輝銅鉱.

辉耀 huīyào 光がきらきら輝く.

辉银矿 huīyínkuàng 鉱輝銀鉱.

辉映 huīyìng (光が,互いに)照らし輝かす.〔灯光月色,交相~〕灯火と月光がこもごも照り映える.

辉照 huīzhào 光が照らす.

[翚・翬] huī〈文〉①速く飛ぶ.②五色の羽の雉.

翚飞 huīfēi〈文〉宮殿の壮麗なさま.〔一式〕建屋根の形式:鳥の飛んでいるような形にひさしを上向きに巻き上げてある.

[虺] huī〈文〉(馬が)疲れる.病む.〔~隤 tuí〕同前:〔~憊〕〔~頹〕とも書く.→ huǐ

[豗] huī〈文〉①ぶつかる.②やかましく騒ぐ.

[麾] huī〈文〉①旗(采配・合図する指揮用の旗).②(軍を)指揮する.指図する.〔~軍前進〕軍を指揮して前進させる.

麾盖 huīgài〈文〉①陣中の軍旗と将領のための傘.②軍の儀杖.

麾下 huīxià〈文〉①(将帥の指揮下にある)部隊.部下.②〔尊〕将軍閣下.

[袆・褘] huī〈文〉王の后の着る祭服:先王を象る雉(きじ)の模様入りの短い上着.〔~衣 yī〕同前.

[堕・墮] huī〈文〉壊す.〔隳〕に同じ.→ duò

[隳] huī=[堕]〈文〉破る.壊す.〔~頹 tuí〕破れくずれる.

[徽] huī(Ⅰ)①(集団や組織を示す固有の)標識.〔国 guó ~〕国章.〔帽 mào ~〕帽章.〔~标 biāo〕シンボルマーク.ロゴマーク.エンブレム.②〔雅〕(琴で)音の高低を表示するために琴の上に付して標識とするもの.③美しい.よい.〔~音〕(Ⅱ)〔~州 zhōu〕地安徽省歙県の旧県名.

徽班 huībān =[徽剧]

徽菜 huīcài 安徽風味の料理.

徽调 huīdiào ①[徽剧]の曲調:〔徽腔〕ともいう.②[徽剧]の別称.

徽号 huīhào ①旗じるし.②旧帝王の功徳をたたえるために臣下から奉る美称:例えば清の西太后の慈禧・端佑・康頤・昭芬・荘誠・寿恭・欽祝・崇熙の類.③〈転〉称号.愛称.ニックネーム.

徽记 huījì マーク.〔奥林匹克~〕オリンピックマーク(五輪マーク).

徽剧 huījù =〔徽调〕②劇安徽省や江蘇省一帯に流行する地方劇:〔京 jīng 剧〕はこの〔徽调〕①(徽劇の調子)が京腔・秦腔・漢調と結合し発展したもの.旧劇の大きな流派は大部分が〔~〕の影響を受けている.この劇団を〔徽班〕という.

徽墨 huīmò 安徽省徽州産の墨.→〔端 duān 砚〕〔湖 hú 笔〕〔宣 xuān 纸〕

徽腔 huīqiāng =〔徽调〕①

徽章 huīzhāng 記章.バッジ.→〔像 xiàng 章〕

徽志 huīzhì 標式.しるし.

徽宗语 huīzōngyǔ =〔体 tǐ 语〕一種の隠語:話の内容を人に知られたくない場合や,若い者が冗談半分に使う場合がある.その方法は各字音を〔反 fǎn 切〕に直し音と同じような字を表す字と段を表す字に分けて話す.北宋の徽宗皇帝が金に捕らわれていった時にこの方法で側近の者と話を交わしたという.

[回(囘・囬)・迴(廻・廽・逥)] huí(Ⅰ)①[回(囘・囬)]ふり向く.向きを(逆に)変える.〔~过头来〕ふり返る.首(こうべ)を巡らす.〔~过身来〕向きを変える.②帰る.戻る.もどる.〔~来了〕帰ってきた.〔~家去〕家へ帰る.〔~国〕帰国する.〔一去不~〕行ったら帰らない.〔还 huán ~去〕元にもどす.③答える.応ずる.お返しをする.〔~他的信〕彼の手紙に返事する.〔~他的礼〕彼に返礼する.④断る.取り止める.解禁する.〔今儿梅兰芳一了〕今日の梅蘭芳の芝居は中止になった.→[回绝]⑤動詞の後に置き,もとの場所・普段の状態にもどることを表す.〔挽 wǎn ~〕挽回する.⑤取り戻す.⑥量詞.小説などの段落・章.〔三国演义一共有一百二十~〕三国演義は全部で120回です.⑦事の回数.動作・行為の回数.〔在这儿遇到她是第二~了〕ここで彼女に会ったのは2度目だ.〔是这么一~事〕こういうことなんです.〔说的和做的完全是两~事〕言うこととすることが全く別だ.〔实际上又是另一~事〕実際はまた別だ.→〔次 cì 〕〔⑥〕⑦イスラム.〔~教〕回教.イスラム教.〔~族〕回族:中国少数民族の一.⑧〔姓〕回(かい)(Ⅱ)[回(囘・囬)・迴(廻・廽・逥)]①周りをあちこち回る.回り巡る.回転する.〔巡 xún ~〕巡回する.②回避する.迂回する.〔迂 yū ~〕回り道をする.

回拜 huíbài〈文〉訪問を受けたお礼に相手を訪問する.答礼のため訪問する.→〔答 dá 拜〕

回报 huíbào ①回答(する).報告(する).復命(する).②報復する.やり返す.〔我给了他一拳头〕ガーンとひどくなぐり返してやった.③報いる.お返しをする.〔~率 lǜ〕割戻し率.〔~他的盛情〕彼の厚情に報いる.

回避 huíbì ①(都合が悪いので)避ける(こと).回避(する).〔名字也~了〕名前をあげることも差し控えた.②法回避(する).忌避(する).〔自行~〕回避する.〔申请~〕忌避する.③旧官吏が本籍地に赴任できないこと.

回禀 huíbǐng(官庁で上司に,家庭で目上の人に対し)報告する.申し上げる.

回波 huíbō 電エコー波.反射波.〔~脉冲〕エコーパルス.

回拨 huíbō ①(支出金を)割りもどす(こと).②折り返しの電話をかける.

回驳 huíbó 反駁(する).〔~朋友的意见〕友達の意見に反論する.〔当面~〕面と向かって言い返す.

回捕 huíbǔ 養殖・放流した魚貝などを捕獲する.

回采 huícǎi 鉱採鉱し資源物を取り出す.〔~率 lǜ〕採鉱回収率.

回槽 huícáo〈喩〉元の職場に復帰する.

回茬 huíchá 跡あと作(を作る).

回肠 huícháng ①生理回腸:小腸の末端部大腸に接するところ.②〈文〉内心非常に焦る.〔~九转 zhuǎn〕腹わたがねじり返る程焦る(苦痛である).

回肠荡气 huícháng dàngqì〈成〉(音声や楽の音,文章が)深い感銘を与える:〔荡气回肠〕ともいう.

回潮 huícháo ①すでに乾燥したものが再び湿気を帯びること.〔~率〕繊維などの吸湿率.②(否定・消滅された事物が)盛り返(する).また古に現われる.

回车 huíchē ①車を戻す.②電エンターキーを押す.〔~键〕エンターキー.

回撤 huíchè 撤回する.もとへもどす.〔~军队〕軍隊を撤退する.〔~提案〕提案を撤回する.

回嗔作喜 huíchēn zuòxǐ〈成〉怒りを転じて喜びとする.

回程 huíchéng ①(旅行の)帰り道.帰路.〔~票〕帰

回

hui

りのキップ.↔〔去 qù 程〕 ②回戻り行程.後退行程.上向き行程.
回春 huíchūn 〈文〉①冬が終わり春がまたやって来る(こと).〔大地~〕大地に春がまたやってくる. ②重病から回復させる.起死回生させる.〔就是有~的本领也治不了〕起死回生の腕前があってもやはり治せない.→〔妙 miào 手回春〕
回窜 huícuàn こっそり戻る.〔防止逃窜~〕逃亡犯人がひそかに戻ってくるのを防ぐ.
回挫 huícuò 商(値上がりしたものが)再び下がる.(活気を取り戻したものがまた活気を失う.
回答 huídá 回答(する).答え(る).〔~不上来〕返答できない.→〔答复①〕
回单 huídān ⇒〔回条(儿)〕
回荡 huídàng (音声が)こだまする.〔欢呼声在山谷中~〕大歓声が谷間に響きわたる.
回档 huídàng 商(株式で調整的に)反落する.→〔回落〕
回到 huídào もとの場所(状態)にもどる.
回电 huídiàn 返電(を打つ).〔请速~〕折り返し電報を請う.
回跌 huídiē (価格・指数が)反落する.
回动 huídòng 機逆転(する).〔~机构〕逆転機構.
回读 huídú ①本をући直す.②もとの学校にもどって勉強し直す.→〔复 fù 读〕
回返 huífǎn 帰る.戻る.
回防 huífáng 区守備のために自軍に戻ること.
回访 huífǎng ⇒〔回拜〕
回放 huífàng ①再放送・再上映(する).リプレイ(する).②〈転〉既報事件の経過説明記事.
回风 huífēng 〈文〉つむじ風.旋風.〔旋 xuán 风〕に同じ
回奉 huífèng お返しをする.
回府 huífǔ 〈尊〉お宅にお帰りになる.
回复 huífù ①(手紙で)返事をする.回答する. ②復命する:〔回报①〕 ③原状を回復する.〔~正常〕正常にもどる(もどす)
回告 huígào 報告・返事をする.
回购 huígòu (株式や債券を)買いもどす.自社株買いをする.〔~交易〕現先取引.
回顾 huígù ①回顧する.顧みる.〔~过去〕過去を顧みる.~昔のことを思い出す.〔~展 zhǎn〕回顧展覧会. ②ふり返る.ふり向く.
回灌 huíguàn 雨水や汲み上げた水を地下にもどす.
回光 huíguāng ①(光を)反射してかえす.〔~镜〕反射鏡. ②反射光線.
回光返照 huíguāng fǎnzhào ①日没前に西空を明るく照らす日光.〈喩〉死ぬ間際の際,急に精神が興奮する.事物が滅亡する前一時盛える.→〔返照②〕 ②宗(道家)の修禅法の一種.
回归 huíguī ①後退する.バックする. ②=〔回还〕戻ってる.元に帰る.〔1997年香港~中国〕1997年に香港は中国に復帰.〔~分析〕(統計の)回帰分析.
回归带 huíguīdài ⇒〔热 rè 带〕
回归年 huíguīnián 天太陽年.回帰年:〔太 tài 阳年〕ともいう.
回归热 huíguīrè 医回帰熱.
回归线 huíguīxiàn 地回帰線:〔南~〕〔冬至线〕と〔北~〕〔夏至线〕がある.
回锅 huíguō 温めなおす.煮なおす.〔菜凉了再回一下锅吧〕おかずが冷たくなった.もう一度温めなさい.
回锅肉 huíguōròu 食(四川料理で,豚肉を一旦塊のまま煮たものを適当な厚さに切り野菜を入れ油で炒めたもの.
回国 huíguó 国へ帰る.帰国する.

回函 huíhán 〈文〉返書.返信.
回航 huíháng 帰航する.
回合 huíhé 旧時,(戦闘での)一回のわたり合い・応酬.〈転〉(競技の)ラウンド.〔打胜了第一个~〕最初のラウンドに勝った.〔另一(个)~的外交谈判〕別のラウンドの外交交渉.→〔局 jú(II)〕
回纥 huíhé 史中国古代のウイグル族;唐中期に突厥に代わってモンゴル一帯を制覇した.宋代に新疆地区へ移り〔回鹘 hú〕〔回回〕と称した.現在では〔维 wéi 吾尔族〕と呼ばれ新疆や内蒙古などに住む.
回鹘 huíhú 同上.
回护 huíhù かばう.庇護する.弁護する.
回话 huíhuà ①(目上からの質問に対して)申し述べる.〔~儿〕(人づての)返事の(言葉).〔连个~都不给〕うんともすんとも返事がない.
回还 huíhuán ⇒〔回归②〕
回环 huíhuán ①曲がりくねって周りを巡る.周りを囲む. ②⇒〔回文①〕
回缓 huíhuǎn 商(市场で需给に)ゆとりがもどる.
黄转绿 huíhuáng zhuǎnlǜ 〈成〉季節(世の中)の移り変わること.
回回 huíhuí …するたびに.そのつど.始終.〔他老不守时间~迟到〕彼はいつも時間を守らずそのつど遅れて来る.
回手儿 huíhuíshǒur →〔回手③〕
回回 huíhuí ①→〔回族〕②旧〔回族〕の俗称:〔躲 duǒ 子館儿〕は蔑称.〔~馆儿〕同前用の食堂.〔~教〕回教.〔~历〕イスラム暦.→〔清 qīng 真①〕
回回蒜 huíhuisuàn =〔鸭 yā 脚板〕植コキツネノボタン;湿地や水辺に生ずる毒草.
回火 huíhuǒ ① =〔回韧〕〔焖 mèn 火〕〔韧 rèn 化〕①焼もどし:焼き入れた鋼の脆(ぜい)性をなくすため,もう一度適当な温度に加熱し,さらに冷却して鋼の脆性をなくし,靭(じん)性をもたせることを目的とした操作.〔~色〕焼もどし色.〔退 tuì 火〕 ②(火炎ノズルの)逆火.
回击 huíjī 反撃(する).〔~敌人的进攻〕敵の攻撃に反撃を加える.
回家 huíjiā 帰宅(する).〔~途中〕帰宅途中.〔~妇女〕帰宅途中の女性.〈喻〉勤をやめて専業主婦となった女性.〔~探 tàn 亲〕帰省する.〔~抱孩子〕〈喻〉辞職して故郷にもどる.
回见 huíjiàn 〈挨〉また後で:〔回头见〕に同じ.
回教 huíjiào 宗回教.特に中国におけるものをいい,1956年以降〔伊 yī 斯兰教〕(イスラム教)という.〔回回教〕は旧時の俗称.〔清 qīng 真教〕は別称.→〔徒〕回教徒.→〔回回 huíhui ②〕
回敬 huíjìng ①お返しをする.返礼する. ②返杯する.〔~你一杯〕〈挨〉ご返杯!③やり返す.反撃する.〔~一拳〕一発お返しする.〔用加倍的火力~敌人〕倍の火力で敵にお返しする.
回敬赛 huíjìngsài スリターンマッチ.敗れたチャンピオンが新チャンピオンと再戦する試合.
回圈 huíjuàn ①家畜が小屋にもどる. ②家畜を小屋にもどす.
回绝 huíjué 拒絶する.(要求を)はねつける.〔一口~〕一言のもとに断る.〔他向社会 dài 款部要 yāo 求贷款,行 háng 员~了他〕彼は貸付係へ融資を申し込んだが,係の者は~た断った.
回空 huíkōng 積み荷を運搬した後,空船(車)で帰ること.〔~车〕同前の車.〔~船〕同前の船.
回口 huíkǒu ⇒〔还 huán 嘴〕
回扣 huíkòu リターンコミッション.割り戻し.キックバック.リベート.〔〈方〉回佣〕ともいう.〔运 yùn 费~制〕運賃割り戻し制.→〔折 zhé 扣〕

757

H

huí

回款 huíkuǎn ①金を回収する．②金を返す．
回馈 huíkuì ①元のところへ戻す．フィードバックする．〔～社会〕社会へ還元する．②感謝の贈り物をする．〔特价～〕謝恩バーゲンセール．〔多年的劳苦终于有了～〕永年の苦労がとうとう報われた．
回来 huí·lái 帰ってくる．〔妈,我～了一你～了〕〈挨〉かあさん,ただいま―おかえり．〔你是什么时候~的〕きみいつ帰ってきたの．
-回来 -·huí·lái 動詞の後につき,その動作がまたもとのところへかえってくる意を添える．〔说来说去话又说～了〕何だかんだ言っているうちに話がまた元へ戻った．〔正赶上下大雨,就跑～了〕大雨になったので駆け戻ってきた．〔要是买不~也没法子〕もし買い戻さなくてもしかたがない．
回栏 huílán 曲折した欄干(ﾗﾝ)
回廊 huíláng 回り廊下．回廊:一つの〔院 yuàn 子①〕(中庭)を囲んで建てられた〔四 sì 合房(儿)〕の場合,その4棟の庭に面した部分はそれぞれ屋根の廂(ひさし)が伸ばされ,その下が各棟に通ずる〔～に〕になっているのがふつうである．横雨が降りこまないよう窓ガラスをはめた〔～は〕は廊房と呼ばれる．→〔廊①〕〔走 zǒu 廊①〕
回老家 huílǎojiā ①故郷へ帰る．②死ぬ:〔回姥姥家〕ともいう．〔她已经~了〕彼女はもうあの世へ帰ってしまった．
回姥姥家 huí lǎolaojiā 同上①
回礼 huílǐ ①返礼(する)．〔物品の〕お返し(をする)．引出物(を出す)．〔要是不~不失礼吗〕もしお返しをしないと失礼になるでしょうか．②〔敬礼された際の〕答礼(する):〔还 huán 礼〕に同じ．
回历 huílì イスラム暦:〔回回历〕は旧称．
回力球 huílìqiú ハイアライ:スペインの球技．
回流 huíliú ①逆流してもどる．〔～水〕同上の水．②環流(する)．リサーキュレーション．〔～管〕帰り管．③〔他地へ出ていた人が〕戻ってくる．〔流到国外的科学家开始纷纷～祖国〕国外へ流失した科学者が次々と祖国に戻りだした．
回笼 huílóng ①冷えた〔馒 mán 头〕〔包 bāo 子〕などを〔蒸笼〕(せいろ)で温めなおす．〔回锅〕②〔經〕流通している銀行券を発行銀行が回収すること．
回笼觉 huílóngjiào 一度目を覚ましてからまた眠る(こと)．二度寝する(こと)．〔你就睡那么小一会儿行啊．再睡个~吧〕それくらい寝ただけではたまらん,二度寝しなさいよ．
回炉 huílú ①(金属)を溶かし直す．いつぶす．②〔烧 shāo 饼〕などを焼き直す．温め直す．③以前のことに再度取り組む．〔～班〕再教育クラス．
回路 huílù ①〈文〉帰り道．②〔電〕(電流の)回路．
回禄 huílù 火神の名．〈転〉火災．火事:〔走 zǒu 水 ③〕と同じく直接いうのを避けた言い方．〔那工厂招来～了〕あの工場は火事を引き起こした．→〔着 zháo 火〕
回鸾 huíluán 〈文〉(君主が)巡幸して帰る．還御する．
回落 huíluò (上がったものが)再び下がる．もとへ戻る．〔水位～了〕水位が下った．↔〔回升〕
回马枪 huímǎqiāng ふり向きざまに攻める:敗走を装い追いすがって来た敵を振りむきざまに槍でつくこと．〈転〉いきなり反撃する．〔杀他个～〕彼に逆襲してやる．→〔拖 tuō 刀计〕
回门 huímén 〔新〕新婦の里帰り:結婚後三日目が一般的.新婦を伴って里帰りすることを〔双～〕という．
回民 huímín 回(ﾎｲ)族(の人々)．〔～饭馆〕(伊 yī 斯兰食堂)回用前の食堂．〔～安葬服务社〕回族の葬儀社．→〔回回 huíhui〕
回眸 huímóu ①眸(ﾋﾄﾐ)を転ずる．②(女が)ふり向きながら見る．
回目 huímù 章回小説の各回の題目．またその目録．
回念 huíniàn 追憶する．追憶する．
回娘家 huíniángjiā 里帰り(する)．〔内人～了〕家内は里に帰った．
回暖 huínuǎn ①暖かさがもどる．〔天气～了〕また暖かくなった．②〈喩〉(景気などが)またよくなる．〔房产市场~了〕不動産市場が再び活況を取り戻した．
回聘 huípìn (呼び戻して)再雇用する．
回棋 huíqí 〔悔 huǐ 棋〕
回气 huíqì ⇒〔排 pái 气〕
回迁 huíqiān 〔还 huán 迁〕もとの住所(住居)に戻ってる．〔拆 chāi 迁~〕古い建物を取り壊して新しい建物を建て再入居する．
回青 huíqīng ①(冬が過ぎて)若芽がまた萌え出ること:〔返 fǎn 青〕に同じ．②顔料の一種:良質の〔石 shí 青〕(藍銅鉱)で磁器の焼き付けに用いる．
回青橙 huíqīngchéng 〔酸 suān 橙〕
回请 huíqǐng ⇒〔还 huán 席〕
回去 huí·qù 帰っていく．もどる．
-回去 -·huí·qù 動詞の後につき,動作がもとの位置へ再び向かう感じを表す．〔他已经不在这儿了,把这封信退~吧〕彼はもうここにいないから,この手紙を送り返します．
回绕 huírào 曲がりながら周りをめぐる(っている)
回韧 huírèn ⇒〔回火①〕
回扫 huísǎo 帰り戻り．フライバック．
回煞 huíshà 〔归 guī 煞〕旧死者の魂が帰ってくること．
回山 huíshān ①山にもどる．②〈喩〉(都会から)故里に戻る．
回闪 huíshǎn フラッシュバック(する)
回身 huíshēn 体の向きをかえる．〔他放下东西~就走了〕彼は品物を置きくるりと背を向けて行ってしまった．
回神(儿) huíshén(r) 落ち着きを取りもどす．平常の状態にもどる．〔还没等我回过神来,会议就结束了〕まだぼーっとしているうちに会議は終わった．〔吓得他半天才回过神来〕彼女は驚きの余り茫然自失していたがしばらくしてやっと我に返った．
回升 huíshēng 再び上がる．もとへ戻る．〔物 wù 价~〕物価が戻る．
回生 huíshēng ①よみがえる．起死回生(する)．②(能力)がなまる．得た力・技をまた失う．
回声 huíshēng ①声．こだま:〔回音②〕に同じ．②反響．エコー．〔~测深仪〕音響測深儀:ソナーの一種．③ボイラーなどにとりつけられた汽笛．
回师 huíshī (作戦時)軍隊をもどす．
回驶 huíshǐ (乗り物を)帰路につかせる．回航(する)．帰航(する)
回示 huíshì 〈牘〉〈尊〉ご返事(下さる)．ご返書(下さる)．〔见信请即~〕この手紙が着きしだい是非ご返事下さるよう願います．
回收 huíshōu 回収する．〔~废品〕廃品を回収する．〔~贷款〕貸付金を回収する．〔~舱 cāng〕宇宙ロケットの帰還母船．〔~箱〕軍箱ゴミ箱．
回首 huíshǒu ①頭を振り回される．後ろを振り向く．②〈文〉往事を顧みる．〔往事不堪 kān ~〕(あまりに悲惨で)過去のことを回顧するに堪えない．
回手 huíshǒu ①仕返しする．〔~把他的脸抓了〕お返しに彼の顔をひっかいた．②返す手に(で)．手を後ろにまわす(して)．〔~就把佩刀拔了出来〕返す手で佩刀(ﾍｲﾄｳ)を抜いた．〔~把门带上〕(ついでに)後ろ手にドアを閉める．③〈挨〉人手を煩わす時の丁寧ないい方．〔请您回回手儿把那本书递给我〕ことにすみませんが,ちょっとその本を取って下さい．

758

huí

〔大节下的请您再〜吧〕正月でもありますからもう少し下さい.
回书 huíshū 〈文〉返信.
回赎 huíshú （対価を出して）取りもどす.（質草などを）請け出す.
回数 huíshù ⇒〔次 cì 数〕
回水 huíshuǐ 逆流水.戻り水.バックウォーター.〔〜管〕還水管.
回思 huísī （過ぎ去ったことを）思い出す.思いかえす.考え直す.→〔回想〕
回苏灵 huísūlíng 薬ジメフリン.
回溯 huísù 過去に思いを馳せる.回顧する.追憶する.〔〜历史〕歴史をさかのぼる.
回弹 huítán はねかえり,戻り向きの勢い.〔负 fù 增长有所〜〕マイナス成長がいくらか反発した.
回屉 huítì 蒸し直す.〔我要买点儿包 bāo 子,不要〜的〕おれはまんじゅうを買いたいが蒸し直しはいらないよ.
回天 huítiān 〈喩〉巨大な力で衰えた勢いをもり返す.〔〜之力〕〈成〉退勢を挽回する大きな力.〔〜乏 fá 术〕〈成〉（事態が重大で）盛り返すすべがない.
回填 huítián 建埋の戻し（する）
回调 huítiáo （価格・指数が）一旦上昇した後値をもどす.
回条（儿） huítiáo(r) ＝〔回单〕〔回执①〕（使いの者に渡す手紙や物品の）受け取り書き.
回帖（儿） huítiě(r) 印郵便小為替の領収書.
回头 huítóu ①ふり返る.〔〜一看〕ふり返り見る.〔请你回过头来〕ちょっとふり返って下さい.②帰る.もとの所にもどる.〔〜客 kè〕常連（客）.リピート客.〔〜率〕リピート客の率.〔盼 pàn 了六个月还不见〜〕6カ月も待っていたがもう帰ってくる様子がない.③ちょっとあとで.しばらく待って.〔再〜来谈谈〕ちょっとあとでまた話しましょう.④〈喩〉善にたちかえる.改心する.目がさめる.〔浪子〜金不换〕〈谚〉道楽息子が改心するのは金に換えられないほど貴重なものだ.〔早晚不碰个大钉子,是不〜的〕いずれひどい目にあわぬと目がさめない.
回头货 huítóuhuò 回（バーター貿易の）見返り品.見返り物資.
回头见 huítóujiàn 〔挨〕後でまたお目にかかります（ちょっと別れる時のあいさつ）.〔回见〕ともいう.
回头路 huítóulù ①後戻りする道.〔〜我们不走〕我々は後戻りはしない.〔好马不走〜〕良い馬は後戻りはしない.→〔好 hǎo 马不吃回头草〕②通ったことのある道.もと来た道.
回头人 huítóurén 〈方〉(再婚した)寡婦.やもめ.
回头是岸 huítóu shì àn 〈喩〉悪人も改心すれば救われる.〔苦海无边,〜〕〈成〉同前.
回吐 huítǔ ①食べたものを戻す.吐く.②回（株などの）売りに出る.〔获 huò 利〜〕利食い売り（する）
回望 huíwàng 回想する.顧みる.
回味 huíwèi ①後味·食後の余韻.②ふり返って含味する.事後の回想（をする）.〔重新〜了那句活〕あの言葉をあらためてかみしめた.〔我正在〜今天的事〕ちょうど今日の事を吟味しているところだ.
回味无穷 huíwèi wúqióng 〈喩〉何度もかみしめ直すほど味わい深く感じる.
回温 huíwēn 〈喩〉良い状態がよみがえる.〔两国紧张关系出现了〜〕両国の緊張関係が緩和した.
回文 huíwén ①＝〔回环②〕詩詞の回文体か:順に読んでも下から読んでも意味をなすもの.〔春晚落花余萼绿,夜凉低月半枯梅,人随远雁边城暮,雨映疏帘绣阁空〕これを逆に読めば,〔空阁绣帘疏映雨,（苏轼"题织锦画诗"）〕と自然な詩になる.②〔〜诗 shī 图〕回文体詩を図にしたもの.③回答書.④ウイグル族の文字·文章.
回纹针 huíwénzhēn ＝〔曲 qū 别针〕
回稳 huíwěn 安定を取り戻す.〔稍 shāo 见〜的股指〕少し落ち着きを取り戻したと見られる株価指数.
回席 huíxí ⇒〔还 huán 席①〕
回戏 huíxì 上演中止:劇場が臨時に休演する.〔剧场满座,不能〜〕劇場は満員で,休演することはできない.→字解(I)④
回乡 huíxiāng 農村へ戻る.〔〜知识青年〕同前の知識青年.〔郷里へ帰る.〔〜证〕特別区の住人が大陸に入る際の証明書（パスポートにあたる）
回翔 huíxiáng ぐるぐる旋回して飛翔（ひしょう）する.
回响 huíxiǎng ①反響する.音が四囲に響きめぐる.〔在四面山壁间〜〕あたりの山にこだまする.②反応.呼応.〔自力更生的倡议得到了全国广大人民的〜〕自力更生の提議は全国の多数の人民の反響を呼んだ.
回想 huíxiǎng 過去のことを思い返す（こと）.回想（する）
回心转意 huíxīn zhuǎnyì 〈慣〉思い直す.以前の主張を取り下げる.翻意する:〔意转心回〕〔心回意转〕ともいう.
回信 huíxìn ①返信（を出す）.〔回了他一封信〕彼に返事を出した.〔希望早日〜〕早めにご返事下さい.〔〜信〕返信.〔事情办妥了,我给你个〜儿〕事がうまくいったら,ご返事します.
回行金轮 huíxínglún 機逆転車.逆進車.
回形针 huíxíngzhēn ＝〔曲 qū 别针〕
回修 huíxiū 修理のために戻す.
回叙 huíxù ①往事を述べる.②⇒〔倒 dào 叙〕
回旋 huíxuán ①〈文〉ぐるぐる回る.旋回する.巡る.〔〜曲 qū〕音ロンド.輪舞曲.②飛机在上空〜着〕飛行機が空で旋回している.②加減（の余地）.〔留点儿〜的余地〕加減の余地を残してよい.
回旋加速器 huíxuán jiāsùqì 回サイクロトロン.粒子加速装置.〔回旋加速机 jī〕ともいう.
回血 huíxuè 医静脈注射の時に少量の血液が注射器に逆流すること.
回忆 huíyì 回想（する）.〔〜录〕回想録.回顧録.
回音 huíyīn ①〈文〉返信.返事.②こだま.山彦.〔回声〕に同じ.③音ターン.回音（かい）.
回音壁 huíyīnbì 回音壁:水平断面が(半)円形をなす壁で,壁沿いに反対側まで音を伝えることができる.北京天壇公園内のものは有名.
回应 huíyìng ①（積極的な）返事をする.応答する.②反響.反応.〔提案立即得 dé 到了高层的〜〕提案はすぐにお偉い方々からの反応があった.
回映 huíyìng ①周りを映し出す.②リバイバル上映をする.
回用 huíyòng ①回収して再利用する.〔污水〜〕廃液のリサイクル.②同下.
回佣 huíyòng ＝［回扣］〈方〉割り戻し.リベート.リターンコッミション:〔回扣〕に同じ.
回游 huíyóu ①（水が）回流する.②⇒〔洄游〕
回淤 huíyū かえり泥:海潮のために帰ってきて沖積した泥.〔淤〕は沈殿した泥.
回玉 huíyù 〈謙〉ご返事.ご返信.ご回答.
回援 huíyuán 戻ってきて友軍を援助する.
回增 huízēng 減少の後また増加する.
回赠 huízèng 返礼をする.お返しの品を贈る.
回涨 huízhǎng （物価や水位が）再び上昇する.→〔回升〕
回证 huízhèng 相手に送り返す受領証.
回执 huízhí ①⇒〔回条（儿）〕②（郵便物の）配達証明書.

回転 huízhuǎn ①振り向く.向きを変える. ②引き返してくる. ③ぐるぐる回る.回転する. 〔〜不出来〕回らない. 〔〜炉〕转炉〕回転炉. 〔〜体〕國回転体. ④思い直す.考えが変わる.気が変わる. ⑤挽回する.好転する.〔病 bìng〜过来〕病気が快方に向かってくる.

回転儀 huízhuǎnyí ジャイロスコープ.〔陀 tuó 螺仪〕の別称.

回装 huízhuāng ①再装着する. ②帰り船に積み込む.〔〜の货〕同је貨物.帰り荷.〔〜出口货〕同је輸出貨物.

回族 huízú 回(①)族:中国少数民族の一.〔宁夏〜自治区〕など西北地方の比較的多く居住するが,各地に分布している.〔汉 hàn 语〕を話し,風俗も漢化している.イスラム教徒で豚肉を食べない.〔东 dōng 干〕〔汉回〕は旧称.→〔维 wéi 吾尔族〕

回嘴 huízuǐ ⇒〔顶 dǐng 嘴〕

〔**洄**〕 huí〈文〉①水流が渦巻く. ②(流れを)さかのぼる.

洄溯 huísù〈文〉①水流をさかのぼる. ②追想する.回想する.

洄游 huíyóu (海の魚類の)回遊(する):〔回游②〕とも言う.〔季节〜〕季節回遊.〔生殖〜〕産卵回遊.

〔**茴**〕 huí

茴香 huíxiāng =〔〈文〉怀 huái 香〕🌱ウイキョウ:セリ科.葉や若い茎は食用,実は香料・薬用に用いる. 〔小〜〕は通称.→〔八 ba 角茴香〕

茴香氨醑 huíxiāng ānxǔ 薬アンモニア茴香(②)精.

茴香菜 huíxiāngcài 茴香の茎葉(食用に供するもの)

茴香豆 huíxiāngdòu 食茴香を香料に用いて煮たそら豆.

茴香油 huíxiāngyóu 茴香油.

茴油 huíyóu 八角茴香油.

〔**蛔**（**蛕**・**蚘**・**痐**・**蛔**）〕 huí 虫:通称〔〜虫〕.驱 qū〜糖薬駆虫ドロップ.

蛔虫 huíchóng ①回曲虫(②).〔一条〜〕一匹の回虫. ②⟨喩⟩内部の事情に精通している人.

〔**鮰**・**鮰**〕 huí 魚貝ギギ:〔鮠 wēi 鱼〕の古称.

〔**虺**〕 huǐ ①伝説上の毒蛇.〔〜蛇 shé〕同前. ②〔蜮 yù 毒蛇〕と水中の怪物.→ huī

〔**悔**〕 huǐ 悔いる.悔やむ.〔后 hòu〜〕後悔(する).〔〜之已晚〕〈文〉後悔しても遅い. 〔事到如今,后〜也来不及了〕こうなったからにはいまさら悔やんでもおっかない.

悔不当初 huǐ bù dāngchū〈成〉最初に別のやり方をしなかったことを後悔する.〔早知如此,〜〕早知今日,〜〕こうなるものと知っていたなら,初めにそうしなければよかった.

悔不该 huǐbùgāi そうしなければよかったと後悔する.

悔改 huǐgǎi 悔い改める.

悔过 huǐguò 過ちを悔いる.〔〜自新〕反省悔悟する.〔〜书〕始末书.〔立刀〜书〕同前を書く.→〔改 gǎi 过自新〕〔檢 jiǎn 讨①〕

悔恨 huǐhèn 悔やむ.後悔する.

悔婚 huǐhūn =〔悔亲〕

悔愧 huǐkuì 後悔する.悔やみ恥じる.

悔棋 huǐqí =〔回 huí 棋〕(碁・将棋などで)待った(をする)

悔气 huǐqì =〔晦 huì 气①〕

悔亲 huǐqīn =〔悔婚〕婚約を取り消す.

悔痛 huǐtòng ひどく悔やむ.

悔悟 huǐwù 自分の過ちを悟る.前非を悔い改める.

悔心 huǐxīn 悔い改める心.

悔约 huǐyuē 约束を反故(⑬)にする.

悔之无及 huǐ zhī wújí〈成〉後悔しても及ばない. 悔やみても余りある〔悔之不及〕ともいう.

悔罪 huǐzuì〈文〉罪を悔いる.〔〜自新〕〈成〉罪悪を悔いて行いを新たにする.〔下泪 lèi〕〈成〉罪を悔いて涙を流す.

〔**毀**（**燬**・**譭**）〕 huǐ (I)〔毁〕①壊す.破る.損なう.〔击 jī〜敌 dí 人坦克车〕敵のタンクを撃破する.〔许多建筑〜于敌军轰炸〕たくさんの建物が敵軍の爆撃で壊れた. ②だて直す:ある物を壊してそれを原料に別の物を作る.〔这两个小冤儿是一张旧桌子〜的〕この2脚の小さな腰掛は,1脚の古机を利用して作ったものです.〈又姓〉毁(③)
(II)〔燬〕①激しい火.烈火.猛火. ②焼き捨てる.焼き壊す.〔焚〜〕〔烧〜〕焼き滅ぼす.
(III)〔譭〕〈文〉悪口を言う そしる.〔〜谤〕同前.〔〜人〕人の悪口を言う.〔诋 dǐ〜〕そしりくさす.

毁谤 huǐbàng そしる.〔他人〕よその人の悪口を言う.〔诽 fěi 谤〕

毁诋 huǐdǐ〈文〉そしる.人を悪く言う.→〔诋毁〕

毁冠裂裳 huǐguān lièchǎng 冠を壊し着物を裂く. 〈喩〉古いこだわりを徹底的に棄て去ること.

毁害 huǐhài〈文〉壊し傷つける.害を及ぼす.

毁坏 huǐhuài 傷つけ損なう.破壊する.〔〜人的名誉〕人の名誉を傷つける.〔〜财物罪〕法財物損壊罪.

毁疾 huǐjí〈文〉服喪中悲しみ傷んで病気にかかること;〔毁病〕ともいう.

毁瘠 huǐjí〈文〉服喪中悲しんで痩せ衰えること.

毁家纾难 huǐjiā shūnàn〈成〉家を犠牲にして(国家の)困難を救う.国家有事の際家財かたむける.

毁灭 huǐmiè 壊滅する.〔〜生命与财产〕生命財産を壊滅する.〔〜性的打击〕壊滅的打撃.

毁弃 huǐqì 壊して棄てる.〔〜前约〕前の約束を破棄する.

毁人炉 huǐrénlú〈喩〉賭場(⑫)やアヘン窟などのような悪所所(⑲)

毁容 huǐróng ①〈文〉顔かたちを変える:刺客や貞女などがわざと自分自身を傷つけること. ②憔悴した面持ち.

毁伤 huǐshāng〈文〉破り傷つける.

毁尸 huǐshī 法死体損壊.〔〜罪 zuì〕死体損壊罪.

毁损 huǐsǔn〈文〉傷つけ壊す.

毁瓦画漫 huǐwǎ huàmàn 瓦を壊し壁画を塗りつぶす.〈喩〉有害無益な行為(をする)

毁形灭性 huǐxíng mièxìng〈喩〉体や性格を徹底的に変えること.

毁于一旦 huǐyú yīdàn〈成〉(長い苦労の結果が)たちまちのうちに潰れる.

毁誉 huǐyù〈文〉そしることとほめること.〔〜参 cān 半〕〈成〉毁誉(⑫)相半ばす.〔不计〜〕毁誉褒贬(⑭)を度外視する.

毁垣 huǐyuán〈文〉壊れた垣根.

毁约 huǐyuē 条约・契約を破棄する.约束を破る.

毁证 huǐzhèng 法証拠隠滅(する).

毁装 huǐzhuāng 姿形を汚すみすぼらしくやつす.

〔**汇**・**滙**（**匯**）・**彙**（**彙彙**）〕 huì (I)〔汇・滙（匯）〕流れがひと所に集まる.〔百川所〜〕百川集まるところ.
(II)〔汇・滙（匯）・彙（彙彙）〕①集める.まとめる. ②集められたもの.〔字〜〕字书.〔词〜〕語彙(⑬)

(Ⅲ)〔汇·滙(匯)〕①金銭を他所に送る(こと).為替(を組む).〔～往 wǎng …〕…へ為替送金する.〔我～点儿钱去上海为他汇款〕私は上海へ彼のために為替で送りに行く.〔外～〕外国為替.〔电～〕電信為替.〔押～〕荷為替.〔～账 zhàng〕振込依頼書.②外国為替.外貨.〔外～〕に同じ.

汇报 huìbào 取りまとめ報告(をする).総括報告(をする).〔～提纲〕報告要綱.〔～演出〕出し物を報告的に特別な人々に見てもらうための公演.〔向上级～访问的观感〕上司に訪問の感想をまとめて報告する.〔运动的情况～〕運動の状況の総括的な報告.

汇编 huìbiān とりまとめて編さんする(したもの).〔～成册〕編んで冊子にする.〔资料～〕資料集.〔～程序〕電算アセンブラー.

汇拨 huìbō 送金する.〔～账户〕振り込み用口座.

汇萃 huìcuì ⇒〔荟萃〕

汇单 huìdān ⇒〔汇票〕

汇兑 huìduì 圖 為替で送金する.小切手・振込で決済する.〔邮 yóu 政～〕郵便為替.〔～银行〕汇业银行外国為替銀行.〔(经 jīng 纪)商〕為替仲買人.〔～庄〕回為替を取り扱った店.〔～行 háng 市〕為替相場.〔～交易报 bào 告书〕為替取り組み通知書.〔～款 kuǎn 尾〕〔～尾数〕為替尻.〔～牌 pái 价〕人民元と外貨の公定為替レート.〔～平价〕法定平価.為替平価.

汇费 huìfèi ⇒〔汇水〕

汇丰银行 huìfēng yínháng 香港上海銀行.HSBC(英国の銀行)

汇付 huìfù 為替支払(する).〔～金额〕送金額.

汇合 huìhé 集め合わす.統合する.合流する.会合する.〔这支队伍在北京和一支从石家庄出发的队伍～〕この一隊は北京で石家荘から出発したほかの一隊と合流する.〔小河～成大河〕小さな川が集まって大河となる.

汇划 huìhuà 圖①"钱庄"間の手形交換業務で,同業者が伝票を持ち寄って決算すること.②"上海大钱庄"が銀貨決済の送金代行をすること;現銀を受け入れて発行した送金為替に"汇"の印を押印すれば,その為替手形を提示すると翌日には現銀を受け取ることができた.

汇集 huìjí 集まる.集中する.〔～到装配车间〕組立て工場へ集まって来る.②集める.集中させる.〔～材料〕材料を集める.→〔会集〕

汇寄 huìjì 為替で送金する.〔由邮局～款项〕郵便局からお金を為替で送る.

汇价 huìjià ⇒〔汇率〕

汇聚 huìjù 合わせ集まる.〔许多支流～成大河〕たくさんの支流が寄せ集まって大河となる.→〔会聚〕

汇款 huìkuǎn ①〔為替〕送金高.②為替送金する.〔～单〕送金伝票.〔他到银行～去了〕彼は送金為替を組むため銀行へ行った.

汇款回单 huìkuǎn huídān 〔汇款收据〕為替金受取証.

汇款人 huìkuǎnrén 送金人.→〔收 shōu 款人〕

汇款收据 huìkuǎn shōujù ⇒〔汇款回单〕

汇流 huìliú 合流する.〔～点〕合流点.〔～条〕電母線.バスバー.

汇拢 huìlǒng 集合する.〔人们～在一起〕人々がひとかたまりになった.〔～意见〕意見を集約する.

汇率 huìlǜ 〔汇价〕為替.為替レート.

汇民 huìmín 外国為替取引の個人投資家.

汇票 huìpiào ⇒為替手形.小切手形.〔汇兑单〕ともいう.〔承兑 duì～〕引き受け済み為替手形.〔～承兑人〕為替手形引受人.〔即 jí 期～〕〔一见即付～〕一覧払い為替手形.〔见后十日支付～〕一覧後10日払い為替手形.〔邮 yóu 政～〕郵便為替手形.→〔票据①〕

汇钱 huìqián 為替で送金する.

汇融 huìróng 集まり融合する.

汇上 huìshàng〈尊〉為替でお送り申し上げる.

汇市 huìshì 圖①為替市場;〔外 wài 汇市场〕の略.②同前の相場.

汇水 huìshuǐ 為替料金.為替手数料;〔汇费〕に同じ.→〔贴 tiē 水①〕

汇算 huìsuàn 集計(する)

汇项 huìxiàng 為替送金扱い(とする)

汇信 huìxìn 銀行為替に付ける書状.

汇演 huìyǎn =〔会演〕集まり競演する.〔京剧～〕京劇の同前.〔烟花～〕花火の同前.

汇业银行 huìyè yínháng 外国為替銀行:〔汇兑银行〕ともいう.

汇映 huìyìng (特集して)一挙に上映する.一括上映する.

汇造 huìzào 集めて作る.〔～名册〕(資料を集めて)名簿を作成する.

汇展 huìzhǎn (商品など)集めて展示する.物産展を開く.

汇总 huìzǒng 寄せ集める.とりまとめる.〔～在一块〕集めて一緒にする.〔～报告〕一括報告する.

[卉] huì 草花(総称).〔花～①〕花卉(숲).〔奇 qí 花异 yì～〕×成る珍しい草花.

[讳・諱] huì〔差し障りを顧慮して〕言わない.忌む.隠す.隠蔽する.〔忌 jì～①〕同前.〔～医 yī〕病院・医者を嫌ふ.治療を嫌がる.〔直 zhí 言不～〕×成る遠慮せずずばりと言う.②忌諱(″).〔犯了他的～〕彼の忌諱に触れた.→〔偏 piān 讳〕③軽々しく口にすくべではない名前;古くは帝王や長上の名を直接名指すことをはばかること.またその諱(な).〔×姓〕諱(き)

讳疾忌医 huìjí jìyī 病を隠して医者を避ける.〔讳病忌医〕ともいう;×自分の短所を覆い隠して忠告を嫌い,改めようとしないこと.

讳忌 huìjì ⇒〔忌讳①〕

讳莫如深 huì mò rú shēn〈成〉ひた隠しに隠し秘密を守って漏らさない.固く口を割らない.

讳饰 huìshì 包み隠す.隠しだてする.

讳言 huìyán はばかられて明らかに言わない.〔～政治问题〕政治問題を言うのをはばかる.〔无 wú 可～〕言っていけないことは何もない.

[会・會] huì(Ⅰ)①集まる.集める.〔聚 jù～〕会合する.寄り合う.落ちあう.〔宴 yàn～〕宴会.②面会する.〔昨天没有～着他〕昨日は彼に会えなかった.〔～过一回〕一度面会したことがある.③会.集会.会合.〔第一次大～〕第1回大会.〔~上提议〕会の席上で提議する.④団体.組織.〔工～〕労働組合.〔委员～〕委員会.⑤祭礼.縁日:〔帮 bāng③④〕〔团 tuán⑤〕 ⑥祭礼.縁日:〔庙 miào～〕の略.〔赶～〕縁日に行く.祭り見物に行く.⑥祭りの行列や行列の際に演ずる演技.〔高跷秧歌～〕高足踊り田植踊りの同前.⑦〔民間の信仰や祈願参り,頼母子(☆)や無尽(☆)などある目的のために組織される団体·講.〔香～〕参詣のための講.〔起上一支～凑凑钱买车〕たのしむ(無尽)を始めて金を集め車を買う.→〔道 dào⑤〕〔门 mén⑦〕 ⑧都市.〔都 dū～〕都会.〔省～〕(省城)省都.⑨機会.時期.〔机～〕機会.〔适逢其～〕折よく機会にめぐりあう.⑩〈文>たまたま.折しも・ちょうどその折に出くわす.〔~大风起,覆舟〕折しも大風が起こって舟が転覆した.⑪〈姓〉会.(Ⅱ)①会得する.理解する.習熟する.〔体 tǐ～〕体得(する).〔只可意～,不可言传〕ただに了得し得るだけで言葉では伝え得ない.〔心领 líng 神～〕

huì 会

〈成〉心に会得する. ②することができる.する能力がある:修得していることを表す.〔~过日子〕世帯持ちがうまい.〔~吹 chuī (的)〕ほら吹きである.宜伝上手である.〔~理家〕一家をきりもりすることが上手である.〔~盘算〕思案することが上手である.〔他~说中国话〕彼は中国語がしゃべれる.〔我不~抽烟〕わたしはたばこは不調法です.〔他学~了几种技术〕彼は数種の技術を学びとった.〔下一步~不~进行军事干预〕さらに軍事力による干渉にまで進むことができるか否か.→〔可 kě 以①〕〔能 néng ④〕 ③可能性がある.…するはずである.〔会~实现〕きっと実現する.〔永远不~忘记〕永遠に(忘れようとっても)忘れられない.〔不~发生事故〕事故発生の可能性があるかないか.〔你不来,他们~很失望的〕君が来ないと,彼らはとても失望するよ.
(Ⅲ)(料理屋などで)勘定を支払う.〔~过账了〕勘定は払った.
(Ⅳ)〔-儿〕〈口〉しばらく.ちょっと:短い間(^{儿})を表す.〔一~儿〕同前;動詞の後に置かれる場合にはおおむね〔一〕は略される.〔再坐~〕〈挨〉どうぞごゆっくり.もうしばらくいいでしょう.〔等~儿再来〕しばらくしたらまた来る.〔看了~儿书〕ちょっとの時間本を読む.〔得多大~儿〕どれほどの時間がかかるか.〔过了一小~儿〕ちょっとの時間が過ぎた.〔这~儿〕今時分.〔这~儿不热了〕今は暑くなくなった.〔你多~〕きみ,いつごろ出発しますか.〔一时半~儿还做不得〕ちょっとの間にはできあがらない.
→ kuài

会标 huìbiāo 組織·集会·大会のシンボルマーク.
会饼 huìbǐng 回連名で上申する.
会餐 huìcān 会食(する).〔中午~〕昼食会.
会操 huìcāo 合同演習する.
会场 huìchǎng 集会の場所.会場.
会钞 huìchāo ⇒〔会账〕
会车 huìchē (車が)すれちがう.
会陈 huìchén 連名で陳述する.
会呈 huìchéng 連名で具陳する.
会串 huìchuàn ①演劇·スポーツなどで自分の役柄·ポジションを特にかわって出演·出場すること:〔客 kè 串(儿)〕に同じ. ②交流出演·出場する.〔~演出〕同前.
会萃 huìcuì ⇒〔荟萃〕
会担 huìdàn 〔度〕ハンドレッドウエイト.cwtの訳語.1トンの20分の1.すなわち112英ポンド.→〔美 měi 吨〕〔英 yīng 吨〕
会当 huìdāng ⇒〔会须〕
会党 huìdǎng 回清末,清朝に反抗し,明朝に復することを旨とした民間の秘密結社(総称):〔哥 gē 老会〕〔三 sān 合会〕など.
会道门 huìdàomén 回大刀会,一貫道など民間の秘密結社(総称):〔会门〕と〔道门②〕
会道能说 huìdào néngshuō 口のうまいこと.〔口齿 chǐ 伶俐〕~.
会的不难, 难的不会 huìde bùnán, nánde bùhuì 〈慣〉やってできることは難しいとは言えない,実際難しいことはやってもできないことだ.〔~,您是熟手自然感觉容易,我们初学可难呢〕同前,あなたは熟練していられるのだから当然やさしいとお感じになるでしょうが,我々初学者にはたいへん難しいですよ.
会典 huìdiǎn 一代の典制を記したもの:例えば明代に〔明~〕,清代に〔清~〕がある.
会董 huìdǒng 幹事·会長(理事)
会匪 huìfěi 回秘密結社の匪徒.
会费 huìfèi 会費.
会风 huìfēng 会の気風.
会逢其适 huìféng qíshì〈成〉ちょうどその折に出くわす:〔适逢其会〕に同じ.
会歌 huìgē ①会歌. ②合同して一緒に歌う.
会攻 huìgōng 合同して攻撃する.
会馆 huìguǎn 同業者また同郷出身者などの連帯組織,またその会館.〔广 guǎng 东~〕広東省出身者の会館.→〔公 gōng 所〕
会规 huìguī 会規.会則.
会海 huìhǎi 〔喩〕会議の多いこと.〔文山〕資料や会議がうんざりする程多いこと.
会合 huìhé 落ち合う.一緒になる.集まる.合流する.
会合点 huìhédiǎn ①数3本あるいは3本以上直線が相交わる点. ②合流地.合流点.
会话 huìhuà (外国語で)対話(する).〔练习〕(外国語)会話を練習する.
会徽 huìhuī ①会の記章. ②(会の)ロゴマーク.シンボルマーク.
会集 huìjí 集まる.集合する:多く人についていう.
会籍 huìjí 会員資格.
会见 huìjiàn ①人と会う.会見(する).〔~的机会〕面会の機会. ②外国政府代表団〕外国政府代表団と会見する.
会脚 qǐng 会〕=〔会足〕回無尽講の会員.→〔请 qǐng 会〕
会剿 huìjiǎo 共同で討伐する.
会局 huìjú 回賭博(分)の一種.
会聚 huìjù ①集合する.集まる.→〔汇聚〕 ②物収束(する).〔~透 tòu 镜〕収束レンズ.→〔凸 tū 透镜〕
会刊 huìkān ①(学会または会合の)会報. ②(団体·協会·学会などで出す)定期刊行物.
会勘 huìkān (立ち会いのうえ)実地調査をする(こと).合同調査する.
会考 huìkǎo 各学校の生徒を一箇所に集めて試験すること.
会客 huìkè 客に面会する.〔~室 shì〕〔~厅 tīng〕応接間.
会课 huìkè 回①文人が会によって文章を作り研鑽すること. ②学校の試験.
会款 huìkuǎn 勘定を払う.代金を払う.→〔会账〕
会来事儿 huìláishìr 〈口〉人づき合いがよい.〔~的丈夫〕よく気がつく夫.
会猎 huìliè 回大勢で狩猟する(こと).〈転〉協力して戦いをする(こと).
会买的不如会卖的 huìmǎide bùrú huìmàide〈諺〉買い上手よりは売り上手.商売人にはどの道をうけられる.
会门 huìmén 回民間の信仰団体.→〔会道门〕
会盟 huìméng 〈文〉あい会して盟約を結ぶ.
会面 huìmiàn 会う.面会する.会見する.
会票 huìpiào 回金融業者の発行した為替手形:貨幣として市場に流通した.
会期 huìqī ①会の開かれる期日. ②会の開かれている期間.〔~为三天〕会期は3日とする.
会齐 huìqí =〔聚 jù 齐〕勢ぞろいする.全部そろう.
会旗 huìqí 回会旗.
会签 huìqiān いくつかの部門の連署(する).
会前酝酿 huìqián yùnniàng 会議前の根回しをする.
会钱 huìqian 回たのもし講などの定期的掛け金.
会亲 huìqīn 回結婚後に双方の親戚が集まり贈り物などして顔つなぎをする.
会儿 huìr しばらくの間:〔一~〕に同じ.動詞の後に置かれる時は多く〔一〕を省略する.→字解(Ⅳ)
会商 huìshāng 合同協議する.
会社 huìshè 回政治·宗教·学術などの団体·結社

huì

(総称).〔这个问题须和各有关～商定〕この問題は各方面と協議の上決めなければならぬ.
会审 huìshěn　合同審理(する).立会裁判(する).共同審査(する)
会师 huìshī　①軍友軍と合流する.部隊を集結する.　②ある事業のため多くの人々が結集する.→〔会战②〕
会食 huìshí　一緒に集まって食事をとる.会食する.宴会を催す.
会事 huìshì　物(事理)がわかる.〔你是个～人,你晓得我性子的〕きみは物のわかる人間だ,おれという人間がわかっている.
会试 huìshì　明清科挙制度における試験の一:〔乡 xiāng 试〕に合格した者で,すなわち〔举 jǔ 人.礼 lǐ 部〕に集めて行い,合格者に対しては〔贡 gòng 士〕の称号が与えられ〔殿 diàn 试〕を受ける資格が与えられる.〔礼部〕で行われた〔礼部试〕をいう.
会首 huìshǒu　旧民間のさまざまな会の代表者.会主:〔会头〕に同じ.〔水 shuǐ 会〕(民間消防組織),〔香 xiāng 会〕(仏社参拝の講),〔请 qǐng 会〕(頼母子講)などの会長.
会书 huìshū　方評弾の顔合わせ公演.
会水 huìshuǐ　泳ぎが上手である.〔水很急总得～的才敢下去〕水(流)が激しいから,泳ぎ達者でなければ入らない.
会说 huìshuō　話が上手である.弁舌が立つ.〔～话〕同前.〔～(的)不如会听(的)〕諺話し上手より聞き上手.
会所 huìsuǒ　①団体・会の事務所.　②住宅地内のコミュニティーセンター.集会所.
会谈 huìtán　会談(する).〔～纪要〕会談メモ.議事録.〔这次～方意见完全一致〕今回の会談で,双方の意見は完全に一致した.
会堂 huìtáng　議事堂.公会堂.講堂.〔人民大～〕北京天安門広場の西側にある.
会帖子 huìtiězi　⇒〔打 dǎ 会②〕
会通 huìtōng　文完全に理解する.→〔融 róng 会貫通〕
会同 huìtóng　①一箇所に集合する.〔有关方面进行了研究〕関係部門が集められ共同で検討した.〔～签字〕立ち会い署名する.〔～办理〕一緒に処理する.　②古諸侯が天子に謁見すること.
会头 huìtóu　⇒〔会首〕
会务 huìwù　会議の開催・組織の運営などの仕事.またそれを担当する人.〔～组 zǔ〕運営事務局.〔～费 fèi〕会議参加費.
会晤 huìwù　面会する.
会衔 huìxián　複数の機関・部署が文書に連署捺印する.
会心 huìxīn　了解する.悟る:無言のうちに心を理解する.〔～的微 wēi 笑〕心が通じたほほえみ.〔别有～〕別に会得するところがある.〔令人～一笑〕してやったりと会心の笑みを浮かべる.
会须 huìxū　=〔会当〕白まさに…すべし.
会讯 huìxùn　立ち会い尋問(する)
会演 huìyǎn　=〔汇演〕
会厌 huìyàn　生理喉頭軟骨.会厭(えん)軟骨:ノドヒコと向き合う突起.
会要 huìyào　一朝代の制度沿革を記録したもの.
会议 huìyì　①会議.寄り合い.集い.集会.〔～厅 tīng〕会議室.〔～中心〕コンベンションセンター.〔～电话〕電話会議.〔举行～〕会議を行う.〔～结 jié 束了〕会議が終わった.〔主持～〕会議を司会(運営)する.〔全体～〕全員による会議.〔小组～〕小グループの会合.〔工作～〕業務会議.　②会務を協議し処理する常設機構.〔中国人民政治协商～〕中国人民政治協商会議.

会意 huìyì　①言外に理解する.納得する.〔看了她一眼～地说〕彼女を一目見て心中を察知して言う.　②気に入る.　③書〔六 liù 书①〕の一:2字以上を合わせて意味を作り出すもの.例えば,戈と止を合わせて武(ほこをとり戦場に行く)とするなど.〔～字〕会意文字.
会阴 huìyīn　=〔口〕海 hǎi 底②〕生理会陰(えん).〔～側 cè 切术〕〔側刀〕医会陰切開(術)
会印 huìyìn　二人以上の役人が公文書に捺印すること.
会友 huìyǒu　①会の仲間.　②交わりを結ぶ.〔以文～〕文章のよしみで友と交わりを結ぶ.
会元 huìyuán　旧科挙制度における〔会试〕に首席で合格した者.
会员 huìyuán　会員.会員.〔～国〕会員国.加盟国.〔～卡〕会員カード.〔～证 zhèng〕会員証.〔～价〕会員優待価格.→〔会友①〕
会葬 huìzàng　大勢の会葬する.会葬する.
会展 huìzhǎn　イベント.会議と展覧会.〔～经济〕同前を開いて利益を期待する経済的行為.〔～业〕コンベンション産業.
会战 huìzhàn　①会戦:双方の主力がある地区で,ある期間行う大兵団の決戦.　②〈転〉力を結集してある事業にあたること.〔开创中国石油工业广阔前景的大～〕中国の石油工業の広々とした未来を開く大会戦.→〔会师②〕
会章 huìzhāng　会則.
会长 huìzhǎng　=〔文〕会 zǒng 正〕会長.〔副 fù ～〕副会長.〔名誉～〕名誉会長.
会钞 huìchāo　=〔会钞〕(料理屋などで)飲み代を出す.勘定をもつ.〔你把账单子写好了,我回头来～就是了〕お前つけを書いておけ,ぼくが後で支払うから.〔～字额〕
会诊 huìzhěn　立ち会い診察する.〈喩〉指導部と専門家が共同で方策を出す.
会正 huìzhèng　=〔会长〕
会址 huìzhǐ　①団体組織の所在地.　②開催地.
会众 huìzhòng　①会合に集まった人々.大会参加者.　②旧民間の結社などに参加した人.
会子 huìzi　困紙幣の一種.
会子 huìzi　ちょっとの間:主観的には相当な時間.〔两人说了～〕二人はしばらく話した.〔还要等～〕まだ相当待たなきゃならん.
会奏 huìzòu　文連署して上奏する.
会足 huìzú　⇒〔会期〕

[浍・澮] huì
=〔～河〕地①河南から安徽に入り洪澤湖に入る.　②山西にある汾河の支流.　= kuài

[荟・薈] huì
〈文〉①草木の茂るさま.　②集まる.〔～集 jí〕同前.
荟萃 huìcuì　粋(に)を集める:〔会萃〕〔汇萃〕とも書く.〔～一堂〕えりぬきのものが一堂に会する.〔这是一次亚州电影艺术的大～〕これはアジアの映画芸術の精粋の大集合である.

[绘・繪] huì
=〔缋〕絵を描く.彩色する.図を引く.〔～彩 cǎi 色图 tú 画〕彩色画を描く.〔此 cǐ 图三日～成〕この図は三日でできあがる.→〔画 huà ②〕
绘画 huìhuà　①絵画:〔画①〕に同じ.〔～展览会〕〔画展〕画展.〔～纸〕画用紙.〔～颜 yán 料〕絵の具.→〔图 tú 画〕　②絵を描く:〔画②〕に同じ.
绘声绘色 huìshēng huìsè　⇒〔绘影绘声〕
绘事 huìshì　〈文〉絵に関すること.
绘图 huìtú　①作図する.製図する.図を引く.〔～板〕画板.〔～仪 yí〕製図儀.　②電算ペンタブレッ

huì 绘烩桧沫海晦哕翙恚贿彗篲嘒慧槥秽硊溃阓繢殨靧惠

ト.タブレット.〔~软件〕ドローソフト.

绘影绘声 huìyǐng huìshēng =〔绘声绘色〕〈成〉姿や声が見え聞こえるように巧みに描写すること:〔声绘影〕〔绘形绘色〕ともいう.〔~地介绍〕如実に紹介する.

绘制 huìzhì 製図する.〔~蓝图〕青写真を描く.

〔烩・燴〕 huì 〈食〉①濃い汁に片栗粉を加えてどろっとしたあんを作り,材料と一緒に煮立てる料理(法).〔杂 zá ~〕〔什 shí 锦〕各種の材料を同前の方法で作った料理.②米や麺類にいろいろな具を混ぜて煮る料理(法).

烩饼 huìbǐng 〈食〉餅(き)と具を一緒に煮たもの.〔烩面〕は餅のかわりに麺にしたもの.→〔杂 zá 烩〕

烩饭 huìfàn 〈食〉混ぜ飯(き).五目飯.

烩面 huìmiàn →〔烩饼〕

〔桧・檜〕 huì 人名用字.〔秦 qín ~〕囚忠臣岳飞を獄死させた南宋の奸臣.→ guì

〔沫〕 huì 〈文〉顔を洗う.→ mèi

〔海・誨〕 huì 〈文〉〔教え導く.教え諭す.〔教~〕同前.〔~人不倦 juàn〕〈成〉人を倦(う)むことなく教える.いざなう.そそる.

海淫海盗 huìdào huìyín 盗にいざない淫をそそる.〔諺〕財物を所有して貯蔵のしかたをおろそかにすれば人に盗心をおこさせ,女性がみだりに装えば人の淫欲をそそる:〔海谆海盗〕ともいう.

海谆 huìyù 教え諭す.教え諭す.教訓する.

〔晦〕 huì ①(旧暦で)毎月の最終日.つごもり.→〔晦明〕②〈文〉暗くて見えない.〔吹 chuī 去了一夜的~沉 chén 之气〕一夜の暗くんだ空気を吹き払った.〔隐~〕暗いところに隠れている.③〈文〉暗夜(の暗い).〔风雨如~〕雨風で暗夜のようだ.④〈文〉隠す.隠れる.

晦暗 huì'àn 〈文〉暗い.うす暗い.

晦迹 huìjī 〈文〉跡をかくす.

晦蒙 huìméng 〈文〉暗闇にとざされている.

晦明 huìmíng 〈文〉暗いと明るい.夜と昼.曇と晴.

晦冥 huìmíng 〔晦暝〕とも書く.〈文〉暗やみ.

晦气 huì-qì ①〔倒气 dǎo ~〕不運(である).〔~星 xīng〕不吉の神.貧乏神.〔真是一件~的事〕ほんとについていない.〔认 rèn 了~了〕不運とあきらめた.②さえない顔色.生気のない顔つき.

晦日 huìrì つごもり.みそか.

晦涩 huìsè 文章が難しくて意味の通じにくい(こと)

晦朔 huìshuò ①つごもりとついたち. ②〈文〉日暮れから夜明けまで.

〔哕・噦〕 huì〔~~〕〈擬〉鈴のリズミカルな音.→ yuě

〔翙・翽〕 huì〔~~〕〈文〉鳥のはばたく音.

〔恚〕 huì 〈文〉恨む.怒る.〔~忿 fèn〕同前.〔~其无礼〕その無礼を怒る.〔闻言大~〕その言を聞いて大いに怒る.

恚恨 huìhèn 〈文〉恨む.

〔贿・賄〕 huì ①財貨. ②賄賂(を贈る).まいない(する).〔受 shòu ~〕賄賂を受け取る.〔行 xíng ~〕〔送 sòng ~〕賄賂をする.〔~案 àn〕収賄事件.

贿金 huìjīn =〔贿款〕賄賂としてのお金.

贿款 huìkuǎn 同上.

贿赂 huìlù 賄賂(を贈る).まいない(を贈る).〔受人的~〕他人から賄賂を受け取る.〔我~~他吧〕彼に袖の下を使ってみよう.〔~公行 xíng〕賄賂が公然と行われる.→〔暮 mù 夜金〕

贿买 huìmǎi 賄賂で買収する.

贿选 huìxuǎn 買収で当選をはかる(こと)

贿赠 huìzèng (財貨や贈り物の)賄賂を贈る.

〔篲(彗・篲)〕 huì〈文〉ほうき.

彗核 huìhé 灭彗星(歳)の本体.

彗尾 huìwěi 灭彗星の尾.

彗星 huìxīng 灭彗星.ほうきぼし:〔长 cháng 星〕〔扫星 sàozhōu 星〕〔帚 zhǒu 星〕ともいう.

〔篲〕 huì →〔地 dì 肤〕

〔嘒〕 huì 〈文〉①微小なさま. ②かすかに明るいさま.

〔慧〕 huì ①さとい.賢い.〔聪 cōng ~〕同前.〔貌 mào 若不~〕顔つきは賢くなさそうだ.〔智 zhì ~〕知恵. ②〈姓〉慧(り)

慧根 huìgēn 〈喩〉天性の知恵:も仏教用語.

慧敏 huìmǐn さとく賢い.

慧目 huìmù ⇒〔慧眼〕

慧黠 huìxiá 〈文〉敏捷にして機知に富み,狡猾である.

慧心 huìxīn 心のさとさこと.さとい心:もと仏教用語.宇宙の真理を達観し得る空閾明朗な心.

慧眼 huìyǎn =〔慧目〕〈喩〉鋭い目力.鋭い眼力:もと仏教用語.〔~识 shí 妖〕鋭い眼力で悪を見抜く.

〔槥〕 huì 〈文〉小さくて粗末な棺.〔~椟 dú〕同前.

〔秽・穢〕 huì ①汚い.汚れている.〔污wū ~〕同前.〔~物 wù〕汚物. ②下品である.醜悪である.醜い. ③〈文〉雑草がはびこっている.

秽德 huìdé 〈文〉悪徳行為.

秽迹 huìjī 〈文〉醜い行跡.ふしだらな行い.

秽乱 huìluàn 女色などにおぼれ道徳を乱すこと.

秽气 huìqì 臭気.悪臭.

秽水 huìshuǐ 汚水.

秽土 huìtǔ ①塵埃.ごみ.〔垃 lā 圾①〕 ②宗(仏教の)穢土(き).現世:〔净 jìng 土①〕に対している.

秽闻 huìwén 〈文〉醜聞.スキャンダル.〔~四播〕醜聞が広く流布される.

秽污 huìwū 汚い.汚れている.

秽亵 huìxiè 卑猥(か)である.汚くて下品である.

秽行 huìxíng 〈文〉みだらな行為.醜悪な行為.

秽语 huìyǔ 〈文〉下品な言葉.汚い言葉.

〔硊〕 huì 地名用字.〔石 shí ~镇〕囲安徽省蕪湖市にある.

〔溃・潰〕 huì =〔殨〕傷が膿(も)みただれる.→ kuì

溃脓 huìnóng 化膿する.膿む:〔殨脓〕とも書いた.

〔阓・閿〕 huì →〔阛 huán 阓〕

〔繢・繢〕 huì ⇒〔绘〕

〔殨・殨〕 huì ⇒〔溃〕

〔靧・靧〕 huì 〈文〉顔を洗う.〔~面 miàn〕同前.

〔惠〕 huì ①恵み(の).思いやり(る).〔互 hù ~〕互いに利益を与え合う.〔受了人家(の)~,得報答人家〕人の恩を受けたら,その人にお返ししなければならない.〔法律~人亦制人法律は人を制する反面,人を制約する. ②〈尊〉自分に対する他人の行為.〔~复 fù〕ご返事(下さる). ③やさしい.おとなしい.〔贤 xián ~〕(女性が)同前. ④〈姓〉恵(り)

惠爱 huì'ài 〈尊〉慈しみ可愛がって下さる(こと)

惠赐 huìcì〈尊〉恵み賜る.〔请即～荐书一封〕〈牘〉何とぞ推薦状賜りますようお願い申し上げます.

惠存 huìcún ＝〔赐 cì 存〕〈尊〉お手元にお留め置き下さい：人に記念として写真・書籍などを上げる時、その物に包み紙に書く.→〔指 zhǐ 正〕

惠而不费 huì ér bùfèi〈成〉恩んでも大した費えにはならない：大した費用をかけずに実利を得ること.

惠风 huìfēng〈文〉(春先に吹く)穏やかな風.〔～和畅〕〈成〉同前が吹く.

惠顾 huìgù ご愛顧.〔敬清～〕ごひいき賜りますように.(商店用語)

惠函 huìhán〈尊〉お手紙(を賜る)

惠及 huìjí 恩恵を及ぼす.情けをかける.〔～远方〕恩恵が遠い所にまで及ぶ.

惠寄 huìjì〈尊〉ご送付(いただく).ご恵送(賜る)

惠鉴 huìjiàn〈尊〉ご高覧(を賜る)

惠莅 huìlì〈尊〉ご来臨(賜る)

惠临 huìlín〈尊〉ご光臨(下さる).ご光来(下さる).〔日前～,失迎为歉〕〈牘〉過日はご光臨賜り(不在で)お出迎えも致さずまことに失礼致しました.

惠灵顿 huìlíngdùn 地 ウェリントン：〔新 xīn 西兰〕(ニュージーランド)の首都.

惠示 huìshì〈牘〉指示(下さる)

惠氏(标准)螺纹 huìshì (biāozhǔn) luówén ＝〔韦 wěi 氏螺纹〕工 インチ制ねじ：一部に用いられる丸ねじの標準溝形.

惠允 huìyǔn〈尊〉お許しをいただく.

惠赠 huìzèng〈尊〉物をいただく.ご寄贈いただく.

[谫・讗] huì ⇒[憓]

[㵎] huì 地 安徽省にあった古代の川：廬江の支流.

[憓] huì ＝[谫]〈文〉従順.

[蕙] huì ①植 トンコウマメ：〔～草 cǎo〕は通称.香草の一種.〈～心〉〈喩〉芳しく潔白な心.〔～质 zhì〕〈喩〉同前の性質.〔～心状 wǎn 质〕〈成〉女性の純心でしとやかなこと. ②〈姓〉蕙.

蕙草 huìcǎo 植 トンコウマメ：マメ科の薬用植物.

蕙兰 huìlán 植 シュンランの一種：〔夏 xià 兰〕〔九 jiǔ 节兰〕(イッケイキュウカ)は別称.

[蟪] huì

蟪蛄 huìgū 虫 ニイニイゼミ.〔～不知春秋〕同前は春生まれたのは夏、夏生まれたのは秋に死ぬ.→〔蝉 chán ①〕

[喙] huì〈文〉鳥獣のくちばし.〈転〉人の口.〔不容 róng 置～〕〈成〉くちばしをはさむことを許さない.〔无庸 yōng 置～〕参計なくちばしを入れる必要なし.〔百～亦不能稍辞其咎 jiù〕いかに言い逃れしようとしても、その罪は免れない.〔～长三尺〕〈喩〉大ほらを吹く.

hun ㄏㄨㄣ

[昏(昬)] hūn ①夕暮れ.日暮れ.〔黄～〕たそがれ.〔晨～〕〔晨夕〕朝晩. ②暗い.〔天～地暗〕〈成〉天地冥冥.あたりが真っ暗なこと.③頭がぼんやりする.愚かである.頭の鈍い.〔发～〕心が乱れる.気が変になる.頭がまいがする.目がくらむ.目がはっきりしない.〔头～脑胀〕目まいがして頭がくらくらする.⑤気が遠くなる.〔哭 kū 得一过去了〕気が遠くなるほど泣いた.⑥古く〔婚〕に通用された.

昏暗 hūn'àn ぼんやり暗い.〔～不明〕暗くて定かでない.〔灯光～〕あかりがほの暗い.〔心地～,不明事理〕気持ちがぼんやりして道理がわからない.

昏沉 hūnchén ①暗い.ぼうっとしている.〔暮色～〕夕やみがせまってぼうっとして暗くなる. ②頭がぼうっとしている.もうろうとしている.〔他发高烧,昏昏沉沉地睡了两天〕彼は高熱を出してこんこんと二日間眠り続けた.

昏倒 hūndǎo 気を失って倒れる.昏倒する.

昏定晨省 hūndìng chénxǐng ⇒[晨昏定省]

昏官 hūnguān 愚昧な役人.

昏黑 hūnhēi ほの暗い.〔天色～〕空がうす暗い.

昏花 hūnhuā 目がかすむ(こと).〔老眼 yǎn ～〕老眼で目がかすむ.

昏话 hūnhuà 馬鹿げた話.たわごと.〔口吐 tǔ ～〕ちゃらんぽらんな言葉を吐く.

昏黄 hūnhuáng (空や明かりが)薄暗い.(黄砂などで)曇っている.

昏昏 hūnhūn ①暗いさま. ②もうろうとしている様子.〔～欲 yù 睡〕〈成〉眠気を催す.ひどく眠い. ③頭がふらふらしているさま.〔终 zhōng 日～〕一日中ぼうっとしている.

昏镜重磨 hūnjìng chóngmó〈成〉くもった鏡を磨きなおす.〈喩〉光明が再度見える.

昏厥 hūnjué ＝〔晕 yūn 厥〕医 人事不省(になる).気絶(する).失神(する).〔～休 xiū 克〕

昏君 hūnjūn ①暗愚の君主. ②〈罵〉物の道理のわからぬやつ.ばかやろう.

昏聩 hūnkuì 目がかすみ耳が遠い.〈転〉愚昧である.〔～不明〕事理に疎い.

昏乱 hūnluàn ①頭がぐらぐらして意識不明になる. ②社会が混乱している.

昏茫 hūnmáng ①ぼんやりと暗い. ②ぼんやりする.

昏眊 hūnmào〈文〉目がかすむ.ぼんやりする.もうろうする.

昏瞀 hūnmào〈文〉①おろおろとうろたえる. ②もうろうとしているさま.

昏昧 hūnmèi〈文〉①心が乱れくらんで物事がわからない. ②暗い.ぼんやりしている.

昏蒙 hūnméng〈文〉①暗い. ②暗愚である.

昏迷 hūnmí ぼうっとする.意識がはっきりしない.〔～不醒 xǐng〕意識が戻らない.→〔昏沉②〕

昏睡 hūnshuì 意識不明になる.昏睡状態になる.〔～病〕眠り病：脳病める.

昏死 hūnsǐ 気絶する.気を失う.〔疼 téng 得几次～过去〕痛みのために何度か意識不明になった.

昏天黑地 hūntiān hēidì〈成〉①真っ暗で先が見えないさま. ②(人間の)無知で頭が混濁していること.〔这么大了还是～地不懂事〕こんなに大きくなってもまだ無知で事をわきまえない. ③物事が秩序を失い混乱するさま.社会が暗黒なさま. ④意識がもうろうとしてはっきりしないさま.気が遠くなるさま. ⑤生活が乱れるさま.〔过着～的生活〕乱れきった生活をする. ⑥争って大騒ぎするさま.

昏头昏脑 hūntóu hūnnǎo〈慣〉頭がはっきりしない.ぼうっとする.〔昏头涨 zhàng 脑〕ともいう.〔浑 hún 头浑脑〕〔混 hùn 头混脑〕とも書いた.

昏头转向 hūntóu zhuànxiàng ⇒[晕 yūn 头转向]

昏王 hūnwáng〈文〉無道な君主.

昏星 hūnxīng 天 日没後西方に現れる金星や水星.

昏眩 hūnxuàn 目まいがして頭がくらむ.

昏夜 hūnyè 暗夜.やみ夜.

昏庸 hūnyōng 愚昧である.〔老朽～〕老いぼれてもうろくしている.

昏愚 hūnyú ぼんくらである.おろかである.

昏晕 hūnyūn めまいがする.気が遠くなる.

昏着(儿) hūnzhāo(r)〔昏招(儿)〕とも書く.冴えな

い手.うっかりミス:(碁や将棋での)ポカ.悪手.

[惛] hūn 〈文〉考えがはっきりしてない.頭の鈍い.ぼけている.
惛惛 hūnhūn 〈文〉①黙々と精励するさま. ②ぼうっとするさま.頭がふらつくさま.
惛眊 hūnmào 〈文〉頭がぼけ目がかすむ.老い衰える.

[阍・閽] hūn 〈文〉①門.宮門.〔叩 kòu ~〕門をたたく. ②門番.〔~人〕〔~者〕〔司 sī ~〕同前.

[婚] hūn 結婚(する).〔成 chéng ~〕結婚が成立する.縁組みがととのう.〔上~〕囧釣り合いのとれた良縁.〔下~〕囧不釣り合いな縁組み.〔骗 piàn ~〕結婚詐欺師.〔~内财产〕夫婦が築いた財産.〔~前财产〕結婚前に夫婦がそれぞれ所有していた財産.〔新 xīn ~〕新婚.〔结 jié ~〕(する).〔~床 chuáng〕新婚初夜(の床).〔~房 fáng〕新婚夫婦の住む家.〔~后感情〕夫あるいは妻の相手に対する感情.〔赖~〕婚約不履行.〔离~〕離婚(する).〔重 chóng ~①〕重婚.→〔亲 qīn ④〕
婚保 hūnbǎo 〔婚前保健〕の略.
婚变 hūnbiàn 婚姻上のトラブル,またその発生:多く離婚のことを指す.〔发展到~了〕離婚騒動に発展した.
婚典 hūndiǎn 結婚式.婚礼.
婚对 hūnduì ⇒〔婚配〕
婚嫁 hūnjià 〈文〉嫁娶り.
婚假 hūnjià 結婚休暇.
婚嫁 hūnjià 嫁取りと嫁入り.縁組み.結婚.
婚检 hūnjiǎn 結婚前の健康診断.〔婚前检查〕の略.〔~站 zhàn〕同前の指定医療機関.
婚介 hūnjiè 結婚紹介の略.〔婚介介绍〕の略.
婚礼 hūnlǐ 結婚式.婚礼.〔举 jǔ 行~〕結婚式を挙げる.〔~请柬〕結婚式招待状.
婚恋 hūnliàn 結婚と恋愛.
婚龄 hūnlíng ①結婚年齢. ②法定結婚年齢. ③結婚年数. ④婚期.適齢期.年ごろ.
婚配 hūnpèi 〔婚对〕配偶者を得る.婚姻を結ぶ.→〔结 jié 亲〕
婚期 hūnqī 婚礼の期日.
婚前保健 hūnqián bǎojiàn 結婚前の健康診断と衛生指導:〔婚保〕は略称.→〔婚检〕
婚庆 hūnqìng 結婚の式典.婚礼.〔~市场〕ウエディングマーケット.ブライダル市場.
婚娶 hūnqǔ 妻をめとる.嫁を取る.
婚丧 hūnsāng 婚礼と葬式.〔~庆 qìng 吊〕冠婚葬祭.〔~嫁娶〕婚礼.葬式.嫁入り.嫁取り.
婚丧礼吊 hūnsāng lǐdiào 慶弔の礼儀.〔除了照例的~而外,并没有密切的交往〕(老·四·慢 2)決まりきったお祝いやお見舞のとき以外にはとりたてて親しいつきあいはない.
婚纱 hūnshā ウエディングベール.ウエディングドレス.〔~结婚纪念写真(ビデオ).〕〔~摄 shè 影厅〕〔~影 yǐng 楼〕結婚記念写真館.
婚生子女 hūnshēng zǐnǚ 嫡出子.
婚事 hūnshì ①結婚に関すること.→〔红 hóng 事〕②婚談.
婚书 hūnshū 囧結婚の契約書:赤い紙に金の竜鳳の模様が入れてある.〔龙 lóng 凤帖〕ともいう.
婚俗 hūnsú 結婚の風習.
婚托 hūntuō 〔-儿〕結婚紹介所とぐるになって結婚斡旋の片棒をかつぐ者.〔做~〕同前をはたらく.
婚外 hūnwài 婚外(の).〔~恋 liàn〕〔~情 qíng〕不倫.〔~孕 yùn〕婚外妊娠.
婚宴 hūnyàn 結婚の宴会.結婚披露宴.
婚姻 hūnyīn ①結婚.縁組み. ②〔~法〕囧婚姻法.〔~介绍所〕〔婚介所〕結婚相談所. ②〈文〉結婚し

た相手の家や家族.
婚约 hūnyuē 結婚の約束(をする).婚約(する).〔订立~〕婚約する.〔解 jiě 除~〕婚約を破棄する.
婚照 hūnzhào 結婚写真.

[荤・葷] hūn ①囧肉食.なまぐさ料理.〔大~〕囧肉類を主材料とする料理.〔开~〕精進開き(落とし)をする.〔不吃~〕なまぐさ料理を食べない.↔〔素 sù ~〕②においの強い野菜(ねぎ·にら·にんにくなど).〔~辛 xīn〕同前(仏教徒がいう).〔五 wǔ 荤〕③〈喩〉低俗でみだらな言葉や文章.〔三~〕卑猥な話.下品な話.→〔黄 huáng ④〕→ xūn
荤菜 hūncài (肉などの入った)なまぐさ料理.↔〔素 sù 菜〕
荤炒 hūnchǎo 囧肉や魚などの入った炒め料理.
荤段子 hūnduànzi ⇒〔黄 huáng 段子〕
荤酒 hūnjiǔ 肉や魚などのなまぐさ料理と酒.〔不许入山门〕なまぐさものと酒は寺の門内へ持ち込んではならない:禅寺の山門側に石などに刻まれたりして立ててある文句.
荤口 hūnkǒu 下品なギャグ·せりふ.
荤食 hūnshí 〔なまぐさ料理〕を食べる
荤素 hūnsù なまぐさ料理と精進料理.
荤汤腊水(儿) hūntāng làshuǐ(r) 囧豚肉や油を使ったうまい汁.またその食べ物.〔乡下人成年价吃不着~〕田舎の人は一年中肉や油を使ったうまい食べ物にはありつけない.
荤笑话 hūnxiàohuà ⇒〔黄 huáng 段子〕
荤腥 hūnxīng 肉食品.なまぐさい食べ物.
荤油 hūnyóu ラード:〔猪 zhū 油〕に同じ.料理用の豚の脂.↔〔素 sù 油〕

[浑・渾] hún ①濁る.〔水~了〕水が濁った.〔~黄 huáng〕黄色く濁っている. ②愚かである.道理がわからない.〔混〕に同じ.〔犯~〕ばかな事をする. ③〈文〉一体となってぎている:〔混〕に同じ. ④自然のままである.純朴である.→〔浑厚〕〔浑朴〕⑤すっかり.まったく.〔~身是汗 hàn〕全身汗だらけ.〔~然不觉〕まったく気づいていない.〔谷 gǔ 穗低垂,~欲贴地〕穀物の穂が垂れてほとんど地面につかんばかりである. ⑥〈姓〉浑(ㄏ)
浑虫 húnchóng ⇒〔混蛋〕
浑大鲁儿 húndàlǔr 〈方〉無鉄砲である.〔~的孩子〕やんちゃな子供.〔这个小~〕このやんちゃぼうず.
浑蛋 húndàn ⇒〔混蛋〕
浑噩 hún'è ぼうっとしている.〔浑浑噩噩〕〈成〉ぼうっとしているさま.おろかなさま.〔那个小伙子,很是~的〕あの若者はたいへんにぶいやりしている.
浑厚 húnhòu ①実直である.正直である.〔天性~〕性質が正直だ. ②(詩や絵·書が)質朴で雄大である.力強い. ③〔~的声音〕深みのある声.〔声~〕声が太い.
浑话 húnhuà でたらめな話.筋の通らない話.
浑浑 húnhún 〈文〉①大きなさま. ②混乱しているさま. ③純朴なさま.
浑家 húnjiā 〈白〉①妻. ②妻子.家族.
浑金璞玉 húnjīn púyù あらがねと磨いてない玉.〈喩〉天性の美質:〔璞玉浑金②〕ともいう.
浑括 húnkuò 〈文〉ひとまとめにする.総括する.
浑愣 húnlèng 愚かで無鉄砲な人.
浑沦 húnlún ①宇宙生成の初め天地万物がまだはっきりわかれていないさま. ②丸ごと.
浑朴 húnpǔ 質朴である.朴実である.〔~纯洁的青年〕朴訥で純真な青年.
浑球儿 húnqiúr ⇒〔混球儿〕
浑然 húnrán ①一体になって区別のないさま.〔~一

浑珲豁混馄魂诨圂溷惛 hún~hùn

a 体]浑(ぇ)然一体となる.〔思想与感情~融 róng 成一体〕思想と感情とが渾然一体となる. ②全然.さっぱり.すっかり.まったく.〔~无知〕全く無知である.
浑人 húnrén ばか者.愚人.
浑如 húnrú そっくりである.まるでよく似ている.

b 浑身 húnshēn 体じゅう.全身:〔混身〕とも書いた.〔周 zhōu 身〕に同じ.〔~都是泥 ní〕全身泥まみれ.〔~发抖〕全身がわなわな(おののく).〔~解数 xièshù〕〔~成〕(身につけた)あらゆる技量.〔~是胆〕一身是胆〕全身が胆っ玉(大胆なさま).〔猪~上下都

c 是宝〕豚はどの部分も使えるもので捨てるところがない.
浑实 húnshí (子どもの)天真爛漫なさま.〔就是这么一个~的子〕この子ったらほんとに天真爛漫だ.
浑水摸鱼 húnshuǐ mōyú 〈成〉濁り水に魚をつか

d まえる.〈喩〉どさくさまぎれに稼ぐ.火事場どろぼうをする.〔浑水捞 lāo 鱼〕ともいう.〔混水摸鱼〕とも書いた.
浑水墙 húnshuǐqiáng 建しっくい壁.
浑说 húnshuō でたらめを言う.

e 浑似 húnsì 〔浑一似〕〈白〉そのままそっくりである.まったく…のようである.〔精神一个西王母〕元気のよいことが西王母そっくりだ.
浑天仪 húntiānyí ①⇒〔浑仪〕 ②⇒〔浑象〕
浑铁 húntiě まだ精錬されてない鉄.純鉄.

f 浑头浑脑 hútóu húnnǎo ⇒〔昏头昏脑〕
浑象 húnxiàng 〔浑天仪〕②圖天体の位置を測定するのに用いた器具.
浑小子 húnxiǎozi ばか野郎.〔阿 Q,你这个~!你说我是你的本家吗〕(鲁·Q1)阿 Q,このばか野

g 郎!わしがお前の同族だと.
浑一色 húnyīsè ⇒〔混 hùn 一色〕
浑一似 húnyīsì ⇒〔浑似〕
浑仪 húnyí=〔浑天仪〕①圖天体の運行を測定研究するのに用いた器具.〔天 tiān 球仪〕

h 浑元 húnyuán 〈文〉自然の気.宇宙の気.
浑圆 húnyuán 丸くて大きい.〔~的月亮〕まん丸なお月様.
浑浊 húnzhuó ①混濁している.〔~的水〕濁った水.↔〔明 míng 澈〕 ②愚かである.わけがわからない.

i ③俗世.

〔珲・琿〕 hún ①〈文〉玉(ぎょく)の名. ②地名用字.〔~春〕吉林省にある. → huī

〔豁・豁〕 hún 動リスの一種:〔灰 huī 鼠〕の古称.

j 豁鼠 húnshǔ ⇒〔黄 huáng 鼠〕

〔混(溷)〕 hún 〔浑②③〕に通用する.

混蛋 húndàn =〔浑虫〕〈口〉ばかもの.おろかもの:

k 〔浑蛋〕とも書く.
混球儿 húnqiúr 〈口〉ばかもの:〔浑球儿〕とも書く.
混水摸鱼 húnshuǐ mōyú ⇒〔浑水摸鱼〕

〔馄・餛〕 hún

l 馄饨 húntun =〔方〕抄 chāo 手(儿)〔元 yuán 宝汤〕〈方〉云 yún 吞〕食ワンタン:小麦粉をこねて薄くのばし,肉のあんを包んでゆでて食べる.形は〔饺jiǎo 子〕(ギョーザ)に似て小さい.〔卖~的挑 tiāo 子〕ワンタン売りの担ぎ荷.

m 〔魂(䰟)〕 hún ①魂.精神.〔魄 pò ①〕の古来,生きている人間は体に附き,死んで〔~〕は天に昇り〔魄〕は地に降りるとされる.〔~同前.〔灵 líng ~〕同前.〔民族~〕民族の魂.民族のこころ.〔花~〕花の精.〔~不附 xià

n 掉了〕〔吓得连~儿都没了〕驚いて胆(きも)をつぶす前

た.〔没了~儿〕@魂が抜ける.⑤気がふれる.〔~断 duàn 香消〕〈喩〉美人が死ぬ.〔灵 líng ②〕 ②〈姓〉魂(こん).
魂帛 húnbó 白絹に死者の生年月日時および死亡年月日時を書いた縦型の旗のようなもの.墓の側に埋めるか燃やす.
魂不附体 hún bù fùtǐ 〈成〉恐れおののいて気もそぞろになる.魂が消し飛ぶ.〔屁 pì 滚尿流〕
魂不守舍 hún bù shǒushè 〈成〉魂が抜け出る.放心する.上(ぅ)の空である.
魂车 húnchē =〔魂舆〕圖葬式の時に用いる舆(こし):中に衣冠を置き死者が乗ったさまを表す.
魂飞魄散 húnfēi pòsàn 〈成〉たまげる.魂がとび散る.〈喩〉非常に驚く:〔魄散魂飞〕ともいう.〔惊 jīng 得~〕魂も消えるほどにびっくりする.
魂飞天外 húnfēi tiānwài 〈成〉魂が天外に飛ぶ:驚きや恐れなどが非常の甚だしいこと.
魂轿 húnjiào 旧葬式の際,死者の位牌を乗せる舆.
魂灵 húnlíng 魂.→〔灵魂〕
魂魄 húnpò 魂.霊魂(ぅ).→〔魄〕〔三 sān 魂七魄〕
魂牵梦萦 húnqiān mèngyíng 〈成〉夢寐(ぉ)にも忘れない.ひどく気にかかる:〔魂蒙梦牵〕〔魂牵梦绕〕ともいう.
魂衣 húnyī 旧死者を祭る座の上に設ける衣冠.
魂舆 húnyú ⇒〔魂车〕

〔诨・諢〕 hún ざれごと(を言う).冗談(を言う).からかい(う).〔插 chā 科打~〕滑稽やしゃれを入れて人を笑わす.

诨词 húncí ざれごと.おもしろおかしい言葉.〔~小说〕困俗语体でおもしろおかしく書かれた小説:〔浑词小说〕とも書いた.講談・落語の類で,〔话 huà本〕(讲講史)〔评~〕(評-)など,〔说 shuō 话人〕(講釈師)の語りものの台本の総称.〔唱 chàng 浑〕
诨号 hùnhào あだ名:〔绰 chuò 号(儿)〕に同じ.
诨名 hùnmíng あだ名:〔诨号〕に同じ.

〔圂〕 hùn 〈文〉①豚小屋. ②厠(ゕゎゃ).

〔溷〕 hùn 〈文〉①豚小屋. ②厠. → 〔混〕

〔惛(惽)〕 hùn 〈文〉①乱す.騒がす.〔不敢以琐事相~先生〕小さなことで先生を煩わせかねます. ②混乱するさま. ③憂える.思い煩う.

〔混(溷)〕 hùn (I)〔混〕①混じる.混ぜる.〔~在一块儿〕一緒に混ぜる(混じている).〔在进口货里~装着毒品〕輸入品の中に麻薬をまぎれ込ませている. ②でたらめである.やたらにする. ③ごまかす.かたる.〔蒙~过关〕ごまかしてその場を逃れる.〔鱼目~珠〕〈成〉偽物を本物に見せかける. ④いいかげんに日を過ごす.お茶を濁す.〔现在不能再~日子了〕もうこれ以上のらりくらりしていくわけにいかない.〔~不过去〕せっぱつまった.〔~穿 chuān〕だらしな着る.〔整天胡~〕終日ぶらぶらして暮らす.〔~个资格〕何とか資格を取る. ⑤互いに行き来する.
(II)〔溷〕〈文〉①真偽が入り混じる.偽ってまじる.かたる. ②混濁している.汚れている. → hún

混编 hùnbiān 混合編成(する).混成(の).
混成 hùnchéng 混ざってできあがる.一体となってきあがる.〔~旅团〕軍混成旅团.
混充 hùnchōng なりすます.名前をかたる.ごまかす.〔~内行 háng〕くろうとにすります.〔要严密注意防备有人~有关人员入场〕関係者の名にまぎれてこっそり入場することを防ぐよう厳重な注意を要する.
混沌 hùndùn 混沌.カオス:伝説で,宇宙ができる前

hùn 混

の万物の形象がまだわかれていないさま.〔~学 xué〕カオス学.〔~理论〕カオス理論.

混饭 hùnfàn ①いいかげんなことをして飯にありつく(仕事はあまりしないで,ただ金銭がもらえようなこと).ごまかして世間を通る:実際そうでなくても自分のことを謙遜していうことも多い.〔不过在机关里挂个名~吃罢了〕名を出しているだけの(いいかげんな)役所勤めだ.②暮らしのために稼ぐ.〔现在人浮 fú 于事,~很不容易〕今時は人が余っているのだからめしの種にありつくのは容易じゃない.→字解(I)④

混纺 hùnfǎng 紡①混紡(する).②混紡した織物.

混肥机 hùnféijī 肥料配合機.

混分儿 hùn fēnr 点数稼ぎする.〔有些学生平时根本不用功,得过且过地~,以为只要能拿到毕业文凭就行了〕学生の中には平素は全然勉強せず,行き当たりばったりで学生とは名ばかりのことをやっていて,卒業証書が手に入りさえすればよいのだと考えている者もある.

混汞法 hùngǒngfǎ アマルガム法.

混号 hùnhào ⇒〔诨号〕

混合 hùnhé ①混合(する).混同(する).〔~泳 yǒng〕泳(水泳)のメドレー.〔~双打〕混合ダブルス.〔~语〕混合語.〔~动力汽车〕ハイブリッド車.HV車.→〔搅 jiǎo 拌〕 ②化混合(す る).〔~比〕混合比.〔~物 wù〕混合物.→〔化 huà 合〕

混和 hùnhé 混和する.まぜ合わせてととのえる.

混合面儿 hùnhémiànr 夾雜(まじり)物の多い雑穀粉.

混合水泥 hùnhé shuǐní 混合セメント:ポルトランドセメントに鉱滓・花崗岩粉末・珪藻白土などを混合したもの.

混合台 hùnhétái 量词.トラクターの台数計算単位:馬力によらず実際の台数による.〔自 zì 然合〕ともいう.→〔标 biāo 准台〕

混话 hùnhuà でたらめな話.ばかげた話.

混混 hùnhùn ①濁っているさま.〔~浊浊〕同前.②一時しのぎをする.ごまかす.〔像我们这些庸材,只好~罢了〕ぼくらのようなこんなつまらん人間がその日暮らしをしているぐらいが関の山だ.

混混儿 hùnhùnr ⇒〔混子〕方ごろつき.遊び人:〔二 èr 流子〕に同じ.→〔江 jiāng 湖客〕

混迹 hùnjì 人なかに紛れ込む.〔~人群进行偷窃〕人群れに紛れ込んで,すりを働く.

混交林 hùnjiāolín 林2種(以上)の樹をまぜて植える.〔~林〕混交林.

混进 hùnjìn 潜入する.ごまかして入り込む.混じる.混ぜる.

混赖 hùnlài ごまかして人に(罪を)なすりつける.〔一味~不肯认错〕ごまかすばかりで誤りを認めようとしない.

混乱 hùnluàn 混乱(する・させる).〔~不堪 kān〕目もあてられないほど混乱している.〔思想~〕考えが混乱する.

混茫 hùnmáng〔混芒〕とも書く.(情景が)ぼうっとしてかすんでいる.うす暗くれこめている.

混名 hùnmíng ⇒〔诨名〕

混凝剂 hùnníngjì 凝固剤.

混凝土 hùnníngtǔ コンクリート:〔砼 tóng〕ともいう.〔钢 gāng 筋~〕鉄筋コンクリート.〔浇 jiāo 灌~〕コンクリートを流し込む.〔(~)搅拌车〕コンクリートミキサー車.

混频管 hùnpínguǎn 電混合管.

混然 hùnrán ①混乱したさま.②とけ合って一体となったさま.

混扰 hùnrǎo ごたごたかきまわす.

混认 hùnrèn〈文〉でたらめな自白をする.〔畏 wèi 刑~〕拷问を恐れててたらめな自白をする.

混日子 hùnrìzi →字解(I)④

混入 hùnrù 混入する.紛れ込む.

混声 hùnshēng 音混声.〔~四部合唱〕混声四部合唱.

混事 hùnshì 食うために何かして稼ぐ.口過ぎの稼ぎをする.〔一由儿 yóur〕暮らしの道をさがす.

混世魔王 hùnshì mówáng〔喩〕①世を騒がせる大悪人.②やんちゃな子供.手のつけられない腕白.

混手儿 hùnshǒuzi ⇒〔混混儿〕

混熟 hùnshú よく知っている.懇意である.〔我们还没有跟老百姓~〕我々はまだ農民たちとあまり懇意にはなっていない.

混双 hùnshuāng 又(テニス・卓球などの)(男女)混合ダブルス:〔混合双打〕の略.

混说 hùnshuō 口からでまかせを言う.

混堂 hùntáng 古共同浴場.→〔池 chí 汤〕

混糖 hùntáng 食砂糖を入れた小麦粉で作った食品.〔~馒 mán 头〕甘いマントー.

混天撩日 hùntiān liàorì〈方〉むやみにさわぐさま.〔你~,在外头干的好事,只当我不知道吗?〕でたらめをやってよそで悪いことをしているのを俺が知らないとでも思っているのか.

混同 hùntóng ①ごちゃ混ぜにする.②混同する.

混头混脑 hùntóu hùnnǎo ⇒〔昏 hūn 头昏脑〕

混为一谈 hùn wéi yītán〈成〉一緒くたにする:〔并 bìng 为一谈〕という.

混文凭 hùnwénpíng 卒業証書目当てにいい加減な勉学をする.

混响 hùnxiǎng 残響.〔~放大器 qì〕リバーブアンプ.

混淆 hùnxiáo 入り混じる.(正邪が入りまじり)混乱する.ごっちゃにする.〔~视听〕〈成〉世論をまどわす.〔~黑白〕〈成〉黒白をことさら混同する.〔~是非〕〈成〉是と非を混同させる.

混星子 hùnxīngzi〈方〉ごろつき.よたもの:飯にありつけそうな所を探してはさすらうやくざもの.

混悬 hùnxuán 化懸濁(液).〔~液 yè〕懸濁液.

混血儿 hùnxuě'ér 混血児.合いの子.ハーフ.

混穴物 hùnxuèzhǒng 混血人種.

混养 hùnyǎng (異なる種類の動物を)交ぜて飼う.

混业 hùnyè 異なる業種.〔~经营〕同前の経営(する).〔金融~〕金融企業が証券・保険をも同時に扱うこと.

混一 hùnyī〈文〉融合し一体となる.

混夷 hùnyí ⇒〔犬 quǎn 戎〕

混一色 hùnyīsè (マージャンで)字牌と1種類だけの数牌の組み合わせであがる役:〔浑 hún 一色〕ともいう.→〔清 qīng 一色〕

混元 hùnyuán〈文〉天地の開きはじめ.

混杂 hùnzá 混在している.入り混じっている.〔鱼龙~〕良い好い人も,怪しい人も入り乱れている.

混战 hùnzhàn 乱闘(の).〔一场~〕入り乱れた戦い.〔军阀~〕軍閥の混戦.

混账 hùnzhàng 愚かだ.恥知らずだ:〔混帐〕とも書いた.〔好 hǎo~!〕〈罵〉バカ.〔~东西〕〈罵〉ばかもの.〔~话〕ばかな話.下劣な話.

混种 hùnzhǒng 合いの子.〔杂 zá 种①〕

混种 hùnzhòng ⇒〔混作〕

混浊 hùnzhuó 濁っている.澄んでいない.〔~的水〕濁っている水.

混子 hùnzi ①ならず者.ごろつき.〔营 yíng ~〕旧やくざな兵隊.兵士のくず.②⇒〔大 dà 王③〕

混作 hùnzuò 農混作:〔混 种 zhòng〕ともいう.→〔单 dān 作〕

huo ㄏㄨㄛ

〔耠〕 huō =〔耢②〕(田畑を)すく.〔~一地〕同前.〔~一个二三寸深就够了〕2,3寸の深さにすけばたくさんだ.
耠子 huōzi 農すきの一種:田畑の土を掘り起こし柔らかくする農具.すきより手軽に用いる.

〔騞・𬴂（劐）〕 huō〈文〉物が破裂する音.

〔锪・鎯〕 huō 工金属加工法の一.穴の切削加工.〔~一孔 kǒng〕穴ぐり(をする).

〔劐〕 huō ①〔口〕物に刃を当てがい,すべらせて切る.〔~开〕切り開く.〔用刀~一,绳子就断了〕刀の刃をあてて押すようにすると縄は切れた.②⇒〔耠〕

〔嚄〕 huō へえ.ほう:びっくりした様子を表す.感動詞.〔~！他真勇敢〕ほう,彼は勇敢だなあ.〔~！这是怎么个意思〕ほう,こりゃどうしたことか. → huò ǒ

〔豁〕 huō ①破れ欠ける.裂け目ができる.切れて穴がある.〔堤坝~了个口子〕堤防に裂け目ができた.〔纽 niǔ 襻儿~了〕(中国服の)ボタンどめが切れした.②(一切を)投げ出す.犠牲を惜しまずる.〔~着命地干〕命を投げ出してやる.必死になってやる.〔~出一天工夫去办〕一日をつぶして処理にあたる.〔~着一点牺 xī 牲也要把敌人的据点拿下来〕多少の犠牲を払っても敵の拠点をこちらのものにする必要がある.〔把房产都~出去了〕家産をすっかりつぎ込んだ. → huá huò

豁鼻子 huōbízi〔方〕(秘密を)暴く.すっぱぬく.ばらす.
豁出去 huōchuqu 捨て身になる.体を張ってやる.必死でやる.〔如今事已至此,我也~了〕こうなったからには死ぬ覚悟だ. →〔破 pò 着〕
豁(唇)子 huō(chún)zi ⇒〔豁嘴(儿)②〕
豁口(儿) huōkǒu(r) 欠け目.欠けたところ.〔碗上有个~〕お碗に欠けがある.〔城墙~〕城壁を打ち抜いた通路.〔缺 quē 口〕
豁命 huōmìng ⇒〔拼 pīn 命〕
豁牙子 huōyázi ①間のすいた歯.門歯の抜けた歯.②同前の人.
豁子 huōzi ①〔口〕(ものの)破れてあいたところ.すき間.裂け目.〔墙 qiáng ~〕壁の割れ目.②同下②
豁嘴(儿) huōzuǐ(r) ①兎唇:〔唇 chún 裂〕に同じ.②同前の人:〔豁(唇)子〕ともいう.

〔攉〕 huō 積んであるものをすくって別の場所へ移す.〔~煤 méi〕石炭をすくって運ぶ.〔~一土〕土を運ぶ.→ huò
攉煤机 huōméijī 採用めパワーシャベル.

〔和〕 huó こねまぜる. → hé hè hú huò
和面 huómiàn 小麦粉をこねる.
和泥 huóní 泥をこねまぜる.

〔活〕 huó ①生きる.生活する.生存する.〔他还~着吗〕彼はまだ生きているか.〔~不了 liǎo〕死ぬだろう.〔死了的树又~了〕枯れた木が生き返った.〔有~头儿〕生きがいがある.〔他是~菩萨〕彼は生き仏だ.↔〔死 sǐ〕②生かす.救う.養う.〔~了无数〕数えきれないくらい人を助けた.③生き生きとしている.生気がある.活気がある.〔这一段描写得很~〕この一段は生き生きと描写されている.〔脑筋~〕頭が働く.④生きた状態で.生きたまま.〔~一

地压在沙土中〕生きたまま土砂に埋まった.⑤固定していない.取りはずし(変更)がきく.動揺している.ぐらついている.〔这是~的,可以卸 xiè 下来〕これは固定してなくて,取りはずしができる.〔~页文选〕取りはずしずに挟みこみにできる(ルーズリーフ式の)文集.⑥まるで.とても.全く.〔~像是真的〕まるで本物のようである.⑦〔-儿〕仕事.手仕事(一般に工農業生産,あるいは修理などの肉体労働).〔做 zuò ~儿〕同前をする.〔这个~儿做得真好〕この仕事(による生産品,または結果)は本当によくできてる.〔庄 zhuāng 稼~儿〕野良仕事.〔粗 cū ~儿〕荒仕事.〔重~儿〕力仕事.〔累 lèi ~儿〕しんどい仕事.〔细~儿〕細かい仕事.手の込んだ仕事.⑧手仕事による製品.細工物.〔箱子上面配着铜~〕箱には銅金具が取り付けてある.〔黄~〕回疱瘡神に供える黄紙で作った旗・天蓋・轎・馬など.
活靶 huóbǎ 回移動標的.
活靶子 huóbǎzi〈喩〉生きている標的:批判や非難の的である人間.
活扳手 huóbānshǒu 機自在スパナ.モンキースパナ:〔活搬子〕〔活动扳手〕〔活动扳头〕〔方〕活络扳头〕〔方〕螺 luó 丝扳子②〕〔方〕摄 shè 士班拿〕ともいう. →〔扳手〕
活版 huóbǎn 活版:〔活板〕〔活字版〕〔活字板〕ともいう.〔木 mù 版〕に対して,〔活字〕を用いた印刷版.〔~印刷〕活版印刷.
活瓣 huóbàn ⇒〔瓣膜①〕
活剥(皮) huóbāo(pí) 活きたまま皮をはぐ.〔活剥青蛙 wā〕カエルを同前.
活宝 huóbǎo おどけ者.ひょうきん者(けなしていう). →〔宝贝③〕
活报剧 huóbàojù 時事問題などのニュースを演じて伝える即興劇:街頭などでも演じられた. →〔街 jiē 头剧〕
活蹦乱跳 huóbèng luàntiào〈成〉ぴょんぴょんはねるさま:〔欢 huān 蹦乱跳〕に同じ.〔~的小孩〕元気よくとびはねる子供.
活便 huóbian〔口〕①敏捷である.機転がきく.〔那个小孩子很~〕あの子はよく気がきく.〔心思~的人不吃眼前亏 kuī〕機転のきく人はみすみす損をするようなことはない.②都合がよい.便利である.〔这件事这么办很~〕この事はこうやれば都合がよい.
活标本 huóbiāoběn 生き標本.生き見本.〔他是假共产主义者的~〕彼はえせ共産主義者の生き見本だ.
活剥生吞 huóbō shēngtūn〈成〉うのみにして融通のきかないこと:〔生吞活剥〕に同じ.〔只知~地谈外国〕外国のことをうのみにして語るだけだ.
活茬(儿) huóchá(r) 畑仕事.野良仕事.百姓仕事:〔农 nóng 活(儿)〕に同じ.
活衬(白纸) huóchèn(báizhǐ) 古本を裏打ちし装丁すること,またその白紙.
活裆裤 huódāngkù 服幼児のはく尻のところの割れているズボン.股割れズボン.〔老子参加革命的时候,你还穿~呢〕わしが革命に参加した時には,おまえはまだほんの子供だったんだよ. →〔开 kāi 裆裤〕
活到老学到老 huódàolǎo xuédàolǎo〈諺〉学問というものは死ぬまでのものとして終わりではないこと.生きている限り学び続ける:〔活到老学不了 liǎo〕ともいう.
活地图 huódìtú〈喩〉土地のすみずみまで詳しい人.
活地狱 huódìyù この世の地獄.生き地獄.
活顶针 huódǐngzhēn 機工作機械の回転センター:例えば,旋盤では主軸の方にあるセンター.〔方〕活顶尖〕ともいう.

huó 活

活动 huó·dòng ①運動する.(体を)動かす.〔散散步~~筋骨〕散歩に出て足腰をのばす. ②行動する.活動する.〔~半径 jìng〕行動半径.〔妇女~家〕女性活動家.〔儿 ér 童校外~室 shì〕生徒の校外活動拠点.〔~舞 wǔ 台〕④移動舞台.スライディングステージ. ③ぐらつく.動揺する.〔听他的口气,倒有点~了〕彼のロぶりからするといくぶん意見を変えたようだ.〔这个桌子直~〕このテーブルはぐらぐらしておしだ. ④(職業あるいはその他の目的のために)あの手この手を使う.運動する.奔走する.〔为了找工作他这回又到北京~去了〕就職のため,彼は今度また北京へ運動に行った. ⑤固定しない.組み立てで移動ができる.〔~模型〕移動型模型.〔~三脚架〕自由雲台(カメラを任意の方向に向けて固定し得る装置)つきの三脚.〔条文规定比较~〕条文の規定は割に融通性がある. ⑥活動.行事.催し.〔体育~〕スポーツ活動.〔政治~〕政治活動.〔举行各种~来记念节日〕各種の行事を催して記念日を記念する. ⑦活発(である).機敏(である).〔~性肺 fèi 结核〕圏開放性結核.〔他那个人很~,困不住的〕あの人間は機敏だからへこたれなんかしないよ.

活动房(屋) huódòng fáng(wū) 移動家屋.組み立て家屋.トレーラーハウス.〔全部铝 lǚ 质的~〕全アルミニウム製の組み立て家屋.

活动绞刀 huódòng jiǎodāo =〔活络绞刀〕機加減リーマー:直径の大きさを加減できる手回しの錐(きり).

活动气儿 huódòngqìr <方>①固定したものが動きそうな様子.気配. ②融通のきくよう.〔人家央求了这半天连个~也没有〕人があんなに長いこと頼み込んだのに融通はちょっともきかさないよ.

活动铅笔 huódòng qiānbǐ ⇒〔自 zì 动铅笔〕

活动桥 huódòngqiáo 建可動橋.〔平转桥〕(スインブブリッジ),〔吊り上げ式の昇開橋〕,〔开启桥〕〔坚旋桥〕(はね橋.跳開橋),〔旋转桥〕(旋開橋)などがある.

活度 húodù 化活動度.活量.

活而不乱,管而不死 huó ér bùluàn, guǎn ér bùsǐ <成>融通性はあるが混乱せず,統制しても融通のきかないやり方を取らない:指導者の正しい態度を指す.

活法 huófǎ 生きる方法.生きざま.〔变 biàn 个~〕生きかたを変える.

活泛 huófan <口>①機転がきく.融通がきく.〔心眼~〕気がきく. ②=〔活分〕金銭にゆとりがある.〔这年头~的人到处吃香〕この時世では懐具合のよい人はどこでもできる. ③=〔活分〕活気がある.

活分 huófen <方>①うまく動く.動きがいい. ②同上②③.

活佛 huófó ①圏生き仏.高僧に対する敬称.<転>神通力を持った僧. ②=⇒〔呼 hū 图克图〕

活该 huógāi =〔非难·叱责·罵りの気持ちで〕当然のことだ.あたりまえだ.巡り合わせだ.自業自得だ.いいきみだ.ざまを見ろ.〔他死了,~!〕あいつが死んだのはあたりまえだ,ざまを見ろ. ①〔该死〕〔该着〕②;〔挨 ái 刀②〕 ②<方>運命で決められている.この世のさだめである.

活工钱 huógōngqian ⇒〔计 jì 件工资〕

活工资 huógōngzī 業績手当.

活孤孀 huógūshuāng 同下.

活寡 huóguǎ =〔活孤孀〕夫と生別している女性.<喩>後家同様の女性.〔守 shǒu ~〕同前の暮らしをする.

活广告 huóguǎnggào 生きた広告:モデルが実際に宣伝している.〔活动广告〕ともいう.

活荷载 huóhézài 建活荷量.

活化 huóhuà 圏活性化(する).

活话(儿) huóhuà(r) ゆとりのある話.確定的でない約束.〔他临走留下个~,说也许下个月能回来〕彼は出がけに来月は帰れるかもしれないがと言葉をにごしていた.

活化石 huóhuàshí 生きた化石.

活活(儿) huóhuó(r) ① =〔活生生②〕生きながら.無惨に.みすみす.〔吃人的封建礼教把她~地断送了〕人を食う封建の礼教は無惨にも彼女の命を断った. ②まるで.てっきり.すっかり.〔你呀,~是个半疯儿〕おまえは,まったく半分気がおかしい.

活火 huóhuǒ 燃え盛っている火.炎の出ている炭火.

活火山 huóhuǒshān 活火山.

活计 huóji ①手仕事:針仕事・刺繍など.〔针线~〕同前. 〔~管 pǒ 箩儿〕柳の枝で編んだ針仕事の道具を入れる籠(かご). ②手工芸品. ③一般の仕事(肉体労働). ④暮らし向き.

活价 huójià 〔~儿〕経①自由価格. ②価格を上げ下げする.

活检 huójiǎn ⇒〔活组织检查〕

活见鬼 huójiànguǐ ①<喩>何とも不思議なことにあう(がおこる). ②奇妙千万である. ③けしからんやっ.しゃくの種.〔你真是~〕お前は本当にけしからんやつだ.

活见证 huójiànzhèng 生き証人.

活校 huójiào (校正で)原稿の誤りを直しつつ赤を入れる. →〔死 sǐ 校〕

活教材 huójiàocái 生きている教材.現実に即している教材.

活接头 huójiētóu ⇒〔管 guǎn 套节〕

活结 huójié 引き解き結び:引っぱれば解ける結び目.〔活扣(儿)〕〈方>活襟 kuì〕ともいう. →〔死 sǐ 结〕

活节管 huójiéguǎn 機受口管.ソケットパイプ.

活节针 huójiézhēn 連結ピン.

活局子 huójúzi <方>(人を陥れようと仕組んだ)わな.〔捏 niē 好~了〕うまく狂言をでっちあげた.〔这是个明摆着的~,你怎么会看不出来呢〕これはわかりきった罠なのにどうしてそれがわからないのか.

活剧 huójù 活劇.②<喩>劇的な事件.〔一幕 mù ~〕芝居のような出来事.

活口 huókǒu ①(人を)養う.食わせる.〔养家~〕家族を養う. ②<喩>救済者. ③(殺人事件での生き証人. ④(情報を提供できる)捕虜·罪人. ⑤〔~儿〕逃れ道.余地.

活口气 huókǒuqì 言質(げん)を与えない言いぶり.

活扣(儿) huókòu(r) 引き解き結び:〔活结〕に同じ. ↔〔死 sǐ 扣儿①〕

活劳动 huóláodòng 経生きた労働.人間の労働. ↔〔物 wù 化劳动〕

活雷锋 huóléifēng 滅私奉公型の人物. →〔雷锋〕

活力 huólì 活力.元気.スタミナ.〔充满~〕生命力があふれている.

活量 huóliàng 物アクティビティー.

活灵活现 huólíng huóxiàn =〔活龙活现〕

活领 huólǐng ⇒〔安 ān 装领〕

活溜 huóliù <方>①ぐらぐらしている.固定してない. ②なめらかである.〔~的舌头〕よくまわる舌.

活龙活现 huólóng huóxiàn =〔活灵活现〕<成>生き生きとして真に迫る:〔活龙活虎〕ともいう.〔演得~〕実に真に迫った演技だ.

活路(儿) huólù(r) ①活路.生計方法.〔他穷得连一条~也没有了彼は貧乏でまったく生活の道がない. ②解决の道.打開策.

活路 huólu 仕事.肉体労働.〔粗细~〕力仕事と手

活 huó

活轮 huólún ⇒〔游 yóu 轮〕

活络 huóluò ①(思想が)円転滑脱で拘泥せず滞らない.〔~人〕敏腕家.やり手.行動人. ②言うことが明確でない.〔~话不保准〕あやふやな話を認めるわけにはいかない. ③(器物の部品が)ゆるむ.〔轮子~了,要紧一紧螺丝〕車輪がゆるんだ,ネジ釘をしめなければならない.〔上了年纪,牙齿也有点~了〕年をとったので歯が少しぐらぐらしだした.

活络扳头 huóluò bāntou ⇒〔活扳手〕

活络绞刀 huóluò jiǎodāo ⇒〔活动铰刀〕

活埋 huómái 生きたまま埋める.生き埋めにする.

活卖 huómài ⇒〔典 diǎn 卖〕

活门 huómén ①〈文〉活路.逃げ道. ②⇒〔阀 fá 门〕

活门儿 huóménr 旧娘を人の妾として売りつけた後,娘の家族がその家に出入りすることができるような約束になっている場合にいう〔活门子〕ともいう.↔〔死 sǐ 门儿〕

活命 huómìng ①生命.命.〔别把它打死,留它一条~吧〕それをぶち殺すな,命を助けてやれ. ②生きていく.命をつなぐ.〔过去遇到荒年,农民就只能吃树皮草根来~〕昔は,凶年になると農民は木の皮や草の根を食べて命をつなぐよりほかなかった. ③〈文〉命を守る.命を助ける.〔~恩人〕命の恩人.〔~哲学〕命あっての物種(絶)という考え方.

活墓 huómù 存命中に建てる墓.

活腻 huónì 生活に飽きる.生きるのに飽きる.

活泼 huópō 活発である.活気がある.〔人很~〕性格がはなはだ活発だ.〔这篇报道文字~〕この新聞記事は生き生きとしている. ②化反応.

活菩萨 huópúsà 生き仏.

活期 huóqī 国当座.〔~放款 kuǎn〕当座貸し付け.〔~贷款市场〕コール市場.〔~存 cún 款 ⓐ〕普通預金.ⓑ当座預金.〔~储 chǔ 蓄〕当座貯蓄.→〔定 dìng 期 ②〕

活棋 huóqí ①(囲碁で)生きている石. ②〈喩〉活気ある局面.

活气 huóqì 生き生きした気分.生気.〔充满了~〕活気があふれている.

活契 huóqì 買い戻し可能の旨を記載してある家屋・土地などの売買契約.

活钱(儿) huóqián(r) 〈口〉①生きた金.手持ちの現金.〔把~变为死钱〕生きた金を死に金にしてしまう. ②(ちょっとした)臨時の収入.

活泉 huóquán 水のわき出る泉水.

活人 huórén 生きている人.↔〔死 sǐ 人〕 ②人を生かす.人命を救う.

活人妻 huórénqī 〈方〉旧夫が生きているのに再婚した女性の称.

活塞 huósāi 国ピストン:〔鞲 gōu 鞴〕は旧称.〔~环 huán〕〔~胀圈〕〔~涨圈〕〔胀圈〕国ピストンリング.〔~销 xiāo〕国ピストンピン.〔液 yè 压~〕水力ピストン.油圧ピストン.ハイドロリックピストン.〔侧 cè 缘~〕スカートピストン.

活丧 huósāng 生前葬.

活色生香 huósè shēngxiāng 〈喩〉生き生きとしたさま.

活神仙 huóshénxiān 何の愛いもなく悠々自適の人.仙人のような人.

活生生 huóshēngshēng ①生き生きしている.生々しい.〔亲自体验~的事实〕自ら生き生きとした事実を体験する.〔~的例子〕生々しい例. ②⇒〔活(儿)①〕

活食[~儿] huóshí[~r] ①生き餌. ②〈喩〉個人(労働や経営による)収入.

活石灰 huóshíhuī ⇒〔石灰ⓐ〕

活受罪 huóshòuzuì 〈口〉死ぬにも死ねず,生きて苦しみを受ける.

活数 huóshù 変動する数.不確定な数.

活栓 huóshuān ⇒〔旋 xuán 塞〕

活水 huóshuǐ わき出る水.または流れ動いている水.

活思想 huósīxiǎng その時々に生まれる思想.〔情况在不断地变化,~也不断地产生〕状況は絶えず変化し,その時々の考えも絶えず生じる.

活死人 huósǐrén 生気のない人間.生けるしかばね.〈骂〉ぐず,のろま.

活似 huósì 生き写し(の).よく似ている.

活套 huótào ①すぐ解ける結び目.→〔活结〕 ②〈方〉融通がきく,軟化した.〔轻重一比较,她的话就~得多了〕態度の厳しさを比較して見ると,彼女の口ぶりはだいぶ軟化してきた. ③着勢式(の).取りかえ自由(の)

活套子 huótàozi ①各方面に活用できる格式. ②〈方〉世慣れた人.交際ずれした人.

活体 huótǐ 生体.生命体.

活头儿 huótour 生きる楽しみ.生きがい.〔我还有什么~!〕いまさらおれに何の生きがいがあろう.

活土层 huótǔcéng 農耕作した後の軟らかくなった土層.

活脱 huótuō ①[-儿]生き写しである.瓜ふたつである.〔猛一瞧,~就像他父亲(ふと見るとまったく父親に生き写しだ). ②生き生きしている.活発である.

活脱脱 huótuōtuō 生き生きしているさま.

活物 huówù 生き物.〔经济是一具~〕経済は生き物だ.

活现 huóxiàn 生き生きとして現れている.躍如としている.〔好像古代美人天~在我眼前了〕あたかも昔の美女が生きて眼の前に現れているようだ.〔他把角色那种放浪不羁的性格都~出来〕彼は役柄のそうした奔放不羈(³)の性格を生き生きと表現した.

活像 huóxiàng まるで…のようである.〔他~个官僚〕あいつは官僚そっくりだ.→〔好 hǎo 像①〕

活心 huóxīn 芯が動いている.〔~铅 qiān 笔〕〔自 zì 动铅笔〕シャープペンシル.

活性 huóxìng 化活性.〔~染料〕反応染料.〔~炭〕活性炭.〔~食品〕活性菌入り食品.〔~水〕活性水.

活学活用 huóxué huóyòng 〔成〕実際と結びつけて学び,実際にうまく運用する.

活血 huóxuè 中医血液の循環をよくする.〔~化瘀 yū〕同前でうっ血をほぐす.〈喩〉動きをよくする.活性化する.

活血丹 huóxuèdān カギドオシの類.

活阎王 huóyánwang 生きた閻魔.〈喩〉暴君.極悪人.

活氧水 huóyǎngshuǐ オゾン水.→〔臭 chòu 氧〕

活样板 huóyàngbǎn 生きた手本.

活字典 huózìdiǎn 薬の生き字引き.

活页 huóyè ①ルーズリーフ.〔~薄 bù 子〕ルーズリーフ式帳簿.〔~笔记本〕ルーズリーフ式ノート.〔~夹〕ルーズリーフ用バインダー.〔~文选〕ルーズリーフ式文集.〔~装钉,可以增加页数〕ルーズリーフ式にすればページ数を増加することができる. ②ちょうつがい.

活叶鲜枝 huóyè xiānzhī 〈喩〉生き生きとしているさま.

活用 huóyòng 活用する.

活鱼 huóyú 活魚.

活跃 huóyuè ①活発である.〔市场〕市場が活気を呈する.〔他很~,学习也很认真〕彼は活発で,勉強の方も非常に真面目だ.①にぎやかになる.ざわつく.〔这一下船上可~了〕それで船の中がざわついて

きた.⑧盛んにする.元気をつける.[业余演戏嘛,就为～工厂生活]しろうと芝居だからね,工場の生活を活発にするのがねらいだ.

活宰 huózǎi ①畜殺する.屠殺する.②<喩>粗悪品・偽物をつかまされる.

活着(儿) huózháo(r) ①(囲碁・将棋の)妙手.②<喩>融通性のある手段・計画.

活证 huózhèng 生きた証拠.人はにその記録など.

活质 huózhì 生命原生質.活性質.ビオプラズマ.

活转 huózhuǎn 蘇生する.

活装板 huózhuāngbǎn 蝶番(ちょうつがい)板.

活捉 huózhuō 生け捕りにする.

活字 huózì 活字:古くは木製あるいは銅製.[～版]活版.[～版印刷]活版印刷.[～号]活字号数.[新五号～](印刷)新5号活字:9ポイント活字にあたる.[～合金]アンチモンの入っている活字合金.→[铅 qiān 字]

活字典 huózìdiǎn [喩]生き字引き:[<文>行 xíng 秘书]に同じ.[他是一本～]彼は生き字引きだ.

活租 huózū 収穫量に応じて額の変わる年貢:定額のものを[死 sǐ 租]という.

活组织检查 huózǔzhī jiǎnchá 医バイオプシー.生検.[活检]は略称.

活嘴 huózuǐ ⇒[旋 xuán 塞]

活罪 huózuì 生きながらの苦難.→[活受罪]

[火] huǒ ①火.[灯～]ともし火.[点～]①火をつける.[灭 miè ～]火を消す.[～大]火が強い.[文～]とろ火.[武 wǔ ～]強火.[<方>笼 lóng ～]<方>火を起こす.[～生～]<方>火をおこす.[借～儿]火を借りる.[玩～自焚(成)～自業自得.[屋里生了两个～]部屋の中にストーブを二つ焚く.[把～搬出去]火のおきたこんろを外へ出す.②火事.[着 zháo ～]火事になる.[一场大～]一つの大火事.[防～]火を防ぐ.火の用心をする.③銃砲.弾薬.[军～]武器弾薬.[开～](儿)]発砲する.戦闘を開始する.[走～]①暴発する.④火力.動力.[～犁 lí]トラクター:[拖 tuō 拉机]の俗称.[～儿]立腹.いきり立つ.激情.逆上.[动 dòng ～](动怒)怒り出す.[冒～]④かっとなる.[一句话把他惹～了]一言で彼を怒らせた.⑥(火のように)盛んである.火急である.熱烈である.[火急如～][慢火がついたら気をもむ.[比其他演员～]他の俳優より人気が上回る.[最～的作品]最も有名な作品.[急如星～]<文>焦眉の急.火急情勢が切迫しているさま.⑦赤い色の形容.[～红]①真っ赤な.⑧中医のぼせ.熱・いらいらなどの病因となるもの:[六 liù 淫]の一.[上～]①同前がのぼせ.⑨<文>焼く.[～书]その書面を焼く.[～而化 huà 之]<喩>死ぬ.⑩古兵制で兵5人,または10人を[一～]といい,炊飯を共にした.後には[一伙]と書いた.→[火伴①] ⑪[姓]火(か)

火拔子 huǒbázi ⇒[拔火儿]

火把 huǒbǎ ～[火 míng 子]松明(しょうみょう):[火炬]①[火枝]ともいう.[松明]前.[打起～]松明をつける.[～节 jié]彝(い)族など少数民族の火祭り.

火坝 huǒbà ⇒[炉 lú 桥①]

火伴 huǒbàn 同じ釜の飯を食った戦友.→[字解⑩][伙伴②]

火棒 huǒbàng 火の舞い:遊戯の一種で暗い場所で松明(しょうみょう)を打ち振りながら舞う.

火爆 huǒbào ①(性格が)激しやすい.怒りっぽい:[火爆]とも書く.[～性子]激しい性格.気が荒い.②同下①.

火爆 huǒbào <口>①盛んである.にぎやかである:[火爆]とも書く.[牡丹开得真～]牡丹の花が真っ

盛りだ.[这一场戏的场面很～]この芝居の場面はとてもにぎやかだ.

火笔画 huǒbǐhuà 加熱された金属棒で竹板に模様を画いたもの.

火表 huǒbiǎo ⇒[电 diàn 度表]

火并 huǒbìng 仲間割れして争う.[双 shuāng 方～起来]双方が仲間割れして争いだした.

火勃 huǒbó <方>勢いの盛んなこと.[如果有事还是人多显着～]事ある場合やはり人間の多い方がずっと威勢がある.

火彩 huǒcǎi ①[～儿][劇][火纸媒儿](火つけ紙)を折りたたみ,その中に精製松やにの粉末を置き火をつけたもの:旧劇ではこれで失火や神怪幽鬼などの出現を示す.②[宝石の]輝き.光沢.

火叉 huǒchā 火かき.

火柴 huǒchái ①マッチ:[<方>洋 yáng 火][<方>洋取灯儿][<方>自 zì 来火]は旧称.[安全～](赤燐)マッチ.安全マッチ.[划 huá ～]マッチをする.[一根～]マッチ1本.[一盒～]マッチ1箱.[～盒]マッチ箱.[～棍儿]マッチの軸(棒).→[取 qǔ 灯儿].②<文>松明(たいまつ)

火铲 huǒchǎn 十能(じゅうのう):[火产]とも書く.

火场 huǒchǎng 火事場.火事の現場.

火车 huǒchē ①汽車.[～车厢](汽車の)車両.[～渡轮]列車連絡船.[～皮][车皮]貨車(の車体).[～票]汽車の乗車券.[～时刻表]列車時刻表.[～司机]機関士.[～站](鉄道の)駅.ステーション.[～座](レストランなどで)背の高いソファー式の座席.[开 kāi ～]汽車を運転する.②固火攻め用戦車.

火车(上)交(货) huǒchē(shàng) jiāo(huò) 商鉄道貨車渡し.FOR.[～价 jià(格)]同前価格.→[货车交(货)]

火车头 huǒchētóu ①(汽車の)機関車:[机 jī 车]ともいう.②<喩>(皆の)先頭に立つ人(物):[作用]牽引車の働き.率先垂範的の働き.[带 dài 头作用]ともいう.[革命是历史的～]革命は歴史をひっぱるものだ.

火车站交(货) huǒchēzhàn jiāo(huò) ⇒[车站交(货)]

火撑子 huǒchēngzi ⇒[火架(儿)]

火城 huǒchéng ①武漢,また重慶の別称.②<喩>[火锅②]の店:[火锅馆]ともいう.

火成岩 huǒchéngyán 国火成岩:[岩浆岩]ともいう.

火炽 huǒchì ①(仕事・勝負・演技などに)気合いが入る.[这出武戏打得真～]この剣劇は立ち回りにたいへん気合いが入っている.②盛んである.にぎやかである.

火冲冲 huǒchōngchōng いらいらするさま.かっかすするさま.

火铳 huǒchòng ⇒[火枪]

火葱 huǒcōng 国ラッキョウ:[藠 jiào 子][薤 xiè]ともいう.

火瘅 huǒdān 中医[丹 dān 毒]の別称:[火丹]ともいう.[赤 chì 游瘅]游走性丹毒.

火蛋白石 huǒ dànbáishí 国ファイアオパール.

火挡 huǒdǎng 炉の周囲を囲っておく鉄板.

火刀 huǒdāo ⇒[火镰]

火底 huǒdǐ 火事の燃え残り.余燼(よじん).

火点(儿) huǒdiǎn(r) ⇒[四 sì 点火(儿)]

火电 huǒdiàn [火力发电]の略.[～厂][～站][火力发电]火力発電所.

火疔疮 huǒdīngchuāng 腫れ物.

火毒 huǒdú ぎらぎら光を放っている.[～的阳光]ぎらぎらと照りつける太陽.

火 huǒ

火堆 huǒduī うず高く積んだたきぎなどの火.
火法冶金 huǒfǎ yějīn 回乾式冶金.
火房子 huǒfángzi 回物乞いや浮浪者などの集まる最下等の安宿.→〔鸡 jī 毛店〕
火夫 huǒfū ①回火夫.かまたき.機関員.汽船のファイアマン.ディーゼル船のワイパー.②⇒〔伙夫〕
火盖 huǒgài ⇒〔盖火〕
火工 huǒgōng ①鋳造・精錬などの作業.またその費用.②(鉱山・工事現場で)爆薬を扱う仕事.またその費用.
火攻 huǒgōng 火ぜめ.焼き打ち.
火工品 huǒgōngpǐn ⇒〔火具①〕
火钩(子) huǒgōu(zi) フックポーカー.火かき.鉄製の火かき棒.
火管 huǒguǎn 炎管.煙管.
火罐(子) huǒguàn(zi) =〔罐子②〕中医吸いふくべ.吸い玉;〔火罐儿〕ともいう.竹筒・陶器・ガラスなどで短い筒型に作ったもの.中に綿などを入れ点火し,それを皮膚に吸いつかせ悪血を吸い取らせる.〔拔 bá~〕吸いふくべをかける.〔起 qǐ~〕起罐(儿)同前をとる.
火光 huǒguāng 火の光.火の手.〔~冲天〕天をつくような火の手.
火棍(儿) huǒgùn(r) 火かき棒.〔~虽短,强于手拔拉〕<諺>火かき棒が短くても,手で(火を)かくよりはましだ.
火锅 huǒguō =〔锅子③〕〔暖 nuǎn 锅〕〔-儿〕ホーコーツ;金属や陶器の鍋で下部は五德の形をし炭火を燃やし,鍋の中に肉類野菜などを入れて煮て食べる器具.またその料理.②〔涮 shuàn 羊肉〕の別称.→〔边 biān 炉〕
火海 huǒhǎi <喩>大火.〔阵地上打成一片~〕陣地は一面火の海だった.
火海刀山 huǒhǎi dāoshān 〔刀山火海〕
火耗 huǒhào ①貨幣を鋳造するとき火にかけるために生じる銀の損失.②回地方官が税の上に勝手に上乗せして取り立てた私税.
火红 huǒhóng ①火のように赤い.真っ赤な.〔~的太阳〕真っ赤な太陽.②<喩>血の湧きかえる.〔~的青春〕燃えるような青春.
火后 huǒhòu 寒食(節)の過ぎたあと;冬至から105日目以後.暖く春めいてくる頃.→〔寒 hán 食(节)〕
火候(儿) huǒhou(r) ①火加減.煮え加減.〔这只鸡还欠点儿~,再焖半个钟头〕この鶏はまだ火が通っていない,もう30分ほど(とろ火で)煮なさい.〔她炒的菜,作料和~都很到家〕彼女の炒め物は,調味料も火加減もなかなかのものだ.②修養・学力の程度.〔他的书法到~了〕彼の書道はたいしたもんだ.③適当な時機.頃合い.〔正在战斗的~上,援军赶到了战斗的丁度いい頃合いに援軍が到着した.这个弹药送得正是~〕この弾薬が丁度いい時に送られてきた.④回道家で丹薬を練る火加減.→〔炉 lú 火純青〕
火狐 huǒhú ⇒〔赤 chì 狐〕
火花 huǒhuā ①火花.スパーク.〔~放电〕電火花放電.〔冒 mào~〕火花が散る.〔思想~〕ちらっと頭の中に浮かぶ考え.ひらめく.②花火.③⇒〔飞 fēi 蛾〕④<口>マッチ箱のラベル.
火花塞 huǒhuāsāi =〔火星塞〕〔音訳〕扑 pū 落③〕機点火プラグ.スパークプラグ.〔插 chā 头〕
火化 huǒhuà ①<文>物を煮る.火を通す.②火葬(にする).〔~场〕〔化(人)场〕火葬場.〔尸体已予~死骸は荼毘⑸に付した.→〔入 rù 土〕
火浣布 huǒhuànbù 石綿で作った耐火布.
火鸡 huǒjī シチメンチョウ(七面鳥).〔八 bā 鸡鸟〕〔吐 tǔ 绶鸡〕ともいう.

火急 huǒjí 火急の.非常に急いで.至急(電報などに用いる).〔十万~〕〔<文>万急〕大至急.〔~燎 liǎo〕<喩>いらいらする.じりじり焦る.〔~出发〕大至急出発する.
火棘 huǒjí 植タイトウカマツカ.〔窄 zhǎi 叶~〕ピラカンサス.
火计 huǒjì =〔火家〕<文>軍の炊事係.
火家 huǒjiā 同上.
火架(儿) huǒjià(r) =〔火撑子〕〔火支子〕炉や火鉢でやかん・鍋などをかける五徳(ごとく).〔三脚 jiǎo~〕三本足の同前.
火剪 huǒjiǎn ①(石炭などをつかむ)火ばさみ.→〔火钳〕②(パーマ用の)こて.ヘアーアイロン.
火碱 huǒjiǎn 回〔苛 kē 性碱〕
火箭 huǒjiàn ①ロケット.〔~炮 pào〕軍ロケット砲.〔~筒〕反坦克~炮〕バズーカ砲(対戦車ロケット砲).〔~发动机〕ロケットエンジン.〔~燃料〕ロケット燃料.〔~弹 dàn〕ロケット弾.〔~塔〕ロケット発射台.〔~干部〕喩ぐんぐん出世した幹部(のしていう).〔~导 dǎo 弹〕②古代の兵器の一種.火矢.③<喩>先端の尖った皮靴.〔~鞋〕先のとがった靴.
火箭靶 huǒjiànbǎ 軍高速空中標的;ロケットより発射され,標的の自身も噴射によって推進される.
火箭飞机 huǒjiàn fēijī ロケット式飛行機.→〔喷 pēn 气(式飞)机〕
火教 huǒjiào ⇒〔拜 bài 火教〕
火禁 huǒjìn ①火災防止に関する禁令.②回〔寒食(节)〕の禁火の習俗.→〔火后〕
火井 huǒjǐng 天然ガス坑.天然ガスを噴出する井戸;〔天 tiān 然气井〕ともいう.
火警 huǒjǐng ①火災.〔小~〕ぼや.〔~瞭 liào 望塔〕火の見やぐら.②119番;火災通報の緊急電話.〔~专用电话号码〕同前.→〔报 bào 警②〕
火镜 huǒjìng ⇒〔凸 tū 透鏡〕
火酒 huǒjiǔ ①⇒〔乙 yǐ 醇〕②<喩>アルコール分の強い酒.きつい酒.
火居道士 huǒjū dàoshì 回妻帯している道士.
火具 huǒjù ①(導火線・雷管など)起爆装置(総称);〔火工品〕ともいう.②古代,火を用いて攻撃する武器.
火炬 huǒjù ①松明(たいまつ).〔火把〕〔火枝〕〔明 míng 子〕②トーチ.〔~接力〕(オリンピックの)聖火リレー.〔~塔 tǎ〕聖火台.
火锯 huǒjù 機械のこ(鋸).
火炬计划 huǒjù jìhuà ハイテク産業化計画(1988年よりスタート).〔~一带 dài〕〔火炬带〕パイロットプラント地帯.
火炕 huǒkàng =〔暖 nuǎn 炕〕〔热 rè 炕〕(中国式)オンドル.→〔炕①〕
火坑 huǒkēng 火の燃えている穴.〔喩〕境遇の非常に困窮していること.〔落入~〕<喩>娼婦に身を落とすこと.
火控系统 huǒkòng xìtǒng 軍(ロケット・ミサイルなど)発射・制御システム.
火口 huǒkǒu 噴火口.〔~湖 hú〕回火口湖.
火筷子 huǒkuàizi =〔火箸〕火箸.
火辣 huǒlà 刺すような感じ;きつい辛さ・熱さ・痛み・性格など.〔~脾 pí 气〕きつい気性.〔说得~〕言い方がきつい.
火辣辣 huǒlàlà ①焼けつくように暑いさま.〔太阳~的,晒得地都烫人太陽がじりじり照りつけて地面は焼けつくようだ.〔手烫伤了,疼得~的〕手をやけどしてひりひりが痛む.②いらいらするさま.わくわくするさま.〔脸上~的,羞得不敢抬头〕顔がほてって恥

huǒ 火

ずかしくて顔があげられない.〔脸蛋儿~地烧〕ほおがかっかとほてる.③とげとげしいさま.

火老鸦 huǒlǎoyā〈方〉火事の際,空中を飛ぶ炎.

火烙 huǒlào 焼き印を押す.

火力 huǒlì 火力.火の力.火の勢い.〔~发电〕火力発電.〔~发电厂〕〔火电厂〕(火电站)火力発電所.軍火力.〔~圈〕火力の及ぶ範囲.〔~点〕〔发 fā 射点〕銃砲の発射起点.〔~掩护〕火力で援護する.

火力网 huǒlìwǎng ⇒〔火网〕

火镰 huǒlián =〔火刀〕旧火打ち金.鉄製の火打ち石.

火镰扁豆 huǒlián biǎndòu ⇒〔扁豆①〕

火亮(儿) huǒliàng(r)〈方〉火のひかり.ともし火.

火燎眉毛 huǒliǎo méimao ⇒〔火烧眉毛〕

火烈鸟 huǒlièniǎo ⇒〔焰 yàn 鹳〕

火流星 huǒliúxīng 〔火球〕

火龙 huǒlóng ①〈喩〉連なる火・灯火の形容.〔钢水像~似地从炉口流出来〕溶けた鋼が火の竜のように炉口から流れ出す.〔堤上的灯笼火把像一条~〕堤防の上では提灯やたいまつの火が竜のように延々と続いている.②〈方〉かまどから煙突に通ずる斜めの煙道.③⇒〔麦 mài 叶爪螨〕

火笼 huǒlóng 〔軍管〕=〔烘 hōng 盆〕

火炉(子) huǒlú(zi) ①こんろ.七輪.②暖炉.ストーブ.〔洋~〕洋式ストーブ.

火轮 huǒlún ①〈文〉太陽.②同上.

火轮船 huǒlúnchuán =〔火轮②〕旧汽船.〔轮船〕に同じ.

火麻 huǒmá ⇒〔大 dà 麻①〕

火麻袋 huǒmádài 大麻袋.ヘンプバッグ.

火麻仁 huǒmárén〔大麻①〕(ヘンプ麻)の種子:〔方〕大麻子〕ともいう.

火麦 huǒmài 早熟の小麦の一種.

火帽 huǒmào 軍雷管の先端帽.→〔雷 léi 管〕

火冒三丈 huǒmào sānzhàng〔成〕烈火の如く怒る.かっとなる.〔他看见不公平的事就~〕彼は不公平なことを見るとかっとなる.

火媒 huǒméi =〔~儿,~子〕点火用の火種.〔火捻(儿)①〕ともいう.〔火煤〕とも書いた.〔引 yǐn 柴〕(たつけ),〔火纸媒〕(火付け用の紙こより),〔火纸〕(硝石を塗った粗い紙)など.

火棉 huǒmián =〔火棉胶〕化パイロキシリン.綿火薬:〔棉花火药〕ともいう.〔~纸〕セロイジン紙.

火棉胶 huǒmiánjiāo ①薬コロジオン.〔珂 kē 罗酊〕は音訳.〔弹 tán 性〕弾性コロジオン.②同上.

火苗 huǒmiáo〔~儿〕〈口〉火炎.炎.→〔火头①〕〔火焰〕

火磨 huǒmó 動力製粉機.製粉機.

火泥 huǒní =〔火土〕旧耐 nài 火泥〕耐火粘土:〔火砖〕(耐火煉瓦)や〔坩 gān 埚〕(るつぼ)などの材料として用いられる.

火捻(儿) huǒniǎn(r) ①⇒〔火媒〕②⇒〔火纸媒儿〕

火奴鲁鲁 huǒnúlǔlǔ 地ホノルル:〔檀 tán 香山〕は別称.

火判官 huǒpànguān ①旧陶器で作った閻魔の庁の下役像.②火の神の creating いる書記役:北京城隍廟にある陶製鉄色の大人形で鐘尬(ょ)を腰掛けさせたようである.腹を大きく(ょ)ふくらせてあるので,〔大 dà 肚子〕の〔判官②〕

火炮 huǒpào 軍火砲.大砲.→〔炮①〕

火盆 huǒpén ①火鉢.②神仏を祭る時,紙(神紙)を焼くための火鉢.

火票 huǒpiào 都都から地方へ送付される緊急文書.

火拼 huǒpīn 仲間割れして争う:〔火并〕に同じ.〔有一百人死于内部~〕仲間割れして100人が死んだ.

火漆 huǒqī ⇒〔封 fēng 蜡〕

火器 huǒqì 軍銃砲など火薬を使う兵器.

火气 huǒqì ①怒気.かんしゃく.怒りやすさ.〔~大〕怒りっぽい.〔青年人谁没点儿~〕若いうちは誰だって少しはかんしゃくがでるもんだよ.②中医のぼせ・ほてり・いらいらなどを起こす体内の病因.③(演芸・道具などの)低俗で粗野なこと.どぎつさ.

火钳 huǒqián 鍛冶用やっとこ.家庭用の火ばさみ.

火枪 huǒqiāng ①暖房のため中を火が通るようにしてある壁.→〔壁 bì 炉〕②(ボイラー・かまど・炉の)火壜(ょ).=〔炉 lú 墙〕に同じ.③=〔火网〕(火災時の)火の壁.

火情 huǒqíng 火勢.火災の状況.〔~很重〕火事は非常に大きい.

火球 huǒqiú 火の玉.火の塊.

火圈 huǒquān 地球内部の灼熱した部分.

火儿 huǒr ①怒り.怒気.怒気.〔~了〕怒ってかっとなった.〔你哪儿来的这么大的~啊〕きみどうしてそんなにとんがっているのだ.

火热 huǒrè ①熱い.熱烈.火のような(情)熱.〔打得~〕ごく親密な関係になる.〔水深〕〈成〉水火の苦しみ.〔~的太阳〕焼けつくような太陽.〔~的斗争〕火花を散らす闘い.

火绒 huǒróng 火口(ぐち):火打ち石の着火物.〔~草〕植ウスユキソウの一種.

火伞 huǒsǎn〈喩〉炎熱の日光.

火色 huǒsè ①色火のような赤い色の).②〈方〉火加減.〔火候(儿)①〕に同じ.〔看~〕火加減を見る.→〔加 jiā 热火色〕

火山 huǒshān 地火山.〔~口〕噴火口.〔~岛 dǎo〕火山島.〔~锥 zhuī〕火山.火山錐.〔~灰 huī〕火山灰.〔~地震〕火山地震.〔活~〕活火山.〔休~〕休火山.②旧ダンスホールの俗称.

火山岩 huǒshānyán ⇒〔喷 pēn 出岩〕

火伤 huǒshāng(火炎による)やけど.→〔烫 tàng 伤〕

火上房 huǒshàngfáng〈喩〉退(ょ)っ引きならぬ状態.〔急 jí 得如同~〕退っ引きならぬ状態である.

火上加火 huǒshàng jiāhuǒ〈喩〉いやが上にも盛り上がる.

火上加油 huǒshàng jiāyóu 火に油を注ぐ.〈喩〉けしかける.〔火上浇 jiāo 油〕ともいう.

火烧 huǒshāo 火で焼く.焼き払うように撲滅する.〔~一迹地〕(森林の伐採した)跡地を焼き払う,またその焼き払った地.

火烧鳊 huǒshāobiān =〔胭 yān 脂鱼〕

火烧地 huǒshāodì 陽ひやけ地.

火烧火燎 huǒshāo huǒliǎo〈喩〉熱で体がほてる.〔身上热得~的〕体が熱で焼けつくようだ.〔心里急得~的〕心配でじりじりしている.

火烧眉毛 huǒshāo méimao =〔火燎眉毛〕〈喩〉非常に急迫すること.焦眉の急:〔火烧屁 pì 股〕ともいう.〔~顾 gù 眼前〕火急なので目先のことしか考えない.〔这是~的事〕これは一刻を争うことだ.

火烧云 huǒshāoyún 気夕焼け雲.朝焼け雲.

火烧 huǒshāo 食こねた小麦粉を円形あるいは四角の平たい形に焼きあげた食品:味つけをしてない点と表面にごまを振りかけてない点で〔烧饼〕と異なる.〔三角~〕三角形に作った同前.〔褡 dā 裢火烧〕

火舌 huǒshé 燃え上がる炎.〔风向骤 zhòu 变立刻阻止了~〕風向きが急に変わり,すぐに火の手を遮り止めた.

火 huǒ

火蛇 huǒshé 長くのびる火の列.
火身 huǒshēn [軍]火器の本体,すなわち銃身.砲身.
火神 huǒshén 火の神.[～菩 pú 萨]同前.[～庙]同前の廟宇.
火绳 huǒshéng ⇒[艾 ài 绳]
火石 huǒshí ①=[燧 suì 石]燧石(㈱)の通称.②ライターの石.火打ち石.
火食 huǒshí [文]火食する.食物を煮て食う.
火势 huǒshì 火勢.
火树银花 huǒshù yínhuā 多数の灯火または打ち上げ花火が盛んに光り輝くさま:[火树琪 qí 花]ともいう.
火速 huǒsù 大至急で.火急に.[军队～开拔]軍隊が緊急出動する.[～赶来！]早く来い.
火炭 huǒtàn 炭火.熾(㈱)
火塘 huǒtáng 〈方〉土間に掘った炉.囲炉裏.
火膛 huǒtáng 火室(㈱).
火烫 huǒtàng ①非常に熱い.焼けつくように熱い.②(髪に)こてをあてる.
火烫烫 huǒtàngtàng かっかと暑いさま.[～的阳光]かっかと照りつける太陽.
火田 huǒtián ①[文]野焼しで狩りをすること.②焼き畑.
火筒 huǒtǒng [旧]大砲.
火筒子 huǒtǒngzi トタン製のえんとつ.
火头 huǒtóu ①[-儿]火炎.火気.[豆油灯的～太小]豆油ランプの炎はとても小さい.→[火苗][火焰]②=[火主](火事を出した)火元.③火のつき易いものたとえ.④[-儿]火加減:[火候(㈱)に]同じ.[烧起菜来,～最要紧]料理には火加減が最も大切だ.⑤腹を立てている真っ最中の怒り.[你正在～上,就不能说话了,先把火儿压一压吧.]君は腹を立てているところだから話はできない,まず腹立ちを静めなさい.⑥[旧]炊事係.料理方.[～军]軍隊の同前.
火土 huǒtǔ ⇒[火泥]
火腿 huǒtuǐ [食]中国式ハム:豚の腿肉を塩漬けにし日光に晒(㈱)して作った.[上腿][北腿]などの種類がある.[金华～][茶 chá 腿]浙江省金華産のハム.[云 yún 腿][云腿]雲南ハム.[切片～]スライスハム.[夹面包的～]サンドイッチ用ハム.[罐 guàn 头～][～罐头]缶詰めハム.[鸡蛋～]ハムエッグ.[～(香)肠 cháng]ハム・ソーセージ類.
火碗 huǒwǎn 冬季,料理を冷やさぬために碗の下に皿を置きその中で焼酎(㈱)をたき碗中の菜を温めて食する食器.ひとりに1個ずつ供する.
火网 huǒwǎng [火力网]火網:弾丸が縦横に飛びかって網目のようになった火線.②⇒[火墙③]
火卫 huǒwèi ⇒[火星卫星]
火匣子 huǒxiázi ⇒[薄 báo 皮(棺)材]
火险 huǒxiǎn ①=[火(灾保)险]②火災の危険.
火线 huǒxiàn ①[軍]戦闘火線.〈喩〉生産の現場となる場所.②[電]活線.②ライブワイヤー:帯電している電線.⑥送電で電源となる電線:大地を－とし電線を＋としている＋側の導線.③大規模火災時の火の帯.
火箱 huǒxiāng ①ボイラーの火室(㈱).〈方〉火鉢:3本足の鍋の形のもの.→[火盆①]
火巷 huǒxiàng [軍]火災の延焼を防ぐ(ボイラーの)建物の間に設けた通路.
火硝 huǒxiāo [硝石]
火蝎子 huǒxiēzi =[小 xiǎo 蝎子]〈方〉さそりの小さいもの:さそりは小さいほど毒が強い.
火星 huǒxīng ①[天]火星:古書では[荧 yíng 惑②]といった.[～大冲]火星の大接近.[～卫星]火星の衛星:[火卫]は略称.②[-儿,-子]点々とした火.火花.
火星塞 huǒxīngsāi ⇒[火花塞]
火刑 huǒxíng 火刑.火あぶりの刑.
火性 huǒxìng かっとなりやすい気性.短気.[～子脾气]同前.[他没~,你怎么说他,他也不急]彼はかっとならない気性だ,きみがどんなに叱ろうといらだったりはしない.
火熊熊 huǒxióngxióng 火のぼうぼうと燃えるさま.
火眼 huǒyǎn [中医]急性結膜炎.
火眼金睛 huǒyǎn jīnjīng 孫悟空が八卦炉の中で焼かれ煙で真っ赤になった目.[転]一切を洞察する眼力.不正を見抜く力.
火焰 huǒyàn ①[-山]④[地]トルファンにある.⑥〈喩〉熱い場所.きびしい難関.[～淬 cuì 火法][～硬化法][工]火炎焼き入れ:表面焼き入れの一種.[～喷 pēn 射器]火炎放射器:[喷火器]に同じ.→[火苗][火头①]
火药 huǒyào 火薬.[～厂]火薬工場.[～库]火薬庫.[～棉 mián]ニトロセルロース.綿薬.硝化綿.硝酸繊維素.
火药味 huǒyàowèi [-儿]火薬のにおい.[这是一篇充满～的声明]これはきな臭さいっぱいの声明書だ.
火印 huǒyìn 焼印.
火油 huǒyóu 〈方〉灯 油:[煤 méi 油]に同じ.[～炉]石油(灯油)ストーブ.[～灯]石油(灯油)ランプ.[～汽机][油机]石油(灯油)エンジン.
火鱼 huǒyú [魚貝]カナガシラ(スジホデリ.ヒガンゾ)
火源 huǒyuán 火元.火災の原因.
火灾 huǒzāi 火災.[他家遭了～]彼の家は火事に遭った.
火(灾保)险 huǒ(zāi bǎo)xiǎn 火災保険.[～公司]火災保険会社.[给财产保～]財産に火災保険をかける.→[寿 shòu 险][水 shuǐ 险]
火葬 huǒzàng 火葬(する).[～场][火化场]火葬場:[化 huà(人)厂]は旧称.
火宅 huǒzhái [仏](仏教の)火宅(㈱):[煩悩(㈱)]にさいなまれる苦界.[～僧]本妻(妻帯している和尚).
火遮眼 huǒzhēyǎn 〈喩〉怒りで頭に血がのぼる.かっとなって我を忘れる.
火折子 huǒzhézi [旧]①夜道を行くときの明かり.②旧則で用いる灯道具.→[火彩①]
火着心 huǒzhexīn(r) とても乗りがする:[红hóng 着心]に同じ.[他～非去不可]彼はやる気満々でどうしても行こうと言う.
火针 huǒzhēn =[淬 cuì 针](針灸に用いる)焼き針:[烧 shāo 针]
火政 huǒzhèng [旧]消防に関する行政.
火枝 huǒzhī 松明(㈱):[火把][火炬][明 míng 子①]に同じ.
火支子 huǒzhīzi ⇒[火架(儿)]
火纸 huǒzhǐ ①硝石を塗った着火用の紙.麦わらや竹などを原料として作った.[～媒 méi 儿][火捻(儿)②][火纸捻儿][纸煤(儿)][纸捻儿②]"火纸"を中空のこより状にしたもの:点火しておいて火種とする.特に[水烟](水タバコ)を吸う時に用いる.これに一度火をつけておけば,タバコに火をつけると軽く息を吹きかければ炎をあげ,強く吹きかければ炎は消えてくすぶり続ける.→[火媒]②⇒[烧shāo 纸]
火钟 huǒzhōng 火災を知らせる鐘.半鐘.→[警jǐng 钟]
火中取栗 huǒzhōng qǔlì [成]他人に利用され危険を冒し馬鹿をみる.
火种 huǒzhǒng 火種.種火.[留下了革命的～]革命の火種を残した.

火烛 huǒzhú ①灯り. ②火の元.〔小心~〕〔~小心〕火の元に用心. ③火事.
火主 huǒzhǔ ⇒〔火头②〕
火柱 huǒzhù 火柱(ばしら).〔燃起~〕火柱が立つ.
火箸 huǒzhù ⇒〔火筷子〕
火砖 huǒzhuān 耐火煉瓦.〔耐nài火砖〕に同じ.

〔**伙・夥**〕huǒ （Ⅰ）〔伙〕①回兵制で, 兵5人, または10人を〔一火〕とし, 炊飯を共にした: 後には〔一~〕と書いた.→〔伙伴①〕 ②まかない. 日常の食事.〔起~〕〔台所を設けて〕炊事する.〔包~〕まかないを請け負う.→〔伙食（Ⅱ）〕〔夥〕①〔-儿〕仲間（集団）. 組. 群れ.〔人~儿〕仲間に入る.〔合~①〕組になる.〔散sàn~〕組を解散する.〔成群结~〕群れをなして組をつくる.〔大家（儿）〕〔大~（儿）〕みんな(で). 大勢(で). ②〔-儿〕仲間. 仕事仲間.〔同~〕仲間（になる）.〔店diàn~〕回店員. ボーイ.〔东~〕店の主人と店員.→〔伙计〕 ③〔-儿, -子〕量詞. 人の群れを数える.〔一~人〕一群の人々. ④組になる. 共同です る.〔同购买〕共同購入をする.〔我们~着买辆摩托车〕オートバイを仲間で買う.〔这块地两家~种〕この土地は2軒で組んで耕作する.〔~买一架缝纫机〕共同でミシンを1台買う. ⑤〔姓〕伙(ʰ)→〔夥〕
伙办 huǒbàn 一緒にやる. 共同で担当する.
伙伴 huǒbàn ①回同じ釜の飯を食った戦友. 仲間. つれ. パートナー.〔伙半②〕とも書いた.〔我小时候的~〕わたしが幼い時の仲間.〔~关系〕パートナーシップ.〔建设性~〕建設的なパートナー.
伙犯 huǒfàn 共犯者.
伙房 huǒfáng （軍隊・機関・企業・学校などの）炊事場.
伙夫 huǒfū 回（軍隊・機関・企業・学校などの）炊事係.炊事員.〔伙夫②〕とも書く.→〔炊 chuī 事员〕
伙耕 huǒgēng 共同で耕作する.
伙计 huǒji ①回店員. ボーイ. 作男:商店主・手工業経営者・地主に雇われた一人前の使用人.常雇い人.〔伙友②〕ともいう.〔伙家〕ともいう. ②仕事仲間・商売仲間に対する親しい呼称.〔这么着吧, ~, 我给三十五块钱吧〕〔老・骆〕こうしようじゃないか, お前さん, 35元あげよう. ③回情婦.
伙家 huǒjia 同上》
伙谋 huǒmóu 〈文〉共謀する.
伙骗 huǒpiàn 〈文〉ぐるになってだます. かたる.
伙食 huǒ·shí （公・共同のまたは下宿などの）食事. まかない. 食費.〔~费〕食費.〔~多少钱〕食費はいくら.
伙食津贴 huǒshí jīntiē 〔伙食补贴〕ともいう. 食事手当.
伙同 huǒtóng ぐるになる.〔~一气〕気脈を通ずる.〔~某国〕某国とぐるになる.
伙用 huǒyòng 共同で使用する.
伙友 huǒyǒu ①〔-儿〕商売仲間. 仕事仲間. ②⇒〔伙计①〕
伙种 huǒzhòng 共同で耕作する:〔伙耕〕に同じ.〔~分粮〕共同で耕作し, 収穫物を分ける.
伙住 huǒzhù 雑居する.
伙子 huǒzi 量詞. 組. 群れ:グループになったものを数える.〔一~贼zéi〕一組の賊.

〔**咮（吙）**〕huǒ 〈方〉ところ. 場所.〔咱~〕わたくしのところ.〔到你~去〕きみのところに行く.

〔**钬・鈥**〕huǒ ㊉ホルミウム:希土類金属元素.記号 Ho. ランタノイドの一.

〔**漷**〕huò 〔~县 xiàn〕㊉北京市通州区にある.→kuò

〔**夥**〕huò 〈文〉多い.〔受益者甚~〕益を受けるものが非常に多い.→〔伙〕

〔**或（㦯）**〕huò ①〈文〉ある人. あること.〔~日：何不一试〕ある人は試しにやってみてはどうかと言う.〔~告之曰：…〕ある人が…と言った.〔不言若hànkěn〕〔他们〕要提出一些问题来〕彼らはひょっとすると何か問題を持ち出すかもしれない. ③～あるいは…か…あるいは…: 名詞・動詞・形容詞などの間に置く.〔用铅－锡制造〕鉛あるいは錫で作る.〔买~卖都可以〕抵当にも入れるなり売るなりどちらでもよい.〔~明~暗〕あからさまにあるいはひそかに. ④〈文〉常に. いつも.〔饮酒过度, 未~不病〕飲酒の度を過ごすと病気にならない者はない. ⑤〈文〉いささか. 少しばかり.〔不可~缺 quē〕少しでも欠けては〔足りなくては〕いけない.

或多或少 huòduō huòshǎo 〈慣〉多かれ少なかれ. 多少(は).〔~有好处〕多かれ少なかれ益がある.〔免miǎn 不了有~的影响〕多少の影響は免れがたい.
或…或… huò… huò… ～もまた, またあるいは… …かまたは…か: 多く四字句に用いる.〔~大~小〕大なり小なり.〔~迟~早〕〔~早~晚〕遅かれ早かれて.〔~先~后〕先になったり後になったりする. 相前後して.〔~重于泰山, ~轻于鸿毛〕泰山より重いものあり, 羽毛より軽いものもある.
或然 huòrán あるいは…かもしれない.
或然率 huòránlǜ ⇒〔概 gài 率〕
或然判断 huòrán pànduàn（論理学の）概然判断.
或然性 huòránxìng 蓋然性〔或然性〕は旧称.〔~推理〕蓋然性推理.〔盖然性推理〕ともいう.〔~必 bì 然性〕〔可 kě 能性〕
或人 huòrén 〈文〉ある人. ある者.
或是 huòshì ひょっとすると. あるいは.〔你来~我去都可以〕君が来ても僕が行っても, どちらでもよい.
或体 huòtǐ （同じ字でときにはこうも書くという）別体.→〔异 yì 体字〕
或许 huòxǔ あるいは…(かも知れない).〔这件事~是有的〕その事はあるいはあるかも知れない.〔~有之〕〈文〉あるいはあるであろう.=〔也 yě 许〕
或则 huòzé ①あるいは:選択項を示す語の前に置き多く繰り返して用いる.〔或者〕に同じ.
或者 huòzhě ①あるいは. さもなければ:疑問文には用いない.〔你去~我去当か行くか, またはぼくが行くか.→〔还 hái 是〕 ②…したり…したり(する):繰り返して用いる.〔(~)赞成, (~)反对, ~弃权〕賛成か反対か, それとも棄権か. ③あるいは(…かもしれない).〔他~知道〕彼は知っているかもしれない.〔~他不来〕ことによると彼は来ないかもしれない.〔不确定他~知道这件事吧〕彼はひょっとしたらこのことを知っているかどうか. ④または. あるいは:等しいことを表す.〔大家称他郭老或者郭沫老〕あの先生のことをみんなが郭老あるいは郭沫老と呼ぶ.

〔**惑**〕huò ①惑う. 疑う.〔迷 mí ~〕正気を失う（わせる）.〔惶 huáng ~〕恐れ惑う. 当惑する.〔~于群议~于大势の〔~众〕デマが大衆を惑わす.〔盅 gǔ ~〕惑わし害する.
惑乱 huòluàn 惑わし乱す.〔~人心〕人心を惑わす.
惑溺 huònì 正道を見失って邪道に陥る.
惑人耳目 huò rén ěrmù 〈成〉人の耳目を惑わす.
惑术 huòshù 妖術.
惑星 huòxīng ⇒〔行 xíng 星〕

惑众 huòzhòng 大衆を惑わす.〔造谣 yáo ～〕デマを飛ばして大衆を惑わす.

〔鳒〕 huò 〈魚貝〉ニベ科の小魚.

〔和〕 huò ①粉末あるいは粒状のものをかきまぜる、また水を加えてかきまぜる.〔搅～ chān-huo〕かきまぜる.〔搅～ jiǎohuo〕⒜同前.⒝邪魔をする.〔一～吧,糖沉底儿了〕かきませぜない,砂糖が底に沈んでいる.→〔调 tiáo 和〕 ②量詞.洗濯する時に水を換える回数.〔衣服已经洗了两～了〕服はもう2回水を換えて洗った.〔药を煎じる時に水を加える回数.〔头～药〕一番煎じの薬.〔二～药〕二番煎じの薬. → **hé hè hú huó**

和泥 huòní 泥をこねる.〔一脱坯〕泥をこねて〔土坯〕(赤土を煉瓦のように干し固めたもの)を造る.

和弄 huònong 〈口〉①かき混ぜる.〔冲奶粉要～匀了〕ミルクを溶かす時にはよくかき混ぜなければいけない.②かき乱す.邪魔を.そそのかす.〔不图打鱼净图～水〕魚を捕るでもなくただ他人の邪魔を彼がそそのかしたのだ.〔这个乱子都是他～起来的〕この騒動はみんな彼がそそのかしたのだ.

和稀泥 huòxīní 〈喩〉まるめこんでなだめる.〔跟他和和稀泥就完了〕彼をまるめこんでしまえばそれで解決だ.

和匀 huòyún 平均に混合する.ほどよく混ぜ合わす.

〔货・貨〕 huò ①品物.商品.〔大批 pī～〕大口の荷.〔销 xiāo ～〕商品を売りさばく.〔百～店〕百～商店〕デパート.〔交jiāo ～〕商品引渡し(をする).〔以～换～〕物々交換(する).〔不识 shí ～〕品物の値打ちがわからない.〔～比三家〕〈慣〉買物するにはたくさんの店を比較せよ.②貨幣:古くはその役割をした物をいう.〔通 tōng ～〕通貨.③人を軽蔑し罵る語.〔不是好～〕ろくなやつじゃない.④〈文〉商う.売る.〔市间有～鱼者〕まちに鮮魚を商う者がいた.⑤〈姓〉貨(ｶ)

货币 huòbì 〈経〉貨幣.〔～工资〕貨幣賃金.〔电子～〕電子マネー.〔～贬 biǎn 值〕貨幣切り下げ.〔～升值〕〈経〉平価切り上げ:〔～增值〕ともいう.②通貨価値の上昇.〔～掉 diào 期〕〔～互换〕通貨スワップ.〔～供给量〕〔～供应量〕マネーサプライ.〔～地租〕貨幣地代.〔～符号〕貨幣標章.〔～资本〕貨幣資本.

货驳 huòbó 貨物用はしけ.

货布 huòbù 古銭の名:漢の王莽の天鳳元年に作られた.

货仓 huòcāng 倉庫.〔～式商场〕图 ウェアハウスストア.

货舱 huòcāng (船・飛行機の)荷物室.

货仓(货) huòcāng jiāo(huò) ＝〔堆 duī 栈交(货)〕

货差 huòchā 图 揚げ不足.

货拆 huòchāi 图 商品代支払い延滞割り増し金の利率.

货场 huòchǎng 貨物置き場.荷物置き場.

货车 huòchē 貨車.荷物運送トラック.→〔客 kè车〕

货车交(货) huòchē jiāo(huò) ＝〔车上交(货)〕图貨車渡し. FOW.→〔火 huǒ 车(上)交(货)〕

货船 huòchuán 貨物を積んだ船.

货床 huòchuáng 販売する品物を並べる台.

货单 huòdān ①⇒〔发货单〕②⇒〔提 tí 单〕③图〔舱 cāng 单〕(積荷明細書),〔运 yùn ～〕〔物运送状〕,〔船 chuán 单詳単(船舶積荷目録)〕などの意に用いる.〔一儿〕(俗)に商品カタログ.

货盗 huòdào 積荷泥棒.〈方〉货耗 hào 子〕ともいう.

货到付款 huòdào fùkuǎn 图代金着荷払い. COD.

货到付讫 huòdào jífù ＝〔交 jiāo 货付款〕图代金着荷度し.〔货到交付〕〔货到收款〕ともいう.

货房 huòfáng 貨物を積み込み置くところ.倉庫:〔货仓〕に同じ.

货高价出头 huògāo jià chūtóu 〈慣〉品物がよければ値段も高い.

货高价廉 huògāo jiālián ⇒〔物 wù 美价廉〕

货柜 huòguì ①商品ケース.ショーケース. ②コンテナー:〔集 jí 装箱〕に同じ.〔～车 chē〕コンテナ輸送トラック.コンテナバース.〔～轮 lún〕〔～船〕〔集 jí 装箱船〕コンテナ船.

货换货 huòhuànhuò 物々交換(をする).〔以～同〕同前.→〔易 yì 货〕

货贿公行 huòhuì gōngxíng 〈成〉賄賂が公然と行われる:〔贿赂公行〕に同じ.

货机 huòjī 貨物輸送(飛行)機.

货家 huòjiā ⇒〔货主〕

货价 huòjià 商品の価格.〔工厂交～〕工場渡し値段.〔码头交～〕埠頭渡し値段.〔仓库交～〕倉庫渡し値段.〔卡车上交～〕トラック渡し値段.〔船舶内交～〕船(舱)内渡し値段.〔车站交～〕駅渡し値段.〔当地交～〕現場渡し値段.〔过船边交～〕沖渡し値段.→〔价格〕

货价单 huòjiàdān 値段表.プライスリスト.〔附奉一纸〕〈牍〉価格表を一通同封しお送りいたします.

货架(子) huòjià(zi) ①商品棚. ②自転車の荷台:〔后 hòu 座儿〕ともいう.

货检 huòjiǎn 貨物検査.商品検査.

货脚 huòjiǎo ＝〔方〕货尾〕〈方〉売れ残り品.

货款 huòkuǎn 商品代金.

货郎 huòláng (日用品・小間物等を担いで売り歩く)行商人.〔～担 dàn〕同前の担い荷.〔～鼓 gǔ〕振りつづみ(同時行商人のふれ歩き用の).→〔波 bō 浪鼓(儿)〕

货流 huòliú 荷動き.物流.〔～不畅〕同前が鈍い.

货轮 huòlún 貨物船.→〔货船〕

货卖识家 huò mài shíjiā 〈諺〉商品は値打ちのよくわかった人に売る.

货目单 huòmùdān ⇒〔发 fā 货单〕

货目价单 huòmù jiàdān 商品値段表.

货票 huòpiào ①⇒〔提 tí 单〕②貨物伝票.

货品 huòpǐn 货品.货物.商品の種類.

货签 huòqiān 荷札.

货泉 huòquán (古代の)貨幣.

货色 huòsè ①商品:種類・品質など.〔各様～〕各種の商品.〔～必选精良〕品質は必ず精良なのを選ぶ.〔上等～〕上等品.高級品.〔～齐 qí 全〕商品の種類はありとあらゆる. ②〈罵〉野郎.代(も)物:〔东西 dōngxi〕②〔家伙 huo〕などと同じく人(あるいは思想・言論・作品などを)を罵る言葉.〔封建主义～〕封建主義の代物.

货声 huòshēng (行商人などの)呼び売り声.

货损 huòsǔn 積荷の損傷.〔～证明〕積荷損害証明.

货摊(儿) huòtān(r) 露店.屋台の店.〔摆 bǎi ～〕同前を出す(ひろげる).

货梯 huòtī 貨物用エレベーター.

货亭 huòtíng スタンド式売店.街頭売店.

货尾 huòwěi ⇒〔货脚〕

货位 huòwèi ①量詞.1貨車分の荷物. ②(駅・港・商店・倉庫などの)貨物・荷物置き場.

货物 huòwù 图 商品物.商品.売り物.売り荷.〔发送～发送する.〔～出门概不退换〕お買い上げ品の返品一切お断り.〔～清单〕カーゴリスト.積

huò

目録.〔~提単〕貨物引き換え証.〔~抵押放款〕商品担保貸し付け.〔~運輸報关行 háng〕通関業者.

货箱 huòxiāng ①貨物を箱に入れて荷造りしたもの.〔~号码〕同前の番号. ②同前のための箱.

货样 huòyàng 商品見本.サンプル:〔样品〕に同じ.

货源 huòyuán 貨物・商品・材料の供給源.〔~账〕商品仕入れ帳.〔开呷~〕商入れ先を開拓する.

货运 huòyùn 貨物運送(の業務)

货栈 huòzhàn =〔堆 duī 栈〕倉庫.貨物置き場.〔堆房〕〔仓 cāng 库〕

货真价实 huòzhēnjiàshí 〈成〉(商品が)うそ偽りがない.正真正銘である.

货殖 huòzhí 〈文〉商工業を経営すること:史記に〔列伝〕がある.

货主 huòzhǔ =〔货家〕商荷主.→〔船 chuán 方〕

〔获・獲・穫〕 huò (Ⅰ)〔獲〕①捕らえる.つかまえる.

〔捕捉 bǔ ~〕捕獲する.〔没有不劳而~的〕労せずして得られるものはない. ②得る.(…)できる.手に入れる.〔欲行 xíng 不~〕しようとしてもできない.〔不~晤面〕面談ができない.
(Ⅱ)〔穫〕刈り入れ(する).取り入れ(する).〔收 shōu ~〕収穫(する)

获得 huòdé 得る.獲得する.〔~胜 shèng 利〕勝利を勝ち取る.〔~性免疫〕医後天的免疫.

获奖 huòjiǎng 受賞する.入賞する.

获解 huòjiě 〈文〉捕らえて護送する.

获咎 huòjiù 〈文〉罰をうける.とがめをうける.

获救 huòjiù 救助される.救済される.

获利 huòlì 利益を得る.〔~跌 diē ~〕画収益減少.〔~回吐〕利食い.〔~年度〕収益計上年度.

获赔 huòpéi 賠償・補償を獲得する.

获取 huòqǔ とる.獲得する.ものにする.

获润 huòrùn 利潤を得る.

获胜 huòshèng 〔得 dé 胜〕〔取 qǔ 胜〕勝利を得る.勝つ.〔以二比一~〕2対1で勝利を得た.

获释 huòshì 釈放される.〔因病~〕病気(釈放)する.

获悉 huòxī ①情報を得る.知ることができる.〔記者在全国水利会议上~〕記者は全国水利会議で事情を知ることができた. ②〈文〉委嘱を承知する.

获信 huòxìn ①信用を得る. ②情報を得る. ③手紙を受け取る.

获许 huòxǔ 許可される.

获选 huòxuǎn 選ばれる.当選する.

获益 huòyì 収穫がある.〔~匪 fěi 浅〕〈成〉益を得ることが少なくない.

获知 huòzhī 知ることができる.〔~消息〕ニュース(知らせ)を知る.

获致 huòzhì 実現する.〔~协 xié 议〕協議がまとまる.〔全世界人民所要求~的永久和平,到底能不能实现呢〕全世界の人民が獲得し実現させようとしている永久平和は果たして実現し得るだろうか.

获中 huòzhòng 合格する(して手に入れる)

获准 huòzhǔn 批准を獲得する.許可を得る.〔庆 qìng 祝~〕許可されたことを祝賀する.

获罪 huòzuì 〈文〉①罪を得る.〔动辄 zhé ~〕〈成〉何かするとすぐ罪を受ける. ②〈挨〉失礼しました.

〔嚄〕 huò 〈文〉①大声で呼ぶ.大笑いする.〔~啧 zé〕大声で呼ぶ. ②感動詞.人や動物の驚きを表す:ほう! → huò ǒ

〔臒〕 〔丹~〕丹土・辰砂などの類に属する赤色・青色顔料.〔丹~〕赤色(の).〔青~〕色青色(の)

〔镬・鑊〕 huò ①固物を煮る脚のない大釜:かまゆでの極刑に用いた.〔刑

dǐng ~〕同前(刑具).〔~烹 pēng〕因極刑の一,かまゆで.〔汤 tāng ~〕煮えたぎった湯を入れた大がま(へ罪人を投げ込む刑).→〔锜 qí ①〕 ②〔~子〕〈方〉なべ.かま.

〔蠖〕 huò ①〔尺 chǐ ~〕〔斥 chì ~〕国シャクトリムシ:〈方〉歩 bù 屈〕〔屈 qū 伸虫〕ともいう. ②〈姓〉蠖(ぎ)

〔祸・禍(旤)〕 huò ①災い.災難.〔车 chē ~〕車の事故.〔天降 jiàng 的大~〕天の下した大難.〔大~临头〕大きな災いがふりかかる.〔惹 rě ~〕災いをひき起こす.〔~兮 xī 福之所倚,福兮~之所伏〕〈老子〉災いは福のよりどころ,福は災いの隠れ家.↔〔福 fú〕 ②災いをもたらす.ひどい目にあわせる.

祸不单行 huò bù dānxíng 〈喩〉弱り目に祟(たた)り目.泣きっつらに蜂.→〔福 fú 无双至〕

祸从口出,病从口入 huò cóngkǒuchū, bìng cóngkǒurù〈諺〉災いも病も口が元である.〔出〕は〔生〕ともいう.

祸从天降 huò cóngtiānjiàng〈喩〉災いがにわかに起こる.〈口〉禍从天上来〕ともいう.

祸端 huòduān 災いの起こる端緒.

祸福 huòfú 禍福.〔~无吲 fú 门〕〈成〉禍福は各自の心・掛け次第だ.〔~无门,唯人自召〕〈諺〉禍福はもともと定まったものではない,人が自分自身で招くけだ.〔~倚 yǐ 伏〕〈成〉禍と福は常に因となり果となるものである.〔~由 yóu 己〕〈成〉禍福はみなおのれ自ら招くもの.

祸根 huògēn =〔祸根〕災いの種.禍根.

祸国殃民 huòguó yāngmín 〈成〉国と民とに災いをもたらす.〔打倒~的贪官污吏〕国と民とに災いをもたらす悪い役人をやっつけろ.

祸害 huòhai ①災い.災害. ②ふみにじる.害を与える.痛めつける:〔糟 zāo 践〕に同じ.〔小孩子常~花儿〕子どもは始終花を痛めつける.〔各自安生,谁也不要~谁〕それぞれ分を守って,他人に損をかけてはならない. ③問題のもと.問題をひき起こす人物.〔~星〕の大将.〔这孩子是个~〕この子は問題の種だ(困ったやつだ)

祸患 huòhuàn 災い.災害.

祸及 huòjí 〈文〉及び.〔一人吸烟~全家〕一人がタバコを吸うと家族全員に悪影響を及ぼす.

祸乱 huòluàn 災難と騒乱.災禍.

祸起萧墙 huò qǐ xiāoqiáng 〈成〉内部から災いが起こる.内輪もめする.

祸事 huòshì 災い.災禍.

祸首 huòshǒu 災いの元凶.元凶.〔罪魁 kuí ~〕〈成〉災いや犯罪の張本人.主謀者.

祸水 huòshuǐ 〈喩〉災いの種.災難の源泉.

祸祟 huòsuì たたり.

祸胎 huòtāi 災いのもと:〔祸根〕に同じ.

祸心 huòxīn 悪だくみ.〔~未死〕悪だくみをあきらめない.〔包藏~〕悪事をたくらむ.

祸星 huòxīng 〈喩〉問題を引き起こす人物.災いの元凶.

祸殃 huòyāng 災い.

祸种 huòzhǒng ⇒〔祸根〕

〔霍〕 huò ①すばやく.さっと.→〔霍然①〕 ②

霍地 huòdì (すばやく)さっと.ぱっと.〔~躲过身来〕さっと身をかわして.

霍艾 huòài ⇒〔冰茂 球①〕

霍霍 huòhuò 〈文〉〈擬〉こすって勢いよく出る音.〔磨刀~〕刀をシュッシュッと研ぐ. ②きらめくさま.〔电光~〕稲妻がピカッと光る.

霍里 huòlǐ 〈姓〉霍里(ぎ)

霍乱 huòluàn ＝[中医]瘪 biě 螺痧]①=〔音訳〕虎 hǔ 列拉]〔疫疫]〔中医]绞 jiǎo 肠痧]②コレラ.〔～菌 jūn 苗]コレラワクチン.〔中医]嘔吐・下痢・腹痛などをともなう]胃腸疾患.→[痧 shā 下]

霍尼亚拉 huòníyàlā 〔地]ホニアラ.〔所 suǒ 罗门群岛]（ソロモン諸島）の首都.

霍然 huòrán ①にわかに.いきなり.②〈文〉（病いが）けろりと治る.〔病体～]同前.〔数日之后,定当～]数日後には,きっとけろりと治るだろう.

霍闪 huòshǎn 〔方]稲妻（が光る）.電光（が閃く）

〔**藿**〕huò 〈文〉豆類の葉.〔～蠋 zhú]豆の葉につく大きな青虫.〔藜 lí ～]アカザやカワミドリの葉（食用とする野草）.〈喩〉粗食.

藿香 huòxiāng [植]カワミドリ.多年生草本.薬用とする.〔～油]パトニー油.

〔**攉**〕huò ①〈文〉手のひらを返す.→ huō

〔**嚯**〕huò ①驚きや感心を表す.感動詞.〔～,原来你在这儿]なあんだ,ここにいたのか.②〈擬〉ハハハ（笑い声）.〔～～地笑了起来]ハハと笑いだした.

〔**㹢**〕huò 〔～㹢 jiāpí][動]オカピ.

〔**臛（臛）**〕huò 〈文〉肉入りの濃厚な汁物.→[羹 gēng]

〔**豁**〕huò ①〈文〉開けた谷間.②広々としている.③（気持ちが）ひらけ通ずる.釈然とする.④（税金・刑罰などを）免除する.⑤〈姓〉豁（か）.→ huá huō

豁达 huòdá 闊達である.さっぱりしている.〔～大度 dù]〈成〉度量の広く大きい.

豁朗 huòlǎng 闊達明朗である.気持ちがさっぱりしている.

豁亮 huòliàng ①広々と開けて明るい.〔这间房又干净、～]この部屋はきれいでまた明るい.②（気持ち・声などが）はればれする.すっきりする.〔他说话嗓 sǎng 子真～]彼の言葉は本当に声がはっきりしてよくとおる.〔你这么一说,我心里可就～了]あなたのお言葉で,私も本当に安心しました.

豁免 huòmiǎn （法により）免除する.〔～粮税]租税を免除する.〔～权][外交特権]による免除.

豁然 huòrán かつ然と.〔～开朗]〈成〉④暗い狭い所から急に明るく広い所へ出る.⑤かつ然と悟る.〔～开悟]〈成〉かつ然と悟る.〔～贯通]〈成〉心が急に開け通ずる.

J

jī ㄐㄧ

〔**几・幾**〕jī（Ⅰ）[几]①〔-儿]小卓:物を置いたり,肘をかけたりする.〔茶～(儿)]茶道具をのせる小卓.〔炕 kàng ～]〔炕桌儿]オンドルの上へ置く低い机.〔条 tiáo ～]細長い卓.〔窗 chuāng 明～净]〈成〉部屋が明るく清潔なさま.②〈姓〉几（き）

(Ⅱ)[幾]①〈文〉ほとんど.すんでのことで.〔～～]同前.〔中关村～成中国高科技时代名词]中関村はほぼ中国ハイテクの代名詞となった.②かすかな（兆し）.→ jǐ

几案 jī'àn 〈文〉长机.〈喩〉文筆の仕事.〔有～才]文筆の才がある.

几殆 jīdài 〈文〉危うい.〔濒 bīn 于～]危険が迫る.

几丁质 jīdīngzhì [化]キチン:昆虫や甲殻類の皮膚に含まれる複雑な含窒素多糖類.

几顿 jīdùn 〈文〉失敗して危険なこと:〔几]は危うい,〔顿]は失敗する.

几乎 jīhū ①ほとんど:〔几几乎]ともいう.〔煤炭～全部依頼进口]石炭はほとんど全部輸入に頼る.②…に近い.〔今天到会的～有五千人]今日の会合に集まった人は5千人に近かった.

几几乎 jījīhū 同上①.

几近 jījìn …同然である.ほとんど…に近い.〔～崩溃]〈慣〉崩壊寸前である.

几率 jīlǜ ＝[机率][概率]:〔概 gài 率]の旧称.

几那树 jīnàshù ＝[规 guī 那树]〔金 jīn 鸡纳树][植]キナ（の樹）:常緑高木,樹皮に〔奎 kuí 宁]（キニン）を含有する.

几内亚比绍共和国 jīnèiyà bǐshào gònghéguó ギニアビサウ共和国:ギニア共和国と隣接する.首都は〔比绍](ビサウ)

几内亚共和国 jīnèiyà gònghéguó ギニア共和国:首都は[科 kē 纳克里](コナクリ)

几微 jīwēi 〈文〉かすかな兆し.

几维鸟 jīwéiniǎo [鸟]キウイ:翼は原始的で尾がない.〔无 wú 翼鸟]〔鹬 yù 鸵]ともいう.

几希 jīxī 〔几稀]とも書く.〈文〉ほとんまれである.どれほどもない.

几席 jīxí 〈文〉肘掛けと敷物.

几筵 jīyán 〈文〉祭祀または饗宴の時,犠牲をのせてすすめる机または霊座と敷物.

几杖 jīzhàng 〈文〉肘かけと杖:古代,敬老のために勧めたもの.

〔**讥・譏**〕jī そしる.あざける.とがめる.責める.〔难免墨守成法之～]法を墨守しているというそしりを免れがたい.

讥谤 jībàng 〈文〉そしる.中傷する.

讥嘲 jīcháo そしりあざける.

讥刺 jīcì ＝[讥讪]〈文〉嘲弄する.そしる.

讥讽 jīfěng ①風刺（する）.皮肉（る）.あげつらい（う）.〔命运的～]運命のいたずら.②⇒〔反 fǎn 语]

讥骂 jīmà あざけり罵しる.

讥评 jīpíng 〈文〉そしる.悪評する.

讥诮 jīqiào 〈文〉そしる.

讥讪 jīshàn ⇒[讥刺]

讥弹 jītán 〈文〉そしり糾弾する.〔～弊 bì 政]悪政を同前.

讥笑 jīxiào あざ笑う.そしり笑う.〔受人～]人の笑いものになる.

讥议 jīyì そしりあげつらう.

〔**叽・嘰**〕jī ＝[咭]〔唧②]〈擬〉小鳥・虫・小動物などの鳴き声.〔小鸟～～叫]小鳥がチチッと鳴く.〔呱 guā ～呱～]ペチャクチャ.ピチャピチャ.パチパチ.

叽噔咯噔 jīdēng gēdēng 〈擬〉ガタンゴトン.ガタゴト.〔牛车～慢慢地走着]牛車がゆっくり行く.

叽咕 jīgu 〔咭咭]〈擬〉①ぶつぶつ言う.つぶやく.②ひそひそ話す.〔把嘴凑到人家耳朵边～了几句]口を人の耳元へよせ二言三言ささやいた.

叽叽 jījī →字解

叽叽嘎嘎 jījī gāgā ＝[叽叽咯咯①][叽叽呱呱][嘤嘤嘤嘤]〈擬〉ガチャガチャ:しゃべったり笑ったりする声や機械の音など.

叽叽咯咯 jījī gēgē ①同上.②〈擬〉ニワトリの鳴き声.コケコッコー.

叽叽咕咕 jījī gūgū 〈擬〉ぶつぶつ（言う）.ひそひそ

叽叽呱呱 jīji guāguā ⇒[叽叽嘎嘎]
叽叽喳喳 jīji zhāzhā =[唧唧喳喳]〈擬〉チッチッ: 小鳥のさえずる声.
叽里旮旯儿 jīli gālár 隅々.[叽]は[犄]とも書く.
叽里咕噜 jīli gūlū [里]は[哩]とも書く.〈擬〉①ゴチャゴチャ言う話し声.ペラペラ:はっきり聞こえない声.よくわからない.[他～地不知道说些什么]彼はペチャクチャしゃべっているが、何を言っているのかわからない.②グルグル.ゴロゴロ:物がころがる音.[这里头～的是什么]この中で何がゴロゴロしているのだ.[一分钱掉在地下～地不知道哪里去了]一銭玉が床に落ちたのだが、コロコロとどこかへ行ってしまった.[肚子饿得～地响]お腹がすいてグーグー鳴る.→[咕噜]
叽里啦啦 jīli guālā〈擬〉がやがや(としゃべる声):[叽里哇啦]ともいう.
叽里光啷 jīli guānglāng〈擬〉チャラチャラ:物がぶつかり合う音.
叽里咯吱 jīzhi gēzhī〈擬〉キーキー.ギーギー:物がこすれる音.[这把转椅一转就～响]この回転椅子は回るたびにキーキーいう.

〔饥・飢・饑〕 jī (Ⅰ)[飢]飢える.腹をすかしている.[～一顿饱一顿]食うや食わずの生活をする.[饱汉不知饿汉～]腹いっぱい食べている男は飢えている人のひもじさはわからない.[骆驼能耐～]らくだは飢えに耐えられる.[对于学习文化的要求,如～似渴]文化を学習したいという要求は、あたかも飢えており、渇しているようだ.↔[饱 bǎo](Ⅱ)=[饿 è]
(Ⅱ)[饑]飢饉(である).[歉～]収穫がよくない.[大～]大飢饉.②〈姓〉饑(－)
饥饱 jībǎo 飢えることと飽食すること:貧窮生活を指す.[年轻时不怕～劳役]若い時には貧しさや骨折りなどは問題にしない.
饥不择食 jī bù zéshí〈成〉空き腹にまずいものなし;切迫した時には味を選んではいられない.
饥餐渴饮 jīcān kěyǐn〈喩〉長途の旅の困難なさま.
饥肠 jīcháng〈文〉ひもじくなった腹.[～辘 lù 辘]〈成〉ひもじくて腹がごろごろ鳴る:ひどく腹がへっていること.
饥饿 jī'è 飢えている.空腹(である).[在～线xiàn 上挣扎]飢餓線上にあがく.[～法]断食法.
饥寒 jīhán 飢えと寒さ.[～交迫]飢えと寒さともごも迫ってくる.〈喩〉極度な貧困なさま.[～起盗dào 心]貧寒ゆえの盗み.
饥荒 jīhuang ①飢饉(きん).凶作.→[荒 huāng 年]②生活上の窮乏・苦しみ.③〈口〉借金.[他外边儿还有点儿～没还上]彼はまだ少し借金がある.[到明春青黄不接,还得拉～]明春の端境期になったら、やはり借金をしなければならない.→[拉 lā 饥荒]
饥火 jīhuǒ〈喩〉耐えがたいひもじさ.
饥馑 jījǐn =[饥歉]〈文〉飢饉.凶作.
饥渴 jīkě 飢えと渇き.
饥困 jīkùn〈文〉飢えと貧とに迫られる.
饥民 jīmín 凶作で飢えた人民.
饥馁 jīněi〈文〉飢える.
饥歉 jīqiàn ⇒[饥馑]
饥穰 jīráng〈文〉凶作と豊作.凶年と豊年.
饥色 jīsè 飢えによるやつれ.

〔祀・禨〕 jī〈文〉①霊を祭って幸せを祈る.②兆し:吉凶いずれもいう.
祀祥 jīxiáng〈文〉①吉凶の予兆.物事の変身.②福を求める.

〔玑・璣〕 jī〈文〉①真珠の丸くないもの.=[珠 zhū]珠玉.②[固]天体観測の器具.=[璇 xuán 玑]

〔机・機〕 jī ①機械器具.[起重～]起重機.クレーン.[照相 xiàng～]カメラ.[～收音～]ラジオ.[拖tuō 拉～]トラクター.[～汽 qì～]①蒸 zhēng 汽~.蒸気機関.[筒 tǒng 塞～]トランクエンジン.[缝纫～]ミシン.[打字～]タイプライター.[～洗 xǐ 衣～]洗濯機で洗濯可能なシャツ.[～面 miàn]④機械器具の表面.⑥機械で打った麺.[～收 shōu]圓機械(コンバイン等)を用いた刈り取り.②飞行機(略称).[飞 fēi~]飞行機.[轰炸 hōngzhà～]爆撃機.[侦 zhēn 察~]偵察機.[长 zhǎng~]①主.②隊長長.[僚 liáo～]僚機.[～使用期]飞行機の使用期間・年数.③〈生物(体)の〉作用・働き・活動能力.[失去～能]機能を喪失する.[～能障碍]機能障害.[有一体]有機体.④機会.決定的なタイミング.はずみ.きっかけ.[良～]よい機会.⑤物事が動くかなめ.中枢となる要素.[生～]生存のためのポイント.⑥重要極秘のこと.[军～]軍事(上)の機密.⑦機敏(である).機転(が利く).⑧心の動き.策謀の始め.[杀~]殺意.欲望.[～~(*)]
机变 jībiàn〈文〉①机に応じて才を出す.②臨機応変の才.[这个人善 shàn 于～,什么事都能应 yìng 付]この人は口八丁手八丁で何でもこなせた.③機械(じかけ).からくり.
机播 jībō 圓飞行機・機械による種まき(をする)
机不可失,时不再来 jī bùkěshī, shí bùzàilái〈成〉好機を逃してはならない、逃したら二度とやってこない.
机舱 jīcāng ①〈船〉の機関部.②〈飞行機〉の客室.荷物室.キャビン.[~门]同前のドア.
机插 jīchā 圓苗の機械植え(をする)
机场 jīchǎng 飞 fēi 行機場.[～大巴]～巴士]リムジンバス.[～灯标]空港ビーコン.[～费]～管理費]空港使用料.[跑道]飞行機の滑走路.[～指挥人员]航空管制官.[～指挥塔]～塔]コントロールタワー.[国际～]国際空港.[军用～]軍用飞行機場.[到～欢送]飞行機場へ行って見送る.→[航 háng 空港]
机车 jīchē ①[机关车][车头]〈口〉火 huǒ 车头①机関车.[龙 lóng 头⑥]に同じ.[～房]機関车庫.[电力～]電気機関车.[汽轮～]タービン機関车.[柴 chái 油～]ディーゼル機関车.②エンジン.
机程 jīchéng 飞行機の航程.[三小时的～]3時間の航程.
机窗 jīchuāng 飞行機の窓.
机床 jīchuáng 〈[床子]〉工作機械.金属切削機械.→[刨 bào 床][车 chē 床][磨 mó 床][铣 xǐ 床][钻 zuàn 床]
机电 jīdiàn 機械・電気(電力).[～产品]機械・電気製品.[完成全部～设备的安装工程]全部の機械と電気の設備の設置工事を終了した.
机顶盒 jīdǐnghé(デジタルテレビ)チューナー.
机动 jīdòng ①機動性のある.融通性のある.[～地 dì]圓留用農地.保留用地:将来の弾力的運用が可能な農地.[～部队]機動部隊.[～队 duì][防 fáng 暴队]警察机動隊.[武 wǔ 警]の一種.[～粮]非常用備蓄食糧.[～使用]融通をきかせて使用する.[～地]機動的.②原動機の.[～力]発動機の力を使った(もの).[～船]発動機船.モーターボート.[～自行车]モペット.発動機付(付)自転車.[～三轮车]オート三輪.
机动车 jīdòngchē 自動车:モーターを動力とする

机 jī

机 车.2輪車・3輪車も含む.〔~气〕自動車排気ガス.〔~道〕車両用通路.〔~驾驶证〕車両運転免許証.〔~qì车〕→〔汽rén力车②〕

机读 jīdú 機械による読み取り.〔~卡kǎ〕同前のカード.マークシート.〔填tián涂~〕同前に記入する.〔~试shì题〕同前方式の試験問題.

机读目录 jīdú mùlù コンピュータが読み取る目録.MARC.

机断 jīduàn とっさの場合の決断.

机帆船 jīfānchuán 機帆船.

机防 jīfáng 〘農〙織型飛機・動力機械による殺虫剤散布で病虫害の予防をする.

机房 jīfáng ①〘回〙織機室.機屋.②機械室.機関室.③コンピュータ室.

机锋 jīfēng 〈文〉鋭い切(っ)先.〔~语〕〘仏〙さっと発せられた鋭い含意をもつ言葉:禅家が他人を啓発するために発する.

机腹着陆 jīfù zhuólù 胴体着陸.機体着陸.〔机腹着地〕〔机身着陆〕ともいう.

机耕 jīgēng 〘農〙機械を用いて耕作する.トラクターで耕作する.〔~小组〕機械耕作班.〔~农nóng场〕機械化農場.〔~船〕船型トラクター.耕うん船.水田耕作船.〔~面积〕トラクターを用いて耕作する区域.

机耕道 jīgēngdào 耕うん用道路.農道.

机工 jīgōng (機械を操作する)機械工.オペレータ.→〔钳qián工②〕

机构 jīgòu ①〘工〙メカニズム.組織の状態あるいは体系.機械装置(仕組み).〔主动~〕主動機構.〔移转~〕ベルトシフティングメカニズム.②官庁・団体あるいはその他の業務組織(総称).〔~投资者〕〘経〙機関投資家.〔已经取消了〕この組織はすでに廃された.③国家・官庁・団体などの内部組織.〔国家~〕国家機構.〔臃肿 yōngzhǒng, 调度不灵〕機構は複雑多岐で,人員配置がうまく機能しない.

机栝 jīguā 回石弓の引き金.◊〈喩〉肝心なところ.

机关 jīguān ①公的機関の業務を扱う部門:官署・役所・その他類似の団体.〔行政~〕④各級人民政府および所属の各部門.⑤企業・団体などの内部事務を管理する部門.〔军国~〕軍事を処理する各部門.〔~干部〕行政機関の幹部.公務員.〔权力~〕権力機関.〔党政~〕党や政府(または行政部門)の機関.〔~化〕お役所化.②機械仕掛け.要となる機械装置.〔~枪qiāng〕機関銃.〔~布景〕機械じかけの舞台装置.③計略.謀略.〔识破~〕からくりを見破る.〔~算尽〕〔~用尽〕いろいろな術数を使い尽くす.

机关报 jīguānbào 機関紙.
机关车 jīguānchē 機関車.
机关刊物 jīguān kānwù (機関・政党・大衆組織などの)刊行物.機関紙(誌)
机(关)炮 jī(guān)pào 〘軍〙機関砲:〔机(关)枪〕より大口径のもの.〔机炮长zhǎng〕(軍艦の)砲術長.
机(关)枪 jī(guān)qiāng 〘軍〙機関銃.〔花 huā 舌子〕同上の旧称.〔机(关)枪手〕機銃射手.
机灌 jīguàn 機械ポンプ灌漑.
机化 jīhuà 〘医〙組織化.器質化.
机徽 jīhuī 飛行機のマーク:国籍や所属などを示すマーク.

机会 jīhuì 機会.チャンス.ちょうどよい折.しおどき.〔真是难得的~〕本当に得難い機会だ.〔错过~〕チャンスを逃がした.

机会成本 jīhuì chéngběn 機会費用.逸失利益.
机会主义 jīhuì zhǔyì 日和見主義.〔左倾 qīng~〕左翼の同前.〔右倾~〕右翼の同前.

机加工 jījiāgōng 機械加工(する).〔机械加工〕ともいう.

机件 jījiàn (機械の)部品.パーツ.→〔构gòu件①〕〔零líng件〕〔配pèi件〕

机降 jījiàng ⇒〔空kōng降〕
机绞刀 jījiǎodāo ⇒〔机(用)绞刀〕
机井 jījǐng 動力ポンプで汲みあげる井戸.旧称〔洋yáng井〕〔管guǎn井〕
机警 jījǐng 機敏である.神経がするどい.〔~的猎犬〕すばしこい猟犬.
机具 jījù 機械と道具(総称)
机考 jīkǎo コンピューター(インターネット)を使用して行う試験.
机库 jīkù 飛行機格納庫.
机理 jīlǐ ⇒〔机制②〕
机力锤 jīlìchuí 〘機〙パワーハンマー.

机灵 jīling ①機敏で利口である.機転がきく.利発である.〔机伶〕とも書いた.〔~变儿〕〔~便儿〕〈方〉臨機応変の才(のある人).如才ない(人).〔~劲儿 jìnr〕機転のきき方.〈鬼(儿)guǐ(r)〕利口者.機転のきく人.〔一双~的眼睛〕はしっこそうな目.〔他们弟兄几个,只有他~〕彼ら数人の兄弟のうちで彼だけが利口だ.〔他倒也~,乘着人乱,撒腿就往山上跑〕彼は機転がきき,混雑にまぎれ脱け出し山にかけ登った.②⇒〔激灵〕

机率 jīlǜ ⇒〔几率〕
机轮 jīlún 滑走輪.
机盲 jīmáng 機械音痴.特にパソコン音痴.
机米 jīmǐ ①回精米機でついた米.②⇒〔籼xiān稻〕

机密 jīmì 機密(である).〔~文件〕機密文書.〔泄漏~机密をもらす.〔他们商量很很〕彼らは内密に相談した.

机敏 jīmǐn 機敏(である).すばしこさ(い)
机谋 jīmóu 〈文〉策略.計略.
机能 jīnéng 〘生〙(生物体の)機能.〔心脏活动~的障碍〕心臓活動機能の障害.
机炮 jīpào ⇒〔机(关)炮〕
机票 jīpiào 航空券:飛行機に乗る切符.

机器 jīqì ①機械(装置).〔~厂 chǎng〕機械製造工場.〔~锯 jù〕〘機〙マシンソー.チェーンソー.〔~猫 māo〕ドラえもん.〔~人〕ロボット.機械人間.〔仿人~人〕人型ロボット.〔~体系〕機械のシステム.〔~机械油〕(機械油).〔方〕车 chē 油〕マシンオイル.機械油.〔~语言〕〘電算〙機械語:〔机械码〕ともいう.〔~指令〕〘電算〙機械語命令.〔~制造业〕機械製造業.〔时间~〕タイムマシン.〔新型的~〕新型の機械.〔安装~〕機械を据え付ける.〔开~〕機械を動かす.②機構.機関.組織.〔国家~〕国家機関.〔战争机器〕→〔机构②〕〔机关①〕.③〈喩〉頭脳.〔开动~〕頭を働かせる.

机器翻译 jī·qì fān·yì ⇒〔机译〕自動翻訳(する)
机器钢 jī·qìgāng 〘冶〙マシンスチール.機械用鋼(筆)
机器虎钳 jī·qì hǔqián 〘工〙工作台の上で使うバイス(万力)
机器脚踏车 jī·qì jiǎotàchē 〈方〉モーターサイクル.自動自転車.バイク:俗に〔放 fàng 屁车〕ともいった.→〔摩 mó 托②〕
机器面 jī·qì miàn 回①=〔洋 yáng 白面〕製粉機でひいた上等の小麦粉.→〔白 bái 面〕〔土 tǔ 面〕②(機械で打った)麺.→〔手 shǒu 切面〕
机枪 jīqiāng ⇒〔机(关)枪〕
机巧 jīqiǎo ①対応がうまい.当意即妙である.たくみである.②〈文〉悪賢いたくらみ.〔老子的理想社会是无~的社会〕老子の理想社会は悪賢いたくらみのない(自然な)社会である.

机群 jīqún 編隊飛行する飛行機.

机上 jīshàng 飛行機中(の).〔~服 fú 务员〕フライトアテンダント:客室乗務員・パーサーなど.〔~机械师〕〔飞航工程师〕航空機関士.フライトエンジニア.

机身 jīshēn 飛行機(などの)胴体.〔~着 zhuó 陆〕胴体着陸.

机身重 jīshēnzhòng 機組立て重量.

机时 jīshí 量詞.機械使用時間.

机手 jīshǒu ①コンバインやトラクターの運転手. ②機械を扱う人.

机数 jīshù ①機略.はかりごと. ②⇒[概 gài 率]

机踏两用车 jītà liǎng yòng chē 原動機付自転車.

机体 jītǐ ①[生理]有機体,特に人間(の体).〔有~〕同前. ②(飛行機などの)機体.

机头 jītóu ①(飛行機の)機首.②(器具の)先端部分.③布の織り出し部分.

机微 jīwēi 〈文〉かすかなきざし.微妙な点.

机尾 jīwěi 飛行機の尾部.

机位 jīwèi ①(飛行機の)座席.〔~(飛行場の)エプロン.②機器の据えつけのポジション.

机务 jīwù ①国家の機密事務:多くは軍事機密の大事をいう. ②機械・機関車保守管理.〔~站 zhàn〕整備基地. ③列車,または飛行機の乗務員.

机务段 jīwùduàn 機関区.〔沈阳~3005号机车包乘组〕瀋陽機関区の3005号機関車の専従乗組員.

机务人员 jīwù rényuán ①(鉄道)で保守や保線の要員. ②(飛行場)の地上整備員.→[地 dì 勤]

机先 jīxiān 〈文〉事が起ころうとしてまだ起こらない時.

机械 jīxiè ①機械.機械装置.〔~波 bō〕機械波.〔~效率〕機械効率.〔~手表 biǎo〕ぜんまい式腕時計.〔~臂 bì〕ロボットアーム.〔~工程〕機械工学. ②機械的である.融通がきかない.〔这个方法太~了〕このやり方は機械的すぎる.〔~化〕(動作)機械的な動作.〔~运动〕[物]機械的運動.→[机动①]

机械功 jīxiègōng メカニカルワーク.

机械化 jīxièhuà ①機械化(する).〔农业~〕農業の機械化.〔~部队〕機械化部隊. ②杓子定規で画一的なこと.〔他办事太~〕彼の仕事ぶりはあまりにも機械的だ.

机械论 jīxièlùn ⇒[机械唯物主义]

机械码 jīxièmǎ ⇒[机器语言]

机械能 jīxiènéng [物]力学的エネルギー.

机械燃煤机 jīxiè ránméijī 自動給炭機.

机械师 jīxièshī ①機械運転者. ②機械製作(修理)工.

机械手 jīxièshǒu [機]マジックハンド.自動操縦装置.

机械唯物主义 jīxiè wéiwù zhǔyì 機械の唯物論.〔机械论〕ともいう.

机械油 jīxièyóu ⇒[机器油]

机心 jīxīn ①〈文〉悪賢い心. ②同下.

机芯 jīxīn 機械の内部(装置).〔机心②〕とも書く.

机型 jīxíng (飛行機・機械の)型.モデル.

机修 jīxiū ①機械・器具の修理(をする).〔~厂 chǎng〕機械修理工場. ②機械力を用いて建造・修理する.

机绣 jīxiù 機械刺繍.

机要 jīyào =〔权 quán 要②〕①機密で重要である.〔~文 wén 件〕機密文書.〔~部门〕機密部門.〔~秘书〕機密の秘書.

机宜 jīyí その場にふさわしい対策.〔请示~〕処置について指示を願う.〔面授~〕親しく対策を授ける.

机译 jīyì ⇒[机器翻译]

机翼 jīyì (飛行機の)翼.

机引 jīyǐn 動力牽引の.〔~农具〕動力牽引農具.

机(用)绞刀 jī(yòng) jiǎodāo [機]チャックリーマー.マシンリーマー:刃物の軸に平行な切刃をもつボール盤用の錐.

机用螺丝攻 jīyòng luósīgōng [機]機械タップ.

机油 jīyóu マシンオイル:特に[引 yǐn 擎油(エンジンオイル)をいう.〔机器油〕に同じ.→[油①]

机遇 jīyù ①ふと巡り会った.機会. ②よい境遇.

机缘 jīyuán 機会と因縁.不思議な縁.〔~凑 còu 巧〕まことに時宜にかなっている.

机运 jīyùn 時のまわりあわせ.運命.〔偶然的~〕偶然のチャンス.

机载 jīzài 飛行機搭載の.〔~导 dǎo 弹〕同前ミサイル.

机诈 jīzhà 〈文〉変幻自在に立ち回る:〔机变①〕に同じ.

机长 jīzhǎng (飛行機の)機長.

机兆 jīzhào 〈文〉前兆.兆候.兆し.

机织 jīzhī 機械織り(の).〔~毛衣〕同前のセーター.

机制 jīzhì ①機械製の. ②機械仕上げ.→[加 jiā 工①] ③=[机理]メカニズム.ⓐ組織体の構造とその活動原理.ⓑ有機体における功能.しくみ.ⓒ社会現象・自然現象における変化のメカニズム.

机智 jīzhì 頓知(に富む).機知に富む.

机钟 jīzhōng 機鐘.

机重 jīzhòng 機械重量.

机种 jīzhòng [農]機械による種まき・田植えをする.〔~机 jī〕同前.

机轴 jīzhóu ①=[方]拐 guǎi 轴〕〔方〕曲 qū 拐轴〕[曲轴][機]クランクシャフト. ②枢軸.重要な部分.中心部.

机杼 jīzhù 〈文〉①織機:はたと杼(ひ). ②文章の構造.〔~一家〕成〕文章が一家の風格を成すこと.〔~千金〕成〕千金.

机子 jīzi 〈口〉①機械装置(総称). ②古風な機械上.

机组 jīzǔ ①[機]ユニット:いくつかの異なった機械からできている一セットの機械設備. ②(飛行機の)搭乗員チーム.クルー.

机座 jīzuò ①飛行機の座席. ②エンジンベース.機械を据える台.

[肌] jī ①肌:皮膚(総称).〔侵 qīn 肌砭 biān 骨〕成〕寒風が骨身にしみる. ②[生理]筋肉.〔随 suí 意〕~随意筋.〔不随意~〕不随意筋.〔心~〕心筋.〔腰 yāo ~〕腰の筋肉.〔~无 wú 力病〕医筋無力症.

肌醇 jīchún =[环 huán 己六醇]化イノシトール.

肌肤 jīfū 〈文〉皮膚.肌.〔~之亲〕喩男女の肉体的関係.

肌骨 jīgǔ 筋肉と骨格.筋骨.

肌黄寡瘦 jīhuáng guǎshòu 〈慣〉皮膚の色が悪くやせこけている:〔寡〕は脂気が少ない意.

肌腱 jījiàn [生理]腱(叉):〔腱〕に同じ.

肌理 jīlǐ ①〈文〉肌のきめ.②[細膩]肌のきめが細かい. ③〔転〕生地の模様・デザイン.

肌衄 jīnǜ 医毛根から出血する病気の称.

肌肉 jīròu ①肌と肉:骨を覆う全体. ②[生理]肉:〔筋 jīn 肉〕ともいう. 〔~发达〕筋骨隆々である.〔~紧 jǐn 张〕筋肉がひきしまっている.〔~萎 wěi 缩〕[肌萎缩]筋萎縮.〔~注射〕[肌注]医筋肉注射.皮下注射.

肌瘦面黄 jīshòu miànhuáng ⇒[面黄肌瘦]

肌体 jītǐ ①からだ.肢体.〈喩〉組織.機構.

肌萎缩 jīwěisuò 医筋萎縮.〔~(脊 jí 髓)侧索硬化症〕运 yùn 动神经元病死〕ALS〔肌萎縮性側索硬化症〕:俗称は[〈音楽訳〉卢 lú 伽雷病](ルーゲーリック症).

肌纤维 jīxiānwéi 〔生理〕筋繊維.
肌注 jīzhù ⇒〔肌肉注射〕

[矶・磯] jī 水際の石の多いところ.水面に張り出した石(岸).〔～钓 diào〕磯釣り.〔钓～〕魚釣りで腰を下ろす岩.〔采石～〕地 安徽省にある.〔燕 yàn 子～〕地 南京の北にある.〔赤壁～〕地 湖北省にある.
矶鲈 jīlú 〔魚具〕サキ.
矶帽 jīmào ⇒〔海 hǎi 葵〕

[靰] jī 〈文〉(馬の)たづな.

[畿] jī ①〈文〉国都周辺の地.〔京～〕首都とその周辺の地. ②〔姓〕畿(き)
畿甸 jīdiàn 同上.
畿辅 jīfǔ =〔畿甸〕〈文〉国都周辺の地.

[丌] jī 〔姓〕丌(き)
丌官 jīguān 〈姓〉丌官(きかん)

[击・擊] jī ①打つ.たたく.なぐる.〔拳 quán ～〕④拳闘.ボクシング. ⑤こぶしで打つ.〔～心〕心をうつ.胸をうつ. ②攻撃する.攻める.〔攻 gōng ～〕同前.〔袭 xí ～〕襲撃する.〔迎头痛～〕敵を迎えて痛撃する.〔射 shè ～①〕射撃する. ③ぶつかる.接触する.〔撞～〕突き当たる.〔冲～〕衝撃を与える.〔目～〕目睹し目撃する.目にふれる.〔肩摩毂～〕〈成〉肩がすれあい,車のこしきが触れあう;往来の人が混雑するさま. ④→〔好 hǎo 球①〕
击败 jībài 打ち破る.〔以三比一～了对手〕3 対 1 で相手を打ち負かした.
击毙 jībì (銃で)打ち殺す.
击沉 jīchén 撃沈する.
击穿 jīchuān 〔電〕(絶縁物の)破壊.〔～试验〕破壊試験.
击刺 jīcì (刀槍で)突き刺す.
击打 jīdǎ 打つ.たたく.
击倒 jīdǎo たたき倒す.ぶちのめす.
击发 jīfā (銃で)引きがねを引く.〔～装 zhuāng 置〕撃発装置.
击鼓 jīgǔ 太鼓をたたく.〔～鸣 míng 冤〕〔冤～〕〈成〉官庁の門に備えられた太鼓をたたいて冤罪を訴えること.
击毀 jīhuǐ 撃破する.ぶち壊す.〔～坦克〕タンクを撃破する.
击剑 jījiàn ①スフェンシング.〔花 huā 剑〕(フルーレ),〔佩 pèi 剑〕(サーベル),〔重 zhòu 剑〕(エペ)の種目がある. ②撃剣.剣術.
击键 jījiàn 打鍵する.キーを打つ.〔敲 qiāo 键〕に同じ.
击节 jījié ①歌曲の調子をとること. ②〔詩文・音楽などが〕気に入ってほめること.〔～称 chēng 赏〕〔～叹赏〕ほめそやす.
击溃 jīkuì 打ちやぶる.
击轮 jīlún =〔刷 shuā 轮〕ブラッシュ輪.
击落 jīluò 撃墜する.〔昨日的空战～敌机二十多架〕昨日の空中戦で敵の20数機を撃墜した.
击破 jīpò 打ち破る.撃破する.〔各个～〕各個撃破(する)
击球 jīqiú ①(野球・ソフトボールの)打撃.バッティング. ②(サッカーでキーパーの)パンチング. ③(テニス・卓球の)ストローク.
击球员 jīqiúyuán ①(野球の)バッター.打者:〔右 yòu 〔左 zuǒ〕打者右(左)バッター.〔～区〕バッターボックス.
击壤歌 jīrǎnggē 尧帝の世に老翁が撃壤の遊戯に興じながら(あるいは地をたたいて)太平を謳歌した

歌:〔日出而作,日入而息,凿井而饮,耕田而食,帝力于我何有哉〕日が出ると働き,日が沈むと休む.井戸を掘って水を飲み,田を耕して生活する.帝王の力が自分に何の関わりがあろうか.→〔壤④〕
击鼓鸣腹 jīgǔmíngfù 〈成〉鼓腹撃壌.→〔壤④〕
击伤 jīshāng (人を)負傷させる.(物に)損傷を与える.
击赏 jīshǎng 〈文〉激賞する.〔激赏〕に同じ.
击水 jīshuǐ ①〈文〉水面を打つ.〔举翼～〕(鳥が)羽をあげて水面を打つ. ②遊泳(する)
击碎 jīsuì 打ち砕く.
击天撞地 jītiān zhuàngdì 〈喻〉大声で気勢をあげるさま.
击退 jītuì 撃退する.
击柝 jītuò 〈文〉拍子木をたたいて夜回りをする.〈喻〉戦乱.戦事.〔～相闻〕〈喻〉戦乱が近いこと.
击冤 jīyuān ⇒〔击鼓鸣冤〕
击掌 jīzhǎng ①手を打つ.拍手する.→〔鼓 gǔ 掌〕 ②(双方が)掌を打ちつける;誓い・励まし・喜びなどを表す.〔～为誓〕誓いの印. ②〔相庆〕ハイタッチする.〔击一猛掌〕〈喻〉厳重に注意する.
击中 jīzhòng (打って目的物に)的中させる.急所を打つ.〔～要害〕急所に的中させる.
击筑 jīzhù 〈文〉筑(ちく)を打ち鳴らす:〔筑(Ⅱ)①〕は琴に似て悲壮な音を出す古代の楽器.戦国のころ,荆轲が秦の始皇帝を刺そうとして易水に行った時,友人の高渐离が筑を打ち鳴らしてその行を送ったという.

[墼] jī ①〈文〉日干し煉瓦.敷き瓦.〔冶～〕同前をつくる.〔白 fù ～〕同前を背負って運ぶ.〔土 tǔ ～〕まだ焼いてない煉瓦.→〔坯 pī ～②〕→〔炭 tàn 墼〕

[乩] jī 〔扶 fú ～〕〈文〉占いの一種.〔箕算〕とも書いた.〔扶鸾 luán〕ともいう.盤の中に砂をまき,T字形の棒の両端を二人で持ち,T字の縦棒の先端を砂につけず,棒が動いて神託をその砂に書く.これによって占うもの.〔～盘〕同前に用いる砂を入れた盤.〔～坛 tán〕同前の祭壇.

[圾] jī 〔垃 lā ～〕塵芥.ごみくず.あくた.〔垃～桶 tǒng〕ごみ容器.

[芨] jī
芨草 jīcǎo ⇒〔白 bái 芨〕
芨芨草 jījīcǎo 〔植〕ハネガヤ:飼料・よしずの材料.

[鸡・鶏(雞)] jī 鳥 ニワトリ.〔家～〕同前.〔土～〕農家の庭先などで飼われている同前.〔养 yǎng～〕鶏の養殖場.〔一只～〕鶏1羽.〔公～〕おんどり.〔母～〕めんどり.〔柴 chái ～〕在来種の鶏.〔来亨 hēng ～〕レグホーン.〔乌 wū (骨)～〕ウコッケイ.〔我吃鱼不吃～,鱼是食うが鶏は食わん〕. ②〔方〕売春婦.→〔野 yě 鸡②〕〔姓〕鶏(けい)
鸡巴 jība 〈口〉ちんぽ.ちんちん:陰茎をいう.〔～蛋〕〈罵〉ばかめ.畜生め.→〔阴 yīn 茎〕
鸡抱鸭子 jī bào yāzi 鶏があひるの卵をかえす.〈喻〉人のために骨を折る.
鸡卜 jībǔ 〔古〕鶏の骨を用いた卜法.
鸡肠狗肚 jīcháng gǒudù 〈喻〉度量の小さい人:〔鸡肠鼠肚〕ともいう.
鸡吵鹅斗 jī chǎo é dòu =〔鸡争鹅斗〕〈喻〉やかましく罵りあい騒ぐさま.〔争执纠纷〕もめごとがあってやかましく罵り騒いでいる.
鸡虫得失 jī chóng dé shī 〈成〉人が鶏をしばって売り払うのと鶏が虫をついばむのと,その得失は大した問題ではない;〔鸡虫得丧〕ともいう.
鸡雏 jīchú ひな.
鸡蛋 jīdàn =〔〈口〉鸡子儿〕〈方〉白 bái 果儿〕鶏

jī 鸡

卵. 卵.〔煮 zhǔ~〕ゆで卵.〔炒 chǎo~〕いり卵.〔摊 tān~〕〔摊黄蛋〕のばして焼いた卵焼き.〔~丝儿〕〔蛋皮儿〕金糸卵:金糸卵を作るため薄く焼いたものに〔蛋片儿〕という.〔菜 cài 肉蛋卷〕オムレツ.〔蛋糕 gāo〕〔蛋糕〕ⓐカステラ. ⓑスポンジケーキ.〔~羹 gēng〕(具の入らない)卵だけの茶碗蒸し.〔~黄(儿)〕〔蛋黄(儿)〕〔卵黄〕卵の黄身.〔~青(儿)〕〔蛋青(儿)〕〔卵白〕卵の白身.〔~花〕プルメリア(インドソケイ):キョウチクトウ科.〔~枣 zǎo〕湘南省産の肉厚のナツメ.→〔蛋①〕

鸡蛋壳儿 jīdànkér ⇒〔蛋 dàn 壳〕

鸡蛋里挑骨头 jīdànlǐ tiāo gǔtou <喩>意地悪くあらを探す:〔鸡蛋里找骨头〕ともいう.

鸡蛋碰(不过)石头 jīdàn pèng(buguo) shítou <喩>④自ら破滅を招く.⑤全く相手にならない.

鸡丁 jīdīng さいの目に切った鶏肉(料理)

鸡多不下蛋 jīduō bùxiàdàn →〔龙 lóng 多不治水〕

鸡飞蛋打 jīfēi dàndǎ ⇒〔鸡也飞了蛋也打了〕

鸡飞狗跳 jīfēi gǒutiào <喩>皆が慌てふためくこと:〔~墙 qiáng〕〔鸡飞狗走〕ともいう.〔吓 xià 得~〕びっくりしてパニックになる.

鸡粉 jīfěn ⇒〔鸡精〕

鸡给黄鼠狼拜年 jī gěi huángshǔláng bàinián <歇>鶏がいたちの所に年賀に行く.〔~,自投罗 luó 网〕(自分から網にかかる)飛んで火に入る夏の虫.→〔黄鼠狼给小鸡拜年〕

鸡公 jīgōng <方>オンドリ:〔公鸡〕に同じ.〔~车〕<方>(運搬用の)一輪手押し車:〔小 xiǎo 车①〕の別称.車のきしむ音が鶏の鳴き声に似ている.

鸡骨头 jīgǔtou ①鶏の骨. ②<喩>やせた人.〔他这个瘦劲儿,都成一了〕彼のあのやせ方ときたら,まるで鶏の骨のようだ. ③<喩>うまみのない官職.

鸡冠菜 jīguāncài =〔黑 hēi 白菜〕囼白菜の一種.

鸡冠花 jīguānhuā =〔鸡冠(子)②〕囼ケイトウ:ハゲイトウを〔雁 yàn 来红〕という.

鸡冠石 jīguānshí =〔雄 xióng 黄〕

鸡冠(子) jīguān(zi) ①鶏のとさか. ② ⇒〔鸡冠花〕

鸡后登儿 jīhòudēngr 同下.

鸡后爪 jīhòuzhuǎ =〔鸡后登儿〕鶏の距のけづめ.

鸡黄 jīhuáng <方>孵化して間もないひよこ.

鸡尖 jījiān 囼コバイシ:海南島に自生する落葉喬木.

鸡奸 jījiān 男色(関係になる):〔昇奸〕とも書く.

鸡脚菜 jījiǎocài 囼トサカノリ:テングサの一種.→〔石 shí 花菜〕

鸡叫 jījiào 鶏が鳴く.<喩>暁.夜明け.〔~启 qǐ 程〕前途ますます洋々たること.

鸡精 jījīng 〔鸡粉〕調味料の一種:鶏肉のエキスを主な原料としたもの. →〔味 wèi 精〕

鸡距 jījù ⇒〔鸡后爪〕

鸡口田 jīkǒutián 集落に近接した田畑.農家の周辺の田畑.

鸡口牛后 jīkǒu niúhòu =〔鸡尸牛从〕〈成〉大きいものの後について行くよりは,小さいものでもその頭になれ:〔宁为鸡口无 wú 为牛后〕〔宁 nìng 为鸡口无 wú 为牛后〕.

鸡肋 jīlèi ①<文>鶏のあばら骨.<喩>取るに足らないが,捨てるにも惜しいもの. ②<喩>体質の弱いこと.

鸡零狗碎 jīlíng gǒusuì <喩>つまらないごたごたしたもの.〔~一大堆,这篇文章拉杂得要命,叫人无法看下去〕たいへんなよせ集めものだ,この文章はずるずる引かれて,まったく読めたものではない.

鸡笼 jīlóng 鶏かご.

鸡盲 jīmáng ⇒〔鸡蒙眼〕

鸡毛 jīmáo 鶏の羽毛.〔~拌 bàn 韭菜〕鶏の毛に韭がまじる.<喩>ごた混ぜ.〔拌〕は〔炒 chǎo〕ともいう.〔~菜 cài〕<方>間引き菜.つまみ菜.〔~拌蒜子〕(鸡毛 zhòu)鶏の羽毛の下の毛羽たき.〔~店 diàn〕=〔小店儿〕ルンペン宿.木賃宿.安はたご:旧時,土間に鶏の羽毛をいっぱい敷いてあったもの.〔~上天〕<喩>鶏の毛でも天まで飛んでいく事ができる:条件が悪くても努力すれば成し遂げることができる.〔~官 guān 小吏〕<喩>属官.吏員.小役人.〔~蒜 suàn 皮〕<喩>鶏の毛やにんにくの皮のようなとるに足らないもの(事)

鸡毛当令箭 jīmáo dāng lìngjiàn 〈慣〉①火急の場合,鶏の羽を〔令箭〕の代わりにして命令を発する.→〔鸡毛信〕とるに足らぬ者が権勢を笠に着る. ②〈喩〉(拿着)一同前.

鸡毛球 jīmáoqiú ⇒〔羽 yǔ 毛球〕

鸡毛信 jīmáoxìn 囼羽書.羽檄〈喩>:手紙の肩のところに鶏の羽毛を付けて火急の急を表す. 2枚3枚と付けて緊急度を強調する.→〔羽 yǔ 书〕

鸡蒙眼 jīméngyǎn 〔鸡盲〕医鳥目.夜盲:〈方〉雀 qiǎo 盲眼〕ともいう.〔夜 yè 盲〕の別称.

鸡苗 jīmiáo 鶏のひな.ひよっ子.

鸡鸣 jīmíng 鶏が鳴く.〈転〉夜明け.

鸡鸣狗盗 jīmíng gǒudào 〈喩>くだらない才能や特技をまねする者や物を盗む人もいた.戦国時代,孟嘗君の食客で鶏の鳴き声をまねる者や物を盗む人もいた.

鸡母 jīmǔ <方>めんどり:〔母鸡〕に同じ.

鸡内金 jīnèijīn ⇒〔鸡脆皮〕

鸡皮 jīpí 鳥肌.〈喩>年老いてしわが鳥肌のようになること.〔全身都起了极細碎的小白~疙瘩 gēda〕(老·四·惺21)体中に〔小さな白い鳥肌がたった.

鸡皮鹤发 jīpí hèfā 〈喩>鶏のような粗い皮膚と鶴のような白い髪:老人の形容.〔鹤发鸡皮〕ともいう.

鸡皮绉 jīpízhòu 囼ちりめんの一種.

鸡栖 jīqī ⇒〔鸡窝〕

鸡婆 jīpó ①<方>めんどり:〔鸡母〕に同じ. ②〈転〉売春婦.

鸡犬不惊 jīquǎn bùjīng 軍の規律正しく犬や鶏さえ驚かされない.平穏無事であるさま.

鸡犬不留 jīquǎn bùliú 〈喩>皆殺し(にする).〔匪军进城,杀了个~〕賊軍は城内へ入り,住民を皆殺しにした. ⇒〔赶 gǎn 尽杀绝〕

鸡犬不宁 jīquǎn bùníng 鶏や犬も騒ぎたてる.〈喩>人々がびくびくしていること.

鸡犬升天 jīquǎn shēngtiān 〈喩>一人が権勢を得るとその関係者も羽振りがよくなる.〔一人得道,~〕同前.

鸡犬(之声)相闻 jīquǎn (zhīshēng) xiāngwén 〈喩>非常に近い距離にあること.〔~老死不相往来〕狭い範囲に閉じこもって往来しないこと.

鸡群鹤立 jīqún hèlì 鶏群中の鶴.〈喩>ひときわ高く頭角を現わし立派なこと:〔鹤立鸡群〕ともいう.→〔庸 yōng 中佼佼〕

鸡儿肠 jīérchǎng ⇒〔马 mǎ 兰①〕

鸡肉 jīròu 鶏肉.かしわ.〔~松〕囼鶏肉のでんぶ.

鸡舌香 jīshéxiāng ⇒〔丁 dīng 香①〕

鸡舍 jīshè 鶏小屋.鶏舎.

鸡尸牛从 jīshī niúcóng ⇒〔鸡口牛后〕

鸡虱(子) jīshī(zi) 囼ワクモ:鶏につく寄生虫(なん).

鸡手鸭脚 jīshǒu yājiǎo 〈喩>あわてふためくさま.〔因为是冒牌,所以讲话语无伦次,上课~〕偽者なので話をしてもしどろもどろで,授業に出てもあわてる.

鸡丝面 jīsīmiàn 囼鶏肉を細く切ったものを入れた

かけうどん(そば)

鸡松 jīsōng ⇨鸡肉のでんぶ:〔鸡肉松〕ともいう. → 〔肉 ròu 松〕〔鱼 yú 松〕

鸡嗉子 jīsùzi 鸡の砂囊.

鸡汤 jītāng 食鸡のスープ.

鸡头 jītóu ①⇒〔芡 qiàn ①〕 ②〈方〉売春組織のボス.人身売買業者.

鸡头(米) jītóu(mǐ) 植オニバス(鬼蓮)の種子:〔芡 qiàn 实〕に同じ.

鸡头肉 jītóuròu 〈喩〉女性の乳首.

鸡头鱼刺 jītóu yúcì 〈喩〉つまらない人や物.

鸡尾酒 jīwěijiǔ カクテル(混合酒).〔~会〕カクテルパーティー.〔~疗 liáo 法〕医多剤併用療法(エイズ治療法の一つ).

鸡瘟 jīwēn 鸡の伝染病:特に〔鸡新城疫〕(ニューカッスル病)をいう.

鸡窝 jīwō 〈文〉鸡栖)鸡の巣.鸡の塒(ねぐら).

鸡血 jīxiě 鸡の血.

鸡心 jīxīn ①鸡の心臓. ②ハート型の装飾品.〔~链 liàn〕同前のペンダント.〔~领 lǐng〕服Vネック. ③⇒〔红 hóng 桃〕

鸡新城疫 jī xīnchéngyì ⇒〔鸡瘟〕

鸡心荷包 jīxīn hébāo 女性用の小巾着.

鸡胸 jīxiōng ①鸡の胸. ②医鳩胸(はとむね).→〔龟 guī 胸〕

鸡血红 jīxuèhóng ①色紅(べに)色(の). ②⇒〔鸡血石〕

鸡血酒 jīxuèjiǔ 盟約する際に飲む鸡の血をたらした酒.〔喝~〕盟約を結ぶ.

鸡血石 jīxuèshí 〔鸡血红②〕鉱鸡血石:〔昌 chāng 化石〕の一種で鮮紅色の石.中でも透明を帯びたものを〔鸡血冻〕といい珍重する.印章・彫刻に用いられる.

鸡血藤 jīxuèténg 植トビカズラ.あるいはナツフジ近緑種.マメ科蔓生植物.〔~青 qīng〕同前の茎汁を採って作った膏薬.

鸡鸭鱼肉 jī yā yú ròu 鸡・あひる・魚・豚などの肉.〈喩〉美味なること.

鸡眼 jīyǎn ①鸡の目. ②医うおの目. →〔跰 jiǎn 子〕

鸡眼草 jīyǎncǎo 植ヤハズソウ.

鸡腰果 jīyāoguǒ ⇒〔腰果②〕

鸡也飞了蛋也打了 jī yě fēile dàn yě dǎle =〔鸡飞蛋打〕鶏は逃げてしまい卵は壊れてしまう.〈喩〉虻(あぶ)蜂とらず.本.〈喩〉も子もなくなる.

鸡一嘴鸭一嘴 jī yīzuǐ yā yīzuǐ 〈喩〉皆で余計な差し出口をする.

鸡鹰 jīyīng ⇒〔苍 cāng 鹰①〕

鸡油饼 jīyóubǐng 食鸡の油を塗って焼いた〔饼①〕

鸡鱼 jīyú 魚民)イサキ.

鸡羽藻 jīyǔzǎo 植トリゲモ:沼地に生えている一年生沈水草本.

鸡杂 jīzá(r) 鸡のモツ.鸡の内臓(食材)→〔下水 xiàshui〕

鸡仔 jīzǎi 〈方〉ひよこ.ひな:〔小 xiǎo 鸡〕に同じ.

鸡爪疯 jīzhǎofēng 中医手足の〔痙攣 jìngluán〕(けいれん)

鸡胗肝儿 jīzhēngār ⇨〔鸡肫(儿)〕

鸡胗皮 jīzhēnpí ⇨〔鸡肫皮〕

鸡胗(儿) jīzhēn(r) ⇨〔鸡肫(儿)〕

鸡争鹅斗 jīzhēng édòu ⇨〔鸡吵鹅斗〕

鸡爪 jīzhuǎ ⇨〔凤爪 fèngzhǎo〕食爪のついたままの鸡の足:醤油と香料を加えて煮た酒のさかなとする.

鸡爪槭 jīzhuǎqì 植タカオモミジ.

鸡爪子 jīzhuǎzi ①⇒〔鸡爪〕 ②⇒〔枳 zhǐ 棋〕

鸡肫皮 jīzhūnpí =〔鸡内金〕〔鸡胗皮〕中医鸡の胃膜を剝いで乾燥させたもの.消化不良の薬.

鸡肫(儿) jīzhūn(r) =〔鸡胗肝儿〕〔鸡胗(儿)〕砂ぎも.鸡の胃袋(食材).→〔下水 xiàshuǐ〕

鸡子儿 jīzǐr 〈方〉ニワトリ.

鸡子 jīzi 〈方〉ニワトリ.

鸡枞 jīzōng 菌モリクレハタケ:食用キノコの一種.

[其] jī 人名用字. → qí

[基] jī ①(構築物の)もと.基礎.土台.いしずえ.〔房~〕家屋の敷地や土台.〔路~〕(鉄道・道路の)路盤.⇨〔根 gēn ②〕〔脚 jiǎo ③〕 ②基本となる.根本的である.〔~层组织〕基礎組織.最下部の組織.〔军事~地〕軍事基地. ③化(…根):化学反応のとき,一つの化合物から他の化合物に移る際,変化せずに一原子のような作用をする原子団.〔甲 jiǎ 氧~〕メトキシル基.〔甲 wán ~〕メチル基.〔乙(烷)~〕エチル基.〔丙(烷)~〕プロピル基.〔亚 yà 甲~〕メチレン基. ④基づく.はじまる.〔~于上述不赞成他的意见〕上述の理由により,わたしは彼の意見に賛成しない. →〔依 yī 据〕 ⑤〈姓〉基(き)

基本 jīběn ①基本.基礎.主要(な). ②財産:経基本財産:(流動資産に対して)土地・施設などをいう.〔~词汇〕言基本語彙.〔~单位〕基本単位.〔~点〕基本点.〔~电台〕基本電台.〔~国策〕基本的国策.〔~核 hé 算单位〕基本採算単位.〔~价 jià 各〕基本価格.〔~金〕基本金.〔~口粮〕基本の配給食糧.〔~矛盾〕基本矛盾.〔~任务〕基本的任務.〔~原因〕根本的原因.〔(党的~路线〕共産党の基本路線.〔人民是国家的~〕人民は国の基本である.⑤おおむね.おおよそ.ほぼ:多く〔~上〕と用いる.〔工程已经~完成了〕工事は大体において完成した.〔这份翻译文件~上是正确的〕この翻訳してある書類は大体において正しい.

基本法 jīběnfǎ 〔香 xiāng 港特別行政区~〕また〔澳 ào 门特別行政区~〕の略.

基本功 jīběngōng (ある仕事に 従事するのに必要な)基礎的な知識や技術.〔苦练外语~〕外国語の基本的な知識や能力を一生懸命鍛える.〔演员的~〕役者の演技の基本.

基本工资 jīběn gōngzī =基本賃金.本俸=もと〔直 zhí 接工资〕といった.〔附 fù 加工资〕

基本建设 jīběn jiànshè 省略〔基建〕ともいう.国民経済の各部門の固定資産の新設・改造・回復をいう.建築工事・取付工事・機械設備や生産用具の購入などが含まれる.

基本粒子 jīběn lìzǐ 物素粒子.→〔粒子〕

基本区 jīběnqū 史抗日戦中,根拠地の中心となった地区.

基本权利 jīběn quánlì 法基本的権利.基本権:憲法で保障された権利.

基本群众 jīběn qúnzhòng 革命の基本となる一般人民.〔~土 tǔ 改〕

基本输入输出系统 jīběn shūrù shūchū xìtǒng 電脳 BIOS.

基本义 jīběnyì 言基本義.

基本原价 jīběn yuánjià 運賃・諸雑費などを含まない原価.

基槽 jīcáo 基礎工事用の掘削(溝):細長い形のもので,四角いものは〔基坑〕という.

基层 jīcéng ①基礎となる底層部.下部.末端.基層部.〔~单位〕末端組織:例えば,工場の下の各〔车间〕〔科〕〔室〕,大学の下の各〔教研室〕〔科〕〔室〕.〔院〕など.〔~组织〕組織の基礎となる末端部.〔~选举〕末端での選挙.〔~干部〕現場幹部.

基础 jīchǔ ①土台.基礎.基盤.〔～产业〕基幹産業.〔～词汇〕基礎語彙.〔～代谢〕生理基礎代謝.〔～教育〕国民教育.義務教育.〔～课〕基礎科目.〔～科学〕基礎科学.〔经济〕〓下部構造.〔打～〕基礎を築く.〈以农业为～,以工业为主导〉農業を基礎とし,工業を導き手とする. ②出発点.起点. ③生活·産業の基礎となる社会資本. →〔上 shàng 层建筑〕

基础设施 jīchǔ shèshī インフラ(ストラクチャ):〔基础结构〕〔社 shè 会基础资本〕〔城 chéng 市基本结构〕ともいう.

基础资本 jīchǔ zīběn 経(経資資本に対して)農業資本の要素,すなわち,土地·建物などをいう.

基底 jīdǐ ①基底.根底. ②数〓.

基地 jīdì ①基地(主として軍事上の).〔美国的军事～〕アメリカの軍事基地. ②(ある事業の発展の)基礎となる場所.〔工业建设～〕工業建設の基地.

基点 jīdiǎn ①中心.重点.(計測の)基点. ②基礎.出発点.〔这是解决问题的～〕これが問題を解決する糸口である.

基调 jīdiào ①基調.中心思想.キーノート.〔作品的～〕作品の基調.〔音〕主調.

基督 jīdū キリスト.〔耶稣〕イエスキリスト.〔～教 jiào〕キリスト教(総称):ふつう〔新教〕(プロテスタント)を指す.〔东 dōng〕正教(ギリシャ正教),〔天 tiān 主教〕(旧 jiù 教)(ローマカトリック),〔新 xīn 教〕〔耶 yē 稣教〕(プロテスタント)を三大宗派とす る.〔～ 教青年会〕YMCA.〔～ 教女青年会〕YWCA.〔～徒 tú〕キリスト教徒.

基多 jīduō 地キト:〔厄 è 瓜多尔共和国〕(エクアドル共和国)の首都.

基尔特 jī'ěrtè 〈音訳〉ギルド:欧州中世の同業組合.企業連合.〔～社会主义〕ギルド社会主義.→〔行 háng 会〕

基肥 jīféi 農もとごえ.〔底 dǐ 肥〕ともいう.

基辅 jīfǔ 地キエフ:〔乌 wū 克兰〕(ウクライナ)の首都.

基干 jīgàn 基幹.バックボーン.〔～产业〕基幹産業.

基干民兵 jīgàn míngbīng 基幹民兵:〔普通民兵〕(一般民兵)に対していう. →〔民 mín 兵〕

基极 jījí 電ベース. →〔三 sān 极管〕

基加利 jījiālì 地キガリ:〔卢 lú 旺达共和国〕(ルワンダ共和国)の首都.

基价 jījià ①基準価格:平均物価指数などを計算するための基準となる時期の価格. ②商基準価格.基本料金.

基建 jījiàn ⇒〔基本建设〕

基脚 jījiǎo 基脚.

基金 jījīn 基金.ファンド.〔福利～〕福利基金.〔～会〕基金会.

基坑 jīkēng 基礎工事用の掘削(穴):四角い形のもので,細長いものは〔基槽〕という.

基孔制 jīkǒngzhì 工基孔準式:限界ゲージ方式の一. →〔基軸制〕

基里巴斯 jīlǐbāsī 地キリバス.正式には〔～共和国〕:首都は〔塔 tǎ 拉瓦〕(タラワ)

基罗 jīluó 〈音訳〉〓キロ:〔启 qǐ 罗〕ともいう.〔～瓦(特)〕キロワット.

基尼系数 jīní xìshù ジニ係数.

基诺族 jīnuòzú チノー族:中国少数民族の一.雲南省双版纳傣族自治州〔景洪 hóng〕県に居住する.

基期 jīqī (物価·収入などの)変動を比較する時の基準時.基準時期.

基钱 jīqián ⇒〔原 yuán 色〕

基石 jīshí 礎石.多く比喩に用いる.〔给革命事业垫 diàn 下了～〕革命事業のために礎石を据えた.

基数 jīshù ①数基数. ②計算の基にする数.

基态 jītài 物基底状態.

基体 jītǐ 基体.

基团 jītuán 化基と原子団(総称)

基围 jīwéi =〔围基〕(海岸で)魚を堤防で囲まれたところ.〔～虾 xiā〕魚只汽水域の堤防下にすむえび:〔基尾 wěi 虾〕ともいう.〔活〕〓養魚場.養殖場.

基希讷乌 jīxīnèwū 地キシナウ:〔摩 mó 尔多瓦共和国〕(モルドバ共和国)の首都.

基线 jīxiàn 基線.

基薪 jīxīn 基本給.基本年俸.

基岩 jīyán 地床岩.

基业 jīyè 事業発展の基礎.

基因 jīyīn 〔围基〕〈文〉もと.原因. 〈音訳〉生命遺伝子.ジーン.〔～符 fú 号〕遺伝子記号.〔～工程〕〔～重 chóng 组(技术)〕遺伝子組みかえ.〔～克隆〕遺伝子クローン.〔～库〕遺伝子バンク.〔～突 tū 变〕遺伝子突然変異.〔～芯片〕DNA チップ.〔～组〕〔染 rǎn 色体组〕ゲノム.

基音 jīyīn 音基音:複合音を構成する部分音のうち振動数の最小のもの. →〔泛 fàn 音〕

基于 jīyú …に基づいて.〔～上述原因我们做出如下决定〕上述の理由に基づき次のような決定をした.

基圆 jīyuán 数基円(えん)

基站 jīzhàn 基地局.

基址 jīzhǐ 〈文〉①(建物の)土台·敷地. ②根底.基礎.

基质 jīzhì ①生理基質.マトリックス.〔～层 céng〕〔皮 pí 下组织〕皮下組織. ②化基剤.〔养液〕～栽 zāi 培〕農(培養液)水耕栽培.

基轴制 jīzhóuzhì 工基軸準式:限界ゲージ方式の一.一定公差の軸に対して,種々の寸法の穴を定める方式. →〔基孔制〕

基准 jīzhǔn (物事·測量の)基準. 〔～尺寸〕基基準寸法:限界ゲージ方式のうちの基準となる寸法. →〔界 jiè 限量规〕

基座 jīzuò 基座.底部.

〔镃·鎡〕 〔箕〕

箕 jī ①箕(み).〔箕粪 fèn～〕糞をとる箕.〔簸~bòji〕①箕.⑥ごみとり.ちりとり. ②蹄状·弓状の指紋.〔蹄状や弓状の指紋:〔簸~⑥〕に同じ. ③〔星〕〔二 èr 十八宿〕の一.〔～宿 xiù〕同前. ④〈姓〉箕〔

箕伯 jībó 〈文〉風神の名.

箕斗 jīdǒu ①〈文〉星宿の箕と斗.〈転〉夜の星. ②〈喩〉虚名.名前だおれ. ③指紋:〔斗箕〕ともいう.渦状のものを〔斗〕という.〔按 àn 〕同前を押す. →〔指爪纹〕 ④工〓かご.スキップ:工場や鉱山などで,資材·製品·鉱石などをのせ,滑車で上下し,またレールで運搬する.

箕踞 jījù =〔箕坐〕〈文〉足を前に伸ばし広げて(箕の形に)座る:旧時,不作法な座り方とされた.〔～而坐〕同前.

箕帚 jīzhǒu 〈文〉①ちりとりとほうき. ②家内の雑事. ③〈謙〉妻·妾.〔～妾〕自分の同前.

箕坐 jīzuò ⇒〔箕踞〕

〔奇(竒)〕

奇 jī ①奇数. 〔偶 ǒu(Ⅱ)①〕 ②=〔畸〕〈文〉端(は)数.〔五十有~〕50あまり. ③〈文〉不運.〔数 shù～〕不運にめぐりあう. → qí

奇方 jīfāng 中医〕薬物が一種だけの方剤. ②薬物の種類が奇数の方剤:〔偶 ǒu 方〕は偶数のものをいう.

奇零 jīlíng =〔〈文〉畸 零①〕はんぱ.端数.〔～数

奇 剞 犄 畸 觭 羁 要 咭 唧 笄 积

shù 同前.

奇偶 jī'ǒu 奇数と偶数：〔奇耦〕〔觭偶〕とも書く．

奇鳍 qíqí 魚眉無刺すと：魚の〔脊鳍〕(せびれ)や〔臀鳍〕(しりびれ)や〔尾鳍〕(おびれ)などはいずれもその数が奇数であるのでこのようにいう．→〔偶 ǒu 鳍〕

奇数 jīshù =〔文〕yáng 数〕数 奇数．↔〔偶 ǒu 数〕

奇蹄类 qítílèi 動奇蹄類：〔哺 bǔ 乳类〕の一種．

〔剞〕 jī

剞劂 jījué 〈文〉①先の曲がった彫刻用の小刀．②書籍を板刻する：〔雕 diāo 板〕に同じ．〔付之～〕版木におこして書籍を出版する．

〔犄〕 jī

犄角 jījiǎo 〔-儿〕〈口〉(物の)すみ．かど：〔旮角〕とも書いた．〔桌子～〕テーブルのかど(すみ)．〔墙 qiáng ～〕塀(壁)のすみ．

犄角旮旯儿 jījiǎo gālár 隅：〔犄角旮旯儿〕に同じ．〔那些屋子的犄角旮旯的地方得细心扫〕部屋のすみずみに注意して掃除した．〔他的工作室～都是机器小零件〕彼の仕事部屋はすみからすみまで機械のパーツだらけだ．

犄角 jījiao 〈口〉(獣類の)角(る)．〔牛 niú ～〕牛の角．〔鹿 lù ～〕鹿の角．

犄角旮旯儿 jījiǎo gālar すみ．隅々：〔犄〕は〔旯〕とも書く．〔犄角旮旯儿〕に同じ．

〔畸〕 jī

① 固(井田制で)正方形に区画した後の余った様々な形の田．②奇異である．正常でない．不具である．→〔奇 qí ①〕③偏っている．→〔畸轻畸重〕 ④〈文〉端数．はんぱ：〔奇②〕に同じ．

畸变 jībiàn ①⇒〔失 shī 真②〕②物(像の)歪曲.

畸形 jīxíng ①⇒〔奇零〕②〈文〉孤独である．

畸轻畸重 jīqīng jīzhòng〈成〉軽すぎたり重すぎたり，中庸を得ない．偏頗(や)である．不公平である．偏る：〔畸重畸轻〕ともいう．

畸人 jīrén 奇人．変人．

畸形 jīxíng ①奇形である．②正常でない．〔～社会〕異常な社会．

〔觭〕 jī

〈文〉単独(の)．単数(の):〔奇①〕に同じ．〔～偶 ǒu〕〔觭偶〕奇数と偶数．

〔羁（羈）〕 jī

〈文〉家を離れて他地で生活すること：〔羁③〕に同じ．〔～旅 lǚ〕同前．〔～客〕旅人．〔～愁 chóu〕旅愁．

〔要〕 jī →〔鸡奸〕

〔咭〕 jī →〔叽〕

〔唧（喞）〕 jī

①水をふきかける(ポンプの口の体内に水をふきかけた．②⇒〔叽〕

唧咕 jīgu ⇒〔叽咕〕

唧唧 jījī ⇒〔叽叽〕

唧唧嘎嘎 jiji gāgā ⇒〔叽叽嘎嘎〕

唧唧喳喳 jīji zhāzhā ⇒〔叽叽喳喳〕

唧啾 jījiū〈擬〉チュッチュッ：小鳥の鳴き声.〔唧啾啾〕同前．

唧了儿 jīliǎor ⇒〔知 zhī 了〕

唧溜 jīliū〈口〉①賢い．②あかぬけている．③丈夫である．

唧鸟儿 jīniǎor ⇒〔知 zhī 了〕

唧哝 jīnong ひそひそ話(話)をする．ぶつぶつ(ひとり言を言う)

唧筒 jītǒng ポンプ：〔泵 bèng ①〕に同じ．

〔笄〕 jī

〈文〉①(巻いた髪を止めるためにさす)かんざし．こうがい．②男子の冠を止める針．③成年に達した女性．〔及～〕〈文〉女子が成人する：15歳になり髪を巻いてかんざしをつけること．→〔冠 guàn ①〕

笄冠 jīguàn 〈文〉成年に達すること．

笄礼 jīlǐ 固女子の成人式：15歳に達し，こうがいを頭髪に戴く式．

笄年 jīnián 固女子が15歳で成年になり髪にこうがいをつける年齢．

笄蛭 jīzhì 固コガイビル．

〔积・積〕 jī

①積む．積み上げる．〔堆 duī ～如山〕山のように積む．②積み集める．ためる．〔囤 tún ～〕(投機のため)買いだめする．〔蓄 xù ～〕ためる．蓄える．〔深挖洞,广～粮,不称霸〕深く穴を掘り，広く食糧を蓄え，覇を称えない．〔～了一笔款子〕ある金額を貯めた．③積み重なった．長年重ねた．〔累 lěi ～〕累積する．積み重なる．積み重ねる．〔淤 yū ～〕(泥が)沈積する．〔日～月累〕(成)月日を重ねる．年月を経る．④数 積(½)：掛け算(乗法)で得た数値．〔求～〕積を求める．〔(面～)面積．〔体～〕体積．〔乗 chéng⑤〕⑤中医長期にわたり臓器に物が停滞する病気．〔食～〕〔疳 gān ～〕小児の消化不良．〔虫～〕腸内寄生虫症．

积案 jī'àn〈文〉未決のまま持ち越されている案件．〔～如山〕(成)懸案が山ほどある．

积弊 jībì 長く積み重なってきた弊害．〔清除～〕積年の弊害を一掃する．

积不相能 jī bù xiāngnéng〈成〉常日頃から仲が悪いこと．

积草屯粮 jīcǎo túnliáng〈成〉糧秣(ま)を蓄える．戦争に備える．

积尘 jīchén ちりがたまる．〈喩〉残っている悪影響．

积储 jīchǔ 同下．

积存 jīcún =〔积储〕積み立てる．蓄える．〔～货物〕商品をストックする．

积代会 jīdàihuì〔积极分子代表大会〕の略．

积德 jīdé 徳を積む．善行を重ねる．〔多～多行好吧！〕回 功徳をなさって下さい(物乞いが物を乞う時の言葉)．〔～累 lěi 功〕〈成〉功徳を積む．〔～修好〕〔～行好〕〈全成〉徳を積み善事を行う．

积淀 jīdiàn 集積(する)．蓄積(する)．堆積(する)：〔淀积〕ともいう．

积恶 jī'è〈文〉積み重なった罪悪．〔～余殃 yāng〕〈成〉罪悪を重ねて災いを子孫に残す．

积犯 jīfàn 固常習犯．累犯．〔他是有多次案底的～,是个有太多前科の～常习犯だ．

积非成是 jīfēi chéngshì〈成〉誤って伝えられて，それが正しいこととされる．

积肥 jīféi ①肥料を堆(²)積する．②堆肥．→〔底 dǐ 肥〕③生ごみを積んで堆肥を作る．

积分 jīfēn ①累計点数．〔在乙组连赛中,波兰队的～仅次于德国队,C组のリーグ戦のうち,ポーランドチームの累計点がドイツチームのすぐ次だ．〔～榜 bǎng〕得点表．〔～卡 kǎ〕ポイントカード．②数 積分．〔～学〕積分学．〔微 wēi 积分〕

积愤 jīfèn 積もり積もった怒り：〔积忿〕とも書く．

积垢 jīgòu たまった垢．

积谷 jīgǔ 穀物を備蓄する．

积毁销骨 jīhuǐ xiāogǔ〈成〉人のそしりが積み重なってついには致命傷となる．→〔众 zhòng 口铄 金〕

积货 jīhuò ①商品を積み蓄える．②売れ残りの在庫品．→〔存 cún 货〕

jī 积 襀 姬 屐 赍

积极 jījí ①積極(的である).肯定的(である).建設的(である).〔~作用〕積極的な役割.〔~措施〕積極的な処置.〔~分子〕積極分子.〔~性〕積極性.〔~因素〕積極的な要素.〔要調動一切~因素〕全ての積極的な要素を動員する. ②熱心である.意欲的である.〔生产~性〕生産意欲.〔他工作很~〕彼は仕事ぶりがたいへん意欲的だ. ↔[消xiāo 极]

积渐 jījiàn だんだん(に).次第(に):〔逐 zhú 渐〕に同じ.

积久 jījiǔ 長い間(を経て積もり集まる)

积聚 jījù ①積み集める(こと).蓄える(る).〔~和壮大革命力量〕革命の力を蓄積し強化する.〔资金的~〕資金の積み重ね.→[积累①] ②中医腹中に固まりができてとれない病気;胃痛・胃たいへんだ.

积悃 jīkǔn =[积愫;牍]積もる思い.久闊(きゅうかつ)の情.〔趋谒台端聊抒~〕拝謁(はいえつ)の上種々申し上げる.

积劳 jīláo <文>苦労が重なる.〔~成疾 jí〕〔~成病〕<成>過労のため病を得る.〔~病故〕過労のため病死する.

积涝 jīlào 地表にたまり捌(は)けない水;〔积涝 lào〕ともいう.〔路上有不少的~〕道にはたくさん水たまりがある.

积累 jīlěi ①積み重ねる(なる).〔~经验是解决问题的基本条件〕経験を積むことは問題解決の基本条件だ. →[积聚①] ②蓄積.〔资金的~〕資金の蓄積.〔资本的~〕資本の蓄積.〔国民所得の中で拡大再生産に用いられる部分.〔~基金〕蓄積基金.〔~和资本〕資本を蓄積する.〔国民收入的~和消费〕国民所得の蓄積と消費.

积粮 jīliáng 食糧を蓄える.

积零成整储蓄 jílíng chéngzhěng chǔxù 金額指定積立預金.→[零存整取]

积虑 jīlǜ →[处 chǔ 心积虑]

积木 jīmù 積み木.〔搭 dā ~〕積み木を積む.〔小孩儿摆~玩儿〕子供が積み木をして遊ぶ.→[七 qī 巧板]

积年 jīnián 永年.長年.多年.〔~旧案〕長年の懸案.〔~累[迭]〕<成>何年も重ねる.長い間.

积怒 jīnù 積もった怒り.

积贫积弱 jīpín jīruò <成>国家や民族が長期にわたって衰退する.〔积弱积贫〕ともいう.

积欠 jīqiàn ①滞納(を重ねる).〔~的税款〕滞納した税金. ②債務(をためる).〔清理~〕積もった債務を清算する.

积沙成塔 jīshā chéngtǎ =[聚 jù 沙成塔]<成>塵も積もれば山となる.

积善 jīshàn <文>積善(する).功徳(する).〔~余庆 qìng〕〔~之家必有余庆〕<成>積善の家に余慶あり.

积少成多 jīshǎo chéngduō <慣>塵も積もれば山となる:〔聚 jù 少成多〕に同じ.

积食 jīshí ①胃のもたれ.消化不良.〔停 tíng 食〕に同じ. ②胃に溜まっている物.

积数 jīshù ①積み重なってできた数. ②⇒[乘 chéng 积]

积水 jīshuǐ ①水がたまる. ②たまり水. ③医胸腔や皮下組織の間隙などにたまった水分.〔~病 bìng〕浮腫.〔脑 nǎo ~〕脳水腫.〔胸 xiōng 腔 ~〕胸水.

积愫 jīsù ⇒[积悃]

积土成山 jītǔ chéngshān <成>塵も積もれば山となる.

积微成著 jīwēi chéngzhù <成>目に見えぬ微細なものも積もると現れて分かるようになる.

积温 jīwēn 積算温度.

积习 jīxí <文>古くからのしきたり.〔~相沿〕<成>長年の習慣が踏襲されて改まらない.〔~难 nán 改〕〔~难除〕<成>長年の習慣がこびりついている.〔~甚深〕長年の習慣が深く根を張っている.

积薪厝火 jīxīn cuòhuǒ ⇒[厝火积薪]

积蓄 jīxù ①貯蓄する.蓄える.〔~力量〕力を蓄える. ②貯金.蓄え.〔他收入不多,却有~〕彼は収入は多くないが,蓄えがある.

积雪 jīxuě 〔积雪〕積雪.

积雪草 jīxuěcǎo =[崩 bēng 大碗]〔落 luò 得打〕植ツボクサ;セリ科の多年生草本.

积压 jīyā たまる.滞る.放置しておく.ねかせておく.〔~资金〕⑧資金をねかせておく.⑥遊休資金.〔~产品〕滞貨.〔~物资〕⑧物資の死蔵.⑥過剰在荷.滞貨物資.〔造成国家财产的~〕国家財産の長期間未処理をきたす.〔你手底下有没有什么~的工作?〕お手元に何か滞った仕事はありませんか.〔病了些日子,事情~得很多〕長いこと病気していたので仕事がたくさんたまった.

积阴功 jīyīngōng <文>陰徳を積む.

积瘀 jīyū 中医瘀(お)血する.

积余 jīyú 余剰の蓄積.

积雨 jīyǔ <文>長雨.

积羽沉舟 jīyǔ chénzhōu <成>羽根のような軽いものでも積もれば舟を沈める.〔喩〕僅かなことでも積み重なると巨大な働きをする.

积雨云 jīyǔyún 気積乱雲.入道雲:〔雷 léi 雨云〕ともいう.

积郁 jīyù 長年の心のつかえ.うっ憤.

积怨 jīyuàn 積もり重なった恨み.

积愿 jīyuàn 宿願.

积云 jīyún 気積雲.

积攒 jīzǎn [口]少しずつ蓄える.〔~了几个钱〕少しばかり金を貯めた.〔~邮票〕切手を収集する.

积珍累翠 jīzhēn lěicuì <成>貴重品をこつこつ集めること;〔聚珍〕に同じ.

积重难返 jīzhòng nánfǎn <成>積弊は改め難い.〔轻视劳动的观念~〕労働を軽視する見方は積年の旧習で改め難い.〔以[清 qīng]〕ともいう.

积铢累寸 jīzhū lěicùn <成>少しずつ積み重ねる:〔铢积寸累〕ともいう.

积贮 jīzhù たくわえ.

积祖 jīzǔ <文>累(るい)代.代々.

[襀・積] jī <文>着物のひだ.

[姬(姫)] jī ①古女性の美称.〔艳 yàn ~〕美女. ②<文>妾.そばめ.〔妾 qiè 〕に同じ.〔侍 shì ~〕同前. ③旧歌舞を業とする女.〔歌 gē ~〕歌い女.〔鼓 gǔ ~〕鼓詞を歌う女. ④姓姫(き)

姬蜂 jīfēng 虫ヒメバチ.

姬菇 jīgū 植シメジ.

姬妾 jīqiè <文>そばめ.妾.〔~之盛〕〔~成群〕<成>同前の妾が多いこと.

姬鼠 jīshǔ 動ヒメネズミ(セスジネズミ)の類.〔黑 hēi 线~〕〔田~〕ヒメネズミ(セスジネズミ):木や果樹を害する.

姬蛙 jīwā 動ヒメアマガエル.

[屐] jī ①木底の靴.木履.下駄.〔木~〕同前. ②はきもの.〔一履 lǚ 同前.〔草 cǎo ~〕草履.〔锦 jǐn ~〕錦のがわをつけた靴.

屐齿 jīchǐ <文>下駄のつめ.

屐光漆 jīguāngqī <方>速乾性ワニス.

[赍・賫(賷・齎)] jī <文>①もたらす.持参して贈る.〔~发〕〔~助 zhù〕援助する.〔~赏 shǎng〕褒美として与える. ②心中に抱く.思い

を持つ．
赍盗粮 jīdàoliáng 盗賊に食糧を持って行ってやる．〔喩〕敵や悪人を助長すること．
赍恨 jīhèn〈文〉無念の思いを持つ．
赍送 jīsòng〈文〉持参して贈る．
赍志 jīzhì〈文〉志を抱いている．〔～以终〕〔～而没〕〔～而殁〕志を抱いたまま死亡する．

[**穄**] jī〈姓〉稽(ǐ)

[**稽**] jī（Ⅰ）〈文〉止める．滞らせる．〔不得～延时日〕日時を遅らせてはいけない．
（Ⅱ）①考える．調べる．議論する．〔无～之谈〕とりとめもないこと．でたらめの説．②やりあう．言い争う．〔反唇相～〕〈成〉反撃して言い争う．③〈姓〉稽(ǐ)
→ qǐ
稽查 jīchá ①〈密輸·脱税·違法行為を〉検査する．考査(する)．〔～会 kuài 计〕会計検査を．〔～特派员〕同netの特別調査官．〔以对企业进行～财务监查为核心，对企业进行～〕財務監査を中心に企業の検査を行う．②同related する人．
稽迟 jīchí =〔稽滞〕〈文〉留まる．滞る．延引する．
稽古 jīgǔ〈文〉古書を読み昔の事柄を究明する．
稽核 jīhé（主に）会計を監査する．帳簿を検査する．→〔稽查①〕
稽考 jīkǎo〈文〉調査する．考察する．〔无可～〕調べようがない．
稽留 jīliú〈文〉留まる．滞留する．引き留めておく．〔在中途·党员的申诉书〕中途で党員の申したてを留めておく．
稽留热 jīliúrè〔医〕稽(ǐ)留熱．
稽延 jīyán〈文〉遅らせる．時を延ばす．
稽滞 jīzhì〈文〉物品を検査して，税を徴収する．稽滞 jīzhì ⇒〔稽迟〕

[**缉·緝**] jī〔～指名手配をする．〔～访 fǎng〕行方を追求する．足取りを追う．〔～枪 qiāng〕④銃器を取り締まる．⑤銃器（製造·所持）犯を捕らえる．②〈口〉麻よりをかけて糸にする．
→ qī
缉办 jībàn〈文〉捕縛して処分する．
缉捕 jībǔ =〔缉衤〕〔缉拿〕捕らえる．逮捕する．〔～〕〔回〕捕手役人．捕吏．
缉查 jīchá 捜査(する)．〔挨户～〕軒並みに同問．
缉盗 jīdào〈文〉盗人を捕らえる．
缉毒 jīdú 麻薬を取り締まる．〔～犬〕麻薬捜査犬．
缉合语 jīhéyǔ ⇒〔撮 cuō 聚语〕
缉获 jīhuò ①搜查して押収する．②⇒〔缉捕①〕
缉缉 jījí ひそやかに（甘い言葉を）ささやくさま．→〔叽咕②〕
缉截 jījié〈文〉(待ちやって，また行く手を遮って)捕らえる．〔～走私犯〕密輸犯を待ちぶせて捕らえる．
缉拿 jīná ⇒〔缉捕①〕
缉私 jīsī 密輸取り締まり(をする)．〔～船〕密輸監視船．
缉凶 jīxiōng 凶悪犯人を捕らえる．

[**跻·躋（隮）**] jī〈文〉登る．あがる．〔～于光明之路〕自ら光明の路に上る．
跻身 jīshēn 高い地位に身を置く．〔～于全国甲级队〕全国 1 部リーグチームに所属する．

[**齑·齏（韲）**] jī〈文〉①〔食〕薬味．みじん切りにしたウリ·にんにく·にらなど．また塩ずけの野菜のみじん切り．②細かく砕く．〔～粉〕粉末．〔化为～〕変身ずる．〔～喩〕身を粉にする．献身する．

[**激**] jī ①〈水が〉ぶつかって飛び散る．つきあたる．〔水冲到石头上，一起三尺多高来〕水が石にぶつかって 3 尺も高く飛び上る．〔～起了一场风波〕風波を巻き起こす．②感情を刺激する．けしかける．そそのかす．しかける．〔拿话～人〕（刺激的な）言葉で他人を愤激させる．〔～出事来〕しかけて事件を起こす．〔～成事端〕触発されて事の発端となる．〔不论怎么～我，我决不能和他打起来〕どんなに刺激されても，わたしは彼とけんかをするわけにはいかない．③心をうたれる．感激する．(心が)激しく高ぶる．④雨にあたり，または水にぬれて病気になる．〔留神～着，避雨再走吧 bì〕雨にあたらないように気をつけなさい．雨やどりしてから出かけなさい．⑤急激に．激しく．ひどく．〔～口〕(物を)水につけて冷やす．さます．〔把西瓜放在冰水里～一～〕西瓜を冷たい水につけて冷やそう．⑦〈姓〉激(ǐ)
激昂 jī'áng 激昂(ǎng)する．奮い立つ．〔他的语气越来越～〕彼の語調はますます高ぶってきた．〔慷 kāng 慨～〕～慷慨〈成〉悲憤慷慨する．
激变 jībiàn 激変する．
激辩 jībiàn 激論．
激磁 jīcí〔电〕磁化=〔励 lì 磁〕ともいう．〔～电流〕励磁電流．〔～线圈 quān〕〔電〕アウトプットコイル．
激打 jīdǎ ⇒〔激光打印机〕
激荡 jīdàng ①〈液体を〉揺り動かす．②激しく揺れ動く．〔海水～〕海がうねり，荒れ狂う．〔心潮～〕胸中が激しく打ける．感情が波立つ．
激动 jīdòng ①感動させる．感激させる．(情感)が沸き立たせる．かきたてる．呼び起こす．〔这是多么～人心的时刻啊〕眼里噙 qín 着～的泪花〕これは何と感動的な時であろうか，目には感激の涙がたまっている．②心を高ぶる．興奮する．感動する．〔情绪～〕情感が高ぶる．〔斗争很复杂哩，不能～，让我冷静地想一想〕闘争はとても複雑なんです，感情を高ぶらせてはいけません，冷静に考えさせてもらいましょう．〔张老师，我太～了〕張先生，わたしは感動しました．③激動．
激发 jīfā ①〈心を〉つき動かす．かきたてる．あおりたてる．燃えたたせる．〔～儿童的爱国热情〕児童に愛国の情熱を沸き立たせる．〔～积极性〕積極性をよびおこす．②〔物〕励起．励发：分子·原子などがエネルギーの一番低い安定状態から，より高い状態に移ること．〔～态〕励起状態．
激奋 jīfèn 奮い立つ．奮い立たせる．あおり立てる．〔心情～〕気持ちが奮い立つ．
激愤 jīfèn 愤激(する)．憤慨(する)．激怒(する)：〔激忿〕ともいう．
激感 jīgǎn 激しく心を動かす．
激光 jīguāng〔物〕レーザー．レーザー光線．〔莱 lái 塞〕〔雷 léi 射〕〔镭射〕は音訳．〔～唱机〕CD プレーヤー．〔～唱片〕CD．コンパクトディスク．〔～测距仪〕レーザー距離測量機．〔～打孔机〕レーザー光線穿孔器．〔～打印机〕〔激打〕〔電〕レーザープリンター．〔～刀 dāo〕レーザーメス．〔～电视〕レーザーテレビ．〔～反导〕〔軍〕アンチミサイルレーザー．〔～工业〕レーザー工業．〔～光谱学〕レーザー分光学．〔～核 hé 聚变〕〔物〕レーザー核融合．〔～雷达〕レーザーレーダー．〔～盘 pán〕レーザーディスク．〔～器 qi〕レーザー発生装置．〔～枪〕レーザー銃．〔～束〕レーザービーム．〔～脱 tuō 毛〕レーザー脱毛．〔～武器〕レーザー兵器．〔～照 zhào 排〕レーザー組版．〔～制导导弹〕〔～自导导弹〕レーザー誘導ミサイル．
激诡 jīguǐ〈文〉奇をてらう（こと）．けれんのある行動をとる（こと）
激化 jīhuà ①激化（する·させる）．〔矛 máo 盾～〕矛盾が激化する．②〔喩〕活性化（する·させる）．〔～金

jī~jí　　　　　　　　　　　　　　　　　　　　激羈及

激活 jīhuó 〖物〗活性化(する).〔～能〕活性化エネルギー.〔～剤〕〖質〗アクチベーター.活性剤.
激将 jījiàng 人を激して発奮させる.はっぱをかける.けなしたりしてけしかける.〔～法〕同衆の方法.〔请将不如～〕〈喩〉お願いしてやってもらうより発奮させてやらした方がいい.〔劝将不如～〕〈喩〉勧めるより怒らせその気にさせる方がよい.
激进 jījìn 過激である.〔～派〕急進派.過激派.→〔温 wēn 和〕
激剧 jījù ①急激である.〔～的变化〕急激な変化.②激しい.激烈である.
激浪 jīlàng さかまく大波.怒涛.
激励 jīlì ①励ます.〔～将士〕将兵を激励する.②激励.〔～机制〕インセンティブ制度.③〖電〗励振.
激烈 jīliè 激烈(である).〔经过三天的～争夺 duó〕3日間に及ぶ激闘によって.
激灵 jīling 〈方〉〔口語詞とも〕〔机灵②〕とも書く.〔被冷风吹得他身上一～〕冷たい風に吹かれて身震いした.〔吓 xià 得他一～〕驚いてぶるっと震えた.
激流 jīliú 水勢の急な流れ.〔～勇 yǒng 进〕ウォーターシュート.〔时代的～〕時代の激流.
激酶 jīméi 〖生理〗〖原〗キナーゼ.〔～原〕プロキナーゼ.
激怒 jīnù 激怒させる.〔激恼 nǎo〕ともいう.
激起 jīqǐ 激発する.惹き起こす.〔～公愤〕公憤を激発する.
激切 jīqiè 〈文〉(言葉が)率直すぎて(むき出しで)激しい.〔言辞～〕同前.
激情 jīqíng 激情.〔被一时的～所驱使〕一時の激情にかられる.
激妊酮 jīrèntóng ⇒〔黄 huáng 体酮〕
激赏 jīshǎng 〈文〉激賞する.
激素 jīsù 〖生理〗ホルモン.〔荷 hé (尔)蒙〕〔贺尔尔蒙〕は旧訳語.〔～疗 liáo 法〕〖医〗ホルモン療法.〔～水〕成長ホルモン投与の果物.〔生 shēng 长～〕〔激长素〕生長ホルモン.〔性 xìng ～〕性ホルモン.〔睾 gāo 丸～〕〔睾丸素(酮)〕〔睾固酮〕テストステロン.〔垂 chuí 体前叶～〕脳下垂体前葉ホルモン.〔甲 jiǎ 状腺～〕甲状腺ホルモン.〔雌 cí ～(酮)〕〔雌(素)酮〕雌性ホルモン.〔环境～〕環境ホルモン.
激扬 jīyáng 〈文〉①激励して奮起させる.振い立たせる.②感動して発奮する.③高揚している.④→〔激浊扬清〕
激越 jīyuè (声·情緒などが)高ぶる.高揚している.〔～的歌声〕響き渡る歌声.〔感情～〕感情が高ぶる.
激增 jīzēng 激増する.
激战 jīzhàn 熱戦(する)
激长素 jīzhǎngsù 〖生理〗成長ホルモン.〔生 shēng 长激素〕ともいう.→〔激素〕
激浊扬清 jīzhuó yángqīng =〔扬清激浊〗〈成〉汚水を押し流して清流を得る.〔転〕悪を非難し善を賞揚する.
激子 jīzǐ 〖物〗励起子.エキシトン.

〔羁·羇(羈)〕 jī 〈文〉①馬のおもがい.くつわ.②つなぐ.拘束する.〔～縛 fù〕束縛する.〔鸟 niǎo 归林〕〈喩〉自由の身となる.〔～囚 qiú〕拘禁する.束縛されない.③他地で寄居する.〔羇〕に同じ.〈姓〉羈(ǐ)
羁绊 jībàn 〈文〉きずな.つなぎとめる.
羁愁 jīchóu 〈文〉旅愁.
羁缩缩 jīji suōsuō 〈方〉こせこせするさま.〔你别这么～的,得洒 sǎ 脱点儿才好〕そんなにこせこせしなさんな,もっとのんびりしなさい.

羁客 jīkè 旅客.旅人.
羁勒 jīlè 〈文〉束縛する.
羁留 jīliú ①拘留する.拘禁する.→〔看 kān 守③〕②(他地に)とどまる.寄居する.
羁旅 jīlǚ 他地に旅行する.客居する.
羁縻 jīmí 〈文〉①つなぎとめる.束縛する.②懐柔する.籠絡(lù)する.〔～政策〕籠絡政策.
羁身 jīshēn ①身にまつわる:〔萦 yíng 身〕に同じ.〔私 sī 〜,迄未造访,歉歉〕〔贖〕雑務に追われまだお訪ねも致さず失礼つかまつり候.②手が離せない.
羁束 jīshù 〈文〉つなぎしばる.拘束する.
羁绁 jīxiè 〈文〉①くつわとたづな.②つなぎとめる.
羁押 jīyā 拘留する.拘禁する.
羁滞 jīzhì 〈文〉逗留する.

〔及〕 jí ①及ぶ.到達する.とどく.〔连日赶路,已～江北〕連日急進を続けて,すでに江北に達した.〔～于近世,又有不同〕近世になってから異なってきた.〔～近]近くに寄る.〔波～〕波及(する).〔将～十載〕やがて10年になる.②追いつく.機を逃がさずする.間に合う.乗ずる.〔宜 ～ 其未定而先攻之〕彼らがまだ安定しないうちに攻撃すべきだ.〔未～详谈〕詳しく語る暇はなかった.③比べられる:多く否定に用いる.〔大阪～东京大〕大阪は東京ほど大きくはない.④及ぶ:名詞·代名詞などを並列させる時に用い,主な成分を〔～〕の前に置く.〔工人,农民～士兵〕労働者·農民及び兵士.⑤〈文〉及(ぎゅう).
及第 jídì 〈文〉〔科 kē 举〕に合格する:特に明·清では殿試の上位3名に合格することを〔进 jìn 士〕また単に〔～〕という.
及第花 jídìhuā ⇒〔杏 xìng 花〕
及锋 jífēng 〈文〉鋭気のある中に.〔～而试〕〈成〉人をその力が盛んな時に任用すること.
及格 jígé 合格する.及第する:合格点に達すること.〔～赛 sài〕予選競技:一定の記録突破した者を参加させる競技.〔不～〕合格しない.→〔合 hé 格〕〔考 kǎo(①②)〕
及冠 jíguàn 〈文〉男子が満20歳に達すること.→〔冠 guàn〕
及笄 jíjī 〈文〉女子が満15歳になること.→〔笄年〕
及己 jíjǐ 〖植〗アタリシズカ:センリョウ科.
及今 jíjīn 〈文〉①今に及ぶ.今になって.②今のうちに.今を逃がさずに.
及龄 jílíng 規定の年齢(になる).〔～儿童〕学齢に達した児童.
及门 jímén 〈文〉門下生.門人.〔～弟子〕同前.
及期 jíqī 期限になる.適期になる.
及其 jíqí 並びに(その):名詞と結びついて,後者が前者の従属関係にあることを表す.〔作家～作品〕作家及びその作品.
及时 jíshí ①適時である.時機にかなう.〔～雨〕よいおしめり.恵みの雨.〔少数有病的工人,还没有得到～的治疗 liáo〕少数か病気の労働者は,まだ適期に治療を受けることができない.〔这场雨下得真～〕この雨は,本当にいい時に降ってくれた.②時を移さず.〔～行乐〕時機にかなった楽しみをする.〔～播种〕適時に種をまく.
及物动词 jíwù dòngcí =〔他动词〕:〔他 tā 动词〕〔外 wài 动词〕ともいう.→〔不 bù 及物动词〕
及早 jízǎo 早いうちに.手遅れにならないうちに.早めに.〔如果我们能～注意这些因素,这次的损失就可以避免了〕もし我々が早くからこれらの要素に注意を払っていたら,今度の損失は回避できていた.
及早回头 jízǎo huítóu 間に合ううちに思い直す.早目に悔悟する.早目に引き返す.〔他要不趁这个时候～,将来可要受害的〕彼はこの際早く悔悟しない

及伋汲忣岌级疲极 jí

と，将来害を受けるだろう．
及至 jízhì …に至るに及んで．…の時になって．〔原子能的研究，～第二次世界大战末期以后,才有长足的进步〕原子力の研究は第2次世界大戦の末期になってから初めて長足の進歩を見た．

[伋] jí 人名用字．〔孔 kǒng ～〕孔子の孫の名．

[汲] jí ①水を汲みあげる．〔～水〕同前． ②〔姓〕汲(きゅう)．
汲古 jígǔ 〈文〉井戸の水を汲むが如く古籍を耽読すること．〔～阁〕団常熟の毛晋の蔵書庫の名．
汲汲 jíjí 〈文〉①忙しいさま．〔～忙忙〕非常に忙しいさま．〔终日～，竟无所获〕終日忙しく立ち回っても，ついに何も得るところはないと嘆く．②つとめてやまないさま．〔～然,如有追而不及也〕たゆまずに追うもなお及ばないといったありさまだ．
汲取 jíqǔ 汲み取る．〔～历史的教训〕歴史の教訓を汲み取る．
汲水泵 jíshuǐbèng 揚水ポンプ．〔汲水机〕〔汲水唧 jī 筒〕〔水泵〕ともいう．→〔泵①〕
汲引 jíyǐn 〈文〉水を汲み上げる．〈転〉④吸い取る．⑥抜擢する．

[忣] jí 〈文〉急ぐ．

[岌] jí 〈文〉①(山の)高く険しい．②危険が迫っている．
岌岌 jíjí 〈文〉①高く険しいさま．②きわどいさま．〔～可危〕なかなか危うい．〔～不可终日〕危険で一刻の猶予もならない．

[级・級] jí ①階段．〔登山石 shí ～〕登山道の石の階段．②等級．〔～同前，〔初～中学〕中級中学．〔高～千部〕高級幹部．〔无产阶～〕無産階級．③学年．〔一年～〕1年生．①学年．〔升～〕学年が上がる．〔留～〕留年(する)．〔同～不同班〕学年が同じで組が違う．④量詞．階段・段階・等級・入学年次などを数える．〔台阶三～〕階段3段．〔七～宝塔〕七重の塔．〔高一～〕1級高い．〔十三～〕〔十三级 (高級)幹部．→〔届 jiè ②〕⑤〈文〉量詞．打ち取った敵の首を数える．〔斩首数千～〕首を斬ること数千．⑥〔姓〕级(きゅう)．
级别 jíbié 等級別．労働者・軍人・教師・機関工作人員などの等級を指す．
级差 jíchā ①等級の格差．〔～地租〕団差級地代．〔～工资〕等級差労働報酬．等級差別による労働賃金．②〈度〉音量等級の差．単位は〔分 fēn 贝〕(デシベル，dB)．
级联 jílián 電カスケード．
级任 jírèn 学年担任(教員)．ふつう〔班主任〕という．〔科 kē 任〕
级数 jíshù 数①数列．②級数．

[疲] jí 〈文〉(門・扉の)かんぬき．

[极・極] jí ①極点．絶頂．最高度．きわまり．果て．〔寒冷已达其～〕寒さが極点に達した．〔登峰造～成〕最高の域に達する．②きわめて．はなはだ．〔晚上没人管，～易 yì 盗窃〕夜誰も管理しないのでとくに簡単に盗むことができる．〔天气～冷〕(天気が)はなはだ寒い．〔冷～了〕ひどい寒さだ．〔有意思～了〕とっても面白い．〔她对你满意～了〕彼女は君にすっかりご満足だ．〔～顶〕④(～很)〔太 tài 好〕〔最 zuì ～〕 ⑨きわまる．頂点に達する．〔高兴已～〕愉快きわまる．〔～一时之盛〕その時の最盛をきわめた．〔游乐之野～〕力の限りない境地に遊ぶ．〔～力钻 zuān 研〕力を

尽くして研鑽(さん)する．〔～其力而望之〕目の届く限り遠くを見る．④地軸・磁石などの両端．〔北～北极．〔南～〕南極．〔电 diàn ～〕電極．〔磁 cí ～〕磁極．⑤〔姓〕极(きょく)．
极板 jíbǎn 電極板．〔电 diàn 极板〕に同じ．
极处 jíchù ⇒〔极点〕
极地 jídì 地極地：南北極圏以内の地．〔～探险〕極地探険．
极点 jídiǎn =〔极处〕〔极顶〕〔极度〕最高度．最高潮．絶頂．〔紧张到了～〕緊張が極点に達した．
极顶 jídǐng ①山頂．頂上．②同上．③この上ない．最高の．
极度 jídù ①⇒〔极点〕 ②極度に．甚だしく．〔～兴奋〕極度に興奮する．〔～的疲劳〕極度の疲労．
极端 jíduān ①極端である．〔各走～〕それぞれがつっぱり合う．〔伊斯兰～派 pài〕イスラム過激派．②極めて．非常に．厳しに．〔～重要的事〕極めて重要なこと．③一方の側．端．
极短篇小说 jíduǎnpiān xiǎoshuō ⇒〔微 wēi 型小说〕
极而言之 jí ér yánzhī 〈慣〉最大限に言えば．極論する．
极峰 jífēng 〈転〉最高首脳．〔～会议〕頂上会議．首脳会議．
极光 jíguāng 気極光．オーロラ．〔华 huá 盖②〕ともいう．〔北～〕北極光．〔南～〕南極光．
极轨 jíguǐ 物南・北極を回る軌道．
极化 jíhuà 物分極．偏極．(光の)偏り．
极尽 jíjìn あらん限りを尽くす．〔～蛊 gǔ 惑之能事〕得意のあらゆる能力を使って人心を惑わす．
极口 jíkǒu 口を極める．〔～称赞〕〈成〉口を極めてほめる．
极块 jíkuài 地南北極大陸プレート．→〔板 bǎn 块〕
极乐鸟 jílèniǎo =〔风 fēng 鸟〕鳥フウチョウ．ゴクラクチョウ．
极乐世界 jílè shìjiè (仏教の)極楽世界．〔佛 fó 界①〕〔西 xī 天②〕ともいう．→〔西方①〕
极力 jílì 極力．力の限り．極力反対する．〔～设法〕八方手を尽くす．〔～吹 chuī 捧〕力をきわめておだてあげる．
极量 jíliàng ①医投薬の極量．最大許容量．→〔剂 jì 量〕 ②限度量．
极流 jíliú 気地球の南北極から赤道へ向かう寒流．
极目 jímù 目の届く限り．見渡す限り．〔～所见一片荒野〕見渡す限り荒野である．
极品 jípǐn ①極上品．〔～消费〕高級品消費．〔～烟〕極上のタバコ．②〈文〉最高の官位．
极谱 jípǔ 化ポーラログラム．電解記録．〔～分 fēn 析法〕ポーラログラフィー．電解自記法．
极其 jíqí きわめて．多く2音節の形容詞・動詞を修飾する．〔我们到处都受到～盛大的欢迎〕我々は至るところできわめて盛大な歓迎を受けた．〔～重视〕きわめて重視する．
极圈 jíquān 地極圏．〔南～〕南極圏．〔北～〕北極圏．
极权 jíquán 独裁．強権．〔～主义〕全体主義．
极盛 jíshèng 真っ盛り．全盛．絶頂．極地．〔古埃及文明的～时期〕古代エジプト文明の全盛期．〔唐朝是中国旧诗的～时期〕唐代は中国古典詩の黄金時代である．
极天际地 jítiān jìdì 天に連なり地に接する．〈喩〉物の高大をいう．
极为 jíwéi きわめて．〔意义～深远〕意義はきわめて深い．
极限 jíxiàn ①最大限．〔～量规〕界 jiè 限量规国限界ゲージ．〔～强 qiáng 度〕国極限強度．〔～马拉

jí 极笈吉诘

松〈音義訳〉[又]ウルトラマラソン.[~运动][又]極限スポーツ:[蹦 bèng 极](バンジー)など.[~制 zhì][公 gōng 差制][工]限界ゲージ制.限界方式;[~状态]極限狀態. ②[数]極限.
极限尺寸 jíxiàn chǐcùn 限界寸法;[最大尺寸]と[最小尺寸]の間をいう;[最大尺寸]は[上限尺寸]ともいい,[最小尺寸]は[下限尺寸]ともいう.
极刑 jíxíng 極刑.死刑.
极夜 jíyè [気]極地の白夜.
极意 jíyì〈文〉意を尽くす.[~劝 quàn 解]意を尽くして慰める.
极右 jíyòu (政治・思想上の)極右.[~分子]極右分子.
极值 jízhí [数]極値.
极致 jízhì 極致.頂点.
极昼 jízhòu [気]極地の白夜の時期.→[白 bái 夜]
极左 jízuǒ (政治・思想上の)極左.[~分子]極左分子.

〔笈〕 jí〈文〉①おい;書物などを入れる箱.[负 fù ~从师]〈成〉遠隔の地に遊学して師に就く. ②書物.典籍.[古~]古書.

〔吉〕 jí ①めでたい.幸いである.すばらしい.[万事大~]万事順調だ.⇔[凶 xiōng (1)①] ②婚礼のめでたさ. ③吉林(省)の略称.[沈~线]瀋陽吉林間鉄道. ④ギガ;[~咖 gā]の略称. ⑤[姓]吉.
吉贝 jíbèi →[木 mù 棉]
吉便 jíbiàn 幸便.[~带交]都合よく人に托してお渡しする.
吉卜赛人 jíbǔsàirén =[吉普赛人][茨 cí 冈人]〈音義訳〉ジプシー.
吉布提 jíbùtí ジブチ:正式には[~共和国].アフリカ東部,紅海の入り口に面した国.[~市](ジブチ):同国の首都.
吉辰 jíchén ⇒[吉日②]
吉大港 jídàgǎng [地]チッタゴン:[孟 mèng 加拉人民共和国](バングラデシュ)の港市.
吉旦 jídàn〈文〉吉日.
吉地 jídì ①縁起のよい土地. ②[旧](風水からみた)埋葬場所の適地.
吉丁虫 jídīngchóng ⇒[金 jīn 龟子]
吉尔伯特群岛 jí'ěrbótè qúndǎo [地]ギルバート諸島.
吉尔吉斯 jí'ěrjísī キルギス:正式には[~共和国].首都は[比 bǐ 什凯克](ビシュケク).[~坦 tǎn](キルギスタン)は旧称.
吉尔吉斯族 jí'ěrjísī zú ⇒[柯 kē 尔克孜族]
吉房 jífáng めでたいまたは縁起のいい家屋:もと家屋を貸したり,売ったりする場合に用いた.[吉屋 wū]ともいう.[~召租]よい部屋あり:貸家札・貸家広告などに書いた語.[~出售]よい部屋あり:売り家の貼り札・広告などに書いた語.↔[凶 xiōng 房]
吉服 jífú〈文〉礼服.
吉咖 jígā〈音譯〉ギガ:記号G:単位につけて10⁹を表す.単に[giga ④]ともいう.
吉光片羽 jíguāng piànyǔ〈成〉貴重な文章や書画などの残存部分:水に入っても沈まず,火に入っても焼ける事がない皮衣をまとう[吉光]という神獣の皮衣の一部.[吉光片裘 qiú]ともいう.
吉何德先生 jíhédé xiānsheng ⇒[堂 táng 吉何德]
吉柬 jíjiǎn〈文〉書物の手紙.宴会の招待状.
吉金 jíjīn 鼎(ｄ)・彝(ｙ)など古代の器物.[~笔]同前の模様入りの便箋.
吉剧 jíjù [旧]吉林省に流行する地方劇:[二 èr 人转]から変化したもの.

吉礼 jílǐ ①祭事の礼式. ②婚礼.
吉利 jílì めでたい.縁起がいい.[俱不~]不吉なことを恐れる.[~话](儿)[吉祥話(儿)]縁起のよい話.
吉利灯 jílìdēng [回]正月に作る[蒺 jí 藜](はまびし)形の灯籠:[吉利](めでたい)と音が通じる.
吉利子树 jílìzǐ shù =[金 jīn 銀木][植]キンギンボク.ヒョウタンボク(飄箪木).
吉了 jíliǎo ①=[知 zhī 了] ②[秦 qín 吉了]
吉隆坡 jílóngpō [地]クアラルンプール:[马 mǎ 来西亚](マレーシア)の首都.[古 gǔ 隆坡]ともいった.
吉尼斯纪录 jínísī jìlù〈音義訳〉[画]ギネスブック;[吉尼斯世界大全]ともいう.[吉]とも書く.[吉尼斯之最]同前に載る世界一(の).→[世 shì 界之最]
吉鸟儿 jìnǐǎor〈方〉蝉;[知 zhī 了]の俗称:[唧 鸟儿]とも書く.
吉普(**车**) jípǔ(chē)〈音義訳〉ジープ:また一般に小型四輪駆動車をいう.→[越 yuè 野车]
吉普赛人 jípǔsàirén ⇒[吉卜赛人]
吉期 jíqī 吉日:旧時,特に婚礼の日をいった.
吉庆 jíqìng めでたい.よろこばしい.[平安~]平穏無事.
吉人 jírén〈文〉善人.[~天相 xiàng]善人には天の助けがある:人が災厄や困難にあった時の慰めの語.
吉日 jírì ①⇒[朔 shuò 日] ②=[吉辰]吉日.日がらのよい日.[~良辰][吉時良辰][回]吉日:[风 fēng 水]や[八字]からみためでたい日.
吉他 jí·tā =[音義訳]吉泰琵琶[六 liù 弦琴]〈音訳〉ギター(楽器)
吉泰琵琶 jítài pí·pá 同上.
吉特巴(**舞**) jítèbā(wǔ)〈音義訳〉ジルバ:ダンスの一種.
吉夕 jíxī 結婚当夜.婚礼の行われる夜.
吉席 jíxí ①結婚の祝宴. ②[回]結婚祝いの書画に書き添える語:例えば[某某仁兄~]のように使う.
吉祥 jíxiáng ①めでたい.縁起がいい:福・禄・寿・喜・財などに関すること.[~号]ラッキーナンバー:8888は[大发],9988は[长久发]など.[给他说两句~话]彼にちょいといいことを言ってやる. ②好都合に運んでいる.[~如意]〈成〉万事めでたし,めぐり合わせがいい.[这(«这»)件事办得挺~这の一件はうまい具合に処理が進んでいる. ③[回]縁起の悪い[死 sǐ][棺 guān]などの語を避けて代わりに用いる語.[~板]棺材.[~床]死者を安置する床.[~所]死者をおさめた棺を安置するところ.
吉祥草 jíxiángcǎo [植]キチジョウソウ:樹下の陰地に叢(冫)生する多年生草本.
吉祥话(**儿**) jíxiánghuà(r) =[吉利話(儿)]縁起のよい話.[~谁都爱听]めでたい話は誰だって好む.
吉祥物 jíxiángwù ①マスコット.キャラクターグッズ. ②縁起物.
吉星 jíxīng 吉祥の星.[~高照]〈成〉強運が向いていること.
吉凶 jíxiōng 幸運と不運.[~未卜]運のよしあしはあらかじめ推し量る事はできない.
吉言 jíyán めでたい.縁起のいい言葉.[借您的~](挨)あなたの(おっしゃって下さった)めでたい言葉にあやかりたいものです.そうであればいいと思っています.
吉月 jíyuè〈文〉①朔日(ｄ).旧暦のついたち. ②よい月.
吉兆 jízhào =[吉征]〈文〉めでたい前兆.吉兆.
吉征 jízhēng 同上.
吉字节 jízìjié [電算]ギガバイト.

〔诘・詰〕 jí〈文〉曲がる.かがむ:[佶③]に通ずる. → jié

jí

〔佶〕 jí 〈文〉①正しい.②元気で丈夫である.たくましい.③曲る.曲がる.

佶屈 jíqū 〈文〉筆勢が曲折していること.〔笔画～〕筆画がまがりくねっている.〔象形者,画成其物,随体～日,是也〕(説文解字叙)象形とは,物の形を描いたもので,その物の形のとおり曲がりくねっている,⊙(日),♪(月)など.

佶屈聱牙 jíqū áoyá 〈成〉言語や文章がごつごつしていて難読なさま:〔诘屈聱牙〕とも書いた.

〔姞〕 jí 〈姓〉姞(きつ)

〔即(卽・卽)〕 jí ①近づく.接近する.近寄る.〔不～不离〕〈成〉つかず離れず.〔可望而不可～〕遠くから見るだけで近寄れない.②つく.就任する.→〔即位〕③目前.目下.〔成事在～〕近いうちに成功する.〔开学在～〕新学年はまもなく始まる.④直ちに.その場で.その時に.〔地处理〕その場で処理する.〔～打～离〕攻撃を加えるやいなやさっとひく.〔～插～用〕電算プラグ・アンド・プレイ.〔～发表谈话〕その場ですぐ話を発表する.〔用完～行 xíng 奉还 huán〕使い終わったらすぐお返しします.〔招之～来〕呼んだらすぐ来る.〔着 zhuó～废止〕〈公〉直ちに廃止せしめる.⑤すなわち.である.とりもなおさず…である.前の語を受けあらためて言い直す.〔社会～学校〕社会はすなわち学校である.⑥…になるとすぐに.するとすぐに:〔则 zé(Ⅱ)②〕に同じ.〔明年～能完成〕来年になるとすぐに完成し得る.〔如是～可〕そうであればよろしい.〔非此～彼〕これでなければこれだ.⑦〈文〉たとえ…しても.よしんば…であっても.〔～不幸而死,亦无所恨〕よしんば不幸にして死んだとしても,恨むことはない.→〔即使〕⑧〈姓〉即(しょく)

即便 jíbiàn ①⇒〔即使〕②早速.〔～遵照〕〈公〉早速命令通り処理されたい.

即冲咖啡 jíchōng kāfēi ⇒〔速 sù 溶咖啡〕

即付 jífù =〔即交〕〈文〉即時支払う.

即付期票 jífù qīpiào ⇒〔即票〕

即勾 jígōu 〔海 hǎi 鳗（鰻）〕

即或 jíhuò ⇒〔即使〕

即吉 jíjí 〈文〉喪服を脱ぐ.忌が明ける.

即将 jíjiāng もうすぐ…しよう.ほどなく…するだろう.〔～答复〕ほどなく回答するだろう.〔比赛～开始〕試合はまもなく始まる.〔胜利～到来〕まもなく勝利が得られるでしょう.

即交 jíjiāo ①⇒〔即付〕②即時交付する.

即今 jíjīn 〈文〉目下.只今.

即经 jíjīng 〈公〉直ちに…するを経たり.直ちにした:平行文のうち,直ちに処理したことを表す.〔～令行某局遵办具复〕直ちに某局に令して命令の如く処理し復命せしめることとした.

即景 jíjǐng 〈文〉眼前の風景について吟詠すること.〔～生情〕〈成〉眼前の情景について感情がわく:〔见 jiàn 景生情①〕に同じ.

即开型彩票 jíkāixíng cǎipiào スクラッチくじ.その場で当たりがわかる宝くじ.

即可 jíkě ただちにできる.

即刻 jíkè 即刻.ただちに.

即令 jílìng ⇒〔即使〕

即墨 jímò 青島市(きん)

即票 jípiào =〔即付期票〕〔即期票〕〔见 jiàn 票目〕付(据)〕〔现 xiàn 票〕一覧払い約束手形.

即期 jíqī 図（=〔即付〕〕即時.スポット.〔～付现〕〔付现〕即時現金払い.〔～汇价〕スポットレート.〔～买卖〕商現金取引.②一覧払い.〔～汇票〕一覧払い手形.〔～信用证〕一覧払い信用状.

即期票 jíqīpiào ⇒〔即票〕

即祈 jíqí 〈牍〉直ちにされたい.〔～查收〕直ちに調べて受け取って下さい.

即日 jírì ①即日.その日.〔本条例自～起施行〕本条例は即日施行する.②近日.数日内(に).〔本片～放映〕この映画は近日中に上映される.

即如 jírú =〔即若②〕〔且 qiě 如〕〈文〉…のごとく.…などと同様.〔～项羽救赵…〕項羽の趙を救ったるがごとく…

即若 jíruò ①⇒〔即使〕②同上.

即时 jíshí 即時.〔～速 sù 度〕瞬間速度.〔～付款〕商即時払い.

即食 jíshí すぐ食用できる.〔开袋～〕開封してすぐ食べることができる.〔～面〕インスタントラーメン.〔～调 tiáo 料〕インスタント調味料.

即使 jíshǐ =〔即便①〕〔即或〕〔即令〕〔即若①〕たとえ…でも.よしんば…だとしても:〔也〕や〔还〕などと連用される.〔～有这个想法,我也不赞成〕たといそういう考え方があったとしても,わたしは賛成しない.

即世 jíshì ⇒〔去 qù 世〕

即事 jíshì ①眼前の事柄に対して.②仕事・任務に就く.

即位 jíwèi 〈文〉①(帝王が)即位する.→〔践 jiàn 祚〕②席に着く.

即席 jíxí 〈文〉①席に着く.②即席(に・の)

即系 jíxì 〈文〉すなわち…である.→〔系Ⅱ〕

即兴 jíxìng ①場面の感興.〔～诗〕即興詩.〔～表演〕臨時出演.飛び入り(出演).②即座に.〔～提笔写下的〕即座に筆をとって書いたもの.

即夜 jíyè 〈文〉すぐその晩.今夜.

〔蝍(蝍)〕 jí

蝍蛆 jíqū 国①コオロギ:〔蟋 xī 蟀〕の古名.②ムカデ:〔蜈 wú 蚣〕の古名.

〔亟(亟)〕 jí 〈文〉速やかに.早急に.切迫する.〔科技成果～需 xū 吸收〕科学技術の成果をすみやかに吸収しなくてはならない.〔～欲筹 chóu 商〕至急相談いたしたい.〔～须 xū 处理〕すみやかに処理されたい.→ qì

亟待 jídài 〈文〉急を要する.〔～解决〕早急な解決を要する.

亟亟 jíjí 〈文〉非常に急ぐさま.〔～奔走〕あわただしく駆け回る.

亟盼 jípàn 〈文〉切望している.

亟起直追 jíqǐ zhízhuī ⇒〔急起直追〕

亟速 jísù 〈文〉速やかに.急いで.

亟宜 jíyí 〈文〉すみやかに…すべし.〔～归顺〕速やかに帰順すべし.

〔殛〕 jí 〈文〉殺す.誅(ちゅう)殺する.

殛毙 jíbì 〈文〉(懲罰として)殺す.〔为雷电～〕雷に打たれて死ぬ.

〔革〕 jí 〈文〉差し迫っている.急である.〔病 bìng ～〕病(やまい)があらたまる.危篤である.→ gé

〔急〕 jí ①急激である.激しい.〔水流得很～〕水の流れが急である.〔脚步很～〕足の運びがたいへん速い.〔～速降下〕急降下する.〔～转弯〕急カーブ(する).〔炮声甚～〕砲声がとても激しい.↔〔缓 huǎn〕②〔快 kuài〕急.③火急である.緊急である.切迫している.〔～趋 qū 而过〕急いで通過する.〔～着要走〕急ぎ出発しなければならない.〔～于完成(完成)～〕急いで完成する.〔～调面ː部队救援〕部隊を急ぎ移動させ救援にあたらせた.〔～贫下中农所～〕貧農・下層中農の急とする所のものを急ぐ.⑨危急.非常事態.〔危 wēi ～〕同前.〔告～〕急を告げる.〔救～〕急を救う.〔当务之～〕真っ先にやらねばならな

jí 急

ぬ急務. ④(他人の難儀や皆のために)急いで助ける.→[急難] ⑤焦る(らせる).慌てる(させる).気がもめる(もませる).いらだつ(たせる).[〜紅了眼的大汉]目を血走らせるほど焦った大男.[〜得慌]気がもめてたまらぬ.[〜出来的见识]せっぱつまって出た考え.[着 zháo〜]起〜]慌てる.焦る.困る.[他们都〜着下班忙活儿]彼らはみな早く退社しようと精をだしている.[〜病了]気がいらいらして病気になるほどだ.[慢腾腾的〜死人]のろのろしていていらいらさせられる.[怎么还不来,把人〜死了]どうしてまだ来ないのだ,人をいらいらさせる. ⑥怒りっぽい.せっかちである.[没说三句话他就〜了]彼は何か言うとすぐかっとなる.[让他着〜了]彼をいらだたせた.[〜得脸红脖子粗的]顔を赤らめ青筋を立てて怒った. ⑦[姓]急(ৡ).

急案 jí'àn 至急を要する案件.
急巴巴 jíbābā 〔白〕大慌てのさま.→[急急巴巴]
急板 jíbǎn 〔音〕プレスト.急速調(曲)
急暴 jíbào 短気(である).せっかち(である).
急蹦蹦 jíbèngbèng 焦ってじばたばする.[事情不如意就〜跳起来了]物事が思うようにならないのでじれてとび上がった.
急变 jíbiàn 〈文〉緊急な事変.
急病 jíbìng 急病.[得了〜]急病にかかった.
急步 jíbù 急ぎ足で.
急不得 jíbude 急ぐことはできない.急いではいけない.[急不来]ともいう.
急不得恼不得 jíbude nǎobude 〔慣〕慌てず騒がずじっとがまんが必要.
急不可待 jí bùkě dài 〔慣〕一刻も猶予できない.これ以上待てないほど:[急不及待][急不可耐][急不容缓][急不容等]などともいう.
急不如快 jí bùrú kuài 〔慣〕やきもきするよりはさっさと実行する方がよい.
急茬儿 jíchár [急碴儿]とも書く.[口]急ぎの事.火急の用事.[准是〜,没等下班他就走了]きっと火急の用事で彼は退勤時間の前に帰っていった.
急赤白脸 jíchì báiliǎn 〈方〉青筋を立てて怒る.いきり立って血相を変える:[急叱白脸][急斥白脸]とも書かれる.[干什么〜地找寻人]青筋を立ててあらさがしをする.
急冲冲 jíchōngchōng 大急ぎで.[〜地跑了过来]大急ぎでかけ寄ってきた.
急匆匆 jícōngcōng あたふたと.[〜走来]あたふたやってくる.
急促 jícù ①さし迫る.慌ただしい.[呼吸〜]息づかいが激しい. ②テンポがひどく速い.
急挫 jícuò 急に事がつまずく.[〜事业]事業が頓挫する.[股 gǔ 市〜百分之二十]株式市場が急激に20%値下がりした.
急待 jídài 急を要する.[〜解决的问题]解決が差し迫った問題.
急等 jíděng 至急.急いで.[这笔钱是我〜用的]この金は至急必要なのだ.
急电 jídiàn 至急電報.ウナ電:[加 jiā 急电(报)]の略.
急跌 jídiē 急落する.[股市〜]株の急落.
急冻 jídòng [急速冷冻]の略.[〜食品]急速冷凍食品.
急风暴雨 jífēng bàoyǔ 激しい雨風.〈転〉勢いが猛烈で大きいこと.[急风骤 zhòu 雨]ともいう.[〜的经历过〜的考验]激しい革命闘争や戦争の試練を経た.
急腹症 jífùzhèng 〔医〕盲腸炎などによる急性の腹痛症状.
急公 jígōng 〈文〉公事を第一とする.[〜好 hào 义]〈成〉公事公益を励む行為を行う.[〜忘私]〈成〉公

事に励み私事を忘れる.
急功近利 jígōng jìnlì 〈成〉目前の効果や利益を求めるのに急である.利を焦る.
急管繁弦 jíguǎn fánxián 〈成〉演奏がテンポよくにぎやかである.
急齁齁 jíhōuhōu 〈方〉急ぎ慌てるさま.[他有什么要紧的事,这么〜的]彼はどんな大事な用があってこう慌てふためいているのか.
急回运动 jíhuí yùndòng [工]早戻り運動.
急火 jíhuǒ ①(やや強い)強火.→[武 wǔ 火] ②[中医]いらいら.いらだちによるのぼせ.[〜攻心]かっとなって我を忘れる:[火气攻心][怒 nù 气攻心]ともいう.
急急 jíjí [急疾]とも書く.非常に急いで.[〜巴巴 bā]大変急ぐさま.[〜风 fēng][劇](旧劇で)速い動作などに合わせる囃子(ক)→[急巴巴]
急急如律令 jíjí rú lùlìng 〈文〉[涵](公文書の用語で)至急の意.②道家が悪魔を払う呪文の最後に添える語:速やかに去れの意.
急件 jíjiàn 緊急急書類.急送物件.[这些都是〜]これは皆緊急の物だ.
急进 jíjìn ①急進(する). ②急進的である.[〜派]急進派.→[激 jī 进]
急惊风 jíjīngfēng [中医]①→[惊风] ②急性脳膜炎.
急救 jíjiù [医]救急手当する.[〜法]救急法.[〜方]急病を治療する薬の処方.[〜箱]救急箱.[〜弹]救急用品を詰めた爆弾.[〜包]救急袋:主に軍人各自が携帯するもの.[〜站]救急センター.[〜车]救急車.
急就 jíjiù 速成する.[〜篇 piān]④[書]急就篇:漢の史游が書いた童蒙識字用の字書.[〜章 zhāng]ともいう.⑤速成の文または事.[三五天之内就要得,那可真是〜了]3,4日のうちに仕上げるとは,それは全く速成ですね.[〜画 huà]スケッチ画.
急剧 jíjù にわかに激しく.[〜的变化]急激な変化.[气温〜下降]気温が急に下がる.
急遽 jíjù 〈文〉急遽.
急客 jíkè 突然来た客.
急口令 jíkǒulìng ⇒[绕 rào 口令]
急来抱佛脚 jílái bào fójiǎo ⇒[急时抱佛脚]
急溜溜 jíliūliū ①極めて興奮したさま. ②ひどく急ぐさま.
急流 jíliú ①急流.[〜滚滚]急流がさかまく.[〜勇 yǒng 进]〈成〉急流に向かってまい進する.困難を押して進む.[〜勇退]〈成〉事が成就した際にさっと身を退くこと:また権力争いから早目に身を引くこと. ②[気]ジェット気流.
急脉缓受 jímài huǎnshòu 〈成〉せきこんで来たことを柔らかく受け流す:突発事態に落ちついて対処すること.
急忙 jímáng 慌てて急ぐ.慌ただしい.[急急忙忙]同前である.
急难 jínàn ①危急困難.[〜之时见人心]危難に会った時,初めて人の本心が現れる. ②人の危急を救う.[人之难]一字解④
急拍 jípāi [音]アレグロ.
急迫 jípò せっぱつまる.さし迫る.[〜的任务]さし迫った任務.[事情很〜]事態が急しっている.
急起直追 jíqǐ zhízhuī =[亟起直追]〈成〉ただちに行動を起こし追いつけるように努力する.
急切 jíqiè ①切実である.切なる思いで.[〜的要yāo 求]切実な要求.[〜的心情]切実な気持ち. ②わずかな時間で.慌ただしい.[〜间找不到适当的人]急には見つからない人が見つからない.
急缺 jíquē 不足の状況が切迫している.

急如闪电 jí rú shǎndiàn 〈慣〉稲光りのように猶予なく切迫している.

急如星火 jí rú xīnghuǒ 〈慣〉流星のように速い.非常に急ぐ.

急三火四 jísān huǒsì 〈慣〉大急ぎで.せき込んで.〔他在前头～地走着〕彼は真っ先に大急ぎで歩いている.

急三枪 jísānqiāng せっかちな.あわてんぼう.

急色鬼 jísèguǐ ＝［急色儿］〈罵〉色情狂.

急色儿 jísèr 同上.

急刹车 jíshāchē 急ブレーキ(をかける).急停車(する).

急射 jíshè 軍速射.

急时抱佛脚 jíshí bào fójiǎo ＝［临时抱佛脚］〈喩〉苦しい時の神頼み.→［人 rén 穷呼天］

急事 jíshì 急用.〔他临时有～,不能来了〕彼は急用ができて来られなくなった.

急速 jísù 急速に.〔～冷冻〕急冻(急速冷凍(する).

急转转身 jízhuǎnshēn 区(バスケットのストップピボットプレー):急にストップして身体を回転させる動作.

急湍 jítuān ①急流.早瀬.②流れが速い.

急弯 jíwān 急カーブ.急ターン.〔汽车拐了个～,向西奔驰〕自動車が急ターンして西へ走り去った.

急务 jíwù 急務.さし迫った仕事.〔当前的～〕目前の急務.

急先锋 jíxiānfēng 〈喩〉急先鋒.〔他在这场恶战里面当了～〕(丁・太)彼は今回の困難な戦闘中で急先鋒を務めた.

急相 jíxiàng 焦りじれるさま.

急行军 jíxíngjūn 軍急行軍.→［常 cháng 行军］

急行跳高 jíxíng tiàogāo ⇒［跳高］

急行跳远 jíxíng tiàoyuǎn ⇒［跳远(儿)］

急性 jíxìng ①医急性.〔～病 bìng④〕急性症.〔阑 lán 尾病〕急性虫垂炎.〔～盲肠炎〕急性盲肠炎.②せっかちである.〔～病ⓑ〕〈喩〉せっかち病.〔～人〕人ごみ人.短気な人.③〔～子〕④せっかちな人.〔他是个～子〕彼はせっかちだ.

急性子 jíxìngzi 中医鳳仙花の種子:婦人病の薬材.

急需 jíxū 急の需要がおこる.〔储备粮食,以应～〕食糧を蓄え,急場に備える.

急眼 jíyǎn 〈口〉①気がせく.いらだつ.②怒る.目に角をたてる.〔你别跟他～〕彼を相手に怒るな.

急用 jíyòng 急な必用がある.さしせまって必要だ:多くは金銭についていう.〔～先学〕必要なものから先に学ぶ.〔我因为有点儿～,所以想跟您借点儿钱〕少し急な必用があるので,あなたから少しお借りしたいと思います.〔节约储蓄,以备～〕節約し貯蓄して急な必用に備える.

急于… jíyú… 急を急ぐ.〔～完成任务〕任務の完成を急ぐ.〔～要赢 ying〕勝とうと焦る.勝負を急ぐ.〔～求成〕〈成〉功を焦る.

急雨 jíyǔ にわか雨.

急躁 jízào ①いらいらする.焦る.〔不要心中太～〕あまり焦ってはいけません.②むやみと事を急ぐ.〔～冒进〕猪突猛進する.

急窄 jízhai 〈方〉(状況・暮らしが)窮迫している.

急诊 jízhěn 急診(の).緊急診療(の).〔～病人〕急患.

急症 jízhèng 医急病.急性の発症.

急智 jízhì 頓知.機転.臨機応変の知.

急中生智 jízhōng yǒushī 焦っては失敗する.急ぐとまちがいが起こる.

急中生智 jízhōng shēngzhì 〈慣〉窮すれば通ずる.急場しのぎの妙計を立てる.

急骤 jízhòu 慌ただしい.ひどく早い.〔～的脚步声〕慌ただしい足音.

急转弯 jízhuǎnwān (车が)急カーブする.急ハンドルをきる.〈喩〉突然方向を転ずる.

急转直下 jízhuǎn zhíxià 急激に変化する.急転直下する.〔国际局势～,顿时紧张起来了〕国際情勢が急転直下し,急に緊張してきた.

〔疾〕jí ①医病気.〔积劳成～〕疲労が積もって病気になる.〔目～〕眼病.〔疟 nüè ～〕おこり.マラリア.②痛む(み).悩む(み).→［疾首痛心］③ねたむ.憎む:〔嫉〕に通ずる.④はやい.〔～行〕急行する.歩調を早める.〔手～眼快〕〈成〉やる事が早いさま.⑤猛烈である.激烈である.⑥〈姓〉疾(ら)

疾病 jíbìng 疾病.病気(総称).〔预防～〕病気を防ぐ.

疾步 jíbù 速足.

疾驰 jíchí 疾走する.〔汽车一时而过〕自動車が疾駆して過ぎ去る.

疾恶如仇 jí'è rúchóu 〈成〉悪を憎むこと仇敵を憎むがむごとくである.〔疾〕は〔嫉〕とも書く.

疾风 jífēng ①はやて.疾風(ぢ).〔～(知)劲 jìng 草〕〔知劲草,烈火见真金〕〈成〉困難に遭って初めて真価が現れる.〔～扫秋叶〕〈喩〉なんなくすみやかに:徹底的に)こと.②気秒速13.9～17.1メートル,風力7の風.

疾呼 jíhū (大声で)慌ただしく呼ぶ.

疾患 jíhuàn 〈文〉病.

疾进 jíjìn 早く行進する.

疾苦 jíkǔ 苦しみ:多く生活上の苦しみをいう.〔关心群众的～〕大衆の苦しみに関心をよせる.

疾雷 jíléi 〈喩〉事の起こるのが急激なこと.〔～不及掩耳〕〈成〉事の発生が急で,それに備える間もないこと.

疾趋 jíqū 疾駆する.

疾驶 jíshǐ (车などを)快速運転する.〔～而去〕快速で走り去った.

疾首蹙额 jíshǒu cù'é 〈成〉頭を痛め額にしわをよせる,ひどく嫌い憎むさま.

疾首痛心 jíshǒu tòngxīn ＝［痛心疾首］〈成〉頭を悩ませ心を痛める.

疾书 jíshū 〈文〉一気に書く.〔伏案～〕〈慣〉机に向かって同前.

疾速 jísù あわただしく.迅速.

疾言遽色 jíyán jùsè 〈成〉言葉がいらだち狼狽する.

疾言厉色 jíyán lìsè 〈成〉(怒りで)言葉を激しくし,きつい顔をする.

疾疫 jíyì 〈文〉医流行病.疫病.

疾足先得 jízú xiāndé ⇒［捷足 jié 先登］

疾走 jízǒu すたすた行く.さっさと歩く.

〔蒺〕jí

蒺藜 jí·lí ①植ハマビシ:〔蒺莉〕とも書いた.別称〔茨 cí 并ji〕②〔止 zhǐ 行〕.果実も〔～〕といい,とげがあり干して強壮薬とする.〔种～者得刺 cì〕〈諺〉まかぬ種は生えぬ.因果応報.②ハマビシのようにとげのあるもの.〔铁 tiě ～〕鉄蒺藜.

蒺藜枸子 jí-lígǔzi 〈方〉いばら.

蒺藜骨朵 jí-lígǔduo 鉄藜:武器の一種.尖端がはまびしの実の形に作られている.〔蒺藜〕〔铁 tiě 蒺藜〕ともいう.

蒺藜丝 jí-lísī 〔有刺铁線〕:〔棘铁线〕に同じ.〔蒺莉丝〕ともいう.ふつう〔有 yǒu 刺铁丝〕という.

jí

[嫉] jí ①ねたむ.そねむ.[心～其贤]心中その贤いことをねたんでいる.②憎む.[疾～]に同じ.[～恶è如仇]〈成〉悪(人)を仇敵の如く憎む.

嫉妒 jídù ねたむ.やく.嫉妬する.[忌jì 妒]に同じ.[他很羡慕你,但并不～你]彼は君を羨ましがってはいるが、ねたんでいるのではない.

嫉恶如仇 jí'è rúchóu →[疾恶如仇]

嫉恨 jíhèn →[忌 jì 恨]ねたんで恨む.

嫉视 jíshì 目の仇にする.

嫉贤妒能 jíxián dùnéng〈成〉自分より優れている人をねたむ.

[棘] jí 植サネブトナツメの木:[酸 suān 枣树]の異称.枝には刺(とげ)が多い.[樲 èr]は古称.[荆 jīng 棘] ②刺をもつもの.[～皮动物]動棘皮(きょく)動物.③とげでさす.④えだほこ:兵器の一種.[戈(か)-(せい)刺(し)]

棘刺 jícì ①=[棘针①]とげ.②〈喩〉剛直さ.

棘鬣鱼 jílièyú ⇒[鲷 diāo]

棘轮 jílún [机爪车].ラチェット(ホイール).[～传动]爪車駆動.[～传动装置]爪車装置.ラチェットギヤ.

棘轮摇钻 jílún yáozuàn ⇒[扳 bān 钻]

棘门 jímén →[戟 jǐ 门]

棘墙 jíqiáng とげ状のもの(ガラスの破片など)を上に置いた壁や塀.

棘人 jírén 旧父母の喪に服しているものの自称.

棘手 jíshǒu ①手をとげがさす.②〈喩〉困難で処理しにくい.手をやく.[这件事情看起来有点儿～]この仕事はやりにくそうだ.[对付他那样的人我觉得很～]あのような手合いは実にやっかいだ.→[辣 là 手③]

棘铁线 jítiěxiàn ⇒[蒺藜丝]

棘鱼类 jíyúlèi 鱼贝古生物の魚類の一.[中华棘鱼]シカンタス.[空 kōng 棘鱼]シーラカンス.

棘院 jíyuàn 科科挙の試験場:周囲をいばらで囲んであった.→[科 kē 举]

棘针 jízhēn ①=[棘刺①] ②〈喩〉寒冷.

棘爪 jízhuǎ 机戻り止め.(時計などの)つめ:逆転を防ぐための小さな部品.

[集] jí ①集まる.[群 qún ～]群がり集まる.[云～首都](各地から大勢の人から)首都に集まる.[聚 jù ～] ②集める.[招～]招集.[搜 sōu ～]探し集める.[筹 chóu ～](資金など)をかき集める.[邀～](人)を誘い集める.③詩歌・文章を編集した書物:[诗～][文～]など.④市(いち)=日を決めて定期的に開くもの.[〈方〉圩 xū]に同じ.[这是～上买的][这件东西是～上买的]これは市で買ったのです.[赶～日]市にいく.[上～]市にいく.⑤大型の書物・映画・テレビドラマなどの分割した一部をいう.[第一～]第一集.[上～]上篇.[二十一电视连续剧]連続テレビドラマ20集.[续～]続集.[这部影片上下两～,一次放映]この映画は前後編二部で,一度に上映します.⑥集集合=[集合②]の略.⑦姓:集(しゅう).

集报 jíbào 新聞収集(をする)

集币 jíbì コイン・紙幣収集(をする)

集部 jíbù 漢籍の伝統的分類法(经史子集)の一:[丁 dīng 部]ともいう.詩文集叢(そう)書類などを入れる.→[四 sì 部]

集材 jícái 材木(材料)を集める.[～机]集材機.

集藏 jícáng 集蔵する.[～书画]書画を集蔵する.

集尘器 jíchénqì 工集じん器.除じん機.

集成 jíchéng ①類を集めた書.[～化]集成化する.②同類の著作を集めた叢書.

集成电路 jíchéng diànlù 电集積回路.IC(インテグレーテッドサーキット).[～卡][～智能卡][智 zhì 能卡]ICカード.

集成块 jíchéngkuài 电集積回路チップのブロック.

集萃 jícuì 集める.

集大成 jídàchéng 集めて大成する.集大成する.

集电极 jídiànjí 电集電電極.

集电器 jídiànqì [聚 jù 电器]电集電器.コレクター.

集股 jígǔ ⇒[招 zhāo 股]

集管 jíguǎn ①=[联 lián 管]机管寄(きよ)せ.ヘッダー.[总集汽管]メーンヘッダー.②集中管理(をする)

集合 jíhé ①集合する.集め(ま)る.結集する.[大家～]みんな集まれ.全員集合.[吹哨～]集合ホイッスル(ラッパ)を吹く.[～全班]班全員を集合させる.↔[解 jiě 散]→[聚 jù 合①]②集集合:単に[集]ともいう.

集会 jíhuì 会合(する).集会(する).[首都北京百万军民隆重～]首都北京で百万の軍隊と民衆とが盛大に厳粛に集会した.[举行集众～]大衆集会を挙行する.→[开 kāi 会]

集结 jíjié 集中する.集結する.[～兵力]兵力を集結する.

集解 jíjiě ⇒[集注①]

集锦 jíjǐn 抜粋:事物の中の最も精彩ある部分を集めたもの.多く標題に用いる.[邮票～]切手帳.

集居 jíjū 集居(する)

集句 jíjù 古人の成句を集めて詩を作ること,またはその詩.

集聚 jíjù 集まる.

集卡 jíkǎ ①=[集装箱卡车] ②カード収集(をする).[～族]カード収集マニア.

集刊 jíkān 定期・不定期に刊行される同類の論文を集めた刊行物.→[期 qī 刊]

集流环 jíliúhuán [电动机の]集電環

集拢 jílǒng 集合する.集める.

集录 jílù (資料を)集めて書き写す.集めて編集し本にする.

集贸市场 jímào shìchǎng →[农 nóng 贸市场]

集气 jíqì 汚染空気を吸収する.

集权 jíquán 権力を一か所に集める.[中央～]中央集権.

集群 jíqún 集まって群をなす.群れをつくる.

集日 jírì 市(いち)の立つ日.市日:[〈方〉圩 xū 日]ともいう.

集散 jísàn 集散する.[～地 dì]集散地.流通中心地.

集市 jíshì (農村や小都市で開かれる)定期市:[〈方〉圩 xū 市]ともいう.[～贸易]同前の売買.

集释 jíshì ⇒[集注①]

集束 jíshù 束にする.[～手榴 liú 弹]集束手榴弹.[～炸弹]クラスター爆弾.

集思广益 jísī guǎngyì〈成〉大衆の意見を取り集め広く有益な考えを取り入れる.三人寄れば文殊の知恵.

集体 jítǐ 集団.団体.グループ.[～创作]集団創作.[～公寓]集団アパート.団地.[～户]①集団経営の事業者.②単身者の集い世帯:とくに文革中に農村に下放された知識青年の小集団をいう.[～户口]所属組織の名義で管理されている戸籍.またはその中の個々の戸籍.[～化]集団化.[～结婚]=[婚礼]集団結婚式.[～利益]集団の利益.[～领导]集団指導.[～生活]集団生活.[～跳槽]揃って転職する.一緒に職場をかえる.[～全员反掌.[～主义]集団主義.[先进～]先進のグループ.[～乘车前往工地]皆で車に乗って工事現場へ行く.→

集体伙食 jítǐ huǒshí 集団給食.→〔大 dà 灶 ②〕〔小 xiǎo 灶②〕〔中 zhōng 灶〕

集体经济 jítǐ jīngjì ▣集団経済:生産手段の集団所有および共同労働を基礎とする経済形式.→〔个 gè 体经济〕

集体农庄 jítǐ nóngzhuāng 史(ソ連の)コルホーズ.→〔国 guó 营农场〕

集体所有制 jítǐ suǒyǒuzhì 集団的所有制.→〔个 gè 体所有制〕〔全 quán 民所有制〕

集体舞 jítǐwǔ ①集団舞踊.群舞. ②フォークダンス.〔跳 tiào ～〕①同前をする.

集团 jítuán ①集団.団体.グループ.〔统治〕統治集団.〔小～〕セクト.派閥.〔～电话;构内交换機.内線交換機.〔～经济〕▣ブロック経済.〔～企〕傘型企业.系列企业組織.〔企 qǐ 业～〕企業グループ.〔首都钢铁～〕首都鋼鉄グループ.

集团军 jítuánjūn ▣集団軍:いくつかの〔军〕あるいは〔师 shī〕を統轄する一級の軍組織.

集线器 jíxiànqì 電▣ハブ. Hub.〔网 wǎng 络～〕ともいう.

集训 jíxùn 集中訓練(する).合宿(する・して訓練する).〔干部轮流～〕幹部は順番に集中訓練(学習)をする.〔夏季～〕夏季集中訓練.

集腋成裘 jíyè chéngqiú 〔成〕白狐のわきの皮を集めて裘(きゅう)とする.〈喩〉塵も積もれば山となる.

集邮 jíyóu 切手収集(する).〔～家〕…愛好 hào 者〕切手収集家.〔邮迷〕切手マニア.〔～册 cè〕〔插 chā 册〕切手アルバム.

集约 jíyuē ①集約する.〔～化〕集約化(する).〔～农 nóng 业〕集約農業.〔～经营〕▣集約的な経営.〔～经 jīng 营〕同前.〔～粗 cū 放〕

集运 jíyùn 集中して輸送する.〔～〕⇒〔集装箱运输〕

集镇 jízhèn 町:農業人口を主としない,やや大きい集落.〔城 chéng 市〕よりは小さい.

集中 jízhōng ①集中する.集結する.〔～火力〕火器による攻撃を集中する.〔～力量〕力を集中する.〔大家的目光～到他的身上〕みんなの視線が彼に集中した. ②集める.集まる.〔把下放干部～起来〕下放している幹部を集める.〔大家都～到大柳树下〕みんなは大きな柳の木の下に集まった. ③集約的する.〔把大家的意见～起来就是一句话〕皆の意见を集约すれば次の一語につきる. ④(下部の意見を聞いたうえで)上部が決定する制度.→〔民 mín 主集中制〕

集中营 jízhōngyíng 収容所.ゲットー.

集注 jízhù ①諸家の註釈を集めたもの,またはその書.〔集解〕〔集释〕ともいう. ②(精神・眼光などを)集中する.〔代表们的眼光～在大会主席台上〕代表達の眼は緊張感に注がれた.

集装箱 jízhuāngxiāng コンテナ.〔货 huò 柜〕に同じ.〔～船〕货柜轮〕コンテナ船.〔～卡车〕集卡 ①コンテナトラック.〔～运输〕集运〕コンテナ輸送.〔～码头〕货柜码头〕コンテナ埠頭.〔～袋 dài〕コンテナバッグ.

集资 jízī 資金を集める.

集子 jízi 詩文集.作品集.

集总电容 jízǒng diànróng 電集中容量.

〔楫（檝）〕 jí ①櫂(かい).→〔桨 jiǎng〕 ②櫂で船をこぐ.〔舟 zhōu ～〕往来舟が行き来する.

〔辑・輯〕 jí ①集める.編集する.〔编～新书〕新しい本を編集する. ②〔收～遗文〕散逸した文章を集め収める. ③まとまった書籍や資料を分類し分けた部分.〔人民丛书第一～〕人民叢書第1集. ④〈文〉和らぐ.睦みあう.

辑集 jíjí 作品・資料などを集め作品集にする.

辑录 jílù 集めて記録する.

辑睦 jímù〈文〉なごやかにむつまじくすること.

辑宁 jíníng〈文〉①たいらげる. ②平和である.

辑要 jíyào 重要事項を集め記録する(したもの)

辑佚 jíyì〔辑逸〕とも書く.散逸したものを集める(めたもの).〔古籍的～工作大有进展〕古籍の散逸部分の収集作業が大きく進展した.

辑印 jíyìn 散逸した資料・著作を集めて印刷出版する(こと)

〔戢〕 jí ①〈文〉おさめる.しまいこむ.やめる.〔～怒〕怒りをおさえる. ②〈姓〉戢(チー)

戢兵 jíbīng〈文〉兵を収める.戦争をやめる.

戢翼 jíyì〈文〉翼をおさめる.〈喩〉官職を辞して隠退する.

〔蕺（蕺）〕 jí

蕺菜 jícài =〔蕺草〕〔鱼 yú 腥草〕植ドクダミ(ジュウヤク.ジュウサイ.シブキ):全草を薬用し,若葉や茎は食用する.

蕺草 jícǎo 同上.

〔踖〕 jí →〔踧 cù 踖〕

〔藉〕 jí ①〈文〉踏みにじる. ②〈文〉乱雑である.〔杯盘狼～〕杯や皿が乱雑にちらかっている. ③〈姓〉藉(チー) =jiè

〔籍〕 jí ①書籍.〔书〕同前. ②▣戸籍簿.帳簿. ③原籍:先祖代々居住している,また本人の出生した場所. ④個人の国・組織との隷属関係.〔国～〕国籍.〔学～〕学籍.〔党～〕党籍. ⑤踏みにじる.乱雑である:古く,〔藉〕に通用した. ⑥〈姓〉籍(チー)

籍贯 jíguàn 本籍.原籍:公民の出生地,また一家が代々にわたって居住している場所.〔～人口〕法定人口〕(注册人口)法定人口.=〔原 yuán 籍〕

籍籍 jíjí〈文〉①非常な評判になるさま.喧(き)々たる.〔～无 wú 名〕全くの無名である. ②入り乱れている.紛乱している.〔尸 shī 骨～〕白骨がごろごろしている.〔众口～〕多くの人がさまざまに言いふらす.

籍没 jímò〈文〉人の財産を記録して没収する.

〔瘠（瘠）〕 jí ①(身体が)やせて弱い. ②土地がやせている.

瘠薄 jíbó (土地が)やせている.〔～地〕やせ地.↔〔肥 féi 沃〕〔贫 pín 瘠〕

瘠瘦 jíshòu やせている.

瘠田 jítián やせた田畑.

瘠土 jítǔ やせた土地.

〔鹡・鶺〕 jí

鹡鸰 jílíng 鳥セキレイ:〔脊 jǐ 令〕〔精 jīng 列〕〔连 lián 钱 ③〕〔雪 xuě 姑 ①〕〈文〉雍 yōng 渠〕は別称.〔白～〕ハクセキレイ.

〔踖（踖）〕 jí →〔局 jú 踖〕

〔几・幾〕 jǐ ①いくつ.どれほど:ふつう10以下の数を問う.それ以上の数の場合には〔多 duō 少〕を用いることが多い.〔～日〕幾日間.何日. ⓐ〔～岁 suì〕いくつ:10歳以下の子供に用いる.〔去过～回〕何回行ったことがあるか.〔星期～〕何曜日か.〔你在北京住～天〕北京に何日間滞在するか.〔你～时来〕いつ来るか.〔～点(钟)〕何時か.〔一九八～年〕1980何年ですか.〔一九～～年?〕1900(何十)何年ですか. ②2,3の.数個の,いくつかの.〈後に量詞を伴う.〔三～个〕三つ四つ.〔五～个〕5,6個.〔我买了一本书〕わたしは本を何冊か買いました.〔没有～个〕いくら

jǐ

もない.〔总还有～个吧〕いくつかはあるだろう.〔我去过～回〕わたしは何回か行ったことがある.〔我一次去找他,他都不在家〕何度か彼を訪ねたが,いつも留守だ.〔来了十～个人〕十数人やって来た.→〔数 shù ④〕 ③漠然と数量の多いことを表す:〔好～〕〔～千～万〕などの形をとる.〔好～年〕何年も.〔～千～万的人〕何千何万という人.→ jī

几曾 jǐcéng ⇒〔何 hé 尝〕
几次三番 jǐcì sānfān 繰り返し.何度も何度も.
几点（钟） jǐdiǎn(zhōng) 何時.〔现在～〕今何時か.→〔什 shén 么时候(儿)〕
几度 jǐdù いく度か.
几多 jǐduō〔方〕①いくつ.どれだけ:〔多少 shao ②〕にあたる.〔～人〕何人. ②なんと.
几番 jǐfān いくたびか.何度も.
几分 jǐfēn ちょっと.幾分.やや.〔有～醉意〕ほろ酔い.〔她说的有～道理〕彼女の言うことにはいくらか理がある.
几管齐下 jǐguǎn qíxià →〔双 shuāng 管齐下〕
几何 jǐhé ①〔文〕いかほど.どれほど. ②〔数〕〔几何学〕(幾何学)の略称.〔～学〕幾何学.〔～级数〕幾何級数.〔～体〕〔立lì体〕立体.〔～图 tú 形〕幾何学的図形.
几经 jǐjīng 何回も経て(いる).何度もあった.
几起几伏 jǐqǐ jǐfú (政治運動・問題の討論など)何度も起伏を繰り返す.
几儿 jǐr =〔几儿个〕〔口〕①何日.〔今儿个(是)～〕今日は何日ですか.②いつ.〔你知道吗？小王～结婚〕王くんはいつ結婚するかきみ知ってるかい.
几儿个 jǐrge 同上.
几时 jǐshí ①いつ.〔～到的〕いつ着いたのか. ②いつでも.〔～都行〕いつでも結構です.
几许 jǐxǔ〔文〕どれだけ.どれほど.

〔虮・蟣〕 jǐ 虱 shī の卵:通称〔～子〕. ②蛭.
虮子 jǐzi 虱の卵.また微細なものをいう.

〔麂〕 jǐ〔動〕キョン(ヨツメジカ):小型の鹿.皮は手袋を作る.〔～子〕は通称.〔獐 jīng〕に同じ.〔赤～〕ホエジカ.〔黑～〕マエダレホエジカ.〔河～〕〔獐 zhāng 子〕キバノロ.〔～皮〕鹿のもみ皮.バックスキン.

〔己〕 jǐ (Ⅰ)①つちのと.十干の第6位.→〔甲 gān 支〕 ②順序の6番目.③→〔甲 ④〕④〔姓〕己(き)
(Ⅱ)自分.おのれ.〔自～①〕自分自身.〔舍 shě 为 wèi 人〕〔成〕己れを捨てて人に尽くす.〔克 kè 己奉公〕〔成〕滅私奉公.〔独出～见〕〔成〕自分の意見を出す.〔损人利～〕〔成〕人に損をかけ自分を利する.自分勝手.

己出 jǐchū 自分の腹を痛めた:〔己生〕ともいう.〔养父母对收养的孩子视同～〕養父母は貰い子を自分が生んだ子と同様にかわいがっている.
己二酸 jǐ'èrsuān =〔把 féi 酸〕〔化〕アジピン酸.
己方 jǐfāng〔文〕当方.わが方.〔我方〕に同じ.
己饥己溺 jǐjī jǐnì〔成〕為政者が民を苦しみから救うことを己の任とすること.飢餓溺死する者の苦しみを己の苦しみとする.
己基间苯二酚 jǐjī jiànběn'èrfēn =〔己烷間雷琐辛〕
己见 jǐjiàn 自分の意見.私見.〔固执～〕自分の意見に固執する.
己任 jǐrèn〔文〕自分の任務.〔以天下为～〕天下の事を自分の行うべき任務とする.
己事 jǐshì 自分だけのこと.↔〔他 tā 事〕
己酸 jǐsuān =〔羊 yáng 油酸〕〔化〕カプロン酸.
己所不欲,勿施于人 jǐ suǒ bùyù, wù shī yú rén

〈成〉己れの欲せざるところ,人に施すなかれ.
己烷 jǐwán〔化〕ヘキサン.〔～雷琐 suǒ 辛〕〔己基間苯二酚〕ヘキシルレゾルシン.〔～酚 fēn〕
己烯雌酚 jǐxīcífēn〔化〕ジエチルスチルベストロール.
己意 jǐyì 自分の考え.

〔纪・紀〕 jǐ〔姓〕紀(き) → jì

〔鲌・鮆〕 jǐ〔魚貝〕メジナ科魚類(総称)

〔沘〕 jǐ ①〔文〕濾(る)して水をきれいにする. ②まじり気のない水.
沘水 jǐshuǐ ⇒〔沘水〕

〔济・濟〕 jǐ → jì
济济 jǐjǐ〔文〕人材の多いさま.多く盛んなさま.威儀の盛んなさま.〔～莘 shēn 莘〕〔成〕同前.〔人才～〕〈成〉人材の多く盛んなさま.〔～一堂〕〈成〉人材が一堂に集まっているさま.
济水 jǐshuǐ 河南省に発し渤海に注いだ旧川名.現在の黄河下流にあたる:〔沘水〕とも書いた.〔沈 yǎn 水 ⑥〕とも別称.

〔挤・擠〕 jǐ ①ぎっしりつまる.ぴったりで窮屈である.おしくらあう.〔拥 yōng ～〕同前.〔一得难受〕押し合いへし合いで苦しい.雑踏して苦しい.〔～着坐〕ぎっしりとつめて座る.〔屋子里～满了人〕部屋中人でびっしりだ.〔～爆 bào〕押し合いへし合いである.〔人多～不动〕込んで動きがとれない.〔一大群人把后台～了个水泄不通〕大勢の人が楽屋へつめかけて動きがとれなかった.〔～掉 diào〕のけものにする.〔请你往里～～,让我坐下来〕中へつめてわたしを腰掛けさせてください.〔这些东西捆在一块儿,要～坏的,这么一大くさんの物を一緒に置いたら,押しつぶされてしまう.〔互相排～〕互いに排斥する. ②わり込む.おしこむ.〔～钱 qián〕金をひねりだす.〔～〕〈方〉搾る.〔～痦 ge 瘩〕腫れ物を押しす(うみを出す).〔～出时间练习〕都合をつけて練習する.〔把脓～出来〕うみをしぼり出す.〔我这把年纪了,哪儿～得过年轻人呀〕こんな年寄りがどうして若者をかきわけて割り込むことができよう.〔～进来わり込んで来る.強要する.責めせっぱつまらせる.〔他既然口风儿松,不妨再～一下〕彼の口振りが軟化してきたのだからもうひと押ししてみるがいい.〔用话～他〕物いいをつけて彼を責めたてる.理屈で彼をとっちめる.〔话～话罢了〕話のゆきがかり上そうなったまでだ.〔事情～到这儿了〕事件はここまでおしつめられた(せっぱつまった).〔～着哑吧说话〕啞者に無理に話をさせる.〈喩〉無理な圧迫を加える.
挤巴 jǐba〔方〕①押しつける.〔东西可能～坏了〕物が押しつぶされたかも知れない. ②まばたきする.
挤鼻弄眼(儿) jǐbí nòngyǎn(r) ⇒〔挤眉弄眼(儿)〕
挤搓 jǐcuō〈方〉排斥する.
挤兑 jǐduì ①〔経〕(銀行の)取り付け(騒ぎを起こす):〔口〕〔挤提〕ともいう.〔～风潮〕取り付け騒ぎ. ②同下.
挤对 jǐdui〔口〕迫る.強制する.困らせる.せっぱつまらせる.〔挤確〕ともいう.〔挤我～得没退路了〕わたしを全く途方にくれさせた.〔他本来就不会说话,你再一～他,更说不上来了〕彼はもともと口下手なのに,きみがその上せかしたら,なおさら話し出せません.
挤讹儿 jǐ'ér〔方〕①言いがかりをつけて強要する. ②ぜひとも〔你已经知道我是没钱了,别再～我了〕きみはわたしが金を持ち合わせてないのをちゃんと知っているのだから,もうこれ以上せびるなよ.

挤咕 jǐgu〔挤鼓〕〔挤顾〕とも書く.<口>①目をしばたく.(疲れた時など)目を強くつむる.〔他有个毛病,常爱～眼儿〕あの男はくせでよく目をしばたく.②目くばせする.③力を入れてしぼりだす.ぎゅっとしぼる.〔费了好大劲才～出这一点儿〕たいへんな力を入れてやっとのことこれだけしぼりだした.

挤挤插插 jǐjǐ chāchā〔挤挤叉叉〕とも書く.<方>雑踏するさま.

挤垮 jǐkuǎ ①押しつぶす.②(激烈な競争で)つぶされる.

挤老米 jǐlǎomǐ =〔挤油儿〕(遊戏)おしくらまんじゅう(をする)

挤眉弄眼(儿) jǐméi nòngyǎn(r)〔惯〕眉をよせ目くばせする.顔の表情を変えて合図する:〔挤鼻弄眼(儿)〕ともいう.

挤奶 jǐnǎi 乳をしぼる.〔挤牛奶〕同前.〔～器 qì〕搾乳器.〔～机〕電気搾乳機.

挤迫 jǐpò 迫る.逼迫する.〔被迅速发展中的电视业～多年的广播业〕急速に発展したテレビ界により圧され続けてラジオ業界.

挤水 jǐshuǐ ①(ポンプで)水を放出する.②(不要な水分や余分なものを)しぼる.

挤提 jǐtí ⇒〔挤兑〕

挤陷 jǐxiàn 人を陥れる.

挤压 jǐyā ①[机]プレッシャー.押し出し.②押し合う.〔因客满～发生人身事故〕客が満員で押し合いへし合いにした人身事故がおこった.

挤牙膏 jǐyágāo 歯みがきを押し出す.<喩>じわじわする.小出しにする.

挤轧 jǐyà 押しのける.排除する.

挤眼(儿) jǐyǎn(r) 目くばせする.目で知らせる.

挤抑 jǐyì <文>押さえつける.

挤油儿 jǐyóur ⇒〔挤老米〕

挤占 jǐzhàn むりやり占拠する.〔～耕地〕耕地を占有する.→〔侵 qīn 占〕

[给・給] jǐ ①供給(する).〔自～自足〕~.〔～成〕自給自足(する).〔补补～〕補給する.〔配 pèi ～〕配給する.②豊かで足りる.〔家～人足〕<成>家も豊かで人も満ち足りている.③<文>さとくすばしこい.〔口 kǒu ～〕口が達者
给 ~.→ **gěi**

给付 jǐfù 給付(する)

给事中 jǐshìzhōng [史]給事中:古官名の一.

给水 jǐshuǐ 給水(する).〔～设 shè 备〕給水設備.〔～站〕(铁道の)給水駅.〔～泵 bèng〕(ボイラー用)給水ポンプ.

给养 jǐyǎng (軍需品・食糧などの)給与物資(総称).〔～充足〕給与物資は充足している.

给予 jǐyǔ 与える:〔给与〕とも書く.〔～人民充分的自由〕人民に十分な自由を与える.〔～支持〕支持を与える.

给足 jǐzú <文>満ち足りる.

[脊(脊)] jǐ ①[生理]背.背骨(人や動物の).〔背 bèi～〕背中.背.②両側が低くて中央が高い筋をなしたところ.〔屋～〕〔房～〕屋根の棟(む).〔山～〕山の背.尾根.③〔姓〕脊.

脊背 jǐbèi 背.背中:〔背脊〕に同じ.

脊梁 jǐliang 背.背中.〔民族的～〕民族のバックボーン.

脊梁 jǐliang <口>背.背中.〔～背 bèi～〕<方>同前.〔光着～〕だだっ裸になって(いる).

脊梁骨 jǐlianggǔ ①[生理]背骨.脊柱:〔脊梁〕の通称.②<喩>気骨(き).③<喩>中心.

脊檩 jǐlǐn [建]棟木.おおむな.→〔大梁①〕〔正 zhèng 梁〕

脊令 jǐlíng ⇒〔鹡 jí 鸰〕

脊露螽 jǐlùzhōng [虫]セスジツユムシ:ウマオイに似た緑色の虫.

脊门楼 jǐménlóu [建]門楼.屋根門.〔鞍 ān 子～〕棟屋根つき門.〔清水～〕棟のあるふつうの屋根のついた門.

脊鳍 jǐqí ⇒〔背 bèi 鳍〕

脊神经 jǐshénjīng [生理]脊髄神経.

脊髓 jǐsuǐ [生理]脊髄.〔～损伤〕医脊髄損傷.〔～炎〕医脊髄炎.〔～灰 huī 质炎〕〔小儿麻痹症〕医ポリオ.小児麻痺.

脊索 jǐsuǒ [生理]脊索.〔～动物〕脊索動物.

脊瓦 jǐwǎ [建]棟瓦(ら).

脊柱 jǐzhù [生理]脊柱.脊骨:〔脊梁骨①〕は通称.

脊椎 jǐzhuī ①[生理]脊椎.〔～动物〕脊椎動物.②同下.

脊椎骨 jǐzhuīgǔ [生理]椎(つい)骨:〔脊椎②〕ともいう.〔椎骨〕の通称.

[掎] jǐ <文>①ひっぱる.後からひっぱる.②引きとめる.ひっぱってつかまえる.

掎角之势 jǐjiǎo zhī shì <成>鹿を捕らえるのに前から角をつかまえ後ろから足を取ること.兵を二分して敵を牽制したり,敵を挟み撃つこと:〔犄 jī 角之势〕とも書いた.

[戟(戟)] jǐ ①古代の武器.えだほこ:〔棘 jí 4〕ともいう.②まっすぐにのばす(広げる).〔～手〕〔～指〕人指し指と中指で指さす(怒ったりどなりつけたりする).③→〔刺 cì 激〕

戟门 jǐmén =〔棘 jí 门〕<文>貴顕の門:古代,皇帝の所在所や大官の門にはほこを立てた.

[计・計] jì ①計算(する).合計(する).〔不～其数 shù〕数が非常に多いこと.〔~重一百公斤〕合計で重量100キログラム.〔核 hé ～〕計算する.②計算して徴収する.〔共～〕合計.〔总～有十五人获 huò 得一等奖〕合計15人が1等賞を受けた.〔因公未到的,不以缺勤～〕公務のため欠席のものは欠勤には数えない.③計画(する).もくろみ(む).〔妙 miào ～〕巧妙なはかりごと.〔设～〕設計(する).実現方法(を考える).〔中 zhòng ～〕相手の計略にはまる.〔～无所出〕全くの無策である.〔衣食～〕生計.〔缓 huǎn 兵之～〕敵の攻撃をゆるめる方策.③計器:数値(分量・時間・度数など)を計測するもの.〔体温～〕体温計.〔比重～〕比重計.〔露 lòu 光～〕〔曝 pù 光表〕露出計.〔光度～〕光度計.〔速 sù 度～〕スピードメーター.〔气量～〕ガスメーター.〔测角～〕アングルメーター.〔气速～〕エアスピードメーター.〔晴雨～〕晴雨計.〔血 xuè 压～〕血圧計.〔瓦特 (小时)～〕〔音義訳〕電力計.ワットアワーメーター.〔电压～〕〔音義訳〕伏 fú 特～〕電圧計.ボルトメーター.〔表 biǎo(I)⑨〕④…のために,…の見地から:〔为 wèi ～〕の形をとる.〔为发展重工业～,先要建设交通〕重工業を発展せしめるために,まず交通を整備しなければならない.⑤考えにする:多く否定形で用いる.問題にする.〔在所不～〕気にしない.かまわない.⑥<姓〕計(!!)

计步计 jìbùjì 歩数記録計:〔计步表〕〔步数器〕ともいう.

计策 jìcè 計略.策略.術策.〔想～〕策略をめぐらす.計画.

计程表 jìchéngbiǎo ①⇒〔计价器〕 ②⇒〔计程仪〕

计程车 jìchéngchē ⇒〔的 dī 士〕

计程仪 jìchéngyí =〔计程表②〕測程器:船舶の速

力及び航走距離を測程する.
计酬 jìchóu 報酬を計算する.
计出万全 jì chū wànquán 〈成〉万全の策をたてる.
计发 jìfā 計算して支給する.〔职工退休后按个人账户储存额~养老金〕従業員が定年退職した後,各人の口座の積立金を基礎に養老金(年金)を支給する.
计分 jìfēn ①取り分を計算する. ②労働点数を計算する.
计工 jìgōng (人民公社時代の)仕事の量を記録する.〔~员〕同前の記録員.
计费 jìfèi 費用を計算する.
计费器 jìfèiqì ⇒〔计价器〕
计划 jìhuà〔计画〕とも書いた.計画(する).プラン(を立てる).デザイン(する).〔~供应〕計画供給.計画配給.〔~经济〕圈計画経済.〔~收购〕計画購買.計画買い上げ.〔~生〕定員枠内学生.〔~外学生〕枠外学生.〔近 jìn 期~〕短期計画.〔远 yuǎn 景~〕長期計画.〔五年~〕5カ年計画.〔有~地学习〕計画的に勉強する.〔下 zhōu 出发〕来週出発の予定です.→〔规 guī 划〕
计划单列市 jìhuà dānlièshì 省に所属する地方都市で経済管理面では相応の権限をもち中央に直結するもの.
计划价格 jìhuà jiàgé 計画価格.
计划免疫 jìhuà miǎnyì 乳幼児に対するワクチンの予防接種:〔卡 kǎ 介苗〕(BCGワクチン),〔麻 má 疹疫苗〕(はしかワクチン),〔脊 jǐ 髓灰质炎疫苗〕(ポリオワクチン),〔乙 yǐ 脑疫苗〕(B型肝炎ワクチン),〔百日咳〕・〔白喉〕(ジフテリア)・〔破 pò 伤风〕の〔三联疫苗〕(3種混合ワクチン)など.
计划生育 jìhuà shēngyù 計画出産.産児制限:〔计生②〕は略.→〔节 jié 育〕
计划指标 jìhuà zhǐbiāo 経済政策の計画実施のための指標.
计价 jìjià 価格の算定(をする).〔用人民币~结算〕人民元建値で清算する.
计价器 jìjiàqì =〔计程表①〕〔计费器〕(タクシーなどの)料金メーター.
计件 jìjiàn 出来高計算する.〔~工〕②出来高労働.⑤ルースワーカー.〔~开支〕出来高払い.
计件工资 jìjiàn gōngzī 固出来高払い賃金;旧時,〔活 huó 工钱〕といった.→〔计时工资〕
计较 jìjiào ①計算を細かくする.計較する.〔斤斤~成〕細かくせんさくする.細かい事でけちくさい.〔他从不~个人的得失〕あの人は個人の損得など念頭においたことはない.〔不~代价代价などで考えていない. ②言い争う.論争する.〔不值得和他~〕彼と論争するに値しない. ③相談する.〔来, 咱们一下吧〕さあ,相談しましょう.④とがめだてする. 気にかける.問題にする.〔请你不要~〕どうぞ気にかけないで下さい.〔他向来没~过自己的待 dài 遇〕彼は今まで自分の待遇を問題にしたことはない.〔你別~, 饶 ráo 恕他吧〕そんなにかれこれ言わずに許してやりなさい. ⑤〈方〉〔~儿〕計画.考え.もくろみ.〔我有絶妙的~〕わたしにすばらしい考えがある.
计开 jìkāi〈文〉左記.下記.次のとおり:下記のとおり列記するの意.→〔如 rú 下〕
计口授粮 jìkǒu shòuliáng〈慣〉人数に応じ食糧を配給する.
计量 jìliàng 計量する.計測.計測する.〔影响之大, 是不可~的〕影響の大きさは計り知れないものがある.〔~经济学〕計量経済学.〔~局〕国家標準~局〕国務院の一機関.〔~器具〕計量器具.
计虑 jìlǜ 〈文〉策略をめぐらす. 計画をたてる.
计略 jìlüè 〈文〉策略.計略.はかりごと.

计谋 jìmóu 策略.謀略.はかりごと.
计票 jìpiào 票数を計算する.
计穷智短 jìqióng zhìduǎn 〈成〉計略を出し尽くしても方法はない.
计日程功 jìrì chénggōng 〈喩〉速度が速いのでまもなく成功すること.
计上心来 jì shàng xīn lái 〈慣〉計略が浮かぶ:〔计上心头〕ともいう.
计生 jìshēng ①生活設計をたてる. ②〔计划生育〕の略.〔~人员〕産児制限担当職員.
计时 jìshí 時間計算する.〔~表〕クロノメーター.〔~工〕②時間労働.⑤パートタイマー.〔~卡 kǎ〕タイムカード.〔~开关〕タイマー.タイムスイッチ.〔~妹〕(パート)家政婦.〔~跑〕②タイムトライアル.〔~器〕・〔~仪 yí〕クロノメーター.測時機.〔电 diàn 子~器〕電子計時器.〔~员 yuán〕タイムキーパー.タイマー.〔~炸 zhà 弹〕圄時間爆弾.
计时工资 jìshí gōngzī 圄時間払い賃金:〔死 sǐ 工钱〕は旧称.→〔计件工资〕
计时奨励制 jìshí jiǎnglìzhì 割増金付時間払い制.
计收 jìshōu 使用量に応じて徴収する.
计数 jìshù 数値を計算する:〔计算①〕に同じ.〔不可~〕統計ができない.
计数 jìshù 数を数える.計算する.〔~器 qì〕カウンター.計数器(総称).〔盖革米勒~管〕圈ガイガー(ミュラー)計数管.
计司 jìsī ①⇒〔干 gān 酪〕②圄財政・課税・交易を管轄した官署.
计算 jìsuàn ①計算する.〔~尺〕〔算尺〕計算尺.〔~器 qì〕電算器.電卓. ②思案する.計画する.〔他在心里~着怎样才能省時間〕彼はどうすれば時間が省けるかを思案していた. ③もくろむ.はかる.
计算机 jìsuànjī 電算計算機.コンピューター.〔~病毒 bìng dú〕コンピューターウイルス.〔~程序设计〕コンピューターのプログラミング.〔~犯罪〕コンピューター犯罪.〔~辅 fǔ 助设计技术〕CAD.コンピューターを使った設計デザイン.〔~黑 hēi 客〕〈音義訳〉ハッカー.〔~软设备〕〔软 ruǎn 件〕ソフトウエア.〔~网络〕コンピューターネットワーク.〔~硬设备〕〔硬 yìng 件〕ハードウェア.〔~中心〕コンピューターセンター.〔电子~〕電子計算機.コンピューター.〔模拟~〕アナログ計算機.〔数字控制~〕数字型計算機.又はデジタル計算機.〔微型~〕マイクロコンピューター.〔自动数字跟踪分析~〕自動解析計算機.→〔电 diàn 脑〕
计算机断层扫描 jìsuànjī duàncéng sǎomiáo 圂 CTスキャン.コンピューター断層撮影法:〔计算机体层成像〕〔计算机体层摄影〕ともいう.
计提(农民から)jìtí 基準に基づいて徴収金をとる:農作物の代金から共益金などを村に出すこと.
计图器 jìtúqì 弧線測量器.計図器.
计委 jìwěi ⇒〔国 guó 家计划委员会〕
计息 jìxī 利息計算(する)
计议 jìyì 相談し相談する.〔从长~〕じっくり協議して方法を考える.
计重 jìzhòng 目方をはかる:〔称 chēng 重〕に同じ.

〔记・記〕jì

①覚える.記憶する.暗記する.〔你好好~住, 别忘了〕よく覚えておいて忘れてはいけない.〔好~〕覚えやすい.〔你~着我的話〕おぼえておけ(いまに覚えろ).〔牢 láo 牢~住〕しっかりと覚えておく.〔死~硬背〕棒暗記(する). ②記録(する).書きつけ(る).〔~日記〕日記をつける.〔~笔记〕ノートをとる.〔把他的电话号码~下来〕彼の電話番号をメモしておきたい.〔~事文〕記事文.〔游~〕紀行文.〔杂 zá〕エッセイ.雑

记 [传 zhuàn~]伝記.[速~]速記(する).→[纪①].②符号.しるし.[标~]記号.標識.[暗~(儿)]符丁.[本店以仙鹤为~]当店は鶴を商標とする.④回商店の[字 zì 号①]の上につける経営者の記号:[瑞記老九章]といえば,現在の経営者になる時"瑞記"の2字が老九章というそれまでの屋号に添えられたことがわかる.⑤印章.[戳 chuō~]印鑑.スタンプ.→[印 yìn 记].⑥(皮膚の)あざ:生来のものをいう.[脸上有一大块黑~]顔に大きい黒あざがひとつある.→[痣 zhì]⑦<方>量詞.動作の回数を表す.[打一~耳光]横っ面を一つひっぱたく.[一~长传]⑤(サッカーなどで)一つのロングパス.[打出两~安打]⑥(野球で)2本の安打を打つ.⑧<姓>記(*)

记吃不记打 jìchī bùjìdǎ 〔慣〕(飼い犬が)食わせてもらったことばかり覚えていて,たたかれたことは忘れてしまう.

记仇 jìchóu =[记恨]恨みを根にもつ.

记得 jìde 覚えている:命令文には[记着]を用いる.[你记着吧!]覚えていろ.[您还~吧]まだ覚えているでしょう.[我不~了]覚えていない.[~我走的时候,你这么高]わたしが去った時,おまえはまだこの高さだった.

记分 jìfēn (スコア・成績・労働点数などの)点数をつける.[按时~]時間により労働点数をつけること.[按件~]出来高払いにより点数を記録する帳面.⑥成績表.えんま帳.⑤スコアブック.⑥[工 gōng 分]を記録するノート:[记工本]ともいう.[~牌 pái]⑥スコアボード.[~员 yuán]⑥記録係.スコアラー.

记工 jìgōng 労働時間及び労働量を計算し記録すること.[~员]同樣の仕事をする人.[~本]同樣の記分簿.

记功 jìgōng 功績を記録する.[记一大功]大きな功績として記録に残す.[~碑]功績碑.[~坊 fāng]鳥居形の同前.→[过记]

记挂 jìguà <方>心にかける.心配する.[一切都平安,请您不要~]万事平安ですから,ご安心下さい.→[挂念]

记过 jìguò 過失を記録する.譴(ケン)責処分の一.[警告][严重警告]よりまく,[记大过]より軽いもの.[记了一次过]譴責処分を受けた.[记大过]重過失として記録にとどめる.→[申 shēn 饬]

记号 jìhào マーク.しるし.記号.標識.[标号记]に同じ.[~字]⑥記号文字.[标上个~][做个~儿]しるしをつける.

记恨 jì·hèn ⇒[记仇]

记录 jìlù ①記録(する).[会议 yì~]会議記録.議事録.[~卡 kǎ](各種の)記録カード.[打破~](スポーツなどの歴史上最高のレコードを破る.②書記.記録係.

记录片(儿) jìlùpiàn, ~piānr 記録映画.ドキュメンタリー:[记录片]に同じ.

记名 jìmíng 記名する.⑥名を記録して功績をたたえる.⑥記名して権利あるいは責任の主体を明らかにする.[~股票]⑥記名株券.[~投票]⑥記名投票.[~制 zhì]~[签 qiān 名]

记念 jìniàn ⇒[纪念]

记取 jìqǔ <文>心にとめておく.覚えておく.[~教训]教訓を心にとめ参考にする.

记认 jìrèn ①(文字などを)見分ける.識別する.②<方>しるし.目じるし.

记事 jìshì ①事実を記録する.[~纸]メモ用紙.[~本]⑥手帳.⑥[電算]メモ帳.⑥雑記帳:[~簿 bù]に同じ.②歴史の経過を記述する.[~实]実録.実記.

记事儿 jìshìr 物心がつく.[那时我刚~]あの頃のわたしは,物心がついたばかりでした.[我从~起就住在这儿]わたしは物心がついたころからここに住んでいる.

记述 jìshù 記述する.書き述べる.

记诵 jìsòng 暗記して(したものを)暗唱する(こと).身につくまで読む(こと)

记协 jìxié [新闻工作者(记者)协会]の略.

记性 jìxing もの覚え.記憶(力).[没~]⑥記憶力が悪い.⑥懲りない.[我~不好]わたしは覚えがよくない.[脑 nǎo 性][忘 wàng 性]

记叙 jìxù 記述(する).[~文]叙述文.

记要 jìyào 摘要.要覧.要約:[纪要]とも書く.[会谈~]議事録.

记忆 jìyì ①記憶する.思い起こす.②記憶.[~力]記憶力.[~犹新]今なお記憶に新しい(生々しい).[~卡][智 zhì 能卡]メモリーカード.[~合金]⑥[形状記憶合金.[~晶 jīng 片]半導体メモリー.RAMなど.

记载 jìzǎi ①記載(する).②書き物.記録.

记账 jìzhàng ①帳簿につける:[写 xiě 账①]に同じ.②記帳する.帳簿につける:[落 luò 账][上 shàng 账]に同じ.[~贸易]⑥[清 qīng 算贸易]⑥清算貿易.オープン貿易.[~员]帳簿係.

记者 jìzhě 記者.[新闻~]ニュース記者.新聞記者:テレビ局・放送局などの記者も含む.[随军~]従軍記者.[特派~]ニュース特派員.[~节 jié]11月8日の記者の日.[~险 xiǎn][新闻~]执法人员団体意外伤害保险]記者を被保険者とする生命保険:鉱山労働者・警察官などと並ぶ危険な職業とされ,職場と保険会社間で契約する.[~招待会]記者会見.

记住 jìzhù しっかり記憶する.[牢牢~]〔慣〕しっかりと覚えておく.

[纪・紀] jì
①しるす.記載する.→[记②].②規律.秩序.[军~]軍の規律.[风~]風紀.③[地質]の年代を表す単位の一.年代.[寒武(利亚)~]⑥音義訳]カンブリア紀.④整理する.按配する.さばく.[经~(人)]仲買人.⑤[古]12年を1[~]とした.[转~]まとまりの年数.[1岁~]1世紀.⑥[年齢を[~]という.⑦回使用人.[~纲]同前.[交尊・奉送]<牘>お使いの人に渡してお返し申し上げます.⑧<姓>纪(*) → jǐ

纪纲 jìgāng <文>①法律制度.[足以~天下]天下を治めるに足る.②治める.管理する.③回使用人.下僕.

纪检 jìjiǎn [纪律检查]の略:規律違反検査(を行う)

纪录 jìlù ①記録(する).[创 chuàng 新~]新記録を作る.[打破~]レコードを破る.[会议~]会議録.②書記.記録係.[推荐他当~]彼を書記に推挙する.

纪录片(儿) jìlùpiàn, ~piānr 記録映画.ドキュメンタリー:[记录片]に同じ.[新闻~]ニュースドキュメンタリー.

纪律 jìlǜ 規律.[劳 láo 动~]勤務規律.[~检查委员会][纪委]規律違反検査委員会.→[三 sān 大纪律]

纪略 jìlüè <文>概略を記す(したもの)

纪年 jìnián ①年代順による一種の歴史編纂法.[~纪事本末体]②年を一つの基準として名づけ順序を決めること.昔は,干支を用い,漢代より皇帝の年号を用いた.→[公 gōng 元]

纪念 jìniàn [记念]とも書いた.①記念する.思い出とする.[~币 bì]記念硬貨.[~册 cè]記念書画

帐.アルバム.記念帳.〔~戳 chuō〕記念スタンプ.〔~封 fēng〕記念封筒.〔~馆 guǎn〕記念館.〔~会〕記念集会.〔~婚〕記念婚式:銀婚式・金婚式など.〔~品〕記念品.〔~日〕記念日.〔~塔 tǎ〕記念塔.〔~邮票 yóu piào〕記念切手.〔~章 zhāng〕記念メダル.記念バッジ.〔~周 zhōu〕記念週間.{现在大家~他,可见他的精神感人之深}(毛)記念白求恩}いま皆が彼を記念しているが、このことによっても、彼の精神が深く人々を感動させたことがわかる.②記念(品).かたみ.〔要远别了,留个~吧〕なごりのお別れです、記念に残しておきましょう.→〔念儿〕

纪念碑 jìniànbēi 記念碑.〔人民英雄~〕北京の天安門の前かいにある革命犠牲者記念碑.

纪实 jìshí 記録(する).〔~小说〕ドキュメンタリー.ノンフィクション小説.〔~文学〕ドキュメンタリー文学.〔~剧〕ドキュメンタリードラマ.

纪事 jìshì ①記録する.書きとどめる.②実記.実録.

纪事本末体 jìshì běnmòtǐ 一事件毎にその始末を記した歴史記述法.→〔纪年①〕〔纪传体〕

纪特票 jìtèpiào 記念切手と特別切手(総称)

纪委 jìwěi ⇒〔纪律检查委员会〕

纪厌义 jìxiànyì ⇒〔六 liù 分仪〕

纪行 jìxíng 旅行の記事.旅行記.紀行:多く標題に用いる.

纪要 jìyào 〔记要〕とも書く.要録.メモ:要点を記録したもの.〔会议~〕会議メモ.

纪元 jìyuán ①紀元.〔黄帝~〕黄帝即位を元年として数える紀元.→〔公 gōng 元〕②新しい段階・時代.〔开辟了世界历史的新~〕世界史の新しい紀元を切り開いた.

纪载 jìzǎi 記録(する).記載(する)

纪传体 jìzhuàntǐ 図紀伝体:歴史の記述である年代・ある人物一代の伝記を記録したもので〔编年体〕に対していう.本紀(帝王一代の事跡を述べる)・列伝(主として個人の伝記)のほかに系譜・志からなり、『史記』にはじまる正史は大体この体裁によっている.

〔**忌**〕jì ①ねたむ.そねむ.うらやむ.〔妒 dù〕ねたむ.ひがむ.嫉む.心配する.〔顾~〕顧慮する.気にする.③〔嗜好品などを〕断つ.〔烟、酒什么的一点都~不了 liǎo〕禁煙も禁酒もさっぱり守れない.→〔戒 jiè③〕④きらう.きらい.〔~(食)生冷〕なまものや冷たいものを避ける.〔犯了他的~〕彼の忌諱(き)にふれた.〔~用太不文明的语言〕ロぎたない言葉を使わないようにする.⑤〔姓〕忌(き)

忌避 jìbì 忌み避ける.

忌才 jìcái 人の才能をねたむ.

忌辰 jìchén ⇒〔忌日〕

忌惮 jìdàn 〈文〉忌み憚(はばか)る.遠慮する.〔肆 sì 无~〕勝手気ままで憚るところがない.

忌妒 jìdù =〔嫉妒〕妒いや嫉妬する.ねたむ.やく.〔妒 dù 嫉〕妒忌に同じ.〔~心〕嫉妬心.〔~人〕人をねたむ.→〔吃 chī 醋(捻酸)〕

忌服 jìfú 〈文〉喪服.

忌恨 jìhèn ⇒〔嫉 jí 恨〕

忌讳 jìhuì =〔讳忌〕忌み避ける:風俗・習慣・言論・行動上の禁忌として避ける.②禁忌.〔犯~〕タブーを犯す.③極力避ける.〔得了痢疾~吃生冷油腻〕伝染性下痢症にかかったら生ものや冷物、油っこい物は口にしない.④〈方〉詐(ぎ)み言葉で、〔醋 cù ①〕の別称.〔拿点儿~来！〕酢をもってこい.

忌酒 jìjiǔ (病気その他の理由で)酒を断つ.禁酒する.→〔戒 jiè③〕

忌刻 jìkè 嫉妬深く薄情冷酷なこと:〔忌克〕とも書く.(他是个~的人,你以后说话留点儿小心)あの男は人となりが極めて嫉妬深く薄情だから、今後物を言う時には少し気をつけなさい.

忌口 jìkǒu =〔忌嘴〕

忌门 jìmén ①回(忌み事などで人の来るのを忌んで)他人の出入りを断つこと.②旧習で旧暦12月23日の〔祭灶〕の日から正月5日まで自分と姓を共にする女性の出入りを忌むこと.

忌奶 jìnǎi 〈文〉妊婦の乳汁:子供が飲むと病気になるとのことから.

忌日 jìrì =〔忌辰〕命日.忌日.

忌生冷 jìshēnglěng なまものや冷たい食物を断つ.

忌食 jìshí (病気や宗教戒律などによる)食べ物の忌避・禁忌.〔~发物〕身体に異常を起こしやすい食物を避ける.→〔忌嘴〕

忌属相 jìshǔxiàng 旧新婦がかごを降りる時や納棺・出棺などの時など、ある干支(え)の人がこれを見ることを忌んだことをいう.→〔属相〕

忌烟 jìyān タバコを断つ.禁煙する.〔~糖〕禁煙あめ.〔戒 jiè 烟〕

忌语 jìyǔ 忌み言葉.タブーとする言葉.

忌嘴 jìzuǐ =〔忌口〕(病気や食べ合わせなどの理由で)用心して食べない.遠ざけて口にしない.〔酒是他~的东西〕酒は彼の断っているものだ.→〔忌食〕

〔**跽**〕jì 〈文〉両膝を地面につけ上体をまっすぐ立てる.〔长 cháng 跽〕に同じ.

〔**齐・齊(斉)**〕jì 〈文〉調味料.→ **qí zī**

〔**剂・劑**〕jì ①調合した薬剤や化学物質.〔药~〕薬剤.〔还 huán 原~〕還元剤.〔阻 zǔ 凝~〕凝固防止剤.〔抗 kàng 组(织)胺~〕抗ヒスタミン剤.②配合する.調整する.〔酌盈 yíng~虚〕〈成〉余ったもので不足を補う.過不足を調整する.〔~量调剂〕③量詞.薬剤の計量単位.〔一~药〕薬一服.→〔服 fú〕

剂量 jìliàng 医薬品(化学試験剤,放射線)の使用分量.→〔极 jí 量①〕

剂儿 jìr ⇒〔剂子②〕

剂型 jìxíng 薬物製品の形状を指す:例えば〔膏 gāo〕〔片 piàn〕〔水 shuǐ〕〔丸 wán〕など.

剂子 jìzi ①薬の分量.〔这服药~真不小〕この薬は分量がなかなか多い.②=〔剂儿〕ねった小麦粉を1個分にちぎったもの.〔剂头〕とも書く.

〔**济・濟**〕jì ①河を渡る.川を渡る.〔同舟共~〕〈成〉患難を共にすること.②救う.助ける.〔救 jiù~〕救済(する).〔经世~民〕〈成〉世を治め民を救う.〔~世方〕世を救う方途.③助け.援助.〔他得了谁的~〕彼は誰の助けを受けたのか.④役に立つ事.有益な事.〔于事无~〕事に何の役にも立たない.〔只有这几件器具,怕不~事〕こればかりの道具では、おそらく役に立つまい.〔牙口不~〕歯が悪くて役に立たない.⑤〔姓〕济(さい)→ **jǐ**

济困扶危 jìkùn fúwēi 〈成〉困っている者を助け、危難に瀕する者を救う.

济美 jìměi 〈文〉前代の基礎の上に成果をあげる.〈喩〉子孫が父祖の業を受け継いでよく守ること.

济贫 jìpín 〈文〉貧困者を救済する.〔~箱〕回慈善箱.

济弱扶倾 jìruò fúqīng 〈成〉弱い者を助け困っている者を助ける.

济世 jìshì 世人を救済する.〔~活民〕世を救い、人を生かす.

济事 jìshì 役に立つ.足し前になる:多く否定形で用いる.〔不~〕〔无济于事〕役に立たない.

济私 jìsī 自己の利益をはかる.〔假 jiǎ 公〜〕〈成〉公事にかこつけて自己の利をはかる.
济众 jìzhòng 仏(仏教で)衆生(しゅじょう)を済度する.〔济度众生〕の略.
济助 jìzhù 救済援助する.
剂子 jìzi ⇒〔剂子②〕

〔荠・薺〕jì ①植ナズナ(古名).〔其甘如〜〕〈文〉ナズナのように甘い. ② ⇒〔蒺 jí 藜〕 ③〈姓〉薺(せい) → qí
荠菜 jìcài 食用ナズナ:若芽は食用され,花は薬用される.〔护 hù 生草〕ともいう.→〔狗 gǒu 荠〕〔野 yě 菜〕
荠苨 jìnǐ 植ソバナ:キキョウ科多年草.根を薬用する.〔杏 xìng 参〕は古称.
荠苎 jìníng ヒメジソ:シソ科植物.薬用される.〔石〜〕イヌコウジュ:シソ科植物.

〔哜・嚌〕jì 〈文〉味をみる.なめてみる.
哜咯咙咚呛 jìge lóngdōngqiāng〔擬〕どんちゃんがんちゃん:芝居のお囃子(はやし)のやかましいさま.
哜哜嘈嘈 jì·jì cáocáo〔擬〕ガヤガヤ:騒がしく話しあう声.〔屋子里〜,不知他们在说些什么〕部屋の中はガヤガヤ騒がしく,彼らが何を話しているか聞きとれない.

〔霁・霽〕jì ①〈文〉(雨・雪などがやみ)晴れる.〔秋雨初〜〕秋の雨がおさまったばかり. ②〈文〉怒りがおさまる.〔色 sè 〜〕怒りがとけおだやかな表情になる.〔气平怒 nù 〜〕怒りがしずまる. ③〈姓〉霁(せい)
霁红 jìhóng =〔祭红〕景徳鎮製の陶器の色の名.
霁色 jìsè〈文〉①明るく晴れた空の色. ②怒りがとけおだやかな表情.
霁威 jìwēi〈文〉(怒りや興奮を)しずめる.
霁月 jìyuè〈文〉雨後の明月.
霁月光风 jì yuè guāng fēng ⇒〔光风霁月〕

〔鲚・鱭〕jì 魚貝エツ(総称).〔〜鱼〕は別称.〔凤 fèng 〜〕エツ.
鲚鱼 jìyú 魚貝エツ.〔凤尾 cǐ 刀〕〔刀鱼②〕〔凤 fèng 尾鱼〕〔凤 fèng〕〔河 hé 刀鱼〕〔烤 kǎo 子鱼〕ともいう.

〔伎〕jì ①才能.技能.〔技①〕に同じ. ②〈姓〉伎
伎俩 jìliǎng (不正な)手くだ.やり口.
伎痒 jìyǎng ⇒〔技痒〕

〔芰〕jì 植菱(ひし)の古名.〔〜荷 hé〕菱と蓮(総称)

〔技〕jì ①=〔伎①〕たくみ.わざ.技術.技能.〔绝一〕〔绝活〕〔儿〕絶妙な技術.〔末 mò 〜〕つまらぬ技術.〔口〜〕声帯模写.物まね.こわいろ:〔杂 zá 技〕の一種.〔一人之长 cháng〕〈成〉一芸にひいでる. ②〈姓〉技〔技〕
技法 jìfǎ (芸術などの)技巧と方法.
技防 jìfáng 科学的防犯装置.
技改 jìgǎi〔技术改造〕の略.
技工 jìgōng ①たくみ.わざ. ②⇒〔技术工人〕
技工学校 jìgōng xuéxiào 技術専門学校.技術者養成学校.
技击 jìjī (剣道・撃剣または空手の)武術.
技监 jìjiān →〔技正〕
技能 jìnéng 技芸の能力・腕前.〔有很高的〜〕高度なわざがある.
技巧 jìqiǎo ①わざの巧みさ.巧みな手わざ.テクニック.〔写作〜〕述作の技巧.〔绘画〕絵画の技巧. ②回武術.
技巧运动 jìqiǎo yùndòng 区スポーツアクロ体操.
技穷 jìqióng 手立てや能力を使い切る.〔自感〜〕〈成〉自己の無力を感じる.→〔黔 qián 驴技穷〕

技师 jìshī 技師:比較的のレベルの高い技術者.〔主任〜〕技師長.→〔工 gōng 程师〕
技士 jìshì ①技師補.技手.→〔技师〕 ②→〔技正〕
技术 jìshù 専門の技能・技術.〔〜产权〕〔〜成果〕技術発明・改革財産権.〔〜改进〕〔〜改造〕技術改良.〔〜革命〕技術革命.〔〜革新〕技術革新.〔〜级 jí〕技術者の等級.〔〜鉴定〕技術鑑定.〔〜经纪人〕〔〜捐 juān 客〕技術商品市場のブローカー.〔〜介绍人〕.〔〜科学〕応用科学.〔〜市场〕技術市場.〔〜性〕技術性.〔〜学校〕技術学校.〔〜引进〕技術導入(する).〔〜转 zhuǎn 让〕技術移転.〔高級〜〕ハイテクノロジー.〔作为一个〜人员〕(一人の)技術者として.〔〜很高的〕技術が優れている.〔这是一项〜性工作〕これは技術的な仕事だ.
技术工人 jìshù gōngrén =〔技工〕技能労働者.技能工. →〔工匠〕
技术员 jìshùyuán 技術者:〔工 gōng 程师〕の指導の下で作業を行うもの.
技术装备 jìshù zhuāngbèi 生産に用いる各種の機械・計測機・計器・工具などの設備.
技术作物 jìshù zuòwù ⇒〔经 jīng 济作物〕
技校 jìxiào〔技工学校〕また〔中等技术职业学校〕の略.技術専門学校.技術者養成学校.
技痒 jìyǎng =〔伎痒〕自分の腕前を発揮する機会がなく,もどかしく思うこと.〔〜难挠 náo〕〈慣〉腕がむずむずする.
技艺 jìyì 技芸.すぐれた芸術・技術・武芸など.〔〜精湛 zhàn〕演技が堂に入っている.
技侦 jìzhēn 科学捜査.〔〜人员〕科学捜査(警)官.
技正 jìzhèng 民統府:技術官は,〔技监〕(技師長),〔技士〕(技手),〔技佐〕(技手補)に分かれていた.→〔工 gōng 程师〕
技佐 jìzuǒ →〔技正〕

〔妓〕jì =〔技②〕回芸妓.うたいめ:歌舞を職業とする女性.
妓女 jìnǚ 回娼妓.遊女.
妓院 jìyuàn 回妓楼.遊女屋.〔开〜〕同前を開く.

〔系・繋〕jì ひもを結ぶ.結び目を作る.〔〜鞋带〕(靴ひもを).〔〜上带子〕帯をしめる.〔请〜好安全带〕安全ベルトをしっかり着用して下さい.〔〜上扣儿 kòur〕①結ぶ(結び目を作る). ②ボタンを掛ける.〔〜活 huó 扣儿〕しっかり結びにする.〔〜死扣儿〕おとな固めに結ぶ.〔转〕思い切りが悪い,思い込むの意にも用いる.〔你干么这么〜死扣儿呢想开着点儿吧〕どうしてそんなに思い込んでしまうのかね,あきらめをつけなさい.〔〜紧〕しっかり結ぶ.〔把包袱〜好〕ふろしきを結ぶ.
↔〔解 jiě ②〕 =〔结 jié ③〕 → xì
系留 jìliú 係留する.
系捻儿 jìniǎnr 特製の絹糸のひも:玉や石のペンダント類を通して下げるもの.
系住 jìzhù しっかり結ぶ.係留する.

〔际・際〕jì ①〈文〉塀と塀の交わるところ.②はて.境目.〔交〜〕.〔〜涯〕はて.きわみ.〔天〜〕天のはて.天地の境目.〔分 fēn 〜①〕けじめ.〔成败之〜〕成功と失敗との分かれ目. ③うち.中.〔脑〜〕頭の中.〔胸 xiōng 〜〕胸の内. ④間の.相互間の.〔〜贸易〕国と国との間の貿易.〔洲〜导 dǎo 弹〕軍大陸間弾道弾.〔校〜竞 jìng 赛〕対校試合. 工場間の生産競争. ⑤(…の)時.(…の)際.〔祖国建设之〜〕祖国建設の際.〔此一方施准备〕この際になって初めて準備をする. ⑥接近する.接触する.〔高不可〜〕高くて届かない.〔交〜〕交際(する).〔遭 zāo〜②〕

〔～遇 yù〕出会い．めぐり合い．⑦〈文〉ちょうど…にあたる．〔～此増産节约之时〕この増産節約の時にあたって．
际会 jìhuì 〈文〉出会う．
际内 jìnèi 同下．
际限 jìxiàn ＝〔际畔〕〔际涯〕〈文〉はて．かぎり．きわ．
际涯 jìyá 同上．
际遇 jìyù 〈文〉めぐりあう(あい)．

〔**季**〕jì (Ⅰ)①季節：一年を春夏秋冬に分け，春夏秋冬を三か月とする．〔四～〕四季．春夏秋冬．〔换～〕④季節の変わり目．衣更え．②〔-儿〕時期．〔雨～〕雨季．〔旺 wàng～〕(物の売れ行き・出回りの)盛んな時期．出盛り時期．旬．〔淡 dàn～〕閑散期．〔西瓜～儿〕すいかの出盛り(期)．〔这一～儿很忙〕このところ忙しい．
(Ⅱ)①兄弟姉妹の順序の第4あるいは最後．〔～弟〕末弟．→〔伯 bó〕 ②(旧暦で)四季のうちの最後の月．〔～春〕春の季(了)旧暦3月．→〔孟 mèng ②〕ともいう．〔～冬〕冬の末．末期．〔清～〕清(*)末．〔明之～世〕明の末頃．④〈姓〉季(*)．
季报 jìbào ⇒〔季刊〕
季查 jìchá 四半期ごとの調査(をする)．
季常之癖 jìcháng zhī pǐ〔成〕かかあ天下．恐妻：宋の陳慥（季常は字(\%)）が妻を恐れたことから．〔患〕は〔惧 jù〕ともいう．→〔惧内〕
季春 jìchūn 〈文〉春の終わりの月．旧暦3月．→〔暮 mù 春〕
季冬 jìdōng 〈文〉冬の終わりの月．旧暦12月．〔三 sān 冬②〕ともいう．
季度 jìdù 四半期．〔第二～〕第2四半期．
季风 jìfēng 〔气候风〕図季候風．モンスーン．〔信 xìn 风③〕に同じ．〔～雨〕同前の雨．〔～气候〕季節風気候．
季父 jìfù 〈文〉父の最年少の弟．末のおじ．
季汉 jìhàn ⇒〔蜀 shǔ 汉〕
季候 jìhòu 〈方〉季節．〔隆冬～〕厳寒の季節．
季候风 jìhòufēng ⇒〔季风〕
季节 jìjié 季節．時期．時節．〔农忙～〕農繁期．〔收获～〕収穫期．刈り入れ時．〔～河 hé〕回雨季になると出現する河川．〔～洄 huí 游 yóu〕季節回遊．〔～性工作〕季節的な仕事．〔～性障 zhàng 碍〕医季節性うつ病．〔～性工人〕〔エ〕季節労働者．
季军 jìjūn (試合などで)成績が三位(の人)：一位は〔冠 guàn 军〕，二位は〔亚 yà 军〕という．〔女篮～〕女子バスケ第3位．
季刊 jìkān ＝〔季报〕季刊．クオータリー：年に4回出す刊行物．→〔日 rì 刊〕
季肋 jìlèi 生胸部両側の第11,12肋軟骨．
季孟 jìmèng ⇒〔伯 bó 仲〕
季末 jìmò 〈文〉季節の末．
季母 jìmǔ 〈文〉叔母：父の弟の妻．
季鸟儿 jìniǎor ⇒〔知 zhī 了〕
季女 jìnǚ 〈文〉①少女．若い娘．②末の娘．
季诺 jìnuò 〈文〉ご承諾：〔季布一诺千金〕から出た語で，他人の承諾をいう．〔望承～〕〔願ご承諾願います．
季票 jìpiào ⇒〔月 yuè 票〕
季秋 jìqiū 〈文〉秋の終わりの月：旧暦9月．→〔暮 mù 秋〕
季世 jìshì 〔末 mò 世〕
季夏 jìxià 〈文〉夏の終わりの月：旧暦6月．
季月 jìyuè 〈文〉四季の最後の月：旧暦3・6・9・12月．
季指 jìzhǐ ⇒〔小 xiǎo 指〕

季子 jìzǐ 〈文〉末子．

〔**悸**〕jì 〈文〉(驚きや恐れで)動悸(だ)がする．〔心～〕同前．〔惊 jīng～〕驚いて心臓がドキドキする．〔心有余～〕〔慣〕思い出すと今でもドキドキする．〔时时～吓〕絶えず胸がドキドキする．
悸动 jìdòng (驚いて)心臓がドキドキする．
悸栗 jìlì 驚いて震える．

〔**洎**〕jì 〈文〉至る．及ぶ．〔自 古 ～ 今〕〔慣〕古(ᴾ)から現在まで．〔～乎近世〕近世に及ぶ(んで)．近世に至る(って)
洎夫蓝 jìfūlán ⇒〔番 fān 红花〕

〔**垍**〕jì 〈文〉堅い土．

〔**迹(跡・蹟)**〕jì ①痕跡．あしあと．〔痕 hén～〕痕跡．〔足 zú～〕足跡．〔血 xuě～〕血痕．②今に残っている事跡．古跡．〔事～〕事跡．〔名胜 shèng 古～〕名所旧跡．〔遗 yí～〕遺跡．③形跡．〔～近违抗〕〈慣〉(行動が)命令違反すれすれである．
迹地 jìdì 〈文〉伐採後植樹されていない場所．(森の中の)切り倒し跡．
迹象 jìxiàng 形跡．模様．兆し．〔国际局势开始出现了缓和的～〕国際情勢が緩和する兆しが見えめた．

〔**既(旣)**〕jì ①すでに．→〔既成事实〕〔已 yǐ～〕⇒．②…したからには．…である以上は：多くあるからには．…した以上は：…である以上は：多く〔就 jiù〕〔那么〕〔则 zé〕と呼応して用いられる．〔他～有这么个毛病,我就不用他〕彼にこんな欠点があるからには，わたしは彼を雇わない．〔～在矮檐下,怎敢不低头〕諺低い軒の下にいる以上，どうして頭を低くないでおられようか：長いものには巻かれよ．〔贵公司～然这么忙,今年的营业总不错吧〕あなたの会社は，こんなに忙しいからには，今年の営業(成績)はきっといいでしょう．〔但～同为错误,就都有纠正的必要〕(毛·論持久战8)だが，同じく誤りである以上，どちらも是正する必要がある．〔他～不愿意,那我也没有法子〕彼が希望しないからには，わたしもいたしかたがない．③すでに…である．…もすれば…もする．〔又 yòu〕〔且 qiě〕〔也 yě〕と呼応して用いられる．(様式～好看,用起来又轻便)格好が立派である上に使ってみてもまた便利だ．〔身体～高且壮 zhuàng〕体が高大でまた丈夫だ．〔他们两颗～互相勾结,也互相争夺〕彼ら二つの超大国は互に結托もすれば争奪もする．④〈文〉すぐ後で．ほどなく．〔初以为不可,～又允许〕最初はいけないと言っていたが，その後また許した．〔曾 céng 怒责其无礼,～而悔之〕以前に無礼をとがめ怒ったことがあるが，後になると後悔した．⑤〈文〉尽きる．終わる．〔感谢无～〕〔牘〕感謝にたえない．〔皆～食(全食)〕⑤皆既食．→〔尽 jìn ①〕⑥〈姓〉既(*)．

既成事实 jìchéng shìshí 既成事実．〔造成～然后再向上级报告〕既成事実を作っておいてから上部へ報告する．

既得利益 jídé lìyì 既得権益．〔既得权利〕ともいう．〔～集团〕既得権者連．
既得权 jìdéquán 既得権．
既定 jìdìng 既定(の)．すでに決めた．〔～方针〕すでに決定した方針．〔～目标〕既定の目標．
既而 jì'ér 後に．久しからずして．
既来之，则安之 jì láizhī, zé ānzhī〔成〕そこに来た以上はそこに落ち着く．乗りかかった舟．〔忙什么！～,再坐会儿吧〕何を急ぐのか，せっかく来たからには腰を落ち着けて，もう少しゆっくりしなさい．

既然 jìrán …したからには.…である以上は:多く〔就〕〔也〕〔还〕〔又〕と呼応して用いられる.〔~表示了决心,就应该见之于行动〕決心を表明したからには,行動で示さなければいけない.〔~你一定要去,我也不便阻止〕どうしても行くというのなら,わたしも強いて引き留めはすまい.

既是 jìshì …であるからには.…である以上.〔~这么着,咱们不必多担心了〕そういうことなら,我々もう心配はいらない.→字解②

既遂 jìsuì 法犯罪の完成したこと.犯罪が既遂になる.↔〔未 wèi 遂〕

既往 jìwǎng 過去.以前.〔~(病)史〕医既往症.

既往不咎 jìwǎng bùjiù =〔不咎既往〕〈成〉水に流す.過ぎ去ったことはとがめない.〔他既能切 qiè 实改悔,我们当然本着~的精神,不予处 chǔ 分〕彼がすっかり改悛した以上,我々は当然,過ぎたことは追求しないという精神に基づいて,処分はしない.

既望 jìwàng (旧暦で)毎月16日:15日を〔望⑧〕という.

既已 jìyǐ すでに.

〔塈(塈)〕 jì〈文〉①(屋根を)塗る.〔~茨 cí〕かや葺(ぶ)きの屋根(天井)を塗る. ②休む. ③取る.

〔概(槩)〕 jì〈文〉密である.

〔暨(曁)〕 jì ①〈文〉並びに.および.〔成立大会~首届学术研讨会〕成立大会並びに第1回シンポジウム. →〔及 jí ④〕 ②〈文〉…から…まで.〔自古~今〕〔自古至 zhì 今〕過去から現在まで. ③〈姓〉暨(⁓)

〔觊·覬〕 jì〈文〉望む.図(はか)る.〔~幸 xìng〕僥倖をこいねがう.

觊觎 jìyú〈文〉分を越えた事を希望する.不相応な望みを抱く.〔对比名位,怀~之心〕この名誉と地位に対して不相応な望みを抱いている. ②分不相応な願い.〔心怀~〕同樣の望みを抱く.

〔继·繼〕 jì ①続く.続ける.継ぐ.受け継ぐ.〔歌声相~〕歌声が続く.〔~续干 gàn 下去〕仕事を続ける.〔承〕受け継ぐ.相続する. ②ついで.後で.〔始而反对,~而赞 zàn 成〕初めは反対だったが,後で賛成した. ③〈姓〉继(⁓)

继承 jìchéng ①受け継ぐ.継承する.〔一部分人~五四运动的科学和民主的精神,…〕一部の人は,五四運動の科学的・民主的精神を受け継ぐ…. ②法(家督・財産を)相続する.〔~法〕相続法.〔~权〕相続権.〔~人〕相続人. ⑤〔王位~人〕王位継承人.

继电器 jìdiànqì 電繼電器.リレー.

继而 jì'ér あとで.ついで.〔先是领唱的一个人唱,~全体跟着一起唱〕最初は音頭をとる人が一人で歌い,続いてみんなが一緒に歌う.

继父 jìfù 继父:母の後添いで義理の父.〔后 hòu 爹〕に同じ.→〔义 yì 父〕

继晷 jìguǐ〈文〉夜を日に継ぐ:〔夜 yè 以继日〕に同じ.夕方序.

继进 jìjìn 続けて(前進する).

继母 jìmǔ 继母:父の後添いで義理の母.〔后 hòu 妈〕〔填 tián 房娘〕に同じ.→〔义 yì 母〕

继配 jìpèi =〔续室〕二番目の妻.後妻.→〔元 yuán 配〕

继娶 jìqǔ 後妻をめとる:〔续 xù 娶〕に同じ.

继任 jìrèn ①職務を引き継ぐ. ②後任.〔~人选〕後任の人選.

继室 jìshì ⇒〔继配〕

继嗣 jìsì〈文〉①相続する. ②相続人.

继往开来 jìwǎng kāilái〈成〉先人の業を継ぎ,前途を開拓する.

继位 jìwèi 王位を継承する.

继武 jìwǔ〈文〉足跡の前後相接すること.〈転〉前人の偉業を継ぐ.

继续 jìxù ①継続する.続く.〔~不停〕休まずぶっ通しである.〔~不断〕絶え間なく続ける.〔大雨~了三昼夜〕大雨が三昼夜続いた. ②継承する.引き継ぐ.〔这件工作不能停顿,总有人一下去我才离得开〕この仕事は中断すべきではなく,どうしてもだれかが続けてやっていかねばわたしはこの任から離れることができない.

继续革命论 jìxù gémìnglùn 継続革命論:〔一次革命论〕(一回革命論)に対していう.

继续教育 jìxù jiàoyù 社会人が再度入学して教育を受けること.

继业 jìyè〈文〉前人の事業を受け継ぐ.

继踵 jìzhǒng 間断なく続いていく.→〔比 bǐ 肩继踵〕

继子 jìzǐ ①養子. ②連れ子:再婚相手の(男の)子.

继子女 jìzǐnǚ ①養子・養女.→〔养 yǎng 子女〕 ②法先妻・先夫との間の子.

〔檵〕 jì 図①〔~木 mù〕トキワマンサク:漢方薬で止血に用いる. ②〔枸 gǒu ~〕クコ:〔枸杞〕の古称.

〔寂〕 jì ①ひっそりしてもの静かである.〔~若 ruò 无人〕〈成〉同前で人が居ないようだ. ②寂しい.〔枯风 ~〕やるせなくわびしい. ③〈姓〉寂(⁓)

寂寂 jìjì ひっそりしたさま.〔~的荒山〕ひっそりとした荒れ山.

寂静 jìjìng (物音がせず)しーんとしている.

寂寥 jìliáo〈文〉索漠としている.空漠としている.

寂灭 jìmiè 宗(仏教の)寂滅(じゃくめつ):一切の煩悩から離れること.〈転〉死ぬこと.

寂寞 jìmò (ひとりぼっちで,また退屈で)寂しい.

寂然 jìrán ①ひっそりとして静かなさま.〔~无声〕ひっそりとして声がない.〔~不动〕じっとして動かない.

〔寄〕 jì ①郵便物を出す(郵便で送る:元来は人に頼んで持っていってもらう意).〔邮〕に同前.〔包裹~走了〕小包はもう出した.〔钱 qián 送金する.〔信人〕送信人:自北京(北京から(手紙などを)出す.〔~往上海〕上海へ(手紙などを)出す.→〔送 sòng ①〕〔邮 yóu ②〕 ②託す.預けてゆだねる.付託する. ~ 希望~予望する.期待する.〔~希望于青年〕青年に希望を託す. ③身を寄せる.寄食(⁓)する.頼る.→〔寄住〕 ④義理の(親属).〔~子〕義理の息子. ⑤〈姓〉寄(⁓)

寄殡 jìbìn〈文〉棺(ひつぎ)を臨時に置く.

寄呈 jìchéng〈文〉郵送して贈呈する.

寄存 jìcún 預かってもらう.保管を頼む.〔~货物〕商品を預ける.〔~小包〕手荷物を預ける.〔~物 wù〕預かり物.

寄存器 jìcúnqì 電算レジスター.

寄递 jìdì (郵便物を)宅配する.配達する.

寄碇 jìdìng (船を横付けして)しばらく停泊する.

寄读 jìdú ①(学寮などに)寄宿する.〔住 zhù 读〕〔住校〕に同じ.〔~生〕寄宿生・寮生. ②一時的に学校に籍を置く.〔~走 zǒu 读〕

寄顿 jìdùn ①(物を)預ける.〔先把行李~在朋友家顿〕まず荷物を友人の家に預けた. ②蓄える.

寄放 jìfàng 預けておく.〔这件东西,你要是不好带,先~在我这儿吧〕これがもし持ちにくければ,まず僕のところへ預けておきなさい.

寄费 jìfèi 郵送料.
寄奉 jìfèng〈牘〉拝呈する.〔日前～芜 wú 函,谅已赐览〕先日弊簡を差し上げましたが,すでにご覧下さったこと存じます.
寄父 jìfù 義父:〈义 yì 父〉に同じ.
寄怀 jìhuái〈文〉思うことを事に託して言う(述べる)
寄籍 jìjí 原籍を離れて長く寄留する.またその寄留地の籍.→〔原 yuán 籍〕
寄迹 jìjì ⇒〔寄身〕
寄件人 jìjiànrén 差出人.発信人.
寄居 jìjū ①=〔寄寓①〕身を寄せる.寄寓(ã)する.〔一直～在友人家里〕ずっと友人のところに寄寓している.②他郷に滞在する.
寄居蟹 jìjūxiè 魚貝 ヤドカリ:甲殻類.〔寄居虫〕〔寄居虾 xiā〕〔寄生蟹〕ともいう.
寄款 jìkuǎn 送金する.金を払い込む:〔寄钱〕ともいう.〔～人〕送金人.↔〔收 shōu 款①〕
寄灵 jìlíng 遺骸を棺におさめ,埋葬するまで寺などに預けること.
寄卖 jìmài 委託販売する:〔寄售〕〔托 tuō 卖〕に同じ.〔～行 háng〕委託販売業.
寄名 jìmíng 子供が病弱で育ちにくい時,寺に預けて名義のみの出家をすること.〔～和尚〕同前の名ばかりの僧.〔～锁 suǒ〕同前で受けた〔锁〕.→〔长 cháng 命锁〕 ②他人を拝して義父母とする:その姓にあらわれる.〔～儿子〕〔寄儿 ér〕義子.→〔干 gān 儿(子)〕
寄母 jìmǔ 義母:〈义 yì 母〉に同じ.
寄情 jìqíng〈文〉自分の思いをあるものに託する.…に心を傾ける.…に心を打ち込む.…にひたる.〔～诗酒〕心を詩と酒に傾ける.
寄人篱下 jì rén lí xià〈成〉居候になる.〔如果不能～就只有沿街乞讨〕もし他人に身を寄せて援助してもらえなければ町中をまわって物乞いをするより他に手はない.
寄上 jìshàng →〔寄下〕
寄身 jìshēn =〔寄迹〕〈文〉身を寄せる.
寄生 jìshēng 寄生する.〔～虫 chóng〕寄生虫.〔～植物〕寄生植物.〔～木(寓生木)〕やどり木:他の樹木に寄生する木.〔槲 hú ～〕.〔～蜂 fēng〕ヤドリバチ.→〔~单身〕パラサイトシングル.〔～阶级〕寄生階級.→〔宿 sù 主〕
寄食 jìshí〈文〉食客となる.寄食する.居候する.
寄售 jìshòu 委託販売(する)=〔寄卖〕〔委 wěi 销〕に同じ.〔～店〕委託販売店.
寄书 jìshū〔〈文〉手紙を人に頼んで届けてもらう:〔付 fù 书〕に同じ.〔～旧友〕旧友への手紙を同送.②書物を(郵便で)送る.
寄宿 jìsù ①泊まる.〔在朋友家里～一夜〕友人の家に一晩泊まった.〔以前我在北京的时候,～在公寓里〕北京にいた頃はずっとアパートに下宿していました.〔~在寺里〕寺に寄宿する.〔~生〕寄宿生.寮生:〔住 zhù 校生〕〔走读生〕に同じ.〔~舍〕寄宿舎.寮.〔~学校〕寄宿制学校.→〔住读〕〔走 zǒu 读〕
寄托 jìtuō ①(希望・感情などを)かける.寄せる.〔用这样的方法,~我们的哀思〕〔(毛·為人民服务)このような方法で,我々の哀悼の気持ちを託し〕.②託する.預ける.委託する.〔把孩子~在邻居家里〕子供を隣りに預かってもらう.
寄下 jìxià (郵便で)送ってくる〔寄上〕は先方へ送る.〔务祈交邮局~是荷 (牘)〕なにとぞ郵便でご送付下さい.
寄信 jìxìn 手紙を出す.〔~人〕〔寄件人〕差出人.→〔发 fā 信〕〔送 sòng 信②〕

寄押 jìyā 勾留する.
寄言 jìyán =〔寄语〕〈文〉伝言する.ことづてする.
寄秧 jìyāng 農 苗を一時苗床に置いておく.
寄养 jìyǎng 他人や施設に委託して育ててもらう:子供・老人・動物など.〔我父母把我~在別人家里〕両親は私を里子に出した.
寄意 jìyì〈文〉思いを伝える.思いをことづける.
寄予 jìyǔ 〔寄与とも書いた.①寄せ与える.〔~同情〕同情を寄せる.②託する.〔国家对于青年一代~极大的希望〕国家は若い世代に最大の期待を託している.
寄语 jìyǔ ⇒〔寄言〕
寄寓 jìyù ①=〔寄居①〕よせる.託す.〔~着深沉的忧思〕深い憂いをよせている.
寄主 jìzhǔ (生物の)宿主:〔宿 sù 主〕に同じ.
寄住 jìzhù 仮住まいする.寄留する.〔~在娘 niáng 家〕実家に身を寄せている.

[佶] jì〈方〉立つ.

[偈] jì 佛 (仏教の)偈(ゲ).偈頌(ジュ).〈梵〉~伽 tuó〉の略.仏典中の聖歌または韻文.漢字では多く4字(また5字)4句に訳す.〔诵 sòng ~〕偈を唱える. → jié
偈语 jìyǔ 偈語〔寺〕:僧侶のとなえる頌徳の韻文.〔偈子〕ともいう.
偈子 jì·zi 同上.

[祭] jì ①(死者·天·神を)祭る.〔家〕家で営む祭り.〔遥 yáo ~〕遠く離れて祭る.〔~神〕神を祭る.〔~日〕故人を悼む.〔~文〕=〔慰 wèi 同詞〕,〔~词 cí〕死者に捧げる言葉.〔公~烈士〕烈士の告別式を公に行う.③〈白呪文を唱えて神通力を持つ仏具などを用いる.〔~起法宝〕秘伝の神技を使う. →zhài
祭百日 jìbǎirì 死後100日目の墓参り.
祭拜 jìbài 祭祀し礼拝する.
祭奠 jìdiàn 弔いをする.葬礼を行う.
祭告 jìgào 国 国に大事があった時,神を祭りこれに報告したこと.
祭红 jìhóng ⇒〔霁红〕
祭酒 jìjiǔ 图①祭祀儀式の一.先祖を祭る時まず最年長の者が酒を供えて地神を祭った.②国子监の長官.
祭礼 jìlǐ ①祭祀·祭典の儀式.②同用前の供物:〔祭献 xiàn〕ともいう.
祭灵 jìlíng 霊を弔う.
祭品 jìpǐn 祭祀用の供物.
祭器 jìqì 祭祀用器具.祭器.
祭扫 jìsǎo 墓を掃除をして祭る.墓参りをする.
祭司 jìsī 祭祀をつかさどる者:〔祭师〕ともいう.
祭祀 jìsì 祭祀(シ)
祭台 jìtái 同下.
祭坛 jìtán 祭壇:平たい石·土で築きあげたもの.〔祭台〕ともいう.
祭天 jìtiān 天を祭る.
祭文 jìwén 祭文.弔辞.
祭享 jìxiǎng お供物をして神を祭る.
祭筵 jìyán 葬儀の時,喪家へ贈る料理.
祭仪 jìyí〈文〉祭りの儀式.
祭灶 jìzào かまど祭(をする):旧暦12月23日または24日を〔小年②〕といい,かまどの神様が昇天して,その一家の1年間の状況を天帝に報告するので,かまどの神を祭って送り出すこと.〔过 guò 小年〕ともいう.〔男不拜月,女不~〕〔諺〕男は月を拝せず,女はかまどを祭らない.→〔年 nián 货〕
祭幢 jìzhuàng 葬儀の際に贈る掛物:ラシャまたは絹織物などに金字で死者の徳を頌(ショウ)する文句を書

jì～jiā

いたもの.〔䋲轴 zhóu〕ともいう.
祭主 jìzhǔ 祭りを行う主人公.祭主.
祭祖 jìzǔ 祖先を祭る.

[濟] jì
〈文〉水辺.

[稷] jì
稷子 jìzi 圃ウルチキビ.〔糜 méi 子〕に同じ.

[鰶・鱭] bān～ 魚貝コノシロ(総称).〔斑 bān～〕〔扁 biǎn～〕〔刺 cì 儿鱼〕〔泡 pào～〕コノシロ.〔花～〕コハダ.

[绩・績(勣)] jì
(Ⅰ)〔绩麻を紡ぐ.〔～麻 má〕同前.
(纺～.麻.绵.毛などを糸.より糸に紡ぐ(こと).
(Ⅱ)〔绩(勣)〕成果.功績.〔成～〕成績.〔功～〕〔劳～〕功績.
绩差股 jìchàgǔ 圖不良株.
绩平均股 jípínggǔ 圖業績が並みの株.
绩效 jìxiào 成績.効果.
绩优股 jìyōugǔ 圖優良株.

[惎] jì
〈文〉①毒する.害する.②憎む.〔心～之〕心中これを憎んだ.③教える.指し示す.

[蓟・薊] jì
①圃アザミ(総称).特に〔小～〕〔刺 cì 菜〕(ノアザミ)をいう.〔大～〕〔刺儿菜〕ヤイアザミ.②〔～县 xiàn〕地天津市にある.③〈姓〉蓟(⁽⁾).
蓟马 jìmǎ 国アザミウマ(ムクケムシ):節足動物の一種.棉花.稲の害虫.〔稲 dào～〕稲につく同前.

[鲚・鮆(魚此)] cǐ の又音.

[稷] jì
①圃穀類植物.キビきあるいはアワの原種:五穀の長とされた.穂をほうきにするので〔帚 zhǒu 用粟〕ともいう.→〔黍 shǔ ①〕〔粟 sù ①〕②五穀の神.または土の神と五穀の神.〈転〉国家.③固農事を司る官.④〈姓〉稷(⁽⁾).

[鲫・鯽] jì =〔鲋 fù〕魚貝フナ(総称).通称〔～鱼〕〔海～〕ウミタナゴ.
鲫鱼 jìyú 魚貝フナ.〔～瓜儿〕〔～瓜子〕は方言.〔找～.鲤リ魚鯉鱼〕〔诊～〕類をもって集まる.類は友を呼ぶ.

[髻] jì (女性の)頭の上にたばねた髮.まげ(もとどり.たぶさ).〔发 fà～〕〔～鬟 huán〕同前.〔抓 zhuā～〕〔鬘 zhuā～〕あげまき.〔蝴 hú 蝶儿～〕ちょうちょうまげ.〔堕 duò 马～〕固(女性の)後らに垂らした髮を高くひっくるめてまげにしたもの.
髻了儿 jìliǎor ⇒〔知 zhī 了〕
髻子 jìzi まげ.もとどり.

[冀] jì (Ⅰ)〈文〉希望(する).〔～其成功〕成功を望む.
(Ⅱ)①地河北省の別名.〔～县〕河北省にある.〔晋 jìn～鲁豫边区〕史山西・河北・山東・河南抗日根拠地.〔燕 yān～〕②〈姓〉冀(⁽⁾).
冀求 jìqiú 〈文〉希望する.
冀图 jìtú 〈文〉もくろむ.
冀望 jìwàng 〈文〉希望する.

[骥・驥] jì (Ⅰ)〈文〉①良馬.駿馬.〔骥骐 qí～〕同前.②〈転〉才能のぬきんでている人.〔～才〕俊才.
骥尾 jìwěi 〈付=〉驥尾(⁽ʲ⁾)に付す:〈喻〉優れた人のあとについて行動する.
骥足 jìzú 〈喻〉大きな才能

[罽] jì 〈文〉毛織の絨毯.〔～帐 zhàng〕同前のテント.

罽宾 jìbīn 西域の古国名:現在の〔克 kè 什米尔〕(カシミール)地方にあった.

[蟿] jì
蟿螽 jìzhōng 国コメツキバッタ:〔蚱 zhà 蜢〕の古称.

jiā ㄐㄧㄚ

[加] jiā ①加える.増す.つぎ足す.〔添～〕同前.〔喜上～喜〕二重のおめでた.〔亲上～亲〕亲下做亲〕親戚どうし縁組みをする.〔～(一)倍〕1倍を加える(2倍にする).〔汤里～点盐〕スープに塩を少し入れる.〔风雪交〕風と雪が吹き荒れる.〔横～迫害〕ひどい迫害を加える.〔稍～对照〕少し比べて見る.〔我很累 lèi,一上时间也不早了〕とても疲れていたうえに時間も遅かった.②(無いところへ)付け加える.〔～注解〕注釈をつける.〔～符号〕符号をつける.③敷足す.プラスする.〔一～二得 dé 三〕1たす2は3(1＋2＝3).〔～减 jiǎn～③〕④する.行う.〔～小心〕用心する.気をつける.〔更 gèng～〕同前.⑥〈姓〉加(⁽⁾).
加班 jiābān 休日出勤する(させる).残業する(させる).〔～工资〕〔～津 jīn 贴〕〔～费 fèi〕休日出勤手当.残業手当.
加倍 jiābèi ①倍増する.〔～追偿〕倍にして(倍額を)弁償する.〔加两倍〕2倍を加える(3倍にする).②倍して.ひとしお.いっそう.〔～地〕いっそう.ます.〔～努力〕いっそう努力する.
加餐 jiācān ①〈文〉加餐する.養生する.〈牘〉お身体を大切に.②3度の食事以外の食事(をとる).間食(をとる).③(企業などの食堂に)臨時に別食を提供する.
加车 jiāchē (バス・電車など)増便する.増発車.→〔加开〕
加成 jiāchéng (ある比例によって)付加(する).添加(する).〔～工资〕賃金等割増しをする.〔～反应〕匞付加反応.
加持 jiāchí (仏教で)加持する.〔念经～〕お経をあげて同前.
加床 jiāchuáng (ホテルで)エキストラベッド(をとる)
加大 jiādà 増大する.〔～油门〕速力を増す.アクセルを踏む.
加大号 jiādàhào (衣類や靴などの)キングサイズ.LLサイズ(以上).→〔大号〕
加德满都 jiādémǎndū 地カトマンズ:〔尼 ní 泊尔〕(ネパール)の首都.
加点 jiādiǎn ①時間外(超過)勤務をする(させる).残業をする(させる).〔加班～〕工場などで急遽订货〕毎晩労働者は残業をして受注品の製造を急いでいる.→〔加班〕②〈文〉文章の添削をする.
加尔各答 jiā'ěrgèdá 地カルカッタ.インドの東部の都市.
加法 jiāfǎ 敷加法.〔～器 qì〕加算器.→〔减 jiǎn 法〕
加翻 jiāfān 2倍になる.2倍にする.
加饭酒 jiāfànjiǔ 〔绍 shào 兴酒〕
加肥 jiāféi ①太る(らせる).体重を増やす.↔〔减 jiǎn 肥〕②(衣服の)サイズを大きくする.〔做～服装〕ビッグサイズの服を作る.
加分 jiāfēn (Ⅰ)①点数を入れる・増やす.〔～赛 sài〕〔再 zài 赛〕(x)(バドミントンの)セッティング.↔〔减 jiǎn 分(儿)〕②取り分などを増やす.
加封 jiāfēng ①封をする.②圖(爵位・領地などを)加増する.

jiā 加

加负 jiāfù 負担を増す.

加赋 jiāfù ⇒[加征]

加盖 jiāgài 捺印する.[~公章 zhāng]公印を押す.

加工 jiāgōng ①加工(する).仕上げ(する).[~订货]委託加工と発注.[~船]加工工船.[~品]加工したもの.[~水]加工処理した水:[蒸馏水]など.→[机 jī 制②]③成品さらに磨きをかける.[这篇文章需要~]この文章は手を加える必要がある.③投入する労働量を増す.[~赶 gǎn 制]同時進行して至急製造する.

加工符号 jiāgōng fúhào 仕上げマーク:V字形の印を形れる.

加工余量 jiāgōng yúliàng ＝[口车 chē 头儿][方~误][方~放 fàng 车][口做 zuò 头]仕上げの見込代代(づか)―[加工留量]ともいう.

加固 jiāgù 補強する.[~工程]補強工事.[~堤 dī 坝]堤防を補強する.

加官进爵 jiāguān jìnjué [成]官職や位があがる:[加官进位][加官进禄 lù](官位や手当があがる)ともいう.

加害 jiāhài 危害を加える.[~于人]他人に危害を加える.

加号 jiāhào 加算の符号.プラス"+"符号.↔[减 jiǎn 号]→[正 zhèng 号儿]

加护 jiāhù ①加護.神仏の助け. ②かばう.保護する.

加急 jiājí ①勢いや激しさを増す. ②至急を要する.[~电报][急电]至急電報.ウナ電.

加吉鱼 jiājíyú 魚マダイ:[加级鱼][家鲫鱼][嘉吉鱼]とも書く.[真 zhēn 鲷]の別称.

加价 jiājià 値上げ(する)

加减 jiājiǎn 増減する.

加紧 jiājǐn 強化する.引きしめる.一段と力を入れる.馬力をかける.やっきになる.[~生产]生産に拍車をかける.[~准备]準備を急ぐ.

加劲(儿) jiājìn(r) がんばる.力を入れる.精を出す.[加把劲儿!]がんばれ![受到表扬以后，他们更~工作了]表彰を受けてから後，彼らは仕事に一層精を出した.[大伙儿再加一把劲儿，就能提前完成]皆もうひとがんばりすれば繰り上げて完成し得る.→[加油②][叫 jiào 劲][较 jiào 劲儿]

加剧 jiājù 激しくなる.ひどくなる.多く望ましくない事柄についていう.[病势~]病気が悪化する.[冷战政策~国际紧张局势]冷戦政策は国際間の緊張情勢を激化する.

加开 jiākāi 増発する.[~临时班机]飛行機の臨時増便をする.→[加车]

加控 jiākòng 法追訴する.

加快 jiākuài 速度を速める.スピードをあげる.[~速度]同speed.[~步 bù 伐]歩みを速める.[~票 piào]急行券.

加宽 jiākuān 広くする.広げる.[~马路]道路を拡幅する.

加拉加斯 Jiālājiāsī カラカス:[委 wěi 内瑞拉玻利瓦尔](ベネズエラ・ボリバル)共和国の首都.

加勒比 Jiālèbǐ カリブ:[~海]カリブ海.[~共同体]加共体]カリブ共同体.

加肋管 jiālèiguǎn つば付き管.

加喱 jiālī [咖 gā 喱]

加里曼丹岛 Jiālǐmàndān Dǎo カリマンタン:インドネシア領:[婆 pó 罗洲](ボルネオ)をいう.

加力 jiālì リヒーティング:ロケット・ジェットエンジンの再燃焼推力分.

加利 jiālì ①利息を加える. ②刃物の切れ味をよくする.[~喻]威力を更に強める.

加利福尼亚 Jiālìfúníyà カリフォルニア.

加料 jiāliào ①良質の材料を加えたもの:[双 shuāng 料](の药)特別製の薬.[~的笔]上等な筆. ②装填する.装入する:原料を機械に送り込むこと.[自动~]原料の自動送り込み.

加榴炮 jiāliúpào ⇒[加衣榴弹炮]

加路里 jiālùlǐ ⇒[卡 kǎ 路里]

加仑 jiālún 〈度〉ガロン:英米容量単位名,米国では3.785リットル,英国では4.546リットル.[加伦]ともいう.[䇦]は旧合成略字.

加罗林群岛 Jiāluólín Qúndǎo カロリン諸島.

加码 jiāmǎ ①商(株式の)追加売買(主に損失補填のために行われる). ②[~儿]値段を高くする.値上げする. ③⇒[加头] ④(賭博で)張った金を増やす. ⑤(数量やノルマの)割り増し(する).水増し(する)

加盟 jiāméng 加入する.加盟する.

加密 jiāmì ①电复暗号化する.[~频 pín 道]スクランブルチャンネル. ②密度を高める.[~计算]よりこまかく計算する.

加冕 jiāmiǎn 戴冠する.[~(典)礼]戴冠式.

加拿大 Jiānádà カナダ:もと[坎 kǎn 拿大]とも書いた.首都は渥 wò 太华](オタワ)

加纳 Jiānà ガーナ:正式国名は[~共和国].アフリカの西海岸にある共和国.首都は[阿 ā 克拉](アクラ)

加捻 jiāniǎn 紡ツイスティング.より掛け.

加衣榴弹炮 jiānóng liúdànpào 軍カノン榴弾砲:[加榴炮]ともいう.

加衣炮 jiānóngpào 軍カノン砲.

加派 jiāpài 増派する.[~岗哨]軍歩哨を増派する.

加蓬 Jiāpéng ガボン:正式国名は[~共和国].ギニア湾に面している.首都は[利 lì 伯维尔](リーブルビル)

加平 jiāpíng 旧両替の割増金:銀質の不足や相場の差額を補うための.

加气水泥 jiāqì shuǐní 気泡セメント:[加气混凝土]ともいう.

加铅汽油 jiāqiān qìyóu 加鉛ガソリン.ハイオクタンガソリン.

加强 jiāqiáng 強化する.強まる(める).[~联 lián 系]連絡を緊密にする.[~世界各国人民的团结合作]世界各国人民の団結と協力を強める.[~排 pái 长]増員した小隊. ②補強.[横 héng ~板]横方向補強材.[纵 zòng ~]縦方向補強.

加曲 jiāqū 麹(こう)を加える.[~发 fā 酵]同時して発酵させる.

加权 jiāquán [权重②]重み.重価.[~平均值]重み付き平均值.

加热 jiārè 加熱(する).[~火 huǒ 色]火の温度に相応した色.

加人一等 jiā rén yīděng [成]他人よりひときわ優れている.

加韧炉 jiārènlú ⇒[退 tuì 火炉]

加入 jiārù ①加入する. ②入れる.加える.

加塞儿 jiāsāir ①(行列の中に)割り込む:[夹塞儿]とも書く.[加模兒儿的②]に同じ.[排队去!别~]ちゃんと並びに行け,割り込んではだめだ.

加色 jiāsè ⇒[升 shēng 水①]

加上 jiā-shàng 加うるに.その上.[我很累,~时间也不早了,所以坐汽车回去了]非常に疲れていたし,その時間も遅かったので車で帰った.

加深 jiāshēn 深める(まる).[~河道]河道を深くする.[~了解]理解を深める.[矛 máo 盾~]矛盾が深化する.

加湿器 jiāshīqì 加湿器.

808

加伽泇迦茄狍珈枷痂驾袈枷笳 jiā

加时赛 jiāshísài 〘延長戦.〖突 tū 然死亡〙(サッカーなどで)サドンデスの同前.

加试 jiāshì 決められた試験(科目)以外に付加された試験(科目).

加数 jiāshù ①数を加える.数量を増す. ②〘数〙加数.

加水 jiāshuǐ ①給水(する). ②⇒〖升 shēng 水①〗

加税 jiāshuì ⇒〖加征〗

加速 jiāsù 加速(する・させる).スピードアップ(する・させる).〔～运动〕〘物〙加速運動.〔～度〕〘物〙加速度.

加速器 jiāsùqì 〘物〙加速器(荷電粒子加速器).〔直线～〕リニアアクセラレーター.〔回旋～〕サイクロトロン.〔同步～〕シンクロトロン.セラレーターシンクロサイクロトロン.

加特尔 jiātè'ěr ⇒〖卡 kǎ 特尔〗

加特力教 jiātèlì jiào ⇒〖天 tiān 主教〗

加添 jiātiān 添加する.つけ加える.

加头 jiātóu =〖加码③〗〘融〙(融資の際,借り主の信用度により)利子の利率を大きくすること.

加委 jiāwěi 主管官庁が所属単位あるいは大衆団体の推挙した公職者に対し委任の手続きをとること.

加温 jiāwēn 加熱(する).〔升 shēng 温〕に同じ.

加息 jiāxī 〘経〙利率を上げる.↔〔减 jiǎn 息〕

加膝坠渊 jiā xī zhuìyuān〈成〉膝にのせてかわいがったり,淵につきおとしたりする:愛憎をほしいままに人を遇する.

加洗 jiāxǐ (写真の)焼き増し(をする・を追加する).〔加印③〕ともいう.

加衔 jiāxián 〘旧〙名誉職的な上級職官名を付与すること.

加线 jiāxiàn ①〘音〙加線:五線譜の上または下に書き加える短い線(を引く).②線を引く.

加楔儿 jiāxiēr ①くさびを打ち込む. ②〈口〉(行列の中へ)割り込む(買い物・乗車の行列などで):〔加塞儿〕に同じ.〔挤 jǐ①〕

加薪 jiāxīn 給料を上げる.賃上げする.増俸する.

加刑 jiāxíng ①〈文〉刑を課す. ②刑罰を重くする.

加压 jiāyā 加圧(する).〔～釜 fǔ〕〔高温高圧釜〕〔热 rè 压釜〕〘印〙圧力がま.加圧がま.〔～箱 xiāng〕加圧加熱ボックス;潜水病などの治療に用いる.

加言儿 jiāyánr 〔加盐儿〕とも書く.〈方〉火に油を注ぐ(ようなことを言う).脇からたきつける.→〖添 tiān 油加醋〗

加一 jiāyī 一割増し.〔小账 zhàng ～〕心付けとして1割増し.サービス料1割.

加以 jiāyǐ〈文〉①加うるに….…をもってする.…を加える.…をする:ふつう2音節の動詞,あるいは名詞化された動詞の前につけて前面に提示した事物にいかに対処するか,あるいはそれをいかに処理するかを示す.〔～考虑〕考慮する.〔～研究〕研究する.〔～改正〕改正する.〔～直接监 jiān 督〕直接監督する.→〔予 yǔ 以〕②加うるに.そのうえ.〔他本来就聪明,~特别用功,所以进步很快〕もともと彼は利巧な上によく勉強するから進歩が早い.

加意 jiāyì よく気をつける(て).特に注意する(し).〔～调 tiáo 养〕よく気をつけて養生する.

加印 jiāyìn ①判を押す.印鑑をつく〔打 dǎ 印①〕に同じ. ②(印刷物を)増刷する. ③〔加洗〕

加油 jiāyóu ①給油(する).燃料補給(する).〔～站 zhàn〕給油所.ガソリンスタンド.〔空中～〕空中給油. ②〔～儿〕精を出す.元気を出す.努力する.ふんばる.がんばる.励ます.力づける.〔～干〕同前.〔为给自己国家的足球队～,当地的侨民组成了啦啦队〕自国のサッカー選手団を励ますために現地の居留民は応援団を組織した.〔～!〕フレー,フ

レー!ガンバレ,ガンバレ:競技などの際のかけ声.〔～队〕〔拉 lā 拉队〕応援団.→〖加劲(儿)〗〖撑 chēng 劲〗〔打 dǎ 气〕

加油器 jiāyóuqì オイラー.注油器.〔环 huán ～〕リングオイラー.〔链 liàn ～〕チェーンオイラー.

加油添醋 jiāyóu tiānxù〔加油加醋〕ともいう.〈喩〉話に尾ひれをつける.〔～地夸 kuā 大〕尾ひれをつけて大げさに言う.

加元 jiāyuán カナダドル:〔加拿大元〕ともいう.

加罩 jiāzhào〈文〉かぶせる.あてはめる.

加征 jiāzhēng =〖加赋〗〖加税〗租税を増徴する.

加之 jiāzhī 加えて.その上.

加枝添叶 jiāzhī tiānyè ⇒〖添枝加叶〗

加注 jiāzhù 注を付ける.

加重 jiāzhòng 重くする.重くなる.程度を強める.深める.〔～语气〕語気を強める.〔病情～〕病状がつのる.〔负 fù 担～〕負担が重くなる.

加转弧圈球 jiāzhuǎn húquānqiú 〘ス〙(卓球の)ループドライブ:ドライブスピンの強くかかったボール.→〖弧圈球〗

〖**伽**〗 jiā 訳音字.→ gā qié

伽利略 jiālìluè ガリレオ:イタリアの天文学者,物理学者(1564～1642)

伽倻琴 jiāyēqín 〘琴〙琴に似た朝鮮の弦楽器.→〖筝 zhēng①〗

〖**泇**〗 jiā 〔～河 hé〕〘地〙山東から江蘇に至り,運河に入る.

〖**迦**〗 jiā 仏の意を表す訳音字.〔释 shì ～牟尼〕お釈迦様.

迦蓝 jiālán ⇒〖伽 qié 蓝〗

〖**茄**〗 jiā ①荷 hé はすの茎. ②訳音字.〔雪 xuě ～〕〔雪茄〕シガー.葉巻.→qié

茄克 jiākè ⇒〖夹克〗

〖**狍**〗 jiā →〖獾 huò 狍〗

〖**珈**〗 jiā〈文〉玉の一種.女性の装身具.

〖**枷**〗 jiā ①〘旧〙首かせ:刑具の一種.〈喩〉身動きできないこと.困りはてること. ②〔连 lián ～〕からざお:枷(š)を打つ農具.〔連枷〕とも書いた.

枷板儿 jiābǎnr 首かせ.〔套上～〕首かせをはめる.がんじがらめにする.自由を奪う.

枷号 jiāhào〘旧〙人に首かせをつけて罪状を示す刑をつけること.〔～示众〕首かせをはめて公衆の目にさらす.

枷锁 jiāsuǒ 首かせと鎖.〈喩〉束縛.〔精神的~〕精神的束縛.〔挣脱旧礼教的～〕古い礼節を道徳の束縛から逃れる.

〖**痂**〗 jiā かさぶた.〔〈口〉嘎 gā 渣(儿)②〕に同じ.〔疮 chuāng ～〕〔〈方〉疙 gē 疱 pào ~〕同前.〔血 xuè ~就快好了〕かさぶたができたら,すぐ治る.→〖疙 gē 痂儿〗

〖**驾・駕**〗 jiā〈文〉〔～鹅 é〕〔野 yě 鹅〕〘動〙(野性の)ガチョウ.

〖**袈**〗 jiā

袈裟 jiāshā〘仏〙(仏教の)けさ.僧衣.〔法 fǎ 衣〕〔坏 huài 色衣〕〔离 lí 尘⑪〕〔掩 yǎn 疮⑪〕ともいう.

袈裟布 jiāshābù ⇒〖稀 xī 洋纱〗

袈衣 jiāyī 〘服〙葬儀のとき棺担ぎ人夫などの着る服.

〖**枷**〗 jiā〔连 lián ～〕からざお:農具の一種.〔连枷〕とも書く.

〖**笳**〗 jiā〔胡 hú ～〕〘旧〙笛の一種:古代,胡人(北方及び西方の異民族)の楽器で,後に軍中でも用いた.

jiā

〔跏〕 jiā 〈文〉あぐらをかく.〔～趺 fū〕結—跌坐(仏教の結跏趺坐(ざ)).座禅を組む.〔半—坐〕片足だけの跌坐.

〔嘉〕 jiā ①よい.立派である.〔～木 mù〕〔佳 jiā 木〕立派な木.〔～礼〕婚礼.②ほめる.〔其志可～〕その志は称賛すべきである.③幸い.喜び.④〈姓〉姜(*)

嘉宾 jiābīn ①立派な客.佳賓:〔宾客〕とも書く.②<У>雀の別称:常に人家に集まることから.→〔麻má 雀①〕

嘉辰 jiāchén 〈文〉めでたい日.良き時.

嘉谷 jiāgǔ 〈文〉①粟の別称.→〔小 xiǎo 米〕 ②穀物(総称).③同f.

嘉禾 jiāhé 二〔嘉谷〕〈文〉立派な稲や麦.等など.

嘉会 jiāhuì 〈文〉楽しい会合.めでたい宴会.盛大な宴会.

嘉惠 jiāhuì 〈文〉天の恵み.〈喩〉他人からの恩恵.

嘉吉鱼 jiājíyú ⇒〔加吉鱼〕

嘉奖 jiājiǎng ①称賛と奨励.②褒賞や賛辞(を与える).〔受到上级～〕上司から褒賞を与えられる.

嘉勉 jiāmiǎn 〈文〉賞賛する.ほめ激励する.

嘉纳 jiānà 〔下からのものを〕喜んで受ける.良さを賞(*)でて受け取る.

嘉年华 jiāniánhuá 〔音訳〕カーニバル:〔狂 kuáng 欢节〕ともいう.

嘉酿 jiāniàng ⇒〔佳酿〕

嘉偶 jiā'ǒu ⇒〔佳偶〕

嘉平 jiāpíng 旧暦12月の別称.→〔腊 là 月〕

嘉戎语 jiāróngyǔ ニヤロン語:チベット・ビルマ語系の言語.

嘉尚 jiāshàng 〈文〉ほめたたえる.

嘉岁 jiāsuì 〈文〉よい年.豊年.

嘉许 jiāxǔ 〈文〉称賛する.

嘉言 jiāyán 〈文〉よい言葉.善言.〔～录 lù〕名言録.〔～懿 yì 行〕成〕手本となる立派な言動.

嘉宴 jiāyàn 〈文〉めでたい宴.

嘉肴 jiāyáo 美味のご馳走.ごちそう.

嘉音 jiāyīn ①よい便り.ご返事.②ご消息.

嘉峪关 jiāyùguān ①甘粛省の嘉峪山の西麓に設けられた古代の関:万里の長城の西の起点で,"天下雄関"と称せられる.→〔山 shān 海关〕

嘉重 jiāzhòng 〈文〉称賛し重視する.

〔麚〕 jiā 〈文〉雄鹿.

〔夹・夾〕 jiā ①はさむ(両側から).脇にかかえる.〔用筷子～菜〕箸でおかずをはさむ.〔把纸～在书里〕紙を本の中へはさんでおく.〔～着书包上学〕かばんを脇にかかえて登校する.〔两座红楼～着一座灰楼〕2棟の赤い建物が1棟の灰色の建物をはさんでいる.〔他～在我门两人中间〕彼は我々二人の間にいる.〔～菱 líng 角〕菱の実をはさんで中身を出す.〔～门帘〕(入り口に垂らす用).②〔子〕①物をはさむ器具:紙ばさみ・名刺入れ・札入れ・シガレットケースの類.〔纸～〕紙ばさみ.〔文件～〕ファイル.〔皮～〕革製の紙入れ.〔发 fà ～〕头发～子〕ヘアピン.〔香烟～〕シガレットケース.〔名片～〕名刺入れ.〔钞票～〕札入れ.⑤蟹の長い前足.〔蟹 xiè ～〕〔蟹螯 áo〕蟹のはさみ.→〔卡 qiǎ ①④〕③混ぜる.混じる.混入する.〔米里～砂子〕米に砂が混じっている.〔风声～雨声〕風の音に雨音が混じっている.④方形の大きさ:直角をなす縦と横の数字を×の記号で示す.数学の"×"は〔乘 chéng 号〕という.〔三十一～四十三寸令装新闻纸〕31インチ×43インチサイズで560枚ごとに包装した新聞用紙. ➡ gā jiá

笳跏嘉麚夹

夹板 jiābǎn ①(包装用の)添え板.はさみ板.②(骨折用の)添え木.副木(ぎ).〔上～〕同前をする.③(馬の首につける)引き棒.とつなぐ板.④固〔書籍の〕夹(ぎ)板.→〔帙 zhì ①〕

夹板船 jiābǎnchuán 航海用の大帆船.

夹板(儿) jiābǎn(r) 〈喩〉板ばさみになって困ること.〔受～〕板ばさみになる.〔这样儿～谁受得了啊!〕こうした板ばさみにあってはだれだってたまらないよ.

夹包 jiābāo →〔搗 dǎo 包〕

夹鼻镜 jiābíjìng 鼻眼鏡:〔夹鼻眼镜〕ともいう.

夹壁墙(儿) jiābìqiáng(r) =〔夹墙〕〔重 chóng 壁〕二重壁:壁の間に物を隠す.

夹布胶木 jiābù jiāomù 繊維の中にゴムを溶かし込んだもの:無声歯車・軸受けなどに使われる.

夹彩 jiācǎi 国焼き物に全部色を塗った後にまた絵を描いて彩色したもの.

夹层 jiācéng 二層(の)〔～玻璃〕安全ガラス.強化ガラス.〔～饼 bǐng〕固)中が層になった餅(ピン).〔～墙 qiáng〕二重壁.

夹叉 jiāchā ①⇒〔托 tuō 架〕②軍〔鍛造用の〕叩きバイス.

夹叉射击 jiāchā shèjī 軍夹叉(さう)砲撃.

夹缠 jiāchán つきまとう.

夹尺 jiāchǐ ⇒〔托 tuō 架〕

夹打 jiādǎ 回足をはさむ刑具を用いた上にたたく刑罰.

夹带 jiādài ①(体や物の間に隠して)こっそり持ち込む.〔～藏掖 cángyē〕禁制のものを隠し持つ.〔～私货〕密輸品をひそかに隠し持つ(=持ち出す).〔密輸する.〕〔～条子〕(試験場に)カンニングペーパーを持ち込む.②同前のもの.→〔小 xiǎo 抄儿〕

夹袋中人物 jiādài zhōng rénwù 〈文〉将来の用に備えて確保している人材.持ち駒.

夹道 jiādào ①道をはさむ(んで).道の両側に並ぶ(んで).〔～欢迎〕道路の両側に並んで歓迎する.②〔儿〕建物や塀にはさまれた狭い道.

夹缝(儿) jiāfèng(r) ①すきま.はざま.〔书掉在两张桌子的～里〕本が机と机のすきまに落ちた.②(石・木などの)割れ目.ひび.

夹肝 jiāgān 〈方〉(豚・牛・羊などの)膵臓.もつ:料理の材料.→〔内 nèi 脏〕

夹杆石 jiāgānshí 旗竿や看板の足をはさみ支える石.

夹攻 jiāgōng 〔夹击〕はさみうち(する).〔内外～〕内と外から挟撃する.

夹沟子 jiāgōuzi 崖にはさまれた狭い道.

夹规 jiāguī 回はさみゲージ.

夹棍 jiāgùn 回足をはさむ木の棒(刑具)

夹击 jiājī ⇒〔夹攻〕

夹剪 jiājiǎn やっとこ:物をはさんで持つためのはさみ形の工具.

夹角 jiājiǎo 数〔夹角〕

夹具 jiājù 國〔治 zhì 具〕回 取り付け具.固定具.ジグ.ホルダー.

夹锯 jiājù ①鋸が動かなくなる.②〈喩〉うまくいかない.〔这件事情～了〕これは事は行き詰まった.

夹克 jiākè 〔音訳〕服ジャケット.〔转〕ジャンパー.ブルゾン:〔茄 jiā 克〕〔甲 jiǎ 克〕とも書いた.〔～衫 shān〕同前.〔运 yùn 动～〕トレーニングウエア.トレーナー.

夹磨 jiāmo〔方〕①苦しめる.痛めつける.〔遇见心窄的人，多少得děi受点儿～〕こせこせした人にぶつかると，多かれ少なかれ苦しい目にあわねばならない.②だます.つけこむ.

夹盘 jiāpán ⇒〔卡qiǎ盘〕

夹批 jiāpī 行間に書きこんだ批評・注釈など.

夹七夹八 jiāqī jiābā〔夹七带八〕〔夹七杂八〕ともいう.〈慣〉ごちゃごちゃ(と).何のかの(と).〔～地骂～〕ああだこうだと彼を悪く言う.

夹器 jiāqì ⓛかすがい.

夹气伤寒 jiāqì shānghán ⇒〔伤寒①〕

夹钳 jiāqián ①しめ具.つかみ.クランプ.クランプ.

夹墙 jiāqiáng ⇒〔夹壁墙(儿)〕

夹塞儿 jiāsāir ⇒〔加塞儿〕

夹生 jiāshēng 半えきである.〔今儿的饭凉～了〕今日のご飯は半煮え(芯がある).②〈転〉(学問や技芸などが)未熟である.未完成である.〔这孩子不用功，学的功课都是～的〕この子は勉強しないから，習った教科も一つもこなされていない.

夹生饭 jiāshēngfàn ①生煮えご飯.②〈喩〉気まずい思い.〔～可不好吃〕気まずい思いで生活するのはまったくやりきれない.③〈喩〉中途半端なこと.改革の不徹底なこと.〔整风运动中的不彻底的～现象〕整風運動中の不徹底で中途半端な現象.

夹丝玻璃 jiāsī bōli〔络luò网玻璃〕網目ガラス.針金網入りガラス：〔夹铅qiān丝络玻璃〕ともいう.

夹条 jiātiáo ⇒〔镶xiāng条〕

夹铁 jiātiě 止め金.

夹头(盘) jiātóu(pán) ⇒〔卡qiǎ盘〕

夹万 jiāwàn〔方〕金庫.〔把现款放在～〕現金を金庫にしまう.〔保bǎo险柜〕

夹馅儿 jiāxiànr ①餡を入れた(食品).〔～馒头〕具入りマントー.→〔馒mán头②〕〔口〕内部に鉛を入れ，外側だけ銀で包んだ偽の銀貨.

夹心(儿) jiāxīn(r)（物を)はさんだ.またその物.〔～面包〕サンドイッチ.〔～饼干〕(間にクリームやチョコレートなどをはさんだ)ビスケット.〔～糖〕(中に物の入った)アメ.〔果酱～糖〕(中にジャムの入った)アメ.

夹叙夹议 jiāxù jiāyì いろいろ説明を加えたり論議したりしながら話を進める.

夹硬 jiāyìng〈成〉無理やりに(…させる).〔～要他去〕無理やりに彼を行かせる.

夹杂 jiāzá 混じる.混ぜる(ざる).〔～物〕混ぜもの.混じりもの.不純物.⑤〔〕混入物.〔脚步声和笑声～在一起〕足音と笑い声が入り混じっている.

夹障子 jiāzhàngzi ①生け垣を組む.②竹や木の枝で編んだ遮へい物.

夹着尾巴 jiāzhe wěiba 尻尾を巻いて：〔夹起qǐ尾巴〕ともいう.〔他看形势不对，就～溜走了〕彼は形勢が不利と見るや，尻尾を巻いて逃げてしまった.

夹峙 jiāzhì 間を隔て向かい合ってそびえる.

夹竹桃 jiāzhútáo 圃キョウチクトウ.

夹竹桃麻 jiāzhútáo má ⇒〔罗luó布麻〕

夹注 jiāzhù 文中に挿入した注釈.〔～号〕同前に用いる記号.→〔脚jiǎo注〕

夹子 jiāzi ①物をはさむ用具(総称)：紙ばさみ・ファイル・フォルダー・クリップ.洗濯ばさみなど.②はさみ.〔蟹xiè～〕同前.→字解②

〔浃・浹〕 jiā〈文〉①潤う.潤す.あまねくいきわたる.〔汗流～背〕汗が背中じゅうを流れる.〔远～膏雨〕〈成〉恵みの雨が広く降る.②透る.〔～于骨髓suǐ〕〈成〉骨身にしみとおる.③一巡する.

浃辰 jiāchén 囮"子"の日から"亥"の日までの一巡り(12日間)

〔笑・筴(梜)〕 jiā (Ⅰ)〔笑〕〈文〉箸.(Ⅱ)〔梜〕〈文〉①夹板.②箸.→〔策 cè〕

〔佳〕 jiā ①よい.美しい.麗しい.立派である.〔成绩甚～〕成績がとてもよい.〔全国十一运动员〕全国優秀スポーツ選手十傑(ベストテン).②〈姓〉佳(ジャ).

佳宾 jiābīn ⇒〔嘉宾①〕

佳城 jiāchéng〈喩〉墓地.〔～卜吉〕吉日を卜(ぼく)して埋葬する.

佳话 jiāhuà（世に広く伝えられている)美談.〔传chuán为～〕美談として伝えられている.

佳绩 jiājì 好成績.立派な成果.

佳节 jiājié〈文〉めでたい日.節句.祝日.〔每逢～倍思亲〕佳節にあうごとにますます身内の者を思う.

佳景 jiājǐng 美しい景色.

佳境 jiājìng ①景勝の地.②〈文〉佳境.よい境地.最も面白いところ.〔渐入～〕だんだん面白くなる.だんだんと佳境に入る.

佳句 jiājù 詩文の中の美しい言葉.

佳丽 jiālì〈文〉①(景色・容貌が)美しい.②美しい女性.

佳妙 jiāmiào〈文〉立派ですぐれている.〔文辞～〕文章(の字句)が同前.

佳酿 jiāniàng〈文〉美酒.うま酒.〔嘉酿〕に同じ.

佳偶 jiā'ǒu〔嘉偶〕〈文〉仲むつまじいつれ合い(夫婦)

佳品 jiāpǐn 上等品.立派な品.

佳期 jiāqī ①よい時.とくに結婚の日.②〈文〉相愛の男女のデートの日・時間.〔牛郎织女会～〕牽牛織女が会う日(七夕の日)

佳趣 jiāqù〈文〉いい趣味.

佳人 jiārén〈文〉美しい女性.②立派な人.

佳士 jiāshì〈文〉品行の端正な人.学問に優れた人.

佳味 jiāwèi〈文〉おいしいごちそう.美味.

佳婿 jiāxù〔快kuài婿〕〈文〉よい婿殿.

佳言 jiāyán よい言葉.美しい言葉.

佳肴 jiāyáo〈文〉上等なごちそう.〔～美酒〕おいしい料理とうまい酒.

佳音 jiāyīn〈文〉よい便り.〔静候～〕吉報を待つ.〔喜获～〕よい便りを嬉しくもらう.

佳肴 jiāzhēn〈文〉品質のよい品.佳品.

佳致 jiāzhì〈文〉優美な趣.

佳作 jiāzuò 優れた作品.→〔杰jié作〕

〔家・傢〕 jiā (Ⅰ)〔家〕①〈外〉(有)～別宅をもつ(愛人を囲う).〔在～①〕在宅(である).〔回huí～〕帰宅する.〔搬bān～①〕引っ越す.〔张三家①〕張さんの家.〔我～在城里〕わたしの家は城内にあります.〔～有黄金外有秤chèng〕〈諺〉その人が立派であるかどうかは外部の評価による.②家庭.家族.〔～务〕家事.〔～常〕①日常の.②(部隊や役所などで)仕事をしている場所.居所.〔刚好营长不在～〕ちょうど大隊長は留守だった.〔铺pù～〕〔铺户〕商～同前.③ある業務や職業にたずさわる者.〔农～〕農家.④専門家・専門の技術・学問などの～かどの人物.〔专～〕専門家.〔科学～〕科学者.〔画～〕画家.⑦学術の流派.〔儒rú～〕儒家.〔诸子百～〕諸子百家.⑧(将棋やマージャンなどで)対局の相手.対戦の相手.〔找一个～打牌〕相手を組む.パートナーになる.→〔上shàng家①〕⑨民族.〔苗～姑娘〕苗族の娘.⑩飼育される(動物).人に馴れた(動物).〔～禽〕家畜.〔～鸭〕あひる.→〔野yě③〕⑪〈謙〉自分の一族内の目上の人：私の.うちの.

jiā 家

〔~父〕父.〔~母〕母.〔~兄〕兄.〔~叔〕おじ.→〔舍 shè ④〕 ⑫自分に関係をもつ者.〔亲~ qīng jia〕嫁または婿の親同士の呼び方. ⑬量詞.家や店などを数える.〔两~饭馆〕料理屋2軒.〔一~人家儿〕1軒の家.〔五~商店〕5軒の商店.〔只此一~,并无分号〕本家本元:旧時,商店の看板の文句. ⑭〔方〕妻.〔~里〕〔~里的〕〔~的〕ともいう.夫の名前・兄弟の順序などの後につけていう.〔赵忠厚~〕趙忠厚の妻.〔喜匡~里〕喜匡の妻.〔老二~的〕次男の妻. ⑮〔姓〕家(チ)(Ⅱ)〔像〕家庭で用いている(もの).→〔家伙①〕〔家具〕〔家里的〕⇒ jia jie

家巴什 jiābāshí ⇒〔家伙①〕
家败人亡 jiābài rénwáng〔成〕(戦争・災害で)家をなくし家族を失う;〔家破人亡〕に同じ.
家报 jiābào〔文〕家からの便り.
家暴 jiābào〔家庭暴力〕の略.
家伯 jiābó〔謙〕おじ:父の兄.
家财 jiācái ⇒〔家产〕
家蚕 jiācán〔虫〕カイコ:〔桑 sāng 蚕〕に同じ.
家产 jiāchǎn〔家財〕〔家資〕(家の)財産.家財.
家常 jiācháng ①日常の(もの).ありふれた(もの).〔叙 xù ~〕日常のあいさつをする.世間話をする.〔拉 lā ~〕よも山話をする.〔谈起~来了〕世間話をしはじめた.〔~菜〕日常の家庭料理.〔~话〕世間話.〔~的〕日常の家庭の使用(品). ②⇒〔家常饼〕
家常(便)饭 jiācháng (biàn) fàn ①(ありあわせの)家庭料理.家庭のふだんの食事.→〔便饭〕②〔喩〕ふだんのこと.ふつうの事.日常茶飯事.
家常饼 jiāchángbǐng =〔家常⑫〕小麦粉をのし,食油を塗って巻き,そのまま素焼の〔支 zhī 炉(儿)〕や〔饼铛 chēng〕で焼いたもの.〔格 lào 饼〕の一種.
家长里短 jiācháng lǐduǎn〔慣〕こまごましたふだんの家事.家庭内のいろいろな問題.日常茶飯事.
家成业就 jiāchéng yèjiù 結婚して家庭を作り仕事も成果をあげること.
家仇 jiāchóu 家の仇.
家丑 jiāchǒu 家庭内の恥・不体裁なこと.〔~不(可)外扬〕〔諺〕家庭内のいざこざは外で言いふらしてはいけない.
家畜 jiāchù 家畜.
家传 jiāchuán 代々家に伝わるもの.〔~学〕〔文〕同前の学問.〔~秘 mì 方〕家伝の秘方.→〔传家〕
家祠 jiācí〔家庙〕一族の祖先を祭る廟屋:一族の各家の祖霊を集めて村内の適当な場所におき,地所など共有財産で運営する.
家慈 jiācí ⇒〔家母〕
家大父 jiādàfù ⇒〔家祖父〕
家大口阔 jiādà kǒukuò〔喩〕組織が水ぶくれして人件費がかさむこと.
家大母 jiādàmǔ ⇒〔家祖母〕
家大人 jiādàrén ⇒〔家父〕
家当 jiādàng〔~家私④〕[-儿]身代(シ).身上(ヒシ)(家財道具なども含めた)
家道 jiādào =〔文〕家计〕家計.家の暮らし向き.〔~富足〕暮らし向きは豊かである.〔~小康〕暮らし向きはまあまあだ.〔~也不甚 shèn 好〕暮らし向きもあまりよくない.→〔家境〕
家的 jiāde〔~家里的〕
家底 jiādǐ[-儿](長年蓄積してきた)財産.資産.〔~厚〕資産が多い.〔~薄〕資産が少ない.〔把~给抖 dǒu 落光了〕身代をつぶした.
家电 jiādiàn 家庭用電気製品.〔家用电器〕の略.
家奠 jiādiàn 一家の祭典.
家丁 jiādīng(お屋敷の)家僕.家来.
家法 jiāfǎ ①〔文〕家学:師承相伝の学問. ②=〔家

規〕一家・一族のおきて.家憲. ③〔旧〕家長が家人に与える処罰.〔転〕折檻するのに用いた道具:〔棍gùn子〕皮 pí 鞭(ヒシ).
家访 jiāfǎng(学童などの)家庭訪問.〔去~〕家庭訪問に行く.〔做好~工作〕家庭訪問をしっかりやる.
家风 jiāfēng ⇒〔门 mén 风①〕
家父 jiāfù =〔家大人〕〔文〕〔家君〕〔文〕〔家严〕〔謙〕わたくしの父.
家鸽 jiāgē 飼い鳩.家鳩.どばと:〔鹁 bó 鸽〕に同じ.→〔鸽〕
家公 jiāgōng〔謙〕①〔文〕(自分の)父.また祖父. ②〔文〕家の主人. ③〔白〕妻が夫をいう. ④〔方〕舅.
家姑 jiāgū〔謙〕おば:〔姑 gū 母〕(父の姉妹)をいう.
家姑(儿)老 jiā-gū(r) lǎo ⇒〔家过(儿)老〕
家姑丈 jiāgūzhàng〔謙〕おじ:〔姑 gū 母〕(父の姉妹)の夫をいう.
家馆 jiāguǎn〔旧〕一族の子弟のための私塾.
家规 jiāguī ⇒〔家法②〕
家过(儿)老 jiāguò(r)lǎo =〔家姑(儿)老〕〔方〕婚期を逸し家にいて年をとった娘.売れ残り娘.
家花 jiāhuā(r) ⇒〔野 yě 花〕
家讳 jiāhuì ⇒〔私 sī 讳〕
家伙 jiāhuo〔口〕①=〔方〕家巴什〕〔方〕家生〕家具:碗・皿・テーブル・椅子などを含む家庭の家具類.〔家具〕〔道具〕に同じ. ②楽器・兵器・刑具・工具・道具など.〔打~〕楽器を鳴らす.〔硬 yìng ~〕兵器.〔上了~〕刑具をかけられた.〔我們听到有贼就拿着~追去了〕我々はどろぼうだという声を聞いて,早速得物を持って追っかけた. ③人・家畜・ペットなど:親しみを込めたいう方.〔这一真可恶 wù 的~〕にいつめ憎たらしいったらありゃしない.〔你这~又说我的坏话吗〕こいつめ,またぼくの悪口を言うのか. ④〔方〕動作の回数を表す:〔一~〕の形をとる.〔一下子 xiàzi〕に同じ.〔宝玉见天已大亮,忽一~跳下炕来〕(高・玉5)宝玉は夜が明けたので,ぱっとオンドルから飛び下りた.
家伙铺 jiāhuopù 慶弔の儀式や宴会などに用いる家具などを賃貸しする店.
家伙手儿 jiāhuoshǒur(旧式打楽器の)楽手.〔他是~,会弹不唱〕彼は楽手なので,楽器を鳴らすだけで歌いません.
家伙座儿 jiāhuozuòr〔家伙铺〕から賃借りした道具の総称.
家鸡 jiājī ニワトリ:生物学用語としても用いる.
家鸡野鹜 jiājī yěwù〔成〕①風格の違う貴と賤. ②〔喩〕妻を捨てて外の女におぼれること.〔家鸡野雉 zhì〕ともいう.
家给人足 jiājǐ rénzú〔成〕どの家も衣食が満ち足り,人の暮らしの豊かなさま.〔人給家足〕ともいう.
家计 jiājì ⇒〔家道〕
家祭 jiājì =〔文〕寝 qǐn 荐〕〔旧〕家で行う祖先の祭.
家鲫鱼 jiājìyú ⇒〔加吉鱼〕
家家户户 jiājiā hùhù〔慣〕各戸.家ごと.
家家(儿) jiājiā(r) 各戸に.どの家も.〔~有本难念的经〕〔諺〕どこの家にも頭を悩ますいざこざがあるものだ.
家教 jiājiào ①家庭教育.家庭のしつけ.〔没有~〕しつけがない(なっていない).〔~严〕しつけが厳しい. ②家庭教師.〔做 zuò ~〕〔当 dāng ~〕同前をする.
家姐 jiājiě =〔文〕家姊〕〔謙〕姉:私の姉.
家景 jiājǐng 家の状況.家の暮らし向き.〔~不好〕暮らし向きがよくない.
家境 jiājìng =〔方〕家事③〕家計状況.暮らし向き.→〔家道〕

家 jiā

家舅 jiājiù 〈謙〉おじ:母の兄弟.
家居 jiājū ①仕事につかず家にいる.家でぶらぶらしている. ②家の居間.リビング.〈～服〉部屋着.〈～设计〉リビング設計.〔～银行〕電話やパソコンによる銀行取引き.〔～装修〕リビングの装飾.
家具 jiā·jù 家具:〔家伙①〕に同じ.
家眷 jiājuàn ①家族.妻子.→〔宝 bǎo 眷〕②妻.〔他是有～的人;彼は所帯持ちだ.
家君 jiājūn ⇒〔家父〕
家口 jiākǒu 家内の人数.家族.
家况 jiākuàng 家庭の暮らし向き.
家累 jiālěi 家庭の煩わしさ.家族の係累.〔他人口多,～重〕彼は家族が多くて負担も大きい.
家里 jiā·lǐ 〈口〉自分の家.家のもの.家:我的～〔在～疗 liáo 养〕自宅療養する.
家里的 jiālide 〈方〉家内.かみさん.女房:〔家里 li〕〔家的〕〔屋 wū 里的〕ともいう.〔她是村长～〕彼女は村長のかみさんだ.〔我～〕@家内.b私の家(の中)
家门 jiāmén ①家の門.〈転〉家柄.家筋.→〔大 dà 门〕②〈文〉家庭.家族.〔～不幸〕一家の不幸. ③〈方〉一族.同族.〔他是我的一堂兄弟〕彼は父方のいとこです.
家庙 jiāmiào ⇒〔家祠〕
家母 jiāmǔ =〔文〕家慈〕〈謙〉うち(私)の母.
家娘 jiāniáng 〈方〉夫の母.しゅうとめ(妻から言う)
家酿 jiāniàng 〈文〉自家製の酒.
家奴 jiānú 〈文〉下僕.召使.
家贫思良妻 jiā pín sī liángqī 〈諺〉家が貧しい時に良妻を思う.〔～,国乱思良将〕同断で,国が乱れた時に名将を思う.〈喩〉困った時には忠実な者の助力が欲しい.
家破人亡 jiāpò rénwáng 〈成〉一家が没落し家族がなくなる:〔家败人亡〕に同じ.
家谱 jiāpǔ 家系.系図.
家雀儿 jiāqiǎor 〔麻 má 雀①〕
家禽 jiāqín 家禽.飼い鳥.
家人 jiārén 家人.一家の者.〔～父子 fùzǐ〕同前. ②使用人.召使.
家嫂 jiāsǎo 〈謙〉うちの兄嫁.
家山 jiāshān 〈文〉故郷.
家声 jiāshēng 一家の名誉.家名.
家生婢 jiāshēngbì 召使いの娘であって,親と同じ主家で召使いをしている者.
家生子(儿) jiāshēngzǐ(r) 〔召使い・下僕の子で同じ主家に仕える者〕〔奴 nú 产子〕
家史 jiāshǐ 家の歴史.→〔四 sì 史②〕
家世 jiāshì 〈文〉門閥.家柄.〔～寒微〕家柄が微賎である.〔老 lǎo 版⑤〕
家事 jiāshì ①家事. ②家庭内の事. ③⇒〔家境〕
家室 jiāshì 〈文〉①家庭.所帯. ②住居.
家什 jiāshí 〈口〉家具.用具.道具:〔家伙①〕に同じ.〔饭厅里的～擦得很干净〕食堂の備品はきれいにふいてある.
家书 jiāshū 〈文〉家への(からの)手紙:〔家信〕〈文〉乡 xiāng 书〕に同じ.〔～抵 dǐ 万金〕〈成〉他郷に居る者にとって家からの便りは万金に値する(杜甫・春望詩)
家叔 jiāshū 〈謙〉うちのおじ.
家塾 jiāshú =〔门 mén 塾〕〈文〉家塾.
家属 jiāshǔ ①〈文〉家族. ②〈家>家族:本人を含まない.〔职 zhí 工～〕従業員の家族.〔～委员会〕(集団に属する者の)家族委員会.〔军人～〕軍人の家族.〔烈 liè 属～〕
家鼠 jiāshǔ 〈動〉イエネズミ(総称):〔老 lǎo 鼠〕はふ

うこれを指す.〔褐 hè～〕〔褐 鼠〕〔大～〕〔沟 gōu 鼠〕〔鼷 xī 鼠〕ハツカネズミ:ペット用のハツカネズミは〔小白鼠〕という.→〔鼠①〕
家数 jiāshù ①流派別.流儀.〔这种字体不知是什么～〕この種の書体は何派のものかしら. ②わざ.方策.〔那个人的～可多了〕あの人は本当に策が多い.
家私 jiāsī 〈方〉〔家当〕家産.
家天下 jiātiānxià 一家で独り占めしている天下:権力者が重要地位を身内の者で固めること.
家庭 jiātíng 家庭.〔～办 bàn 公〕在宅就労.テレワーク.〔～暴 bào 力〕家暴家庭内暴力.〔～病 bìng 床〕在宅看護.〔～餐 cān〕@家庭料理.⑥ファミリーパック.家庭向メニュー.〔～成员〕家庭を構成する家族.〔～服 fú 务〕家政婦などの家事代行サービス.〔～妇 fù 女〕主婦.専業主婦.〔～副 fù 业〕家庭副業.内職.〔～观 guān 念〕家庭を構成する観念.マイホーム主義.〔～会议〕家族会議.〔～教 jiào 师〕家庭教師.〔～教育〕家庭教育.〔～开支〕家庭支出.〔～旅 lǚ 馆〕〔～旅店〕アパートメントホテル.b民宿.〔～农场〕一家族による経営の農場.〔～手工业〕家内手工業.〔～托 tuō 儿所〕家庭託児所.〔～医生〕ホームドクター.〔～影院〕ホームシアター.〔～主妇〕一家の女主人.〔～作业〕宿題.
家庭出身 jiātíng chūshēn 出身の家庭が属する階級:〔贫农〕〔地主〕などの家に生まれ育てば,〔～〕は〔贫农〕〔地主〕となる.
家庭联产承包责任制 jiātíng liánchǎn chéngbāo zérènzhì 〔历〕1980年代初の農村土地政策:土地は国家所有.生産は一戸で請負という制度(集団)
家童 jiātóng 〈文〉召使いの少年.
家徒四壁 jiā tú sìbì 〔家徒壁立〕ともいう.家は四方の壁があるだけで家財は一切無い.〈喩〉極貧状態.
家兔 jiātù 〈動〉ウサギ.飼いウサギ. →〔野 yě 兔(儿)〕
家蚊 jiāwén 〈虫〉イエカ:〔常 cháng 蚊〕〔库 kù(雷)蚊〕ともいう.
家屋 jiāwū 住居.
家无儋石 jiā wú dānshí 〔家无担石〕とも書く.〈成〉家が貧しく蓄えた食糧がない.
家务 jiāwù ①〈動〉家事. 〔～事〕=〔～活(儿)huó(r)〕同前.〔忙于～〕家事に追われる.〔～劳动〕家事労働.〔操持〕家事をきり回す.〔我爱人在家做～看孩子〕妻が家で家事をし子供を世話している. ②家庭内のいざこざ.〔闹 nào～〕同前を起こす.
家务事 jiāwùshì 同上①
家系 jiāxì 家系.
家下 jiāxia 〈方〉①わが家. ②妻.
家乡 jiāxiāng =〔家园〕郷里.国元.〔～话〕お国なまり.→〔故 gù 乡〕
家小 jiāxiǎo ①妻子.家族. ②特に妻を指す.〔他本人还没有～〕彼にはまだ嫁さんがいない.
家信 jiāxìn 家への(からの)手紙.〈文〉家书〕.〔写了一封～〕家への手紙を一通書いた.〔来了一封～〕家から手紙が一通来た.
家兄 jiāxiōng 〈謙〉私の兄.
家学 jiāxué 〈文〉①家伝の学問.〔～渊 yuān 源〕家伝の学問の根源. ②家塾.
家训 jiāxùn 家訓.
家鸭 jiāyā 〈動〉アヒル.→〔鸭(凫 fú)〕
家宴 jiāyàn 家族内輪の宴会.私的な宴会.〔～服 fú 务〕同前への出前調理サービス.
家燕 jiāyàn 〈動〉ツバメ:〔燕子〕の通称.
家养 jiāyǎng 人工飼育.人工養殖.
家业 jiāyè 家産.家の資産.身代.→〔产 chǎn 业

jiā～jiǎ

家蝇 jiāyíng 虫イエバエ(総称)
家用 jiāyòng ①家庭の費用.生活費. ②家庭用(の).〔～电器〕家电]家電機器.家電製品.
家喻户晓 jiāyùhùxiǎo〈成〕どこの家でも,だれでも知っている.〔深入人心,～〕人心に深く入っており,知らない人はない.〔～的民间故事〕だれでもよく知っている民間の物語.
家园 jiāyuán ①⇒〔家乡〕②家の庭園.自分の家.わが家.
家院 jiāyuàn ①家の庭. ②回使用人.
家运 jiāyùn 家の運勢.〔～不佳〕同前が悪い.
家贼 jiāzéi 家庭内で悪いことをする家族,あるいは近親の人.〔外贼好捉,～难防〕外部からの盗賊は捕らえやすいが,内にいる賊は防ぎにくい.
家宅 jiāzhái 家.家庭.〔～不安〕家がごたごたしている.
家长 jiāzhǎng 家長.世帯主.保護者(児童の).〔～制〕家父長制.〔～会〕父兄会(小中学校の).〔～学校〕父母学級.〔～教师联合会〕PTA.
家珍 jiāzhēn 家宝.〔如数数～〕<喩>よく物事を知っていること.
家政 jiāzhèng 家政.家事.〔～公司〕家事サービス仲介業;家政婦・家庭教師などの派遣会社.〔～员 yuán〕お手伝い.〔～嫂 sǎo〕家政婦.
家种 jiāzhǒng ①人工栽培.〔～甘草〕人工栽培の甘草(kàn).②自分の家で栽培した.自家製(の).〔～的蔬菜〕同前の野菜.
家装 jiāzhuāng〔家庭装修〕の略.エクステリア・インテリア一式(を行う)
家资 jiāzī ⇒〔家产〕
家姊 jiāzǐ ⇒〔家姐〕
家子 jiāzi 家族.〔一～〕一家族.〔一共住着多少～〕皆で何世帯が住んでいますか.
家走 jiāzǒu〈方〉家へ帰る.〔下学了赶快～〕学校がひけたから早く家に帰りなさい.
家族 jiāzú ①一族.同族.〔大～制〕大家族制.→〔氏 shì 族〕②⇒〔家属〕
家祖 jiāzǔ 同上.
家祖父 jiāzǔfù =〔文〕家大父〕〔家祖〕〔謙〕うちの祖父.
家祖母 jiāzǔmǔ =〔〔文〕家大母〕〔谦〕うちの祖母.

〔镓・鎵〕 jiā 化ガリウム:金属元素.記号 Ga.

〔葭〕 jiā ①〈文〉(生えたての)よし.あし.→〔芦 lú 苇〕②〈文〉回あし笛. ③〔姓〕葭(か)
葭莩 jiāfú〈文〉あし(管の中)の薄い膜.〔喩〕つながりの遠い親戚.〔～之亲〕同前.
葭念 jiāniàn 同下.
葭水 jiāshuǐ =〔葭念〕〔葭思〕〔葭想〕〈文〉遠く離れて人を思うこと:〔苍 cāng 葭秋水〕の略.〔频 pín 殷～〕〔时切～〕〈牘〉誠にお懐かしく思います.→〔春 chūn 树暮云〕
葭思 jiāsī 同上.
葭想 jiāxiǎng ⇒〔葭水〕

〔猳〕 jiā〈文〉雄豚(ぼた).→〔公 gōng 猪〕

〔夹・夾(裌・袷)〕 jiá〔着・ふとんなどの〕あわせ.→〔袷 qiā〕→ gā jiā
夹袄 jiá'ǎo 服あわせの上衣.
夹被 jiábèi 服あわせの掛けぶとん.
夹谷 jiágǔ〔姓〕夹谷(きょうこく)
夹裤 jiákù 服あわせのズボン.
夹靴 jiáxuē あわせ布で作った布靴.
夹衣 jiáyī あわせの着物.

夹衣裳 jiáyīshang 服あわせの着物(総称)

〔郏・郟〕 jiá ①地名用字.〔～县〕河南省にある.〔～鄏 rǔ〕周代の古地名:現在の河南省洛陽の西方. ②〔姓〕郏(きょう)

〔荚・莢〕 jiá ①豆類やえんどう〔豆～〕豆のさや.〔皂 zào～〕サイカチのさや.〔槐 huái 树～〕エンジュのさや. ②〔姓〕荚(きょう)
荚果 jiáguǒ 植豆科植果.莢〔干 gān 果〕〔乾果〕の一.さやをなしている実.成熟後,果皮が二つに分かれ種子を落とす.→〔干果②〕
荚果蕨 jiáguǒjué 植クサソテツ:〔黄 huáng 瓜香〕ともいう.

〔铗・鋏〕 jiá〈文〉①〔～钳 qián〕かなばし:熱した金属をはさむ鍛冶屋の道具. ②剣(のつか)〔长～〕長剣.

〔颊・頰〕 jiá ほお:目の下からあごまでの部分.〔～同前.〔两～绯 fēi 红〕両ほおが真っ赤である.→〔脸 liǎn 蛋儿〕〔腮 sāi 帮子〕
颊车 jiáchē ①⇒〔牙 yá 床(子)①〕②中医針灸の穴位名:下顎角骨の前上方にある.
颊囊 jiánáng 同下.
颊嗛 jiáqiàn =〔颊 囊〕〔<口>猢 hú 狲 sūn 袋〕動猿頬(語).頬袋:齧歯類や猿のほおの下にある袋で,食物を一時蓄えておくところ.

颊上添毫 jiáshàng tiānháo〈成〕(絵画・文章の描写で)ちょっと手を加えて素晴らしいものとする妙技:東晋の画家の顧(こ)愷之がかつて裴楷の像を描きほおに3本の毛を加えたらにわかに生き生きしてきたという.〔颊上三毛〕〔颊上三毫〕ともいう.

〔蛱・蛺〕 jiá
蛱蝶 jiádié 虫ヒオドシチョウ.

〔恝〕 jiá〈文〉気にとめない.心を動かさない.
恝然 jiárán〈文〉平然(として).気にとめないさま.
恝置 jiázhì〈文〉気にとめない.相手にしない.

〔戛(憂)〕 jiá〈文〉①〈軽く〕たたく.打つ.〔～击 jī〕同前. ②固長矛に似た武器.
戛戛 jiájiá〈文〉①困難なさま.〔～乎难哉〕いやはや難しいことだわい. ②独特のさま.〔～独造〕独自の境地に至っている.

戛纳电影节 jiánà diànyǐngjié〔音義訳〕カンヌ映画祭.
戛然 jiárán〈文〉①鳥の澄んだ鳴き声. ②音がふいに鳴り止むさま.〔～而止〕ふっと止まった.

〔跲〕 jiá〈文〉ひっかかって倒れる.足をとられてころぶ.

〔甲〕 jiǎ（Ⅰ）①きのえ.〔天 tiān 干〕(十干)の第1位.→〔干 gān 支〕②順序の1番目.〔～级〕(品物・資格など)一等級.〔～卷〕第1卷.〔~下天下第一〕〔桂林山水～天下〕桂林の景色は天下第一だ.〔富～一乡〕富が村中で第1位である. ③化有機化合物の炭素原子の数が1であるものの例えば:〔～醇〕〔～烷〕など,その数が2のものは,〔乙酸〕…,3のものは〔丙酸〕…などという. ④当事者のある一方を表す.〔～方和乙方〕甲方と乙方.〔～(方)と乙(方)〕〔～队和乙队〕甲のチームと乙のチーム. ⑤〔姓〕甲(こう)

（Ⅱ）①甲殻:動物の保身のための甲・爪.〔指 zhī ~〕(人間の).〔甲 虫〕甲虫〕②保護用の被服.〔铠 kǎi ~〕〈文〉よろいかぶと.戦衣.〔~士〕よろいを着けた兵士.〔~装 zhuāng ~（汽）车〕装甲自動車.

（Ⅲ）回保甲制度で一定の戸数をいう.→〔保 bǎo

jiǎ

甲(制度)
甲胺磷 jiǎ'ànlín 〔化〕メタミドホス.
甲板 jiǎbǎn 船のデッキ.甲(次)板.〔上〜〕上甲板.
甲板交(货) jiǎbǎn jiāo(huò) ⇒〔船chuán 上交(货)〕
甲板交货价格 jiǎbǎn jiāohuò jiàgé ⇒〔船chuán 上交(货)价(格)〕
甲榜 jiǎbǎng 旧科挙の会試の合格者,すなわち進士.〔两 liǎng 榜〕
甲苯 jiǎběn 〔化〕メチルベンゼン.トルエン(トルオール).〔杜dù 冷丁〕ともいう.→〔苯〕
甲苯胺 jiǎběn'àn 〔化〕トルイジン.
甲(苯)酚 jiǎ(běn)fēn 〔化〕クレゾール:〔煤 méi 酚〕ともいう.
甲苯磺酸 jiǎběnjī suān 〔化〕クリジル酸.→〔基④〕
甲兵 jiǎbīng 〈文〉①よろいと武器.〈転〉軍備. ②武装した兵士. ③〈喩〉戦争.戦乱.
甲部 jiǎbù ⇒〔经 jīng 部〕
甲虫 jiǎchóng 田甲(え)虫(総称):体は固い外皮に包まれているので〔硬 yìng 壳虫〕ともいう.〔金 jīn 龟子〕(コガネムシ)や〔天 tiān 牛〕(カミキリムシ)な.
甲床炎 jiǎchángyán 医臑疽(ひょうそ):〔甲沟炎〕ともいう.
甲醇 jiǎchún =〔木 mù 醇〕〔木(酒)精〕化メタノール(メチルアルコール).木精.〔醇④〕
甲等 jiǎděng ①(試験成績などの)優.甲. ②(品物など)一等品.〔〜品〕等品.
甲低 jiǎdī 〔甲减〕
甲第 jiǎdì 〈文〉①貴顕の邸宅. ②科挙の(進士)試験の第一等,すなわち進士.
甲方 jiǎfāng →〔字解(I)④〕
甲酚 jiǎfēn =〔甲(苯)酚〕
甲肝 jiǎgān 医〔甲型(病毒性)肝炎〕(A型肝炎)の略.
甲睾酮 jiǎgāotóng ⇒〔甲基睾丸酮〕
甲骨文 jiǎgǔwén =〔契 qì 文②〕〔殷 yīn 契〕〔殷墟卜辞〕〔殷墟文字〕〔贞 zhēn 卜文字〕甲骨文字:商代,占いの際に亀甲獣骨に刻した文字.19世紀末,河南省安陽県から発掘された.
甲基 jiǎjī 化メチル基.〔〜纤维素〕メチルセルロース.
甲基丁二烯 jiǎjī dīng'èrxī =〔异 yì 戊二烯〕化イソプレン.
甲基睾丸酮 jiǎjī gāowántóng 薬メチルテストステロン:〔甲睾酮〕ともいう.
甲基汞中毒 jiǎjīgǒng zhòngdú 医有機水銀中毒.水俣病:〔甲基水 shuǐ 银中毒〕に同じ.
甲基橡胶 jiǎjī xiàngjiāo メチルゴム.
甲(基)紫 jiǎ(jī)zǐ =〔红 hóng 光碱性紫〕化メチルバイオレット.
甲减 jiǎjiǎn 〔甲状腺功能减退症〕の略:〔甲低〕に同じ.
甲检 jiǎjiǎn (铁道用语)〔甲种检修〕(甲種検査修理)の略称.機関車点検修理作業で大体５〜７万キロ走行後一度行う:〔大修〕〔中修〕よりもずっと規模は小さい.
甲亢 jiǎkàng 医甲状腺機能亢進(症).〔〜心〕同前による心臓病.→〔甲状腺〕
甲壳 jiǎkè 〔壳 qiào〕に同じ.
甲硫基丁氨酸 jiǎliújī dīng'ānsuān ⇒〔蛋dàn 氨酸〕
甲龙 jiǎlóng 動アンキロサウルス(恐竜の一種)
甲马 jiǎmǎ 〈文〉甲冑と戦馬.〈転〉戦乱.
甲萘醌 jiǎnàikūn ビタミンK₂.メジオン.
甲壳 jiǎqiào 動甲殻.甲.甲羅:エビ・カニなど甲殻類の外骨. 〈动动物〉甲殻類:節足動物の一.〔〜质 zhì〕キチン.

甲醛 jiǎquán 化ホルムアルデヒド(フォーモル):〔蚁yǐ 醛〕ともいう.〔〜(溶)液〕〔甲醛水〕〈音訳〉福fú 尔马林〕〔蚁yǐ 醛溶液〕ホルマリン.→〔醛〕
甲酸 jiǎsuān =〔蚁yǐ 酸〕〔蚁蚁(*)酸〕→〔酸⑥〕
甲烷 jiǎwán 化メタン.〔甲(烷)基jī〕メチル基.→〔烷①〕〔沼 zhǎo 气〕
甲午战争 jiǎwǔ zhànzhēng 史清光緒20年甲午(1894年)の日清戦争.〔中日〜〕同前.
甲硝石 jiǎxiāoshí →〔硝石〕
甲型(病毒性)肝炎 jiǎxíng (bìngdúxìng) gānyán ⇒〔甲肝〕
甲癣 jiǎxuǎn 医爪真菌症:〔灰 huī 指甲〕(爪水虫)は俗称.
甲氧安 jiǎyǎng'àn 薬メトキサミン.
甲鱼 jiǎyú =〔方〕脚 jiǎo 鱼〕動スッポン:〔鳖 biē〕の別称.
甲长 jiǎzhǎng →〔保 bǎo 甲(制度)〕
甲种粒子 jiǎzhǒng lìzǐ ⇒〔阿ā 尔法粒子〕
甲种维生素 jiǎzhǒng wéishēngsù →〔维生素〕
甲种、乙种、丙种射线 jiǎzhǒng、yǐzhǒng、bǐngzhǒng shèxiàn 物アルファ・ベータ・ガンマ線.原子弾和氢弾爆炸的时候,都会发射出〜)原子・水素爆弾爆発の際は必ずアルファ・ベータ・ガンマ線を放出する.→〔阿 ā 尔法〕
甲冑 jiǎzhòu よろいとかぶと.
甲状旁腺 jiǎzhuàng pángxiàn 生理副甲状腺.
甲状软骨 jiǎzhuàng ruǎngǔ 生理甲状軟骨.
甲状腺 jiǎzhuàngxiàn 生理甲状腺,あるいは薬物としての乾燥甲状腺.〔〜(激j)素〕甲状腺ホルモン.〔〜肿〕〔方〕大dà 脖子病〕医甲状腺腫.〔〜肥大.〔〜功能〕甲状腺機能.〔〜炎yán〕医甲状腺炎.
甲子 jiǎzǐ ①〔天 tiān 干〕(十干)と〔地 dì 支〕(十二支). ②きのえね:干支(え)での(60年となる)第１年.〔〜年〕同前.〔花huā 甲〕 ③年月.光陰. ④年齢.→〔庚 gēng ④〕
甲紫 jiǎzǐ ⇒〔甲(基)紫〕
甲卒 jiǎzú 武装した兵士.
甲族 jiǎzú ①〈文〉豪族.素封家. ②動甲殼類動物.

〔岬〕 jiǎ ①海中に突き出ている山.みさき.〔海〜〕〔〜角同前.〔成山〜〕〔成山角〕地山東省にある. ②山と山の間.山峡.

〔胛〕 jiǎ 生理肩の下の背.〔肩 jiān 〜〕同前.〔〜骨〕〔肩〜骨〕肩甲骨.かいがら骨.

〔钾・鉀〕 jiǎ 化カリウム:アルカリ金属元素.記号 K.〔碳 tàn 酸〜〕〔〜碱 jiǎn〕炭酸カリウム(炭酸カリ).〔氯 lǜ 化〜〕塩化カリウム(塩剤).〔高鑑锰酸〕.〔灰 huī 锰氧〕過マンガン酸カリウム.〔〜硝酸〕(〔硝酸〕).〔〜氧yǎng 化物 huò 硝〕消 xiāo 石〕硝酸カリウム(硝石.硝剤).〔溴 xiù 化〜〕臭化カリウム(ブロムカリ.臭剤).〔醋cù 酸〜〕酢酸カリウム(酢剤).〔碘 diǎn 化〜〕ヨウ化カリウム(ヨードカリ.沃剤).〔氢 qīng 氧化〜〕〔苛 kē 性〜〕水酸化カリウム(苛性カリ)
钾玻璃 jiǎbōli カリウムガラス:装飾品や化学機器などを作る.
钾长石 jiǎchángshí 鉱カリ長石(総称):〔透 tòu 长石〕(ハリ長石),〔正 zhèng 长石〕(正長石),〔微 wēi 斜长石〕(微斜長石)などがある.→〔长石〕
钾矾 jiǎfán ⇒〔钾(明)矾〕
钾肥 jiǎféi =〔钾素肥料〕〔钾质肥料〕の略.〔〜厂〕カリ肥料工場.
钾肥皂 jiǎféizào 化カリ石鹸.〔〜碳 tàn 酸盐〕
钾(明)矾 jiǎ(míng)fán ①⇒〔明矾〕 ②カリウム

jiǎ

明矾.

钾盐 jiǎyán 〔化〕カリ岩塩.

〔贾・賈〕 jiǎ 〈姓〉賈(ｶ) → gǔ

〔槚・檟〕 jiǎ 〔植〕〔一〕〔楸〕トウキササゲ:①〔楸 qiū ①〕の古称.②茶の木:〔茶 chá ①〕の古称.

〔夏〕 jiǎ 〔植〕トウキササゲ:〔槚①〕に同じ. → xià

夏楚 jiǎchǔ 〔古〕トウキササゲとニンジンボク:笞(ち)に用いた.〈転〉笞でたたく.

〔榎〕 jiǎ ⇒〔槚①〕

〔假（叚）〕 jiǎ ①にせ(の).偽り(の).見せかけ(の).つくりもの(の).〔真～〕真偽.〔～话〕〔谎话〕うその話.〔～面具①〕仮面(ｶﾒﾝ).仮装面.↔〔真 zhēn ①〕 ②似せる(て).〔～装〕(って).見せかける(て).〔～做看报的样子为〕新聞を見ているふりをする.③〈文〉借りる.→〔假座〕 ④利用する.〔总要～你的手才好〕どうしてもきみの手を借りなければならない.〔此机会～〕この機会を利用して….⑤想定する.→〔假设〕 ⑥もし.仮に…であるならば.→〔假如〕〔假使〕 ⑦〈姓〉假(ｶ)・) → jià

假案 jiǎ'àn でっちあげの事案.

假扮 jiǎbàn 変装する.仮装する.→〔化 huà 装〕

假报 jiǎbào 偽り報告する.

假币 jiǎbì 偽造貨幣.偽造紙幣・コイン.

假唱 jiǎchàng ロパク:録音した音に合わせて声をさずに口だけを動かし歌っているように見せかけること.〔伪 wěi 唱〕に同じ.

假钞 jiǎchāo 偽造紙幣.偽札(ｻﾂ).

假痴假呆 jiǎchī jiǎdāi わざと知らないふりをする.そらとぼける.

假充 jiǎchōng (…の)ふりをする.(…のように)ふるまう.〔～好人〕善人のように偽る.〔～正经〕真面目ぶる.

假出口 jiǎchūkǒu 輸出用商品を低い国際価格で買い上げ,輸入品として中国内販売して利益を得ること.〔～,真内销 xiāo〕同断.

假传圣旨 jiǎchuán shèngzhǐ 〈喩〉偽の命令を出す.

假慈悲 jiǎcíbēi うわべのみで真実のない同情.〔你别弄这～了,他死你哭什么!〕そんなそら泣きをするな,彼が死んだからとて,おまえが泣いてどうするか.

假打 jiǎdǎ 〔又〕八百長をする.

假大空 jiǎdàkōng うそ・ほら・空論を言う:〔假话,大话,空话〕の略.

假贷 jiǎdài 〈文〉①借りる.②赦(ゆる)す.

假道 jiǎdào 〈文〉道を借りる.通過する.

假道学 jiǎdàoxué 偽君子.

假定 jiǎdìng ①仮定する.②⇒〔假设②〕

假动作 jiǎdòngzuò 〔又〕(球技などの)トリックプレー.フェイントプレー.

假发 jiǎfà かつら:〔假髻〕〔假头发〕ともいう.〔戴上～〕かつらをつける.

假分数 jiǎfēnshù 〔数〕仮分数.

假革 jiǎgé 人造皮革.レザー.〔～纸板〕レザー板紙.擬革紙.

假根 jiǎgēn 〔植〕仮根:菌類・藻類・蘚苔類の根.単一細胞の延長したもの.

假公济私 jiǎgōng jìsī 〔成〕公事にかこつけて私腹を肥やす:〔假公营私〕ともいう.

假股票 jiǎgǔpiào ①額面金額払い込み済みになっていない株券.→〔本 běn 股票〕 ②にせ株券.

假果 jiǎguǒ 〔植〕偽果(ｶ):梨・リンゴ・イチジク・桑の実など.

假行家 jiǎháng·jiā 知ったかぶり.偽玄人.〔你说这个东西是假的吗?别～了〕お前これが偽物だって,知ったかぶりをするな.

假虎之威 jiǎ hǔzhīwēi 〈喩〉他人の威勢を笠に着る.→〔狐 hú 假虎威〕

假花 jiǎhuā 〔一儿〕造花:〔鲜 xiān 花(儿)〕(生花)に対していう.

假话 jiǎhuà うそ.嘘言:〔谎 huǎng 话〕に同じ.

假货 jiǎhuò 偽物.→〔水 shuǐ 货〕

假髻 jiǎjì かつら:〔假发〕に同じ.

假睫毛 jiǎjiémáo つけまつげ.

假借 jiǎjiè ①借用する.仮託する.口実にする.〔～名义〕名義を借りる.②仮借(ｶｼｬ):〔六书①〕(漢字創造の6種の原則)の一.ある意義を表すために新たな字を作らず,すでにある同音字を借りること.たとえば「萬」は元来,虫の名であるが,仮借して数の万を表した.〔～一字〕一字.③容赦する.〔他对于坏人坏事,从不～〕彼は悪人に対して決して仮借(ｷｬｸ)しない.

假局子 jiǎjúzi ペテン.

假卡 jiǎkǎ 偽造(クレジット)カード.〔方〕

假科子 jiǎkēzi〔假柯子〕とも書く.〈方〉装う.ふりをする.〔你别～了,压根儿就没碰着〕大げさに(痛い)ふりをするな,全然ぶつかっていやしないではないか.

假克礼 jiǎkèlǐ〔假客礼〕〔假科礼〕とも書く.〈方〉よく見せかける.格好をつける.〔你不可知道的多呀,可别～了〕だいぶ知っているね,しかし知ったかぶりじゃだめだよ.

假令 jiǎlìng〈文〉もしも.仮に.→〔假使〕

假冒 jiǎmào ふりをする.偽って装う.〔运防～〕偽物にご用心.〔～伪劣〕(商品が)偽ブランドであったり品質が悪かったりする.〔～商标〕偽ブランド.〔～为善 shàn〕偽善.→〔冒充〕

假眉三道 jiǎméi sāndào〈方〉もったいぶること.見せかけること.

假寐 jiǎmèi〈文〉仮寝(する).うたた寝(する).〔凭几 jī ～〕机にもたれてうたた寝をする.

假门假事 jiǎmén jiǎshì 真面目な風を装う.猫をかぶる:〔事〕は〔氏〕〔市〕とも書く.

假面 jiǎmiàn 同下①

假面具 jiǎmiànjù ①〈文〉假面〔鬼 guǐ 脸(ｶﾞﾝ)②〕(劇や遊技の)面(ﾒﾝ).②仮面.表面的な装い.〔戴 dài ～〕偽装する.仮面をかぶる.〔但在一定时期内仍然戴着"正统派"的～〕しかし,一定の期間はやはり「正統派」の仮面をかぶっている.〔撕下～〕仮面をはぐ.

假面剧 jiǎmiànjù〔劇〕仮面劇.

假面目 jiǎmiànmù 装った姿.見せかけの像.〔这种～他也板得住,但将来一定会露 lòu 马脚的〕こんな仮面をもかぶられるのだが,そのうちにきっと馬脚を現すだろう.→〔真 zhēn 面目〕

假名 jiǎmíng ①〔一儿〕偽名.②(日本の)かな文字.

假模假式 jiǎmó jiǎshì〔假模假样〕ともいう.仮面的である.親切ごかしをする.〔你别～装作好人,我早就知道你是什么样儿的人了〕おまえごまかし善人のようなふりをするな,おまえがどんな人間かはとうにわかっている.

假模儿 jiǎmór〈方〉うわべの遠慮.〔都是～,并不是真客气的〕みんなうわべの遠慮で,本当の遠慮ではないに.

假奶油 jiǎnǎiyóu ⇒〔人 rén 造黄油〕

假排 jiǎpáicào モロコシソウ.

假皮 jiǎpí〔动〕無脊椎動物の幼虫皮.

假票(子) jiǎpiào(zi) 贋(ガン)造紙幣.偽札.偽切符.

假撇清 jiǎpiēqīng〈方〉口をぬぐって知らぬふりをする.〔你别～,你敢做政当才是人〕しらばくれて知ら

jiǎ~jià

ぬふりをするのはよくない、堂々とやってこそ人間だ.

假漆 jiǎqī ニス.ワニス:〔洋 yáng 漆〕の別称.〔～树胶〕ワニスゴム.

假球 jiǎqiú 区(サッカーで)八百長試合.

假饶 jiǎráo〈白〉→〔假使〕もし…ならば.→〔假使〕

假仁假义 jiǎrén jiǎyì〈慣〉うわべだけ親切で義理がたいこと.〔揭开～的面纱〕偽善のベールをはぐ.

假如 jiǎrú もし…ならば:後に〔就〕〔便〕や〔那么〕を置く.〔～赶不上10点的车,咱们就打的去吧〕もし10時のバスに間に合わないなら、タクシーで行こう.→〔假使〕

假若 jiǎruò もし…ならば.〔～他还是反对,我们怎么办〕もし彼がやはり反対ならばどうすればいいか.→〔假使〕

假嗓(子) jiǎsǎng(zi) =〔假声〕〖劇〗つくり声.うら声.〔装个～回答声色(shǎi)を使って答える.→〔本 běn 嗓(儿)〕〖音〗ファルセット.

假山 jiǎshān 築山(つきやま):庭園中に多く太湖石などを積み重ねたもの.

假设 jiǎshè ①仮定する. ②仮設.仮定.前提:〔假说〕ともいう.〔假定②〕ともいった. ③虚構.フィクション.

假声 jiǎshēng ⇒〔假嗓(子)〕

假使 jiǎshǐ〈文仮に…ならしむれば.もし…だとすれば.〔～放任各国无限制地扩充军备,世界的前途只有灭亡〕もし各国が無制限に軍備を拡張するならば、世界の前途は滅亡するのみだ.

假释 jiǎshì 法仮釈放(かりしゃくほう)する.

假手 jiǎshǒu ①他人の手を借りる.利用する.〔～于人〕同前. ②義手.

假书 jiǎshū 表紙のみの本(装飾用)

假摔 jiǎshuāi 区(サッカーの)シミュレーション.ダイビング.

假睡 jiǎshuì たぬき寝入りをする.

假说 jiǎshuō ⇒〔假设②〕

假斯文 jiǎsīwén 学者ぶる.上品ぶる.

假死 jiǎsǐ ①医仮死. ②擬(ぎ)死:動物が死んだふりをすること.

假嗽 jiǎsòu せきばらい(する).〔他轻轻的叩了两下门环,又低声一两下〕(老・四・埋 5)彼は軽く2回ほど門を鉄の輪でたたき、その上低く1,2回せきばらいをした.

假体 jiǎtǐ 人工の肉体.

假天鹅绒 jiǎ tiān'éróng ⇒〔棉 mián 天鹅绒〕

假头发 jiǎtóufa かつら:〔假发〕〔假髻〕に同じ.

假腿 jiǎtuǐ 義足.〔安～〕同前を装着する.

假托 jiǎtuō ①仮託する.仮にかこつける.ことよせる.〔他～家里有事,站起来先走了〕彼は家に用があるからと口実を設けて立ち上がり帰っていった. ②⇒〔冒 mào 充〕

假戏真作 jiǎxì zhēnzuò〈成〉嘘から出たまこと.ひょうたんから駒:〔作〕は〔做〕〔唱 chàng〕ともいう.

假想 jiǎxiǎng 仮想(の).〔～敌〕仮設敵:演習のために仮に設定した敵.

假象 jiǎxiàng〔假相〕とも書いた. ①仮象(ぎょう).見せかけ.〔他们正在制造～,迷惑人们的视线〕彼らは目下見せかけをつくって、人々の視線を迷わせている. ②〖仏〗仮像(ぞう)

假象牙 jiǎxiàngyá ⇒〔赛 sài 璐珞〕

假小子 jiǎxiǎozi おてんば.はねっかえり.〔那姑娘很泼辣,大家都叫她～,那の娘はおてんばで、皆は「男まさりの女」と呼んでいる.

假笑 jiǎxiào つくり笑い(する)

假心假意 jiǎxīn jiǎyì〈慣〉見せかけの誠意で親切ごかし.

假惺惺 jiǎxīngxing 偽り装うさま.親切ごかしであるさま.うわべだけの親切のさま:〔要是相信他那那套一的样子,准得 děi 上当 dàng〕彼の例のもっともらしい態度を信じていたら、きっとぺてんにかけられるぞ.

假牙 jiǎyá 入れ歯:〔义 yì 齿〕(義歯)の別称.〔装 zhuāng～〕入れ歯をする:〔镶 xiāng 牙〕ともいう.

假眼 jiǎyǎn 義眼.〔配～〕同前を作る.

假羊皮纸 jiǎ yángpízhǐ ⇒〔羊皮纸②〕

假药 jiǎyào 医偽薬.プラシーボ.

假叶 jiǎyè 植仮葉(ようよ):形状が葉に似て、葉の機能をする葉柄.

假叶树 jiǎyèshù 植ナギイカダ:観賞用常緑低木.葉腋(えき)に卵形の針状葉をつける.

假意 jiǎyì ①わざと.ことさらに.〔～不肯不承知のようなジェスチャーをする.→〔装 zhuāng 腔作势〕 ②偽りの好意.〔虚情～地〕親切ごかしに.

假殷勤 jiǎyīnqín うわべだけの親切.おためごかし.殷勤(qín)無礼.

假造 jiǎzào ①偽造する.〔～的钞票〕偽造紙幣. ②捏(でつ)造する.〔他～理由,推卸责任〕彼は理由をでっちあげて責任を逃れている.

假账 jiǎzhàng 偽帳簿.不正経理.

假招子 jiǎzhāozi〔假着子〕とも書く.見せかけ.口先ばかり.うわべだけ.〔别信他,他那是～〕彼を信じるな、いかにもそれらしく装っているだけだ.

假…真… jiǎ…zhēn… うわべは…に見せかけて実は…である.〔～和平～备战〕平和は口実で実際は戦争の準備をしている.

假证 jiǎzhèng にせの証拠・証明書類.

假正经 jiǎzhèngjing 猫かぶり(をする).〔伊们全都要装～的〕(鲁・Q 4)彼女らは皆猫をかぶっているんだ.

假肢 jiǎzhī 義手.義足.〔安～〕同前を装着する.

假植 jiǎzhí 農仮植.

假执行 jiǎzhíxíng 法仮執行.

假装 jiǎzhuāng (…を)装う.(…の)ふりをする.…のつもりになる.〔～不知道的样子〕知らんふりをする.〔～睡觉〕寝たふりをする.→〔化 huà 装〕

假座 jiǎzuò 場所を借りる.〔～工人文化宫举行婚礼〕労働文化会館を借りて結婚式を行う.

假做作 jiǎzuòzuò わざと…のふりをする.〔不是肚子疼,是故意的～〕本当に腹が痛いのではない、わざと痛いふりをしているのだ.

〔**瘕**〕jiǎ 中医腹に塊のできる病.

〔**蝦**〕jiǎ gǔ の又音.

〔**斝(斚)**〕jiǎ 古斝(か):酒を入れる器.青銅製で口が丸く三本の足があり爵に似る.→〔爵 jué ②〕

〔**价・價**〕jià ①価格.値段.〔涨 zhǎng～〕値段が上がる.〔落～〕値段が下がる.〔高～〕高値.〔低～〕安値.〔报～〕オファー.〔还 huán～〕値切る.ⓑカウンターオファー.〔单价〕単価.〔特价〕特価.〔廉价〕廉価.〔物 wù～〕物価.〔售 shòu～〕売価.〔批 pī～①〕〔批发～〕卸値.〔零～〕〔零售～〕小売値.〔时 shí～〕時価.〔市～〕市価.〔原～〕〔原 zhì定〕指値.〔流 huǎng～〕〔虚～〕掛け値.〔抛 pāo～〕捨て値.〔收 shōu 盘～〕大引け値段.〔减 jiǎn～〕値引き(する).値引き(する).〔折 zhé～②〕折扣〕割引きする.〔估 gū～①〕見積もる.〔底 dǐ～〕底値. ②値打ち.価値. ③化原子価:原子が水素原子何個と、直接または間接に化合し得るかを表す語. ④〔姓〕價(か) → jiè jie

jià 价驾架

价本儿 jiàběnr 仕入れ値段.仕入れの元金.〔~来的大,所以卖的不能下贵〕元値が高いので,高く売らないわけにはいかない.

价差 jiàchā 〈经〉さや.スプレッド.〔利lì差〕ともいう.

价低 jiàdī 〈经〉仕入れ値.原価.

价电子 jiàdiànzǐ 〈化〉価電子.

价格 jiàgé 〈经〉価格.値段.〔~补bǔ贴〕経営者への経営手当と勤労者への消費手当.〔~改革〕〔价改〕価格改革.〔~管guǎn理〕〔价管〕価格管理.〔~机制〕価格メカニズム.〔~双轨制〕政府と市場の二つの価格体系.〔~体tǐ系〕価格体系.〔成本~〕コスト.費用価格.〔出厂~〕工場出荷価格.〔出口~〕輸出価格.〔付现款〕現金払価格.〔进货~〕仕入値.〔入口~〕輸入価格.〔零líng售~〕零售价〕小売値.〔批pī发~〕〔批发价〕〔批价〕卸値.〔期qī货~〕先物価格.〔赊shē卖~〕掛売値段.〔市场~〕市場価格.〔同行~〕仲間(うち)相場(同業者価格).〔折zhé扣~〕割引価格.〔最低~〕最低値段.最安値.

价款 jiàkuǎn 代金.代価.〔粮食~〕食糧代金.

价廉物美 jiàlián wùměi〈成〉値段が安く,品質が良い(広告,宣伝文句に):〔物美価廉〕ともいう.

价码(儿) jiàmǎ(r) 正札.〈口〉定価.〔~签子〕正札.値を書きつけた札.〔得把~提高/値を上げねばならない.

价目 jiàmù 価格.〔~单〕〔~表〕値段表.価格表.料金表.

价内税 jiànèishuì 〈经〉内(ない)税.〔价外wài税〕は外(そと)税.

价签 jiàqiān 値札.正(しょう)札.

价钱 jià·qián 価格.値段.〔~贵〕〔~大〕〔~高〕値段が高い.〔~东西好~,也便宜〕品がいいし値段も安い.〔讲~〕値段をかけあう.〔~公道〕値段が適正である.

价实货真 jiàshí huòzhēn〈慣〉値段も物もまともで確かである(広告,宣伝文句に):〔货真价实〕ともいう.

价位 jiàwèi ①〈经〉(同類商品における)価格水準.②自分の価値の水準.

价值 jiàzhí ①価値.〔~量liàng〕価値の大きさ:商品の持つ社会的労働価値.〔~追求〕〔~尺chǐ度〕価値尺度.〔~规guī律〕価値法則.〔~形xíng式〕〔~形态〕〈经〉価値形態.〔~观〕価値観.〔~的代体〕②値打ち.〔有~的作品〕値打ちのある作品.③ねうち.

价值连城 jiàzhí liánchéng〈成〉非常に貴重なこと:戦国の頃,趙王の持つ〔和氏壁〕という宝玉を秦王が15の都市と交換しようと申し出た故事をいう.→〔完wán璧归赵〕

[驾・駕] jià

①(車・農具を)家畜に引かせる.〔这辆车用两匹马~着〕この車は馬2頭をつけてある.〔车太重,得用一匹大骡子~〕車が重くて大きいラバで支えきれないならない.→〔驾辕〕②またがる.騎乗する.〔腾云~雾〕〈成〉雲や霧に乗る.〈喩〉疾走すること.③(自動車・機関車・汽船・飛行機などを)運転する.操縦する.④帝王の車馬.〈転〉帝王.〔车~〕同前.⑤相手の乗り物.〈転〉相手.〔~临~〕ご来臨(になる).〔劳lào~〕〈挨〉すみませんが,ちょっと伺いますが,ご苦労様で.有難うございました:他人を煩わした時のあいさつ.→〔大dà驾〕〔挡dǎng驾〕⑥〈姓〉駕(が).

驾崩 jiàbēng〈文〉天子が崩御する(婉語).

驾车 jiàchē ①馬車を御する.②車を運転する.〔~道德〕〔车德〕運転マナー.

驾到 jiàdào〈尊〉ご来駕.

驾鹤西去 jiàhè xīqù〈喻〉あの世へ行く.死亡する:〔驾鹤西游〕〔驾鹤归guī去〕ともいう.

驾犁 jiàlí〈農〉犁(すき)を使う.

驾临 jiàlín〈牘〉ご光臨.ご出席.〔敬备菲酌,恭候~/粗酒一献差し上げたく,ご光臨をお待ちいたしております.

驾灵 jiàlíng 〈旧〉喪主が葬列の先頭を行くこと.

驾凌 jiàlíng ⇒〔凌驾〕

驾龄 jiàlíng 運転歴.操縦経歴.〔~3年以下的新驾驶员/運転歴3年以下の新人運転手.

驾笼 jiàlóng 山かご.

驾马 jiàmǎ ①馬に鞍を置く:〔备bèi马〕に同じ.②馬を駆る.

驾培 jiàpéi 運転手の育成.

驾轻就熟 jiàqīng jiùshú〈成〉〔轻车熟路〕〈成〉軽車を駆って慣れている道を行く.〈喻〉慣れていて(またはよく知っていて)たやすくできること.

驾取 jiàqǔ あやつる.〔~市场/市場をあやつる.〔~自由/自由自在にあやつる.

驾驶 jiàshǐ(車・汽車・汽船・飛行機などを)運転・操縦する.〔~舱cāng〕(飛行機の)操縦室.コックピット.〔~杆gǎn〕〈機〉作動レバー.操縦桿.〔~盘pán〕〔转zhuǎn向轮〕舵輪.〔~室〕操縦室.運転室.〔~台〕運転台(トラクターなどの).〔~位wèi〕運転席.操縦席.〔~员〕(車両・船舶・飛行機の)操縦士.パイロット.運転手.〔~执zhí照〕〔~证zhèng〕〔驾照〕運転免許証.

驾束式导弹 jiàshùshì dǎodàn〈军〉ビームライダー.電波誘導型ミサイル.

驾校 jiàxiào 自動車教習所.

驾衣 jiàyī 〈旧〉婚礼や葬式などのとき役夫に着せる緑色の着物.

驾驭 jiàyù 〔驾御〕とも書いた.①車馬を走らせる.②制御する.支配する.指図する.

驾辕 jiàyuán 車のながえ(かじ棒)に馬などをつけて引かせる.〔~的〕車のながえにつけられた馬.〈転〉重責を負う(者).

驾云 jiàyún ①(仙人が)雲に乗って空を飛ぶ.②有頂天になる.

驾长 jiàzhǎng 船頭さん:船乗りに対する尊称.〔轮船~〕汽船の船長さん.

驾照 jiàzhào ⇒〔驾驶执照〕

[架] jià

①〔~儿〕物を入れたり,置いたり,掛けたり,支えたりする棚・枠.〔书~〕書棚.〔衣~〕〔大衣~〕〔衣帽~〕ポールハンガー.〔三脚~〕(カメラ用の)三脚.〔帽~〕帽子掛け.〔床~①〕ベッドの枠組み.ベッドの台.〔葡pú萄~〕ぶどう棚.〔脸盆~〕洗面器を置く枠組みの台.〔矿kuàng石~〕(ラジオの)鉱石ホルダー.〔脚手~〕足場.②(人体や物体の)内部の骨組み.〔风筝~〕凧の骨.〔扎zā棚~子〕掛け小屋の骨組みを固定する.〔上面太沉,他~不住/上があまり重くて支えきれないだろう.〔大海~不住瓢舀yǎo〕〈諺〉大海もひしゃくで汲めばもちこたえられない(干あがる).〔我本来不想喝酒,可~不住大家劝,也就喝了几杯/わたしは酒を飲まないつもりだったが,みなが勧めるのを断りきれず,少しばかり飲んでしまった.④手足をとって担ぐ.〔人を)拉致する.〔他受伤了,两个人~着他走吧/彼は負傷しているから,二人で肩を貸して行きなさい.〔被他们~了去了〕〔被他们~走了〕やつらに連れ去られた.⑤かける.かけわたす.組み立てる.〔~桥〕〔搭dā桥①〕橋をかける.〔电话~通了/電話が開設された.〔~炮pào〕大砲を据えつける.〔~巢cháo〕(鳥が)巣をかける.⑥でっち上げ(る).〔造~〕(作る).〔调tiáo词~讼〕人をそそのかして

架假嫁 jià

訴訟を起こさせる.〔捧 pěng 场~事〕〈成〉他人をことさらもちあげる.⑦〔けんか.なぐりあい.口論.口〕なぐりあう.〔吵~〕口げんか(する).〔劝~〕けんかの仲裁をする.⑧〔刃物などを〕かざして脅かす.〔刺刀~在脖子上〕首に銃剣をつきつけられる.⑨〔量詞.⑦飛行機·機械·ピアノ·ぶどう棚などのように組み立てられたものを数える.〔两~葡萄〕棚二つ分のぶどう.〔一~飞机 fēijī〕飛行機 1 機.〔一~缝纫机〕1 台のミシン.〔一~钢琴〕ピアノ 1 台.→〔台 tái (II)⑥〕⑥〈方〉山を数える.〔座 zuò ⑥〕に同じ.〔一~一山〕山一つ.

架不住 jiàbuzhù ①耐えきれない.持ちこたえられない.お手上げである.〔再有钱也~那么乱花啊〕いくらお金があってもそんなに乱暴に使ったらどうにもならないよ.②かなわない.→字解③

架槽 jiàcáo ①木のかけ樋(ひ).②同前をかける.

架次 jiàcì 延べ機数:飛行機が1回出動することを〔一~〕という.〔出动飞机共六十~〕延べ60機が出動する.

架得住 jiàdezhù 持ちこたえられる:多く反語に用いる.〔~吗〕どうにもならんだろう.

架豆 jiàdòu 〔植〕ドジョウインゲン.

架构 jiàgòu ①構成(する).構築(する).骨格を(作る).②骨組み.骨子.

架拐 jiāguǎi 杖で支える.〔架着拐走(松葉)杖をついて歩く.→〔柱 zhǔ〕

架空 jiàkōng ①空中高くかけてある.地面から離れている.〔架在空中〕同前.〔~索 suǒ 道〕空中索道.⑧空中ケーブル.ロープウェー.〔~转〕〈転〉実質のない.虚構である.〔~主席的野心〕主席を飾り物にしようとする野心.

架空浮浅 jiàkōng fúqiǎn〈慣〉上すべり(である).表面のみ(である).〔他的工作~〕彼の仕事は上すべりだ.

架蔓 jiàmàn 〔農〕つるをからませる手·支え.

架忙子 jiàmángzi〈方〉人の尻馬に乗って騒ぐ.〔各人自拿主意,该干什么就干什么去,别在这儿~〕各人自分の意見を持ち,やるべきことはやるんだ,こんなところで人の尻馬に乗って騒いではいけない.

架弄 jiànòng〈方〉①持つ.②勧める.③服をひっかける.④ひけらかして着る.⑤おだててまつり上げる.

架票(儿) jiàpiào(r) ⇒〔绑 bǎng 票(儿)〕

架枪 jiàqiāng 〔軍〕組銃(する)·号令.

架桥 jiàqiáo ⇒〔搭 dā 桥①〕

架人 jiàrén ①人を拉致する.②人をかつぐ.〔人~〕肩車をする.

架设 jiàshè (空中に)架設する.かけわたす.〔~桥梁〕橋を架設する.

架势 jiàshì〔架式〕とも書いた.〈口〉①形.格好.外見.見栄だ.しな.〔拿~〕見栄を張る.外見を繕う.〔做了个~〕格好をする.かまえる.〔摆出要走的~〕出かけるふりをする.〔他拿出在讲台上讲故事的~,讲了很多人生的大道理〕(梁·紅41)彼は演台の上で講談を語るような口調で,人生の多くについての道理を話した.→〔架子④〕⑧〔武芸の〕型.攻めの動き.〔比个~〕構えをつける(武芸などで).〔拿起家伙来没~〕武器を手にとってかまえてもさまになっていない.

架线 jiàxiàn 電線を掛ける.架線する.

架秧子 jiàyāngzi〈方〉①言葉たくみに人をだます.世間知らずの者を食いものにする.②しきりに人の尻馬に乗って騒ぐ.そそのかして騒ぎたてる.→〔起 qǐ 哄〕

架音 jiàyīn〈方〉態度.様子.

架熬 jiàáo (~汤)〔方〕骨を2羽分ほど買って来てスープをとる.〔你看他瘦得只剩了~了〕どうです,彼はやせこけてまるで骨と皮じゃないですか.

架子 jiàzi ①棚.枠.〔衣裳~〕⑧衣桁.〔~转〕〈転〉甲斐性のないやつ.②〈喩〉骨組み.骨子.〔写文章要先搭好~〕文章を書くにはまず骨子を組み立てなければいけない.→字解①②.③見栄(え).気ぐらい.〔有~〕偉ぶっている.〔一点~都没有〕尊大ぶったところが少しもない.〔摆 bǎi ~〕〔拿~〕偉そうにする.尊大ぶる.〔摆官僚~〕役人ぶる.官僚風を吹かせる.〔摆臭~〕気障(きざ)ったらしい.威張りくさる.〔~大〕気位が高い.威張る.気取る.偉ぶる.〔空~〕〔虚 xū ~〕見掛けだおし.④姿勢.構え.〔锄地有锄地的~,一拿锄头就看得出他是内行〕田を耕すには耕す姿勢というものがあり,くわを持った所を見れば一目で彼が玄人とわかる.

架子车 jiàzichē (人力で引く)2 輪車.荷車.

架子工 jiàzigōng 足場組みの作業.またその労働者.鳶(とび)職.

架子花(脸) jiàzihuā(liǎn) ⇒〔副 fù 净〕

架子净 jiàzijìng ⇒〔花 huā 脸〕

架子网 jiàziwǎng 立て網.建て網:魚道に立てて魚群をふくろ網に導くための定置網.

架子猪 jiàzizhū =〔壳 ké 郎 láng 猪〕〔豚の飼育で〕骨格のできた階段の豚(肉のついていないもの)

〔假(叚)〕 jià 休暇.休み.〔休 xiū ~〕休み(をとる).⑧休日(になる).〔请 qǐng ~〕〔告 gào ~〕休暇をとる.〔请病~〕病気休暇をとる.〔请三天~〕三日間休暇をとる.〔请长~〕長期休暇をとる.〔放 fàng ~〕(学校·役所などが)休みになる.〔~日〕〔休 xiū ~〕休日.〔公 gōng ~〕⑧公休(日).⑥公務による欠勤.〔事 shì ~〕(私事での)休暇.〔丧 sāng ~〕忌引(きびき)休暇.服喪休暇.〔婚 hūn ~〕結婚休暇.〔产 chǎn ~〕産休.〔例 lì ~〕⑧定例休暇.⑥生理(婉語).〔暑 shǔ ~〕夏期休(暇).〔春 ~〕春休み.→ jiǎ

假期 jiàqī 個人単位の休暇·請暇(ばう)の期間.

假日 jiàrì 休日.休暇.休みの日.〔~经 jīng 济〕休日経のもたらす経済効果.〔~旅游〕休日旅行.〔~消费〕休日における消費.

假条 jiàtiáo 〔~儿〕欠勤届.欠席届.〔递 dì ~〕同前を出す.

〔嫁〕 jià ①嫁ぐ.嫁入りする.〔~给〕…に嫁ぐ.〔~…〕と結婚する.〔出~〕嫁にいく.〔改~〕(女性が)再嫁する.②〔~出去的女儿,泼 pō 出去的水〕嫁にやった娘とまいた水:もとには返らない.〔为 wéi 人作~衣〕〈喩〉つまらぬむだ骨を折る.↔〔娶 qǔ〕②転嫁する.なすりつける.〔~祸 huò 于人〕禍を他人になすりつける.

嫁狗随狗 jiàgǒu suígǒu →〔嫁鸡随狗〕

嫁汉嫁汉,穿衣吃饭 jiàhàn jiàhàn, chuānyī chīfàn 〈俗〉〔嫁は〕〈他人〉〔~于人〕身を託するところのあること.

嫁祸 jiàhuò (災いや罪を)他人になすりつける.〔移 yí 祸〕〔~他人〕〔~于人〕同前②

嫁鸡随鸡 jiàjī suíjī〈諺〉嫁に行ったら添いとげよ.〔~,嫁狗随狗〕同前.

嫁接 jiàjiē ①接ぎ木(する).〔~果木〕果樹を接ぎ木する.〔种胚 pēi ~〕芽接ぎする(こと).〔~法〕接ぎ木法.②(外国の先進技術を)導入する.〔~商 shāng 标〕合弁企業双方の名前を入れた商標.

嫁女 jiànǚ〈文〉娘を嫁がせる.

嫁娶 jiàqǔ 嫁入りと嫁取り.婚姻.

嫁人 jiàrén 嫁ぐ.嫁入りする.

嫁衣 jiàyī 花嫁衣裳.ウェディングドレス.

嫁怨 jiàyuàn 自分で恨んでいることをあたかも他人によるように言うこと.〔你恨我,只管说你恨我,何必~于人〕きみがぼくを恨んでいるのなら

jià～jiān

遠慮なくそう言えばよい，何も他人ごとのように言う必要はないじゃないか．

嫁妆 jiàzhuang 嫁入り道具：[嫁装]とも書いた．〔～铺 pù〕国同前を販売または賃貸しする店．

[稼] jià ①(穀物を)耕作(する)．→[种 zhòng ①]．②農作物(穀物)．[庄 zhuāng ～]同前：主に田畑に植えてある食料作物をいう．

稼穑 jiàsè 〈文〉植えつけと取り入れ．農事．農作業．

[家] jia 人の身分・年齢・性別などを表す接尾字．[孩子～]子ども．[女人～]おんな[のくだけた言い方]．[亲 qīng～]〈方〉子女の婚姻によって新たに親戚になったもの．⑤嫁と婿の親同士相互の称呼．⑥それぞれ相手方の家族を指していう．→ jiā jie

jian ㄐㄧㄢ

[戋・戔] jiān 〈文〉わずかである．小さい．

戋戋 jiānjiān 〈文〉少ない．[为数～，不足应用]数が少なくて役に立たない．

[浅・淺] jiān

浅浅 jiānjiān ①[溅溅]〈文〉⑦水の速く流れるさま．②〈擬〉さらさら：水の流れる音．→ qiǎn

[笺・箋(牋・椾)] jiān

〔牋・椾〕①書簡用箋(紙)．[～纸 zhǐ][便 biàn ～]①[信～][信 xìn ～]便箋．[华 huá～][华翰 ～][牍 贵信．②上質で美しい紙．[锦jǐn～]同前．
(Ⅱ)〔箋〕①注釈する．②〈姓〉箋(㸌)

笺牍 jiāndú 〈文〉書簡．手紙．
笺札 jiānzhá 書簡．書面．
笺注 jiānzhù (古書の)注釈(する)

[溅・濺] jiān → jiàn

溅溅 jiānjiān ⇒[浅浅]

[钱・錢] jiān 〈姓〉钱(㜫)

[尖] jiān ①[～儿]物のとがった先．細くなった端．[树～]木のとがった梢(㹳)．[笔～儿]ペン先．[钢笔～]ペン先．[针～]針の先．[笋 sǔn ～]筍のとがった先端．②突き出た部分．[鼻子～儿]鼻先．突起した部分．[山～(儿)][山(儿)山の頂(㹳)．[塔 tǎ～]塔のとがった頂上．③鋭い．とがっている．[铅笔削得很～]鉛筆を削ってとがらせた．→[钝 dùn ①][锐 ruì ①]．④(感覚が)鋭敏である．鋭い．[～目]目が鋭い．[鼻子～]鼻がよくきく．[耳～]耳ざとい．⑤声を張りあげる．金切り声を出す．声が鋭く高い．[扯着嗓子喊]彼女は声を張りあげて叫んだ．⑥[～儿]ぬきんでた人(物)．衆に優れた人(あるいは物)．並はずれた(の人)．[这群人里他是个～]この人々の中で，彼は傑出した人だ．⑦旅行の途中で休憩し，茶を飲んだり，弁当を食べたりすること．[打～]⑧ひと休みする．⑤休憩する．お茶を飲んでひと休みする．⑧人あたりが厳しい．言葉にとげがある．[说话又～又毒]言葉がとげとげしくて悪辣だ．⑨〈方〉こすい．けちだ．みみっちい．ぬけ目がない．⑩〈姓〉尖(㹳)

尖兵 jiānbīng ①[军]尖兵．②〈喩〉先鋒：仕事上，先に立って道を開く人．
尖薄 jiānbó 意地悪で口汚ない．

尖脆 jiāncuì 甲高い．[～的哨声]鋭い呼子の音．
尖刀 jiāndāo ①先のとがった刃物．出刃包丁．[像一把～插入敌人心脏]まるで敵の心臓に刃物がつき刺さったかのようだ．②[军]突入部隊．[～组]切り込み組．③[机]尖頭バイト．
尖顶 jiāndǐng 先端．頂上．[～拱]とがりアーチ．
尖端 jiānduān ①とがった端．先端．[～放电][电]先端放電．②最先進のもの．[～产 chǎn 品]時代の先端を行く高級製品．[～的机器设备]時代の先端を行く機械設備．[～技术]先進技術．[～科学]最先端科学．
尖峰 jiānfēng ピーク．トップ(状態の)
尖椒 jiānjiāo [植]長トウガラシ．[大 dà 羊角椒]は別称．
尖晶石 jiānjīngshí [鉱]尖晶石：スピネル．
尖刻 jiānkè ひどい．厳しくむごい．冷酷で悪辣である．[～的讽刺]辛辣な皮肉．
尖口鞋 jiānkǒuxié [服]甲のところの割れ目のとがっている靴：まるいものは[圆 yuán 口鞋]という．
尖括号 jiānkuòhào 角括弧"〈 〉"．
尖冷 jiānlěng 刺すように冷たい(寒い)．
尖厉 jiānlì ①[尖利①](声・音など)高く鋭い．耳を刺す．[～的叫声]同前の叫び声．
尖利 jiānlì ①とがっていて鋭い．[笔锋～]文章の調子が鋭い．[冷风～地吹到人的脸上]冷たい風が刺すように顔に当たる．②同上．
尖领儿 jiānlǐngr 細いVネック(シャツなどの)
尖溜溜 jiānliūliū 細くとがっているさま．[～的声音]甲高い声．
尖劈 jiānpī くさび．
尖脐 jiānqí おす蟹のとがっている腹部．[～的蟹 xiè][雄 xióng 蟹]おす蟹．↔[团 tuán 脐]
尖儿 jiānr ①とがった部分．②傑物．すぐれた人や物．③→[扑 pū 克]
尖锐 jiānruì ①(先が)とがっていて鋭い．(音声が)鋭く高い．甲高い．けたたましい．②するどく激しい．するどく険しい．[眼光～]眼光が鋭い．[看问题很～]物の見方が鋭い．[～的批评]鋭い批判．[～化 huà](事態が)尖鋭化する．
尖锐湿疣 jiānruì shīyóu [医]コンジローマ：性病の一．
尖嗓子 jiānsǎngzi 金切り声(を出す人)
尖叫声 jiānjiàoshēng 金切り声．[～不气]金切り声でしゃべりまくるさま．[～叫喊]甲高い声で叫ぶ．[姑娘们吓得～大叫起来]娘たちはキャーッと金切り声をあげて叫び出した．
尖酸 jiānsuān とげとげしい．[话语～]言葉がとげとげしている．[～泼 pō 薄]辛辣である．[～刻 kè 薄]〈成〉言葉がとげとげしく，態度がむごい．→[尖刻]
尖头蝗 jiāntóuhuáng [虫]バッタの一種：頭部のとがったもの．[〈方〉蚂 蚱 guā 打扁儿]ともいう．→[蝗]
尖团音 jiāntuányīn [言][尖音](声母 z, c, sと韻母 i, u(またi, u で始まるもの)がついた音節)と[团音](j, q, xにi, u(またi, u で始まるもの)がついた音節)を合わせたもの：[普通话]では両者の区別がなくなっているが，一部の方言や京劇の中では，区別される．京劇では精・心・先(日本音のサ行)の字を[尖音字]といい，"z-""c-""s-"に発音し，[尖音]とよび，見・溪・晓系(日本音のカ行)の字を"j-""q-""x-"に発音して[团音]とよぶ．→[飘 piāo 倒]
尖团字 jiāntuánzì [同]同上の字．
尖尾鸭 jiānwěiyā [鳥][针 zhēn 尾鸭]
尖细 jiānxì 細くとがっている．[～声音]鋭く細い声．
尖啸 jiānxiào かん高い声・鋭い音をたてる．
尖牙 jiānyá ⇒[犬 quǎn 齿]

jiān

尖音字 jiānyīnzì 尖音を有する字.→[尖団音]

尖站 jiānzhàn 回旅行の途中休憩して飲食する所.→[打dǎ尖]

尖桩 jiānzhuāng 軍先端をとがらせた杭(くい):地面に打ち込んでおいて敵を防ぐもの.逆茂木(さかもぎ)の一種.

尖子 jiānzi ①とがった物の先.きっ先.とがり.→字解①　②抜きん出たもの.[技术～]技術の最先端.[他是班上的～]彼はクラスの優等生だ.[～户hù]農村で収入がとび切り高い世帯:[冒mào尖户]に同じ.→字解⑥　③劇(旧劇で)歌の調子の急に高くなる部分.

尖嘴薄舌 jiānzuǐ bóshé [成]とげや毒のある物言いをする.辛辣に批評する.

尖嘴猴腮 jiānzuǐ hóusāi とがった口と猿の頬:貪欲でせこせこしている人物,または貧相な顔をしている人.

[奸(姦)] jiān

(Ⅰ)[奸]①悪い.悪賢い.奸悪である.[～恶è]同前.[老～巨猾huá]〈成〉老獪(ろうかい)で非常に悪賢い.②身勝手である.[藏～耍滑]力を惜しんでずるく立ち回る.[这个人才～呢,躲躲闪闪不肯使力气]この男こそ身勝手だ,うまく立ち回ってばかりいる.→[狡jiǎo～]　③(君主・国家に)忠実でない.④不忠を働く人.敵に内通する者.[汉hàn～](中国の)国賊.中国を売る中国人.[锄chú～]奸悪なやつをとり除く.
(Ⅱ)[姦]姦通する.[通～]同前.[～出人命,赌出贼]賭博通から人殺しがおこり,賭博は泥棒のもとになる.→[捉zhuō奸]

奸策 jiāncè ⇒[奸计]

奸馋 jiānchán [方]うまいものだけけより食いしてまずいものを食べないこと.偏食すること.

奸臣 jiānchén 奸臣(かんしん).

奸党 jiāndǎng 悪党.悪の仲間.

奸盗邪淫 jiān dào xié yín 奸悪・窃盗・邪気・淫行の四大悪行.

奸刁 jiāndiāo ずるい.狡猾である.

奸匪 jiānfěi 悪者.悪党.

奸夫 jiānfū 姦夫.間男.

奸妇 jiānfù 姦婦.

奸宄 jiānguǐ 〈文〉悪事をすること.また悪をなす人.悪徒.

奸棍 jiāngùn 悪者.極道(ごくどう).

奸猾 jiānhuá 悪賢い.[奸滑]とも書く.

奸计 jiānjì =[奸策]悪だくみ.

奸狡 jiānjiǎo 狡猾である.[他那个人简直是～曲滑坏朴占了]あいつはこんなことなら何でもやる悪党だ.

奸门儿 jiānménr ひどく狡猾である.非常にずるい.[好～,什么事都推干净]ひどく狡猾なやつで,何でも悪いことは他人になすりつける.

奸谋诡计 jiānmóu guǐjì [慣]奸策.詭計.悪らつなはかりごと.

奸佞 jiānnìng 〈文〉悪賢く人にへつらう(人).腹黒くて人にへつらう(人)

奸巧 jiānqiǎo ずる賢い.悪だくみが巧妙である.

奸情 jiānqíng ①よこしまな心.②姦通沙汰.

奸人 jiānrén 狡猾で陰険な人.[～之雄]〈喩〉奸知にたけた政治家.

奸杀 jiānshā 強姦殺人.[～案]同前の事件.

奸商 jiānshāng 悪徳商人.

奸特 jiāntè 裏切り者とスパイ.[汉奸]と[特务]

奸慝 jiāntè 〈文〉邪悪なやり方.よこしまな考え.

奸通 jiāntōng (男女の)私通.

奸徒 jiāntú 悪いやつ.悪党.

奸污 jiānwū ①てごめにする.強姦する.②(女性を)だましてもてあそぶ.

奸细 jiānxì 〈文〉敵の回し者.[千万小心,留神有～]くれぐれも注意してスパイに用心しなさい.→[敌dí特]

奸黠 jiānxiá 狡猾である.

奸险 jiānxiǎn ずるくて陰険である.

奸笑 jiānxiào せせら笑い(う).→[笑①]

奸邪 jiānxié 邪悪なこと(人)

奸凶 jiānxiōng 腹黒く凶悪な人.

奸雄 jiānxióng 奸知によって権力を得た者.→[枭xiāo雄]

奸淫 jiānyín ①姦淫する.みだらである.②強姦する.[～掳lǔ掠]強姦し略奪する.

奸贼 jiānzéi 腹黒い下臣.〈転〉陰険な裏切り者.

奸诈 jiānzhà 悪賢い.腹黒い.

[歼・殲] jiān

滅ぼす.消滅する.皆殺しにする.[敌军五千人全部被～]敵兵5千名をことごとくせん滅された.

歼敌 jiāndí 敵をせん滅する.

歼击 jiānjī 攻撃しせん滅する.[～机]战zhàn斗机]戦闘機(驱qū逐机)は旧称.

歼灭 jiānmiè せん滅する.皆殺しにする:俗に qiānmiè という.[～战zhàn]=せん滅戦.戦.生産などに力を集中して難問を切り抜け成果を上げること.

[椷] jiān

〈文〉木製のくさび.→[楔xiē子]

[间・間(閒)] jiān

①(二つのものの)場所・時なども)あいだ.中間.[彼比之～]お互いの間.[加强中日～的友好団结]中日間の友好団結を強化する.②あたり.このあいだ:ある範囲をおける処置(手入れ).[田～管理]田畑における処置(手入れ).[腰～帯上一口宝刀]腰に宝刀をぶちこんでいる.[此～]〈文〉このあたり.当方.[人～]この世.[晚～]夜.[午～]昼時.[正说话～,雨下起来了]ちょうど話をしていたその時に雨が降り出した.[正遵办～,又奉训令第×号…]〈公〉あたかも貴命通り処理中のところ,さらに訓令第×号に接しした.　③室.小部屋.[房～]部屋.[衣子～]([上海式楼房]で)台所の上の中2階にある小部屋.[大～]大きい部屋.[小～]小部屋.[衣帽～]クローク.[样品～]陳列室.ショールーム.→[车chē间](櫥chú窗)]　④量詞.家屋を数える単位:4本の柱がつくる方形の空間が基本で,普通の住宅では正面(間口)の柱間数が室数と一致する.[三～门面]3室分の構え(間口)の商店.[三～半北房]北側の部屋3室半(仕切りの有無には無関係し,したがって実際の室数は,3室か,2室か不明).[两～屋子]2室(または2室分の広さのある部屋1室).→[开kāi间]　⑤〈姓〉間(けん・)→[闲xián(Ⅰ)] → jiàn

间冰期 jiānbīngqī 地間氷(河)期.

间不容发 jiān bùróngfà 〈成〉間髪を入れず.ⓐ[～]極めて接近していること.ⓑ危機が切迫していること:[间不容息xī]ともいう.

间架 jiānjià ①(家屋の)骨組み.構え.②〈転〉(文字や文章の)構造.

间距 jiānjù 間隔(の大きさ).隔たり.

间量(儿) jiānliàng(r) =〈方〉间丈丈]〈方〉部屋の広さ・大きさ.

间脑 jiānnǎo [生理]間脳.

间皮 jiānpí [生理](胸腔)中皮.

间丈人 jiānzhàngr ⇒[间量(儿)]

间奏曲 jiānzòuqǔ =[插chā曲]回間奏曲.

[坚・堅] jiān

①堅い.堅固である.丈夫である.[～如铁石]鉄石の如く

jiān

堅い.〔信心甚〜〕信念がはなはだ堅い. ②堅固なもの(多くの陣地を指す)〔无〜不摧〕どんな堅固な陣地も攻め落とせないものはない. ③固く.ゆるぎなく.〔〜持到底〕あくまでも堅持する. ④〈姓〉堅(ｹﾝ)

坚白 jiānbái 〈文〉志操堅固なこと.

坚白同异 jiānbái tóngyì 〈成〉こじつけ.詭弁〈戦国の公孫竜の説いた事物の差別だけをことさら誇張した同一性を無視する考え方(離堅白)と惠施の説いた同一を誇張して差別性を無視する考え方(合同異).

坚壁 jiānbì 壁を堅固にする.〈転〉厳重に貯蔵する.〔〜清 qīng 野〕〈成〉堅固な陣地を築き、周辺の人や物など一切をなくして敵の攻撃の手がかりを与えない戦術.

坚冰 jiānbīng 固く厚い氷.〈喩〉非常な困難.堅い障害.

坚不可摧 jiān bùkěcuī 堅固で壊すことができない.

坚称 jiānchēng がんばって主張する. 言い張る.

坚持 jiānchí ①堅持する. 頑張り続ける.〔〜不懈 xiè〕〔〜不渝まず頑張り続ける.〔只要你一下去,准能学好〕この調子でやり抜けばきっとマスターできる.〔只有他一个人、不同意〕彼だけががどうしても承知しなかった. ②擁護し守り抜く.〔〜原則〕原則を守り抜く.

坚船利炮 jiānchuán lìpào 強い軍艦と強烈な大砲.〈喩〉強力な軍事力.

坚定 jiāndìng ①しっかりと落ち着いている.惑ったり動揺したりしない.〔〜不移〕がっちりとして動揺しない.〔〜的表情〕きりりとした表情.②しっかりと定める.ぶれさせない.〔〜方向〕方向を定める.〔〜立場〕立場をはっきりさせる.〔〜意志〕意志を固める.

坚固 jiāngù 丈夫である.堅固である.〔〜的碉 diāo 堡〕容易におちないトーチカ.〔結成〜的联盟〕堅い同盟を結ぶ.

坚果 jiānguǒ 〔植〕堅果:クリ・カシの実のように皮殼の固い果実.

坚瓠 jiānhù 〈文〉固くて、中に空所のないひさご.〈転〉無用のもの.

坚甲 jiānjiǎ〈文〉固いよろい.〔〜利兵〕〜历 lì 兵〕〜刃 rèn〕堅固な鎧と鋭利な武器.〈転〉強い兵力.精兵.

坚拒 jiānjù 固く拒む.

坚决 jiānjué 〔苦しさを耐え忍んで行う(い続ける).〕[他〜反对这种思想]彼は断固としてこのような思想に反対する.

坚苦 jiānkǔ 苦しさを耐え忍んで行う(い続ける).〔〜卓絶〕〈成〉この上なく刻苦勉励する.

坚牢 jiānláo 頑丈である. 丈夫である.

坚冷 jiānlěng ①硬く冷たい.②(気持ちが)ひややかである.とりつくしまがない.

坚强 jiānqiáng ①不屈でたくましい.強靭(ｹﾝ)である.↔脆 cuì 弱〕②強める.〔批评是~党的组织,增强党的战斗力的武器〕批判は党の組織を強め、戦闘力を高める武器である.

坚忍 jiānrěn 忍耐強い.〔〜不拔〕〈成〉忍耐強く,頑張りぬく.

坚韧 jiānrèn〈文〉強靭である.

坚如磐石 jiān rú pánshí 岩のように堅固である.〈喩〉揺り動かすことができないこと.

坚实 jiānshí がっしりしている.丈夫である.しっかりしている.〔〜的基础〕しっかりした基礎.〔土地很〜〕土地がしまっている.〔身体〜〕体が丈夫である.

坚守 jiānshǒu 堅く守る.〔〜岗位〕職場を堅く守る.

坚挺 jiāntǐng ①固くぴんとしている.〔身架〜〕体格がしっかりしている.②商〕(市況が)強い.強気である.

坚信 jiānxìn 堅く信ずる.

坚毅 jiānyì 毅然としている.きっぱりとしている.

坚硬 jiānyìng 固い.固くて強い.〔〜的石头〕固い石.〔平坦而〜的水泥大道〕平坦で丈夫なコンクリート道路.

坚贞 jiānzhēn 堅く節操を守る.〔〜不屈〕〈成〉堅く節を守って屈しない.

坚执 jiānzhí 固執する.

〔鲣・鰹〕 jiān [魚貝]カツオ.

鲣鸟 jiānniǎo [鳥]カツオドリ科の鳥.〔褐 hè 〜〕カツオドリ.

〔肩〕 jiān

①肩.〔比〜〕①肩を並べる.〔〜包 bāo〕ショルダーバッグ.〔并〜而行〕肩を並べて行く.→〔比 bǐ 肩继踵〕 ②担(ｶﾂ)ぐ.〔身〜大任〕身に大任を負う.〔年已六十,还挑出〜重任〕年は60になったが,まだ進んで重责を担う.→〔担 dān ①②〕〔负 fù ①②〕

肩膀 jiānbǎng ①肩.〔争 qí 〜〕〈喩〉対等・平等である.〔不齐〜〕〈喩〉身分が違う. ②〈喩〉責任能力.〔有〜〕同前がある.〔这事我都有〜〕このことはわたしが全て責任を持つ.〔溜 liū 〜〕責任逃れする.〔〜宽〕〈方〉交際の広いこと.〔〜儿硬〕能力がある.能力が備わる.重任を負える.

肩背 jiānbèi 背負う.

肩背 jiānbèi 肩と背.

肩并肩 jiānbìngjiān 肩を並べる.肩を並べて一緒になっている.〔〜地前进〕肩を並べて一緒に進む.

肩不能挑,手不能提 jiān bùnéng tiāo, shǒu bùnéng tí 肩で物を担ぐこともできないし,手で物を提げることもできない:多く肉体労働のできない人(青白きインテリなど)を嘲笑して言う.

肩带 jiāndài [生理]〔ｺ〕帯:両肩一帯の骨格.人間では鎖骨と胸骨.

肩负 jiānfù 担う.背負う.肩で支える.〔〜光荣的职责〕光栄ある職責を担う.〔我们〜着经济建设的重大责任〕我々は経済建設という重大責任を負っている.

肩胛 jiānjiǎ ①肩.〔肩膀①〕に同じ. ②[生理]肩胛.〔〜骨 gǔ〕〔鞞 bó 骨〕〔饭 fàn 匙 chí 骨〕〔方〕琵 pí 骨〕肩胛骨.かいがら骨.〔胛骨〕ともいう.

肩摩毂击 jiānmó gǔjī 肩と肩がすれあい,車のこしきとこしきとがぶつかる.〈喩〉人や車の往来が込み合うこと〔毂击肩摩〕ともいう.

肩摩踵接 jiānmó zhǒngjiē 肩と肩がすれあい,くびすとくびすが触れ合う.〈喩〉人が込み合うさま〔摩肩接踵〕に同じ.→〔比 bǐ 肩继踵〕

肩上传球 jiānshàng chuánqiú [ス](送球やパスの)オーバースロー:〔肩上投 tóu 球〕ともいう.→〔传球〕

肩酸痛 jiānsuāntòng [医]肩こり.

肩随 jiānsuí〈文〉追随する.随行する.

肩挑 jiāntiāo 肩に担ぐ.担う.

肩头 jiāntóu ①肩の上.〔〜有力养一口,心头有力养千口〕口の力では一人しか養えないが,心に力があれば万人を養える.②〔方〕肩.

肩窝(子) jiānwō(zi) 肩のくぼんだところ:〔肩窝儿〕ともいう.

肩舆 jiānyú〈文〉こし:前後から二人あるいは二人以上で肩に担ぐ.→〔舆(II)②〕〔轿 jiào〕

肩章 jiānzhāng 肩(ｶﾀ)章.

肩周炎 jiānzhōuyán [医]肩関節周囲炎.俗に四十肩,五十肩という.

〔猏〕 jiān [古]三歳の獣(豚)

jiān

〔艰・艱〕 jiān
①困難である.難しい.→〔艱難〕.〔文〕父または母の喪に服す.〔丁〜〕〔丁忧 yōu〕父または母の死に遭う.〔丁内〜〕母の死に遭う.〔丁外〜〕父の死に遭う.

艰巨 jiānjù はなはだ困難である.並大抵ではない.〔〜的任务〕並大抵ではない困難な任務.

艰苦 jiānkǔ 困難辛苦する.〔备尝〜〕〈成〉艱難辛苦を受ける.〔〜奋斗〕〈成〉悪戦苦闘する.刻苦奮闘する.〔〜的岁月〕苦難に満ちた年月.〔生活很〜〕生活がとても苦しい.〔〜卓绝〕〈成〉苦難のはなはだしいさま.〔〜朴素〕〈成〉苦しみに耐えて質素である.

艰困 jiānkùn つらく容易でない.

艰难 jiānnán 困難(である).〔伟大而〜的事业〕偉大な苦難に満ちた事業.〔这条路很〜〕この道はきわめて険しい.〔〜的过程〕苦しく難しい過程.〔〜险阻〕〈喩〉人生の困難と挫折.〔〜困苦〕〈成〉艱難困苦.

艰涩 jiānsè 〈文〉①(文章が)ごつごつしてわかりにくい.文章で支障が多い.

艰深 jiānshēn (道理・文章が)晦渋(かいじゅう)なこと.

艰危 jiānwēi (国家・民族が)困難で危ない.

艰险 jiānxiǎn 困難で危険である.〔十分〜〕大変危ない.

艰辛 jiānxīn 困難で苦しい.〔历 lì 尽〜,方有今日〕辛苦をなめ尽くしたあげく,やっと今日がある.

〔兼〕 jiān
①兼ねる.兼ね合わす.〔〜做两种买卖〕二つの商売を兼営する.〔身〜数职〕一人で数個の職を兼ねる.〔〜而有之〕両方を兼ね具える.〔某某另有任用,某某着 zhuó 免本〜各职〕〈公〉某は他に任用するところあり,某はその本来職を免ずる.②かねて.あわせて.〔德才〜备〕徳と才を兼ね備える.③倍加する.〔〜程而进〕2倍の速力で進む.④〈姓〉兼(け)

兼爱 jiān'ài 〈文〉兼愛(ひ):墨子の唱えた説.〔〜交利〕彼我双方を同様に愛し,双方を利する.

兼报 jiānbào (受験の)併願(する).掛け持ち申し込み(をする).

兼备 jiānbèi 兼ね備えている.〔文武〜〕文武を兼備している.

兼并 jiānbìng 併合する.買収する.〔秦 qín 始皇〜天下〕秦始皇帝が天下を統一した.〔〜他们的企业〕あの企業を買収する.

兼差 jiānchāi 他の職務を兼ねる:〔兼职①〕の旧称.

兼程 jiānchéng 〈文〉夜を日についで.2日の行程を1日で行くこと.〔倍 bèi 道〕に同じ.〔〜前进〕まっしぐらに前進する.

兼顾 jiāngù 同時にいくつかに注意を向ける.〔同时〜三方面〕同時に三方に心をかける.→〔统 tǒng 筹兼顾〕

兼管 jiānguǎn 兼ねて管轄する.

兼毫 jiānháo 柔毛と剛毛,すなわち羊の毛と狼の毛とを混ぜて作った筆.

兼及古今 jiānjí gǔjīn 〈成〉古今にわたる.〔罗列事例,〜〕事例を羅列して古今にわたっている.

兼具 jiānjù 兼ね備える.

兼课 jiānkè (教師が)授業科目を兼任する(こと).

兼类 jiānlèi 二つ以上の品詞を兼ね備えている.〔〜词〕両用の単語.

兼理 jiānlǐ 兼任して処理する.

兼全 jiānquán 〈文〉兼ね備わる.〔文武〜〕文武を兼ねる.〔福寿〜〕福と寿を兼ね具える.

兼权熟计 jiānquán shújì 〈成〉多面的に比較して十分に考慮する.

兼人 jiānrén 〈文〉人に倍して優れた人.

兼任 jiānrèn 兼任している.〔〜教授〕兼任教授(をする).→〔专 zhuān 任〕

兼容 jiānróng 包容する.〔〜机 jī〕〔電算〕④互換機.⑤自作機.〔〜性 xìng〕ⓐ包容性.⑤〔電算〕互換性.〔〜并 bìng 包〕〈成〉異なるものを同時に受容する.

兼擅 jiānshàn 多種多芸である.

兼施 jiānshī 同時に二つの方法を使う.〔软 ruǎn 硬〜〕硬軟両様の手段を使う.

兼收并蓄 jiānshōu bìngxù 〈成〉相反するものもまるごと受け入れる.

兼祧 jiāntiāo 〔旧〕一人で同族中の両家の跡継ぎをする.

兼听 jiāntīng 〈文〉双方あるいは多方面の声を聞く.〔〜则 zé 明〕〈成〉多くの意見をよく聞けば是非が明らかになる.〔〜则明,偏信则暗〕同前で,一方だけを聞いて信じるなら真相は明らかにならない.

兼通 jiāntōng 両方に通暁(ぎょう)する.

兼习 jiānxí あわせ修める.〔英文和俄文〜〕英語もロシア語も学習する.

兼辖 jiānxiá 兼ねて統轄する.

兼旬 jiānxún 2旬.20日間.

兼业 jiānyè 兼業.〔〜户〕兼業農家.〔农业〜户〕農業生産を主とする同時,〔非农业〜户〕農業生産を副とする同時.

兼营 jiānyíng 兼業する.

兼有 jiānyǒu 兼有する.

兼语 jiānyǔ 〖語〗〈句〉兼語文.

兼之 jiānzhī その上.かつ.加うるに.〔人手不多,〜期限迫近〕人手が少ない上に期限が迫っている.→〔加 jiā 以②〕

兼职 jiānzhí ①兼職する.〔他兼了三个职〕彼は三つの仕事を兼職している.〔〜薪〕兼職して給料も兼ねる.②兼任.非専任.〔〜教授〕兼職教授.兼職教授.②〔辞去〜〕アルバイトの仕事を辞める.

〔蒹〕 jiān
〈文〉穂の出ていない若い葦.〔〜葭 jiā〕同前.

〔搛〕 jiān
(箸で)挟む.〔〜菜〕おかずを挟む.

〔缣・縑〕 jiān
〈文〉極細の二子糸(ふたこいと)で織った絹.かとり.

缣帛 jiānbó きめの細かな絹織物:紙のまだなかった古代に字を書くために使った.

缣素 jiānsù 書画に用いる白地の絹.

〔鹣・鶼〕 jiān
〖古〗伝説中の比翼の鳥:〔〜〜〕ともいう.→〔比 bǐ 翼连理〕

鹣鲽 jiāndié 〈文〉比翼の鳥と魚のかれい.〔喩〕仲睦まじい夫婦:〔鲽鹣〕ともいう.

〔鲣・鰹〕 jiān
〖魚〗ボウズガレイ(科の魚).〔大 dà 口〜〕〖魚〗ボウズガレイ.→〔蝶 dié 鱼〕

〔监・監〕 jiān
①監視する.〔〜考〕試験の監督をする.②監獄.刑務所.〔〜舍 shè〕〔〜房 fáng〕牢屋.〔〜仓 cāng〕獄房.〔〜外就 jiù 医〕刑務所外で治療をうけること.〔坐〜〕〔坐牢〕牢につながれる.〔收〜〕牢に入れる.〔外执行〕牢外で服役する.→ jiàn

监测 jiāncè 監視測定(する).モニタリング(する).〔〜器 qì〕モニター.測定器.

监察 jiānchá 〔〜部〕公務員の不正をあばく中央機関.〔〜工作〕監察業務.〔〜专员〕スーパーバイザー.管理監視員.

监察权 jiāncháquán 〔旧〕五つの治権のうちの一:官吏を監察する権利(弾劾権と会計検査権)

监察委员会 jiānchá wěiyuánhuì =〔监委〕監察委員会.

监察院 jiāncháyuàn 〖民〗五つの一:全国の最高監察

823

jiān~jiǎn

機関.(行政について)弾劾・会計検査などのことを司る.

监场 jiānchǎng ⇒[监考]

监督 jiāndū ①監督(する).督促(する).[接受~]監督を受ける.[~电话]苦情受け付け電話. ②同前を行う人.[舞台~]舞台監督.

监督岗 jiāndūgǎng 監督所.[商品质量~]商品品質監督所.

监督哨 jiāndūshào 監視所.[设立~]監視所を設立する.

监犯 jiānfàn 獄中の犯罪者.

监工 jiāngōng =[督dū 工]①現場監督する. ②人夫(ᵃ⁾)頭.現場監督.

监管 jiānguǎn 監督管理する.

监规 jiānguī 刑務所(服役)規則.

监候 jiānhòu [法]死刑判決を受けた者に対し執行猶予を行い[秋qiū 审]のチャンスを与えること.

监护 jiānhù ①監督保護(する).[~室 shì]モニターつきの病室や獄房. ②[法](未成年者および禁治産者を)後見(する).[~权]同前の権利.[~人]後見人.

监禁 jiānjìn 監禁する.

监考 jiānkǎo =[监场]試験監督(をする).→[主zhǔ 考]

监控 jiānkòng 監督しコントロールする.

监牢 jiānláo ⇒[监狱]

监理 jiānlǐ 管理監督(する)

监临 jiānlín 視察監督する.

监票 jiānpiào (選挙で)投票開票の立ち会い(をする).[~人]同前の立会人.

监审 jiānshěn 監査審査する.

监视 jiānshì ①見張る.見張りする.[~居jū 住][法]在宅監視する.[~哨shào]見張り番. ②モニターで見張る.[~程chéng 序][電算]モニタープログラム.[~器qì]モニター(器).監視カメラ装置.

监事 jiānshì 監事.[~会]監事会.

监守 jiānshǒu ①管理する.保管する. ②監視する.見張りする.

监守自盗 jiānshǒu zìdào [慣]自分が保管監視する財物を盗む.

监听 jiāntīng ①傍聴監視する. ②(放送内容を)モニターする.

监委 jiānwěi ⇒[监察委员会]

监外执行 jiānwài zhíxíng [刑]刑務所外執行.

监押 jiānyā ①監禁する.身柄を拘束する. ②護送する.

监友 jiānyǒu 刑務所仲間.獄友.

监狱 jiānyù =[监 牢]監獄.刑務所:[<口>大dà 牢]ともいう.

监造 jiānzào 監督して造る.

监制 jiānzhì ①商品の製造を監督する(こと). ②(映画・テレビの)監督製作する(者)

[渐・漸] jiān

〈文〉①浸す.潤す. ②流れ込む(入る).[佛fó 教东~]仏教が西方から東方へ伝わってくる. → jiàn

渐摩 jiānmó 〈文〉練磨しみ込ませる.感化する.

渐染 jiānrǎn 〈文〉長期の間に浸透し染まる.

渐渍 jiānzì ①しみ込む. ②感化する.

[菅] jiān

[植]カルカヤ,メガルカヤ(近縁種):イネ科の多年生草本.ささら・はけなどを作るのに用いられる.[苓 líng 草]ともいう. ②[姓]菅(ᵏ)

[湔] jiān

〈文〉洗う.雪(ᵗ)ぐ.[~雪 xuě]冤罪を晴らす.[~洗 xǐ]洗いすすぐ.[~祓 fú]禍をすすぎ除く.みそぎをする.

[煎] jiān

①料理法の一種.食材(卵・豆腐・魚など)を少量の油で表面にこげ目がつく程度に焼く.[~豆腐]豆腐を油で焼く.またその豆腐.[~鸡蛋]卵を焼く.また目玉焼き.→[炒 chǎo ①][炸 zhá ①] ②煎じる.煮出す:材料を水の中で長時間煮て,そのエキスを煮出すこと. ③量詞.漢方薬を煎じる回数に用いる.[头~]一番煎じの湯薬.[吃~~药就好]薬を一回煎じて飲めばよい. ④苦しめられる.焦り苦しむ.

煎熬 jiān'áo [喩]苦しめられる.いびられる.[饱受~备受~]いやと言うほど苦しみをなめる.[他经不住~离开了家乡]彼はいたたまれぬ苦しみに堪えきれず故郷を離れた.

煎饼 jiānbǐng 苦悩を強いる.責めたてる.

煎饼 jiānbǐng [食]小麦粉や雑穀粉を水で薄く糊状にとき,これを平鍋に流してパリッと焼きあげたもの.中国風クレープ:[油yóu 条]やその他[~炒 chǎo 菜][馃 guǒ 子]などを巻いて食べる.地方によって粟の粉などを用いたり,香料や甘味をつけたりする.

煎茶 jiānchá 茶を煎じる.茶を煮出す.

煎堆 jiānduī 〈方〉[食]旧正月に食べる瓜・胡麻・白砂糖で作ったあんを入れたもち米の団子.油で揚げて食べる.

煎服 jiānfú (漢方薬を)煎じて飲む.

煎锅 jiānguō 揚げもの・油いためなどに使う底の浅くて丸い中国式鍋.[平底~]フライパン.

煎饺子 jiānjiǎozi →[饺子]

煎剂 jiānjì 煎じ薬.

煎迫 jiānpò 切迫する.差し迫る.

煎心 jiānxīn 気をもむ.あせる.

煎药 jiānyào 生薬を煎じる.またその煎じ薬.→[成 chéng 药][生 shēng 药]

煎鱼 jiānyú 油をしいた鍋で魚を焼く.またその魚(料理)

煎灼 jiānzhuó [喩]苦しめられる.焼かれるように苦しむ.

[缄・緘(械)] jiān

(I)[缄]①封じる.封をする. ②封筒を封じる:封筒の左側から下にこの字を書くことがある.[信皮上写着"刘~"]封筒に劉が封をした(すなわち差出人は劉)と書いてある. ③〈姓〉缄(ⁿ)

(II)[械]〈文〉書簡.手紙.[读几~]数通の手紙を読んだ.

缄封 jiānfēng 封をする.

缄口 jiānkǒu 〈文〉口を閉じる.言葉を慎む.[~不言]口をつぐんでしゃべらない.[~如瓶 píng,防意如城]〈成〉決して口外しないこと.[~结舌]〈成〉口を固く閉じてものを言わない.→[闭 bì 口]

缄密 jiānmì 密封する.

缄默 jiānmò 沈黙する.口を閉じて言わない.

缄札 jiānzhá 〈文〉書信.手紙.

[瑊] jiān

〈文〉玉に似た美石.[~玏 lè]同前.

[犍] jiān

去勢した雄牛:[~牛]は通称.[老~]年とった同前. → qián

[韉] jiān

〈文〉騎射した時の弓矢を入れる道具.

[熸] jiān

〈文〉火が消える.〈転〉戦いに敗れること.[楚chǔ 师~]楚国の軍隊が大敗する.

[韉・韈] jiān

〈文〉したぐら:鞍の下に敷くもの.[鞍 ān ~]鞍と同前.

[囝] jiān

〈方〉①息子.せがれ.[阿~]同前:親しみを込めた呼称. ②むすめ.→[囡 nān]

jiǎn

〔枧・梘〕
jiǎn ①〈方〉石鹼.〔番 fān ~〕洗濯石鹼.石鹼.〔香 xiāng ~〕〔香皂〕化粧石鹼.浴用石鹼.〔~盒〕石鹼箱. ②⇒〔笕〕

枧黄 jiǎnhuáng 色黄の一種.〔酸 suān 性~〕色メタニールイエロー.

枧水 jiǎnshuǐ ⇒〔碱水①〕

〔笕・筧〕
jiǎn ①〔枧②〕筧(かけひ).〔水~〕同前.〔屋~〕雨どい.

〔拣・揀〕
jiǎn ①選ぶ.選びとる.〔挑~沙子〕(米などに混じった)砂粒を拾い出す.〈喩〉異分子を排除すること.〔~好的吃〕よいものを選んで食べる.→〔挑 tiāo (I)①〕 ②⇒〔捡①〕

拣发 jiǎnfā 酒候補補人員から適任者を選んで任用する(こと)

拣佛烧香 jiǎnfó shāoxiāng 〈喻〉相手を見てそれに応じた扱いをする.

拣精拣肥 jiǎnjīng jiǎnféi 〈喻〉なにかと注文をつけうるさく選ぶ.

拣破烂儿 jiǎnpòlànr ⇒〔捡破烂儿〕

拣取 jiǎnqǔ 選び取る.拾いあげる.

拣选 jiǎnxuǎn 〈文〉選択する.〔~衣料〕服地を選び取る.

拣择 jiǎnzé 選択する.選び取る.

拣字工人 jiǎnzì gōngrén 植字工.→〔排 pái 字〕

〔柬〕
jiǎn ①〔信 xìn 件〕(書簡).〔名 míng 片〕(名刺).〔帖 tiě 子〕(書きつけ)などの総称.〔请~〕〔请帖〕招待状. ②〈文〉選ぶ.

柬埔寨 jiǎnpǔzhài カンボジア.〔高 gāo 棉〕は別称.首都は〔金 jīn 边〕(プノンペン).〔民主~〕〔民東〕(民主カンボジア),〔高棉人民共和国〕を経て1993年再び〔~王国〕となる.〔红 hóu 色高棉〕旧ポルポト政権.

柬帖 jiǎntiě 書き付け.書状(総称)

柬邀 jiǎnyāo 招待状を出して招待する.

〔睐〕
jiǎn 〈文〉明るい.

〔茧・繭(蠒・絸)〕
jiǎn (I) 繭(蠒・絸)]-儿.〔~子〕繭(蠒).〔蚕 cán ~〕蚕のまゆ. (II) 繭]① [~子〕(手・足にできる)たこ.〔~手 shǒu〕〔长~的手〕手まめのできた手. ②〈姓〉繭(姓)

茧绸 jiǎnchóu 繭絁 繭綢(繭紬 jiǎnchóu)〔~丝绸〕の旧称.〔柞蚕〕(サクサン・山繭)の糸で織った絹織物.〔山东柞丝绸〕山東柞蚕絹布.→〔蚕 cán 丝〕

茧壳 jiǎnqiào 繭殻.

茧儿 jiǎnr →字解(I)

茧丝 jiǎnsī ①生糸. ②〈喻〉人民から搾り取る税金.

茧衣 jiǎnyī 繭のけば:繭の外側のばらばらの糸.

茧子 jiǎnzi ①繭. ②(手足にできる)たこ.〔趼子〕とも書く.〔手上~出来了〕手に豆ができた.

〔俭・儉〕
jiǎn ①倹約する.つつましい.〔~办 bàn〕節約してやる.〔勤 qín ~办企业づくし働き倹約して,企業を経営する.〔省吃~用〕食べるもの,使うものを倹約する.↔〔奢 shē ①〕 ②〈文〉凶作.〔~岁 suì〕凶年:〔歉 qiàn 岁〕に同じ. ③〈姓〉倹(姓)

俭薄 jiǎnbó 〈文〉ほんのわずかである.

俭腹 jiǎnfù 〈文〉知識の貧弱なこと.

俭朴 jiǎnpǔ 倹約して實素である.〔服装~〕みなりが質素である.〔过~的生活〕つましい暮らしをする.→〔简朴〕

俭省 jiǎnshěng =〈文〉倹約する.〔节 jié 省〕に同じ.〔他过日子很~,一个钱も不乱花彼の暮しぶりはつましく,一銭もむだ使いしない.

俭学 jiǎnxué 費用を節約しながら勉強する.〔勤工~〕苦学する.

俭约 jiǎnyuē ⇒〔俭省〕

〔捡・撿〕
jiǎn ①=〔拣②〕〔检④〕拾い集める.拾いあげる.〔~回〕回収する.〔~柴 chái〕たきぎを拾う.〔~麦穗〕落穂を拾ったのです.〔这是拾ら~的一个命〕命拾いをした.〔煤渣〕石炭くずを拾う.〔~了一条命〕命拾いをした.〔总~着人家爱听的说就没错儿〕必ず相手が喜ぶようなことを言えば間違いはない.〔~了个便宜〕うまい汁をすった.

捡粪 jiǎnfèn 糞を拾う.〔~的带花儿〕糞拾いが花をつける.〈喻〉鼻持ちならない.外面を飾る.→〔掏 tāo 粪〕

捡骨 jiǎngǔ ⇒〔改 gǎi 葬〕

捡了芝麻,丢了西瓜 jiǎnle zhīma, diūle xīguā 〈諺〉ごまを拾いあげて西瓜をなくした:一文惜しみの百知らず.〔捡〕は〔拣〕〔抓 zhuā〕ともいう.→〔贪 tān 小失大〕

捡漏 jiǎnlòu 雨漏れを探し,漏れを直す.

捡漏儿 jiǎnlòur 〈口〉①人の隙につけ込む. ②揚げ足をとる.

捡破烂儿 jiǎn pòlànr 〔拣破烂儿〕とも書く. ①くず拾いする.〔~的〕くず拾い. ②〈喻〉人のおこぼれにあずかる.

捡拾 jiǎnshí 拾い取る.

捡洋落儿 jiǎnyánglàor 〈口〉外国人が捨てていったものを拾うこと.〈喻〉意外な得をすること.おこぼれにあずかる.

〔检・檢〕
jiǎn ①検査する.点検する.検閲する.防ぐ. ②(行為に対する)用心・わきまえ・慎み・けじめをもつ.〔言行不~〕言行にしまりがない.〔言语失~〕言語に慎みがない. ③固書籍の題签(笺). ④⇒〔捡①〕 ⑤〈姓〉检(姓)

检波 jiǎnbō 電検波:高周波電流に乗せられた,信号波をとり出す作業.〔~器〕検波器.

检测 jiǎncè 検出測定する.〔~器〕検出器.

检查 jiǎnchá ①検査する.〔~合格证〕検査合格証.〔~身体〕健康診断する.〔再仔细~一遍〕もう一度よく調べてみなさい.〔~标 biāo 签〕検査済札. ②(検査のために)資料・文献を調べる. ③自己批判(する).反省する.〔思想〕思想をチェックする.〔写~〕反省(自己批判書)文を書く.→〔检讨①〕

检察 jiǎnchá ①法(司法機関が)犯罪事実を審し告発する.〔~官〕 検察官.検事.〔助理~员〕補助検事.〔~机关〕検察機関.〔~长〕④検事総長.⑤主任検事.〔~院〕検察庁.〔法 fǎ 院〕〔审 shěn 理〕参照. ②⇒考察する.

检场 jiǎnchǎng 劇①旧芝居の上演中に幕を降ろさず道具の出し入れをすること. ②芝居の道具方.

检点 jiǎndiǎn ①調べ数える.ひとつひとつつあたって調べる.〔~行李〕荷物を点検する. ②(言行上の)慎み.〔失于~〕言行に慎みが欠ける.〔你对饮食要多加~〕君は食事をするのに気をつけるようにしなさい.

检定 jiǎndìng 調べて判定する(こと)

检核 jiǎnhé 審査する.つき合わせて調べる.

检获 jiǎnhuò 押収する.没収する.

检校 jiǎnjiào 〈文〉つき合わせ検査する.

检斤 jiǎnjīn 目方を検査する.

检举 jiǎnjǔ (悪事を調べて)摘発する.(悪事を働いた者を)告発する.〔~箱〕告発の手紙または文章を入れる箱.

检控 jiǎnkòng 法摘発(し)告訴(する).〔刑事~〕刑事事件として同前.

jiǎn 检硷睑剪

检漏 jiǎnlòu （電気などの）漏れ検査(をする).

检录 jiǎnlù ⊠（選手の入場またはスタートの前に）点呼をとる．招集する．〔～员〕招集係．

检票 jiǎnpiào 切符を調べる．検札する．改札する．〔～处〕改札口．〔～员〕〔查 chá 票〕

检审 jiǎnshěn ①〈文〉調べて明らかにする．②（車・運転手などの）検査・審査．

检试 jiǎnshì 検査測定する．

检视 jiǎnshì （目視）検査する．（現場）検証する．

检束 jiǎnshù 気をつける．注意深く行動する．

检索 jiǎnsuǒ 検索する．〔便 biàn 于～〕検索に便利である．〔联 lián 机～〕電算 オンライン検索．

检讨 jiǎntǎo ①自己批判する：自己の間違いを反省する．自分の起こした問題を点検，総括して，文書あるいは口頭で公表すること．〔这是我的～书，请组织上给予处分〕これが始末書(自己批判書)です，どうか組織に処分されるようお願いします．〔写了书面～〕反省文(始末書)を書いた．→〔检查③〕②検討する．調べてみる．〔这问题还要再一一下儿〕問題はもう一度研究してみる必要がある．

检修 jiǎnxiū ①（徹底的に分解して）検査と修理(をする)．点検修理（する）．〔～孔 kǒng〕（进 jìn 人孔）マンホール．〔每月一次〕每月１回点検修理する．〔～汽车引擎〕自動車のエンジンをオーバーホールする．→〔甲 jiǎ 检〕〔中 zhōng 修〕②見直し修正する．

检眼镜 jiǎnyǎnjìng 医検眼鏡．

检验 jiǎnyàn （実際に）検査する．テストする：標準・規格にあるか否かを調べる．〔严格～制品质量〕厳格に製品の質を検査する．〔～测规〕検査用ゲージ．〔～员〕@〔法〕検屍官（検験吏）は旧称．〔件 wù 件〕は古語．ⓑ検査員．〔～证 zhèng 书〕検査証明書．

检疫 jiǎnyì 検疫（する）．〔～旗〕検疫旗（黄色）．〔～法〕検疫法．〔～所〕検疫所．

检阅 jiǎnyuè ①調べ確かめながら見る．さわったり見たりして調べる．②（軍隊など）査閲する．〔～仪仗队〕儀仗隊を観閲する．

检阅赛 jiǎnyuèsài 小手調べ（の試合）

检孕卡 jiǎnyùnkǎ 妊娠診断試験紙．

检字 jiǎnzì （字引で）字を調べる．〔～法〕〔查 chá 字法〕文字検索法：特に漢字検索法をいい，それには〔部首～法〕〔音序～法〕〔四角号码～法〕などがある．〔～表〕〔～目〕

〔硷・鹼（礆・鹻）〕 jiǎn ⇒〔碱〕

〔睑・瞼〕 jiǎn ①まぶた：〔眼 yǎn ～〕は通称．〔上 shàng ～〕〔口上眼皮(儿)〕上まぶた．〔下 xià ～〕〔口下眼皮(儿)〕下まぶた．②南昭代(現在の雲南省)におかれた行政単位：〔州〕に相当する．

睑腺炎 jiǎnxiànyán 医麦粒腫〔麦 mài 粒肿〕の別称．

〔剪（翦）〕 jiǎn ①〔-子〕鋏(はさ)．〔一把～〕〔一把一刀〕1丁のはさみ．②鋏状のもの．〔夹～〕やっとこ．〔火～〕火ばさみ．ⓑパーマ用のこて．③断ち切る．鋏で切る．〔拿剪子～断〕鋏で切りとる．〔指甲～〕爪を切る．④取り除く．除き去る．〔白〕横に払う．横なぐりに振る．⑥〈文〉両手を組む．後手に組む．⑦（姓）剪(xuǎn).

剪报 jiǎnbào 新聞の切り抜き（する）．スクラップ（する）．〔～簿 bù〕スクラップブック．

剪裁 jiǎncái ①裁断する．（生地を）裁つ．②〈転〉（文章を作る時）材料を取捨選択する．

剪彩 jiǎncǎi （落成式などで）五色のテープを切る．〔～礼〕〔～仪式〕テープカット．除幕式．

剪草除根 jiǎncǎo chúgēn 〈成〉（悪人や弊害を）完全に除去する．根絶する．〔斩 zhǎn 草除根〕に同じ．

剪除 jiǎnchú （悪人・悪い勢力などを）根絶する．取り除く．

剪床 jiǎnchuáng 機剪断（機）．押し切り機．

剪刀 jiǎndāo ①鋏(はさ)：〔剪子①〕に同じ．②機鋏工具．

剪刀差 jiǎndāochā 経鋏状価格差．シェーレ．

剪刀股 jiǎndāogǔ 植オオジシバリ：多年生の匍匐(ほ)性雑草．

剪断截说 jiǎnduàn jiéshuō 〈慣〉かいつまんで言う．簡単に述べる．〔剪短截说〕〔简短捷说〕ともいう．

剪发 jiǎnfa 理髪する．頭を刈る：ふつう〔理 lǐ 发〕という．〔～为尼〕剃髪して尼になる．

剪发推子 jiǎnfa tuīzi ＝〔推子〕バリカン（理髪用具）：〔电 diàn 推子〕は電気バリカン．

剪拂 jiǎnfú ①はらい清める．②〈白〉礼拝する：遊び人仲間の隠語．

剪辑 jiǎnjí 劇①（映画フィルムなどを）編集する：撮影した原フィルムを切りつないで編集すること．カッティング．〔剪接②〕ともいう．〔影片～〕モンタージュ．→〔蒙 méng 太奇〕②編集された作品．

剪接 jiǎnjiē 劇〔剪辑①〕に同じ．

剪径 jiǎnjìng 〈白〉追い剝ぎ(をする)．辻強盗（をする）→〔路 lù 劫〕

剪口铁 jiǎnkǒutiě 原鋼板．

剪理 jiǎnlǐ （髪を）切り整える．〔给儿子～了〕息子に散髪してやった．

剪力 jiǎnlì 物剪断応力．

剪绺 jiǎnliǔ ＝〈文〉绺窃〉〈白〉すり．巾着切り：〔扒 pá 手〕に同じ．

剪毛 jiǎnmáo ①羊の毛の刈り込み(をする)．羊毛を刈る(こと)．②紡剪毛する．

剪灭 jiǎnmiè 根こそぎ取り除く．滅ぼし尽くす．

剪片 jiǎnpiàn （映画の）フィルムカットの一種．

剪票 jiǎnpiào 切符に鋏を入れる：〔铰 jiǎo 票〕ともいう．〔～处〕改札口．〔～铗 jiá〕〔轧 yà 票钳〕パンチ（改札の）．〔～员〕〔改札係．

剪钳 jiǎnqián 機（金切り鋏・線鋏などの）挟み切り工具．ニッパー．

剪切 jiǎnqiē ①工剪断する．②物横ずれ．剪断．〔～形变〕剪断ひずみ．〔電算切り取り．

剪秋萝 jiǎnqiūluó 植チョウセンマツモト：センノウ(仙翁)の一種．ナデシコ科多年生草本．

剪绒 jiǎnróng 紡添毛織(仕上げ織物)．ビロード(総称)．〔棉～〕〔棉天鹅绒〕〔假 jiǎ 天鹅绒〕綿ビロード．〔雷 léi 司～〕レーヨンビロード．

剪式 jiǎnshì ⊠〔跳 tiào 高〕（走り高跳びなど）のはさみ跳び(正面跳び)：〔～跳高〕ともいう．

剪贴 jiǎntiē ①切り取って貼りつける．〔～簿 bù〕スクラップブック．〔认为有保存价値的～在笔记本上〕保存する価値があると認められるものを切り抜いてノートに貼りつけておく．→〔剪报〕②（児童の）切り紙(細工)．③電算カット・アンド・ペースト．〔～板〕クリップボード．

剪秋罗 jiǎnxiùluó 植ガンピ：ナデシコ科多年生草本．〔剪春 chūn 罗〕ともいう．

剪影 jiǎnyǐng ①切り抜きを作る．②影絵の切り抜き．シルエット．③〈転〉アウトライン描写．簡略なスケッチ．〔看到名匠的～〕名匠の片鱗を見る．

剪应力 jiǎnyìnglì 剪剪断内力．〔切 qiē 应力〕は旧称．→〔剪切②〕

剪直 jiǎnzhí 〔方〕まっすぐである．

剪纸 jiǎnzhǐ 切り絵．切り紙細工．→〔刻 kè 纸〕

剪纸片(儿) jiǎnzhǐpiàn(r) 劇（切り絵が原画の）アニメーション．→〔动 dòng 画片〕

jiǎn

剪子 jiǎnzi 鋏(ばさ).→字解① ②じゃんけんの"はさみ"."チョキ".→[铰 bēn 铰裹]

[揃] jiǎn 〈文〉切断する.分割する.

[谫・譾(譾)] jiǎn 〈文〉浅薄である.〔学識~陋 lòu〕学識が浅薄である.

[翦(翦)] jiǎn 〈姓〉翦(け)→[剪]

[鬋] jiǎn ①〈文〉(女性の)おさげ髪.〔丰 fēng 容盛~〕成(い)(女性の)ふくよかな顔だちと豊かな髪の毛. ②〈文〉髪を切る(り整える). ③〈姓〉鬋(け)

[减(減)] jiǎn ①引く.減ずる.減らす.〔~一成〕1割減少する.〔~轻负担〕負担を軽減する.〔去一半〕半減する. ②衰える.低まる.〔工作热情有增无~〕仕事への意欲がますます高まるばかりである.〔体力不~当年〕体力は昔とちっとも変わらない. 数ひく.マイナスする.〔七ー四得 dé 得 3〕7 ひく 4 は 3(7−4=3). ↔[加 jiā ①~③] ③〈姓〉减(げん)

减半 jiǎnbàn 半減する.
减笔字 jiǎnbǐzì =[简笔字]筆画を簡単にした字.略字.→[简化汉字]
减仓 jiǎncāng 圃(株などを)手離す.→[建 jiàn 仓]
减产 jiǎnchǎn 減産する.生産量を減らす.〔招致~〕減産を招く.↔[增 zēng 产]〔欠 qiàn 产〕
减秤 jiǎnchèng 〈文〉風袋の重さを差し引く.
减除 jiǎnchú ~痛 tòng 苦 苦しみを除きやわらげる.〔~负 fù 担〕負担を軽くする.
减低 jiǎndī 下げる.低める.〔~速度〕速度を落とす.
减发股利 jiǎnfā gǔlì 商株式配当の減配.
减法 jiǎnfǎ 数減法.引き算.→[加 jiā 法]
减肥 jiǎnféi ダイエットする.(肥満した)体重を減らす.〔为了~,不敢吃甜的东西〕やせるために甘いものを口にしない.〔~药 yào〕ダイエット薬.
减分(儿) jiǎnfēn(r) 減点する.↔[加 jiā 分(儿)]
减幅 jiǎnfú 減少幅.
减负 jiǎnfù 負担(金)を減らす.〔~减薪〕負担と給与を減らす.
减号 jiǎnhào 数マイナスの符号"−".↔[加 jiā 号]→[负 fù 号(儿)].
减耗 jiǎnhào 目減り.
减河 jiǎnhé 放水路.分水路.本流の水量を減らすために作った水路.〔引河〕に同じ.
减缓 jiǎnhuǎn 速度・程度を下げる.〔~进程〕進度を緩やかにする.
减价 jiǎnjià 値引き(する).値下げ(する).〔大~〕大割引き.大売り出し.〔~抛 pāo 售〕値引きして投げ売りする.→[放 fàng 盘(儿)]
减交 jiǎnjiāo 支払い金額を減らす.
减亏 jiǎnkuī 欠損を減らす.〔~增盈〕赤字を減らして黒字を増やす.
减料 jiǎnliào (ごまかして)材料を少なく使う.
减慢 jiǎnmàn 速力が落ちて遅くなる.
减免 jiǎnmiǎn (租税・刑罰などを)減免する.
减摩 jiǎnmó 工減摩.摩擦を減らす.〔~轴 zhóu 承〕〔滚 gǔn 动轴承〕減摩軸受.〔~合金〕〔巴 bā 氏合金〕
减轻 jiǎnqīng 軽減する.軽くする.〔疲 pí 劳没法恢复,但工作的繁忙却丝毫没有~〕疲労は回復することができないが,仕事のほうの多忙さはいささかも軽減されない.〔体重~了两公斤〕体重が 2 キロ減った.
减去 jiǎnqù =[减却]引き去る.削減する.

减却 jiǎnquè 同上.
减让 jiǎnràng (譲歩して)負担を軽くしてやる.(要求を)削減する.
减弱 jiǎnruò (勢いや力を)弱める.弱まる.〔~国力〕国力を弱める.〔风势~〕風の勢いが弱まった.〔体力大大~〕体力がひどく衰える.
减色 jiǎnsè ①輝きが薄らぐ.不振である.見劣りする.事物の外観・評判などに.〔营业颇为~〕営業がさこぶる不振である.↔[起 qǐ 色] ②〈文〉色がさめる.〔~法〕(映画・写真の)減色法.→[退色 tuìshǎi] ③銀貨の〔成 chéng 色①〕(純分)が劣ること.
减膳 jiǎnshàn 〈文〉食膳の料理の品数を減らす.
减少 jiǎnshǎo 少なくする.減少する.減らす.〔~人员〕人員を減らす.〔经过自己的努力,缺点~了〕自分の努力によって欠点が少なくなった.↔[增 zēng 加]
减声器 jiǎnshēngqì 消音器.マフラー.
减省 jiǎnshěng ①節約する.〔俭省〕〔节 jié 省〕に同じ.〔他过日子过得很~〕彼は暮らしをきりつめている. ②省く.減らす.
减收 jiǎnshōu 収入が減る.収穫が減る.
减数 jiǎnshù 数減数. ②数が減少する〔~分裂 liè〕生命減数分裂.
减水 jiǎnshuǐ ①水量を減らす.〔~坝 bà〕洗い堰(ぜき). ②⇒[贴 tiē 水①]
减速 jiǎnsù スピードを落とす.減速する.〔~器 qì〕減速装置.〔~运动〕物減速運動.〔~齿 chǐ 轮〕機減速ギア.〔~剂 jì〕機〔慢 màn 化剂〕緩和剤.減速剤.
减损 jiǎnsǔn 減少する.すり減らす.
减缩 jiǎnsuō 減らす.縮減する.〔~开支〕支出を減らす.
减粜 jiǎntiào 〈文〉災害などの際,政府が貯蔵米を出して市価より安く売ること.
减退 jiǎntuì (程度が)減る.減じる.〔雨后炎热~了许多〕雨が降って暑さが大分やわらいだ.↔[增 zēng 进]
减污 jiǎnwū 汚染を減らす.公害を減らす.
减息 jiǎnxī 利息を引き下げる.利息を減額する.
减薪 jiǎnxīn 減給する.減俸する.
减刑 jiǎnxíng 法減刑する.
减削 jiǎnxuē 削り減らす.削減する.
减压 jiǎnyā 〔~阀 fá〕機減圧バルブ.
减音器 jiǎnyīnqì 機サイレンサー.
减员 jiǎnyuán ①減員となる. ②(部隊・企業などの)組織・人員削減による.リストラ.
减灾 jiǎnzāi 災害を減らす.
减灶 jiǎnzào 〈文〉味方のかまどの数を次第に減らして,軍勢が少なすぎると見せかけ,敵の油断を見すまして一挙に敵を葬った春秋戦国時代の孫臏の詭計;反対に,後漢の虞詡のかまどだけを急に増やし,援軍が到着したかのように見せかけ危機を脱した計略を[增 zēng 灶]という.
减噪 jiǎnzào 雑音を減らす.
减震 jiǎnzhèn ショック吸収.衝撃減衰.免震.〔~器 qì〕ショックアブソーバー.緩衝装置.
减征 jiǎnzhēng (税金や作物の)徴収を通常より軽くする.
减政 jiǎnzhèng 政治の機構や人員を簡素化する.
减重 jiǎnzhòng 目方を減らす.減量する.体重を減らす.
减皱霜 jiǎnzhòushuāng しわとりクリーム.
减字(指)谱 jiǎnzì(zhǐ)pǔ 〈文〉古琴の楽譜;唐末民頃の古琴家が略字を符号として表したもの.
减租减息 jiǎnzū jiǎnxī 因(抗日戦争期に行われた)小作料や利息の引き下げ.

jiǎn

减碱跰裥铜简

减租退押 jiǎnzū tuìyā 利息を減らし担保を返す.

碱(鹼) jiǎn
═[硷].❶塩基.アルカリ:〔亚 yà 尔 加 里〕音 訳.〔盐 yán 基〕は旧称.〔~性土壤〕アルカリ性土壤.〔生物~〕アルカロイド.❷(アルカリ性の侵蝕を受けては げ落ちる.変質する.〔好好儿的罐子怎么~了〕立派な缶がどうして腐食したか.〔新砌的墙を~了〕新しい煉瓦壁一面に白い斑紋がでた.〔苏 sū 打〕は音訳.ふつう精製された〔纯 chún ~〕をいう.古来よく用いられている天然産のアルカリ性物質で、塊状または煉瓦状(厚板状)で採掘される.成分は〔碳 tàn 酸鹼〕(炭酸ナトリウム)であり〔碳酸氢鹼〕(重曹)ではない.〔土 tǔ ~〕精製されていないもので洗濯用・工業用に用いられるもの.〔~食品の製造・加工などに用いられるもの.〔火 huǒ ~〕〔烧 shāo ~〕は〔氢 qīng 氧化鹼〕(苛性ソーダ)の俗称.〔老 lǎo ~〕は〔碳酸鉀〕(炭酸カリウム)の俗称.〔洗衣可以用~〕洗たくにはソーダを用いてよい.

碱草 jiǎncǎo ⇒〔羊 yáng 草〕

碱大 jiǎndà マントウ・うどんなどを作る時ソーダを入れ過ぎたことをいう:練った粉の色が黃色を呈し、渋味がある.反対にソーダの少な過ぎたものは味が酸味を帯び〔碱小〕という.

碱地 jiǎndì アルカリ性の土地:〔盐~〕ともいう.

碱度 jiǎndù 化アルカリ度.

碱化 jiǎnhuà ①化アルカリ性にする.塩基化する.②耞アーセリゼーション.

碱荒 jiǎnhuāng 塩分・アルカリ分のある荒地.

碱灰 jiǎnhuī ソーダ灰.

碱金属 jiǎnjīnshǔ アルカリ金属:〔钠 nà〕(ナトリウム),〔鉀 jiǎ〕(カリウム),〔鋰 lǐ〕(リチウム),〔銣 rú〕(ルビジウム),〔銫 sè〕(セシウム),〔鈁 fāng〕(フランシウム)6種の金属元素の総称.柔らかく軽い金属で、種々の元素とよく化合し、常温で水を分解して水素を発生させるもの.→〔土 tǔ 金属〕

碱面儿 jiǎnmiànr (食用や洗濯用の)重曹・粉末ソーダ.

碱蓬 jiǎnpéng 植マツナ.

碱式 jiǎnshì 〔化〕塩基性(の).アルカリ性(の):同前を持つことを表し、語の初めに付ける.〔~安全灯〕アルカリ安全灯.〔~硫 liú 酸盐〕化アルカリ性硫酸塩.〔~硝酸铋〕化塩基性硝酸ビスマス.〔~盐 yán〕塩基性塩.アルカリ式塩.

碱水 jiǎnshuǐ ①枧水(枙): 中華そばを作る時に発酵材として粉にこね混ぜる天然ソーダの水.広東地方では〔枧水〕ともいう.②(灰水)

碱滩 jiǎntān 地アルカリ土湿地.

碱土 jiǎntǔ ソロネッツ.アルカリ性土類.〔~金 jīn 属〕アルカリ土類金属:〔钙 gài〕(カルシウム),〔钡 bèi〕(バリウム),〔铍 pí〕(ベリリウム),〔镁 měi〕(マグネシウム),〔锶 sī〕(ストロンチウム),〔镭 léi〕(ラジウム)6種の総称.

碱性 jiǎnxìng 化塩基性.アルカリ性:〔盐 yán 基性〕は旧称.〔~槐胺〕〔~胺〕オーラミン:〔~染黃〕は旧称.〔~菊醇〕クリソイジン:〔盐基金黃〕は旧称.〔~催 cuī 化剂〕塩基性触媒.〔~反应〕アルカリ性反応.〔~染 rǎn 料〕塩基性染料.〔~蕊 ruò 丹 dān 明〕ローダミン.〔~氧 yǎng 化物〕塩基性酸化物.〔~岩〕区アルカリ岩.〔~油.施基性油〕〔~盐 suān 性.〕

碱性品红 jiǎnxìng pǐnhóng ⇒〔一 yī 品红①〕

碱中毒 jiǎnzhòngdú 医アルカローシス.アルカリ中毒.アルカリ血症.

跰(骿) jiǎn
(手足にできる)たこ.〔~子〕は通称.〔老~〕固くなった同前.〔足 zú ~〕足にできる同前.

跰子 jiǎnzi (手足にできる)たこ.胼胝:〔茧子②〕とも書く.〔〔口〕腓 jiǎng 子〕〔文〕胼 pián 胝〕ともいう.→〔鸡 jī 眼②〕

裥·襉 jiǎn
衣服の布地につけた褶(zh).〔打~〕同前をつける.→〔褶 zhě〕

铜·鐗 jiǎn
固武器の一種.細い鞭状の鉄または铜の棒. → jiàn

简·簡(簡) jiǎn
(I)①簡単で繁雑し〜〈成〉繁雑なものを削って簡単なものにする.〔言→意骸〕〈成〉言葉は簡単だが意味は広い.↔〔繁 fán ①〕②省略する.簡素にする.〔~办 bàn〕(婚礼や葬儀を)簡素化する.③(人を)疎略に扱う.軽んじる.④〈文〉手紙.〔书~〕书信[書簡.手紙.⑤〈姓〉簡(に).
(II)簡(かん).古代に文字を書くのに用いた竹片:また木片のものを〔牍 dú ①〕〔札 zhá(I)①〕といい、総称して〔策 cè ③〕という.
(III)〈文〉選ぶ.選抜する.〔~拔〕同前.

简板 jiǎnbǎn 劇旧劇の語りなどの伴奏に使う打楽器:木または竹の細長い板2枚を折り重ねてつなぎ、片手で打ち合わせて鳴らす.→〔渔 yú 鼓〕

简版 jiǎnbǎn ①固字を書いた木の札・竹片:手紙として用いた.→〔木 mù 简〕 ②(映画やコンピュータソフトなどの)ダイジェスト版.

简报 jiǎnbào 簡単な報告(報道).短いニュース.ブリーフィング.ダイジェスト.

简本 jiǎnběn 略本.抄本.ダイジェスト版の本.コンサイス版の本.

简笔字 jiǎnbǐzì 略字:〔减笔字〕に同じ.

简编 jiǎnbiān ①〈文〉書籍.②概略を著した書物:多く書名に用いる.

简便 jiǎnbiàn 簡便である.〔这种方法很~〕こういう方法はとても手軽だ.

简表 jiǎnbiǎo 簡単な表.略表.

简并 jiǎnbìng 簡略化して統合する.

简册 jiǎncè 〔策冊〕とも書く.①固文字を書いた竹や木の細い板を綴じたもの.②〈転〉書籍.

简称 jiǎnchēng 略称(する)〔省 shěng 称〕ともいう.〔化学肥料→化肥〕化学肥料は略称"化肥"である.→〔全 quán 称〕

简单 jiǎndān ①単純である.手軽である.他头脑太~〕彼は全く単純な男だ.〔~地说〕早い話だ.〔~明了 liǎo〕簡単明瞭(である).〔这个机器的构造比较~〕この機械の仕組みわりと簡単だ.〔~商品生产〕経単純商品生産〔小 xiǎo 商品生产〕ともいう.〔~协 xié 作〕経単純協業.〔~再生产〕経単純再生産.〔~劳 láo 动〕単純労働.〔~化 huà〕簡単にする.↔〔复 fù 杂〕 ②(経歴・能力などが)平凡である.並みである:多く否定に用いる.〔真不~呢!大したものだな.↔〔不 bù 简单〕③無造作である.雑である.〔~从事〕いいかげんに処理する.

简牍 jiǎndú 〈文〉①古代,文字を書くのに用いた竹片や木片:〔策 cè ③〕に同じ.②手紙.书简.書籍.

简短 jiǎnduǎn 簡単で短い(く).簡潔である(に).〔文章要~生动〕文章は簡潔で生き生きしたものがよい.

简而言之 jiǎn ér yánzhī 〈慣〉簡単に言えば:〔简言之〕ともいう.

简方 jiǎnfāng 医略略な処方.

简分数 jiǎnfēnshù 数単分数.

简复 jiǎnfù 簡単に答える.〔如下〕以下の如くお返事いたします.

简古 jiǎngǔ〈文〉簡潔で古めかしく分かりにくい．
简化 jiǎnhuà 簡略化する．簡単にする．〔~手续〕手続きを簡単にする．
简化汉字 jiǎnhuà hànzì 🔲漢字の字体を簡略にする．〔简体字；简化字；简体字〕ともいう．1956年漢字簡化方案〔[一简]〕が公布され，その後逐次追加され，1964年〔简化字总表〕に載せられた2238字の略字．1977年第2次漢字簡化方案草案〔[二简]〕が発表され，第1表の248字が即時試用されたが不評のため徹回され，1986年にこれを全面的に取り消すと共に，個別的に少数の字が訂正された〔简化字总表〕が印行された．→〔印 yìn 刷通用汉字字形表〕
简洁 jiǎnjié 簡潔である：多く言語文章を指していう．
简捷 jiǎnjié ①〔简截〕とも書く．直截(\ぽ)である．簡単明快である．〔把那件事情简捷~地说说吧〕その事の次第をかいつまんで話しましょう．②単刀直入である．ずばりと言う．
简捷了当 jiǎnjié liǎodàng〈成〉簡潔できっぱりしている．簡明直截である．
简介 jiǎnjiè ①要点を説明する．②案内書．簡単な説明書．
简劲 jiǎnjìng〈文〉簡潔で力強い．
简况 jiǎnkuàng 概況．およその様子．
简括 jiǎnkuò かいつまむ．簡単に総括する．〔主席在会议结束时作了~的总结〕議長は閉会にあたり簡潔な総括を行った．
简历 jiǎnlì 略歴．
简练 jiǎnliàn 簡潔で要領をつかんでいる．簡単であるが要領がよい．練れている：〔简练〕とも書いた．〔文章~〕文章がよく練れている．〔~地刻划了新面貌〕簡潔に要領よく新しい様相を描き出している．
简陋 jiǎnlòu 貧弱である．粗末である(建物や設備が)．
简略 jiǎnlüè =〔简约①〕簡略である(にする)．
简慢 jiǎnmàn ①手を抜く．おろそかにする．②〈挨〉お粗末で失礼します．〔~、~〕同前．
简明 jiǎnmíng 簡明である．簡単明瞭である．〔~英日词典〕コンサイス英和辞典．〔~扼 è 要〕〈成〉簡明瞭で要点おさえられている．〔~本．演説などで〕．
简评 jiǎnpíng 簡評(を加える)．短評(をする)．
简朴 jiǎnpǔ 質素である．つましい．〔生活~〕暮らしぶりが地味である．〔~的语言〕飾り気のない言葉．→〔俭朴〕
简谱 jiǎnpǔ 🔲略譜．中国式ドレミ：1から7までの数字をドレミにあてる．
简切 jiǎnqiè 簡明で要を得ている．
简释 jiǎnshì 簡単な注釈(を加える)
简任 jiǎnrèn 〔~特 tè 任官〕
简省 jiǎnshěng 省く．簡素にする．
简史 jiǎnshǐ 簡史．略史．
简式 jiǎnshì ①🔲単項式．②簡略式(の)
简释 jiǎnshì 簡単な説明・注釈(を加える)
简述 jiǎnshù 略述(する)
简帅 jiǎnshuài 飾らず率直である．
简素 jiǎnsù ①竹簡と白絹：古代に文字を書くのに用いた．②簡素である．
简缩 jiǎnsuō 縮減する．縮小する．
简体 jiǎntǐ 🔲(漢字の)省略した書体．〔~字〕略字．⑤简体字：〔简化字〕の通称．↔〔繁 fán 体〕
简帖 jiǎntiē〈文〉書簡．
简图 jiǎntú 略図．
简谐运动 jiǎnxié yùndòng 🔲単振動．
简写 jiǎnxiě 簡略化して書く．🔲〔见是简的〕"见"は"见"の簡体字．

简亵 jiǎnxiè〈文〉①軽んじ侮る．②礼を失する．
简讯 jiǎnxùn 短い記事．
简雅 jiǎnyǎ 簡雅である．
简言之 jiǎnyánzhī ⇒〔简而言之〕
简要 jiǎnyào 簡潔で要領を得ている．〔~地叙述〕簡単で要領よく述べる．
简易 jiǎnyì ①手軽でやり易い．②簡易である．本格的でない．〔~公路〕簡易道路．〔~病床〕簡易病床．〔~房〕〔~棚 péng〕バラック住宅．プレハブ住宅．
简约 jiǎnyuē ①⇒〔简略〕②質素である．きりつめている．
简则 jiǎnzé 簡単な規則．
简章 jiǎnzhāng 簡潔に定めた規則．略則．要項．
简政放权 jiǎnzhèng fàngquán 行政の関与を減らし，また権限を下級に移すこと．
简直 jiǎnzhí ①まるで．すっかり．全くの所．〔~不知道〕全く知らない．〔~不是个东西〕全くのでだめだ．〔他的相貌声音，~和他哥哥一样〕彼の顔と声はまるで兄さんとそっくりだ．②簡明直截に．あからさまに．まっすぐに．〔~直说出来〕率直に言う．〔~地走、別拐弯儿〕まっすぐに行きなさい、曲がってはいけません．③〈方〉いっそのこと．思いきって．〔什么事？你~说吧〕なんのご用か．どうせならずばりと言って下さい．
简质 jiǎnzhì 簡単で飾り気がない．
简装 jiǎnzhuāng 簡易包装(の)．→〔精 jīng 装②〕
简字 jiǎnzì ①略字．⇒〔简化汉字〕〔减笔字〕②🔲清末，労乃宣らの考案した表音文字．

[戩(戬)] jiǎn〈文〉①消滅する．取り除く．②幸福．⇒〔二 èr 郎神〕

[謇] jiǎn〈文〉①まっすぐである．義を曲げない．②発語の辞．〔~辞 cí〕直言．〔~谏 jiàn〕直諫(\ぱ)する．③言葉(発音)が滑らかに出ない．〔~吃 chī〕〔謇吃〕同前．

謇谔 jiǎn'è〈文〉直言する．歯に衣(\ぽ)着せない．

[蹇] jiǎn〈文〉①悩みに悩む．困窮する．〔贫 pín ~〕貧困．〔幼时遭遇~〕幼い頃の境遇は非常に困窮していた．②〈文〉足を引きずる．〔跛 bǒ ~〕〔足~〕同前．③〈文〉難渋する．すらすらゆかない．いき悩む．④〈文〉驕る．〔骄 jiāo ~〕同前．⑤〈文〉駑馬な．(足の悪い)ロバ．⑥〈文〉蹇(\ぱ)：六十四卦の一．⇒〔蹇〕

蹇吃 jiǎnchī〈文〉言葉が滑らかに出ない：〔謇吃〕とも書く．

蹇蹇 jiǎnjiǎn〈文〉①主君に忠貞で直諫してはばからぬさま．②剛直で人におもねらないさま．

蹇驴 jiǎnlǘ〈文〉足の不自由なロバ．〔転〕のろま．

蹇人 jiǎnrén〈文〉足の悪い人．〔~上天〕〈成〉不自由な足で天に上る：不可能なこと．

蹇涩 jiǎnsè〈文〉①歩行が困難である．うまく動けない．②順調でない．〔命运~〕運が悪い．

蹇运 jiǎnyùn〈文〉不運．巡り合わせの悪いこと．

蹇滞 jiǎnzhì〈文〉事の都合よく運ばないこと．

蹇拙 jiǎnzhuō〈文〉①〔文辞が〕拙劣である．②運が悪くて事が運ばない．

[灒] jiǎn〈方〉(液体を)まく．あける．

[剪・剗] jiǎn〈文〉はさみ(で切る)．〔剪~〕①~③に同じ．

[见・見] jiàn (I)①目に入る．見える．〔视而不~〕見えていても気がつかない．〔目睹 dǔ 眼~〕あなたの目で見る．〔没~他来〕彼が来たことは目で見ていない(見かけなかった)．〔车已经不~了〕車はもう(跡形もなく)見えなくなっている．〔~电报归〕この電報を見たらすぐ帰れ．〔~信回〕〔~牍〕この手紙を見たらすぐ帰れ．〔~过世面的〕世の中の経験を積んでいる人．→

jiàn

〔看 kàn〕②会う.面会する.〔接~〕来客と会う.〔劳模去~主席〕模範労働者が主席を訪問する.〔主席出来~劳模〕主席が出てきて模範労働者に会う.〔请~〕面会を求める.〔我去~他了,可是没~着 zháo〕わたしは彼に会いに行ったが会えなかった.〔你们二位一一~〕あなたがたお二人顔合わせをなさいよ.〔一~如故〕〈成〉一度会ただけで旧知の如く親しくなる.〔改天~〕いずれまた(お目にかかりましょう).〔回头~〕またあとで(お会いしましょう).③出会う.接触する.〔这种色布怕~太阳〕この種の色布は陽にさらすと色が飛ぶ.〔~风就裂〕風にあたると割れる.〔到野地里~~风,就有精神了〕野原へ出て風にあたれば元気がでる.④〔~瘦 shòu〕〔病已~好〕病気はもうよくなっている.〔也不~好〕なかなかよくならない.〔他~老了〕彼は年をとった.〔行市~涨 zhǎng〕相場が騰貴する.〔~诸行动〕これを行動に現す.〔日~兴旺〕一日一日と盛んになる.〔三三~九〕〔三三得九〕(乗法の)三三(ぞぅ)が九.⑤見る.参照する.〔~附表〕付表を参考のこと.⑥出る.出てくる.現れ出る.〔挖坑~了水〕穴を掘ったら水が出た.〔~了血〕たたかれて血が出てきた.〔~汗 hàn〕汗がにじむ.〔小孩子~得晚〕子どもを生むのが遅い.⑦知る.わかる.理解する.思う.(…と)感じる.〔不~得好〕よいとは思えない.〔现在大家纪念他,可~他的精神感人之深〕(毛・紀念白求恩)いま人々は彼を記念しているが,これを見ても,彼の精神がどんなに深く人々を感動させているかがわかる.〔不~有动静〕動く気配がない.⑧見方.考え.意見.〔浅~〕浅い見識.〔高~〕ご高見.〔有成~〕先入観がある.〔寻 xún 短~〕自殺する.⑨動詞の後に置いて,見る・わかる・出会うなどの結果を表す.〔听~〕聞こえない.〔遇 yù ~〕〔碰 pèng ~〕出会う.〔闻~②〕(においを)感じる.⑩〈口〉…のたびごとに.→〔见天(儿)〕⑪〈姓〉见(现)

(Ⅱ)動詞の前に置いて,①受動を表す.〔~笑〕笑われる.〔他~问就说…〕彼は問われて…と言った.〔有能心~用,有德心~收〕(韩愈:师)才能があれば必ず用いられ,徳があれば必ず受け入れられる.〔反省认错,~容于党〕反省し間違いを認めたので党の許しを得る.②相手の自分に対する行為をいう.…していただく.〔~示〕示してくれる.〔尚希~谅〕どうぞご了承を願いたい.〔私下~告〕こっそり教えてくれる. → xiàn

见爱 jiàn'ài 〈文〉愛されてる.愛顧を蒙る.

见报 jiànbào 新聞に載る.〔这篇文章明天就可以~〕この文章は明日新聞に載ります.

见背 jiànbèi 〈文〉(目上の人に)死なれる.〔你祖太爷~之后,〕お前のおじいさんが亡くなられてから….〔生ungen六月,慈父~〕わたしは生まれて6か月で,父に死なれた.

见不得 jiànbude ①人前に出しては見せる訳にいかない.〔长得丑陋不堪,~人〕顔が不細工で,とても人前に出せない.②さらせない.あててるとだめになる.〔~阳光〕太陽光線にあてられない.③〈方〉見慣れない.見たくない.→〔见得〕

见财起意 jiàncái qǐyì〈成〉金銭を見て悪心を起こす.

见长 jiàncháng …に秀でている.たけている.〔以数学~〕数学を得意とする. → jiànzhǎng

见称 jiànchēng〈文〉知られている.名がある.〔该刊以消息灵通~〕同誌は消息の早いことで知られている.

见得 jiàndé …と見得る.判断できる.決定できる:否定または疑問(文)に用いられ.〔不~〕そうは理解できない.そうは思われない.〔怎么~呢〕どうしてわかりますか.〔怎么~他来不了〕どうして彼が来ないと見るの.〔不见得〕〔不 bù 见得〕

见底 jiàndǐ ⓐ底が見える.〈喩〉⑥(市況の)底値が見える.⑥結局のところがあらわになる.

见地 jiàndì 見地.見解.〔~很高〕見識が高い.

见多识广 jiànduō shíguǎng〈成〉博識で見聞が広い.

见方 jiànfāng 平方:長さを示す語の後に置いて,一辺をその長さとする正方形(の面積)を示す.〔六米~的地〕6メートル平方の場所. →〔平 píng 方〕

见访 jiànfǎng ご訪問くださる.

见分晓 jiànfēnxiǎo 事情や結果の行方がはっきりする.

见风使舵 jiànfēng shǐduò〈成〉風向きを見ながら舵を動かす.情勢に対応して態度を決める.日和見を決めこむ.〔见风转舵〕〔见风使帆〕ともいう. →〔看 kàn 风使舵〕

见风是雨 jiànfēng shì yǔ〈喩〉わずかな痕跡を見るだけで,軽率な断定を下して行動する. →〔得 dé 着风就是雨〕

见缝插针 jiànfèng chāzhēn〈喩〉わずかな隙・ひまを利用する.

见缝就钻 jiànfèng jiù zuān〈成〉隙を見つけたらすぐ潜り込む:ぬけ目なく立ち回る.

见复 jiànfù〔牘〕返事をくれる(下さる).〔尚希~〕どうぞご回答をお願いします.

见高低 jiàngāodī 力の高下が見える.優劣がわかる.腕比べする.〔我不服他,总得见个高低不行〕わたしは彼に服し得ない,どうしても勝敗を決しなけりゃならない.

见告 jiàngào →字解(Ⅱ)②

见功 jiàngōng 效果が現れる.

见怪 jiànguài ①(相手がこちらを)悪く思う.咎(とが)める.怪しむ.〔您不要~〕悪く思わないで下さい.〔见不怪了〕お咎めするような(つまらない)ことをしまして. →〔见好②〕②怪しいもの(こと)を目にする.

见怪不怪 jiànguài bùguài〈成〉意外なことにも驚かない.〔~,其怪自败〕怪異を見ても動じないならば,その恐しさは自然に消失する.

见官 jiànguān〈白>法廷に出る.訴えて出る.〔那也不怕,出了地边儿,就敢跟他~〕(梁・紅26)そんなもの恐ろしかない,出るところへ出て,奴らを訴えてやる.

见光 jiànguāng ①ぴかぴかに磨きをかける.②日の光が見える.

见鬼 jiànguǐ ①お化けに出会う.不思議なこと(おかしなこと.変なこと)にあう.おかしな目に遭う.信じ難い目に遭う.〔你见了鬼了!〕そんなばかなことがあるものか.〔真他妈的~,借他五十元钱,一个月光是利钱就得给二十元〕くそっ,50元借りて1か月に利息だけで20元なんてて.〔见人说人话,见鬼说鬼话〕②〔~去!〕ちくたばれ!〔让一切可徒统统~去吧〕反逆者は全部地獄に送ってやる(くたばってしまえ).

见好 jiànhǎo ①よくなる(主に病気のよくなること).〔他的病~了〕彼の病気はよくなった. →〔见轻〕②人によく思われる. →〔见怪①〕

见好(儿)就收 jiànhǎo(r) jiù shōu =〔得 dé 好就收〕〈成〉よいところを見ておく.ぼろが出ないうちにやめる.潮時を見てひきさがる.

见红 jiànhóng〈口〉出産の兆しがあらわれる.

见惠 jiànhuì お恵み下さる.

见 jiàn

见机 jiànjī 機を見る.情勢を見る.〔～而行〕〔～而作〕〔～而动〕機を見てしかるべく行動する.〔～ xíng 事〕〈成〉機会を見はからって事をやる.情勢を見て事を進行する.

见教 jiànjiào〈尊〉教えられる.ご教示下さる:教示を受けた時の言葉.〔您有什么～〕何か（申しつけられる）ご用がありますか.ご教示を聞かせて下さい.

见解 jiànjiě 見解.見方.考え方.〔您的～怎么样〕あなたの見解はいかがですか.装 zhuāng 出很有～的样子〕いかにも見識のありそうな様子をする.→〔意 yì 见①〕

见景伤情 jiànjǐng shāngqíng ⇒〔对 duì 景伤情〕

见景生情 jiànjǐng shēngqíng ①〈成〉ある情景に接して感慨をもよおす:〔触 chù 景生情〕〔即 jí 景生情〕ともいう.②〈成〉臨機応変に対処する.

见客 jiànkè ①来客に会う.客を接待する.②〔旧〕〔打 dǎ 茶围〕(妓女をひやかすこと)で,妓女が客に顔見せすること.

见老 jiànlǎo（人の様子が）老ける.老いた感じが現れる.

见棱见角 jiànléng jiànjiǎo〈成〉①折り目正しい.②才気が外に表れている:〔棱〕〔楞〕とも書く.

见礼 jiànlǐ〈白〉挨拶をする.〔彼此见了礼让坐〕お互いに礼をしてから座をすすめた.

见利忘义 jiànlì wàngyì〈成〉利に目がくらんで道義を忘れる.

见谅 jiànliàng お許しいただく.〔即请～〕〔謄〕ご了察をお願いする.

见猎心喜 jiànliè xīnxǐ〈成〉他人のやっているのを見て,（昔とった杵（きね）づかを思い出して）やってみたくなる.見て腕がむずむずする.

见马克思去 jiàn mǎkèsī qù マルクスに会いに行く.〈喩〉（共産主義者が）あの世へ行く(死ぬ)こと.

见面 jiànmiàn ①会う.顔を会わせる.対面する.〔见过一回面儿〕一回会ったことがある.〔我们长时间没～了〕わたし達は長い間会っていない.〔很少～〕あまり顔を会わす機会がない.②（面会して）意見交換をする.考え方の交流をする.〔～以本人·本物を公開しての発表会.〔思想～〕腹を割って話す.本音を打ち明けあう.〔媒体～会〕記者会見.マスコミ発表会.→〔接 jiē 见〕

见面礼(儿) jiànmiànlǐ(r) ①初対面の挨拶.②初対面の人にあげる贈り物.手みやげ（多く目上の者から年少者にわたす場合）.金品の場合は〔见面钱〕ともいう.

见年 jiànnián〈口〉毎年:〔每 měi 年〕に同じ.

见票后定期付款 jiànpiàohòu dìngqī fùkuǎn =〔定期兑款〕〔圖〕手形の一覧後定期払い.

见票后定期票据 jiànpiàohòu dìngqī piàojù〔圖〕一覧後定期支払手形.

见票即付 jiànpiào jífù〔圖〕(手形の)一覧払い.

见票即付票(据) jiànpiào jífù piào(jù)⇒〔即票〕

见钱眼开 jiànqián yǎnkāi 金を見てにっこりする.〈喩〉金に貪欲なこと.

见俏 jiànqiào 売れ行きがよい.

见消草 jiànqiāocǎo ⇒〔含 hán 羞草〕

见轻 jiànqīng 軽くなった様子が見える(病気が).〔病不～〕(病気は)軽くなった様子が見られない.

见情 jiànqíng〈方〉感謝する.感激(する)

见人 jiànrén ①人と顔を会わせる.人と面会する.〔你做下这种事,将来见人～呢?〕きみはこんなことをして,将来人に顔をどう向ける.〔～说人话,见鬼说鬼话〕〈喩〉臨機応変に相手次第で対応する.人つき合いに如才ない事.②立会人.

见仁见智 jiànrén jiànzhì〈成〉見方は人によって異なる:〔仁者见之谓之仁,知者见之谓之知〕(易経・繁辞上)の略.

见上帝去 jiàn shàngdì qù〈喩〉あの世へ行く(死ぬ)こと:〔去见上帝〕ともいう.

见神见鬼 jiànshén jiànguǐ 疑い恐れる.疑心暗鬼である.〔～地寻觅了半晌〕狐につままれたように長いこと探した.

见示 jiànshì 示してくれる.〔幸蒙～〕〔謄〕幸いにもご教示くれました.

见势 jiànshì 形勢を見てとる.〔货主～也不愿照价再卖出〕品物を持っている方でもそうした形勢を見てとり,値段通りにそれ以上売ろうとしない.〔不妙,拔腿就跑〕形勢不利と見て,さっと逃げ去る.

见事风生 jiànshì fēngshēng〈成〉事に当たってすばやく処理すること.

见世面 jiànshìmiàn 世間を知っている.世の中の経験を積んでいる.〔见过世面〕世故にたけている.→〔经 jīng 风雨,见世面〕

见识 jiànshi ①経験し見聞を広める.〔到各处去～〕あちこち行って見聞を広める.〔稀罕的东西,自然愿意～～〕珍しいものなら,勿論見せてもらいたいですね.②見聞による知識.見識.〔～很少〕見聞がせまい.〔～广〕見聞が広い.〔长 zhǎng～〕見識を高める.〔不要和他一般～,彼と同じような考えすてはならない.彼の相手になっては〔とりあってはならない.

见树不见林 jiànshù bù jiànlín〈諺〉木を見て森を見ない:〔只见树木不见森林〕ともいう.

见死不救 jiànsǐ bùjiù〈成〉見殺しにする.人の危急に手をこまねく.

见所未见 jiàn suǒ wèijiàn〈成〉見たこともないことに会う.大変珍しいこと.→〔闻 wén 所未闻〕

见台阶下 jiàn táijiē jiàxià〈慣〉渡りに舟.潮時.〔小崔也知道自己得罪了照顾主人,那么,既得到桐芽的同情与照应,也该～〕(老・四・惶 6)小崔も自分がお客のごきげんを損ねてしまったことを知った,桐芽の同情ととりなしがあったのを潮にひきさがるべきであった.

见天(儿) jiàntiān(r)〈口〉毎日:〔见天见〕〔见天价 jia〕ともいう.

见天日 jiàntiānrì 日の目を見る.〈喩〉光明を見る.→〔重 chóng 见天日〕

见兔顾犬 jiàntù gùquǎn〈成〉兎を見てから犬を呼ぶ.〈喩〉事が切迫していても急いで対処すれば間に合うこと.

见外 jiànwài 他人扱いをする.〔一点也不开诚布公地说,太～了少しも腹を打ち明けないで話すなんて,ずいぶん水臭い.〔您可别～〕(客に対する挨拶語)どうかご遠慮なさいませんように.

见旺 jiànwàng（市況が）活発である.活況を呈している.

见危授命 jiàn wēi shòumìng〈成〉(国家のために)危機が迫った時,命を惜しまずに献じすること.

见微知著 jiànwēi zhīzhù〈成〉わずかな兆しから成り行きを見通すこと.〔一双～的眼睛〕すべてを見通すような二つの目.→〔一斑知全豹〕

见闻 jiànwén 見聞.経験.〔～很广〕見聞が広い.

见物不见人 jiànwù bùjiànrén〈慣〉物質面だけ見て,人の方への考えが及ばない.

见习 jiànxí 見習い(う).実地練習(をする).〔～技术员〕見習い技術者.〔～编辑〕編集見習い.〔～医生〕インターン.→〔实 shí 习生〕

见喜 jiànxǐ 喜ばしいことがある（めでたいことがある）.〔出门～〕〈成〉門を出れば吉事がある:〔影 yǐng 壁（墙）～〕に漆塗りの板に書いて掛けたり,赤い紙に書いて貼りつけたりする文句.

见小 jiànxiǎo ①微細な点を見抜く.②見識が狭

jiàn

见效 jiànxiào 効を現す.効き目がでる.〔这药吃下去就~〕この薬は飲めばすぐ効き目がでる.
见笑 jiànxiào 人が自分を笑う.笑われる:話者が自分を笑す言い方.〔~您~!〕〔让您~!〕全くお笑い草です.〔叫您~!〕〔让您~!〕全くお笑い草です.〔~大方〕贻 yí 笑大方〕〈成〉識者に笑われる.世間の笑い者になる.〔您可别~〕どうかお笑いにならないで下さい.
见新 jiànxīn 〔方〕古いものを新しいもののように修理すること.
见信 jiànxìn 手紙を見たら.〔即至惠送〕〔續〕着信次第お送り下さい.
见血封喉 jiànxuè fēnghóu 囲ウパスノキ、またその樹液:熱帯に育つ高木でその樹皮から毒液を出す.
见阎老王 jiàn yánlǎowǔ 閻魔様に会うく喩>死ぬ:〔见阎王(爷)〕〔他的病很重,也快~了吧〕彼の病気は重態だ,まもなく死ぬだろう.→〔阎王〕
见一斑知全豹 jiàn yībān zhī quánbào <諺>物の一部分を見て,その全体を推察·判断する.→〔尝 cháng 鼎一脔〕〔管 guǎn 中窥豹〕
见异思迁 jiànyì sīqiān 〈成〉意志が堅固でなく,異なったものを見て気移りがする.
见义勇为 jiànyì yǒngwéi 〈成〉正義を知れば勇気を持って行う.
见于 jiànyú …に見える:文章の出自,または参考べきところを示す場合に用いる.→字解(I)①⑦
见长 jiànzhǎng 伸びるのが目に見えて大きくなる.〔麦苗~了〕麦の芽が目に見えて伸びた.→ jiàncháng
见证 jiànzhèng ①目撃し証人となりうる.証言できる事を目撃する.〔~人〕〔~者〕証人.②〔事件の目撃者である〕証人.証拠品.〔人 rén 证〕〔物 wù 证〕
见知 jiànzhī 〈文〉(人に)知られる.認められる.〔~于上峰〕トップに認められる.
见诸 jiànzhū 〈文〉…に表れている:〔见之于〕の意味.〔~报端〕新聞に見られるところである.
见装货单即付现款 jiàn zhuānghuòdān jífù xiànkuǎn 団積荷書類引換払い.
见状 jiànzhuàng 有様を目にする.状況が分かる.
见字 jiànzì 〔續〕①書面を見たら.書面一見次第.この書面着き次第.〔即祈掷下为盼〕この書面ご覧次第すぐ送付下さい.②回目下の者に出す書簡の冒頭の宛名の下につける語:目上の人に対しては〔~台甫鉴〕,〔~赐 cì 鉴〕などを用いる.
见罪 jiànzuì 〈文〉罪とされる.悪く思われる:自分の行動について相手のとがめを受けること.〔接待不周,请勿~〕〈續〉ご接待は不行き届きですが,あしからずお許しを願います.

〔舰·艦〕

jiàn 軍艦:大型のものをいう.小型で軽快なものは〔艇 tǐng〕という.〔~载 zài (飞) 机〕艦載機.艦上機.〔~对空导弹〕艦対空ミサイル.

舰船 jiànchuán 艦船.
舰队 jiànduì 艦隊.
舰龄 jiànlíng 艦齢:軍艦の建造後の年数.
舰模 jiànmó 模型軍艦.
舰旗 jiànqí 軍艦旗:〔海 hǎi 军旗〕に同じ.
舰桥 jiànqiáo 艦橋.ブリッジ.
舰日 jiànrì 軍一隻の軍艦が海上活動を1日すること.
舰艇 jiàntǐng 艦艇.〔~船 chuán 舶〕
舰位 jiànwèi 航行位置.
舰长 jiànzhǎng 艦長.

舰只 jiànzhī 艦船(総称)

〔晛·覸(覵)〕

jiàn 〈文〉盗み見る.うかがい見る.〔自门隙~之〕戸のすきまから盗み見る.

〔件〕

jiàn ①〔-儿〕一つ一つ数えられるもの.〔零~(儿)〕部品.〔配~〕付属品.〔机~〕機械の部品.〔计~工资〕囲出来高払い工賃.〔案~〕案件.訴訟事件.②文書.〔文~〕①文書.〔来~〕届けて来た文書(品物).〔附~〕付属したもの.同封のもの.〔另~〕(同封しないで)付け添えたもの.〔急 jí ~〕至急書類.③量詞.④事物を数える.〔一~事情〕一つの用事.〔一~活 huó(儿)〕一つの仕事.〔~~儿〕都办好了〕どれもみな片付いた.⑤〔-了〕服·道具.家具などを数える.〔三~一衣服〕服3着.〔几 jǐ ~家伙〕数種の道具.〔一~公文〕一通の公文書.〔一~一~开出来〕一つ一つ書き出す.④〈姓/件〉

件件 jiànjiàn どれも.どの事も.〔~俱全〕何もかもそろっている.
件数(儿) jiànshù(r) 件数.数.

〔泍〕

jiàn 地名用字.〔北~〕囲ベトナムにある.

〔间·間(閒)〕

jiàn ①隔たり.空隙(す).すきま.盲点.みぞ.隔たり.〔中~儿〕<口>中間.まん中.〔乘~〕すきをねらう.②連続しない.間断しない.〔练习不~断〕練習は間断があってはいけない.〔~接认识间接的に知っている.③離間する.仲たがいさせる.〔反~计〕離間をねらう.④〔-儿〕すきをねらう.〔~人〕しのびの者.間者.⑤〈文〉病が癒える.〔病稍~〕病気が少しよくなる.⑥〈文〉こっそりと.ひそかに.〔~从小道出〕ぬけ道から出る.⑦時折.往々.時たま.〔~有之〕往々ある.⑧(作物の播き方の密なものを)間引きする.〔~苗 miáo〕間苗.⑨囮メタ:〔~位〕の略.芳香族有機化合物のベンゼン置換体の2置換基が,間を一つあけて並んでいる形のもの.同じく,2置換基が隣りあっているものを〔邻 lín 位〕(オルソ),相対しているものを〔对 duì 位〕(パラ)という.〔~二胺基苯〕メタフェニレンジアミン.→ jiān

间氨基苯磺酸 jiàn'ānjīběnhuángsuān 囮メタニル酸.→字解⑨
间苯二酚 jiànběn'èrfēn =〈音訳〉雷 léi 琐辛〈音訳〉利B所申〔葉〕レゾルシン(レゾルチン)
间壁 jiànbì ①〈方〉境の壁.②壁隣り.
间道 jiàndào 〈文〉間道.抜け道.近道.
间谍 jiàndié スパイ.間謀:〔间人〕〔间者〕は旧称.〔~飞 fēi 机〕偵察機.〔~卫 wèi 星〕スパイ衛星.→〔侦 zhēn 察〕
间断 jiànduàn 中断する.間をおく.〔不~地〕絶え間なく.間断なく.〔~性〕不連続性.断続性.
间二氮茂乙胺 jiàn'èrdànmào yǐ'àn ⇒〔组 zǔ(织)胺〕
间伐 jiànfá 間伐する.
间隔 jiàngé ①隔て(る).間(をおく).〔莱苗~匀整〕苗の間隔がそろっている.②仕切りをする.〔~号〕なか黒(点):人名中の区切り及び書名と巻·章との区切りを示す符号"·".〔诺尔曼·白求恩〕〔三国志·蜀志·诸葛亮传〕など.→〔标 biāo 点符号〕
间关 jiànguān 〈文〉①<擬>ギシギシ:車のきしむ音.②道が険阻で困るさま.③文字がわかりにくくて読みづらいさま.
间果 jiànguǒ (果物を)摘果する:〔疏 shū 果〕ともいう.〔~间 jiàn 得晚了〕果物を摘果するのが遅かった.

jiàn

间或 jiànhuò たまたま.時たま.〔～他来〕彼は時たま来る.〔这东西、～有用〕これらのものは時たま役に立つことがある.

间接 jiānjiē 間接(に・の).〔～肥 féi 料〕圜間接肥料:石灰・石膏など.〔～工资〕経間接工资.〔～经验〕追体験.〔～任 rèn 意球〕又(サッカーの)間接フリーキック.(水球の)フリースロー.〔～审 shěn 理主义〕法間接審理主義.〔～税〕経間接税.〔～掛布り方〕桂け布り方.〔～推 tuī 理〕間接推理:〔三段论〕はその一つ.〔～选 xuǎn 举〕間接選挙.↔〔直 zhí 接〕

间接汇率 jiānjiē huìlǜ 経間接为替相場:自国通貨1単位に対する外貨の額.↔〔直 zhí 接汇率〕

间苗 jiānmiáo 農〔苗の間引き(をする).→〔定 dìng 苗〕

间人 jiānrén ⇒〔间谍〕

间日 jiànrì 〈文〉一日おき.隔日.

间色 jiānsè ①中間色.赤・黄・青紫の2者を混ぜた色:〔第 dì 二次色〕ともいう.→〔原 yuán 色〕 ②固雑色:服装に使う〔正 zhèng 色①〕以外の色.

间歇 jiànxiē 〈文〉離間する.仲違いさせる.

间位 jiānwèi →字解⑨

间隙 jiànxì ①すきま.暇.〔利用工作～学习〕仕事の暇(ひま)を利用して勉強する.〔用玉米地的～套种绿豆〕トウモロコシ畑のうねの間に緑豆を植える. ②機すきま.がた.

间隙角 jiānxìjiǎo ⇒〔后 hòu 角〕

间歇 jiànxiē ①間欠(の).とぎれとぎれ.〔～齿轮〕〔断续齿轮〕機間欠ギア.〔～工作〕④断続的の労働. ⑤間欠作動.〔～泉 quán〕地〔～热 rè〕医間欠熱.〔～性跛 bǒ 行〕医間欠性跛行症.〔～遗 yí 传〕隔 gé 世遗传〕生命隔世遗伝. ②合間(をおく).休み(を置く).〔利用练习的～参观〕練習の合間を利用して見学する.

间续 jiànxù とぎれとぎれに続く.

间有 jiānyǒu たまにある.たまたまあるː〔间或有之〕の略.

间杂 jiānzá 混ざる.ごっちゃになる.

间者 jiànzhě ⇒〔间谍〕

间作 jiānzuò 農間作ː〔间种 zhòng〕ともいう.→〔单 dān 作〕〔套 tào 作〕

〔涧・澗〕 jiàn 〈文〉谷川.〔山～〕山間の谷川.

涧沟 jiàngōu 〈文〉狭く深い谷.小さい峡谷.

涧溪 jiànxī 〈文〉渓流.

〔锏・鐗〕 jiàn 機車軸受けː車軸の摩擦を減らす働きをする. → jiǎn

〔谏・諫〕 jiàn 〈文〉言葉巧みである.〔～〕同前のさま.

〔饯・餞〕 jiàn (Ⅰ)宴を張ってはなむけする.送別の宴をする.
(Ⅱ)砂糖漬け・蜂蜜漬け(にする).〔蜜 mì ～〕同前.

饯别 jiànbié 同下.

饯行 jiànxíng 〔饯别〕〔送 sòng 行〕〕送別の宴を張る.〔给他～〕彼のために送别会を開く.

〔贱・賤〕 jiàn (Ⅰ)(値段が)安い.〔东西很～〕品物の値段が安い.↔〔贵 guì ①〕 ②地位や身分が低い.卑しい.〔贫〕貧しくて卑しい. ③下品である.さもしい.〔忠心傲奴才,真～！〕甘んじて奴隷になるとは,まったく卑しい. ④卑しむ.軽べつする.〔人皆～之〕人みなこれを卑しむ. ⑤〔謙〕自分に関することもものを指すː〔～羔 yàng〕わたしの病気.〔～辰 chén〕自分の誕生日.〔～齿 chǐ〕自分の年齢.→〔敵 bì ②〕 ⑥〔姓〕賤(せん)

贱骨头 jiàngǔtou 〈罵〉ろくでなし.下司野郎.せっかくの幸福を見向きもしないで,苦労を買ってでる者(皮肉っていう)

贱货 jiànhuò ①安物. ②〈罵〉げす.ろくでなし.あばずれ.

贱价 jiànjià 安値.

贱荆 jiànjīng ⇒〔贱内〕

贱卖 jiànmài ＝〔贱售〕たたき売り(する).〔～不赊 shē〕安売りの掛売りなし.

贱民 jiànmín ①回賤民 (数)ː〔良 liáng 民①〕(平民)に対していう. ②(インドのカースト制度で)不可触賤民.アンタッチャブル.→〔种 zhǒng 姓(制度)〕

贱内 jiànnèi ＝〔贱荆〕〔贱室〕〔謙〕回家内.愚妻ː〔拙 zhuō 荆〕〔贱 qī〕

贱年 jiànnián ⇒〔荒 huāng 年〕

贱坯子 jiānpīzi 〈罵〉ばか.とんまː〔贱皮子〕とも書く.〔坯〕は素焼き上がらない品・れんが.

贱妾 jiànqiè 〔謙〕固わらわ.わたくしː(女性)が自分をいう謙称.

贱躯 jiànqū 〔謙〕回我が身ː自分.

贱人 jiànrén 〈白〉このあま.あばずれː女性を罵る語.

贱声气 jiànshēngqiànqì 〈喩〉こびへつらう時のへりくだったさま(多く声・話し方などを指す)

贱视 jiànshì 見下げる.

贱室 jiànshì ⇒〔贱内〕

贱售 jiànshòu ⇒〔贱卖〕

贱物 jiànwù 〈文〉①安価なもの.安っぽいもの. ②名利を軽視する.甘んずる.甘んずる.→〔脚 tún 儿〕

贱息 jiànxī 〔謙〕愚息.せがれ.→〔脚 tún 儿〕

贱姓 jiànxìng 〔謙〕自分の姓ː〔敵 bì 姓〕に同じ.

〔溅・濺〕 jiàn (液体・泥などが)はねる.とびはねる.〔～了一身水〕全身に水がはねてかかった.〔～了一裤子的泥〕ズボン一面にどろがはねた.〔热水～出来了〕熱湯がはねてとび出た.〔水花四～〕飛沫が四方にとぶ. → jiān

溅落 jiànluò (人工衛星などを)海面に着水させる(こと).〔～水点〕着水地点.

贱洒 jiànsǎ はねる.はねてとび散る.はねが上がる.

〔践・踐〕 jiàn ①足で踏みつける. ②踏みにじる.損なう.だめにする.〔受地主～踏〕地主に踏みつけにされる.〔作～东西〕物を粗末にする. ③実行する.〔～言〕実践(する). ④その地を踏む.その地に行く.〔重 chóng ～其地〕再びその地へ行く.

践冰 jiànbīng 氷を踏む.〈喩〉危険を冒すこと.

践极 jiànjí 〈文〉帝位に登る.即位するː〔建极〕とも書く.→〔即 jí 位〕

践履 jiànlǚ 〈文〉①行く.進んで行く. ②実行する.実践する.

践诺 jiànnuò 〈文〉約束を履行する.→〔践约〕

践石 jiànshí ⇒〔上 shàng 马石〕

践踏 jiàntà ①踏む.踏みつける.〔不要～青苗〕苗を踏んではいけない. ②〈喩〉踏みにじる.〔他们恣 zì 意～日内瓦协议〕彼らは勝手気ままにジュネーブ協定を踏みにじった.

践行 jiànxíng 実行する.実践する.

践言 jiànyán 〈文〉言ったことを実行する.

践约 jiànyuē 〈文〉約束(の会見)を履行する.→〔践诺〕

践祚 jiànzuò 践祚(せんそ)するː帝位に即くこと.→〔即 jí 位〕

〔洊〕 jiàn 〈文〉またもや.何度もː〔荐(Ⅱ)④〕に同じ.〔洪 hóng 水～至〕何度も洪水に遇う.

jiàn

[荐・薦] jiàn (Ⅰ)①推薦する.紹介する.〔推 tuī ～〕〔举 jǔ ～〕同前.〔～人〕❹人を推薦する.ⓑ推薦人.〈文〉供える.ささげる.献じる.〔～酒 jiǔ〕酒を献じる.〔～牲 shēng〕いけにえを供える.
(Ⅱ)〈文〉①草.牧草.②敷き物.むしろ.〔草 cǎo ～〕同前.③敷く.〔以茅 máo 草〕茅を下に敷く.④重ねて.〔洊〕に同じ.〔饥 jī 馑～臻〕飢饉が引き続いて起こる.
荐拔 jiànbá 〈文〉①推薦し抜擢する.②仏教で〕済度する.〔做佛事～亡魂〕仏事を営んで亡魂を済度する.
荐股 jiàngǔ 图推奨株.〔～人〕証券アナリスト.
荐骨 jiàngǔ ⇒〔骶 dǐ 骨〕
荐介 jiànjiè 推薦し紹介する.
荐函 jiànhán ⇒〔荐书〕
荐举 jiànjǔ 推挙する.
荐任 jiànrèn 〔特 t 任〕
荐书 jiànshū =〔荐函〕推薦状.紹介状.→〔介 jiè 绍信〕
荐头 jiàntóu 〈方〉旧雇い人の周旋業者.〔～人〕同前.〔～店〕〔～行 háng〕口入れ屋.
荐贤 jiànxián 〈文〉賢者を推薦する.〔～举能〕賢者や有能な人を推薦する.
荐引 jiànyǐn 推薦する.
荐优 jiànyōu 優秀として推薦される(もの.こと)
荐椎 jiànzhuī ⇒〔骶 dǐ 椎〕

[栫] jiàn 〈文〉(柴・まがきなどで)囲みふさぐ(魚を捕らえる)

[剑・劍(劒)] jiàn つるぎ:両刃の刀.〔一把 bǎ ～〕〔一口～〕刀ひと振り.〔宝～〕①〔立派な〕刀.〔～身 shēn〕刀身.〔刀光～影 yǐng〕〈喩〉❹殺気がほとばしっているさま.ⓑ激戦のさま.→〔刀 dāo〕
剑拔弩张 jiànbá nǔzhāng 〈成〉対立する形勢の緊張したさま.〔不露出～的样子〕一触即発の様子は表に出さない.
剑把 jiànbà 剣の柄(2)〔剑柄 bǐng〕ともいう.〔～茎 jīng〕同前.
剑鼻 jiànbí 〔剑〕の柄の刀身と連なるところにある両側に突き出た部分;〔剑环 huán〕〔剑口 kǒu〕〔剑首 shǒu〕ともいう.〔镡 xín ①〕は文語.
剑齿虎 jiànchǐhǔ (古生物)マカイロドウス.
剑齿象 jiànchǐxiàng (古生物)ステゴドン.
剑锋 jiànfēng 剣先.
剑及履及 jiàn jí jù jí〈成〉決然とすばやく行動する.〔屦〕は〔履〕とも書く.
剑脊(棱) jiànjǐ (léng) 刀剣の鎬(しのぎ).
剑客 jiànkè 剣術に長じた人.
剑兰 jiànlán ⇒〔唐 táng 菖蒲〕
剑麻 jiànmá 囮サイザル(シザル)アサ.またその葉の繊維で作った麻:リュウゼツラン科の多年生草本.
剑眉 jiànméi きりっとした眉.勇壮な顔立ち.
剑气 jiànqì 宝剣の光芒.
剑桥大学 jiànqiáo dàxué 〔音訳〕ケンブリッジ大学:イギリス最古の大学.〔康 kāng 桥大学〕ともいった.
剑鞘 jiànqiào 剣のさや.
剑术 jiànshù 剣術.
剑坛 jiàntán 囮フェンシング界.
剑舞 jiànwǔ 剣舞.
剑侠 jiànxiá〈文〉剣術に長じた義侠の士.剣豪.
剑鱼 jiànyú 魚貝メカジキ.→〔旗 qí 鱼〕〔枪 qiāng 鱼〕
剑仔 jiànzǐ〈方〉匕首(あいくち).

[垫] jiàn ①(傾いた家屋に)つっかい棒をしてまっすぐにする.〔打 dǎ ～〕〔拨正〕②(用棍～着门)棒で門につっかいをする.③土や石で水をせき止める.

[建] jiàn (Ⅰ)①(建物などを)建てる.〔新～房屋〕新しく家を建てる.ⓑ新しく建てた家.〔～镇 zhèn〕新たに町を作る.〔扩 kuò ～〕(建物を)拡張する.②創立する.作り上げる.打ち立てる.〔～成社会主义社会〕社会主義社会をつくりあげる.③提唱する.唱える.→〔建议〕④因北斗七星の柄の三星の指す所.〔5旧旧暦で30日の月を〔大～〕〔大尽〕,29日の月を〔小～〕〔小尽〕という.→〔建子 zǐ〕
(Ⅱ)①福建省の略称.〔～莲子 liánzǐ〕同省産のはすの実.②地名用字.〔～江〕〔闽 mǐn 江〕福建省にある川.③〈姓〉建(けん)
建白 jiànbái 〈文〉意見を具申する.
建材 jiàncái 因建材.
建仓 jiàncāng 图(株や先物などを)購入する.→〔减 jiǎn 仓〕
建丑 jiànchǒu →〔建子 zǐ〕
建党 jiàndǎng 結党(する).〔7月1日是中国共产党～纪念日〕7月1日は中国共産党結党記念日.
建档 jiàndàng 個別管理・保存のための書類を作る.ファイルを作る.
建点 jiàndiǎn 出先拠点を作る.
建都 jiàndū 国都を定める.〔北京是历代～的地方〕北京は歴代国都となった所だ.→〔首 shǒu 都〕
建功 jiàngōng 功績をあげる.〔～立业〕功績をたて事業をなす.
建构 jiàngòu 構築する.〔～和平关系〕平和的な関係をうちたてる.
建国 jiànguó ①国家を建てる(こと).②国家建設を進める(こと)
建行 jiànháng 〔中国建设银行〕の略.
建极 jiànjí ⇒〔践极〕
建交 jiànjiāo 国交関係を樹立する.〔两国还没有正式～〕両国間には,まだ正式な国家関係が樹立されていない.
建醮 jiànjiào 囮(僧侶や道士が)壇を設け祈禱する.
建军 jiànjūn 軍隊を創建する.
建军节 jiànjūnjié ⇒〔中 zhōng 国人民解放军建军节〕
建兰 jiànlán 囮スルガラン:〔口～兰③〕〔兰花②〕〔秋 qiū 兰〕ともいう.
建立 jiànlì ①打ち立てる.築く.樹立する.〔～基础〕基礎を築く.〔～巩 gǒng 固的团结〕強固な団結を築き上げる.〔～贸易关系〕貿易関係を樹立する.〔～新制度〕新しい制度を作り上げる.〔～友谊〕友誼を結ぶ.〔～威信〕威信を確立する.②電算ファイルを作成する.
建面 jiànmiàn 建て坪:(建筑面积)の略.
建模 jiànmó 設計模型をつくる.
建漆 jiànqī 福建産の漆(器)
建设 jiànshè 作り上げる(こと).建設(する):新たな施設や事業など.〔～社会主义〕社会主義を建設する.〔经济～〕経済建設.〔～铁路〕鉄道を敷(し)設する.
建设性 jiànshèxìng 建設的である.〔～的意见〕建設的な提言.〔～战略伙伴关系〕建設的戦略的パートナーシップ.〔～合作关系〕建設的協力関係.
建树 jiànshù 手柄(をたてる).功績(をたてる).〔双方均无～〕双方とも格別な手柄がない.〔他在任的时候～最多,那真是个人材啊〕彼は在任中の功績が一番多い,全く人材ですね.
建言 jiànyán 建議する.
建窑 jiànyáo 因福建省建陽で焼かれた磁器.宋器の

建健揵楗毽腱键 jiàn

一.
建议 jiànyì 建议(する).意见(を出す).〔我提个〜〕〔我建个议〕私の提案ですが.〔合理化〜〕合理化提案.〔〜(零售)价 jià〕お勧め(メーカー希望小売り)価格.〔〜提 tí 价〕.
建寅 jiànyín →〔建子 zǐ〕
建元 jiànyuán 〈文〉年号を定める.建国する.→〔改 gǎi 元〕
建造 jiànzào 建造する.修築する.
建盏 jiànzhǎn 福建省建窯製の茶碗.〔天目〜〕同前の天目茶碗.〔建窑〕
建账 jiànzhàng ①勘定口座を開く.②会計帳簿を作る.
建之旁(儿) jiànzhīpáng(r) 〔小 xiǎo 走之(儿)〕〔走 zǒu 廷(儿)〕囯えんにょう:漢字部首の"廴".〔健字兜 dōu〕ともいう.→付録1
建制 jiànzhì (军队・機関の)編成.〔撤消大行政区〜〕大行政区制度を廃止する.
建置 jiànzhì ①設置する.②施設.③組織・機構.
建筑 jiànzhù ①建築(する).修築(する).敷設(する):家屋・道路・橋梁・碑塔など.〔〜师〕建築士.建築家.〔〜桥梁〕橋を造る.〔〜高速公路〕ハイウエーを造る.〔〜红线〕区画と敷地の境界線.〔〜学 xué〕建築学.〔一群 qún 建筑物の一群.〔〜业 yè〕建築業.〔〜物〕建築物.②構造(物).建築物.〔上层〜〕国上部構造.〔古老的〜〕古い建築物.
建筑安装工程 jiànzhù ānzhuāng gōng·chéng 建築および造作工事.
建筑火线 jiànzhù huǒxiàn ⇒〔软 ruǎn 线②〕
建筑面积 jiànzhù miànjī 建て坪:〔建面〕は略称.〔使用面积〕〔辅助面积〕〔结构面积〕三者の和.
建子 jiànzǐ 古旧暦で正月を〔建寅〕,十月を〔建亥〕,十一月を〔建子〕,十二月を〔建丑〕という:夏朝では〔〜〕を年の始めとした.〔〜月〕旧暦の11月.
建子 jiànzi (ラン科植物などの)花茎.

[健] jiàn
①すこやか(である).健康(である).〔保〜〕保健.②旺盛である.人並み外(や)れている.〔〜忘〕よく忘れる.③強くする.丈夫にする.〔〜胃药〕健胃剤.〔〜姓〕健(や)
健笔 jiànbǐ 〈喩〉筆の達者なこと.文才に長けていること.
健步 jiànbù 健脚である.〔〜如飞 fēi〕〔〜成〕步(あゆみ)が飛ぶように速い.
健存 jiàncún ⇒〔健在〕
健啖 jiàndàn 〈文〉健啖(ん).
健儿 jiàn'ér 健児.勇士:兵士や運動選手など.〔男女〜〕生きのいい男女の選手.
健饭 jiànfàn 〈文〉大食である.食欲旺盛である.
健将 jiànjiàng ①囯名選手.名プレーヤー:国家が優秀なスポーツ選手に与える最高の称号.〔运动〜〕主力选手.②主力活動家.
健捷 jiànjié 〈文〉強く敏捷なこと.
健康 jiànkāng ①健康(である).丈夫(である).健壮(である):〔康健〕はやや古い言い方.〔我想知道你的姑母是否〜〕あなたの伯母さんがご健康かどうかを知りたいのです.〔〜の身体・人体が健康である.〔〜寿 shòu 命〕健康寿命.〔祝您〜,工作顺利〕ご健康とご健勝を祈ります(手紙の末尾に書く挨拶).②健全(である).健康である.基本的には健全である.〔群众性的〜体育活動〕大衆的に健全なスポーツ.
健朗 jiàn·lǎng 矍鑠(かくしゃく)としている.身体が丈夫でしっかりしている.
健美 jiànměi 健康で美しい(くする).〔〜操 cāo〕囯エアロビクス.〔跳 tiào 〜操〕同前をする.〔ボディービル操〕美容体操.健美体操.〔〜运动〕囯ボディービル.〔〜比赛 sài〕囯ボディービルコンテスト.〔老人〜操〕老人健康体操.老人エアロビクス.〔〜中心〕スポーツクラブ.〔〜裤 kù〕〜ジーンズ.〔〜服 fú〕レオタード.ユニタード.
健全 jiànquán ①(身体・精神・物事が)健全である(にする).〔身心〜〕健全な人.〔〜组织〕組織を健全にする.→〔残 cán 废〕②完備している.整っている.〔法制不〜〕法制度が整備されていない.③完備する.整備する.〔只有破坏旧的腐朽的东西,才能〜新的东西〕古い腐ったものを打ち破ってこそ,初めて新しい完全なものを打ちたてることができる.
健商 jiànshāng 囯健康度指数:〔健康商数〕の略.
健身 jiànshēn (身体を)健康にする.健康を保つ.〔〜操 cāo〕健康体操.〔〜房〕フィットネスクラブ.トレーニングルーム.アスレチックジム.〔〜跑 pǎo〕囯ジョギング.〔〜器 qì (具)〕トレーニングマシン.〔〜球 qiú〕健康球:二つのボールを手の中でころがして,感覚や神経の健康を保つもの.〔〜运 yùn 动〕健康を保つための運動.〔〜教练〕スポーツインストラクター.
健谈 jiàntán 能弁.話し好き.口達者.
健忘 jiànwàng =〈文〉善 shàn 忘〕忘れやすい.〔〜症〕健忘症.
健旺 jiànwàng 健康で体力が旺盛である.
健胃 jiànwèi 胃を強くする.〔〜药〕健胃剤.
健羡 jiànxiàn 〈文〉①貪欲で飽くことがない.②非常に羨ましく思う.〔吾兄之美满家庭,使人何胜〜〕〔牘〕貴家の立派なご家庭は誠に羨望にたえません.
健在 jiànzài =〔健存〕(年配者が)健在である.〔父母都〜〕両親ともに健在である.〔当时他还〜〕当時彼はまだ健在であった.
健壮 jiànzhuàng 健やかで強い.壮健である.〔〜的身体〕たくましい体.
健走 jiànzǒu ウォーキング.

[揵] jiàn ⇒[楗]

[楗] jiàn 〔文〉①門かんぬきの横すべりを防ぐ止め棒.②堤防の決壊を防ぐのに用いる土のう・竹・木・石などを固定する棒ぐい.

[毽] jiàn 〔—儿,—子〕羽根つきの羽根のようなものを,落とさないように蹴りあげて遊ぶ遊戯:羽根は獣皮を径2,3センチくらいの円形に切り,穴あき銭(=昔の金属)を縫いつけその穴にわしやあひるにわとりなどの羽を通して固く結んで作る.〔踢 tī 〜子〕"毽子"蹴りをする.〔〜球 qiú 运动〕④同前.⑥囯セパタクロウ.

[腱] jiàn 生理腱(ん):骨格筋を骨に結びつける組織.〔肌 jī 〜〕同前.〔跟 gēn 〜〕〔阿 ā 基里斯〜〕〔艾基利氏〜〕囯アキレス腱.〔〜鞘 qiào〕腱鞘(けん).〔〜鞘炎 yán〕医腱鞘炎.〔〜子〕〔花 huā 〜儿〕人・牛・羊の脚部ふくらはぎなどの発達した部分.〔买点牛〜子来红烧吧〕牛のすじ肉を少し買ってきて〔红 hóng 烧肉〕を作ろう.

[键・鍵] jiàn ①(ピアノ・オルガン・コンピュータなどの)鍵(キー).キー.〔〜钮 niǔ〕④押しボタン式の鍵盤.⑥キーボード上の一つ一つのキー.②〈文〉金属製のかんぬき.〔关〜①〜②〕同前.③〈文〉〈转〉事の重要なポイント.〔关〜②〕同前.④〈文〉車轄(かつ):車輪の外側で軸にさす止め金.⑤囯止め金.ボルト.歯車やプーリーの軸との連結を固定する.〔键 xiāo (II①〕⑥物結合.ボンド.〔〜联 lián〕同前.
键槽 jiàncáo 囯キー溝.
键轮 jiànlún 囯チェーンプーリー.
键盘 jiànpán ①鍵盤楽器の鍵(キー)の排列面.〔〜

jiàn 键腱监槛渐谏鉴僭箭

乐 yuè 器.图キーボード楽器.②(タイプライター・計算器・コンピュータなどの)キーボード.

键入 jiànrù [電算]キーボード入力.

[腱] jiàn 〈文〉踏む.

踺子 jiànzi [スポ]アラビア回転:体操の回転技の一.〔阿ā拉伯翻〕ともいう.

[监・監] jiàn

①政府機関の名.〔国子～〕清朝まで歴代設けられていた国家最高教育機関の名.〔欽qīn天～〕[明清]天文暦法に関する官署.〔太～〕〔内～〕宦huàn官〕宦官(然).〔姓〕监; → jiān

监本 jiànběn [旧]歴代〔国 guó 子监〕で刻字刊行した書物.

监生 jiànshēng [明清]〔国 guó 子监〕の学生:〔监生员〕の略.〔上 shàng 舍〕ともいう.〔乡 xiāng 试〕の受験資格をもつ.清代には金銭でその称号を買うこともできた.→〔科 kē 举〕

[槛・檻] jiàn

①欄干・手すり(窓の下やろう・廊下の).②禽獣や囚人を囲う木の檻(然).〔兽 shòu ～〕獣のおり.→ kǎn

槛车 jiànchē 〈文〉①禽獣を運ぶおりを取り付けた車.②囚人護送用の車.

[渐・漸] jiàn

①漸次.だんだんと.次第に.〔天气～冷〕天気がしだいに寒くなる.〔～行～远 yuǎn〕だんだん遠ざかって行く.〔次第に疎遠になる〕.〔～入佳 jiā 境〕次第に佳境に入る.〔逐～提高〕次第に高める.②〈姓〉渐(然)→ jiān

渐变 jiànbiàn だんだんと変化する.

渐次 jiàncì だんだんと.〔生活～好转〕生活が次第に良くなる.

渐减律 jiànjiǎnlǜ 逓〔～减の法則.〔酬 chóu 报～〕収穫逓減の法則.〔效 xiào 用～〕効用逓減の法則.↔〔渐增律〕

渐渐 jiànjiàn だんだんと.次第に.〔歌声～停止了〕歌声がだんだんやんだ.〔风～小了〕風が次第におさまった.〔～地,天黑下来了〕だんだん空が暗くなった.

渐进 jiànjìn 〈文〉漸進する.〔循 xún 序～〕順を追って行う.

渐近线 jiànjìnxiàn [数]漸近線.

渐开线 jiànkāixiàn =〔渐伸线〕〔切 qiē 展线〕インボリュート.伸開線.〔～齿轮铣刀〕[機]インボリュート・ギヤカッター.

渐伸线 jiànshēnxiàn 同上.

渐缩管 jiànsuōguǎn [機]先細パイプ.

渐悟 jiànwù [宗](仏教で)段々と真理を悟る.→〔顿dùn 悟〕

渐染 jiànrǎn ⇒〔淡 dàn 入〕

渐隐 jiànyǐn ⇒〔淡 dàn 出①〕

渐增律 jiànzēnglǜ 逓増の法則.↔〔渐减律〕

渐展法 jiànzhǎnfǎ ⇒〔展议法〕

[谏・諫] jiàn

①〈文〉いさめる;目上に対しておこなう.古くは皇帝に対していった.〔进～〕同前.〔～阻 zǔ〕(しないように)いさめる.〔直言敢～〕直言に思いっきりいさめる.〔从～如流〕素直に忠告を聞く.〔劝～〕〔～劝〕いさめる.〔言を聞き入れる.②〈姓〉谏〕

谏臣 jiànchén 〈文〉直諫する忠臣.

谏官 jiànguān [古]天子をいさめる職務の官.

谏言 jiànyán 〈文〉諫言.忠告.

谏议书 jiànyìshū 勧告書.

谏诤 jiànzhèng 〈文〉直言していさめる.

[鉴・鑑(鑒・鍳)] jiàn

①鏡:古代の銅鏡.〔波平如～〕〈成〉波が平らで鏡のようだ.〔宝～〕①貴重な鏡.②模範となるもの,模範となることを書いた書物.②鑑.手本.いましめ.〔引以为～いましめとして引用する.〔前车之～〕〔前车之覆,后车之～〕〈成〉前人の失敗を見て,おのれのいましめとする.〔以史为～,面向未来〕過去の歴史を手本として未来に目を向ける.③(鏡に)照らす.見る.〔水清可～〕水がきれいで姿が映る.④先例・手本などと比べ合わせて調べる.〔～别〕見分ける.⑤〔牍〕書き出しの宛名の下につける文字.〔览を願うの意:〔某某先生台 tái ～〕〔尚hui ～〕〔赐 cì ～〕〔…大～〕などという.⑥〈姓〉鉴(然)

鉴别 jiànbié 鑑別する.見分ける.〔～真伪〕真偽を見分ける.〔～力〕鑑別力.〔～古物〕骨董品を鑑定する.

鉴察 jiānchá 見抜く.見通す.

鉴定 jiāndìng ①(他人の長所・欠点を)評定(する).〔自我～〕自己評定(する).②鑑定する.見分ける.〔～书〕鑑定書.鑑定書.〔～人〕鑑定人.

鉴核 jiànhé 〈公〉調べて決める.諮議する:下級機関が上級機関の決定を仰ぐ時に用いた.〔呈覽～〕ご返事申し上げてお調べを(ご査収を)請う.→〔察chá 核〕

鉴戒 jiànjiè 戒め.〔我们必须以教条主义的失败为～〕(毛・矛)われわれは必ず教条主義の失敗を戒めとせねばならない.

鉴谅 jiànliàng =〔鉴原〕〔谅鉴〕〈文〉ご了察.ご了解.〔尚 shàng 希～〕〈牍〉ご賢察を請う.

鉴貌辨色 jiànmào biànsè 〈喩〉相手の顔色を読んで事を行う.

鉴评 jiànpíng 見分けて評定する.

鉴认 jiànrèn 見分ける.

鉴赏 jiànshǎng 鑑賞する.〔～文物〕文物を鑑賞する.〔～古代绘画〕古代の絵を鑑賞する.〔有～能力的人〕鑑賞眼のある人.

鉴往知来 jiànwǎng zhīlái 〈成〉過去のことにかんがみて,今後のことを知る.

鉴于… jiànyú… …にかんがみ:因果関係を表す従節に用い,一般に主語を前に置かない.〔～上述情况〕前述の事情によって.→〔有 yǒu 鉴于此〕

鉴原 jiànyuán ⇒〔鉴谅〕

鉴照 jiànzhào 〔牍〕ご覧(を願う).ご承知(を願う).〔惟希～〕どうかご覧を願います.

鉴证 jiànzhèng 鑑別する.鑑定する:特に契約についての審査確認を指す.

[僭] jiàn

〈文〉本分を越えた行動をすること:勝手に長上の名義・礼儀・器物などを使用すること.〔～坐〕〔謙〕失礼して高い所に座らせていただきます.〔有～〕同前.

僭号 jiànhào 〈文〉帝号を僭称する.

僭冒 jiànmào 〈文〉分を越えたことをする:高位の者の職分を侵す.

僭妄 jiànwàng 〈文〉分を越えてでたらめ(である).〔说话太～〕言うことが僭越ででたらめだ.

僭越 jiànyuè 本分を超えること(を).→字解

[箭] jiàn

①矢.〔射 shè ～〕〔放～〕矢を射る.〔放冷～〕〈喩〉やみ打ちをくわす.陰で陥れる.〔急去きる〕このやかい形容.〔光阴似～〕〈成〉光陰矢の如し.〔一个～步冲上去把他捉住了〕すばやく追いついてつかまえた.〔归心似～〕〈成〉帰心矢の如し.②矢の形をしたもの.〔火～〕ロケット.

箭靶子 jiànbǎzi 矢を射る的(色).

箭步 jiànbù (歩き方が)すばやく.さっと.ダダッとふうう〔一个～〕として用いる.〔跳到那儿去了〕一足飛びにあの辺まで飛んで行った.〔一个～窜

cuàn 到一棵大树背后]すばやく走って大きな木の後ろに逃げ込んだ.

箭不虚发 jiàn bù xūfā〈成〉矢を放てば必ず的中する.

箭虫 jiànchóng 虫ヤムシ:海中の環虫類の小虫.

箭袋 jiàndài =[箭壶][箭囊]服(ぷく).矢壺.

箭毒 jiàndú ①矢毒. ②薬クラーレ:矢じりにつける植物性毒薬.

箭垛子 jiànduǒzi ①矢場で土盛りをして作った標的. ②→[女nǚ(儿)墙]

箭法 jiànfǎ 弓術.

箭风 jiànfēng〈喩〉人を害する悪い風.→[冷lěng箭]

箭杆 jiàngǎn [-儿,-子]矢だけ.矢柄.

箭菩 jiàn

箭翎子 jiànlíngzi 矢ばね:矢についている羽.

箭楼 jiànlóu 固城壁の上に設けられた城楼:[箭眼](方形の物見や矢を射る窓)がある.

箭囊 jiànnáng →[箭袋]

箭石 jiànshí ベレムナイト:化石の一種.→[菊 jú 石]

箭书 jiànshū 矢文(ぷみ)

箭笋 jiànsǔn ヤダケの筍(炒)

箭筒 jiàntǒng 矢筒:矢を入れておく筒

箭头 jiàntóu [-儿]①矢じり:〈文〉[箭镞]に同じ. [骑者一辆自行车~似的向南方去了]自転車に乗って矢のように南へ行った. ②矢印"→".[~光标]電算アローポインター.

箭袖 jiànxiù 手の甲を覆う袖先のついた袖.

箭眼 jiànyǎn →[箭楼]

箭鱼 jiànyú 魚貝メカジキ:[旗 qí 鱼]の別称. ②タチウオ:[带 dài 鱼]の別称.

箭在弦上 jiàn zài xián·shàng〈成〉[如箭在弦]〈成〉矢は弦上につがえられている.状況が緊迫していまさらひきさがれないさま.[~,势在必发][~,不得不发]同前.

箭猪 jiànzhū →[豪háo猪]

箭竹 jiànzhú 植ヤダケ.

箭镞 jiànzú ⇒[箭头①]

jiang ㄐㄧㄤ

〔江〕 jiāng ①大きな川.[~城chéng]河沿いの都市.[~水]河川の水.また長江の水.[鸭绿 lù ~]鴨緑江.[~浙 zhè]甄江蘇省と浙江省.また特に[长 cháng ~]を指す.→[河 hé ②] ③〈姓〉江(ミ)

江岸 jiāng'àn 河岸.

江北 jiāngběi 甄①江北地方:①長江下流の北岸の地(江蘇省·安徽省の北岸沿いの地).[~佬 lǎo]同前の住民(軽べつした言い方). ②広く長江以北の地帯をいう.

江边 jiāngbiān 河辺.川端.→[江心]

江边(上)卖水 jiāngbiān(shàng) màishuǐ 川端で水を売る.[~多此一举 jǔ]〈歇〉余計なことをする.

江船 jiāngchuán 川船.

江东 jiāngdōng 甄①長江の東の地:長江下流南岸の地. ②三国時代の孫権の統治した呉の国.

江东父老 jiāngdōng fùlǎo〈喩〉故郷の人々.

江段 jiāngduàn 河流の一区画.

江防 jiāngfáng ①長江水系の治水設備. ②長江の防備.

江干 jiānggān =[江皋]〈文〉河岸.

江皋 jiānggāo 同上.

江海 jiānghǎi ①川と海. ②長江と海.

江海关 jiānghǎiguān 旧上海の税関.

江汉关 jiānghànguān 旧漢口の税関:[江汉]は長江と漢水.

江河 jiānghé ①長江と黄河. ②(一般に)河川. [~日下]〈成〉(川の流れが日夜たえまないように)状況がどんどん悪くなる.[一定要设法挽回这~日下的颓 tuí 势]どうしても何か方法を講じて,この日々に悪化する衰勢を回復しなければならぬ.

江湖 jiānghú ①四方各地.世間.[走~]甄[闯chuǎng~]世間を渡り歩く(多くまっとうでないとされた商売で).[吃~的]世間を渡り歩いて生活する.[~越老越胆寒心]〈諺〉世間を知れば知るほどっかりする. ②〈文〉(文人や士大夫の)隠世の地.遁 dùn 迹~]〈成〉隠遁する. ③世間をよく知っている人.世間ずれしている人.[老~]海千山千の人.世事にたけた人.[~好汉 hàn]④侠客. ⑤無頼漢.やくざ者. [~老大]香具師のの親分.[~气 qì]⑧渡世人気質.義侠心を重んじる気風.[~义 yì 气]ともいう. ⑥世間ずれした態度.はったりを利かせる性質.[~话]香具師(?)などの符丁語や隠語. ④⇒[江湖客]

江湖大夫 jiānghú dàifu =[江湖郎中][蒙 měng 古大夫]いかさま医者:旧時,正式の資格を持たない民間医.

江湖客 jiānghúkè =[江湖④][江湖派][江湖人]旧[江湖艺人].的屋[江~].また旅芸人·薬売りなどの行商人,または商売.俗に[金,皮,彩,挂,平,团,调,柳](易者·薬売り·手品使い·大道芸者·講釈師·漫才·ペテン師·旅芸人)の8種をいう.→[混 hùn 混儿]

江湖郎中 jiānghú lángzhōng ⇒[江湖大夫]

江湖扒手 jiānghúpáshǒu ⇒[江湖客]

江湖骗子 jiānghú piànzi 世間を渡り歩く詐欺師.ペテン師.

江湖人 jiānghúrén ⇒[江湖客]

江淮 jiānghuái 甄長江と淮河,またその流域一帯の地.[~戏 xì]劇同前一帯で行われる地方劇:[淮剧]の旧称.[~河汉 hàn]甄長江·淮河·黄河·漢水.

江鸡 jiāngjī 虫ムギワラトンボ.→[蜻 qīng 蜓]

江郎才尽 jiāngláng cáijìn〈成〉(文筆の)才能が衰えること:南朝の江淹は若い頃,文名を馳せたが晩年は詩を作ることができなかった.

江蓠 jiānglí [茳蓠]とも書く. ①植オゴノリ(科総称)(ウゲ.ウゴノリ).→[海 hǎi 面线][龙 lóng 须菜①]ともいう. ②古一種の香草.

江流 jiāngliú ①川の流れ. ②河川.

江轮 jiānglún 河川用汽船.

江米 jiāngmǐ もち米:[糯 nuò 米]の別称.[~酒] [糯米酒][酒酿]甘酒.もち米で作った酒.[~面]国もち米の粉:[年 nián 糕][元 yuán 宵②]などを作る材料.[~条]国かりん糖:もち米に砂糖を加え,練って細長くして油であげた菓子.[~纸][糯米紙][米纸]オブラート.

江南 jiāngnán 甄江南地方.①長江下流南岸の地(江蘇省·安徽省の南部や浙江省の北部の地). ②広く長江以南の地帯をいう.

江畔 jiāngpàn 江畔.川ばた.河畔.

江山 jiāngshān 山河.国土.国家.[打~]天下を取る.[坐~]同上.[~如此多娇]〔毛词·沁园春〕我が国土はかくの如くいたくなまめかしい.[~如画]絵のような山水.美しい景色.[还 huán 我~]国土を返せ!

江山易改,秉性难移 jiāngshān yìgǎi, bǐngxìng nányí〈諺〉山河は改造し易いが,人の本性は改め

jiāng

難い:三つ子の魂百まで.〔山河好改,秉性难移〕〔江山可改,本性难移〕ともいう.〔本〕は〔稟〕ともいう.

江獭 jiāngtǎ 動黒竜江産の〔水 shuǐ 獭〕(カワウソ)

江涛 jiāngtāo 江流の波涛.

江天 jiāngtiān 河の水面の上の大空.

江头 jiāngtóu 河岸.

江豚 jiāngtún スナメリ:クジラ目ネズミイルカ科の動物:〔江猪〕〔海 hǎi 和尚〕〔海猪〕〔懒 lǎn 妇鱼〕〔文〕鯆 pū は別称.

江西菜帮 jiāngxī càibāng 南方からの野菜を運んできて販売する江西の業者.

江西腊 jiāngxīlà =〔翠 cuì 菊〕

江西人补碗 jiāngxīrén bǔwǎn 江西の人が瀬戸物つぎをやる:江西は景徳鎮など有名な陶磁器の産地がある.〔~,自顾自〕〈歇〉自分のことでいっぱいで他人のことなどを構っている暇のないこと.

江心 jiāngxīn 川の真ん中.大きな流れの真ん中.〔~补漏 lòu〕川の真ん中で船の漏水を繕う.〔船到江心补漏迟〕の略.〈喩〉後の祭り.→〔江边〕

江沿儿 jiāngyánr 江岸.川のふち.

江洋大盗 jiāngyáng dàdào 海賊.

江珧 jiāngyáo〔江瑶〕〔江铫〕とも書いた.魚貝タイラギ(タイラガイ):〔玉 yù 珧〕ともいう.蛤(蛎)の一種.形の小さいものを〔沙 shā 珧〕という.

江珧柱 jiāngyáozhù ①タイラギの貝柱:単に〔珧柱〕〔瑶柱〕ともいう.現在は帆立貝の貝柱をもいう.〔马 mǎ 甲③〕は別称.②〔干 gān 贝〕(干した貝柱)の別称.

江阴 jiāngyīn ①河の南岸.②地江蘇省にある市.

江右 jiāngyòu〈文〉江西省一帯で長江下流西の地域.→〔江左〕

江运 jiāngyùn 長江の水運.

江葬 jiāngzàng 遺骨を河川に撒くこと.

江珠 jiāngzhū 琥珀の別称.

江猪 jiāngzhū ⇒〔江豚〕

江渚 jiāngzhǔ 河流と河の中洲.

江子 jiāngzǐ ⇒〔巴 bā 豆〕

江左 jiāngzuǒ〈文〉江蘇省一帯で長江下流東の地域.→〔江右〕

〔茳〕 jiāng ①〔~芏 dù〕植リュウキュウイ.シチトウイ:茎の断面が三角で,水田に栽培される一種のい草.粗い畳表・アンペラを作る.〔席 xí 草〕は通称.②→〔江蓠〕

〔矼〕 jiāng

矼豆 jiāngdòu =〔饭 fàn 豆〕〔裙 qún 带豆〕植十六ササゲ,またその実.→〔长 cháng 矼豆〕

〔姜・薑〕 jiāng (Ⅰ)〔薑〕植ショウガ.〔鲜 xiān ~〕生しょうが.〔干~〕植干ししょうが.〔~粉〕しょうが粉.〔~还是老的辣〕〔人老精,~老辣〕〈諺〉しょうがはひねたものほどからい.亀の甲より年の功.
(Ⅱ)〔姜〕〈姓〉姜(カョゥ).

姜酊 jiāngdīng 薬ショウキョウチンキ.

姜桂 jiānggùi〈喩〉性質の剛直なこと.

姜黄 jiānghuáng ①=〔宝 bǎo 鼎香〕植ウコン:ショウガ科植物.根茎を〔郁 yù 金〕(うこん)といい,健胃・止血薬の材料にする.②黄色い.

姜黄(试)纸 jiānghuáng(shì)zhǐ 化クルクマ(試験)紙.

姜片虫 jiāngpiànchóng 虫肥大吸虫:人体寄生虫の一種.水くわいや菱の生食により寄生する.

姜石 jiāngshí ⇒〔砂 shā 姜〕

姜太公钓鱼 jiāngtàigōng diàoyú 太公望が魚釣りの話.自分で

姜太公 jiāngtàigōng =〔太公 在此〕姜太公(呂尚)すなわち呂尚の通称.太公望は初め渭水で真直〈な針で魚を釣り世を避けていた.従って姜太公の針に釣られるものは自分から好んでかかったものとなにかかる.〔~,愿者上钩〕〈歇〉姜太公(姜子牙).

姜太公在此 jiāngtàigōng zàicǐ =〔太公 在此〕姜太公(呂尚)ここにあり:姜太公は〔封神演义〕中の神々の元締め.一般に魔除けとして紙に書上,石に刻し用いられた.〔~,百无禁忌〕〈歇〉同前で,万事差し障りなし(何でもござれ):旧時,長い旗竿などにこの句を書いた板を打ちつけた.〔~,诸神退位〕〈歇〉同前で,他の神様はお引きとり願う.→〔百 bǎi 无禁忌〕〔泰 tài 山石〕

姜汤 jiāngtāng しょうが湯.〔沏 qī ~〕しょうが湯を作る.

姜糖水 jiāngtángshuǐ しょうが糖水.

姜芋 jiāngyù ⇒〔蕉 jiāo 藕〕

〔将・將〕 jiāng (Ⅰ)①〈文〉支える.助ける.〔扶~〕〔携 xié ~〕同前.②〈文〉奉ずる.受ける.〔~命〕命令を受ける.③〈文〉養生する.休息する.④〈文〉連れる.率いる.〔~幼弟而归〕幼い弟をつれて帰る.⑤〈文〉為す.〔慎重~事〕慎重に事にあたる.⑥〈文〉摂行する.取る.〔温酒〕酒を持って来い.⑦〔言葉で〕刺激する.挑発するときつける.〔只要拿话一~,他就会干〕ひと言彼にハッパをかければ,彼はきっとやる.〔别把他~着了〕彼をやりこめるようなことを言うな.⑧〈文〉進む.〔日就月~〕毎日毎月成就し進歩する.⑨〈文〉見送る.〔百辆~之〕百台の車を馬車立てで歓送する.⑩(中国将棋で)相手の〔~ jiàng〕〔帅 shuài〕を攻めて動かざるを得ないようにする,すなわち〔王手をかける〕ことを〔~他一军〕,または〔~他一下〕という.〔我不能不在这儿~他一军〕この際彼に王手をかけなくてはならない.⑪〔方〕(動物が)子を産む.〔~驹〕小馬を産む.〔~小猪〕小豚を産む.⑫多くは書面語として用いる.⑬~で.〔恩~仇报〕〈成〉恩を仇で返す.⑭~に.〔电钮一按〕電源のボタンを押す.〔~炭火盖了〕炭火に灰をかけた.⑮〈姓〉将(キョゥ)
(Ⅱ)これから…しようとする.…するであろう.…となる:未来の推量または判断を表す.〔~要走的时候,下起大雨来没能走〕出掛けようとした時に大雨が降り出したので,出られなかった.〔两会~届 jiè〕全国人民代表大会と中国人民政治協商会議が開催まぢかである.〔不知老之~至〕〈文〉老いようとしていることを気にしない(論語).〔大风~至〕大風が来たらんとしている.〔~欲取之必先与之〕〈成〉取ろうとう思えばまず与えよ.②かろうじて.やっと.〔人数~够〕人数がやっと足りる.〔这个座位~能容两个人〕この座席には二人がぢかに入る.〔~将棋〕③〈文〉はたまた.それとも.〔言乎?~不言乎?〕言うのかそれとも言わないのか.④〔白〕〔方〕…しつつ:動詞を加える補語をつないで動作の持続性を表す.〔叫~起来〕叫び出す.〔打~进去〕殴り込む.〔大虫去了一盏茶时,方才爬~起来〕(水 1)虎が行ってしまってからしばらくしてやっとはい上がった.⑤且つ.〔~…~…〕したり…したりする.〔~…~…〕の形をとる.→〔将信将疑〕→ jiàng qiāng

将本求利 jiāngběn qiúlì〈成〉資本を出して利を求める.

将才 jiāngcái いまさっき.たったいま.〔刚 gāng 才〕に同じ.→〔将将②〕

将次 jiāngcì ①〈文〉ほとんど.②〔白〕漸次.

将错就错 jiāngcuò jiùcuò〈成〉過ちであることを知りながら,その過ちをそのまま押し通すこと.あやまったなりで間にあわせる.〔发现了错误,必须立即改正,如果~,就会把事情办得更坏〕まちがいを発見

将浆螿鳉僵　　　　　　　　　　　　　　　　　　　　　　　　　　　jiāng

したらさっそく改めなければならない，もしそのままで押し通すと，物事がますます悪くなってしまう．

将功补过 jiānggōng bǔguò〈成〉功労で過failureをうめ合わせる．

将功赎罪 jiānggōng shúzuì ＝[将功折罪]〈成〉手柄をたてて，(それにより)罪を償う．

将功折罪 jiānggōng zhézuì 同上．

将火 jiānghuǒ わざと挑発して怒らせる．

将计就计 jiāngjì jiùjì〈成〉相手の計略の裏をかく．→[请 qǐng 君入瓮]

将将 jiāngjiāng やっと．ちょうど．かつかつ．[我们到了家，天～黑]家へ着いたら，ちょうど日が暮れた．[他～去，你就来了]彼がちょうど行ったばかりのところに，きみが来た．→jiàngjiàng

将近 jiāngjìn 間もなく．ほとんど．[我学中国话一年了]わたしは中国語を習ってから，1年近くになります．[～三百人]300人近い．

将就 jiāng·jiù がまんをする．間にあわせる．[暂 zàn 且～着住]しばらくがまんして住む．[～不下去]これ以上がまんできない．[求人得 děi～点儿]人に物を頼むには少しはがまんしなければならない．[冷が冷，还可以～]寒いことは寒いが，まだがまんできる．[我的中国话能够～着说几句了]わたしの中国語はどうかこうかすこし話せるようになりました．[秃子当和尚，～材料]禿(げ)が和尚になれば，そのままにあう．

将巨 jiāngjù〈姓〉将巨(しょうきょ)

将军 jiāngjūn ①将官・将軍：[将 jiàng 级军官]の意．[大 dù]〈喩〉(男性の)太鼓腹．[胆 dǎn]〈喩〉胆力．勇気．②(将棋で)王手をかける．→字解(I)⑩ ③難題をもちかける．やりこめる．とっちめる．困らせる．[这是将他的军]これであいつをとっちめるんだ．[借机会将他一军]機会を見つけて彼をぎゅうと言わせる．[他当众将了我一军]あいつ大勢の前で僕を困らせるんだ．→[大 dài 黄②]

将军包 jiāngjūnbāo ⇒[猜 cāi 猜猜]

将来 jiānglái 未来．将来．[我们劳动是为更美好的～]我々が働くのはよりよき未来のためである．[在不太远的～]そう遠くない将来に．[～必定成功]将来はきっと成功する．→[过去 guòqù][现 xiàn 在]

将闾 jiānglǘ〈姓〉将闾(しょうりょ)

将天就地 jiāngtiān jiùdì 高をもって低きに就く．[～鹤]〈喩〉鶴がこみっめに下りる．

将无作有 jiāngwú zuòyǒu 無いことを有るとする．捏造する．

将息 jiāngxī 休息する．休養する．[你近来气色不好，应当好好儿地～～]きみはこのごろ顔色がよくないから，休息しなければいけない．[终日好茶好饭去～他]毎日あれやこれやごちそうして彼を休養させた．

将心比心 jiāngxīn bǐxīn[以 yǐ 心比心]〈成〉他人の身になって考えること．

将信将疑 jiāngxìn jiāngyí〈慣〉半信半疑(である)．[他还是～]彼はまだ半信半疑だ．

将养 jiāngyǎng 養生する．休養する．[将息][休 xiū 养①]に同じ．[病刚好，要～～才好]病気が治ったばかりだから休養しなければならない．

将要 jiāngyào まさに～しようとする．[～开始]まもなく始まろうとしている．→字解(II)①

[浆・漿] jiāng ①濃い目の液体．どろどろした汁．漿(しょう)液．シロップ．[豆(腐)～]豆乳．[牛痘～][牛痘(苗)]痘苗．[无花果叶柄的白～]イチジクの茎から出る白い汁．→[液 yè]③パルプ．[纸～]紙パルプ．③モルタル(石灰と赤土とを水で練ったもの).漆喰．またはセメントと砂とを水で練ったもの．[抹砂]同前を塗る．[泥～]スラリー．[灌～①](建物の地盤などに)モルタルを流し込む．[刷～]モルタルを塗る．石灰を塗る．④織物や洗濯物に塗る糊．または洗濯物に糊付けする(こと).[～上～](布)に糊づけする．[无～的]スターチレス．[～衣服]服を糊づけする．→ jiàng

浆粉 jiāngfěn 糊用澱粉．スターチ．[谷～]穀類スターチ．→[粉浆]

浆果 jiāngguǒ [植]漿果(しょうか)：トマト・ブドウのような水分の多い果物．→[多 duō 肉果]

浆膜 jiāngmó [生理][腹膜・胸膜などの]漿(しょう)膜．

浆砌 jiāngqì (煉瓦などを)しっくいで固めて積み上げる．

浆纱 jiāngshā 糊付け．[～机]糊付け機．

浆纱绒 jiāngshāróng 糊(のり)付きフランネル．

浆胎 jiāngtāi [瓷 cí 胎]

浆土 jiāngtǔ ⇒[皂 zào 土]

浆洗 jiāngxǐ 洗い張りする．[～房 fáng]クリーニング店．洗い張り屋．→[洗衣]

浆液 jiāngyè [生理]漿(しょう)液：[浆膜]から分泌する透明な液．

浆汁 jiāngzhī 汁．漿液．スラリー液．

[螿・螿] jiāng[寒 hán～]〈文〉ツクツクボウシ．→[寒蝉]

[鳉・鳉] jiāng[魚]メダカ(総称).[青qīng～][〈方〉小 xiǎo 鱼]とも いう．

[僵(殭)] jiāng(I)[殭]堅い．こわばっている．硬直している．[冻～]こごえて堅くなる．かじかむ．[冻得手脚发～了]冷たくて手足がかじけた．[腿都要～了]歩いて足が棒になった．[人要不乐，多～得僵]人は笑わないと実に堅苦しい．[～化]硬化(する).[因为老不运动，身上没～了]長いこと運動しないから体がかたくなっている．[～苗 miáo][農]苗が枯れる．②死後硬直する．[百足之虫死而不～]ヤスデ(ムカデ)は死んでも硬直しない．④死後依然として威勢のあること．⑥戦に敗れてもなお残存勢力のあること(そしり意に用いる).[～尸]硬直した死体．

(II)[僵]①膠着して動かない．動きがとれない．引き下らない．[谈～了]話し合いが行きづまった．[风潮陷于～局]騒ぎが(ストライキ・政変などに)にらみ合いの状態になった．[打破～局]膠着状態を打ち破る．[事情弄～了]事が行きづまった．[交涉已经～住了]交渉は暗礁に乗り上げてしまった．②〈方〉笑みが消える．顔をこわばらせる．[他～着脸]彼は顔をこわばらせた．

僵板 jiāngbǎn こわばり固まっている．

僵瓣(儿) jiāngbàn(r)[植]ワタのしぼんだつぼみ．

僵蚕 jiāngcán ⇒[白 bái 僵蚕]

僵持 jiāngchí 対峙して譲らない．[双方陷于～状态]両者にらみ合いになった．

僵化 jiānghuà 硬化(する).硬直(して動かなくなる).[局势～]情勢が膠着状態になる．[思想～]頭がかたくなる．融通がきかない．考えが保守的になる．

僵局 jiāngjú 手づまり．行きづまり．[陷 xiàn 入了痛苦的～]手痛い行きづまり状態に陥った．[企图打破～]その難局を打開しようとする．[闹成～]行きづまった(陥入).動きのとれない状態に陥る．

僵冷 jiānglěng (寒くて)かじかんでいる．(冷たくて)硬直している．

僵立 jiānglì 直立して動かない．

僵烧 jiāngshāo [鉱]死焼．硬焼．

僵尸 jiāngshī ①ワタ〉こわばって動かないしかばね．硬直した死体：迷信で，人は死んでから年月を経ると

839

僵死 jiāngsǐ 死んでひからびる. 死んで硬直する.〔～的教条〕こりかたまった教条.ごりごりの教条.〔枯槁 kūgǎo 的和～的东西〕ひからびた死んだもの.

僵卧 jiāngwò こわばって横たわる.

僵硬 jiāngyìng ①融通がきかない. 硬直している.〔工作方法～〕仕事のやり方が融通がきかなすぎる.〔政策过于～〕政策があまりに融通がきかなすぎる. ②(身体が)硬直する. こわばる.〔他的两条腿～了不能动弹〕彼は両足がこわばって動けなかった.

僵直 jiāngzhí 硬直する. こわばる.

缰・韁（韁） jiāng 手綱.〔放～〕〔松～〕手綱をゆるめる.〔收～〕手綱をしめる.〔信马由～〕〈成〉成り行きに任せる. あなた任せ.

缰绳 jiāng·shéng 手綱.

橿 jiāng 囯 カシの一種:材質が堅く,古代には車を造るのに用いた.

礓 jiāng 砂利.〔砂 shā 姜〕

礓礤 jiāngcā 門の階段に用いる塊状の石.→〔台 tái 阶(儿)〕

疆 jiāng ①境界. 国境.〔边～〕边境. 边境地带.〔新边～〕ニューフロンティア. ②国土. 疆土.〔際限. かぎり.〔敬祝万寿无～〕万寿无窮をお祈り申上げる:君主などに対していう.〔囯 新疆ウイグル自治区の略称:〔新 xīn ⑧〕ともいう.〔南～〕新疆南部.〔～独 dú〕新疆独立. ⑤〈姓〉疆($\frac{j}{x}$).

疆场 jiāngchǎng 戦場.

疆城 jiāngchéng 辺境の城砦.→〔边 biān 城〕

疆陲 jiāngchuí 国境地帯. 辺境.

疆界 jiāngjiè 国境. 地域の境界.

疆土 jiāngtǔ 国土.

疆埸 jiāngyì 〈文〉①国境. ②田畑の境. 土地の境.

疆域 jiāngyù 国の領域. 国土.→〔领 lǐng 域〕

讲・講 jiǎng ①話す. 言う.〔他会～中国话〕彼は中国語を話せる.〔～故事〕物語を話す.→〔说 shuō ①〕〔谈 tán ①〕 ②説明する. 解釈する. 筋道を立てて話す.〔～不通话的筋が通らない.〔这个怎么～〕これはどう説明しますか(これは何という意味ですか).〔这个字有几个～法〕この字にはいくつかの意味がある.〔他是一个糊涂人,一辈子～不透〕あいつは馬鹿だから,一生あいつにわからせることはできない.〔这段文章不好～〕ここのところは解釈しにくい.〔道理必须向群众～清楚〕みんなに道理をはっきり説明しておかねばならない. ③相談する. かけあう. 交渉する.〔～好了价儿了〕値段の交渉がすんだ.〔买卖～妥了〕商談がまとまった. ④重んずる. 注意する. 念を入れる.〔工作要～效率〕仕事は能率を重視しなければならない.〔～卫生〕衛生に注意する.〔有理～倒 dǎo 人〕理屈が通っていれば相手を圧倒することができる. ⑤〈姓〉講(ぎ).

讲茶 jiǎngchá 〔方〕けんか・争論の仲なおりのため関係者双方が〔茶馆〕で茶を飲んで話をつけること.

讲唱文学 jiǎngchàng wénxué ⇒〔说 shuō 唱文学〕

讲道 jiǎngdào ①囯 説法する. ②話す. いう. ③道理を研究する.

讲法 jiǎng·fǎ ①言figur づかい. ②意見. 見解.→〔说 shuō 法〕

讲稿 jiǎnggǎo 〔-儿〕講演・報告・授業などの原稿.

讲古 jiǎnggǔ 物語りをする. 昔話をする.

讲和 jiǎnghé 囯 和平の談判をする. 講和する. 仲直りをする.〔停 tíng 战～〕停戦して講和する.

讲话 jiǎnghuà ①話をする. 発言する. あいさつする. 報告する.〔他报告～〕彼は話をしている.〔大会上代表们都～了〕大会では代表全員が発言をした. ②講話. 発言. 挨拶. 報告.〔周总理在大会上的～〕周総理の大会における発言.〔书面～〕書面での報告. ③〔書名等に用いられる〕講話. 講義. 解説.〔在延安文艺座谈会上的～〕(毛泽东)など.

讲价钱 jiǎngjiàqián 同下.

讲价(儿) jiǎngjià(r) 〔讲价钱〕〔〈方〉讲盘子〕値段の交渉をする. 値段をかけあう.→〔讨 tǎo 价〕〔驱け引きをする. 条件を出す. ごねる.

讲交情 jiǎngjiāoqíng 友誼を重んずる. 友情を顧慮する.

讲解 jiǎngjiě 講釈する. 説明し解釈する.〔～员〕解説員. 説明員. 説明係.

讲经说法 jiǎngjīng shuōfǎ 〈成〉教の説法をする.

讲究 jiǎngjiū 〈文〉研究する. 考え調べる.

讲究 jiǎng·jiū ①尊ぶ. 重んずる. 大切にする.〔～卫生〕衛生を重んずる.〔～门面〕体面を重んずる.〔做饭做菜也要～科学〕飯をたいたり料理したりするにも科学的にしなければならない. ②念を入れる. 凝る. 気にする. 問題にする.〔～写字,现在的人已经不大～了〕習字はいまどきの人はあまり問題にしなくなった.→〔考 kǎo 究②〕 ③好み・こだわりがある.〔中国人～吃瓜子儿〕中国人は瓜の種をかじる趣味を持っている.〔～儿〕わけ. 理由. こめられた意味. いわく.〔这么办,有什么～〕こんなやり方にはどんな意味があるのか.〔难道这里面还有什么～吗〕まさかこのなかに何かわけがあるというのでもあるまい.〔翻译的技巧大有～〕翻訳の技巧たるなかなか奥が深い.

讲课 jiǎngkè (教員として)講義(をする). 授業(をする).〔上午讲了三堂课〕午前中3時限の授業をした.

讲理 jiǎnglǐ ①是非を論ずる. 理を主張する.〔我也不打你了,咱们找地方～去〕おれの方も手を出さないから,どこかで話し合って結着をつけよう. ②＝〔说 shuō 理〕道理のわかる. 言動が温和である.〔他很～〕彼はものわかった人だ.〔你～不～？〕おまえはなにをちゃかすのか.〔他蛮 mán 不～〕彼はまったくむちゃだ.

讲论 jiǎnglùn 噂(ホ)をする. (言葉に)品定めする.〔说曹操,曹操就到,我们正～你呢〕噂をすれば影で,今ちょうど君の噂をしていたとこだ. ②述べる. 論述する.

讲面子 jiǎngmiàn·zi 体面を重んずる. 体裁を作る. メンツにこだわる.

讲明 jiǎngmíng 詳しく説明する.〔～我们的立场〕我々の立場を明らかにする.

讲排场 jiǎngpáichǎng 格式を重んずる. 格式ばる. 見栄をはる.

讲盘子 jiǎngpán·zi ⇒〔讲价(儿)〕

讲评 jiǎngpíng 論評する. 講評する.〔～作业〕宿題について講評する.

讲情 jiǎngqíng (人のために)詫(わ)を入れる. 情にすがる.〔说 shuō 情〕に同じ.〔讲人情〕同前.

讲情面 jiǎngqíngmiàn 情実に訴える. 情実にほだされる.

讲求 jiǎngqiú ①(よい結果が得られるようにあれこれ)方法を講ずる. (よい方法・手段を)求める.〔写文章应该～通順〕文章を書くときはすらすらとわかるということに気を配るべきである. ②…を喜ぶ. …をとり繕う.〔外 wài 表〕みえを張る.

讲儿 jiǎngr 〈方〉含意. 意味.〔这个句子会念就是不知道～〕この文は読めるが,意味がわからない.

②道理.〔这是怎么个～〕これはどういう道理か.
讲师 jiǎngshī ①講演者.〔～团 tuán〕①辺地教育などのために派遣される〕講師団.①政策キャンペーンなどの講師団. ②(学校の)講師.→〔教 jiào 授②〕
讲史 jiǎngshǐ 宋·元代の講談に似た口語文学の一種:おもに史実を敷衍(えん)して語りものとしたもの.いわゆる〔说 shuō 书〕のことで後世の演義体小説の母体をなしている.〔～书〕同前の底本.→〔评 píng 话①〕〔说话⑥〕
讲授 jiǎngshòu 教授する.〔他耐心地～各种中国菜的烹饪方法〕彼はしんぼう強く各種の中国料理の調理方法を講義した.
讲书 jiǎngshū ①講義をする.授業をする. ②(講談師)講釈する.語る.〔～的〕(说书的)講談家.講釈師.→〔说 shuō 书〕
讲述 jiǎngshù (道理などを)述べる.
讲说 jiǎngshuō 講義する.説明する.
讲台 jiǎngtái 教壇.演台.
讲坛 jiǎngtán 演壇.討論壇.宣伝場.
讲堂 jiǎngtáng 回①寺院などで経典を講義した広間や建物. ②学校の教室.→〔教 jiào 室〕〔礼 lǐ 堂〕
讲题 jiǎngtí ①講演の題目. ②問題を説明する.
讲武 jiǎngwǔ 軍事·兵法などを講習する.
讲习 jiǎngxí 講習(する).〔～班〕(特定テーマの短期の)講習会.〔～所〕講習所.
讲席 jiǎngxí =〔讲筵〕〔讲座②〕〈文〉講師が講演する席.
讲叙 jiǎngxù 語る.〔～自己的童 tóng 年〕自分の少年時代を語る.
讲学 jiǎngxué 公開で学問の講義をする.〔应邀出国～〕招聘に応じて外国へ行き学術講演を行う.
讲筵 jiǎngyán ⇒〔讲席〕
讲演 jiǎngyǎn 講演(する).演説(する).〔演讲〕に同じ.〔登台～〕演台に上がって講演する.〔他的～很生动〕彼の講演はいきいきしている.〔～比赛〕弁論大会.
讲义 jiǎngyì ①講義(内容). ②(学生に渡す)講義プリント.講義録.〔～夹 jiā 子〕プリントクリップ.
讲用 jiǎngyòng 学習と実践の様子を述べる:多く〔文化大革命〕中〔毛泽东思想〕についての同前を指す.〔～会〕同前の会.
讲桌 jiǎngzhuō 教卓.
讲座 jiǎngzuò ①講座.〔汉语广播～〕ラジオ中国語講座. ②⇒〔讲席〕

[**耩**(**耩**)] jiǎng 團種まき車で溝を作りつつ種をまく.〔～地〕〔～播 bō〕同前.〔～麦子〕麦をまく.〔锄 chú 干～湿〕乾いた土地を鋤き湿地に種をまく.〔～粪 fèn〕施肥する.→〔播 bō 种〕
耩子 jiǎngzi ⇒〔耧 lóu〕

[**奖·奖**] jiǎng ①褒める.励ます.奨励する.〔夸 kuā～〕褒める.〔褒 bāo ～〕〔嘉 jiā～〕褒め励ます. ②(奨励のために与える)名誉·賞状·賞品·賞金など.〔发～〕賞を与える.〔得～〕賞をもらう.〔1等～〕1等賞.〔获得诺 nuò 贝尔～〕ノーベル賞を受賞する. ③当たりくじの賞金.〔对～号码〕当たりくじ番号.〔兑 duì ～〕賞金と交換する.〔开～〕くじの抽籤をする.
奖杯 jiǎngbēi 優勝カップ.→〔奖牌〕
奖惩 jiǎngchéng 奨励と懲罰.〔～分明〕賞罰が厳正である.〔～制 zhì 度〕賞罰制度.
奖次 jiǎngcì 賞のランクとランク内の順位.
奖额 jiǎng'é 賞金額.
奖罚 jiǎngfá 賞罰.〔～兑 duì 现〕賞罰を実際

に行う(空手形ではなく).信賞必罰.
奖级 jiǎngjí 賞のランク.等級.
奖金 jiǎngjīn ①奨励金.割増金:ふつう月給として支給される.〔月度～〕〔季度～〕〔年终～〕がある.→〔红 hóng 包〕 ②賞金.〔～挂帅〕賞金第一主義.
奖进 jiǎngjìn 〈文〉勧め励まして引き立てる.
奖励 jiǎnglì 奨励(する).報奨(する).〔出口～金〕回輸出奨励金.〔购 wù 质～〕物質的の奨励.〔～优秀学生〕優秀な学生を表彰する.
奖牌 jiǎngpái 賞牌.メダル.〔对于入选者授与～〕入選者に賞牌を授与する.→〔奖杯〕
奖品 jiǎngpǐn 賞品.奨励品.
奖旗 jiǎngqí 表彰旗.
奖勤罚懒 jiǎngqín fálǎn〔成〕勤勉を賞し怠惰を罰する.
奖球 jiǎngqiú (福引き器の)色玉.
奖券 jiǎngquàn ①宝くじ.富くじ.〔彩 cǎi 票〕に同じ.〔航空～〕回空軍整備のため発行した富くじ. ②(商店などの)福引券.抽籤券.
奖赏 jiǎngshǎng ほうびを与える.
奖饰 jiǎngshì〈文〉推賞(する).称賛(する)
奖授 jiǎngshòu 表彰して授与する.
奖售 jiǎngshòu 農民に奨励のために特別必要な物資を販売する.
奖台 jiǎngtái 表彰台.
奖项 jiǎngxiàng 部門(別)賞.
奖许 jiǎngxǔ〈文〉称賞する.
奖学金 jiǎngxuéjīn 奨学金.〔助 zhù 学金〕
奖掖 jiǎngyè〈文〉奨励し昇進させる.〔～后进〕後進の者を同前.
奖誉 jiǎngyù 表彰する.
奖优罚劣 jiǎngyōu fáliè〔成〕優秀な者はほめ,劣っている者は罰する.
奖章 jiǎngzhāng 奨励章.褒章.メダル.
奖主 jiǎngzhǔ 当選者.〔中 zhòng 奖〕
奖状 jiǎngzhuàng 賞状.〔发 fā～〕同前を授ける.

[**桨·槳**] jiǎng 舟をこぐ櫂(かい).オール.〔楫 jí①〕〔桡 ráo~〕は文語.〔船～〕同前.〔划 huá~〕オールを漕ぐ.→〔橹 lǔ(I)〕〔枻 yì①〕
桨板 jiǎngbǎn 同下.
桨架 jiǎngjià =〔桨叉〕(ボートの)クラッチ.
桨式飞机 jiǎngshì fēijī =〔螺 luó 旋桨飞机〕プロペラ式飛行機.→〔喷 pēn 气(式)机〕
桨手 jiǎngshǒu 漕ぎ手.
桨叶 jiǎngyè =〔明 míng 轮叶〕〔蹼 pǔ 板〕ブレード:ボートのオールに付ける水掻き板.

[**蒋·蔣**] jiǎng ①周代の国名. ②〈姓〉蒋(しょう).

[**膙**] jiǎng〔方〕〔~子〕(手·足にできる)たこ.〔胼 jiǎn 子〕に同じ.〔两手磨 mó 起了～〕両手にたこができる.

[**匠**] jiàng ①回匠(なり).職人:技術のいる手仕事をする人.〔工~〕同前.〔木~〕大工.〔石~〕〔泥(水)~〕左官.〔铁~〕鍛冶(や)屋.〔铜~〕①銅細工屋.〔石~〕石屋.〔能工巧~〕腕のいい職人.→〔工 gōng(I)〕〔手 shǒu 艺〕 ②(文化·芸術の)造詣の深い人.〔艺术巨~〕芸の巨匠. ③技巧.技法の巧みさ.〔意~〕意匠. ④〔匠心〕 ④〈姓〉匠(しょう).
匠气 jiàngqì 職人くささ.俗臭:月並みで,創造性のないことをいう.〔写得很好,不带～〕字が上品で俗気がない.
匠人 jiàngrén 回職人.〔~屋下没凳 dèng 坐〕〔諺〕紺屋の白袴:〔卖 mài 油娘子水梳头〕に同じ.
匠心 jiàngxīn =〔匠意〕創意工夫.考案.〔独具

jiàng

独創しようとする気持ちがある.〔~独 dú 运〕〈成〉(芸術技法上)独自の境地に達する.独創的な構想	
〔造〕は〔造 zào〕ともいう.

[降] jiàng
①くだる.おりる.〔~下〕〔下~〕くだる.〔温度~到氷点了〕温度が氷点までさがった. ②くだす.おろす.さげる.〔~组zǔ〕上位から格落ちする. ↔〔升 shēng (II)〕 ③〔雨・雪などが〕降る.〔天~大雨〕天が大雨を降らす.大雨が降る. ④(この世に)誕生する. ⑤〔姓〕降(ș) → xiáng

降班 jiàngbān 落第する.留年する. ↔〔升 shēng 班〕

降半旗 jiàngbànqí 半旗を掲げる:〔下 xià 半旗~〕ともいう.〔~致哀〕半旗を掲げて哀悼の意を表する. →[降旗]

降半音号 jiàngbànyīnhào ⇒[降号]

降尘 jiàngchén 粒子の比較的大きい塵.積もる塵:〔落 luò 尘〕に同じ.

降等 jiàngděng 等級を下げる.

降低 jiàngdī 下がる.低める.下げる.〔~成本〕コストダウンする.原価を下げる.〔~定价〕定価を下げる.〔~质量〕質を下げる.〔~要 yāo 求〕要求を低める.

降调 jiàngdiào ①度合(調子)を下げる.トーンを下げる. ②降格させて転任させる:〔降级调用〕の略. ③音下降音調.

降幅 jiàngfú 下げ幅.下落幅.

降格 jiànggé ①身分・身分・規準をおとす.〔~以求〕規準をゆるめて得ようとする. ②〈文〉神霊が天からおりて来る.

降号 jiànghào フラット.変記号:"b":〔降半音号〕は別称. →[降记号]〔升 shēng 号〕

降耗 jiànghào 使用量を減少させる.

降滑 jiànghuá 図(スキー競技の)滑降(する)

降火 jiànghuǒ 中医体内にもつ潜在的な病いの熱を軽くすること.

降级 jiàngjí ①官等を下げる.〔~留任〕官等を下げて留任させる.〔~调用〕[降调]に左遷する. ②(学年を)おとす.留年する:〔降班〕に同じ. →〔升 shēng 级②〕

降记号 jiàngjìhào 図フラットとダブルフラットの総称. →〔升 shēng 记号〕

降价 jiàngjià 値下げする.

降解 jiàngjiě 化分解.〔这种一次性餐具使用后可以~〕この使い捨てタイプの食器は使用後土に還元できる.〔~塑 sù 料〕微生物による分解ができるプラスチック.

降结肠 jiàngjiécháng 医下行結腸.

降临 jiànglín 訪れる.来る.〔夜 yè 色~〕夜が来る.〔贵 guì 客~〕賓客が訪れる. →〔光 guāng 临〕

降落 jiàngluò ①着陸(する).〔~伞 sǎn〕落下傘.パラシュート.〔飞机曾旋了几圈~在跑道上〕飛行機はぐるぐる旋回し,滑走路に着陸した.〔垂直~〕垂直着陸.〔~起 qǐ 飞〕②下がる.

降密 jiàngmì 秘密保持のランクを下げる.

降幕 jiàngmù 戏降幕(s).

降旗 jiàngqí 旗を下げる. →[降半旗][挂 guà 旗]〔升 shēng 旗〕

降生 jiàngshēng ①出生する. ②同下.

降世 jiàngshì =[降生②]〈文〉出生する.降誕する.〔~凡人〕〈成〉神仙が人間に生まれかわって下界へおりる.

降水 jiàngshuǐ 図降雨・降雪をいう.〔~量〕降水量(雨および雪を含む)

降损 jiàngsǔn (企業の)損失を減らす.

降温 jiàngwēn ①温度・体温・気温を下げる(が下がる). ②〈喩〉勢いが弱まる.

降息 jiàngxī 釧利下げ(する)

降香 jiàngxiāng ①回香をたくこと. ②→[降香檀]

降香檀 jiàngxiāngtán 植香木の一種:ラカ材.根を〔降香②〕[降真香]と称し鎮痛薬に用いる.

降心相从 jiàngxīn xiāngcóng 〈文〉自分の心を押さえて他人の意見に従う:[降心相随]ともいう.

降薪 jiàngxīn 給料を下げる.

降序 jiàngxù 電算降順.

降压 jiàngyā ①電圧を下げる.〔~(变压)器〕電通降変圧器. ②医血圧を下げる.〔~药 yào〕医降圧剤.〔~片〕药同剤の錠剤.

降雨 jiàngyǔ 雨が降る.〔~量 liàng〕図降雨量.

降噪 jiàngzào ノイズを下げる.

降职 jiàngzhí 降格する.

降脂 jiàngzhī 体脂肪・コレステロールを減らす.

降旨 jiàngzhǐ 〈文〉帝王が勅諭を下す.

[洚] jiàng
〈文〉①水が河道にあふれ流れるさま. ②地名用字.〔杨家~〕地湖北省天門県西北にある.

洚水 jiàngshuǐ 〈文〉①洪水. ②逆流する水.

[绛・絳] jiàng
①色濃赤色(の). ②〔姓〕绛(ș)

绛红 jiànghóng 色濃紅(の).深紅(の)

绛紫 jiàngzǐ 色蝦茶色(の)

[将・將] jiàng
①軍人の最高階級:〔大~〕〔上~〕〔中~〕〔少 shào ~〕などに分かれる. ②〔军 jūn 衔〕②将.軍の高級指揮官〔兵在精而不在多,~在谋而不在勇〕〈諺〉兵は多寡(s)より精鋭にあり,将は勇猛より知謀にある.〔勇~〕将. ③〔象 xiàng 棋〕(中国将棋)で黒い駒の王将. →[帅 shuài ①] ④〈文〉指揮する.統率する.〔不善~兵而善~将〕兵を率いることはうまくないが,大将を率いることはうまい. ⑤〔口〕あることをよくする人.あることに強い人.〔喝~〕酒のみ.飲み助.〔吃~〕大食家.〔要 shuǎ ~〕賭博やかけごとに強い人. → [jiāng qiāng]

将才 jiàngcái 大将たる器量(をもつ人). → jiāngcái

将官 jiàngguān ①→〔军 jūn 衔〕② ⇒[将领]

将级军官 jiàngjí jūnguān 将官.将軍. →〔将 jiāng 军①〕

将将 jiàngjiàng 〈文〉将(ș)の将となる.大将を統御する. → [jiāng jiāng]

将领 jiànglǐng =〔将官〕将軍.将帥.〔青年~〕青年将校.〔高级~〕高級将校.

将令 jiànglìng 〔白〕軍令.

将略 jiànglüè 〈文〉大将としての兵略.

将门 jiàngmén 将軍の家柄.〔~出虎子〕同下.

将门出虎子 jiàngmén chū hǔzǐ =〔将门出虎子〕〔将门有将〕〈成〉将軍の家柄から将軍の子が出る.家柄は争えない.〔~啊,他们家里哪能不出这个后代呢〕さすが将軍の家柄で,あの家からこんな子孫が生まれるのももっともだ.

将门有将 jiàngmén yǒujiàng 同上.

将士 jiàngshì 将士.将軍と兵卒.

将帅 jiàngshuài 司令官.

将相 jiàngxiàng 〈文〉将軍と宰相.〔~器〕将相の器.大将大臣たる人材.

将相和 jiàngxiànghé 将軍と宰相の仲が良い.〈喩〉党と行政・企業との関係が良い:もとは京劇の演目の題名.戦国時代,趙の大将廉頗は驕慢で宰相の藺相如を馬鹿にしていた.藺は我慢し廉頗と仲良くし外敵に乗ずる隙を与えなかった.後に廉頗はこれを知り藺に謝罪した.〔负 fù 荆(请罪)〕

将校 jiàngxiào 将官と佐官:広く高級将校をいう.

a 〔～呢 ní〕【紡】高級将校用のラシャの軍服生地.
将御 jiàngyù 〈文〉統御する.統率する.
将指 jiàngzhǐ ①⇒〔中 zhōng 指〕 ②〈文〉足の親指.→〔指 zhí 头〕
将字旁(儿) jiàngzìpáng(r) 【語】漢字部首の"丬",し
b ょうのへん:〔状 zhuàng 字旁(儿)〕〔壮 zhuàng 字旁(儿)〕ともいう.→付録1
将佐 jiàngzuǒ 〈文〉高級武官.

〔浆・漿〕 jiàng ⇒〔糨〕 → jiāng

c **浆糊** jiànghu ⇒〔糨糊〕
浆子 jiàngzi ⇒〔糨子〕

〔酱・醬〕 jiàng 【食】①味噌(そ).〔黄～〕〔大～〕〔豆 dòu 瓣儿～〕〔豆板～〕〔豆～〕赤みそ.〔黑～〕黒みそ.〔甜 tián (面)～〕
d 甘みそ.〔炸 zhá ～面〕豚肉とみそを混ぜて油で炒めたものをかけて食べる麵. ②みそまたは醤油漬けにする(した物).〔～黄瓜〕きゅうりのみそ漬け. ③醤油で煮つける料理法の一.醤油でうま煮にする(したもの).〔～鸡 jī〕醤油で煮た鶏.〔把肉～了〕肉を醤
e 油で煮つけた.→〔酱肘子〕 ④みそ状につぶしたもの.〔芝麻～〕ごまのペースト.〔果～〕ジャム.〔花生～〕ピーナッツバター.〔芥 jiè 末蛋黄～〕タルタルソース.〔辣 là～〕チリソース.〔打成烂泥～〕たたいてどろどろにする.
f **酱爆** jiàngbào 料理法の一.みそ炒め(する).〔～鸡 jī 丁〕【食】さいの目にした鶏肉を強火で炒め,みそで味つけをした料理.
酱菜 jiàngcài 〔-儿〕【食】漬け物:みそや醤油で漬けた各種野菜:〔酱瓜〕(漬け瓜),〔酱茄子〕(なす漬け)
g など.→〔咸 xián 菜〕
酱菜篓儿 jiàngcàilǒur みそ漬けを入れるかご(はりこのかご)
酱豆腐 jiàngdòu·fǔ ⇒〔豆腐乳〕
酱坊 jiàngfáng ⇒〔酱园〕
h **酱缸** jiànggāng 漬け物がめ:醤油・みそ・漬け物の製造・貯造に用いるかめ.
酱疙瘩 jiànggēda 【食】〔大 dà 头菜①〕(ネカラシナ)のみそまたは醤油漬け:〔酱咯哒〕とも書く.
酱瓜 jiàngguā 〔-儿〕【食】白瓜・きゅうりなどのみそま
i たは醤油漬け.
酱萝卜 jiàngluóbo 【食】大根のみそ漬け.
酱坯 jiàngpī ＝〔酱糗子①〕なまみそ:大きなだんご状にした発酵の不十分なもの.
酱糗子 jiàngqiǔzi ①同上. ②(味が)なまみそ臭い.
j 〔你这个菜是怎么做的？还～味儿呢〕この料理はどうやって作ったのか,まだなまみそ臭い.
酱肉 jiàngròu 【食】醤油と香辛料で煮つけた豚肉.〔酱牛肉〕同前の牛肉.〔酱羊肉〕同前のマトン.
酱色 jiàngsè 【色】濃褐色(の)
k **酱汤** jiàngtāng 【食】みそ汁.
酱莴笋 jiàngwōsǔn 【食】ちしゃの茎のみそ漬け:略して〔酱笋〕ともいう.
酱油 jiàngyóu ＝〔〈方〉豉 chǐ 油〕醤油.
酱园 jiàngyuán ＝〔酱坊〕醤油・みそ・みそ漬けなど
l の製造販売店.
酱肘花儿 jiàngzhǒuhuār 【食】豚の足の脂肪を取り去った筋の多い肉の塊を皮で包み醤油で煮たもの:小片に切って食する.赤い肉の中に白い筋の断面が見えるのでこの名がある.〔酱肘子〕と同じく"凉菜"の
m 一.
酱肘子 jiàngzhǒuzi 【食】豚の足の肉の塊を醤油と香辛料を加えて煮つけたもの:薄く切って食する."凉菜"の一種.
酱紫(色) jiàngzǐ(sè) 【色】暗赤紫(の).蝦茶色(の):
n 〔绛紫(色)〕ともいう.

〔虹〕 jiàng 虹:単独で用いる場合は jiàng.これ以外はすべて hóng.〔出了～了〕虹が出た.〔～下去了〕虹が消えた.〔一道～〕〔一条～〕1筋の虹. → hóng

〔弶〕 jiàng 〈方〉(小鳥を捕る簡単な)わな(をかける):ざるのようなものをうつむけにし小さい棒で支え,その棒に紐をつけておく.ざるの下の地面にえさをまいておき,小動物・小鳥がえさを食べに来た時,遠くから紐をひっぱって棒を倒し,ざるをかぶせて捕る.〔他是能装～捉小鸟雀的〕(鲁・故)彼はわなをかけて小鳥を捕らえることができる.

〔强(強・彊)〕 jiàng 強情である.意地っ張りである.人のいうことをきかない:〔犟〕に同じ. → qiáng qiǎng

强劲 jiàngjìn ⇒〔犟劲〕
强嘴 jiàngzuǐ ⇒〔犟嘴〕

〔犟(勥)〕 jiàng 強情である.人のいうことをきかない:〔强〕に同じ.〔倔 jué～〕〔崛 jué ～〕同前.〔他脾 pí 气太～〕彼は気性がとても強情だ.〔跟人～上了〕人に強情をはる.〔他很～〕彼は頑固だ.

犟劲 jiàngjìn 〔-儿〕強情さ.頑固ぶり:〔强劲〕とも書く.〔看他那个～〕あの強情さはどうです.
犟嘴 jiàngzuǐ 言い張る.強情を張る:〔强嘴〕とも書く.〔他怎么那么爱～〕彼はどうしてあんなに強情なのだろう.

〔糨(糡)〕 jiàng ＝〔浆〕(糊・粥などが)濃い.ねっとりしている.〔粥 zhōu 太～了,搀 chān 点儿水吧〕おかゆが濃すぎるから少し水を混ぜなさい.→〔稠 chóu ①〕

糨糊 jiànghu ＝〔浆糊〕糊(のり).澱粉糊.→〔胶 jiāo 水(儿)②〕
糨子 jiàngzi ＝〔浆子〕〈口〉糊(のり).〔打～〕糊を作る.

J

jiao ㄐㄧㄠ

〔芁〕 jiāo 〔秦 qín ～〕〔秦胶〕〔大 dà 叶龙胆〕【植】オオバリンドウ:根を薬用する.

〔交〕 jiāo ①手渡す.預ける.納める.〔～活儿〕出来上がった加工品を納める.〔货已经～齐了〕品物は全部引き渡した.〔你把这封信～给王同志吧〕きみはこの手紙を王君に渡しなさい.〔这件事～他办〕これは彼に任せる. ②交差する.筋交(か)いになる.〔两线相～〕2線が相交わる. ③相接する.(境をはさんで)つながっている.接触する.〔两国～界的地方〕両国が境界を接するところ.〔目不～睫 jié〕〈成〉一睡もしない. ④(ある時刻・季節への)移り目,変わり目,また,それに移る.〔～十二点〕12時になる.〔已经～立春了〕もう立春になった.〔他已经～六十岁了〕彼はもう60歳になった. ⑤交際する.〔～朋友〕友人に交わる.〔相～日久〕交際すること久しい. ⑥朋友.交際.〔至～〕〔至友〕親友.〔知～〕〔知己①〕知己.〔新～(儿)〕新しい友人.〔旧～(儿)〕古い友人.〔我和他没有深～〕わたしは彼とは深い交わりはない.〔结 jié ～〕交わりを結ぶ.〔绝～〕絶交する.〔国～〕〔邦～〕国交. ⑦性交する.(動物が)交尾する. ⑧取り引き(する).〔～易 yì〕同前.〔成～〕取り引きが成立する. ⑨相互に.〔文化～流〕文化の交流. ⑩こもごも.入りまじって.一斉に.同時に.〔风雨～加〕〈慣〉雨風が一斉に強くなる.〔饥寒～迫〕〈慣〉飢えと寒さが同時に襲ってくる. ⑪⇒〔跤①〕 ⑫〈姓〉交(こう)

交白卷 jiāobáijuàn 〔-儿〕①白紙答案を提出する.②〈喩〉任務を全く果たせない.〔咱们必须把情况摸

jiāo　　　　　　　　　　　　　　　　　　　　　交

清楚,不能回去～」我々は是非とも事情をはっきりつかむべきで,手ぶらで帰るわけにはいかない.
交拜 jiāobài ⇒[拜堂]
交班 jiāobān 〔-儿〕(当番勤務の)交替(する).〔哨shào 兵值勤完了,向接哨的战士～〕哨兵当番が終わって,引き継ぎの戦友と交替した.→[班④][接jiē 班][歇 xiē 班(儿)][值 zhí 班]
交办 jiāobàn 処理することを任せる.〔领导～的任务〕上司から与えられた任務.
交半 jiāobàn 半ばする.
交保 jiāobǎo 〔法〕被告を保証人に引き渡す.保釈する.〔～释放〕同前.
交杯酒 jiāobēijiǔ 固めの杯.三三九度の(杯):〔交杯盏儿 zhǎnr〕ともいう.旧時の婚礼の時,杯二つを赤い糸でつなぎ,新郎新婦がおのおのの一つを持ち同時に酒を飲み,また杯を交換して飲んだ.現在は互いに手を交差させてグラスの酒を飲む.→[合 hé 卺]
交臂 jiāobì ①〈文〉腕と腕とが触れ合う.〈喩〉親密さをいう.②擦れ違う.→[失之交臂] ②⇒[拱gǒng 手]
交臂失之 jiāobì shīzhī ⇒[失之交臂]
交变磁场 jiāobiàn cíchǎng 〔電〕交番磁界.
交变电流 jiāobiàn diànliú 交流.交番電流.交流電流.
交兵 jiāobīng 〈文〉交戦する.
交并 jiāobìng ①ともに出現する.一緒になって現れる.②たかろう.
交叉 jiāochā ①交差する.〔火车站铁路～〕汽车の駅で線路が交差している.〔～口〕交差点.②部分的に同じである.〔～的意见〕一部が重なった意見.〔～科学〕边 biān 缘科学[学際科学].③間をおいてかわるがわる.入り混じってる.〔～进 jìn 行〕かわるがわる進めた.〔～作业〕入り混じっている作業.
交叉步 jiāochābù 〔スポ〕クロスステップ(陸上の).〔交叉压步〕(スケートの)コーナーのクロスステップ.
交叉感染 jiāochā gǎnrǎn 〔医〕交差感染.
交叉累进工资制 jiāochā lěijìn gōngzīzhì 賃金等級の決定に当たり,各種労働の質的相違,例えば技術の程度・責任の軽重・強度の大小などに応じ合理的な順位をつける方式.→[工资]
交差 jiāochāi (任務を果たして)復命する.
交车 jiāochē (自動車・列車が)すれ違う.→[错 cuò 车]
交出 jiāochū 提出する.引き渡す.〔～武器〕武器をさし出す.
交春 jiāochūn 〈文〉春の季節に入る.
交瘁 jiāocuì 過度の疲れが重なり合う.〔心力～〕身心ともに疲れ果てる.〔神思～〕神経が疲れきってしまう.
交错 jiāocuò ①〈文〉交錯する.入り乱れる.〔～相jiàn〕成〕同前.〔犬牙～〕〈喩〉境界線がジグザグになっている.〔纵 zòng 横～〕縦横に入り組んでいる.②〔数〕～的.波形の.③〔鱼 yú〕鯨食い違い〔ベ〕.波形の.
交代 jiāodài 〔交待〕とも書く.①引き継ぎ事務をする.〔办～〕申し送る.〔新主任已经到任了,还没把工作～完呢〕新しい主任はもう着任しているが,引きつぎはまだいっていない.〔所有的事情都向同志们～好了〕いっさいの要件は皆いいつけた.②詳しく話す.説明する.〔我有一句话向诸位～〕わたしは諸君に一言申し上げることがある.〔你不用多～了〕多くしゃべらなくてもよい.これ以上しゃべらなくていい.③自白する.〔你把过去的历史～清楚〕過去の歴史を自白こう.④おしまいになる.けりがつく.〔这条小命差点儿～了〕この命はあやうくでおしまいになるところだった.
交待 jiāodài ①同上.②〈文〉交際する.応接する.

交单 jiāodān 〔商〕①商品につけて荷受主へ送る送り状.→[发 fā 货单] ②契約書の別称.→[合 hé 同]
交裆 jiāodāng ⇒[裤 kù 裆]
交道 jiāodào 交際.交友.〔难打～〕付き合いにくい.→[打 dǎ 交道]
交底 jiāodǐ 詳細を伝える.実情を知らせる.〔交代底细〕同前.〔对新负责人交对底〕新しい責任者にいっさいを説明した.
交点 jiāodiǎn ①〔数〕交点.②〔天〕交点.〔～月〕交点月.
交电 jiāodiàn 交通機械と電気通機材.
交费 jiāofèi 費用を払う.
交锋 jiāofēng 交戦する.ほこを交える.〔敌人不敢和我们～〕敵は我々と矛をまじえる勇気はない.〔思想～〕考え方のぶつかり合い.
交付 jiāofù 交付する.与える.〔～定金〕手付け金を渡す.〔～表決〕採決する.〔这个运动場何时～使用〕この運動場はいつ(完成して)引き渡し使用できるか.
交感神经 jiāogǎn shénjīng 〔生理〕交感神経.〔副 fù ～〕副交感神経.
交割 jiāogē 〔商〕①授受する.商品と代金とを授受する.〔银货～清楚〕金と商品との相互引き渡しが終わった.〔取り引きが完了した〕.〔～日〕取引日.決済日.②受け渡しする.引き継ぐ.
交工 jiāogōng しあがった仕事を納める.完了工事を引き渡す.
交公 jiāogōng 集団または国家に渡す.
交媾 jiāogòu =[交合②](男女の)性交(する).→[肏 cào][性 xìng 交]
交关 jiāoguān ①関連する.かかわる.〔性命～〕命にかかわる.〔～清楚〕金と商品との相互引き渡しが終②〈方〉多い.〔有～啦〕たくさんある.
交管 jiāoguǎn 〔交通管理〕の略.
交规 jiāoguī 〔交通法規〕の略.
交好 jiāohǎo 親密につき合う.友好関係を結ぶ.〔咱们～有年〕我々は長い間親しくつき合っている.
交合 jiāohé ①入り混じっている.②性交.→[交媾 gòu]
交黑 jiāohēi 〈方〉暗くなったばかりである.
交哄 jiāohòng 争う.闘う.
交互 jiāohù ①かわるがわる.互いに.〔俩人～干活〕二人がかわるがわる仕事をする.②〔電算〕インタラクティブ.〔～视频点播〕ビデオオンデマンド.VOD.③互いにかわりあう.
交欢 jiāohuān ①交歓する.→[联 lián 欢] ②性交(する):〔交媾〕に同じ.〔与她～〕彼女と交わった.
交还 jiāohuán =[交回]返す.返還する.
交换 jiāohuàn ①交換(する).〔～意见〕意見を交換する.〔～机〕電話交換機.〔～台〕(電話)の交換台.②〔経〕々交換する.〔～财〕交換財.〔～价 jià 值〕交換価值.
交换场区 jiāohuàn chǎngqū ⇒[换场]
交换齿轮 jiāohuàn chǐlún =〈方〉变扣换齿轮〕〔〈方〉挂 guà 轮〕〔機〕変速歯車装置.可換車.
交辉 jiāohuī 互いに照り映える.
交回 jiāohuí =[交还]
交汇 jiāohuì (流れが)合流する.交わる.〔古代交通的～点〕古代交通の会合点.
交会 jiāohuì 会合する.出会う.〔停车～〕(単線区間で)駅で停車して交叉する.
交嘴鸟 jiāohuǐniǎo ⇒[交嘴②]
交混 jiāohùn 混合(する)
交火 jiāohuǒ 交戦する.
交货 jiāohuò 〔商〕貨物を引き渡す.貨物受け渡し.商品の引き渡し.納入.〔～簿 bù〕貨物引渡簿.〔～付

交 jiāo

交款 商品引換払.COD.〔船上~〕本船渡し.〔船边~〕船側渡し.〔火车上~〕駅渡し.〔码头~〕埠頭渡し.〔飞机上~〕飛行場渡し.〔卡kǎ车上~〕トラック渡し.〔~(日)期〕(交期)納期.

交货单 jiāohuòdān ＝〔出 chū 货单〕商 貨物引渡指図書.→jiāo fā 货单

交货付款 jiāohuò fùkuǎn ⇒〔货到即付〕

交集 jiāojí こもごも集まる.いろいろ同時に出現する.〔惊 jīng 喜~〕驚きと喜びがこもごも至る.〔悲 bēi 喜~〕悲しみと喜びがかわるがわる来る.

交际 jiāojì 交際(する).〔他不善于~〕彼は交際べただ.〔~花〕旧社交界のヒロイン.〔~草〕二流の同前(たわむれていう).〔~舞〕社交ダンス：〔交谊舞〕ともいう.〔~话〕お祝いやお悔やみの対聯.

交寄 jiāojì （郵便物を）窓口に出す.

交加 jiāojiā 〈文〉こもごも加わる.入り混じって来る.〔贫病~〕貧乏と病気がふりかかる.〔风雪~〕風に雪が重なる.〔惊 jīng 喜~〕驚いたり喜んだり.

交角 jiāojiǎo 数 交角.

交接 jiāojiē 交替する.引き継ぐ.〔~班儿 bānr ~〕同前.〔日夜班工人在~工作〕日勤と夜勤 2 班の労働者が作業を交替している.〔新老会长的~〕新旧会長の引き継ぎ．②交際する．〔不和外人~〕他の人とは交際しない．③連絡する.連絡している.〔各路~的地方〕各道路(鉄道)の接しているところ.〔夏秋~的季节〕夏と秋の変わり目の季節．④代金を支払う．〔把拖欠的货款都~了〕支払いが滞っていた商品の代金を全部支払った.

交节 jiāojié 季節の変わり目.→字解

交结 jiāojié ①交わりを結ぶ：〔结交〕に同じ．〔~新朋友〕新しい友人を作る．②〈文〉つながる.

交睫 jiāojié 目をとじる.瞼をとじる.〔刚一~,他就把我叫醒了〕目をつぶったと思ったら,もう彼に呼び起こされた.

交界 jiāojiè 両地の相接している(境).〔我国东北地区与俄罗斯和朝鲜~〕わが国の東北地方はロシア及び朝鮮と国境を接している.

交颈 jiāojǐng 〈文〉雌雄が相むつむ.〈喩〉夫婦の情愛.

交警 jiāojǐng 〔交通警察〕の略.

交九 jiǎojiǔ 数 数 shǔ 九 2

交卷 jiāojuàn ①〔~儿〕試験の答案を提出する．〔到时候了,~吧〕時間です,答案を提出しなさい．②〈転〉結果を報告する．〔一切都办好了,我要~了〕すっかりやり終わったから,報告しなければならない．③事を済ませる.任務を完成する．〔江霜霞唱了一只英文歌,算是交了卷〕(周・上・Ⅰ22)江霜霞は英語の歌を一曲歌って役目をすませたことにした．〔这事交给他办,三天准能~〕このことは彼にやらせれば,3 日で必ず完成できる.

交柯连理 jiāokē liánlǐ 〈喩〉仲むつまじいさま（夫婦や兄弟の）

交口 jiāokǒu ①口をそろえて言う．〔~称 chēng 赞〕〔~称誉 yù〕〈成〉口をそろえてほめたたえる．→〔一 yī 口③〕②〈方〉話をかわす．〔他们久已没有~〕彼らは長いこと話もしていない．

交款 jiāokuǎn 金銭の払い渡し(をする)

交困 jiāokùn 様々な困難が一時に現れる．〔内外~内も外も窮地に立たされる．

交流 jiāoliú ①交流(する)．〔文化~〕文化(の)交流．〔技术~〕技術の供与．〔~学者〕交換研究者．〔~工作经验〕仕事の経験をかわす．〔~心得〕思想上の収穫を交流する.学習中の収穫を交流する．〔经验~会〕経験交流会．②入りまじり重なる．③电 交流電気.

交纳 jiāonà 納める.払い渡す．〔~税款〕税金を納め

る．〔~股金〕株の代金を払い込む.

交派 jiāopài 言いつける.やらせる．(仕事を)与える．〔你要走,你的事~谁呢〕きみが行くと,あとの仕事はだれにさせるか.

交配 jiāopèi 交配(する)

交朋友 jiāopéngyou ①友人として交際する．〔交下朋友防身宝〕〈諺〉友達づき合いをするのは自分の身を守る宝である．②恋人と異性と付き合う.

交迫 jiāopò こもごも迫る.各方面から圧迫する．〔饥寒~的日子可不好过〕飢えと寒さから責められる暮らしはやりきれない.

交契 jiāoqì 〈文〉情誼.よしみ．

交浅言深 jiāoqiǎn yánshēn 〈成〉つき合いが浅いのに親しすぎる話をする.

交枪 jiāoqiāng 武器を渡す.

交强险 jiāoqiángxiǎn 交通事故強制保険：〔机动车交通事故责任强制保险〕の略.

交情 jiāoqíng よしみ.友情.交情．〔讲 jiǎng ~〕人情を大事にする．〔打出来的~〕けんかがもとでの友情．→〔情谊〕

交秋 jiāoqiū 〈文〉秋に入る.

交让木 jiāorángmù 植 ユズリハ：トウダイグサ科の小高木.

交人交心 jiāorén jiāoxīn 〈慣〉人と交わる時に心のへだてがないこと.

交融 jiāoróng とけ合う．〔水乳~〕〈喩〉しっくりと溶け合うさま.

交涉 jiāoshè ①〈文〉関連(する).関係(する)．②交涉(する).折衝(する).話し合う(い).かけ合う(い)．〔办~〕同前.

交手 jiāoshǒu やり合う.わたり合う．〔警察和犯罪分子交上手了〕警官が犯人とわたり合った．〔~仗 zhàng〕肉弹戦.白兵戦.

交售 jiāoshòu （国家に）売り渡す．〔向国家~余粮〕国家に余分の食糧を売り渡す．

交税 jiāoshuì 税金を納める．

交谈 jiāotán 話を交わす.話し合う．〔自由~〕自由に話し合う．〔不懂中国话,不能不跟中国朋友直接~,很不方便〕中国語が分からないと,中国の友人とじかに話し合えないのでとても不便だ.

交替 jiāotì ①交替する．〔新旧~〕新旧交替する．②かわるがわる．〔他们~使用软硬两手〕彼らは硬軟とりまぜた手を使っている．〔循环~〕ぐるぐる循環して入れ替わる．

交替反射 jiāotì fǎnshè ⇒〔条 tiáo 件反射〕

交替砂 jiāotìshā ⇒〔软 ruǎn 水砂〕

交通 jiāotōng ①交通．〔~标 biāo 志〕道路標識．〔~部〕中央官庁の一．〔~法规〕〔交规〕交通法規．〔~工具〕交通手段.交通機関．〔~管理〕(交管)交通管理(する)．〔~护 hù 栏?〕ガードレール．〔~监 jiān 理人员〕交通監視要員．〔~量〕交通量．〔~台〕ラジオ交通情報番組．〔~噪 zào 声〕交通騒音．〔~阻塞 sè〕交通渋滞．②回秘密連絡員〕同前．③〈文〉取り入る.内通する．〔方密使人诬告彪~袁术,遂收彪下獄〕そこでひそかに人をやって彪が袁術に内通しているとの誣告せしめたので,ついに彪をとらえて獄に下した．④軍 通信・連絡行務．〔~兵〕通信連絡員．⑤〈文〉通じている．〔阡陌~〕あぜがり縦横に走っている.

交通车 jiāotōngchē ①専用車：送迎バスなど．〔班 bān 车〕ともいう．②連絡車両.

交通岛 jiāotōngdǎo 道路交差の中央に設けたロータリーや安全地帯や台：〔交通閃 gǎng〕は同前で警官が立って交通整理をする所.

交通沟 jiāotōnggōu 塹壕と各種防御工事との間の連絡通行のための壕：〔交通壕〕ともいう.

jiāo 交郊茭峧姣胶

交通壕 jiāotōnghào 同上.
交通黑点 jiāotōng hēidiǎn 交通事故多発地区.
交通警察 jiāotōng jǐngchá 交通巡査：〔交警〕ともいう.
交通事故 jiāotōng shìgù 交通事故：〔交通意yì外〕ともいう.〔～与年俱jù增〕交通事故は年々増加する.
交通线 jiāotōngxiàn 交通網：鉄道・道路・航空などの路線.
交通协管员 jiāotōng xiéguǎnyuán 交通整理係：交通巡査の補助員.
交通信号 jiāotōng xìnhào 交通信号.→〔红 hóng 绿灯〕
交通站 jiāotōngzhàn ①交通の重要地点. ②〔交通员〕(秘密連絡員)の拠点.
交通肇事罪 jiāotōng zhàoshìzuì 囷重大交通事故罪.
交投 jiāotóu 圄〔金融市場の〕取り引き.
交头接耳 jiāotóu jiē'ěr 〔慣〕耳に口をつけてこそこそささやく.〔大家正在热烈讨论问题,他们两个却在～地谈着什么〕みなが熱心に討論しているのに、あの二人は何かこそこそささやいている.
交往 jiāowǎng ⇒〔来 lái 往②〕
交尾 jiāowěi 交尾(する).交配(する)
交午 jiāowǔ 〈文〉①縦横に交錯する. ②正午になる.〔天时～〕時刻はちょうど正午になる.
交恶 jiāowù 〈文〉敵視する.〔这个问题成了两国～的导火线〕この件が両国の関係悪化の導火線となった.
交相辉映 jiāoxiāng huīyìng 〔各種の光や色彩が混じって〕互いに照り映えている.〔星月灯火～〕星や月や灯火が混じって照り映えている.
交响曲 jiāoxiǎngqǔ 圄交響曲：〔交响乐〕ともいう.
交响诗 jiāoxiǎngshī 圄交響詩.
交响乐队 jiāoxiǎng yuèduì 圄交響楽団：〔交响乐团〕ともいう.
交卸 jiāoxiè ①〔退任事務の〕引き継ぎ(をする).〔～职务〕職務を引き継ぐ. ②圄荷物をおろし受取人に渡す.
交心 jiāoxīn 胸中をさらけ出す.〔相互～〕腹蔵なく話し合う.〔一 yī 边倒①〕1958年5,6月に資本主義的思想を徹底的に払拭するために行った思想改造運動.
交学费 jiāoxuéfèi ①授業料を払う. ②〔喩〕〔代価を引きかえに〕学びとる.
交验 jiāoyàn 審査のために書類を出す.〔～护 hù 照〕パスポートの審査をうける.
交钥匙工程 jiāoyàoshi gōngchéng 調査・設計・調達・施工・完成まで一手に請け負う工事.
交椅 jiāoyǐ ①〈文〉胡 hú 床 (曲录 lù):尊位で使った椅子.金銀をちりばめたり、花卉や竜鳳の彫刻などが施してある.→〔太 tài 师椅〕 ②〈方〉(ひじかけ)椅子.〔转～席次.〔坐小弟弟第一把～〕第一の椅子にわたしを掛けさせた(わたしを頭目にしてくれた)
交易 jiāoyì 交易する.取り引き(する).〔中国出口商品～会〕〔广交会〕広州交易会.〔期 qī 货～〕先物取引.〔做了一笔～〕一つの取り引きをした.〔不能拿原则做～〕原則を取り引きの対象にはできない.〔～ 会〕交易会.〔～ 所 suǒ〕取引所.〔证 zhèng 券～所〕証券取引所.〔商品～所〕現物取引所.
交谊 jiāoyì 〈文〉友だちのよしみ.友情.〔～舞 wǔ〕〔交际舞〕社交ダンス.
交映 jiāoyìng 互いに照り映える.
交邮 jiāoyóu ⇒〔付 fù 邮〕

交游 jiāoyóu 〈文〉交際(する).〔～甚 shèn 广〕交際が広い.
交友 jiāoyǒu 交友する.〔～信〕やりとりの手紙.〔～多〕友人が多い.
交运 jiāoyùn ①〔託送する.→〔托 tuō 运〕②好運にぶつかる.〔你的面色很好,今年也许要一了〕きみの顔色はたいへんいいから、今年は好運に出会うかもしれないよ.〔碰～〕運勢のかわり目.
交杂 jiāozá 入り混じる.交錯する.
交战 jiāozhàn 交戦する.〔～国〕交戦国.〔两种思想在脑子里～〕二つの思いが心に葛藤している.〔～团 tuán 体〕交戦団体.
交账 jiāozhàng ①支払いをする. ②復命する.〔业务不过硬,回去难～〕仕事をしっかり身につけておかないと帰ってから上申しようがない.
交织 jiāozhī ①圄混ぜ織り. ②織り混ぜる(混ぜる).〔各式各样的烟火在天空中～成一幅美丽的图画〕さまざまの花火が空に美しい模様を織りなした.
交趾鸡 jiāozhǐjī 圄(鶏の)コーチン：〔交趾〕は漢代に現在のベトナム北部に置いた郡名.→〔来 lái 亨鸡〕
交子 jiāozi 囷中国最初の紙幣の名：カジノキの樹皮から作った紙に印刷したので〔楮 chǔ 币〕ともいう.
交租 jiāozū 税金・年貢米や各種賃借料を納める.
交嘴 jiāozuǐ 圄イスカ(総称):〔～鸟〕〔～雀〕〔交喙鸟〕ともいう.〔红～(雀)〕〔白翅～雀〕ナキイスカ.

[郊] jiāo ①城壁の外の地.郊外.〔近～〕近郊.〔东～〕東の郊外.〔四～〕周囲の郊外.→〔城 chéng ②〕〔囷〕天地を祭る祭祀. ⑧〈姓〉郊
郊祭 jiāojì 〔郊天祭地〕の略.昔時、君主が夏至・冬至に天地を祭ること.→〔祀 sì 天〕
郊区 jiāoqū 郊外区域.→〔市 shì 区〕
郊社 jiāoshè 〈文〉天地を祭る.
郊天祭地 jiāotiān jìdì ⇒〔郊祭〕
郊外 jiāowài 郊外.〔到～游玩〕郊外を遊覧する.
郊县 jiāoxiàn 郊外区域にある県.
郊野 jiāoyě 〈文〉郊外の野原.
郊迎 jiāoyíng 〈文〉郊外まで出て賓客を出迎えること.
郊游 jiāoyóu 郊外遠足.ハイキング.〔秋高气爽的时候结 jié 伴去～〕秋のさわやかな気候につれだってピクニックをする.〔野 yě 餐①〕

[茭] jiāo 〈文〉〔飼料用の〕干し草.
茭白 jiāobái =〔茭瓜〕〔茭笋〕〔菰 gū 菜〕圄マコモの新芽のくき:黒穂病菌の寄生で肥大したもの.竹の子に似て食用される.〔～笋 sǔn〕同前.→〔苇 wěi 锥锥〕
茭瓜 jiāoguā ⇒〔茭白〕
茭米 jiāomǐ マコモの実:〔菰 gū 米〕に同じ.食用される.
茭笋 jiāosǔn ⇒〔茭白〕

[峧] jiāo 地名用字.〔～头 tóu〕囤浙江省にある.

[姣] jiāo ①〈文〉(容貌が)美しい.なまめかしい. ②〈姓〉姣(?)
姣好 jiāohǎo 〈文〉美しい.器量がいい.
姣美 jiāoměi 〈文〉健康で美しい:〔姣妍〕に同じ.
姣妍 jiāoyán 同上.
姣艳 jiāoyàn 〈文〉色美しくあざやかである.〔色彩～〕同前.

[胶・膠] jiāo ①にかわ.〔皮～〕動物の皮からとった同前.〔骨～〕動物の骨からとったにかわ.〔阿ē～〕ろ馬・牛・馬などの

皮からとったにかわ(薬用される).〔虫〜〕シェラック.〔明〜〕ゼラチン.〔鱼〜①〕鱼毎 dù〕魚からとったにかわ. ②植物ゴム.樹脂.やに.〔树〜〕橡xiàng〜〕植物ゴム.〔阿拉伯〜〕アラビアゴム.〔喷pēn漆〜〕ラッカーゴム.〔〜刀〕ゴム削液とりナイフ.〔〜管 guǎn〕ゴムホース.〔〜农 nóng〕ゴム栽培農家.〔桃〜①〕桃の木に出るやに.〔杏〜〕杏の木のやに. ③合成樹脂.プラスチック.〔〜帽 mào〕プラスチック製のキャップ.ふた. ④ねばり気のあるもの.ねばねばした.〔〜泥〕粘土.〔注〜〕ねばねばしたものやどろどろしたものを注入する. ⑤にかわでくっつける.にかわでくっつけたように動かない.膠着する.〔水浅舟〜〕水が浅くて舟が座州する. →〔黏 nián〕⑥〔姓〕膠〔】

胶版 jiāobǎn ①(ゴムの)卓上用マット. ②〔胶印〕(オフセット印刷)に用いるオフセットプレート.〔橡xiàng 版版〕ともいう.〔〜纸 zhǐ〕オフセット印刷用紙.

胶布 jiāobù ゴムテープ.粘着テープ.〔绝 jué 缘〜〕絶縁テープ.〔胶带②〕ともいう.〔〜口〕絆創膏.〔橡xiàng皮膏〕〔绊bàn创膏〕ともいう.

胶带 jiāodài ①テープ(録音・録画用の):〔录 lù 音(磁)带〕〔录像带〕ともいう.〔一盘 pán〜〕テープ1巻(1本).〔剪接〜〕テープを編集する. ②(接着用の)テープ:セロハンテープ・ガムテープ・ビニールテープなど.〔〜透 tòu 明〜〕セロハンテープ. →〔胶布①〕③⑪コンベヤのゴムベルト.

胶带输送机 jiāodài shūsòngjī ゴムベルトコンベヤー:〔橡 xiàng 胶皮带输送机〕ともいう.

胶垫 jiāodiàn ゴム・プラスチック製パッキング.〔瓶盖〜〕瓶のふたのパッキング.

胶附 jiāofù ねばりっこくくっつく.

胶合 jiāohé 付着させる.つぎ合わせる(にかわなどで)

胶合板 jiāohébǎn 〔胶夹板〕〔层 céng 板〕叠 dié 层木板〕:薄板を張り合わせた合板.〔层压木板〕〔<方>夹 jiā 板〕ともいう.数によって〔三合板〕〔<方>三夹板〕〔五合板〕ともいう.

胶合剂 jiāohéjì ⇒〔黏 nián 合剂〕

胶夹板 jiāojiābǎn ⇒〔胶合板〕

胶结 jiāojié 凝結する.膠着(kちゃく)する. →〔黏nián结〕

胶结率 jiāojiélǜ ベニヤ板などのにかわの膠着率.

胶卷(儿) jiāojuǎn(r) ロールフィルム. →〔胶片〕

胶轮 jiāolún ゴムタイヤ.

胶绵 jiāomián 〔化〕コロジオン:硝化セルロースをエーテル・アルコールその他の溶剤にとかした無色透明の液.写真フィルム・化学繊維・模造牙・固定包帯などの製造に用いる.

胶母糖 jiāomǔtáng ⇒〔口 kǒu 香糖〕

胶木 jiāomù →〔电 diàn 木〕〔硬 yìng 橡胶〕硬質ゴム.エボナイト.

胶囊 jiāonáng 薬用カプセル.〔〜剂 jì〕カプセル剤.

胶泥 jiāoní 粘土.粘着力の強い赤土.

胶黏 jiāonián <方>粘っこい.からみつく.

胶黏剂 jiāoniánjì 粘着剤.

胶凝 jiāoníng ⇒〔凝胶〕

胶皮 jiāopí ①ゴム:〔硫 liú 化橡胶〕の通称.〔橡xiàng 皮〕に同じ.〔〜轱 gū 辘车〕<方>ゴム輪の車.〔〜管〕ゴムホース. ②〔回〕<方>人力車:〔洋yáng车〕に同じ.

胶(皮)鞋 jiāo(pí)xié →〔橡 xiàng 皮鞋〕①ゴム靴. ②ゴム底靴.

胶皮枕头 jiāopí zhěntou →〔气 qì 枕(头)〕

胶片 jiāopiàn →〔软 ruǎn 片〕フィルム.〔菲林〕〔非林〕は旧音訳語.〔胶卷(儿)〕ロールフィルム.〔盒 hé 装软片〕フィルムパック.〔一卷软片〕フィルム1本.〔〜摄影机〕フィルムビデオカメラ.〔有色软片〕彩

cǎi 色〜〕カラーフィルム.〔电 diàn 影〜〕映画用フィルム.〔缩 suō 微〜〕マイクロフィルム.マイクロフィッシュ. →〔冲 chōng 晒〕〔干 gān 板〕〔片②〕

胶漆 jiāoqī にかわとうるし.<喩>友情の固いこと.〔〜相投〕<成>友情がかわらずに親密である.〔他们俩人交情深厚,情同〜〕彼ら二人は非常に親しくて,友情がうるしとにかわのように固い.〔〜交〕<喩>親密な交わり. →〔如 rú 胶似漆〕

胶圈 jiāoquān <方>ゴムパッキング.

胶乳 jiāorǔ ①ラテックス:ゴムの木皮に傷をつけてとるゴムの乳状の液. ②⇒〔乳胶〕

胶水(儿) jiāoshuǐ(r) ①水溶天然ゴム.アラビアゴム. ②ゴム糊.液状糊.〔阿 ā 拉伯胶〕〔糨 jiàng 糊〕

胶酸 jiāosuān ⇒〔戊 wù 二酸〕

胶态 jiāotài 物コロイド状.〔〜银 yín〕コロイド銀. →〔胶质〕

胶体 jiāotǐ ⇒〔胶质〕

胶体溶液 jiāotǐ róngyè コロイド溶液.

胶丸 jiāowán 〔薬〕カプセル.

胶鞋 jiāoxié →〔胶(皮)鞋〕

胶靴 jiāoxuē ゴム長靴.

胶续 jiāoxù <文>→〔续胶〕

胶印 jiāoyìn オフセット印刷(をする).〔〜法〕同例の技術. →〔水 shuǐ 印〕

胶玉瓷漆 jiāoyù cíqī 合成エナメルペイント.

胶原 jiāoyuán 生理コラーゲン.膠原質.〔〜病bìng〕医膠原病.

胶粘剂 jiāozhānjì 接着剤.

胶纸 jiāozhǐ 粘着ペーパー. →〔胶布〕

胶质 jiāozhì 〔胶体〕コロイド.〔〜瘤 liú〕医脳腫瘍:〔脑 nǎo 胶样肿瘤〕の別称.〔层压〕

胶柱鼓瑟 jiāozhù gǔsè <成>琴柱(じ)に膠して"瑟"をひく:一つのやり方に拘泥して融通がきかないこと.

胶状 jiāozhuàng ジェル状.

胶着 jiāozhuó 膠着する.〔〜状态〕膠着状態.

胶子 jiāozi 物グルーオン.

[鵁・䴔] jiāo 〔〜鹉 jīng〕赤チ头鷺〕⑧アカクビゴイ(アカガシラサギ)

[蛟] jiāo 固①みづち:想像上の動物で,洪水をおこすという. ②竜の雌,また母. ③角が1本ある竜の子. 〔龙 qiú〕②鰐の一種.

蛟龙 jiāolóng みづち.蛟竜.〔〜入 海〕〔得 水〕<喩>英雄が志を得ること.

蛟蜻蛉 jiāoqīnglíng 虫ウスバカゲロウ:その幼虫が〔沙 shā 挨子〕(アリジゴク)

蛟篆 jiāozhuàn 固鐘鼎(ちょうてい)に鋳出されている篆書(てん).

[跤] jiāo ①つまずき,またはころぶさま.〔交⑪〕に同じ.〔跌 diē 了一〜〕ばたんと倒れた.〔被石头绊了一〜〕石にっついてすてんと倒れた. ②〔摔 shuāi 〜〕①相撲(をとる)

跤场 jiāochǎng 口すもう場.

跤手 jiāoshǒu 口すもう力士.

[鲛・鮫] jiāo 魚類サメ:〔鲨 shā 鱼〕〔沙shā 鱼〕の古称.

鲛人 jiāorén 〔人 rén 鱼〕ともいう.

鲛绡 jiāoxiāo <文>人魚の織る絹.<転>(絹の)ハンカチ.

[浇・澆] jiāo ①(じょうろ・ひしゃくなど)で水を)ふりかける.まく.〔〜花(儿)〕花に水をやる.〔〜菜园〕野菜畑に水をやる.〔〜肥 féi〕肥料をかける.〔〜粪 fèn〕人肥をかける.〔花儿蔫 niān 了,恐怕不活〕花はしぼんでしまっ

jiāo 浇侨娇

た,水をやっても生きかえらないだろう.〔火上～油〕〈慣〉火に油を注ぐuna激しくさせる.→浇**guàn** ①.〔洒 sǎ ①〕②灌溉する.〔车水～地〕水車で田畑に水を揚げる.③(溶液を)流し込む.④〈文〉軽薄である.→〔浇薄〕〈文〉軽薄.消す.〔以酒～愁〕酒で憂さを晴らす.〔～灭 miè〕消し去る.

浇版 jiāobǎn 印刷の鉛版鋳造:紙型に鉛を流し込むこと.

浇薄 jiāobó =〔脆 cuì 薄〕〈文〉軽薄(である).薄情(である)

浇愁 jiāochóu →字解⑤

浇地 jiāodì 灌溉する.〔可以一万亩〕1万ムー灌溉できる.

浇灌 jiāoguàn ①(植物に)水をかける.〔～农 nóng 田〕農地を灌溉する.→〔灌溉〕②(型に)流し込む.〔～混凝土〕コンクリートを流し込む.

浇花浇根 jiāohuā jiāogēn 花の水やりは根に水をやる.〈喻〉ことは根本からやるべきだ.

浇季 jiāojì 〔浇世〕〈文〉道徳衰え人情浮薄になった末の世.

浇口 jiāokǒu ①揚げ湯口.⇒〔冒 mào 口〕

浇冷水 jiāolěngshuǐ 〈喻〉水をさす:〔泼 pō 冷水〕に同じ.

浇淋 jiāolín 水をかける.〔被雨～〕雨にうたれる.雨ぬれる.

浇铅 jiāoqiān =〔浇五金〕①バビットメタルを船舶の推進器の軸受などに溶かし込む作業.

浇铅字 jiāoqiānzì 活字を鋳(い)る.

浇洒 jiāosǎ 水をかける.ぶっかける.

浇世 jiāoshì ⇒〔浇季〕

浇水 jiāoshuǐ 水をかける.⇒〔洒 sǎ 水〕

浇头 jiāotou 〔方〕〔食〕料理の上にかける汁や,あんかけのあん.〔这碗肉丝面的～太难吃了〕この豚肉入り麵のあんはよくない.

浇五金 jiāowǔjīn ⇒〔浇铅〕

浇油 jiāoyóu 油をかける.油をさす.→字解④

浇注 jiāozhù (溶けた鉛やコンクリートなどを)型に流し込む.〔～混凝土〕コンクリートを流し込む.

浇铸 jiāozhù ①鋳込(む).流し込(む).→〔铸 zhù 造〕

浇筑 jiāozhù ①コンクリートを流し込む.〔～大坝 bà〕同前でダムを築く.

〔侨・僑〕jiāo ⇒〔骄〕

〔娇・嬌〕jiāo ⇒①美しくかわいい.愛くるしい.あでやかで美しい.色あざやかである.〔江河如此多～〕山河はかくも美しい.②〈文〉なまめかしい美女.〔阿ā～〕同前.③甘えている.〔别～了〕子供を甘やかすな.〔小孩子撒 sā ～〕子どもが甘える.〔养得～〕甘やかして育てる.④弱々しい.ひ弱である.お上品すぎる.〔才走几步,就说腿酸,未免太～了〕いくらも歩かないのにもう足がだるいなんて,ほんとにやわだ.⑤〈姓〉嬌(きょう).

娇嗔 jiāochēn (女性が)すねて(甘えて)ぷんとする.怒ったふりをする.

娇痴 jiāochī ①=〔娇憨〕無邪気である.あどけない.②甘えている.〔撒 sā 娇 娇痴痴〕だだをこねる.

娇宠 jiāochǒng ⇒〔宠爱〕

娇脆 jiāocuì (女性の声が)軽やかで耳に快い.

娇滴滴 jiāodīdī 優しくて愛くるしいさま.なよなよしたさま.〔～的声音〕③かわいらしい声.⑤色っぽい甘ったれた声.

娇儿 jiāo'ér =〔娇子〕①かわいらしい子供.②かわいい男の子.愛児.→〔骄子〕

娇凤 jiāofèng 〈文〉セキセイインコ:〔虎 hǔ 头 鹦 yīng 鹉〕の別称.

娇哥儿 jiāogēr 甘やかして育てられた男の子.甘ったれぼうず.

娇惯 jiāoguàn 甘やかして育てる.溺愛する.〔养得过于～〕あまりに甘やかして育てる.

娇贵 jiāoguì ①大事にしすぎて弱々しい.溺愛する.②もろい.壊れやすい大切な物についていう.〔仪器～,要小心轻放〕計器は壊れやすいから,気をつけてそっと置きなさい.

娇憨 jiāohān ⇒〔娇痴〕

娇好 jiāohǎo (女性が)愛くるしい.可愛らしい.〔姿容～〕姿や形が美しい.

娇红 jiāohóng 〔色〕鮮紅色(の)

娇喉 jiāohóu 〈文〉なまめかしくやさしい声.嬌声.

娇黄 jiāohuáng 〔色〕浅黄色(の)

娇客 jiāo·kè 〈白〉①婿殿.〔女 nǚ 婿〕②甘やかして可愛がられた人.育ちのいい人.〔小姐是～,…〕お嬢様は箱入り娘,….

娇蓝 jiāolán 〔色〕深藍色(の)

娇懒 jiāolǎn 甘えて怠ける.

娇里娇气 jiāolǐ jiāoqì 〔慣〕なよなよしているさま.上品で弱々しいさま.

娇丽 jiāolì 〔娇美〕なまめかしくきれいである.

娇绿 jiāolǜ 〔色〕黄緑色(の)

娇美 jiāoměi ⇒〔娇丽〕

娇媚 jiāomèi ①なまめかしく人の気を引く.②可憐にあでやかである.

娇嫩 jiāo·nèn きゃしゃである.壊れやすい.もろい.〔她身子～〕彼女は体がきゃしゃだ.〔～东西〕壊れやすいもの.

娇娘 jiāoniáng かわいらしい女の子.美女.

娇娜 jiāonuó 美しくなまめかしい.

娇女(儿) jiāonǚ(r) ①かわいらしい女の子.なまめかしい美人.②甘やかして育てた娘.まな娘.箱入り娘.〔一泪多〕箱入り娘は涙もろい.〔膝下无儿,只有一～〕男の子はなく,ただひとりまな娘があるだけだ.

娇妻 jiāoqī 〈文〉美しく可愛らしい妻.

娇气 jiāoqì ①甘えて弱々しい.なよなよしている.〔这点雨还怕,那敢太～了〕これぐらいの雨でひるむようでは,ちとお上品すぎじゃないか.②甘える気持ち.軟弱な態度.もろさ.〔去掉～〕甘えを捨てる.③もろい.こわれ易い.

娇性 jiāoxìng なよなよしている.〔生就了一副～的身材〕きゃしゃな体に生まれついている.

娇娆 jiāoráo あでやかになまめかしい.

娇柔 jiāoróu かわいくてやさしい.

娇弱 jiāoruò きゃしゃで弱々しい.

娇声 jiāoshēng 甘ったるい声.かわいらしい声.

娇生惯养 jiāoshēng guànyǎng 甘やかされて育つ.わがままに育つ.〔他就是这么一个独生子,实在是～〕彼はこんなひとりっ子なので,実際甘やかされ放題だ.

娇态 jiāotài なまめかしい態度.かわいい態度.→〔媚 mèi 态〕

娇甜 jiāotián (声が)甘美である.

娇娃 jiāowá ①愛らしい少女.②〔方〕甘えた育ちの子.

娇婉 jiāowǎn (声が)なまめかしく優美である.

娇小 jiāoxiǎo 小柄でかわいらしい.

娇小玲珑 jiāoxiǎo línglóng 〔成〕小柄でかわいらしいこと.小さくて精巧にできていること.〔长得～,让人喜爱〕姿かたちがきれいで,かわいらしくて人に好かれる.〔这块东西～,非常可爱〕これはこじんまりしていて実にかわいい.→〔小巧玲珑〕

娇性 jiāoxìng 甘える性格.たえられない性質.

jiāo

娇羞 jiāoxiū （乙女が）はにかむ．恥じらう．→[害hài 臊]

娇妍 jiāoyán なまめかしい．

娇艳 jiāoyàn 愛らしくあでやかである．[〜的花朵]あでやかな花．

娇养 jiāoyǎng 甘やかして育てる．溺愛する．甘やかす．

娇慵 jiāoyōng 弱々しくてだるそうである．

娇子 jiāozǐ ⇒[娇儿]

娇纵 jiāozòng 甘やかす．増長さす．

[骄・驕] jiāo ＝[侨]おごる．うぬぼれる．侮る．[〜敌 d]敵を侮る．[〜娇二气]おごりたかぶっていて心弱である．[多〜必败]あまり心おごると必ず失敗する．[戒〜戒躁]焦らずおごり高ぶらず．②甘やかされる．ちやほやされる．特別に可愛がっている．→[骄子] ③<文>強い．激しい．[〜阳 yáng]（夏の）激しい日光．

骄傲 jiāo'ào ①傲慢である．おごり高ぶる．[他产生了～自满的情绪]彼は自慢するおごる気持ちが出てきた．[～使人落后]おごりは人を落伍させる．[～自满] ②誇りとする．自信をもって誇る．[祖国现代化的进展,使我们感到～]祖国近代化の進展に誇りを感じる．③誇り（の対象）．[民族的～]民族の誇り．[浦东是上海人民的～]浦東は上海人のご自慢だ．

骄兵 jiāobīng <文>数が多く強さを誇る軍隊．[〜必败，哀兵必胜]おごる軍は必ず敗れ，抑圧に悲憤している軍は必ず勝つ．

骄横 jiāohèng 不遜横柄である．横暴である．[〜自得]偉そうにする．[〜行径]横暴なふるまい．[〜跋bá 扈]<成>傲慢で横暴である．[〜恣zì 肆]<成>横暴でやりたい放題である．

骄蹇 jiāojiǎn <文>傲慢．

骄矜 jiāojīn <文>傲慢である．[他为人谦逊和蔼,毫无～之念]彼は謙遜で穏やかな人で少しも傲慢なところはない．

骄倨 jiāojù <文>不遜．傲慢．

骄狂 jiāokuáng 生意気でいい気になっている．威張って手がつけられない．

骄慢 jiāomàn 傲慢である．

骄气 jiāoqì おごり高ぶる態度．人をくった気持ち．[他有一种～令人生厌]彼には一種の傲慢があって人に嫌われる．

骄人 jiāorén （人に対して）威張る．誇る．

骄奢淫逸 jiāoshē yínyì <成>おごり高ぶりぜいたくざんまいをすること：[骄奢淫佚]とも書いた．

骄肆 jiāosì ⇒[骄恣]

骄阳 jiāoyáng <文>夏の烈日．[～灼zhuó 人]<成>烈日が照りつけるさま．[～似火]<喩>焼きつくような日差し．

骄盈 jiāoyíng <文>傲慢で得意になる．

骄躁 jiāozào <文>傲慢で軽薄である．[性情～的人不可接近]傲慢無礼な人には近づくべきでない．

骄子 jiāozǐ ①わがまま息子．だだっ子．②<喩>人気者．[时代的～]時代の寵 chǒng児．

骄恣 jiāozì 同上．

骄纵 jiāozòng ＝[骄肆][骄恣]<文>傲慢で放縦である．

[鹪・鷦] jiāo 囲雄の一種．[〜雉zhì]同前．

[教] jiāo 教える．教授する：単独で用いる場合．[唯一你们中国话がきみたちに中国語を教えているか．[他～得很好]彼は教え方がたいへんうまい．[我～给你做法]きみにやり方を教えてあげよう．→ jiào

教车 jiāochē 自動車の運転を教える．↔[学 xué

车]

教会 jiāohuì 教えて会得させる．→ jiàohuì

教课 jiāokè 学生に教授する．

教琴 jiāoqín ピアノのレッスンをする．

教书 jiāoshū 学生にものを教える．先生になる．[他在小学里～]彼は小学校の先生をしている．[〜的]学校の先生．[〜匠 jiāng]教師稼業の者．

教学 jiāoxué 教える．教授する．→ jiàoxué

[椒] jiāo ①團果実・種子が刺激性の味をもつ植物（総称）．特に①[花〜]サンショウ，⑤[胡 hú ～]コショウ，②[辣 là ～]トウガラシを指す．②<文>山頂．③<姓>椒（うぉ）．

椒房 jiāofáng 囲皇后の居所：壁に[花椒]を塗りこめたことによる．<転>皇后．皇妃．

椒盐（儿）jiāoyán(r) ⇒[花 huā 椒盐]

[焦] jiāo （Ⅰ）①（火で）焦げる．[烧 shāo 得～黑]黒焦げになるほど焼く．[饭烧～了]ご飯が焦げた．→[糊 hú]②（食物などを焼いたり揚げたりして）きつね色になる．（干からびて）カリカリになる．[麻花儿炸 zhá 得～～的]かりん糖がこんがりと揚がった．[柴火晒得～干了]薪が陽にあたってからからになる．[他的嘴唇老是～的]彼の唇はいつもかさかさしている．③焦る．いらだつ．[等得心～]待たされていらいらする．④コークス．[炼 liàn]同前を作る．→[焦炭]⑤囲焦（かぇ）：舌のつけ根から胃の噴門までを[上]，幽門の下までを[中]，膀門の下までを[下]といい，消化・吸収・輸送・排泄をつかさどる．⑥<姓>焦（かぇ）．

（Ⅱ）圐ジュール．J：[焦耳]の略．

焦巴巴 jiāobābā 焦げてかりかりしているさま．[把饭烧得这么～的,怎么吃呢]ご飯をこんなに焦げつかせてしまってどうして食べられるか．

焦比 jiāobǐ 匤コークス比:銑鉄 1 トンを精錬するのに必要なコークスの量．

焦愁 jiāochóu ひどく心配する．

焦脆 jiāocuì ぱりぱりと歯ぎれがよい．[这种麻花儿～好吃]この種のかりん糖はかりかりしてうまい．

焦点 jiāodiǎn ①⇒[主zhǔ 焦点]②團焦点．③（事柄の）焦点．[议论的～]論議の的（まと）

焦度 jiāodù 匤レンズの焦点距離の逆数．

焦耳 jiāo'ěr 圐ジュール．J：仕事エネルギーの国際単位．エルグの1000万倍．単に[焦]ともいう．[4.1868]が[1 卡（路里）]（カロリー）

焦干 jiāogān 焦げてからからになる．[烤 kǎo 得～]からからに焼く．[～的烧饼]焦げてからからになった[烧 shāo 饼]

焦黑 jiāohēi 黒焦げ（になる）．[让火熏 xūn 得～]火にくすぶって黒焦げになる．

焦糊 jiāohú 焼けこげたさま．

焦化 jiāohuà 匤コークス化（する）

焦黄 jiāohuáng きつね色に焦げる（焦がす）．干からびて黄色くなる．[这样做出来的烧饼～，又好看]こうして作った[烧 shāo 饼]はきつね色に焦げていておいしく，見ためもきれいだ．

焦急 jiāojí 焦る．気をもむ．[～万分]非常に焦る．[心里～]（心中）気が気でない．

焦痂 jiāojiā 匤かさぶた．痂皮（ゕ）

焦结力 jiāojiélì 匤コークス化する力．

焦距 jiāojù 匤焦点距離．[对好～]ピントを合わせる．[（可）变 biàn ～镜头]ズームレンズ．

焦渴 jiāokě 喉がからからに渇く．[跑了一段山路，～不堪 kān]山道をしばらく間走ったので，喉が渇いてたまらない．②焦がれる．あこがれる．[～地等待那一天的到来]その日の来るのを待ち焦がれる．

焦枯 jiāokū （植物が）枯れる.
焦苦 jiāokǔ 心配し苦労する.
焦块 jiāokuài コークスの塊.
焦辣辣 jiāolàlà ①酷暑のさま. ②（恥かしくて）顔が熱くなるさま.
焦烂 jiāolàn 焦げただれる.
焦雷 jiāoléi 激しい雷鳴.〔响 xiǎng 声有～一般〕響く雷のようだ.
焦裂 jiāoliè ひび割れする.
焦炉 jiāolú ①コークス製造炉:〔炼 liàn 焦炉〕ともいう.
焦虑 jiāolǜ 焦る（焦り）. 焦慮（する）
焦煤 jiāoméi 粘結炭.〔主 zhǔ 焦煤〕ともいう.
焦墨 jiāomò 美（中国画の技法で）渇筆（ぢっ）.
焦念 jiāoniàn あせり心配する.
焦圈（儿）jiāoquān(r) 食油で揚げたドーナッツ状の食品.
焦儿茶精 jiāorchájīng ⇒〔儿茶酚〕
焦热 jiāorè 焦げるほどの暑さ.
焦思 jiāosī ①苦慮する. ②〈文〉恋い慕う.
焦酸 jiāosuān 化ピロ酸: 2個の同じオキシ酸から水1分子がとれて縮合した酸.
焦炭 jiāotàn =〔〈方〉焦子 zi〕〔骸 hái 炭〕〔枯 kū 块煤〕コークス. →〔炭〕
焦糖 jiāotáng 食カルメラ.
焦桐 jiāotóng 琴の名:焦がした桐で作る.
焦头烂额 jiāotóu làn'é 頭を焦がし額を焼く.〈喩〉慌てふためく.〔敌人被我们打得～狼 láng 狈而逃〕敵がわが軍の攻撃を受けさんざんな目にあい、ほうほうの体で逃げた.
焦土 jiāotǔ 焦土.〔化为～〕焦土と化す.〔～抗 kàng 战〕国土を焦土にしても徹底的に抗戦すること.〔～政 zhèng 策〕焦土政策.
焦萎 jiāowěi 枯れてしおれる.
焦尾巴 jiāowěiba〔竹 zhú 叶青③〕
焦心 jiāoxīn 焦る. 気をもむ. いらだつ.〔病老没有起色不由得～〕〔老・骆〕病気がなかなかよくならないので、どうしても焦りがでる.
焦性没食子酸 jiāoxìng mòshízǐ suān 化ピロガロール. パイロ:酸素の吸収剤および写真現像液に用いる.
焦盐 jiāoyán （料理や薬用の）焼き塩.
焦忧 jiāoyōu 焦慮する.
焦油 jiāoyóu ①〔黑 hēi 油〕〔溚 tǎ〕タール.〔木～〕木タール. ②〈口〉コールタール（石炭タール）:〔煤 méi ～〕の略.
焦油脑 jiāoyóunǎo ⇒〔萘 nài〕
焦枣（儿）jiāozǎo(r) =〔〈方〉脆 cuì 枣〕食干し棗（ぞ）.〔核儿 húr〕（種）を除いてひもを通して干すので〔挂 guà 拉果儿〕〔挂络果儿〕ともいう.
焦躁 jiāozào せく. いらいらする. やきもきする.〔～的情绪〕焦燥.
焦砟 jiāozhǎ 炭団（ぢん）や石炭の燃え残りの塊. 燃え殻.
焦炙 jiāozhì 火がついたように焦る.
焦灼 jiāozhuó ①焼け焦げ. 火傷. ②〈文〉焦る. 気をもむ.〔心中～〕同前.
焦子 jiāozǐ〈方〉植種なしビワ.
焦子儿 jiāozǐr〈方〉⇒〔焦炭〕

〔僬〕 jiāo〔～侥 yáo〕古代伝説中の小人.〔～国〕小人国.

〔噍〕 jiāo〈文〉焦る.〔一 杀 shā〕焦くされてかれが出ない. → jiào jiū

〔蕉〕 jiāo ①植バショウ科植物（総称）.〔芭 bā バナナ.〔美 měi 人～〕〔红 hóng 花～〕ヒメバショウ.
②〔姓〕蕉（Jiāo）→ qiáo
蕉布 jiāobù 紡マニラアサの繊維で織った平織りの布.
蕉风椰雨 jiāofēng yēyǔ〈喩〉熱帯の風土. 熱帯の風物.
蕉柑 jiāogān ミカンの一種.
蕉麻 jiāomá 植マニラアサ（アバカ）:芭蕉に似た多年生草本. 布・ロープの原料とする.〈音義訳〉马ma 尼拉麻〕ともいう.
蕉农 jiāonóng バナナ生産農家.
蕉藕 jiāo'ǒu =〔芭 ba 蕉芋〕〔姜 jiāng 芋〕植食用カンナ.〔蕉芋〕ともいう.
蕉扇 jiāoshàn 芭蕉扇:芭蕉の葉で作ったうちわ.
蕉叶 jiāoyè ①芭蕉の葉. ②〈文〉浅い杯（ばい）.
蕉芋 jiāoyù ⇒〔蕉藕〕
蕉园 jiāoyuán バナナ園. バナナ畑.

〔嶕〕 jiāo〔～峣 yáo〕〈文〉（山の）高くそびえるさま.

〔燋〕 jiāo〈文〉①（火で）焦げる. ②ほた. ほだ木.

〔礁〕 jiāo ①海中に隠れている岩.〔暗 àn ～〕.②〔伏 fú ～〕暗礁.〔触 chù ～（船が）座礁する. ③珊瑚礁.〔珊 shān 瑚〕同前. ③〈姓〉礁（Jiāo）
礁湖 jiāohú 地環礁湖.
礁岩蚕 jiāohuácán 動イソゴカイの一種.〔沙 shā 蚕〕
礁石 jiāoshí 暗礁.
礁芽 jiāoyá 動イソメ. →〔沙 shā 蚕〕

〔鹪・鷦〕 jiāo〔～鹩 liáo〕鳥ミソサザイ:〔布 bù 母 r〕〔巧 qiǎo 妇（鸟）:桑 sāng 飞〕は古称.

〔缪・繆〕 jiāo〔～葛 gé〕〈文〉込み入っている. 交錯している. →〔纠 jiū 葛〕

〔矫・矯〕 jiáo → jiǎo

矫情 jiáoqing〈口〉①むりやりこじつける. へりくつを言う. 強引である. ②だだをこねる. かんしゃくをおこす. → jiǎoqíng

〔嚼（嚼）〕 jiáo 歯で食物をかむ. かみくだく.〔这是块筋、不动〕これは筋だからかみ切れない.〔贪 tān 多～不烂 làn〕欲張ると消化不良になる. →〔咬 yǎo〕→ jiào jué

嚼裹儿 jiáoguor〔嚼过儿〕とも書く.〈方〉衣食の費用. 食い扶持（ぢ）.〔赚 zhuàn 的这点钱连～都不够〕これくらいのもうけでは食うのにも足りない.〔拉出车份儿和自己的～〕〔老・骆〕人力車の損料と自分の食い扶持を稼ぎ出す.

嚼口 jiáokǒu〔嚼子〕

嚼蜡 jiáolà 蜡（さ）をかむ.〈転〉味がない. 味気ない.〔我们三餐非米饭不可，面包对我们同～〕わたしども三度の食事にはご飯がないともの足りない、パンはわたしどもにとって味のないし味気ない.

嚼蛆 jiáoqū〈方〉出放題を言う. でたらめを言う.〔他一天到晚没事做，净～〕彼は一日中何も用事がないので、出放題ばかりを言う. →〔喷 pēn 粪〕

嚼舌 jiáoshé〔嚼舌根〕〔嚼舌根板子〕〔嚼舌头〕〔嚼舌子〕ともいう. ①陰口をきく. 与太をとばす.〔有意見当面提、别在背后～我最見がある后面と向かって話む、陰でとやかく言うものではない.〔这个人专喜欢～，千万不要听他的〕この男はへらず口をたたいて喜んでいるんだから、決してあいつの言うことを真に受けてはいけない. ②つまらぬロげんかをする. 言い争いをする.〔那两个人总在～〕あの2人はいつも口げんかをしている.

嚼说 jiáoshuo〈方〉くだらぬおしゃべり（をする）.〔你

嚼角佼饺 jiáo~jiǎo

瞎 xiā ～什么呢]おまえは何を悪口言っているんだ.
嚼头 jiáotou (I)⇒[咬 yǎo 劲儿](2)そしゃくに耐える深い味わい.
嚼用 jiáoyong 口すぎ.生活費.〔收入刚刚够～〕収入はやっと口すぎに足るだけである.
嚼子 jiáozi =〔嚼口〕くつわ.〔马 mǎ ～〕同前.〔～给马戴上〕馬にくつわをはめる.
嚼嘴嚼舌 jiáozuǐ jiáoshé 〈慣〉口数が多い.多弁である.駄弁(?)る.

〔**角（角）**〕 jiǎo (I)①〔動物〕のつの.〔犀角.鹿 lù ～]鹿の角.〔牛 niú ～]牛の角.②動物の頭の状のもの.〔触 chù ～]触角.③[-儿]角のような形をしたもの.〔菱～]ひしの実. ④古 軍中で用いた角笛.〔号 hào ～]同前. ⑤かど(物.場所のとがったところ).すみ.〔棱 léng ～(儿)]曲がりかど.〔这张桌子有四个～]このテーブルには四つの角がある.〔五～星]とがったところが五つある星.〔眼 yǎn ～(儿)]目尻.まなじり.〔拐 guǎi ～儿]曲がりかど.〔墙～(儿)]墙隅角(儿)]塀または壁のかど.すみ. ⑥岬(?)>多く地名に用いる.〔岬 jiǎ ～]同前.〔好望～]地 喜望峰.〔镇海～]地 福建省にある. ⑦形.角度.〔三～形]三角形.〔直～]直角.〔锐 ruì ～]鋭角.〔钝～]鈍角. ⑧量詞. ⓐ角形に切られたものを数える.〔吃一～饼]餅を1きれ食べる. ⓑ 4 分の 1.〔一～毛线]毛糸 4 分の 1 (ポンド) ⓒ 機械などの長さの単位:回〔吩 fēn ②〕〔方〕塔 tǎ ④]ともいう. ⓓ 旧公文を数える. ⓔ 公文書は三角形に折って送った.〔一～公文]公文 1 通. ⑨角(?):〔二 èr 十八宿]の一. ⑩古代の音符で〔五 wǔ 音〕の一. (II)補助通貨の単位, 10〔～]が 1〔元〔⑩〕]にあたる.〔毛 máo (I)④]に同じ. → jué

角搬子 jiǎobānzi 機 アングルレンチ.→〔扳 bān 手 ①〕
角贝 jiǎobèi =〔牛 niú 角螺〕魚貝 ツノガイ.
角倍 jiǎobèi 薬 ふし.〔角桔〕とも書く.タンニンの主要原料.〔五 wǔ 倍子]の別称.
角尺 jiǎochǐ ⇒〔矩 jǔ 尺〕
角笛 jiǎodí 角笛.
角雕 jiǎodiāo 角の彫刻品.
角顶 jiǎodǐng 数 三角形の二辺の交わるところ.
角动量 jiǎodòngliàng 物 角運動量.
角度 jiǎodù ①数 角度.②角度.観点.〔从各个～看问题〕あらゆる角度から問題点を検討する.
角度尺 jiǎodùchǐ 角度定規:角度の大小を測る工具.
角(度)规 jiǎo(dù)guī アングルゲージ.角度ゲージ:角度の正否をみるゲージ.
角分 jiǎofēn 〈度〉分:角度の単位."′"で表す.単に〔分⑫〕ともいう.
角钢 jiǎogāng =〔角铁〕〔三 sān 角铁①〕〔方〕弯 wān 板]山形鋼.L形鋼.アングル.→〔型 xíng 钢〕
角弓反张 jiǎogōng fǎnzhāng 中医 反弓緊張:全身けいれんをおこし, 歯をくいしばり, 弓のように体をそらして人事不省に陥る症状.破伤風.脳膜炎.子癇などのときにおこるひきつけ.→〔子 zǐ 癇〕
角规 jiǎoguī 〔角(度)规〕
角果 jiǎoguǒ 植 白菜などアブラナ科植物の種子:成熟すると果皮が二つに割れるもの.
角花 jiǎohuā [-儿]器物の四すみの装飾模様.
角化 jiǎohuà 生理 角化.角質化.
角距 jiǎojù ①機 角ピッチ.②⇒〔距 jù 离〕
角棱镜 jiǎoléngjìng ⇒〔棱镜〕
角料 jiǎoliào (材料の)切れ端.

角楼 jiǎolóu 城の隅櫓(?).
角落 jiǎoluò ①片隅.〔工厂.矿山.农村以及社会的各个～〕工場・鉱山・農村および社会のすみずみ.〔反映了祖国各个～的真実面貌〕祖国のいたるところの真の姿を写している.〔各个～都找遍了,可是没有找到]隅から隅まで探した,しかし見あたらなかった. ②へんぴな所.
角马 jiǎomǎ ヌー.ウシカモシカ(総称)〔ウシ科.〔～羚 líng〕〔牛 niú 羚羊]は別称.〔白尾～]オジロヌー.
角门 jiǎomén 小門.通用門.わき戸.屋敷角そばの小門.〔脚门〕とも書いた.→〔便 biàn 门〕〔旁 páng 门〕
角秒 jiǎomiǎo 〈度〉秒:角度の単位."″"で表す.単に〔秒⑫〕ともいう.
角膜 jiǎomó 生理 角膜.〔明 míng 角罩〕に同じ.〔～白斑]〔方〕罗卜 花]医 ほし目.〔～炎 yán]医 角膜炎.〔～移 yí 植]角膜移植.
角膜接触镜 jiǎomó jiēchùjìng ⇒〔隐 yǐn 形眼镜〕
角票 jiǎopiào 〔1 角〕〔2 角〕の紙幣:〔毛máo 票(儿)]ともいう.→字解(II)
角旗 jiǎoqí 又 (ラグビー・サッカーなどの)コーナーフラッグ.
角球 jiǎoqiú 又 (ラグビー・サッカーなどの)コーナーキック.(水球・ハンドボールなどの)コーナースロー.〔踢 tī ～]コーナーキックをする.〔～区]コーナーエリア.
角儿 jiǎor ①隅.かど.〔东北～上也有一个角门儿]東北の隅にもわき門がある.〔票的一个～上盖有图章]キップの角の印鑑が押してある. ②方向.〔东北～上起了火光(儿)]東北の方に火の手があがった.
角鲨 jiǎoshā 魚貝 ツノザメ(総称).〔长吻～]ヘラツノザメ.
角闪石 jiǎoshǎnshí ⇒〔闪石〕
角速度 jiǎosùdù 物 角速度:円運動する物体が単位時間に回転する角度.
角铁 jiǎotiě ⇒〔角钢〕
角犀 jiǎoxī 古 額の角が髪の生え際に入って隆起する相:賢明の相.
角铣刀 jiǎoxǐdāo 機 山型フライス.角フライス.アンギュラーカッター.
角先生 jiǎoxiānsheng 張形(?)の俗称.陰茎の形の性具.
角宿 jiǎoxiù →〔二 èr 十八宿〕
角岩 jiǎoyán 鉱 角石.
角鹰 jiǎoyīng 鳥 クマタカ.
角雉 jiǎozhì 鳥 ジュケイ(綬鶏):キジ科の鳥.のどにきれいな肉垂がある.
角质 jiǎozhì 生理 角質.
角柱 jiǎozhù 〔棱 léng 柱〕
角锥 jiǎozhuī 数 角錐.〔～体〕〔棱 léng 锥体〕同前.
角子 jiǎozi 〈方〉旧時,〔1角〕〔2角〕の銀貨.

〔**佼**〕 jiǎo 〈文〉①美しい.②秀でている.優れている.〔个 gè 中～〕全体の中で秀でている者.
佼好 jiǎohǎo 美しい.
佼佼 jiǎojiǎo 〈文〉才知のぬきんでて優れている.〔庸 yōng 中～〕〈成〉一頭地を抜く.〔～者 zhě〕花形.
佼童 jiǎotóng ⇒〔狡童〕

〔**饺·餃**〕 jiǎo 食 ギョーザ:通称〔饺子〕.〔水～]水ギョーザ.〔蒸 zhēng ～]蒸しギョーザ.
饺饵 jiǎo'ěr ⇒〔饺子〕
饺儿 jiǎor 同下.
饺子 jiǎozi 〈文〉〔元〕〈方〉饺饵〕〈方〉扁 biǎn 食]は別称.食 ギョーザ:蒸したものは〔蒸 zhēng ～]とい

jiǎo 饺狡绞疨铰皎

い, ゆでたものをとくに〔水饺(儿)〕〔煮 zhǔ～〕〔方〕〔煮饽 bō饽〕という. 熱湯で小麦粉をねって作ったものを〔烫 tàng 面饺儿〕〔烫面～〕という. また油をひいた平鍋で片面だけ焼いたものは〔锅 guō 贴(儿)〕, たっぷりの油で焼いたものを〔煎 jiān～〕という.〔～皮(儿)〕〔方〕〔饽 bó〕ギョーザの皮. → 哑 yǎ 巴吃饺子

〔**狡**〕 jiǎo ①〈文〉たくましい. 悪賢い. 狡猾である. ②〈文〉たくましい. たけだけしい. ③〈文〉若く美しい.

狡辩 jiǎobiàn 詭弁(をする).
狡猾 jiǎohuá 悪賢い. ずるい.〔狡滑〕とも書いた.〔性情～, 奸谋百出〕性格が悪質くて, あらゆる奸(ゎ)計を考え出す.→〔精 jīng 明②〕
狡计 jiǎojì 狡猾な策略.〔奸 jiān 计〕に同じ.
狡狯 jiǎojué ずる賢い.
狡狯 jiǎokuài〈文〉ずる賢い.〔弄耍～〕人をたぶらかす. 悪知恵を働かす.
狡赖 jiǎolài ずるく言い逃れる. 狡猾な方法で自分の罪悪を否認する.〔不容～〕強弁は許されない.
狡强 jiǎoqiǎng 理に合わないことをうまくごまかして強情を張る.〔明明地他做错了, 不但不肯认错, 还要～〕はっきりと彼のやりそこないであるのに, 謝らないばかりか, 強情を張っている.
狡童 jiǎotóng〈文〉美少年;〔佼童〕に同じ.〔転〕浮薄な少年.
狡兔三窟 jiǎotù sānkū〈成〉ずるい兔は三つの穴をもつ.〔喩〕身を守り災難を逃れるのにきわめて周到である.
狡兔死, 良狗烹 jiǎotù sǐ, liánggǒu pēng 兎をつかまえ尽くすと狩に用いた犬は用がなくなるので殺される.〔喩〕役に立った人間も務めを果たすとおはらい箱になる:〔狗狗］［良犬 quǎn〕〔猎 liè 犬〕ともいう.兎死狗烹〕に同じ.→〔飞 fēi 鸟尽, 良弓藏〕
狡黠 jiǎoxiá〈文〉狡猾である.
狡诈 jiǎozhà ずる賢い.〔～多疑 yí〕ずる賢くて疑い深い.

〔**绞**·**絞**〕 jiǎo ①〔糸〕をよりあわせる. なう.〔两条线一在一块儿〕2本の糸を一緒により合わせる. ②絞る. ねじる.〔把毛巾～干〕タオルをぎゅっと絞る(って水を切る).〔早～着疼〕ねじれるように痛む. ③しめ殺す. ④巻き揚げる.〔～冈 wǎng〕網を同前.〔～辘 lù 轳打水〕ろくろで水を汲む. ⑤角がつく, もつれる. ⑥〔客观和主观一块儿～着〕客観と主観が一緒にこんがらがっている. ⑥⇒〔绞②〕 ⑦量詞. かせ: 繊維製品の束を数える.〔一～丝〕一かせの絹糸.〔一～头绳〕一束の元結(ぼ).

绞包针 jiǎobāozhēn 麻袋などを縫うための湾曲した太い針.
绞缠 jiǎochán ①巻きつける.〔～在一起〕ぐるぐる巻きつけている. ②まとわりつく. からみつく.〔忧 yōu 思～于胸〕憂愁の情が心にからみついている.
绞肠痧 jiǎochángshā ⇒〔霍 huò 乱〕
绞车 jiǎochē ⇒〔卷 juǎn 扬机〕
绞车杆 jiǎochēgān 〔機〕ウインチ操縱桿.
绞刀 jiǎodāo ⇒〔铰刀①〕
绞果子器 jiǎoguǒzi qì ジューサー;〔榨 zhà 汁器〕に同じ.
绞架 jiǎojià ⇒〔吊 diào 架②〕絞首台.
绞结 jiǎojié からみ合う.
绞决 jiǎojué 绞首刑(にする).→〔枪 qiāng 决〕
绞立决 jiǎolìjué〔旧〕絞首刑を直ちに執行する(される罪人).→〔立决②〕
绞脸 jiǎoliǎn（女性の）糸をより合わせたひもに顔のうぶ毛をはさんでこと.

绞脑汁 jiǎonǎozhī〔喩〕知恵をしぼる.〔绞尽 jìn 脑汁〕脑味噌を絞る.
绞盘 jiǎopán〔機〕①キャブステン. ②キャブステンウインチ;〔～卷扬机〕ともいう.→〔卷 juǎn 扬机〕
绞肉 jiǎoròu ①肉をひく.〔用手摇～机～〕手で肉ひき機を回して肉をひく.〔～机〕肉ひき機. ②ひき肉.
绞杀 jiǎoshā ①絞殺する.〔绞死〕に同じ. ②〈喩〉消滅させる.
绞纱 jiǎoshā かせにした木綿糸.
绞绳 jiǎoshéng ウインチのロープ.
绞手 jiǎoshǒu ①もみ手をする. ②〔機〕タップレンチ.
绞水 jiǎoshuǐ ろくろで井戸水をくみ上げる.
绞丝 jiǎosī(r)〔図〕へん: 漢字部首の"纟·糸".〔绞丝旁(儿)〕〔乱 luàn～〕〔纽 niǔ 丝(儿)〕〔丝线(儿)〕ともいう.→付録1
绞死 jiǎosǐ 絞め殺す;〔绞杀①〕に同じ.
绞索 jiǎosuǒ ①首絞め縄.〔把～套在自己的脖子上〕首を絞める縄を自分の首にかける. ②（ウインチの）ワイヤー.
绞滩 jiǎotān 浅瀬をいく船をウインチでロープを曳くこと.
绞痛 jiǎotòng =〔疝痛〕〔疝 shàn 痛〕〔医〕激痛. 疝(ǐ)痛: 内臓の発作的激痛.〔心～〕〔狭 xiá 心症〕狭心症.〔肚子～〕腹の同痛.
绞心 jiǎoxīn ①(心)非常に苦しむ. ②頭を絞る.
绞刑 jiǎoxíng〔法〕絞首刑.
绞缢 jiǎoyì〈文〉絞め殺す. くびり殺す.
绞罪 jiǎozuì〔法〕絞首刑.

〔**疨**〕 jiǎo〈文〉激しい痛み.
疨痛 jiǎotòng ⇒〔绞痛〕

〔**铰**·**鉸**〕 jiǎo ①はさみで切る:〔剪 jiǎn 断③〕に同じ.〔这块布, 从当中把它～开, 就可以做两件衣服了〕この生地は真ん中から二つに切れば, 服が2枚とれる. ②〔機〕リーマーで削る:〔绞⑥〕に同じ.→〔铰刀〕 ③〔機〕ヒンジ:〔铰链①〕に同じ.
铰床 jiǎochuáng〔機〕リーマー盤.
铰刀 jiǎodāo ①はさみ;〔剪刀子①〕に同じ. ②=〔绞刀〕〔機〕リーマー. 拡孔器: 穴をさらに削って仕上げる工具.〔手(用)～〕ハンドリーマー.→〔铣刀①〕
铰接 jiǎojiē 蝶番(ばん)やヒンジを使って接続すること.〔～塔 tǎ〕（港の）繋留塔.〔～式公共汽车〕連繋式バス.
铰链 jiǎoliàn〔機〕①ヒンジ（総称）.〔～接合〕滑節. ヒンジジョイント.〔～支架〕回転支点.〔弹 tán 簧～〕ばね蝶番. 自由蝶番.〔合 hé 页〕 ②（クレーンの）アンカーチェーン.
铰票 jiǎopiào 切符にはさみを入れる. 切符を切る. 改札する:〔剪 jiǎn 票〕ともいう.〔～了!〕改札が始まったで.
铰削 jiǎoxuē リーマー切削(する)
铰纸花 jiǎozhǐhuā 造花細工をする.

〔**皎**〕 jiǎo ①〔皦〕白く光る. 白く明るい.〔～月〕同前の月.〔～日〕同前の太陽. ②真白く清らかである. ③〈姓〉皎(ぎ)
皎白 jiǎobái 真白い.
皎黄 jiǎohuáng〔色〕爵金(ゐ)色(の)
皎皎 jiǎojiǎo ①潔白なさま. ②明るいさま. 白く輝くさま.〔～的月光〕こうこうたる月の光.
皎洁 jiǎojié ①明るく汚れがない. ②白く光って美しい.
皎然 jiǎorán〈文〉明らかである.〔～在人耳目〕人の耳目に明らかである.

jiǎo

〔笅〕 jiǎo ①〈文〉竹索.竹縄:竹ひごを編んで作った縄. ②囲簾(?)の一種:古代の楽器. ③→〔杯 bēi 笅〕

〔侥・僥(傲・徼)〕 jiǎo〔~幸 xìng〕 巡りあわせのよいこと.思いがけなくよいこと.〔~得 dé 胜 shèng〕僥倖(ぎょう)にも勝利を得る. → yáo

〔搅・攪〕 jiǎo ①かき混ぜる.かき回す.〔把锅 ~ 一 ~ 〕鍋をかき回す.〔不能让好的坏的~在一起〕良いのと悪いのとを一緒に混ぜてはいけない. ②かき乱す.混乱させる.〔我现在忙,你别~我〕ぼくは今忙しいんだ,じゃまするな.〔打一~您半天了〕長いことおじゃましました.〔一条小广播~黄了一个不温馨的家庭〕つまらぬ噂話が元 気温かかった家庭をぶちこわしてしまった.〔他睡着了,不要~他〕彼は眠ったから,静かにしなさい. ③〈方〉やる.する.〔要想发得得快,庄稼~买卖〕はやく金持ちになりたいなら,本業の畑仕事と同時に商売もやらなければならない.

搅拌 jiǎobàn 攪拌(こ)する.〔~机 jī〕〔混 hùn 凝土~机〕コンクリートミキサー.〔~器 qì〕攪拌器.ミキサー.→〔搅汁器〕
搅缠 jiǎochán まとわつく.
搅动 jiǎodòng ①(棒で液体を)かき回す.②かく乱する.
搅害 jiǎohài かく乱し妨害する.
搅浑 jiǎohún かき回す.混乱させる.〔把水~〕喻.ひっかき回す.
搅混 jiǎohun 〈方〉入り乱れる.入り混じる.〔歌声和笑声~成一片〕歌声と笑い声が入り混じっている.
搅和 jiǎohuo ①混ぜ合わせる.かき混ぜる.〔加点儿水~~就成了〕水を加えて,ひと混ぜすれば,それでいいです.〔用筷子~~就匀 yún 了〕はしでかき混ぜるとむらがなくなります. ②邪魔をする.ひっかき回す.〔事情让他一~糟了〕事は彼にひっかき回されだめになってしまった.
搅家 jiǎojiā 家庭をかき乱す.〔他娶了个~的媳妇儿〕彼は家庭をひっかき回す嫁をもらってしまった.
搅局 jiǎojú (事態を)かき乱す.(計画・進行を)ひっかき回す.〔这事办得已经八分成功,让他从中一~给弄黄了〕これは八分どおりうまく行っていたのに,あいつにじゃまされて,めちゃくちゃにされてしまった.
搅理 jiǎolǐ 無理にこじつける.
搅炼炉 jiǎoliànlú 囯パドル炉.攪煉鉄炉.
搅乱 jiǎoluàn かく乱する.騒いで混乱させる.
搅闹 jiǎonào 騒ぎをおこす.〔~公堂〕裁きの場を騒がす.
搅扰 jiǎorǎo (動作・声などで)邪魔をする.妨害する.〔你别~我〕じゃまをするな.→〔打 dǎ 搅〕
搅匀 jiǎoyún まんべんなく混ぜ合わせる.〔搁上点儿白糖再~〕砂糖を入れてよく混ぜ合わせなさい.
搅汁器 jiǎozhīqì ミキサー.
搅珠 jiǎozhū くじ引きの一種:ガラガラと回して玉がとび出し当たりくじが決まる式のもの.→〔抽 chōu 签(儿)②〕

〔挢・撟〕 jiǎo 〈文〉①挙げる.持ち上げる.〔矫②〕に同じ.〔~首 shǒu〕首をもたげる. ②曲ったものを正す.〔矫①〕に同じ.
挢舌 jiǎoshé 〈文〉(驚いて,また恐れて)口をあけたまま声が出ない.

〔矫・矯〕 jiǎo 〈文〉①曲がったものを真っすぐにする.誤りを正す.改める.〔挢②〕に同じ.〔~正错 cuò 误〕誤りを矯正する. ②勇ましい.強い. ③〈文〉かこつける.かたる.〔~托〕偽りつける.〔~诏 zhào〕詔勅をかたる. ④〈文〉高く挙げる.〔挢①〕に同じ.〔~首而望〕首を挙げて見る. ⑤〔姓〕矯(?). → jiáo

矫激 jiǎojī 〈文〉常道をはずれて過激なこと.
矫健 jiǎojiàn たくましく強健である.力の満ちている.
矫矫 jiǎojiǎo 〈文〉①勇ましいさま.〔~三雄,至于垓下〕勇ましき三雄,垓下に至る. ②高くあがるさま.〔~不群〕高くぬきんでいる.
矫捷 jiǎojié 強くて機敏である.
矫亢 jiǎokàng 〈文〉(故意に他人と違ったことをして)自ら高しとする.たかぶる.〔矫抗〕とも書く.
矫理(儿) jiǎolǐ(r) こじつける.〔这件事明明是你干的,不要再赔 xià 了〕この事は明らかに君のしたことだ,もう屁理屈を言ってごまかさなくてもよい.
矫路子 jiǎolùzi 〈方〉(考え方や言動の)誤りを正す.教え諭す.
矫命 jiǎomìng 〈文〉(上からの)命令だと偽ること.
矫情 jiǎoqíng 〈文〉自分の本音を隠す.〔~自饰 shì〕〔成〕常規を逸したことをして同前.→ jiáoqíng
矫揉 jiǎoróu 〈文〉矯(?)めたりして直す.矯正する.〔~造 zào 作〕〔成〕故意に大げさにする.不自然にふるまう.
矫若游龙 jiǎo ruò yóulóng 〈成〉(舞踊や筆勢が)空をいく竜のように敏捷である.〔游〕は〔惊 jīng〕ともいう.
矫饰 jiǎoshì 〈文〉真相を隠して外貌を飾る.〔~外貌 mào〕同前.
矫首 jiǎoshǒu 〈文〉頭を挙げる.〔挢首〕とも書く.
矫俗 jiǎosú 〈文〉社会の悪風を正す.〔移风~〕〔成〕風俗を改める.
矫调 jiǎotiáo ⇒〔校 jiào 准〕
矫枉过正 jiǎowǎng guòzhèng 〈成〉是正しようとしてゆきすぎて度を越す.〔挢枉过正〕とも書く.
矫味 jiǎowèi 味をよくする.口当たりをよくする.
矫形 jiǎoxíng 医整形する.〔~外科〕整形外科:俗に〔骨 gǔ 科〕という.
矫正 jiǎozhèng 矯正する.ためる.〔~口吃〕吃音を矯正する.〔~视力〕矯正視力.
矫治 jiǎozhì 〔機能障害を矯正する.
矫直 jiǎozhí ⇒〔调 diào 直〕〔校 jiào 直〕まっすぐにする.〔~机〕囯くせ取り機.
矫作 jiǎozuò ことさらなことをする.わざわざする.

〔蛟・蟜〕 jiǎo ①〈文〉虫 の 一 種. ②〔姓〕蟜(?)

〔鲛・鮫〕 jiǎo ⇒〔鲌 bó〕

〔脚(腳)〕 jiǎo ①あし:足首から先をいう.足首から上は〔腿 tuǐ ①〕という.〔~手〕手足.〔~大〕足(のサイズ)が大きい.〔没有下~的地方〕足の踏み場もない.〔~不着地 zháodì〕足が地についていない.〔腿~不利 lì 落〕(年をとったりして)足がふらつく.〔两只~〕二本の足.〔~懒 lǎn〕〔喻〕出不精である.〔蚊 wú 蛤的~很多〕むかでの足は非常に多い. → 〔两 liǎng 条腿〕〔足 zú (I)①〕 ②足のようなもの.(自然物・物・道具の)足.〔桌子~〕〔桌腿〕机の足.〔一高~杯〕足の長い杯.高っき. ③物の最下部.〔根 gēn ②〕に同じ.〔山~〕山のすそ.山のふもと.〔墙~〕塀の下部.〔雨~〕あまあし.〔日~〕日あし.〔云 yún ~〕雲のすそ. ④〈文〉正文の後の添え字.また詩賦の句末の韻字. ⑤囯サッカー選手.〔国~〕ナショナルチームの同前. ⑥囯人力運搬に関すること.→〔脚夫〕⑦〈方〉(少量の.あまりよくない)余りもの.〔酒~〕酒の余りもの. → jué

脚巴丫儿 jiǎobāyār ⇒〔脚丫子〕
脚板 jiǎobǎn ⇒〔脚掌〕

jiǎo 脚

脚背 jiǎobèi =〔脚面〕足の甲.
脚本 jiǎoběn 劇台本.脚本(映画·演劇の).→〔剧jù běn〕
脚脖子 jiǎobózi 〈方〉足首:〔脚腕子〕に同じ.
脚步 jiǎobù ①歩き方.歩調.〔~大〕大股で歩く.〔放轻~〕足取りも軽くいく.〔加快~〕足取りを速める.〔路上只听见脚擦的一声〕道にはコツコツと足音だけが聞こえる. ②やり方.〔那孩子也随他爹的~〕あの子もおやじさんのやり方をまねている. ③足跡.〔你要跟着老革命的~走呀〕きみは革命の先輩の足跡(やりかた)をたどっていくべきだよ.
脚踩两只船 jiǎo cǎi liǎngzhī chuán 〈口〉ふた股をかける.あっちもこっちも顔をつなぐ:〔脚跳cǐ 两只船〕〔脚踏 tà 两只船〕〔脚站 zhàn 两只船〕ともいう. →〔墙 qiáng 头草, 两边倒〕
脚程 jiǎocheng ①道程:〔路 lù 程〕に同じ. ②(家畜の)脚力.〔这匹马~很好〕この馬は遠道ができる.
脚打脑勺子 jiǎo dǎ nǎosháozi 〈喩〉速く走る:〔脚打后脑勺〕ともいう.〔听见有一点儿消息,就一地跑回来报告了〕ちょっと情報を得たら飛ぶように走り帰って報告した.
脚刀(儿) jiǎodāo(r) 劇ふしづくり:漢字部首の"卩".〔弯 wān 耳刀(儿)〕〔弯耳朵〕ともいう. →〔耳 ěr 刀(儿)〕;付録1
脚灯 jiǎodēng ①劇フットライト. ②スポットライト.
脚蹬板(儿) jiǎodēngbǎn(r) =〔脚踏板①〕〔踏 tà 板〕踏み板.ペダル.ステップ(機械·自転車·車などの)
脚登儿 jiǎodēngr ⇒〔脚踏子〕
脚蹬子 jiǎodēngzi ①⇒〔脚踏子〕 ②機械の足載き(台). ③足をのせるもの〔鞍のあぶみ·(自転車の)ペダルなど.
脚底 jiǎodǐ 足の裏.〔~板 bǎn 抹油〕〈喩〉さっさと逃げる.〔~下〕⑥足の下.⑥足もと.〔~下使绊 bàn子〕〈喩〉ひそかに人をわなにかける.こっそり人を陥れる.⑥足.〔~下一用力,就追上他了〕ちょっとふんばれば彼に追いつける.
脚地 jiǎodì 〈方〉家の土間.
脚垫 jiǎodiàn ①足の裏のたこ. ②足の裏にあてる敷き物.
脚法 jiǎofǎ 〈サッカーで〉フットワーク.足さばき.
脚风湿 jiǎofēngshī ⇒〔脚气①〕
脚夫 jiǎofū 回①運搬夫.荷担ぎ人夫. ②牛追い.
脚杆子 jiǎogānzi 〈方〉人の足(のすね)
脚感 jiǎogǎn 足で踏む感じ.
脚跟 jiǎogēn 〔脚根〕とも書いた.かかと:〔脚后跟〕ともいう.〔站稳~〕しっかりとかかとを下ろす.
脚弓踢球 jiǎogōng tīqiú ⇒〔脚内侧踢球〕
脚孤拐 jiǎogūguai 〈方〉足の親指の付け根の横に突き出している部分:〔孤拐②〕ともいう.〔孤〕は〔古〕〔骨〕とも書く.⇒〔骨〕
脚行 jiǎoháng 回①運送業者.運搬屋(船着場などの). ②同前の人夫.
脚痕 jiǎohén 足あと.
脚后跟 jiǎohòugēn ⇒〔脚跟〕
脚户 jiǎohù 〈方〉牛追い:〔脚夫②〕に同じ.
脚花 jiǎohuā ①綿花くず. ②足並み.
脚踝 jiǎohuái =〔脚孤拐②〕(足の)くるぶし.〔脚眼骨〕〔踝(子)骨〕くるぶしの骨.
脚货 jiǎohuò 下等品.劣等品.→〔上 shàng 货②〕
脚急 jiǎojí 気ぜわしく歩く.〔你怎么这么~,活没说完就跑了〕きみはどうしてそんなに気ぜわしいの,話も終わらないうちにもう行ってしまう.
脚迹 jiǎojì 足あと:〔脚印(儿)〕に同じ.

脚价 jiǎojià 人夫賃.人足賃.運搬賃.
脚尖(儿) jiǎojiān(r) 足の先.つま先.〔踮 diǎn 着~〕つま先で立つ.〔~舞 wǔ〕トーダンス.
脚戒 jiǎojiè トーリング:〔脚戒指 zhǐ〕ともいう.
脚劲(儿) jiǎojìn(r) 〈方〉脚力:〔脚力①〕に同じ.
脚扣 jiǎokòu 昇柱器:電柱にのぼる時,靴にとりつける弧形の金具.
脚擂鼓一世苦 jiǎo léigǔ yīshì kǔ 〔諺〕貧乏ゆすりをする人は一生苦労する.
脚力 jiǎolì ①脚力.〔这匹马~出众〕この馬は足の力が抜群だ. ②運搬賃.運賃.〔~钱 qián〕同前. ③回人足.ポーター. ④回荷物を届けに来た使いの者にやる駄賃.ほうび. →〔脚钱〕
脚镣 jiǎoliào アンクレット.
脚镣铐 jiǎoliàokào 足かせ(刑具).〔~,手铐 kào 等刑具〕足かせ·手かせなどの刑具.
脚炉 jiǎolú 足あぶり.
脚路 jiǎolù 〈方〉手づる.コネ:〔门路①〕に同じ.
脚驴 jiǎolǘ 客用,荷用のロバ.駄賃とりのロバ.
脚轮 jiǎolún (物の)底につけた車輪.
脚门 jiǎomén ⇒〔角门〕
脚面 jiǎomiàn ⇒〔脚背〕
脚内侧踢球 jiǎonèicè tīqiú =〔脚弓踢球〕又〈サッカーの〉インサイドキック.
脚牛 jiǎoniú 〈方〉種牛:〔种 zhǒng 牛〕に同じ.
脚盆 jiǎopén 足洗いたらい.
脚片 jiǎopiàn 〔-儿,一子〕〈方〉:くるぶしから先.
脚蹼 jiǎopǔ 又〈潜水に使う〉フィン.足ひれ.
脚气 jiǎoqì ①=〔口〕脚风湿.〔软 ruǎn 脚病〕医 脚気(qì). ②⇒〔脚癣〕
脚钱 jiǎoqián 回①=〔脚资〕人夫,または馬·ロバの駄賃.運搬費. ②店で買ったものを自宅へ届けさせた時に与えた駄賃:〔力 lì 钱〕に同じ.
脚手 jiǎoshǒu ①足と手. ②⇒〔脚手架〕
脚手板 jiǎoshǒubǎn ⇒〔脚手架〕
脚手架 jiǎoshǒujià (高層建築の)足場:〔建 jiàn 筑架〕〔鹰 yīng 架〕ともいう.〔脚手板〕は同前に渡された踏み板.〔搭 dā ~〕高層用のやぐらを立てる.
脚酸腿软 jiǎosuān tuǐruǎn 〈慣〉足がくたびれて痛くだるい.〔跑了一天,累得我~〕一日歩き回ったので足がくたくただ.
脚踏板 jiǎotàbǎn ①⇒〔脚蹬板(儿)〕 ②⇒〔脚踏盘〕
脚踏板轴 jiǎotàbǎn zhóu 医械(は)板軸.
脚踏车 jiǎotàchē 〈方〉自転車:〔〈方〉单 dān 车②〕〔自zì 行车〕に同じ.〔机 jī 器~〕〔马 mǎ 达~〕オートバイ.
脚踏两只船 jiǎo tà liǎngzhī chuán ⇒〔脚踩 cǎi 两只船〕
脚踏盘 jiǎotàpán =〔脚踏板②〕踏板.踏子(gǎ).ペダル.
脚踏儿 jiǎotàr ⇒〔脚踏子〕
脚踏实地 shídì jiǎotà shídì しっかりと地を踏みしめる.〈喩〉着実である.堅実である.〔作事总要作得~オ行〕事をなすには足が地に着いていなければならない.
脚踏子 jiǎotàzi =〔脚登儿〕〔脚蹬子①〕〔脚踏儿〕足のせ.足つぎ.
脚梯 jiǎotī 車の乗降用ステップ.
踢踢球 tītīqiú 又〈ハンドボールの〉キックボール:ファウルの一.
脚桶 jiǎotǒng 足洗せ桶.
脚腕子 jiǎowànzi =〔腿 tuǐ 腕子〕足首:〔〈方〉脚脖子〕〔脚腕儿〕ともいう. →〔踝 huái (子)骨〕
脚窝 jiǎowō ①路上にできる足跡のくぼみ.〔一步一个~〕一歩あるけば一つの足跡を残す.〈喩〉行動が着実で一々責任を負う. ②又〈ロッククライミング

の)足の踏み場所.
脚下 jiǎoxià ①足もと.足の下.〔突然~一滑,我跌倒在地上了〕急につるりとすべって,すってんころりと転んだ.②〈文〉今.現今.目下.→〔現xiàn在〕③〈方〉すぐそこ.間近.〔冬至~}冬は真近い.

脚心 jiǎoxīn =〔脚掌心〕土踏まず】足の裏の中央部.→〔脚掌〕

脚癣 jiǎoxuǎn =〈口〉脚气②〕〔脚蛀〕(香港脚)医足にできる水虫(皮膚病).〔脚气膏〕水虫膏薬.

脚丫缝儿 jiǎoyāfèngr ⇒〔脚指缝儿〕

脚丫子 jiǎoyāzi 〈口〉足首から先の部分:〔脚巴丫儿〕〈方〉脚步鸭(儿)》は別称,〔脚鸭子〕とも書く.〔光~〕〔赤 chì 脚①〕はだし.

脚叶 jiǎoyè 根元の葉.

脚印(儿) jiǎoyìn(r) ①足あと.=〔脚迹〕ともいう.〔足 zú 迹〕は文語.〔外面下雨,屋里带进好些~来〕外は雨が降っているので,部屋の中に足跡がたくさんついた.②足.〔按àn ~〕足型をとる.

脚鱼 jiǎoyú ⇒〔甲 jiǎ 鱼〕

脚闸 jiǎozhá 自転車の足踏みブレーキ.コースターブレーキ.

脚站两只船 jiǎozhàn liǎngzhī chuán ⇒〔脚踩cǎi 两只船〕

脚掌 jiǎozhǎng =〈方〉脚板]足の裏(土踏まずの前方)

脚掌心 jiǎozhǎngxīn ⇒〔脚心〕

脚爪 jiǎozhǎo 〈方〉動物の足の爪.

脚正不怕鞋歪 jiǎo zhèng bùpà xiéwāi 足が普通の形なら靴がゆがんでいることを心配するにはあたらない.〈喩〉自分が正しければ他人の中傷などは恐れるに足らない.

脚趾 jiǎozhǐ 足指=〔脚指〕とも書く.

脚指缝儿 jiǎozhǐfèngr =〔脚丫缝儿〕足の指のまた.足の指と指との間のすきま:=〈方〉脚丫巴儿〕〔〈方〉脚丫把儿〕ともいう.

脚指甲 jiǎozhǐjiǎ 足指の爪.

脚指头 jiǎozhǐtóu 足指.

脚踵 jiǎozhǒng 〈方〉かかと.

脚猪 jiǎozhū 〈方〉種豚:〔种 zhǒng 猪〕に同じ.

脚注 jiǎozhù ①脚注.フットノート.②電算フック.

脚蛀 jiǎozhù ⇒〔脚癣〕

脚镯 jiǎozhuó 足輪.アンクレット.

脚资 jiǎozī ⇒〔脚钱①〕

脚踪 jiǎozōng 足跡.〔踩人的~〕〈喩〉先人のまねをする.

〔湫〕 jiǎo 〈文〉窪(くぼ)んでいる.〔~隘ài〕〔~仄zè〕(地勢が)狭くて低い.→ qiū

〔剿(勦・劋)〕 jiǎo 討伐する.武力で取り除く.〔围 wéi ~〕包囲し討伐する.〈喩〉袋叩きにする.〔~毒 dú 麻薬(犯)〕をせん滅する.→ chāo

剿除 jiǎochú ⇒〔剿灭〕

剿匪 jiǎofěi 匪賊を討伐する.

剿抚兼施 jiǎofǔ jiānshī 〈文〉討伐と招撫を併用する.

剿绝 jiǎojué せん滅する.

剿灭 jiǎomiè =〔剿除〕徹底的に討伐する.〔~土匪fěi〕匪賊を殲滅する.

剿平 jiǎopíng 討伐し平定する.〔某所的土匪已经次第~〕某所の土匪はすでに順次平定されている.

剿讨 jiǎotǎo 討滅する.討伐する.

〔敫〕 jiǎo 〈姓〉敫(きょう)

〔缴・繳〕 jiǎo ①引き渡す.納める.上納する.払い込む.〔~公粮〕(収穫

物で)農業税を納める.〔上~〕上納する.〔扣~个人所得税〕個人所得税を給料から天引きして納める.→〔交 jiāo ①②〕②引き渡させる.無理に取り上げる.③からみつく.まつわる.〔蜘 zhī 蛛~丝〕クモが網をかける.〔苛 kē 察~绕〕〈成〉細かいことにやかましいこと.④〈姓〉缴(きょう).→ zhuó

缴案 jiǎo'àn 法案件を引き渡す.

缴呈 jiǎochéng 〈文〉差し出す.〔所有证据,全部~法庭〕あらゆる証拠は全部法廷へ差し出す.

缴存 jiǎocún 渡して保存する.預金する.〔可将这批款项暂 zàn 时~某银行〕この金をしばらく某銀行へ預金しておいた方がいい.

缴费 jiǎofèi 費用を納める.

缴付 jiǎofù 納付する.〔~水电费〕水道料・電気料を納める.

缴股 jiǎogǔ 商株式の払い込みを(をする)

缴还 jiǎohuán =〔缴回〕返還する.

缴回 jiǎohuí 同上.

缴获 jiǎohuò 敵の武器を没収する(したもの).〔~重机枪三十挺 tǐng〕重機関銃30挺を鹵(ろ)獲した.〔一切~要归公〕鹵獲したものはすべて公有にしなければならない.

缴款 jiǎokuǎn ①金を納める.金を払い込む.②納入金.払込金.

缴纳 jiǎonà =〔纳缴〕税金を納める.公共の機関に財物を納める.〔~日期〕納付期日.払込期日.→〔交 jiāo 纳〕

缴枪 jiǎoqiāng ①投降する.〔~不杀 shā〕投降すれば殺さない(敵兵への呼びかけの言葉).②銃を没収する.〔缴了敌人的枪〕敵の鉄砲を取り上げた.

缴清 jiǎoqīng 全部引き渡す.全部払い込む.〔交 jiāo 清〕ともいう.

缴绕 jiǎorǎo まつわりつく.

缴税 jiǎoshuì 納税する.

缴丝 jiǎosī (クモが)糸をはりつける.網をかける.

缴销 jiǎoxiāo (免許・認可を)返納し解消する.〔护照,身份证什么的,用过以后,得送回原领之处~〕パスポートや身分証明書などは,使用後には発行元へ返納して無効としなければならない.

缴械 jiǎoxiè 武装を解除する(させる).〔~投降xiáng〕〈成〉進んで武装を捨てて投降する.

缴验 jiǎoyàn 提出し審査を受ける.

缴租 jiǎozū 税金・各種賃借料を納める.

〔皦〕 jiǎo ①〈文〉白く明るい.白く光る:〔皎①〕に同じ.〔~~〕同前のさま.②〈文〉はっきりしている.③〈姓〉皦(きょう)

〔叫(呌・嘂)〕 jiào (I)①大声で叫ぶ.どなる.〔喊~〕同前.〔大声~喊〕大声で叫ぶ.〔大一声〕大声で一声叫ぶ.〔我~了半天也~不应 yìng 他〕さんざん呼んでいるが答えがない.〔拍pāi 手~好〕手をたたいて賞賛の声をあげる.→〔号 háo ①〕②(動物が)声を出す.鳴く.さえずる.ほえる.〔鸡~〕にわとりが鳴く.〔蛐 qū 蛐儿~〕こおろぎが鳴く.〔牛哞 mōu 哞~〕牛がモーと鳴く.→〔吼 hǒu ①〕③(機械・器具などが)大きな音を立てる.〔汽笛~〕汽笛が鳴る.〔火车~〕汽車が汽笛を鳴らす.④呼ぶ.呼びかける.呼びよせる.〔~他来〕彼を呼んで来なさい.〔菊儿jú r,~阿姨〕チュアルちゃん,「おばちゃんこんにちは」と?〔有人~你呢〕だれかきみを呼んでいるよ.〔~了一声妈妈〕一声ママと呼びかけた.〔明天六点钟~我〕あす6時に起こしてくれ.⑤取りよせる.注文して届けさせる.〔~一辆出租车〕タクシーを呼ぶ.〔菜已经~了,马上就送来〕料理はもう注文してあるから,すぐに届けて来る.〔~外卖〕料理の出前をとる.〔肚 dù 子里开始~食 shí 了〕腹がグウ

jiào 叫

グウいいだした. ⑥…とよぶ. …という.〔他～梅友仁〕彼は梅友仁といいます.〔这个～什么？〕これは何といいますか.〔什么～真理？〕真理とは何か. ⑦〈方〉（一部の家畜の）雄（ホ）.〔～鸡〕おんどり.〔～驴〕雄ろば.→〔公 gōng (Ⅱ)④〕（Ⅱ）旧時,〔教〕と書いた. ⑧（…に）…させる. …するよう命ずる.〔～他做事〕彼に仕事をさせる.〔～他拿来〕彼に持って来させなさい.〔他～我不要乱放炮〕彼はぼくにみやみに煽るなといった.〔这个可以～他修理修理〕これは彼に修理させられる.→〔使 shǐ ④〕 ②…させておく. …することを許す. …するにまかせる.〔你不～去, 他哪儿敢去〕君が許さないのに, どうして彼が行くものか.〔別～他进来〕彼を入れてはいけない（入って来るのを許してはいけない）.〔那个地方儿, 不～人进去〕あそこは立入り禁止です. ③…に…される.〔被 bèi ④〕〔让 ⑧〕と同じ用いられる.〔被〕は書面語的であり, また, その後におかれる施動者（動作をするもの）は略しうる.〔～让〕は口頭語的で, その後におかれる施動者はふつう略されない.〔书（動作を受けるもの）叫他（動作をするもの）拿去（動詞）了（その他の要素）〕書物は彼に持って行かれた.〔树～风刮倒 dǎo 了〕木が風にふき倒された.〔房子～火烧了〕家が火事で焼けた.〔自行车～哥哥骑到学校去了〕自転車は兄に学校へ乗って行かれてしまった.〔锦标～我们得来了〕優勝旗は我々がとって来た）

叫板 jiàobǎn ①〔劇〕（旧劇で）台詞の最後を次に続く伴奏につなぎやすいように節（ホ）をつけて言うこと. ②チャレンジする. 戦いを挑む.〔你敢跟我～?〕おれに言いがかりをつける気か.

叫本儿 jiàoběnr おろした元金を取り戻す.〔等到年底往回～的時候, 市内一劭儿往下掉〕年末になって元を取り戻そうという時に相場は下落し続けた.

叫彩（儿） jiàocǎi(r) 歓迎される. 拍手喝采を受ける.

叫吃 jiàochī （囲碁で）あたり；あと一手で相手の石を取れる時に, 相手に対して警告すること.

叫春 jiàochūn （動物が発情して）叫び鳴く.〔猫儿～〕猫がさかりがついている.

叫倒好（儿） jiàodàohǎo(r) ＝〔喊 hǎn 倒好（儿）〕〔劇〕（役者の演技に）やじをとばしてひやかすこと.→〔叫好（儿）〕

叫笛 jiàodí ⇒〔叫子〕

叫法 jiàofǎ 言い方.〔各地～不一样〕各地で呼び方が異なる.

叫哥哥 jiàogēge 〔蝈 guō 蝈儿〕

叫聒 jiàoguō がやがやしてやかましい.

叫班儿 jiàoguòbānr 旧妓楼から妓女を料理屋へ呼ぶこと.

叫喊 jiàohǎn 呼び叫ぶ. 大声で叫ぶ.〔喊叫〕に同じ.

叫好（儿） jiàohǎo(r) ＝〔喊 hǎn 好（儿）〕〔劇〕喝采（賛）をおくる. はやす；出演者がうまい演技をした時に〔好！〕と掛け声をかけるのをいう. 逆に, 出演者がやりそこなった時などにやじをとばすことを〔叫 dào 好（儿）〕といい,〔好！〕の語尾を長くひっぱったり,〔好咕！〕といって出演者のまちがいを指摘する. なお〔通 tōng！〕と掛け声をかけてけなすのを〔打通好〕という. →〔倒好儿〕〔喝 hè 彩〕

叫号 jiàohào [-儿] ①番号を呼ぶ.〔～电话〕国際電話のステーションコール.〔～取 qǔ 药〕（病院で）番号順に薬を受け取る. ②音頭をとる.〔这一队人前头の～, 后头的全体在応 yìng 了〕この隊は前の者が音頭をとると後部の者がそれに応じた. ③声を出して挑発する.

叫横 jiàohèng 強気に出る. 強引なことを言う.〔买东西不给钱, 还要～〕物を買って金も払わないのに,

大きい顔をしている.

叫吼 jiàohóu 大声をあげる. ほえる.〔吼叫〕に同じ.

叫和 jiàohú （マージャンで）上がりと叫ぶこと. →〔和〕

叫化 jiàohuā 物もらいする.〔～鸡 jī〕〔食〕はすの葉で包んだ鶏肉を泥で固めてあぶったもの.〔化〕は〔花〕とも書く. →〔乞 qǐ 丐〕

叫化子 jiàohuāzi 〔叫化子〕とも書いた. 物ごい. 物もらい；〔乞 qǐ 丐〕

叫唤 jiàohuan ①叫ぶ.〔他腿上生疮, 疼得直～〕彼は足にできもができて, 痛くてしきりにわめいている. ②（鳥獣が）鳴く.〔有条狗在门口直～〕犬が家の前でしきりにほえている.

叫魂 jiàohún(r) 魂を呼び戻す：主に子供などが病気でひきつけたり, 人事不省になったりした時, それは魂が肉体から離れたためと見なされるので, 魂が出て行った思われる方向へ行って"家へお帰りよ"という意味で,〔宝儿, 回家呀〕のように叫ぶこと.

叫价 jiàojià 画値をつける.（売り方の）よび値(ネ)を示す.〔～竞 jìng 卖〕オークションにかける. →〔喊 hǎn 价〕

叫街 jiàojiē 街頭で哀れみを乞う.〔～的〕同前の物もらい. →〔叫花子〕

叫劲（儿） jiàojìn(r) 〔较劲（儿）〕

叫精（儿） jiàojīng(r) 〔叫惊（儿）〕とも書く.〈方〉（赤ん坊が）乳を飲み声をたてる（こと）.〔孩子饿è了看他～呢〕赤ん坊がお腹をすかせてふんふんと声を出して飲んでる.

叫局 jiàojú 〔叫条子〕

叫绝 jiàojué 絶賛する. すばらしいと叫ぶ.〔拍 pāi 案～桌〕机をたたいて絶賛した.

叫渴 jiàokě 〔叫水〕（のどがひどくかわく. 渇く.〔怎么这么～呀, 大概是晚饭的时候咸菜吃多了〕どうしてこんなにひどくのどが渇くのだろう, 夕飯のとき漬け物を食べすぎたからかね.

叫苦 jiàokǔ 苦痛を叫ぶ. 悲鳴をあげる.〔～不迭〕〈成〉しきりに苦痛を訴える.〔～连天〕〈成〉しきりに悲鳴をあげる.→〔诉 sù 苦①〕

叫帘 jiàolián アンコール（する）. →〔谢 xiè 幕〕

叫铃 jiàolíng 呼び鈴.

叫驴 jiàolǘ 雄ろば:〔公 gōng 驴〕に同じ. ↔〔草 cǎo 驴〕

叫妈 jiàomā ①母を呼ぶ. ②〈転〉困る. 弱る.〔将来总有～的日子〕将来きっと困る日が来る.

叫马跑, 又叫马不吃草 jiào mǎ pǎo, yòu jiào mǎ bùchī cǎo 馬を走らせておきながら, 草を食べさせない.〈喩〉人を酷使する. 虫のいい事をする.

叫骂 jiàomà 大声でののしる.

叫卖 jiàomài ＝〔喊 hǎn 卖〕（路上・店頭で）ふれ売りする. 呼び売りする.〔沿 yán 途～〕通りをふれ売りして回る.〔～声〕売り声.

叫门 jiàomén （外で戸をたたいて）案内を請う.〔谁～呢〕（外で）どなたですか.

叫名 jiàomíng ①[-儿] 名称. 呼び名. ②〈方〉名前（名義）上.〔这孩子～十岁, 其实还不到九岁〕この子は10歳とは言うものの, 实は（满）9 歳にもなっていない.

叫鸟 jiàoniǎo よく鳴く鳥.〔～宰 zǎi 无肉〕よく鳴く鳥は殺してすまても肉がない.〈喩〉口の達者なものは腹がない. 深い淵にあだ波はたたぬ.

叫牌 jiàopái ⇒〔听 tīng 牌〕

叫屈 jiàoqū 不平・不満を訴える. 無実の罪を訴える.

叫嚷 jiàorǎng どなる. がなりたてる.

叫人电话 jiàorén diànhuà （電話の）指名通話.

叫水 jiàoshuǐ ⇒〔叫渴〕

jiào

叫天鸟 jiàotiānniǎo ⇒〔云 yún 雀〕
叫天雀 jiàotiānquè ⇒〔云 yún 雀〕
叫天天不应 jiàotiān tiān bùyìng 天に訴えても応じてくれない.〈喩〉とりつく島がない.〔～,叫地地不语〕同例.
叫天子 jiàotiānzi ⇒〔云 yún 雀〕
叫条子 jiàotiáozi =〔叫局〕宴席に妓女を呼ぶこと.〔出 chū 条子〕
叫停 jiàotíng ①停止を命ずる.中止させる.タイムアウトをとる. ②圏(監督が)撮影を中止させる."カット"をいう.
叫头 jiàotóu 圏(旧劇で),感情の高ぶりを示すせりふ回し;普通より長くのばして言う.〔先起个～,然后再唱〕まず同首を述べてから歌う.
叫外卖 jiàowàimài 出前をとる.
叫响 jiàoxiǎng よく知られている.信用を得る.評判がよい.信用がある.〔他的名字在这儿～了,没有人不知道〕彼の名はここでは通っている,知らない人はいない.〔他近来～了〕彼は近来売り出している.
叫嚣 jiàoxiāo やかましく騒ぐ.わめきたてる.〔大肆 sì ～〕激しくわめきたてる.〔发出战争～〕戦争だとわめきたてる.
叫啸 jiàoxiào 大きな音をたてる.
叫歇 jiàoxiē 回ストライキをする.→〔罢 bà 工〕
叫醒 jiàoxǐng 呼びさます.呼び起こす:〔叫早〕〔喊 hǎn 醒〕に同じ.〔我睡得正熟 shú,突然让母亲～了〕ぐっすり寝込んでいると突然母に起こされた.〔～服 fú 务〕モーニングコール(サービス)
叫早 jiàozǎo 同上.
叫张儿 jiàozhāngr ⇒〔听 tīng 牌〕
叫真(儿) jiàozhēn(r) ⇒〔认 rèn 真①〕
叫阵 jiàozhèn 大声で敵に出撃をそそのかすこと:〔叫战〕ともいう.→〔挑 tiǎo 战〕
叫子 jiàozi =〔叫笛〕{方}呼び子.警笛:〔哨 shào 子〕に同じ.
叫字号 jiàozìhao ①商店が評判がよい(こと).屋号を売り出す(こと).〔在这一带地方,它很～〕この一帯ではたいへん名が通っている.〔花～〕②顔を売り出す.ひけらかす.〔谁都知道谁的,何心在这儿～!〕お互いによくわかっているんだから,こんなところでひけらかす必要なとあるか.
叫做 jiàozuò〔叫作〕ともいう.…と呼びなす.…と称する.〔这个东西中国话也～馄 hún 饨〕これは中国語でもワンタンという.
叫座(儿) jiàozuò(r) 圏観衆に人気があること.客を引きつけること.〈喩〉広く人気があること.〔这出戏准能～〕この劇はきっとだあたるだろう.〔他现在老了,不～了〕彼はもう歳(t)で人気が落ちた.

〔**觉・覺**〕**jiào** 睡眠.眠り.〔睡 shuì ～〕眠る.眠り.〔睡一(个)～〕ひと眠りする.〔睡午 wǔ ～〕昼寝をする.〔睡大～〕十分に眠る.寝坊する.〔一～醒 xǐng 来〕眠りがさめる.〔饭也不吃,也不睡觉,饭も食べず,眠りもしない.〔我每天总要睡八个钟头的～〕わたしは毎日どうしても8時間は眠らなければなりません. → jué

〔**峤・嶠**〕**jiào**〈文〉山道. → qiáo

〔**轿・轎**〕**jiào**〔-子〕圏人を乗せる輿(こし):人が担いだり馬やラバの背にのせたりする.〔二人小～〕二人で担ぐ同前.〔八抬大～〕8人の担ぎ手の大きいこし.〔彩～〕〔花～〕喜よ～〕回花嫁の乗るこし.〔行路～〕旅行用のこし.〔坐～〕かごに乗る.〔抬 tái 一～子〕⑤かごを担ぐ.⑥おべっかを使う.
轿车 jiàochē ①セダン.箱型乗用車.〔敞 chǎng 车〕(オープンカー),〔篷 péng 车②〕(幌型乗用車)などに対していう.〔小～〕小型乗用車.〔高級～〕高級セダン. ②回ラバや馬にひかせたかご形の二輪車.
轿的 jiàodī タクシー:〔面 miàn 的〕(マイクロバス・軽自動車タクシー)に対していう.
轿顶子 jiàodǐngzi かごの屋根の中央にある金属製の飾り物.
轿夫 jiàofū 回こしをかつぐ人夫.
轿围 jiàowéi こしの周囲にさげる幕.
轿衣子 jiàoyīzi こしの内部の四方にさげる赤い布.
轿子 jiàozi ⇒字項

〔**校**〕**jiào** ①訂正する.校正する.〔～稿 gǎo 子〕原稿を校正する.〔～译 yì〕翻訳を校正する.〔这篇稿子还没～呢〕この原稿はまだ校正していない. ②比較する.比べる.〔～之 zhī ～〕〔～诸 zhū ~〕〈文〉これを…と比較すると…. → xiào
校本 jiàoběn 善本によって誤りを正した本.
校表 jiàobiǎo ①⇒〔干 qiān 分表〕 ②料金メーターの狂いを直す.
校补 jiàobǔ 校閲し補正する.
校场 jiàochǎng 回演武場.練兵場:〔较场〕とも書く.〔操 cāo 场②〕
校秤 jiàochèng〔称秤〕とも書く.はかりの目盛りを正しくする.
校雠 jiàochóu〈文〉校雠(lo)する.校勘する.→〔校订〕
校次 jiàocì 校正回数.
校点 jiàodiǎn 校閲訂正し,句読点をつける.
校订 jiàodìng 校正し訂正する.〔在初校的时候编辑部又～出一些原文里应该断的字句〕初校の際に編集部で原文中数箇所にさらに考慮を要する字句を訂正した.
校对 jiàoduì ①校正する.〔～清样〕きよ刷り校正(する),〔～员～好了〕校正員は校正した. ②照合する.検査する.〔一切计量器都必须～合格才可以出售〕すべての計器は検査の上合格したものでなければ発売できない. ③校正係:〔～员 yuán〕ともいう.〔他在印刷厂当～〕あの人は印刷工場で校正係をしている.
校飞 jiàofēi 飛行場の完成検査のためのテスト飛行する. →〔试 shì 飞〕
校改 jiàogǎi 訂正し改める.
校核 jiàohé ①〈文〉比較し調べる.〔著者在排版时亲自～,抽换了一段文章〕著者が組版の際自分で比較訂正して,一くぎりの文章を入れ換えた. ②チェックする.調べる.検査する.〔～试 shì 验〕立ち合い試験.
校记 jiaojì 校訂の記述.
校勘 jiàokān 書物の内容や字句の異同などを調べ研究する.〔～学〕校勘(s)学.
校释 jiàoshì 校勘と注釈.
校书 jiàoshū〈文〉①書籍を校訂する. ②回妓女の別称.
校调 jiàotiáo ⇒〔校准〕
校误 jiàowù〈文〉誤りを訂正する.
校验 jiàoyàn (正確か否か)テストする.検査する.
校样 jiàoyàng 校正刷り.(印刷の)ゲラ刷り:〔张样②〕に同じ.
校阅 jiàoyuè 校閲(する).検閲(する)
校正 jiàozhèng 正しく直す.修正する.矯正する.〔～错字〕誤字を訂正する.〔重新～炮位〕砲位をもう一度修正する.
校直 jiàozhí ⇒〔矫 jiǎo 直〕
校注 jiàozhù 校勘して注釈を付す.
校准 jiàozhǔn =〔校调〕〔矫 jiǎo 调〕〔找 zhǎo 正〕

jiào

機械・工作・工作物などのブレを直すこと.調整すること.〔已～〕調整済み.

[佼] jiào →〔杯 bēi 佼〕

[较・較] jiào ①比べる.比較する.〔～〕①比較(する).〔～之以往,大有不同〕以前と比べると大いに違う.→〔比 bǐ ①〕②比較的.やや.割合に.〔～好〕〈文〉~宜 yí〕比較的よろしい.〔～多〕やや多い.〔回来～晚〕帰りは割合に遅い.③…より.比較の対象を表す.〔今年的收入～去年增加了百分之十〕今年の収入は去年より10%増加した.〔〈文〉明らかである.〔两者～然不同〕両者ははっきりと違っている.⑤〈文〉問題にする.細かく勘定にする.〔锱 zī 铢必～〕〔成〕些細な事に目くじらをたてる.

较比 jiàobǐ ⇒〔比较②〕

较场 jiàochǎng ⇒〔校场〕

较劲(儿) jiàojìn(r) =〔叫劲(儿)〕①力を比べる.負けん気を出す.〔较一较劲(儿)〕競争する.〔任务虽然艰巨,全体工人一～终于提前完成〕任務は困難きわまるものであったが,労働者全体は大いにはりきって,期日前に完成させた.〔这是娇嫩东西,可别～〕これは壊れ易いものだから,力を入れて持たないでください.②いこじになる.さからう.張り合う.③より激しくなる.よりひどくなる.〔这两天天气可有点～,连外屋的脸盆都冻住了〕この2,3日天気が少しひどく(寒く)なり,外の間の洗面器(の水)まで凍りついてしまった.④ここぞという力を出す.決定的に効く.〔这句话真～〕この言葉はよく利いた.

较量 jiàoliàng 比べる(力・技量などを).競争する.勝負する.

较为… jiàowéi… 比較的の…である.〔～知己〕比較的の懇意だ.〔这样做～安全〕こうすればまあ安全だ.

较真(儿) jiàozhēn(r) ⇒〔认 rèn 真①〕

较之 jiàozhī 〈文〉…に比較して.〔比較的の.

较著 jiàozhù 〈文〉顕著.明らか.〔彰 zhāng 明～〕〔成〕甚だ明らかである.

[窖] jiào 〈文〉穴倉.

[教] jiào (Ⅰ)①教える.教育する.〔请～〕お教えを願います.〔領～〕領～〕〈挨〉(お教えを受けて)有難うございました.〔家～〕家庭教育.〔因材施～〕人を見て法をとく.〔宗教.〔佛 fó ～〕仏教.〔耶 yē 苏～〕〔新 xīn ～〕(キリスト教の)プロテスタント.〔传 chuán ～〕布教する.③〈姓〉教.
(Ⅱ)⇒〔叫(Ⅱ)〕 → jiāo

教安 jiào'ān 〔牍〕教職者に送る手紙の末尾の套句.〔即 jí 颂～〕ご教授が順調であることをお祈りしております.

教案 jiào'àn ①学校の授業予定.教案.指導案.②〔旧〕宗教または布教(キリスト教に関する)に関する事件.

教本 jiàoběn 教本.→〔课 kè 本(儿)〕

教鞭 jiàobiān 教鞭.〔执～于某校〕某校で教師をしている.

教材 jiàocái 教材.教育の材料.

教参 jiàocān 教師用学習指導書.(教師のための)マニュアル.

教程 jiàochéng 課程:テキスト名・教科書名によく使う.

教导 jiàodǎo 教え導く.〔这都是老师们～有方的缘故〕これも全く先生がたのご指導のよろしきを得ているからです.〔～主任〕教务主任.

教导员 jiàodǎoyuán 〔政 zhèng 治教导员〕の通称.

教法 jiàofǎ 教え方.教授法.

教范 jiàofàn 〔軍〕(武器などの)教範.操法.

教坊 jiàofāng 〔旧〕唐代より置かれた音楽・舞踏・雑戯・俳優を掌(つかさど)る官署:"女楽"もまたこれに属していたので官妓をもいう.

教匪 jiàofěi 〔旧〕反乱を起こした宗教徒に対する蔑称:特に〔白 bái 莲教〕に対していった.

教辅 jiàofǔ 授業補佐する.〔～人员〕授業助手.〔～图书〕補助教材.

教父 jiàofù 〔宗〕(キリスト教の)①教父.②ゴッドファーザー.〔代 dài 父〕ともいう.

教改 jiàogǎi ⇒〔教学改革〕

教工 jiàogōng 学校の教職員:教員・事務員・用務員.〔教职员工〕の略.

教官 jiàoguān 教官.①〔旧〕教化のことを司った官:〔学 xué 官〕に同じ.②〔旧〕学校の管理・指導にあたった官員.③軍隊で兵の教練にあたる軍人.

教规 jiàoguī 宗教上の規則.

教化 jiàohuà 〈文〉教化する.教育し感化する.

教皇 jiàohuáng 〔宗〕ローマ法王:〔法 fǎ 王〕に同じ.

教会 jiàohuì 〔宗〕(キリスト教などの)教会.〔～学校〕ミッションスクール. → jiāohuì

教海 jiàohǎi 教え諭す.指導する.〔谆 zhūn 谆～〕ねんごろに諭す.〔请您不吝 lìn ～〕どうぞよろしくご指導ください.

教具 jiàojù 教具.

教科书 jiàokēshū 教科書:〔课 kè 本(儿)〕に同じ.

教科文组织 jiào kē wén zǔzhī ユネスコ:〔联 lián 合国教育,科学及文化组织〕の略.

教练 jiàoliàn ①操作・技術の指導訓練をする.コーチをする.〔～机〕飛行機・宇宙船の練習機. ②〔スポ〕コーチ(トレーナー).〔～员〕インストラクター.〔足 zú 球队的～〕サッカーチームのコーチ(ャー).

教龄 jiàolíng 教職勤続年数.

教令 jiàolìng 教化.教化ししめる.

教门(儿) jiàomén(r) 〔旧〕教派・宗教界の内部.

教民 jiàomín ①〈文〉民を教導する.②〔旧〕中国人のキリスト教徒.

教名 jiàomíng 〔宗〕(キリスト教などで)洗礼名.クリスチャンネーム.

教母 jiàomǔ 〔宗〕教母:〔代 dài 母〕ともいう.

教猱升木 jiàonáo shēngmù 小猿に木登りを教える.〈喩〉小人(しょうじん)に知恵をつけてさらに悪事をそそのかす.

教派 jiàopài 一つの宗教内の教派.宗派.

教祺 jiàoqí →〔祺②〕

教区 jiàoqū 〔宗〕(キリスト教などの)教区.

教师 jiàoshī 教師.→〔教员〕

教师节 jiàoshījié 1985年定められた.毎年9月10日.

教师爷 jiàoshīyé 〔旧〕武術師範:地主に雇われた.

教士 jiàoshì 〔宗〕キリスト教の宣教師.

教室 jiàoshì 〔宗〕キリスト教などの教区.〔讲 jiǎng 堂〕は大教室.〔新建的～〕新しい教室.〔阶梯(式)～〕階段教室.

教授 jiàoshòu ①教授する.伝授する. ②(大学の)教授.〔副 fù ～〕助教授.准教授.〔讲 jiǎng 师②〕讲师.〔助 zhù 教〕助手.〔客 kè 座～〕客員教授.

教唆 jiàosuō 教唆する.教唆犯.〔～犯〕教唆犯.〔～儿童犯罪〕子供をそそのかして犯罪行為をさせる.

教态 jiàotài 教授態度.

教坛 jiàotán 教育界.

教堂 jiàotáng 〔宗〕教会.礼拝堂.

教条 jiàotiáo ①(宗教・思想上の)教条.ドグマ.絶対的原理.〈喩〉融通がきかない.教条主義的(な).〔～主义〕教条主義.〔别～了〕固いことを言う

教廷 jiàotíng バチカン宮殿.ローマ教皇庁.〔～大使〕駐バチカン大使.
教头 jiàotóu ①旧軍隊で武術を教えた教官.〔八十万禁军～〕(水 2)80万の近衛兵の武術師範.
〔教官〕②[又]コーチ(ャー):〔教练①〕に同じ.〔洋 yáng ～〕外人コーチ.
教徒 jiàotú 宗教徒.信徒.
教务 jiàowù 教育上の事務.〔～科 kē〕教務課.〔～长 zhǎng〕教務主任.
教习 jiàoxí ①教員の旧称.②<文>教授する.
教席 jiàoxí 〔回〕イスラム教徒用の宴席.豚肉を用いない羊肉料理.→〔汉 hàn 席〕②教員のポスト.
教学 jiàoxué 教学.授業.教授.〔～法〕教授法.〔～改革〕[教改]教育改革.授業改革.〔～相长 zhǎng〕[成]教える方も学ぶ方も,ともに向上していく.→ jiāoxué
教训 jiàoxùn ①教訓を与える.教え諭す.しかる.〔～了他一顿〕彼に小言を言っておいた.〔遇见他要好好地～,也就可以让他以后不再这样办了〕彼に今度会ったらしっかりと灸を据えなければならない.②〔戒めとする〕手本.教訓.
教研 jiàoyán 教授と研究.〔～室 shì〕(教育行政機関·学校などの)教授と研究を行う組織.〔～组 zǔ〕同前よりやや小規模のもの.〔日语～室〕日本語研究室.
教养 jiàoyǎng ①(子供を)教え育てる.しつける.〔～员保育士.〔把～儿童的责任担 dān 负起来〕子供をしつける責任を担いましょう.〔～成人〕教え育てて成人とさせる.〔～兼施〕<文>教育と養育を合わせて行う.②教養.
教养院 jiàoyǎngyuàn 〔旧〕教導更生施設.養護施設.〔妇女生产～〕〔旧〕女性(売春婦など)の社会復帰施設.
教仪 jiàoyí 〔宗〕宗教の儀式.
教义 jiàoyì 教義.教理.
教益 jiàoyì 有用な教訓.〔我们可以从他的作品中获得许多～〕我々は彼の作品から,多くの教訓を得ることができる.
教友 jiàoyǒu 〔宗〕(キリスト教の)信者仲間.信徒.〔～派 pài〕クエーカーフレンド派.
教育 jiàoyù ①教育(する).②[これは事情一了大家]この事が皆を教育した.〔他的行动给了我很大的～〕彼の行動は私に大きな教訓を与えた.〔～学〕教育学.〔～贷款〕教育ローン.〔高等～〕(大学専門学校などの)高等教育.③納得させてやらせる.
教育部 jiàoyùbù 中央官庁の一.国務院の一部で教育行政を司る(文部科学省にあたる).→〔国 guó 家教育委员会〕
教育改造 jiàoyù gǎizào 〔法〕服役囚に対する一種の教育措置.
教育局 jiàoyùjú 市あるいは県の教育行政機関.〔教育厅 tīng〕は省の同類.
教员 jiàoyuán ①教員.〔部队文化～〕部隊の文化教員.②(学校の)先生.〔他是当～的〕彼は教師です.→〔老 lǎo 师〕
教长 jiàozhǎng 〔宗〕(イスラム教の)導師.〔阿 ā 訇〕に同じ.
教正 jiàozhèng <文>叱正(する).斧正(する):〔指zhǐ 正〕に同じ.自分の書画や著作を人に送る時に用いる.本の見返しや扉などに「××先生～」などと書く.〔敬希~〕〔谨〕謹んでご叱正を請う.
教职员 jiàozhíyuán 教員と職員.教職員.〔~工〕〔教工〕同前および用務員.
教旨 jiàozhǐ 〔宗〕ローマ法皇の教旨.
教主 jiàozhǔ 〔宗〕宗教の創始者.開祖.

[**滘**] jiào <方>分流(点).〔东 dōng ~〕[地]広州市郊外にある.
[**酵**] jiào 発酵(する).〔发 fā ~〕同前.
酵母 jiàomǔ 〔酵母菌〕の略.
酵母菌 jiàomǔjūn イースト菌.酵母菌.醸母菌.発酵菌.〔酿 niàng 母菌〕ともいう.
酵素 jiàosù →〔酶 méi〕
酵子 jiàozi <方>こねた小麦粉にイーストを入れ発酵させた"たね"(酵母).〔引 yǐn 酵〕ともいう.

[**窖**] jiào ①穴倉.地下貯蔵庫.〔~穴 xué〕同前.〔冰 bīng ~〕氷貯蔵穴倉.ひむろ.〔白菜~〕白菜貯蔵の穴倉.②(穴倉に)貯蔵する.隠す.穴を掘って埋めておく.〔~冰〕氷を穴倉に貯蔵する.〔~菜 cài〕野菜を洞穴に貯える.〔把重要的东西都一在地下,免得炸毁〕(周·暴)爆撃を受けた時に壊されないように重要なものは地下室へ貯蔵した.
窖藏 jiàocáng 穴倉に貯蔵する.
窖肥 jiàoféi <方>堆肥.→〔沤 òu 肥〕
窖子 jiàozi 穴倉.

[**滘**] jiào <方>枝分かれした川.〔双~〕[地]広東省茂名市の東北にある.
[**斠**] jiào <文>①ますかき.とかき.<転>量る.分量を正しくする.②校正する.訂正する:〔校①〕に通じる.〔~订 dìng 同前.
[**嚢**] jiào <方>…でありさえすれば.…しさえすれば:〔只 zhǐ 要〕の合成字.
[**噍**] jiào <方>①かむ.食う.②~ jiū
噍咀 jiàojǔ <文>かむ.〔咀嚼〕
噍类 jiàolèi <文>生き物.生きている人間.〔竟无~〕生き物がまったくいない.
[**醮**] jiào ①〔旧〕僧侶·道士が祭壇を設けて祈禱を行う(こと)もの.〔打~〕同前と同じ.②〔旧〕〔冠 guān 礼〕〔婚 hūn 礼〕の際に酒を捧げること.③寡婦が再婚すること.〔再 zài ~〕同前.
[**噭**] jiào <文>①皆で大声で叫ぶ.〔众人~然而应〕皆のものが大声で応じた.〔~应〕大声で返事する.②鳴く.泣き声をあげる.〔猿啼 tí~~〕猿が鳴く.
[**徼**] jiào <文>①境界.②見回る.〔~察 chá〕視察する.③明白な形象.→〔侥 jiǎo〕
[**藠**] jiào 〔~头 tou〕〔~子 zi〕〔植〕ラッキョウ:〔薤 xiè〕の通称.
[**嚼**(**嚼**)] jiào 〔倒 dǎo~〕〔倒噍〕反芻(する):〔反 fǎn 刍〕に同じ.→ jiáo jué
[**皭**(**皭**)] jiào <文>きれいである.けがれのない.

jie ㄐㄧㄝ

[**节·節**(**節·莭**)] jiē→ jié
节骨眼儿 jiēguyǎnr <口>重大なポイント.大事な瀬戸際.肝心かなめ.〔打~〕同前.〔粮食征粮,决算,分配的~上〕とり入れ·穀物の供出·決算·分配のどたん場.
节子 jiēzi 木の節:〔节 jié 疤〕に同じ.樹のこぶ.→ jiézi

[**疖·癤**] jiē
疖子 jiēzi ①〔医〕ねぶと.できもの.腫れもの.②樹のこぶ.→〔疤 bā〕

[阶・階(堦)] jiē

①上り段.石段.〔台~(儿)〕①階段.上り段.〔石台~(儿)〕石段. ②はしご. ③階級.等級.〔官~〕〔官級〕〈文〉官等. →〔梯 tī〕

阶层 jiēcéng ①階層:同一階級の中での階層をいう.〔农民阶级的中で〕〔贫农〕〔中农〕など. ②〔知识分子〕(インテリ)のように異なる階級出身であっても共通の特性によって形成された社会集団.

阶乘 jiēchéng [数]階乗.
阶墀 jiēchí 〈文〉階段(の床面)
阶地 jiēdì [地]段丘.台地.
阶段 jiēduàn 段階.〔工程已经进入了决定性的~〕工事はすでに決定的な段階に入った. →〔程 chéng 序〕

阶级 jiējí ①階級.〔工 gōng 人~〕労働者階級.プロレタリアート.〔资产~〕ブルジョアジー.〔小资产~〕プチブル(ジョアジー).〔~立场〕階級的立場.〔~本能〕階級的本性.〔~分析〕階級分析.〔~成分 fèn〕階級出身別.〔~社会〕階級社会. 〔~兄弟〕同一階級同志の間柄を指す;兄弟のように親密であること.〔剥 bō 削~〕搾取階級.〔~斗 dòu 争〕階級闘争.〔~敌 dí 人〕階級敵.〔~异己分子〕階級的異端者.〔~报复〕報復する階級.〔~性〕階級性.〔~觉 jué 悟〕階級意識.プロレタリアート意識.〔~观点〕〈文〉階級. ③[旧]官職の等級.

阶前万里 jiēqián wànlǐ〔成〕遠く離れていても心はすぐそばに在ること.
阶石 jiēshí 踏み石.
阶梯 jiētī ①階段.きざはし.〔~教室〕階段教室.〔~水价〕使用水量に基づいた料金設定. ②〈転〉高きに達する手段・方法.〔中文~〕中国語入門書.
阶下囚 jiēxiàqiú 旧法廷のきざはしの下で尋問を受ける囚人.〈転〉囚人.俘虜. →〔囚犯〕

[皆] jiē

〈文〉みな.ことごとく.全部.〔人人~知〕皆の者が知っている.知れわたっている.

皆大欢喜 jiē dàhuānxǐ〔成〕みなが大いに喜ぶ.大団円となる. →〔大 dà 团圆〕
皆(既)蚀 jiē(jì)shí ⇒〔全 quán 食〕
皆蚀 jiēshí ⇒〔全 quán 食〕
皆是 jiēshì →〔比 bǐ 比皆是〕〔触 chù 目皆是〕

[喈] jiē

〈文〉①風雨の急なこと. ②鳥が鳴く.

喈喈 jiējiē〈擬〉〈文〉①鳥がむつまじく鳴く声. ②鐘や太鼓の快い音.〔钟 zhōng 鼓~〕鐘や太鼓が鳴り響く.

[湝] jiē

〔~~〕〈文〉水の流れるさま.

[楷] jiē

〈方〉[植]トリハハゼノキ.〔黄 huáng 连木〕の別称.〔~树 shù〕〔~木〕同前. → kǎi

[结・結] jiē

実を結ぶ.果物がなる.〔树上~了不少果子〕樹にたくぴんと果物がなった.〔~蕾 lěi〕つぼみをつける.〔~得不好〕実のなりが悪い. → jié

结巴 jiēba =〔口 kǒu 吃〕〈口〉口ごもる.言葉がつかえる.〔结结 jié 巴 bā 巴〕言葉が滑らかに出ないさま.〔~可以矫正过来〕言語障害は治せる.〔别着急,慢慢说说,免得~〕慌てないで,つかえないように落ちついて話しなさい.〔②同前の人.〔这个人是个~〕この人は言葉が滑らかに出ない.

结巴颏子 jiēbakēzi 言語障害(者).〔~说话越急越说口〕言語障害のある人がものを言おうと焦きする焦るほど口ごもる.

结果 jiēguǒ ①くだものがなる.実がなる. ②〈喩〉実をむすぶ.事が成就する. → jiéguǒ
结里结巴 jiēlijiēbā 言葉が滑らかに出ない.言葉が

つかえるさま.〔~说了一会儿〕つっかえつっかえしばらくしゃべった.

结实 jiēshi 堅い.(物または人の体が)丈夫である.〔结结 jiē 实 shí 实〕①かたい.しっかりしている.丈夫である. ②がっちりしてて丈夫である.〔~的文章〕しっかりした文章.〔这石头很~〕この石はたいへん堅い.〔用楮 chǔ 做的纸很~〕こうぞで作った紙はたいへん丈夫だ.〔他身体不很~〕彼は体はあまり丈夫ではない.

结枝 jiēzhī ①(果实の)なり枝. ②果実の豊作の年.なりが年.〔大 dà 年①〕ともいう. ↔〔歇 xiē 枝〕
结子儿 jiēzǐr (植物が)実を結び種子を持つ;多く草花に用いる.〔这种花不~〕このての花は種をつけない. → jiézǐ

[秸(稭)] jiē

草本植物の実を取った後の堅い茎:麦から・黍(きび)がらなど.〔麦 mài ~〕麦秆儿 gǎnr〕麦わら.〔秫 shú ~〕〔秫~秆儿〕きびがら.高粱のから.〔包米 ~〕〔包米~秆儿〕〔玉米~〕とうもろこしのから. →〔稻 dào 草〕

秸秆 jiēgǎn 穀物の実をとったあとの茎.から.わら.
秸料 jiēliào 黍・麦・麻などのから;柳の枝や土とこねあわせて堤防修築の材料とする.
秸子 jiēzi 〈口〉わら.から.〔麦 mài ~〕麦わら.

[痎] jiē

〈文〉おこり;二日に一度でる熱.〔~疟〕同前. →〔疟 nüè〕

[接] jiē

①接近する.接触する.ぶつかる.〔交头~耳〕〔成〕頭を近づけ耳に口を寄せる.〔短兵相~〕白兵戦を交える.〈転〉真っ向から対決する闘争.〔内~圆〕[数]内接円. →〔接读〕接头③〕 ②つなぐ.〔这棵石榴~的,是插的?〕このざくろは接木したのですか,挿木したのですか.〔焊 hàn ~〕溶接する.〔柳 mǎo ~〕鋲(び*ょ)接(する). ③続く(ける).継続する.〔这个电影,上下两集~着演〕この映画は前後編続けて演じる.〔哭 kū 得~不上气,息もつけないほど激しく泣く.〔今天~着上回的讲〕今日は前回の続きを講義する.〔这样的好天气,~不到下星期去〕こんないい天気は来週までもたない. ④引き継ぐ.交替する. ⑤受ける.受け取る.〔~到来信〕手紙を受け取る.〔~水〕もらい水をする.〔一手~钱,一手交货〕一方の手では金を受け取り,他方の手では品物を渡す.〔请李同志~电话〕李さんをお願いします(電話に呼んでもらう時).〔一脚把球~了个准〕足でボールをひょいと正確に受けとめた.〔用筐子一~,没一住〕かごでひょいと受けたが,受けとめられなかった.〔等我说完,他斩钉截铁地一道〕私が話し終えるとすぐ彼はきっぱりと言った.〔~生员〕〔~小孩儿〕助産婦が子供をとりあげる.〔~站〕駅.〔迎~〕同前.〔到车站~朋友去〕駅へ友人を出迎えに行く.〔那个孩子他母亲~回去了〕あの子どもは母親が迎えに来て連れて帰りした.〔~病人回家〕病人が退院するのを迎える.〔~送 sòng〕 ⑦支える.助力する. ⑧〈姓〉接(せつ).

接班(儿) jiēbān(r) 引き継ぐ.受け継ぐ〔仕事・事業などを).〔我们下午三点~〕我々は午後3時から勤務交替をする.〔~顶 dǐng 替〕退職した親の代わりに子が就職すること.〔革命~人〕革命の後継者.次代の担い手. → 〔交 jiāo 班〕

接办 jiēbàn ①引き継ぎ経営する. ②引き継いで担当する(処理する)
接棒 jiēbàng [又](リレーで)バトンを受ける.
接驳 jiēbó (トラック.列車から貨物を)はしけに積みかえる.
接财神 jiēcáishén →〔财神〕
接插件 jiēchājiàn [電算]コネクター.
接产 jiēchǎn ⇒〔接生〕

接 jiē

接茬儿 jiēchár 〈口〉①合いづちをうつ.人の話にのって続ける:[搭 dā 茬儿]に同じ.[接不上茬儿]話の継ぎ穂がない.②すぐ引き続いてほかの仕事をする.やりかけの仕事を続ける.

接车 jiēchē ①(汽車・電車・バスの駅へ行って,また車で運転して来る人を)出迎える.②(購入者が)車を受け取る.

接触 jiēchù ①接触する.関係をもつ.関与する.交際する.②触れる.さわる.[天天～病人]毎日病人に接している.③[物]接触.[～不良]接触不良.

接触战 jiēchùzhàn [军]交戦する.

接触剂 jiēchùjì 接触剤.

接触镜 jiēchùjìng コンタクトレンズ.[角 jiǎo 膜～][医]同前.[隐 yǐn 形眼镜]は通称.

接船 jiēchuán ①港へ出迎える.②接岸する.③(購入者が)船を受け取る.

接待 jiēdài お迎えする.応接(する).[～室]応接室.[～办公室]接待事務室.[～外宾]外国の賓客を接待する.[～人员]接待係.[～观众]参観者を受けつける.[接待日]指導者が一般の陳情を受けつける日.→[招 zhāo 待]

接单 jiēdān 書類・伝票を受けつける.[～窗 chuāng 口]書類受け付け.

接地 jiēdì ①アースする.②アース.→[地线]

接点 jiēdiǎn [电]接点.接触.コンタクト.

接读 jiēdú 〈牍〉お手紙拝誦いたしました.

接短(儿) jiēduǎn(r) 急場を救ってやる.助け舟を出してやる.[老大爷逗 dòu 趣儿地接了个短]おじいさんは冗談めかしながら助け舟を出してやった.[我现在手底下不方便,你接个短儿成不成？]ぼくは今手もとの都合が悪いのだ,急場を救ってもらいたいのだがどうだろうか？

接二连三 jiē'èr liánsān 〈慣〉続けざまに.ひっきりなしに.次から次と.

接发 jiēfà エクステンションヘア.つけ毛.→[假jiǎ 发]

接防 jiēfáng [军]守備を交替する.

接访 jiēfǎng 人民の投書・陳情・訴えを受けつける.[～农民]農民の陳情を受けつける.→[上 shàng 访][信 xìn 访]

接风 jiēfēng 歓迎会を設けて遠来の客を歓迎する.歓迎会を開く:[拂 fú 尘②][洗 xǐ 尘]に同じ.元来は初めて来た人・新しい友人を歓迎することを[～],旅行から帰った人を歓迎することを[拂尘][洗尘]といった.→[送 sòng 行②]

接奉 jiēfèng 〈牍〉受け取る.拝見いたしました.[～大函]お手紙は拝見いたしました.

接缝 jiēfèng [-儿][服]シーム.つぎめ.

接福 jiēfú 幸福を迎える.[迎春～][迎新～]新年の時間前.[迎来]結婚の時間前.

接羔 jiēgāo 羊・豚の分娩を助ける.

接骨 jiēgǔ [中医]接骨(する).[～丹 dān]〈喩〉一時しのぎの手立て.[～匠]接骨師.接骨師.

接骨草 jiēgǔcǎo =[陆 lù 英][植]ソクズ.クサニワトコ:[蒴 shuò 藋]は漢方薬草名.

接骨木 jiēgǔmù [植]ニワトコ.

接骨眼儿 jiēgǔyǎn(r) =[节骨眼儿]〈方〉[筋 jīn 节③][挡 kèn 子]肝心な時.大事な所.[正在一上可不能出岔子了]大事なところで間違いをしでかしたら大変だ.②移り変わりの継ぎ目(重要な時・ところ・段階).[正在这个时～,从前面来了一辆出租车]ちょうどこの時,前方から1台タクシーが来た.→[关 guān 键][环 huán 节]

接关系 jiēguānxì 連絡をとる.関係をつける.コンタクトをとる.[～接火③]

接管 jiēguǎn 接収して管理する.[～官僚资本的企业]官僚資本の企業を接収管理する.

接轨 jiēguǐ ①レールをつなぐ.レールをつなぐ.[～处]鉄道線路の接続点.②〈喩〉異なるやり方を合わせてやる.規格を合わせる.[与国际～]国際規格に合わせる.

接柜 jiēguì 窓口業務をする.カウンターで応待する.

接合 jiēhé ①[工]接合(する).つぎあわせ(る).[～器 qì]②[生]に同じ.[气密～][机]気密継手.③[生]接合.

接合部 jiēhébù ①接合部.接合部分.②[军](軍隊間の)連接地区.

接换 jiēhuàn 取り替える(わる).[站岗 gǎng 的步哨每一小时～]勤務の歩哨は1時間毎に交代する.

接活(儿) jiēhuó(r) 仕事を引き受ける.

接火(儿) jiēhuǒ(r) ①砲火を交わす.[跟敌人～]敵と撃ち合う.②電線が張られ電気が通じる.

接机 jiējī ①[飞行場]で出迎える.②飛行機を受け取る.[～仪式]飛行機納入式.

接济 jiējì (物資や金銭で)援助する.救援する.[～难民]難民を救済する.[学费・不上]学費の仕送りが続かない.[空投弹药和补给品～地面部队]弾薬と補給品を空中投下により地面部隊に補給する.[～节 jié 余粮食]

接驾 jiējià [旧]皇帝(貴人)を迎える.〈転〉客を迎える.

接见 jiējiàn (訪問を受けて)引見する.接見する.[他在北京～了代表团全体人员]彼は北京で代表団全員と接見した.→[会 huì 见]

接交 jiējiāo ①個人的に交わりを結ぶ.[～朋友]友達とつき合う.②引き継ぎする.[～组 zǔ]同前のチーム.

接界 jiējiè ①=[接境]〈文〉接壤]境界を接する.②境界地.

接近 jiējìn 近づく.接近している.

接警 jiējǐng 緊急通報を受けとる(110番,119番などの).[接报警]同前.→[报 bào 警][火 huǒ 警]

接境 jiējìng =[接界①]

接客 jiēkè [旧]①宿泊客をもてなす.客を呼び込む.②娼婦が客をとる.

接口 jiēkǒu ①人の言葉を継いで話す:〈方〉接嘴]ともいう.②つなぎ口.つなぎ目.③[电算]インタフェイス:[界 jiè 面②]に同じ.[～电路]インタフェイス回路.

接力 jiēlì ①[又]リレー.[～棒 bàng]バトン.[～赛 sài 跑][替 tì 换赛跑]リレー競走.[自由泳～](水泳の)自由形リレー.[400米混合泳～](水泳の)400メートルメドレーリレー.[～越野赛]駅伝(競走).[～运输]リレー輸送.[～投 tóu 手](野球の)リリーフ投手.

接连 jiēlián 連続して.引き続きに.[～不断]あとからあとから続いて.[他～说了三次]彼は続けて3回言った.→[连续]

接邻 jiēlín 接近する.隣り合わせる.

接龙 jiēlóng =[顶 dǐng 牛儿②]①前に続けて継ぐ形のもの.[成语～]成語のしりとり.[～小说]リレー小説.

接木 jiēmù 接木(をする):[接枝][嫁 jià 接①]に同じ.[接果木]果樹の種目を同前.[～法]接木法.

接目镜 jiēmùjìng [物]接眼レンズ.[目镜]ともいう.

接纳 jiēnà ①引き受けて,受け入れる.[他被～为会员]彼は会員として受け入れられた.[～订单]注文を引き受ける.②[受け入れる.受容する.

接片 jiēpiàn フィルムをつなぐ.写真をつなぎ合わせる.

接气 jiēqì ①(文章などの)つながりがある(こと).[接不上气]〈文章・息が〉続かない.②〈文〉親のあとをつぐ.血筋をつなぐ.

jiē 接

接洽 jiēqià 連絡をとり話を通す.相談する.かけあう:〔洽商〕ともいう.〔~产〕〔谈 tán 判〕
接腔(儿) jiēqiāng(r) ⇒〔接声儿〕
接侨船 jiēqiáochuán 引き揚げ船.
接亲 jiēqīn 嫁を迎える.〔~人〕花嫁を迎えに行く.
接球 jiēqiú 〖スポ〗①捕球.キャッチング.レシーブ.〔接发球〕サーブレシーブ.〔接扣 kòu 球〕アタックレシーブ.〔漏 lòu ~〕ボールを捕球できずそらす.エラーする.②(サッカー・ホッケーの)トラッピング・ストッピング.→〔投 tóu 球〕
接球手 jiēqiúshǒu ⇒〔接手②〕
接壤 jiērǎng ⇒〔接界①〕
接任 jiērèn 就任する.〔~工作〕職務を引き継ぐ.
接三 jiēsān 〘旧〙死後三日目に魂が帰って来るのを祭る儀式:この日門前で楽を奏し,紙で作ったはりこの車馬・人形などを並べ,僧を呼んで読経する.また夜には喪主が僧及び親戚や朋友らとともに大通りに出て上記のはりこを燃やして魂を送ることを〔送 sòng 三〕という.→〔放 fàng 焰口〕〔光 guāng 头三〕
接煞 jiēshà 〘旧〙人の死後一定の日に帰って来るその魂を祭る儀式.
接衫 jiēshān 〘旧〙旧時,〔马 mǎ 掛〕の下に〔大 dà 掛〕の下半分をつないだ形の服:経済的で涼しい.
接墒 jiēshāng 〘農〙(雨または水をかけることによって)土中の湿度が更年成育に十分であること.
接身儿 jiēshēnr 跡継ぎ(の子供).〔连个~都没有〕跡継ぎもない.
接神 jiēshén 〘旧〙正月に我が家に戻る諸神を迎える儀式.→〔灶 zào 王爷〕
接生 jiēshēng =〔接产〕助産する.子どもをとりあげる.〔~婆 pó〕〔收 shōu 生婆〕〔产 chǎn 婆〕〔姥 lǎo 姥〕②〔老 lǎo ②〕〔老娘 niang〕〔老娘婆〕〔稳 wěn 婆〕①产婆.〔~站〕助产所.产院.〔~员 yuán〕〔助 zhù 产士〕助産師.
接声儿 jiēshēngr =〔接腔(儿)〕(声)に応じる.受け答える.後を受けて歌う.〔敲 qiāo 了半天门,也没人~〕長いこと戸をたたいても誰も答えようがない.
接事 jiēshì ①就任(する).②職務または事務を引き継ぐ.
接收 jiēshōu ①接収する.引き渡しを受ける.〔~财 cái 产〕接収財産.②受ける.受け取る.〔~来稿〕投稿を受け取る.〔~无 wú 线电信号〕無線信号を受信する.〔~机〕受信機.受理する.受け入れる.〔~新会员〕新会員を受け入れる.
接手 jiēshǒu ①仕事を引き継ぐ.②=〔接球手〕〖スポ〗(野球の)キャッチャー.(サッカー・バレーボールなどの)レシーバー.③廊下などの壁ぎわに置く小さな卓:駅やデパートなどにも備えてある.
接受 jiēshòu ①受け入れ(る).承認(する).引き受け(る).〔~条件〕条件を受け入れる.〔~教训〕教訓をくみ取る.〔~检 jiǎn 阅〕検閲を受ける.〔~意见〕意見を受け入れる.〔~命令〕命令を受け取る.〔~能力〕受け入れ能力.〔希望~采访取材に応じてほしい.〕〔我们完全~报纸对我们的批评〕我々に対する新聞の批判を受け入れる.→〔承 chéng 受①〕②〘商〙注文を受ける.アクセプタンス.
接穗 jiēsuì 〘農〙(接木の)接ぎ穗(を継ぐ).→〔嫁 jià 接①〕
接送 jiēsòng 送り迎えする.→〔迎 yíng 送〕
接榫 jiēsǔn ①(ほぞの)ほぞ穴にはめ込む.②<喩>つながりがある.しっかりつながっている.
接谈 jiētán 客を応接して談話する.面談する.
接替 jiētì 交代(する).引き継ぐ.肩代わりする.〔~由联合国部队〕国連軍があとを引き継ぐ.
接听 jiētīng 受話器をとって話をする.

接通 jiētōng 通じる.〔电话~了吗〕電話は通じましたか.
接头 jiētóu ①(ひも状・棒状のものを)つなぎ合わせる.②〖工〗ジョイント・アダプター・カップリング.つなぎ.継ぎ手.③折衝する.相談する.かけあう.連絡をつける.打ち合わせをする.〔组织上叫我来跟你~〕組織から派遣されてあなたにかけあいに来ました.④内情に通じている.〔这个事我不~〕このことはわたしは知りません.
接头工 jiētóugōng 〖紡〗台持ち工:糸切れを受け持つ職工.→〔挡 dǎng 车〕
接头儿 jiē-tóur 連続している物の先端・継ぎ目.
接吻 jiēwěn 口づけ(する).キス(する):〔亲 qīn 嘴(儿)〕に同じ.
接物 jiēwù ①外界に在る物に接する.②人と交際する.〔待 dài 人~〕世に処する.
接物镜 jiēwùjìng 〖物〗対物レンズ:〔物镜〕ともいう.
接戏 jiēxì 〘劇〙(俳優やタレントが)演劇や映画の仕事を引き受ける.
接下语儿 jiēxiàyǔr 〔接下语子〕ともいう.<方>①相づちを打つ.受け答えをする.〔他没什么见解,就是顺口应应的~〕彼は何も見解なんてものはなく,ただ出まかせに相づちを打って受け答えをするだけだ.②傍らから口出しする.〔我们这儿说话,你别在这儿~呀〕わたしたちがここで話をしているのに,きみは傍らから口出しするな.→〔插 chā 嘴〕
接线 jiēxiàn ①糸をつなぐ.②電話をつなぐ.電線をつなぐ.〔电话~员〕電話交換手.〔~板〕〔接线柱〕(ラジオの)ラグ板.〔~机门〕電話交換機.〔~生〕〘旧〙電話交換手.〔~匣 xiá〕〘電〙ローゼット:天井から電灯線を支えてつり下げる器具.③導線(でつなぐ).〔~图 tú〕配線図.
接孝 jiēxiào →〔递 dì 孝接孝〕
接续 jiēxù ①接続する.〔~器 qì〕アダプター.②引き続く(ける).あとを続ける.〔~前稿〕前稿に続く.
接续香烟 jiēxù xiāngyān 祖先の祭りを絶やさない.子孫が絶えない:〔接香烟〕ともいう.
接演 jiēyǎn ①(芝居・映画・講演などを)続演する.②役(柄)を引き受ける:〔接受扮演〕の略.
接引 jiēyǐn ①出迎え誘導する.②〖宗〗(仏教で)衆生(しょう)を極楽世界へ引き導ける.
接印 jiēyìn 〘旧〙官吏が任命されて公印(その職)を引き継ぐ(こと)
接应 jiēyìng ①共同作戦をする.②応ずる.③補給する.④迎える.応待する.
接遇 jiēyù 〈文〉接待(する).〔~宾 bīn 客〕客をもてなす.
接援 jiēyuán 〖軍〗助勢して応援し戦いを続ける.
接载 jiēzài 乗客や積み荷を引き受ける.
接展 jiēzhǎn (手紙を)受け取って開封する.
接站 jiēzhàn 駅で出迎える:〔接车〕に同じ.
接掌 jiēzhǎng (任務などを)バトンタッチする.引きつぐ.
接仗 jiēzhàng 迎え撃つ.〔敌兵也开炮~了〕敵も発砲して応戦した.→〔迎 yíng 击〕
接招儿 jiēzhāor 相手の策・出方に応じて手をうつ.相手のうち手に対応する.
接着 jiēzhe ①引き続いて.続けて.〔~念〕続けて読む.②手で受け取る.〔我往下扔,你在下面~〕下へはうから,受け取ってくれ.
接诊 jiēzhěn 〔应 yīng 诊〕〖医〗患者を受け入れる.
接枝 jiēzhī =〔接木〕〔嫁 jià 接①〕に同じ.
接踵 jiēzhǒng =〔踵接〕(人が)人を接する.(人の)後から後から続く.〔摩 mó 肩~〕〔成~同前のさま.〔~而来〕ぞくぞくつめかけて来る.

jiē

接种 jiēzhòng 図(ワクチンや種痘などを)接種する:〔种〕は植える意.〔~牛 niú 痘〕種痘をする.〔~疫 yì 苗〕〔打预防针〕〔注 zhù 射疫苗〕予防接種をする.

接转 jiēzhuǎn ①(電話などを)つなぐ.とりつぐ.→字解 ② 繰り越しする.

接准 jiēzhǔn 〈公〉(同級機関からの)来文を受け取った.ご来示拝受しました.ご尊翰拝受しました.ご尊翰をもってご返事申し上げます.あなたからの咨(り)を受けとりました,….〔径复者:~函开…〕等语准此〔前略〕貴簡を受け取り…の趣拝承いたしました.→〔准(I)⑦〕〔咨 zī ②〕

接嘴 jiēzuǐ =〔接口①〕〈方〉人の話の後を受けて発言する.〔你既然提到这儿,我怎能不~敷衍两句呢〕きみがここまで言ってしまった以上,ぼくもその後を受けて二言三言何か言い繕わないわけにはいかない.

〔揭〕jiē ①(しばりつけているものを,貼りつけているもの,または観念的にそのような状態にあるもの)をはがす.めくる.〔把墙 qiáng 上贴着的画儿~下来〕壁に貼りつけてある絵をはがしとる.〔~开书本儿〕本をめくる.②(かぶせてあるものを)とり上げる.あける.〔~锅盖〕鍋の蓋をとる.③暴く.明るみに出す.〔~摆 bǎi 问题〕問題を公開する.〔~破 pò〕暴き出す.〔因为你~他的短,所以他急了〕きみがあいつの痛いところを暴いたのであいつは困ってしまった.④大きく掲げる.高く掲げる.⑤→〔七 qī 字法〕⑥〔姓〕挙.

揭白 jiēbái 回死後,死者の白布をとりのけて顔形を描くこと.

揭榜 jiēbǎng ①試験合格者を発表する.→〔揭晓①〕②(募集)に応募する.

揭标 jiēbiāo 入札結果を公表する.入札を開票する.〔开 kāi 标〕に同じ.

揭裱 jiēbiǎo 古い書画をはがして新たに表装しなおす.

揭不开锅 jiēbukāi guō 〈喩〉貧しくて食べ物が無い(こと).→〔揭锅〕

揭彩 jiēcǎi くじの当選者名を張り出す.

揭丑 jiēchǒu 不名誉なことを暴く.失敗・過失を摘発する.

揭穿 jiēchuān 暴く.ばらす.〔~西洋景〕〈喩〉インチキをあばく.〔拆 chāi 穿西洋镜〕ともいう.→〔揭露〕

揭疮疤 jiēchuāngbā かさぶたをはがす.〈喩〉他人の欠点(痛い所)を暴く.

揭底(儿) jiēdǐ(r) 内幕(内情)を暴く.

揭短(儿) jiēduǎn(r) (弱点・欠点・不正などを)暴く.すっぱ抜く.〔骂人不可~〕人を罵るにしても弱点を暴くな.

揭发 jiēfā (錯誤・罪状・欠点を)暴き出す.摘発する.〔~人〕告発者.〔~黑 hēi 幕〕〈~内 nèi 情〉内幕をすっぱ抜く.〔~错误〕誤りを暴き出す.〔大胆地~干部的贪污行为〕大胆に幹部の汚職を摘発する.→〔揭露〕

揭盖子 jiēgàizi ①ふたをあける.②内情をさらけ出す.③秘事・欺瞞・悪事などを暴露する.

揭竿 jiēgān 旗竿(旗,あるいはむしろ旗)を掲げる.〔~而起〕〈成〉むしろ旗を立てて一揆(き)を起こす(史記)→字解①

揭锅 jiēguō ①〈方〉(蒸したマントーなどを)せいろから取り出す.→〔揭不开锅〕②暴き出す.公開する.

揭换 jiēhuàn はぎとって取り替える.〔发现~相片的痕迹〕写真をはぎとったあとを見つける.

揭举 jiējǔ 列挙する.提起する.

揭开 jiēkāi はがす.めくる.〔~这篇儿〕このページをめくってしまう.〈転〉話をぬきにする.それはよ

れとする.〔~两国关系史的新篇章〕両国関係史に新たな一章を開く.②暴く.→字解④

揭老底 jiēlǎodǐ 〔-儿〕〈方〉旧悪をばらす.古傷に触れる.

揭露 jiēlù (隠されている本質・矛盾・陰謀を)暴く.ばらす.〔~矛盾〕矛盾を暴く.→〔暴 bào 露〕.

揭秘 jiēmì 秘密をあばく:書名にも用いる.

揭幕 jiēmù ①除幕する.開場する.開場式する.②重大な事柄の開始.幕開け.→〔开 kāi 幕①〕

揭牌 jiēpái (看板・名札の覆いをとり)正式に開業する.

揭批 jiēpī 暴いて批判する.

揭示 jiēshì ①掲示(する).発表(する).②明らかにして示す.人目に分かるように示す.〔~了事物的内在联系〕物事の内部関係を明示した.

揭帖 jiētiě 回はり紙:個人が広く一般に示し,訴える文章.〔寻 xún 人的~〕尋ね人のはり紙.〔匿 nì 名~〕匿名の宣伝文.落書(らくがき)

揭秃疮 jiētūchuāng 人の欠点を暴く.

揭晓 jiēxiǎo (~日期)発表日.〔投票结果~〕投票の結果が発表される.→〔揭榜①〕②相場の公示.

揭载 jiēzǎi 掲載(する).発表(する)

揭盅 jiēzhōng 酒杯をかかげる.〈喩〉事が解決して祝う.

揭橥 jiēzhū 〈文〉掲示する.〔揭 jié 橥〕に同じ.

〔嗟(嗟)〕jiē 〈文〉①嘆息する.嘆く.②感嘆する.賛美する.〔~夫!〕〔~乎!〕〔~呼!〕ああ.おお.ああ,それ.ほうれ:呼びかけの声.〔~!来食〕ほうれ,食えよ.→〔嗟来之食〕

嗟悔 jiēhuǐ 〈文〉嘆息して悔やむ.〔~无 wú 及〕〈成〉悔やんでも及ばない.

嗟金 jiējīn 〈文〉ねだってもらった金や物.受け取るべきではないもの.

嗟嗟 jiējiē ①感嘆・賛美・悲嘆の声.②〈擬〉ごうごう(水の音)

嗟来之食 jiēlái zhī shí 〈成〉ほうれ,と言って与えられた食.屈辱の中に与えられる恩恵.〔不肯接收~〕屈辱の中に与えられた恩恵は受けない.

嗟叹 jiētàn 嘆く.嘆息する.嘆嗟(な)する.

嗟吶谓 jiētàncí ⇒〔叹词〕

〔街〕jiē ①広い道路.街路.町筋:両側に建物がある.〔上~〕街へ出た.〔大~小巷〕大通りと小さい横町.〈転〉町中の至るところ.〔十字~〕十字路になっている街.②〈方〉市(いち).〔赶~〕市へ行く.③〔姓〕街(がい)

街道 jiēdào ①大通り.町の通り.〔~树〕街路樹.→〔行 xíng 道树〕②都市住民の自治組織.町内会.→〔~居民委员会〕をさす.〔~厂〕〔~企业〕町工場.

街(道)办 jiē(dào)bàn 〔街道办事处〕の略.

街道办事处 jiēdào bànshìchù 市(区)役所の出張所.〔街(道)办〕は略称.〔前门~〕のように地名の後につけて使う.

街道工作 jiēdào gōngzuò (市)の居住組織の仕事.町内(会)の仕事.〔作~〕同前.

街道居民 jiēdào jūmín 都市の住民.〔街道妇女(女)同前の婦女子.〔~委员会〕〔居民委员会〕〔居委会〕〔街道委员会〕同前の委員会.〔文化大革命〕中は〔街(道)居民)革命委员会〕といった.

街道消费合作社 jiēdào xiāofèi hézuòshè 地域生活協同組合:都市部消費組合組合の一種.→〔消费合作社〕

街灯 jiēdēng 街灯.

街坊 jiēfang 隣近所(の人々).〔~家的狗,吃了就

jiē〜jié 街镢子讦节

走)〈歌〉近所の犬,食べたらすぐ行ってしまう:恩知らず.〔~邻舍〕〔~四邻〕隣人.
街角 jiējiǎo 街角.街頭.
街景 jiējǐng 街頭風景.街のながめ.
街口儿 jiēkǒur 街角.〔十字~〕〔十字路口(儿)〕四つ角.
街垒 jiēlěi バリケード.〔筑~〕同前を築く.〔拆除~〕~を取り除く.〔~战〕市街戦
街里街坊 jiēli jiēfāng 〈方〉隣近所(のよしみ)
街邻 jiēlín 隣近所の人
街溜子 jiēliūzi 〈方〉定職もなく街をぶらぶらしている人.遊び人.ごろつき.
街貌 jiēmào =〔街容〕街の面貌.
街门 jiēmén 表通りに向かって開いている門(入り口).道路からの入り口.〔~口儿〕同前のあたり.〔喻〕〈方〉家の付近の地.
街面 jiēmiàn 街の道路(に面した所).〔~下陷的道路が沈下している.〔~犯罪〕街での犯罪.〔~房〕街並み沿いの家.
街面儿上 jiēmiànrshang〔口〕①界隈.町内.〔~常听到〕街で始終耳に入る.②市井(tt).俗世間.〔~的事〕世間の用件.〔~的人〕世間を渡り歩いて苦労した人.他人の飯を食ったことのある人.③世間の風儀.秩序.→〔市 shì 面〕
街区 jiēqū たて横の通りで区分けされた1画.〔那个~离车站不远〕あのブロックは駅から近い.
街衢 jiēqú 街路.大通り.
街容 jiēróng ⇒〔街貌〕
街史 jiēshǐ 街の歴史.
街市 jiēshì 市街地.商店街:〔文〕市井〕に同じ.
街谈巷议 jiētán xiàngyì 〈慣〉世上の噂.床屋談義:〔街谈巷语 yǔ〕ともいう.
街筒子 jiētǒngzi 〈方〉通り.街頭.
街头 jiētóu 街.街頭.〔十字~〕十字街.繁華な十字路.〔流落~〕路頭に迷う.〔~表演〕大道芸.ストリートパフォーマンス.→〔十 shí 字路口(儿)〕
街头剧 jiētóujù 圓街頭芝居:街頭などで演じられ,分かりやすく,政治的宣伝性が強いもの.〔广 guǎng 场剧〕ともいう.〔~活 huó 报剧〕
街头诗 jiētóushī =〔墙 qiáng 头诗〕街頭に貼り出したり壁に書いたりビラの形で配ったりする詩.
街头文艺 jiētóu wényì 街頭文芸.
街头巷尾 jiētóu xiàngwěi 〈慣〉大通りや横町.町中いたるところ.
街舞 jiēwǔ ストリートダンス:ヒップホップやブレイクダンスなど.
街巷 jiēxiàng 大通りと横町.〔大衚小巷〕同前.
街心 jiēxīn 通りの真ん中.
街心花园 jiēxīn huāyuán 大通りの中心に作った花壇.グリーンベルトの一種.〔林荫路和~〕木陰道と花壇.
街沿 jiēyán 道のへり.
街账 jiēzhàng 圓掛け.掛け買い:店屋の品物をつけで買う.〔欠下~不计其数〕掛けを滞らせてその金額も莫大なものとなった.→〔写 xiě 账①〕
街子 jiēzi 〈方〉①通り.街頭.②市(tɕ)

〔镢・鐑〕jiē 〈方〉(稲刈り用の)鋸(鋸)鎌.

〔孑〕jié ①〈文〉単独である.孤独である. ②〈文〉残る.遺留される.→〔孑遗〕 ③〈文〉古代の兵器.〔戟 jǐ〕の別称. ④→〔孑孓〕 ⑤〈姓〉子

孑孑 jiéjié ①〈文〉独自なさま. ②小さいさま.
孑孓 jiéjué =〔倒 dào 跂虫〕〔钉 dīng 倒〕〔跟头虫(儿)〕bsn jīn 斗虫儿〕〈又〉蜎 yuān ①〕圓ボウフラ:蚊の幼虫.

孑立 jiélì 〈文〉孤立する.
孑然 jiérán 〈文〉孤立するさま.〔~一身〕同前.〔~无所凭籍〕(吴志·陆晶伝)ひとりぼっちで頼るところもない.
孑身 jiéshēn 〈文〉単身.〔~一人〕一人ぼっち.
孑遗 jiéyí 〈文〉(飢饉や兵乱また大変化して死に絶えて)わずかに残っている(もの).〔靡 mǐ 有~〕遺された民がない.〔~生物〕残存生物.
孑义 jiéyì 〈文〉小さい義.小善.

〔讦・訐〕jié 〈文〉(他人の)過失をせめる.私事を暴く:〔~其阴 yīn 私〕同前.攻 gōng ~〕他人の過失を暴き攻撃する.

讦扬 jiéyáng 〈文〉人の悪事を暴く.

〔节・節(節・莭)〕jié（Ⅰ）①物のふし.植物のふし.関節.〔竹~〕竹のふし.〔藕 ǒu ~〕蓮根のふし.②物事.文章の一段落.〔分~〕節を分ける.〔第五~〕(書物の)第5節.〔情 qíng ~〕事情.筋.プロット. ③圓ピッチ.刻(きゅ)み:ねじの螺旋曲線が円筒を一周したとき軸の方向に進む距離.すなわちねじ山とねじ山の間の長さ(刻み). ④曆の時候の区分の名.節気.節句.〔过~〕節句を祝う.〔三大~〕三つの大きな節句:年節(春節)・端午節・中秋節をいう.⑤記念日.祝祭日.〔国庆~〕国慶節.中華人民共和国建国記念日(10月1日).〔国际劳动~〕メーデー(5月1日).〔五四青年~〕五四青年の日(5月4日).〔国际劳动妇女~〕〔国际妇女~〕国际妇女~〕国际妇女~〕国际妇女節.〔国际妇女节〕婦人~〕(3月8日).⑥節約(する).倹約(する). ⑦節度.ほどあい.ころあい.〔饮食有~〕飲食に節度がある.暴飲暴食をしない. ⑧節操.〔高风亮~〕高い風格と正義感ある節操.〔变~降 xiáng 敌〕節をまげて敵に降(ৎ)る. ⑨書物あるいは文書のうちの一部分を抜き出す.〔删 shān ~〕一部を削除する. ⑩音楽の緩慢の度.リズム.音律.〔快慢中 zhòng ~〕速さが音律に合っている. ⑪まとまりのある物事の一部分.〔生活末~〕日常生活上のささいなこと.〔~外生枝〕小さい事柄にかかわらない.〔他对于这一~没什么表示〕彼はこの事については何とも言わなかった. ⑫量詞.段落・区分などを示す単位に用いる.〔一~竹子〕1本の竹.〔上了两~课〕2時限(こま)だけ授業をした(受けた).〔两~火车〕(連結している)列車2両.→〔堂 táng ⑥④〕 ⑬囯旧中国により外国へ使わする者が持った証とたる物.〔符 fú ~〕割印・証拠札など.〔使 shǐ ~〕(他国へ派遣される)使節. ⑭〈文〉卦(ᵃ):六十四卦の一.⑮〈姓〉節(ᵇ)
（Ⅱ）ノット:船舶の速度を表す:〔诸 nuò 脱〕は旧音訳.→〔节〕

节哀 jié'āi 〈文〉不幸のあった家の人に"あまり悲しまれないように"とあいさつする言葉.〔请你~,多保重〕〈挨〉同前.〔~顺变〕〈挨〉ひどく悲しまないようにして変事に処せられたい.→〔烦 fán 恼〕
节疤 jiébā ⇒〔节 jié 子〕
节本 jiéběn 簡約本.縮約版.
节操 jiécāo 〈文〉高潔な徳行.堅固な志操.〔保持~〕節操を守りぬく.
节点 jiédiǎn 圓ノード:〔结点①〕ともいう.
节电 jiédiàn 節電する.
节度 jiédù 〈文〉節度.ほど.②〔~使 shǐ〕節度史:古官名.地方の行政(軍事)の長官.
节妇 jiéfù 圓操を通した女.→〔守 shǒu 节②〕
节概 jiégài 〈文〉節操を貫く.
节规 jiéguī 圓ピッチゲージ.〔规①〕
节过活儿 jiéguòhuór 〈方〉節句の費用.
节候 jiéhòu 季節.気候.

jié

节货 jiéhuò 節句用品.→〔年 nián 货〕

节级 jiéjí ①等級. ②順序に従って). ③(唐·宋代の)軍官名.

节假日 jiéjiàrì 祝祭日と休日.

节俭 jiéjiǎn 〔节省〕に同じ.

节减 jiéjiǎn 節減する.節約する.〔~经 jīng 费〕経費を節減する.

节节 jiéjié 一つ一つ.だんだん.着々と.〔他们~把我们拖入核战争体系里〕彼らはだんだん我々を核戦争の体系にひきこもうとしている.〔~进行侵略的准备〕着々と侵略の準備を進める.〔~胜利〕〈成〉勝利につぐ勝利.〔~败退〕ずるずると敗ける.

节节草 jiéjiécǎo ⇒〔木 mù 贼〕

节经… jiéjīng…〈公〉しばしば…するを経たり.もうたびたび…をした.

节径 jiéjìng =〔节圆直径〕〔有 yǒu 效〔直〕径〕ピッチ直径:ねじのみぞの深部ではなった直径.〔大直径〕(ねじの外径)から,ねじ山の深度を除いた直径.

节礼 jiélǐ 祝日に際して贈る礼物.

节理 jiélǐ 節理:岩が凝固または水分を散失した時に体積が収縮して形成した裂紋.

节烈 jiéliè 〈文〉①節を守ることと節を守って殉ずること.②二夫にまみえない女性と節を守って殉死した女性.→〔守 shǒu 节〕

节令 jiélìng ①一年の季節.時候.〔~不正〕時候不順.〔~玩具〕その季節のおもちゃ.〔~商品〕季節性商品.シーズン物.

节流 jiéliú ①経費を節減する.節約する.〔开 kāi 源~〕収入源を開拓し,支出を節減する.②(流体の速度を)絞る.〔~阀〕圖スロットルバルブ.

节录 jiélù 抜き書き(する).要点(をメモする)

节律 jiélǜ 物体運動のリズムと規則性.

节略 jiélüè ①抜粋.要約.〔~播出古装名剧"棠棣之花"时代剧の名作"棠棣之花"を抜粋して放送する.②(外交上の)覚え書き.メモ.③省略する.削除する.

节煤器 jiéméiqì =〔节热器〕圏節炭器:空気余熱器·給水加熱器など.

节目 jiémù ①番組.プログラム.スケジュール.〔~表〕〔~单〕プログラム.〔预告~〕プログラム予告番組.〔~简介〕プログラムの簡単な紹介.〔~主持人〕番組司会者.キャスター.〔原定~的安排,已有了改动〕もとのスケジュールはもう改められた.②心中の事項.思い.〔心中有~〕心に同じ.③小節.ふし.〔~同节〕.

节能 jiénéng エネルギー節約.省エネ.〔~灯 dēng〕省エネ灯.〔~环保综合论坛〕省エネ·環境保護総合フォーラム.

节拍 jiépāi 圖拍子.〔四分之二~〕4分の2拍子.→〔节奏①〕

节拍器 jiépāiqì ⇒〔拍节器〕

节气 jiéqi =〔〈文〉气节②〕節気:1年を24季に分けた一くぎり.とくにその最初の日.〔一年有二十四个~〕1年には24の節気がある.〔不饶人〕農業は人(農民)を待たない:農事は季節どおりにやらなければならない.→〔二 èr 十四节气〕

节庆 jiéqìng 祭りの祝い.祝祭日の祝賀行事.

节热器 jiérèqì ⇒〔节煤器〕

节日 jiérì ①祝祭日.記念日. ②節日.

节赏 jiéshǎng 旧旧正月·端午·中秋の三節に使用人などに与えた祝儀·心付け.

节上生枝 jiéshàng shēng zhī ⇒〔节外生枝〕

节省 jiéshěng 節約(する):〔节俭(俭 jiǎn 省)〕に同じ.〔节约〕

节食 jiéshí 減食する.

节数 jiéshù ①ピッチ数.

节水 jiéshuǐ 節水する.

节外生枝 jiéwài shēngzhī =〔节上生枝〕〈成〉樹木の節以外のところから枝が出る.〈喩〉本題の問題に加えて思いがけない新たな問題がおきる.

节位 jiéwèi 圖樹木の節の位置.〔果枝~低〕結果枝の節位が低い.

节下 jiéxià 〈口〉節句どき:とくに春節·端午·中秋の節句を間近にひかえた日々をいう.〔大~的,还不吃点好的〕せっかくの3度の大切な節句に少しはうまいものを食べなくちゃ.

节孝坊 jiéxiàofāng 旧節婦孝子を表彰するために建てた鳥居形の表彰碑の類.

节选 jiéxuǎn (文章の)抜粋.抄録.

节衣缩食 jiéyī suōshí 〈成〉衣類を節約し,食を減らす.生活をきりつめる:〔缩衣节食〕〔紧 jǐn 衣缩食〕ともいう.

节引 jiéyǐn (原文を)要約して引用する.部分的な引用をする.またその文.→〔明 míng 引〕

节译 jiéyì 抄訳(する):〔摘 zhāi 译〕に同じ.

节用 jiéyòng (費用·材料などを)節減する.使用を控える.

节油 jiéyóu 油·石油を節約する.

节余 jiéyú ①節約して残す. ②節約した残り.節約により生じた予算の剰余.

节育 jiéyù 〔节制生育〕の略.産児制限(をする).人口調節(をする):現在は〔计 jì 划生育〕という.〔~环患〕〔~花〕圏避妊リング.〔通过~来控制人口)产制によって人口増加を抑制する.〔~避 bì 孕〕〔绝 jué 育〕

节欲 jiéyù 節欲(する):特に性欲を抑制する.

节圆 jiéyuán ①刻み円.ピッチ円.→〔齿 chǐ 顶(高)〕

节圆直径 jiéyuán zhíjìng ⇒〔节径〕

节约 jiéyuē 節約する.〔励 lì 行~〕節約を励行する.〔~时间〕時間を節約する.→〔节省〕

节支 jiézhī 支出を抑える.

节肢动物 jiézhī dòngwù 圈節足動物:〔蜻 qīng 蜓〕(トンボ),〔蜘 zhī 蛛〕(クモ)など.

节制 jiézhì ①指揮統括する.取り締まる. ②制約(を加える).抑制(する).節度(をもつ).節制(する).〔饮食有~,就不容易得病〕飲食を控え目にすれば病気にかかりにくい.→〔限 xiàn 制〕〔抑 yì 制〕

节制生育 jiézhì shēngyù ⇒〔节育〕

节制闸 jiézhìzhá =〔分 fēn 水闸〕水量調節のための水門.→〔进 jìn 洪闸〕

节制资本 jiézhì zīběn 史三民主義の民生主義実施の具体的方法の一:国家資本主義と重んじ私的資本主義を抑制すること.→〔平 píng 均地权〕

节子 jiézi 圖5枚の小竹片で作った打楽器:歌ったり語ったりするとき手に持って拍子を打つ.〔~板 bǎn〕〔~板 pāi 板①〕ともいう.

节奏 jiézòu =①圖リズム.〔~感 gǎn〕リズム感.〔~布 bù 鲁斯〕〈音意訳〉リズムアンドブルース.R&B.→〔节拍〕②リズミカル.律動的.〔生活~〕生活のリズム.〔有~有条理地安排工作〕仕事をリズミカルに順序だてて按配する.

〔蚙·蟭(簺)〕 jié 動(オオ)ワレカラ:〔海 hǎi 藻虫〕〔麦 mài 秆虫〕〔竹 zhú 节虫②〕ともいう.節足動物.

〔劫(刦·刼·刧)〕 jié (Ⅰ)①強奪する.追いはぎをする.〔路~〕追いはぎ(をする).〔~争 zhēng〕等い合う.〔现在再没有此の事了ですから今は強奪するなどということはもうありません. ②急襲する.〔偷营~寨 zhài〕敵の軍営城塞を急襲する.〔~牢反狱〕牢獄を急襲して囚人を逃亡させる(奪い返す). ③暴力で脅迫する.〔浩 hào ~〕大④災難.

きな災難.〔遭了～了〕災難にあった.
(Ⅱ) ① 仏(仏教の)劫(ご)→〔劫籤〕 ② 〈姓〉劫
劫案 jié'àn 強盗事件.略奪事件.
劫波 jiébō =(仏教の)カルパ.極めて長い時間:〔劫波〕とも書く.↔〔刹 chà 那〕
劫持 jiéchí 脅迫する.無理に連れ去る.〔～犯 fàn〕ハイジャック犯.〔～客机〕〔劫机 jī〕ハイジャック(する)
劫盗 jiédào 強盗(をする)
劫道 jiédào ⇒〔劫路〕
劫夺 jiéduó 略奪する.
劫犯 jiéfàn 同下.
劫匪 jiéfěi =〔劫犯〕追いはぎ.乗っ取り犯.
劫富济贫 jiéfù jìpín 〈成〉富者の財貨を奪って、貧者を救済する:〔劫富劫 jiù 贫〕ともいう.
劫后余生 jiéhòu yúshēng〈慣〉災害後に生き残った者.災害の生存者.
劫灰 jiéhuī ① 仏世界が劫火(ぶ)に焼き尽くされ、その後に残った余燼.②〈喩〉災難の残骸.
劫机 jiéjī ハイジャック(する):〔劫客机〕〔空 kōng 中劫持〕ともいう.〔～犯〕ハイジャック犯.
劫牢 jiéláo ⇒〔劫狱〕
劫路 jiélù =〔劫道〕追いはぎ(をする).道路強盗(をする)
劫掠 jiélüè =〔劫略②〕かすめ奪う.強奪する.
劫略 jiélüè ①⇒〔劫制〕 ② 同上.
劫难 jiénàn 災難.厄(?)難.
劫杀 jiéshā 強盗殺人する.
劫数 jiéshù (仏教で)世界が滅亡するまでの長い時間.〈転〉厄(?)運のまわりあわせ.災厄の運命.〔也是～应当如此,紅 1〕やはりこういうまわりあわせだったのだ.
劫艇 jiétǐng シージャックする.船を乗っ取る.
劫营 jiéyíng =〔劫寨〕敵営を襲撃する.
劫余 jiéyú 災難のあと.
劫狱 jiéyù =〔劫牢〕牢破りをして囚人を奪い返す(逃がす).〔劫牢反狱〕同前.
劫运 jiéyùn ① 悪運.悲運.② むりやりに動かす.連行する.
劫寨 jiézhài ⇒〔劫营〕
劫制 jiézhì =〔劫略①〕脅かして従わせる.

〔**蚗**〕jié →〔龟 guī 足〕

〔**岊**〕jié 〈文〉山の湾曲したところ(秘境)

〔**诘・詰**〕jié 〈文〉①なじる.せめる.詰問する.〔～其未返之故〕未だ帰らない理由をなじる.〔盘 pán ～〕盘问)なじって問い詰める.〔反～①〕問いただす. ②翌日.→〔诘朝〕→ jí

诘旦 jiédàn ⇒〔诘朝〕
诘难 jiénàn 〈文〉詰問する.非難する.
诘问 jiéwèn 〈文〉なじり問う.問いただす.
诘责 jiézé 〈文〉譴(%)責する.なじる.
诘朝 jiézhāo =〔诘旦〕〈文〉翌朝.

〔**劼**〕jié 〈文〉①慎む. ② 努める. ③ しっかりしている.

〔**洁・潔**(**絜**)〕jié ①清らかである.清廉である.〔～士〕清廉の士.② 清潔である.〔～水〕清潔な水.汚染されていない水.〔性好 hào ～〕性分がきれいな好きである.〔整 zhěng ～〕きちんとして清潔である.③清潔にする.汚れを除き去る.→〔絜 xié〕

洁白 jiébái 真っ白である.純白である.〔～的雪花〕真っ白な雪.〔～的心灵〕純真な心根.
洁白雕 jiébáidiāo ⇒〔金 jīn 雕〕
洁杯候叙 jiébēi hòuxù ⇒〔洁樽候光〕
洁肤霜 jiéfūshuāng クレンジングクリーム:〔卸 xiè 牧霜〕に同じ.
洁己 jiéjǐ 〈文〉① 自己を清く正すこと.〔～自好 hào〕同前以て他を念じないこと.②官吏が廉潔に身を持すること.〔～奉公〕身を正して公務にあたる.
洁净 jiéjìng きれいでさっぱりしている.〔～室〕クリーンルーム:〔防 fáng 尘室〕〔无 wú 尘室〕ともいう.〔～能 néng 源〕クリーンエネルギー.〔～煤 méi 技术〕クリーン石炭技術.
洁净提单 jiéjìng tídān 商無故障船荷証券.
洁具 jiéjù 衛生設備.水まわり商品.サニタリーウエア.
洁癖 jiépǐ 潔癖症.不潔恐怖症.
洁身如玉 jiéshēn rúyù〈成〉身に汚れなく玉のように潔白であること.
洁身自好 jiéshēn zìhào〈成〉世俗に同調せず孤高を持する.
洁莹 jiéyíng 透き通って美しい.
洁卮 jiézhī ⇒〔洁樽〕
洁治 jiézhì 医歯石をとる.スケーリングする.→〔洗 xǐ 牙〕
洁樽 jiézūn =〔洁卮〕〈文〉酒杯をすすぐ.〈喻〉賓客を迎える.〔～候及 jí 光〕〔謄〕(招待状に用いる文句)酒杯を清めてご臨席お待ちしております:〔洁樽候叙〕ともいう.

〔**结・結**〕jié ① 結ぶ.結んでつなぐ.〔世界人民大团～万岁〕世界人民大団結万歳.② 凝結する.固まる.〔～冰〕氷が張る(こと).〔冰心硬块〕固まって硬い塊になる.③ 編む.結ぶ.〔～网 wǎng ①〕網を編む.↔〔解 jiě〕→〔系 jì〕④ 結び目(縄・ひも・糸・帯などの).〔打一个～〕結び目を一つ作る.〔如意～〕吉祥如意を表す結び.〔中国～〕中国の伝統的な結び.〔盘 pán 长～〕装飾結びをする.〔解 jiě 绳〕ひもの結び目をほどく.〔死～〕〔死扣儿〕本結び.結び切り.〔活～〕〔活扣(儿)〕引き解き結び.〔领～〕〔領花(儿)〕蝶ネクタイ.→〔扣 kòu ②〕⑤ (生物体上の)ふくらみ.かたまり.形成する.結ばれる.〔～了深仇〕仇敵となった.〔～好〕よしみを結ぶ.仲よくなる.⑦ 結末をつける.しめくくる.〔～论①〕結論.〔总～〕しめくくり(をする).〔～了 liǎo〕結末がつく.〔这不是了 liǎo ～了吗〕それごらん.そうでしょう:〔这不是不了 liǎo ～了吗〕の意.⑧ 旧保証書の一種.証文.〔保～〕保証書.〔甘～〕誓約書.承諾書.〔让他具个～来〕彼に保証書を一札入れさせる.⑨〈姓〉結(??) → jiē

结案 jié'àn 事件を結了する(けりをつける)
结疤 jiéba ① 医(傷やおできが治って)跡が残る.〔没有～〕傷跡がない.② 工掬(?)われ:鉄や鋼を圧延するとき表面の酸化物の膜が巻き込まれてできる傷.
结拜 jiébài =〔结义〕契(??)りを結んで兄弟(姉妹)分になる.
结伴(儿) jiébàn(r) ⇒〔搭 dā 伴(儿)〕
结帮 jiébāng 徒党を組む.派閥を作る.
结冰 jiébīng 氷が張る(こと).〔不下雪不～〕雪は降らないし氷も張らない.
结彩 jiécǎi 祝いの時、門(口)や室内を色テープや色布で飾ること.〔悬灯～〕〔张灯～〕灯籠をつるし飾りつけをする.
结草 jiécǎo 〈文〉死んだ後に恩に報いること.〔～衔 xián 环〕〈成〉恩義に報いようとすること.
结草虫 jiécǎochóng 虫ミノムシ(ミノガ)の幼虫.〔避 bì 债虫〕〔蓑 suō(衣)虫〕〔蓑衣丈人〕は

结 jié

别称.
结肠 jiécháng 生理結腸:大腸の一部,盲腸と直腸の間の部分.
结成 jiéchéng ①結成する.②できて…となる.
结仇 jiéchóu 仇敵をむすぶ.→〔结怨〕
结存 jiécún ①借方残高.帳尻残高.②商品残高.
结党营私 jiédǎng yíngsī〈成〉派閥を作って私腹を肥やす.→〔植 zhí 党营私〕
结缔组织 jiédì zǔzhī 生理結合組織:動物体内各器管および組織の間を満たしかつこれを支持する組織.
结点 jiédiǎn ①⇒〔节点〕②交わる場所.インターセクション.
结冻 jiédòng ①凍る.結氷する.②ゼリー状に固める.
结队 jiéduì 隊を組む.
结对(子) jiéduì(zi) 二者で組を作る.ペアを組む.
结发 jiéfā ①髮を結う.②〈文〉髮をたばねて結って成人になる.〔~妻 qī〕〔发妻〕成人前の時に結ばれた妻.〔夫妻〕初婚同士の夫婦.もとからの夫婦.→〔半 bàn 路夫妻〕
结粉 jiéfěn →〔竹 zhú 芋〕
结疙瘩 jiégēda〈喩〉わだかまりができる.
结构 jiégòu ①構成.構造.組み立て.〔~程序设计〕電算ストラクチャードプログラミング.〔~重 chóng 整〕→[重组 zǔ]リストラクチャリング.〔~改革〕構造改革.〔~工资〕職務給に年齢給·勤勉手当などを加味した給料.〔~式〕構造式.〔~主义〕構造主義.〔钢筋混凝土~〕鉄筋コンクリート構造.〔国家~〕国家組織.〔阶 jiē 级~〕階級構成.〔文章的~〕文の構成.構造.句:2あるいは2以上の要素が結びついている方式.〔动宾~〕動詞賓語構造.〔~助词〕構造助詞.〔的〕〔地〕〔得〕など.〔~词 cí 组〕
结垢 jiégòu 工水垢·不純物が凝結する.
结关 jiéguān (税関の)通関手続きが完了する.
结棍 jiégùn〈方〉がっちり(と).しっかり(と).すごい(く).〔痛 tòng 得~〕すごく痛い.
结果 jiéguǒ ①事物の帰結.結果.結局.とどのつまり.あげくのはて.②〈方〉片づける.始末する.〔我们才一了半瓶,这还能叫做喝酒吗〕まだ半分ばかり片づけただけだ,こんなのが酒を飲んだと言えるものか.③〈方〉殺す.〔~了他的性命〕〈白〉殺す.〔~了他的性命〕彼を消してしまった.→ jiēguǒ
结合 jiéhé ①結合する.結びつく(つける).〔理论~实际〕理論を実際と結びつける.〔~部〕結合部.〔~能〕物結合エネルギー.〔中国是一个由多民族而成的拥有广大人口的国家〕〔毛·中国革命和中国共产党〕中国は多数の民族が結合してできた多くの人口を持つ国である.②夫婦になる.夫婦として結ばれる.
结核 jiéhé ①医結核.〔~病 bìng〕の略.〔~杆 gǎn 菌〕結核菌.〔~菌素反应〕ツベルクリン反応.②鉱結核.
结合膜 jiéhémó ⇒〔结膜〕
结核活疫苗 jiéhé huóyìmiáo ⇒〔卡 kǎ 介苗〕
结喉 jiéhóu ⇒〔喉结〕
结汇 jiéhuì 商〔(貿易尻の)決済を爲替取組.〔单面〕片道決済.〔爲替を決済する.外爲決済〕
结婚 jiéhūn 結婚(する).〔~证 zhèng 书〕結婚証明書.〔~登 dēng 记〕婚姻届.〔~蛋 dàn 糕〕婚礼蛋糕.〔礼蛋糕〕〔~典 diǎn 礼〕〔婚典〕〔~庆 qìng 典〕婚礼式.婚礼.〔~照 zhào〕結婚記念写真.〔他已经跟她一了〕彼は彼女と結婚した.

结伙 jiéhuǒ ①ぐるになる.徒党を組む.②法共謀.
结集 jiéjí ①(軍隊が)集結する.集まる(める).〔~兵力〕兵力を集結する.②文章を集める.集めて文集とする.〔~付印〕集めて印刷する.
结记 jiéjì 気にかける.気にとめる.記憶にとどめる.〔别忘了!~着啊!〕気をつけて,忘れるな.→〔惦 diàn 记〕
结痂 jiéjiā かさぶたができる.
结茧 jiéjiǎn (かいこが)繭(る)を作る.〔作 zuò 茧〕に同じ.
结交 jiéjiāo =〔交结①〕交わりを結ぶ.友人になる.つきあう.〔~为友〕同前.〔~名 míng 士〕名士と交際を結ぶ.
结焦 jiéjiāo 物コークス化.〔~性〕コークス化する性質.〔~性强,粘结性良好〕コークス化性が強く,粘結性がよい.
结节 jiéjié ①生理結節.②(竹などの)節(ち)
结晶 jiéjīng ①結晶(する).②〈喩〉貴重な成果.〔劳动的~〕労働の結晶.〔这本著作是他多年研究的~〕この著作は彼が長年研究してきた成果だ.②物結晶化.晶化.結晶体.クリスタル.〔~体 tǐ〕〔晶体〕同前.〔~水〕結晶水.〔~池〕製塩池:塩田から引いた塩水の最終的な処理池.
结局 jiéjú 結局.結末.結果.
结了 jiéle〈方〉いく所までいった.結末がついた.〔罢 bà 了〕〔完 wán 了〕に同じ.〔这不~吗〕それみろ.それまでのことだ.一字解⑦
结缡 jiélí〈文〉結婚.→〔缡〕
结力 jiélì 物凝集力.
结铃 jiélíng 綿が鈴のような形の実となることを.〔~吐絮〕鈴の形の実になって綿を露出している.
结庐 jiélú〈文〉庵を結ぶ.
结缕草 jiélǚcǎo 植シバ.ノシバ.
结论 jiélùn ①〔下~〕結論を出す.〔等有了~再作报告〕結論を得てから改めて報告する.②(論理学で)結論.終結:〔断 duàn 案②〕ともいう.
结脉 jiémài 医結代脈.不整脈.→〔脉象〕
结盟 jiéméng 盟約を結ぶ.
结膜 jiémó 生理結膜:〔结合膜〕ともいう.〔~炎 yán〕結膜炎:俗に〔红 hóng 眼②〕という.
结末 jiémò 結末をつける.
结幕 jiémù 物多幕劇の最後の一幕.結末.〈喩〉事の高潮あるいは最後の盛り上がり.→〔多 duō 幕剧〕
结纳 jiénà〈文〉①親交を結ぶ.②結(ぶ)納.
结欠 jiéqiàn 勘定尻残欠損.
结亲 jiéqīn ①結婚する.②親戚関係を結ぶ.縁組みする.〔结穷 qióng 亲戚〕貧困者と親戚関係を結ぶ.→〔婚 hūn 配〕
结清 jiéqīng 清算する.
结球 jiéqiú 結球(する).〔甘 gān 蓝〕〔卷 juǎn 心菜〕結球甘藍(品種名).キャベツ:〔包 bāo 头菜〕〔包心白〕〔包心菜〕〔大 dà 头菜②〕〔莲 lián 花白③〕〔洋 yáng 白菜〕〔椰 yē 菜②〕〔圆 yuán 白菜〕は方言.
结舌 jiéshé (緊張したり,恐れたり,また理屈に詰まって)物が言えない.舌がもつれる.〔问他张口~〕問い詰められて彼は言葉に詰まってしまった.
结社 jiéshè 結社.〔有~的自由〕結社の自由がある.
结绳 jiéshéng (古代まだ文字のなかった時代に)縄に結び目をつくって記錄する.〔~记事〕同前.
结石 jiéshí 医結石.〔胆 dǎn ~〕胆石.
结识 jiéshí =〔搭 dā 识〕交わりを結んで知人となる.〔无原则地~某些人〕無原則にある種の人と交

jié

结拮桔䛿颉鲒杰桀榤叀偼捷婕睫踕

结束 jiéshù ①…が終わる.…を終える.終結する.〔~语〕〔结语〕結び(の言葉).しめくくり.〔这个座谈会胜利地~了〕この座談会は成功のうちに終了した.〔这个厂战争一时遭到破坏〕この工場は戦争終結の際破壊された.〔这项工作几时能~呢？〕この仕事はいつけりをつけることができるか. ②〈白〉身じたくをする.〔装 zhuāng 束〕に同じ.

结驷连骑 jiésì liánqí〈成〉四頭立ての馬車を駆って進む.〈転〉威風堂々たるさま.

结算 jiésuàn 圖決算(する).〔~大账〕収支の総決算(年末決算)をする.

结题 jiétí 研究課題の研究をまとめる.〔写 xiě ~报告〕同前の論文を書く.

结体 jiétǐ 漢字字形で筆角の組み合わせ状況.

结桃 jiétáo 桃や綿が実を結ぶ(こと)

结头 jiétóu〈方〉結び目.

结托 jiétuō〈文〉交わりを結んで頼りとする.

结网 jiéwǎng ①網を編む.〔织 zhī 网〕ともいう. ②(クモなどが)巣を作る.〔织 zhī 网〕ともいう. ③ネットワークを組む.〈喩〉協力体制を作る.手を組む.〔贪 tān 官~、百姓遭 zāo 难〕汚職官僚は結託し庶民は難儀に遭う.

结尾 jiéwěi ①結末.結び.〔~工程〕仕上げの段階(の工事).→〔收 shōu 尾〕 ②圖コーダ.

结习 jiéxí〈文〉根強い習慣.

结嫌 jiéxián 仲が悪くなる.

结胸 jiéxiōng 中医病邪が胸部に結集して起こる症状.〔大~〕同前の強い症状.〔小~〕同前のほか発熱と痰を伴うもの.

结业 jiéyè 学業(訓練・講習・補習など)が終了する.終講する.〔明年十五号~〕来年1月15日に終講となる.〔~典礼〕修業式.〔~生〕修了生.〔~证zhèng 书〕修了証書.→〔毕 bì 业〕

结义 jiéyì ⇒〔结拜〕

结余 jiéyú 圖決算残高.〔~数〕剰余金.清算して残る.

结语 jiéyǔ 結束の語.しめくくりの言葉.〔结束语〕に同じ.

结冤 jiéyuān 恨みを含む(持つ).仲違いする.

结缘 jiéyuán ①知り合いになる.関係をもつ.〔他从小就和音乐结了缘〕彼は小さい時から音楽と縁があった. ②圖仏道に帰依する.

结怨 jiéyuàn 恨みの種をまく.→〔结仇〕

结扎 jiézā 医結紮にする.

结账 jiézhàng 代金の勘定をする.清算する.〔二月末~〕2月末決算.〔退房~〕(ホテルなどで)チェックアウト(する)

结转 jiézhuǎn 繰り越す.〔~额〕繰越金額.→〔滚 gǔn 入〕

结子 jiézi ①結び目. ②(衣服・靴などのほころびやすいところをとめる)かんぬき止め.〔打 dǎ ~〕かんぬき止めをする. ③〈喩〉しこり.わだかまり.厄介な点.

[拮]

jié〔据 jū〕①難儀する.財政が窮迫する.〔手头~据〕手元不如意である.〔财 cái 政~据〕財政が苦しい.〔~据住了〕動きがなくなった. ②忙しく働くさま.

[桔]

jié → jú

桔槔 jiégāo〈文〉はねつるべ.

桔梗 jiégěng 圖キキョウ.〔梗草〕ともいう.

[袺]

jié〈文〉着物のえりで(物を)包む.→〔襭 xié〕

[颉・頡]

jié ①人名用字.〔仓 cāng ~〕圖黄帝の下臣が鳥の足跡を見て文字を作ったと伝えられる. ②〈姓〉頡(きつ)
→ xié

[鲒・鮚]

jié〔魚貝〕カラスガイ.〔蛙 bàng〕の古名. ②〔~埼 qí 亭〕圖浙江省にあった古地名.

[杰(傑)]

jié ①優れている.秀でている.〔群山中此峰最为秀〕群山のうちでこの峰が最も立派だ. ②優れた人.ぬきん出た人物.〔豪 háo ~〕同前.〔南宋三~〕南宋の三傑:文天祥・張世傑・陸秀夫をいう.

杰出 jiéchū 傑出する(している).〔他不愧为~的文学家〕彼は傑出した文学家たるに恥じない.

杰作 jiézuò 傑作.→〔佳 jiā 作〕

[桀]

jié ①夏朝末代の暴君の名.凶暴な者の代名詞に用いられる.〔助 zhù ~为虐〕〈成〉悪者を助けて残虐なことをする(こと). ②古くは〔杰〕に通ず.〈姓〉桀(けつ)

桀骜不驯 jié'ào bùxùn〈成〉性質が傲慢不遜である.〔桀骜不霸 bà〕ともいう.

桀犬吠尧 jiéquǎn fèiyáo 暴君桀の飼い犬は主人のため名君堯(ぎょう)帝にでも吠える.〈喩〉善悪を問わずめいめいその主人のために忠義を尽くす.手下の者がひたすら親分のために尽くそうとすること.

桀纣 jiézhòu〔夏の桀〕〔殷の紂(ちゅう)〕王:歴史上の代表的な暴君.暴君の代名詞.〔~无 wú 道〕〈成〉暴虐無道.

[榤]

jié〈文〉①杙(くい). ②鶏のとまり木.

[叀]

jié〈文〉速い.〔捷(I)①〕に同じ.

[偼]

jié〈文〉①迅速である.速い.〔捷〕に同じ. ②→〔婕妤〕

[捷(捿)]

jié（Ⅰ)①(行動や気働きが)速い.敏捷である.〔敏 mǐn ~〕同前. ②〈文〉近道を行く. ③便利である.〈姓〉捷(しょう).
(Ⅱ)①戦勝(する).〔连战连~〕〔连战皆~〕連戦連勝.〔告~〕勝利.〔~文〉戦利品.〔献 xiàn ~〕②)戦利品を献納する.

捷报 jiébào ①戦勝の報告. ②成功の知らせ. ③回科学の試験に合格した者に知らせる吉報.

捷才 jiécái 機知の才.応変の才.

捷近 jiéjìn 近道(の).〔走~〕近道を行く.

捷径 jiéjìng 近道.早道.

捷克 jiékè チェコ.正式名称は〔~共和国〕.首都は〔布 bù 拉格〕(プラハ).→〔斯 sī 洛伐克〕

捷口 jiékǒu 弁がたつ.口が達者である.

捷路 jiélù ⇒〔短 duǎn 路①〕

捷速 jiésù 迅速である.すばやい.

捷迅 jiéxùn 敏速である.

捷音 jiéyīn 勝利の知らせ.勝報.

捷泳 jiéyǒng 区(水泳の)クロール.

捷足先登 jiézú xiāndēng =〔疾 jí 足先得〕〈成〉足の速い者が先に登る.はやいもの勝ち.

[婕]

jié〔~妤 yú〕〔~母 mǔ〕偉仔〕圖宮中の女官の一種.

[睫]

jié まつ毛.〔目不交~〕〈成〉まんじりともしない.〔迫 pò 在眉~〕〈成〉焦眉の急.

睫毛 jiémáo まつ毛:〔眼 yǎn ~〕〔方〕〔眼 眨 zhǎ 毛〕〔口〕〔眼毛〕ともいう.〔假 jiǎ ~〕つけまつげ.〔烫 tàng ~〕まつ毛パーマ.〔~膏 gāo〕マスカラ.〔~夹 jiá〕アイラッシュカーラー.ビューラー.

睫状肌 jiézhuàngjī 生理毛様体筋.

睫状体 jiézhuàngtǐ 生理毛様体.

[踕]

jié〈文〉①足が速い. ②つまずく.転ぶ.

jié~jiě

〔挈〕 jié 〔洁〕に同じ.人名用字.

〔偈〕 jié 〈文〉①雄々(ゆう)しい.②走り方がすばやい.→ jì

〔楬〕 jié 固標識に使った小さい木の杭(くい)

楬豆 jiédòu 木製の高脚皿(祭器)

楬櫫 jiēzhū 木を植えて標識とする.〈転〉表示する:〔楬 jiē 橥〕ともいう.〔~全世界人民热爱和平之要义〕全世界の人民が平和を熱愛することの重要な意義を明らかに示す.

〔竭〕 jié ①尽くす.使い尽くす.〔声 shēng 嘶力~〕〔~力〕=声嘶 sī 力〕成〕力は尽き,声はかれず,いくら取っても尽きず,いくら使っても尽きない.②(水が)涸れる.〔甘 gān 井先~〕〔甘泉必~〕おいしい井戸水は先に(必ず)涸れる.〈喩〉才子は早死する.③(水気が)枯れる.

竭诚 jiéchéng 誠意を尽くす.〔~招待〕真心を尽くして接待する.〔~帮 bāng 助〕誠意をもって援助する.〔~心力〕尽力する.

竭尽 jiéjìn 十分に尽くす.〔~所能〕〔~全力〕力のある限り尽くす.

竭蹶 jiéjué ①困難な道を歩む.耐えて邁進する.②(資金など)枯渇(こかつ)する.尽きる.〔~财政〕財政が行き詰まる.

竭力 jiélì 尽力する.〔~挣 zhēng 扎〕一生懸命もがく.〔~避免发生错误〕極力過ちの起こるのを防ぐ.〔尽 jìn 心~〕成〕一生懸命に尽力する.〔~辩 biàn 护〕必死に弁解する.

竭泽而渔 jiézé ér yú =〔涸 hè 泽而渔〕〈成〉沢の水を干して魚をとる.〈喩〉眼前の利益ばかりを見て,将来を考えないこと.

〔碣〕 jié 石碑.石柱:長方形のを〔碑 bēi〕,肩部が丸みをもっているものや円柱形のを〔~〕という.〔墓 mù ~〕

〔羯〕 jié (I)古代北方の一部族.〔五 wǔ 胡〕の一.東晋の頃に黄河流域で〔后 hòu 赵〕(後趙)を建てた.(Ⅱ)〈文〉去勢した雄羊.

羯鼓 jiégǔ 固楽器の名.腰鼓の一種:肩から前につり下げ,両手に持ったばちで両革面を打つ.〔两 liǎng 杖鼓〕ともいう.

羯羊 jiéyáng 去勢した雄羊.

〔截〕 jié ①切断する(一定の長さの部分に).〔把木头~成两段〕材木を二つに切る.②遮る.〔~车〕〈喩〉タクシーを止める.車を拾う.〔堵 dǔ ~〕食い止める.〔把跑了的马~住〕はなれ馬を取り押さえる.③きっぱりと切る.くぎりをつける.打ち切る.締め切る.〔直~了当 liǎodàng〕〔慣〕きっぱとしている.ておきること(している).〔~止〕④量詞.長いものの部分,また事物の段落を数える.〔一~(儿)木头〕ひときれの木ぎれ.〔话说了半~(儿)〕話は半ばれ(半分)にした.〔锯成两~〕二つに切った.〔上半~(儿)是红色,下半~(儿)是白色〕上半分は赤色で下半分は白色である.〔切成一~(儿)~(儿)的〕小分けする(している).〔分成上中下三~〕上中下の三部分(三くぎり).〔一~路〕(ある長さの)道のり.⑤〔姓〕截(せつ)

截标 jiébiāo 入札締切切り.〔~日期〕入札締切切り期日.

截查 jiéchá 途中に待ちうけて取り調べる.

截长补短 jiécháng bǔduǎn 成〕長所で短所を補う.〔取 qǔ 长补短〕に同じ.

截道 jiédào 追いはぎをする.

截钉器 jiédīngqì 機〕リベットカッター.

截短 jiéduǎn 切りつめる.

截断 jiéduàn ①切断する.〔~钢板〕鋼板を切断する.②遮る.〔~我的话头〕私の話の腰を折った.

截访 jiéfǎng (地方から北京へ)陳情に来た者を追い払う(こと).〔~人员〕中央各省庁の〔上访接待站〕(陳情受付所)の外で陳情に来た者を阻止するために,その陳情者の地元から派遣された役人.

截稿 jiégǎo 入稿を締め切る.

截管器 jiéguǎnqì 機〕パイプ切断機.

截获 jiéhuò 待ちうけて捕獲する.邀撃(ようげき)する.〔任何空军都无法~它〕どんな空軍もこれを邀撃する方法がない.

截击 jiéjī ①(敵の進路または退路を)遮断して攻撃する.②又〕(テニスなどの)ボレー.

截角 jiéjiǎo 券の隅をもぎとる.〔服务员接过船票~〕係員は乗船券を受け取って隅をもぎとった.

截劫 jiéjié 人を道に待ちうけて,その財を奪う.追いはぎをする.

截句 jiéjù ①⇒〔绝 jué 句〕②文中の語句を抜き出す.

截拦 jiélán 遮り止める.

截留 jiéliú おさえ止める.〔从前常有军阀~运输中的国家公款的事〕以前は軍閥が輸送中の国家の公金を止め手段さいしたことがたびたびあった.

截流 jiéliú 流れをせき止める.〔三门峡~工程〕三門峡ダムのせき止め工事.

截流井 jiéliújǐng 機〕排水桝(ます)

截煤机 jiéméijī 工〕コールカッター.

截门 jiémén パイプのバルブ.〔截水门〕水道管の途中に設けられるバルブ.〔请关好~,栓をしめて下さい(公衆便所などでの注意書き)

截面 jiémiàn ⇒〔剖 pōu 面〕

截疟 jiénüè 中医〕マラリア発作の前2~4時間に抗マラリア薬物を服用して,マラリアの周期的発作を予防すること.

截球 jiéqiú 又〕インターセプト(する).→〔抢 qiǎng 球〕

截球体 jiéqiútǐ ⇒〔缺 quē 球〕

截取 jiéqǔ 一部分を切り取る.

截儿 jiér →字解④

截然 jiérán はっきり(と).〔~不同〕はっきり異なっている.〔~分开〕はっきり線を画す.

截收 jiéshōu 遮り取る(信号・電波などを).傍受する.

截瘫 jiétān 医〕脊髄神経損傷による下半身不随症.

截肢 jiézhī 医〕四肢を切断する.〔~手术〕切断手術.

截止 jiézhǐ 締め切る.打ち切る.切り上げる.〔预约今天已经~〕予約は本日までに締切る.〔~期〕締切り期限.

截趾适履 jiézhǐ shìlǚ ⇒〔削 xuē 足适履〕

截至 jiézhì (時間的に)…まで.…を限りとして:〔为 wéi 止〕と呼応して用いられることが多い.〔~目前为止〕現在の今日まで.〔~今年七月底的统计〕今年7月末現在の統計.〔~今天为止,丝 sī 毫好転的消息都没有〕今日までのところ,ちょっとした好転のニュースもない.

截住 jiézhù 遮る.〔~去路〕行く手を遮る.

截子 jiézi 区切り.一段の開き.〔走了一大~山路〕山道をたっぷり歩いた.

〔蠘〕 jié 魚貝〕ガザミ.〔蜡 yóu 蜂〕の古称.

〔姐〕 jiě ①姉:ふつう〔~~①〕という.また,〔大~〕〔二~〕〔三~〕(いちばん上の姉(さん),2番目の姉(さん)…)など姉妹の順序を表したり,名の下につけて姉に対する呼びかけの言葉として用いる.〔~妹〕①姉.妹.女のきょうだい.→〔姊 zǐ〕①

jiě

②同族の同世代中で自分より年上の女性. ③ねえさん:自分より年上の若い女性の名の下につけて呼ぶ.→[姐姐]　④[姓]姐(ジェ).
姐弟恋 jiědìliàn　姉さん女房のカップル.
姐夫 jiěfu　[姐丈]姉の夫.姉婿.
姐姐 jiějie　①姉.姉さん.②同族の同世代中で自分より年長の女性.
姐妹 jiěmèi　姉妹.女きょうだい:自分を含めることも含めないこともある.[他没有~,只有一个哥哥]彼には女のきょうだいがいなくて,兄が一人いるだけだ.[我们~三个]わたくしは兄弟(姉妹)が3人です:話し手が男の場合.話し手が女の場合は姉妹3人の意味になり,男の兄弟も入っていることをはっきりさせたい時は[我们弟兄三个]という.→[弟dì 兄①]
姐妹城市 jiěmèi chéngshì　姉妹都市.
姐妹篇 jiěmèipiān　姉妹編.
姐儿们 jiěmenr　①[姐儿们]姉妹.きょうだい:[姐妹们]ともいう.②あなた.あんた:[姐妯 zhóuli](兄弟の妻同士の間柄)あるいは同年輩の女性の親密な友だちの間で互いに呼ぶ称呼.→[哥 gē 们儿]
姐儿 jiěr　[方]①姉妹(ネ鸡).また姉と弟.[你们~几个?]あなたがた女きょうだいは何人ですか.[~三个]三人姉妹.→[哥 gē 儿①]②兄弟の嫁同士あるいは親しい女だち同士の呼称.③お嬢さん.娘さん.
姐儿俩 jiěrliǎ　①姉妹二人.②姉と弟との二人.③親しい女だち二人.[咱们~没见面有两年了吧]わたしたちもう2年間お会いしていないでしょうね.
姐儿们 jiěrmen　①⇒[姐儿们①]　②娘たち.
姐丈 jiězhàng　⇒[姐夫]

[毑] jiě　①[文]母.→[嬭nǎi 毑]　②→[娭āi 毑]

[解(觧)] jiě　①ばらす.切開する.②(結んだものを)ほどく.解く.はずす.[~带子]帯をほどく.[两个人好得难~得开]二人は仲子が一時も離れられない.[溶~]溶解する.[~绳结]ひもの結び目をほどく.↔[结 jié ③系 jì]③消す.解消する.紛争を解きほぐす.[劝 quàn~]なだめ仲直りする.[~困]困と解する.[疲乏也~了]疲労もとれた.[排难nàn~纷]困難を排除し紛争をとく.④用便をする.[~(个)手(儿)]小便をする.[~大便(大~)]大便をする.[~小便(小~)]小便をする.⑤解釈する.解説する.[不求甚~]徹底的に理解しようとしない.あまり詮索はしない.[注~②]注をつけて解釈する.[讲~]講釈する.⑥理解する.わかる.[令人难~]理解に苦しむ.[费~的文章]わかりにくい文章.⑦[数]数式の解(ウェ)(を求める).[~ 方程]方程式を解く.⑧[文]解(ウェ):六十四卦の一.⑨[方]…から:時間·場所の起点を表す.[~这儿到那儿]ここからあそこまで.→jiè xiè
解绑 jiěbǎng　縄をほどく.
解饱 jiěbǎo　<方>腹をふくらせる.腹の足しになる.[~的东西]腹の足しになるもの.
解表 jiěbiǎo　⇒[发 fā 表③]
解馋 jiěchán　[方]腹を(食べて)食欲を満たす.[~欲望を満たす.満足する.
解嘲 jiěcháo　人の悪口に対し言い訳をする.取り繕う.照れ隠しをする.[他说的哪儿是幽 yōu 默,不过是~罢了]あいつの言うことは何がユーモアです,照れ隠しですよ.[聊 liáo 以~]<慣>ちょっと取り繕ってるよ.
解仇 jiěchóu　復讐の念を解く.

姐毑解

解愁 jiěchóu　憂さを晴らす(心配事をなくす)
解除 jiěchú　取り除く.解消する.[~误会]誤解を解く.[~疲 pí 劳]疲れを癒やす.[~武 wǔ 装]武装を解除する.[~职务]罷職する.[~顾虑]心配がなくなるようにする.[~撤 chè 销]
解答 jiědá　解答(する)
解大手 jiědàshǒu　<口>大便をする.→[解手②]
解冻 jiědòng　①解氷する.解凍する.②[資金などの凍結]を解除する.(対立·緊張した関係を)緩和する.雪解けになる.[正逐 zhú 步~]徐々に緩和しつつある.
解毒 jiědú　①[医]毒を.[~剂]解毒剤.[中医]炎症·発熱の原因をなくすこと.
解读 jiědú　解読する.分析する.読み取る.
解饿 jiě'è　飢えを満たす.
解乏 jiěfá　疲れをとる.[洗个澡~]体を洗って(一風呂浴びて)疲れをとる.
解法 jiěfǎ　[数]解法.
解放 jiěfàng　①解放(する).自由(にする).[~生产力]生産力を解放する.[~思想]古い習慣や伝統の束縛から考え方を解き放つこと.②革命の力を用いて反動統治をくつがえし人民を抑圧から脱け出させること.
解放军 jiěfàngjūn　⇒[中 zhōng 国人民解放军]
解放军报 jiěfàngjūn bào　中国共産党中央軍事委員会の機関紙:1956年1月1日北京で発行が開始された日刊紙.[中国军网]はサイト名.
解放帽 jiěfàngmào　いわゆる人民帽.
解放区 jiěfàngqū　[史]抗日戦争及び解放戦争の時期に紅軍により解放された地区:時期の前後により[老~][新~]がある.
解放鞋 jiěfàngxié　解放軍のズック靴.→[胶 jiāo (皮)鞋]
解放战争 jiěfàng zhànzhēng　[史]解放戦争:日本降伏から中華人民共和国成立に至る[第 dì 三次国内革命战争]
解纷 jiěfēn　[文]紛争を解決する.
解付 jiěfù　[銀]銀行が(小切手を)支払う.[~行]支払い銀行.
解疙瘩 jiěgēda　<喩>わだかまりがなくなる.
解构 jiěgòu　(中心·主体を)解体する.
解诂 jiěgǔ　<文>注釈する:現代語で古語を解釈する.②注釈.
解雇 jiěgù　解雇する.レイオフする.→[开 kāi 除①]
解和 jiěhé　和解する(させる).仲裁する.[给他们~完了]彼らをすっかり和解させた.
解恨 jiěhèn　無念の思いを解消する.溜飲が下がる.→[解气儿]
解惑 jiěhuò　疑問·疑惑を解く.
解甲 jiějiǎ　①武装を解く(休む).[~归 guī 田]<成>除隊して故郷に帰り農業に携わる.②軍を離れる(投降する)
解教 jiějiào　保護観察する:少年院や刑務所を出所して,社会生活をしながら教育を受ける.[~人员]保護観察者.→[教养院]
解禁 jiějìn　解禁する.[~货单]禁輸解除品目.
解痉 jiějìng　[医]鎮痙(チンケイ):けいれんの解消(緩和)
解酒 jiějiǔ　酔いをさます.
解救 jiějiù　救いだす.[~病人]病人の命を助ける.
解决 jiějué　①解決する.決着する.[~问题]問題を解決する.[~纠 jiū 纷]紛争を解決する.②片づける.完了する.[~任务]任務を果たす.③消滅する.[~了敌人一个师]敵の一個師団を消滅させた.
解开 jiěkāi　(ひも·包み·ボタン·髪など)ほどく(ほどける).ほどける(はずれる).[解不开]ほどくことができない.ほどけない.[~扣儿 kòur]④結

解介 / jiě~jiè

びを解く．⑤謎が解ける．悟ってくる．〔～疙 gē 瘩〕（心中の，あるいは二人の間の）わだかまりを解く．→〔化 huà 解〕

解渴 jiěkě ①渇きを癒やす．〔喝 hē 杯茶解解渇〕お茶を飲んでちょっとのどを潤す．②満足する．満喫する．

解扣 jiěkòu 機①トリップ．かけはずし装置．②同前が作用する．

解扣儿 jiěkòur〔解扣子〕ともいう．①結びをほどく．②〈口〉矛盾を解決する．うらみを解く．

解困 jiěkùn ①困難を解決する．②困窮から脱出する．

解缆 jiělǎn ⇒〔放 fàng 缆①〕

解理 jiělǐ 物晶(鉱). クリーベージ.

解铃系铃 jiěling xilíng〈成〉事の始末をつけるのは，やはりその因を作った人でなければならない：〔解铃还须 xū 系铃人〕ともいう．

解颅 jiělú 中医脳水腫.〔脑 nǎo 积水〕に同じ.

解码 jiěmǎ（電信などの符号を）解読すること.〔～器 qì〕デコーダー.

解毛机 jiěmáojī 紡ティーザー．開毛機．→〔梳 shū 毛机〕

解闷(儿) jiěmèn(r)〔遣 qiǎn 闷①〕〔文〕遣闷〕〔散 sàn 闷(儿)〕憂さを晴らす．気晴らしをする．退屈しのぎをする．→〔释 shì 闷〕〔消 xiāo 愁〕〔消遣〕

解密 jiěmì ①秘密を解除する．情報公開する．②電算復号する．

解难 jiěnán 難儀を解く．

解难 jiěnàn 危険や災難を取り除く．

解盘 jiěpán 商株式を分析する．

解囊 jiěnáng 財布のひもを解く．〈喩〉私財を投げ出して救う．〔拿 ná 金を出し他人を助ける．

解聘 jiěpìn 招聘を解消する．

解剖 jiěpōu ①解剖（する）．〔～学〕解剖学．〔活体～〕生体解剖．〔～尸 shī 体〕死体を解剖する．②詳しく分析する．〔严 yán 于～自己〕厳しく自分を分析する．〔～麻雀 máo〕〈喩〉典型を選んでそれを分析する．

解气 jiěqì うっぷんを晴らす．気がすむ．人に（物に）あたる．虫が納まる．溜飲が下がる．〔捧他一頓都不～〕彼を殴っても気がすまない．

解劝 jiěquàn なだめる．仲裁する．〔"好了，好了"看的人们说，大约是～的（鲁・Q 5）まあ，まあと見物人たちは言った，おおかた他裁の意味だろう．

解扰 jiěrǎo 信号妨害を取り除く．

解热 jiěrè 熱を冷ます．〔～剂〕解熱剤．

解任 jiěrèn〔白～解任する．

解散 jiěsàn ①軍（隊列を）解散（する）．分かれ！（号令）．②（組織を）解散（する）．↔〔集 jí 合〕

解绳松绑 jiěshéng sōngbǎng〈喩〉束縛を解くこと.

解释 jiěshì ①説明（する）．〔作了详细的～〕詳しい説明をする．②弁明する．言いわけする．〔没法～〕言いわけがたたない．〔受批评的同志不可以～一下吗〕批判を受けている同志は釈明してはならないか．③解釈（する）．〔宪法的～〕憲法の解釈．〔～权〕解釈権.

解手 jiěshǒu ①〈文〉別れる：〔分 fēn 手〕に同じ．②〔一儿〕便所へ行く．〔大解大便をする．〔小解小便をする．→〔大 dà 便〕〔出 chū 恭〕

解暑 jiěshǔ 暑気払いをする．〔吃西瓜～〕西瓜で暑さをしのぐ．

解说 jiěshuō ①解説（する）．説明（する）．言いわけ（する）．②（映画などの）ナレーション．〔～员 yuán〕ナレーター．

解溲 jiěsōu〈文〉大小便をする．

解素 jiěsù 肉食の禁を解く．精進落としをする．〔开荤 hūn〕〔吃 chī 荤〕

解套 jiětào ①束縛がとれて好転する．②商（株式で）塩漬けの株を売る．→〔套牢②〕

解题 jiětí ①数問題を解く．②詩文の題意を説明する．

解体 jiětǐ ①解体（する）．分解（する）．②崩壊（する）．→〔瓦 wǎ 解〕

解调 jiětiáo 電復調．デモジュレーション．

解脱 jiětuō ①抜け出す．②宗（仏教で）解脱(だつ)する．③取り除く．言い逃れる（罪などを）．→〔开 kāi 脱〕

解围 jiěwéi ①包囲を解く．②人のために困難を取り除いて救う．助け船を出す．

解慰 jiěwèi なだめる．

解悟 jiěwù（仏教で）心に悟る．

解吸 jiěxī 化容解吸収．脱着．脱離．

解析 jiěxī 解析（する）．〔～几何(学)〕数解析幾何(学)

解弦更张 jiěxián gēngzhāng ⇒〔改 gǎi 弦更张〕

解像度 jiěxiàngdù 解像度．解像力．

解小手 jiěxiǎoshǒu 小便をする．→〔解手②〕

解压 jiěyā ①圧力を除く．②電算解凍．

解严 jiěyán 戒厳令を解除する．

解颐 jiěyí 文顔つきになる．喜び笑う．

解药 jiěyào ①薬毒を中和する薬．②〈喩〉憂さ・悩みなどを取る方法．

解衣推食 jiěyī tuīshí〈成〉着物や食物を人にあげる：他人を思いやる心の深いこと．

解颐 jiěyí〔文〕おとがいを解く．大笑いする．〔～一笑〕破顔一笑．

解疑 jiěyí ①疑い（の心）が晴れる．②（疑問に対して）わかりやすく説明する．〔～释 shì 惑〕②同前．③〔一儿〕厄払いなどをして縁起直しをする．〔烧点儿纸解～〕"纸钱"や"纸馬"を焼いて縁起直しをする．

解译 jiěyì 解読する．

解忧 jiěyōu 心配・悲しみを晴らす．

解语花 jiěyǔhuā 言葉のわかる花．〈喩〉美人．

解郁 jiěyù 中医ストレスからくる胸のつかえや痛みを薬でとりのぞく．

解约 jiěyuē（約束・契約を）取り消す．

解职 jiězhí 解職する．免職する．

[介] jiè

(Ⅰ)①（両者の）間にある．介在する．〔～乎两者之间〕両者の間にはさまれる．②間をとりもつ（物）．紹介する（者）．〔简～簡単な紹介（をする）．〔媒 méi ～〕媒介．〔中～〕仲介．〔～水传 chuán 染病〕水の媒介する伝染病．〔居间为～〕中間に立って仲介をする．③心にかける．気にとどめる．〔不必～意〕気にする必要はない．〔自争论之后，～～于怀〕〈文〉論争してから，そのことがどうも気になりつづけた．④〈姓〉介(亽)

(Ⅱ)①〈文〉よろい．〔甲 jiǎ①②〕に同じ．→〔介胄〕②甲殻．甲羅．〔甲①〕に同じ．〔鳞 lín ～〕〈文〉魚介類．③〈文〉剛直である．骨っぱい．④心にかける．〔贞～〕身を正しく守って毅然としていること．〔狷 juàn ～〕かたくなで他人となじまない．④〈文〉大きい．〔～福 fú 〕大きな幸．→〔介弟〕

(Ⅲ)①一人(の)．〔一～书生〕一介の書生．②〈文〉微細なもの．〔芥②〕に通ずる．〔一～不取〕ちょっとのものも取らない．〔无 wú 纤～之过〕ごくわずかな過失もない．

(Ⅳ)固〔脚本に用いる〕しぐさ．〔哭 kū ～〕泣くしぐさ．〔笑 xiào ～〕笑うしぐさ．〔饮 yǐn 酒～〕酒を飲むしぐさ．

jiè 介价芥芥玠疥界

介虫 jièchóng 動(甲虫・蝦・蟹・亀・スッポンなど)甲をかぶっている動物の通称.

介词 jiècí 〔介词,前置詞〕~结jié构〕介詞構造:例えば〔从北京〕(北京から),〔在这儿〕(ここに)など.

介弟 jièdì 〈尊〉囲他人の弟.令弟.

介电常数 jièdiàn chángshù 物誘電率.パーミッティビティー.

介乎 jièhū 〔介在〕…に介在する.…の中間にある.〔~两者之间〕中間に存在する.〈喩〉どっちつかずである.

介怀 jièhuái 〈文〉心にかける.気にする.

介介 jièjiè →字解(I)③

介立 jièlì 〈文〉孤立する.孤高を守る.

介轮 jièlún 〈文〉長寿を祝う.〔惰duò轮〕

介壳 jièqiào 魚貝(軟体動物などの)外殻.〔贝壳bèiké〕に同じ.〔~虫〕囲カイガラムシ.

介然 jièrán ①〈文〉意志が堅いさま. ②かたくななさま.孤高なさま.〔~自号yóu好〕他人と相いれず孤高を好んで自らよしとする.

介入 jièrù 介入する.割り込む.〔不~他们两人之间的争端〕彼ら二人の争いには介入しない.〔~疗liáo法〕医インターベンション治療法.カテーテル治療法.

介绍 jièshào 紹介(する).説明(する).〔~人〕ⓐ紹介人.紹介の者ⓑ結婚の媒酌人. 〔~媒huì 妁hué〕斡幹旋(zn)贈収賄罪.〔我给你们二位〕の二人をおひき会わせ致しましょう.〔给我们〕わたしたちに紹介してください.〔下面向大家一下我们学校的情况〕次にわたしたちの学校のことをみなさんに説明いたします.

介绍信 jièshàoxìn 紹介状.推薦状:機関・団体などの単位が別の単位に人を派遣して接渉させるとき用いる書信. →〔荐jiàn 书〕

介寿 jièshòu 〈文〉長寿を祝う.

介体 jiètǐ 〔介质〕〔媒 méi 质〕媒体.媒介物.

介物 jièwù ⇒〔壳 qiào 物〕

介意 jièyì 〔屑xiè意〕気にかける:多く否定に用いる.〔毫不~〕全く気にしない.〔你可别~〕気にするなよ.→〔吃 chī 心〕

介音 jièyīn 語中国語:主要母音の前にある母音.〔普通话〕の介母音にはi,u,üの三つがある.例えばjiāoのi.

介于 jièyú …にまたがる.…に介在する.〔他的研究课题是~物理和化学之间的一个研究项目〕彼の研究テーマは物理学と化学の中間にある研究プロジェクトである.

介在 jièzài ⇒〔介乎〕

介质 jièzhì ⇒〔介体〕

介胄 jièzhòu 〈文〉甲冑(chū).〔~之士〕戦士.

介子 jièzǐ 物中間子(ちゅうかんし).→〔子(I)⑫〕

〔价·價〕 jiè 〈文〉召使い.下男.下女.〔小~〕わたしの召使い.〔贵 guì ~〕〔盛 shèng ~〕〔尊 zūn ~〕あなたの召使い.〔所借之书,交聚~奉还〕〈謙〉お借りした書物は使いの者に渡してお返しします. →〔jià 价〕

〔芥〕 jiè ①(からし菜からとれる)からし. ②〈喩〉小さなもの.〔草 cǎo ~〕価値のないもの. →gài ⇒〔芥 gài〕

芥菜 jiècài 植カラシナ(総称).〔叶用~〕葉カラシナ:〔雪 xuě 里红〕などがある.〔根用~〕根カラシナ.〔大 dà 头菜〕に代表される.〔茎 jīng 用~〕茎カラシナ:〔榨 zhà 菜〕に代表される. → gàicài

芥(菜)疙瘩 jiè(cài) gēda ⇒〔大 dà 头菜①〕

芥菜头 jiècàitóu ⇒〔大 dà 头菜①〕

芥菜油 jiècàiyóu からし油.〔芥菜子 zǐ 油〕ともいう.

芥蒂 jièdì =〔蒂芥〕〈文〉栓(xng).つめ物.〈喩〉わだかまり.心のしこり.

芥黄 jièhuáng ①⇒〔芥末〕 ②染黄粉.〔阴丹士林~〕インダンスレン黄粉.

芥末 jièmò 〔芥黄〕からし粉:〔~面儿〕〔芥面儿〕は方言.

芥末墩儿 jièmòdūnr〈方〉白菜の芯を丸のまま輪切りにし,塩をふりかけ塩を塗って浅漬けにしたもの.

芥子 jièzǐ ①=〔芥籽〕からし菜の種.〔~油〕芥菜(子)油〕からし油. ②〈喩〉微細なもの.

芥籽 jièzǐ 同上.

芥子气 jièzǐqì 化マスタードガス:〔芥子瓦wǎ斯〕ともいう.〔伊 yī 伯利脱〕(イペリット)は訳訳.

〔芥〕 jiè 〈方〉山間の谷.〔大~口〕囲浙江省にある.

〔玠〕 jiè 囲古代天子が諸侯を封ずる印として用いた大きな圭. →〔圭 guī〕

〔疥〕 jiè 疥癬(ぜん).〔~疮〕は通称.〔又∥痔zhì〕疥癬を患った上に痔まで病んだ.

疥疤 jièbā かいせんの痕.

疥虫 jièchóng ⇒〔疥螨〕

疥疮 jièchuāng 医かいせん.しつ.ひぜん:多く冬季に指のまたなどにできる皮膚病.〔疥螨病〕の通称.〔长 zhǎng 了一手~〕手いっぱいにひぜんができた.

疥蛤蟆 jièháma ⇒〔癞lài蛤蟆〕

疥蛤子 jièházi 囲小さいガマ.

疥螨 jièmǎn 囲カイセンダニ.ヒゼンダニ.〔疥(癣)虫〕の通称.〔疥疮〕かいせん.ひぜん.

疥(癣)虫 jiè(xuǎn)chóng 同上.

〔界〕 jiè ①境.境界.〔国~〕国境.〔划 huà ~〕境界を定める. ②区切られた区域.限定された範囲.〔管 guǎn ~〕管轄区域.〔租 zū ~〕租界.租借地.〔本区~内〕この区の範囲内.本区内. ③職業・従事している仕事・性別などによって分けられた社会集団.〔各~人士〕各界の人々.〔文艺~〕文学・芸術の社会.〔工商~〕工商業の社会.〔学~〕学術界.〔军人~〕軍人社会.〔警 jǐng ~〕警察官の社会.〔妇 fù 女~〕女性社会. →〔坛 tán ~〕 ④生物分類上の最大の単位.〔无 wú 机~〕無機類.〔植 zhí 物~〕植物界. ⑤地層の年代を表す単位.代に当たる.〔古生~〕古生代. ⑥〈文〉境を接する.〔~于城与之间〕都市と田舎の境にある. ⑦〈姓〉界~

界碑 jièbēi ⇒〔界石〕

界标 jièbiāo 境界標識.

界别 jièbié 所属分野別.各分野.

界尺 jièchǐ 直線定規:目盛りのないもの.

界稻 jièdào 農旧暦11月に植えて,翌年4月に収穫する稲.

界定 jièdìng ①境界をつける.範囲を定める. ②定義を下す.定義する.

界河 jièhé 両国あるいは両地区の境界をなす河流.

界划 jièhuà 区分する.境界となる.

界岭 jièlǐng 境界となる峰.

界面 jièmiàn ①物理的な(の).(2),電算(ユーザー)インターフェース:〔接 jiē 口②〕に同じ.〔用户~〕の略. ③場.〔提 tí 供~〕チャンスを与える.

界内 jiènèi 内域内.〔~球qiú〕又フェアボール.インサイドボール.〔~球外〕〔界外球〕

界山 jièshān 境界となる山.

界石 jièshí =〔界碑〕(土地の)境界石.

界说 jièshuō ⇒〔定 dìng 义〕

界外 jièwài 境界外.〔~场 chǎng ~〕又ファウルグランド.〔~球 qiú〕又ファウルボール.アウトサイドボード.

jiè

ル．ラインアウトのボール．→〔界内场〕〔界内球〕

界线 jièxiàn ①境界线．②同下①．

界限 jièxiàn ①=〔界线②〕限界．境．しきり．境．〔制度〜不明确〕制度の限界が不明確である．〔划huà清〜〕明確に一線を画す．〔〜量规〕圏限界ゲージ；〔极jí限量规〕ともいう．→〔规①〕　②きり．限度．〔他的野心是没有一的〕あの人の野心には限隙がない．

界域 jièyù 境界区域．

界约 jièyuē 国境协定．

界址 jièzhǐ 境界となる位置・場所．

界纸 jièzhǐ 縱罫線のある紙．〔格gé子纸〕

界桩 jièzhuāng 境界の印のくい．

〔**蚧**〕 jiè →〔蛤gé蚧〕

〔**骱**（**骱**）〕 jiè〈方〉関節：ふつう〔关guān节①〕という．〔脱tuō〜〕〔脱位wèi〕脱臼．

〔**戒**〕 jiè ①気をつける．警戒する．用心する．②〜する．戒める．慎む．〔今后以此为〜〕今後はこれを戒めとしなければならない．③嗜好などを永久に)絶つ．やめる．〔〜赌儿〕賭け事をやめる．〔〜酒〕酒を断つ．→〔戒①〕　④指輪．→〔戒指(儿)〕　⑤宗教の戒律．〔五〜〕圏(仏教の)不殺生・不偸盗(とう)・不邪淫・不妄語・不飲酒の五つの戒律．〔受〜〕受ける．〔〜姓〉戒(①)

戒备 jièbèi ①警戒防備する．〔〜森严〕同前が非常に厳しい．②気を許さない．

戒尺 jièchǐ =[戒方]圏塾の教師が生徒を懲罰するために用いた細長い板．

戒饬 jièchì〈文〉戒め慎ませる．

戒除 jièchú 不良な嗜好を絶つ．〔〜恶è习〕悪習を絶つ．

戒刀 jièdāo 圏僧侶のおびた刀．

戒牒 jièdié 圏(仏教の)僧侶の得度証．→〔度dù牒〕

戒毒 jièdú 麻薬を禁止する．薬物依存を断つ．〔〜所suǒ〕薬物中毒者の更正施設．

戒断 jièduàn 禁断(する)．〔〜症状〕圏禁断症状．

戒方 jièfāng ⇒〔戒尺〕

戒规 jièguī 守るべき戒律．

戒荤 jièhūn なまぐさ料理を断つ．肉食を禁ずる．

戒忌 jièjì ①忌み嫌う．→〔禁jìn忌①〕　②忌み嫌う事について戒めの心を持つこと．

戒骄戒躁 jièjiāo jièzào〈成〉うぬぼれや焦りを戒める．

戒惧 jièjù 警戒(する)．〔不得不心存〜〕警戒心をもたないわけにはいかない．

戒绝 jièjué 自ら戒めて(悪習を)やめる．→〔戒除〕

戒口 jièkǒu 食を戒する．:病気のため或る種の食物を食べることを禁ずること．→〔忌jì嘴〕　②言葉(口)を慎しむ．

戒律 jièlǜ =[戒条]圏(教徒の守るべき)戒律：多く条文として規定されているもの．

戒慎 jièshèn 慎む．注意する．

戒坛 jiètán 圏(仏教の)僧侶に戒を授ける式壇．

戒条 jiètiáo ⇒〔戒律〕

戒心 jièxīn 警戒心．〔怀有〜〕警戒心をもつ．

戒烟 jièyān ①禁煙する．タバコをやめる．〔〜茶chá〕同前に効果のある茶．②アヘンをやめる．〔戒大烟〕ともいう．→〔忌jì烟〕

戒严 jièyán 戒厳令を布(し)く．〔发布〜令〕戒厳令が布かれる．

戒指(儿) jièzhi(r) =〔指zhǐ环〕〈文〉约yuē指．指輪．→〔镏liù子〕

〔**诫**・**誡**〕 jiè ①戒める．警告する．〔告gào〜〕同前．〔其下次〕次回は注意するように戒める．〔规〜〕注意を与える．〔劝quàn〜〕勧め戒める．勧告する．〔〜勉miǎn〕戒め励ます．②訓戒となる言葉．戒律．〔摩mó西十〜〕モーゼの十戒．→〔戒②〕

诫条 jiètiáo 禁令．禁制．

〔**届**（**屆**）〕 jiè ①至る．及ぶ．達する．〔〜时务请出席〕その時には是非ご出席下さい．②量詞．回．期：定期的な会議・催し・卒業などの次数．〔第一〜代表大会〕第1回代表大会．〔我们的这个会举行几〜了？〕我々のこの会は何回開期いたか．〔十一〜三中全会〕第11期第3回中央委員会全体会議．〔你哪〜？〕何期(年)の入学ですか．〔七八〜〕78年の入学です．〔应yīng〜〕卒業期の．卒業見込みの．→〔次cì①⑥〕〔期qī(I)①〕→〔戒②〕

届满 jièmǎn ⇒〔期qī满〕

届期 jièqī 期限に達する．期日になる．〔〜还huán清〕期日に全部返済する．

届时 jièshí その時になって．その時になると．当日：〔到dào时〕に同じ．〔〜准zhǔn到〕時刻どおりに必ず到着する．〔〜将凭píng票入座〕当日は招待券を持った人に入場してもらう．

〔**借**・**藉**〕 jiè（Ⅰ）[借]①借りる．〔〜钱〕〜你的房子,暂住一两个月〕あなたの家をお借りして1,2か月住まわせてもらいます．〔那辆自行车给他〜走了〕あの自転車は彼に借りられた．〔该gāi(Ⅱ)〕〔租zū④〕　②貸す．〔〜给你钱〕君に金を貸してやろう．〔这本书不能外〜〕この本は外部貸し出しできない．〔你向我〜钱,可是我没〜〕彼はわたしから金を借りようとしたが,わたしは貸さなかった．→〔贷dài①〕

（Ⅱ）[借・藉]①頼る．すがる．借りる．〔我〜着这墙盖三间房〕この壁によりかけて三間(ﾏﾏ)の家を建てる．〔〜用古字,作为新的机件的名称〕古字を借用して新しい機械部品の名称とすることができる．〔顷qǐng接大札,〜悉xī…；〔〜牍〕只今貴簡拝誦,…とのこと承知いたしました．〔略luè备水酒,〜资畅谈〈牍〉一献差し上げます．ご歓談願いたいと存じます．②かこつける．〔老爷爷给小学生讲革命故事,〜以对他们进行教育〕おじいさんが小学生に革命の物語を話し,これによって彼らに教育を行った．〔〜着〔藉jí〕〕③〈文〉仮に．〔〜如〕〔〜使〕同前．〔〜今来,恐亦无能为力〕仮にわたしが来ても,何の役にも立たない．

借彼挪此 jièbǐ nuócǐ〈慣〉あれを借りこれを流用する．やりくりする．

借词 jiècí ①口実(を設ける)．〔〜推托〕同前をして断る．②圏借用語．外来語．→〔外wài来语〕

借代 jièdài 圏(修辞法の)転喩．換喩．

借贷 jièdài ①貸し借り．借りと貸し．〔〜资本〕圏貸付資本．②借金(する)．〔靠〜生活〕借金で生活する．

借单 jièdān ⇒〔借据〕

借刀杀人 jièdāo shārén =〔借剑杀人〕〈喩〉自分は陰にいて他人をそそのかして人を害すること．

借道 jièdào ①他人の土地・他国を通過する．②経由する．

借地权人 jièdìquán rén 圏地上権者．

借调 jièdiào ①(他の機関から)人を借りてくる．出向してもらう．〔他是从上海的一个研究所〜来参加我们的设计任务的〕彼は上海のある研究所から出向して,我々の設計任務に参加しているのだ．→〔调动①〕

jiè 借

借东风 jièdōngfēng〈喻〉有利な情勢のもとに事を進める.

借读 jièdú ①他の校区に越境入学する(こと). ②旧学籍のない学生を履修させること.

借端 jièduān いいがかりをつける；〔借故生端〕の略.〔～滋事〕〜生事〕いいがかりをつける. いいがかりをつけてごたごたを起こす.

借对 jièduì〈文〉韻文などで韻の同じ字を借用して対字とすること：例えば，〔谈笑有鸿儒，往来无白丁〕中の〔鸿〕と同韻なので〔白〕の対字としたもの.

借方 jièfāng（簿記上の）借方：〔收 shōu 方〕に同じ. ↔〔贷 dài 方〕

借风使船 jièfēng shǐchuán＝〔借水行舟〕〈成〉目的の達成のために他人の力を借りる.

借腹生子 jièfù shēngzǐ ⇒〔代 dài 孕〕

借干铺 jiègānpù 旧妓楼に泊まって妓女と寝るだけで性交を行わないこと.

借公济私 jièg ōng jìsī ⇒〔假 jiǎ 公济私〕

借股费 jiègǔfèi 圖逆日歩で：〔借券 quàn 费用〕ともいう.

借古讽今 jiègǔ fěngjīn〈成〉古代の事や人物に対する評論を借りて現代の事や人を風刺する.

借故 jiègù いいがかりのたねにする. かこつける. 口実にする.

借故生端 jiègù shēngduān ⇒〔借端〕

借故推辞 jiègù tuīcí〈慣〉かこつけて辞退する.

借光 jièguāng ①〔～儿〕おかげを蒙る.〔我住在他家本是一个人，别再寄 shē 想别的啦〕わたしが彼の家に住まっているのはもともと彼の好意なのだから，勝手な考えを起こしてはいけないのだ. ②〈挨〉すみません. お願いします. ごめん下さい. ちょっと通して下さい. お尋ねします. ちょっと失礼します.〔借～〕同前.

借花献佛 jièhuā xiànfó＝〔借物请客〕〈成〉人のふんどしで相撲をとる. もらい物で義理をすませる.

借火（儿）jièhuǒ(r) たばこの火を借りる.〔劳 láo 驾, 借个火儿〕すみませんが, ちょっと火を拝借.

借机 jièjī 機会に乗ずる.

借鸡生蛋 jièjī shēngdàn〈喻〉うまい汁を吸う：〔借鸡下蛋〕ともいう.

借记卡 jièjìkǎ デビットカード.

借鉴 jièjiàn 参考にする. 人の行動や経験・事跡をみて教訓とする. 手本とすること.

借剑杀人 jièjiàn shārén ⇒〔借刀杀人〕

借景 jièjǐng 借景（する）

借镜 jièjìng〈喻〉参考にする.〔以资～〕参考に資する. →〔镜鉴〕

借酒浇愁 jièjiǔ jiāochóu〈喻〉酒で憂さを晴らす.

借据 jièjù＝〔借单〕〔借约〕〔欠 qiàn 条〕（金銭及び不動産・物品などの）借用証書.→〔借条（儿）〕〔欠据〕

借考 jièkǎo 寄留地で臨時に大学統一試験を受験すること.

借壳 jièké〈喻〉形を変える（変えた）.〔～上市〕親会社が子会社の使って（間接的に）上場すること.

借口 jièkǒu 口実（にする）. 言いわけ（にする）.〔制 zhì 造〕口実を設ける.〔寻 xún 找〕口実を探す.〔为防止泄 xiè 露国家机密为 wéi ～〕国家の機密が漏れるのを防止するということを口実とする.

借款 jièkuǎn ①金を借りる. 金を貸す. ②借金. 借款.〔～字据〕＝〔借据〕借用証書.

借名 jièmíng 他人の名を借りる.〔～欺 qī 骗〕〔～讹诈〕〈成〉他人の名をかたって詐欺をする.

借脑 jiènǎo〈喻〉外部の人材を導入する.

借聘 jièpìn〔聘借〕出向形式で招聘する.

借期 jièqī 借用期間.

借契 jièqì ⇒〔借据〕

借取 jièqǔ（一時的に）金や物を借りる.

借稔 jièrěn ⇒〔借悉〕

借墒 jièshāng 畑の土に湿りがあるのを利用する（農事をする）. →〔墒〕

借神庇佑 jièshén bìyòu〈慣〉神頼みする.

借尸还魂 jièshī huánhún〈成〉人が死んだ後その霊魂が他人の屍を借りて復活すること.〈喻〉すでに滅亡したものが, 新しい形式で復活すること.

借势 jièshì ①他人の勢力を借りる.〔～欺qī人〕人の勢力を笠に着て人をいじめる. ②勢いに乗ずる.

借寿 jièshòu 旧（父母などが重病の際に子女が）自分の寿命を病人に借し与えることを神仏に祈ること.

借书 jièshū 本を借りる（貸す）.〔～证zhèng〕図書貸出証.〔～处 chù〕（図書館の）書籍貸出受付（所）

借水行舟 jièshuǐ xíngzhōu ⇒〔借风使船〕

借宿 jièsù＝〔借住〕宿を借りる.（よそに）泊めてもらう.

借台唱戏 jiètái chàngxì〈喻〉他人をうまく利用すること. →〔借鸡生蛋〕

借梯上楼 jiètī shànglóu はしごを借りて2階に上がる.〈喻〉他人の経験を吸収して向上の道をたどる.

借题 jiètí 何かにかこつける. いいがかりをつける.〔借这个题目…〕このことにかこつけて…. …の名目で.

借题发挥 jiètí fāhuī〈成〉①事によせて自分の意見を発表したり, 事を行うことを行う. ②名目だけ借りて実は別のことを行う.〔他是～, 别理 lǐ 他〕彼は八つ当たりしているんだ, かまうな.

借条（儿）jiètiáo(r)（簡単な）借用証.→〔借据〕

借位 jièwèi 圏（引き算で）位を借りる.

借问 jièwèn ①〈挨〉お尋ねします：人にものを尋ねる時.〔～王先生家在哪儿〕お尋ねしますが, 王さんのお宅はどちらですか. ②⇒〔试 shì 问〕

借物请客 jièwù qǐngkè ⇒〔借花献佛〕

借悉 jièxī 何かにかこつけて承知した.〔兹 zī 接手示, ～吾兄不日来此〕お手紙を頂戴いたしました, それによって貴兄が不日当地へおいでになることを承知しました.

借项 jièxiàng＝〔收 shōu 项〕圖借方勘定. →〔借方〕

借孝 jièxiào 旧喪中の人が, 都合があって暫時吉服を着ること.

借以 jièyǐ よってもって. それによって.〔要减 jiǎn 轻人民负担, ～休 xiū 养民力〕人民の負担を軽くすることによって, 民力を養わなければならない.

借用 jièyòng ①借用する.〔～公车〕公用車を借用する. ②転用する. 別のことに使う.〔～字〕あて字. →〔白 bái 字〕

借喻 jièyù 暗喩.

借约 jièyuē ⇒〔借据〕

借阅 jièyuè 借覧する.〔～报 bào 纸〕新聞を借りて読む.

借韵 jièyùn 圖五・七言の近体詩の第一句に旁韵を借用すること.

借债 jièzhài＝〔借账〕借金（する）.〔～筹 chóu 资〕圖デットファイナンス.

借账 jièzhàng 同上.

借支 jièzhī ①（給料を）前借りする. ②前貸する.

借指 jièzhǐ ある物に借りて指す：例えば〔烽 fēng 火〕（のろし）を借りて〔战 zhàn 火〕を指すこと.

借重 jièzhòng 他人の力を借りる. 力になってもらう.〔将来～您的地方多了〕将来あなたのお世話にあずかりたいことがたくさんあります.

借喏解褯藉价家巾今紟衿 jiè~jīn

借主(儿) jièzhǔ(r) 借り主.債務者.
借助 jièzhù …の力を借りて.〔～于显微镜,观察极小的东西〕顕微鏡によって、極めて小さい物を観察する.
借住 jièzhù ⇒〔借宿〕
借箸代筹 jièzhù dàichóu 箸を数取り棒にあてる.〈喩〉他人のために画策する.
借字 jièzì →〔本běn字〕

[喏] jiè 〈文〉嘆きの声.

[解(觧)] jiè 護送する.押送する.〔押yā～〕囚前.〔～送囚qiú犯〕囚人を護送する.〔～到警察局去了〕警察署へ押送した.→〔发fā⑩〕〔押yā(I)④〕 → jiě xiè

解差 jièchāi ①犯人を押送する. ②同前の職務. ③〔解子〕犯人押送の役人.
解犯 jièfàn 法犯人を護送する.〔～到案àn〕犯人を護送して出廷させる.
解款 jièkuǎn 現金を護送すること.
解粮 jièliáng 食糧を護送する.
解送 jièsòng 護送する.押送する.〔押yā送〕に同じ.
解饷 jièxiǎng 旧租税を中央へ輸送すること.
解元 jièyuán 史唐·宋代の〔解试〕(科挙の州府の考试).また明·清代の〔乡xiāng试〕(省の考试)の首席合格者.〔科kē举〕
解运 jièyùn 護送する.〔～救jiù 援物资〕救援物资を同前.
解子 jièzi ⇒〔解差③〕

[褯] jiè [～子]〔方〕子どものおむつ.おしめ.〔尿niào 布〕〔一块～〕おしめ 1 枚.〔胶jiāo 皮～〕ゴム引きおしめ(ゴム)カバー.

[藉] jiè ①下に敷く(もの).間に敷き込む(もの).衝突をやわらげる(もの).〔枕zhěn ～〕.〈文〉⑧下に敷いて寝にする.⑤折り重なって倒れている.〔～草而坐〕草を敷いて座る.〔以茅máo 草为～〕かやでむしろを織る. ②→〔慰wèi 藉〕 ③→〔蕴yùn 藉(II)〕→〔jí

[价·價] jie 〔口①＝〔地de〕に同じ. 〔整zhěng 天～〕一日中.〔一年年～〕〔黑hēi～〕夜中.〔成天～蹦bèng 蹦跳跳〕一日中はね回る.〔雪后雨雨后雪,镇zhèn 日～不歇〕雪が時に雨になり、雨が雪になり一日中止むひまがない.〔震zhèn 天～响天をゆるがすばかりに響く.〔几回～暗笑〕何回となく陰で笑った.〔气长长～呼,泪长冷冷～落〕息も長々と嘆息し、涙はいと冷たく落ちる. ②否定の副詞の後に置かれ強調を表す.〔不～〕いいえ.〔别～〕いいえ.だめだ.〔甭～〕だめだ.よせ. → jià jiè

[家] jie ⇒〔价①〕 → jiā jia

jīn ㄐㄧㄣ

[巾] jīn ①(方形に切った)布·きれ.〔红hóng 领～〕赤色ネッカチーフ:少年先鋒隊のしるもの.〔围wéi ～〕スカーフ.ネッカチーフ.えりまき.〔披pī ～〕肩かけ.〔手～〕てぬぐい.〔毛～〕①タオル. ②頭巾.〔头tóu ～〕 ③固男子の頭巾.ⓑスカーフ.ネッカチーフ.〔方～〕囲文人が用いた四角い冠り物.
巾帼 jīnguó 固女性の頭に飾る頭巾.②〈転〉女性.〔～不让须xū 眉〕〈喩〉男まさり.
巾帼英雄 jīnguó yīngxióng ⇒〔女nǚ 中丈夫〕
巾箱本 jīnxiāngběn (古書籍の装幀)巾箱本(きんそうぼん):小型の書籍.〔袖xiù 珍本〕に同じ.
巾帻 jīnzé 固男性の頭巾.

[今(今)] jīn ①只今.現在.現代.〔厚hòu ～薄古〉〈成〉今のものを重んじ、昔のものを軽んじる:古い事物に対して時代後れであること.↔〔古 gǔ〕 ②今の.現在の.この.〔～晚 wǎn〕〔～夜〕今晚.〔～晨 chén〕今朝. ③〔姓〕今(jīn).

今不如昔 jīn bù rú xī〈成〉今は昔ほどよくない.
今草 jīncǎo →〔草书〕
今番 jīnfān〈文〉今回.今般.
今非昔比 jīn fēi xī bǐ 今は昔の比ではない.〈喩〉変化の大きいこと.
今古学派 jīngǔ xuépài 経書における今文·古文の二学派.
今后 jīnhòu 今後.〔从cóng 今以后〕同前.
今隶 jīnlì〔楷kǎi 书〕の別称.→〔古 gǔ 隶〕
今年 jīnnián 今年.〔文〕今岁〕に同じ.
今儿(个) jīnr(ge) ⇒〔今天①〕
今人 jīnrén 当代の人.現代人.
今日 jīnrì ①今日(きょう).現在.現代. ②本日.〔～事 shì～毕 bì〕その日のことはその日のうちにすます.
今上 jīnshàng〈文〉現在の皇帝.
今生 jīnshēng ⇒〔今世①〕今世.この一生.〔～今世〕この一生.生きている間.
今世 jīnshì ①現代. ②同上.
今是昨非 jīnshì zuófēi〈成〉今日現在が正しく、昨日のことはまちがいであった.〈喩〉過去のまちがいに気がつく(悔いる)こと.
今岁 jīnsuì ⇒〔今年〕
今体诗 jīntǐshī ⇒〔近jìn 体诗〕
今天 jīn·tiān ①＝〔ロ～儿儿(个)〕〔今日②〕今日(きょう).〔～儿几号〕今日は何日ですか. ②〈転〉現在(今の世の中).現代.〔～的世界〕こんにちの世界.現在の世界.
今文 jīnwén 固漢代の通用文字であった隷書:〔今字②〕ともいう.〔古 gǔ 文〕(先秦の文字)に対していう.〔～学〕同前に書かれた経書を研究する学問.
今昔对比 jīnxī duìbǐ 現在と過去とさを比べる.〔今,忆苦思甜〕同前しつて昔の苦しみを思いおこし、今の幸せをありがたく思う.
今昔之感 jīnxī zhī gǎn 今昔(じゃ)の感:世の激しい変遷に対する感慨.
今宵 jīnxiāo 今夜.今宵.
今译 jīnyì 現代語訳.
今音 jīnyīn 囲①現在用いられている語音. ②切韻·广韻などに代表される隋唐音.→〔古 gǔ 音〕
今雨 jīnyǔ〈文〉新しく知り合った友人:長安の宿で病に臥していたのはちょうど雨の多い時であったが、旧友は雨が降っても来てくれたのに、新しく知り合った友は雨が降ると来なかった(杜甫·秋述).古くからの友人を〔旧jiù 雨〕という.
今早 jīnzǎo ①今朝. ②〔方〕今日.
今朝 jīnzhāo ①〔口～〕有酒～醉zuì〕〔諺〕明日は明日の風が吹く.宵越しの金は使わない.行きあたりばったりに(暮らす)こと:〔今儿个就顾gù 今儿个〕ともいう.〔今，明míng 日愁米明日当〕～，莫mò 管明日是与非〕同前.→〔得de 过且过〕 ②現在.
今字 jīnzì ①固漢の隷書から現代までの通用文字の総称. ②⇒〔今文〕

[紟·紟] jīn〈文〉(着物の)帯.つけひも.

[衿] jīn ①〔中国〕服の前面のボタンやひも留めで合わされる部分,すなわち衽(おくみ):〔襟...〕

①]に同じ. ②〈文〉衣服の帯(を結ぶ)

〔矜〕jīn ①〈文〉哀れむ.気の毒に思う. ②〈文〉誇る.うぬぼれる.尊大である.〔骄jiāo～〕横柄である.〔自～其功〕自分の手柄をうぬぼれる. ③慎み深い.重々しい. → guān qín

矜持 jīnchí ①おのれを抑え慎む.自重する. ②(表情・態度が)ぎこちない.硬くなる.四角張る. ③=〔矜持〕自負する.

矜功自伐 jīngōng zìfá 〖成〗自画自賛する.

矜贵 jīnguì 〈文〉①偉そうに振るまう. ②貴重である.

矜骄 jīnjiāo いばる.尊大である.

矜夸 jīnkuā 自分の能力を誇って尊大ぶる.〔力戒jiè～〕おごり高ぶるのを強く戒める.

矜怜 jīnlián 〈文〉哀れむ.

矜悯 jīnmǐn 〔矜恤①〕(人の不幸・悲しみを)思いやる.

矜持 jīnshì 〔矜持③〕

矜恤 jīnxù ①⇒〔矜悯〕 ②〈文〉気の毒に思って援助する.〔～孤gū寡〕孤児や寡婦を哀れみ助ける.

矜重 jīnzhòng 〈文〉自重して重々しい.

〔斤(觔)〕jīn (Ⅰ)〔斤〕①固斧に似た木を切る道具.〔斧fǔ～〕斧.
〈姓〉斤(觔)
(Ⅱ)〔斤(觔)〕①〔度〕重量の単位.〔市shì〕の略称.1〔(市)～〕は500グラムに当たる.〔(市)两 liǎng〕の10倍.〔市制〕旧制では16〔两liǎng〕が1〔～〕.〔半～八两〕八两半=半斤は8両.〈喻〉似たり寄ったり.五分五分. ②〔公gōng～〕キログラムと等しい単位.〔千qiān克〕とも. ②斤で重量を計量する物の名につける.〔煤měi～〕石炭.〔盐yán～〕塩. →〔觔〕

斤斗 jīndǒu ⇒〔筋斗〕

斤斤 jīnjīn 細かくせんさくする.細かいことまでいちいちこだわるさま.〔不要～于表面形式,应yīng该注意实shí际问题〕表面の形式にだけこだわってのこうのとこだわらないで,実際問題を注意しなければならない.〔用不着zháo～两两地计算〕細かく計算する必要はない.

斤斤计较 jīnjīn jìjiào 〖成〗細かくせんさくする.小さいことにこだわる.〔国家的事shì业大,个人的利害得dé失是不值得～的〕国家の事業は大きいのだ,個人の利害得失なぞ問題にする価値はない.

斤两 jīnliǎng ①目方.重さ. ②多少｜指方はどれだけか. ②重み.貫禄.〔他的说法有～〕彼の言葉には重みがある.〔她懂dǒng得这句话的～〕彼女はこの言葉の含みがわかっている.

斤两用法 jīnliǎngfǎ ⇒〔流liú法①〕

〔金〕jīn (Ⅰ)①⑧化金:金属元素.記号 Au.⑤黄金:俗に〔～子①〕という.〔24 K～〕24金子)金蒔絵のふた物. ②〔色〕金色(の).〔～qī金子〕金蒔絵のふた物. ③〔奖jiǎng～〕賞金.奨励金.〔现xiàn～〕①現金.〔保bǎo险 xiǎn～〕保険金. ④金属の総称.〔五～〕①金物類. ②合金. ⑤尊い.貴重である.まれである.〔～蛋dàn得难い人.やふ~)。⑥金属制の打楽器.〔鸣míng～收兵〕〈成〉〔征〕を鳴らして兵を引きあげる.〔～休战する. ⑦〈姓〉金(Jīn)
(Ⅱ)朝代名.1115年～1234年.女真族の建てた国.

金安 jīn'ān 〔牒〕ご安泰:旧式書簡文の末尾につける常套語.〔顺shùn颂～〕ここにご安泰をお喜び申上げます. →〔金⑥〕

金把头 jīnbǎtóu 金鉱主.金山のボス.

金榜 jīnbǎng 回科挙の〔殿diàn试〕の合格者発表の掲示:黄色の紙を用いた.〔～题tí名〕殿试に合格すること.〔～〕難しい試験に合格すること. →〔洞

dòng 房〕

金镑 jīnbàng ポンド:英国の金貨幣. →〔英yīng镑〕

金报 jīnbào 金の延べ板に記事を印刷したもの.

金杯 jīnbēi 金杯(tf)

金本位 jīnběnwèi 金金本位制:〔金币本位制〕ともいう.

金笔 jīnbǐ 高級万年筆.金ペン.〔～尖(儿) jiān(r)〕金のペン先. →〔钢gāng笔②〕〔自 zì来水笔〕

金币 jīnbì 金貨:〔金元宝〕ともいう.

金币本位制 jīnbì běnwèizhì ⇒〔金本位〕

金碧辉煌 jīnbì huīhuáng 〖成〗極彩色がきらびやかである:宮殿建築などの美しさをいう.

金碧山水 jīnbì shānshuǐ 図青緑の山水画の峰や岩の輪郭に金線を用いた手法:北宗画法の一で,李思訓が始めたもの.

金边 jīnbiān ①[~儿]金の縁取り.〔～奖状〕同前のペン.〔～债zhài券〕国債の利札. ②団プノンペン:〔百bǎi奔〕は古称.〔柬jiǎn埔寨王国〕(カンボジア王国)の首都.

金匾 jīnbiǎn 金文字で書かれた額.

金表 jīnbiǎo 金時計.

金箔 jīnbó 金箔.〔～纸 zhǐ〕金箔紙. →〔金叶(子)〕

金不换 jīnbuhuàn ①珍貴で得がたいもの. →〔浪làng 子〕 ②墨:もとは一種の墨の商標. ③中医〔三 sān七①〕〔(三七人参)の根:止血や切り傷・打撲傷に用いる.

金灿灿 jīncàncàn きらきら光るさま.〔～的阳 yáng光洒满大地〕さんさんたる陽光が大地にあれふる.

金册 jīncè ①團皇帝が与えた爵位詔書. ②回(ラマ教で)パンチェンラマに選ばれた神童に与える国務院の承認書.

金钗 jīnchāi ①金のかんざし. ②〈転〉女性.〔～十二〕〈文〉側室の多いさま.

金钗股 jīnchāigǔ ①⇒〔忍rěn冬①〕 ②⇒〔钗子股〕

金钗石斛 jīnchāishíhú 団コウキセッコク.デンドロビウム. →〔石斛〕

金蝉脱壳 jīnchán tuōqiào 〈喻〉計をもってのがれ逃走すること.もぬけのから.〔～之 zhī 计〕同前のはかりごと.

金唱片 jīnchàngpiàn ①ゴールデンレコード.ミリオンレコード. ②金をあしらった高級レコード盤.

金城汤池 jīnchéng tāngchí 〖成〗堅固な城郭.堅固な備え:〔金汤〕ともいう. →〔城池②〕

金翅雀 jīnchìquè 鳥ヒワ:〔金翅儿〕ともいう.

金虫 jīnchóng ⇒〔金龟子〕

金疮 jīnchuāng =〔金疡〕中医刀槍傷.刃物による傷.〔～药 yào〕切り傷用の薬.

金疮小草 jīnchuāng xiǎocǎo 囲キランソウ(ジゴクノカマノフタ)

金错 jīncuò 〈文〉金で象眼(xx)された文字や紋様.

金错刀 jīncuòdāo ①固王莽の鋳造した古銭名. ②圏書画筆法で筆をふるわせて書く法.

金丹 jīndān ①團〔道士から〕金石から煉製した薬汁の〔金液〕と丹砂から煉製した丸薬の〔还 huán 丹〕.これを飲めば神仙になるといわれた. →〔炼 liàn 丹〕 ②〈方〉アヘン.〔～嘴〕アヘン煙膏.

金灯 jīndēng ⇒〔山 shān 慈姑①〕

金灯笼 jīndēng·lóng ⇒〔酸 suān 浆①〕

金点子 jīndiǎnzi 重要なポイント.すばらしいアイデア.

金店 jīndiàn 金銀装身具などを売る店:〔金铺〕ともいう.

金殿 jīndiàn ⇒〔金銮殿②〕

金 jīn

金雕 jīndiāo ＝[洁jié白雕][鹫jiù雕]囻イヌワシ.

金顶子 jīndǐngzi 旧八,九品の官吏の帽子につけた金色の珠.また八,九品の官.→[顶珠(儿)]

锭 jīndìng 金塊.

金斗 jīndǒu ①〈文〉酒器. ②⇒[筋斗]

金额 jīn'é 金額.〔一大〕金額が大きい.

金发 jīnfà 金髪.

金饭碗 jīnfànwǎn〈喩〉高収入の職業.待遇の大変よい職位.→[铁tiě饭碗]

金粉 jīnfěn〈文〉①白粉(おしろい). ②黄色い花粉. ③〈喩〉ぜいたくな生活.

金风 jīnfēng〈文〉秋風.〔一送爽 shuǎng〕〈喩〉秋風さわやかである.→[金秋]

金凤凰 jīnfènghuáng〈喩〉傑出した人物.

金柑 jīngān ⇒[金橘]

金刚 jīngāng ①囻(仏教の)金剛力士:金剛杵という武器を持ち仏を守る.〔一经jīng〕〈一般若bōrě波罗蜜经〕囻金剛経. ②〔方〕蛹(さなぎ)の[蛹yǒng]に同じ.〔~蚕cán吐完丝都要变成一〕蚕は繭をかけおわるとさなぎになる.

金刚怒目 jīngāng nùmù〈成〉目をいからせて恐ろしいさま:[金刚努目]とも書く.

金刚砂 jīngāngshā ＝[钢砂①][钢砂粉]金剛砂:研磨材の総称.

金刚石 jīngāngshí 囻金剛石.ダイヤモンド.＝[金刚钻③][钻zuàn石]に同じ.〔一婚hūn〕ダイヤモンド婚.→[刚石]

金刚蝨 jīngāngzuǎn ⇒[霸bà王鞭④]

金刚钻 jīngāngzuàn ① ＝[水shuǐ钻(儿)]金刚砂. ②金剛砂を用いた錐(きり). 〔没有一揽lǎn不起瓷器活〕両面の錐がなくては,瀬戸物のかわれないつぎは引き受けられない.〈喩〉しっかりした腕前があれば難しい任務を引き受けられる. ③⇒[金刚石]

金糕 jīngāo ⇒[山楂糕]

金戈铁马 jīngē tiěmǎ 鉄の矛と鉄甲.〈喩〉兵事.戦争.また戦士の勇ましい姿.

金工 jīngōng ①金属器具を製造する職人,またはその仕事. ②金属加工作業(総称).〔一车间〕金属加工類の工場.

金钩 jīngōu 囻干しえび(むき身の).〔虾xiā米①〕に同じ.〔一米〕小さい干しえび.蒸しえび.〔一虾米钓鲤子鱼〕〈喩〉えびで鯛(たい)を釣る.

金箍棒 jīngūbàng 如意棒①(孫悟空が持つ伸縮自在の金棒で,〔如rú意〕ともいう.

金箍咒 jīngūzhòu ⇒[紧jǐn箍咒]

金鼓 jīngǔ 軍中に用いる金属製打楽器と太鼓.〔一齐鸣〕〈成〉金鼓が一緒に鳴る:激戦のさま.また軍勢の勇ましいさま.

金瓜 jīnguā ①囻クリカボチャ.→[南nán瓜] ②囻黄色のマクワウリ. ③古代の武器の一:銅製の棒の先端が金色のうり形になっている.

金冠 jīnguān 金の冠.

金关工程 jīnguān gōngchéng 国家対外経済貿易ネットワーク化プロジェクト.→[三sān金工程]

金光 jīnguāng ①光り輝いている.〔一闪闪〕きらきらと光り輝いている.〔一大道〕光り輝いている道. ②神仏の光(力)

金光菊 jīnguāngjú 囻オオハンゴンソウ.ハナガサギク:[黑hēi眼菊]ともいう.

金龟 jīnguī ①⇒[乌wū龟①⑤] ②〈文〉金の印鑑の亀形に彫ったつまみ.

金闺 jīnguī〈文〉①女性の居室.妻の部屋. ②朝廷.

金龟草 jīnguīcǎo 囻キケンショウマ:オオバショウマの近縁種.

金龟子 jīnguīzǐ ＝[〈口〉金虫][金壳郎][金蜣(螂)]囻コガネムシ.カナブン;[吉jí丁虫]は別称.幼虫は[蛴qí螬]といい根切り虫(害虫)

金桂 jīnguì 囻モクセイ.キンモクセイ.→[桂①]

金贵 jīn·guì 貴い.大事である:[珍zhēn贵①]に同じ.〔把那些材料看看得很一〕それらの資料を非常に貴重なものと考える.→[宝bǎo贵]

金匮要略 jīnguì yàolüè 囻金匮要略(きんきようりゃく).〔伤shāng寒论〕とともに[中医]の経典とされる医学書.ともに後漢の張機(仲景)の撰と伝えられる.

金合欢 jīnhéhuān 囻キンゴウカン.アカシア:[荆jīng球花①]に同じ.

金衡 jīnhéng トロイ.金衡:貴金属・宝石などの重さをはかる規準.トロイ衡の1ポンドは[常cháng衡]1ポンドの約5分の4.〔一啊liǎng〕囻トロイオン.→[药yào衡]

金红石 jīnhóngshí 囻ルチル.金鉱石:二酸化ケタンの鉱物.

金虎 jīnhǔ〈文〉①金製の虎.〔一符fú〕同軍の割り符. ②〈喩〉小人(しょうじん). ③太陽の別称.→[太tài阳①]

金花 jīnhuā ①金箔の造花. ②〈喩〉目がちかちかすること.〔②が若い娘.女の子.

金花菜 jīnhuācài ⇒[黄huáng花苜蓿]

金花茶 jīnhuāchá 囻黄色の椿(つばき)

金花虫 jīnhuāchóng 囻イネドロムシ(イネハムシ):稲の葉を食う害虫.

金环蛇 jīnhuánshé 囻マルオアマガサ.

金环虱 jīnhuánshī 〈文〉金の指輪.

金黄 jīnhuáng〔色〕ゴールドオレンジ(の).ブリリアントオレンジ(の).〔一的头发〕ブロンドの髪.〔麦mài收时节,田野里一片一〕麦の刈り入れの頃は畑一面黄金色である.〔藤téng黄〕に[赭zhě石⑥]または朱をまぜた顔料.

金煌煌 jīnhuánghuáng 金色にぴかぴか輝くさま:[金晃huǎng晃]ともいう.〔一的勋xūn章〕ぴかぴかの勲章.

金汇兑本位制 jīnhuìduì běnwèi zhì ＝[虚xū金本位制]囻金為替本位制.

金婚 jīnhūn 金婚(式):西欧の風習で結婚満50周年の称.

金货 jīnhuò 金製品.

金鸡 jīnjī ①旧扶桑山の中にすむという想像上の金鶏. ②昔同前制を発布する儀式:囚人を大赦する時,同前のせた柱を立て,その前で赦免状を読みあげた.〔一奖jiǎng〕中国の映画賞. ③鶏,特におんどり(美称).〔锦jǐn鸡①〕

金鸡独立 jīnjī dúlì 鶏が片足で立ったような武術の一種の姿勢.

金鸡纳树 jīnjīnà shù ⇒[几jī那树]

金鸡纳霜 jīnjīnà shuāng ⇒[奎kuí宁]

金甲 jīnjiǎ 鎧(よろい)甲(かぶと).〔一神shén〕体に鎧を着て,降魔の杖を持っている武神.〔一豆dòu〕囻アオイマメ.

金浆玉醴 jīnjiāng yùlǐ ①仙薬.長生不老の薬. ②〈喩〉美酒.

金奖 jīnjiǎng ＝[金质奖]金賞.最優秀賞.

金匠 jīnjiàng 金の加工職人.

金交椅 jīnjiāoyǐ 王座.玉座.

金锦香 jīnjǐnxiāng 囻ノボタン.

金酒 jīnjiǔ ＝[杜dù松(子)酒]

金橘 jīnjú ＝[卢lú橘②]囻キンカン.また同科の実.〔一饼bǐng〕囻きんかんの砂糖漬け.

金卡 jīnkǎ ①ゴールドカード(グレードの高いクレジットカード). ②金色のVIPカード.

金卡工程 jīnkǎ gōngchéng 金融電子化プロジェク

jīn 金

ト：クレジットカード・電子マネーの使用・流通などを含む.

金科玉律 jīnkē yùlǜ ＝[金科玉条]〈成〉金科玉条(きんかぎょくじょう)：変更できない法律・きまり・信条.最上の規範.

金科玉条 jīnkē yùtiáo 同上.

金壳郎 jīnkéláng ⇒[金龟子]

金稞 jīnkē 〈货币〉的粒金.

金口 jīnkǒu ①口.〈喩〉貴重な言葉.[~玉 yù 言]天子の言葉.〈転〉すでに発せられて改変を許されない言葉.②仏像の口.③武漢の西南,金水が長江に入る所.

金口木舌 jīnkǒu mùshé ⇒[木铎 duó]

金库 jīnkù 金庫(銀行などの).→[保 bǎo 险柜]②国庫：ふつう[国 guó 库]という.[小~]〈喩〉公金の裏金.

金块 jīnkuài 金塊.

金矿 jīnkuàng 金鉱.

金昆 jīnkūn〈文〉锟.

金兰 jīnlán ①国キンラン.②回義兄弟の契り.[~之好]同前.[~谱 pǔ]回義兄弟の契りを結ぶ時に交換する親族書き.→[换 huàn 帖①][兰谱]

金兰弟兄 jīnlán dìxiōng ⇒[拜 bài 把子的]

金莲 jīnlián 旧婦人の(てん足した)小さい足.[三寸~]同前.→[小 xiǎo 脚(儿)][蛮 mán 装]

金莲花 jīnliánhuā 楠キンバイソウ(総称):キンポウゲ科.

金链丝菌素 jīnliànsī jūnsù ⇒[金霉素]

铃铛子 jīnlíngzǐ ①回ススメジの一種.→[金钟儿]②[川 chuān 楝(子)]

金领 jīnlǐng ゴールドカラー：[白 bái 领](ホワイトカラー)より賃金の多いサラリーマン.[~工人]工人同様の労働者.[~族]，[~阶层]エリートサラリーマン族.

金镏子 jīnliùzi 〈方〉金の指輪.⇒[戒 jiè 指(儿)]

金龙鱼 jīnlóngyú 鱼会スズキ目.[青 gǔ 舌鱼]

金缕玉衣 jīnlǚ yùyī 金糸で小さい玉片をつづった着物;漢代,王侯貴族などにこの着物を着せて葬った.

金绿宝石 jīnlǜ bǎoshí 鉱金緑石:[猫 māo 晴 石](猫目石)，[变 biàn 石](アレキサンドライト)などを含む.

金銮殿 jīnluándiàn ①宮殿の名.②＝[金殿]〈転〉皇居正殿.

轮 jīnlún ①太陽.②月.

金锣 jīnluó 銅羅(ら)：古代の金属製の打楽器.直径8寸の盆形をした銅盤をひもで下げ,ばちで打つ.

金马克 jīnmǎkè 历会マルク.⇒[马克]

金马玉堂 jīnmǎ yùtáng ＝[玉堂金马]〈成〉①[金马(门)]は漢代,未央宮の門の名.[玉堂(署)]は官署名で宋代以降は[翰 hàn 林院]を指す.②〈転〉声望ある高官.

金猫 jīnmāo 動アジアゴールデンキャット:中国南部からネパール・インドなどに産するネコに似た体長1メートルほどの夜行性動物.

金茅 jīnmáo 楠ウンヌケ(イネ科)

金霉素 jīnméisù ＝[金链丝菌素]药①クロルテトラサイクリン.オーレオマイシン(商標名).②バイオマイシン.[~霉 é]

金迷纸醉 jīnmí zhǐzuì ⇒[纸醉金迷]

金面 jīnmiàn ①金色の顔.②〈喩〉面子(づ).顔.[冲 chōng 他的~不能不答应了]あの人の手前,承諾しないわけにはいかなくなった.

金母元君 jīnmǔ yuánjūn ⇒[西 xī 王母]

金泥 jīnní 〈草〉金油.

金牛座 jīnniúzuò 历牡牛座.

金钮草 jīnniǔcǎo ⇒[水 shuǐ 蜈蚣]

金诺 jīnnuò 〈牍〉貴重な承諾.ご承諾.

金瓯 jīn'ōu 〈文〉金属の酒器.〈喩〉領土.[~无 wú 缺]〈成〉守りが堅く国土に欠ける所がないこと.

金牌 jīnpái ①優勝トロフィー.金メダル.[~情 qíng]金メダルに至上主義.金メダルへのこだわり.[~战 zhàn 略]金メダル獲得戦略.②〈喩〉優秀な.最強の.[~节 jié 目]ゴールドプログラム.③〈喩〉最終警告:スポーツの[黄 huáng 牌](イエローカード),[红 hóng 牌](退場カード)からのもじり.

金琵琶 jīnpípa 虫マツムシ.

金瓶掣签 jīnpíng chèqiān 史チベット仏教(ラマ教)の大活仏を選ぶくじ引きの制度:[金本巴瓶]という金の壺に選ばれた神童の名を書いた札を入れる.[掣][~抽]ともいう.

金瓶梅(词话) jīnpíngméi(cíhuà) 書明代の長篇小説.蘭陵の笑笑生(筆名)の作:水滸伝の潘金蓮・西門慶の故事を敷衍(ふ)したもの.[水浒传],[三国(志)演义],[西游记]とともに[四大奇书]といわれる.

金珀 jīnpò 色の薄い琥珀(こ)

金铺 jīnpù ⇒[金店]

金漆 jīnqī 家金蒔絵.[~盒子]金蒔絵の小箱・ふた物.

金器 jīnqì ①金属製の器具.②黄金の器.金製品.

金钱 jīnqián 貨幣.〈転〉金銭.おかね.[~课 kè][~卜 bǔ]旧回コイン占い:6枚の銅銭を竹筒に入れて振り出し,その表裏の枚数で吉凶を占う.

金钱豹 jīnqiánbào ①動ヒョウ([豹])に同じ.②楠エゾツルキンバイ.

金钱草 jīnqiáncǎo 楠ハギの一種:マメ科の植物.清涼・利尿などの薬効がある.

金钱荷叶 jīnqián héyè ⇒[虎 hǔ 耳草]

金钱花 jīnqiánhuā ①⇒[午 wǔ 时花] ②⇒[旋 xuán 复花]

金钱蛇 jīnqiánshé 金(紋)(円形)の模様に蛇をあしらったもの:剪(切)紙にされる.

金钱松 jīnqiánsōng 楠イヌカラマツ.→[土 tǔ 槿皮]

金钱蟹 jīnqiánxiè 鱼贝キンセンガニ(ハナガニ)

金蜣(螂) jīnqiāng(láng) ⇒[金龟子]

金枪鱼 jīnqiāngyú 鱼贝マグロ

金桥工程 jīnqiáo gōngchéng 国家公的経済ネットワーク化プロジェクト.→[三 sān 金工程]

金秋 jīnqiū 秋:五行説では金・秋が相応する.

金球 jīnqiú [又](サッカーの)決定のシュート.[法][~制 zhì 胜法]延長Vゴール方式.

金曲 jīnqǔ 〈喩〉ヒット名曲.

金阙 jīnquè 〈文〉宮殿.御殿.

金雀花 jīnquèhuā 楠ムレスズメ:エニシダに似たマメ科の常緑低木.

金人 jīnrén 銅像.

金融 jīnróng 经金融.[~界]金融界.[~市场]金融市場.[~危机]金融危机.[~期货交易]金融先物取引.[~炒 chǎo 家]投機筋.[~大鳄 é]金融界の大物.[~寡 guǎ 头]④独占金融資本:[财 cái 政资本]に同じ.[~大亨]金融界の大物.[~资本]财 cái 政资本①]＝[金融資本.

金三角 jīnsānjiǎo 地黄金の三角地帯:雲南・四川・貴州の三省の境界地帯.鉱物資源の一種.②タイ北部・ミャンマー・ラオスにまたがるケシの栽培地帯.

金嗓子 jīnsǎngzi 〈喩〉耳に心地よい美声.

金色 jīnsè ①[金色](の).[~的朝 zhāo 阳]朝の金色の陽光.[~的秋天]黄葉の秋.②金の品位.[~成 chéng 色].

金沙萨 jīnshāsà 地キンシャサ:[刚 gāng 果民主共

金

jīn

金山 jīnshān 〔(コンゴ民主共和国)の首都.
金山 jīnshān ①回紙で山の形に貼って死者のために焼くもの.〔~银 yín 山〕同前と銀紙のもの. ②地〔阿 ā 尔泰山〕(アルタイ山)突厥語で金山の意)の別称.〔~额鲁特〕回アルタイ山付近に居住した蒙古の部族名.〔~瓦 wǎ 刺〕
金山伯 jīnshānbó 〈方〉アメリカ(サンフランシスコ)帰りの華僑.→〔旧 jiù 金山〕
金闪闪 jīnshǎnshǎn きらきら光るさま.〔~的佛 fó 像〕同前の仏像.
金哨 jīnshào 又(サッカーなどの)最優秀審判.
金蛇 jīnshé ①金色の蛇. ②喩電光.
金身 jīnshēn 金を塗った仏像.
金神 jīnshén 〔七 qī 煞〕
金声玉振 jīnshēng yùzhèn 〈成〉古代, 楽を奏するにまず鐘を打って声を発し, 終わりに磬(ケイ)を打って韻を収める.〈喩〉深い学識と徳行で人に知られること.
金石 jīnshí ①〈文〉金属類と玉石類. ②固鐘鼎および碑碣(ひ)の類.〔~文〕同前に刻してある文字.〔~学〕同前を研究する学問:中国考古学の前身.→〔金文〕 ③〈喩〉金石の如く堅く変わらぬこと.〔精誠所至, ~为开〕〈成〉精神一到ひにこびれが成らざらん.〔言 yán 如~〕〈成〉間違いのない確実な言葉.
金石交 jīnshíjiāo 〈喩〉変わることのない交わり.
金石良言 jīnshí liángyán 〈喩〉貴重な言葉.
金石人 jīnshírén 〈喩〉私情にとらわれぬ剛直な人.
金石声 jīnshíshēng 〈喩〉詩文の韻律または文が立派な形容.
金石为开 jīnshí wèi kāi 〈成〉金石もまた開く. 至誠もってすれば, 感動しないものはない:〔金石为之开, 况人心乎〕の略.
金饰 jīnshì ①金の装飾品. ②金などで塗り飾られている.〔~的佛 fó 像〕同前の塑像.
金属 jīnshǔ 金属.〔~加工〕金属加工.〔~切削机床〕金属切削用工作機械.〔~模(モ)型〕.金属型.〔~玻 bō 璃〕金属ガラス.〔~版〕回金属製の印刷版.〔~键 jiàn〕回金属結合.〔~探 tàn 伤〕回金属損傷検査.〔有色〕~〕非鉄金属.〔贵 guì〕~〕貴金属.〔~製陶.〔~丝〕~线〕金属線,針金.〔~陶瓷 cí〕サーメット. 陶性合金.〔~衣 yī〕又(フェンシング用)の金属胴衣.
金丝草 jīnsīcǎo 植イタチガヤ.
金斯敦 jīnsīdūn 地①キングストン:〔牙 yá 买加〕(ジャマイカ)の首都. ②キングスタウン:〔圣 shèng 文森特和格林纳丁斯〕(セントビンセント・グレナディーン諸島)の首都.
金丝猴 jīnsīhóu 動コバナテングザル(属). イボハナザル:〔金猴〕ともいう. 全身美しい毛でおおわれる. 生息地により〔黔 qián ~〕〔川 chuān ~〕〔滇 diān ~〕などという.
金丝梅 jīnsīméi 植キンシバイ. ウンナンレンギョウ(雲南連翹)
金丝鸟 jīnsīniǎo ①同下. ②〈喩〉妾. 二号.
金丝雀 jīnsīquè =〔金丝鸟〕〔芙 fú 蓉 róng 鸟〕〔小 xiǎo 黄鸟〕鳥カナリア:通称〔黄 huáng 鸟〕
金丝绒 jīnsīróng 紡シルクレーヨン地.
金丝桃 jīnsītáo 植ビヨウヤナギ(未央柳)
金丝镶嵌 jīnsī xiāngqiàn 美金糸で象眼(ぞう)する(したもの)
金丝眼镜 jīnsī yǎnjìng 金縁眼鏡.
金丝燕 jīnsīyàn 鳥アマツバメ:その巣は〔燕(窝)菜〕(つばめの巣料理)の原料になる.
金丝枣 (儿) jīnsīzǎo(r) 植ナツメの一種:果肉肉厚く, 皮には黄色の糸のような紋様が出る.

金松 jīnsōng 植コウヤマキ(クサマキ. トウマキ):スギ科の高木.
金粟 jīnsù ①宗(仏教の)仏の名:〔金粟如来〕の略. ②金銭と米. ③〔桂 guì 花(儿)〕(モクセイ)の別称.
金粟兰 jīnsùlán ⇒〔珍 zhēn 珠兰〕
金穗 jīnsuì 金色のふさ飾り.
金锁片 jīnsuǒpiàn ⇒〔长 cháng 命锁〕
金汤 jīntāng 〈喩〉堅固な城郭:〔金城汤池〕の略称.〔固 gù 若~〕防備が非常に堅固な城郭.
金田起义 jīntián qǐyì →〔太 tài 平天国〕
金条 jīntiáo 金の延棒. ゴールドバー:重さはふつう10両, 別に 1 両・5 両・20両もある. 俗に10両のものを〔大黄鱼②〕, 1 両のものを〔小黄鱼②〕という.→〔赤 chì 金①〕
金童玉女 jīntóng yùnǔ ①(道家で)仙人に仕える童男童女. ②〈転〉無邪気な.
金腿 jīntuǐ 名浙江省金華産の〔火 huǒ 腿〕(ハム)
金柝 jīntuò 軍中で夜間巡察のとき打ち鳴らした拍子木.
金挖耳 jīnwā'ěr 植キバナガンクビソウ.
金娃娃 jīnwáwa ①子供の宝物. ②〈喩〉うまみのあるもうけ. 利益率の高い商品.
金文 jīnwén 金文(タン)鐘鼎に鋳られたり刻されたりしている古代の文字.〔钟 zhōng 鼎文〕ともいう.
金萬菜 jīnwǒcài 〔萬苣〕
金乌 jīnwū =〔踆 cūn 乌〕〈文〉伝説で, 太陽の中に居る 3 本足のカラス.〈転〉太陽:〔乌轮〕ともいう.〔~西坠〕〈喩〉太陽が西に沈む.〔~玉 yù 兔〕〈喩〉太陽と月.
金屋藏娇 jīnwū cángjiāo →〔阿 ā 娇①〕
金乌贼 jīnwūzéi →〔乌贼〕
金吾 jīnwú 史①天子を護衛する武官. 清代近衛軍緑営の長官.〔~不禁(夜)〕旧暦 1 月15日に宮城の夜間通行禁止を解いたこと.〔元 yuán 宵节〕②儀仗に用いる長棒:〔礼 lǐ 仗〕の一.
金线吊蛤蟆 jīnxiàn diào háma ⇒〔黄 huáng 药(子)〕
金线蛙 jīnxiànwā 動ブランシーガエル:アカガエル科.→〔蛙〕〔田 tián 鸡①〕
金线鱼 jīnxiànyú =〔红 hóng 鱼①〕魚貝イトヨリ.
金相学 jīnxiāngxué 金属組織学. 金相学.
金相玉质 jīnxiàng yùzhì 〈喩〉文章・詩文の形式と内容が共に立派なこと.
金小蜂 jīnxiǎofēng 虫コガネコバチ(科のハチ):多くは害虫の天敵.
金新月 jīnxīnyuè パキスタン, アフガニスタン, イランにまたがる三日月形の麻薬の産地.
金星 jīnxīng ①天金星:〔明 míng 星②〕〔太 tài 白星〕ともいう. 宵の明星を〔长 cháng 庚, 昏〕, 明けの明星を〔启 qǐ 明〕といった.〔~凌 líng 日〕金星の太陽面通過. ②(目の中に感じる)火花.〔眼前起了~〕目の前に火花が散るように感じた.→〔飞 fēi 蚊症〕③金色の星形のもの.
金靴 jīnxuē 又(サッカー・自転車競技・徒競走などの試合で)優勝王. 得点王. 優勝者.
金牙 jīnyá 歯冠. 金の入れ歯.
金眼鲷 jīnyǎndiāo 魚貝キンメダイ.
金鸭鸭 jīnyāyā =〔鹊 què 鸭〕
金扬 jīnyáng →〔金花〕
金腰带 jīnyāodài 又チャンピオンベルト.
金钥匙 jīnyàoshi 金の鍵.〈喩〉問題解決の決め手. 秘訣.
金液 jīnyè →〔金丹〕
金叶子 jīnyè(zi) 金箔.→〔金箔〕
金衣公子 jīnyī gōngzǐ 鳥コウライウグイス:〔黄

huáng 鹂]の別称.
金箔(儿) jīnyínbó(r) 紙に金や銀の色を塗ったもの:[纸 zhǐ 钱(儿)]を作るのに用いる.
金银花 jīnyínhuā →[忍 rěn 冬①]
金银莲花 jīnyín liánhuā 植 カガブタ:リンドウ科の浮き草.
金银木 jīnyínmù →[吉 jí 利子树]
金银首饰 jīnyín shǒushi 贵金属(アクセサリー).〔~楼 lóu〕[金行 háng]贵金属店.
金银丝线 jīnyín sīxiàn 纺 ラメ糸.金銀糸:〔金银锦缎 jǐnduàn〕纺 ラメ織物.
金印 jīnyìn 〈文〉①皇帝や高官の用いた金属製の官印.〈転〉官職.②金泥を用いた公印の捺印のあと.③囚人の眉間に入れた入れ墨.[打~]同前を入.
金英花 jīnyīnghuā ⇒[花菱草]
金樱子 jīnyīngzi 植 ナニワイバラ:バラ科のつる状植物.果実は薬用になる.
金油 jīnyóu =[金泥]金粉に膠(ﾆｶﾜ)をまぜたもの:絵の具として用いる.→[~花]金蒔絵.→[粉 fěn 金]
金鱼 jīnyú 鱼貝金魚:[文 wén 鱼①]ともいう.[~缸 gāng]金魚鉢.
金鱼草 jīnyúcǎo 植 キンギョソウ:通称[龙 lóng 头花]
金鱼虫 jīnyúchóng →[鱼虫(儿)]
金鱼藻 jīnyúzǎo =[聚 jù 藻①]植 マツモ.→[苲 zhǎ 草]
金玉 jīnyù 〈文〉〈喩〉①珍貴なもの.貴重な宝物.〔~良言〕〈之言〉〈喩〉貴生な意見.貴重な意見.[~满堂]金や玉(ｷﾞｮｸ)のような貴重なが部屋に満ちている.〈転〉人に才能があり学識の豊富なこと.〔~其外,败絮 xù 其中〕外面は立派であっても,中はさっぱりだめだ:みかけ倒し.②貴重である.
金元 jīnyuán 米ドル.〔~外交〕ドル外交.
金圆券 jīnyuánquàn 史 1948年国民政府の発行した紙幣:金圆券1圆は法幣300万元,4圆で米ドル1ドル.→[法 fǎ 币]
金云母 jīnyúnmǔ 鉱 金雲母(ｷﾝｳﾝﾓ).
金藻 jīnzǎo 植 コガネイロモ.
金盏草 jīnzhǎncǎo 同下.
金盏花 jīnzhǎnhuā 植 =[金盏草][金盏花]キンセンカ:[长 cháng 春花①]ともいう.
金盏子 jīnzhǎnzi 植 タンポポ:[蒲 pú 公英]の別称.
金针 jīnzhēn ①針灸用の針:特に金で作られた針を指すこともある.②〈文〉刺繡針,ぬい針.〈文〉唐の郑侃の娘や娘が織女神から得たという不思議な針.〈転〉秘訣.→[~虫][~菜][金针菜]
金针菜 jīnzhēncài ワスレグサ属植物及びハマカンゾウ近縁種植物.また同前の花:花は[金针④]ともいい,干したものを食用にする.[黄 huáng 花②][黄花菜]は通称.→[萱 xuān 草]
金针虫 jīnzhēnchóng [叩 kòu 头虫](コメツキムシ)の幼虫.
金针度人 jīnzhēn dùrén〈成〉奥義を伝授する.
金枝玉叶 jīnzhī yùyè 〈文〉皇族の子弟.高貴な出身の者.
金质奖 jīnzhìjiǎng ⇒[金奖]
金盅花 jīnzhōnghuā ⇒[金盏花]
金钟儿 jīnzhōng'ér =[马叫哥(子)]国 スズムシ.
金钟罩 jīnzhōngzhào ①(拳術で)不死身の術.②大法螺で人を圧倒すること.
金竹 jīnzhú 植 ①キンチク(オウゴンチク):イネ科マダケ属,皮が黄金色ものでこの称がある.②金属製の楽器と竹製の管楽器.
金砖 jīnzhuān ①金の煉瓦.〔~四国〕ブリックス.BRICs:ブラジル・ロシア・インド・中国.②⇒[标biāo 金]
金锡 jīnzhuó [子]金の腕輪.
金字标签 jīnzì biāoqiān 金文字のレッテル.〈喩〉レッテルはいいが中味は必ずしもそうではないこと.
金字墙 jīnzìqiáng =[山 shān 墙]
金字塔 jīnzìtǎ ①金字塔.②ピラミッド.
金字招牌 jīnzì zhāopái 金文字の看板.金看板.〈喩〉声望ある豪商.
金子 jīnzi ①金.金塊.②〈喩〉真心.赤心.〔~心〕同前.

[袗] jīn ⇒[襟①]

[津] jīn (Ⅰ) ①川の渡し.②〈文〉要職.〔窃qiè 据要~〕不当に要職に居すわる.③天津の略記:〔沽 gū 〕ともいう.〔~味 wèi〕天津の風味.④〈姓〉津(ｼﾝ).
(Ⅱ) ①生物体内の液.特に唾液.つば.〔望 wàng 梅生~〕梅を見てつばが出る.②汗.〔遍 biàn 体生~〕全身汗をかく.③潤す.

津巴布韦 jīnbābùwéi [山 shān 地名]アフリカにある.首都は[哈 hā 拉雷](ハラレ)

津带 jīndài 〈文〉①向こう岸に渡す.②(学問の道を)案内する.
津渡 jīndù 渡し場.渡船場.→[摆 bǎi 渡]
津筏 jīnfá ①(竹の)いかだ(渡し用の).②〈喩〉世間を渡る助け舟.
津津 jīnjīn ①味わいがあるさま.おもしろのあるさま.〔津甜~〕甘くてうまい.〈不 lè 道〉〈喩〉くどくどとしゃべる.〔外国观众所~乐道〕外国の観衆が面白がってあれこれ言っている.〔~有味〕〈成〉興味津々である.〔那本书读者起来~有味〕あの本は面白く読んでいる.②汗や水が滲み出るさま.〔汗~〕汗がびっしょり出ている.
津口 jīnkǒu 渡し場.
津梁 jīnliáng 〈文〉①渡し場と橋.②〈転〉橋渡し.手引き.
津门 jīnmén〈文〉①関所のある渡し場.②地 天津の別称.
津贴 jīntiē ①手当.補給金.〔遗 yí 属~〕遗族手当.〔技 jì 术~〕技術手当.〔物 wù 价~〕物価手当.〔职 zhí 务~〕職務手当.〔岗 gǎng 位~〕勤務手当.〔特 tè 别~〕特別手当.〔加 jiā 班~〕超過勤務(残業)手当.〔工 gōng 艺工资~〕技術手当.〔野 yě 外~〕屋外作業手当.〔工地~〕工事場手当.→[补 bǔ 贴②][工 gōng 资]②手当てを支給する.〔每月~他一些钱〕毎月彼にいささかの手当てを支給する.
津要 jīnyào〈文〉①要衝の地.②官界の重要な地位にいる者.
津液 jīnyè 中医 体内のあらゆる液体の総称(血液・唾液・涙・汗など).②⇒[唾 tuò 液]

[筋(觔)] jīn ①[儿]肉と骨とを連ねて筋.〔扭 niǔ 了~〕筋をちがえた.〔蹄 tí ~儿]牛や豚の足の筋:料理材料として珍重される.〔伤 shāng ~动~〕〈喩〉重大な損害を受ける.②筋肉.[肌 jī 肉]の別称.③[口]青筋(皮膚の上から透けて見える静脈).[青 qīng ~暴露]青筋が立つ.[瘦得~都露出来了]やせて静脈さえあらわになってきた.④[儿]すじ.脉络状のひも.[叶 yè ~儿]〔叶脉 mài〕葉脈.[橡 xiāng 皮~儿]輪ゴム.[苏 sū 菜 piělán 有~,嘴 jiáo 不动]筋がなくてあって,かみきれない.⑤建築に用いる鉄筋.[钢 gāng ~混~土]〔钢骨水泥〕鉄筋コンクリート.
筋道 jīndao =[筋豆]〈口〉①(食べ物の)歯ごたえ

筋禁襟仅尽

(がよい). 歯あたり(がよい):[咬 yǎo 劲儿]ともいう.[这面条挺 tǐng～]このうどんはたいへん歯ごたえがある. ②(体)ががっちりしている.

筋斗 jīndǒu =[斤斗][金斗②]〈方〉もんどり(うつ).とんぼがえり(をする).[翻 fān～][折 zhé～]とんぼをきる.[摔 shuāi 了个～]倒れた.転んだ.→[跟 gēn 头①②]

筋斗虫儿 jīndǒuchóngr ⇒[跟 gēn 头虫儿]

筋豆 jīndou ⇒[筋道]

筋肚 jīndù 〖理〗筋肉の中段の伸縮自在な部分:両端は腱.

筋疙瘩 jīngēda 〈方〉筋肉のグリグリ:リンパ腺や静脈のしこり.

筋骨 jīngǔ 筋骨.体格.[学武术可以锻炼～]武术を習えば身体が鍛えられる.[舒 shū 展～]手足をのびのびと伸ばす.

筋骨 jīngu 〈方〉①(食物の)腰.弾力.[没～]腰が弱い.弾力がない.[这面粉不好,抻 chēn 出的面条没～]この小麦粉はよくない,のばしたうどんに腰がない. ②体力.身体.[累得我浑身一点～都没有了]全身疲れて元気がまるでなくなってしまった.

筋腱 jīnjiàn 〖生理〗腱.

筋节 jīnjié ①筋肉と関節. ②〈喩〉文章や話のポイント.肝心かなめ. ③⇒[接 jiē 骨眼儿]

筋力 jīnlì ①筋肉の力. ②(うどんなどの)腰.伸び.[这种面～好]この手のうどんは伸びがよい.[腰が强い]

筋络 jīnluò 〖中医〗骨筋に連なる筋肉.

筋脉 jīnmài 静脉.[静 jìng 脉]の別称. ②〈喩〉文章の筋道.

筋疲力尽 jīnpí lìjìn 〈成〉非常に疲労する.[精 jīng 疲力竭]ともいう.

筋肉 jīnròu 筋肉.[肌 jī 肉]の別称.

筋条 jīntiao 〈方〉(体)がしまっている.

筋头儿麻脑儿 jīntóur mǎnǎo(r) 〈方〉肉のまずい.〈喩〉つまらない.見込みがない.

筋头竹 jīntóuzhú ⇒[棕 zōng 竹]

[禁] jīn ①堪える.耐える. ②〈口〉〈得住考 kǎo 验〉試練に耐えられる.[～不住冻 dòng]寒さに耐えられない.[这块板子能～一千斤重 zhòng 吗]この板は何百斤もの重さに耐えられるのか. ②こらえる.我慢する.[不～][不由 yóu(得)①]知らず知らず. ③長持ちする.[这双鞋 xié～穿]この靴は長持ちする. →[禁 jìn]

禁不起 jīnbuqǐ 耐えられない:多く人に対して用いる.[～困 kùn 难]困難に耐えられない.

禁不住 jīnbuzhù ①力がなくて支えきれない.耐えられない:人や物に対して用いる.[～水]水にぬれると破れるか弱るようなこと.[～风吹雨打]浮き世の試練に耐えられない.[他的财产～他花]彼のように使っては財産をひとたまりもない. ②我慢できない.[～笑]おかしさをこらえきれない.

禁穿 jīnchuān =[经 jīng 穿](着て)長持ちする.長期の着用に耐える.[～耐 nài 用]同義.

禁得起 jīndeqǐ 耐えられる.もちこたえられる:多くは人に対して用いる.[青年人要～种种考 kǎo 验]若い人はいろいろ試練に耐えなければならない.

禁得住 jīndezhù もちこたえられる.耐えられる:人や物に対して用いる.[河上的冰已经～人走了]川の氷は何人か歩いても耐えられるようになった.

禁受 jīnshòu (…を受けること)に耐える.[～打击]攻撃に耐えられる.

禁用 jīnyòng 耐久力がある.長く用いられる:[经 jīng 用]ともいう.

禁脏 jīnzāng 汚れに耐える.汚れっぽくない.汚れが目立たない.[这种布颜色暗,～]この布は黒っぽい色だから汚れが目立たない.

[襟] jīn ①〈中国〉服の前面のボタンやひも留めで合わせる部分,すなわち衽(おくみ)の部分:[衽①][衿]に同じ.[大～][大襟]長い中国服や和服のように衽の左右上下前面が重なるようになっているもの.[对 duì～(儿)][对襟]洋服や[马 mǎ 褂(儿)]のように胸の前で衽がつきあわせになっているもの. ②心の中.胸中.思い.〈文〉～情 qíng][胸 xiōng～]心情.胸中. ③相むこ:むこ同士の間柄.[连 lián～(儿)同前.

襟抱 jīnbào [襟怀]

襟弟 jīndì 妻の妹の夫.

襟喉 jīnhóu 〈文〉要害の地.

襟怀 jīnhuái =[襟][襟抱]胸中.心中.[～坦白]気持ちがあっさりしている.

襟期 jīnqī 心中期するところ.

襟兄 jīnxiōng 妻の姉の夫.

襟翼 jīnyì (飞行機の)フラップ.可動翼.

襟章 jīnzhāng 胸につける記章.→[领 lǐng 章]

[仅・僅] jǐn わずかに.やっと.わずか.て.[开工一个月]操业を開始してからわずかに1か月.[他～上了一年学]彼はわずかに1年学校へ行っただけだ.[不～如此,还…]ただにこのようであるばかりでなく,その上….[～可敷 fū 衍一时,不能长 cháng 久隐 yǐn 瞒]一時を糊塗しえるだけで,長い間隠し通すことはできない.[他不～识字,还能写文章]彼は字を知っているばかりではなく,文章も書ける.→[仅有] ②…だけで.…のみ.[～供参考]単に参考までに供する.[～由职工家属举办的托儿所,幼儿园]职員と労働者との家族だけで開設した託児所や保育園. ③[姓(僅(儿)→[仅]

仅次于 jǐncìyú わずかに…に次ぐ.[我的法语～小朱]僕のフランス語はちょっと朱君に劣る.

仅仅 jǐnjǐn やっと足る.

仅见 jǐnjiàn わずかに見られる.ほとんど見られない.→[罕 hǎn 见]

仅仅 jǐnjǐn わずか.わずかに.かろうじて.やっと.[～一点儿]ほんのわずか.[～生产这两种货]わずかにこの2種類の製品を生産する.

仅有 jǐnyǒu ほとんど…ない.[绝无]〈成〉めったにない.後にも先にもなかった一つ.

仅只 jǐnzhǐ かろうじて.ただ…だけ.[～会说几句中文]ただ中国語をちょっと話せるだけ.

[尽・儘] jǐn ①できる限りする.極力する.ぎりぎりする.[～先登記]真っ先に登記する. ②着く…一天办完]最大限この一日でやってしまえ.[～着你的钱买吧]きみのあるだけの金で买いなさい. ②顺番で.お先に任せる.[～着别人先用]彼に先に使わせる.[咱们先～着要紧的说]我々はまずできるだけ大事な事から話しましょう.きわめて.最も.いちばん.方向・位置を示す語の前に置かれる.[～头儿]いちばん端(き).[～东头儿]いちばん東の端.[～前边儿]いちばん前.[～底下]いちばん下.[～后头儿]いちばん後ろ. ⑤〈口～着]きりに.いつまでも.→[尽自] → jìn

尽够 jǐngòu 十分足りる.

尽管 jǐnguǎn ①どしどし.遠慮せずに.かまわずに.十分.[有话～说吧]話があるのなら,どしどしおっしゃって下さい.[这个地方还比较安静,凡事放心,都有我,要什么～问刘二妈]ご(丁・我)この地方はまあ比較的の穏やかで,何事もご心配なく,万事わたしにお任せ下さい,何なりと必要なものはご遠慮なく劉二妈にお申しつけ下さい.→[只 zhǐ 管] ②[…だけれども.…かかわらず.[也 yě][还 hái(是)][但

J

jǐn 尽巹紧

(是)〕〔可(是)〕〔然 rán 而〕などと相呼応して用いられる.〔~警 jǐng 察极力镇压工人,但是工人终 zhōng 于获得了最后的胜利〕警察は極力労働者を弾圧したが,労働者はついに最後の勝利を得た.〔~他那么做,我也不管〕彼がそういうふうにやろうと,ぼくはかまわない.〔~如此〕たとえそうであっても.ともあれ.⑧〈方〉いつも.しょっちゅう.いつまでも.

尽可 jǐnkě ひたすら.かまわずに.どしどし.〔~赞 zàn 成他〕きみはかまわずに彼に賛成してよい.

尽可能 jǐnkěnéng 極力.できるだけ.〔~利用现有设备〕極力現在ある設備を利用する.〔对缓 huǎn 和目前的国际矛盾做出~多的贡 gòng 献〕目前の国際矛盾を緩和することに対してできるだけ多くの貢献をする.

尽快 jǐnkuài できるだけ早く.〔~邦 bāng 交既已恢复,得~互换大使〕国交が回復したのだから,できるだけ早く大使を交換しなければならない.

尽里头 jǐnlǐtou いちばん中の方.

尽量 jǐnliàng できるだけ.極力.最大限度まで.〔~保证〕できるだけ保証する. → jìnliàng

尽溜头儿 jǐnliùtóur いちばん端(の方)

尽让 jǐnràng 〈方〉謙譲である.先を譲る.

尽上头 jǐnshàngtou いちばん上の方.

尽数 jǐnshù ありったけ.あるだけの数. → jìnshù

尽先 jǐnxiān 真っ先に.最優先に.

尽早 jǐnzǎo できるだけ早目に.〔~发运〕できるだけ早目に積み出す.

尽自 jǐnzi =〔紧自〕〈口〉しきりに.むやみに.しょっちゅう.いつまでも.〔别~耽误工夫儿,他还~不走〕もう時間も遅いのに,彼はいつまでも尻をあげない. → 竟 jìng 自

巹

巹 jǐn 回婚礼に用いたひさご.〔合 hé ~〕旧式婚礼で,新郎新婦がかためのさかずきをとりかわす.〈転〉結婚(する)

〔紧・緊(繁)〕

紧・緊(繁) jǐn ①引き締める.ぴんと張る.〔系 jì ~〕ぴんと張る.〔拉~〕ぴんと張る.〔攥 wò ~拳头〕こぶしを堅くにぎる.〔——~腰 yāo 带〕帯をきつくしめる.〔捏~笔杆〕ペンをぎゅっと握りしめる. ②しっかりと動かない.固くしてある.〔他嘴 zuǐ ~,不容易了解到实情〕彼は口が固く実情を知るのは容易でない. ③すきまがない.ひきしまっている.〔瓶塞儿 sāir 塞得~〕びんのふたが固くしまってある.〔这双皮鞋太~,不能穿〕この靴はきつくて履けない. ④ぴたりとくっついて.ひき続いて.かたまる.〔~接着〕すぐに続いて.〔~打~算〕目に一杯に見積もる.〔~扣市场经济〕市場経済に適合させる.〔北京工人体育馆~临使馆区〕北京工人体育館は外国公館区域に隣接している.〔衣服瘦了,~箍 gū 在身上〕服が細くて,ぴったりと体をしめつけていて窮屈だ. ⑤厳格である.いいかげんにしておかない.〔管 guǎn 制得很~〕厳重に管制する.〔抓得不~以至把工作拖下了〕しっかりと引き締めていなかったので,仕事を遅らせてしまった. ⑥逼迫する.急迫する.〔形 xíng 势~〕情勢が急迫する.〔虽然期限很~,但任务一定要完成〕期限は逼迫しているが,任務は必ず完成しなければならない.〔时间这样~,我怎么也来不及啊这时间がこんなに迫っていても,どうしても間に合わせられない.〔道(儿)上很~〕道中が物騒だ. ⑦余裕がない.倹約する.〔一日子同前の生活.倹約する.〔着点儿过〕少しきりつめて暮らす.〔着手花儿〕手元を引き締めてむだづかいをしない.〔手头儿~〕手元が苦しい.〔他家日子~了〕彼の家は暮らしが苦しくなった. ⑧急いで.懸命に.〔~走〕急いで歩く.〔~写〕〔~着写〕急いで書

く.せっせと書く. ⑨〈白〉〈方〉たいそう.非常に.〔可怕得~〕非常に恐ろしい.〔快活得~〕たいへん愉快だ.〔很 hěn〕

紧挨着 jǐn'āizhe きわめて密接して.ごく近接して.〔他~我坐〕彼はわたしにぴったりとくっついて座った.

紧巴巴 jǐnbābā ①〈物の表面が〉ぴんとつっぱっているさま.〔衣服又瘦又小,~地贴在身上〕服が窮屈でまた小さいのでぴったりと体にはりついている.〔没洗脸,脸上~的〕顔を洗わなかったのでつっぱっている. ②〈状態が悪くて〉窮迫しているさま.〔日子过得总是~的〕暮らしがいつも逼迫している.

紧梆梆 jǐnbāngbāng ①固く〈きつく〉しまっているさま.〔这双鞋穿着~的〕この靴はきつくてきゅうきゅうだ. ②金まわりが窮屈であるさま:〔紧巴巴②〕に同じ.

紧绷绷 jǐnbēngbēng ①ぴんと張っているさま.きつく縛ってあるさま.〔皮带系 jì 得~的〕ベルトは固くしめてある. ②〈緊張して〉こわばっているさま.〔脸脸~的,像很生气的样子〕顔はひきつって,ひどく怒っているようだ.

紧逼 jǐnbī 差し迫る.〔步步~〕一歩一歩肉迫する.

紧闭 jǐnbì ぴったり閉じている.〔大门~〕表門は固く閉じている.

紧衬 jǐnchèn 〔紧称〕とも書く.〈方〉①ぴたりと肌につく.ぴったり合う.ぴたりと寄り添う.〔这双鞋穿在脚上很~〕この靴はぴたりと足に合っている. ②こじんまりしていて勝手がいい.

紧唇 jǐnchún ⇒〔燕 yàn 口疮〕

紧凑 jǐncòu ①ぴったりとつまっている.つまっている.〔会议开得很~〕会議がいっぱいつまっている.〔安排得非常~〕すきまがないほど手配りしてある. ② 圖密植型作物.

紧促 jǐncù 急迫する.切迫する.

紧蹙 jǐncù ぎゅっと眉間にしわをよせる.

紧催 jǐncuī ひっきりなしに催促する.

紧盯 jǐndīng じっと見すえる.〔眼 yǎn 睛~住他〕彼をじっと見すえる.

紧防 jǐnfáng 緊張して防備する.

紧跟 jǐngēn 歩調を合わせて.すぐ後について.〔震 zhèn 灾以后,~着又来水灾了〕震災後すぐにひき続いて水害があった.

紧箍咒 jǐngūzhòu =〔金 jīn 箍咒〕〔喻〕人を束縛しまたはしめつける物や事柄:『西遊記』で三蔵法師が観音菩薩から授かって〔孙 sūn 悟空〕の無軌道な行為を統御するためにその頭に冠した,輪状のものをしめつける呪文をいう.〔故意弄 nòng 个'~'箍起来〕わざと呪文を唱えるような策を弄してしめあげようとしているのである.

紧固螺栓 jǐngù luóshuān 圖締付ボルト.

紧关节要 jǐnguān jiéyào かぎとなる重要な時.

紧锅粥慢锅肉 jǐnguōzhōu mànguōròu 粥〈か〉を煮るには強い火で,肉を煮るにはとろ火で:〔锅〕は〔火〕ともいう.

紧火 jǐnhuǒ 強火. →〔文 wén 火〕

紧急 jǐnjí 緊迫している.差し迫っている.〔~起飞〕圖スクランブル.〔~着陆 zhuó lù〕圖緊急着陸.〔~报 bào 告〕緊急通報.〔~电话〕緊急電話.〔~进 jìn 口限制〕〔~限 xiàn 制进口〕圖セーフガード.緊急輸入制限.〔~状 zhuàng 态〕非常事態.切迫した状態.〔风声~〕情勢が差し迫っている.〔看到时局的~,心中越 yuè 发不安〕時局の緊迫しているのを見て心中ますます不安になった.

紧急关头 jǐnjí guāntóu ぎりぎりに差し迫ったところ.瀬戸際.

紧急求救讯号 jǐnjí qiújiù xùnhào 遭難信号.〔发出~同前な信号を発信する.

紧紧 jǐnjǐn きつく.しっかりと.[～握 wò 手]しっかりと握手する.[～地抱着]ひしと抱きしめている.

紧巴巴 jǐnjīn bābā ①たいへん窮迫しているさま.(貧乏で)ぴいぴいしているさま.[他老是～的]彼はいつもぴいぴいしている. ②窮屈なさま.→[紧巴巴①]

紧靠 jǐnkào ぴたりと寄り掛かっている.すぐ隣合っている.[那块地～着水库,不愁没有水]あの畑はダムにすぐ隣合っているので,水不足の心配はない.

紧邻 jǐnlín ①すぐ隣.→[近 jìn 邻] ②<方>すし詰め.

紧锣密鼓 jǐnluó mìgǔ 鳴り物入り;[密锣紧鼓]ともいう.おおっぴらに活動を始める前に盛んに世論を盛りあげること(多くキャンペーン活動をいう)

紧忙 jǐnmáng ①慌ただしい.せわしない. ②すぐさま.間を置かず.

紧密 jǐnmì ①[緊密(に・である).]～联系]緊密に連係(に・である).[～结合]しっかりと結びつく. ②ひっきりなし(に・である).[枪声十分～]銃声がひっきりなしだ.[～的雨点]降りしきる雨.

紧配合 jǐnpèihé 團タイトフィット.→[配合③]

紧迫 jǐnpò 急迫している.差し迫っている.[形 xíng 势十分～]状勢がひどく緊迫している.[～性]緊迫性.[～感 gǎn]緊迫感.

紧俏 jǐnqiào 売れ行きがよい.飛ぶように売れる.[～货 huò]品薄商品.[～职业]引く手不足の職業.

紧缺 jǐnquē 需給が逼迫する.[～商品]品切れ商品.

紧身褡 jǐnshēndā =[紧腰衣]國コルセット(女性用の補正下着)

紧身裤 jǐnshēnkù タイツ.タイトパンツ.

紧身儿 jǐnshēnr ①肌着.[线 xiàn ～]綿のアンダーシャツ. ②体にぴったりである.[穿上一件～的夹 jiā 克]ぴっちりしたジャケットを着る.

紧身衣 jǐnshēnyī 図レオタード.

紧实 jǐnshí ぎっしり詰まっている.

紧随 jǐnsuí 後にぴたりと付く.

紧缩 jǐnsuō 緊縮する.ひきしめる.[～开支]支出を同削.[～军费]軍事費を削減.[金融～][银根～]金融引き締め.

紧锁 jǐnsuǒ ひどく引き締める.

紧腿裤 jǐntuǐkù 國レギンス.[紧腿牛仔裤]スキニージーンズ.

紧握 jǐnwò 強く握る.しっかりと握る.[～着话筒]マイクを握りしめる.

紧压茶 jǐnyāchá 茶の葉を蒸し固めたもの;[饼 bǐng 茶][砖 zhuān 茶](煉瓦状のもの),[沱 tuó 茶](碗型のもの),[人 rén 头茶](球状のもの)がある.

紧腰衣 jǐnyāoyī =[紧身褡]

紧要 jǐnyào 切迫し重要である.[～关头]瀬戸際.[无关～]重要でない.[这一点十分～]この点は非常に差し迫って重要である.

紧衣缩食 jǐnyī suōshí ⇒[节 jié 衣缩食]

紧张 jǐnzhāng ①緊張する(している).[心情很～]気がピンと張っている. ②(気が)張りつめる.[第一次登 dēng 台,免不了有些～]初めて舞台に立つ身は,どうしても多少は緊張する.[上課很～]授業が大変だ. ③(事態が)差し迫っている.緊迫している.[缓和国际间的～关系]国際間の緊張関係を緩和する.[工作～]仕事が立て込んでいる.[充 chōng 满了～的空气]緊迫した空気につつまれた.[～的情节থ(手づまり)である.[石油～]石油需給の逼迫.

紧着 jǐnzhe <口>①急いでする.手早くする.馬力をかける.[～走不休 xiū 息]急いで歩きつづけて休まない.[～节约]①一点儿地～]節約に心がけて(金を)使

紧追不舍 jǐnzhuī bùshě <成>ぴたりと後をつける.

紧自 jǐnzi ⇒[尽自]

紧走慢走 jǐnzǒu mànzǒu <慣>急いで行く.[我～赶 gǎn 到那儿去,还是晚了]わたしは大急ぎでそこへ駆けつけたのですが,やはり遅かった.

[堇(菫)] jǐn

堇菜 jǐncài =[如 rú 意草]園スミレ(ニオイスミレ,ツボスミレ);[堇菜菜]ともいう.[立 lì ～]タチツボスミレ.[紫 zǐ 花～]タチツボスミレ.

堇青石 jǐnqīngshí 國菫青石.コージライト.

堇色 jǐnsè 色バイオレット(の).すみれ色(の)

[谨・謹] jǐn

①慎重である(にする). ②厳しく行う.ゆるがせにしない. ③<尊>恭しく.かしこまって.[～贈 zèng]謹んで贈る.[～致谢忱]謹んで謝意を表す.

谨饬 jǐnchì <文>謹直である.

谨防 jǐnfáng 注意して防ぐ.[～扒 pá 手]すりにご注意(掲示の文句).[～假 jiǎ 冒]にせものにご用心.

谨厚 jǐnhòu 慎重で重厚である.

谨记 jǐnjì しっかり記憶する.[～在心]深く心にとめておく.

谨具 jǐnjù ①<尊>謹んで備える.[～菲仪]<謙>謹んで粗品を備える(備えて)お贈り申し上げる. ②謹んで文書を書く.

谨叩 jǐnkòu <謙>謹んで敬礼する;[叩]は[叩首]の意.旧時,最上級の敬意を表すること.[～台安]謹んでごきげんを伺い上げます.

谨启 jǐnqǐ <謙>謹んで申し上げる;[谨上]に同じ.

谨上 jǐnshàng <謙>謹んで申し上げる.差し上げる;目上な同輩の手紙の末尾に書く.拝啓・拝具にあたる.

谨慎 jǐnshèn 控え目である.注意深い.[小心～]細心で慎重である.[～从 cóng 事]慎重に行動する. ↔[轻 qīng 率]

谨守 jǐnshǒu 厳守する.[～规 guī 则]規則を厳守する.

谨小慎微 jǐnxiǎo shènwēi <成>小事にこだわりすぎて畏縮してしまう.

谨严 jǐnyán 謹厳である.[这篇文章结构～]この文章は組み立てがしっかりしていて無駄がない.[治学～]学問するに謹厳である.→[严谨]

谨言慎行 jǐnyán shènxíng <成>言行が慎み深いこと.

谨依来命 jǐnyī láimìng <謙>謹んで仰せに従う.

谨愿 jǐnyuàn <文>誠実である.謹直である.

[馑・饉] jǐn

<文>農作物の収穫がないこと.[饥 jī ～]飢饉.凶年.

[廑(厪)] jǐn

<文>わずかである. → qín

[瑾] jǐn

<文>美しい玉.

[槿] jǐn

→[木 mù 槿]

槿麻 jǐnmá [红 hóng 麻][洋 yáng 麻①]園ケナフ(アンバリアサ);アオイ科の一年生植物.茎から採れる繊維が黄麻に類似する.

[锦・錦] jǐn

①國にしき;色彩の鮮やかな模様を織り出した絹織物. ②色彩が美しい. ③<姓>錦(き).

锦标 jǐnbiāo 優勝記念賞.優勝旗.優勝旗.[～赛 sài]選手権大会.選手権試合.タイトルマッチ.[～主义]功名主義.賞品目あて主義.[～被中国队得去了]優勝旗は中国チームに獲得された.

锦簇 jǐncù 美しく入り乱れる.[花团～]<成>きらび

やかなさま.〔华 huá 灯~〕美しい飾り提灯が飾られている.

锦带花 jǐndàihuā ＝〔鬓 bìn(边)娇〕[植]オオベニウツギ:スイカズラ科の落葉低木.

锦缎 jǐnduàn [紡]錦織りの絹布.

锦官城 jǐnguānchéng [地]四川省の成都の別称:〔锦城〕ともいう.

锦翰 jǐnhàn 〔牍〕貴簡.

锦怀 jǐnhuái ⇒〔锦注〕

锦还 jǐnhuán ⇒〔衣 yī 锦还乡〕

锦鸡 jǐnjī [鳥]キンケイ(アカキジ):〔金 jīn 鸡③〕〔山 shān 鸡〕ともいう.

锦葵 jǐnkuí [植]ゼニアオイ:〔花 pí 茉〕〔荞 qiáo(Ⅱ)〕は古名.

锦荔枝 jǐnlìzhī ⇒〔苦 kǔ 瓜〕

锦纶 jǐnlún ⇒〔尼 ní 龙〕

锦囊 jǐnnáng ①古人が詩稿を入れた錦織りの袋.②〈転〉詞藻の豊かなこと.③〈喩〉とっておきの.〔~妙 miào 计〕(緊急時に開く)とっておきの妙計.

锦念 jǐnniàn ⇒〔锦注〕

锦棚儿 jǐnpéngr ⇒〔木 mù 香花〕

锦旗 jǐnqí ペナント(の旗).表彰旗.

锦上添花 jǐnshàng tiānhuā ①〈成〉錦上に花を添える.一層美しい.すばらしい.②⇒〔蟹 xiè 爪兰〕

锦系 jǐnxì ⇒〔锦注〕

锦霞 jǐnxiá 五色の雲.

锦心绣口 jǐnxīn xiùkǒu〈成〉詩文の才に長じ,優れて美しい文辞を作ること:〔锦心绣腹 fù〕〔绣口锦心〕ともいう.

锦绣 jǐnxiù 錦織と刺繡.〈喩〉非常に美しいこと.〔~河山〕〔~江山〕美しい国土.〔~成〕輝かしい前途.〔~龙 lóng 虾〕[魚貝]ニシキエビ.

锦旋 jǐnxuán ⇒〔衣 yī 锦还乡〕

锦衣纨袴 jǐnyī wánkù〔绮 qǐ 襦纨袴〕

锦衣玉食 jǐnyī yùshí〈喩〉生活の豪奢を極めること.

锦注 jǐnzhù 〔锦怀〕〔锦念〕〔锦系〕〔牍〕ご配慮.お心遣い:〔绮 qǐ 注〕に同じ.

〔仅・僅〕 jǐn〈文〉ほとんど(…に近い):数量を表す語の前に置く.詩文に多く見える.〔山城~百层〕(杜甫詩)山城は百層もあろうか.〔士卒~万人〕将兵は1万人に近い.→ jǐn

〔尽・盡〕 jìn ①尽きる.なくなる.〔还没用~〕まだ使い切っていない.〔取 qǔ 之不~,用之不竭 jié〕取っても尽きず,用いてもなくならない.〔言无不~〕言えば全てを話す.〔党の恩 ēn 情说不~〕党の恩情は言い尽くせない.→〔既 jì⑤〕②極め尽くす.〔吃~了苦〕苦労をなめつくした.〔仁 rén 至义~〕仁も義も最高に達している.③亡くなる.死亡する.〔自 zì ~〕自殺(する).④やりおおせる.完成する.〔~了责任〕責任を全うする.⑤出し尽くす.すべてを使っている.〔~到了力量〕できるだけの尽力をした.⑥あらゆる.全ての.大部分.〔我们班里~是小伙子〕我々の組はみんな若いものばかりである.〔这些话不~可靠〕これらの話は全部が信用できない.⑧ただ….だけ.…のみ.→ jǐn

尽处 jìnchù 尽きる所.終点.行きづまり.はずれ.

尽瘁 jìncuì〈文〉力を使い果たすまでつとめる.

尽欢 jìnhuān 歓楽を尽くす.

尽节 jìnjié ①節操を守って死ぬ.②忠節を尽くす.

尽绝 jìnjué 尽き絶える.すっかりなくなる.→〔赶 gǎn 尽杀绝〕

尽力 jìnlì 力を尽くす.〔~而为 wéi〕〈成〉全力で尽くしてやる.

尽量 jìnliàng 最大限までする.十分にする.〔请 qǐng ~喝吧〕どうぞ十分に召し上がって下さい.〔喝 hē 酒不可~〕酒はほどほどに飲め.→ jǐnliàng

尽七 jìnqī ⇒〔七七①〕

尽其所长 jìn qí suǒcháng〈成〉長ずるところをすべて発揮する.得意のところを出し尽くす.

尽其所能 jìn qí suǒnéng〈成〉やれることは全部やる:〔尽其可能〕ともいう.

尽其所有 jìn qí suǒyǒu〈成〉所有するものを全部投げ出す.

尽情 jìnqíng ＝〔尽意②〕①心ゆくまで.思う存分.〔~欣赏〕心ゆくまで賞玩する.〔少年儿童们和着轻快的手风琴声~地歌舞〕少年や児童たちは軽快なアコーディオンの音に合わせて思いっきり歌ったり舞ったりする.②真情を十分に表す.〔礼物的多少没什么标准,主要是表达赠り物の多い少ないは別に標準はない,気持ちを十分に示せばそれでいい.

尽情尽理 jìnqíng jìnlǐ〈成〉情理を尽くす.

尽瘁 jìncuì ⇒〔鞠躬尽瘁〕

尽然 jìnrán 全部そのとおりである.〔也不~〕全部そうだというわけではない.

尽人皆知 jìnrén jiē zhī〈成〉誰もが知っている:〔众 zhòng 人周知〕に同じ.

尽人事 jìnrénshì 人事を尽くす.〔~,听天命〕〈成〉人事を尽くして天命を待つ.

尽日 jìnrì 終日.一日中.〔~尽夜 yè〕終日終夜.昼夜不休.

尽如人意 jìn rú rényì〈成〉人々の考えに完全に一致する.全く人を満足させる.

尽如所期 jìn rú suǒqī〈成〉すべて予期したとおりになる.

尽善尽美 jìnshàn jìnměi〈成〉善美を極める.

尽是 jìnshì すべて.例外なく.〔这里展出的~新产品〕ここに展示したものは全部新製品です.→〔净 jìng 是〕

尽释前嫌 jìnshì qiánxián 過去の悪感情を完全に取り除くこと.

尽收眼底 jìn shōu yǎndǐ すべてを目にする.

尽数 jìnshù あるだけ全部.ことごとく.→ jǐnshù

尽态极研 jìntài jíyán〈成〉形がたいへん美しいこと.

尽头 jìntóu 尽きるところ.末端.果て.〔路的~〕道のつき当たり.〔半岛的~〕半島の先端.〔苦也到到了~,穷也穷到了~〕苦しみも極点まで,貧乏も絶頂に至った.

尽夕 jìnxī〈文〉一晩中.〔~不寐 mèi〕一晩中寝ない.

尽显 jìnxiǎn とことん明らかにする.すべてをさらけ出す.〔~无遗 yí〕同様.

尽孝 jìnxiào 孝を尽くす.孝行する.

尽心 jìnxīn 心を尽くす.誠意を尽くす.〔厂 chǎng 里真実为我们尽心了〕工場の方では私たちのために心を尽くしてくれたと言える.

尽心竭力 jìnxīn jiélì ＝〔尽心尽力〕〈成〉誠意を尽くし,力の及ぶかぎり努力する.〈転〉できるかぎり.一生懸命に.

尽心尽力 jìnxīn jìnlì 同上.

尽心尽意 jìnxīn jìnyì〈成〉(人のために)心を尽くす.

尽兴 jìnxìng 歓を尽くす.〔游览了一天,他们还觉得没有~〕1日遊んでも彼らはまだ思う存分楽しんだ気がしなかった.〔~而归〕興を尽くして帰る.

尽性 jìnxìng 思う存分にする.〔让孩 hái 子~地玩〕子供を思いのまま遊ばせる.

尽言 jìnyán 言葉を尽くす.

尽意 jìnyì ①意見を十分に述べる. ②⇒[尽情]
尽义务 jìnyìwù ①務めを果たしきる. ②無報酬でやる.
尽责 jìnzé 責任を果たす.
尽职 jìnzhí まじめに仕事に励む.[～尽责]職責を果たす.
尽致 jìnzhì 十二分である. とことんまでする.[发 fā 挥～]十分に発揮する. →[淋 lín 漓尽致]
尽忠 jìnzhōng 忠義を尽くす:多くは国事に励み,または国難に殉ずる意.[～报 bào 国〈成〉盡〈仗〉忠報国.

[**浕・濜**] jìn [～水]冊湖北省にある.

[**荩・藎**] jìn (Ⅰ)→[荩草]
(Ⅱ)〈文〉誠忠である. 忠義である.[～臣 chén]忠臣.
荩草 jìncǎo 囫コブナグサ:イネ科一年草. 茎と葉の汁は黄色染料に, 繊維は造紙に用いられる.[黄 huáng 草①]ともいう.

[**烬・燼**] jìn 燃え残り. 燃えかす.[灰 huī ～]同前.[余 yú ～]燃え残り.[烛 zhú ～]灯火の燃えかす.
烬余 jìnyú [余烬①]燃え残り.

[**赆・贐(賮)**] jìn〈文〉餞別. 送別の贈り物.[馈 kuì ～]同前.[致 zhì ～]餞別を贈る.
赆仪 jìnyí その餞別. 餞別.

[**进・進**] jìn ①進む. 前進する.[前～]前進(する).[南～]南へ進む.↔[退 tuì ①] ②進む. 入る. 中へ入る. 集団に入る.[请～]どうぞお入り下さい.[～屋里去]部屋の中に入って行く.[～站 zhàn](電車·列車水)ホームに入る. 到着する.[～港 gǎng](到港·空港入港する.[～学校]学校に入る(学生となって).[～工厂]工場に入る(労働者として).[左边～人, 右边出人]左手から人が入り, 右手から出る.→[出 chū ①] →[人 rù ①] ③収入がある. 受け取る. 仕入れる.[～销 xiāo]商品の仕入れと販売. ④呈します. ⑤量詞. 号棟. ブロック:敷地の入り口から奥の順に幾棟も前後に重なっている建物およびその間にある[院 yuàn 子①]を数える.[第三～房子是会议室]第三棟の建物は会議室である.[两～院子]中庭二つ.[进深] ⑥動詞の後について動作が中へ入ることを表す.[把水灌 guàn ～去]水を注ぎ込む.[搁 gē ～去]仕舞っておく. ⑦[姓]進(仗)
进逼 jìnbī (軍隊が)…に向かって進む.
进兵 jìnbīng (軍)兵を進める. 進軍する.
进补 jìnbǔ 滋養をとる. サプリメントを飲む.
进步 jìnbù ①進歩(する). ②謙虚使人～]謙虚は人を進歩させる.↔[退 tuì 步①] ②進歩的(である).[～的思想]進歩的な思想.[～人士]進歩的な人々.↔[保 bǎo 守①]
进餐 jìncān 食事をとる:[就 jiù 餐]に同じ.[按 àn 时～]時間どおりに食事をとる.[会后,主席同他共进晚餐]会見後, 主席は彼と晩餐をともにした.→[用 yòng 饭]
进谗 jìnchán〈文〉上司の前で人の悪口を言う.
进场 jìnchǎng ①囮科挙で[科 kē 场](試験場)に入って受験する. ②(会場·競技場·劇場などに)入場する. ③(飛行機)の滑走路へ入る.[～失 shī 败]着陸失敗. ④商品を納入する.
进呈 jìnchéng 献上する.
进城 jìnchéng 城内へ行く. 市内へ行く.
进程 jìnchéng (変化あるいは運動の)進行過程. コース.[历 lì 史～]歴史的過程.
进尺 jìnchǐ 採鉱·トンネル掘進などの進度.[掘 jué

进工作面的月～](トンネルや坑道などの)掘進1か月当たりの進度.[钻 zuān 机钻探的年～]ボーリング掘削の年進度.
进出 jìnchū ①出入り(する).[车辆由此～]車はここから出入する. ②収入と支出. 収支.[这个银行 yín 行每天要有好几千万元的～]この銀行では毎日数千万元の収支がある.[～单]出納表.
进出口 jìnchūkǒu ①輸出入する ②出入り口.
进寸退尺 jìncùn tuìchǐ〈成〉得るところ少なく, 失うところの多いこと:[得 dé 不偿失]に同じ.
进刀 jìndāo 쀉①(原料供給装置の)送り. ②刃物前進.→[光 guāng 杠]
进刀杆 jìndāogǎn ⇒[光 guāng 杠]
进抵 jìndǐ 쀉(軍隊·隊伍)が前進し到達する.
进度 jìndù ①進度.[加快～]ペースを上げる. ②工程(仕事の).[～表]工程表.
进而 jìn'ér 更に一歩進んで. 一歩つっこんで.→[从 cóng 而]
进发 jìnfā (集団や多数の車·船が目的地へ向かって)出発する. 前へ進む.
进犯 jìnfàn 侵犯する.[全歼 jiān ～之敌 dí]攻め寄せる敵を全滅させた.
进风 jìnfēng 献上する.
进攻 jìngōng ①前進して攻撃する. 進攻する. ②攻勢に転ずる.
进宫 jìngōng ①〈文〉参内する. ②〈文〉(皇后·妃として)宮中へ入る. ③〈口〉刑務所に入る.[二～]2回の務所入り.
进贡 jìngòng ①〈文〉貢物を献上する. ②(下心をもって)贈り物をする. 賄賂を贈る.
进关 jìnguān 山海関に向かって進む.(東北から)河北省へ入る.[入 rù 关]に同じ.
进洪闸 jìnhóngzhá 洪水を受け入れて水量を調節する水門. →[节 jié 制闸]
进化 jìnhuà 進化(する).[～论 lùn]進化論.[～系统树]系 xì 统树]系统树.
进货 jìnhuò 商品を仕入れる.[～价格]仕入価格.[～帐]商品仕入れ帳.
进击 jìnjī 進撃する.
进给 jìnjǐ 囷(切削の)切り込み.
进给阀管 jìnjǐ fáguǎn 給水用バルブパイプ.
进给旋塞 jìnjǐ xuánsāi 囷吸い込みコック. 入口コック.→[旋塞]
进价 jìnjià 쀉仕入れ価格.
进间 jìnjiān ⇒[里 lǐ 间(儿)]
进见 jìnjiàn (目上の人に)会う.[晋见]とも書く.
进剿 jìnjiǎo 討伐する.
进酒 jìnjiǔ 酒を勧める.[敬 jìng 酒]に同じ.
进军 jìnjūn 進軍する.[～号 hào]進軍の号令.[嗡]進めの号令.
进口 jìnkǒu ①入港(する):[入 rù 口②]に同じ. ②輸入(する):[入口③]に同じ.[偷～]こっそり輸入する.[附 fù 加税]輸入課徴金.[～税 shuì]輸入税.[～额 é 分配]=[配 pèi 额]輸入(額)割当.[～通 tōng 胀]輸入インフレ.[外汇 huì]輸入為替.[～大片儿 piānr]輸入大作映画.[～输 shū 入①]③入り口:[入口④]に同じ.[出 chū 口②③④]③]輸入口. 吸込口.
进款 jìnkuǎn 入金. 収入.→[收 shōu 入②]
进窥 jìnkuī〈文〉接近して敵情をうかがう.
进来 jìn·lái 入って来る.[请 qǐng ～]どうぞお入り下さい.[门开着, 谁 shéi 都进得来, 门一关, 谁也

jìn

进不来〕門があけてあれば,誰でも入ってこられるが,門を閉めてしまえば誰も入ってこられない.↔〔出 chū 去〕

- **进来** --jìnlai 動詞の後に置いて,主動詞の動作の方向が外から内へのものであり,または動作の結果が外から内へ向かって現れることを表す.〔搬 bān~〕運び入れる.〔走~〕歩いて入る.〔掬 gē~〕了〕中へ入れた.

进料 jìnliào 仕入れた(輸入した)原料.〔~加工〕輸入した原料の加工(をする).→〔来 lái 料〕

进料砂轮机 jìnliào shālúnjī 機フィードグラインダ.

进门 jìnmén ①門を入る.中に入る. ②入門する.学び始める.〔嫁に入る.

进汽路 jìnqìlù 機入路(_{蒸気}).給汽路.

进汽门 jìnqìmén 機インレットバルブ.サクションバルブ.吸気口.

进气通路 jìnqì tōnglù 機吸込路.

进球 jìnqiú ⊠(サッカーなどの)ゴールイン.

进取 jìnqǔ 積極的である.〔~心〕進取の気概.

进去 jìn-qù 中へ入る.〔你有票 piào 先~吧〕君はチケットがあるので先に入ってくれ.

- **进去** --jìnqu 動詞の後に置き,動作が中へ入っていくことを表す.〔拿 ná~〕持って入る.〔掬 gē~〕中へ入れておく.〔听 tīng 不~〕耳に入らない.聞きいれない.

进人孔 jìnrénkǒng マンホール.〔进人洞 dòng〕〔检 jiǎn 修孔〕〔人孔〕などともいう.

进入 jìnrù 入る.〔节约运动~了高潮〕節約運動が高潮に達した.〔许多优秀工人~各级领导班子了〕多くの優秀な労働者が各クラスの指導者グループに〔~市场 市场に進出する.

进身 jìnshēn ①立身出世する.上の段階に入る.〔~(之)阶 jiē〕出世の階段.登竜門. ②採用される.職にありつく.〔只要你有一技之长,就可以作为~的资格〕一つの技に秀でてさえいれば,それが何であれ採用してもらえる資格になりうる.

进深 jìnshēn 奥行きや庭の奥行き.〔门面九尺,~十二尺的小铺面房〕間口9尺,奥行2間の小さな店家.→〔门 mén 面①〕

进食 jìnshí 食事をする.〔~障 zhàng 碍〕摂食障害.

进士 jìnshì 旧科挙の〔殿 diàn 试〕に合格した者.→〔科 kē 举〕

进士出身 jìnshì chūshēn →〔第 dì 二甲〕

进士及第 jìnshì jídì →〔第 dì 一甲〕

进水 jìnshuǐ ① (水利)導水.取水. 〔闸 zhá 门〕取水ゲート.取水口. ②(船が)進水する.

进退 jìntuì ①前進と後退.〔~自由〕進退ともに自由である.〔~两难,惯〕~に手も足もつかないさま.〔他的~成为焦 jiāo 点〕彼の去就が焦点となった. ②ふるまい.〔不知~〕身の程をわきまえない.

进退失据 jìntuì shījù 〔成〕進退ともに拠るべき所を失う.

进退维谷 jìntuì wéigǔ 〔成〕進退きわまった状況(詩経・桑柔).〔羝 dī 羊触藩〕

进位 jìnwèi 囮桁を進める.桁を上げる.

进袭 jìnxí (進軍して)襲撃する.〔禽流感~亚洲〕鳥インフルエンザアジアで猛威をふるう.

进贤 jìnxián ①賢能の士をすすめ用いる. ② 地江西省にある.

进献 jìnxiàn 差し上げる.〔~贡品〕貢物を献上する.→〔进呈〕

进香 jìnxiāng 神仏に香を供えて礼拝する:多くきをくんで遠方から聖地や寺廟を訪れて参拝すること.

进项 jìnxiàng =〔得 dé 项〕収入.〔他近来~很不错〕彼は近ごろ収入がなかなかよい.

进项税 jìnxiàngshuì 仕入税.

进行 jìnxíng ①進行する.行う.進める:持続的行為を表す.また行為を表す語は2音節以上.〔将革命~到底〕革命を最後までやりぬく.〔对他~帮 bāng 助〕彼に援助を行う.〔~了批 pī 评〕批評を行った.〔同他~了交谈〕彼と意見の交換をした.〔代表团在北京~了参观游览〕代表団は北京で参観や遊覧をした. ②前進する.行進する.〔~曲 qǔ〕围行进曲.(义 yì 勇军~曲〕義勇軍行進曲:中華人民共和国国歌.

进修 jìnxiū 研修する.受講する:多くは在職者が一定期間講習を受けること.〔出国~人员〕外国へ研修に行くメンバー.〔~生〕研修生. 〔医 yī 学~班〕医学研修班.

进学 jìnxué ①学問を深める ②旧科挙で〔秀才〕となり府県の学校へ入学すること.〔入泮 pàn〕ともいう.→〔科 kē 举〕

进言 jìnyán 進言する.〔向您进一言〕あなたに一言申し上げます.

进谒 jìnyè 〔牘〕参上する.拝趨(^す)する.

进一步 jìnyībù ①一歩を進める.〔~,退 tuì 两步〕一歩前進,二歩後退. ②さらに.一層.〔作~具体研究〕一層具体的に研究する.

进益 jìnyì 〔文〕(学識・修養の)進歩.

进展 jìnzhǎn 進歩発展する.進展(する).〔~神速〕神速に進展する.〔谈 tán 判有很大~〕交渉は大きな進展があった.

进占 jìnzhàn 進攻し占領する.

进账 jìnzhàng 入金.収入.

进针 jìnzhēn 中医鍼(^{はり})を刺す.→〔扎 zhā 针〕

进驻 jìnzhù 進駐する.

〔琎・璡〕jìn 〔文〕玉(^{たま})に似た美石.

〔近〕jìn ①近い.〔离 lí 家很~〕家から近い.〔远 yuǎn〕 ②近づく.接近する.〔其 qí 地~海〕その土地は海に近い.〔~三千亩 mǔ〕三千ムーに近い.〔工厂现在已经发 fā 展为万人了〕ここは今や万に近い工場となった.→〔近朱者赤,近墨者黑〕 ③近似している.似ている.〔这两个字读音相 xiāng~〕この2字は音が似ている.〔老雕 diāo 的样子~似鹰 yīng〕鷲の格好は鷹に似ている. ④親しい.〔亲 qīn~〕①同前.〔最~的朋友〕最も親しい友.〔他家走得挺 tǐng~〕両家はたいへん親密に交際している.〔~者少收,不收,远者多收,乱收〕親しい者からは徴収を少なくしたり取らなかったり,知らない者からは多く取ったりやたらに取ったりする. ⑤(時間的に)近い. ⑥〔姓〕近(^{きん}).

近安 jìn'ān 〔牘〕近ごろの平安.〔顺 shùn 颂~〕この機会に最近のごきげんを伺います.

近便 jìnbiàn 〔方〕(道が)近くて便利である.〔买 mǎi 东西~〕買い物には近くて便利です.

近臣 jìnchén 〔文〕近臣.

近程导弹 jìnchéng dǎodàn 軍近距離ミサイル.

近程航线 jìnchéng hángxiàn 近海航路.短距離航路.

近处 jìnchù 近い所.

近代 jìndài ①囧(時代区分上の)近代:中国では普通〔鸦 yā 片战争〕以降〔五 wǔ 四运动〕までを言う.→〔现 xiàn 代〕 ②=〔近世〕資本主義の時代.〔~经营〕近代的(資本主義的)経営.

近道 jìndào 近道.〔近路〕に同じ.〔抄 chāo~走〕早道をする.

近地点 jìndìdiǎn 囩近地点:月・惑星・衛星が地球に最も近づく地点.

近东 jìndōng [地]近東：ヨーロッパから見た近くの東方諸国.〔中~〕中近東.→〔西 xī 亚〕

近古 jìngǔ [因](時代区分上の)近古:中国では普通宋・元・明・清(19世紀中頃までを指す(諸説あり)

近光灯 jìnguāngdēng ロービーム:(車の)下向きヘッドライト.→〔远 yuǎn 光灯〕

近海 jìnhǎi 近海.〔~航 háng 行〕近海航行.→〔远 yuǎn 洋〕

近乎 jìnhū …に近い.差が少ない.ほとんど.〔~野蛮 mán〕野蛮に近い.

近乎 jìnhu 〈口〉接近し親しくする.親密である.〔他和小王拉 lā ~〕彼は王君に(仲よくなろうと)入っている.

近畿 jìnjī 〈文〉近畿.首都付近.

近郊 jìnjiāo 近郊.〔上海~〕上海近郊.

近景 jìnjǐng ①近景. ②(撮影の)クローズショット.↔〔远 yuǎn 景②〕 ③現況.

近距离投篮 jìnjùlí tóulán [又](バスケットの)近距離シュート.→〔投篮〕

近况 jìnkuàng 近況.〔多 duō 日不見来信,不知~如何~〕〔牘〕しばらくお便りがありませんが、いかがお過ごしですか.

近来 jìnlái 〔=旧日〕近ごろ:現在に近い過去.

近邻 jìnlín 近隣.隣り近所.

近路 jìnlù 近道.〔=近道〕に同じ.〔走~〕近道を行く.→〔抄 chāo 道(儿)①〕

近年 jìnnián 近年.

近旁 jìnpáng 近傍.そば.

近期 jìnqī ①短期の.〔~支 zhī 付〕[因]近日払い. ②近いうちに.遠からず.〔~内将 jiāng 无大雨〕近いうちに大雨はないでしょう.

近前 jìnqián ①〈白〉近く.近寄る. ②⇒〔跟 gēn 前〕

近亲 jìnqīn 近親(者).〔~属 shǔ〕[因]夫・妻・父・母・子と兄弟姉妹.〔~繁 fán 殖〕[生命]近親交配.〔~密友〕近親と親友.〔~亲友〕

近情 jìnqíng 人情に合致する.情理に近い.

近人 jìnrén ①近代人,あるいは現代人. ②〈文〉自分と関係の近い人.

近日 jìnrì ⇒〔近来〕

近日点 jìnrìdiǎn [天]惑星や彗星が太陽に最も近づく地点.

近世 jìnshì ⇒〔近代②〕

近侍 jìnshì 〈文〉側近の従者.

近视 jìnshì ① 近視.〔~眼 yǎn〕近視眼.〔~镜 jìng〕〔~眼镜〕同前用の眼鏡.→〔短 duǎn 视②〕 ②見識が浅薄である(こと).→〔短视①〕

近世代 jìnshìdài [地]近世代.

近水楼台 jìnshuǐ lóutái 水辺の楼台は月が真っ先に照らす.〔喩〕有利な立場の者が得をすること.〔~得月,向阳花木易为春〕同前で、日を浴びる花は春が早く来る(宋.蘇軾詩)

近似 jìnsì 近似している.〔~计算〕近似計算.〔~值 zhí〕[数]近似値.〔这两个地区的方言有些~〕この二つの地区の方言はいささか近似している.

近台攻 jìntáigōng [又](卓球の)前陣攻撃:台から離れた攻撃は〔远 yuǎn 台攻〕

近体诗 jìntǐshī 〔=今 jīn 体诗〕唐のころに興った格律の厳格な詩:字数・句数などが〔绝 jué 句〕〔律 lǜ 诗〕などに分けられ,これに従わないものを〔古 gǔ 体诗〕という.

近卫军 jìnwèijūn ⇒〔禁卫军〕

近闻 jìnwén 近頃の話.

近幸 jìnxìng 〈文〉君主が親しみ寵愛する臣.

近洋 jìnyáng ⇒〔远 yuǎn 洋〕

近义词 jìnyìcí [語]近義語.

近因 jìnyīn 近因.↔〔远 yuǎn 因〕

近影 jìnyǐng =〔近照〕近影.

近忧 jìnyōu 〈文〉目前の心配事.〔人无远 yuǎn 虑,必有~〕先の計画のないものは目前に心配事がおこる.

近友 jìnyǒu 親しい友.

近于 jìnyú …に近い.…に接する.〔~荒唐的事〕ほとんどデタラメのようなこと.

近悦远来 jìnyuè yuǎnlái 〔成〕近い人は喜び,遠い人は慕い集まる:徳化の行き渡ること(論語・子路)

近在咫尺 jìn zài zhǐchǐ 〔成〕ごく近いところにいる.〔[因]=〔咫尺]ともいう.

近战 jìnzhàn [軍]近接戦.

近照 jìnzhào ⇒〔近影〕

近支(儿) jìnzhī(r) (血縁関係の)近い同族.

近祉 jìnzhǐ 〈牘〉最近の幸福.

近朱者赤,近墨者黑 jìnzhūzhě chì, jìnmòzhě hēi 〔諺〕朱に交われば赤くなる.→〔跟 gēn 谁学谁〕

近状 jìnzhuàng 近況.

〔靳〕 jìn 〈文〉①むながい(をつけた馬).→〔辕 yuán ①〕 ②〈文〉物惜しみする.〔~而不与〕惜しくて人に与えない. ③〈文〉人を辱める. ④〈姓〉靳(𢉂)

〔妗〕 jìn

妗母 jìnmǔ 同上②.

妗子 jìnzi 〈口〉①妻の兄弟の妻.〔大~〕妻の兄嫁.または妻の兄弟の中の一番上の兄(弟)嫁.〔小~〕妻の弟嫁.または妻の兄弟の中の一番下の兄(弟)嫁. ②おば(母の兄弟の妻).〔〈方〉妗母〕〔舅 jiù 母〕に同じ.

〔劲・劲(勁・勵)〕 jìn ①〔-儿〕力.〔使~打〕力を入れてたたく.〔使出全身的~来〕全身の力を出す.〔有多~,使多~〕ありったけの力を出す.〔再加一把~儿〕もっとがんばる.〔后~大〕(酒などが)後になってから酔いが回ってくる. ②〔-儿〕意気.意欲.元気.気力.〔鼓足干~,力争上游〕大いに意欲を出す.〔他们谈得正起~〕彼らは今話がはずんでいるところだ. ③〔-儿〕気張った様子.態度.気ぐらい.〔你看他那鬼 chòu ~,真叫人难耐〕あいつの威張りくさった格好は、全く鼻もちならない.〔瞧 qiáo 他那个~〕あの剣幕ったら!〔興味.おもしろさ.あじ.〔有什么~呀〕何のおもしろいことがあろう.〔这句话说得带~〕この話には味がある.〔穿 chuān 中国衣服的那种~叫做松快 kuai〕中国服を着たあの感じは、ゆったりしているということだ.〔脸上不得~〕面(𥞥)はゆい. ⑤〔-儿〕形容詞・動詞の後について,それを名詞化して,その程度を示す.〔冷~〕寒さ加減.〔咸~〕辛(𥞥)さ加減.〔亲 qīn 热~〕親しさ.〔麻 má 烦~的〕うるさいったら.〔看你这个愣~〕なんだきみのそのそっかしさは. →**jìng**

劲道 jìndào 〈方〉①やる気. ②気張り. ③おもしろみ.

劲气 jìnqì 〈方〉①力. ②元気.

劲儿 jìnr →字解①②③⑤

劲头(儿) jìntóu(r) ①力.勢い.意気込み.〔~大〕力が強い.〔会议开得很热烈,大家~很足〕会議は熱狂のうちに開かれ,みなファイトに燃えていた. ②力の入れ所.肝心のところ.〔上一上吧,哪肯罢手啊〕ちょうど肝心のところになっているのに,手をゆるめてなるものか. ③様子.格好.

〔浸〕 jìn ①ひたす.ひたる.水につける.〔把种 zhǒng 子放在水里——~〕種を水にひた

jìn

す．②しみ込む．にじみでる．〔眼里～着激动的泪lèi 水〕目には感激の涙をたたえにじませていた．〔水～庄 物〕画水ぬれ荷．③⇒〔寖〕〈文〉だんだんに，徐々に．〔友情～厚 hòu〕友情がだんだん厚くなる．

浸沉 jìnchén ⇒〔沉浸〕

浸膏 jìngāo 〔薬〕エキス剤．〔番 fān 木鳖～〕ホミカエキス．〔曼 màn 陀罗～〕ダツラエキス．〔莨 làng 菪～〕ヒヨスエキス．

浸灌 jìnguàn ①大水で浸水する．②灌漑する．

浸剂 jìnjì 〔薬〕浸剤．ふりだし．

浸渐 jìnjiàn 次第に．だんだんと．

浸礼 jìnlǐ 〔宗〕(キリスト教の)洗礼．〔洗 xǐ 礼①〕ともいう．〔～会 huì〕バプテスト教会．浸礼派．

浸没 jìnmò 水没する．①ひたる．

浸沐 jìnmù ひたる．〔访 fǎng 问团～在友好的气氛中〕訪問団は友好的雰囲気にひたった．

浸泡 jìnpào 浸ける．ひたす．〔水に〕浸る．

浸取 jìnqǔ 溶液に浸した固体物からの成分をとりだす．

浸染 jìnrǎn ①漸次感染する．漸次影響を受ける．②〔液体が〕しみつく．しみて色がつく．

浸濡 jìnrú ①ぬれる．②しみ込む．

浸润 jìnrùn ①〔液体が〕次第にしみうるおう．②〔液体が〕徐々にしみ込む．③医浸潤(じゅん)．

浸湿 jìnshī 水にしみ込ませる．

浸蚀 jìnshí 浸蝕する．

浸水 jìnshuǐ 水にひたす．水中に沈める．

浸透 jìntòu ①しみとおる．〔汗水～了衣裳〕汗が服にしみとおった．②ぐっしょりぬれる．③(思想・感情が)満ちる．みなぎる．

浸淫 jìnyín 〈文〉だんだんしみ込む．だんだん深く入りする．

浸淫疮 jìnyínchuāng ⇒〔黄 huáng 水疮〕

浸浴 jìnyù ①水にひたって洗う．②ひたる．どっぷりつかる．

浸育 jìnyù 〈文〉はぐくむ．〔～万物〕万物をはぐくむ．

浸种 jìnzhǒng 〔農〕播種前に種子を清水・薬液・温湯にひたすこと．〔温 wēn 水～〕温湯浸種．

浸渍 jìnzì ①水がしみとおる．水ぬれする．②ひたす．つける．〔～剂 jì〕下づけ剤．

[浸] jìn 〈文〉陽陽の気が侵犯しあって形成される不祥の気．妖気．

[寖] jìn ⇒浸③

[晋(晉)] jìn (Ⅰ)進む．進める．〔～京〕[进京]上京する．〔加官～爵 jué〕[加官进爵]官位や爵位が昇る．
(Ⅱ)①因周代の諸侯国の一：山西省の大部分に当たる．②朝代名．ⓐ265年～420年．司馬氏が三国の魏に代わって建てた．都を洛陽とした317年または〔西～〕，都を建康(現在の南京)に移した以降を〔东～〕という．ⓑ→〔后 hòu 晋〕 ③山西省の別称．〔～商 shāng〕同前出身の商人:団結力が強いことで知られる．④〈文〉晋(ㄐ):六十四卦の一．⑤〔姓〕晋(ㄐ)

晋封 jìnfēng 區官吏の曾祖父母・祖父母・父母・妻の生存している者に〔封典〕を与えること:故人となった者に与えることを〔晋贈〕という．

晋级 jìnjí 昇級する．昇進する．〔晋档升级〕ⓐ同前．ⓑレベルアップする．〔晋了两级〕2階級昇進する．→〔升 shēng 级〕

晋见 jìnjiàn 謁見する．[进见]に同じ．

晋剧 jìnjù 劇山西地方の劇〔山 shān 西梆子〕〔中 zhōng 路梆子〕ともいう．→〔豫 yù 剧〕

晋升 jìnshēng 〈文〉昇進する．昇官する．

晋谒 jìnyè 〈文〉訪問してお目にかかる．〔～台端〕

〈牘〉参上してお目にかかります．

晋赠 jìnzèng →〔晋封〕

晋职 jìnzhí 〈文〉職位を上げる．

[搢(搢)] jìn 〈文〉さしはさむ：〔缙②〕に同じ．

搢绅 jìnshēn ⇒〔缙绅〕

[缙・縉] jìn ①〈文〉赤色の絹織物．②〈文〉さしはさむ：〔搢〕に同じ．

缙绅 jìnshēn 〈文〉紳士．官吏：[搢绅]とも書く．

[瑨(瑨)] jìn 〈文〉玉(ぎょく)に似た石．

[噤] jìn 〈文〉口を閉じて言わない．→〔吟 yín〕

[禁] jìn ①禁ずる．許さない．〔林区严 yán～吸烟〕森林区域内の喫煙を厳禁する．〔～改 gǎi 限 xiàn～〕禁止から制限への変更．〔～行 xíng〕通行禁止．〔～飞 fēi〕飛行禁止．②監禁する．〔监 jiān～〕〔囚 qiú～〕同前．③法律上または習慣上禁止されたこと．〔犯 fàn～〕禁令をやぶる．〔烟 yān～〕因アヘンの禁令．〔违 wéi～品〕禁制品．④旧皇帝の居住するところ．〔～宫 gōng〕〔宫～〕〔～中〕同前．〔紫 zǐ～城〕北京にある〔故 gù 宫〕をいう．⑤〔姓〕禁(ㄐ)

禁闭 jìnbì 禁固に処する．〔关～〕同前．〔～三天〕三日間の同前．

禁地 jìndì 立ち入り禁止の場所．

禁毒 jìndú 麻薬を禁止する．薬物を撲滅する．

禁赌 jìndǔ 賭博を禁止する．

禁方 jìnfāng 秘密の処方．秘方．

禁放 jìnfàng ①花火や爆竹を禁止する．〔～改限放〕[禁改限]同前を制限付き許可に変える．②映画上映を禁止する．〔～十大恐怖片〕ホラー映画トップテンを同前．

禁锢 jìngù ①匪禁錮:仕官の道を行ない，あるいは政治に参画させないこと．②[法]監禁する．禁固(する)．③強く束縛し制限する．(心を)狭い世界にとじこめる．

禁果 jìnguǒ 禁断の果実:多く比喩的に使う．

禁海 jìnhǎi (航行・海上輸送・漁獲などで)沿海に出入りすることを禁ずる．〔～范围〕海上出入境禁止区域．

禁毁 jìnhuǐ 取り締まり焼却する．〔古代～小说〕古代発禁小説．

禁火 jìnhuǒ →〔寒 hán 食(节)〕

禁忌 jìnjì ①忌み嫌う．〔百无～〕忌み嫌うものは何もない．②タブー．慣習上の忌避．③医禁忌(き)：医薬・食品などで病状を悪化させ，または治療の目的にそぐわないものを用いるべきでないこと．

禁驾 jìnjià （運転の）免停(する)

禁绝 jìnjué 禁止し絶やす．〔应当～一切空话〕一切の実行の伴わない話は禁止すべきだ．

禁军 jìnjūn 〈文〉近衛兵：〔禁卫军〕の略．

禁例 jìnlì 禁止条例．

禁猎 jìnliè 狩猟禁止(する)

禁林 jìnlín ①禁苑の林．②旧翰林院の別称．

禁令 jìnlìng 禁令．

禁旅 jìnlǚ 〈文〉近衛兵：〔禁卫军〕に同じ．

禁律 jìnlǜ 禁止することについての法律．法令．

禁脔 jìnluán 〈喩〉他人の享受を許さないもの．他人には指を触れられないもの．

禁摩 jìnmó （市街地など指定地域内の)オートバイ禁止(である)．

禁牧 jìnmù 放牧を禁止する．

禁内 jìnnèi 〈文〉宮中．御所．

禁片 jìnpiàn 放送・上映禁止フィルム・ビデオテープ．

jìn～jīng

禁品 jìnpǐn ⇒〔禁制品〕
禁氢 jìnqīng 原水爆禁止(する).〔世界～(大)会〕〔禁止(原子弹和)氢弹世界大会〕原水爆禁止世界大会.
禁区 jìnqū ①立ち入り禁止区域.〔禁讨钓区〕〔禁乞 qǐ 区〕ものを乞い行為取締区域. ②保護区.聖域. ③医手術などをしてはいけない部位. ④又④(バスケットボールで)制限区域.⑤(サッカーなどの)ペナルティーエリア.
禁燃 jìnrán ①燃焼を禁止する. ②花火・爆竹を禁止する.〔～烟 yān 花爆 bào 竹〕同前.
禁赛 jìnsài 因出場禁止(にする).
禁食 jìnshí 断食(する).絶食する.
禁售 jìnshòu 発売・販売を禁止する.
禁书 jìnshū 発禁本.
禁土 jìntǔ 迷信で占星家が土王の当番の日として工事をするを嫌うということ.
禁网 jìnwǎng 張り巡らされた禁令の網.
禁卫 jìnwèi 王宮を警護する.〔～军 jūn〕近卫军〕近衛兵.
禁线 jìnxiàn 又禁止線.〔二米 ～〕(水球の) 2 メートルライン.
禁压 jìnyā ①取り締まる. ②(感情を)けんめいに押さえる. ③通達文書を放置することを禁止する.
禁押 jìnyā 拘禁する.
禁药 jìnyào ①有害薬物の使用を禁ずる. ②又ドーピングを禁止する.またその薬物.
禁烟 jìnyān ①タバコ(アヘン)の禁止.〔～戒 jiè 烟〕②⇒[寒 hán 食(节)]
禁用 jìnyòng 使用を禁止する.〔～手钩 gōu〕手鉤(⑺)無用:[不得 dé 用手钩]ともいう.
禁渔 jìnyú 禁漁(する).〔～区 qū〕禁漁区.
禁欲 jìnyù 禁欲(する).〔～主义〕禁欲主義.耐乏主義.
禁苑 jìnyuàn 旧帝王の御宛園.
禁运 jìnyùn ①運送禁止. ②輸出入禁止.貿易禁止.〔他们迫切要求解除～〕彼らは切実に貿易禁止の解除を求めている.〔～政策〕禁輸政策.〔～放宽 kuān〕禁輸緩和.〔～物 wù 资〕禁輸物資.
禁止 jìnzhǐ 禁止(する).〔～停车〕駐停車禁止.〔～通行〕〔禁行通行中.
禁止(原子弹和)氢弹世界大会 jìnzhǐ (yuánzǐdàn hé) qīngdàn shìjiè dàhuì 原水爆禁止世界大会.〔世界禁氢(大)会〕ともいう.→[禁氢]
禁制 jìnzhì 製造禁止(する).〔～品 pǐn〕〔禁品〕同前の物.
禁子 jìnzi 同下.
禁卒 jìnzú ＝[禁子]回監獄の番人.看守.獄卒.
禁阻 jìnzǔ 禁じ阻止する.

〔噤〕
噤 jìn 〈文〉①口をつぐむ.ものを言わない.おしだまる. ②身震いする.〔寒 hán ～〕寒さに身震いする.
噤闭 jìnbì 中医口嚼(⒲₋)筋痙攣(⒱).
噤口 jìnkǒu 口をつぐむ.〔～无 wú 言〕口をつぐんで語らない.
噤口痢 jìnkǒulì 中医急性の細菌性下痢.〔～子 zǐ 不见午 wǔ〕同かかれば子の刻に午の刻のことがわからない(午の刻までもでたない)
噤若寒蝉 jìnruò hánchán 〈成〉寒空の蝉のように口をつぐんで言わない.〔噤如 rú 秋蝉〕〔默 mò 同寒蝉〕〔寒蝉伐马〕ともいう.
噤声 jìnshēng むっつりおしだまる.

〔堇〕
堇 jìn 〈文〉①泥で塗りふさぐ. ②埋める.

〔殣〕
殣 jìn 〈文〉①埋める.〔～枯 kū 骨〕骨を埋める. ②餓死する.〔道 dào ～〕路上で餓死す

〔觐・覲〕
觐 jìn 〈文〉(皇帝に)拝謁する.(聖地に)参拝する.〔人～〕宮中へ参内して天子に謁する.
觐见 jìnjiàn 〈文〉拝見する:〔朝 cháo 见〕に同じ.

jīng ㄐㄧㄥ

〔圣・泾〕
圣 jīng 〈文〉(地下の)水脉.

〔泾・涇〕
泾 jīng ①地名用字.〔～水〕地甘粛省に発し陕西省に入り〔渭 wèi 水〕に合流する.〔～县 xiàn〕地安徽省にある.〔泗 sì ～〕地上海市にある. ②〈姓〉涇(⒳)
泾渭 jīngwèi 涇水と渭水:陕西省で合流するが渭水は濁り,涇水は澄んでいる.〔～分 fēn 明〕〈成〉清濁・善悪の区別の明らかなこと.〔～不分〕〈成〉同前のはっきりしないこと.

〔茎・莖(茎)〕
茎 jīng ①植物の茎.〔地 dì 下～〕地下茎. ②茎状のもの.〔阴 yīn ～〕陰茎.ペニス. ③〈文〉量詞.細長いものを数える.〔数 shù ～小草〕数本の小さい草. ④〈姓〉茎(⒲)
茎椰菜 jīngyēcài 植ブロッコリー:〔嫩 nèn 茎花椰菜〕の略.〔青 qīng 花菜〕〔花茎甘蓝〕ともいう.→[花 huā (椰)菜]

〔经・經〕
经 jīng ①(布を織る時の)たて糸.〈転じて〉④.〔～纬wěi①〕②経度.〔北京市在东一百一十六度〕北京市は東経116度にある.↔[纬②] ③中医气血の循行する道.⇒[经络] ④治める.〔整 zhěng 军～武〕軍備を整える. ⑤経典.聖賢の作るところの不変の理を述べた書の意. ⑥宗教の教義をのべた書.〔佛 fó ～〕仏教の経典.〔古兰 ～〕コーラン(イスラム教教典). ⑦聖人の教えを述べた書.⑧聖書.バイブル(キリスト教の).〔～版 bǎn 问题〕版本の問題.〔念 niàn ～〕読経する. ⑨医月経.〔月～〕同前. ⑩量 liàng 月経の(出血)量. ⑧昔から変わらぬ.普通である.通常である.〔荒诞 dàn ~〕〈成〉でたらめで正しくない.〔天～地义〕〈成〉天地間の不変の真理. ⑨経由する.経る.経験する.〔路～天津〕天津を経由する.〔不～我手〕わたし(の手)を通さない.〔过儿几年〕数百年を経過した.〔身～百战〕多くの戦闘の経験を有する.〔～眼 yǎn 之事〕見たことのある事柄.〔～人指点,恍 huǎng 然大悟〕他人から指摘されて突然大いに悟るところがあった.〔～此教 jiào 训痛改前非〕この教訓を通して,すっかり前非を改めた.〔～…后〕…をした後.〔～本会向有关部门询 qià 询,才知毫 háo 无那种事〕本会が関係部門へ問い合わせて,はじめてその事実のないことが明らかになった.〔～与用户联 lián 系～〕ユーザーに連絡したところ～.〔计 jì 划 ①～上級批准执行〕プランはすでに上部組織の批準を経て執行されている. ⑩支える.耐える.〔～不住考验〕試練に耐えきれない.〔～禁 jìn 用〕〈文首に〉〔自 zì ～〕同前. ⑫〈方〉性格.〔他跟别人是两～〕彼はほかの人と性格が違う. ⑬⇒[京](地) ⑭〈姓〉经(⒱)
经办 jīngbàn 取り扱う.さばく.営む.〔～人〕担当者.係.
经闭 jīngbì 医月経が止まる(こと).→[闭经]
经编 jīngbiān 紡たて編み.↔[纬 wěi 编]
经部 jīngbù 漢籍の伝統的分類法〔经史子集〕の一:〔甲 jiǎ 部〕ともいう.聖賢の経典を入れる.→[四 sì 部]

jīng 经

经不起 jīngbuqǐ こらえきれない.耐えきれない.〔有些干部~金钱美女的诱惑,终于腐 fǔ 化了〕一部の幹部は金銭や美人の誘惑に耐えきれず,ついに堕落した.↔〔经得起〕

经常 jīngcháng ①常に.いつも.〔学习外国语最要 yào 紧的,就是要~练习听和说〕外国語を学ぶのに最も大切なのは,絶えずヒアリングとスピーキングをやることだ.→〔常管〕②平常(である).普通(である).ふだん(の).〔~收 shōu 支账户〕経常収支勘定.〔~项 xiàng 目顺差、逆差〕経常収支の黒字、赤字.〔这是一项~性的工作〕これは通常の仕事だ.〔~化 huà〕経常化(する)

经穿 jīngchuān ⇒〔禁 jīn 穿〕

经幢 jīngchuáng 六角形あるいは円形の石柱に仏句や経文を刻むもの:天辺に八面の仏像が刻まれているので〔八 bā 佛久〕ともいう.

经达权变 jīngdá quánbiàn ⇒〔通 tōng 权达变〕

经打 jīngdǎ 経済面の重大犯罪を撲滅する.〔~斗争〕同前の運動.〔~办〕同前の事務局.

经得起 jīngdeqǐ 〔常に.持ちこたえる.〔只有~艰 jiān 苦生活的磨 mó 练,才能争取到美好的生活〕困苦な生活に耐えてこそ,初めてすばらしい生活を勝ち取ることだ.↔〔经不起〕

经典 jīngdiǎn ①古典:元来は儒家の経典.また広く諸子百家の著作もいう.〔~力学〕古典力学.〔~名著乐曲〕古典的名著.〔~音乐〕クラシック音楽.②宗教の教典.〔古兰~〕〈音译词〉コーラン.③もっとも重要で権威ある著作・作品.〔马,恩,列,斯~著 zhù 作〕マルクス・エンゲルス・レーニン・スターリンの同前.〔~性的作品〕典範的な著作.権威性のある作品.〔奥 ào 斯卡~影片〕〈音译词〉オスカー賞映画.

经度 jīngdù 経度.↔〔纬 wěi 度〕

经方 jīngfāng 中医古代の医療処方に関する書物(総称)

经费 jīngfèi (機関・学校などの)経費.〔教育~〕教育経費

经风雨,见世面 jīng fēngyǔ, jiàn shìmiàn 〔成〕実際の困苦に耐えて世の中を知る.

经改 jīnggǎi 〔经济改革〕の略.

经官 jīngguān 裁判になる.〔这事能不能不~,私了 liǎo？〕この件は裁判で決着をつけるのではなく示談にできないか.〔~动府 fǔ〕〔惊官动府〕〔成〕お上じの者を煩わす.訴訟沙汰になる.

经管 jīngguǎn ①管理する.扱いを担当する.取り扱う:〔经手管理〕の略.〔凡金钱出入都归他一手~〕およそ金銭の出し入れはすべて彼ひとりの手で取り扱う.〔由一人签 qiān 字盖章〕係の人がサインをして印を押す.②経営と管理:〔经营管理〕の略.

经国之才 jīngguó zhīcái 〔成〕国を治める才:〔经世之才〕ともいう.

经过 jīngguò ①通過(する)・経過(する).〔~二十分钟就结束了 20 分间で終わった.〔我把这几年的~简单地告诉了他〕わたしはここ数年の経過を彼にざっと話した.〔~天津〕〔经由天津〕天津を通過する.→〔取 qǔ 道〕②経験(する).経歴(する).〔事非~不知难〕事は経験してみなければ苦労はわからない.

经合 jīnghé 経済協力:〔经济合作〕の略.〔~组织〕経済協力開発機構.OECD.

经互会 jīnghùhuì ⇒〔经济互助委员会〕

经籍 jīngjí ①~〔经书〕②〈文〉書物(総称)

经纪 jīngjì ①~〔企業〕の管理(をする).経営する.②⇒〔经纪人〕③〈文〉(家事の)きりもりをする.〔~其 qí 家〕同前.

经技 jīngjì 〔经济技术〕の略.

经济 jīngjì ①経済.〔~地理学〕経済地理学.〔~法〕経済法.〔~犯罪〕経済犯罪.〔~封锁〕経済封鎖.〔~规律〕経済法則.〔~机 jī 制〕経済システム.〔~间 jiàn 谍〕産業スパイ.〔~警 jǐng 察〕〔经警〕経済警察.〔~林〕経済林:狭義では用材林を除く.〔~模 mó 式〕経済モデル.〔~侵 qīn 略〕経済侵略.〔~区 qū〕経済区.〔~实 shí 体〕経済実態.〔~手 shǒu 册〕経済手帳.〔~体 tǐ 制〕経済体制.〔~危 wēi 机〕経済恐慌.〔~委员会〕经委経済委員会.〔~学〕経済学.〔~效 xiào 益〕経済効率.〔~制 zhì 度〕経済制度.〔国民~〕国民経済.〔富裕~〕経済が豊かである.〔~滑 huá 坡〕経済の減速.〔全球 qiú 化~〕経済のグローバル化.〔争夺奥运市场的~蛋 dàn 糕〕オリンピック市場のパイを奪い合う.②費用がかからない.経済的である.手軽である.〔~担 dān 保〕経済の担保.〔~合同〕経済生活中の)契約.〔~适 shì 用房〕(中低所得者向けの)エコノミーマンション.〔这个办法太不~〕このやり方は大変不経済だ.③国民経済に有益な,あるいは影響あるもの.〔~杂交〕一代交雑.〔~作物〕④生活の費用.〔他家~比较宽裕〕彼の家の生活は比較的ゆとりがある.⑤⇒〔经世济民〕

经济舱综合症 jīngjìcāng zōnghézhèng 医エコノミークラス症候群:〔深 shēn 度静脉血栓〕の俗称.

经济杠杆 jīngjì gànggǎn 経済てこ:生産・流通などの経済活動に作用する手段.税・金利・価格など.

经济核算 jīngjì hésuàn 経済計算.〔~制 zhì〕独立採算制.

经济合作与发展组织 jīngjì hézuò yǔ fāzhǎn zǔzhī 経済協力開発機構. OECD.〔经合组织〕は略称.

经济互助委员会 jīngjì hùzhù wěiyuánhuì (東欧)経済相互援助会議.コメコン.COMECON:略して〔经互会〕という.

经济基础 jīngjì jīchǔ 下部構造:略して〔基础〕ともいう.→〔上 shàng 层建筑〕

经济技术开发区 jīngjì jìshù kāifāqū 経済技術開発区:都市内のハイテク産業開発区.

经济开发区 jīngjì kāifāqū 経済開発区:1984年より外国資本に開放された上海・天津・広州・大連・青島など14の主要都市.〔~特区〕

经济昆虫 jīngjì kūnchóng 経済昆虫:経済上有益あるいは有害な昆虫.

经纪人 jīngjìrén =〔经纪②〕仲買人.代理人.ブローカー.〔经纪商〕ともいう.〔市 shì 侩①〕〔市牙〕〔牙 yá 侩②〕〔牙人〕〔牙子①〕は蔑称.〔掮 qián 客〕開き合わせ屋.〔股票~〕株式ブローカー.〔保险~〕保険ブローカー.②旧商人.行商人.→〔跑 pǎo 经纪〕

经济师 jīngjìshī 行政機関・企業などのエコノミストの職階の一.〔高级~〕准教授もしくは教授相当の同前.

经济特区 jīngjì tèqū 経済経済特別区:1979年より外国資本の導入などの特別措置がとられている深圳・厦門・珠海・汕頭の4地区.

经济特科 jīngjì tèkē 清末(光緒29年)に一度だけ実施された科挙の試験:国際事務に通じた人材を選抜した.

经济小吃 jīngjì xiǎochī ちょっとした料理.軽食.→〔小吃①〕

经济协作区 jīngjì xiézuòqū 経済経済協力区:沿岸先進地区と協力して経済開発を進める中・西部の地区.

经济学 jīngjìxué ①経済学(総称).②旧政治経済学

经济走廊 jīngjì zǒuláng 長江流域経済発展ベルト

经

jīng

地帯.
经济作物 jīngjì zuòwù 〖经〗経済作物:工業原料作物.工芸作物など.〔技 jì 术作物〕ともいう.
经解 jīngjiě 経書の注解(書)
经警 jīngjǐng〔经济警察〕の略.
经久 jīngjiǔ ①長持ちする.〔~耐 nài 用〕同前. ②長く経つ.長い間.〔~不息 xī 的次呼声〕いつまでもなりやむぬ歓声.〔~硬 yìng 化〕①時効硬化.
经卷 jīngjuàn 〖仏〗(仏教などの)経文を記した巻物.
经魁 jīngkuí 〖明〗五経に分けて科挙の試験を行い,そのそれぞれの経の第一合格者をいう.
经理 jīnglǐ ①経営処理(する).〔他의会~事业〕彼は事業の経営がうまい. ②企業の責任者:〔公 gōng 司〕の責任者.支配人.社長.〔总 zǒng ~〕総支配人.社長.〔副 fù ~〕副支配人.副社長.~〔大 dà 班②〕〔董 dǒng 事〕⇒〔代 dài 理商〕
经理处 jīnglǐchù 代理店.
经理人 jīnglǐrén ⇒〔代 dài 理人①〕
经历 jīnglì 経過(する).経験(する).〔她~过长期的革命斗争〕彼女は長期間の革命闘争を経験してきた.
经略 jīnglüè〈文〉①経略する.国を治める. ②古官名:軍を動員する時にこれを置く.多く辺境の長官にあてた.〔~使 shǐ〕同前.
经纶 jīnglún〈文〉整理された蚕の糸.〔喩〕国を治める(才略).〔满 mǎn 腹~〕同前の才にたけている.〔大展~〕大いに経綸(n)を行う.
经络 jīngluò 〖中〗経絡(ぬ):生活体の基本になっている気血が体内を循行するルート.〔经脉〕と〔络脉〕の総称.
经脉 jīngmài 〖中〗経脈:経絡の幹線ともいうべき長い脈.→〔络 luò 脉〕
经贸 jīngmào〔经济贸易〕の略.
经密 jīngmì 〖紡〗縦糸の密度.
经年累月 jīngnián léiyuè〈成〉幾多の年月を経た.〔经年历岁〕ともいう.
经期 jīngqī 〖生理〗月経の期日.
经纱 jīngshā 縦糸.↔〔纬 wěi 纱〕〖紡〗縦糸を整経する(こと).荒巻きをする(こと)
经商 jīngshāng 商売する.〔~习 xí 惯〕〖商务习惯〕商習慣.
经师 jīngshī〈文〉経学に通じた学者.
经石峪 jīngshíyù 〖地〗泰山にある面積1畝ほどの石板.一面に隷書で金剛経が刻されている.1字の大きさは50センチ四方ほどで王羲之の筆と伝えられる.
经史子集 jīng shǐ zǐ jí 漢籍の伝統的分類の大綱.経书・歴史・諸子百家・詩文集の四類.→〔四 sì 部〕
经世 jīngshì ①〈文〉国家・社会を治める.〔济民〕〔经济⑤〕〈成〉経国済民.→〔纬 wěi 世〕 ②社会的経験がある.
经事 jīngshì 多くの事に当たってきた.
经手 jīngshǒu ①自ら手がけて行う. ②手を経る.扱う.仲買する.〔~人〕取り扱い者.〔~商〕仲買商.〔某 mǒu 某~〕だれそれの扱い.
经受 jīngshòu 受けとめ耐える.〔~得起检 jiǎn 查〕検査されても困らない.〔~考 kǎo 验〕試練に耐えぬく.〔~了战斗的洗礼〕戦いの洗礼に耐えた.→〔禁 jīn 受〕
经售 jīngshòu 取次販売(する).〔经销〕に同じ.〔报导~新书到货消息〕取次販売の新しい書籍の入荷ニュースを報導する.〔总 zǒng 经销〕総取次販売店.
经书 jīngshū =〔经籍①〕(十三经など)儒家の経典(総称).→〔十 shí 三经〕
经水 jīngshuǐ 〖中〗月経.〔月 yuè 经〕
经堂 jīngtáng 〖仏〗(仏教の)経(ḩ)堂.蔵経.

经天纬地 jīngtiān wěidì〈成〉天地を経営し得るような雄大な偉大な才.
经停 jīngtíng トランジット:航空機乗客が目的地へ行く途中一時立ち寄りすること.
经痛 jīngtòng ⇒〔痛经〕
经外奇穴 jīngwài qíxué 〖中〗中国古代の医書にあらわれていない穴位(つぼ)の総称.
经委 jīngwěi〔经济委员会〕の略称.
经纬 jīngwěi ①縦糸と横糸.〔七十二夹五十六~扣布〕縦糸72本×横糸56本グレーシーチング. ②〖地〗経度と緯度.〔~度 dù〕同前.〔~线 xiàn〕経度と緯度.
经纬仪 jīngwěiyí 経緯儀.トランシット測量器械:天度経緯・地面の高低および三角遠近を測るもの.
经文 jīngwén 〖经〗経(ǵ)文.経典.
经武 jīngwǔ〈文〉軍事を統率する.
经洗 jīngxǐ 洗濯しても差し支えない.洗濯がきく.〔~耐用〕洗濯がきき長持ちがする.
经线 jīngxiàn ①縦糸. ②〖地〗経線.子午線〔子 zǐ 午线〕ともいう.↔〔纬 wěi 线〕
经销 jīngxiāo 取次販売する(经售)に同じ.〔~商 shāng〕取次販売商.代理商.〔~处 chù〕取次販売店.代理店.特約店.
经心 jīngxīn 気を配る.気にかける.〔无论什么事只 zhǐ 要多~就不会出大错〕何事をなすにも十分気をつければ大間違いがなくてすむ.〔漫 màn 不~〕全く気にとめない.まるで無とんちゃくだ.
经穴 jīngxué 〖中〗鍼灸の穴位(つぼ):全身に分布し合計361穴ある.→〔穴 shù〕〔穴③〕
经学 jīngxué 経書を研究する学問.〔古文~〕古文経学.〔今文~〕今文経学.
经学院 jīngxuéyuàn 宗教学校.〔伊 yī 斯兰教~〕(北京の)イスラム教教学院.
经血 jīngxuè 〖中〗月経:〔月 yuè 经〕に同じ.
经筵 jīngyán 帝王が経書の講義を聞いたところ.〔讲官〕侍講.
经验 jīngyàn ①経験(する).〔他~少〕彼は経験が浅い.〔从来没有~过〕いままで経験したことがない.〔~之谈 tán〕実際に経験した話.経験談.〔~论 lùn〕〔~主义〕経験論.経験主義.〔~定 dìng 律〕経験的法則. ②〖体〗試 yǒu
经验批判主义 jīngyàn pīpàn zhǔyì ⇒〔马 mǎ 赫主义〕
经验主义 jīngyàn zhǔyì ①〖哲〗経験主義:〔经验论〕(経験論)ともいう. ②経験のみに頼って理論研究を軽視した考え方.→〔公 gōng 式主义〕〔教 jiào 条主义〕
经一事,长一智 jīng yīshì, zhǎng yīzhì〈成〉一つの事件を経験すればそれだけ知恵が増す:〔经一失长一智〕ともいう.
经义 jīngyì ①=〔经意〕経書の意味. ②〖旧〗科試の際に課した科目の一:経書の句を題としてその義理を敷衍(え)した文章.→〔科 kē 举〕
经意 jīngyì ①心に留める.注意する.〔不~〕不注意である. ②同上.
经营 jīngyíng ①経営する.管理する.〔~费 fèi 用〕事業費.ランニングコスト.〔~性投 zī〕非生産的投資.〔~战 zhàn 略〕経営戦略.〔~农 nóng 业〕農業を営む. ②計画する.画策する.企む. ③扱う.処理する.〔我公司~废 fèi 铁〕当社は屑鉄を取り扱う.〔~口岸〕〖商〗商品の輸出入を扱う港市.
经久 jīngjiǔ 役に立つ.〔~得〕長持ちしない.〔又便 pián 宜又~〕安くて長持ちする.
经由 jīngyóu 経過する.〔~京沪线到济南〕京滬線経由で済南に到着する.
经援 jīngyuán〔经济援助〕の略.①経済援助. ②

政府開発援助(ODA)の通称.→[军 jūn 援]
经院哲学 jīngyuàn zhéxué 図スコラ哲学:[烦 fán 琐哲学①]ともいう.
经折装 jīngzhézhuāng 折り本.アコーディオン式の製本.
经侦 jīngzhēn 経済事犯の捜査(員)
经咒 jīngzhòu 経文と呪(ﾉﾛｲ)文.
经传 jīngchuán ❶経書およびその注釈.❷権威のある書物.[名不见〜]無名のやから(である)
经租 jīngzū (土地・家屋や機械の)賃貸をする.[机修 xiū 理〜站]機械修理貸し出しセンター.

[**京**] **jīng** (Ⅰ)❶国都.首都.[进 jìn〜]上京する.[俄é〜莫斯科]ロシアの首都モスクワ.❷京城の略称:南京の別称は[宁 níng⑤]という.[〜沪 hù 线]北京・上海線.[〜西 矿 kuàng 区]北京西方の鉱業地区.❸[文]大きい.[莫之与〜]これより大きいのはない.❹(小姓)[京族](Ⅱ)固京(ｹｲ):数の単位.[经③]に同じ.10億を[兆]、10兆を[〜]という.現在の1000万に同じ.→[垓 gāi ③]

京巴儿狗 jīngbārgǒu 働ペキニーズ:小型犬の一.→[哈 hǎ 巴狗①]
京白 jīngbái ❶北京の口頭語.❷図京劇の中の北京語のせりふ.→[韵 yùn 白①]
京白梨 jīngbáilí 厠北京産の梨の一種.
京报 jīngbào ❶図聖旨.諭旨.❷都(北京)の新聞.❸商業出版された政治文書・情報:定期に宅配された.→[邸 dǐ 报]
京菜 jīngcài 図北京料理:[北 běi 京菜]の略称.→[中 zhōng 国菜]
京察 jīngchá 在京官吏に対する勤務評定:明代は6年に一度、清代は3年に一度行なわれた.→[大 dà 计②]
京城 jīngchéng [文]みやこ:[京师]に同じ.
京都 jīngdū ❶[文]みやこ.❷国都.首都.
京二胡 jīng'èrhú 固胡弓の一種.二胡に似ている.音響は京胡と二胡の中間で、京劇の伴奏などに用いられる.
京官 jīngguān ❶固中央官庁の官吏.→[外 wài 官]❷国家公務員.とくに北京で働く同前.
京国 jīngguó <文>首都.国都.
京胡 jīnghú 固京劇の伴奏に用いる胡弓.→[胡琴(儿)][板 bǎn 胡]
京花 jīnghuā ❶絹の造花.❷麵八重咲きボタン.
京华 jīnghuá ⇒[京师]
京畿 jīngjī <文>首都及びその付近の地方.
京郊 jīngjiāo 北京の郊外区域.
京津 jīngjīn 北京と天津.[〜冀 jì 都市圈]同前と石家荘・唐山などを含む広域都市圏.
京剧 jīngjù 図京劇:湖北・安徽地方の演劇が清の乾隆末年北京へ入り、発達したもの.[二 èr 黄(腔)]を主とし、これに[西 xī 皮①][南 nán 梆子]などが加わった.[乱 luàn 弹③][京戏][平 píng 剧]ともいう.解放後はその現代化も行われ、特に[文化大革命]の時期には、洋楽器の伴奏による[现 xiàn 代革命戏]として行われたこともある.[〜团]京劇団.
京锣 jīngluó 図(京劇用の)小さいどら.
京派 jīngpài ❶北京在住の一派:[海 hǎi 派][上海居住の一派]に対していう.旧時、多く演劇界で用いる.❷北京流(の).→[海派]
京片子 jīngpiànzi <口>(生粋の)北京語.[一口〜]北京口調.
京平 jīngpíng 圉北京で用いられたはかり:その1両4分が[库平]の1両に当たった.→[库 kù 平][市 shì 平②]

京腔 jīngqiāng ❶⇒[京剧]❷[弋 yì (阳)腔]が北京に入り、北京の発音に変更したもの:清代[花 huā 部]の一種.❸北京なまり.→[撇 piē 京腔]
京阙 jīngquè [文]皇居.首都.
京师 jīngshī =[京都][京华]<文>みやこ:[<文>京城][<文>日 rì 下①]ともいう.→[国 guó 都][首 shǒu 都]
京味(儿) jīngwèi(r) 北京風(の).[〜小说]北京情趣あふれる小説.[〜小吃]北京味のスナック.
京戏 jīngxì ⇒[京剧]
京油子 jīngyóuzi 圉ぬけ目ない北京っ子.口さがない京童(ﾞﾗﾍﾞ).→[老 lǎo 油子]
京韵大鼓 jīngyùn dàgǔ →[大鼓②]
京兆 jīngzhào 固❶京畿の行政管轄区域.[转]首都.❷[尹 yǐn](京畿の長官)の略.
京族 jīngzú ❶キン族:中国少数民族の一.広西チワン族自治区に住む.❷ベトナム最多の民族.

[**惊・驚**] **jīng** ❶(馬やラバが)驚いて暴れる.驚いて走り出す.[马〜了]馬が驚いて走り出した.[骡 luó 子〜了,往往有翻车的危险]ラバが驚いて暴れると、往々にして車をひっくりかえす危険がある.❷驚く.びっくりする.[吃 chī〜][受 shòu〜]同前.[大吃一〜]びっくり仰天する.[胆 dǎn 战心〜成]びくびくする.胆がつぶれてぞっとする.[打草〜蛇 shé(喻)]❶あるものに打撃を与えて他のものに見せつけてやる.❷不用意な事をして相手に悟られ警戒される.→[惊动]
惊曝 jīngbào あっと驚くことが公開される.[〜某国首相的丑闻]某国首相のスキャンダルをすっぱぬく.
惊怖 jīngbù 驚き恐れる.
惊诧 jīngchà ⇒[骇 hài 怪]
惊颤 jīngchàn 怖くて震える.
惊呆 jīngdāi 驚いてぼんやりする.
惊倒 jīngdǎo あっけにとられる.驚いて倒れる.
惊动 jīngdòng ❶驚かす.騒がす.迷惑を与える.[她这么一叫 jiào 喊,把村里人都〜了]彼女が大声で叫んだので部屋中の人がびっくりした.[他上夜班,现在睡 shuì 觉呢,没事可不要〜他]彼は夜勤をして今眠っているところだから、用がなければ邪魔をしてはいけない.→[麦 hōng 动]❷(挨)恐れ入ります.ちょっとすみません.→[辛 xīn 苦②]
惊愕 jīng'è <文>驚く.[十分〜,手足无措]驚愕のあまり呆然とした.
惊风 jīngfēng 中医子どものひきつけ(けいれん).[急 jí〜]急性の同前.[慢 màn〜]慢性の同前.
惊服 jīngfú 非常に感心する.[实在令人〜]まったく驚くほど感服に値する.
惊弓之鸟 jīnggōng zhī niǎo <喻>おびえ騒ぐ人:[伤 shāng 弓之鸟]に同じ.
惊怪 jīngguài 驚き怪しむ.
惊官动府 jīngguān dòngfǔ ⇒[经官动府]
惊闺 jīngguī =[惊绣]圉行商の小間物屋が鳴らした鳴り物,たとえば大鼓など.
惊骇 jīnghài <文>驚き恐れる.
惊号 jīngháo ⇒[惊叫]
惊慌 jīnghuāng 驚き慌てる.[〜失措 cuò 成]周章狼狽する.
惊惶 jīnghuáng おびえうろたえる.[〜无措 cuò 成]周章狼狽する.
惊魂 jīnghún びっくりして気が動転する.[〜未定]驚きがまだ静まらない.
惊惑 jīnghuò <文>驚きまどう.とまどう.
惊悸 jīngjì ❶中医驚き・不安・恐怖・激怒などで心

jīng

臓がどきどきする症状. ②〈文〉同前の状態.
惊叫 jīngjiào 驚いて叫ぶ.〔惊号〕に同じ.
惊惧 jīngjù 〈文〉恐れる.
惊觉 jīngjué ①はっと悟る. ②いぶかしく思う. ③⇒〔惊醒〕
惊厥 jīngjué ①〈文〉恐れのため気を失う. ②[中医]ひきつけ.けいれん:強烈な筋肉けいれんの総称.
惊恐 jīngkǒng 驚きおびえる.〔~障 zhàng 碍〕[医]パニック障害.〔~万 wàn 状〕〈成〉恐れのおのいて縮みあがるさま.〔~失 shī 色〕〈成〉驚いて顔色が変わる.
惊雷 jīngléi 大きな雷の音.〈喩〉突然の驚愕事件.〔~滚地〕〈喩〉大音声.大音量.
惊怕 jīngpà 驚き恐れる.
惊奇 jīngqí 不思議がる.怪しみ驚く.珍しげである.〔以~的眼光看〕驚異の目をもって見る.
惊雀铃 jīngquèlíng 廟宇や塔の軒にのるした鈴.
惊扰 jīngrǎo 驚き騒ぐ.〔自相~〕仲間内で驚き騒いでいる.〔受到~而大怒 nù〕驚かされてひどく怒る.
惊人 jīngrén めざましい.目をみはらせる.〔~创 chuàng 举〕めざましい壮挙.〔~之笔 bǐ〕〈惯〉目をみはるような作品(文章など).〔~的消 xiāo 息〕驚くべきニュース.〔这件事实 shí 在~〕これは全く驚くべき事だ.
惊蛇入草 jīngshé rùcǎo〈成〉草書の筆勢の速くて力のあること.〔~飞 fēi 鸟出林,~〕同前.
惊世骇俗 jīngshì hàisú〈成〉世間をあっと言わせる.
惊悚 jīngsǒng〈文〉驚き恐れる.〔~片 piàn〕[惊险片]スリラー映画.
惊叹 jīngtàn (すばらしさに)驚嘆する.〔~一句 jù〕[国]感嘆文.
惊叹号 jīngtànhào ⇒〔感 gǎn 叹号〕
惊堂木 jīngtángmù 驚木:法廷で法官が卓上を叩いて下僚人などに警告する時に使ったもの. →〔醒 xǐng 木〕
惊涛 jīngtāo 荒波.〔~拍岸〕〈喩〉一大変事の発生.〔~骇 hài 浪〕〈喩〉非常な危険.
惊天 jīngtiān〈喩〉重大な.〔~大案 àn〕重大事件.〔~动地〕〈成〉驚天動地.天地をゆり動かすように大きいこと.
惊悉 jīngxī〈文〉(…と言う事を)知り驚きました:相手の家庭に不幸なことのあったことを知った場合に用いる.〔大人渣 kè 駕遊世〕ご尊父さきが御永眠のことを承り驚愕いたしました. →〔欣 xīn 悉〕
惊喜 jīngxǐ 驚喜(する).〔~交集〕驚きと喜びがこもごも至る.
惊吓 jīngxià びっくりしておびえる.〔~失魂〕子どもが驚いてひきつける.〔孩子受了~,哭起来了〕子供がおびえて泣き出した.
惊痫 jīngxián ⇒〔小 xiǎo 儿急痫〕
惊险 jīngxiǎn 驚いて息をのむ.ひやひやする.そっとする.〔~小说〕スリラー小説.冒険小説.〔~电 diàn 影〕〔~片〕[惊悚片]スリラー映画. →〔恐 kǒng 怖①〕
惊羡 jīngxiàn 感嘆してうらやましく思う.
惊心 jīngxīn 心を動かされる.内心で舌をまく.
惊心动魄 jīngxīn dòngpò〈成〉驚き動転する.驚愕すると〔惊魄〕ともいう.〔~的场 chǎng 面〕手に汗を握る場面.
惊醒 jīngxǐng =〔惊觉③〕驚いて目を覚ます(させる).〔突然从梦中~〕突然夢から覚めた.〔別~了孩子〕驚かして子供を起こしてはいけない.
惊醒 jīngxing 眠りが浅い(こと).目覚めやすい(こと).〔他睡 shuì 觉很~〕彼は眠りが浅い.
惊绣 jīngxiù ⇒〔惊闻〕

惊讶 jīngyà 驚き怪しむ.〔他这次居然考上了北京大学,真令人~〕彼が今度なんと北京大に合格したとは全く驚きだ.
惊艳 jīngyàn 女性の美しさに驚嘆する.
惊异 jīngyì 驚き怪しむ.〔使我们~的是…〕我々をあっと驚かせたのは….
惊蛰 jīngzhé 啓蟄〔(「二 èr 十四节气〕の一:旧暦3月5,6日ころ.地面から虫が出てくるので〔启 qǐ 蛰〕ともいう.

[猄(麖)] jīng 〔黄 huáng~〕[動]キョン(ヨツメジカ):小型の鹿.〔黄麂 jǐ〕〔小麂〕に同じ.

[鲸·鯨] jīng [動]クジラ:〈文〉鯢 ní〕は雌鯨.〔白 bái~〕シロクジラ.〔齿 chǐ~〕ハクジラ.〔大翅 chì~〕ザトウクジラ.〔一角 jiǎo~〕イッカク.

鲸鲵 jīngní 猛悪で小魚を呑食する大魚.〈喩〉凶悪な人.獰(íng)猛な人.〔鲵〕は雌鲸.
鲸鲨 jīngshā [魚貝]ジンベイザメ(総称)
鲸吞 jīngtūn 併呑(し)横領したりする.むさぼり取る.〔~蚕 cán 食〕〔蚕食〕〈喩〉ⓐ強者が弱小者を併呑すること.ⓑ領土などを併呑すること.
鲸须 jīngxū 鲸のひげ.
鲸油 jīngyóu 鲸(の)油.
鲸鱼 jīngyú クジラ(通称)

[荆] jīng ①[植]ニンジンボク:通称〔牡 mǔ~〕.枝条が強靭で鞭にしたり,かごを編んだりする.紫色の小花が密生.〔荆楚 chǔ(木)〕に同じ. →〔荆棘〕 ②荆杖:古代の刑具.〔负 fù~请罪〕〈成〉謝罪し,処罰を願い出ること. ③〈謙〉自分の妻.〔寒 hán~〕〔拙荆〕愚妻.〔荆〕妻. ④春秋時代の楚(今の湖南·湖北地方)の別称. ⑤〈姓〉荆.

荆钗布裙 jīngchāi bùqún ニンジンボクの枝のかんざしと布の〔裙〕(女性のはくスカート).〈喩〉女性の質素な服装:〔荆布〕ともいう.
荆楚 jīngchǔ 春秋時代の〔荆州.楚国.
荆川纸 jīngchuānzhǐ 下等な画紙.→〔宣 xuān 纸〕
荆棘 jīngjí いばら:ニンジンボクとサネブトナツメ.〈転〉困難.〔前 qián 途遍布~〕前途には障害が満ちている.〔~丛中〕いばらに囲まれている.〈喩〉困難に悩まされている.〔~载 zǎi 途〕〈喩〉行く先々に幾多の困難や障害が待ち構えている.
荆芥 jīngjiè [植]ケイガイ:薬用に供する. →〔土 tǔ 荆芥〕
荆璞 jīngpú 戦国時代,楚の卞和(がん)が荆山中で見つけた玉(ぎ):〔荆山玉〕〔和 hé 氏璧〕ともいう.楚王に献じたがただの石とされ,主君を欺いた罪で左足を断たれた後,下和は武王にこれを献じたが,また右足を断たれた.文王が即位して,初めて美玉であることが分かったという. →〔连 lián 城璧〕
荆球花 jīngqiúhuā [植]キンブウヨウ.ギンヨウアカシヤ:〔金 jīn 合欢〕〔鸭 yā 皂树〕ともいう.
荆三棱 jīngsānléng =〔三棱(草)〕[植]ヤガラ(ウキヤガラ):カヤツリグサ科の多年生宿根水草.
荆山玉 jīngshānyù →〔有 yǒu 眼不识荆山玉〕
荆天棘地 jīngtiān jídì〈喩〉乱れて困難な世の中.
荆条 jīngtiáo ニンジンボクの細くのびた枝:ざる類を編むのに用いる.〔~筐 kuāng(子)〕同前で作った手提げかご.ざる.〔~篱笆 líba〕いばらまがき:ニンジンボクやサネブトナツメのまがき.
荆榛 jīngzhēn (低木の)ニンジンボクとハシバミ.〈喩〉荒れ果てた景色.

[旌] jīng ①古代の旗.〔牦 máo 牛〕(ヤク)の尾を旗竿の天辺に結び,色とりどりの羽毛で装

jīng

飾してある.〔~麾 huī〕<文>指揮用の軍旗.<喩>軍勢.→〔旄 máo〕 ②<文>表彰する.〔以~其功〕その功を表彰する.

旌表 jīngbiǎo 旧封建時代に礼教を守る人に対して朝廷あるいは地方長官から額を与えたり,"牌坊"を建てたりして表彰すること.

旌德 jīngdé 善行を表彰する.

旌节 jīngjié ①固使臣のしるしとして持った符節(竹の節に旌をつけたもの). ②画困節度使に与えた同前. また節度使.

旌节花 jīngjiéhuā 画キブシ(マメブシ):果実は五倍子の代用として用いられる.→〔五 wǔ 倍子〕

旌旗 jīngqí 旗.のぼり(総称).〔~招 zhāo 展〕<成>色とりどりの旗が翻っている.

〔菁(菁)〕 jīng ①<文>ニラの花.<転>花. ②→〔芜 wú 菁〕

菁华 jīnghuá ⇒〔精华〕
菁菁 jīngjīng <文>草木の茂っているさま.

〔腈〕 jīng 化ニトリル.〔聚 jù 丙烯~〕ポリアクリロニトリル.→〔胖 xú〕

腈纶 jīnglún 紡アクリル合成繊維:〔聚 jù 丙烯腈纤维〕(ポリアクリロニトリル繊維)の商品名.

〔睛〕 jīng 目の玉.〔眼 yǎn〕①目.目の玉.〔目 mù 不转〕<成>まじろぎもしない.〔画 huà 龙点~〕<成>画竜点睛:最後に肝要な言葉・事を付け加えて全体の仕上げをする.〔定一~看〕目をすえて見ると.

〔鹍・鶄〕 jīng →〔鸡 jiāo 鹍〕

〔精〕 jīng ①<文>精選された米. ②精密である.精巧である.上質である.↔〔粗 cū 2〕 ③最も優れている.最高である.立派である.〔兵~粮足〕<成>兵は精鋭で糧食は充足している.〔兵贵~不贵多〕<成>兵は精を貴しとし,多きを貴しとしない. ④純粋である.精製してある.〔~金〕純金. ⑤精通する.通暁する.〔博 bó 而不~〕ひろく知っているが,深くは通暁していない.〔这位大夫~于外科〕この医者は外科に精通している. ⑥精髓.精華.エキス.〔酒 jiǔ ~〕〔乙 yǐ 醇アルコール.〔人参~〕人参エキス.〔鱼肝油~〕肝油エキス. ⑦精神.精力.元気.〔聚~会神〕心或は精神を集中する. ⑧生理精液.〔遗 yí ~〕〔滑 ~〕遺精(する).〔~斑 bān〕同前のしみ. ⑨(迷信や伝説などで)物の怪~.精.妖精.化けもの.〔妖 yāo ~〕①同前.〔狐 hú 狸成了~〕狐が化けた. ⑩俊敏である.利巧である.〔这个人很~〕この人はとても利発である.〔这个人~得很.~细的两条腿 tuǐ〕非常に細い足.〔~窄 zhǎi 的山道〕非常に狭い山道. ⑫〈姓〉精(セィ)

精胺 jīng'ān 生理スペルミン:〔聚 cì 保命〕は音訳.〔~酸 suān〕化アルギニン.

精白 jīngbái 純白である.真っ白い.
精胞 jīngbāo 〔精囊〕
精刨 jīngbào かんな仕上げをする.→〔光制〕
精编 jīngbiān ①心をこめて編む.〔~节 jié 目〕番組を編成する. ②精選(する):多く書名に使う.〔鲁迅杂文~〕魯迅雑文精選.
精兵 jīngbīng 優秀な兵士.精鋭な軍隊.〔~强 qiáng 将〕精兵猛将.
精兵简政 jīngbīng jiǎnzhèng <成>軍の精鋭化と行政の簡素化を図ること.また,一般に機構を簡素にして少数精鋭で行うこと:〔兵〕は人員のことで軍に限らない.
精博 jīngbó 深く広い.〔~的学问〕同前の学問.
精彩 jīngcǎi 〔精采〕とも書く. ①精彩をはなつ程ですばらしい.〔~回放〕再放送する.〔~夺 duó 目〕

美しい色どりが目を奪うばかり. ②<文>風采.顔つき.気色.
精菜 jīngcài ①高級な料理. ②高級な野菜.
精巢 jīngcháo 生理精巣.→〔睾 gāo 丸〕〔卵 luǎn 巢〕
精车 jīngchē 旧旋盤仕上げ.ファインターニング.→〔光 guāng 制〕
精诚 jīngchéng <文>至誠.〔~所至,金石为开〕<成>一心一岩をも通す.岩に立つ矢.
精诚团结 jīngchéng tuánjié <成>誠心誠意,一致団結する.
精赤 jīngchì ①丸はだかである.〔~条 tiáo 条〕<成>まるはだかである.すっぱだかである. ②<方>上半身はだかである.
精虫 jīngchóng →〔精子〕
精纯 jīngchún まじりけのない.〔~的黄金〕純金.
精粹 jīngcuì (文芸作品などが)よく練れていて純粋である.〔写得~〕文章がよく練れている.
精打光 jīngdǎguāng すっかり.きれいに.〔祖遗的财产他花得~〕先祖伝来の財産を彼はきれいに使い果たした.→〔一 yī 干二净〕
精打细算 jīngdǎ xìsuàn <成>人・物などを計画的に大事に使う.
精当 jīngdàng (言論・文章などが)精確で適当である.
精到 jīngdào 綿密で周到である.〔~的见解〕同前の見解.
精雕细刻 jīngdiāo xìkè <成>(文芸作品など)心をこめて,ていねいに作りあげること.<喩>緻密に事を行う:〔精雕细镂 lòu〕ともいう.〔~的抒 shū 情曲〕高度に洗練された抒情曲.
精读 jīngdú ていねいに読む.逐語的に詳しく読む.→〔泛 fàn 读〕
精度 jīngdù 工精密度:〔精密度〕に同じ.
精纺 jīngfǎng 紡①こまかく糸をつむぎ布を織る. ②同前の製品.〔~锭 dìng〕精紡錘.〔~毛 máo〕梳毛および紡毛.
精粉 jīngfěn 精製した小麦粉.
精干 jīnggàn 腕きである.〔~明强干〕
精耕细作 jīnggēng xìzuò <成>丁寧に耕し注意深く植えつける.
精工 jīnggōng 緻密な仕事.
精怪 jīngguài ⇒〔精灵①〕
精光 jīngguāng ①<文>元気に満ちた立派さ. ②きれいさっぱり何もない.〔吃得~〕きれいに食べてしまった.〔把衣服脱得~〕すっぱり脱いで丸はだかになる. ③きれいに光るように磨きあげる.
精悍 jīnghàn ①明敏で有能である. ②(文章など)が優れていて鋭い.文章短小~〕文章が短くて力強い.
精核 jīnghé 生精核(セィカク):雄性細胞の核. ②<文>精密に調べる.
精华 jīnghuá 〔菁华〕①精華.粋.〔取其~,去其糟粕〕精華を入れ,糟粕(ソハク)を除く.→〔糟 zāo 粕〕②エッセンス.〔从天然植物萃 cuì 取~〕天然植物からエッセンスを抽出する. ③<文>光輝.〔日月之~〕日月の精華.
精加工 jīngjiāgōng 仕上げ(加工)
精减 jīngjiǎn きめ細かく減らす.〔~干 gàn 部〕幹部を同前する.
精简 jīngjiǎn ①<文>精髓をよりぬく. ②簡素化する(こと).統廃合(する).〔提 tí 出~机构的口号和措施〕機構の調整整頓化のスローガンと措置を提出する.〔~人员〕人員を削減する.〔~会议〕会議の回数と時間(時間)を最小限までに減らす.
精简节约 jīngjiǎn jiéyuē ①繁項を省いて節約する. ②軍事・政治・経済・社会の全部門にわた

精 jīng

って機構の簡素化,人力・物力の節減をはかり,それらの最大の効率と生産の拡充とをはかること.

精講 jīngjiǎng 詳細に解釈する.〔～多练〕同音と大量のドリルをする.

精金美玉 jīngjīn měiyù 〔精金良玉〕ともいう.〈喩〉人品が純良で気質が温厚なこと.

精进 jīngjìn ①精進(ほう)する.一生懸命努力すること.②〖仏教で〗雑念を去り,一心に仏道を修めて懈怠しないこと.〔～七〕七日間食事・手洗い以外はひたすら念仏すること.

精矿 jīngkuàng 〖鉱〗選鉱(する).②同前の鉱石.

精力 jīnglì 精神と体力.精力.根気.〔～充 chōng 沛〕精力が充実している.〔～旺 wàng 盛〕精力旺盛である.

精练 jīngliàn ①(繊維の雑物を)精錬する.②鍛えあげた.〔～的队伍〕同前の集団.③同下②.

精炼 jīngliàn ①精製する.→〔提 tí 炼〕②むだをそぎ,立派にする.〔精练③〕ともいう.〔～的文章〕よく練れた文章.〔语 yǔ 言～〕言葉が簡潔である.

精良 jīngliáng 品質が極めてよい.精細で優れている.〔装 zhuāng 备～〕装備がすぐれている.

精料 jīngliào ①すぐれた材料.②仕上げ前の粗加工材.③〔精饲料〕

精列 jīngliè ⇒〔鹣 jí 鲽〕

精灵 jīng·líng ①=〔精怪〕妖怪.ばけもの:動物・植物の霊魂が修練をつみ神通力を使って後に変じるもの.元来は人と神との間に存在する精霊をいう.②〈方〉利口で頭がよく働く.〔～鬼 guǐ〕〈喩〉ぬけ目のないやつ.利口なやつ.③〈文〉機敏である.

精馏 jīngliú 〖化〗精留.

精美 jīngměi 精緻で美しい.〔～的刺绣〕同前の刺繍.〔包装～〕包装がていねいできれいだ.

精密 jīngmì 精密である.〔～度〕[精度]①精密度.〔～仪器〕精密器械.〔～车床〕精密旋盤.〔～陶 táo 瓷〕[先進陶瓷]ファインセラミックス.

精妙 jīngmiào 精巧で美しい.

精敏 jīngmǐn 精細で敏捷である.聡明である.利発である.

精明 jīngmíng ①聡明である.〔～的小伙子〕機転のきく若者.②〈転〉こすい:〔狡 jiǎo 猾〕(ずるい)の婉曲な表現.

精明强干 jīngmíng qiánggàn 〔精明能干〕[精明干练]ともいう.〈成〉頭脳明敏で実行力に富んでいる.〔他年轻,一做事又十分有干劲勁起きて腕きする〕

精囊 jīngnáng =〔精胞〕〖生〗精嚢.

精疲力竭 jīngpí lìjié 〈成〉あごを出す:心身が極度に疲労するさま.〔精疲力尽〕〔筋疲力尽〕〔力尽筋疲〕ともいう.

精辟 jīngpì 深い.鋭い.〔对目前国内外形势进行～的分析 xī〕現在の内外の情勢への鋭い分析を行う.〔～的见 jiàn 解〕うがった見解.

精品 jīngpǐn 優良品.上等品.〔～店 diàn〕〔～屋 wū〕ブランド品専門店.

精气 jīngqì ①〈文〉天地万物の根本.生命・精神の根源物.②〖中医〗⑧人体の精力の源.⑤人体の正常な機能.

精气神 jīngqìshén ①〖宗〗(道教で)感覚・呼吸・思慮の根源.②〔～儿〕〈方〉元気.〔～顶不住,什么事也办不好〕元気が持続できないと,何もできない.

精巧 jīngqiǎo 精巧である.〔～的牙 yá 雕〕精巧な象牙細工.

精勤 jīngqín 専心任務に励む.精勤する.

精确 jīngquè 精緻で正確である.〔论 lùn 点～,语言明快〕論点が精確であり,言葉はわかりやすい.〔～的打击〕的確な打撃を与える.〔～制 zhì 导武器〕電子制御兵器.

精确农业 jīngquè nóngyè ⇒〔精准农业〕

精肉 jīngròu ①=〔瘦 shòu 肉〕②精(祭)肉:骨や筋を取り去った食肉.

精锐 jīngruì ①精鋭である.②精鋭な兵士・軍隊.

精舍 jīngshè 〈文〉①学舎.②=〔静 jìng 寺.僧坊.〔祇 qí 园～〕〖古〗インドの須達長者が釈尊のために建てた僧坊.③凝(ぎ)った造りの住居.

精深 jīngshēn 〔学問や理論に〕深く通暁している.〔博大～〕(学識が)広くて深いこと.②精密である.〔～加工〕高付加価値加工.

精神 jīngshén ①精神.物質あるいは肉体に対していう.〔～创 chàng 伤〕トラウマ.〔～毒 dú 品〕精神的な麻薬:ポルノ・迷信など.〔～分裂症〕〖医〗統合失調症.〔～贵族〕貴族的な精神.インテリ貴族.〔枷 jiā 锁〕精神的首かせ.精神の束縛.〔～面 miàn 貌〕精神上の態度.〔～赔 péi 偿〕精神面の賠償.慰謝料.〔～赔 péi 护〕精神面の介護.〔～失常〕精神異常.〔～食粮〕精神のかて.精神を育てるもの.〔～衰弱〕〔神经衰弱〕〖医〗神経衰弱.〔～损 sǔn 失〕精神の損失.〔～文明〕精神の財富.〔～污 wū 染〕精神汚染.腐敗した思想・言論・作品など.〔～支 zhī 柱〕精神の支え.〔～上的负担〕精神の重荷.②思想あるいは事の実質.主要な意義.〔体会文件的～〕文献の趣旨を体得する.〔这次会议的～〕今回の会議の趣旨.〔集团主义～〕集団主義思想.

精神病 jīngshénbìng 〖医〗精神病:〔精神疾病〕〔神经病〕ともいう.〔痴 chī 病〕は旧称.

精神产品 jīngshén chǎnpǐn 精神面の生産品:文学芸術作品など.

精神满腹 jīngshén mǎnfù 〈成〉学識・才能が豊かで人に卓越している(こと)

精神胜利法 jīngshén shènglìfǎ 精神的に相手を軽蔑し哀れむことによって勝利感を作り上げ,敗北の事実を糊塗し自己満足する方法:〔阿 ā Q 精神〕ともいわれる.→〔鲁 lǔ 迅〕

精神损耗 jīngshén sǔnhào ⇒〔无 wú 形损耗〕

精审 jīngshěn 〈文〉綿密で行き届いている(文章・計画など).②詳細に審査する.

精神 jīngshen ①=〔口〕精神頭儿〕気力.元気.活力.〔～抖 dǒu 擞〕活気に満ちあふれる.活気をふるい起こすこと.〔～涣 huàn 散〕気力が散漫になる.〔有～〕元気がある.〔～饱 bǎo 满〕元気旺盛である.〔家父～还好〕父は達者です.〔打起～来〕元気を出す.奮発する.〔提 tí 起～〕意気込む.〔我从来没有用过这么多功 gōng 夫和～来编写剧本〕私は今までこのように時間をかけ,精力を傾けて戯曲を書いたことはなかった.②しっかりする.元気を出す.頑張る.〔花儿叫雨浇 jiāo 得分外～〕花は雨にぬれて格別生き生きしている.

精神头儿 jīngshentóur ⇒〔精神 jīngshen〕

精湿 jīngshī 濡(ぎ)れとおる.ひどく濡れる.

精瘦 jīngshòu 非常にやせている.

精梳 jīngshū 〖紡〗(羊毛など)コーミング.

精饲料 jīngsìliào 〖農〗濃厚飼料:穀物・豆類またはそれらの加工副産物などを主体・ぬかなどの植物性飼料.〔精料③〕〔浓 nóng 厚饲料〕ともいう.↔〔粗 cū 料〕

精算 jīngsuàn ①細かく計算する.〔～细抠 kōu〕金銭勘定が入念である.②(金融などの)計理.〔～师〕アクチュアリー.保険数理士.シナリオプランニング.〔～师〕シナリオプランナー.

精髓 jīngsuǐ 事物の最も良い部分.精髄.

精通 jīngtōng 精通する.〔～业 yè 务〕業務に精通する.〔～日语〕日本語に精通する.

精微 jīngwēi 精微である(もの).(学識などに)詳し

〈細かい(こと)〕〔探 tàn 索宇宙的～〕宇宙の秘密を探る.

精卫填海 jīngwèi tiánhǎi 〔喩〕深い仇を報いること.また,困難を恐れず,最後まで頑張って目的を達すること:炎帝の娘が東海で溺死し魂が精衛鳥となり,西山の木や石をくわえて来て東海をうめた.〔要改 gǎi 造大自然,就要有～的頑 wán 強精神〕大自然を改造しようとするなら,目的を達しなければやまないという頑強な精神が必要だ.

精细 jīngxì ①精巧である.〔～巧 qiǎo 妙〕同前.〔～菜 cài〕高級野菜.稀少野菜.〔～陶 táo 瓷〕〔精密陶瓷〕〔精制陶瓷〕ファインセラミックス.②注意深い.〔～人儿〕〔喩〕世間慣れていてよく気がつく人.〔～了头〕一きわりしている.

精细胞 jīngxìbāo 〔生理〕精細胞:雄性の生殖細胞.

精心 jīngxīn 心が込もっている(て).入念である(に).〔～照 zhào 顾〕心をこめて世話をする.〔～炮 páo 制〕念入りに仕組む.〔～设 shè 计〕心をこめて設計する.

精选 jīngxuǎn 精選する.〔用～的原料制成〕よりな材料で製造したものである.〔～机 jī〕精選機.

精盐 jīngyán 精製塩.↔〔大 dà 盐〕

精要 jīngyào ①要点.真髄.根本.②要点をとらえている.

精液 jīngyè 〔生理〕精液.〔反 sóng〕は俗称.

精义 jīngyì 精髄をなしている意義.エッセンス.

精益求精 jīng yì qiújīng〔成〕絶えず進歩を求めること.ますます善美を尽くす.いよいよ念を入れる.

精益生产方式 jīngyì shēngchǎn fāngshì 〔経〕リーン生産方式:〔精良生産方式〕ともいう.

精英 jīngyīng ①精華.〔文化的～〕文化の精華.②卓越した人物.〔当代青年的～〕現代青年のエリート.

精油 jīngyóu エッセンシャルオイル:香料・殺虫剤・医薬などに用いる.〔挥 huī 发油〕に同じ.

精于 jīngyú… (…に)詳しい.(…に)通じている.〔他～处 chǔ 世之术〕彼は世渡りがうまい.〔～外语〕外国語が得意である.

精轧 jīngzhá 〔工〕仕上げ圧延.

精湛 jīngzhàn 深く精密である.〔～的演技〕細かくりさげた演技.

精整 jīngzhěng 〔工〕仕上げをする.〔～工 gōng 段〕仕上げの工程.

精制 jīngzhì ①精製する.〔～品 pǐn〕高級品.上等品.〔～陶瓷〕〔精密陶瓷〕ファインセラミックス.②仕上げ(する).〔光 guāng 制〕に同じ.

精致 jīngzhì 精巧である.精巧でる.

精忠 jīngzhōng 至誠の忠義.〔～报 bào 国〕〔成〕精忠報国.

精装 jīngzhuāng ①上等な(装訂).〔～本〕同前の書籍.→〔平 píng 装〕 ②ていねいな(包装).→〔简 jiǎn 装〕

精壮 jīngzhuàng 強壮(である)

精准 jīngzhǔn 正確である.〔他～地记 jì 着经历的一切〕彼は一部始終をこまかく覚えている.〔～农 nóng 业〕〔精确农业〕〔経〕精密農業.

精子 jīngzǐ 〔生理〕精子:〔卵 luǎn 子〕に対していう.俗に人間の精子を〔精虫〕という.〔～库 kù〕〔～银 yín 行〕〔医〕精子バンク.

精作工具 jīngzuò gōngjù 〔機〕仕上げバイト.

精作机 jīngzuòjī 〔機〕仕上げ機械.

〔鶄〕 jīng →〔鶄 qú 鶄〕

〔晶〕 jīng ①〔経〕水晶.〔水～〕同前.〔墨 mò～〕黒水晶.〔茶 chá～〕黄水晶.〔～結晶(体)のきらきらしている.〔风高日～〕空がすみわたり,太陽がきらきら輝いている.〔亮 liàng～〕〔～きらきらと光るさま.〔～光 guāng〕きらきら輝く(光).④〔姓〕晶(jīng).

晶簇 jīngcù ⇒〔晶群〕〔鉱〕晶簇:岩石・鉱脈などの中の空洞で,内面に結晶の密生しているもの.

晶格 jīnggé 〔物〕結晶格子.

晶化 jīnghuà 〔物〕出する:液体あるいは気体から結晶がする作用.

晶粒 jīnglì 晶粒.グレイン.

晶亮 jīngliàng すき通ってきらきらしている.〔～的露 lù 珠〕同前の露.

晶面 jīngmiàn 〔鉱〕結晶面.

晶群 jīngqún ⇒〔晶簇〕

晶石 jīngshí〔鉱〕スパー:体質が透明で,はがれやすい結晶性鉱物.方解石・蛍石など.

晶体 jīngtǐ ①〔工〕結晶.クリスタル.〔结 jié 晶〕〔結晶体〕ともいう.〔～玻 bō 璃〕クリスタルガラス.〔～学 xué〕結晶学.〔～听 tīng 筒〕クリスタルレシーバー.〔～扬 yáng 声器〕クリスタルスピーカー.〔～点阵〕〔物〕結晶格子.〔～结构〕結晶構造.〔～二极管〕クリスタルダイオード.②〔医〕人工水晶体.→〔晶状体〕

晶体管 jīngtǐguǎn 〔物〕トランジスタ:〔晶体三极管〕〔半 bàn 导体三极管〕ともいう.〔～收 shōu 音机〕〔半 bàn 导体收音机〕トランジスタラジオ.

晶系 jīngxì 〔鉱〕晶系:結晶の系統.〔等轴～〕等軸晶系.〔三斜～〕三斜晶系.

晶莹 jīngyíng 透明できれいなさま.〔～剔 tī 透〕〈成〉すきすきる.

晶轴 jīngzhóu 〔鉱〕結晶軸:結晶体の分子の排列方向によって仮定した直線.

晶状体 jīngzhuàngtǐ 〔生理〕水晶体:〔水 shuǐ 晶体〕に同じ.〔人 rén 工～〕〔晶体②〕医人工水晶体.

〔粳（梗・秔）〕 jīng

粳稻 jīngdào 〔農〕ウルチ(ウルシネ):短粒で幅広く厚みがあり丸型に近い日本型(ジャポニカ)のイネ.→〔稲〕

粳米 jīngmǐ うるち(米).〔粳稻〕の果実を精米したもの.→〔糯 nuò 米〕〔籼 xiān 米〕

〔兢〕 jīng

兢兢 jīngjīng 戒め恐れるさま.びくびくするさま.→〔战 zhàn 战兢兢〕

兢兢业业 jīngjīng yèyè〈成〉勤勉に努めるさま.刻苦勉励するさま.

〔井〕 jīng ①井戸.〔水～〕同前.〔打一眼～〕〔打一口～〕井戸をひとつ掘る.〔挖 wā～〕井戸を掘る.〔油～〕油井(ゆせい).〔～区 qū〕油田のボーリング区域.〔～位 wèi〕井戸の位置.〔探 tàn～〕ボーリングする.〔坐～观天〕〔中观天〕〈成〉井の中の蛙.〔喩〕見識の狭いこと.②井戸状の穴.井戸枠の形をしたもの.(鉱山の)坑.〔立～〕竪～.〔斜 xié～〕斜坑.〔煤～〕石炭採掘坑.〔表 biǎo～〕水道メーターの取り付け穴.〔～盖 gài〕マンホールのふた.〔第 dì 子〕マンホールの格子ふた.〔天 tiān 井〕③井(i)〔二十八宿〕の一.④〈文〉井(jǐng):六十四卦の一.⑤→〔井井有条〕⑥〈姓〉井(jǐng).

井壁 jǐngbì 井戸・油井などの側壁.井戸側.

井场 jǐngchǎng さく井・油井の現場・所在地.

井底 jǐngdǐ ①井戸の底.〔～之蛙 wā〕井の中の蛙.〈喩〉見識の狭い人:〔井底蛙〕〔井蛙〕ともいう.〔井蛙见〕②〔鉱〕たて坑の底.

井冈山 jǐnggāngshān 〔地〕江西省にあって湖南省との境にあり,最初の革命根拠地が作られた.→〔秋 qiū

jǐng

a
井灌 jǐngguàn 井戸水で灌漑する.
井架 jǐngjià ①縦坑口や油井口にとりつけたやぐち・鉄塔. ②油井の掘削やぐら. ③井戸のつるべをつる枠

b
井井有条 jǐngjǐng yǒutiáo〔成〕はっきりと条理が整っている.きちんとしている.〔安排得〜〕きちんと処理される.
井臼 jǐngjiù 井戸と臼.〔操 cāo 〜〕〔任 rèn 〜〕水をくんだり,米をついたりする役を受け持つ.〈喩〉家事をきり回す.

c
井口 jǐngkǒu ①井戸の口.井戸わく. ②坑口.油井口.
井口边草 jǐngkǒubiāncǎo ⇒〔凤 fèng 尾蕨〕
井栏 jǐnglán 同下①

d
井阑 jǐnglán ①=〔井栏〕井桁(がた). ②井戸わく.井戸側. ③古井桁に似ぼした攻城用の道具.
井辘轳 jǐnglùlu 井戸のろくろ:つるべ桶(れ)を巻き上げたり下ろしたりする道具.

e
井喷 jǐngpēn ①油井掘削の時,地下の高圧油や天然ガスが突然噴出すること. ②〔画〕(相場の)急騰(する).〔本周沪 hù 深大盘爆 bào 发了〜行情〕今週の上海・深圳株式の全体相場いっき突然急騰した.
井圈 jǐngquān マージャンで牌(ぱ)136個を各自17個ずつ2段に積んで四角に囲むこと:この〔〜〕の内側の空地を〔井 hé ④@)〕といい,いらない牌をここへ捨てながらゲームをする.

f
井然 jǐngrán〈文〉きちんとしている.整然としている.〔〜有序 xù〕秩序整然として乱れがない.
井绳 jǐngshéng つるべ縄.

g
井水 jǐngshuǐ 井戸水.〔〜不犯河水〕河水不犯〜〕〈喩〉それぞれの限界を明らかにし,他を侵さない.おのおのその分を守る.よそはよそ,うちはうち.
井台(儿) jǐngtái(r) 井戸の周り(のやや高く築いてあるところ)

h
井探 jǐngtàn〔鉱坑の〕探鉱.
井淘三遍吃好水 jǐng táo sānbiàn chī hǎoshuǐ 井戸さらいも3回やれば良い水が飲める.〈喩〉何事も努力しだい.

i
井田制 jǐngtiánzhì 〔因〕夏・殷・周三代に行われた田制:丁年に達した夫の男子に平等に耕地を使用させる制度.周では一里平方の田を井字形に画して100畝ずつに九等分し,中央の一田を公田とし,周囲の八田を八家に分け,八家共同して公田を耕し,その収穫を租とした.

j
井亭 jǐngtíng 井戸を覆うあずまや.
井筒 jǐngtǒng ①井(つつ)〜:掘抜き井戸の地中に埋めてあるパイプ. ②たて坑やトンネルの通路:地表から地中までの空間.
井蛙 jǐngwā ⇒〔井底之蛙〕

k
井蛙之见 jǐngwā zhī jiàn〈喩〉狭い見識.→〔井底之蛙〕
井窝子 jǐngwōzi〈方〉旧時,北京の水売り業者の家:井戸のわきに住んでいた.〈転〉井戸端.
井下 jǐngxià ①井戸の底. ②鉱坑の中.地底.

l
井下劳动 jǐngxià láodòng ⇒〔地 dì 下工作①〕
井斜 jǐngxié 油井の垂直に対する傾斜度.
井渫不食 jǐngxiè bùshí〔成〕井戸さらいをして水はきれいでも飲まない:身を清く保っていても登用されないこと.

m
井宿 jǐngxiù →〔二 èr 十八宿〕
井盐 jǐngyán 塩分を含む井戸水から製した塩:四川・雲南省に多い.→〔滩 tān 盐〕
井鱼 jǐngyú〈喩〉見聞の狭いこと.→〔井底之蛙〕

n
井灶 jǐngzào ①塩井からくみ上げた塩水で塩を作る作業場. ②井戸とかまど.〈喩〉家庭.我が家.

〔**阱(穽)**〕 jǐng 落とし穴.〔陷 xiàn 〜〕〔陷坑 kēng〕同前.〔〜洞 dòng〕たて穴式洞窟.

〔**汫**〕 jǐng 地名用字.〔〜洲 zhōu〕広東にある.

〔**肼**〕 jǐng 〔化〕ヒドラジン.ヒドラジド:〔联 lián 氨〕に同じ.〔苯 běn 〜〕フェニルヒドラジン.

〔**刭・剄**〕 jǐng〈文〉刀で首を切る.〔自 zì 〜之〕(首)を切って殺す.

〔**颈・頸(頚)**〕 jǐng ①〔生理〕くび.〔长 − 鹿〕キリン.→〔脖 bó〕 ②くびに似たもの.〔长 − 瓶・烧 shāo 瓶〕フラスコ.〜 gěng
颈动脉 jǐngdòngmài〔生理〕頸(けい)動脈.〔〜窦 dòu 征候群〕〔医〕WPW 症候群.ウォルフ・パーキンソン・ホワイト症候群.
颈联 jǐnglián 律詩の第三聯(れ).
颈链 jǐngliàn ⇒〔项 xiàng 链(儿)〕
颈圈 jǐngquān 動物の首輪:〔元 wú 线电探踪〜〕の略.電波発信による動物生態調査用の首輪.
颈窝 jǐngwō うなじの窪み.
颈项 jǐngxiàng〈方〉〔脖 bó 子〕に同じ.
颈轴承 jǐngzhóuchéng〔機〕ジャーナル軸受.車軸軸受.→〔止 zhǐ 推轴承〕
颈椎 jǐngzhuī〔生理〕くびの脊椎骨.〔第一〜〕〔寰 huán 椎〕第一頸椎.〔第二〜〕〔枢 shū 椎〕第二頸椎.〔〜病 bìng〕〔医〕頸椎病.

〔**景**〕 jǐng（Ⅰ）①景.情景.情勢.〔新中国的远〜〕新中国の将来(未来図).〔远 yuǎn 〜计画〕長期計画.〔背 bèi 〜〕背景.環境. ②〔儿〕風景.〔雪 xuě 〜〕雪景色.〔良 liáng 辰 chén 美〜〕〈成〉よき日のよき情景.吉日でめでたいさま. ③〔劇〕(戯曲・映画の)バック.背景.セット.シーン.〔外 − 〕野外シーン.オープンセット.〔内 − 〕(スタジオの)室内を表すセット. ④〈文〉偉大である.崇高である.〔〜行〕立派な行い. ⑤量詞.場.〔「第三幕第一剧〕第三幕第一場.〔姓〉景(Ⅱ)尊敬する.したう.→〔景仰〕
景德镇 jǐngdézhèn ①〔地〕景徳鎮市:江西省鄱陽湖の東にあり,古来陶磁器の産地として有名. ②同前産の陶磁器:もと饒州府に属していたで〔饶 ráo 窑〕という.
景地 jǐngdì ロケ地.ロケ場所.〔拍 pāi 摄〜〕の略.
景点 jǐngdiǎn 観光スポット.
景观 jǐngguān 景観.景色.
景教 jǐngjiào 唐代太宗の時中国に入った,キリスト教のネストリウス派:〔大秦 qín 〜〕ともいう.〔大秦〜流行中国碑〕明の天啓年間に西安付近より発掘された碑.→〔袄 xiān 教〕
景况 jǐngkuàng ①状況. ②境遇.暮らし向き.→〔情 qíng 况〕
景慕 jǐngmù ⇒〔景仰〕
景片 jǐngpiàn〔劇〕(舞台背景の)書き割り.
景颇族 jǐngpōzú チンポー族:中国少数民族の一.〔徱顺族〕とも書いた.雲南省に居住する.
景气 jǐngqì 景気.〔有些国家的不〜情況是不容易克服的〕ある国の不景気は容易に克服できない.
景区 jǐngqū 風景美観区.風致地区.
景色 jǐngsè 色.眺め.〔景致〕に同じ.〔〜宜 yí 人〕〈成〉景色がよくて心地よい.
景山 jǐngshān 北京旧禁紫城の北にある小高い人工の山:非常の際の〔煤 méi〕〔石炭〕を埋めたと伝えられ〔煤山〕の名がある.明朝最後の皇帝崇禎の縊死 (いし)したところ.
景深 jǐngshēn (写真の)被写界深度.

jǐng 景憬璟儆警

景泰蓝 jǐngtàilán 七宝焼:明の景泰年間に初めて作られた高級のほうろうびき.〔~花瓶 píng〕同前の花瓶.
景天 jǐngtiān =〔八 bā 宝儿〕園ベンケイソウ(ベンケイソウ科).
景物 jǐngwù 景物.〔山川秀丽,~宜 yí 人〕山川麗しく,風物人を楽します.
景象 jǐngxiàng 現象.ありさま.ようす.〔社会新~〕社会の新現象.〔太平~〕天下太平の光景.
景仰 jǐngyǎng =〈文〉景慕〉敬慕(する)
景遇 jǐngyù 〈文〉境遇.まわりあわせ.
景致 jǐngzhì 風景.景色.風光.

[**憬**] jǐng 〈文〉① 悟る.〔~悟 wù〕同前.〔闻 wén 之~然〕聞いてなるほどと思う. ②→〔憧 chōng 憬〕

[**璟**] jǐng 〈文〉玉の美しい光.

[**儆**] jǐng 戒める.警戒する:〔警〕に同じ.〔惩 chéng 一~百〕〔惩一戒 jiè 百〕〈成〉一人をこらしめて万人を戒める.〔以~效 xiào 尤〕もって,よくないことをまねようとする者の戒めとする.
儆对儿 jǐngduìr 人を戒める警句の対聯(*)
儆戒 jǐngjiè ⇒〔警戒〕

[**警**] jǐng ①戒める.用心させる.警報する:〔儆〕に同じ.〔~令 lìng〕警告の命令.お上(*)のお達し. ②神経が鋭い.危険に敏感である. ③危険の切迫した状態.〔~讯 xùn〕危険の知らせ.〔告 gào~〕〔报 bào~〕通報する(を出す).〔火~〕火災の警報. ④警察の略称.〔德 dé 警察(官)のモラル.〔民~〕人民警察:中国の警察の別称.〔~署 shǔ〕〈文〉警察署.〔~校 xiào〕警察学校.〔~政〕警察行政. ⑤〈姓〉警(*)
警报 jǐngbào 危急を知らせる警報.〔防空~〕空襲警報.〔台风~〕台風警報.〔火灾~器 qì〕火災報知機.〔拉 la~〕警報を鳴らす.
警备 jǐngbèi 警戒守備(する).〔~司令部〕警備司令部.〔~森严〕警備が厳重である.
警跸 jǐngbì 〈文〉警蹕.クラクション警報音.
警标 jǐngbiāo 水標識:灯台·浮標のようなもの.
警策 jǐngcè 〈文〉①馬にむちをあてること. ②〈喩〉(文章で)目を覚ますさせるところ.人名に.
警察 jǐngchá 警察.警官.巡査.〔人民~〕〔民警〕おまわりさん.警察.〔一个交通~〕一人の交通警官.〔~机动队〕警察機動隊.〔~局〕警察署.→〔公 gōng 安〕〔巡 xún 警〕〔武 wǔ 警〕
警车 jǐngchē 警察用車両:パト(ロール)カー,白バイなど.
警灯 jǐngdēng パトライト.赤色灯.
警笛 jǐngdí ①警笛:警察が用いるサイレン·笛など. ②(汽车の)警笛.クラクション警報音.
警督 jǐngdū 警察官の階級の一.→〔警衔〕
警方 jǐngfāng 警察当局.警察筋.
警风 jǐngfēng 警察の風紀·気風.
警匪片(儿) jǐngfěipiàn(r),~piānr 刑事もの映画.
警服 jǐngfú 警察官の制服.
警告 jǐnggào ①警告(する).注意(を促す). ②法警告処分(行政処分の一つ)
警官 jǐngguān 上級警察官.キャリア警察官:〔警司〕以上をいう.〔~署〕警察署.
警棍 jǐnggùn 警棒:電気警棒·特殊警棒なども含む.
警号 jǐnghào ①警報の合図. ②警察官の制服の胸章:プレートに記された7けたの前2けたの金色の数字は省直轄市を表し,後5けたの銀色の数は職務区分を表す.
警花 jǐnghuā (若い)婦人警官:〔警姐 jiě〕ともいう.
警徽 jǐnghuī 警察のバッジ.
警籍 jǐngjí 警察としての籍.警察職員の身分.
警纪 jǐngjì 警察の綱紀.
警监 jǐngjiān 警察官の階級の一.→〔警衔〕
警阶 jǐngjiē 警察の階級制度.→〔警衔〕
警戒 jǐngjiè ①⇒〔警诫〕 ②軍警戒(する).不慮の事態に備える.〔~线〕警戒線.非常線.〔~色 sè〕保護色.〔~水位〕警戒水位.
警界 jǐngjiè 警察官の社会.警察畑.
警诫 jǐngjiè =〔警戒①〕〔儆戒〕戒める(る).〔这次失败,对他是个~〕この失敗は彼にとって良い戒めとなった.
警句 jǐngjù =〔警语〕園警句.
警觉 jǐngjué ①警戒心.〔政治的警戒心. ②敏感に気付く)
警力 jǐnglì 警察力.
警铃 jǐnglíng ①非常ベル. ②パトカー·消防車のサイレン.〔警车迫不得已时候才会响~〕パトカーはやむを得ない時のみサイレンを鳴らす.
警龄 jǐnglíng 警察官の勤続年数.
警民 jǐngmín 警と民衆.〔~关系〕同前の関係.〔~共建〕同前が共同してうちたてる.
警情 jǐngqíng 緊急事態.〔向110流报~〕110番にうその緊急電話をかける.
警区 jǐngqū 規定警備区域.パトロール管轄地域.
警犬 jǐngquǎn 警察犬.
警容 jǐngróng 警察(官)の威儀·身だしなみ.
警嫂 jǐngsǎo 〈尊〉警官の奥さん.
警绳 jǐngshéng 警縄(*)
警示 jǐngshì 告げる.
警世 jǐngshì 〈文〉世人に警告する.
警司 jǐngsī 警察官の階級の一.→〔警衔〕
警探 jǐngtàn 刑事.刑事巡査.
警惕 jǐngtì 警戒(する).警戒心(をとぎすます).〔提高~,保卫祖国〕警戒心を高め祖国を守る.〔~性〕警戒心.
警亭 jǐngtíng 警備ボックス.交通巡查の立ち台.
警卫 jǐngwèi ①〔武力で〕警備·保護(する).〔~连 lián〕〔~团 tuán〕同前の(多人数による)組織.〔~森 sēn 严〕水も漏らさぬ警戒ぶり.〔~员〕ボディガード.警護員. ②〔防盗~器〕警察の使用する電気警棒·スタンガンなど. =〔警護員〕
警务 jǐngwù 警察の仕事.〔~人员〕警察要員.
警悟 jǐngwù 〈文〉①鋭く悟る. ②注意し深く気づかせる.
警衔 jǐngxián 警察官の階級:5等13級.1等は〔总警监〕と〔副总警监〕,以下は2等の〔警监〕,3等の〔警督〕,4等の〔警司〕,5等の〔警员〕に分かれ各3級がある.〔武 wǔ 警〕〔警察机动队〕は軍隊のものと同じ.
警械 jǐngxiè 警察官の武器や手錠などの用具.
警省 jǐngxǐng 同上①
警醒 jǐngxǐng 〔警惺〕とも書いた.警戒をする.気をつけてよく悟らせる.〔吩 fēn 咐值班的夜间一些〕当番に夜間はよく用心するよういいつける. ②目の覚めやすい.〔我睡觉~,孩子要 yā 一叫我~〕私はよく目が覚めやすいたちですから,間違いっこありません.
警营 jǐngyíng 武装警察隊員の官舎.
警用 jǐngyòng 警察用.〔~电 diàn 话〕警察電話.
警语 jǐngyǔ ⇒〔警句〕
警员 jǐngyuán ①警察官の階級の一.→〔警衔〕 ②(具体的任務についている)警察.
警枕 jǐngzhěn 丸い木の枕:目覚めやすい枕の意.
警钟 jǐngzhōng 警鐘:多く比喩的に用いる.〔响~〕警鐘をならす.→〔火 huǒ 钟〕
警种 jǐngzhǒng 警察業務の種類.

jìng

〔**劲・劲**(勁・勱)〕 jìng 強い。[剛 gāng～]固くて強い。[～刮 guā]強く風が吹く。<喩>大流行する。[字体端 duān～]字体が端正で力がある。[外柔 róu 内～]外に柔らかく、内では強い。→ jìn

劲拔 jìngbá <文>力強く勢いがある.
劲爆 jìngbào ぐっと盛り上がるさま.[场面～]場面が盛り上がる.
劲草 jìngcǎo <文>風雨にもめげない草.<喩>忠烈不屈な人.[疾 jí 风(知)～]<成>困難にあって、はじめて真価があらわれる.
劲敌 jìngdí 強敵.
劲风 jìngfēng 強い風.
劲歌 jìnggē ①力強く歌う.②ビートのきいた流行歌・ポップソング.
劲悍 jìnghàn たけだけしい.
劲减 jìngjiǎn 激減する.急落(する)
劲健 jìngjiàn 力強くたくましい.
劲节 jìngjié ①志操.節操.②しっかりした竹の節.
劲旅 jìnglǚ ①<文>精鋭なる軍隊.②<喩>強いチーム.↔[弱 ruò 旅②]
劲曲 jìngqǔ 力強い豪放な曲.
劲射 jìngshè 〈又〉強烈なシュート(をする)
劲升 jìngshēng 激増(する).急騰(する)
劲松 jìngsōng 高く大きな松.松の大木.
劲舞 jìngwǔ ①力強く踊る.②ビートのきいたモダンダンス.
劲卒 jìngzú <文>強い兵士.

〔**径・徑**(逕)〕 jìng (Ⅰ)[径]直径.[直 zhí～]同前.[半～]半径.[大炮口～]大砲の口径.[～五厘米]直径5センチ.
(Ⅱ)[径][逕]①小道.[路～]道.道筋.[山～]山の小道.[曲～]曲がりくねった小道.②直ちに.直接に.いきなり.[～向～去]まっすぐに～へ行く.[～与该公司联 lián 系]直接その会社と連絡する.→[径行]③(目的を達成する)方法・手段・手続き.[捷 jié 径]早道.[门～]⑧(学問や技芸の)初歩.入口.⑤門への通路.⑥手づる.コネ.

径寸 jìngcùn <文>直径1寸.[～之珠 zhū]同前の珠.
径节 jìngjié 歯車の直径ピッチ:直径と歯数との比率.直径刻み.
径开 jìngkāi =[径驶]直行する.[这轮 lún 船一直是由日本～金边的]この船は従来は日本からまっすぐプノンペンへ直行していた.
径流 jìngliú 地(雨)の流失:雨が蒸発・吸収など以外で地表・地下に流れるものをいう.[地表～]地表流失.[地下～]地下流失.
径路 jìnglù ①小さい道.②近道.抜け道.
径启者 jìngqǐzhě =[牍]前略陳〔〕]れば….早速ながら…:常に冒頭におき前文を略して直ちに要件を述べるとの意.→[启者]
径情 jìngqíng 思い通りにする.一本気である.[～直 zhí 遂]<成>(事が)思い通りに成功すること.
径赛 jìngsài →[田 tián 径赛]
径驶 jìngshǐ ⇒[径开]
径庭 jìngtíng <文>①細い道と広い庭.②<喩>大きな違いのあること.[大有～]<成>大いに隔たりがある.差が大きい.
径向轴承 jìngxiàng zhóuchéng ラジアルベアリング
径行 jìngxíng ①まっすぐに行く.②思うままに行う.率直に飾りなく行う.[直情～]同前.③直ちに.直接に.いきなり.[～办 bàn 理]直ちに処理する.[未向组 zǔ 长请假,～离去]组長に欠勤の願いもせずに、勝手に現場を離れた.

径直 jìngzhí ①(何か寄らないで)まっすぐ.[～到…来]まっすぐに…へ来る.②直接に.じかに.[你～写下去吧,等写完了再修 xiū 改]じかに書いてしまいなさい,書き終わってから直せばよいから.

径自 jìngzì (自分だけの判断で)断りなしに.勝手に.ひたすら.[他话也不说,拿把铁 tiě 锹～出了家门]彼は何も言わずにふいと家から出て行った.[他没参会议结 jié 束,就～走了]彼は会議が終わらないのに、勝手に出て行った.

〔**弪・弳**〕 jìng 数 ラジアン.弧度.[弧 hú 度]ともいう.

〔**胫・脛**(踁)〕 jìng ふくらはぎ.すね:膝から踵(きび)に至る間.ふつう[小腿 tuǐ]という.[不～而走]<喩>伝播の速いこと.→[骭 gàn]

胫骨 jìnggǔ 生理 胫骨:ふくらはぎの内側の太い骨.

〔**痉・痙**〕 jìng [～挛 luán]けいれん(する).→[抽 chōu 筋(儿)]

〔**净**(凈・淨)〕 jìng (Ⅰ)①清潔(である).清らか(である).[干～]①(清潔で)きれい.⑥すっきり.[窗 chuāng 明几 jī～]<成>明るい窓とさっぱりきれいな机.②無地の.模様のついていない.③きれいにする.[～一～桌面儿]テーブルをきれいにする.[洗 xǐ～]きれいに洗う.[干鼻 bí 子]鼻をきれいにかむ.④純粋の.他物を混ぜていない.正味.[～空高度]水面・海面からの高度.[纯 chún～]純粋(の).↔[毛 máo (Ⅱ)③]⑤なくなる.からになる.残らず.しつくす.[材 cái 料用～了]材料はすべて使い終わった.[碗の水はきれいに飲んでしまった.[都当 dàng～了]全部買入れてしまった.⑥=[竟④]全部.すっかり.…ばかり.[书架上～是科学书]書架の本は全部科学書ばかりだ.⑦ただ.…ばかり.もっぱら.[～说不干 gàn]口先ばかりで実行しない.[他～看外国书,不看本国书]彼はいばいつも外国の書物を読んで、自国の書物は読まない.⑧<姓>净(书)
(Ⅱ)演 旧劇の役の一:[～角 jué (儿)][～脚(儿)]ともいう.剛直・豪放・勇猛な悪役・怪異な男の役柄.顔に特殊な隈取りをするので俗に[花 huā 脸]という.[正 zhèng～][大 dà 花脸]元老・大臣・宰相などの役.[副 fù～][二 èr 花脸]好漢・豪侠・大悪党などの役.[武 wǔ～]立ち廻り役.→[花脸][戏 xì 子]

净本 jìngběn 浄書した定本.
净鞭 jìngbiān ⇒[鸣 míng 鞭②]
净便 jìngbian <方>①(外容が)さっぱりしている.(顔が)色白であかぬけしている.②(人に一看生等上这样～,就知道是生活有规 guī 律的人]彼の外容がさっぱりしているところを見ただけで、生活に規律のある人だということがわかる.→[静便]
净菜 jìngcài ①=[净膳][净馔]回精進料理:[素 sù 菜]に同じ.②材料野菜セット.加工済みパック野菜.
净产值 jìngchǎnzhí 經純生産額.
净场 jìngchǎng ⇒[静场②]
净存 jìngcún (貯金の)残高.
净地 jìngdì 仏(仏教の)(僧侶の住む)清浄無垢の地.
净吨 jìngdūn 商純トン.ネットトン.
净谷 jìnggǔ 唐箕(とう)にかけて芒(のぎ)や葉など脱殻した夾雑物をあおぎとばす作業.
净含量 jìnghánliàng 純容量.
净荷载 jìnghèzài 純積載量.

jìng

净化 jìnghuà 浄化する.〔～间 jiān〕(電子工業などの)クリーンルーム.〔～废 fèi 水〕廃水を浄化する.

净价 jìngjià ①掛け値なしの正味値段.裸値段:〔实 shí 价②〕に同じ. ②運賃諸費用などを控除した純原価.

净街 jìngjiē 〈口〉通行禁止.戒厳.〔近来三天一关城,五天一～〕(老・四・惶16)近ごろはやたらに城門が閉まったり,通行禁止をしたりする.〔净了半天街〕半日も通行止めをしていた.

净尽 jìngjìn すっかりなくす.〔把老 lǎo 鼠消灭～〕ねずみを根絶する.

净角(儿) jìngjué(r) →〔字解Ⅱ〕
净脚(儿) jìngjué(r) →〔字解Ⅱ〕

净口 jìngkǒu (芸能の演技中に)下品な言葉遣いをやめる.

净利 jìnglì 圖純益.純利.→〔毛 máo 利①〕

净脸儿 jìngliǎnr =〔青 qīng 水脸(儿)〕素顔.〔这个女人一就很好看,要是打扮出来不知道多么漂 piào 亮〕この女は素顔でもとてもきれいなんだから,もしちゃんとめかしたらどんなにきれいになるかわからんよ.

净面 jìngmiàn 〈方〉顔を洗う(拭く)

净硼砂 jìngpéngshā 精製硼(砂)砂.→〔硼砂〕

净瓶 jìngpíng 圖(仏教の)水瓶(びん)

净膳 jìngshàn ⇒〔净菜〕

净身 jìngshēn ①圖男性器を切りとること. ②身を清める. ③純潔な身. ④着のみ着のまま. ⑤〈方〉小便する.

净身出户 jìngshēn chūhù 丸裸(着のみ着のまま)で家を出る:土地改革の際の地主への対応の一.〔扫 sǎo 地出门〕ともいう.

净胜 jìngshèng 圖(球技試合の順位を決めるため)得失点差.

净是 jìngshì 〈口〉全部.〔手里～零 líng 钱〕手元にあるのは小銭ばかり.

净收入 jìngshōurù 純収入.正味手取金.〔农 nóng 业生产～〕農業生産による純収入.

净手 jìngshǒu ①=〔净一净手〕〔净一净手〕同前. ②便所へ行く.手洗いに行く(婉語)

净水 jìngshuǐ ①きれいな水. ②浄水する.〔～器 qì〕浄水器.〔～厂 chǎng〕浄水場.

净损 jìngsǔn 圖純損失.

净添 jìngtiān 純増加.

净贴 jìngtiē ⇒〔贴水②〕

净桶 jìngtǒng ⇒〔马 mǎ 桶〕

净土 jìngtǔ ①圖(仏教の)浄土.〔～宗 zōng〕蓮 lián 宗〕浄土宗. ②〈喩〉汚れのない所.

净业 jìngyè 圖(仏教で)①清浄な善業. ②西方浄土に往生する業因.

净余 jìngyú 残り.余り.〔除 chú 去开支,～二百元〕支出を差し引いて200元手元に残った.

净院 jìngyuàn 〈文〉寺院.

净增 jìngzēng 純増(する).

净宅 jìngzhái 圖(道教の)方士が住宅の悪魔・不祥をおはらいすること.

净值 jìngzhí ①圖減価償却後の価額:〔固 gù 定资产～〕の略.〔折 zhé 余价值〕ともいう. ②正味金額.

净重 jìngzhòng =〔(口)去 qù 皮②〕圖純重量.正味重量.↔〔毛 máo 重〕→〔干 gān 重〕〔刨 páo 皮〕〔自 zì 重②〕

净赚 jìngzhuàn 純益を上げる.〔～外汇 huì 1,130万卢比〕外貨1,130万ルピーの純益を獲得した.

净馔 jìngzhuàn ⇒〔净菜①〕

〔净〕 jìng 〈文〉静である:〔静①〕に同じ.

jìng

〔静(静)〕 jìng ①静かである.穏やかである.〔～下心来〕心を静かにする.〔风平浪～〕〈仗〉風が穏やかであるから,波も静かである.〈喩〉事が平穏になること.〔～～地想〕静かに考える. ②静かにする.〔等绿灯亮〕青信号になるのを静かに待つ.〔～～！〕静かにしなさい.〔～一下〕〔(安)～一点儿〕お静かに願います.→〔动 dòng ①〕 ③物音(人声)のしない.〔清～〕物音のしない.ひっそりとした.〔主席走上台去,场内～下来了〕議長が壇上に上ると,場内は静かになった.〔夜～人稀〕〈成〉夜間ひっそりして人影もまばらである. ④〈姓〉静(ジン)

静办 jìngbàn 〈白〉気が静まる.→〔静便〕

静鞭 jìngbiān =〔鸣 míng 鞭〕

静便 jìngbiàn =〔净便〕〈方〉安静である.落ち着いている.〔心里不～〕気が落ち着かない.不安を感じている.〔地方北九～〕治安がよくない.

静场 jìngchǎng ①劇で何の音もしない間(ま). ②=〔净场〕劇場映画館がはねる.

静滴 jìngdī ⇒〔静脉点滴〕

静点 jìngdiǎn 圖死点.デッドポイント.

静电 jìngdiàn 圖静電気.〔～感 gǎn 应〕静電誘導.〔一计 jì〕電位計.〔一印 yìn 刷〕ゼログラフィ.〔～复 fù 印〕乾式複写.

静观 jìngguān 冷静に観察する.〔～事态发 fā 展〕事態の進展を静観する.

静荷载 jìnghèzài 圖静荷重.死荷重.

静候 jìnghòu 〈文〉静かに待つ.

静极思动 jìngjí sīdòng 〈成〉静けさが極まると動きを求めたくなる.

静寂 jìngjì 静寂(である).〔一切～〕すべては静寂である.

静脉 jìngmài 圖生理静脈:〔筋 jīn 脉①〕ともいう.〔～点滴〕〔静滴〕圖静脉点滴.〔～曲 qū 张〕圖静脉が拡張,伸長あるいは弯曲する症状.〔～注 zhù 射〕圖静脉注射.〔～产 chǎn 业〕〈喩〉リサイクル産業.→〔动 dòng 脉〕

静谧 jìngmì 〈文〉静かで安らかである.

静默 jìngmò ①沈黙する. ②黙禱(とう)する.

静穆 jìngmù 静粛である.静かで厳かである.

静配合 jìngpèihé 圖タイトフィット:〔过 guò 盈配合〕ともいう.→〔配合③〕

静僻 jìngpì 静かで寂しい.ひっそりしている.

静悄悄 jìngqiāoqiāo 静まりかえるさま.〔～地过 guò 日子〕ひっそりと暮らす.

静如处女,动如脱兎 jìng rú chǔnǚ, dòng rú tuōtù 〈喩〉ふだんはひそやかに過ごし,動くときは果断敏速に行うこと.

静舍 jìngshè ⇒〔精 jīng 舍②〕

静适 jìngshì 〈文〉静かで気持ちがいい.

静水 jìngshuǐ ⇒〔止 zhǐ 水〕

静思 jìngsī 静かに考える.省察する.

静肃 jìngsù 厳かで慎む.静かで恭しい.

静态 jìngtài 静態.〔～分析〕静態分析.〔～投 tóu 资〕固定設備への投資.→〔动 dòng 态〕

静听 jìngtīng 細かに聞く.

静卧 jìngwò 横たわって眠る.〈転〉墓の中で永眠している.

静物 jìngwù 静物.〔～画 huà〕圖静物画.

静闲 jìngxián 〈文〉閑静である.もの静かである.

静心 jìngxīn 心を静める.心が平静である.

静养 jìngyǎng 静養する.

静园 jìngyuán (公園・動植物園などが)時間になり閉園する.

静止 jìngzhǐ 静止(する).〔～锋 fēng〕准 zhǔn 静止锋〕圖停滞前線.〔～状 zhuàng 态〕静止状態.

jìng

静中待变 jìngzhōng dàibiàn 〈成〉落ち着いて変動の来るのを待つ．

静字 jìngzì ▣形容詞の旧称：[静词 cí]ともいう．

静坐 jìngzuò ①静座(する)．→[气 qì 功疗法] ②座り込み(する)．[～罢 bà 工]座り込みストライキ．[举行～示威]座り込みデモ(ンストレーション)をする．

静座配合 jìngzuò pèihé ▣静止嵌(次)合．→[配合]

[婧] jìng 〈文〉①(女性が)なよなよとしている．②(女性が)賢く美しい．

[靓・靚] jìng 〈文〉①化粧する．着飾る．②装いがあでやかである．[～服]着飾った服．→ liàng

靓饰 jìngshì ⇒[靓妆]

靓衣 jìngyī 〈文〉美しく飾った衣装．

靓妆 jìngzhuāng =[靓饰]〈文〉化粧をして美しく着飾る：[靓庄]とも書く．

[靖] jìng 〈文〉①安らかである．平穏である．②安らかにする．賢くする．[～乱 luàn]乱を平らげる．[绥 suí ～]同前．③〈姓〉靖(次)．

靖边 jìngbiān 〈文〉辺境を鎮める．

靖国 jìngguó 〈文〉国家を安らかに治める．

靖难 jìngnàn 〈文〉危難を安んじ治める．

靖卫团 jìngwèituán ▣史第2次国内戦争期に地主などが組織した反革命的武装団体のもの．

[竞・競] jìng ①争う．競争する．[以极低位标价～得公路工程]極めて低い入札価格で道路工事の競争入札に勝った．②〈文〉強い．③〈姓〉競(次)．

竞标 jìngbiāo ⇒[竞投]

竞猜 jìngcāi 競ってクイズに答える．[～节 jié 目]クイズ番組．

竞唱 jìngchàng のど自慢をする．歌を競う．

竞答 jìngdá 競ってクイズに答える．[有奖 jiǎng ～]賞品付きクイズ．

竞渡 jìngdù ①(端午の節句に行う)競艇．[龙 lóng 舟～]ドラゴンレース．ペーロン．②競泳．

竞岗 jìnggǎng ポストを競う．ポジションを競う．

竞购 jìnggòu 競争購買する．

竞技 jìngjì 競技．[～体 tǐ 操]体操競技．[～状 zhuàng 态不好]選手の(試合中の)コンディションが悪い．[～体 tǐ 育]競技スポーツ．

竞价 jìngjià 購入価格を競い合う．[～拍 pāi 卖]競売にかける．

竞买 jìngmǎi せりで買う．せり落とす．

竞卖 jìngmài 競売する．競ってせりで売る．

竞拍 jìngpāi 入札で争う．せり値を競う．オークションを行う．

竞聘 jìngpìn 採用をせりあう．

竞赛 jìngsài 競争(する)．[生产～]生産競争．[广大青年工人踊跃地参加了劳动～]広範囲の青年労働者が勇躍して労働競争に参加した．[～心理]競争心理．[开 kāi 展～活动]競争を展開する．[～会]コンクール．競技会．[日语演 yǎn 讲～会]日本語弁論大会．→[比 bǐ 赛]

竞投 jìngtóu 競争入札(する)：[竞标]に同じ．[由 yóu 三公司参加～]3社によって競争入札する．

竞相 jìngxiāng 争い合う．互いに争って．[～减 jiǎn 价]安売り競争する．

竞销 jìngxiāo 競争して売る．[减 jiǎn 价～]割引き販売合戦をする．

竞选 jìngxuǎn 選挙で争う．自由選挙をする．[参 cān 加总统～]大統領選挙に出馬する．[～诺 nuò 言]選挙公約．[作～演说]立会い演説を行う．

竞争 jìngzhēng 競争．[生存～]生存競争．[～价格]競争価格．せり値．[贸易～]貿易競争．[～机 jī 制]競争のメカニズム．[～力]競争力．[～性]競争性．競争的．

竞逐 jìngzhú 競い合う．[相 xiāng 互～]互いにしのぎをけずる．

竞走 jìngzǒu ⊠競歩．[十公里～]10キロ競歩．[～比赛]競歩競技．→[赛 sài 跑]

[竟] jìng ①〈文〉終わる．尽きる．[读 dú ～]読み終わる．[整理既 jì ～]整理はすでに終わった．②〈文〉まるまる．始めから終りまで．[～日][终 zhōng 日]まるまる一日．一日中．[～整 zhěng 天]〈文〉結局．つまり．とうとう．[毕 bì ～][究 jiū ～①]ついに．結局．[有志 zhì 者事～成]〈諺〉志ある者は事ついに成る．[～无 wú 一言]とうとう一言も言わなかった．④⇒[净⑥] ⑤意外にも．あろうことか：[居 jū 然①]に同じ．語気はやや軽い．[～遭不幸,真没想到]こともあろうに不幸に遭うとはまったく思いもよらなかった．⑥〈姓〉竟(次)．

竟敢 jìnggǎn あろうことか．大胆にも．[他～不理我]彼はあろうことかわたしを無視しようとする．

竟然 jìngrán ①結局．とうとう．②意外にも．何とまあ．あろうことか．[他～说出这样的话来]驚いたことに彼はこんなことを言い出した．→字解⑤

竟是 jìngshì 意外にも．[情 qíng 况～如此复杂]情況はなんとまあこんなに複雑だったとは．

竟天(价) jìngtiān(jie) ①〈方〉一日中．②〈白〉空いっぱいに．

竟夕 jìngxī 〈文〉まる一晩．夜じゅう．

竟须 jìngxū =[直 zhí 须]

竟夜 jìngyè ⇒[整 zhěng 夜]

竟至 jìngzhì 意外にも…と至った．ついに…に至った．[～于…]…ということにいたった．[～完全失去效用]意外にも完全に効用を失うに至った．

竟自 jìngzì あげくの果ては．意外にも．驚いたことには．[～いつまでも．引き続き．[水～流着]水はいつまでも流れている．

[境] jìng ①境．国境．[边 biān ～]辺地．国境地．[国～]国境．[入～]入国(する)．[出～]出国(する)．ある土地から離れる．②ところ．[如 rú 入无人之～]無人の地方へ入ったかの如く．③境遇．境．家庭．家庭の暮らし向き．[处 chǔ ～极为困难]境遇が非常に苦しい．[环 huán ～]環境．身辺の事情．④境地．[学有进 jìn ～]〈成〉学問が進歩した．[学无止 zhǐ ～]〈成〉学問には限度がない．[渐 jiàn 入佳～]だんだん佳境に入る．

境地 jìngdì ①境界．②立場．境遇．③程度．

境界 jìngjiè ①境．②〈转〉境地．立場．[理 lǐ 想～]理想の境地．[他的演技达到出神入化的～]彼の演技は入神の域に達している．

境况 jìngkuàng 境遇．生活状況．[～不佳 jiā]暮らし向きがよくない．

境内 jìngnèi 国内．[在中国～]中国国内で．[全县～]全県内．[石家庄在河北省～]石家庄は河北省内にある．

境外 jìngwài 境界の外．国外．[～账 zhàng 户]▣非居住者勘定．[～企 qǐ 业]海外に設立した企業．

境域 jìngyù ①境界内の地．②境界．③境地．

境遇 jìngyù 境遇．身のなりゆき．生活状況．

[獍] jìng 伝説上の凶暴な小獣：生まれるとすぐ母を食べてしまうので,親不孝者にたとえられる．[枭 xiāo ～]同前．

[镜・鏡] jìng ①[-子]鏡．[照 zhào ～子]鏡に映して見る．[穿 chuān 衣～]姿見．[帽 mào ～]置き鏡．[借 jiè ～](喩)参考にする．②レンズ．[透 tòu ～]ともいう．[凸 tū

jìng 镜 偳 敬

透~〕〔正 zhèng 透~〕〔凸レンズ.〔凹 āo 透~〕〔负 fù 透~〕凹レンズ.〔放 fàng 大~〕拡大鏡.虫眼鏡.〔三合~〕〔トリプレットタイプレンズ.〔滤 lǜ 色~〕カラーフィルター.〔(三)棱 léng ~〕プリズム.→〔镜头①〕.〕レンズを用いて作った器具機械.〔眼 yǎn ~(儿)〕眼鏡.〔近视~〕近視眼鏡.〔望 wàng 远~〕望遠鏡.〔显 xiǎn 微~〕顕微鏡.〔花~〕老眼鏡.〔平光~〕素通し眼鏡.度なし眼鏡.④〔姓〕鏡.

镜贝 jìngbèi 〔鱼贝〕カガミガイ:マルスダレガイ科の二枚貝.

镜墩儿 jìngdūnr ⇒〔镜支儿〕

镜函 jìnghán ⇒〔镜匣〕

镜奁 jìnglián =〔镜匣〕

镜花水月 jìnghuā shuǐyuè 〈喻〉幻想や見かけだけで実体のないこと:〔水月镜花〕〔水月镜像〕ともいう.〔镜中花,水中月〕同前.〔嘅!什么是真的,哪个又是假的,还不都是~吗〕何が本当のものか,そしてどれが偽りのものか,結局,すべては絵空事に過ぎなかった.

镜架 jìngjià ①眼鏡の縁.②鏡(レンズ)を支えている枠.③額縁.

镜鉴 jìngjiàn =〔镜考〕〈文〉戒め.手本:反省・教訓を得る材料.〔当以前人为~〕先人をかがみとすべきである.→〔借 jiè 镜〕

镜考 jìngkǎo 同上.

镜框 jìngkuàng 〔~儿〕①鏡の周囲のわく.②額縁.

镜里观花 jìnglǐ guānhuā 〈喻〉目には見えても手に入れることはできないこと.むだなこと.→〔水 shuǐ 中捞月〕

镜面人 jìngmiànrén 医内蔵の位置が左右逆の人.

镜片 jìngpiàn 〔儿〕(眼鏡や光学機器の)レンズ.

镜台 jìngtái ⇒〔梳 shū 妆台〕

镜铁 jìngtiě 鉱 マンガン含有量の比較的少ない(30%以下)マンガン鉄.〔~矿 kuàng〕鏡鉄鉱.→〔锰 měng〕

镜头 jìngtóu ①(カメラなどの)レンズ.〔广~角〕広角レンズ.〔撮 cuō 近~〕接写レンズ.〔~盖 gài(r)〕レンズシェード.②(映画・写真などの)スナップ.場面.シーン.ショット.〔特写~〕クローズアップ.〔特 tè 技~〕特撮シーン.〔慢 màn ~〕スローモーションショット.〔~透 tòu 镜〕

镜匣 jìngxiá =〔镜奁〕〔镜盒〕〔镜箱〕鏡つきの化粧道具箱.

镜箱 jìngxiāng ①同上.②撮影機.

镜像 jìngxiàng 物 鏡像.ミラーイメージ.〔~站 zhàn〕電算 ミラーサイト.

镜鱼 jìngyú ⇒〔鲳 chāng〕

镜支儿 jìngzhīr =〔镜墩儿〕镜箱:開けば鏡が箱の上に立ち,たためば箱の中におさめられる.

镜子 jìngzi ①鏡.〔拿~照〕鏡で写す.〔碧 bì 绿的乌苏里江静得像一面~〕緑のウスリー江は鏡のように静かである.②眼鏡.

〔**偳**〕 jìng〈文〉强い.〔劲〕に同じ. → liàng

〔**敬**〕 jìng ①尊ぶ.尊敬する.〔致 zhì ~〕敬意を表する.あいさつをする.〔肃 sù 然起~〕粛然として襟を正す.②うやうやしい.〔必恭必~〕〈成〉一生うやうやしいさま.〔请指点 zhǐ 教〕謹んで御教示を請う.〔敬意を表して酒・タバコ・茶・料理などを〕差し上げる.〔我~您一杯〕一杯差し上げましょう.〔回~〕〔还酬~〕返杯する.〔香 xiāng〕線香を(神仏に)あげる.③贈り物の表に書添えられるきまり文句.〔喜 xǐ ~〕〔奠 diàn ~〕ご香典.〔菲 fēi ~〕〔~仪 yí〕寸志.粗品.〔酬 chóu ~〕謝礼.〔钱 qián ~〕

~〕ご餞別.⑤〈姓〉敬(⁹⁹)

敬爱 jìng'ài 敬愛(する).〔~的张 zhāng 老师〕敬愛する張先生.

敬菜 jìngcài ①主人が客に料理を勧める.②人を料理屋に招待し,客にそれぞれ好きな料理を注文させる場合、主人(すなわち招待者)が注文する上等の料理をいう.③料理屋が知り合いの客にサービスで別に出す料理:〔外 wài ~〕.

敬茶 jìngchá お茶を勧める.お茶を差し上げる.

敬称 jìngchēng 敬称(する)

敬呈 jìngchéng 差し上げる.謹呈す.

敬词 jìngcí 〔敬辞〕とも書いた.① 語 敬語:〔敬语〕ともいう.〔贵校〕,〔令堂〕,〔光临〕,〔拜托〕など.↔ 〔谦 qiān 词〕②挨拶の言葉.

敬而远之 jìng ér yuǎn zhī〈成〉敬遠する:〔敬鬼 guǐ 神而远之〕(論語・雍也)から.〔他对知 zhī 识分子一向有些~〕彼は前からインテリに対して少し敬遠する気持ちがあった.

敬奉 jìngfèng ①献上する.差し上げる.②(神仏を)恭しく祭る.

敬服 jìngfú 敬服(する)

敬复 jìngfù 〔牍〕謹んでご返事申し上げます.拝復.

敬告 jìnggào 謹んでお知らせする.

敬贺 jìnghè ⇒〔拜 bài 贺〕

敬候 jìnghòu 〔尊〕お待ちしております.〔~光临 lín〕同前.

敬酒 jìngjiǔ =〔进 jìn 酒〕酒を勧める:〔请 qǐng 酒〕〔劝 quàn 酒〕に同じ.〔向他~〕彼に酒を勧める.〔敬一杯酒〕まず一献し.

敬酒不吃,吃罚酒 jìngjiǔ bùchī, chī fájiǔ〔拉 lā 着不走,打着倒走〕〈諺〉親切に勧められた時には断るが,無理に押しつけられた時は仕方なく受け入れる.〔~转〕挙措に時機のわきまえのないこと.

敬老 jìnglǎo 老人を敬う.〔~爱 ài 幼〕老人を敬い幼児を愛する.〔~院〕〔老人院〕〔幸 xìng 福院〕〔养 yǎng 老院〕老人ホーム.養老院.

敬礼 jìnglǐ 敬礼する.おじぎをする.〔向老师敬礼〕先生に礼をする.→〔鞠 jū 躬①〕②あいさつする.礼をもって遇する.③〈尊〉(手紙の末尾につける語)敬具,頓首にあたる.〔此致 zhì ~〕敬具.

敬领 jìnglǐng ありがたくお受けします.〔~厚 hòu 赐感激无既〕〔牍〕結構な品ご恵贈下さり,感謝にたえません.

敬末 jìngmò 旧 天子の名前と同じ字を用いることをはばかって,やむなく用いる場合,その字の最後の筆画を省いたこと:例えば,宋の太祖の名は〔匡 kuāng 胤〕であったので〔胤 yìn〕を〔胤〕とした.この他,〔恭 gōng 代〕といって,別の字を用いる場合もあった.→〔避 bì 讳〕

敬慕 jìngmù 敬い慕う.

敬诺 jìngnuò〈文〉よろしい.承知しました.

敬陪 jìngpéi ①出席いたします:招待に応じて出席することを相手に対してロ頭で言う語.招待の回状に書き込む時にも用いるが,ふつうは〔敬知〕と書く.②陪席する.

敬启 jìngqǐ ⇒〔钦 qīn 佩〕

敬启者 jìngqǐzhě〔牍〕謹んで申し上ぐれば.拝啓:書簡の冒頭に置く語.→〔启者〕

敬请 jìngqǐng 〈尊〉謹んでお願い申し上げる.〔~光临〕どうかお出かけください.

敬上 jìngshàng ①目上を敬う.②〈尊〉謹んで差し上げる:手紙の末尾(署名の後)につける語.

敬颂 jìngsòng 〔牍〕謹んでおよろこび申し上げる:書簡の最後に置く語.〔~近安〕〔~文绥〕など.

敬挽 jìngwǎn 慎んで哀悼の意を表する:〔挽〕は死者に対し哀悼の意を表すること.→〔挽(II)②〕

敬维 jìngwéi 〈牍〉謹んで思うに．…と存じます．
敬畏 jìngwèi 畏敬(する)．
敬悉 jìngxī 〈牍〉謹んで拝承いたしました．
敬羡 jìngxiàn 尊敬し羨望する．〔令 lìng 人~〕同前にさせる．
敬献 jìngxiàn 謹んで差し上げる．献上する．
敬谢 jìngxiè お詫びを申し上げる．〔~不敏 mǐn〕〈文〉その任に堪えず謹んで謝絶する．→〔敬知〕
敬烟 jìngyān タバコを勧める．
敬仰 jìngyǎng 敬慕する．〔受到学生~〕学生から敬慕される．
敬业 jìngyè 学業・業務にいそしむ．〔~乐 lè 群〕〈成〉一生懸命やって皆と仲良く学問を磨きあう．
敬意 jìngyì 尊敬の気持ち．〔致 zhì 以~〕敬意を表する．〔哪~里哪里，不成~〕どういたしまして．ほんのおしるしです．
敬语 jìngyǔ ⇒〔敬词〕
敬赠 jìngzèng 謹んでお贈りする．
敬知 jìngzhī 旧時，〔知单〕(連名で書く回覧形式招待状)に出席予定者が記入する語：出席しない場合は，〔敬谢〕〔心 xīn 领〕などと書く．〔敬陪〕
敬治 jìngzhì 〈文〉謹んで…を準備する．〔~菲 fěi 酌〕〈成〉粗末な酒肴ですが用意いたします．〔~喜 xǐ 筵〕〈成〉謹んで喜びの宴を設ける．
敬重 jìngzhòng 敬意をもち重視する．高く買う．〔対日本先进的科学技 jì 术特别~〕日本の先進科学技術を特に高く買っている．→〔轻 qīng 慢〕
敬祝 jìngzhù〔尊〕謹んでお祈り(お祝い)します．〔~健康，工作顺利〕ご健康とお仕事の順調を同前．

jiong ㄐㄩㄥ

〔坰(埛)〕 jiōng 〈文〉郊外．野原．〔郊 jiāo ~〕野と同前．
〔扃〕 jiōng 〈文〉①(外からしめる)かんぬき．門環．〔転〕門．入口．②門を閉じる．〔~户〕同前．→ jiǒng
〔駉・駧〕 jiōng 〈文〉①馬がよく肥えている(こと)．②駿馬(の)．③〈姓〉駧(ケイ)
〔冏〕 jiǒng 〈文〉①光．②明るい．
〔泂〕 jiǒng 〈文〉①遠い：〔迥〕に同じ．②水の広くて深いさま．
泂蛤仔 jiǒnggézǐ〔魚貝〕オキアサリ．
泂鲫 jiǒngjì〔魚貝〕オキタナゴ．
〔迥(逈)〕 jiǒng 〈文〉①遠い．〔山 高路~〕〈成〉山は高く道は遠い．②違いが甚だしい．
迥别 jiǒngbié =〔迥殊〕〈文〉はるかに異なる．
迥非昔比 jiǒng fēi xī bǐ 〈文〉はるかに昔とは異なる．
迥乎 jiǒnghū 同下．
迥然 jiǒngrán〔迥乎〕甚だしい(差がある)．〔~不同〕全く異なる．
迥殊 jiǒngshū =〔迥别〕
迥异 jiǒngyì 全く異なる．〔性格~〕性格がまるで違っている．
〔絅・綗(褧)〕 jiǒng 〈文〉ひとえのうわっぱり．〔衣 yī 锦尚~〕〈成〉錦を着て，その上にうわっぱりを着る：内を美しくして，外に表さない．(礼記・中庸)
〔炯(烱)〕 jiǒng ①〈文〉光り輝いている．②明らかである．〔~戒 jiè〕明らかな戒め．③〈姓〉烱(ケイ)

炯炯 jiǒngjiǒng 〈文〉①明らかなさま.目が生き見えるさま．②きらきらとするさま：多く眼光をいう．〔他的一双眼 yǎn 睛~有神〕彼の目は鋭く生き生きしている．
炯然 jiǒngrán 〈文〉①明らかなさま．〔~不惑 huò〕〈成〉一目瞭然である．②明るく力があるさま．〔目~光~〕目が鋭い．
〔扃〕 jiǒng 〈文〉輝いているさま．明らかなさま：〔炯②〕に同じ．→ jiōng
〔炅〕 jiǒng 〈文〉①日光．②明るい．→ guì
〔煚〕 jiǒng 〈文〉日光．
〔熲・熲〕 jiǒng 〈文〉火の光．
〔窘〕 jiǒng ①困窮する．貧しく苦しい．〔生活很~〕生活が非常に苦しい．②(立場が)困る．〔方法がなくて〕困る．〔他叫人家问 wèn 住了，~得面红耳赤〕彼は問いつめられて真っ赤になってしまった．③困らせる．〔受 shòu~〕同前．〔什么问题也~不住他〕どんな問題でも彼を困らせることはない．
窘促 jiǒngcù 〈文〉窘迫する．〔~无 wú 计〕せっぱつまって為すべがない．
窘乏 jiǒngfá 〈文〉暮らしが困難である．
窘急 jiǒngjí 窮地に追い込まれて焦る．
窘境 jiǒngjìng 窮境．〔摆 bǎi 脱~〕窮地を脱する．
窘况 jiǒngkuàng 困窮の状況．
窘困 jiǒngkùn 困窮する．
窘迫 jiǒngpò ①非常に苦しい．〔生计~〕暮らしがひどく苦しい．②苦境に陥る．せっぱつまる．〔处 chǔ 境~〕いきづまった立場だけである．
窘态 jiǒngtài 窮状．困った様子．〔遇 yù 到~〕手づまりになる．
窘相 jiǒngxiàng 困惑した表情．

jiu ㄐㄧㄡ

〔勼〕 jiū 〈文〉集まる．
〔究〕 jiū ①究める．追究する．〔深 shēn ~〕深く追究する．〔研 yán ~①〕研究(する)．②追及する．〔追 zhuī ~〕責任を追及する．③〈文〉つまるところ．結局．〔~应 yīng 如何処理〕いったいどう処理すべきか．〔~属 shǔ 自家兄弟，我们不能不帮助他〕いずれにせよ自分の身内だ，彼を助けないわけにはいかない．→〔究竟〕
究办 jiūbàn =〔处处〕取り調べて処分する．〔依 yī 法~〕法に基づき取り調べて処分する．
究处 jiūchǔ 同上．
究根儿 jiūgēnr 〈口〉調べ尽くす．徹底的に究明する．〔要~可不是一天半天就能打听明白的〕すっかり調べあげようというには一日や半日の聞き取りではっきりできるようなことではない．〔看个~〕事件の最後まで見届ける．
究根问底 jiūgēn wèndǐ ⇒〔追 zhuī 根究底〕
究诘 jiūjié 〈文〉究問する．聞きただす．
究竟 jiūjìng =〔毕 bì 竟〕①ひっきょう．つまりは．結局．〔这本书虽然旧，可~是珍本〕この本は古いものだがどのみち珍本だ．②いったい：追究の語調の疑問文．〔问题~在哪里呢〕問題はいったいどこにあるのか．③結着．結論．結果：ふつう〔个〕を前に伴う．〔大家都想知道个~〕皆は結末を知りたがっている．→〔到 dào 底〕
究明 jiūmíng 究め明らかにする．

究其实 jiūqíshí その事実を追求すれば.あからさまにすれば:文中の挿入句として用いる.

究属 jiūshǔ 〈文〉結局は…である.〔~不合〕結局は正しくない.

究问 jiūwèn 追及し尋問する.〔再三~〕再三追及する.

究细儿 jiūxìr 〈方〉①詳細を究める.究明する.〔一~就不好办〕細かくこだわるとやりにくい.②几帳面にする.生真面目にやる.

〔**鸠・鳩**〕jiū ①鳩(キジバト属の)ハト(総称).〔~鴿科〕(分類学上の)ハト科.〔山斑~〕キジバト.〔斑 bān ~〕キジバト属.→〔鴿 gē〕 ②〈文〉集める:古く〔勼〕に通用した.

鸠合 jiūhé ⇒〔纠合〕
鸠集 jiūjí ⇒〔纠集〕
鸠尾 jiūwěi 圆撥(ざ)形.〔~槽 cáo 蟻枘(ありぼぞ)穴.〔~铣 xǐ 刀〕蟻枘切りカッター.
鸠形鹄面 jiūxíng húmiàn 〈喩〉飢えてやせこけたさま〔鵠面鳥形〕〔鳩面 鳥形 鵠形に似る〕.
鸠占鹊巢 jiūzhàn quècháo 〈成〉他人の財産・土地を占拠すること:鳩は自ら巣を作ることを知らず、鵲の巣を横取りしてこれに棲むという.

〔**纠・糾(紏)**〕jiū (Ⅰ)①〈文〉からんだ縄.②よせ集める.糾合する.③まつわる.④〈姓〉紏(Ⅱ)①正す.是正する.②正し取り締まる.〔~违 wéi〕違反をとめる.→〔察察〕

纠察 jiūchá ①(罪悪を)摘発する.②(公衆活動において)秩序を維持する.③ピケ.〔~队 duì〕④ピケット.⑤風紀係.〔~线 xiàn〕ピケライン.〔布 bù 置~线〕ピケを張る.

纠缠 jiūchán ①まつわりつく.つきまとう.〔俗 sú 事~〕俗務多忙.〔问题~不清〕問題がもつれる.〔他这样不讲 jiǎng 道理不要和他~了〕彼のようなこんなわからず屋は相手にしない方がいい.ごたごたを起こす.もつれる.〔那件事~了很久还是没有结果〕あの事は長いことごたごたしているが、やはり解決がつかない.

纠错 jiūcuò ①誤りを正す.②電算バグを取る.デバッグする.
纠纷 jiūfēn 紛糾(する).ごたつき(く).ごたごた(もめ).〔邻居~〕近所づき合い上のもめごと.
纠风 jiūfēng 悪習・誤った気風を正す.〔抓 zhuā 好~工作〕不正纠明をしっかりやる.
纠葛 jiūgé からみ合ったごたごた.もめごと.
纠合 jiūhé よせ集める.糾合する.連合する:多くする意に用いる.〔鳩合〕とも書いた.〔~党羽〕〈成〉徒党を組む.
纠劾 jiūhé ⇒〔纠弹〕
纠集 jiūjí よせ集める.結託する:〔鸠集〕とも書いた.〔~同伙〕仲間をよせ集める.
纠结 jiūjié 結託する.からみ合う.合同する.
纠谬 jiūmiù 〈文〉誤りを正す.
纠偏 jiūpiān 偏向を正す.
纠绳 jiūshéng 〈文〉誤りを正す.
纠弹 jiūtán =〔纠劾〕糾弾する.
纠问 jiūwèn 問いただす.検挙して問罪する.
纠误 jiūwù 〈文〉誤りを正す.
纠仪 jiūyí 式典の際、式の順序などが正しく進行するよう注意監督する人.→〔司 sī 仪〕
纠正 jiūzhèng 〈又〉纠缠矯正する.正す.正し直す.〔你们要勇敢地~自己的错误〕あなた方は勇敢に自己の誤りを正さねばならない.〔~偏 piān 向〕偏向を改める.→〔改 gǎi 正〕

〔**赳**〕jiū

赳赳 jiūjiū 勇猛であるさま.たけだけしいさま.〔~武 wǔ 夫〕〈成〉勇ましい武士(軍人).〔雄 xióng ~、气昂 áng 昂〕雄々しく勇ましい.

〔**阄・鬮(鬮)**〕jiū 〔-儿〕(により状の)くじ.〔抓 zhuā ~儿〕〔拈 niān ~儿〕あみだくじをひく.→〔抽 chōu 签(儿)〕

〔**揪(揫)**〕jiū (しっかりと)つかむ.握る.つかんで引っぱる.〔~出来〕引っぱり出す.〔~着绳 shéng 子往上爬 pá〕縄をつかんで(つたって)上へのぼる.〔你~着这一头儿别掰手〕この端をつかんでいて、手を離すな.〔把他~住别叫他走〕彼をつかまえてから、逃がしちゃいけない.〔叫人~住了小辫 biàn 子,只得老老实实地承认人~的弱点を握られたら、おとなしく白状しなくちゃならない.〔~起来〕⑧つかみ合う.ⓑつかみあげる.

揪辫子 jiūbiànzi おさげ(辫髪)をぎゅっとつかむ.〈転〉弱みをつかむ.弱点を押える.〔抓 zhuā 辫子〕ともいう.
揪扯 jiūchě つかんで引っぱる.
揪打 jiūdǎ ⇒〔扭 niǔ 结〕
揪斗 jiūdòu つかまえて批判する.〔揪出来批 pī 倒斗臭〕ひきずり出して徹底的にやっつける(文革中の闘争のやり方)
揪揪着 jiūjiūzhe 〈方〉(心が)ひきつっている.のびのびしない.〔祥子的心还是~〕(老・骆15)祥子はやはり気がさっぱりしていない.②しわがよる.〔把~的小褂拽 dèn 一拽〕シャツにしわがよっているからひっぱって平らにしなさい.
揪痧 jiūshā 中国民間療法の一.皮膚の一部を指ではさんで引っぱり,充血させて内部の炎症を軽減するもの.
揪心 jiūxīn 〈口〉気が落ち着かない.気をもむ.〔揪着细心儿 xīr〕〔~搓 cuō 火〕同前.〔老不定规好了真叫人~〕(老・骆)いつまでも決まらないので気が気でない.〔这事儿让我老揪着心〕この事のためにわたしはいつまでも落ち着けない.②苦しむ.痛む.〔伤口疼得~〕傷口が痛くて苦悶する.
揪心扒肝 jiūxīn bāgān 〈喩〉心配する.びくびくする.あまりに神経過敏になる:〔揪心拉 lā 肝〕ともいう.〔你这么~就不行,要办就放 fàng 着胆儿干下去],きもしっかりしてはだめだ、やるなら思い切ってやってのけろ.
揪住 jiūzhù ひっつかむ.〔~不放〕しっかりつかまえて放さない.〔被人~黄辫 biàn 子〕(鲁·Q 2)茶色の辫髮(べんはつ)をぎゅっとつかまれた.

〔**啾**〕jiū ①〈擬〉(鳥や虫の)一斉に鳴く声:〔嚶〕に同じ.〔~喞 zhōu〕〈文〉鳥のさえずりの声.②〈文〉吟詠する.

啾唧 jiūjī 〈擬〉①細い鳴き声.②入り乱れた音声.
啾啾 jiūjiū 〈擬〉①虫や鳥の一斉に鳴く声.②亡霊の哭す声.

〔**鬏**〕jiū 〔-儿〕頭髮をぐるぐる巻いたまげ.

〔**樛**〕jiū ①〈文〉木の枝が垂れ曲がる.〔~木 mù〕(詩経·周南)枝が垂れ曲がっている木.〈喩〉君子の徳人及ぶこと.②〈文〉まつわる.絞める.③〈姓〉樛(きゅう)

〔**朻**〕jiū 〈姓〉朻(きゅう)

〔**噍**〕jiū ⇒〔啾〕→ jiāo jiào

〔**九**〕jiǔ ①9.九つ.②〔冬至の翌日から81日間,毎9日間をいう:〔一~〕から〔二~〕〔三

〜〕…最後の〔〜〜〕までが冬の寒い期間とされる.〔~尽寒尽,伏 fú 尽热尽〕(荊楚歳時記)九冬まで寒さ尽き,伏冬まで暑さ尽く. ❷〔数 shù 九〕③多数:〔三〕,〔五〕,〔七〕,〔八〕にも同じ意味がある.〔三弯~〕曲がりの多いこと. ④<姓>九(きゅう)

九八规银 jiǔbā guīyín →〔规银〕

九八钱 jiǔbāqián 回①小銅銭98個を1〔百文〕と し,980個を1〔吊 diào II〕とする計算法をいう. ❷北京の〔制 zhì 钱(儿)〕49個を1〔吊 II〕とする計算法をいう. →〔短 duǎn 陌〕〔满 mǎn 钱〕

九百 jiǔbǎi <白>うすのろ.ばか.〔九伯〕ともいう.

九拜 jiǔbài 周9拜:9種の礼の仕方:稽首(けいしゅ).頓首(とんしゅ).空首.振動.吉拝.凶拝.奇拝.褒拝.粛拝.

九城 jiǔchéng =〔九城圈儿〕回北京(城)の別称:北京城には九つの城門があった. →〔九门 II〕〔里 lǐ 九外七〕

九成九 jiǔchéngjiǔ 9割9分.ほとんど完全に近いこと.〔这事~是确定了〕このことは九分九厘確定した.

九城圈儿 jiǔchéngquānr ⇒〔九城〕

九重 jiǔchóng <文>①天(の最も高い所).〔~霄 xiāo〕同詞. ❷宮城.宮庭.

九重葛 jiǔchónggé 園ココノエカズラ.ブーゲンビリア.オシロイバナ科植物.

九春 jiǔchūn <文>①春季の90日間. ❷3年(間):(1年の)春季3ヶ月を〔三春〕という.

九大兵法 jiǔdà bīngfǎ 古代の9種の兵書:孫子.孫膑.吴子.六韜.尉繚子.司馬法.太白陰経.虎鈐経.劾虬新書.

九大行星 jiǔdà xíngxīng 因水・金・地球・火・木・土・天王・海王・冥王の各惑星:冥王星が準惑星とされ,現在は〔八大行星〕

九道鲨 jiǔdàoshā ⇒〔皱 zhòu 唇鲨〕

九鼎 jiǔdǐng ①伝説で夏の禹王が九州(全国)の金を貢がせて鋳った鼎(かなえ):建国の宝として夏・殷・周と伝えられた.〔国 guó 鼎〕ともいう. ❷<喻>非常な重さ.〔一言~〕一言でも相当な重味がある.

九冬 jiǔdōng <文>冬季の90日間.

九二〇 jiǔ'èrlíng ⇒〔赤 chì 霉素〕

九方 jiǔfāng ①<文>中央と八方. ❷<姓>九方

九陔 jiǔgāi ⇒〔九天②〕

九宫 jiǔgōng →〔宫 tào 〕〔宫调〕

九宫格儿 jiǔgōnggér 正方形の罫のある習字用紙:大きい方形の中にさらに9個の小方形がある.

九宫图 jiǔgōngtú 回1から9までの数を従横に各三つ並べて縦横三つの数の和がすべて9になるように配列した図.〔魔 mó 块〕

九谷 jiǔgǔ 圏9種類の穀物:稷(きび).秫(もちきび).黍.稲.麻.大豆.小豆.大麦.小麦(諸説あり).〔转〕穀類.

九归 jiǔguī 回(珠算で)1から9以内の数で割る場合の除法.〔~诀 jué〕同前の九九. →〔二 èr 一添作五①〕

九花(儿) jiǔhuā(r) ⇒〔菊 jú 花①〕

九华山 jiǔhuáshān 因四大仏教名山の一.安徽省青陽県の西南にある.

九家 jiǔjiā →〔九流①〕

九江瓷 jiǔjiāngcí 江西省景德鎮の陶磁器:九江から移出されるのでこの名がある.

九角戏 jiǔjiǎoxì →〔高 gāo 甲戏〕

九节辰 jiǔjiéchén 旧暦9月9日の重陽節をいう. →〔重 chóng 阳(节)〕

九节狸 jiǔjiélí 園ジャコウネコ(麝香猫)の一種.

九斤黄(鸡) jiǔjīnhuáng(jī) 園コーチン:肉用鶏の一種.多くは黄色の大型.

九经 jiǔjīng 固9種の経書:周礼・儀礼・礼記・左伝・公羊・穀梁・易・詩・書.あるいは易・詩・書・礼・春秋・孝経・論語・孟子・周礼(諸説あり)

九九 jiǔjiǔ ①→〔字解②〕 ❷〔一儿〕考え.見識.〔你心里没 méi 个~〕お前は少しの見識も持っていない.

九九表 jiǔjiǔbiǎo 数(掛け算の)九九(く)の表.

九九登高 jiǔjiǔ dēnggāo =〔九日登高〕旧暦9月9日の〔重 chóng 阳(节)〕に高い所に登り菊酒を飲んで一年の災厄を払った風習. ❷→〔划 huá 拳②〕

九九歌 jiǔjiǔgē ①⇒〔小 xiǎo 九九①〕 ❷→〔九九消寒图〕

九九归一 jiǔjiǔ guīyī 〔成〕とどのつまりはもとに戻る.どうせ…だ!.〔九九归原 yuán〕ともいう.元来は算盤の九九で,9割9は1の意.

九九合数 jiǔjiǔ héshù 九九(く)数表. →〔得 dé ①〕〔合数①〕

九九快 jiǔjiǔkuài →〔划 huá 拳②〕

九九消寒图 jiǔjiǔ xiāohántú =〔消寒图〕回冬至の翌日から数えて81日間で寒さは去るという考えがあり,各家庭では,〔冬至〕に81個の梅の花の絵を1枚の紙に描いたものを貼り出し,冬至の日から毎日一つずつそれに色をつけて消していき春の来るのを楽しむという風習があった.その図を〔~〕という.〔九九歌②〕で〔一九二九不出手,三九四九冰上走,五九六九沿河(河边)看柳,七九河开八九雁 yàn(燕)来,九九消寒,九九加一九,耕 gēng 牛遍地走〕という.→〔冷 lěng 在三九〕

九九鱼 jiǔjiǔyú ⇒〔海 hǎi 鲫〕

九孔(螺) jiǔkǒng(luó) 魚貝アワビ.またトコブシ. →〔鲍 bào〕

九黎 jiǔlí 〔少 shǎo 皡〕(伝説中の夷の首領)の頃の諸侯をいう.後の〔三苗〕〔黎苗 miáo〕氏.

九里香 jiǔlǐxiāng 園ゲッキツ:秋に芳香のある花をつける.

九连灯 jiǔlián bǎodēng (マージャンで)役満貫の一:清一色であることと,門前清(吃も碰もしない)で聴牌することが条件で,1が3個,9が3個あり,2から8までの中張牌が1個ずつあり,1から9までのどの牌がきてもあがれるもの.

九莲灯 jiǔliándēng →〔划 huá 拳②〕

九连环 jiǔliánhuán 知恵の輪(玩具).〔拆 chāi ~〕同前を解く.〔套 tào ~〕同前を組み立てる.

九流 jiǔliú <文>①戦国時代の儒・道・陰陽・法・名・墨・縦横・雑・農の〔九家〕(9学派) ❷各河川の全支流. ❸各種(の). →〔宾客〕各種の賓客.

九流三教 jiǔliú sānjiào →〔三教九流〕

九门 jiǔmén ①<文>皇居. ❷回北京城の九つの門をいう.〔~提 tí 督〕清北京城の治安の責を負う歩兵隊長. =〔九城〕〔里 lǐ 九外七〕

九牛二虎之力 jiǔniú èrhǔ zhī lì <喻>非常に大きい力.ばか力.

九牛一毛 jiǔniú yīmáo 〔成〕牛9頭分の毛のうちの1本の毛:多数のうちの極少部分.

九派 jiǔpài 地(長江をいう):長江は廬江・潯陽より分かれて九つの河流になっているため,湖北・江西一帯の長江を指す.〔茫茫~流中国,沉沉一线穿南北〕(毛沢東詞・黄鶴楼)長江は中国を東西に流れ,京漢線は深く南北を貫いて走っている.

九品 jiǔpǐn ①古代の官位:九品に分かれ,各品がさらに正・従に分かれる. ❷→〔九曜〕

九窍 jiǔqiào 中医九竅(きょう):口・両眼・両耳・両鼻孔・大小便孔の9穴.

九卿 jiǔqīng 史九つの大臣職:時代により名称は異なる.〔九品②〕ともいう.

jiǔ 九汎久灸玖

九秋 jiǔqiū 〈文〉①秋季の90日間. ②9年(間)
九曲 jiǔqū ①曲がりくねったさま.〔~八拐 guǎi〕同前.〔~桥 qiáo〕同前の橋.〔~回廊 láng〕同前の渡り廊下. ②〈喩〉くどい物言いや手ぎわの悪さなど.
九泉 jiǔquán ⇒〔黄 huáng 泉〕
九仞功亏一篑 jiǔrèn gōng kuī yīkuì ⇒〔功亏一篑〕
九日登高 jiǔrì dēnggāo ⇒〔九九登高①〕
九儒十丐 jiǔrú shígài 回下賤の者.読書人を揶揄(ゆ)していう:元は一官・二吏・三僧・四道・五医・六工・七猟・八民・九儒・十丐とした. または七匠・八娼・九儒・十丐.
九三学社 jiǔsān xuéshè 1944年, 重慶の民主主義者によって発起され, 初めは〔民主科学座談会〕といった. 中共指導下の民主諸党派の一.
九色 jiǔsè 青・赤・黄・黒・白・緑・紫・紅・紺の9色.
九世 jiǔshì 9世代. 自分の前4代と後4代:〔九族①〕に同じ.〔~之仇 chóu〕九世の後までも忘れられない仇敵.
九世同居 jiǔshì tóngjū 唐の張公芸の一族が九世にわたって同居したこと. →〔九族〕〔四 sì 世同堂〕
九死一生 jiǔsǐ yīshēng 〈成〉9死に一生を得る:〔一生九死〕ともう.
九天 jiǔtiān ①中央, 四正(東西南北), 四隅(東北・西北・東南・西南)のすべて. ②=〔九陔〕九重の天. 最も高い天.〔~九地〕〈喩〉懸隔の甚だしいこと. ③宮城.
九头鸟 jiǔtóuniǎo 伝説上の九頭を持つ不吉な鳥.〈転〉狡猾(なな)な者:鬼车 guǐjū〕ともいう.〔天上~, 地下湖北老〕〈諺〉天上でずるいのは"九頭鳥"だし, 地上でずるいのは湖北人だ:旧時, 湖北人をそしる言葉.
九尾狐 jiǔwěihú 伝説上の獣.〈喩〉奸佞(なね)な者.
九五 jiǔwǔ 〈文〉帝王の位:易・乾封九五に〔飞龙在天, 利见大人〕とあり, 人君の象(とう)であるとされるところからいう.〔~之尊〕帝王の尊い身.
九夏 jiǔxià 〈文〉①夏季の90日間. ②周代における朝廷の9種の奏楽.
九霄 jiǔxiāo 空の最も遠いところ.〔~云外〕〈成〉天空の彼方.〈喩〉極めて遠いところ.〔忘到~云外去了〕すっかり忘れてしまった.
九一八(事变) jiǔyībā (shìbiàn) 因満洲事変:1931年9月18日本軍が南満州鉄道を柳条湖附近で爆破した事件.
九音锣 jiǔyīnluó ⇒〔云 yún 锣〕
九月九 jiǔyuèjiǔ 旧暦9月9日の重陽節. →〔重 chóng 阳(节)〕
九云锣 jiǔyúnluó ⇒〔云锣〕
九章算术 jiǔzhāng suànshù 圕九章算術:中国古代の算書.
九州 jiǔzhōu 固天下を九つに分けたもの:冀・兖・青・徐・扬・荆・豫・梁・雍(尚書・禹貢).〈転〉中国(全土).〔禹定~治 tāng 业=汤业〕禹が九州を平定し湯武がその業をひきつけた.
九族 jiǔzú ①自分の前4代と後4代:〔九世〕に同じ. 高祖から玄孫までの親族. すなわち高祖父・曾祖父・祖父・父・自分・子・孫・曾孫・玄孫. →〔九世同居〕〔五 wǔ 服〕②外祖父・外祖母・従母子・妻父・妻母・姑(父の姉妹)の子・姉妹の子・娘の子8親族と自分.

〔汎〕 jiǔ 湖名.〔东 dōng〕〔西 xī ~〕〔团 tuán ~〕皿いずれも江蘇省宜興市にある. → guī

〔久〕 jiǔ ①久しい.(時間が)長い.〔等了好~了〕長く待った.〔~未通信〕久しく便りをしていない.〔~攻不下〕長い時間かけて攻めても陥落できない. ⑤〈喩〉長い時間かけても解決しない.〔~不~〕〈方〉時時. 度度. しょっちゅう. ②時間の長さ.〔你来多~了〕君は来てからどれくらい(日数または時間)になるか.〔他不~就回来〕彼はまもなく帰って来ます.〔两个月之~〕2か月(の間). ↔〔暂 zàn 〕 ⇒〔文〕古い. 昔の.〔~怨 yuàn〕古い恨み. ④〈姓〉久(じ)

久别 jiǔbié 久しい別れ.〔~重 chóng 逢〕久方ぶりに会う.
久病 jiǔbìng 長い病気.〔~成 chéng (良)医〕〈諺〉長く病気をすると医者と同じように病気のことに詳しくなる.〔~初愈 yù〕長い患いがようやく治った.〔~(床前)无孝 xiào 子〕〈諺〉長く患うと孝行息子まで嫌がられる.
久等 jiǔděng 長らく待つ.〔让 ràng 您~了〕〔叫 jiào 你~了〕〈挨〉長いことお待ちさせました.
久赌无胜家 jiǔdǔ wú shèngjiā 〈諺〉長く賭博をすれば必ず負ける.
久而久之 jiǔ ér jiǔ zhī 長く続けると. だんだんに. そのうちに.〔~差 chà 不多的话都能说了〕それを続けていけば, 大体のことは話せるようになる.
久负盛名 jiǔfù shèngmíng 〈成〉久しく盛名をはせてきた.
久旱 jiǔhàn 長い日照り.〔~逢 féng 甘雨, 他乡 xiāng 遇故知〕長い日照りの後にいいお湿りがある, 他郷で知己に遇う.〈喩〉強く切実な希望が達せられること.
久航速度 jiǔháng sùdù 最長航続時の速度.
久假不归 jiǔjiǎ bùguī 同下.
久借不归 jiǔjiè bùguī =〔人借不归〕〈成〉借りていったきり, 返ってこない.〔我知道他一借走就一定~, 会丢 diū 了的〕彼はものを借りたらもうそれっきりになって, なくしてしまうことをわたしはよく知っている.
久经 jiǔjīng ①長い経験がある.〔~大敌〕〈成〉長年大敵との戦闘経験を持つ. ②ずっと以前か.〔~考 kǎo 验〕長期間の試練を経た(もの).〔~沙 shā 场〕①戦闘経験が長い. ⑥〈喩〉長い経験と豊富な経験がある.
久久 jiǔjiǔ 長い間.〔躺 tǎng 在床上~不能入睡〕長いことベッドに横になっていたが眠れなかった.
久阔 jiǔkuò =〔久 qì 阎〕久しく別れている.
久留 jiǔliú 長らく滞在する.〔此 cǐ 地不可~〕この地に長居は無用である.
久慕 jiǔmù 〈文〉久しく敬慕している. →〔久闻〕
久拖不决 jiǔtuō bùjué 長引いて解決しない:〔久悬 xuán 不决〕ともいう.
久违 jiǔwéi 〈挨〉長らくごぶさたしております.〔~~!〕同前.〔少 shǎo 见〕
久仰 jiǔyǎng =〔素 sù 仰〕〈挨〉お名前はかねてから承っております:初対面の相手に用いる.〔~~!〕同前.〔~大名〕ご高名はかねて承っております:〔久闻 wén 大名〕ともいう→〔久慕〕
久已 jiǔyǐ とっくに. ずっと前から. とうに.
久远 jiǔyuǎn 長い間. 遠い未来. ずっと昔.〔虽然不能马上就来, 也不会那么~了〕すぐに来るということはできなくても, そう遠い先のことじゃない.〔年代~〕年代が古い.
久坐 jiǔzuò 長居する.〔今天有点儿事, 不能~〕今日は用事があるので長居できません.

〔灸〕 jiǔ きゅう(をすえる).〔针 zhēn ~疗法〕鍼灸療法.〔拿艾 ài 子一~~〕もぐさで灸をすえる.〔腹 fù 部了两次〕腹に2回お灸をした. →〔穴 xué 之〕
灸治 jiǔzhì 灸で治療する.

〔玖〕 jiǔ (I)〔九①〕の大(ら)字.〔共~拾 shí 元整〕合計90元也. →〔大 dà 写①〕

(Ⅱ)①〈文〉玉に似た黒色の石. ②〈姓〉玖(きゅう).

〔韭(韮)〕 jiǔ ①[植]ニラ:[~菜]は通称.茎と葉,花は食用になる.[黄 huáng ~]キニラ. ②〈姓〉韭(きゅう).

韭菜 jiǔcài [植]ニラ:[阳 yáng 起草]ともいう. →[辣là 蘿]

韭菜花 jiǔcàihuā ①＝[韭花①]にらの花. ②[食]にらの花を細かく刻んだ漬け物. →[涮 shuàn 锅子]

韭花 jiǔhuā ①同上①. ②⇒[花兒]

韭黄 jiǔhuáng ⇒[黄芽韭]

〔酒〕 jiǔ ①酒:[酒 hú 中物][黄 huáng 汤(子)][梨 lí 花 春][里 lǐ 牵 绵][口 猫 māo 儿尿][三 sān 西][扫 sǎo 愁 帚][水 shuǐ 绵 杉][四 sì 五子][天 tiān 禄大夫][忘 wàng 忧物]は別称.[一斤 jīn ~]約3合余りの酒.[一壶 hú ~]とっくり1本の酒.[烧 shāo ~][白 ~][白干儿]焼酎:高梁を材料とした蒸留酒は[高粱 ~]ともいう.[黄 huáng ~]〈方〉[老 lǎo ~]米を材料とした醸造酒:浙江省紹興はこの酒の本場なので[绍 shào 兴 ~]ともいう.[啤 pí ~]ビール.[药 yào ~]焼酎にいろいろな漢方薬を入れたもの.[好不怕巷 xiàng 子深]〈諺〉品質がよければ裏通りでもよく売れる.[~后吐真言]〈諺〉酔うと本音が出る.②アルコールを含んだ液体.チンキ:[酊 dǐng]は別称.[碘 diǎn ~][碘酊]ヨードチンキ.③〈姓〉酒(しゅ).

酒吧 jiǔbā 〈音義訳〉酒場.バー.[~间 jiān]同前. →[街 jiē]バー通り.

酒保 jiǔbǎo [旧]飲み屋の手代.酒場のボーイ:[白 〈 〉家]家[食⑤]

酒杯 jiǔbēi 酒杯.ワイングラス.

酒鳖 jiǔbiē [古]酒を入れる携帯用の皮製の袋.

酒饼 jiǔbǐng 酒造用.醸造酒.

酒菜 jiǔcài ①酒の肴.つまみ:[下 xià 酒②][下酒菜][下酒物 wù]ともいう. ②酒と肴.

酒厂 jiǔchǎng 酒造場.醸造所.

酒掣子 jiǔchèzi ＝[倒 dào 流儿]酒がめから酒を他に移すためのサイフォン式の曲がった管.

酒池肉林 jiǔchí ròulín 〈成〉酒池肉林.④享楽を極めるさま.⑤ぜいたくの限りを尽くした酒宴:[以酒为池,悬 xuán 肉为林]酒をもって池となし,肉をかけぐらして林となす(史記·殷本紀). →[肉山脯林]

酒筹 jiǔchóu 飲酒の際,その杯数を数えるために用いる道具.

酒刺 jiǔcì ⇒[粉 fěn 刺]

酒德 jiǔdé 酒の上の品行.[他没有 ~]彼は酒ぐせが悪い.

酒店 jiǔdiàn ①居酒屋.飲み屋.パブ. ②⇒[饭 fàn 店①]

酒饭 jiǔfàn 酒と飯.[~之余]食後.食事の間.

酒坊 jiǔfáng 酒屋.酒造場.

酒风 jiǔfēng ⇒[漏 lòu 风③]

酒疯(儿) jiǔfēng(r) 酒ぐせの悪い人.酒乱.[撒 ~]酔っておかしなことをする.[闹 nào 起~来]酒に酔って暴れる. →[闹 nào 酒]

酒逢知己千杯少 jiǔféng zhījǐ qiānbēi shǎo 〈諺〉友と会って酒を飲めば千杯飲んでも足りなく感じる.[~,话不投机半句多]同前で,話が合わなければ半句とても多く感じる.

酒缸 jiǔgāng ①酒がめ.[掉 diào 在 ~里][喻]酒びたりになる. ②〈方〉居酒屋:ふつう[大~]という.酒と簡単なつまみのさかなを売って飲ませた店.[到大~去喝 hē 二两白干儿]居酒屋に行って焼酎を少しばかり飲む.

酒(馆) jiǔguǎn(r) 居酒屋.

酒鬼 jiǔguǐ 〈罵〉酒飲み.飲んべえ.飲んだくれ.アル中.

酒柜 jiǔguì (飲み屋·バーの)カウンター.

酒过 jiǔguò ＝[酒失]酒を飲んだための過失.酒の上の粗相.

酒酣耳热 jiǔhān ěrrè 〈成〉酔いが回ったさま.ほろ酔い加減.

酒后 jiǔhòu 飲酒後(の).[~驾 jià 车]~駕駛 shǐ]飲酒運転.[~失 shī 言]酔っての失言.

酒壶 jiǔhú ①(酒を入れる)急須.取っ手と首のあるとっくり. ②⇒[酒嚷子]

酒花 jiǔhuā ①⇒[忽 hū 布(花)]

酒话 jiǔhuà 酒の上での話.

酒化酶 jiǔhuàméi ＝[酿 niàng 酶][化]チマーゼ:[酒化酵 jiào 素]ともいう.

酒磺 jiǔhuáng [化]タートラジン.

酒黄宝石 jiǔhuáng bǎoshí ⇒[黄玉]

酒幌子 jiǔhuǎngzi ＝[酒望(子)]

酒会 jiǔhuì 簡単な宴会.立食パーティー.[鸡 jī 尾 ~]カクテルパーティー. →[派 pài 对]

酒家 jiǔjiā ①[旧]居酒屋.[転]料理屋. ②⇒[酒保]

酒浆 jiǔjiāng 〈文〉酒類.

酒客 jiǔjiào 酒を保存する穴蔵.酒蔵.

酒劲儿 jiǔjìnr 酒の勢い.[借著~闹 nào]酒の勢いで騒ぐ.[~上来了]酔いが回ってきた.

酒精 jiǔjīng ＝[乙 yǐ 醇]アルコール.[~表 biǎo]液体中のアルコール含有量を測定する計器.[~灯 dēng]アルコールランプ.[~依赖(症)][医]アルコール依存.[~中 zhōng 毒][医]アルコール中毒.[~准 zhǔn]アルコールを装入した水準器.

酒具 jiǔjù 酒器.酒道具.

酒捐 jiǔjuān ⇒[酒税]

酒课 jiǔkè 〈文〉酒税.

酒坑 jiǔkēng ⇒[酒窝(儿)]

酒类 jiǔlèi アルコール飲料.

酒力 jiǔlì ①⇒[酒量] ②⇒[酒钱] ③酒の強さ.[~猛 měng]酒がきつい.

酒帘 jiǔlián ⇒[酒望子]

酒脸 jiǔliǎn 酒に酔った顔.[趁着~]酒の上にかこつける(て)

酒量 jiǔliàng ＝[酒力]各人の飲める酒の分量.酒量.[他~大]彼は酒が強い.[~小]酒量が少ない. →[海 hǎi 量①]

酒龄 jiǔlíng (酒の)醸成期間.貯蔵期間.

酒令(儿) jiǔlìng(r) ＝[文]觥 gōng 令]〈文〉觞 shāng 令][文]觥政]酒宴の興を助ける各種の遊戯:一人と[令官]と定め,その命令はまさに審判によって遊戯を行う.[行 xíng ~]同前をする.[色 shǎi 子~]さいころを用いる同前. →[明 míng 七暗七][划 huá 拳②]

酒龙 jiǔlóng 〈文〉(人に知られた)大酒豪.

酒楼 jiǔlóu 〈方〉①料理店. ②居酒屋.

酒篓 jiǔlǒu 酒かご.酒樽:柳の枝または竹で編んだかごの内部に渋紙を貼ったもので,酒や醤油などを入れるのに用いる. →[酒坛(子)] ②[-子]大酒飲み.[他~天到晚漂不离 ~]彼は一日中飲み続けている,まったく大酒飲みだ.

酒漏子 jiǔlòuzi じょうご. →[漏斗(儿)]

酒绿灯红 jiǔlù dēnghóng ⇒[灯红酒绿]

酒母 jiǔmǔ ⇒[酒曲]

酒囊 jiǔnáng 大酒飲み.

酒囊饭袋 jiǔnáng fàndài 飲むこと食うこと以外に能のない,ごくつぶし.[酒囊饭桶 tǒng]ともいう.[~茶 chá 祖师]同前および茶を飲むこと以外のないごくつぶし.[~衣 yī 架架子]飲み食いと着物を着る以外に能のないごくつぶし.[~泄 gān 水桶]

〈喩〉能なしのごくつぶし.

酒酿 jiǔniàng 甘酒:〔江 jiāng 米酒〕〔酒娘 niáng〕ともいう.

酒脾气 jiǔpíqi 酒癖.〔～不好〕酒癖が悪い.〔发 fā ～〕酔って悪い酒癖を出す.

酒癖 jiǔpǐ 酒好き(アルコール中毒)

酒铺 jiǔpù 〔一儿〕居酒屋.

酒旗 jiǔqí →〔酒望(子)〕

酒气 jiǔqì ①酒の勢い.〔带 dài 了点儿一抬起来了〕一杯機嫌で喧嘩を始めた.〔～散 sàn 了〕酔いがさめた. ②酒のにおい.〔～喷 pèn 喷〕酒がプンプンする.

酒器 jiǔqì 酒器:銚子・盃の類.

酒钱 jiǔqián =〔酒力〕〔酒资〕回酒手.心付け.チップ.→〔茶 chá 钱②〕

酒曲 jiǔqū =〔酒饼〕〔酒母〕酒こうじ.

酒榷 jiǔquè 〈文〉酒の専売.→〔酒课〕

酒肉 jiǔròu 酒と肉.〔～朋 péng 友〕飲み食い友達.〔～和 hé 尚〕なまぐさ坊主.→〔柴 chái 米夫妻〕

酒色 jiǔsè ①酒と女色.⑤〔～财 cái 气〕(四つの悪いこととしての)飲酒・女色・金儲け・立腹. ②酒気を帯びた顔色.③酒の色.

酒圣 jiǔshèng ①〈文〉澄んだ酒:濁り酒に対していう.〔酒清者为圣人,浊 zhuó 者为贤人〕(三国志・魏志・徐邈伝)による. ②酒豪.大酒家.

酒失 jiǔshī ⇒〔酒过〕

酒食 jiǔshí 〔酒と料理.〔～征 zhēng 逐〕〔成〕飲み食いだけの交際. ②飲食物(総称).

酒石酸 jiǔshísuān 〔酒石酸〕〔果 guǒ 酸〕酒石酸:清涼飲料水の酸味剤などに用いる.〔～钾钠 jiǎnà〕酒石酸カリウムナトリウム(セニエット塩.ロッシェル塩).→〔酸⑤〕

酒石酸(氧)锑钾 jiǔshísuān(yǎng)tījiǎ ⇒〔吐 tǔ 酒石〕

酒市 jiǔshì 酒類の市場.〔本市～均在其掌 zhǎng 握中〕当地の酒市場は全てその手に握られている.

酒是英雄胆 jiǔ shì yīngxióng dǎn 〈慣〉酒を飲む気が強くなる.

酒水 jiǔshuǐ ①(食事時の)飲みもの(総称):アルコール類とソフトドリンク類.〔～钱 qián〕ドリンク代.→〔饮 yǐn 料〕 ②〈方〉宴席.〔一桌 zhuō ～〕前.

酒税 jiǔshuì 酒税:〔回酒捐〕に同じ.

酒肆 jiǔsì 〈文〉居酒屋.酒場.

酒嗉子 jiǔsùzi 〔酒馉子〕とも書く.(首の細長い)酒徳利.銚子:〔酒壶②〕ともいう.

酒穗泡 jiǔsuīpào 〈方〉豚の膀胱で作った携帯用の酒入れ.

酒摊儿 jiǔtānr ①露店の酒店. ②担ぎ売りの酒屋.

酒坛(子) jiǔtán(zi) 酒がめ.

酒桶 jiǔtǒng 酒だる.〔喩〕大酒飲み.飲んべえ.

酒头工 jiǔtóugōng 酒造り職人.

酒徒 jiǔtú 〈文〉酒飲み.飲んべえ.

酒望(子) jiǔwàng(zi) 〔酒幌子〕〔望子〕〔回酒旗〕の看板:元来は〔酒帘〕〔酒旗〕〔青 qīng 帘〕(三 sān 尺布)などといい,のぼり旗のようなもの.後には大きな木の板をひょうたん形に切り,これを赤く塗り屋号などを書き,尻のところに赤布をぶら下げた.→〔幌 huǎng 子〕〔旗 qí 望〕

酒瓮 jiǔwèng 大きい酒がめ.

酒窝(儿) jiǔwō(r) 〔酒涡〕とも書く.えくぼ:〔酒坑〕〈文〉酒 靥〕〔笑 xiào 窝 (儿)〕〔笑靥〕に同じ.〔一笑俩～〕ほほえむとえくぼが二つできる.

酒席 jiǔxí =〔酒筵〕〔酒宴〕酒席.宴席.→〔宴 yàn 会〕 ②会席料理:一般に〔四冷 lěng 荤〕(冷たい前菜4種),〔四热 rè 炒〕(油炒めの料理4種),〔八大菜〕(正式料理8種),〔一道甜 tián 菜〕(間にでる軽い料理),〔两道点心〕(箸休め2種)など計18,9種くらいの料理が順次出される.→〔便 biàn 饭〕

酒仙 jiǔxiān 酒仙.酒豪:特に李白をいう.

酒香 jiǔxiāng 酒の香り(がよい).〔～不怕巷 xiàng 子深〕酒売れる店は黙っていても客がくる.

酒心巧克力 jiǔxīn qiǎokèlì 〔食〕ウイスキーボンボン

酒醒 jiǔxǐng 酔いがさめる.

酒兴 jiǔxìng 酒席の興趣.飲酒による気分の高揚.〔～正浓 nóng〕酒興まさにたけなわ.

酒筵 jiǔyán ⇒〔酒席〕

酒言酒语 jiǔyán jiǔyǔ 〈慣〉酔っぱらいのたわごと.

酒宴 jiǔyàn ⇒〔酒席①〕

酒肴 jiǔyáo 〈文〉酒と肴.

酒药 jiǔyào 米を原料とする黄酒・甘酒などを造るのに用いる麹(こうじ):〔小 xiǎo 曲〕に同じ.→〔酒酿〕

酒靥 jiǔyè ⇒〔酒窝(儿)〕

酒意 jiǔyì ①酒が回ってきた感覚.ほろ酔い気分.〔一杯げん.〕〔他的～失去了一半〕彼の酔いは半ば醒めてしまった.

酒瘾 jiǔyǐn ①酒を飲むくせ. ②アルコール中毒(の人).アル中(の人)

酒友 jiǔyǒu 飲み友達.

酒有别肠 jiǔ yǒu biécháng 〔成〕酒は別腹:満腹でも酒は飲める(人に酒を勧める時に言う)

酒晕 jiǔyùn ①酒を飲んで顔に赤く出ること. ②酒に酔ってふらふらすること.

酒糟 jiǔzāo =〔酒滓〕酒かす:〔香 xiāng 糟〕は紹興酒の同前.

酒糟鼻(子) jiǔzāobí(zi) =〔酒渣鼻〕〔酒齇鼻〕〔糟鼻子〕ざくろ鼻.赤鼻.酒焼けの鼻.

酒枣 jiǔzǎo 酒付けのナツメ.〔醉 zuì 枣〕ともいう.

酒齇鼻 jiǔzhābí ⇒〔酒糟鼻(子)〕

酒齇鼻 jiǔzhābí ⇒〔酒糟鼻(子)〕

酒账 jiǔzhàng ①酒屋への借金.酒屋のつけ. ②酒屋での飲食代金.

酒盅(儿) jiǔzhōng(r) 〔酒钟〕とも書く.杯.小さい酒杯.

酒资 jiǔzī ⇒〔酒钱〕

酒滓 jiǔzǐ ⇒〔酒糟〕

酒足饭饱 jiǔzú fànbǎo 〈慣〉酒も飯も十分にいただいた.〔今天真是～,谢谢〕今日はすっかりごちそうになりました:他人にごちそうになった時の言葉.

酒钻子 jiǔzuànzi 栓抜き.コルク抜き.ワインオープナー.

酒醉 jiǔzuì ①酒に酔ってふらふらする. ②〔食〕酒漬け.〔～螃 páng 蟹〕〔醉蟹 xiè〕同前の蟹.

【旧・舊】 jiù ①古い.使いふるした.〔～方法〕昔の方法.〔～房 fáng 子〕古い家.〔又～又破 pò 的鞋〕古くて破れている靴.〔衣 yī 服(穿)～了〕着物は着古した.〔照 zhào ～〕元のとおり.↔〔新 xīn ①〕→〔陈 chén 旧 gǔ ②〕〔故 gù ⑤⑥〕〔老 lǎo ④⑤〕 ②古びている.古めかしい.③〈文〉昔からの伝統.〔以前からの人・事物.もとの人・事物.〔念 niàn ～〕古なじみを忘れない. ④古くからの.なじみの深い.〔故 gù 〕むかしなじみ.④〈姓〉旧(きゅう)

旧案 jiù'àn ①古い往復文書.②古くからの案件.久しく懸案となっている事件.③前例.旧例.〔福利工作暂照～办理〕福利に関する仕事は当分前例にならって処理する.

旧病 jiùbìng ①持病:〔老 lǎo 病〕ともいう. ②〔喩〕昔の悪い癖.〔～复 fù 发〕前と同じ間違いを犯した(失敗をした).

jiù

旧部 jiùbù 元の部下.
旧仇宿怨 jiùchóu sùyuàn〈成〉積年の恨み.
旧道德 jiùdàodé 旧道徳.
旧德 jiùdé〈文〉祖先の遺徳.
旧地 jiùdì 以前住んだことのある土地,または旅行したことのある土地.〔~重 chóng 游〕旧遊の地を再訪する.
旧调重弹 jiùdiào chóngtán〈成〉昔の主張や理論を再び持ち出す〔老 lǎo 调重弹〕ともいう.〔这完全是~〕これは全く焼き直しだ.
旧都 jiùdū 旧都.古都.
旧恶 jiù'è ①過去の恨み. ②過去の過失.〔不念~〕古い過失を根にもたない.
旧观 jiùguān 元の姿.昔のようす.〔恢复~〕元の姿にたち返る(らせる).〔迥 jiǒng 非~〕すっかり旧観を改める.
旧国 jiùguó 旧都.古都.
旧好 jiùhǎo〈文〉①以前のつき合い. ②古なじみ.
旧恨新仇 jiùhèn xīnchóu〈慣〉宿怨の上に新しい憎しみを重ねる.
旧皇历 jiùhuánglì ⇒〔老 lǎo 皇历〕
旧货 jiùhuò 古い商品.中古品.〔~店〕古物店.古道具屋.〔~摊儿 tānr〕古物駁店.〔~商 shāng 店〕リサイクルショップ.→〔古 gǔ 董〕
旧迹 jiùjì ①旧跡. ②旧事.往事.
旧家 jiùjiā〈文〉古くからの家.
旧交 jiùjiāo 古くからの交際(友人).〔重 chóng 温~〕旧交を温める.
旧教 jiùjiào 宗(キリスト教の)旧教.カトリック:〔天tiān 主教〕に同じ. ↔〔基 jī 督教〕
旧结核菌素 jiù jiéhéjūnsù 医旧ツベルクリン:診断用ツベルクリン希釈液.→〔结核菌素〕〔卡 kǎ 介苗〕
旧金山 jiùjīnshān 地サンフランシスコ:〔圣 shèng 弗朗西斯科〕の別称.〔新金山〕はメルボルンの別称.
旧居 jiùjū 元のすまい.旧居.〔老 lǎo 舍~〕老舎旧居:北京小杨家胡同にある.→〔古 gǔ 居〕
旧剧 jiùjù〈旧传统剧〉:〔话 huà 剧〕(新劇)に対して,歌を柱とする京劇などをいう.
旧坑 jiùkēng 古墳から出土した副葬品:多くは金・玉を指す.
旧框框 jiùkuàngkuang 古い枠組.古いしきたり.旧套.〔突 tū 破~的限制〕因襲を突破する.
旧历 jiùlì 旧暦:〔农 nóng 历②〕〔阴 yīn 历〕ともいう.→〔新 xīn 历〕
旧例 jiùlì 旧例.先例.しきたり.
旧貌 jiùmào 昔の顔立ち.
旧梦 jiùmèng〈喻〉過去に経験した事.〔重 chóng 温~〕〈成〉昔のことを思い出す.
旧脑筋 jiùnǎojīn〈喻〉古い脳筋.
旧年 jiùnián ①以前.昔. ②旧正月. ③⇒〔去 qù 年〕
旧瓶装新酒 jiù píng zhuāng xīn jiǔ〈成〉古い形式に新しい内容を盛り込むこと.〔它用章回小说的体裁写抗日英雄的故事,是一本~的作品〕それは章回小説の体裁を用いて抗日英雄の事跡を書いた,まさに古い瓶に新しい酒を盛った作品である.
旧情 jiùqíng ①昔の情誼. ②以前の事情.昔の様子.
旧人 jiùrén ①⇒〔古 gǔ 人③〕 ②〈文〉勲功の高い旧臣. ③〈文〉前にその地位にあった人. ④⇒〔旧友〕
旧人类 jiùrénlèi 旧人類.〈喻〉中国では70年代以前に生まれた人々.またパソコンやインターネットを利用しない人々.
旧日 jiùrì 昔.以前.

旧社会 jiùshèhuì 旧社会.
旧诗 jiùshī =〔旧体诗〕古体詩・絶句・律詩など伝統的形式の詩. ↔〔新 xīn 诗〕→〔古 gǔ 体诗〕〔近jìn 体诗〕
旧时 jiùshí 以前.昔.旧時.〔~故友〕以前のなじみ.
旧石器时代 jiùshíqì shídài 因旧石器時代.
旧式 jiùshì 旧式.昔風.
旧事 jiùshì 以前の事.〔~重 chóng 提〕〈成〉古い事柄(以前あったことを)改めて話題にする.→〔往wǎng 事〕
旧书 jiùshū ①汚れ・破れ・いたんだ本. ②古(さ)本:〔新 xīn 书〕(新刊書)に対していい,文化財としての〔古 gǔ 书〕(古書)と区別していう.〔~店〕古本屋.→〔老 lǎo 书〕
旧说 jiùshuō 昔の言い方や見方.
旧俗 jiùsú 旧俗.
旧损 jiùsǔn 古くなって破損する.
旧态复萌 jiùtài fùméng〈成〉昔の様相が再び出始める.
旧摊子 jiùtānzi 以前と同じ局面.相変わらずの状態.
旧套(子) jiùtào(zi) 古い習慣.旧套.
旧体诗 jiùtǐshī ⇒〔旧诗〕
旧闻 jiùwén 以前聞いていたことのあること.旧聞.→〔新 xīn 闻〕
旧物 jiùwù ①遺物:特に文物を指す. ②昔の法令制度. ②もとの国土.〔光 guāng 复~〕国土を奪回する.
旧习 jiùxí 旧習.〔陈 chén 规~〕古いきまりとよくないしきたり.
旧学 jiùxué 旧経史文学.伝統的学問.→〔新 xīn 学〕
旧业 jiùyè ①昔の仕事. ②家業.
旧瘾 jiùyǐn やめた(もとの)嗜好.〔~复 fù 发〕もとの嗜好が戻る.
旧友 jiùyǒu 旧友.古くからの友人.〔故 gù 友①〕〔旧人④〕〔老 lǎo 朋友〕に同じ.
旧雨 jiùyǔ〈文〉〈喻〉旧友.昔なじみ:〔旧,雨来;今,雨不来〕昔は客は雨でも会いに来たが,今は雨がふるとやって来ない(杜甫・秋述)から.〔~重 chóng 逢〕旧友に再会する.→〔今 jīn 雨〕
旧怨 jiùyuàn 宿怨.〔不记 jì ~〕古い恨みを忘れる.
旧约 jiùyuē ①以前に結んだ契約・盟約. ②宗(キリスト教の)旧約聖書.
旧宅 jiùzhái 昔住んでいた家.旧居.
旧章 jiùzhāng 昔の規則.
旧账 jiùzhàng ①古い貸借.古い勘定.古い債務. ②古い悪行または過ち.
旧知 jiùzhī 旧知.昔からの友人.
旧址 jiùzhǐ ①旧跡.元の敷地. ②元の住所.
旧制 jiùzhì 古い制度.

【臼】 jiù 〔一子〕うす:米や餅をつくのに用いるもの.〔石~〕石うす. ②うす状のもの.〔脱tuō ~〕脱白(する).→〔白齿〕 ③〈姓〉白(きゅう)
臼齿 jiùchǐ =〔槽 cáo 牙〕生理うす歯.おく歯:〔磨mó 牙②〕(臼歯)の通称.→〔牙 yá 齿〕
臼炮 jiùpào 軍臼砲(きゅうほう):砲身が口径の15倍以下の短い大砲.俗に:〔虎 hǔ 蹲炮〕〔落 luò 地炮〕〔田tián 鸡炮〕という.

【柏】 jiù 〔乌 wū ~〕トウハゼ.ナンキンハゼ(南京櫨):その実からの油を石鹸・ローソクの原料とした.〔蜡 là 树②〕ともいう.
柏壳饼 jiùkéobǐng トウハゼのしぼりかすを固めたもの:肥料に用いる.→〔豆 dòu 饼〕
柏油 jiùyóu =〔皮 pí 油②〕トウハゼの種子油.

〔舅〕 jiù
①母の兄弟.母方のおじ.〔大～〕同前の人(一番上の人).〔二～〕同前の二番目の人.②妻の兄弟.〔大～子〕妻の兄.〔小～子〕妻の弟.→付録5 ③〈文〉(自分の)夫の父.しゅうと.〔姓〕舅(きゅう).

舅表姐妹 jiùbiǎojiěmèi 母方の伯(叔)父の娘にあたるいとこ.

舅表兄弟 jiùbiǎoxiōngdì 母方の伯(叔)父の息子にあたるいとこ.

舅父 jiùfù =〔口〕舅舅 母の兄弟にあたるおじ：〔～阿**J**舅〕〔亲qīn娘舅〕〔母mǔ舅〕〈文〉娘niáng舅〕に同じ.

舅姑 jiùgū 〈文〉夫の父母.

舅舅 jiùjiu ⇒〔舅父〕.

舅老爷 jiùlǎoye 〈尊〉(旧時,召使いが)主人の〔舅祖(父)〕〔舅父〕,あるいは主人の妻の兄弟をいう.

舅妈 jiùmā 同上.

舅母 jiù·mǔ =〔口〕舅妈 母の兄弟の妻にあたるおば.母方のおじの妻.→〔妗 jìn ①〕

舅奶奶 jiùnǎinai 〔舅祖(父)〕の妻.

舅嫂 jiùsǎo 〔口〕妻の兄嫁.

舅甥 jiùshēng 母の兄弟と自分たち兄弟の(間柄).

舅太太 jiùtàitai 〈尊〉(旧時,召使いが)主人の〔舅母〕をいう.

舅兄 jiùxiōng ⇒〔大dà 舅子①〕

舅爷 jiùyé =〔舅祖(父)〕 ②他人の妻の兄弟.

舅子 jiùzi 〔口〕妻の兄弟.

舅祖(父) jiùzǔ(fù) =〔舅爷①〕〔祖舅〕祖母の兄弟.

〔疚〕 jiù
〈文〉①久しい病.②気がとがめる(こと).やましいところがある(こと).〔内～于心〕心に恥じ悩むところがある.〔使我愧 kuì ～死〕私を恥じ苦しませる.〔负 fù ～〕心中の悩みを負う.申し訳ないと思う.〔歉 qiàn ～〕うしろめたい.

疚心 jiùxīn 〈文〉心に恥じる.心にとがめる.ひけ目を感ずる.

〔咎〕 jiù
①過失.罪.〔负 fù ～〕責を負う.②責任を問う.とがめる.〔既 jì 往不～〕〈成〉過ぎたことはとがめない.水に流す.③〈文〉凶事.不運.〔休～〕吉凶.善悪.④〔姓〕咎(きゅう).

咎戾 jiùlì 〈文〉罪とが.罪過.

咎由自取 jiùyóuzìqǔ 〈成〉自分のせいで人からの処罰(判・災難)を受ける.自業自得.

咎有应得 jiùyǒuyīngdé 〈成〉そのとがめは当然受くべきである:当然のむくいである.

咎征 jiùzhēng 〈文〉天罰の前兆.罪業のむくい.

〔柩〕 jiù
遺体が納められたひつぎ：容器そのものは〔棺 guān 材〕という.〔棺～〕〔灵 líng ～〕同前.〔～车 chē〕〔灵 líng 车〕霊柩車.

〔救(捄)〕 jiù
①(災難・危険から人を)救う.助け(る).救済(する).〔搭 dā ～〕〔营 yíng ～〕同前.〔～人〕人を助ける.〔挽 wǎn ～〕救い出す.〔求 qiú ～〕人に救いを求める.②(行動・手段によって)危険や災難から逃れる.③〔姓〕救(きゅう).

救拔 jiùbá 危険から救い出す.

救兵 jiùbīng 援軍.加勢.

救场 jiùchǎng 〔劇〕他の役者が代役で出演する.〈喩〉急場をしのぐ.

救国 jiùguó 国難を救う.〔～大计〕救国の大計.

救护 jiùhù 救急措置をとる.人命保護する.〔～站〕救護所.〔～人员〕救護要員.救急隊員.〔～队 duì〕救助隊.〔～车 chē〕急 jí 救车〕救急車.

救荒 jiùhuāng 飢饉を解消する措置をとる.〔～作物〕救荒(きゅうこう)作物：飢饉に備えて栽培するひえ・甘薯など.

救活 jiùhuó 命の危ういところを救う.

救火 jiùhuǒ 消火(する).〔～须灭火 miè,救人须彻 chè〕〈諺〉消防は火を消すまで,人を救うならどこまでも.〔～泵 bèng〕消防ポンプ.〔消 xiāo 防泵〕の通称.〔～车 chē〕消防車：消防車の通称.→〔消 xiāo 防〕

救火投薪 jiùhuǒ tóuxīn 〈成〉火に薪を投げる.〈喩〉誤った方法をとってしまい,問題が更に大きくなること.→〔抱 bào 薪救火〕

救火扬沸 jiùhuǒ yángfèi 〈成〉消火のために煮え立った湯をまきちらす.〈喩〉災害の根本を除くことには役にたたず,かえってさらに別な害を引きおこす.

救急 jiùjí 急場を助ける.〔～措 cuò 施〕応急措置をとる.〔～良方〕急病を救ういい処方.→〔急救〕

救济 jiùjì 救援(する).〔～粮〕救援用穀物.救援米.〔～金〕救済金.〔～灾 zāi 区人民〕被災地区の人民を救済する.

救驾 jiùjià 皇帝を危機から救う.〈喩〉助け船を出す.

救苦救难 jiùkǔ jiùnàn 〈成〉苦難にある人を救済する.

救捞 jiùlāo 水難救助・沈没船の引揚げなど(をする).

救命 jiùmìng ①人命を救助する.②助けてくれ!(叫び声).〔～稻草 dào〕〈喩〉おぼれるものはわらをもつかむ.

救难 jiùnàn (人の危難を)救う.

救穷 jiùqióng (貧しい人を)支援する.

救球 jiùqiú 〔球技〕の捕球して返す.〔鱼 yú 跃 ～〕フライング・レシーブ.

救生 jiùshēng 生命を救う.死にひんしている人を救う.〔～梯 tī〕非常用救命梯子.〔～船 chuán〕救命船.〔～筏 fá〕救命筏(いかだ).〔～圈 quān〕救命ブイ.〔～艇 tǐng〕救命ボート.〔～衣〕=〔服 fú〕ライフジャケット.〔～员 yuán〕(プールなどの)監視員.

救时 jiùshí 時世の弊害を救う.

救市 jiùshì 〔経〕(政府が)市場に介入して救済する.

救世 jiùshì 時世を救う.〔～军 jūn〕(キリスト教の)救世軍.〔～主 zhǔ〕救世主：キリストを尊んでいう.

救死扶伤 jiùsǐ fúshāng 〈成〉死の危険にある者を救助し,負傷者を世話する.

救亡 jiùwáng 国家・民族の滅亡を救う.〔～图 tú 存〕同前して生存を図る.〔～运动〕救国運動.

救险 jiùxiǎn 危険や災難から救い出す.〔～车 chē〕救援車.レッカー車.

救星 jiùxīng 救いの神.救い主.助け舟.〔大～〕同前.〔正在紧 jǐn 要关头,～来了〕まさにすんでのところに救いの神がやって来た.

救药 jiùyào →〔不 bù 可救药〕

救应 jiùyìng 応援する.救援する.→〔接 jiē 应〕

救援 jiùyuán 救助する.〔～车〕レスキュー車.

救灾 jiùzāi ①災害被災者の救援をする.り災者を救済する.②被災の打撃を解消する.〔～工作〕被災対策事業.

救治 jiùzhì 治療して救う.急病処置をする.

救助 jiùzhù り災民引災者を救助する.〔～金〕救助金.〔～(管理)站 zhàn〕ホームレス収容センター：〔收 shōu 容遣送站〕旧称.

〔厩(廄・廐)〕 jiù
①うまや.〈転〉家畜小屋.〔马～〕うまや.→〔马 mǎ 棚〕②〔姓〕厩(きゅう).

厩肥 jiùféi =〔栏 lán 肥〕〔方〕圈 qīng 肥〕厩肥(きゅうひ).うまやごえ:家畜の糞尿と敷藁・土などを混ぜた肥料.→〔畜 chù 肥〕〔化 huà 肥〕

就 jiù

〔就〕jiù (Ⅰ)①就(つ)く.従事する.加わる.〔不计jì职位高低,欣xīn然乐〜〕地位の高低を問題にせず,喜んで就任する.②近づく.そばに寄る.〔〜着灯dēng光看书〕灯火のそばに寄って読書する.〔往wǎng前〜一〜身子〕体を前へ近よせる.③従う.依る.〔半推tuī半〜〕表面上断りながら承諾する.④きっかけに乗ずる.折をうまく利用する.〔这个机会给你引见引见jiàn〕この機会に君を引きあわせよう.〔〜着热rè锅温点儿水〕鍋の余熱を利用して水を温める.〔〜热打铁〕熱いうちに鉄を打つ.⑤くみする.譲歩する.〔俯fǔ〜①〕迎合する.迁qiān〜]相手に合わせてつき合う(譲歩する).⑥…に添える.添えて食べる.〔那菜是一饭с的〕その料理は飯に添えて(おかずにして)食べるのだ.〔花生米〜酒〕ピーナッツを酒のつまみにする.〔他〜着寒hán风,在工地上吃过年饺jiǎo子〕彼は寒風をおかずにして工事現場で年越しのギョーザを食べた.⑦できあがる.完成する.到達する.〔功成名〜〕功成り名とげる.〔日〜月将〕〈成〉日々進歩が見える.日進月歩である.〔生〜了的美měi貌〕生まれつきの美人.〔书shū已经印〜了,立即要出版了〕本は刷り上った,すぐに出版される.〔敌人失败的命运,敌の敗北の運命ははっきりと計算し尽されている.⑧〔姓〕就(Jiù).

(Ⅱ)①…すると(すぐ).(…すると)さっそく.(…すると)もう:接近して起こることを表す.〔你〜去吧〕きみ今すぐに行きなさい.〔他马mǎ上〜来〕彼はすぐに来ます.〔〜吃饭〕もうすぐめしだ.〔不到六点钟〜来了〕6時前にはもう起きなければならない.〔一听〜明白〕ちょっと聞いただけで分かる.〔刚出门〜碰pèng上小李了〕家を出たとたんに李君に会った.〔怎么才来〜要走〕来たばかりなのになぜすぐ帰るのか.〔一到二月梅méi花〜要开了〕2月に入ると,すぐ梅の花が咲きはじめます.②もうすでに.はるか以前に起きたことや始まったことを表す.〔他昨天〜去了〕彼は昨日すでに行きました.〔早〜听tīng说他今天来〕彼が今日来るということはとうに聞いていた.③外でもない.とりもなおさず.まさしく.ただ.だけ:あるものを特に指摘して強調を表す.〔好,〜这么定了〕では,こうきめた!〔〜这样吧〕じゃあ,そうしよう!〔他的好处,〜在这一点〕彼のいいところは実にこの点です.〔这〜是我的〕これがわたしのです.〔青qīng年〜是我们的希望〕青年こそまさに我々の希望である.〔中山路〜在不远〕遠くありません,すぐそこの中山路にあります.〔〜有一个〕たった一つだけある.〔他〜爱ài下棋〕彼は将棋だけは好きだ.〔〜剩下shèng他一个人〕だだ彼ひとりだけ残った.④ある動作にすぐひき続いて別の動作が起こることを表す.〔想xiǎng起来〜说〕思い出したら言う.〔站zhàn起来〜走〕立ち上がるとすぐ行ってしまった.⑤ある条件または情況の下では自然とそのような結果または効果をもたらすことを表す:多く前に〔只zhǐ要〕〔要yào是〕〔既jì然〕などを用いる.〔只要用功,〜能学好〕勉強しさえすれば上達する.〔他要是不来,我〜找zhǎo他〕彼がもし来なければわたしの方から訪ねて行く.〔您怎么说,我〜怎么办〕あなたのおっしゃる通りにいたします.〔谁愿yuàn意去,谁〜去〕誰でも希望する者なら行かせる.〔会员们不大热心,会也〜无wú形中消灭了〕会員たちがあまり熱心ではないので,会も(それで)いつのまにか自然消滅した.〔念惯guàn了,自然〜错不了liǎo了〕読み慣れると,自然でなくなる.〔有事〜来,没事〜别来〕用事があったら来い,用事がなければ来るな.⑥判断を示す表現の反復の間に置いて,容認の意を表す.〔大点儿〜大点儿吧,买下来吧〕大きけ

りゃ大きいでいい,買っておきなさい.〔丢diū了〜丢了,不必再找zhǎo了〕なくしたらなくした でいい,もう探さなくてもいい.⑦決然たるさまを表す.〔我〜不信他会做这样的事〕彼がこんなことをするなどとは僕は絶対信じない.〔这么干gàn,成不成我〜这么试看,できるかできないか見きわめてみる.⑧数の多寡を強調する.〔〜来了三个人〕3人しか来なかった.〔一天〜来三次〕一日は3度も来る(3度じゃ来ない).〔〜〕を強く読めば少ない,軽く読めば多いと感じたことを表す.⑨よしんば…にしても.たとえ…であっても.〔〜…也(都)〕の形で用いられる.〔〜不愿yuàn意,也得将jiāng就一点儿〕よしんば嫌であっても,少しは辛抱しなければいけない.〔你〜白送给我,我也不要〕君がただでくれても,僕はいらない.

就伴(儿) jiùbàn(r) 連れになる.いっしょになる.〔作zuò个〜儿〕同じに.
就便(儿) jiùbiàn(r) そのままついでに.〔我打算〜住在这儿〕わたしはこのままここに住むつもりです.
就菜 jiùcài ご飯のとき料理もいっしょに食べること.〔你别净吃饭,〜吃吧〕ご飯ばかり食べないで,おかずも食べなさいよ.
就餐 jiùcān 食事をとる.→〔进jìn餐〕
就此 jiùcǐ ①今すぐ.すぐここで.このまま.この際.これを機会に.これで.〔咱们〜下课〕授業はここまでにしよう.〔您能〜抹杀？〕どうしてこのまま抹殺できようか.〔〜结jié束〕ここで終わる.〔〜搁gē笔〕ここで筆を置きます(手紙文の末尾に用いる).②これにもとづいて.これについて.〔〜发fā表声明〕これについて声明を出す.
就打着 jiùdǎzhe =〔就满打着〕〈方〉たとえ…でも.よしんば…でも.仮に…としても.〔就算〕に同じ.〔〜有点儿不是,也应yīng该包涵着点儿〕よしんばいけないところがあろうとも,少しはかんべんしなければならない.〔〜卖mài一块钱,我也不要〕これを1元で売るといっても,ぼくはいらない.
就搭 jiùdā 〈方〉間に合わせる.がまんする(相手や事に合わせる).〔双方一〜,事情就好办了〕双方ががまんすれば事はうまくいく.
就道 jiùdào 〈文〉発足する.旅立つ.〔束装〜〕旅装を整え旅に着く.
就地 jiùdì その土地で.現地で.〔〜挖wā了一个坑,把他埋了〕その場に穴を掘って,彼を埋葬した.〔采cǎi取〜解决的办法〕現地解決の方法を取った.〔〜取qǔ材〕@現地で取材する.ⓑ現地で材料を入手する.〔〜解jiě散〕この場で解散.〔〜踏tà勘〕実地に踏査する.〔〜正zhèng法〕囚罪人を中央に送らず,逮捕したその地で死刑に処するこ.
就读 jiùdú 学校で学習する.学校に行く.〔〜于某学校〕某校で勉強している.〔语yǔ言〜生〕就学生.→〔留liú学生〕
就饭 jiùfàn ご飯のおかずにする.〔〜吃很好〕ご飯のおかずとして食べるとなかなかおいしい.
就范 jiùfàn 言うがままになる.言われたとおりにする.〔迫pò使〜〕脅迫して服従させる.
就根儿 jiùgēnr 〈方〉元来.もともと.〔他〜不上我这儿来〕彼はもとからわたしのへは来ない.→〔压yà根儿〕
就馆 jiùguǎn 〈文〉産婦が別館の産室に入る.〈転〉分娩する.
就合 jiùhe 〔就和〕とも書く.〈口〉①折り合う.調子を合わせる.折れて出る.〔没法子,〜给他办了〕しかたがない,がまんしてやてやろう.②ちぢんでくっつく.〔〜在一块儿〕一つになる.③間に合わせる.〔晚上不要买肉,〜着吃午饭剩shèng下的猪肉就得了〕晩には肉は買わなくてもい

jiù 就僦

い,昼に残った豚肉を間に合わせて食べればいい.

就歼 jiùjiān 殲(섬)滅される.滅ぼされる.

就教 jiùjiào 師について教えを受ける.

就近 jiùjìn 手近に(の).近くで.最寄りで.〔工人~做工,家属 shǔ ~种地〕労働者はその現場で働き,家族は近くで畑仕事をする.〔你要是去那儿,~到邮 yóu 局买几张邮票来吧〕君あそこへ行くなら,近くの郵便局へ行って切手を買って来てくれ.

就劲儿 jiùjìnr 〈方〉はずみを利用して.〔瑞 ruì 宣壁~把他搡到椅子上去〕(老·四·惶20)瑞宣はそのはずみに,彼を支えて椅子につかせようとした.

就酒 jiùjiǔ 酒の肴にする.〔用香 xiāng 肠〕腸詰めを酒の肴にする.→〔下 xià 酒〕

就里 jiùlǐ ①内情.実情.〔~的事に使いる.〔不明~内情は不明.〔个 gè 中〕〔内 nèi 中①〕 ② 内密に.それとなく.

就满打着 jiùmǎndǎzhe ⇒〔就打着〕

就木 jiùmù 〈文〉棺に入る.死ぬ(婉語).〔行 xíng 将~〕余命いくばくもない.

就聘 jiùpìn 招聘に応じる.

就坡骑驴 jiùpō qílǘ 坂を利用してろばに乗る.〈喩〉渡りに船(と利用する)

就坡儿溜 jiùpōrliū 同下.

就坡儿下 jiùpōrxià ＝〔就坡儿溜〕〈喩〉①惰性で続ける.②大勢を察して他人に従う.〔人家既然找你来了,你还不~〕むこうから名乗り出たのだから,おまえさんも渡りに船と折れて出てはどうかね.

就坡下驴 jiùpō xiàlǘ 〈喩〉渡りに船(と引き下る).〔顺 shùn 坡下驴〕ともいう.

就擒 jiùqín 生け捕られる.逮捕される.〔当场~〕その場で捕まる.〔束手~〕おとなしく逮捕される.

就寝 jiùqǐn 就寝する.

就任 jiùrèn 職務につく.任務につく.

就食 jiùshí 〈文〉①食事に行く.②生計の道を求める.

就时 jiùshí 〈文〉時に乗ずる.

就是 jiùshì ①同意を表す.〔~嘛〕その通り.〔~,您的话很对〕まったくその通りですり,おっしゃる事はごもっともです.②強調を表す.④強く肯定する.〔~不一样〕全然違う.〔他~不同意〕彼はまるで贊成しない.〔不干~不干〕やらないといったらやらない.⑥動作のすばやいことを表す.〔对准了狼一枪,狼~啪たっとねらいを定めるやズドンと一発.ⓒ多いことを表す.〔一病~半个月〕病気にかかると半月もね.③範囲を限定する:他のものを排除したり,ただ一つだけの不満または残念なことを取り出していう.〔我们家~这一间屋子〕うちは(この)この一間だけだ.〔他能站 zhàn 起来,~不能走〕彼は立ち上がることはできるが,残念ながら歩けない.〔别的都好,~这个不好〕他のは皆いいが,ただこれは良くない(ただこれだけは良くない).〔念书我倒肯用心,~我学不好〕勉強にかなり熱心にやっているが,ただどうも上達しない.④…するだけのことである.…するまでのことだ.確かに…する.〔~了〕の形で文末にして肯定を表したり,〔不过〕〔只是〕などと呼応させ,小さく見なそうとする気持ちを表す.〔什么都不用带,你来~了〕何も手伝わなくてもいい,来ればいい.〔我尽我的力量去努力,~了〕わたしのできる限り努力するだけのことだ.〔我一定按 àn 您的话办~了〕わたくし,きっとあなたのお話のとおりにいたします.〔你可别说真话,我只是随便说说~了〕本気にするなよ,ただこう言ってるまでなんだ.⑤たとえ.かりに.…でも:讓步を示す.〔~……也~〕の形で用いられる.〔我为了祖国,~生命也不 lìn 惜〕祖国のためなら生命すら惜しまない.

就势 jiùshì ①勢いに乗じて.はずみで.〔祥子进去,把铺盖放在地上,~坐在上面〕(老·駱13)祥子は部屋に这入り,ふとんを床に置くと,その勢いで,その上に腰をおろした.②ついでに.〔你~给我带一盒烟 yān 来〕ついでに,ぼくにタバコを一箱買って来てくれ.〔~顺 shùn 便〕.

就事论事 jiùshì lùnshì 事物そのものだけについて論じ,他のことには触れない.〔这件事不能~地解決,要从思想上找原因〕この事はそれだけの解決に終わるのではなく,思想面から原因を探さなくてはならない.

就是说 jiùshìshuō それはつまり.つまるところ.言いかえれば:文中に挿入する.

就手(儿) jiùshǒu(r) =〔跟 gēn 手(儿)②〕〔顺 shùn 手(儿)②〕ついでに.〔〈方〉趁 chèn 手〕〔顺手大带儿〕〔随 suí 手(儿)〕に同じ.〔~~〕同前.〔你上街~给我买点儿东西,成不成〕きみが町へ出るなら,ぼくに少し買い物をして来てもらいたいのだが,いかんね.

就说 jiùshuō よしんば…としても.たとえ…でも.〔~还活着,也活不长吧〕よしんばまだ生きているにしても,そう長くは生きられないだろう.→〔就算〕

就算 jiùsuàn たとえ…でも.〔如果有了充 chōng 实的精神生活,一些事情差些,~困難大些,也能忍受和克服〕もし充実した精神生活を過ごしていれば,たとえ物質生活が思うにまかせずとも,また困難が大きくても,それに耐え忍び克服することができるものだ.〔好,好,~是我听错了,行了吧〕いいよ,いいよ,どうせ僕が聞きまちがえたんだ,そうだろう.→〔就说〕

就汤下面 jiùtāng xiàmiàn ありあわせの汁(スープ)に麵を入れる.〈転〉もっけの幸い.渡りに船.〔对,咱们就来个~〕そうとも,我々はそれをうまく利用してやるんだ.

就位 jiùwèi 席位置·持ち場·任務につく.着席する.〔来宾~〕来賓着席.〔跑 pǎo 步~〕駆け足で任務につく.〔各就各位〕各々その持ち場につく.→〔位置〕

就席 jiùxí ⇒〔人 rù 席①〕

就绪 jiùxù 物事の目鼻がつく.物事が緒(ち)につく.〔大致~〕大体軌道に乗ってきた.

就学 jiùxué 就学する.〔就近~〕近くの学校に入学する.

就要 jiùyào すぐ.もうすぐ.今にも·後に〔了〕を伴う.〔暴 bào 风雨~来了〕今にも暴風雨になりそうだ.→〔快 kuài 要〕

就业 jiùyè 就職(する):新しく就職することを指す.〔~面〕就職の種類と範囲.〔再~〕再就職(する).〔~介 jiè 绍所〕職業紹介所.〔~指 zhǐ 导中心〕就業指導センター.

就医 jiùyī 医者にかかる.〔保外~〕受刑者が治療のため保証人を立てて一時出所すること.

就义 jiùyì 義におもむく.義のために死ぬ.

就诊 jiùzhěn 診察を受ける.〔预约名医~〕予約を入れて名医にみてもらう.

就正 jiùzhèng 他人に教えを請う.叱正を請う.〔~于读 dú 者〕読者の同前.

就职 jiùzhí 就任(する).〔~演 yǎn 说〕就任演説.〔~仪 yí 式〕就任式典.〔理 lǐ 监事~典礼〕理事監事の就任式.

就中 jiùzhōng ①中に立つ.間に立つ〔~调 tiáo 停〕中に立って調停する.②その中で.〔这件事三个人都知道,~老王知道得最清 qīng 楚〕この事は3人とも知っているが,その中で王さんが一番詳しい.

就座 jiùzuò 〔就坐〕とも書いた.座席につく.〔请各位~〕皆さんご着席ください.

〔僦〕 jiù ①〈文〉賃借り(貸し)する.〔~居 jū〕借家住まいする.〔~屋 wū〕借家する.②

僦碱鹫车且沮苴狙痈罝趄雎泃拘驹痀跔鮈　　jiù〜jū

a 〈文〉運送(する).〔〜費 fèi〕ⓐ運賃.ⓑ家賃.〈姓〉僦(ら°)

〔碱〕jiù →〔吃 gē 蹴〕

b 〔鹫・鷲〕jiù 〖鳥〗ワシ(総称).〔禿 tu〜〕クロハゲワシ.〔黑兀 wù〜〕ミミハゲワシ.〔胡 hú 兀〜〕ヒゲワシ.→〔雕 diāo〕〔鷹 yīng〕

鹫雕 jiùdiāo ⇒〔金 jīn 雕〕

c ju ㄐㄩ

〔车・車〕jū 車(。):中国将棋の駒の一.〔〜马 pào 将 jiàng〕車.馬.

d 炮.将:中国象棋の大駒の名.〔〜让马给吃了〕車が馬にとられた.〔舍 shě〜保帅〕〈慣〉車を捨てて王を守る.→〔象 xiàng 棋〕→ chē

〔且〕jū 〈文〉①助詞.文末におき感嘆を表す:〔口〜哉〕ああ哀しいかな.〔其 qí 乐只〜〕(詩経)され楽しまんかな.②人名用字.〔范 fàn〜〕戦国時代の秦の宰相.範雎(^い).→ qiě

e 〔沮〕jū 〈地〉〖地〗陝西省を流れる漢水の支流.→ jǔ jù

沮渠 jūqú 〈姓〉沮渠(^そ)

f 〔苴〕jū ①=〔抱 bāo〜〕〈文〉わらで包んだもの.つと.〈喩〉贈り物.賄賂.③〈姓〉苴(^ち).

苴布 jūbù 〈文〉麻で織った粗布.

苴麻 jūmá〔大 dà 麻①〕(アサ・ヘンプ)の雌株:〔种 zhǒng 麻〕〔子 zǐ 麻〕ともいう.ハシッシュ(ハシーシュ)の原料.→〔枲 xǐ 麻〕

g 〔狙〕jū 〈文〉①(古書にでる)猿の一種.②すきをうかがう.ひそかにねらう.〔遇 yù〜〕狙撃に遭う.

h 狙击 jūjī 狙撃(する).〔〜手 shǒu〕狙撃手.②人の不備に乗じて攻撃する.

〔痈〕jū 〖中〗皮膚が腫れ固くなる出来物.→〔痈 yōng〕

〔罝(罝)〕jū 〈文〉兎をとる網.野鳥や野獣を捕える網.

〔趄〕jū ①→〔趔 liè 趄〕　②→〔趔 zī 趄〕→ qiè

i 〔雎〕jū〔〜鸠 jiū〕ミサゴ:雌雄が非常に仲がよい水鳥.〈喩〉仲のよい夫婦.〔关 guān 关〜鸠〕(詩経・関雎)カンカンと鳴きかわす番のみさご.

〔泃〕jū 地名用字.〔〜河 hé〕〖地〗河北省にある.

〔拘〕jū ①捕らえる.〔即 jí〜原告来审〕ただちに原告の身柄を拘束して調べる.②勾留する.拘禁する.〔被 bèi〜于某处〕某所に拘禁されている.③拘泥する.こだわる.融通がきかない.〔于 yú 旧法〕古い礼式にしばられる.〔无 wú〜无束〕何ものにも拘束されない.勝手気ままである.〔我倒不〜〕わたしはどちらでもいい.〔不〜形 xíng 迹〕形式にこだわらない.④制限する.限定する.拘束する.〔多少不〜〕数量に制限はない.〔不〜多少〕多少にかかわらない.

拘板 jūbǎn〈方〉堅苦しい.気持ちがかたくなる.ぎこちない.〔自己人随 suí 便谈话,不必这么〜〕内輪同士だからそう四角張らないでざっくばらんに話しましょう.

m 拘捕 jūbǔ =〔拘拿〕〔拘执〕〖法〗逮捕する.抑留する.

拘传 jūchuán 〖法〗勾引する.〔〜票 piào〕拘引状.→〔拘留〕(传讯)

n

拘管 jūguǎn ①監督(する).制御する.制限(する)②拘留する.→〔管束〕

拘谨 jūjǐn 謹直である.堅苦しい.慎重のあまり融通がきかない.→〔谨慎〕

拘禁 jūjìn =〔拘押〕〖法〗拘禁(する)

拘究 jūjiū =〔拘讯〕〖法〗(逮捕)勾留して取り調べをする.

拘泥 jūnì ①拘泥するさま.堅苦しいさま.②体がかじかんで伸びないさま.

拘控 jūkòng 拘束する.

拘礼 jūlǐ 礼儀にこだわる.〔拘泥于礼节〕同前.〔熟不〜〕懇意な間柄では礼儀にこだわらない.〔不必〜〕堅苦しくする必要はない.

拘留 jūliú =〔拘留〕〖法〗①刑事・民事・司法の拘留がある.②〔拘证 zhèng〕勾留状:〔押 yā 票〕ともいう.②勾留(する).〔〜所〕留置所.拘留場.拘置所.〔〜了一个晚上〕一晩留置された.〔以上的处罚〕勾留以上の処刑.

拘溜儿 jūliur〈方〉①皮膚の垢.②⇒〔拘挛儿〕

拘挛 jūluán ①〖医〗筋肉がひきつける.〔上肢〜〕上肢が同前.②〈文〉拘泥する.

拘挛儿 jūluanr =〔拘溜儿〕〈方〉(手足が)かじかむ.かじけた.〔冷得手指头都冻〜了〕寒くて手(の指)がすっかりかじかんでしまった.

拘拿 jūná ⇒〔拘捕〕

拘泥 jūnì ①=〔拘执〕〈文〉こだわる.とらわれる.固執する.頑固である.〔那个人很〜,不随 suí 和〕彼はとても頑固で人と調和しない.〔〜礼节〕礼儀に拘泥しすぎる.遠慮深い.〔〜成 chéng 法〕既成の法にこだわる.〔〜成说〕定説に拘泥する.〔〜不通〕頑固で融通がきかない.〔〜于 yú 形式〕形式にこだわる.堅苦しい.〔别〜〕〈挨〉遠慮しなさるな.

拘票 jūpiào 〖法〗拘引状.

拘牵 jūqiān ①とらわれる.②〈文〉束縛(する).牽制する.

拘审 jūshěn 拘留し尋問する:〔拘留审查〕の略.

拘守 jūshǒu 固く守る.墨守する.〔〜积 jī 习〕同前.〔旧法〕古い法律を墨守する.

拘束 jūshù ①拘束(する).束縛(する).②堅くなる.堅苦しくする.〔毫不〜地说〕ずけずけ言う.

拘提 jūtí 〖法〗拘引する.

拘虚 jūxū〈文〉見聞の狭くて浅薄なこと.〔〜之见〕固執した狭い見識.

拘押 jūyā ⇒〔拘禁〕

拘役 jūyì 〖法〗拘留:拘禁して労役に服せしめる刑.1か月から6か月.併罰の場合は1年で延長可.

拘囿 jūyòu〈文〉①こだわる.固執する.②限る.

拘执 jūzhí ①=⇒〔拘泥〕②⇒〔拘泥〕

〔驹・駒〕jū ①〔〜儿〕(生まれたての,また1年(2年)未満の)小馬:ろば・ろばの子ともいう.〔驴 lú〜子〕ろばの子.②若い立派な馬.〔千 qiān 里〜〕1日に千里も走る良馬.③〈姓〉駒(°)

驹光 jūguāng〈文〉一瞬のうちに過ぎ去る時(の流れ).光陰.年月.→〔过隙〕(过白驹)

驹隙 jūxì〈喩〉時間が早く過ぎ去るたとえ.→〔白驹驹过隙〕

驹子 jūzi 小馬.→ 字解①

〔痀〕jū〔〜偻 lóu〕=〔瘘 lòu〕〈文〉痀瘘(^こ):脊椎が弯曲し前かがみになった人.〔佝 gōu 偻〕の古称.

〔跔〕jū〈文〉(足が)震える.けいれんする.

〔鮈・鮈〕jū 〖魚貝〗カマツカ(総称):コイ科の魚.〔蛇 shé〜〕〔船 chuán 钉

J

jū

魚〕〔白 bái 杨鱼〕ホソカマツカ.

〔捐〕 jū 〈文〉①もっく。〔舂 běn ～〕同前。②持つ。

〔桐〕 jū 〈文〉山駕籠(か).

〔锔・鋦〕 jū ①(金属や陶磁器などの割れたのを)かすがいで継ぎ合わせる:〔锯〕〜碗 wǎn〕茶碗をつなぐ.〔～缸 gāng〕かめを同前.〔～盆 pén〕鉢を同前.〔～锅〕なべを同前.〔～锅碗儿的〕〔～锅儿的〕〔～碗的〕〔小 xiǎo 炉 lóng 匠〕同前をする職人.②〈姓〉鋦(な).→ jú

锔子 jūzi かすがい.〔用铁 tiě ～锔上〕かすがいで(なべや瀬戸物を)継ぐ.

〔居〕 jū ①住む.居住する.〔同 tóng ～〕同居する.同棲する.〔分 fēn ～〕別居する.〔久 jiǔ ～〕長く住む.②家.住民.〔新 xīn ～〕新居.〔迁 qiān ～〕引っ越しをする.〔鲁 lǔ 迅故～〕魯迅の旧居.〔～无 wú 定址 zhǐ〕〈成〉住所不定.〔～无定所,地无一垄 lǒng〕〈喩〉まったくの無一物.③(場所・位置が)…にある.…にいる.…を占める.…にあたる.〔位置 wèizhi ～左〕左に位置している.〔~中调 tiáo 停〕中に立って調停する.〔好的～多〕よい物が多い.〔~其 qí 大半〕その大半を占める.〔以先进自~〕先進をもって自ら任じている.④持っている.〔是何～心？〕それはどんな了見であるか.⑤蓄える.積んでおく.〔奇 qí 货可~〕〈成〉珍しいもので手放さずにおけば大もうけできるはずだと考えて放さずにおく;おしむ.しめしこんでおく.⑥〈文〉留まる.固定する.〔变 biàn 动不~〕移り変わって固定しない.〔岁 suì 月不~〕月日が流れていく.⑦飲食店の屋号に用いる字.〔砂 shā 锅~〕北京の失業率.〔东来 lái 顺~〕北京のしゃぶしゃぶ店.〔北京の羊肉と饺 jiǎo 猪~〕を食べさせる料理店.〔同 tóng 和~饭庄〕北京にある山東料理屋.→〔轩 xuān ⑤〕〔斋 zhāi ①〕⑧居室.〔我想租 zū 两~〕2間(ま)の家を借りたい.⑨〈姓〉居(お).

居哀 jū'āi ⇒〔居丧〕

居安思危 jū'ān sīwēi〈成〉平安な中にも危機ないに対する備えを考える;治に居て乱を忘れず.

居安资深 jū'ān zīshēn〈成〉心静かな生活で研鑽を積み,深い学問がある.

居处 jūchǔ 居住する.

居多 jūduō 多数を占める.多い.〔我们学院学汉语的~〕うちの学部では中国語を学ぶものが多数を占めている.

居高不下 jūgāo bùxià〈慣〉高水準のまま下ることのない状態.〔～的失业率 lù〕高い失業率.

居高临下 jūgāo línxià〈成〉高い所から見おろす.〈喩〉優位な立場に居る.→〔高屋建瓴〕

居功 jūgōng 功労があると自分から思っている.〔~自傲 ào〕功績を鼻にかけて傲慢である.

居官 jūguān〈文〉官職についている.

居积 jūjī〈文〉(財物を)蓄積するためこむ.

居家 jūjiā ①家で暮らしている.〔～办 bàn 公〕在宅勤務(する).②平生の生活.〔~过日子〕日常生活をする.住宅.住宅.⇒〔在 zài 家〕

居间 jūjiān ①仲立ちする.調停する.〔~调 tiáo 解〕中に立って調停する.②契約や商売の仲介・仲買.〔~人〕仲買人.仲介者.〔~业〕仲介業.ブローカー業.〔~贸 mào 易〕仲介貿易.

居里 jūlǐ 物キュリー.記号Ci:放射能の単位.現在は〔贝克勒尔〕(ベクレルBq)を用いる.〔微 wēi ~〕マイクロキュリー.〔~夫人 fūren〕キュリー夫人:物理学者でラジウムの分離に成功,1903年,夫とともにノーベル物理学賞を受賞し,1911年同化学賞を受賞した(1867-1934).

居留 jūliú 居留(する).〔~证 zhèng〕居留証.〔~权 quán〕居留権.

居民 jūmín 住民.〔~点〕居住区.〔~区 qū〕居住域;同前より広い範囲.〔~消 xiāo 费价格指数〕消費者物価指数.

居民身份证 jūmín shēnfènzhèng 住民身分証明書:〔居民证〕は旧時の住民証.

居民委员会 jūmín wěiyuánhuì ⇒〔街 jiē 道居民委员会〕

居奇 jūqí 暴利を貪るつもりで稀少な商品を売らずに値上がりを待つこと.〔奇货可居〕に同じ.〔囤 tún 积~〕買い占めて同前.

居然 jūrán ①意外な.なんと.あろうことか.〔他工作没几年,~当起局 jú 长来了〕彼はわずか数年の経験しかないのに何と局長になった.②〈文〉明らかに.〔~可知〕はっきりと分かる.

居丧 jūsāng =〔居哀〕〔居忧〕〈文〉喪に服している.服喪中.

居上风 jūshàngfēng 優位を占める.

居士 jūshì ①〈仏〉居士(じ):出家せず在家のままの仏教徒.〔~林 lín〕同前の道場.②仕官せず隠居している学者.

居室 jūshì 居室.

居首 jūshǒu〈文〉首席を占める.第一位になる.

居孀 jūshuāng ⇒〔守 shǒu 寡〕

居所 jūsuǒ 住所.住所.

居停 jūtíng ①寄留する.住み込む.②同下.

居停(主人) jūtíng (zhǔrén)旧寄寓しているところの主人:幕府や家庭教師などがその主人をいう語.

居委会 jūwěihuì ⇒〔街 jiē 道居民委员会〕

居无定所 jū wú dìngsuǒ 〔居住不定(である)

居心 jūxīn 了見.魂胆(な).はら.考え:多くそしる意に用いる.〔他们的~是险 xiǎn 恶的〕彼らの魂胆は陰険だ.〔~不善 shàn〕〔~不良〕了見がよくない.〔~何 hé 在〕魂胆はどこにあるのか.〔~叵测 pǒcè〕〔~莫 mò 测〕〈成〉険険で本心を推測しがたい.

居忧 jūyōu ⇒〔居丧〕

居于 jūyú … …にいる.…の位置を占める.〔他的错 cuò 误同他的成绩比较起来,只~第二位的地位〕彼の誤りはその成績に比べれば,二義的なことに過ぎない.

居治不忘乱 jūzhì bùwàngluàn〈成〉治に居て乱を忘れず:太平の世にあっても,乱時を忘れず油断しないこと.

居中 jūzhōng ①中に立つ:〔居间①〕に同じ.〔~调 tiáo 停〕中に立って調停する.〔~斡 wò 旋〕中に入って取り持つ.②真ん中にいる(ある).中央揃えに(する)

居住 jūzhù ⇒〔住居〕居住する.〔~面 miàn 积〕居住面積.〔~证 zhèng〕居住証.〔~小区〕都心の(高級)居住地.

〔据〕 jū →〔拮 jié 据〕→ jù

〔琚〕 jū ①佩玉(ぎ)の一種.②〈姓〉琚(たち).

〔椐〕 jū 植ヘビノキ(イヌガヤ):〔灵 líng 寿(木)〕の古称.

〔腒〕 jū〈文〉塩漬けにして干した鶏肉.

〔裾〕 jū〈文〉中国服の〔大褂 dà 褂(儿)〕(上前あわせの部分),〈転〉前襟と前後の身ごろ.

〔锯・鋸〕 jū ⇒〔锔①〕→ jù

〔掬(匊)〕 jū ①(両手の)手のひらですくう.受け取る.ささげ持つ.〔~水

掬 jū 水を汲んで飲む.〔笑容可～〕〈成〉笑った顔つきが,両手での笑いを受けることができるようだ.笑顔がこぼれんばかりである.〔摘 zhāi 果盈～〕果物を両手にいっぱい摘み取る.→〔捧 pěng〕 ②〈姓〉掬.

掬诚 jūchéng 誠意を尽くして.〔～相告〕心をこめて告げる.

掬水 jūshuǐ 両手で水をすくう.〔～轮 lún〕汲水车.水くみ車(灌漑用).

〔鞠〕 jū （Ⅰ）〈文〉養育する.（Ⅱ）〈文けまり〉:古代の蹴球に用いた皮の球.〔蹴 cù ～〕蹴まり(をする). ②〈文〉腰を曲げる.→〔鞠躬①〕 ③⇒〔麴〕 ④〈姓〉鞠.

鞠部 jūbù ⇒〔菊 jú 部〕

鞠躬 jūgōng ①立って腰を曲げるおじぎ(をする).上半身を前方へ曲げる敬礼(をする).〔行 xíng 三～礼〕同前の礼を3回続けてする. ②旧式書簡文や招待状などの署名の下に書き添えるきまり文句の一:例えば,〔某 mǒu 某～〕のように書く. ③慎重によく気をつける.つつしみ深い様子.〔～如 rú 也〕〈成〉身をかがめ謹むさま.

鞠躬尽瘁 jūgōng jìncuì〈成〉うやうやしく力を捧げ尽くす.〔～,死而后已〕(諸葛亮·後出師表)国のために力を尽くして,死ぬまでやめない.

鞠养 jūyǎng〈文〉養育する.

鞠育 jūyù〈文〉養育する.

〔鞫〕
〔鞠〕 jū =〔鞠③〕〈文〉審問する.尋問する.罪状を調べる.〔严 yán ～〕厳重に尋問する.

鞫断 jūduàn〈文〉尋問して罪を決める.〔鞠断〕とも書いた.

鞫问 jūwèn〈文〉審問する.〔鞠问〕とも書いた.

鞫讯 jūxùn〈文〉審問する.〔鞠讯〕とも書いた.

鞫狱 jūyù〈文〉刑事事件を審理する.〔鞠狱〕とも書いた.

〔局（侷·跼）〕 jú （Ⅰ）〔局〕①部分.→〔局部〕 ②機関.企業体など組織上の一部門.〔国務院 ⑥ の中国民航总～〕〔中央气象～〕などは〔部 bù ④⑥〕と同格.普通は〔部〕の下,〔司 sī ②〕と同格:下部に〔处 chù ⑤〕,〔科 kē ③〕,〔股 gǔ ②〕を持つ.企業体の省行政機関下の一部門:〔厅 tīng ②〕と同格.下部に〔处⑤〕,〔科③〕,〔股②〕を持つ.〔(省)物资～〕物資局.⑥市·县·区行政機関の一部門:下部に〔处⑤〕,〔科③〕,〔股②〕を持つ.〔(市)商 shāng ～〕(市)商業局.④国営企業体の名称.〔电话·电報·电话·电報局〕名〕名〔名〕〔邮〕邮政局.③ある種の商店(の名称に使う).〔书～〕書店.ふつう〔书店〕を用いる.〔果 guǒ ～子〕果物屋.〔水果铺〕に同じ.〔皮毛皮店〕〔皮货店〕に同じ.
（Ⅱ）①将棋盤.碁盤.〔棋 qí ～〕同前. ②量詞.将棋·碁およびスポーツなどの試合回数を数える.〔下三～赢 yíng 两～算赢〕3 ゲームやって 2 ゲーム勝てば勝ちとする.〔最后一～〕最後の1セット(1ラウンド.1イニング).〔上(下)半～〕(野球の)表(裏)ハーフィニング.〔打满了五～〕(卓球の)フルセットゲームをする.〔第一～比赛〕(テニスなどの)第1ゲーム(セット). ③〔场 chǎng ④〕〔回 huí 合②〕〔盘 pán ⑦②〕に同じ. ④局面.情勢.事件.結構.情況を構成する配置.〔布 bù ～〕配置.布石.結構.仕組み.備え.〔结 jié ～〕結局.結果.結末.〔大～〕重要局面.全体としては局面.大勢.〔～外中立〕その局面の外にいて中立する.〔～中人〕事件の関係者.〔当 dāng

～者迷〕〈成〉その局に当たっているものは正確に判断できない.〔旁 páng 观者清〕(おか目八目)の反対.〔～面忽 hū 然有了转变了〕局面が急に変わった. ④人の器量.才徳の大きさ〔器 qì ～〕同前. ⑤回人を寄せること.酒宴や時け事で人が集まること.〔午 wǔ ～〕昼食の招待.〔晩～〕夜の宴会への招待.〔我作一～约上二位吧〕わたしが一席設けてお二人をご招待いたしましょう. ⑥人をだます計画.手練手管.〔骗 piàn ～〕からくり.ぺてん.詭計.〔美人～〕つつもたせ. ⑦〈姓〉局(きょく).
(Ⅲ)〔侷·跼〕①拘束する.→〔局限〕 ②曲がる.縮まる.〔蜷 quán ～〕同前.〔髮 bìn 发曲 qū ～〕髪が縮んでいる. ③〈方〉人を仕向ける.〔拿面子～他〕体裁を考えて自重させる.〔不用打他,一～他就好了〕たたかなくてもいい,うまく持ち上げてやればおさまるよ.〔不受～〕優しく出てもその手に乗ってこない.

局部 júbù 一部分.ある部分.〔～战 zhàn 争〕地域戦争.地域紛争.〔～麻 má 醉〕[医]局部麻酔.〔～地区有小雨〕一部地域は小雨があるでしょう(天気予報の言葉).〔～必須服 fú 从全局〕各部門は全体に従わなければならない.

局部工人 júbù gōngrén [経]分業部分労働者.〔在手工工場中,完成商品生产的个 gè 別操作的工人是～〕手工業制工場の中で,商品生産の個々の作業を行う労働者は,部分労働者である.

局促 júcù ①器量が小さい.規模の小さい.せせこましい.〔大部分是在～破旧旧的厂房里生产〕大部分はせまくましい古ぼけた工場内で生産している. ②〈方〉時間が差し迫っている.〔三天太～,恐怕完不成〕三日では短すぎて,仕上げられないだろう. ③気詰まりである.もじもじする.〔～不安〕〈成〉気詰まりを感じる.おどおどして落ち着かない.

局点 júdiǎn [スポ](テニスや卓球·バドミントンなどの)セットポイント.ゲームポイント.

局度 júdù〈文〉度量.器量.

局方 júfāng =〔药 yào 局方〕[困][大医局]の定めた薬の処方は.後には世間で行われた処方.→〔药典〕

局封 júfēng 局部的に薬物で患部を密封すること.

局級 jújí 局長クラス.局レベル.〔司 sī 局級〕ともいう.〔～待遇〕局レベルの待遇.

局跼 júí〈文〉ちぢこまる.かがむ.びくびくする.こせこせする.

局量 júliàng〈文〉人の器量.才能と徳.人物の度量.

局麻 júmá〔局部麻酔〕の略.→〔全 quán 麻〕

局面 júmiàn ①局面.〔～稳定〕情勢は安定している.〔扭 niǔ 转～〕局面を転換させる. ②規模.店構え.〔这个商店～虽 suī 不大,货色倒齐全〕この商店は構えは大きくないが,品物はそろっている. ③物事の成り立ち.〔～大〕名誉.体面.体裁.面目.〔局局面面〕体裁よく上品に.〔讲 jiǎng 究～〕体裁に気を配る.〔得 děi 有点儿～〕少しは上品さがなくてはいけない.〔～人〕⑥おとなしい人.上品な人.⑥顔が広い人.

局末平分 júmò píngfēn [スポ]ジュース:〔盘 pán 末平分〕ともいう.

局内人 júnèirén 当事者.当事者.〔非～不得而知〕当事者でないと分からない.

局骗 júpiàn =〔局作〕からくりをして人をだます.ぺてんにかける.→〔念 niàn 央儿②〕

局票 júpiào 〔艺者を呼ぶのに用いた書き付け.

局势 júshì 局面状況.情勢(重大な政治上·軍事上の).〔～平穩〕政治情勢は平穩である.〔这对于缓 huǎn 和两国之间的紧张～将有帮助〕このことは両国の緊張情勢緩和に役立つだろう.

局天蹐地 jútiān jídì〈成〉背を丸めかがめて歩

局外 júwài 局外.〔~旁观〕局外で傍観する.〔~人〕局外者.第三者.部外者.〔~人不得而知〕部外者は知ることができない.

局限 júxiàn 局限(る).限り(る).〔~性〕限界性.〔不~在日常生活问题上〕日常生活の問題に限らない.

局域网 júyùwǎng 【電算】ローカルエリアネットワーク.LAN.

局诈 júzhà ⇒〔局骗〕

局长 júzhǎng ①局長.②署長.

局子 júzi ①[旧]警察局:現在は公安局を表す.②[旧]用心棒や護衛を派遣する団体.→[镖 biāo 局]③〈白〉罠.仕掛け.店構えのない店.または,商店に付設されている商品置場・工場など.

〔焗〕 jú
①蒸し煮する.〔全~鸡〕[食]鶏を丸ごと蒸す料理.②うっとうしい.息苦しい.蒸し蒸しする.

焗油 júyóu ヘアトリートメントする.

〔锔・鋦〕 jú
[化]キュリウム:放射性元素.記号 Cm.アクチノイドの超ウラン元素.→ jū

〔桔〕 jú
〔橘〕の俗字.→ jié

〔菊〕 jú
①[植]キク.〔~花〕は通称.〔东 dōng 篱(君子)〕〔延 yán 年客〕〔延寿客〕は別称.②〈姓〉菊〈

菊部 júbù =[鞠 jū 部]〈文〉劇団.演劇界:宋高宗のころ宮中楽部の菊夫人は歌舞音曲をよくしたのが[~头]と称された.そこから後世[戏 xì 班(儿)]すなわち劇団をいう.

菊粉 júfěn ①イヌリン.〔土 tǔ 木香粉〕〔旋 xuán 复花粉〕ともいう.

菊糕 júgāo =[重 chóng 阳糕][食]菊の花を入れて作った菓子(旧暦9月9日の重陽節に贈り物にする)

菊虎 júhǔ =[菊牛][出 chū 尾虫][虫]クリヤケシキスイ.

菊花 júhuā =[九 jiǔ 花(儿)][植]キク(の花).〔~青 qīng〕[色]菊の葉のような濃い緑色(の).〔~茶〕菊花の茶:白菊の花を干して乾燥させたものが飲料.〔~锅 guō〕[食]鍋料理の一種:最初に白い菊の花をスープにくぐらせる(陝西料理).〔~暖 nuǎn 锅〕一種の〔火 huǒ 锅〕:アルコールを点火すると炎が鍋の周囲に沿って燃え上がり菊の花のように見える.〔~酒〕[旧]旧暦9月9日の重陽節に飲む酒.

菊花牙轮 júhuā yálún ⇒〔伞 sǎn 齿轮〕

菊牛 júniú ⇒〔菊虎〕

菊苣 júqǔ [植]キクヂシャ.キクニガナ.

菊人 júrén 〈文〉俳優.→〔菊部〕〔戏 xì 子〕

菊石 júshí [動]アンモナイト.→[箭 jiàn 石]

菊坛 jútán [劇]演劇界.特に京劇の世界.

菊芋 júyù [植]キクイモまたその根:〔洋 yáng 姜〕は通称.〔洋大头〕〔鬼 guǐ 子姜〕ともいう.

菊月 júyuè 旧暦9月の別称.

〔郹〕 jú
〈姓〉郹〈姓〉

〔溴〕 jú
地名用字.〔~水〕河南省にある川.

〔鵙・鶪(鵙)〕 jú
〈文〉[鳥]モズ.〔伯 bó 劳〕の古称.

〔橘〕 jú
①[植]タチバナ・ミカン・オレンジなどの果樹.またその果実(総称).〔红~〕果皮が朱紅色のみかん.②〈姓〉橘〈

橘饼 júbǐng [食]みかんを皮のついたまま上から押しつぶした形で砂糖漬けにした菓子.

橘柑 júgān 〈方〉みかん.

橘红 júhóng ①〔橘皮〕②[色]赤いみかん色(の).③[植]文旦.ザボン.

橘化为枳 jú huàwéizhǐ 〈成〉淮(ᐯ)南の橘を淮北へ移せば枳(ᨽ)となる.〈喩〉良い人が環境の違いで悪くなること:〔橘逾 yú 淮而北为枳〕の略.

橘黄 júhuáng [色]オレンジ色(の).〔~色〕同前.

橘络 júluò みかんの実と果皮との間にある網状の白い筋:集めて薬用とする.

橘霉素 júméisù [薬]シトリニン.

橘皮 júpí [中医]柑橘類の皮を干したもの:健胃・祛痰剤(ᨽ)にする.古くなったものを〔陈 chén 皮〕という.また外皮のみを干したものを〔橘红〕,外皮を除いた白い筋の部分を〔橘白〕,〔橘白〕という.

橘汁 júzhī (100%の)ミカンジュース:〔橘子汁〕ともいう.水で薄めたものは〔橘子水〕.→〔橙 chéng 汁〕

橘中(之)乐 júzhōng (zhī) lè〈成〉将棋を指すこと:巴川の人が庭の橘の大きい実をとって割ると,中で二人の老人が将棋をしていたという故事による.

橘子 júzi [植]ミカン.〔~酱 jiàng〕マーマレード.〔~水〕オレンジジュース:ふつう水で割ったものをいう.〔~汽水〕オレンジソーダ水.〔~露 lù〕ミカンのシロップ.

〔沮〕 jǔ
①崩れる.くじける.ひるむ.意気沮喪(ᐯ).〔神色颇 pō~〕すっかり意気沮喪した風だ.〔惨 cǎn~〕[意気]が非常にくじける.②〈文〉阻む.〔~止 zhǐ〕遮り止める.〔~其成行〕行く手を阻む.③〈文〉漏らす.〔~泄 xiè〕同前.→ jū jù

沮遏 jǔ'è 〈文〉阻止する.

沮诽 jǔfěi 〈文〉他人をそしる.

沮格 jǔgé 〈文〉阻止する.

沮丧 jǔsàng ①気力がくじけて元気がない.〔士气~〕〈成〉士気が下がって元気のないさま.②気力をくじく.

〔咀〕 jǔ
①〔口中に入れて〕かむ.〔嚼 jiào ~〕同前.〔~嚼 jué〕②同前.〈喩〉繰り返し体得する.②転じて味わう.理解する.〔含 hán 英~华〕〈成〉文章の精髄をかみしめ味わう.→ zuǐ

〔岨〕 jǔ
岨峪 jǔyù ⇒〔龃龉〕

〔鉏・鉏〕 jǔ →〔锄 chú〕
钼铻 jǔyǔ ⇒〔龃龉〕

〔龃・齟〕 jǔ
龃龉 jǔyǔ 〈文〉くい違う(い).〔岨峪〕〔鉏铻〕とも書いた.〔以细故相~〕些細なことで意見の衝突をきたす.

〔弆〕 jǔ
〈文〉蔵する.しまい込む.〔藏 cáng~〕同前.

〔柜〕 → guì
柜柳 jǔliǔ [植]サワグルミ近縁種.〔枫 fēng 杨〕の別称.

〔矩(榘)〕 jǔ
①かね尺.さしがね.かねぎし.定規.→〔矩尺〕②[数]方形.矩(ᐯ)形.③則.おきて.規則.〔七十而从心所欲,不逾 yú~〕(論語・為政)70歳になると心の欲するままに行うも規則にそむかないようにした.〔循 xún 规蹈~〕〈成〉よく規律を守る.④〈姓〉矩(ᐯ)

矩臂 jǔbì [物](力学の)モーメントアーム.

矩车 jǔchē ⇒〔画 huà 车〕

矩尺 jǔchǐ =〔方〕角 jiǎo 尺〕〔方〕弯 wān 尺〕直

矩挙 / jǔ

角定规. かね尺. さしがね. 曲尺:〔曲 qū 尺〕ともいう. →〔規 guī 尺〕

矩范 jǔfàn ①規範. 手本. ②〔牘〕先方の人.〔暌 kuí 〜〕ごぶさたいたしました.

矩管 jǔguǎn =〔直 zhí 角弯管〕〔圈 quān〕肘(党).エルボー:管接手(なきて)の直角に曲がったもの.

矩形 jǔxíng 矩(く)形:〔长 cháng 方形〕に同じ. 標準. 手本.

矩矱 jǔyuē 〈文〉尺度. 標準. 手本.

矩阵 jǔzhèn 〔数〕マトリックス.

〔举・舉(擧)〕 jǔ

①〈物を高く〉持ちあげる.〔把旗 qí 子〜起来〕旗を掲げる. →〔擎 qíng ①〕 ②挙動. 行動. 動作.〔一〜一动 dòng〕行動の一つ一つ.〔义 yì 〜〕正義のためにする行動.〔赖 lài 有此〜〕この行動に出ることを頼りにしている. ③起こす. 始める. →〔举办〕 ④推薦する. 推挙する.〔选 xuǎn 〜〕公選する. ⑤挙人:明・清代の郷試に合格した人.〔〜人〕同前.〔中 zhòng 〜〕挙人の試験に合格する.〔武 wǔ 〜〕武芸による科挙の試験. ⑥〈武〜人〉の略. =〔国 guó 子监〕〔科 kē 举〕 ⑥提示する.〔〜一个例子〕例を一つあげる.〔检〜〕摘発する. ⑦〈文〉生む.〔〜一男〕男の子を生んだ. ⑧〈文〉飛ぶ.〔高〜远跑 dǎo〕高飛びして遠くへ逃げる. ⑨〈文〉挙げて. 全部. =〔国欢 huān 腾〕国全体が喜びにわく.〔村人闻之, 〜欣 xīn 欣然有喜色〕村人はこれを聞いて, 皆喜びがあふれた. ⑩〈姓〉挙(き).

举哀 jǔ'āi ①葬儀をとり行う. ②旧喪礼の一:納棺・出棺などの時, 遺族たちが号泣した.

举案齐眉 jǔ'ànqíméi〈成〉盆を目の高さまで捧げる(後漢書・梁鴻伝).〈喩〉妻が夫を尊敬し夫婦間の礼儀正しいこと.

举办 jǔbàn 行う. 挙行する.(催しを)する.〔〜中国商品展览会〕中国見本市を開催する.〔〜音 yīn 乐会〕音楽会を開催する. →〔城 chéng 市〕開催都市. 主催都市.

举报 jǔbào (当局へ)通報する. 密告する.〔〜中心〕通報センター.〔〜监 jiān 督电话〕告発ホットライン.

举杯 jǔbēi 杯をあげる.〔〜祝酒〕祝杯をあげる.

举兵 jǔbīng 兵を挙げる. 兵をおこす.

举步 jǔbù〈文〉踏み出す:〔拔 bá 步〕に同じ.〔〜维 wéi 艰〕〈喩〉(物事を)進展させるのが困難である.

举不胜举 jǔ bù shèngjǔ〈成〉多くて一つ一つ挙げきれない. 枚挙にいとまがない.

举槌 jǔchuí オークションの開始を表す.

举措 jǔcuò ①=〔举动〕 ②〈文〉措置.

举鼎绝膑 jǔdǐng juébìn〈成〉力が不足していて任に堪えない.

举动 jǔdòng =〔举措〕立ち居振る舞い. 動作. 挙止.〔〜失当〕振る舞いが適当でない.〔轻率 shuài 的〜〕軽率な行動.〔缓 huǎn 慢〕動作が遅い.

举墩子 jǔdūnzi 旧棒の両端に扁平で丸い石をつけたものを挙げる力技の一種. →〔举重〕

举发 jǔfā (悪人・悪事を)暴く. 摘発する. 検挙する.

举凡 jǔfán〈文〉およそ. すべて.〔〜要点都胪 lú 列于后〕すべての要点を次に書き並べる.

举国 jǔguó 国を挙げて. 全国.〔上下〕国を挙げて.〔得 dé 到一致的支持〕挙国一致の支持を得る.

举劾 jǔhé〈文〉①罪状を挙げて弾劾する. ②推薦と弾劾.

举火 jǔhuǒ〈文〉①のろしをあげる.〔〜为号〕のろしをあげて合図する. ②火をたいて炊事をする. =〔生 shēng 火①〕

举家 jǔjiā 一家を挙げて. 家族総出で.

举荐 jǔjiàn 推薦する.〔〜贤 xián 才〕賢才を同前.

举借 jǔjiè ⇒〔举债〕

举力 jǔlì〔物〕(流体中の)浮力.

举例 jǔlì 例を挙げる.〔〜说明〕例を挙げて説明する.

举目 jǔmù〈文〉目を挙げて見る. 目の届く限り.〔〜远 yuǎn 眺〕(目を挙げて)遠くをながめる.〔〜无 wú 余〕(目を挙げて)寄る辺がなく孤独である.

举牌 jǔpái 落札. せり落とす.

举棋不定 jǔqí bùdìng 碁石を手に持ったままで打ちおろしかねる.〈喩〉実行する時になってためらう. 決めかねる.〔他们〜, 这次计划的日期一改再改〕彼らは躊躇して, 今回の計画の期日を何回も変更した.

举其一而概其余 jǔ qíyī ér gài qíyú〈成〉一部を掲げて全部を概括する.

举枪 jǔqiāng ①銃を挙げる. ②捧げ銃(2)(をする).〔〜致 zhì 敬〕捧げ銃の礼をして敬意を示す.

举人 jǔrén〔旧〕〔旧〕科挙の〔乡 xiāng 试〕に合格した人:〔孝 xiào 廉〕ともいう.〔武〜〕〔武挙〕武芸による同前. →〔字解〕

举世 jǔshì 世を挙げて. 世人が皆. 天下. 世界.〔闻 wén 名〕天下に名が聞こえている.〔〜称 chēng 赞〕世を挙げてたたえる.〔瞩 zhǔ 目〕世間の人が皆注目している.〔〜无敌〕〈成〉天下無敵.〔〜无双〕〈成〉天下無双. 肩を並ぶべきものがない:〔盖 gài 世无双〕ともいう.

举事 jǔshì〈文〉事件を起こす. 武装蜂起する.

举手 jǔshǒu ①手を挙げる.〔〜就知道谁〜〕知ってる人は手を挙げて下さい.〔〜表 biǎo 决〕挙手で採決する.〔〜投 tóu 足〕一挙手一投足. 全ての行動.〔〜之劳〕ほんの少しの骨折り:〔一〜〕ともいう. ②挙手の礼をする.〔〜礼)〕挙手の礼.

举坛 jǔtán〔又〕ウエイトリフティング界.

举尾虫 jǔwěichóng〔蜘蛛 xiē 蛉〕〔蜘蝇〕虫〕シリアゲムシ:トンボに似た昆虫.

举行 jǔxíng (会合や試合を)挙行する. 実行する.〔〜开学典礼〕始業式を挙行する. →〔举办〕

举要 jǔyào 要点をあげる.

举一反三 jǔyī fǎnsān〈成〉一つのことから推して他のことをも知る. 一を聞いて十を知る:〔举一隅不以三隅反, 则不复也〕(論語・述而)一隅を挙げれば他の三隅を理解するというほどでないといけない, あとの三隅は繰り返して説明しない. →〔一隅三反〕〔隅 yú 反〕

举义 jǔyì〈文〉義のために事を起こす. 革命を起こす. →〔起 qǐ 义〕

举债 jǔzhài =〔举借〕〈文〉借入れる. 起債(する).〔财政预算赤 chì 字愈 yù 来愈大怎么办呢. 政府的办法, 第一是〜〕会計予算の赤字がますます大きくなるのをどうするかというと, 政府の方法としては, まず起債がある.

举证 jǔzhèng 証拠を示す. 立証する.〔〜责 zé 任〕挙証責任.〔法〕〔责任倒置〕被告立証責任.

举止 jǔzhǐ 挙動. 振る舞い. 物腰.〔〜大方〕物腰が悠揚迫らない. 物腰が落ち着いている.〔〜行动〕起居動作.〔〜言谈〕言行.

举踵 jǔzhǒng〈文〉つま先を立てる(てて待望する).〈喩〉待ち望む.

举重 jǔzhòng〔又〕重量挙げ. ウエイトリフティング:〔杠 gàng 铃〕(バーベル)の持ち上げ方には〔抓 zhuā 举〕(スナッチ),〔挺 tǐng 举〕(ジャーク)の2種目がある.〔推 tuī 举②〕(プレス)は近年廃止. →〔举墩子〕〔体 tǐ 重分级〕

举重若轻 jǔzhòng ruòqīng 重い物を軽々と持ち上げる.〈喩〉大事を簡単にやってのける.

举子 jǔzǐ ①〈文〉子を生む. ②〈文〉子を育てる. ③囲地方から選抜されて科挙(官吏登用試験)に応試する受験生.

举足轻重 jǔzú qīngzhòng〈成〉一人の一挙手一投足が物事に決定的な力を持っていること.地位の重要なこと.[举足轻重]ともいう.〖我国是一个大国,在解jiě决国际重大问题时,有~的作用〗わが国は大国であるから、国際重大問題を解決するにあたっては、全局を動かす力がある.

[榉·欅] jǔ 圃①ケヤキ:ニレ科の落葉高木.造船・建築や器具の製作に用いられる.通称[~树 shù].②→[山 shān 毛榉]

榉柳 jǔliǔ ⇒[枫 fēng 杨]

[莒(莒)] jǔ ①固さといも:[芋 yù]の古称.②周代の諸侯国の一.③地名用字.[~ 县 xiàn]田山東省にある. ④〈姓〉莒(᠅)

[筥] jǔ 〈文〉籾を盛る丸い竹製の器.

[枸] jǔ → gōu gǒu

枸橼 jǔyuán =[香 xiāng 橼]圃(柑橘類の)シトロン.マルブシュカン,またその果実.

枸橼酸 jǔyuánsuān =[柠 níng 檬酸]化クエン酸.[~钠 nà]クエン酸ナトリウム.[~铁铵 tiě'ǎn]クエン酸鉄アンモニウム.[~西地那非 xī dì nà fēi]クエン酸シルディナフィル:[伟 wěi 哥]薬バイアグラ)の化学成分.→[酸⑥]

[蒟] jǔ

蒟酱 jǔjiàng 圃キンマ:コショウ科の常緑蔓生植物.南洋ではキンマの葉でビンロウジュの実と石灰を包んで噛む(嗜好品).[蒌 lóu 叶][土 tǔ 荜茇][土萎藤]ともいう.②キンマの実でペースト状に作った辛い調味料.→[扶 fú 留(藤)]

蒟蒻 jǔruò ⇒[魔 mó 芋]

[踽] jǔ 〈文〉ひとり寂しく行くさま.[~~独 dú 行]同前.

[巨(鉅)] jù ①非常に大きい.[~万 wàn]巨万(の).[~能 néng]巨大エネルギー.[~资 zī]巨額(の).[~痛 tòng]激痛.[损失甚~]損失が甚だ大きい.②〈姓〉巨(᠅).

巨变 jùbiàn 巨大な変化.

巨擘 jùbò 〈文〉①親指.②〈喩〉第一人者.大御所.

巨创 jùchuāng 〈文〉大きな傷.大きな打撃.

巨大 jùdà 巨大である.[~的工程]大きな工事.[取得了~的成 chéng 就]きわめて大きな成果をおさめた.[做出了一的努力]最大の努力を尽くした.

巨蛋 jùdàn 〈喩〉ドーム球場.ドーム型スタジアム.

巨蠹 jùdù 〈文〉①大きな木食虫.②〈喩〉民家を害する大悪人.

巨额 jù'é 大きな額(の).巨額(の).[~财 cái 产来源不明罪]団巨額財産出所不明罪.

巨幅 jùfú 大型(の).[~画 huà 像]大きな肖像画.

巨富 jùfù 大きな富.大富豪.

巨构 jùgòu ①巨大な建築物.②巨作.巨篇.

巨贾 jùgǔ 〈文〉大商人.富豪.

巨滑 jùhuá 非常にずるい(人).[巨滑]とも書く.[老奸~]たいへん険悪でずるい人間.

巨礼 jùlǐ 高額の贈物.[~销 xiāo 售]高額贈品付き(不当)販売.

巨匠 jùjiàng 巨匠.[文坛~]文壇の大御所.

巨浸 jùjìn ①洪水.②〈文〉大きな湖.

巨款 jùkuǎn 大金.

巨浪 jùlàng 大きな波.〈喩〉社会の巨大な動き.

巨流 jùliú 〈喩〉大きな流れ.[游 yóu 行队伍的~]デモ隊の巨大な流れ.

巨龙 jùlóng 〈喩〉巨大な龍.[东方~]東方の同前.

巨轮 jùlún ①〈喩〉巨大な車輪.[历史的~]歴史の大きな歩み.②巨大な汽船.[远洋~]遠洋大型汽船.

巨片(儿) jùpiàn,~piānr 映(映画の)超大作.

巨人 jùrén ①巨人.大男.ジャイアント.②〈喩〉大物.重鎮.

巨儒 jùrú 〈文〉偉大な儒者(学者).

巨商 jùshāng 大商人.豪商.[〈文〉巨贾 gǔ]ともいう.

巨噬细胞 jùshì xìbāo 生理大食細胞.マクロファージ.

巨贪 jùtān 大金横領犯.

巨头 jùtóu ①〈喩〉(金融〜)金融界の巨頭.

巨腕 jùwàn (芸能界の)人気スター.売れっ子スター.→[大 dà 腕(儿)]

巨毋 jùwú 〈姓〉巨毋(᠅)

巨蜥 jùxī 動オオトカゲ.

巨细 jùxì 大小のこと.〈転〉詳細(に).[事无~]全ての事.[一~毕究]細大もらさず追究する.

巨响 jùxiǎng 轟(᠅)音.[一声~]ドカンと一声

巨蟹座 jùxièzuò 天かに座.

巨星 jùxīng ①天文恒星:恒星中,半径や絶対光度の大きい星.②〈転〉傑出した人物.スーパースター.

巨型 jùxíng 大型(の)

巨眼 jùyǎn よくきく目.鋭く見分ける目.

巨阳 jùyáng 画株価の大幅値上り(の罫線):値下りは[巨阴 yīn]という.→[阳线]

巨亿 jùyì 〈喩〉巨大な数量.[~的资 zī 产]巨万の資産.

巨制 jùzhì 巨大な作品.大作.

巨著 jùzhù 大著.

巨子 jùzǐ ⇒[大 dà 王②]

巨作 jùzuò 超大作.巨編.大著.

[讵·詎] jù 〈文〉なんぞ.いずくんぞ:反問の意を表す.[~料 liào]なんぞはからん.思いもよらないことに….[如不援 yuán 助,~能成功]もし援助がなかったら、どうして成功することができただろう.→[岂 qǐ①]

[苣] jù [萵 wō ~]圃チシャ.レタス.→ qǔ

[拒] jù ①抵抗する.[抗 kàng ~]同前.[~敌 dí 于国门之外]敵を城門の外に防ぐ.②拒絶する.[来者不~]来る者は拒まず.[~领 lǐng]受け取り拒否(する).[~不…]がんとして…しない.[~批 pī]許可・承認を拒否する.[~人千里(之外)][~之于千里之外]他人にはっきりと断る.

拒保 jùbǎo 保険金支払い拒否(をする).保険加入拒否(をする)

拒捕 jùbǔ 抵抗して捕縛を逃れようとする.

拒斥 jùchì 退ける.

拒敌 jùdí 〈文〉敵に抵抗する.敵を防ぐ.

拒毒 jùdú 〈シ〉アヘンなどの麻薬中毒を禁絶する.

拒腐防变 jùfǔ fángbiàn 〈喩〉腐敗堕落することを防ぐ.

拒付 jùfù 支払いを拒絶する.[~支 zhī 票]支払拒絶小切手.[~票 piào 据]不渡(り)手形.→[票据①]

拒付证书 jùfù zhèngshū 支払拒絶証書.

拒黄 jùhuáng ポルノを拒否する.

拒贿 jùhuì 賄賂を拒否する.[拒不受 shòu 贿]同前.

拒谏饰非 jùjiàn shìfēi 〈成〉忠告を聞かず、過ちを

jù

覆い隠すこと.

拒绝 jùjué ①拒絶する.はねつける.〔～无理要 yāo 求〕無理な要求を拒否する.〔他的盛 shèng 情是不能～的〕彼の厚情は断るわけにはいかない. ②拒絶.拒否.〔遭 zāo 到～〕拒絶にあう.

拒录 jùlù (学校などが)合格の許可を出さない.
拒赔 jùpéi 賠償(金支払い)拒否(をする).
拒聘 jùpìn ①採用辞退する. ②雇用拒否する.
拒签 jùqiān 署名を拒む.
拒却 jùquè 拒絶(する).
拒收 jùshōu 受け入れを拒絶する.
拒守 jùshǒu 防衛する.守る.
拒载 jùzài 乗車拒否(タクシーなど).
拒证 jùzhèng 証言拒否(する).〔～(特)权 quán〕証言拒否権.
拒之门外 jù zhī ménwài 〈成〉門前払い(を食わせる)

〔岠〕 jù 〈文〉大山.〔峰 fēng ～〕同前.

〔炬〕 jù ①たいまつ.〔火 huǒ ～〕たいまつ.かがり火:〔口火把把 bǎ〕に同じ.〔目 mù 光如～〕〈成〉眼光が炯炬(けいけい)としている. ②ろうそく.〔蠟 là ～〕同前:〔蠟烛〕に同じ.燒く.

〔秬〕 jù 〈文〉黒黍.

〔粔〕 jù 〔～籹 nǚ〕穀物の粉を練って揚げたり、焼いたりした食べ物.

距 jù (Ⅰ)①(…から)隔たる.離れる.〔相～〕相隔たっている.〔～平 píng 平均値よりの差.〕 ②距離.〔等～离 lí〕等距離.〔株 zhū ～〕株間. ③古書で,〔拒〕に通じ用いた.
(Ⅱ)雄鶏の蹴爪.

距角 jùjiǎo 因地球から見て,太陽と月との角度:〔角閃〕という.

距今 jùjīn 今から隔たる.〔～500年前〕今から500年前.〔～已有十载 zǎi〕今から数えてすでに10年前になる.

距离 jùlí ①距離.隔たり.〔保 bǎo 持～〕距離を保つ.〔两者 zhě 之间有很大的～〕両者の間にはいぶん開きがある. ②…を離れる.〔货币的出现～现在已有六千年之久了〕貨幣がでてきたことは今からもう六千年の昔のことだ.〔天津～首都 dū 大约120公里〕天津と首都では約120キロ離れている.

〔句〕 jù ①文.センテンス.〔问～〕疑問文.〔造～〕文を作る.〔词 cí ①②〕 ②量詞.言葉・詩文の区切りを数える.〔说不出一～整齐话〕一つとしてまとまったことは言えない.〔说只说 shuō 了半～〕話を最後まで言わない(半分言いかけただけで).→〔段 duàn〕〔套 tào ⑤〕→ gōu

句点 jùdiǎn ⇒〔句号〕
句读 jùdòu 〈文〉文の意味の完成した読みきりのところを〔句〕,意味の完成していない息つぎのところを〔读〕という.〔句逗〕とも書いた.〔～点〕句点と読点.
句法 jùfǎ ①文の構成.つくり.〔～成 chéng 分〕文成分. ②圆成語論.辞詞論.シンタックス:〔造 zào 句法〕に同じ.
句号 jùhào →〔句点〕ピリオド.終止符.句読符号の"."または"。".〔画～〕ピリオドを打つ.→〔标 biāo 点符号〕
句群 jùqún 圆段落.〔语 yǔ 段〕に同じ.
句式 jùshì 文の構造.
句型 jùxíng 圆文型.センテンスパターン.
句子 jùzi 圆①センテンス.〔主语和谓语是～的主要成分〕主語と述語は文の主要要素である.→

〔文 wén 章①〕 ②古句.
句子成分 jùzi chéngfèn 圆文成分:文を構成する要素.〔主谓语〕〔谓 wèi 语〕〔宾 bīn 语〕〔补 bǔ 语〕〔定 dìng 语〕〔状 zhuàng 语〕の6種.〔分析～〕文の成分を分析する.

〔沮〕 jù 〈文〉低くて湿り気の多い(土地).湿気が多い地帯.〔～洳 rù〕～泽 zé 泥沼.低湿地帯. → jǔ

〔具〕 jù ①器具.用具.〔工 gōng ～①〕道具.〔刃 rèn ～〕刃物.〔文 wén ～〕文房具. ②〈文〉才能.才わざ.〔才 cái ～〕同前. ③量詞.死体・棺桶および器物を数える.〔一～尸体〕1体の遺体.〔我家一共有三～座 zuò 钟〕我が家には全部で三つの置時計がある. ④用意して供える.〔谨 jǐn ～薄礼〕〈敬〉=菲 fēi 礼〕〈慣〉謹んで粗品を呈します. ⑤備えている.有している:多く抽象的な事柄に用いる.〔略～轮 lún 廓〕ほぼ形を備えている.〔独 dú ～只眼〕〈成〉特に優れた見識を持っている.〈文〉書く.書き出す.〔知名不～〕〈牘〉名はご存じのため署名を略します.⑦〈文〉十分に…できる:〔足 zú 可〕に同じ. ⑧〈姓〉名〈姓〉

具保 jùbǎo 保証人をたてる.→〔立 lì 保〕
具备 jùbèi 備え(ている.整う.そろう.〔条件～〕条件が整っている.〔～本领〕才能を持っている.
具结 jùjié 圆官庁に提出する責任を示す文書.〔誓約書を入れる.〔～完案 àn〕一札入れて事件が落着する.〔～领 lǐng 回失物〕一札入れて落とし物をもらい受ける.
具领 jùlǐng 受領証を用意して受け取る.
具名 jùmíng 名義を出す.署名する.
具庆 jùqìng 〈文〉両親がそろって健在であること.
具体 jùtǐ ①具体(的の).〔～化〕具体化する.〔～计 jì 划〕具体的な計画.〔他谈得非常～〕彼は大変具体的に話しなさい.〈～完案 àn〕一点儿〕もう少し具体的に話しなさい.〈～抽 chōu 象〉 ②具体的(の).実際上(の).〔～的人〕特定の人.〔他担任什么～工作,我不清楚〕彼の実際的の業務についているかは,よく知らない.③具体化する:後に〔到〕を伴う.〔更新时间～到了分秒〕更新時間を秒単位で具体化した.
具体而微 jùtǐ ér wēi 〈成〉内容は大体そなわっているが,規模が小さい.〔我们的图 tú 书馆,虽然藏 cáng 书数量还不太多,但～,基本上可以满足我们目前的需要〕我々の図書館は蔵書数はまだあまり多くはないけれど,大体形をなしてきたので,我々の目下の必要を満たしている.
具体劳动 jùtǐ láodòng 圆具体的な労働.〔～创造商品的使用价值〕具体的労働は商品の使用価値を作り出す.↔〔抽 chōu 象劳动〕
具文 jùwén ①形ばかりで実際上意味のない文章.〔空 kōng 文〕に同じ.〔一纸 zhǐ ～〕〈成〉一枚の空文. ②〈公〉文書を作成して:上行文に用いる.〔备 bèi 文〕に同じ.〔具文一呈请签 jiǎn 核〕文書を具して審査されんことを申請する.
具象 jùxiàng 具象.〔～美 měi〕具象美.
具眼 jùyǎn 〈文〉鑑別する見識や能力を持っていること.〔～之士〕事理の判断の正確な人.
具有 jùyǒu 持つ.備える.〔～这种倾 qīng 向〕このような傾向を持つ.〔～深远意 yì 义〕深長な意味を持つ.〔～信 xìn 心〕自信を持っている.
具状 jùzhuàng 〈文〉訴状を差し出す.
具足 jùzú 〈文〉全部備わっている.
具足戒 jùzújiè 圆(仏教の)僧侶・尼僧の戒律:〔大 dà 戒〕とも言う.

〔俱〕 jù ①〈文〉ともに.いずれも.皆.同じく.〔万 wàn 事～备〕一切が整っている.〔样 yàng

jù 俱惧惧飓剧倨据

俱 jùbèi ＜文＞全部備わる.完備している.→〔完wán备〕
俱乐部 jùlèbù ＜音訳＞クラブ.
俱全 jùquán ＜文＞全部そろっている.〔一应 yīng～〕＜成＞何もかも同時.
俱已齐备 jù yǐ qíbèi すべてが整っている.

〔惧・懼〕jù 恐れる.怖がる.〔畏 wèi～〕〔恐 kǒng～〕恐れる.〔毫 háo无所～〕少しも恐れない.

惧惮 jùdàn 恐れる.
惧内 jùnèi ＜文＞恐妻.〔～佬 lǎo〕恐妻家.→〔顶 dǐng 灯④〕〔季 jì 常之癖〕〔怕 pà 老婆〕〔气 qì 管炎②〕
惧内草 jùnèicǎo ⇒〔含 hán 羞草〕
惧怕 jùpà 恐れ(る).恐怖(する).〔他对你一点都不一没有〕彼は君のことを少しも恐れていない.
惧怯 jùqiè おびえて尻込みする.
惧色 jùsè 恐れた様子.〔面 miàn 无～〕顔に恐れの色を表していない.

〔犋〕jù 犂(すき)などを引く畜力の単位:1頭の場合も2頭以上のこともある.〔～子〕同前.〔牛 niú～〕同上の畜力.〔卖 mài～〕自分の家畜で他人の田畑を耕やして賃金を得ること.〔今天两一牲 shēng 口耕地〕今日は家畜の引く二組の犂で耕す.→〔插 chā 犋〕

〔飓・颶(颶)〕jù

飓风 jùfēng ①ハリケーン:大西洋に発生する発達した熱帯性低気圧.②最大風速32.7メートル,風力12以上の風.

〔剧・劇〕jù (I) ①演劇.〔演 yǎn～〕同前.〔～人〕演劇に携わる人,特に役者.〔话 huà～〕新劇:せりふを主とするもの.〔京 jīng～〕〔～种〕伝統的な芝居.〔独 dú 幕～〕一幕物.→〔戏 xì〕＜姓＞劇(⺌)(II) ①激しい.〔病 bìng 势加～〕病勢が重くなる.②＜文＞大きい.〔～盗〕大盗.③激しくする(に).④＜文＞繁雑で忙しい.〔事有简 jiǎn～〕物事には簡単で暇なのと,繁雑で忙しいのとがある.

剧本 jùběn 演劇の脚本.台本.シナリオ.スクリプト.→〔脚 jiǎo 本〕〔戏 xì 本儿〕
剧变 jùbiàn 激変(する).〔发 fā 生～〕激しい変化が起こる.
剧场 jùchǎng =〔剧院①〕劇場:〔戏 xì 院〕ともいう.
剧跌 jùdiē 急暴落(する).〔房 fáng 价开始～〕住宅価格が暴落し始めた.
剧毒 jùdú 劇毒.劇毒物.強烈な毒物.
剧减 jùjiǎn 激減する.
剧寇 jùkòu ＜文＞強賊な盗賊.
剧烈 jùliè 激烈(である).〔饭后不宜 yí 做～运动〕食後の激しい運動をしてはいけない.〔～的社会变动〕社会の激しい移り変わり.
剧目 jùmù 芝居の外題.〔保留～〕(ある劇団の)レパートリー.
剧评 jùpíng 演劇の評論.劇評.
剧情 jùqíng 劇の筋.ストーリー.〔剧中情节〕同前.〔～说明书〕筋書説明書.〔～简 jiǎn 介〕筋書紹介.
剧社 jùshè ①⇒〔剧团〕②演劇サークル.芝居同好会.
剧坛 jùtán 演劇界.
剧谈 jùtán ①＜文＞存分に話し合う.→〔畅 chàng 谈〕②劇に関する談話.
剧痛 jùtòng 激痛(がある)
剧团 jùtuán 劇団:〔剧社〕は旧称.→〔戏 xì 班儿〕
剧务 jùwù ①ステージマネージメント(する).プロデュース(する).②ステージマネージャー.プロデューサー.
剧协 jùxié 〔中 zhōng 华全国戏剧家协会〕の略称.
剧泻剂 jùxièjì =〔峻 jùn 泻剂〕峻(⺌)下剤.→〔缓 huǎn 泻剂〕
剧药 jùyào 劇薬.
剧饮 jùyǐn ＜文＞痛飲(する)
剧院 jùyuàn ①=〔剧场〕②劇団の名称.〔国家京～〕中国国家京剧団(中国京剧院は旧称).
剧贼 jùzéi ＜文＞大盗賊.大盗賊団.
剧增 jùzēng 劇増する.
剧照 jùzhào スチール(写真):劇または映画のシーンを写したもの.
剧终 jùzhōng (演劇・映画などの)終わり.
剧中人 jùzhōngrén (演劇などの)登場人物.
剧种 jùzhǒng 演劇・芸能のジャンル・種類.
剧组 jùzǔ (映画・演劇・テレビドラマの)制作チーム:スタッフ・キャストを含む.
剧作 jùzuò 演劇の作品.〔～家 jiā〕劇作家.シナリオライター.

〔倨〕jù ＜文＞傲慢(である).〔前～后恭 gōng〕＜成＞初めは傲慢で後うって変わって丁寧になる.

倨傲 jù'ào ＜文＞傲慢不遜である.
倨慢 jùmàn ＜文＞傲慢である.〔～无礼〕傲慢無礼である.

〔据・據(擄・攄)〕jù よる.頼る.〔～险 xiǎn 固守〕＜成＞地勢を頼りに堅く守る.〔～他说是这样〕彼の言うところではこのようだ.②証拠.証拠になる文献.証憑(bǐng)書類.〔证 zhèng～〕〔凭 píng～〕同前.〔无 wú 凭无～〕何も証拠がない.〔真 zhēn 凭实～〕真実の証拠.〔收 shōu～〕領収書.〔字～〕証書.〔空 kōng 口无凭,立字为~〕(今度の話し合いだけでは証拠がないから,(この)契約書を作って証拠とする(契約書に書かれる文句).④占拠する.〔占～〕同前.〔盘 pán～〕〔盘踞〕不法に占拠する.⑤＜姓＞據(ⅱ) → jū

据报 jùbào ①報告によれば.②新聞によれば.
据称 jùchēng ＜公＞…と言われている.
据呈 jùchéng ＜公＞差し出した願書によれば.
据传 jùchuán 伝えられるところによる.
据此 jùcǐ ①＜文＞これにより.これによって.②＜公＞下級機関からの来文を引用した場合に用いられるきまり文句の一.例えば,〔据～呈称:…等情.〕…からの呈文で述べているところによると…とのことである.よって…)のように用いる.→〔奉 fèng 此〕
据点 jùdiǎn 拠点.〔战 zhàn 略～〕戦略拠点.
据理 jùlǐ 道理を根拠とする.〔～公断〕道理によって公正に判断する.〔～力争〕〔以争 zhēng～〕＜成＞理詰めで押し通す.
据实 jùshí 事実に基づく.ありのままである.〔～报bào 告〕ありのまま報告する.
据守 jùshǒu そこを拠点として守る.たてこもり防ぐ.〔～交通要道〕交通の要衝を駐留守して守る.
据说 jùshuō =〔据云〕言うところによれば…である.…だとのことである.
据所了解 jù suǒ liǎojiě 知るところでは(調査・問い

据锯踞虡聚　　　　　　　　　　　　　jù

あわせなど知るに至った原因の如何を問わず）
据为己有 jù wéi jǐyǒu〈成〉自分のふところに入れる．
据闻 jùwén 聞く所によると…である．
据悉 jùxī ①[膳]委細承知しました．②〈文〉知ったところによると．知るところでは．
据险固守 jùxiǎn gùshǒu 地勢を頼りに堅く守る．
据以 jùyǐ …を根拠としている．[～保险条 tiáo 款获赔]保険条項に基づいて賠償金を得た．
据有 jùyǒu 占有する．
据云 jùyún [据说]

[锯・鋸] jù ①[-子]のこぎり．[拉～]手の（こぎり）．[圆 yuán ～][圆盘～]丸のこぎり．[电(动)～]電動のこぎり．②のこぎりで切る．[～断]のこぎりで引いて切る．[～树]木をのこぎりで切り倒す．[～木头]木材をのこぎりで切る．[～腿 tuǐ]足を切断する．→ jū
锯齿 jùchǐ ①[-儿]のこぎりの歯．②のこぎりの歯状(の)．ぎざぎざ(の)．③[植]きょし(鋸歯)：葉の縁のきざみ．
锯齿草 jùchǐcǎo＝[蚰 yóu 蜒草][植]ノコギリソウ（ハゴロモソウ）：キク科．[草] shī (草) は古名．
锯齿滚刀 jùchǐ gǔndāo [機]セレーションホブ．
锯床 jùchuáng [機]のこぎり盤．[弓 gōng ～]弓のこ盤．[圆盘～]丸のこ盤．
锯带 jùdài（機械のこぎりの）帯刃．
锯倒大树捉老鸹 jùdǎo dàshù zhuō lǎoguā 木を切り倒して鳥を捉える．〈喩〉やり方がまずくて役に立たない．
锯断 jùduàn のこぎりで切り離す．切断する．
锯子 jùgōngzi 木一[钢 gāng 锯]
锯匠 jùjiàng 木挽き．
锯糠 jùkāng ⇒[锯末]
锯口 jùkǒu のこぎりで引いた切り口．挽目(タキ)．
锯末 jùmò＝[锯屑][锯屑][-儿, -子]おがくず．こくず：[木木 mù 屑]ともいう．→[刨 bào 花]
锯磨 jùmó〈方〉ぶとくる．痛めつける．[真要也被你们这么老是这么～人, 我可要当兵去啦！][老・四・惯8]ぼうめ，いつまでもこんなにいじめるんだったら，おら本当に兵隊になっちまいやすぜ．
锯片 jùpiàn のこぎりの刃身．[风车～]丸のこぎりの(锯)身．[木匠～]大工用のこぎりの(锯)身．[锋钢～]高速度鋼(锯)身．[～铣 xǐ 刀]すり割りのこ．
锯鲨 jùshā [魚貝]ノコギリザメ．
锯条 jùtiáo 糸のこ歯．→[锯片]
锯屑 jùxiè ⇒[锯末]
锯形蛋白 jùxíng dànbái [生理]異常プリオン：狂牛病の病源体．
锯牙 jùyá（のこぎりの歯のように鋭い）きば．[～钩爪 gōuzhuǎ]鋭いきばと爪（猛獣の）
锯子 jùzi のこ．[一锯]のこぎりで切る．

[踞] jù ①〈文〉しゃがむ．うずくまる．[箕 jī～]
[箕坐 zuò]（足を箕(ミ)の形にして）ゆるくあぐらをかくこと．→[蹲 dūn①]．②しりをおろす．据④に同じ．[盘 pán ～][盘踞]不法に占拠する．
踞坐 jùzuò 両ひざを立てて座る．しゃがむ．

[虡(簴)] jù ①[镰②]〈文〉鐘・磬(ᵝ)などをかける枠組みの柱．

[聚] jù ①集まる．集める．集まって…する．[大家～在一起谈论]みんなが一緒に集まって談論する．→[集 jí 合①]．②[化]ポリマー：重合体化合物名に冠して用いる．[～乙炔]ポリアセチレン．[二-作用][物]二量重合．③[～姓]聚(ᵞ)．

聚氨酯 jù'ānzhǐ [化]ポリウレタン：[聚氨基甲酸酯]ともいう．
聚宝盆 jùbǎopén お宝のたまる鉢．〈喩〉無尽蔵な資金や資源．[这是我们家的～]これはわが家のお宝のたまる鉢である．
聚苯乙烯 jùběnyǐxī [化]ポリスチレン．スチレン(合成)樹脂．
聚变 jùbiàn [物]核融合．
聚变反应 jùbiàn fǎnyìng ⇒[热 rè 核反应]
聚丙烯 jùbǐngxī [化]ポリプロピレン．[～腈 jīng]ポリアクリロニトリル：オーロンやアクリランなどはこれを用いた合成繊維．
聚财 jùcái お金を貯める．
聚餐 jùcān＝[聚宴]会食(する)．[～会]会食．
聚醋酸乙烯酯 jùcùsuān yǐxīzhǐ [化]ポリ酢酸ビニル（ポリビニルアセテート）．
聚电器 jùdiànqì ⇒[集 jí 电器]
聚赌 jùdǔ 多人数集まって賭博をする．
聚对苯二甲酸乙二酯 jùduìběn'èrjiǎsuānyǐ'èrzhǐ [化]ポリエチレンテレフタラート(PET)：ペットボトルの素材．
聚光 jùguāng 集光(する)．[～灯 dēng]スポットライト．[～镜 jìng]⓵集光レンズ．⓶集光鏡．[～器 qì][物]コンデンサー．集光器．[～电 diàn 容器]凝ning 汽器．
聚合 jùhé ①集合する．集まる．[～果][植]集合果(イチゴなど)．→[集 jí 合①]．②[化]重合(する)．[～物]重合体．ポリマー．[～酶 méi 链反应]合成酵素連鎖反応．RCA：DNA増幅法．[～反应]重合反応．[～催 cuī 化剂]重合用触媒．
聚花草 jùhuācǎo [植]ツルヤブショウガ．
聚花果 jùhuāguǒ [植]多花果[イチジクなど]
聚会 jùhuì 会合(する)．集まる(り)．寄り合う(い)．[～在一起]一緒に集まる．[今天有一个～]今日は会合が一つある．
聚伙成群 jùhuǒ chéngqún〈成〉徒党を糾合して群を成す．
聚积 jùjī 寄せ集める．蓄える．
聚集 jùjí 集合する．[～态 tài][物]物質の集合状態（気体・固体・液体）
聚己内酰胺 jùjǐnèi xiān'ān [化]ポリカプロラクタム．6 - ナイロン：[锦 jǐn 纶]は商品名．
聚甲醛 jùjiǎquán [化]ホルムアルデヒド．ホリオキシメチレン．ポリメチレングリコール．
聚歼 jùjiān 包囲せん滅する．
聚焦 jùjiāo ①[物]焦点に集める．ピントを合わせる．②注目を集める．[大家的目光～于此 cǐ]皆の注目はここに集まっている．
聚精会神 jùjīng huìshén〈成〉精神を集中する．専心する．[每个同学都～地听老师讲课]どの学生も一心に教師の講義を聞く．
聚居 jùjū 集まって住む．[少数民族 zú ～的地方]少数民族の集まり住んでいるところ．
聚敛 jùliǎn＝[〈文〉裒 póu 敛]人民から多額の税金を取り立てる．→[搂 póu ①]
聚拢 jùlǒng 一箇所に集まる．[大家～在一起]皆が一箇所に集まる．
聚氯乙烯(塑料) jùlǜyǐxī (sùliào) [化]ポリ塩化ビニル．[氯化乙烯, ビニル]．[氯烯]ともいう．
聚落 jùluò 集落．部落．
聚偏二氯乙烯 jùpiān'èrlǜ yǐxī [化]ポリ塩化ビニリデン：塩化ビニリデンと[聚氯乙烯]（塩化ビニル塩）の重合体を[沙 shā 纶]（サラン）という．
聚齐 jùqí ⇒[会 huì 齐]
聚酸树脂 jùquán shùzhī アルデヒド樹脂．
聚三氟一氯乙烯 jùsānfú yīlǜ yǐxī [化]ポリクロロト

聚乙烯 リフルオロエチレン.
聚伞花序 jùsǎn huāxù 圕集散花序.
聚散 jùsàn 集合と離散.
聚沙成塔 jùshā chéngtǎ ⇒〔积 jī 沙成塔〕
聚少成多 jùshǎo chéngduō ⇒〔积 jī 少成多〕
聚生 jùshēng 複数のものが集まって生長する.
聚首 jùshǒu 〈文〉集まる.顔を合わせる.
聚四氟乙烯 jùsìfú yǐxī 化ポリテトラフルオロエチレン(四フ化エチレン).〔~塑料〕ポリテトラフルオロエチレン樹脂〕と呼ばれるフッ素樹脂.〔特氟隆〕(テフロン)は商標名.
聚讼 jùsòng 大勢の意見がばらばらでしきりに言い争うこと.
聚讼纷纭 jùsòng fēnyún 〈成〉大勢の人が論争して意見が一致しないこと.〔对于这个问题,专家学者争论多年,～,意见还没有取得完全一致〕この問題については,専門家学者などが多年論争しているが,ああでもないこうでもないと,意見はまだ完全に一致していない.
聚谈 jùtán 大勢が会談する.
聚碳酸酯 jù tànsuānzhǐ ポリカーボネート.ポリ炭酸エステル.
聚头 jùtóu 一緒になる.顔を合わせる.
聚透镜 jùtòujìng ⇒〔凸 tū 透镜〕
聚蚊成雷 jùwén chéngléi 〈成〉たくさん集まった蚊の音が響かに大きく響く.〈喩〉みんなが悪くけなすと大きな害になる.
聚酰胺 jùxiān'àn 化ポリアミド.〔～纤 xiān 维〕化ポリアミド纤维〕(锦 jǐn 纶)(尼 ní 龙)(ナイロン).〔卡普隆〕(カプロン)などはその商品名である.〔～树脂〕ポリアミド樹脂.
聚星 jùxīng 囚群星.
聚乙烯醇 jù yǐxīchún 化ポリビニルアルコール:これに〔甲 jiǎ 醛〕(ホルムアルデヒド)を縮合させると〔维wéi 尼纶〕(ビニロン)ができる.〔百豐 sù 烯〕は商品名.
聚义 jùyì 正義の武装行動のために集まる.
聚饮 jùyǐn 大勢の人が集まって酒を飲む.酒盛りをする.
聚藻 jùzǎo 植①キンギョモ:アリノトウグサ科の多年生草本.〔～笮 zhǎ 草〕②⇒〔金 jīn 鱼藻〕
聚珍版 jùzhēnbǎn 聚珍(zhēn)版:四庫全書の善本で使用された活字本の異称.
聚酯 jùzhǐ 化ポリエステル.〔～树脂 zhī〕〔多 duō 酯树脂〕化ポリエステル樹脂:テリレンはこれをもとする合成繊維.
聚众 jùzhòng 〈文〉大勢の人が集まる.大勢の人を集める.〔～滋 zī 事〕大勢を集めて騒動を起こす.

〔婆・窶〕 jù 〈文〉貧しい.みすぼらしい.〔贫 pín ～〕同前.

〔屦・屨〕 jù 〈文〉麻・くず製の靴.〔截 jié 趾适～〕〔削 xuē 足适履〕〈成〉足を削って履き物にあわせる:不合理な対応で有害な結果を生む.

〔澽〕 jù 地名用字.〔～水〕陝西省にある.

〔遽〕 jù ①〈文〉急に.にわかに.〔情 qíng 况未明,不能～下结论〕情況がまだ不明なので,にわかに結論は下せない.〔言毕匆～行〕言い終わって急いで行った.②〈文〉恐れ慌てる.〔惶huáng ～〕同前.③宿駅に置かれた車.〔传zhuàn ～〕〔传车〕囚朝臣の乗った車.④〈姓〉(きょ)
遽尔 jù'ěr 同下.
遽然 jùrán =〔遽尔〕〈文〉急に.にわかに.〔～离去〕突然去ってしまう.

〔鐻・鐻〕 jù 〈文〉①畐鐻(匡):鐘に似た古代の打楽器を吊るす台.②⇒〔虡〕

〔醵〕 jù 〈文〉①金銭を出しあう.金銭を多くの人から集める.〔～金 jīn〕〔～资 zī〕同前.→〔捐 juān 钱〕金を出しあい酒を飲む.

juan ㄐㄩㄢ

〔涓〕 juān ①〈文〉細く小さい流れ.小さい流れがちょろちょろ流れるさま.②〈文〉選ぶ.〔～吉〕吉日を選ぶ.③〈文〉清潔である.④〈姓〉涓(じゅん)
涓埃 juān'āi =〔涓尘〕〈文〉小さい流れと塵.〈喩〉微細なもの.〔略 lüè 尽～之力〕些かな微力を尽くす.
涓尘 juānchén 同上.
涓滴 juāndī 〈文〉わずかな水.〈喩〉わずかな金銭あるいは物.〔～节 jié 省〕わずかな金でも節約する.〔～归己公〕国の物はわずかなものでも国へ戻し浪費しない.〔～不漏〕一滴も漏らさない.洗いざらい取り上げる.
涓毫 juānháo 〈文〉少しの水と毛.〈喩〉ほんのわずか.
涓涓 juānjuān 〈文〉小さい流れがちょろちょろ流れるさま.

〔捐〕 juān ①投げ捨てる.捨てる.〔为国～躯〕国のため身命を捨てる.②(財物)寄付する.〔募 mù ～〕寄付を募る.〔～精 jīng 子〕精子提供(をする).〔～卵 luǎn〕卵子提供(をする).③旧賦税.租税.〔房 fáng ～〕家屋税.〔车～〕車税.〔上～〕を納める.④官で官位を買う.
捐班 juānbān 旧金銭を納めて官を買った人たち.〔～出身〕〔捐纳出身〕同前により官を得た人.→〔正 zhèng 途出身〕
捐功名 juāngōngmíng 同下.
捐官 juānguān =〔捐班名〕〔捐纳〕清政府へ金を納めて官位にまでその名目だけを手に入れること.
捐馆 juānguǎn 〈文〉住み家を捨てる.〈転〉死亡する(婉語)
捐建 juānjiàn 援助(寄付)をうけて建設(建造)する.〔一项 xiàng 目〕同前のプロジェクト.
捐款 juānkuǎn ①金を寄付する.②寄付金.
捐例 juānlì 〔捐官〕の規定:漢代におこり清末には最も乱れた.
捐募 juānmù 義捐金募集(をする)
捐纳 juānnà ⇒〔捐官〕
捐纳出身 juānnà chūshēn ⇒〔捐班出身〕
捐弃 juānqì 〈文〉捨てる.投げうつ.〔～前嫌 xián〕過去の憎しみや恨みを捨てる.
捐钱 juānqián ①金を寄付する.②寄付金.→〔醵 jù 资〕
捐躯 juānqū 身命を捧げる.〔夫妇双双战死,为国～,流 liú 芳百世〕夫婦そろって戦死し,国のために身命をささげ,その名を後の世まで長く残した.〔赴 fù 义～〕義のためになげうって義に赴く.
捐身 juānshēn =〔捐生〕①生命を投げ捨てる.②生命を失う.
捐生 juānshēng 同上.
捐输 juānshū 〈文〉財物を公共のため献納すること.
捐税 juānshuì 各種の税金(総称).〔缴 jiǎo 纳～〕税金を納める.
捐献 juānxiàn 寄付(する).献納(する).〔～图 tú 书〕図書を寄贈する.〔～给故 gù 乡的小学〕故郷の小学校へ寄贈する.
捐血 juānxiě ⇒〔献 xiàn 血〕

juān～juǎn

捐赠 juānzèng 寄贈する.〔～图 tú 书〕図書を寄贈する.〔～者 zhě〕寄付者.提供者.
捐助 juānzhù 財物を寄付して援助する.
捐资 juānzī 金を寄付する.〔～兴 xīng 学〕資金を寄付して学校を建てる.〔～助 zhù 学〕寄付をして学校を援助する.

[娟] juān
①〈文〉美しい.あでやかである.みめよい.〔婵 chán ～〕①容姿の美しいさま. ②〈姓〉娟(姓).
娟娟 juānjuān〈文〉麗しい様子.
娟媚 juānmèi〈文〉姿態が美しく感じがよい.
娟容 juānróng〈文〉美しい姿.
娟秀 juānxiù〈文〉姿の麗しいこと.〔字迹 jì ～〕水茎の跡も麗し.

[鹃・鵑] juān →[杜 dù 鹃]

[酮] juān 化ラクタム(総称)

[圈] juān
①家畜を囲いに入れる.囲っておく.〔把这只狼 láng ～在木笼子里〕この狼を木のおりの中へ閉じ込めておけ.〔把这只狗先～起来吧〕この犬をまずおりの中へ入れなさい. ②閉じ込める.拘禁する.〔把你～上三个月〕3か月の禁錮に処する. → juàn quān

[朘] juān
〈文〉①搾取する.〔～削 xuē〕同上. ②減る.縮む.〔日削月～〕日に日に減り弱る. → zuī

[镌・鐫(鎸)] juān
〈文〉①彫り刻む.〔永 yǒng 镌〕永久に金石に刻しておく.〔副 fù ～〕〔新聞の〕文芸欄. ②官位を削る.降格する.〔～级〕同上.
镌碑 juānbēi〈文〉石碑に文字を彫りつける.
镌黜 juānchù〈文〉解雇する.
镌罚 juānfá〈文〉降格処分をもって懲罰とする.
镌刻 juānkè〈文〉彫刻する.刻む.

[蠲] juān
〈文〉①除く.免除する. ②清潔である.〔除 chú 其不～,去其恶 è 臭〕その不潔なるを除き,その悪臭を取り除く. ③〈白〉ためる.ため込む.
蠲除 juānchú〈文〉免除する.
蠲免 juānmiǎn〈文〉免除する.除去する.〔～赋税〕租税を免除する.〔～成见〕先入観を取り除く.〔闲话～〕余談はさておく.
蠲租 juānzū〈文〉租税を免除する.

[卷・捲(錈)] juǎn
(Ⅰ)[捲] ①(円筒形に)巻く.〔～帘 lián ～〕すだれを巻き上げる.〔把画儿～好了装 zhuāng 进纸筒子里〕絵を巻いて紙筒の中へ入れる. ②大きな力で巻き上げる.巻き込む(れる).〔～入漩 xuán 涡〕渦に巻き込む.〔～起一道白烟 yān〕一筋の白い煙をまきあげる.〔他是～进了一次集体犯罪活动而被拘留的〕彼は集団犯罪活動に巻き込まれ拘留された. ③[～儿]巻いたもの.〔烟～〕〔香 xiāng 烟〕紙巻きタバコ.〔胶 jiāo ～〕ロールフィルム.〔纸～〕紙を巻いたもの.〔铺 pū 盖～〕丸めたふとん. ④刃がまくれる.湾曲する. ⑤持ち逃げする. ⑥量詞.巻いたものに用いる:例えば,〔纸〕〔布〕〔字画〕〔胶卷〕〔铺盖卷〕(ふとん)など.
(Ⅱ)[錈] [～儿]图小麦粉をこね発酵させ薄くしたものに油を塗り,さらに巻いて蒸したもの:〔～子〕ともいう.〔花～儿〕〔银 yín 丝～儿〕同前に蒸したパンの一種. → juàn
卷巴 juǎnba〈方〉ぐるぐると丸める.〔他把棉 mián 衣～一卷〕綿入れを丸めて売り払った.
卷柏 juǎnbǎi =〔万年松〕④植イワヒバ.イワマツ

(通称):〔疏 shū 松～〕ともいう.〔～草〕〔长 cháng 生草①〕〔还 huán 魂草〕に通称.
卷包(儿) juǎnbāo(r)〈方〉洗いざらい持ち逃げする.〔～一走〕同前.
卷笔刀 juǎnbǐdāo 鉛筆削り.
卷材 juǎncái コイル状にした物:〔料〕ともいう.
卷层云 juǎncéngyún 図巻層雲(絹層雲)
卷尺 juǎnchǐ〔皮 pí ～〕巻尺.〔～钢〕〔链 liàn 尺〕金属製巻尺.〔镍 niè 钢～〕ニッケル鋼製巻尺.〔麻 má 制布～〕ファイバー布巻尺.
卷丹 juǎndān 植オニユリ:ユリ科多年生草本.
卷动 juǎndòng ぐるぐる巻き込んで動く.
卷耳 juǎn'ěr 植①ミミナグサ(耳菜草)近縁種:〈文〉卷耳〕とも書く.別称:〔婆 pó 婆指甲菜〕 ②〔苍 cāng 耳〕(オナモミ)の別称.
卷发 juǎnfà 縮れ毛.カールした毛.
卷管器 juǎnguǎnqì ホース巻き取り機.
卷怀 juǎnhuái〈文〉巻いて懐に入れてしまう.才能を外に表さない:〔邦 bāng 有道則仕,邦无道則可卷而怀之〕(論語・衛霊公)邦に道あれば仕え,道なければひそやかに暮らす.
卷积云 juǎnjīyún 図卷積(巻積)雲.いわし雲.うろこ雲.さば雲.
卷口鱼 juǎnkǒuyú 魚介ラベオ亜科の淡水魚.養殖魚にされる.
卷帘 juǎnlián (下から巻き上げる)すだれ.〔～格〕なぞなぞで下からさかさまに読むと解けるもの.〔～门〕よろい戸.シャッター.〔打开～〕シャッターを開く.
卷领儿 juǎnlǐngr 服折り襟.
卷螺 juǎnluó 魚介サザエ.
卷骂 juǎnmà 罵る.〔叫我一顿 dùn ～〕わたしが罵ってやった.
卷毛 juǎnmáo 縮れ毛.
卷毛巾 juǎnmáojīn〔环 huán 状毛巾〕ロールタオル.
卷面子 juǎnmiànzi 顔をつぶす.→[丢 diū 脸]
卷铺盖 juǎnpūgài ふとんを巻く.〈喻〉退職する.解雇される.暇を出される.
卷曲 juǎnqū ①曲がった.湾曲した.〔～的头 tóu 发〕ちぢれ毛. ②曲げる.
卷儿 juǎnr 巻いたもの.〔烟 yān ～〕紙巻きタバコ.〔胶 jiāo ～〕ロールフィルム.〔铺 pū 盖～〕携帯の便のためぐるぐる巻きにしたふとん.
卷刃 juǎnrèn 刃物の刃がまくれる.
卷入 juǎnrù 巻き込む.巻き込まれる.〔～一场纠 jiū 纷〕騒ぎに巻き込まれる.〔~旋涡〕うずに巻き込まれる.〔他担 dān 心我也～浊流〕彼はわたしまで濁流に巻き込まれることを心配している.
卷舌 juǎnshé ①〈文〉沈黙する.口を閉じる.〔～不言 yán〕何も言わない. ②图卷舌:〔翘 qiào 舌〕に同じ.〔～音 yīn〕〔翘舌音〕卷舌音.〔～辅 fǔ 音〕卷舌子音:〔普通话〕の zh, ch, sh, r.〔～元 yuán 音〕卷舌母音:〔普通话〕の er.
卷蓝 juǎnshī 植オナモミ:〔卷施〕とも書く.
卷缩 juǎnsuō 丸まって縮む(める).〔～成一团 tuán〕縮まって丸くなる.
卷逃 juǎntáo あるもの全てを持って逃げる.
卷筒 juǎntǒng 巻き筒.ドラム(ロール).〔～轮 lún 〕机筒形車輪.〔～新 xīn 闻纸〕巻き取り新聞用紙.〔～软 ruǎn 片〕ロールフィルム.〔～纸 zhǐ〕筒状に巻き取った紙:トイレットペーパー.
卷土重来 juǎntǔ chónglái〈成〉捲土重来:土煙を巻き上げて再びやって来る.〈喻〉再起をはかる.
卷尾猴 juǎnwěihóu 動オマキザル.
卷吸作用 juǎnxī zuòyòng 渦巻き作用.

juǎn~juàn

卷蓁锩捲倦圈桊隽悁狷绢睊罥眷

卷心菜 juǎnxīncài ⇒〔结jié球甘蓝〕
卷须 juǎnxū 圖巻きひげ:えんどうやぶどうなど葉または茎が変形した蔓.
卷烟 juǎnyān ①紙でタバコの葉を巻く. ②⇒〔香xiāng烟①〕
卷扬机 juǎnyángjī 〔镐gǎo车〕〔绞jiǎo车〕〔方〕马mǎ机 圖巻き上げ機.ウインチ.→〔起qǐ重机〕
卷叶蛾 juǎnyè'é 虫ハマキガ.ハマキムシ:〔卷叶虫chóng〕ともいう.
卷云 juǎnyún 気巻雲(絹雲).すじ雲.
卷轴 juǎnzhóu 砌ビーム.リール:織機の巻軸. → juànzhóu
卷子 juǎnzi →字解(Ⅱ); juànzi

〔蓁〕 juǎn
蓁耳 juǎn'ěr ⇒〔卷耳①〕

〔锩・錈〕 juǎn （刀剣の）刃が曲がる.

〔捲〕 juǎn 〈文〉腕まくりする.袖をまくる. → juǎn

〔卷〕 juàn ①巻いて収蔵できる書画.〔画 huà ～〕絵巻物.〔书～〕〔书籍 jí〕書籍. ②量词.書物の巻数を数える.〔每一～订成一本〕1巻ごとに1冊にとじる.〔第一～〕第1巻. ③〔-儿,-子〕試験の答案.〔试～〕〔考～〕〔答案（用紙）〕.〔交～〕答案を提出する.〔交白〕白紙答案を出す. ④機関･機構に保存されている文書.またその書類.〔文～①〕文件文書類.〔查～〕文書を調べる.〔一～档案〕公文書綴り一つ. ⑤〈姓〉卷(gǎn) → juǎn
卷次 juàncì 書籍や出版物の発刊された順序.
卷柜 juànguì 文書戸棚.
卷纸 juànzhǐ 試験答案用紙.
卷帙 juànzhì 圖文書類.
卷帙浩繁 juànzhì hàofán〔成〕資料の種類･数ともに多いこと.
卷轴 juànzhóu 巻物.軸物.〔～装zhuāng〕巻軸装訂:棒や玉石を芯にして左から右へ巻いていく巻物の作り方. → juǎnzhóu
卷字头(儿) juànzìtóu(r) 圖まき(卷)のかんむり:漢字部首の"龹". →付録1
卷子 juànzi ①試験 答案:〔卷儿〕〔试 shì 卷〕〔考 kǎo 卷〕.〔看～〕〔改～〕批評する.〔判pàn～〕答案の合否を判定する.採点する.→〔答dá案〕 ②巻いてある古書.巻物. → juǎnzi
卷宗 juànzōng ①分類保存されている公文書:〔案àn 同〕に同じ. ②書類挾み.ファイル.

〔倦（勌）〕 juàn ①疲れる.だるい.〔身上发fā～〕体がだるい.〔四肢～怠dài〕〈慣〉身体中がだるい.〔困kùn～〕眠い. ②あきる.もの憂い.〔孜zī孜不～〕〈成〉つとめ励むさま.〔海huì À不～〕〈成〉人を教えてあきることがない.
倦怠 juàndài だるい.〔精jīng神～〕精神疲労.
倦乏 juànfá 疲れる.
倦飞 juànfēi 〈文〉飛ぶことに疲れる.〔鸟～而知还(陶潜·帰去来辞)〕鳥は飛び倦(ǎ)きれば還(huán)ることを知っている.
倦鸟知还 juàn niǎo zhī huán 飛び疲れた鳥は元の巣へ戻ってくる.〈喩〉故郷に帰って静かに暮らす.
倦勤 juànqín 〈文〉仕事に飽きる.勤務が煩わしくなる.
倦容 juànróng 倦怠の表情.
倦色 juànsè 疲れた様子.うんざりした顔.
倦眼 juànyǎn もの憂そうな目.
倦意 juànyì 倦怠感.

倦游 juànyóu 〈文〉①〈喩〉官吏生活に飽きる. ②遊び飽きる.〔～归 guī 来〕遊び飽きて帰ってくること.

〔圈〕 juàn ①家畜を囲っておく場所.〔～舍shè〕家畜小屋.〔猪zhū～〕豚小屋.〔羊棚péng〕馬小屋.〔羊 yáng～〕〔羊栏 lán〕羊小屋.〔猪 zhū～〕豚舍. ②〈姓〉圈(ǎ) → juān quān
圈肥 juànféi 厩(ǎǎ)肥:〔厩 jiù 肥〕〔方〕圈 qīng 肥〕に同じ.〔畜 chù 肥〕
圈养 juànyǎng 囲いの中で飼育する.

〔桊〕 juàn 〈文〉袋. → juǎn

〔桊〕 juàn 〔-儿〕はながい.鼻木:牛の鼻に通す輪や棒.〔牛鼻bí～〕同前.

〔隽（雋）〕 juàn ①味が深い.味わいがある.〈喩〉深い意味がある. ②〈фу〉隽(ǎ)→ jùn
隽永 juànyǒng 〈文〉意味深長である.〔语言～〕文章や談話の優れて深い意味のあること.〔山水～〕風景に趣きがあること.
隽语 juànyǔ 〈文〉意味深い語.〔名言～〕名言や意味深い語.

〔悁〕 juàn 〈文〉あせる. → yuān
悁急 juànjí 〈文〉あせる.気をもむ.

〔狷（獧）〕 juàn ①〈文〉短気である.片意地である. ②〈性格〉がまっすぐである.
狷傲 juàn'ào 〈文〉人をよせつけず気位が高い.
狷急 juànjí 〈文〉せっかちである.気短かである.
狷介 juànjiè 〈文〉廉潔で剛直である.
狷狭 juànxiá 〈文〉偏狭である.

〔绢・絹〕 juàn ①砌薄く堅地の絹織物:薄くて柔らかいものを〔绸 chóu〕,厚手で光沢のあるものを〔缎duàn〕という.〔画 huà～〕絵絹. ②〔-子〕ハンカチ.〔手 shǒu(儿)〕〔手帕 pà〕同前.
绢本 juànběn 砌〈袋〉:絹に書いた書画.〔这两幅 fú 山水都是～〕この二幅の山水画はどれも絹本です.→〔纸 zhǐ 本〕
绢绸 juànchóu 砌柞蚕糸で織った渋褐色を帯びた絹布.けんちゅう.
绢纺 juànfǎng =〔纺纱〕砌絹織物.
绢花(儿) juànhuā(r) 絹製の造花:〔京 jīng 花①〕ともいう.
绢画 juànhuà 絹絵.
绢柳 juànliǔ 砌キヌヤナギ:ヤナギ科の落葉小高木.
绢毛猴 juànmáohóu ⇒〔狨 róng①〕
绢丝 juànsī 砌絹糸.
绢网印花 juànwǎng yìnhuā シルクスクリーン印刷:スクリーン印刷法の一.
绢子 juànzi →字解②

〔睊〕 juàn 〔～～〕〈文〉横目で(互いに)見る.

〔罥〕 juàn 〈文〉掛ける.つるす.ひっかかる.

〔眷（睠）〕 juàn (Ⅰ)〔眷〕①家族.親族.〔家 jiā～①〕自分の家族(特に妻と子を指す).〔宝 bǎo～〕〈敬〉家族.〔亲 qīn～〕〔亲戚〕親類.〔女～〕家族中の婦女. ②〈姓〉眷(ǎ). (Ⅱ)〔睠〕〈文〉心にかける.〔承蒙殊～〕特別の愛顧を蒙る.
眷爱 juàn'ài 愛情を持ち心にかける.
眷弟 juàndì 〈文〉姻戚間で同輩に対する自称.
眷顾 juàngù =〔眷注〕〈文〉心にとめる.可愛がって

924

juàn～jué

眷话をする.〔～民众〕大衆に関心を寄せる.〔深 shēn 承眷注〕懇ろ御厚情にあずかりました.
眷怀 juànhuái 可愛がって気にかける.
眷眷 juànjuàn 〈文〉ねんごろに思うさま.
眷恋 juànliàn 慕い思う.後ろ髪をひかれる.
眷念 juànniàn 気にかける.心配する.
眷生 juànshēng 〈文〉縁組した親戚間で年長者が後輩に対する謙称.
眷属 juànshǔ ①=〔亲 qīn 眷②〕家族.身内. ②夫婦(の間柄)
眷晚生 juànwǎnshēng 〈文〉姻戚間で年長者に対して用いる自称.
眷姻弟 juànyīndì 〈文〉姻戚間で年長者に対する自称,または自分より年下の者に対する称呼.
眷佑 juànyòu 〈文〉助ける.
眷注 juànzhù ⇒〔眷顾〕

〔鄄〕 juàn ①地名用字.〔～城县〕山東省にある. ②〔姓〕鄄(ケン)

jue ㄐㄩㄝ

〔屦・屨〕 juē 〈文〉草履.
〔蹻・蹻〕 juē 〈文〉草履:〔屦〕に同じ.
　　　　　　　　▷ qiāo
〔撅(撧・噘)〕 juē（Ⅰ）〔噘〕ぴんと立てる.とがらす.〔小辫 biàn 一着〕小さな編んだ髪がぴんと立っている.〔驴 lú, 马拉粪都～起尾 wěi 巴来〕ろばや馬が糞をする時はいつも尾をぴんと立てる.→〔撅嘴〕
（Ⅱ）.〔撧〕〈口〉①折る.折り取る.〔～开〕〔～折 shé〕へし折る.〔～成两截儿 jiér〕二つに折る.〔他用力一～, 木棒就折 shé 成两截儿了〕彼が力をこめて折ると, 棒は二つに折れた. ②困らせる.いやがる.〔成心～人〕わざと困らせる.〔当面～人〕面と向かって他人をやり込める.〔叫你给～了〕君に一本やられた.
撅撅着 juējuezhe とがらす.反り返らせる.〔～小嘴儿生起气来〕小さい口をとがらせて怒りだした.
撅人不撅短 juērén bù juēduǎn 〔打 dǎ 人不打脸〕
撅撒 juēsā ⇒〔决 jué 撒〕
撅嘴 juēzuǐ（怒った時・不機嫌な時に）口をとがらす.〔气 qì 得他撅着嘴一言不发〕彼は怒って口をとがらして一言も発しない.〔～吊 diào 脸〕ふくれっ面

〔孓〕 jué →〔孑 jié 孓〕

〔决(決)〕 jué（Ⅰ）①決める.決定する.判断する.〔下一心〕決心を下す.〔判 pàn ～〕判決(する).〔表 biǎo ～〕表決(する).〔一言而～〕一言で決める.〔最後の勝敗を決する.〔一～高下〕一挙に優劣を決定する. ③死刑を執行する.〔处 chǔ ～②〕死刑に処する.〔枪 qiāng ～〕銃殺の刑に処する. ④しっかりしている.果断である.〔犹 yóu 豫不～〕ぐずぐずして決しない. ⑤決して.絶対に:否定の意を強調する.〔我～不反悔 huǐ〕わたしは絶対に後悔しない.〔天近年大雨, 他, 不会回来了〕まだ雨が強く降っているから, 彼は絶対に帰るはずがない.〔～不退縮〕決して尻込みしない.〔～不可为 wéi〕絶対にしてはいけない.〔～无 wú 异言〕絶対に異議なし.〔～不罢 bà 休〕最後までやる.〔～不食 shí 言〕決して約束を破ることはしない.決して言わない.
（Ⅱ）（堤防が）やぶれる.決壊する.〔～淹 yān 决壊

と冠水.〔河～口了〕川の堤防がきれた.
决标 juébiāo ⇒〔定 dìng 标②〕
决策 juécè ①策略・やり方を決定する.〔运 yùn 筹～〕戦略を決める.〔～机 jī 制〕意志決定システム. ②決定された策略・方法.〔战略～〕戦略を決定.
决出 juéchū 試合をして(順位や優勝者を)決める.〔～冠军〕チャンピオンを決める.
决雌雄 juécíxióng ⇒〔决一雌雄〕
决堤 juédī 堤防が決壊する.堤が切れる.
决定 juédìng ①決める.決定する.〔～权 quán〕決定権.〔及 jí 时地作出了这项～〕タイムリーにこの決定をうち出した. ②決定的である.決定力を持つ.〔～因 yīn 素〕決定的要素.〔～性的胜利〕決定的な勝利. ③〔～口〕きっと.
决定事项 juédìngshìxiàng 決定事項. ④〔～口〕きっと.
决斗 juédòu ①決闘(する). ②（一般的に）食うか食われるかの戦い(をする)
决断 juéduàn ①決断(する).〔做 zuò 出～〕決断を下す.〔英 yīng 明～〕英明な決断. ②決断力.
决非 juéfēi 決して…ない.〔～恶è意〕全く悪意を抱いていない.→字解(I)⑤
决计 juéjì ①気持ちを決める.〔～自己带 dài 领一个队, 到元茂屯去〕意を決し, 自身で一隊を率いて元茂屯に行く.〔我～要走〕わたしは必ず行く. ②きっと.必ず.〔他做事～不会吃亏〕彼は何をやっても絶対損はしない.〔这样办～没错儿 cuòr〕こうすれば絶対にまちがいない.
决绝 juéjué ①断固とした.きっぱりと.〔～而强 qiáng 硬〕断固としてしかも強硬である. ②決別する.関係を絶つ.
决口 juékǒu ①堤防が切れる. ②堤防の決壊口.
决裂 juéliè（関係が）決裂する.気持ちが離れる.〔与旧传统 chuán 统～〕古い伝統をかなぐり捨てる.
决明 juémíng エビスソウの一種.〔～子〕同前の種子;煎じて薬湯とする(ハブ茶).〔～青 qīng 箱〕
决然 juérán ①〈文〉きっぱりとしかもきびしく.〔留着一～断然とした. ②必ず.きっと.〔东 dōng 张西望, 道听途说, ～得不到什么完全的知识〕あちらを見こちらを見, またあれこれ聞きかじっていたのでは決して何ら完全な知識を得られない.
决撒 juésā =〔撅 juē 撒〕①〈白〉発覚する.ばろを出しばれる.〔莫 mò 要弄得撅撒了〕（水72）下手をしてばれてはいけない. ②決裂する.
决赛 juésài 決勝戦.〔半～〕準決勝戦.〔～圈 quān〕〈決勝リング＝〔锦 jǐn 标赛〕
决胜 juéshèng 最後の勝敗を決する.
决死 juésǐ 存亡を決する.〔～的斗 dòu 争〕命をかけた闘争.〔～战 zhàn〕決死の戦い.
决算 juésuàn 决算.〔年终～〕年末決算.
决心 juéxīn ①決心.〔～书 shū〕決意書.〔从那时候起我就下定～要学好汉语〕その時以来, わたしは中国語をものにしようと決心した. ②ゆるがぬ決意を持つ.決心する.
决一雌雄 jué yīcíxióng =〔决雌雄〕〈文〉雌雄を決する.勝敗を決める.
决一死战 jué yīsǐzhàn 〈成〉存亡を賭けて激闘する.
决疑 juéyí 〈文〉疑惑を解決する.
决议 juéyì 議決.〔～(草 cǎo)案〕決議草案.→〔议决〕
决意 juéyì 決意(する)
决狱 juéyù 〈文〉判決を下す.
决战 juézhàn 存亡を決する.勝敗を決する戦い(をする).〔～时 shí 刻〕決定的瞬間.

〔诀・訣〕 jué（Ⅰ）①かぎとなる優れた方法.こつ.〔秘 mì ～〕〔妙 miào ～〕秘訣.奥の手. ②口訣がよく唱い易く覚え易くで

jué

ているきまり文句,または〔九九〕のようなもの.〔口
〜〕同前.〔歌〜〕物事を覚えやすいように歌に作っ
たもの.
（Ⅱ）別れる.別れを告げる.〔永〜〕〈文〉永别する.
诀别 juébié 決別する.離別する.
诀窍（儿） juéqiào(r) ＝〔诀要〕秘訣:〔窍门（儿）〕
に同じ.
诀要 juéyào 同上.

〔抉〕 jué 〈文〉①えぐり出す.ほじくり出す.〔钉
dīng 陷槽中、而出之〕釘がくぼみへ落ち
込んでしまったのをほじくり出す. ②選ぶ.
抉目 juémù 〈文〉目をえぐりとる.
抉剔 juétī えぐり出す.
抉择 juézé 採択する.選択する.〔不得不做了痛
tòng 苦的〜〕つらい選択をとらざるを得なかった.
〔〜上的一大错误〕選択上の大失敗.〔两 liǎng 者
之间作一〜〕二者択一.
抉摘 juézhāi 〈文〉①選択する.選びとる. ②暴き出
す.〔〜弊 bì 端〕弊害を暴き出す.

〔驮・駃〕 jué 〔〜騠 tí〕动 駃騠
(だいてい): ラバの一種.雌ロバに雄馬
を交配したもの.通称「驴骡 lǘluó」. ②〈文〉駿馬.

〔玦〕 jué 〈文〉①〔玦(けつ)〕:一部分の欠けている環
形の佩玉. ②ゆがけ:弓を射る時に弦を引
く右手にはめる道具.

〔砄〕 jué 〈文〉石ころ.

〔鴃・鴂〕 jué →〔䴗 tí 鸠〕

〔駃・鴃〕 jué 图古書でモズを指す. →
〔伯 bó 劳〕

缺舌 juéshé モズの鳴き声.〈喩〉分かりにくい言葉・
発音.〔〜之音 yīn〕同前. →〔南 nán 蛮缺舌〕

〔觖〕 jué 〈文〉不満足である.あきたらない.〔〜
如〕満足しないさま.〔〜望 wàng〕失望して
恨む.

〔角（角）〕 jué（Ⅰ）比べる.競う.〔口〜〕
口論する.
（Ⅱ）＝〔脚〕①〔〜儿〕役.〔主 zhǔ 〜（儿）①主役.
配 pèi 〜（儿）わき役.〔他去什么〜〕彼はどの役
をするのか. ②〔旧劇の〕役柄（種類）. →〔丑 chǒu
(Ⅲ)〕〔旦 dàn (Ⅱ)〕〔生 shēng (Ⅱ)④〕 ③役者.俳優.
〔捧 pěng 〜〕役者をひいきする.〔坤 kūn 〜〕②女
優.〔戏 xì 子〕
（Ⅲ）〔爵(Ⅲ)〕に似た古代の酒杯.
（Ⅳ）图古代の音符で〔五 wǔ 音〕の一.
（Ⅴ）〈姓〉角（ろ）→jiǎo

角抵 juédǐ 〔秦・漢代〕相撲(ボボ)〔相 xiāng 扑〕は
南北朝から宋・元での言い方. →〔摔 shuāi 跤(Ⅰ)〕
角抵戏 juédǐxì →〔蚩 chī 尤戏〕
角斗 juédòu 角つき合って争う.格闘する.〔〜场
chǎng〕闘技場.リング.〔〜士〕格闘家.
角妓 juéjì 〈文〉芸の秀でた妓女.
角口 juékǒu 口げんかする. →〔吵 chǎo 嘴〕
角力 juélì ①力比べをする.すもうをとる. →〔摔
shuāi 跤(Ⅰ)〕 ②競って比べ合う.
角立 juélì 〈文〉傑出している.〔〜杰 jié 出〕〈成〉際
立って優れている.
角儿 juér 同下(ワ).
角色 juésè 〔脚色〕とも書いた.①役.役柄〔角儿〕
〔脚儿〕ともいう.〔戏 xì 子〕 ②役割.人物のタイ
プ.〔〜扮演游戏〕コスプレ.ロールプレイング
ゲーム.在这儿他称 chēng 得上是个好〜〕ここで
は彼はひとかどの人物と言い得る.〔扮演着国际宪
兵的〜〕国際的憲兵の役割を演じている.
角试 juéshì 〈文〉(武芸の)試合.

角逐 juézhú ①〔武力で〕勝敗を争う: →〔角胜 shèng〕
ともいう. ②試合をする.力量を競う.〔这次の冠
guàn 军就剩了他们两个人～了〕今回の優勝はあ
の二人が勝ち残って勝敗を決することになった.

〔桷〕 jué 〈文〉材木のたる木.

〔珏（珏・瑴）〕 jué 〈文〉一対の玉

〔觉・覺〕 jué ①感じる.おぼえる. …に気
がつく.〔我～得不舒 shū 服〕わ
たしは体の具合が悪い.〔我在屋里还～着冷呢〕わ
たしは家の中にいても寒いんです.〔不知不～地就走
到了〕いつの間にか到着した. ②事物に対する感覚
能力.〔感 gǎn 〜〕①感覚.〔听 tīng 〜〕聴覚.〔失
去知～〕知覚を失う. ③悟る.自覚する.〔先知先
〜〕一般の人より先に知り先に悟った賢人.先覚
者.〔使先知～后知〕先知～后知〕先に知っ
た者が後で知った者を悟らせ啓発する.④〈文〉〔目
が〕さめる.〔大梦 mèng 方～〕〈成〉夢想からはっ
とさめる.醒める.→jiào

觉察 juéchá 悟る.感づく.〔你刚才骗他,恐怕他已
经～了〕君は今ごまかしたが,おそらく彼はもう感じ
ている.
觉得 juéde …と思う.…気がする.…と感ずる.〔一
点儿也不～疲 pí 倦〕ちっとも疲れを感じない.〔我
～应 yīng 该先跟他商量〕わたしはまず彼と相談す
べきだと思う.
觉乎 juéhū 〈方〉感じる.〔我不～怎么样〕わたしはど
うとも感じない.〔我～有点冷 lěng〕わたしは少し寒
く感じる. →〔感 gǎn 觉〕
觉悟 juéwù ①めざめる.悟り(る).自覚(する).覚
せい(する).認識(する).〔～程 chéng 度が高い.〔政 zhèng 治～〕政治的自
覚.〔耐 nài 心说服的结果,很顽 wán 固的他,也
逐渐地～起来了〕熱心に説きさとした結果,頑固な
彼もだんだん悟り始めた.〔提 tí 高人民的～〕人民
の自覚を高める. ②宗〔仏教で〕悟りを(開く)
觉醒 juéxǐng 覚せいする.めざめる.〔促 cù 使当局
～〕当局者の覚せいを促す. →〔醒悟〕
觉着 juézhe 〈方〉…と思う.…と感じる.〔觉得〕に同
じ.

〔绝・絶〕 jué ①絶つ.断絶する.絶を隔
てる.〔天无～人 之路〕
〈諺〉天は容易に人を見離さないで何とかなるものだ.
〔～了根儿了〕④根絶した. ⑤跡継ぎが絶えた.〔络
luò 绎不～〕絶え間なく. →〔赶 gǎn 尽杀绝〕 ②
絶える.尽きる.すべてが終わる.〔法子都想～了,あ
らゆる方法を考えつくした.〔空 kōng 前～后〕空前
絶後. ③窮する.行きづまる.どうしようもない. ④
息が絶える.死ぬ.〔气～身亡〕〈成〉息絶えて死ぬ.
⑤比類がない.またとない.〔双～〕二つの妙技〔三
～〕世にまれな三つのこと. ⑥極めて.ごく.〔～细の
面ごく細い麺.〔特异悶想的法子够～的了〕スパイ
どもが考えた方法というのがすごく奇抜なんだ.⑦
決して….絶対に…:後に否定詞を伴う.〔～没有
絶対にない.〔～不 yà 于 Ⅱ〕~にも劣らない.
〔他～不再来了〕彼は絶対に二度とは来ない.〔这个
结 jiē 实,～坏不了〕これは丈夫だし,決して壊れな
い. ⑧絶句:〔~句〕の略.〔五～〕五言絶句.〔七
～〕七言絶句.
绝版 juébǎn 絶版(にする).〔～书 shū〕同前の本.
绝笔 juébǐ ①絶筆.最後の作品または筆跡. ②絶
妙の文章・絵画.
绝壁 juébì 絶壁.〔悬 xuán 崖～〕〈成〉断崖絶壁.
绝才 juécái 〈文〉比類のない才能.
绝产 juéchǎn ①相続人のない財産. ②法売り渡し

绝 jué

てしまって,買い戻しのできない不動産.③収穫ゼロ:[绝收]に同じ.

绝唱 juéchàng ①比類のない優れた詩文.[千古～]同前.②生前最後の歌唱・演技.

绝尘 juéchén ①宙を飛ぶように走る.②世俗を超越する.

绝处逢生 jué chù féng shēng ⟨成⟩地獄で仏(ほとけ)に会う.九死に一生を得る.

绝代 juédài =[绝世]⟨文⟩当代無双の.絶世の.[忠勇～]⟨成⟩忠勇は当代無双である.[～佳 jiā 人]⟨成⟩絶世の美人.

绝岛 juédǎo 遠く離れた島.孤島.

绝倒 juédǎo ⟨文⟩①非常に敬服する.[构思巧妙,叫人～]巧妙な構想には実に敬服させられる.②大いに笑う.[诙谐百出令 lìng 人～]冗談が連発されて,同前.[哄 hòng 堂～]満場大笑いする.

绝地 juédì ①極めて険阻なところ.②行きづまり.窮地.[陷 xiàn 于～]窮地に陥る.にっちもさっちもいかなくなる.→[绝境②]

绝顶 juédǐng ①⟨文⟩(山の)最高峰.絶頂.②この上なしの.[～聪 cōng 明]聡明この上なく利口だ.

绝对 juéduì ①(比較や対立を許さない)絶対である.[党员要～服从党的利益]党員は無条件に党の利益に服従しなければならない.[～不可动 dòng 摇的信念]絶対に動揺を許さない信念.[～优势]絶対的な優勢.↔[相 xiāng 对②] ②一つの条件だけを基準とする.[～高度]平均海水面を標準とした高度.③必ず.きっと.完全に.[这件事一做 zuò 不到]これは絶対に不可能だ.④断然.決定的に.[～大多数]圧倒的な多数.

绝对观念 juéduì guānniàn 絶対的な理念.[绝对精 jīng 神]ともいう.

绝对化 juéduìhuà 絶対化する.[防 fáng 止思想上的～]思想の絶対化に陥ることを防ぐ.

绝对零度 juéduì língdù 物絶対零度.

绝对命令 juéduì mìnglìng 哲(カントの)至上命令.

绝对平均主义 juéduì píngjūn zhǔyì 待遇などの絶対的の平等を求める主義.

绝对湿度 juéduì shīdù 気絶対湿度.

绝对温标 juéduì wēnbiāo ⇒[热 rè 力学温标]

绝对星等 juéduì xīngděng 天絶対等級.実光度.

绝对真理 juéduì zhēnlǐ 絶対的真理.

绝对值 juéduìzhí 数絶対値.

绝非 juéfēi 絶対に…ではない.[～偶然]決して偶然ではない.

绝甘分少 jué gān fēnshǎo ⟨成⟩自分は我慢して,人を厚くもてなす.[绝少分甘]ともいう.

绝根(儿) juégēn(r) 根絶やしする.跡継ぎが絶える.

绝国 juéguó ①後継者のいない(滅亡した)国.[古代～遗 yí 址]古代滅亡した国の遺跡.②⟨文⟩遠く離れた国.

绝好 juéhǎo 非常に良い.すばらしい.

绝后 juéhòu ①跡継ぎがない.②今後二度とない.絶後の.[空 kōng 前～]空前絶後.

绝户 juéhu ①跡継ぎがない:[绝后①]に同じ.[～子]子のない家庭(人).[那个老～真可怜 lián]あの老人は子供がなくてかわいそうだ.[⟨転⟩阴深い.[他不知道是谁出的这样的～主意](老・四・惺25)彼は誰がこんな罪深い考えを出したのかわからなそうだ.

绝户坟 juéhufén 無縁仏の墓.

绝活(儿) juéhuó(r) 特技.他人にまねのできない技.[他还有一种～]彼はほかにも特技をもっている.

绝技 juéjì =[绝儿②]絶技.特技.[祖 zǔ 传～]先祖伝来の技.[堪 kān 称～]まさに特技と言うにふさわしい.→[绝活(儿)]

绝迹 juéjì 跡を絶つ.全くなくなる.[已～多年]長いこと跡を絶ってしまった.[从未绝过迹]今まで全くなくなってしまったということはない.

绝佳 juéjiā 非常によい.

绝交 juéjiāo 絶交する.[他俩 liǎ 早就～了]あの2人はとっくに絶交している.[两国～多年,现已恢 huī 复邦交]両国は多年断交していたが,いまや国交回復した.

绝经 juéjīng 生理月経閉止.閉経.

绝景 juéjǐng ⟨文⟩見事な眺め.絶景.

绝境 juéjìng ①外界と隔絶した世界・ところ.境地.②窮地.最後の土壇場.[濒 bīn 临～]⟨成⟩行きづまりの瀬戸際に来ている.

绝句 juéjù 絶句(ぜっ)・単に[绝⑧]ともいう.[截 jié 句]に同じ.[近 jìn 体诗]の一種.四句よりなり,一句が5字のものを[五言]・[五绝],7字のものを[七言]・[七绝]という.→[律 lǜ 诗]

绝口 juékǒu ①話をやめる:つねに[不]の後に用いられる.[骂 mà 不～]罵り続けて止めない.[赞不～]しきりにほめそやす.②口をつぐむ.[他～不提]彼は口をつぐんで言わない.

绝粒 juélì ①⟨文⟩絶食する.②同下.

绝粮 juéliáng =[断粮]食べ物が無くなる.

绝路 juélù ①どんづまりの道.行きづまり.袋小路.[～逢 féng 生]⟨喩⟩地獄で仏.②道が絶たれる.[自趋～]自分自身で行きづまってしまう.③方法.[这个办法要是还不行,那可就绝了路了]この方法がもしだめならどうすることもできない(もうだめだ).[绝不了liǎo 路]行きづまってしまう.

绝伦 juélún ⟨文⟩抜群の.並はずれて優れた.[荒 huāng 谬～]でたらめも甚だしい.[聪 cōng 颖～]並はずれて聡明である.

绝卖 juémài (不動産などを)売り放す(永久に売り渡し,買い戻すことのないもの).→[典 diǎn 卖]

绝嗣 juésì 継嗣ぎが無い:[绝户①]に同じ.[～绝户]⟨成⟩同前.

绝门儿 juéménr ⟨口⟩①⟨喩⟩後継者の無い職業.②⇒[绝技] ③(言動が)予想外である.想像を絶する.

绝密 juémì 極秘.[～消息]極秘のニュース.[～计划]極秘計画.[～文件]極秘文件.

绝妙 juémiào この上なく良い.絶妙である.[～的讽刺]巧みな風刺.[～的音乐]すばらしい音楽.

绝灭 juémiè (生物が)絶滅する.[濒 bīn 于～]絶滅の危機に瀕する.

绝命 juémìng 死ぬ:特に自殺を表す.[～词]辞世の文章や詩歌.[～书]遺書.→[辞 cí 世]

绝配 juépèi 絶妙の取り合わせ.ペア.

绝品 juépǐn ⟨文⟩比類のない優れたもの.

绝情 juéqíng ①無情である.[那样做太～]あんなやり方は義理も人情もない.[不说这种～的话]そんな薄情なことを言うなよ.②関係を絶つ.[断 duàn 绝绝情谊]同前.

绝然 juérán ⟨文⟩絶対に.全然.[至于贫 pín 富～不论]貧富などは全然問題にしない.

绝热 juérè 断熱.[～材 cái 料]断熱材.[～压 yā 缩]断熱圧縮.

绝色 juésè ⟨文⟩世に並びなき容色.[～佳人]絶世の美人.

绝食 juéshí (抗議の意思表示や自殺をするために)絶食する.[～罢 bà 工](労働者の)ハンガーストライキ.ハンスト.

绝世 juéshì ①⇒[绝嗣] ②⇒[绝代] ③死ぬ.

绝收 juéshōu 収穫が全く無い:〔绝产③〕に同じ.
绝嗣 jǘsì =〔绝世①〕〔绝绪〕〈文〉後継者が絶える.〔~无后〕~成〕家系が断絶する.→〔绝子断孙①〕
绝俗 jǘsú ①凡俗を超越する.並はずれている. ②世俗を離れる.世を捨てる.
绝望 juéwàng 絶望(する).〔完全陷 xiàn 入~〕まったく絶望してしまった.〔脸上露出~的神情〕絶望の表情を呈している.
绝无仅有 juéwú jǐnyǒu〔成〕めったにない.希代の.
绝响 juéxiǎng ①〈文〉失伝の音楽.〈転〉伝統の断絶した技芸・学問. ②〈喩〉その上ない学問・技芸.
绝绪 juéxù ⇒〔绝嗣〕
绝续 juéxù〈文〉断絶と存続.〔存亡~的关头〕生死存亡の時.
绝学 juéxué〈文〉①後継者のない失伝の学問. ②独創的な学問.
绝艺 juéyì ずばぬけて優れている技:〔绝技〕に同じ.
绝育 juéyù 医避妊手術をする.〔~手术〕不妊手术.→〔节 jié 育〕
绝域 juéyù〈文〉僻遠の地.異郷:多く外国を指す.
绝缘 juéyuán ①絶縁(する).外界との接触を絶つ(こと). ②電絶縁.〔~体 tǐ〕〔非導体〕絶縁体.〔~漆 qī〕絶縁ワニス.〔~材料〕絶縁材.〔~钢绝钳 qián〕〔絶縁鉗子〕絶縁ペンチ.〔~胶 jiāo〕絶縁ペースト.〔~起子〕絶縁ドライバー.
绝缘子 juéyuánzǐ 電碍子(がいし):〔〈口〉瓷 cí 瓶②〕〔〈口〉瓷珠儿〕ともいう.
绝早 juézǎo 朝ただちき.早朝.〔五日~过苏 sū 州〕5日早朝蘇州を通過した(謝冰心・寄小読者)
绝招(儿) juézhāo(r)〔绝着〕とも書いた. ①奥の手.妙手. ②人の思いの及ばないような手段・計略.
绝症 juézhèng 不治の病:〔死 sǐ 症①〕に同じ.〔不治的~〕不治の病.〔身患~不治の病に罹れれている.〔癌 ái 症将不再是~〕がんは不治の病ではなくなるだろう.
绝种 juézhǒng 種(もの)が絶滅する.〔面临 lín ~的危险〕絶滅寸前の危機にある.
绝子断孙 juézǐ duànsūn〔~成〕子孙の絶えること.〈罵〉罵りあたりの:相手の子孫が絶えるよう呪う.〔绝子绝孙〕〔断子绝孙〕ともいう.

〔**倔**〕jué → juè
倔强 juéjiàng〔倔犟〕とも書く.強情である.偏屈である.片意地で強情である.〔脾 pí 气~〕同前.〔~的性格〕偏屈な性格.→〔木 mù 强〕

〔**掘**〕jué ①掘る.〔发 fā ~〕発掘(する). ②〈姓〉掘(ホル)
掘进 juéjìn 坑掘進する.
掘井 juéjǐng 井戸を掘る.〔到时候儿临渴渴 kě ~也来不及了〕その時になって泥縄式にやっても間に合わない.
掘墓人 juémùrén 墓掘り人.〈喩〉旧制度を葬り去る新勢力.
掘土机 juétǔjī =〔电 diàn 铲〕〔挖 wā 土机〕エクスカベーター,パワーショベル.
掘凿机 juézáojī 掘削机.

〔**崛**〕jué〈文〉そびえ立つさま.突き立つ.
崛立 juélì そびえ立つ.
崛起 juéqǐ ①盛んな活動を始める.決起する.奮い立つ.〔新 xīn 制度正在~〕新制度がまさに起ちあげられている.〔起义军乘 chéng 机~〕蜂起軍は機会に乗じて立ち上がった.〔和平力量正在~〕平和を主張する勢力が台頭している.〔和平和的台頭. ②(峰などが)突き立っている.〔平地上~一座青 qīng 翠的山峰〕平地の上に青々とした峰が切り立っている.
崛兴 juéxīng〈文〉勃興する.

〔**脚(腳)**〕jué ⇒〔角(II)〕→ jiǎo

〔**厥**〕jué (I) ①中医昏倒する.人事不省に陥る.意識を失う.〔昏 hūn ~〕気絶し昏倒する. ②〈姓〉厥(くい)
(II) ①〈文〉その.この.かの.〔只虑 lǜ 当前,未顾~后〕ただ目前のことだけ心配してその後のことを考えない.〔大放~词〕大いにその言葉を放つ.気炎を吐く.〔~父〕彼の父.この父. ②〈文〉そこで(はじめて)

〔**剧**〕jué →〔剞 jī 剧〕

〔**潏**〕jué〔~水 shuǐ〕地湖北省にある.

〔**蕨**〕jué 植①ワラビ:〔~菜 cài〕は通称. ②シダ(総称)
蕨菜 juécài 植ワラビ:〔拳 quán 菜〕〔〈方〉鳖 biē 菜〕ともいう.
蕨粉 juéfěn ワラビの根茎から作った粉.
蕨类植物 juélèi zhíwù 植シダ植物:〔羊 yáng 齿植物〕は旧称.→〔凤 fèng 尾蕨〕
蕨麻 juémá ⇒〔人 rén 参果①〕

〔**獗**〕jué →〔猖 chāng 獗〕

〔**橛(橜)**〕jué ①〔~儿〕くさび.木の栓(せん).木のくぎ.(打ち込むための)短い棒.→〔劈 pī ④〕〔楔 xiē 子①〕 ②切り株.
橛子 juézi 細く短い棒.くさび.〔钉 dìng 上一个~〕〔插 chā ~〕木釘を打つ.くさびを打つ.→〔劈 pī ④〕

〔**镢・钁**〕jué
镢头 juétou 鶴嘴(つる):土を掘る道具.→〔镐 gǎo 头〕

〔**蹶(蹷)**〕jué ①つまずく.ころぶ.〔~而伤 shāng 足〕つまずいて足を痛める. ②〈喩〉失敗する.〔一不振,一~〕思わず,再起不能である. ③突然,いきなり.〔~然 rán 而起〕急に起き上がる. ④〈姓〉蹶(くい)→ juě

〔**傕**〕jué ①人の名用字.〔李~〕人後漢末の人. ②〈姓〉傕(くい)

〔**谲・譎**〕jué〈文〉①偽りたぶらかす.人を欺く.〔狡 jiǎo ~〕腹黒い.ずる賢い. ②奇怪である.不思議である.〔怪 guài ~〕〔奇 qí ~〕同前.〔~怪之谈〕奇々怪々の話.
谲诡 juéguǐ〈文〉変化してやまずとらえどころがない.
谲谏 juéjiàn〈文〉遠回しに諫める.
谲诈 juézhà〈文〉腹黒い.〈~人をだます.

〔**潏**〕jué〔~水〕地陝西省にある.→ yù

〔**镝・鐍**〕jué〈文〉①錠前:長持などの錠前として用いる環状の金具. ②錠をおろす.錠をかける.

〔**噱**〕jué 大笑いする.〔令 lìng 人发~〕人を大笑いさせる.〔可发 fā 一~〕全く笑わせられる.→ xué

〔**爵(爵)**〕jué (I) ①旧爵位:公・侯・伯・子・男の5等に分けた.〔~高位危 wēi〕〔成〕身分が高ければ,高いほどその地位が危うい. ②〈姓〉爵(シャク)
(II) 爵(シャク):雀をかたどった古代の酒器.銅製で3

本の足がある．
爵里刺 juélǐcì [旧]爵位·郷里などを記した名刺．
爵禄 juélù ＝〔爵秩〕〈文〉爵位と俸禄．
爵士 juéshì （西欧の）騎士．ナイト．
爵士乐 juéshìyuè 〈音義訳〉[音]ジャズ．〔～队 duì〕ジャズバンド．〔～舞 wǔ〕ジャズダンス．
爵位 juéwèi 爵位．
爵秩 juézhì ⇒〔爵禄〕

〔嚼(嚼)〕 jué 歯で食物をかむ:成語·熟語に用いる．〔咀 jǔ ～〕咀嚼(そしゃく)する．〔过屠 tú 门而大～〕肉屋の前を通りかかって大いに口を動かす．〈喩〉空しく自らなぐさめる． → jiáo jiào
嚼墨喷纸 juémò pēnzhǐ 〈喩〉名文をよく書くこと．

〔爝〕 jué 〈文〉小さな松明(たいまつ)．〔～火 huǒ〕小さな火．〔日月出矣 yǐ，～火不息〕(荘子·逍遥遊)日や月が出ているのに松明をつけているのはつまらないことだ．→〔火 huǒ 把〕

〔矍〕 jué ①〈文〉驚いてあたりを見回すさま． ②→〔矍铄〕 ③〈姓〉矍(かく)
矍然 juérán 〈文〉驚いているさま．〔闻 wén 之～失色〕それを聞いて驚いて色を失った．
矍铄 juéshuò 〈文〉年老いてなお元気のよいさま．

〔攫〕 jué 〈文〉つかむ．とる．〔～为己有〕つかみとって自分のものとする．
攫夺 juéduó 強奪する．掠め取る．
攫取 juéqǔ 持ち去る．強奪する．横取りする．〔～高 gāo 额利润〕ぼろもうけをする．
攫扬器 juéyángqì ⇒〔握 wò 扬器〕

〔镢·钁〕 jué [古]大形の鋤(すき)

〔躩〕 jué 〈文〉とぶ．走る．

〔蹶(蹷)〕 juě 〔～子 zi〕(ラバの)あと足蹴り．〔黑骡一个～子，把小孩踢倒在地〕黒いラバのひと蹴りで子供が地べたにひっころんだ．〔尥 liào ～子〕あと足で蹴る． → jué
蹶窝 juěwo 〈方〉(栄養不足のため)発育が悪い．〔把孩子都饿～了〕子どもをひょろひょろにしてしまった．

〔倔〕 juè 偏屈である．ぶっきらぼうである．〔说 shuō 话太～〕言葉がひどくつっけんどんだ．〔那老 lǎo 头子真～〕あのおやじは全く不愛想だ．〔～老头〕頑固な老人． → jué
倔巴 juèba 〈方〉偏屈で愛想がない．〔～棍子 gùnzi〕ずけずけと遠慮なく物を言う人．
倔骡子 juèluózi 強情な奴．意地っぱり．
倔脾气 juèpíqi 強情．負けん気．つむじ曲がり．かたくな．偏屈．〔他的～来了劲儿谁也没办法〕あいつのつむじ曲がりは，いったん曲がったとなったら，誰も手に負えない．
倔丧 juèsang 〈方〉(口調が)おだやかでない．とげとげしい．
倔头倔脑 juètóu juènǎo 〈慣〉話し方もすることもぎこちないさま．

jun ㄐㄩㄣ

〔军·軍〕 jūn ①軍隊．〔我～〕我が軍．〔参 cān ～〕従軍(する)．〔陆 lù ～〕陸軍．〔裁 cái ～〕〔～缩 suō〕軍縮(する)． ②[軍]軍:軍隊の編成単位の一．数個師団で1軍を編成する．→〔班 bān ②〕〔连 lián ⑥〕〔旅 lǚ ⑤〕〔排 pái ④〕〔师 shī (Ⅱ)②〕〔团 tuán ⑦〕〔营 yíng ③〕 ③〈文〉駐兵する．〔～于邯 hán 郸之郊〕邯鄲の郊外に駐兵する． ④〈姓〉軍(ぐん)
军靶机 jūnbǎjī 軍用標的機．
军备 jūnbèi 軍備．〔削减～〕〔军缩〕軍備縮小:〔裁减～〕〔裁 cái 军〕に同じ．〔加强 qiáng ～〕軍備を増強する．〔～竞 jìng 赛〕軍備拡大競争．
军便服 jūnbiànfú 軍用略装．
军兵种 jūnbīngzhǒng [軍]軍種と兵種．
军部 jūnbù 軍の指揮部．
军车 jūnchē 軍用車両．
军持 jūnchí 〈梵〉瓶:僧が水を入れて携帯するもの．
军代表 jūndàibiǎo 軍当局の地方駐在代表．
军刀 jūndāo 軍刀:指揮刀など．
军地 jūndì 軍隊と地元(政府)
军队 jūnduì 軍隊(総称)
军阀 jūnfá [旧]軍閥．〔～割 gē 据〕軍閥割拠．
军法 jūnfǎ [軍]軍隊内で行われる刑法．
军方 jūnfāng 軍側．軍当局．
军费 jūnfèi 軍事費．
军风 jūnfēng 軍隊のマナー·風紀．
军风纪 jūnfēngjì 軍隊の風紀·紀律:〔军风〕と〔军纪〕
军服 jūnfú 軍服．
军港 jūngǎng 軍港．
军歌 jūngē ①一国の軍を代表する歌曲．例えば〔中国人民解放军～〕 ②部隊の軍歌:〔新四军～〕など． ③軍人向けに作った歌．
军工 jūngōng ①軍需産業．〔～产品〕軍需生産品．〔～生产〕軍需生産． ②軍事工事．
军功 jūngōng 軍功:〔武 wǔ 功 ①〕に同じ．〔～章 zhāng〕軍功栄誉章．
军购 jūngòu 軍需品購入．
军鼓 jūngǔ 軍鼓:軍隊の行軍の時にたたく太鼓．
军官 jūnguān [軍]①将校:尉官以上をいう．〔～学校〕〔军校〕士官学校． ②部隊で〔排 pái 长〕(小隊長)以上の幹部．→〔军衔〕
军管 jūnguǎn 〔军事管制〕の略．軍事管制．〔～会〕軍事管制委員会．
军规 jūnguī 軍の規則．→〔军纪〕
军棍 jūngùn ①[古]軍隊の刑杖． ②[旧]ボーイスカウトの指揮棒．
军国 jūnguó ①軍事と国政．軍隊と国家． ②軍備を強大にすることを主要目的とする国家．〔～主义〕軍国主義．
军号 jūnhào 軍用のラッパ．信号ラッパ．
军徽 jūnhuī その軍を象徴する紀章．軍のエンブレム．
军婚 jūnhūn 新郎·新婦の一方あるいは双方が現役軍人である者の結婚．
军火 jūnhuǒ 兵器．武器．弾薬．〔～工业〕兵器工業．〔～库〕兵器庫．〔～商〕武器商人．〔贩 fàn 卖～〕武器販売(する)．〔～走私〕武器の密売．
军机 jūnjī ①軍事的方針·対策．軍事的策略．〔贻 yí 误～〕〈文〉軍略を誤る． ②軍事上の機密．〔泄 xiè 漏～〕軍機漏洩．
军机处 jūnjīchù [清]軍事·政治の重要事務をつかさどった最高機関:皇帝の信任厚い者が責任者の〔军机大臣〕〔〈口〉大军机〕に任ぜられ，その下に〔行 xíng 走〕〔章 zhāng 京〕〔〈口〉小军机〕などの要員を置いた．
军籍 jūnjí 軍籍．〔开 kāi 除～〕軍籍をとりあげる．〔保 bǎo 留～〕軍籍を残す．
军纪 jūnjì 軍紀．軍の規律．
军舰 jūnjiàn 軍艦:〔兵 bīng 舰〕ともいう．
军舰鸟 jūnjiànniǎo [鳥]グンカンドリ(総称)
军阶 jūnjiē 軍人の軍組織内における階級．
军界 jūnjiè 軍事機関の内．軍隊の世界．

jūn 军

军警 jūnjǐng 軍隊と警察.〔~完 xiān 特〕同前と憲兵・スパイ.

军眷 jūnjuàn 軍人の家族.

军垦 jūnkěn 軍隊が荒れ地を開墾して生産する.〔~农场〕同前の農場.→〔生 shēng 产建设兵团〕

军礼 jūnlǐ ①軍人の礼法. ②軍隊で行う敬礼.

军力 jūnlì 兵力.軍事力.

军粮 jūnliáng 軍用の食糧.兵糧.

军列 jūnliè ①〔軍〕〔~整齐〕軍人の隊列が整然としている. ②〔軍用列車〕の略.

军烈属 jūnlièshǔ 軍人の家族と〔烈士〕の家族.

军龄 jūnlíng 軍隊服役年数:〔兵 bīng 龄〕に同じ.→〔工 gōng 龄〕

军令 jūnlìng 軍令.

军令状 jūnlìngzhuàng〈白〉軍隊で命令を果たすことを誓う誓紙.〔立~〕同前を入れる.〔愿纳~:三日不办,甘当重罚〕(三46)三日のうちにできなければ重罰も甘んじて受ける誓紙を出す.

军旅 jūnlǚ〈文〉軍隊.軍事行動.〔~作家〕軍に所属する作家.

军绿 jūnlǜ 色国防色(の).

军马 jūnmǎ ①軍馬. ②兵士と馬匹.軍隊.

军帽 jūnmào 軍帽.

军门 jūnmén ①兵営の門. ②旧統率官の尊称.

军民 jūnmín 軍人と人民.〔~鱼水情〕軍と人民の間には,魚と水のように切っても切れない情誼がある.〔~共 gòng 建〕\(戒\)軍人と民間人が共に社会主義精神文明を建設すること.〔~两 liǎng 用人才〕軍隊でも民間でも役立つ人材.

军品 jūnpǐn 軍用物品.

军棋 jūnqí 軍隊将棋:〔陆 lù 〕と〔海陆空〕の2種類あり,ふつう前者を指す.双方各25駒で〔军长〕〔军旗〕各1,〔师长〕〔旅长〕〔团长〕〔营长〕〔手榴弾〕各2,〔连长〕〔排长〕〔工兵〕〔地雷〕各3.〔军长〕をさす.

军旗 jūnqí 軍旗:中国人民解放軍(陸海空軍)軍旗は紅地で左上すみに黄金色の五角星と〔八一〕の2字を描いたもの.

军企 jūnqǐ 軍が経営する企業.

军情 jūnqíng 軍事情勢.〔刺 cì 探~〕軍情をさぐる.〔~紧迫〕軍事情勢が緊迫している.

军区 jūnqū (戦略上の必要によって国内全体に設けた)軍事管轄区域.→〔战 zhàn 区〕

军权 jūnquán 兵権.軍を指揮する権力.権限.

军犬 jūnquǎn 軍用犬.

军人 jūnrén 軍人.

军容 jūnróng 軍隊の装備・規律などの外容.軍人の服装など.

军嫂 jūnsǎo 軍人の妻に対する呼称.

军师 jūnshī ①旧軍の監察を司る官名. ②旧軍師.〔転〕策士.知恵袋.〔我来给你当~,这事该这么办〕わたしがきみの参謀になってやろう,これはこうしよう.

军史 jūnshǐ 軍の歴史.

军士 jūnshì 軍下士官:〔上士〕〔中士〕〔下士〕に分ける.→〔军衔〕

军事 jūnshì 軍や戦争に関わる事業・作業.〔~法庭〕〔~法院〕軍事法廷.軍法会議.〔~分界线〕軍事境界線.〔~工业〕〔军工〕軍需産業.〔~管制〕〔军管〕軍事管制.〔~基地〕軍事基地.〔~家〕戦略家.軍事専門家.〔~教育〕軍事に関する教育.〔~科学〕軍事科学.〔~卫 wèi 星〕軍事衛星.〔~训练〕〔军训〕軍事教練(する).〔~压力〕軍事力による圧迫.〔~演 yǎn 习〕〔军演〕軍事演習.

军事订货 jūnshì dìnghuò 軍事物資の発注.

军事化 jūnshìhuà 軍事化する.〔生活的~〕生活方式を軍隊式にする.

军事体育 jūnshì tǐyù 軍事体育:スカイダイビング・航空機模擬操縦・クロスカントリー・近代五種競技など.〔军体〕は略称.

军事政变 jūnshì zhèngbiàn クーデター:〔武 wǔ 力政变〕に同じ.〔发生~〕同前が起こる.

军售 jūnshòu 武器(弾薬)販売(する).〔对外~〕武器輸出.

军属 jūnshǔ 現役軍人の家族.→〔光 guāng 荣军属〕〔烈 liè 军属〕

军台 jūntái ①旧新疆・蒙古の処々に設けた軍事通報および公文書を伝達する機関. ②罪人流罪の地.〔发往~效力〕流罪で流刑地へ送り勤務させる.

军体 jūntǐ →〔军事体育〕

军统 jūntǒng 旧国民党の特務機関の一:〔国 guó 民政府军事委员会调查统计局〕の略称.→〔中 zhōng 统〕

军团 jūntuán ①軍兵団.軍団.〔~病 bìng〕医在郷軍人病:〔~菌 jūn〕(レジオネラ菌)による病気. ②スポーツチーム.プレーヤー軍団.

军屯 jūntún 旧屯田する.

军威 jūnwēi 軍隊の威風.

军伍 jūnwǔ 軍隊.

军务 jūnwù 軍事.軍務.

军衔 jūnxián 軍軍隊の位階・階級:〔兵〕は〔上等兵,列兵〕に分かれ,〔军士〕は〔下士官〕は〔上士②,中士,下士②〕,〔尉 wèi 官〕は〔准 zhǔn 尉,少 shào 尉,中 尉,上 尉,大 尉 ①〕,〔校 xiào 官〕(佐官)は〔少校,中校,上校,大校〕,〔将 jiàng 官〕は〔准将,少将,中将,上将,大将②〕および〔元 yuán 帅①〕と〔大元帅〕に分かれる.1955年より実施,1965年廃止,1988年復活したが,〔元帅,大元帅〕はなくなり,将校は〔上将,中将,少将〕,〔大校,上校,中校,少校〕,〔上尉,中尉,少尉〕の,準士官〔军士长,专门军士〕,下士官,兵は(義務兵役制で)〔上士②,中士,下士②〕,〔上等兵,列兵〕になった.

军饷 jūnxiǎng 軍における兵士の給料および生活費用.〔克 kè 扣~〕同前をピンハネする.

军校 jūnxiào 〔士官学校〕軍事幹部を養成する学校(総称).〔黄埔 pǔ ~〕黄埔軍官学校.

军鞋 jūnxié 軍靴(*).

军械 jūnxiè 軍兵器類.火器:弾薬及び関連機器.〔~库〕兵器庫.

军心 jūnxīn (軍隊の)士気.〔~涣散〕士気がゆるんでいる.〔~不稳 wěn〕軍の動向が不穏である.〔不能动揺~〕士気を動揺させてはならない.

军需 jūnxū ①軍需物資.軍需品.〔~品 pǐn〕同前. ②旧軍の主計官の略称.〔~官〕同前.〔~上士〕一等主計下士官.

军宣队 jūnxuānduì 文化大革命時期の〔中国人民解放军毛泽东思想宣传队〕の略.各学校・文化団体に派遣され学生や職員の指導にあたった.

军训 jūnxùn 〔军事训练〕の略.〔参 cān 加~〕軍事教練に参加する.〔受过一个月~〕1か月間軍事教練をうけた.

军演 jūnyǎn 軍〔军事演习〕の略.〔举 jǔ 行~〕軍事演習をする.

军衣 jūnyī 軍服.→〔军服〕

军医 jūnyī 軍医.

军营 jūnyíng 軍兵営:〔兵 bīng 营〕ともいう.〔营盘〕は旧称.

军用 jūnyòng 軍用(の).〔~(钞 chāo)票〕戦時に軍隊が発券する紙幣.〔~地图 tú〕軍用地図.〔~飞机〕軍用機.〔~卡 kǎ 车〕軍用トラック.〔~列 liè 车〕〔军列〕②軍用列車.〔~品〕軍用品.

军邮 jūnyóu 〔民 mín 用〕軍事郵便.
军援 jūnyuán 軍事援助.〔商 shāng 讨美国～、经援的有问题〕アメリカの軍事援助・経済援助に関係ある問題を協議する.→〔经 jīng 援〕
军乐 jūnyuè 軍楽.〔～队 duì〕軍楽隊.〔～团 tuán〕軍楽隊.
军运 jūnyùn 軍用輸送.
军长 jūnzhǎng 圏軍長.軍団司令官:2個師団以上を統率する.→字解②
军政 jūnzhèng ①軍事行政.②軍事と政治.③軍隊と政府.〔～人员〕軍人と役人.
军政时期 jūnzhèng shíqī 孫文の著『建国大綱』の中で述べる〔～〕〔训 xùn 政时期〕〔宪 xiàn 政时期〕の三段階の一.→〔三 sān 民主义〕
军职 jūnzhí ①軍隊における職位.②軍人としての職務.
军制 jūnzhì 軍隊の法的組織・制度.軍事体制.
军种 jūnzhǒng 圏軍種:一般に陸軍・海軍・空軍(含ミサイル部隊)の3軍に分ける.→〔兵 bīng 种〕
军转干部 jūnzhuǎn gànbù 軍を退役して民間の幹部となった者.
军转民 jūnzhuǎnmín 軍から民に変える.軍需から民需に変える.
军装 jūnzhuāng 軍服.軍人の服装.→〔军服〕〔军衣〕
军姿 jūnzī 軍人の風姿.軍隊の外容.→〔军容〕
军座 jūnzuò〔军长〕に対する尊称.

〔皲・皸〕jūn ひび.あかぎれ.

皲裂 jūnliè〈文〉ひび・あかぎれが切れる:〔龟裂②〕と書く.

〔均〕jūn ①等しい.平等である.均等である.〔贫富不～〕貧富が等しくない.〔势～力敌〕勢力が相匹敵する.②均しくする.均等にする.〔有多有少,不如～一～吧〕多かったり少なかったりするよりは平均に分ける方がよかろう.③どれもみな.いずれも.〔凡 fán 出席者～可自由발言[发言]する〕そば出席者はすべて自由に発言することができる.〔各项工作～已布置就绪 xù〕全ての仕事は全部段取りがついた.④〈姓〉均(ｷﾝ) → yùn

均此 jūncǐ〈牍〉これに等しく:書簡の末尾の語.〔～道日〕皆様によろしくお伝えください.
均等 jūnděng 平均である.相等しい.〔机会〕機会均等.〔各班人数～〕各クラスの人数は均等である.
均分 jūnfēn 等分する.→〔等 děng 分②〕
均衡 jūnhéng バランス.つり合い.〔失去～〕均衡が失われる.〔保持～〕バランスを保つ.②平衡している.〔～地发展〕バランスよく発展する.〔～字体〕電算プロポーショナルフォント.
均衡轮 jūnhénglún →〔摆 bǎi 轮②〕
均价 jūnjià 平均価格:〔平 píng 均价〕の略.
均可 jūnkě みんなよい.
均码 jūnmǎ ①均一サイズ.②単一規格.
均齐 jūnqí 均整(がとれている・にする).〔～美〕均整のとれている美しさ.〔～方正〕きちんとつり合いがとれて真四角である.
均势 jūnshì 平均のとれた形勢.〔形成～〕均勢ができる.〔打破～〕均勢を破る.→〔势均力敌〕
均数 jūnshù 平均した数.
均摊 jūntān 平均に負担する.頭割りにする.〔分 fēn 摊〕に同じ.〔这一笔费用,大家～吧〕この費用はみんなで割り勘だ.
均田(制) jūntián(zhì)〔古〕田畑を均等に分配する制度.
均线 jūnxiàn (株式相場など折れ線グラフの)平均値変動線.
均容 jūnróng ⇒〔钧容〕
均徭 jūnyáo 〔古〕各種の経常的な雑役.
均一 jūnyī 均一─(の).〔～价〕均一価格.②〈文〉一事に専心没頭する.
均夷作用 jūnyí zuòyòng 圏徐々に土地の高低が平均化すること.
均匀 jūnyún 平均している.均等である.一樣である.〔品 pǐn 质～〕品質にむらがない.〔钟 zhōng 摆发出～的声音〕時計の振り子が一定のテンポでカチカチいっている.〔把马料拌和得均匀匀的〕まぐさをまんべんなくかき混ぜる.
均沾 jūnzhān〈文〉平等にうるおう.平等に恩恵をうける.〔实惠～〕実質のある恩惠を平等にうける.〔利益～〕利益は平等にうける.
均值 jūnzhí 圏平均値.

〔钧・鈞〕jūn ①圏重さの単位.30斤を〔一～〕という.〔转〕重いこと.〔千～〕甚だ重いこと.②〈文〉上長や上部に関することを表す言葉の上につけて敬意を表す.→〔钧启〕③陶器製作に用いるろくろ.④等しい.等しくする:〔均①②〕に通ずる.⑤〈姓〉钧(ｷﾝ)
钧安 jūn'ān〔牍〕贵ごきげん.ご平安.〔敬请～〕敬んでご平安をお祈りいたします.→〔文 wén 安〕
钧函 jūnhán〔牍〕貴簡.ご来示.
钧衡 jūnhéng ①(はかりで)量る.②〈喻〉公平にはかる.公正に評定する.
钧鉴 jūnjiàn〔牍〕ご高覧.
钧命 jūnmìng ご下命.ご命令.
钧祺 jūnqí ⇒〔钧安〕
钧启 jūnqǐ〔牍〕ご披覧を請うの意:封筒の宛名の下につける.→〔台 tái 启〕
钧示 jūnshì〔牍〕貴簡.ご来示.
钧窑 jūnyáo〔名〕磁器の一種:宋代の鈞州,現在の河南省禹県の窯で産した磁器.
钧意 jūnyì〔牍〕貴意.思し召し.
钧命 jūnmìng〔牍〕貴命.ご指示.ご指教.
钧札 jūnzhá〔牍〕貴書.貴簡.
钧照 jūnzhào〔牍〕ご覧を請う.
钧旨 jūnzhǐ〔牍〕御旨.思し召し.
钧座 jūnzuò ①長官に対する尊称.②〔牍〕貴下.閣下.

〔筠〕jūn 地名用字.〔～连县〕圏四川省宜宾市にある.→ yún

〔龟〕jūn → guī qiū

龟裂 jūnliè ①亀裂ができる(入る).〔天久不雨,田地～〕長いこと雨が降らず,田畑に地割れができた.〔皲裂〕

〔君〕jūn ①君主.皇帝.国君.〔～相 xiàng〕君主と宰相.〔～臣 chén〕君主と臣下.②〈文〉諸侯:卿大夫などの封号.〔孟尝～〕孟嘗君:戦国時代斉の宰相.③〈文〉統治する.主宰する.④〈文〉人に対する尊称.〔诸 zhū ～〕諸君.みなさん.〔李～〕李君.〔朱～自清/朱自清～〕朱自清君.⑤〈文〉あなた.(妻が)夫に対していう.〔～能来此 cǐ 否〕あなたはこちらへ来られますか.⑥〈姓〉君(ｸﾝ)
君侧 jūncè〈文〉君側.侍臣.寵臣.
君臣佐使 jūn chén zuǒ shǐ 中医薬〔佐〕:〔君〕は主な薬,〔臣〕は補助的な薬,〔佐〕は主薬の効きすぎを抑制して副作用を抑える薬,〔使〕は〔引 yǐn 经药〕で,各種の薬物を病患部へ誘導するとともにそれらの作用を調和する薬.
君火 jūnhuǒ 中医心臓にある全身の機能を司る力.

君临 jūnlín 君臨する.統治する.支配する.〔～天下〕天下に君臨する.〔～一切〕すべてを支配する.

君迁子 jūnqiānzǐ 植マトガキ(シナノガキ).〔黑 hēi 枣〕〔軟 ruǎn 枣〕〔羊 yáng 矢枣〕ともいう.実からカキ渋が採れる.

君权 jūnquán 君主の権力.〔～不振〕君主の威令が振るわない.→〔乾 qián ②〕

君上 jūnshàng〈文〉君主.

君士坦丁堡 jūnshìtǎndīngpǔ ⇒〔伊 yī 斯坦布尔〕

君王 jūnwáng〈文〉①王の尊称.②諸侯.天子.

君影草 jūnyǐngcǎo =〔铃 líng 兰〕植キミカゲソウ(スズラン).

君主 jūnzhǔ 国君.君主.〔～国〕君主制国家.〔～立宪 xiàn〕立憲君主制.〔～专 zhuān 制〕専制君主制.

君子 jūnzǐ ①知徳の優れた人.君子.〔～人〕同前.〔～国〕君子国.君子のような人ばかりの国.〔～之交淡如水〕君子の交際は水のようにあっさりしているが,永久に変わらない.〔正人～〕聖人君子.〔伪～〕えせ君子.〔～安贫,达人知命〕君子は貧に安んじ,達観の人は命を知る.〔以小人之心度～之腹〕小人の心で君子の心を計る.②(高い)地位・身分にある人.③旧廻者を指す.

君子报仇,十年不晚 jūnzǐ bàochóu, shí nián bù wǎn〈諺〉君子が仇を報じようとすれば,10年の時間をかけてもよい機会を捉えて目的を果たす.〔何必现在就和他拼命？～呢〕何も今さっそく彼と争うには及ばない,君子は仇を報ぜんとすれば,10年でも焦らず目的を果たすというではないか.

君子不跟命争 jūnzǐ bùgēnmìng zhēng〈諺〉賢者は運命に逆らわない.

君子成人之美 jūnzǐ chéng rénzhīměi〈諺〉君子は他人の長所を伸ばさせる.君子は他人の美質を全うさせる.

君子动口,小人动手 jūnzǐ dòngkǒu, xiǎorén dòngshǒu〈諺〉君子は口を動かし(道理で争い),教養のない人は手を動かす(腕力を用いて争う)

君子花 jūnzǐhuā〔莲 lián 花〕(ハス)または〔菊 jú 花〕(キク)の別称.

君子绝交,不出恶言 jūnzǐ juéjiāo, bùchū èyán〈諺〉君子は人との交りを絶つときも,悪口を言うことはない.

君子兰 jūnzǐlán クンシラン.クリビア.

君子协定 jūnzǐ xiédìng 紳士協定.〔绅 shēn 士协定〕ともいう.

君子一言,好马一鞭 jūnzǐ yīyán, hǎomǎ yībiān〈諺〉君子の一言は良馬の一鞭と同じで,取り返すことはない.〔您说办就办了,真是～〕やると言われておやりになったことは,まさに君子の一言ですね.

君子一言,驷马难追 jūnzǐ yīyán, sìmǎ nánzhuī〈諺〉君子の一言,金鉄の如し.〔你既然说出来了,可就是～,就算定下来〕君が言いだしたからには君子に二言なしで,これできまりだ.

〔莙〕 jūn 植①〔～荙 dá 菜〕フダンソウ.唐ヂシャ:葉を食用する.〔甜 tián 菜〕(テンサイ)の変種.②水藻の一種.

〔鲪・鮶〕 jūn 魚貝カサゴ(科の一種).〔黑～〕サンコウメヌケ.〔汤氏～〕セイカイ.→〔鲉 yóu〕

〔菌〕 jūn 菌(総称).〔细 xì 菌〕細菌.〔真 zhēn ～〕真菌.菌.〔霉 méi ～〕カビ.菌.〔结 jié 核杆～〕結核菌.〔酵 jiào 母～〕酵母菌.

菌柄 jūnbǐng 菌類の柄.

菌草 jūncǎo 園キノコ栽培用のわら.〔～技 jì 术〕以前によるキノコ栽培技術.〔木 mù 生菌技术〕(枯木にキノコ菌を寄生させる従来の技術)に対していう.

菌肥 jūnféi 農微生物肥料.

菌盖 jūngài 〔菌伞〕菌傘.

菌根 jūngēn 菌根.

菌类 jūnlèi 植菌類に:〔细 xì 菌〕〔黏 nián 菌〕〔真菌〕をいう.

菌落 jūnluò 生命菌の群落.

菌苗 jūnmiáo 医ワクチン.〔伤寒副伤寒混 hùn 合～〕腸(チフス・パラ(チフス)混合ワクチン.〔霍 huò 乱～〕コレラワクチン.〔百 bǎi 日咳～〕百日咳ワクチン.〔小儿麻痹 bì ～〕小児麻痺ワクチン.→〔疫 yì 苗〕

菌伞 jūnsǎn ⇒〔菌盖〕

菌丝 jūnsī 植菌糸.

菌褶 jūnzhě 植菌褶〕

菌株 jūnzhū 生命菌株.

菌种 jūnzhǒng 医ワクチンのもとになる病原菌生物.

〔麇(麕)〕 jūn 動キバノロ.〔獐 zhāng 子〕の古称.→ qún

〔俊(儁・雋)〕 jūn (Ⅰ)[俊] ①容貌がきわだって美しい.〔这个姑 gū 娘多～啊〕この娘さんは実にきれいだ.〈姓〉俊〈⑤〉
(Ⅱ)[俊(儁・雋)]才智が傑出している(人).才幹が衆にすぐれている(人).

俊拔 jùnbá =〔隽拔〕傑出している.

俊才 jùncái 俊才.

俊慧 jùnhuì 美しく賢明なこと.

俊杰 jùnjié 才知や徳行の衆に優れた人.英傑.〔识时务者为～〕〈文〉時勢を知る者は俊傑である.

俊朗 jùnlǎng 美しく生き生きしている.

俊迈 jùnmài 英邁〈文〉.傑出した秀才.

俊美 jùnměi 優れて美しい.(容貌が)美しい.眉目(る)麗しい.

俊民 jùnmín =〔俊士〕〈文〉俊秀な人.

俊男靓女 jùnnán liàngnǚ〈方〉かっこいい男や女.〔俊男倩女〕ともいう.

俊俏 jùnqiào 容姿がきれいで美しい.

俊俏 jùnqiào 容貌がきれいである.〔模 mú 样可～呢〕なりがとてもきれいだよ.〔～的姑 gū 娘〕きれいな娘さん.

俊士 jùnshì ⇒〔俊民〕

俊爽 jùnshuǎng ①明朗豪気である.②力強くきびやい.

俊伟 jùnwěi〈文〉①才智が卓越している.②傑出した人材.

俊秀 jùnxiù (容貌が)美しい.〔～的脸蛋〕眉目麗しい顔.(容貌が)眉目秀麗である.

俊雅 jùnyǎ 美しく上品である.

俊眼 jùnyǎn ①美しい目付き.②優れた眼力.

俊彦 jùnyàn〈文〉優秀な人材.

俊逸 jùnyì〈文〉①才知が抜きんでている.②美しく洒脱である.

〔浚(濬)〕 jùn ①(深く)さらう.川底をさらう.〔疏 shū ～〕同前.〔～井 jǐng〕井戸をさらう.〔～河 hé〕川をさらう.②深い.〔水流急 jí ～〕水流が急でまた深い.③〈文〉しぼり取る.奪い取る.④〈姓〉浚(⑤) → xùn

浚河机 jùnhéjī =〔浚泥机〕浚渫(⑥)機:〔挖 wā 泥机〕に同じ.

浚泥机 jùnníjī =〔挖 wā 泥机〕

浚泥船 jùnníchuán =〔挖 wā 泥船〕浚渫船.

浚泥机 jùnníjī =〔浚河机〕

〔峻〕 jùn ①(山の)高く険しいさま.〔高山～岭 lǐng〕高山,険しい峰.②厳しい.激しい.〔严刑～法〕厳しい刑と厳しい法律.〔性情急～〕性格が激しい.③〈文〉大きい.〔～德 dé〕大い

なる德. ④〈姓〉峻(しゅん).
峻拔 jùnbá 〈文〉(山が)高く切り立っている.
峻笔 jùnbǐ 〈文〉力強く深い文章.高邁な文章.
峻陡 jùndǒu 高く切り立っている.
峻法 jùnfǎ 〈文〉厳しく苛酷な法律.
峻急 jùnjí 〈文〉①性急で厳しい.[生性〜],作z风粗cū暴]生まれつき気性が激しく,やり方が乱暴だ. ②水流の速いこと.[〜的溪 xī 水]速い渓流.
峻节 jùnjié 〈文〉高い節操.
峻拒 jùnjù 厳しく拒絶する.
峻厉 jùnlì 〈文〉厳しい.[语气〜]語気が厳しい.
峻密 jùnmì 〈文〉厳密である.
峻峭 jùnqiào ①高くて険しい. ②〈文〉峻厳である.
峻险 jùnxiǎn 高く険しい.切り立った所で危ない.
峻泻剂 jùnxièjì ⇒[剧 jù 泻剂]
峻刑 jùnxíng 厳しい刑.
峻秀 jùnxiù (山が)高く美しい.
峻药 jùnyào 〈文〉薬性の強い薬.
峻擢 jùnzhuó 〈文〉特別に抜擢をする.高い地位に昇る.

[馂・餕] jùn 〈文〉食べ残り.[〜余 yú]同前.

[骏・駿] jùn ①〈文〉良馬.駿馬. ②〈文〉大きくて立派なさま.[神〜]同前. ③(速度が)速い.[〜奔 bēn][〜奔走]〈文〉速く走る. ④〈姓〉骏(しゅん).
骏骥 jùnjì 〈文〉俊れた馬.[喩]俊れた人材.
骏马 jùnmǎ 良馬.駿馬.[〜飞驰]駿馬が疾駆する.
骏业 jùnyè 〈文〉大事業.偉業.
骏足 jùnzú 〈文〉俊れた良馬.[喩]俊れた人材.

[焌] jùn 〈文〉火で焼く.火をつける. → qū

[竣] jùn (仕事が)終わる.完了する.[告 gào 〜][告成][完]竣工する.[诸 zhū 事已 〜]諸事すでに完了.
竣工 jùngōng 工事が完成する.[提 tí 前〜]予定より早く完工する.[还要多少时间才能〜]あとどれくらいで完成するのか.[〜仪 yí 式]竣工式.落成式 →[完 wán 工]
竣事 jùnshì 仕事が完了する.

[畯] jùn 固①農事を司った役人. ②農夫.

[郡] jùn ①圏地方行政区画の称:周代は[县xiàn]より大きかったが,秦制では天下を36郡に分け,郡は[县]を統べた. ②〈姓〉郡(ぐん).
郡守 jùnshǒu ①圏郡の長官:漢代には[太守]と称した. ②回宋代以降は,知府の別称.
郡王 jùnwáng 回爵位の一:[亲 qīn 王]に次ぐ.
郡望 jùnwàng 〈文〉郡内の名望家.
郡县 jùnxiàn 昔時の地方行政区画の称.[〜制]郡县制.一字解]
郡庠 jùnxiáng 〈文〉科挙時代の府立学校.
郡邑 jùnyì 回①郡と邑. ②現在の省と県に相当する.
郡主 jùnzhǔ 围皇太子の娘.围貴族の娘.围圃親王の娘.

[捃(攈・攟・攟)] jùn 〈文〉拾いとる.集める.
捃拾 jùnshí 〈文〉拾い集める.収集する.
捃摭 jùnzhí 〈文〉①採取する. ②人を攻撃する材料を集める.

[珺] jùn 〈文〉美玉の一種.

[隽(雋)] jùn 〈文〉才知が衆にぬきんでている:[俊(II)]に同じ. → juàn
隽拔 jùnbá ⇒[俊拔]

[寯] jùn 〈文〉①寄せ集める. ②才知が優れている:[俊(II)]に同じ.

[菌] jùn ①キノコ(総称):ふつう食用のものをいう.[蕈 xùn]に同じ.[〜菇 gū]きのこ類.[松 sōng〜]マツタケ.[香 xiāng〜][香蕈][香菇][香姑]シイタケ. ②〈姓〉菌(きん). → jūn
菌子 jùnzi 〈方〉きのこ(総称):ふつう[蘑 mó 菇]という.

[箘] jùn 〈文〉①囲マダケの一種. ②竹の子.
箘桂 jùnguì 囲[肉 ròu 桂]

K

ka ㄎㄚ

[咔] kā 〈擬〉カシャ.カチャ:かたいものが軽くあたる音.[〜的一声关上抽 chōu 屉]ガチャと引き出しを閉めた.
咔吧 kābā 〈擬〉ボキッ:ものが折れる音.[〜一声,树枝子折 shé 了]ボキッと音をたてて木の枝は折れた.[咔吧]とも書いた.
咔嚓 kāchā 〈擬〉バキッ:ものが突然,裂けたり折れたりする音.[咔嚓][喀嚓]とも書いた.
咔哒 kādā 〈擬〉カチャ.カチッ:ものが軽くあたる音.[咔哒][喀哒]と書いた.

[咖] kā → gā
咖啡 kāfēi 〈音訳〉コーヒー. ①囲コーヒーの木.またその実.[〜豆][〜子 zǐ]コーヒー豆. ②コーヒーの実の粉末. ③(飲料の)コーヒー.[〜茶 chá]は日本語の言い方.[煮 zhǔ〜]コーヒーを入れる.[〜壶 hú]コーヒーポット.[〜精 jīng]コーヒーエキス.[速 sù 溶〜]インスタントコーヒー.[〜厅 tīng](ホテル等の)喫茶ルーム.[〜馆(儿)][〜店][〜巴 bā][〜屋 wū]コーヒーショップ.コーヒー屋.喫茶店.[〜病 bìng]医コーヒーの飲みすぎによる症状.[卡 kǎ 布奇诺(〜)]〈音義訳〉カプチーノ.
咖啡杯 kāfēibēi ①コーヒーカップ. ②メリーカップ:遊園地などの遊具の一.回転する大きな円盤の上にカップ型の座席をいくつか取りつけたもの.
咖啡碱 kāfēijiǎn ⇒[咖啡因]
咖啡色 kāfēisè コーヒー色(の)
咖啡因 kāfēiyīn 〈音訳〉囮カフェイン:[咖啡碱][茶chá 精]ともいう.

[喀] kā 〈擬〉ゲホッ.コホッ:吐き出す,または咳をする時の音. ②訳音字.
喀吧 kābā ⇒[咔吧]
喀布尔 kābù'ěr 地カブール:[阿 ā 富汗伊斯兰共和国](アフガニスタン・イスラム共和国)の首都.
喀嚓 kāchā ⇒[咔嚓]
喀哒 kādā ⇒[咔哒]
喀尔巴阡山脉 kā'ěrbāqiān shānmài 地カルパチア山脈.
喀尔喀 kā'ěrkā ハルハ:明代の外蒙古の一部族,現在のモンゴル国の主要民族.
喀喇蚩 kālāchī 地[卡 kǎ 拉奇]
喀喇昆仑 kālākūnlún 地カラコルム:カシミール地方北部,トランスヒマラヤと崑崙山脈の間の山脈.
喀麦隆 kāmàilóng カメルーン:正式には[〜共和国].アフリカ中部西海岸に面する国家.首都は[雅 yǎ 温得](ヤウンデ)

喀秋莎 kāqiūshā 〈音訳〉カチューシャ.ⓐ人名:〔托tuō尔斯泰〕(トルストイ)の小説『復活』の女主人公.ⓑソ連の歌曲の名.ⓒソ連のロケット砲のあだ名.

喀斯特 kāsītè 〈音訳〉地カルスト.→〔岩 yán 溶〕

喀土穆 kātǔmù 地ハルツーム:〔苏 sū 丹共和国〕(スーダン共和国)の首都.〔喀土木〕とも書く.

〔揢〕 ká ①〔口〕(刃やナイフの刃をあてて)こそげる.けずり取る.〔~嗤 ·chi〕〈方〉同前.〔~土 tǔ 豆皮〕じゃが芋の皮をむく.

〔卡〕 kǎ ①〔⇨卡路里〕の略.〔含 hán 热量800~〕含熱量800カロリー.②カード.磁気カード.カード式の証明書.〔~式 shì〕カード式(の).〔~资料〕資料カード.〔~年历~〕カレンダー(カードのように小型のもの).〔信用~〕クレジットカード.〔会员~〕会員証.③トラック.〔十轮~〕十輪トラック.④カセット(テープレコーダの).〔双 shuāng~录音机〕ダブルカセットテープレコーダー.→qiǎ

卡巴 kǎbā 〈方〉がにまた.〔~着腿走〕同前に歩く.

卡巴裆 kǎbādāng 〈方〉(ズボンの股下の)まち.

卡巴迪 kǎbādí 〈音訳〉区カバディ:インド・バングラデシュなどの国技.〔捉 zhuō 蛟龙〕

卡宾枪 kǎbīnqiāng 〈音義訳〉カービン銃.〔警察拿着~在街头巡逻〕警察はカービン銃を持って街中の~.〔骑 qí 枪〕

卡波氏肉瘤 kǎbōshì ròuliú 〈音義訳〉医カポジ肉腫:〔艾 ài 滋病〕(エイズ)の発病を示す症状の一.

卡车 kǎchē 〈音義訳〉トラック:〔运 yùn 货汽车〕ともいう.〔~上交货价格〕経トラック渡し値段.FOT.

卡尺 kǎchǐ ①機キャリパールール:ノギス(バーニヤキャリパー)に似ていて〔游标〕(副尺)がない,ごく小さい球の直径や物の厚さを測るのに用いる.②〔游yóu 标〕(ノギス)の略称.③⇨〔卡钳〕

卡带 kǎdài カセットテープ.〔音乐 yuè ~〕カセット音楽テープ.

卡地阿唑 kǎdì'āzuò 化カルジアゾール:〔亚 yà 戊基四唑〕(ペンテトラゾール)に同じ.

卡丁车 kǎdīngchē スレーシングカート.ゴーカート.

卡箍 kǎgū 囲留め金.カラー:軸や管に外から巻く形であて,固定する.→qiǎgū

卡规 kǎguī 機はさみゲージ.

卡计 kǎjì ⇒〔量 liáng 热器〕

卡介苗 kǎjièmiáo 医BCG(ワクチン):〔结jié 核菌疫苗〕ともいう.〔~接种zhòng〕BCG接種.〔接种~转为阳性反应〕BCG接種で陽転させる.→〔结核菌素〕

卡克 kǎkè ⇒〔旋 xuán 塞〕

卡拉OK kǎlā ok 〈音義訳〉カラオケ:〔伴 bàn 唱音乐〕〔空 kōng 乐乐队〕〔无 wú 人乐队〕〔客 kè 乐乐歌〕などともいう.〔~病 bìng〕医カラオケ病:声が出なくなる症状.

卡拉奇 kǎlāqí 地カラチ:〔喀 kā 喇蚩〕〔喀喇基〕とも書いた.〔巴 bā 基斯坦〕(パキスタン)の旧首都.〔伊 yī 斯兰堡〕(イスラマバード)が現首都.

卡刺特 kǎlātè ⇒〔卡斯特〕

卡路里 kǎlùlǐ ⇨〔加 jiā 路里〕物カロリー.記号cal:〔卡①〕と略称する.〔千 qiān 卡(路里)〕キロカロリー.記号 kcal.⇨〔焦 jiāo 耳〕〔热 rè 量〕

卡伦 kǎlún 旧蒙古地方にある外敵に対する見張り所.

卡门 kǎmén 劇カルメン:フランスの作家メリメの小説·歌劇.またその主人公名.

卡迷 kǎmí カードマニア.カード収集家:〔卡友 yǒu〕ともいう.

卡那霉素 kǎnàméisù 薬カナマイシン:抗生物質の

一種.

卡内基音乐厅 kǎnèijī yīnyuètīng 〈音義訳〉カーネギーホール:アメリカのニューヨークにある音楽会場.

卡农 kǎnóng 音カノン.

卡帕 kǎpà 〈音訳〉(ギリシア文字)Κカッパ.→〔希 xī 腊字母〕

卡片 kǎpiàn カード:〔卡②〕ともいう.〔圣 shèng 诞~〕〔冬年〕クリスマスカード.〔贺 hè 年~〕年賀状.〔~目录〕カード目録.〔~穿孔机〕カード穿(穿)孔機.〔~阅 yuè 读机〕〔~读 dú 出器〕〔读卡器〕カード読み取り機.

卡普隆 kǎpǔlóng 〈音義訳〉カプロン:〔卡普纶〕ともいう.→〔聚 jù 酰胺纤维〕

卡其 kǎqí 〔卡叽〕〔咔叽〕とも書いた.〈音訳〉①カーキ.〔~色〕カーキ色(の).②紡(綿)サージ.〔~布bù〕同前.

卡钳 kǎqián カリパス(キャリパス).測径両脚器:〔卡尺③〕ともいう.〔内~〕内(径用)カリパス.〔外~〕外(径用)カリパス.→〔分 fēn(线)规〕〔圆 yuán 规〕

卡萨布兰卡 kǎsàbùlánkǎ 地カサブランカ:〔卡港gǎng〕ともいう.アフリカ北西部,モロッコ中部の港市.

卡萨赫 kǎsàhè ⇒〔哥 gē 萨克〕

卡什米尔 kǎshímǐ'ěr ⇒〔克 kè 什米尔〕

卡式 kǎshì 〔~录 lù 音机〕①カセット式(の).〔盒式录音机〕カセットテープレコーダー.②カード式(の).〔~电话机〕同前の電話機.

卡斯特里 kǎsītèlǐ 地カストリーズ:〔圣 shèng 卢西亚〕(セントルシア)の首都.

卡他 kǎtā 〈音訳〉医カタル:諸管の粘膜の滲(渗)出性炎症.

卡塔尔 kǎtǎ'ěr カタール.正式には〔~国〕:アラビア半島中北部ペルシャ湾に臨む国.首都は〔多 duō 哈〕(ドーハ).

卡特尔 kǎtè'ěr 〈音訳〉経カルテル.企業連合:〔卡德 dé 尔〕〔卡忒 tè 尔〕〔加 jiā 迭尔〕〔加特尔〕とも書いた.〔联 lián 合企业~〕〔~组 zǔ 织〕カルテル組織.〔~协 xié 定〕カルテル協定.〔七大国际石油~〕七大国際石油カルテル.

卡特兰 kǎtèlán 植カトレア(総称):〔卡特来兰〕という.

卡通 kǎtōng ①⇒〔动 dòng 画片〕②⇨〔漫 màn 画〕

卡纸 kǎzhǐ カートン紙.厚紙.

〔佧〕 kǎ

佧佤族 kǎwǎzú ⇒〔佤族〕

〔咔〕 kǎ → kā

咔叽 kǎjī ⇒〔卡其〕

咔唑 kǎzuò ⇒〔氮 dàn 芬〕化カルバゾール.

〔胩〕 kǎ ⇒〔异 yì 腈〕

〔咯〕 kǎ (カーッと)吐き出す.〔~痰 tán〕痰を吐(する).〔~血 xiě〕医喀血(咯)(する).〔把鱼刺 cì ~出来〕魚の小骨の(刺さったの)を吐き出す.→ gē lo luò

kai ㄎㄞ

〔开·開〕 kāi (Ⅰ)①(閉鎖しているもの)を開く.あく(ける).〔~门①〕門をあける.〔门~了〕門があいた.↔〔闭 bì 门〕〔关 guān ①〕 ②切り開く.開削する.〔~个吃 gē 瘩

kāi

开 おできを切開する.〔墙 qiáng 上～一个洞〕壁に穴をあける.〔～采石油〕石油を採掘する. ③(合わさったもの,つながったものが)解ける.ほころびる.ほころぶ.〔花儿遍 biàn 地开,永远不败〕花があたり一面に咲きみだれている.もほころびない.〔开口儿～了〕結び目がほどけた.〔两块木板没粘好,又～了〕2枚の板の接着が悪く,またはがれた. ④(氷が)とける.〔河～了〕(川の水)がとけた. ⑤(封鎖・禁令・制限などを)解除する. ⑥(機械・車・船・飛行機・鉄砲などを)操縦する.作動させる.始動する.〔机器～〕機械を動かす.〔～风扇〕扇風機をかける.〔火车～了〕汽车は発車した.〔北京二十点二十分到,四十分～〕北京,20時20分着,40分発. ⑦(部隊の)〔昨天～来了两个师的人〕昨日2個師団が到着した. ⑧創立する.開設する.〔新～一个剧院〕新しい劇場を建てた.〔这个商店～了两年了〕この店は開設されて3年になる. ⑨(会などが)始まる(ひらく).〔～了戏 xì 了〕芝居が始まった.〔饭在哪里～〕食事はどこでするか. ⑩挙行する.とり行う.開催する.〔～运动会〕運動会を挙行する. ⑪(項目の内容などを)書き出す(値段などを)表示する.〔～药 yào〕処方箋を出す.〔～药郎中〕〈喩〉やぶ医者;薬だけを出す医者. ⑫支払いをする.〔～车钱〕車代を払う.〔～两个月的工资〕2か月分の給料を支払う. ⑬⑭湯が沸く(を沸かす).〔水～了〕湯が沸いた. ⑤〔-儿〕量詞.沸騰した回数.〔水～了俩～儿〕2度沸騰した. ⑭〈方〉除名する.辞めさせる. ⑮書き並べる.列挙する.〔计 jì ～…〕内訳は次のとおり.〔内～…〕公当該文書の内容は以下のとおり. ⑯〈方〉食べる.平らげる.〔他把十个包子都～了〕彼はパオズを10個ぺろりと食べてしまった. ⑰(10で)分けるに分ける:合計して10になる2つの数字の後に用いて,その割合で分配・評価をする.〔这笔钱咱们三七～〕このお金を俺らで3対7で分ける. ⑱量詞.印刷用紙の全紙の大きさ(787×1092)(旧四六版)とほぼ同じ)を何等分に裁断するかをいう."切り".〔全 quán ～〕全紙.〔八～白报纸〕同前の8分の1の新聞紙.→〔开本〕 ⑲〈姓〉.

(II)動詞の後に置き,その動作の結果が以下の状態になることを表す. ①閉じたものが開く.〈窗 chuāng 户透透风儿〕窓を開けて風を通す.〔拉～抽 chōu 屉〕引出しをあける.〔～不～〕開かない.〔拿 ná ～〕わきへやる.片付ける.〔分～〕分かれる.分ける.〔拿剪子铰 jiǎo ～〕はさみで切り裂く.〔解 jiě ～〕解く.ほどく.〔离 lí ～〕離れる.離す.〔撕 sī ～〕裂き(ちぎり)とる.〔切り開き切り離す.〔把地上的土扫 sǎo ～〕地面のほこりを掃きのける. ②広がっていく.始まり引きがわいていく.〔绿化在全国推 tuī 广～了〕緑化は全国で広く押し広められてきた.〔蔓 màn 延～〕すっかり蔓延した.〔两个人越说越高兴,索性聊 liáo ～了〕二人は話すほどにますます興がのって,思う存分にしゃべりまくった.〔从心眼儿里笑～了〕心の底から大いに笑った.〔有一个人笑了,全场就笑～了〕一人が笑うと会場も笑いが広まった. ③はっきりする.解き放つ.〔说～〕はっきりさせる.〔看～〕達観する.あきらめる.〔想不～〕あきらめられぬ. ④(場所が)収容しきれる.〔屋子大,三十人八也坐得～〕部屋が大きく30人でも座れる.〔人多,住不～〕人数が多くて住みきれない.

(III) 〔～〕カラット〔～儿〕特〔～勒〕〔加 jiā 勒〕はカラット.合金中の金の純分の単位.純金を〔24～〕とする.〔18～金〕18金.→〔克 kè 拉〕 ②物ケルビン(温度).記号 K:熱力学温度の単位:〔～尔文〕の略.

开拔 kāibá 軍(軍隊が)駐屯地を出発する.転進する.移動する.

开班 kāibān ①新しいクラスを作る.開講する. ②定期バス(電車)の運転をする. ③回彼女などに線香をつける.

开办 kāibàn 事業を始める.開業する.創立する.〔～医院〕病院を開業する.〔～培训班〕研修グループをつくる.〔～费〕創業費.→〔创 chuàng 办〕

开本 kāiběn (書籍の大小や型の)版:印刷用紙全紙の裁断回数による大小によって表す.〔十六～〕16ページ掛け.16折りの(の版):B 5版.〔三十二～〕32ページ掛け.36折りの(版):B 6版.→〔字解(I)〕⑱

开笔 kāibǐ ①回(子供が)詩や文を作ることを習い始めること. ②書き始める.〔新春～〕初春に同前する. ③文章や本を書き始めること.

开编 kāibiān 編集が始まる.〔那本词典已经～了〕あの辞書は編纂がもう始まった.

开标 kāibiāo (入札の)開票をする.開札する.→〔开票①〕

开播 kāibō ①番組の放送開始(する). ②(放送局を)開局(する). ③種まきを始める.

开捕 kāibǔ 狩猟魚漁の解禁.

开步 kāibù 足を前に踏み出す.〈喩〉(事業の)歩みを始める.

开埠 kāibù 開港する.通商港を開く.

开采 kāicǎi (鉱山などを)採掘する.〔～矿 kuàng 藏〕鉱山を採掘する.〔新法〕新式採掘方法による採掘.

开仓借粮 kāicāng jièliáng 〈成〉倉をあけて貧民に食糧を放出して救済する:〔开仓济贫〕ともいう.

开槽机 kāicáojī ①みぞ切り機.

开衩袍 kāichàpáo 圃礼服の一種:身ごろのすそ(前または前後左右)に切れ込みのある〔袍子〕(長衣).→〔袍①〕

开衩 kāichà (衣服のすその)切れ込み(スリット)を入れる.

开衩儿 kāichàr =〔开气儿〕服スリット.切れ込み.ベンツ:〔开口儿②〕〔衣 yī 衩(儿)②〕に同じ.

开拆 kāichāi ①開封する.開く. ②取り壊す.解体する. ③分ける.〔四六〕四分六(分)に分ける.

开差 kāichāi 回①部隊を退く. ②軍隊の配備を変える.〔军队开了差了〕軍隊が移動した.〔青帮,红帮〕が他地へ行って悪事を働くこと:〔开差使〕ともいう.

开场 kāichǎng 開場(する).幕があく(あがる).〔戏七点半～〕芝居は7時半に始まる.〔你的发言,给会议作了个很好的～〕君の発言で会議はいいスタートをきったよ.

开场白 kāichǎngbái ①(芝居・講釈などの)前口上.プロローグ. ②〈喩〉文章や講演などの前置き(の言葉).↔〔收 shōu 场白〕

开场锣鼓 kāichǎng luógǔ ⇒〔闹 nào 台〕

开畅 kāichàng (気持ちが)伸びやかである.〔心怀～〕心が伸びやかである.

开车 kāichē ①車を運転する.〔～族 zú〕マイカー族.→〔驾 jià 驶〕

开车的 kāichēde 運転手.運ちゃん:〔开车夫〕〔开车人〕ともいう.ふつう〔司 sī 机②〕という.

开诚布公 kāichéng bùgōng 〈成〉誠心誠意で公平を持する.〔就这个问题～地交换了意见〕この問題について胸襟を開いて意見の交換をした.

开诚相见 kāichéng xiāngjiàn →〔开心见诚〕

开秤 kāichèng 秤(ばかり)始める.〈転〉(主として季節物の)買い入れを始める.

开初 kāichū ⇒〔当 dāng 初〕

开除 kāichú ①=〔开革〕〔辞 cí 退①〕免職にする.

kāi 开

解雇する.辞めさせる.[~公职]公職を免ずる.[我早把他~了]わたしはとっくに彼を辞めさせた.[~解 jiě 雇] ②取り除く.取り去る.③除名する.[~出党]党から追放する.[~他出会]彼を除名して会から除名して会から追い出す.[~学籍]学籍を剥奪する.

开锄 kāichú その年に初めて畑を鋤(すき)くこと.

开船 kāichuán ①船を運航させる.②出帆(する).[~便遇打头风]出帆するなり逆風に遭う.[~顶风船]<喩>さい先が悪い.運が悪い.[开顶风船]<喩>困難に立ち向かう.

开窗信封 kāichuāng xìnfēng 窓付き封筒:パラフィン紙またはセロハン紙を貼った中央の窓から名が見える.

开创 kāichuàng 創業する.(事業を)始める.[~性 xìng]クリエイティブ(である).[~人才]同前の人材.[~新局面]新局面を切り開く.[~时期]創業期.

开槌 kāichuí 競売(せり・オークション)を始める:[开拍③]ともいう.

开春(儿) kāichūn(r) ①春になる.②初春(に):多くは旧暦の正月や立春前後を指す.

开打 kāidǎ ①[劇](芝居の)立ち回り(をする).②[スポ](球技で)試合を始める.

开裆裤 kāidāngkù [服](幼児用の)尻の部分が用便のため開くようになったズボン:冬には風がふきこんで寒いので縄入れの前掛かけから尻を腰腰部まで垂れ下げる.これを[屁 pì 股帘][屁帘儿][屁帘子]という.→[缦 màn 裆裤]

开当铺 kāidàngpù <方>質屋を開店する.<転>②宴席で拳を打つ方法の一種:酒杯を一人のところに集めて,その一人が他の人と次々に拳を打ち,勝てば杯を相手にさし,負ければ自分が飲むということを酒杯が満るまで続ける.→[划 huá 拳②] ⑥(酒を飲みすぎて)腹下しをする.嘔吐する.

开刀 kāidāo ①医外科手術をする.メスを入れる.[他的病重 zhòng 了,得一啦]彼の病気は重い,手術をしなければならない.→[手 shǒu 术] ②旧打ち首にする.[~问斩 zhǎn 决]同前.③<喩>そこから手をつける.(真っ先に)槍玉にあげる.やっつける.[总不能拿咱~啊]どうしておれたちを血祭りに上げることなぞできるもんか.[首先生是人民文化教育陣地的~]まず文化教育の陣地にメスを入れた.

开导 kāidǎo 教え導く.[请您多~~他]彼女をよろしくご指導ください.[~耐 nài 心~]辛抱強く導く.

开道 kāidào 道を開いて先導する.[~车]先導車.

开倒车 kāidàochē (車を)逆走させる.後退させる.<喩>時代に逆行する.[开历史的倒车]歴史の車輪を逆に回す.

开灯 kāidēng ①明かりをつける.[开电灯]電灯をつける.[开红 hóng 灯]ストップをかける.[~绿 lǜ 灯]ゴーサインを出す.②[旧]火をつけてアヘンを吸う.

开店 kāidiàn 店を開く.開店する.

开吊 kāidiào ①=[开丧][旧]人が亡くなった家で出棺前に弔問を受けること.→[领 lǐng 帖] ②大型のものを吊るげる(して組み立てる)

开冬 kāidōng ①冬になる.②初冬(に)

开动 kāidòng ①(機械などを)始動する.[~机 jī 器]②同前.⑥<喩>頭を働かせる.[~脑 nǎo 筋]頭を働かせる.②(軍隊が)出発前進する.(機械等)作動を続ける.

开冻 kāidòng (春になって)結氷がとける.

开赌 kāidǔ 賭博場を開く.カジノを開く.

开端 kāiduān =[起 qǐ 头(儿)]発端.始まり.きっかけ:[开头(儿)]と同じ.[不可叫他开个端]彼にこんな例を作らせちゃいけない.[无论做什么事,凡是~的时候都免 miǎn 不了有些困难]何をなすにも初めはすべていくらかの困難は免れない.

开恩 kāi'ēn [旧]恩恵を施す.寛大にする:人に寛容を請う際に用いる.[请您~]どうかご容赦下さい.

开尔文 kāi'ěrwén [物]ケルビン(温度).記号K:熱力学温度の単位.単に[°K(即②)]ともいう.[~(温)度][氏度]は[绝 jué 对温度]の別称.

开发 kāifā ①[物]拓く.⑧(資源や土地利用を)開発する.[~荒山]荒れた山を切り開く.[~水力资源]水力資源を開発する.[~度 dù]開発の度合い.[~公司]~公司]開発業者者.ディベロッパー.⑥(製品や技術を)新たに作り出す.[~新产品]新製品を開発する.②(人材を)発掘・育成する.③教え導く.[~愚蒙]愚か者を教え導く.

开发区 kāifāqū →[经 jīng 济技术开发区]

开发 kāifa 支払いをする.[把各种费用,都分别~了]いろいろな費用はいっさいの支払った.[车钱从我们账上~]車代はわたくしの方の会計から払います.

开饭 kāifàn ①食べ始める.食事を始める.[怎么还不~呢]何でまだご飯にしないのか.②料理の提供を開始する.[食堂六点半~]食堂は6時半に始まる.

开方 kāifāng ①[数]開方.②[~儿]処方を出す.[开大处 chǔ 方]過剰な投薬をする.

开房间 kāifángjiān (ホテルなどの)部屋を借りる.[背 bèi 着父母双双~的报道,越来越多了]父母の目を盗んで二人でホテルであいびきするといった記事がますます多くなってきた.

开放 kāifàng ①(花が)咲く.満開になる.[百花~]百花が咲きそろう.②(封鎖・禁令・制限などを)解く.[对内改革,对外~]国内では改革を,国外には開放を(スローガン).[~度 dù]開放度.[~档dàng 案]文書公開.[~型 xíng]開放型.[~门mén 户]門戸を開ける.[~价 jià 格]オープン価格.[~商埠]貿易港を開く.[从本月15日起对中外遊 yóu 客~]今月15日より内外の観光客に公開される.③一般公開する.[暂时还~不了 liǎo]しばらくの間は公開できない.[御苑~多年了]御苑はだいぶ前から公開されている.④放出する.[~冷lěng 气]冷房中.⑤心がおおらかである.こだわらない.[性 xìng 格~]性格が明朗である.

开封 kāifēng ①(手紙の)封を切る.密封したものをあける.→[启 qǐ 封②] ②[地]河南省にある市.

开缝螺母 kāifèng luómǔ ⇒[对 duì 开螺母]

开赴 kāifù (隊伍が目的地に向かって)出動する.[~前线]前線へ出動する.

开杆 kāigān [スポ]ビリヤード・ゴルフ・釣りの試合を始める.

开杠 kāigàng (マージャンで)槓(カン)をする.

开割 kāigē ①ゴムの木から初めて樹液を採る.②刈り入れをする.

开革 kāigé ⇒[开除①]

开工 kāigōng ①工事を始める.着工する.[~典diǎn 礼]施工式.②生産・操業を開始する.[完wán 全~]完全操業する.[工厂~率 lǜ]工場の稼働率.[~不足]稼働率が低い.

开弓 kāigōng 弓を引きしぼり放つ.[~没有回头箭]<諺>弦(ゆみ)を離れた矢はもどらない.

开关 kāiguān ①=[电 diàn 门][電]スイッチ.電気開閉器.[~板][~屏 píng][配 pèi 电板][配电盘]回[配电盘].スイッチボード.[闸刀~][刀形~]ナイフスイッチ:小さいハンドルをおこしたり寝かせたりして電路の開閉をするスイッチ.[只要按一下温控设备的~,就会自动调节温度]ただ温度調節用のスイッチを押しさえすれば

开 kāi

自動的に温度は調節される．→〔电闸〕　②〔機〕バルブ．弁．〔油厂〕～〕スロットルバブル．③開閉(する)．〔启 qǐ 闭〕④税関を新設する．〔新区海关即 jí 将～〕新区の税関が近く開かれる．

开馆 kāiguǎn 開館する．

开罐器 kāiguànqì ⇒〔开听刀〕〔罐头刀〕罐头起子〕缶切り．→〔开塞钻〕〔起 qǐ 子①〕

开光 kāiguāng ①〔開眼②〕⑫(仏教で)仏像ができあがり開眼供養をする．〔～戏 xì〕同劇のとき上演の芝居．②回納棺の時，死者の子女が綿に水を含ませて死人の眼を拭いてやること．③〈冗談で〉理髪する．頭を剃る．

开锅 kāiguō 鍋がたぎる．沸騰する．煮え立つ．〈喩〉大騒ぎする様子．〔嚷 rǎng 得开了锅似的〕〈慣〉てんやわんやの大騒ぎになる．

开国 kāiguó 国を建てる．〔～元勋 xūn〕建国元勲．〔～大典〕建国式典．

开航 kāiháng ①新しい，あるいは停止していた航路・路線が)航行を開始する．〔新中国民用航空从1950年～〕新中国の民用航空は1950年に航行が開始された．②〔通 tōng 车①〕(船舶が)出帆する．

开合 kāihé 分かれてまた合する．開いたり閉じたりする．

开河 kāihé ①川の氷が融けて船が通れるようになる．↔封 fēng 河〕②河道を切り開く．〔开了一条河〕河道をつくった．→〔信 xìn 口开河〕

开合螺母 kāihé luómǔ ⇒〔对 duì 开螺母〕

开后门 kāihòumén ①裏門を開く．裏口を開けておく．②〈喩〉職権を利用して便宜を図る．便宜をあたえる．裏取引をする．〔～走 zǒu 后门儿〕

开户 kāihù ①(金融機関などの)口座を開く．〔开个户头 tóu〕同前．〔～行 háng〕勘定銀行．〔～一元即 jí 可～〕10元で口座が開ける．〔退 tuì 户①〕②⑤賤民が功労によって平民に編入されたこと．

开花弹 kāihuādàn ⇒〔榴 liú 弹〕

开花豆(儿) kāihuādòu(r) ⇒〔兰 lán 花豆儿〕豆油で揚げたそら豆．

开花结实 kāihuā jiēshí 花が開いて実を結ぶ．〈喩〉(修業・仕事の上で)良い結果が出る．〔开花结果〕ともいう．

开花螺丝帽 kāi huāluósīmào ⇒〔蝶 dié 形螺母〕⑧菊ナット．

开花(儿) kāihuā(r) ①花が咲く．②物がはじけ割れる．〔～馒 mán 头〕⑤上の方がぱち切れたマントー．〔这只鞋～儿了〕この靴は穴があいた．③〈喩〉うれしくて顔がほころびる．〔乐开了花〕楽しさがはちきれそう．〔心里开了花〕心中嬉しさが一杯なさま．④(事業が)発展する．経験が伝えられて(広く)成果をあげる．〔全面～〕(事業が)全面的に発展する．経験が伝えられて(広く)成果をあげる．〔遍 biàn 地～〕いたるところに発展がみられる．⑤〈方〉明るみに出る．悪い結果となる．〔这件事如不及早处 chǔ 理,迟早得 děi 开了花〕この件は早く始末をしないと，いつかは表ざたになってしまう．

开化 kāihuà ①文明が開け進歩する．〔这个地方至今还没有～〕ここらは今もなお民度が低い．〔～最早的民族之一〕開化が最も早い民族の一つ．②古い考えが改まる．〔我去～他〕一つ彼の狭い考えを改めてやろう．③雪や氷がとける(とけ始める)．④〈方〉消化する．こなれる．⑤〈方〉心がのびやかになる．

开怀 kāihuái ①胸襟を開く．②心ゆくまでする．〔～畅 chàng 饮〕胸襟を開いて大いに飲む．〔喜 xǐ～〕大いに喜ぶ．〔乐也开了怀〕心ゆくまで楽しんだ．

开怀儿 kāihuáir 〈口〉最初の子を身籠もる．〔子を産む〕．〔她没开过怀〕彼女は子供ができた(子どもを産んだことが)ない．→〔怀孕〕

开荒 kāihuāng 荒地を開墾する．

开会 kāihuì 開会をする．寄り合いをする．会議をする(出席する)．〔准 zhǔn 时～〕時間どおりに開会する．〔他～去了〕彼は会議に参加するために行った．〔开了三天会〕会議を三日間開いた．会議を三日間出席した．〔会开得怎么样〕会議の様子はどうでしたか．〔今天的会开不了〕今日の会議は取りやめだ．〔会议没开成,流会了〕会議は成立せずで流会となった．〔会开完了〕会議が終わった．→〔集 jí 会〕

开荤 kāihūn ①〔开斋①〕精進落とし(開き)をする．→〔吃 chī 素〕②初めて目新しいことを経験する．〔开洋荤〕外国で同前．〔这次可真～了〕今回が初体験だ．

开伙 kāihuǒ ①(食堂で)食事を提供する．料理を出す．②まかないを始める．

开火(儿) kāihuǒ(r) ①軍発砲する．開戦する．〔～！射てぇ．発射(号令)．→〔开战〕②〈喩〉言葉や文章で攻撃する．〔如果他在会上不认错,你们就向他～〕彼が席上でもし誤りを認めないときは君たちが口火をきってくれ．

开豁 kāihuò ①度量が広い．おおようでこせこせしない．〔难得他心地～,不拘小节〕彼は気が大きくて,こせこせしないのはたいしたものだ．②心持ちが開ける．気分が明るくなる．〔常常看书看报,思想也～多了〕始終書物や新聞を見ていると考え方もずっと広くなる．③広々としてすがすがしい．開けて明るい．

开机 kāijī ①機械を始動する．電源を入れる．②電影立ち上げる．起動する．③〔开拍①〕

开价 kāijià ①(売る)値段をつける．②言い値．(オークションの)開始価格．

开架 kāijià 自由に棚から物を取り出すことができる．〔～式 shì〕開架式(の)．〔～售 shòu 货〕顧客選び取り式の販売．セルフ式販売．

开间 kāijiān ①⑧正面から見た柱間数(桁の長さ)をいう．一つの柱間はほぼ10尺．〔单～〕ひと間(10尺幅)の家．〔双～〕ふた間(20尺幅)の家．〔五～の住宅〕五間口(50尺幅)の住宅．②部屋の広さ．〔这间屋子～很大〕この部屋は構えが広い．③(一柱間分の)出窓．ベランダ．→〔间穿〕〔进 jìn 深〕〔门 mén 面〕

开建 kāijiàn 建設を始める．②設立する．創建する．

开讲 kāijiǎng ①講義を始める．②講談を始める．

开奖 kāijiǎng 当たりくじの当選番号を確定する(発表する)．

开桨 kāijiǎng ⑤ボートレースを始める．

开交 kāijiāo 結末をつける．解決する．〔不可～〕の形で用いる．〔忙得不可～〕忙しすぎてどうにもならない．動きがとれない．〔舆论沸腾不可～〕世論が沸騰して手のつけようがない．〔他们意见闹得不可～〕彼らは意見が衝突して，どうにも裁きがつかない．

开胶 kāijiāo (粘着剤で)貼り付けたものが剥(は)れる．とれる．

开叫 kāijiào ①(トランプの)ブリッジカード出しを始める．②(競売で)切り出し値を呼ぶ．③虫が鳴き始める．

开街 kāijiē (商店)街や通りがオープンする．

开解 kāijiě ①慰めて気が晴れるようにしてやる．②言いきかせ分からせる．③救い出し解放する．

开戒 kāijiè ①⑫戒律を解く．②〈喩〉(禁じていたのをやめさせた)事をやり始める．〔他戒了三天酒,又～了〕彼は三日間,酒をやめたがおもうと,もうやめ始めた．〔大开杀 shā 戒〕〈喩〉死刑を再開する．

开金 kāijīn 金を含んだ合金．〔十八～〕18金(K)．→字解⑩①

kāi 开

开襟 kāijīn 图中国服の前身ごろが左右に開くもの.〔对 duì ～〕中央で左右に開くもの.〔右 yòu ～〕右あわせ.

开禁 kāijìn 禁を解く.解禁する.

开镜 kāijìng 劇クランクインする.撮影開始する:〔开拍()〕に同じ.〔～仪 yí 式〕同例のセレモニー.

开局 kāijú ①対局する.試合を始める.またその序盤.②(仕事や作業を)始める.またその立ち上がり.

开具 kāijù ①(証明書や伝票を)作成する.〔～清 qīng 单〕清算書を作成する.②⇒〔开列〕

开卷 kāijuàn ①巻を開く.読書する.〔～有益 yì〕巻を開けば益する所あり.②(試験に)参考書持ち込み可.〔～考试〕同制の試験.↔〔闭 bì 卷〕

开掘 kāijué ①掘る.〔～机 jī〕鑿井(さく)機.井戸掘り機.②(文学・文芸で)深く掘り下げて表現する.

开浚 kāijùn 浚渫(しゅんせつ)する.

开科 kāikē 科挙の試験を実施する.→〔科挙〕

开课 kāikè ①始業する.授業が始まる.②講座を開く.講義をする.

开垦 kāikěn 開墾(する).〔～荒 huāng 地〕荒地を開墾する.

开口 kāikǒu ①口を開く(いて言う).話を始める.〔开金口〕喩貴重な発言をする.〔他～闭口就是骂 mà 人〕彼は何を言っても人の悪口になる.〔从不说对不起,也不说谢谢你,一混 hùn 账,but 笨 bèn 蛋〕"すみません"も"ありがとう"も言わないで,何かと言えば"あほう","ばか"だ.〔喻言葉づかいが悪いこと.②〔启 qǐ 齿〕口をひろげる.穴をあける.割れ目をつくる.③請求する.④⇒〔开刃儿〕

开口垫圈 kāikǒu diànquān 機①C形座金(ざ).割り座金.〔C形垫圈〕に同じ.②→〔垫圈〕

开口饭 kāikǒufàn 旧演劇などで生計をたてること.〔吃 chī ～〕役者稼業をする.

开口呼 kāikǒuhū →〔四 sì 呼〕

开口儿 kāikǒur ①穴をあける.口をひろげる.割れ目をつくる.②服の切りこみ(ベンツ):〔开衩儿〕に同じ.③(赤ん坊に対する)初めての授乳.

开口僧 kāikǒusēng (中国の布靴で)前面の縦の縫い目が開いたままにしたもの.→〔单 dān 脸儿鞋〕〔鞋 xié〕

开口跳 kāikǒutiào ⇒〔武 wǔ 丑〕

开口销 kāikǒuxiāo 〔开尾销〕機割りピン:ナットその他の回転を防ぐピン.

开口笑 kāikǒuxiào ①口を開けて笑う.②食小麦粉をこねて油で揚げたもの:口が開いた形.

开口子 kāikǒuzi ①河川の堤防が決壊する.〔黄 huáng 河开了口子〕黄河の堤防が決壊した.②〈喩〉抜け穴をつくってやる.裏道をあける.〔我不能开这个口子〕そんな規則破りは私にはできない.

开快车 kāikuàichē 〈喻〉スピードアップする.拍車をかける.〔开始干 gàn 得很慢,最后只好～了〕はじめのんびりやったので最後はバタバタと片付けてしまうほかなかった.

开旷 kāikuàng〈文〉がらんと広い.

开矿 kāikuàng 鉱山を採掘する.〔～执 zhí 照〕鉱山採掘許可証.

开阔 kāikuò ①広々としている.〔～地〕軍障害物のない広く開けた土地.②広く開ける.広げる.〔～眼 yǎn 界〕視野を広くする.③明るい.朗らかである.心がゆったりしている.〔他是一个心胸～而活泼愉快的人〕彼はじ心が広くて活発で愉快な人だ.

开来 kāi lái ①動詞の後に置き,動作の結果が分かれたり,広がったりすることを表す.〔他的赵光腔的外号,从此就叫～了〕(周·暴)彼の裸の趙というあだ名はその時から広まった(よく呼ばれるようになった).②動詞の後に置き,拡大したり,はっきりすることを表す.〔扩～〕拡大してくる.〔天渐渐地亮～了〕空はだんだん明るんできた.

开朗 kāilǎng ①開け放しで明るい.明朗である.〔思想～〕考え方が楽観的である.〔心情～〕気持ちが明るい.〔性 xìng 格～〕性格が明朗である.〔具有～,活泼,勇敢的性格〕明朗,活発,勇敢な性格をもつ.②明るく広々としている.〔眼前豁然～〕目前がぱっと広々と開ける.

开擂 kāilèi 武術の試合を始める.〈喩〉競技を始める.〔打 dǎ 擂台〕

开犁 kāilí 農一年の最初に犂(すき)を入れて畑を耕やすこと.②⇒〔开荒〕

开例 kāilì 先例を開く.〔如果从你这里～,以后事情就不好办了〕もし君からこんな前例を作ったら,後がやりにくくなる.〔不能～〕先例としない.

开镰 kāilián 旧刈り入れを始める.〔小麦 mài 快熟了,下个月就～〕小麦はもうじき熟れる,来月になったらさっそく刈り入れになる.↔〔收 shōu 镰〕

开脸 kāiliǎn ①旧女性が結婚する前に顔やひたいのうぶ毛・むだ毛を抜き去り,特にひたいの部分は広い角ひたいになるように抜きそろえること.顔の毛を抜く技術を〔绞 jiǎo 脸〕という.また,未婚の女性は〔～〕しないことになっているので,未婚の娘のことを〔毛 máo 脸姑娘〕という.→〔大 dà 开脸〕②美顔の部分を描く(彫刻する).

开链烃 kāiliàntīng ⇒〔链式碳氢化合物〕

开列 kāiliè 〔开具〕書き出す.書き連ねる.リストを作る.〔～于左 zuǒ〕〈文〉左に列記する.〔～账 zhàng 目〕勘定を書き出す.〔需 xū 要书目～于下〕必要な書籍を下記に列挙する.

开裂 kāiliè ひびが入る.割れ目ができる.

开溜 kāiliū 〔口〕こそこそ逃げ出す.エスケープする.ずらかる.

开炉 kāilú ①溶鉱炉を開く.〈転〉生産を始める.②⇒〔平 píng 炉〕

开颅手术 kāilú shǒushù 医脳外科手術.

开路 kāilù ①道を開く.〔逢 féng 山～遇水搭桥〕山に行きあたれば道を開き,川があれば橋をかけてでもそこを突破する.②先導する.③旧亡魂を引導する.〔～鬼 guǐ〕葬式の先導として捧げて通る怖い形相をした大きな紙張りの人形.④→〔断 duàn 路〕②電オープンサーキット.

开路电视 kāilù diànshì →〔闭 bì 路电视〕

开绿灯 kāilùdēng 青色信号を出す.〈転〉ゴーサインを出す.是認する.〔我们决不能给资 zī 产阶级思想～〕ブルジョア思想を是認することは絶対にできない.→〔红 hóng 绿灯〕

开罗 Kāiluó 地カイロ:〔阿 ā 拉伯埃及共和国〕(エジプト・アラブ共和国)の首都.

开锣 kāiluó 劇開演(する):(旧劇で)当日の興行が始まること.開演の時間がくると,まず〔闹 nào 台〕(どらや太鼓を打ち鳴らして景気をそえる)が行われる.京劇の場合は次に〔跳 tiào 加官(儿)〕〔跳财神〕〔报 bào 开场〕などが型どおりにすんだ後に正式の開演となる.〔跳加官(儿)〕は装束に身を固め〔天官赐福〕〔国 guó 泰民安〕などのめでたい文句を書いた卷物を持って登場し巻物を広げ示して無言のまま舞台を3周し退場する.〔跳财神〕は手に〔元 yuán 宝〕を捧げ滑稽な足取りで登場し無言で退場していく.〔报开场〕は装束に身を固め両手を胸先に軽く合わせた姿勢で舞台の中央先端まで進み出て型どおりの縁起のよい言葉を述べて退場すること.②〈喩〉(社会的活動や事業などが)始まる.開始する.③→〔开箱〕

开锣戏 kāiluóxì 劇(旧劇で)最初の演し物:京劇の

开 kāi

は多くめでたい内容の.〔文 wén 戏〕(世話物)である.〔帽 mào 儿戏〕ともいう.

开门 kāimén ①〔戸(ドア)を開ける.店を開ける.開店する.〔有人敲门,快~去〕誰かが戸をたたいている,早く戸を開けなさい. ②(その日の顧客向けの)営業を始める.〔商店早晨九点钟~〕商店は朝9時に店を開ける. ③門戸を開く.広く参加する機会を与える.

开门办学 kāi mén bànxué 文化大革命期に強調された学校運営の方式.社会に開かれた教育を唱え,教室内の授業だけでなく工場へ行って学問と実際とを連係させるやり方. ↔〔关 guān 门办学〕

开门红 kāiménhóng 初めから大成功する(こと).幸先よい(こと).〔成立第一年就夺了个~〕成立1年目に目ざましい成果をあげた.〔今年又夺得了~〕今年もまたしょっぱなから立派な成果をあげた.〔过年不休息,争取~〕お正月は休まずに初めから立派な成績をあげよう.

开门见山 kāi mén jiàn shān 〈喩〉ずばりと本論に入る.〔~地问有这么回事没有〕単刀直入にこういうことがあったかどうかを聞く.〔他讲话从来都是~,不拐弯抹角〕彼は話がいつも率直でまわりくどくない.⇒〔直 zhí 入公堂〕〔直截了当〕

开门七件事 kāimén qījiànshì 暮らしをたてていくのに必要な七つのもの:〔柴 chái〕〔米 mǐ〕〔油 yóu〕〔盐 yán〕〔酱 jiàng〕〔醋 cù〕〔茶 chá〕→〔柴米〕

开门钱 kāiménqián 嫁入りの際,新郎側から迎えに来た使者を門に入れる時,新婦側が受け取る代金.

开门揖盗 kāimén yīdào 〈成〉門を開いて盗賊を招じ入れる:自ら災いを招く(ようなことをする).→〔引 yǐn 狼入室〕

开蒙 kāiméng ①⇒〔启 qǐ 蒙〕 ②昔子供が私塾で字を覚え学習を始めること.

开明 kāimíng (考え方が)保守的でない.〔这个资 zī 本家非常~〕この資本家は非常に考え方が開けている.〔~分子 fènzǐ〕〔~人士〕旧保守的階層に属していながらも進歩的な立ち場をとる者.〔~绅 shēn 士〕⇒〔地主〕旧地主階級に属する地方の名士で,比較的進歩的な思想をもった層:政治協商会議にもその代表が参加した.

开幕 kāimù ①劇の幕をあける.〈転〉会議が始まる.開会する.〔展览会~〕展覧会が開幕する.〔~式〕〔~典 diǎn 礼〕開幕式.開業式.〔~词 cí〕開会の辞.〔~揭 jiē 幕②〕〈文〉幕府を開く.

开年 kāinián ①年初め.〔今年~以来〕今年の初め以来. ②⇒〔明 míng 年〕

开拍 kāipāi ①映画の撮影を開始する.クランクインする:〔开机③〕ともいう. ②〔スポーツ〕(卓球など)〔球拍〕(ラケット)を使う球技で試合を始める. ③⇒〔开植〕

开排 kāipái ①劇〔上演〕のリハーサルを始める. ②組み版を始める.

开盘 kāipán ①〔経〕〔初 chū 开〕〔商〕(取引所の)立ち会いの開始(する).寄り付き.〔证 zhèng 券交易元月四日上午十时~〕証券取引は正月4日午前10時立ち会い開始. ②旧寄り付き相場.~〔价~价格〕寄り付き値段.始め値.~〔收 shōu 盘〕〔盘⑥〕同下.

开盘子 kāipánzi =〔开盘③〕旧妓楼でお茶代を払う.→〔打 dǎ 茶围〕

开唪 kāipǎng 〈方〉(知ったかぶりをして)ほらを吹く.〔你只去过一趟北京,就这么~〕おまえはたった一度北京に行ったことがあるだけで,もうそんなに吹いて回るのか.

开炮 kāipào ①⇒〔放 fàng 炮①〕 ②〈喩〉厳しい非難を浴びせる.

kāi

开辟 kāipì ①〈文〉開闢.この世の始まり:〔开天辟地〕に同じ. ②切り開く.〈転〉(初めて)始める.〔~新的领域〕新しい領域を開く.〔~财 cái 源〕新しい財源を開拓する.〔俄 é 国十月革命在共产主义历史上~了一个新时代〕ロシアの十月革命は共産主義の歴史に一つの新時代を開いた. ③新しく道を切り開く.〔~航 háng 线〕航路を開く.

开篇 kāipiān ①〔弹 tán 词〕のまくらとして歌われる歌,またはその歌詞:単独で上演することもある. ②書物の冒頭.

开片 kāipiàn 美磁器のうわ薬をかけた表面にできるひびの模様.

开瓢儿 kāipiáor 〔口〕ひょうたんを二つに割る(ひしゃくを作る).〈喩〉頭を打ち割る(られる).〔你少招恨,留神叫人开了瓢儿〕人から恨まれて,頭を割られないように注意することだ.

开票 kāipiào ①(投票を)開票する. ②伝票を切る.〔交款〕~金を支払って受け取りをもらう.〔开大头票〕水増し領収書を出す.

开评 kāipíng 選考会が始まる.

开屏 kāipíng 雄の孔雀が尾羽を扇子状に広げる(こと).〔孔雀~〕同断.

开枰 kāipíng 碁・将棋などの大会を開く.

开瓶 kāipíng 瓶(のふた)をあける.〔~刀 dāo〕〔起qǐ子①〕せん抜き.〔~费 fèi〕〔料理屋などで客の持ち込む飲み物への〕瓶あけ代.持ち込み料.

开普敦 kāipǔdūn 地 ケープタウン:〔好始望角〕(希望峰)の西北.〔角 jiǎo 城〕〔角市〕ともいった.

开普勒定律 kāipǔlè dìnglǜ 〈音義訳〉物 ケプラーの法則:〔刻 kè 普勒定律〕は旧訳語.

开铺 kāipù ①店を開く. ②ベッドを置く.

开启 kāiqǐ ①開ける.開け放つ.〔~桥 qiáo〕〔竖旋桥〕建跳ね橋.跳開橋.〔活 huó 动桥〕②一時代・新局面を開く.

开气儿 kāiqìr ⇒〔开衩儿〕

开枪 kāiqiāng (小銃・拳銃・機関銃などを)発砲する.〔他要再跑 pǎo,你就~〕あいつがこんど逃げたらぶっぱなせ.

开腔 kāiqiāng ①口を開く.ものを言う.〔他还没有~,他们就知道一切了〕彼がまだしゃべらないうちに彼らはもう一切を読み取ってしまった.〔怎么不~?〕どうして黙っているか.〔终 zhōng 于开了腔了〕ついに口を開いた. ②歌い始める.

开窍 kāiqiào 〔~儿〕①ものが分かる.通じる.知る.〔他走真~〕彼は実にもの分かりがよい.〔思想开了窍,工作才做得好〕納得がいったら仕事もちゃんとできる.〔我心里老不明白,你您这么一说,才开了窍了〕わたしは心中いつも不審に思っていましたが,あなたのお話を聞いてやっと納得がいきました. ②物心がつく.聞き分けができるようになる.→〔情 qíng 窦初开〕 ③〈方〉見聞を広める(風刺の意を含む).〔到人家那儿一看可~多了〕よそのお宅へ行き一目見るだけで,ずいぶん見聞を広めました.

开秋 kāiqiū ①秋になる. ②初秋(に)

开球 kāiqiú 区球技の試合が始まる:(野球の)プレーボール,(サッカーの)キックオフ,(ハンドボールの)スローなど.〔~区〕(ゴルフの)ティーグラウンド.

开渠 kāiqú 水路を掘り開く.〔~抗旱〕同前で日照りに立ち向かう.

开缺 kāiquē 旧官吏が辞職・免職または死亡でできた空きを埋める人の選任を待つ.

开刀刃 kāirènr 〔口④〕(新しく作った刃物の)刃をつける.研〔dú〕ぐ.

开塞露 kāisāizuǎn =〔塞钻〕コルク栓抜き.→〔开罐器〕〔起 qǐ 子①〕

开赛 kāisài (スポーツなどの)試合が始まる.

kāi 开

开丧 kāisāng ⇒〔开吊①〕

开山 kāishān ①〔工事や採鉱で〕山地を掘る.〔~劈 pī 岭 山〕山や峰を切り開く.〔~机动力掘削機.②（一時的に）山を開放する.入山を解禁する.→〔封 fēng 山〕③⇒〔开山祖师〕

开衫 kāishān 服 カーディガン.〔=开襟线衫〕ともいう.〔对 duì 襟（线）衣〕に同じ.

开山祖师 kāishān zǔshī 俗（仏教で）寺を創建した人.〔转〕一宗一派の開祖.学派や事業を創始した人:〔开山老祖〕〔开山③〕ともいう.

开墒 =〔开犁②〕犁 で耕す時の最初にできる溝:あとは順次その筋に沿っていていく.

开哨 kāishào 又試合開始のホイッスルが鳴る.

开设 kāishè ①開設する.設置する.〔~选修课〕選択科目を開く.②設立する.〔~了几家新商店〕新しい店を数軒開店した.

开审 kāishěn 法 裁判（審理）を始める.

开始 kāishǐ ①開始する.〔新的一年~了〕新しい1年が始まった.②着手する.〔~按 àn 钮〕电 スタートボタン.〔~菜 cài 单〕电 スタートメニュー.〔~一项 xiàng 新的工作〕新しい仕事に着手する.〔~研究〕研究に着手する.③最初の頃.当初.〔~有人反对〕最初は反対する人もあった.

开士 kāishì 佛（仏教で）①菩薩の別称.②僧侶に対する尊称.

开市 kāishì ①（商店などが休暇あけて）営業開始する.〔正 zhēng 月十八~〕（旧暦の）一月十八日から営業開始:旧時,北京ではこの日から正月あけとなった.②（商店の）一日の初めの買い.③初商い.

开释 kāishì 釈放する（される）.〔他被 bèi ~回家〕彼は釈放されて家に帰った.

开氏温度 kāishì wēndù ⇒〔热 rè 力学温度〕

开首 kāishǒu ⇒〔开先〕〈方〉始め（の頃）.最初.

开涮 kāishuàn 〈口〉（人を）からかう.ばかにする.〔别 bié 拿我~〕わたしをからかわないでくれ.

开水 kāishuǐ お湯.熱湯.煮え湯.〔热~〕同前.〔喝温 wēn ~〕ぬるい湯を飲む.〔凉 liáng ~〕湯ざまし.〔烧 shāo ~〕湯をわかす.〔~热 rè 水〕

开司米 kāisīmǐ〔音訳〕纺 カシミヤ.〔开士米〕〔开斯米〕〔开四米〕などともいった.元来はインドのカシミヤ地方の山羊の毛.またその織物.現在は同質の高級毛織物である〔羊 yáng 绒〕をいう.〔克 kè 什米尔〕

开锁 kāisuǒ ①錠前を開ける.②〈喩〉物事を解決する.

开锁猪 kāisuǒzhū 旧結婚の日に新郎の家から新婦の家へ贈る豚:娘の純潔を守ってくれた〔锁神〕に感謝する意味を寓している.

开台 kāitái ①劇開幕する.〔~锣 luó 鼓〕開幕を知らせる鳴りもの.②〈喩〉物事が始まる.

开膛 kāitáng（動物の腹を）切り開く.〔~破 pò 肚〕〈喩〉壊してかきさばく.めちゃめちゃに破壊する.

开题 kāití ①研究課題に着手する.②研究テーマについて広く説明する.

开天窗 kāitiānchuāng 旧①〔梅毒で〕鼻が欠けること.②新聞の紙面に当局の検閲禁止により空白ができること.

开天辟地 kāitiān pìdì ⇒〔开辟①〕

开听刀 kāitīngdāo ⇒〔开罐器〕

开庭 kāitíng 法 開廷する.〔~审判〕開廷して裁判を行う.〔~宣判〕開廷して判決を言い渡す.

开通 kāitōng ①障害物を取り除く.〔~河道〕川すじらいをして水が流れる（船が通れる）ようにする.②（交通や通信の手段が）開通する.新しくできる.〔航道已经~了〕航路はもう開通した.③〔開けていない風気〕保守的を開けさせる.〔~民智 zhì〕一般人の知識を啓発する.

开通 kāitong ①開けている.頑固でない.こだわらないさばけている.〔他很~〕彼はなかなか開けている.〔他上夜 yè 校以后,脑 nǎo 袋更~了〕彼は夜学へ行くようになってから,以前にも増して豁達になった.②同前のようにさせる.

开头（儿） kāitóu(r) ①始める.始まる.口火を切る.〔我先出个头儿吧〕わたしがまず口火を切ろう.〔我们的学习刚 gāng ~〕われわれの学習は始まったばかりである.〔~炮 pào〕〈喩〉最初の発言（批判）者.②（文章や物事の）始まり.始め.冒頭.③最初（に）.初め（に）.しょっぱな.〔现在还回到我~所说的话〕ここでまた最初述べた話に戻る.

开脱 kāituō ⇒〔由 chū 脱〕①罪（罪名）から解放される（してやる）.責任を逃れる.〔~一罪 zuì 责〕罪責を逃れる.〔~得 de 一干二净〕きれいさっぱり罪から解放される.〔找了一些借口来~杀人者的罪名〕何らかの言いわけを探して殺人者の罪名から逃れる.〔真赃实犯,还有什么办法~〕証拠もあり捕まっているのに,罪を逃れる方法があるものか.→〔摆 bǎi 脱〕〔解 jiě 脱〕

开拓 kāituò ①開拓する.切り開く.〔在荒 huāng 原上~出一大片农田〕荒野に広い農地を開いた.〔~型 xíng〕パイオニアタイプ.〔~为发展石油工业一条道路〕石油工業発展のために道筋を一つ開く.②鉱（鉱山）を開発する:採掘前に坑道などの施設を作ること.

开挖 kāiwā 開削する.掘削に着工する.

开外 kāiwài（年齢や距離の）…以上:数量詞のあとに置く.年齢では20以上で10の整数倍の数につける.〔四十~的岁数儿〕40歳を少々越した年齢.距離では1000ある以は10の整数倍の数につける.〔这张弹弓能打一百二十步~〕このはじき弓は120歩以上飛ぶ.→〔左 zuǒ 右⑨〕

开玩笑 kāiwánxiào ①冗談を言う.笑わせる.からかう.茶化す.〔拿我~〕わたしをからかう.〔他是跟你 gēn 你~的,你别认真〕彼は君に冗談を言ったのだ,本当にするな.〔三言二语冗谈 suí 便~〕冗談を言う.〔逗 dòu 笑儿〕②冗談として…する.ふざけて…する.〔这事关系许 xǔ 多人的安全,可不能~的事情〕これは多くの人の安全に関わる,決して冗談事ではない.

开往 kāiwǎng …に向け発車（出帆）する.…行きの.〔~天津〕天津へ向け出帆する.

开尾销 kāiwěixiāo ⇒〔开口销〕

开胃 kāiwèi 食欲を催す.〔~酒 jiǔ〕食前酒.アペリティフ.〔~的食 shí 品〕食欲を催す食べ物.〔酸 suān 梅吃了能~〕スワンメイ（干していぶした梅）は食べると食欲が出る.②⇒〔开心③〕

开戏 kāixì ①劇開始する.芝居の幕が開く.

开先 kāixiān ⇒〔开首〕

开线 kāixiàn（縫い目が）ほころびる.

开箱 kāixiāng ①箱をあける.荷を解く.〔~检 jiǎn 查〕開梱検査.〔开锣〕②劇 盖（た）あけ:年末興行のあと道具箱に封をして休演していたのを,正月に~て封を切って蓋掛け興行をすること.→〔封 fēng 箱②〕③結婚後,嫁入道具の箱をあけて婚家の人に見せること:この時,婚家の人たちはそれぞれ新嫁に祝物をする.

开饷 kāixiǎng 給料を払う（もらう）.

开销 kāixiāo〔开消〕とも書いた.①=〔去 qù 项（儿）〕出費.支出.〔一年的~〕1年間の出費.〔这个月~不多〕今月は出費が少ない.〔~账 zhàng 目〕支出項目.→〔花 huā 费〕〔挑 tiāo 费〕②支払う.〔这点儿工资不够~〕これっぽっちの給料では日常の支払いにも足りない.→〔开支〕

开小差(儿) kāixiǎochāi(r) ①[旧]兵士が外出の際届けを書く.〈転〉(兵隊が)脱走する. ②ぬけ出す.サボる.〔也不敢扔下活儿～〕かといって仕事をほっぽり出してずらかるわけにもいかない.〔他上课早退,补课～〕彼は授業は早退けるし,補習もサボる.〔遇到困难,不找办法,光想一呀〕困難にぶちあったったら手だても考えず逃げ道ばかり考えているんだ. ③(会議や学習の際)心がそこになく,うわの空である.よそごとを考える.〔思想不能～〕精神を集中しなければいけない.

开小会 kāixiǎohuì 〈喩〉会議中にひそひそ話をする.

开小灶 kāixiǎozào 〈喩〉①特別待遇をする.優遇する. ②個別的に指導する.→[小灶]

开心 kāixīn ①愉快である.楽しい.〔感到很～〕愉快だ.〔说说笑笑,非常～〕しゃべったり笑ったりしてとても楽しい. ②気を晴らす(が晴れる).〔今天闷mèn 得慌,咱们上歌厅开开心去吧〕今日は退屈でしょうがない,気晴らしにカラオケへ行こう.〔劳动人民今天～了〕労働者は今日こそ気が晴れた. ③=〔方〕开导②]人をわからって悦にいる.〔寻 xún ～〕笑いを求める.〔悦慢言ってからかう.〔你别拿我～〕おれをからかわないでくれ.〔好 hǎo 说两句～话〕ちょいと冗談ごとを言うのが好きである. ④〈文〉啓発する.

开心果 kāixīnguǒ ①圃ピスタチオ.またピスタチオナッツ:ウルシ科の樹木. ②〈喩〉人を愉快にさせる者.楽しい人.

开心见诚 kāixīn jiànchéng〈成〉誠意をもって人に会う:〔开诚相见]に同じ.

开心丸儿 kāixīnwánr ⇒[宽 kuān 心丸儿]

开行 kāixíng (車や船が)動き出す.〔火车已经～〕汽車がもう動き出した.

开学 kāixué 学校(学期)が始まる.〔～典 diǎn 礼]始業式.入学式.

开言 kāiyán 話し出す.口を開く.口を切る:戯曲に多く用いられる.

开筵 kāiyán ①宴会を開く.宴会を始める. ②講義の場を設ける.

开颜 kāiyán (うれしさで)顔がほころぶ.〔喜xǐ～]よろこびに同前.〔人人见了笑 xiào ～〕互いに見合ってにっこり笑った.

开眼 kāiyǎn ①眼がひらける.見識が広くなる.〔去了趟东京,总算～了〕東京へ行くとやはり世間が広くなる.〔让我开开 kai 眼〕目の保養をさせてくれ. ②⇒[开光]①

开演 kāiyǎn 開演する.催し物が始まる.〔戏 xì 马上就～〕芝居がもうすぐはじまる.

开养 kāiyǎng (虾 xiā 米①)

开洋荤 kāiyánghūn 初めて外国の食品を食べる.〈喩〉ある(特に外国の)ことを初めて見聞きする(経験すること).

开业 kāiyè 開業(する).営業を始める.〔～登 dēng 记〕開業登録.

开夜车 kāiyèchē ①夜行列車を運転する. ②〈転〉夜業する.徹夜する.〔开了一夜车完成了工作〕夜業をして仕事を完成した.→[熬 áo 夜][打 dǎ 通宵]

开音节 kāiyīnjié 団開音節:母音または二重母音で終わる音節.

开印 kāiyìn ①印刷を開始する. ②圃ご用始め(をする):役所で年末に官印に封をし,正月半ば過ぎにその封を解いた.↔[封 fēng 印]

开映 kāiyìng 剾(映画の上映を)始める.封切りする.

开元 kāiyuán 〈文〉①物事の始まり. ②建国する.

开园 kāiyuán ①(果樹園などで)収穫を始める. ②(公園などが)オープンする.

开源 kāiyuán 源を開く.水源を開発する.〔～节流〕〈喩〉財源を開拓し支出を抑える.

开云见日 kāi yún jiàn rì〈成〉雲間に光明が現れる:苦境にあって希望が見える.誤解が晴れる.〔云週见日]ともいう.

开凿 kāizáo トンネルや川などを掘り開く.

开赠 kāizèng 贈り物をする.

开闸 kāizhá 水門を開いて水を流す.〈喩〉制限を解く.解禁する.

开斋 kāizhāi ①⇒[开荤①] ②邉(イスラム教などで)精進潔斎を終えること.〔～节]断食明け祭.(小)バイラム祭.〔尔 ěr 代节]〔尔德节]はアラビア語の音訳.

开展 kāizhǎn ①推し進める.繰り広げる.〔～体 tǐ 育活动〕スポーツを盛んにする.〔普 pǔ 遍地～了群众运动〕大衆運動が広く繰り広げられている.〔～日中贸易]日中貿易を発展させる. ②発展する.展開する.〔有了进 jìn 一步～]一層の発展があった.〔推 tuī 动工作的～]仕事の発展を促進する.〔～起来了〕発展してきた. ③(展覧会が)始まる.開かれる. ④朗らかである.のびのびしている.

开战 kāizhàn =[开仗]開戦する.→[开火(儿)①]

开站 kāizhàn ①拠点を置く. ②停車場をオープンする.

开绽 kāizhàn ほころびる.〔鞋后跟～了〕靴のかかとがほころびて口が開いた.

开张 kāizhāng ①商売を始める.開店(する).〔择 zé 吉]吉日を選んで開業する.〔今天在上述地址～营 yíng 业,专营食品杂货〕今回上記の場所に開店し,食料品雑貨を専門に取り扱うことになりました.〔～骏 jùn 发]〈文〉ご開店に際しご発展を祈る. ②商店で毎日一番目にできる取引.〔今天这家商 shāng 店到中午才～〕今日はこのお店,昼になってやっと最初の取引ができた. ③〈喩〉(事を)始める.〔每年一次的评 píng 比活动又要～了〕年次の評価活动がまた始まる時になった. ④〈文〉開放的である. ⑤広く堂々としている.

开仗 kāizhàng ⇒[开战]

开账 kāizhàng ①勘定書を作る. ②(レストラン・ホテルなどの)支払いをする.〔你等 děng 一等,我去～去]ちょっと待っていてくれ,支払いしてきますから.

开棹 kāizhào〈文〉船を漕ぎ出す.

开诊 kāizhěn 診察を始める.診察をする.

开征 kāizhēng 税の徴収を始める.

开证 kāizhèng 信用状を発行する.L/C オープン.〔～银行〕信用状開設銀行.

开支 kāizhī ①支出する.払い出す.〔由国库～]国庫から支出する. ②支出.出費.費用.〔严格地节省～〕厳格に支出を節約する.〔生活～〕〔生活费～]生活費.→[开销②〕 ③〈方〉賃金や給料を支払う.〔明天我们公司～〕明日は会社の給料日だ.

开专栏 kāizhuānlán 電圉サイトを開く.ホームページを公開する.

开宗明义 kāi zōng míng yì〈成〉冒頭に全篇の主旨を示す.〔在～第一章中〕冒頭の第1章において.

开揍 kāizòu 手を出す.殴り始める.

开钻 kāizuàn 迴ボーリングを始める.

开罪 kāizuì〈文〉…に罪なことをする.怒らせる.憎まれる.〔生怕 pà 一个顾客〕客の機嫌を損ねようとびくびくする.〔这样的人,谁敢 gǎn ～〕あんな奴の恨みを買うようなことは誰もしない.〔无 wú 意中～于人]何の気なしに人に罪をする.〔得 dé 罪]

〔锎・鐦〕kāi 囮カリホルニウム.記号Cf:超ウラン・希土類金属元素・アクチノイドの一.

kāi～kǎn

[揩] kāi
拭(ᵃ)く.ぬぐう.〔～汗〕汗をふく.〔～眼 yǎn 泪〕涙をぬぐう.〔把桌 zhuō 子～干净〕テーブル(の上)をきれいに拭く.〔用毛巾～〕タオルで拭く.〔～嘴 zuǐ 布〕〔餐 cān 巾〕ナプキン.→〔擦 cā①〕〔抹 mǒ①〕

揩背 kāibèi 背中をこする.背中を拭く.
揩拭 kāishì 拭きとる.
揩油 kāiyóu ①(金や物を)ごまかして得をする.くすねる.うまい汁を吸う.〔揩国家(别人)的油〕国家(他人)の金を着服する. ②〈方〉(女性)をからかう.ふざける.

[岂・豈] kǎi
⇒〔恺①〕 → qǐ

[剀・剴] kǎi
〈文〉①大鎌. ②適合している.〔～切 qiè〕同前.〔～中 zhòng 理〕適切で理にかなっている.⑤懇切である.〔～切教 jiào 导〕丁寧に指導する.

[凯・凱] kǎi
①=〔愷②〕戦勝の音楽や歌.〔～旋 xuán〕〈文〉～归 guī〕(する).〔奏 zòu ～〕凱歌をあげる.〔～恩 ēn 斯政策〕ケインズ政策.〔～尔特人〕ケルト人. ④〈姓〉凯(ᴷᵃⁱ)

凯歌 kǎigē 凱歌をあげる.〔高唱 chàng ～〕同前.〔嘹亮〕凱歌が高らかにひびく.
凯旋 kǎixuán 凱旋(略)(する).〔～门 mén〕凱旋門.〔向～而归的运 yùn 动员们致敬〕戦勝して帰ってきた選手たちに敬礼する.

[恺・愷] kǎi
①=〔岂〕〈文〉心やわらぐ.〔～悌 tì〕〔～弟 tì〕〈文〉なごみ安らぐ.〔～乐〕〈文〉喜び楽しむ. ②⇒〔凯①〕
訳音字.〔～撒 sā〕シーザー.カエサル(カイゼル)

[垲・塏] kǎi
〈文〉地形が高く乾燥している.〔爽 shuǎng ～〕〔～朗 lǎng〕高燥ですがすがしい.

[闿・闓] kǎi
〈文〉①開く.〔～门 mén〕戸が開く. ②心やわらぐ.=〔恺①〕に通用された.

[铠・鎧] kǎi
〈文〉〔～鎧(ᵏᵃⁱ)〕:〔甲 jiǎ(Ⅱ)②〕に同じ.=〔甲〕同前.〔～仗 zhàng〕よろいと武器.〔～马 mǎ〕古代の,防御用のよろいをつけた軍馬.〔～装 zhuāng 电缆〕装甲ケーブル.

[慨（嘅）] kǎi
（Ⅰ）①憤慨する.〔愤 fèn ～〕同前. ②快く.こせこせしない.〔慷 kāng 慨〕
（Ⅱ）〔嘅〕心に深く動くものがある.慨嘆する.〔感 gǎn ～〕感慨(をおぼえる)

慨慨 kǎikǎi 〈文〉①感慨嘆息するさま. ②意気軒昂としているさま.
慨诺 kǎinuò ⇒〔慨允〕
慨然 kǎirán ①感慨深く.〔～长 cháng 叹〕感慨深く長嘆する. ②快く.気前よく.意気に感じて.〔～相赠 zèng〕気前よく贈る.
慨然允诺 kǎirán yǔnnuò ⇒〔慨允〕
慨叹 kǎitàn 深く感じて嘆息する.
慨允 kǎiyǔn =〔慨诺〕〔慨然允诺〕〈文〉快諾(する).〔如凡蒙～〕腹もしご快諾をたまわりましたら,

[蒈] kǎi
〔巴〕〔～烷 wán〕カラン.〔～萜 tiě〕〔烯 xī〕カレン.

[楷] kǎi
①典範.模範.手本.〔～范 fàn〕〔～式 shì〕〔～则 zé〕同前. ②楷書.〔～写 xiě〕楷書体で書く.〔～字〕楷書体の字.〔～法 fǎ〕楷書の書法.〔小 xiǎo ～〕細字の楷書.→〔宋 sòng 体字〕 ③〈姓〉楷(ᵏᵃⁱ) = jiē

楷法 kǎifǎ ①=〔八 bā 分③〕 ②楷書と隷書.
楷模 kǎimó 手本.模範.〔先烈的事迹,可以做我们的～模〕我が身を犠牲にして尽くした先人の行

跡は我々の模範とすることができる.
楷书 kǎishū 楷書:〔正 zhèng 楷〕〔正书〕〔正体②〕ともいう.
楷体 kǎitǐ ①楷書(体)=〔楷书〕に同じ. ②漢語拼音字母ローマ字の印刷体.

[锴・鍇] kǎi
〈文〉精製した鉄.良い鉄.

[忾・愾] kài
憤り恨む.〔敌 dí ～〕同前〔同仇 chóu 敌 ～〕〔同仇敌～〕〔同仇 chóu 敌 ～成〕共同の敵に憤り立ち向かう.〔号 hào 召全国人民敌～〕同仇,一致対外敌〕全国民に,共同の敵に立ち向かい一致して外敵に当たれとよびかける.

[欬] kài
〈文〉せきばらいする.〔謦 qǐng ～〕④同前. ⑤〈喩〉談笑する.〔音容 róng ～,如在目前〕談笑するさまは目の前にあるようだ.→〔咳 ké〕

[愒] kài
〈文〉貪(ᶠᵃᶜᵘ)る. → hè qì

kan ㄎㄢ

[刊（栞）] kān
①〈文〉削る.削り改める.〔不～之论〕〈成〉確定した論.改めることのできない論. ②版木に彫る.〔～木 mù〕(宋,宋元代に版木に彫られた(出版された)本.宋元代刊本.→〔刻 kè 板〕 ③刊行する.出版する. ④(定期)刊行物.新聞の定期的な特集欄〔以～庆 qìng 祝刊記念(日).〔～报 bào〕〔创 chuàng ～〕創刊する.〔停 tíng ～〕停刊にする(なる).〔期 qī ～〕定期刊行(物).〔月 yuè ～〕月刊(刊行物).〔文艺～〕文芸欄(新聞などの).

刊播 kānbō 新聞に掲載し,テレビ・ラジオで放送する.マスメディアに載せる.
刊布 kānbù 〈文〉刊行し公布する.
刊出 kānchū 刊行(出版)して世に出す(される).〔这此事早已～〕この事件はずっと前に活字になって発表された.
刊大 kāndà ⇒〔刊授大学〕
刊登 kāndēng 印刷物に載せる(られる):〔刊載〕に同じ.〔～定期广告定期広告を載せる.〔各报～了展览会の消息和图 tú 片〕各新聞は展覧会のニュースと写真を登載した.〔将 jiāng 分期～〕期に分けて掲載する.
刊定 kāndìng 改訂して定本とする.
刊发 kānfā 刊行物で発表する.掲載する.〔你马上把这个稿 gǎo 子送到报社去～〕すぐこの原稿を新聞社に送って発行するようにしなさい.
刊号 kānhào 書籍番号.図書番号.〔国内统一～〕中国国内の刊行物:番号の前にCNを付ける.〔国际～〕国際標準図書番号:前にISBNを付ける.
刊刻 kānkè 版木に彫る(って刊行する)
刊落 kānluò 〈文〉①文字を削る.削除する.〔此页～一字〕この頁は1字削除した.〔～陈言〕古くさい言葉をとる. ②印刷で組み版の時にうっかりして,ある部分を抜かす.
刊谬 kānmiù ⇒〔刊误〕
刊石 kānshí 石に刻む.
刊授 kānshòu 学習者に刊行物を送り,その勉学を主とする教育方法.〔～大学〕〔刊大〕同前の大学.
刊头 kāntóu 新聞・雑誌などのその名称・号数などを示してある(冒頭の).
刊物 kānwù 出版物.(定期・不定期の)刊行物.〔定期～〕定期刊行物.〔内部～〕非公開刊行物.〔文艺～〕文芸出版物.
刊误 kānwù =〔刊谬〕(文字使いの)誤りを訂正す

刊看勘堪　kān

刊看勘堪

る.校正する.〔~补 bǔ 缺〕補遺・訂正する.
刊行 kānxíng 印刷発行(する).刊行(する).〔书稿即将~〕著書の原稿はもうすぐ印刷発行される.
刊印 kānyìn 印刷(刊行)する.
刊载 kānzǎi 揭載する.〔文章~在《人民日报》上〕文章は人民日報に載った.
刊正 kānzhèng 〈文〉(文字)を修正する.〔~碑 bēi 文〕碑文を同正.

[看] kān ①見守る.つきそって世話をする.〔~东西〕品物の番をする.〔~堆儿 duīr〕積み上げた荷物の番をする.〔~庄 zhuāng 稼的〕農作物の番人.〔~店〕店番をする.〔病人得~着〕病人は看護していなくてはいけない.〔我一出门,没人给我~孩子了〕わたしが外出すると子供のお守りをしてくれる者がない.〔一个人~六台机器〕一人で6台の機械を受け持つ.②身柄を押さえて目が届くようにする.監視する.〔把你老公~紧了〕ご主人に目を光らせる.〔把他交警察局~起来〕彼を警察局に引き渡して留置してもらう. → kàn

看财奴 kāncáinú ⇒〔守 shǒu 财奴〕
看场 kāncháng 脱穀場の穀物を見張る.
看场子 kānchǎngzi 娯楽場などをガードする.〔~的〕同前の用心棒.
看车工 kānchēgōng →〔挡 dǎng 车〕
看坟 kānfén 墓守りをする.〔看墓 mù〕ともいう.〈喩〉貧乏人の食べものの〔窝 wō (窩)头〕の形状が土饅頭(墓)に似ているところからいう.
看管 kānguǎn ①監視(する).監禁(する).〔~犯人〕犯人を監視する.〔捉 zhuō 住他,先把他~来〕彼を捕えてまず監禁しよう.〔他还处 chǐ 在军事当局的~之下〕彼はまだ軍当局の監視のもとにある.②面倒をみる.番をする(して守る).〔小孩子没有人~不成〕子どもは面倒を見る人がなくてはいけない.〔~仓 cāng 库〕倉庫番をする.〔把行 xíng 李~好〕荷物をよく見ろよ.
看护 kānhù ⓐ ①看護する.世話をする.〔~病人〕病人を看護する.〔~得很细心〕こまやかに看護する.②回看護婦.→〔护士〕
看家 kānjiā ①留守番をする.〔你们都去逛去,我一个人~,你我家たちは皆で遊びに行きなさい,わたしが一人で家の番をする.〔~的〕ⓐ家の番をする者.ⓑ回屋敷の用心棒.〔~药 yào 品〕家庭常備薬.②特別すぐれていて他人の及ぶところでない.〔~产品〕目玉商品.独自の製品.
看家本领 kānjiā běnlǐng〈喩〉お家芸.奥の手.他の追随を許さぬ優れた技.〔看家本事 shì〕ともいう.→〔杀 shā 手锏〕
看家狗 kānjiāgǒu ①番犬.〔看门狗〕〈文〉〔守 shǒu 犬〕ともいう.②回(官僚・地主などの)取りまき連.手下.子分.
看家戏 kānjiāxì 回俳優あるいは劇団の得意の演目.十八番.おはこ.
看街的 kānjiēde 回街の見回り车.
看妈(儿) kānmā(r) 〈方〉子守り女〔看妈妈〕ともいう.
看麦娘 kānmàiniáng 桓スズメノテッポウ.
看门 kānmén 〔一儿〕門番をする.〔~的〕門番.
看青 kānqīng 農(収穫直前の)作物の番(見回り).〔~的〕作物の番人.〔~〕作物の見回りに行く.
看山 kānshān 山を見張る.
看守 kānshǒu ①見守る.番をする.責任を持って守る.管理する.〔重要地方派人~〕要所に見張りを置く.〔~巴勒斯坦~内阁 gé〕パレスチナ暫定内閣.〔谁负责~

仓库〕誰が倉庫管理の責任を持っているのか.②監視する.見張る.〔~得很严严 yán〕監視が厳重だ.〔~所〕留置所.③刑務所の看守.→〔牢 láo 子〕
看水 kānshuǐ 水の見張りをする.
看摊(儿) kāntān(r) 〈口〉店番をする.〈喩〉切り盛る.
看香火的 kānxiānghuǒde ⇒〔香火②〕
看押 kānyā ①勾留する.留置する.②監視して護送する.
看养 kānyǎng ①飼育する.〔~牲 shēng 口〕家畜を飼う.②扶養する.〔~孤 gū 儿〕孤児の面倒をみる.
看座儿 kānzuòr 回座席の世話をする.〔戏 xì 馆子的茶 chá 房~〕劇場の茶房は座席の世話をする.〔~的〕〔看坐儿的〕劇場のボーイ.

[勘] kān ①吟味して調べる.つき合わせて正す.〔这本书校 jiào ~不精,错字很多〕この本は校正が十分でなく誤字が非常に多い.②探査する.実地調査する.→〔勘探〕③〈姓〉勘(ぎん)
勘测 kāncè 実地調査と測量する.〔已在九月底~完毕 bì〕すでに9月末に調査測量が完了した.〔航 háng 空~〕飛行機による調査測量.
勘察 kānchá 実際に調査・調査をする.検査してみる.
勘察 kānchá 実地調査する.〔去年冬季已开始进行厂 chǎng 址的~工作〕去年の冬からすでに工場用地の実地調査を始めた.〔~地下资 zī 源〕地下資源を調査する.
勘定 kāndìng ①つき合わせて確認する.②調査・測量して確定(決定)する.
勘估 kāngū 調査し見積り(る).〔~工程〕工事の段取りを見積る.〔原料,制造費以及各方面的情形都得有详细的~〕原料・製造費や各方面の事情に至るまで詳細な調査見積りが必要である.
勘合 kānhé ①(割り印)をつき合わせる.〔~印 yìn〕割り印.②回官吏が公務で出張する場合に所持する身分証明書.
勘校 kānjiào 本の内容を調べ正す.
勘界 kānjiè 線引きのための実地調査する.
勘探 kāntàn =〔探勘〕(地下資源)の実地調査をする.〔~工 gōng 作〕同前の工作.〔~证 zhèng 明这一带有丰富的水源〕この辺は豊富な水源のあることが実地調査して証明された.
勘问 kānwèn 査問(する)
勘误 kānwù 文字を訂正する.〔~表 biǎo〕正誤表.〔对辞 cí 典作了~工作〕辞書の校閲を行う.
勘验 kānyàn 実地検証する.〔~货物〕品物をつき合わせて調べる.
勘灾 kānzāi〈文〉災害の実地調査をする.
勘正 kānzhèng〔文字〕校正する.〔~了书中不少错 cuò 误〕本の中の多くの記述の誤りを正した.

[堪] kān ①…にたえる.…できる.〔~议 yì〕論議できる.②〔~忧 yōu〕憂慮される.〔不~设 shè 想〕想像することができない.〔不入耳~成〕聞くに堪えない.②耐えしのぶ.こらえる.〔难 nán ~〕〔~了〕たえがたい.〔她那风骚的姿态令人难~〕彼女のしだけない姿態は見るに堪えない.〔污 wū 秽不~成〕非常に(堪えがたいくらい)汚ない.③〈姓〉堪(かん).
堪布 kānbù 〈宗〉①(ラマ教の)教务をあずかる高級の僧侶.〈経典〉に深く通じ戒律を厳守するラマ僧.②旧チベット地方政府の僧官の称.
堪察加半岛 kānchájiā bàndǎo 回カムチャッカ半島.
堪称 kānchēng …といえる.…というべきである.〔~佳作〕佳作といえる.
堪达罕 kāndáhǎn ⇒〔驼 tuó 鹿〕

kān～kǎn 堪戡龛坎砍莰欿侃

堪当 kāndāng 任に堪える.担当し得る.〔～此 cǐ 任〕この任に堪える.〔～重任〕重任に堪える.

堪堪 kānkān〔白 chǎoぢょう.今にも.〔病得 bingde 很重～要死〕病気が非常に重く今にも死にそうだ.〔他～儿地要出门〕,就下起大雨来了)彼はちょうど門を出ようとした時,大雨が降ってきた.→〔将 jiāng 要〕

堪可 kānkě〈文〉…するに足る(…してもよい).〔～委用〕採用して差し支えない.

堪培拉 kānpéilā 〔地〕キャンベラ:〔澳 ào 大利亚联邦〕(オーストラリア連邦)の首都.もとく〔坎 kǎn 柏剌〕〔坎培拉〕〔康 kāng 伯拉〕とも書いた.

堪用 kānyòng 使用に耐える.〔坏到这步田地,～不了〕ここまで壊れたら使用には耐えない.

堪虞 kānyú〈文〉憂慮すべき状態になる.

堪舆 kānyú〈文〉①天地.②地相(を見る).〔～家〕地相見.〔～风 fēng 水〕

【戡】 **kān**〈文〉反乱を平定する.鎮圧する.〔～定 dìng〕〔～平 píng〕平定する.〔～乱 luàn〕乱を平定する.反乱を鎮める.

【龛・龕】 **kān** 龕(がん):厨子(ずし).神棚や仏壇.〔佛 fó (爷)～〕仏壇.〔神 shén～〕神棚.

龛儿 kānr〈方〉背景.後押し.〔他一定能 sàn 不了,～硬〕彼はきっと辞めさせられっこない,バックがしっかりしているもの.

龛影 kānyǐng 医 バリウム剤を服用してレントゲンで撮影をした写真またはスクリーンに写った陰影.

【坎(埳)】 **kǎn**（Ⅰ）〔坎〕坎穴.くぼみ.低い所.〔凿 záo 地为～〕〈文〉地に穴を掘る.

（Ⅱ）〔坎〕①〔～儿〕地面のうね状に盛り上がった部分.〔田～儿〕あぜ.②入り口(門)の敷居.〔槛〕とも書く.〔门 mén～(儿)〕①入り口の敷居.③〈文〉坎(かん):〔八卦〕の一.水を意味する.→〔卦 guà〕④〔姓〕坎(かん)

（Ⅲ）物 カンデラ.記号 cd.→〔坎德拉〕

坎德拉 kǎndélā 物 カンデラ.記号 cd :光度の単位.単に〔坎(Ⅲ)〕ともいう.

坎宮 kǎngōng 八卦(ぱっか)でいう北の方角.

坎肩(儿) kǎnjiān(r) =〔背 bèi 心(儿)〕

坎阱 kǎnjǐng ⇒〔陷 xiàn 阱〕

坎坎 kǎnkǎn ①〈文〉木を切る音.太鼓を打つ音.〔击 jī 鼓～〕太鼓をドンドンとたたく.②〈方〉空虚な,あるいは満たされないさま.③〈方〉今さっき.今しがた.

坎坎坷坷 kǎnkǎnkěkě →〔坎坷①〕

坎坷 kǎnkě〔坎軻〕〔轗軻〕とも書く.①道路がでこぼこである.〔坎坎坷坷〕同前のさま.②道路が不平,很不好走〕道はでこぼこで歩きにくい.②〔喩〕事がうまく運ばれない.志を得ない.〔～不遇 yù〕前.〔半 zǎo 遇〕失意の境涯.〔半生～〕半生の間志を得ずに過ごす.

坎壈 kǎnlǎn〈文〉失意のさま.不遇なさま.

坎帕拉 kǎnpàlā 〔地〕カンパラ:〔乌 wū 干达共和国〕(ウガンダ共和国)の首都.

坎气 kǎnqì 中医 乾燥したへその緒:〔坎炁〕とも書く.→〔脐 qí 带〕

坎儿 kǎnr 中でこぼこ(階段状)の土地.通路.〔一个～把他绊倒了〕彼はひょいと足をとられてころがった.②正念場.要点.ポイント.関所.峠.峠.〔过了这道～,就是一马平川的大道了〕この峠を越せば,あとは平らな大きい道です.〔过了～了〕(病気の)峠を越した.〔六十六岁是个～〕66歳は危ない坂です.③⇒〔侃儿〕

坎儿井 kǎnrjǐng 〔地〕カレーズ.横井戸:新疆地方で行われている灌漑方法.地下井戸を利用したもの.〔坎尔井〕とも書く.〔～一道〕一本のカレーズ.

坎上 kǎnrshang ①図星.かなめの所.〔问到了～〕質問がまさに図星をついた.②厄年.〔今年正是～,今年ちょうど厄年だ.→〔关 guān 煞〕

坎塔尔 kǎntǎ'er〈音訳〉カンダル:綿花の単位.1カンダルは44.9キログラム.

坎土曼 kǎntǔmàn〈音訳〉ウイグル族地区で用いられる鉄製の農具:(耕土を)すき起こしたり掘ったりする.

坎张儿 kǎnzhāngr →〔边 biān 张儿〕

坎子 kǎnzi 地面の高くなっているところ:土の山.盛り土.土手など.〔土～〕同общ.

坎子礼儿 kǎnzilǐr〈方〉(やくざの)仁義.〔杨子荣见了坐山雕,行了一个～〕(曲・林)楊子栄はハゲタカ(あだ名)に会うと型のごとく仁義をきった.

【砍】 **kǎn**（斧などで)たたき切る.〔到山里头～柴 chái 山に行ったら木を切る.〔～树〕樹木を切る.〔～下来〕切り落とす.切り伏せる.〔～不动 dòng〕切り落とせない.②(費用・項目などを)削減する.大なたをふるう.〔～价 jià〕値切る.値引く.〔～产 chǎn 量〕減産する.③〈口〉投げつけて撃つ.〔拿砖头～狗 gǒu〕煉瓦のかけらで犬を撃つ.〔～石头〕石を投げつける.④⇒〔侃(Ⅱ)②③〕⑤〔姓〕砍(かん)

砍橡子 kǎnchuánzi ⇒〔络 luò 管儿〕

砍大山 kǎndàshān ⇒〔侃大山〕

砍刀 kǎndāo ①なた.大なた.②〔転〕大なたを振るう.〔砍三刀〕〈喩〉3点の改革をする.

砍掉 kǎndiào ①切り倒す ②切り詰める.〔这篇 piān 稿子太长,得～一半〕この原稿は長すぎる,半分ほど削除しなければならない.

砍伐 kǎnfá (樹木を)切る.〔～树 shù 木〕樹を切り倒す.〔禁 jìn 止～〕伐採禁止.〔～森 sēn 林〕森林を伐採する.

砍价 kǎnjià =〔侃价〕〈口〉ふっかけたり,値切ったりする.値段の駆け引きをする.〔职业～人〕同前のプロ.

砍墙儿 kǎnqiángr 建 中国家屋の窓下の壁:高さ1メートルくらいで,その上部は切り取ったように開いて窓にたっている.

砍杀 kǎnshā 同下.

砍死 kǎnsǐ =〔砍杀〕斬り殺す.

砍头 kǎntóu 首をはねる.→〔抹 mǒ 脖子〕

砍头疮 kǎntóuchuāng →〔砍头痈〕医 首筋にできるたちの悪い腫れ物.

砍头痈 kǎntóuyōng 同上.

【莰】 **kǎn**〔～烧 wán〕化 カンファン(ボルナン).〔～烯 xī〕カンフェン.〔2～酮 tóng〕樟脳(化学式):〔樟 zhāng 脑〕は通称.

【欿】 **kǎn**〈文〉志を得ない.満たされず憂える.〔～憾 hàn〕同前.

【侃(偘)】 **kǎn**（Ⅰ）①〈文〉剛直なさま.〔～言 yán〕率直な言.②〈文〉仲睦まじいさま.

（Ⅱ）①〈口〉からかう.〔调 tiáo～〕冗談を言ってからかう.②〈方〉話をする.暇つぶしにおしゃべりする:〔砍〕とも書く.〔两人～到深夜〕二人は深夜までとりとめない話をした.③隠語:〔砍〕とも書く.→〔侃儿〕

侃大山 kǎndàshān〈口〉ばか話をする.とりとめなくおしゃべりをする:〔砍大山〕とも書く.

侃价 kǎnjià ⇒〔砍价〕

侃侃 kǎnkǎn〈文〉正々堂々とものを言うさま.〔～而谈 tán〕臆せずまじめに談ずる.

侃儿 kǎnr〈口〉隠語:〔坎儿〕とも書く.暗語.〔吊

侃槛顾辗看　　　　　　　　　　　　　　kǎn～kàn

diào～]隠語で話す.〔这是他们那一行的～〕これは彼らの商売上の符丁だ.
侃谈 kǎntán　おしゃべりする.〔侃大山〕に同じ.
侃爷 kǎnyé　口のうまい人.大ほら吹き.
侃友 kǎnyǒu　おしゃべり友達.

〔槛・檻〕 kǎn　家の入り口の敷居,あるいは鴨居:〔坎(II)②〕に同じ.〔门～(儿)〕入り口の敷居.→jiàn

〔颇・頗〕 kǎn　=〔颇hàn〕〈文〉飢えやつれているさま.

〔辗・輾〕 kǎn

辗轲 kǎnkě ⇒〔坎坷〕

〔看〕 kàn　①見る.〔你～!〕⑧見ろ.⑥ほら:相手に注意を促す語.〔～了了.〔～电影(儿)〕映画を見る.〔现在的光景～〕今の様子を見ると.〔一年再说吧〕1年間様子を見てからにしよう.→〔瞅 chǒu〕　②…と見る.…と考える.…と思う.〔你～这办法怎么样〕このやりかたをどう考えるかね.〔我～他不行〕わたしは彼はだめだと思う.〔你别～学汉语容易〕中国語を学ぶのは易しいと考えちゃいけない.→〔瞧 qiáo①〕　③(ある希望・予想をもって)ながめる.…と見込む.…の可能性がありそうだと思う.〔如果存有这种思想,工作是难以～好的〕もしこのような思想が残っていれば,仕事はうまくいかないだろう.〔像这种投机的买卖还能～涨 zhǎng吗〕このような投機的な商売が盛んになっていくと思うのか.　④読む.黙読する.〔～小说〕小説を読む.〔～报 bào〕新聞を読む.〔～了一本书〕本を一冊読んだ.→〔读 dú②〕〔念 niàn〕　⑤動詞の重ね型または動詞構造の後に置いて,"…してみる"の意を表す.〔用这种方法试试～〕この方法で試してみる.〔我来吃吃～〕どれ,わたしが食べてみよう.〔想 xiǎng 想～〕考えてみる.〔问 wèn一声～〕ちょっと尋ねてみる.　⑥…によりけりである.…により異なる.〔那得～什么时候〕それは場合によりけりだ.〔那得～用在什么上头了〕それは何に用いるかによる.〔长 zhǎng 进不长进全～你努力不努力了〕進歩するかしないかは全てきみが努力するかどうかにある.　⑦診察する(してもらう).〔请大夫～一～他的病〕お医者さんに彼を診てもらってみる.〔这位医生把我～好了〕このお医者はわたしを診て治してくれた.〔～内科去〕内科に診てもらいに行く.　⑧面会する.慰問する.訪問する.〔农 nóng 民去～主席去〕農民が主席に面会に行く.〔～朋 péng 友去〕友人を訪ねて行く.〔～病人〕病人を見舞う.　⑨取り扱う.待遇する.世話をする.〔照 zhào ～〕世話をする.面倒をみる.　⑩…しないように気をつける(つけよ).〔这张纸很薄 báo,写字要轻一点,～破了!〕この紙はとても薄いから字を書く時は力を入れずに破らないようにしない.〔你哭什么,～叫人笑话〕何を泣いている,人に笑われるぞ.→kān

看白戏 kànbáixì　芝居のただ見をする.
看板 kànbǎn　通知・公示・宣伝などの掲示板.ネット上の掲示板.
看扁 kànbiǎn　軽く見る.見くびる.〔你把人～了〕君は人を見くびっている.
看病 kànbìng　=〔瞧 qiáo 病〕①診察する.治療する.〔王大 dài 夫～很认真〕王先生はていねいに診察してくれる.〔吴医生每天都给我～〕呉先生は毎日診察治療してくれる.　②俗に〔看大夫 dàifu〕〔看医生〕という.〔到医 yī 院～去〕病院へ診てもらいに行く.〔请 qǐng 大夫来～〕医者に往診の診察を受けにてもらう.〔你在哪儿看的病〕あなたはどこで診察を受けたのですか.

看不出(来) kànbuchū(lái)　①見分けがつかない.見てもわからない.〔我～他本当かうそか見分られない.　②…だとは思えない.…とは認められない.〔～他这人倒很有魄 pò 力〕彼という人間にかなりのバックボーンがあろうとは思わない.
看不得 kànbude　①見てはならない.〔色 sè 情小说青年人是～的〕ポルノ小説は若い者には見てはならないものだ.　②〔他喝 hē 醉了酒在大街上见 huang 晃悠悠地地走,实在～〕彼は酔いつぶれて千鳥足で大通りを歩いているが,まったく見ていられない.
看不惯 kànbuguàn　①見慣れない.〔～的人觉得很奇 qí 怪〕見慣れない人はおかしいなと思う.　②目障りである.気にくわない.〔他那种 zhǒng 下流的样子,我～〕彼の下品な様子は私には目障りだ.
看不过(去) kànbuguò(qù)　見過ごせない.見かねる.見るに足りない.見ていられない.〔他那样地对待小孩子我真～〕彼があのように子どもを扱うのは全く見ちゃいられない.〔他一来就发横 hèng,我简直～〕彼はともすると乱暴になってくる,まったく見ておれない.
看不见 kànbujiàn　見えない.見あたらない.〔～的手〕〔无 wú 形之手〕見えざる手:アダムスミスの国富論の中の語.
看不起 kànbuqǐ　=〔口〕〔瞧 qiáo 不起〕①軽蔑する.侮る.見下げる.〔他眼高过顶,老～人〕彼は人を測るレベルが高すぎるのか,いつも人を馬鹿にする.〔不要太～人〕あまり人を見くびるな.　②(金がなくて)見られない.〔票价太贵,我～〕切符が高すぎて,わたしは見られない.
看不上 kànbushàng　(見ようとしても)見られない.〔有些人在大阪へ,就买神户演出的预售票〕大阪では(切符が買えなくて)見られないために,神戸公演の前売券を買うものもいる.〔～眼儿 yǎnr〕〔口〕〔瞧 qiáo 不上眼儿〕気に入らない.〔别的,您要～了〕ほかのはいやそうお気に召しません.
看菜吃饭,量体裁衣 kàncài chīfàn, liàngtǐ cáiyī　おかずにあわせて飯を食べ,体にあわせて服を裁つ.<喩>具体的な状況に応じて事を処理する.
看茶 kànchá　〔旧〕お茶をお出ししろ:客に茶を出すよう召使いに言いつける語.
看成 kànchéng　見なす.…のつもりでいる.〔看作〕に同じ.
看承 kànchéng　①⇒〔看待〕　②世話する.面倒をみる.
看出 kànchū　見て知る.見分ける.見抜く.〔～问题在哪里〕問題がどこにあるのかを見分ける.〔由此可以～来〕この点から見てとることができる.
看穿 kànchuān　⇒〔看破〕
看待 kàndài　=〔文〕〔看承①〕待遇する.取り扱う.〔不能一律 lǜ ～〕一律に取り扱うことはできない.〔同样～〕同一視する.〔另 lìng 眼～〕特別扱いします.〔务 wù 请给他～〕ぜひ格別にお取り扱い願います.〔像 xiàng 待亲生儿子一样地～他〕彼を自分の血を分けた子供に対するように扱う.〔他把我跟小孩子一样～)私たちを子ども扱いする.
看淡 kàndàn　①軽く見る.　②〔商〕市況が冷えてくる.弱含みの気配となる.
看到 kàndào　見当たる.見届ける.〔拐 quǎi 个弯儿就可以～村子了〕(そこを)曲がればずっ村が見えてきますよ.→〔看见〕
看得过去 kàndeguòqù　見る値打ちがある.見られる.まあまである.〔这出戏 xì 还～〕この芝居はまあ見られる.
看得见 kàndejiàn　見える.〔你～黑板上的字吗〕きみは黒板の字が見えますか.

kàn

看得起 kàndeqǐ =〔瞧 qiáo 得起〕尊敬する.重視する.眼中に置く.〔他~的人不多〕彼が尊敬する人は多くない.〔谁都~他〕誰しも彼を尊敬する.
看得上 kàndeshàng 気に入る.
看灯 kàndēng 〔旧元宵節の晩(旧暦正月15日)の灯籠を見物する.
看低 kàndī 軽視する.低く見る.
看点 kàndiǎn 見どころ.注目すべき点.〔没有~〕見どころがない.
看跌 kàndiē 〔商〕(市況が)下落するのを予期する.先安とみる.〔一期权〕〔卖mài方期权〕プットオプション.↔〔看涨〕
看法 kànfǎ 考え.見解.〔你对这个问题有什么~〕この問題をどう思うか.〔各人有各人的~〕それぞれの見方がある.〔大家对你有~〕みんな君のことをよく思っていない.〔~不一样〕意見はまちまちだ.
看风色 kànfēngsè 風向きをうかがう.〔看风头〕〔看风向〕ともいう.
看风使舵 kànfēng shǐduò 〔成〕臨機応変に上手に立ち回る.〔看风使帆〕〔看风转 zhuǎn 舵〕ともいう.→〔见 jiàn 风使舵〕
看风水 kànfēngshuǐ 方位または地相を見る(てもらう).〔详しく見る.〔相 xiàng 宅〕ともいう.〔~的〕风水先生)地相見.
看风头 kànfēngtou ⇒〔看风色〕
看风向 kànfēngxiàng ⇒〔看风色〕
看顾 kàngù 世話をする.目をかける.〔他是个孝子,~老人很周 zhōu 到〕彼は親孝行だから親の世話が行き届いている.
看官 kànguān 〈白〉読者や観客の尊称.読者・観客の皆さん.
看好 kànhǎo ①(情勢や相場などが)よくなると予見する.先高と見る.②(競技・試合で)優勢と予測して行動する.
看见 kànjiàn =〔口〕瞧 qiáo 见〕見える.見かける.目にとまる.〔你~他了吗〕彼を見かけたか.
看景不如听景 kànjǐng bùrú tīngjǐng 〈諺〉景色を見てみれば聞くほどでもないものだ.来て見ればそれほどでなし富士の山.
看九 kànjiǔ 旧式結婚で,新婦が里帰りをして数日後に新郎の家から使者が新婦を呉し尋ねに行くこと.
看卷(子) kànjuàn(zi) 答案を調べる.採点する.
看开 kànkāi (好ましくないことを)気にかけない.心配しない.達観する.心を広くする.
看客 kànkè 〈口〉見物人.観衆.→〔观 guān 众〕
看来 kànlái 見たところ(では).→〔看样子①〕
看脸色 kànliǎnsè 顔色をうかがう.
看脉 kànmài 脉を見る.脈をとる.〔诊 zhěn 脉〕に同じ.〔看门 mén 诊〕宅診する.
看面子 kànmiànzi 顔を立てる.
看你 kànnǐ おまえときたら.相手への不満・非難を表す.〔瞧 qiáo 你〕に同じ.〔~,怎么搞 gǎo 的〕こら,何やってる.〔~,马 mǎ 马虎虎的〕ほら,いいかげんな.〔~说的〕そんなことはないよ.なに言ってんだ.
看破 kànpò =〔看穿〕①看破する.見破る.〔他的手段我全~了〕彼の手段はわたしが見破った.②見限る.見切りをつける.〔~红尘 chén〕〈成〉浮き世を見限る.あきらめ切る.
看齐 kànqí ①〔号令〕整列.〔向右~!〕右へならえ.〔别说话,~了!〕話をやめて,まっすぐ並んで.〔~线 xiàn〕整列線.→〔注 zhù 目〕見習う.同じにする.〔向王老师~〕王先生に見習う.〔你应该向他~〕彼に見習いなさい.
看起来 kànqǐlái ①見てくると.してみると.〔这么~,一国兴亡全我人民要强不要弱了〕このように

見てくると,一国の興亡は全く人民に気魄があるかないかによるのだ.②見たところ.〔他们已经正式起诉,~是不能和解了〕彼らはすでに正式に提訴した,見たところでは和解できそうもない.〔天阴 yīn 上来了,~要下雨了〕空が曇ってきた,見たところ雨が降りそうだ.
看俏 kànqiào 〈商〉(市場の)売れ行きがよい.〔中国股市场~〕中国株は最も売れ行きがよい.
看轻 kànqīng 軽視する.見下す.〔你别~这件工作〕この仕事をバカにしてはいけない.↔〔看重〕
看清 kànqīng =〔看真〕はっきり見る.〔你~了吗〕はっきり(まちがいなく)見たかね.〔~形势〕情勢をはっきり見極める.〔看不清〕はっきり見えない.
看情面 kànqíngmiàn 情に免ずし.〔~进来做事的人都不大靠 kào 得住〕情実で入ってきて仕事をしている人はみなあまり頼りにならない.〔看林老的情面,饶 ráo 他一回吧〕林さんの顔を立てて今回は彼を許してやって下さい.
看球 kànqiú 〈又〉(サッカー・バレーボールなどの)球技を見る.
看取 kànqǔ 〈白〉①見る.ながめる.〔又把开天书一卷,仔 zǐ 细~〕(宣和遺事)そこでさらに天書一巻をひもどいてて詳しく見た.②世話をする.〔牢狱及管营,差拨 chāibō,亦々柴进交厚,可将这两封书下去,必然~教义〕(水 9)牢城の典獄や番卒頭ともよく知り合っていますから,この手紙を持って行かれると,きっと教護どのによくしてくれましょう.
看热闹 kànrènao 雑踏(にぎわい)を見る.〔咱们到庙庙会~去吧〕縁日のにぎわいを見物に行こう.〔~的〕見物人.やじ馬.
看人眉睫 kàn rén méijié 〈成〉人の顔色をうかがって行動する.
看人下菜(碟儿) kàn rén xià cài(diér) 客を見て料理(皿)を置く.〈喻〉人を見て応対を変える.
看三国掉眼泪,替古人担忧 kàn sānguó diào yǎnlèi, tì gǔrén dānyōu 〈喻〉取り越し苦労.
看上 kàn·shàng ①見て気に入る.見そめる.ほれこむ.〔他~你的姑娘了〕彼はきみさみの娘さんが好きになった.→〔看中〕②目をつける.〔我早已~这个东西了〕わたしは早くからこの品物に目をつけていた.〔贼已经~那个财主了〕泥棒はあの金持ちに目をつけた.〔他~了我的金表,就起了歹心了〕彼はわたしの金時計に目をつけてよくない心をおこした.
看上去 kàn·shàngqù 見たところ…だ.
看渗路儿 kànshènlùr 〈方〉水の流れる方向を見きわめる.〈喻〉様子をよく見きわめる.〔这件事头绪太多,你可不得~办事〕この件は厄介なことがたくさんあるから,よく様子を見きわめてやらなくちゃいかんよ.
看时候(儿) kànshíhou(r) 時機を見る.〔你提这意见要~〕きみがこの意見を提出するにはタイミングを選ばなくてはならない.
看事 kànshì 模様を見る.状況を見る.〔~行 xíng 事〕做事行事を見てなす.〔~容易做事难〕〈諺〉言うは易く行うは難し.
看死 kànsǐ (対象がよくならないと)思い込む.(悪く)決めつける.〔~不要把人~了〕人は変わらないものだと思い込んではいけない.
看似 kànsì 見ると…のようだ.見たところ…だ.
看台 kàntái (競技場などの)スタンド.観客席.桟敷(席).〔搭 dā~〕桟敷をかける.
看透 kàntòu ①見通す.見抜く.〔看不透〕看破できない.見通すことができない.〔人家是聪 cōng 明人,这件事早就~了〕あの人は聡明だからこのことはとっくに見通している.②見限る.見切りをつける.〔~了名利〕名利に見切りをつけた.→〔看破〕
看头儿 kàntour 〈口〉見どころ.見るだけの値打ち:

〜]井戸の周りの地面上に突き出た部分.〔门~]家屋の入り口の部分の土を盛り上げたところ.③地名用字.〔~上]回江西省に.

[磡] kàn 崖(がけ)の意で,地名用字.〔槐 huái 花~]回浙江省長興県にある.〔红 hóng ~]回香港にある.

[阚・闞(瞰)] kàn 〈姓〉阚(xuǎn·)→ hǎn

[瞰(瞰)] kàn (Ⅰ)〔瞰]見おろす.〔俯 fǔ ~]〔下 xià ~]〔下瞰 zhǔ]同前.〔鸟 niǎo ~]鳥瞰(かん)する.眺望する.
(Ⅱ)〔瞰]〈文〉眺める.うかがい見る.

kang　ㄎㄤ

[闶・閌] kāng 〈文〉門の高く大きいさま. → kàng
闶阆 kāngláng 〈文〉建築物の空間の部分:〔~子]ともいう.

[康] kāng ①安らかである.健やかである.〔健 jiàn ~]健康(である).②豊かである.③=[糠②]〈大根などに菜が〕.〔这萝 luó 卜~了]この大根はすっかり鬆が入っている.④訳字.〔~德 dé]囚カント.⑤回旧西康省.⑥〔~县 xiàn]回甘粛省にある.⑦〈姓〉康(う)

康白度 kāngbáidù ⇒[买 mǎi 办②]
康拜因 kāngbàiyīn 〔联 lián 合收割机]〈音訳〉回コンバイン:刈り取り・脱穀収穫機〈音義訳〉[~收割机]ともいう.
康拜因采煤机 kāngbàiyīn cǎiméijī ⇒[联 lián 合采煤机].
康采恩 kāngcǎi'ēn 〈音訳〉経コンツェルン:〔康采因][康载 zǎi 尔]とも書いた.→[卡 kǎ 特尔][托 tuō 拉斯]
康复 kāngfù 健康を回復する.〔病体~]病体が回復する.〔~中心]リハビリセンター.〔~车 chē]障害者専用バス.〔~训 xùn 练]リハビリ(テーション).〔~工程 chéng]リハビリトレーニング.リハビリプロジェクト.〔祝 zhù 你早日~]早くお元気になってください.→[痊 quán 愈]
康茄鼓 kāngjiāgǔ 〈音訳〉音コンガ:樽のような形をした大型の太鼓.〔康茄舞 wǔ (曲)](キューバの)康茄舞(舞曲).
康健 kāngjiàn 健康である.〔健康①]に同じ.〔身 shēn 体~]健康である.〔孩 hái 子个个都很~]活溌な子供は皆健康で活溌だ.
康居 kāngjū 囚現在の新疆ウイグル自治区より旧ソ連領アジアにまたがる一帯にあった国.漢の初めごろ最も盛んであった.大月氏と同種.
康居工程 kāngjū gōngchéng 都市部の居住改善のプロジェクト.→[小 xiǎo 康①]
康康舞 kāngkāngwǔ 〈音訳〉フレンチカンカン.カンカン踊り.
康乐 kānglè 平穏安楽である.〔~的生活]平穏な生活.〔祝你~]〈挨〉お達者で.〔~中心]スポーツセンター.
康乐球 kānglèqiú キャロムゲーム:〔康乐棋][克 kè 朗棋][克郎球 kèlángqiú]ともいう.中国将棋の駒(あるいはこれに類するもの)を玉突きの"ポケット"競技のように4隅の穴に〔杆](棒)で突き落として遊ぶ.
康乐室 kānglèshì 娯楽室.〔每层楼设 shè 有一个~]各階に娯楽室が設けてある.
康了 kāngle 〈ロ〉だめになる.〔这件事~]この事はだめになった.
康乃馨 kāngnǎixīn 〔康耐馨]とも書く.〈音訳〉植カ

kàn～kāng

〜]または〔没有~]として用いる.〔那出戏有什么~]この芝居見どころがありますか.〔烟 yān 火虽然没多大意思,倒还有点~]花火はいした意味はないが,なかなかきれい(みごと)だ.

看图识字 kàntú shízì 团絵を見て字を覚える:五四運動以後児童教育・識字運動が盛んになり,絵と字を対照にして児童や非識字者に字を覚えさせた.これに用いたものを[认 rèn 字本]という.

看旺 kànwàng 回(市场が)好調である.〔销售继续~]売れ行きは引き続き好調.

看望 kàn·wàng ごきげんうかがいをする.会いに出かける.〔星期天我去~父母]日曜日には父母に会いにいく.〔~老战友]古くからの革命の同志を訪れる.

看头 kànxiāngtóu =[顶 dǐng 香]]巫(ふ)祝(しゅく)が香をたいてその煙の上り具合を見て神のお告げを占うこと.〔~的]巫祝.

看相 kànxiàng ①観相する.人相・手相を見る:〔相面]に同じ.〔~的][相士]人相見る.〔看手相的]手相見る.②(他人の目から見た)人相.

看笑话 kànxiàohuà →[字解⑩]

看眼色 kànyǎnsè 人の目の色(顔色)をうかがう.

看秀 kànxiù ショーを見る.→[秀⑥]

看样子 kànyàngzi =[样儿].①様子を見る.この様子では.見たところでは.〔~也许不来]この様子ではあるいは来ないかもしれない.〔~要下雪了]この様子では雪になろう.②見本を見る.

看野眼 kànyěyǎn 〈方〉よそ見をする.きょろきょろし回す.〔上课不好好儿地听,东张西望地看什么野眼呢]授業もろくに聞かずあっちを見たりこっちをのぞいたり,何をよそ見するのか.

看在…上 kànzài…shàng …において見る.〔看在老朋友的份 fèn 上]昔からの知り合いということで.〔看在你的面子上]あなたに免じて.

看涨 kànzhǎng 回(市场が)先高が見込まれる.上昇の気運がある.〔前期 qī 权][买 mǎi 方期权]コールオプション.↔[看跌]

看真 kànzhēn ⇒[看清]

看中 kànzhòng 〈よく見て〉気に入る.〔他~了这块料子,一定要做一套来穿]彼はこの服地が気に入ってぜひ一着作りたがっている.→[看上]

看重 kànzhòng 重く見る.〔领 lǐng 导很~他]責任者は彼を重視している.〔大事小事,他都很~]事の大小にかかわらずおろそかにしない.↔[看轻]

看朱成碧 kànzhū chéngbì 〈成〉赤が青に見える.〔心乱如麻,~]心はちぢに乱れ,目も定まらぬ状態だ.

看主(儿) kànzhǔ(r) 見物人.客.〔他倒是个~,真肯花钱]彼こそ上客だ,実によくお金を使って下さる.

看准 kànzhǔn 見通しをつける.見極める.〔他~了马上就干]見極めをつけたらすぐやる.〔看不准]とと見えない.見きわめがつかない.

看作 kànzuò =[看做]ともも書く.見なす.…と考える.…のつもりでいる.〔看成]に同じ.〔他把公共的财产~自己的东西]彼は公共の財産を自分のもののようなつもりでいる.

看座 kànzuò 回お席にご案内しろ:召使い・従業員に客の席を手配させる際の語.

[衎] kàn 〈文〉=[侃].〔~~]和らぎ楽しむさま.〔~然 rán]安定しているさま.②剛直なさま.

[崁] kàn 地名用字.〔赤 chì ~]回台南市にある.

[墈] kàn ①高い堤.②境界を区切るため土を盛り上げたもの.〔石~]石を積んで境界線としたもの.土地の境を示す石積み.③井

—ネーション:〔麝 shè 香石竹〕〔香 xiāng 石竹〕ともいう.
康年 kāngnián 豊年.
康宁 kāngníng 〈文〉安楽で健やかである.
康复 kāngfù 〈文〉よく治まって平安である.
康平纳 kāngpíngnà 〔音訳〕コンビナート:〔联 lián 合制〕
康强 kāngqiáng 〈文〉健やかで丈夫である.
康青 kāngqīng 康熙朝磁器の青色:〔康熙民窑青花〕の略.
康衢 kāngqú ⇒〔康庄〕
康泰 kāngtài 〈文〉健康で無事である.
康铜 kāngtóng 圀コンスタンタン:銅・ニッケル・マンガンの合金.
康熙字典 kāngxī zìdiǎn 〔書〕康熙55年印行の字書:約4万7千字を載せる.
康庄 kāngzhuāng =〔康 衢〕〈文〉大通り.大路.〈喩〉明るい前途.〔~大道〕四通八達の大きな道路.〈喩〉光明に満ちた未来.〔走上~之路〕希望の持てる道を歩む.

〔慷(忼)〕 kāng
慷慨 kāngkǎi ①意気に燃える.慷慨する.〔言 yán 词~〕言葉が激越である.〔~陈 chén 词〕〈成〉激越な口調で意見を述べる.〔~激 jī 昂〕〈成〉意気軒昂としているさま.〔~就 义 yì〕〈成〉立派な心意気で犠牲になる.〔这个人很~〕この人は気前がよい.〔~解 jiě 囊〕気前よく金を出す.〔~捐 juān 献〕~寄付(献金)する.〔~他人之慨〕他人の財物で自分の気前のよさをみせようとする.〔~公家之慨〕公共の財産を気前よく浪費する.

〔榞〕 kāng →〔榔 láng 榞〕

〔糠(穅・粇)〕 kāng ①糠(ﾇｶ).〔米 mǐ ~〕〔稻 dào ~〕米糠.〔小米~粟のぬか:旧時,貧しい人が食用した.〔吃~咽 yàn 菜〕〈喩〉極貧生活を送ること.〔木 mù ~〕おがくず.〔拿~喂 wèi 猪〕糠を豚に食わせる.②すかすかになる.(大根などのすが入る):〔康③〕に同じ.〔萝 luó 卜~了〕大根に鬆(ﾌ)が入った.→〔柴 chái 心儿〕
糠秕 kāngbǐ ⇒〔秕糠〕
糠饼子 kāngbǐngzi 〔食〕ぬかをこねて作った食品:ごく粗末な食品.
糠菜 kāngcài ぬかと山菜.〈喩〉粗食.〔~半年粮 liáng〕一年の大半をぬかや山菜などで過ごす:貧しく苦しい生活.
糠菜饽饽 kāngcài bōbo ①〔食〕ぬかと野菜(または野生菜類)を混ぜてだんごのように丸めたもの.②〔~儿〕〈喩〉〈方〉体格の虚弱なこと.
糠醇 kāngchún 化ファーファ(リル)アルコール.
糠迷 kāngmí 〈又〉ぬかのかゆ.〈転〉粗末な食事.
糠皮 kāngpí ぬか.
糠醛 kāngquán 化フルフラール(フルアルデヒド)
糠筛 kāngshāi ぬかふるい.〜〔筛〕
糠穗 kāngsuì 植ヌカボ:イネ科.
糠虾 kāngxiā 魚貝アミ(総称):浅海に産するごく小さなエビ.
糠油 kāngyóu ぬか油.ライスオイル.

〔鱇・鱇〕 kāng →〔鮟 ān 鱇〕

〔扛(掆)〕 káng ①肩に担ぐ(いで運ぶ).〔~东西〕物を担ぐ.〔~枪 qiāng〕鉄砲を担ぐ.〔~不动〕動かせない.〔两个肩 jiān 膀儿~一个脑袋,且饿不着 zháo 呢〕両方の

肩に頭は一つしかのせてないんだ(二つものせてはいない),すっかり飢えることはないな.→〔担 dān ①〕②(責任・負担を)負う.担う.〔~着一家五口 kǒu 的生活〕一家5人の生活を支えている.〔你要是办不下了 liǎo,我自然出来给你~起来〕きみでどうにもならなかったら,もちろんぼくが表に出て責任を負ってあげる.〔他这回走了实在不像话,因为我给他~着好些账 zhàng 呢〕彼がこんど行ってしまったのは実に困ったことだ,わたしは彼の勘定をずいぶん背負っているから.③〈方〉がまんする.〔他~不住了,不得 dé 不承认写了匿 nì 名信〕彼は耐えきれなくなってやむを得ず匿名の手紙を書いたことを認めた.〔~不住拷问〕拷問に耐えきれない.〔你吃了吗？我还~着呢〕きみは食べたかね,わたしはまだがまんしてる. → 扛
扛榜 kángbǎng ⇒〔赶 gǎn 榜〕
扛长工 kángchánggōng 農家の常雇いになる:作用になる.〔扛活〕
扛大个儿 kángdàgèr 〈方〉旧波止場や鉄道の駅で重量物を運搬すること.またその労働者.〔~的〕荷担ぎ人夫.
扛大梁 kángdàliáng (劇や集団・チームの中で)大役を演ずる.重要な役をつとめる・大黒柱となる:〔挑 tiǎo 大梁〕に同じ.
扛刀 kángdāo 〔刀を背に負う.〈方〉一人で泥をかぶる.
扛鼎 kángdǐng 鼎(ﾄ)をかつぐ.〈喩〉力の強いさま.〔~之作〕力作.
扛竿 kánggān 肩に立てた竹竿の先にいろいろな物を置いて演ずる曲芸.→〔杂 zá 技〕
扛活 kánghuó 旧農家に雇われて働く(こと).〔扛大活〕重労働に雇われる.〔扛小活〕半人前として雇われる.
扛枷 kángjiā 旧刑罰の一種.肩にかせをかける(られる)
扛肩儿的 kángjiānrde 旧荷担ぎ人夫.→〔窝 wō 脖儿①〕
扛轿 kángjiào 〈方〉駕籠(ｶｺﾞ)を担ぐ(人夫).→〔六 liù 色②〕
扛脸儿 kángliǎnr 〈方〉高慢な態度をとる.
扛码头 kángmǎtóu 〈方〉旧波止場で貨物を運搬すること.〔~的〕沖仲仕.波止場人足.
扛嗓子 kángsǎngzi 言い争いをする.
扛抬 kángtái (二人で等しく)担ぐ.
扛头 kángtóu 〈方〉①増長する.お高くとまる.〔你不用~,没你也行〕つけあがるな,お前がいなくともいいのだ.〔他对我有点~〕彼はわたしに対して態度が大きい.②高慢ちき.
扛重器 kángzhòngqì 〈方〉ジャッキ:〔起 qǐ 重器〕〔口〕千 qiān 斤(頂)〕に同じ.

〔亢〕 kàng 〈文〉①高い.〔高 gāo ~〕ⓐ(声が)高くよく響く.ⓑ(地勢が)高い.②おごり高ぶる.尊大である.〔不~不卑 bēi〕〔不卑不~〕〈成〉高慢でもなく卑屈にもならない.③甚だしい.→〔亢旱〕 ④⇒〔抗④〕⑤亢(ｺｳ).〔二 èr 十八宿〕の一.⑥〔姓〕亢.
亢奋 kàngfèn 極度に興奮する.〔精 jīng 神~〕気が高ぶっている.
亢旱 kànghàn ひどい日照り.大旱魃(ﾊﾞﾂ)
亢进 kàngjìn 医(機能)亢進(する).〔甲 jiǎ 状腺机能~〕甲状腺機能亢進.
亢厉 kànglì 〈文〉
亢龙有悔 kànglóng yǒuhuǐ 〈成〉驕(ｺﾞｳ)る君主は久しからず.
亢宿 kàngxiù →〔二 èr 十八宿〕
亢阳 kàngyáng ①〔亢旸〕とも書く.〈文〉酷暑の日

照り.②中医陽気のみで陰気がなく,調和を欠きのぼせてなる病気.

亢直 kàngzhí 〈文〉硬骨である.剛直である.〔伉直〕とも書く.

亢宗(之)子 kàngzōng (zhī) zǐ 〈文〉一門の名をあげる子.

〔**伉**〕 kàng 〈文〉①対等である.つり合いのとれている.②強壮である.〔~健 jiàn〕強健である.③高く大きい.④〔姓〕伉(す).

伉儷 kànglì 〈文〉夫婦.連れ合い.〔周教授賢 xián ~〕周教授ご夫妻.〔~情深〕夫婦の情愛がこまやかである.〔~成〕結婚の祝いの文句の一.

〔**抗**〕 kàng ①抵抗する.反抗する.〔抵 dǐ~〕抵抗する.〔対 duì~〕対抗(する).②背き逆らう.拒否する.③〈方〉ぶつかる.〔他~我一膀bǎng子〕彼はわたしの肩にぶつかってきた.④=〔文〕亢④〕対等である.匹敵する.〔分庭~礼〕〈成〉独立して対抗する.⑤〔姓〕抗(す).

抗癌 kàng'ái 癌に対抗する.〔~作用〕抗癌作用.

抗癌霉素 kàng'ái méisù ザルコマイシン:〔(音訳)寿 shòu 高迈组(す)〕ともいう.

抗暴 kàngbào 暴力の圧政に抵抗し反撃する.〔~斗 dòu 争〕同前の闘争.

抗爆剤 kàngbàojì アンチノック剤.制爆剤:内燃機関中の異常爆発を抑えるために燃料に加えられる物質.

抗爆汽油 kàngbào qìyóu アンチノックガソリン.

抗币 kàngbì ⇒〔边 biān 区货币〕

抗辩 kàngbiàn ①抗弁(する).〔作了有力的~〕有力な反論となった.②〔法〕反対弁論.

抗病 kàngbìng 病気に抵抗する.〔~力〕同前の力.

抗不育维生素 kàng bùyù wéishēngsù →〔维生素〕

抗尘走俗 kàngchén zǒusú 〈成〉俗事に汲々(きゅうきゅう)とする.

抗磁(性) kàngcí(xìng) 〔物〕反磁性(の).

抗大 kàngdà =〔中 zhōng 国人民抗日军事政治大学〕

抗倒伏 kàngdǎofú 〔農〕作物が倒れにくいこと.

抗敌 kàngdí 敵に抵抗する.

抗敌素 kàngdísù =〔氯 lǜ 霉素抗敌素〕

抗丁 kàngdīng 〔旧〕壮丁徴用に抵抗する.

抗毒素 kàngdúsù 〔医〕抗毒素.〔~血 xuè 清〕抗毒素血清.〔白百喉~〕〔白喉血清抗 qīng〕ジフテリア抗毒素血(ジフ血).

抗断不遵 kàngduàn bùzūn 〈文〉判決に服従しない.

抗法 kàngfǎ 法律に逆らう.公務執行を妨害する.〔暴力~〕暴力をふるって同前.

抗费 kàngfèi 料金の支払いに応じず抵抗する.

抗风 kàngfēng 風を防ぐ.風に逆らう.

抗干扰 kànggānrǎo 〔物〕妨害対抗.

抗干眼病维生素 kàng gānyǎnbìng wéishēngsù →〔维生素〕

抗告 kànggào 〔法〕抗告(する).

抗佝偻病维生素 kàng gōulóubìng wéishēngsù →〔维生素〕

抗过敏药 kàng guòmǐnyào 〔薬〕抗ヒスタミン剤.

抗过载服 kàng guòzàifú ⇒〔抗荷服〕

抗寒 kànghán 寒さを防ぐ.防寒する.〔高 gāo 粱酒,冷天喝点儿~真不错〕高粱酒は寒い時に一杯飲んで暖をとるのにほんとにいいもんです.→〔取 qǔ 暖〕

抗旱 kànghàn 干ばつの被害に対処する.〔这个新品pǐn 种能~〕この新品種は干ばつに強い.〔~品种〕日照りに強い品種.〔~作物〕同前の作物.

抗荷服 kànghéfú 〔因〕耐G服:〔抗过载服〕〔增 zēng 压服〕ともいった.〔宇 yǔ 航服〕

抗衡 kànghéng ①対抗して人に譲らない.〔与世界强 qiáng 队相~〕世界の強豪チームにひけをとらない.②マッチング.

抗洪 kànghóng 洪水から守る.

抗坏血酸 kàng huàixuèsuān 〔化〕L-アスコルビン酸:〔维 wéi 生素C〕(ビタミンC)の別称.

抗婚 kànghūn 買売婚や強制婚に反抗する.

抗击 kàngjī 抵抗して反撃する.〔遭 zāo 到猛 měng 烈的~〕猛烈な反撃に遭った.〔~非 fēi 典〕SARS(サーズ)撲滅.

抗假 kàngjiǎ コピー商品を撲滅する.

抗剪强度 kàngjiǎn qiángdù =〔剪切力强度〕

抗节 kàngjié 〈文〉節操を固持して屈しない.

抗结核菌 kàng jiéhébénn ⇒〔誉 yù 比昂〕

抗拒 kàngjù 抵抗し拒む.〔担 tǎn 白从宽,~从严〕自白すれば寛大な処置をとるが,反抗すれば厳罰にのぞむ.

抗捐 kàngjuān 納税に反対する.

抗菌素 kàngjūnsù ⇒〔抗生素〕

抗菌药物 kàngjūn yàowù 〔薬〕対細菌薬物.

抗菌增效剂 kàngjūn zēngxiàojì 抗菌剤の一種:通常サルファ剤と混合して用いられる.

抗拉强度 kànglā qiángdù =〔抗牵强度〕

抗涝 kànglào 水害の防災を行う.〔~措 cuò 施〕水害対策.

抗礼 kànglǐ =〔亢礼〕〈文〉対等の礼をとる.→〔分 fēn 庭抗礼〕

抗粮 kàngliáng 穀物の納入(納税としての)を拒む.〔~不交〕同前.

抗论 kànglùn ①〈文〉直言して,へつらったりしない.②対抗して言い譲らない.

抗霉素 kàngméisù 〔薬〕アンチマイシン.

抗美援朝 kàngměi yuáncháo 1950年10月朝鮮動乱のとき中国で展開された運動.

抗命 kàngmìng 命令を拒否する.〔胆敢~!〕おおせのとおり.

抗纳 kàngnà 租税などの納入を拒む.

抗逆性 kàngnìxìng =〔抗性〕〔植〕作物の抵抗力.

抗凝 kàngníng 〔医〕血液凝固防止.

抗疟剂 kàngnüèjì 〔薬〕抗マラリア剤.

抗牵强度 kàngqiān qiángdù =〔抗拉强度〕〔抗张强度〕引っ張り強度.

抗热 kàngrè 耐熱.〔~合金〕耐熱合金.

抗日 kàngrì 日本(軍国主義)に抵抗する(こと).〔~根据地〕抗日戦争中につくられた革命根拠地.〔~救亡运动〕満州事変後,日本の侵略に反対する国民的規模の運動.〔~战争〕抗戦②〕1937～45年の抗日戦争(日中戦争)

抗上 kàngshàng 上部に反抗する.

抗渗 kàngshèn 不浸透性(の)

抗生素 kàngshēngsù =〔抗菌素〕〔薬〕抗生物質.〔~饲 sì 料〕抗生物質を配合した家畜飼料.→〔霉méi ①〕

抗蚀 kàngshí 〔工〕腐食防止(をする).〔~剂 jì〕腐食防止剤.

抗手 kàngshǒu ①対抗者.②〈文〉手をあげて礼をする.

抗属 kàngshǔ 抗日戦争従軍軍人の家族.→〔军 jūn 属〕〔烈 liè 属〕

抗霜 kàngshuāng 霜害に強い.

抗税 kàngshuì 納税を拒む.

抗诉 kàngsù 〔法〕上訴(する).(検察側が)控訴(する).〔~状〕起訴状.

抗体 kàngtǐ ①〔医〕抗体.免疫体.②〈喩〉外からの

影響を防ぐ要素.

抗性 kàngxìng ⇒〔抗逆性〕

抗血清 kàngxuèqīng 医抗菌血清.

抗压强度 kàngyā qiángdù 〔口〕圧縮強度.

抗药性 kàngyàoxìng 医薬物耐性.

抗议 kàngyì 抗議(する).〔坚决 jiān juè~〕断乎として抗議する.

抗御 kàngyù 抵抗し防御する.〔~外侮〕外国の侵略に抵抗し防御する.

抗原 kàngyuán 医アンチゲン.抗原.

抗灾 kàngzāi 災害と戦う.〔~备 bèi 荒〕自然災害と戦い,飢えにそなえる.

抗战 kàngzhàn ①抗戦(する).〔英 yīng 勇~〕勇ましく抗戦する. ②抗日战争の略.〔~时期〕抗日戦争時.〔~八年〕1937年の〔七七〕からの8年間.〔~夫人〕旧抗日戦争期間中に奥地に移動した人と現地で結婚した妻の称.〔~区 qū〕抗日戦争中に,交戦の行われた地域.

抗战建国纲领 kàngzhàn jiànguó gānglǐng 史1938年4月1日,漢口で開かれた中国国民党臨時全国代表大会で決議された,抗日戦遂行を中心とする基本方針.

抗张强度 kàngzhāng qiángdù ⇒〔抗牵强度〕

抗震 kàngzhèn ①耐震.免震.〔~棚 péng〕耐震シェルター.〔~结构〕耐震構造.〔~救灾 zāi 工作〕地震災害救済作業(または事業).②地震災害に立ち向かう.

抗争 kàngzhēng 抗争(する).対立して争う.

抗拽 kàngzhuāi しわの予防をする.

抗租 kàngzū 旧地租の納付を拒否する.→〔赖 lài 租〕

抗组(织)胺剂 kàngzǔ(zhī)àn jì 抗ヒスタミン剤:〔抗组胺药 yào 物〕ともいう.

抗嘴 kàngzuǐ 〈方〉口答えする.言い争う.〔你别~,要一哼再哼得我就拨你〕口答えするな,つべこべぬかすとたたきのめすぞ.

〔**闶・閌**〕kàng 〈文〉高く大きい. → kāng

〔**圆**〕kàng 〈方〉(人目のつかない場所へ)隠す.

〔**犺**〕kàng →〔狼 láng 犺〕

〔**炕**(匟)〕kàng ①〈中国式〉オンドル:北方で,家屋の内部の一部分を(土坯 pī や煉瓦で積み上げ,中を煙が通るようにした台状の火をたく暖房設備.長方形で三方または二方は部屋の壁.部屋の中に向いたへりの方だけが土が降りおよび腰掛けるようになっている.中空となった一方に火のたき口,外部に煙突があり,薪や石炭・たどんの類を燃やして暖める.裁縫や遊びの場所・寝る場所とされる.〔热 rè ~〕〔火 huǒ ~〕〔暖 nuǎn ~〕〔温 wēn ~〕同前.〔凉 liáng ~〕炕の形に作られていながら,火をたかないもの.〔木 mù ~〕板で作ったもので,火はたけない.〔躺 tǎng 在~上〕オンドルの上に横になる.〔上~认得女人,下~认得钱〕オンドルに上がっては女,降りては金銭を知っているだけ:俗に,女と金よりほかに知らない男を軽蔑していう.〔~上没有席 xí,脸上没有皮〕恥を知らない.〔得了屋 wū 子(又)想~〕〔谚〕部屋を手に入れたらオンドルがほしくなる.→〔得名陇望期〕
②(転)(オンドルの上の)寝具.ふとん.〔把~叠 dié 一~〕同前.〔铺 pū ~〕寝具を敷く.〔尿 niào 了~了〕寝小便をした. ③〈方〉あぶる.焼く.わかす.〔搁在炉台儿上~干 gān 吧〕炉の上に置いて乾かす.〔放在炉子旁边~一~〕炉のそばにおいてあぶる. ④〈姓〉炕(ﾄﾝ)

炕床 kàngchuáng 旧二人掛けの木の椅子.

炕单儿 kàngdānr オンドル用の敷布:〔炕单子〕ともいう.

炕洞 kàngdòng オンドルの煙道.

炕孵 kàngfū オンドル部屋で孵化する.

炕公炕母 kànggōng kàngmǔ 旧オンドルの神様:〔洗 xǐ 三〕(子が生まれて三日目のお祝い)にこの神を祭る.

炕柜 kànggùi ⇒〔炕琴〕

炕几 kàngjī ⇒〔炕桌儿〕

炕炉子 kànglúzi オンドルの中で火をたくための車輪のついた小さい炉:これに火をおこしてオンドルの口から中へおし入れて床一面を暖める.

炕面砖 kàngmiànzhuān オンドルの上面を敷きつめるのに用いる正方形の煉瓦.

炕面子 kàngmiànzi オンドルの上面.

炕屏 kàngpíng オンドルの上で用いるついたて.

炕琴 kàngqín 〔-儿,-子〕オンドルに置く長持:〔炕柜〕ともいう.

炕上地下 kàngshang dìxia 〈口〉オンドルの上での裁縫などと下に降りてする料理・掃除などの仕事:家庭の主婦の仕事(総称).〔她~都很不错〕彼女は家事は何でもよくできる.

炕梢(儿) kàngshāo(r) オンドルの端(ﾊｼ)で焚き口から一番遠い所.〔陈启祥一看~上,果然腾 téng 出空位子来了〕(刘白羽·血絵)陳啓祥がオンドルの端に目をやると思ったとおり場所があけてあった.

炕头(儿) kàngtóu(r) オンドルの焚き口に近い所.〔让他坐在~上了〕彼をオンドルのあたたかいところにかけさせた.〔~开导〕喩〉家まで出向いて教え導く.

炕围子 kàngwéizi オンドルの周り(窓下と両方の壁)に貼る紙.

炕席 kàngxí オンドルの上の敷物:ふつうはよしで編んだ〔芦 lú 席〕(アンペラ).→〔暖 nuǎn 席①〕

炕沿 kàngyán 〔-儿,-子〕オンドルのへり.

炕毡 kàngzhān オンドルの上に敷く絨毯(ｼﾞｭｳﾀﾝ).

炕砖 kàngzhuān オンドルを作る煉瓦.

炕桌儿 kàngzhuōr =〔炕几〕オンドルの上に置く小机.

〔**钪・鈧**〕kàng 化スカンジウム:希土類金属元素.記号 Sc.〔鋼 sī〕は旧名.

kao ㄎㄠ

〔**尻**〕kāo 〈文〉尻.臀(ﾃﾝ)部.〔~子 zi〕〈方〉尻.〔~骨 gǔ〕〔坐骨〕尻の骨.〔~坐 zuò〕腰をおろし膝(ﾋｻﾞ)を立てて座る.→〔屁 pì 股①〕

〔**考**(攷)〕kǎo (Ⅰ)〔考(攷)〕①試験する.試験を行なう.〔下礼拜要~了〕来週試験がある.〔招 zhāo ~新生〕新入生を試験募集する.〔进 jìn ~场〕試験場に入る.〔应 yìng ~〕〔投 tóu ~〕応募して試験を受ける.〔你可以~北大吧〕きみは北京大学を受けてよかろう.〔这次我~坏 huài 了~不上〕試験は試験を受けしくじった.〔不中 zhòng〕~不上〕試験に受からない.②試す.試問する.〔我~~你〕一つきみに答えてもらうよ.③試験.テスト.大~〕学期末試験.④調査する.調べ突き止める.〔~~年代〕年代を調べる.〔备 bèi ~①〕備考.⑤考える.〔思 sī ~〕思考する.⑥〈姓〉考(ｶｳ)
(Ⅱ)〔考〕〈文〉①年老いている.〔~终 zhōng(命)〕(天寿を全うして)亡くなる.〔寿 shòu ~〕長寿.高齢.②死後の父.〔先 xiān ~〕〔先父〕亡父.→〔祢 nǐ〕

考妣 kǎobǐ 〈文〉亡くなった父と母.〔～三年〕父母の死に3年服喪する.〔如喪～〕両親に死なれたように悲しむ.

考博 kǎobó 博士課程を受験する.〔～热 rè〕同例のブーム.

考查 kǎochá （能力・成績などを)考査する.測定する.〔～学生的学业成 chéng 绩〕学生の学業成績を査定する.→[查考]

考察 kǎochá ①視察(調査)する.〔～上海金融 róng 界的现状〕上海の金融界の現状を視察する.〔出国～〕外国視察する.②観察する.考察する.〔派出了～队 duì〕観測隊を派遣した.〔～团 tuán〕視察団.

考场 kǎochǎng 〔试 shì 场〕試験場.

考成 kǎochéng 旧役人や使用人の成績を評定する(こと).〔照者一年的～分花红〕1年間の勤務評定によって賞与を与える.〔顾 gù 惜～〕査定が悪くならないよう心がける.同→[考课]

考茨基 Kǎocíjī 人カウツキー：ドイツ社会民主党の理論家(1854～1938)

考德 kǎodé 幹部の道徳審査をする.

考点 kǎodiǎn ①試験会場設置地点.〔设四个～、十八个考场〕4か所の試験地域と18か所の試験会場を設ける.②試験のポイント：試験のねらい.

考订 kǎodìng （真偽や異同などを)研究し正す.〔～这个历史事件的年代〕この歴史事件の年代を考订する.

考费 kǎofèi 受験料.

考分(儿) kǎofēn(r) 試験の点数.

考风 kǎofēng 試験に関する風潮・行為.〔～考纪 jì〕同前と試験紀律.

考纲 kǎogāng [考试大纲]の略.試験についての大要.

考工厂 kǎogōngchǎng 旧商品陳列所.

考古 kǎogǔ 考古(する).〔～学〕考古学.

考官 kǎoguān 旧国家試験の試験官.〔陪 péi ～〕副試験官.

考号 kǎohào 受験番号.

考核 kǎohé 審査(する).〔定期～〕定期審査.〔对干部进行～〕幹部を考核する.〔～飞行〕試験飛行.〔深际操 cāo 作～〕実地操作試験.

考级 kǎojí （1級・2級のような)級別検定試験を受ける.

考籍 kǎojí 受験資格.

考及格 kǎojígé 試験に及第する.〔没～〕没及第及第しなかった.〔考不及格〕及第できない.

考纪 kǎojì 受験の紀律・モラル.

考季 kǎojì 受験シーズン：暑い時期に行われるので冗談で[烤季]ともいう.

考绩 kǎojì ①勤務評定(する).〔要是局长～下来、连我都担待不住呢〕もし局長から勤務評定が下ったら私でも大目に見れないよ.②同前の成績.

考究 kǎojiū [考较]とも書く.(つき合わせて)調査・評価する.

考经 kǎojīng 〈喻〉受験のこつ.受験のテクニック.

考究 kǎojiu ①=[考求]突き止め調べる.〔～不出是哪个朝代的东西〕どの朝代のものか突き止めることができない.②こる(工夫をこらす).華美である.〔这是很～的服饰〕これはきれいな服装だ.〔这套 tào 西服做工很～〕この洋服は仕立てがっている.③研究に値する点.→[讲 jiǎng 究]

考据 kǎojù 〔～史实 shí〕史実を考証する.

考卷 kǎojuàn (試験の)答案用紙.→[试 shì 卷]

考课 kǎokè 旧役人の成績を評定する.

考拉 kǎolā 〈音訳〉動コアラ：[树 shù (袋)熊]ともいう.

考篮 kǎolán 旧科挙(官吏登用試験)を受験する書生が試験場に食事などを持参するために用いた手提げかご：竹で四角に編まれ2,3段に重ねられるようになっている.

考廉 kǎolián (幹部の)清廉を審査する.

考量 kǎoliáng 考慮する.思慮する.

考列 kǎoliè 旧(試験に)…の成績で合格する.〔～优等〕優等の成績で合格する.〔～前茅 máo〕〈成〉優等で合格する.〔榜 bǎng 上～第几〕合格者発表には何番で合格しましたか.

考录 kǎolù 試験して採用する.

考虑 kǎolǜ 考え(に入れる).考慮(する).〔你冷静地～一下〕冷静に考えてみたまえ.〔他没有～就冒然决定了〕彼は考えもせず、突然決定してしまった.〔给予～〕考慮を払う.〔等我～再答复你〕彼も考えさせていただきますでご返事いたします.〔务请你予以～〕〈套〉どうかよろしくお願いします.→[研 yán 究②]

考聘 kǎopìn 試験選抜し採用する.

考评 kǎopíng 審査し評定する.審査し点数をつける.

考期 kǎoqī 試験期日.

考奇 kǎoqí 〔考寄〕ともいう.〈音意訳〉アメリカの修士資格テスト(GRE)を受験する.〔考G〕ともいう.

考勤 kǎoqín 勤務評定する.勤務ぶりを調べる.〔～簿 bù〕勤務考查簿.出勤簿.〔～机 jī〕タイムレコーダー.〔～卡 kǎ〕タイムカード.〔～加薪〕勤務評定して増俸する.〔～员〕出欠勤記録員.→[签 qiān 到簿]

考求 kǎoqiú ⇒[考究①]

考区 kǎoqū (全国統一試験の)受験区.

考取 kǎoqǔ 試験して採用する(される).〔他～了清华大学〕彼は清華大学に入った.〔考得 de 取〕試験に受かる.

考任 kǎorèn 試験をして採用する.

考上 kǎoshàng （入学・採用・資格などの試験に)合格する.〔他～大学了〕彼は大学に合格した.〔考不上〕合格できない.すべる(入試に).→[考及格]

考生 kǎoshēng 受験生.→[应 yìng 考生]

考试 kǎoshì (をする).考査(をする).〔期 qī 末～〕期考]期末試験.

考释 kǎoshì (古文字の)考証と解釈(をする)

考硕 kǎoshuò 大学院修士(課程)を受験する.

考题 kǎotí =[试 shì 题]試験問題.

考托 kǎotuō 〈音意訳〉トーフル(アメリカ・カナダ留学の英語能力試験)を受ける.〔考T〕ともいう.→[托福②]②機関・企業などの委託学生の試験を受ける.

考委(会) kǎowěi(huì) 〔考试委员会〕の略.

考问 kǎowèn 口頭試問(する)

考务 kǎowù 入試事務.

考学 kǎoxué 入試を受ける.

考研 kǎoyán 大学院を受験する.〔～专业户〕大学院浪人.〔～研究生〕

考验 kǎoyàn 試練(を与える).〔经不起～〕試練に耐えられない.〔我国农业经历了这样严重灾情的～〕わが国の農業はこうした厳しい災害による試練をうけた.〔一次严峻的～〕厳しい試練.

考语 kǎoyǔ 旧(公務員に対する勤務評定の)評語.

考院 kǎoyuàn 旧(科挙の)試験場.〔～司〕[贡 gòng 院]

考证 kǎozhèng ①考証する(学).〔～学〕考证学.②資格検定試験を受ける.〔会计～〕会計(师)の同前.③同前の合格証書.

考中 kǎozhòng 合格する：[考上]に同じ.[考不中]

合格できない(しない). →[考及格]

[拷] **kǎo** (Ⅰ)たたく.拷問する.[~问 wèn]拷問して調べる.
(Ⅱ)コピーする.

拷贝 kǎobèi <音訳>コピー.①複写(する)・コピー(する).[~纸 zhǐ]コピー用紙.[~(印刷)机]复fù印机]コピー機.複写機.[~笔]ペン型スキャナー.[~复 fù 盘]②映画の複写プリント:[正 zhèng 片(儿)②]ともいう.

拷绸 kǎochóu =[拷 纱][黑 hēi 胶 绸][莨 liáng 绸][漆 qī 绸][薯 shǔ 凉 绸][薯 shǔ 莨 绸][香 xiāng 云拷]華南産の夏服生地:[香云纱][点梅纱]ともいう.(広東産の薄い絹織物)を[薯莨](しょうろう)という蔓草の根茎の汁で染めた黒ずんでさらさらした光沢のある布.

拷打 kǎodǎ 拷問する.[严 yán 刑]同前.[任凭~也用不出一句口供来]たとえ拷問しても一言も供述は聞き出せない.

拷花 kǎohuā 浮出し模様(を出す).[~布]同前の布.

拷纱 kǎoshā ⇒[拷绸]

[烤] **kǎo** ①あぶる(あぶって焼く).[~着吃]火にあぶって食べる.[别离火炉子太近,留神把衣裳~着 zháo 了]ストーブの近くにあまりすぎるな,服を焦がさないように注意しなさい.[~全猪 zhū]豚を丸焼きする(した豚).[把盘拐拐棍儿~直了]とうの杖をあぶって真っ直ぐにした.[~鳗 mán 鱼]うなぎのかば焼き.→[焙 bèi][烘 hōng ①]②(火にあぶって)乾かす.[~干 gān]同前.[把湿衣服~一~]湿った服をあぶって乾かす.③火にあたる.(火にあたって)暖をとる.[~~火,暖和暖和吧]火にあたり暖まりなよ.[我~了一会火,暖和了]しばらく火にあたって暖まった.[~一手 shǒu]手をあぶる.[屋里~得慌]部屋の中は(暖房がききすぎて)とても暑い.[这火炉子太~人]このストーブはよくきく(熱すぎる)

烤白薯 kǎobáishǔ ①いもを焼く.②食やきいも.

烤饼 kǎobǐng <方>蒸かすか焦げ目がつくまで焼いて作る(饼).→[烘 hōng 炉][烧 shāo 饼]

烤瓷 kǎocí セラミックス.[~牙 yá]同前の義歯.

烤电 kǎodiàn 医ジアテルミー:高周波電流で皮下組織に熱を発生させる療法.

烤房 kǎofáng タバコの葉の乾燥部屋.

烤麸 kǎofū 麩(ふ)の一種:生麩を発酵させてから蒸したもの.

烤糊 kǎohú =[烤焦]あぶって(焼き)焦がす.[把白薯~了]さつま芋を焼き焦した.

烤火 kǎohuǒ 火にあたる.[~费 fèi]暖房費.

烤焦 kǎojiāo ①⇒[烤糊]②狐色になるように焼く.カリカリにする.

烤蓝 kǎolán ⇒[发 fā 蓝②]

烤炉 kǎolú 天火.オーブン.[中国人烤鸭子是吊 diào 着烤,西方烤鸭却是送进~里去]中国人があひるのローストを作る時は吊り下げてあぶるが,洋風のあひるのローストは天火の中に入れて作る.

烤面包 kǎomiànbāo ①パンを焼く.②トースト.[~器 qì]<音義略>多 duō 士炉]トースター.

烤牛肉 kǎoniúròu 食ローストビーフ.牛の焼き肉.

烤漆 kǎoqī 焼付け塗装.

烤肉 kǎoròu 食牛肉・羊肉の焼き肉料理.[烤羊 yáng 肉]ジンギスカン料理:[炙 zhì 子](鉄網)で焼く.[烤羊肉串 chuàn]シシカバブ.

烤晒 kǎoshài 日光にさらされる.[烈 liè 日~]強烈に照りつける.

烤田 kǎotián 農(稲の分けつ期)田の水をぬくこと.[晒 shài 田]ともいう.

烤桶 kǎotǒng 焼き芋などを焼く壺状の炉.

烤箱 kǎoxiāng オーブン.天火.[烤炉]に同じ.

烤鸭 kǎoyā 食ローストダック:[鸭子](あひる)を炉の上方に掛けて吊し丸焼きにしたもの.[挂 guà 炉烤鸭]ともいう.古くは[炙 zhì 鸭]といった.主な製法に[焖 mèn 炉][又 chā 烧]などがある.[北京]食ペキンダック:北京の専門店に[全聚德]は有名.

烤烟 kǎoyān 煙草の葉を乾燥させる.また乾燥させる葉.

烤炙 kǎozhì あぶって焼く.[太阳~着大地]太陽が大地を照りつけている.

[栲] **kǎo** 植クリシキ(総称):[~树 shù]は通称.[~胶]クリシキ樹皮:タンニンに富む.

栲胶 kǎojiāo クリシキ樹皮のエキス:なめし皮や染色に用いられる.

栲栳 kǎolǎo 柳の枝を編んで作った穀類入れの丸いかご.[笆 bā 斗]ともいう.

栲乐 kǎolè ⇒[淋 lín 滨柯]

[筹] **kǎo**

筹笔 kǎolǎo ⇒[栲栳]

[铐・銬] **kào** ①手かせ:[<方>~ 子 zi]ともいう.[手 shǒu]=手 錠.[~镣 liào]手かせと足かせ.②手かせをかける.[把犯 fàn 人~起来]犯人に手かせをかける.

[犒] **kào** ねぎらう(金銭や酒食などで)

犒劳 kào·láo ①ねぎらう.[~前方将士]前線の兵士を慰労する.②<口>ねぎってたべさせるごちそう.[给店员们吃]店員たちに慰労のごちそうを食べさせる.

犒赏 kàoshǎng ねぎらって賞与を与える.[~三军 jūn]全軍の将兵をねぎらって賞与を出す.→[慰 wèi 劳]

[靠] **kào** ①寄りかかる.寄る.[~墙 qiáng 坐]壁に寄って着座する.[~窗 chuāng 户有一张桌子]窓ぎわにテーブルがーつある.[往门框上一~]門(あるいは戸口)のかまちに寄りかかった.[较 jiào 为~前]上位にランクされている.[~着她站着]彼女と寄りそって立っている.[山山倒倒,~海海干gān]喩頼りにするものがどれもこれもはずれになる.→[依 yī ①][倚 yǐ ①][仗 zhàng ③] ②もたせかける.立て掛ける.[梯子~着墙]はしご塀に立て掛けてある.③頼りにする.[依 yī ~]頼り(にする).[~什么过日子]何で生活をたてているか.[~劳 láo 动生活]力仕事を頼りに生活する.[学习要~自己,不要~别人]学習するには自分を頼りにすべきで他人を頼りにしてはいけない.[~减少开支来降低成本]支出を減することにより原価を下げる.[衣食有~]暮らしていくだけのよりどころはもっている.④信頼する.信用する.[~得住]信用できる.⑤=[靠].⑥<口>ちかい この目が出る.[~!~!二三~呀!](丁・太)出ろ,出ろ,2・3と出ろ.⑦劇(旧劇)武将の装い(よろい):[~子](~)よろいと同じ意同前の同輩.[软~]同前で背中につける小旗の無いもの.[硬~]同前で小旗の有るもの.[扎 zā ~]よろいをつける.→[靠旗]

靠岸 kào'àn 船を岸につける(が岸につく).接岸する(させる).[这艘破冰船可以一连四百天不~一直航行]この砕水船は400日間接岸せずに航海することができる.

靠把 kàobǎ 劇(京劇で)よろいをつけた立ち回り.[~武 wǔ 生]喩背負生生]立ち回りを主とする勇士の役:[靠]はよろい,[把]は刀・槍を指す.[~戏 xì]

立ち回り芝居.
靠帮 kàobāng 船体を横付けする際の緩衝物.
靠傍 kàobàng 〔方〕後ろ盾.寄りどころ.
靠包儿的 kàobāorde 頼りになるもの.後ろ盾.〔有～在旁边儿〕後押しする者がいる.→〔靠把〕

靠背 kàobèi ①〔ソファー・椅子などの背もたれ〕.〔～椅yǐ〕〔靠椅〕背もたれのある椅子.〔～垫 diàn 子〕〔靠垫〕ソファーなどのクッション.②〈転〉頼りになるもの.〔在旧社会里没有～很难立足〕旧社会では後ろ盾がないと足場を得ることは難しかった.→〔靠包儿的〕 ③→〔靠把〕

靠背轮 kàobèilún ①⇒〔联 lián 轴节〕 ②⇒〔离 lí 合器〕

靠边 kàobiān ①[～儿](道の)わきに寄る.〔～!～!〕どけ,どけ.わきに寄れ.②[～儿]わきに立たせられる.職権や権限から遠ざけられる.〔～站 zhàn〕同前.③[～儿]およそ道理にかなっている.〔这话说得还～〕この話はだいたい道理にかなっている.④辺境(国境)沿いである.

靠泊 kàobó 停泊する.接岸する.

靠不住 kàobuzhù あてに(頼りに)ならない.信用できない.〔那小子靠不大住,往后叫他少来吧〕あの小僧はあまりあてにならないから,これからはあまり寄せつけないようにしよう.↔〔靠得住〕〔黄 huáng 牛④〕

靠常(儿) kàocháng(r) 〔方〕①いつも.つねに.〔那家旅馆里～总住着一百多客人〕あの旅館にはずっときまって百人以上の客が泊まっている.→〔经 jīng 常①〕②長く続ける.持ちこたえる.〔零钱就是少点,～混 hùn 下去也能剩俩钱〕(老·骆)小づかいはすこし少なくても,持ちこたえてやっていけばいいくらかは残せる.〔耐 nài 久〕

靠船价格 kàochuán jiàgé →〔船边交(货)〕

靠得住 kàodezhù 信用できる.頼りになる.あてにできる.〔那个人～的话可以信得过.〔有能力的人,就给我介绍一位吧〕信用できる人があったら一人紹介してください.↔〔靠不住〕

靠垫 kàodiàn ソファー(などの)のクッション.背もたれ.〔靠背垫子〕〔软 ruǎn 垫〕〔椅 yǐ 垫〕ともいう.→〔坐 zuò 垫〕

靠忱 kàofèn うつぶせによりかかる.

靠滚 kàogǔn 〔方〕抜け穴をねらってもうける.〔～为生〕同前を商売にする.

靠己 kàojǐ 〔方〕親しい.〔～的朋友〕親しい友人.

靠椿 kàojiǎng 〔農〕(播き幅を広げるためにすでに種を播いてある脇に更に播きつけること;〔靠搂 lóu 子〕ともいう.

靠近 kàojìn ①すぐ近くに.間近に.〔～沙 shā 发的地方有一个火炉〕ソファーのすぐ近くにストーブが置いてある.②近くに寄る.接近する.〔轮船慢慢地～码头了〕汽船はゆっくりと桟橋に近づいた.③〈方〉非常に親しく.

靠脸 kàoliǎn =〔靠面子〕〔方〕顔をきかせる.

靠拢 kàolǒng ①歩み寄る.接近する.〔向我方～,表示同意我们的主张〕わが方の主張に歩み寄り同意を示した.②互いにすぐそばによる.寄り合う.〔敌人往中间儿～了,咱们从两边儿抄过去吧〕敵は中間に密集しているから,両側から襲撃しよう.〔向～～]向(列をつめる).⑥〈号令〉集合!

靠面子 kàomiànzi ⇒〔靠脸〕

靠摸 kàomo 〔方〕ほぼ.だいたい.〔～二斗 dǒu〕2 斗あまり.

靠模 kàomú ①プロファイリング.型取り(する).〔～铣 xǐ 床〕〔模铣床〕〔仿 fǎng 形铣床〕〔倣(ﾅﾗ)フライス盤.

靠盘儿 kàopánr 〈方〉確実である.着実である.〔做

事,说话儿都很～〕することも言うことも確かだ.
靠谱儿 kàopǔr いう通りに合っている.基準に合っている.〔我说的价格～〕私の言う値はでたらめではない.
靠旗 kàoqí 〔劇〕(京劇で)武将がよろいの背中に立てる4本の三角旗.
靠色 kàoshǎi 〔方〕①色が似ている.色が近い.②配色が悪い.色が合わない.
靠山 kàoshān ①山に接近する.〔～的地方〕山に近いところ.②〈喩〉後ろ盾.頼みの綱.〔他们的～并不可靠〕彼らの頼みの綱はあまり頼りにならない.→〔靠头儿〕

靠山吃山,靠水吃水 kàoshān chīshān, kàoshuǐ chīshuǐ 〔諺〕山のものは山によって生活する,水辺のものは漁によって生活する.〔靠山烧柴,靠河吃水〕ともいう.
靠实 kàoshí ⇒〔靠准(儿)〕
靠手 kàoshǒu 椅子のひじ掛け.
靠天 kàotiān 天に任す.運命に頼る.〔～吃饭〕お天気まかせである(農業生産など).〔～养 yǎng 活ら〕なるがままに生きていく.〔～保佑 yòu〕天の加護に頼る.〔～天不佑,叫地地不应 yìng〕〈成〉天の助けもなく地の助けもない.〔～不靠地,三不靠祖 zǔ 产,四不靠弟 dì 兄〕天にも地にも頼らず,祖先からの財産や兄弟たちをもあてにしない.
靠天田 kàotiāntián 〔農〕作付けしてあとは自然まかせの農地.
靠头儿 kàotour 〔口〕よりかかり.頼りにできるもの.〔有本事还是靠自己的好.儿 ér 孙啊,没多大～〕手腕さえあれば自分を頼りにする方がよい,子や孫はあまり頼りにならない.→〔靠山〕
靠腿 kàotuǐ 〔劇〕(京劇で)武将が腿につける脛(ｽﾈ)当て;〔靠牌子〕ともいう.
靠托 kàotuō 頼りにして任せる.〔这件事情我可全～您了〕この件は何もかもあなたにお願いします.
靠箱会 kàoxiānghuì 〔旧劇〕旧暦 5 月 3 日に役者が芝居の神を祭る催し.
靠椅 kàoyǐ ⇒〔靠背〕
靠右行驶 kàoyòu xíngshǐ (車両の)右側通行;〔靠右行车〕ともいう.
靠枕 kàozhěn 寄り掛かれるように置く長い大きなクッション.
靠钟点儿 kàozhōngdiǎnr 時間どおりの出勤・退勤.〈喩〉消極的な勤務態度.
靠准(儿) kàozhǔn(r) =〔靠实〕〔方〕確か(である).確実(である).〔他这话～吗〕彼のこの話は確かかね.〔他做事～,一点儿几不敢马 fū 衍〕彼はする事が確かで,少しもいいかげんにしない.
靠子 kàozi 寄り掛かり.背もたれ.〔车 chē ～〕(馬)車の座席のもたれ.→〔字解⑦〕

【燽(焅)】 kào =〔靠⑤〕とろ火で煮込む.〔炖 dùn 肉得用微 wēi 火～〕肉の煮込みにはとろ火でやらなくてはならない.

ke ㄎㄜ

【旪】 kē
旪㲈 kēla ⇒〔坷垃〕

【坷】 kē → kě
坷垃 kēla =〔旪㲈〕〔口〕土くれ;〔坷拉〕とも書いた.〔土 tǔ ～〕同前.〔砸 zá ～〕土くれを砕く.〔打 dǎ ～〕土をほぐす.

kē

〔苛〕 kē ①苛酷(である).〔他待dài人很~〕彼は人の扱いが厳しすぎる.〔他所提tí的条件太~了〕彼の出した条件はあまりに苛酷だ.②〈文〉細かくて煩わしい.〔~法〕煩わしいきまり.③〈姓〉苛(ぉ)

苛察 kēchá 〈文〉細かなことに目をつけ追求する(して自分の賢さをひけらかす)
苛待 kēdài 苛酷に取り扱う.手荒く扱う.
苛毒 kēdú 苛酷で残忍である.
苛疾 kējí 〈文〉重病.
苛捐杂税 kējuān záshuì ＝〔苛杂〕雑多な酷税.
苛刻 kēkè ひどすぎる.〔对方提出的要yāo求非常~〕先方が出してきた要求は容赦ないものだ.
苛酷 kēkù 〈文〉厳しすぎる.
苛滥 kēlàn 〈文〉厳格すぎたり寛大すぎたりする.
苛礼 kēlǐ 〈文〉くだくだしすぎる礼儀.
苛吏 kēlì 〈文〉むごい官吏.
苛敛 kēliǎn 〈文〉むやみに取り立てる.〔~诛zhū求〕むやみやたらと取り立てる.
苛令 kēlìng 〈文〉厳命.
苛派 kēpài ⇒〔苛征〕
苛评 kēpíng 苛酷な批評.
苛求 kēqiú 厳しすぎる要求(をする).〔对谁都不要~〕誰にでも厳しすぎる要求を出してはいけない.
苛细 kēxì 〈文〉こまごまと厳しい.〔苛碎〕ともいう.
苛性钾 kēxìngjiǎ 囮苛性カリ.〔氢qīng氧化钾〕に同じ.
苛性钠 kēxìngnà 囮苛性ソーダ.〔烧shāo碱〕は通称.〔氢qīng氧化钠〕(水酸化ナトリウム)は正式名称.〔苛性苏sū达〕〔音訳哥gē士的〕〔〈口〉火huǒ碱〕は別称.→〔大dà苏打〕
苛杂 kēzá ⇒〔苛捐杂税〕
苛责 kēzé むごく責める.
苛征 kēzhēng＝〔苛派〕〈文〉苛酷に徴収する.
苛政 kēzhèng 〈文〉苛酷な政治.〔~猛měng于虎〕〈成〉苛政は虎よりも恐しい.

〔呵(訶)〕 kē 訳音字.〔~叻lè〕⑩ナコンラチャシマ:タイ中部にある都市.→ ā á ǎ à a hē

〔珂〕 kē ①〈文〉玉に似た白色の美石.②〈文〉馬のくつわの飾り.〔~佩(ぉ)〕
珂里 kēlǐ 〈文〉〔珂乡〕〈文〉貴地.御地(ぉ)
珂罗版 kēluóbǎn 〔珂㼃版〕とも書く.コロタイプ:〔玻bō璃版〕〔柯kē式式印刷〕〔冷lěng式印刷〕ともいう.→〔影yǐng印〕〔照zhào相版〕
珂罗摩纸版 kēluómó zhǐbǎn 〈音義訳クロモ板紙.
珂乡 kēxiāng ⇒〔珂里〕
珂雪 kēxuě 〈文〉白雪.〔喩〉汚(ぉ)がない.潔白である.

〔柯〕 kē ①囮マテバシイ.シイノキ(シリブカガシ.イタジイ):〔石shí~〕は通称.②〈文〉草木の枝や茎.〔槐huái~〕エンジュの枝.③〈文〉斧の柄.〔斧fǔ~〕同訓.④〈姓〉柯(ぉ)
柯巴脂 kēbāzhī 〈音義訳〉コーパル(天然樹脂)
柯尔克孜族 kē'ěrkèzī zú キルギス族:中国少数民族の一.主として新疆ウイグル自治区.少数が黒竜江省に居住する.宗教はイスラム教.〔克kè尔克孜滋〕〔吉jí尔吉斯〕〔吉利li吉思〕ともいった.
柯柯 kēkē ⇒〔可kě可〕
柯拉 kēlā ⇒〔可kě拉〕
柯式印刷 kēshì yìnshuā ⇒〔珂罗版〕
柯楂素 kēyāsù 囮クリサロビン:〔驱qū虫豆素〕ともいう.〔柯楂粉〕(ゴヤ木)の成分.

〔轲・軻〕 kē 〈姓〉轲(ぉ).②〔古代の車の一種.

〔牁〕 kē 〔牂 zāng~〕⑩漢代の郡名の一:現在の貴州省遵義県一帯に当たる.

〔疴(痾)〕 kē 〈文〉病(やま).〔沉chén~〕年来の重い病.〔微wēi~〕軽い病.〔养yǎng~〕病を養う(療養する).②〈姓〉疴(ぉ)

〔砢〕 kē → luǒ
砢碜 kēchen 〈口〉①みっともない.見苦しい.目障りである.〔这些脏zāng东西,摊tān在这儿多~呢〕こんな汚いものをここへ広げて(並べて)おいては見苦しいじゃないか.②→〔打dǎ磕绊儿〕③はずかしめる.〔要在众zhòng人面前~我一场〕(児15)衆人の面前でわたしをはずかしめる.→〔寒hán碜〕

〔钶・鈳〕 kē 囮コランビウム:〔铌ní〕(ニオブ)の旧名.

〔蚵〕 kē →〔蜣qiāng螂〕

〔匼〕 kē ①〔~匝 zā〕〈文〉巡らす.取り囲む.②地名用字.〔~河〕囮山西省にある.

〔科〕 kē ①(学術や授業の)科.〔文 wén~〕文科.〔专 zhuān~学校〕専科(専修)学校.〔妇 fù~〕囮婦人科.②(生物分類学上の)科:〔目 mù 名〕の下,〔属 shǔ 名〕の上にあたる.〔这一类动物里又分成好几~〕この類の動物の中でさらにずいぶん多くの科に分かれる.③機関などの組織上の一部門.課.〔秘書~〕秘書課.〔人事~〕人事課.〔总务~财务股〕総務課財務係.〔总务处财务~〕総務処財務課.〔司 jú(I)②〕〔司 sī ②〕〔处 chù ⑤〕④〈文〉等級.種類.⑤〈文〉法律の条文.〔金~玉律〕〈成〉金科玉条.⑥〈文〉(罪名や税などを)科する.〔以~破坏公共秩序罪〕公共秩序破壊という罪名を科する.⑦〈文〉科挙の試験.またその科目.〔登 dēng~〕同前に合格する.⑧囮芝居役者の養成所.〔~班(儿)〕⑨囮(旧劇で)しぐさ.〔做关门~〕門(戸)を閉めるしぐさをする.⑩〈姓〉科(ぉ)

科白 kēbái 囮芝居の所作と台詞(ぜりふ):〔做 zuò 白〕に同じ.→〔唱 chàng 功(儿)〕
科班(儿) kēbān(r) 囮俳優志願の少年を集めて芝居を学ばせた劇団組織.〔喩〕正式の教育や訓練.〔~出身〕同前の出身者.→〔出 chū 科〕〔票 piào 友〕
科场 kēchǎng 囮科挙の試験場.
科处 kēchù 〈文〉判決して処罰する.
科代表 kēdàibiǎo →〔课kè代表〕
科道 kēdào 囮都察院の六科給事中および十五道の監察御史.〔~官〕同前.
科第 kēdì 囮官吏の補欠を採用する試験:科に分け成績の順に名を並べた.〔科举〕の古称.
科斗 kēdǒu ⇒〔蝌蚪〕
科斗文 kēdǒuwén ⇒〔蝌蚪文〕
科段 kēduàn 〔口やりロ.〔你好不分晓,是前来~,今番又再使〕(童025)おまえはずいぶん物わかりが悪いな,前と同じ手をまた使おうとするなんて.
科罚 kēfá 〈文〉刑罰を科する.
科分 kēfèn 囮科挙の試験に合格した年次:例えば,〔辛 xīn 酉年〕(かのととりの年)に合格した進士であれば〔辛酉科科进士〕という.
科幻 kēhuàn 科学空想.SF:〔科学幻想〕の略.〔~小说〕SF小説.〔~迷 mí〕SFマニア.
科诨 kēhùn 囮滑稽な動作や言葉.〔插 chā 科打诨〕同前で笑わせる.
科技 kējì 〔科学技术〕の略.〔~城〕科学技術の研究や企業が集中した区域:北京の〔中关村〕など.〔~大学〕科学技術大学.〔一股 gǔ〕ハイテク株.

〔~创 chuàng 安〕科学技術を利用して治安を改善する。ハイテクセキュリティ.〔~特区〕ハイテク特別区.〔~招标〕科学技術研究プロジェクトへの参加を公開募集する.〔~示范户〕科学技術を導入しているモデル農家.〔~扶贫〕科学技術によって貧困地域を援助する(こと).〔~含 hán 量〕科学技術含有量.〈企業や製品の〉ハイテク使用量.

科甲 kējiǎ 〔古〕漢・唐における官吏の補欠採用試験：甲乙などの科に分けて行った.〔科举〕の古称.

科教 kējiào 〔科学教育〕の略.

科教片(儿) kējiàopiàn,~piānr 〔科学教育影片(儿)〕の略.科学教育映画.

科教兴国 kējiào xīngguó 科学技術教育立国.

科举 kējǔ 〔史〕漢に隋を発し,隋・唐より清末まで続いた官吏の登用試験：古くは〔科甲〕〔科第〕ともいい.時代により多少の変遷はあったが,最後の清代では科挙に応ずる者は経学・詩文を修めてまず自分の郷里で〔州 zhōu 考〕あるいは〔县 xiàn 考〕を受ける.合格した者は〔童 tóng 生〕と呼ばれ,ついで〔府 fǔ 考〕を受験する.これに及第した者はさらに各省教育行政の首脳者たる〔学政〕(〔学台〕ともいう)から〔院 yuàn 考〕を受ける.〔院考〕は3年毎に1回行われる.〔院考〕の合格者は〔秀 xiù 才①〕と呼ばれ,府学(県学・州学)に入ることが許される.これに入ることを〔进 jìn 学〕〔入泮 pàn〕といい,入学者を〔生员〕という.同年に〔生员〕となった者同士で〔同案〕という.〔生员〕は次の〔乡 xiāng 试〕を受ける前に〔科考〕〔科试〕と呼ばれる予備試験を受ける.〔乡试〕は3年に1回,仲秋8月に一省の〔生员〕を省城に集めて,中央から派遣された〔考官〕の手で行われる.その科目は四書・五経・作詩・論策などであった.試験場は〔贡 gòng 院〕に設けられた常設の建物があった.試験は〔三场②〕に分かれ,各場は三日間で,第1日夕刻より始めて第3日の朝に〔考卷〕(答案)を出して退場すること(合計九日間)に及ぶ.〔乡试〕に及第すれば〔举 jǔ 人〕の称号を得る.〔举人〕の第1位を〔解 jiè 元〕と称する.また同年度の〔乡试〕〔会 huì 试〕とは互いに〔同年③〕と呼ばれる.合格者の氏名を発表することを〔发榜 bǎng〕または〔出榜①〕〔放榜〕という.〔会试〕は3年に1回.〔乡试〕の翌年の陽春三月首都の〔礼部〕で行われる.〔乡试〕に同じでただ程度が高くなる.〔乡试〕と同じく三場九日間にわたり,〔贡院〕で行われる.〔会试〕合格者を〔贡士〕と称し,その首席を〔会元①〕と呼ぶ.〔贡士〕はただちに〔殿 diàn 试〕を受ける.これは天子が自ら〔贡士〕の席次を定める試験で1日で終わる.この〔殿试〕を経て初めて〔进士〕の称号を得る.〔进士〕の首席3名を〔第一甲〕とし,進士及第の資格が与えられた.これに次ぐ者(定員なし)を〔第二甲〕,〔进士出身〕の資格を与え,残余を〔第三甲〕とし〔同进士出身〕の資格が与えられた.また〔第一甲〕中の第1位は〔状 zhuàng 元①〕,第2位を〔榜 bǎng 眼〕,第3位を〔探 tàn 花〕と別称した.〔进士〕の氏名は,これを〔黄 huáng 榜〕に記載しては皇城の門外に掲げられたが,これに名をつらねることを〔挂 guà 名②〕といい,読書人の最も名誉とするところであった.〔举人〕にして翌年続いて,直ちに〔进士〕に合格することを〔连 lián 捷〕といった.〔乡试〕〔会试〕〔殿试〕にすべて首席を占めることを〔连中 zhòng 三元〕といった.→〔齿 chǐ 录〕〔两 liǎng 榜〕〔南 nán 闱〕〔年 nián 谊〕〔新 xīn 人〕

科考 kēkǎo ①〔科试〕科挙の試験で,〔乡 xiāng 试〕に応じようとするものが受ける予備の試験.→〔科举〕 ②科学視察調査を行う：〔科学考查〕の略.

科敛 kēliǎn 金銭や物を出し合う.

科林斯式 kēlínsī shì 建 コリント式：〔科林思式〕とも書く.

科隆群岛 kēlóng qúndǎo 地 コロン諸島：〔加 jiā 拉帕戈斯群岛〕ガラパゴス諸島は通称.

科伦坡 kēlúnpō 地 コロンボ：〔可 kě 伦坡〕とも書いた.〔斯 sī 里兰卡民主社会主义共和国〕(スリランカ民主社会主義共和国)の旧首都.新首都は1985年より〔斯里贾亚瓦德纳普拉〕(スリ・ジャヤワルダナプラ・コッテ)

科盲 kēmáng 科学技術に疎い人.〔扫除~〕同前を無くす.

科贸 kēmào 科学的な成果の交易.

科名 kēmíng 〈文〉科挙試験合格の功名.

科摩罗 kēmóluó コモロ：正式名称は〔~联盟〕(コモロ連合).首都は〔莫罗尼〕(モロニ).

科目 kēmù ①科目.課目.項目. ②史科挙の採用分野の別.

科纳克里 kēnàkèlǐ 地 コナクリ：〔几 jǐ 内亚共和国〕(ギニア共和国)の首都.

科涅克 kēnièkè ⇒〔干 gān 邑〕

科普 kēpǔ 〔科学普及〕の略.〔~读 dú 物〕科学読み物.〔~杂志〕科学普及雑誌.

科任 kērèn 教科〔学科〕担任(教員).→〔级 jí 任〕

科室 kēshì 〈企業あるいは官庁の〉管理部門の各課・各室の総称.〔~人员〕各課.各室要員.

科试 kēshì ⇒〔科考①〕

科索沃 kēsuǒwò コソボ①：正式国名は〔~共和国〕.首都は〔普 pǔ 里什蒂纳〕(プリシュティナ)

科坛 kētán 科学界.〔~新秀〕科学界の優秀な新人.

科特迪瓦 kētèdíwǎ コートジボワール：正式国名は〔~共和国〕.首都は〔亚 yà 穆苏克罗〕(ヤムスクロ).〔象 xiàng 牙海岸共和国〕は旧称.

科头 kētóu 〈文〉無帽.〔~跣 xiǎn 足〕〈成〉無帽裸足.

科威特 kēwēitè クウェート：正式国名は〔~国〕.アラビア半島の付け根,ペルシア湾の奥にある産油国.

科委 kēwěi 科学技術委員会の略.

科文 kēwén 古 法令条文.

科星 kēxīng 著名科学者.

科刑 kēxíng 〈文〉刑を科する.

科学 kēxué ①科学.〔~家〕科学者.〔~城〕ハイテク産業都市.〔~工业园区〕ハイテク工業団地.〔~教育影片(儿)〕科学教育映画.〔~素 sù 养〕科学的素養.サイエンスリテラシー.〔~技术〕〔科技〕科学と技術.〔~普及〕科学普及(の).〔~研究〕〔科研〕科学研究.〔科研工作〕科学研究の仕事.〔科研院 yuàn 所〕研究機関(総称).②科学的である.こんなやりかたは科学的でない.〔一种 zhòng 田〕科学的に農作する.〔~发展观〕科学の発展観.〔~性〕科学的.科学性.〔~之学〕科学を研究する学問.

科学社会主义 kēxué shèhuì zhǔyì 科学的社会主義：マルクス主義の三つの組成部分の一.階級闘争,特に無産階級革命と無産階級独裁に関する学説.〔科学共产主义〕ともいう.

科学院 kēxuéyuàn 科学院.アカデミー.→〔中 zhōng 国科学院〕

科研 kēyán ⇒〔科学研究〕

科员 kēyuán 課員.

科长 kēzhǎng 課長.

科罪 kēzuì 〈文〉有罪・無罪を断じて判決を下す.

〔蝌〕 kē

蝌蚪 kēdǒu 動 オタマジャクシ：〔科斗〕〈口〉蛤 há

kē

蠛骨朵儿〗〔<口>蛤蟆咕嘟儿〕〔<口>虾 há 蟆咕嘟儿〕〔<口>蛤蟆秧子〕〔悬 xuán 针儿〕ともいう.

蝌蚪文 kēdǒuwén **蝌蚪**(⦾)文字:字の筆画が一一つがおたまじゃくしのように起筆が太く,かつ字の線がうねうねと波うっている.周代の篆(⦾)書の一.〔蝌蚪字〕ともいう.〔科头文〕ともいう.

〔颏・頦〕 kē あご (下あご):〔<口>下巴 xiàba ~儿〕〔下頷 hàn〕に同じ.〔结 jiē 巴~子〕言葉が滑らかに出ない.つかえる. → ké

颏腮胡 kēsāihú ⇒〔络 luò 腮胡子〕
颏勒嗦 kēlesuō ⇒〔喉 hóu 结〕
颏下 kēxià <方>あご.〔~绦 tāo〕あごひげ:〔缘〕は〔涩〕〔涔〕とも書く.

〔棵〕 kē 量詞.草木・野菜などを数える.〔一~白菜〕一株の白菜.〔一~树〕1本の木.〔这一行 háng 树有多少~〕この列の木は何株ありますか. → 〔株 zhū ③〕

棵儿 kēr 一株の大きさ.〔这白菜~很大〕この白菜は株が大きい.
棵子 kēzi <方>(主に農作物の)茎と葉.〔玉米~〕トウモロコシの茎.

〔窠〕 kē ①鳥・獣・虫の巣.獣の棲む所.〔做~〕巣を作る. ②<転>人間の住みか.

窠臼 kējiù <文>常套.できあいの型.在来の型.〔落 luò ~〕紋切り型になってしまう.〔摆摆脱前 qián ~,独创一格〕前人の残したありきたりの型を脱却して独自に別個の型を創始する.
窠穴 kēxué ①鳥・獣・虫の巣.〔蜂窝 wō〕ともいう.〔蜂 fēng ~〕〔蜂窝〕蜂の巣. ②<喩>巣窟・隠れ家.

〔稞〕 kē

稞麦 kēmài 〖植〗ハダカムギ(またその穀粒):〔青 qīng 稞(麦)〕ともいう.〔裸 luǒ 麦〕の別称.

〔颗・顆〕 kē ①粒:粒状のもの. ②量詞.粒状のもの〔珠.米,豆,図章〕などを数える.〔一~珠 zhū 子〕一粒の珠.〔一~黄 huáng 豆〕一粒の大豆.〔一~星 xīng 星〕一つの星.〔一~子 zǐ 弹〕一発の弾丸.〔一~赤 chì 子之心〕一つの純心な気持ち.〔汗 hàn 珠子一~一~往下掉〕汗の玉が一粒一粒と下へたれ落ちる. → 〔粒 lì ②〕

颗粒 kēlì ①粒.顆粒. ①〔~肥 féi 料〕〔粒肥〕粒状肥料. ②穀物の一粒.〔~无收〕収穫が一粒もない.〔~归 guī 仓〕一粒の米も粗末にせず,倉庫に納める.〔~还 huán 家〕(畑の穀物の)一粒残さずに取り入れる.

〔髁(髁)〕 kē 〖生理〗骨の両端の丸みのある突起.〔~间窝 wō〕同前近くの皮膚にできる小さなくぼみ.

〔搕〕 kē (コツコツと)打ちつける:〔磕②〕に同じ.〔~烟 yān 袋〕キセルをコツコツとたたく(灰を落とす).〔~一个鸡蛋做汤〕卵を割って(かきまぜて)スープを作る.

搕打 kēda 〔搕挞〕とも書く.〔磕打〕に同じ.〔把棍子上的泥~~〕棒についている泥をはたき落とす.〔你小心点儿~~就坏了〕注意したまえ,ちょっと打ちあてるとすぐに壊れるぞ.

〔嗑〕 kē [~儿]<方>話.〔唠 lào ~(儿)〕〔唠喀(儿)〕むだ話をする.世間話をする. → kè xiā

〔榼〕 kē 古代の酒器の一.

榼藤子 kēténg 〖植〗モダマ:〔象 xiàng 豆〕ともいう.

〔磕〕 kē ①ぶちあてる.ぶっつける.〔把脑袋~了一下〕頭をごつんとぶつけた.〔~一个响头〕頭を地面にゴツンとぶつける(ような最もていねいなおじぎ).〔脸 liǎn 上有一青的痕 hén 迹〕頬に硬い物にあたってできた黒いあざがある.〔撞 zhuàng 在石头上把胳 gē 膊~破了〕石にぶっつけ腕をけがした. → 〔碰 pèng〕 ②打ちつける.くっついている物をたたき落とす. ③〔这个饭碗这儿~了一块〕このご飯茶碗はここのところが一ところ欠けている. → 〔磕打〕

磕巴 kēba [~儿]〔结 jiē 巴〕〔<口>①言葉が滑らかに出ない.口をもごもごさせる. ②同前の人.

磕冲 kēchong ⇒〔瞌眬〕
磕打 kēda 〔<口>〕(軽く)打ちつける.はたき落とす.軽くたたきつける:〔搕打〕に同じ.〔把鞋 xié ~~〕ちょっと靴をはたきなさい.

磕磕绊绊 kēkē bànbàn ①危なっかしく歩くさま.でこぼこ道で難儀して歩くさま. ②物事があちこちで難儀して順調に行かないさま.
磕磕撞撞 kēkē zhuàngzhuàng よろめき歩くさま.ふらふらする.

磕碰 kēpèng ①ぶつかる.打ちあてる.〔一箱瓷 cí 器路上磕磕碰碰的,碎 suì 了有一半儿〕瀬戸物が途中でぶつかりあって半分も壊れてしまった.〔小孩子~几下没关系〕子供は少しぶつかったぐらいは大丈夫. ②<喩>衝突する.いさかいをする.〔几家人住一个院子,生活上出现一点儿~是难免的一つの屋敷に何家族も住んでいると,生活上ちょっとした言い争いが起きるのは避けられない. ③[~儿]〔茶碗・皿などの〕打ち傷.〔这个茶杯,一点儿~也没有〕この湯飲み碗は少しも傷がない. ④[~儿]〈転〉打撃.挫折.つまずき.〔一点儿~也经 jīng 不住〕少しの打撃にも耐えられない.〔他没遇见过大~〕彼は大きなつまずきにあったことがない.

磕头 kētóu ①地面に頭を打ちつける(ほど丁寧な)礼をする.〔叩 kòu 头①〕に同じ. ②〈転〉師と仰ぐ.〔给谁磕的头〕誰に弟子入りしたのか. ③〈転〉旧時,義兄弟の契りをかわすこと.〔~换 huàn 帖〕同前.〔~弟 dì 兄〕〔~的〕義過さ頭の義兄弟(の契りをかわしたもの). → 〔拜 bài 把子〕〔结 jiē 拜〕

磕头虫 kētóuchóng ⇒〔叩 kòu 头虫〕
磕头碰脑 kētóu pèngnǎo 〔慣〕①人または物が多くてぶつかりあうさま.〔一大群人~地挤着看热闹たくさんの人が群がり,おしあいへしあいして見物している. ②いつも顔をつき合わせるさま:〔磕头碰脸 liǎn〕ともいう. ③〈喩〉衝突する.いさかいをする.けんかをする.

磕膝盖(儿) kēxīgài(r) ⇒〔波 bō 棱盖儿〕〔波罗盖儿〕〔拨 bō 棱盖儿〕〔胳 gē 膊 bó 棱盖儿〕〔胳 gē 瓣儿〕<方>膝小僧.膝がしら:〔膝盖〕〔膝〕の俗称.〔~上钉掌,离 lí 了蹄 tí 爪〕<歇>膝がしらに蹄鉄を打つ,ひめから離れてしまった:〔离了题 tí〕本題からはずれてしまった.

磕响头 kēxiǎngtóu 旧頭を床や地面にゴツンゴツンと打ちつけて拝む(感激・恐縮など).〔~的〕同前のことをして哀れを請う物乞い. → 〔碰 pèng 响头〕

磕牙 kēyá <方>〔世間話などの〕むだ話をする:〔磕打牙儿〕〔闲 xián ~〕同前.〔我没闲工夫儿跟他~〕わたしは彼とむだ話をしている暇はない.

〔瞌〕 kē 眠くなる.

瞌冲 kēchong <方>居眠り:〔磕眬〕とも書いた.
瞌睡 kēshuì 居眠りする.眠くなる.〔打~〕〔打盹儿〕居眠りする.〔~虫 chóng〕<白>(物語などに出る)居眠り虫:この虫に咬まれると居眠りをする.

〈転〉よく居眠りする人.

〔売・殻(殻・殻)〕 ké 〔-儿〕〔口〕から.〔贝~〕貝がら.〔鸡蛋 dàn ~〕卵のから.〔炮弹 dàn ~〕砲弾の薬莢(きょう).〔脑 nǎo ~〕頭(の鉢).〔子 zǐ 弹~〕銃弾の薬莢.〔弹~〕弾丸の薬莢.〔花生~〕落花生のから.〔核 hé 桃~〕くるみのから.〔带 dài ~的米粒〕もみがかぶっている米粒.〔外~(儿)外側のから.外皮. → qiào

壳郎猪 kélangzhū 〔口〕肥育前の豚.〔克 kè 郎猪〕ともいう.〔架 jià 子猪〕
壳型 kéxíng ①シェルモールド.
壳子 kézi 〔物の〕から.ケース.〔充 chōng ~〕〈転〉ひとかどの人物らしくふるまう.

〔咳(欬)〕 ké 咳(をする).咳ばらい(する).〔不停地~喘 chuǎn 的病人〕しきりに咳込みぜいぜい息をしている病人.〔止~药〕咳止め薬.〔百日~〕百日咳.→〔欬 kài〕 → hāi
咳嗽 késou 咳をする.咳ばらいする.〔把痰 tán ~出来〕咳をして痰をだす.〔~了一声〕ゴホンと咳(ばらい)をした.

〔颏・頦〕 ké →〔红 hóng 点颏〕〔蓝 lán 点颏〕 → kē

〔搕〕 ké ①〔口〕つまらせる.つかえる.〔这抽 chōu 屉~住了,拉开不开〕この引き出しはつかえて引き出せない.②難癖をつける.とがめだてする.〔你可别拿 ná 这事儿来~我〕きみ,この事でぼくに難癖をつけないでくれよ.〔那个人不好,得着 dé-zháo 机会就~人〕あの人はよくない,何かあるととがめだてする.

〔可〕 kě (Ⅰ) ①…できる.…しうる.…してよい:能.可能.许容を示す.〔~大~小〕大きくも小さくもできる.〔这次选 xuǎn 举~用举手的办法〕今度の選挙は挙手の方法を用いてよい.〔不~说谎 huǎng 不~不服从〕嘘をついてはいけない.〔~不服从〕服従しないわけにはいかない.②~べし.…すべきである.…に値する.…する値打ちがある.〔这出戏 xì ~看〕この芝居は見るべきだ.〔志愿者真~敬〕ボランティアの皆さんはまことに尊敬に値する.③〔文〕可とする.許可する.同意する.〔大致 zhì hái~〕だいたいにおいてまあよろしい.〔这样可~wéi ~〕みなが可と考える.〔有何不~?〕何でよくないことがあろう.④どうも.とても.いかにも.まことに.まったく.なかなか:軽く意味を強調する働きがある.ふつう文末に〔了〕をともなう.〔这样一来,~不好办了〕こうなってくるとどうもやりにくい.〔你~回来了〕きみついに帰って来たな.〔你~别忘了了きみはんとに忘れるなよ.〔这~了 liǎo 不得了〕これはまったくたいへんだ.⑤疑問文に用いて反語の語気を強める.〔我说的~对?〕わたしの言うことはまちがいないだろうね.〔你~知道这是一种冒 mào 险举动吗?〕きみ,これが一種の冒険的な行動であることを,かつて耳にしたかね.⑥だが,しかし.でも.なのに.いったい.〔他那么主张,~我不赞 zàn 成〕彼はそう主張するがわたしには賛成でない.〔这~不好〕でもそれはよくない.〔现在我~明白他的意思了〕でも今では彼の気持ちはわかった.〔风是大,天儿~挺好〕風は強いが天候はよい.〔你~该吃饭了〕きみ,もう飯を食べる時間だ.〔这~怎么好〕これはいったいどうしたらよいのか.⑦〔方〕どれもみな.ありったけ.…全体の.一つ一つ.一面.〔~村的人都尊 zūn 敬他〕村の人が皆彼を尊敬している.〔雨漏 lòu 得~炕 kàng 没有一块干地方〕雨がおンドル一面ひとつも乾いたところがない.⑧〈文〉ばかり(ほど).〔高~十丈〕高さ10丈ほど.

kē〜kě

〔年~十七八〕歳は17,8.〔距 jù 此~千余里〕ここを隔たること千里あまり.⑨〔白〕病気が全快する.⑩〔姓〕可(か)

(Ⅱ)…にかなう.…に適する.合う.〔不~心〕気にいらない.〔正~人意〕ちょうど気持ちに合致する.〔现 xiàn 成儿的西服,没有~您身材的〕でき合いの洋服にはあなたの体に合うのはありません. → kè

可爱 kě'ài ①かわいい.いとしい.②愛すべきである.〔~的祖国〕愛する祖国.
可悲 kěbēi 悲しむべきである.悲しい.哀れである.〔~的下场〕哀れな末路.
可鄙 kěbǐ 軽蔑すべき.恥ずべき.〔~的行为 wéi〕恥ずべき行い.
可变 kěbiàn 可変的(な).〔~电容器〕⑱バリコン.可変コンデンサー.
可变资本 kěbiàn zīběn ⑰可変資本.↔〔不 bù 变资本〕
可不 kěbù ①そうだとも.もちろん.〔可不是〕に同じ.〔~,我正想这个问题呢〕そうだとも,わたしもちょうどその問題を考えているところだ.②何と…ではないか.〔这样一做,~正犯了主观主义的错误吗〕そんなことをすればまさに主観主義の誤りを犯すことになるではないか.
可怖 kěbù 〔文〕恐ろしい.〔阴 yīn 森~〕ぞっとして恐ろしい.
可不是 kěbushì 全くその通りだ.もちろん.そうだとも:〔可不〕①〔可不是嘛〕ともいう.〔嘛〕は〔吗〕とも書く.
可采储量 kěcǎi chǔliàng 採掘可能な埋蔵量.
可操左券 kěcāo zuǒquàn 〈成〉成功は確実である.請け合いである:略して〔操券〕ともいう.〔操券而获 huò〕やすやすと手に入れる.→〔券〕
可操作性 kěcāozuòxìng 操作可能的(な)
可曾 kěcéng したことがあるか:〔是否曾经〕にあたる.
可乘之机 kěchéng zhī jī 利用できる機会.乗ずる隙:〔可乘之隙〕ともいう.
可持续 kěchíxù 持続可能である.〔~发展〕同前の発展.
可耻 kěchǐ 恥ずかしい.恥になる.
可待因 kědàiyīn 〈音訳〉薬コデイン:アルカロイドの一.鎮痛鎮咳剤.〔甲 jiǎ 基吗啡碱〕化メチルモルフィン)に同じ.
可倒 kědào しかし.かえって.なんと:意外なことを表す.
可的松 kědìsōng 〈音訳〉薬コーチゾン(コルチゾン).→〔肾 shèn 上腺皮质激素〕
可丁可卯(儿) kědīng kěmǎo(r) 〔可钉可铆(儿)〕とも書く.①量的にぴったりである.②物事をゆるがしにしない.几帳面である.→〔丁是丁,卯是卯〕
可读性 kědúxìng 読みたくなるような興味をひく点.
可锻性 kěduànxìng 物(金属の)可鍛性.
可锻铸铁 kěduàn zhùtiě ⑪可鍛鋳鉄:〔玛 mǎ 钢〕〔韧 rèn 性铸铁〕に同じ.
可分裂物质 kěfēnliè wùzhí 物分裂性物質.
可风 kěfēng 〔文〉広く称揚するに足りる.手本となる.〔节 jié 义~〕〈成〉その節義は模範とするに足る.
可否 kěfǒu よいかわるいか.できるかどうか.〔~斟 zhēn 酌办理,望请指示〕〔牍〕見計らって処理してよろしいかご指示を願います.〔不置~〕〈成〉良いとも悪いとも決定をしない.
可歌可泣 kěgē kěqì 〈成〉人を感激の涙にむせばせる.〔~的英雄故事〕感激と涙の勇ましい物語.
可耕地 kěgēngdì 耕作に適した土地.
可更新资源 kěgēngxīn zīyuán ⇒〔可再生资源〕

可怪 kěguài おかしい.怪しい.〔~!〕おかしいぞ.
可观 kěguān ①見る値打ちがある. ②たいしたものである.〔这个数目也就很～了〕この数字だけでもなかなかたいしたものだ.
可逛 kěguàng 遊ぶのによい.遊楽に適している.〔那儿还有什么～的地方儿没有?〕あそこにはほかにもどこかに遊びに行くのによい所がありますか.
可贵 kěguì 称賛される.珍重される.〔～的品质 zhì〕立派な品格. →〔难 nán 能可贵〕
可好 kěhǎo ①折よく.都合よく.ちょうどいい時に.〔我正想找他来帮忙,～他来了)彼に手伝いを頼みに行こうと思っていたところへ,折よく彼が来た. ②あいにく.〔以前他的身体可棒 bàng 了,现在～常常生病〕昔は彼は健康そのものだったが,今はどうも病気がちだ.
可恨 kěhèn 恨めしい.
可嘉 kějiā 賞賛に値する.〔精神～〕精神は同岡.
可见 kějiàn ①見ることができる.視認できる.〔～度dù〕可視性.〔～光〕可視光線. ②(してみると)…ということができる.…ということを知ることができる.…であることがわかる.〔可以想 xiǎng 见〕ともいう.〔他对这些事情毫 háo 不关心〕彼がこれらの事柄について何も心配していないことがわかる.
可鉴 kějiàn 参考となりうる.模範にできる.
可见一斑 kějiàn yībān →〔管 guǎn 中窥豹〕
可降解 kějiàngjiě 图高分子化合物の大分子が小さな分子に分解できること.
可脚 kějiǎo 足にぴったりである.
可敬 kějìng 尊敬するに足る.
可掬 kějū …にあふれる.〔憨 hān 态～〕無邪気さいっぱいである.〔稚 zhì 态～〕稚気満々である.
可卡 kěkǎ =〔古 gǔ 柯〕〔音訳〕園コカ(ノキ). 〔～因 yīn〕〔古 gǔ 柯碱〕医コカイン.〔高 gāo 加印〕〔柯 kǎ 卡因〕〔科 kē 加因〕とも書いた.
可考 kěkǎo 考証ができる.〔铜器很旧,年代不～〕銅器はたいへん古く,年代は調べがつかない.
可靠 kěkào ①信頼できる.頼りになる.〔～性〕信頼性.〔那个人不～,你入门可得别 bié 相信他)彼には信頼してはならない.〔他的话～〕彼の話は信頼できる. ②確実である.〔～的消息〕確実なニュース.
可可 kěkě =〔古 gǔ 柯〕圃カカオ(ココア),またその実: 〔谷 gǔ 古〕〔柯 kē 柯柯〕〔蔻 kòu 蔻〕ともいった:〔～树 shù〕カカオノキ.〔～粉〕ココア(粉末).〔～糖 táng〕〔～巧 qiǎo 克力〕医チョコレート.〔～脂 zhī〕〔～豆油〕カカオバター.〔～饮 yǐn 料〕園ココア(飲料).〔～茶〕同前.
可可儿的 kěkěrde 〈方〉ちょうど.
可控硅 kěkònggūi 電サイリスター.
可口 kěkǒu 口あたりがよい.口にあう.〔～的菜〕おいしい料理.
可拉 kělā =〔柯 kē 拉〕圃コーラ(ノキ).〔～子 zǐ〕同前の実.
可扩展性 kěkuòzhǎnxìng 電算拡張性.
可拉明 kělāmíng ⇒〔尼 ní 可刹米〕
可兰经 kělánjīng ⇒〔古 gǔ 兰经〕
可乐 kělè ①おかしい.おもしろい.〔你听他说得～不～?〕彼の話はおもしろいね. ②〈音訳〉圃コーラ.コーラ飲料.〔可口～〕コカコーラ(商標名)
可怜 kělián ①哀れである.かわいそうである.〔娘人 niáng 俩无依无靠的,真～〕母子二人で頼るものもなく本当にかわいそうだ.〔～的孤 gū 儿〕哀れなみなしご.〔～虫 chóng〕哀れな奴.②かわいそうに思う.哀れみをたれる.〔～～我吧〕どうぞ哀れみをおたれください.かわいそうだと思ってください.〔物乞いなど哀願する時の言葉〕. ③これは自作自受,没人～他〕これは彼の自業自得,誰も同情してはしない. ③(質や量が)かわいそうなほど少ない(悪い).〔少得～〕少ないに等しい.〔知识贫 pín 乏得～〕哀れなほど無知である.

可怜巴巴 kělián bābā ①不憫(Ꮟ)なさま.〔～地站了一天也没挣到多少钱〕かわいそうに1日立っていたがいくらも稼いでいない. ②かわいそうなほど少ないさま.

可怜见(儿) kěliánjiàn(r) 不憫(Ꮟ)に思う.哀れである.

可怜相 kěliánxiàng 哀れな顔つき.〔装出一付～〕哀れな表情を浮かべる.

可奈 kěnài 〈白〉いかんせん.なにしろ.

可恼 kěnǎo 腹立たしい.

可能 kěnéng ①可能である.…できる.〔既然前者现在已被证明,应该说后者也是～的〕前者はすでに証明されたので,後者も当然可能であるといえる. ②〔～补 bǔ 语〕可能補語. ②…かも知れない.…だろう. ③有大量的需要〕大量の需要があるかもしれない.〔下午～下雨〕午後は雨が降るかもしれない.〔他的女朋友～是谁呢〕彼のガールフレンドは誰だろう. →〔恐 kǒng 怕②〕〔也 yě 许〕 ③見込み.可能(性).〔这种～不大〕この種の可能性は小さい.

可能性 kěnéngxìng 可能性.〔有三种～〕三つの可能性がある. →〔必 bì 然性〕〔或 huò 然性〕

可逆反应 kěnì fǎnyìng 回可逆反応.

可念 kěniàn 〈文〉①かわいそうである. ②愛らしい.

可怕 kěpà 恐るるに足る.恐ろしい.〔那个人真～〕あの人は世の上最～的是不懂装 zhuāng 懂的人〕この世で一番恐ろしいのは半可通の人間だ.

可欺 kěqī ①だまし(され)やすい. ②あなどりやすい.〔软弱～〕弱くてあなどりやすい.

可气 kěqì 腹立たしい. →〔好 hǎo 气儿②〕

可巧 kěqiǎo ちょうどが折よく,または,折悪しく.〔～来了一个客人〕ちょうど(折悪しく)お客が一人来た. →〔赶 gǎn 巧〕〔齐 qí 巧〕〔恰 qià 巧〕

可亲 kěqīn 親しい.親しむべき.

可取 kěqǔ 採用できる.取り入れる価値がある.〔毫háo 无～之处〕少しもとるべきところがない.

可圈可点 kěquān kědiǎn 图圈点をうつ.<喩>読んだり見たりする価値があること.

可燃 kěrán 可燃.〔～性 xìng〕圃可燃性.〔～冰 bīng〕メタンハイドレート.

可人 kěrén 〈文〉①取り柄のある人.見どころのある人. ②人によい感じを起こさせる.〔～意 yì〕同前.〔气味温柔～〕かおりが柔らかで好ましい感じを起こさせる.〔相当～的女郎〕かなり感じのいい女性. ③好きな人.意中の人.

可溶 kěróng 可溶.〔～性 xìng〕圃可溶性.

可萨克 kěsàkè ⇒〔哥 gē 萨克〕

可身(儿) kěshēn(r) ⇒〔可体〕

可是 kěshì ①が(しかし).〔他有学问,～品性不好〕彼は学問はあるが,(しかし)品性はよくない.〔他虽 suī 然没做完,～已经花了许多工夫〕彼はやり終えはしなかったが,もうかなり多くの時間をかけている. →〔但 dàn 是〕〔然 rán 而〕 ②ところで.ときに.〔～,那件事已经商 shāng 量好了吗〕ところでその件はもう相談ができましたか. ③本当に.まったく:<述語を強調する>〔你～说得太过火了〕きみはどう言い方があまりにひどすぎる. ④…でしょうね.〔你们～西城 chéng 的人?〕きみらは西城の人だろうね.

可食性包装 kěshíxíng bāozhuāng 可食性包装:食べられる包装材を言う.

可视电话 kěshì diànhuà テレビ電話.

可坷岢轲渴

可视图文 kěshì túwén ビデオテックス.
可视性 kěshìxìng (映画・テレビなどの)視聴性.
可手 kěshǒu 手ごろ.〔~的家伙〕手ごろな得物(武器)
可说呢 kěshuōne 〈口〉そうですとも：〔可说的是呢〕ともいう．→[可不①]
可塑性 kěsùxìng ①[物]塑性．②適応性.
可叹 kětàn 感嘆すべき.
可体 kětǐ ＝〔口〕可身(儿)〕(衣服が)体に合う.〔这件大衣真~〕このオーバーは体にぴったり合う.
可调扳手 kětiáo bānshou [機]自由調整レンチ.
可桶儿 kětǒngr 〈白〉桶ごとすっかり．〔喩〕思うことをさらけ出して言う．〔把一肚子话~地都倒出来〕(児25)胸の中に考えていることのありったけをみなぶちまける.
可望 kěwàng 望みが持てる.有望である.〔~夺 duó 得今年农业生产好收成〕今年は農業生産の良好な収穫の確保が望める.
可望而不可即 kěwàng ér bùkějí 〔成〕眺めることができても、近づくことができない．高嶺の花：〔即〕は〔及〕〔亲 qīn〕ともいう.
可谓 kěwèi …と言うことができる．〔~是两全其美了〕両方ともうまくおさまったと言うことができる．〔损 sǔn 失不~不惨 cǎn 重〕損失はまことにひどいと言わざるを得ない.
可恶 kěwù 憎らしやべき．憎らしい．〔他那旁 páng 若无人的态度真~〕彼の傍若無人な態度は実に憎らしい.
可惜 kěxī ①惜しい．もったいない．〔只念了两年就撂下了太~〕2年勉強しただけでやめてはあまりに惜しい．→[遗 yí 憾]②惜しいかな．〔~！〕惜しい．③〔你没考上〕惜しいことに彼は合格しなかった．③惜しがる．〔你别~这样的东西〕こんなもの惜しがるんじゃないぞ.
可惜了儿的 kěxīliǎorde 〈方〉惜しい．もったいない：惜しすぎる時に発する．〔可了儿的〕ともいう．〔嗐 hài ~！〕ああ，残念.
可吸入颗粒物 kěxīrù kēlìwù 浮遊粒子状物質：〔可吸入尘〕〔飘 piāo 尘〕ともいった.
可喜 kěxǐ 喜ばしい．〔~可贺 hè〕喜ばしくもあり慶賀すべきである.
可想而知 kěxiǎng ér zhī 〔成〕推して知るべし．想像できる．〔他尚 shàng 且不行，其余的人就~了〕彼すらだめだというんだから，他の者は推して知るべしだ.
可笑 kěxiào おもしろい．おかしい．笑止である．滑稽である．〔幼 yòu 稚~〕たわいない.
可心 kěxīn 気に入る．〔那件事办 bàn 得倒还可了他的心了〕あの件の処理の仕方はそれでも彼の気に入った．〔~意的〕〔~如 rú 意的〕望みどおりの.
可信 kěxìn 信じられる．信用できる．〔~度 dù〕同例の程度.
可行 kěxíng 実行してよい．やって差し支えない．〔切 qiè 实~〕適切で実施可能である．〔~性研 yán 究〕〔~性调 diào 查〕フィージビリティースタディー．採算可能性調査．〔~止 zhǐ〕やってもやめてもどうでもよい．〔~止的事〕どうでもよいようなこと.
可言 kěyán 言うに足る．言葉にして言うことができる.
可疑 kěyí 疑わしい．怪しい．うさん臭い．いかがわしい．〔形迹~〕挙動が怪しい.
可以 kěyǐ ①…できる．可能である．否定には〔不能〕を用いる．〔这两天数~做完了〕2日もすればこれは終えることができます．〔一天~打来回〕1日で往復できる．〔这~有好些原因〕これには多くの原因があります．②…してもよい．許されるの意．否定には〔不能〕，語気を強めて言う時には〔不~〕を用いる．返事の場合よく〔不行〕〔不成〕を用いる．〔我也~参 cān 加吗〕わたしも参加していいですか．〔好了，你~回去了〕いいよ、きみは帰ってよい．③値打ちがある：否定には〔不值 zhí 得〕を用いる．〔这个问题~研究一番〕この問題は研究する値打ちがある．④しっかりしている．〔你真~，肯给人家白效劳〕きみは偉い、他人に手手当で骨折ってやるんだもの．〔~，替朋友说几句话，还要报酬呢〕あいつちゃっかりしている、友だちに口をきいてやるにもお礼を要求するのだ．⑤おそろしい程である．相当なのである（程度の高さまたは低さが）．〔今天冷得~〕今日の寒さは相当なもんだ．⑥割合よい．悪くない：〔还 hái〕の後にくる．〔这个还~〕これはまあいいです．〔成绩还算~〕成績はまあいい方だ．→[会 huì (II)②][能 néng④]
可以说 kěyǐshuō …と言える．〔这~是绝无仅有的良机〕これは絶好のチャンスと言える.
可意 kěyì 心にかなう．満足である：〔可心〕に同じ．〔~会，不可言传 chuán〕〔慣〕心で会得できるが言葉では伝わらない.
可有可无 kěyǒu kěwú 〔慣〕あってもなくてもよし．〔摄像机对我来说~〕ビデオカメラは私にとってあってもなくてもいい（ものだ）.
可再生资源 kězàishēng zīyuán 再生可能資源：〔可更新资源〕ともいう.
可憎 kězēng 憎らしい．いまいましい．→[可恶]
可照时数 kězhàoshí shù 日照時間：〔日 rì 照时间〕に同じ.
可着 kězhe 〈口〉①…の範囲内に限る．いっぱいいっぱいにする．〔~这块料 liào 子做一件衣裳〕この生地の範囲内で着物を1枚作る．〔~钱 qián 数儿买东西〕お金の範囲内いっぱいで物を買う．〔~脑袋做帽子〕頭に合わせて帽子を作る．〔~人数计算〕人数に合わせて計算する．〔我~这范 fàn 围内出题目〕この範囲内から問題を出します．〔~马路上都是人〕大通りはいっぱいの人だ．②…かぎりに．〔~嗓子呼喊〕声をかぎりに呼ぶ.
可可 kěkě ①…がわかる．〔他的帽 mào 子还在这里扔 rēng 着，~人还没走〕彼の帽子がここにほうってあるところをみるとまだ出かけていないんだ．②〔白〕もっともである．〔~这般沉重，却是一个黄金三足两耳鼎〕（平妖传）そんなに重いのも無理はなかった，何と黄金の3本足で取手の二つ鼎だ.
可知论 kězhīlùn [哲]可知論.
可朱浑 kězhūhún 〈姓〉可朱浑($\frac{くしゅ}{こん}$)
可转换公司债券 kězhuǎnhuàn gōngsī zhàiquàn [経]転換社債.
可资 kězī〈文〉…するに足る．〔~参 cān 考〕参考にすることができる．〔~借 jiè 鉴〕手本とする値打ちがある.

[坷] kě →[坎 kǎn 坷]〔困 kùn 坷〕 → kē

[岢] kě 地名用字．〔~岚 lán 县〕[地]山西省にある.

[轲・軻] kě →[坎 kǎn 坷] → kē

[渴] kě ①のどが渇く．水が飲みたい．〔口 kǒu 干 gān 了，~了〕口がかわいた，のどが渇いた．〔解 jiě ~〕渇きをいやす．のどをうるおす．〔~得慌〕のどが渇いてたまらない．〔又~又饿 è〕のども渇くし腹もひもじい．〔临 lín ~掘井〕〈成〉のどが渇いてから井戸を掘る．泥縄．②切に．さし迫って．③〈姓〉渇($\frac{かつ}{}$)．
渴爱 kě'ài 熱愛する.
渴笔 kěbǐ〈文〉①墨を十分に含んでいない筆．②かすれ書き.

渴慕 kěmù ＝〔渴仰〕切に思い慕う.
渴念 kěniàn 切に思い念ずる.〔～得很〕切にご案じしております(ました).久しぶりです.
渴盼 kěpàn 渴望する.切望する.
渴切 kěqiè 切迫した.切なる.〔～的欲望〕同前の欲望.
渴求 kěqiú 〈文〉切に求める.
渴望 kěwàng 渴望(する).切望(する)
渴想 kěxiǎng 切に思う.
渴仰 kěyǎng ⇒〔渴慕〕
渴雨 kěyǔ 〈文〉長く雨の降らないこと.

〔**可**〕kè 〔～汗 hán〕古代の〔鲜 xiān 卑〕〔突 tū 厥〕〔回 huí 纥〕〔蒙 měng 古〕などの君主の称.〔～敦 dūn〕同前の妻. ＝kě

〔**克・剋(尅)**〕kè (Ⅰ)〔克〕①〈文〉できる.〔不～亲 qīn 自出席〕自ら出席できない.〔不～胜 shèng 任〕任に耐え得ない.〔～勤 qín ～俭 jiǎn〕よく努力し倹約する. ②〔姓〕克(è)
(Ⅱ)〔克・剋(尅)〕①打ち克つ.克服する.抑える.〔柔 róu 能～刚 gāng 成〕柔よく剛を制す. ②勝つ.攻め落とす.〔我军～敌〕我が軍,敵に勝つ.〔战必胜 shèng,攻必～〕戦えば必ず勝ち,攻むれば必ず奪取する. ③相性が悪くて争う.抵触する. ④消化する.こなす. ⑤削減する.減らす.
(Ⅲ)〔剋〕日限をきる.期限を厳しく定める:〈文〉刻⑥に同じ.〔～日完成〕日限をつけて完成する.
(Ⅳ)〔克〕①(チベットで)容量・地積の単位.〔青 qīng 稞〕(はだか麦)の1〔～〕は約25斤.また1〔～〕の種子がまける土地を"一克的地"といい,約1〔市 shì 亩〕に相当する. ②〈度〉＜音訳グラム.記号g: 重量の単位.〔公 gōng 分②〕は旧称.微 wēi ～〕マイクログラム.〔毫 háo ～〕ミリグラム.〔厘 lí ～〕センチグラム.〔分 fēn ～〕デシグラム(100 ﾐﾘｸﾞﾗﾑ).〔十～〕10グラム.デカグラム.〔公钱〕は旧称.〔百～〕100グラム.ヘクトグラム.〔公两〕は旧称.〔千 qiān ～〕〔公斤〕キログラム.→〔公(Ⅱ)⑤〕〔米 mǐ (Ⅱ)〕
克当量 kèdāngliàng 物 グラム当量:反応物質の量を表す単位.当量にグラムをつけた量を一とする.〔克式量〕ともいう.
克敌制胜 kèdí zhìshèng 〈成〉敵に打ち勝つ.
克分子 kèfēnzǐ 物 グラム分子.〔～浓度〕モル濃度.〔一体积〕モル体積.
克服 kèfú ①克服する. ②我慢する.〔这儿生活条件不太好,咱们先～点吧〕この生活条件はあまりよくないから,我々はまず我慢しよう.
克复 kèfù (戦いで)取り戻す.奪回する.〔～失地〕占領された所を奪回する.
克格勃 kègébó ＜音訳＞KGB.旧ソ連国家保安委員会(特務機関).→〔葛 gé ③〕
克化 kèhuà 〈方〉消化される(こなれる).〔好吃难～〕おいしいが消化に悪い.〔～不动 dòng〕消化されない.〔～不开〕食べた物の消化が悪い.
克己 kèjǐ ①おのれ(の欲)に打ち克つ.〔～奉公〕〈成〉滅私奉公. ②〔転〕(値段を)勉強する.まける.〔格 gé 外～〕格別に同前.〔一价 jià 格〕勉強お値段.値段を内輪にする.節約する.
克家 kèjiā 〈文〉家事を治めることが上手い.
克尽职守 kèjìn zhíshǒu 〈成〉持ち場を固めて本務を守る.
克卡 kèkǎ 物 グラムカロリー.→〔卡路里〕
克扣 kèkòu 上前(鞘)をはねる.ピンハネする.〔～兵饷 xiǎng〕兵隊の給料をピンハネする.→〔扣除〕

克拉 kèlā ＜音訳＞カラット.記号ct(car):宝石の重さを表す.1〔～〕は200ミリグラム.〔卡 kǎ 剌特〕とも書いた.
克拉子 kèlāzǐ ⇒〔离 lí 合器〕
克莱因瓶 kèláiyīn píng ＜音義訳＞数 クラインの壺:円筒の両端を逆の向きにつないだもの.表裏のない曲面ができる.
克兰姆 kèlánmǔ 〔格 gé 兰姆〕グラムの旧音訳.→字解(Ⅳ)②
克郎猪 kèlángzhū ⇒〔架 jià 子猪〕
克朗 kèlǎng ＜音訳＞クローネ.クローナ.コルナ:デンマーク・北欧諸国などの通貨単位名.スロバキアは現在〔欧元〕(ユーロ)を用いる.〔克郎〕〔克罗纳〕ともいった.
克郎棋 kèlǎngqí 〔康 kāng 乐球〕
克郎球 kèlǎngqiú 〔康 kāng 乐球〕
克冷 kèlěng
克里姆林宫 kèlǐmǔlín gōng ＜音義訳＞クレムリン宮:〔克宫〕ともいう.
克力登 kèlìdēng ＜音訳＞化 カレドン.〔～蓝〕カレドンブルー.〔～青莲〕カレドンブリリアントパープル.〔～金英〕カレドンゴールドオレンジ.
克隆 kèlóng ＜音義訳＞生命 クローン:〔复 fù 制生物〕〔无 wú 性繁殖体〕ともいう.〔～牛〕クローン牛.〔～人类〕クローン人間.〔～羊多利〕クローン羊ドリー:〔多利〕は初めてのクローン羊の名.〔～技术〕クローン技術.〔我的车牌子被～了〕私のナンバープレートは全く同じ物が偽造されていた.
克虏伯厂 kèlǔbó chǎng ＜音義訳＞史 (旧ドイツの)クルップ兵器工場.
克鲁克斯管 kèlǔkèsī guǎn ＜音義訳＞物 クルックス管:〔库 kù 鲁库斯管〕に同じ.
克罗马努人 kèluómǎnǔ rén ＜音義訳＞クロマニョン人:〔新人④〕に属する化石人類.〔克鲁马农人〕〔克罗麦襄人〕ともいった.
克鲁赛罗 kèlǔsàiluó ＜音訳＞クルゼイロ:ブラジルの旧通貨単位名.→〔雷 léi 亚尔〕
克罗地亚 kèluódìyà クロアチア:正式国名は〔～共和国〕.首都は〔萨 sà 格勒布〕(ザグレブ)
克罗米 kèluómǐ ⇒〔铬 gè〕
克期 kèqī 日時を約束する.期限を切る(をつける):〔刻期〕とも書いた.〔～交 jiāo 货〕期日を決めて商品の受け渡しをする.→〔限 xiàn 期①〕
克勤克俭 kèqín kèjiǎn 〈慣〉よく働きよく倹約する(ことができる).〔他的～的作风,值得我们学习〕彼の勤倹な生き方は我々の手本とするに値する.
克日 kèrì 日をきる.期限をつける:〔刻日〕とも書いた.〔～完成〕(日をきって)早く完成させる.
克煞 kèshā 追い払う.駆逐する.〔～凶 xiōng 神〕厄病神を追い払う.
克山病 kèshānbìng ＝〔方〕攻 gōng 心翻〕＜音義訳＞医 カシベック病:黒竜江省克山県地方で発見された風土病.セレニウム欠乏症.
克绍箕裘 kèshào jīqiú 〈成〉よく父業を継ぐ.→〔肯 kěn 堂肯构〕
克食 kèshí 消化を助ける.〔山楂 zhā 能～〕サンザシは消化を助ける.
克什米尔 kèshímǐ'ěr 地 カシミール(インド北西部):〔卡 kǎ 什米尔〕とも称した.→〔开 kāi 司米〕
克式量 kèshìliàng ⇒〔克当量〕
克丝钳 kèsīqián ペンチ.ヤットコ.〔钳子〕
克汀病 kètīngbìng ⇒〔呆 dāi 小症〕
克西 kèxī ＜音訳＞(ギリシア文字) ξクシー.→〔希 xī 腊字母〕
克星 kèxīng 〈喩〉相性の悪い相手.苦手.→〔棘 jí 手〕

kè

克雅氏症 kèyǎshì zhèng 医クロイツフェルト・ヤコブ病(変異型も含む).〔克雅氏病〕ともいう.
克意 kèyì 鋭意おこなう.専心する.
克原子 kèyuánzǐ 化グラム原子.
克制 kèzhì 我慢(する).抑制(する).〔一忍 rěn 再忍,做了最大限 xiàn 度的～〕忍びに忍んで最大限の我慢をした.

[氪] kè 化クリプトン:希ガス元素.記号 kr.

[刻] kè ①刻みつける.彫る:木や石などに文字や模様を彫る.〔～戳 chuō 子〕〔～章 zhāng〕印判を彫る. ②苛酷である.冷酷である.辛らつである.厳しい. ③程度がひどい.強い. ④刻(è):昔時,〔漏 lòu 刻〕(水時計)で時間を計り,1日を百刻とした.現在では(時間の)15分をいう.〔三点一～〕3時15分.〔三～钟 zhōng〕45分間. ⑤(短い)時刻.〔此 cǐ ～〕此時=今.現在.〔下～〕〔即 jí ～〕即刻. ⑥→〔克皿〕
刻安 kè'ān 〔贈〕目下のご平安.〔此颂〕ここに貴殿のご平安を祈ります(手紙の結びの句) →〔⑥〕
刻板 kèbǎn ①〔刻版〕とも書く.版木に彫る,またその版木:〔雕 diāo 版〕に同じ. ②かたくなである.融通がきかない.〔～文字〕きまり文句.〔一切活动都很～〕あらゆる活動がきまりきってしまっている.〔～主观〕紋切り型.
刻本 kèběn 木版印刷の書籍:〔版 bǎn 本〕〔椠 qiàn 本〕に同じ.〔宋～〕〔宋椠〕版版.
刻剥 kèbō ひどく搾取する.〔他净～人〕彼は人をしぼりあげてばかりいる.〔贪 tān 官～百姓〕不正役人が人民をひどく搾取する.
刻薄 kèbó ─刻峭〔kèqiào 峭薄〕〔峭 刻〕① 刻薄(苛酷で薄情)である.冷酷である.辛らつである.〔尖 jiān 酸～〕同前.〔为人～〕人となりが刻薄である.〔～成家,理无久享〕諺=薄情なやり方で一家を成しても,長続きするはずがない:人を泣かせては長続きはしない. ② 酷(è)い取り扱いをする.〔你别～他〕彼をむごく扱ってはいけない.〔～轻 qīng 薄②〕
刻不容缓 kè bù róngcuǎn 〈成〉一刻も猶予できない.
刻刀 kèdāo 彫刻刀.
刻毒 kèdú 残酷で悪らつである.毒々しい.〔～的话语〕毒々しい言葉.
刻度 kèdù 目盛り.〔～盘 pán〕目盛り盤.文字盤.ダイヤル.〔～尺 chǐ〕目盛り尺.〔卷 juǎn 形～〕〔卷尺〕巻尺. →〔拨 bō 号盘〕
刻符 kèfú 秦代の〔八体(书)〕の一:割り符などに用いた書体.
刻钢板 kègāngbǎn ⇒〔刻写〕
刻工 kègōng ①彫刻の技術. ②彫刻職人.
刻骨 kègǔ 骨身に刻(ん)で忘れない.〔～铭 míng 心〕〔铭心〕〔～镂 lòu 心〕〔镂骨铭心〕〈成〉同前.〔～的仇 chóu 恨〕骨髄に徹した恨み(憎しみ).
刻鹄 kèhú〈文〉他人の行為を模倣する.〔～类鶩 瓶.
刻花 kèhuā 模様を刻(ん)だ.〔～玻璃瓶〕模様入りのガラス瓶.
刻画 kèhuà〔刻划〕とも書いた. ①刻み画く. ②(浮き彫りにして)描写する.〔作为 wéi 导演应该有意在多方面～人物〕監督たるものは意を尽くしていろいろな角度から人物の性格を浮き彫りにすべきだ.
刻画无盐 kèhuà wúyán〈成〉醜いものを持って美しいものに譬(をな)える.比喩できない違うものを用いて比喩する.〔～唐突西子〕ともいう:昔時,ある人が斉国の無塩という醜婦を描いてこれを失礼にも美人の西施と称した.
刻即 kèjí〈文〉即時.即刻.
刻己 kèjǐ ⇒〔克己〕
刻记 kèjì 心に刻む.〔～不忘〕心に刻んで忘れない.
刻经 kèjīng 宗(仏教)の経典を版木に彫る.
刻苦 kèkǔ ①骨折って努力する.〔～耐 nài 劳〕努力し苦労し耐える.〔～为 wéi 学〕苦しい努力を自ら課して勉強する.〔～经 jīng 营〕苦労して経営する. ②質素である.〔他生活很～〕彼の生活は質素だ.
刻蜡纸 kèlàzhǐ ⇒〔刻写〕
刻漏 kèlòu 固水時計.〔漏壶〕に同じ.
刻镂 kèlòu〈文〉彫刻する.
刻录机 kèlùjī CD-R ドライブ.CD-RWドライブ:〔光 guāng 盘～〕の略称.
刻期 kèqī ⇒〔克期〕
刻峭 kèqiào ⇒〔刻薄〕
刻日 kèrì ⇒〔克日〕
刻石 kèshí ①石に刻みつける. ②字や絵を刻んだ石.〔泰 tài 山～〕泰山刻石.
刻书 kèshū〈文〉書物を刊行する:版木に彫って印刷すること.
刻丝 kèsī ⇒〔缂丝〕
刻下 kèxià ⇒〔目 mù 下〕
刻舷求剑 kèxián qiújiàn ⇒〔刻舟求剑〕
刻写 kèxiě (謄写版の)原紙をきる.〔～蜡版 bǎn〕〔～蜡 là 纸〕〔刻钢板〕〔刻蜡纸〕同前.
刻意 kèyì 極力…する.工夫を凝らす.〔～经营〕苦心して経営する.〔～求工〕〈成〉意匠を凝らす.
刻印 kèyìn ①印刷する.印判を彫る. ②版刻して印刷する. ③影響を与える.
刻针 kèzhēn ①(時計の)針. ②特に〔秒 miǎo 针〕をいう. →〔分 fēn 针〕〔时 shí 针②〕
刻纸 kèzhǐ 切り紙細工:小刀で切る紙.はさみで切るのは〔剪 jiǎn 纸〕という.
刻制 kèzhì 彫って作る.〔～图 tú 章〕印章を作る.
刻舟求剑 kèzhōu qiújiàn 〈成〉〔刻舷求剑〕〔契 qì 舟求剑〕〈成〉事態の変化に対応する考え方をとれないこと:楚の人が舟で川を渡った時,水中に剣をとり落とし,後で捜す時の目印にと舟べりに印を刻みつけておいた.
刻字 kèzì 字を彫る.〔～匠 jiàng〕同前の職人.〔～铺 pù〕刻字屋.〔冲 chōng 字机〕刻字器.
刻子 kèzi (マージャンで)同じ牌を3個そろえたもの:〔字 zì 牌〕でも〔数 shù 牌〕でもよい.〔兵 bīng 牌〕(手の内)でそろったものは〔暗 àn 刻〕で,〔碰 pèng〕でそろえたものは〔明 míng 刻〕といわれる. →〔顺 shùn 子〕

[恪] kè〔悫〕〈文〉謹しむ.〔～守 shǒu〕〔～遵 zūn〕神妙に守る.〔～尽 jìn 职守〕〈成〉真面目に職責を果たす.〔遵规章〕規則を真面目に遵守する.〔～勤 qín〕真面目に励む.〔守质 zhì 量〕品質を厳しく守る.〔～姓〕恪(恭く).

[客] kè ①客.来客.訪問者.〔主～〕①主人と客.〔来了一位～人〕お客さんが一人来られた.〔请 qǐng ～〕お客に呼ぶ.招待する.〔官 guān ～〕〔方〕殿方.〔堂 táng ～〕〔方〕ご婦人〔方〕.〔各剧场都～满了〕②劇場はみなお客が満員になった.↔〔主 zhǔ 〕 ②料金を払って物を買ったりサービスを受けたりする人.〔旅 lǚ ～〕旅客.〔各位乘 chéng ～〕乗客の皆さん.〔直 zhí ～〕〔直通旅客列车〕.〔顾 gù ～〕お得意. ③他地(から)来た(人).外来の(人).〔～水〕外からの引き水.〔作～他 xiāng 地〕他地に住む. ④商人.行商人.〔珠江宝～〕宝石商人.〔绸 chóu 缎～〕絹物商人. ⑤各地を往来して活動をする特定の人に対する呼称.〔政 zhèng ～〕政客.〔说 shuì ～〕遊客.〔侠 xiá ～〕回侠客.〔刺 cì ～〕刺客.暗殺者. ⑥〔方〕量

kè 客

詞.一人前.一人分.〔一~客飯〕定食一人前.〔来三~冰激凌〕アイスクリーム三つくれ.⑦人の意識外のもの.→〔客観〕〔客体〕 ⑧〈姓〉客.

客安 kè'ān 〔牘〕旅中での平安.〔即頌 sòng ~〕取り急ぎ旅行中のご無事を祈ります.

客帮 kèbāng 旧他地方から集団で来ている商人:例えば,上海では〔广东〕からの同輩を〔广东帮〕,〔宁níng 波〕からの同輩を〔宁波帮〕と呼ぶ.↔〔本 běn 帮〕

客边 kèbiān 旅先.旅行中:〔客中〕に同じ.

客兵 kèbīng =〔客军〕〈文〉よそから来て駐屯している軍隊.

客不送客 kè bùsòng kè〈慣〉客同士は見送ったりしないものだ.

客舱 kècāng =〔座 zuò 舱〕船や飛行機の客室.船室.→〔舱〕

客场 kèchǎng 又 (プロサッカーなどで)アウェー.相手の本拠地.〔~比赛 sài〕ロードゲーム.→〔主 zhǔ 场〕

客车 kèchē ①客車.〔货 huò 车〕(貨物車)や〔专 zhuān 车〕(専用車)に対していう.②旅客列車:時刻表には〔客〕と表示する.→〔直 zhí 快〕③大型乗用車.バス.

客尘 kèchén ①〈文〉旅先でなめる苦労.②佛〔仏教の〕煩悩.

客船 kèchuán 客船.

客串(儿)kèchuàn(r) ①劇〔票 piào 友(儿)〕(素人役者)が臨時に玄人の中に加わって劇に出演させてもらうこと.②劇俳優が他の一座に加わって特別出演する.③〈転〉臨時に本職以外のことを行う.

客次 kècì〈文〉旅行先の居所.

客地 kèdì〈文〉旅先.異郷.

客店 kèdiàn 宿屋:小さくて粗末なもの.→〔客栈〕

客队 kèduì 遠征チーム.来訪チーム.ビジターチーム.〔主 zhǔ 队〕(ホームチーム)に対していう.

客饭 kèfàn ①(ホテル・列車・汽船などで売る)定食.〔在餐厅吃~〕食堂車で定食を食べる.②(機関などの食堂で提供する)来客用の食事.

客房 kèfáng ①(ホテル・旅館の)客室.②家の来客用寝室:〔客室〕〔客屋〕ともいう.

客服 kèfú 来客.顧客.顧客サービス.〔~中心〕お客様サービスセンター.

客观 kèguān ①圍 客观.〔~规律〕客観的法則.〔~实际〕客観的事実.〔~唯心主义〕客観的観念論主義.〔~上〕客観上.〔~世界〕客観世界.〔~性〕客観性.②客観(的)である.〔他看问题比较~〕彼はわりと客観的に物事を見る.〔要冷静~些〕冷静に客観的になりたまえ.↔〔主 zhǔ 观〕

客官 kèguān〈白〉お客様.旅の方:宿屋からいう.

客馆 kèguǎn =〔客舍〕

客户 kèhù ①=〈方〉客家②旧他地から移住して来た者.③旧小作人.④(問屋・商社・仲買人から見た)お得意.取引先.⑤電買クライアント.

客货轮 kèhuòlún 貨客船.〔客貨船〕ともいう.

客机 kèjī 旅客機.

客籍 kèjí ①現住地の戸籍.居留先の戸籍.→〔原 yuán 籍〕②寄留者.よそ者.③客家(はっ)人.

客家 kèjiā =客家(はっ)①晋末(4 世紀初)のころ北方から次第に南へ移住した漢民族.広東・広西・湖南・江西・福建の境界地に分布し,また広西の武鳴・馬平,四川,台湾などに住む.〔客而家焉〕(客してここに家する)の語は唐代にある.〔客户①〕②〔~话〕=〔客家方言〕

客家方言 kèjiā fāng yán 圍 中国主要方言の一:〔客家话言〕ともいう.中原の古音を保存している.

客居 kèjū 旅住まい.異郷に住む.

客军 kèjūn ⇒〔客兵〕

客乐我歌 kèlèwǒgē ⇒〔卡 kǎ 拉 OK〕

客列 kèliè〔客运列车〕(旅客列車)の略.

客流 kèliú 旅客・乗客の流れ.〔~高峰〕同前のラッシュ.〔~量 liàng〕一定時間内における交通機関の利用客数.

客路 kèlù 客筋.客層.

客旅 kèlǚ 宿泊客.旅人.

客轮 kèlún 客船.

客满 kèmǎn 満員.満席.〔公共汽车早上常常~,挤 jǐ 不上去〕バスは朝はいつも満員で,詰めても乗れない.

客民 kèmín 他所(ょ)から来ている者.他所者:〔土著 zhù〕(土著民,土地の者)に対していう.

客票 kèpiào ①切符:搭乗券・乗車券・乗船券など.単に〔票〕ともいう.〔货 huò 票〕②劇俳優の親戚・知人・劇場関係者などに与えられる無料優待券.

客气 kèqì〈文〉一時の意地.激情.

客气 kèqi 遠慮深い(くする).丁寧である(にする).行儀よい(くする).慎しみ深い(くする).〔您别~!〕〔不要~!〕〈挨〉ⓐご遠慮はさらないで.ⓑご丁重にならないで(おかまいなく).〔您太~!〕大変ご丁寧で(恐れいります).〔不~〕ⓐ遠慮しない.ⓑ礼儀をわきまえない.ⓒ〈挨〉どういたしまして.〔~话 huà〕ⓐ挨拶の言葉.ⓑ謙遜した言葉.〔你们对他要~点儿〕きみたちは彼にもう少し遠慮しろ.〔他~了几句〕彼は一言二言挨拶した.→〔不 bù 客气〕

客卿 kèqīng 因 侯国の官位にあった者が他の侯国で官に就く.

客情(儿)kèqíng(r) 親切気(ですること).〔我帮你的忙是~,不是本分〕きみに加勢するのは親切気からで務めではない.

客人 kè·rén ①客.→〔主 zhǔ 人①〕 ②旅の客.③旅商人.

客商 kèshāng 旅商人.行商人.

客舍 kèshè =〔客馆〕〈文〉①宿.②邸宅内の客を泊める建物.

客室 kèshì ⇒〔客房②〕

客死 kèsǐ〈文〉外地で死ぬ.〔~于伦 lún 敦〕ロンドンで客死する.

客随主便 kèsuí zhǔbiàn〈慣〉客は主人の言うとおりにされる.

客岁 kèsuì〈文〉昨年.

客堂 kètáng 圍 伝統的家屋の客間.→〔客厅〕

客堂楼 kètánglóu 圍 上海式住宅建築のうち,〔前楼〕の中央のもっとも窓に近く,明るい一室.客間.→〔上 shàng 海式楼房〕

客套 kètào ①礼儀上のきまり文句.挨拶の言葉:〔劳 láo 驾〕〔慢 màn 走〕など.〔~话(儿)〕=〔~语〕ともいう.〔~虚 xū 文〕おざなりの決まりきった文句.→〔家 jiā 常话〕②型通りの挨拶をする.かたくるしいことを言う.〔彼此~了几句〕お互いに型通りの挨拶をかわした.

客梯车 kètīchē タラップ車.

客体 kètǐ ①圍 客体:〔主 zhǔ 体〕に対していう.②陨(行為・動作の)対象.

客厅 kètīng 応接間.応接室.

客亭 kètíng ①圍 客を送り迎えする建物.②(公園などの)来園者の休憩用のあずまや.

客土 kètǔ ①圍〔农 nóng 客土〕 ②〈文〉寄寓の地.異郷.〔侨 qiáo 居〕異国に居留する.

客位 kèwèi ①客席.②客の席次・席順.

客屋 kèwū ⇒〔客房②〕

客席 kèxí 来客用の席.

客星 kèxīng 圍 平常は見えないで時に現れる星:〔彗 huì 星〕や〔新 xīn 星〕などをいった.

客 kèxìng 一族同姓の村に来た異姓世帯の姓.
客爷 kèyé 〈白〉お客様.
客源 kèyuán (観光・交通等の)顧客層.顧客市場.
客月 kèyuè 〈文〉先月.
客运 kèyùn 旅客運輸.〔～站 zhàn〕〔客 站〕同前駅.〔～量 liàng〕旅客輸送量.〔～三轮车〕輪タク.〔～列车〕〔客列〕旅客列車.
客栈 kèzhàn 回設備の簡素な宿屋:多く倉庫業や運送業を兼ねた.
客站 kèzhàn →〔客运〕
客长 kèzhǎng 〈白〉お客様:はたごの亭主の泊まり客に対する尊称.
客中 kèzhōng ⇒〔客边〕
客子 kèzǐ 〈文〉他郷に滞在している人.
客作 kèzuò 雇い人.使用人.
客座 kèzuò ①客席.座席. ②客員(の).〔～教 jiào 授〕客員教授.→〔专 zhuān 任〕

〔**愙**〕 kè ⇒〔恪〕

〔**课・課**〕 kè (Ⅰ)①組織的な教育活動:授業・課目・教科・時間など.〔一节 jié ～〕〔一堂 táng ～〕1コマの授業.〔上～〕授業に出る.〔上课中.〔下～〕授業が終わる.〔下〕放課後.〔今天没～〕今日は授業がない.〔上了一～〕ⓐ一課習った(進んだ).ⓑ勉強になった.〔第一～〕第1課.〔旷 kuàng ～〕(学生が個人的に)授業をさぼる.怠ける.〔这学期共有五门～〕今学期は全部で5科目ある. ②〈文〉考査する. ③〈文〉授業をする(受ける).〔～徒 tú〕学徒.④回(官庁などの)課:現在の〔科 kē〕に当たる.また〔科〕の下に〔～〕を置くこともある.〔文 wén 书〕文書課. (Ⅱ)〈文〉税金(を課する).〔～役 yì〕税と夫役(ぇ).〔～国〕国税.〔～交 jiāo ～〕税金を納める.〔以重税〕重税を課する.〔股票被～暂停上市的处罚〕株式の一時上場停止処分を受ける. (Ⅲ)占いの一種:主に銅貨の裏表をあてて吉凶を占うもの.〔卜 bǔ ～〕同前.
课本(儿) kèběn(r) 教科書.〔教 jiào 科书〕ともいう.〔～剧 jù〕(小中学校の)国語の課文をドラマ仕立てにしたもの.
课毕 kèbì 〈文〉授業が終わる.
课标 kèbiāo 授業のガイドライン.
课表 kèbiǎo 授業時間表.授業時間割.〔功 gōng 课表〕に同じ.
课程 kèchéng 課程.カリキュラム.〔～表 biǎo〕授業時間表.カリキュラム表.〔～结 jié 构〕カリキュラム構成.
课代表 kèdàibiǎo 教科代表:各教科の代表になり,担当教師と連絡を取る生徒.〔科 kē 代表〕に同じ.
课间 kèguà 八卦.易占.
课间 kèjiān 授業と授業の間.〔～休息〕同前の休み.〔～操〕同前に行われる体操.〔～餐 cān〕同前の食事.
课件 kèjiàn 教材.レジュメ.授業要旨.
课卷 kèjuàn 学生が提出する宿題(作文・レポートなど).→〔试 shì 卷〕
课吏 kèlì 〈文〉官吏の功績を調べる.
课命 kèmìng 〈文〉易断.〔～馆 guǎn〕易断所.
课目 kèmù
课内 kènèi 課内:〔課外〕に対していう.
课时 kèshí 授業の時限.コマ.〔每周授 shòu 课十六～〕毎週16時限の授業を行う:〔学 xué 时〕に同じ.ふつう小学校では40分,中学校では45分,大学では50分.
课室 kèshì 教室.
课税 kèshuì 課税する.

课堂 kètáng ①教室:〔教 jiào 室〕に同じ.〔～教学和课外活 huó 动〕教室における教学と課外活動.〔～作业 yè 和课外作业〕教室での宿題と課外の宿題.〔搅 jiǎo 乱～秩序〕教室の秩序を乱す. ②(抽象的な意味で)学習の場.
课堂讨论 kètáng tǎolùn クラス討論.ゼミナール.
课题 kètí 研究課題.〔～申 shēn 报〕プロジェクト申請(をする).〔～组〕課題研究チーム.
课筒 kètǒng 易断に使う籤(せん)の筒.
课外 kèwài 課外(の):〔課内〕に対していう.〔～活 huó 动〕同前.〔～作业〕宿題.課外の学習作業.〔～读 dú 物〕課外読物.
课文(儿) kèwén(r) 教科書の文章(内容).本文.テキスト.
课业 kèyè 課業.
课椅 kèyǐ 教室用椅子.学生用椅子.
课余 kèyú 授業外の時間.課業の余暇.〔～活动〕課外活動.
课桌 kèzhuō 教室の机(生徒あるいは教師の).〔～文化〕教室の机の上の落書き.〔～文学〕大学生の同前.

〔**骒・騍**〕 kè (馬・ラバなどの)雌(で).〔～骡 luó〕雌ラバ.〔～驴 lǘ〕雌ロバ.
骒马 kèmǎ 雌馬:〔母 mǔ 马〕に同じ.〔～不上阵〕雌馬は戦場には出ない:女性を軽蔑した言葉.

〔**锞・錁**〕 kè 回(貨幣としての金銀の)小粒(ぞ):〔～子〕は通称.〔金～〕同前.
锞子 kèzi ①回(通貨として用いられた)金や銀の小塊:分銅形ないしまんじゅう形で200～400グラムのものであった. ②回高く飛びあがり,背中から落ちて,すっくと立ち上がる芸当.

〔**缂・緙**〕 kè
缂丝 kèsī =〔刻丝〕絹地に色糸を植えて模様を織り出す技術,またその織物.つづれ織り.つづれ錦.〔～画〕同前で織り出した絵.〔～打子儿 zǐr 的〕同前で点々を打ち出したもの.

〔**溘**〕 kè 〈文〉突然.急に.
溘然 kèrán 〈文〉突然.急に.
溘逝 kèshì 〈文〉忽(こつ)然と逝く.急死する:〈文〉溘谢 xiè〕ともいう.

〔**嗑**〕 kè 歯でかみ割る:〔砢〕に同じ.〔～瓜 guā 子儿〕西瓜やひまわりの種をかみ割る(食べる).〔老鼠把箱子一了个洞〕ねずみが箱をかじって穴をあけた. → kē

〔**骒・騍**〕 kè ⇒〔嗑〕 → qiā

kei ㄎㄟ

〔**剋(尅)**〕 kēi 〈方〉①殴る.たたく.いじめる.やっつける.〔～架 jià〕打ち架けんかをする.〔～人〕したたかにやっつける.ぎゅうぎゅう言わせる. ②油をしぼる.罵る.叱る.〔挨 ái 了～了〕叱られた.とっちめられた.ぎゅうぎゅう言わされた.→〔克 kè (Ⅱ)(Ⅲ)〕

ken ㄎㄣ

〔**肯(肎・肯)**〕 kěn (Ⅰ)〈文〉骨についている肉.〔中

zhòng ～〕〈喩〉的を射ている.→〔肯綮〕
(Ⅱ)①〔聞き入れて〕承諾する.同意する.〔你一不～帮他这个忙？〕きみはこのことで彼を助けてやるか.〔他已经千一万～了〕彼はもう一も二もなく承諾しました.〔首 shǒu ～〕(うなずいて)承諾する.②進んで…する.〔他不～来〕彼は来ようとしない.③〈方〉…しがちだ.…しやすい.〔这几天，天～下雨〕この数日はよく雨が降る.〔这孩子～长 zhǎng〕この子はよく育つ.〔这块地～干 gān〕この土地はよく乾く.④〔姓〕肯(⻗)

肯定 kěndìng ①肯定(する).〔充分～了这个意义〕この意義をしっかりと確認した.〔一地说〕きっぱりと言う.↔〔否 fǒu 定〕 ②肯定的である.同感である.〔我的回答是一的〕私の答えは賛成だ.③きっと.…にちがいない.〔～是他做的〕彼がやったにちがいない.
肯定关系 kěndìng guān·xì ①関係を認める.④男女が恋愛感情を確認して恋愛関係に入ること.ⓑ婚約すること.②肯定(的)関係.
肯分的 kěnfènde 〈白〉くふもく.ちょうど.
肯干 kěngàn よろこんでする.すすんでやる.
肯构肯堂 kěngòu kěntáng ⇒〔肯堂肯构〕
肯尼亚 Kěnníyà ケニア：正式には〔一共和国〕.〔干 gān 雅〕〔怯 qiè 尼亚〕は旧訳.首都は〔内 nèi 罗毕〕(ナイロビ)
肯诺 kěnnuò 承諾する.
肯綮 kěnqìng 〈文〉骨と肉の接ぐところ.〈喩〉物事の要点.〔深 shēn 入～〕〈慣〉要点(急所)に触れる.
肯确地 kěnquède はっきりと(肯定して).〔天佑还不能一说大局究竟如何〕(老・四・惶18)天佑はまだ大局が結局どうなるかということを明確には言えなかった.
肯堂肯构 kěntáng kěngòu ＝〔肯构肯堂〕〈成〉父の遺業を承け継ぐ.→〔克 kè 绍箕裘〕
肯许 kěnxǔ ⇒〔肯允〕
肯要 kěnyào 〈文〉要点.要領.〔恰中 zhòng ～〕ちょうど要点に当たっている.
肯于 kěnyú よろこんで…する.〔～承担责任〕すすんで責任を担う.
肯允 kěnyǔn ＝〔肯许〕〈文〉承允(ⓧ)する.

啃(齦) kěn ①かじる.かじり取る.〔狗～骨头〕犬が骨をかじる.〔～老玉米〕トウモロコシをかじる.〔老鼠把抽屉 chōu 屉～坏了〕ねずみが引き出しをかじった.〔～不动苹 píng 果〕リンゴをがぶりとかじれない.②かじりついてやる.じっくりやる.〔一般 bān 读者很少能～得动得～溢谷〕一般読者で歯が立つ人はまずいない.→〔齦 yín〕
啃吃 kěnchī 〈喩〉いじり回す.〔挺好的玩艺儿，让孩子～坏了〕立派な品物を子供におもちゃにされて壊された.
啃骨头 kěngǔtou 〈喩〉難しい問題をこつこつとやる.〔啃硬骨头〕特別に困難なことでも恐れずにやる.
啃咬 kěnniè 〈文〉かむ.〈喩〉さいなむ.〔悔 huǐ 很～着他的心〕後悔でさいなむ彼.
啃青 kěnqīng 〈口〉①穀物が十分実らないうちに青いものを収穫して飢えを満たす.②家畜が青苗を食べる.
啃书本(儿) kěnshūběn(r) 〈喩〉書物にかじりつく.机にかじりつく.書物の丸かじり.
啃袜子 kěnwàzi 〈喩〉靴下をむりやり切らせる.
啃洋本本 kěn yángběnběn 〈喩〉洋書信奉.外国かぶれ.
啃咬 kěnyǎo かむ.かじる.

垦・墾 kěn 土を掘り起こす.耕作する.〔～地 dì〕同前.〔开 kāi ～〕開墾(する).
垦荒 kěnhuāng 荒地を開墾する.
垦辟 kěnpì 開墾する.
垦区 kěnqū 開墾地区.
垦田 kěntián 開墾して田畑にする.
垦殖 kěnzhí 荒地を開墾して生産する.
垦种 kěnzhòng 開墾して植え付ける.

恳・懇 kěn ①ねんごろ(である).〔～〕〈文〉ねんごろに.心をこめて.〔意 yì 诚辞 cí ～〕〈成〉誠意がこもっており、言葉もねんごろである.〔诚 chéng ～〕誠意があり丁寧である.〔勤 qín ～〕勤勉で真心がある.②お願いする.〔敬 jìng ～〕〔奉 fèng ～〕お願い申し上げる.
恳辞 kěncí 丁重に断わる.
恳到 kěndào ＝〔至〕〈文〉懇切でいき届く.
恳恩 kěn'ēn 〈文〉恩情を乞い願う.
恳祈 kěnqí 切に祈る.
恳乞 kěnqǐ 懇請する.
恳切 kěnqiè ①懇切(である).丁寧(である).②しみじみと.〔面对面一地说〕面と向かってねんごろに語る.
恳亲会 kěnqīnhuì 旧(学校が行う)生徒の親との懇談会.
恳请 kěnqǐng 懇請する.〔～出席〕出席を同前.
恳求 kěnqiú お願いする.切に願う.懇願する.→〔乞 qǐ 求〕
恳谈 kěntán 懇談する.〔一会 huì〕懇談会.
恳托 kěntuō ねんごろにお願いする.
恳至 kěnzhì ＝〔恳到〕
恳挚 kěnzhì (言辞や態度が)ねんごろである.誠意がこもっている.〔～地慰 wèi 问〕心をこめて慰問する.

掯 kèn 〈方〉①押さえつける.②人の困ることをわざとする.無理強いする.〔～留 liú〕無理に引き留める.〔逼 bī ～〕無理強いする.〔勒 lēi ～〕④力ぐで押さえつける.⑤金をだましとる.〔～口说话〕ぼそぼそと(不得要領に)話す.③涙をたたえる.涙をうかべる.
掯手 kènshǒu 〈方〉決心がつかず蹰躇(ⓒ)する.ぐずぐずする.
掯子 kènzi ⇒〔接 jiē 骨眼儿①〕
掯阻 kènzǔ 〈文〉遮る.阻む.

裉(褃) kèn 服中国服の〔腋 yè 窝〕(わき)の下の部分.袖(ⓒ)付け.〔抬 tái ～〕〔抬肩 jiān〕わきの下から肩までの寸法.〔煞 shā ～〕中国服の脇を縫い合わせる.

keng ㄎㄥ

坑(阬) kēng ①[一儿]くぼみ.穴.〔茅 máo ～〕便所の甕(ⓒ).〔挖 wā ～穴を掘る.〔泥 ní ～〕泥水のたまったくぼ地.〔留神~〕足もとに穴があるよ気をつけて！〕気をつけて，下に水たまりがあるぞ.〔弹 dàn ～〕爆弾が爆発してできた穴.〔桌面上砸 zá 了个～〕テーブルの面に傷穴ができた.〔满 mǎn ～满谷〕〈喩〉至る所にあふれただしいさま.〔一个萝卜一个～儿〕④〈喩〉融通がきかないこと.ⓑ几帳面であること.→〔洞 dòng ①〕 ②地下道.坑道.〔～道 dào〕同前.③だます.陥れる.〔～人了！〕人をだましたりしちゃいかん.〔假劣商品～惨了消费者〕偽物や劣悪品が消費者に大損害を与えた.④〈文〉生き埋めにする.〔焚 fén 书～儒〕〈成〉(秦の始皇帝が)書を焼き儒を生き埋めにし

た(故事).⑤〈姓〉坑・阬(ﾋﾞｮｳ)

坑崩拐碰 kēngbēng guǎipèng 〈方〉八卦見のまぐれ当たり.

坑边纸 kēngbiānzhǐ 〈方〉便所紙.→〔草 cǎo 纸〕

坑道 kēngdào ①〔鉱〕坑道. ②〔軍〕トンネル.地下道.〔~工事〕地下道工事.

坑害 kēnghài 陥れる.〔他乱交阴友,结 jié 果被坏人~了〕彼がやたらに人付き合いをするので,その結果悪い奴に陥れられた.

坑井 kēngjǐng (鉱山の)坑道と竪(たて)坑.

坑坎 kēngkǎn ①穴やくぼみ.〔~不平〕同前で平らでない.〔坑坑坎坎〕ででぼしているさま. ②〈転〉陷穽(かんせい).落し穴.→〔坑儿坎儿〕

坑坑洼洼 kēngkēng wāwā でこぼこのあるさま.〔那条路~的,不好走〕あの道はでこぼこあって歩きくい.→〔坑洼〕

坑口 kēngkǒu (炭坑の)坑口(ﾋﾞｮｳ).

坑埋 kēngmái 埋め込む.埋め隠す.

坑蒙 kēngmēng 人を陷れ,だます.〔~拐 guǎi 骗〕人を陥れ,人の目をごまかし,たぶらかし,かたりとるなどの悪事.〔蒙〕は〔绷 bēng〕ともいう.

坑木 kēngmù 坑道の落盤防止用の材.坑木.

坑农 kēngnóng (にせ肥料・農薬・種子などを売りつけ)農民に大損害を与える.↔〔利 lì 农〕

坑骗 kēngpiàn 人をだまし陥れる.ぺてんにかける.

坑气 kēngqì 〔沼 zhǎo 气〕

坑渠 kēngqú 〈方〉下水溝.暗渠(あんきょ).

坑儿坎儿 kēngkǎnr 〈口〉何もかも.〔~麻 má 杂凡的话〕何やかやの話.〔过日子~都得节 jié 省〕暮していくには何もかも節約しなければならない.

坑人 kēngrén ①人を陥れる.ぺてんにかける.〔~的事做不得〕人をだまして害を与えるようなことはするな. ②〈口〉悲しませる.悲痛な思いをさせる.〔这孩子都活这么大了还给死了,真一哪!〕この子がこんなに大きくなって死んでしまうなんて,こんな悲痛な思いはありません.→字解③

坑三姑 kēngsāngū 同〔紫 zǐ 姑〕

坑杀 kēngshā 生き埋めにして殺す.

坑探 kēngtàn 坑道やトンネルを掘り調査する.

坑塘 kēngtáng 水池.

坑洼 kēngwā 穴やくぼみ.〔~地〕でこぼこした土地.

坑陷 kēngxiàn 人を陥れる.

坑型石棉瓦 kēngxíng shímiánwǎ 波形石綿スレート.

坑子 kēngzi 〈口〉くぼみ.穴.〔水~〕水たまり.→字解①

[吭] kēng 声を出す.物を言う.〔受了累 lèi 也不~声(儿)〕疲れても声もたてない(物も言わない).→ háng

吭哧 kēngchi 〔吭吃〕〔吭嗤〕〔吭叱〕とも書く. ①〈擬〉ひいひい.ぜいぜい.うんうん.よいしょうなったり,力んだりする声.〔他背起口袋来~~地走了〕彼は袋を背負ってうんうんなりながら出て行った.=〔哽 gěng 吃〕②むにゃむにゃ言う.ぐずぐず言う.〔~了半天才说出来说したいを言っていてやっと言葉が出た.⑤長い間苦労する.〔~了两天也写出来〕2日間かかりたがまだ書き上がらなかった.

吭唧 kēngji 子供がぐずる.めそめそする.

吭气(儿) kēngqì(r) 同上.

吭声(儿) kēngshēng(r) =〔吭气(儿)〕物を言う:多く否定に用いる.〔她红着脸不~〕彼女は顔を赤くして黙りこんでいる.〔被人欺 qī 负不敢~的时代已经过去了〕人にばかにされて黙っているような時代はもう過ぎた.

kēng~kōng

[砼・硜(硜)] kēng 〈文〉〈擬〉石ころのぶつかり合う音.

砼砼 kēngkēng 〈文〉考えが浅くてかたくななさま.〔~自守〕〈成〉浅薄で我意を張って融通がきかない.

[铿・鏗] kēng 〈擬〉金属の触れ合う音.〔~的一声〕チャリンという音(〔~~〕)金属の触れ合う音や金属のかん高い音.〔琴 qín 声~~〕琴の音がボロンボロンと聞こえる. ②〈文〉打つ.たたく.〔~钟 zhōng〕鐘をたたく.

铿锵 kēngqiāng 〈文〉(音声が)リズミカルで心地よい.〔~悦耳〕〈成〉ポロンポロンと快く響く.〔~有力〕〈喩〉声が大きくて力強いさま.〔汽笛长鸣,轮机~〕汽笛が鳴りわたり,動輪が力強い音をたてる.〔~玫 méi 瑰〕〈喩〉中国女子サッカーチーム,またそのメンバー.

铿然 kēngrán 〈文〉(音声が)力強くひびく.〔~有声〕〈成〉同前.

kōng ㄎㄨㄥ

[空] kōng ①空.〔天~〕天空.〔对~射 shè 击〕対空射撃.〔领 lǐng ~〕領空.〔航 háng ~〕航空. ②空(から)である.むなしい.空であ る.〔真 zhēn ~〕真空. ①〔~瓶 píng 子〕空き瓶.〔~箱 xiāng 子〕から箱.〔落 luò ~〕当てがはずれる.水の泡となる. 〔~~走了一趟〕無駄足をした.〔这一天算没~过〕この1日はむだに過ごしたことにはならない(むだではなかった).〔无意义地~等 děng〕むだに待つ.〔白 bái ~盼 pàn〕むなしく待ち望む.〔入宝山而~返〕〈喩〉何も得ることがないこと.〔他~是个财主〕彼は金持ちというだけ.〔~有虚名〕いたずらに虚名が伝わる.〔叫~〕呼んで答えがない.↔〔实 shí ①〕→〔虚 xū ②〕③からにする.空けておく.〔~着手儿〕素手で.手ぶらで.〔把房子腾 téng ~了〕家をあけた(空にした). ④〈文〉広々と果てしがない.〔海 hǎi 阔天空〕 ⑤〈姓〉空(ﾋﾞｮｳ) → kòng

空靶 kōngbǎ 空中標的.

空包弹 kōngbāodàn 空包. →〔实 shí 弹〕

空仓 kōngcāng 手持ちの株や国債などを全部はき出す.↔〔满 mǎn 仓〕

空舱费 kōngcāngfèi 〔商〕空荷運賃.

空肠 kōngcháng 〔生〕空腸.

空敞 kōngchǎng 広々としている(さま).

空巢 kōngcháo 空き巣.〔~家庭〕〈喩〉老人だけになった家庭.

空车 kōngchē ①→〔重 zhòng 车〕 ②〈方〉空車.〔~兜 dōu 客〕(タクシー運転手が)トンネルをする:料金メーターを動かさずに走って,その報酬をくすねること.

空乘 kōngchéng (航空機の)空中勤務(する).〔~人员〕機上乗務員.

空城计 kōngchéngjì 空城の計:『三国演義』中の諸葛孔明の故事による.〈転〉もぬけのから(にする戦術).〔喝!~!〕(老・龍)あれ.もぬけのからだ.〔来个~〕もぬけのからを食わせる.〔唱 chàng ~〕〈喩〉無いのに有るようにみせかける策.こけおどしの策.

空船 kōngchuán 空(から)船.

空竖 kōngdān 空洞.

空挡 kōngdǎng 〔機〕ニュートラル:自動車などの速度切り替えギアに動輪からの力がかかっていない状態.

空荡荡 kōngdàngdàng がらんとしている.〔空荡荡〕空荡荡がらんとした.からっぽ.〔屋子~的〕部屋が

kōng

がらんとしている.〔~的山谷〕何もない(殺風景な)谷間.〔脑子里~没有回忆〕頭の中はからっぽで何も憶えていない.
空洞 kōngdòng ①がらんとしてむなしい.内容がない.中身がない.〔~洞〕がらんとしたさま.〔~诸 nuò 言〕空 $\Diamond$ 約束.〔~无物〕 $\langle$ 成 $\rangle$ からっぽで中身がない.〔~现 xiàn 象〕空洞化現象.→空洞.〔~型结核〕空洞型結核.
空(对)地导弹 kōng(duì)dì dǎodàn [軍]空対地誘導弾.空対地ミサイル.
空对空 kōngduìkōng ①空対空.〔~导弹 dàn〕[軍]空対空誘導弾.空対空ミサイル.〔空对空导弹〕ともいう. ②<喩>空論を互いに戦わす.〔完全是~的文章〕全く無意味な文章だ.
空乏 kōngfá ①困窮している. ②空虚である.
空翻 kōngfān [スポ]空中転回.とんぼ返り.
空泛 kōngfàn むなしくつかみどころのない.〔~的议论〕同前の議論.
空防 kōngfáng 防空.→[防空]
空房 kōngfáng 空き家.〔~子〕同前.〔守 shǒu ~〕夫が留守の家を妻一人で守ること.
空腹 kōngfù ①空腹.〔此药 yào ~服用〕本品は空腹時服用のこと. ②<文>学問のないこと.
空港 kōnggǎng 大型飛行場.空港.〔航 háng ~〕の略.〔中枢~〕ハブ空港.〔机 jī 场〕
空谷 kōnggǔ <文>幽谷.人跡まれな谷.〔~足 zú 音〕<成>人跡まれた谷の中で聞く人の足音.<喩>得がたい言説・手紙・事物など.思いがけない助け舟.
空股 kōnggǔ ⇒[人 rén 股]
空管 kōngguǎn ①航空管制(を行う).〔~站 zhàn〕航空管制塔.コントロールタワー. ②航空管制官.
空函 kōnghán ①字を書いていない白紙の手紙. ②<転>見本やカタログなどの請求状で郵送料を同封してないもの.
空喊 kōnghǎn 口先だけで実際の行動をしない.空論を吐く.〔空嚷 rǎng〕ともいう.
空耗 kōnghào むだに費やす.〔~时间〕むだに時間を費やす.→[白 bái 费]
空盒气压表 kōnghé fēngyǔbiǎo 真空気圧計(晴雨計)
空话 kōnghuà 意味のない言葉.空論.〔~连 lián 篇〕ただ絵空事ばかり.
空怀 kōnghuái ①(母畜の交尾または人工授精後の)不妊.〔牲者不掉膘 biāo 色,不~〕家畜は肥える色つやも落ちなく,受胎しないということ. ②<文>胸中むなしく志をもつこと.
空欢喜 kōnghuānxǐ ぬか喜び(する).→[瞎 xiā 喜欢]
空幻 kōnghuàn 架空(の).幻(の).〔~的希望〕むなしい希望.
空灰 kōnghuī 〔口〕不渡り.〔~支 zhī 票〕不渡り小切手.→[空头支票①]
空棘鱼 kōngjíyú [魚具]シーラカンス(化石魚).→[矛 máo 尾鱼]
空际 kōngjì 天空.空中.
空寂 kōngjì がらんとしているさま.〔~无人〕ひっそりとして誰もいない.
空架子 kōngjiàzi 見かけ倒し.
空间 kōngjiān ①空間.〔~艺 yì 术〕空間芸術.〔造 zào 形艺术〕に同じ.〔~点阵〕[物]空間格子. ②宇宙空間.〔~红外天文台〕赤外線宇宙天文台.ISO.〔~探索技术〕〔探测器〕無人宇宙船.〔~通信〕宇宙通信.〔~运动病〕宇宙酔い.〔~探索〕宇宙探査.〔~站〕ⓐ宇宙ステーション.ⓑ宇宙探査機.〔航天站〕に同じ.→[航 háng 天]〔宇 yǔ 宙②〕

空间波 kōngjiānbō ⇒[天 tiān 波]
空降 kōngjiàng (飛行機から人員・武器・物資などを)降下させる.〔~兵〕[機降兵]〔~部 bù 队〕[釘 dīng 子部隊]降下部隊.〔~作战〕(パラシュート)降下作戦.→[空投]
空姐 kōngjiě 航空機の女性客室乗務員.空中小姐.の略.
空警 kōngjǐng 航空機上警官.〔空中警察〕の略.
空军 kōngjūn [軍]空軍.〔~司令部〕空軍司令部.
空壳 kōngké ①あきがら.ぬけがら.<喩>実体のないこと.〔~书〕装飾用図書.〔~村〕[空心村]過疎村.〔~公司〕[皮 pí 包公司]ダミー会社.ペーパーカンパニー.
空空导弹 kōngkōng dǎodàn ⇒[空对空导弹]
空空(地) kōngkōng(de) =[空空儿②]手ぶらで.〔人家孩子大远地来看咱们,怎能叫他~回去呢〕この子どもがはるばるわたしたちに会いに来るというのに,どうして手ぶらで帰すことができましょうか.
空空儿 kōngkōngr どろぼうの別称.空儿.
空空如也 kōngkōng rú yě <成>何もない.全く空(で)である(論語・子罕)
空口 kōngkǒu ①口先だけの話.〔~说白话〕口先だけで実行が伴わない(根拠がない).〔~无 wú 凭〕口だけで証拠がない(あてにならない). ②=[空嘴儿]〔~(つまみなしに)酒を飲む.(おかずなしに)ご飯を食べる.〕ご飯か酒なしでおかずを食べる.
空旷 kōngkuàng 遮る物なく広々としている.
空阔 kōngkuò 広々としている.広大である.
空廓 kōngkuò 広々としたさま.
空栏 kōnglán ①空欄. ②家畜のいない囲い.からの家畜小屋.
空雷 kōngléi [軍]空雷.
空灵 kōnglíng ①変化自在で捉えどころがない.〔~的山林景色〕変化に富んだ山村の風景. ②[芸術用語]空白の中に無限の変化をもたせること.
空龄 kōnglíng 航空機乗務員・操縦士の勤続年齢.
空陇结构 kōnglóng jiégòu [農業]土地空間と周期的労働使用の間の動態的結合関係.
空论 kōnglùn 空論.
空落 kōngluò <白>がらんとしている.〔~无人〕がらんとしていて人がいない.
空落落 kōngluòluò がらんとしていて物寂しいさま.〔大洋内~的,一个人也没有大きな洋館の中はがらんとして人が一人もいない.〕〔心里~的〕心がうつろで大変寂しい.
空买空卖 kōngmǎi kōngmài ⇒[买空卖空]
空茫 kōngmáng ①広くてとりとめない.〔~的沙漠〕空漠とした砂漠. ②空しい.〔一片~〕むなしさばかり.
空门 kōngmén ①[宗]仏門.〔遁 dùn 入~〕仏門に入る.出家する. ②[ス](サッカーやホッケーなどで)ゴールにキーパーがいないこと.
空濛 kōngméng <文>小雨でかすんでいるさま.〔空漠〕とも書いた.
空名 kōngmíng 虚名.事実の伴わない評判.
空冥 kōngmíng <文>大空.
空模 kōngmó ⇒[航 háng 模]
空漠 kōngmò 空漠としている.
空难 kōngnàn 航空機事故.飛行機事故.〔遇 yù ~〕同前に遭う.
空炮 kōngpào ①空砲.〔瞎 xiā 炮〕に同じ. ②<喩>大法螺(ぼら)
空票 kōngpiào ①⇒[空头票据] ②はずれの券.
空票据 kōngpiàojù ⇒[空头票据]
空坪 kōngpíng <文>空き地.〔常有人站在~上眺

望着(丁·我)いつも人が空き地に立って眺めていた.

空气 kōngqì ①空气. 〔槽 cáo〕エアータンク. 〔~阀 fá〕空气弁.エアバルブ. 〔~炉 lú〕反射炉(冶金の). 〔~滤 lù 清器〕エアーフィルター.空气濾過器. 〔~囊 náng〕エアバッグ.〔安 ān 全气囊(保护装置)〕ともいう. 〔~塞 sāi 门〕〔气嘴〕エアーコック. 〔~浴 yù〕大气浴.〔~清 qīng 新器〕空气清浄器. 〔~加湿 shī 器〕加湿器. 〔~质量〕空气のクリーン度. 〔~轴 zhóu 承〕圈空气軸受. ②雰囲气.空气. 〔政治-浓厚〕政治の空气が濃厚だ. →〔气氛〕

空气锤 kōngqìchuí =〔气锤〕空气ハンマー.〔电 diàn 动锤〕ともいう. →〔汽 qì 锤〕

空气幕 kōngqìmù =〔风 fēng 帘〕エアーカーテン. 〔气屏 píng〕ともいう.

空气调节 kōngqì tiáojié 空调.エアコンディショニング. 〔~器 qì〕〔空调〕エアコン.空調装置.

空气污染 kōngqì wūrǎn 大气汚染. 〔~指 zhǐ 数〕大气汚染指数.

空前 kōngqián 先例のない.空前の. 〔~盛况〕空前の盛况. 〔情绪-高涨〕感情がかつてないほど高まる. 〔~绝 jué 后〕〔~未 wèi 有〕〈成〉空前絶後.前古未曾有($_{ぞう}$).

空勤 kōngqín (航空機の)機上勤務. 〔~人员〕航空機乗務員. 〔地 dì 勤〕

空青 kōngqīng =〔杨 yáng 梅青〕圈緑色の孔雀石.藍銅鉱(塩基性炭酸銅)の一種.眼薬用.

空情 kōngqíng 航空情報.飛行情報.

空拳 kōngquán 〔]素手. ②手ぶら.

空群之选 kōngqún zhī xuǎn〈成〉逸材を残らず選抜する:伯楽が良い馬を買い上げていった後には優れた馬は残らないこと:〔空群〕ともいう.

空(儿)事 kōng(r)shì〈方〉何でもないこと(もの). 〔别看这人衣帽鲜明,其实也是~〕この人間は身なりはちゃんとしているようだけれども実際は中身はないんだ.〔他都忙死了,哪有工夫搞这些~〕あの人はめっぽう忙しいんだ,そんなつまらんことをやっている暇があるものか.

空人(儿) kōngrén(r) ⇒〔空身人儿〕

空嫂 kōngsǎo 航空機女性客室乗務員:〔空姐〕より年長の主に既婚女性をいう.

空山 kōngshān〈文〉人气($_{けはい}$)のない山.

空身(儿) kōngshēn(r) 空(から)身.手ぶら.体一つ. 〔空人(儿)〕係累のない人. →〔轻 qīng 身(儿)〕

空驶 kōngshǐ (乗客·貨物を乗せずに)空車で走る. 〔~费 fèi〕タクシーの空車料金.

空室清野 kōngshì qīngyě〈成〉敵軍に利用されないよう,家財を隠したり田畑の作物を隠したりすること.もぬけのから作戦:〔空舍清野〕ともいう.

空首布 kōngshǒubù ⇒〔铲 chǎn 币〕
空手道 kōngshǒudào 反空手.
空手(儿) kōngshǒu(r) 〔着手儿〕手ぶらで.何も持たず. 〔~入白刃〕素手で白刃の中に躍り込む. 〈喻〉武芸が優れている. ②よりどころ(手本)なし. 〔~画的画儿〕実物を見ないで描いた画. 〔~扎 zhā 的花〕手本なしに刺繍した模様.

空手套白狼 kōngshǒu tào báiláng〈喻〉ぬれ手で粟(あわ)

空手抓饼 kōngshǒu zhuābǐng〈喻〉元手なしでもうける. 〔丁约翰~,不跑一步路一动一个手指干赚多少钱〕〔丁·四·夏24〕丁ジョンは元手を使わずにもうけ,一歩も歩かずに指先を動かすぐらいでくらかの金をただもうける.

空疏 kōngshū〈文〉空疎である.

空说 kōngshuō ⇒〔空谈①〕

空司 kōngsī 〔空军司令部〕の略.

空谈 kōngtán ①=〔空说〕口で言うだけ(で実行しない). ②〔空言〕空谈.そらごと. 〔纸上~〕〈成〉紙上の空論.

空膛(儿) kōngtáng(r) ①胴ががらっぽ. ②〈喻〉見かけだけ.

空天飞机 kōngtiān fēijī ⇒〔航空航天飞机〕

空调 kōngtiáo ①エアコンディショニング.空调. 〔~车〕冷房車. 〔~扇 shàn〕冷房電気扇風機. 〔~机 jī〕〔~器 qì〕空气調节器圈エアコン. 〔~病 bìng〕医冷房病.クーラー病. 〔开~〕エアコンを入れる. ②〈喻〉(裁判所での)実質のない調停.

空桐树 kōngtóngshù ⇒〔珙 gǒng 桐〕

空桶 kōngtǒng 〔~儿,~子〕①空樽(たる). ②〈転〉うつろ.からっぽ.

空头 kōngtóu ①圈(株式の)空売り·先物売り(する). 〔做 zuò ~〕〔卖 mài ~〕同断をする. 〔补 bǔ 空〕買い戻して(空売りの)穴埋めをする. ↔〔多 duō 头①〕→〔买 mǎi 空卖空〕 ②名ばかりである.有名無実である.内容の伴わない.そらぞらしい. 〔~人情做了也没意思〕うわべだけ友達がいのあるようなことを言ったって無意味だ. 〔~政治家〕政治屋. ③→〔阿 ā 头〕

空投 kōngtóu 空中投下する(武器弾薬および各種の補給品を). →〔空降〕〔接 jiē 济〕

空头票据 kōngtóu piàojù 〔空票〕①〔空票据〕〔通 tōng 融票据〕圈融通手形.空手形.

空头(人)情 kōngtóu(rén)qíng うわべだけの人情. 〔罢,罢,空头人情的红 hóng 包~〕〔红22〕やめろやめろ,そんなうわべだけの人情はわたしはいただかないよ.

空头支票 kōngtóu zhīpiào ①圈不渡り小切手. 〔使用~骗钱.空手形を使って人をだましとった事件〕. ②〈喻〉空手形.口約束.安請け合い.

空亡 kōngwáng →〔小 xiǎo 六壬〕

空文 kōngwén 空文. →〔具 jù 文②〕

空无所有 kōng wú suǒ yǒu〈成〉何一つない.すっからんである:〔空无一物〕ともいう. 〔~,一无所有〕同断.

空吸 kōngxī 物吸引.サクション.

空袭 kōngxí 空襲. 〔~警 jǐng 报〕空襲警報.

空衔 kōngxián 名前だけの肩書き.名誉職.

空想 kōngxiǎng ①空想(する).想像(する). 〔~家〕空想家. 〔~社会主义〕空想的社会主義. ②現実離れの考えをする.

空相 kōngxiàng ①宗(仏教で)むない(実の)ない姿. ②〔姓〕空相柜($_{ひつ}$)

空心 kōngxīn ①中身が樹木·蔬菜の芯が空になったもの. 〔这萝卜~了〕この大根は芯がすかすかだ. ②中空である. 〔~穿 chuān 毛衣〕下着なしにセーターだけを着る. 〔~板〕建ホイドスラブ. 〔~村〕〔空壳村〕過疎村. 〔~坝 bà〕建中空のダム. 〔~钢〕田中空鋼素材. 〔~钢条〕田中空ロッド. 〔~楼板〕建中空床板:数条の孔を通し材料を節約,重量を軽くしたもの. 〔~轮〕圈二重荷添え滑車. 〔~枢 shū(轴)〕圈中空ピボット. 〔~砖 zhuàn〕中空煉瓦. 〔~面 miàn〕圈マカロニ. ③飲み屋で〔酒 jiǔ 壶〕(德利)のことをいう. →**kòng-xīn**

空心菜 kōngxīncài 植エンサイ:通称〔蕹 wèng 菜〕

空心大老官 kōngxīn dàlǎoguān〈方〉うわべは大金持ちで実は金のない人:〔老官〕は〔老倌〕〔佬倌〕とも書く.

空心汤团 kōngxīn tāngtuán〈方〉①餡の入っていない〔汤团〕(餡入りだんご). ②〈喻〉名前だけで役に立たない.見ばえだけで実がない.空約束として実現しない.

kōng～kǒng

空虚 kōngxū 空虚(である). 手薄(である). [防守~]守備が手薄である.
空穴来风 kōngxué láifēng 穴があるから風が通る. <喩>①それなりの根拠がある噂. ②根拠が無い噂.
空压机 kōngyājī [機]エアコンプレッサー.
空言 kōngyán ⇒[空谈②]
空邮 kōngyóu ①航空便で送る. ②[航 háng 空邮件][空邮便物]の略.
空有 kōngyǒu 有名無実である. からっぽである.
空域 kōngyù 空域.
空援 kōngyuán 飛行機による援助をする.
空月子 kōngyuèzi [旧]死産産後のひと月. [坐 zuò ~]死産してから1か月休む. →[坐月子]
空运 kōngyùn 空中輸送(する). [~部 bù 队]部隊を空運する.
空载 kōngzài ①[機]無負荷. ノーロード. ②(乗り物の)空積みする: [空驶]に同じ. [出租汽车的~率]タクシーの空車率.
空葬 kōngzàng 空中葬.
空战 kōngzhàn 空中戦.
空账 kōngzhàng 残高ゼロの口座.
空置 kōngzhì 空(から)のまま放っておく. [商品房~面积]売れ残り建て売りマンションの面積.
空中 kōngzhōng ①空中(である). [~超 chāo 市]航空機内販売. [~公共汽车][~客车][~客]エアバス. [~管制站]航空管制司令所. [~劫 jié 持]ハイジャック. [~警察][空警]機上警官. [~楼 lóu 阁]空中楼閣. [~轻轨 guǐ]高架式モノレール. [~鬼][酸 suān 雨]酸性雨の俗称. [~索 suǒ 道][架空索道]≒空中ケーブル. ⑥ロープウェー. [~陷 xiàn 阱]エアーポケット. [~小姐][空乘小姐]≒[飞机女服务员]航空機の女性客室乗務員. フライトアテンダント. [~悬 xuán 停](ヘリコプターの)ホバリング. [~预警机][军]空中早期警戒機. AWACS. [~走廊 láng]航空路. [在~飞 fēi]空をとぶ. ②電波による. [~书 shū 场]ラジオ寄席
空中飞人 kōngzhōng fēirén (曲芸の)空中ブランコ: [空中秋 qiū 千]ともいう. [~走 zǒu 索(子)]
空中技巧 kōngzhōng jìqiǎo [スポ](スキーのフリースタイル競技の)エアリアル. [滑 huá 雪~]同前. →[跳 tiào 台滑雪]
空中姿势 kōngzhōng zīshì [スポ](水泳競技の飛び込みの)空中姿勢: [直 zhí 体姿势](のび型), [屈 qū 体姿势](えび型), [抱 bāo 膝姿势](かかえ型)の3種がある.
空钟 kōngzhōng 同上.
空竹 kōngzhú ≒[口~]空钟]唐独楽(ぢ). [抖 dǒu ~]同前を回す: 2本の竹の棒に長いひもをつけたものを両手で操って車輪のような竹製のこまを空中で回す.
空转 kōngzhuàn ①[機]空回り(する). ②[機](自動車などの)アイドリング. 空(から)ふかし. →[打 dǎ 滑]
空嘴儿 kōngzuǐr [口]①腹をすかせる. 何も食べないでいる. [大新正月的別空着嘴儿]お正月だというのに何もあがらないのはいけません(めしあがれ). ⇒[空口②]
空坐 kōngzuò 何もせず座っている(らせておく). [比赛临时终止, 球迷~了一夜]試合が中止になったので, ファンはむだに一晩を過ごした.

[㓀] kōng [~㑚 tóng]<文>無知なこと. → kōng

[涳] kōng [~蒙 méng][空濛]<文>小雨がぱらぱら降り, かすんでいるさま. →[冥 míng 蒙]

[悾] kōng

悾悾 kōngkōng <文>誠実でねんごろなさま.

[啌] kōng

啌咙 kōnglōng [擬]ガラン. ガラン: 物があたる音.

[崆] kōng 地名用字. [~峒 tóng][地]④甘粛にある山. 山東にある島.

[箜] kōng [~篌 hóu][坎 kǎn 侯][音]くご(くだら琴). 唐代民間で流行した弦楽器の一種. [竖 shù ~篌](たて式)と[卧 wò ~篌](横式)のものがある.

[孔] kǒng ①孔(あな). 穴. [~针 zhēn ~]針の孔. [鼻 bí ~]鼻の孔. [七~]七穹(口・眼・耳・鼻)の七つの孔. [一~之见]<喩>狭い見識. 偏見. [气~]気孔. [螺 luó 栓~]ボルト孔. [扳柄 shào ~]打込み孔. [油~]油孔(あぶら). [钉~]销 xiāo ~]ピン孔. [铆 mǎo 钉~]鋲孔. →[眼 yǎn ②]. ②量詞. 洞穴・油井などを数える. [一~土窑 yáo]一つの洞窟. [一~油井]一つの油井. ②はだ. 大いに. [~昭 zhāo]甚だ明瞭である. [~艰 jiān]甚だ困難である. [~武有力(成)とても勇ましくて力を持っている. ③広く通じる. [孔道①] ④孔子の略. →[孔林] ⑤[姓]孔(き)

孔壁 kǒngbì =[鲁 lǔ 壁][旧]孔子の故居の壁: 漢代にこの壁の中から発見された古書を[~古文][壁经]という.

孔聃 kǒngdān =[孔老]孔子と老子: [聃]は老子の名.

孔道 kǒngdào ①要路(方々に通じる道). ②<文>孔子の道(教え)

孔洞 kǒngdòng 穴.

孔方(兄) kǒngfāng(xiōng) [旧]銭(ぜ): 四角い孔のあいたおかね. [~兄]

孔佛 kǒngfó =[孔释]孔子と釈迦.

孔夫子 kǒngfūzǐ 孔子に対する尊称: [孔圣(人)]ともいう. [~搬 bān 家, 净是~][歇]孔子の引っ越しは本ばかり: [净是输 shū]勝負に負けてばかりいる.

孔怀 kǒnghuái <文>よく心にかけ心配しあう. たいへん懐かしむ. <転>兄弟.

孔家店 kǒngjiādiàn <喩>孔子の学説. 儒教: 五四運動以降揶揄(ゆ)的にいったもの. [打倒~]儒教を打倒せよ.

孔教 kǒngjiào 孔教. 儒教: [儒 rú 教]の別称.

孔径 kǒngjìng 機械の円形孔の直径. あるいは(アーチ橋などの)橋孔・函洞などの支柱間のスパン. →[口 kǒu 径]

孔老 kǒnglǎo ⇒[孔聃]

孔老二 kǒnglǎo'èr →[孔子]

孔林 kǒnglín 孔子の墓地: 山東省曲阜県にある.

孔门 kǒngmén [旧]孔子門下.

孔孟之道 kǒngmèng zhī dào 孔子と孟子の教義. <転>儒教.

孔庙 kǒngmiào 孔子廟: [孔子庙][夫 fū 子庙][圣 shèng 庙][文 wén 庙][学 xué 庙]ともいう.

孔明灯 kǒngmíngdēng ①熱気球の原理を利用して紙で作った小気球: 諸葛孔明が発明したものと伝えられる. [诸 zhū 葛灯].

孔墨 kǒngmò 孔子と墨子.

孔目 kǒngmù ①[旧]中央官庁の高級事務官. ②⇒[条 tiáo 目]

孔雀 kǒngquè [鳥]クジャク: [越 yuè 鸟]は別称. [~翎 líng 子孔雀]の尾羽をつけたクジャクの羽製の階級章. [~开屏 píng]雄のクジャクが尾羽を円形にひろげること. [~蓝 lán 色](ブルーの)孔雀色(の). [~绿]マラカイトグリーン. [~绿染料]区[トリフィニルメタン染料(キトン染料)]類の緑色染料: 羊

毛・絹・綿の染色に用いる.[~舞wǔ]孔雀の舞い(ダンス)

孔雀东南飞 kǒngquè dōngnánfēi <喻>田舍娘(若者)が東部や南部の都会の(夜)で稼ぐこと;もと焦仲卿とその妻との悲劇を詠じた古典長篇詩.

孔雀石 kǒngquèshí = [绿lǜ青][青qīng琅láng玕gān][青珠]▲孔雀石・マラカイト;銅鉱石の一種.

孔融让梨 kǒngróng rànglí → [让梨]

孔圣(人) kǒngshèng(rén) → [孔夫子]

孔释 kǒngshì → [孔佛]

孔隙 kǒngxì あな.すき間.

孔型 kǒngxíng 冶金 (で)穴型.

孔兄 kǒngxiōng ⇒ [孔方(兄)]

孔穴 kǒngxué ①くぼみ.すきま.穴. ②生理人体の開口部(口・眼・耳・鼻など).→ [七qī窍]

孔眼 kǒngyǎn 小さな穴.[虫chóng子咬的~]虫に食われた穴.

孔鳐 kǒngyáo 魚類ガンギエイ;[老姑板鱼]ともいう.

孔子 kǒngzǐ 人孔子;春秋時代,魯の出身.儒家の祖.名は丘,字(あざな)は仲尼.[三圣]子.[孔圣(人)]と尊称,そしして[孔老二](孔家の次男坊の意)ともいう.[~门前卖孝xiào经]~門前売孝文章;[圣shèng人门前卖三字经(儿)]<諺>釈迦に説法.→ [班bān门弄斧]

孔子庙 kǒngzǐmiào → [孔庙]

[恐] kǒng

①恐れる.こわがる.[~其不来]来ないのを恐れる.[~艾滋āi]エイズを恐れる. ②脅す.脅す.→ [恐吓] ③おそらく.[~不可得]おそらく得られないであろう.[~不可靠]おそらく確かなものではあるまい.[~已忘掉]すでに忘れてしまったことであろう.→ [恐怕]

恐怖 kǒngbù ①恐怖する.恐れおののく.ぞっとする.スリリングである.[~小说]ホラー小説.[~电diàn影][~片儿piānr]鬼gui片]ホラー映画.[~惊jīng险]②恐怖.[~政治]史恐怖政治.[~症zhèng]医恐怖症.③テロ.[~主义]テロリズム.[~组织zǔ]テロ組織;[~分fēn子]テロ分子.[~活huó动]テロ活動.

恐高症 kǒnggāozhèng 医高所恐怖症.

恐吓 kǒnghè 脅かし(かす)す.脅し(す)

恐吓信 kǒnghèxìn → [黑hēi信]

恐后无凭 kǒnghòu wúpíng <文>後に証拠がなくなるのをおそれて,のちのために契約書にしるす語句;[恐后无据]ともいう.[~立此借据为证]後日のためにこの借用証を作成し証拠とする.→ [空kōng口无凭]

恐慌 kǒnghuāng 恐慌(を起こす).パニック(になる).[金融~]金融恐慌.[市面~]商売の情況が恐慌状態になる.

恐惧 kǒngjù びくびくする.恐れる.こわがる.[无所~]何も恐れない.

恐龙 kǒnglóng 動恐竜.ディノサウルス.

恐怕 kǒngpà ①恐れる.心配である. ②多分.おそらく.[~他不来吧]おそらく彼は来まい.[~要下雨]雨が降るんじゃないか.→ [可能②]

恐水病 kǒngshuǐbìng ⇒ [狂kuáng犬病]

[倥] kǒng

[~偬zǒng]<文>①慌ただしい.[戎军马~偬](成)軍馬が慌ただしく動く.軍務に忙しい.②困りはてる.難儀である. → kōng

[空] kòng

①空けておく.空ける.空白にする.[那(一)栏儿lánr要是没有可写的就~着吧]その欄はもしも書くべきものがなければ,ひとまず空けておきなさい.[~一座位]座席を空けておく.[他又~]もしも一天了]彼はまた1日休んだ(穴をあけた.休みがかった) ②空白である.ふさがっていない.空いている.[~房fáng(子)][闲xián房]空き家.空き部屋.[车厢里等一得很]車内はたいへんへ空(す)いている. ③[-儿,-子]あき.すき.暇.[留liú个~]すき間を残しておく.[不要性急,等个~,就下手了]慌てるな,チャンスをねらって上手にかかるんだ.[趁chèn~]すきにつけ込む(んで).暇をみはからう(って).[抽chōu~]暇を作る.時間を繰り合わせる.④<口>垂れる.[~着头]頭を垂れている.⑤損をする.欠損する. → kōng

空白 kòngbái 空白.余白.ブランク.[~背书]商無記名裏書き(白紙裏書き).[~抬头]商(小切手などの)無指図の.[~带dài]生テープ.[~点]ブランク盲点.空白地帯.[~支票]空白小切手.無指図小切手.

空场 kòngchǎng ⇒ [空地]

空出 kòngchū 空白にする.からにする.

空当 kòngdāng [-儿,-子]①すき間.[有三寸宽的~]3寸ほどのすき間がある. ②空き時間.暇.→ [空子]

空档 kòngdàng 間隙(げき).空白.

空地 kòngdì ① = [空场]空(あ)き地. ②[-儿]すき間.[屋wū角还有点儿~]部屋の隅にはまだあきがある.

空额 kòng'é 不足(額).欠員(人数)

空岗 kònggǎng 人手不足で職場が空いている.人手が足りない.

空格 kònggé <旧>①[牍]相手のことを指す語を書く場合に,その都度次の前の字との間に1字分の空白をあけて書き下していくこと.[明míng抬头](行をかえて敬意を表すり)に次ぐ丁寧な書き方.1字あけることによって尊敬の意を示し,行とかえないので[暗àn抬头]ともいう.→ [平píng出阙字] ②[-儿]空欄(空行).[空一格儿]1欄(1字)あける.[~(儿)键jiàn]電気スペースキー.

空缺 kòngquē 不足(額).欠員(職位・人数)

空人 kòngrén 空いている席.空いているポスト.[没有~]空席なし.

空日 kòngrì 暦の上の空白の日=タイ族の暦で大みそかと元日の間の1,2日間をいう.

空位 kòngwèi 空いている席.空いているポスト.[没有~]空席なし.

空隙 kòngxì ①間隔.合間.[铁tiě轨接头的地方有一定的~]レールの接ぎ目にはある一定の間隔がある.[战zhàn士们利用战斗~加固工事]兵士達は戦闘の合間に防御強化の工事をしている. ②⇒ [空子②] ③利用されていない.遊んでいる.[~设shè备]遊休設備.

空暇 kòngxiá 暇.

空闲 kòngxián ①止む.暇になる.空いている. ②暇.すき.あき.[一~时间]空いている時間.[~之处]あいている箇所.

空心 kòngxīn すき腹(にする).[空肚dù儿]ともいう.[~酒jiǔ]すき腹に飲む酒.→ kōngxīn

空心毒 kòngxīndú 食べないのに中毒を起こす.<équ>病気でもないのにとがめられる(災難に遭う).[这是中zhòng的~]これはとんだ災難だよ.

空余 kòngyú ①余る(り).空く(き).[~十分钟]10分間余らせる. ②余っている.空いている.[~时shí间]余暇.

空子 kòngzi ①空き.空いているところ.⑧空地や棚や机の上に空いているところなど.⑥[-儿]=物と物との間の空間.ⓒ暇な時間. ② =[空隙]すき.機会.[钻zuān~]すきにつけ込む.[给他一个~]ちょっとすきを見せてやる.[见了~就往里伸腿,可称得起是钻营老手]すきを見ては中に足を突っ込

む,コネ作りの名人と言える.→〔空当〕
空座 kòngzuò 空席.

[控] **kòng** (Ⅰ)押しとどめる.制御する.〔专zhuān ～商品〕統制商品.〔～产emissions产价〕生産をコントロールし価格を安定させる.〔驭 yù者失～,马惊奔〕〔驭〕者が馬を扱い損なったので馬は驚いて走り出した.
(Ⅱ)申し立てる.告発する.〔～申 shēn〕同前.〔～罪 zuì〕罪を同前.〔指 zhǐ ～〕非難して訴える.
(Ⅲ)①(物や人を)さかさまにする.〔～着掴〕さかさまに置く.〔把罐 guàn 子里的水～出来〕缶をさかさにして中の水を出す.②(肢体又はその一部分を)ぶらりと垂らす.宙ぶらりんにする.〔腿 tuǐ 都～肿了〕長いこと足をぶらりと垂らしていたのでむくんでしまった.③〔文〕弓を引く.〔～弦而射 shè〕弓を引いて射る.

控爆 kòngbào 定方向爆破.
控辩 kòngbiàn 〔法〕控訴(側)と弁護(側).
控扼 kòng'è 〔文〕制圧する.
控方 kòngfāng 〔法〕控訴側.→〔辩 biàn 方〕
控告 kònggào 〔司法・行政機関に〕告発(する).告訴(する).〔～信〕告発状.〔告发〕
控购 kònggòu 買い控えする(させる).〔集団～商品〕行政措置で社会集団による土地などの購買をコントロールする商品.
控股 kònggǔ 株式を支配する.〔～公司〕〔経〕持ち株会社.
控价 kòngjià 販売価格をコントロールする.
控盘 kòngpán 株の相場をコントロールする.
控球权 kòngqiúquán 〔スポ〕(テニス・卓球など)サーブ権.
控诉 kòngsù 告訴(する).告発(する).〔～证 zhèng 据〕有罪証拠.〔～审 shěn〕控訴審.
控诉大会 kòngsù dàhuì 〔因〕農民・労働者が地主や資本家に対して立ち上げ自分たちの受けた苦しみを皆に訴えて処罰を決める大会.
控御 kòngyù 〔控驭〕とも書く.〔文〕馬を飼い慣らす.〔転〕人をしつける.
控制 kòngzhì 制御(する).規制(する).支配(する).制圧(する).コントロール(する).〔～棒 bàng〕〔物〕(原子炉)制御棒.〔～部件〕制御装置.〔～器〕〔電〕制御器.制御機.〔～口令〕〔電算〕パスワード.〔～面板〕〔電算〕コントロールパネル.〔～器〕〔電〕コントロールグリッド.〔～数字〕目標数字.統制数字.〔机场～塔台〕空港管制タワー.〔数 shù 字～〕〔数控〕デジタルコントロール.〔操纵室里的～装置〕操作室の調節装置.〔很难 nán ～〕制御し掌握することが非常に難しい.〔她～不住自己的感情〕彼女は自分の感情を抑えきれなかった.
控制论 kòngzhìlùn サイバネティクス.人工頭脳学.〔～和自动化技术〕サイバネティクスとオートメーション技術.
控追 kòngzhuī 〔法〕訴追する.

[鞚] **kòng** 〔文〕(馬の)くつわ.おもがい.→〔笼 lóng 头〕

kou ㄎㄡ

[芤] **kōu** ①〔因〕ねぎ.〔葱 cōng ①〕に同じ.②〔～脉 mài〕〔中医〕芤脈(ぴ̀ó̀ó̀):脈象の一.大出血のあとにでる.→〔脉象〕

[抠・摳] **kōu** ①(指・つめ・細い棒の先などで)ほじくる.つつく.ひっかく.〔玉 yù 米粒儿～下来〕とうもろこしの実をほじくり落とす.〔玻 bō 璃球掉在窗 kū 窿里了,把它～出来〕ビー玉が穴の中に落ちこんだので,それをほじくり出しなさい.〔～了一个窟 kū 窿〕ほじくって穴を一つにこしらえた.②彫りつける.〔在镜 jìng 框边上～出花儿来〕鏡の額ぶちの縁に模様を彫りつける.③不必要に細かく詮索する.しつこく追究する.〔遇 yù 到问题总好 hào 死～〕彼は何か問題にぶつかると,きまってしゃにむに細く掘り返そうとする.④〈口〉けちけちする.〔他花钱太～了〕彼は金の使い方があまりにけちけちしている. → kēi → kǒu

抠咪 kōuchi 〈方〉①〔指〕ほじくる.ほじくってこそぐ.〔写错了字用橡皮擦,别～字〕字を書きちがえたら消しゴムで消しなさい,こそげないで.②大変骨折ってする.さんざんこすっている.

抠抠屁股,嘬嘬指头 kōukou pìgu, zuōzuo zhǐtou 〈喩〉しみったれでけちくさい.〔花钱不大方,总是～〕金の使い方が気前よくない,どうもしみったれている.

抠抠搜搜 kōukou sōusōu 〔抠抠缩缩〕ともいう.①けちけちしているさま.〔他一分钱都舍 shě 不得花,～的〕彼は一銭でも使うのが惜しいと思い,けちけちしている.②ぐずぐずしているさま.〔他干活总是～的〕彼は仕事はいつもぐずぐず.→〔抠搜④⑤〕

抠门儿 kōuménr 〈口〉けちけちしている.こせこせしている.〔和那种样～的人在一块儿,只能是你吃亏了〕あんなけちな男と一緒だときみが損するばかりだ.

抠手 kōushǒu 〈方〉(引き出しの)取っ手.引き手.

抠书本 kōushūběn 本の狭い範囲だけを掘り下げて実際から遊離すること.

抠搜 kōusou 〔抠咵〕〔抠缩〕〔抠掣〕とも書く.〈口〉①ほじくる.②ほじくり出してくれた.③けちる.倹約する.〔不～就不够过日的〕倹約しなければ暮らしていくに足りない.④けちである.しみったれである.⑤ぐずぐずしている.のろのろしている.

抠心挖胆 kōuxīn wādǎn 〔成〕誠心誠意.

抠衣 kōuyī 〔因〕着衣の前身頃を持ち上げること:目上に対する敬意を表す.〔搴 qiān〕

抠字眼儿 kōuzìyǎnr ①言葉じりをとらえる.②一字一句を細かく吟味する.

[叴・彄] **kōu** 〔文〕①ゆはずのくぼみ:弓の弦を引っかけるくぼみ.→〔弭 mǐ ①〕②弦を張る.〔～弓 gōng 搭箭〕弓を張り矢をつがえる.〈喩〉いくさの準備をする.

[眍・瞘] **kōu** 目が落ちくぼむ.〔累得都～眼 yǎn 了〕疲れて目まで落ちくぼんた.

眍瞜 kōulou 目が落ちくぼんだ.〔他这一场病,瘦得眼睛都～进去了〕彼はこのたびの病気でやせて目がすっかり落ちくぼんだ.〔～眼儿〕〔窝 wō 眍眼儿〕〔窝孔眼〕落ちくぼんだ目.くぼみ目.

[口] **kǒu** ①口.〔开 kāi ～说话〕口を開いて話したい.〔闭 bì ～无言〕口を閉じてものを言わない.→〔嘴 zuǐ ①〕②弁(舌).しゃべること.〔有～才〕弁舌の才がある.〔～不严〕口が軽い.〔让 ràng ～〕言い合いで負けておく.〔特 tè 务杀了他为的是灭～〕スパイが彼を殺したのは口を封じるためだ.③味加減.味つけの好み.〔～轻〕薄味で口に合う.〔可～〕口に合う.おいしい.④家族の人数.人口.〔户～〕戸籍.⑤〔-儿〕(場所・建造物・器物の)出入り口.〔～儿〕〈口〉入口.〔～内存 cún 车〕入り口のなかに駐車車場あります.〔北京站～口〕北京駅口.〔阿拉山～〕〔地〕アラ山口.〔门 mén ～〕門口.〔胡 hú 同～〕路地の入り口.〔道 dào ～〕道の交差点.〔关 guān ～〕関所.〔港 gǎng ～〕港.〔海 hǎi ～〕内河から海への出口.〔出 chū ～〕輸

kǒu

出(する).〔进 jìn ~货〕輸入品.〔瓶 píng ~〕瓶の口.〔碗 wǎn ~〕茶碗.どんぶり類の口.〔炮 pào ~〕砲口. ⑥長城の関門.→〔口外①〕 〔-儿,-子〕欠け目.傷.割れ目.裂け目.決壊口.〔茶碗磕 kē 了一个~〕湯のみに欠け目ができた.〔伤 shāng ~〕〔创 /疮 ~〕傷口.〔叫刀子拉 lá 了一个~子〕刀(ナイフ)でスーッと切っちゃった.〔收 shōu ~儿了〕(編み物などの開いているところを)とじる.編んでとめる.ⓑ傷口がふさがった.〔撕 sī 了一个~子〕(服などに)裂け目が一つできた.〔黄河开~子了〕黄河が決壊した. ⑧関連部門.業務系統.〔农 nóng 林~〕農林部門.〔归~〕一本化する. ⑨刃物の刃.〔刀 dāo ~〕〔刀刃(儿)〕同前.〔刀卷 juǎn ~了〕刃がつぶれた.〔新剪 jiǎn 子还没开~〕新しいはさみでまだ刃を立ててない. ⑩(馬・ラバ・ロバの)年.〔~齿 chǐ〕同前.〔这马~还小,不能干 gàn 活〕この馬はまだ若くて仕事ができない.〔~老 lǎo 年がいっている(とっている).〕〔这头骡子是六岁~〕このラバは6歳だ. ⑪量詞.ⓐ〔-儿,-子〕人口.家族を数える.〔三~人〕3人.〔一家六~(人)〕一家6人.〔老两~〕老夫婦.〔小两~〕若夫婦.ⓑ豚を数える.〔三~猪〕3匹の豚.ⓒ井戸・鍋・つり鐘・かめ・棺など口の大きいものを数える.〔一~井〕井戸一つ.〔一~锅〕鍋一つ.〔一~棺材〕棺おけ一つ.ⓓ口に含んだもの,口から出るものを数える.〔喝了一~水〕水を一口飲んだ.〔吃了一~饭〕ごはんを一口食べた.〔吸 tàn 了一~气〕ハーッとため息をついた.〔吸 xī 了一~气〕スーッと一息吸い込んだ.〔咬 yǎo 了一~苹果〕りんごを一口かんだ.〔说一~标 biāo 準的普通话〕立派な共通語を話す.〔说一~流 liú 利的英语〕流暢な英語を話す.ⓔ刃のあるものを数える.〔一~宝 jiàn〕一ふりのつるぎ.〔一~刀〕一ふりの刀. ⑫〔姓〕(クヮ)

口岸 kǒu'àn ①開港地.港.〔通商~〕通商港.→〔港 gǎng 口〕 ②国境検問所. ③<喩>(対外的な)窓口.

口巴巴 kǒubābā <白>多弁なさま:〔口吧吧〕とも書く.〔口答 dā 应呢〕人(先方)が長い間かかってあれこれ頼み込んでくれば,承知しないわけにいくものかね.

口白 kǒubái ①話す.〔四〕せりふ.

口杯 kǒubēi ①コップ. ②口(飲酒を意味する).〔贪 tān 于~〕<文>口が卑しい.酒好きである.

口碑 kǒubēi 众人の口の端(⁴)にのぼる称誉.〔~载 zài 道〕<成>至る所で大勢の人から褒めそやされる.〔这才载上他们的~〕〔鲁・Q 3〕これでやっと彼らのおほめがもらえるようになった.〔在商界~极好〕商業界で評判が大変よい.→〔有 yǒu 口皆碑〕

口北 kǒuběi ⇒〔口外①〕

口边 kǒubiān 口もと.〔挂 guà 在~〕いつも同じことを口にする.

口辩 kǒubiàn ①⇒〔口才〕 ②言い争う.論争する.

口表 kǒubiǎo ⇒〔口探〕

口布 kǒubù ナプキン.〔餐巾〕に同じ.

口不应心 kǒu bù yìngxīn <成>言うことと本心が違っている.口が思うとおりでない.〔口是心非〕

口才 kǒucái = 〔口辩①〕弁舌の才.口才(纔).弁術.〔有~〕能弁である.

口彩 kǒucǎi めでたい言葉.縁起のいい言葉.

口敞 kǒuchǎng <方>口が軽い.

口陈 kǒuchén 口頭陳述(する)

口碜 kǒuchěn <白>汚い言葉が混じる.〔害 hài ~〕同前.

口称 kǒuchēng ①口を開いて言う. ②口先で言う.口頭で言う.

口承文化 kǒuchéng wénhuà 口承文化.

口吃 kǒuchī ①滑らかに話ができない. ②言語障害の人.〔结 jiē 巴〕という.〔他有点~〕彼は少し言葉がつかえる.

口齿 kǒuchǐ ①弁舌.言葉の切れ.〔~伶 líng 俐〕弁舌さわやかである.〔~清 qīng 楚〕言葉がはっきりしている.〔~不清〕ろれつが回らない. ②→字解⑩

口臭 kǒuchòu 医 臭.

口出不逊 kǒuchū búxùn <慣>不遜なことを言う.

口出大言 kǒuchū dàyán <慣>大言壮語する.

口出恶言 kǒuchū èyán <慣>悪口を言う.

口出狂言 kǒuchū kuángyán <成>生意気な口をきく.

口传 kǒuchuán ①口ずから伝授する.〔~心授 shòu〕くちずから伝えかつ教える. ②⇒〔言 yán 传〕

口疮 kǒuchuāng 医 口にできる炎症:〔口内炎〕〔口角炎〕など.

口词 kǒucí ⇒〔口供〕

口大小小 kǒudà kǒuxiǎo <喩>勢力のあるものの主張は通るし,そうでないものの主張は道理があっても通らない.〔上司说的话,~一清 qīng 楚 fēn 分辨〕上役の言うことはご無理ごもっともできちんと説明することはできない.

口大气粗 kǒudà qìcū <成>横柄(然)な口をきく.→〔财 cái 大气粗〕

口呆 kǒudāi →〔目 mù 瞪口呆〕

口袋 kǒudai ①〔-儿〕衣服のポケット:〔衣 yī 袋〕〔衣兜 dōu〕ともいう.〔带 dài 盖儿有扣儿的~〕ふた付きボタン付きのポケット.〔~书 shū〕文庫本.ポケット版(の本).新書版(の本). ②ふくろ.〔皮 pí ~〕皮の袋.〔纸 zhǐ ~儿〕紙袋.〔面 miàn ~〕メリケン粉袋.〔扎 zā 上~嘴儿 zuǐr〕袋の口を(ひも等で)縛る. ③量詞:袋入りの物を数える.〔打了十儿~大米〕十数袋の米を収穫した.〔三~小麦〕3袋の小麦.

口淡 kǒudàn ⇒〔口轻〕

口德 kǒudé 言葉のエチケット.〔留 liú 点儿~,说话何必那么刻 kè 薄〕ちょっと言葉のエチケットを残しておいてもらいたいものだ,ものを言うのに何であんなにきつく言うことがあろうか.

口笛 kǒudí ⇒〔口哨儿〕

口疔 kǒudīng 口の近くにできるおでき.

口读 kǒudú 音読.→〔默 mò 读〕

口耳相传 kǒu'ěr xiāngchuán <成>口から耳に伝え,親しく伝授する.

口耳之学 kǒu'ěr zhī xué <喩>聞きかじりの深味のない学問.耳学問.

口伐 kǒufá 口で責める(やっつける)

口分田 kǒufèntián 田口(⁽)分田.

口风 kǒu-fēng ⇒〔口气①〕

口风琴 kǒufēngqín ⇒〔口琴〕

口服 kǒufú ①内服(する).〔~液〕内服液.〔~避 bì 孕药〕医 経口避妊薬.ピル.→〔内 nèi 服〕〔注 zhù 射〕 ②口先が心服したとうわべを.

口福 kǒufú 〔口头福儿〕おいしいものにありつく幸い.口の幸い.〔饱 bǎo ~〕口の正月をする.〔你能吃大肉,这真 zhēn 是~〕きみ,脂身の多い肉を食べられるなんて,まったく恵まれている.〔您真可有~,一来就赶 gǎn 上我们吃好的〕あなたはまったくおいしいものにありつく方ですよ,来るたびにわたしたちがうまいものを食べているところに出くわすなんて. →〔眼 yǎn 福〕〔艳 yàn 福〕

口服心不服 kǒu fú xīn bùfú <成>口先では服しながら,腹ではその反対である.→〔心服口服〕

口赋 kǒufù =〔口钱〕回 人頭税.

口腹 kǒufù <喩>飲食.〔~之累 lèi〕食わんがための苦労.〔不贪 tān ~〕飲み食いにとんちゃくしない.

kǒu

口盖 kǒugài 口蓋(がい):〔上 shàng 颌〕の俗称.→〔腭 è〕

口干 kǒugān 医口腔(ś)乾燥:〔口腔干燥〕の略.

口干舌燥 kǒugān shézào 口が乾き舌が苦くなる.〈喻〉しゃべりまくって疲れる:〔口干舌焦 jiāo〕ともいう.〔您说了半天话,该～了吧〕長い間お話しになってお疲れでしょう.

口感 kǒugǎn 口あたり.舌ざわり.食感.〔～很好〕口あたりがよい.

口供 kǒugòng =〔口词〕法(犯人・容疑者の)供述.自供.

口过 kǒuguò 舌禍.失言.

口含天宪 kǒuhán tiānxiàn 〈成〉役人の話す言葉は御上の意思.賞罰は権力者のこと.

口号 kǒuhào ①スローガン.〔职 zhí 工们提出了"以厂 chǎng 为家"的行动〕職員・労働者が"工場を家とし"という実行スローガンを提出した. ②⇒〔口令〕

口红 kǒuhóng =〔口脂〕〔唇 chún 膏〕口紅.〔涂 tú～〕口紅をぬる.〔～护 hù 膜〕リップコート.〔～病 bìng〕口紅アレルギー.〔胭 yān 脂〕

口滑 kǒuhuá 口を滑らす.口が軽い.

口话(儿) kǒuhuà(r) 〈方〉〔转〕意向.〔～松 sōng 了〕口ぶりが折れてきた.〔露 lòu 出～来〕口吻(ふ)をもらす.〔探 tàn 探～〕口ぶりを探る.〔听他～再定行止〕彼のロぶりを聞いてからどうするかを決めよう.

口黄 kǒuhuáng くちばしの黄色い.〈喻〉ひよっこ.〔他以为他自己是～未退的"雏 chú 儿"〕〔老・四・四23〕彼は自分はまだ青二才だと思ってる.

口惠 kǒuhuì 〈文〉口先ばかりの(恩恵).〔～而实 shí 不至〕口先ではうまい約束をするが一向に実行しないこと.

口技 kǒujì =〔口戏〕〈方〉〔相 xiàng 书①〕物まね.声帯模写.こわいろ.→〔隔 gé 壁戏〕〔杂 zá 技〕

口碱 kǒujiǎn 〈方〉西北地区に産出するソーダ灰:以前張家口・古北口一带がその集散地であった.

口莽 kǒujiǎng 口頭で推薦する.

口讲指画 kǒujiǎng zhǐhuà 〈成〉身ぶり手ぶりで形容しながら述べる.→〔指手画脚〕

口角 kǒujiǎo =〔方〕〔烂 làn 嘴炎〕医口角炎.〔～流涎 xián〕〈成〉もとによだれを流す(ほど食べたい、または好きなものを自分のものにしようと思っている).〔～春风〕〈喻〉ⓐ物言いが穏やかである.ⓑうまく褒めそやし吹聴してやる.〔～生风〕〈喻〉口が達者だ.→kǒujué

口紧 kǒujǐn 口が硬い.口がなかなか開かない.物言いが慎重である.〔～不依〕押し強く承知しない.→〔口松〕

口噤 kǒujìn ①口をつぐむ.〔～声喑 yīn〕じっとおし黙る. ②中医(痙れんして)歯をくいしばり開かない症状.

口径 kǒujìng ①(器物の)口径.〔各种不同～的大炮 pào 一齐开了火〕さまざまな口径の大砲が一斉に火蓋を切った. ②〈喻〉要求される規格・性能.〔～不合〕規格に合わない.要求に合わない.〔闭 bì 门造车的计划往往不对上～〕机上のプランは往々にして実際とぴったりしないところがある. ③見方・やり方の原則.〔～很一致〕やり方はぴったり一致している.

口诀 kǒujué 口ずさんで覚えるように作られている調子のよい文句.〔珠算〕〔乘法～〕掛け算の九九.〔珠 zhū 算～〕珠算の"九九". →〔歌 gē 诀〕

口角 kǒujué 口論する.口げんかする.〔两人经 jīng 常～〕二人はよく口論する. → kǒujiǎo

口渴 kǒukě 喉が渇く.口が渇く.

口口声声 kǒukou shēngshēng しきりに述べる.〔许多～拥 yōng 护鲁迅的人,却正是违背鲁迅的啊〕二言目には魯迅と言う人々は,まさに魯迅にそむく者である.

口快 kǒukuài 思ったことをすぐ言う.〔心直～〕〈成〉ずけずけ言うが心はさっぱりしている.

口蜡 kǒulà ⇒〔口脂②〕

口老 kǒulǎo 〈方〉(馬・ろば・ラバなど)年がいっている.↔〔口轻③〕

口里 kǒulǐ ⇒〔口外①〕

口粮 kǒuliáng ①回口糧.食い扶持(ぎ):もと軍の将兵(の員数)に支給された食糧. ②日々の糧(を)田〕自家用食糧を作る田畑.

口令 kǒulìng ①⇒〔口号②〕合い言葉.パスワード. ②号令.掛け声.〔喊 hǎn～〕号令をかける.

口溜子 kǒuliūzi ⇒〔口哨儿〕

口笼 kǒulóng 牛馬の口にはめる籠.くつご.

口轮筋 kǒulúnjīn 生理口輪筋:口の周囲の筋肉.

口马 kǒumǎ ⇒〔口外①〕(張家口以北の地)産の馬.

口门 kǒumén ①取りつけ口. ②決壊口. ③港の入り口.

口盟 kǒuméng 口先で誓う(いわった義兄弟)

口蘑 kǒumí 中国口中のただれ.

口蜜腹剑 kǒumì fùjiàn 〔舌 shé 蜜腹剑〕〈成〉薔薇にとげあり:口では甘いことを言いながら,腹には剣を隠している.→〔佛 fó 口蛇心〕〔蜜口蛇心〕〔笑 xiào 里藏刀〕

口蘑 kǒumó 食用キノコ(総称):張家口一帯に産するものが有名であることから.→〔蘑菇①〕

口讷 kǒunè ⇒〔吃 chī 讷〕

口内 kǒunèi 〈方〉町内(露地裏などの)

口蘑 kǒuniè 舌禍.口による災い.

口气 kǒu·qì 〈口风〕それとなく分かる.口ぶり.口吻(ふ).〔听他的～,这件事不容易成功〕彼の口ぶりではこの件は成功しにくい.〔露 lòu～〕口吻をもらす. ②語気.〔～很大〕鼻息が荒い. ③話しぶり.口調.〔许多演员都爱学他的～〕多くの俳優はみんな彼のせりふまねをしたがる.

口器 kǒuqì 動(節足動物の)口器.

口钱 kǒuqián ⇒〔口赋〕

口腔 kǒuqiāng 生理口腔.〔～卫生〕口腔衛生.〔～科 kē〕医口腔科.〔腭 è〕〔颌 hé〕〔上 shàng 颌〕

口琴 kǒuqín 图ハーモニカ:〔口风琴〕は旧称.〔吹 chuī～〕同前を吹く.〔笛 dí 形～〕フルートハーモニカ.

口轻 kǒuqīng 〈方〉〔口淡〕①(料理の味が)薄い. ②同前を好む.→〔口松〕 ③〔口小〕(馬やロバなどの)年が若い.↔〔口老〕

口若悬河 kǒu ruò xuánhé 〈成〉立て板に水.懸河の弁.→〔信 xìn 口开河〕

口哨儿 kǒushàor =〔口笛〕〈方〉〔口溜子〕口笛.〔吹 chuī～〕口笛を吹く(いて合図する).〔口哨音 yīn 乐〕口笛音楽.→〔呼 hū 哨〕

口舌 kǒushé ①口と舌.〈喻〉交渉事の言葉.〔白费～〕いたずらに言葉を費やす.〔费了很大的～,才把他说服〕口がすっぱくなるほど説いてあげて,やっと彼を説得することができた.〔～灵 líng 便〕弁舌が優れている. ②(おしゃべりから引き起こす)いざこざ:言い争い.いさかい.〔～是非〕おしゃべりから引き起こしたいざこざ.口の災い.〔以前的人口多的家庭爱闹～〕以前の大家族は言葉の行き違いでごたごたを起こしやすかった.

口实 kǒushí 〈文〉口実.〔贻 yí 人～〕〈成〉人に口実を与える.

口试 kǒushì 口頭試問(をする).→〔笔 bǐ 试〕

口是风,笔是踪 kǒu shì fēng, bǐ shì zōng 〈諺〉

972

言葉は消えてしまうが書いたものは証拠に残る.
口是心非 kǒushìxīnfēi 〈成〉口と腹とは違う.→〔口不应心〕口服心不服〕
口授 kǒushòu ①口ずてに授ける.→〔口传〕 ②口述して筆記させる.
口述 kǒushù ①口述(する).〔～实 shí 录〕口述筆記実録. ②(芸などを)口頭で伝授する.
口水 kǒushuǐ ①一〔口涎〕よだれ;〔口>涎 xián 水〕ともいう.〔流～〕よだれを流す.〔～文学〕〈喩〉くだらぬ文学(作品). ②つば(き).〔打～战 zhàn〕〈喩〉舌(ぜっ)戦を闘わす.はげしい論争をする.→〔唾 tuò 沫〕
口说 kǒushuō 口で言うこと.話.〔～无凭〕口で言うことは証拠にならない.
口死 kǒusǐ 口先だけは降参する.〔心不死〕口では参ったが,心は参らない.
口松 kǒusōng 口が軽い.安請け合いをする.
口诵 kǒusòng 口ずさむ.
口算 kǒusuàn 口で言いながら計算する.→〔心 xīn 算〕
口探 kǒutàn =〔口表〕口腔計り体温計.〔摄 shè 氏～〕摂氏同前.
口套 kǒutào ⇒〔口衔〕
口题 kǒutí 木版本の版心:袋とじにした紙の中心で,書名・巻数・頁数などを記した部分.
口蹄疫 kǒutíyì 医 口蹄疫:偶蹄目動物の急性ウイルス伝染病.
口条 kǒutiáo 食 豚や牛の舌.タン(食材).→〔牛 niú 舌 shé 舌 zhé〕
口头 kǒutóu ①口頭(の・で).〔～汇 huì 报〕口頭で報告する.〔～翻 fān 译〕通訳(する).〔～道 dào 歉〕口頭でのおわび.〔～岂 qǐ 约〕口先で決めた契約.〔～约 yuē 定〕口約束.〔～话 huà〕口先だけの話.〔～上用的话〕話し言葉.〔～辩 biàn 论〕法 口頭弁論.〔～起 qǐ 诉〕口頭での提訴.〔～文学〕口頭文学.↔〔书 shū 面〕 ②口先(の).〔～说得好听〕口先では体裁のいいことを言う.〔不似 sì 心头〕〈諺〉口先と考えていることとは違うものだ.〔～之交〕〈交(儿)〉口先だけの交際.
口头禅 kǒutóuchán ①禅 (仏教の)口頭禅.禅僧の禅問答.〈転〉他人の言葉を分かりもしない自分の話に借用すること.②〈転〉口ぐせ.〔"没法子"是挂在他嘴 zuǐ 上的～〕"お手あげだ"という文句は彼の口ぐせだ.→〔口头语〕
口头福儿 kǒutóufúr ⇒〔口福〕
口头语 kǒutóuyǔ 〔一儿〕口ぐせ.〔流 liú 口 辙②〕彼は何かというと"けしからん!"と言うが,これはもう口ぐせになっている.
口头 kǒutou (くだものの)味.〔这瓜～不错〕この瓜は味がよい.
口外 kǒuwài ①=〔口北〕長城北の地:主として張家口以北の河北省北部と内蒙古自治区上の地.同前以南を〔口里〕という.〔走～〕同前へ出稼ぎにいく. ②小道から通りへ出た所.出入り口の外側.
口腕 kǒuwǎn 動口腕①ある種の下等動物(クラゲなど)の口のふちにある食物を捕らえる器官.
口味 kǒuwèi 〔一儿〕①味.〔他做的鱼～特别好〕彼の魚料理は味がとてもよい.〔～高 gāo〕口がおごっている. ②味の好み.〈転〉好み.嗜好.〔川菜不合我的〕四川料理は私の口に合わない.〔尽看一本书也没意思,换换～吧〕1冊の本ばかり読んではおもしろくない,目先をかえてみましょう.
口吻 kǒuwěn ①話しぶり.口調.〈口气〉に同じ. ②(魚・犬などの)頭部(口・鼻を含めて)の前へ突き出ている部分.
口误 kǒuwù 言いまちがえる.またその字句.
口涎 kǒuxián ⇒〔口水①〕
口衔 kǒuxián =〔口套〕口輪.
口香糖 kǒuxiāngtáng =〔香口胶〕〔香口珠〕〈方〉胶 jiāo 母糖〕〔泡 pào 泡糖〕〔橡 xiàng 皮糖〕チューインガム.
口小 kǒuxiǎo ⇒〔口轻③〕
口信 kǒuxìn(r) 伝言.ことづけ.〔托 tuō 人带～〕人にことづけを(伝えてもらうように)頼む.
口形 kǒuxíng 語 口の形状:音声学上では特に発音する時の上下唇の形を指す.
口型 kǒuxíng 話や発音する時の口の形.
口羞 kǒuxiū 〈方〉話すのが恥ずかしい.
口许 kǒuxǔ 口頭で約束する.
口血未干 kǒuxuè wèi gān 〈成〉血をすすりあって,誓いをしておきながらそれが乾きもしない間.〈喩〉盟約が結ばれてすぐに間もないこと.
口眼㖞斜 kǒuyǎn wāixié 中医 顔面神経麻痺症:〔医面 miàn 部神经麻痹〕に同じ.
口羊 kǒuyáng 張家口(以北)に産する羊.
口业 kǒuyè →〔三 sān 业①〕
口译 kǒuyì 通訳(をする).→〔笔 bǐ 译〕
口音 kǒuyīn 口(腔)音・鼻音と区別していう.ピンインで a・e・o・b・p・f などの音.
口淫 kǒuyín オーラルセックス.
口音 kǒuyīn ①言葉の発音.〔他～好〕彼は発音がよい. ②(個人の)発音のなまり.方言音.〔上海～〕上海語の発音(なまり).〔他说话带～〕彼は言葉になまりがある.
口语 kǒuyǔ ①口語.口頭語.話し言葉.↔〔书 shū 面语〕→〔白 bái 话〕 ②〈文人を謗(そし)る言葉〕.
口谕 kǒuyù 旧 目上からの口頭指示.
口约 kǒuyuē 口約束.
口脏 kǒuzāng ①口汚い. ②汚いことを言う.〔他一喝酒就～〕彼は酒を飲むとひどいことを言う.
口占 kǒuzhàn (詩文を)口ずさんで作る.口述する.
口战 kǒuzhàn 口で論戦すること.口げんか.
口罩 kǒuzhào(r) マスク.〔戴～〕同前をかける.
口脂 kǒuzhī 〔口红〕〔口蜡〕リップクリーム.
口中雌黄 kǒuzhōng cíhuáng 〈成〉でまかせの批判・評価を口にする.→〔雌黄③〕〔信 xìn 口雌黄〕
口重 kǒuzhòng ①(料理の味が)からい.塩辛い. ②同物を好む.⇒〔口轻①②〕
口诛笔伐 kǒuzhū bǐfá 〈成〉言葉や文字に表して人の非を鳴らし攻撃する.
口状 kǒuzhuàng 自供書.
口拙 kǒuzhuō 口ベた(である).→〔嘴 zuǐ 笨〕
口字旁(儿) kǒuzìpáng(r) 語(漢字部首の)くち偏.〔小 xiǎo 口口〕ともいう.→付録1
口子 kǒuzi ①(身体・物体の)傷口.裂け目.破れ目.(器物の)欠けているところ.〔手上拉的～快好了〕手の切り傷はすぐよくなるようだ.〔袖子撕了个～〕袖が破れた. ②谷・堤防・岸壁・塀や壁の大きく開いた所.〔山谷的～上有一座选矿厂〕谷の入り口には選鉱場がある.〔这只船不能到别的～〕この船はほかの岸壁には停泊しない. ③〈喩〉抜け道.〔不可能开这个～啊〕このような前例は作れない.〔为亲 qīn 友开～〕親戚縁者に抜け道をひらいてやる.④配偶者を指していう.〔两～〕口夫婦.〔我们那～〕うちの人. ⑤量詞.家族を数える.〔你们家有几～〕お宅は何人家族ですか.

〔叩(敂)〕 kòu (I)〔叩(敂)〕たたく.打つ.〔～钟 zhōng〕鐘を叩く.→〔敲 qiāo ①〕
(II)〔叩〕①旧 お辞儀の一種.ぬかずく.〔～贺 hè〕

kòu 叩扣

叩拜 kòubài ①回地に頭を打ちつけてする敬礼(をする). ②〔牘〕書簡の末尾に添える頓首・敬白に当たる言葉の一. →[叩头]

叩裏 kòubǐng 叩頭(とう)して申し上げる.

叩齒 kòuchǐ 口をつぐんだまま歯をたたく(健康法).

叩辞 kòucí 〈文〉ねんごろに別れの挨拶をする.

叩打 kòudǎ たたく.〔秋风~着门窗〕秋風がドアや窓をたたく.

叩关 kòuguān 〈文〉①城門の開門を求める. ②異民族が関所を攻める:[扣边]ともいう.

叩阁 kòuhūn〈文〉宮門をたたく、朝廷に直訴する.

叩击 kòujī たたく.〔~门环 huán〕門環を打つ.

叩见 kòujiàn〈文〉推参する. 参上する.

叩门 kòumén ドアをたたく. ドアをノックする.

叩年 kòunián 回正月に目上の者に対して年始の[叩拝①]をする. →[拝 bài 年]

叩乞 kòuqǐ 〔叩请〕〔叩求〕〈文〉懇願する.

叩请 kòuqǐng 同上.

叩求 kòuqiú ⇒[叩乞]

叩首 kòushǒu 同下.

叩头 kòutóu =[〈文〉叩首]回平れ伏して頭を地に打ちつけてする非常に敬意をこめた礼(をする):[大 dà 礼][磕 kē 头①]ともいう.[三跪九~]回ひざまずいて3遍叩頭する礼を3回繰り返す最敬礼(をする). →[頓 dùn 首] ②〔牘〕書簡の末尾に添える叩首に当たる言葉の一. →[叩头]

叩头虫 kòutóuchóng =[磕 kē 头虫]回コメツキムシ. コメフミムシ(総称). →[金 jīn 针虫] ②〈喩〉おじぎ虫. 米つきバッタ:人にぺこぺこへつらう人物.

叩问 kòuwèn〈文〉問う. 尋ねる.

叩喜 kòuxǐ(目上の人に)お祝いを述べる.〔我给伯 bó 母~去吧〕伯母さまにお祝いを述べに行って来よう.

叩谢 kòuxiè ねんごろに礼を述べる.

叩谒 kòuyè お目にかかる. お目にかかる.

叩诊 kòuzhěn 医打診(する).〔~器 qì〕打診器. →[听 tīng 诊器]

[扣(釦)] kòu

(Ⅰ)[扣]①(とめ金・ホック・ボタンなど)かける. とめる. かけつなぐ. はめる.〔~上门〕門のかけ金をかける(て閉める).〔~上之服〕ボタンをかける.〔~上衣服〕服のボタンやホックをかける.〔把领子~好〕えり(のホック)をかけなさい. ②[~儿]結び目. くり目.〔转〕わだかまり. 宿怨. 要点:[结 jié ④]に同じ.〔绳 shéng ~〕ひもの結び目.〔活~〕〔活结〕〈方〉活褶 kuì〕引き解き結び.〔系 jì 一个死~〕本結びに結ぶ.〔打了一个~〕結び目を一つ作る.〔认死~〕わだかまりを抱いている.〔他们俩也不知为什么, 系上~了〕彼ら二人は何のためだかわからないが, 宿怨がある. ③(器物に)伏せる. かぶせる.〔拿碗把菜~上〕おわんをかぶせて料理にふたをしておく(かぶせておく).〔别把碗~在桌子上〕碗をテーブルの上に伏せておいてはいけない.〔给他~上一顶反革命的帽子〕彼に反革命という帽子(罪名)をかぶせた. ④(身柄や物品を)差し止める. 押さえておく.〔把车~住〕車を差し止める(ておく).〔把人~起来〕身柄(人)を拘留する. ⑤(一部分を)差し引く.〔借款~清了〕ローンは天引きで完済した.〔不如预先~出全年的费用〕初めに一年間の費用を差し引いておくほうがよい.〔从中~下佣 yòng 钱〕その中からきまりの手数料を差し引く. ⑥割り引きする.〔七折八~〕3割引きした上にまた2割引きする.〔大割引きする.〔打八五折, ~净后的售价才八元五角〕1割5分引きした割り引いたあとの値段はわずか8元5角. ⑦ネジ山:[螺 luó 丝]に同じ.〔把螺丝帽松上两~ナット(を回して)二山ゆるめる. スマッシュする. →[扣球] ⑨量詞. かせに束ねたり綴じたりするものに用いる. 折り本の一枚折り(2ページ分)を[一~]ともいう.〔一~线 xiàn〕一かせの糸.〔一~文书〕一綴の書類. ⑩〈姓〉扣(ネ)

(Ⅱ)[扣(釦)] ①[~儿, ~子]ボタン. 暗 àn ~〕隠しボタン.〔螺 luó 钿~〕貝殻ボタン.〔制 zhì 服~〕金ボタン.〔化 huà 学~〕セルロイド・プラスチックなどのボタン.〔一花〕花型のアクセサリー.〔安了个~〕ボタンをつけた.〔钉 dìng ~〕ボタンを縫いつける.〔~洞 dòng〕〔~口 kǒu〕〔~窟 kū 窿〕〔~眼 yǎn〕ボタン穴.〔带~〕〔皮带~②〕(ベルトの)バックル.

扣布 kòubù 勧末晒国産の綿布. てんじく木綿.

扣车 kòuchē 車を差し止め・差し押える.

扣尺 kòuchǐ ⇒[螺 luó 纹规]

扣除 kòuchú 控除(する). 差し引き(する).〔~贴 tiē 息〕(手形の)割引料を差し引く.〔个税从工资中~〕個人所得税は給料から差し引く. →[克 è 扣]

扣船 kòuchuán 船を差し止め・差し押さえる.

扣底 kòudǐ 控除した残額.

扣抵 kòudǐ 損料を差し引く.

扣底子 kòudǐzi コミュニッション(リベート)をもらう:使用人が主家の買い物をする時, その額に応じた心付けを買う店に要求してもらうこと.

扣额法 kòu'éfǎ 控除法.

扣发 kòufā 押さえて出さない.〔~工资〕③減給⑤賃金の支払いを押さえる.〔~稿件〕原稿を差し止める.

扣分(儿) kòufēn(r) 同下.

扣分(数)儿 kòufēn(shu)r =[扣分(儿)]減点する.

扣盖儿 kòugàir〔口〕①最後の決定をする.〔这件事, 我跟它打了盖儿了, 非养成不可〕この件と取り組むことにわたしは決心した, やり遂げずにはすまれない. ②命がけでやる. けりをつける.〔您要不说明白, 我可要跟您~了〕あなたが説明されないならわたしはとことんまでやりますよ.

扣划 kòuhuà 用途をきめて給料から天引きする.〔~还 huán 贷〕同前で借り主に返済する.

扣迁 kòuhuán 回輪に結ばれる. ②圓リテイニングリング. 止め輪.

扣减 kòujiǎn 差し引く. 减らす.〔作相应的~〕それ相応の差し引きをする.

扣缴 kòujiǎo 天引きする. 源泉徴収する.

扣款分润 kòukuǎn fēnrùn〈成〉公金をかすめ取り私腹を肥やす.

扣篮 kòulán 区(バスケットボールで)ダンクシュート.

扣利 kòulì 利息を天引きする.

扣留 kòuliú 押収する. 差し押さえる.〔把军 jūn 械~下来〕武器を差し押さえる.〔被~了两天〕2日間勾留された.

扣马 kòumǎ 馬を引き留める.

扣帽子 kòumàozi〈喩〉罪を着せる. なすりつける. レッテルを貼る.〔批评错误是应该的, 可别乱~〕誤りを批評するのは当然だが, やたらにある種のレッテルを貼ったりしてはいけない.〔听的人也不应该把对自己的批评听成是~〕聞くほうの人も自分に対する批評を相手が高飛車におっかぶせてくるのだと見なすべきではない. →[戴 dài 帽子]

扣槃扪烛 kòupán ménzhú〈成〉認識が一面的で正しくないこと. 勘違いをすること:盲人が太陽の形は

kòu~kū

扣筘寇滱蔲嗀刳挎矻枯

銅鑼(ら)のようなものだと言われ,銅鑼の音に似た鍾の音を聞いて太陽が出,また太陽の南はろうそくのようなものだと言われ,ろうそくのように細長い笛にさわって太陽はこのような形のものだと思った.

扣襻 kòupàn(r) 服中国服のかけボタンの輪になっている方の部分.〔纽 niǔ 襻(儿)〕に同じ.

扣球 kòuqiú 区(球技で)ボールを強く打ち込む.スマッシュ(する).スパイク(する).〔短平快〜〕クイックスパイク.〔平拉开〜〕オープンスパイク.〔跳 tiào 起〜〕飛び上がってスマッシュ(スパイク)する.

扣人心弦 kòu rén xīnxián 〈喩〉人の心をうつ,人を感動させる:〔动 dòng 人心弦〕ともいう.〔一场〜的比赛〕見る人をぞくぞくさせるような試合.

扣肉 kòuròu 食さっと茹でた豚肉を油で揚げてから適当な大きさに切り,碗の底にきれいに敷き重ねそれに入れて蒸し上げ,形をくずさないよう碗を大皿に伏せるようにして移し,上から汁をかけた料理:あひるを用いるものを〔扣鸭〕という.→〔粉 fěn 蒸肉〕

扣杀 kòushā =〔扣死〕区(球技の)スマッシュ(する).スパイク(する).〔高压球〜〕オーバーヘッドスマッシュ.バドミントンでは〔轻 qīng 杀〕と〔重 zhòng 杀〕に分かれる.

扣审 kòushěn 差し押さえて調べる.

扣屎盆 kòushǐpén 〈喩〉人をばかにする.人にぬれぎぬを着せる.

扣税 kòushuì 税金を差し引く.

扣死 kòusǐ ⇒〔扣杀〕

扣题 kòutí (文章や話が)主題とぴったり合う.

扣头 kòutou =〔让 ràng 头〕おまけした金額.値引き額.→〔饶 ráo 头〕〔折 zhé 扣〕

扣下 kòuxià 差し押さえる.〔〜大批 pī 私货〕大量の密輸品を差し押さえる.

扣现 kòuxiàn 現金取引の割引き.

扣项 kòuxiàng 差し引き金(額)

扣心 kòuxīn 心を打つ.→〔扣人心弦〕

扣绣 kòuxiù ビーズ手芸:小さなガラス玉を通したひもを縫いつけて模様を作る手芸.

扣压 kòuyā (意見・文章などが)押さえておく.放置する.〔〜稿件〕原稿を握りつぶす.

扣押 kòuyā 法差し押さえ(る).押収(する).拘留(する).留置(する).〔〜工 gōng 资〕賃金差し押さえ(をする).

扣鸭 kòuyā →〔扣肉〕

扣眼(儿) kòuyǎn(r) ボタン穴.〔锁 suǒ 〜〕ボタン穴をかがる.

扣账 kòuzhàng 勘定を差し引く.

扣针 kòuzhēn ⇒〔别 bié 针①〕

扣证 kòuzhèng 証明書・許可書を差し押さえる.

扣子 kòuzi ①ボタン.→字解(II) ②(ひもなどの)結び目.③章回小説・講談またテレビ連続ドラマなどで,毎回の終わりのぐっと人をひきつけるやま.〔聊 liáo 斋的〜短,拴 shuān 不住人〕聊斋志異(の講談)は毎回の山場が短くて人の興味をつなぎとめることができない.④わだかまり.納得のいかぬ点.

〔筘(篦)〕 kòu =〔杼 zhù ①〕机筬(さ):織機のたて糸の位置を固定し横糸を入れ締める装置.

〔寇(宼・冦)〕 kòu ①強盗.〔盗 dào 贼〕同前.〔海〜〕〔海盗〕海賊.〔〜党 dǎng〕賊徒.②外国からの侵略(者).〔外〜〕同前.〔日 rì 〜〕(侵略者としての)日本.〔〜掠 lüè〕押し入って人つかみとめる.③侵略し犯す.〔〜边 biān〕国境地帯を侵す.〔入 rù 〜〕攻めて(侵入して)来る.④〈姓〉寇

寇仇 kòuchóu〈文〉仇敵.侵略者.

寇盗 kòudào 強盗.

〔滱〕 kòu 地名用字.〔〜水〕地山西省に発源し唐河に入る古代の川.

〔蔲(蒄)〕 kòu ①〔豆 dòu 〜〕函ズク(薬草名).〔肉 ròu 豆〜〕ニクズク.〔〜仁 rén(儿)〕ズクの種子.②〔口かわいい:若い女性についていう.cute(英語)の音訳.〔你好〜哦！〕とてもキュートだ！〔酷 kù 的〕

蔲丹 kòudān マニキュア:商品名キューテックスの音訳.→〔指 zhǐ 甲油〕

蔲蔲 kòukòu =〔可 kě 可〕

蔲酸 kòusuān →〔肉 ròu 豆蔲酸〕

〔嗀・嗀〕 kòu〈文〉孵(か)ったばかりのひな鳥.〔雀 què 〜〕雀の同前.〔〜食 shí〕ひな鳥が親鳥のはぐくみを受ける.〈転〉与えられるとおりに満足する.〔〜音 yīn〕(ひなの)ピーピー鳴く声.〈転〉人の主張の善し悪しの断定しがたいこと.

ku ㄎㄨ

〔刳〕 kū〈文〉切り割る.えぐる.こそげる.〔〜腹 fù〕腹をたち割る.〔〜剥 bō〕腹を裂き皮をはぐ.〔〜木为舟 zhōu〕木をくりぬいて丸木舟を作る.〔盐 yán 工们在结晶池里〜盐〕製塩工たちは結晶池の中で塩をこそげとる.

〔挎〕 kū〈文〉①持つ.②刻む.えぐる. → kuà

〔矻〕 kū 〔〜〜〕〈文〉①せっせと働くさま.〔孜 zī 孜〜〜〕同前.〔〜〜终 zhōng 日〕一日中せっせと働く.②疲れくたびれたさま.

〔枯〕 kū ①枯れる.ひからびる.生気を失う.〔草〜了〕草が枯れた.〔〜树 shù〕枯れ木.〔〜瘪 biě〕枯れしなびる.〔偏 piān〜①〕〔偏风②〕中医半身不随.②水がなくなる.③おもしろみがない.つくねんとしている.〔一人〜坐〕一人わびしく座っている.④〈方〉油のしぼりかす.〔花生〜〕落花生のしぼりかす.⑤〈姓〉枯(ɕ˙)

枯饼 kūbǐng ⇒〔油 yóu 饼①〕

枯草 kūcǎo 枯れ草.〔〜热 rè〕医枯草熱.

枯禅 kūchán〈文〉万事を捨てて枯木の如く座禅ること.

枯肠 kūcháng〈文〉〈喩〉詩文創作上で文才が枯渇すること.〔搜 sōu 索〜〕無く知恵を絞る.

枯矾 kūfán ⇒〔干 gān 煉明矾〕

枯干 kūgān 水分がなくなる.ひからびる.

枯槁 kūgǎo ①枯れてひからびるさま.〔〜的树 shù 梢〕枯れたこずえ.②(年をとって)憔悴(しょうすい)する(やつれる)こと.〔形容〜〕体や顔がやつれる.

枯骨 kūgǔ〈文〉白骨.

枯涸 kūhé〈文〉(水が)涸(か)れる.

枯黄 kūhuáng (草木が)枯れて黄ばむ.

枯寂 kūjì〈文〉潤いがなく寂しい.〔生活〜〕生活に潤いがなく寂しい.

枯焦 kūjiāo 枯れる.

枯竭 kūjié ①(水が)枯渇する.〔以后水是不会〜的〕これからは水がかれることはない.②底をつく.使い果たす.〔财 cái 源〜〕財源が枯渇する.〔精 jīng 力〜〕精が尽きる.

枯井 kūjǐng 涸れ井戸.

枯窘 kūjiǒng〈文〉尽き果てる.窮迫する.

枯块煤 kūkuàiméi ⇒〔焦 jiāo 炭〕

枯木逢春 kūmù féngchūn〈喩〉人や事に生気・活気がもどる.

枯木朽株 kūmù xiǔzhū〈喩〉老人や病弱者.

枯荣 kūróng〈文〉盛衰.
枯涩 kūsè ①おもしろくない.〔文字〜〕文章が無味乾燥だ.②潤いがない.かさついている.
枯瘦 kūshòu やせこける.〔〜的手〕やせた手.
枯水期 kūshuǐqī 渇水期.
枯水位 kūshuǐwèi 渇水期の水位.
枯死 kūsǐ（植物が）枯れる.枯死する.
枯萎 kūwěi 枯れて萎縮する.しおしぼむ.〔叶 yè 子完全〜了〕葉がかさかさに枯れてしまった.〔〜病 bìng〕枯立ち枯れ病.
枯朽 kūxiǔ 朽ちはてる.〔〜的老树〕同前の老木.
枯杨生稊 kūyáng shēngtí〈成〉枯れた楊柳が芽をふく:老人が若い妻をめとる(子を生ます)
枯叶蝶 kūyèdié 虫コノハチョウ.
枯叶蛾 kūyè'é 虫カレハガ.
枯燥 kūzào ひからびている.〔転〕無味乾燥である.味気ない.面白味がない.〔〜无 wú 味〕〈成〉味も素っ気もない.
枯枝败叶 kūzhī bàiyè〈慣〉枯れた小枝や葉.
枯冢 kūzhǒng 荒れはてた墓.
枯竹 kūzhú 枯れた竹.

[骷(骷)] kū

骷𣎴儿 kūchùr〈方〉①伸び出ている部分を切り去った根元.〔树 shù 〜〕木の切り株.〔笤 tiáo 帚〜〕すり切れた箒(ほうき)の根元.②指のない人.手足のない人.
骷髅 kūlóu 白骨体.〔一具〜〕一体の骸骨.〔瘦 shòu 得筒直成了〜了〕やせすぎてまるで骸骨のようになっている.→〔髑 dú 髅〕

[哭] kū

①（声を出して）泣く.〔〜了一夜 yè〕一晩泣きあかした.〔大〜一场 cháng〕思う存分大声で泣く.〔〜闹 nào〕泣きわめく.〔〜声 shēng〕泣き声.②回人の死や葬儀に際し大声で泣く礼.〔〜陵 líng〕墓前で同前をする.〔〜灵 líng〕霊柩・位牌の前で同前をする.
哭板 kūbǎn 回芝居で,泣く場合の奏楽の拍子.
哭鼻子 kūbízi〈口〉べそをかく.めそめそする.〔哭一鼻子〕同前.
哭爹喊娘 kūdiē hǎnniáng〈成〉大声で泣き叫ぶ:〔哭爹叫娘〕ともいう.
哭发 kūfā 泣き泣きの出発:嫁入りの時の,親兄弟との涙の別れ.→〔哭嫁〕
哭喊 kūhǎn 泣き叫ぶ.
哭嚎 kūháo 大声で泣きわめく.
哭嫁 kūjià 回花嫁が結婚式の前の日に泣く旧習:〔〜歌〕泣きながら歌う歌.
哭叫 kūjiào 泣き叫ぶ.
哭哭泣泣 kūku qìqì 泣き泣き:さめざめと泣くさま.
哭哭啼啼 kūku títí 泣き泣き:いつまでも泣くさま.〔地哭别了〕泣きの涙で別れた.
哭娘笋 kūniángsǔn 植たけのこの一種.
哭泣 kūqì しくしくと泣く.さめざめと泣く.
哭腔 kūqiāng ①圓旧劇で泣くことを表す節回し.②涙声.泣き出さんばかりの声.
哭嗓 kūqiǎng 嘆きの声.
哭穷 kūqióng 貧乏だと泣きごとを言いふらす.
哭丧 kūsāng 回（葬式に）喪主や甲問客が棺の前で大声をあげて泣く.〔号 háo 丧〕に同じ.〔〜棒 bàng〕〔哀 āi 杖〕〔丧棒〕(葬式のとき）喪主などの持つ杖.〈転〉人をなぐりつける棍棒.〔〜着脸〕泣き面(つら).苦りきった顔つき.泣き顔.
哭诉 kūsù 泣きごとを言う.涙ぐんで訴える.
哭叹 kūtàn 泣き悲しむ.
哭天喊地 kūtiān hǎndì〈慣〉大声をあげて泣きわめくさま:〔哭天抢 qiǎng 地〕ともいう.

哭天抹泪 kūtiān mǒlèi〈慣〉泣いて涙を拭くさま.〔泣きの涙:泣きまねをも含む言い〕
哭头 kūtóu 圓泣く時の調子やしぐさ.
哭笑不得 kūxiào bùdé〈成〉泣くに泣けず笑うに笑えない.
哭竹 kūzhú 囲孟宗という孝子が冬に竹林で泣いて母の好きな筍を手に入れたという故事.
哭主 kūzhǔ 回〔丧主〕に同じ.

[堀] kū〈文〉①穴:〔窟①〕に同じ.②穴をあける.

[窟] kū

①横穴.ほら穴.巣.〔〜居 jū〕穴居(する).〔狡 jiǎo 兔三〜〕〈諺〉ずるいうさぎは（難を避けるために）穴を三つも持っている.〈喩〉身を守り災難を逃れるのにきわめて周到であること.→〔窟窿①〕〔窑 yáo③〕②巣窟.〔匪 fěi 〜〕匪賊の巣窟(集まっているところ).〔赌 dǔ 〜〕(秘密の)賭博場.
窟窖 kūjiào 穴倉.→〔地 dì 窖〕
窟窿 kūlong 〔窟笼〕とも書いた.①穴.孔.〔〜洞 dòng〕孔.あな.〔钻 zuān 〜〕.〔〜眼儿〕〈口〉小さな孔.〔耗 hào 子〜〕ねずみの穴.〔堵 dǔ 住税务工作中的〜〕税務関係の仕事の抜け穴をふさぐ.〔洞 dòng ①〕〔孔 kǒng ①〕〔穴 xué ②〕②あな（損失).〔掏 tāo 〜〕あなをあける.〈転〉借財をつくる.
窟窿桥 kūlongqiáo ①⇒〔拱 gǒng 桥〕②〔-儿〕〈喩〉事柄に根拠がなく困難や危険があること.
窟室 kūshì 地下室.→〔窟窖〕
窟窨 kūtún〈方〉尻.
窟穴 kūxué ①洞穴.洞窟.②悪の巣窟.
窟宅 kūzhái 巣窟.悪人のすみか.アジト.

[圐(啰)] kū

〔一圙 lüè〕(蒙古語)囲んである牧草地:多く村名に用いる.〔马家〜〕内蒙古にある.

[苦] kǔ

①〔〜味（儿）〕苦味.〔〜似 sì 黄连〕〈成〉薬草の黄連のように苦い.〔饭食不〜〕食事はまずくない.↔〔甘 gān ①〕②つらい.苦しい.窮迫している.〈方〉〔〜了3年〕3年間苦しい目にあった.〔〜累 lèi〕つらい.骨が折れる.〔诉 sù 〜大会〕囗人民共和国成立後,対土地政策として各地で行われた農民たちの過去の苦しみを大勢の前で訴える大会.〔这项工作是很〜的〕この仕事はたいへん辛いものである.〔不堪 kān 言〕その苦しみは言語を絶する.〔〜膂 jí 甲于天下〕土地がやせて苦しいこと天下第一である.〔愁 chóu 眉〜脸〕〈成〉憂いをおびた眉.苦痛の面もち.③苦しめ(られ)る.苦しい目にあう(わせる).〔〜于不识 shí 字〕字を知らないことに苦しむ.〔〜了我三年〕3年間苦しめられた.〔何〜(来)呢？〕何を自ら苦しむのか.何でくよくよするのか.〔你这么给我卖力,我绝不能白〜了你〕きみがこんなにわたしのために力になってくれるのに,きみをただ苦しい目にあわせることは絶対にできない.〈方〉〔除去・損耗などのひどい.使が過ぎている.〔给钱给得太〜〕金のくれ方があまりにもひどい(けちだ).〔指 zhǐ 甲剪 jiǎn 得太〜〕つめを深く切りすぎた.〔剪枝条不要太〜了〕枝払いはあまりやりすぎてはいけない.⑤つとめて.一途に.一生懸命に.〔〜劝 quàn〕極力勧める.〔〜盼 pàn 良 好〕ひたすら安住の地を求める.⑥〈姓〉苦(ガ・)

苦艾 kǔ'ài 植ニガヨモギ.
苦艾酒 kǔ'àijiǔ アブサン.またはベルモット.〔味 wèi 美酒〕に同じ.
苦熬 kǔ'áo 苦しみながら日を過ごす.〔〜没有头〕同前で望みもない.
苦苣 kǔjù 植 ①ヒメアザミ.②ヤナギアザミ.
苦巴巴 kǔbābā〈方〉難儀し苦しむさま.

苦 kǔ

苦不过 kǔbuguò 最も苦い(苦しい).〔最 zuì ～〕同前.〔～黄连〕黄连ほど苦い(苦しい)ものはない.
苦不唧儿 kǔbujīr 〔口〕ほろ苦い.〔这种菜～的〕この野菜は苦みがある.
苦菜 kǔcài 〔苦菜菜〕〔老鹳 lǎoguàn 菜〕〈文〉茶 tú 草〕〔游 yóu 冬〕植ノゲシ(ハルノノゲシ.ケシアザミ):若い茎葉は食用される.なお〔貝 bèi 母〕(バイモ),〔败 bài 酱〕(オトコエシ),〔龙 lóng 葵〕(イヌホオズキ)にも〔～〕の別名がある.〔～花〕同前の花.〔匍 pú 茎～〕ハチジョウナ.〔苣 qǔ 荬菜〕の別称.
苦草 kǔcǎo ①植セキショウモ(イトモ.ヘラモ):トチカガミ科の水生草本. ②⇒〔益 yì 母草〕
苦差(使) kǔchāi(shi)〔苦差(事)〕とも書く.苦しい役目.
苦撑 kǔchēng じっと我慢して耐える.〔～待 dài 变〕〈成〉困苦をじっと持ちこたえて,何か変事が起こるのを心待ちする.
苦出身 kǔchūshēn 貧しい家庭の生まれ.〔我是～〕僕は貧乏人の出だ.
苦楚 kǔchǔ 〈文〉(精神的に受けた)苦痛.
苦处 kǔchu 苦しい点(こと).苦しみ.
苦聪人 kǔcōngrén →〔少 shǎo 数民族〕
苦大仇深 kǔdà chóushēn 〈成〉苦しみがひどく恨みが深い.
苦待 kǔdài 虐待する.
苦胆 kǔdǎn 胆のう:〔胆囊〕の通称.
苦等 kǔděng 辛抱強く待つ.〔他在河边～了一夜〕彼は河辺で一晩中じっと待ち続けた.
苦低草 kǔdīcǎo →〔益 yì 母草〕
苦迭打 kǔdiédǎ 〈音訳〉クーデター.〔武 wǔ 力政变〕の旧称.
苦丁茶 kǔdīngchá 植トウチャ.ニガチャ:ツバキ科の常緑灌木.茶葉とする.〔皋 gāo 芦〕は別称.
苦斗 kǔdòu 苦闘する.
苦读 kǔdú 苦境に耐えて勉学に励む.〔～寒窗〕同前.
苦干 kǔgàn 苦しみに耐えてがんばる.一生懸命やる.〔埋 mái 头～〕没頭して〔突っ込んで〕やる.〔～加巧 qiǎo 干〕頭も使いながら刻苦奮闘する.
苦根 kǔgēn 苦しみの種.苦しみの原因.〔挖 wā ～〕苦しみの原因をつきとめる.〔拔 bá ～〕苦しみの原因をとり除く.
苦工 kǔgōng ①＝〔苦活儿②〕苦しい労働.苦役.〔做 zuò ～〕〔服 fú ～〕苦役に服する. ②苦しい労働に従事する労働者.
苦功 kǔgōng 苦しい修業.ひたむきな努力.〔非下～不可〕死にものぐるいでやらなければだめだ.
苦瓜 kǔguā ①植ニガウリ(ツルレイシ),またその実:若い実は食用する.〔红 hóng 姑娘②〕〔锦 jǐn 荔 枝〕〈方〉癞 lài 瓜〕〈方〉癞葡萄〕〈方〉凉 liáng 瓜〕ともいう.〔～藤上生～〕〈谚〉レイシ(ツルレイシ)にはレイシしかならない:蛙の子は蛙.〔转〕つらい目にあう人.〔咱们是一根藤上的～〕お互いつらい目にあった者同士.
苦果 kǔguǒ 〈喩〉苦い結果.悪い結果.〔自食 shí ～〕自業自得.
苦海 kǔhǎi ＝〔苦河①〕国(仏教の)苦しい世の中(世間). ②〈喩〉悲惨な境遇.
苦寒 kǔhán 極寒である. ②〈喩〉極貧である.
苦河 kǔhé ⇒〔苦海〕
苦患 kǔhuàn 病苦・苦難・苦痛(に苦しむ)
苦活儿 kǔhuór ①きつくて稼(わり)の悪い仕事. ②⇒〔苦工①〕
苦谏 kǔjiàn 強くいさめる.強く意見する.
苦焦 kǔjiāo 〈方〉貧しく苦しい暮らし向き.
苦节 kǔjié 〈文〉苦しい中に志(節)を堅く守ること.

苦筋拔力 kǔjīn bálì 〈方〉非常に苦労する(辛苦を重ねる).→〔辛 xīn 苦〕
苦尽甜来 kǔjìn tiánlái 〈成〉苦が過ぎて(ぎれば)楽がくる:〔苦尽甘来〕〔苦尽自有甜来〕ともいう.〔苦不尽甜不来〕苦しみは尽きなければ楽しみもやって来ない.↔〔乐 lè 极生悲〕
苦井 kǔjǐng 硬水(飲用に適しない水)の出る井戸.→〔苦水①〕
苦境 kǔjìng 苦境.
苦酒 kǔjiǔ ①酢の古称.→〔醋 cù ①〕 ②味の薄い酒.〔喩〕苦しんだ結果. ③ビール:〔啤 pí 酒〕の別称.
苦苣菜 kǔjùcài ⇒〔苦菜〕
苦苣苔 kǔjùtái 植イワタバコ(イワナ.イワジシャ)
苦口 kǔkǒu ①極力くどき勧める(こと).〔～劝说〕口を酸っぱくして説得する.〔～婆 pó 心〕〈成〉老婆心からの忠告. ②〔良 liáng 药～〕忠言.〔良 liáng 药～,忠言逆耳〕〈谚〉良薬は口に苦く,忠言は耳に逆らう.
苦哭 kǔkū 〔切に.しきりに.〕〔哀 āi 求〕極力嘆願する. ②ひどく苦しげに.
苦刺呱唧 kǔla guājī 〈方〉苦い:〔苦辣呱唧〕〔苦刺蔓唧〕ともいう.
苦辣 kǔlà ①苦さと辛さ.苦くて辛い. ②苦辛.
苦劳 kǔláo 苦労.〔没有功劳也有～〕功労はなくてもそれなりの苦労はある.
苦力 kǔlì ①旧クーリー:単純肉体重労働に従事する人夫. ②苦しい労働をする.〔卖 mài ～〕重労働して稼ぐ.
苦枥 kǔlì 植(中国産)トネリコの一種.
苦练 kǔliàn 懸命に練習する.猛練習する.
苦恋 kǔliàn つらい恋(をする)
苦楝 kǔliàn ⇒〔楝〕
苦良姜 kǔliángjiāng ⇒〔高 gāo 良姜〕
苦溜溜 kǔliūliū いつまでも(後に残って)苦い.しつこく苦い.
苦旅 kǔlǚ 〈喩〉つらい旅.〔人生～〕つらい人生.
苦麻林 kǔmálín ⇒〔车 chē 轴草〕
苦荬菜 kǔmǎicài 植ヤクソウ.
苦买卖 kǔmǎi·mài わりの悪い(儲の少ない)商売.
苦闷 kǔmèn 苦悶している.煩悶している.
苦命 kǔmìng 苦しい運命.不運のさだめ.
苦木 kǔmù 植ニガキ:〔黄 huáng 楝〕に同じ.〔～科〕ニガキ科.
苦难 kǔnàn 苦難.〔～的深渊〕苦難のどん底.
苦恼 kǔnǎo ①苦悩している.悩ましい. ②苦悩.
苦腻 kǔnì 〈方〉さんざん骨を折ったすえ,やっと半天残も不得好果〕長いことねばったが,やはり結果は得られなかった.
苦情 kǔqíng 悲惨さ.悲痛感.
苦求 kǔqiú 嘆願(する)
苦苣 kǔqǔ 植キクヂシャ.エンダイブ.〔～菜 cài〕ノゲシ.
苦人所难 kǔ rén suǒ nán 〈成〉難儀なことを人に強いて苦しめる.無理な注文をつける.
苦日子 kǔrìzi 苦しい生活(生計).〔过～〕同前を送る.
苦肉计 kǔròujì 苦肉の策:自分を傷つけて相手を信用させる計略.
苦涩 kǔsè ①渋くて苦い.〔这柿 shì 子味道～〕この柿は渋くて苦い. ②心の苦渋.〔～了表 biǎo 情〕苦渋に満ちた表情.
苦参 kǔshēn 植クララ(クサエンジュ)
苦水 kǔshuǐ ①非飲用水.硬水:ナトリウム・マグネシウムなどを含んだ水.〔苦井〕〔苦井〕同前の井戸.〔苦瓜泡 pào 在～里,里外都是苦〕〈歇〉苦瓜を

苦思 kǔsī =[苦思]力を尽くして考える。[~力索 suǒ]一生懸命考究する。[~冥 míng 想]脳みそをしぼる。真剣に思案する。

苦死 kǔsǐ ①死ぬほど(ひどく)苦しむ。[~了每天也得 děi 给他两顿 dùn 饭吃]どんなに苦しくても,彼に毎日2回ご飯を食べさせてやらねばならない。②<白>是非にと。一途に。[你这厮~要来,一路上呕 ǒu 死我也](水61)おめえが是非にといって来たので,道中かんに障るでしょうがねえぞ。

苦痛 kǔtòng ⇒[痛苦]

苦头(儿) kǔtóu(r) 苦み。

苦头(儿) kǔtou(r) 苦しい,痛い目。つらさ。苦しい目。[受 shòu ~]苦しい目にあう。[吃 chī ~]苦しみをなめる。[他这么乱搞下去,往后少不了 liǎo 要吃~]彼はこんなめちゃくちゃをやっていては今後苦しまなくてはなるまい。

苦荼 kǔtú <文>茶の別称。

苦土 kǔtǔ ⇒[氧 yǎng 化镁]

苦味 kǔwèi ①苦味。苦さ。②痛み。[尝过~]痛みを味わった。

苦味酊 kǔwèidīng 佤苦味チンキ。[苦味丁几 jǐ]ともいう。

苦味酸 kǔwèisuān 佤ピクリン酸。[黄 huáng 色炸药]は通称。

苦戏 kǔxì 悲劇。[悲 bēi 剧①]に同じ。

苦夏 kǔxià =夏負け(する)。夏やせ(する)。[我有的毛病/わたしは夏ばてするたちだ。[他~,伏 fú 天里总是没精神]彼は夏負けする方で,暑いさかりにはどうしても元気が少し衰える。

苦想 kǔxiǎng ⇒[苦思]

苦相 kǔxiàng 苦しそうな顔つき。

苦像 kǔxiàng ①苦しそうな様子。②十字架のキリスト。

苦笑 kǔxiào 苦(氵)笑い(する)。苦笑(ぐ)する。

苦心 kǔxīn 苦心して,心をくだいて。[~经 jīng 营]苦心惨憺(ǐǎ)する。②苦心。工夫。[母亲的一片~,我是知道的]わたしはお母さんの心づかいをよく知っている。

苦心孤诣 kǔxīn gūyì <成>一筋に苦心をして他人の及ばぬ優れた境地に達する。

苦行 kǔxíng 佛苦行(ぎ)する。[~僧 sēng](仏教の)苦行僧。[~喩]禁欲的な人。

苦刑 kǔxíng 残酷な刑罰。

苦杏仁苷 kǔxìngrén dài 佤アミグダリン。[苦杏仁素]ともいう。

苦学 kǔxué 苦労して学ぶ。[苦读]に同じ。

苦业 kǔyè 佛(仏教の)煩悩の業縁。

苦役 kǔyì 苦しい労働。

苦薏 kǔyì ①[野 yě 菊花]

苦于 kǔyú …に苦しむ。[~连药 yào 都不能下咽]飲んだことに薬がのどを通らない。[~沉 chén 重的军费负担]重い軍費負担に苦しむ。②…より更に苦しい。[他们的生活~我们]彼らの生活は我われよりもっと苦しい。

苦雨 kǔyǔ 困った長雨。→[凄 qī 风苦雨]

苦窳 kǔyǔ ①粗悪(なもの)。②陶器の焼き損じたもの。[楛窳]とも書く。

苦战 kǔzhàn 苦戦する。苦闘する。

苦蔵 kǔzhēn ⇒[酸 suān 浆①]

苦衷 kǔzhōng 苦衷。衷心。心中。[应体谅 liàng 他的~]彼の苦衷を察するべきだ。

苦中苦 kǔzhōngkǔ 苦しみの中の苦しみ。[吃 chī 得~,方为 wéi 人上人]<諺>苦しみの中の苦しみに耐えてこそ人の上に立つ人となれる。[吐 tǔ ~,难得甜 tián 上甜]<諺>苦労を味わってこそ真の幸福が得られる。

苦中作乐 kǔzhōng zuòlè <成>苦しい中にあっても楽しみを求める。[苦中寻 xún 乐]ともいう。

苦楮 kǔzhǔ ⇒[青 qīng 楣]

苦竹 kǔzhú 植カンザンチク。

苦主 kǔzhǔ [哭 kū 主]被害者の遺族。亡くなった被害者の家族。[你是~,告 gào 他一状]君は被害者の家族だ,あいつを告発してやれよ。

苦追 kǔzhuī 懸命に追求する。

[楛] kǔ <文>器物の粗悪なこと。[~窳 yǔ]苦窳]同前。→ hù

[库・庫] kù (I)①兵車や武器の収納倉。[武 wǔ ~]武器庫。②大量に物を貯蔵する施設。[仓 cāng ~]同前。[粮 liáng ~]食糧倉庫。[入 rù ~]倉庫に入る(入れる)。[水 shuǐ ~]ダム。③国庫。国の財政機構。[国 guó ~]同前。④電算バンク。ライブラリー。⑤<姓>庫(ǐ)。
(II)物クーロン。記号C。[库仑]の略。

库存 kùcún 倉庫に貯蔵する。[~图 tú 书五十万册]図書を50万冊所蔵している。②貯蔵品。貯蔵物資。→ kùzàng

库存 kùcún 在庫。残高。ストック。[~股 gǔ 票]自己株式。[~货 huò 物][存货]在庫品。[~物资]在庫物資。[~量 liàng]在庫量。[~簿 bù]残高表。在庫帳。[~资 zī 金]手元保有資金。[减 jiǎn 少~]在庫量を減らす。

库缎 kùduàn 佤織り模様入り高級緞子(ず)。清朝の[缎匹库]に納められたとされる。→[贡 gòng 缎]

库尔德 kù'érdé <音訳>クルド(人)

库房 kùfáng ①倉庫。物置。収蔵室。②<転>財政。

库灰色 kùhuīsè 色幹~色(の)。灰色を帯びた黄。

库锦 kùjǐn 佤金糸・銀糸や色染めの毛糸などで模様を織り出した錦。

库局 kùjú 宗(仏教の)寺の管理部門。[库司]ともいう。

库克群岛 kùkè qúndǎo クック諸島。代表的な都市は[阿 ā 瓦鲁阿门](アバルア)

库款 kùkuǎn ①唐国庫金。[~支绌 chù]国庫(国の財政)に欠乏がある。②国庫の中の金。

库(雷)**蚊** kù(léi)wén ⇒[家 jiā 蚊]

库鲁库斯管 kùlǔkùsī guǎn ⇒[克 kè 鲁库斯管]

库仑 kùlún 物クーロン。記号C。単に[库(Ⅱ)]ともいう。電気量の実用単位。1アンペアの電流が1秒間に導体の断面を通過する電気量。[~表]クーロンメーター。[~定 dìng 律]クーロンの法則。→[伦 lún 琴]

库平 kùpíng 旧標準の衡(はかり)。[官 guān 平]の一。清朝の徴税・出納に用いた。[~]の1両は37.301グラムに当たる。→[京 jīng 平][市 shì 平][营 yíng 造 (尺) 库平制]

库贮 kùqū ダムのある地域。ダムと付属施設のある地域。

库券 kùquàn ⇒[国 guó 库券]

库容 kùróng ダム・倉庫などの貯蔵量。→[仓 cāng 容]

库蚊 kùwén ⇒[家 jiā 蚊]

库页岛 kùyèdǎo ⇒[萨 sà 哈林岛]

库银 kùyín ①唐庫にある金。②[库平]ではかった国家通用の銀。[库平银]ともいう。

库藏 kùzàng <文>倉庫。蔵。→ kùcáng

〔裤・褲(袴)〕 kù 図ズボン.スラックス.パンツ.ズボン下類(総称):股で二つに分れて足を覆う衣服.形状や長短は問わない.〔做一条 tiáo ～子〕ズボンを1本作る.〔长～〕長ズボン.〔短 duǎn ～〕半ズボン.短パン.〔内～〕パンティー.〔棉 mián ～〕綿入れズボン.〔马 mǎ ～〕乗馬ズボン.〔爬 pá 山～〕登山ズボン.〔西 xī ～〕洋服のズボン.〔单 dān ～〕ひとえのズボン.〔兜 dōu 兜～儿〕幼児の腹掛けとズボンが一つになっているもの.〔运 yùn 动～〕運動ズボン.〔灯 dēng 笼～〕下をくくるようになったズボン.ニッカーボッカー.〔喇 lǎ 叭～〕ラッパズボン.パンタロン.→〔裤子〕

裤衩(儿) kùchǎ(r) 〔裤叉(儿)〕とも書く.下着類(総称):ショーツ.トランクス.ブリーフ.パンティー.さるまた.ズロース.〔三角～〕スキャンティー.〔游 yóu 泳～〕水泳パンツ.→〔短 duǎn 裤〕

裤带 kùdài ⓐズボンのベルト.バンド.〔勒 lēi 紧～〕ベルトをギュッとしめる.ⓑ〈転〉緊褌一番(きんこんいちばん).

裤袋 kùdài ⇒〔裤兜(儿)〕

裤裆 kùdāng ズボンのまち.股のあわせ目:〔交 jiāo 裆〕に同じ.

裤兜(儿) kùdōu(r) =〔裤袋〕ズボンのポケット.

裤缝 kùfèng ズボンの縦にのびる縫い目.

裤褂 kùguà ズボンとひとえの上着.

裤管 kùguǎn =〔裤腿①〕

裤脚 kùjiǎo ①〔-儿〕ズボンの裾(すそ).〔散 sǎn 着～〕ズボンの裾をくくらない状態.②⇒〔裤腿①〕

裤(脚)管 kù(jiǎo)guǎn ⇒〔裤腿①〕

裤料 kùliào ズボン地.〔～呢 ní〕ウールの同前.

裤裙 kùqún 図キュロットスカート.

裤褟儿 kùtār =〔衬 chèn 裤〕

裤挺 kùtǐngr ズボンの主要部分:〔裤腰〕(中国服のズボンの上端の胴の部分)を除いた部分.

裤头(儿) kùtóu(r)〔方〕ショートパンツ.ショーツ.〔游泳～〕水泳パンツ.

裤腿 kùtuǐ 〔-儿〕①ズボンの脚の部分:〈方〉裤(脚)管〕〔方〕裤脚②〕ともいう.②纒 chán 足をした女子がズボンの下端のところに,足部をおさえるためにつけていた布製の短い筒状のもの.

裤袜 kùwà パンティーストッキング.パンスト.タイツ:〔袜裤〕に同じ.

裤线 kùxiàn 洋服ズボンの折り目の筋.

裤腰 kùyāo 〔方〕ズボンのウエスト:中国服のズボンの上端の胴の部分.この部分はズボンの主要部分より丈夫な布が用いられ,帯はこの部分でしめる.

裤腰带 kùyāodài ①中国服の腰帯:ズボンがずり落ちないようにしめる.〔系 jì ～〕帯を結ぶ.〔～松 sōng〕帯がゆるい.〈転〉(女の)尻が軽い.②ベルト.バンド.

裤子 kùzi ズボン:〔方〕小 xiǎo 衣(儿)①〕ともいう.

〔绔・袴〕 kù〈文〉ズボン.パンツ:〔裤〕に同じ.→〔纨 wán 绔〕

〔喾・嚳〕 kù〔帝 dì ～〕中国の伝説上の古代帝王:〔五帝〕の一.〔高 gāo 辛氏〕ともいう.〔尧 yáo〕の父とされている.

〔酷〕 kù（Ⅰ）①むごい.ひどい.残酷である.〔苛 kē ～〕苛酷(である).②ひどく.きわめて.〔～寒 hán〕ひどく寒い.③〈姓〉酷(3).

（Ⅱ）〔口〕すごくいい.かっこいい.イケてる:クールの音訳.〔～呆 dāi そ〕〔～盖 gài そ〕すごくかっこいい.〔～女〕いい女.〔扮 bàn ～〕格好をつける.〔比～〕かっこよさを競う.〔哥 gē〕イカしてる男.〔～星 xīng〕人気スター.〔长～得很〕〔帅 shuài

（Ⅱ）

酷爱 kù'ài 熱愛する.〔～和平〕平和を同前.

酷毙 kùbì 〔口〕ものすごくいい.サイコー!

酷法 kùfǎ 苛酷な法律.

酷寒 kùhán 極寒.

酷好 kùhào =〔酷嗜〕〈文〉非常に好む.

酷酷儿 kùkur さまになって(いる).かっこいい(よく)

酷类 kùlèi ⇒〔酷似〕

酷吏 kùlì〈文〉苛酷な官吏.→〔暴 bào 吏〕

酷烈 kùliè〈文〉①苛烈である.ひどく厳しい.②香気が濃厚である.強烈ににおう.③焼けつくように暑い.

酷虐 kùnüè〈文〉残酷である(に扱う)

酷评 kùpíng 酷評する.辛辣な批評をする.

酷热 kùrè ①酷熱.②ひどく暑い.

酷嗜 kùshì ⇒〔酷好〕

酷暑 kùshǔ 酷暑.暑さが厳しい.

酷似 kùsì =〔酷类〕酷似する.きわめてよく似る(ている).〔～之处很多〕似たところが多い.

酷肖 kùxiào〈文〉(顔や形が)酷似する(している).〔该商标～我公司商标〕その商標は我々の会社のに酷似している.

酷刑 kùxíng 残虐な刑罰.厳刑.

酷渔 kùyú 魚を乱獲する.〔～滥 làn 捕〕同前.

酷语 kùyǔ かっこいい言葉.はやり言葉.〔今年最流行的～〕今年最も流行した同前.

酷站 kùzhàn 電罔人気サイト.

kuā ㄎㄨㄚ

〔夸・誇〕 kuā ①大げさに言う.誇張する.ほらをふく.〔～得比天还大〕大ぼらをふく.→〔吹 chuī ④〕②ほめる.誇る.〔～好〕同前.〔自 zì ～〕自慢する.〔～他做得好〕彼が(を)うまくやったとほめる.③〈姓〉夸(ぎ).

夸大 kuādà 誇張する.小さいことを大きく言う.〔～其 qí 词〕〔～其辞 cí〕(言葉を)誇張して述べる.〔～成 chéng 绩〕成績を誇張して言う.〔～广 guǎng 告〕〔夸张广告〕誇大広告.〔过于～〕誇大にすぎる.

夸诞 kuādàn 〈文〉おおげさででたらめである.

夸尔 kuā'ěr ⇒〔夸脱〕

夸父追日 kuāfù zhuīrì 〔夸父逐 zhú 日〕ともいう.〈成〉ⓐ大業のためについに力及ばないこと.ⓑ大志を抱くこと.ⓒ身のほどを知らぬこと:夸父は神話の人物で,太陽を追いかけたが,のどがひどく渇き,黄河と渭水の水を全部飲んでも足りず,ついに死んだ(山海経)

夸功 kuāgōng 功をひけらかす.

夸海口 kuāhǎikǒu 大ぼらをふく.大言する.大ぶろしきを広げる.→〔海口③〕

夸奖 kuājiǎng ほめる.〔～她,也羡 xiàn 慕她〕彼女をほめたり,うらやんだりする.

夸将 kuājiàng 図槍で打ち合いが終わり,双方が向かいあってみてを切り,親指を突き出して相手の武芸をほめるしぐさ.

夸克 kuākè 物クオーク:〔强 qiáng 子〕(ハドロン)を構成する素粒子.〔质 zhì 子〕〔中 zhōng 间子〕(中性子)などより更に小さい.

夸口 kuākǒu ほらをふく.自慢する:〔夸嘴〕に同じ.

夸夸其谈 kuākuā qítán 大言壮語する.大げさに話す.〔作文章,～的一大篇 piān〕文章を作れば大言壮語の一大長篇となる.

夸卖 kuāmài 品物をほめそやして売る.〔使 shǐ 出～的本领〕同前の手腕を発揮する.

kuā～kuà　　夸姱侉垮挎胯跨

夸示 kuāshì　誇示(する)
夸饰 kuāshì　大げさに形容する.
夸说 kuāshuō　①大げさにほめる. ②自慢して言う.
夸脱 kuātuō　＝[夸尔]〈音訳〉〈度〉クォート：ヤードポンド法の量の単位で、1ガロンの4分の1(アメリカで2パイント、メートル法の約0.95リットル)に当たる. →[加 jiā 仑][配 pèi 克][品 pǐn 脱]
夸饣 kuāxǔ　ほめたたえる.
夸诩 kuāxǔ　〈文〉大言する.誇示する.
夸扬 kuāyáng　〈文〉高言する.広言する.
夸耀 kuāyào　誇る.ひけらかす.[~于]人に見せびらかす.[他着重地~了本国外交政策 cè 的成功]彼は力を入れて外交政策の成功を誇った.
夸赞 kuāzàn　ほめたたえる.
夸张 kuāzhāng　①誇張する.おおげさに言う.[白发 fà 三千丈,在诗里也不算~]白髪三千丈は、詩ではべつに誇張ではない. ②〈修〉誇張.誇張的手法.
夸嘴 kuāzuǐ　〈口〉大口をたたく.口幅のせまいことを言う：[夸口]に同じ. [~的大 dài 夫没好药][諺]自慢をする医者に名医なし. →[说 shuō 嘴①]

[姱] kuā　〈文〉美しい.麗しい. [~容 róng][~姿 zi]美貌. [~名]美名.

[侉(咵)] kuǎ　〈口〉①不格好である.やぼったい. [这个箱子太~了,带着不方便]この箱はばかでかくて持ち歩きに不便だ. ②なまっている. [~腔 qiāng]田舎なまり. [说话有点儿~]言葉に少し田舎っぽいところがある. →[恘 qiū]

侉佟气 kuǎlǐ kuǎqì　やぼったいさま.
侉声侉气 kuǎshēng kuǎqì　言葉がなまっている.
侉子 kuǎzi　他地のなまりがある人：土地の発音と異なるものを軽蔑していう. [山东~]旧時、北京人が山東人を、また南方人が北方人のことをいった. →[京 jīng 油子]

[垮] kuǎ　①壊れる.つぶれる. [墙 qiáng ~了]壁が崩れ落ちた. ②だめになる.失敗する. [那家公司~了]あの会社はつぶれた. [计 jì 划性强,事情就~不了 liǎo]計画がしっかりしていれば失敗しっこない. [搞 gǎo ~]だめにしてしまう. [打~了敌わ军]敵軍をたたきつぶした. [身体累 lèi ~了]疲れて体を壊した. [农民把地主斗 dòu ~了]農民は地主をつるしあげつぶし(打倒し)てしまった.

垮掉 kuǎdiào　台無しになる. [~的一代]〈喩〉文化大革命によって損なわれた若者の世代.
垮場 kuǎtā　崩れ落ちる. [发生了大面积~]大面積の崩壊が起こった.
垮台 kuǎtái　瓦解する.崩壊する.つぶれる.失脚する. [倒 dǎo 台]に同じ. [倒塔 tā 台]～了]内閣がまた瓦解した. [总经理这回站不住,不得不~]社長は今度は踏みとどまる(地位を保つ)ことはできない(失脚せざるをえない)

[挎] kuà　①[腕]にかける.さげる. [左胳膊 ~着一大篮菜]左の腕にかご一杯の野菜をさげている. [两个人~着胳膊走]二人腕を組んで歩く. ②[肩・腰]にさげる.かける. [~枪 qiāng]銃を肩にかける. [~书包]カバンを肩にかける. [~着盒 hé 子]腰にモーゼル拳銃をさげている. [~鼓 gǔ]腰にさげる小さな太鼓. → kū

挎包 kuàbāo　=[挎兜][-儿]ショルダーバッグ.肩かけカバン. [每个人都背 bèi 着~,里面装着随身用的东西]めいめいがカバンを肩にかけて、中には身の回りの品が入っている. [~银 yín 行]〈喩〉農業信用組合(小規模の). [从~里掏出一颗 kē 手榴弹 dàn]雑嚢から手榴弾を1個

つかみ出した.
挎臂 kuàbì　⇒[把 bǎ 臂①]
挎兜 kuàdōu　⇒[挎包]

[胯] kuà　生理両方のももの間.股間：〈文〉胯に同じ. [~子]二股 gǔ 股(する). [伸 shēn 腰拉~]腰を伸ばしたり、股を広げたりする.

胯步裆 kuàbùdāng　同下.
胯裆 kuàdāng　=[胯步裆]ズボンの股：両足がつながる部分.
胯骨 kuàgǔ　生理腰骨.宽[衣]骨.无名骨：[髋 kuān 骨]の通称. [~日 jiù 日 jiù 臼]：寛骨の外側面にあって大腿骨の頭部を入れて股関節を形成するくぼみ.
胯骨轴 kuàguzhóu　[-儿,-子]〈口〉腰の関節. [~上的亲戚]〈喩〉遠縁の親戚.
胯下 kuàxià　股(差)下. [~之辱 rǔ][成]人の股下をくぐるような恥辱(韓信の故事)：困難の中で大志をもつ人が恥を甘受すること.

[跨] kuà　①足を踏み出す. [~大步]大またで歩く. [向右~一步]一歩右へ踏み出す. ②またがる.またいで乗る. [~乘 chéng]同前. [~马 mǎ]馬にまたがる. ③境界を越えて両方にかかわる. [~了一个月]またがった(がった). [地~欧亚两洲]地域が欧・亜の2洲にまたがっている. ④またぐ.またぎ越す.越えて渡る. [~过来]またいでくる. [~海]海を渡る. [~过鸭绿江]鴨緑江を越え渡る. [~方]〈方〉端に尻を半分かける. [~一边儿]同前. [~半边儿椅子]椅子にちょっと尻をのせかける. [~沿儿 yánr]手押し車に尻をちょっとかけてぶらぶらさせる. ⑤付け加える.添える. [又~上行小字儿]さらに小さな字を1行付け加える. [另外还~着一个工作]その他にも一つ仕事をかけ持ちしている.

跨部门 kuàbùmén　他部門にまたがっている.
跨步跳 kuàbùtiào　→[三 sān 级跳远]
跨长江 kuàchángjiāng　①揚子江を渡る(横断する). ②→[全 quán 国农业发展纲要]
跨党 kuàdǎng　一人で二つ以上の党に籍をおく.
跨刀 kuàdāo　①刀をたばさむ(腰にさす). ②〈転〉芝居で俳優が他の俳優の助演を務める.
跨度 kuàdù　建築支柱と支柱の間の距離.スパン.径間：[跨径]ともいう. ②時間上の距離. [年龄 líng ~]年齢の差・間隔.
跨纲要 kuàgāngyào　囚農業の発展が[全 quán 国农业发展纲要]の規定を越えること.
跨国 kuàguó　多国籍(の). [~公司][~企 qǐ 业][超 chāo 国家公司][多国 国公司]多国籍企業.国際企業. [~自然保护区]国境を越える保護地域. [~婚姻][国际 jì 婚姻]国際結婚.
跨行业 kuàhángyè　いくつかの業種にまたがる. [~企业]多業種間企業.
跨鹤 kuàhè　鶴(?)にまたがる：仙人になる. [~西归 guī]〈喩〉死去する.
跨进 kuàjìn　踏みこむ. [~了一步]一躍進進した.
跨径 kuàjìng　⇒[跨度]
跨境 kuàjìng　境界を越える. [~婚 hūn 姻]香港と大陸の男女の結婚.
跨栏 kuàlán　区ハードル競争：[跳 tiào 栏]は旧称.ハードルは[栏架]という. [~赛跑]ハードルレース. →[低 dī 栏][高 gāo 栏]
跨路桥 kuàlùqiáo　陸橋.道路(線路)をまたぐ橋.
跨轮 kuàlún　⇒[背 bèi 轮]
跨年 kuànián　年が(翌年に)またがる. [~度 dù]次年度にまたがる.翌年にまたがる.
跨区供应 kuàqū gōngyìng　他区供給.地域を越えた供給.

跨世纪 kuàshìjì 世紀をまたぐ.
跨所属 kuàsuǒ 〔建〕母屋の横に付設された建物.→〔跨院〕
〔跨院(儿)〕
跨线桥 kuàxiànqiáo 跨(こ)線橋.
跨学科 kuàxuékē 学問の分野にまたがる.学際的.
跨业 kuàyè 業種・業界をまたぐ;〔跨行业〕に同じ.〔~公司〕複合企業.
跨页 kuàyè 頁をまたぐ;多く広告や大型図版など.
跨辕儿 kuàyuánr ①馬車のながえにまたがる(って乗る).②同前の人がまたがって乗る部分.
跨院(儿) kuàyuàn(r) 〔建〕母屋の両側にある横庭:それぞれ〔东~〕〔西~〕といい,またそこに家屋が建てられると〔东跨所礼〕〔西跨所礼〕と呼ばれる.→〔院子〕
跨越 kuàyuè またがり越える.〔~式发 fā 展〕飛躍的発展.〔~古今〕古今にまたがる.
跨灶 kuàzào 〈喩〉子が親に勝ること:〔釜 fǔ〕のかけられるかまどをまたぎ越す,すなわち〔父 fù〕を超える.

〔**骻（骻）**〕 kuà ⇒〔胯〕

kuai

〔**㧟・擓**〕 kuǎi 〈口〉①爪でかく.〔~痒痒(儿)〕yǎngyang(r)かゆいところをかく.〔~破 pò 了皮肤〕皮膚をかきやぶった.②〔腕に〕かける.〔拧s hi8〕に同じ.〔~筐 kuāng〕かごを腕にかける.③すくう.汲む.〔舀 yǎo〕に同じ.〔~一碗 wǎn 凉水〕水を1杯すくう(って汲む).

〔**蒯**〕 kuǎi 〔~草 cǎo〕アブラガヤ:チガヤに似て,縄やむしろ,また紙を作るのに用いられる.〔蔍 biāo〕は古称.〈姓〉蒯(か)

〔**凷**〕 kuài 〈文〉土の塊.土くれ.

〔**会・會**〕 kuài ①合計する.②〔~稽 jī 山〕[地]浙江省にある.〔~稽之耻 chǐ〕敗戦の恥辱(越王勾踐の故事).③〈姓〉会(か)→huì

会计 kuàijì ①会計.〔~年度〕会計年度.〔~制度〕会計制度.〔~室〕経理部.〔~软 ruǎn 件〕〔财 cái 务软件〕財務会計ソフト.②会計係.〔~员 yuán〕同前.
会计师 kuàijìshī 会計士.〔高级~〕公認会計士.〔助 zhù 理~〕経理助手.
会计证 kuàijìzhèng 会計士証明書.

〔**侩・儈**〕 kuài 〔〈文〉牙 yá〕〔牙子①〕回仲買人.周旋屋.ブローカー.〔市 shì ~〕同前.〈转〉忌憚徳商人.

〔**郐・鄶**〕 kuài ①[图]西周の諸侯国の一:今の河南省密県のあたりにあった.②〈姓〉郐(か)

〔**浍・澮**〕 kuài 〈文〉田の溝.〔~渠 qú〕〔沟 gōu ~〕〔田 tián ~〕同前.→huì

〔**哙・噲**〕 kuài ①〈文〉呑(の)みくだす.②人名用字.〔~伍 wǔ〕〈文〉樊噲(漢の武将名)ごとき(つまらぬ)やから.〈転〉俗人:漢の韓信が言った言葉.〈姓〉噲(か)

〔**狯・獪**〕 kuài 〈文〉悪賢い.ずる賢い.〔狡 jiǎo ~〕

〔**脍・膾（鱠）**〕 kuài 〈文〉なます(にする):獣肉や魚肉を細く(うすく)切る(ったもの).〔~炙 zhì 人口〕〈成〉(なますやあぶり肉が人々に好まれるよ

うに)人々の口の端(は)によくのぼる.〈喩〉詩文などが広く人々にほめ伝えられている.

〔**鲙・鱠**〕 kuài 〔~鱼 yú〕[魚貝] ヒラ:〔快鱼〕〔鳓鱼 lè 鱼〕ともいう.→〔脍〕

〔**快**〕 kuài ①(速度が)速い.〔跑 pǎo 得~〕走るのが速い.速く走(れ)る.〔走~些〕少し速く歩け.〔这个表~一点儿〕この時計は少し進んでいる.↔〔慢 màn ①〕〔速 sù 【I】①〕
②刃物が切れる(鋭利である).〔这把刀很~〕この刀はよく切れる.↔〔钝 dùn ①〕→〔利 lì ①〕〔锐 ruì ①〕
③快い.楽しい.心持よい.〔精 jīng 神不~〕気分が楽しくない.不快である.〔身体不~〕体の具合が悪い.〔痛 tòng ~①〕痛快である.〔凉 liáng ~①〕涼しい.〈又〉〈人〉人の心を大いに楽しくさせる.〔拍手称~〕手をたたいて快哉(かいさい)を叫ぶ.
④速さ.〔速 sù 度有多~〕速度はどれくらいか.⑤急いで.はやく.〔~来!〕はやく来い.〔上车吧~上车吧〕はやく車に乗りなさい.⑥ほどなく.すぐ.もうじき:文末に〔了〕を伴うか,〔~天黒的时候〕のように〔的〕によって次の名詞を修飾する時に限る.〔~了〕(一般的に)もうすぐだ.〔火车~到了 电车はもうすぐ着きます.〔~完了〕もうすぐ終わる.〔~暑 shǔ 假了〕もうすぐ夏休みになる.⑦反応が早い.回りが早い.石鳞がきく(よくおちる).〔脑 nǎo 子~〕頭がきれる.〔这块肥皂不~〕この石鹼はきかない.⑧さっぱり(てきぱき)している.〔心直口~〕性格がさっぱりしていて思ったことをずばずばと言う.⑨〔明清〕(州・県の)捕り手.目明かし.〔捕 bǔ ~〕捕り手役人.⑩〈姓〉快(か)

快巴 kuàibā ①急行バス.②高速バス.
快班 kuàibān ①=〔快役〕〔马 mǎ 快（手）〕 回捕り手の役人.②[教] 進度のはやいクラス.研修クラス.③(バスなどの)急行定期便.
快板 kuàibǎn 劇(旧劇の)伴奏音楽の速い調子:感情の激しい揺れや急いで事情を説明するときなどに用いる.→〔板眼〕
快板球 kuàibǎnqiú [スポーツ](ハンドボールなどの)スカイブレー.
快板儿 kuàibǎnr 劇竹板を鳴らしながら語り謡う民間芸能:〔数 shǔ 来宝〕から発展したもの.〔单口~〕(一人),〔対口~〕(二人),〔快板群〕(3人以上)などの形式がある.〔~书 shū〕ともいう.〔天津~〕天津地方の同前.
快报 kuàibào ①速報.②速報掲示.
快波睡眠 kuàibō shuìmián [生理]レム睡眠:〔异 yì 相睡眠〕ともいう.
快步 kuàibù ①[教](教練の)はや足.〔~走!〕(号令)速足進め.〔~地向前迈 mài 进〕急ぎ前方に突き進む.〔~流星〕〔大 dà 步流星〕〈喩〉大股で早く歩く.〔~舞〕(社交ダンスの)クイックステップ.〔轻 qīng ~〕軽はや足.〈又〉[スポーツ](馬術の)速歩.はや足.トロット:俗に〔小 xiǎo 跑③〕〔碎 suì 步跑〕という.〔高抬腿小~〕パッサージュ.→〔慢 màn 步〕〔跑 pǎo 步〕
快餐 kuàicān [食]ファーストフード.スナック.〔洋 yáng ~〕洋風の同前:〔汉 hàn 堡堡包〕(ハンバーガー)など.〔吃~〕ファーストフードを食べる.ファーストフード店で食べる.〔~部 bù〕(食堂の)簡単な料理や麺類など軽食品売店窓口.〔~食 shí 品〕インスタント食品・軽食.〔~店〕〔~厅〕〔~馆 guǎn〕ファーストフード店.〔~面〕[方 fāng 便面]インスタントラーメン.〔~车〕移動式屋台.移動販売車.〔~盒 hé〕(弁当用の)プラスチック容器.
快车 kuàichē 急行(列車・バス).〔一天有几趟~〕1日に何本の急行があるか.〔普 pǔ 通~〕〔普快〕一般急行列車.〔直 zhí 达~〕〔直快〕直通急行列

kuài 快

车.〔特 tè 别~〕〔特快〕特別急行列車.〔~票〕急行券.↔〔慢 màn 车〕

快车道 kuàichēdào ＝〔快行道〕＝〔快行线②〕追い越し車線.高速走行車線. ②〈喩〉急速な発展段階.〔进 jìn 入~〕高度成長期に入る.

快当 kuàidang 手早い.すばやい.〔没想到你这么~就写好了〕こんなにすばやく書き上げるとは思いもしなかった.〔快快当当地做〕てきぱきとやる.

快刀 kuàidāo よく切れる刃物.〔~斩 zhǎn 乱麻〕快刀乱麻(を断つ).〈喩〉面倒で複雑なことをすぱっと片づけること.〔~切 qiē 豆腐〕〈歇〉よく切れる包丁で豆腐を切る.〔两面光〕(切断面が二面ともスベスベである).如才なく両方にいい顔をしてだれからも悪く思われないようにする.

快递 kuàidì ①(郵便で)速達する.〔~邮件〕〔~信件〕〔快信〕速達(郵便物). ②⇒〔特 tè 快专递〕

快堆 kuàiduī 物高速増殖炉:〔快中子 zǐ 增殖反应堆〕の略.〔~研究中心〕高速炉研究センター.

快干 kuàigān 速乾性(の).クイックドライ.〔~磁漆〕速乾性エナメル・ラッカーなど.

快感 kuàigǎn 快い感じ.快感.気持ちよさ.

快攻 kuàigōng 図速攻(する).クイック攻撃.

快果 kuàiguǒ 梨の別称.

快货 kuàihuò 売れ行きのよい商品.

快活 kuàihuo 楽しい.〔~汤 tāng〕酒の別称.〔~酒 jiǔ〕楽しい一生.〔~一辈子〕面白おかしい一生.〔快快活活〕面白く楽しむ.〔生活就像游 yóu 戏一样吗,游戏却又像命 mìng 运一样庄 zhuāng 严〕生活はゲームのように楽しいのに、ゲームは運命のように厳(おごそ)かである.

快件 kuàijiàn (鉄道貨物・郵便小包の)速達便.〔~公司〕宅配便会社.

快捷 kuàijié ①すばやい.すばしっこい.②電算ショートカット.〔~方式〕同前.〔~键 jiàn〕ショートカットキー.

快节奏 kuàijiézòu ①囝アップテンポ. ②〈喩〉(現代社会の発展の)急テンポ.

快镜头 kuàijìngtóu クイックモーション.こま落とし.

快客 kuàikè ①管内急行(列車):同一鉄路局管内を運行する急行列車.→〔直 zhí 快〕②急行バス.ハイウェーバス. ③⇒〔黑 hēi 客〕

快口 kuàikǒu ①話しぶりが速い.さわやかである.②⇒〔快嘴〕

快快快快 kuàikuàikuàikuài →〔划 huá 拳②〕

快快(儿) kuàikuài(r),~kuāi(r) 急いで.さっさと.

快览 kuàilǎn 便覧.〔日用~〕日用便覧.

快乐 kuàilè 楽しい.幸せである.〔~的家庭〕幸せな家庭.〔~地过日子〕楽しく暮らす.〔祝 zhù 你生日~〕〈挨〉お誕生日おめでとう.〔~器 qì〕〈口〉大人のオモチャ.

快利 kuàilì ①鋭い.よく切れる. ②なめらかですばやい.

快溜儿 kuàiliūr てきぱき.さっさと:〔快溜麻地〕ともいう.〔有了事,要一做〕用事があればさっさとやれ.

快轮 kuàilún 汽船.快速船.

快马 kuàimǎ 速い馬.駿馬.〔~一轻 qīng 刀〕〈成〉武人の凜凜(りんりん)しいいでたち.〔~轻车 chē〕〈成〉装いをこらした車・馬.→〔好 hǎo 汉一言,快马一鞭〕

快马加鞭 kuàimǎ jiābiān 〈成〉駿馬に鞭を入れる.〈喩〉最高速度で.拍車をかける.速度をますます速める.

快马儿 kuàimǎr 〔子供の夜泣きやひきつけを治すために焼く神像を描いた絵(民間の俗信)〕

快慢 kuàimàn 遅速.速さ.速度.

快门(儿) kuàimén(r) カメラのシャッター.

快男子 kuàinánzǐ 快男子.→〔好 hǎo 汉〕

快牛 kuàiniú ①商(強気の相場で)上昇が急激であること.→〔牛币①〕 ②〈喩〉優良企業や優秀な人物.

快跑 kuàipǎo (馬術の)かけ足.ギャロップ.

快炮 kuàipào 速射砲:〔速 sù 射炮〕に同じ.

快枪 kuàiqiāng ①〔连 lián 环枪〕〔连珠枪〕連発銃.〔~手〕ガンマン.早射ち. ②劇舞台での槍を持った立ち回りの一種で、勝負をはっきりつけるもの.↔对 duì 枪

快人快语 kuàirén kuàiyǔ 〈成〉てきぱきと小気味よく話す:人柄がさっぱりしていること.

快方 kuài fāng 便јиаん便јиаん

快食面 kuàishímiàn ⇒〔方 fāng 便面〕

快驶 kuàishǐ (車・船などが)疾走する.

快事 kuàishì 愉快(痛快)なこと.

快手快脚 kuàishǒu kuàijiǎo 〈喻〉すばやい.敏捷である.

快手(儿) kuàishǒu(r) 行動や仕事のすばやい人.敏速な働き手.

快书 kuàishū 囝拍子木を打ちならして韻を含んだ物語を早い調子で語る芸能.〔山东~〕〔竹 zhú 板~〕などがある.→〔快板〕

快熟粉 kuàishúfěn ゴム和硫化促進剤:〔橡 xiàng 胶硫化促進剤〕に同じ.

快速 kuàisù ①高速(の).快速(の).〔~切削法〕囝高速切込法.〔~消 xiāo 费品〕日用消耗品.〔~反应部队〕軍緊急対応部隊.即応部隊.〔~路 lù〕(都市の)自動車専用道路.→〔高 gāo 速公路〕 ②(列車の)快速.

快速车床 kuàisù chēchuáng ⇒〔高 gāo 速车床〕

快速降下 kuàisù jiàngxià (スキーアルペン種目の)滑降.ダウンヒル.→〔高 gāo 山滑雪〕

快速溜冰 kuàisù liūbīng 〔速度滑冰〕〔速滑〕囝スピードスケート.

快速移动 kuàisù yídòng 囝快速横断:工作機械の刃物台を迅速に自動的に動かし、時間の不経済をなくす技術.

快艇 kuàitǐng 小型快速艇.モーターボート.〔汽 qì 艇〕に同じ.〔鱼 yú 雷(快)艇〕軍魚雷艇.〔~比 bǐ 赛〕(=竞)賽スピードボートレース.

快头 kuàitóu 囝捕り手(役人)の頭(かしら):〔捕 bǔ 头头目〕〔捕头〕ともいう.→字解⑨

快腿 kuàituǐ 〈口·喩〉足の速い人.

快慰 kuàiwèi 楽しい(楽しく心がなごむ).ほっとする.慰めになる.〔现出了~的笑容〕ほっとした笑いの表情を浮かべた.〔第一~的我我最楽しいこと.

快相 kuàixiàng ＝〔快照〕スナップ写真.

快信 kuàixìn 速達郵便物.

快行道 kuàixíngdào ⇒〔快车道〕

快行线 kuàixíngxiàn ①自動車走行車線. ②⇒〔快车道①〕

快性 kuàixing 〈方〉気性がさっぱりしている.〔他倒~,不磨蹭〕彼はなかなかきびきびしていて、ぐずぐずしない.

快婿 kuàixù ⇒〔佳 jiā 婿〕

快靴 kuàixuē 底が薄くて、柔らかい皮のついた歩きよい中国式短靴.

快讯 kuàixùn ①ニュース速報. ②〈方〉速い.

快要 kuàiyào もうすぐ.ほどなく.まもなく.〔春天~过去了〕春はもうじき過ぎ去ろうとしている.

快役 kuàiyì ⇒〔快班①〕

快意 kuàiyì 心にかなう.気に入る.心地よい.さわやかである.〔~当前〕一時の満足に甘んずる.〔微风吹来,感到分外~〕そよ風が吹きとても心地よい.

快硬水泥 kuàiyìng shuǐní 囝速乾性セメント.

kuài～kuān

a **快鱼** kuàiyú ⇒[鲙鱼]
   快照 kuàizhào ⇒[快相]
   快中子 kuàizhōngzǐ 物高速中性子.[~增 zēng 殖反应堆][快堆]高速増殖炉.
   快装费 kuàizhuāngfèi 圓早出し料.

b **快足** kuàizú 歩くのが速い.足ばや.
   快嘴 kuàizuǐ ≒[快口②]口が軽い.おしゃべりである.→[快舌〈惯〉]同前.

[块・塊] kuài ①[一儿]塊(の).かけら.塊状(のもの).ぶつ切り.[石 shí

c 头~]石の塊.[糖 táng ~]砂糖の塊.[あめの塊.[方 fāng ~]四角の塊.[煤 méi ~]石炭の塊.[这儿一~那儿一~的,满 mǎn 地都是砖头]こちらに一かたまりあちらに一かたまりと街中煉瓦のかけらだらけだ.②量词.塊状のもの,例えば[玉,

d 石 头,砖 zhuān,煤 méi,糖 táng,饼 bǐng,墨 mò,馒 mán 头,面包,豆 dòu 腐,点心]などに用いられる.[一~肉 ròu]一かたまりの肉.[一~肥皂]石鹸一つ.[又添 tiān 了一~心病]また一つ(一かたまり)の心配がかさった.ⓒ[碰碰 pèng 掉了一~]茶わんが1か所かけた.ⓑ一定の広さに限られた土地・場所・器などに用いられる.[这(一~)地]この土

e 地.[这块地上の田.[这块地上种 zhòng 了山药]この畑で山芋を作った.[这块地上種 zhòng 的作物.[一~手帕]1枚のハンカチ.[一~布]1枚の布(きれ).[袖 xiù 子上沾

f zhān 了一~油]そでに1か所油がしみた.[脸上有一~癣 xuǎn]顔に一ところ白癬(がんせん)ができている.[这(一)~皮子]この皮革.③量词.〈口〉基本货币の单位:[元 yuán(Ⅲ)④]に同じ.[两~钱][二元]2元.[四~五毛(钱)][四元五角]4元5角.→[圆 yuán ④].

g **块根** kuàigēn 植塊根.
   块规 kuàiguī ≒[规矩块][对 duì 板]機ゲージブロック.→[规①]
   块茎 kuàijīng 植塊茎.塊茎.

h **块块** kuàikuài 地域の横のつながり.〈転〉地域縄張り主義.セクショナリズム.→[条 tiáo 条块块]
   块垒 kuàilěi〈文〉胸のしこり(わだかまり)・悩み・不満.
   块绿 kuàilǜ 化塊状グリーン.[盐基~]結晶マラカイトグリーン.

i **块儿** kuàir ①[かたまり.かけら.②〈口〉体格.背丈.なり.[你看人家那~,一般人真比不了]ほらごらんのあの大男のなりを,並の人は比べものにならんよ.③〈方〉ところ.あたり.[这~]この辺.[哪~]どこ.
   块儿八毛 kuàir bāmáo 1元そこそこ.1元足らず(の小銭).[块儿八角 jiǎo]ともいう.

j **块儿美玉** kuàirměi 音頭取りとして利用される美しい宝石 **块然** kuàirán 〈文〉①孤独のさま.[~一物]ぽつんと一つある.②安らかなさま.③愚かなさま.[~无知]まったく無知.

k **块头** kuàitóu〈方〉体つき.図体(げいい).[他~不大]彼は体が大きくない.
   块状 kuàizhuàng ①塊状.[~淋 lín 巴结]医塊状淋巴結.[~岩 yán]地塊状岩.②〈喩〉横に結集して集団をなしている.[~经 jīng 济]ブロック経済.地域経済.
   块状刃 kuàizhuàngrèn 機枕ブレーキ:制動機の一種,1個から数個の[闸 zhá 瓦](制輪子.まくら)を車の周りにとりつけて制動する.

[筷] kuài 箸(ば).通称[~子].[箸 zhù]は文

m 語.[竹 zhú~]竹の箸.[象 xiàng 牙~]象牙の箸.[乌 wū 木~]黒檀の箸.[杯 bēi~]~箸.〈転〉食器類.[火 huǒ~]火 箸.[〈转〉~笼 lóng~]箸立て.[碗 wǎn 碗~]〈转〉食器類.

n **筷子** kuàizi 箸(ば).[一双 shuāng~]箸一膳.[用

~吃饭]~箸でご飯を食べる.[请动 dòng~吧]どうぞ箸をお取りください(召し上がってください).[不撂 liào~]箸を下に置かない.食べるのをやめない.[~箱]箸箱:食堂に何膳も入れて備えつけてあるもの.[~架 jià]箸置き.[不要放下~]どうかお箸を休めないでください.[再吃点儿]より丁寧な言いかた.

kuan ㄎㄨㄢ

[宽・寬] kuān ①(場所・幅・範囲が)広

い.ゆったりしている.[道路倒很~]道路はまあなかなか広い.[这条路比那条路三~三米]この道はあの道より3メートル広い.[眼 yǎn 界~]視野が広い.↔[窄 zhǎi ①]→[广 guǎng(Ⅰ)①] ②幅.広さ(ひろさ).[有多~?]どのくらいの幅がありますか.[我们国旗的~是长的三分之二]我が国の国旗の幅(縦)は長さ(横)の3分の2である.[这条河有1公里~]この川の幅は1キロある.[这块布长10尺,~3 尺]この布の長さは10尺,幅は3尺ある.→[广(Ⅰ)④] ③ゆるい(くする).おおまかにする).楽に(~にする).[把心放~一点]気持ちを少し楽にする.[期限定一点儿]期限にゆとりを持たせたほうがいい.[征 zhēng]税をゆるやかに取り立てる.[~大为怀]度量を大きく持つ.[~政 zhèng]寛大な政治.[日期~展 zhǎn 五天了]期日が5日間繰り延べられた.[~限两个月]2か月期限を延ばす.[把这种事看得很~]この種の事を非常に寛大に考えている.[从~处 chǔ 理]寛大に処分する. ⑤豊かである.[现在人们的手头比过去~多了]今人々のふところ具合は,以前よりずっと楽になった. ⑥[姓]寛(カン)

宽办 kuānbàn 寛大に取り扱う.寛大に処分(処置)する.
宽勃拉可膏 kuānbólǎkě gāo 医ケブラチョエキス.
宽畅 kuānchàng (心が)のびやかで気持ちがよい.[胸怀~]心がゆったりとする.
宽敞 kuānchang 遮るものがなくゆったりしている.[地方儿~]場所は広々としている.[这间房子~明 míng 亮]この部屋はとても広くて明るい.[还有再~点儿的屋子没有~]もう少し広い部屋はないか.[好像一座美 měi 丽~的宫殿]まるで美しく広々とした宮殿のようだ.
宽绰 kuānchuo ①広々としている.[地方儿很~]場所はとても同前.②(心持ちが)余裕がある.ゆったりしてこせつかない.[听了他的话,心里一多了]彼の言葉を聞いて大分気が楽になった.[性~以能容]気質がゆったりしていて寛容である.③ゆとりがある.裕福である.[手头儿不~に余裕がない.[生活越来越~了]生活がだんだん豊かになった.
宽打窄用 kuāndǎ zhǎiyòng 余裕をもって見積もりむだなく使うこと.
宽大 kuāndà ①(面積・容積が)広くて大きい.[~的候 hòu 车室]大きな待合室.[~的上衣]だぶだぶの上着.②寛大である.[与 wéi 怀]寛大を旨とする(心がける).[实行镇 zhèn 压与~相结合的政策]弾圧と寛大とを結合した政策を実行する.[~政策]寛大を旨とする政策.③(誤ちや罪人に)寛容である.[从~处 chǔ 理]寛大な処置(をする)
宽待 kuāndài 寛大に取り扱う.
宽贷 kuāndài 大目に見る.
宽带 kuāndài 電算ブロードバンド.[~频]に同じ.[~光~]光ブロードバンド.[~电话]ブロードバンド電話.[~网 wǎng][宽网]ブロードバンドネットワーク.↔[窄 zhǎi 带]

宽度 kuāndù ①(建造物の)広さ. ②幅.
宽恩 kuān'ēn ①寛大な思いやり.[~饶 ráo 恕]情けで許す. ②許してやる.[求先生~吧!]あなたお許しください.
宽泛 kuānfàn (意味の)広いこと.多岐にわたる.広範(である).[演说题目太~]演説の題目があまりに広範すぎる.
宽幅 kuānfú 大幅.ダブル幅.[~棉布]ダブル幅綿布.[~布]圈ワイドクロス.[宽面儿布]ともいう.↔[窄 zhǎi 幅]
宽广 kuāngguǎng 広い.[~的道路]広い道.[见识~]見識が広い.[~的剧场]広々とした劇場.[~的胸怀]広い心.
宽轨 kuānguǐ 広軌.↔[狭 xiá 轨]
宽和 kuānhé 心が広く穏やかである.
宽宏 kuānhóng (度量が)大きい.[宽洪②]とも書く.[~大量 liàng]~大度.[宽洪大量][宽海 hǎi 大量]《成》度量が大きい(こと)
宽洪 kuānhóng ①声が大きくて朗々としている. ②同上.
宽厚 kuānhòu ①(人に対して)心が広く手厚い. ②広くて厚い.[~的胸膛]広くて厚い胸. ③声が低くて力強い.
宽怀 kuānhuái ①くつろぐ.気をゆるめる. ②気を大きく持つ.
宽缓 kuānhuǎn ①緩やかである.のんびりしている.[这一改比原先~多了]この改訂で以前よりずっと緩やかになった. ②急がない.ゆっくりしている.[请再~几天吧]もう数日猶予してください.
宽假 kuānjiǎ 〈文〉容赦する.仮借する.
宽解 kuānjiě 気持ちがゆったりとする.なだめる.[这么一想心里倒觉着~了些个]こう考えると心がいくらかつらいそうだった.
宽紧带 kuānjǐndài ⇒[松 sōng 紧带]
宽进严出 kuānjìn yánchū (大学への)入学するのはやさしく,卒業するのは厳しくする.
宽旷 kuānkuàng (遮ぎる物が無く)広々としている.
宽阔 kuānkuò ①広くしている.広々としている.[~平坦的林荫大道]広々とした平坦な並木道. ②(心が)晴れやかである.(考えが)おおらかである.[心胸~]心が広い.
宽谅 kuānliàng 諒とする.許す.→[原 yuán 谅]
宽猛相济 kuānměng xiāng jì 〈成〉寛容と厳格がほどよく調和されている.アメとムチをほどよく使う.
宽免 kuānmiǎn (大目に見て)免除する.罪を許す.
宽面 kuānmiàn [-儿]〈方〉広幅(の布)
宽频 kuānpín ⇒[宽带]
宽屏幕 kuānpíngmù ワイドディスプレー(テレビ·コンピュータの).[~电视机]ワイドテレビ.→[宽银幕]
宽让 kuānràng 度量が大きく人と争わない.
宽饶 kuānráo 寛容する.寛大に許す.
宽仁 kuānrén 〈文〉寛容で慈悲深い.
宽容 kuānróng ①寛容する.②寛大に許す.
宽嗓 kuānsǎng 劇太くて重みのある声.
宽赦 kuānshè 寛大に赦免する.
宽舒 kuānshū ①ゆったりしている. ②(場所が)広くて気持ちが良い.
宽恕 kuānshù =〔文〕宽宥]寛恕する.許す.
宽松 kuānsōng ①ゆったりしている.(衣服などが)ゆったりしている.余裕がある.[这炕宽松地能睡五个人]このオンドルはゆったり5人寝られる. ②(気持,環境·衣服などが)ゆったりしている.余裕がある.[她听了朋友们安慰的话,心里~多了]彼女は友人達の慰めの言葉を聞いて気持ちがかなり楽になった. ③(経済的に)ゆとりがある.豊かである.
宽网 kuānwǎng ⇒[宽带网]

宽慰 kuānwèi なだめ慰める.
宽限 kuānxiàn 期限を緩める.期限を延ばす.[~qī]据え置き期間.猶予期間.→[缓 huǎn 期]
宽乡 kuānxiāng 人口が少なく農地の豊かな所.↔[狭 xiá 乡]
宽心 kuānxīn 心を広く持つ(取り直す).安心する.慰める.[你去看看电 diàn 影儿宽宽心吧]映画でも見に行って気分転換しなさい.[拿 ná 宽心的话宽自己的心]自分で言い聞かせて自分の心を慰める.[~落 luò 意]安心して気が落ち着く.[~丸儿 wánr]〈喩〉気休めの言葉.慰めの言葉.[开 kāi 心丸儿]ともいう.
宽衣 kuānyī ゆったりした衣服.着衣をゆるめる(表の上着を脱ぐ).[请~入席]どうぞ上着をおとりになってご着席願います.[~解 jiě 带]身体を露出する.裸になる.
宽以待人 kuān yǐ dàirén 〈成〉人に寛容な態度で接する.
宽银幕 kuānyínmù ワイドスクリーン.[~电影]シネマスコープ·シネラマなど.
宽宥 kuānyòu ⇒[宽恕]
宽余 kuānyú 裕福で困っていない.悠々として快適である.
宽裕 kuānyù =[宽余]裕福である.豊かである.[他家里过得~]彼のうちは豊かに暮らしている.[时间很~]時間はたっぷりある.
宽窄 kuānzhǎi 広さ(大きさ).広さ狭さの具合.幅(の程度).[您看这张纸~合适吗]どうでしょう,この紙の大きさでよいでしょうか.
宽展 kuānzhǎn 〈方〉①(心が)のびのびする. ②(場所が)広々としている. ③(金銭的に)余裕がある.
宽纵 kuānzòng 見逃しておく,気ままにさせる.放任する.[不要~自己]自分を気ままにさせてはいけない.
宽坐 kuānzuò 楽に(ゆったりと)座る.くつろぐ.

[髋·髖] kuān

髋骨 kuāngǔ =[胯 kuà 骨]生理 寛骨.無名骨:[骼 qià 骨][耻 chǐ 骨][坐 zuò 骨]の総称.
髋关节 kuānguānjié 生理股関節.髀臼関節.
髋臼 kuānjiù 生理寛骨臼.髀臼.

[款(欵·欸)] kuǎn (Ⅰ)①条項.項目.[条 tiáo ~]同前.[这个条约一共有五~]この条約は計5箇条からなっている.[列 liè ~]箇条書きにする.[逐 zhú ~逐条].[次 cì ~]次の条項(条文). ②金.金額.経費.費用.[一笔 bǐ ~子]一口の金.[公~]公金.[存 cún ~]預金をする.[借 jiè ~]借款(をする).[放 fàng ~]貸し出し(をする).[赔 péi ~]賠償金(を支払う).[汇 huì ~]金を工面する.[巨 jù ~]巨額の金.[剩 shèng ~]剰余金. ③[-儿]書·画に書きつける器物に刻した文字.作者や贈答相手の名前である.[画是画好了,还没题~呢]絵は描きあげたんだがまだ落款がしてない.→[款识②]
④様式.スタイル.[新~大衣]新しいデザインのコート.⑤風格.種類·様式を数える.[西式蛋糕有四~]ケーキが4種類ある.⑥〈口〉金まわりがいい.札びらを切る.[~哥 gē]金持ちの若い男性.[~姐 jiě]金まわりのいい若い女性.[~娘 niáng][~婆 pó][~女 nǚ]金持ちな女性.[~爷 yé]成り金(の年配の男). ⑦〈文〉叩 k.[~门 mén]門を叩く(訪問する).
(Ⅱ)〈文〉まごころをもってする.ねんごろである.いんぎんである.[恸 kǔn ~]衷情.[忠 zhōng ~]忠義心.[纳 nà ~②](通じて)降服する.帰順する.[~客以酒]客にお酒でもてなしする.

kuǎn～kuāng

(Ⅲ)〈文〉ゆっくり(歩く).→〔款步〕

款步 kuǎnbù 〔缓 huǎn 步〕ゆっくり歩く.〔～而行〕同前.〔～春郊〕春の郊外を同断.

款诚 kuǎnchéng 〈文〉まこと.誠意.

款待 kuǎndài ねんごろにもてなす.↔〔薄 bó 待〕→〔管 guǎn 待〕

款冬 kuǎndōng 〔植〕フキタンポポ.〔菟 tù 奚〕は文語.花を〔～花〕〔冬花〕といい,漢方薬として用いる.

款额 kuǎn'é 〔款数〕金額.

款伏 kuǎnfú 同上.

款服 kuǎnfú 〔款伏〕〈文〉①心から服罪する.②＝〔款附〕心から服し従う.

款附 kuǎnfù 同上②

款款 kuǎnkuǎn 〈文〉①ゆるゆる(と).〔～而行〕ゆるりと参る.②切切(と).〔～深情〕心こもった深い情.

款留 kuǎnliú 欸待して引き留める.ねんごろに引き留める.〔～客人〕客をねんごろに引き留める.

款门 kuǎnmén 〈文〉門を叩く(訪問する)

款密 kuǎnmì 〈文〉親密である.

款目 kuǎnmù ①条項.②⇒〔账 zhàng 目〕

款洽 kuǎnqià ①打ち解ける.親しい.親密.②親しく話し合う.ねんごろに接待する.

款曲 kuǎnqū 〈文〉ねんごろに応対する.〔相见喜 xǐ 甚,买酒～〕面会できて大変喜び,お酒を買ってねんごろに応対した.②相手を思う真情.胸のうち.〔彼各相慕,自我眉语,但不能一叙～为恨也〕(清平山堂话本)お互いに慕いあって眼と眼で意を通じるとはいえ,胸のうちを存分に語れないのは残念である.

款儿 kuǎnr ①書画に書き添える署名:〔款识②〕に同じ.〔单 dān ～〕筆者だけの同前.〔双 shuāng ～〕相手や依頼者のことまで明らかにした同前.〔上～〕初めの方に書き添えられる相手や依頼者の名・称呼.〔下～〕末尾の方に書き添えられる筆者の署名.〔落 luò ～〕〔题 tí ～〕同前をする.②〈白〉…らしさ.…らしい.〔如今拿出小姐～来了〕(紅32)今や娘さんらしくなってきた.→〔架 jià 子②〕 ③金持ち.〔大～〕大金持ち.

款式 kuǎnshì 样式.雛形(﹆).スタイル.〔～齐 qí 全〕タイプは全部揃っています.→〔花 huā 样(儿)①〕

款式 kuǎnshi (気がきいてきちんとして)立派である.様だった.〔大家走进屋内一看,别提拾搭得有多～啦〕皆が屋内に入って見るとその手入れの気がきいてきちんとして立派なことといったらなかった.〔～人〕当世風のみなりをした人.〔肥大的～,瘦 shòu 小的边式〕〔谚〕太っている人はかっぷくがよいし,やせた人はスマートだ.→〔边 biān 式①〕

款物 kuǎnshǒu ⇒〔款子〕

款项 kuǎnxiàng ⇒〔款子〕

款型 kuǎnxíng デザイン.〔时髦 máo 的～〕しゃれたデザイン.

款语 kuǎnyǔ 〈文〉親しく心から語り合う.

款识 kuǎnzhì ①鐘・鼎・石器などに刻んである文字:彫り込んであるのを"款"といい,浮き彫りにしてあるのを"識"という:〔款志〕とも書く.②書・画に書き添える署名:〔款儿①〕に同じ.

款子 kuǎnzi 〔款项〕(ある目的のための)金額.〔借一笔～〕なにがしかの金を借りる.→字解(Ⅰ)②

〔**窾**〕 kuǎn 〈文〉空隙(﹆).穴:〔款(Ⅰ)⑧〕に同じ.〔怪 guài 石生～〕変わった格好の石に孔があいている.〔～要〕〈喩〉物事の大切なかなめ.要点.

kuāng ㄎㄨㄤ

〔**匡**〕 kuāng ①〈文〉支え助ける.守り助ける.補佐する.〔～我不逮 dài〕自分の至らない点を補佐してくれる.②〈文〉正す.正しい姿(状態)にかえす(してやる).〔～其误谬 miù〕その誤りを正す.③〈口〉ざっと見積もる.粗計算する.〔～一一〕同前.④〈姓〉匡(ﾏﾞ)

匡扶 kuāngfú 〈文〉正して支える.補佐する.

匡辅 kuāngfǔ ＝〔匡翼〕〔匡佐〕〈文〉支え助ける.〔～国 guó 家〕国を支える.

匡复 kuāngfù 〈文〉国の危機を救い復興する.

匡计 kuāngjì 大雑把に計算する.

匡济 kuāngjì 〈文〉救助する.〔～艰 jiān 危〕困難な(危ない)状態から救い助ける.

匡救 kuāngjiù 〈文〉(事態を)正し救う(おさめる)

匡谬 kuāngmiù 〈文〉誤りを正す.

匡时 kuāngshí 〈文〉時勢の不健全なところを矯正する.刻下の急務をまるくおさめる.

匡算 kuāngsuàn おおまかに勘定する.概算する.

匡翼 kuāngyì ⇒〔匡辅〕

匡正 kuāngzhèng 〈文〉正す.正しい姿に返す.〔～错误〕誤りを正す.

匡助 kuāngzhù 〈文〉援助する.助ける.

匡佐 kuāngzuǒ ⇒〔匡辅〕

〔**诓·誆**〕 kuāng うそを言ってだます.〔～人〕人をだます.〔这个坏 huài 蛋,把钱～到手里就跑了〕あの悪党め,お金をかたりとったらドロンした.→〔诳 kuáng〕

诓哄 kuānghǒng うそをついてだます.

诓骗 kuāngpiàn だます.欺く.

〔**俇**〕 kuāng

俇儴 kuāngráng ⇒〔劻勷〕

〔**劻**〕 kuāng

劻勷 kuāngráng ＝〔俇儴〕〈文〉急ぐさま.慌ただしく落ち着かないさま.

〔**洭**〕 kuāng 地名用字.〔～河 hé〕〔地〕湖南省に発し,広東省北部を流れる.

〔**恇**〕 kuāng 〈文〉おじける.恐しがる.

恇骇 kuānghài 〈文〉驚き恐れる.恐れひるむ.

恇惧 kuāngjù 〈文〉おじけ恐れる.

恇怯 kuāngqiè 〈文〉おじけて弱くなる.

〔**哐**〕 kuāng 〈擬〉ガラン.グワーン:物がぶつかる音.〔～的一声脸盆掉在地上了〕ガランと音を立てて洗面器が地面に落ちた.

哐当 kuāngdāng 〈擬〉ゴットン.ガラン.ガチャン.〔～一声,门被踢开了〕ガラッと音を立ててドアが蹴られて開いた.

哐啷 kuānglāng 〈擬〉ガラン.ガチャン.〔他回身把门一声关上了〕彼は振りかえってガチャンとドアを閉めた.

〔**筐**〕 kuāng ①〔～儿〕竹あるいは柳の枝で編んだかご.〔竹 zhú ～〕竹かご.〔柳 liǔ 条 ～〕柳かご.〔抬 tái ～〕担ぎかご.〔胳 gē 膊上挎 kuà 着 ～ 腕にかごをかけて(持っている).→〔簸 bò 箕〕〔篮 lán ①〕 ②量詞.かごに入れたものに用いる.〔一～水果〕かご一杯の果物.

筐箩 kuāngluó ⇒〔箩筐〕

筐篋 kuāngqiè かごつづら.〔～中物〕同前の中の物.〔喩〕ありふれた事物.

筐子 kuāngzi 小さいかご.→〔篓 lǒu 子〕〔笸 pǒ 笤〕

kuáng~kuàng 狂诳鵟奒扩邝圹纩旷

[狂] kuáng ①気がおかしい.常軌を逸している.〔发 fā~〕発狂する.狂う. ②高慢(である).〔看他~様子,大家难免对他有意见〕彼がこんなに高慢なのを見れば,人が彼をとやかく言うのも無理はない. ③思う存分に.思い切り.〔悦 yuè〕狂喜する.〔~得ひどい(く).激しい(しく).〔话太~〕言うことがあまりにも大げさだ.〔~吹 chuī〕(風が)ひどく吹く.〔水流很~〕水の流れが激しい.〔~升 shēng〕商暴騰(する). ⑤<姓>狂(き)

狂傲 kuáng'ào 傲慢(ぞ)である.〔那个人~得很〕あの男は非常に傲慢だ.

狂暴 kuángbào 凶暴(である).〔~行为〕凶暴な行為. ②猛烈(である).〔~的风雨〕猛烈な雨・風.

狂悖 kuángbèi <文>無茶で道理に外れている.

狂奔 kuángbēn 猛烈な勢いで走る.

狂飙 kuángbiāo 暴風.<喩>激しい社会変革.〔~运yùn 动〕→突进运动史シュトゥルム・ウント・ドランク.疾風怒濤:18世紀後半のドイツの文学革新運動.

狂草 kuángcǎo 草書の一:筆勢が長く続き,奔放な書体.

狂潮 kuángcháo 激しい潮.<喩>(世論の)勢いが激しいこと.

狂荡 kuángdàng ⇒〔放 fàng 荡〕

狂跌 kuángdiē ⇒〔暴 bào 跌〕

狂放 kuángfàng 奔放である.勝手放題である.

狂吠 kuángfèi 犬が狂ったように吠える.〔喩〕やたらに言い立てる.

狂风 kuángfēng ①はやて.暴風.〔~大作〕暴風がひどく吹く.〔~暴 bào 雨〕〔~骤 zhòu 雨〕暴風雨.<転>修羅場. ②風秒速24.5~28.4メートル,風力10級の風.

狂蜂浪蝶 kuángfēng làngdié <喩>浮気な男が女におぼれる.

狂歌 kuánggē 感情のおもむくまま歌う.

狂喊 kuánghǎn どなり叫ぶ.

狂呼 kuánghū (狂ったように)大声で呼ぶ(わめく).わめき散らす.〔~大叫〕大声でわめき叫ぶ.→〔大dà 呼〕

狂花 kuánghuā <文>①狂い咲きの花. ②あだ花.

狂惑 kuánghuò まっ盛りの花.

狂话 kuánghuà いいかげんな話.出まかせ.でたらめ.

狂欢 kuánghuān 大喜び(する).〔~之夜 yè〕大喜びの夜.〔~节〕嘉誼年华会(カーニバル).謝肉祭.

狂劲(儿) kuángjìn(r) ①ふつうではない意気込み・並みではない熱情.〔球 qiú 迷的~〕サッカーファンの熱狂ぶり. ②猛烈な勢い.〔惊马般的那股~〕暴れ馬並みのあの勢い.

狂澜 kuánglán 狂瀾.荒波.<喩>揺れ動く局面.激しい流れ.〔回~于既倒 dǎo〕狂瀾を既倒に廻らす(すでに崩れかかっている荒浪を元へ戻す):もうだめになっている事・物を挽回する.〔力挽 wǎn ~〕力の限り絶対的情勢を挽回する.

狂乱 kuángluàn 錯乱している.〔举 jǔ 止~〕行動がまともでない.

狂怒 kuángnù 激怒する.

狂虐 kuángnüè 狂暴である.

狂嫖 kuángpiáo 女郎屋遊びにおぼれる.〔~滥 làn 赌〕女郎屋遊びと賭博におぼれる.

狂气 kuángqi 〔口〕思い上がり(上がっている).荒い鼻息(である).〔趾 zhǐ 高气扬地~起来〕意気揚々と鼻息が荒くなる.

狂犬 kuángquǎn 狂犬.〔~病〕医狂犬病.〔口〕疯fēng 犬病〕〔恐 kǒng 水病〕ともいう.〔~疫 yì 苗〕医狂犬病ワクチン.〔~吠 fèi 日〕狂犬が太陽にほえる.<喩>から騒ぎをする

狂热 kuángrè 熱狂(的である).〔~的信徒〕狂信者.

狂人 kuángrén ①狂人.精神異常者. ②高慢な人.〔战争~〕戦争狂.戦争屋.

狂生 kuángshēng <文>放蕩者.

狂胜 kuángshèng 医圧勝する.一方的に勝つ.

狂士 kuángshì <文>常軌を逸したことをする人物.

狂涛 kuángtāo 激しい波.<喩>激しい気勢.

狂徒 kuángtú 無頼の徒.

狂妄 kuángwàng 高慢である.身のほど知らずだ.〔~无知〕高慢で無知である.〔~阴谋〕大それた陰謀.〔~自大〕<成>傲慢で思い上がっている.

狂舞 kuángwǔ 狂ったように踊る.

狂喜 kuángxǐ 大喜びである.→〔大 dà 喜②〕

狂想 kuángxiǎng ①幻想(する).〔~曲 qǔ〕楽狂詩曲.ラプソディー.〔匈 xiōng 牙利~曲〕ハンガリー狂詩曲.→〔随 suí 想曲〕 ②妄想(する)

狂笑 kuángxiào 大笑いする.ばか笑いをする.〔~不止〕物狂おしげに笑う.〔~①〕

狂泻 kuángxiè 〔(滝など)大量の水が激しく流れ落ちる. ②商(価格が)急落する.

狂言 kuángyán でたらめ.〔口出~〕でたらめを言う.〔~乱 luàn 语〕らちもないこと.小説のような話.

狂野 kuángyě ①荒野.〔荒 huāng 野〕に同じ. ②<喩>無法地帯. ③勝手気ままである.野放図である.

狂饮 kuángyǐn (酒)をむちゃ飲みする.

狂躁 kuángzào やたらにはしゃぐ.〔~症 zhèng〕医躁状態.〔~不安〕極めて不安である.

狂涨 kuángzhǎng ①急に増水する. ②商(価格が)急騰する.〔~暴 bào 迭〕乱高下(y)〕.〔~狂泻〕ともいう.

狂纵 kuángzòng いい気になってしたい放題をする.つけあがる.

[诳・誑(誆)] kuáng だます.たぶらかす.欺く.ひく.たぶっける.〔你别再~我了〕もうこれ以上おれをだますな.〔~话 huà〕〔~言 yán〕〔~语 yǔ〕虚言.うそ.〔打 dǎ ~语〕うそを言う.→〔诓 kuāng〕

诳诞 kuángdàn ⇒〔荒 huāng 诞〕

诳惑 kuánghuò たぶらかし惑わせる.

诳驾 kuángjià 〔挨〕人を招待した時などに,ろくなものも無いのにだましておいていただいたりして失礼しましたの意.〔~~!〕ようこそいらっしゃいました.

诳骗 kuángpiàn かたる.〔~不下〕うまくかたりにひっかけられはしない.〔~手 shǒu〕かたりを働く人物.

[鵟・鵟] kuáng 鳥ノスリ:ワシタカ科の鳥(総称)

[奒] kuǎng <方>くぼ地:山東一帯に多い.〔大~〕山東省莱陽県の南にある.〔刘 liú 家~〕山東省牟平県の南にある.

[卝] kuàng 古書で〔矿〕に通用する.

[邝・鄺] kuàng <姓>鄺(きょう)

[圹・壙] kuàng <文>①墓穴.〔~穴〕同前.〔打~〕墓穴を掘る. ②広野.

圹埌 kuànglàng <文>(広野の)果てしないさま.

[纩・纊(絖)] kuàng <文>真綿(蕊).→〔丝 sī 绵〕

[旷・曠] kuàng ①何もなく広々としている.〔广 guǎng〕同前.〔这个地方太~〕ここは場所があまりにも広すぎる.〔心~神怡 yí〕<成>心がゆったりとして楽しい. ②(仕事や時間を)捨てて顧みない.なげやりにする.怠ける.

旷矿况贶框 kuàng

〈転〉休む.〔~课 kè〕授業をサボる.③久しい.→〔旷代〕④すき間(がた、遊び)が大きい.(服など)大きすぎて体に合わない.〔~轴 zhóu~〕シャフトと軸受けの間のがたがひどい.〔这双鞋我穿着太~了〕この靴はぶかぶか

旷 ⇒旷(㣑)

旷达 kuàngdá 〈文〉大らかである.こせこせしない.

旷代 kuàngdài ①〈文〉当代に並ぶものがない.〔~无 wú 比〕〈成〉空前絶後.〔~英 yīng 雄〕世にも稀なる英雄.②歴代.〔~未有〕古今未曾有.

旷荡 kuàngdàng 〈文〉①空虚で広々としている.②(性格が)朗らかである.闊達である.

旷典 kuàngdiǎn 〈文〉曠古の(今まではなかった)盛典.

旷度 kuàngdù 〈文〉大きい度量.

旷放 kuàngfàng のびのびと思いのままにする.

旷废 kuàngfèi 打ち捨てて顧みない.〔~学业〕学業を捨てて顧みない.〔~职 zhí 务〕職務をほうり出す.

旷费 kuàngfèi 空費する.むだに費やす.〔~时间〕時間をむだに費やす.

旷夫 kuàngfū ⇒〔旷男〕

旷工 kuànggōng 無断欠勤する.サボる.→〔罢 bà 工〕〔怠 dài 工〕

旷古 kuànggǔ ①遠い昔.②空前の(の).〔~未有〕同前.〔~绝 jué 伦〕〈成〉有史以来比類がない.〔~未闻〕〈成〉前代未聞.

旷久 kuàngjiǔ 〈文〉年月が久しい.

旷课 kuàngkè (学生が)授業を怠ける.ずる休みする.講義をサボる.→〔罢 bà 课〕〔缺 quē 课〕

旷旷 kuàngkuàng ①〈文〉明るいさま.②広大なさま.

旷阔 kuàngkuò 広々としているさま.

旷男 kuàngnán 〈文〉年をふかした未婚の男性.〔旷夫〕に同じ.〔怨 yuàn 女~〕〈成〉年をふかした未婚の男女.

旷日 kuàngrì 時を費やす.〔~持久〕〈成〉長い間引き延ばす.

旷士 kuàngshì 〈文〉超俗の士.思うとおりにふるまってこせつかない人.

旷世 kuàngshì ①空前の.〔~奇才〕世にまれな奇才.②長い年を経る.

旷岁 kuàngsuì 〈文〉長年.長い年月を経る.

旷误 kuàngwù 〈文〉怠慢で事を疎かにする.職務をいつまでも行わない.

旷学 kuàngxué 学業を怠ける.→〔旷废〕

旷野 kuàngyě 曠野.広々とした原野.

旷远 kuàngyuǎn ①広々として果てしなく遠い.②〈文〉長い間.久しいこと.

旷职 kuàngzhí 無断欠勤(する).ずる休み(する)

〔矿・礦(鑛)〕 kuàng ①鉱.物.鉱石.鉱床.〔这是一块磁 cí 铁~石〕これは磁鉄鉱の鉱石だ.〔采 cǎi ~〕〔挖 wā ~〕鉱石を採掘する.②鉱山.〔开~〕鉱山を開発する.〔~霸 bà〕鉱山王.〈転〉あくどく事業を拡大した者.〔煤 méi ~〕炭鉱.〔油 yóu ~〕油田.〔上去j鉱山(山)に行く.③鉱業に関わりのある.〈姓〉鉱(ä)

矿藏 kuàngcáng 埋蔵鉱石.地下資源.

矿层 kuàngcéng 鉱層.

矿产 kuàngchǎn 鉱産物.〔~资源〕鉱物資源.

矿场 kuàngchǎng 鉱山の採掘現場.

矿车 kuàngchē 鉱山用の車両)トロッコ:炭鉱では〔罐 guàn ②〕ともいう.

矿床 kuàngchuáng ＝〔矿体〕鉱床.

矿灯 kuàngdēng 鉱山用ランプ.キャップライト.

矿点 kuàngdiǎn 鉱石埋蔵地点.鉱床のある地点.

矿丁 kuàngdīng 回鉱夫.

矿工 kuànggōng 鉱山労働者.鉱員.坑夫.

矿浆 kuàngjiāng 粉砕された鉱石と水の混合物.

矿井 kuàngjǐng 鉱山の竪坑(ãӳ)と坑道(総称).〔~瓦斯 wǎsī〕坑井ガス.鉱山ガス.

矿警 kuàngjǐng 鉱区の警察.

矿坑 kuàngkēng 掘削坑と坑道.

矿脉 kuàngmài 鉱脈.

矿苗 kuàngmiáo ⇒〔露 lù 头〕

矿民 kuàngmín 鉱山労働者とその家族.→〔矿工〕

矿难 kuàngnàn 採掘場事故.鉱山事故.

矿区 kuàngqū 鉱区.採掘区.

矿泉 kuàngquán 鉱泉.〔~水〕鉱泉水.ミネラルウォーター.〔~壶 hú〕濾過装置付きのポット.

矿砂 kuàngshā (砂状になった)鉱石.〔铀~〕同前の鉄鉱石.〔铀 yóu ~〕ウラニウム鉱.

矿山 kuàngshān 採掘現場.

矿师 kuàngshī 鉱山技師.

矿石 kuàngshí ①鉱石.②(ラジオ用の)鉱石.〔~收音机〕〔~机〕鉱石ラジオ.

矿税 kuàngshuì 鉱業税.

矿体 kuàngtǐ ⇒〔矿床〕

矿务 kuàngwù 鉱業関係の業務:運輸・販売なども含む.

矿物 kuàngwù 鉱物.〔~纤 xiān 维〕鉱物繊維(総称).〔~油〕鉱物油.

矿盐 kuàngyán 岩塩:〔岩 yán 盐〕ともいう.

矿业 kuàngyè 鉱業.

矿源 kuàngyuán 鉱産物資源.

矿渣 kuàngzhā 鉱滓(ã).スラグ.

矿长 kuàngzhǎng 鉱山の責任者.

矿照 kuàngzhào 鉱山採掘許可証.

矿脂 kuàngzhī ⇒〔凡 fán 士林〕

矿质油 kuàngzhìyóu 鉱物油.

矿种 kuàngzhǒng 鉱山資源の種類.

矿柱 kuàngzhù ①坑木.②鉱柱:坑道を支えるために円柱型に掘り残しておく鉱石.

〔况(況)〕 kuàng (Ⅰ)①様子.ありさま.〔状 zhuàng ~〕状.況.〔情 qíng ~〕情況.〔景 jǐng ~〕状況.〔近~〕近況.〔战 zhàn ~〕战情|戦況.②比べる.対比する.〔不能以往~今〕過ぎ去ったことを現在と比べるわけにはいかない.〔二者 zhě 不可比~〕二者は対比することはできない.〈姓〉况(ã)

(Ⅱ)〈文〉いわんや.まして.〔谨 jǐn 慎处理犹恐有失、~粗率 shuài 从事乎〕用心して処理してすら失敗することがあるものを、いわんやいい加減に処理したりしてどうなるものか(明白である).〔连大人都感觉困 kùn 难、何~小孩子〕大人でさえ困難を感じるのに、ましてや子どもにはなおさらだ.→〔况且〕

况复 kuàngfù ⇒〔况且〕

况乎 kuànghū 〈文〉ましてや.いわんや.

况且 kuàngqiě ＝〔况复〕(まして)その上:多く後に〔又 yòu〕〔也 yě〕〔还 hái〕などを置く.〔他是外行人、~那几个伙计又都不守店规、怎么能做买卖呢〕彼はシロウトだし、その上あの店員たちが店のきまりを守らないときては、商売ができるものか.

况味 kuàngwèi 〈文〉状況と情調.

〔贶・貺〕 kuàng 〈文〉贈る.贈せ.贈り物.(多谢厚~〕ご丁重な頂き物を感謝申し上げる.〔~仪 yí〕頂き物.〔~临 lín〕〈贈〉ご光臨.〈姓〉欣(ä)

贶赠 kuàngzèng 贈る.賜る.

〔框〕 kuàng ①(窗・門などの)枠.②〔-儿〕小さな器物の枠・縁.〔镜 jìng ~〕鏡の枠.〔眼~〕まぶち.③縁どり.囲み枠.④縁どりをする.枠

kuàng~kuī 框眶亏刲岿悝

框 kuàngdìng 范围を策定する.範囲を絞り込む.
框架 kuàngjià ①建枠組み.骨組み.[~结jié构]フレーム構造.②〈喩〉事柄の全体の仕組み.
框框(儿) kuàngkuang(r) ①周囲の枠.②〈喩〉固有の格式.伝統的なやり方.従来の枠組み.→[条tiáo 条框框]
框图 kuàngtú 四角の枠組みと直線で示す略図:[方fāng~]の略.
框子 kuàngzi 枠.縁(fち).フレーム(やや小さなものを指す).[眼镜~]眼鏡の縁.

[眶]
kuàng 目の周り.目のふち:ふつう[眼yǎn~(子)]という.[感gǎn 动得热泪满~]感激して熱い涙が目にいっぱいになる;[满]は[盈yíng]ともいう.[眼yǎn 泪夺~而出]涙が眼からあふれ出る.

kuī ㄎㄨㄟ

[亏・虧]
kuī ①欠ける.不足する.[盈yíng~]②月の満ち欠け.⑤損益.[月满则~,水满则溢 yì]つねに満つれば欠くる世のならい.[理lǐ~]②理理屈が通っていない.[身 shēn 大力不~]体が大きければ力にも不足しない.[账 bǐ 帐里还一着一半呢]この費用はまだ半分は不足しています.[血 xuè~]〔血虚〕医貧血症.[不~他的口腹]彼が食べるのに不自由はさせない.②損失する.損耗(する).[吃 chī ~不了]損失が少なくない.[~了一万多块钱]1万元余り損した.[不~不赚 zhuàn]損もせず儲けもない.[买卖做~了]商売をしくじったで損した.⑤恩・恩義に背く.損失を与える.[~不着 zháo 你]きみに損はさせない.[你放心吧,~不了 liǎo 你]安心してまえ,義理をそこなうような(損させるような)ことはしてこないから.→[亏负]③幸い(にも).…のおかげで(ある).…を頼りにしている.[~你…]④きみのおかげで.[~(了)你来帮 bāng 忙.要不就搞不好了]きみが来て加勢してくれたおかげで,でなければうまくやれないところだった.[~你提 tí 醒我,我才想起来了]きみが注意を促してくれたおかげで,やっと思い出した.→[亏得①][多duō 亏][幸 xìng 亏] ⑤…のくせに.よくもまあ…ずうずうしくも:皮肉・叱責を含める.[~你是个明白人,怎么这个道理都不知道]きみは話のわかる人のくせに,どうしてこんな道理すらわからないのか.[~他好意思说出口来]better 恥ずかしくもなく平気で(その事を)口にした.[他~搞 gǎo 了五年,在这个问题上竟 jìng 忘了基本原则]五年間もやってきたくせに,この問題の基本原則をわすれてしまうなんてなてない.[~你还上过学呢,连一封信都念不下来]君が学校に行ったくせに,手紙さえ読めないくせに,[~你说得出这样的话来]よくもまあそんなことが言えたものだ.⑥遠慮なく…する.[你这算哪道拉车的呀?~我问你](老·骚21)こう聞くのもぶしつけだが,お前はいったい何たる車ひきだ.
亏本(儿) kuīběn(r) [赔péi本(儿)][折shé本(儿)][蚀 shí 本][贴 tiē 本儿]回元値を割る.元手である.[~抛 pāo 售]損をして投げ売りする.
亏产 kuīchǎn 生産量が目標に達しない.生産下となる.~[欠 qiàn 产]
亏秤 kuīchèng ①量目が足りない.[那家商店从不

~]あの店は量目をごまかさない.②(商品の量目が)目減りする.
亏待 kuīdài 粗末に扱う.公平でない待遇をする.[~不了 liǎo 他]彼に不義理なことなどしっこない.[我向来没~过你们]わたしはこれまで君達を粗末に扱ったことがない.
亏得 kuīde ①幸いに.[~他们都有了悔 huǐ 心]幸いに彼らは悔いる気持ちがでてきた.→[字解④] ②よくもまあ.(…のくせに.…とは恐れいった.[这么热天还穿毛衣,真~你]こんな暑い日によくもまあセーターなんか着ていられるもんだ.→[字解⑤]
亏斗 kuīdǒu 升目(が)不足(する).[这米又湿 shī 又~]この米は湿っているし升目も不足している.
亏短 kuīduǎn 不足する.足りない.
亏负 kuīfù ①恩に背く.義理を欠く(いて不満を与える).好意や期待を裏切る.[我并没~过你]わたしはべつにきみに義理をかいたことはない.[他ން دائی dài 底下人赏罚分明,从不~人]彼は使用人に対する賞罚がはっきりしているし,人に不満を与えるようなこともない.②損失をさせる.損失を与える.
亏耗 kuīhào 欠損(する).損失する.損耗(する).
亏空 kuīkong ①欠損する.穴をあける.赤字を出す.借金する.使い込む.②借金.赤字.[拉 lā 了不少~借金を随分つくった.[弥 mí 补~]赤字を埋める.
亏累 kuīlěi 積もり積もった欠損(が)出る).損失を重ねる.
亏赔 kuīpéi 損をする.元が取れない.
亏欠 kuīqiàn ①借金(をする).借り(る).負債(を抱える).[我不~你什么]わたしはきみに借りなんかないぞ.②義理を欠く.
亏弱 kuīruò 虚弱である.[先天~]生まれつき虚弱である.
亏杀 kuīshā 〈方〉…のおかげで.…の好意によって.[晁 cháo 盖道:~这个兄弟,担 dān 着血海也似干系来报与我们](水·18)晁蓋が言うのに,この兄弟がこんな重大な責任を担って我らに知らせに来てくれたとは,かたじけないことだ.
亏折 kuīshé 商欠損する.損をする.
亏蚀 kuīshí ①因太陽や月の食.②商欠損(する).[财 cái 政收支相比,~了三万六千八百元]財政収支を比べると3万6800百元欠損となっている.②損耗が生じる.
亏损 kuīsǔn ①商欠損(する).欠損(する).[~在内](商品のロスも計算に入っている).[~企 qǐ 业]赤字企业.[~煤 méi 採掘割れの石炭.②損なう.傷つける.④(疲労や傷病で体が)衰弱する.
亏心 kuīxīn 良心に恥じる.やましい.[你干 gàn 这种事,不觉得~了?]こんなことをして良心に恥じると思わなかった.[~钱 qián]うしろ暗い金.不正に得た金.[不做~事,不怕 pà 鬼叫门]〈諺〉うしろめたいことをしなければ,恐ろしいことは何もない.

[刲]
kuī 〈文〉切り取る.切り裂く.

[岿・巋]
kuī 〈文〉①小山が連なるさま.②山が高くそびえ立つさま.
岿然 kuīrán 高く大きくそびえるさま.[~不动]〈成〉(攻撃・反対などに)屈せず,堂々として揺り動かされないさま.[~独存]〈成〉独り高くそびえ立つさま.〈喩〉大きな災難にみまわれてもどっしりとして揺るがない人や物体.
岿巍 kuīwēi 〈文〉そびえ立っているさま.

[悝]
kuī 〈文〉からかう.[孔 kǒng ~]△春秋時代の人.→lǐ

kuī～kuí

〔盔〕 kuī ①かぶと:古代の武具.〔一頂鋼 gāng ～〕一つの鉄かぶと.❷ヘルメット.〔白 bái ～〕白いヘルメット.❸〔儿〕鉢.〔瓦～〕素焼きの鉢.→〔盔子②〕 ❹兜形または半球形の帽子.〔帽 mào ～儿〕陽ペレー帽.

盔甲 kuījiǎ かぶととよろい(よろいかぶと)
盔头 kuītou 圓俳優の頭にかぶるもの(総称)
盔子 kuīzi ①帽子の型木.❷ボール等:外形が半球状で底の深い焼き物の容器.〔瓷 cí ～〕磁器の同前.

〔窥・窺(闚)〕 kuī ①(小さな穴やすきまから)のぞきうかがう.〔管 guǎn ～蠡測 lǐcè〕(成)竹の管から天をのぞき,貝がらで海の水を測る:見識が狭い.❷密かに探る.〔～私 sī〕他人のプライバシーを探る.

窥豹一斑 kuī bào yībān (成)①(全体を見ず)一部分だけを見る.❷一部分を見ただけで全体を推知するたとえ.→〔管 guǎn 中窥豹〕
窥测 kuīcè ひそかに探る.〔～方向,伺机夹扑〕風向きをうかがい,隙をねらって巻き返しをする.
窥察 kuīchá そっとのぞき見る.〔～敌情〕敵情をうかがう.
窥度 kuīduó 密かに推し量る.
窥见 kuījiàn のぞき見る.〔好像自己的秘密被～了似的〕(茅・子5)まるで自分の秘密をのぞかれたようだった.
窥看 kuīkàn のぞき見をする.
窥破 kuīpò 〈文〉見破る.
窥器 kuīqì 圓内視鏡(子宮鏡・肛門鏡など)
窥视 kuīshì うかがい見る.のぞき見る.〔～镜 jìng〕ドアスコープ.ドアアイ.〔～孔 kǒng〕のぞき穴.
窥伺 kuīsì 〈文〉様子(すき)をうかがう(けなす意味を含む)
窥探 kuītàn うかがい探る.のぞき見をする.スパイする.
窥天镜 kuītiānjìng 圓望遠鏡.〔望 wàng 远镜〕の別称.
窥听 kuītīng 盗み聞きする.〔暗 àn 地里～〕こっそり盗聴する.
窥望 kuīwàng 盗み見る.のぞき見る.〔他从窗 chuāng 纸的小洞向里面～〕彼は障子の穴から中をそっとのぞいた.
窥觎 kuīyú 〈文〉①隙をうかがう.②望む.欲しがる.

〔奎〕 kuī ①奎(k):〔二 èr 十八宿の一.→〔魁①〕②訳音字.→〔奎宁〕③〈姓〉奎(k)

奎宁 kuíníng ＝〔金 jīn 鸡纳霜〕〔治 zhì 疟碱〕圓キニーネ.キニンモと〔几 jǐ 那树〕から採った.〔盐 yán ～〕塩酸キニーネ(塩規).〔硫 liú 酸～〕硫酸キニーネ(硫規).〔碳 tàn 酸乙酯～〕〔无 wú 味～〕〔乙 yǐ 碳酸～〕〔优 yōu ～〕エチル炭酸キニーネ(オイキニン).→〔阿 ā 司匹〕〔扑 pū 疟喹啉〕
奎松城 kuísōngchéng 圓ケソン.〔马 mǎ 尼拉〕
奎星 kuíxīng ⇒〔魁星〕
奎文 kuíwén 〈文〉すばらしい文章や書.〈転〉皇帝の詩文や書.
奎宿 kuíxiù →〔二 èr 十八宿〕
奎运 kuíyùn 〈文〉文運.
奎章 kuízhāng 〈文〉皇帝の親筆.

〔喹〕 kuí 〔～啉 lín〕圖キノリン.

〔蝰〕 kuí 〔～蛇 shé〕圖クサリヘビ科の毒蛇.

〔逵〕 kuí ①〈文〉道路.四方に通じる大道.〔李 lǐ ～〕八李逵(l):『水滸伝』108人の好漢の一人.②〈姓〉逵(k)

〔馗〕 kuí 〈文〉道路:〔逵(l)〕に同じ.〔钟 zhōng ～〕(魔除け疫病除けの)鐘馗(ろあう)様.

〔隗〕 kuí 〈姓〉隗(k) → wěi

〔魁〕 kuí ①圓北斗七星の第一から第四の星(総称).②かしら.首領.首席:一番目の人また事.〔罪 zuì ～〕罪人の首領.③(体が)大きい.偉丈夫の.〔～伟〕〔魁梧〕 ④〈姓〉魁(k)

魁岸 kuí'àn 〈文〉身体が高く大きい.〔体态～〕同前.
魁阁 kuígé ⇒〔蚶 hān 子〕
魁甲 kuíjiǎ →〔状 zhuàng 元①〕
魁力 kuílì 力.魅力.
魁儒 kuírú 〈文〉大儒者.大学者.
魁士 kuíshì 〈文〉優れた学者.
魁首 kuíshǒu ①首魁.頭目.→〔头 tóu 目〕 ②〈文〉(同輩中の)第一人者.〔文章～〕文章を書く第一人者.→〔五 wǔ 魁(首)〕
魁殊 kuíshū 〈文〉隔立っている.
魁帅 kuíshuài 〈文〉首魁.首領:多くはなして言う.
魁伟 kuíwěi 体格が大きい.〔身材～〕同前.
魁梧 kuíwú 体格が堂々としている.大きくて強壮である.
魁星 kuíxīng 〔奎星〕とも書いた.圓ⓐ北斗の第一の星.ⓑ第一から第四星までの枡にあたる四星:〔文波 xuán 玑〕ともいう.ⓒ文運・科挙をつかさどる神:〔奎宿〕に由来し,各地に〔～楼 lóu〕〔～阁 gé〕といわれる建築物があった.
魁元 kuíyuán 〈文〉①同輩の中で最も才能のある人.❷一位.首位.

〔樧〕 kuí 〈文〉圓北斗星.→〔北 běi 斗(七)星〕

〔葵〕 kuí ①圖アオイ(総称).〔冬 dōng ～〕〔冬寒菜〕フユアオイの略称.〔蜀 shǔ ～〕タチアオイ(ハナアオイ).〔锦 jǐn ～〕ゼニアオイ.〔秋 qiū ～〕②オクラ.〔蒲 pú ～〕の略称.〔葵扇〕 ③圖ヒマワリ.〔向 xiàng 日～〕の略称.〔葵花〕④〈姓〉葵(k)

葵花 kuíhuā 圓ヒマワリ,またその花.〔向 xiàng 日葵〕の俗称.〔向阳花〕〔向阳葵〕ともいう.〔～子 zǐ (儿)〕〔～籽 zǐ〕〔香 xiāng 瓜子〕圓ヒマワリの種:お茶うけとする.
葵藿 kuíhuò ①ひまわりの花と豆科植物の葉:太陽に向かい続けりもの.〈喩〉(臣下の)敬意・忠誠心.〔～倾 qīng 阳〕同前.②ありふれた野菜.
葵轮 kuílún ⇒〔心 xīn 形轮〕
葵倾 kuíqīng →〔葵心〕〈文〉ひまわりの花のように傾く.〈転〉心が傾く.思慕する.
葵扇 kuíshàn 〔蒲 pú 葵〕(ビロウ)の葉で作ったうちわ:〔芭 bā 蕉扇〕は通称.〔蒲～〕〔蒲扇〕ともいう.
葵心 kuíxīn →〔葵倾〕

〔揆〕 kuí 〈文〉①推し量る.〔～其 qí 初心〕その初めの考えを推し量ってみる.〈喩〉〔其～一也〕その道理は一つである.②事務.政務.〔百～〕百般の政務.③宰相・総理の別称.〔～席 xí〕〔阁 gé ～〕〔首 shǒu 揆〕同前.

揆测 kuícè =〔揆度〕〈文〉推し量る.〔～优 yōu 劣〕優劣を推測する.〔～时势〕時世を推し量る.
揆度 kuíduó 同上.
揆情度理 kuíqíng duólǐ (成)事情や道理によって推し量る.

〔骙・騤〕 kuí 〔～～〕〈文〉馬の雄壮なさま.

〔戣〕 kuí 〈文〉戣(k):古代の武器.三方,又は四方に刃の張り出たほこ.→〔戟jǐ①〕

kuí～kuì

〔暌〕 kuí =〔暌③〕〈文〉(人と人があるいは人と人)隔たる.離れる.〔～索 suǒ〕離散す(る).〔～合 hé〕離合(する)

暌别 kuíbié 〈文〉別れる.離別する.

暌隔 kuígé 〈文〉隔たる.

暌离 kuílí 〈文〉①離散する. ②背く.

暌违 kuíwéi 〈文〉別れる.無沙汰する.〔～雅 yǎ 教〕〔赎〕お目にかかれずごぶさたしております.

〔睽〕 kuí ①目を見張る.見つめる.〔众 zhòng 目～～〕衆目の注視が集まる. ②〈文〉背く.逆らう.〔～异 yì〕(意見が)合わない. ③⇒〔暌〕 ④〈文〉暌〈·〉:六十四卦の一.

〔夔(蘷)〕 kuí ①夔(ʰ):伝説上の動物.竜に似たような一本足の怪物で木・石の精とされる.〔～龙 lóng〕 ②〔～纹 wén〕古代の鏡・鼎(ʰ)などに刻まれた紋様名.〔～～〕〈文〉恐れつつしむさま. ②〔～州〕地名用字.〔～州〕四川省奉節県一帯にあった州・府名. ③〈姓〉夔.

〔傀〕 kuí ①→〔傀儡〕 ②〈姓〉傀(ʰ⁻·).
→ guī

傀儡 kuǐlěi ①操り人形.くぐつ.〈喩〉人に操られている人や組織.〔～家庭〕〔玩 wán 偶之家〕圙(イプセン作の)人形の家.〔～戏 xì〕⑧人形芝居.〔木 mù 偶戏〕の旧称. ③仮面舞踊. ④(主として政治上の)かいらい.〔～政府〕かいらい政府.

〔跬〕 kuí 〈文〉一足:片方の足を出す動作をいう.〔步 bù〕は左,右と二足出すこと.

跬步 kuǐbù 〈文〉①一足また二足. ②わずかの距離(数量).〔不积～,无以至千里〕〔谚〕千里の道も一歩から.〔～千里〕〈成〉同前.〔～不离 lí〕〈成〉寄り添って離れない.

跬誉 kuǐyù 〈文〉一時の名誉.

〔匮·匱〕 kuì ①〈文〉乏しくなる.欠乏する.〔敌人已经到了民穷财～的地步〕敵はすでに窮乏状態になっている. ②〈姓〉匮(ʰ). → guì

匮乏 kuìfá 〈文〉(物資が)欠乏する.乏しい.

匮竭 kuìjié 〈文〉(財力などが)ついに枯渇する.

匮缺 kuìquē 〈文〉欠乏する.足りない.

〔溃·潰〕 kuì ①(堤防が大水によって)崩れる(きれる).〔～堤 dī〕堤防が決壊する. ②(軍隊が)敗れ崩れる.〔不战 zhàn 而～〕戦いもしない前からつぶれてしまう.〔～兵〕敗残兵. ③(包囲を)突破する.〔围困南奔〕包囲をつき破って南へ走る. ④圙(筋肉が)ただれる.潰瘍(ʰ)になる.〔胃 wèi ～疡〕胃潰瘍. → huì

溃败 kuìbài 総崩れになって負ける.

溃不成军 kuì bù chéng jūn 〈成〉壊滅して軍のさまにならない.〔巴西队今天～〕ブラジルチームは今日は惨敗した.

溃窜 kuìcuàn 総崩れになって敗退する.

溃决 kuìjué (堤防などが)決壊する.

溃军 kuìjūn 壊滅した軍.

溃口 kuìkǒu 堤防が決壊する.

溃烂 kuìlàn 圙(筋肉組織が)ただれる.潰爛する.

溃乱 kuìluàn (軍隊が)崩れ乱れる.

溃灭 kuìmiè ついえ減びる.崩壊してしまう.

溃散 kuìsàn 敗れてちりぢりばらばらになる.

溃逃 kuìtáo 敗走する.

溃退 kuìtuì 総崩れとなって敗退する.

溃围 kuìwéi 〈文〉囲みを破る.

溃疡 kuìyáng 圙潰瘍(ʰ).〔十二指 zhǐ 肠～〕十二指肠潰瘍.

〔愦·憒〕 kuì 〈文〉①頭が混乱している.ぬけている.〔昏 hūn ～〕愚鈍.〔～～俗间,不辨真伪〕(曹植詩)俗世間のことはさっぱりはっきりしないので,うそかまことかを見分けがたい.〔~乱 luàn〕〈~昧 mèi〉心が乱れてわからない(判断がつかない). ②乱れる.〔天下～,亦非独我曹罪也〕(後漢書)天下が乱れに乱れるのは我らばかりの罪ではない.

〔蒉·蕢〕 kuì ①〈文〉土を盛るためのわらで編んだもっこ,または俵. ②〈姓〉蒉(ʰ).

〔馈·饋(餽)〕 kuì ①物を送る.贈り物をする.〔～送 sòng〕同前.〔厚 hòu ～〕立派な贈り物.〔～物 wù 致敬〕物を贈って敬意を表する.〔～以土产〕土地の産物を贈る. ②伝送(する).〔反 fǎn ～〕フィードバック. ③〈文〉食事する.

馈电 kuìdiàn 圙給電する.〔～线〕〔馈线〕給電線.フィーダー線.

馈礼 kuìlǐ 贈り物(をする).

馈粮 kuìliáng 糧食を運送する.

馈路 kuìlù 〈文〉糧食運輸の道筋.

馈岁 kuìsuì 〈文〉歳暮の贈り物.

馈线 kuìxiàn 〔馈电线〕の略.給電線.饋(ʰ)電線.フィーダー線.

馈飨 kuìxiǎng ①食糧を送る,またその食糧. ②贈り物をする.

馈赠 kuìzèng 贈り物をする.〔～税 shuì〕贈与税.

馈馔 kuìzhuàn 〈文〉食べ物を年長者に差し上げる.

〔襟·襘〕 kuì 〈方〉①結ぶ.つなぐ.〔～个〕襟儿 くくって結び目をつくる.〔把牲 shēng 口～上〕家畜をつなぐ. ②〔一儿结は目.〔活 huó ～〕引解(ʰ)結び.〔死 sǐ ～〕本結び.結び切り. →〔扣 kòu (I)②〕

〔聩·聵〕 kuì 〈文〉①(生来の)耳の聞こえないこと.〔聋 lóng ～〕①同前. ②〈転〉愚かで道理がわからない.〔昏 hūn ～〕同前.〔～～〕同前のさま.〔振 zhèn 聋启～〕振聋発～〕〔发 fā 聋振～〕〈成〉(人の考えを)目覚めさせる.活を入れる.

〔篑·簣〕 kuì 〈文〉土を運ぶ竹かご.〔功 gōng 亏ʰ 一～〕〔九 jiǔ 仞 rèn 功亏一～〕〈成〉九仞(ʰ)の功を一簣(ʰ)に虧(ʰ)く.高い築山(ʰ)をあともう一かごの土が足りないばかりに完成しない:もう少しのところで失敗する.

〔喟〕 kuì 〈文〉ため息をつく.〔～～〕しきりにため息をつくさま.

喟然 kuìrán ため息をつくさま.〔～长 cháng 叹〕〈成〉長いため息をつく.

喟叹 kuìtàn 〈文〉嘆息して嘆く.

〔愧(媿)〕 kuì (誤り・欠点・至らなさを)恥じる.〔不～〕恥じない.〔不～是我们的模 mó 范〕我々の模範たるに恥じない.〔心里有～〕心に恥じるところがある.〔问 wèn 心无～〕心に問うて恥ずるところなし.〔深～未能尽 jìn 力〕尽力できなかったことを深く恥じる.〔惭 cán ～〕恥ずかしいことと思う.恥じる.〔仰 yǎng 不～于天〕仰いで天に恥じない.

愧服 kuìfú 〈文〉(劣っていると)恥じて服する.

愧汗 kuìhàn 〈文〉(恥ずかしさに)冷汗をかく.〈喩〉恥ずかしさの極みである.

愧恨 kuìhèn 〔～惭 cán 恨〕(自分に対して)恥ずかしさのあまり恨みを抱く.恥ずかしさのあまり腹を立てる.

愧悔 kuìhuǐ 恥じて悔やむ.〔～无 wú 及〕恥じ悔やんでも間に合わない.

kuì～kǔn

愧疚 kuìjiù 恥じ入る.恥じて恐縮する.
愧惧 kuìjù 恥じておろおろする.
愧领 kuìlǐng 〈謙〉人から好意または贈り物を受け取る時の挨拶.
愧赧 kuìnǎn 〈文〉恥じて顔を赤らめる.
愧恧 kuìnù 〈文〉恥じる.
愧色 kuìsè 恥じている表情.[面有～]きまり悪そうな顔をする.
愧痛 kuìtòng 恥ずかしさのあまりに心が痛む.
愧心 kuìxīn 内心に恥じる.
愧怍 kuìzuò 〈文〉慚愧(ざん)する.[慚 cán 怍]に同じ.[～不安]恥じていたたまれない.

kun ㄎㄨㄣ

[坤(堃)] kūn ①〈文〉坤(こん):八卦(はっけ)の一で,地を意味する.卦は☷と出たものをいう.↔[乾 qián ①] →[八 bā 卦][卦 guà] ②〈転〉[(乾②)]に対して]女性・母・地などの意に用いられる.[～宅 zhái][女 nǚ 家(儿)]新婦の宅.→[乾坤] ③〈姓〉坤(ん).
坤包 kūnbāo 婦人用バッグ.
坤表 kūnbiǎo 婦人用腕時計.
坤车 kūnchē ①婦人用自転車.[女 nǚ 车]に同じ.②[鸽 gē 子牌]は印刷婦人自転車.②〈文〉女性用の馬車.
坤道 kūndào 〈文〉①婦道.②女性.
坤德 kūndé 〈文〉[坤范]婦德.女性の守るべき德.
坤范 kūnfàn 同上.
坤角儿 kūnjuér =[坤旦](旧劇)の女優の旧称:[坤脚儿]とも書く.→[女 nǚ 角][戏 xì 子]
坤伶 kūnlíng 同上.
坤灵 kūnlíng 地の神:大地を称える呼称.
坤六断 kūnliùduàn ☷の形:[坤①]に同じ.
坤门 kūnmén 〈文〉婦人界.
坤母 kūnmǔ 〈文〉①母の別称.②大地.
坤宁宫 kūnníngōng 明清皇后の住む宮殿の名.
坤鞋 kūnxié 婦人靴.
坤仪 kūnyí 〈文〉①同下.②母の鏡:多くは皇后の美称.
坤舆 kūnyú =[坤仪]〈文〉大地.
坤造 kūnzào [旧]①婚姻における新婦.②男女の相性を占う場合,女性の方の生年月日をいう.↔[乾 qián 造]
坤宅 kūnzhái ⇒[女 nǚ 家]

[昆(崑・崙)] kūn (Ⅰ)[崑]〈文〉①兄.②多い.③子孫.後継者.[后 hòu 〜]同前.④〈姓〉昆(ん) (Ⅱ)[崑・崙]地名用字.[～仑 lún(山)] [地]昆仑(ん):パミール高原からチベット・新疆を経て中国本土に入る山脈.[～山县] [地]江蘇省にある.[～明 míng] [地]雲南省の省都.[南～线 xiàn]南寧・昆明線.
昆布 kūnbù [中医]コンブ(薬材).→[海 hǎi 带]
昆虫 kūnchóng 虫.昆虫.
昆弟 kūndì 同下.
昆季 kūnjì 〈文〉兄弟:[昆弟]ともいう.
昆剧 kūnjù ⇒字解(Ⅱ)
昆仑 kūnlún →字解(Ⅱ)
昆腔 kūnqiāng [昆曲]の謡いの調子・節回し:[昆曲][昆山腔]ともいう.
昆曲 kūnqǔ ①=[昆剧][劇]明末から清にかけて流行した旧劇の一種:今の江蘇省昆山県の魏良輔が完成させた.代表作は[长 cháng 生殿][单 dān 刀会][牡 mǔ 丹亭][十五贯][桃 táo 花扇]など.⇒

⇒[昆腔]
昆山片玉 kūnshān piànyù 〈成〉非常に少なく貴重な人,または物.
昆山腔 kūnshānqiāng ⇒[昆腔]
昆孙 kūnsūn 自分から数えて六代目の孫:[来 lái 孙]の子.→[孙①]
昆玉 kūnyù 同下.
昆仲 kūnzhòng =[昆玉]〈文〉ご兄弟:他人の兄弟に対していう.[～几位]ご兄弟何人ですか.→[兄 xiōng 弟]

[焜] kūn 〈文〉明るく輝いている.[～耀 yào]同前.

[琨] kūn 〈文〉美玉.

[锟・錕] kūn [～铻]古代の伝説上の山.またここで取れる鉄で作った宝刀:周の穆王が西戎を伐った際,献上した.

[鹍・鵾(鶤)] kūn [～鸡 jī]〈文〉鶴に似た伝説上の鳥.

[醌] kūn [化]キノン.[蒽 ēn ～]アントラキノン.

[鲲・鯤] kūn [古]伝説上の大魚の名.
鲲鹏 kūnpéng 伝説中の大魚と大鳥.また鯤が鳥に化したものを鵬という.

[裈・褌(褌・裩)] kūn 〈文〉ズボン.ももひきの類.[～衣 yī]同前.[～裆 dāng]同前の"まち"の部分.→[裤 kù]

[髡(髠)] kūn 〈文〉①古代の刑罰の一種:男子の頭髪を剃り落とすこと.②木の枝をはらう.[～树 shù]同前.

[悃] kǔn 〈文〉まごころ.まこと.[～款 kuǎn]衷情.[谢 xiè ～][谢忱 chén]感謝の念.[聊 liáo 表谢～]いささか謝意を表する.
悃幅 kǔnbì 〈文〉誠実である.[～无 wú 华]誠実で飾り気がない.
悃忱 kǔnchén 〈文〉まごころ.
悃诚 kǔnchéng 〈文〉誠実である.至誠を尽くす.
悃望 kǔnwàng 〈文〉懇望する.

[捆(綑)] kǔn ①くくる.縛る.[～行 xíng 李]荷物をくくる.[把这批 pī 书～起来]この本をきちんと(して荷造りしなさい).[～上](住)(動かないように)くくりつける.[～结 jié 实]しっかりとくくる.②[-儿]くくったもの.束になったもの.[把韭 jiǔ 菜捆成～儿]ニラを束にする.③[-儿,-子]量詞.くくったもの,束になったものを数えた.[一～柴 chái 火]一たばのたきぎ.[一～绵 mián 纱]一しめの綿糸.→[束 shù ①]
捆绑 kǔnbǎng (人を)ふんぱる.縄で縛る.[～贼 zéi 匪]賊徒を縄あげる.[～夫妻 qī]無理にくっついている夫婦.[喻]形ばかりの協力・提携.[～软 ruǎn 件][電算]バンドルソフト.[～式销 xiāo 售]セット販売.セット売り.
捆拘儿 kǔnjur 〈方〉拘束.束縛.[现在的儿 ér 媳妇在婆 pó 婆面前也不觉着一了]いまの嫁たちは姑(とめ)の前でもべつに窮屈に思わない.
捆扎 kǔnzā 縛りくくる.荷造りする.
捆子 kǔnzi ①束.束ねたもの.[秫 shú 秸～]きびがらの束.②⇒字解②

[阃・閫] kǔn 〈文〉①敷居.→[槛 kǎn ②]②=[壺②]女性の居室.〈転〉女性.内室.妻.[尊 zūn ～]ご令室.ご令閨(けい).③軍事や政務.④〈姓〉閫(ん).

kǔn～kuò 阃壸困扩适括

阃奥 kǔn'ào〔文〕奥深い:〔壸奥〕とも書く.
阃德 kǔndé〔文〕婦德:〔壸德〕とも書く.
阃范 kǔnfàn〔文〕婦人の美德:〔壸范〕とも書く.
阃令 kǔnlìng〔文〕軍令.
阃内 kǔnnèi〔文〕①婦人の居室内.②門内.〈転〉国内.
阃外 kǔnwài〔文〕城郭の門外.〈転〉国外.

[壸・壼]

壸 kǔn ①〔文〕宮中の(細い)通路.②⇒[阃②]〔～政 zhèng〕後宮の切り回し.
壸奥 kǔn'ào ⇒[阃奥]
壸德 kǔndé ⇒[阃德]
壸范 kǔnfàn ⇒[阃范]
壸闱 kǔnwéi〔文〕大奥.
壸训 kǔnxùn〔文〕女訓.

[困・睏]

困 kùn (Ⅰ)[困]①困る(らせる・らされる).難儀する.窮する.行き詰まる.〔他曾被～在国外,把东西折 zhé 卖了回国的〕彼は外国でどうにもならなくなって(困ってしまって)物を売り払って国へ帰った.〔～住〕せっぱつまる.進退きわまる.立往生する.〔为 wéi 病所～〕病気に苦しめられる.〔～而好 hào 学〕〈成〉窮迫しながらも学問を好む.②包囲する.〔把敌军～在城里〕敵軍を街の中に包囲した.③疲れる.くたくたになる.④〔文〕困(え):六十四卦の一.
(Ⅱ)[睏]①眠い.〔我～了,该睡 shuì 觉了〕わたしは眠くなった,寝る時間だ.〔发 fa ～〕眠気がさす.〔～得睁 zhēng 不开眼〕眠くて目があけられない.②〔方〕眠る.〔～过一觉再去工作〕ひと眠りしてからまた仕事にかかる.

困惫 kùnbèi〔文〕困憊(ぱい).疲れ果てる.
困处 kùnchǔ ①困った事態.追いつめられた状況.②…で苦しむ.…で困難に陥る.〔～一隅〕動きがとれなくなる.
困斗 kùndòu〔文〕逆境でもあくまで戦う.
困顿 kùndùn ①疲れてへばる.②(生活・境遇が)困窮する.
困厄 kùn'è 困窮(する).困苦.
困乏 kùnfá ①疲れ(る).②〔文〕困窮(する)
困惑 kùnhuò 困惑する.困ってどうしていいか分からない.〔～不解 jiě〕同前.
困觉 kùnjiào〔方〕眠る.
困境 kùnjìng 苦しい立場.苦境.〔陷入～〕苦境に陥る.〔摆脱脱～〕苦しい立場から抜け出す.
困窘 kùnjiǒng ①行き詰まって苦しむ.せっぱつまる.②困窮する.窮迫する.
困局 kùnjú 困難な局面.難局.
困倦 kùnjuàn 疲れて(だるくなり)眠くなる.
困坷 kùnkě〔文〕難渋する.
困苦 kùnkǔ (生活上の)困苦.苦しみ.
困匮 kùnkuì〔文〕窮乏(する)
困难 kùnnàn ①困難である.難しい.〔资助生活～的学生〕生活上困難な学生を経済的に援助する.〔呼吸～〕呼吸困難.②困窮している.家計が苦しい.〔～户 hù〕生活困窮家庭.③困難.〔克服～〕困難を克服する.〔有不少～〕いろいろ困ったことがある.〔有什么～,就尽管提出来〕何か困ったことがったら遠慮なく言って下さい.〔给我们带来了不少～〕我々に多大の困難をもたらした.
困扰 kùnrǎo ①混乱.悩み.②苦しめる.悩ます.当惑させる.
困人 kùnrén だるくなる.眠くなる.〔～的天气〕眠気を催させる天気.
困守 kùnshǒu 死守する.〔孤城～〕孤城にたてこもって固く守る.

困兽犹斗 kùnshòu yóudòu 追いつめられた獣が命懸けで戦う.〔噬 shì 窮地に陷った者が必死の抵抗をする.むだあがきをする.〔困兽之斗 dòu〕ともいう.
困死 kùnsǐ ①せっぱつまる.②眠くてたまらない.③苦しんで死ぬ.包囲して殺す.
困醒 kùnxǐng〔方〕①目覚める.②眠る.
困学 kùnxué〔文〕行き詰まってから学び始める.〈転〉困苦に堪えて勉学する.〔不倦 juàn〕苦学してたゆまない.
困意 kùnyì 眠気.
困阻 kùnzǔ 身動きがとれなくなる.〔被洪 hóng 水～〕洪水で同前.

kuo ㄎㄨㄛ

[扩・擴(挄)]

扩 kuò 広げる.拡大する.〔～而充 chōng 之〕広げ充実させる.〔～大范 fàn 围〕範囲を広げる.
扩版 kuòbǎn (新聞・雑誌が)増ページする.
扩编 kuòbiān 拡大編成する.
扩产 kuòchǎn 生産(量)を拡大する.
扩充 kuòchōng 拡充する.拡張する.〔～设备〕施設を拡充する.〔～人力〕人員を増やす.
扩冲 kuòchōng (写真を)現像・引き伸ばしをする.
扩大 kuòdà 拡大(する).〔～机 jī〕～器 qì)拡大機.〔～化 huà〕拡大化する.〔～内需 xū〕内需拡大(をする).〔～再生产〕拡大再生産.
扩放 kuòfàng ①(写真を)引き延ばす.②(音声・画像を)拡大する.
扩股 kuògǔ 新株を発行する.〔增 zēng ～〕増資する.
扩建 kuòjiàn 増築する.拡張する.
扩军 kuòjūn 軍備拡張(をする).〔～备战政策〕軍備を拡充して戦争に備える政策.〔他谈 tán 了对～问题的看法〕彼は軍拡に対する意見を述べた.
扩孔 kuòkǒng □ボール盤などの穴あけ作業の仕上げ工程>リーマーによって仕上げること.
扩能 kuònéng 能力・性能を拡充・向上させる.
扩权 kuòquán 権利を拡大する.
扩容 kuòróng 容量を大きくする.規模などを拡大する.
扩散 kuòsàn =[弥 mí 散]拡散(する・させる).〔～器(机)〕
扩销 kuòxiāo 販売を拡張する.販路を広げる.
扩胸器 kuòxiōngqì 因エキスパンダー〔拉 lā 力器〕に同じ.
扩音器 kuòyīnqì 拡声器,ラウドスピーカー,マイクロホンなど音声を大きくする装置:〔扩音机〕ともいう.〔用～传 chuán 达〕マイクで伝える.→〔话huà 筒 ②〕〔麦 mài 克 风〕〔微 wēi 音 器〕〔扬 yáng 声器〕
扩印 kuòyìn (写真を)焼き付け引き延ばす(こと)
扩展 kuòzhǎn 拡大する.広げる.〔～森 sēn 林面积〕造林地区の面積を拡張する.〔～槽 cáo〕電算>拡張スロット.〔～口〕后缀 duì〕電算>拡張子.
扩张 kuòzhāng ①拡張する(させる).〔～主义〕対外侵略主義.②医拡張.〔胃 wèi ～〕胃拡張.
扩招 kuòzhāo 募集(枠)を拡大する.

[适]
适 kuò ①古く〔遥〕に通用した.②〈姓〉适(ちょう).→ shì

[括]
括 kuò ①(把 a+b 用一号～起来)a+b をかっこでくくる.②ひっくるめる.囲む.〔包 bāo ～①〕包括する.〔包～在内〕中に含まれる.〔概 gài ～(する).〔总 zǒng ～起来〕総括すれば….〔囊 náng

~)網羅する．⑧〈文〉矢の端．④捜し求める．収奪する．〔搜 sōu〜〕同前．⑤〈કે〉括(ၖくく‧)．→ guā

括号 kuòhào かっこ：パーレン・丸かっこ（　）〔小〜〕〔圓 yuán 〜〕，ブラケット・角かっこ［　］〔中 zhōng 〜〕〔方 fāng 〜〕，ブレース・波かっこ｛　｝〔大〜〕，ききょっこ〔　〕〔六角〜〕，太きっこ【　】〔方头〜〕〔黑〜〕，ダブルパーレン・二重丸かっこ《　》〔双 shuāng 〜〕という．〔去〜〕かっこを取る．→〔标 biāo 点符号〕

括弧 kuòhú ①丸かっこ・パーレン．〔小括号〕〔圆括号〕に同じ．②〈标点符号〉のかっこ（総称）

括要 kuòyào 〈文〉要点をつかむ．

括约肌 kuòyuējī [生理]括約筋；〔括约筋 jīn〕ともいう

【栝】kuò 〔檃 yǐn〕[旧]ため木；木材のゆがみをなおす道具．→ guā

【阔・闊（濶）】kuò ①（時間的・空間的に）長く広い．かけ隔たっている．〔海〜天空〕〈成〉④（海と空が）遠くはるかに広がっている．〔話など〕果てしなく自由奔放のさま．〔辽 liáo 〜〕広々としている．〔叙 xù 〜〕久闊を叙する．久しぶりの挨拶をする．②〔話の内容が〕高遠(ぃ)である．実際から離れている．〔高谈－论〕〈成〉勝手な放言をする．③金持ちである．裕福である．ぜいたくである．羽ぶりがいい．〔家里〜〕家は金持ちだ．〔他真〜，一切穿 chuān 戴都是名牌儿〕彼はまったくぜいたくだ，あらゆる身につけるものがみなブランドだ．〔我一辈子也一不起来〕わたしは一生金持ちにはなれない．〔摆 bǎi 〜〕金持ちらしくふるまう．金持ちぶる．↔〔穷 qióng ①〕→〔红 hóng ⑥〕④〈姓〉闊(ၖくく)．

阔别 kuòbié 長い間の離別．長いごぶさた（をする）．〔〜多年〕長い年月会わない．長いことごぶさたいたしました．

阔步 kuòbù 大またに歩く．闊歩する．〔〜前 qián 进〕大またに前進する．

阔绰 kuòchuò 豪奢(ᢆ)である．裕福である．

阔达 kuòdá 〈文〉気が大きくこせこせしない．

阔大 kuòdà ①広々と大きい．広大である．②（人の性格など）おおらかである．

阔佬 kuòlǎo 〔阔老〕とも書いた．金持ち．↔〔穷 qióng 汉〕

阔略 kuòlüè 〈文〉ぞんざいである．粗略．〔〜成性〕ぞんざいさが習性になっている．

阔落 kuòluò 〈文〉広くゆったりしている．

阔气 kuòqi （服装や調度品・金遣いが）ぜいたくである．〔讲 jiǎng 排场，摆〜〕派手を好み，豪奢にふるまう．

阔人 kuòrén 裕福な人．

阔人家 kuòrénjiā 金持ちの家．

阔少 kuòshào 金持ちの坊ちゃん．〔〜爷 ye〕同前．

阔小姐 kuòxiǎojie 金持ちのお嬢さん．

阔野 kuòyě 広々とした野原．

阔叶林 kuòyèlín [植]広葉林．

阔叶树 kuòyèshù [植]広葉樹．〔〜材〕〔有孔材〕〔硬材〕広葉樹材．↔〔针 zhēn 叶树〕

阔远 kuòyuǎn はるかに遠い．

【蛞】kuò

蛞蝼 kuòlóu [虫]ケラ．オケラ．〔蝼蛄〕の古称．

蛞蝓 kuòyú [动]ナメクジ：〔口鼻 bí 涕虫〕〔涎 xián 牛〕〔蜒 yán 蚰〕ともいう．〔〜鱼 yú〕〔文 wén 昌鱼〕[魚貝]ナメクジウオ．

【筈】kuò 〈文〉矢はず．

【适】kuò 〈文〉速い：〔适①〕に同じ．

【漷】kuò 〔〜水〕[旧]古川名：現在の山東省滕県にある．今は〔南 nán 沙河〕という．→ huǒ

【廓】kuò ①〈文〉広げる．拡張する．②〈文〉広々としている．がらんとしている．〔宏〜〕同前．③〈文〉きれいに取り除く．空(ᢆ)にする．④輪郭．〔轮 lún 〜〕同前．⑤〈姓〉廓(ၖ)

廓廓 kuòkuò 〈文〉①広々としていて空虚なさま．②安定・平安な様子．

廓落 kuòluò 〈文〉広々と大きいさま．がらんとしたさま．

廓清 kuòqīng ①粛清する．取り鎮める．②とり除いてきれいにする．一掃する．

廓然 kuòrán 〈文〉がらんとしたさま．

廓张 kuòzhāng 〈文〉拡張する．拡散する．

【霩】kuò 〈文〉①雨が止むさま．〔〜藿 qú〕[旧]古地名．浙江省寧波市の東．現在は〔郭巨 jù〕と書く．

【鞟（鞹）】kuò 〈文〉毛を取り去った獣皮．

L

la　カＹ

【旯】lā →〔坷 kē 垃〕

【垃】lā

垃圾 lājī ①塵芥(ၖᢊく)．ごみ．くず．ボロ．〔倒 dào 〜〕⑤ごみを捨てる．⑥（ごみバケツから）ごみをあける．〔〜电站〕ごみを燃料とする発電所．〔〜堆 duī〕ごみだめ．〔〜桶〕[方]ごみバケツ．ごみ箱．〔〜箱〕ごみ箱．〔〜清扫人〕ごみ取り人夫．〔〜车 chē〕ごみを集めて回る車．〔〜生态 tài 化〕ごみのバイオ処理（をする）．→〔尘 chén 土②〕②〈転〉価値のない．余分の．有害な．〔〜食 shí 品〕栄養価値のない食品．ジャンクフード．〔〜股〕[商]ボロ株．不人気株．〔〜邮件〕スパムメール．迷惑メール．〔〜债券〕くず債券．ジャンクボンド．

垃三 lāsān [方]女のチンピラ．不良娘．

【拉】lā ①引く．引っ張る：自分の方に，または左右に．〔许多人把大木头一上岸来〕大勢の人が大きな木材を水から引き上げる．〔〜成两半儿〕（左右に引っぱって）二つに切る．〔〜电〕電気を引く．↔〔推 tuī〕②車をひく．車で運ぶ．〔〜水〕車で水を運ぶ．〔套车去一肥 féi 料〕（馬に）車をつけて肥料を運びに行く．〔平板车能〜货，也能〜人〕三輪車は荷物も積めるし，人も乗せられる．③連れて行く．移動させる：主に軍隊に用いる．〔把二连一到河那边去〕第二中隊を川の向こう側へ移動させる．④（手で引っぱって，または弓を用いて）楽器を演奏する：弦楽器一般に用いる．〔〜小提 tí 琴〕バイオリンを弾く．〔一手风琴 qín〕アコーディオンを弾く．→〔拨 bō ①〕〔弹 tán ③〕⑤引き延ばす．〔〜长 cháng 声音说话〕声を長くひっぱって話をする．⑥引き離す．離れが遅れる．〔快跟上，不要一开距 jù 离〕早くついて来い，間隔をあけてはいけない．〔〜大距离〕距離をあける．差が広がる．⑦助ける．援助する．〔人家有困难，咱们应该〜他一把〕あの人は困っているんだから，僕等は彼を助けるべきだ．〔〜一派

lā 拉

打一派〕ある一派を助けて他の一派をやっつける. ⑧巻き添えにする.〔自己的事,为什么要～上别人〕自分のことだ,どうして他人を巻き添えにするのか. ⑨〔人に〕繋がりをつける. 取り入る. 連絡する. →〔拉关系〕〔拉交情〕 ⑩徒党を組む. 党派を作る.〔不要～山头〕党派を作ってはいけない. ⑪〔客を〕招き寄せる.〔～主顾〕(サービスをよくしたり値段をやすくしたり)お得意さんを作る.〔～生意〕取引を広げる. ⑫〔口〕雑談する. しゃべる.〔啦 lā〕に同じ. ⑬(大便を)排泄する. →〔拉屎〕 ⑭〔口〕養育する. →〔拉巴〕〔拉扯〕 ⑮〔多 duō 来米〕 ⑯〔文〕くじき折る.〔摧 cuī 枯～朽〕枯枝や腐木をへし折る.〈喩〉腐敗勢力をうちくだく. → lá lǎ là

拉巴斯 lābāsī 〔地〕ラパス:〔玻 bō 利维亚共和国〕(ボリビア共和国)の事実上の首都. →〔苏 sū 克雷〕

拉巴特 lābātè 〔地〕ラバト:〔摩 mó 洛哥王国〕(モロッコ王国)の首都.〔拉巴德〕とも書く.

拉巴 lāba 〔拉把〕とも書く.〈口〉①苦労して養う. 育てる. ②援助する. 面倒をみる.

拉拔 lāba ①〔提引拔〕 ②引き抜く.

拉板 lābǎn 〔又〕(スキーやボードセーリングの)板を滑らす.

拉帮结派 lābāng jiépài 〔成〕派閥を作る.〔拉帮结伙 huǒ〕ともいう.

拉帮套 lābāngtào 〈方〉回①夫のいる女性が生活のために第2の夫とも同棲する. 又その第2の夫. ②情夫が自分の女に経済的な援助する.

包车的 lābāochēde 回抱え車夫.

拉保 lābǎo 保険加入を勧誘する.

拉笆儿 lābir 〈喩〉汽笛を鳴らす.

拉比 lābǐ 〔音訳〕回ラビ:ユダヤ教徒・ユダヤ人の指導者.

拉兵 lābīng 兵士に徴発する.

拉布拉多犬 lābùlāduō quǎn 〈音義訳〉回ラブラドールレトリバー・:犬の一種.

拉不出屎来怨茅房 lābuchū shǐlai yuàn máofáng 大便が出ないといって便所を怨む.〈喩〉見当違い. 筋違い:うまくできないのはすべて客観的なもののせいだという考え.

拉不断扯不断 lābuduàn chěbuduàn 〈慣〉いつまでもだらだら続く. 切っても切れない.〔他们俩很亲密,见了面一地说〕彼ら二人は非常に親密で,会うときいつまでもぺちゃくちゃしゃべる.

拉叉 lāchā 〈方〉(手足を)広げ伸ばすさま.〔那条狗吃了一口,四脚～,倒在地下〕その犬は一口食べると四肢をつなぐために倒れた.〔四脚～地躺成一个"大字"〕手足を伸ばし大の字にして寝る.

拉碴 lācha 〈方〉(ヒゲが)ぼさぼさである. ぼうぼうである〔胡子～〕同前.〔拉碴〕ともいう.

拉长脸(儿) lācháng liǎn(r) 不機嫌な顔をしてみせる.〔把脸拉得长长的,没出声…〕顔をくもらせ声を出さずに….→〔拉下脸②〕〔硬 yìng 着头皮〕

拉长线儿 lāchángxiànr ⇒〔放 fàng 长线,钓大鱼〕

拉场 lāchǎng 劇回場(*)を持たせる:舞台で脇役が主役の登場につなぐため時間を延ばして演ずること.

拉场子 lāchǎngzi ①大道芸人などが縁日や市場などで場所を設けて露天で芸をやること. →〔撂 liào 场(儿)〕 ②場をつくろい局面を打開すること.

拉车 lāchē 車を引く.〔～的〕車夫.

拉扯 lāche 〈口〉①ひっぱる. ひきとめる.〔别～上没关系的东西〕関係のないものに出してはいけない. ②苦労して育てて大きくする. 養う.〔拉巴①〕に同じ.〔把两个孩子都～大了〕二人の子どもを苦労して大きくした. ③面倒をみる. 人をひきたてる.〔拉巴②〕に同じ.〔他还年少无知,你该～他

才好〕彼はまだ年が若く物事をわきまえないのだから,きみが面倒みてやらなければならない. ④借金をする.〔他想～几百块钱〕彼は数百元借金したいと思っている. ⑤結託する. ぐるになる. 仲間に引き入れる. ⑥巻きぞえにする. まき込む. 波及する.〔你自己做事自己承当,不要～别人〕自分でやった事は自分で責任を持つべきで,他人を巻きぞえにしてはいけない. ⑦だべる. よもやま話をする.〔他心里有事,无心跟我～〕彼は悩みがあって,わたしとおしゃべりなんかする気にはなれないのだ.

拉抽屉 lāchōuti ①ひきだしをあける. ②〈方〉言うことがあれこれ変わる.

拉床 lāchuáng 機ブローチ盤:特別な形の穴を切削する工具. →〔拉刀①〕

拉大车 lādàchē ①大八車を引く. ②〔天 tiān 九牌〕(32枚の札で行う数字合わせの一種のカルタ賭博)の遊び方の一. トランプの"ばば抜き"のようで(ただし"ばば"は使わない),数字をあわせて牌を多くとった人が勝ちとなる.

拉大排 lādàpái 〈方〉地主の武装集団を組織する(率いる).

拉大片 lādàpiān ⇒〔拉洋片〕

拉大旗作虎皮 lā dàqí zuò hǔpí 〈喩〉権威や名義を持ち出して人を騙す. はったりをきかす:〔作〕は〔当dāng〕ともいう.

拉搭 lāda 〈方〉話をする.〔慢慢儿地～起来〕ゆっくりと話し始める.

拉刀 lādāo 機ブローチ:一種の切削具.

拉倒 lādǎo 〈口〉①引き倒す. 止める. 中止する. 打ち切る.〔那笔买卖没说妥～了〕あの商売は話がまとまらないで打ち切った.

拉德 lādé 〔音訳〕物ラド:ラド〈放射線の〉吸収線量の単位. 現在は〔音訳〕戈 gē 瑞〕(グレイ. 記号 Gy)を用いる. 1 rad = 10^{-2} Gy →〔戈瑞〕

拉丁 lāding ①回壮丁を徴兵・徴発する:〔抓 zhuā 丁〕に同じ. →〔拉夫〕 ②〈音訳〉ラテン:一字 zì 母〕ローマ字. ラテン文字:〔罗 luó 马字〕は旧称.〔～文〕ラテン語.〔～系〕ラテン系民族.〔拉美 拉〕ラテンアメリカ.〔～民族 zú〕ラテン民族.〔～舞 wǔ〕ラテンダンス.〔～语〕ラテン語.〔～教 jiào 会〕ローマ正教会.

拉丁化新文字 lādīnghuà xīnwénzì 中国語を表音するローマ字:〔北 běi 方话拉丁化新文字〕〔北拉〕〔新文字〕ともいう. 瞿秋白 (1899~1935) が考案し,抗日戦争中盛んに普及活動を行った. これを〔中国语拼法拉丁化运动〕〔拉运②〕という. その方式は拼音法は通俗化し, 声調を表示しないものであった. 1957年11月漢語拼音方案が公布されるに及んで用いられなくなった. →〔国 guó 语罗马字〕〔汉 hàn 语拼音方案〕

拉东扯西 lādōng chěxī ⇒〔东扯西扯〕

拉动 lādòng 牽引する. 引っ張る.〔～内需 xū 增长〕内需の増加を引っ張る.

拉肚子 lādùzi ⇒〔拉稀①〕

拉短儿 lāduǎnr 〈方〉一時的な仕事をする. 短時間の臨時仕事をする.

拉房纤 lāfángqiàn (家屋の貸借売買の)手引きをする. 仲買をする. 周旋をする.〔～的〕家屋仲買人. →〔拉纤②〕

拉风 lāfēng ①回理髪屋で使用した扇風機代用品:方形の厚い布または薄いふとんのようなものを天井につるし,その下端に力いる人力で引いて風をおこす. ②〈方〉ひときわ目立つ. でしゃばる. ③車で遠出する. 遠くへドライブする.

拉风箱 lāfēngxiāng ふいごを動かす(して火を起こす).〔方〕拉火〕に同じ.

拉夫 lāfū 旧人夫を強制的に徴発する(こと).→〔拉丁②〕

拉幅机 lāfújī 幅出し機.

拉杆 lāgān 〔-儿〕①機アルロッド.ドラグリング.テンションンロッド.伸縮可能な棒.〔~天线〕ロッドアンテナ. ②引っ張り棒.ドローバー.〔~箱 xiāng〕キャスター付バッグ.

拉杆(子) lāgān(zi) 〈方〉旧手下を集めて徒党を組む.土匪になる.

拉歌 lāgē 集会などで互いに歌を歌うことを要請すること.

拉各斯 lāgèsī 地ラゴス:〔尼 ní 日利亚〕(ナイジェリア)連邦共和国の旧首都.→〔阿 ā 布贾〕

拉弓不可拉满 lāgōng bùkě lāmǎn 弓はいっぱいにひきしぼってはいけない.〈諺〉とことんまで人を責めるな.〔打 dǎ 人不打脸〕

拉钩 lāgōu 〔-儿〕①機ドラグフック.ひきかぎ. ②[-儿]指きりげんまんする:〔~儿拉掉儿 diào 一百年不许 xǔ 要!〕などと掛け声をかける.

拉呱儿 lāguǎr 〔拉話儿〕とも書く.〈方〉雑談する.〔拉拉呱儿〕同前.〔他们老 lǎo 在一起~〕彼らはいつも雑談に花を咲かせる.→〔闲 xián 磁牙(儿)〕

拉关系 lāguānxi コネをつける.関係を結ぶ.

拉管 lāguǎn 置トロンボーン:〔长 cháng 号〕の俗称.

拉后 lāhòu 後戻りさせる.〔把走向和和 hé 平的进展,至少~了三十年〕平和に向かっていう進行を少なくとも30年戻りさせた.

拉后钩儿 lāhòugōur ①やり残しがある:〔拉后沟儿.拉后韃儿 qiūr〕ともいう. ②取引き·仕事などをこれからも続ける.

拉后腿 lāhòutuǐ (親しい関係や感情を利用して)足を引っ張る:〔扯 chě 后腿〕とも言う.

拉祜族 lāhùzú ラフ族:中国少数民族の一.主に雲南省瀾滄ラフ族自治県に居住する.

拉花儿 lāhuār 花飾り.飾り花.〔紙〕紙で作った同前.

拉话 lāhuà 〈口〉おしゃべりする.話をする.〔拉正话〕まじめな話をする.〔拉瞎 xiā 话〕でたらめ話をする.

拉簧 lāhuáng ①⇒〔牵 qiān 力弹簧〕②⇒〔练 liàn 力带〕

拉魂腔 lāhúnqiāng 劇江蘇省北部·山東省南部·安徽省北部一帯で流行した劇また楽曲:清末には5方面に分れ〔柳 liǔ 琴戏〕,〔淮 huái 海戏〕,〔泗 sì 州戏〕などの地方劇となった.

拉活 lāhuó ①木綿糸で珠の刺繡をする(針仕事). ②仕事を引き受ける. ③(タクシー運転手が)車を運転する(金を稼ぐ):もと車夫が人力車をひくこと.

拉火 lāhuǒ ⇒〔拉风箱〕

拉饥荒 lājīhuang =〔拉 窟 窿〕〔掏 tāo 亏空〕〈口〉借金(をする)

拉家常 lājiācháng 世間話をする.世間話をする.

拉家带口 lājiā dàikǒu 家族をひきつれる:〔拖~;家庭·家族の煩わしいこと〕〔拖 tuō 家带口〕ともいう.

拉珈语 lājiāyǔ 固ラッシャ語:広西の金秀県瑶族自治県の一部族の言葉.〔茶山瑶〕で使用する言語.

拉架 lājià けんかしている二人を引き離して仲裁する.

拉交情 lājiāoqing 人に取り入る.機嫌を取り結ぶ.

拉脚 lājiǎo 〔-儿〕人や荷物を運搬する.

拉紧器 lājǐnqì ⇒〔牵 qiān 力器〕

拉近乎 lājìnhu (親しくない人へ)なれなれしくする:〔套 tào 近乎〕ともいう.

拉锯 lājù ①(二人で)鋸(鋸)をひく. ②押したり引いたりして止まらない:〔拉~シーソーゲーム.〕〔打~战〕同前をやる.一進一退の白熱戦.〔打~战〕同前をやる.

拉卡 lākǎ ⇒〔刷 shuā 卡〕

拉开 lākāi 引き開ける.(手前または横に)引き開ける.〔把抽屉~〕ひきだしを引き開ける.〔这个弓我拉不开〕この弓はわたしには引けない(強くて). ②差が開ける.間が広がる.〔把比分~,拉到十六比八〕点数の差が16対8まで開いた.〔不要~距離(間)〕距離(間)をあけるな. ③しゃべり始める.〔~了闲話〕無駄話をし始めた.

拉开当儿 lākāidāngr 〈方〉間をあける.〔~慢慢儿做〕間をあけてゆっくりやる.

拉客 lākè ①(食堂·旅館などの)客引きをする. ②(タクシーや人力車などが)客を乗せて走る.〔这车是~的,不能拉货〕この車は人を乗せるもので,貨物は乗せない. ③(娼婦が)客引きをする.客をとる.

拉窟窿 lākūlong ⇒〔拉饥荒〕

拉垮 lākuǎ 身体を壊す.

拉跨 lākuà 〈方〉(足·腰を痛めて)足をひきずって歩く.

拉亏空 lākuīkong ①借金をする.負債を抱える. ②損をする.赤字を出す.

拉拉扯扯 lālā chěchě ①引く.引っ張る. ②いちゃいちゃする.なれなれしくする:そしる意に用いる.〔~搞小集团〕なれあってグループを作る. ③とりとめなくしゃべりする.→〔拉拉⑤⑦〕

拉拉队 lāladuì 〔啦啦队〕とも書く.区応援団.サポーター.〔~姑 gū 娘〕チアガール.→〔加 jiā 油②〕〔助 zhù 威〕

拉拉杂杂 lālā zázá ①乱雑で汚らしい.まとまりがなくきちんとしていない. ②こまごましている.雑然としている.〔~地说了半天〕あれこれとしゃべった.

拉郎配 lālángpèi 〈喩〉(行政手段によって)強引に合併させる.無理に抱き合わせる.

拉力 lālì ①引っ張る力. ②(物体の)受ける引っ張られる力また,それに対する強さ:牽引に耐える力.〔张 zhāng 力②〕とも.強張·很强〕この種の紙はこしが強い.→〔牵 qiān 引力〕

拉力器 lālìqì 区エキスパンダー:〔拉力挺 tǐng 胸器〕〔扩 kuò 胸器〕ともいう.

拉力赛 lālìsài 〔音義訳〕区ラリー.〔汽车~〕自動車ラリー.

拉练 lāliàn (軍隊などが)野営や行軍訓練をする.

拉链(儿) lāliàn(r) チャック.ファスナー.ジッパー:〔拉锁(儿)①〕ともいう.〔袋口有~〕袋の口にチャックがついている.〔~马 mǎ 路〕〈喩〉何度も掘りかえす道路.

拉溜儿 lāliùr 列.並ぶ:〔一〕以外の数詞につくことができない.〔这一~有五所房子〕この並びは家が5軒ある.

拉拢 lā-lǒng 人と関係をつける.仲間に引き入れる.うまくとり入って味方にする.人材を引っ張る.〔专~有钱有势的〕もっぱら金や勢力のある人に関係をつける.〔不要~一些人排挤一些人〕こちらの人とは関係を結んで親しくし,あちらの人は排斥するなどということをしてはいけない.

拉骆驼 lāluòtuo 〈喩〉(ふざけて)子供の鼻を指で引っぱること.

拉马 lāmǎ ⇒〔拉皮条〕

拉马杆儿 lāmǎgānr 盲人案内者が盲人にもたせて引っぱっていく棒.〔旧〕の同前の案内者.

拉马克学说 lāmǎkè xuéshuō 生命ラマルク説:用不用説.

拉买卖 lāmǎimai 顧客をひっぱる(商売のために).広く取引先を求める.〔~纤 qiàn〕商談の仲介をする.→〔拉纤②〕

拉毛 lāmáo 紡起毛.毛かき.ナッピング:〔拉绒 róng〕ともいう.

lā 拉

拉美 lāměi〔拉丁美洲〕の略.

拉门(儿) lāmén(r) 引き戸(を閉める)

拉密 lāmì〈口〉女性を誘惑する.ナンパする：〔拉蜜〕とも書く.

拉普堡 lāmìpù 地 フォールラミー.→〔恩ēn贾梅纳〕

拉面 lāmiàn ①⇒〔押chēn面〕 ②〈方〉顔のしわをのばす.

拉模 lāmú 機 ダイ.ダイス.

拉姆萨尔公约 lāmǔsà'ěr gōngyuē 史 ラムサール条約.

拉姆塔 lāmǔtǎ (ギリシア文字) λ ラムダ.→〔希xī腊字母〕

拉尼娜(现象) lānínà(xiànxiàng) 気 ラニーニャ現象：〔反fǎn厄尔尼诺(现象)〕〔反エルニーニョ現象〕ともいう.→〔厄è尔尼诺(现象)〕

拉弄 lā·nòng〈方〉気に留めずに使う：〈方〉拉楞leng〕ともいう.〔这件衣裳不禁jīn~〕この服は無意識に着てしまう.

拉炮〔-儿〕lāpào〔-r〕(玩具の)クラッカー：一端を手で引くと、音とともに紙テープなどが飛び出すもの.

拉篷 lāpéng 帆をあげる：〔扯chě篷〕ともいう.

拉篷扯纤 lāpéng chěqiàn〔喩〕いろいろとむだな世話をやくこと.

拉皮 lāpí 顔のしわを取る.〔除chú皱〕同前.

拉皮条 lāpítiáo 〈方〉拉乌〕淫売の媒介をする.男女野合の取りもちをする.→〔拉纤②〕〔皮条②〕

拉偏手儿 lāpiānshǒur〈方〉けんかを仲裁しつつの肩を持つ：〔拉便宜罩儿〕,〔拉偏架jià〕ともいう.

拉片儿汤 lā piàntāng〔片儿汤〕(うどん粉を薄くのして、短冊形に切り、汁に入れて煮たもの)を作る.人を悪者にしたてる.

拉票 lāpiào (選挙などの)票をかき集める.〔多方~〕八方から票をかき集める.

拉平 lāpíng ①ならす.平均する.〔一个作zuō坊有许多工人, 他们之间个人差chà可以~〕一つの仕事場に多数の労働者がいる場合には, 彼らの間の個人的な違いは平均され得る.→〔平均②〕〔扯chě平①〕 又 同点になる.

拉普兰 Lāpǔlán 地 ラップランド：スカンジナビア半島北端部.〔拉白bó兰〕ともいう.

拉纤 lāqiān ①〈人間が岸で〉舟の綱を曳く.曳き舟をする.〔~的〕同岸の人夫.〔~夫〕舟の曳き綱.〔-儿〕手引きする. 取り持つ. 周旋する. 仲介する. 媒介する.〔拉地dì纤的〕土地の仲介人.→〔买卖mài介〕〔拉皮条〕

拉球 lāqiú 又 (バドミントン)のクリア：相手の後方深く高々と打ち上げるもの.〔高远球〕(ハイクリア)、〔平篮球〕(ドリブンクリア)がある.

拉曲儿 lāqǔr (胡琴などで)歌曲を弾く.

拉人下水 lārén xiàshuǐ〔喩〕人を悪の道に引きずり込む.

拉萨 Lāsà 地 ラサ：チベット自治区の区都.

拉散坐〔-儿〕lāsǎnzuò〔-l儿〕(人力車夫が)流しの客をとること：〈方〉拉散儿〕ともいう.

拉山头 lāshāntóu 集団・セクトを作る.党内に党を作る.派閥を作る.党内の分裂活動.〔~搞gǎo宗派〕党派や派閥の活動をする.

拉上补下 lāshàng bǔxià 平均にならす.

拉舌头扯簸箕 lā shétou chě bòji〈方〉他人の陰口をきく：単に〔拉舌头〕ともいう.

拉绳 lāshéng〈方〉①引きひも.引き綱. ②又 綱引き.〔拉大绳〕綱引きをする：〔拔bá河〕の別称.

拉屎 lāshǐ 大便をする.〔骑qí在(人)屋子上~〕〈喩〉人を大いにしいじめる.〔撒sā尿〕

拉手 lāshǒu 手をつなぐ.提携する.〔手拉(着)手儿〕手に手をとる(とって).〔他们俩拉起手来反对我们〕彼ら二人は手を握って我々に反対する.→〔把bǎ手〕

拉手 lāshou ①引き手.取っ手(戸や引き出しなどの).〔这门上的~,要修一修〕この戸の引き手は壊れているから, 修理しなければならない. ②⇒〔把bǎ手①〕

拉司 lāsī〈音訳〉ラスト：英国の重量単位, 通常4000ポンド.

拉丝 lāsī ①機 伸線(鉄)(する). ②〈方〉ぐずぐずする.延び延びになる.先送りする.〔人家决jué不~, 说走就走〕彼らは決してぐずぐずしていない, 行くとなればすぐ行く.〔~怠dài惰的决不行, 痛痛快快儿地答応吧〕ぐずぐずしていないで, きっぱり返事をしなさい. ③⇒〔拔bá丝②〕

拉锁(儿) lāsuǒ(r) ①チャック.ファスナー.ジッパー：〔拉链(儿)〕ともいう. ②チェーンステッチ(木の枝やくさり形の模様)を刺繍する.

拉沓 lāta ⇒〔遢遢〕

拉梢 lātāo ①(馬車の)轅(を)の外に副(ぞ)馬としてつける馬・轅の中につなぐ馬に対していう.〔拉梢shāo〕ともいう. ②〈方〉援助する. 手伝う. 人のために働く.〔早先, 咱们穷啊穷人扛拖钢头给地主~, 如今换樂扎枪, 给流氓~〕(周·暴)以前は我々貧乏人は鋤をかついで地主のために働いていたのだが, 今では鋤を槍(ぞ)に換えてならず者のお手伝いをしているのだ.

拉替身(儿) lātìshen(r) (迷信で)霊魂が自らを生き返らせるために, 生きている人を死に引き込んで, 自分の身代わりにすること.〔年年都有人去这儿淹yān死, 可别下去游泳, 留神叫拉了替身〕毎年必ずここで人がおぼれ死ぬから, いいかい川へ入って泳いではいけない, 霊魂の身代わりにされるといけないから.→〔托tuō生〕〔冤yuān鬼〕

拉条 lātiáo ①機 ブレース.ステー. ②支索. 張り綱.〔隔gé裆条, 船の仕切り綱.

拉脱维亚 Lātuōwéiyà ラトビア：正式国名は〔~共和国〕. 首都は〔里加〕(リガ)

拉瓦尔品第 Lāwǎ'ěrpǐndì ラワルピンジ：〔巴bā基斯坦〕(パキスタン)の旧首都. 現首都は〔伊yī斯兰堡〕(イスラマバード)

拉弯子 lāwānzi〈方〉調停する. とりなす.〔别往着他们各走极端, 您给拉个弯子吧〕彼らをめいめい極端に走らせないようにしてくるから, あなたがとりなしてくださいよ.→〔打dǎ圆场〕

拉完了磨儿杀驴 lāwánle mòr shālǘ ⇒〔卸xiè磨杀驴〕

拉晚儿 lāwǎnr ①旧時, 人力車夫が夜間かせぐ.〔要是~就能多挣点几钱〕夜車をひけば少しばかり金を稼ぐことができる. ②〈転〉(仕事の都合で)時間を延長したり, 就寝を遅らせる.〔平píng常~不给加班费〕いつも終業時間をのばしては残業手当も出さない.

拉网 lāwǎng ①網を引く. ②荷揚げ用の網. ③包囲して, それを絞りながら追いつめる戦術.

拉稀 lāxī ①〈口〉肚子が～〕腹くだしをする. 下痢する.→〔腹fù泻〕 ②〈口〉おじけづく.〔这个人一动真zhēn格的就~〕あいつはいざとなるとびびってしまう.

拉下脸 lā·xiàliǎn ①情実にとらわれない. 気の毒に思わない.〔贾珍也不承望三姐这等拉得下脸来〕(红65)贾珍も三姉がこんなに情け容赦なくやるとは思っていない. ②不興な顔をする. 不愉快な顔をする.〔拉长脸(儿)〕〔硬yìng着头皮儿〕

拉下马 lāxiàmǎ 〈喩〉ひきずり下ろす.(権力者を一定の地位から)ひきずり下ろす.〔舍shě得一身剐,

敢把皇帝〜)身を八つざきにされようともあえて皇帝をひきずり下ろそう.
拉下水 lāxiàshuǐ 〈喩〉泥沼にひきずり込む.共犯者にする:[拖 tuō 下水]ともいう.→[拉人下水]
拉闲篇(儿) lāxiánpiān(r) 〈方〉おしゃべりをする.世間話をする.
拉线 lāxiàn ①糸を引く.糸を張る.〈喩〉仲を取りもつ.紹介する.②張り線.扣(に)え線.支え線.
拉线开关 lāxiàn kāiguān ひもスイッチ.
拉延 lāyán 圜ドローイング:棒形・管形の材料を型の上の穴から引き伸ばし形状を細長くしたり,断面や形状をかえたりする加工.
拉延模 lāyánmú ⇒[拔 bá 丝模]
拉秧 lāyāng 農瓜類やある種の野菜のように収穫期が過ぎると茎を引き抜いてしまうこと.
拉洋片 lāyángpiān =[拉大片][西洋景]ののぞきからくり.のぞきメガネ.[戳 chuō 穿〜][拆穿〜]〈喩〉内幕を暴露する.からくりをばらす.
拉硬屎 lāyìngshǐ 〈方〉①力(☆)む.無理をする.見栄を張る.[瘦驴〜.硬撑 chēng 架子]やせロバが硬い糞(☆)をする.[歌]ひもじいのにやせ我慢する.=[穷 qióng 架子] ②安うけあいをする.あてもなく引き受ける.
拉远 lāyuǎn ①話を遠くわき道へそらす.まわりくどく言う.②圃(映画用語)ズームアウト.
拉匀 lāyún 平均(する).→[拉平①]
拉运 lāyùn ①車で運搬する.→[拉丁化新文字]
拉杂 lāzá 筋道のない.雑然としている.[这篇 piān 文章写得太〜]この文は雑然としていて筋道がない.
拉闸 lāzhá (電気の)ブレーカー・スイッチを切る.[〜限 xiàn 电]電力供給制限(する):発電所や電力会社が送電を止めること.
拉债 lāzhài 同上.
拉账 lāzhàng =[拉债]①借金をする.負債を負う.②掛買いする.
拉着不走,打着倒走 lāzhe bùzǒu, dǎzhe dào zǒu ⇒[敬 jìng 酒不吃,吃罚酒]
拉着拽着 lāzhe zhuàizhe 〈慣〉無理やりに引っ張る.
拉直 lāzhí ぴんと引っぱる.〈転〉ごたごたを正す.
拉制 lāzhì 圜引き抜き加工.
拉主顾 lāzhǔgù 客引きをする.
拉钻 lāzuàn ひき錐(☆)
拉座儿 lāzuòr (三輪車や人力車などで)客を乗せ.乗客をひく.

[啦] lā ①[哗 huā 〜〜]〈擬〉ガラガラ.[啪 pā〜]〈擬〉ばらっ(と).[呼 hū 〜][呼 喇〜]〈擬〉④がらっと.さっと.[嘩 huā 〜]〈擬〉ザーザー.パタパタ.[哩 lī 哩啦啦]② 〈方〉話す.しゃべる.雑談する:[拉⑫]に同じ.[〜咖 gā]前.[一会儿]しゃぺらしゃべる. → la

啦咕儿 lāguǎr ⇒[拉呱儿]
啦啦队 lālāduì ⇒[拉拉队]

[砬] lā 化[砬 ài](アスタチン)の旧名.

[喇] lā ①訳音字.[阿 ā 〜伯]アラビア. ②[刮 guā 〜〜]〈擬〉ガラガラ.カラカラ. → lá là

[喇] lā [哇 wā 〜]〈擬〉がみがみ.がやがや.ふつう[哇啦]と書く.[呼 hū 〜]〈擬〉ひらひら(と舞う):ふつう[呼啦]と書く.[胜利的旗帜呼〜〜地飘 piāo]勝利の旗がひらひらと風に翻る. → lá là

[邋] lā

邋遢 lāta 〈口〉だらしのない.めちゃくちゃである:[拉沓][刺达][辣挞]とも書いた.[邋里 li 〜][邋邋遢遢]ひどいさま.[这厨 chú 子很〜]この料理人はとても不潔だ.

[旯] lá →[旮 gā 旯儿]

[拉] lá 切る.切りさく:[剌]とも書く.[手上〜了一个口子]手を一か所切った.[用刀子〜开]ナイフで切る.[用刀子〜肉]包丁で肉を切り取る.[右肩被严重〜伤]右肩にひどい切り(刺し)傷を受けた.[不小心把手指头〜破了]注意しなかったので指をやった. → lā lǎ là

拉不动 lábudòng 切れない(堅くてまたは刃物が鈍くて)
拉拉 lālā 〈方〉①(物が)こぼれる. ②間をおく.[〜着点儿买]何回かに分けて買いなさい.
拉心拉肝 láxīn lágān 〈方〉①腹の中がごろごろするさま.②惜しがるさま.心中怪しくてたまらないさま.③残酷なさま.[那小子〜的,不可交]あいつは残酷だからつきあってはいけない.

[砬(硵)] lá 〈一子 zi〉〈方〉山上の大きな岩:多くは地名用字.[老 lǎo 虎〜][迎 yíng 门〜][白 bái 石〜]囲すべて黒竜江省にある.

[剌] lá 切る.切り開く(刃物で肉などを):[拉]に同じ.[手指头叫刀子〜了]指をナイフで切った. → lā là

[掛] lázi 〈方〉ガラス瓶.[洋 yáng 〜]同前.

[喇] lá [哈 hā 喇子] → lā lǎ

[拉] lǎ ①→[半 bàn 拉] ②→[虎 hǔ 不拉] → lā lá là

拉忽 lǎhu =[喇虎]〈方〉うっかりする.油断する.不注意である.単純粗暴である.いいかげんに物事をする.愚かである.[这是我一时 shí 〜]これはわたしがちょっとうっかりしました.[那个人有点儿〜,总丢三落 là 四的]あの人はうっかりもので,忘れっぽい.
拉里拉忽 lǎli lǎhu 〈慣〉うっかりしているさま.油断しているさま.

[喇] lǎ → lā lá

喇叭 lǎba ①音ラッパ:[喇吧]とも書く.[〜虫]虫ラッパムシ:原生動物繊毛類の一種.[〜口](儿)①音ラッパの広く開いた口.(楽器の)朝顔(ベルともいう).⑥物体の口部が広がったもの.[〜裤 kù]圜ラッパズボン.ベルボトム.[太 tài 阳裙]圜フレアスカート.[歪 wāi 嘴吹〜]歪んだ口でラッパを吹く.[歌]邪気満満,不正の気風ばかり[〜,一团 tuán 邪气][〜,满嘴 zuǐ 邪气]同前.[斜气](息が斜めに出てくる)と[邪气]は同音.→[号 hào 筒] ②ラッパ状の拡声器.[汽 qì 车〜]クラクション.[按 àn 〜]同前をやる.[〜扬 yáng 声器]ラウドスピーカー.[〜嗓子 sǎngzi]〈喩〉高く大きい声.
喇叭花(儿) lǎbahuā(r) 〈牵 qiān 牛花〉
喇叭筒 lǎbatǒng ①=[话 huà 筒③] ②〈方〉手巻きタバコ:[喇吧烟 yān]ともいう.
喇虎 lǎhu ⇒[拉忽]
喇嘛 lǎma 宗ラマ僧:チベット語で無上の意.[大〜]ラマの高僧.→[达 dá 赖〈喇嘛〉]
喇嘛糕 lǎmagāo 〈口〉丸形の小さいカステラ.
喇嘛官 lǎmaguān 囲ラマ僧であって官吏となった者.
喇嘛教 lǎmajiào 宗ラマ教:チベット[藏 zàng 密]

(チベット密教)の俗称:8世紀頃インド僧〔寂护〕(シャーンチラクタシタ)や〔莲华生〕(マドマサンババ)によってもたらされた仏教と,元からある〔本běn教〕(ボン教)とが結びつき発展したといわれる.〔宁níng玛派〕(ニンマ派)は最も古い派で赤い帽子をつけるの〔红教〕ともいわれる.続いて〔噶 gé 当派〕(カダム派),〔萨 sà 迦派〕(サキャ派)が,又〔噶举派〕(カギ派)が成立.同派はカルマパが最高の尊者.15世紀〔宗 zōng 喀巴〕(ツォン・カ・パ)が〔噶当派〕を基礎に〔格 gé 鲁派〕(ゲルク派)を創立.彼は〔嘎 gā 登寺〕(ガンデン寺)を建立したので〔嘎登派〕ともいわれる.黄色い帽子をつけるので〔黄教〕ともいわれる.このゲルク派より,後に生き仏といわれる〔达 dá 赖〕(ダライ)と〔班禅〕(パンチェン)の二大系統が出現した.

喇嘛庙 lǎmamiào ①ラマ教の寺院. ②地ドロン(ドロンノール)の別称:内蒙古東部にある.

〔拉〕là

拉拉蛄 lālàgǔ ①国ケラ(オケラ)=〔蝼蛄 lóugū〕の俗称.〔蜊蛄蛄〕〔蜡蛄蛄〕とも書いた. ②〈罵〉ぶさいくな田舎者.〔谁家姑娘要你这个〜?〕どこの娘が君のような田舎者にほれるものか. →lā lá lǎ

〔剌〕

剌 là 〈文〉(性情・言葉・行為が)ひねくれている.情理に背く.たがう.〔乖 guāi〕〔乖违 wéi〕同例. →lā lá lǎ
剌戾 lìlì 〈文〉(性情・言動が)ひねくれている.情理に背く.
剌子 làzi ひどいことや容赦のないことをする人.ひねくれ者.

〔辣(辢)〕là

①辛い.ピリッとする.〔〜劲儿〕ピリ辛加減. →〔辣椒〕 ②辛い味やにおいが刺激する.〔〜嗓子〕えぐい.えがらっぽい.〔〜得他直出汗〕辛くて彼はしきりに汗をかいている. ③刺すような感覚を受ける.ヒリヒリする.きつく感じる.〔眼睛发〜〕眼つきがきつい. ⑥眼がひりひりする. ④辛辣である.ひどい.むごい.〔他手段〜〕彼はやり方がきつい.〔毒 dú〜〕むごい.残酷(である).→〔厉 lì 害①〕 ⑤〈姓〉辣·).
辣白菜 làbáicài 国〔白菜〕のキムチ.
辣不唧儿 làbujīr ⇒〔辣丝丝〕
辣根 làgēn 国ワサビ.
辣蒿蒿 làhāohāo (辛くて)ピリッとする.ヒリヒリする.
辣乎乎 làhūhū ヒリヒリする.ピリピリ辛い.〔现有这些鲜货,谁吃〜的蒜苗呢〕いまではこういう野菜・くだもの類があるのに,誰がめっぽう辛いにんにくの薹(tái)なんかを食べるのか.
辣酱 làjiàng 国とうがらし味噌.〔辣酱①〕に同じ.⇒〔沙 shā 司〕
辣酱油 làjiàngyóu 国ピリッと辛味のあるソース.ウスターソース.〔〜面條〕焼きそば. →〔沙 shā 司〕
辣椒 làjiāo 国トウガラシ(の実).〔辣子①〕〔番 fān 椒〕〔方〕〔海 hǎi 椒〕ともいう.丸い形のいわゆるピーマンは緑色のうちに食べるので〔绿 lǜ〜〕〔青 qīng 椒〕,形からみて〔柿 shì 子椒〕,甘味が強いので〔甜 tián 椒〕(アマトウガラシ)などという.〔小〜〕〔尖 jiān 椒〕=〔长トウガラシ〕.〔〜喩〉(性格がきつい)人.激しい人.〔〜油 yóu〕トウガラシをきざんで油を入れて火にかけ,辛味を油に滲出させたのち油だけをこしとったから以後.→〔町 dīng 番椒(zá)〕チンキ.とうがらしチンキ. →〔素 sù〕カプサイシン.〔干 gān〜〕.〔椒干〕かん木性とうがらし. 〔干〜番茄酱〕チリトマト酱 shuān 锅子].
辣椒糊 làjiāohú 国生のとうがらしをみじん切りにし

て塩を加えた味噌状のもの:〔辣椒酱②〕ともいう.
辣椒酱 làjiāojiàng 国①とうがらしと味噌を細かく刻んで,そら豆・大豆・味噌をまぜ合わせたもの.〔豆瓣儿辣酱〕ともいう. ②⇒〔辣椒糊〕
辣蓼 làliǎo 国〔水 shuǐ 蓼〕
辣妹子 làmèizi 国(重慶・四川・湖南など)辛い物を好む地方の女の子.〔〜喩〕おきゃんな娘.おてんば娘.気が強い娘.
辣米菜 làmǐcài ⇒〔蔊 hàn 菜〕
辣实 làshí 辛辣である.激しい.厳しい.ひどい.〔冷得〜〕寒さが厳しい.〔手段〜〕手段がひどい.
辣手 làshǒu ①容赦のない手段.悪辣なやり口.〔下〜〕悪辣にやる. ②〈方〉手段・手腕が悪辣なこと. ③(仕事に)手をやく.処理が難しくて煩しい.〔那个事情很〜〕あの事には非常に手をやく. →〔棘 jí 手〕
辣丝丝 làsīsī =〈方〉辣不唧儿〕〔辣酥酥〕ピリッとして少し辛い.〔这种咸 xián 菜〜儿的非常好吃〕この漬物は少しピリッとして,とてもおいしい.
辣酥酥 làsūsū 同上.
辣薤 làxiè 植〔薤 xiè〕=〔韭 jiǔ 菜〕
辣油 làyóu 国とうがらし油.ラー油.〔辣椒油〕に同じ.
辣燥 làzào (性情が)猛々しい.〔娶了〜些儿的媳妇〕(儒27)恐ろしく気の強い妻を娶った.
辣子 làzi ①⇒〔辣椒〕 ②(女性の)やり手.すれっからし.はねかえり.〔你只叫他凤 fèng〜就是了〕(紅3)あなたは彼女をただやり手の凤さんと呼べばいいんだよ.
辣子鸡 làzijī 国雏鸡をぶつ切りにして唐辛子を加えて炒めた料理.〔〜丁〕さいの目切りの鶏肉の同前.

〔癞〕là

医疥癣(xuǎn)・白癣・黄癣など頭皮のはがれる皮膚病.→〔癞 lài 子〕
癞疤疤 làlàbābā ⇒〔疤疤癞癞〕
癞痢 là·li 〔癞黎〕〔鬎鬁〕〔癞痢〕とも書いた.〈方〉医黄癣〕:頭にできて気になる皮膚病.〔黄 huáng 癣〕は学名.〔秃 tū 疮〕に同じ.
癞痢头 là·lítóu 〈方〉黄癣(xuǎn)にかかって秃げた頭.また同前の人.

〔蜊〕

蜊蛄 làgǔ 国吉林省に産するザリガニ:住血吸虫の中間宿主.体内にある石灰質は薬用される.〔螯 áo 虾〕ともいう.
蜊蛄蛄 lālàgǔ ⇒〔拉拉蛄〕

〔鬎〕

鬎鬁 làlì ⇒〔癞痢〕

〔鯻・鯻〕là

国シマイサギ(科総称).〔细鳞〜〕コドヒキ(ジンナラ・ヤガタイサギ)

〔癞・癞〕là → lài

癞病 làbìng ⇒〔癞痢〕

〔落〕là

〈口〉①漏らす.遺漏がある.脱落する(させる).〔学习和训练一天也不能〜下〕学習と訓練は一日たりとも漏らすことができない.〔漏一个字〕1字書き落とした. ②置き忘れる.〔眼镜在家里,忘带来了〕メガネは家に置いたまま,持ってくるのを忘れた. ③とり残す(される). ついていけず遅れる.〔咱们的产量在人家后头了,快撵 niǎn 吧〕おれたちの生産高は他の人に遅れてしまった,急いで追いやけよう.〔我们同世界科学先進水平的差はまた大きく開いた.〔她半路上〜下来了〕彼女は途中で落後してしまった. → lào luò

落空 làkòng 〈方〉①機会を逸する.〔每场电影我都

落腊蜡　　　　　　　　　　　　　　　　　　　là

看, 今天怎么~了]毎回映画を見ているのに, 今日はどうしてうっかりして見忘れたのか. ②行き届かない. → luòkōng

落礼 làlǐ 〔-儿〕〈方〉失礼する.〔去年你结婚, 我不知道可~了〕去年ご結婚されたとは存じ上げず, 失礼しました.

〔**腊・臘**(臘・膓)〕 **là** ①固 年末に八百万(ﾔｵﾖﾛｽﾞ)の神(また祖先神)を祭ること.〔腊日〕②〈転〉旧暦の12月.〔~尽 jìn 春来〕年が改まり春になる. →〔腊日〕〔腊月〕③食 12月または冬に塩漬けにして干したり燻製にした魚や肉の〈货 huò〉同前の食品. →〔腊肉〕 ④宗 僧となった以後の年数. ⑤〈姓〉臘(ﾛｳ) ~ xī

腊八(儿) làbā(r) 旧暦12月8日:釈迦が悟りを開いた日.民間では〔腊八粥〕を食べる. また〔过 quò 年〕の支度に入る日.

腊八豆 làbādòu 食①大豆を発酵させた食品:日本の"納豆"に同じ. ただしあまり糸をひかない. 豚肉と一緒ににんにくのすりつぶしたものや醤油をまぶし, それを蒸して食べる.〔腊八粥〕を作るために用いられる〔红小豆〕,〔豇 jiāng 豆〕,〔芸 yún 豆〕,〔绿豆〕など.

腊八米 làbāmǐ 食〔腊八粥〕を作るために用いられる〔大米〕,〔小米〕,〔江米〕,〔高粱米〕など.

腊八蒜 làbāsuàn 旧暦12月8日〔腊八(儿)〕に蒜(ﾆﾝﾆｸ)を酢につけておき除夜・正月のギョーザにそえて食べる風習があり, その蒜のことをいう. またその漬けた酢を〔腊八醋〕という.

腊八粥 làbāzhōu =〔佛 fó 粥〕〔七 qī 宝(五味)粥〕 食旧暦12月8日の〔腊八(儿)〕に食べる一種の粥: もと釈迦の成道を祝う意味. 豆・果実などを入れてつくった粥. 仏や先祖に供え, また親戚・友人に贈る. 現在は缶詰のものもある. →〔八宝粥〕

腊半 làbàn 〈文〉旧暦12月12日あるいは12月中旬.

腊茶 làchá =〔蜡茶〕福建産の名茶.

腊肠(儿) làcháng(r) 食腸詰め, ソーセージ: 固くて小さいものは〔香 xiāng 肠(儿)〕, にんにくの味のものは〔蒜 suàn 肠(儿)〕という.〔意 yì 大利~〕〈音義訳〉色 sè 拉米香肠〕サラミソーセージ.

腊虫 làchóng ⇒〔白 bái 蜡虫〕

腊鼓 làgǔ 古代,〔腊日〕あるいはその前日に鼓を鳴らして疫病を払うこと: 楚の風俗では同前をたたき金剛力士を作って疫病を祓(ﾊﾗ)った.

腊胶 làjiāo ⇒〔虫 chóng 胶〕

腊梅 làméi =〔蜡 梅〕〔冬 dōng 梅〕〔狗 gǒu 蝇 梅〕〈文〉寒 hán 客〕植 ロウバイ(カラウメ. ナンキンウメ)の花.

腊日 làrì 古代, 年末に神々を祭る日: 後に旧暦12月8日(冬至後第三の戌の日)とした. →〔字解〕

腊肉 làròu 食冬季(多く12月)に塩漬けにして干したり燻製にした豚肉. →〔腊味〕〔咸 xián 肉〕

腊头鱼 làtóuyú ⇒〔虫 chóng 纹鲍鲀〕

腊尾 làwěi 〈文〉旧暦の年末. 年の暮れ.

腊味 làwèi 食獣肉・魚肉を塩漬けにして陰干しにしたもの: 多く冬季にこれを作った. →〔腊肉〕

腊雪 làxuě 気冬至から立春の間に降る雪. また〔腊日〕の前日に降る雪.

腊鸭 làyā 食あひるをまるごと塩水で漬け干したの: 腹を開いて平たく圧してあるのを〔扁 biǎn 鸭〕,〔琵 pí 琶鸭子〕, 腹が開いていないのを〔板 bǎn 鸭〕という.

腊鱼 làyú 食魚の塩干物(ﾓﾉ)

腊月 làyuè 旧暦12月の別称.〔~的白菜, 冻 dòng (动)了心儿了〕〈歇〉12月の白菜, 中が凍った, ある気持ちが生じた. 心が動いた.〔~的葱, 根枯叶黄になっても"芯"は死んでいない. あきらめない.〔~的葱, 皮 pí 干内枯心不死〕ともいう.

腊蔗 làzhè 甘蔗の一種(皮が赤く汁が多い)

腊坐 làzuò =〔坐腊①〕

〔**蜡・蠟**(蠟・櫸)〕 **là** ①〔蠟〕

蜡(ﾛｳ). 封蜡. ワックス.〔石 shí ~〕パラフィン. →〔蜡人(儿)〕〔白 bái chóng 白蜡〕 ②蠟燭(ﾛｳｿｸ). → zhà

蜡白 làbái (顔色が)血の気が引いて蒼白である.

蜡板 làbǎn ①蜜蜂の腹部にあるロウ分泌器官からできるロウ片. ②=〔蜡床〕白ロウを作る道具.

蜡版 làbǎn 謄写版の(切った)原紙. →〔钢 gāng 板〕

蜡瓣花 làbànhuā 植マンサク科トサミズキ近縁種.

蜡笔 làbǐ クレヨン.〔蜡粉笔〕パステル.

蜡茶 làchá =〔腊茶〕

蜡虫 làchóng ⇒〔白 bái 蜡虫〕

蜡床 làchuáng ⇒〔蜡板②〕

蜡蜂 làfēng ⇒〔蜜 mì 蜂〕

蜡狗 làgǒu 虫いぼ木の害虫.

蜡光纱 làguāngshā ロウ膠(ﾆｶﾜ)を用いて処理し, 光沢を出した糸.

蜡光纸 làguāngzhǐ 陶砂(ｻﾞﾗ)紙. 光沢紙.

蜡果 làguǒ 蠟細工物(果物・蔬菜など)

蜡花 làhuā ①ロウソクの丁子頭(ﾁｮｳｼﾞｱﾀﾏ).〔照 zhào 管各处剪~儿〕(红29)各処へ行ってろうそくの丁子頭を切って回る.〔那灯 yě 没人夹~〕(红111)あの灯火もまだ灯心の燃え芯を切っていない.

蜡画 làhuà ろうがつ染め模様.

蜡黄 làhuáng 色淡い黄色(の).〔面 miàn 色~〕(顔色が)ろうのように土気色だ.

蜡笺 làjiān ろうびきの用箋紙.

蜡炬 làjù 〈文〉⇒〔蜡烛〕

蜡蜡蛄 làlàgǔ =〔拉拉蛄〕

蜡泪 làlèi =〔蜡珠〕ロウソクの溶けて落ちるロウ.

蜡疗 làliáo 医物理療法の一種: 石蠟を加熱し, それを患部に塗抹して局部の血液循環をよくし, 炎症の広がるのを防ぐ. 関節炎・くじきなどに効果がある.

蜡梅 làméi =〔腊梅〕

蜡皮 làpí 中医〔-儿,-子〕丸薬を包む蠟製の皮.〔蜡丸②〕胶 jiāo 囊

蜡珀 làpò 琥珀色の黄色で明るいもの.

蜡扦 làqiān 〔-儿〕①〔蜡台〕ろうそく立て:〔蜡签〕とも書く. 釘状のものが突き出ているもの.〔香炉的两旁摆着一对~〕香炉の両脇に一対が並べられている.〈方〉子どもの頭のおどりこ(ﾋﾖﾒｷ)の部分の髪を結んでびんと立てたもの.

蜡染 làrǎn =〈文〉蜡纈〕染ろうけつ染め(をする). バティック.

蜡人(儿) làrén(r) ろう人形.

蜡石 làshí 鉱ろう石.

蜡书 làshū 〔蜡丸①〕の中に密封してある秘密文書.

蜡树 làshù ①⇒〔水 shuǐ 蜡树〕 ②⇒〔柏 jiù〕 ③⇒〔女 nǚ 贞〕

蜡酸 làsuān =〔二 èr 十六酸〕化セロチン酸.

蜡台 làtái =〔蜡扦①〕

蜡头儿 làtóur ①使用して非常に短くなったろうそく. 燃え残った短いろうそく. ②〈方〉難儀にあって苦しんでいる人.

蜡丸 làwán 漢〔-儿〕①封蠟: 湿気や外気を防ぐためにとかしたろうで物を包む丸いもの. 伝達のための機密書類を入れたこともある. ②ロウで封じた丸薬.

蜡像 làxiàng ろう人形. ろう加工の人や物.〔~馆 guǎn〕ろう人形館.

蜡缬 làxié ⇒〔蜡染〕

蜡芯儿疳 làxīnrgān ⇒〔下 xià 疳〕

蜡油 làyóu ろう油.ろうそくのとけた油状のもの.

蜡渣(子) làzhā(zi)〔ろうそく立てに残ったろうそくのかす.⑥顔色が蒼白になること.〔但听一声催 cuī 战鼓,脸皮先似～黄 huáng〕(元)戦鼓を一声聞いただけで、顔色がもう蒼白くなった.

蜡版 làbǎn ①〔≒誊 téng 写版;謄写版原紙.〔钢 gāng 版～〕同前.〔刻 kè 蜡版〕〔写蜡板〕〔写蜡纸〕謄写板の原紙をきる. ②パラフィン紙:包装用油紙.〔石 shí 蜡纸〕ともいう.

蜡制 làzhì ①ろうで作ったもの. ②ろうで処理する.ろうをかぶせる.

蜡珠 làzhū ⇒〔蜡❘〕

蜡烛 làzhú ①ろうそく. ②〈方〉〈罵〉馬鹿.あほう.〔我不是～〕俺は馬鹿じゃあないよ.

蜡烛包 làzhúbāo 〈方〉おくるみ:おくるみに用いる小さい方形の綿布.この対角線上に赤ん坊を寝かし、足先を左右の三つのすみを体に下に折りたたんで体を包み込めるようにかける.ろうそくの包み方に似ているのでこのようにいう.→〔抱 bào 裙儿〕

蜡烛脾气 làzhú píqi〈方〉ほめればつけあがり,叱ればひねくれる性質.奴隷根性.〔他就是这个～,你越哄他他越不好讲话,你不理他,他倒自己下台了〕あいつはひねくれだから、おだてるとますます話がしにくくなるんだけれどおまえが自分から引っ込むよ.

蜡子 làzi ①〔白蜡虫〕(イボタロウムシ)が樹皮上につくる分泌物(いぼたろう)の塊.②〈文〉紫色の宝石.

蜡嘴(雀) làzuǐ(què) ⑨シメマメトリ.

镴・鑞(鉛) là はんだ:一般には〔白 bái 一〕〔锡 xī 一〕②〔焊 hàn 锡〕と呼ばれ,鉛と錫(ﾅ)の合金で金属を接合させるのに用いられる.→〔焊料〕

镴箔 làbó ⑥錫銭を作る時に用いる錫箔.

镴枪头 làqiāngtóu はんだ鉛の槍の穂先.〈喩〉有名無実.〔银 yín 样～〕銀のようななまくらな槍の穂.→〔虚 xū 有其表〕

〔啦〕 la〔了 le〕と〔啊 a〕のつまった音.それぞれの意を兼ねる語気詞.〔了〕〔啊〕→ lā

〔鞡〕 la →〔乌 wù 拉〕

lai ㄌㄞˊ

〔来・來〕 lái（Ⅰ）①来る.やって来る.〔他就～〕彼はすぐ来ます.〔我～了〕来ましたよ.〔请他～〕彼においでを願う.〔～而不往非礼也〕おいでに答訪しないと非礼である.⑥贈り物にお返しをしなければれない礼儀にあわない.↔〔去 qù（Ⅰ)①〕 ②起きる.発生する.到来する.〔问题～了〕問題が起こった.〔一碗汤面〕うどん1杯もってこい.〔一辆车〕車を1台ようこい. ③する.やる.作る.〔具体的な動詞の代用となる.〔照样儿再～一回〕その通りもう1度やってください.〔她唱完了,我～〕彼女が歌ったらわたしがやります.〔这不是胡～吗〕これはむちゃではないか.〔～呀!〕さあこい.〔咱们划huá一将吧,～!〕ひとつ拳を打とうか,来い. ④〔～年〕(の).〔～年〕来年.〔一日又难〈成〉前途多難である. ⑤その時から今まで.以来.〔近一年～身体更好了〕1年このかたいっそう健康でいる.〔历～〕これまで.ほど.くらい:大よその数量・分量・大小を示す(軽声に読む)⑥事物・状況などを比較し例える.〔碗口儿～粗〕茶碗の口くらいの太さ.⑥数詞の直後の場合.〔十～个〕10ぐらい.〔二十～个人〕20人ばかりの

人.〔五十～斤肉〕50斤ほどの肉.⑥数量詞の後にくる場合.〔一丈～长〕1丈ばかりの長さ.〔五斤～肉〕5斤ばかりの肉.〔三里～路〕3里ばかりの道.④一・二・三などの数詞の後について〔理由等)を列挙する.〔他这次进城,一～是汇报工作,二～是修理机器〕彼が今回上京したのは一つには報告、二つには機械修理のためである.→〔多 duō ④〕⑦動詞の前後に置いて、主下の意味を添える.⑧動作の主体物が話し手に接近する意味を表す.〔拿～〕持って来る.〔下～〕おりて来る.⑥現在の動作が更に将来へ持続することを表す.〔说～话长〕話せば長くなることだが.〔屈指算～,已经有十年了〕指折り数えて見ると、もう10年になる.⑥動作の趨勢を表す:来て…する.…しに来る.〔你～吃饭〕ご飯を食べに来なさい.〔我～做〕わたしがやりましょう.〔我～介绍一下〕ご紹介いたします.〔我～给你帮忙〕わたしがお手伝いに来ましょう.〔我给他道贺～的〕わたしは彼にお祝いに来たのです.⑤二つの動作を接続する.前者は方法・方向・態度、後者はその目的を表す:…でもって…する.〔拿北京话～做中国话的标准〕北京語を中国語の標準とする.〔用这个木料～做一张桌子〕この木材でテーブルを1脚作る.⑥動詞の後につけてその行動を回想することを表す.〔这话我在哪儿说～〕このことをわたしはどこで話しましたっけ.〔怎么说～〕どんなふうに言ったのでしたっけ.〔f〕〔得 de〕不 bu〕と連用して動詞の後につき、可能・不可能を表す.〔他们俩很谈得～〕彼ら二人は話がよく合う.〔这个歌我唱不～〕この歌はわたしには歌えない.
→〔去 qù（Ⅰ）⑩〕⑧→〔多 duō 来米〕 ⑨〈姓〉
(Ⅱ)詩歌や熟語・物売りの声などの間につけて語調を整える.〔正月里～是新春〕正月が来りや新春だ.→〔衬 chèn 字〕

来宾 láibīn 来賓.〔～致 zhì 词〕来賓の挨拶(を行う

来不得 láibude ①来られない.するわけにはいかない.してはいけない.〔这是一个科学问题,～半点虚伪〕これは一つの科学問題であって、わずかの偽りも許さない.〔无论如何～〕どうしてもする訳にはいかない.

来不及 láibují ①追いつかない.間に合わない.〔后悔也～了〕後悔しても追いつかない.〔火车怕～了吧〕汽車にもう間に合わないだろう.②ゆとりがない.〔～谈了〕もう話しているような余裕がない.〔来得及〕

来潮 láicháo ①潮がさしてくる.潮が満ちてくる.〔心血～〕ある考えがさっと浮かんでくる. ②生理になる.月経が始まる.

来单 láidān 書き付け・請求書・注文書がくる.送られてきた書き付け・請求書・注文書.〔～照收〈贻〉お申し越しの金額(件)承知致しました.〈喩〉殿様商売をする.

来到 láidào 来る.到着する.〔春天～了〕春が来た.

来得 láide ①(比較して)はっきりする…である.あきらかに…である.〔还是乡下的那所小学校～大〕あの田舎の小学校の方がずっと大きい. ②よろしい.能力がある.できる.〔我也～〕わたしにもできる.〔心里嘴里都～〕頭も切れるし弁もたつ.

来得及 láidejí ①間に合う.〔现在就去,也许还～〕今すぐ行けば、まだ間に合うかもしれない.↔〔来不及〕②やれる.できる:〔办 bàn 得到〕に同じ.

来得容易,去得快 láide róngyì, qùde kuài 〈谚〉楽をして得たものは失いやすい.悪銭身につかず.

来电 láidiàn ①電話が来る.〔～显 xiǎn 示〕発信者電話番号表示.ナンバーディスプレイ.〔～写 xiě 真〕(携帯電話で)発信者の顔写真表示サービス.②受取電報.→〔去 qù 电〕 ③(停電した後の)通

来 lái

電する.〔～了〕電気が来た.

来牍 láidú ⇒〔来函②〕

来顿瓶 láidùnpíng 〖電〗ライデン瓶.

来犯 láifàn （敵が）攻撃して来る.侵入する.

来访 láifǎng 訪問する.来訪（する）.〔钱 qián 先生～是极其稀 xī 奇的事〕銭さんが訪問してくることはきわめて珍しいことである.

来服 láifú ⇒〔萝 luó 卜〕

来附 láifù =〔来归②〕帰順（してくる）

来复 láifù 〈文〉①往復する.②曜日.週.〔一～〕1週間.〔～日〕日曜日.

来复枪 láifùqiāng〈音譯訳〉ライフル銃.〔来福 fú 枪〕ともいう.→〔步 bù 枪〕

来复线 láifùxiàn 銃身内壁の螺旋状溝.〔膛 táng 线〕の旧称.

来稿 láigǎo ①投稿して来る.②投稿原稿.〔～请用稿纸誊 téng 写清楚勿写两面〕投稿は原稿用紙にはっきりと書き,両面に書かないで下さい.

来归 láiguī ①帰ってくる.②⇒〔来附〕③〈文〉女性が離縁させられて実家に戻る.

来函 láihán ①手紙が来る.②=〔来牍〕〔来翰〕〔来札〕〔来札〕〔牍〕下さった手紙.お手紙.〔～领 lǐng 悉〕ご来示の趣承知しました.

来翰 láihàn 同上〔〕

来亨鸡 láihēngjī〈音譯訳〉レグホーン:卵用鶏の一種.〔来航鸡〕〔来克 kè 亨鸡〕とも書く.

来鸿 láihóng〈文〉下さった手紙.

来话 láihuà ①話をもってくる.相談にくる.②電話がくる.〔来电①〕に同じ.

来回 láihuí ①往復する.〔～都坐慢 màn 车〕行きも帰りも普通列車に乗る.〔从机 jī 关到宿舍一有一地他〕役所から宿舎まで往復で1里ある.↔〔一 yī 去〕②行ったり来たりする.ゆきつもどりつする.〔大家抬着土筐 kuāng～跑〕皆はもっこを担いで忙しく行ったり来たりしている.〔来回车票〕〔往返票〕ともいう.→〔单 dān 程车票〕

来火（儿） láihuǒ(r)〔口〕かっとする.腹を立てる.〔看到他那副样子,特别～〕彼のあの様子を見ると,大変腹が立つ.

来件 láijiàn 送って（届けて）来た品物または書類.来たもの.受け取ったもの.〔～装 zhuāng 配〕ノックダウン方式.KD:組立加工方式.

来劲 láijìn ①〔-儿〕〔口〕元気が出る.〔越 yuè 夸越～〕ほめられればほめられるほど張りきる.②心を奮い立たせる.〔这么伟 wěi 大的工程,可真～〕このような偉大な工事だからやりがいがあるなあ.〔今年咱 zán 这豆子真～〕今年は豆の出来が良くて万元農だ.③いっそう気が出る.図に乗る.〔黄英好心动 quàn 她,她倒更～了〕（茅・霜２）黄英は好意から彼女に忠告したのだが,彼女はかえってくり調子にのった.〔不等天凉 liáng 病就～了〕涼しくならないうちに病気がひどくなった.

来鸠 láijiū ⇒〔鹪鸠〕

来客 láikè ①来客.②客が来る.〔他们家～了〕の家は来客中である.

来贶 láikuàng〈文〉贈られた品物.来信.〔～辄 zhé 诵永以自慰〕〔贶〕下さったお手紙を拝誦し誠に意を強くしました.

来来回回 láilái huíhuí ⇒〔来回来去〕

来来去去 láilái qùqù 同じところを行ったり来たりする:〔来来往往〕ともいう.

来历 láilì ①来路③〔事〕の次第.経路.履歴.素性.来歴.経歴.いわれ.〔～不明〕出所不明.いかがわしい.〔有～的人〕①いわくつきの人物.②立派な経歴のある人.〔～和底细〕来歴と内実.→〔由 yóu 来①〕

来料 láiliào （客から）提供された原料.〔～加工〕同前の原料で（加工する）.原料依托加工（する）.→〔进 jìn 料〕

来临 láilín ①近づく.やってくる.〔国庆 qìng 节快要～〕国慶節がもうすぐやってくる.〔新年～〕新年がきた.②相手の人の出席,ご臨席.ご出席.お越しになる.

来龙去脉 láilóng qùmài〈喩〉物事の経過状態.経緯.いわれ.因縁.因果.〔说出个～〕いわれ・因縁を述べた.→〔龙脉〕

来路 láilù ①こちらへ来る道筋.〔挡 dǎng 住了敌人的～〕敵の進路を遮った.②出所.来源.源.〔钱的～〕お金の出どころ.③⇒〔来历〕

来路货 láilùhuò〈方〉①他地方からの商品.②輸入品.舶来品.

来麦 láimài ⇒〔黑 hēi 麦〕

来莓苺 láiméicǎo ⇒〔蔷 lù 莓〕

来年 láinián〔来岁〕明年.〔以待～〕（孟子・滕文公下）来年を待つ.→〔明 míng 年〕

来派 láipài〈方〉①兆し.兆候.〔你别看他吃得凶 xiōng,那是回光返照,不是好～〕きみ,彼にあんなに食欲が出たのをほんとうにしてはいけない,消える前の火花でよい兆候ではないよ.②物事の進行の状況.襲いくる勢い.情勢.〔这病的～可不轻 qīng〕この病気の進行は大変重い.③態度.出方.ネウキ.〔看这个～这位老太太至 zhì 少有十万块钱〕この態度から見ると,このお婆さんは少なくとも10万元は持っている.

来气 láiqì 怒りがこみあげてくる.むかつく.→〔有 yǒu 气（儿）〕

来钱（儿） láiqián(r)（商売の）もうけが大きいこと.〔这个买卖倒是挺 tǐng ～的〕この商売はとてももうけが大きい.

来情去意 láiqíng qùyì 内容と理由.いきさつ.〔等派 pài 来的代表同志说明了～,大家都很喜欢〕派遣されて来た代表がよく話すと皆は大いに喜んだ.

来情绪 láiqíngxù 機嫌が良い.上機嫌になる.

来去 láiqù ①来たり行く.往き帰り.〔～无 wú 踪〕神出鬼没である.〔～自由〕行き帰りは自由.②=〔来往〕③…くらい,…ばかり:差異の程度を表す.〔三十～的代表有 sù 数几〕30ばかりになる年齢.〔隔着长江天堑 qiàn 又比辽国差多少～〕（水111）長江の天塹を隔てては遼国に比しその差はいくばくか（遼国ほど遠く感ずる）.④行く交際する.行き来.

…来…去 …lái…qù 同一或いは類似の動詞を入れ,その動作がくり返し或いは交互に行われることを表す.〔说～说～〕くり返し話す.〔翻 fān 来～〕何度もひっくり返す（返る）.〔他就把这件事怎么～怎么～一五一十地全实说了〕彼はすぐこの事件の成り行きを詳しく全部話した.

来去分明 láiqù fēnmíng ①仕事の首尾,金銭の収支がはっきりしている.②人柄が公明正大で私欲がない.

来人 láirén ①（自分の）使いの者.〔收条儿请交～帯回〕受け取りは使いの者に持たせて下さい.→〔来使〕②誰かゐ（いないか）:人を呼びつける時に用いた.〔快～哪〕おーい.誰か（救けてくれ）.〔～!有人

lái 来涞莱崍徕

撞 zhuàng 了〕大変だ.人がはねられた.③同下.
来人儿 láirénr =回①仲介人(雇用・売買などの).②手形持参人:〔来官〕ともいう.
来日 láirì 将来.後日.〔以待 dài~〕後日を待つ.〔~方长 cháng〕〈成〉先に十分の時日がある.先は長い.
来上 láishēnshàng〈口〉月経になる.
来神 láishén 〔-儿〕元気がでる.気をよくする.興に乗る.〔他就是好 hào 说,越说越~〕彼は実によくしゃべる,しゃべればしゃべるほど図に乗ってくる.〔看,又~了〕ごらん,またさわぎ立ててる.
来生 láishēng 来世.再世.
来使 láishǐ (相手の)使いに来た人.お使い.ご使者.→〔来人〕
来世 láishì ①後代.②图(仏教の)来世.後世.
来示 láishì ⇒〔来函〕
来事 láishì ①〈文〉将来のこと.②〔-儿〕〈口〉人の心をそらさない.〔会〕の後に置く.〔她特别会~〕彼女は人とのつき合いが上手である.
来势 láishì 〔-儿〕やって来る勢い.外部からの勢力.〔~很猛 měng〕寄せてくる勢いがすごい.〔~汹 xiōng 汹〕〈成〉勢いがものすごい,鼻息が荒い.〔这场 cháng 雨~很猛〕この雨はすごい勢いで降りおりす.
来苏 láisū〈音訳〉リゾール(クレゾール石鹸液):〔~尔 ěr〕〔~水〕ともいう.〔煤 méi 酚皂溶液〕〔杂 zá 酚皂液〕に同じ.
来岁 láisuì ⇒〔来年〕
来孙 láisūn 玄孫(ぴを)の子,すなわち自分から第6世の孫.→〔孙①〕
来头 láitou ①〔-儿〕来歴.背景.身分.②いわれ.わけ.由来.〔他说这些话是有~的〕彼がそんなことをいうのは訳あってのことだ.③…することの面白味.興味.〔这种游 yóu 戏有什么~〕こんなゲームになんの面白味があるものか.④来(*)方.やり方.出現の勢い.現れた様子.〔人家看他~不对,可就远 yuǎn 看他了〕人が彼のやり方の間違っているのを見たら,それこそ彼を遠ざける.
来往 láiwǎng =〔往来①〕やりとりする.行き来する.〔~借 jiè 贷〕取り引き上の貸借.〔书信~〕〔书来信往〕手紙のやりとり.②=〔交 jiāo 往〕交際(する).つきあい(する).取り引き(する).〔您和他有~吗〕あなたは彼とおつきあい(または取り引き)していますか.③⇒〔来去②〕
来文 láiwén 到着する異文書.手紙・郵送または届けて来た文書・手紙.→〔去 qù 文②〕
来无影 láiwúyǐng〈文〉こっそりと来る.〔~去无踪 zōng〕こっそりと往来する.
来兮 láixī〔方〕形容詞の語尾につけ,程度を強調する:〔来西〕〔来些 xiē〕とも書く.〔好~〕たいへんよい.〔坏~〕たいへん悪い.
来向 láixiàng 来る方向.〔风的~〕風の来る方向.
来项 láixiang 入ってくる金.収入.
来信 láixìn ①手紙をよこす.便りをする.〔到了那里来一封信〕向こうへ着いたら手紙をよこして下さい.②来信.投書.〔接到一封~〕来信1通を受け取る.〔处理人民~〕人民からの投書を処理する.→〔去 qù 信〕
来讯 láixùn ①来信.②先方からの手紙(による問い合わせ)
来样 láiyàng 送って来た見本.〔~加工〕サンプル委託加工する.
来意 láiyì ①来意.来た目的.来た理由.②先方からくらいって来た意味.
来由 láiyóu ことの起こり.原因.理由.いわれ.わけ.〔真 zhēn 没~,怎么会是我说的呢〕まったくいわれなきことで,わたしが何が言ったことであるものか.〔无 wú~的话〕根拠のない話.→〔来历〕
来谕 láiyù〔牍〕お手紙:目上の者からの来書に対する敬称.
来源 láiyuán ①物事の根源.起源.②水源.〔你知道这条 tiáo 河的~吗〕この川の水源を知っているか.③出所.原産地.生産地.④発生.生成.産出.供給.〔~丰 fēng 富〕供給十分.⑤…は…から出ている(くる).〔于由〕を置く.〔正确 què 的决心~于正确的判断〕正しい決心は正しい判断から生まれる.
来札 láizhá ⇒〔来函②〕
来者 láizhě ①将来のことまたは人.〔既 jì 往不咎,~可追〕過ぎ去ったことはとやかく言わない,これからのことをしっかりやる.②既に来た人または物.〔~不善,善者不来〕〈成〉来るやつはしたたかな者だ.腰ぬけなら来はしない(国語).〔~不拒 jù,去者不追〕〈成〉来るものの拒まず,去る者は追わず.
来着 láizhe〈口〉していた.…であった:文末に置き回想の気分を表す語気詞.〔你刚 gāng 才做什么~〕きみはいったい何を.〔你们学校是在哪儿~〕君たちの学校はどこだったかな.〔在哪儿搁 gē(着)~〕どこへ置いたのであったか.〔刚才他在书房 fáng 里看报~〕彼はいま書斎で新聞を見ていた.→〔字解(1)⑦〕
来之不易 lái zhī bùyì〈成〉得る(勝ちとる)ことは容易なことではない.〔取得好成绩 jì,~〕このような立派な成績を得たのは容易なことではない.
来咨 láizī〈公〉同級機関から来た〔咨(文)①〕→〔咨②〕
来自 láizì …からくる.〔~日本〕日本から来る.〔~五湖四海〕全国津々浦々からやってきた.
来踪去迹 láizōng qùjì〈成〉歩んできた足跡.

[涞・淶] lái 〔~水 shuǐ〕地④河北省にあった古水名:現在の〔拒 jù 马河〕.②河北省の県.

[莱・萊] lái ①〔藜 lí〕(アカザ)の古名.〔草 cǎo~〕〈文〉雑草.②古郊外の休耕田,また荒地.
莱服 láifú ⇒〔菜衣〕
莱菔 láifú 植ダイコン:〔萝 luó ト〕の古名.〔~子〕ともいう.
莱妇 láifù ⇒〔莱妻〕
莱亨鸡 láihēngjī ⇒〔来亨鸡〕
莱茵 láijiān 植シバスダの一種.〔~臺 tái ①〕
莱教 láijiào ⇒〔摩 mó 尼教〕
莱姆病 láimǔbìng 医ライム病:マダニが媒介する病気.
莱妻 láiqī =〔菜妇〕①春秋時代,楚の老莱子の妻:夫を諌めて出仕させず清貧に甘んじた婦人.②〈転〉賢婦人.→〔莱衣〕
莱塞 láisè〈音訳〉レーザー:〔激 jī 光〕の旧称.
莱索托 láisuǒtuō レソト:正式国名は〔~王国〕.首都は〔马塞卢〕(マセル)
莱特兄弟 láitè xiōngdì ライト兄弟:アメリカ人で飛行機の発明者.
莱衣 láiyī =〔莱服〕〈文〉老莱子の着た衣装をいう:老莱子は70歳の老齢にかかわらず五色の衣を着て子供のまねなどして老親を慰めたという.→〔莱妻〕
莱茵河 láiyīnhé 地ライン川.

[崍・崍] lái 〔邛 qióng~山〕地四川省にある.

[徕・徠(倈)] lái ①〔来〕の古体字.②〔招 zhāo~〕(商店などで)顧客を呼び込む. → lài

lái～lài

〔梾・棶〕 lái 植 ミズキ:〔～木〕は通称.
梾木 láimù ⇒〔灯 dēng 台树〕〔油 you 种子树〕植 ミズキ:ミズキ科の落葉高木.種子からしぼった油は石鹸・潤活油を作る.樹皮と葉から鞣酸や紫色染料を作る.〔毛 máo ～〕ともいう.

〔铼・錸〕 lái 化 レニウム:金属元素.記号 Re.

〔鹩・鶆〕 lái
鹩鹝 lái'ǎo 鳥 ダーウィンレア:〔美 měi 洲鸵〕(アメリカダチョウ)の別称.
鹩鸠 láijiū 鳥古書でハイタカの一種:〔来鸠〕とも書く.〔爽 shuǎng 鸠〕に同じ.

〔徕・俫〕 lài 〔文〕ねぎらう.いたわる.〔劳 láo ～〕同前. → lái

〔赉・賚〕 lài 〔文〕賜う.賜わる.たまもの.
赉赐 làicì 〔文〕下賜する.賜わる.
赉品 làipǐn 〔文〕下賜の品.賜物.
赉赏 làishǎng 〔文〕賜う.賜わる.
赉志 làizhì 〔文〕志を抱く.〔～以殁 mò〕志を得ずして死ぬ.

〔睐・睞〕 lài 〔文〕①斜視である. ②見る.横を見る.〔盼 pàn ～〕希望する.〔得 dé 某君之青～〕某氏の重視好遇を得る.

〔赖・賴(頼)〕 lài（Ⅰ）①頼る.頼みにする.依存する.
〔全～大家帮 bāng 忙〕すべて皆さんのご援助のお陰です.〔多～先生鼎 dǐng 力,俾得枝 zhī 栖,感激莫名〈牘〉多大の〈ご尽力により,糊口の道を得しめられ感激にたえません.〕.〔～有防火设备,否则常时火焰扑灭〕幸いにも防火設備があったので,すぐさま炎は消し止められた.〔～此 cǐ 一言生命保〕ありがたいことには,この一言で命が助かった. ②図々しく居すわる.だだをこねて動こうとしない.〔他～着不走〕彼は図々しく居すわっている.〔孩子看到橱窗里的玩具,一着不肯走,只作想去ショーウィンドーのおもちゃを見てだだをこね動こうとしない. ③過ちや責任を認めない.知らぬ存ぜぬを通す.しらをきる.言い逃れる.〔用～的一手塘 táng 塞〕煙幕的の一手でごまかす. ④他人になすりつける.人のせいにする.〔撒 sā ～〕言いがかりをつける.〔诬 wū ～好人〕無実の人に罪を過らをなすりつける.〔那个不到我失,上私に責任を転嫁することはできない. ⑤とがめる.責める.〔这不能～我〕これはわたしのせいではない.〔这只～你自己不小心〕これはきみ自身が不注意だったのが悪い. ⑥無頼なこと.ごろつき行為.〔要 shuǎ ～〕同前をする. ⑦〔姓〕頼(ﾗｲ).
（Ⅱ）〈口〉よくない.悪い.〔好的～的要分清〕好いものと悪いものははっきり区別しなければならん.〔这块 kuài 地真不～〕この土地(畑)はほんとうに良い.

赖氨酸 lài'ānsuān 化 リシン(リジン).ジアミノカプロン酸:必須アミノ酸の一.
赖被窝儿 làibèiwōr 同下.
赖床 làichuáng =〔赖炕〕〔赖被窝儿〕〔委 wěi 窝子〕(起きたくなくて)寝床から出にくい.なかなか床から離れない.寝起きの悪い.〔别～了〕ぐずぐずせずに起きろ.〔他～的毛病〕彼はなかなか朝の起き上がりが悪い癖がある.
赖歹 làidǎi 〔方〕よくない.悪い.
赖地 làidì 〔方〕(子供が)地面に寝そべてだだをこねる.
赖婚 làihūn 婚約を履行しない:婚約したあとで後悔し前言を翻して認めないこと.
赖活 làihuó ⇒〔癞活〕苦痛の中に生活する.食うや

食わずの暮らしをする.〔好死不如～着〕〈諺〉死んで花実が咲くものか.
赖炕 làikàng ⇒〔赖床〕
赖磨子 làimózi 〔方〕うるさくごねる.〔你这孩子又～〕この子はまたうるさくごねている.
赖皮 làipí =〔赖皮赖脸〕〔死 sǐ 皮赖脸〕①ずるい.図々しい.つらの皮の厚い.横着である.〔要 shuǎ ～〕同前.〔那家～得很,说房 fáng 子又漏了,要我们去修〕(茅・霜4)あの家はとてもぐずくて,家がまた漏るから修理に来てくれというのだ.〔碰着这样～赖脸的人,真叫人急不得恼不得〕こんな恥も外聞もかまわわない人間にかかっては,まともに相手はできない.→〔皮里抽肉〕 ②同前の人や行為.
赖皮赖脸 làipí làiliǎn 同上.
赖学 làixué 〈口〉学校・授業をサボる:〔逃 táo 学〕に同じ.
赖衣求食 làiyī qiúshí 他人に頼って生活すること.〔常年～总不是办法〕年中他人におんぶして生活することは暮らしの手立てとは言えない.
赖以 làiyǐ …に頼る.
赖债 làizhài 同下.
赖账 làizhàng =〔赖债〕①借金を踏み倒す. ②〈喩〉しらばくれる.〔已受到人们指 tòng 斥,可他昨天还在～〕人々の激しい非難を受けても,昨日彼はまだ言い逃れした.
赖子 làizi ごろつき.無頼漢.ならずもの.
赖租 làizū 農民が地代・年貢などを納めないこと.→〔抗 kàng 租〕

〔濑・瀨〕 lài ①〔文〕早瀬.〔江 jiāng～〕川の早瀬.〔急 jí ～〕急流. ②〔文〕砂上の浅い流れ. ③〔严 yán 陵～〕地 厳陵瀬(浙江省). ④〈水〉地 江蘇省溧陽県にある.

〔癞・癩〕 lài ①ハンセン病の旧称.〔麻 má 风〕の通称. ②黄癬:できもので頭髪の抜け落ちる病.→〔瀨 la〕 ③〈喩〉でこぼこしている.ごつごつしている.→〔瀨瓜〕 → là
癞疤疤 làibābā ⇒〔疤疤癞癞〕
癞病 làibìng ⇒〔麻 má 风〕
癞疮 làichuāng 医 臁疮疥:とびひの類.
癞疮疤 làichuāngbā 皮膚病あとのはげ.〔最恼 nǎo 人的是在他头皮上,癩 pō 有几处不知起于时的～〕(鲁・Q2)最も悩みの種は,彼の頭の上のいつできたかわからない疥癣(かさ)あとのはげがいくつかある.
癞歹 làidǎi 〔方〕不潔である.汚い.〔你的衣裳式 tuī～〕おまえの着物はとても汚い.
癞瓜 làiguā 植 ニガウリ:〔苦 kǔ 瓜〕の別称.〔～籽儿多〕〈諺〉醜婦の子だくさん.
癞蛤蟆 làiháma =〔疥 jiè 蛤蟆〕動 ヒキガエル.ガマ:〔蟾 chán 蜍〕の通称.〔～想吃天鹅 é 肉〕身の程を知らずの望み.〔～想上樱桃树〕〈諺〉及ばぬ鯉の滝のぼり.高嶺の花(醜男が美女に懸想する場合).〔～躲 duǒ 不过五月单五儿去〕〈諺〉がまは 5 月 5 日の端午の節句を避けることはできない(この日は五毒を除く日でがまは五毒の一).〔～怎么难関は避けられない.
癞活 làihuó ⇒〔赖活〕
癞痢 làilì 医 頭にできる皮膚病(総称).〔～头 tóu〕同前にかかった頭.
癞皮病 làipíbìng 医 ペラグラ:ビタミンB群のニコチン酸欠乏による疾患.
癞皮狗 làipígǒu (疥癣病で)毛のぬけた犬.〈喩〉卑劣なやつ.〔～一生毛家咬人〕〈諺〉かさぶたの犬でも毛が生えると人に咬みつく:欠陥があると人は控え目になり,一度よくなるとのさばりちがる.〔～扶 fú 不上墙去〕〈喩〉だめなものにいくら後押ししてもだめで

lài~lán

ある.

癩头 làitóu 白癬などで髪の抜け落ちた頭.しらくも頭.〔~疮 chuāng〕頭にできて頭髪の抜け落ちるできもの.

癩头鼋 làitóuyuán ⇒〔鼋鱼〕

癩癬 làixuǎn 医湿疹・たむし・疥癬・白癬のような皮膚病をいう.

癩子 làizi 黄癬(のできている人).

〔籟・籟〕 lài ①固簫の一種.②〈文〉(穴から出る)音.〔天~〕天の声:自然の音.〔地~〕地の響き.〔万~俱 jù 寂〕〔万~无 wú 声〕〈成〉一切が平静で何の音もない.

〔唻・唻〕 lai 〈方〉文末の助詞.①疑問の文末に用いる:〔呢 ne〕に相当する.〔他们吵吵嚷嚷的干什么~〕あの人達はやまかしく何をしているのか.②〔啦 la〕に相当する.〔那时候,蚕农的生活可苦~〕あの頃,養蚕家の生活は本当に苦しかったよ.③…していた:〔来着〕に相当する.

lan カラ

〔兰・蘭〕 lán ①植ラン(総称):〔花 huā 中君子〕〔幽 yōu 谷佳人〕などの雅称.〔春~秋菊〕〈成〉春は蘭,秋は菊.②植シュンラン.〔~花〕に同じ.③植フジバカマ.〔佩 pèi ~〕〔~草〕に同じ.④〈文〉植ハクモクレン.〔木 mù ~〕に同じ.⑤〈姓〉

兰艾 lán'ài =〔兰莸〕蘭とよもぎ.〈喩〉君子と小人.〔~同焚 fén〕〈成〉良いものも悪いものも一緒に滅ぼしてしまこと.

兰草 láncǎo ⇒〔佩 pèi 兰〕

兰摧玉折 láncuī yùzhé〈成〉①見苦しく生きのびるよりも志高く死を選ぶこと.②君子・才子・美人などの早死にすること.

兰芳 lánfāng〈文〉蘭の香り.

兰花 lánhuā ①植ホクロ.春蘭:〔春 chūn 兰〕ともいう.②⇒〔建 jiàn 兰〕

兰花豆儿 lánhuādòur〔开 kāi 花豆(儿)〕

兰花指 lánhuāzhǐ 圉中指を前に出し人さし指・くすり指・小指を伸ばした手つき:やわらかい感じの手つきで蘭の花の形に似ている.〔兰花手 shǒu〕ともいう.

兰交 lánjiāo〈文〉志を同じくする友人.

兰襟 lánjīn〈文〉心の通う友人.

兰开夏锅炉 lánkāixià guōlú =〔双 shuāng 炉胆锅炉〕ランカシアボイラー.

兰陵酒 lánlíngjiǔ 江蘇省常州市の西方奔牛鎮より出る銘酒.

兰姆酒 lánmǔjiǔ〔音楽訳〕ラム(酒).糖酒:〔朗 lǎng 姆酒〕〔老 lǎo 姆酒〕ともいう.

兰盆(胜)会 lánpén(shèng)huì ⇒〔盂 yú 兰盆会〕

兰谱 lánpǔ ①書蘭譜(≈):蘭に関することを述べた書.②〈文〉義兄弟の契りを結んだ間柄で互いに取り交わす系譜入りの書:赤色の折紙に相互の姓名・原籍および父祖三代の名,妻の姓名,子女の名を書いたもの.〔金 jīn 兰谱〕ともいう.これを取り交わすことを意気投合する:〔换 huàn 帖〕という.〔同~〕圉同じ年に科挙の試験に合格した者達.

兰秋 lánqiū =〔兰月〕

兰若 lánrě 圉(仏教の)寺院:森.静かなところの意.〔阿 ā 兰若〕の略.

兰麝 lánshè 蘭と麝香(≷ҽ).高価な香料.

兰石 lánshí 蘭の香りと石の堅さ.〈喩〉高い節操.

兰荪 lánsūn ⇒〔菖 chāng 兰①〕

兰台 lántái ①〈文〉漢代の宮殿の蔵書室:〔御史中丞〕にこれを掌(≒)る.後〔~令史〕を置く.班固はこの官にいて〔光武本記〕を著したので,史官を〔~〕と称し,また〔御 yù 史〕を〔~〕という.②⇒〔御 yù 史台〕③〔観相家のいう〕鼻の両側の名称.

兰汤 lántāng〈文〉香り高い沐浴の湯.〈転〉温泉.

兰特 lántè ランド:南アフリカ共和国の通貨単位名.

兰亭帖 lántíngtiè =〔褉 xì 帖〕晋の王羲之が永和9年3月3日蘭亭において41人の友人と共に禊の会を催した時に書いた詩序の〔法帖〕(習字手本)

兰香草 lánxiāngcǎo 圉ダンギク.

兰馨 lánxīn 蘭のように芳しい.〈喩〉芸術性が大変高いこと.

兰心蕙性 lán xīn huì xìng〈喩〉女性の心が美しく上品なこと:〔兰心蕙质 yì〕ともいう.

兰臭 lánxiù〈喩〉意気投合すること.意気相投合した交際.〔同心之言,其臭 xiù 如兰〕(易経)同心の言のそのにおい,蘭の如し.

兰薰桂馥 lánxūn guìfù 徳行の余沢が長く続く.〈喩〉子孫に人材が出て一家の栄えること.

兰讯 lánxùn =〔兰章〕〔~牘〕他人の書簡をいう.貴簡.お手紙.

兰言 lányán ⇒〔兰臭〕

兰叶描 lányèmiáo 圉中国画の技法で,蘭の葉の線の描写法.

兰仪 lányí ①〈贖〉芳しい容貌.お姿.〔自別~久疏 shū 笺候〕お別れしてから御無音(ぶ)に打ち過ぎています.②河南省蘭封県の旧称.

兰因絮果 lányīn xùguǒ〈喩〉良縁が別れの結果を迎えること.出会いや縁ははかないこと.

兰缨 lányīng〈文〉剣についている飾り紐.

兰莸 lányóu ⇒〔兰艾〕

兰友瓜戚 lányǒu guāqì〈喩〉良友と親戚.

兰玉 lányù〔芝 zhī 兰玉树〕の略.〈喩〉優れた善良な子弟.立派な子息.

兰月 lányuè =〔兰秋〕旧暦7月の別称.

兰藻 lánzǎo〈文〉美しい文章.美しい文章.

兰章 lánzhāng〈文〉①貴簡.〔兰讯〕に同じ.②〈喩〉立派な文章.

兰芷 lánzhǐ フジバカマとヒジリダケ:〔兰草〕と〔灵 líng 芝〕のこと.〈喩〉出来の良い子弟.

兰芷 lánzhǐ 蘭と白芷(˘´):いずれも香草.〈喩〉賢人.美人.

兰竹 lánzhú 蘭と竹:中国画の画題の一.

兰铸 lánzhù 魚貝ランチュウ:金魚の一種.

〔拦・攔〕
lán ①阻(²)み遮る.行く手を遮る.じゃまして通せない.〔阻~〕阻止する.おし止める.〔~车 chē〕車をとめる.〔~门 mén 砂〕ダム運河のなどにたえる土砂:〔拦手一~〕手でひょいと遮る.〔你不能~人说话〕きみは人が話すのをはばんではいけない.〔有一道河~住去路〕1本の川が行くてを遮り止めている.=〔阻 zǔ 拦①〕②(ちょうどものの部位を)向ける.…向いている.→〔拦腰〕

拦挡 lándǎng 阻止し,阻止する.通行をじゃまする.

拦道木 lándàomù 歩行者・車両などの通行を遮るための横木.

拦堵 lándǔ 妨げ止める.行く手を阻む.〔~车辆 liàng〕車を阻止する.

拦柜 lánguì ⇒〔栏柜〕

拦海造田 lánhǎi zàotián〈成〉浅海の海面を囲って田にする.

拦河坝 lánhébà =〔拦水坝〕ダム(の堤防).堰(≯)堤:〔水 shuǐ 坝〕ともいう.→〔水坝〕

拦河闸 lánhézhá ダムの水門.→〔拦河坝〕

lán

拦洪 lánhóng 洪水を防ぐ.〔~坝 bà〕洪水防止用ダム.

拦击 lánjī ①敵の進路・退路を遮って攻撃を加える. ②⟨又⟩(球技における)ボレー.

拦劫 lánjié 追剝(はぎ)する.待ちうけて略奪する.

拦截 lánjié 遮り止める.〔~洪 hóng 水〕洪水をせき止める.

拦路 lánlù 行く手を遮る.〔~抢 qiǎng 劫〕道に待ちかまえて強盗する.〔~鬼〕⟨仏⟩(仏教の餓鬼:亡者が冥土へ行くのをじゃまするもの.

拦路虎 lánlùhǔ ①道を遮る虎.〔拦马虎〕.②⟨転⟩じゃまもの.阻害者.障害物.〔拦街 jiē 虎〕ともいう.〔这种思想会成为继jì续进步的~〕した考えは進歩を続けていく上で障害物となるかもしれない.〔我的文化底子差 chà,~不少〕わたしは読み書きができないから障害が多い.

拦马墙儿 lánmǎqiángr ⇒〔拦门墙儿〕

拦门酒 lánménjiǔ 旧婚礼の日に,新郎が新婦の家へ迎えに行くと,門を閉ざして入れさせないことを〔拦门〕といい,門外で新郎に酒をすすめるこれを〔~〕という.新郎は新婦の家の召し使いなどに心付を渡してはじめて門に入る.

拦门墙儿 lánménqiángr =〔方〕拦马墙儿〕⟨喩⟩一応のきまり:〔拦面 miàn 墙儿〕〔拦步 bù 墙儿〕ともいう.〔这句话不过是个~,你何 hé 必过于拘 jū 执〕いまの話は一応のきまりにしかすぎないのだから,きみ何もこだわりすぎることはない.〔你这话说出去也不过是个~,人家想怎 zěn ム办还是怎ム办]きみがそう言ったからでたいした押さえにはならない,人様はやはり思ったとおりにやるだけだ.

拦抢 lánqiǎng 追いはぎをする.〔~旅 lǚ 游车〕観光バスを乗っ取る.

拦劝 lánquàn 立ちはだかってやめさせる.

拦水坝 lánshuǐbà ⇒〔拦河坝〕

拦头 lántóu 出鼻を挫く.出会い頭に.〔~一杠 gàng 子〕一撃を加えて出鼻を挫く.→〔当 dāng 头②〕

拦网 lánwǎng ⟨又⟩(バレーボールで)ブロック(する).〔封 fēng 网〕ともいう.〔~盖帽〕ブロックでボールをはじき返すこと.

拦污栅 lánwūzhà ごみよけ格子:水門の入口にあって浮遊物を入れないようにする格子.

拦蓄 lánxù 堰堤(えん)で水流を遮り,水を貯める.〔~山洪 hóng〕山からの洪水を遮り止めて貯水する.

拦羊 lányáng ⟨方⟩羊を飼う.牧羊する:〔放 fàng 羊〕に同じ.〔~的孩子〕羊飼いの少年.

拦腰 lányāo (人や物の)腰(中央)のところに向き合っている.⟨喩⟩真ん中を断ち切る.切断する.〔~斩 zhǎn 断〕〔~切 qiē 断〕(成)胴斬りにする.真ん中から真二つに切る.〔~砍 kǎn〕⟨喩⟩半値に値切る.〔~一抱 bào〕さっと抱きかかえる.

拦油堤 lányóudī オイルフェンス.

拦鱼栅 lányúzhà (竹や金網などで作った)魚囲い.生簀(いけす).

拦阻 lánzǔ ⇒〔阻挡〕

〔**栏・欄**〕lán ①木を横にわたした柵(さく).手すり.欄干.〔木~〕木のさく.〔高 gāo 栏〕ハイハードル.〔跨 kuà ~〕⟨又⟩ハードル.〔~王〕ハードルの王者・チャンピオン.→〔栏杆〕②(家畜等を入れる)さく.囲い.〔养 yǎng〕囲いの中で飼う.〔牛 niú ~〕牛小屋.〔羊~〕羊小屋.→〔栅 zhà 栏(儿)〕③新聞・書籍の欄(コラム).便箋などの罫.〔分上中下三~〕上中下の3欄に分ける.〔通 tōng ~标题〕段ぬきの見出し.〔朱 zhū 丝~〕赤線の罫.〔乌 wū 丝~〕黒線の罫.④(調査表

などの)表.(アンケートなどの)記入用紙の各項目欄.〔备 bèi 注~〕備考欄.⑤伝達事項や新聞を貼る掲示板.〔布 bù 告~〕同前.

栏肥 lánféi ⇒〔厩 jiù 肥〕

栏杆 lángān ①欄干.手すり:〔⟨口⟩栏杆儿〕〔阑干〕〔阑槛〕ともいう.〔-儿〕旧式劇場の舞台口上方に平らにとりつけた鉄棒:俳優が武技を演ずる時に用いる.〔叭 pá ~〕同前で武技を演ずる.③旧布靴の縁飾りを言う.

栏杆桌子 lángān zhuōzi テーブルのふちに低い飾り欄干のついた長方形の塗り机:板入りの道具の一つで,この上にいろいろのものをのせて担いで行く.

栏柜 lánguì =〔拦柜〕店のカウンター・勘定台.→〔柜台〕

栏目 lánmù 新聞や雑誌の囲み記事.コラム欄.〔文化生活~〕文化生活欄.

栏头 lántóu 記事の中心となる見出し.

栏栅 lánzhà 竹・木・鉄条で作った垣根.

〔**阑・闌**〕lán ⟨文⟩①勝手に.みだりに.近くなる.〔夜~人静 jìng〕(成)夜が更けて人声が静まる.〔岁 suì ~〕⟨歳 dǎ⟩年がおしつまる(こと).〔酒 jiǔ ~〕⟨酒宴が終わりに近くなる(こと)〕③栅.手すり.〔~干〕同前.④阻み遮る.〔~截 jié〕同前.

阑残 láncán ⇒〔阑珊〕

阑出 lánchū ⟨文⟩①勝手に出る.みだりに出る.②勝手にカットする.みだりに削除する.

阑风 lánfēng ⟨文⟩風の止まないこと.やむことなしに吹く風.〔~长 cháng 雨〕止まない風雨.

阑干 lángān ①⟨文⟩入り乱れる(れている).〔星 xīng 斗~〕星(の光)が入り乱れている(たくさんある).〔泪痕~〕涙がはらはらと落ちる.②⇒〔栏杆①〕

阑珊 lánjiàn ⇒〔栏杆①〕

阑门 lánmén ⟨生理⟩大腸・小腸の接する所をいう.

阑入 lánrù ⟨文⟩①みだりに入る.勝手に入る.〔无 wú 介绍信者不得~〕紹介状のない者は,みだりに入るべからず.②入り混じる.混ぜ込む.〔以未经整 zhěng 理之旧资料~其中,甚 shèn 为不妥〕未整理の古い資料をその中に混ぜ入れるのは,甚だよろしくない.

阑珊 lánshān =〔阑残〕⟨文⟩終わりに近づく.衰える.衰落する.落ちぶれる.〔客意~〕買主の気分が衰える.〔春 chūn 意~〕春の気配が消え去ろうとする.〔意兴 xìng ~〕感興が尽きる.

阑尾 lánwěi ⟨生理⟩虫垂:元来〔盲 máng 肠〕の一部で,その退化したもの.〔~炎 yán〕⟨医⟩虫垂炎:いわゆる〔盲肠炎〕

阑遗 lányí ⟨文⟩遺失物.

〔**谰・讕**〕lán ⟨文⟩①(言葉が)根も葉もない.でたらめである.誹謗する.中傷する.②言い逃れをする.ごまかしを言う.

谰调 lándiào 同下.

谰言 lányán =〔谰词〕でたらめ.たわごと.〔敌人无耻·不值一驳 bó〕敵の恥知らずのでたらめな言いがかりは,反駁にも値しない.〔制造~〕人を誣(し)いる言葉をでっちあげる.〔~恶 è 语〕⟨成⟩悪口雑(ぞう)言.

〔**澜・瀾**〕lán 波.〔狂 kuáng ~〕大波.〔波 bō ~〕①波.〔推 tuī 波助~〕(成)波動を一層大きくする:物事の発展を助長すること.

澜沧江 láncāngjiāng 旧雲南省にある:東南へ流れて〔湄 méi 公河〕(メコン川)となる.

澜澜 lánlán ⟨文⟩涙が流れ落ちるさま.〔泪~〕涙

lán 澜斓襕镧蕑岚婪蓝褴篮

があふれ出る.

〔斒・斕〕 lán 〔斑 bān ~〕まだらもようで,外観には色彩が華やかなこと.〔斑~猛虎〕同前の虎.

〔襕・襴(幱)〕 lán 上衣と下裳とが連なっている着物.〔~衫 shān〕昔読書人・学生が着た丸えりの袖の大きな中国の女性の胸あて.〔~裙 qún〕福建の女性の一服.〔白 bái 皮布〕

〔镧・鑭〕 lán ランタン:希土類金属元素.記号 La.〔锒 láng②〕は旧称.〔~系 xì〕ランタノイド.ランタン系列.

〔蕑・蕳(蕳)〕 lán 弩(いしゆみ)の矢を入れる箙(えびら).

〔岚・嵐〕 lán 〔文〕山より発する霧.〔~〕同前.〔~瘴 zhàng〕瘴気qì〕山中の湿気を含んだ毒気.〔~气〕山の湿気を含んだもや.〔晓 xiǎo ~〕朝もや.〔夕 xī ~〕夕もや.
岚烟 lányān (山中の)もや.霧.〔~缥 piāo 缈〕成)もやがかかっているさま.

〔婪(惏)〕 lán むさぼる.どこまでも満足しない.〔~酣 hān〕貪り飲み食う.〔贪 tān〕貪(どん)欲である.
婪索 lánsuǒ 〈文〉権力を笠に着て貪り求める.
婪尾春 lánwěichūn 〔芍 sháo 药〕
婪尾酒 lánwěijiǔ 酒宴の時,酒杯が一座を巡って末席の者が飲む酒.

〔蓝・藍〕 lán ①アイ:〔蓼 liǎo ~〕は通称.葉から作られる染料を〔~靛 diàn〕という. ②藍色染料をとることのできる植物(総称). ③空色(の),青色(の).〔~墨 mò 水(儿)〕青インク.〔湖 hú ~〕みずうみ.〔学生 ~〕学生服色. ④→〔伽 qié 蓝〕 ⑤〔姓〕藍(らん)
蓝桉 lán'ān ⇒〔桉树〕
蓝宝石 lánbǎoshí ＝〔蓝石英〕〔蓝水晶〕〔翡 fěi 翠〕サファイア.＝〔刚 gāng 玉〕
蓝本 lánběn ①原本.底本. ②著作的主要資料.種本.
蓝采和 láncǎihé 八仙の一人.藍采和.→〔八 bā 仙〕
蓝筹 lánchóu ブルーチップ:賭博で賭け金の代用に使う最高額の札.〔一股 qǔ〕優良株.優良銘柄.
蓝点颏 lándiǎnké オガワコマドリ:ツグミ科の小鳥.〔蓝喉颏儿〕〔蓝喉歌鸲〕ともいう.→〔歌 gē 鸲〕
蓝靛 lándiàn 同下〕
蓝靛 lándiàn ①＝〔蓝淀〕藍(あい).〔靛蓝〕の通称.〔蓝藏〕ともいう. ②藍色(の).
蓝盾 lándùn 〈喩〉中国の警察:徽章が青い盾の形.
蓝矾 lánfán ⇒〔硫 liú 酸铜〕
蓝格莹莹 lánge yíngyíng ⇒〔蓝莹莹〕
蓝姑草 lángūcǎo ⇒〔鸭 yā 跖草〕
蓝灰色 lánhuīsè 藍鼠色(の)
蓝鲸 lánjīng ①シロナガスクジラ:〔剃 tì 刀鲸〕ともいう. ②〈喩〉潜水艦.
蓝晶晶 lánjīngjīng 青く明るく澄んでいるさま:多くは水や宝石の形容に用いる.
蓝晶石 lánjīngshí 青水晶.
蓝菊 lánjú ⇒〔翠 cuì 菊〕
蓝盔 lánkuī ブルーベレー(帽):国連派遣軍の制帽.〔~部 bù 队〕国連派遣部隊.〔~人员 yuán〕国連派遣軍隊員.
蓝翎 lánlíng 功労者に賜わる羽飾り(冠用の)→〔花 huā 翎〕
蓝领 lánlǐng ブルーカラー.労働者.〔~工人〕同前.〔白 bái 领〕
蓝缕 lánlǚ ⇒〔褴褛〕

蓝绿 lánlǜ 濃いみどり色(の).〔~玉 yù〕〔绿玉〕(エメラルド)の一種.→〔绿宝石〕
蓝牌 lánpái ブルーマーク.〈喩〉要注意の・問題のある・不法の・非正規のもの.
蓝皮户口 lánpí hùkǒu 青色戸籍:都市で臨時居住許可を得た者の戸籍.
蓝皮书 lánpíshū 青書(せいしょ).ブルーブック:英国政府が議会への報告書の一つ.
蓝青 lánqīng 青緑.〈喩〉純粋でないもの.〔~官 guān 话〕訛りの多い標準語.
蓝色 lánsè ①ブルー(の).〔~的〕〔~发 fā 光二极管〕青色発光ダイオード.〔~分区线〕(アイスホッケーの)ブルーライン.〔~柑 gān 橘酒〕ブルーキュラソー.〔~海洋〕〔国 guó 土〕国の海.〔~长 cháng 城〕海上の防衛(ライン).〔~农 nóng 业〕海洋漁業・養殖・漁労などの総称.〔~企业〕海産物の養殖業.
蓝色软膏 lánsè ruǎngāo ⇒〔汞 gǒng 软膏〕
蓝晒纸 lánshàizhǐ 青写真紙.
蓝衫 lánshān (明・清代の)〔生员〕や〔秀才〕(が着た衣服).
蓝石英 lánshíyīng ⇒〔蓝宝石〕
蓝十字 lánshízì (中国衛生部の)青十字(マーク)
蓝水晶 lánshuǐjīng ⇒〔蓝宝石〕
蓝天 lántiān 青空.大空.〔~大厅 tīng〕吹抜きのロビー.〔~白云〕青空に白雲.〔~工程 chéng〕青空をとりもどす環境保全のプロジェクト.
蓝田生玉 lántián shēngyù 〈喩〉名門の家柄に優れた子が生まれ育つ.
蓝田猿人 lántián yuánrén 陝西省西安市に近い藍田県から発掘された化石人類:北京猿人より少し古い(85万〜65万年前).〔蓝田中国猿人〕〔蓝田(直立)人〕ともいう.
蓝铁矿 lántiěkuàng 藍鉄鉱.
蓝铜矿 lántóngkuàng 藍銅鉱.
蓝图 lántú ①青写真. ②〈転〉(計画などの)予想図.青写真.
蓝汪汪 lánwāngwāng 青びかりしているさま.
蓝蔚蔚 lánwèiwèi 青く澄みきったさま.〔~的天上,没有一丝白云〕青く澄みきった空には雲ひとつない.
蓝牙 lányá 電單ブルートゥース.近距離無線通信技術.〔~技 jì 术〕同前の技術.
蓝衣社 lányīshè 国民党の特務組織の一:1932年につくられた.正式には〔力 lì 行社〕という.
蓝印花布 lányìn huābù (中国伝統の)藍色の模様・柄のある布地.
蓝莹莹 lányíngyíng ＝〔蓝格莹莹〕青くきらきら光っているさま:〔蓝盈盈〕とも書く.〔~的天空〕まっさおに冴えた空.
蓝油木 lányóumù ⇒〔桉 ān 树〕
蓝藻 lánzǎo ミドリムシ(藻類)
蓝湛湛 lánzhànzhàn 青々としているさま.

〔褴・襤〕 lán
褴褛 lánlǚ 〔蓝缕〕とも書いた.(衣服が)ぼろぼろ.ぼろである.〔身上衣衫~〕ぼろぼろの服を着ている.〔~不堪 kān〕(みなりが)ひどくぼろぼろである.

〔篮・籃〕 lán ①〔~儿,-子〕籠(かご):竹・柳〔~〕竹かご.〔网 wǎng ~〕上面に網おおいのある旅行用のバスケット.〔菜 cài ~〕(食料品の)買物かご.〔花~〕かご.＝〔筐 kuāng ~〕 ②バスケットボール・ボール・競技・チーム・またそのリング.〔男 ~〕男子バスケットボール(競技).〔投 tóu ~〕(バスケットボールで)シュート(する) ③〔姓〕藍(らん)
篮板 lánbǎn (バスケットの)バックボード.〔~球

lán~lǎn

qiú]リバウンド(ボール).
篮筐 lánkuāng ⇒[篮圈]
篮联 lánlián [又][篮球联合会](バスケット連盟)の略.
篮球 lánqiú [又]バスケットボール(またそのボール).[打~]バスケットボールをする.[~网 wǎng]ゴールネット.[~架 jià]ゴールスタンド.[~赛 sài]バスケットの試合.[~队]バスケットチーム.[~场]バスケットコート.
篮圈 lánquān [又](バスケットボールの)バスケットリング.[篮筐]
篮坛 lántán [又]バスケット界.[~劲 jìn 旅]バスケット界の強いチーム.
篮网 lánwǎng [又]バスケットリングに張るネット.
篮子 lánzi [竹・柳枝・藤・プラスチックなどで編んだ]籠.手提げかご.[菜 cài ~]⑥買い物かご.⑤[喩]食品関係の事柄.台所問題.
篮舆 lányú [文]竹製の輿.網代輿(あじろ).

[览・覽(覧)] lǎn ①見る.眼を通す.見物する.[观 guān ~]同前.[游 yóu ~]遊覧(する).[台 ~]<牘>ご高覧.[御 yù ~]①天覧.[阅 yuè ~室]閲覧室.[~展 zhǎn ~迹览会.[一~无遗 yí][一~无余 yú]あますところなく(残らず)眼を通す.②<姓>覧.

览古 lǎngǔ <文>古跡を遊覧する.
览揆 lǎnkuí <文>誕生日.[~之辰]同前.
览赏 lǎnshǎng 見物し観賞する.
览胜 lǎnshèng <文>景勝の地を訪ね見る.[揽胜]とも書く.[~图 tú][酒]酒会に用いた名勝どころ.[这次旅行主要是~而在寻 xún 古]今度の旅行は主に観光ではなくて歴史を尋ねることだ.

[揽・攬(擥・擥)] lǎn ①引きよせる.自分の方に引きよせる.[~网 wǎng]網をたぐりよせる.[~辔 pèi]くつわをたぐる(って馬をとめる).[~腰搂 lǒu 脖]腰を抱きよせ首をよせ合う.[~月摘 zhāi 星]<喩>栄光を手に入れる.②(自分の身に)受ける.請け負う.[他把责任都一到自己身上了]彼は自分で全責任をとった.[包 bāo ~]請け負い引き受ける.[~过 guò]過ちを引き受ける.[招 zhāo ~][兜 dōu ~](取り引きや顧客を)呼び寄せる.[延~人材][~才 cái]人材を招く.③手中に収める.掌握する.[一决万元,一人占めにする.一手に握る.[一包总 ~]一手に請け負う.そっくり引き受ける.④引っ括くる.軽くしばる.[把车上的柴火~上点]車に積んである柴に縄をかけておきなさい.

揽承 lǎnchéng 引き受ける.請け負う.
揽储 lǎnchǔ 預金者を集める.預金を獲得する.[揽存 cún]ともいう.
揽单 lǎndān ⇒[揽契]
揽工 lǎngōng ①[揽活(儿)]工事(仕事)を請け負う.②<方>雇われて働く.[~受苦]仕事に雇われ苦しむ.[~汉 hàn]雇われ人夫.→[长 cháng 工]
揽活(儿) lǎnhuó(r) 同上①.
揽货 lǎnhuò 品物の運送または販売を引き受ける.
揽客 lǎnkè 顧客を招き寄せる.[招揽顾客]同前.
揽买卖 lǎnmǎimài ⇒[揽生意]①注文をとる.②客を招く.
揽契 lǎnqì =[揽单]貨物運送引受書.
揽取 lǎnqǔ ①抱き取る.②摘み取る.③引き受ける.
揽趣 lǎnqù 魅力を集める.[寻 xún 胜~]景勝をたずね景色を目におさめる.

揽权 lǎnquán 権力を独占する.権力を振り回す.[~纳贿 huì]職権を乱用して収賄する.
揽生意 lǎnshēngyì ⇒[揽买卖]
揽胜 lǎnshèng ⇒[览胜]
揽事 lǎnshì <口>余計な手出しをする.[揽闲 xián 事]余計なことを引き受ける.
揽收 lǎnshōu (集荷・運送を)一手に引き受ける.請け負う.
揽爷 lǎnyé 客引き(の男).客引き番頭.
揽舟 lǎnzhōu <文>舟を舫(もや)う.
揽总(儿) lǎnzǒng(r) 統括する.掌握する.

[缆・纜] lǎn ①ともづな.[解 jiě ~]ともづなをとく.出帆する.②より合わせた太綱.ケーブル.[电动 ~]送電用ケーブル.③<文>船をつなぐ.[~舟 zhōu][~舸 gě]船をもやう.同前.

缆车 lǎnchē ケーブルカー.[电动~]同前.
缆道 lǎndào ケーブルウエー・ロープウエー.[索 suǒ 道]に同じ.
缆绳 lǎnshéng =[缆索](棕櫚・麻・金属の糸でより合わせた)太い綱.ワイヤロープ.
缆索 lǎnsuǒ 同上.
缆桩 lǎnzhuāng =[铁钯桩]繋(けい)船柱.甲板上の繋柱.ビット.

[榄・欖] lǎn [橄 gǎn ~] [植]カンラン科カンランまたその果実:果実は[<方>青 qīng 果]ともいう.②オリーブ(の果実).[油 yóu 橄~]の別称.
榄李 lǎnlǐ =[白 bái 榄][植]ヒルギモドキ.
榄仁 lǎnrén [乌 wū 榄](ウラン・クロカンラン)の核:食用、また良質の油がとれる.
榄糖 lǎntáng オリーブの木の樹幹に生ずるゴム樹脂を樹皮・葉とともに煮つめた膠状物.

[漤(灠)] lǎn ①(生の野菜・魚・肉に)塩・砂糖などの調味料を加えてみる.[~桃 táo]同前の桃.②(湯または石灰水につけて)柿渋をぬく.[~柿 shì 子]同前.

[罱] lǎn ①<方>捻 niǎn ②<方>鋏(はさ)みのように作った2本の棒の先に細長い網を横につけたもの:両手でつかんで魚・水草・河泥などをはさみ上げる.[~鱼 yú]同前.さらい上げる.[~河 hé 泥]④川底の泥をすくう.⑤同前の泥で作った堆肥.[~泥 ní 船]川底の泥をすくう船.浚渫(しゅん)船.[~挖 wā 泥船]

[壈] lǎn →[坎 kǎn 壈]

[懒・懶(嬾)] lǎn ①無精である.横着である.おっくうがりである.[~惰 duò][懒惰][~人]無精者.[~官(儿)]怠け者の役人.[好 hào 吃~做]食いしんぼうの怠け者.[他家里又胖 zāng 又乱,就因为他太~]彼の家は汚くてちらかっている,それは彼が無精なためにほかならない.[勤 qín ~]①いやいやながら…する.不承不承…する.あまり…しない.[~于yú]同前.[嘴 zuǐ ~]口数が少ない.[腿 tuǐ ~]ものうい.だるい.[身上发 fā ~,大概是感 gǎn 冒了]体がだるい,たぶん風邪をひいたんだろう.

懒虫 lǎnchóng [罵]怠け者.横着者.
懒怠 lǎndài ①⇒[懒惰] ②ものうい.おっくうである:後に動詞をともなう.[好 hào 吃~做]食いしんぼうの怠け者.[好 hào 动 dòng ~说话]ここ2,3日は体の具合が悪いので話をするのもおっくうだ.
懒惰 lǎnduò 無精な.怠惰な.横着者.
懒得 lǎnde (…するのが)気がすすまない.気がしない.おっくうである.[~吃 chī]食べる元気がない.食

lǎn~làn 懒烂

欲が進まない.〔我是最 zuì ~写信的〕わたしは手紙を書くのが一番おっくうだ.

脸色 liǎn sè わたしはこの種の人の顔色をうかがう気になれない.〔~动弹 dòngtan〕体を動かすのがおっくうである.〔天太热 rè 我~上哪儿去〕非常に暑いのでどこへも行く気がしない.〔这是他们自 zì 己的事,外人~去管〕これは彼ら自身のこと,ほかの人はかかわりたがらない.

懒凳 lǎndèng 〈方〉長方形の大きい腰掛け:一般に表門内の両脇に置いてある短足の長い腰掛けをいう.〔凳〕

懒惰 lǎnduò ＝〔懒怠①〕怠惰(である).無精(である).〔~的学生〕不勉強な学生.

懒妇鱼 lǎnfùyú ⇒〔江 jiāng 豚〕

懒骨头 lǎngǔtou 〈罵〉怠け者.横着者.

懒鬼 lǎnguǐ 〈罵〉怠け者.横着者.ものぐさ太郎.

懒汉 lǎnhàn 怠け者.ものぐさ太郎.

懒汉鞋 lǎnhànxié カンフーシューズ.スリッポン:甲にゴムが入っている紐なしの布靴.〔鞋靴〕ともいう.

懒猴 lǎnhóu ロリス(道化猿):〔蜂 fēng 猴〕はスローロリス.〔~科〕ロリス科.

懒几 lǎnjī 同下.

懒架 lǎnjià →〔懒几〕安楽椅子の一種.

懒懒 lǎnlǎn 元気がないさま.だらだらしたさま.〔他~地说了请坐下〕彼はものうげにお掛けなさいといった.

懒龙 lǎnlóng〘食〙ギョーザの餡と同じものをこねた小麦粉で棒状に包み,蛇のとぐろをまいたようにして蒸して作ったもの.

懒驴上磨屎尿多 lǎnlǘ shàngmò shǐniào duō〈諺〉ものぐさろばが石臼をひくと糞や小便が多い:無精者が口実をもうけてサボること.

懒慢 lǎnmàn 怠惰で投げやりである.

懒散 lǎnsǎn いいかげんである.だらだらしている.〔好多事不惦 diàn 记み,太~了〕いろいろなことを忘れずにちゃんとやってくれない,あまりにもいいかげんだ.〔不要这样~,振 zhèn 作起来〕そんなにだらだらしないで,しゃきっとしよう.

懒洋洋 lǎnyángyáng ものうそうなさま.気のすすまないさま.〔阿Q 虽然答 dā 应着,却~的出去了〕〔鲁・Q 6〕阿Qは返答はしたものの気のすすまない格好をして出て行った.

懒腰 lǎnyāo だるくなった腰.疲れた腰.〔伸 shēn 了一个~〕ウーンと背伸びをした.

〔烂・爛〕làn ①(水分が多くて)柔らかになる(する).煮すぎてくずれる.

〔煮 zhǔ ~了〕柔らかく煮えた.〔肉炖 dùn ~了〕肉が煮すぎてくずれた.②腐ってどろどろになる.腐りだれた点.〔腐 fǔ ~〕腐爛する.〔把疮 chuāng 上的~肉挖 wā 去〕おできのところのただれた肉をえぐりとる.〔桃子 táozi 很容易~〕桃はとても腐りやすい.〔苹 píng 果~了〕りんごが腐った.③破れてぼろぼろになった.〔破 pò ~〕同前.〔穿 chuān ~了〕着古してぼろぼろになった.〔~船 chuán 还有三斤钉〕〈諺〉腐っても鲷.〔书都翻 fān ~了〕何度も読んだので本がすっかりぼろぼろになった.〔破铜 tóng ~铁〕くず鉄くず銅鉄.④乱れている.でたらめである.⑤(程度が極めて高い)全く.十分に.ひどく.→〔烂②〕 ⑥〈文〉焼けこげる.⑦〈文〉光り輝く.〔~然 rán 〕明らかなさま.

烂板 lànbǎn 〘旧〙摩滅して値打ちの低い銀貨.

烂包 lànbāo 〈方〉だめになる.しくじる.〔昨天的仗是~了〕きのうの戦いはしくじった.

烂蚕茧 làncánjiǎn 〘紡〙ローズ(くず)繭:〔烂蚕壳 ké〕ともいう.

烂肠瘟 lànchángwēn ⇒〔牛 niú 瘟〕

烂地 làndì 野腐れする.作物が田畑で腐る.

烂饭 lànfàn 〈方〉よく煮えたごはん.べちゃ飯.

烂杆花 làngānhuā 〈方〉不正な人間.

烂好人 lànhǎorén 〈方〉安請け合いをするお人好し.事なかれ主義のお好人.

烂糊 lànhu 〔烂乎〕〔烂化〕とも書く.〈口〉よく煮えたさま.よく熟れきったさま.〔南瓜要煮 zhǔ ~了才好吃〕かぼちゃはくたくたに煮たほうがおいしくない.〔烤 kǎo 白薯真~〕やきいもがほかほかと焼けている.

烂糊面 lànhumiàn 〈方〉麵が煮くずれたうどん:汁と一緒に食べる.

烂货 lànhuò 〈罵〉尻軽女.あばずれ.

烂脚病 lànjiǎobìng ⇒〔纹 wén 枯病〕

烂烂儿 lànlànr ぐたぐたにした煮えたようす.〔你给我熬 áo 粳米粥,要~的〕米のお粥を煮てくれ,ぐたぐたによく煮るんだよ.

烂漫 lànmàn 〔烂缦〕〔烂熳〕とも書いた.①色鮮やかである.〔樱 yīng 花~〕桜の花がきれいだ.②すなおである.〔天真~〕ありのままで(飾り気がなく)すなおである.③散らばっている.

烂泥 lànní 水でどろどろになった泥.泥水.〔~塘 táng〕どろ沼.〔~坑 kēng〕ぬかるみ.〔~扶不上壁〕〈喩〉役立たずである.

烂片 lànpiàn くだらない映画.つまらない映画.〔没什么看点,更没有亮 liàng 点的~儿 piānr〕見るべき点がなく,きらりと光る所などさらにないくだらぬ映画.

烂肉面 lànròumiàn 〘食〙肉うどん:大きいかたまりの豚肉を柔らかくなるまで煮て汁を作る.一方,熱湯でゆでたうどんを丼に盛り,先に煮た肉の薄切りと汁をかけて作る.旧時〔茶館〕でよく供された大衆食品.〔吃~碗~〕〈喩〉仲直りする.和解する.

烂事 lànshì 腐敗した出来事・現象.

烂熟 lànshú ①十分に煮えている.②すっかり暗記している.〔滚 gǔn 瓜~〕同前.③熟知している.熟練である.

烂摊子 làntānzi 傷ました露店.〈喩〉手のつけようのない事態:〔乱 luàn 摊子〕ともいう.〔他跑了,丢下这~谁来收拾〕彼が逃げすてた後に残したこのやっかいなごたごたは誰が収拾をつけるのか.

烂尾 lànwěi 〈喩〉後が悪くなる.〔将来是否~很难说〕今後は悪くなるかどうかわからない.〔~楼 lóu〕竣工遅れのビル.建築中断のままのビル.

烂污 lànwū 〔烂泥〕くそ〔下痢便〕.〈喩〉劣悪品.〔~产 chǎn 品〕不良品.〔~货 huò〕④〈罵〉ならず者.あばずれ.③粗悪品.〔拆 cā ~〕〈方〉無責任である.⑤無責任になる.

烂眼 lànyǎn ただれ目.目くされ.

烂眼边 lànyǎnbiān 〔~儿〕①ただれた目のふち.②〘旧〙芝居役者への蔑称.

烂羊头 lànyángtóu 〈喩〉つまらないやつ.ろくでなし.

烂羊胃 lànyángwèi 官位の安売り.身分の下賤なの官吏.

烂银 lànyín ①純銀.〔足 zú 纹〕〔足銀〕ともいう.②さんらんと銀色のように光る.

烂饮 lànyǐn 暴飲する.

烂游 lànyóu 随意に遊覧する.漫遊する.

烂账 lànzhàng ①でたらめの帳簿.〔竟 jìng 打了~〕〈喩〉でたらめばかりする.無茶をする.②長く焦げついている貸金.古い債権.〔陈 chén 年烂账〕の意.

烂纸筐 lànzhǐkuāng 同下.

烂纸篓 lànzhǐlǒu →〔烂纸筐〕紙簍(子)紙くずかご.

烂仔 lànzǎi 〈方〉ごろつき.〔烂崽〕とも書く.

烂嘴角 lànzuǐjiǎo ただれた口角.

烂醉 lànzuì 酔っ払う.酔いどれる.〔~如泥〕へべれけ

けに酔う.

〔瓓・瓓〕 làn 〈文〉玉の色.
瓓玕 làngān ⇒ 琅 láng 玕

〔滥・濫〕 làn ①度を過ごして(する).無制限に(する).選択なしに(する).むやみやたらに(する).みだりに(する).〔～服 fú〕服用し過ぎる.〔～炒 chǎo〕買い占める.買いくる.〔～开 kāi〕むやみに薬を出す.〔小人穷 qióng 斯～矣〕(論語・衛霊公)〈文〉小人窮すればここにみだる.〔宁 nìng 缺勿～〕〈成〉欠くるともみだるるなかれ.②うわついている.内容のない.不実である.→〔滥调(儿)〕 ③川水や湖水があふれる.〔泛 fàn ～〕氾濫する.

滥捕 lànbǔ 乱獲する.
滥吹 lànchuī ⇒〔滥竽充数〕
滥调(儿) làndiào(r) ①上すべりして内容のない調子.現実離れした物言い.〔陈词～〕きまり文句をしゃべり散らす.〔千篇一律的～〕千篇一律なうわついた調子.
滥发 lànfā (紙幣や切符などを)乱発する.むやみに発行する.
滥伐 lànfá 乱伐する.むやみに山や林などの木を切る.
滥费 lànfèi みだりに消費する.浪費する.
滥交 lànjiāo 〈文〉みだりに交際する.
滥情 lànqíng 感情のおもむくままに行動する.
滥杀 lànshā むやみに殺す.無差別に殺す.
滥觞 lànshāng ①〈文〉(物事の)始まり.起源.みなもと:河の水源地では酒盃を浮かべる程度の水であることから.②始まる.起る.
滥事 lànshì 〈文〉みだりにこと.無駄なこと.
滥套子 làntàozi (文章などの)決まりきった形式.使い古された紋切り型.
滥污 lànwū 卑劣である.
滥行 lànxíng 〈文〉①みだりに行う.〔～处 chǔ 罚〕みだりに処罰する.②行いが卑しい.
滥刑 lànxíng 〈文〉①刑罰を乱用する.②乱用した(過重な)刑罰.
滥言 lànyán 〈文〉根も葉もない言葉.
滥用 lànyòng 濫用する.やたらに使う.〔～职 zhí 权〕(濫权)職権を濫用する.
滥竽充数 lànyú chōngshù =〔滥吹〕〈成〉斉国に竽を吹く楽師(笙の一種)の吹けない人も員数合わせのため楽人の間に混じっていたことから(韓非子)@それだけの能力がなくてその地位にいること.⑥員数を数えること.数を合わせること.
滥炸 lànzhà 盲爆する.
滥支 lànzhī みだりに支出する.〔～帑 tǎng 银〕公金を同前.

lang ㄌㄤ

〔啷〕 lāng 〈擬〉〔当 dāng ～〕ガン.ガラン.〔哗 huā～～〕ガラガラン.〔哐 kuāng ～〕ガチャン.
啷当 lāngdāng 〈方〉ぐらい.およそ.前後:多く〔二十〕の後につける.〔二十一岁〕20歳前後.〔三十一岁〕30歳ぐらい.

〔郎(郎)〕 láng ①回女性の夫(愛人・情夫)に対する呼称.〔送～参 cān 军〕夫が従軍する夫を送り出す.②回若い男子に対する呼称.〔周 zhōu ～〕回呉の周瑜.〔杨 yáng 六～〕宋の楊延昭.③他人の息子または青年の男子に対する呼称.〔放 fàng 牛～〕牛飼いの男.〔货 huò ～〕行商人.⑤嫡.〔新 xīn ～～新娘〕新郎新婦.⑥固官名.〔侍 shì ～〕宮廷内の近侍.唐以後は六部の次官.→〔郎官〕 ⑦(一部の動物の)雄.〔～猫 māo〕〔公 gōng 猫〕雄猫.→〔公 gōng ④〕 ⑧〈姓〉郎(ȑ) → làng

郎爸 lángbà 同下②
郎伯 lángbó ①⇒〔郎君①〕 ②=〔郎爸〕〈方〉父.お父さん.
郎才女貌 lángcái nǚmào =〔男 nán 才女 nǚ 貌〕〈成〉婿殿は才子で,嫁御は器量よし:似合いの夫婦.
郎当 lángdāng ①〈文〉着物がだぶだぶして合わないさま.〔衣裤 kù ～〕衣服がむさくるしい.②〈文〉おちぶれやつれているさま.意気消沈のさま.③〈白〉うろつき回るさま.④⇒〔锒铛〕
郎官 lángguān 回漢代の侍郎・郎中,唐以後はもっぱら郎中・員外をいう.
郎酒 lángjiǔ 食四川省古藺県の白酒の名.
郎舅 lángjiù 〔姐 jiě 夫〕〔妹 mèi 夫〕と〔内 nèi 兄〕〔内弟〕の関係.すなわち,夫と妻の兄弟を合わせた呼称.
郎君 lángjūn ①=〔郎伯①〕〈白〉あなた:夫に対する呼称.②〈文〉貴公子.ご令息.③〈文〉貴君:若い男性への敬称.
郎君子 lángjūnzǐ [魚貝]スガイ:軟体動物.サザエの一種.
郎猫 lángmāo →字解⑦
郎奶 lángnǎi 〈方〉母の称.
郎窑 lángyáo 清江西巡撫郎廷佐の作った磁器:古いものをよく倣いうつしたものとして有名.
郎中 lángzhōng ①回医者:漢方医をさす.→〔医 yī 生〕 ②回各部の諸司の長.明代では近侍を,漢代は尚書郎を〔～〕と称した.→〔员 yuán 外郎〕

〔廊〕 láng ①[-子]建家のひさしや独立した屋根の下の通路.〔前～后厦 shà〕前後のひさし.〔北房带～子〕南向きの家の南のひさしの下が(東西方向)の通路になっている.〔走 zǒu ～〕建物と建物との間の通路.〔穿 chuān ～〕〔山游～〕(まわり廊下)を通って後ろの建物へ通ずる.〔正房①〕の両外側の軒下通路.〔游 yóu ～〕長く巡る屋根付き(軒下)通路.②回画廊.〔回 huí ～〕回廊.②画廊や美容院などの店.〔画 huà ～〕画廊.〔发 fà ～〕(小規模な)美容院・理髪店.〔精品～〕逸品サロン

廊房 lángfáng =〔回 huí 廊〕
廊庐 lánglú 通路にかぶる建物のひさし.
廊门院 lángményuàn 建中国伝統住宅の〔院子〕の中にしつらえた坪庭:建物の左右,また渡り廊下のかたわらにある.
廊庙 lángmiào 〈文〉朝廷.〔～具〕〔～器 qi〕宰相の器(うつわ).〔～论 lùn〕②国家の大計.⑤朝議.〔(之)志〕国家の大政をとろうとする志.
廊桥 lángqiáo 構造物間を結ぶ連絡用の橋:搭乗ブリッジなど.
廊庑 lángwǔ 〈文〉廊下.
廊檐 lángyán 屋根付き通路の軒.
廊子 lángzi →字解①

〔嫏〕 láng
嫏嬛 lánghuán ⇒ 琅嬛

〔榔〕 láng ①漁師の用いる魚追い用の長い棒.②〔槟 bīng 榔〕(槟榔樹)
榔槺 lángkāng 〈方〉(器物が)かさばり重たい.
榔头 lángtou ①(大きめの)槌.金づち.ハンマー:〔鄉头〕〔狼头〕とも書いた.〔拿～钉 dìng 钉子 dīngzi〕金づちで釘をうつ.金づち状のもの.〔敲 qiāo ～〕

(電信機の)キーを叩く.→〔铁 tiě 锤〕

榔榆 lángyú 植アキニレ(イシゲヤキ.カワラゲヤキ):ニレ科の高木.材質堅く車輪・農具などを作る.

〔锒・鋃〕láng

锒头 lángtou ⇒〔榔头〕

〔螂(蜋)〕láng

由①〔螳 táng ~〕カマキリ. ②〔蚂 mǎ ~〕トンボ. ③〔蜣 qiāng ~〕〔乾 gè ~〕〔方〕屎 shǐ 壳 郎 làng〕クソムシ. ④〔蟑 zhāng ~〕ゴキブリ.

〔阆・閬〕

→ làng
〔~中 kāng 中〕

〔狼〕láng

①動オオカミ(狼). ②〈転〉凶実である(者).極悪残忍である(者). 〔~心狗 gǒu 肺の家伙〕同前の者. 〔~追 zhuī〕貪欲に追いかける. ③〈方〉だます.だまし取る. 〔~人②〕 ④〈姓〉狼(ろう).

狼把草 lángbǎcǎo 植タウコギ:キク科一年生草本.薬用とする.

狼狈 lángbèi ①困り苦しむ.困りはてる. 〔他失业已久,境 jìng 况非常~〕彼は長らく失業していて非常に困っている.〔十分~〕〔~万分〕ほとほと困る.困りはてる. ②狼狽する.うろたえる.慌てる. 〔~不堪 kān〕〈成〉ひどく困惑する. 〔~逃 táo 窜〕慌てふためいて逃げ回る. ③結託する.共謀する:もちつもたれつして難儀のべからざる関係にあること.伝説で,狼の仲間の狽(ばい)は前足が短く走る時は前足を狼の背に乗せていくことから. 〔~为奸 jiān〕〈成〉ぐるになって悪事をする.

狼奔豕突 lángbēn shǐtū 〔豕 突 狼 奔〕ともいう. 〈喩〉①悪人が群れをなして暴れ回る. ②悪人等が慌てふためき逃げまどうさま.

狼虫虎豹 lángchóng hǔbào ①〈方〉猛獣の総称. ②人を害する凶悪人.

狼疮 lángchuāng 医狼瘡(そう):皮膚病の一種.結核性で尋常性と紅斑性の2種がある.

狼蝶 lángdié ⇒〔豹 bào 蝶〕

狼毒 lángdú ①〈文〉残忍(である).残虐(である).猛悪(である). ②植ナットウダイ(ヒロハドイダキ):トウダイグサ科. ③植イモガシ:ジンチョウゲ科. ②③ともに根を薬用する.

狼多肉少 lángduō ròushǎo ⇒〔粥 zhōu 少僧多〕

狼狗 lánggǒu ⇒〔狼犬〕. 動①シェパード犬. ②牧羊犬:〔牧 mù 羊犬〕の通称. 〔猎 liè 狗〕

狼顾 lánggù 狼が常に後をふり返りみて恐れること. 〈喩〉後顧の憂いのあること.恐れるさま.

狼孩 lánghái 狼少年(少女):狼に育てられたというインドの伝説から.

狼毫 lángháo いたちの毛で作った硬筆.→〔羊 yáng 毫〕

狼号鬼哭 lángháo guǐkū 〈喩〉すさまじい鳴き声をあげる.身の毛もよだつうなり声を立てる.

狼虎 lánghǔ ①狼と虎. ②〈転〉凶悪で残忍な人.

狼扈 lánghù ⇒〔狼藉〕

狼獾 lánghuān ⇒〔貂 diāo 熊〕動グズリ:イタチ科最大の動物で熊に似ている.

狼疾 lángjí ①愚かなこと. ②命にかかわる病気.不治の病.

狼藉 lángjí ⇒〔文〕狼扈〕〔狼庚〕〈文〉乱雑に取り散らしているさま:〔狼籍〕とも書いた. 〔杯 bēi 盘~〕食器が散りほうだい. 〔声 shēng 名~〕評判がきわめて悪い.名声が地に落ちる.

狼急蹿稀,狗急跳墙 láng jí cuānxī, gǒu jí tiàoqiáng 狼が焦ると糞をたれる,犬が追いつめられると塀を飛び越える. 〈喩〉悪人が追いつめられせっぱつまった行動に出ること.

狼抗 lángkàng ①〈文〉傲慢.暴虐である. ②=〔狼犺①〕①〈方〉かさばり重たくて使うのに不便である. ②気がきかない.

狼犺 lángkàng ①⇒〔狼抗②〕②〈方〉がつがつ食べる. 〔慢着点!吃得那么~不怕噎 yē 死!〕ゆっくり食べなさいよ,そんなにがつがつ食べてのどにつかえたらどうするのさ.

狼庚 lángli 〈文〉①暴戻(れい)である. ②⇒〔狼藉〕

狼忙 lángmáng 慌てて.急いで.

狼木 lángmù ムシカリ(オオカメノキ):スイカズラ科,山地に自生する落葉低木.

狼披羊皮 láng pī yángpí 〈成〉狼が羊の皮をかぶる. 〈喩〉悪人が善人を装う.猫をかぶる.ふつう〔披着羊皮的狼〕という.

狼犬 lángquǎn ⇒〔狼狗〕

狼人 lángrén ①回広西の省境に住む少数民族に対する蔑称. ②人を脅しかえる.

狼胎 lángtāi 〈方〉①手ごわい.くえない.残忍である. 〔其中一个姓王的稽 ji 查最~〕そのうちで王らい検査員がいちばん手ごわい. ②同前の人.

狼贪 lángtān 〈文〉貪欲にむさぼる.

狼铁矿 lángtiěkuàng 鉱タングステンを含む鉄鉱.

狼头 lángtou ⇒〔榔头〕

狼吞虎咽 lángtūn hǔyàn 〈喩〉急速に丸呑みするさま.大いに食う.無茶苦茶に飲食する. 〔吃饭不要~饭を食うにも暴飲暴食してはいけない.

狼尾草 lángwěicǎo =〔廃 li 草〕植アブラススキ:カヤに似た一種の草.古くは屋根を葺くのに用いられた. ②チカラシバ:アワに似た雑草.根が強く土中に張る.凶年には食糧の代用とされ,牛馬のかいばに用いる.→〔〈文〉粮 láng ②〕

狼窝 lángwō ①狼の巣. ②〈転〉悪徒の巣窟. ③危険な所.

狼筅 lángxiǎn 古代の兵器,槍の一種.

狼心 lángxīn 残忍な心. 凶人でなし.人でなし. 極悪非道.

狼心狗肺 lángxīn gǒufèi 〈喩〉残忍非道な心.鬼畜のような惨い心:恩知らず.

狼牙 lángyá ①狼の牙. ②=〔狼子②〕〔犬 quǎn 牙②〕〔支 zhī 兰〕植ミナモトソウ(ロウゲ):バラ科の草本.

狼牙棒 lángyábàng 古兵器の一:無数の釘を外向きに打ちつけて長い柄をつけたもの.

狼牙箭 lángyájiàn 矢の一種:鏃(やじり)の形が狼の牙に似ている.

狼牙拍 lángyápāi 古兵器の一.攻城防御具の一種.

狼牙山 lángyáshān 地河北省易県西に在る.五つの険しい峰の形が狼の牙に似る.

狼牙鳝 lángyáshàn ⇒〔海 hǎi 鳗(鳜)〕

狼烟 lángyān 狼火(ろう). 〔狼 粪 fèn 烟〕ともいう. 〔~动 dùn〕のろし台. 〈喩〉戦争をする.

狼烟四起 lángyān sìqǐ 狼煙が四方から上がる. 〈喩〉方々から敵に侵入されて辺境が不穏なこと.

狼尾巴谷 lángyǐba gǔ 〈口〉栗の一種:穂が狼の尾に似ている.

狼鱼 lángyú 魚貝オオカミウオ:硬鰭類.全体に黒斑がある.皮は製革する.

狼崽子 lángzǎizi ①狼の子. ②〈罵〉恩義を知らないやつ.恩知らず.

狼主 lángzhǔ 回(小説や劇で)北方民族の君主.

狼子 lángzǐ ①狼の子. 〔~野心〕〈成〉③狼の子は幼くても凶暴性を備えている. ②凶暴な本性(をもった人間)のあらわれ.困難である. ②⇒〔狼牙〕

〔琅(瑯)〕láng

①〈文〉玉(ぎょく)の一種. 〔琳 lín ~〕美玉.貴重な物. ②〈文〉真っ白い.純白である. ③〈姓〉琅(ろう).

琅璈 láng'áo 古玉製の楽器.

láng～làng

琅琅 lángdāng〔琅当〕とも書く. ①⇒〔铛铛〕② 〈文〉鈴. ③〔铃 líng 铛〕③〈擬〉[珊ldn 环]〈文〉真珠に似た美石.
琅玕 lánggān〔珊lán 环〕〈文〉真珠に似た美石.
琅函 lánghán ①〈文〉文箱の美称. ②〔牘〕お手紙.
琅嬛 lánghuán 伝説中の仙境.〔嬛嬛 lánghuán 福地〕〈成〉伝説中の神仙の住む洞窟;書物が多く秘蔵されている所という.
琅琅 lángláng〈擬〉チャリン:金石のかち合う音. ②高らかな読書の声.〔书声～〕読書の声高らか.〔～上口〕〔朗琅上口〕〈成〉朗々と読み上げる.
琅玡台刻石 lángyátái kèshí 山東省琅玡山にある秦始皇帝が建てた石碑;〔秦 qín 刻石〕として知られる.

〔桹〕 láng

桹桹 lángláng〈文〉〈擬〉木を打ち合わせる音.

〔硠〕 láng

〈文〉石のぶつかり合う音.

〔锒・鋃〕 láng

①→〔锒铛〕 ②〔锏lán〕(ランタン)の旧名.
锒铛 lángdāng ＝〔郎当〕〔琅珰〕①〈文〉罪人をつなぐ鎖.また鎖でつなぐ.〔～入狱〕鎖でつながれ獄に入る. ②〈喩〉金属のふれあう音.

〔稂〕 láng

〈文〉〔植〕①はぐさ:稲の苗に似た雑草. ②〔狼尾草〕(アブラススキ.チカラシバ)の古称.
稂莠 lángyǒu 苗の生長を妨げる稲苗に似た雑草;悪人.悪党.

〔筤〕 láng →〔苍 cāng 筤〕

〔朗〕 lǎng

①輝かしく明るい.〔天地明 míng 朗〕天地が明るい.〔月～风清 qīng〕〈成〉月あきらかに風清し. ②声が明るく大きい.〔谈吐爽 shuǎng～〕談話が大声ではっきりしている. ③〈文〉すっきりしている.透き通っている.〔疏 shū 朗〕ⓐすがすがしい. ⓑはっきりしている.〔宽 kuān～〕のびのびとしてさわやかである. ④〈姓〉朗(ろう)
朗澈 lǎngchè 明るく澄んでいる.透き通っている.
朗读 lǎngdú 朗読する.
朗阔 lǎngkuò 明るく広がっている.
朗朗 lǎngláng ①声がよく澄んで通るさま.朗朗としたさま.〔书 shū 声～〕読書の声が朗々としている.〔～上口〕〔琅琅上口〕〈成〉朗々と読み上げる. ②〈喩〉〔～星光〕〈喩〉星のように明るい.〔～乾坤〕〈喩〉明るい星の光.
朗姆酒 lǎngmǔjiǔ〈音義訳〉ラム酒.〔〈音義訳〉兰 lán 姆酒〕〔老 lǎo 姆酒〕〔糖 táng 酒〕ともいう.
朗目疏眉 lǎngmù shūméi〈成〉眉目秀麗である.
朗若列眉 lǎng ruò lièméi〈成〉明白で疑う余地がない.
朗生 lǎngshēng ⇒〔囊 náng 生〕
朗声 lǎngshēng 高らかな(笑い)声.〔～而笑 xiào～〕ほがらかに笑い声をあげる.
朗诵 lǎngsòng 朗誦する.〔高声～〕大声で読む.〔～诗 shī〕ⓐ朗読を目的として作った詩. ⓑ詩を朗誦する.
朗笑 lǎngxiào ほがらかに笑う.
朗照 lǎngzhào〈文〉①明るく照らす. ②〔牘〕ご了察.

〔塯〕(塱) lǎng

地名用字.〔元～〕〔地〕広東省にある;現在は〔元朗〕と書く.

〔㮾〕 lǎng

地名用字.〔～梨 lí 镇〕〔地〕湖南省長沙県にある.

〔烺〕 lǎng

〈文〉輝かしく明るい.

〔郎(郎)〕 làng

〔屎壳 shǐké～〕〔虫〕クソムシ.フンコロガシ〔蜣 qiāng 螂〕の通称. → láng

〔浪〕 làng

(Ⅰ) ①(大きな)波.浪.〔波 bō～〕のある(もの).波.浪.〔白～〕白波.〔波のように起の ある(もの).波動する(もの).〔声 shēng～〕①声の波.どよめき.〔麦 mài～〕風を受けて波を打っている麦畑のさま. ③〈姓〉浪(ろう)
(Ⅱ) ①放縦である.勝手気ままである.野放図である. ②みだらである.ふしだらである.〔～的你呢〕〈罵〉ふしだらだね,君は!〔～女〕尻軽女.〔淫 yín 声～语〕卑猥な言葉.淫らな声.〔放 fàng～形骸 hái〕〈成〉気ままで形式にこだわらない.

浪潮 làngcháo ①浪と潮.激しい浪. ②〈喩〉大波.うねり.高まり.風潮:大きな社会運動の趨勢.〔罢工的～〕ストライキの高揚.〔涌 yǒng 起～〕運動がまき起こる.
浪传 làngchuán 軽々しく伝える.無茶苦茶に宣伝する.ありもしない事を言いふらす.
浪船 làngchuán 船形のブランコ遊具.
浪且 làngdàn ⇒〔花 huā 且〕
浪荡 làngdàng ①職もなくぶらぶらしている. ②勝手気ままである.気ままにふるまう.〔～公子〕放蕩息子.
浪堤 làngdī 防波堤.
浪动 làngdòng 〓波動.
浪费 làngfèi (人力・時間・財力などを)浪費する.
浪峰 làngfēng 波がしら.波高.〈喩〉ピーク期.
浪谷 lànggǔ 浪と波の谷間.〈喩〉低迷期.〔時代的波 bō 峰～〕時代の波瀾・起伏.
浪花 lànghuā ①〔～儿〕しぶく. ②あだ花.むだ花. ③〔～儿〕〈喩〉人生の中の些末事.生活のさざ波.
浪货 lànghuò〈喩〉淫乱な女.
浪迹 làngjì さすらう.放浪する.〔～江湖〕世間を放浪する.
浪尖 làngjiān ①波がしら. ②〈喩〉闘争のもっとも激しく危険なところ.〔风口～〕同前. ③〈喩〉時代の先端.
浪来浪去 lànglái làngqù〈方〉行きつ戻りつする.
浪里浪荡 lànglǐ làngdàng〈方〉放蕩がひどいさま.
浪漫 làngmàn ①勝手きままである.野放図である. ②ロマンチックである.〔～主义〕ロマンチシズム.〔～蒂 dì 克〕〈音訳〉ロマンチック.〔～派 pài〕(美術・文芸上の)ロマン派.
浪莽 làngmǎng 広大な.広々とした.
浪孟 làngmèng 志を得ないさま.失意のさま.
浪木 làngmù ＝〔浪桥〕遊動円木.
浪脐生 làngqíshēng〔中医〕臍(へそ)の緒が先に出てくる難産の一種.
浪桥 làngqiáo ⇒〔浪木〕
浪人 làngrén 遊民.一定の職業や住所のない者.
浪声 làngshēng 淫らな声.〔～浪气〕〈喩〉④いやらしい口調. ⓑ〈方〉他人へのあてこすりを言う.
浪涛 làngtāo 浪涛.大波.〔～滚 gǔn 滚〕大波が逆巻く.
浪淘沙 làngtáoshā 詞牌の一.→〔词 cí 牌〕
浪头 làngtou ①波がしら.浪. ②〈喩〉潮流.〔赶～〕時世の潮流を追う. ③〔剧〕〔昆 kūn 曲〕で,長くひっぱって歌うところをいう.
浪纹计 làngwénjì ⇒〔示 shì 波器〕
浪用 làngyòng〈方〉乱用する.浪費する.〔～钱财〕金銭を浪費する.
浪游 làngyóu 流浪する.放浪する.漫遊する.〔～四方〕あちらこちら流浪する.
浪语 làngyǔ ①無根の話.〔酒后～〕酒の後のとりとめのない話. ②みだらな言葉.〔淫 yín 词～〕猥談.

エロ話.
浪掷 làngzhì 浪費する.気ままに投げ捨てる.
浪子 làngzǐ 放蕩息子.不良少年.〔~回头金不换〕〈諺〉放蕩息子の改心は金にも換えがたい.

[埌] làng →〔圹 kuàng 埌〕

[莨] làng → liáng
莨菪 làngdàng =〔横 héng 菪〕茄 ヒヨス.シナヒヨス:多年生草本.ナス科,山谷に自生し果実・根ともに薬(目薬)となる.有毒.〔横唐〕〔天 tiān 仙子〕〔行 xíng 唐〕などともいう.〔~酊 dīng〕ヒヨスチンキ.〔~浸 jìn 膏〕ヒヨスエキス.〔~碱 jiǎn〕ヒヨスチアミン.

[阆・閬] làng ①〈文〉広々としているさま.広大なさま.②高くて大きいさま.③〈文〉城のからほり.〔〈文〉**阆 huáng**〕.④地名用字.〔~中市〕四川省にある.→ láng
阆苑 làngyuàn 〈文〉伝説で,仙人住み処(ᵃ).仙境:詩歌では多く帝王の御苑を指す.

[崀] làng 〔~山〕湖南省にある.〔大~〕広東省にある.

[晾] làng 〈方〉陰干しする.日干しする.→晾 liàng ①

[㵎] làng 〔宁 níng ~〕雲南省にある彝(ⁱ)族自治県名.

lao ㄌㄠ

[捞・撈] lāo ①水中のものをさぐり取る.〔打~〕水の中からすくい上げる.〔~渔 yú〕魚をとる.②不正な手段で獲得する(取得する).〔~一个钱也没~着 zháo〕一銭の金も掠めてはいない.③〈方〉手当り次第に手に取る(引っぱる).〔他~起一根棍 gùn 子追了出去〕彼は手近にあった棒をつかんで追っていった.
捞本(儿) lāoběn(r) 〔捞捎〕賭博で損をした元を取り返す.〔転〕一方で失ったものを他方で補う.穴埋めをするの意味.〔那买卖做坏 huài 了以后他买空 kōng 卖空的拼 pīn 命~〕その商売が具合が悪くなってから,彼はから相場をやり一生懸命に穴埋めしようとした.
捞稻草 lāodàocǎo 〈喩〉むだなあがきをする.切羽詰って益もないことをする.〔快要淹死的人,连一根稻草也想捞〕溺れるものは薬をもつかむ.
捞饭 lāofàn 大量の米で水をたいて8分通り煮た半熟の米をざるにすくいあげること.〔食〕同前のものをふたしえて蒸したご飯.
捞回来 lāohuílai ①すくい戻す(水中などから).②〈方〉取り戻す.回収する(元金など)
捞面 lāomiàn ①ゆでた麺をすくい上げる.②〔食〕同前の麺に調味料などをかけて食べる麺類の一種.
捞摸 lāomō ①水中で物を探りとる.水中に潜って物をとる.〈喩〉不当利益を得る.②〔転〕(あてもなく)探り求める.
捞钱 lāoqián あぶく銭をもうける.〔捞笔钱〕ひともうけする.
捞取 lāoqǔ ①水の中からすくいとる.②(不正な手段で)獲得する.取得する.
捞捎 lāoshāo ⇒〔捞本(儿)〕
捞什子 lāoshízi ⇒〔劳 láo 什子〕
捞世界 lāoshìjiè 〈方〉おおもうけする.ひともだのことをする.
捞外块 lāowàikuài 副収入で稼ぐ.臨時収入を得る.〔捞外水〕ともいう.

捞一把 lāoyībǎ ひとつかみすくいあげる.甘い汁を吸う.ひともうけする.〔乘 chéng 人之难大~〕他人の難儀に乗じて大もうけする.〔他们在日益严 yán 重的经济衰退中,企图从炒汇中~〕彼らは日ごとに深刻化する景気後退の中で,外貨の売買で何とか甘い汁を吸おうとしている.
捞油水 lāoyóushuǐ 〈喩〉甘い汁を吸う.
捞月 lāoyuè (水に映る)月をすくう.〈喩〉むだな企てをする.〔水底~〕〔水中~〕〈成〉同前.
捞着 lāozháo 〈口〉チャンスを得る.都合がよい.〔那天的电 diàn 影,我没~看〕先日の映画をわたしは(都合が悪くて)見そこなった.

[牢] láo ①堅固である(に).かたい.しっかりしている.確かである(に).〔他办事不~〕彼の仕事のやりくちは確かでない.〔把箱子钉~〕箱の釘をしっかりとうつ.②家畜を飼う囲い.〔亡羊补~〕〈成〉羊に逃られてから檻を直す:後の祭.③監獄.〔监 jiān ~〕同前.〔大~〕〔口ムショ~〕〔坐 zuò ~〕入獄する.④犠牲にする.〔太~〕同前の牛.〔少~〕同前の羊.⑤〈姓〉牢(ᵃ)
牢霸 láobà 牢内のボス.名名主.〔狱 yù 霸〕に同じ.
牢不可拔 láo bùkěbá 〈成〉しっかりしていて取り除けない.
牢不可破 láo bùkěpò 〈成〉堅固で破ることができない.
牢度 láodù 堅牢度.
牢房 láofáng 監房.監獄の部屋.
牢固 láogù 堅固である.かたい.〔地基很~〕基礎がとてもしっかりしている.
牢记 láojì しっかりと記憶する.〔~在心〕同前.
牢监 láojiān ⇒〔牢狱〕
牢靠 láo·kào ①確かである.しっかりしている.確実で信頼し得る.〔得 děi 找个~人儿来掌管财务〕誰かしっかりした人を探してうちで金銭の扱いを受け持たせねばならない.〔把门拴 shuān ~了吗〕門はしっかりしめたか.〔这样的做法,虽 suī 然好像缓不济急,但是比较~〕このやり方はすぐに手ぬるい(急場にまにあわない)ようだけど,しかし確実だ.→〔把 bǎ 牢〕②丈夫である.頑丈である.〔这个书架 jià 做得很~〕この本棚はしっかりしてできている.
牢牢 láoláo しっかりと.〔~记 jì 在心头〕記憶にとどめる.
牢笼 láolóng ①(鳥獣を入れる)おり.かご.〈喩〉束縛.制約.ぬけ出られない囲い.〔冲 chōng 破旧思想的~〕古い考えの束縛を突き破る.②計策.計略.てだて.〔~计 jì〕わな.はかりごと.〔堕 duò 入~〕わなにはまる.③〈文〉籠絡する.まるめこむ.〔~穷 qióng 人〕貧乏人をまるめこむ.④包む.一切を包括する.
牢落 láoluò 〈文〉①まばらである.→〔寥 liáo 落〕②人の気配がなく寂しい.荒れ地が広がっている.→〔辽 liáo 落〕③孤立している.孤独である.
牢门 láomén 牢屋の扉.〔転〕獄房.
牢配合 láopèihé =〔迫 pò 合控〕ドライブフィット.打ち込みはめ.→〔配合②〕
牢骚 láo·sāo 不平.不満.うっ憤.〔发 fā ~〕不平不満を表に出す.〔满腹~〕不平たらたらだ.〔经 jīng 常听到近乎~的话〕彼が近ごろ最終耳にする.②不平をいう.ぐちをこぼす.〔~了半天〕長いことぐちをこぼしていた.③憂愁(を帯びる).悲しい恨みをいう.
牢实 láoshí しっかりしている.信頼できる.ぬかりがない.〔牢牢实实〕同前.
牢什子 láoshízi ⇒〔劳什子〕
牢头 láotóu 獄卒.看守.〔~禁 jìn 卒〕〔~禁子〕

牢哰劳

獄吏と獄卒.
牢稳 láowěn 安全である.確かである.〔还是亲 qīn 眼看一看比较~〕やはり自分の目で見た方が間違いがない.
牢稳 láo‧wěn （物が）しっかりとしていて揺れない.安定している.〔这个花瓶摆在这儿很~〕この花瓶はここへ置いておけば安定がよい.
牢友 láoyǒu 刑務所仲間.獄友.
牢狱 láoyù ＝〈方〉牢监.〔囚 qiú 牢〕牢屋.牢獄. → 监 jiān 狱
牢子 láozi 旧獄卒.→〔看 kān 守〕

[哰] láo 〈擬〉犬のほえる声.
哰叨 láodāo ⇒〔唠叨〕

[劳·勞] láo ①つとめ働く.労働する（肉体・精神とも）.〔按～计酬〕労働に応じて報酬を出す.②人力を使用する.労する.〔～人〕人を労する.③人にものを頼む.めんどうをかける.〔有～有～！〕〈挨〉ご苦労さま.〔请你偏 piān ～〕あなたに御苦労ばかりかけてしまして.〔～你捎 shāo 个信〕ついでに手紙をことづかってください.④疲労（する）.疲れ（る）.〔疲 pí ～〕疲労（する）.〔过 guò ～〕過労.⑤功労.勲功.〔汗 hàn 马之～〕汗馬の労.戦場での手柄.⑥人の下でたちき働いた功績.〔尚有微 wēi ～〕多少の功績がある.〔颇 pō 著勋 ～〕たぶんる勲功を著す.⑥勞の略称.〔～资 zī 关系〕労資関係.⑦慰問する.慰める.ねぎらう.〔犒 kào ～〕（金銭や酒食などで）ねぎらう.⑧〈姓〉労（リ）
劳保 láobǎo ①〔劳动保险〕の略称.②〔劳动保护〕の略称.〔～用品〕労働安全用品.
劳病 láobìng ⇒〔痨病〕
劳步 láobù 他人に足労を掛けたことを謝する言葉：ご足労をかけました.〔～、～！〕〈挨〉ご足労でした.〔昨 zuó 天～,还没回拜吧〕昨日はご足労をかけましたが、まだ答礼にもお伺いせず失礼しています.
劳瘁 láocuì 〔劳悴〕とも書く.〈文〉疲れてへとへとになる.〔不辞 cí ～〕苦労をいとわない.
劳动 láodòng ①労働（する）.就業（する）.〔~党 dǎng〕〔劳工党〕労働党.〔一定额 é〕労働ノルマ.〔～服 fú〕労働服.作業衣.〔～观点〕労働観.労働に対する考え方や態度.〔～合同 hétong〕〔～契 qì 约〕労働契約.〔～后备军〕労働予備軍.〔～纪 jì 律〕労働規律.〔～竞 jìng 赛〕〔工作竞赛 sài〕〔生产竞赛〕労働競争.〔～密集型〕労働集約型.〔～权 quán〕法労働権.〔～手册 cè〕労働手帳.〔～效 xiào 率〕〔工作效率 lǜ〕労働能率.〔～者 zhě〕労働者.勤労者：ふつう〔工 gōng 人〕という.〔田间～〕畑仕事.〔不～者不得 dé 食〕働かざる者食うべからず.②（特に）肉体労働をする.〔他～去了〕彼は仕事に行った.〔～锻炼〕肉体労働による自己鍛錬.→ láodong
劳动保护 láodòng bǎohù 労働（者）保護.作業の安全確保：略して〔劳保②〕ともいう.〔～服装〕労働作業服.
劳动保险 láodòng bǎoxiǎn 労働保険（医療・厚生・福祉の）：略して〔劳保①〕と言う.
劳动布 láodòngbù 紡デニム：藍染めの糸で織った厚地の綿織物.
劳动对象 láodòng duìxiàng 経労働の対象となるもの：採掘される鉱石・加工される鋼材など.
劳动法 láodòngfǎ ①労働法（総称）：〔劳动法令〕〔劳工法规〕ともいう.②中華人民共和国労働法を指す.
劳动纷争 láodòng fēnzhēng ⇒〔劳动争议〕
劳动风潮 láodòng fēngcháo ⇒〔劳动争议〕

劳动服务公司 láodòng fúwù gōngsī 職業紹介・人材派遣・職業訓練などのサービスを行う組織.
劳动改造 láodòng gǎizào 法労働改造:成人の刑事犯罪者その他に対して懲役を課し、強制労働による自己改造を行う刑の執行制度.略して〔劳改〕ともいう.→〔少 shào 年犯管教所〕
劳动工分 láodòng gōngfēn ⇒〔工分①〕
劳动号子 láodòng hàozi 労働の際の掛け声.ヨイトマケ.エーホーなど.また〔船天歌〕（船唄）、〔打夯歌〕（よいとまけの歌）、〔秧歌〕（田植え歌）などの労働歌をいう.
劳动化 láodònghuà 労働者化する.労働者とのつながりを強くする.〔劳动人民化,知识分子～〕労働者を知識分子之労働者化する.
劳动教养 láodòng jiàoyǎng 法労働矯正教育：刑法に違反するが刑事罰を科すには至らないものに適用する処置.また公安機関による行政上の処分で、職業・地位などは保障され前科がつかない.略して〔劳教〕ともいう.〔～所〕～院 yuàn 同前の施設.
劳动节 láodòngjié ⇒〔五 wǔ 一国际劳动节〕
劳动力 láodònglì 経労働力.〔调 tiáo 剂〕労働力を調整する.〔～市场 chǎng〕労働力市場.②一人前の労働能力.〔全～和半～〕全労働力と半労働力.〔他年轻力壮,是个强～〕彼は年若く力があふれ,強い労働力だ.
劳动模范 láodòng mófàn ⇒〔劳模〕
劳动强度 láodòng qiángdù 経労働の激しさの度合.→〔岗 gǎng 位津貼〕
劳动人民 láodòng rénmín 勤労大衆.〔～文化宫〕文化センター.〔劳动者文化宫〕ともいう.→〔文化宫〕
劳动日 láodòngrì ①働きにでかける日.→〔休 xiū 息日〕②労働時間を計算する単位：〔工 gōng 作日〕とも言う.一般に8時間を〔一个〕とし、〔一个～〕は〔十个劳动工分〕で構成される.
劳动生产率 láodòng shēngchǎnlǜ 経労働生産性：単に〔生产率〕ともいう.〔～由单 dān 位劳动时间内所创 chuàng 造的产品的数量来决定〕労働の生産性は，単位労働時間内につくりだされる生産物の量によってきる.
劳动时间 láodòng shíjiān ⇒〔工 gōng 作时间〕
劳动手段 láodòng shǒuduàn ⇒〔劳动资料〕
劳动条件 láodòng tiáojiàn ⇒〔工 gōng 作条件〕労働条件.
劳动协作 láodòng xiézuò 経協業.〔社会主义的～〕社会主义的協業.
劳动预备制 láodòng yùbèizhì 新卒者に対する就労前の職業訓練制度.
劳动争议 láodòng zhēngyì ⇒〔劳动纠纷〕〔劳动风潮〕〔劳工纠纷〕〔劳动争议〕：多く労資問題にのものは〔劳资纠纷〕〔劳资争议〕〔雇 gù 主囲 yōng 工争执〕〔工潮 cháo〕という.→〔罢 bà 工〕〔怠 dài 工〕
劳动资料 láodòng zīliào 経〔劳动手段〕〔劳动手段〕は旧称.労働のための物質的材料や設備の全体を指す.
劳动组合 láodòng zǔhé ①（企業における）労働力の構成.②協同組合：アルテリの訳.
劳动 láodong 〈口〉骨をおらせる.煩わす.〔～您了〕ご厄介をかけました.〔～您,不敢当〕お手数をかけてすみません.→ láodòng
劳顿 láodùn 疲労する.疲れきる.
劳而少功 láo ér shǎogōng 〈成〉骨をおって得るところが少ない.
劳而无功 láo ér wúgōng 〈成〉むだ骨を折る.骨折り損のくたびれ儲け.
劳乏 láofá くたびれている.疲労している.

láo

劳烦 láofán〈方〉人にものを頼む.面倒をかける.
劳方 láofāng 労働者側.↔〔资 zī 方〕
劳复 láofù 中医無理をして病気をぶり返す.
劳改 láogǎi〔劳动改造〕の略.労働改造.〔～产品〕同囚の服役者が作った製品.〔～犯 fàn〕同前の受刑者.
劳工 láogōng ①旧労働者.〔～运动〕労働者運動.〔～党〕旧〔劳动党〕に同じ.②強制労働を強いられた人.苦役に服した人.
劳工法规 láogōng fǎguī ⇒〔劳动法〕
劳工纠纷 láogōng jiūfēn ⇒〔劳动争议〕
劳绩 láojì 功労.功績.〔～股 gǔ〕商功労株.権利株.→〔红 hóng 股〕
劳驾 láojià ①足を運んでいただく.おいでいただく.〈転〉おいでいただきたい.〔～!〕〔～,～〕〈挨〉どうも,どうも.〔劳你驾了〕〔劳您大驾〕〈挨〉ご足労でした.②〈転〉(用事を頼んだり,道を譲ってあげてもらう場合など)すみません.ごめんなさい.失礼ですが.〔～,把那本书递 dì 给我〕すみませんが,その本を取って下さい.〔～,请让 ràng 让路〕失礼ですが道をあけて下さい.→〔借 jiè 光②〕
劳健保 láojiànbǎo 社会保険.
劳教 láojiào〔劳动教养〕の略.労働矯正教育.〔～农场〕同前を行うための農場.
劳金 láojīn=〔劳钱〕旧(店主・地主からもらう)報酬.労銀.給料.〔他的～一分不也不花,全 quán 部交给妈〕彼は給料を一文も使わずに全部母親に渡している.〔他吃上～了〕彼は利益配当にあずかっている.
劳倦 láojuàn 疲れてだるい.
劳军 láojūn 軍隊を慰問する.将兵を労苦する.→〔劳师〕
劳开 láokāi ⇒〔老 lǎo 街②〕
劳苦 láokǔ ①労苦.辛苦.〔～功高〕苦労してたてた功が大きい.②〈文〉慰問する.苦労をねぎらう.
劳困 láokùn ①骨が折れる.苦労する.②疲労困憊(憊)する.疲れる.
劳累 láolèi ①働きすぎて過労になる.〔多年～,头发都灰白了〕長年の過労で髪の毛まで白髪まじりになった.②〈尊〉お手数をかけますが:人に何かを頼む時に使う.
劳力 láolì ①〈文〉肉体労働をする.力を労する.→〔劳心〕②労力.労働力.③労働能力のある人.
劳淋 láolín 中医過労が原因となって起こる泌尿器系疾患.
劳碌 láolù 働く.あくせくする.〔为 wèi 生活而～〕生活のためにあくせくする.〔～奔 bēn 忙〕〔～奔波〕苦労し走り回る.〔劳药碌碌一辈 bèi 子也没落 luò 下什么〕一生苦労しただけで何の蓄財もない.
劳民伤财 láo mín shāng cái〈成〉国民に苦労をかけ,人民の財物を傷める:人力・物力を濫用すること.
劳模 láomó〔劳动模范〕の略.模範労働者.
劳农 láonóng 労働者と農民.〔～政府〕因労農政府.
劳钱 láoqián ⇒〔劳金〕
劳伤 láoshāng 中医疲労から起こる病気.
劳神 láoshén ①気をつかう.疲れる.〔张 zhāng 心〕ともいう.〔劳精伤神〕同前.〔叫人～〕人に心配をかける.②(用事を頼んだりする時の)すみません.〔～代为照看一下〕すみませんがちょっとこれを見ていて下さい.
劳师 láoshī〈文〉軍隊を慰問する.〔～动众 zhòng〕軍隊を出動させる.〈喩〉大げさな措置をとる.→〔劳军〕
劳什子 láoshízi〈口〉くだらないもの.いやなもの.つまらないもの.〔牢什子〕〔姥 lǎo 什子〕とも書く.〔把床底下那些不用的～扔 rēng 掉吧〕ベッドの下にあ

るガラクタを捨ててしまいなさい.〔我不要这～〕私はこんな物はいらない.
劳释 láoshì〔劳改〕〔劳教〕から〕釈放する.〔～人员〕前科者.
劳损 láosǔn 医疲労で損傷を受ける.
劳武结合 láowǔ jiéhé 労働と武装の結合:民兵活動の基本原則の一つ.
劳务 láowù 役務.労務.〔～费〕労務によって得た報酬.〔～市场〕職業紹介所,人材交流センターなど求人・求職を斡旋するところ.〔～派 pài 遣公司〕人材派遣会社.同業派遣会社.
劳心 láoxīn ①〈文〉心を労する.精神作業に従事する.〔～劳力〕成心を労することと体を労すること.〔～者治人,劳力者治于人〕(孟子)心を労する者は人を治め,力をそなえるものは人に治められる.②憂慮する.心配する.③心づかいをする.世話をやく.心配する.〔～他的心身を労する.世話をやく.
劳燕分飞 láoyàn fēnfēi〈成〉別れ別れになる.互いに別々の方向へ進む:多く夫婦・恋人の別れを表す.〔劳〕は〔伯 bó 劳(鳥)〕(モズ)の意.
劳役 láoyì ①課役・懲罰に服する労働.→〔苦 kǔ役〕②法労役.〔劳改〕のための軽度の強制労働.〔判刑 xíng 処～一年〕一年の労役を言い渡す.③労苦.骨折り.④(家畜の)労役作業.
劳逸 láoyì 労苦と安逸.〔～结 jié 合〕労働と休息の組み合わせをはかる.
劳役地租 láoyì dìzū 经労働地代.〔徭 yáo 役地租〕ともいう.
劳资 láozī 労資.労働者と資本家.〔～纠 jiū 纷〕〔～争执〕〔～争议〕労働争議.〔～协 xié 商会议〕労資協商会議.〔～合同〕労資間の契約.〔～谈 tán判委员会议〕労資評議委員会議.労資協議会議.
劳资两利 láozī liǎnglì 因労資双方の利益をはかること:中央人民政府の〔四面八方政策〕の一.新民主主義経済の特徴の一つ.〔公 gōng 私兼顾〕
劳作 láozuò ①肉体労働(をする).力仕事(をする).〔他们都在田间～〕かれらはみな畑で仕事をしている.②旧小学校の科目の一で,校事・家事・農事・工芸などのことを包括したもの.

[唠・嘮] láo → lào

唠嘈 láocáo 同下.
唠叨 láodao=〔叨唠〕〈方〉啰嗦〕〔啰啾〕〔哔叨〕いつまでもしゃべる.よくしゃべる.〔吴妈这唠叨说〕(鲁・Q4)呉おばさんはまだくどくど言っている.〔唠唠叨叨〕くどくどしゃべり続けるさま.〔～起来就没完没了 liǎo〕しゃべり出したら際限がない.〔唠三叨四〕ああだこうだときりもなしにしゃべる.→〔叨 dāo翻〕
唠呶 láonáo 同上.

[崂・嶗] láo〔～山〕山東省にある:〔劳山〕とも書いた.〔～(矿 kuàng 泉)水〕(同前産の)ミネラルウォーター.

[痨・癆] láo ①中医痨咳(瘵).肺結核.〔～疾 jí〕〔～伤 shāng〕〔～瘵 zhài〕〔～症 zhèng〕〔～病 fèi〕〔～虚 xū〕〔～病〕肉体・精神の衰弱と困憊の状態:ふつう肺結核をさす.〔肠 cháng～〕腸結核.〔防～注射〕結核予防注射.②〈方〉毒薬.〔～人〕〈方〉毒殺する.

痨病 láobìng 中医痨咳.肺結核:〔肺 fèi 结核〕は医学用語.〔肺病〕は通称.〔劳病〕に同じ.〔害 hài～〕肺病をわずらう.
痨病底子 láobìngdǐzi ①肺病患者.肺病もち.②肺病にかかりやすい体質.肺病質.
痨病腔子 láobìngqiāngzi ①肺病患者.②〈転〉虚弱な人.壊れやすいもの.

1014

痨铹蛯醪老 **láo~lǎo**

痨虫 láochóng 〈口〉肺病の黴(ばい)菌.

〔铹・鐒〕 láo ローレンシウム:希土類金属元素.記号 Lr.アクチノイドの超ウラン元素.

〔蛯・螃〕 láo 〈文〉①螺の類. ②小蟬.

〔醪〕 láo 〈文〉①濁酒.どぶろく. ②(混じりけのない)良い酒.〔琼 qióng~〕美酒.

醪药 láoyào ①酒で調合した薬.②酒で局部をこする、または酒で調合した薬でうみを吸い出す治療法.

醪糟 láozāo 甘酒.〔酒 jiǔ 酿 niàng〕に同じ.

〔老〕 lǎo ①老いている.老年である.また年老いた人.〔~母〕老母.〔敬~院〕養老院.〔这匹马~了〕この馬は歳をとっている.〔活 huó 到~,学到~〕〈慣〉生きている限り幾つになっても学問を続ける.↔〔少 shào〕① 〔幼 yòu〕① ②老い衰える.〔他这几年显 xiǎn 着~了〕彼はこの数年で老け込んできた.〔別看我年纪大了,人可不~〕私は歳をとっているが、体はしっかりしている. ③老人に対する敬意や親しみとを表すために姓(ふつう1字)の下に付ける呼称.〔郭~〕郭(沫若)氏. ④古くからの.古い.長く経っている.〔~厂 chǎng〕古い工場.〔~交 jiāo 情〕古くからの付き合い.〔~癌 ái 患者〕長年の癌患者.〔~战 zhàn 士〕古参兵士.〔~革 gé 命家〕古参の革命家.〔~干 gàn 部〕古い(生え抜きの)幹部.〔~醋 cù〕年を経た上等の酢.↔〔新 xīn〕① 〔~旧 jiù〕古くさい.時代遅れの.〔~机 jī 器〕旧式の機械.〔~办 bàn 法〕古いやり方.〔陈 chén~〕〔故 gù 色〕的.⑤経験の深い.手馴れた.〔~手(儿)〕熟練者.〔~谋 móu 深算〕〈成〉経験に富んだ周到な目論見. ⑦(老人が)死ぬ.(婉辞):後々に〔了 le〕を伴う.〔他奶 nǎi 奶去年正 zhēng 月~了〕彼のおばあさんは去年の正月になくなった.〔送~〕〈喩〉親の葬儀を営む. ⑧長く.久しく.〔~没见〕ずっとお目にかかりませんでしょう.〔他~不来〕彼は久しく来ない. ⑨常に.いつも.いつでも.〔毎月生产~是超 chāo 额〕毎月の生産高はいつも定額以上だ.〔他~不听 tīng 我的话〕彼はいつも私の言うことを聞かない.〔~是闹 nào 病〕しじゅう病気をしている.→〔常 cháng〕③ ⑩もとの.元の場所.⑪(野菜・果物・肉などが)食べ頃を外す.ひねて固い.〔这扁 biǎn 豆太~了〕このいんげん草は時をすぎると不味い.〔嫩 nèn〕① ⑫(料理の)火加減が過ぎる.〔煮~了的鸡 jī 蛋〕固めにゆでた卵.〔妙 chǎo 得太~了不好吃〕炒め過ぎると不味い.〔把牛排煎 jiān 得~些〕ビーフステーキは火をよく通してくれ.→〔嫩 nèn〕③ ⑬色の濃い.〔~绿〕深い緑.浓緑色.〔~红 hóng〕真紅.濃いくれない色.〔嫩 nèn〕① ⑭変質する.〔~化〕老化.⑮非常に.とても.〔~长 cháng〕とても長い.〔~多〕非常に多い.⑯ひとりもの.また.最年少の.〔~姨 yí〕一番末の叔母(母の妹). ⑰兄弟姉妹の順序に冠する接頭字:〔~二〕(次男または次女)から〔~十〕(10番目)までをいう.〔你~是几 jǐ〕あなたは兄弟(姉妹)の何番目か. ⑱一般的に、年長者の姓に冠して親近の意を表す.〔~王 wáng〕王くん.王さん:年輩の男性だが、後に述べる人に対しては〔~王同 tóng 志〕などと言う.〔~兄 xiōng〕兄さん.兄:血縁に関係なく,自分より年長で親しい人に対して用いる.↔〔小 xiǎo〕⑪ ⑲ある地方の名詞の接頭字として用いられる.〔~广 guǎng〕広東人.〔~美 měi〕アメリカ人.アメさん.→〔老鸹〕〔老虎〕〔老鼠〕⑳〈谦〉〔老~〕

老媪 lǎo'ǎo 〈文〉老婆.老年の婦人.→〔老叟 sǒu〕

老八板儿 lǎobābǎnr 〈口〉①古くさいしきたりにこだわること. ②頑固者.

老八辈子 lǎobābèizi 古い.古くさい.陳腐である.〔这是~的话了,没人听了〕これは陳腐な話だ、誰も聞きはしない.

老把式 lǎobǎshi 老練な技の持主.一技芸に練達した人.世馴れた人.経験の多い人.玄人.親方.〔这方面你不用跟他提,他是这行儿的~,哪样不知道〕この方面のことは彼に話をきり出す必要がないよ、彼はこの道の玄人だから、どんなことでも知らないことはないから.

老爸 lǎobà 〈方〉(うちの)おやじ.お父さん.

老白干儿 lǎobáigānr 〈口〉焼酒〔白干儿〕に同じ.

老白相 lǎobáixiàng 〈方〉〔白相〕

老百姓 lǎobǎixìng 平民.人民.大衆.一般庶民のみなさ.→〔庶 shù 民〕

老班 lǎobān ①年長者.老輩. ②〈文〉世事に長(たけ)ている.〔~人〕世馴れた人.〔处世不~〕処世に長けていない. ③クラス担任の先生:〔班主任〕への親しみを示す.

老斑 lǎobān ⇒〔寿 shòu 斑〕

老班底 lǎobāndǐ ⇒〔老人马〕

老板 lǎobǎn ①=〔大 dà 老开〕旧個人商店の主人.企業主への尊称.→〔掌 zhǎng 柜(的)〕 ②商工業の経営者.また事業の統轄者への尊称.〔~公务员〕国家公務員でありながらビジネスを行う人. ③旧(京劇などの)役者.座頭〔ざとう〕に対する敬称.〔梅 méi 兰芳~〕梅蘭芳丈. ④木刻版の古書.

老板娘 lǎobǎnniáng 本店.店主のおかみさん.企業主の奥さん.→〔内 nèi 东〕〔内掌柜(的)〕 ②女社長.女性経営者.〔女 nǚ 老板〕に同じ.

老板桌 lǎobǎnzhuō 大型高級デスク:〔老板台 tái〕ともいう.〔老板椅 yǐ〕もその一つ.

老伴(儿) lǎobàn(r) うちのやつ.うちのひと.つれあい:老夫婦の一方を指す.〔他~没来〕彼のかみさんが来ていない.

老半天 lǎobàntiān ①小半日. ②長いあいだ.しばらく.

老梆子 lǎobāngzi 〈方〉老いぼれじじい(ばばあ):物のわからない老人を罵する語.

老蚌 lǎobàng 魚貝ドブガイ.〔转〕賢い子供を持つ人.〔~生珠 zhū〕〈喩〉老年になって子を生むこと.

老鸨(子) lǎobǎo(·zi) ⇒〔鸨母〕

老辈 lǎobèi ①〔~儿〕年長者.年輩者.オールドジェネレーション.〔长 zhǎng 辈〕に同じ.→〔上 shàng 辈〕① 〔晚 wǎn 辈〕① ②先代またはそれ以前の人〈文〉.

老惫 lǎobèi 老朽.老衰.〔~不堪〕老衰が激しい.

老悖(憒) lǎobèi(huì) 老いぼれ(る).もうろく(する):〔老背晦〕とも書く.

老本行 lǎoběnháng なじみの仕事.昔ながらの職業.

老本(儿) lǎoběn(r) ①固有の元金.元手.〔蚀 shí 了~〕元手をすってしまった.〔靠 kào~过日子〕元金にたよって生活する. ②書籍の旧本.原本.③過去の功績.→〔吃 chī 老本(儿)〕

老绷 lǎobēng 〈方〉きつく固くなる.〔这块伤痕经过长~了〕この傷あとはもうすっかり固まった. ②経験が深く老成して落ち着きがあること.

老鼻子 lǎobízi 〈口〉非常に多い.〔~啦〕を伴う.〔死的人~〕死んだ人が非常に多い.〔他可发~啦〕彼は大分金をもうけた.

老婢 lǎobǐ 年とった召使い女.ばあやさん.

老表 lǎobiǎo ①(男の)いとこ:いとこのうち父の姉妹の子や母の兄弟姉妹の子の相互の称呼.→〔表兄弟〕 ②〈方〉(見ず知らずの男性に呼びかける時の)あなた.〔老嫂②〕 ③〈方〉(江西などで)年齢の

lǎo / 老

近い者同士が親しみを込めて相手を呼ぶ呼称.〈転〉江西人.〔江西〕同前.→〔京 jīng 油子〕

老鳖 lǎobiē ⇒〔鳖〕

老兵 lǎobīng ①老兵.老年の兵卒.古参兵. ②先輩.ベテラン.

老病 lǎobìng ①〔-儿〕持病.宿痾.旧病:〔旧(病)儿〕に同じ.〔犯～〕持病がおこる. ②〈文〉年をとって病気が多い.

老伯 lǎobó 父の友人・友人の父などに対する敬称.おじさん. ②老人に対する敬称.おじいさん:〔老伯伯〕ともいう.

老伯母 lǎobómǔ 父の友人・友人の父などの配偶者に対する敬称.おばさん:ふつう〔伯母〕と呼ぶことが多い.→〔伯母〕

老布 lǎobù 〈方〉地織の綿布:〔粗 cū 布〕の別称.

老不死 lǎobusǐ ①いつまでも死なない. ②〈罵〉(老人に対して)早く死にぞこないめ.〔～的〕ともいう.〔有恒元那～给他撑 chēng 腰〕(赵・才)恒元のあの死にそこないめ,彼の後押しをしているのだ.

老财 lǎocái 〈旧〉大地主.大金持ち.→〔财主〕

老伧 lǎocāng やっきこと:他人を軽視していう.

老苍 lǎocāng ①〈文〉老人.〔结 jié 交皆～〕交友は老人ばかり. ②老けている.〔还不到三十岁,怎么就这么～了〕まだ30歳にもなっていないのにどうしてこんなに老けているのか.→〔苍老②〕 ③(色・柄などが)渋い.〔年纪的人还是穿 chuān ～色合适〕年をとった人は渋い色の着るのが似合う.

老插 lǎochā 文革期に〔插队〕した知識青年.〔～文化〕同前の世代の独特の文化現象.

老馋 lǎochán ①貪食である. ②貪食家.

老巢 lǎocháo 鳥の古い巣.〈喻〉敵や悪党の根拠地.

老成 lǎochéng ①年齢のわりに老成している.関歴が多く世事にたけている.〔少 shào 年～〕年は若いが人間ができている.〔～人〕世事に通じて老成した人. ②温和である.穏健である.〔温 wēn 厚〕同前.〔～持 chí 重〕経験豊富で落ち着いている. ③文章がよくねられていること.

老诚 lǎochéng 真面目で正直(である).〔人很～〕人物は同前.

老城 lǎochéng ①古城. ②古い城下町.

老成练达 lǎochéng liàndá 〈成〉経験を積んで熟練していること.

老吃老做 lǎochī lǎozuò 〈方〉毎度おきまりのことをする.

老虫 lǎochóng ①〈方〉鼠:〔老 鼠〕に同じ.〔～药 yào〕猫いらず. ②〈口〉インターネットに詳しい人・熟練者:一般の利用者を〔虫子〕〔虫儿〕などと呼ぶことから.

老抽 lǎochōu 添加物を入れとろ味をつけた醬油:〔生 shēng 抽〕(しぼり出し醬油)に対していう.

老处女 lǎochǔnǚ オールドミス.未婚のまま老いた女性.

老揣 lǎochuái 〈方〉しまりなくぶよぶよ太っている(人).

老粗 lǎocū 無骨者.無教養な人.無学者:多く謙遜の言葉に用いる.〔我是个～,工作也疏粗粗〕私は無骨者で仕事も粗雑だ.〔别看是个庄 zhuāng 稼～,说起话来总是慢 màn 条斯理的〕百姓だとは言っても,いつも話をする時は隠やかに話す.→〔大 dà 老粗〕

老搭档 lǎodādàng 長い間いっしょにやってきた仲間.長年の相棒.

老大 lǎodà ①〈文〉年をとる.老いる.〔～无 wú 成〕年だけとって何もすることがない.〔少 shào 壮不努力～徒伤悲〕〈成〉若い時に努力しないと,年をとっていたずらに悲しむばかりの. ②長男.長女.総領息子.娘:〔〈方〉阿大①〕ともいう. ③船頭.舟子.〔船 chuán ～〕同前. ④首領.かしら.親分:やくざ組織・秘密結社のものに対する一種の敬称. ⑤〈口〉非常に.ひどく.すばらしく.きわめて〔心里～不高 gāo 兴〕たいへん不愉快を覚えた. ⑥〈喩〉国有大中型企業.

老大伯 lǎodàbó ⇒〔老大爷〕

老大不小 lǎodà bùxiǎo 大人になる.〔他也～的了〕彼も一人前にいる.

老大哥 lǎodàgē ①あにき:同輩の中の(男性の)年長者に対する敬称.〔工人～〕労働者階級をいう. ②〔因〕建国初期の〔苏 sū 联〕(ソ連)をいう.

老大妈 lǎodàmā ①おば(あ)さん.おば(あ)さま. ②⇒〔天 tiān 妃〕

老大难 lǎodànán 結婚適齢期を過ぎた未婚の男性:〔老大难〕をもじった言いかた.

老大难 lǎodànán ①長年解決できずにいる大きな困難(をかかえた所).〔～单 dān 位〕同前の職場.〔咱厂～～,究 jiū 竟难在哪儿〕我々の工場が同前なのはいったいどこに問題があるのか.

老大娘 lǎodàniáng おばあさん:一般に老婦人に対する敬称.

老大人 lǎodàrén ①大だんな. ②ご尊父さま(敬称)

老大爷 lǎodàyé おじいさん:〔老大伯〕ともいう.見知らぬ老人に対する敬称.

老呆 lǎodāi 〈罵〉融通のきかないばか.まぬけ.とんま.

老聃 lǎodān ⇒〔老子 zǐ ①〕

老旦 lǎodàn 京劇で,老年の婦人に扮する役.また,その俳優.→〔旦(Ⅱ)〕

老旦作亲 lǎodàn zuòqīn 〔劇〕旧劇で,妖怪ものを演じたあと縁起直しの目的で,生・旦・女の服装をした各1名の役者が舞台に出て観客に向かって一礼してひきさがることをいう.多く地方巡業の時に行われる.

老当益壮 lǎo dāng yìzhuàng 〈成〉老いてますます盛ん.老いていよいよ元気.

老道 lǎodào 道士(通称).〔～庙 miào〕道教の寺院.道観.

老到 lǎodào 老練周到である.手堅い.堅実である.〔最～的办法〕もっとも堅実でうまい方法.〔他跟事～,一看就知道是经验丰 fēng 富的人〕彼は仕事にぬかりがなくて,ちょっと見ればすぐ経験豊かな人だということがわかる.

老的 lǎode 老人.〔～,小的〕老人や子供.

老的儿 lǎoder 〈方〉①先輩の人.目上の人. ②老親(老年の父母).〔他家里还有～呢〕彼の家にはまだ年寄った両親がいる.

老等 lǎoděng ①ずっと待っている.いつまでも待っている.〔咱们明儿天桥儿见,我那里～〕わたしたちあす天橋子でお目にかかりましょう,わたしそこで必ず待っております. ②⇒〔苍 cāng 鹭〕

老底 lǎodǐ ①〔-儿〕内情.〔揭 jiē ～〕古傷をあばく.内情を明るみに出す. ②先祖伝来の財産.〔他家有～〕彼のうちには祖先伝来の財産がある. ③=〔老准(儿)〕頼り.よりどころ.頼みとするところ.方針.自信.〔我心里有～,一点儿也不害 hài 怕〕わたしは心中頼みとするところ(自信)があるので少しも恐れない. ④預金.経過したことがら(欠点や不行跡など).内情.旧悪.〔你的～全 quán 在我心里呢〕おまえのやったことはみなわかっているよ.〔你要知道他们的～,来去和他们来往了〕あなたがかれらの来歴(旧悪)を知ればもうつきあいはしないだろう. ⑤家柄.→〔家 jiā 世〕

老弟 lǎodì ①弟.あなた:目上が年少者に対する親しみある呼称. ②君:下の世代の人に対する気遣

1016

老 lǎo

いのある呼称.

老地方 lǎodìfang もとのところ.いつものところ.

老雕 lǎodiāo [鳥]ワシ・タカ[解説].→[鹫 jiù]

老调 lǎodiào ①きまり文句.おきまりの調子.いつもながらのやり口.[唱 chàng〜][弹 tán〜]例の調子でやる. ②[劇]河北省中部の高陽・博野一帯に流行する地方劇:保定を境界として東西に分かれ東は文事歌劇を主とし,西は武事歌劇・立回り劇を得意とする.[〜梆子 bāngzi][直隶 zhílì 梆子]ともいう.[潘 pān 杨公]などが有名.

老调重弹 lǎodiào chóngtán ⇒[旧 jiù 调重弹]

老掉牙 lǎodiàoyá〈喩〉古ぼけている.この上なく古くさい.[穿着〜的衣 yī 裳, 说者一听的话, 也不怕 pà 人家笑话您吗]古くさい服を着,古くさい話をしていて人に笑われやしないですかね.

老爹 lǎodiē〈方〉①老人.ご老体.老人に対する尊称(昆明方言で). ②父.おとうさん. ③祖父.おじいさん.

老东 lǎodōng 山東人.→[老西儿]

老东家 lǎodōngjiā 大旦那.ご主人(家主・資本主・店主など):若旦那に対していう.

老东西 lǎodōngxi ①古い品物.古くからある品物. ②=[〈方〉老物]〈罵〉おいぼれ.

老豆腐 lǎodòufu 木棉豆腐:[豆腐脑儿]より固めの豆腐. ②⇒[北 běi 豆腐]

老杜 lǎodù [人]杜甫をいう:杜牧を[小杜]というのに対していう.

老对 lǎoduì 勉強仲間.学友.

老儿子 lǎo'érzi 末の男の子.[〜娶 qǔ 媳妇儿][歇]末子が嫁をもらう:[大事完早],大事なことが完成したの意.

老二 lǎo'èr 次男.次女:[〈方〉阿 ā 二]ともいう.[〈农民〉〜哥 gē]農民(階級)に対する呼称.[孔 kǒng〜][人]孔子:冷笑していう.→字解⑦

老法师 lǎofǎshī 〈口〉経験者.経験豊かな人.

老方子 lǎofāngzi [医]古い処方.古い治療方法.[〜不治新病]古い治療方法では新しい病気は治らない.

老废物 lǎofèiwù [生理]老廃物. ②〈転〉無用の人.無用の物.

老坟 lǎofén ①先祖の墓.古い墓:[新坟](新しい墓)に対していう.

老封建 lǎofēngjiàn ①封建主義的な頑固者. ②時の流れを知らない人.

老佛爷 lǎofóye ①〈口〉仏さん. ②[清]皇太后・太上皇帝の尊称.

老夫 lǎofū〈文〉年老いた男.〈転〉小生.わたくし:年をとった男性の自称.

老夫老妻 lǎofū lǎoqī 老夫妻.

老夫少妻 lǎofū shàoqī 夫の年が妻よりもかなり上の夫婦.

老夫子 lǎofūzǐ ①[旧]家庭・私塾の(教師). ②⇒[老先生] ③幕賓・幕友の俗称. ④[〈方〉]時代遅れの老先生.世に疎い知識人.[他真是个〜,除了读 dú 书什么也不会干]彼は全く老先生で,読書以外は何もできない.

老父 lǎofù ①年老いた父. ②私の父:他人に対していう.

老妇 lǎofù ①老婦人. ②わたし.ばば:年長婦人の自称.

老干儿 lǎogānr〈方〉①[食]緑豆のでんぷん. ②小間使.女中(雄)の一種.

老赶 lǎogǎn [老干]とも書く.〈口〉世間知らず(な人).物を知らない(人).世慣れていない(人).やぼったい(人).[老憨][老土]に同じ.

老干部 lǎogànbù ①古くからの幹部.古参の幹部:とくに新中国成立以前から革命に参加した幹部. ②引退した幹部.→[干部]

老哥 lǎogē〈方〉自分と同世代の(男性)に対する尊称.

老疙瘩 lǎogēda ①古いしこり.[解 jiě 开〜]古いしこりを解く. ②[〈方〉](男女の)末っ子.

老革命 lǎogémìng 古くからの革命家.歴戦の勇者.

老个 lǎogè 個人経営者.

老根老底 lǎogēn lǎodǐ〈喩〉根底がしっかりしていること.

老公 lǎogōng ①[白]〈方〉夫(gg).亭主.[你〜是哪儿的人?]旦那さんはどこの人ですか. ②〈口〉お上(g).お役所.

老公公 lǎogōnggong ①[旧][太监]に対する尊称. ②[〈方〉]子供(特に男)を呼称する:おじいさん. ③〈方〉夫の父.しゅうと.

老公母俩 lǎogōngmǔ liǎ 老夫婦二人.

老工人 lǎogōngrén 熟練労働者.熟練工:[熟 shú 练工(人)]ともいう.→[工①]

老公祖 lǎogōngzǔ [旧][清][道台](地方長官)に対する敬称.

老公嘴儿 lǎogōngzuǐr (成人しても)鬚(xū)の生えない人:[老公]は宦官の.

老公 lǎogōng [太 tài 监]すなわち宦官をいう.[王爷坟和张〜坟全叫人给扒啦](老・四・惺15)親王様の墓と張太監の墓も暴かれてしまった.

老狗 lǎogǒu 老犬.〈罵〉おいぼれ.

老姑娘 lǎogūniang ①老嬢.オールドミス:[老处 chǔ 女]に同じ. ②一番末の娘:[老闺 guī 女]ともいう.

老股 lǎogǔ [経]旧株.→[股④]

老古板 lǎogǔbǎn〈喩〉古臭い考え方にとらわれた人.

老古董 lǎogǔdǒng ①骨董品.古文物. ②〈喩〉頭の固い旧式な人.頑迷な年寄り.

老骨头 lǎogǔtou ①年をとった体. ②〈罵〉おいぼれ.

老鸹 lǎoguā [鳥]カラス:[乌 wū 鸦]の俗称.

老倌 lǎoguān [湘]とも書く.〈方〉①男.男性.またその呼称. ②夫.亭主.またその呼称.

老鹳 lǎoguàn →[鹳]

老鹳菜 lǎoguàncài ⇒[苦 kǔ 菜]

老鹳草 lǎoguàncǎo [植]ミツバフウロ:[牻 máng 牛儿苗科](フウロソウ科)の薬草.[尼 ní 泊尔〜]ゲンノショウコ.

老光 lǎoguāng 老眼:[老花眼]に同じ.[〜眼 yǎn 镜][老花镜][养 yǎng 目镜]老眼鏡.

老规矩 lǎoguīju しきたり.慣例.

老鬼 lǎoguǐ〈方〉①玄人人物.事情通. ②年寄り.老いぼれ. ③船頭.

老海鼠 lǎohǎishǔ ⇒[海鞘 qiào]

老憨 lǎohān〈方〉世間知らず.山出し.やぼったい:[老赶][老土]に同じ.

老汉 lǎohàn ①男の老人. ②愚老.拙老:年をとった男の自称.

老汗 lǎohàn 大汗.[他蒙在被窝里,出了一身〜]彼はふとんをかぶって,大汗のびっしょりだ.

老汉鱼 lǎohànyú [魚貝]イシモロコ.

老行当 lǎohángdang ずっとやっている仕事.[全国解放了,他离开了部队,又干起了铁路这个〜]全国が解放され,彼は除隊してから昔とった杵づかでまた鉄道員になった.

老行家 lǎohángjiā 仕事に熟練精通している人.[京jīng 剧〜]京劇通.

老好人(儿) lǎohǎorén(r) お人よし:[〈方〉老好子]ともいう.好人物.八方美人の人.

老和尚 lǎohéshàng 老僧.坊さん.[〜看嫁粧]〈歇〉

1017

lǎo 老

坊さんが嫁入り道具を見る:〔今世不想〕(この世ではあきらめるよりしかたがない)の意.

老黑 lǎohēi ぼろ儲(もう)けする者.悪銭を稼ぐ人.

老狐狸 lǎohúli <喩>非常に狡猾な人.たぬきおやじ.

老糊涂 lǎohútu ①老人ぼけ(する). ②〔罵〕おいぼれ. →〔老昏〕

老虎 lǎohǔ ①▣トラ(虎)の通称:〔白 bái 額侯〕〔大 dà 虫〕〔黄 huáng 斑②〕〔山 shān 君②〕は別称.〔纸 zhǐ ～〕張り子の虎.〔小～〕虎の子.〔天〕〈喩〉身のほど知らずでことをやる. ②〈喩〉大量のエネルギーや原材料を消費する機械設備や企業.〔油 yóu ～〕石油を大量消費する設備・機械. ③〈喩〉権力をかさにしてふところを肥やし,公共に損害を与える高級官僚や政治家. ④粗暴で悪辣な人.〔～大 dà 夫〕悪徳医.

老虎班 lǎohǔbān ①清科挙で進士に合格してすぐに〔知県〕に任命されたもの:〔老虎〕のように勢いがよいことから. ②〈喩〉不良官吏.悪官吏.

老虎车 lǎohǔchē ⇒〔小 xiǎo 车①〕

老虎窗 lǎohǔchuāng <方>明かりとりや通気のための屋根の傾斜部に作られている窓.天窓.

老虎打盹儿 lǎohǔ dǎdǔnr〔慣〕虎でも居眠りする:腕の立つ人でも油断があること.

老虎凳 lǎohǔdèng ▣拷問用の椅子:刑具の一.〔把他拉下去,上～,灌 guàn 肥皂水!〕こいつをひっぱりおろして拷問椅子にのせ,石けん水を飲ませてやれ.

老虎豆 lǎohǔdòu ⇒〔黎 lí 豆〕

老虎挂素珠 lǎohǔ guà sùzhū 〔老虎挂念 niàn 珠〕ともいう.虎が数珠をかける.〔～,假慈悲〕〔歇〕猫をかぶって善人のふりをする. →〔猫 māo 哭老鼠〕

老虎机 lǎohǔjī <口>スロットマシン(賭博機)

老虎帽儿 lǎohǔmàor 虎の頭の形をした魔よけの帽子:満1歳前後の子にかぶせる.〔虎头帽〕ともいう.

老虎皮 lǎohǔpí 虎の皮.〈喩〉軍服.〔穿 chuān ～〕〈転〉兵隊になる.

老虎屁股 lǎohǔ pìgu 虎のしり.〔～摸 mō 不得〕〈喩〉触れたり批評することが危くてできない.手を出すことができない.

老虎钳 lǎohǔqián ①万力(㏎).バイス:材料をはさみ固定する工具.〔～吵〕鯉Ⅰ 鱼钳〕〔台 tái 虎钳〕ともいう. ②ペンチ. →〔钳Ⅰ〕

老虎索 lǎohǔsuǒ 子供がつける魔よけの虎のペンダント:〔老虎爪 dā 拉〕ともいう.

老虎摊儿 lǎohǔtānr <方>あくどい商売をする古道具・骨董などの露店(商)

老虎头上拍苍蝇 lǎohǔ tóushang pāi cāngying 〈喩〉危くい刃渡りする.〔那些乡 xiāng 下佬儿敢～吗〕あの田舎っぺどもに危い刃渡りができるものか.

老虎鞋 lǎohǔxié 虎の頭の形をした幼児靴:〔虎头鞋〕ともいう.

老虎鱼 lǎohǔyú ⇒〔鬼 guǐ 鲉〕

老虎灶 lǎohǔzào <方>お湯を沸かす大型かまど.またその湯を売る所:お茶は売らない.

老虎嘴上拔毛 lǎohǔ zuǐshang bámáo 虎の口のまわりの毛を抜く.〈喩〉大胆なこと.

老户 lǎohù 古くから土着している住民.

老花镜 lǎohuājìng =〔老光眼镜〕〔花镜〕老眼鏡.

老花眼 lǎohuāyǎn =〔花眼〕老眼.〔老视〕の通称.

老猾 lǎohuá 〔老滑〕とも書く.ずるい.ずる賢い.〔～头 tou 子〕老猾の人.

老化 lǎohuà ①老化(する).劣化(する). ②老齢化(する).高齢化(する).

老话(儿) lǎohuà(r) ①古い話.昔話.〔老姐儿俩又在一块儿说起～来了〕2人のおばさんはまたいっしょに昔話をしだした. ②言いふるされた言葉. ③古くから言い伝えられてきた言葉.ことわざの類.

老皇历 lǎohuánglì =〔旧 jiù 皇历〕<喩>古くて時宜に合わなきまりや方法:〔老黄历〕とも書く.

老黄牛 lǎohuángniú <喩>黙々と人民のために奉仕する人.〔～精 jīng 神〕同前の精神. →〔黄牛②〕

老昏 lǎohūn 年老いてぼける.おいぼれる. →〔老胡涂〕

老火 lǎohuǒ <方>①甚だしい.ひどい. ②(事が)面倒である.重大である.

老伙计 lǎohuǒji =〔老店员〕. ②<方>古い仲間.

老鸡头 lǎojītóu ⇒〔芡 qiàn 目〕

老几 lǎojǐ <口>①兄弟姉妹の順序を尋ねる語.〔他～?〕彼は兄弟の何番目ですか. =〔排 pái 行〕 ②(反語に用いる)たいした価値もない.ものの数にもらない.〔我算 suàn ～〕おれなんかものの数にも入らないよ.

老记 lǎojì (新聞・雑誌・放送の)記者.〔～们〕記者達.

老骥伏枥 lǎojì fúlì <成>千里の名馬が老いて飼い葉桶の間に伏している:〔～,志在千里,烈士暮年,壮 zhuàng 心不已〕(曹操・步出夏门行)にもとづく.年老いてなお壮志あること.

老家 lǎojiā ①ふるさと.故郷.〔你～在哪儿〕郷里はどちらですか.〔我～是湖 hú 南〕わたしの原籍は湖南です. ②<転>あの世.〔把你打发到～去〕お前をあの世に行かせてやる(殺してやる)

老家伙 lǎojiāhuo 〔罵〕おいぼれ.

老家儿 lǎojiāor <方>親,父母.家族の年輩の者.

老家人 lǎojiārén 先代から使っている召使い.〔二十年的～〕20年来使っている召使い.

老家数 lǎojiāshù =〔老法子〕

老家子 lǎojiāzi ⇒〔麻 má 雀①〕

老奸巨猾 lǎojiān jùhuá <成>海千山千のしたたかである.ずるかいで狡猾きわまる:〔老奸巨滑〕とも書いた.

老茧 lǎojiǎn 手足にできている古い(硬い)たこ.〔老趼〕〔老臖〕ともいう.〔茧子〕

老碱 lǎojiǎn =〔碳 tàn 酸钾〕

老健 lǎojiàn 老いてなお健康なこと.〔～春寒秋后热〕〔諺〕同前と春の寒さと晩秋の暑さは一時的なもので長くは続かないこと.

老姜 lǎojiāng ひね生薑(ほう)

老江湖 lǎojiānghu 諸方を渡り歩いて世故にたけた人.渡り者.すれっからし.〔他是个几十年的～,这点小事还瞒得住他吗〕彼は数十年来世間を渡り歩いてきた人間だ.これくらいのことで彼をごまかしきれるものか.

老将 lǎojiàng ①老将. ②ベテラン. →〔老手(儿)〕 ③<口>(将棋の)王将.

老交情 lǎojiāoqing 長年の親交.古い友情.

老窖 lǎojiào 🄰四川省産の高粱酒の一.

老街 lǎojiē 🄰🄲ラオカイ:ベトナム北境のソンコイ川東岸に位する都市.ハノイより中国雲南省に通ずる鉄道の要点にあたる.〔老开④〕〔劳倒街〕ともいう.

老街坊 lǎojiēfang つき合いの長い近所の人.〔～旧邻居〕同前.

老街旧邻 lǎojiē jiùlín 隣り近所の(人).近所の衆.〔老街旧坊〕ともいう.〔～,都快预备点粮食啊,城门关上了〕(老・四・惺 3)町内のみなさん,至急食料の用意をしろ,城門がおりますぞて.

老姐 lǎojiě <口>一番下の姉さん.〔大姐,二姐,～〕上の姉,次の姉と一番下の姉.

老解放区 lǎo jiěfàngqū 中華人民共和国成立以前に解放され比較の長期にわたって人民政権のた

老 lǎo

てられていた地区.→〖解放区〗

老姐妹儿 lǎojiěmèir ＝〖老姐们儿②〗多年親密に交際している女性同士の間柄をいう.〖咱 zán 们可是从小儿的～〗わたしたちはそれこそ小さい時からの仲よしです.

老姐们儿 lǎojiěmenr ①回召使い女に対する敬称. ②⇒〖老姐妹儿〗

老荆 lǎojīng 回〈謙〉老妻.→〖妻 qī〗

老井 lǎojǐng 古井戸.

老景 lǎojǐng ＝〖老境〗年とってからの状況・暮らし.〖～堪 kān 怜〗同前の姿が哀れである.

老警 lǎojǐng お巡りさん.ポリスマン.

老境 lǎojìng ①老境.老年の時期.〖渐 jiàn 入～〗だんだん老年期に入る. ②⇒〖老景〗

老酒 lǎojiǔ 年数を経た(上等の)〖绍 shào 兴酒〗:酒屋の符牒語では〖软 ruǎn 货〗という.→〖黄 huáng 酒〗

老九 lǎojiǔ ⇒〖臭 chòu 老九〗

老九的兄弟 lǎojiǔde xiōngdi (兄弟の中で)9番目のその弟.〖～,老十 shí〗<歇>同前は10番目にあたる:〖老实 shi〗(まじめである)に通ずる.

老舅 lǎojiù 母の末弟.

绝后户 lǎojuéhòu 同下.

老绝户 lǎojuéhù ＝〖老绝后〗〈罵〉老いて子のない人:回跡とりの子がないのは最大の不幸とされた.

老君 lǎojūn 老子の尊称.〖～庙 miào〗太上老君(老子)を祭る廟.

老K lǎok 同下①②.

老开 lǎokāi ①(トランプの)キング.→〖扑 pū 克①〗 ②〈口〉公安警察(官):①②は〖老K〗とも書く. ③⇒〖老板②〗 ④⇒〖老街②〗

老客 lǎokè(r) 回行商人に対する呼称.

老抠 lǎokōu 気が小さくてけちな人.

老口 lǎokǒu ①(家畜などの)年をとったもの.〖～牛〗②したたか者.〖老～,枪 qiāng 花不小〗したたか者ぞろいで,なかなか味なことをやる.

老髦子 lǎomáozi.〈方〉白系ロシア人(蔑称)

老框框 lǎokuàngkuang 古いしきたり.→〖框框②〗

老辣 lǎolà ①悪辣(あくらつ)である.あくどい. ②すご腕.手練である.〖办事～得债,不大容 róng 易对付〗すごご腕で,なかなか一筋縄ではいかん. ③(技芸が)円熟していて気迫がある.

老来 lǎolái 老後.年とってから.〖想起～的日子,禁 jīn 不住揩 diào 眼泪〗老後の日を思うと,涙を禁ずることができない.〖一俏 qiào〗年寄りのおしゃれ.若作り.〖～少 shào〗④年は老いても気は若いこと.ⓑ⇒〖雁 yàn 来红〗

老莱 lǎolái 〈姓〉老莱(ᵢ).〖～子 zǐ〗因春秋末の楚の隠士.→〖彩 cǎi 衣娱亲〗

老赖 lǎolài 借金を踏み倒す者(権力者や有力者)

老郎神 lǎolángshén 芝居の神さま:芝居の祖師と信じられている神.〖你可留神,他流言多端,比～还多三出戏!〗気をつけろ,あいつはいろいろえげつない手を使うんだから.

老佬 lǎolao ①⇒〖姥姥①〗 ②⇒〖接 jiē 生婆〗 ③〈方〉おじいさん:男性の老人に対する呼称.〖老头儿②〗に同じ.→〖老②〗⇒〖老婆子②〗

老老少少 lǎolǎo shàoshào 年寄りやら若い者やら.〖～的人真不少〗年寄りや若者などの人数が非常に多い.→〖老少②〗

老老实实 lǎolǎo shíshí 非常に誠実なさま.まじめで着実なさま.→〖老实〗

老泪纵横 lǎolèi zònghéng 〈慣〉老人が悲しみのあまり顔中に涙を流して泣くさま.

老理(儿) lǎolǐ(r) 昔からの理風.〖按照～〗前例による.

老例(儿) lǎolì(r) 古いしきたり.古くからの習慣.

〖按照～〗先例にならい(先例どおり)

老脸 lǎoliǎn ①＝〖老脸皮〗〈方〉老面皮〗鉄面皮.厚顔.→〖厚 hòu 脸皮〗 ②年寄りとしてのメンツ・体面. ③⇒〖花 huā 脸〗

老脸皮 lǎoliǎnpí 同上.

老练 lǎoliàn 老練である.老獪である.〖他办事很～,出不了错儿〗彼は仕事が非常に手なれていて,間違うはずがない.

老两口儿 lǎoliǎngkǒur 老夫婦(二人)

老林 lǎolín 原生林.処女林.

老龄 lǎolíng 老齢.高齢.〖～〈大学〉高齢者向けの教育施設.〖～化 huà〗高齢化(する).〖～社会〗老齢化社会.

老琉璃 lǎoliúli ⇒〖蜻 qīng 蜓〗

老流利 lǎoliúlì ⇒〖蜻 qīng 蜓〗

老龙头 lǎolóngtóu 〖山 shān 海关〗

老路 lǎolù ①古い道.以前通ったことのある道. ②〈転〉古い方法.古い手段.〖不要走前人失败的～〗前人が失敗した古い手段をとってはいけない.

老驴 lǎolǘ ①〈方〉老いたロバ. ②〈転〉おいぼれ.

老绿 lǎolǜ 回濃い緑色(の)

老妈 lǎomā ①〈方〉おふくろ.お母さん. ②[-子]回女中.下女:〖老妈妈〗ともいう.

老媽媽 lǎomāma 同上.

老妈妈论儿 lǎomāmalùnr ⇒〖妈妈论儿〗

老马 lǎomǎ ①〖老马识途〗〈成〉亀の甲より年の功.〖～嘶 sī 风〗老馬風に嘶(ఽ)く.〈喻〉年はとっても気が若い.〖别瞧 qiáo 他那么大年纪,还有点儿～嘶风呢〗彼はあんな年でもまだやる気があるんだよ.

老迈 lǎomài 老いる.老いこむ.〖～无能〗老いて役にたたない.〖～龙 lóng 钟〗<慣>老いぼれたさま.

老猫 lǎomāo ①としをとった猫. ②親猫:〖小 xiǎo 猫(儿)②〗(子猫)に対していう.

老毛子 lǎomáozi.〈方〉白系ロシア人(蔑称)

老帽(儿) lǎomào(r) 〈方〉まるっきり素人で何も分かっていない.

老耄 lǎomào もうろくする.おいぼれる:70歳を〖老〗,80・90歳を〖耄〗という.

老妹妹 lǎomèimei 末の妹.→〖老叔①〗

老门槛 lǎoménkǎn 〈方〉〈喻〉何でもよく知っている老練な人.→〖门槛〗

老米 lǎomǐ 〈方〉古米:〖陈 chén 米〗に同じ.

老面 lǎomiàn ⇒〖面肥①〗

老面孔 lǎomiànkǒng ①厚い面(の)の皮. ②古いタイプ.旧式.

老面皮 lǎomiànpí ⇒〖老脸①〗

老命 lǎomìng 老年者の生命.老人の命.老い先短い命.〖拼了这条～〗この先短い命を投げ出す.

老末 lǎomò ①〈方〉一番下.一番末.どん尻.〖排行～〗末っ子. ②〖每次赛跑他总是～〗毎回駆けっこで彼はビリだ.

老谋 lǎomóu 周到なはかりごと.〖～深算〗〈成〉深謀遠慮.

老母 lǎomǔ 老母.

老姆酒 lǎomǔjiǔ ⇒〖兰 lán 姆酒〗

老母猪 lǎomǔzhū 年とったメス豚.〖～炮 pào〗〈方〉榴弾砲:〖榴 liú 弹炮〗の俗称.〖～打架,光使嘴〗〈歇〉同前がけんかをする:口だけ達者なこと.

老衲 lǎonà 〈文〉老僧.またその自称.拙僧.

老奶奶 lǎonǎinai ①曾祖母. ②子供が老婦人に対する尊称.おばあさん.

老脑筋 lǎonǎojīn ＝〖旧 jiù 脑筋〗①古くさい頭(考え) ②頭の古い人.古くさい人.

老蔫儿 lǎoniānr 口数の少ない不活発な人.はきはきしない人.ぐず.

L

lǎo 老

老年 lǎonián ①昔.古いころ.昔時.〔~的规矩〕旧慣.②年寄り.〔~病 bìng〕老人病.〔~痴 chī 呆〕老年痴呆呆・老人ぼけ:〔~性痴呆症〕〔图认知症〕の通称.〔~大学〕老人大学.〔~迪 dí 斯科〕老人ディスコ:中高年(主に女性)の健康促進のためのエアロビクスに似たダンス.〔~公寓〕老人ホーム.〔~人老人:〔~人权 quán 益保障法〕で規定する満60歳以上の人.国際的には満75歳から89歳までの人.〔~学 xué〕老人学.〔~医学〕老人医学.

老年斑 lǎoniánbān ⇒〔寿 shòu 斑〕

老年间 lǎoniánjiān 往年.昔.〔~人儿、老太太最爱说~的事儿〕じいさんばあさんは昔のことをしゃべるのが一番お好きで.

老娘 lǎoniáng ①母親.②老母.③既婚婦人のたんかをきっていう場合の自称.〔你敢欺 qī 负~吗!〕このわたしをばかにする気かい.

老娘们儿 lǎoniángmenr〔老娘儿们儿〕ともいう.①既婚の女性.女ども.ばあさん達:軽蔑の意を含む.③女房.かみさん.

老娘娘 lǎoniángniang ①〔娘娘庙〕の子宝の神:〔娘娘普 pú 萨〕ともいう.②〈文〉皇太后.

老娘 lǎoniang ①〈方〉外祖母.母方の祖母:〔姥姥〕〔外 wài 祖母〕に同じ.②⇒〔接 jiē 生婆〕

老娘婆 lǎoniangpó ⇒〔接 jiē 生婆〕

老鸟 lǎoniǎo 〔口〕インターネットのおたく・大ベテラン

老孽障 lǎonièzhàng 〈骂〉おいぼれ.死にぞこない.

老牛赶山 lǎoniú gǎnshān 老牛が山を越える.〈喩〉成り行きまかせなこと.のんびりやること.〔~,走一丈算 suàn 一丈〕,赶到哪天算哪天〕一つつきればそれだけはできたというだけ.

老牛破车 lǎoniú pòchē 老牛がボロ車をひく.〈喩〉古い機械設備などの寄せ集めでのろのろと効率の悪いこと.〔~,疙 gē 瘩套〕同前.

老牛舐犊 lǎoniú shìdú 老牛が子牛をなめる.〈転〉自分の子供を溺愛すること.

老农 lǎonóng ①〔年寄りの〕経験豊かな農民.②農夫.農民.〔~卖的菜价廉 lián 物美〕農民が売る野菜は安くて美味しい.

老奴(才) lǎonú(cái) ①老僕.②〈骂〉あの奴(%).

老牌 lǎopái 〔-儿〕①古くからの信用のある商標.長く通用してきた商標.老舗(㊯)の看板・屋号.古いのれん.②古株.古参:多く悪くさにしていう.〔~资本主义国家〕古手の資本主義国.

老派 lǎopài 旧派(の人).守旧(の人).〔更~些〕より一層古くさい.

老朋友 lǎopéngyou 多年の交友.古い友達.昔なじみ.→〔好 hǎo 友〕

老婆 lǎopó 〈口〉①〔他人また自分の〕妻.細君.女房:多く中年以上の人が用いる.〔大~〕囘妻:〔小~〕(めかけ)に対していう.→〔妻 qī〕

老婆婆 lǎopópo ①〈方〉子供の老婦に対する尊称.おばあさん.②姑.夫の母.

老婆儿 lǎopór おばあさん:老婦人に対する親しさをこめた称呼.→〔老头儿〕

老婆舌头 lǎopó shétou〔慣〕差し出口.くどい話.〔拉 lā ~〕同前をする.

老婆子 lǎopózi ①〔ばあさん.ばばあ〔嫌悪の意を含む〕②老妻.うちのばあさん:〔老夫婦の〕夫が妻をいう.③召使いの老婆.ばあや.

老圃 lǎopǔ ①長年の野菜作り(人).②菜園.

老谱 lǎopǔ 古い曲譜.〈転〉古いやり方.常套手段.

老铺 lǎopù 老舗(㊯)

老乞婆 lǎoqǐpó 物乞いする女に対する蔑称.

老气 lǎo·qì ①老成している.〔长 zhǎng 得挺~〕老けて見える.②(飾りなどが)古くさい.〔服装などが〕昔風である.〔彩色がじじ(である).〔穿 chuān 着,打扮都很~〕服装のいでたちが非常に古くさい.

老契 lǎoqì 〈文〉①旧知.旧友.②古い地権書.

老气横秋 lǎoqì héngqiū ①老人をとって口やかましく横いさま.〔看她说起来~的〕どうだい彼女のしゃべりだしたら年寄りぶって威張るさま.②年声老気.〔倚 yǐ 老卖老〕②年寄りじみているさま.覇気がないさま.

老千 lǎoqiān 〈方〉ぺてん師.〔女~〕女ぺてん師.

老千儿 lǎoqiānr 赤い筋入りのカルタ(花札).カード賭博の一.〈転〉赤い顔の.〔鍾馗〕~.〔喝 hē 得都成了~了〕金時の火事見舞いで,すっかり真っ赤になった.

老娑头 lǎoqiāntóu ①妓夫.女衒(けん).②娼家の主.また娼婦の本夫.

老钱 lǎoqián ①囘銅銭.②圙改鋳前の銅銭.

老前辈 lǎoqiánbèi (同業)の大先輩.先達.

老枪 lǎoqiāng〈方〉アヘン中毒者.〔大 dà 烟鬼〕ともいう.〈愛煙家.

老俏皮 lǎoqiàopí 年輪のあだっぽいさま.

老亲 lǎoqīn ①老いた父母.②古い親戚.〔~旧邻〕古い親戚や長年の隣人.

老秋 lǎoqiū〔深 shēn 秋〕〈方〉秋たけなわ.ふけゆく秋.

老区 lǎoqū 古くから解放された地区.〔老解放区〕の略.

老去 lǎoqù ①年々老い衰える.②死ぬ.→字解⑦

老拳 lǎoquán 拳骨(%).にぎりこぶし.〔饱 bǎo 以~〕拳骨を食らわせる.〔奉敬〕奉敬老拳〕成〕拳骨を食わせる.〔再不客 kè 气我就要~奉敬了〕これ以上礼儀をわきまえないと拳骨のお見舞いするぞ.

老雀 lǎoquè 〈喩〉古顔.〔在他们当中,你不难 nán 把~和新丁分辨出来〕彼らの中から古顔と新顔を見分けることは,あなたにとって難しいことではない.

老儿 lǎor としより.老人.〔庄 zhuāng 稼~〕〔庄稼汉〕農夫.→〔老人①〕

老人 lǎo·rén ①年寄り.老人.→〔老儿①〕②自分の父母.あるいは祖父母.〔我家里还有两个~〕両親ともに健在です.③〔-儿〕古くから勤めている人.〔他已经作了十年教 jiào 务主任〕(老・四星22)彼は学校での古顔で,もう10年も教務主任をやっている.

老人斑 lǎorénbān ⇒〔寿 shòu 斑〕

老人马 lǎorénmǎ ⇒〔老班底〕もとからの仲間.元来のメンバー.

老人头 lǎoréntóu 〈口〉旧100元紙幣:毛沢东ら古い中国革命の指導者の肖像が描かれていた.→〔大 dà 团结③〕

老人星 lǎorénxīng 囘老人星:竜骨座カノープス.〔南极老人星〕〔寿 shòu 星〕〔老寿星〕ともいう.〈転〉長生きの象徴.寿老人.〔他是这一带的~,代表着人口昌 chāng 炽与家宴兴隆〕彼はこの一帯の寿老人で子孫繁栄お家繁盛の代表老.→〔寿 shòu 星〕

老人院 lǎorényuàn ⇒〔敬 jìng 老院〕

老人家 lǎorénjia ①自分の父(母).または,他人の父(母).〔我们~〕うちの父(母).〔你们~〕あなた(がた)のおとうさん(お母さん).②老人に対する尊称.〔他~这程 chéng 子身体好啊?〕あの方は近ごろ体は丈夫でしょうか.〔你~〕〔您~〕あなた.〔毛主席他~〕毛主席.

老弱 lǎoruò ①〈文〉年をとって体が弱る.衰弱する.②年寄りと弱い者.〔~病残 cán〕老人・弱者・病人・身障者.③〈喩〉社会的の弱者.〔~残兵〕〈喩〉仕事をする能力の劣る人:もとは軍隊中の年老いた兵

老 lǎo

士や戦闘能力のない兵士等を指す.

老三 lǎosān ①親方.大将:肉体労働者などに対する呼び方. ②三男.または三女. ③[三资企业]の別称:合弁・提携・外資等の企業.

老三 lǎosān 〈口〉飲んだり食ったり遊びほうける(こと).[你在外头~什么呀]おまえは外で何を遊びほうけていたのか.

老三(大)件 lǎo sān(dà)jiàn →[三大件②]

老三届 lǎosānjiè 1966,67,68年の中学・高校卒業生:文革によって,卒業が止められた世代.→[红 hóng 卫兵]

老三老四 lǎosān lǎosì 〈方〉老練ぶった.[他讲话总~]彼の話はどうも老練ぶったところがある.

老三篇 lǎosānpiān [3 wén 化大革命]期に引用された毛沢東の解放前の三つの論文:1939年の[纪 jì 念白求恩],1944年の[为 wèi 人民服务],1945年の[愚 yú 公移山]の3篇をいう.

老三色 lǎosānsè 地味な三色:服地の色の藍・黒・灰の三色をいう.

老三样 lǎosānyàng 〈方〉[白菜],[萝 luó 卜](大根),[土豆](じゃが芋):旧北京の冬の野菜.

老骚货 lǎosāohuò [老骚胡 hú]ともいう.〈口〉①すけべじじい:女好きの年寄.[老色鬼]に同じ. ②〈転〉(女の)男に対するからかいの言葉の一種.[~!]いやらしい.すけべ.

老嫂 lǎosǎo ①おねえさん. ②見ず知らずの婦人に呼びかける言葉.→[老表②]

老色鬼 lǎosèguǐ ⇒[老骚货①]

老山 lǎoshān 〈方〉奥深い山.深山.[~老峪 yù][~沟 gōu 儿]深山幽谷.

老山参 lǎoshānshēn =[老参②]吉林省長白山産の朝鮮人参.

老少边穷(地区) lǎo shǎo biān qióng (dìqū) 老解放区・少数民族地区・辺境地区・貧困地区:[穷 〈贫 pín 〉]という.

老少 lǎoshào =[老幼]〈文〉[童 tóng 叟]老幼.年寄りと若者.[~无欺 qī][童 tóng 叟无欺]〈成〉老人も子どもも他の客と同様に応待してあげない(しない):旧時,商店の宣伝文句の一.→[言 yán 不二价]

老少年 lǎoshàonián ①子供の気分をもっている老人.元気で陽気な老人. ②⇒[雁 yàn 来红]

老身 lǎoshēn 〈白〉このばば.わらわ:老婦人の自称.

老参 lǎoshēn ①野生の朝鮮人参. ②⇒[老山参]

老生 lǎoshēng ①圏(京劇)で中年以上の人物に扮する俳優:付けひげをするので[胡 hú 子][须 xū 生]ともいう.もっぱら歌うことを主にする[文 wén 〜][武 wǔ 〜]の別がある.→[小 xiǎo 生①] ②老書生・読書人の自称.[~常谈]〈成〉老書生の平凡な議論.〈転〉ごくありふれた話.平凡なよもやま話.新味のない聞きあきた話.

老声老气 lǎoshēng lǎoqì ①老人らしい声や態度.[常 cháng 二爷一边走一边小的叫:"祁 qí 大哥!祁大哥!"](老・四・惶15)常二爺は歩きながら老人らしい調子で,祁兄さん.祁兄さん.と呼んだ.→[老气横秋②] ②もの慣れたような態度.[看他~的仿佛多么内行似的]彼がもの慣れた様子でいかにも女人(ざ)みたいにしているのはどうだね.

老生儿 lǎoshēngr ①年をとった両親に生まれた子供. ②=[老生子]末っ子.

老生子 lǎoshēngzi 同上②.

老师 lǎoshī ①先生.師匠.[他是我们的~]彼は我々の先生です.[王~教 jiāo 我们数学]王先生は我々に数学を教えます.→[先 xiān 生①] ②同下① ②旧科挙の試験で,及第者が自己のこの[卷](答案)を査閲してくれた試験官を[~]と呼びつ終世

師弟関係をとり,自分のことを[门 mén 生①]といった.

老师傅 lǎoshīfu ①師匠.親方(ある技能に長じた老人の敬称) ②=[老师②](イスラム教徒の)家畜屠殺業者.

老式 lǎoshì 旧式(の).古びた型式(の)

老视 lǎoshì 老眼:通称[老花眼]

老是 lǎoshì いつも.いつまでも.しょっちゅう.[他~那么不听话]彼はいつもああいうふうにいうことをきかない.→字解⑨

老世交(儿) lǎoshìjiāo(r) 父祖から幾代も続いた親しい交際.

老实 lǎoshi ①まじめである.誠実である.正直である.[~话]まじめな話.[手不~]手くせが悪い. ②温順である.おとなしい.よく規則を守る.[他是个~人]彼はおとなしい人だ.[这个孩子真~]この子はほんとにおとなしい. ③馬鹿正直である.お人好しである(婉曲ない方)

老实巴交 lǎoshi bājiāo 生まじめである.極めて実直である.非常に律儀である:[老实巴焦][老实巴朋]ともいう.[你是~的人,要提 di 防上当]きみは生まじめな人だから,だまされないように用心したまえ.

老实疙瘩 lǎoshi gēda 〈方〉律義者.

老实人 lǎoshírén 〈文〉[老实头(儿)]正直で温厚な人.忠実で立派な人.正直者.

老实说 lǎoshishuō 正直なところ.実をいえば.

老实头(儿) lǎoshítóu(r) ⇒[老实人]

老手旧胳臂 lǎoshǒu jiù gēbei 同下.

老手 lǎoshǒu [-] 〈方〉ベテラン.老練なやり手:[熟 shú 手(儿)]に同じ.[=旧胳臂]同前.[他是搞 gǎo 外交的~]彼は外交のベテランである.↔[新 xīn 手]

老寿 lǎoshòu 長命.長生.高齢.

老寿星 lǎoshòuxing ①高齢者に対する敬称. ②長寿の祝いをされる当人. ③⇒[老人星]

老书 lǎoshū 古い書物.

老叔 lǎoshū ①父の一番末の弟. ②父の世代の男性に対する親しみの呼称.おじさん.

老熟人 lǎoshúrén 昔なじみ.以前からよく知っている人.

老鼠 lǎoshǔ 動ネズミ:ふつう[家鼠](イエネズミ)をさす.[方]耗 hào 子]〈方〉[穴 xué 虫]〈方〉老虫]は別称.[小~]子ねずみ.[会提 zhuō ~的猫不叫]鼠をとる猫はやたらに鳴かぬ.[谚]鹰は爪を隠ぶ.[~过街,人人喊 hǎn 打]〈諺〉害をなすものは誰もが痛撃する.[~上秤 chèng 钩,自称自]〈歇〉ねずみが秤の計りで自分で自分をはかる:[称 chēng]は計ると称賛の意味に使われる.〈転〉うぬぼれ屋に対する風刺.[~夹 jiā(子)](パタンと挟む式の)ねずみ取り器.

老鼠会 lǎoshǔhuì ねずみ講.無限連鎖講.→[传 chuán 销]

老鼠钻 lǎoshǔzuān ⇒[串 chuàn 疽]

老树 lǎoshù 老木(ぼ).[~发 fā 新枝]〈慣〉枯れ木に新枝が出る.[喩]現役に復帰すること.

老帅 lǎoshuài ①高齢の元帥に対する愛称. ②将棋の王を指す.

老死 lǎosǐ 老いて死ぬ.老衰で死ぬ:病死に対していう.

老死不相往来 lǎosǐ bù xiāng wǎnglái 老いて死ぬまで往来はしない(老子):お互いに全く没交渉を持たないこと.[人总 zǒng 不能~]人はどうしたってお互いに没交渉であるわけにはいかない.

老四(大)件 lǎosì(dà)jiàn →[四大件]

老宋体 lǎosòngtǐ =[宋体字]

老叟 lǎosǒu おきな.老人(男性). ②〈白〉〈老人

lǎo 老

の自称)わし.→[老媼 ǎo]

老太 lǎotài 老婦人.おばあさん.

老态 lǎotài ①年寄りの姿.[~龙 lóng 钟]〈成〉年をとって動作が不自由なさま.②昔ながらの有様.→[故 gù 态]

老太婆 lǎotàipó 老婦人.おばあさん.

老太太 lǎotàitai ①ご母堂さま.ご尊母さま:他人の母に対しての敬称.②ご隠居さま:召使いが主人の母に対して.③老婦人に対する尊称.おばあさん.④他人に対して自分の母をあるいはしゅうとめをいう尊称.→[老太爷]

老太爷 lǎotàiyé ①ご尊父さま.お父上:他人の父に対する敬称.②ご隠居さま.大旦那:召使いが主人の父に対して.③老人に対する尊称.ご隠居さま.④他人に対して自分の父あるいはしゅうとをいう尊称.⑤〈方〉県知事の父君.→[老太太]

老汤 lǎotāng ①〈方〉鶏・あひる・豚肉などを何度も煮直した濃いスープ.②〈方〉漬け物をした漬け汁.

老饕 lǎotāo 大食家.健啖〈方〉家.→[老饕][饕餮]

老套 lǎotào 〈方〉[老(一)套]

老套筒 lǎotàotǒng 旧式銃の一種.

老套子 lǎotàozi 古い習わし.決まりきったやり方.

老天 lǎotiān〈方〉天.[~不负 fù 苦心人]〈諺〉天は苦心する人に背かない.天は自ら助くるものを助く.[~饿 è 不死人]〈諺〉天は人を餓死させない.お天道さま米はどこにでもある(何とかなる)

老天拔地 lǎotiān bádì〈成〉年寄りの老いぼれたさま.

老天爷 lǎotiānyé ①=[天爷]お天道(ちぅ)さま.神さま.[~有眼 (晴)](人の目を欺いても)天の目をごまかすことはできない.[~看得真]天の見るところは正しい.[~饿 è 不死瞎眼的家雀]〈諺〉お天道さまは目が見えない雀たちを餓死させはしない.天は無情ではない.天道人を殺さず.②驚きや嘆きを表す言葉.[我的~!]ああ,これはこれは.やや.おやおや大変だ.ええい,くそ!

老铁 lǎotiě ①鉄道マン.②固い絆で結ばれた関係.

老头儿 lǎotóur ①〈男性の〉老人.年寄り.じいさん:親しみを込めた言葉.→[老头子 ②]②おじいさん:(老夫婦の)妻が夫をいう.[老头子 ②]〈方〉[老汉]に同じ.→[老婆儿][老婆子]③〈方〉(自分または他人の)おやじ(さん)

老…头儿 lǎo…tóur 老人に対する呼称.[老王头儿]に同じ.

老头(儿)乐 lǎotóu(r)lè ①[孫の手]の別称:[痒 yǎng 痒挠儿][不 bù 求人 ②]ともいう.背中などをかくのに用いる器具.②綿入れ防寒靴の特に厚くこしらえたもの.→[棉 mián 鞋]③電動式自転車.電動式車椅子.

老人鱼 lǎotóuryú [魚貝][鮟鱇 ānkāng](アンコウ)の通称.

老头牌 lǎotóupái〈マージャンで〉[字 zì 牌]のうち,数字の 1·9 の牌をいう.→[起 qǐ 牌][幺 yāo 九牌]

老头子 lǎotóuzi ①〈男性の〉老人.年寄り.じじい:老人に対する嫌悪の情をもったいい方.→[老头儿 ①]②あんた.おじいさん.おとうさん:(老夫婦の)妻が夫をいう.[老头儿 ②]に同じ.③(団体結社などの)親分.頭目.(組織の)上司.ボス.[老头子 ①]——们也有很大的隐 yǐn 蔽势力]地方の親分たちもなかなかの潜在勢力をもっている.

老秃翁 lǎotūwēng 禿げ頭の人.

老土 lǎotǔ =[老赶][老憨]〈方〉いなかっぺ.田舎者.

老外 lǎowài ①素人(しろうと)②外人(さん):多く欧米系の外国人をいう(自称・他称).③外資企業.

老顽固 lǎowángù 時代遅れの頑固者.こちこち頭.頑固おやじ.

老王八 lǎowángbā〈罵〉人でなしのじじいめ.

老王卖瓜 lǎowáng màiguā〈歇〉王さんが瓜を売る.[自 zì 卖自夸](自画自賛,手前味噌)の意.→[卖瓜的说瓜甜]

老翁 lǎowēng〈文〉老翁.おじいさん.

老窝 lǎowō ①(鳥や獣の)古巣.②(悪党の)根じろ.

老挝 lǎowō ラオス:正式には[~人民民主共和国].[寮 liáo 国]ともいった.首都は[万 wàn 象](ビエンチャン)

老倭瓜 lǎowōguā ⇒[南 nán 瓜]

老物儿 lǎowù 〈方〉[老东西 ②]

老西儿 lǎoxīr 山西人.→[老东]

老锡儿 lǎoxīr =[锡嘴(雀)]

老喜丧 lǎoxǐsāng おめでた葬式:高齢で死んだ場合の葬式を,祝いごとのように営むこと.

老戏 lǎoxì 旧劇.

老先生 lǎoxiānsheng ①=[夫子 夫 子]先生.尊師:恩師または学徳の高い老輩の人に対する敬称.②男性の老人に対する敬称.

老弦 lǎoxián 胡弓や琴の太糸.

老(贤)侄 lǎo(xián)zhí ①若輩に対する愛称.②親友の息子を呼ぶ呼呼.

老相好 lǎoxiānghǎo ①=[老相识]昔なじみ.古なじみ.②昔からの愛人.

老乡 lǎoxiāng =[乡亲]①同郷人.[听 tīng 你的口音,咱们好像是~]あんたの言葉を聞いていると,何だか同郷人のようだが.②お百姓さん.農民への親しみをこめた呼びかけ.[经常向~请 qǐng 教]村の農夫.年寄りのお百姓さん.→[老可小看~]郷鎮企業.[老可不知らず.→[大型国営企業も同前には形無しだ.[老大不知らず.→[大型国営企業も同前には形無しだ.

老相识 lǎoxiāngshí ⇒[老相好 ①]

老相 lǎoxiàng 顔が老けて見えること.

老小 lǎoxiǎo ①老人と子供.老幼.→[老老少少]②家族.妻子.③〈方〉末っ子:性別には関係なし.

老小孩儿 lǎoxiǎoháir 気持ちの若々しい老人.[你可真是个~,六十多岁了,还跟爸爸孩子一起在水坑儿里玩]あんたは本当に気の若い人だ,60 過ぎてもまだ子供と一緒に水たまりで遊ぶんだものね.

老小子 lǎoxiǎozi〈罵〉あいつめ.

老姓 lǎoxìng 本来の姓・旧姓:満族や蒙古族の本来の姓は長いため,漢族風に要約して称えるる[汉 hàn 姓]にいていう.

老兄 lǎoxiōng 貴兄:男同士の友人に対する敬称.[(你)~几时到的]あなたはいつ来ましたか.

老兄弟 lǎoxiōngdi ①兄弟の中の一番末の者.末弟.→[老叔 ①]②〈方〉男同士の友人を親しみや敬意を込めた呼称.

老修 lǎoxiū 文化大革命の時期に旧ソ連を[现 xiàn 代修正主义]と呼び,俗に[~]といった.

老羞成怒 lǎo xiū chéng nù〈成〉恥ずかしさのあまりに怒り出す.[恼 nǎo 羞成怒]ともいう.

老朽 lǎoxiǔ ①老朽である.②=[朽迈]老いぼれる.もうろくする.[昏 hūn 庸~]年とってもうろくする.[不能]老いぼれて役に立たぬ.③老人の謙称.やつがれ.愚老.

老秀 lǎoxiù 大ベテランの逸材.→[新 xīn 秀]

老学究 lǎoxuéjiū ①=[老书生]②頭の古い学者.世間を知らない老書生.

老鸦 lǎoyā ⇒[乌 wū 鸦]

老鸦巢里出凤凰 lǎoyā cháoli chū fènghuáng〈谚〉鳶(とび)が鷹を産む.

1022

老 lǎo

老鸦蒜 lǎoyāsuàn ⇒〔石 shí 蒜〕
老丫头 lǎoyātou〔口〕末の娘(愛称)
老腌瓜 lǎoyānguā ⇒〔菜 cài 瓜〕
老腌儿 lǎoyānr〈方〉①長く漬けたもの.ふるづけ.〔=咸 xián 菜〕ふるづけの漬物.②塩漬けのあひるまたは鶏の卵.〔=鸡子儿〕鶏卵の同前.〔这一挺 tǐng 不错个个都是油黄儿〕この塩漬け卵は,どれも黄味がとろりとしていておいしい.
老眼光 lǎoyǎnguāng 昔のままの見方.古い眼.〔别拿~看人〕昔のままの眼で人を見てはいけない.
老眼昏花 lǎoyǎn hūnhuā 〈慣〉老眼でぼんやりかすむさま.
老厌物 lǎoyànwù〈罵〉おいぼれ.
老秧瓜 lǎoyāngguā ⇒〔菜 cài 瓜〕
老阳瓜 lǎoyángguā ⇒〔菜 cài 瓜〕
老羊皮 lǎoyángpí 毛が粗く皮の厚い下等な羊皮.
老样子 lǎoyàngzi ①従来の方式.旧式.古い型.②もとのまま.相も変わらずの姿.〔你还是~〕きみ変わらないね.
老幺 lǎoyāo〈方〉①同年輩中の最年小者.②末っ子(男・女)
老妖 lǎoyāo 化け物.妖怪.
老谣 lǎoyáo よくデマをとばす人.いいかげんなことを言う人.〔那个~,你别 bié 信他〕彼のようないい加減なことを言う人を信じちゃいかん.
老药 lǎoyào 伝統的な薬.伝来の薬.
老鹰鹰 lǎoyāoyīng ⇒〔老鹰②〕
老爷兵 lǎoyébīng 甘やかされた兵士;贅沢に安逸に暮らしてきた兵士.
老爷儿 lǎoyér〈方〉お天道(ひ)さま.お日さま:ふつう〔太 tài 阳儿〕という.〔~上来了〕お天道さまが上がった.
老爷们儿 lǎoyémenr ①〈口〉おとこ.男子:ふつうは一人の場合をいう.②夫.亭主.〔她~是当兵的〕彼女の亭主は兵隊です.
老爷庙 lǎoyémiào ⇒〔关 guān (帝)庙〕
老爷儿地(儿) lǎoyérdì(r) ⇒〔太 tài 阳地儿〕
老爷爷 lǎoyéye ①曾祖父.②子供が老人(男)に対して用いる尊称:おじいさん.
老爷子 lǎoyézi〈口〉①(他人に対していう)おやじ.父.②(他人の)お父さん.③お年寄り.ご老人.ご本体.
老叶子烟儿 lǎoyèzi yānr〔老爷子烟儿〕とも書く.〈方〉①古いタバコ葉:古くなって味がからくなった葉タバコ.②〈転〉こりゃひどい.大変だたまらん.〔我的~,雨下得真厉 lì 害〕こりゃたまらん,雨がほんとにひどく降った.③〈転〉喜び・喜びを示す.〔哎呀,~,您来了!〕おや,ありがたい,来てくれましたね.〔~,这篇论文可写完了〕ありがたい,この論文もう書き終わった.
老爷 lǎoye ①旧お役人様:一般人の官吏に対する称呼.〔干 gàn 部不是人民的~〕幹部は人民のお役人様ではない;当官做~〕お役人様におさまりかねる.②召使いや使用人の目上の人・主人に対する一般的な敬称.だんな.ご主人.③⇒〔姥爷〕④旧妻が夫をいう.〔我家~〕うちの人.〔您家~的主人.⑤〈喩〉古びた.時代遅れの.〔~车 chē〕老朽車.ポンコツ.⑥旧関羽の尊称.〔~庙 miào〕关 guān (帝)庙関帝廟.
老一辈 lǎoyíbèi〔-儿〕一世代前.一代前.〔~的〕一世代前の(人).〔~人〕前の世代の者.
老(一)套 lǎo(yī)tào 古くさい(こと).いつもどおり.紋切り型.〔再用~就不灵了〕これ以上古くさいやり方だとだめになる.②(以前から口にされる)決まり文句.〔"民主"是 ~,说话容易,实际做起来难〕"民主"という言葉は古きまり文句だが,言うは

易く,実際にやるとなると難しいものだ.③因襲に流れること.〔有些同志在工作中疲 pí 塌,~,安于现状,任其自流;一部分同志は仕事がだらけており,因襲に流れ,現状に安んじ,なりゆきまかせになっている.〕〔一成不变〕
老姨 lǎoyí 一字解⑯
老鹰 lǎoyīng 動①トビ.〔鸢 yuān〕の通称.②=〔老鹰鹰〕ハイタカ:〔雀 què 鹰〕の通称.
老鹰捉小鸡儿 lǎoyīng zhuō xiǎojīr〔捉蚊龙〕
老营 lǎoyíng ①(軍隊の)駐屯地.(山賊・匪賊の)根拠地.ねじろ.②〔-儿〕〈喩〉身のおきどころ.〔大家都出去逛 guàng 去了,就剩我一个守~了〕皆は遊びに出て行ってしまって,わたしだけを留守番に残した.
老油条 lǎoyóutiáo 同下.
老油子 lǎoyóuzi =〔老油条〕ずるい奴(ず).老獪で一筋縄ではゆかぬ人.すれっからし.海千山千のしたたか者.世故にたけた人:〔老囮子〕とも書く.〔他是个~,谁也骗 piàn 不了他〕彼は一筋縄ではゆかぬ人間で簡単にだまされなりできない.〔他那样的~,还能吃得了亏 kuī〕彼のようなあんなすれっからしが,損しっこありますか.〔他是个走南闯 chuǎng 北的~〕彼は世間をわたり歩いたすれっからしだ.→〔京 jīng 油子〕
老友 lǎoyǒu 古い友達.親交のある友:〔故 gù 友①〕〔旧 jiù 友〕に同じ.
老幼 lǎoyòu ⇒〔老少〕
老鱼 lǎoyú ①年を経た魚.〔~不上钩〕年を経た者にかからない人.物事を知っている人は甘い言葉にはのらない.②〔魚貝〕ブリ.
老于世故 lǎo yú shìgù〈慣〉世事にたけている.
老妪 lǎoyù〈文〉老年の婦人.おばあさん.
老玉米 lǎoyùmǐ ⇒〔玉米〕
老鸢 lǎoyuān ⇒〔鸢〕
老冤 lǎoyuān〈方〉①だまされやすい人.②〈転〉貧しく誠実な農民.
老鼋 lǎoyuán ①=〔鼋鱼〕②〈喩〉妻を寝盗られた男.③〈罵〉意気地なしな奴.ばか野郎.まぬけ野郎.→〔王 wáng 八〕
老远 lǎoyuǎn ①非常に遠い.②久しい以前から.ずっと前.
老凿子 lǎozáozi〈方〉凝り性の人.凝り屋.〔他是听戏 xì 的~,什么戏好请教他没错儿 cuòr〕彼は芝居の趣味となれば,どんな芝居がよいか教えてもらえば確かだ.〔你真是吃辣 là 子的~〕きみはまったく唐辛子食いだね(好きだね)
老早 lǎozǎo ①朝早く.早々と.②とっくに.ずっと以前に.〔嗯,是有行李,~就抬 lái 到山上了〕(丁・我)ええ,荷物がありました,とっくに山の方へ担いで行ってあります.
老贼 lǎozéi〈罵〉こん畜生.あん畜生.
老战友 lǎozhànyǒu かつて革命を共に戦った同志.
老掌柜的 lǎozhǎngguìde ①年をとった番頭.②番頭の父.
老丈 lǎozhàng〈文〉年長者に対する敬称.閣下.貴下.貴殿.
老账 lǎozhàng 昔のつけ.古い債務.〈喩〉過ぎ去った昔のこと.
老丈人 lǎozhàngrén ⇒〔岳 yuè 父〕
老者 lǎozhě〈文〉老人.年をとった男性.〔~今年高寿 shòu ?〕ご老人のお年は.
老着脸皮 lǎozhe liǎnpí〔老着面皮〕ともいう.①思いきって.腹を決めて.②面の皮を厚くして,厚かましく.〔~干 gàn〕厚かましくやる.心臓を強くしてやる.→〔皮者脸〕
老中青 lǎozhōngqīng 老年・中年と青年.〔~三结

lǎo~lào

jié 合]同前の三者の結合.
老猪 lǎozhū ⇒[猪八戒]
老主顾 lǎozhǔgu 昔からの顧客.古いおとくい.常客.
老主意 lǎozhǔyi 前々からの考え・計画.[还是照~办]やはり前々からの計画にそって進む.
老庄 lǎozhuāng ①[人]老子と荘子.②<方>農民.
老准(儿) lǎozhǔn(r) ①常にある一定の規準.規準.②⇒[老底③]
老拙 lǎozhuō <謙>役に立たない年寄り.愚老.
老斫轮 lǎozhuólún <文>老練.熟練者:[斫轮老手]に同じ.
老资格 lǎozīgé 古顔(の).ベテラン(の).古手(の).⇒[资深]
老子 lǎozǐ ①=[老聃][人]周代の思想家.楚の出身.道家の祖.姓は李,名は耳,字は伯陽,諱を聃(dǎn)という.[太tài 上老君]は尊称. ②[書](~)道 dào 德经]ともいう:老子の著とされる. → lǎozi
老字辈 lǎozìbèi 経験豊かな人.年功者.
老字号 lǎozìhao 老舗[しにせ].
老字头(儿) lǎozìtóu(r) [印]漢字部首の"耂"おい(老)がしら.→付録1
老子 lǎozi <口>父.おやじ.①(有)什么~有什么儿子 érzi]<諺>この親にしてこの子あり.蛙[かえる]の子は蛙. ②<文>老夫.老人(自称). ③<転>俺様. 我辈(hán)]気位の高い.増長・冗談なぞ.[自以为 wéi 是~天下第一]一人よがりで我輩が天下第一だと思っている.[当 dāng～当惯了]お山の大将になりきっている. → lǎozǐ
老子娘 lǎoziniáng 両親.父母.親たち.
老子英雄儿好汉 lǎozi yīngxióng ér hǎohàn 親が英雄であれば子は好漢である.[红旗 五关]
老总 lǎozǒng ①[清]頭取.総取締.支配人. ②[旧]軍人・警官に対する尊称. ③解放軍の総司令官に対する尊称:多くは姓の後につけて用いる. ④[総工程師][総経理][総編輯]などの略称:多くは姓の後につけて用いる.[张~][张总]張総技師.
老祖 lǎozǔ ①[道]道教祖師への尊称.[纯阳~]呂洞賓への尊称.[道教]~]老子への尊称.
老祖儿 lǎozǔr 曾祖.
老祖宗 lǎozǔzōng ①先祖. ②<白>一族中の最高年齢者の尊称.

[佬] lǎo (成人の)おとこ.男子:やや軽んじた言い方.[阔 kuò~们]金持ちの旦那衆.[乡 xiāng 巴~]おのぼりさん.[美 měi 国~]ヤンキー.アメ公.

[姥] lǎo →[姥姥] → mǔ

姥姥 lǎolao =[老娘 niang ①]<口>①おばあさん:母の母.外祖母.[外 wài 祖母]に同じ.[老爷]とも書いた.[~家][外祖家]母方の実家.→[奶 nǎi 奶①] ②⇒[接 jiē 生婆] ③<方>絶対に許せない.という意味を強める.[~,你说什么也不行!]とんでもない,何といおうとだめだ.
姥鲨 lǎoshā [魚類]ウバザメ(科総称):[姥鲛 jiāo]とも.
姥爷 lǎoye [老爷]とも書いた.<口>おじいさん:母の父.外祖父.[外 wài 公]に同じ.→[爷爷]

[栳] lǎo →[栲 kǎo 栳]

[铑・銠] lǎo [化]ロジウム:金属元素.記号 Rh.白金属の一.

[筹] lǎo →[栲栳 kǎo lǎo]

[潦] lǎo <文>①雨で水びたし(になる):[涝 lào]に同じ.[水 shuǐ~]同前. ②路面にた

まった水.道路を流れる水.[积 jī~]同前. → liáo

[獠] lǎo [旧]西南地方の[仡 gē 佬族]などの少数民族への蔑称. → liáo

[络・絡] lào → luò

络子 làozi ①(糸やひもで編んだ)網袋. ②糸巻き.

[烙] lào ①火熨斗(ひのし)をかける.アイロンをかける.[~衣 yī 裳]服にアイロンをかける.[用熨 yùn 斗把裤子~平]アイロンをかけてズボンのしわを伸ばす.[~焦 jiāo][焗 hú]焼き焦がすこと(などの) ②(食べ物をフライパンで)焼く. ③焼印を押す.[~锅贴儿]ギョーザを焼く.→[烙饼] → luò

烙饼 làobǐng [食]小麦粉をこねて薄く延ばして[铛 chēng]と称する鉄板に油を塗って焼く:北部地域の常食の一種.昔は[铛]を使わずに[地 zhī 炉(儿)](焙烙(ᵁ))に類する小穴のあいている素焼きの瀬戸物の板を用いて焼いた.→[锅 guō 饼][家 jiā 常饼](烧 shāo 饼]

烙葱花儿猪油饼 lào cōnghuār zhūyóubǐng [食]小麦粉をこねてラードをぬり,きざんだねぎを巻き込んで薄く伸ばして鉄板で焼いたもの.

烙花 làohuā [烫 tàng 花]焼ごてで扇の骨・くし・芭蕉扇およびその他木製家具などに種々の図案・紋様などを焼きつける工芸.

烙火印 làohuǒyìn 焼印を押す.

烙铁 làotiě ①ひのし.焼きごて.[电~②]電気アイロン.→[熨 yùn 斗] ②ハンダごて.[电~①]電気ハンダごて.

烙铁印儿 làotiěyìnr <方>子どもの髪型の一種:頭の天辺に前方が小さく後方にかたよったアイロン形に髪を残し,それ以外は剃り落とした髪型.

烙印 làoyìn 焼印(を押す).<喩>消え難い痕跡を残す.[各种思想怎不打上上烙印的~][毛・实]どのような思想にも階級の焼印が押されていないものはない.

[落] lào [落 luò①⑥⑦⑧]に同じ:多くは口語で用いる. → là luò

落包涵 làobāohan <方>批判を受ける.とがめを受ける.非難される.[~][方>落僕贬 biǎn]に同じ.

落不是 làobùshì 過ちと思われてとがめられること.

落地砸坑儿 làodì zákēngr <方>ぎりぎり結着.とのつまり.[这个东西,~非 fēi 这个价钱不能卖]これはぎりぎり結着とこの値でなけりゃ売れない.[这件事,~只有这么办了]この件はとのつまりこれよりほかやりようがない.

落汗 làohàn 汗を引かせる.汗をしずめる.[等我落了汗再干]汗を引かせてからやる.

落价 làojià [儿]値下がり.値が下がる.[大米~了]米は値下がりした.

落架 làojià <方>①家の木組みがつぶれて壊れる(倒れる).[再下雨,这房 fáng 子要~]これ以上雨が降ると,この家はつぶれる. ②家が没落する.

落炕 làokàng <方>重病で立ちあがれない状態になる.[他~已经~了,怕没多大 zhǐ 望了]この病気はもはや起き上がれないところまで来ている,おそらく見込みはあるまい.

落埋怨 làományuàn 愚(ᵍ)まれる.文句を言われる.

落儿 lào'r =[落子①]生活上の落ち着き.生計の道.生活のあて.きまった職業:具体的に金銭財物を指す.[有][没有]の後にのみ用いる.[没有~]貧困である.[有~]財物を豊かに持っている.[他穷 qióng 得没有一点儿~]彼は貧しくて少しも生活の方法がない.

落忍 lào'rěn <口>気の毒に思わない:多く否定形で

lào～lè

a 用いる.〔您这个周 zhōu 旋劲儿,叫我太不~〕こんなにおとりなし下さって,非常に恐縮です.→〔不 bù 落疑〕
落疑 làoshǎi 色が落ちる(さめる):〔退 tuì 色〕に同じ.→ luòsè

b **落头** làotou 〈方〉利益.実入り.〔这回结帐,多少总有些〕今回の決算ではとかく多少の利益はある.〔这里头~不少〕これには少なからぬ余得がある.
落屋 làowū 〈方〉家(部屋)に落ち着く.〔他不到吃饭和睡 shuì 觉的时节,很少~〕彼はご飯を食べるか寝るかするねばりめでない時にしか家へ帰らない.

c **落枕** làozhěn ①中医违い.②頭を枕に置く:〔~就着 zháo ~横になるとすぐに寝てしまう.
落子 làozi ①⇒〔落儿〕 ②〔莲 lián 花落〕の通称.職業的に一つの組を作っているものを〔~班 bān〕という.〔奉 fèng 天~〕ともいった.〔~馆(儿)〕同前

d や〔大 dà 鼓(书)〕などの演芸場. ③→〔评 píng 剧②〕
落作(儿) làozuō(r) 旧慶弔事の際に,仕出し屋がその前日に出張して料理の準備をすることをいう.〈転〉仕込みをする.前支度をする.〔多咱~呀?可

e 別误 wù 了事〕いつ仕込みするのだったかね,間違いのないようにしてくれね.

[酪] lào 食①牛・羊などの乳をいろいろな方法で凝固させたもの.〔奶 nǎi ~〕ヨーグルト・チーズ・バターなどの乳製品.〔干

f gān~〕チーズ. ②果実を煮てゼリー状にしたもの.〔山楂 zhā ~〕さんざしの同前.〔核 hé 桃~〕くるみの〔杏 xìng 仁儿~〕杏仁〔酥〕豆腐.
酪氨酸 làoānsuān 化チロシン.

g **酪醇** làochún →〔丁 dīng 醇〕
酪蛋白 làodànbái →〔酪素〕
酪干儿 làogānr 食牛乳を煮つめ炒めて作ったチーズに似て甘い食品.→〔干酪〕
酪乳 làorǔ 食バターミルク:バター製造工程においてクリームからバター粒子が分離した母液.整腸剤と

h して飲用し,またチーズの原料にもなる.
酪蛋白 làoruǎn 食〔酪蛋白〕〔酪素〕〔干 gān 酪素〕化カゼイン.→〔肬〕
酪素 làosù 同上.
酪酸 làosuān →〔丁 dīng 酸〕

i **[涝・澇]** lào ①(地面が)水に浸る(す).冠水する.水浸りになる:〔潦 lǎo ①〕に同じ.〔洼 wā 地,一下雨就~〕くぼ地で雨が降るとすぐ水浸しになる.↔〔旱 hàn ①〕

j ②田畑が水に浸って作物がだめになる.〔庄 zhuāng 稼~了〕同前になった. ③田畑にたまった水.〔排 pái ~〕同前を排水する(こと)
涝坝 làobà 水ため用の穴.水ため池.
涝池 làochí (雨水による)水溜り.

k **涝地** làodì 低湿地帯;雨期に田畑が冠水しやすい低地.〔洼 wā 地〕ともいう.
涝害 làohài 冠水による被害.
涝坏 làohuài (田畑の作物が)水に浸りだめになる.
涝年 làonián 雨の多い年.

l **涝死** làosǐ ①水にひたって枯れる. ②溺死する.
涝天 làotiān 〈方〉①水害. ②作物が水に浸かる.
涝灾 làozāi 冠水による災害.
涝朝 làozhāo 几方雾沙深い朝.

[唠・嘮] lào 〈方〉話す.しゃべる.〔我要

m 把这一年多的事~给你听 tīng〕わたし1年あまりのことは君に話そうと思う.〔三个人~了半天〕3人は長い間話した.→ láo

n **唠扯** làochě 〈方〉おしゃべりする.雑談する.→〔聊 liáo 天儿〕

唠嗑(儿) làokē(r) 〔唠喀〕とも書く.〈方〉世間話をする.むだ話をする.〔没事就几个人在一块儿~〕用事がないときと数人が集まってだべる.〔昨天我跟他唠了会儿嗑(儿)〕昨日彼とはしばらく雑談した.→〔聊 liáo 天儿〕

[耢・耮] lào ①つるを編んで作った土をならす農具:〔~耙 bà〕ともいう.地myerrorならす.〔盖 gài〕,〔糖 mò〕の一. ②同前で土をならす.〔~地〕同前.〔~种 zhòng〕土をならし種をまく.

[嫪] lào 人名用字.〔~毒 ǎi〕八戦国時代の秦の人.

le カナ

[肋] lē → lèi

肋賉 lēte 〈口〉①(帽子や服が大きかったり長かったりして)体にあわずだらしない.きちんとしていない.〔太~了见外宾 bīn 不好意思〕あまり服装がだらしないと外国人客にきずわるい.〔成年价~,没看他齐 qí 整过一回〕彼は一年中だらしない服装をしていて一度もきちんとしているのを見たことがない.〔你这件衣裳太大了,穿 chuān 上特别~〕きみのその服はだぶだぶしていて,一段と格好好だ.〈転〉ぶざまである.〔这个孩 hái 子真~,怎么打扮也不行〕この子はほんとうにだらしなくて,どんなに着飾らせてもだめです.

[嘞] lē → lei

嘞嘞 lēle 〈口〉よくしゃべる.

[仂] lèyǔ 〈文〉端数.
仂语 lèyǔ 〔词 cí 组〕

[萝] lè 〔萝 luó ~〕罗勒①〕植メボウキ:シソ科の薬用植物.

[叻] lè 地名用字.〔石~〕〔埠 bù〕地シンガポール.〔新 xīn 加坡〕の別称.〔~元 yuán〕〔~币 bì〕シンガポールドル. ②〔~~〕擬豚を追いこむ時のかけ声

[玏] lè 〔喊 jiān 玏〕

[泐] lè 〈文〉(石が)はがれる.劈開(が)する:石が紋理に沿って裂けること. ②書く.しるす:多くは書簡文に使う.〔某 mǒu 某~〕〔某某手书〕某某が手書きした(もの)の意:同輩間の書信の末尾に用いる常套語.〔名另 lìng ~〕名は別にしるす. ③刻む.→〔勒Ⅱ〕

泐笺 lèjiān 〈贖〕ここに手紙を書いて申し上げます.
泐达 lèdá 〔函 hán 达〕
泐复 lèfù 〔函 hán 复〕

[勒] lè (Ⅰ)①〈文〉衔(啣)のついている面繋(羁):馬のくつわ.〔马~〕同前.〔金鞍玉~〕金の鞍,玉のくつわ. ②たづなをしめる.引き止める.→〔~xuán 崖勒马〕③無理やりにやらせる.強制する.〔~退〕強制退学させる.〔~差 chāi〕無理やり派遣する.〔~捐〕強制的に寄付させる.→〔勒令〕 ④书法の一:横しの画〔〕〈姓〉勒氏.
(Ⅱ)〈文〉刻む.ほる.記する.→〔勒石〕〔泐③〕
(Ⅲ)物ルクス:〔勒克斯〕の略. → lēi

勒碑 lèbēi ⇒〔勒石〕
勒逼 lèbī 強いる.圧迫する.無理にせる.
勒兵 lèbīng ①軍隊の指揮を執る. ②部隊を配置する
勒草 lècǎo 植ムグラ:〔葎 lù 草〕に同じ.

勒充兵役 lè chōng bīngyì 〈文〉兵役に服すること を強制する.
勒交 lèjiāo 回手渡すことを強要する.
勒克斯 lèkèsī ＝〔米 mǐ 烛 zhú 光〕〈音訳〉物ルクス lx：照度の単位．〔勒克司〕とも書いた．単に〔勒(Ⅲ)〕ともいう．
勒令 lèlìng 命じて…するよう強いる．強制的に…さ せる．〔～交còì〕強制的に返還させる.
勒掠 lèlüè 強奪する．略奪する．
勒马 lèmǎ 〈文〉手綱をひきしめる．→〔勒衔〕〔悬 xuán 崖勒马〕
勒命 lèmìng 強制する．厳命する．
勒派 lèpài 強制的に割り当てる．〔～军 jūn 捐〕旧 軍事課税をむりやに取立てる．
勒迫 lèpò 強迫する．無理強いする．
勒卡 lèqiǎ 強制的に(…)する．〔～企 qǐ 业乱收费〕 むりやり企業からいろいろな名目の金を集める．
勒石 lèshí ＝〔勒碑〕石に文字を刻む．石に彫りつけ る(石碑などの)
勒收 lèshōu 強制的に取り上げる．〔～地租〕地租を 強制徴収する．
勒赎 lèshú 匪賊が人質を取り身代金を強要する．→ 〔绑 bǎng 票(儿)的〕
勒税 lèshuì 重税を課する．
勒索 lèsuǒ 強奪する．むりやりに取る．ねだる．強要す る．ゆする．巻き上げる．〔～信 xìn〕脅迫状．脅迫し て金銭を強要する手紙．〔勒 lēi 捐②〕
勒衔 lèxián 馬のくつわを引いて進行を止める．→ 〔勒马〕
勒限 lèxiàn むりに期限を決める．〔～十天〕十日の 期限をきる．
勒休 lèxiū 退職を命ずる．〔勒令休 xiū 职〕退職を 命ずる．
勒抑 lèyì ①脅かして値段を下げさせる．②脅し取 らせつける．
勒诈 lèzhà 脅してだまし取る．
勒竹 lèzhú ⇒〔簕竹〕
勒住 lèzhù ①引きとめる．〔勒不住韁〕馬を止めるこ とができない．②押さえつける．③抑留する．

〔艻〕lè
艻竹 lèzhú ⇒〔簕竹〕

〔簕〕lè
簕榙 lèdǎng 植常緑樹の一種．根は薬用される．
簕竹 lèzhú 植とげのある竹：広東ではとげを〔勒 lè〕 という．〔勒⑪〕〔刘 liú 竹〕ともいう．

〔鳓・鰳〕lè
〔～鱼 yú〕〔白 bái 力鱼〕〔白鳞 lín 鱼〕〔曹 cáo 白鱼〕〔鲙 kuài 鱼〕〔快 kuài 鱼〕魚具ヒラ：イワシ科の魚．塩を して乾燥し食用にする．〔～鲞 xiǎng〕〔曹白鲞〕同 前の干物，ひらき．

〔乐・樂〕
lè ①楽しい．うれしい．〔大家都～得跳 tiào 了起来〕 みんな喜んで躍り出した．②楽しみ．〔取 qǔ～儿〕享楽する．③愛好する．好む．楽しむ．〔～考 kǎo〕試験を好んで受ける．〔～于助 zhù 人〕人を助けることを好む．④〈口〉笑う．〔～什么〕何を笑うのか．〔逗人～〕人を 笑わせる．他説的な話真招 zhāo へ〕彼の話には本 当に笑われる．⑤〈姓〉楽(ê) → yuè

乐不可支 lè bù kězhī 〈成〉うれしくてたまらない．
乐不思蜀 lè bù sīshǔ 〈成〉楽しんでいて故郷に帰 ることを忘れること．〔喩〕うわれて本業を忘れる：蜀 漢が亡んだ後，劉禅一家は洛陽に遷居していた．司 馬昭が劉禅に蜀を思うや否やを尋ねた．これに対し 〔～〕と答えた．〔乐而忘返〕に同じ．

乐此不疲 lècǐ bùpí 〈成〉好きなことをやっていると 疲れも感じないこと．好きで耽溺するさま．夢中にな ってる：〔乐此不倦 juàn〕ともいう．
乐从 lècóng 従うことを願う．喜んで従う．喜んです．
乐道 lèdào ①話すのが好きである．喜んで話す．〔津 jīn 津～〕興味津々で話す．②信念を守ることに喜 びをもつ．〔贫～，宠 chǒng 辱不惊〕貧乏に安んじ て自分の信念を施すことに喜びを感じており，ほめ られようがけなされようが全く意に介さない．
乐得 lèdé ①喜んで．楽しんで…する．…する方がいい．…する方が気が楽になる．〔～偷 tōu 懒〕さぼる 方がましい．〔我～看穿他，儿孙自有儿孙福〕〔茅·霜 1〕わたしも少し悟りを開く方が気が楽なものだ，子 や孫たちはまたそれぞれに幸福があるものだ．②自然にうまい具合になる．…するのにちょうどよい．…するのにもって来いだ．…しないという手はあるま い．〔～人财两进〕(紅69)金と人と両方がころげこむ ということになる．[現在正是好机会，您～托人办 一办]今はちょうどいい機会だ，あなた，人に頼んでや ってもらわないという手はありません．
乐而忘返 lè ér wàngfǎn ⇒〔乐不思蜀〕
乐观 lèguān 楽観(する)．楽観的(である)．〔过于 ～〕楽観的すぎる．〔～主义〕楽観主義．楽天主義． オプティミズム．〔～主义者〕楽天家．オプティミス ト．↔〔悲 bēi 观〕
乐国 lèguó 楽土．安楽な邦土．西方極楽世界．
乐果 lèguǒ 農ロゴール(ジメトエート)：〔氧 yǎng 化 ～〕ともいう．農薬の名．
乐呵呵 lèhēhē うれしそうなさま．うきうきしている さま．
乐和 lèhe〈口〉(生活が)幸せである．楽しい．〔咱 zá 今儿个～～〕わしはきょうは一つ陽気にやろう．〔整 zhěng 天都乐乐和和的〕終日楽しく過ごす．
乐祸 lèhuò 人の禍を喜ぶ．〔幸 xìng 灾乐祸〕
乐极生悲 lèjí shēngbēi ＝〔福 fú 过灾生〕〈成〉楽 あれば苦あり．楽は苦の種．↔〔苦 kǔ 尽甜来〕〔否 pǐ 极泰来〕
乐境 lèjìng 安楽な境地．境涯．楽天地．〔乐境乡 xiāng〕ともいう．
乐捐 lèjuān ①＝〔乐助〕喜んで寄付する．快く義 捐する．喜捨する．②旧歌舞音曲を業とするものま たは妓館の営業税．
乐克溶液 lèkè róngyè 医ロック液：生理食塩水の 一．→〔复 fù 方氯化钠注射液〕
乐乐腔 lèlèqiāng 旧数人でどらを鳴らし胡弓をひい て〔梆 bāng 子调〕を歌って門付けをするもの，またその曲．
乐趣 lèqù 楽しみ．おもしろみ．興味．
乐群 lèqún 人と群れたがる．人と一緒にいるのが好きである．
乐儿 lèr 楽しみ．遊び：〔乐子〕に同じ．〔我以为听 戏倒是个～〕わたしは芝居を見るのがほんとうに楽 しみだ．〔多么大的一呀〕何と楽しいことよ．
乐融融 lèróngróng 和気あいあいたるさま．〔～的晚会〕和気あいあいとした夜会．
乐山 lèshān 地四川省にある．〔～大佛 fó〕同前にある中国第一の大仏．
乐善 lèshàn 善行を好きである．〔～好 hào 施〕慈善 事業を好んで行う．→〔乐施〕
乐生 lèshēng 生を楽しむ．生活を楽しむ．
乐施 lèshī 喜捨を好む．→〔乐善〕
乐事 lèshì 楽しいこと．
乐岁 lèsuì 〈文〉豊年．
乐陶陶 lètáotáo とても楽しいさま．
乐天 lètiān ①天命を楽しむ．〔～知命〕〈成〉天命の

lè~léi

楽しみ分に安んずる．→[安ān分守己] ②〈転〉楽天的である．のんきである．〔~派pài〕楽天家．楽天主義者．→[乐观]

乐透彩票 lètòu cǎipiào〈音訳語〉ロトくじ．

乐土 lètǔ 安楽の所．楽土．楽園．

乐纹儿 lèwénr〈方〉笑いじわ．〔看看他的脸上,连点儿~都没有〕ごらんなさい,彼の顔には笑いじわひとつありません．

乐嘻嘻 lèxīxī とても喜ぶさま．にこにこ笑うさま．

乐洋洋 lèyángyáng 楽しみに満ちたさま．〔~的气qì 氛〕楽しみに満ちた雰囲気．

乐业 lèyè 楽しんで仕事をする．各自その職を楽しむ．〔安居~〕分に安んじてそれぞれの業を楽しむ．

乐以忘忧 lè yǐ wàngyōu〈成〉楽しくて憂いを忘れる．〔乐而ér 忘忧〕ともいう．

乐意 lèyì ①⇒[乐于] ②満足である．嬉しい．

乐用 lèyòng 愛用（する）．〔蒙各界人士~〕みなさまのご愛用をこうむる．

乐悠悠 lèyōuyōu 気持ちがゆったりしていて楽しいさま．〔心里~的〕気分がゆったりしていて楽しい．

乐于 lèyú =[乐意①] …するのが楽しい．喜んで…する．〔人们~听他的动人的歌声〕人々は彼の切々と心を打つ歌声を聞くことを好む．〔这些都是他们所~搜sōu 集的〕これも彼らが喜んで集めたものだ．

乐园 lèyuán ①遊園地；〔游yóu 乐园〕に同じ．②⬜(キリスト教の)天国．エデンの園．③〈喩〉楽しい所．

乐在其中 lè zài qízhōng〈成〉楽しみはその中にある．

乐助 lèzhù ①⇒[乐捐①] ②喜んで助ける．

乐滋滋 lèzīzī うれしくてうずうずするさま．

乐子 lèzi ①〈方〉楽しみ．面白いこと．たのしごと．〔看kàn 书是个~〕本を読むのが楽しいんだ．②冗談．笑いの種．笑いもの．笑いぐさ；他人の災いを喜ぶ意味合いを含む．〔你丢脸、人家瞧~〕きみが顔をつぶせば,人は笑いものにするだけのこと．

[了] le

①…した．…したら．…してから…：文中に用いられ,動詞・形容詞の後に置き,動作や状態の完成・完了(事実または仮定として)を表す．〔昨天买~一些书〕きのうの本をすこし買ってきた．〔只跑pǎo ~100米米〕100mくらいしか走らなかった．〔他来~我和他说〕彼が来たらわたしが彼と話をしよう(相談しよう)．〔等他来~再说吧〕彼が来てからのことにしよう．〔吃~饭就不饿è 呢〕わたしはいましがた飯を食べたばかりで,まだ腹はへってないんです．〔念一三年英文〕英語は3年間やった(今はやっていない)．〔从那里学到~不少知zhī 识〕そこからたくさんの知識を学んできた．〔雨小~一点儿了〕雨が小降りになった．〔辛xīn 苦~一辈子〕一生涯苦労してきた．②文末に置いて,変化の出現を表す．今さに出現しようとしている新しい情況を表す場合もある．〔他来~〕彼は来た．彼は来た(そしていまも来ている)．〔他来～又走～〕彼は来てまた出て行った．〔三点~〕3時になった．〔学会~〕学び覚えた．〔长zhǎng 大~很〕成長して大きくなった．〔病bìng 好~〕病気はよくなった．③…である．…だ：文末に置いて,断定・決定・主張を表す．〔那就不用说~〕それはもちろんだ．〔再好也上不以上もなのはない〕．〔这就难nán 怪~〕むりもない．〔是我的不是~〕わたしがよくありませんでした．〔对~,好极jí ~〕それは至極いい．〔这么沉chén 啊,可够你一个人拿的~〕こんなに重いのか,きみ一人で持つのは大変でしょう．〔我想他是不会来~〕彼は来こないと思う．〕…せよ．…するな：要求・希望・命令・催促・禁止・願望を表す．〔别提tí

~〕その話はよせ．〔饶ráo ~我吧〕お許しください．〔把那五元零líng 头儿抹mǒ ~吧〕その5元のはしたはまけてくれよ．〔啦la〕〔喽lou〕〔太tài〕〔可kě〕〔极jí〕〔死si〕〔坏huài〕〔透tòu〕などと呼応して感嘆や強調の意を表す．〔今天太冷~〕今日は寒すぎる．〔那种药可贵~〕あの薬はほんとうに高いよ．〔累lèi 死~〕死にそうなほど疲れた．⑥〈方〉…やら…やら…だとか…だとか：事物を列挙する時に用いる．〔手绢juàn 儿~、香xiāng 烟~、带上了吗〕ハンカチとかタバコとかみな持ちましたか．→liǎo

[饹·餎] le →[饸hé 饹] →gē

lei カヘ

[勒] lēi

①〔口〕しめつける．しばる．〔~小〕小さく引きしめる．〔用绳shéng 子把行李~上〕縄で荷物をしっかり縛る．〔背bèi 包带太紧,~得慌〕ナップザックの紐がきつくて(肩に)くいこんでたまらない．〔手腕子被bèi 皮筋~了一道印儿〕腕に輪ゴムでしめられた跡が残った．②〈方〉節約する．倹約する．〔虽然挣zhèng 得多也得~着点儿吧〕稼ぎは多いが少し倹約しなさいよ．→[勒裤裆[腰]带]③〈方〉こする．拭く．〔用手巾jīn ~一~身上的水〕手拭で体の水をふく．〔~一~脊梁〕背中をこする．→lè

勒巴 lēiba 堅くしばる．〔腿上~着好些绳子〕腿(きし)の上を何本もの縄でしっかりしばる．

勒痕 lēihén 絞められた跡．しばり傷．

勒脚 lēijiǎo ⬜柱石．礎石．

勒紧裤(腰)带 lēijǐn kù(yāo)dài〈喻〉飢えをしのぶ．→[挨ái 饿]

勒掯 lēiken〔勒恳〕〔掯掯〕〔累掯〕とも書く．〈方〉①無理強いする．しばりつける．がんじがらめにする．せまっておしつめる．〔一条tiáo 条不合理的法令~得人喘chuǎn 不过气来〕不合理な法令の1箇条1箇条にしばりつられて息もつくこともできない．〔这世道真快kuài 把人~死了〕この世の中ときたら人間をしめつけて殺さんばかりだ．〔这孩子净jìng ~人〕この子は人にせがんでばかりいる．〔你别~我了〕あなたわたしをいじめないでください．〔你不许~他,不许惹rě 他生气〕お前は彼を抑えつけて怒らしてはいけない．→[勒lè 索] ③金を脅し取る．ピンハネする．

勒口 lēikǒu (書籍で)ソフトカバーの端を折り込んだ部分．

勒死 lēisǐ ①絞殺する．②結び目を(ほどけないように)きつく結ぶ．

[㩳] lēi

㩳掯 lēiken ⇒[勒掯]

[累·纍(縲)] léi

〈文〉①大縄でつなぐ．拘禁する．②綱．太縄．〔~一绁xiè〕〔缧绁〕罪人を縛る綱．〈転〉獄中．→léi lèi

累堆 léiduī〈白〉煩わしい．余計である．

累累 léiléi〈文〉①多数が重なり連なっているさま．〔果guǒ 实~〕果実がたわわに実る．②=〔儽儽〕つれ疲れたさま．〔丧sāng 容~〕(礼記)やつれ疲れて容儀を失ったさま．〔丧家之狗gǒu〕(史記)うなだれて元気のない喪家の犬の如し．→lěilěi

累囚 léiqiú〈文〉牢獄につながれた囚人．俘虜．

累赘 léizhui〔累坠〕とも書いた．①煩わしい．面倒である．厄介である．〔路上带着这么个行李,真~〕

léi

道中こんな荷物を担ぎまわっては大変面倒だ.〔这么办太~〕こんなにするのは非常に厄介だ.②人に面倒をかける.足手まといになる.③煩わしいこと.面倒なこと.〔给别人添 tiān ~〕他人に面倒をかける.

〖蔂〗 léi =〔蔂②〕〈文〉土を入れるかご.

〖嫘〗 léi 〔~祖 zǔ〕古代伝説上の黄帝の妃:初めて人々に養蚕を教えた.

〖缧・縲〗 léi

缧绁 léixiè 囯罪人を縛る縄.〈転〉牢屋.

〖犛〗 léi 〈文〉雄牛.→〔公 gōng 牛〕

〖𧉟〗 léi =〔𧉟 bǔ 吩〕(ポルフィン)に同じ.→〔𧉟〕

𧉟族化合物 léizú huàhéwù ⇒〔𧉟 bǔ 咻〕

〖雷〗 léi ①かみなり.〔打~〕雷が鳴る.〔平地 dì 一声 ~〕慣事が不意に起こって人を驚かすこと.②爆発力の大きい火器:〔地~〕〔水~〕〔鱼~〕など.〔布~〕〔埋 mái ~〕地雷を敷設する.③〔姓〕雷.

雷暴 léibào 囯積乱雲で発生する雷:大雨や雹(ひょう)を伴うこともある.〈転〉雷雨.

雷奔 léibēn 〈喩〉稲妻のように速く走る.

雷部 léibù (神話で)雷(かみなり)を司る諸神.→〔雷公〕

雷场 léichǎng 地雷を敷設した地域.

雷陈 léichén 〈喩〉友誼の厚いこと:東漢の雷義と陳重との故事.〔胶 jiāo 漆自謂坚,不如雷与陈〕〈諺〉にかわ・うるしは結びつきが堅いというが,雷義と陳重には及ばない.

雷池 léichí 囮安徽省望江県にあった川.ここを渡り,南京に至った.〈転〉一定の範囲.限界.〔不敢越 yuè 一步〕〈喩〉一定の範囲を一歩も越えようとしない.

雷达 léidá 〈音訳〉レーダー.電波探知機.〔~基地〕レーダー基地.〔~手〕レーダー手.〔~网 wǎng〕レーダー網.〔~跟 gēn 踪〕レーダー追跡.〔~兵 bīng〕軍レーダー部隊(兵士).〔~站 zhàn〕レーダーステーション.

雷打不动 léidǎ bùdòng 〈喩〉決然として揺るぎないこと.どんなことがあっても動じないこと.

雷电 léidiàn 雷鳴と電光.雷とその音.

雷动 léidòng (音の響く音)雷のようである.〔掌 zhǎng 声 ~〕拍手が雷のようである.〔欢迎的人群发出了~的欢呼声〕歓迎の人の群れは雷のごとき歓声を発した.

雷锋 léifēng 囚解放軍瀋陽部隊工兵運輸隊の班長(1940~1962).1962年8月公務のため殉職し,〔毛主席的好战士〕の栄誉を与えられた.その後,全国的に〔学习~〕の大衆運動が展開された.〔~精 jīng 神〕雷鋒精神:〔螺 luó 丝钉精神〕に同じ.

雷峰塔 léifēngtǎ =〔白 bái 蛇传〕

雷斧 léifǔ ①=〔雷斧石〕石器時代の石斧,石槌.②雷の斧で岩石を断ち割る:山や岩石などが巧みにうがたれているさま.

雷斧石 léifǔshí 同上①.

雷公 léigōng =〔雷神〕〔雷师〕〔雷祖〕かみなり様.雷神.〔~打豆腐,专拣软的欺〕〈歇〉雷が豆腐をつように弱い者いじめをする.

雷公蛇 léigōngshé ⇒〔鳄 è 蜥〕

雷公藤 léigōngténg 囿タイワンクロヅル:有毒植物.〔~片〕薬消炎・抗菌剤.

雷公头 léigōngtou =〔莎 suō 草〕

雷汞 léigǒng 化雷汞(ぇ).雷酸水銀.〔~〕〔雷酸 suān 水银〕〔雷酸汞〕ともいう.起爆剤に用いる.

雷鼓 léigǔ ①八面(または六面)の大鼓:古楽器の一.天神を祭るのに用いた.②雷鳴.③⇒〔擂鼓〕

雷管 léiguǎn 俗に〔底 dǐ 火②〕という.火薬等の点火,爆薬の起爆に用いる発火具.

雷鬼(乐) léiguǐ(yuè) 囜レゲエ:1950年代ジャマイカに生まれた音楽.70年代に盛んとなった.〔牙 yá 买加音乐〕(ジャマイカ音楽)ともいう.

雷害 léihài 雷による災害.

雷击 léijī ①落雷で感電する.②雷を落とす.大声で人を罵る.

雷击疙瘩 léijī gēda 囻春に食べる〔咸 xián 菜咯哒〕(カラシナの塩漬け).〔疙瘩〕は〔咯哒〕とも書く.春雷の頃に初めて食する.

雷殛 léijí 〈文〉①雷に打たれて死ぬ.②雷が物を破壊する.

雷巾 léijīn 道士のかぶる帽子.

雷克雅未克 léikèyǎwèikè 囮レイキャビク:〔冰 bīng 岛共和国〕(アイスランド共和国)の首都.

雷厉风行 léilì fēngxíng 〈成〉疾風迅雷的に事を行う.厳格迅速に事を執行する:〔雷厉风飞 fēi〕ともいう.〔一地一打击,这次 dào 窃案就没有了.疾风迅雷的にやったので窃盗事件は自然になくなった.

雷龙 léilóng 劻ブロントサウルス.アパトサウルス.雷竜:ジュラ紀の動物の化石で爬虫類に属す.

雷米封 léimǐfēng 薬リミフォン:学名は〔异烟肼 jīng〕(イソニコチン酸ヒドラジッド)でINAH(アイナー)とも呼ばれる.

雷鸣 léimíng ①雷が鳴る.〔~电 diàn 闪〕雷が鳴り電光が光る.②〈喩〉音の大きなこと.〔掌 zhǎng 声 ~〕拍手の音が大きい.

雷姆 léimǔ 物レム.記号 rem:(放射線の)線量当量の単位.現在は国際単位系(SI)の〔希 xī 沃特〕(シーベルト.記号 Sv)を用いることが多い.1 Sv = 100 rem.

雷鸟 léiniǎo 囻ライチョウ(総称).〔松 sōng 鸡科~属〕ライチョウ科ライチョウ属.〔花尾榛 zhēn 鸡〕エゾライチョウ.〔岩 yán ~〕ライチョウ.〔柳 liǔ ~〕ヌマライチョウ.

雷劈 léipī ①落雷する.②雷に打たれる.雷に感電して死ぬ.

雷普塔 léipǔtǎ 〈音訳〉レプタ:ギリシアの補助通貨単位名.〔雷浚顿〕とも書いた.

雷蜞 léiqí 〔方〕囻福建の海浜の稲田に生息し,形はみみずに似たやや赤色の虫.

雷区 léiqū ①囻軍多発地区.②軍地雷や機雷の敷設区.③〈喩〉触れてはならない部分.デリケートな所.

雷神 léishén ⇒〔雷公〕

雷声 léishēng 雷の音.雷鳴.〔~隆隆〕雷がゴロゴロ鳴っている.〔~大,雨点小〕雷鳴は大きいが雨粒は小さい.〈喩〉かけ声ばかり大きいこと.行動の相伴わないこと.

雷师 léishī ⇒〔雷公〕

雷实 léishí ⇒〔雷公〕

雷琐辛 léisuǒxīn =〔间 jiān 苯二酚〕

雷霆 léitíng ①雷鳴の激しい音響.②〈喩〉勢威.激烈.〔大发 fā ~〕ひどく怒る.〔~之怒 nù〕激しい憤怒.〔~火炮 pào〕④激烈するさま.⑤怒りっぽいさま.

雷霆万钧 léitíng wànjūn 〈成〉威力の大きいこと.非常に大きな力.すごい力.〔~之势〕当たるべからざる勢い.

雷同 léitóng ①雷同する.〔~现 xiàn 象〕共鳴現象.②そっくり同じである.〔避 bì 免~〕重複をさける.

雷头风 léitóufēng ①[中医]頭痛の一種.②〈喩〉大喝.痛棒.

a **雷丸** léiwán ＝〔雷…〕竹の根に寄生する菌の一種で薬用にする.
雷亚尔 léiyà'ěr 〈音訳〉…ブラジルの通貨単位. 1〔～〕は100〔生太伏〕(センターボ)
雷雨 léiyǔ 気雷雨.〔～云 y…〕〔积 jī 雨云〕積乱
b 雲.
雷阵雨 léizhènyǔ 気雷を伴ったにわか雨.
雷芝 léizhī ⇒〔荔 lì 枝〕
雷子 léizi 〈口〉(私服の)サツ.ポリ.
雷祖 léizǔ ⇒〔雷公〕

c **〔擂(攂)〕** léi ①たたく.〔～了一拳〕こぶしを一つ食らわした.〔～门 m…〕ひどく門をたたく.〔～拳 quán 跳脚〕拳で手のひらをたたき,足を踏みならして残念がる.〔～响 xiǎng〕たたいて大音響が出る.→〔擂鼓〕 ②すって粉にす
d る.すりつぶす.→〔擂钵〕 → lèi
擂钵 léibō ＝〔〈文〉擂盆〕物を擂(す)る乳鉢.すり鉢.
擂茶 léichá 〈方〉茶葉·白ゴマ·落花生をすりつぶして布に包み,熱湯をつぎ,十分に出してから砂糖を入
e れて飲む飲料.
擂槌 léichuí すりこぎ.乳棒.
擂鼓 léigǔ ＝〔雷鼓③〕太鼓をたたく.〔～三通 tòng〕太鼓を三くぎりたたく.〔～筛 shāi 锣〕太鼓を打ち銅鑼(どら)を鳴らす.〈転〉大げさに騒ぎ立てるさ
f ま.
擂盆 léipén ⇒〔擂钵〕
擂沙团 léishātuán 〈方〉食〔汤 tāng 团〕(ゆで団子)に,さらに砂糖入りの炒った小豆粉をまぶした食品.→〔元 yuán 宵②〕
g **擂丝(刀)** léisī(dāo) ⇒〔滚 gǔn 花刀〕

〔檑〕 léi 〈文〉高所から大木を落として敵を打つ戦法.
檑木 léimù 〈文〉城壁の上から落とす大木(を輪切りにしたもの)

h **〔礌(礧)〕** léi 〈文〉①城壁の上から大石を落とし敵を打つ戦法.またその大石.〔滚 gǔn 木～〕大木大石を落とす同前. ②攻撃する.撃つ.
礌石 léishí 〈文〉高所から敵を攻撃するために落とす
i 大石:古くは〔藺 lìn 石〕といった.

〔镭·鐳〕 léi ①瓶·壺の類. ②物ラジウム:放射性,アルカリ土類金属元素.記号 Ra.〔銧 guāng〕は旧名.
镭锭 léidìng 〈音訳〉物ラジウム.〔～疗 liáo 法〕〔镭疗〕医ラジウム療法.
j **镭射** léishè レーザー:〔激 jī 光〕の音訳.〔莱 lái 塞〕に同じ.〔～唱碟 dié〕〔激光唱片〕レーザーディスク.
镭射气 léishèqì ⇒〔氡 dōng〕
镭盐 léiyán ラジウム塩.
k **镭柚** léiyòu 植柑橘の一種:夏蜜柑の大きなもの.→〔柚〕

〔櫑〕 léi ⇒〔罍〕

l **〔罍〕** léi ＝〔櫑〕古大きな酒杯:ふたがあり両肩に輪がついている.

〔儡〕 léi
儡儡 léiléi ⇒〔累累②〕

〔虆〕 léi ①〈文〉植物の蔓. ②⇒〔蔂〕

m **〔欙〕** léi 〈文〉山かご.

〔羸〕 léi ①〈文〉痩せ衰える.痩せて弱っている. ②〈姓〉羸(るい)
n **羸顿** léidùn 〈文〉痩せ衰えて力ないさま.疲れがひどく弱っている.
羸弱 léiruò 〈文〉痩せこけている.痩せ衰えて
羸师 léishī 〈文〉弱い軍隊.
羸瘦 léishòu 〈文〉痩せ衰える.

〔耒(耒)〕 lěi ①古(農具の)木のすき ②同前の柄.→〔耒耜〕 ③〔～shuǐ〕地湖南省にある.
耒耨 lěinòu 〈文〉木のすきと草かき(農具)
耒耜 lěisì 〈文〉①すき:農具の一種.〔耜〕は土を起こす木鋤の刃,〔耒〕はその柄. ②〈転〉耕具(総称)

〔诔·誄〕 lěi 古①死者の事跡を述べ哀悼する:多く目下の者に対する.〔～德〕死者の徳行を述べ悼む. ②同前のための文.〔～文〕〔～辞〕弔辞.

〔垒·壘〕 lěi ①城壁.とりで.〔堡 bǎo ～〕〔营 yíng ～〕同前.〔深 shēn 沟…～〕〈成〉深い堀と高い城壁(を作る).〔壁 bì ～森…〕〈成〉城壁やとりでの厳重なこと. ②＝〔累(Ⅰ)④〕(煉瓦·石などを)積み重ねる.(石垣壁を)築く.〔～一道墙 qiáng〕石垣壁を積みあげる. ③ス(野球·ソフトボールの)ベース.〔一～打〕一塁打.〔本～打〕〔全 quán ～打〕ホームラン.
垒包 lěibāo ①土嚢を積む. ②⇒〔垒垫〕
垒壁 lěibì ＝〔垒城②〕〔垒培②〕とりで.堡塁.
垒城 lěichéng ①城壁を築く. ②同上.
垒垫 lěidiàn ス(野球の)ベース:〔垒包②〕ともいう.
垒块 lěikuài ＝〔磊块〕①石の塊. ②胸中不平を抱くこと.
垒垒 lěilěi 沢山連なっているさま.〔山峰 fēng ～〕山の峰が同前.
垒培 lěipéi ①〈文〉小阜.小さい丘. ②⇒〔垒壁〕
垒坯 lěipī 〈方〉ばかである.愚かである.はっきりしない.〔我没～〕わたしはまだ愚かにはなっていない.〔这事你怎么不明白,心里垒着坯呢〕こんなことを君はどうしてわからないかというと,それは心がもやもやしているからだ.
垒砌 lěiqì 築き上げる.〔～一块块砖石〕煉瓦や石を一つ一つ積み上げ築く.
垒墙 lěiqiáng ①城壁.塁壁. ②壁または塀を築く.〔～架 jià 梁〕建造物を建てる.
垒球 lěiqiú スソフトボール(またそのボール).〔打～〕同前をする.〔～协会〕〔垒协 xié〕ソフトボール協会.→〔棒 bàng 球〕
垒石 lěishí ①積み重ねた石. ②石を積み重ねる.〔～山〕石山.
垒坛 lěitán スソフトボール界.

〔儡〕 lěi →〔傀 kuǐ 儡〕

〔蘽〕 lěi ①〈文〉藤·葛の一種. ②〈文〉つきまとう. ③⇒〔蕾〕

〔灅〕 lěi 地古水名:上流は現在の桑乾河,中流は永定河,下流は海河.

〔累·纍(絫)〕 lěi (Ⅰ)〔纍(絫)〕①積み重ねる(なる):〔磊②〕に同じ.〔层 céng ～〕同前.〔日积 jī 月～〕〈成〉日が積もり月が重なる. ②連続する.つながる.〔经年～月〕年月を重ねる.年月を経る. ③しばしば:〔屡 lǚ 次〕に同じ.〔～建 jiàn 大功〕しばしば大功をたてる.→〔累犯〕 ④⇒〔垒②〕
(Ⅱ)〔累〕連座させる(する).迷惑をかける(られる).巻き込む(まれる).かかりあいになる.〔我这一病,～你挂 guà 心〕この病気でお前にまでも心配をかける.〔带 dài ～〕〔连 lián ～〕かかりあいになる. → léi lèi
累乘法 lěichéngfǎ 数累乗法.
累次 lěicì 度々.しばしば:〔屡 lǚ 次〕に同じ.〔～三

L

lěi～lèi

累代 lěidài ＝[累世][累历]歴代.代々.[～累世升平][重 chóng 熙累洽]〈文〉太平の世が代々続く.

累牍連篇 lěidú liánpiān〈成〉〈文〉文章などの言葉が冗長で煩わしいこと.[連篇累牍]ともいう.

累犯 lěifàn ①⇒[累(行)犯]②犯を重ねる.しばしば罪を犯す.

累积 lěijī 積み積み重ねる.積み立てる.累積する.[～投资]累積投资.—[～债 zhài 务]累積債務.[～起来,辞 cí 典已校 jiào 完五分之一了]累積してみると,辞典の校正はもう5分の1終わった.

累及 lěijí 累を及ぼす.災いが波及する.[～无辜 gū]〈成〉累を何の罪もない人に及ぼす.

累计 lěijì 累計する.総計する.

累加 lěijiā 累加(する).[累增]に同じ.[～器]アキュムレーター.累算器.

累减 lěijiǎn 累减(する).

累见不鲜 lěijiàn bùxiān ⇒[屡见不鲜]

累教不改 lěijiào bùgǎi ⇒[屡教不改]

累诫不改 lěijiè bùgǎi ⇒[屡诫不改]

累进 lěijìn 累(进)進(する).[～法]累進法.[～税 shuì]累進税.

累累 lěilěi ①何度も重なる.②積み重なるさま.[罪行～]罪行累累.→ léiléi

累历 lěilì ⇒[累代]

累卵 lěiluǎn 積み重ねた卵.〈転〉今にも瓦解の危険があること.[～之危]危如～]〈成〉危きこと累卵の如し.

累年 lěinián 年々.連年.

累七 lěiqī 〈仏〉(仏教で)死後七日毎の法要を重ねて七七(49日)まで営むこと.[斋 zhāi 七]ともいう.

累棋 lěiqí 将棋の駒を高く積み上げる.〈喩〉物事の危険なこと.

累迁 lěiqiān ①度々昇進する.②幾度も変わる.

累千万 lěiqiān lěiwàn〈成〉幾千幾万.[成 chéng 千累万]成千上万]に同じ.

累仍 lěiréng〈文〉何度も.しばしば.

累日 lěirì 毎日.連日.

累时 lěishí〈文〉長い間.長い月日.

累世 lěishì ⇒[累代]

累岁 lěisuì〈文〉長年.年々歳々.

累退税 lěituìshuì 逆進税.

累(行)犯 lěi(xíng)fàn ⇒累犯.重犯.常習犯.

累月经年 lěiyuè jīngnián〈成〉多くの年月を経ること.

累增 lěizēng しだいに増加する.[累加]に同じ.

累债不如疏亲 lěizhài bùrú shūqīn〈谚〉親戚間の交際に見栄を張って借金を作るよりは疎遠になった方がよい.→[人 rén 情大似债]

[磊] lěi〈文〉石の多く重なっているさま.[～拓 tuò 峨峨]同上.②積み重ねる(なる):[累(I)①]に同じ.③大きいさま.

磊块 lěikuài ⇒[垒块]

磊磊 lěilěi ①石のたくさんの石が積み重なっているさま.[山石～]同前.

磊珂 lěiluò ①同下①.②〈文〉性情才知の優れたさま.[其人一见～知](世说·言語)その土地の人には,才知に優れた俊英が多い.

磊落 lěiluò ①＝[磊珂①]〈文〉多いさま.錯雑するさま.②磊落.[磊磊落落]同前のさま.[光明～]〈成〉光明正大である.

[蕾] lěi ＝[蘲]〈文〉つぼみ.[〈文〉蓓 bèi ～]同前.[花～]花のつぼみ.→[骨 gū 朵儿]

蕾铃 lěilíng 綿のつぼみとはじけた実.→[棉 mián 桃]

累蕾癗肋泪类

[癗] lěi 〈中医〉はれもの.皮膚にできる小さい腫れ物.

[肋] lèi 〈生理〉両わき.あばら.[两 liǎng ～]〈方〉⇒[肋骨] → lē

肋巴骨 lèibashànr〈方〉①胸の両側のあばら骨が並んでいる.②〈中国靴の〉前と後が高く,中央が低い.→[鞋 xié]

肋部 lèibù 〈生理〉ろっ間部.

肋窝儿 lèichǎwōr〈方〉〈生理〉みぞおち:ふつう[心 xīn 口]という.

肋叉子 lèichǎzi 同下.

肋骨 lèigǔ ＝〈方〉肋巴骨][〈方〉肋叉子][肋条①]〈生理〉肋骨.あばら骨.[肋 xié(条)骨]ともいう.

肋间肌 lèijiānjī〈生理〉ろっ間筋.

肋膜 lèimó ＝[胸 xiōng 膜]

肋木 lèimù 〈体操の〉あばら木.

肋肉 lèiròu ①〈生理〉あばら肉.②ばら肉.三枚肉.

肋条 lèitiáo ①⇒[肋骨]②〈方〉(豚の)肉づきの肋骨.[～肉]リブ.→[五 wǔ 花三层]

肋窝 lèiwō 腋の下.腋窩.→[胳 gā 肢窝]

[泪(淚)] lèi〈涙〉[眼 yǎn ～]同前.[流 liú 眼～]涙を流す(が流れる).[～别 bié]ⓐ涙を流して別れる.ⓑ〈喩〉くやしい結末となる.②涙状のものとなる.[烛 zhú ～]蠟涙(ろうるい).火のついた蠟燭(ろうそく)から垂れおちる蠟.③〈姓〉涙.

泪骨 lèigǔ 〈生理〉顔面骨の一部,両眼窩内壁の前部.

泪管 lèiguǎn 〈生理〉涙小管;涙点から出る細い管.

泪河 lèihé〈文〉涙が川のように流れること.〈喩〉悲しみの甚だしいこと.

泪痕 lèihén 涙のあと.[满脸～]顔一面の同前.

泪花(儿) lèihuā(r)(目にたたえられた)こぼれ落ちそうな涙.→[泪珠(儿)]

泪涟涟 lèiliánlián 涙がとめどなく流れるさま.

泪囊 lèináng〈生理〉涙嚢(ぶくろ).[～炎 yán]〈医〉涙嚢炎.

泪人(儿) lèirén(r)〈喩〉涙に泣きぬれた人.泣き悲しんでいる人.[她自己已哭成了个泪人儿](老·四·惶17)彼女自身もう涙に泣きぬれていた.

泪水 lèishuǐ [泪 yǎn 泪]に同じ.[含 hán 着～说]涙をたたえつつ言った.

泪堂 lèitáng (骨相学上の)眼の下のへこんでいるところ.

泪汪汪 lèiwāngwāng 目に涙をたたえているさま.

泪腺 lèixiàn 〈生理〉涙腺.

泪眼 lèiyǎn 涙に潤んだ眼.涙目.

泪液 lèiyè 〈生理〉涙液.[眼 yǎn 泪](なみだ)は通称.

泪珠(儿) lèizhū(r)〈喩〉涙の玉.涙のしずく.まぶたからほおに伝わり落ちる涙.→[泪花(儿)]

泪竹 lèizhú ⇒[湘 xiāng 妃竹]

[类・類] lèi ①種類.[分～]分類(する).[同～]同類.[按～～別分开放]種類分けして別々に置く.②たぐい.同類のもの.同業のもの.仲間.[字典一～的书叫工具书]字典のようなものを"工具书"という.[芦苇之～]あしの類.[诸如此～]このたぐいのもの.③類似する.似る.[～滋 zī 味大～奶油]味は非常にバターに似ている.[画虎不成反～犬]虎を描いでうまくいかず,かえって犬のようになった.→[相 xiāng 似][像 xiàng]④〈文〉大概.おおむね.全部.[如此提案～难通过]この提案はほとんど採択される見込みはない.⑤〈姓〉類(さ)

类比 lèibǐ ①(論理学で)類推(する).→[类推]②类比(する).[～法 fǎ]類比法.

lèi～léng

类颣累酹擂嘞棱唥崚

类别 lèibié 類別.分類.

类词缀 lèicízhuì 広義の接辞:〔超 chāo 声波〕の〔超〕,〔追星族 zú〕の〔族〕など.〔词缀〕

类地行星 lèidì xíngxīng 地球型惑星.

类毒素 lèidúsù トキソイド.〔白 bái 喉～〕ジフテリアトキソイド.

类风湿 lèifēngshī リウマチ.〔～关 guān 节 jié 炎〕(慢性)関節リウマチ.

类固醇 lèigùchún ⇒〔甾 zāi〕

类乎 lèihu …に似ている.…のようである.…に類する.〔那个电影～神话〕あの映画は神話の類だ.

类化 lèihuà 類化:新しい観念を古い観念と結びつけて取り入れること.

类激素 lèijīsù 環境ホルモン:〔环 huán 境激素〕に同じ.

类聚 lèijù 同類相集める.それぞれの部類に従って集める.

类名 lèimíng 普遍的概念:墨経に見える語.

类木行星 lèimù xíngxīng 木星型惑星.

类群 lèiqún (動植物)の同類中のグループ.

类人猿 lèirényuán 類人猿:ヒトニザル科の〔大猩猩〕(ゴリラ),〔黑猩猩〕(チンパンジー),〔猩 xīng 猩〕(オランウータン),〔长 cháng 臂猿〕(テナガザル)

类如 lèirú …のたとえば…のごとき.

类伤寒 lèishānghán チフス菌似菌による病気.〔伤寒〕

类书 lèishū 類書:事項によって分類・集成し,検索できるようにした事典・辞典.『太平御覧』など.

类似 lèisì 類似(の).似ている.

类同 lèitóng ほぼ同じである.似通っている.〔手法～〕やり方はほぼ同じだ.〔～法〕帰納法の一:各種の事実を解釈しその類似点を発見して,一現象の原因をつきとめること.

类推 lèituī 類推(する):類似の点によって他を推し量ること.〔其 qí 他可以～〕その他は類推できる.→〔类比①〕

类新星 lèixīnxīng 準新星.

类星体 lèixīngtǐ 準星.クエーサー.

类型 lèixíng 類型.

类族 lèizú 同類.

〔颣・纇〕 lèi

〈文〉きず.欠点.〔疵 cī ～〕同前.〔此节空 kōng 洞,为全书之～〕このくだりが抜けているのは全書の欠陥である.

〔累〕 lèi

①(体が)疲労する.疲れている.〔乏 fá ～〕同前.〔你不～吗〕きみは疲れませんか.〔走～了〕歩き疲れた.〔干活儿不怕 pà ～〕仕事に疲れを知らない.〔母亲～垮 kuǎ 了〕母が疲れて体をこわした.〔～病了〕疲れて病気になる.②過度に用いる.ひどく使う.疲れさせる.〔劳～〕くたくたになる.〔眼 yǎn 睛刚好,不要～着它〕目はよくなったばかりだ,ひどく使うな.③面倒をかける.煩わす(人に世話を頼む事).〔这事还要～你〕この事もあなたにお骨折りを願わねばならない.〔～你走一趟 tàng 吧〕ご足労ですが一度行っていただきましょう.〔叫您受～了〕ご苦労をかけました.④働く.仕事を片付ける.〔家里这些事一个人～不过来〕家のこれほどの仕事は一人ではやりきれない.→ léi lěi

累德 lèidé 〈文〉(品行が)人徳に傷をつける.

累乏 lèifá 疲れくたびれる.

累坏 lèihuài ①=〔累垮〕疲れて体を壊す.②疲れはてる.疲れる.

累活(儿) lèihuó(r) 苦しい仕事.骨の折れる仕事.力仕事.〔我又没有力气,干不了～〕わたしには力がないので力仕事はできない.

累掯 lèiken ⇒〔勒 lēi 掯〕

累垮 lèikuǎ ⇒〔累坏①〕

累人 lèirén 人に苦労をかける.〔这孩子真～〕この子には苦労させられる.

累死 lèisǐ 死ぬほど疲れる.〔～累活地干,还顾不上一家几张口〕死ぬほど仕事をしても一家数人の口を糊することができない.

累心 lèixīn 心を煩わす.心配する.悩む.〔～的事心配事,大小事都要他管あれこれ,有多～呢〕万事彼の世話にならねばならない,ずいぶん迷惑なことであろう.

〔酹・醊〕 lèi

酒を注いで地を祭ったり,誓いをたてること.〔～灵 líng〕霊を祭りなぐさめる.

〔擂(攂)〕 lèi

擂台 lèitái 演武台.武技試合のために用いた台.〔～赛〕④挑戦試合.⑤勝ち抜き戦.トーナメント.〔摆 bǎi ～〕演武台をしつらえて挑戦者を求めること.〔打～〕〔打擂〕挑戦に応じて技能を競うこと.→ léi

〔嘞〕 lei

語気助詞.軽い肯定を表す.〔好～,我马上就来〕はーい,すぐ行きます.→〔了 le〕
〔喽 lou ②〕→ lē

leng ㄌㄥ

〔棱(稜)〕 lēng

→〔刺 cī 棱〕〔红 hóng 不棱登〕〔二 èr 不愣登〕〔傻 shǎ 不愣登〕→ léng líng

〔唥〕 lēng

〈擬〉クルクル:糸繰(ぐ)車などの回る音.〔纺车～～〕同前.

〔崚〕 léng

〔～嶒 céng〕〈文〉山の高く険しいさま.〔～嶒绝壁〕慣そそり立った絶壁.

〔棱(稜)〕 léng

〔楞〕①〔-儿〕とがったかど.〔四～〕四つの角.〔六～钢〕六角の鋼.〔见角〕四角四面である.〔喩きちんとしている(人や物が).②物体の上に盛り上がった筋.〔瓦 wǎ ～〕屋根瓦のうね.〔搓 cuō 板的～儿〕洗濯板の突起した筋の部分.③〈文〉四角な木.→ lēng líng

棱缝儿 léngfèngr 〈方〉①(壁の)つなぎ目.②(転)空隙.すきま.ほころび.〔转〕人は精明人,哪儿他有看著～不钻 zuān 的〕彼は賢い人間だて,つけいる隙を見つけたら逃しはしない.〔老张真成,这么复杂的问题,他一眼就瞧 qiáo 出～来了〕張君はたいしたもんだ,こんな複雑な問題でも一目で欠陥を見つけ出した.

棱角 léngjiǎo ①角(㋑).かど.②〈喩〉かどかどしさ.とげとげしさ.意固地.〔他从来是个不一个的,他话都不听〕彼はむかしから素直でなく,誰の言葉にも耳を貸さない.③〈喩〉才気.鋭気.際立った個性.〔修得 dé 的～消耗殆尽〕修得した才気はおおかた消耗しつくした.

棱镜 léngjìng =〔角 jiǎo 棱镜〕〔三 sān 棱镜〕プリズム.〔～角〕プリズムの両屈折面によって作られる角度.

棱坎 léngkǎn ⇒〔塄坎〕

棱棱 lénglèng 〈方〉怒りや悩みが目や眉に表れる.〔～着眼睛〕いきり立った目をしている.目にかどを立てている.〔～着眉,一脸 liǎn 不耐烦的神气〕いかめしい目,顔に堪えきれないような面持ち.〔～着嘴 zuǐ 角上带笑,而眼角一着〕彼の口元には笑いを帯びていたが,眼はきつかった.

棱皮龟 léngpíguī =〔革 gé 龟〕オサガメ.

棱台 léngtái =〔棱锥台〕角錐台.

léng~lěng 棱薐塄楞冷

棱条花布 léngtiáo huābù 〔紡〕コーデュロイ(コールテン):うね織り綿ビロード.
棱柱 léngzhù 〔数〕角柱.〔角 jiǎo 柱〕は通称.〔～体 tǐ〕〔角柱体〕角柱体.
棱锥 léngzhuī 〔数〕角錐.ピラミッド型:〔角 jiǎo 锥〕に同じ.〔～体 tǐ〕〔角锥体〕角錐体.
棱锥台 léngzhuītái ⇒〔棱台〕
棱子 léngzi 〈方〉〈物〉角.

[薐] léng 〔菠 bō ～菜〕〔植〕ホウレン草:〔菠菜〕に同じ.

[塄] léng 〈方〉田畑の周りの土手.〔地～〕同前.
塄坎 léngkǎn ＝〔垅坎〕〈方〉田畑の周りの土手.

[楞] léng ①⇒〔棱〕 ②〈姓〉楞(ﾘｮｳ)
楞场 léngchǎng 木材集積・運送場.
楞伽经 léngjiājīng 〔仏教の〕楞伽(ﾘｮｳが)経:〔楞伽阿跋多罗宝经〕の略.
楞木 léngmù 〔建〕大引.尾引:床の根太(ﾀ)を支える横木.
楞严经 léngyánjīng 〔仏教の〕楞厳経:〔大佛頂如来密因修証了义诸菩萨万行首〇〕の略.

[冷] lěng ①冷たい.寒い.〔天气～了〕(気候が)寒くなった.〔你~不~？〕寒くないか.〔等～再给他们穿棉袄〕寒くなってから綿入れを着せなさい.〔热 rè 〕↔〔寒 hán 〕 ②〈方〉冷ます.冷たくする.〔太烫了,~~一下再吃〕熱すぎるからちょっと冷ましてからおあがり.且等～～老太太的心事别说〕おばあさんの気持ちを落ち着けてからにしましょう. ③冷淡である.冷ややかである.〔态 tài 度很～〕態度が冷淡である.〔家庭～暴 bào 力〕〈喩〉家庭内離婚状態.夫婦間の冷戦状態.〔～眼 páng 观〕冷静(冷淡)に傍観する. ④ひっそりとしている.閑散としている.顧みられない.人の気がない.〔～码 mǎ〕(宝くじの当選番号で)当たりの少ない番号.〔～~清清〕ひっそりと寂しいさま.〔冷货〕 ⑤だしぬけの.不意の(矢・弾).〔～箭 jiàn〕不意の攻撃.〔～枪〕⑥めったにない.稀である.→〔冷字〕 ⑦〈喩〉落胆する.がっかりする.〔心灰意～〕〔惯〕意気消沈する. ⑧〈姓〉冷(ﾚｲ)

冷傲 lěng'ào 〔態度が〕ひややかで傲慢である.〔神情～〕クールである.
冷巴 lěngbā 冷房バス.
冷吧 lěngbā コールドドリンクバー.
冷拔 lěngbá 〔工〕冷間引抜.
冷板凳 lěngbǎndèng ①冷たい腰掛け.〈転〉冷遇.閑職.〔把我请来却 què 给他～坐〕わたしを招いておきながら,ひどい仕打ちをしやがって.→〔坐 zuò 冷板凳〕②〈喩〉村塾の教師の辛い境遇.→〔猴 hóu 狲王〕
冷背 lěngbèi 売れ行きが悪い.不人気である.〔～商品〕売れない品.〔～货〕〔冷门货〕同前の商品.
冷冰冰 lěngbīngbīng 氷のように冷たい.〔冷冰冰〕同前のさま.〔～的脸色〕冷ややかな表情.
冷兵器 lěngbīngqì (火器類に対して)刀剣類.
冷布 lěngbù ＝寒冷紗:夏,窓に用いて風通し虫よけにする目の粗い布.
冷不丁 lěngbudīng 同下.
冷不防 lěngbufáng ＝〔方〉冷不丁〕〈方〉冷孤丁〕突然.不意に:〔方〉冷丁〕〔方〉冷丁丁〕〔冷地〕ともいう.〔他～从后面打了我一拳 quán〕彼は突然後ろからわたしを殴った.〔给他个～〕彼に不意打ちをくわせる.
冷餐 lěngcān オードブル.冷えた料理:冷たい飲み物や果物を含む.〔～会〕立食パーティー.ビュッフェレセプション.

冷藏 lěngcáng 冷蔵(する).〔～库〕〔冷库〕冷凍庫.冷藏倉庫.〔～室〕冷蔵室.〔～车〕冷凍車.〔～船〕冷凍船.〔把药品～起来〕薬品を冷蔵する.→〔冰 bīng 箱〕
冷场 lěngchǎng ①会議で寒々とした(しらけた)場面.発言のない不活発な場面. ②(劇などで)役者がせりふを忘れ,全員がだんまりになってしまうこと. ③(演劇・映画・歌謡コンサートなどで)観客が少ないこと.
冷潮 lěngcháo 不振.さびれた状況.↔〔热 rè 潮〕
冷嘲热讽 lěngcháo rèfěng 〔成〕冷ややかな嘲笑と辛らつな風刺.皮肉っぽり,あてこすったりする:〔冷嘲热骂〕〔冷讥热讽〕ともいう.
冷齿 lěngchǐ 嘲笑する.あざけり笑う.
冷处理 lěngchǔlǐ ①〔工〕低温処理. ②〈喩〉冷却期間をおいて処理する.冷静に対処する.
冷床 lěngchuáng 〔農〕冷床.〔～育苗〕冷床育苗.
冷刺激 lěngcìjī ①寒冷刺激. ②同前による健康法.
冷脆 lěngcuì 〔工〕低温脆性.
冷待 lěngdài 冷遇する.冷たくあしらう.〔他觉得被那个老师～了〕彼はあの先生に冷たくあしらわれたと思っている.→〔薄 bó 待〕
冷淡 lěngdàn ①〈形式〉冷淡である.冷遇する.〔他决 jué 不故意地～朋友〕彼は決してわざと友人を冷遇したりはしない. ②愛想がない.関心がない.冷淡である. ③寂しい.ひっそりとしている.不景気である.〔生意～〕お店は閑散としている.
冷岛 lěngdǎo クールアイランド.〔～效 xiào 应〕クールアイランド効果.↔〔热 rè 岛〕
冷地 lěngdì ⇒〔冷不防〕
冷点 lěngdiǎn 〈喩〉見向きもされない問題・事柄.↔〔热 rè 点〕
冷碟(儿) lěngdié(r) ＝〔凉 liáng 碟(儿)〕
冷丁 lěngdīng ⇒〔冷不防〕
冷丁丁 lěngdīngdīng ⇒〔冷不防〕
冷冻 lěngdòng 冷凍(する).〔～食 shí 品〕冷凍食品.〔～干 gān 燥食品〕フリーズドライ食品.〔～机 jī〕冷凍機.〔～鱼〕冷凍魚.
冷锻 lěngduàn 〔工〕冷間鍛造.
冷饭 lěngfàn ①冷たい飯.冷や飯.〔炒 chǎo 〕〈喩〉二番煎じ.新味のないこと. ②〈方〉残飯.
冷风 lěngfěng 冷たい風.寒風.〔一股～卷 juǎn 着雪片猛地向我扑来〕寒風が雪片を巻き上げて急に僕にぶつかってきた.〔～话〕冷たい言葉.陰口.〔吹 chuī ～〕〔刮 guā ～〕冷たい風評を流す.
冷锋 lěngfēng 〔気〕寒冷前線.〔～面〕ともいう.
冷敷 lěngfū (水嚢やタオルなどで)患部を冷やす.
冷宫 lěnggōng 〔旧〕(寵愛を失った皇妃の住む)寂しい宮殿.古びた宮殿.〈喩〉誰にも顧みられないところ.〔打入～〕お蔵入りする.古い倉庫の中でほこりをかぶる.
冷孤丁 lěnggūdīng ⇒〔冷不防〕
冷官 lěngguān ＝〔冷宦〕あまり仕事のない官職.暇な官職.閑職.
冷光 lěngguāng ①〔物〕冷光.ルミネッセンス:蛍光・磷光など. ②冷たく冷ややかな眼光.
冷柜 lěngguì 冷凍庫.冷凍ショーケース:〔冰 bīng 柜〕に同じ.
锅里冒热气 lěngguōli mào rèqì 〈方〉唐突な.思いもつかない.〔～,哪儿来的话呢〕異な事を聞く,どこから出た話かね.
冷害 lěnghài 冷害.
冷汗 lěnghàn 冷や汗.〔吓 xià 了我一身～〕おれはびっくりして全身冷や汗をかいた.〔吓得出～〕びっくりして冷や汗をかく.
冷焊 lěnghàn 〔工〕冷間圧接:〔冷压接〕ともいう.電力

lěng

や熱力を用いず機械圧力だけで金属を溶接する方法．

冷呵呵 lěnghēhē〔方〕寒ందの厳しいさま．

冷和(平) lěnghé(píng) 因コールドピース．冷たい平和：冷戦以降の情勢．

冷话 lěnghuà 冷たい言葉．意地の悪い言葉．冷ややかな言葉．〔说～〕同前を言う．

冷宦 lěnghuàn ⇒〔冷官〕

冷灰 lěnghuī ①火の気のない灰．②〈喩〉冷淡．

冷荤 lěnghūn 冷えたまま食べる〔荤菜〕の料理．→〔冷盘(儿)〕

冷货 lěnghuò 売れ行きの悪い商品．棚ざらしの商品：〔冷门货〕に同じ．↔〔热ré货〕

冷讥热讽 lěngjī rèfěng ⇒〔冷嘲热讽〕

冷寂 lěngjì 静かで寂しい．

冷加工 lěngjiāgōng 回冷間加工：金属に対する常温下における施工.通常,切削加工に用いる．

冷箭 lěngjiàn 不意に飛んでくる矢．〈喩〉不意の危害．闇打ち：〔暗àn箭〕に同じ．〔放～〕闇打ちをかける．

冷节 lěngjié 〔寒hán食(节)〕

冷金 lěngjīn ①囮淡黄色(の)．②〈文〉同前の便箋：〔～笺〕ともいう．

冷噤 lěngjīn 身震い．〔打～〕身震いする：〔冷战 zhan〕に同じ．→〔寒hán噤〕

冷静 lěngjìng ①寂しい．ひっそりしている．静まりかえっている．→〔清 qīng 静〕②落ち着いている．冷静である．〔保 bǎo 持～〕冷静を保つ．③冷静にする．

冷酒 lěngjiǔ 冷酒．〔~后犯 fàn〕冷や酒は後できく．〈転〉怒った時に何事もなくすまし，後でけんかを売る．

冷锯 lěngjù 機常温鋸．

冷隽 lěngjuàn 深い意味のあること．

冷觉 lěngjué 冷覚．

冷峻 lěngjùn 冷ややかで厳しい．〔屋里的空气似乎因为他的出现而忽然一起来〕〔茅・霜 1〕室内の空気は彼の出現によって急に冷たく険しくなったようである．

冷开水 lěngkāishuǐ 湯ざまし：〔凉 liáng 开水〕に同じ．

冷库 lěngkù 冷凍倉庫：〔冷藏库〕ともいう．

冷酷 lěngkù 冷酷(である)．残忍(である)．〔～无情〕〈成〉血も涙もない．

冷拉钢 lěnglāgāng 回伸線鋼．

冷冷 lěnglěng ①寒いさま．②冷たく．〔～地说随 suí 你的便吧〕ご自由にと冷淡に言った．

冷厉 lěnglì 冷ややかで厳しい．

冷脸(子) lěngliǎn(zi) ＝〔冷面①〕厳粛な顔つき．②冷ややかな表情．

冷列 lěngliè 冷たい．寒い．

冷落 lěngluò ①さびれている．〔过去这里很～，现在变得热闹了〕ここのあたりは以前はさびれていたが，今ではとてもにぎやかになった．②冷遇する．粗略に扱う．〔别～了他〕彼を粗末に扱ってはいけない．

冷馒头 lěngmántou〈方〉冷めたマント—．〈喩〉不人気なもの(人や物事)．〔～香 xiāng 饽饽〕

冷铆 lěngmǎo 回熱を加えずにリベットを打ち込むこと．

冷眉冷眼 lěngméi lěngyǎn〈成〉冷淡な表情：〔冷眉淡 dàn 眼〕ともいう．

冷门 lěngmén 〔～儿〕①〈喩〉他人の注意をひかないところ．不人気なもの．(試験などの)競争率の低いのにもと賭博で賭け金の張られない場所をいった．〔～背 bèi 时的货〕不人気で流行遅れの商品．

货 huò〕〔冷背货〕〔冷货〕不人気商品．売れ行きの悪い品．↔〔热 rè 门〕②思いがけない(勝利・優勝などの)結果．〔出现～〕番狂わせがおこる．〔这回球赛爆出了～，想不到让这么个不出名的球队抢了冠军〕今回の試合は番狂わせがあった，こんな名もないチームが優勝するとは意外だった．

冷面 lěngmiàn ①⇒〔冷脸(子)〕②冷たい麺類．〔朝鲜族～〕朝鮮料理．〔凉 liáng 面〕

冷面孔 lěngmiànkǒng 仏頂面．無愛想な顔．〔板 bǎn 着～〕不機嫌な顔つきをしている．

冷漠 lěngmò 人や物に対し冷淡である．関心を持たない．〔～的态 tài 度〕冷淡な態度．

冷凝 lěngníng 物凝縮．コンデンセーション．〔～器〕機〔凝汽器〕コンデンサー(凝縮器)

冷暖 lěngnuǎn 冷たいのと暖かいの．〈転〉(人の)暮らし．生活．〔～空 kōng 调〕冷暖房エアコン．〔关心群 qún 众的～〕人々の暮らしに気を配る．〔人情～，自知〕〈成〉水を飲むようにその温度はおのずからわかる．〈喩〉人生の悟りは自分がいちばんよくわかる．

冷盘(儿) lěngpán(r) ＝〔攒 cuán 盘(儿)〕前菜の盛り合わせ：中国料理で最初に出される大皿に各種の酒のさかな．例えば〔酱 jiàng 肉〕〔卤 lǔ 什件(儿)〕〔松 sōng 花〕〔酥 sū 鱼〕などつめたい料理を盛り合わせたもの．〔饭堂的拿上来一个很精致的小～〕(老・四・惨26)食堂がなかなか凝ったつめたい前菜の盛り合わせを持って来た．〔冷荤〕〔凉 liáng 碟(儿)〕〔拼 pīn 盘(儿)〕〔小 xiǎo 吃②〕〔压 yā 桌①〕

冷炮 lěngpào ①不意に打たれた砲弾．②〈喩〉びっくりさせるような意外な言動．

冷配 lěngpèi (家畜に冷凍精液で)人工受精する．

冷僻 lěngpì ①人跡稀れである．辺鄙(がな)である．寂しい．②めったに見られない(字・名称・書籍など)：〔生 shēng 僻〕に同じ．〔～字〕めったに用いられない字：〔冷字〕〔生 shēng 僻字〕に同じ．

冷气 lěngqì ①冷気．冷却空気．〔～机 jī〕冷房機．ルームクーラー．〔～装 zhuāng 置〕冷房装置．〔～开 kāi 放〕冷房(実施)中．〔～工〕冷房・冷却機に関わる労働者．②冷房設備．③冷たい空気．寒気．〔～团 tuán〕⑨寒団．

冷枪 lěngqiāng 不意の射撃．〈転〉他人の虚につけ込んで不意に危害を加えること．〔打～〕不意打ちをくわせる．〔放～是不光明的行 xíng 为〕人の虚を突くのは公明正大なやり方ではない．

冷峭 lěngqiào ①寒気の厳しいさま．②〈喩〉険しい表情になる．人の言語の辛辣なこと．

冷清 lěngqīng =〔清冷②〕①寂しい．もの寂しい．ひっそりしている．〔王爷 yé ～了，就跟 gēn 他说说话〕王じいさんが寂しそうにしたら，話をしてあげよう．〔周 zhōu 围冷冷清清的，一点声音都没有〕周りはひっそりして，物音一つしない．②閑散(としている)．不景気(である)．〔～萧 xiāo 条〕③冷淡である．〔对同志对人民不是满腔热忱，而是冷冷清清〕(毛・纪念白求恩)同志と人民とに対しては，あふれるような熱誠をもって接するのではなく，冷淡そのものである．

冷清清 lěngqīngqīng もの寂しいさま．〔～的庭院〕ひっそりとしている．

冷泉 lěngquán 加冷泉．〔～温 wēn 泉〕

冷却 lěngquè 冷却する(させる).冷やす．〔～器 qì〕冷却機.冷却装置．〔～期 qī 制度〕クーリングオフ制度．〔～水〕冷却水．

冷然 lěngrán 冷然として．〔～一笑 xiào〕冷ややかに笑った．

冷热 lěngrè 寒暑．冷暖．寒さと熱さ．

lěng~lèng 冷塄愣

冷热病 lěngrèbìng ①〈方〉マラリア病：〔疟 nüè 疾〕に同じ．②〈喩〉エアコン病．冷房病．③〈喩〉熱しやすく冷めやすいこと．〔克服工作中的~〕仕事における気まま勝手を克服せよ．

冷若冰霜 lěng ruò bīngshuāng 〈成〉氷のように冷たいさま．しごく冷淡なさま．

冷色 lěngsè（白・緑・青のような）涼しさを感じさせる色．

冷涩 lěngsè 動きがなめらかでない．

冷森森 lěngsēnsēn しんしんと冷たいさま．ぞっとするほど寂しいさま．〔山洞里~的〕洞穴の中は寒さが身にしみる．

冷杉 lěngshān 植 モミ．樅（総称）：常緑高木．建築材・船材・経木材・製紙原料に用いられる．〔~油〕同画から得る油：〔松 sōng 针油〕(松葉油)の一種．

冷食 lěngshí ①（アイスクリーム・冷凍食物・氷菓子など）冷たい食物．〔~部〕同前を提供するところ．②生の冷たい食物．

冷式印刷 lěngshì yìnshuā ⇒〔珂 kē 罗版〕

冷霜 lěngshuāng コールドクリーム．→〔润 rùn 肤膏〕〔雪 xuě 花膏〕

冷水 lěngshuǐ ①冷水．〔~热水你随 suí 便用〕水でも湯でもご自由に使って下さい．〔~浴 yù〕冷水浴．〔泼 pō ~〕〈喻〉（調子に乗った人に）冷や水を浴びせる．〔~浇 jiāo 头〕冷水をぶっかける．〈喩〉意外な打撃を受け，望みが枯れる．→〔凉 liáng 水〕②生水．

冷丝丝 lěngsīsī うすら寒いさま．〔冷丝儿丝儿〕ともいう．

冷飕飕 lěngsōusōu 寒さの厳しいさま．寒風の烈しいさま．〔~地叫人打寒 hán 颤〕風が冷たくて人を震えあがらせる．

冷缩 lěngsuō 冷たくなれば縮まる．

冷缩配合 lěngsuō pèihé 〔热 rè 配合〕

冷摊（儿）lěngtān(r) さびれた路傍の露店．

冷烫 lěngtàng（髪の）コールドパーマ．〔~精 jīng〕コールドパーマ液．〔~电 diàn 烫〕

冷天 lěngtiān 寒い日．寒い天気．

冷铁 lěngtiě 工 チル．冷やしがね：鋳物の一部分の冷却を速めるため真土型（まねがた）の一部に入れる鉄．→〔冷铸件〕

冷涡 lěngwō 気 渦状寒気流．

冷线 lěngxiàn ①通話量の少ない電話．ホットライン以外の電話．→〔热 rè 线〕②不人気の観光ルート．

冷项 lěngxiàng 注目されない項目．

冷销 lěngxiāo（商品の）売れ行きが悪い．↔〔热 rè 销〕

冷笑 lěngxiào 冷笑（する）．あざ笑い(う)

冷笑哈哈（儿）lěngxiào hā hāha(r)〈方〉あざけり冷笑する．〔看着人家着 zháo 急他在一边~，怎么一同情心都没有呢〕人の慌てるのを彼はあざけり冷笑している，どうして少しも同情しないのだろう．

冷心肠（儿）lěngxīncháng(r) 冷淡な心根．

冷信息 lěngxìnxī 注目されない情報．

冷血动物 lěngxuè dòngwù ①動 冷血動物：〔变 biàn 温动物〕の通称．②〈喩〉心の冷たい人．

冷压接 lěngyājiē ⇒〔冷焊〕

冷言 lěngyán 冷たい言葉．〔~语〕〈成〉皮肉たっぷりで冷ややかな言葉．

冷眼 lěngyǎn ①冷やかな目．〔~看人〕人を冷遇する．〔常遭 zāo ~有待，不如早早高兴的好〕常に冷眼視されるより早く身を引く方がいい．②冷静な目．冷静で客観的な態度．〔~旁观〕〈成〉冷静（冷淡）に〔~人〕〈喩〉傍観者．〔~一看行情 fǎng 佛换了个人似的冷静に見るとまるで人が変

わっているようだ．→〔白 bái 眼〕

冷罨法 lěngyǎnfǎ 医 冷湿布．

冷艳 lěngyàn（花など）寒さにめげず美しい．

冷一句，热一句 lěng yījù, rè yījù〈喩〉時には冷淡，時には熱意をみせる．

冷一阵，热一阵 lěng yīzhèn, rè yīzhèn ①時には寒く，時には熱い．②失望したり希望を持ったり，よいと思ったり悪く思ったり．〔他干工作，总是~的，没个长 cháng 劲〕彼は仕事にいつもむらがあって息が続かない．

冷饮 lěngyǐn 冷たい飲み物．〔~店〕〈方〉冰 bīng 室②〕同前を売る店．〔~部〕アイスドリンクコーナー．↔〔热 rè 饮〕

冷硬加工 lěngyìng jiāgōng 工 冷やし作業（鋳物の）

冷硬铸件 lěngyìng zhùjiàn 工 冷硬鋳物．チル鋳物：〔冷铸〕ともいう．鋼製の金型を用いて鋳造した鋳物の表面が急に冷やされ硬くなったもの．〔冷硬铸铁 tiě〕〔冷钢 gāng〕同前の方法によって得た鉄．→〔冷铸〕

冷语 lěngyǔ 冷たい言葉．皮肉な言葉．〔~侵 qīn 人〕冷たい言葉が人の心を刺す．〔冰 bīng 人〕〈成〉冷淡な仕打ち．冷ややかな言葉で人の心を傷つける．→〔冷言冷语〕

冷遇 lěngyù 冷遇（する）

冷在三九 lěng zài sānjiǔ〈慣〉冬至から数えて初めの9日間と〔一九〕，次の9日間を〔二九〕のように81日間を〔九九〕といい，その間〔三九〕が一番寒い．〔冷在 rè 在中伏〕〈諺〉〔三九〕は最も寒く，〔中伏〕（三伏のうち真ん中の10日間）は最も暑い．

冷凿 lěngzáo 工 コールドチゼル：冷たい金属（すなわち，灼熱されていない金属）を切削するために用いるのみ．→〔热 rè 凿〕

冷灶 lěngzào ①火の気のないかまど．②〈喩〉勢力のない人．貧家．→〔烧 shāo 冷灶〕

冷轧 lěngzhá 工 常温圧延（する）．〔~一带 dài 钢轧机〕コールドストリップミル．

冷辗钢 lěngzhǎngāng 工 磨鋼：常温状態の鋼鉄を一定の規格の太さに製造した鋼．

冷战 lěngzhàn 冷たい戦争．↔〔热 rè 战〕

冷战 lěng·zhan とも書いた．〔口〕身震い：寒さや恐怖でぶるっと震えること．〔冷噤〕に同じ．〔凉 liáng 风一吹，打了一个~〕冷たい風がさっと吹いて来て，ぶるっと震えた．

冷招（儿）lěngzhāo(r) いつもは使わない，あっと驚く手（やり口）

冷滞 lěngzhì（商品の）はけが悪い．売れ行き不振である．

冷铸 lěngzhù ⇒〔冷硬铸件〕

冷庄子 lěngzhuāngzi 工 打ち出し屋：祝いごとや葬式など，臨時に頼まれた時だけ宴会を専門に引き受ける料理屋．

冷字 lěngzì あまり使われない字：〔僻字〕に同じ．

冷子 lěngzi〈方〉気 ひょう．あられ．→〔雹 báo〕〔抽 chōu 冷子〕

冷作 lěngzuò 工 冷間加工：常温以下の状態における（切削加工以外の）金属の加工．↔〔热 rè 作〕

[塄] lèng〔长 cháng 头－镇〕地 江西省新建県にある．

[愣] lèng ①ぼんやりする．ぼうっとする．驚ききれて唖然とする．〔~儿巴眸〕〔~儿八怔〕ぼんやりするさま．ぼんやりとする．〔发 fa ~①〕同前．〔吓 xià 得他一住了〕彼は驚いてぼうっとしてしまった．〔他~了半天没说什么〕彼はしばらくぼんやりして何も言わなかった．〔不由得一~，吃了一惊〕思わず呆然とした．〔别净~着，怎么不动弹 kuài 子啊〕ぼんやり見てば

かりいないで、どうして食べないの。→〔呆 dāi (I)②〕②〈口〉無鉄砲にである。無法である。〔你就～说,不用害 hài 怕〕かまわず言いなさい、恐れなくてよい。〔这个人话太～,他不想想跟张嘴〕この人はがさつで、ろくに考えもしないですぐ怒りを言う。③〈口〉無理に。強引に。〔不要～干〕強引にやってはいけない。〔他可～进去了〕だが彼はかまわず入っていった。④〈方〉みょうな。〔～拉车,也不去当兵〕車ひきになろうとも、兵隊にはならない。〔～拆十座庙,不破一头婚〕〈諺〉廟を十か所壊すとも、一つの縁談をだめにするようなことはするな;縁談のじゃまをするのは罪深いことだ。⑤〈方〉熟れていない。生煮えである。

愣葱 lèngcōng ⇒〔愣头儿青〕

愣二呱唧 lèng'èr guājī ⇒〔愣啦呱唧〕

愣干 lènggàn 強引にやる。〔～是不行的,要有点科学头脑〕強引にやってもだめだ、もう少し科学的に頭を使いなさい。

愣汉 lènghàn 〈方〉強引な男。がむしゃらな人。

愣乎乎 lènghūhū ①ぼかんとしたさま。②そそっかしいさま。

愣劲儿 lèngjìnr 元気がいい。無茶ばて元気がある。〔这些小伙子真有股 gǔ 子～〕この若者達はなかなか元気がいい。

愣啦呱唧 lèngla guājī 〔愣二呱唧〕〈方〉そそっかしいさま。無鉄砲なさま。

愣磕磕 lèngleng kēkē〔愣愣瞌瞌〕とも書く。〈方〉ぼかんとしているさま。

愣里愣气 lèngli lèngqì まがぬけている。ぼうっとしている。そそっかしい。

愣儿 lèngr〈方〉素人。門外漢。新米。〔他是个～,你和他生什么气〕彼は新米だ、彼なんかに怒ってどうするのだ。

愣人 lèngrén 無鉄砲な人。がさつな人。向こう見ずな人。そそっかしい屋。

愣神儿 lèngshénr〈口〉ぼかんとする。〔自从死了妻子 qīzi 以后,他干工作总是～〕妻に死なれてからというもの、彼は仕事がいつもうわの空だ。

愣实 lèngshí がっちりしている。しっかりしている。〔妇 fù 女们干得挺～〕女性たちはとてもしっかりやっている。

愣是 lèngshì〈口〉どうしても。〔他～要去〕彼はとにかく行くと言い張る。

愣说 lèngshuō むちゃくちゃ言う。自分勝手なことを言い張る。

愣头葱 lèngtóucōng ⇒〔愣头儿青〕

愣头瞌脑 lèngtóu kēnǎo 同下。

愣头愣脑 lèngtóu lèngnǎo =〈方〉愣头愣脑〕①ぼんやりとしているさま。ぼかんとしているさま。②軽率でやりっぱなしのさま。だし抜けさま。がさつである。粗忽さま。

愣头儿青 lèngtóurqīng =〔愣葱〕〔愣头葱〕〈口〉〈喩〉無分別な人。乱暴者。世間知らずのばか者。がさつもの。

愣小子 lèngxiǎozi〈方〉無鉄砲な若者。〔老三瑞金是个～,毫不关心什麽是文雅哪是粗野〕〔老·慢 4〕三男の瑞金はのん気坊主で文雅だとか粗野だとかいうことなど気にもとめていない。

愣巴 (儿)巴睁 lèngyǎn(r) bāzhēng〈方〉①眠くて目がとろんとしているさま。②驚いてぼかんとしたさま。驚いて目をぱちくりしているさま。

愣怔 lèngzheng〔睖睁〕とも書く。〈口〉ぼかんとする。ぼうっとしている。〔愣怔怔〕同前のさま。〔等会儿,他两眼～着还没醒清楚呢〕お待ちなさい、彼はまだ寝ぼけなではっきり目が覚めていない。

〔睖〕 lèng 目を見開く。〔～了他一眼〕目を丸くして彼を見た。

睖睁 lèngzheng ぽかんとする。ぼうっとする。〔愣怔〕に同じ。

li ㄌㄧ

〔哩〕 lī → lǐ li

哩哩啦啦 līli lālā〔离离拉拉〕〔里里拉拉〕〔沥沥拉拉〕とも書く。〈口〉①ぽつりぽつりと。とぎれとぎれに。〔他不会挑水,一洒 sǎ 了一地〕彼は水の担ぎ方を知らないものだから、ひと担ぎの水をぽたぽたとたり一面にこぼしてしまった。〔雨～的,下个没完〕雨がばらばらといつまでも降っている。②〈仕事をするのに〉てきぱきしない。へまが多い。

哩哩啰啰 līli luōluō〈口〉〈話〉がくどくてはっきりしないさま。〔他～地说了半天,也没说清楚他的意思〕彼は長いことくどくどしゃべっていたが、それでも自分の意志をはっきり言い表せなかった。→〔哩噜〕

哩溜歪斜 līliūwāixié〈方〉〈にゃくにゃくしている。ふらふらしている。よたよたしている。〔他的字写得真不怎么样,～的可难 nán 看了〕彼の字は全く様になっておらず、〈にゃくにゃくして読みにくい。〔走道儿～的〕よたよたと歩く。

哩噜 līlū =〔哩啰〕〈方〉ぶつぶつ言う。言葉がはっきりしない。〔～半天,也没说出什么道理来〕長い間ぶつくさわけのわからんことを言っていたが、ちゃんと筋道の通ったことは何も言わなかった。

哩啰 līluō 同上。

哩儿啰 līrluō〈方〉説明しようとする状況や理由。〔说了半天也说不出个～来〕長い間話していながら言わんとすることが言い出せない。

哩也波 līyěbō 〔哩也啰〕〔哩也啰哩〕〈口〉しかじか。かくかく。〔～哩也波〕ともいう。〔和他～,哩也啰哩〕〔王厢〕彼とはかようしかじかなんですよ。

〔杝〕 lí〈文〉まがき。〔篱(I)〕に同じ。→ duò yí

〔丽·麗〕 lí ①〔高 gāo ～〕⑤史〕高麗王朝。⑤朝鮮またはその物産。〔～水〕⓷浙江省にある市。→ lì

〔骊·驪〕 lí ①〈文〉黒い馬。〔～驹 jū〕前。②〈文〉二頭が並んでいる。〔～驾 jià〕二頭立ての馬車を走らせる。③地名用字。〔～山〕⓷陝西省臨潼県にある:有名な温泉〔华 huá 清池〕がある。〔铁 tiě ～〕⓷黒竜江省にある:現在は〔铁力〕と書く。

骊歌 lígē〈文〉別れの歌。送別の歌。

骊珠 lízhū〈口〉〈文〉黒竜のあごの下の珠。〈喩〉高価な美玉。得がたい宝。〔骊龙之珠〕ともいう。②⇒〔龙 lóng 眼①〕

〔缡·縭〕 lí →〔缟 lín 缡〕→ shǐ

〔鹂·鸝〕 lí〔黄 huáng ～〕鳥コウライウグイス。〔黄莺 yīng〕の異称。

〔鲡·鱺〕 lí〔鳗 mán ～〕〔鳗鱼〕魚ウナギ。

〔厘(釐)〕 lí(I)⑧〈度〉厘(わ):計量の単位。〔毫 háo ⑥〕の10倍、〔分 fēn ⑧〕の10分の1を表す。〔(市)〕ⓐ長さの単位:〔(市)尺 chǐ〕の100分の1。ミリメートルの1に当たる。⑥重さの単位:〔(市)斤 jīn〕の1万分の1。約5センチグラムに当たる。ⓒ旧制の地積の単位:〔亩 mǔ〕の100分の1 (10⁻²)を表す。②センチ。記号 c:基準単位の100分の1を表す。〔～米〕セン

チメートル.〔~克〕センチグラム.〔平〕方~米〕平方センチ.〔~升〕センチリットル.③利率の単位.ⓐ年利では100分の1.〔年利八~〕年利8分(^{ぶ}).ⓑ月利では1000分の1.〔月利三~〕月利3厘.（Ⅱ）〈文〉整理し改める.〔坚決~清〕はっきり始末をつける.

厘定 lídìng 〔厘订〕とも書く.〈文〉整理規定する.〔重 chóng 新~农业政策〕農業政策を改定する.

厘金 líjīn 〔厘捐〕〔厘税〕旧商品の地方通過税.〔~税 shuì〕同前.

厘金局 líjīnjú ⇒〔厘卡〕

厘捐 líjuān ⇒〔厘金〕

厘克 líkè 〔度〕センチグラム.→〔克(Ⅳ)②〕

厘米 límǐ 〔度〕センチメートル.〔公 gōng 分①〕は通称.〔~秒单位〕CGS 単位.

厘卡 líqiǎ =〔厘金局〕清末,各省ごとに設けられた商品通過税をとるための役所.→〔厘金〕

厘清 líqīng 〈文〉きちんと整理する.〔史实需 xū 要~〕史実がきちんと整理され明らかにする必要がある.

厘升 líshēng 〔度〕センチリットル:〔公 gōng 勺①〕は旧称.〔升(Ⅰ)①〕

厘税 líshuì ⇒〔厘金〕

厘剔 lítī 〈文〉正し除く.改め除く.〔~弊病〕旧弊を改める.

厘务 líwù 〈文〉①政事にかかわる.〔厘金〕の事務.〔~总局〕厘金徴収本局.

厘饷 líxiǎng ⇒〔厘金〕

厘正 lízhèng 〈文〉正し改める.改正する.

厘孳 lízī 〈文〉双生児.

〔狸（貍）〕 lí 動①〔~猫 máo〕ヤマネコ:〔~子 zi〕ともいう.〔豹 bào 狸〕の通称.②〔熊 xióng ~〕ビントロング.③〔狐 hú ~〕キツネ.④〔河 hé ~〕ビーバー.⑤〔果子 ~花面〕ハクビシン.

狸豆 lídòu ⇒〔黎豆〕⇒〔野 yě 百合〕

狸猫 límāo →字①

狸奴 línú 〔猫 māo〕(ネコ)の別称.

狸狌 líshēng 旧野良猫.

狸藻 lízǎo 植ヌメキモ:水中に生ずる草本.

狸子 lízi →字①

〔桸〕 lí 〈文〉掬跡(^{セキ})

〔喱〕 lí ①〈度〉グレイン:〔格 gé 令〕の旧称.②→〔咖 gā 喱〕

〔离・離〕 lí（Ⅰ）①離れる.分離する.別れる.〔寸步不~〕〈喩〉(ぴったりくっついて)少しも離れない.〔始终没~开过会场〕終始会場から離れたことはない.〔飞机~地了〕飛行機が離陸した.②離す.〔别让行李~身儿〕手荷物を身辺から離してはいけない.〔他~不了甜的不行〕彼は甘いものは離せない（なくてはすまない）.③遠く隔たる.隔たりがある.〔差 chà 不~儿〕〈口〉だいたい.まずまずのところ.〔还算不~儿〕〔还不大~儿〕まあよい方である.〔八九不~十〕十中八九.④裏切る.離反する.〔众 zhòng 叛亲~〕〈文〉人々に背かれ近親者も離れる.⑤欠く.〔发展工业不了现代科技〕工業を発展させるのに現代科学技術を欠くことができない.⑥…から.…まで.距離や時間などで一点からの隔たりを表す.〔~北京不远〕北京から遠くない.〔~国庆节还有一个礼拜〕国慶節まではまだ1週間ある.〔~上课还有十分钟〕授業まではまだ10分ある.〔~接班还有一个小时〕仕事の引き継ぎまではまだ1時間ある.⑦〔姓〕離(^{り}).（Ⅱ）〈文〉離(^{り}):八卦の一.火を意味する.→〔八 bā 卦〕〔卦 guà〕

离岸 lí'àn ①(船が)岸を離れる.②商オフショア.〔~金融 róng 市场〕オフショア金融マーケット.〔~外包〕オフショア・アウトソーシング.

离岸加保险费价格 lí'àn jiā bǎoxiǎnfèi jiàgé 商値段保険料込船上渡値段.C&I 価格.

离岸加运(费)价格 lí'àn jiā yùn(fèi) jiàgé 商運賃込仕向先港着値段.C&F 価格.

离岸价(格) lí'àn jià(gé) 商本船上または甲板渡し値段.FOB 価格.〔中国盐 yán 卖给日本的~,只合每吨五美元多一点〕中国塩の日本向 FOB は1トン5ドルあまりにすぎない.=〔到 dào 岸价(格)〕

离瓣花冠 líbàn huāguān 植離弁花冠:梅・桃などの花冠の各弁が離れているもの.↔〔合 hé 瓣花冠〕

离别 líbié 人と別れる.〔我~故乡已经两年了〕故郷を離れてすでに2年になります.

离不开 líbukāi 離れられない.止められない.無関係ではない.〔~人〕いつでも人がそばについていなければならない.〔~身儿〕〔~手儿〕忙しくて手が離せない.〔~眼儿〕危くて目が離せない.

离不了 líbuliǎo ①離れることができない…ほどの隔たりはありえない.②離れようとしても離れることができない.…するほかはない.〔在这儿买什么东西,都~这几家有名的百货商店〕ここでは何を買うにしても,名のとおった百貨店へ行って買うよりしかたない.

离尘 líchén ①俗世間を離れる.〔~脱俗〕同前.②〈文〉けさ:〔袈 jiā 裟〕の別称.

离愁 líchóu 離愁.別れの悲しみ.〔~别绪 xù〕別れの悲しい気持ち.

离床 líchuáng ①床を離れる.起きる.②夫婦生活を止める.〔离婚不~,不离房〕離婚手続きはしても夫婦生活を止めたりする家を出ていない.

离岛 lídǎo 離島:特に香港島とその周辺の島以外の小さな島をいう.

离店结账 lídiàn jiézhàng ⇒〔退 tuì 房结账〕

离队 líduì ①部隊を離れる.②行列から離れる.③仕事・任務から離れる.

离贰 lí'èr 〈文〉志す道が分かれる.離れ背く.

离岗 lígǎng ①持ち場・職場を離れる.〔~待 dài 工制〕レイオフ制.②離任する.

离格儿 lígér (言行が)もつともらしくはずれる.常識はずれる.〔太 tài ~了〕大いに隔たりがある.→〔出 chū 格①〕〔出圏儿①〕

离宫 lígōng 離宮.

离股儿 lígǔr 〈方〉①ゆるむ:木製の器や家屋の構造などがゆるむ.②はずれる.脱線する.〔话~了〕話が脱線した.〔离了正题 tí 的股儿了〕本題から横道にそれた.→〔离格儿〕

离合 líhé ①離合集散(する).〔~悲 bēi 欢〕出会い別れ,喜び,悲しみなど人の世の様々な姿:境遇.②分離・結合(する).〔手刹 shā 和~〕ハンドブレーキとクラッチ.

离合器 líhéqì =〔方〕靠 kào 背轮②〕〔方〕克 kè 拉子〕機クラッチ.接合器.〔~踏板〕〔离合(自動車の)クラッチペダル.〔确 què 动~〕絶対的接合器.〔摩 mó 擦~〕摩擦接合器.

离恨 líhèn 別れの恨み.

离怀 líhuái 離れている間の胸の思い.〔彼 bǐ 此把~诉 sù 说一番〕互いに離れていた間の胸の思いをぶちまけて語り合う.

离黄 líhuáng ⇒〔黄鹂〕

离婚 líhūn 離婚する.〔~证 zhèng〕離婚証書.〔~赔 péi 偿〕離婚慰謝料.

离家 líjiā 自分の家を離れる.故郷を離れる.〔~千里地,各处乡各乡〕〔谚〕所変われば品変わる.

离间 líjiàn 離間する.仲を裂く.仲たがいさせる.〔~

lí

离 gǔ 肉 兄弟の仲を裂く.〔用～计〕〔用反 fǎn 间 计〕離間の計を用いる.
离解 líjiě 〔物〕解離.〔～能 néng〕解離エネルギー.
离经叛道 líjīng pàndào 経典に述べるところから離れ,常道に背く.〈喩〉主流に背く思想や行為.〔那件事还不大～〕あの事はたいして常軌を逸してはいない.→〔反 fǎn 经〕
离境 líjìng 境界を離れる.国外に出る.
离绝 líjué 別れる.隔絶する.
离开 líkāi 離れる.〔～北京回国〕北京を発(ﾊﾟ)って(離れて)帰国する.〔～不开〕
离拉拉 líli lālā ⇒〔哩哩啦啦〕
离乱 líluàn (戦乱などによって)流浪する.〔兵戈 gē ～〕戦乱のためなどに離散する.
离母 límǔ ⇒〔赤 chì 箭〕
离男 línán 離婚男性.
离娘饭 líniángfàn 婚礼の当日男の家から嫁の家に贈る料理.〔离娘酒〕〔离娘菜〕同前の酒・さかな.
离女 línǚ 離婚女性.
离叛 lípàn 裏切る.離反する.
离披 lípī〈文〉離れ離れになる.
离谱(儿) lípǔ(r) 楽譜に合わない.〈転〉調子がはずれる.常道からはずれている.常規を逸する.〔今后报 bào 道消息不要太～〕今後報道があまりピントがはずれないようにあってほしい.〔越 yuè 说越～〕言えば言うほど脱線する.〔离格儿〕
离奇 líqí 風変わりである.突飛である.不思議である.〔～得惊 jīng 人〕その不思議さは人をびっくりさせるほどである.〔～古怪 guài〕奇妙である.奇怪千万である.
离弃 líqì (仕事・場所・人などを)離れる.放棄する.見捨てる.見放す.
离腔走板 líqiāng zǒubǎn〈成〉調子がはずれる.〈喩〉常識からはずれる.正道を踏みはずす.
离情 líqíng ＝〔离绪〕別離の情.
离去 líqù 離れ去る.
离群索居 líqún suǒjū〈成〉仲間から離れて(別れて)寂しく暮らす.
离任 lírèn 離任する.〔大使即将～回国〕大使はまもなく離任し帰国する.
离乳 lírǔ 離乳.〔～断 duàn 奶①〕
离散 lísàn (肉親が)離れ離れになる.離散(する)
离骚 lísāo 〔書〕楚辞の代表的作品名:楚の屈原が讒言にあい憂愁幽思して作った長篇叙事詩.〔楚 chǔ 骚〕ともいう.
离世 líshì ＝〔离逝〕世を去る.死去する.
离逝 líshì 同上.
离索 lísuǒ〈文〉離れて一人暮らす.→〔离群索居〕
离题 lítí 話などが本題から離れる.〔万里〕〔去 qù 题万里〕〈成〉本題から非常に離れる.
离土 lítǔ (農民が)農業をやめる.
离退休 lítuìxiū 退職する:〔离休〕と〔退休〕.〔～工作办 bàn 公室〕同前の退休と離休の事務室.
离析 líxī ①〈文〉離す.分ける.〔～汉字〕漢字をばらす:例えば閨を門と虫,炭を山と灰に分けるなど.〔分崩～〕〈成〉崩れて離れ離れになる.②〔偏晶析〕鋳造して冷却凝固した後に,その合金成分の分布が平均を失っている状態.③分析(する)
离析器 líxīqì 〔電〕セパレーター.
离席 líxí 席を離れる.
离隙 líxì 旋盤の刃物台に刃物の動作のために付した断面図.切削の際の摩擦を少なくするためのゆとり.
离弦 líxián ①(矢が)弓弦を離れる.〈喩〉極めて迅速なこと.〔～之箭 jiàn〕同前の.②常道を離れる.〈走板〉〈喩〉(話・物事の)筋道から離れる.公認の準則からはずれる.

离线 líxiàn〔電算〕オフライン.〔脱 tuō 机〕ともいう.
离乡 líxiāng 故郷を離れる.〔背井～〕〈成〉同前.〔～调 diào 远〕〈成〉故郷を遥かに遠く離れる.
离心 líxīn ①心を離す.②服従しない.衆議に背く.〔～离德〕同前.③中心から遠ざかる.④〔物〕遠心.〔～机〕〔機〕遠心分離機.〔～分离机〕ともいう.〔～(水)泵 bèng〕遠心ポンプ.渦巻ポンプ.〔～唧 jī 筒〕同前.〔～压气机〕遠心圧縮機.
离心离德 líxīn lídé〈成〉不和反目する.離反する.→〔同 tóng 心同德〕
离心力 líxīnlì〔物〕①遠心力.②〈喩〉集団から逸脱した思想や行動.↔〔向 xiàng 心力〕
离心铸法 líxīn zhùfǎ 〔冶〕遠心力を利用し,溶かした金属を鋳型の壁に押しつけ,中子(ﾅｶｺﾞ)を用いないで鋳物を製造する鋳造法.
离休 líxiū〔离职休养〕の略:国務院の規定により,解放前からの幹部が老齢のために退職すること.〔～金〕同前の退職金・年金.→〔退 tuì 休〕
离绪 líxù ＝〔离情〕
离异 líyì 離婚する:〔离婚〕に同じ.
离辙 lízhé 正道からはずれる.筋道からそれる.
离职 lízhí ①一時的に職を離れる.→〔反省 xǐng 職を離れて反省させること:処分の一つ.②退職する.→〔辞 cí 职〕〔去 qù 职〕
离职休养 lízhí xiūyǎng ⇒〔离休〕
离子 lízǐ〔物〕イオン.〔音 yīn〕〔伊 yī 洪〕〔游 yóu 子①〕は旧称.〔水 shuǐ 合氢～〕ヒドロニウムイオン.〔阴 yīn ～〕陰イオン.〔阳 yáng ～〕陽イオン.〔～键 jiàn〕イオン結合.〔电 diàn 价键〕ともいう.〔～交換樹脂〕〔化〕イオン交換樹脂.〔～晶体〕イオン結晶.〔～发 fā 动机〕イオンエンジン.〔～束 shù〕〔物〕イオンビーム.〔～烫 tàng〕イオンパーマ.

[漓・灕]

lí (Ⅰ)〔漓〕〔淋 lín～〕ⓐたり流れるさま.ⓑ力強くのびのびしているさま.
(Ⅱ)〔灕〕〔～江 jiāng〕〔地〕広西省にある:〔桂 guì 江〕の上流.

[蓠・蘺]

lí →〔江 jiāng 蓠〕

[缡・縭(褵)]

lí〔固〕婚礼のとき花嫁の顔を覆うのに用いた巾(ｷﾚ).〈転〉婚礼のことを〔结 jié～〕といった.→〔盖 gài 头〕〔绑 lín 缡绣〕

[璃(琍・瓈)]

lí ①→〔玻 bō 璃〕②→〔琉 liú 璃〕

[篱・籬]

lí (Ⅰ)〔离・篱〕まがき.〔～茅舍〕竹垣を巡らした茅屋.
(Ⅱ)〔篱〕〔笊 zhào～〕ざる.

篱笆 líba まがき〔(方)笆 bā 篱〕ともいう.〔～墙 qiáng〕同前.ⓑバリア.〔没有不透風的～〕〈成〉風を通さぬまがきはない:悪事は必ず露見する.〔～圈儿〕家の周りのまがき.
篱落 líluò〈文〉まがき.
篱鷃 líyàn まがきの中のふなしうずら.〈喩〉狭いところに住んでいて見聞・見識の狭いこと.
篱垣 líyuán〈文〉まがき.
篱栅 lízhà 竹または木の枝で編んだ柵.〔籬カンザンチク〕〔寒 hán 山竹〕ともいう.

[醨]

lí〈文〉薄い酒.

[梨(棃)]

lí〔植〕ナシ(梨),またその果実:〔快 kuài 果〕は果実の別称.〔～树 shù〕(ﾅｼﾉｷ)と〔～(子 zi)〕(ﾅｼﾉﾐ)を区別していうことが多い.〔同前の花.白 bái～〕多汁で,形がやや小さい円形の梨.〔鸭 yā (儿)

lí 梨犁蜊莉黎藜黧剺嫠犛

~)円錐形の大形の梨.〔广 guǎng ~〕円形で皮が薄く水分の多い梨. ②〈姓〉梨(°)

梨脯 lífǔ 〔食〕皮をむき二つ割りにして砂糖または蜜漬けにした梨.

梨干儿 lígānr 〔食〕砂糖漬けにしてからからに干した梨.

梨膏 lígāo =〔秋 qiū 梨膏〕梨の絞り汁に蜜を加え煮つめたもの:湯で薄めて飲む.咳止めの効がある.

梨狗 lígǒu ⇒〔梨星毛虫〕

梨果 líguǒ 〔植〕果肉の厚い果実:梨・りんごなど.→〔肉 ròu 果〕

梨花大鼓 líhuā dàgǔ =〔山 shān 东大鼓〕山東地方から起こった〔大鼓(书)〕の一種:2 枚の半円形の鉄片または銅片を打ち鳴らして拍子をとりながら歌う.〔铁 tiě 片大鼓〕ともいう.〔梨花〕は農具の〔犁铧〕から転化したものといわれる.

梨花简 líhuājiǎn 〔梨花大鼓〕を演ずる時に伴奏に用いる 2 枚の半円形の鉄片または銅片:〔梨花片〕ともいう.

梨星毛虫 líxīng máochóng =〔梨狗〕〔虫〕リンゴハマキクロバ:成虫をナシスカシクロバ,幼虫をナシノホシケムシともいう.リンゴ,ナシにつく害虫.

梨园 líyuán 〔旧〕玄宗(明皇)が俳優を養成したところ.〔~子弟 zǐdì〕〔旧〕俳優:〔~弟子〕ともいう. ②〈転〉劇場.〔~行 háng〕俳優社会.俳優商売.〔~世家〕代々俳優である家柄.

梨园戏 líyuánxì 〔梨园剧〕ともいう.福建省南部に古くから伝わる芝居.大人の演じる〔大梨园〕は上路〕と〔下南〕に,子供の俳優による〔小梨园〕は〔七子班〕とも呼ばれる.各々その演目に特徴があり,曲調は泉州・廈門の南音を主体とし,台湾および南洋一帯にも伝わった.

梨枣 lízǎo 梨の木となつめの木.〈転〉版木.印刷.刊行:版木の材料として常用された.

梨 lí 梨の実.

〔犁(犂)〕 lí ①鋤(き).プラウ.〔手推 tuī ~〕ハンドプラウ.〔马拉 lā ~〕畜力プラウ.〔双铧 huá ~〕2 枚歯のプラウ. ②鋤で地を耕す.〔棉 mián 花开花时还要 ~一次〕綿の花が咲くころもう一度耕さねばならぬ.→〔耕 gēng 耘机〕

犁把 líbà =〔方〕犁头①.〔方〕すき.〔~雨〕田をすくころの雨.春雨.

犁壁 líbì =〔犁镜〕すきの撥土(ど)板:うねの土をはねかえす鋤の刃の上につけた湾曲した金属板.

犁刀 lídāo ⇒〔犁铧〕

犁底层 lídǐcéng 〔農〕犁底盤(はん):耕地の下の硬い地盤.

犁冠 líguān 鋤の頭.

犁花 líhuā 〈方〉鋤ですいた後の畑地の波状紋.

犁铧 líhuá =〔方〕犁刀〕〔方〕犁头②〕〔農〕犁の歯.耕耘機の土を掘りかえす鉄の歯:単に〔铧〕ともいう.〔双~〕二枚歯の鋤.

犁镜 líjìng ⇒〔犁壁〕

犁牛 líniú ①雑色の牛.〔~之子 〕〔成〕卑しい親に立派な息子ができること. ②⇒〔牦 máo 牛〕 ③〈方〉働き牛.耕牛.役牛.

犁耙 lípá 熊手の類(農具)

犁色 lísè 〔色〕褐色(の).日焼け色(の)

犁鼠 líshǔ 〔動〕モグラ.〔鼹 yǎn 鼠〕の別称.

犁庭扫闾 lítíng sǎolú 〈成〉住居を徹底的にこわし,屋敷跡を掘り返すこと:〔犁庭扫穴 xué〕ともいう.

犁头 lítou ①⇒〔犁耙〕 ②⇒〔犁铧〕

犁头鲨 lítoushā 〔魚貝〕サカザメ:頭が大きく三角形をした鮫の頭に似ている.〔犁头鳖 shā〕ともいう.

犁杖 lí-zhàng =〔方〕〔農〕すきの柄.

犁嘴 lízuǐ 鋤の頭.

〔蜊〕 lí →〔蛤 gé 蜊〕

〔莉〕 lí 〔~笓 pí〕まがき:〔篱笆〕に同じ.

〔黎〕 lí ①〈文〉もろもろの人.人民.〔群 qún ~〕庶民. ②〈文〉黒黄色(の).〔黧〕に同じ. ③リー族. ④〈文〉同前. ⑤古国名:現在の山西省長治西南の地. ⑤〈姓〉黎

黎巴嫩 líbānèn レバノン:正式国名は〔~共和国〕.首都は〔贝 bèi 鲁特〕(ベイルート)

黎单 lídān 〔紡〕リー族の人(少数民族の一)が織る青や赤縞模様の寝具用の布.

黎豆 lídòu =〔虎豆〕〔虎 hǔ 豆〕〔老 lǎo 虎豆〕〔植〕ハッショウマメ(八升豆):大豆に似て,色が赤黒く虎のようなまだらがある.

黎黑 líhēi ⇒〔黧黑〕

黎锦 líjǐn 黎峒(リー族の居住している所)に産する,人物・花鳥などを織り出した錦布.

黎俱吠陀 líjùfèituó 〔書〕リグベーダ:インド最古の宗教文学でバラモンの基本聖典.→〔吠 fèi 陀〕

黎老 lílǎo 〈文〉老人.

黎檬 líméng 〔植〕カントンレモン(ヒメレモン).〔广东〕〔柠 níng 檬〕②〕〔宜 yí 母子〕ともいう.

黎苗 límiáo ①同下. ②⇒〔九 jiǔ 黎三苗〕

黎氓 límáng ①同下. ②〔黎庶〕〔黎元〕〔黎众〕〈文〉庶民.民衆.〔烝 zhēng 民〕

黎明 límíng 夜明け.〔~即起,洒 sǎ 扫庭除〕早朝に起きて庭を掃除する〔不勤の覚,半道的妻 qī〕〈口〉夜明けの二度寝と後妻はいいものだ.〔~运 yùn 动〕啓蒙運動.→〔清 qīng 晨〕

黎人 lírén リー族の人:〔俚 lǐ 人②〕は旧称.

黎庶 líshù ⇒〔黎民〕

黎献 líxiàn 〈文〉庶民中の賢者.賢明の民.

黎元 líyuán ⇒〔黎民〕

黎众 lízhòng ⇒〔黎民〕

黎族 lízú リー族:中国少数民族の一.主として海南島に居住する.宗教は多神教.

〔藜(藜)〕 lí 〔植〕アカザ:アカザ科の一年生草本,若葉は食用となり茎は杖となる.薬草.〔灰 huī 藜〕ともいう.古名〔莱 lái ①〕.〔蒺 jí 藜〕ハマビシ.

藜床 líchuáng あかざを編んで作ったベッド.

藜羹 lígēng あかざのスープ.

藜藿 líhuò 〈文〉あかざや豆の葉.〈喩〉粗末なおかず.

藜蕨 líjué あかざやわらび.〈喩〉粗末なおかず.

藜芦 lílú =〔藜 lù 芦③〕〔山 shān 葱〕〔植〕シュロソウ近縁種:ユリ科多年生木.

藜杖 lízhàng あかざの茎で作った杖.

〔黧〕 lí 〈文〉黒黄色(の).暗黄色(の).〔黎②〕に同じ.〔面目~黑〕顔色が黒ずんでいる.

黧黑 líhēi 〈文〉(顔色が)黒い.黒々としている:〔黎黑〕とも書いた.

黧黄 líhuáng ⇒〔黄鹂〕

〔剺〕 lí 〈文〉(刃物で)表面を薄く切る.

〔嫠〕 lí 〈文〉寡婦.やもめ.→〔寡 guǎ 妇〕

嫠不恤纬 lí bù xùwěi 〈成〉寡婦は織布のことを憂えない.〈喩〉身を忘れて国を憂える.

嫠妇 lífù 〈文〉寡婦.

〔犛〕 lí 〔動〕ヤク:〔~牛〕〔犛牛②〕ともいう.〔牦 máo 牛〕の別称.

犛轩 líxuān 〔西域の〔大 dà 秦〕(古代ローマ帝国)を指す.

犛针 lízhēn 〔中医〕〔麈(き)牛の尾のように先が太くなっ

ている鍼(:)：〔員 yuán 利針〕ともいう.

〔罹〕 lí 〈文〉受難・災難などに〕かかる. 遭遇する.〔～禍 huò〕〔～殃 yāng〕災難にあう.
罹病 líbìng 〈文〉病気にかかる.
罹難 línàn 〈文〉①遭難する.〔二登山者可能～〕山に登った二人は遭難したらい.②殺害される.

〔蠡〕 lí 〈文〉①ひさご.ふくべを二つ割りにした水びしゃく.〔以～測 cè 海〕〔～酌 zhuó 海〕〈成〉ひさごで海水を汲んで測る.〈喩〉見識が浅はかなこと.〔～測 cè〕〔～酌〕ともいう.→〔管 guǎn 窺 蠡測〕 ②貝殼. → lǐ

〔劙〕 lí 〈文〉突き破る.裂き破る.切り割く.

〔礼・禮〕 lǐ ①礼.礼儀.〔您太多～了〕大変ご丁重で恐れ入ります.②敬礼.おじぎ.礼儀にかなった態度や言葉.〔敬 jìng ~〕敬礼.〔鞠 jū 躬～〕頭を下げる礼.〔大～〕旧頭を床に打ちあててする礼.〔举 jǔ 手~〕挙手の礼(普通の敬礼).〔行 xíng ~〕敬礼する.③贈り物.進物.〔寿 shòu ~〕誕生日の贈り物.〔不受～〕贈り物を受けとらない.〔这是他送的~〕これは彼がくれた贈り物だ.④儀式.典礼.〔典 diǎn ~〕同前.〔开学典~〕(学校の)始業式.〔举行婚~〕結婚式をとり行う.〔毕 bì 业典~〕卒業式.⑤〈姓〉礼.(礼)
礼拜 lǐbài ①礼拝(する).〔做 zuò ~〕礼拝する.②〈口〉週.〔星 xīng 期 qī〕に同じ.〔七天一个~〕7日が1週間.〔还有三个~〕まだ3週間ある.③〈口・制 zhì 日〕日曜休日制.〔大～制〕隔週日曜休日制.〔上~〕先週.〔下~〕来週.③曜日.〔星期〕に同じ.〔～一〕月曜.以下,土曜までは,二,三,四,五,六が添えられる.〔~(天)〕〔~日〕日曜.〔~几？〕何曜日ですか.④日曜日.〔星期〕に同じ.〔～天 tiān〕〔～日 rì〕同前.〔今儿个~〕今日は日曜日です.
礼拜六派 lǐbàiliù pài ⇒〔鸳 yuān 鸯蝴蝶派〕
礼拜寺 lǐbàisì 囲(イスラム教の)寺院.〔清 qīng 真寺〕に同じ.
礼拜堂 lǐbàitáng 囲(キリスト教の)礼拝堂.
礼拜鞋 lǐbàixié 〈喩〉粗悪な靴.
礼包 lǐbāo ①贈り物用の包み.②(百貨店などの)福袋.お楽しみ袋.
礼毕 lǐbì ①儀礼・儀式が終わる.②なおれ(号令)
礼宾 lǐbīn (一定の儀礼に基づいて)客を接待する.〔员 yuán〕コンシェルジュ.〔~券 quàn〕ギフト券(商品券・割引券・優待券など).〔~小姐〕案内嬢.コンパニオン.
礼宾司 lǐbīnsī (外務省)儀典局.
礼兵 lǐbīng 儀仗兵
礼部 lǐbù 囲六部(中央官署)の一：儀礼・祭典・学事・考試などのことを司る役所.
礼部試 lǐbùshì →〔会 huì 试〕
礼忏 lǐchàn (仏教で)三宝を礼拝して罪をざんげする.〔拜 bài 忏〕ともいう.
礼成 lǐchéng 儀式が終了する(した)：典礼の宣言.
礼从外来 lǐ cóngwàilái 〈慣〉恐れ入りますよ：人として礼を受けた時に,わたしの方からすべきであるのに,あなたの方から先にしていただいて失礼しましたの意だが,倒 dào 请我们吃饭,哪儿有～的〕きみはお客さんなのに,かえって我々をよんでくれるなんて,とんでもない,そりゃ逆だ.
礼待 lǐdài 礼儀よく待処する.〔～宾客〕客をもてなす.
礼单 lǐdān ①儀礼の作法を書き出した覚書.②贈り物内容目録.〔礼帖〕ともいう.
礼斗 lǐdǒu ⇒〔拜 bài 斗〕

礼度 lǐdù ⇒〔礼法〕
礼多人不怪 lǐduō rén bùguài 〈諺〉礼はいくら丁寧であっても人は咎めない.
礼法 lǐfǎ =〔礼度〕式式.礼法.礼儀作法.
礼佛 lǐfó 仏像に礼拝する.
礼服 lǐfú 囲 礼 服.式 服.〔常 cháng ~〕〔晨 chén ~〕〔男子昼～〕モーニング.〔男子大～〕フロックコート.〔~昼礼服〕昼礼服.〔晚～〕〔晚～〕イブニングコート.イブニングドレス.〔无 wú 尾晚～〕〔夜小～〕タキシード.〔燕 yàn 尾服〕スワローテール.〔妇女 女晚会服〕夜会服.〔晚 wǎn 会女便服〕カクテルドレス.〔～便 biàn 服①〕
礼服呢 lǐfúní 囲ベネシャン毛織物:上等のあや織り黒無地のラシャ.→〔直 zhí 贡〕
礼盒 lǐhé 贈答用の箱,また贈り物本体.
礼花 lǐhuā 典典に打ち上げる花火.
礼记 lǐjì 囲礼記(ず)：〔五 wǔ 经〕の一で,漢の戴徳が編したものは85篇よりなり,〔大戴礼〕と呼ばれ,同じく戴聖の編したものは49篇よりなり,〔小戴礼〕と呼ばれる.
礼教 lǐjiào 礼法と道徳：特に中国封建制の下における階級制度と家父長制度のためのものをいう.
礼节 lǐjié 礼儀.エチケット.〔不拘 jū ~〕堅苦しいにこだわらない.〔～性 xìng〕儀礼的.儀礼上.〔～仪 yí 式〕儀礼.儀礼.
礼金 lǐjīn 謝礼金.謝礼金.祝い金.
礼路（儿）lǐlù(r) 〈方〉儀礼の道(あらわし方).→〔礼貌〕
礼帽 lǐmào 礼帽.シルクハット.
礼貌 lǐmào 礼儀正しい(さま).文化的(である).〔～用语〕あいさつ用語.マナー用語.〔文明～〕マナー.エチケット.〔这说说,很不～〕そんな言い方はとても失礼だ.〔很有～〕なかなか礼儀正しい.〔讲 jiǎng 究～礼仪〕礼儀を重んずる.〔他们不懂 dǒng ~〕彼らはエチケットを知らない.〔礼貌(儿)〕〔礼行〕
礼馍 lǐmó ⇒〔面 miàn 花〕
礼炮 lǐpào 礼砲.〔鸣～二十一响〕21発の礼砲を鳴らす.
礼品 lǐpǐn ギフト.贈り物：〔礼物①〕に同じ.〔～部 bù〕(百貨店などの)ギフトコーナー.〔～商 shāng 店〕みやげ物屋.スーベニアショップ.〔~卡 kǎ〕ギフトカード.
礼聘 lǐpìn 礼を厚くして招聘する.
礼器 lǐqì 〈文〉祭祀・賽客・接待その他種々の儀式に用いる器.特に古代の青銅器をいう.
礼钱 lǐqián 〈口〉祝儀.〔贺 hè 仪〕〔酒 jiǔ 钱〕〔小 xiǎo 账(儿)〕
礼轻人意重 lǐqīng rényì zhòng 〈慣〉贈り物は粗末でも,気持ちがこもっている.〔礼轻情 qíng 意重〕ともいう.〔千 qiān 里送鹅 é 毛〕の后に続く句.
礼券 lǐquàn 商品券.ギフトカード.〔商业～〕同前.〔图 tú 书〕図書券.〔到百货商店买一张～送给他〕デパートに行って商品券を買い彼に贈る.
礼让 lǐràng 礼儀を厚くして譲る.
礼尚往来 lǐ shàng wǎnglái 〈成〉①礼には礼をもって報いる.〔～,来而不往非 fēi 礼也〕同前で先方からの礼(訪問・贈り物・手紙・あいさつなど)に応えないのは失礼である.②相手の出方次第でそれに応じて対応をすること(いい意味にも,ユーモア・風刺などの意味でも用いる)
礼式 lǐshì 礼儀作法.
礼数 lǐshù 〈文〉①礼式の手数・等級.②礼儀作法.〔亏 kuī 了～怕人笑话〕礼節を欠くと人に笑われる.
礼俗 lǐsú 礼儀と慣習：広く冠婚葬祭の儀礼をいう.
礼堂 lǐtáng 儀式場.講堂.〔大～〕公会堂.大講堂.

→〔讲 jiǎng 堂〕

礼帖 lǐtiě〔存单〕贈り物の目録:〔礼单②〕に同じ.

礼物 lǐwù ①贈り物.〔送什么～好？〕どんな贈り物をしたらいいですか. ②手みやげ. →〔拜 bài 礼②〕

礼贤下士 lǐxián xiàshì〈成〉(帝王が)賢者に対しては礼儀ある取り扱いをし、士に対してはへりくだる.礼を尽くして有徳有能の士を招く.

礼行 lǐxíng〈方〉礼儀(正しい).〔人家教好,看孩子们几多有〕あちらは家庭のしつけがよいから,子供たちもとてもおりこうさんだ. →〔礼貌〕

礼仪 lǐyí 礼儀.エチケット.〔～存单〕贈答用お祝い預金証書.〔～电报〕慶弔電報.〔～护 hù 士〕病院の案内係.〔～教育〕マナー教育.〔～先生〕式典アシスタント.男性コンパニオン.〔～小姐〕コンパニオン.⑤キャンペーンガール.〔～之邦 bāng〕礼儀を重んずる国.

礼义廉耻 lǐ yì lián chǐ〈成〉礼义廉耻.

礼遇 lǐyù 礼を厚くして待遇する.〔受到了隆 lóng 重的～〕厚い礼遇を受けた.

礼乐 lǐyuè 儀式と音楽.政治を統治する最も重要な手段とされた.

礼赞 lǐzàn ①礼賛する.ほめたたえる. ②团(仏教で)仏・法・僧の三宝を礼拝し,その恵みをあがめたえること.

礼则 lǐzé 礼式.礼法.

礼制 lǐzhì 礼の規定する礼式.

礼治 lǐzhì (儒教の)礼に基づく治世. →〔法 fǎ 治①〕

礼烛 lǐzhú 婚礼用の赤ローソク.

〔**豊**〕 lǐ〈文〉古代の祭祀に用いた礼器.

〔**澧**〕 lǐ 地名用字.〔～水 shuǐ〕■湖南省にある川.

〔**醴**〕 lǐ〈文〉①甘酒.〔牲 shēng～〕(古代,祭礼の)犠牲と甘酒.〔醇 chún～〕豊厚な甘酒. ②甘い泉水. ③地名用字.〔～泉 quán〕■陕西省にある県:現在は〔礼泉〕と書く.

〔**鳢・鱧**〕 lǐ 鱼カムルチー(総称).〔蠡 lí 鱼〕〔乌 wū～〕〔乌鱼①〕〔财 cái鱼〕〔黑 hēi鱼〕カムルチー(ライギョ):形は長く体はまるく,頭と尾の大きさがほぼ同じで,細鱗黒色で斑点がある.食用の.〔月 yuè～〕七 qī 星鱼〕〔张 zhāng公鱼〕タイワンドジョウ(ライギョ).

〔**李**〕 lǐ ①圓スモモ,またその果実:〔御 yù 黄～〕ともいう.〔～花〕すももの花.〔洋 yáng～〕プラム.〔瓜田不纳履 lǚ,～下不整冠〕(諺)瓜田に履(くつ)を納(い)れず,李下に冠を正さず:疑いを受けるようなことはしない.〔桃～不言,下自成蹊 xī〕桃やすももは黙っていても自然と人の通る道ができる.〈喩〉立派な人は黙っていても人が寄りつく. ②〈姓〉(例)王・張と並んで最も多い名字の一つ.

李朝 lǐcháo ⇒〔唐 táng 朝〕

李代桃僵 lǐ dài táo jiāng〈成〉(兄弟が互いに)身代わりになって苦難を受ける:人の災いを身に受ける(とってかわる).〔桃柰露井上,李树生桃旁,虫来啮 niè 桃根,李树代桃僵 jiāng〕(古乐府鸡鸣)に基づく.

李鬼 lǐguǐ 李逵の偽者.〈喩〉偽ブランド品を作る者.〔一打李逵 kuí〕〔李逵不敌 dí～〕李逵の幽霊が李逵をやっつけても本物を驱逐する.

李逵 lǐkuí 囚『水滸伝』の豪傑の一人,あだ名は黒旋風.せっかちな人物.〔鲁 lǔ 智深〕

李树 lǐshù すももの木:〔李子树〕ともいう.

李斯特菌 lǐsītè jūn〈意译〉リステリア菌:人畜共通感染症の原因菌.

李桃 lǐtáo ①⇒〔毛 máo 樱桃〕 ②桃の栽培品種の一.

李铁拐 lǐtiěguǎi 囚〔铁拐李〕ともいう:〔八 bā 仙①〕の一人.

李自成起义 lǐzìchéng qǐyì 史明代末期李自成の統率し指導した農民大蜂起:李自成は〔(李)闯 chǎng 王〕ともいう.

李子 lǐzi ①圓すももの木.〔～树 shù〕同前.〔～树下埋 mái 死人〕(諺)すももの木の下には死人を埋める:すももの多食を戒める言葉. ②すもも(実).

〔**里・裏(裡)**〕 lǐ (I)〔里〕①居住する場所.里.〔故 gù～〕ふるさと.故郷.〔返 fǎn～〕〔返乡〕故郷に帰る. ②圖行政上の単位で,5戸を〔邻〕,5邻〕(25 轩)を〔～〕といった. ③圖50戸,100戸,また110戸を〔一～〕とし,その長を〔～长 zhǎng〕といった. ④隣近所.〔邻 lín～〕〈姓〉例

(II)〔里〕②度⑩長さの単位.④〔市 shì～〕の略称.〔(市)丈 zhàng〕の150倍.0.5キロに当たる.〔三～〕3里の道のり.〔平方(市)～平方里.〔公 gōng 里〕キロメートル.〔千米 mǐ〕に同じ.ⓒ〔英 yīng 里〕→〔海 hǎi 里〕

(III)〔里〕(裏・表)の裏.〔表 biǎo～①〕表と裏.〔印花布有～儿,有面儿〕プリント地には裏表がある.〔这纸不分～儿面儿〕この紙は裏表の区別はない. ②内側.中側.〔一圈 quān 儿〕(トラックなどの)内側のコース・レーン.↔〔外 wài～〕〔内 nèi～〕 ③〔一儿,一子〕(衣服・帽子・靴などの)裏.〔这布正好做夹袄 ǎo 的～儿〕この布はあわせの上衣の裏にするのにちょうどよい.〔被 bèi～〕ふとんの裏.〔鞋 xié～(儿)〕中国靴の裏.

(IV)〔裏(裡)〕②名詞または若干の単音節形容詞の後に置き,場所・範囲・時間を表す.…の中.…のうち:ふつう軽声.〔夜 yè～动身〕夜中に出発する.〔假 jià 期～回家探 tàn 亲〕休暇中に帰省する.〔家～没人〕家には人がいない.〔话～有话〕言外に意味が隠されている.〔笑～藏 cáng 刀〕笑いの中にとげがある.〔往好～想〕いい方に考える.〔接到我厂～(工厂)的电话,叫我回厂〕工場からの電話で工場へ呼び戻された.〔我去县～(汇报)〕県政府に行って報告する. ②接尾語.〔这 zhè〕〔那 nà〕〔哪 nǎ〕などの後に置いて場所を表す.〔这～〕ここ(に).〔那～〕〔那儿〕あそこ(に).〔哪～〕〔哪儿〕どこ(に). ③中区裏(り):身体の内部・内臓組織.〔～证 zhèng〕裏証:同前に出る症状.↔〔表 biǎo～⑦〕

里昂 lǐ'áng 囲リヨン(フランス).

里白 lǐbái 囲ウラジロ:羊歯の一種.

里比多 lǐbǐduō〈音訳〉リビドー.性的衝動.

里边 lǐbian ①=〔里面①〕〔一儿〕(時間・空間・範囲の)中(側).内(側).東(側).東のほう〔里头①〕同じ.↔〔外 wài 边①〕 ②〔入妓院.妓楼.〔同往～吃酒〕ともに同前へ行って酒を飲む.〔在～过夜〕妓楼で夜を過ごす.

里表 lǐbiǎo 裏表(うらおもて).内外.

里层 lǐcéng 内張り.

里程 lǐchéng ①道のり.〔～表 biǎo〕(タクシーなど)の メーター.〔～卡 kǎ〕マイレージカード. ②過程.道程.コース.〔革 gé 命的～〕革命の過程.

里程碑 lǐchéngbēi ①里塚.〈喩〉歴史の発展の節目とされる大事件.〔弓 gōng 箭的发明是劳动工具改善的重要～〕弓矢の発明は労働用具改善のうえの重要な里塚である.

里出外进 lǐchū wàijìn〈慣〉①でこぼこなさま.ふぞろいなさま. ②人の出入りの激しいさま.

里带 lǐdài (タイヤの)チューブ:〔内 nèi 胎〕の通称.

里袋 lǐdài 圓内ポケット:〔内 nèi 口袋〕ともいう.

里 lǐ

里 〔西装 zhuāng ～〕洋服の内ポケット.

里耳 lǐ'ěr 〔文〕俗人の耳:低俗な感覚.〔大声不入于～〕(荘子·天地)大声は俗人の耳に入らず.

里勾外联 lǐgōu wàilián 〈慣〉内部の者が外部の者と内通連絡する〔里勾外连〕とも書く.

里柜 lǐguì ⇒〔内 nèi 柜①〕

里海 Lǐhǎi 地カスピ海. 裏海.

里怀(里) lǐhuái(r) ①⇒〔里手①〕 ②〈方〉奥の方. 後の方.〔把这个花瓶 píng 放在一那张桌儿上吧〕この花瓶を奥の方のあの机の上に置きなさい.

里急 lǐjí 中医①筋脈の攣(ひ)縮.②便意が切迫する.〔～后重 zhòng〕しぶり腹:便意の迫った感がありながら、実際はなかなか通じがない症状.

里脊 lǐji ヒレ肉:背中の背ロースを含めている時もある.豚·牛·羊·鸡などの背骨の両側についている肉.別称〔文〕脢 méi 子肉〕〔猪 zhū ～〕豚ヒレ肉(ロース).〔鸡的～〕ささみ.〔～丝(儿) sī(r)〕ヒレ(ロース肉)の細切り.〔炸 zhá ～〕食ヒレカツ(ロースカツ)

里加 Lǐjiā 地リガ:〔拉 lā 脱维亚共和国〕(ラトビア共和国)の首都.

里甲 lǐjiǎ 囲一種の隣組組織:110戸を〔里〕となし、1里を10〔甲〕に分けた.→〔保 bǎo 甲(制度)〕

里间 lǐjiān(r) =〔里间屋〕里屋〕〔进 jìn 里〕〔内 nèi 间〕奥の部屋 一棟の家のいくつかの部屋のうち、直接庭へ通ずる入り口がなく、他の部屋(主として中央の"堂屋"を通ってのみ庭へ出られる部屋.→〔外 wài 屋〕〔一 yī 明两暗〕

里奸外曹 lǐjiān wàicáo 〈成〉陰では奸悪であるのに、表面は漢の曹参もどきにいかにも忠誠である.→〔萧 xiāo 规曹随〕

里间屋 lǐjiānwū ⇒〔里间(儿)〕

里脚背踢球 lǐjiǎobèi tīqiú 又(サッカーの)インフロントキック.

里脚手 lǐjiǎoshǒu 建建築物の内部にかける足場.

里九外七 lǐjiǔ wàiqī 地北京の城門の総称:内城に九つ、正陽、崇文、朝陽、東直、安定、德勝、西直、阜成、宣武門の外城に七つ、永定、左安、広渠、右安、広安門と東便、西便の脇門があった.→〔九城〕

里居 lǐjū 〔文〕①(官を退いて)郷里に住む. ②住居.

里君 lǐjūn ⇒〔里长〕

里卡 lǐkǎ ⇒〔内 nèi 卡钳〕

里拉 lǐlā 〈音訳〉リラ:トルコなどの通貨単位. イタリアなどの旧通貨単位.→〔欧 ōu 元〕

里老 lǐlǎo ⇒〔里长〕

里拉拉 lǐlī lālā ⇒〔哩 lī 哩啦啦〕

里里外外 lǐli wàiwài ⇒〔里外①〕

里脸(儿) lǐliǎn(r) 足の股の内側.内股.

里弄 lǐlòng 〈方〉①路地.横町.小路.〔老式～〕(上海の)ハモニカ長屋.〔全区内大規模地清扫了马路,家家户户、～、马路都很干净〕全区内で大がかりに大通りを清掃し、各家·町内·大通りはすっきりきれいになった.②町内住民に関すること.〔～工作〕同前の仕事.→〔街 jiē 道②〕〔弄〕

里闾 lǐlǘ ⇒〔里子〕

里落 lǐluò 村落·集落.

里门 lǐmén ①集落の門.村の入り口. ②=〔里间〕郷里.民朝.

里面(儿) lǐmiàn(r) ①⇒〔里边①〕 ②〔口〕むしょ(刑務所).塀のなか.

里哪醇 lǐnǎchún ⇒〔芫 yán 荽醇〕化リナロオール(リナルール):スズランに似た香気をもつ液体.

里儿 lǐr ⇒〔里子〕

里人 lǐrén ①同郷の人.同じ村の人. ②田舎者.

里三层外三层 lǐ sāncéng wài sāncéng 〈喩〉大勢の人がつめかけている様子.〔会场四围～地挤 jǐ 满了人〕会場の周りは十重二十重の人垣ができた.

里社 lǐshè 土地神を祭る境内.→〔土 tǔ 地神〕

里舍 lǐshè 〔文〕拙宅.〔轻〕古里.→〔寒 hán 舍〕

里生外熟 lǐshēng wàishú 外は煮えても中はまだ生である.〈喩〉素人が表面だけは玄人らしくする.

里手 lǐshǒu ①=〔里怀(里)①〕〔一儿〕(車や機械を操縦する時)車や機械の左側.↔〔外 wài 手〕.〔一〕→〔里头②〕 ②玄人.〔行 háng 家〕同前.〔他门～〕彼は何事もよくできる(堂に入ったものだ)

里首 lǐshǒu ⇒〔里头〕

里斯本 Lǐsīběn 地リスボン:〔葡 pú 萄牙共和国〕(ポルトガル共和国)の首都.〔利 lì 斯本〕とも書いた.

里俗 lǐsú 地方の風俗習慣.

里胎 lǐtāi ①(タイヤの)チューブ.→〔内 nèi 胎〕に同じ.②エアバッグ.

挑拨外擦 lǐtiǎo wàijué 〈方〉内外で騒ぎを起こす.

里通外国 lǐ tōng wàiguó 〈成〉ひそかに外国と内通する.祖国を裏切る.

里头 lǐtóu ①中.うち.内部.奥のほう.=〔里边①〕〔里面(儿)①〕〔方〕里首〕に同じ.〔这～有几个不好的〕この中には幾つかよくないのがある.〔请～坐〕奥の方へおかけ下さい.↔〔外 wài 头〕 ②内側:例えば、右側通行の場合は右側が〔～〕、左側が〔外头②〕となる.右側通行の時〔往～拐 guǎi〕といえば右側へ道を曲がる事となる.=〔里面②〕

里屋 lǐwū 宮中.内裏.

里外 lǐwài ①=〔里里外外〕内と外. ②〔受敌〕内外に敵を受ける.〔～夹 jiā 攻〕内外からはさみ打ちする.〔～不是人〕〈慣〉内輪の人にもよその人にも憎まれ、またはとがめられること.板挟みになって苦しむこと.〔～不找〕〈慣〉差引勘定なし.〔～间〕〈方〉奥の間との内.〔他～都换 huàn 了新衣服〕内も外も(すっかり)新しい服に着替えた.〔里里外外都吩 fēn 咐过了〕内外のあれこれ全部言いつけておいた.〔里外外都站满了人〕内にも外にもいっぱい人が立っている.③家の中と家の外.

里外里 lǐwàilǐ ①増減の総計:収入減支出増、支出減収入増、臨時の収入も含めたが、あった時の差し引きをいう.〔～有二十块的富 fù 余〕差し引き合計20元の余り.②どう計算してみても.結局のところ.まるところ.〔～一样〕結局同じ.〔反正～都是一样的耗 hào 费〕どちらにしても結局同じ経費だ.

里外辙儿 lǐwàizhér = 〔有 yǒu 里有儿〕〈方〉つき合いにそつがない.〔那位老先生又明道理又通人情,做起事来,总 zǒng 是有个～〕あの老先生は道理にも明るく、また人情にも通じていて、やることにはそつがない.

里屋 lǐwū =〔里间(儿)〕

…里下 …lǐxià 〈方〉…さ.…加減:長短·広狭などの程度を表すのに用いる.〔横幅〕横の寸法.〔高 gāo ～〕高さ.〔长 cháng ～〕長さ.

里弦 lǐxián 楽(胡弓などの)内側の糸:3弦ならば中弦、2弦·4弦ならば内側の糸、太めの糸をいう.

里厢 lǐxiāng 〈方〉中側.内側.

里巷 lǐxiàng 小路.裏町.〔～间的琐事〕町内でのこまごました事.

里亚尔 lǐyà'ěr 〈音訳〉リアル:イランの通貨単位名.1〔～〕が100〔地 dì 那〕(ディアナール).〔伊朗〕～

里亚斯海岸 Lǐyàsī hǎi'àn 地リアス式海岸:〔沉 chén 降海岸〕ともいう.

里言 lǐyán 田舎で流行っている言葉.

里谚 lǐyàn ⇒〔俚谚〕

里一外九 lǐyī wàijiǔ ⇒〔窝 wō 头〕

里应外合 lǐyìng wàihé 〈成〉外からの攻撃に内から呼応する.内外呼応する.

里院(ㄦ) lǐyuàn(r) 〔正 zhèng 房①〕(母屋)の前の中庭.

里约热内卢 lǐyuērènèilú 固リオデジャネイロ:〔巴 bā 西〕(ブラジル)の旧首都.

里宰 lǐzǎi 同下.

里长 lǐzhǎng ＝〔里君〕〔里老〕〔里宰〕〔里正〕里(50戸・100戸または110戸を1里とする)の長:庄屋・名主に当たる.→〔保 bǎo 长〕

里正 lǐzhèng 同上.

里证 lǐzhèng →字解(Ⅳ)③

里子 lǐzi ①〔里儿〕(衣服・帽子・はきものなどの)裏.裏地.〔~布〕裏地の.↔〔面 miàn 子④〕 ②(旧劇)の助演者.わき役.→〔配 pèi 角(ㄦ)③〕〔戏 xì 子〕硬1頁里子〕

〔**俚**〕 lǐ ①通俗である.民間にある.粗野である.
②〈方〉彼.彼女:〔他 tā 们〕〔她 tā 们〕に当たる.〔~笃 dǔ〕〈方〉彼ら.あの人たち.

俚鄙 lǐbǐ 野卑である.

俚耳 lǐ'ěr (音楽の美しさを解しない)卑俗な耳.

俚歌 lǐgē 民間の俗謡.

俚曲 lǐqǔ 通俗な歌曲:〔俗 sú 曲〕ともいう.→〔小 xiǎo 调①〕

俚人 lǐrén ①野卑な俗人.②〔黎 lí 人〕(リー族の人)の旧称:〔俚子〕ともいう.

俚俗 lǐsú ①民間の風俗.②通俗である.

俚言 lǐyán ⇒〔俚语〕

俚谚 lǐyàn ＝〔里谚〕〔野 yě 谚〕俚(り)諺.民間の,あるいは通俗の諺.

俚语 lǐyǔ ＝〔俚语〕俚言.俚言.方言じみた俗語.

俚子 lǐzi ⇒〔俚人②〕

〔**浬**〕 lǐ 海里:hǎilǐ とも読んだ.〔海海里〕の旧字.

〔**悝**〕 lǐ〈文〉愁う.悲しむ. → kuī

〔**哩**〕 lǐ マイル:yīnglǐ とも読んだ.〔英里 yīng-lǐ〕の旧称. → lī li

〔**娌**〕 lǐ 〔妯 zhóu〕あい嫁:兄弟の嫁同士の関係.〔妯 zhóu ~们不和 hé〕兄弟の嫁たちの間が仲よくāむない.

〔**理**〕 lǐ ①〈文〉(原石の筋目に沿って)玉を切り出す.②道理.条理.〔道 dào 一 yī 理〕道理.〔条 tiáo ~〕条理.筋道.〔~所不可道理上よくない.〔按~说〕道理から言えば….〔说不出~来〕道理に合ったことが言えない.〔有条有~〕条理になっている.話の筋がきちんと通っている.〔写出文章,很有一路〕文章を書けばなかなか筋道がたつ.〔合一化的建议〕合理化についての建議.③節目.すじ.条紋.きめ.〔木~〕木目(もく).〔肤 fū~〕肌のきめ.④(自然科学の)理.理学.〔物~学〕物理学.〔学生们不再有专文理一的偏向〕学生たちの間にはもう文科系統を重んじ理科系統を軽んずるという偏向はない.⑤治める.管理する.処理する.〔处 chǔ ~〕同前.〔办 bàn ~〕処理する.取り扱う.〔~不清各方的责任,或许今后还会发生同样的悲剧〕各方面の責任を明確に処理できなければ,今後も同様な悲劇が起きるかもしれない.〔业于昨日着任兼督务中である.⑥整える.そろえる.〔整 zhěng ~〕整理する.〔~一一书籍〕書物を整理する.〔~出了线 xiàn 索〕一一出了头 tóu 绪〕ほぐして事の糸口を見つけだした.でかる.気にかける.かまう.相手にする.話をする:多く否定に用いる.〔答~〕〔搭 dā ~〕同前.〔~都不~〕気にもかけない.相手にもしない.〔~不~他〕彼にかまうな.〔谁都不~谁〕お互い誰にもかまわない.〔不爱~人〕ろくに相手にしない.〔待

dài ~不~〕無愛想にする.→〔管 guǎn 〕⑥〕 ⑧〈姓〉理(り).

理财 lǐcái ①財政を管理する.金銭のことを処理する.②資産運用する.〔~技 jì 巧〕フテク.〔~规 guī 划〕圓ファイナンシャルプラン(ニング)

理睬 lǐcǎi かかずりう.取り合う.問題にする:多く否定に用いる.〔按理说决不会去~这种荒唐的事〕道理からいえばこんなことにかかずらうわけにはいかずだ.〔假装聋子不去~〕聞こえないふりをしていてかかりあわない.→〔搭 dā 理〕

理舱费 lǐcāngfèi 圓荷役料.

理茬儿 lǐchár〈方〉話の受け答えをする:多く否定文に用いる.〔人家跟 gēn 你说话,你怎么不~?〕人が話しかけているのに,なぜ黙っているんだ.〔別理他的茬儿〕あいつにはかまうな.

理当 lǐdāng ＝〔理该〕当然.当たり前.当然…すべきだ.〔~去一趟〕当然出向いてべきである.〔~去府 fǔ 面谢〕当然お伺いして直接お礼を申すべきである.

理短 lǐduǎn 条理が正しくない.理屈が通らない.〔自己~,没有人同情自分に理が通っていなければ同調してくれる人はいない.→〔理亏〕

理发 lǐfà 散髪する.調髪する.〔~员 yuán〕〔~师 shī〕理髪師.〔~店〕〔~馆(ㄦ)〕理髪店.床屋.〔~吹 chuī 风机〕ドライヤー.〔~推子 tuīzi〕バリカン:〔~轧 gá〕ともいう.→〔剪 jiǎn 发〕

理藩院 lǐfānyuàn 圓蒙古・チベットなど外藩のことを管掌する官署.清末に〔理藩部〕と改称し,民国に至って〔蒙 měng 藏事务局〕と改められた.

理该 lǐgāi ⇒〔理当〕

理工 lǐgōng 理科と工科(総称).〔~科 kē〕ⓐ同前.ⓑ科学技術科.

理合〈公〉当然…すべきである.〔~据实呈报〕当然事実に基づいて報告を提出すべきである.

理化 lǐhuà 物理と化学(総称).

理会 lǐhuì ①わかる.理解する.〔不难 nán ~〕わかりやすい.②気がつく.感じる.感じ取る:多く否定に用いる.〔儿子死了,他会一点儿不~?〕いくら彼でも,子どもが死んだのに,何も気が付かないことがあろうか.〔今天大家都说冷我,我倒不~〕今日は皆が寒いと言うが,わたしは別に感じない.③相手にする.とりあう.とりあわる.気にかける:多く否定に用いる.〔不~〕相手にしない.④〈白〉交渉する.話をつける.始末をつける.〔夫人不必挂心,世杰自有~〕(水13)奥様は心配なさるにはおよびません,世傑がちゃんと方法を心得ております.⑤〈白〉片付ける.とり扱う.処理する.

理货 lǐhuò 圓(税関で積み荷を)検査する.検数する.〔~员 yuán〕〔~人〕検査係.検数人.数取人.タリーマン.

理家 lǐjiā 一家を切り盛りする.

理教 lǐjiào →〔在 zài 理②〕

理解 lǐjiě 理解する.わかる:解说・説明を聞いてわかる.〔~力〕圓理解力.〔加深~〕理解を深める.〔你的意思,我完全~了〕君の考えはすっかりわかった.→〔谅 liàng 解〕〔了 liǎo 解①〕

理据 lǐjù 論拠.根拠.

理科 lǐkē 理科:数学・物理・化学・生物の学科(総称).〔~大学〕理科大学.

理亏 lǐkuī (行為が)理に違背している.理由が成り立たない.筋が通らない.〔自知~〕自分で理のないことを知っている.〔心虚 xū〈成〉理屈が通らないのでおじ気づく.→〔理直气壮〕

理疗 lǐliáo ①〔物 wù 理疗法〕の略.②物理療法で治療を受ける.

理路 lǐlù ①思想・文章などの筋道.〔~不清的文章最难 nán 修改〕筋道がはっきりしていない文章は手

理锂鲤逦蠡力　　　　　　　lǐ～lì

を入れにくい．②[方]道理．[他每句话都在～上,使 shǐ 人听了不能不信服]彼の言う事はいちいち道理が通っているので, 聞いていると信服しないわけにはいかない.

理乱 lǐluàn [文]①治と乱. 秩序と無秩序. ②乱を治める. [～治 zhì 烦]同前.

理论 lǐlùn ①理論. [～价 jià 格][～价値]パリティー価格. [～一家 jiā]理論家. [～联 lián 系实际]理論と実際を連係する. [邓 dèng 小平～]鄧小平理論. ②議論する. 言い争う. [何 hé 必这么～]そんなに議論する必要はない. ③気が付く. 感じる(初期白話文にみられる).

理门儿 lǐménr →[在 zài 理②]

理念 lǐniàn ①理念. ②信念. [西]イデア.

理牌 lǐpái [起 qǐ 牌]

理赔 lǐpéi 保険金の支払い手続きをする. [～人员](同前の)苦情受付係. 補償処理係.

理七 lǐqī ⇒[做 zuò 七]

理气 lǐqì ①[理]理と気:中国古代思想で, 事物の法則と極く微細な物質. ②[中医]気の滞りや気の虚などを薬物を用いて解除すること.

理屈 lǐqū 理由が立たない. 道理に合わない. 筋が通らない. [～词穷](成)道理に詰まり言葉に窮する. [～词穷](成)道理に詰まり言葉に窮する.

理事 lǐshì ①事を処理する. 事務を執る. [因 yīn 病不能～]病気で事務が執れない. ②理事. [安全～会]安全保障理事会. [常任～国]常任理事国. [～长 zhǎng]理事長.

理数 lǐshù 道理. 事理.

理顺 lǐshùn 調整する. 整える. 合理化する. [～城乡经济关系]都市と農村の経済関係を調整する.

理所当然 lǐ suǒ dāngrán [成]理の当然である. [理应上当然である:[理所应 yìng 当]ともいう.

理弦 lǐxián [调 tiáo 弦]

理想 lǐxiǎng ①理想. [～主义]理想主義. [他没有～]彼は夢がない. ②理想的である. すばらしい. 思い通りだ. [那就更 gèng ～]それはいっそうよい. [这个办法还不太～]このやり方はまだ満足のいくものではない. [成绩可能不会～]成績はたぶん思うようには上がらない. [不很～]かんばしくない.

理想乡 lǐxiǎngxiāng ⇒[乌 wū 托邦]

理性 lǐxìng ①[哲]理性. [～认识]理性的認識. [～本 běn 能][感 gǎn 性]②理性的である.

理学 lǐxué 理学. [～博 bó 士]理学博士. ②[西]理学. 性理学:宋·明時代の唯心論哲学思想. [道 dào 学①][宋 sòng 学①]

理血 lǐxuè [中医]瘀血(を)を取り去り血を補い, 出血をおさめる.

理应 lǐyīng 当然すべきである. [～自己做的事, 他常常推 tuī 给别人]彼は自分がやるべきことを他人に押しつけることがしばしばある.

理由 lǐyóu 理由. わけ. 口実. [～充足]理由が十分である. [毫 háo 无～]全く理由が立たない.

理喻 lǐyù 言い分をよく分からせる.

理债 lǐzhài [文]債務を整理する.

理账 lǐzhàng 帳簿整理する.

理张 lǐzhāng [文]ふるまう. 相手にする. 気にとめる. [没人～他]誰も彼にかまわない.

理直 lǐzhí 理が通っている. →[理亏][据 jù 理]

理直气壮 lǐzhí qìzhuàng [成]道理が通っているので話に勢いがある. [～地回答]自信をもって勢いよく答える.

理智 lǐzhì ①理知. 知性(的である). ②冷静である. さめている.

理中 lǐzhōng [中医]胃腸と脾臓の機能を調節する.

[锂・鋰] lǐ [化]リチウム:アルカリ金属元素. 記号 Li. [～云 yún 母]リシア雲母. リシア雲母. [～离 lí 子电池]リチウムイオン電池. →[碱 jiǎn 金属]

[鲤・鯉] lǐ [魚貝]コイ(鯉). [文]音信. →[鯉素]

鲤春 lǐchūn [虫]鯉胡桃葉条虫:鯉類につく条虫の一種.

鲤虱 lǐshī [虫]魚・蝦などの体表につく寄生虫.

鲤书 lǐshū 同上.

鲤素 lǐsù ＝[鲤书][鲤雁][文]手紙. 音信. →[雁 yàn 帛]

鲤庭 lǐtíng [文]子が父親から教えを受けること.

鲤雁 lǐyàn ⇒[鯉素]

鲤鱼 lǐyú [魚貝]コイ. [文 wén 鱼③]ともいう. [～打挺儿, tǐngr][腰][武功]の"武功"による. 仰向けに倒れている者が, 胸と腹の力で一動作でぱっと直立する動作. [～跳 tiào 龙门][喩]際立って出世すること. 地位が高くなること. →[龙 lóng 门①]

鲤鱼钳 lǐyúqián →[老 lǎo 虎钳]

[逦・邐] lǐ [～迤 yǐ]迤～][文]うねうねと途切れずに続くさま. [大队 duì 人马逦～而行]大部隊の人馬が曲がりくねって続いて行く.

[蠡] lǐ ①[虫]キクイムシ. ②[文]虫が木を食う. ③[喩]器物の古びたもの. ④地名用字. [～县][地]河北省にある. [～湖 hú][地]江蘇省無錫市の東南にある. ⑤人名用字. [范 fàn ～][人]春秋時代の人. → lí

蠡实 lǐshí ⇒[马 mǎ 蔺]

蠡鱼 lǐyú ⇒[鳢]

[力] lì ①力. 体力. [体 tǐ ～]体力. [～拔 bá 山兮盖世](史記項羽記)[喩]雄大なさま. [～拔头筹](成)[喩]頑張ってトップを占める. [～能举鼎 dǐng](成)(その)力がはかなきれほど上に差しあげられるほど強い. [有～出～, 有钱出钱](成)力のあるものは力を, 金のあるものは金を出す(して一つの目的のために力を合わせる). [大～士]すもう取り. [四肢 zhī 无～]手足がだるい. [用～推开]力を入れて押し開ける. [尽～而为 wéi]力を尽くしてする. ②能力. 力量. [电 diàn ～]電力. [购 gòu 买～]購買力. [理解～]理解力. [目～]①視力. ⑥眼力. [人～]①人力. [说 shuō 服～]説得力. [物 wù ～]財力. ⑥物の力. [药 yào ～]薬の力. [智 zhì ～]知力. ③努める. 努力してする. [办事不～]仕事に力が入らない. ④物の成分の含有量などのパーセンテージを示すのに用いる. [九九～锌 xīn 粉]99％亜鉛粉. [足～]成分の充足した. ⑤努めて, 一生懸命に. [～陈 chén]力説する. [～邀 yāo]ラブコールを送る. [～求节约]努めて節約をはかる. ⑥強い. 丈夫である. ⑦[姓]力(か).

力巴 lìba [方]①未熟である. 拙劣である. 下手である. [你刻字倒像行 háng 家, 印刷可是～]きみは字を彫るのはまあくろうとらしいが, 印刷の方は下手だ. [没有三天～, 常到自能生巧啊]いつまでも下手なままじゃない, と言うじゃないか, 慣れたら自然とうまくなるさ. ②しろうと:[力把][力巴头 tóu]ともいう. [不懂行家不说～话](諺)くろうとはしろうとくさいことを言わないものだ. ③[旧]商店のでっち:特に[粮 liáng 食店]などのでっち.

力保 lìbǎo 全力できちんと保つ.

力避 lìbì 努めて避ける.

力臂 lìbì [物][杠 gàng 杆](てこ)の支点から力点までの距離.

力辩 lìbiàn [文]極力弁明する.

力驳 lìbó [文]極力反駁する.

力搏 lìbó 力一杯やって勝ち取る.

力不从心 lì bù cóngxīn [成]能力が思うにまかせ

lì 力 朸 历

力不胜任 lì bù shèngrèn〈成〉能力(力量)がその任にたえない.→〖力能胜任〗

力场 lìchǎng 〖物〗力の場.

力持 lìchí 努めて堅持する:〔力保〕〔力撑 chēng〕ともいう.〔~异议〕〈成〉異議を唱え続ける.〔~正义〕〈成〉正義を堅持する.

力畜 lìchù 役畜:労力を提供する家畜.〔役 yì 畜〕ともいう.

力促 lìcù 努めて…するように促す.〔尽 jìn 力促使〕同語.

力催 lìcuī 厳重に催促する.

力挫 lìcuò 頑張って打ち負かす.〔~上届冠 guàn 军队〕前回の優勝チームを打ち負かす.

力道 lìdào〈方〉①効能.効き目.〔豆饼~长 cháng〕豆粕は効き目が長い.②力.〔~大〕力が大きい.

力点 lìdiǎn 〖物〗(てこの)力点.

力度 lìdù ①力の程度.〔风力~〕風の強さ.〔加大投资的~〕投資力を増大させる.②内容の深さ.〔这篇文章很有~〕この文章は重みがある.

力工 lìgōng 肉体労働者.

力股 lìgǔ ⇒〖人 rén 力〗

力积 lìjī 〖物〗力が物体に与える時間の積.

力疾 lìjí ①動作が素早い.②〈文〉病気をおして無理をする.病を冒してする.〔从公〕病をおして公務に従事する.

力荐 lìjiàn〈文〉極力推薦する.

力竭气喘 lìjié qìchuǎn〈成〉力尽き息あえぐ.

力竭声嘶 lìjié shēngsī ⇒〖声嘶力竭〗

力戒 lìjiè 努めて防ぐ.強く戒める.〔~片面性〕努めて一方的であることを防ぐ.

力尽筋疲 lìjìn jīnpí 〈成〉力が尽き果てる.〔走得我~〕すっかり歩き疲れた.→〖筋疲力尽〗

力矩 lìjǔ 〖物〗(力の)モーメント.能率:支点を中心に物体を回転させる力の大きさを表す.

力拒 lìjù 極力抵抗する.

力克 lìkè 力を尽くして打ち負かす.〔~对手夺 duó 冠军军〕相手をねじ伏せ優勝を勝ちとる.

力量 lì·liàng ①〔腕力及び物を動かす〕力.〔~大〕が大きい.②能力.勢力.力量.〔他很有~〕彼は非常に能力がある.〔这个团体很快就形成了一股政治~〕この団体はすぐに一つの政治勢力にまでなった.③作用.効き目.〔这种农药的~大〕この農薬の効き目は素晴らしい.

力率 lìlǜ ⇒〖功 gōng 率因数〗

力能胜任 lì néng shèngrèn〈成〉能力(力量)がその任にたえる.→〖力不胜任〗

力偶 lì'ǒu 〖物〗偶力:〔偶力〕は旧称.〔~的力矩〕偶力のモーメント.

力排众议 lìpái zhòngyì〈成〉多数の異論を力を尽くして説き伏せる.多数の異議を斥(しりぞ)ける.

力拼 lìpīn 全力で勝ち取る(やり合う)

力破 lìpò 全力で突破する.〔这个施工中的难题〕全力で施工中の難題を解決する.

力气 lìqì =〔方〕气力②〕力.腕力.体力.〔很有~力的〕強い.〔卖~的〕口は肉体労働者.〔~活huó〕力仕事.肉体労働.→〖体 tǐ 力〗

力钱 lìqian 回駄賃.お使い賃.〔脚 jiǎo 钱②〕に同じ.贈り物を持参した使いの者に与える心付け.〔敬 jìng 使〕と書いた紙に入れて与える.

力求 lìqiú できるだけ努める.精一杯探求する.〔~不犯错误〕誤りを犯さないようできるだけ努める.

力劝 lìquàn 努めて勧める.

力士 lìshì ①力の強い人.力士.重量挙げ選手.〔大~〕同前.〔举 jǔ 重〕②回官名:四門の守衛に当たり,天子の出入りに随従する.

力索 lìsuǒ〈文〉極力探し尋ねる.

力所能及 lì suǒ néngjí〈成〉力の及ぶ限り.その能力でできる範囲.〔残疾人也参加了~的劳动〕身障者も自分のできる労働に参加した.

力透纸背 lì tòu zhǐbèi 筆力が紙背までとおる.〈喩〉文字・文章が力強いこと.

力图 lìtú〈文〉努めて…しようと図る.極力…しようとする.必死になる.〔~自强〕努めて自ら強くなろうとする.

力推 lìtuī 全力で推進する.〔~销 xiāo 售〕大いに販売に力を入れる.

力挽狂澜 lì wǎn kuánglán 荒れ狂う波を引き戻す.〈喩〉危険な状態を回復させようと死力を尽くす.

力行 lìxíng 極力努める.努めて行なう.〔~不懈 xiè〕ゆるみなく努め励む.

力学 lìxué ①力学.②〈文〉努力して学習する.〔~不倦〕努力学習して飽きることがない.

力战 lìzhàn ⇒〖奋 fèn 战〗

力争 lìzhēng ①努力して争う.〔据理~〕理によってあくまで争う.②努力する.がんばる.必死になる.〔一切共产主义者的最后目的,则是在于~社会主义社会和共产主义社会的最终的实现〕すべての共产主义者の最终目的は,社会主义社会と共产主义社会の最終の実現のために努力することである.

力争上游 lì zhēng shàngyóu〈成〉高い目標を目ざして奮闘する:中華人民共和国社会主義建設の総路線のスローガンの一.〔上游〕は先進的な学芸・産業・技術などを指す.→〖鼓 gǔ 足干劲〗〖总 zǒng 路线〗

力证 lìzhèng 有力な証拠.

力主 lìzhǔ 強く主張する.〔~和平〕平和を強く主張する.

力作 lìzuò 力作.労作:〔力著 zhù〕ともいう.〔这个剧 jù 本是他晚年的~〕この脚本は彼の晩年の力作だ.

[朸] lì〈文〉木(き)目.

[历・歷(歴・歷)・曆(厤)]

lì (Ⅰ)〖历(歷・歷)〗①経(ふ)る.経(た)る.〔已~十年〕すでに10年になる.②これまでの(過去の).→〖历年〗〖历代〕③一つひとつ.のこさず.〔~访 fǎng〕歴訪する.〔~览 lǎn〕一つひとつ見る.〔~观各展览会〕各展覧会をつぶさに見て回る.④=〖历历〗⑤〖姓〗歴(き)

(Ⅱ)〖历〗①〖历(曆・厤)〕①カレンダーの総称.⑥日めくりごよみ.〔撕 sī 下一张日~〕同前を一枚はがす.〔黄 huáng ~〕口こよみ.〔挂 guà ~〕かけカレンダー.〔台 tái ~〕卓上カレンダー.〔阳 yáng ~〕陽暦.〔阴 yīn ~〕陰暦.〔旧 jiù ~〕旧暦.〔农 nóng ~②〕農暦.〔公~〕西暦.②行事暦.〔校 xiào ~〕学校の同前.

历朝 lìcháo ①過去の各朝代.〔~历代〕各朝歴代.②一つの朝代の中での各君主の統治の時期.

历陈 lìchén いちいち述べる.

历程 lìchéng 過程.道程.歩み.〔回顾战斗的~〕戦いの経過をふり返る.〔我们党的光辉~〕我が党の輝かしい経路.

历次 lìcì これまでの毎回.〔这次参加的人数比~都要多〕今回の参加人数は過去のどの回よりも多い.

历代 lìdài ①歴代.代々.〔~名人年谱〕歴代有名人の年譜.〔~小史〕歴代歴史表.②いつまで何代から~多 wù 农〕何代も農業に従事してきた.〔珍珠养 yǎng 殖业~不衰 shuāi〕真珠養殖業はいろん

lì

な時ід を経ても衰えない.
历法 lìfǎ 暦法.
历观 lìguān〈文〉一つひとつあまねく見る.
历家 lìjiā〈文〉暦法家.
历劫 lìjié〈文〉①困難の数々を経る. ②長年月を経る(た)
历届 lìjiè これまでの毎回(集会・行事などの)
历尽 lìjìn 経験し尽くす.[〜艰辛]〜千辛万苦]艱(ごん)難辛苦をなめ尽くす.
历经 lìjīng しばしば経験する.[〜劫难]苦難をたびたび経る.
历久 lìjiǔ〈文〉久しい間になる(にわたる)
历来 lìlái 従来. 以前より. 今まで.[〜如此]従来からこうである.
历历 lìlì〈文〉ありありと. 明らかに.[〜在目]〜成]ありありと目の前にあるようだ.[〜可考]〜成]はっきりとしていて確かめることができる.[〜可数]〜成]明らかに一つひとつ数えられる.[〜落落]〜成]はっきりしている
历练 lìliàn ①経験と鍛練.[他〜老成]彼は練達している. ②経験を積む. もまれる. 実地練習をする.[多在外头〜, 得点经验]うんと世間でもまれて経験を積む.[大学一毕业, 就到社会上〜去]大学を卒業するとすぐ社会へ出て経験を積む.→[闯 chuǎng 练]
历乱 lìluàn〈文〉雑然としているさま.
历落 lìluò〈文〉①ふぞろいでまばらである. ②他と交らず孤高を保つ. ③はっきりしている
历年 lìnián ①例年 (の). 多年 (の). 数年来 (の).[这种供 gōng 求关系〜的情况总是供不应 yìng 求, 十分紧张]この種の需給関係の例年の状況が供給がどうしても需要に追いつかないありさまで逼迫した様相を呈している.[〜的积蓄 xù]多年の蓄え. ②暦年.
历任 lìrèn ①歴任する.[他〜股 gǔ 长、科长、处 chù 长等职]彼は係長・課長・部長などの職務を勤めた. ②歴代の.[这个工厂的〜厂 chǎng 长]この工場の歴代工場長.
历时 lìshí ①時を経る. 時間がたつ.[〜四天的会谈 tán]4 日間にわたる会談. ②通時.[〜语 yǔ 言学]通時言語学.[共 gòng 时语言学]に対して
历史 lìshǐ ①歴史.[〜潮 cháo 流]歴史の流れ.[〜车轮 lún]歴史の車輪. 歴史の発展.[〜词 cí 典]歴史用語.[〜观 guān]人々の歴史に対する見方.[〜火车头]歴史の原動力.[〜剧 jù]史劇.[〜唯 wéi 物主义]唯物史観]史的唯物論[〜唯心主义]唯心史观]史的観念論.[〜文物]歴史的文物.[〜小说]歴史小说. 時代小说.[〜新低]史上最低(の).[〜新高]史上最高(の).[〜性 xìng]歴史的(な).[〜学]歴史学.[〜遗 yí 产]歴史遗产.[〜意 yì 义]歴史的意義.[完成〜使 shǐ 命]歴史的使命を果たす. ②過去の共有する人の経歷:特に解放以前をさす.[〜上犯过错 cuò 误]これまでに誤りを犯したことがある.[了 liǎo 解他的全部〜]彼の全経歷を調べる.[我〜清 qīng 白]私は経歷上誤りを犯したことはない.[〜反革命(分子)]建国前に反革命的な罪を犯した者.→[现 xiàn 行反革命(分子)]
历世 lìshì 歴代. 代々.→[历代]
历书 lìshū 暦書. こよみ.→[皇 huáng 历]
历数 lìshǔ 一つ一つ数え上げる.[〜侵 qīn 略者的罪行]侵略者の罪状を列挙する.
历险 lìxiǎn 危険に出あう.[山中〜记]山中冒険記.
历象 lìxiàng〈文〉天文. 天象.

[沥・瀝] lì〈文〉①したたり. しずく.[余 yú〜]残りしずく. ②したたる. ぽたぽた落ちる. 濾(こ)す. ③染み出る.
沥陈 lìchén〈文〉考えを誠実に述べる.
沥胆 lǐdǎn 忠誠を尽くす.
沥滴 lìdī〈文〉しずくがたれる.
沥恳 lìkěn〈文〉誠意を尽くす.
沥涝 lìlào 作物が水浸しになる. 冠水する.
沥沥 lìlì〈文〉風や水の流れる音.
沥沥拉拉 lili lālā ⇒[哩 li 哩啦啦]
沥青 lìqīng ①=[柏 bǎi 油]アスファルト.[沥青稀 xī]ともいう. 天然のものを[地 dì〜][土 tǔ〜](土瀝青)という.[〜搅 jiǎo 拌机]アスファルトミキサー.[〜铺 pū 路机]アスファルト舗装機.[〜撒 sǎ 布机]アスファルト撒布機.[〜沙 shā]アスファルトサンド.[〜砖 zhuān]アスファルトタイル(アスタイル).[〜铺 pū〜]〜浸 jìn〜]アスファルトを敷く. ②ピッチ.[煤 méi 焦油〜]の別称.[〈口〉柏油渣]ともいう.[〜焦 jiāo 炭]ピッチコークス.
沥青煤 lìqīngméi ⇒[烟 yān 煤]
沥情 lìqíng〈文〉実情を全て述べる.[〜禀 bǐng 求]事情を述べてお願いする.
沥述 lìshù 詳しく述べる.
沥水 lìshuǐ (雨が降った後の)溜り水.
沥血 lìxuè ①血に誓う(を滴らす) ②血を滴らして誓いをたてる.[〜转]誠心を示す.

[坜・壢] lì 地名用字.[中〜]回台湾の桃園県の西方にある.

[苈・藶] lì →[葶 tíng 苈]

[呖・嚦] lì〈文〉鳥の明るくはっきりとした鳴き声.[〜〜莺 yīng 声]同前のうぐいすの鳴き声.

[枥・櫪] lì〈文〉馬のかいばおけ.[槽 cáo〜]同前.[転]うまや.[〜马]〜骥 jì]囚われ人.[老 lǎo 骥伏枥] ②⇒[栎]

[疠・癘] lì[瘰 luǒ〜]医るいれき.

[荔(茘)] lì ①植レイシ. ライチ(茘枝). ましその実. ライチ.[鲜 xiān〜]ライチ.[〜肉 ròu]同前の果肉. ②地名用字.[〜浦 pú 河]広西チワン族自治区にある. ③〈姓〉姓.
荔非 lìfēi〈姓〉姓非(き)
荔干 lìgān 干しライチ:[茘枝干]ともいう.
荔菰 lìgū ⇒[马 mǎ 菌]
荔支 lìzhī 同下.
荔枝 lìzhī = [茘支][丹 dān 荔][雷 léi 芝]回レイシはその実. ライチ. 福建・広東両省に多く産する. 常緑高木, 果実は丸くて鱗状皮に包まれている.[龙 lóng 眼]より大きく, 種子は肉質, 白色で美味.[丁香核]と呼ばれる種類も高級品. 楊貴妃が好んだところから[妃 fēi 子笑]ともいう.
荔(枝)奴 lì(zhī)nú ⇒[龙 lóng 眼]

[雳・靂] lì[霹 pī〜]①霹靂(ど).②〈喩〉突然の事件. 降ってわいたような出来事. 寝耳に水の出来事.

[磿] lì〈文〉①[磿列]加わった者の名簿. ②奴隷. ③計算する.

[立] lì ①立つ. 直立する.[〜在台上]台上に立って. 叶 bìng〜]並び立つ.[对 duì〜]向き合って立つ. 対立する.[坐〜不安]居ても立ってもいられない. ②生存する. 存在する.[民族独 dú〜]民族独立.[他已经能自〜了]彼はもう自立できるようになった. ③(下にあるもの, 横になっている

lì / 立

ものを)立てる．縦にする．〔横 héng 眉〜目〕眉をしかめ眼をつりあげる．〈喩〉怒った顔をする．④(なかったものを)作り立てる．(考えなどを)起こす．〔〜项目〕項目をたてる．〔树〜榜 bǎng 样〕手本を示す．⑤(について証書を作成する．〔〜合同〕契約を結ぶ．契約書を作る．〔〜下条约〕条約をとり決める．⑥回君主が即位する．〔新君 jūn 已〜〕新君が即位した．⑦回跡継ぎを立てる．後継者を決める．〔〜皇太子〕皇太子を立てる．⑧たて形の．直立の．→〔立柜〕〔立轴〕⑨たちどころに．〔〜说〜行〕言っていて実行する．⑩〈姓〉(⑤)

立案 lì'àn ①立案する：主管機関で．〔立了案禀了上司了〕案を具して上司に報告した．②匨登録(する)．登記(する)．〔已在教育部〜〕政府教育部認可済み．〔请批 pī 准〜〕許可登録を願い出る．→〔备 bèi 案〕③匨文件する：訴訟事件として正式に記録すること．

立保 lìbǎo 保証人を立てる．〔〜单 dān〕保証書を作成する．〔〜单人〕保証書人．→〔具 jù 保〕

立碑 lìbēi 〈文〉树 shù 碑

立逼 lìbī 〈方〉すぐにするよう急ぎ立てる．早くしろと迫る．〔〜他快来〕彼にすぐ来るようにと急ぎ立てる．〔〜着要办完〕間もなくあげすげようと迫る．

立标 lìbiāo ①標識をたてる．②航路標識の一種：柱または台形で照明設備のないもの．

立场 lìchǎng 立場．態度：〔消费者の〕消費者の立場．〔特に階級的立場から〕〔阶 jiē 级立场〕の意．〔无论如何，我们要站稳工人阶级的〜〕どんなことがあろうとも，我々は労働者階級の立場をしっかりと立たねばならん．→〔立脚点〕

立储 lìchǔ ①〈文〉皇太子を決める．②〈喩〉後継者を決める．

立春 lìchūn 立春：〔二 èr 十四节气〕の一．2月4日前後．〔〜就暖和了〕立春になると暖かくなる．→〔打 dǎ 春〕

立此存照 lì cǐ cúnzhào 回契約を後日の証拠のため文書にして保存する：契約書などの慣用語．

立待 lìdài ⇒〔立候⑤〕

立裆 lìdāng ズボンの股上(裆)の長さ．縦まち．

立党为公 lìdǎng wéigōng 〈成〉公共のために党を結成する．

立党为私 lìdǎng wéisī 〈喩〉利己的な目的のために党を結成する．

立刀(儿) lìdāo(r) りっとう：漢字部首の"刂"．〔立刀旁 (儿)〕〔侧 cè 刀儿〕〔则 zé 刀 (儿)〕ともいう．→付録 1

立德 lìdé 〈文〉德を積む．

立德粉 lìdéfěn ⇒〔锌 xīn 钡白〕

立等 lìděng ①立って待つ．わずかの間待つ．〔〜可取 qǔ〕即時でき上がり，待ち時間なし：修理店や仕立て屋などの歌い文句．②急いで…するを待つ．〔〜回信〕すぐ返事を下さい．

立笛 lìdí ⇒〔大 dà 管〕

立地 lìdì ①立ちどころに．ただちに．〔立刻〕に同じ．〔反动派是不会放下屠 tú 刀 〜成佛的〕反動派は屠殺刀を投げ捨ててただちに成仏するということがあるはずがない．〈白〉立っ．〔这湖 hú 山石下〜〕この太湖石のところに立っている．②樹木の生長する所．〔〜不同，树 shù 木的生长就有差异〕場所の違いによって樹木の生長ぶりそれぞれである．

立定 lìdìng ①立ち止まる．〔〜脚跟，安分 fèn 守己〕しっかりと足を踏みしめ，己の分を守る．②〔立正〕止まれ！(号令)．→〔站 zhàn 住〕③しっかりと決める．(方針を)しっかりと定める．〔〜主意 zhǔyì〕腹を決める．

立定跳远 lìdìng tiàoyuǎn 囶立ち幅跳び．

立冬 lìdōng 立冬：〔二 èr 十四节气〕の一．11月7日または 8 日に当たる．〔〜天气就冷了〕立冬になると寒くなる．

立顿红茶 lìdùn hóngchá 〈音義訳〉リプトン紅茶(商標名)

立法 lìfǎ 法律を制定する．〔〜机 jī 关〕立法機関．〔〜权〕立法権．〔〜程序〕立法手続．立法順序：一般に〔〜机关提出〕，〔法律议案的讨论〕，〔通过法律〕，〔公布法律〕の順序で行われる．

立方 lìfāng ①立方．〔〜米 m³〕〈度〉立方メートル．立米．〔〜立方尺〕は旧称．〔3 的〜等于 27〕3 の 3 乗は 27．〔〜根 gēn〕立方根．〔〜体〕〔立方体〕の略．②量詞．立方メートル．立米．〔〜土〕1 立方メートルの土．〔〜分米〕立方デシメートル．〔〜毫 háo 米〕立方ミリメートル．〔〜厘立米〕立方センチメートル．

立竿见影 lìgān jiànyǐng 〈成〉〔立见功效〕〈喩〉直ちに効果が現れる．〔想要，只有这么办〕直ちに効果をあげようと思えば，こうするよりほかない．

立功 lìgōng 功績を立てる．〔〜赎 shú 罪〕〈成〉功を立てて自分の罪の埋め合わせをする．〔立功自赎〕ともいう．

立规矩 lìguījǚ 回目上の人の横に居て世話をすること．〔你也不用到我这边来〜〕(红29)お前はわたしのところへ来て世話をしてくれなくてもよい．

立柜 lìguì 洋服だんす．衣装戸棚．→〔顶 dǐng 柜〕

立国 lìguó 国を建設する．〔农业、工业为之本〕農業と工業は立国の元である．

立后 lìhòu ①皇后を定める．②⇒〔立嗣①〕

立候 lìhòu ①立って待つ．②＝〔立待〕急いで…するを待つ．〔〜回音〕讀すぐ返事を下さい．

立户 lìhù ①一家をたてる．戸籍をおこす．②銀行に口座を設ける．

立即 lìjí ⇒〔立刻〕

立枷 lìjiā 〔立笼〕〔站 zhàn 笼〕〈文〉刑具の一種：木製のおりの上部に囚人の首を固定して死ぬまで立たせる．

立见功效 lì jiàn gōngxiào ⇒〔立竿见影〕

立交 lìjiāo 立体交叉：〔立体交叉〕の略．〔〜桥 qiáo〕立体交差橋．→〔平 píng 交③〕

立脚 lìjiǎo ①＝〔立足〕〔立脚 (する)．〔车挤得都没处〜〕車が込んでいてどこにも足場がない．②よりどころ．地位．〔〜不稳〕地位が不安定．〔立不住脚〕立場性を失う．基盤よりどころをない．〔这样，怎么能在社会上〜啊〕こんなことで，どうして社会で生きていけるか．

立脚点 lìjiǎodiǎn ①立場．態度．観点．②足場：〔立足点〕ともいう．〔把这里作为〜和联络站〕ここを拠点並びに連絡場所とする．→〔立场〕

立井 lìjǐng ⇒〔竖 shù 井〕

立据 lìjù 証書を作成する．

立卷 lìjuàn 書類をとじ込む．〔〜归 guī 档〕同時に保存する．

立决 lìjué ①即決(する)．②〈文〉即刻で処刑(死刑に)する．

立刻 lìkè＝〔立地①〕〔立即〕〔立时〕〔立时三刻〕すぐ．直ちに．〔〜通知〕即刻通知する．〔她〜拒绝了〕彼女はいきなりはねつけた．→〔立马②〕〔就 jiù (Ⅱ) ①〕

立克次体 lìkècì tǐ 囶リケッチア：細菌より小さくウイルスより大きい微生物の総称．発疹チフス・ツツガムシ病などを引き起こす．

立枯病 lìkūbìng （植物の）立ち枯れ病．

立擂 lìlèi 回大道芸者が試合や武芸を見せるための台を作ること．→〔擂台〕

立睖 lìlèng 〔立楞〕とも書く．〈方〉①目を大きくあけ

て目じりを高くつりあげるさま．②逆立てる．立ちあがる．〔吓 xià 得头发根子都～起来了〕髪の毛も逆立つほどびっくりした．

立领(儿) lìlǐng(r) 詰め襟．立ち襟．スタンドカラー．

立笼 lìlóng ⇒〔柳〕

立论 lìlùn ①(自分の考えにより)立論する．②立てた(主張した)理論．

立马 lìmǎ ①馬を止める．②〈口〉直ちに．〔～而就〕たちどころにでき上がる．〔不料 liào 接他的同志～追风要他动身〕ところが彼を出迎えた同志はすぐさま彼に出発するよう求めた．→〔立刻〕

立眉立眼 lìméi lìyǎn ぷりぷり怒るさま．〔一个国家公务员怎么怎么动不动就～呢〕国家公務員たるものがどうして何かにつけて怒るのか．

立门户 lìménhù 家を持つ．世帯を持つ．〔他自己立了门户〕彼は自分で世帯を持った．

立米 lìmǐ 立米(りゅうべい)．立方メートル．〔立方米〕の略．

立面图 lìmiàntú 〔建立面图．正面図．

立模 lìmú 〔建〕(コンクリート流し込みの)型板を組む．→〔模板〕

立目 lìmù 立項する．

立票 lìpiào 手形を振り出す．〔～人〕手形振出人．〔～为照〕手形を振り出して証拠とする．

立契 lìqì 〈文〉契約書を作る．

立秋 lìqiū 立秋：〔二 èr 十四节气〕の一．8月8日前後に当る．〔已经～了,可是还很热 rè 〕立秋になったがまだ暑い．

立人 lìrén ①⇒〔人中〕 ②⇒〔站 zhàn 人银圈〕③⇒〔单 dān 立人(儿)〕 ④自立した人間になる．〔立国须先～〕国造りにはまず人造りが必要だ．

立人旁(儿) lìrénpáng(r) ⇒〔单 dān 立人(儿)〕．

立射 lìshè 〔军〕(訓練や試合で)立って射つ．立射．→〔跪 guì 射〕〔卧 wò 射〕

立身处世 lìshēn chǔshì 〈成〉世渡り．人との交わり．処世．

立时 lìshí ⇒〔立刻〕

立时三刻 lìshí sānkè ⇒〔立刻〕

立世 lìshì 世間に処世する．

立式 lìshì 縦形(の)．スタンド型(の)．〔～刨床〕機立て平削り盤．〔～车床〕機立て旋盤．〔～牛头刨床〕機立て形削り盤．〔～水泵 bèng〕バーチカルポンプ．立て軸形ポンプ．〔～镗 táng 床〕機立て式中ぐり盤．〔～铣 xǐ 床〕機立てフライス盤．〔～钻 zuàn 床〕機直立ボール盤．

立誓 lìshì 〔发 fā 誓〕

立庶 lìshù 〈文〉庶子(非嫡出子)を後継者にする．

立说 lìshuō 学説を立てる．

立嗣 lìsì 〈文〉①王位継承者を確定する：〔立后②〕に同じ．②養子をもらって後継ぎにする．

立谈 lìtán 〈文〉立ち話する．〔～之间〕立ち話をする間．〔～之〕わずかの間．

立陶宛 lìtáowǎn リトアニア：正式国名は〔～共和国〕．首都は〔维 wéi 尔纽斯〕(ビリニュス)

立体 lìtǐ ①图(立体的)．〔～几 jǐ 何〕图立体幾何学．〔～角〕立体角．〔度ステラジアン．記号 sr．〕〔～图(形)〕〔空 kōng 间图形〕立体図(形)．〔多層・多面(の)〕 ④立体感のある．〔～电视〕立体テレビジョン．〔～电影〕立体映画．3 D映画．〔宽 kuān 银幕～电影〕シネラマ．〔～感 gǎn 〕立体感．〔～化(huà)立体化〕．〔～绿化〕緑化立体感．〔～盲 máng〕医立体感をなくした視力いう．〔～派〕医キュビズム．立体派．〔～摄 shè 影机〕ステレオカメラ．〔～声〕ステレオ(音響)．〔～声广播〕ステレオ放送．〔～思 sī 考〕3次元思考．

zhào 片〕立体写真．

立体交叉 lìtǐ jiāochā 立体交差：〔立交〕は略称．

立体战争 lìtǐ zhànzhēng 〔军〕(陸・海・空の)立体戦．

立脱尔 lìtuō'ěr 〈度〉リットルの旧音訳：〔立得 dé〕〔立特 tè 尔〕〈口〉ともいう．→〔升 shēng (I)①〕

立文书 lìwénshū ⇒〔立字〕

立铣刀 lìxǐdāo 機底フライス．

立铣头 lìxǐtóu 機垂直の小さい先の先：立てフライス盤に使用される．

立夏 lìxià 立夏：〔二 èr 十四节气〕の一．5月6日前後に当たる．

立下 lìxia ①立てる．〔他这回～了特等功劳〕彼は今回特等功労を立てた．②締結する．定める．〔～合同〕契約を締結する．

立宪 lìxiàn 立憲．憲法を制定する．

立项 lìxiàng (具体的な項目を)立案する．

立像 lìxiàng 立像．→〔坐 zuò 像〕

立言 lìyán ①〈文〉著述する．論述する．②自分の論を立てる．〔这足见我不是一个"～"的人〕(鲁・Q 1)これでわたしが立派な言葉を立てるような人間ではないということがわかる．

立窑 lìyáo たて窯．

立业 lìyè ①事業を成就する．〔建功～〕〔成〕功績を立て事業を成す．②財産を作る．〔成家～〕結婚し，家業を持つ．独立生活する．

立异 lìyì ①〈文〉異議を述べる．異をたてる．〔标 biāo 新～〕新奇をてらう．

立意 lìyì ①意見(考え)を決める．〔他～为 wèi 人民服务〕彼は人民のために奉仕しようと決意した．②着想．構想．〔这幅 fú 画儿～不好〕この絵は構想がよくない．

立于 lìyú (…に)立つ．〔～不败 bài 之地〕強固な場所にいる．不敗の態勢を占める．

立约 lìyuē 約束を定める．契約する．

立折子 lìzhézi 通帳(口座)を作成する．

立正 lìzhèng 直立不動の姿勢をとる．〔～!〕気をつけ(号令)．

立止 lìzhǐ 〈文〉①すぐ止まる．②立ち止まる．

立志 lìzhì 志を立てる．

立中 lìzhōng 医針灸経穴の一：鎖骨の下のつぼ．

立轴 lìzhóu ①掛け軸．〔中 zhōng 堂〕より小さく細長い．②機バーチカルシャフト．

立柱 lìzhù 支柱．

立传 lìzhuàn 伝記を編纂する．

立锥之地 lìzhuī zhī dì =〔置 zhì 锥 之 地〕〈文〉〔立锥之土〕ともいう．錐を立てるほどの地．〔嗯~が〕かばかりの場所：多く否定に用いる．〔贫 pín 无 wú ～〕ごくせまい土地もないほど貧しい．

立姿 lìzī 立つ姿勢．

立字 lìzì ⇒〔立文书〕証文を書く．〔～画押〕同前．〔～据 jù〕同前．

立足 lìzú ①⇒〔立脚①〕 ②ある立場に立つ．〔～点〕足場．立脚点．

[莅(涖・蒞)] lì 〈文〉臨む．至る．出席する：敬意を含む．

莅差 lìchāi ⇒〔莅任〕

莅场 lìchǎng 〈文〉臨場する．

莅官 lìguān 〈文〉官職に就く．

莅会 lìhuì 〔尊〕会に列席する．〔～发言〕列席し発言される．

莅莅 lìlì 〈文〉水の流れる音．

莅临 lìlín =〔莅止〕〔尊〕親しむ．臨席する．〔欢迎外国朋友～本校〕外国の友人の本校への来訪を歓迎します．〔幕や黒板などに多く書かれる言葉．

lì 苡粒笠厉励疠砺粝蛎吏丽

苡盟 lìméng 〈文〉会合して盟約を結ぶ.
苡民 lìmín 〈文〉民を治める.
苡任 lìrèn ＝[〈文〉苡差][〈文〉苡职]〈文〉就任する.着任する.
苡事 lìshì 〈文〉着任する(事務を執る)
苡政 lìzhèng 〈文〉政務を執る.
苡职 lìzhí ⇒[苡任]
苡止 lìzhǐ ⇒[苡临]

[粒] lì ①[-儿]粒(②):もとは[米 mǐ〜](米粒)をいう.[饭 fàn〜]めし粒.[碎 suì〜]砕けた粒.[颗 kē〜]顆粒.②量詞.粒状のものを数える.[一〜米]ひと粒の米.[一〜沙 shā子]ひと粒の砂.[一〜珠 zhū子]一粒の真珠.[一〜子 zǐ弾]一発の銃弾.→[颗 kē]
粒度 lìdù (石炭などの)鉱物の粒の大小.[三十号〜]30分の1インチ目の篩(ふるい)を通る大きさ.
粒肥 lìféi 粒状肥料.
粒火 lǐhuǒ ひと粒程の火.[〜能燒万重 chóng 山]ひとつの火も万重の山を焼く.〈喩〉蟻の穴から堤も崩れる.
粒米 lǐmǐ ひと粒の米.〈喩〉ほんの少し.[〜不进]〈慣〉(病気が重くて)一粒のごはんも喉を通らない.
粒选 lìxuǎn (播種用)種子をひと粒ひと粒選ぶ.
粒雪 lìxuě 粒雪.
粒岩 lìyán 粒状岩.
粒状 lìzhuàng 粒状.
粒子 lìzǐ 物素粒子:[基 jī本粒子]は旧称.[〜束 shù武器]物粒子ビーム兵器:[粒子炮 pào]ともいう.[〜物 wù理学]粒子物理学.→[反 fǎn粒子]
粒子 lìzi 粒子.[豆 dòu〜]豆粒.[〜状 物 wù质].粒子状物質.→字解①

[笠] lì (竹や草で編んだ)かさ.かぶりがさ.すげがさ.[斗 dǒu〜]同前.→[箬 ruò笠]
笠檐 lìyán かさのひさし.

[厉・厲] lì ①厳粛である.厳しい.[正颜〜色]yán〜色]厳粛な顔つき.真顔.[声色俱 jù〜]声も顔も険しい.②激しい.荒々しい.[雷〜风行]〈成〉行動が猛烈である意になる.③厳格である.厳しい.[〜行节约]節約を厳しく行う.④〈姓〉厲(姓)
厉兵 lìbīng 〈文〉武器を磨く:[砺兵]とも書く.[〜秣 mò马][砺兵秣马][秣马〜兵]〈成〉ⓐ戦いの準備をする.ⓑ準備に努める.
厉风 lìfēng 〈文〉激しい風.暴風.
厉鬼 lǐguǐ 悪霊:異常な死に方をした者の魂.[死后一定变为〜报 bào 复那些害人的家伙]死んだらきっと悪霊となって人をあやめた奴に仕返ししてやる.
厉害 lìhai [利害]とも書いた.①激しい.きつい.ひどい:並大ていではない,ただものではないことを表す.[天冷得〜]ひどく寒い.[老虎很〜]虎はものすごい.[心跳 tiào 得很〜]動悸が激しい.[她这张嘴 zuǐ 很〜]彼女はとてもきついことを言う.[这一着 zhāo棋十分〜]この一手はものすごく厳しい.[这碗面真〜,把我撑 chēng 坏了]この麵は量がほんとうに多すぎてお腹がはちきれそうだ.→[烈 liè②][王 wáng道②]厳しい.むごい.[给敌人点儿〜看看]敵に少しばかり目に物見せてやろう.[叫他们知道我们的〜]彼らにおれたちのすごさを思い知らせてやろう.
厉禁 lìjìn 〈文〉厳禁する.
厉然 lìrán 〈文〉厳しいさま.
厉色 lìsè 怒りの色(をなす).厳しい顔付き(をする)
厉声 lìshēng 大声を出して.声をはりあげて.[〜责问]同前にて詰問する.
厉肃 lìsù 〈文〉厳粛である.
厉行 lìxíng 厳重に実施する.断行する.
厉言 lìyán 〈文〉厳しい言葉.

[励・勵] lì ①励ます.[勉 miǎn〜]同前.[奖jiǎng〜]奨励(する).[鼓gǔ〜]元気づけ励ます.②励む.努力する.[夙 sù夜勤〜]〈成〉朝早くから夜遅くまで精を出す.③〈姓〉励(姓)
励磁 lìcí 物励磁:[激 jī磁]ともいう.直流電気をコイルに通して磁界を作ること.[〜机]電エキサイタ.
励精 lìjīng 〈文〉精神を奮い起こす.[〜图 tú治]〈成〉奮い立って政治にはげむ.
励民 lìmín 〈文〉人民を励ます.
励志 lìzhì 〈文〉自らを励ます.

[疠・癘] lì 〈文〉医①疫病.伝染病.[〜疾 jí]同前.②悪性のおでき.[疥 jiè〜][疥癣]ひぜん.
疠风 lìfēng ⇒[麻 má风]
疠疫 lìyì 〈文〉疫病:[疫疠]に同じ.

[砺・礪] lì 〈文〉①砥石(ぶぎ).あら砥(ど).→[砥 dǐ]②(刀を)研ぐ.[磨 mó〜]同前.[〜练]錬磨する.[砥〜②]研鑽する.
砺兵 lìbīng ⇒[厉兵]
砺兵秣马 lìbīng mòmǎ ⇒[厉兵秣马]
砺山带河 lìshān dàihé 山は小さくなって砥石の如く,川は小さくなって帯の如し.〈喩〉長い年月を経ること.
砺石 lìshí 〈文〉①砥石.②粗い石.

[粝・糲（糳）] lì 〈文〉玄米.[〜米]同前.[〜饭 fàn]玄米食.[粗〜之食]粗悪な食物.

[蛎・蠣] lì 魚貝カキ(牡蠣):[牡 mǔ〜]は通称.→[蚝 háo]
蛎房 lìfáng 牡蠣殻.
蛎粉 lìfěn 牡蠣殻粉:牡蠣の殻を焼いて粉末状にしたもの.
蛎干（儿） lìgān(r) 干し牡蠣.
蛎黄 lìhuáng 牡蠣の肉.
蛎蚜 lìnú 魚貝カクレガニ:紅蟹の一種,蛤(はまぐり)や牡蠣の殻の中に寄生する.
蛎塘 lìtáng 牡蠣の養殖場.
蛎鹬 lìyù 鳥[〜鹬]ミヤコシギ).

[吏] lì ①回役人.官吏.[大〜]大官.酷 kù〜]酷吏.[〜制 zhì]官僚制度.②回小役人:[官 guān(①)に]対していう.[〜小〜][胥 xū〜〜胥][书 shū〜]同前.[〜不举,官不究]〈諺〉下役が検挙しなければ上役自ら追究するようなことはない.③〈姓〉吏(姓)
吏部 lìbù 回中央政府六部の一で,文官の人事などに関することをつかさどった.
吏干 lìgàn 〈文〉〈旧〉役人としての才能.
吏民 lìmín 〈文〉役人と人民.
吏能 lìnéng ⇒[吏干]
吏治 lìzhì 官吏の公務のやり方と行政上の成績.

[丽・麗] lì (Ⅰ)①麗しい.美しくきれいである.[辞 cí 采甚〜]言葉づかいも風采も非常に麗しい.[风和日〜]風穏やかで日うららか.[山川秀 xiù〜]景色が美しく優れている.[修建得十分壮〜]なかなか壮麗に建設された.[华 huá〜]華やか.[壮〜]壮麗(的).(Ⅱ)〈文〉①付着する.依存する.[附 fù〜]同前.[日月〜乎天]日月は天にかかっている.②つながる.→[丽泽]③〈姓〉丽(姓)
丽春花 lìchūnhuā ⇒[虞 yú美人①]
丽辞 lìcí 〈文〉美辞.美文.[〜言]美辞麗句.
丽都 lìdū 〈文〉華麗である.華やかで美しい.
丽楼 lìlóu 〈文〉壁にすかし模様をあけて窓のように

丽 俪 郦 栃 利

したもの.
丽人 lìrén〈文〉美人.〔~天〕上天気.
丽日 lìrì〈文〉うららかな太陽.
丽蝇 lìyíng 国クロバエ.〔巨 jù 尾阿~〕ケブカクロバエ.

丽藻 lìzǎo〈喩〉美しい文詞.
丽泽 lìzé〈文〉二つのつながっている沢.〈転〉友人が互いに助け合って励む.
丽质 lìzhì 美貌.
丽瞩 lìzhǔ〈文〉美観.

〔俪・儷〕 lì ①対(?)(の).〔骈 pián ~文〕四字六字が対をなしている文:〔骈文〕〔四六文〕ともいう.〔~句 jù〕对句. ②配偶者.夫婦.
俪安 lì'ān〔牍〕御夫妻の健康を祈ります.
俪辞 lící〈文〉対になった詞句.
俪皮 lípí 一対の鹿の皮:古代,贈答品として用いられた.
俪影 lìyǐng〈文〉夫婦二人の写真.めおと写真.

〔郦・酈〕 lì ①地春秋時代楚の邑.現在の河南省南陽市内郷県の東北の地.②〈姓〉酈.(酈)

〔栃・櫪〕 lì líbyá〈文〉はり.棟のはり.→〔梁 liáng(I)①〕

〔利〕 lì ①〔刃が〕鋭い.切れ味がよい.〔锐 ruì ~〕→〔刺 cì 铁丝网〕鋭くとがった鉄条網.↔〔钝 dùn〕→〔快 kuài ②〕〔锐 ③〕 ②便利である.〔水~①〕水利.〔交通~器〕交通の利器.〔唯 wéi ~是图〕成ただ利のみを求める.〔暴 ~〕暴利.〔薄 bó ~多销〕成薄利多売.〔大本无 wú 归〕〈諺〉うまい話は危ない.欲取りの利は失い.〔欠~〕本利.〔连本带~都还 huán 清〕〔本一两清〕元金から利息に至るまで完済する.⑤有利である.ためになる.〔互 hù 助~〕成互いに助けになって両方とも利益がある.〔~胆 dǎn 作用〕胆汁の働きをよくする作用.〔对他不~〕彼には不利である.〔于速决~②〕速决に役立つ.↔〔害 hài ②〕〔弊 bì ②〕 ⑥~を利する.〔~人〕人の為に幸福を図る. ⑦口達者(である).弁巧み(である). ⑧〈姓〉利(?)

利比里亚 lìbǐlǐyà リベリア:アフリカ西南海岸の共和国.首都は〔蒙 méng 罗维亚〕(モンロビア).
利比亚 lìbǐyà リビア.→〔大 dà 阿拉伯利比亚人民社会主义民国〕
利弊 lìbì 利益と弊害.
利便 lìbiàn〈文〉便利である.
利兵 lìbīng 鋭利な兵器.〔坚 jiān 甲~〕〈喩〉強い兵力.
利伯维尔 lìbówéi'ěr 地リーブルビル:〔加 jiā 蓬共和国〕(ガボン共和国)の首都.
利齿 lìchǐ ①鋭い歯. ②⇒〔利口①〕
利打 lìdǎ ⇒〔利息〕
利淡 lìdàn ⇒〔利空〕
利导 lìdǎo うまく導く.それとなく導く.→〔因 yīn 势利导〕
利得 lìdé 利得.利益.
利钝 lìdùn ①鋭いと鈍い. ②吉凶.順調と不順.
利多 lìduō ⇒〔利好〕
利凡诺 lìfánnuò 薬リバノール(アクリノール).

利改税 lìgǎishuì 利潤を税金にかえる:国営企業に於ける利潤上納制から納税制への変更.〔税代制〕〔以税代利〕ともいう.
利根 lìgēn 图(仏教で)生来の利発.↔〔钝 dùn 根〕
利滚利 lìgǔnlì 〔=利打利〕〔利上滚利〕〔利(上)生利〕〔驴 lú 打滚(儿)①〕利に利がつく.利が利を生

む.複利で利がつく:高利貸の一種.
利国利民 lìguó lìmín〈成〉国にも国民にも利益がある.
利害 lìhài 利害.〔~得失〕利害得失.〔~攸 yōu 关〕利害の関わるところ.
利害 lìhai ⇒〔厉害〕
利好 lìhǎo =〔利多〕商相場を押し上げる可能性のある(先行きが明るい)要素や情報.↔〔利空〕
利河 lìhé 生活・生産に利益をもたらす川.↔〔害 hài 河〕
利己 lìjǐ 自分を利する.〔~主义 yì〕利己主義.
利剑 lìjiàn 鋭い剣.
利金 lìjīn ⇒〔利息〕
利久酒 lìjiǔjiǔ ⇒〔利口酒〕
利空 lìkōng =〔利淡〕商相場を押し下げる可能性のある(先行きが暗い)要素や情報.↔〔利好〕
利口 lìkǒu ①〔=利舌②〕〔利嘴〕口が上手(である).能弁(である). ②〔~伤身〕能弁は身を損なう.〔~花牙〕言葉巧みである. ③〈方〉味がさっぱりしている.口の中をさわやかにする.〔这菜真~〕この料理は本当にさっぱりしている:〔爽 shuǎng 口〕に同じ.
利口酒 lìkǒujiǔ =〔利久酒〕〈音義訳〉リキュール:〔甜 tián 香酒〕ともいう.
利库 lìkù 在庫品(ストック)を値下げしたり,時価で売り出す.〔清仓〕~在库一掃.
利亮 lìliàng ⇒〔俐亮〕
利令智昏 lì lìng zhìhūn〈成〉利欲は人の明知を盲目にさせる.利得は人の目がくらむ.
利隆圭 lìlóngguī 地リロングウェ:〔马 mǎ 拉维共和国〕(マラウイ共和国)の首都.
利禄 lìlù〈文〉利益と官禄.〔~薰心〕利益や官禄に心を囚われる.
利率 lìlǜ 利率:年利は百分率で,月利は千分率で,計算する.〔~调 diào 期〕金利スワップ.〔~政策〕金利政策.→〔厘 lí ③〕〔年 nián 利〕〔月 yuè 利〕
利落 lìluo〔历落①〕とも書く.〈口〉①きっぱりしている.てきぱきしている.きびきびしている.〔他放 zuò 事很~〕彼の仕事ぶりはてきぱきしている.〔手脚 jiǎo 还~〕手や足はまだしっかりしている.〔他脚不太~,不能来回跑 pǎo〕彼は足がしっかりしていないから,行ったり来たりはできない.〔他走道儿也不~〕彼は歩くのものろのろしている.〔这孩子走路~了〕この子の歩き方がかなりしっかりしてきた.〔话还没~〕はっきりと言い表せない(何を言っているかわからない). ②後腐れがない(なくさっぱりしている).〔这件事已经办~了〕この件はもうすっかり片づいた.〔病已经好~了〕病気はもう完全によくなった.〔没交代~了〕すっかり引き継いでいない.〔话还没说~呢,电话就响 xiǎng 了〕話がまだすっかり終わらないうちに電話のベルが鳴った. ③きちんとしている.整っている.〔屋子收 shōu 拾得非常~〕部屋はまことにきちんと片づけてある.〔打扮得挺~的〕身なりが大変きちんとしている.→〔溜 liù 飕〕
利落手儿 lìluòshǒur きびきびした人.上手な人.
利马 lǐmǎ 地リマ:〔秘 bì 鲁共和国〕(ペルー共和国)の首都.
利玛窦 lìmǎdòu 人マテオリッチ:イタリアの宣教師.明の万暦9年広東に来て布教に従事し,中国に最初の教会を建てた.また西欧の自然科学知識を紹介した(1552〜1610).
利民工程无偿援助 lìmín gōngchéng wúcháng yuánzhù 草の根無償資金協力.
利尿 lìniào 利尿.〔~剂 jì〕图利尿剤.
利尿素 lìniàosù ⇒〔水 shuǐ 杨酸钠柯柯豆碱〕
利农 lìnóng 農民を利する.↔〔坑 kēng 农〕

利器 lìqì ①鋭利な刃物・武器. ②精巧で有用な道具. ③〈文〉逸材.
利钱 lìqian 利息. →〔息 xī 钱〕
利权 lìquán 〔国家の経済上の〕権益. 利権.
利儿 lìr 〈口〉〔金銭的な〕利益. もうけ.〔这笔买卖很有～〕この取引きはなかなか利益が多い.
利刃 lìrèn 鋭利な刃物. 利刀.
利润 lìrùn 利潤.〔～率 lǜ〕利潤率.〔～留成〕国営企業の利潤の一部を上納し一部を留保すること:〔利润提 tí 成〕ともいう.〔～包 bāo 干〕国営企業の利潤あるいは比率制による利潤上納の方式.
利上滚利 lìshang gǔnlì ⇒〔利滚利〕
利(上)生利 lì(shang) shēnglì ⇒〔利滚利〕
利舌 lìshé ⇒〔利口①〕
利什曼原虫 lìshímàn yuánchóng 図リーシュマニア:動物に寄生する,黒熱病の病原体.
利市 lìshì ①〈文〉〔商売で得た〕利益.〔～三倍〕3倍のもうけがある.〔喩〕商売でぼろもうけする.②縁起.もうけの兆し.〔买〕福の神の画像を〔買ってきて〕祀る.〔值不值别说了,买个～算了 高いのな言いなさんな,縁起ものだ.〔发fā～〕⑧縁起祝いにサービスする:初売りや開店の時などに,一番目の客に損をして安く売ること.⑤商売で儲ける.〔赢 yíng 倒没赢多少钱,就是发个～〕いくらも勝ちやしないが,ただ稼ぎになったというだけのことさ. ③〈方〉節句や祝日などに,年少者や店員などに与える祝儀.
利手利脚 lìshǒu lìjiǎo ①手早いさま. ②自由なさま.
利税 lìshuì 〔企業の〕利潤と税金.〔～分流〕同前の分離.
利斯本 lìsīběn ⇒〔里lǐ斯本〕
利薮 lìsǒu 〈文〉利益の集まるところ.
利所申 lìsuǒshēn ⇒〔间jiān 苯二酚〕
利索 lìsuo 〔利飕 sou〕〔利素 su〕ともいう.〈口〉①はきはきしている.きっぱりしている. ②きちんとしている. →〔利落〕
利他 lìtā 他を利する. 人のためになる.〔～主义 yì〕利他主義.
利物浦 lìwùpǔ 囮リバプール:イギリス北西部の港市.
利息 lìxī =〔方〕利金〕利息. 利子.〔～票 piào〕利札. クーポン.〔～收入〕〔利息 yì 所得〕インカムゲイン.〔～率〕利息の水準.〔～所得税〕〔利息 shuì〕利息税.〔～折 zhé 扣〕利子の割引き.
利析秋毫 lìxī qiūháo 〈成〉利にかけては秋毫(ごう)もおろそかにしない. 利にさとい.
利心 lìxīn 利欲の心. 欲心.
利雅得 lìyàdé 〔利亚得〕とも書く.〔沙 shā 特阿拉伯王国〕(サウジアラビア王国)の首都.
利益 lìyì 利益. 福利. 得〕.〔～均沾〕〈文〉利益が均霑(きんてん)している.
利用 lìyòng 利用する. 活用する.〔～率 lǜ〕利用率.〔～职权〕職権を利用する.〔～系数〕効率の大小を表す指数.〔受人～〕他人に利用される.〔废 fèi 物～〕廃物利用.
利诱 lìyòu 利益で人を誘惑する.〔经不起～〕利益の誘惑に耐えられない.
利于 lìyú …にとって有利である. …のためになる.〔忠 zhōng 言逆耳～行〕忠言は耳に逆らうけれども行いに利がある.
利欲熏心 lìyù xūnxīn 〈成〉自己の名利への欲に惑わされる.
利爪 lìzhǎo 〔鳥獣の〕鋭い爪.
利足 lìzú よく走る脚. 速い脚.

利嘴 lìzuǐ ⇒〔利口①〕

〔俐〕 lì →〔伶 líng 俐〕
俐亮 lìliàng =〔利亮〕〈方〉さっぱりしている. 爽快である.〔还是干 gàn 那旧营生～〕(醒世姻緣伝)やはりの以前の仕事をしているのが気持ちがいい.

〔莉〕 lì →〔茉 mò 莉〕

〔猁〕 lì →〔猞 shē 猁(猁)〕

〔痢〕 lì 図伝染性下痢症(総称).〔白～〕白痢(ぴゃく).〔赤 chì ～〕赤痢. ②〔痢 là ～〕〔鬎鬁〕〈方〉黄癬(たん):頭にできる皮膚病.〔黄 huáng 癬〕の別称.
痢疾 lìji 図痢病:細菌あるいはアメーバ性の腸管伝染病.〔阿吧～〕アメーバ性下痢.
痢疾菌 lìjíjūn ⇒〔磺 huáng 胺菌〕

〔鬁〕 lì 〔鬎là ～〕〈方〉図黄癣(たん)に同じ.〔黄 huáng 癣〕の別称.

〔浕〕 lì 〈文〉①悪気. 妖気.〔～气 qì〕悪気. ②傷つける. 損なう.
浕孽 lìniè 〈文〉妖怪. 魔物. →〔妖 yāo 孽〕

〔戾(戾)〕 lì 〈文〉①罪.〔罪 zuì ～〕同前.〔取～〕罪を受ける. ②背く. 逆らう.もとる. ③凶悪である. 無道である.〔暴 bào ～〕同前. ④至る.〔鸢 yuān 飞～天〕鳶(とび)飛んで天に至る.
戾虫 lìchóng 〈文〉虎の別称. →〔老 lǎo 虎〕
戾气 lìqì 〈文〉悪気. 邪気.
戾止 lìzhǐ 〈文〉到来する. 至る.

〔莀〕 lì
莀草 lìcǎo ⇒〔狼 láng 尾草〕

〔唳〕 lì 〈文〉①鳥が鳴く. ②鳥の鳴き声.〔风声鹤 hè ～〕〈成〉風の音や,鶴の鳴き声《に驚く》:何でもないことに恐れおののく.

〔例〕 lì ①例. 類例.〔病～〕病例.〔举 jǔ ～说明〕例をあげて説明する.〔史无前～〕史上その例を見ない. ②しきたり. 先例.〔照～〕しきたりによって.〔破～〕前例を破る.〔有～可援 yuán〕〈成〉よりどころになる例がある. ちゃんと前例がある. ③きまり. 法規.〔条 tiáo ～〕条規. 条例. しきたりによって行う.〔以彼 bǐ ～此〕その例をこれにあてはめる. あとこれを対比する.
例不十,法不立 lì bùshí, fǎ bùlì 〈諺〉例は十例はなければ,法則は立てられない.
例封 lìfēng →〔例授〕
例规 lìguī ①法例規則. ②慣例となっている規則. ③旧慣例に従って出す金または物.
例话 lìhuà 実例を使った評論:多く書名に用いる.
例会 lìhuì 例会.
例假 lìjià ①定休日. 定休休暇.〔本星期日及～停刊〕本新聞は日曜および定休日は休刊します. ②月経. 生理期(婉語).
例禁 lìjìn 〈文〉禁例. 禁令.
例举 lìjǔ 実例を列挙する.
例句 lìjù 例に挙げる文. 例文.
例马 lìmǎ 旧規定に従って武官に給された馬.
例如 lìrú 例をあげれば.〔～说〕例えば. →〔比 bǐ 方〕
例授 lìshòu 囚規定にしたがって本人に封典を賜ること:曾祖父母・祖父母・父母および妻の生存者に賜るのを〔例封〕,死亡したものに賜るのを〔例赠〕という.
例题 lìtí ある定理・法則を説明するために挙げた問題. 例題.

lì～liǎ

例隶珕栎砳跞栗傈溧溹篥鬲詈鳌哩俩

a **例外** lìwài ①例外．[有～]例外がある．②例外にする．例外にする．[决不～]决して例外にし(させ)ない．[这是我们共同的任务,任何人都不能～]これは我々の共通の任務であり,何人も例外ではあり得ない．

b **例行** lìxíng きまりどおり行う．[～性质的批 pī 汇 wèi]型どおりに取り行う性質の為替許可權．
例行程序 lìxíng chéngxù 電算ルーチン：コンピューターの定形的プログラム．
例行公事 lìxíng gōngshì ①公事を型の如く取り行う．②型の如くに取り行う公事．<転>実際を顧みず形式的に行う(こと)

c **例行会议** lìxíng huìyì 定例会議．[官方说此次会议是～]官辺筋ではこの会議は定例会議であると言っている．

d **例言** lìyán 書物の初めにつける説明書き．凡例．
例贈 lìzèng →[例贈]
例证 lìzhèng ①証拠として挙げた例．例証．②引例して証明する．
例子 lìzi 例．[现在举 jǔ 几个～来说明]ではいくつかの例をあげて説明しよう．

e **[隶・隸(隸・隷)]** lì ①つき従う．②[奴 nú ～]奴隷．③旧役所で雑事にあたる使用人．[皂 zào ～]同前．④書吏．[古～]秦漢代の同前．隷書の別称．→[隶书]
隶农 lìnóng ①春秋時代の農業奴隷．②国隷農．小作農：中世の農奴の前身．
隶人 lìrén <文>罪によって官位を奪われ下人とされた者．

g **隶书** lìshū =[隶字]隷書：書体の一．秦の程邈が篆(zhuàn)書を簡易に改めたとされる．秦におこり漢魏に普遍化された．[佐 zuǒ 书]は別称．→[字解]
隶属 lìshǔ 隷属する．[直 zhí 辖市是直接～国务院的市]直轄市は直接国務院に隷属する市である．

h **隶体** lìtǐ 隷書体．
隶篆 lìzhuàn 隷書と篆書．
隶字 lìzì →[隶书]
隶卒 lìzú <文>下役人．

i **[珕・瓅]** lì →[玢 dì 珕]
[栎・櫟] lì =[柳②]国クヌギ：ふつう[柞 zuò 树]は通称．[麻 má ～][橡 xiàng ～]=[～树][橡树]同前の木．[～实 shí][橡子 zǐ]同前の実．どんぐり．[槲 hú ～]ナラガシワ．→yuè
栎材 lìcái →[栎散]
栎樗 lìchū 同下．
栎散 lìsǎn =[栎材][栎樗][樗栎]<文>無用の材木．<喩>無用な人物・多く謙遜語．

k **[轹・轢]** lì <文>①車でひく．②踏みつけにする．[凌 líng ～②]同前．
[砳・礫] lì <文>小石の砕塊．小石・石ころ．[瓦 wǎ ～]瓦礫．<喩>価値のないもの．

l **砾漠** lìmò 砂と小石の沙漠．
砾石 lìshí 水に流れて角がとれた石ころ．玉砂利．
砾岩 lìyán 国礫岩．

[跞・躒] lì <文>歩いて動く．歩き回る．[骐 qí 骥一～,不能千里]駿馬もひと飛びで千里を行く事はできない．<喩>努力を怠らなければ目的に達することができる．→luò

m **[栗(溧・慄)]** lì (Ⅰ)[栗]①国クリ,またその実=通称[～子][板 bǎn 栗]ともいう．[醋 cù ～]スグリ．

n [石～]クヌギノキ．②<姓>栗(⁶)．
(Ⅱ)[溧・慄]恐れ震える．おののき震える．[战 zhàn ～]おののき震える．[不寒而～]<成>寒くもないのに震える：ぞっと身震いする．

栗苞 lìbāo ①=[栗房][栗蓬][栗球][栗子毛儿]栗のいが．②同下．
栗暴 lìbào =[栗苞②][栗凿]<喩>げんこつ．[凿zāo上两个～](金⁴)げんこつを二つくらわす．
栗犊 lìdú 小牛．<喩>年若い：[牛 niú 犊]に同じ．角が小さく栗のようであることからいう．
栗耳短脚鹎 lì'ěr duǎnjiǎo bēi 鳥ヒヨドリ．
栗房 lìfáng ⇒[栗苞①]
栗钙土 lìgàitǔ 地褐色石灰土：主に中国の西北部及び内蒙古自治区にある．
栗栗 lìlì <文>①多いさま．②恐れるさま．[朕 zhèn 战战～,夙 sù 夜寒寐](漢書・昭帝紀)朕は戦々恐々として勤勉に働いている．
栗列 lìliè <文>寒気が激しい：[栗烈]とも書く．
栗碌 lìlù <文>事務繁忙(である)
栗衣 lìnóng 栗生産農家．
栗蓬 lìpéng ⇒[栗苞①]
栗球 lìqiú ⇒[栗苞①]
栗然 lìrán <文>恐れおののくさま．
栗色 lìsè 色くり色(の)．焦(jiāo)(の)．[～纸]クレヨン画に用いる茶色の紙．
栗鼠 lìshǔ →[松 sōng 鼠]
栗粟族 lìsùzú →[傈僳族]
栗瘿蜂 lìyǐngfēng 国クリタマバチ．
栗凿 lìzáo ⇒[栗苞②]
栗子 lìzi 国クリ,またその実．[～树 shù]クリの木．[炒 chǎo ～]@栗を炒る．ⓑ炒った栗．[天津糖táng 炒～]天津甘栗．
栗子毛儿 lìzimáor ⇒[栗苞①]

[傈] lì =[~僳 sù 族]リス族：中国少数民族の一．雲南省怒江リス族自治州,四川省に住む．[栗粟族]とも書く．多くはキリスト教を信ずる．

[溧] lì 地名用字．[～水 shuǐ][～阳 yáng]地ともに江蘇省にある．

[溹] lì <文>寒い．→[栗]

[篥] lì →[觱 bì 篥]

[鬲(鬳・鬴・歷)] lì 国鬲．@古代の3本足の炊具で,中が空洞になったもの．ⓑ素焼のかめ．→gé

[詈] lì <文>罵る．悪口を言う．[众 zhòng 人莫不～为国贼]国賊として罵らないものはない．[申 shēn 申而～]繰り返し罵る．→[骂 mà]
詈词 lìcí <文>罵詈語．
詈骂 lìmà <文>とがめ罵る．

[鳌] lì <文>恐ろしい,凶悪で残忍である．ひねくれる．

[哩] li ①<白>語気詞．確定・肯定を表す：[呢 ne]に同じ．疑問句には用いられない．②語気詞．列挙する時に用いる：[啦 la]に同じ．[碗 wǎn ～,筷 kuài 子～,都摆好了]お碗のだの箸のだのすっかり並べ終わった．→ lí lǐ

lia ㄌㄧㄚ

[俩・倆] liǎ ①二つ．2個：[两 liǎng 个]に同じ．[～]の後に量詞は不要．[～仨 sā][两三个]2,3個．[我们～]我们两个

我々二人.〔哥儿~〕兄弟二人. ②ちょっと.少しばかり.〔一~题儿还不做完吗〕これっぽちの問題をまだやり終えられないのか.〔一共就这么~人,还要什么组长啊〕全部でこの数人だけだから,班長なんかいらないじゃないか.〔给我~钱儿〕少し金を下さい. → **liǎng**

俩大钱 liǎdàqián 〔方〕2枚の穴開き銭の大きいもの:少しばかりの金の意に用いた.〔俩钱儿〕

俩钱儿 liǎqiánr 少しばかりの金.〔多花~好好的,绝不吃亏〕少し金を余計に出してよいのを買えば決して損はない.

俩心眼儿 liǎxīnyǎnr 〔喩〕①意見が一致しないこと.〔他跟咱们是~〕彼は我々と意見が異なる. ②二心.心が誠実でないこと.

lian ㄌ丨ㄢ

〔奁・壼(匲・匳・籢)〕 lián 〔古〕化粧道具などを入れる小箱.〔镜 jìng 〕〔镜匣 xiá〕化粧道具箱. ②⑧嫁入り道具.〔~具〕〔妆 zhuāng~〕〔嫁妆儿〕

奁安 lián'ān 〔牘〕女性への手紙の末尾に書く安泰を祈る言葉.

奁币 liánbì =〔奁资〕嫁入り道具と持参金.

奁敬 liánjìng =〔奁仪〕結婚祝い,またその包み紙に〔~〕と書く.

奁田 liántián ⑧新婦の持参金としてつける田畑.

奁仪 liányí 〔奁敬〕

奁资 liánzī 〔奁币〕

〔连・連〕 lián ①連ねる.つなぎ合わせる.〔~成一片〕一つにつながる.〔把这条电线~在那条电线上〕この電線をあの電線につなぐ.〔这三个句子~不起来〕この三つの文はつながらない. ②連なる.続く.つながる(っている).〔天~水,水~天〕天は水に連なり水は天に連なる.空や水,水や空.〔骨 gǔ 头折 shé 了,筋还~着〕骨は折れたが,筋はつながっている.〔藕 ǒu 断丝~〕〈成〉蓮根は折れても糸はつながっている:あととの,関係があるとか切れない.〔利弊 bì 相~〕よい点と弊害とがつながっているよい点があるかと思うと弊害が伴っている. ③続けて.〔~发三枪〕3発続けて発射する.〔~下三天雨〕続けて3日雨が降る. ④…も一緒に.…も加えて.…を込めて.〔~皮 pí 有多重？〕風袋ともどもくらいの重さがあるか.〔~你一共五个人〕きみまで入れて5名.〔把反动势 shì 力~根儿拔掉〕反動勢力を根ごと一掃する. → 〔连~带…〕⑤…さえ(も含む).…に至るまで:多く〔都 dōu〕〔也 yě〕〔还 hái〕と呼応して用いられる.〔~水也不能喝〕水さえも飲めない.〔~拼 pīn 音都不知道〕ピンインすら知らない.〔~你~这个字都不认 rèn 识吗〕きみはこの字すら読めないのか.〔~他都不成,你更 gèng 不行〕彼ですらだめなんだから,きみはなおさらおいない.〔~理都不理〕とりあい(がない)もしない.〔~看都不看看〕見るのもいやだ. ⑥⑧中隊.〔第三~〕第三中隊.〔陆 lù 军编制,三排成一~〕陸軍の編成は3小隊が1中隊になっている. →〔班 bān ②〕〔军 jūn ②〕〔旅 lǚ ④〕〔排 pái ④〕〔团 tuán ⑦〕〔营 yíng ③〕 ⑦⇒〔令 lǐng〕 ⑧〈姓〉連.

连霸 liánbà 連覇する.連続優勝する:〔连冠〕に同じ.

连班(儿) liánbān(r) (交替制勤務で)連続勤務する.

连笔 liánbǐ 文字の筆画を続け書き(する).〔~字〕

同前のように書いた字.

连比(例) liánbǐ(lì) ⑧连比例.

连璧 liánbì 〔联璧〕双璧. ⓐ二つ連ねた玉. ⓑ〈転〉二つの優れたもの.

连鬓胡子 liánbìn húzi 頬ひげ:〔络 luò 腮胡(子)〕に同じ.

连播 liánbō (ラジオやテレビで)連続放送する.

连补 biánbǔ 〔方〕:〔连连补补〕は重畳型.

连部 liánbù ⑧中隊本部.

连茬(儿) liánchá(r) ⑧〔连作〕

连城 liánchéng ①〔喩〕の貴重なこと.〔价 jià 值~的钻 zuàn 石〕値の非常に高いダイヤモンド. →〔连城璧〕 ②⑧福建省連城県産の紙の名:竹紙の一種で,"手形書"などで送り状などに用いられた.

连城璧 liánchéngbì =〔赵 zhào 璧〕①趙の恵文王が持っていた宝玉,すなわち〔和氏璧〕:秦の昭王が15の城と交換したというもの.→〔荆 jīng 璞〕〔完 wán 璧归赵〕 ②〈転〉無上の宝物.

连串儿 liánchuànr ①一続きにつながる.〔一~的问题〕一連の問題. ②次から次へと.

连词 líncí ⑧接続詞:〔连接词〕は旧形.

连带 liándài ①連帯(して).〔~负担〕連帯(して)負担(する).〔~责任〕連帯責任.〔~债权〕連帯債権.〔~债务〕連帯債務. ②関係が及ぶ.関連する.〔这件事~双方〕このことは双方に関連する. ③⇒〔附 fù 带〕

连~带… lián~dài… ①(…から…まで)いっさいがっさい:前後の二項をひっくるめていう.〔~老~小〕老人から子どもまで.〔~本~利〕〔~本~息.元利合わせて.元本(ぐ)とも.〔~工~料〕賃金から材料にいたるまで.〔~房租~伙食费〕部屋代から食費を込めて.〔~来~去,总得三天〕行き帰りどうしても3日はかかります. ②二種の動作がひき続いて,ほとんど同時に発生したことを表す.〔~蹦 bèng ~跳〕飛んだり跳ねたり(する).〔~比~划 huà〕〔~画手まね足まねで.〔~滚 gǔn ~爬〕転がったり腹ばいになったり(する).〔~哄 hǒng ~吓 kià〕〔~骗 hāng 骗 piàn〕とも,なだめたりすかしたりして言う.〔~哭 kū ~喊〕泣いたりわめいたり.〔~说 shuō ~唱〕しゃべったり歌ったり(する).〔~推~拉〕⑧推したり引いたり(する).ⓑむりやり.力まかせに. → 〔边 biān ~边…〕

连裆裤 liándāngkù ①(子供用の)股のあけてないズボン:〔开裆裤〕(股のあけてあるズボン)に対していう. ②〔方〕互いに結託する.〔穿 chuān 〕二人がぐるになっている.

连动句 liándòngjù ⑧连动文.

连动轮 liándònglún ⑧一対の連結されている輪.

连读 liándú ①連続して学ぶ.〔硕 shuò 博~〕修士・博士の一貫履修. ②続けて読む. ③⑧リエゾン.

连队 liánduì ⑧中隊または中隊相当の部隊. →字解⑥

连多硫酸 liánduō liúsuān 连多サイオン酸.

连二灶 lián'èrzào 焚(ぐ)き口は一つでなべまをのせる円形の穴が大小二つあいているかまど.

连发 liánfā 連発:俗に〔转儿 zhuǎr〕ともいう.〔六~手枪〕六連発ピストル.

连番 liánfān 続けざまに何度も.〔~出击 jī〕続けて出撃する.

连杆 liángǎn =〔方〕荡肖柱〕〔宕 shuǎi 子〕⑧(ピストンとクランク軸をつないでピストンの往復運動を回転運動に変える)連結棒.

连根拔 liángēnbá 〈喩〉根こそぎにする.

连根烂 liángēnlàn 〈喩〉根本的にだめになる.

连亘 liángèn 〈文〉連続している.〔山岭~〕山がどこ

连 lián

までも続いている.

连拱坝 liánggǒngbà アーチを横に連ねた形の堰(`セキ`)・ダム.

连拱桥 liánggǒngqiáo アーチ橋.

连贯 liánguàn ①連続する.続く.つながる.〔联贯〕とも書いた.〔意思～〕一貫した意味が通る.〔～性〕一貫性.②圖連続.

连冠 liánguàn ⇒〔连霸〕

连锅端 liánguōduān 〈喩〉徹底的に破壊する.そっくり取り除く(移す)

连号 liánhào ①通し番号.続き番号.②同一資本家に属する2軒以上の商店.③⇒〔连接号〕

连衡 liánhéng ①横に連合する(して).グループをつくる:〔连横〕とも書く.→〔合 hé 纵〕②史戦国時代に張儀がとなえた秦の東方の6国を秦と同盟させ,衡(横すなわち東西)に連合させる策.

连环 liánhuán ①輪につながる(った).②つながって輪になったもの.③〈喩〉一個ずつつながって全体が関連する.

连环保 liánhuánbǎo 旧各戸による連帯保証.→〔连环作保〕

连环画 liánhuánhuà (子供向きの)小型の漫画本:各ページに一幅の絵とその下に簡単な説明文がある.→〔小 xiǎo 人儿书〕

连环计 liánhuánjì ①次々と巧みに仕組んだ計略.②劇(旧劇の外題)三国の王允が美女貂蟬を呂布に与え,後に董卓に献じて両人の仲違いをはかり,呂布が董卓を殺すように仕向けたもの.

连环具保 liánhuán jùbǎo ⇒〔连环作保〕

连环枪 liánhuánqiāng ⇒〔快 kuài 枪①〕

连环套 liánhuántào 組み輪く.〈喩〉互いに関連して欠かすことができない関係.

连环作保 liánhuán zuòbǎo =〔连环具保〕連帯して保証する.

连婚 liánhūn =〔连姻〕①姻戚関係にある人.縁続き.親類続き.②婚姻する.

连伙 liánhuǒ 仲間になる.組になる.

连火(儿) liánhuǒ(r) ⇒〔四 sì 点火(儿)〕

连击 liánjī ①連打する.②スポ(バレーボールで)ダブルコンタクト(ドリブル)をする.

连及 liánjí ①…に連なる.②巻き添えをくう.→〔连累〕

连记法 liánjìfǎ (選挙の)連記法.↔〔单 dān 记法〕

连记投票 liánjì tóupiào 連記投票.

连枷 liánjiā 穀竿(`カラサオ`).まいぎね.くるり棒.れんか:旧式の脱穀農具.竿の先に,更に短い竿または丸太を枢(`クルル`)によって自由に回転できるように取り付け,これを回して穀物の穂を打ちつけ脱穀する.〔槤枷〕〔榯枷〕とも書いた.

连家船 liánjiāchuán 水上居民の船.

连家铺(儿) liánjiāpù(r) 住居と店が一緒になっている小さい店:〔连家店〕ともいう.

连脚裤 liánjiǎokù 服カバーオール:初生児に着せるズボンと靴下とがつながったもの.

连接 liánjiē ①連接する.つながる.〔联接〕とも書いた.②連接させる.つなぐ.〔～线〕接続コード.→〔接 jiē 连〕③電車接続.コネクション.

连接词 liánjiēcí ⇒〔连词〕

连接号 liánjiēhào =〔连字③〕〔连字符〕〔连字号〕ハイフン"-".→〔破 pò 折号〕

连结 liánjié ⇒〔联结〕

连捷 liánjié ①連勝する.②〈喩〉旧科挙の各級の試験に続けて合格する.

连襟(儿) liánjīn(r) =〔文〕〔僚 liáo 婿〕〈方〉〔挑 tiāo 担〕〔口一 yī 担挑〕姉妹の婿同士の間柄).相(`ア`)い婿.〔他是老张的～〕彼は張さんの相婿

だ.〔他们是～〕彼らは相婿だ.→〔襟弟〕〔襟兄〕

连晶 liánjīng ⇒〔复 fù 晶〕

连娟 liánjuān =〔联娟〕〈文〉①眉の細く弯曲しているさま.②しなやかでほっそりしたさま.

连裤内衣 liánkù nèiyī 服コンビネーション肌着.

连裤袜 liánkùwà 服パンティーストッキング.パンスト.

连累 lián・lěi =〔挂 guà 累〕累が及ぶ.巻き添え(をくわす).〔这场官司是受了人家的～〕この裁判ざたは人の巻き添えをくったんです.→〔连及②〕〔带 dài 累〕〔牵 qiān 累①〕〔牵 qiān 连①〕〔牵 qiān 涉〕〔株 zhū 连〕

连类 liánlèi 同類の事物を連ねる.〔～而及〕〈慣〉いもつる式に波及する.

连理 liánlǐ 〈文〉別々の樹(や草)が枝や幹を癒合させて一本になること.〈喩〉仲のむつまじい夫婦.〔～枝 zhī〕〈喩〉仲のよい夫婦.→〔比 bǐ 翼连理〕

连连 liánlián ひき続いて.続けざまに.〔～点头〕しきりにうなずく.

连忙 liánmáng 大急ぎで.慌ただしく.

连绵 liánmián 続いて絶えないさま:〔联绵〕とも書いた.〔～不断〕〔～不绝 jué〕とぎれなく続く.〔～起伏的山峦 luán〕えんえんと起伏し続いている山並み.→〔绵延〕

连年 liánnián =〔文〕〔连岁〕連年.幾年も続くこと.〔～大丰收〕連年大豊作である.

连弩 liánnǔ 〈文〉連弩式になっている弩(`イシユミ`).

连皮 liánpí 風袋ごと(の目方).→〔刨 páo 皮〕

连篇 liánpiān ①全編.〔白 bái 字～〕あて字だらけ.一篇一篇と続く.〔～累 lěi 牍〕〈成〉おびただしい紙数を使って長々と述べ立てる.文章が冗長であること.

连票 liánpiào ①続き柄の郵便切手.連続シート.②⇒〔联票〕

连聘 liánpìn 継続任用する.

连谱 liánpǔ 〈文〉同一の家系に連なる(者)

连谱号 liánpǔhào 音ブレース:五線譜をたてにつなぐための大括弧"｛".

连气儿 liánqìr 〈方〉続けて.断絶せず(に).〔一～〕ともいう.〔你能～说三个绕口令吗〕あなたは早口ことばを続けて三つ言うことができますか.→〔绕 rào 口令〕

连钱 liánqián ①馬の飾り:〔连乾〕とも書く.②丸い銭を並べてつなげた形に見える模様.③鳥〔鹡 jí 鸰〕(セキレイ)の別称.

连翘 liánqiáo ①植レンギョウ:モクセイ科の落葉低木.早春業に先だって鮮黄色四弁の花をつけ美しい.②中医連翹:同前の果実を乾燥させたもの.利尿などの効果がある.

连蜷 liánquán 〈文〉屈曲する.曲がる:〔连卷〕とも書く.

连雀 liánquè [太 tài 平鸟]鳥レンジャク.

连任 liánrèn 重任(する).再任(する).

连日 liánrì ⇒〔连天①〕

连三接四 liánsān jiēsì =〔接二连三〕〈成〉重ね重ね.立て続けに.〔连三接二〕ともいう.〔～地追 zhuī 问〕何度も何度も問いただす.

连三桌(儿) liánsānzhuō(r) =〔三屉 tì 桌〕という.引き出しが横に三つ並んだ机.〔连二桌(儿)〕〔两 liǎng 屉桌〕という引き出しの二つ並んでいるものを〔连二桌(儿)〕〔两 liǎng 屉桌〕という.

连衫裙 liánshānqún ⇒〔连衣裙〕

连射 liánshè 連射する.

连升 liánshēng 引き続いて位があがる.〔～三级〕3等級続けざまに昇級する.

连声 liánshēng 続けざまに(声を出す).〔～说〕続け

lián 连

ざまに言う.

连史纸 liánshǐzhǐ =〔船 chuán 笺〕上質の特産紙. おもに福建・江西両省に産する竹を材料とした. 書籍・碑帖・書信・書画・うちわなどに多く用いられる.

连市 liánshì 圖正月や節季の休み日にも平常通り営業すること.

连手 liánshǒu 〈方〉①関係する. 結託する. ②ぐるになった人. 協力者.

连书 liánshū ⇒〔连写〕

连属 liánshu つながり. つきあい. 行き来(親戚・友人としての). 親戚・友人間の交際. つながり.〔他们两家儿早没~了〕両家は早くから親戚づきあいがなくなっている. → liánzhǔ

连岁 liánsuì 〈方〉

连锁 liánsuǒ ①連鎖. つながっている鎖. 連鎖している.〔进出口~制〕経輸出入リンク制.〔~信〕チェーンメール.〔~(商 shāng)店〕チェーンストア.〔~法 fǎ〕陸チェーンルール. 連鎖店.〔合资〕~チェーン店. ②鎖で縛りつける.〔~在一块儿〕鎖で一まとまりに縛る.

连锁反应 liánsuǒ fǎnyìng 物 連鎖反応:〔链 liàn 式反应〕ともいう.〔~结 jié 构〕經連鎖構造.

连台 liántái ①劇連続上演する.〔~本戏 xì〕何回かに分けて上演する長編の芝居. ②喩やめずに続行すること. 追い込みをかけること.〔今儿个他打~不回来〕今日も彼は引き続き帰ってこない.

连体 liántǐ ①合体している.〔~婴儿 yīng'ér〕結合双生児. ②連なっている.〔~田るる服〕〔~运 yùn 动衣〕レオタード.

连天 liántiān ①=〔连日〕数日間連続する. 連日. ②ひっきりなしに. 絶えず.〔叫苦~〕絶えず苦しい苦しいとわめく.〔~大雨〕連日の大雨. ③天に届く.〔茫 máng 茫大海, 天连水, 水~, 一眼望不到边儿〕広々とした海は, 空と海が連なり合って水平線のかなたは見渡すこともできない.〔炮火~〕大砲の光が空に赤く映る.

连贴 liántiē 〈方〉膵臓.〔猪 zhū ~〕豚の膵臓. →〔下水 xiàshui〕

连通 liántōng つながる.〔联通〕とも書く.〔信息 xī ~〕情報が通じている.〔两座大楼~〕二つのビルはつながっている.〔~器 qì〕陸通底器: 底が互いに通じ合っている容器. 液体を入れると液面はつねに同じ高さになる.

连同 liántóng …と合わせて. …と共に. …と一緒に.〔今年~去年下半年, 这个村共养猪四百五十多头〕去年の下半期から今年の間に, この村は豚を450頭余り飼育した.

连筒 liántǒng 竹の樋(も)

连香树 liánxiāngshù 植カツラ.

连宵 liánxiāo 〈方〉①その夜すぐ. その夜のうちに. ②数夜続け.

连写 liánxiě ①=〔连书〕続け書き(する). ②ピンイン表記の音節ではなく単語で区切るもの.〔~分词 cí〕→同前. →〔分 fēn 写〕

连泻 liánxiè 圖引き続き下落する.〔纽 niǔ 约股票价格~十多天〕ニューヨーク株価は十数日間連続暴落している.

连星 liánxīng 〔牵 qiān 牛〕と〔织 zhī 女〕の二つの星.

连续 liánxù 続けて. 連続して.〔~不断〕ひっきりなしに.〔~工龄 líng〕通算勤続年数.〔~生产制〕〔流 liú 水作业法〕流れ作業.〔~性〕連続性.〔~装订折书机〕連続製本機.〔电视~剧〕劇連続テレビドラマ.

连续光谱 liánxù guāngpǔ 物連続スペクトル:〔连续谱〕ともいう.

连选 liánxuǎn 連続して当選する.〔被~为天津市长〕連続して天津市市長になる.

连檐 liányán 圖中国家屋の垂木の軒の部分を連結する木.

连夜 liányè ①夜通し.〔~赶 gǎn 活儿〕夜通し仕事をする. 夜業をする. ②その日の夜に.〔县 xiàn 长接到通知后~赶了回来〕県長は知らせを受けるとその夜すぐ引き返してきた. ③毎晩. 毎晩.〔议题太多, 只好连天~开会〕議題が多いので連日連夜会議をするほかなかった.

连衣裤 liányīkù 圖オーバーオール.

连衣裙 liányīqún 〈方〉〔连衫裙〕圖ワンピース.〔无 wú 袖~〕ジャンパースカート.

连阴 liányīn 雨模様続き.〔有钱难买五月旱 hàn, 六月~吃饱饭〕諺5月の日照りは金では買えないくらいありがたいし, 6月に雨模様が続けば腹一杯飯を食べられる.

连音 liányīn 圖スラー: 音譜上の記号は"⌒". →〔连奏〕

连姻 liányīn ⇒〔连婚〕

连阴天 liányīntiān 連日の曇り.

连阴雨 liányīnyǔ 長雨.〔这些日子净 jìng 下~〕近ごろはずっと長雨続きだ.

连用 liányòng 連用する. 続けて使う.

连语 liányǔ ⇒〔联绵字〕

连运 liányùn

连载 liánzǎi 連続登載(する). 連載(する)

连战皆捷 liánzhàn jiējié 〈成〉連戦連勝.

连长 liánzhǎng 陸中隊長.

连着 liánzhe 絶え間なく. 続けざまに.〔这个人真不幸, 赔 péi 累, 闹 nào 病, 失盗, 家务纷 fēn 争, 都~来了〕この人は本当に不幸だ, 金銭上の損失・病気・盗難・家のごたごた, 何もかも次々にやられている.

连枝 liánzhī ①同一の幹に連なっている枝. ②喩兄弟姉妹.

连枝草 liánzhīcǎo 〔苜 mù 蓿①〕

连指手套 lián zhǐ shǒutào ①又〔野球の〕ミット:〔合 hé 指手套〕〔两 liǎng 指手套〕ともいう.〔分 fēn 指手套〕(グローブ・グラブ)に対していう. →〔手套〕②(手袋の)ミトン.

连中 liánzhòng ①続けざまに及第する.〔~三元〕〈成〉郷試・会試・殿試と続けざまに首席で及第する. ②喩試合で3種目または3回連続して勝つこと. ③続けざまに当たる.〔~二等奖 jiǎng〕続けて2等に当選する.

连种 liánzhòng ⇒〔连作〕

连轴转 liánzhóuzhuàn 〔喩〕連日連夜休まず働く. 夜を日に継いで働く.〔~不歇 xiē 台〕のべつ幕なしに働く.

连珠 liánzhū ①珠を連ねる. 連ねられた珠. ②〔喩〕(声などの)続いて絶えないさま.〔笑声~爆 bào 出〕たてて絶えない笑い声があがる. ③三段論法の別称. ④ 植〔山 shān 丹〕(ヒメユリ)の別称. ⑤⇒〔顶 dǐng 真②〕

连珠炮 liánzhūpào ⇒〔快 kuài 炮〕

连珠枪 liánzhūqiāng ⇒〔快 kuài 枪①〕

连属 liánzhǔ 〈文〉連接する. つなぐ.〔~成编〕つなぎあわせて一つの文章になる.〔联属〕とも書く. → liánshu

连庄 liánzhuāng (マージャン)親を続ける.〔庄家(亲)〕になった者があがって, また親になってゲームをすることをいう.

连缀 liánzhuì つなげる. つなぎ合わせる.〔联缀〕とも書いた.

连字符 liánzìfú ⇒〔连接号〕

lián

连字号 liánzìhào ⇨〔连接号〕
连宗 liánzōng ⇨〔联宗〕
连奏 liánzòu 圄レガート.→〔断 duàn 奏〕
连作 liánzuò =〔㊣连茬(儿)〕〔连种〕〔㊣重 chóng 茬〕農連作(する):同一の土地に同じ作物を続けて栽培すること.→〔单 dān 作〕〔二 èr 熟〕〔轮 lún 作〕
连坐 liánzuò 旧連座する:旧時,法を犯した者の家族・親戚友人や隣近所の者が連帯して罰を受けること.

〔诖・詿〕lián
诖语 liányǔ ⇨〔联绵字〕

〔涟・漣〕lián
〜〜同前. ②涙がとめどなく流れるさま.〔〜〜〕〔〜洳 rú〕〔〜落 luò〕同前.
涟洏 lián'ér〈文〉涙と鼻水が流れる:ひどく泣くさま.
涟漪 liányī〈文〉さざ波.

〔莲・蓮〕lián
〈文〉①さざなみ.〔清 qīng 〜〕
lián(苹),またその実.〔建 jiàn 〜〕福建省産の蓮.実.〔湘 xiāng 〜〕湖南省産の蓮の実:昔時,湘潭産のは朝廷へ貢物としたので〔貢 gòng 〜〕ともいった. ②〔姓〕蓮(氏)
莲步 liánbù〈喩〉美女の歩み.女性のしなやかな歩み.→〔莲钩〕
莲菜 liáncài 野菜としての蓮根:〔藕 ǒu〕に同じ.
莲船 liánchuán ①蓮根採りの船. ②旧女性の纏(𠛟)足の大きいのを罵る語.
莲房 liánfáng =〔莲蓬〕圄蓮の花托:蓮の実を包んでいる円錐形の苞. ②〈文〉僧侶の居室.
莲粉 liánfěn〔藕 ǒu 粉〕に同じ.
莲钩 liángōu〈喩〉旧女性の纏(𠛟)足した小さな足.〔―蹴 cù 凤〕きれいな靴を履いた纏足で歩を進めるさま.→〔金 jīn 莲〕〔莲步〕〔莲足〕
莲花 liánhuā 蓮(の花):〔芙 fú 蓉〕〔荷 hé 花〕は別称.〔他喜欢养 yǎng 〜〕彼は蓮を育てるのが好きだ.
莲花白 liánhuābái ①焼酎に20種以上の薬材を入れて作った酒. ②圄テンノウジカブラ:かぶらの一種. ③〔结 jié 球 甘蓝〕
莲花叉 liánhuāchā 旧武器名.穂先が三股の槍.
莲花池 liánhuāchí ⇨〔莲花塘〕〔莲塘〕蓮池.
莲花灯 liánhuādēng ①蓮の花の形をした提灯:〔中元(节)〕(盂蘭盆)や〔元宵节〕の夜に子供が持って遊ぶもの. ②蓮の花の形をした照明器具.
莲花镀金 liánhuā dùjīn〈喩〉蓮に金メッキをす:よけいな手数をかけたため,かえって本来の美を失う.
莲花经 lián(huā)jīng〔莲(华)经〕とも書く.圄(仏教の)法華(𠛟)経:〔法 fǎ 华经〕の別称.
莲花落 liánhuālào〔莲花乐 lè〕ともいう.旧一人か二人が簡単な扮装をして〔竹板〕(竹板)を打ちながら歌う通俗な芸能:物乞いの歌うもの.通称〔落子②〕〔唱〜〕同前にうたう.→〔大 dà 鼓(书)〕〔鼓 gǔ (儿)词〕
莲花塘 liánhuātáng ⇨〔莲花池〕
莲华生 liánhuáshēng →〔喇 lǎ 嘛教〕
莲华衣 liánhuáyī 旧袈裟の別称.
莲灰 liánhuī 色紫色を帯びた灰色(の)
莲经 liánjīng ⇨〔莲(花)经〕
莲炬 liánjù 華燭:蓮の花に形どったろうそくの一種.
莲龛 liánkān 圄(仏教の)厨子(𠛟):仏像を安置する両扉の箱.〔佛 fó 龛〕同前.
莲藕 lián'ǒu 蓮根:蓮の地下茎.ふつう〔藕〕という.

→〔莲菜〕
莲葩 liánpā〈文〉蓮の花:〔莕 hàn 萏〕ともいう.→〔莲花〕
莲蓬 liánpeng 圄蓮の花托:〔莲房①〕に同じ.〔〜老儿〕⑥〈方〉蓮の実のような形に作った子供のおもちゃ.⑥〈喩〉着ぶくれした子供.〔〜篓 lǒur〕〔㊣〕ぼろぼろの衣服.〔〜头〕〈方〉ノズル.〔喷 pēn 头〕に同じ.〔莲 zǐ〕=〔莲子〕に同じ.⑥蓮の実状のもの.⑥〔枣(儿)zǎo(r)〕(なつめ)の一種.
莲蓬枪 liánpengqiāng ⇨〔左 zuǒ 轮(手枪)〕
莲蓉 liánróng 圄蓮の実を乾かしてすりつぶしたもの:〔月饼 bǐng〕などの餡とする.〔〜馅儿 xiànr〕同前を砂糖で煮て作った餡(𠛟).〔〜月饼〕同前の餡の〔月饼〕
莲肉 liánròu 蓮の実の乳白色の部分.
莲蕊 liánruǐ =〔莲须〕圄蓮の花のしべ.またそのおしべ.
莲生贵子 liánshēng guìzǐ〈慣〉蓮の花の中から子供が生まれる絵〔莲生〕は〔连生〕に通じ,次々とよい子供ができるという縁起を祝う意.
莲实 liánshí ⇨〔莲子〕
莲室 liánshì〈文〉他人の居室に対する尊称.
莲台 liántái ⇨〔莲座〕
莲塘 liántáng ⇨〔莲花池〕
莲心 liánxīn =〔莲子心(儿)〕蓮の実の中の胚芽:苦味があるので食用の際は取り去る.ただし薬用にされる. ②〈方〉蓮の実.
莲须 liánxū ⇨〔莲蕊〕
莲舆 liányú〈文〉①女性用の乗り物. ②〈転〉女性に対する敬称.
莲子 liánzǐ =〔莲蓬子③〕〔莲实〕蓮の実:〈方〉蓮米ともいう.〔〜糖〕圄蓮の実の砂糖漬け.→〔冰 bīng 糖莲子〕
莲子心(儿) liánzǐxīn(r) ⇨〔莲心①〕
莲宗 liánzōng〔净 jìng 土宗〕
莲足 liánzú〈喩〉旧女性の纏(𠛟)足した足.→〔莲钩〕
莲座 liánzuò ①逆円錐形の形をした蓮の花の下の部分. ②=〔莲台〕(仏教の)蓮華(𠛟)座.仏像の台座.

〔梿・槤〕lián
梿枷 liánjiā ⇨〔连枷〕

〔裢・褳〕lián →〔褡 dā 裢〕

〔裢・縺〕lián
裢枷 liánjiā ⇨〔连枷〕

〔鲢・鰱〕lián 魚貝ハクレン(シタメ.レンギョ):〔鲢鱼 yú〕〔白 bái 鲢〕は通称.
鲢鱼 liányú 魚貝ハクレン(通称):〔白 bái 鲢〕〔鲣 xù〕ともいう.コイ科淡水魚で,重要な食用魚.→〔四 sì 大家鱼〕

〔帘・簾〕lián (Ⅰ)〔帘〕〔酒 jiǔ 〜〕〔酒望(子)〕旧酒店の用いた旗印(𠛟).酒帜:〔酒幌子〕に同じ. (Ⅱ)〔廉〕〔―儿,―子〕みす.すだれ.カーテン.のれん.〔棚门〜〕編入れのドア用のカーテン(防寒用).〔竹 zhú 〜〕竹のすだれ.〔苇 wěi 〜〕あしのすだれ.
帘布 liánbù ①(タイヤ・ゴム製品などの)タイヤコード.芯布:〔车 chē 胎帘子布〕の略. ②カーテン用の生地.
帘官 liánguān 旧科挙の試験官:〔同 tóng 考〕の別称.→〔内 nèi 帘〕

lián

帘架 liánjià 戸の外面に作るすだれかけ.
帘栊 liánlóng 〈文〉①すだれのある窓.②すだれと窓.
帘幕 liánmù すだれと幕.
帘栅 liánshān スクリーニンググリッド.〔~管 guǎn〕スクリーニンググリッドチューブ.〔~极 jí〕スクリーニンググリッド.遮蔽(ふ)格子.
帘政 liánzhèng 〈文〉皇太后が摂政にあたること.→〔垂 chuí 帘听政〕
帘子 liánzi すだれ.カーテン.のれん.〔~线 xiàn〕〔车 chē 胎帘子线〕タイヤコード用のナイロン線.〔车 chē 胎~布〕〔帘布〕タイヤコード.

〔**廉**(廉・亷)〕 lián ①安い.安値である.〔物 wù 美价~〕〈慣〉品がよく値段も安い.②清廉である.身の処し方がきれいである.〔清 qīng ~〕同前.〔~內助 zhù〕権力者の廉潔なる妻.③〈又〉へり.かど.④〈文〉調べる.調査する.〔~其 qí 事〕その事件を取り調べる.⑤〈姓〉廉(れん)
廉耻 liánchǐ 廉恥(れんち).〔无 wú ~〕同前がない.
廉访 liánfǎng 〈文〉行って調査する.
廉俸 liánfèng ⇒〔俸廉〕
廉官 liánguān 清廉.清廉な官吏.
廉价 liánjià 〔低 dī 价〕安価(である).廉価(である).〔~部〕(デパートなどの)バーゲンコーナー.〔~出售〕廉価販売(する).〔~抛 pāo 售〕投げ売りする.〔~房 fáng〕安価な住宅.〔~化〕値下げ化(する).↔〔高 gāo 价〕
廉俭 liánjiǎn 清廉で質素である.〔~自律 lǜ〕同前を旨とする.
廉节 liánjié 〈文〉清廉で節義がある.〔清 qīng 洁②〕に同じ.
廉洁 liánjié 廉潔(である).清廉潔白(である).私腹を肥やさない.〔~奉公〕廉潔で公のため尽くす.〔~政治〕クリーンな政治.→〔清 qīng 洁②〕
廉吏 liánlì ⇒〔廉官〕
廉明 liánmíng 清廉潔白で明朗である.
廉颇 liánpō 〔戦国時代の趙の猛将〕.〔~老矣 yǐ〕〈喻〉猛将・名選手も年には勝てないこと.
廉泉 liánquán ①〔贈〕あなたのお金.〔屡蒙~之沾润〕しばしば金員上のご心配をしていただく.②〔中医〕針灸の穴位(つぼ)の一.
廉省 liánshěng 〈文〉節約する.
廉士 liánshì 〈文〉清廉の士.
廉售 liánshòu 廉売する.〔廉销〕ともいう.
廉署 liánshǔ 〔香港の〕汚職取り締まり機関:〔廉政公署〕の略.
廉纤 liánxiān 〈文〉①細く小さいさま.②〈喩〉ぬか雨.徴雨.雨がそぼ降るさま.
廉隅 liányú 〈文〉①器物の角や隅.②〈転〉品行方正で節操が高い.
廉正 liánzhèng 潔白で正直である.
廉政 liánzhèng 清廉潔白の政治.〔~措 cuò 施〕同前の措置.〔~建设〕同前を行う.
廉直 liánzhí 潔白で正直である.
廉租 liánzū 低価格で貸し出す.〔~房〕同前の家・部屋.

〔**碄**〕 lián 〈文〉砥石の一. → qiān

〔**濂**〕 lián ①地名用字.〔~溪 xī〕湖南省にある川.〔~江〕江西省にある川.②〈姓〉濂(れん)

〔**臁**〕 lián 〔生理脛(え)〕の両わきをいう.
臁疮 liánchuāng 脛にできた腫れ物.下腿潰瘍.〔~腿 tuǐ〕同前のできた下腿部.

〔**镰・鎌**(鐮・鎌)〕 lián 鎌(かま).〔~刀〕は通称.〔挂 guà ~〕〈喻〉収穫を終える.〔开~〕刈り入れを始める.〔火 huǒ ~〕〈方〉火刀〔回鉄製の火打ち具.
镰刀 liándāo 鎌.〔~斧 fǔ 头旗〕因中国工農紅軍の軍旗:赤地に〔農民の〕鎌と〔労働者の〕ハンマーをあしらっている.
镰鱼 liányú 〔魚貝〕ツノダシ.

〔**蠊**〕 lián →〔蜚 fěi 蠊〕

〔**鬑**〕 lián 〔~~〕〈文〉ひげと頭髪の長いさま.

〔**怜・憐**〕 lián ①哀れむ.同情する.〔~贫 pín〕貧者を哀れむ.〔同病相~〕〈成〉同病相哀れむ.〔~其无辜 gū〕罪のない者に同情する.〔可 kě 怜〕②愛する.かわいがる.〔爱 ài ~〕同前.〔人皆~幼 yòu 子〕人はみな幼子をかわいがる.
怜爱 lián'ài いつくしむ.かわいがる.
怜才 liáncái 才能を愛惜する.
怜测 liáncè 〈文〉同情する.哀れむ.
怜见 liánjiàn 哀れむ.〔如今有谁来~咱〕〈白〉いまとなっては誰が同情してくれようか.
怜悯 liánmǐn 〔怜愍〕とも書く.哀れむ.不憫(ふびん)に思う.
怜念 liánniàn 心にかける.
怜贫惜老 liánpín xīlǎo ⇒〔惜老怜贫〕
怜惜 liánxī 同情する.
怜香惜玉 liánxiāng xīyù ⇒〔怜玉惜香〕〔惜玉怜香〕〈成〉女性を愛護する.女に甘い.女色を好む:〔香〕は女性を表す.
怜心 liánxīn 〈文〉同情心.
怜恤 liánxù 哀れんでいたわる.〔这位老先生乐善好 hào 施,~穷苦人〕このご老人は善行や施しを楽しみ,いつも困っている人や苦しい人を哀れんで同情をよせる.
怜宥 liányòu ①〈文〉哀れみ許す.②〔贈〕ご寛恕.
怜玉惜香 liányù xīxiāng ⇒〔怜香惜玉〕

〔**联・聯**(聮・聫)〕 lián ①連なる.あい続く.②連合する.つなげる.合同する.③〔一儿〕対になっている書画.〔对 duì ~(儿)〕対聯(れん).〔春 chūn ~〕旧正月,出入り口に貼るめでたい文句を書いた同前.〔寿 shòu ~〕誕生祝いの同前.〔挽 wǎn ~〕おくやみの同前.〔喜 xǐ ~〕お祝いの同前.④〈姓〉聯(れん)
联氨 lián'ān 〔肼 jǐng〕
联办 liánbàn 共同主催(する)
联邦 liánbāng 連邦.〔~国家〕連邦国家.
联邦德国 liánbāng déguó 〔德意志〕
联保 liánbǎo ①相互保証(する).②相互保険.〔~寿险〕相互生命保険.③保安を目的とする地方団体の連合.
联苯 liánběn 〔化〕フェニルベンゼン.〔~胺 àn〕ベンチジン.〔~联①〕
联璧 liánbì ⇒〔连璧〕
联播 liánbō ①〔ラジオ・テレビなどの〕ネットワーク.〔~节目时间〕ネットワーク時間.②ネットワークで放送する.
联产 liánchǎn ①生産と関連させる.〔~承包责任制〕農農業生産における請け負い制の一種.〔~到劳〕〔~承包〕農家生産請負制.〔~计酬 chóu〕農収穫物と報酬を関連させた農業生産の方式.②合同して生産する.〔~联销〕合同生産合同販売.
联唱 liánchàng メドレーで歌う(こと)

联 lián

联程 liánchéng (鉄道・空など)乗り継ぎ旅程.〔~票 piào〕.

联大 liándà ①〔联合国大会〕(国連総会)の略. ②〔联合大学〕(連合大学)の略.

联贷 liándài 協調融資する.

联单 liándān 2枚(以上)続きの証書.伝票.〔两~〕同前2枚続きのもの.〔三~〕同前3枚続きのもの.

联刀块 liándāokuài 肉などの切ったものがよく切れておらずつながっているもの.

联电 liándiàn 政治見解を公に連名で打電する.→〔通 tōng 电③〕

联店 liándiàn 共同仕入れの小売店.小売店の連合.

联动 liándòng 連動する.〔~轮 lún〕機連動車輪.〔~装 zhuāng 置〕連動装置.

联队 liánduì ①合同チームをつくる. ②〈文〉飛行大隊.

联防 liánfáng ①(二者以上による)共同防衛(する).〔~铃 líng〕防犯ベル:警察・警備会社へ連結しているもの. ②〖ス〗ジョイント・ディフェンス.

联共(布) liángòng(bù) 旧〔苏联共产党(布尔什维克)〕(ソ連共産党(ボルシェビキ))の略.

联管节 liánguǎnjié 機管継手.管接手.

联贯 liánguàn ⇒〔连贯①〕

联合 liánhé ①连合(する).结合(する).结集(する).合併(する).团结(する).〔全世界无产者~起来〕万国のプロレタリアートは連合せよ.〔~进攻〕連合して進攻する. ②声明.共同声明.③組み合わせた.合同した.〔~办学〕共同で学校を設立・運営する.〔~促 cù 销〕合同販売促進(する).〔~抵 dǐ 制〕ボイコット.〔~干预〕協調介入する. ③生理結合.

联合采煤机 liánhé cǎiméijī =〔采煤康拜因(机)〕〔康 kāng 拜因采煤机〕コンバイン採炭機:砕炭・積み込みなど一連の作業を一台でやる機械.

联合公报 liánhé gōngbào 共同声明.共同コミュニケ.〔在~中表示希望〕共同声明の中で…を希望することを表明している.

联合(工)厂 liánhé(gōng)chǎng 経コンビナート.

联合国 liánhéguó 国際連合(加盟国).〔~大会〕〔联大〕国連総会.〔~高专 zhuān 署〕国連難民高等弁務官事務所.〔~会费〕国連分担金.〔~教(育)科(学)文(化)组织〕ユネスコ.UNESCO.〔~粮 liáng 农组织〕国連食糧農業機関.FAO.〔~秘书长〕国連事務総長.〔~宪 xiàn 章〕国際連合憲章.〔~亚太社会委员会〕国連アジア・太平洋経済社会委員会.ESCAP.〔~总 zǒng 部〕国連本部.〔参加~〕国連に加盟する.→〔国际联盟〕 ②史連合国:第二次世界大戦の時,反枢軸国側の各国.→〔轴 zhóu 心国〕

联合会 liánhéhuì 連合会.

联合结构 liánhé jiégòu 語連合構造.並列構造.

联合收割机 liánhé shōugējī ⇒〔康 kāng 拜因〕

联合售票处 liánhé shòupiàochù プレイガイド.

联合体 liánhétǐ 連合体.

联合王国 liánhé wángguó 連合王国.〔英 yīng 国〕(イギリス)の別称.大ブリテンと北アイルランドからなる.

联合战线 liánhé zhànxiàn 统一战线.

联合政府 liánhé zhèngfǔ 連合政府.連立政府.連立内閣.

联合制 liánhézhì ⇒〔康 kāng 平纳〕

联户 liánhù 業者の連合.〔~企业〕(農家の)共同経営企業.

联欢 liánhuān 交歓する.懇親を結ぶ.〔~会〕交歓会.親睦会.〔~节〕友好祭.フェスティバル.懇親演芸会.〔春 chūn 节~〕春節交歓会.〔国庆~〕国慶節(を祝うための)交歓会.〔~晚会〕交歓のタベ.交流のタベ.〔世界青年~〕世界青年友好祭.→〔竞jìng 赛会〕

联汇 liánhuì ⇒〔联系汇率制〕

联机 liánjī 〔联线〕電オンライン:〔在 zài 线〕に同じ.〔~系в线〕オンラインシステム.

联检 liánjiǎn 共同検査する.

联建 liánjiàn 共同して建築・建設する.

联接 liánjiē ⇒〔连接〕

联结 liánjié 連結する.結びつける:〔连结〕とも書いた.〔~两国人民的友谊的纽带〕両国人民を結びつける友情のきずな.〔~号〕演奏記号の一.

联结器 liánjiéqì ⇒〔转 zhuǎn 钩〕

联句 liánjù 詩句を作り連ねる:各人一句ずつ作り連ねて一首の詩を完成すること.

联娟 liánjuān ⇒〔连娟〕

联军 liánjūn 連合軍.

联立方程 liánlì fāngchéng 数連立方程式.

联络 liánluò 関係を作る.接触を保つ.〔~兵〕連絡兵.〔~站〕連絡所.〔国际~网〕国際的なネットワーク.

联络员 liánluòyuán 連絡員.→〔报 bào 务员〕〔通 tōng 信员〕

联袂 liánmèi 手を携えるて行動する):〔连袂〕とも書いた.〔~而至〕一緒に来る.

联盟 liánméng 連盟.

联绵字 liánmiánzì 語2個の音節が連続して一体として意義をなし,分割できない語:双声・畳韻の関係のあるもの,例えば〔玲珑〕〔徘徊〕,双声・畳韻の関係のないもの,例えば〔蜈蚣〕〔蝴蝶〕.〔联绵词〕〔连语〕〔连语〕ともいう.→〔重 chóng 音〕

联名 liánmíng 連名.〔~发 fā 起〕連名で提案する.〔上书〕連署で陳情書を出す.

联排 liánpái 合同リハーサルを行う.

联翩 liánpiān 〈文〉鳥が飛ぶさま.〈喩〉ひき続いて絶えない:〔连翩〕とも書いた.〔~而至〕次々とやってくる.

联票 liánpiào =〔连票②〕セットチケット:〔联券〕ともいう.複数個所の入場券・乗車券・乗船券などがセットになったチケット.→〔本 běn 票②〕

联群 liánqún 群集する.一群になる(羊などが).

联赛 liánsài 〔循 xún 环赛〕リーグ戦.〔棒 bàng 球~〕野球リーグ戦. ↔〔淘 táo 汰赛〕

联社 liánshè ①数種の農業合作社の連合体:農業合作化後期にあった. ②若干の合作社の連合体.

联省自治 liánshěng zìzhì 史民国初期,各省に自治制をしき連合して中央政府を作って全国の政治統一をしようとした制度.

联手 liánshǒu 連合して(行う).共同で(進める).〔~摄 shè 制〕共同で撮影制作する.

联署 liánshǔ 連署(する)

联锁 liánsuǒ 連動する.〔~机构〕機連動制御装置.

联通 liántōng ⇒〔连通〕

联网 liánwǎng ①(コンピュータ,インターネットに)アクセスする.〔~售 shòu 票〕インターネット上でのチケット販売. ②ネットワークを組む.

联席会议 liánxí huìyì 連合会議.合同会議.

联系 liánxì 連絡(する).つながり(を).関係(する).関連(する).〔~工作〕仕事の打ち合わせをする.〔~簿 bù〕連絡簿.通信簿.〔~人〕連絡係.代表者.〔加强召己同人民群众的~〕自分と人民大衆とのつながりを強める.〔多多接触 chù,多多~〕できるだけ多く接触できるだけよく連絡をとる.〔跟他~上

了]彼と連絡がとれた.〔建立~〕関係を打ち立てる.〔使学问~实际~〕学問を実際と結び付ける.〔我和他们那儿向来没~,怎么能知道内情呢〕わたしとあの人たちとは今まで関係がないから内情なんか知るはずがない.〔彼此~〕お互いに打ち合わせる.

联系汇率制 liánxì huìlǜzhì =〔联汇〕経 カレンシー・ボード制.

联衔 liánxián 〈文〉(官吏が)連署する.
联线 liánxiàn ⇒〔联机〕
联箱 liánxiāng ⇒〔集 jí 管①〕
联想 liánxiǎng 連想(する).
联销 liánxiāo 共同販売.
联谊 liányì 親善する.〔~会〕懇親会.懇親パーティー.〔~活动〕親善活動を行うための組織.〔~活动〕友好を深める活動.
联姻 liányīn 〈喩〉二つの団体・企業などが密接な関係を結ぶこと.〔~潮 cháo〕同前のブーム.
联营 liányíng 共同経営.〔~公司〕合弁会社.〔~经 jīng 济〕協同経営経済.
联运 liányùn ①〔连运〕連絡輸送(する).〔~票 piào〕連絡切符.通し切符.〔~客票〕連絡乗車券.〔~提单〕圈通し船荷証券.〔建立航空~关系〕航空連絡輸送の関係をうち立てる.
联运舰 liányùnjiàn 軍護送艦.
联责 liánzé 連帯責任(をとる).
联展 liánzhǎn 共同で展示または展示即売する.〔儿童用品~〕児童用品展示即売会.
联轴节 liánzhóujié =〔轴接手〕〔方〕对 duì 轮〕〈方〉靠 kào 背轮①]圏輪接手.軸つぎ.カップリング.→〔关 guān 节③〕
联属 liánzhǔ ⇒〔连属〕
联缀 liánzhuì ⇒〔连缀〕
联奏 liánzòu 圕連奏.
联宗 liánzōng =〔连宗〕①血縁関係のない同姓の者同士が一族として親しく行き来する関係を結ぶ.②〈転〉連なる.つながる.〔这人的眉毛~了〕この人の眉はつながっている.

〔莶・蘞〕 liǎn 〔荄〕の本字.→ xiān

〔敛・斂(歛)〕 liǎn ①集める.寄せ集める.〔挨门~去〕一軒一軒集めに行く.〔把学生的作业本一过来〕学生の宿題帳を集める.〔把土~成一堆〕土をひと山に集める.②〈文〉抑える.制限する.③〈文〉やめる.おさめる.とどめる.退く.→〔敛步〕④縮む(ませる).ちぢこまる.〔~眉 méi 沉思〕〈成〉顔をこわばらせて考え込む.〔收 shōu ~剂〕〔~(涩)剂〕医 収斂剤.

敛步 liǎnbù =〔敛足〕〈文〉足を止める.前に進まない.
敛财 liǎncái 財物を収奪する.
敛缝 liǎnfèng 〔捻 niǎn 缝〕工 填隙接合.
敛迹 liǎnjì ①〈文〉姿を隠して行方をくらます.世に姿を見せない.②挙動を慎む.③引退する.
敛钱 liǎnqián 金を徴収する.金を集める.募金する.
敛衽 liǎnrèn 〈文〉襟を正す.敬意を表す.古代,衣服のおくみを帯にはさみこむ.〈転〉女性の拝礼.〔捡衽〕とも書く.
敛容 liǎnróng 〈文〉居ずまいを正す.真面目な顔つきになる.
敛身 liǎnshēn 身を隠す.
敛声屏气 liǎnshēng bǐngqì〈成〉声をひそめ息を静める.
敛手 liǎnshǒu ①手を引く.②恭順を表す.
敛衣 liǎnyī ⇒〔百 bǎi 家衣(儿)〕
敛抑 liǎnyì 言行を慎む.抑え制限する.

敛租 liǎnzū 〈文〉租税を取りたてる.
敛足 liǎnzú ⇒〔敛步〕

〔脸・臉〕 liǎn ①顔.顔面.〔他的~红了〕彼の顔は赤くなった.〔圆 yuán ~〕丸い顔.〔长方~儿〕〔四方~儿〕角形の顔.〔洼 wā 心~儿〕杓子(じゃく)の顔.〔瓜 guā 子(儿)~(儿)〕うりざね顔.〔鸭 yā 蛋~儿〕ふっくらした下膨れ顔.〔我一喝酒就上~〕わたしはちょっと飲むとすぐ顔に出る.〔洗 xǐ ~〕顔を洗う.〔刮 guā ~〕顔をそる.→〔面 miàn ①〕〔容 róng ①〕〔相 xiàng(I)③〕②〔~儿〕(顔の)表情.〔笑~(儿)〕笑い顔.〔变 biàn ~〕表情を変える(態度を一変させる).〔寡 guǎ 妇~〕喩仏頂面.〔阴 yīn 阳~〕〈喩〉裏表のあること.③〈転〉面目.面子(社会的人格).〔露 lòu ~〕②面目を施す.〔没~〕面目がない.〔丢 diū ~〕〔丢人〕面目をなくする.〔作~〕顔を立てる.〔给~①〕顔を立てて行く.〔撕 sī 破~(皮 pí)〕顔をつぶす.〔不要~〕〈罵〉恥を知らない.〔给~不要~!〕顔を立ててやろうというのに恥知らずめが.〔~往哪儿放啊〕他人への不面目なことか.④〔~儿〕物の正面とその前部.〔鞋 xié ~〕靴の先端.〔门~儿〕⑧城門の正面とその付近.ⓑ商店の間口.店がまえ.

脸巴子 liǎnbāzi 〈方〉〔~丑,怪不着镜子〕〈諺〉顔の醜いのは鏡のせいではない.自分の力不足を人のせいにすることはできぬ.
脸薄 liǎnbáo =〔脸嫩〕内気である.恥ずかしがり屋である;〔脸皮薄〕に同じ.↔〔脸厚〕
脸彩 liǎnbǎi 面部.面面.〔~彩 cǎi 绘〕〔脸彩〕フェイスペインティング.
脸大 liǎndà ①顔が広い.顔がきく.〔多少人讲情他都不准,到底是你的~,谁が口を利いても彼は承知しなかったのに,さすがに貴方は信用がありますね.②恥知らずである.厚かましい:多く女性についていう.→〔脸大〕
脸蛋儿 liǎndànr 〈口ほお:多く子供の頰をいう.〔脸蛋子〕ともいう.〔小姑娘的~红得像苹果〕少女のほっぺたはリンゴのように真っ赤だ.
脸孤拐 liǎngūguǎi 〈方〉ほお骨のところ.
脸红 liǎnhóng ①顔が赤くなる.恥じ入る.②(怒り・興奮などのため)〔~耳赤 chì〕同前.〔~脖 bó 子粗〕顔や首が赤くなる:かんしゃくを起こしたり興奮したりするさま.いきりたつさま.→〔粗 cū 脖子红筋〕
脸厚 liǎnhòu 厚かましい;〔脸皮厚〕に同じ.↔〔脸薄〕
脸黄皮寡 liǎnhuáng píguǎ 〈成〉顔色が悪く痩せたさま.
脸急 liǎnjí せっかちで怒りっぽい.〔这个人~,别招惹他〕この人は怒りっぽいから構いなさるな.
脸颊 liǎnjiá 頬.ほほ.〔~骨〕生理 頬骨:頰面骨を構成する骨.→〔脸蛋儿〕
脸孔 liǎnkǒng 顔.顔つき.
脸面 liǎnmiàn =〔脸嘴〕①顔.顔だち.〔~发 fā 光〕顔色がつやつやとしている.②面目.名誉.顔.〔你有什么~见人呢〕きみは人と会わせる顔があるまい.〔t给他个~吧〕彼にも少し顔を立てさせてやれ.
脸模儿 liǎnmúr 〈方〉顔色.顔つき.〔你这些日子大概心情不错 cuò,~挺好〕この4,5日たぶんきみは気分がゆったりしているのだろう.顔色がたいへんよい.②顔だち.〔~很象父亲〕顔だちが父親によく似ている.
脸嫩 liǎnnèn ⇒〔脸薄〕
脸帕 liǎnpà(顔ふき用の)タオル.おしぼり.
脸盘儿 liǎnpánr =〔脸盘子〕〔脸盘儿〕〈方〉面 miàn 盘子〕〔面庞〕おもざし.顔だち.〔他的~很像

脸 睑 蔹 琏 练 liǎn~liàn

他的父亲,眉 méi 毛、眼睛像母亲]彼のおもざしは彼の父そっくりで、眉や眼は母に似ている.
脸盘子 liǎnpánzi 同上.
脸庞(儿) liǎnpáng(r) ⇒[脸盘儿]
脸盆 liǎnpén =[〈方〉面 miàn 盆①]洗面器:ふつう[洗 xǐ ~]という.[~架子][洗脸架]洗面台.[~桌儿]同առのテーブル形になったもの.
脸皮 liǎnpí =[〈方〉面 miàn 皮]①顔の肌.[~薄 báo][脸薄]②面(メン)の皮(恥を感じない程度).ここから.[~厚 hòu][~壮][脸厚]面の皮が厚い.厚かましい.鉄面皮である.[厚 hòu ~][铁面皮(で).②面目.[拉下~]具合の悪いことを厚かましくもする.
脸谱 liǎnpǔ =[面 miàn 谱(儿)][~儿](旧劇の)俳優の顔のくまどり.[~化]〈喩〉(文芸創作上)ステレオタイプ化(する).→[红 hóng 脸③]
脸热 liǎnrè ①(恥ずかしさで)顔がほてる.②同下.
脸软 liǎnruǎn =[脸热②]義理にこだわり過ぎる.情にほだされ易い.[~心慈]人の言うことを断わりきれない.嫌と言えない.[~吃亏]人がよすぎて損をする.→[脸硬][心 xīn 软]
脸色 liǎnsè ①顔色.顔に現われた血色.[她最近~不大好]彼女は近ごろ顔色がよくない.②表情.顔つき.
脸上 liǎnshang 〈口〉①顔.顔の表面.[~刷 shuā 白]顔色が青ざめている.②顔の体裁.面目.[~不好看]体裁が悪い.[~不得劲儿 jìnr]面目なくて具合が悪い.[我~有光]光栄に存じます.[~无光]面目がたたない.
脸上贴金 liǎnshang tiējīn 〈成〉(自分の)顔に金メッキを貼る.自分で自分をよく見せかけようとする.[这件事谁都知道不是他的力量能办成的,他还要往~,楞 lèng 说要自己办]このことは彼の力ではできないことは誰でも知っている.それなのにいい格好を見せようと,どうしても自分でやるというのだ.[自己往~,多不好意思]自分で自分をよく見せかけようとするなんて,恥ずかしいことじゃないか.
脸生 liǎnshēng 見かけない顔である.見知らない:[面 miàn 生]に同じ.
脸熟 liǎnshú 見覚えがある.見慣れた顔である:[面 miàn 熟]に同じ.
脸膛儿 liǎntángr 〈方〉顔.顔形.[他的~晒 shài 得黑黑的]彼の顔は真っ黒に日焼けしている.
脸相 liǎnxiàng 顔立ち.容貌.[脸型].表情.
脸小 liǎnxiǎo ①顔がせまい.顔が利かない.②恥ずかしがる.気が弱い:多く女性についていう.↔[脸大]
脸形 liǎnxíng 顔の形:[脸型]とも書く.[长 cháng方~]角形の顔の持ち主である.
脸硬 liǎnyìng 気が強い:感情や情実に動かされない.↔[脸软]
脸子 liǎnzi 〈口〉①(女性のかわいい)顔.[歌家手唱得好,还得 děi ~好]女の歌手は歌がうまく,またマスクがよくなければならない.②不機嫌な顔.仏頂面.[不愿意,就挂耷 guàda ~]気に入らないとすぐむっとした顔になる.③面目.体面.[都是要~的人]みんなメンツを重んじる人ばかりだ.
脸嘴 liǎnzuǐ ⇒[脸面]

[睑 · 瞼] liǎn
睑衽 liǎnrèn ⇒[敛衽]

[蔹 · 蘞] liǎn [白 bái ~][白蔹] ビャクレン.カガミグサ.[乌 wū ~莓][五 wǔ 爪龙②][五叶莓]ヤブガラシ(ビンボウカズラ)

[琏 · 璉] liǎn 固宗庙で用いられた穀物を盛る器.[瑚 hú ~]同前.

[练 · 練] liàn ①〈文〉生糸をよく煮て,柔らかく白くする.②〈文〉白い練り絹.[江平如~]川面の静かなことは白絹のようである.②練習する.[~车 chē](自動車の)運転を練習する.[~琴 qín](ピアノやバイオリンなどのレッスンをする.[排 pái ~]リハーサルをする.[~兵][训 xùn ~]訓練する.[站 zhàn ~](赤ちゃんが)立つ練習をする.[游泳我刚学会,还得下功夫多~]水泳は覚えたばかりで,もっと時間をかけて練習しなければならない.④精通している.熟練している.[干 gàn ~][熟 shú ~]同前.[老~]老練である.⑤〈姓〉練(ㄌㄧㄢˋ).

练把式 liànbǎshì [打 dǎ 把式]①武芸の練習をする.武芸を演ずる:[练把势]とも書く.[~的]武芸を演じて観衆に見せる街頭演芸者.
练本事 liànběnshì [练本领]ともいう.技量を磨く.
练笔 liànbǐ ①作文の練習をする.②字(絵)を書く練習をする.手習いをする.
练兵 liànbīng =[练兵]をする.演習をする.[~场](軍隊の)教練場.②訓練する.
练达 liàndá 〈文〉熟達する.[~人情]人情に通暁する.[~世事]世故に通ずる.
练队 liànduì 整列行進の練習をする.
练歌房 liàngēfáng カラオケボックス.カラオケ店.→[卡拉OK]
练功 liàngōng (武芸を)稽古(ケイコ)する.鍛練する.(気功を)修練する.[天天~]毎日毎日する.[~场]稽古場.[练硬 yìng 功]きつい稽古をする.
练工夫 liàngōngfu (武芸などの)修業を積む.
练活 liànhuó 〈口〉実際に活用できるように練習する.
练就 liànjiù 練習して体得する:[炼就]とも書く.[~了不凡的马上功夫]非凡な乗馬技術を体得した.
练军 liànjūn ①〈文〉兵を訓練する.②囲八旗または緑営の兵から選抜して洋式の教練を施した軍隊.
练力带 liànlìdài =[拉 lā 簧②][拉力(挺胸)器]囚エキスパンダー:[扩 kuò 胸器]に同じ.
练脑 liànnǎo 頭脳トレーニング(する)
练贫 liànpín ⇒[要 shuǎ 贫嘴]
练气 liànqì ⇒[炼气]
练球 liànqiú 囚球技を練習する:ボールを打ったり,投げたり,蹴ったりすること.
练拳 liànquán 拳法を修練する.
练鹊 liànquè 固サンコウチョウ(サンジャク):[绶 shòu 带鸟]ともいう.
练日 liànrì 〈文〉吉日を選ぶ.[~辰]日を選び,時を選ぶ.
练石锁 liànshísuǒ ⇒[石锁]
练手(儿) liànshǒu(r) ①生活・職業の技を練習する.②習字をする.③手を練達する.
练摊(儿) liàntān(r) 露店を開く.小商(ぁきなぃ)いする.
练武 liànwǔ 武術を練る.力技を鍛える.軍事技術の学習または練習をする.
练习 liànxí ①練習(する).[~(拉)提琴]バイオリンを練習する.[~机]練習機.[~曲]囚エチュード.[~生]練習生.[~子儿 zǐr]囚(空 kōng 包弹])空砲弹.[~宿题.エクササイズ.[~题]練習問題.[做 zuò ~]練習問題をやる.[交~]宿題を提出する.[直 zhí 接写在~里]じかに問題のページに答えを書く.[~本][~簿]ノート.
练勇 liànyǒng =[团 tuán 勇]囲地方の徴募武装組織:[团练]と[乡 xiāng 勇]に二別される.
练择 liànzé 〈文〉精選する.

lián

练字 liànzì 習字をする.〔~本〕習字帳.→〔炼字〕
练字嘴 liànzizuǐ ⇒〔順 shùn 口溜〕

〔炼・煉（鍊）〕 liàn
①鉱物を溶かして精錬する.精錬する.〔锻 duàn ~〕鍛錬する.〔~硫石〕硫黄をつくる.〔千锤 chuí 百~〕〈成〉鍛えに鍛え練りに練る.②加熱して（煮つめて）精製する.〔提 tí ~〕同前.〔把油~出来〕油を精製して採る.③字・句を考え練る.④〈人を〉磨き高める.⑤〈姓〉煉(れん).

炼丹 liàndān ＝〔炼药〕丹薬を練る（作る）.〔~术 shù〕煉丹術.→〔金 jīn 丹〕
炼钢 liàngāng 製鋼する.〔~厂 chǎng〕製鋼所.〔~工人〕製鋼工.〔~炉 lú〕製鋼炉.
炼话 liànhuà〈方〉方言や俗語の中で意味深長で表現力に富んだ言葉.
炼焦 liànjiāo 工〔石炭から〕コークスを採る.〔~技 jì 术〕同前の技術.〔~炉 lú〕コークス炉;〔焦炉〕に同じ.
炼金术 liànjīnshù 錬金術.→〔点 diǎn 金术〕
炼句 liànjù →〔炼字〕
炼蜜 liànmì 蜜を煮つめて精製する.またその蜜.
炼气 liànqì 呼吸を整え気を練る（道家の長生術）:〔练气〕とも書いた.→〔养 yǎng 气〕
炼钳 liànqián 機パイプチェーンレンチ.→〔管 guǎn 钳子〕
炼乳 liànrǔ 食コンデンスミルク.練乳(れん).→〔淡 dàn 奶〕〔奶 nǎi 粉〕〔鲜 xiān 奶〕
炼山 liànshān〔造林のために〕山の雑草と低木などを刈って地をはらうこと.
炼师 liànshī 深く修練を積んだ道士;道士に対する呼称.
炼石补天 liànshí bǔtiān〈成〉太古の女媧氏が五色の石を焼き溶かして,崩れた天を修繕したこと.→〔女 nǔ 娲〕
炼糖 liàntáng 砂糖を精製する.〔~厂〕精糖工場.
炼铁 liàntiě 製鉄（する）.〔~厂〕製鉄所.〔~炉 lú〕（銑鉄の）溶鉱炉.高炉.
炼仙 liànxiān 仙人修行（をする）
炼药 liànyào ⇒〔炼丹〕
炼油 liànyóu ①〔石油を〕分溜精製する.〔~厂〕油の精製工場.②〔動植物から〕油分をとり出して.〔~机 jī 器〕精油機.
炼狱 liànyù 宗〔カトリック教の〕煉獄.②〈転〉責め苦にさいなまれる境遇.
炼指 liànzhǐ〔仏教で〕指を焼く苦行.
炼制 liànzhì 化精製する.
炼字 liànzì 用字を推敲する.〔~炼句 jù〕詩文の字句を推敲する.

〔楝〕 liàn
植センダン:ふつう〔苦 kǔ ~〕という.〔~实 shí〕センダンの実:薬材としては〔苦~子 zi〕と呼ばれる.〔~树 shù〕センダン（木）.〔~花〕同前の花.〔苦~皮 pí〕センダンの皮.〔川 chuān ~〕センダン〈子〉:センダンの変種.〔川~子〕〔金 jīn 铃子②〕同前の実.

楝花风 liànhuāfēng →〔二 èr 十四番花信风〕

〔恋・戀〕 liàn
①恋（をする）〔初 chū ~〕初恋.〔失 shī ~〕失恋（する）.〔同性~〕同性愛.〔~童 tóng 癖〕小児性愛.②別れがたく愛し想い続けて忘れない.〔与 jiù 故郷・旧友・往古を恋しく想う.〔留 liú ~〕なごり惜しく思う.〔~位 wèi〕地位に恋々とする.〔依 yī ~〕〈依依〉〔~恋〕.〔~人〕〈姓〉恋(れん)

恋爱 liàn'ài 恋愛（する）.〔~角 jiǎo〕デートスポット.〔~观 guān〕恋愛観.〔谈~〕恋愛する.〔了~了年〕10年間つき合う〔我和她~多年感情极好〕彼女は長年の相思相愛でしっくりいている.〔爱恋〕

恋床 liànchuáng 眠たい.寝坊して朝起きられない.〔疲 pí 劳~〕疲れて朝起きられない.
恋歌 liàngē 恋歌.
恋家 liànjiā 家を恋しがる.家を離れない.
恋酒 liànjiǔ 酒をひどく好む.
恋恋 liànliàn しきりに想い慕うさま.〔~不舍 shě〕〈成〉名残惜しくて別れたくないさま.〔~不忘 wàng〕後ろ髪を引かれる.
恋侣 liànlǚ カップル.恋人同士.
恋母情结 liànmǔ qíngjié マザーコンプレックス.マザコン:〈音義訳〉俄 é 狄浦斯情结〕（エディプスコンプレックス）ともいう.
恋慕 liànmù 恋慕（する）
恋念 liànniàn 思い慕う.恋々とする.〔海外学子们~着祖国〕外国に留学している者は祖国を恋しがっている.
恋癖 liànpǐ 偏愛.
恋情 liànqíng〔懐かしさ〕.〔恋い慕う気持ち〕.
恋群 liànqún 群れになっていたがる.〔羊爱~〕羊は群れになりたがる.
恋人 liànrén ①人を恋い慕う.②恋人.〔~们在谈情说爱〕恋人たちが愛を語っている.
恋土 liàntǔ 故郷に愛着をもつ.〔~难移〕故郷は去りがたい.
恋物症 liànwùzhèng 医フェティシズム:〔恋物癖 pǐ〕ともいう.
恋乡 liànxiāng 故郷を恋しがる.
恋星 liànxīng スターに夢中になる（人）.〔~,追 zhuī 星〕同前と追っかけ.
恋皂 liànzào 同下.
恋栈 liànzhàn ①〔恋皂〕〈文〉〔馬が馬小屋から離れ難い〕.②〈喩〉〔地位や名誉に〕未練を抱く.〔他是否~我不管彼が地位に未練を抱いていようといまいとわたしはそんなことにはかまわない.→〔驽 nú 马〕
恋战 liànzhàn 戦果を得るのに夢中になって戦闘を離れたくないさま:多く否定形に用いる.〔无 wú 心~〕（欲のために）戦いをしようという気持はない.
恋枕 liànzhěn〈文〉床を離れ難い.眠りをむさぼる.
恋职 liànzhí 官職に未練がある.未練がある.

〔殓・殮〕 liàn
死者を棺に入れる.納棺する.〔入 rù ~〕〔装 zhuāng ~〕同前.〔小~〕死者に装束に着替えさせること）;古くは死者を布団でくるんだ.〔大~〕同前の遺体を棺に移す（こと）

殓具 liànjù 納棺用具.
殓埋 liànmái〈文〉納棺して埋葬する.
殓衣 liànyī 死者に着せる着物.
殓葬 liànzàng 棺に納めて葬る.〔~费〕葬儀料.

〔潋・瀲〕 liàn
〈文〉多くの水がひたひたと動くさま.〔~~〕同前.〔~滟 yàn〕⑧水が波打って流れるさま.⑤水が満ちあふれるさま.

〔链・鏈〕 liàn
①〔-儿,-子〕鎖(くさり).〔锁 suǒ ~〕のくさり.〔拉 lā ~〕〔拉锁儿〕チャック.〔铁 tiě ~〕鉄ぐさり.〔项 xiàng ~〕首輪.ネックレス.②未精製の鉛鉱の称.⑧〈度～链〈度量衡単位として長さを示す単位,通例100尋(じん)〕すなわち100ファゾムのこと.10分の1海里に相当し,200ヤードまたは185.2メートルに換算される.

链板手 liànbǎnshǒu 機チェーンレンチ.
链板输送机 liànbǎn shūsòngjī 機チェーンスクレーパーコンベヤー.
链车 liànchē 鎖車.

liàn～liáng

链钩 liàngōu 機チェーンフック.鎖鍵.
链轨 liànguǐ ⇒[履trackだい帯]
链盒 liànhé (自転車の)チェーンケース.
链滑车 liànhuáchē =[方]掤dáo链機鎖(ぢゃう)滑車.チェーンブロック.[起qǐ重机]の一種.→[滑车①]
链环 liànhuán リング状になった鎖の一つひとつ.〈喩〉一連の事の一節.
链接 liànjiē 電算リンク(する)
链锯 liànjù 機チェーンソー.[链子锯]ともいう.
链轮 liànlún 機鎖(ぢゃ)車.スプロケット:チェーンに食い込んで動力を伝える歯車.
链霉素 liànméisù 薬ストレプトマイシン(ストマイ).→[霉]
链钳子 liànqiánzi 機鎖パイプレンチ.
链球 liànqiú スハンマー投げ.またそのハンマー.[掷zhì～]ハンマー投げ(をする)
链球菌 liànqiújūn 連鎖球菌.
链上取代 liànshàng qǔdài 化(原子の)連鎖置換.
链式反应 liànshì fǎnyìng 物連鎖反応.[连lián锁反应]ともいう.
链式磨木机 liànshì mòmùjī 機キャタピラグラインダー.チェーングラインダー.
链式输送机 liànshì shūsòngjī 工チェーンコンベヤー.
链式碳氢化合物 liànshì tànqīng huàhéwù =[链烃].[开kāi链烃]化鎖式炭化水素.[烷属 wánshǔ～]飽和鎖式炭化水素(パラフィン系炭化水素).[烯 xī属～]オレフィン系炭化水素(炭素の二重結合1個を有する不飽和鎖式炭化水素).[二烯属～]ジオレフィン系炭化水素(炭素の二重結合2個を有する同例).[炔 quē属～]アセチレン系炭化水素(炭素の三重結合を有する同例).→[二èr烯][炔][烷][烯]
链式悬桥 liànshì xuánqiáo 吊り橋.チェーンブリッジ.
链索 liànsuǒ ⇒[锚máo链]
链罩 liànzhào [链罩②]自転車のチェーンカバー.
链条 liàntiáo ①機械の伝動用の鎖. ②⇒[链子①]
链条(管子)钳 liàntiáo (guǎnzi)qián 機チェーントング.
链条滑轮 liàntiáo huálún 鎖車(くさり).チェーンプーリー.[链车][链条滑车]ともいう.
链烃 liàntīng ⇒[链式碳氢化合物]
链闸 liànzhá チェーンブレーキ.[链杀车]ともいう.
链罩 liànzhào ①機チェーンカバー. ②⇒[链套]
链子 liànzi ①=[链条②]鎖.チェーン. ②(自転車・オートバイの)チェーン.

liang ㄌ丨ㄤ

[**良**] liáng ①よい.立派である.[～港 gǎng]よい港.[成绩优～]成績優良.[善～的人民]善良な人民.[～好hǎo①] ②善良な人.良民.[除暴安～]暴れ者を除き、良民を安ずる.[诬～为盗]善人を盗人呼ばわりする. ③〈文〉非常に.はなはだし.[～心～苦]気をつかうことが一とおりではない.[获huò利～多]利を得ることとにに大きい. ④〈文〉果たして.確かに.まことに.[皆以为赵zhào氏孤儿～]〈史记・趙世家〉みなは趙氏の孤児は確かにもう死んだものと思った.余儀を得ない点があるから、援助を与うべきである. ⑤〈姓〉良(りゃう)
良伴 liángbàn 〈文〉よい友達.よい連れ.

良弼 liángbì 〈文〉よい輔弼(ほひつ)の臣.
良兵 liángbīng 〈文〉①よい兵士. ②鋭利な武器.
良材 liángcái 〈文〉①よい木材. ②優れた人物.[良才]とも書く.
良策 liángcè 良策.妙計.
良辰 liángchén よき日.すばらしい時.[令lìng辰]に同じ.[～吉日][吉日～]〈成〉同前.[～美景]〈成〉吉日でめでたいさま.[佳 jiā礼]めでたい式の行われるよい時.→[芳fāng辰①]
良导体 liángdǎotǐ 電良導体.
良方 liángfāng ①中医効能のよい処方箋. ②〈喩〉よい方法.善策.
良工 liánggōng 〈文〉腕のよい職人.[～巧qiǎo匠]同前.[～心苦]心苦いよい作品は苦心の結果である.
良弓 liánggōng 〈文〉①よい弓. ②弓作りの上手な人.
良贾 liánggǔ 〈文〉経営の巧みな商人.[～深藏 cáng]〈成〉能ある鷹は爪を隠す.
良规 liángguī 〈文〉親切な(ためになる)忠告.
良贵 liánggùi 〈文〉本来からの貴いもの.[人之所贵者、非～也]〈孟子・告子上〉人の貴ぶのは本来具わっている美質が貴いのではない.
良好 liánghǎo 良好(である).[～的成绩 jì]良好な成績.[～的开端]出発.幸先よいスタート.[～的愿望]良い願望.[销 xiāo路～]売れ行きがよい.[～均jūn品质]〈中zhōng等平均品質〉圖平均中等品質.
良化 liánghuà よくなる.[～风气]風紀をよくする.
良机 liángjī 〈文〉よい機会.[好hǎo机]に同じ.[～难nán逢,万勿错过]よい機会はなかなかない、決して逃してはならない.[莫mò失～]好機を逃すな.
良家 liángjiā 良家.[～的子女]良家の子(女)
良贱 liángjiàn 〈文〉貴賤(身分の)
良姜 liángjiāng ⇒[高gāo良姜]
良将 liángjiàng 良将.
良金美玉 liángjīn měiyù 〈喩〉立派な人物.または、立派な文章.
良久 liángjiǔ 〈文〉長い間.
良苦 liángkǔ 〈文〉ひどく苦労する.
良吏 liánglì 〈文〉よい役人.
良民 liángmín ①平民.[贱jiàn民](賤民)に対していう. ②旧良民:法を守り生業に励む人民.
良能 liángnéng →[良知]
良诺 liángnuò 〈文〉善良で弱々しい人.
良庖 liángpáo 〈文〉腕のよい料理人.
良朋 liángpéng ⇒[良友]
良匹 liángpǐ 〈文〉よい配偶.
良平 liángpíng 〈文〉漢高祖の謀臣の張良と陳平.〈転〉知謀のあるもの.
良人 liángrén 〈文〉①よい人.君子. ②夫(ぢや):妻からの呼びかた. ③美女. ④回地方官名. ⑤圜妃(ぎ)の称号. ⑥国平民を指す(奴隷と区別していう)
良善 liángshàn =[善良]善良である.[他们是～的人民]彼らは篤実な人たちだ.
良师益友 liángshī yìyǒu 良師と良友.
良士 liángshì 〈文〉優良なる人士.賢者.
良死 liángsǐ 〈文〉天寿を全うして死ぬこと.よい死に方.→[好hǎo死][善 shàn终①]
良田 liángtián よい田地.美田.[～万顷 qǐng]万顷(けい)にも達する広大な美田.→[顷(I)]
良晤 liángwù 〈文〉楽しい会合.[～匪遥]〈牘〉遠からずお目にかかります.
良相 liángxiàng 〈文〉賢相.優れた宰相.
良宵 liángxiāo 〈文〉よい夜.美しい夜.おだやかに晴れた夜.[趁此～,开怀痛饮]この美しい夜に、ひとつ

liáng 良俍莨粮踉凉

良心 liángxīn 良心.ⓐ天性そなわっているよい心.ⓑ善悪を判断できる心.〔你还有～〕きみの良心は確かだ.〔凭～办事 认真面目に良心的に仕事をする.〔～话〕本当の話.良心的な話.公平な言葉.〔～叫狗吃了〕⟨喩⟩恥知らず.

良性 liángxìng よい結果がもたらされる.重大な結果には至らない.〔～循 xún 环〕好循環.〔～胆 dǎn 固醇〕生理善玉コレステロール.〔不良胆固醇〕悪玉コレステロール.〔～肿瘤〕医良性腫瘍.↔〔恶è性〕

良言 liángyán よい言葉.ためになる話.〔一句三冬暖,恶è语伤人六月寒〕⟨諺⟩良言のひとことは冬の寒さも暖かく感じるし,ひどい言葉で傷つけられると6月の暑さも寒く感じるくらいだ.

良药 liángyào 良薬.よい薬.⟨喩⟩良い方法.〔苦口〕⟨諺⟩良薬は口に苦し.〔～苦口利于病,忠言逆耳利于行〕同前.→〔忠 zhōng 言逆耳〕

良夜 liángyè 〔文〕①よい夜:情景の美しい気持ちのよい夜. ②深夜.

良医 liángyī ⟨文⟩よい医者.名医.〔～不自医〕名医も自分の病気は治せない.

良友 liángyǒu =〔良朋〕よい友だち.〔良朋好友〕同前.

良莠 liángyǒu ⟨文⟩善悪.〔～不一〕〔～不分〕〔～不齐 qí〕〔～成〕善人悪人が混在していること.

良缘 liángyuán 良縁.よく調和した男女の縁.〔～天定〕良縁を天が定める.

良月 liángyuè 旧暦10月の別称.

良知 liángzhī ⟨文⟩生まれつきの善悪を知る心.〔～良能〕人間が生まれながらに持っている是非善悪を知る能力(孟子).

良种 liángzhǒng (農作物や家畜の)優良種.〔～基 jī 地〕優良品種の生産基地.〔～繁 fán 育〕優良種を育てて繁殖させる.

良渚文化 liángzhǔ wénhuà 史浙江省銭塘江下流域の北部に栄えた新石器時代の文化.

〔俍〕 liáng ⟨文⟩よく整っている.上手にできる.

〔莨〕 liáng ①→〔薯 shǔ 莨〕 ②⟨姓⟩莨⟨荖⟩
→ làng

莨绸 liángchóu ⇒〔拷 kǎo 绸〕

〔粮・糧〕 liáng ①糧食(穀類の食糧).〔～改 gǎi〕同前の購入・販売制度の改革.〔細 xì ～〕小麦粉と白米.〔粗 cū ～〕前以外の穀物:とうもろこし・高粱・豆など.〔打了三石 dàn ～〕3石の穀物を収穫した. ②(米や小麦粉で作った)食品・食糧.〔干 gān ～〕携帯食糧.〔口 kǒu ～②〕(員数分の)食糧. ③農業税としての糧食.〔交公～〕同前を納める.→〔钱 qián 粮①〕 ③→給料.給与.⑤⟨姓⟩粮⟨荖⟩

粮本 liángběn 旧米穀通帳:配給穀物を購入するとき,〔粮(食)店〕から記帳してもらう.〔米票〕〔粮票〕,〔面 miàn 票〕をもらって購入する.〔购〕同前.

粮仓 liángcāng ①穀物倉庫. ②⟨喩⟩穀倉地帯.〔那个地区是中国的～〕あの地区は中国の穀倉地帯だ.

粮草 liángcǎo (軍隊で人馬のための)糧食と飼料.

粮船 liángchuán 旧穀物運送船:年貢米を運河で南方から北方へ輸送するのに用いた.

粮道 liángdào ①⇒〔督 dū 粮道〕 ②旧糧食を運ぶ道路.糧道.

粮店 liángdiàn =〔方〕粮站〕穀物食料販売店:〔粮栈〕〔粮坊〕〔粮房〕〔粮房〕は旧称.

粮豆 liángdòu ①穀類と豆.〔～薯 shǔ〕穀類とイモ類:主食とされる. ②穀粒.

粮囤 liángdùn =〔粮食囤〕穀物を貯蔵するための蓆(むしろ)囲い.→〔囤①〕

粮坊 liángfáng 〔粮房〕とも書く.穀物販売店:〔粮店〕の旧称.

粮赋 liángfù 穀物で納める地租.

粮谷 liánggǔ 穀物.

粮行 liángháng 穀物問屋.穀物商.

粮耗子 liánghàozi 食糧を食うネズミ.⟨喩⟩食糧の横流しで私腹を肥やす者.

粮户 liánghù ①年貢を納める人. ②⇒〔地 dì 主①〕

粮荒 liánghuāng 食糧の欠乏.飢饉.

粮集 liángjí (定期の)穀物市.

粮经 liángjīng 〔粮食〕と〔经济作物〕.〔～结合〕同前の結合.

粮捐 liángjuān 旧穀物税.

粮库 liángkù 糧食倉庫.

粮料 liángliào 固官吏の俸給と臨時の現物手当.

粮米 liángmǐ 〔方〕穀物.〔东屋作厨房,并堆存～,煤球儿,柴火〕〔東・四・惨2〕東の棟は台所とし,また穀物やたどんやたきものを置いてある.

粮秣 liángmò 軍隊の糧食と馬料:〔粮草〕に同じ.

粮农 liángnóng 穀類生産農家.〔～组织〕同前の組織.

粮票 liángpiào →〔粮本〕

粮区 liángqū 穀物生産区.

粮商 liángshāng 穀物商.

粮市 liángshì 穀物市場.

粮食 liángshí (穀類・豆類・芋類の)食糧.〔～专业户〕穀物専業農家.〔～作物〕稲・小麦・雑穀などの主食用作物(総称).〔～定量〕穀物配給量(1953～1985年の穀物配給制).〔～供应证〕同前の穀物購入帳:俗に〔购 gòu 粮本〕〔粮本〕(米穀通帳)という.〔～安全〕食糧安全保障.

粮食囤 liángshídùn ⇒〔粮囤〕

粮食管理所 liángshi guǎnlǐsuǒ ⇒〔粮站①〕

粮台 liángtái 旧行軍用の兵站(えき)を担当する施設.〔安 ān ～〕臨時の兵站を置く.

粮饷 liángxiǎng 旧軍隊の兵糧と給与.

粮银 liángyín 旧軍隊の給与.

粮油 liángyóu ①食糧と食油. ②穀類と搾油用作物.〔～作物〕同前の作物.

粮援 liángyuán (緊急)食糧援助.

粮站 liángzhàn ①穀物類を調達・管理・配分する機関:〔粮食管理所〕ともいう. ②⇒〔粮囤〕

粮栈 liángzhàn ①穀物倉庫.食糧倉庫. ②穀物問屋.米穀問屋.

粮长 liángzhǎng 旧年貢米の徴収・輸送の地域担当者:土地の有力者があたった.

〔踉〕 liáng 〔跳 tiào ～〕跳びはねる. → liàng

〔凉(涼)〕 liáng ①涼しい.暑くない.〔冬暖夏～〕冬暖かで,夏涼しい.↔〔暖 nuǎn ①〕 ②(冷え冷えとして)寒い.冷たい.〔手脚发～〕手足が冷え冷えとする.〔～水①〕冷水.〔受～〕かぜをひく.〔酒～了〕酒が冷めた.→〔冷 lěng ①〕 ③⟨転⟩失望する.がっかりする.興ざめる.〔一听这个消息,他心里就～了〕その知らせを聞いて,彼はがっかりした. ④悲しさが身にしみる.うらぶれる.〔悲～〕同前. ⑤人影がまばらである. ⑥⟨文⟩薄い(乏しい).〔～德〕徳が薄い. ⑦→〔北 běi 凉〕〔后 hòu 凉〕〔前 qián 凉〕〔西 xī 凉〕 ⑧⟨姓⟩凉⟨荖⟩ → liàng

凉白开 liángbáikāi 白湯(さゆ).湯冷まし.

凉拌 liángbàn 冷たいものを和える:生野菜や煮て細く切った肉などをごま油・醤油・酢・砂糖などを入れ

てあえる.〔～菜 cài〕食同前の夏向きの冷たい料理.

凉半截 liángbànjié 〈喩〉(一気に)失望する.〔事情已然闹 nào 到这步田地,我一看就～,没法子收 shōu 拾了〕事すでにここに至ったのを見てわたしは全く失望した,始末のつけようがない.

凉冰冰 liángbīngbīng 氷のように冷たい:〔冰凉〕〔冰冰凉〕ともいう.

凉菜 liángcài 食冷たい料理.冷菜.→〔冷 lěng 餐〕

凉茶 liángchá ①冷たい茶. ②暑さしのぎの冷たい薬用茶:暑い地方で飲用する.

凉窗(儿) liángchuāng(r) ⇒〔纱 shā 窗(儿)②〕

凉床 liángchuáng (竹などで作った)涼しいベッド.

凉德 liángdé 〈文〉徳の薄いこと.不徳.

凉垫 liángdiàn ビニール製の保冷剤入りのクッション:枕にしたりソファーに敷く.

凉碟(儿) liángdié(r) 食小皿に盛った冷たい料理.前菜:〔〈口〉冷 lěng 碟(儿)〕に同じ.

凉粉草 liángfěncǎo ＝〔仙 xiān 草〕植センソウ:シソ科の草.その汁と米粉を煮て夏の冷食品を作る.

凉粉(儿) liángfěn(r) 食緑豆の澱粉を煮てところてんのように作ったもの:夏向きの冷たい食品の一.

凉风 liángfēng ①涼しい風. ②〈文〉北風.

凉糕 liánggāo 食もち米の粉製のういろうのような食品:中にナツメまたは小豆の餡を入れ氷の上にのせ冷やして食べる.

凉瓜 liángguā ⇒〔苦 kǔ 瓜〕

凉话 liánghuà 興ざめた話.むだ口.→〔风 fēng 凉话〕

凉轿 liángjiào 扉のない,または紗張りの扉にした高級駕籠:主に高官用.

凉浸浸 liángjìnjìn 〈方〉冷え冷えとするさま.

凉劲儿 liángjìnr 冷たさ.冷やっこさ.

凉净净 liángjìngjìng 涼しいさま.

凉酒 liángjiǔ 冷酒.

凉开水 liángkāishuǐ 湯ざまし:〔凉白开〕〔冷 lěng 开水〕に同じ.

凉快 liángkuai ①涼しい.涼しくて気持ちがよい.〔这儿很～〕ここは非常に涼しい. ②涼む.〔在外头～～〕外でひと涼みする.

凉凉簪儿 liángliangzānr 旧セルロイド製乳白色の簪(かんざし):女性の安手の装飾品.

凉帽 liángmào ①夏用の帽子. ②清夏用の〔缨 yīng 帽〕

凉面 liángmiàn 食冷やしうどん:ごま味噌·からし·にんにく·醬油などを混ぜ合わせたもので食べる.

凉棚 liángpéng ①⇒〔天 tiān 棚①〕 ②〈喩〉小手をかざす.〔手搭～往前看〕小手をかざして前を見る.

凉气 liángqì ①〔-儿〕冷気.涼冷の気配. ②〈喩〉びっくりして吸い込む息.〔一看价格吸 xī 了一口～〕値段を見てびっくりして息をのんだ.

凉秋 liángqiū 旧暦9月の称.

凉肉 liángròu 冷肉.コールドミート.

凉伞 liángsǎn ⇒〔阳 yáng 伞〕

凉森森 liángsēnsēn 冷え冷えとしたさま.〔～的石头〕ひんやりとした石.

凉衫 liángshān 服夏用の薄い上着.

凉薯 liángshǔ ⇒〔豆 dòu 薯〕

凉爽 liángshuǎng 涼しく爽やかである.→〔清 qīng 凉〕

凉爽呢 liángshuǎngní 紡化学繊維と羊毛の混紡製品の一種:多く合服などの服地とする.

凉水 liángshuǐ ①冷水.〔～浇 jiāo 头〕冷水を頭にかける:のぼせ上がっている(有頂天になっている)人の頭を冷やしてやる. ②生(なま)水.→〔冷 lěng 水〕

凉丝丝 liángsīsī うすら寒いさま.〔北京的夏天早晚也是～的〕北京の夏は朝晩はやはりうすら寒い.

凉飕飕 liángsōusōu ＝〔凉簌簌〕肌寒いさま.

凉簌簌 liángsùsù 同上.

凉榻 liángtà 納涼ベッド.涼み台:多くは竹で作る.

凉台 liángtái 建(納涼用の)バルコニー.→〔晒 shài 台〕〔阳 yáng 台〕

凉厅 liángtīng 納涼用の建物.

凉亭 liángtíng 通行者の雨やどりや休息のためのあずまや.

凉透 liángtòu ①すっかり涼しくなる. ②がっかりする.

凉拖 liángtuō 服(夏用の)サンダル.

凉席 liángxí (い草·竹などで編んだ)夏ござ.

凉夏 liángxià 気冷夏.

凉鞋 liángxié 服(皮·合成ゴムの)サンダル.夏靴.→〔木 mù 屐〕

凉药 liángyào 中医熱性の病を治療する寒涼の性質のある薬:薬性を寒·熱·温·涼の四つに分け,これを大別して寒性·熱性に分ける.〔内 nèi 经〕に〔寒者热之,热者寒之〕とある.寒性の病を治療する熱性の薬を〔热 rè 药〕〔〈文〉热剂〕という.

凉意 liángyì 涼しさ.うすら寒い感じ.〔立秋过后,早晚有些～了〕秋になって朝晩は肌寒さを感じる.〔得意过后心中又不免涌 yǒng 起一股～〕満足した後で,ちょっとがっかりした思いが込み上げた.

凉阴阴 liángyīnyīn うすら寒いさま.

凉友 liángyǒu 〈喩〉扇子.

凉着 liángzhe 〈方〉かぜをひく.〔昨天穿少了,又～了〕昨日薄着をしてまたかぜをひいた.→〔伤 shāng 风①〕〔着 zháo 凉〕

凉枕 liángzhěn 夏枕(陶器·竹·籐製などの)

〔椋〕 liáng

椋鸟 liángniǎo 鳥ムクドリ(総称).〔欧 ōu ～〕ホシムクドリ.〔灰 huī ～〕ムクドリ.

椋子木 liángzǐmù 植クマノミズキ.

〔辌·輬〕 liáng

〔辒wēn～〕〈文〉霊柩車.

〔梁(樑)〕 liáng

(Ⅰ)〔樑〕建①はり.うつばり:〔柁 tuó〕ともいう.〔柁～〕同前. ②けた:〔檩 lǐn〕に同じ.〔正～〕〔大～①〕〔脊 jǐ 檩〕棟木(むなぎ).〔二～〕(棟木から)二番目のけた. ③橋.(橋のように)横に差し渡したもの.〔桥 qiáo ～〕橋(けた).〔～式桥〕桁(けた)橋.〔石 shí ～〕石の同前.〔自行车的大～(上管)〕自転車の上パイプ. ④〔-儿〕器具の上面に,横に差し渡したさげ手.〔茶壶 hú ～〕急須(きゅうす)のつる.〔过～的花篮 lán〕さげ手のついた花かご.〔把红布缠 chán 在花篮的横～上〕赤い布を花かごのさげ手に巻きつける. ⑤〔-儿,-子〕物の中央の背骨のように高く長く盛り上がっている部分.〔山～〕〔山脊〕山の尾根.〔鼻 bí ～〕鼻柱.鼻筋.〔一夜翻 fān 过三道～〕一夜のうちに三つの峠を越えた. ⑥〔鱼 yú ～①〕魚を獲るため川をせきとめて作るやな.

(Ⅱ)〔梁〕①戦国時代の魏が大梁に移ってからの称. ②南朝の一.502年～557年.蕭衍が建てた.555年蕭詧が帝位につき〔后～ⓐ〕と称し,587年隋に滅ぼされた. ③五代の一.907年～923年.朱温が建て〔后 hòu ～ⓑ〕と称した. ④〈姓〉梁(りょう)

梁地 liángdì 山の背にある地:〔墚地〕とも書く.

梁架 liángjià 建うだつの上に桁(けた)を渡した構造.

梁津 liángjīn 〈文〉橋と渡し場.ふつう〔津梁〕という.

梁丽 liánglì 〈文〉棟木(むなぎ):〔梁欐〕とも書く.

梁檩 liánglǐn 建はりと桁(けた)

L

liáng～liǎng　梁樑梁量两

梁木 liángmù ①[建]棟木. ②〈喩〉重任を負う人材.

梁丘 liángqiū 〈姓〉梁丘.

梁山泊 liángshānpō ＝[蓼 liǎo 儿 洼]〔宛 wǎn 子城〕北宋の宋江らが砦を構えていたところ:〔梁山泺〕ともいう.『水滸伝』によって世に知られている.山東省寿張県の東南,梁山の麓にあり,昔時の鉅野沢(きょ)の地.〔～的军师, 无 wú 用〕〔歇〕梁山泊の軍師の呉用:役立たず.ぐず.〔无 wú 用〕に通じる.

梁上君子 liángshàng jūnzǐ 〈喩〉泥棒の異称:後漢の陳寔という人が梁上に潜んでいた盗賊にそれとなく意見を言い改悛させたことから.

梁柱 liángzhù [建]はりを支える柱. ②はりと柱.

梁子 liángzi 〈方〉山の脊梁.尾根.峠.〔评书〕〔大鼓书〕など大衆演芸の物語のあらすじ.

［堎］ láng (中国西北地区で)帯状になった黄土層の丘陵.

［梁］ liáng ①〈文〉[植]アワ.特に優良品種のものをいう.ふつうは〔谷 gǔ 子〕という.〔粟 sù ①〕に同じ.脱穀したものは〔小 xiǎo 米〕という.〔高 gāo 粱〕〔黄 huáng 粱〕 ②〈文〉上等な穀物を原料とする主食.〔膏 gāo ～〕おいしい肉や同前. ③〈姓〉梁(リヤン).

梁米 liángmǐ ①〈文〉五穀の総称. ②あわと米. ③精米.

梁肉 liángròu 〈文〉上等でおいしい食事.

［量］ liáng ①(長短・大小・多少などを)はかる.〔拿尺 chǐ ～布〕ものさしで布地(の寸法)を測る.〔丈 zhàng ～〕土地の広さを測る.〔这块地～过了〕この土地は測量ずみだ. ②見積もる.推し量る.〔打 ～〕②見積もる.〔思 ～〕②考える. ③〈方〉(米穀類・布などを)買う. → liàng

量杯 liángbēi メートルグラス.計量カップ.

量表 liángbiǎo ①浮秤.比重計. ②動力計. ③〈喩〉診断採点表.尺度.〔采用５级～的方法〕５ランク付けの方法を採用する.

量程 liángchéng 計器の測定しうる範囲.

量度 liángdù 測定する:長さ・重さ・容量・功率など.

量杆 liánggǎn 測量ポール.

量鼓 liánggǔ [古]升の名.

量规 liángguī ⇒[界 jiè 限量规]

量角规 liángjiǎoguī 分度器.

量角器 liángjiǎoqì 分度器:〔量角规〕〔半扁圆规〕〔分 fēn 度规〕〔分角规〕〔分角器〕ともいう.

量具 liángjù ＝[量器]計器.計測器.

量奶杯 liángnǎibēi 授乳用目盛り入りカップ.

量瓶 liángpíng [化]メスフラスコ:〔容量 róngliàng 瓶〕ともいう.

量器 liángqì ⇒[量具]

量气表 liángqìbiǎo (タイヤなどの)空気圧測定器.気量計:〔量气计〕ともいう.

量热器 liángrèqì ＝[热量计]〔卡 kǎ计〕熱量計.カロリーメーター.

量日镜 liángrìjìng [天]ヘリオスコープ.太陽鏡.

量日仪 liángrìyí [天]太陽儀.ヘリオメーター.

量乳表 liángrǔbiǎo ボーメ計:牛乳の濃淡を検査する.

量筒 liángtǒng メスシリンダー:目盛りのついた円筒状の.

量图仪 liángtúyí [地]地図上距離測定器.

量雪器 liángxuěqì [気]スノーゲージ.

量油尺 liángyóuchǐ (自動車の)オイルの深さを測る棒.オイルゲージ.

量予 liángyǔ 〈文〉斟(k)酌して与える.

量雨筒 liángyǔtǒng [気]雨量計.

［两・兩（両）］ liǎng

（Ⅰ）①二つ. ②古くは二つで一組であることを言った.意味は〔二 èr ①〕に同じ.ただ用法の異なる点が多い.まず,量詞の前に用いられる.旧来の度量衡単位の前には,〔～〕〔二〕ともに用いられる(ただし,量詞〔两〕の前では〔二〕).外来の新しい度量衡の前には,概して〔～〕を用いる.〔一个〕二つ.〔～把 b椅子〕二つのいす.〔～车 chē〕車２台分.〔～公里〕〔二公里〕２キロ.〔～斤〕〔二斤〕２斤.〔～吨 dūn〕２トン.〔百 bǎi〕〔千 qiān〕〔万 wàn〕〔亿 yì〕の前には〔二〕ともに用いるが,〔万〕〔亿〕の位がある場合の〔千〕の前には通常〔二〕が用いられる.〔十 shí〕の前には〔二〕を用いる.〔（概数で）二つ三つ.〔过～天再看您去〕2,3日うちにお伺いします.〔来, 我跟你说一句话〕おい,きみと少し話そう(すこしの意がある). ③双方とも.二つのうちどちらも.〔～相情愿〕双方とも互いに希望している.→[两便①] ④一様でない.別の.異なった.違っている.〔他们的习惯跟我们一样〕彼らの習慣はわれわれと異なる. ⑤〈姓〉两(リヤン).

（Ⅱ）〈（〉量詞.重量の単位. ④〔市 shì ～〕の略称. ⓑ〔市〕钱 qián〕の10倍.〔市〕斤 jīn〕の10分の１.1.50グラムに当たる.→[市斤] ⓒ旧制では１は31.25グラム.16〈～〉が１〔斤〕.ⓑ〔⓺〕. 中国医学の処方などではこれを用いる.〔半斤八～〕〈成〉半斤は８両.〈転〉似たりよったり.五分(ぶ)五分(ぶ).（②〔公 gōng ～〕100グラム:〔百克 kè〕の旧称.⓪[田]テール:中国の重量および銀貨の単位に対する外国人の呼称.１テールはおよそ37グラム.銀貨の両は品位によって種類が多く,一定していなかった.→[银 yín 两]

两岸 liǎng'àn ①川や海峡の両岸. ②特に台湾海峡の両岸,すなわち中国大陸と台湾.〔～直 zhí 航〕同前間の直航便就航.〔～三地〕同前および香港.〔～四地〕同前および香港・澳門(マ).

两把头 liǎngbǎ(r)tóu [清]満族女性の髪の結い方の一種.

两把刷子 liǎngbǎ shuāzi 〈喩〉相当な腕前.〔他还真有～〕彼は本当にたいしたものだ.

两掰 liǎngbāi 〈方〉両方の言い分の中間をとる.中をとる.折れ合う.歩み寄る.〔别依买主也别依卖主, 咱们～了吧〕買い手の言うとおりにも売り手の言うとおりにもせず,中間をとりましょうよ.

两白一黄 liǎngbái yīhuáng 日常の主食:〔两白〕は米飯と小麦粉で作った〔馒 mán 头〕,〔一黄〕はトウモロコシ粉で作った〔窝 wō 头〕.

两败俱伤 liǎngbài jùshāng 〈成〉双方とも損傷(損失)を受ける.

两班制 liǎngbānzhì ２交代制:〔两班倒 dǎo〕に同じ.

两半(儿) liǎngbàn(r) (二つに分けてできた)２個の半分.

两榜 liǎngbǎng [清]科挙の郷試と会試の二つに及第した者,すなわち進士.〔～出身〕同前出身(の者). →[科 kē 举]

两榜底子 liǎngbǎngdǐzi ①[清]進士出身という資格.〔是个～〕彼は進士出身だ. ②[進士]と〔近 jìn 视〕が同音であることからしゃれて用いられる.〔他是个～〕彼は近眼だ.

两饱一个倒 liǎngbǎo yīgedǎo 〈成〉朝・夕食とも腹一杯食べて後は寝ている:終日ごろごろしていて何もしない.〔两〕は〔俩 liǎ〕〔三〕ともいう.

两 liǎng

两被花 liǎngbèihuā 〖植〗両花被花:バラ・ウメなどのように花弁と萼(がく)とをそなえている花.
两本账 liǎngběnzhàng 二重帳簿.〈喩〉二つの行動傾向.二つの計算方法.
两边 liǎngbiān ①この张纸~长短不齐]この紙は両端の長さが不ぞろいだ. ②双方.〔~厢]同前.〔~都说好了]双方で話がついた.〔~客]売り手と買い手.〔~儿]2ヵ所(で)
两边倒 liǎngbiāndǎo 〈喩〉両方いずれにももつく.日和見である.内股膏薬.二股かける.→〔一 yī 边倒〕
两便 liǎngbiàn お互い(双方)に都合がよい.〔~的主意〕同前の思いつき(考え).〔咱们~吧〕〈挨〉では,ここで〔別れましょう〕·途中同行の人と別れる時など.〔彼此~吧〕お互いに金を出しあおう〔割り勘にしよう). ②大小便. 〔~失禁]同前の失禁(する)
两鬓 liǎngbìn 両方の鬓(びん)
两不亏欠 liǎng bù kuīqiàn 〈慣〉互いに帳消しにする.〔双方互有损 sǔn 失,~〕双方とも損害を受けているので互いに貸し借りなしということにした.
两不误 liǎngbùwù 両面とも支障は起こらない.
两不相让 liǎng bù xiāngràng 双方とも讓らない.
两不找 liǎngbùzhǎo ①(同値,同価値のものとして交換する場合)過不足なし.つりあう.〔いい計算~,我不能换给你〕きみは見合うつもりでも,わたしは换えてあげられない. ②つり銭なし.(買い物の值段と同額の貨幣を払った場合に言う)③(関係のある双方が)互いに相手を顧みない.
两步走 liǎngbùzǒu ①〔~儿〕〈口〉歩き方.歩く格好.〔看她那~就知道他会跳舞〕彼の歩き具合を見ればダンスがうまいことがすぐわかる. ②二段階に分けて実行する.
两曹 liǎngcáo ⇒〔两造〕
两侧 liǎngcè 両側.
两层房 liǎngcéngfáng 〖建〗〔前房②〕と〔正房①〕のある家.
两层楼 liǎngcénglóu 2階建の建物.→〔楼房〕
两层皮 liǎngcéngpí 〈喩〉二重構造.一元化されていないこと:〔双 shuāng 规〕〔两指〕ともいう.
两茶一房 liǎngchá yīfáng 〖旧〗借家する際の"茶钱"2か月分と家賃1か月分:〔"茶钱"2か月分のうち1か月分は世話人への謝礼に,1か月分は最後の月の家賃に当てられる."房钱"の1か月分が入居の月の1か月分の家賃.
尺尺半 〖旧〗兵士の着る服〔二尺半〕ともいう.〔穿 chuān 上~当兵〕軍服を着て兵士になる.
两重 liǎngchóng ①二重の.〔~性〕二重性. ②二样な.(二つが)異なる.〔新旧社会~天〕二つの違った社会.二様の空〕旧社会の暗黒な空と新社会の晴れやかな空.〔~人生观〕二つの別な社会.
两次三番 liǎngcì sānfān ⇒〔再 zài 三再四〕
两次运球 liǎngcì yùnqiú 〖スポ〗(バスケットボールの)ダブルドリブル
两弹一星 liǎngdàn yīxīng 〔原 yuán 子弹〕(原爆)、〔氢 qīng 弹〕(水爆)、〔卫 wèi 星〕(人工衛星)を指す:〔两弹一艇 tǐng〕原水爆と原子力潜水艦.
两当 liǎngdāng 〈裲裆〉
两党制 liǎngdǎngzhì 〖政〗二(大)政党制.
两瞪眼 liǎngdèngyǎn 両方の(双方が)目を大きく開く.〈喩〉いらいらするだけでどうにもならない.やきもきするだけで手がつけられない.
两抵 liǎngdǐ 相殺(さい)する.〔两相抵消〕に同じ.〔你不用还 huán 我那钱,我拿你一个瓜,咱们~了〕あのお金は返してくれなくてよい,わたしが瓜を一つもらえば差し引きゼロだ.
两地 liǎngdì 二つの場所.別々のところ.

两点论 liǎngdiǎnlùn 〖哲〗弁証法的二面論.
两点水(儿) liǎngdiǎnshuǐ(r) 〖語〗冫にすい:漢字部首の"冫".→付録1
两都 liǎngdū 二つの都城:例えば周・漢・唐代の長安と洛陽.
两端 liǎngduān ①両端. ②双方. ③〈文〉右か左かの決しないこと.〔名为救赵,实持~以观望〕〈史記·魏公子伝〉名目上では趙を救うが実はどうするか决まらず様子を見ている.
两耳不闻窗外事 liǎng'ěr bùwén chuāngwàishì 〈喩〉関心を持たないこと.〔~,一心只读圣 shèng 贤书〕古典書籍の研究に没頭して,他の事に注意を払おうとしない.
两分法 liǎngfēnfǎ 二分法.→〔一 yī 分为二〕
两凤 liǎngfèng 〈文〉二人の俊才.〔~齐飞〕〈喻〉(兄弟)そろって栄達すること.
两杆子 liǎnggǎnzi 〔笔杆子〕(筆(ペン)の軸)と〔枪 qiāng 杆子〕(銃身).〈喻〉言論と軍隊.文と武.
两高 liǎnggāo 〔最高人民法院〕と〔最高人民検察院〕(略)
两告 liǎnggào ⇒〔两造〕
两个 liǎngge 2個(の).二つの.〔~效 xiào 益〕経済的効果・利益と社会的効果・利益.〔~肩擔扛 káng 张嘴,自己从不肯掏一分钱〕両肩で口を一つ担いでいるだけの全くの素寒貧で,自分では一銭も出そうとしない.〔~人穿一条裤子〕二人で心を通わせ結託する(よからぬ事をする).〔~文明〕物心両面の品位ある行い.
两公婆 liǎnggōngpó ⇒〔公婆②〕
两股劲 liǎnggǔjìn 違った仲間別.別派.敵(てき)同士.〔他跟我们是~〕彼とわたしたちとは別の一派だ.
两股绳(儿) liǎnggǔshéng(r) ①2本の縄. ②=〔两合绳(儿)〕2本より合わせた縄.
两广 liǎngguǎng 〖地〗広東と広西(チワン族自治区)=〔两粤〕ともいう.
两规 liǎngguī ①一定の時間と場所で自分のかかわった案件について詳しく説明しなくてはいけないこと:〔双 shuāng 规〕〔两指〕ともいう.元来は中国共産党紀律検査の条例にある. ②〈文〉(地球を規準として見た天球上の)冬至線と夏至線.〔内外~〕同前.
两害 liǎnghài ①双方とも損をする.〔劳资~〕労資ともに損をする. ②2つの有害なもの.
两汉 liǎnghàn 〔西汉〕(前漢)と〔东汉〕(後漢)
两好合一好 liǎnghǎo héyīhǎo 〔两好并一好〕ともいう.双方が互いによくして,実際によい一つのものになる.〈喻〉双方が仲よく幸せになる.→〔一 yī 个碗不响,两个碗叮当〕
两合绳(儿) liǎnghéshéng(r) ⇒〔两股绳(儿)〕
两湖 liǎnghú 〖地〗湖南と湖北.
两虎相斗 liǎnghǔ xiāngdòu 〈喻〉両雄相闘う.
两淮 liǎnghuái 〖地〗淮南と淮北.
两回事 liǎnghuíshì =〔两码事〕二つの別のこと.異なったこと.〔这是~〕これは別々のことだ.
两会 liǎnghuì 〔全国人民代表大会〕と〔全国政治協商会議〕
两极 liǎngjí ①地球の〔南极〕と〔北极〕. ②電気の〔阳 yáng 极〕と〔阴 yīn 极〕. ③〈喻〉相反する二つのグループ·階級など.両極端.〔~分化 huà〕両極端に分かれる.
两夹儿 liǎngjiājiànr 物と物の間.〔处 chǔ 在这~的地位,可真叫人左右为 wéi 难〕そのばさみという立場になってどうしていいかわからない.〔渍 zì 在牙床子和嘴 zuǐ 唇的~〕歯ぐきと唇の間にこびりつく.

liǎng 两

两兼 liǎngjiān 〈文〉両者を兼ねる.
两件套 liǎngjiàntào 圈ツーピース:上着とスカート(またはズボン)が組み合わせになっている洋服.
两江 liǎngjiāng 圃江南と江西の2省:江南が江蘇・安徽に分かれた後も〜に含める.
两脚 liǎngjiǎo 両足.〔〜规guī〕〔分fēn(线)规〕〔圆yuán规〕コンパス.〔〜虎〕〈喩〉苛酷な人.不人情な人.〔〜书橱 chú〕〈喩〉書物を読むだけで活用のできない人(学者).〔〜野狐 hú〕〈喩〉ずるい人間.
两节 liǎngjié ①元旦と春節(旧正月). ②中秋節と国慶節.
两晋 liǎngjìn 西晋と東晋.
两京 liǎngjīng ①圃長安と洛陽. ②困開封府と河南府. ③北京と南京.
两经 liǎngjīng 〈方〉①別の事.〔这件事同那件事是〜〕この事はあの事とは別の事だ. ②違う.変わっている.〔真和人〜〕本当にふつうの人と違う.
两可 liǎngkě ①どちら(でもよい).〔模mó 棱 〜〕どっちつかず(である).あいまい(である). ②可能性が二つある.どちらとも十分ありうる.〔还在 〜呢〕还在〜之间〕まだどちらともつかない.
两课 liǎngkè 大学における〔马mǎ 克思主义理论〕と〔思 sī 想品德课〕.
两口儿 liǎngkǒur 夫婦:多く〔老 lǎo 〜〕(年寄り夫婦),〔小 〜〕(若夫婦),〔这〜〕(この夫婦),〔那〜〕〔他们〜〕(あの夫婦)などの形で用いられる.
两口子 liǎngkǒuzi 夫婦二人.〔〜不和气〕夫婦仲が悪い.
两廊 liǎngláng 回劇場の階下左右両側の席.
两老 liǎnglǎo 〈方〉父母.両親.
两肋插刀 liǎnglèi chādāo 両あばらに刀を突き刺す(される).〈喩〉大きな犠牲をいとわずに友人を助けるために身を引き受けてやる.〔为朋友〜〕友だちのためにどんな危険でも冒し尽くす.〔他们几个结拜弟兄答dā 应随时〜〕彼ら幾人かの,兄弟の誓いを交わした人たちがいつでも命がけで力を貸してくれることになっている.
两立 liǎnglì 並び立つ.両方とも成り立つ.〔势 shì 〜〕勢い並び立たず.
两利 liǎnglì 双方に利益がある.〔劳 láo 资〜〕労資ともに利益がある.
两两 liǎngliǎng 二つと二つ(ずつ.二つとも).〔〜相対〕二つずつ相対する.
两两三三 liǎngliǎng sānsān ⇒〔三三两两〕
两楼两底 liǎnglóu liǎngdǐ 2階が二間(ま),下が二間.
两路 liǎnglù ①二つの道.〔〜进攻〕2方向から攻め込む. ②ふた色.(2人の)違った色あい.〔〜人〕それぞれタイプの異なる二人の人.
两码事 liǎngmǎshì ⇒〔两回事〕
两面 liǎngmiàn ①表と裏.両面.〔那张纸一都写满了英文〕あの紙は裏表とも英語がいっぱい書いてある. ②二つの方面.両側:〔两边①〕に同じ.〔〜夹 jiā 攻〕両面攻撃する.挟み打ちをかける.〔这里都是高山〕ここは左右両側とも高い山に囲まれている. ③物事の相対する二面.〔〜性〕(矛盾した)二面性.二重人格.〔〜派〕(有无)双方に好意を売る. ⑤〈喩〉裏表のあること.二つの姿勢を使い分けるずるい態度.〔三刀〜〕〔三刀〕に同じ.
两面光 liǎngmiànguāng 〈喩〉どちらにもいい顔をする.〔你不要~,我是谁非,明确表个态〕うまく立ち回らないで,どちらが是か非か,態度をはっきりさせろ.→〔八 bā 面光〕
两面派 liǎngmiànpài ①裏表のある人. ②二股膏薬的なやり方.二枚舌のやりくち:〔~手法〕ともいう.

两明一暗 liǎngmíng yī'àn →〔一明两暗〕
两难 liǎngnán どちらか選ぶのが難しいこと.〔进退〜〕進むも退くも共に難しい.〔事在〜〕事はジレンマ状態だ.
两旁 liǎngpáng 両わき.両側.
两票制 liǎngpiàozhì 直接選挙で選ばれた候補者を上級の党機関が審査決定する制度.
两撇胡子 liǎngpiěhúzi 八字ひげ.
两栖 liǎngqī ①両生.〔〜部队〕水陸両用部隊.〔〜车〕水陸両用車.〔〜坦 tǎn 克〕水陸両用戦車.〔〜作战〕水陸上水上両面作戦.〔〜演习〕水陸合同演習.〔〜动dòng 物〕両生動物.〔〜植 zhí 物〕圈両生植物.〔水陆〕水中生活と地上生活をすること. ②〈喩〉二つの分野で活躍すること.〔影视 〜明星〕映画・テレビ・歌など多くの分野で活躍するスター.〔〜人材〕〔〜人才〕多芸多才の人.マルチタレント.
两歧 liǎngqí 〈文〉二様(よう)となる.二道に分かれる.〔以免 miǎn 〜〕二様になるのを免れる.〔话分 〜〕話二つに分かれる.
两讫 liǎngqì 商品の引き渡しと代金の支払いが済む(こと).〔银货〜〕同前.
两清 liǎngqīng (貸借または買い手と売り手の双方で)清算が終わる.
两全 liǎngquán 両方とも不満がないようにする.〔〜保险〕掛け捨てにならない貯蓄型保険.〔〜其 qí 美〕〜成〕双方の思いを共に満たす.→〔三 sān 全其美〕
两儿八钱 liǎngrbāqián 回①両か8銭程度の銀:(銀を通貨として重さを量ってやりとりしていたころ),10匁(もんめ)か8匁程度の(少しばかりの)金.はした金.
两人世界 liǎngrén shìjiè 夫婦(恋人)二人だけの生活空間:子供を作らずに他の世代と同居しない.〔二人广世界〕ともいう.
两日酒 liǎngrìjiǔ 回婚礼の第2日に新婦の里方から新郎の家に行って酒宴を開くこと.
两三(个) liǎngsān(ge) 二つか三つ.いくつか.〔三四(个)〕〔三五(个)〕〔四五(个)〕〔五六(个)〕〔六七(个)〕などのように用いる.
两三天 liǎngsāntiān 2,3日.何日か.数日.
两扇门 liǎngshànmén 観音開きの戸.
两伤 liǎngshāng 双方とも損害をこうむる.
两审终审制 liǎngshěn zhōngshěnzhì 匤第二審をもって最終審とする制度.
两氏旁人 liǎngshì pángrén 〔两姓旁人〕〈喩〉ほかの他人.〔咱们是亲兄弟,并不是〜〕わたしたちは兄弟だ,あかの他人ではないだろ.→〔外 wài 人①〕
两世为人 liǎngshì wéirén 〈喩〉三途の川から帰る.危うく命を拾う.
两势下 liǎngshìxià 〈白〉两側.〔〜打算〕両立の計画.どちらへ転んでも差し支えない計画.〔小喽 lóu 啰〜吶喊〕(水 2)手下たちが両側からワーッとときの声をあげる.
两手 liǎngshǒu ①両手.二本の腕.〔一一摊 tān〕お手あげのゼスチャー:だめだ.困ったを表す.〔一攥 zuàn 空拳〕〈喩〉手元に一銭もないこと.〔〜空空〕ⓐ空手.ⓑ一文なし. ②〔儿〕〈喩〉腕前.〔他有〜〕彼は腕がある.彼にはなかなかやる.〔你这〜真不错〕きみのこの腕前はたいしたものだ.〔露〜〕少し腕前をみせる. ③〈喩〉二つの計略.両刀使いの戦法.〔做〜准备〕起こり得る二つの可能性に備える. ④〈喩〉二人.
两手举枪 liǎngshǒu jǔqiāng 匤捧げ銃(ツ)(号令)
两手抓 liǎngshǒuzhuā ①両手でつかむ. ②〈喩〉二つの考え方や手段によって行動し,有効な結果をつ

两 liǎng

かむ.⑧[物質文明]と[精神文明]ともに力をいれる.④[経済建設]と[民主法制]ともに力をいれる.

两熟 liǎngshú 〔農〕二期(毛)作.[可以 yǐ 一年一或二熟]1年に二期(毛)作あるいは三期(毛)作が可能だ.

两属 liǎngshǔ 両方に従属する.

两税 liǎngshuì 〔史〕夏秋二期の課税:俗に[上 shàng 下忙]ともいう.

两说着 liǎngshuōzhe 〈方〉①別々にする.同じ扱いはできない.②別の角度から見る.

两司 liǎngsī 〔明清〕布政使司と提刑按察使司の合称.

两太阳 liǎngtàiyáng 〔中医〕両方の[太阳穴 xué](こめかみのつぼ)の称.

两屉桌 liǎngtìzhuō 引き出しの二つ並んでいる机.→[三 sān 屉桌]

两条道路 liǎngtiáo dàolù 〈喩〉両様の行き方:1950年代以多く[坦白从宽][抗拒从严],1960~70年代以多く[社会主义(道路)][资本主义(道路)]を指した.

两条腿 liǎngtiáotuǐ ①両足.2本足の.[吃~的,不如吃一条腿的]鳥肉を食べるよりキノコを食べる方が(健康に)いい.[~的畜 chù 生]〈喩〉人非人.②〈喩〉二つのやり方・方法.④中国古来の方式と外国の方式.⑤工業と農業.⑥重工業と軽工業.中央の工業と地方の工業.⑥[中医][西医]二医.⑦[土 tǔ 洋结合]同前の二方式を併用して進める.[~准备]〈喩〉準備と実行:準備しながら準備のできた範囲で実行に移る行き方.

两条心 liǎngtiáoxīn 異心.ふたごころ:[两心②]に同じ.

两头计算 liǎngtóu jìsuàn 両端入れの計算(利子計算の場合など).→[一 yī 头计算]

两头(儿) liǎngtóu(r) ①両端.[~小,中间大]両端は小さくて中間は大きい:進歩分子と落後分子は少数で中間分子が多数を占める.[抓~,带中间](進歩分子と遅れた分子の)両極端に働きかけて中間分子を引き上げる.②両方(面).[两头~获 huò 利]両方とも利益を得る.[~出面装好人]両方に顔を出していい顔をする.③初めと終わり.朝と晩.[~见星]朝は星を戴き晩も星を見る.[他上下班,总是~黑]彼は通勤するのには朝は暗いうちに出かけ,夜も暗くなってから帰る.

两头儿大 liǎngtóurdà 〔旧〕日本格式の妻を二人娶っていること:[两头做大]ともいう.→[一 yī 子兼祧]

两头三绪 liǎngtóu sānxù 〈喩〉心が千々に乱れるさま:[三头两绪]に同じ.

两头蛇 liǎngtóushé ①尾にふくらみがあり頭が二つに見える蛇:これを見ると命を失うとされる.[越 yuè 王两蛇]は別称.②〈喩〉危険で悪辣な人.

两头使劲 liǎngtóu shǐjìn 二つの面で(方向に)力を入れる.[这么~嘴 zuǐ 正手歪叫人怎能心服]こんな口先とすることが一致しないような人間がどうして人を心服させられるか.

两位数 liǎngwèishù 2桁の数.[~的通胀 zhàng]2けたのインフレ.

两庑 liǎngwǔ 〔建〕(宮殿や廟の)正殿外の東西の廊下.

两犀 liǎngxī 〈文〉上下の歯.[巧笑蒨 qiàn ~](子夜歌)にっこり笑った美しい歯並び.

两下里 liǎngxiàlǐ 両方.双方.どちらも.[~都愿意]双方とも希望している.[分在~干活]両所に分かれて働く.

两下子 liǎngxiàzi 〈口〉①相当な腕前.[嘴上有~]口達者だ.[这孩子果然有~]こやつ,なるほどやるわいものだ.②数度.数回.[拍 pāi 打了~]数度たたいた.

いた.

两厢 liǎngxiāng 両方.双方.[~抵消][两抵]帳消しにする.相殺(さっ)する.

两厢房 liǎngxiāngfáng ①〔建〕東西両側の[厢房].→[厢房]②両側.〈方〉[相]とも書く.[谈恋爱不能单相思,非得~情意才成]恋愛すると言うからには片思いはだめで,どうしても双方その気がないと駄目ならぬ.

两相好 liǎngxiānghǎo →[划 huá 拳②]

两响 liǎngxiǎng →[爆 bào 竹]

两小无猜 liǎngxiǎo wúcāi 〈成〉幼い男女は無邪気に一緒に遊ぶ.猜疑心など無邪気である.[那时双方均年幼,~,哪 nǎ 知大人的心事]そのころは双方ともに幼くて無邪気なものだったから,大人の心配ごとなど知ろうはずもなかった.

两心 liǎngxīn ①二人の心.双方の心.②=[两意①]〈文〉ふたごころ.異心.

两性 liǎngxìng ①〔男女・雌雄の〕両性.[~花]〔植〕両性花.[~生殖]〔生〕両性生殖.[~关系]男女の関係.性的関係.[男 nán 女关系]に同じ.[~人]半陰陽.間性の人:[二 èr 性子①][〈口〉二尾 yǐ 子](おとこおんな.はんいんや.ふたなり)ともいう.②二つの性質.[~化合物]〔化〕両性化合物.

两姓旁人 liǎngxìng pángrén ⇒[两氏旁人]

两袖清风 liǎngxiù qīngfēng 〈成〉官吏の清廉潔白なこと:[两袖秋风][清风两袖]ともいう.

两洋 liǎngyáng 東洋と西洋.

两样 liǎngyàng 異なる.違う.同じではない.[他的脾 pí 气不同,气质は常人と違う.[有什么~呢]何の相違があるかね.[这件事和那件事完全~]この事とあの事とは違う.→[一 yī 样①] ②[一][儿]二種.二品(きん).二通り.[~我都不要]この二品ともわたしはいらない.[~都有]二通りどちらもある.

两曜 liǎngyào 〈文〉日と月.

两伊 liǎngyī [伊朗 lǎng](イラン)と[伊拉 lā 克](イラク).[~战 zhàn 争]〔因〕イランイラク戦争:1980年~88年の両国間の戦争.

两…一… liǎng…yī… 〈慣〉二つの事(物)と一つの事(物).[~平~稳 wěn]財政収支と信用貸付けの平衡と物価の安定.[~眼~抹 mǒ 黑]〈喩〉周囲の情況を全く知らないこと.

两仪 liǎngyí 〈文〉天と地.

两姨 liǎngyí ⇒[姨表]

两姨兄弟 liǎngyí xiōngdì ⇒[姨表兄弟]

两姨姊妹 liǎngyí zǐmèi ⇒[姨表姊妹]

两忆 liǎngyì 地主・資本家から受けた階級苦と帝国主义から受けた民族苦をふりかえる:文革期に行われた運動.

两意 liǎngyì ①=[两心②] ②二つの含意.

两翼 liǎngyì ①(羽の)両翼.②(軍隊の)両翼.

两隐 liǎngyǐn ⇒[两知]

两用 liǎngyòng 両方を(に)用い(られ)る.[~机 jī][收 shōu 录~机][盒 hé 式收录~机]ラジカセ.[~人材]軍隊でも民間でも有用な人材.[~雨衣]オーバー兼用レインコート.[~衫]春 chūn 秋杉合いの上着.

两宥 liǎngyòu ⇒[两知]

两院 liǎngyuàn ①中央と地方の[人民法院]と[人民检察院].②[中国科学院]と[中国工程院].[~院士]同前の会員.

两院制 liǎngyuànzhì 〔因〕二院制:両議院から構成される議会制度.

两粤 liǎngyuè ⇒[两广]

两造 liǎngzào =[两曹][两告]〔法〕(訴訟事件の)原告と被告.[原被]原告と被告. ②双方.両方

liǎng～liàng 两俩唡纲祵蛃魉亮

面.〔经纪是周旋～的〕仲買は双方の斡旋をするもの.③〈方〉2回の作付けと取り入れ.〔一年可以种～〕1年に二毛作できる.

两张皮 liǎngzhāngpí 〈喩〉連結すべき二者がそれぞれ勝手にやるさま.

两招儿 liǎngzhāor やりかた.しかた.→〔招儿〕

两者 liǎngzhě 両者.双方.

两知 liǎngzhī ⇒〔两隐〕〔两宥〕〈牘〉両方とも知っている意で、秘密の書面などに記名を避けてこの語を用いることがある.

两指 liǎngzhǐ ⇒〔两规①〕

两指手套 liǎngzhǐ shǒutào ⇒〔连 lián 指手套〕

两盅(儿) liǎngzhōng(r) 〈喩〉少しの酒.〔喝 hē ～〕酒を少し飲む.

两足尊 liǎngzúzūn 囲(仏教で)仏の尊称.

两座山 liǎngzuòshān 二つの山.〈喩〉帝国主義と封建主義(毛沢東・愚公移山)

〔俩・倆〕 liǎ
〔伎 jì 俩〕やり口.手口.→ liǎ

〔唡・兩〕 liǎng
〔盎 àng 司〕(オンス)の旧称.

〔纲・綱〕 liǎng
〈文〉量詞.足(ぞ):靴を数える.

〔祵・裲〕

祵裆 liǎngdāng 固匿チョッキに類する衣服;片側は胸に当たりもう一方は背に当たる.〔两当〕〔两档〕とも書く.〔背 bèi 心(儿)〕

〔蛃・蜽〕 liǎng →〔蝄 wǎng 蛃〕

〔魉・魎〕 liǎng 〔魍 wǎng ～〕〔蝄 wǎng 魉〕伝説中の水の精・山川の怪・木石の霊など.もののけ.〔魍魅 chīmèi 魍～〕ちみもうりょう:化け物と物の怪(ゖ)

〔亮(亮)〕 liàng
①明るい.〔一处 chù〕明るい所.〔电灯很～〕電灯が非常に明るい.〔火光把场地照得通～〕火の光がその場のすみずみまで明るく照らしている.〔～的 míng ①〕②〔一儿〕光.明かり.〔火〕火の光.〔拿 ná ～来〕明かりをもってこい.〔屋里漆 qī 黒,没有一点～〕室内は真っ暗で少しの明かりもない.③明るくなる.光る.発光する.〔天～了〕夜が明けた.〔眼前一～〕目の前がぱっと明るくなる.〔刀磨 mó 得亮真～〕刀が研がれてよく光る.④(心が)明るくなる.晴れ晴れする.〔您这么一说,我心里头就～了〕あなたがそうおっしゃると心がせいせいしました.⑤〔声〕が大きい.大きくする.よく通る.〔洪 hóng ～〕〔宏 hóng ～〕同前.〔～起嗓 sǎng 子〕声を張りあげる.⑥見せる.さらす.見せびらかす.持ち出して見せる.〔～证儿〕証書明をして見せる.〔～假 jiǎ 伪商品を公表する.〔～开一队 duì 人马〕一隊の兵馬をずらりと並べて.〔～短〕欠点を自ら明らかにする.〔～思想〕自分の考えをさらけ出す.〔一手〕ひとつの腕前を表す.〔把车～在口儿上〕車を路地の入り口に止めて見せびらかす.〔净嘴 zuǐ 说不行,得～出来〕口先だけではだめだ,本当のところを見せなければ.⑦〈姓〉亮(ょ)

亮梆子 liàngbāngzi 囲夜の明け方に打つ夜回りの拍子木の音.〔打～〕同前とも打つ.

亮察 liàngchá 明らかに察する.了察する.〔余维～〕〈牘〉その他のことはどうぞご了察ください.

亮敞 liàngchǎng 広々として明るい.

亮丑 liàngchǒu 〈喩〉(自分で)欠点や落ち度を公開しさらけだす.

亮灯 liàngdēng 明かりをともす(つける):〔点 diǎn 灯〕〔上 shàng 灯〕〔掌 zhǎng 灯 ②〕に同じ.〔到城里已经～了〕城内へ戻った時にはもう火灯し頃だった.〔亮绿 lù 灯〕青信号がともる.ゴーサインが出る.〔亮红灯〕赤信号で止める.ストップさせる.

亮底 liàngdǐ ①底を見せる.内幕を公開する.〔～牌 pái〕同前.②結末を明らかにする.

亮点 liàngdiǎn 光を発する点.〈喩〉立派で優れた点.注目ポイント.

亮度 liàngdù ①輝度.→〔照 zhào 度〕②囚天体の明るさ.星の等級.

亮分(儿) liàngfēn(r) (クイズや試合の審査員が)点数を呈示する:得点を選手・観客に見せる.

亮富 liàngfù 金持ちを見せびらかす.金のあるのをひけらかす.

亮杠 liàng gàng 回葬式の前に〔棺 guān 罩〕(棺を覆うかごのようなもの)を家の前や四つ辻などに飾って人に見せること.

亮格 liànggé 〔亮隔〕とも書く.囲光を通す窓の欄間.

亮光光 liàngguāngguāng 明るく光るさま.〔～的大刀〕ぴかぴかの大刀.

亮光(儿) liàngguāng(r) ①明るい光.光線.〔一道～〕一筋の光線.②反射光.

亮红牌 liànghóngpái ①囚(サッカーで)レッドカード(退場カード)を示す.〔罰として〕やめさせる.

亮化 liànghuà 明るくする.〔～城 chéng 市〕都市の環境を整備して明るくする.〔～工程〕都市の美化と安全化プロジェクト.

亮话 liànghuà 率直な話.〔打开鼻子说～〕〔打开窗户说～〕〈俗〉ざっくばらんに話す.単刀直入に話す.

亮黄牌 liànghuángpái 囚(サッカーで)イエローカード(警告カード)を示す.

亮晃晃 liànghuǎnghuǎng 光り輝くさま.

亮家伙 liàngjiāhuo 刀などをスラリと抜く.

亮轿 liàngjiào 回婚礼の際、花嫁の乗る〔花 huā 轿〕や、嫁入り道具などを見物人に見てもらうこと.

亮节 liàngjié 〈文〉清く高い節操.

亮晶晶 liàngjīngjīng (珠・水滴・星などが)きらきら光るさま.〔大块儿～的水滴がきらきら光っている.

亮蓝 liànglán 色鮮やかな藍色(の).→〔蓝②〕

亮丽 lànglì 明るく美しい.〔～的色彩〕同前の色彩.

亮明 liàngmíng ①はっきりと見せる.〔～身份〕身分をはっきり示す.②明るい.輝いている.

亮牌子 liàngpáizi 札を口にして見せる.手の内をさらす.〈喩〉名前や身分などを名のる(明らかにする)

亮盘儿 liàngpánr 〔棺にかぶせものをせず、じかに担ぐ最も略式の葬儀.

亮炮 liàngpào 回夜明けの時報の大砲.

亮漆 liàngqī ラッカー:〔瓷 cí 漆〕(エナメルペンキ)の俗称.

亮儿 liàngr ①灯火.〔这儿太黒,快拿个～来〕ここはばかに暗い,はやく明かりを持ってこい.②光.〔他们是萤 yíng 火虫的屁股,一不大〕彼らは蛍の尻の明かりのようなもので,力はあまりない.

亮人 liàngrén 聡明で判断力のある人.

亮色 liàngsè ①あざやかな色彩.〔～衣 yī 料〕明るい色の衣料.②〈喩〉明るさ.輝き.〔时代的～〕時代の輝き.

亮纱 liàngshā 囲透綾(ﾘﾝｽﾞ):夏用のごく薄い絹織物.

亮闪闪 liàngshǎnshǎn きらきら輝くさま.

亮私 liàngsī ①〔不怕丑 chǒu〕自分を隠さず,醜さが人に知られるのを恐れない:〔文革〕のときよく使われた.→〔亮丑〕

亮台 liàngtái 〈方〉①圓幕開きからその日2幕.②〈転〉待ちぼうけ.〔明儿您可得来,别给个～〕明日はいらっ

liàng

亮喨凉谅倞晾悢踉辆量靓

っしゃらないとダメですよ,私を困らせないで下さいよ.③〈転〉内幕がさらけ出る.尻がわれる:〔漏 lòu 底〕に同じ.

亮堂堂 liàngtángtáng 煌々と明るいさま.〔教室里～的〕教室はとても明るい.

亮堂 liàngtang ①広く明るい.〔新盖 gài 的礼堂又高大,又～〕新しく建てられた講堂は大きくとても明るい.②〈気持ち·考えが〉明るい.すっきりする.晴ればれとする.輝く.〔他的心里～了,劲 jìn 头又鼓起来了〕彼の気持ちは明るくなり,やる気も出てきた.③〔他的脸也～了〕彼の顔も晴れ晴れとしてきた.④声が響きわたる.〔嗓 sǎng 门～〕声がよく通る.

亮威 liàngwēi 威勢を示す.

亮相 liàngxiàng ①〔劇〕(旧劇で)見得を切る:俳優が登場(また退場)や歌の終わりや立ち回りの一段落というところで型を決めること.〔集体～〕多数の者が一斉に同前.②〈喩〉世間に態度をはっきりさせる.③〈喩〉世上に姿を現わす.お目見えする.

亮星 liàngxīng 明るい星.特に暁の明星.→〔启 qǐ 明〕

亮眼人 liàngyǎnrén ①(盲人からみた)晴眼者.目あき.②鑑識眼のある人.

亮铮铮 liàngzhēngzhēng きらきら光るさま.

亮张 liàngzhāng 旧店開きの3日前に商品を店頭に陳列して一般に見せること.

亮铮铮 liàngzhēngzhēng きらきら光るさま.〔一把～的利剑〕きらきら光るひと振りの鋭い剣.

亮钟 liàngzhōng 旧夜明けを知らせる鐘.

〔**喨**〕 liàng 〔喨喨〕〔喨亮〕音声のよく澄んで響きわたる形容.

〔**凉(涼)**〕 liàng 冷たす:〔晾④〕に同じ.〔茶太热,～一～再喝〕お茶が熱すぎる,冷ましてから飲もう. → liáng

〔**谅·諒**〕 liàng ①(事情を察して)許す.理解する.〔宽 kuān ～〕〔原 yuán ～〕諒とする.〔体 tǐ ～〕思いやる.〔尚希见～〕〈牘〉どうかお許しいただきたい.②推し量る.思うに…のようだ.〔他也不敢〕思うに彼もそうはしないであろう.〔～必可行〕必ずよかろうと思う.〔～不见怪〕おとがめにはならないであろう.③〔姓〕諒(ずあ)

谅必 liàngbì 〈文〉思うに必ず.多分.おおかた.〔～如此〕多分こうだ.

谅察 liàngchá 〈文〉了察する.〔请～〕ご了察を願います.

谅鉴 liàngjiàn ⇒〔鉴谅〕

谅解 liàngjiě 了解する.諒とする.〔~备 bèi 忘录〕メモランダム·オブ·アンダースタンディング(覚書).→〔了 liǎo 解①〕〔原 yuán 谅〕

谅来 liànglái 多分.おおかた.

谅情 liàngqíng 〈文〉事情を推察する.

谅邀鉴 liàng yāo chéngjiàn 〈牘〉ご覧下さいましたことと思います.

〔**倞**〕 liàng 〈文〉①要求する. ②明るい:〔亮①〕に同じ. → jìng

〔**晾**〕 liàng ①陰干しにする.〔~衣绳 shéng〕物干し用ロープ.→〔晾 liàng〕(眼 làng)了〕乾かす.〔晒 shài〕に同じ.〔~衣服〕服を日にあてて乾かす.〔海滩上～着鱼网〕海岸で漁網が干してある.②ほうっておく,脇においておかれている.〔别把客人～在一边不管 guǎn〕客をほったらかしにするな.〔家里～着一大片儿事,我可要告辞〕家にいっぱい用事がほったらかしてありますので,おいとまします. ④(温度を)冷ます:〔凉〕に同じ.〔一碗开水お湯を一杯冷ます.〔刚倒的开水太热,～～再喝吧〕注いだばかりのお湯はとても熱い,冷ましてから飲みなさい. ⑤〔姓〕晾(すう)

晾干 liànggān (風にあてて,日にあてて)乾かす.

晾晒 liàngshài 日に干す.〔～指 zhǐ 数〕(天気の)洗濯指数.

晾台 liàntái ①物干し台. ②〈方〉事をこわす.そっぽを向いてうっちゃらかす.〔不能半截 jié 儿～〕途中で投げ出してはいけない.

晾衣架 liàngyījià ハンガー:〔衣架〕に同じ.

〔**悢**〕 liàng 〈文〉悲しむ.

悢悢 liàngliàng 〈文〉①悲しむ.残念である. ②思いやる.心配ずる.懐かしがる.

悢然 liàngrán 〈文〉悲しむさま.

〔**踉**〕 liàng 〔～跄 qiàng〕よろよろ(ひょろひょろ)と歩く:〔～蹡〕とも書いた.〔~跄地直奔 bèn 过来〕よろよろとまっすぐこちらへやって来る. → liáng

〔**辆·輛**〕 liàng 量詞.台.両:車の台数を数える.〔三～汽 qì 车〕3台の自動車.

〔**量**〕 liàng ①〈文〉升.量目を測る器.〔度 dù ～衡 héng〕度量衡. ②〈物の〉量.〔～价 jià〕数量と価格.〔数 shù ～〕数量.〔大～出品〕大量の生産品. ③受容できる度合い.器量.〔饭量～〕飯を食べられる量.〔酒 jiǔ ～大〕酒がよくいける.〔度～儿〕度量.〔~窄 zhǎi〕度量が小さい.〔他没有容 róng 人之～〕彼は人を許す度量がない. ④斟酌(さく)する.推し量る.〔不知自~〕自分の力をわきまえない. → liáng

量变 liàngbiàn 图量的変化:事物の数量上·程度上の変化.↔〔质 zhì 变〕

量才录用 liàngcái lùyòng 〈成〉才能によって任用する:〔才〕は〔材〕とも書く.〔量才取用〕〔量才任使〕ともいう.〔沿 yán 才授职〕

量出制入 liàngchū zhìrù 〈成〉支出を見積もって歳入(税収)を定める:〔量出为 wéi 入〕ともいう. →〔量入为出〕

量词 liàngcí 图量詞.〔陪 péi 伴词〕は旧称.助数詞に当たるもの.〔动词〕動詞に対して用いられる量詞:例えば,〔去过一次 cì〕(一度行ったことがある)の〔次〕

量贩店 liàngfàndiàn 量販店.

量纲 liànggāng 物次元.→〔维 wéi 数〕

量化 liànghuà 数量化する.

量力 liànglì 〈文〉自分の力を量る.能力を考える.〔～而行〕力に応じて行う.〔不自~〕身の程を知らない.

量能 liàngnéng 能力(才能)を量る.

量轻 liàngqīng 〈文〉軽い刑罰で判決する.〔~发落〕同前で処理する.

量入为出 liàngrù wéichū 〈成〉収入に応じて支出を定める.→〔量出制入〕

量体裁衣 liàngtǐ cáiyī 客の体に応じて着物を裁つ.〈喩〉実情に適した処置をする.〔看 kàn 菜吃饭,量体裁衣〕

量小 liàngxiǎo ①量が少ない. ②度量が小さい.

量刑 liàngxíng 法图刑を行う:罪状を参酌して刑の軽重を決める.

量移 liàngyí 唐困辺地に左遷された者を,恩赦で中央に近いところへ帰任させる. ②〈転〉転任する(させる)

量子 liàngzǐ 物量子.〔~论 lùn〕量子論.〔~纠 jiū 缠〕量子もつれ(非局所的相関).〔~力 lì 学.〔~密 mì 码〕量子暗号.〔~电 diàn 脑〕量子コンピュータ.

〔**靓·靚**〕 liàng 〈方〉きれい(である).おしゃれである.かっこいい.〔~丽

lì]ファッショナブルである.〔～车 chē〕しゃれた車.〔～号〕ラッキーナンバー.〔～女 nǚ〕美しい女性.〔烤 kǎo 瓷～齿 chǐ〕セラミックの白い歯.〔帅 shuài 哥～妹 mèi〕美男美女.〔～汤 tāng〕おいしいスープ.〔～仔 zǎi〕イケメン.男前.ハンサム.〔～照 zhào〕きれいな写真.〔～装 zhuāng〕流行の服.→ jìng

liao ㄌㄧㄠ

〔**撩**〕liāo ①(着物の裾、袖、カーテンなどを)まくりあげる.からげる.〔～起衣服〕着物をはしょる.〔～起长裙 qún〕長いスカートをからげる.〔～开帐 zhàng 子〕ベッドのカーテンをまくりあげる.〔把垂下的头发～上去〕垂れ下がった頭髪をかきあげる.〔他把慈 cí 悲沮丧而一开了〕彼は仏の顔をかなぐり捨てた(がらりと変えた).→〔掀 xiān ①〕 ②(水を手につけあるいはすくうようにして)振りかける.打つ.〔卖菜的要时常往菜上～水〕野菜売りはしょっちゅう野菜に水を振りかけてやらねばならない.〔～水洗脸〕手で水をすくって顔を洗う.→〔洒 sǎ ③〕 ③(水で)使いちらす.散財する.〔那几块钱,几天就～光了〕あの少しばかりの金は日ならずして使い果たした. ④〈方〉ちらっと見る.〔～了一眼〕ひと目ちらっと見る.→〔撂 liào〕 →〔挑〕

〔**蹽**〕liāo ①走る.つっ走る.大股に歩をとる.〔他一到哪儿去了〕彼は急いでどこへ行ったのか.〔他一气ㄦ了二十多里路〕彼は一気に20数里をかけた. ②こっそり立ち去る.

〔**辽**・**遼**〕liáo（Ⅰ）はるかに遠い.（Ⅱ）①朝代名.907年～1125年.耶律氏により建国され〔契 qì 丹〕と称した.947年に国号を〔～〕と改めた.のち金に滅ぼされるまで9代215年間続いた. ②遼寧省の略称.〈姓〉遼(ㄌㄧㄠˊ)

辽东 liáodōng 旧遼寧省の東部(および南部)

辽东豕 liáodōngshǐ 〈喩〉見聞が狭くやたらと珍しく思うこと.〔辽东白〕ともいう.〔辽东有豕,生子白头,异 yì 而献之,行至河东,见群豕皆白,怀慚 cán 而退〕遼東地方の豚が子を生んだところ白い頭のがいた,これは珍しいと献上すべく河東(黄河以東の地,現在の山西省西南部)まで行ってみると全部がなしている豚がみな白かったので恥ずかしい思いをしてひきさがった(後漢書)

辽阁 liáogé 〈文〉遠く隔たっている.
辽阔 liáokuò 〔辽廓〕とも書く.広々としている.〔～的华北大平原〕広漠たる華北大平原.
辽辽 liáoliáo 〈文〉はるかに遠いさま.〔～九千里〕はるか九千里.
辽落 liáoluò 〈文〉広漠としたさま.
辽宁大鼓 liáoníng dàgǔ 中国東北地方の語り物の一種.〔东 dōng 北大鼓〕ともいう.〔奉 fèng 天大鼓〕は旧称.→〔大鼓书〕
辽西 liáoxī 旧・遼河の西.遼寧省の西部.
辽杨 liáoyáng =〔臭 chòu 梧桐〕圕 ドロノキ.デロ.→〔白 bái 杨〕
辽垣 liáoyuán 〈文〉外囲いの垣根.
辽远 liáoyuǎn 果てしなく遠い.〔～无边〕〈成〉同義.

〔**疗**・**療**〕liáo ①治療する.病気を治す.〔医 yī ～〕医療.〔诊 zhěn ～〕治療(する).〔治 zhì ～〕治療(する).〔电～〕電気療法(をする). ②(苦しみなどを)取り除く.癒す.

疗程 liáochéng 一定期間の治療手順.治療のコース.〔缩短了～〕治療期間を短縮した.〔一个～扎十次针〕1クールで10本の鍼を打つ.

疗愁(草) liáochóu(cǎo) ⇒〔萱 xuān 草〕
疗妬 liáodù 〈文〉嫉妬畸をなおす.
疗法 liáofǎ 治療法.〔化学～〕化学療法.
疗飢 liáojī 〈文〉飢餓を癒す.空腹を癒す.空腹を満たす.
疗救 liáojiù 〈文〉治療する.
疗渴 liáokě 〈文〉渇を癒す.
疗贫 liáopín 〈文〉貧を救う.貧窮を解決する.
疗效 liáoxiào 治療効果.効き目.
疗养 liáoyǎng 療養(する).施設で養生する.〔～院〕療養所.サナトリウム.〔住院 yuàn〕入院して療養する.
疗愈 liáoyù 〈文〉治療して治す.癒す.
疗治 liáozhì 治療する.〔～烧 shāo 伤〕やけどを治療する.

〔**僚**〕liáo ①官吏.〔官 guān ～〕官僚.〔百 bǎi ～〕〔百官〕〔百吏〕百吏. ②〔寮〕旧(同一官署の)同僚.〔同～〕同前. ③〈姓〉僚(ㄌㄧㄠˊ)

僚机 liáojī 軍僚機.
僚舰 liáojiàn 軍僚艦.
僚属 liáoshǔ 旧属下.下(ㄒ)役.
僚婿 liáoxù ⇒〔连 lián 襟(ㄦ)〕
僚友 liáoyǒu 〈文〉同僚.
僚佐 liáozuǒ 〈文〉属吏.小吏.下役.〔寮佐〕とも書く.

〔**潦**〕liáo →lǎo

潦草 liáocǎo =〔了 liǎo 草〕①(字形が)整っていない.〔字写得太～〕字がひどく雑に書いてある. ②(仕事が)いいかげんである.お粗末である.〔～了 liǎo 事〕〔草草了事〕いいかげんに事をすませる.〔～塞 sè 责〕いいかげんに(申しわけ程度に)やる.〔潦潦草草〕そそくさと.お義理で.ぶっきらぼうに.→〔草(ㄘㄠˇ)〕

潦倒 liáodǎo 落ちぶれる.零落する.尾羽打ち枯らす.〔～一辈子〕生涯落ちぶれた暮らしをする.〔把～不堪长此一二流子の二流子流浪子はまつきしろくでなしを真人間にした.〕〔～梆子 bāngzi〕〈方〉落ちぶれ堕落した者.ろくでなし.

〔**寮**〕liáo ①〈文〉小(小)窓. ②小屋・小室.〔僧 sēng ～〕僧房.〔茶 chá ～〕酒肆.茶館と酒場. ③官吏:〔僚①〕に通用する. ④地名用字.〔水底～〕〔枋 fāng ～〕〔麦 mài ～〕いずれも台湾にある.

寮房 liáofáng ①僧房. ②〈方〉粗末な家.草屋.
寮国 liáoguó ラオス:〔老 lǎo 挝〕の旧称.
寮棚 liáopéng 小屋.休憩所.

〔**撩**〕liáo 人の感情を刺激する.挑発する.(言葉で)怒らせる.〔专爱～人生事〕いつも人をからかっては事を起こしたがる.→〔撂 liào〕→〔挑〕

撩拨 liáobō 挑発する.そそのかす.挑む.ひっかかる.〔拿言语来～他〕言葉で彼は挑発する.

撩动 liáodòng つき動かす.人の心をそそる.〔～心弦 xián〕心の琴線に触れる.〔～肝 gān 火〕激怒させる.〔春 chūn 风～着柳枝〕春風が柳の枝を揺らしている.〔～人们的爱国心〕人々の愛国心をくすぐる.

撩逗 liáodòu ヘかす.そそる.そそのかす.誘惑する.〔今天我着实～他一番〕今日はひとつ本腰で彼をからかってみよう.

撩蜂剔蝎 liáo fēng tīxiē 〈喩〉悪者の気にさわることをして争いを起こす(痛い目にあうこと).

撩花人儿 liáohuārénr ⇒〔聊花人儿〕
撩乱 liáoluàn ⇒〔缭乱〕
撩弄 liáonòng 挑発する.挑む.

liáo

撩敲 liáoqiāo 同下.
撩儿敲儿 liáorqiāor ⇒[撩敲]〈方〉わざと怒らせいらだたせるようにする。あれこれあてこすりを言う。〔撩撩敲敲地骂人〕人を怒らせるように罵る。②いいかげんにして熱を入れて不熱心なさま。〔他做活儿总是～的不肯用力〕彼は仕事をするのにいつもいいかげんで力を入れない。

撩惹 liáorě からかう。ちょっかいをだす。〔他脾气暴, 千万别～他〕あの人はかんしゃく持ちだから決してかまわないように。

撩人 liáorén 人をからかう。人の気を引く。〔～生事〕人をからかって騒ぎをおこす。〔春色～〕春色人の心を浮かす:春景色の形容.
撩是生非 liáoshì shēngfēi〈慣〉いざこざを引き起こす.

撩醒 liáoxǐng 寝ている人にいたずらして起こす.

[嘹] liáo

嘹嘈 liáocáo〈文〉笛の音.
嘹呖 liáolì〈文〉鳥のかん高く鋭く鳴き声:〔嘹呖〕も書く.
嘹亮 liáoliàng 音声が澄んでよく響くこと:〔嘹唳〕〔寥亮〕〈文〉音声·说话干脆〕声が澄んでよくとおり言葉が歯ぎれがいい.

[獠] liáo

①〈文〉(夜間に)狩りをする。②(顔つきなどの).→ lǎo
獠面 liáomiàn 凶悪な面(2)
獠牙 liáoyá 外にむきだした牙。〔青面～〕〈喩〉凶悪な顔付き.

[屪(屌)] g

liáo 古書で男性の生殖器。陰茎:〔白〕～子〕ともいう。→[阴yīn 茎]

[嫽] liáo 〈文〉美しい。すばらしい.

[缭·繚]

liáo ①まつわる。まつわり巡る。②かがる。かけまちに縫いをする。〔～贴边〕へり裏をまつる。〔～缝儿 fèngr〕合わせ目をかがる。〔～钩 gōu ⑨〕〔牵 qiān ⑤〕
缭边儿 liáobiānr 縁をかがる.
缭乱 liáoluàn 乱れ入り混じる:〔撩乱〕とも書いた。〔百花～〕〔百花缭乱〕〔眼花～〕目がかすみちらちらしてよく見えない。〔心绪～〕心が千々に乱れる。〔满屋子都是～的家具、用品〕部屋中雑然として家具や用品で一杯だ.
缭绕 liáorào (空中に)広がりめぐる。〔炊 chuī 烟～〕炊事の煙がゆるやかにたちのぼる。〔歌 gē 声～〕歌声があたりに響き渡る.

[燎] liáo

焼く。燃やす。燃え広がる。〔星 xīng 星之火, 可以～原〕〔星火～原〕〈成〉小さな火から広野を焼きつくす。〔喩〉わずかなことから大事に至る。初め小さかった革命勢力が強大になる。
→ liǎo
燎光 liáoguāng〈文〉明るい.
燎荒 liáohuāng 野焼き(をする).
燎火 liáohuǒ ①燃える火。②〈文〉負けずぎらいの。気が強い.
燎浆泡 liáojiāngpào ⇒[燎泡]
燎炬 liáojù 松明(たいまつ)
燎拷 liáokǎo 火あぶりの拷問(にかける)
燎亮 liáoliàng 明白である.
燎燎 liáoliáo 光り輝くさま。はっきりしているさま.
燎猎 liáoliè 野や山に火を放って狩り出す狩猟法.
燎泡 liáopào 〔燎浆泡〈白〉火傷の水ぶくれ〕:〔潦浆泡〕とも書く。〔卢俊义看脚時,都是潦浆泡,点地不得〕(水62)盧俊義が足を見ると火傷の水ぶくれだらけで, 足を地面につけることができなかった。

燎原 liáoyuán ①火が野原に燃え広がる。〔势如～烈火〕勢いがあたかかも野原に広がる烈火の如くである。〔～之势〕野原の火のような勢い。抑えようのない勢い。②〈喩〉禍起がたちまち広がる.
燎原计划 liáoyuán jìhuà 実用技術と管理知識を教育し、農村の近代化を進めるための農村における成人教育プログラム.

[鹩·鷯]

liáo〔鹪 jiāo ～〕〈鳥〉ミソサザイ.〔鹩 diāo ～〕〈固〉ヨシキリの類.
鹩哥 liáogē〈鳥〉キュウカンチョウ(九官鳥):人語や物音をよくまねる。古書では〔秦 qín 吉了〕という.

[膋·膋] liáo 古書で腸の脂肪.

[聊] liáo

(Ⅰ)①〈文〉とりあえず。しばらく。②〈文〉少しばかり。いささか。③〈姓〉聊(りょう)
(Ⅱ)〈文〉よりどころとする。頼みとする。〔解放以前民不～生〕解放以前に民衆は安定したよりどころがなかった.
(Ⅲ)くつろいで話す。むだ話をする。雑談する。〔俩人～起从前的事〕二人は以前のことを語り始めた。〔别胡 hú ～啦〕つまらぬ話はやめろ.

聊备 liáobèi 一応具えている。〔～一格 gé〕〈成〉とりあえずさまになる。合格の数には入る.
聊表 liáobiǎo 少しばかり思いを表す。〔～寸 cùn 心〕〈成〉聊(りょう)か寸志を表す。〔～敬意〕いささか敬意を表す.
聊复尔耳 liáofù ěr'ěr〈成〉差し当たりこうしておくしかない:〔聊复尔尔〕とも書く.
聊花人儿 liáohuàrénr〈方〉〔聊花人儿〕〈方〉(子供が)うまいことを言って人を喜ばせる。〔这小姑娘～〕この小娘は(うまいことを言って)人を有頂天にさせる.
聊啾 liáojiū 耳鳴りがする.
聊赖 liáolài 頼みたよる。あてにする:多く否定形に用いる。〔百无～〕どうにも頼るあてがない。うらぶれて頼る所がない.
聊且 liáoqiě とりあえず。一応。ともかく。〔～一观〕ともかくも見てみる.
聊生 liáoshēng〈文〉安心して生活する。よりどころとして暮らしを立てる。〔民不～〕〈成〉人民が安心して生活することができない.
聊胜 liáoshèng 少し勝る。〔～一筹 chóu〕〈成〉わずかに優れている。〔～于毛无 wú〕〈成〉ないよりは多少よい.
聊天儿 liáotiānr ①〔口〕よもやま話をする。世間話をする。〔方〕摆 bǎi 龙门阵〕〔谈 tán 天(儿)〕に同じ。〔撩天儿〕〔寥天儿〕とも書いた。②〔電算〕(ネット上の)チャット。〔～室 shì〕チャットルーム.
聊闲天(儿) liáoxiántiān(r) むだ話をする.
聊以 liáoyǐ いささか以って…。間に合わせにして(…する)。〔～解 jiě 嘲〕なんとか照れ隠しをする。当惑をつくろう一助とする。〔～自慰 wèi〕ともかく自分で自分を慰める。〔～卒 zú 岁〕何とか年を越す。どうにか年だけは越していく.
聊斋(志异) liáozhāi(zhìyì)〔書〕清の蒲松齡が著した妖怪変化などに関する物語。16巻431篇.

[漻] liáo 〈文〉水が深く澄んでいること.

[寥] liáo

①〈文〉広々としている。②まばらである。少ない。③静かである。ひっそりしている。④〈姓〉寥(りょう)
寥寂 liáojì〈文〉①静まり返る。②もの寂しい.
寥阔 liáokuò ひっそりとして寂しい。がらんとしている.
寥廓 liáokuò〈文〉①高く広々としているさま。②がらんとして空腹なさま.
寥戾 liáolì〈文〉音声が透き通って遠くまで聞こえる

さま.

寥亮 liáoliàng ⇒ [嘹亮]

寥寥 liáoliáo ほんのわずかである. とても乏しい. [~无 wú 几]<成>極めて少ない. [~数 shǔ 语]わずか数語しかない.

寥落 liáoluò もの寂しい. うらさびしい. [寥寥落落]同前の重量形. [~无声]人気少なく(寂しく)ひっそりとしている. [疏 shū 星~]星がまばらでさみしい. →[牢 láo 落①]

寥若晨星 liáo ruò chénxīng <成>暁の星のようにまれである:極めて数が少ない.

寥天 liáotiān <文>広い空.

〔**髎**（**髎**）〕liáo 中医髎(りょう):骨節間の空隙. [八~]穴位(つぼ)の名.

〔**了·瞭**〕liǎo (Ⅰ) [了]①終わる. 始末をつける. 済ます. [没完没~]きりがない. 果てしなく続く. [那件事早就~了]あの件はとっくに済ませた. [怎么~呢]どう始末するかね. [咱们私下~吧]内緒で片をつけよう. [不~之]うやむやに済ます. [话犹 yóu 未~,…]話が終わらないところに,…. ②<文>完全に, 全く. >多く否定に用いる. [~无惧 jù 容]全く恐れている様子がない. ③動詞の後に[得 de]あるいは[不 bu]と共に置き, 完了し得る(得ない), やりおおせる(せないこと)を表す. [办得~办不~]やれるかどうか. [来不~]①間に合わない. ②こらえきれない. 辛抱しきれない. [谁也受不~这种压迫]誰にせよこのような圧迫には耐えられない. [他的病好得~]彼の病気はきっと治る. ④<姓>了(りょう).

(Ⅱ) [瞭]はっきりしている. よくわかっている. [明 míng~]同前. →[瞭 liào] ~ le

了毕 liǎobì 終了する. 完成する. [已早安排~] (王厢)とっくにお膳立てはもう終わった.

了不得 liǎobudé ①並はずれている. けたはずれだ. [他真本领真~]彼の腕前は本当に大したものだ. [他也算是不~的人]彼もまた非凡な人といえる. ②ひどく…だ. この上なく…だ. [创 chuāng 口疼 téng 得~]傷口が痛んでたまらない. [这个孩子闹得~]子供はいたずらで手に負えない. [感激得~]感激にたえない. →[不得了②] ③大変だ. これはたまらない. ただごとではない. [可~了,都停电了]大変だ, みな停電してしまった. [~了!起火了!]大変だ, 火事だ. →[了得]

了起 liǎobuqǐ すばらしい. 偉い. 大したものだ. [他的功绩是~的]彼の手柄は大したものだ. ②重大である. 厳重である. [你放心吧, 没有什么~的事]安心なさい, なにも重大なことはない.

了草 liǎocǎo ⇒[潦 liáo 草]

了当 liǎodàng ①きっぱり(さっぱり)している. きっぱりさ…する. [他愿意直爽 zhí shuǎng~地办事]彼はてきぱきと仕事をするのを好む. [我们粗 cū 囟人办事, 三言两语, 脆 cuì 快~](老·四·慢24)あっしらがさつな人間が事をやるとなりゃあ, 二こと三ことでちょいと片づけてしまいまさあ. ②妥当である. うまい具合である. [万事~]万事完了. ③<白>処理する. [自能~得来](快心篇)自らけりをつけることができる.

了得 liǎode ①成し遂げる. 終わらせる. 果たす. [扫黄怎一个字~]ボルノの追放は"締め出せ"の一言でどうして完了するものか. ②<白>すばらしい. 偉い. 非凡である. [我看这女子着实~](快心篇)わたしはこの女性は本当に偉いと思う. →[了不得①] ③たまるものか(反語):文末に置いて驚き·詰問·反語を表す. [这还~]これはたまらない. →[不得了③]

了断 liǎoduàn 方をつける. [那件事还没有~]あの件事はまだかりがつかない. [了不断]方がつかない.

了结 liǎojié ①始末がつく(をつける). 解決する. 終 わる. [~不了 liǎo]解決がつかない. ②圕決公済.

了解 liǎojiě ①分かる. 良く知る. 了解する. 理解する. [~斗争的动向]闘争の方向をつかむ. [姐姐, 你是~我的]姉さんはぼくのことをよくわかっているでしょう. [亲 qīn 身参加体力劳动, 才能真正~劳动人民的生活和感情]自分自身肉体労働に参加してこそ労働人民の生活と感情を本当に理解することができる. →[理Ⅱ 解 liàng 解] ②問い合わせる. 調査する. 調べる. 尋ねる:調査し尋ねることによってわかること. [究 jiū 竟是怎么回事?你去~一下]いったいどういう事なのか, 問い合わせてみなさい. [据 jù 我~, 没有这么回事]わたしの調べたところではそういう事はなかった.

了局 liǎojú ①終結する(させる). 始末がつく. 終わる. ②解決策. 長久の策. [终非~]結局のところ長久の策でもない.

了理 liǎolǐ <白>きちんと(けじめをつけて)処理する. [尚有一事未曾~]あとまだ一つけじめをはっきりさせてないことがある. →[料 liào 理①]

了亮 liǎoliàng <方>てきぱきしている. はきはきしている. [这人行事说话都很~]この人はやる事も言う事もてきぱきしている.

了了 liǎoliǎo <文>①はっきりわかる. 明白にわかる. [那件事兄弟也不甚 shèn~]あの事はわたしもよくはわかっていません. ②賢い. [小时~,大未必佳](世说·言語)小さい時は賢くても大きくなって必ずしもよくない.

了难 liǎonán 難題に結着をつける. [替 tì 人~]人のためにもめごとのけりをつけてやる.

了期 liǎoqī <文>終わる時. [无 wú~]やむ時がない.

了清 liǎoqīng 全部終結する. きれいに片付ける.

了却 liǎoquè やり終える. 成し遂げる. [~一生心愿]一生の願いを果たす. [~一桩 zhuāng 心事]一つの心配ごとを片づける. (或重大な負荷が一つおりる)

了儿 liǎor ①<方>終わり. 最後. [由头儿到~]初めから終わりまで. ②<白>止め金. 細長い当て板. [卢俊义取出朴 pō 刀, 装在杆棒上, 三个~扣手了](水61)盧俊義は"朴刀杖"を取り出して棒の上にし, 3個の止め金でしっかり取りつけた.

了然 liǎorán 明らかになる. よくわかりしたさま. [一目 mù~]ひと目で明らかにわかる. [~于心]心の中でははっきりとしている.

了如指掌 liǎo rú zhǐzhǎng <成>たなごころを指すように明らかである(情況がよくわかっている)

了身达命 liǎoshēn dámìng ①身を落ち着ける:[安 ān 身立命]に同じ. [寻个~之处](水114)どこか身を落ち着けるところを探す. ②悟る. 悟達の境地に入る.

了事 liǎoshì ①<文>よく分かっている. 通暁している. ②(事を)終わる. すんだことにする:多くは不徹底, やむをえない意に用いる. [草草~]いい加減に事をすます. [含 hán 糊~]あいまいに事を終える. ③<方>有能である. 処理する能力がある.

了事的 liǎoshìde <方>事務を処理する人. 商家の支配人または各部の主任. ②紛争調停人. ③物のよくわかった人.

了事环 liǎoshìhuán 旧鞍の鞍につける武器をさげる輪. [花荣就~带住钢 gāng 枪](水64)花栄は同時に槍をおさめとめた.

了手 liǎoshou <方>(仕事が)終える. 済ます. 止め金. 締めくくる. [~紧 jǐn 着没完, 也不是~哇]引き続いていては締めくくりにはならない(けりがつかない)よ. ②結局. 結果. とどのつまり.

了无 liǎowú 少しも…ない. [他~长 zhǎng 进]彼は少しも進歩しない. [~惧 jù 色]少しもおそれる色が

了钉蓼燎炓料　liǎo～liào

了悟 liǎowù〈文〉悟る.大悟徹底する.
了(心)愿 liǎo(xīn)yuàn 願望を果たす.
了债 liǎozhài 負債を済ませる(完済する).
了账 liǎozhàng ①借金を返す.清算する(払う). ②〈喩〉完結(する).終わりに(する). ③〈喩〉死ぬ.殺す.〔一刀～〕一刀のもとに殺す.
…**了** …liǎozhī …してけりがつく(をつける).…しておしまい(にする).〔以不了 liǎo～〕本当は済んでいないのに済んだことにする.いいかげんに済ます.
〔老本吃光便一走～〕元手をすってしまったら,逃げてしまえばそれでおしまいだ.

〔钌・釕〕 liǎo ⑩ルテニウム:金属元素.記号 Ru. 白金属の一. → liào

〔蓼〕 liǎo ①㊥タデ(総称).〔水 shuǐ～〕ヤナギタデ:水辺に生える薬草.〔马 mǎ～〕春 chūn～〕〔大 dà～〕ハルタデ:穂状の紅白の花が咲く.②〈姓〉蓼(リ). → lù

蓼岸 liǎo'àn〈文〉タデの生えている川岸.
蓼花糖 liǎohuātáng ㊥もち米の粉をこねてピンポン玉位の大きさの中空のものにして油で揚げ,砂糖をまぶした菓子.
蓼蓝 liǎolán ㊥タデアイ.アイ.〔蓝①〕ともいう.藍玉にし染料とする. →〔马 mǎ 蓝〕
蓼儿洼 liǎorwā ⇒〔梁 liáng 山泊〕

〔燎〕 liǎo（火に近づいて）焦げる(がす).〔布～的味儿 wèir〕布の焦げるにおい.〔火～眉méi〕火が眉毛を焦がす.〈喩〉切迫した局面になる.〔～不着〕毛も焦げるにおい. → liào
燎毛 liǎomáo 毛髪を焦がす.〈喩〉きわめて容易なこと.〔易燎～〕その容易なことは毛髪を焦がせばよく燃えるようなのである.

〔钌・釕〕 liào〔～锔儿 diàor〕（戸や箱などに取りつけた）かけがね:一端が輪状またはかぎ状になっている. →〔屈 qū 戌儿〕 → liǎo

〔炓〕 liào

炓蹦儿 liàobèngr〔炓进儿〕とも書く.〈方〉（あせって）とびはねる.ばたばたする.〔急 jí 得直～〕気がせいて（いらいらして）しきりに気をもむ.〔别叫他～〕彼をおろおろさせるな.
炓嗒 liàoda〈方〉（歩く時に）服の後のすそがばたりとあがる.〔你穿 chuān 这么短的衣裳～～的,多难看〕こんな短い服を着て,すそがばたばたあがって,たいへんみっともない.
炓鞬子 liàojiànzi （うさぎが）ピョンピョンととびはねるような走り方をする.
炓蹶子 liàojuězi〔撂蹶子①〕（馬・ロバなどが）後足で蹴る.〔留神驴 lú～〕ロバに蹴られないように注意しろ.〔这匹马 pǐ 马～踢 tī 了我了〕この馬がはねてわたしを蹴った.〔炓蹶踢来了〕馬が(はねて)暴れだした.〔驴～～差 chà 点儿折 zhé 他一个跟头〕ロバがふいに跳ねかかので,危うく彼はころげ落とされそうになった.②蹴るくせのある馬やロバ.③〈転〉あたりちらす.かんしゃくをおこす.言うことを聞かない.

〔料〕 liào ①推し量る.見計らう.〔预 yù～〕〈文〉逆 nì～〕〔逆睹～〕予想する.〔不～～〕はからず….〔果然不出所～〕はたして予想の範囲を出なかったとおりであった.②世話し管理する.処理する.切り盛りする.〔照 zhào～病人〕病人を世話する.③〔一儿〕素材.材料.生地.〔原 yuán～〕〔材 cái～〕材料.©人材.〔木～〕材木.〔衣 yī～〕布地.〔可 kě 着～做衣服〕布地を目一杯に使って服を作る. →〔料酒〕
④特定の用途にあてられる物.〔饮 yǐn～〕飲料.〔燃～〕燃料.〔肥 féi～〕肥料.〔饲 sì～〕飼料.〔草

cǎo～〕牛馬の飼い葉. ⑤根拠や種となるもの.〔笑 xiào～〕笑い草.笑いの種.〔史～〕史料. ⑥半透明のガラス.ガラス質のもの. →〔烧 shāo 料〕⑦用の足る人間.人の質.〔我早看出来不是这块～子了〕この役立たずは彼はとっくに見破っていた. ⑧鋸(ぎ)の歯を一つずつ互い違いに左右に少し開くこと.〔拔 bō～〕のこぎりの歯にそりをつける. ⑨量詞.〔回木材の体積量:切り口が〔一方尺〕（1平方尺）で長さ7尺のものを1〔～〕とする. ⑤〔一儿〕剂(ざい):処方箋によって作る漢方薬の一定量.〔一～药〕一剤の薬.〔吃了半～药就好了〕薬を半分服用したところですぐよくなった. ⑩〈姓〉料(?).

料槽(子) liàocáo(zi) 家畜の飼い葉桶(細長い箱型).
料场 liàochǎng 材料置き場.
料车 liàochē 溶鉱炉に原鉱を投入するために用いる無蓋車.スキップ.
料持 liàochí〈白〉処理する.整える.
料袋 liàodài〈白〉物入れ袋.〔便叫煮 zhǔ 下干肉,作起蒸 zhēng 饼,各把～要了,拴在身边〕乾肉を煮させて蒸し餅を作り,各自物入れ袋に入れ体にくくりつけた.
料到 liàodào 思い至る.見越す.予想する.〔料不到〕思い及ばない.予測できない.
料定 liàodìng 推し量って断定する.決め込む.
料斗 liàodǒu〔一子〕飼料入れ桶:多く柳条で編んだもの.
料豆 liàodòu〔一儿,一子〕家畜飼料にする豆:〔一子〕ともいう.
料度 liàoduó 推し量る.推量する.
料估 liàogu〈方〉①見積もる.見計らう.〔～着办〕見計らって処理する.②想像する.推察する.
料货 liàohuò ①原料物資.②半透明のガラス質製品:例えば白色の電灯の笠を〔～的灯罩儿 zhàor〕〔料罩〕という.③偽のガラス細工にするガラス製品.
料及 liàojí〈文〉思い及ぶ.考え及ぶ.予想する.〔中途大雨,原未～〕途中での大雨はそもそも予想してはいなかった. →〔料想〕
料件子活 liàojiànzi huó ＝〔撂件子活〕〈口〉でき高払いの仕事:〔件工〕に同じ.〔她闲下就在家做点～彼女は暇があれば家で賃仕事を少しやる.
料酒 liàojiǔ 調理用酒.
料理 liàolǐ ①処理する.整理する.〔～家务〕家事をきりもりする.②料理する.調理する.〔～饭食〕食事の用意をする.③料理:独特の風味をもつことを意識した言い方.〔日本～〕日本料理.〔韩 hán 国～〕韓国料理.
料力 liàolì 資力.材料としての力.
料量 liàoliáng〈文〉計算をたてる.見積もる.計り数える.②とりしきる.処理する.
料粮 liàoliáng 食材,飼料としての穀物.
料面 liàomiàn ⇒〔海 hǎi 洛因〕
料莫 liàomò〈口〉思うに.想像するに.〔～天地不饿煞老鸦儿吃草〕(金81)思うに,天もまたすきっ腹のカラスに草を食わせるようなひどい目にはあわせないであろう.
料瓶 liàopíng (半透明の)ガラス瓶.
料器 liàoqì (彩色した)ガラス細工.ガラス工芸品.
料峭 liàoqiào〈文〉うすら寒い.ひんやりと感ずる.〔春寒～〕春まだうすら寒く感ずる.
料事 liàoshì ①推し量る.予測する.〔～如见〕〈成〉推測が目で見るように確かである.〔～如神〕〈成〉見通しが的確である.②処理する.とりしきる.
料算 liàosuàn 見積もる.
料所不及 liào suǒ bùjí 思いもよらない(及ばない). →〔料及〕
料想 liàoxiǎng 想像する.推し量る.〔～到〕同前で

思い及ぶ.〔～不到〕思いがけない.
料源 liàoyuán 原材料の供給源.
料中 liàozhòng 想像の的中する.
料珠 liàozhū ①半透明ガラスの玉. ②半透明ガラス製の数珠.
料子 liàozi ①〔毛織の〕生地;〔衣 yī shā〕ともいう.〔～服 fú〕毛織物の衣服. ②なりある人.素地のある人.〔他不是教书的～〕彼は先生という柄ではない. ③⇒〔海 hǎi 洛因〕

〔**廖**〕 liào 〈姓〉廖(リョウ)

〔**撂（撩）**〕 liào 〈口〉①置く.おろす.〔把行 xíng 李～在地下〕荷物を地面へ置く.〔～下车把车上的～在地下〕車上のかじ棒を下におろす.〔～帘 lián 子～着呢〕カーテンがおろしてある. →〔放 fàng ⑭〕〔搁 gē ①〕 ②ほうり出す.投げ出しやめる.捨て置く.〔～下〕〔中途で〕ほうり出す. ⑤〈喩〉死んだ.〔～不下管〕ほったらかしてかまわない.〔这个破碗可以～到垃 lā 圾箱里去〕この欠けた碗はごみ箱へ捨ててもいい. ③倒す.〔～倒几个人〕何人かを投げ倒した. ④〔人を〕後に残す.遺留する.〔她一死,～下两个孩子怪可怜 lián 的〕彼女が死んで二人子供が残されたが何ともかわいそうだ.〔空～下许多财产,带不到坟里去〕たくさんの財産を空しく残していった.墓場へは持って行かれないのだ.〔～哭 liāo, liáo〕
撂担子 liàodànzi ⇒〔撂挑子〕
撂倒 liàodǎo 投げ倒す(してやっつける)
撂地 liàodì(r) 大道芸人が縁日などに大道や空地で店開きして芸をやる.〔撂地掩 tān〕ともいう.
撂荒 liàohuāng 〈方〉田畑を放置して荒れてるままにする.〔～地〕同前の田地.
撂件子活 liàojiànzi huó ⇒〔料件子活〕
撂跤 liàojiāo 〈方〉①角力(すもう)(をとる). ②転ぶ. →〔摔 shuāi 跤〕
撂橛子 liàojuézi ⇒〔杓 橛子〕
撂开 liàokāi 手をひく.関係を断つ.〔这个事情撂不开手〕この事は手をひくことができない.
撂生 liàoshēng 〈方〉(長く使わないで)腕がなまる.能力がおちる.
撂手 liàoshǒu 手を引く.投げ出す.〔～不管〕ほったらかしにしてかまわない.
撂台 liàotái 〈方〉かまうのをやめる.〔您要一～我可就抓瞎了〕あなたがほったらかしになさるとわたしは大慌てしてしまいます.
撂挑子 liàotiāozi ＝〔撂担子〕担ぎ棒で担いでいる荷物を投げ出す.〈喩〉やるべき仕事を投げ出す:〔打 dǎ 杠子⑤〕ともいう.〔他一不高兴就～〕彼は面白くないとすぐ投げ出してしまう.
撂下 liàoxia 〔下に置く. ②捨て置く. →〔字解①②〕
撂下脸子 liàoxiàliǎnzi 不機嫌な顔つきをする.〔他脸子撂下来,坐在那里看着手表〕彼は顔をこわばらせて腕時計を見ている.
撂心思 liàoxīnsi 〈方〉心にかける.気をつける〔他对家事全不～〕彼は家のことなどはまるで無頓着である.

〔**瞭**〕 liào 高いところへ登って遠方を見る.眺める.〔～见〕遠望する.〔～不到〕見渡せない. →〔了 liǎo (Ⅲ)〕
瞭高儿 liàogāor ①高い所で見張りをする.〔贼 zéi 在房上～〕賊が屋根の上から見張りをする. ②〈喩〉高見の見物をする.
瞭哨 liàoshào 斥候を出す.歩哨に立つ.
瞭望 liàowàng 遠くを(から)見つめる.高い所から遠く見透かす(見渡す)はるかな遠くまで同前.〔～的〕見張り人.監視人.〔～哨 shào〕同前をする兵士.〔～台 tái〕＝見張り台.展望台. →〔眺 tiào 望〕

〔**镣・鐐**〕 liào 両足首をくくりつける鉄の鎖の刑具.〔脚 jiǎo～〕同前.〔戴 dài 上～〕足かせをはめる.
镣铐 liàokào 手かせ足かせ.〔我们是怎样挣 zhèng 脱了资本主义的～的〕わたしたちは資本主義の手かせ足かせからどのようにして抜け出したか.

lie ㄌㄧㄝ

〔**咧**〕 liē → liě lie

咧咧 liēliē 形容詞・動詞の後に置き,ひどい・いいかげんであることを表す.〔大 dà 大～〕人におおまいかく全く勝手に.〔骂 mà 骂～〕とりとめなく人を悪く言う.
咧咧 liēlie 〈口〉①(子供が)ぐずる.泣いて言う. ②やたらとしゃべる.わめく.〔别瞎 xiā～了〕べらべらしゃべるな.〔喝 hē 喝～〕鼻歌をうたう声のさま.
咧子 liēzi 〈方〉①口汚い言葉.〔骂 mà～〕口汚く罵る. ②陰で人を罵る.

〔**咧**〕 liě 口を大きく開く:泣く時など,上下の唇をあまり離さず横一文字あるいはややゆがめた状態にすること.〔～嘴 zuǐ〕同前.〔～着嘴哭 kū〕口をゆがめて泣く. → liē lie

〔**裂**〕 liě 〈口〉(物の両部分が開いて)口をあける.はだける.〔衣服没扣 kòu 好,～着怀〕服をきちんと着ないではだけている. → liè

〔**列**〕 liè ①並べる.列.〔行 háng〕行列. 並ぶ(べる).連なる(ねる).列記する.〔～具 jù〕連ね並べる.〔罗 luó～②〕羅列する.〔排 pái～①〕排列する.〔陈 chén～〕陳列する.〔姓名～后〕(該当の人々の)姓名は後記のとおり.〔～了个名单〕名簿を作った.〔来函所～出口货〕来信に列記されている輸出品. ③部類.仲間.〔不在此～〕この部類ではない. ④帰属させる.…の部類に入れる. 割り振る.〔上 shàng 进 jìn〕列記. ⑤量詞.列になっている人・物を数える.〔一～火车〕列車.〔一～横队〕一列横隊.〔两～前进〕二列になって前進する. ⑥各々(の).列国.〔～户挨 āi 查〕戸別調査する.〔列国〕 ⑦〈姓〉列(レツ).
列表 lièbiǎo リスト.表に作る.
列兵 lièbīng →〔军 jūn 衔〕
列车 lièchē 列車:連結した汽車など.〔～电站〕発電設備を特製の列車に装置した移動発電所.〔～广播 guǎng 告〕列車の車内放送.〔～员 yuán〕列車乗務員.車掌;列車の専務車掌は〔～长 zhǎng〕〔车长〕という.
列出 lièchū 書き連ねる.〔～几项〕数項目書き並べる.
列次 liècì 〈文〉①次第.順序. ②順序によって並べる.
列当 lièdāng 圃 ハマウツボ(科総称). →〔草 cǎo 苁蓉〕〔肉 ròu 苁蓉〕
列岛 lièdǎo 列島.
列鼎而食 lièdǐng ér shí 〈喩〉豪奢な生活をする.
列队 lièduì 隊を組む.〔～游行〕隊を組んで行進する.
列公 liègōng 〈文〉各位.諸公.
列国 lièguó 列国.各国.
列侯 lièhóu ①圓 爵位の一. ②〈文〉諸侯.
列后 lièhòu 〈文〉①後に書き並べる.下記のとおり.〔姓名～〕姓名は次のとおり. ②後列に並ぶ. ③成績などが後ろの方になる.
列举 lièjǔ 列挙する.

列款 lièkuǎn 〈文〉箇条書き(にする)

列宁 lièníng 〔人〕レーニン:[苏联]〔ソ連〕の創始者(1870～1924).〔～格勒 gélè〕レニングラード:[圣 shèng 彼得堡]〔サンクトペテルブルグ〕の旧称.〔~主义〕レーニン主義:〔马列主义〕マルクス・レーニン主義.

列强 lièqiáng 囗列强.強い国々.

列入 lièrù 部類(項目)の中に入れる.数に入れる:[列进]ともいう.〔～必需品类〕必需品の部類に加える.〔～议程〕議事日程に加える.

列氏(度) lièshì(dù) 〔物〕列氏温度(レオミュール度):氷点を零度とし,沸点を80度とする.現在は使われない.→〔华 huá 氏(度)〕〔摄 shè 氏(度)〕

列数 lièshù ①並べ数える.列挙する.②並べた(ん)数.

列土封疆 lièlǔ fēngjiāng 固土地を大臣らに分け与える.

列为 lièwéi 並べ入れる.その類に入るものとする.

列位 lièwèi 〈文〉各位.諸君.

列席 lièxí 列席する.オブザーバー参加する:発言権はあるが表決権はない.

列项 lièxiàng ①項目を並べる.またその項目.②プロジェクトに入る.

列伊 lièyī 〔音訳〕レイ:ルーマニア・モルドバ共和国の通貨単位名.〔列伬〕とも書いた.1〔～〕は100〔巴尼〕(バニ)

列御 lièyù 〔姓〕列御(寇)

列阵 lièzhèn 〈文〉布陣する.

列支 lièzhī 列の中に入れる.費目に入れて支出する.〔在科研经费中～〕科研費として支出する.

列支敦士登 lièzhīdūnshìdēng リヒテンシュタイン:正式国名は〔瓦 wǎ 杜兹〕(ファドーツ)

列传 lièzhuàn 史伝のうち紀伝体の史書で,人臣の伝記をつらねた記録.〔司马迁〕の史記に始まる歴史記述の方法で,列伝の形式による記述したもの.→〔本 běn 纪〕〔世 shì 家②〕

列子 lièzǐ ①〔人〕戦国時代の思想家列御寇.②〔書〕同前の著した書:後代〔冲虚真経〕とも称された.

列祖列宗 lièzǔ lièzōng 代々の先祖.

〔冽〕 liè 〈文〉寒い.冷たい.〔凛 lǐn ～〕〔凛 lì ～〕寒さが厳しい.〔～风 fēng〕冷たい風.〔北风～〕北風がひどく冷たい.

〔洌〕 liè 〈文〉水や酒の澄んでいるさま.〔清 qīng ～〕~清〕同前.〔~泉 quán〕清冽(れ)な泉.

〔烈〕 liè ①激しく燃えている.〔性如～火〕気性が猛火のように激しい.②激しい.強烈である.猛烈である.〔热 rè ～〕熱烈(に).〔剧 jù ~〕劇烈.〔麦 hōng 麦~〕の勤労 xūn〕赫(がく)たる功績.〔兴 xīng 高采~〕興(ぎ)が乗って有頂点にある.③義のために生命を惜しまない(こと).正義のために命をささげる.〔先～〕犠牲になった先烈.→〔烈士〕 ④品性が高い,剛直である.⑤〈文〉事業.功績.〔功～〕功績.〔祖先遗~〕祖先の遺勲.〔非一手一足之~〕人の功績ではない.⑥〈姓〉(れ)

烈度 lièdù 震度:〔地震～〕の略.→〔di dì 震震级〕

烈风 lièfēng 囗秒速20.8～24.4メートル,風力9の風.②強い風,大風.

烈火 lièhuǒ 烈火.激しく燃える火.〔～见真金〕〈喩〉激しい試練に遭ってこそその人の真価がわかる.〔～烹 pēng 油〕〈喩〉盛んな上に盛んである.華やかな上にも華やかである.〔~脾 pí 气〕〈喩〉気短な気性.

烈酒 lièjiǔ 強い酒.

烈倔 lièjué 気性が強(ご)い.〔~媳 xí 妇〕気性のはげしい嫁.

烈军属 lièjūnshǔ 〔烈属〕と〔军属〕

烈考 lièkǎo 〈文〉立派な亡父.

烈烈 lièliè ①勇武なさま.②盛んなさま.③寒さの厳しいさま.

烈烈轰轰 lièliè hōnghōng →〔轰轰烈烈〕

烈马 lièmǎ 暴れ馬.気性の強い馬.悍馬.

烈名 lièmíng 〈文〉勢威ある評判.

烈女 liènǚ ①気強く操のかたい女性.〔~不事二夫〕貞女は二夫に仕(な)えない:〔事〕は〔更〕ともいう.②貞操を守って死んだ女性.

烈日 lièrì 燃えるような日光.炎熱の太陽.烈日.

烈士 lièshì ①忠烈の士.正義のため命を亡くした人.〔革命～〕中国革命のために犠牲になった人.〔~纪念节〕烈士記念日:清明節の日が当てられている.②〈文〉功業の志ある人.功業に尽力した人士.〔~暮 mù 年,壮心不已〕〈文〉功業に志す人は晩年になっても壮志は少しも衰えない.

烈士家属 lièshì jiāshǔ 同上.

烈属 lièshǔ =〔烈士家属〕殉国烈士の遺族.戦死者の遺族.革命に殉じた人の遺族.→〔光 guāng 荣烈属〕〔家 jiā 属〕〔军 jūn 属〕

烈暑 lièshǔ 〈文〉酷暑.

烈武 lièwǔ 〈文〉偉大な武功.

烈性 lièxìng ①〈気質〉が烈しい.勝気である.〔~子〕同前.〔~汉 hàn 子〕勝気な男.②猛烈である.強烈である.〔~毒 dú 药〕猛烈な毒薬.

烈焰 lièyàn 激しい炎.勢いよく燃える炎.

〔䴷・鴷〕 liè 圓キツツキ:〔啄 zhuó 木鸟〕の古称.

〔裂〕 liè ①裂けたころびる.裂け目ができる.〔手脚冻～〕手足が凍えてひびが切れる.〔豌豆角儿～了口儿〕さやえんどうに裂け目ができる.②割れてしまう.〔四分五～〕ばらばらになる.〔~成两半儿〕二つに裂けた.〔他们的交情破~了〕彼らのつきあいはだめになった.〔决 jué ~〕決裂する.③圓葉や花弁の周りの深い切れこみ.→ liě

裂变 lièbiàn ①〔物〕〔原子核の〕分裂.〔核～〕核分裂.〔2〕核分裂物質.②急激に分裂・変化する.〔现代人道 zhuī 求小家庭,大家庭不断～〕現代人は核家族にあこがれているので大家族の分化が進んでいる.

裂帛 lièbó 絹を裂く.②鋭く響く音.〔声如~〕の声は絹を裂くようである.

裂齿 lièchǐ 動裂肉齿:肉食動物の犬歯.

裂唇 lièchún ⇒〔唇裂〕

裂胆 lièdǎn 肝をつぶす.非常に驚く.

裂缝(儿) lièfèng(r) =〔裂罅〕①割れ目.ひび.すきま.〔结 jié 构上的~一天比一天大〕構造物の表面にできた割れ目が一日一日と大きくなる.②割れ目ができる.裂け目ができる.〔裂开缝儿〕同前.→〔裂痕〕〔裂纹①〕

裂肤 lièfū 皮膚を裂く.〈喩〉厳寒.

裂谷 liègǔ 囮裂谷.地溝.

裂锅 lièguō 〔方〕仲たがいする.〔他们不是感情很好吗？怎么裂了锅了〕彼らはたいへん仲が良かったのに,どうして仲たがい...たんだろう.

裂果 lièguǒ 植〔開〕果:〔豌 wān 豆〕〔油 yóu 菜〕のように,熟すると裂けて種子を飛び散らせる果実.

裂痕 lièhén ①割れ目.ひび.②〈喩〉〔人間関係・社会的関係の〕ひび.〔他们现在想利用这些问题来在两国之间制 zhì 造~〕彼らは現在これらの問題を利用して両国にひびを入れようと考えている.→〔裂缝(儿)〕〔裂纹①〕

liè 裂趔劣埒捩猎

裂化 lièhuà 化(石油の)接触分解.クラッキング.〔～车间〕同前の工程場.〔有热～〕加熱分解.〔催化～〕触媒分解.

裂解 lièjiě 化(石油を高温下で)分裂分解(させる)

裂筋 lièjīn 〔方]間にたって邪魔をする.〔长工和我们打得好交,是主家～才不得一块儿嘛〕常用工とわたしたちは仲がよいが,雇い主が仲を裂いて邪魔するので一緒にはなれないんですがね.

裂口(儿) lièkǒu(r) 裂け目(ができる).傷口が開く)

裂炼 lièliàn 化(石油を)分解して精製する.

裂馏 lièliú 化(石油を)分解し分留する.

裂片 lièpiàn 植縁に切れ込みのある葉や花弁.

裂纹 lièwén ①=[裂璺①]裂け目.すき間.ひび.〔天有一了〕雲のすき間ができた.→[裂缝(儿)][裂痕]②〔陶磁器の装飾用の)ひび.

裂璺 lièwèn ①同上].②ひび割れの線ができる.ひび割れる.

裂隙 lièxì 割れ目.ひび割れ(によるすき間)

裂缝 lièxià ⇒[裂缝(儿)]

裂牙儿酸 lièyáarsuān 口がまがるほどの酸っぱさ:[裂牙牙儿酸]ともいう.

裂眼 lièyǎn 〈文〉怒った目.→[裂眦]

裂殖菌 lièzhíjūn 生命分裂菌:核がなく細胞が分裂して増殖する菌類.

裂眦 lièzì 〈文〉目を見開いて激しく怒る.〔裂眼]

[趔] liè

趔趄 lièqie ひょろひょろする.ひっくり返りそうになる.よろよろして危なっかしい.〔趔趔趄趄 qièqiè]同前のさま.〔打～〕よろめく.〔老汉～了两步,差点儿栽 zāi 个大跟头〕老人は2,3歩よろよろして,危うくもんどり打つところだった.〔不小心,闹了个～〕うっかりして,よろよろとひっくり返りそうになった.

[劣] liè

①劣っている.よくない.〔恶 è～]悪劣である.悪い.〔低 dī～〕低劣である.劣っている.〔优～〕優劣.↔[优 yōu(I)①]②未熟で弱い.弱小である.〔力 lì 巴①〕③一定の標準より小さい.→[劣弱]

劣榜 lièbǎng ワーストランキング.

劣币 lièbì 悪貨.

劣薄 lièbó 〈文〉拙劣である.薄弱である.

劣次 liècì 粗悪である.〔～商品〕劣悪な商品.

劣等 lièděng 劣等の.下等(の).〔～生〕劣等生.↔[优 yōu 等]

劣点 lièdiǎn 短所.欠点.

劣董 lièdǒng 無頼の徒.

劣根性 lièɡēnxìnɡ 劣っている根性.長い間にしみこんだよくない習性.

劣弓形 lièɡōnɡxínɡ 数劣弧に弦を加えた形.

劣棍 lièɡùn 無頼の徒.

劣弧 lièhú 数劣弧:半円周よりも小さい弧.→[优 yōu 弧]

劣化 lièhuà 劣化する.〔土质严 yán 重～〕土質が甚だ劣化している.

劣货 lièhuò ①=[乏 fá 货②]劣悪な品.②〈転〉敵国の商品.〔抵制～〕敵国製品を締め出す.③ろくでなし.

劣迹 lièjì 不行跡.悪行の爪跡.〔～昭彰〕悪行が目に余る.〔～斑 bān 斑]悪行が多いさま.

劣价 lièjià 低価格(にする).〔劣级②]①物も粗悪で値も安価.②物が粗悪でも値も安くする.

劣局 lièjú 劣勢.不利な局面.

劣厥 lièjué 強情で物覚えが悪い.

劣马 lièmǎ ①不良の馬.駑馬(ぬ).②気性が荒く制御しにくい馬.

劣品 lièpǐn 劣悪品.粗悪品.

劣绅 lièshēn 〔劣董]品行下劣な地方紳士.劣等紳士:地主や隠退した役人など.〔土 tǔ 豪～〕地方の悪ボス.

劣势 lièshì 劣勢.〔处于～〕劣勢に置かれる.

劣性 lièxìng 劣等な性質.卑しい性質.

劣质 lièzhì 質の劣っている.低品質である.〔～服 fú 务〕劣悪なサービス.〔～煤 méi 粗悪な石炭.〔～奶 nǎi 粉]不良粉ミルク.

劣种 lièzhǒng ①劣等の種類.不良品種.②ろくでなし.

劣株 lièzhū 植劣勢株(木)

[埒] liè

〈文〉①等しい.同じである.〔二人之才力相～]二人の才力は相等しい.〔富 fù～王侯]その富は王侯に等しい.②低い垣.〔马～]両側に低い垣のある騎射練習用馬場.③界域.境界.

[捩] liè

ねじる(れる).ひねって回す(る).〔世界历史的转 zhuǎn～点]世界歴史の転換点.

[猎・獵(獵)] liè

①狩猟(をする).〔出 chū～〕同前に出かける.〔～虎 hǔ]とら狩りをする.〔渔 yú～〕魚を捕り鳥獣を捕る(こと).〔打～的]猟師.②〈転〉捜し求める.追い求める.→[猎涉]③→[猎猎]

猎豹 lièbào 動チーター.

猎捕 lièbǔ 捕獲する.〔～野生动物]野生動物を同前.

猎场 lièchǎng 猟場.狩り場.

猎袋 lièdài 狩猟用の物入れ袋.

猎刀 lièdāo 狩猟用の刀.

猎狗 liègǒu ①=[猎犬]猟犬.②動リカオン:〔非 fēi 洲野犬]ともいう.

猎户 lièhù ①=[猎人]猟師.狩人(がり).〔～座]天オリオン座(星座の名).→[参 shēn 宿]②狩猟を業とする家.

猎获 lièhuò 〈文〉猟で捕る.〔～物]獲物.

猎具 lièjù 狩猟用具.

猎雷舰 lièléijiàn 軍掃海艦.

猎猎 lièliè 〈文〉風の音または旗が風ではためく音の形容.〔秋风～]秋風が音をたてて吹く.

猎囊 liènáng 獲物入れ袋.

猎奇 lièqí 珍しいものをあさる:多くそしる意に用いる.

猎潜艇 lièqiántǐng =[驱 qū 潜艇]駆潜艇.

猎枪 lièqiāng 猟銃.

猎取 lièqǔ ①(猟で)捕る.②略奪する.分捕る.ばかり取る.(名利を)あさる(り取る).〔～功名]功名を謀り取る.成り上がる.

猎犬 lièquǎn ⇒[猎狗①]

猎人 lièrén ⇒[猎户①]

猎杀 lièshā 捕獲して殺す.〔～野生动物]野生動物を同前.

猎涉 lièshè =[涉猎①]巡り歩く.〈喩〉群書の内容をあさり見る.

猎师 lièshī ①狩猟のうまい人.②〈喩〉破戒の僧.

猎食 lièshí 鳥獣を猟獲して食物とする.②〈転〉不正な策を講じて手に入れる.

猎手 lièshǒu 腕利きの猟師.

猎隼 lièsǔn 鳥セーカーハヤブサ.

猎头 liètóu ヘッドハンティング.〔～业 yè]人材スカウト業.

猎物 lièwù 獲物.

猎艳 lièyàn ①作詩のため美辞ばかりをあさる.②女色をあさる:〔猎色 sè][渔 yú 色]ともいう.

liè~lín

猎鹰 lièyīng （鷹狩り用の）鷹．
猎影 lièyǐng ①スナップ．早撮り（写真）．②隠し撮り（写真）
猎逐 lièzhú 追いかけて捕らえる．〔～鸟兽〕鳥獣を同前．
猎装 lièzhuāng 服サファリジャケット．サファリスーツ．〔～绒 róng〕～呢 ní 紡ツイード．→〔苏 sū 格兰（花）呢〕

[躐（躐）] liè 〈文〉①踏む．踏みにじる．②〈喩〉（順序や等級などを）飛び越える．
躐登 lièdēng 〈文〉階級などを飛び越えて昇進する．
躐等 lièděng 順序を飛び越える（て…する）．〔技术决不能～速 sù 成〕技術は決して順序を飛び越えて速成はできない．
躐进 lièjìn 〈文〉順序を飛び越えて進級する．
躐席 lièxí 〈文〉席次を越えて席につく．

[鱲・鱲（鱲）] liè 魚名オイカワ．カワムツ：コイ科淡水魚．〔宽 kuān 鳍～〕ともいう．〔桃 táo 花鱼①〕は通称．

[鬣（鬣）] liè ①動物のたてがみ．〔马 mǎ ～〕〔马鬃 zōng〕馬のたてがみ．②〈文〉魚類のひげ．〔鲸 jīng ～〕鯨のひげ．〔虾 xiā ～〕えびのひげ．
鬣狗 liègǒu 動ハイエナ．
鬣羚 lièlíng 動シーロー：別称〔苏 sū 门羚〕（スマトラカモシカ）．東アジア産の〔羚羊〕（レイヨウ）の一種．
鬣蜥 lièxī 動イグアナ．

[咧] lie ｛方｝語気詞．〔啦 la〕〔了 le〕〔哩 li〕〔呢 ne〕などに同じ．つねに文末に用いられて，時になげやりな感じを表す．〔好～〕いいさ．〔罢 bà ～〕…だけのことさ．→ liē liě

lin カ／ㄣ

[拎] līn （手で物を）提げる．〔～着一只竹篮 la〕かごを一つ提げている．〔～起一桶水〕水を一桶持ちあげる．〔手不能～,肩不能挑 la〕手で物を提げる力もないし，肩で物を担ぐこともできない．
拎包 līnbāo 手提げかばん．
拎袋 līndài 手提げ袋．

[邻・鄰（隣）] lín ①隣近所の人々．〔左～右舍〕
〈慣〉隣近所．〔四～〕隣四方．②隣り合う．〔～村 cūn ～〕隣村．〔～县〕隣県．③接近している．ほど近い．④化オルソ：〔邻位〕の略．→〔间 jiān ④〕⑤同前の 5 軒．〔～伍〕同前．〔～长 zhǎng〕同前の長．→〔伍 wǔ ④〕
邻邦 línbāng ＝〔邻国〕隣国．隣邦．
邻比 línbǐ ⇒〔邻居〕
邻壁 línbì ⇒〔邻居〕
邻边 línbiān 数多辺形の角の両辺．
邻醋酸基苯（甲）酸 líncùsuānjīběn (jiǎ) suān ⇒〔阿 ā 司匹林〕
邻敌 líndí 〈文〉隣の敵（国）．〔威 wēi 震～〕威令は隣の国にまで鳴り響いた．
邻国 língúo ⇒〔邻邦〕
邻磺酸氨苯酰亚胺 línhuángxiānběn xiānyà'àn ⇒〔糖 táng 精〕
邻家 línjiā ⇒〔邻居〕
邻角 línjiǎo 数隣接角．
邻近 línjìn ①近接する．〔～边境〕国境に近い．②

付近．〔学校～有工厂〕学校の近くに工場がある．〔～色 sè〕同系色．⇒スペクトル上の近接する色相．
邻境 línjìng 〈文〉近隣の地．
邻居 línjū ＝〔邻家〕隣家．隣近所（の人）：〔文〕邻比〕〈文〉隣の壁．〔～四方〕隣近所の人．〔他是我的～〕あの人は近所の人だ．〔我们是～〕私たちは近所同士だ．〔～好,胜金宝〕近所隣りの人がよいのは黄金や宝玉よりも勝る．
邻里 línlǐ ①隣近所．町内．②同じ町村に住んでいる（人）．〔～乡 xiāng〕同郷の者．〔～中心〕〔～服务站〕地区サービスセンター．
邻邻 línlín ⇒〔辚辚〕
邻睦 línmù 〈文〉隣人と仲良くする．
邻羟基苯（甲）酸 línqiǎngjīběn (jiǎ) suān ⇒〔水 shuǐ 杨酸〕
邻人 línrén 近所の人．隣人．
邻舍 línshè ⇒〔邻居〕
邻熟 línshú 〈文〉穀物が豊かに実る．〔五谷～〕五穀が同前．
邻屯 líntún 〈文〉隣村．
邻位 línwèi 化オルソ：単に〔邻④〕ともいう．
邻谊 línyì 〈文〉近隣のよしみ．
邻右 línyòu ⇒〔左邻〕隣家．
邻援 línyuán 〈文〉隣近所の助け合い．
邻左 línzuǒ ⇒〔邻右〕
邻坐 línzuò 隣席（の人）．上座（の人）

[粼] lín 〔～～〕〈文〉水や石の濁りがなく透き通るさま：〔磷磷〕とも書く．〔～碧 bì 波〕透き通る青い波．

[僯] lín 旧地名用字．〔～站 zhàn〕地広西チワン族自治区百色地区凌雲県にある．現在は〔凌 líng 站〕と書く．

[潾] lín 〔～～〕〈文〉①水の清いさま．②さざ波のきらきら光るさま．

[遴] lín 選ぶ．
遴才 líncái 〈文〉才能のある人物を選ぶ．
遴柬 línjiǎn 〈文〉よりすぐる．
遴聘 línpìn 〈文〉選んで招聘する．
遴贤 línxián 〈文〉賢人を選ぶ．
遴选 línxuǎn 選抜する．〔艺 yì 术团全部团员都是经过慎 shèn 重的一才组成的艺术剧团は全員いずれも慎重によりすぐって構成されたものである．

[嶙] lín
嶙嶙 línlín 〈文〉山の岩石がごつごつ重なったさま．
嶙峋 línxún 〈文〉①山石の幾重にも重なって奥深いさま．〔怪 guài 石～〕形の変わった石が高くそびえている．②〈転〉やせて骨ばかりのさま．〔瘦 shòu 骨～〕同前．③〈喩〉剛直で気骨のあること．

[骥・驎] lín ①〈文〉うろこ模様のぶち毛の馬．②→〔麒 qí 麟〕

[璘] lín 〈文〉玉の光沢・色彩．〔～彬 bīn〕〔璘瑶 bīn〕色彩が絢爛である．

[辚・轔] lín 〈文〉①〔～～〕擬ガラガラ．ゴロゴロ：多くの車が続けて行く音．〔邻邻〕とも書く．〔车～～,马萧 xiāo 萧〕（杜甫・兵车行）車とどろき，馬いななく．②敷居．
辚轹 línlì 〈文〉①車でひきつぶす．②〈転〉いじめ苦しめる．

[磷（燐・粦）] lín 化〔磷〕：非金属元素．記号 P．〔红 hóng ～〕赤 chì ～〕赤 燐．〔黄 huáng ～〕〔白 ～〕黄燐．
磷肥 línféi 〔磷酸肥料〕．〔～粉 fěn〕粉状の燐肥．

lín

磷酐 língān 化無水燐酸.
磷光 língguāng 物燐光.
磷化氢 línhuàqīng 化燐化水素.ホスフィン.
磷灰石 línhuīshí 鉱燐灰石.
磷火 línhuǒ ①燐の燃える光.②鬼火.霊火:俗に〔鬼 guǐ 火（儿）〕という.
磷矿 línkuàng 鉱燐鉱石.
磷肥 línféi 燐肥料.
磷铝石 línlǚshí 鉱芸香(zǔ)石.バリッシャー石.
磷乱 línluàn〈文〉きらきらと光り輝く.
磷青铜 língqīngtóng 燐青銅.
磷酸 línsuān 化燐酸.〔~铵 ǎn〕燐酸アンモニウム.〔~钙 gài〕燐酸カルシウム.〔~镁 měi〕燐酸マグネシウム.〔~钠 nà〕化燐酸ナトリウム.〔~盐 yán〕燐酸塩.
磷铜 líntóng 5~15%の燐を含む銅合金.
磷虾 línxiā 魚貝オキアミ.〔美 měi 丽~〕南極オキアミ.〔太平洋~〕ツノナシオキアミ.
磷脂 línzhī 化燐脂質.フォスフォリピド.

瞵

瞵 lín〈文〉目を凝らして見る.〔虎 hǔ 视 shì 鹰~〕,〔鹰 yīng~鹗 è 视〕〈成〉狙いを持って見張っているさま.〔~盼 pān〕見わたす.

鳞・鱗

鳞 lín ①鳞.〔鱼 yú~〕魚のうろこ.②うろこ状(の・に).→〔鳞次栉比〕③〈文〉魚類.④〔姓〕鳞(り).
鳞茬 línbà ⇒〔鳞片③〕
鳞比 línbǐ〈文〉連なり並ぶ.〔屋宇~〕〈成〉家屋が軒を並べる.→〔栉 zhì 比〕
鳞波 línbō うろこのような波紋.さざ波.
鳞翅类 línchìlèi 由昆虫類鳞翅目(もく).〔鳞翅目〕ともいう.チョウ・ガなど.
鳞虫 línchóng 鳞のある動物:魚類·爬虫類など.
鳞次栉比 líncì zhìbǐ〈成〉鳞のように並び連なる:〔栉比鳞次〕ともいう.〔草屋,瓦房,~〕草ぶきの家や瓦屋根の家が立ち並んでいる.
鳞萃 líncuì ⇒〔鳞集〕
鳞鸿 línhóng〈文〉書簡.手紙.信書.→〔鱼 yú 雁〕
鳞集 línjí 〔~萃〕〈文〉群集する.密集する.〔各国的商船~〕各国の商船が集まる.
鳞甲 línjiǎ ①魚のうろこと節足動物の甲殻.②⇒〔鳞介〕
鳞接 línjiē〈文〉次々と連なり続く.
鳞介 línjiè = 〔鳞甲①〕魚介類.
鳞茎 línjīng 植鳞茎.
鳞鳞 línlín ①うろこ状に並んでいるさま.〔~的白云〕同前の白い雲.〔碧波~〕真っ青な水がさざ波を立てている.②うろこのように多い.
鳞毛 línmáo 魚のうろと獣の毛:(中国画で)鳥獣虫魚をいう.→〔花 huā 卉②〕
鳞片 línpiàn ①うろこ.②由鳞粉(ふん).③植芽鳞(りん);〔鳞苞〕ともいう.
鳞伤 línshāng〈喩〉うろこのような全身の傷.〔遍 biàn 体~〕体中傷だらけ.
鳞鲀 líntún 魚貝モンガラカワハギ(科の魚)
鳞屑癣 línxièxuǎn 医たむし.〔鳞屑疹 zhěn〕ともいう.ふつう〔干 gān 癣〕という.
鳞芽 línyá 植鳞芽(が).→〔鳞片③〕
鳞爪 línzhǎo〈文〉うろことつめ.〈喩〉(事物の)端くれ.一部分.〔一鳞半爪〕同前.
鳞状 línzhuàng うろこ状(の)

麟(麐)

麟(麐) lín ①麒麟(きりん)(の雌):古代の想像上の動物.→〔麒 qí 麟〕②〈姓〉麟(り).
麟儿 lín'ér 麒麟児.
麟凤 línfèng 麒麟と鳳凰.〈喩〉才智の傑出した人.〔~龟 guī 龙〕〈成〉吉祥·高貴·長寿などを表す麒麟·鳳凰·亀·竜の四種の霊獣.〈喩〉高尚で傑出した,人から何かを得ている人物.また希少で珍貴な物.→〔牛 niú 鬼蛇神〕
麟角 línjiǎo 麒麟の角.〔~凤距 fèngjù〕麒麟の角と鳳凰の爪.〈喩〉大きくても実際に使わない物.〔~凤毛〕〔凤毛~〕〈喩〉珍しく得がたい物や人材.〔~凤嘴 zuǐ〕〈喩〉珍しくて貴重な物.稀有(う)な物.
麟经 línjīng 春秋の別称:"獲麟"のところで終わる.〔麟史〕ともいう.
麟麟 línlín〈文〉公明正大なさま.
麟史 línshǐ ⇒〔麟经〕
麟喜 línxǐ〔贖〕出産のお祝い:〔麟禧〕とも書く.
麟子凤雏 línzǐ fèngchú〈喩〉①貴族の子弟.②立派な子弟:〔凤雏麟子〕に同じ.

林

林 lín ①林.〔树 shù~〕同前.〔松 sōng~〕松林.〔竹 zhú~〕竹林.〔森 sēn~〕森林.〔防风~〕防風林.〔农 nóng~〕農業と林業.②多く集まった同類の人や物.〔石~〕柱状の石灰岩の群.〔工厂~立〕工場が林立する.〔艺 yì~〕文芸界.学芸の社会.④〈姓〉林(り).
林表 línbiǎo = 〔林杪〕〈文〉樹林の梢(こずえ)
林薄 línbó〈文〉草や木の茂っているところ.茂み.
林产 línchǎn 林産.
林场 línchǎng ①造林地.②営林機関.
林丛 líncóng 森林.
林带 líndài 農田地帯を保護するための帯状防風砂林.〔副~〕同前と直角に交わる小幅の保護帯.
林黛玉 líndàiyù 人小説『紅楼夢』中の女主人公.〈喩〉病弱で愁いに満ちた多感な若い美女.
林地 líndì 林地.森林地.
林分 línfēn 農林分(ぶん):一まとまりの森(の諸要素)
林洛二氏溶液 línluò èrshì róngyè ⇒〔复 fù 方氯化钠注射液〕
林冠 línguān 樹林の上層表面(を覆う枝や葉)
林果 línguǒ 山で採れる果物.
林海 línhǎi 樹海.
林壑 línhè〈文〉山林と谷川.
林火 línhuǒ 山火事.
林际 línjì 林の境界.
林肯 línkěn 人リンカーン:アメリカ第16代大統領(1809~1865).〔解放黑奴宣言〕(奴隷解放宣言)を行った.
林垦 línkěn 荒山を切り開き植林する.
林兰 línlán ⇒〔木 mù 兰①〕
林离 línlí ①⇒〔淋漓〕②古西方民族の楽曲名.
林立 línlì 林立する.
林林 línlín〈文〉数多く盛んなさま.〔~总 zǒng 总〕非常にたくさんなさま.〔他们想尽~的诡计,奸计,来反对官方〕彼らは実にいろいろな手くだを尽くして官側に反対する.
林龄 línlíng 農森林の年齢.
林莽 línmǎng 林や草むら雑物.樹間.林野.
林杪 línmiǎo ⇒〔林表〕
林木 línmù ①樹林.林.②木木(ぎ)
林农 línnóng 林業保護の仕事を業とする農民.
林禽 línqín ①林間にすむ鳥類.②同下.
林檎 línqín = 〔林禽②〕〔〈方〉沙 shā 果(儿)〕〔wén 郎〕果ワリンゴ.林檎.またその実.少小形で酸味がある.〔花 huā 红③〕に同じ.〔苹 píng 果〕
林区 línqū ①森林地帯.②林区:行政区画の一単位.〔神农架~〕湖北省にある林区.
林权 línquán 山林の所有権.
林泉 línquán〈文〉①山林と泉石.②〈喩〉隠退の場所.〔~之乐 lè〕隠遁して暮らす楽しみ.
林薮 línsǒu〈文〉①草木の茂み.②〈喩〉事物の密

lín

集する所.
林涛 líntāo 森林を吹き抜ける波涛のような風の音.
林网 línwǎng 網状の防風・防砂林.
林下 línxià 〈文〉山林田野.〈喩〉退官して隠居している場所.〔~归〕郷里に隠退する.〔~财主〕隠居した金持ち.
林相 línxiàng 農①森林の相・外貌.〔~整齐〕林相は整然としている. ②森林の樹木の質と生育状態.
林型 línxíng 農林型.森林の類型.〔水藓 xiǎn 落叶松~〕ミズゴケ類落葉松林型.
林业 línyè 林業.〔三害〕林業の三大害:病虫害・森林火災・乱伐.
林狋 línyì ⇒〔狋 shē 狐〕(狔)
林权 línyìquán 農(山林への)入会(ﾘ)権.
林阴道 línyīndào〔林荫道〕とも書いた.並木道.〔林阴路〕ともいう.→〔行 xíng 道树〕
林于竹 línyúzhú 古書に見える竹の一種:葉が薄くて広い.
林园 línyuán 緑林公園.園林.
林苑 línyuàn 固皇帝が狩猟のために設けた庭園性のある狩場.
林政 línzhèng 林業に関する行政.
杅子 línzi =〔树 shù 林〕に同じ.

〔**淋**〕lín ①水が降りかかる.(雨に)ぬれる.〔叫雨~了〕雨にぬれた.〔身上~了雨〕体が雨にぬれた.〔花儿~谢 xiè 了〕花が雨で散った. ②水がしたたる.したたり流れる.〔~汗 hàn〕汗がしたたる.〔大汗~漓〕大汗をかく. ③水をかける.〔花蔫儿 niānr 了,~上点水吧〕花がしおれた,水をかけてやりなさい. → lìn

淋巴 línbā〈音 訳〉生理リンパ液.〔~液 yè〕同 前.〔~管 guǎn〕リンパ管.〔(性病性)~肉 ròu 芽肿〕医クラミジア性リンパ肉芽腫:性病の一.〔~结 jié〕生理リンパ腺.〔~腺 xiàn〕の旧称.〔~细胞〕生理リンパ球.〔~球〕は旧称.

淋饭 línfàn →〔摊 tān 饭〕
淋灰 línhuī 石灰に水を加えて溶く.
淋浪 línláng (水が)したたるさま.
淋漓 línlí〔淋离〕〔林离①〕とも書く.①あふれ滴るさま.〔鲜血~〕真っ赤な生血が滴り流れる.〔大汗~〕汗が滴り落ちる.〔墨迹~〕墨痕がたっぷりつけ書かれている. ②思い切りするさま.〔痛快~〕思う存分している.余す所無く述べている.
淋滴柯 línlíkē 植ウライガシ:ブナ科常緑喬木.〔栲 kǎo 乐〕に同じ.台湾では〔椎 sī 仔〕(スーヤー)という.
淋淋 línlín (水や液体が)滴り落ちるさま.〔湿 shī ~〕びしょぬれである.〔血 xuè ~〕血のしたたるさま.〔~滴 dī 滴〕続けて滴るさま.
淋铃 línlíng 〈喩〉雨の音.
淋露 línlù 中医汗(滲出液)が玉のように出ること.
淋渗 línshèn〈文〉羽毛が生え始める.〔鹤 hè 子~〕鶴の子の毛が生え始める.
淋湿 línshī びっしょりぬれる.〔赶上雨把衣服都~了〕雨にあって服をびっしょりぬらしてしまった.
淋溲 línsōu 中医小便がちびちびしか出ない症状(を呈す り)
淋雨 línyǔ 雨にぬれる.〔~了〕雨にぬれた.
淋浴 línyù シャワー(を浴びる).〔洗 xǐ ~〕シャワーを浴びる.〔~器 qì〕シャワー設備.〔~房 fáng〕シャワー室.〔冲 chōng 凉〕〔洗 xǐ 澡〕

〔**啉**〕lín ①〔喹 kuí ~〕化キノリン. ②〔卜 bǔ ~〕化ポルフィリン類化合物.

〔**綝・綝**〕lín〔~缅 lí〕〔~缡 lí〕〈文〉飾りたてたさま. → chēn

〔**琳**〕lín 〈文〉美しい玉.
琳宫 língōng〈文〉①仙人が住むところ. ②道教寺院.
琳琅 línláng 美しい玉.〈喩〉珍しくて貴重なもの.〔~满 mǎn 目〕〈成〉(書籍・美術品など)目の前にすばらしいものが数多くあるさま.
琳宇 línyǔ 立派な御殿.

〔**霖**〕lín 長 雨.〔甘 gān ~〕〈文〉慈 雨.〔秋 qiū ~〕秋の長雨.
霖霖 línlín 雨の降り止まないさま.
霖雨 línyǔ 長雨.

〔**临・臨**〕lín ①(高い所から)望み見る.〔登~〕①高い所に登り遠くを見る.〔居高~下〕高所にいて下を見る. ②赴く.訪れる.その場へ行く.〔亲~指导〕自分で出かけて行って指導する.〔身~其境〕自分自身の場へ赴く.〔喜事~门〕喜びごとが到来する. ③面する.臨む.向かい合う位置にある.〔前~大江〕前は大きな川に臨む.〔~海 hǎi〕海に面している.〔~柜 guì〕売り場に立つ.接客の現場に臨む.〔~靠 kào 国境〕国境に接している. ④遭う.直面する.〔面~现实〕現実に直面する.〔~难毋 wú 苟免〕困難にあっても一時退きはするな. ⑤(書面を)まねる.模写する.〔这张画~得很像〕この絵は非常によくまねてある. ⑥…しようとして.…の際に:動詞の前に置いてまもなくする(なる)ことを表す.〔~死留下几句话〕死に臨んで少し言い残す.〔~散 sàn 会他才和我招呼了一声〕散会する間際になって彼はやっとわたしに声をかけた.〔~去〕去る間際に.〔~走〕出発の際に. ⑦〈文〉臨②:六十四卦の一. ⑧〈姓〉臨(ﾘ)

临本 línběn (模写して作った)複製本.
临别 línbié 別れに臨んで.〔~纪念〕別れの際の記念.〔君子~赠 zèng 言〕立派な人物は別れに際してよき言葉を贈る.
临产 línchǎn 分娩を前にする.〔〈口〉临盆〕〔临蓐〕ともいう.
临场 línchǎng ①その場に臨席する.現場に行く. ②(試験や試合の)本番に臨む.〔~紧 jǐn 张〕本番になってあがってしまう.
临朝 líncháo〈文〉①皇帝が朝廷に出る.政(ﾘ)を行う. ②皇太后が摂政にあたる.
临池 línchí〈文〉習字する.書法を研究する:漢の著名な書家の張芝(または晋の王羲之)は池のはたで習字をした時、いつも池で硯を洗ったので水が全部黒くなった.〔~家〕書家.→〔临帖〕〔砚 yàn 池〕
临冲 línchōng〔临车〕と〔冲车〕:古代の戦車で,前者は高く展望がよくきき,後者は車体が大きくて敵に衝突するように作られている.
临楮 línchǔ〈文〉紙に向かう(手紙を書く).〔~驰 chí 切〕お手紙をしたためており,ひとしお懐かしく思います.
临床 línchuáng 医臨床(の).〔有丰 fēng 富的~经验〕豊富な臨床経験がある.〔~教学〕臨床講義.
临存 líncún =〔临顾〕〈文〉高貴な人が見舞う.
临到 líndào …の時になって….に及んで.〔~开会,他还没准 zhǔn 备呢〕開会の際になっても彼はまだ準備をしていない. ②(身)に及ぶ.ふりかかる.〔这事要是~我头上,真不知道怎么办好〕この事がもし自分の身に及んだら,どうすればいいのか分からない.
临凡 línfán =〔临世〕天から(人間界に)降りる.この世に出現する.〔天仙~〕天人(ﾘ)が下界に降りる.

临房 línfáng 臨時の建物.仮設住宅.
临风 línfēng 〈文〉風に当たる.風を受ける.
临高 línɡāo 〈文〉高い所に登る.
临工 línɡōnɡ ⇒〔临时工〕
临顾 línɡù 〔У〕⇒〔莅府〕
临管 línɡuǎn 暂定的な管理(する).〔～会〕暂定管理機構.
临河 línhé 河に面する.〔前门～,后面靠山〕前は河に面し、後は山をひかえる.
临画 línhuà 原画を手本として描く.→〔临帖〕
临机 línjī 機に臨む(んで).事の出現を迎える(て).〔～处chǔ置〕臨機の処置.〔～应yìnɡ变〕〈成〉臨機応変(にする).→〔通晓权达变〕
临建 línjiàn 臨時に建てる.〔～棚pénɡ〕小屋掛け.
临江 línjiānɡ 川に面する.
临街 línjiē 通りに面する.
临界 línjiè ①境を接している.〔物〕臨界(状態にある).〔～压yā力〕臨界圧.〔～温wēn度〕臨界温度.〔～点〕臨界点.
临近 línjìn (時間·場所が)接近する.近づく.〔那个县～湖南省〕その県は湖南省のすぐ隣に.→〔邻近〕
临渴掘井 línkě juéjǐnɡ 〈成〉喉が渇いてから井戸を掘る.普段からの備えがないこと.泥縄式.→〔临阵磨枪〕
临空 línkōnɡ ①空中にある.〔烈日～〕激しい太陽が天空にある.②空港に隣接する.〔～经jīnɡ济区〕同前の経済開発区.
临了(儿) línliǎo(r) =〔临末(儿)〕〈口〉最後に.結局:〔临完〕ともいう.
临门 línmén ①訪れる.〔贵客～〕大切な客が同前.②〔スキ〕(球技の)ゴールのすぐ前である.〔喻〕決定的の山一脚〕ゴール直前のシュート.
临民 línmín 〈文〉民を治める.〔～之官〕県の長官.
临明 línmínɡ 〈文〉夜明け.
临摹 línmó (書画を)模写する.似せて書く.〔～品pǐn〕模写品.
临末(儿) línmòliǎo(r) =〔临了(儿)〕
临难 línnàn 〈文〉危難に直面する.
临盆 línpén ⇒〔临产〕
临期 línqī その時期になる(なって).〔事到～〕いよいよその期になる.
临氢重整 línqīnɡchónɡzhěnɡ 〔化〕ハイドロフォーミング.
临蓐 línrù ⇒〔临产〕
临深履薄 línshēn lǚbó =〔临渊履冰〕〈成〉非常に慎重である.非常に用心深い:〔如临深渊,如履薄冰(深淵に臨むがごとく,薄氷を踏むがごとし)〕の略.
临时 línshí ①その時になって.〔～误wù事〕その時になって事を誤る.〔事先有准zhǔn备、不会fēnɡ忙乱〕事前に準備してあれば、その時になってばたばたするようなことはない.②臨時の.一時的の.〔～大总zǒnɡ统〕臨時大総統.〔～合同〕仮契約.〔～户口〕臨時戸口簿.〔～进口〕商〕一時輸入.〔～签qiān署〕仮署名調印的.〔～司机〕代行運転手.〔～文件〕电revoir 臨時ファイル.〔～性〕臨時性.〔～演yǎn员〕エキストラ.〔～演員和配角〕同前と脇役.〔～政府〕臨時政府.暫定政府.
临时抱佛脚 línshí bào fójiǎo ⇒〔急ji时抱佛脚〕
临时代办 línshí dàibàn 臨時代理大使(公使):〔参cān赞〕が担当する.
临时工 línshíɡōnɡ 臨時工:〔临工〕〔短duǎn工(儿)〕〔散sǎn工〕ともいう.→〔工(I)(1)〕〔长chánɡ工〕〔小xiǎo时工〕
临世 línshì ⇒〔临凡〕
临视 línshì 〈文〉自ら行き分する.

临书 línshū ①臨書する.②手紙を書く.
临水坡 línshuǐpō (堰堤の)水に面する側の壁.
临睡 línshuì 寝しな.〔这包药是～吃dì的〕この薬は寝しなに飲むのです.
临死 línsǐ 死に際になる.臨終にあたる.
临眺 líntiào 〈文〉高い所に登り遠くを見る.
临帖 líntiè =〔临写〕習字帖を手本として習字する.→〔临画〕〔临书〕
临头 líntóu (災難や不幸が)目前に迫る(って).〔事到～,不可挽wǎn回〕いよいよという段になってはとりかえしはつかない.〔大祸huò～〕大きな災難がふりかかってくる.
临完 línwán 終わりに臨んで.最後に:〔〈口〉临了(儿)〕に同じ.
临危 línwēi ①危機に直面する(して).〔～受命〕〈成〉危急存亡の時に命令を受ける.〔～授命〕〈成〉危急存亡の時に勇んで生命を投げ出す.②死に面する.〔～不惧〕死の危機に直面しても恐れない.
临文 línwén 〈文〉文章を書く.
临写 línxiě ⇒〔临帖〕
临行 línxínɡ 出発を前にする.出発に臨む.
临刑 línxínɡ 死刑執行を前にする.死刑に臨む.
临幸 línxìnɡ 〈文〉天子自身が行く.
临轩 línxuān 〈文〉①天子が常に座る玉座から下り正殿前を臨む位置に出ること.②殿試に天子が親臨する.〔～策cè士〕天子みずから殿試に臨んで士を試問される.
临崖勒马 línyá lèmǎ 断崖に直面して馬を止める.〔喻〕危険の一歩手前で自制し踏みとどまる.
临颖 línyǐnɡ 〈文〉筆を執る.〔～依yī驰〈牍〉〕この書面をしたためるにあたって貴方へ思いを馳せ懐かしく思います.
临渊履冰 línyuān lǚbīnɡ ⇒〔临深履薄〕
临渊羡鱼 línyuān xiànyú 水辺に立って魚を欲しがる.〔喻〕望むだけして実際に行わないこと.何にもならないこと.
临月(儿) línyuè(r) 臨月になる.産み月(になる)
临战 línzhàn 戦い(試合)に臨む.
临阵 línzhèn ①戦いに臨む.②出陣する.〔～指挥〕陣頭指揮をとる.〔～磨mó枪〕泥棒を見て縄をなう.〔～磨枪,不快也光〕泥縄式でやるのもいくらかの役には立つ.〔～脱tuō逃〕敵前逃亡する.いざとなって逃げ出す.
临政 línzhènɡ 〈文〉自ら政治を執る.
临症 línzhènɡ 実地に病気を診察する.〔～下药〕診察して薬を与える.
临终 línzhōnɡ 臨終になる.〔～遗yí言〕臨終の遺言(をする).〔～关怀〕ホスピス.ターミナルケア.〔～关怀医院〕〔医〕ホスピス病院.〔～关怀事业〕ホスピス事業.

〔**菻**〕 lǐn ①〔古〕よもぎ類植物.②〔拂fú～〕〔旧〕東ローマ帝国の呼称.

〔**凛(凜)**〕 lǐn ①寒く冷たい.②厳かで冷たい.③厳しい.〔～若冰霜〕〈成〉(態度が)厳然として冷ややかである.→〔凛然〕③〈文〉恐れる.怖がる.〔～于夜行〕夜道が怖い.

凛乎 lǐnhū ⇒〔凛然〕
凛冽 lǐnliè 寒さが厳しい.〔寒气〕同前.
凛凛 lǐnlǐn ①〈文〉寒い.②きりりとして厳かなさま.〔威风～〕威風がりりしい.
凛秋 lǐnqiū 寒さが身にしみる秋.
凛然 lǐnrán ①〈文〉きっぱりとして厳しいさま.厳粛で尊い.〔大义～〕大義は厳然たるものさま.
凛遵 lǐnzūn 〈文〉謹んで遵守する.固く守る:〔懍遵〕とも書く.

懔廩檁吝赁淋蔺躙膦 〇令伶泠苓囹狑玲　　　　　　　lǐn〜líng

〔懔（懍）〕 lǐn ①厳しい.厳かである. ②危ぶみ恐れる.〔～～〕同前のさま.〔～然生畏〕〈成〉びくびくして怖気つく.
懔栗 lǐnlì〈文〉震えあがる.ぞっとする:〔懔慄〕とも書く.
懔遵 lǐnzūn ⇒〔凛遵〕

〔廩（廩）〕lǐn〈文〉①穀物倉庫.米倉.〔仓 cāng ～〕同前. ②食禄・糧食(を給与する)
廩禄 lǐnlù〈文〉禄米.
廩膳 lǐnshàn 旧科挙の〔生 shēng 员〕の食禄.
廩生 lǐnshēng 明清廩禄を官給された科挙の〔生员〕:〔廩膳生员〕ともいう. →〔生员〕
廩食 lǐnshí 旧官給の食禄.

〔檁（檩）〕 lǐn 建桁(総称):棟(む)木・もやげた)・軒げたなど.〔桁 héng 〕の通称.俗に〔梁(l)2〕ともいう.〔脊 jǐ ～〕〔大梁〕〔正梁〕棟木.おおね. =〔栋 dòng 〕
檁条(儿) lǐntiáo(r) 桁(は):〔桁 héng 条〕に同じ.
檁柱椽柁 lǐn zhù chuán tuó 建けた・柱・たるき・うつばり.
檁子 lǐnzi〈方〉桁.

〔吝（悋）〕 lìn ①けちである.出し惜しみをする.〔～于用财〕金を出し惜しむ.〔不～教海〕教え諭すことを惜しまない. ②〈姓〉
吝(さ)
吝财 lìncái 物惜しみをする.〔～不舍 shě〕しみったれで出そうとしない.
吝色 lìnsè 惜しがる顔つき.出し惜しぶる気色.〔毫 háo 无～〕よろこんで与えるさま.
吝啬 lìnsè =〈文〉悭 qiān 吝〕けちである:〈口〉小 xiǎo ①〕に同じ.〔～鬼 guǐ〕〈方〉酱刻子〕〔小气鬼〕〔狭 xiá 细鬼儿〕けち(んぼ)だ.〔她很～〕彼女はけちだ.
吝惜 lìnxī 出し惜しむ.物惜しみする.出し渋る.

〔赁・賃〕 lìn ①賃借りする.賃貸しする.雇う.雇われる.〔这间房一月～400元〕この家は1か月400元で借りている.〔～汽车〕＝自動車をレンタルする(貸す).⑥レンタカー.〔招 zhāo ～〕借り手を求める.〔～了一辆车车を1台借りた.〔～地字据 jù〕借地証書.〔租～〕（有料）貸す.借りる.〔租 zū〕〈姓〉賃(ちん)
赁房(子) lìnfáng(zi) 家(部屋)を借りる(貸す).〔～ 钱 qián〕家賃.〔～人〕借家人.〔～契 qì〕借家契約書.
赁据 lìnjù 不動産借用証書.賃貸契約書.
赁书 lìnshū ①＝〔赁写〕文筆耕をする.写字生になる. ②書物の賃借をする.
赁写 lìnxiě 同上①

〔淋（痳）〕 lìn 濾過する.漉(こ)す.〔过 guò ～〕同前.〔醋 cù〕酢をこす(して作る).〔～盐 yán〕塩をこす(こして作る). →〔麻 má〕〜 lín
淋病 lìnbìng =〔淋疾〕〔淋症〕 ①医淋病:〔性 xìng 病〕の一. ②中医腎炎・膀胱炎・結石 結核などによる頻尿・排尿障害・痛みなどの病症.
淋疾 lìnjí ⇒〔淋病〕
淋滤 lìnlù（土壌の表層物質が)地中に滲透する(またその過程で、土や微生物で濾過される)
淋症 lìnzhèng ⇒〔淋病〕
淋纸 lìnzhǐ 濾過紙.
淋子 lìnzi 濾過器.漉し網.

〔蔺・藺〕 lìn ①植 イ.イ草.〔灯 dēng 芯草〕（トウシンソウ）の古称. ②→〔马 mǎ 蔺〕③→〔蔺(さ)〕
蔺石 lìnshí ⇒〔礌 léi 石〕

蔺席 lìnxí (い)草で織ったござ.

〔躙・躪〕 lìn ⇒〔踩 róu ～〕踩躙(じ)する.

〔膦〕 lìn 化ホスフィン.水素化燐の水素をアルキル基などで置換した化合物(総称)

ling　カ|ㄥ

〔〇〕 líng 零.(空位の)ゼロ:漢数字の一.〔零③〕に同じ.大(大)字の場合は〔零〕を用いる.部首は口(くにがまえ).数字のゼロは"0".〔二一〜年〕2010年.〔双方各得 dé 〜分〕互いに無得点. →〔圈 quān ①〕

〔令（令）〕 líng →〔lǐng lìng〕
令狐 línghú ①古地名.現在の山西臨猗一帯. ②〈姓〉令狐(どう)

〔伶〕 líng ①旧俳優:古くは楽師をいった.〔名 ～〕名優.〔坤 kūn ～〕〔坤角儿 juér〕女優. ②賢い.利口である. ③→〔伶仃〕
伶仃 língdīng〔伶丁〕〔零丁〕とも書いた. ①孤独である.〔～孤苦〕〔孤苦～〕独りぼっちで頼るところがない.〔～就道〕たった一人で旅に出る.〔～到他乡〕ひとり他郷にさまよう. ②やせて弱々しい.
伶工 línggōng〈文〉①旧楽師. ②俳優.
伶官 língguān 旧宮庭楽師.
伶界 língjiè 旧演劇界.
伶俐 línglì〔伶利〕とも書いた.利発である.〔口齿 ～〕言うことがはきはきしている.〔聪明～的孩子〕非常に聡明で利口な子供.
伶俜 língpíng〈文〉孤独なさま.
伶人 língrén ①旧楽師.楽人. ②旧俳優.→〔戏 xì 子〕
伶透 língtou ⇒〔灵透〕
伶牙俐齿 língyá lìchǐ =〔灵牙俐齿〕〈成〉言うことができぱきしている.〈喩〉立て板に水.

〔泠〕 líng ①〈文〉涼しい.〔清 qīng 〜〕すがすがしい. ②〈文〉音が澄んでいる. ③〈姓〉泠(ホ)
泠风 língfēng〈文〉そよ風.さわやかな風.
泠冽 línglìè〈文〉すがすがしい.
泠泠 línglíng〈文〉①涼しいさま. ②音声がすがすがしくよく通るさま.
泠然 língrán〈文〉①軽やかなさま. ②ひんやり涼しいさま. ③音声のすがすがしいさま. ④はっと悟ったさま.

〔苓〕 líng ①(漢方薬草の)茯苓(ぶく),また猪苓(ちょ).→〔茯 fú 苓〕〔猪 zhū 苓〕 ②〈文〉おちぶれる.〔零①〕に通用する.→〔零落〕③〈姓〉苓(ホ)
苓耳 líng'ěr 植オナモミ.〔苍 cāng 耳〕の別称.

〔囹〕 líng →〔囹 wéi 圄〕
囹圄 língyǔ〈文〉牢獄.監獄:〔囹圉〕とも書いた.〔不幸身入～〕不幸にも捕らわれの身となる.

〔狑〕 líng ①〈文〉良犬. ②旧チワン族の一支派に対する蔑称. →〔壮 zhuàng 族〕

〔玲〕 líng ①〈文〉玉の音. ②〈姓〉玲(ホ)
玲玎 língdīng〈文〉〈擬〉玉の触れ合って鳴る音.
玲珰 língdāng〈文〉〈擬〉玉の触れ合って鳴る音.
玲珑 línglóng ①精巧である.〔小巧 qiǎo 〜〕細工が同前.〔剔 tī 透〕〈成〉極めて精巧である. ⑥聡明である.〔青花～〕透かし彫りの景徳鎮磁器. ②利口である.目から鼻へ抜ける.→〔八 bā 面玲珑〕

líng

[枔] líng 圃ヒサカキ.〔～木 mù〕は通称.

[轩・軒] líng 〈文〉①車台の前後左右を囲って横に渡す桟.〔～轩 xuān〕車の窓. ②車輪. ③車につけた飾りもの.〔～〕牛に似て後ろの方のような紋様のある迷信上の動物.

[瓴] líng ①〈文〉左右両端が反(そ)っている瓦. ②〈文〉瓦をしきつないだ通水溝. ③〈文〉流口のついた水甕(かめ).→〔高 gāo 屋建瓴〕 ④〈姓〉瓴(リョウ).

[铃・鈴] líng ①圖(古代の楽器の)鐘形の鈴.〔摇 yáo ～〕鈴を鳴らす.〔～儿〕りん.ベル.〔车 chē ～〕(自転車の)ベル.〔门 mén ～〕門(戸)の鈴.ベル.〔上课 ～〕授業開始のベル.〔电 diàn ～〕電気でベルを鳴らす.〔按 àn 电～〕〔摁 èn 电～〕ベルを鳴らすボタンを押す. ③ベル状のもの.〔哑 yǎ ～〕ダンベル.亜鈴.〔杠 gàng ～〕ズバーベル. ④綿の実.〔棉 mián ～〕同■.〔结 jié ～〕同■かつける.鈴(スず).

铃铛 língdang 鈴(総称).→〔琅 láng 珰〕
铃铛锤儿 língdangchuír ⇒〔铃铛胆〕〔铃铛坠儿〕鈴や鐘の中にある金属製の玉(これが周囲にあたって音を出す)
铃铛胆 língdangdǎn 同上.
铃铛麦 língdangmài ⇒〔燕 yàn 麦〕
铃铛寿星 língdang shòuxing 〔旧〕腕輪につける鈴と帽子につける寿老人の飾り;子供の装飾品(総称). ②〈転〉あまり必要でない(大切でもない)飾り.
铃铛坠儿 língdangzhuìr ⇒〔铃铛锤儿〕
铃铎 língduó 風鐸(フウタク).
铃鼓 línggǔ 圖タンバリン.
铃兰 línglán ⇒〔君 jūn 影草〕
铃香 língxiāng ⇒〔铃子香〕
铃片 língpiàn スバーベルのディスク.〔杠 gàng ～〕ともいう.
铃儿草 língrcǎo ⇒〔沙 shā 参①〕
铃声 língshēng 鈴の音.
铃下 língxià 〈文〉①侍従.召使い. ②太守に対する尊称.
铃医 língyī 旧鈴を振り鳴らして田舎町を歩きまわる医者.
铃子香 língzǐxiāng ＝〔铃铛香〕圃ジャコウソウ:香気があり,観賞用にする.
铃子 língzi 〔方〕鈴.

[鸰・鴒] líng 〔鹡 jí ～〕圃セキレイ(総称).

[羚] líng ①圖レイヨウ(総称):〔～羊〕は通称.〔鹅 é 喉～〕□コウジコウセンガゼル.〔斑 bān ～〕ゴーラル.〔鬣 liè ～〕シーロ.〔麋 mí ～〕オオカモシカ.〔藏 zàng ～〕チルー.〔藏原～〕チベットガゼル.〔高鼻～羊〕〔赛 sài 加～羊〕サイガ(オオハナレイヨウ). ②レイヨウの角:〔～羊角〕の略.〔～蠲毒丸〕匣医サイガの角を含んだ解熱薬の名.
羚牛 língniú ＝〔牛羚〕〔扭 niǔ 角羚〕圖ターキン:ウシ科.
羚羊 língyáng 圖カモシカ.レイヨウ.アンテロープ.ガゼル.サイガなど.〔灵羊〕とも書く.
羚羊角 língyángjiǎo 匣医羚羊の角:解熱剤として用いる.単に〔羚②〕ともいう.→字解□

[聆] líng 〈文〉注意深く聴く.承る.〔拜～一是〕〜悉 xī 一是〕〈牘〉委細拝承いたしました.
聆教 língjiào 〈文〉お教えを拝聴する.
聆取 língqǔ 〈文〉聞きとる.

聆赏 língshǎng (聞いて)鑑賞する.〔～古典音乐〕クラシック音楽を同前.
聆听 língtīng 〈文〉詳細に聞く.
聆悉 língxī 〔牘〕委細承知しました.
聆音 língyīn 〈文〉①声を聞く.〔～察 chá 理〕言葉を聞くだけで道理を察する. ②〔牘〕⑥ご消息承りました. ⓑご教示拝承しました.

[蛉] líng ① → 〔白 bái 蛉〕 ② → 〔螟 míng 蛉〕

[笭] líng 〈文〉竹かご.〔～箐 xīng〕〈文〉魚籠(び):魚捕り用の竹で編んだ小さなかご.

[舲] líng 〈文〉①窓のある屋形船. ②小舟.

[翎] líng ①鳥の尾や翼の長く固い羽根.〈転〉羽毛.〔鸡 jī ～〕にわとりの同前. ②圃官吏の礼帽につける羽飾り;〔翎子〕は通称.〔蓝 lán ～〕功労のあった下級官吏に与える同前.
翎管 língguǎn 〔旧〕羽飾りを帽子につけるのに用いた管.→〔翎子②〕
翎花 línghuā 矢羽根.〔箭 jiàn 的〕同前.
翎箭 língjiàn 羽根のついた矢.
翎毛 língmáo ①〔～儿〕羽毛. ②裏(中国画の画題としての)鳥.〔～画 huà〕鳥の絵.〔花卉 huì ～〕花鳥(図)
翎扇 língshàn ⇒〔羽 yǔ 扇〕
翎子 língzi ①鳥の尾羽. ②圃官吏礼帽の飾りにつけるくじゃくの羽根：一眼・双眼・三眼の別がある.単に〔翎②〕ともいう. ③圖(旧劇の)武将の帽子につける雉(きじ)の尾羽.〔～功 gōng〕同前を使ってするしぐさや演技.

[零] líng (Ⅰ)①零細である.こまごまとしている.まとまっていない.〔～的〕小銭.〔～买 mǎi〕ばら買いする.小口買いする.→〔整 zhěng〕 ④) ②〔～儿〕はした.端数.〔把～抹 mǒ 了去不算〕はしたは切り捨てて計算に入れない.〔年已七十有～〕〈文〉齢(よわい)すでに八十有余. ③零.ゼロ:数字 0 を読む場合,例えば40050は sìlíngling wǔlíng または sìwàn líng wǔshí, 0.06は língdǎnr línglù と読む. ④数の中間の位の数がゼロであることを示す.〔一年～六天〕1年と6日.〔两点～五分〕2時5分.〔年～105〕105度 105(度). ⑤ 数量がゼロ.〔效 xiào 力等于～〕(その)効果はゼロに等しい. ⓒゼロを表す漢数字の大(ダイ)字.〔伍仟～参拾圆整〕正しくは五千三十円也. ⑥時刻・温度の基点を指す.〔～点半开车〕零時半発車する.〔～下十度〕零下(マイナス)10度.→〔零点①〕 ⑤〈姓〉零(リョウ).

(Ⅱ)①しおれる.散る.〈転〉衰える.落ちぶれる:〔苓 ②〕に同じ.〔凋 diāo ～〕しおれる.落ちぶれる.〔飘 piāo ～〕②さすらい落ちぶれる. ②〈文〉(雨・涙などが)降る.落ちる.〔～泪 lèi〕〔涕 tì〕涙がこぼれる.

零币 língbì 小銭.小額の紙幣・硬貨.
零部件 língbùjiàn 圓圇部品類:〔零件〕(パーツ)と〔部件〕(コンポーネント)
零吃(儿) língchī(r) ⇒〔零食〕
零存整取 língcún zhěngqǔ 積立貯金.小口預けてお払い預金.
零打 língdǎ ⇒〔零拷〕
零打碎敲 língdǎ suìqiāo ⇒〔零敲碎打〕
零担 língdàn 小口貨物:貨物車一台に満たない荷の託送.〔～货物〕同前.〔～提货单〕小口扱船荷証券.〔～运输〕小口積載運送.
零蛋 língdàn 〈口〉(得点の)零点.ゼロ.〔鸭 yā 蛋〕ともいう.あひるの卵の形の類似からいう.〔他得了个～〕彼は 0 点を取った.
零的突破 língde tūpò 〈喩〉実績ゼロを打破する.

líng

零地 língdì ①新規取得の土地はゼロ：新たに用地を増やさないこと．〔卖 ~地,同门前で出店企业を募る．〔~增资〕同前で増資する．②整地されていない狭い土地．↔〔整 zhěng 地〕

零点 língdiǎn ①＝〔零时〕零時．(夜半の)12時．〔~十分〕零時10分．②一品料理を注文する．〔~菜单〕一品料理メニュー．③〔-儿〕整数がゼロである小数を示す．〔一二五 èrwǔ 〕0.25．

零点利 língdiǎnlì もうけゼロ．原価販売．

零叼(儿) língdiāo(r) 〈方〉ちびちび食べる．〔留着待 dài 客的点心都叫孩子们~了〕来客用にしまっておいた菓子が，すっかり子供たちにつまみ食いされてしまった．

零丁 língdīng ⇒〔伶丁〕

零度 língdù ①(温度の)零度．②ゼロ．〔~包装〕エコ包装．

零趸 língdǔn 小売りと卸売り．〔零卖整批〕同前．〔~发售〕卸・小売販売をする．〔~批发〕大口・小口の卸売りをする．→〔零整〕

零分 língfēn(r) (試験などの)零点．

零风险 língfēngxiǎn 危険ゼロ．ノーリスク．

零工 línggōng ①臨時雇い(仕事またその人)．〔打~〕同前をする．②まとまっていない仕事．

零工资 línggōngzī 無給(の)．〔~员工〕無給の従業員．〔~就业〕(実習生など)無給就職．

零股 línggǔ 〔端〕端株．

零和游戏 línghé yóuxì ゼロサムゲーム：参加者の得点の総和がゼロになるゲーム．

零花 línghuā ①こまごました出費をする．〔这点儿钱,你留着~吧〕この金は，君とっておいて少しずつ使いなさい．②〔-儿〕〈口〉小遣い銭．〔零花钱〕〔零用〕②〔-儿〕小遣い銭程度の収入．

零花钱 línghuāqián 同上①

零活儿 línghuór はした仕事．片手間仕事．雑事．

零价 língjià 〈文〉残余．はした．

零件(儿) língjiàn(r) 〔機〕(機器の)単一部品．部分品．パーツ．→〔部 bù 件〕〔附 fù 件〕①〔构 gòu 件〕〔机 jī 件〕〔配 pèi 件〕〔元 yuán 件〕

零距离 língjùlí ゼロ距離：相手と同じ立場に立つこと．〔~服务〕同前のサービス．

零拷 língkǎo 〈方〉分け売り(買い)する．量り売り(買い)する．〔~打〕ともいう．

零拉八碎 língla bāsuì ⇒〔零七八碎〕

零里八敲 língli bāqiāo ⇒〔零七八碎〕

零料 língliào (材料の)半端もの．端切れ．

零陵香 línglíngxiāng 〔中医〕主として〔罗 luó 勒〕①(メボウキ)を材料とする漢方薬または香(こう)．〔灵香草〕(トウレイリョウ),〔蕙 huì 草〕(トンコマメ)なども用いられる．

零乱 língluàn とり散らかしている．乱雑である．〔凌乱〕に同じ．

零零乱乱 línglingluànluàn 同前のさま．

零落 língluò ①(花や葉が)しおれる．枯れて落ちる．〔草木~〕草木が枯れる．②〈喩〉落ちぶれる．衰退する．〔家道~〕家が落ちぶれる．③ちらほらである．〔~的枪声〕まばらな銃声．

零卖 língmài ⇒〔零售〕

零卖整批 língmài dǔnpī ⇒〔零趸〕

零排放 língpáifàng 排出物ゼロ．〔~工厂〕産業廃棄物ゼロ工場．

零配件 língpèijiàn 〔機〕部品類：〔零件〕(パーツ)と〔配件〕(アタッチメント)

零票 língpiào ①〔-儿〕(角・分など)小額の紙幣：〔小 xiǎo 票(儿)〕に同じ．→〔毛 máo 票(儿)〕②⇒〔散 sǎn 票〕

零七八碎 língqī bāsuì ＝〔方〕零拉八碎〕〈方〉零里八敲〕①こまごました雑多なまとまりのない．〔~地买了一大堆〕あれこれちびちび買ってひと山になった．②〔-儿〕はんぱでこまごました事物．〔白天净忙些个~儿〕日中はずっと雑事に追われていた．〔桌上放着好些他喜欢的~儿〕机の上には彼の好きなこまごまとした物がたくさん置いてある．

零钱 língqián ①小銭．はした金(ƒ)：10角，1元，10元など基準となるまとまった額に対するばら銭．〔没有~,大票也行〕細かいのがなくても，大きな札でもかまわない．②小遣い銭．③給料外のちょっとした収入．バイト料．

零敲碎打 língqiāo suìdǎ ＝〔零打零敲〕断続的に(仕事を)する．中断を何度もはさみながら片づける．〔~是完不成任务的〕同前ではこの仕事は終えられない．〔~地搞科研〕同前で研究をする．

零散 líng·sǎn 散り散りである．ばらばらである．まとまっていない．

零零散散 línglingsǎnsǎn 同前のさま．

零上 língshàng 摂氏零度以上：ふつう付けない．〔零下〕は必ず付ける．

零声母 língshēngmǔ 〔語〕ゼロ声母〔爱 ài〕〔恩 ēn〕のように，声母(子音)を前に有しない音節．

零时 língshí ⇒〔零点〕①

零食 língshí ＝〔零吃(儿)〕〈方〉零嘴(儿)〕〔小 xiǎo 食①〕三度の食事以外の食べ物．間食．ちょっとした食物(菓子・果物など)．〔买~吃〕〔买嘴吃〕買い食いする．→〔点 diǎn 心〕〔小吃〕

零售 língshòu ＝〔零卖〕零销〕小売りする．〔~店〕小売店．〔~价(格)〕小売価格．小売値．小売物価．〔~额〕小売高．〔~市上〕市．〔~商〕小商売．↔〔批 pī 发〕①切り売りする．ばら売りする．

零数 língshù 〔-儿〕端数．はした(の数)．→〔整 zhěng 数〕

零碎 língsuì ①細かい．こまごましている．〔零零碎碎的〕同前のさま．〔零修碎补〕こまごました小さな修理．〔一些东西〕わずかの品物．〔~钱〕はした金．〔~活儿〕はんぱ仕事．〔~买不一定比整买费钱〕小口買いはまとめ買いより高いとは限らない．②〔-儿〕こまごました物．〔他正在拾捡 duō ~儿〕あの人はこまごました物を片付けているところだ．

零碎角儿 língsuìjuér →〔戏 xì 子〕

零头(儿) língtóu(r) ①端数．はした：まとまった単位にならない部分．〔~定价〕端数をつけた定価：9.98元のように価格の安さを印象づけるもの．〔装了六盒,还剩 shèng 下这点儿~〕6箱詰めたが，これだけはんぱが残った．〔去掉〕～端数の金をまける．②材料の残り．〔~衣料〕(衣服の)端ぎれ．

零乌豆 língwūdòu クロダイズ：大豆の一種．

零下 língxià 零下．氷点下．摂氏零度以下．→〔冰 bīng 点〕

零销 língxiāo ⇒〔零售〕

零星 língxīng ①はしたの．こまごました．少量の．〔~材料〕はしたの材料．〔~存款〕小額の自由貯金．〔零星星的消息〕こまぎれのニュース．ま ばらな．ばらばらと少しばかりの．〔零零星星的小雨〕ポツポツ降る小雨．

零讯 língxùn 細事の知らせ：多く新聞・雑誌などのコラムの名称として用いる．

零用 língyòng ①少しずつ使う．小口の用に使う．〔~的生活上的道具．①〔~现金簿 bù〕〔~账 zhàng〕小遣い帳．小口現金出納簿．②小遣い銭．〔~费〕〔~钱〕〔零花(儿)〕同前．

零余 língyú 〈文〉残余．はした．

零余子 língyúzǐ 〔植〕ムカゴ(ムカゴ)：野生の芋の葉腋にできる珠芽．薬用にする．〔珠 zhū 芽〕ともいう．

零雨 língyǔ 〈文〉細雨．小雨．

零杂工 língzágōng 臨時雑役．アルバイト．

零杂(儿) língzá(r) こまごました品物・仕事．

零增长 língzēngzhǎng ゼロ成長．

零账 língzhàng 小口勘定．

líng 零龄灵

零整 língzhěng 小口のものとまとまったもの.〔～不限〕〔～皆可〕同前id こちらでもよい.
零指数 língzhǐshù 図ゼロ指数.
零族 língzú 旧元素周期表上の第0族:[氦hài](ヘリウム)・[氖nǎi](ネオン)・[氩yà](アルゴン)・[氪kè](クリプトン)・[氙xiān](キセノン)・[氡dōng](ラドン)の6元素がある.
零嘴(儿) língzuǐ(r) ⇒[零食]
零座 língzuò 〈喩〉(人力車やタクシーの)はんぱな距離の乗客.〔不愿拉～〕〈老·駱〉短距離の客を乗せるのはごめんだ.

[龄·齡] líng

①年齢.とし.よわい.〔年～〕同前.〔学～〕学齢.〔婚hūn～〕結婚年齢.〔老～〕高齢.〔五～幼yòu童〕5歳の幼児. ②年限.(経過した)年数.〔工～〕労働者の勤務年数.工事経験年数.〔党～〕党歴.〔炉lú～〕その炉で溶鋼を作った回数. ③生命齢:昆虫·植物が変態する期の(数).幼虫が第1回の脱皮するまでを〔一～虫〕といい順次これに従う.〔七叶yè～〕槭の葉が7枚出そろった時.

[灵·靈(霛)] líng

①神·神仙·怪異にかかわること.〔神～〕神秘.②死者の霊魂.魂.〔英～〕英霊.③棺.位牌.〔移yí～〕霊柩を移す.〔烈liè士的一位〕烈士の位牌.〔参cān～〕棺を拝する.〔守～〕位牌·遺体などのそばに付き添う.④霊験がある.効き目がある.〔这个法子倒very～〕このやり方はなかなか効果がある.〔这药很～〕この薬はなかなかよく効く.〔这种大夫給的药一极了〕あの先生の薬は非常によく効く.⑤対応が巧みである.賢い.通じている.〔我对于机器不大～〕わたしは機械にはあまり明るくない(はわからない).〔猴hóu子比別的动物～〕猿は他の動物に比べて賢い.〔心～手巧〕気がきいて腕(技能)がいい.⑥(動作·機能などが)鋭敏である.すばしこい.よく利く.〔身体~,力气大〕動きがすばしこくて,力が強い.〔机jī件很～〕機械は非常に精巧に作動する.⑦〔姓〕霊(れい).

灵变 língbiàn ①臨機応変である. ②不可思議な変化.
灵便 língbian ①(手足や機械の動作が)機敏である.敏捷である.〔他的腿很～〕彼の足はなかなかすばしこい. ②便利である.重宝である.〔这小锅使着～〕この小なべは使い勝手がいい.
灵车 língchē 霊柩車.〔〈方〉灵柩车〕[殡bìn车]〔柩jiù车〕ともいう.
灵榇 língchèn ⇒[灵柩]
灵床 língchuáng ①納棺前に遺体を安置する寝台. ②霊となった死者のために設けられた(見かけだけの)台.
灵丹 língdān ①霊薬.よく効く薬.特効薬.〔～妙miào药〕〔～圣shèng药〕霊験あらたかな妙薬.〈喩〉すべての問題を解く得る方法.〔没有什么問题都能解決的妙药〕どんな問題でも解決できる万能薬などはない. ②⇒[六liù六六]
灵动 língdòng 敏捷である.回転が速い.生き生きしている.活発な動き.〈喩〉目をよく動かして見る.〔灵晴晴晴然～的〕目をきょろきょろ動かす.
灵幡 língfān 旧出棺の時霊柩の前で遺児が持つ旗. →[招zhāo魂幡]
灵妃 língfēi ⇒[伏fú妃]
灵飞经 língfēijīng 書道教の経典名:唐代,これを抄録編集したものが後世"小楷"の手本として用いられた.
灵符 língfú (道士の画く)護符.お守り.
灵府 língfǔ ⇒[灵台]〈喩〉心.脳髄.
灵感 línggǎn 霊感.インスピレーション.
灵怪 língguài ①〈文〉不思議で怪しい(もの). ②神

灵.妖怪. →[说 shuō 话⑥]
灵官 língguān 道教の神の名.
灵光 língguāng ①神奇な光輝. ②神仏の後光. ③〈方〉効果がある.(できばえが)よい.
灵龛 línghán 霊骨箱.霊骨.
灵慧 línghuì 気転が利いて賢い.
灵魂 línghún ①霊魂.俗に[魂灵]という. ②心.精神.〔纯洁的～〕清らかな心. ③〈喩〉心の奥底.〔工程 chéng 师〕〈喩〉作家や教師. ③人格.良心.〔出卖～〕良心を売る. ④〈喩〉(物事の)中心.かなめ.
灵活 línghuó ①活発である.すばしこい.〔脑筋～〕頭の回転が速い.〔～的眼睛〕活発な目つき. ②融通が利く.活用面が広い.〔～性〕柔軟性.〔不要硬性规定,可以～掌握〕固定的に決めてはいけない,柔軟に考えてもよい.〔～地使用兵力〕柔軟に兵力を使用する.
灵几 língjī ①棺前に置く机. ②霊前.
灵机 língjī (思いつきの)ひらめき.〔～一动〕はっと霊感がひらめく.〔～感〕
灵健 língjiàn うまく動きき丈夫である.〔腿tuǐ脚～〕足取りが力強い.
灵轿 língjiào 旧葬式の時,死者の画像·写真·衣冠などを載せて運ぶ輿(こし).
灵捷 língjié すばしこい.すばやい.
灵界 língjiè 霊界.
灵境 língjìng〈文〉仙境.〔仙山〕同前.
灵柩 língjiù =[灵榇]霊柩.遺体を入れたひつぎ.
灵龛 língkān 図(仏教で)(塔の下などの)お骨(こつ)を納めた箱.
灵快 língkuài (動作が)すばしこい.
灵兰 línglán〈文〉蔵書庫:伝説上の黄帝の書庫の名.
灵利 línglì ①⇒[伶俐] ②すばしこい.〔腿脚～〕足がすばしこい.
灵猫 língmāo =[香 xiāng 狸]ジャコウネコ(総称).〔大～〕〔九江狸1〕オオジャコウネコ.〔～香〕同前の芳香性の分泌物からとった香料. →[麝 shè]
灵妙 língmiào 霊妙である.
灵敏 língmǐn 反応がすばやい.鋭敏である.〔～度〕②感度.〔～反应〕反応率.鋭感度:[敏感度]に同じ.
灵牌 língpái ⇒[灵位]
灵棚 língpéng 葬式の時,霊柩を置く仮小屋.
灵祇 língqí〈文〉天地の神.
灵气 língqì ①理解力.機転力.融通性. ②霊気.
灵签 língqiān 神籤(しんせん).占卜用のくじ.
灵前 língqián〔～守夜〕通夜(つや)
灵巧 língqiǎo (気がきいて)巧みである.賢く器用である.精工で巧妙である. ↔[笨bèn拙]
灵寝 língqǐn 霊柩を置くところ.
灵清 língqīng〈方〉はっきりしているさま.
灵泉 língquán〈文〉泉水:湧出する清水(美称)
灵雀 língquè 鳥ツリスガラ(通称):正式には[中华攀雀]という.
灵瑞华 língruìhuá ⇒[优yōu昙华]
灵山 língshān ①霊妙たる神聖なる山.特にⓐ(仏教の)霊鷲山:釈迦が法華経を講じたとされる. ⓑ(道教の)蓬莱山.
灵寿(木) língshòu(mù) ⇒[椐jū]
灵塔 língtǎ 図(仏教の)高僧や生き仏の遺体を納める仏塔.
灵台 língtái ①(葬儀の)祭壇:霊柩·骨箱·位牌·遺影などを置く台. ②⇒[灵府] ③昔帝王が天地の気を望み見た高台.
灵堂 língtáng 同上①を設けておく部屋:ふつう[正房]をあてる.

líng

灵通 língtōng ①(ニュースなどに)早耳でよく通じている.〔耳目〕消息に通じている.〔消 xiāo 息〕~人士〕消息通. ②〈方〉役に立つ.〔这玩意儿可不~〕これは一向に役に立たんよ. ③〈方〉機転が利く.〔心眼儿~〕頭の回転が速い.

灵童 língtóng 囲(チベット仏教で)活仏の生まれ変わりとされる児童(活仏の後継者となる):〔灵儿 ér〕ともいう.〔转 zhuǎn 世~〕同前.

灵透 língtou =〔伶透〕〈方〉賢い.(この上なく)頭が良い.

灵位 língwèi =〔灵牌〕位牌.

灵屋 língwū 〈方〉死者を祭るとき焼く紙製の家屋. →〔纸 zhǐ 钱〕

灵犀 língxī 〈文〉犀(さい)の角:敏感に感じるところ.〔心有~一点通〕(唐・李商隐诗)心に互いに共鳴する所があって通じ合う.

灵香草 língxiāngcǎo 棗シロレイリョウ:〔黄 huáng 零草〕〔燕 yàn 草〕は別称. →〔零陵香①〕

灵效 língxiào =〔灵验①〕

灵星 língxīng 〈文〉農業をつかさどる星の名:〔天 tiān 田星〕ともいう.

灵醒 língxǐng 頭がさえている.鋭敏である.〔头脑~〕同前.

灵性 língxìng ①天賦の知能.生まれつきの聡明さ. ②動物の知覚力.

灵秀 língxiù 賢くて美しい.〔~的姑娘〕美しい女の子.

灵牙俐齿 língyá lìchǐ ⇒〔伶牙俐齿〕

灵验 língyàn ①〔灵效〕すぐれた効き目がある.特効がある. ②(予言)が当たる.(うらないが)的中する.〔这几天天气预报非常~〕このところ天気予報はよく当たる.

灵羊 língyáng ⇒〔羚羊〕

灵药 língyào (仙人の)霊薬=〔仙 xiān 药〕に同じ.

异人 língyì ①神仙と妖怪.〈转〉怪異.不思議.〔~事件〕怪奇事件. ②他に類のない程卓越している.

灵域 língyù 〈文〉①墓地. ②仙境. ③風景の優美な地.

灵岳 língyuè 〈文〉霊山:特に泰山を指す.

灵宅 língzhái 〈文〉①隠士や修道者の居所. ②=〔大 dà 宅〕②骨相上,顔面の別称:目・鼻・口などのある大切なとこの意.

灵长目 língzhǎngmù 動霊長目.サル目.霊長類.〔灵长类 lèi 骨〕同前.サル学.

灵芝 língzhī =〔芝草〕〔紫 zǐ 芝〕菌ヒジリダケ(マンネンダケ):老木またはその根に寄生するきのこの一種.古来瑞草とされた.古書では単に〔芝〕ともいう. ②⇒〔石 shí 耳〕

灵脂 língzhī ⇒〔五 wǔ 灵脂〕

灵桌(儿) língzhuō(r) 回葬儀の時,棺の前に置く机:位牌・遺影・香炉・燭台などを上に置く台.

灵座 língzuò 回死者のために位牌などを置く場所.

〔棂·欞(櫺)〕 líng 〔子〕連子(れんじ):〔窗~〕窓の紋様入りの格子(こう)し. 〔窗 chuāng ~〕窗格(子)窓格子.

〔凌(淩)〕 líng (I)〔凌〕(塊状・棒状の)氷.〔冰 bīng ~〕氷塊.〔撞 zhuàng ~碎水〕する.
(II)〔凌〕①登る.上る.高く上る. ②虐げる.侵犯する.〔~辱 rǔ〕侮る.犯し辱しめる.〔盛 shèng 气~人〕威張りちらす. ③近づく.真近に迫る. →〔凌晨〕 ④超える.凌(しの)ぐ.凌駕する. ⑤〈姓〉凌(りょう).

凌暴 língbào 〈文〉辱しめ虐げる:〔陵暴〕とも書く.

凌逼 língbī 〈文〉責めたていじめる:〔陵逼〕とも書く.

凌波 língbō 〈喩〉波を踏んで行くような軽やかな(美女の)歩み.〔~仙子〕水仙の花の別称.

凌晨 língchén 朝まだき.明け方. =〔拂 fú 晓〕

凌迟 língchí 囲極刑の一:手・足を切り落としてから喉を切断する.〔陵迟②〕とも書く. →〔剐 guǎ ①〕

凌床 língchuáng ⇒〔冰 bīng 床(儿)〕

凌夺 língduó ⇒〔凌雉〕

凌风 língfēng 風に乗る.

凌藉 língjí 侮る.いじめる.

凌驾 língjià 凌駕する.人をしのぐ.圧倒する:〔陵驾〕とも書く.〔救人的念头~一切〕人々を救うという考えが外の何より強かった.

凌空 língkōng 〈文〉空高く上る.高いところにあがる.〔高阁 gé ~〕高い楼閣がそびえ立つ.〔~而起〕天空に飛びあがる.〔~一倒 dào 勾射门〕⓯(サッカーの)オーバーヘッドシート(する)

凌厉 línglì 勢いが激しい.〔攻 gōng 势~〕攻勢が猛烈である.〔削球反攻极为~〕(卓球の)カットの反攻は実に猛烈である.

凌砾 línglì 〔陵砾〕とも書く.〈文〉①侮り虐げる. ②おしのける.締め取る.排斥する.

凌乱 língluàn 秩序がない.乱雑である.散乱している:〔零乱〕に同じ.〔凌乱乱乱〕同前のさま.〔~不堪 kān〕~成〕滅茶苦茶なこと.

凌虐 língnüè 虐待する.侮り虐げる.〔叫他给~死了〕彼の虐待されて死んだ.

凌情 língqíng 結氷・流氷に関する状況:多く黄河上流における場合.

凌人 língrén ①回氷に関する事務をつかさどる役人. ②〈文〉人を見下して押さえつける.虐げる.

凌日 língrì 囲太陽面通過:地球から内惑星が太陽を通過する形に見られる(水星)~水星の同前.

凌辱 língrǔ 凌(りょう)辱する.侮辱する.

凌室 língshì =〔凌阴〕回氷室(むろ). →〔冰 bīng 窖〕

凌谇 língsuì 〈文〉人を辱しめ罵る.

凌侮 língwǔ 侮辱する.

凌霄 língxiāo 〈文〉①天高くそびえる.雲を衝(つ)く.〈喩〉高潔である.〔~之姿〕仰ぎ見る姿.〈喩〉高遠な理想を抱く. ②同下.

凌霄花 língxiāohuā 植ノウゼンカズラ:〔凌霄〕〔口〕鬼 guǐ 目①〕〔紫 zǐ 葳〕ともいう.〔苕 tiáo〕は古名.

凌霄君 língxiāojūn 鷹(たか)の別称. →〔鹰 yīng〕

凌虚 língxū 空高く上る.空高くにある.

凌汛 língxùn 囲(黄河上流で雪氷の融解があり下流で)氷塊が河道ふさいで起こる洪水.

凌压 língyā 侮り圧迫する.

凌夷 língyí ⇒〔陵夷〕

凌阴 língyīn ⇒〔凌室〕

凌雨 língyǔ 〈文〉①大雨.暴雨. ②にわか雨.

凌云 língyún 高く雲をつく.〔壮~志〕意気天をつく.〔~志 zhì〕高遠な志.

凌杂 língzá 入り混じって乱れている.

凌灾 língzāi 氷塊が河道でふさいで起こる洪水の災害. →〔凌汛〕

凌锥 língzhuī =〔方〕凌泽〕〈方〉つらら:〔冰 bīng 柱①〕の別称.

〔陵〕 líng ①丘陵.〔~谷易处〕〔~迁谷变变〕山や谷が(長い間に)姿を変える.〈喩〉世の転変の激しいたとえ. ②陵墓.みささぎ.すぐれた人の墓.〔中山~〕孙中山の陵〔十三~〕明の十三陵.〔帝 dì ~〕 = 丘 qiū ①皇帝の墓.〔后 ~〕皇后の墓. ③〈文〉侮る. →〔凌(II)②〕 ④〈姓〉陵(りょう).

陵碑 língbēi 〔陵墓碑〕の墓碑.〔烈 liè 士~〕殉国者の

墓碑.
陵迟 língchí ①〈文〉衰退する. ②⇒〔凌迟〕
陵稿 línggǎo ⇒〔甘 gān 遂〕
陵户 línghù 陵墓の番人.
陵轹 línglì ⇒〔凌轹〕
陵庙 língmiào 陵墓と宗廟.
陵墓 língmù ①帝王の墓. ②(すぐれた人の)墓.
陵寝 língqǐn〈文〉帝王の墓や地下宮殿.
陵替 língtì〈文〉①綱紀がゆるむ.権威が衰える. ②凋落(ちょうらく)する.すたれる.
陵夷 língyí =〔凌夷〕〈文〉衰える.衰退する.
陵游 língyóu ⇒〔龙 lóng 胆〕
陵园 língyuán 陵墓を中心とした園林.〔烈士~〕殉国者の墓苑.
陵云 língyún ⇒〔凌云〕
陵泽 língzé ⇒〔甘 gān 遂〕

〔**菱（菱）**〕 líng 菌ヒシ(菱),またその実:〔芰 jì〕.〔薢 xiè 茩〕は古名.
菱粉 língfěn 菱の実から作った澱粉.〔~糕 gāo〕食菱の実をつきつぶし甘く煮つめて角に切ったもの.夏の〔点心〕(菓子).→〔芡 qiàn 粉〕
菱歌 línggē 菱採り歌.
菱花 línghuā ①菱の花. ②旧鏡の別称.
菱花米 línghuāmǐ ⇒〔菱角米〕
菱蝗 línghuáng 國ハネナガヒシバッタ.
菱角 língjiao〔沙 shā 角〕菱の実.〔~米〕〔菱花米〕菱の中の白い実.
菱镁矿 língměikuàng 鉱マグネサイト:〔菱苦 kǔ 土矿〕
菱锰矿 língměngkuàng 鉱菱マンガン鉱.
菱芡 língqiàn 菱の実と鬼蓮(おにばす)の実. →〔河 hé 鲜〕
菱铁矿 língtiěkuàng 鉱菱鉄鉱.
菱锌矿 língxīnkuàng 鉱菱亜鉛鉱. →〔炉 lú 甘石〕
菱形 língxíng 菱形:〈方〉旗 qí 杖〕〈方〉眼儿〕〔斜 xié 象眼儿〕は別称.〔斜方形〕は旧称.
菱嘴 língzuǐ〈方〉人中(にんちゅう)(上唇の真中の溝)がハッキリとした唇:食いしん坊の相とされる.

〔**绫・綾**〕 líng 紬綸子(りんず).あやぎぬ:地模様のある薄い絹織物.〔~子〕は通称.〔~缎 duàn〕同前.〔秦 sù ~〕無地の同前.
绫绢花 língjuànhuā 薄絹で作った造花.
绫罗 língluó あや絹と薄絹.〔~锦绣〕〔~绸 chóu 缎〕〈~缎疋 pǐ〕絹織物の総称.
绫罗纱 língluóshā 紡カルピ:羊毛からとった紡毛糸を用い,斜紋織に細かく織った布地.
绫扇 língshàn 絹地の扇.
绫子 língzi →字解

〔**棱（稜）**〕 líng 地名用字.〔穆 mù ~〕地黒竜江省にある. → lēng léng

〔**鲮・鯪**〕
鲮鲻 línghua 魚貝ニゴイ:コイ科の魚.〔鲮鱼〕〔唇 chún 鲻〕〔土 tǔ 鲮鱼〕ともいう.
鲮鲤 línglǐ ⇒〔穿 chuān 山甲〕

〔**酃**〕 líng 地名用字.〔~湖 hú〕地湖南省にある.

〔**醽**〕 líng〔~醁 lù〕〔~渌 lù〕因美酒の名.

〔**令（令）**〕 lǐng 量詞.連(れん)(20帖):印刷用紙の全紙500枚を1〔~〕という.〔领〕〔连 lián〕ともいう. → lìng líng

〔**岭・嶺**〕 lǐng ①峰.峠:通り道のある山頂.〔爬 pá 山越~〕〈成〉山を越しあじ登り峰を越える. ②大山脈.〔秦 qín ~〕(陝西省の)秦嶺山脈.〔北 běi ~〕地長江以北黄河以南の山系. ③地とくに湖南・江西・広西・広東の境界にまたがる越城嶺・都龐嶺・萌渚嶺・騎田嶺・大庾嶺の〔五 wǔ 岭〕をいう. ④〈姓〉嶺(みね)
岭海 lǐnghǎi 地広東・広西をいう.
岭南 lǐngnán 地五嶺以南,すなわち広東・広西の地.〔岭表 biǎo〕〔岭外〕ともいう.
岭上开花 lǐngshàng kāihuā (マージャンで)槓(カン)をして,いちばん最後の牌すなわち嶺上牌(リンシャンパイ)であがること:〔杠 gàng 上开花〕ともいう.

〔**领・領**〕 lǐng ①頸部.うなじ.〔引 yǐn ~〕而首をのばしてながめる. →〔脖 bó ~〕 ②服えり.カラー.〔硬 yìng ~衬 chèn 衫〕固えりのワイシャツ.〔翻 ~(儿)〕折りえり.〔白 ~〕ホワイトカラー.〔蓝 lán ~〕ブルーカラー. →〔领子〕 ③えりぐり.えり合わせ:〔~口②〕に同じ.〔圆 ~儿〕丸いえりぐり.〔尖 ~儿〕Vネック. ④要点.重要な部分:〔纲 gāng ~〕綱領.〔提纲挈 qiè ~〕〈成〉要点をかいつまむ.〔不得要 ~〕〈成〉要領を得ない. ⑤引き連れる.導く.案内する.〔带领 ~〕引率する.〔~队 duì ~〕一率 shuài 一营 yíng 兵〕一大隊の兵を率いる.〔~着孩子上街〕子供を連れて街へ出かける. ⑥受け取る.貰う.〔~照 zhào〕許可証を受けて行く.〔我已经~来了〕もう貰ってきた.〔~工资〕給料をもらう. ⑦領有する.〔占 zhàn ~〕占領する. ⑧理解する.わかる.のみこむ. →〔领会〕〔你的好意我~了〕きみの好意は身にしみた.〔心~〕気持ちだけをいただく:贈り物を辞退する時の言葉. ⑨量詞.⑧〈文〉男子用の長い中国服や上着を数える.〔一~长袍 páo〕同前1枚. ⑤席(むしろ)などを数える.〔一~席 xí 子〕1枚のアンペラ. ⑪⇒〔令〕
领班 lǐngbān ①旧(工場・鉱山などの)組長.作業場の班長. →〔工 gōng 头①〕 ②(ホテル・娯楽施設などの)フロアマネージャー.
领班人 lǐngbānrén 劇(旧劇で)一座の代表者:〔头 tóu 目人〕ともいう.
领办 lǐngbàn 率先して始める.
领兵 lǐngbīng 軍を率いる.
领操 lǐngcāo ①体操を指導する. ②同前の人.
领唱 lǐngchàng 合唱をリードする(人).音頭をとって歌う(人)
领衬儿 lǐngchènr 服①えり芯(しん):えりをピンとさせるために入れる芯地. ②⇒〔领衣(子)〕
领筹 lǐngchóu 順番札(番号札)をもらう.〔他排到八点钟也没领到筹〕彼は8時まで並んでも順番札がもらえなかった.
领带 lǐngdài ネクタイ.〔系 jì ~〕ネクタイを結ぶ.〔~扣针〕〔~别针〕〔饰 shì 针〕ネクタイピン.タイタック:〔夹 jiā〕挟む型の同前. →〔领结〕
领单 lǐngdān ⇒〔领据〕
领导 lǐngdǎo ①(強制力を伴って)指導する.〔~班 bān 子〕指導者陣.指導グループ.〔~成员〕指導メンバー.〔~岗位的指导持ち場.〔~核 hé 心〕指導の中心分子.〔~机 jī 构〕指導部門.執行機関.〔~力量〕指導力.指導者の能力.〔~能 néng 力〕指導力.リーダーシップ.〔~权 quán 〕指導権.〔~人〕指導者.統率者.〔~小组〕指導グループ.〔~作风〕指導のしかた.〔集体 ~〕集団指導(する).②指導者,ご和群衆と大衆.〔国家 ~〕国家指導者. →〔指 zhǐ 导〕
领道(儿) lǐngdào(r)〈口〉道案内(する):〔领路〕に同じ.〔路不熟,找个人~道を知らないから誰かに案内を頼む.
领地 lǐngdì ①旧領地.所領. ②⇒〔领土〕
领跌 lǐngdiē 商(株式で)値さがりのリード役をする.値あがりの足をひっぱる.

领 lǐng

领东 lǐngdōng 資本を出してもらって商売をする.

领读 lǐngdú 初めに教師または1人の学生が読み,全員にその後について読ませる.

领队 lǐngduì ①隊を率いる. ②隊長.監督.引率者.チームリーダー.

领俸 lǐngfèng 〖旧〗(官吏が)俸給を受け取る.

领干薪 lǐnggānxīn (名義だけで仕事をしないで)俸給だけもらう.名義料として受ける.

领港 lǐnggǎng =〔引yǐn港〕①水先案内をする.〔~费 fèi〕水先案内料.②水先案内人.パイロット:〔领水员〕ともいう.→〔领航〕

领工 lǐnggōng ①人夫を率いて工事(仕事)を引き受ける. ②現場監督.工事監督.→〖旧〗小作人の頭.

领钩(儿) lǐnggōu(r) 襟ホック.〔扣kòu~〕同前をかける.

领馆 lǐngguǎn 〔领事馆〕の略.

领海 lǐnghǎi =〔领水〕 〖法〗領海:一国の主権を行使しうる沿海海域.〔~法〕領海法.〔~权 quán〕〔海权〕領海権.→〔公 gōng 海〕

领航 lǐngháng ①(船・飛行機の)航行指示・水先案内をする. ②同前を行う者.パイロット.ナビゲーター:〔~员〕ともいう.→〔领港〕

领花(儿) lǐnghuā(r) ①⇒〔领结〕 ②(軍人・警察官の)襟章.

领会 lǐnghuì =〔领悟〕のみこむ.会得する.納得することをいう.〔细心~〕注意してよく了解する.

领魂 lǐnghún (喪主が)葬列の先に立つこと.〔~车 chē〕=〔轿 jiào 车〕中国葬式の際,柩に先行する霊の乗り物で,死者の霊魂をこれに乗せて,墓地へ導く.〔~纸 zhǐ〕紙銭の別称.→〔纸 zhǐ 钱(儿)〕

领家的 lǐngjiāde ⇒〔鸨 bǎo 母〕

领江 lǐngjiāng ①河川の水先案内をする. ②河川のパイロット.水先案内人.

领奖 lǐngjiǎng 賞を受け取る.〔~台〕表彰台.

领教 lǐngjiào ①教えをいただく.手本を見せていただく.〔~~!〕(挨拶)お教えありがとうございました.〔请你弹一首曲子,让我们~一下〕一曲お弾きいただき,お聞かせ下さい.〔敝姓黄,未~您呢〕黄と申しますが,そちら様のご名字をお教え下さい. ②教えを請う.〔有点儿小事想向您~一下〕少しお教え願いたいことがあります. ③知っている:皮肉まじめていう.〔他的手艺实在不敢~〕彼の腕は存じ上げておりますよ.

领结 lǐngjié =〔领花〕(蝴 hú 蝶结)〖服〗蝶ネクタイ.〔打~〕〔扎 zā ~〕同前をつける.→〔领带〕

领巾 lǐngjīn 〖服〗ネッカチーフ.スカーフ.〔颈 jǐng 巾〕に同じ.〔红~〕赤いネッカチーフ(少年先鋒隊員の).→〔头 tóu 巾②〕〔围 wéi 巾〕

领据 lǐngjù =〔领收证〕.引換証.

领军 lǐngjūn ①軍隊を指揮する.<喩>チームをひっぱる. ②同前の人物.リーダー.

领空 lǐngkōng 〖法〗領空.↔〔公 gōng 空〕

领口(儿) lǐngkǒu(r) ①首回り.えりぐり:〔领窝(儿)〕ともいう.〔~太小〕(服の)首がきつい.〔你~多大〕首まわりはいくつか. ②突き合わせ.

领扣 lǐngkòu (洋服の)えりボタン.

领款 lǐngkuǎn 金を受け取る.〔~人〕(金の)受取人.

领陆 lǐnglù 〖法〗領土:境界以内の大陸と島嶼.

领路 lǐnglù ⇒〔领道(儿)〕

领略 lǐnglüè 会得する.深く理解する.味わい知る.〔~大自然的壮美〕大自然の雄壮たるを実感する.

领帽店 lǐngmàodiàn 毛皮のえりや帽子を売る店.

领命 lǐngmìng 命令を受ける.(=〔领旨〕)

领纳 lǐngnà <文>受け納める.手におさめる.

---

lǐng

领诺 lǐngnuò <文>承諾する.納得する.

领盘儿 lǐngpánr ⇒〔托 tuō 领〕

领盆 lǐngpén <方>負けを認める.感服する.

领讫 lǐngqì <文>受領し終わる.受領済み.

领情 lǐngqíng 厚情を感謝する.好意をありがたく思う.〔不管他~不~,我们都要尽心〕彼がこっちの気持ちをくんでくれるかどうかは別として,我々は誠意を尽くすんだ.

领取 lǐngqǔ 受け取る.受領する.〔到邮局~〕郵便局へ行って受け取る.

领圈 lǐngquān 〖服〗①えりの周囲の寸法. ②⇒〔领套〕

领人儿 lǐngrénr ⇒〔鸨 bǎo 母〕

领赏 lǐngshǎng 賞を受ける.受賞する.

领事 lǐngshì ①領事.〔~馆 guǎn〕〔领馆〕〖旧〗領署〕領事館.〔~裁 cái 判权〕領事裁判権.→〔治 zhì 外法权〕 ②事を統轄する.

领收 lǐngshōu 領収する.受け取る.〔~人〕受取人.

领受 lǐngshòu 受け取る.丁承する:多くの人の好意を受けることをいう.〔他怀着激動的心情~了同志们的慰問〕彼は感激して同志達の慰問を受けた.

领署 lǐngshǔ ⇒〔领事馆〕

领属 lǐngshǔ 従属する.〔~关系〕所属関係.

领率 lǐngshuài 統率する.指揮する:〔率领〕に同じ.

领水 lǐngshuǐ ①〖法〗領水:領土の一部たる水域.河川・湖沼・運河・港湾など. ②⇒〔领海〕 ③⇒〔领港〕

领诵 lǐngsòng ①集団で朗誦の際,先頭で言う. ②同前の人.

领套 lǐngtào <方>〖服〗(毛糸で編んだ)えりまきの一種:〔领圈②〕ともいう.

领条 lǐngtiáo 〖服〗①(中国服の)えりの根元(外に面した)にぐるりと縫いつけてある細い布. ②(服に縫いつける前の中国服の)えり.〔上~〕同前を縫いつける.

领帖 lǐngtiě <文>喪家が弔問を受け付ける.→〔开 kāi 吊〕

领头(儿) lǐngtóu(r) 〔口〕先頭に立つ.リードする.〔带 dài 头〕に同じ.〔那我徐个丫儿儿〕じゃあ僕が音頭をとるよ.〔领头雁 yàn〕先頭の雁.<喩>リーダー.〔领头羊〕(羊干)先頭の羊.<喩>リーダー.

领土 lǐngtǔ =〔领地②〕〖法〗領土:陸地・領水・領海・領空を含む.〔~完整〕領土保全.

领位 lǐngwèi 場内を案内する:〔座座 zuò〕ともいう. ②座り場内案内する.

领味 lǐngwèi 味わう.〔难 nán 以~〕十分理解しがたい.

领窝(儿) lǐngwō(r) ⇒〔领口(儿)①〕

领舞 lǐngwǔ ①集団舞踊やフォークダンスをリードする. ②同前の人.

领悟 lǐngwù ⇒〔领会〕

领悉 lǐngxī 〔牘〕拝承しました.〔~一切〕委細拝承しました.

领洗 lǐngxǐ 〖宗〗(キリスト教で)洗礼を受ける.

领先 lǐngxiān ①真っ先に歩く.先頭にたつ.〔他~登上了山頂〕彼は真っ先に山の頂上に登った. ②リードする.先頭に立つ.〔中国队在半场以四比零~〕中国チームは前半は4対0でリードしていた.

领衔 lǐngxián 筆頭に名を連ねる.〔~主演 yǎn〕トップに名を連ねた主演(者).〔~之作〕代表作.〔请愿书由两位名演员~〕請願書には2人の名役者が名を連ねている.

领饷 lǐngxiǎng =〔关 guān 饷〕〖旧〗(兵士が)給料を受け取る.↔〔发 fā 饷〕

领项 lǐngxiàng <文>受け取るべき金.

领谢 lǐngxiè 〔牘〕(贈り物などを)丁載しありがた

〈存じます.
領薪 lǐngxīn 俸給を受け取る.給料をもらう.
領袖 lǐngxiù ①えりと袖.②(転)指導者.首領.領袖.〔国家～〕国の指導者.
領養 lǐngyǎng ①もらい子をする.養育して養子とする.②費用を負担して動・植物の養い親となる.〔被～的小猫 māo〕養い親のある子猫.
領衣(子) lǐngyī(zi) ⇒〔領衫儿2〕⦅服⦆えりがよごれないようにえり裏にカラーのようにつける布.
領有 lǐngyǒu 領有する.所有する.保有する.
領域 lǐngyù ①⦅因⦆領域:国家主権の行使される区域.〔侵 qīn 犯他国～〕他国の領域を犯す.②分野.範囲.〔文学艺术～〕文学芸術の分野.→〔疆 jiāng 域〕
領責 lǐngzé 〈文〉責任を負う.
領章 lǐngzhāng 襟章.えりにつける徽章.→〔襟 jīn 章〕
領掌 lǐngzhǎng 観客に拍手をするよう合図する.またその係.
領涨 lǐngzhǎng ⦅圇⦆(株式で)値上がりのリード役をする.
領針 lǐngzhēn 襟留(ぁぉ)ピン.
領賑 lǐngzhèn 〈文〉救済物資を受け取る.
領証 lǐngzhèng 公的証書(営業証・結婚証など)を受け取る.
領旨 lǐngzhǐ 〈文〉皇帝の命令を受ける.
領主 lǐngzhǔ ⦅史⦆封建領主:〔封 fēng 建主〕に同じ.
領子 lǐngzi ⦅圇⦆えり.カラー.〔硬 yìng ～〕(固い)カラー.〔单 dān ～〕シングルカラー.
領奏 lǐngzòu ①演奏をリードする.②同前の人.
領罪 lǐngzuì 罪を認める.罪に服する.

〔另〕 lìng ①別の.そのほかの.〔～一个人〕別の一人.〔～一方面〕別の方面.〔～一回事〕別のこと.〔～一种 zhǒng〕別の種類(の).これ以外に.ほかに.〔～想办法〕ほかに方法を考える.〔～编一本书〕別に1冊の本を編集する.〔～起一行 háng〕行(ぎょう)を変える.→〔別 bié ③〕③〈方〉分家する.〔～居 jū〕～户〕同前.④〈姓〉另
另案 lìng'àn ①別件.〔～办 bàn 理〕〔另办〕別件として扱う.②別の公文書.
另表 lìngbiǎo 別表.
另冊 lìngcè ⦅圇⦆戸籍の別冊:〔正 zhèng 冊〕(良民の戸籍)に対し良民の戸籍をいう.〈喩〉ブラックリスト.〔列入～〕〔打入～〕同前にのる.③別冊.附録の一冊.
另当別論 lìng dāng biélùn 〈成〉別の問題とする.
另付 lìngfù ①添付する.②別に支払う.
另函 lìnghán ①別便.別書.〔～通知各位股东〕別便で株主に通知する.
另行 lìngháng 別行(ぎょう).→ lìngxíng
另換 lìnghuàn 別のものと取り換える.
另寄 lìngjì ⇒〔另邮〕
另加 lìngjiā ①ほかに増やす.②さらに行う.〔～分析〕さらに分析する.
另开 lìngkāi 家を分ける.別居する.〔弟兄们想～过日子〕兄弟たちは分家して暮らそうとしている.
另类 lìnglèi ①別類.変わり種.変人.新人類.②特殊である.他と異なる.〔～教 jiào 育〕独創教育.異能教育.〔～女人个性的でユニークな女性.〔～休闲〕一味違う休暇方法.〔～音乐〕⦅圇⦆非主流音楽.オルタナ.
另立门户 lìng lì ménhù 〈成〉別に一家を構える.別の組織をたちあげる.〔另立山头〕ともいう.
另码事 lìngmǎshì 〈口〉別のことだ.関係のないこと.
另谋生計 lìng móu shēngjì 〈成〉別に暮らなる道を考える.
另派 lìngpài 別に派遣する.
另辟蹊径 lìng pì xījìng 〈喩〉新方法・思考を創り出す.
另撤一笔 lìng piē yībǐ 〈成〉文章を作る時,途中で論旨を変えて他の面から論ずること.
另起炉灶 lìng qǐ lúzào 別に門戸を構える.〈喩〉別の途を立てる.新規まき直しする.規模が変わる.
另請高明 lìng qǐng gāomíng 別人に依頼して欲しい:私は辞退すると,やんわり断わる.
另日 lìngrì ≡〔令日②〕〈文〉他日.後日.〔以待～〕後日を待つ.
另商 lìngshāng ⇒〔另议〕
另説 lìngshuō 別に処理する.
另外 lìngwài ①そのほかの.別の.〔你先走,～的人留下〕きみは先に行き,そのほかの人は残ってくれ.②外に.別に.その他に.〔～还有一件事别にもう一件がある.③さらに.それから.〔她会英语,～也会日语〕彼女は英語ができるし,また日本語もできる.
另行 lìngxíng 〈文〉別に～をする.〔～通知〕あらためて通知をする.→ lìngháng
另选 lìngxuǎn ①別に選ぶ.②再選挙.〔委员会决定择日～〕委員会は日を改めて再選挙をすることに決めた.
另眼相看 lìngyǎn xiāngkàn 〈成〉特別視する.違った目で見る:〔另眼相待〕〔另眼看待〕ともいう.
另一半 lìngyībàn 〈喩〉配偶者.〔他得到了他的～〕彼はつれ合いができた.
另一工(儿) lìngyīgōng(r) 〈口〉特別である.格別である.〔别看都是木匠活,这雕 diāo 刻可是～〕全部が大工の仕事だからたいしたことはないと思われるが,この彫刻はなかなか格別だ.
另一套 lìngyītào 別なやり方.
另议 lìngyì ≡〔另商〕〈文〉別に相談する.
另邮 lìngyóu ≡〔另寄〕別便で送る.別送する.
另有笔账 lìng yǒu bǐzhàng 帳面が別にある.〈喩〉別な事情がある.〔刘老头子的侍侯祥子是～〕(老舎)劉爺さんの祥子によくしてくれることは特別である.
另紙 lìngzhǐ 別紙:〔另张 zhāng〕ともいう.〔～缮 shàn 呈⟨牘⟩別紙にしたためて申し上げます.

〔令(令)〕 lìng (Ⅰ)①命令.〔法～②〕法令.〔军 jūn ～〕軍令.〔下 xià ～〕命令を下す.〔奉 fèng ～〕命令を奉ずる.命じる.〔～各级政府切实执 zhí 行〕各級政府に鋭意施行するよう命令する.③…させる.〔～人兴 xīng 奋〕人を興奮させる.〔～人厌 yàn 倦〕うんざりさせる.→〔使 shǐ ③〕④時候.季節.〔时～①〕時候.〔夏～②〕〔夏季〕夏季.〔预 yù 备应 yìng 时令的货〕季節に合った商品を準備する.⑤酒席で行われる遊び.〔酒 jiǔ ～〕同前.〔猜拳行～〕酒席で拳を打ったりして遊ぶこと.⑥⦅固⦆官名.行政の長官.〔县～等.⑦〕詞曲の短いもの:もともと58字以内で〔小 xiǎo ～〕という.→〔长 cháng 调〕⑧〈姓〉令(れい)
(Ⅱ)〈文〉①良い.善い.〔～名〕令名.よい評判.〔～辰〕吉日.②〈尊〉相手の家族に関して用いる.〔～伯 bó〕(あなたの)伯父上.〔～弟 dì〕ご令弟.弟さん.→〔贤 xián 弟〕 → lǐng líng
令爱 lìng'ài ≡〔令嫒〕とも書く.〈尊〉お嬢さま.御令嬢.〔令千金〕〔令嫒〕に同じ.→〔千 qiān 金②〕
令別 lìngbié 〈白〉とりわけ.〔～是一般娇艳〕(清平山堂話本)とりわけ一種のなまめかしさがある.
令辰 lìngchén 〈文〉吉日:〔良 liáng 辰〕に同じ.
令称 lìngchēng 〈文〉ほめたたえる.
令饬 lìngchì 〈文〉命令する.

lìng～liū

令

- 令宠 lìngchǒng 〈尊〉旧御愛妾.
- 令出法随 lìngchū fǎsuí 〈成〉法令が発すれば執行され,それに違反すれば法律で処罰される.
- 令慈 lìngcí ⇒〔令堂〕
- 令大父 lìngdàfù ⇒〔令祖(父)〕
- 令大母 lìngdàmǔ ⇒〔令祖母〕
- 令德 lìngdé 〈文〉美徳.善徳.
- 令典 lìngdiǎn 〈文〉①法令.②吉典.
- 令东 lìngdōng 〈尊〉(あなたを雇っている)ご主人.
- 令法 lìngfǎ 圖リョウブ(ハタモドリ)
- 令高足 lìnggāozú 〈尊〉お弟子.御門下.
- 令阁 lìnggé ⇒〔令正①〕
- 令公子 lìnggōngzǐ ⇒〔令郎〕
- 令官 lìngguān 〈文〉⇒〔酒司令〕
- 令箭 lìngjiàn ①軍中で発命のしるしとして用いた竿頭に鉄製のやじり状の物をつけた小旗.〔(拿着)鸡毛当～〕喩)本気でない話や冗談を命令として笠に着ること.
- 令箭荷花 lìngjiàn héhuā 圖クジャクサボテン.
- 令节 lìngjié 〈文〉佳節.
- 令姐 lìngjiě 〈尊〉(あなたの)御姉上.お姉さん.
- 令眷 lìngjuàn ⇒〔令正①〕
- 令昆仲 lìngkūnzhòng 〈尊〉ご兄弟.
- 令阃 lìngkǔn ⇒〔令正①〕
- 令郎 lìngláng 〔=令公子〕〈尊〉御令息.
- 令妹 lìngmèi 〈尊〉御令妹.妹さん.
- 令名 lìngmíng 〈文〉高い名声.よい評判.
- 令谟 lìngmó =〔令图〕〈文〉良策.良いはかりごと.
- 令旗 lìngqí 旧軍令用の小旗 ⇒〔令箭①〕
- 令器 lìngqì 〈文〉①善い器.②喩)立派な人物.才能ある人.
- 令千金 lìngqiānjīn ⇒〔令爱〕
- 令倩 lìngqiàn ⇒〔令婿〕
- 令亲 lìngqīn 〈文〉ご親戚.→〔敌 bì 亲〕
- 令取 lìngqǔ 圖レンチ(旧音訳):〔扳 bān 手①〕の別称.
- 令人 lìngrén ①〈文〉善人.②皇帝から〔命 mìng 妇〕に与えられた称号.③人をして…させる.〔~生气〕怒らせる.〔~发 fā 指〕激怒させる.〔~喷 pēn 饭〕失笑させる.〔~满意〕満足させる.〔~钦 qīn 佩〕感心させる.〔~震惊〕びっくりさせる.〔~作 zuò 呕〕人に吐き気を催させる.人に嫌気を覚えさせる.〔~神 shén 往〕うっとりさせる.
- 令日 lìngrì 〈文〉吉日.②=〔另日〕
- 令嫂 lìngsǎo 〈尊〉(あなたの)兄嫁さん.→〔嫂夫人〕
- 令色 lìngsè 〈文〉①なごやかな表情.②美しい顔立ち.③人に媚びる表情·態度.〔巧言~〕〔論語·学而〕巧言令色.
- 令婶 lìngshěn 〈尊〉(あなたの)叔母さん.〔~大人〕(あなたの)叔母上.
- 令叔 lìngshū 〈尊〉(あなたの)叔父さん.
- 令嗣 lìngsì 〈尊〉ご令嗣.ご子息:〔令似〕とも書く.
- 令泰山 lìngtàishān ⇒〔令岳〕
- 令泰水 lìngtàishuǐ ⇒〔令岳母〕
- 令太太 lìngtàitai ⇒〔令正①〕
- 令坦 lìngtǎn ⇒〔令婿〕
- 令堂 lìngtáng 〔=令慈〕〈尊〉ご母堂様.お母上.
- 令图 lìngtú ⇒〔令谟〕
- 令闻 lìngwén 〈文〉よい評判.名声:〔令望 wàng〕〔令问 wèn〕ともいう.
- 令行禁止 lìng xíng jìnzhǐ 命じれば行われ禁じれば止む.〈喩〉法令が的確で迅速に執行される.
- 令兄 lìngxiōng 〈尊〉ご兄.お兄上:〔〈文〉尊 zūn 兄〕に同じ.
- 令婿 lìngxù =〔令倩〕〔令坦〕〈尊〉お嬢様の婿殿.
- 令仰 lìngyǎng 〈公〉命令で最も正しく法令に従い…させる.〔~遵照〕その通りに遵守せよ.
- 令尹 lìngyǐn ①[春秋]楚の執政官.②[旧]県·府など地方の行政長官.
- 令友 lìngyǒu 〈尊〉ご友人.お友だち.
- 令誉 lìngyù 〈文〉令名.高い名声.
- 令媛 lìngyuán ⇒〔令爱〕
- 令月 lìngyuè 〈文〉吉月.
- 令岳 lìngyuè 〈文〉お しゅうとさん:人の妻の父に対する敬称.〔令泰山〕に同じ.〔~母 mǔ〕〔令泰水〕おしゅうとめさん.
- 令正 lìngzhèng ①=〔令阁〕〔令眷〕〔令阃〕〔令太〕〔令政〕〈尊〉令夫人.ご令室.②古官名.
- 令政 lìngzhèng 同上①
- 令侄 lìngzhí 〈尊〉甥(?)御さん.
- 令旨 lìngzhǐ 〈文〉令旨:帝王·太子·皇太后の発する命令.
- 令终 lìngzhōng 〈文〉①天命を全うして死ぬ.よい死に方をする.②終わりを全うする.
- 令祖(父) lìngzǔ (fù) =〔令大父〕〈尊〉お祖父さま.
- 令祖母 lìngzǔmǔ =〔令大母〕〈尊〉お祖母さま.
- 令尊 lìngzūn 〈尊〉ご尊父様.お父上:〔~大人〕〔~老太爷〕〔~翁〕〔尊大人〕などともいう.
- 令遵 lìngzūn 〈文〉命令してそのとおりにさせる.〔为 wèi ～事〕公)同前:命令文の冒頭に用いる文句.

[呤]

呤 lìng →〔嘌 piào 呤〕

liū ㄌㄧㄡ

[溜]

溜 liū ①滑る.滑るように動く.するりと動く.〔~冰 bīng ①〕氷を滑る.スケート(する).〔顺着斜 xié 坡～下来〕坂に沿って滑り下りる.〔行 háng 市往下～〕相場が滑り落ちる(急速に下落する).〔马～了缰 jiāng 了〕馬が手綱からはずれて逃げだした.〔说得很～〕話が流暢だ.②こっそり抜け出す(入りこむ).〔~岗 gǎng 〕=〔工〕職場を抜け出す.〔他一走了〕彼は逃げ出した.〔他说不过我跟~开〕わたしを言いまかすことができないと,彼はいつのまにかずらかっている.〔~不掉 diào〕逃げきれない.抜け出せない.〔他一清早出~出去,什么事也不管〕彼は朝早くから抜け出して,仕事は何もしない.〔贼 zéi ～进门来了〕賊が門から忍び込んできた.③つるつるしている.滑らかである.〔下了半天小雨,地～得很〕半日小雨が降ったので,地面がひどく滑る.④端にかたよる.〔尽 jǐn ～头〕いちばん端.〔我直找到街尽～头儿すみを探した町のいちばんはずれまで行ってやっと捜しあてた.→〔靠 kào〕⑤〈方〉ちらりと見る(見やる).〔～了他一眼〕彼を一目ちらりと見た.⑥〈口〉とても.非常に:単音の形容詞の前に置く.〔～薄 báo〕非常に薄い.〔～平的球场〕真っ平な球技場.⑦〔～～〕一部の単音の形容詞·名詞の後に置いて,その意味を強める.〔顺～～〕おとなしい.〔软～～〕ぐんにゃりと柔らかい.〔光～～〕つるつる光る.〔滑～～〕つるつる滑る.〔甜～～〕甘ったるい.〔细～～〕ひょろりと細い.〔圆 yuán ～～〕くりくり丸い.〔直～～〕ぴんとまっすぐである.〔匀 yún ～～〕ぴったり均勢がとれている.〔贼～～〕うさんくさい目つき.⇒ liù

溜边(儿) liūbiān(r) 〈口〉①端に寄る.すみに居る.〔一开会学习,他准～坐着〕会議に学習会が始まると彼は決まって隅に座る.〔靠岸~摆危险〕茶碗を縁の方へおくと危ない.②そっと身をひく.事を避ける.〔他吓 xià 得～了〕彼は驚いてこっそり逃げていった.③端.へり.〔~溜沿儿 yánr〕ぎりぎり(に).〔挑 tiāo 了～溜沿儿的一缸水〕かめ一

liū～liú 溜熘瞜蹓刘浏

杯になるまで水を担い(で運ぶ)だ.
溜冰 liūbīng [又]①アイススケート(をする).[滑 huá 冰]に同じ.[〜场 chǎng]スケートリンク.[〜鞋 xié]スケート靴. ②ローラースケート:[旱 hàn 冰]に同じ.[〜跑 pǎo 菜 レストランのボーイがローラースケート靴をはいて料理を運ぶこと.
溜槽 liūcáo [圏]シュート, 滑り樋:物を滑らせ運搬する溝道.[斜 xié 槽]ともいう.
溜达 liūda 〈口〉散歩する. ぶらぶら歩く.[溜打][蹓跶]とも書いた.[溜 liù 达儿]に同じ.[溜溜达达]ぶらぶらする.
溜干净 liūgān èrjìng [一 yī 干一净]
溜沟子 liūgōuzi ⇒[溜须]
溜骨髓 liūgǔsuǐ 〈白〉女好きである. 好色な.[但凡好汉犯了一三个字的, 好生惹人耻笑](水32)およそ好漢たるもの助兵衛の名がつけばひどく人に嘲笑される.
溜光 liūguāng 〈口〉①非常に滑らかである.[头发梳 shū 得〜]髪をテカテカになでつけている.[〜锃 zèng 亮〜铮 zhēng 亮][〜崭亮 zhǎnliàng]ピカピカ輝いているさま. ②少しも残っていない.[每次出去都把带的钱花得〜]毎回出かけると持っていたお金をすっからかんに使ってしまう.
溜号(儿) liūhào(r) 〈口〉こそこそ逃げる.[他们都〜了]彼らは皆ずらかった.
溜黑 liūhēi 黒光りしている.
溜哄 liūhǒng ⇒[溜须]
溜滑 liūhuá ①つるつる滑る.[〜的道儿, 要慢点儿走]つるつるしている道だ, 少しゆっくり歩かれよ. ②狡猾である. ずるい.[贼 zéi 鬼〜的两只眼睛]ずるそうな二つの目.
溜肩膀 liūjiānbǎng ①=[削 xuē 肩]なで肩.[〜穿 chuān 西服不好看]なで肩の人は洋服が似あわない. ②〈方〉無責任でずるい態度.
溜尖(儿) liūjiān(r) (針の先端のように)鋭くとがった. うず高く積み重なっている.[削 xiāo 得〜的铅笔尖]鋭く削った鉛筆の芯.
溜缰 liūjiāng 馬が手綱を脱けうる(けて逸走する)
溜溜球 liūliúqiú ⇒[悠 yōu 悠⑤]
溜溜儿 liūliūr 〈方〉まるまる. まるごと.[等了〜的一年]まるまる1年間待った.[〜下了一天的雨]ずっと一日中雨が降った.
溜溜转 liūliūzhuàn (丸いものが)くるくる回る.[滴 dī〜]陀螺 tuó 螺〜]こまがぐるぐる回る.
溜满 liūmǎn 〈方〉なみなみといっぱい.[别给他倒 yǎo 得〜]彼にあまりいっぱい注いでやるな.
溜门(儿) liūmén(r) 空き巣ねらいをする.[〜撬 qiào 锁]ピッキング.[〜绺 liǔ][〜贼 zéi][〜子的]こそ泥. 空巣狙い.
溜明崭亮 liūmíng zhǎnliàng 〈方〉非常に(とびきり)明るい.
溜拍 liūpāi 竞売で売れない(売れ残る)
溜派 liūpài 情勢を見て抜け出す.
溜湫 liūqiū 〈方〉きょろきょろする(盗み見する).[〜着眼儿]目をきょろつかせている.[溜溜湫湫往这边走]きょろきょろしながらこちらを見て.
溜绳 liūshéng ザイル. 登山用綱(ロープ).
溜石 liūshí [又]カーリング.
溜熟 liūshú 〈口〉熟練している.[他算 suàn 盘打得〜]彼はそろばんがとても上手だ.
溜索 liūsuǒ 河の両岸に張り渡した綱:手でたぐって荷物の運搬および渡船の運行に用いる.
溜须 liūxū =[〈方〉溜沟子][溜围]〈口〉お追従(しょう)をする. おべっかをつかう.[〜拍马][喩]こびへつらう必要はない, わたしは公明正大にやっている.[那个孩子

很会〜]あの子はなかなか人のごきげんをとるのがうまい.[〜[拍 pāi 马(屁)]
溜严 liūyán 極めて厳密(に).[瓶口封得〜的]瓶の口はとても厳重に封をしてある.
溜沿儿 liūyánr ⇒[溜边儿, 走为上计]
溜眼睛 liūyǎnjing 流し目をする.[也会和人〜](醒世姻缘传)それに人にウインクしたりもする.→[飞 fēi 眼(儿)]
溜圆 liūyuán 〈口〉まんまるい.→[滴 dī 溜(儿)圆]
溜之大吉 liūzhī dàjí 〈喩〉逃げるが勝ち. 逃げの一手.[他只说了一句"不是便〜了]彼はただひとこと"違う"と言って逃げ出した.[瞧 qiáo 今时候咱们〜吧]時を見はからって黙ってごめんこうむろうよ.→[三 sān 十六计, 走为上计]
溜之乎也 liūzhīhūyě 〈喩〉こっそり逃げだす. ずらかる.
溜桌 liūzhuō 〈方〉泥酔する:テーブルの下にずり落ちるほど酔うこと.
溜走 liūzǒu こっそり逃げだす.
溜嘴 liūzuǐ 口を滑らせる.

[熘] liū =[溜⑧]あんかけにする:料理法の一. 油で炒めたものにくずをかけること.[〜虾 xiā 仁][又]食[〜鱼片]食魚の切り身のあんかけ.→[卤 lǔ ③]

[瞜] liū 〈方〉見る. 横目で見る.

[蹓] liū そっと(こっそり)立ち去る.[〜走]逃げ去る. → liù

蹓跶 liūda ⇒[溜达]

[刘・劉] liú ①古代の武器, まさかり:[斧 fǔ 钺]の別称. ②〈文〉殺す. ③〈文〉溺落する. ④〈姓〉劉(りゅう)

刘备摔孩子 liúbèi shuāi háizi 劉備が子供をほう り出す.[〜收买人心][歇]人気取りの茶番劇.
刘海儿 liúhǎir ①伝説中の仙童:額に短い前髪を垂れ, ヒキガエルに乗り, ひとさしの銭を手にしている. ②=[流苏]②〈方〉马尾 鬓][前 qián 留海儿][头 tóu 发留海儿]女性や子どもの額に切りそろえて垂らした髪. 前髪.[〜发 fà]ともいう.
刘姥姥初进大观园 liúlǎolao chūjìn dàguānyuán 〈喩〉田舎者が初めて賑わしい場所に出てどぎまぎするさま:[紅楼夢(小説)]で田舎者の劉ばあさんが初めて豪奢(しゃ)な大観園に入った時のありさまから.
刘伶癖 liúlíngpǐ 劉伶は晋の竹林七賢の一. 酒徳頌を作った. 酒を好み, 酒を携えて車に乗り, 従者に鋤($\cdots$)を持たせ, 死んだらその場に埋めよと言った.[有〜]酒好きなこと.
刘猛将军 liúměngjiāngjūn [旧]いなごの災害から免れるために祭る神:宋の劉錡(また元の劉承忠ともいう)がいなごの駆逐に大功があったことから.
刘人小店 liúrén xiǎodiàn [旧]安宿. 旅館(きた):[刘]は[留]に通じる.
刘宋 liúsòng [旧]南朝の宋:劉裕の建てた宋朝の意.[赵 zhào 宋](趙匡胤の建てた宋)に対していう.

[浏・瀏] liú 〈文〉①水流が澄んでいるさま ②〈風〉風の疾(はや)いさま. ③〈白〉こっそり逃げる. ④地名用字.[〜河][湘]江蘇省にある.[〜娄 lóu 江]にある.

浏览 liúlǎn ①ざっと目を通す. 拾い読みする.[〜任便]縦覧随意. ②ぐるりと見回す. あちこち見て回る.[〜商店街の個々の商店のウインドーを見て回る.[我匆 cōng 匆〜了一下房间]わたしはそそくさと部屋の中をひとわたり見回した. ③[電算]ナビゲーション.[〜式检 jiǎn 字]ナビゲーションサーチ.[〜器 qì]ブラウザ.[〜四配]ブラウザ対応.

浏流 / liú

浏亮 liúliàng （水·音·声などが）透き通ってきれいである．

[流] liú

①流れる．流す．[〜血 xiě]血が流れ出た．[〜口水]よだれをたらす．[水住低处〜]水は低いところへ流れる． ②流動する．さまよい動く．[漂 piāo 〜]①漂流する．[〜人]流入する． ③〈転〉ずるずるよくない方になってしまう（流されてしまう）．[→于形式]形式に流れる．[和而不〜][和而不同]〈成〉仲よくしても自分の立場を捨てようなことはしない． ④伝わる．広まる．どこからか流れて[〜畅]言葉が流暢である． ⑤流れるように滞りがない．なめらかである．[〜畅]言葉が流暢である． ⑥旧流罪(配流)にする．[〜罪 zuì]同前． ⑦河水の流れ．また流れのようなもの．[电〜]川の流れ．[气〜]気流．[上〜]上流．[下班的人〜和车〜]勤務からひけて帰る人の流れと車の流れ． ⑧流派．等級．[一〜人物]同じたぐいの人．[汉奸之〜]漢奸のたぐい．[第一〜作家]一流の作家．[下〜话]下品な話． ⑨物ルーメン：[〜明]の略． ⑩姓(流³)

流杯 liúbēi ⇒[流觞]
流辈 liúbèi 〈文〉同輩の者．同世代の者．
流弊 liúbì 流弊．悪習．[发生〜]流弊が発生する．
流变 liúbiàn 進展し変化する．
流标 liúbiāo 競売で)入札不成立：せり値がつかない・予定価格に達しないこと．
流别 liúbié ①川の支流． ②（文章·学術の）流派．
流冰 liúbīng 流凌．流氷．
流波 liúbō ①流れる水． ②〈喩〉女性の涼しげなまなざし．
流播 liúbō 〈文〉①伝わる．伝播する． ②さすらう．
流浪 liúlàng ⇒[放 fàng]電算ストリーミング．
流通 liútōng 流通する．流通させる．
流布 liúbù 流布する．広まる．
流产 liúchǎn ①医流産（する）：俗に[小 xiǎo 产]ともいう．[人工〜]人工流産．→[胚 pēi 胎②][早 zǎo 产] ②（事）が流れる．だめになる．
流畅 liúchàng （言葉が）滑らかである．すらすらと滞りない．[〜的文章]流暢な文章．
流程 liúchéng ①水の流れる道のり． ②（工業における）生産の工程．作業工程経路．[工艺〜]生産プロセス．[缩短生产〜]生産工程の流れを短縮する．[〜图 tú]電算フローチャート．
流传 liúchuán （传流）時とともに広く世に伝わる．伝播する．[仅供参考，请勿〜]ただご参考までに，他へ広めないで下さい．
流窜 liúcuàn （匪賊や敵が）逃げまわる．[〜犯 fàn]逃走犯．
流弹 liúdàn =[飞 fēi 弹①]それ弾(ﾀﾞﾏ)．流れ弾．
流荡 liúdàng ①流動する．漂い動く． ②流浪放蕩する．転々とする．
流抵 liúdǐ 水害を受けた場合，その年に納めた税を翌年の分に充当する方法で免除にすること．
流调 liúdiào 他に移動させる．[医生把他〜到隔离病房了]医者は彼を隔離病舎に移した．
流动 liúdòng ①流動する(の)．[〜资 zī 本]流動資本．[〜资金]経流動資金．[〜人口]流動人口．[〜性]流動性．[〜资产]流動資産．[〜保单]国予定保険証券．→[固 gù 定①] ②移動する．[〜剧 jù 团]移動劇団．[〜单位]転勤を前提とする勤め先．[〜(公)厕 cè]移動式(公衆)トイレ．[〜车]巡回車．[〜图书馆]移動図書館．[〜售 shòu 货]移販売売．[〜红旗]栄誉ある先進的な職場地域に与える)持ち回りの表彰旗・優勝旗．
流毒 liúdú ①害毒を流す．[〜全国]国中に害毒を流す． ②流した(された)害毒．[封建社会的〜]封建社会が流した害毒．

lill

流法 liúfǎ ①旧重さをはかる場合，[一斤 jīn]が[十六两 liǎng]であるところから，[两]から逆に[斤]に換算して数えるやり方を[斤両法]といった． ②英国制で，[一英寸](1インチ)が尺貫法のほぼ[8分]に当たることから，①と同じように，1分が0.0625インチ，2分が0.125インチというように九九のように換算して表す方法．
流芳 liúfāng ①美名を残す．[〜后世][〜千古]〈成〉美名を後世に残す．↔[遗 yí 臭万年]→[垂 chuí 芳] ②⇒[流光①]
流放 liúfàng ①流刑に処する．追放する． ②原木を河流に乗せて輸送する．
流风 liúfēng 〈文〉前代から伝わっている気風．[〜余韵 yùn]〈喩〉詩歌や書画などに熱中すること．
流丐 liúgài 乞食をしながら流浪する人．
流感 liúgǎn 医インフルエンザ：[流行性感冒]の略．[防治〜]同前を予防する．
流官 liúguān 明清ミャオ族やヤオ族など少数民族地区に任命された漢族（あるいは旗人）の役人．↔[土 tǔ 官]
流贯 liúguàn 貫流する．[〜两广]広西・広東を貫流する．
流光 liúguāng ①=[流芳]〈文〉光陰．歳月．[〜易逝 yì shì]〈成〉歳月移り易し．[〜如箭]〈成〉光陰矢の如し． ②〈文〉ちらちらする光：とくに月の光をいう．[〜溢 yì 彩]〈喩〉すばらしい物がずらりと並ぶ． ③ステージスポット． ④すっかり流れきる．
流滑 liúhuá ①なめらかである． ②ずるい．狡猾である．[〜油 yóu 滑]
流会 liúhuì 流会になる(する)
流箭 liújiàn ⇒[流矢]
流金铄石 liújīn shuòshí 金や石も溶け流れる．〈喩〉酷暑．[铄石流金]ともいう．
流浸膏 liújìngāo 医流エキス剤．[麦 mài 角〜]バクカクエキス．[番 fān 泻叶〜]センナエキス．→[浸膏]
流经 liújīng 河川・水路の道筋．大运 yùn 河〜的十八个城市]大運河流域の18の都市．
流口辙 liúkǒuzhé ①民間に伝承される一種の韻を踏んだ短い句． ②でまかせの話．[闹 nào〜]でまかせを言う．[他见人说人话,见鬼说鬼话,顶会闹〜了]彼は誰とでもうまく話を合わせるたちで，全くおざなりを言うことがうまい．
流寇 liúkòu 〈流贼〉諸方を荒らし回る匪賊．[〜主义]蜂起した農民が根拠地を持たずにここかしこと流動的な戦いをしていくやり方．
流浪 liúlàng 放浪する．[〜汉 hàn]（男の）浮浪者．ルンペン．ホームレス．[〜人员]浮浪者．[〜儿 ér]ストリートチルドレン．浮浪児．[〜狗 gǒu]野良犬．[〜学子 zǐ]もぐり大学生．テンプラ学生．
流泪 liúlèi [涙を流す．[〜烛 zhú 泪]
流离 liúlí 〈文〉あてどなくさまよう．[〜失所]流浪して落ちつく所がない．[〜颠 diān 沛][颠沛〜]貧困のため離散する．
流丽 liúlì 〈文〉（文章などが）滑らかで美しい．
流利 liúlì ①（口が）流暢．[他的英语说得很〜]彼の英語はなかなか流暢だ． ②滑らかである．滞らない．[钢笔尖在纸上〜地滑动着]ペン先が紙の上をすらすら動いていく．
流里流气 liúlǐ liúqì 〈慣〉やくざっぽいさま．
流连 liúlián ①名残り惜しい．去るに忍びない：[留连①]とも書いた． ②〈文〉遊楽にふける．[〜忘 wàng 返]家に帰るのを忘れる．その場を去るに忍びない．
流量 liúliàng ①流量．[〜计 jì]流量メーター． ②流通量．交通量．

流凌 liúlíng ⇒〔流冰〕
流露 liúlù 自然に現れる.流れ出る.
流落 liúluò 遠く他郷に出て落ちぶれる.〔～在上海〕上海に流浪する.〔～街头〕ちまたをさまよう.
流马 liúmǎ →〔木 mù 牛流马〕
流脉 liúmài ①水系. ②〈喻〉長く続いてでき上がった系統.
流氓 liúmáng ①無頼漢.ごろつき.ならずもの.やくざ.ちんぴら.〔～恶è棍〕地痞 pǐ ～〕同断.〔～集团〕ごろつき仲間.〔政治~〕政治ごろ.〔～罪 zuì〕法無頼行為罪.〔足球～〕(サッカーに対する)フーリガン. ②浮浪者. ③無产者〔游 yóu 民无产者〕ルンペンプロレタリアート. ③みだらな行為.わいせつ動作(とくに女性に対する).〔～活动〕[～行为]同前の行為.〔～用语〕卑猥な言葉.〔要 shuǎ ～〕ⓐ女性に対して失礼なことをする.ⓑごろつきのようなふるまいしい態度をとる.
流氓阿飞 liúmáng āfēi 不良青少年.→〔阿飞〕
流氓习气 liúmáng xíqì ⇒〔流气②〕
流媒体 liúméitǐ 電脳ストリーミングメディア.
流湎 liúmiǎn〈文〉飲酒にふける.
流眄 liúmiàn =〔流目〕〈文〉視線をすべらせて見る.流し目に見る.
流民 liúmín 流浪の民.〔～图 tú〕⑧宋の鄭侠が流民困窮のさまを描いた絵図.ⓑ〈転〉災民の状態.
流明 liúmíng 物ルーメン.記号 lm:光束の単位.単に〔流⑨〕ともいう.〔～秒 miǎo〕ルーメンセカンド.
流目 liúmù ⇒〔流眄〕
流脑 liúnǎo 医流行性脑(脊髓)膜炎(流行性脳脊髄膜炎)の略.
流内 liúnèi 旧九品以上の官:九品以下の下級官吏を〔流外〕といった.
流年 liúnián〈文〉①時の流れ.〔似水～〕歳月流れる水の如し. ②=〔小 xiǎo 运〕その年の運勢(巡りあわせ).紙幣.〔～不利〕その年の運勢が悪い.
流拍 liúpāi 因競売が流れる.流札する.→〔流标〕
流派 liúpài ①支流. ②(学術・芸術・芸道などの)流派.分派.
流盼 liúpàn〈文〉(女性が)ちらちら見回す.流し目に見る.→〔流眄〕
流配 liúpèi 田流刑に処する(せられる).
流痞 liúpǐ ごろつき.
流品 liúpǐn ①〈文〉官位.等級. ②社会的地位.
流气 liú‧qì ①不良っぽい.よたっている.〔他有点～〕彼はちゃらんぽらんな所がある. ②=〔流氓习气〕やくざっぽさ.不真面目さ.
流人 liúrén〈文〉流浪者. ②流罪者.
流洒 liúsǎ 血や汗を流す.
流散 liúsàn 転々として離れ離れになる.ばらばらになる.
流沙 liúshā ①(砂漠の)流砂. ②(地下水と共に流れる)流砂. ③川底で不安定に堆積する砂.
流觞 liúshāng 旧暦 3 月上旬の巳の日,水の流れに酒杯を浮かせ,それが漂い着いたところにいた人が酒を飲むという遊び:〔～曲 qū 水〕[曲水～]同義.
流生 liúshēng (小中学校の)中途退学者:〔流失生〕ともいう.
流失 liúshī ①土壌流失する.土が流されてなくなる.流出する.〔人才～〕人材が流出する.〔～生〕[流生](小中学校の)中途退学者.
流食 liúshí 液体の食べ物:牛乳・果汁・ミルクなど.②⇒〔流质②〕
流矢 liúshǐ〈文〉流れ矢:〔流箭〕ともいう.
流势 liúshì 川の流れ・水流の勢い.〔河水～很急〕河水の勢いがすさまじい.

流逝 liúshì (流水のように)流れ去る.〔时光～〕時間が流れる如く去る.
流水 liúshuǐ ①流れる水.〈喻〉絶え間ないこと.〔～席 xí〕客が随時来て飲食し,辞去できる宴会形式.〔～线 xiàn〕[同产作业]の生産ライン.組立ライン.〔～作业〕(工場で行われる)流れ作業.一貫作業.〔花钱如～〕金を湯水のように使う.〔他对她是落花有意,她却是一无情〕彼は彼女に気があるのだが,彼女は一向にその気がない.〔～不腐,户枢不蠹 dù〕(諺)流れている水は腐らず,戸のくるまは虫が食わない:よく動いているものは生き生きしている. ②商店の売上高.
流水板 liúshuǐbǎn →〔板板①〕
流水账 liúshuǐzhàng ⇒〔流水账〕
流水对 liúshuǐduì 上聯から下聯へと読みくだして,はじめてまとまりがつく対句.→〔对联(儿)①〕
流水高山 liúshuǐ gāoshān ⇒〔高山流水〕
流水号 liúshuǐhào 通し番号.
流水落花 liúshuǐ luòhuā ⇒〔落花流水〕
流水簿 liúshuǐbù =〔流水簿〕金銭出納簿.出納帳.大福帳. ②羅列されているだけの記述.
流说 liúshuō〈文〉噂話.
流送 liúsòng 川に流して送る.〔～木材〕木材流し.
流苏 liúsū ①(幕や旗や灯籠などの)飾り房. ②⇒〔刘海儿②〕
流俗 liúsú 世俗.一般的な風習:そしる意を含む.
流速 liúsù 物流速:一般に m/s で表す.〔～计 jì〕流速計.
流淌 liútǎng (液体が)流れる.流動する.
流体 liútǐ 流体(液体と気体).〔~力学〕物流体力学.
流通 liútōng ①流れ動く.〔空气～〕空気が流れる. ②流通する.〔~成本〕商流通コスト.〔~股 gǔ〕商流通株.〔~货币〕経流通貨幣.〔~券 quàn〕経流通証券.〔~体制〕流通システム.
流外 liúwài →〔流内〕
流亡 liúwáng =〔流徙〕放浪(する).流浪(する).亡命(する).〔～海外〕海外に亡命する.〔~政 zhèng 府〕亡命政府.
流纹岩 liúwényán 鉱流紋岩.
流徙 liúxǐ〈文〉①流浪する. ②流刑に処する.放逐(する).
流涎 liúxián〈文〉①よだれを流す. ②〈転〉渇望する.非常に欲しがる.
流线 liúxiàn 動線.流線.〔~型 xíng〕流線型.
流线体 liúxiàntǐ ミミズがのたくったような文字.金釘流の字:へたな字を一流一派の如くたわむれに言う言葉.
流向 liúxiàng 川の流れる方向. ②(人員・品物の)移動する行き先.〔~人材〕人材の動向.
流泻 liúxiè (液体や光線が)さっと流れ出る.〔一缕 lǚ 阳光～进来〕太陽の光線が一筋差し込んできた.〔诗人的激 jī 情从笔端~出来〕詩人の激情が筆の先から出ている.
流星 liúxīng ①=〔飞 fēi 星〕因流星:俗に〔贼 zéi 星〕ともいう.〔他一赶月亮也奔向渡口彼は大きいでに渡し場に走って行った. ②〔~雨〕流星雨.流星群.〔~马〕〈喻〉駿馬.足の速い馬. ③因鉄鎖の両端に鉄槌をつけた武器. ③曲芸の一種:縄の先に水の入った器あるいは火のついた球をつけ,縄を操り両者が空中で舞っているように見せる.→〔杂 zá 技〕〔～短暂〕短時間で消えるさま.
流刑 liúxíng 法古代の流罪.流刑.
流行 liúxíng ①流行(する).〔~病〕流行病.はやりやすい.〔~歌曲〕[~音乐]ポップスの大衆歌曲.〔~语〕流行語.〔~色 sè〕流行色.→

[时 shí 行②〕 ②〈文〉広く行われる.〔德 dé 之～〕徳が広く行われる.
流行性 liúxíngxìng 流行性(の).〔~感冒〕〔流感〕流行性感冒.インフルエンザ.〔~腮 sāi 腺炎〕〔痄 zhà 腮〕中医流行性耳下腺炎.おたふくかぜ:中国医学では[熊胆]が妙薬とされている.〔~乙型脑炎〕〔乙 yǐ 脑〕医日本脑炎:俗に[大脑炎]という.〔~脑(脊髓)膜炎〕〔流脑〕医流行性脑脊髓膜炎:俗に[脑膜炎][脑膜炎]という.
流血 liúxuè 流血する.〔~牺牲〕流血の犠牲(となる).→字解⑧
流言 liúyán 流言:中傷・噂・デマなど.〔~蜚 fēi 语〕〔~飞语〕〔~混 hùn 话〕〔~流语流言蜚(ʰ)语.根も葉もないうわさ.〔散布~〕デマをとばす.
流衍 liúyǎn 〈文〉①広める.②満ちあふれる.
流移 liúyí ⇒〔流亡〕
流溢 liúyì あふれる.満ちあふれる.〔泉水~〕湧き水がこんこんとあふれる.
流莺 liúyīng 〈喩〉ストリートガール.街娼.
流萤 liúyíng 〈文〉〈喩〉(飛んでいる)ホタル.
流用 liúyòng 流用(する).〔~挪 nuó 用〕
流于 liúyú …に流れる.…に偏する.〔~形式〕形式に流れる.
流域 liúyù =〈文〉灌 guàn 域〕流域.
流寓 liúyù 〈文〉他郷に寄寓する.
流云 liúyún 流れ雲.
流贼 liúzéi ⇒〔流寇〕
流汁 liúzhī 栄養液.液状食.
流质 liúzhì ①液体.②医流動食:〔流食②〕に同じ.
流珠 liúzhū〔水 shuǐ 银〕の別称.→〔汞 gǒng〕
流注 liúzhù 絶え間なく,注入する.②中医流注(ᵇʰʳ ⁿ):病毒が流走してとまらず,深部の組織に生ずる多発性の膿瘍.
流转 liúzhuǎn ①転々と移り変わる.〔~四方〕各地を転々とする.②(商品や資金が)回転する.〔~税 shuì〕商品の生産・流通・消費にかかわる税(総称).③〈文〉(詩文が)流暢である.

〔琉(瑠・璃)〕 liú

琉璃 liú·lí いろいろなガラス質のものの旧称:もと半透明の鉱物性物質をいった.〔~瓶〕同前の瓶.→〔玻 bō 璃〕②扁青石(アルミニウムとナトリウムの硅酸塩)を主成分とする〔釉 yòu 子〕(うわぐすり)の半透明に焼き上げられれたもの(陶質).→〔砖 zhuān〕同前の焼瓦(ガ):清代,皇宮や勅建の寺廟(黄瓦)・親王邸(绿瓦)にだけ使用された.③→〔蜻 qīng 蜓〕

琉璃弹儿 liúlídànr ⇒〔琉璃球(儿)〕
琉璃喇叭 liúli lǎba ガラスラッパ:薄いガラスで作った長い柄のラッパ.正月用の子供のおもちゃ.
琉璃球(儿) liúlíqiú(r) =〔琉璃弹儿〕ガラス玉.ビー玉.②〈喩〉美しく透き通ったもの.③〈喩〉抜け目のない奴.賢い(気のきく)人.ずる賢い人.
琉璃瓦 liúliwǎ 琉璃瓦(ʱʷʳ):宮殿・寺廟などの建築に用いられた上等の瓦.〔碧 bì 瓦〕は青色のもの.→〔琉璃①〕

〔硫〕 liú 化イオウ(硫黄):非金属元素.記号 S.〔~黄〕は通称.金属性をおびた基となっている場合には〔巯 liú〕(スルホニウム)とよぶ.〔沉 chén 降~〕沈降硫黄.

硫胺(素) liú'ān(sù) 化〔盐 yán 酸硫胺素〕
硫代硫酸钠 liúdài liúsuānnà チオ硫酸ナトリウム:俗に〔大 dà 苏打〕〔海 hǎi 波〕ともいう.
硫分 liúfèn 鉱(原油中の)硫黄分.
硫华 liúhuá 化昇華硫黄.硫黄華:〔升 shēng 华〕ともいう.
硫化 liúhuà 化硫化.加硫.〔~靛 diàn 蓝〕色サルファインディゴ.〔~汞 gǒng〕硫化第二水银.〔~钾 jiǎ〕硫化カリ.〔~钠〕〔~石〕硫化ソーダ.〔~氢 qīng〕硫化水素.〔~砷 shēn〕硫化ヒ素.〔~铁〕硫化铁.〔~橡 xiàng 胶〕硫化ゴム:俗に〔橡皮①〕〔胶皮①〕〔熟 shú 橡胶〕ともいう.
硫黄 liúhuáng〔硫磺〕とも書いた.化硫黄(ｨｫｳ):〔硫〕の通称.〔~华〕硫黄華.〔~面子〕〔~末〕ともいう.〔~泉〕硫黄泉:〔硫泉〕ともいう.
硫苦 liúkǔ ⇒〔硫酸苦土〕
硫茂 liúmào〔噻 sāi 吩〕
硫脲 liúniào 化チオ尿素.
硫属 liúshǔ 化〔硫〕(硫黄.S),〔硒 xī〕(セレニウム.Se),〔碲 dì〕(テルル.Te)の3化学元素をいう.
硫酸 liúsuān 硫酸:俗に〔坏 huài 水(儿)〕という.〔~阿托品〕硫酸アトロピン.〔~铵 ǎn〕硫安.硫酸アンモニウム:〔硫铵〕は略称.〔肥 féi 田粉〕は俗称.〔~钡 bèi〕〔钡白〕硫酸バリウム.〔~钙 gài〕硫酸カルシウム:天然のに〔石 shí 膏〕として産出する.〔~抗菌素〕硫酸コリスチン.〔~苦土〕〔~镁 měi〕硫酸マグネシウム〔舍 shè 利盐〕〔泻 xiè(利)盐〕硫酸マグネシウム(潟利塩.硫苦).〔~铝 lǚ〕硫酸アルミニウム(硫酸礬土).〔~奎 kuí(宁)酸〕硫酸キニーネ(硫规).〔~雾 wù〕〔酸雾〕硫酸ミスト.霧状の硫酸雨.〔~盐 yán〕硫酸塩.〔~纸〕硫酸纸.模造羊皮纸:〔羊皮纸②〕の別称.
硫酸铜 liúsuāntóng 硫酸第二铜:〔蓝 lán 矾〕に同じ.〔胆 dǎn 矾〕
硫酸锌 liúsuānxīn 化硫酸亚铅.→〔皓 hào 矾〕
硫酸亚铁 liúsuānyàtiě 硫酸第一铁.→〔绿 lǜ 矾〕
硫酰胺 liúxiān'àn 化スルファミン剂.
硫酰基 liúxiānjī 化スルホニル基.〔亚 yà~〕スルフィニル基.〔~基④〕
硫氧化物 liúyǎnghuàwù 化硫黄酸化物.
硫茚 liúyìn 化チアナフテン.

〔旒〕 liú 古①はたし.吹き流し:旗の下部に垂れ下がる飾り.②皇帝のかんむりの前後に垂れ下げた玉(ｶﾞﾂ)の飾り.〔冕 miǎn ~〕同前.

〔鎏〕 liú ①〈文〉上質の金(ｶﾈ).②⇒〔镏①〕

〔留(㽞・畱・畄・畄・畱)〕

留 liú とどまる.残る.離れない.〔在~上海上海にとどまる.〔~住大家不止走〕皆を引き止めて行かせない.〔挽 wǎn ~〕引き止める.〔那我不~你了〕〈挨〉お引き止めしません.〔强 qiǎng ~〕むりに引き止める.〔拘 jū ~〕勾留(する).〔扣 kòu ~〕とめおく.さしとめる.〔她毕业后~校工作了〕彼女は卒業後学校に残った.②～下にとどめる.受け入れておく.受け取る.納める.〔货已经齐了,再送来的就别~了〕品はもうそろったから,これ以上送ってきたのは受け付けるな.③注意する.心を留める.気をつける.④とっておく.残しておく.〔~一点力量,以后再尽量发挥〕少し力を残しておいて後また全力を残らず発揮する.⑤〔~笔〕〔~字〕置き手紙(をする).〔给他~点儿菜〕彼におかずをとっておいてやる.〔其余的工作~着明天做吧〕そのほかの仕事は~後まで残しておいて明日やろうさ.⑥保存し伝える.〔~取 qǔ 指纹〕指纹をとっておく.〔前人~下的文化遗产〕先人の残した文化遗产.⑦留学する.〔~日同学会〕日同学生出身者の会.〔~美 měi〕アメリカ留学.⑦〈姓〉留(ｷｭｳ)

留白 liúbái (人に)メッセージを残しておく.書き置きをして留守にする.
留班 liúbān ⇒〔留级〕

liú 留

留别 liúbié 〈文〉去って行く者が友人に物あるいは詩などを贈る.〔~之物〕別れの記念品.形見.

留步 liúbù 〈挨〉見送るには及ばさない:主人が客を見送るとき客が"もうどうぞお帰りください、お送りくださいませんように"と断るときに用いる.〔~~!〕请~!〕同前.→〔别 bié 送〕

留步手儿 liúbùshǒur ⇒〔留余地〕

留察 liúchá 留保して様子を見守る.〔~处 chǔ 分〕経過観察処分.

留城 liúchéng 旧城門を開けておく:城門を閉める時間になっても何かの事情で開けておくこと.→〔留门〕

留成(儿) liúchéng(r) 留保する.一定の割合で残す.〔实行利润~的办法〕利潤を内部留保する方法を実行する.

留传 liúchuán 後代へ残し伝える.

留存 liúcún ①残す(される).保存する(される).〔~外汇 huì〕保存外貨.②存在し続ける(している)

留待 liúdài 後のことにする.保留とする.〔~以后再说〕後日のことにする.棚上げにする.

党察看 liúdǎng chákàn 党にとどめておいて観察すること.

留得青山在,不怕没柴烧 liúdé qīngshānzài, bùpà méicháishāo〈諺〉青々と茂った山さえ残してあれば、燃やすたきぎがないなどという心配はない.命あっての物種.〔怕〕は〔愁 chóu〕ともいう.

留底 liúdǐ ①ひかえを残す.②必要な部分を残す.〔资金一定要~〕資金は一部残しておかねばならない(全部使ってはいけない).

留地步 liúdìbù ⇒〔留余地〕

留都 liúdū 遷都したのちの旧都.

留发 liúfà ⇒〔刘海儿〕

留饭 liúfàn ご飯を残しておく.

留购 liúgòu 展示後に購入する.〔可以~〕展示品は購入できる.

留观 liúguān ①資格を保留して様子を見ること.②医病状を見ながらしばらく入院観察すること.

留海儿(发) liúhǎir(fà) ⇒〔刘海儿〕

留后 liúhòu 子孫を残す.〔替祖先留个后〕先祖のために子孫を残す.

留后路 liúhòulù =〔留退步〕〔留退路〕余地を残して置く.〔留后步〕〔留后门〕ともいう.〔他做事不~〕彼のやり方はひっこみの余地を残さない.

留后手(儿) liúhòushǒu(r) (最後の手が打てるように)ゆとりをとっておく.

留胡子 liúhúzi =〔留须〕ひげをたてる(剃り落とさずに生やす).〔~养 yǎng 须〕に同じ.

留话 liúhuà ことづける.伝言する.〔口留口信〕に同じ.

留级 liújí 留年する.〔口留班〕に同じ.〔蹲 dūn 班〕ともいう.〔留了一级〕〔留了一班〕1 年留年した.

留居 liújū 在留する.居留する.〔~当地的犹 yóu 太人〕当地に居留しているユダヤ人.→〔侨 qiáo 居〕

留局候领 liújú hòulǐng =〔存 cún 局候领〕(郵便の)局留め.〔留局待领〕ともいう.

留客 liúkè 客を引き留める(めて宿泊させる).〔~雨〕遣りらずの雨.

留客住 liúkèzhù 固兵器の一種:柄の先の鉤で、人を馬上から引きずり落とすなどに用いる.

留空 liúkòng 空白にしておく.間をとる(時間・空間をとっておく.

留口信 liúkǒuxìn ⇒〔留话〕

留扣子 liúkòuzi 講釈師などが引き続いて聞かせるためおもしろいところで止め、後を残しておくこと.

留髡 liúkūn〈文〉客を引き留めて痛飲すること.

〈転〉旧時,妓女が客を引き留めて泊めること.

留兰香 liúlánxiāng 植オランダハッカ.ミドリハッカ(スペアミント):シソ科の草本,香味用.

留利 liúlì 商①利潤(利益)を留保する.②留保されている利潤(利益)

留连 liúlián ①→〔流连①〕②→〔小 xiǎo 六壬〕

留恋 liúliàn 未練を残す.未練がましい.名残を惜しむ.〔~不舍 shě〕名残を惜しむ.〔过去〕過去を懐かしむ.

留量 liúliàng 機許容量.ゆとり.

留落 liúluò〈文〉①昇進がない.②落ちぶれる.

留门 liúmén 戸をあけておく.〔你等我~〕帰るまで鍵をあけておいてくれ.

留面子 liúmiànzi 体面を保つ(ってやる)

留名 liúmíng 名を後代に残す.〔青史〕成〕歴史書に名を残す.

留难 liúnán いいがかりをつける.じゃまだてする.〔他在这个问题上采取什么态度?是促其实现呢,还是继续~〕彼はこの問題でどんな態度を取るのか、実現を促進するのか、それとも引き続き難癖をつけるのか.

留念 liúniàn 記念に残す:別れの時の餞別に多く用いる.多く〔××先生~〕記念として××先生に贈るなどと書く.→〔念心儿〕

留鸟 liúniǎo 鳥留鳥.↔〔候 hòu 鸟〕

留聘 liúpìn 引き続いて仕事をさせる.

留情 liúqíng ①情が移る(ひかされる).〔一见~〕一度会っただけで情にひかされる.②人情味を加えて寛恕する.〔手下~〕手ごころを加える.許す.

留求子 liúqiúzi ⇒〔使 shǐ 君子〕

留取 liúqǔ〈文〉留める.〔人生自古谁无死,~丹心照汗青〕(宋·文天祥詩)人はみな死ぬ定めであるが、赤心を残して史書に輝かせたいものだ.

留任 liúrèn 留任する.職にとどまる.

留神 liúshén 気をつける.注意する.用心する.多くは危険なことや過ちに対して注意を促すときに用いる.〔~火车〕電車に注意.〔~假 jiǎ 冒〕詐欺にご用心.〔~假货〕偽物に注意.〔~装 zhuāng 卸〕積みおろしに注意.〔~油漆〕〔~色油〕ペンキご注意.〔~小绺 liǔ〕〔~小偷 tōu〕すりに御用心.→〔留心〕

留审 liúshěn 法拘留して取り調べる.

留声机 liúshēngjī =〔蓄音器〕〔〈方〉八 bā 音盒子〕〔唱 chàng 机〕〔〈方〉话 huà 匣子〕〔〈方〉戏 xì 匣子〕は別称.〔留声(机)片 piàn〕〔唱 chàng 片(儿)〕レコード.→〔电 diàn 唱机〕〔〈喩〉おうむ返しのおしゃべり.

留省察看 liúshěng chákàn 圏官吏の懲戒処分の一:省城に留めて監察下におくこと.

留守 liúshǒu ①旧天子巡幸の留守を務める.②(機関など)が移転した時の留守を守る.〔~处 chù〕留守事務所.〔~部队〕留守部隊.→〔看 kān 家 ①〕③家を守る.〔~男士〕〔~丈夫〕妻が外国に出て家を守る夫.〔~子女〕両親が外国に出ていて留守番をする子供.

留宿 liúsù =〔留住〕①引き止めて泊める.②泊まる.〔今晚他在这里~〕今晩彼はここへ泊まる.

留所 liúsuǒ 刑務所に収容する(される)

留题 liútí ①(参観・遊覧先で)感想・意見・詩文を書き残す.②宿題を出す.

留条儿 liútiáor メモを残す.〔我忘了给他~了〕彼にメモを残すのを忘れた.

留头 liútóu =〔留发〕旧①(頭を剃らずに)髪を長くのばす.②旧(女児が一定の年齢になって)頭髪を長くのばすこと.

留退步 liútuìbù ⇒〔留后路〕

留退路 liútuìlù ⇒〔留后路〕

1094

liú～liǔ

留尾巴 liúwěiba 〈喩〉やり残す.
留久 liújiǔ ⇒〔柠níng 檸桉〕
留校 liúxiào 学校に残る.〔～值 zhí 班〕学校に残って当番に当たる.
留心 liúxīn 注意する.留意する.心にとめる.〔上课要～听讲〕授業中は先生の講義を注意して聞きなさい.〔～用户的要求〕ユーザーのニーズに留意する.〔～办事〕気をつけて仕事を処理する.→〔留神 当dāng 心〕①〔小 xiǎo 心〕①〔用 yòng 心〕①
留须 liúxū ⇒〔留胡子〕
留学 liúxué （他国で）留学(する).〔～生 shēng〕留学生.〔～垃 lā 圾〕〈喩〉落ちこぼれ留学生.→〔留洋〕
留言 liúyán ①書き置く.〔～板〕(駅・公共機関などにおかれている)伝言板.②書きおき.伝言メモ.
留言簿 liúyánbù 伝言簿.意見簿.
留洋 liúyáng 回洋行する.留学する.→〔留学〕
留养 liúyǎng 親を養う義務のある死刑または徒流刑犯に対する特免.
留样 liúyàng サンプルをとっておく.
留医 liúyī 入院治療する.滞在して治療する.
留一手(儿) liú yìshǒu(r) 極意だけは(人に教えずに)とっておく.奥の手は明かさない.
留遗 liúyí 〈文〉留め置く.後世に残す:〔留贻〕とも書く.
留意 liúyì 注意する.気をつける.〔对小事他也～〕彼は些細な事も注意する.
留音片 liúyīnpiàn ⇒〔唱 chàng 片(儿)〕
留影 liúyǐng 記念撮影(する).記念写真(を撮る).〔我们在这儿留个影吧〕ここで記念撮影をとろう.
留用 liúyòng （人や物を）留用する.残しておいて使う.〔～人员 留用人员.〔～察看〕職に留め監察下におく:行政処分の一.
留余 liúyú 留める.残す.〔～余 yú 地〕價〕余地を残す.
留余地 liúyúdì ＝〔留步手儿〕〔留地步〕余地を残す.ひっこみの余地を残す.〔攻击敌人还要给他～吗〕敵を攻撃するのに遠慮がいろうか.〔订计划要～〕計画を立てる時ゆとりを残さねばならない.→〔留后路〕
留账 liúzhàng ①勘定をつけておく.〔留笔账〕同前.②支出を記入する.
留针 liúzhēn 中医(治療効果を高めるため)鍼針をつまにさしておく.〔～疗法〕同前の治療法.
留职 liúzhí ポストを保留する.〔～停 tíng 薪 xīn〕有給休職にする.〔～停薪〕〔停薪〕休職させ給与を停止する.
留置 liúzhì ①残しておく.保存しておく.②法留置する.〔～室〕(警察署内の)留置場.〔～权〕留置権.〔～人员〕留置人員.
留滞 liúzhì とどめる.
留种 liúzhǒng 種取り用に残す.〔～地 dì〕种子地用の農地.
留住 liúzhù ⇒〔留宿〕
留驻 liúzhù 駐留する.
留作业 liúzuòyè 宿題を与える.宿題を出す.

〔遛〕 liú ⇒〔遛 dòu 留〕→ liù

〔阳〕 liú 地名用字.〔～隆 huáng〕回広東省にある.

〔馏・餾〕 liú 物蒸留する.〔蒸 zhēng ～〕同前.〔分 fēn ～〕分留する.〔干 gān ～〕乾留(する). → liù
馏分 liúfēn 回分留によって分けられた成分.→〔分 fēn 馏〕

〔骝・騮〕 liú 良馬:たてがみと尾の黒い毛の馬.〔骅 huá ～〕周の穆王の名馬.

〔榴〕 liú 回ザクロ.〔石 ～ shíliu〕は通称.〔～花〕ザクロの花.〔河南缸 gāng ～〕河南産の大ザクロ.
榴弹 liúdàn 軍〕榴弾:〔开 kāi 花弹〕は旧称.②手榴弾・小銃榴弾など(の総称).〔～炮 pào〕榴弾砲:俗には〔老 lǎo 田鸡炮〕という.
榴火 liúhuǒ 〈文〉燃えるような赤色.
榴莲 liúlián 〔榴桎〕とも書いた.植ドリアン(の実):熱帯産果実.果肉はクリーム色で,味は甚だ甘く,独特の酸味と臭気がある.〔～果 guǒ〕同前の実:〔刺 cì 韶子〕〔韶 sháo 子〕とも.
榴霰弹 liúxiàndàn =〔霰弹〕軍榴散弾:〔群 qún 子弹〕〔子 zǐ 母弹〕は旧称.
榴月 liúyuè 旧暦5月の別称.

〔飗・飀〕 liú 〔～～〕〈文〉微風の吹くさま.

〔瘤(瘤)〕 liú ①こぶ:皮膚や体内にできる腫れ物.〔毒 dú ～〕悪性の腫れ物.〔肿 zhǒng ～〕医腫瘤.②こぶ状に盛りあがったもの.〔树 shù ～〕木のこぶ.〔赘 zhuì ～〕〈喩〉やっかいもの.
瘤牛 liúniú 動コブウシ.〔印 yìn 度～〕(インド牛)ともいう.
瘤胃 liúwèi 動反芻類の胃の第一嚢.
瘤子 liúzi 〈口〉こぶ.〔肿 zhǒng ～〕(腫瘤)の俗称.

〔镏・鎦〕 liú ①=〔文鎏〕②金属をめっきする鍍金法.〔～金 jīn〕金メッキ(する).②化〔镥 lú〕(ルテチウム)の旧名. → liù

〔鹠・鶹〕 liú 〔鸺 xiū ～〕①鳥フクロウ.〔枭 xiāo〕に同じ.〔鸱 chī〕(フクロウ科の鳥の総称)のうち,羽角(は)のないもの.→〔鸺鹠〕

〔镠・鏐〕 liú ①〈文〉上質の金.②〈姓〉镠(?)

〔柳(柳・桺)〕 liǔ ①植ヤナギ(総称).→〔杨 yáng〕①
②榴(?).ぬりこ星:〔二 èr 十八宿〕の一. ③〈姓〉柳〕
柳安(木) liǔ'ān(mù) 回ラワン:建築および家具の製造に用いられる.〔具 jù 鳞竖 shù 双〕の通称.
柳暗花明 liǔ àn huā míng 〔成〕柳がうっそうと茂る中に花がばっと明るく咲く美しい景色.〔山重水复疑无路,～又一村〕(宋・陸游詩)〈喩〉窮しても道は開ける.
柳编 liǔbiān 柳の枝を編んだ細工物.
柳笛 liǔdí 〔柳の枝で作った笛:柳の枝を適当な長さに切り,両手でそれぞれの端をつまんでねじり,中身を抜き出すと外皮の片方の端をせばめて吹く.
柳拐子 liǔguǎizi ①柳の枝の曲がったもの.②→〔大 dà 骨节病〕
柳罐 liǔguàn 回柳の小枝で編んだ水桶:〔～斗 dǒu〕〔斗〕ともいう.
柳花 liǔhuā 柳の花.〔柳絮(?)〕〔～球 qiú〕〔柳球〕柳絮が球状になったもの.
柳江人 liǔjiāngrén 広西の柳江で発見された旧石器時代の人類の化石:モンゴロイドの特徴がある.
柳雷鸟 liǔléiniǎo → 〔雷鸟〕
柳绿 liǔlǜ 色濃い萌黄色(の)
柳眉 liǔméi 美女のほっそりした眉:〔柳叶眉〕に同じ.〔～杏 xìng 眼〕〈喩〉美人.〔～倒竖〕柳眉を逆立てる:女性が怒るさま.
柳绵 liǔmián 〔柳棉〕とも書く.柳わた:〔柳絮〕に同

L

1095

じ.

柳陌 liǔmò 〈文〉妓楼.→〔柳巷〕

柳木 liǔmù 柳の木(木material). 〔~圈 quān 椅〕柳の枝を曲げて作ったひじかけ椅子.→〔柳树〕

柳腔 liǔqiāng 青島一帯に流行している地方劇.

柳琴 liǔqín 音四弦琴の一種:形は琵琶に似てやや小さい.〔~戏 xi〕徐州一带の地方劇.

柳青 liǔqīng 色淡い萌黄色(の)

柳球 liǔqiú ⇒〔柳花球〕

柳杉 liǔshān 植スギ.→〔杉〕

梢柳 liǔshāo 柳の木や枝の末端.〔~摇 yáo 曳〕柳の葉がゆれる.

柳树 liǔshù 柳の木(立ち木).〔杨 yáng 柳〕ともいう.→〔柳木〕

柳丝 liǔsī しだれ柳の細糸.〔柳线〕〔丝柳〕ともいう.

柳酸 liǔsuān ⇒〔水 shuǐ 杨酸〕

柳体 liǔtǐ =〔柳字〕唐書家の柳公権の書体.→〔颜 yán 体〕

柳条 liǔtiáo 〔-儿〕①柳の枝.特に〔杞 qǐ 柳〕(コリヤナギ近縁種)の枝:かごや防護柵などを編む.〔~包 bāo〕同前の手提げ箱.〔~箱 xiāng〕同前で編んだトランク.〔~筐 kuāng 子〕同前のかご.〔~帽 mào〕同前で防護用のヘルメット.→〔安 ān 全帽〕 ②(柳の枝に似た)筋.うね.〔~正质赤鸡皮纸〕筋入り純ハトロン紙.〔~牛皮纸〕筋入りクラフト紙.〔~布〕トゥイルなどじま織りや織り布地.〔~缎 duàn〕しま織りの緞子(どㇴ)·繻子(しゅㇲ)·絹 juàn〕しま織りの絹.〔~棉 mián 剪绒〕紡コーデュロイ.〔~绒 róng 布〕しま織の綿フラン.

柳下惠 liǔxiàhuì 人魯の大夫の展禽の号:領地が柳下にあり諡(おくりな)は惠.真面目で道徳を守る人物.〈喩〉石部金吉.固く道徳·礼節を重んじる.

柳线 liǔxiàn ⇒〔柳丝〕

柳巷 liǔxiàng 花柳のちまた.〔~花街〕同前.

柳絮 liǔxù 柳.柳のわた:柳の種子は白いわた毛があり風で飛び散る.〔柳绵〕〔柳花〕に同じ.〔文〕〔杨 yáng 花〕ともいう.

柳芽 liǔyá 柳の芽.〔~色〕色ひわ色(の)

柳眼 liǔyǎn 柳の新芽.

柳堰 liǔyàn 柳を植えた堤.

柳腰 liǔyāo 〈喩〉美人.〔杨 yáng 柳细腰〕同前.→〔水 shuǐ 蛇腰〕

柳叶 liǔyè ①柳の葉.②食小麦粉をこねて薄くし小さな菱形に切ったものを煮た食品.③女性の眉.〔~眉 méi〕〔柳眉〕同前.〔~描 miáo〕中国画で人物の衣服のひだを表す画法の一:柳の葉が揺れ動く様子に似ている.

柳叶菜 liǔyècài 植アカバナ(近縁種):湿地に生ずる多年生草本.

柳叶刀 liǔyèdāo 旧なぎなたの類.武器の一.

柳叶青 liǔyèqīng ⇒〔青鳞鱼〕

柳叶箬 liǔyèruò 植ナゴヤサ.

柳莺 liǔyīng 動ムシクイ(総称).〔黄眉~〕〈方〉树shù 串儿〕キマユムシクイ.

柳营 liǔyíng 周周亜夫が胡に備えて軍営を細柳(陕西省にある古地名)に置いた際,たまたま皇帝が自ら兵の慰問に来たところ軍門がすぐには開かなかったこと.〈喩〉紀律の厳しい軍営.

柳字 liǔzì ⇒〔柳体〕

柳子 liǔzǐ ①⇒〔杞 qǐ 柳〕 ②〔柳子戏〕の主な曲調.

柳子戏 liǔzǐxì 劇明末清初に山東西部·江蘇北部·河南東部一带に流行した〔柳子腔 qiāng〕(弦楽器を伴奏とする俗曲)から発展した地方劇:〔弦xián 子戏〕ともいう.

〔绺·綹〕 liǔ ①〔-儿〕量詞.頭髪·ひげ·糸などの束·かせなどを数える.〔五~长须〕ひげが~のび,~長いひげの総称.〔一线 xiàn~〕一まとめにした糸(短いもの).〔头发东一~,西一~〕地散发 pīsàn 着〕髪があちらこちらにばらばらになっている(ふりみだしている).〔桃 guàng ③〕 ②衣服に下に垂れて自然にできる縦じわ.〔打~〕 ④同前.③糸状のものをひとまとめにくくる.③〈方〉〈口〉すり.〔扒 pá 手〕に同じ.

绺窃 liǔqiè 〈方〉すりを働く:〔剪 jiǎn 绺〕ともいう.

绺子 liǔzi ①服のしわ.②〈方〉土匪.

〔镏·鎦〕 liǔ 化スルホニウム.

〔罶(罠)〕 liǔ 〈文〉うえ(筌).うけ:竹ひごをかご形に編んだ魚を捕らえる道具.

〔六〕 liù ①6.六つ.〔~角形〕六角形.〔~角目(の)〕〔~号门〕第6番目の門.③〔~工gōng尺〕④〔-儿〕〈方〉ちえ~:軽視して発する時の語.〔~,你也配!〕ちえ~,おまえがそんながらか.

一 **lù**

六边形 liùbiānxíng 六辺形.六角形.

六波罗蜜 liùbōluómì 仏〔仏教〕の六波羅蜜(はらみつ).

六部 liùbù 旧"吏·戸·礼·兵·刑·工"の六つの中央官庁:俗に〔六扇门儿〕ともいった.その長官が尚書.→〔六房〕〔六院〕

六才子书 liùcáizǐshū ①→〔才子书〕 ②〔王実甫〕西廂記の別称.

六场通头 liùchǎngtōngtóu 劇(京劇)で師匠が一つの劇の全出演者の歌·せりふから鳴り物の鳴らしかたまで,すべてにわたって一人で稽古をつけること.〔六场〕は〔文〕(立ち回り),〔吹〕(吹奏楽器),〔打〕(打楽器),〔拉〕(弦楽器),〔弹〕(鍵盤楽器)の技能.

六朝 liùcháo ①吳·東晋及び南朝の宋·斉·梁·陳などの建康(建業)を都とした六つの朝代.②南北朝時代.

六尘 liùchén =〔尘界 jiè ②〕仏(仏教)の六塵(もつ):人の清净心を汚す色·声·香·味·触·法の六悪根.

六陈 liùchén 米·大麦·小麦·大豆·小豆·ごま:長く貯蔵ができる意.〔陆 lù 陈〕とも書く.〔~行〕穀物商.

六冲 liùchōng 旧(陰陽道)で十二支のうち,子と午,丑と未,寅と申,卯と酉,辰と戌,巳と亥のちょうど相対した六つの組み合わせ.→〔六破〕

六畜 liùchù 〈文〉豚·馬·牛·羊·鶏·犬の6種の家畜.また全ての家畜·家禽:〔六牲〕ともいう.五谷丰登,~兴 xīng 旺〉〈喩〉家業(農業)の繁栄.

六大洲 liùdàzhōu アジア州·ヨーロッパ州·アフリカ州·北アメリカ州·南アメリカ州·オセアニア州.

六旦 liùdàn ⇒〔貼 tiē 旦〕

六道 liùdào 仏(仏教)で天道·人間道·修羅道·畜生道·餓鬼道·地獄道.

六德 liùdé 〈文〉知·仁·聖·義·忠·和の6種の德目.

六丁 liùdīng (道教)で天帝を護衛する六人の神(陰神).→〔六甲③〕

六二三惨案 liù'èrsān cǎn'àn =〔沙 shā 基惨案〕

六耳不通谋 liù'ěr bù tōngmóu 成重要なことを議するには当事者二人だけの間(四耳)の秘密とし第三者(六耳)に漏らさないこと:もと〔六耳不同谋〕といった.

六法 liùfǎ ①民六法:憲法·刑法·民法·商法·刑事訴訟法·民事訴訟法.②固六種の法規.③鑑官吏弹劾の6項目.④中国画法上の六つの手法.

六 liù

六方 liùfāng =〔文〕六合①.〔六虚②〕〔文〕東・西・南・北と天・地(上・下)
六房 liùfáng 旧州や県の"吏・戸・礼・兵・刑・工"の六つの部局;俗に〔六扇儿②〕といった.→〔六部〕
六分仪 liùfēnyí =〔纪jì限仪〕医〔天測用の〕六分儀.セクスタント.
六服 liùfú 古①王宮の周囲の500里ごとに区分した六つの地域;侯·甸·男·采·衛·蛮.②天子の6種の服装:大裘·衮衣·鷩衣·禅衣·絺衣·玄衣.
六府 liùfǔ ①古水·火·金·木·土·穀.②古各種の税をつかさどる六つの官.③同じ.
六腑 liùfǔ =〔六府〕中医 胃·胆·三焦(胃の上口,胃の中脘,膀胱の上口)·膀胱·大腸·小腸.→〔五 wǔ 脏六腑〕
六根 liùgēn 仏(仏教の)六根:眼·耳·鼻·舌·身·意.〔~清净·~喻〕迷いを断って心が清らかになる.
六工 liùgōng 旧 6種の工芸:土工·金工·石工·木工·獣工·草工.
六宫 liùgōng 古天子の后·妃たちの居室:明·清の〔六院〕に同じ.
六谷 liùgǔ ⇒〔玉 yù 米〕
六国 liùguó =〔六雄〕戦国時代,秦以外の六諸侯の国:楚·斉·燕·韓·趙·魏.→〔六王国〕
六害 liùhài 6種の害.蚊·蠅·雀·鼠·とこじらみ(南京虫)·油虫の害.⑤売春·ポルノ·人身売買·麻薬·賭博·迷信.→〔四 sì 害〕
六合 liùhé ①〔六方〕②天·地·古·今;天下.宇宙.
六合彩 liùhécǎi 宝くじの一種.
六合拳 liùhéquán 拳法の一種.
六候 liùhòu ⇒〔六梦〕
六疾 liùjí 中医 寒疾·熱疾·末疾·腹疾·惑疾·心疾.
六籍 liùjí ①⇒〔六艺②〕②仏(仏教·禅家)の大般若·金剛·維摩詰·楞伽·円覚·楞厳の六経.
六家 liùjiā 六家(宇)宏.ⓐ陰陽家·儒家·墨家·名家·法家·道徳家の六つの学派.ⓑ尚書·春秋·左伝·国語·史記·漢書の六つの史書の編纂法.
六甲 liùjiǎ ①干支のうち第一字が甲である甲子·甲戌·甲申·甲午·甲辰·甲寅の6組;筆画が簡単なので,古代の児童の習字に用いられた.〔~学〕同師を学ぶ.②口懐妊.(身怀~)身重(*)になる.③宗(道教)天帝の使い走りをする六人の神(陽神).→〔六丁〕
六价铬 liùjiàgè 化六価クロム:猛毒がある.
六角车床 liùjiǎo chēchuáng =〔转 zhuǎn 塔车床〕機ターレット旋盤.
六角括号 liùjiǎo kuòhào 亀甲·亀かっこ:〔 〕形.
六经 liùjīng ①⇒〔六艺②〕②〔六经〕中医六経絡:太陽経·陽明経·少陽経·太陰経·少陰経·厥陰経.
六眷 liùjuàn 親類眷属の総称:〔六亲ⓐ〕に同じ.
六礼 liùlǐ ①旧(旧い)冠·婚·喪·祭·郷飲酒·相見の六つの礼式.②納采·問名·納吉·納徴·請期·親迎の婚姻の六つの礼.
六橼五楹 liùchuán wǔchuán 〔喻〕立派な家の形容.
六○六 liùlíngliù 薬サルバルサン:〔六百○六〕ともいう.〔胂 shèn 凡纳明〕化アースフィナミン〕,〔音訳〕洒 sǎ 尔佛散〕に同じ.
六六(大)顺 liùliù(dà)shùn →〔划 huá 拳⑤〕
六六六 liùliùliù =〔六氯(化)苯〕〔灵 líng 丹②〕6塩化ベンゼン.BHC:ヘキサクロロシクロヘキサンの通称.商品名〔克 kè 灭杀〕(ガメクサンリンデン).〔六六粉 fěn〕ともいう.殺虫剤.→〔滴 dī 滴涕〕
六路 liùlù 上·下·前·後·左·右;周りの各方向.〔眼观~,耳听八方〕周りによく気を配った.
六吕 liùlǚ 旨古代,十二律中の陰声の律:大吕·夹鐘·仲吕·林鐘·南吕·应鐘.
六律 liùlǜ 百古代,十二律中の陽声の律:黄鐘·太

六氯(化)苯 liùlǜ(huà)běn ⇒〔六六六〕
六轮 liùlún =〔六响手枪〕〔六转儿〕6連発リボルバー.
六脉 liùmài 中医①脈診の6部位:両手の〔寸〕,〔关〕,〔尺〕.②〔寸 cùn 口〕.⇒〔脉象〕
六梦 liùmèng =〔六候〕旧正夢·噩(*)夢·思夢·寤(*)夢·喜夢·懼(*)夢;占術に用いられた6種の夢.
六面体 liùmiàntǐ 六面体.
六婆 liùpó 〔牙 yá 婆〕(婆や遊女などの周旋女),〔媒 méi 婆〕(とりもち婆),〔师 shī 婆(子)〕(みこ),〔虔 qián 婆〕(因業婆),〔药 yào 婆〕(女医者),〔稳 wěn 婆①〕(産婆):旧時の職業女性.
六破 liùpò 旧干支の十二支のうち午と卯,辰と丑,酉と子,戌と未,亥と寅の方角がちょうど直角になる六つの組み合わせ.→〔六冲〕
六戚 liùqī ⇒〔六亲〕
六气 liùqì 中医ⓐ寒·熱·燥·湿·風·火の気候.ⓑ陰·陽·風·雨·晦(夜)·明の気象.ⓐⓑともに気の変化が疾病と関係するとの考え.
六亲 liùqīn 六親.ⓐ親族の総称.ⓑ父子·兄弟·姑姉(父方の親族)·甥舅(母方の親族)·婚媾(夫婦関係)·姻娅(姻戚関係).ⓒ父·母·兄·弟·妻·子:〔六戚〕に同じ.ⓓ父·子·兄·弟·夫·婦.
六亲不认 liùqīn bùrèn ①義理に欠ける.人情味がない.②私情はさまない.公明正大である.
六卿 liùqīng 周〔家宰〕〔司徒〕〔宗伯〕〔司马〕〔司寇〕〔司空〕の六官(天·地·春·夏·秋·冬);後代,〔司徒〕〔宗伯〕〔司马〕〔司空〕には大をつけた.
六情 liùqíng 喜·怒·哀·楽·好·悪の六つの感情.
六壬 liùrén 陰陽五行による占い:干支で壬申·壬午など壬を頭とする6種が64の卦によって吉凶を占うもの.→〔小 xiǎo 六壬〕
六三三学制 liùsānsān xuézhì 六三三制:小学6年·中学3年·高等学校3年.
六三运动 liùsān yùndòng 史六三運動:1919年の〔五四运动〕に呼応して6月3日上海で起こったストライキ.
六色 liùsè ①6色.6種の色:青·白·赤·黒·玄·黄.②旧冠婚葬祭の時の雑役に従事する者;〔吹手〕(吹鼓手)(ラッパや太鼓を打つ者),〔清音〕(笛や琵琶を奏するもの),〔炮手〕(爆竹を鳴らす者),〔掌礼〕(儀式をつかさどり起立·着席の合図をなす者),〔茶礼〕(茶を供し食事に奉仕する者),〔抬盘,扛轿〕(礼物をのせた盤台を担ぐ者,かごを担ぐ者)など.
六扇门儿 liùshànménr ①⇒〔六部〕②⇒〔六房〕
六神 liùshén 古(道教で)心臓·肺臓·肝臓·脾臓·腎臓·胆臓を司る神.〔喻〕精神·気持ち.〔~无 wú 主〕〔~不安〕〔~分散〕〔喻〕気持ちが落ち着かない.
六牲 liùshēng ⇒〔六畜〕
六师 liùshī 〔文〕天子の全軍.
六时 liùshí 仏(仏教)の六時(¨):一昼夜のうち,朝·中日·日没·初夜·中夜·後夜.
六十花甲子 liùshí huājiǎzǐ ⇒〔花甲〕
六十甲子 liùshí jiǎzǐ 十干·十二支を組み合わせた一回り60の数.
六十四卦 liùshísìguà 八つの卦(¨)を8とおりに組み合わせたもの.→〔八 bā 卦〕
六十四开(本) liùshísì kāi(běn) (印刷用語で)全紙の64折り判(の本).
六书 liùshū 仏(仏教)の六種(¨)書:〔象 xiàng 形〕〔指 zhǐ 事〕〔形 xíng 声〕〔会 huì 意〕③〔转 zhuǎn 注〕〔假 jiǎ 借〕の六つの造字法の原則.②=〔六体〕六(¨)体:古文·奇字·篆书·左书(隶书)·繆篆·鳥虫书の6種の書体.

六四运动 liùsì yùndòng ⇒〔天tiān 安门事件②〕

六韬三略 liùtāo sānlüè 囲中国兵法の古典:六韬は周の呂望の啓·商の湯·周の武·成·康·穆の各王.②周の文·武·成·厲·宣·幽の各王.③戦国時代の六国の各王.

六体 liùtǐ ⇒〔六书②〕

六王 liùwáng 史①夏の啓·商の湯·周の武·成·康·穆の各王.②周の文·武·成·厲·宣·幽の各王.③戦国時代の六国の各王.

六位 liùwèi〈文〉①易の六爻:陰陽(天)·柔剛(地)·仁義(人).②人倫上の君·臣·父·子·夫·婦の別.

六问三推 liùwèn sāntuī〈成〉詳しく取り調べる.〔怕甚么~〕(元)再三の審問を何で恐れよう.→〔三推六问〕

六五三八部队 liùwǔ sānbā bùduì〈口〉三ちゃん(じいちゃん·ばあちゃん·かあちゃん)農家:〔六五〕は65歳以上の老人.〔三八〕は〔(国際労動婦人节)〕(国際婦人デー)で女性を指す.

六仙桌(儿) liùxiānzhuō(r) 6人掛けの長方形の中型テーブル.→〔八bā 仙桌(儿)〕

六弦琴 liùxiánqín 图ギター(楽器)→〔吉jí他〕(ギター)は音訳.

六线鱼 liùxiànyú 魚貝アイナメ.

六响手枪 liùxiǎng shǒuqiāng ⇒〔六轮〕

六雄 liùxióng ⇒〔六国〕

六虚 liùxū ①六つの爻(ェ)の占める位置.→〔六爻〕②⇒〔六府〕

六旬 liùxún 〔六秩〕〈文〉年齡60歳のこと.→〔花huā 甲〕

六亚甲基四胺 liùyà jiǎjīsì'àn ⇒〔乌wū 洛托品〕

六爻 liùyáo 易の六爻(セキ):64の卦の一つひとつは六つの爻よりなり,一つの爻は一か一一である.→〔八bā 卦〕

六也不行 liù yě bùxíng〈方〉絶対にやれっこない:6はサイコロ賭博などで最多の数.

六一(国际)儿童节 liùyī (guójì) értóng jié ⇒〔国际儿童节〕

六义 liùyì 六義(ギ):詩経の風·雅·頌·賦·比·興.風·雅·頌は詩体による分類.賦·比·興は表現による分類.

六艺 liùyì ①〔六艺(ゲイ)〕:礼·楽·射·御·書·数の6種の技芸.周代の士が学ぶべきもの.②=〔六籍①〕〔六经①〕〔六经〕:詩經·書經·易經·春秋·礼·楽经.

六淫 liùyín 中医病気の6種の外的要因:風·寒·暑·湿·燥·火.例えば〔风〕を病因として起こるものを〔伤风(feng)〕,〔中风〕(チュウフウ)などという.

六欲 liùyù 佛(仏教の)六欲⑥:色欲.形貌欲.威儀姿態欲.言語音声欲.細滑欲.人想欲.〔七情~〕人間の凡ての感情·欲望.→〔七qī 情〕

六院 liùyuàn 史①宋代の官厅:官告院·審計院など6院.②妓院:もと明代の南京の有名な6軒の妓院.③⇒〔六宫〕

六月的日头,晚娘的拳头 liùyuède rìtou, wǎnniáng-de quántou〔諺〕6月の太陽とまま母のげんこつ.〈喩〉情け容赦のないもの.

六月(飞)霜 liùyuè (fēi)shuāng〈喩〉冤罪で獄に下される:天がその嘆きに感じて真夏に霜を降らせた.

六月菊 liùyuèjú 植ヤマヨメナ(近縁種)

六月柿 liùyuèshì〔番 fān 茄〕

六月雪 liùyuèxuě 囲京劇戯曲の一:元の関漢卿の〔窦娥寃〕を脚色.

六月雨 liùyuèyǔ 雷を伴うにわか雨.夕立.

六指(儿) liùzhǐ(r) 6本指.〈喩〉④無用の贅(セキ)物.⑤すり.→〔骈 pián 拇枝指〕

六秩 liùzhì ⇒〔六旬〕

六转儿 liùzhuànr ⇒〔六轮〕

〔陆(陸)〕 liù 〔六〕の大(グ)字.〔~仟qiān 圆整 zhěng〕正に六千元也.→〔大dà 写②〕→ lù

〔溜(霤)〕 liù (I)〔溜〕①速い水の流れ.急流.〈水深~急〉水は深く流れは速い.〔河里大~〕川の中の大きな瀨.②〔一儿〕〈口〉あたり.辺〔这〕〔那〕〔一〕の後について.〔这一儿有饭馆儿没有?〕このあたりに食堂はあるか.③〔一儿〕量詞.行列.並び.続き.〔一~儿三间房〕三間(ケ)あるひと並びの家(三間ある一棟の家屋).〔一~儿烟似地跑了〕一筋の煙のようにすーっと逃げた.④〈方〉鍛える.馴らす.〔~嗓子〕発声練習をする.⑤〈方〉すばしこい.〔走得很~〕歩くのがとてもすばしこい.⑥⇒〔馏〕

(II)〔霤〕①〔一儿〕雨だれ.したたり落ちる水.〔檐yán ~①〕〔檐滴〕軒のあまだれ.②雨どい.また雨だれ受け.→〔瓦gé 蛐引〕

(III)〈口〉(しっくい·セメント·紙などで隙間を)埋める.ふさぐ.〔~窗户缝儿〕窓に目張りをする.→ liú

溜缝子 liùfèngzi すき間をつぶす(つめてすき間をなくする)

溜飕 liùsou〈方〉すばやい.すばしこい:〔溜扫〕〔溜嗖〕とも書く.〔别看他年纪大,干起活儿来比年青的还~〕彼は年をとってはいるが,仕事をやりだせば若い者よりずっとすばやい.〔上岁数的人腿脚不~〕年寄りは足腰の動きが遅い.

溜子 liùzi ①圀鉱石を運ぶ鉄桶.〔电diàn ~〕桶型コンベヤー.②〈方〉地方の匪賊.③〈方〉急流.瀨.

〔遛〕 liù ①ぶらりぶらりと歩く.ゆっくり歩く.ぶらつく.散步する.〔一马路,遛大街〕通りをぶらつく(男女が).〔在院子里一一~〕庭の中をぶらつく.②(牛·馬·鳥などの)動物をゆっくり動かす(運動させる).→ liú

遛狗 liùgǒu 犬の散步をさせる.

遛马 liùmǎ 馬をひいてゆっくり歩かせる.馬をひいて運動させる.

遛鸟(儿) liùniǎo(r) (空気のきれいなところで)鳥かごをぶらさげてぶらつく.

遛食(儿) liùshí(r)〈方〉食後の散步(をする).〔他吃完饭~去了〕彼は食後の散步に出掛けた.

遛弯儿 liùwānr〈口〉散步する.〔蹓弯儿〕とも書く.〔溜liù 达〕に同じ.

遛鱼 liùyú〈喩〉自由に行動させる.

遛早儿 liùzǎor〈口〉早朝の散步(をする):〔蹓早儿〕とも書く.

〔馏·鎦〕 liù 蒸し直す.蒸して温め返す:〔溜⑥〕とも書いた.〔这馒头凉了,~一~吧〕このマントーは冷めてしまったから蒸し直そう.〔虎妞已把午饭作好:~的馒头,熬白菜加肉丸子〕(老·駱15)虎妞はもう昼食の準備していて,マントーを蒸しかえし,白菜と肉団子の煮込みを作っておいた.→ liú

〔鎦·鎦〕 liù〔~子〕〈口〉指 輪.〔戒 jiè 指(儿)〕に同じ.〔金 jīn ~子〕金の指輪.→ liú

〔蹓〕 liù ゆっくり歩く.散步する.〔~大街〕町をぶらつく.〔到公园去一一~〕ちょっと公園を散步する.→ liú

蹓弯儿 liùwānr ⇒〔遛弯儿〕

蹓早儿 liùzǎor ⇒〔遛早儿〕

〔碌(碌)〕 liù → lù

碌碡 liùzhou 穀物を脱穀したり,地面を平らにするローラー形の石:〔石 shí 磙〕ともいう.

liù～lóng

〔鹨・鷚〕 liù ①[鳥]セキレイ科の小鳥(総称).〔水 shuǐ ～〕タヒバリ.〔树 shù ～〕ビンズイ.〔田 tián ～〕マミジロタヒバリ.②〔天 tiān ～〕ヒバリ:〔云 yún 雀〕の別名.

lo ㄌㄛ

〔咯〕 lo 文中・文末に置き,断定・決定・命令などの語気を表す:〔了 le ③④〕に同じ.→ gē kǎ luò

long ㄌㄨㄥ

〔咙・嚨〕 lóng →〔喀 kōng 咙〕→ lóng

〔隆〕 lōng →〔咕 gū 隆〕〔黑 hēi 咕 隆 咚〕〔轰 hōng 隆〕→ lóng

〔龙・龍〕 lóng ①竜:伝説上の神獣.大蛇に似て,うろこ・ひげ・爪をもち,角がある.水辺に住んで,水神となる.時に大空にのぼり風雲をおこす.〔蛟 jiāo ～〕〔螭 chī ～〕〔虬 qiú ～〕などの種類がある.〔～女 nǚ〕竜王の娘.~的传 chuán 人〕<喩>中華民族.②竜の形・模様をしているもの.〔～袍 páo〕天子の象徴.〔～床 chuáng〕天子の礼服.〔～椅 yǐ〕天子の椅子.<喩>帝位.③<喩>優れた人.非凡な人.名馬.④<喩>古生物学上の巨大な爬虫類.〔恐 kǒng ～〕恐竜.⑤車輪のリムのゆがみ.〔后车圈 quān 一了〕(自転車の)後輪はリムがゆがんだ.〔拿 ná ～〕(自転車のスポークを調整して)リムのゆがみを直す.⑥<姓>龍(ﾘｭｳ).

龙案 lóng'àn [古]皇帝用のテーブル:〔龙书案〕ともいう.

龙柏 lóngbǎi [植]ヒノキの栽培変種.
龙笔 lóngbǐ <文>天子のご筆跡.
龙宾 lóngbīn <喩>名墨.
龙车 lóngchē <文>天子の乗る車.
龙城 lóngchéng ①<文>都.帝都.②[地]柳州市(広西),常州市(江蘇)などの別称.
龙齿 lóngchǐ [中医](古代獣・犀など)大型獣の歯・牙の化石.漢方薬とする.
龙雏 lóngchú 竹の子の別称.
龙船 lóngchuán =〔文 龙舟〕①天子の乗る船.②ペーロン.竜首を船首に飾る舟.〔~节〕端午節の前後に,東南部の地方で行う同前によるボートレース.〔龙舟水〕端午節前後のまとまった雨.
龙床 lóngchuáng <文>①玉座.②天子の寝台.
龙胆 lóngdǎn =〔陵 líng 游〕[植]リンドウ,またその近縁種:〔山～〕〔草～〕ともいう.
龙胆紫 lóngdǎnzǐ [化]ゲンチアナバイオレット:有機染料の一.<口>紫药水などの溶液.薬用する.
龙灯 lóngdēng 竜の形をした長い張り子の提灯.またこれに節ごとに柄をつけ揚げて練り歩く民間芸能.〔耍 shuǎ ～〕同前を揚げてねり歩く.=〔舞龙〕
龙洞 lóngdòng 石灰岩が水に溶けてできた洞窟.
龙堆 lóngduī 天山南路方面の長い砂丘.
龙蛋 lóngdàn〔鱼 yú 皮 pí〕
龙多不治水 lóngduō bùzhìshuǐ <喩>船頭多くして船山に登る.〔~,鸡多不下蛋〕同前.
龙番 lóngfān〔鱼 yú 卷 juǎn〕
龙飞 lóngfēi <文>帝位につく.〔~榜 bǎng〕皇帝即位第一回の科挙の試験.
龙飞凤舞 lóngfēi fèngwǔ <喩>①筆勢が雄渾(ｹﾝ)で生き生きとしているさま.②峰が続き雄壮なさま.

龙凤 lóngfèng 竜と鳳凰.<喩>ⓐ皇帝と皇后.〔～之姿 zī〕高貴な姿.ⓑ優れた人物.ⓒ男女.〔～胎 tāi〕男と女の双子.→〔双 shuāng 生子〕
龙凤饼 lóngfèngbǐng ⇒〔龙凤(喜)饼〕
龙凤茶 lóngfèngchá [旧]仁宗時代に作られた竜鳳の紋入りの〔团 tuán 茶〕(型に圧搾して固めた茶)
龙凤礼书 lóngfèng lǐshū 同下.
龙凤帖 lóngfèngtiě =〔龙凤礼书〕[旧]婚約書:男女双方の生年月日時刻とそれを八卦見に見てもらった際の判断原文などが記載された.→〔庚 gēng 帖〕〔婚 hūn 书〕
龙凤(喜)饼 lóngfèng (xǐ)bǐng [食]結納の時に他の品々とともに新婦の家に贈られる祝いの餅.あんを入れ小麦粉の外皮に竜と鳳凰の模様を入れた菓子.これを親戚友人へ配る.
龙肝(鳳髓) lónggān (fèngsuǐ) <喩>極めて珍奇な食物:〔龙肝凤胆〕ともいう.
龙宫 lónggōng ①竜宮(竜王のいる宮殿).②地下の洞窟.
龙骨 lónggǔ ①[動]鳥類の胸骨.②[中医]竜骨:古代の大形哺乳動物の骨またはその化石.薬用する.=〔船 chuán 骨〕〔船骨骨〕船の竜骨(キール).〔船底～骨〕船の底の竜骨の骨.〔龙骨～〕飾り竜骨.
龙骨瓣 lónggǔbàn [植]竜骨弁:蝶形花の下面にある小さい2枚の弁.
龙骨车 lónggǔchē =〔龙尾车〕竜骨車:〔龙骨水车〕ともいう.水田に水を揚げるため人力または畜力で回転させる水桶を多数連結させた水車.
龙归沧海 lóng guī cānghǎi <成>①才能を振るえる場所に戻ること.②帝王が崩御すること.
龙衮 lónggǔn =〔龙章〕[服]天子の衣服.
龙虎 lónghǔ 竜と虎.<喩>ⓐ英雄豪傑.ⓑ君臣.ⓒ(道家で)水火.ⓓ名文.
龙虎榜 lónghǔbǎng ⇒〔排 pái 行榜〕
龙虎斗 lónghǔdòu ①好敵手同士の戦い.②[食]ⓐ蛇と猫(またはハクビシン)を調理した広東料理.ⓑタウナギと蛙を使った江蘇料理.ⓒタウナギと豚肉を使った民間料理.
龙虎书 lónghǔshū ⇒〔鸟 niǎo 虫书〕
龙华会 lónghuáhuì [宗](仏教で)旧暦4月8日の灌仏会.
龙集 lóngjí <文>年次を記すのに用いる語:"竜"は歳星の名,"集"は次.〔~乙卯〕乙卯の年.→〔岁 suì 次〕
龙忌 lóngjì [旧]火を焚くことを禁ずる日.
龙驾 lóngjià <文>天子の乗り物.天子の車馬.
龙江剧 lóngjiāngjù [劇]黒竜江省の地方劇.→〔二 èr 人 rén〕
龙胶 lóngjiāo トラガントゴム.
龙介 lóngjiè[蠕(ﾚﾝ)]セルプラ:蠕(ﾚﾝ)形の動物の環虫類.
龙睛 lóngjīng [魚]出目金:目玉の出ている金魚の総称.〔大熊猫～〕白黒模様の同前.→〔龙眼②〕
龙睛虎目 lóngjīng hǔmù <喩>いかめしい容貌.
龙井(茶) lóngjǐng(chá) 浙江省杭州竜井産の緑茶(上等の茶)
龙驹 lóngjū <喩>①駿馬.②(将来偉物となりそうな)優れた子供.
龙聚日 lóngjùrì 旧暦10月3日:伝説で竜王が水府に奏上する日.
龙卷 lóngjuǎn [気]竜巻.〔~风〕は通称.俗に〔龙吸水〕といった.〔陆 lù ～〕地上の竜巻.〔水～〕海上の竜巻.二の日用星龙卷型紅炭.
龙口 lóngkǒu ①<喩>大水の出やすい低地.〔~夺 duó 粮〕<喩>天気が荒れる前に急いで収穫すること.②竜の形の水口(ダムなどの).③[地]山東省にある地名.〔~粉 fěn 丝〕同県産のはるさめ.

lóng 龙

龙裤 lóngkù 漁師の作業用ズボン.
龙葵 lóngkuí 園イヌホオズキ:薬用される.
龙鲤 lónglǐ ⇒〔穿 chuān 山甲〕
龙鳞饼 lónglínbǐng →〔龙抬头〕
龙落子 lóngluòzi 魚貝タツノオトシゴ:〔海 hǎi 马〕に同じ.
龙马 lóngmǎ ①瑞馬:伝説上の竜頭馬身の神馬で聖天子の治世に出現するという.[龙马精神]同前. ②〈喻〉人の身心の健全なこと.〔~精神〕同前.
龙脉 lóngmài ①風水で、大地の中を通る気脈. ②山脈.⇒〔来 lái 龙去脉〕
龙媒 lóngméi ①〈喻〉駿馬. ②〔蚯 qiū 蚓〕(ミミズ)の別称.
龙门 lóngmén ①固黄河の上流にある禹門口:伝説で春になると鯉が雲雨とともにさかのぼり、ついに雷火に尾を焼かれて竜となるという. ②〔贡 gòng 院〕(科挙の試験場)の門.[鲤鱼跳~]〈喻〉(科挙の)試験に合格する.難関を突破する.[登 dēng ~]〈喻〉出世の糸口(をつかむ).出世の階段(を上る).〔~点 é〕.③〈口〉又(サッカーなどの)ゴール.〔球 qiú 门〕に同じ.[三破 pò ~]3点取る. 〔~柱 zhù〕ゴールポスト. ④〔方〕中庭.建物と建物との空間.
龙门刨床 lóngmén bàochuáng 機(門型)平削盤.
龙门吊车 lóngmén diàochē 機ガントリークレーン. 門型起重機.〔~架 lóngménjià〕鉄道のレール鋪設用クレーン.
龙门铣床 lóngmén xǐchuáng =〔平 píng 面铣床〕機門型フライス盤.プラノミラ.
龙门阵 lóngménzhèn ①固練兵の陣法の一:両軍対陣の際、言葉のやりとりを主とするもの. ②〔方〕おしゃべり.[摆 bǎi ~]同前をする.
龙脑 lóngnǎo 化竜脳.ボルネオール.〔~树 shù〕園リュウノウジュ:樹幹から製せられる白色芳香物質を〔~香 xiāng〕〔冰 bīng 片〕〔瑞 ruì 龙脑〕という.
龙鸟 lóngniǎo 動原始鳥:恐竜の種.
龙牌 lóngpái 田官斎・学校・寺廟などに備えられた〔皇帝万岁万万岁〕と書かれた木製位牌:〔万 wàn 岁牌〕ともいう.
龙盘凤逸 lóngpán fèngyì 〈喻〉才能がありながら世に認められないこと:〔盘〕は〔蟠〕とも書く.〔~之士,皆欲收名定价于君侯〕(李白〔与荆州书〕)非凡な才子はみな君侯に真価を認められたことを欲する.
龙盘虎踞 lóngpán hǔjù ⇒〔虎踞龙盘〕
龙袍 lóngpáo 固天子の着る竜紋入りの長着の礼服.〔蟒 mǎng 袍〕
龙票 lóngpiào 政府発行の許認可証.→〔票反〕
龙旗 lóngqí ⇒〔龙章〕固清国旗:竜が描かれていた.
龙潜 lóngqián 〈喻〉①天子がまだ即位しない時の状態.〔~藩邸〕皇帝が親王であった時代の邸宅. ②賢人が野に身をかくすこと.
龙丘 lóngqiū 〔姓〕竜丘
龙泉 lóngquán ①固宝剣の名. ②地浙江省にある〔~窑 yáo〕同窯産の陶磁器:淡青色で釉彩の多い砂紋が多い.
龙山文化 lóngshān wénhuà 田竜山文化:新石器時代後期の文化.山東省章丘県竜山で発見された黒色陶器に代表される.〔黒陶文化〕ともいう.〔仰yǎng 韶文化〕の後にくる.→〔鬶 guī〕
龙勺 lóngsháo 固柄に竜の形を刻んだ酒くみ用の杓:礼器の一.
龙蛇 lóngshé 〈喻〉①非凡な人物. ②身を隠すと巳. ③十二支の辰と巳.
龙舌草 lóngshécǎo ⇒〔水 shuǐ 车前〕

龙蛇飞动 lóngshé fēidòng 〈喻〉書(草書)の筆勢の生き生きしていること:〔龙蛇飞舞〕ともいう.
龙蛇混杂 lóngshé hùnzá 〈喻〉玉石混淆.
龙舌兰 lóngshélán 園リュウゼツラン(竜舌蘭).〔~酒 jiǔ〕テキーラ:同前の葉の基部の汁から作った蒸留酒.
龙麝 lóngshè 竜涎香と麝香(じゃ)
龙生凤养 lóngshēng fèngyǎng 〈喻〉良い家柄に生まれる.
龙生九子 lóng shēng jiǔzǐ 〔成〕同じ親から生まれた子でもそれぞれ姿・性格などは異なる:〔子〕は〔种 zhǒng〕ともいう.
龙生龙(子),凤生凤(儿) lóng shēng lóng(zǐ), fèng shēng fèng(ér) 〈喻〉竜の子は蛙.子は親に似る.〔~,老鼠养儿会打洞〕竜は竜の子を生み,鳳凰は鳳凰の子を生む,ネズミの子は穴をあけるのがうまい:瓜の蔓に茄子はならぬ.
龙虱 lóngshī 動ゲンゴロウ:薬用とする.
龙首 lóngshǒu ①⇒〔龙头 ③〕 ②⇒〔状 zhuàng 元〕
龙疏 lóngshū ⇒〔龙兹〕
龙书案 lóngshū'àn ⇒〔龙案〕
龙孙 lóngsūn ①〔文〕①竹の子の別称:〔龙雏〕に同じ.〔笋 sǔn〕 ②〈喻〉良馬.
龙抬头 lóngtáitóu 旧〔春 chūn 龙节〕の俗称:旧暦2月2日は竜が冬眠からさめ頭をもちあげる日とされ、〔龙鳞饼〕(同日食べる〔饼 bǐng ①〕)や〔龙髭面〕(同日食べる麺)を食べ、竜の目をあやまって突くことを恐れて針仕事をしない.〔瓜の蔓に茄子はならぬ.
龙潭 lóngtán 竜の棲(す)む深淵.〈喻〉危険なところ.〔~虎 hǔ 穴〕〔虎穴~〕〈喻〉極めて危険な立場.
龙套 lóngtào ⇒〔跑 pǎo 龙套〕
龙腾虎跃 lóngténg hǔyuè 〈喻〉勇ましく活動するさま.〔龙腾狮 shī 跃〕〔龙跃虎腾〕ともいう.
龙体 lóngtǐ ⇒〔龙玉体.
龙跳虎卧 lóngtiào hǔwò 〈喻〉詩文や書の自由奔放な筆勢.
龙亭 lóngtíng ⇒〔香 xiāng 亭〕 ②同下①
龙庭 lóngtíng ①〔文〕朝廷:〔龙亭〕〔龙廷〕とも書く. ②(人相で)帝王の相:前額が隆起している異相. ③匈奴の単于(ぜんう)が天を祭した場所.
龙头 lóngtóu ①(水道などの)蛇口.からん.コック.→〔旋 xuán 塞〕 ②〈喻〉トップの位置.リーダーシップ.〈~企业〉〈名〉トップ企業.リーディングカンパニー.〔~股〕牽引株.先導株.〔~产 chǎn 品〕旗艦製品. ③⇒〔龙首〕竜の頭.〈喻〉首領.〔大哥〕親分.ボス.〔占〕~主導権をにぎる. ④⇒〔状 zhuàng 元〕 ⑤〔车 chē 把〕 ⑥田機関車:〔机 jī 车〕に同じ.
龙头海棠 lóngtóu hǎitáng 園マツバギク.
龙头蛇尾 lóngtóu shéwěi ⇒〔虎 hǔ 头蛇尾〕
龙头鱼 lóngtóuyú 魚貝テナガミズテング:ハダカイワシ目の魚.〔豆 dòu 腐鱼〕〔虾蝦 xiāchán 鱼〕に同じ.
龙头铡 lóngtóuzhá ⇒〔铡〕
龙头竹 lóngtóuzhú 園タイサンチク(泰山竹)
龙图公案 lóngtú gōng'àn ⇒〔包 bāo 公案〕
龙王 lóngwáng 竜王:雨や水をつかさどる神.〔~爷 yé〕竜神様.〔海~〕海神.〔井泉~〕井戸神.〔~庙 miào〕〔河神庙〕竜神様の社:〔~~,一家人不认得一家人〕〈歇〉よく知りあっている間柄であるにお互いが気がついていなかったの意.→〔河 hé 神〕.
龙尾 lóngwěi 星座の名:二十八宿の一の〔箕 jī 宿〕の別称.
龙尾车 lóngwěichē ⇒〔龙骨车〕
龙尾砚 lóngwěiyàn ⇒〔歙 shè 砚〕

lóng

龙文 lóngwén ①竜の鱗. ②〈文〉雄壮な筆法. ③〈文〉駿馬の名.→[汗 hàn 血]
龙舞 lóngwǔ 蛇(じゃ)踊り:竜の張りぼてを掲げて練り歩く民族芸能.→[龙灯][耍 shuǎ 龙灯]
龙吸水 lóngxīshuǐ ⇒[龙卷]
龙虾 lóngxiā [魚]イセエビ(類).ロブスター.→[虾]
龙涎香 lóngxiánxiāng 竜涎(ぜん)香:マッコウクジラからとる香料.
龙骧虎步 lóngxiāng hǔbù 〈喩〉威風堂々たるさま.
龙行虎步 lóngxíng hǔbù 〈喩〉歩く姿が堂々として、竜気軒昂(けんこう)なさま.
龙性 lóngxìng たけだけしい気性.
龙须 lóngxū ①⇒[龙须草] ②⇒[龙须面]
龙须菜 lóngxūcài ①オゴ(ノリ),またはシラモ:海藻の一種.[江 jiāng 蓠(り)]の通称.②キジカクシ:ユリ科アスパラガス属の植物.③⇒[芦 lú 笋②] ④⇒[蛏 zàn 菜]
龙须草 lóngxūcǎo [植]コヒゲ(イ)(小髭(髯)):[龙须①]〈方〉蓑 suō(衣)草]ともいう.③[一席 xí]蘭ござ.
龙须面 lóngxūmiàn [食]極細の手のべそうめん:単に[龙须②]ともいう.
龙须糖 lóngxūtáng [食]長く伸ばした飴を胡麻あんで包んだもの.
龙须友 lóngxūyǒu 〈文〉筆の別称.
龙穴 lóngxué [旧](風水で)山の気脈の結ぶところ:墓穴に適した土地とされる.
龙血树 lóngxuèshù [植]ドラセナ(リュウケツジュ).→[血喝]
龙牙草 lóngyácǎo ⇒[仙 xiān 鹤草]
龙颜 lóngyán ①[隆颜]〈文〉玉顔.〈転〉天子.
龙眼 lóngyǎn ①〈方〉桂 guì 圆(えん)[圆 lì 珠(り)]〔荔 lì(枝)奴][益 yì 智]②[植]リュウガン(竜眼).またその果肉.[~木雕 diāo]リュウガンの木彫品.〈肉〉[桂圆肉]同前の味付けし乾燥させたもの.②金魚の出目:とび出ている目玉.→[龙睛]
龙洋 lóngyáng [清]1 元銀貨:表面に竜の模様がある.[~番][龙银][龙圆]ともいう.
龙银 lóngyín 同上.
龙吟虎啸 lóngyín hǔxiào 〈喩〉声が大きく響くさま.[虎啸龙吟]ともいう.
龙舆 lóngyú 〈文〉天子の乗り物.
龙驭 lóngyù 〈文〉(天子が)崩御(する).[~宾天][~上宾]同前.
龙渊 lóngyuān 〈文〉深淵.
龙圆 lóngyuán ⇒[龙洋]
龙章 lóngzhāng ①⇒[龙文]〈文〉帝王の文章.③皇帝の儀仗.④⇒[龙旗]
龙章凤姿 lóngzhāng fèngzī 〈喩〉風采の優れて立派なこと:[姿]は[資]ともいう.
龙爪葱 lóngzhǎocōng [植]ヤグラネギ:ネギの変種.[天 tiān 葱][羊 yáng 角葱]ともいう.
龙爪槐 lóngzhǎohuái [植]シダレエンジュ:枝が垂れ曲がって竜の爪の形をしている.
龙爪稷 lóngzhǎojì ⇒[穇 cǎn 子]
龙争虎斗 lóngzhēng hǔdòu 〈喩〉竜虎相争う.力の強い者同士が五分五分で死闘する.
龙钟 lóngzhōng [佲 lǒng 偅]とも書く.〈文〉①年老いて手足の不自由なさま.[老迈(まい)~]老いさらばえたさま.[~老头]よぼよぼの老人(じじばば).②[叫他绊了一脚,跌 diē 了个~]彼に足がらみをかけられてよろけた.③体つきのぶれるさま.④涙ぐむさま.[双袖 xiù ~]両袖を同前.
龙种 lóngzhǒng 〈文〉①帝王の子孫.②〈転〉中国人の子孫.
龙舟 lóngzhōu ⇒[龙船]

龙准 lóngzhǔn 〈文〉帝王の鼻.
龙兹 lóngzī [龙疏]〈文〉珠玉.[黄金白玉,琅玕龙疏](新序)黄金と白玉,美石と珠玉.
龙子 lóngzǐ ①竜王の子.→[螭 chi][虬 qiú ①]②帝王の子孫.③旧賢人の名.④旧駿馬の名.⑤[石 shí 龙(子)](トカゲ)の別称.
龙嘴掏珠 lóngzuǐ tāozhū =[虎 hǔ 口 拔 牙][摸 mō 老虎屁股]竜の口の中の珠をとる.〈喩〉危険なことをする.

[泷・瀧] lóng 急流・早瀬.[~~]〈文〉[擬]ドウドウ:大きな水音.[七里~]地浙江省にある川.[~江]地江西省中部にある川. → shuāng

[茏・蘢] lóng ①[~葱 cōng][葱~]草木が青々と茂るさま.[珑葱]に同じ.②[植]オオケタデ:[大 dà 蓼(り)]の古称.

[咙・嚨] lóng [嗓 sǎng 子]は通称.~ lōng

[珑・瓏] lóng 〈文〉雨乞いに用いた竜紋を刻んだ玉.

珑葱 lóngcōng ①〈擬〉チリン:金属・玉石などが当たって出る音.②(草木の)青々と茂るさま:[茏葱]に同じ.
珑玲 lónglíng ①[玲珑]〈擬〉リンリン:金属・玉の当たって出る音.②光り輝くさま.明るいさま.

[栊・櫳(籠)] lóng 〈文〉①窓(格子).[房 fáng ~]の格子.[帘 lián ~]すだれのある窓.②動物の檻.③家畜.

[昽・曨] lóng 〈文〉明るいさま.[~~]ほの明るいさま.[曈 tóng ~]空がほの明るい.②[曚昽~]⒜日光が薄暗い.どんよりしている.⒝(様子が)ぼんやりしてはっきりしない:[蒙胧]に同じ.

[胧・朧] lóng 〈文〉①月が輝くさま.[~光]月の光.[~~]月光が明るいさま.②[朦 méng ~]⒜(月光が)おぼろである.⒝(様子が)ぼんやりしてはっきりしない:[蒙胧]に同じ.③[曈 tóng ~]ぼんやりしてはっきりしない.

[砻・礱(礲)] lóng ①もみすりの磨臼:多くは竹または木でできている.②籾(もみ)すりをする.[~出来的米很整齐]もみすりした玄米は非常によくそろう.[~稻 dào 子]もみから米を取り去る.

砻坊 lóngfáng 籾すり場.籾すり小屋.
砻谷 lónggǔ 籾すり.[~机]籾すり機.
砻糠 lóngkāng ぬか.こもげ.[稻 dào 糠]に同じ.
砻砺 lónglì [砻厉]とも書く.〈文〉刃物をとぐ:[磨 mó 砺]に同じ.

[眬・矓] lóng [蒙 méng ~]⒜(目が)朦朧(ろう)としている.⒝(様子が)ぼんやりしてはっきりしない:[矇昽②⒝][朦胧]とも書く.

[聋・聾] lóng ①耳が聞こえない.耳が遠い.[耳 ěr 朵完全~了]耳が全く聞こえなくなった.[耳~眼花]耳は遠く目はかすむ.②事理に暗い.③〈姓〉聾氏.

聋聩 lóngkuì 〈文〉①耳が聞こえない.②〈転〉無知である.
聋人 lóngrén 聾者.
聋哑 lóngyǎ 耳が聞こえず物が言えない.聾唖(あ).[~人]聾唖者.[~学校]聾唖学校.[~症 zhèng][医]聾唖症.
聋喑 lóngyīn 〈文〉聾唖.
聋灶 lóngzào ⇒[行 xíng 灶]
聋子 lóngzǐ [口]耳が聞こえない人.[~耳朵当

lóng~lǒng

聋笼舷竜隆漋窿癃㝃陇垄

摆 bǎi 设〕同前の耳は飾り物.〈喩〉物わかりの悪い.

〔**笼・籠**〕 lóng ①〔一子〕かご.〔鸟 niǎo ~〕鳥かご.〔捕 bǔ 鼠 ~〕捕鼠器〕ねずみ(とり)かご.〔筷 kuài ~〕箸かご.〔~子梁儿〕かごのさげ手.②〔旧〕犯人を拘禁する刑具.〔囚 qiú ~〕同前.③蒸籠〔蒸 zhēng ~〕〔~屉〕同前.〔这些馒头还要上 一蒸一蒸〕これらのマントーは蒸籠に入れてもっと蒸さなくちゃいけない.④火を焚きつける.〔~炉 lú 子〕ストーブに火をつける.〔~不着 zháo〕火が燃えつかない.〔~得不旺 wàng〕火が勢いよく焚きつかない(よく燃えない).→〔笼火〕⑤〈方〉両手を袖の中へ入れる.→lǒng

笼饼 lóngbǐng〔馒 mán 头①〕の古称.

笼炊 lóngchuī ⇒〔蒸 zhēng 饼〕

笼火 lónghuǒ 火を焚きつける.

笼民 lóngmín 都市の貧民.

笼鸟 lóngniǎo =〔〈文〉笼禽〕かごの鳥.〈喩〉自由を失った身.

笼禽 lóngqín 同上.

笼屉 lóngtì =〔帽 mào〕蒸籠の蓋(ふた).

笼僮 lóngtóng 〈文〉〈擬〉トントントントン:太鼓の鳴る音.〔笼铜〕とも書く.

笼头 lóngtóu おもがい:馬などの顔にかける組紐・革の装具.〔没上~的马〕おもがいのない馬.〈喩〉わがまま者.〔马 mǎ 嚼子〕

笼养 lóngyǎng (鶏などの家禽を)かごに入れて飼育する.

笼中(之)鸟 lóngzhōng(zhī)niǎo かごの鳥.〈喩〉苦しい立場に追い込まれて自由にできない人.

笼子 lóngzi ①かご.鳥かご・虫かごなど.②物入れかご.→lǒngzi

笼嘴 lóngzuǐ 口かご:家畜の口にはめてえさを食べることができないようにする.

〔**舷・艟**〕 lóng〈文〉小さな苫(とま)舟.

〔**竜**〕 lóng 地名用字.〔各 gè ~〕甘粛省宕昌県にある.

〔**隆**〕 lóng ①盛り上がる.高く突き出る.②盛んになる.盛大である.〔兴 xīng ~〕興隆する.〔~重 zhòng 举行〕盛大で厳かに挙行される.③〈文〉真っ盛りである.〔~冬 hán〕〈文〉厳寒.④手厚い.ねんごろである.〔待遇优~〕待遇が手厚い.⑤〔姓〕隆(りゅう).→lōng

隆爱 lóng'ài〈文〉深い愛情.

隆鼻 lóngbí (美容の)隆鼻(させる).〔~手术〕隆鼻術.

隆宠 lóngchǒng〈文〉大いなる寵愛.

隆冬 lóngdōng〈文〉冬のさなか.厳冬.→〔数 shǔ 九〕

隆恩 lóng'ēn =〔洪 hóng 恩〕〔宏 hóng 恩〕〔鸿 hóng 恩〕〈文〉厚恩.大いなる恩恵.

隆更半夜 lónggēng bànyè ⇒〔深 shēn 更半夜〕

隆古 lónggǔ〈文〉昔の盛んであった時代.

隆贵 lóngguì〈文〉高貴(である).

隆寒 lónghán〈文〉極寒.厳寒.

隆厚 lónghòu =〔隆渥〕丁重(ていちょう)である.手厚い.

隆眷 lóngjuàn〈文〉深く心にかける.

隆崛 lóngjué〈文〉高くつき立つさま.

隆礼 lónglǐ〈文〉手厚いもてなしをする.②礼を盛んにする.礼を尊ぶ.

隆隆 lónglóng ①〈擬〉ゴウゴウ.ドーンドーン.ゴロゴロ:音の大きく響くさま.〔炮 pào 声 ~〕ドカンとどろろく.〔列车~地向前奔驰〕列車がゴウゴウと轟(とどろき)進している.②勢いの盛んなさま.〔声誉 yù ~〕声望が非常に高い.

隆眄 lóngmiǎn〈文〉厚遇する.

隆起 lóngqǐ 隆起する.高くもち上がる.

隆起皮带轮 lóngqǐ pídàilún =〔凸 tū 背皮带轮〕图中高(なか)のベルト輪.

隆洽 lóngqià〈文〉盛んで,あまねくいき渡る.

隆情 lóngqíng〈文〉厚情.〔~高谊 yì〕同前.〔荷 hè 承 ~〕ご厚情をかたじけなくする.

隆热 lóngrè〈文〉激しい熱さ.極暑.

隆乳 lóngrǔ ⇒〔隆胸〕

隆盛 lóngshèng〈文〉①隆盛である.②盛大である.〔庆典~〕祝典が同前.

隆暑 lóngshǔ〈文〉酷暑.盛暑.

隆替 lóngtì =〔隆窳〕〈文〉盛衰.興廃.

隆头鱼 lóngtóuyú〔魚貝〕ベラ(総称)

隆渥 lóngwò ⇒〔隆厚〕

隆刑 lóngxíng〈文〉厳刑.

隆胸 lóngxiōng =〔隆乳〕(美容の)豊胸(する)

隆焰 lóngyàn ⇒〔龙焰〕

隆仪 lóngyí〈文〉丁重(ていちょう)な礼物.

隆谊 lóngyì〈文〉ご高誼.

隆窳 lóngyǔ〈文〉⇒〔隆替〕

隆遇 lóngyù 手厚いもてなし.手厚い待遇.

隆运 lóngyùn 幸せな回り合わせ.盛運.

隆重 lóngzhòng 厳粛である.壮大である.〔~举行毕业典礼〕厳粛に卒業式を挙行する.〔~的大典〕盛大な儀式.〔喝 hè ~!欢迎多~啊〕ほう,何てすごい歓迎ぶりだ.

隆准 lóngzhǔn〈文〉高い鼻筋.高い鼻柱.

〔**漋**〕 lóng 地名用字.〔永 yǒng ~河〕圈湖北省にある.

〔**窿**〕 lóng ①〈方〉鉱道.坑道.〔有不少~继续开工〕多くの鉱道にひき続き掘削する.〔清理废~〕廃坑を整理する.②=〔窟 kū 窿〕

〔**癃**〕 lóng ①〈文〉①腰や背が曲がっている.②病弱で多病である.〔~老〕同前.〔疲 pí ~〕〔罢 pí ~〕病み疲れ.②中医横根(お)による排尿困難.〔~闭 bì〕排尿障害.

〔**㝃・儱**〕 lǒng

㝃侗 lǒngtǒng ⇒〔笼统〕

〔**陇・隴**〕 lǒng ①⇒〔垄①〕②甘粛省の别称.〔~海线〕蘭州連雲港(旧称海州)線(鉄道).→〔甘 gān 6〕③地名用字.〔~山〕圈陝西・甘粛両省の境にある.〔~县〕陝西省にある.

陇剧 lǒngjù 圈甘粛地方の劇の一種:甘粛東部の影絵芝居や〔道 dào 情〕から発展したもの.

陇客 lǒngkè〔鸚 yīng 鵡〕(オウム)の別称:〔陇 lóng niǎo〕ともいう.

陇亩 lǒngmǔ =〔垄亩〕①〈文〉田畝(でんぼ).田畑.②〈転〉田舎.民間.〔~之间〕同前.③山野.

陇西 lǒngxī 同下.

陇右 lǒngyòu 圈古く隴山の西(甘粛省)をいった:〔陇西〕ともいう.

〔**垄・壟(壠)**〕 lǒng ①=〔陇①〕畑のうね:植付けのため土を一列高くしたところ.〔麦 mài ~〕麦のうね.〔田 ~〕畑のうね.〔宽 kuān ~密垅〕広幅密垅.→〔畦 qí ①〕 ②あぜ:=〔埂 gěng ①〕に同じ.③うね状のもの.〔瓦 wǎ ~〕屋根瓦のかわらのうね.④〈文〉小高い丘・塚.〔~丘〕同前.⑤〔姓〕壟(ろう).

垄断 lǒngduàn 壟断(ろうだん)する.〔~集团〕財閥・コンツェルン.〔市場〕市場を思いのままに操る.〔~资本〕〔独占资本〕独占資本.〔~价格〕独占価格.

垄沟 lǒnggōu うねあい(の溝)

垄亩 lǒngmǔ ⇒〔陇亩〕

lǒng~lóu

垄畔 lǒngpàn 〈文〉畦畔.あぜ.くろ.
垄丘 lǒngqiū ⇒［丘垄］
垄作 lǒngzuò 〔農〕(作物に土をかき上げて)うね作りをする.

〔拢・攏〕 lǒng ①近づく.接近する.〔具体条件没有谈〕具体的な条件の話し合いがついていない. ②合わさる.〔门扉徐徐关～〕門の扉が徐々に閉じ合わさる.〔他笑得合不～嘴〕彼は口が閉まらないほど笑いこけた.〔两个人的话总合不～〕二人の話はどうしても合わない. ③(寄り)集まる.寄せ集める.〔到手里〕籠絡して手に入れる.〔走～〕歩いて集まる.〔归～〕一か所に寄せ集める. ④しばって一まとめにする.たばねる.〔一捆儿 kǔnr〕まとめて一束にする.まとめてしばる.〔用绳子把柴火～住〕縄で薪をたばねる.〔拿带子～上腰〕帯で腰をしめる. ⑤〈髪を〉整える.くしけずる.〔～头(发)〕～发 fà〕髪を同есть. ⑥〈姓〉攏(る).

拢岸 lǒng'àn 船が岸につく.岸に船をつける(寄せる)
拢拨 lǒngbō 〔音〕弾ずる(琵琶などの弾き方の一つ)
拢共 lǒnggòng 全部合わせる(せて).〔～只有五个人,干不了 liǎo 这么多活儿〕全部で5人しかいないからこんなにたくさんの仕事はできっこない.
拢古脑儿 lǒnggǔnǎor 〔方〕全部で.
拢掠 lǒnglüè （物を)かりあつめとる.(人を)さらう.
拢梳 lǒngshu ⇒〔拢子①〕
拢统 lǒngtǒng ⇒〔笼统〕
拢味儿 lǒngwèir〕味を濃くする:味が薄い時にちょっと煮込んで濃くする. →〔提 tí 味(儿)〕
拢意儿 lǒngyìr 〔笼意儿〕原意を失わない(が保たれている).意を尽くしている.
拢音 lǒngyīn 音声が分散せず響きがよい.〔那个礼堂不～〕その講堂は音の響きが良くない.〔这座剧院盖得好,很～〕この劇場はよくできていて音響効果がよい.
拢拥 lǒngyōng〈文〉ひとところに集まる.
拢账 lǒngzhàng 帳簿をしめる(決算する).〔到月底拢一～就知道赔赚了〕月末に帳簿の決算をやると黒字か赤字かわかる.
拢子 lǒngzi ①＝〔拢梳〕すき櫛:目の細かな櫛. → 〔篦 bì 子〕〔梳 shū 子〕 ②雑物箱:特殊な職業関係の者が用いる物入れの箱.
拢总 lǒngzǒng 合わせて.慣して.〔～来了20个人〕全部で20人来た. →〔共 gòng 总〕

j
〔笼・籠〕 lǒng ①たちこめる.ひしめく.〔脸 liǎn 上～上一层灰色愿的色が覆っている.〔烟～雾锁〕〈文〉煙霧がたちこめる.〔～街 jiē〕街に(人や乗り物が)ひしめく. ②包み込む.くるむ.〔～而绾之〕(く)る.概括する. ③ →〔笼括〕 ③〔-子〕〔方〕比較的大きな箱:〔簧①〕に同じ.〔箱 xiāng～〕長持. → lóng

笼盖 lǒnggài 覆いかぶせる.
笼括 lǒngkuò 一括する.全部くるめる.〔～天下〕天下をわがものにする.〔～了金牌七项全金牌〕7種目の金メダルにした.〔～囊 náng 括〕
笼罗 lǒngluó〈文〉包括する.網羅する.
笼络 lǒngluò 籠絡する.人をまるめこむ.〔～人心〕人心をまるめこむ.
笼统 lǒngtǒng ＝〔文〕侒统〕〔拢统〕大ざっぱである.漠然としている.あいまいである.〔我们不是～地一概反对别人,而是反对他们所做的不正しいことであるう〕〔他只是笼笼统统地解释了一下〕彼はざっと説明しただけだ.〔他的话说得非常～〕彼の言い方はまことにあいまいだ.
笼味儿 lǒngwèir ⇒〔拢味儿〕

笼烟眉 lǒngyānméi〈喩〉黒く細く整った眉.
笼意儿 lǒngyìr ⇒〔拢意儿〕
笼罩 lǒngzhào 覆いかぶせる.包む.たちこめる.〔夜幕～着大地〕大地は夜のとばりに包まれている.
笼子 lǒngzi 〔方〕長持. → lóngzi

〔箐・箐〕 lǒng ①〔方〕かご.つづら:〔〔方〕笼③〕に同じ.〔箱 xiāng～〕長持.地名用字.〔织 zhī～〕〔地〕広東省南部にある.

〔弄(衖)〕 lòng〔方〕小路.袋小路:上海市などで地番に用いる.〔里～〕横町.小路. → nòng

弄堂 lòngtáng〔方〕横町:〔胡 hú 同(儿)〕にあたる.多くは通りぬけられない路地.〔～口〕横町の入り口. →〔巷 xiàng ②〕
弄堂书 lòngtángshū 民間の語り物芸能.〔评 píng 书〕の中で,さっと述べるだけの重要ではない筋立て. →〔关 guān 子书〕

〔哢〕 lòng〈文〉〈鳥〉がさえずる.

〔崀〕 lòng 岩山と岩山の間の狭い平地(チワン語)

lou ロウ

〔搂・摟〕 lōu ①〈物を〉かき集める.よせ集める.〔～来的货〕よせ集めた品.〔拿耙 pá 子～草〕熊手で草をかき集める.〔～柴火〕薪・柴をよせ集める. ②〔方〕指を手前へ引く.指を(で)引く.〔一～枪机〕ぐっと引き金を引く. ③手でつかんで引きあげる.からげる.まくり上げる.〔～着衣服上楼〕着物をからげて2階へ上がる. ④貪る.取り込む.ふんだくる.懐に入れる.〔～在怀 huái 里〕懐に入れる.〔如果～在他手里可就出不来了〕もし,彼の手に入ったらもう戻らない. ⑤〈方〉〈算盤の玉を〉はじく.〔这笔账不清楚,你给我～～〕この勘定は正確でない,ちょっと調べて下さい. → lǒu

搂吧 lōuba〔搂巴〕〔搂扑〕とも書く.〈方〉取り込む.かき込む.〔～民财〕民の財産を取り込む.
搂包儿 lōubāor〈方〉〔旧〕売買を一手に引き受ける仲買人.〔一匹〕同前. ②正式でない荷担ぎ人夫.
搂草机 lōucǎojī〔農〕レーキ:熊手形の農機具.
搂火 lōuhuǒ〔一儿〕(銃の)引き金を引く(発射する)
搂揽 lōulǎn 一手に引き受ける.寄せ集める.
搂钱 lōuqián 金を取り込む.〔他知道～〕彼は銭を集めることには心得ている.
搂算 lōusuàn 数を概算する.見積もる.
搂头 lōutóu〔口〕真っ向から:〔迎 yíng 头〕に同じ.〔～盖 gài 脸〕〔～盖顶,～惯〕頭や顔を目がけて.〔～一棍子把他打倒了〕真っ向からたった一撃で彼を打ち倒した.
搂账 lōuzhàng〈方〉算盤をはじく.帳じめをする.〔搂完账才能休息呢〕帳じめしたらやっと休めるんだ.
搂子 lōuzi ⇒〔撸 lu 子〕

〔瞜・瞴〕 lōu ①〔方〕見る:荒っぽい口調.〔让我～～〕見せてくれ.〔～着点儿两边儿〕両側に気をつけろ. ②目が落ちくぼむ. →〔眍 kōu 瞜〕

〔剅(剄)〕 lóu〈方〉①堤防下部の排水口や灌水口.〔～口〕〔～嘴 zuǐ〕同前. ②堤防を横切る水路.

〔娄・婁〕 lóu〔口〕〈体〉が虚弱である.〔他的身子骨儿～得厉害〕彼は体がとても弱だ. ②〔口〕〈瓜類が熟れすぎたり変

lóu~lǒu 娄偻溇偻蒌喽楼耧蝼嵝髅搂

質して)だめになる．〔~瓜〕熟れすぎの瓜．③〈方〉へたである．〔他的毛笔字写得特~〕彼の毛筆の字はとても見られたものではない．④婁(ろ)〔二èr十八宿〕の一．たたらぼし．牡羊座の西にある．〔~宿xiù〕同前．⑤婁(ろ)〔~山〕㊤貴州省にある．〔~江〕〔浏liú河〕㊤江蘇省にある．⑥〈姓〉婁．

娄罗 lóu·luó ⇒〔喽啰〕

娄子 lóuzi〔口>いへんな事．大騒ぎ．面倒．〔惹rě~〕騒ぎを起こす．〔捅tǒng~〕面倒を起こす．〔出~了〕厄介なことになった．→〔漏 lòu子〕

〔**偻·僂**〕lóu〔佝gōu~〕背骨の後弯している人：〈文〉狗jū~〕．〈文〉痀瘘 lóu〕ともいう．〔佝~病〕医くる病．→〔罗 luó锅〕．〔伛 yǔ偻②〕〈文〉曲げる．〔~指计之〕指折り数える．③〈姓〉偻．⇒ lǚ

偻伊 lóu·luó ⇒〔喽啰〕

偻麻质斯 lóumázhìsī ⇒〔风 fēng湿病〕

〔**溇·漊**〕lóu 地名用字．〔~水〕㊤湖南省北部にある．

〔**偻·慺**〕lóu〈文〉慎み励むさま．〔~~赤 chì 心〕〔~之心〕慎み励む真心．

〔**蒌·蔞**〕lóu

蒌蒿 lóuhāo 植ヤマヨモギ．〔水 shuǐ 蒿〕に同じ．

蒌叶 lóuyè 植キンマ．〔蒟 jǔ 酱〕に同じ．

〔**喽·嘍**〕lóu ①〔~啰·luó〕(山賊·悪人·反動派の)手下．子分．〔~罗〕〔娄罗〕〔偻伊〕とも書いた．〔孩 hái 儿们②〕に同じ．②〈姓〉喽．→ lou

〔**楼·樓**(廔)〕lóu ①ビル．2階建て以上の建物．〔这座五层 céng ~吗〕あの5階建てのビルですか．〔是那十三层大~〕13階建てビルですか．〔一号~〕一号棟．②階．フロア．〔餐厅在几~〕レストランは何階ですか．〔办事处在四~〕事務所は4階にある．→〔层 céng 下②〕．〔地 dì 下②〕．③〔~儿〕やぐら．〔城~〕城楼．→〔牌 pái楼①〕．④飾り屋根つきの建物．下が通行できる．〔牌~〕街路に建てられた同前．⑤ある種の店舗・屋号に用いる．〔首饰~〕装身具屋．〔银~〕銀細工店．⑥〈姓〉楼．

楼板 lóubǎn（各階の）床板．木製またはコンクリート製のもの．

楼层 lóucéng（2階以上の）各階層．〔这座大楼分五个~〕このビルは5階建てである．

楼车 lóuchē 軍古代の戦車．敵を見張る櫓(やぐら)を設けた車．→〔云 yún 梯〕

楼船 lóuchuán ①二階船．船艙が何層もある大船：古代では戦艦とすることが多い．〔~铁马〕〈喩〉兵船と兵馬．②星形船．

楼葱 lóucōng 植ネギの一種．

楼道 lóudào（各階の）通路．廊下．回廊．

楼顶 lóudǐng ビルの最上階．ビルの屋上．

楼烦 lóufán 古代の北方の民族(国)名：山西省旧保德州寧武府および岢嵐県の一帯にあった．

楼房 lóufáng 2階建て以上の家屋．高層の建物．↔〔平 píng 房〕

楼阁 lóugé 高楼．楼閣．高い建物：2階建て以上のもの．→〔阁①〕

楼观 lóuguàn 楼閣．高殿(たかどの)

楼花 lóuhuā（不動産業で）未完成のうちに予約販売される建物．ビル．マンション．

楼库 lóukù 葬儀の際に用いる紙の家屋や楼閣：中に紙銭が入れてあって，葬儀の終わりに焼く．

楼兰 Lóulán 桜蘭(古国名)：漢代西域にあった国．漢帝の時，鄯善と改称した．今は砂漠に化している．

楼面 lóumiàn フロア．階．〔~面积〕床面積．

楼盘 lóupán（不動産業で）賃貸や売買の対象となる新築のビル．分譲マンション．〔新~〕同前．

楼区 lóuqū ビル街．

楼群 lóuqún ビル群．

楼上 lóushàng 階上．2階（2階建ての場合）．〔~是谁在说话〕上のフロアで誰が話をしているのか．→〔楼下〕

楼市 lóushì 不動産市場．マンション市場．

楼台 lóutái ①露台．バルコニー．②高楼．高殿：多く詩歌に用いられる．〔~殿 diàn 阁〕楼台殿閣：伝統的な高層建物の総称．

楼堂馆所 lóu táng guǎn suǒ〔办公楼〕(事務棟)，〔礼堂〕(講堂)，〔宾馆〕(迎賓館)，〔招待所〕(機関などが設けた宿泊所）などの総称．

楼梯 lóutī 階段．段梯子．〔~平台〕(階段の)踊り場．〔只听~响，不见人下来〕〈諺〉声はすれども姿は見えず：かけ声ばかりで実行しないこと．→〔台 tái 阶(儿)①〕

楼体 lóutǐ ビルの本体．

楼下 lóuxià 階下．〔我在~住〕わたしは下のフロアに住んでいる．→〔楼上〕

楼树 lóushù〈文〉楼上の建造物．

楼宇 lóuyǔ 高層の建物．

楼院 lóuyuàn 2階建のある家の庭．

楼月 lóuyuè〈文〉楼上の月．楼上で眺める月．

楼子 lóuzi 幾層からなる建造物．〔城门~〕城門下のやぐら．〔炮 pào~〕軍事拠点となるやぐら．

楼座 lóuzuò 2階席．階上席．

〔**耧·耬**〕lóu 種まき車(農具)：〈方〉楼子〕〈文〉楼车 chē〕〔楼犁 lí〕〈方〉精耩 jiǎng 子〕ともいう．人力で引く式のものや馬などにひかせるものがあり，形は3足の犂(すき)のようで，中央に漏斗(ろうと)があり，中に種子を入れ，溝をつくりながら種が落ちるようになっている．

耧播 lóubō 種まき車で種をまく：〔耩(jiǎng)〕に同じ．

耧斗 lóudǒu 種まき車の種を入れる漏斗の部分．

耧斗菜 lóudǒucài 植オダマキ(総称)．〔尖萼~〕オオヤマオダマキ．

〔**蝼·螻**〕lóu

蝼蛄 lóugū =〔蝼蝈〕〔蝼蛄〕〈文〉蝼蟋〕蚯 kuò 蛞〕〔杜 dù 狗〕〈方〉土 tǔ 狗子〕虫ケラ(オケラ)：俗には〔拉拉蛄 gǔ〕〔蜡蜡蜡蛄 gǔ〕〔蜊蜊蛄 gǔ〕という．

蝼蝈 lóuguō ①〈文〉カエル．〔~鸣 míng〕かえるが鳴く．〔~蛙 wā〕②同上．

蝼蚁 lóuyǐ けらとあり．〈喩〉虫けら．〔~之命〕取るに足らないものの命．

蝼蛞 lóuyù ⇒〔蝼蛄〕

蝼蛭 lóuzhì ⇒〔蝼蛄〕

〔**嵝·嶁**〕lóu〈文〉牝豚．

〔**髅·髏**〕lóu〔髑 dú~〕〈文〉され(しゃれ)こうべ．どくろ．〔骷 kū~〕どくろ．また白骨体．髑骨．

〔**搂·摟**〕lǒu ①(胸に)抱く．〔~挟 xié〕両腕に抱きかかえる．〔妈妈~着小弟弟〕母が末の弟を抱いている．〔~入怀 huái 中〕〔~在怀里〕胸に抱く．②量詞．抱え．〔一~粗 cū 的大树〕一抱えの太さのある大木．→ lōu

搂抱 lǒubào 抱く．抱きかかえる．抱きしめる．〔~在怀里〕懐に抱く．

搂肚 lǒudù ⇒〔兜 dōu 肚〕

搂住 lǒuzhù 抱きしめる．〔~她接了一个吻〕彼女を抱きしめてキスした．

〔嵝・嶁〕lǒu ①〈文〉山の頂. ②地名用字.〔岣 gǒu ～〕⇒衡山の主峰:湖南省にある.

〔篓・簍〕lǒu [-儿]かご:竹や〔荆 jīng 条〕(にんじん木の幹および枝)で編み、用途によって裏に紙を張り桐油を塗った深いかご.〔竹～〕竹かご.〔油～〕油入れかご.〔酒～〕①酒かご.〔酱 jiàng 菜～〕味噌漬けを入れるかご.〔字纸～〕〔烂 làn 纸～〕〔废 fèi 纸～〕紙くずかご.→〔筐 kuāng 子〕

篓锞 lǒukè 旧馬蹄銀の形に切った紙をかごに入れたもの:死者の冥福を祈るために焚く.
篓纸 lǒuzhǐ 旧銀紙を小さく切ってかごに入れたもの:死者の冥福を祈るために焚く.
篓子 lǒuzi ①かご.→字篓 ②〈方〉愛好者.〔戏 xì ～〕芝居通.〔棋 qí ～〕碁・将棋ファン.

〔陋〕lòu ①醜い.〔丑 chǒu ～〕同前.〔貌 mào ～〕見た目が不恰好である. ②せせましい.狭苦しい.みすぼらしい.〔设 shè 备简～〕規模が狭くてお粗末である.〔因～就简〕ありあわせですませる. ③不合理である.古くさい. ④見聞が狭い.〔孤 gū ～寡闻〕〈成〉同前.〔见识浅～〕〈成〉見識が浅薄である.〔孤学一识〕〈成〉お粗末な学識.

陋风 lòufēng ⇒〔陋俗〕
陋规 lòuguī ①(旧来の)悪いしきたり.〔这种封建性的～是应该否定的〕こんな封建的な悪いしきたりは排除するべきだ. ②〈転〉賄賂(が).コミッション.
陋见 lòujiàn 狭い（浅薄な）見解:多く,謙遜の意味で用いる.〔略陈～〕いささか卑見を述べる.
陋劣 lòuliè 粗末で劣っている.劣悪である.
陋卢 lòulú ⇒〔陋屋〕
陋儒 lòurú〈文〉見識の狭い学者.
陋识 lòushí〈文〉低級な知識.
陋室 lòushì 狭苦しい（私の）部屋:謙遜の意味で用いる.
陋俗 lòusú =〔陋风〕古くさい習わし.悪い風俗.
陋屋 lòuwū =〔陋卢〕〈文〉狭苦しい（わが）家:謙遜していう.
陋习 lòuxí 陋(ろう)習.悪い習慣.
陋巷 lòuxiàng 狭い裏通り.〔穷 qióng 街～〕貧民街.

〔漏〕lòu ①(穴やすきまから)漏る.漏れる.しみでる.〔～水〕水が漏れる.〔屋子～了〕雨漏り.②漏洩(ろ).〔走～风声〕秘密を漏らす.〔瞒 mán 得很严,一点儿也不～〕すっかりだましこんで少しも外部にはわからない.→〔露 lòu〕 ③落とす.し忘れる.うっかりして…し落とす（もらす）.脱落する.〔他说话说～了〕彼は話を言い漏らした.〔～了两笔账没记〕2か所記帳もれがあって記入していない.〔班 bān 里点名时,～了一个没点〕クラス全員の点呼をして一人落として呼ばなかった.〔～岗 gǎng〕仕事・職場に穴をあける.〔～了一行～了三个字〕この一行は3字落ちている. ④ぬする.しくじる.しそこなう.〔卖～売り損う.〔他的茶钱～要了〕彼の茶代をとり損ねた. ⑤〈口〉水時計:〔漏壶〕の略.〈転〉時間.時刻.〔砂～〕砂時計.〔宫 gōng ～〕宫中の水時計.〔～尽更深〕〈成〉夜更けの頃. ⑥中医体内の血・膿・粘液が出る症状.〔～疮 chuāng〕〔瘘疮中医痔瘘(ろ).

漏案 lòu'àn 見落とされた事件.
漏板 lòubǎn =〔漏(字)板〕
漏报 lòubào 報告漏れ(する).申告漏れ(がある).
漏乘 lòuchéng （電車やバスなどで途中下車した際に）乗り遅れる.
漏出 lòuchū 外へ漏れて出る.

漏疮 lòuchuāng ⇒〔瘘疮〕
漏窗 lòuchuāng 印飾り模様の窓・明かりとりの窓:〔花 huā 窗儿〕〔花墙洞〕ともいう.
漏底 lòudǐ ⇒〔漏掉〕
漏底 lòudǐ〈喩〉地金(じがね)が出る.本音(ね)を吐く.
漏电 lòudiàn 漏電する:〔跑 pǎo 电〕に同じ.
漏洞 lòudòng ①ものの抜けるすきま.抜け穴.〔堵 dǔ 塞～〕穴にふさぎをする. ②〈喩〉破綻.手ぬかり.あな.〔～百 bǎi 出〕手ぬかりだらけ.
漏兜 lòudōu〈方〉うっかりもらす.馬脚を現す.しっぽを出す.〔说漏了兜〕口を滑らしてばれた.
漏斗(儿) lòudǒu(r) =〔漏子①〕漏斗(じょう).〔～户〕〈喩〉年中赤字の世帯・企業.〔～车〕ホッパー車.〔～云 yún〕気じょうご型の雲(竜巻雲).
漏粉器 lòufěnqì (運動場などの)白線引き器.
漏风 lòufēng ①すき間風が入る.〔四处～〕風があっちこっちから入り込む. ②(歯が抜けて)息が漏れる. ③=〔漏 jiǔ 风〕中医多汗症.
漏缝(儿) lòufèng(r) ①漏れるすき間.漏れ口. ②手ぬかり.欠落.
漏脯充饥 lòufǔ chōngjī〈成〉腐った肉で飢えを満たす.目先の事にばかり気を取られ後の事を忘れる.
漏脯毒 lòufǔdú 中医干し肉に雨水がかかって生ずる毒:この肉を食うと猛烈な腹痛を起こす.
漏鼓 lòugǔ 古時刻を知らせる太鼓.
漏挂 lòuguà 漏者は〔执行国家牌价,有错挂,～甚至不挂的现象〕国家が決めた公定相場を実行するのに、まちがった書き出しや書き出しもれ、ひどいものになるともう全くしないものなどがある.
漏管 lòuguǎn 管理に手抜かりがある.責任に欠ける.
漏光 lòuguāng 漏光する.(フィルムが)感光する:〔跑 pǎo 光〕に同じ.
漏柜 lòuguì 売上金に穴をあけられる.〈喩〉店員が売上金や商品を着服する.
漏耗 lòuhào (商品の)漏損.
漏壶 lòuhú =〔漏滴〕〔漏刻〕〈文〉水時計.漏刻:昼夜を百刻に分けた.〔漏⑤〕〔滴 dī 漏①〕〔刻 kè 漏〕ともいう.
漏划 lòuhuà 区分から漏れる.〔～地主〕(土地改革の際に地主や富農の)階級分けから漏れた地主.
漏话 lòuhuà (電話での)混線(する):〔串 chuàn 话①〕に同じ.
漏货 lòuhuò ①良い商品を安く手放す. ②無登録商品.密輸品.
漏记 lòujì 記入漏れする.
漏检 lòujiǎn 検査漏れする.
漏箭 lòujiàn 水時計の浮き目盛り(針)
漏接球 lòujiēqiú スポ①ボールを受け損なう. ②(野球の)パスボール.
漏尽 lòujìn ①水時計の水が尽きて1日の時刻が終わる.〈喩〉時間が尽きる.→〔漏夜〕 ②〈喩〉晩年.〔钟 zhōng 鸣～〕晚年となる.5夜明けが近い.
漏睛 lòujīng 中医眼球から膿の出る病.
漏精 lòujīng 夢精(遺精)(する)
漏捐 lòujuān ⇒〔漏税〕
漏开 lòukāi 支出を書き漏らす.
漏刻 lòukè ⇒〔漏壶〕
漏课 lòukè ⇒〔漏税〕
漏孔 lòukǒng 漏れ穴.穴漏れするところ.
漏口(儿) lòukǒu(r) 漏れ口.すき間.
漏芦 lòulú 植①オオバナアザミ ②オクルリヒデタイ:ともにキク科の多年生草本で、根を薬用する.
漏露 lòulù (情報などを)漏らす.
漏落 lòuluò 抜ける.脱落する.
漏判 lòupàn スポレフェリーミス.

lòu

漏瘘镂露

漏票 lòupiào 無賃入場・乗車・乗船する：〔逃 táo 票〕に同じ．
漏气 lòuqì （空気・ガスが）漏れる．〔这个车胎~〕このタイヤは空気が漏れる．〔~引起的爆发事故〕ガス漏れによる爆発事故．
漏汽 lòuqì 蒸気が漏れる．
漏儿 lòur ⇒〔漏子②〕
漏勺 lòusháo 網じゃくし．穴じゃくし．〔漏杓〕とも書く．
漏失 lòushī ①漏れてなくなる．②手抜かり（がある）．手落ちがある．遺漏（がある）
漏师 lòushī 〈文〉軍中の機密を漏らす．
漏数 lòushù 計算より除く．計算からはずす．
漏水 lòushuǐ 水が漏れる．〔~船〕水漏りのする船．
漏税 lòushuì 漏捐〔漏課〕脱税（する）
漏题 lòutí 出題が漏れる．出題を漏らす．
漏天 lòutiān ①〈喩〉大雨が続くこと．②〔-儿〕屋根から空が見える．
漏脱 lòutuō 脱落（がある・する）．遺漏（がある・する）
漏网 lòuwǎng 魚が網の目から逃れる．刑罰を逃れる．〔~分子〕逃亡者．〔~之鱼〕〈喩〉法網から逃れた悪人．敵．
漏瓮沃焦釜 lòuwèng wò jiāofǔ 破れ甕の水で焼け釜に注ぐ．〈喩〉危急切迫して一時も猶予できない．
漏隙 lòuxì すき間．ほころび．
漏下 lòuxià 〔崩 bēng 漏〕
漏馅儿 lòuxiànr ⇒〔露馅儿〕
漏泄 lòuxiè ①（水や光などが）漏る．漏れる．〔~电力〕漏電する．〔~春光〕女性の）下着や胸などがちらっと見えること．②漏らす．〔~天机〕機密事項を漏らす．
漏夜 lòuyè 〈文〉夜ふけ．夜中．深夜．→〔漏尽①〕
漏译园 lòuzéyuán 〔旧〕官営無縁墓地．→〔义 yì 冢〕
漏账 lòuzhàng 記帳漏れ（をする）．付け落とし（をする）．付け落ちする
漏诊 lòuzhěn 病気を見落とす．診察もれをする．
漏卮 lòuzhī 〈文〉①底の漏る杯．②〈喩〉（国家の権利や金銭の）損失．流失．〔~无底〕損失が莫大である．
漏（字）板 lòu(zì)bǎn ステンシル．刷り込み型．
漏子 lòuzi ①⇒〔漏斗〕②〔漏儿〕漏れ．へま．手落ち．あな．穴．〔弄出一来了〕しくじりをしでかした．〔找 zhǎo 不出一点~，真周到〕少しの手落ちもなく，全く周到だ．〔别叫他抓 zhuā 住~就行了〕やつにしっぽを捕まえられなければそれでよい．→〔娄 lóu 子〕
漏嘴 lòuzuǐ （うっかり）口を滑らす．

〔瘘・瘻（瘺）〕 lòu

①瘘（⊖）管．〔内~〕身体内部の同前．〔外~〕体表には出る同前．瘘孔．②中医瘰疬 (luǒ)．頸部の腫れた病気．

瘘疮 lòuchuāng 中医痔瘘（ろう）：〔瘘症〕〔漏疮〕〔肛 gāng 瘘〕．ふつう〔痔 zhì 瘘〕という．
瘘管 lòuguǎn ①生理瘘管：人・動物の体内組織器官などにできた異常の導管．②医手術で作る導管：単に〔瘘①〕ともいう．〔人工~〕同前．→〔造 zào 瘘〕
瘘症 lòuzhèng ⇒〔瘘疮〕

〔镂・鏤〕 lòu

（金属に）彫刻する（してちりばめる）．〔雕 diāo ~〕同前．〔~银 yín〕銀をちりばめる．〔~花〕模様を彫る．②〔姓〕镂（⊖）
〔~古代の釜の類．〕〈姓〉镂（⊖）
镂版 lòubǎn 版木に彫る．
镂冰 lòubīng 〈喩〉無益な骨折り（をする）．
镂肤 lòufū ⇒〔镂身〕
镂骨 lòugǔ 〈文〉深く心に刻む．〔~铭 míng 心〕铭心~〕刻 kè 骨铭心〕〈成〉肝に銘ずる．
镂金错彩 lòujīn cuòcǎi ①装飾などが非常に華麗なこと．②〈喩〉詩文などの修辞が非常に華麗なこと．〔错彩镂金〕ともいう．
镂刻 lòukè ①刻む．彫る．ますその作品．②心に刻み込む．銘記する．〔~在我们的心中〕我々の心に深く刻まれている．
镂空 lòukōng 透かし彫りにする．〔~花边〕(衣服のすその)レース．〔~的象牙球〕透かし彫りの象牙の球（装飾品）
镂身 lòushēn ＝〔镂肤〕〔镂体〕入れ墨をする．→〔刺 cì 青〕
镂体 lòutǐ 同上．
镂月裁云 lòuyuè cáiyún 月に彫り雲を裁つ．〈喩〉技工の巧みなこと．

〔露〕 lòu

〈口〉現(れる)．むきだしにする（なる）．さらけ出す（出る）．漏らす（する）．語義は lù ④に同じ．〔脸上~出了笑容〕顔に笑みを浮べた．〔话里~出承认的意思〕話の中に承知の意を表す．〔~着胳 gē 膊腕まくりする．〔~出本来面目〕本性を現した．〔走~消息〕消息を漏らす．〔走~风声〕噂が漏れる．→〔漏①②〕→ lù

露白 lòubái さらけ出す：人前で所持している多額の金を不用意にさらけ出す．〔这钱收好了，别一叫人抢去〕このお金はちゃんとしまっておきなさい，人に見られてかっぱらわれてはいけない．
露背装 lòubèizhuāng 圏背中があいた婦人服：〔露 lù 背装〕ともいう．
露本事 lòuběnshì ⇒〔露一手〕
露边刨 lòubiānbào 機横面かんな．
露齿(子) lòuchǐ(zi) 〈方〉①出っ歯（の人）：〔龅 bāo 牙〕に同じ．②歯をむきだす．〔笑不~〕歯を見せずに笑う．
露丑 lòuchǒu 恥をかく．ぼろを出す．→〔献 xiàn 丑〕
露底 lòudǐ 内情を露わす：〔这件事，您先给我露个底，我好有点儿准备〕この事について実情を先にお教え願えませんか，ちょっと準備しておきたいものですから．
露风 lòufēng 秘密が漏れる．
露富 lòufù 金持ちであることをひけらかす．〔怕 pà ~〕金持ちだと知られることを恐れる．
露话 lòuhuà 言葉でにおわせる．
露空 lòukòng うっかりする（して忘れる）
露脸 lòuliǎn ①面目を施す．晴れがましい．〔他这件事做得很~〕彼はこの事をやって非常に男を上げた．〔这回他考了第一名，真~了〕今度彼は試験で一番になって面目を施した．〔我养你这样儿子觉得~〕おまえのようなこんな子を持ってわたしは鼻が高い．②⇒〔露面(儿)〕
露马脚 lòumǎjiǎo 馬脚を現す．化けの皮をはげる：〔露马蹄子〕ともいう．〔要装到底，可不能露出马脚〕とことんまでそのふりをするんだ，馬脚を現しちゃいかん．
露面(儿) lòumiàn(r) =〔方〕露脸②〕顔を出す．〔一直不~〕一向に姿を見せない．
露苗 lòumiáo 〔-儿〕芽が出る．苗が出来る：〔出 chū 苗〕に同じ．
露盘(儿) lòupán(r) 〈喩〉真相を暴露する（される）
露怯 lòuqiè 〈口〉ぼろを出す（が出る）
露头(儿) lòutóu(r) ①頭を出す．②〈転〉兆しが見え始める．
露馅儿 lòuxiànr ＝〔露馅儿〕〔露馅头〕〔漏馅儿〕中身が出る．内容がばれる．秘密が漏れる．〔露出馅儿来〕隠していた事が表に出てくる．
露相(儿) lòuxiàng(r) ①顔を出す．②地金(がね)が

露喽撸噜卢庐芦　　　　　　　　　　　　　　　　　　　　　　　　　lòu～lú

出る.
露楦儿 lòuxuànr ⇒〔露馅儿〕
露楦头 lòuxuàntou ⇒〔露馅儿〕
露一手 lòuyīshǒu ＝〔露本事〕〔─儿〕腕前を見せる.〔露两手〕同前.〔今天我～,做个好菜给你吃〕今日は僕が腕をふるって,おいしいものを作って食べさせてあげよう.
露拙 lòuzhuō 弱点・欠点をあからさまに出す.

〔喽・嘍〕 lou 〔了 le〕と〔啵 ou〕のつまった音.以下の語気を表す.ⓐ予想や仮定の動作の完成.〔要是明天弄 nòng 完～,后天我就休 xiū 息〕もし明日に終わったら明後日は休もうと思う.ⓑ注意・催促など.文末に置く.〔开饭～〕ご飯だよ.〔我要开窗户,叠 dié 铺盖～〕ぼくが窓を開けて,ふとんを片付けるよ. → lóu

lu　カメ

〔撸・擼〕 lū 〈口〉① (手で)しごく:〔捋 luō〕に同じ.〔～了一把树叶 yè 子〕木の葉をぐいとしごいて取った. ②(職務を)取り消す.〔科 kē 长早让人给～了〕課長はとっくにクラにされられた. ③叱る.責める.訓戒する.〔他又挨 ái ～了〕彼はまた叱られた.
撸子 lūzi 〈方〉小型拳銃.ピストル:〔搂 lōu 子〕〔橹 lǔ 子〕ともいった.

〔噜・嚕〕 lū ① →〔噜苏〕　②→〔哩 li lū〕　③→〔嘟 dū 噜〕
噜噜苏苏 lūlū sūsū〈方〉くどくどロやかましく言うさま:〔噜噜嗦嗦〕ともいう.
噜苏 lū·sū〔啰唆 suō〕とも書く.〈方〉くどくどしく,くどくど言う:〔啰 luō 嗦〕に同じ.〔你听他～些什么〕彼,くどくど何を言ってるんだ.

〔卢・盧（盧）〕 lú ①〈文〉黒色.〔彤 tóng 弓～矢〕紅の弓と黒塗りの矢:皇帝が功労のある大臣に与えたもの. ②→〔呼 hū 卢喝雉〕 ③〈文〉猟犬. ④地名用字.ⓐ現在の湖北省南漳県にあった国名.ⓑ春秋時代,斉の都邑名:現在の山東省長清県の地. ⓒ訳音字.〔～梭 suō 〕ルソー:18世紀フランスの思想家(1712～1778). ⑥〈姓〉盧.
卢比 lúbǐ〈音訳〉ルピー(ルピア):〔芦比〕とも書いた.インドなどの通貨単位.
卢布 lúbù〈音訳〉ループル:ロシアの通貨単位.〔卢布〕〔卢币 bì〕とも書いた. 1〔～〕＝100〔戈 gē 比〕(カペイカ)
卢布尔雅那 lúbù'ěryǎnà 地 リュブリャナ:〔斯 sī 洛文尼亚共和国〕(スロベニア共和国)の首都.
卢浮宫 lúfúgōng 〈文〉ルーブル宮殿:〔卢夫宫〕〔鲁 lǔ 佛尔宫〕〔罗 luó 浮宫〕ともいった.
卢伽雷病 lújiāléi bìng ⇒〔运 yùn 动神经元病〕
卢戈氏溶液 lúgēshì róngyè 复 fù 方碘 diǎn 溶液.
卢沟桥 lúgōuqiáo 盧溝橋:北京西南を流れる永定河にかかる橋.〔芦沟桥〕とも書いた.
卢沟桥事变 lúgōuqiáo shìbiàn ⇒〔七 qī 七事变〕
卢沟晓月 lúgōu xiǎoyuè 〔燕 yān 京八景〕の一.永定河に架る盧溝橋に清の乾隆帝の題字"盧溝曉月"の石碑がある.
卢橘 lújú 植〈方〉ビワ:〔枇 pí 杷〕の別称. ②キンカンの別称:〔金 jīn 橘〕に同じ.
卢牟 lúmóu 〈文〉規.大きさ.
卢扁 lúbiǎn →〔扁 biǎn 鹊〕
卢蒲 lúpú 〈姓〉盧蒲(ᄑ)
卢萨卡 lúsàkǎ 地ルサカ:〔赞 zàn 比亚共和国〕(ザンビア共和国)の首都.

卢森堡 lúsēnpù ルクセンブルク:正式国名は〔～大公国〕.首都は〔～〕(ルクセンブルク)
卢旺达 lúwàngdá ルワンダ:正式国名は〔～共和国〕.〔卢安达〕とも書いた.首都は〔基 jī 加利〕(キガリ)
卢医 lúyī →〔扁 biǎn 鹊〕

〔庐・廬〕 lú ①草屋.いおり.〔茅 máo ～〕茅ぶきの家.あばら家. ②〈文〉旧府名:現在の安徽省合肥にあった.〔～州 zhōu〕 ③〈姓〉盧.
庐剧 lújù 劇安徽省北部・中部の地方劇:もと〔倒 dǎo 七戏〕といった.
庐落 lúluò〈文〉庭:〔院 yuàn 落〕に同じ.
庐墓 lúmù〈文〉①墓の近くにある墓守りの小屋. ②墓と小屋.
庐儿 lúr 旧私人に属する奴隷.
庐人 lúrén〈文〉木工:戈(ᄀ)・戟(ᄀ)などの柄を作る職人.
庐山 lúshān 地 江西省九江南方にある中国有数の名勝地・避暑地.〔～真 zhēn 面(目)〕盧山の真の姿.〔喩〕真相.本来の面目:〔～之真〕ともいう.〔不识～真面目,只缘身在此山中〕(宋・蘇軾詩)盧山の真面目は識らず,ただ身の此の山に中(あ)たりに在るに縁る.
庐舍 lúshè〈文〉家屋.草盧.田舎家.

〔芦・蘆〕 lú 植ヨシ(葦).アシ(蘆):〔～(子)草〕＝〔～苇 wěi〕〔苇子〕ともいう. →〔荻 dí〕 ②→〔葫 hú 芦〕 ③〈姓〉蘆(ᄀ) → lǔ
芦柴 lúchái 〈方〉アシの茎(たきぎ用)
芦荡 lúdàng ⇒〔苇 wěi 荡〕
芦丁 lúdīng ①〈文〉草を刈る人. ②＝〔络 luò 丁〕〈音訳〉医 ルチン.ビタミン P:〔芸 yún 香甙〕は別称.
芦藩 lúfān〈文〉あしを編んで作った垣根.
芦柑 lúgān ⇒〔椪 pèng 柑〕
芦根 lúgēn アシの根茎:薬用する.
芦沟桥 lúgōuqiáo ⇒〔卢沟桥〕
芦管 lúguǎn 楽あし笛.
芦蒿 lúhāo 植カワラニンジン(青蒿)の一種:茎は食用に供せられる.
芦虎 lúhǔ 魚貝カニの一種:はさみが赤く,食用にはならない.
芦花 lúhuā ①あしの花. ②⇒〔芦絮〕
芦花洛克鸡 lúhuāluòkè jī 鳥 プリマスロック
芦荟 lúhuì 植アロエ(総称):〔油 yóu 葱〕ともいう.
芦酒 lújiǔ〈文〉あしの管で吸って飲む酒. →〔咂 zā 酒〕
芦课 lúkè 〈文〉蘆田の地租.〈地〉蘆田の土地.
芦木 lúmù 古生代に繁茂した羊歯類の化石巨木.
芦棚 lúpéng 芦を割ったもので編んだござ・こも掛けの小屋.＝〔店 diàn〕貧民用宿舎.
芦哨 lúshào 楽あしで作った笛.あし笛.
芦笙 lúshēng 楽あしで作った笛:ミャオ族などの少数民族の管楽器の一.〔～舞〕同前の伴奏で踊るミャオ族の踊り.
芦粟 lúsù 植〔サトウモロコシ.蘆粟(ᄀ)〕:〔甜 tián 高粱〕ともいう. →〔甘 gān 蔗〕
芦笋 lúsǔn ①あしの新芽(食用となる). ②＝〔龙 lóng 须菜〕医食用のアスパラガス:〔石 shí 刁柏〕(オランダキジカクシ)の新芽.
芦田 lútián あしの生えている土地.
芦苇 lúwěi 植〔アシ(蘆).アシ(葦).〔葭 jiā〕は生えたばかりの同前.〔芩 qín〕は古名.〔苇 wěi 子〕ともいう. ①～荡 dàng〕〔芦荡〕〔苇荡〕あしの生い茂る浅い湖沼.
芦席 lúxí あしの茎を細く割ったもので編んだござ・こ

lú

も:〔苇 wěi 席〕に同じ.〔芦苇席〕ともいう.〔～棚〕〈方〉こもがけの小屋.→〔炕 kàng 席〕

芦絮 lúxù ⇒〔芦花〕①あしの穂に生ずる綿状のもの:これを綿のかわりに入れた服を〔芦衣〕という.

芦洲 lúzhōu あしの生える洲(*)

芦竹 lúzhú ヨシタケ(ダンチク):竹に似たヨシの一種.

〔炉・爐(鑪)〕 lú

(Ⅰ)〔爐(鑪)〕① ストーブ・かまど・こんろ・七輪など燃料を入れて燃やす器具・設備:〔～子〕は通称.〔火 huǒ～(子)〕同能.〔锅 guō ～〕同能.ボイラー.〔香 xiāng ～〕香炉.〔电 diàn ～〕電気ストーブ.〔手～〕火鉢.手あぶり.〔脚 jiǎo ～〕あんか.〔烘 hōng 干～〕火熱乾燥がま.〔窑 yáo ～〕陶磁器製造の.かま.〔高～〕高炉.〔平～〕平炉.〔壁 bì ～〕ペチカ.〔司 sī ～〕ボイラー係.②〔姓〕爐.

(Ⅱ)〔鑪〕地名用字.〔～霍 huò 县〕ジャッゴ:四川省ガルツェ・チベット族自治州の北部にある.→〔炉〕

炉坝 lúbà ⇒〔炉桥〕①

炉算子 lúbìzi =〔方〕炉排〕ストーブのロストル.火格子.〔炉篦子〕とも書く.〔链 liàn ～〕くさり火格子.→〔炉条〕

炉饼 lúbǐng 〈方〉大きな〔烧 shāo 饼〕

炉场 lúcháng 鋳造場(b)

炉衬 lúchèn 〓溶鉱炉の裏張り.ファーネスライニング.

炉锤 lúchuí 〓焼き入れ鍛造する:〔炉锤〕とも書く.

炉胆 lúdǎn ⇒〔锅 guō 心〕

炉挡 lúdǎng 炉の囲い.

炉底 lúdǐ ①〓かまどの底.ストーブの底.〔～灰〕かまどやストーブの灰.②〔密 mì 陀僧〕の別称.

炉顶 lúdǐng かまどやストーブのてっぺん.

炉鼎 lúdǐng 〓焚香用の鼎〔*〕

炉房 lúfáng 〓〔旧〕蹄銀(*)を造った官許の業者:両替業などをも兼営した.

炉甘石 lúgānshí 〔中医〕〔菱 léng 锌矿〕(菱亜鉛鉱)を炉火で加熱し水中に投じ浮上したもの.主成分は炭酸亜鉛.眼薬にする.

炉肛 lúgāng 〓高炉の底部.

炉耗 lúhào 〓銅銭を鋳造する時に生ずる消耗.

炉户 lúhù 〈文〉鍛冶屋.

炉灰 lúhuī たきぎや石炭の燃えかす.燃えがら.〔炓子 zhǎzi〕①同前.②鉱滓(*)スラグ.〔～渣 zhā 子〕ともいう.

炉火 lúhuǒ こんろ・暖炉の火.〔～纯 chún 青〕~臻 zhēn 青〕〈成〉(人格・学問・技術・芸術などの)最高の水準に達していること:旧時,煉丹の火色が真っ青になるまで仕上がったとされた.

炉架(子) lújià(zi) ストーブの台.

炉具 lújù ストーブ一式:火ばさみや煙突などを含む.

炉売 lúké ストーブ・ボイラーの外套.

炉坑 lúkēng ストーブやかまどの下の灰のたまる所.

炉口 lúkǒu ストーブの上にある給炭口:〔炉子口〕ともいう.

炉料 lúliào 〓溶鉱炉に入れられる鉱石とその他の原料(混合物)

炉龄 lúlíng 〓溶鉱炉の裏張りの耐用年数.

炉瘤 lúliú 〓高炉内面に固まりつく不純物.

炉门 lúmén ①ストーブの下部にある通風・灰吹き出し用の口.②〓燃料投入や通風のための高炉の口.

炉排 lúpái ⇒〔炉算子〕

炉盘 lúpán ストーブの敷板.

炉腔儿 lúqiāngr ⇒〔炉膛儿〕

炉墙 lúqiáng 火壜(*)〔火 huǒ 墙〕に同じ.〔～技术〕同前を作る技術.

炉桥 lúqiáo ①~炉坝〕〔锅 guō 炉火坝〕〔火 huǒ 坝〕ボイラーのブリッジ.炉橋.〈方〉火格子:〔炉算子に同じ〕

炉日 lúrì 〓溶鉱炉の稼動日(数)

炉肉 lúròu 〈方〉大切りの豚肉(皮つき)を直火であぶり焼きしたもの.

炉身 lúshēn 〓炉胸.②⇒〔炉体〕

炉食(馎馎) lúshí(bobo) 祭祀あるいは供仏用の菓子類.

炉丝 lúsī 電熱線.〔盘 pán ～〕同前を巻く.

炉台 lútái 〔一儿,一子〕ストーブやかまどの上面にある〔炉口〕の周りの平面(物を置く所)

炉膛(儿) lútáng(r) 〓〔炉腔儿〕炉・溶鉱炉・ボイラーなどの中の空洞になっているところ.かまどの内部.

炉体 lútǐ →〔炉身〕②

炉条 lútiáo 火格子として使う鉄棒.グリッド.→〔炉算子〕

炉头 lútóu 〓鋳造所の人夫頭.

炉瓦 lúwǎ 〓耐火材料で作った煉瓦状の溶鉱炉の裏張り.

炉温 lúwēn 溶鉱炉の温度.

炉眼 lúyǎn かまどのたき口.→〔灶 zào 火〕

炉药 lúyào 〓巫 fū(*)の使う線香灰の薬.

炉油 lúyóu ①〓灯油:ストーブ用・石油こんろ用.②ボイラー用の油(重油用).

炉灶 lúzào こんろとかまど(総称).〔另 lìng 起～〕〈喩〉新規まき直し.⑥別に門戸を構える.→〔汤 tāng 罐〕

炉渣 lúzhā ①スラグ:スラグセメント.スラグ煉瓦の材料.②石炭の燃え殻.

炉长 lúzhǎng (製鋼所で)溶鋼炉の職長.

炉主 lúzhǔ →〔香 xiāng 客〕

炉子 lúzi 一字解〕

炉嘴儿 lúzuǐr (ガスコンロの)ガスの噴き出口.

〔泸・瀘〕 lú

地名用字.〔～江〕雲南省にある.〔～水④四川宜賓より上流,雲南四川の境までの金沙江.⑥怒江の古名.〔～县〕四川省にある.

泸州大曲 lúzhōu dàqū 四川省瀘州産の焼酒.

〔垆・壚(鑪)〕 lú

(Ⅰ)〔壚〕黒く硬い土.〔～垆 mǔ〕〓ローム.壤土:〔壌 rǎng 土〕の旧称.〔埴 zhí〕〈文〉黒い粘土.

(Ⅱ)〔壚・罐〕昔酒の甕を置くために土をつき固めた台.〈転〉酒屋.~邸 dǐ〕居酒屋.〔当～〕酒を売る.〔茶～〕〓茶炉〕茶わかしのこんろ.

〔纻・紵〕 lú

①〈文〉①麻ひも.②〓ラミー麻類の植物.

〔栌・櫨〕 lú

①〓マルバハゼ:中国ハゼの一種.〔～木〕〔黄 huáng ～〕は通称.②→〔榑 bó 栌〕

栌橘 lújú 〓柑橘の一種,またその実:〔柑 gān ～〕ともいう.

栌蜡 lúlà 木蠟.

栌兰 lúlán 〓ハゼラン:スビリヒユ科の草本.根を〔土 tǔ 人参〕といい薬用する.

栌木 lúmù 一字解〕

〔轳・轤〕 lú

①→〔辘 lù 轳〕②→〔轱 gū 轳〕

轳纸呢 lúzhǐní 〓製紙用の毛布.

轳轴 lúzhóu 滑車の軸.ろくろの軸.

〔胪・臚〕 lú

〈文〉①並べる.陳列する.②〓伝油する.陳述する.③〔中医〕上腹部.〔～胀 zhàng〕同前が腫れふくれる病症.

lú～lǔ

臚唱 lúchàng 〈文〉科挙で,殿試のあと進士合格者が天子に謁見を賜る時,係の者が本人の氏名を呼びあげること.〔臚传②〕〔传 chuán 臚〕ともいう.

臚陈 lúchén 〔臆〕いちいち陳述する.〔谨将经过实情,〜如左〕実際のいきさつを以下のとおり逐一申し述べます.

臚传 lúchuán 〈文〉①天子から臣下へ伝え知らせる. ②⇒〔臚唱〕

臚欢 lúhuān 〈文〉喜びにわきたつ.

臚举 lújǔ 〈文〉列挙する.並べ挙げる.〔〜特点〕特質を列挙する.

臚列 lúliè 〈文〉並べる.陳列する.

臚情 lúqíng 〈文〉陳情する.意見を陳述する.

臚叙 lúxù 〈文〉順序に従って陳述する.配置する.

臚言 lúyán 〈文〉①伝言.言づて. ②噂.

[臚・臚] lú 〈文〉ひとみ. → [瞳 tóng]

[鑪・鐪] lú 物ラザホージウム.記号 Rf：人工放射性元素の一. →[炉(Ⅱ)]

[鸕・鸕] lú

鸕鶿 lúcí カワウ：〔鱼ㄦ鹰①〕は通称.〔黑 hēi 鸦〕.〔方〕墨 mò 鸦②〕〔水 shuǐ 老鸦〕〔水老鸦〕ともいう.古代,南部では鵜飼いに用いた.〔海〜〕ヒメウ.〔红脸〜〕ヤシマウガラス.

鸕鶿咳 lúcíké 〔鸕鶿瘟〕百日咳(ぜき)：医百日咳 ké)の俗称.

鸕鶿瘟 lúcíwēn 同上.

[颅・顱] lú 〔口 生理頭部.頭蓋. 〔〜脑 nǎo 损伤 医 頭部損傷. 〔圆〜方脑 zhī〕円い頭,四角な足.〈喩〉人間.〔〜顶 dǐng〕頭のてっぺん.〔〜内压〕〔脑压〕頭蓋内圧.

颅骨 lúgǔ ＝〔头 tóu 骨〕〔头 颅 骨〕生理頭骨.顱骨：人では〔脑 nǎo 颅〕〔脑頭蓋〕を構成する〔额 é 骨〕(前頭骨),〔顶 dǐng 骨〕(頭頂骨),〔颞 niè 骨〕(側頭骨),〔枕 zhěn 骨〕(後頭骨)などと〔面 miàn 颅〕(顔面頭骨)を構成する〔鼻 bí 骨〕,〔上颌 hé 骨〕(上顎骨),〔下颌骨〕(下顎骨),〔颧 quán 骨〕(頬骨)などから成る.

颅腔 lúqiāng 生理頭蓋腔.

[舻・艫] lú 〈文〉(船の)へさき.みよし.〔〈文章〉舳 zhú 舟〜〕ふなじりとへさき.〔舳〜相继〕〔舳〜千里〕〈成〉多くの船がきびすを接すること.

[鲈・鱸] lú ＝〔板 bǎn 鱼〕＝〔鱼 yú 鱼貝スズキ：〔花 huā〜〕ともいう.〔小〜〕セイゴ. 〔松江〜鱼〕ショウコウスズキ. →[矶 jī 鲈]

鲈江 lújiāng 地松江の別称.

鲈鲤 lúlǐ 魚貝スズキの一種.

鲈鱼脍 lúyúkuài 〈文〉松江スズキのなます.〈喩〉①名高い美食. ②帰心.

[芦・蘆] lú 〔油葫 yóuhu〜〕昆エンマコオロギ. → lú

[卤・鹵・滷] lǔ ①にがり：〔盐 yán〜〕に同じ. 〔斥 chì〜〕同郷で,耕作のできない土地(塩とり用の土地). ②化ハロゲン：〔〜素〕は通称.〔〜化物〕ハロゲン化合物.〔〜钨 wū 灯〕ハロゲンランプ. ③水に塩には醤油や,肉と種々の薬味を加えて材料を丸ごと煮る(料理法).〔〜制 zhì〕同前.〔卤菜〕〔窗 liū〕 ④飲濃い汁.たれ.あん.〔茶〜儿〕濃い茶.〔打〜面〕濃いあんの汁をかけた麺(⇔)

卤簿 lǔbù 〔卤簿〕とも書く. 固天子の儀仗(行列)： 漢代以後〔后妃〕〔太子〕〔王公大臣〕の儀仗もいう.

卤菜 lǔcài 食煮る・あぶる・豚(塊肉)などを〔卤③〕してから冷まし,薄く切って食べる料理.

卤地 lǔdì ＝〔盐 yán 碱地〕地アルカリ地：地表にアルカリ分が多く,植物が生育し得ない土地.

卤钝 lǔdùn 愚か(である).ばか(である)

卤耗 lǔhào 塩の目べり：にがりが垂れて塩の減ずる量.

卤鸡 lǔjī 食鶏の〔卤菜〕

卤碱 lǔjiǎn ＝〔卤盐〕製塩の際,食塩を採った後の液を濃縮して得る結晶性固体:塩化マグネシウム・食塩・硫酸ナトリウムなどを含む.

卤口条 lǔkǒutiáo ①食豚の舌の〔卤菜〕. ②同前を作る.

卤莽 lǔmǎng ⇒[鲁莽]

卤面 lǔmiàn 食あんかけうどん.〔打〜〕ともいう.

卤肉 lǔròu 食豚肉の〔卤菜〕

卤砂 lǔshā 〔氯 lù 化铵〕

卤石类 lǔshílèi 金属の塩化物・ヨウ化物・臭化物・フッ化物.

卤水 lǔshuǐ ①にがり：〔盐 yán 卤〕に同じ.単に〔卤①〕ともいう. ②塩基性の地下水.

卤素 lǔsù 化ハロゲン(族元素)：単に〔卤②〕ともいう.〔卤 族 元 素〕の 略.〔氟 fú,氯 lǜ,溴 xiù,碘 diǎn,砹 ài〕(フッ素・塩素・臭素・ヨウ素・アスタチン)の五つの同族元素.

卤田 lǔtián 塩分を含んだ質の悪い田地.

卤味 lǔwèi 食前菜用の〔卤鸡〕や〔卤肉〕

卤虾 lǔxiā 食小えびをすりつぶしてどろどろにし塩辛くしたもの.〔〜酱 jiàng〕同前を加えたねりみそ.〔〜油〕同前を絞ってとったとろりとした調味料. →[涮 shuàn 锅子]

卤香 lǔxiāng 〔卤菜〕のたれに入れる香料.

卤盐 lǔyán ⇒[卤碱]

卤汁 lǔzhī 〔卤菜〕のたれ.〔〜花生米〕同前で煮た落花生の実.

卤制 lǔzhì →字解③

卤质 lǔzhì 土壌のもつ塩基性の性質.

卤族 lǔzú ハロゲン族.〔〜元素〕〔卤素〕ハロゲン(族元素)

[硵・磠] lǔ

硵砂 lǔshā 〔氯 lǜ 化铵〕

[虏・虜(虜)] lǔ ①(戦いで)とりこにする.〔俘 fú〜①〕同前. ②(戦いでの)捕虜.とりこ.〔俘〜②〕同前. ③昔北方の異民族に対する蔑称. →[鞑 dá 虏] ④〈文〉敵に対する蔑称.〔强 qiáng〜〕強敵. ⑤固奴隷.

虏获 lǔhuò 鹵〜獲する.とりこにする：〔擄获〕とも書いた.〔〜品〕鹵獲品.分捕り品.

虏掠 lǔlüè ⇒[擄掠]

[擄・擄] lǔ ①かすめとる.分捕る. ②人をさらう.とりこにする.〔〜人勒 lè 赎〕人を拉致して身代金を要求する. ③〈方〉ぎゅっとつかむ.しごく.〔不要〜那个竹竿子,看扎着！〕その竹竿をしごくな,刺がささるよ.

擄夺 lǔduó ⇒[擄掠]

擄获 lǔhuò ⇒[虏获]

擄掠 lǔlüè ＝〔擄夺〕[虏掠]略奪する.かすめとる.〔烧 shāo,杀 shā,擄,掠〕放火・殺人・略奪.

擄叶子 lǔyèzi 劇(旧劇で)役者が他の役者の演技をひそかに見る：旧時,人の演技を見,その芸をまねることは恥ずべき盗みとみられていた.

lǔ~lù 魯澛櫓艣艪六角陸

〔魯・魯〕 lǔ (I) ①愚か(である).愚鈍(である).〔魯魚 cū~〕粗野である.
(II) ①圓諸侯国の一.現在の山東省の西南部の地. ②山東省の別称.〔~菜 cài〕山東料理. →〔齐 qí (III) ⑤〕 ③〈姓〉魯(ろ).

鲁班 lǔbān 囚魯の有名な大工の公輸班(班は般,盤ともいう):後世,〔~仙師〕〔~爷〕といって大工の始祖として崇められた.〔~尺 chǐ〕旧大工の用いる曲尺.〔营 yíng 造尺〕の通称. →〔班门弄斧〕

鲁笨 lǔbèn 無骨で不細工である.

鲁壁 lǔbì ⇒〔孔 kǒng 壁〕

鲁滨逊(克鲁索) lǔbīnxùn (kèlǔsuǒ) 囚ロビンソン(クルーソー).〔魯滨逊漂流记〕の主人公名.

鲁(殿)灵光 lǔ(diàn)língguāng 〈喩〉巨大な事跡の名残にとどめている人や物:〔灵光〕は漢代魯恭王の宮殿名.

鲁钝 lǔdùn 愚鈍(である)

鲁佛尔宫 lǔfó'ěr gōng ⇒〔卢 lú 浮宫〕

鲁壶 lǔhú 茶を濃くいれる小さい急須:濃くいれた茶は少量を茶碗につぎ,湯をさして薄めて飲む.濃くいれた茶を〔茶卤 lǔ (子)〕,〔茶 chá 卤儿 (子)〕という.

鲁莽 lǔmǎng そそっかしい.がさつである.〔卤莽〕とも書く.〔决不能采用~的态度〕決して軽率な態度をとってはいけない.〔~灭裂〕そそっかしくめちゃくちゃである.〔~出渔〕無謀な出漁.

鲁米那 lǔmǐnà ⇒〔苯 běn 巴比妥〕

鲁男子 lǔnánzǐ 〈喩〉女嫌いの野暮な男.

鲁桑 lǔsāng 圃蚕飼育用の桑.

鲁卫之政 lǔwèi zhī zhèng 〈喩〉たいした差異がない.似たりよったり(論語・子路)

鲁迅 lǔxùn 囚文学者.本名は周樹人,字は豫才.浙江省出身.『狂人日記』『阿Q正伝』などの小説と『中国小説史略』などの学術論文及び大量の「雑文」がある(1881~1936).〔鲁学 xué〕魯迅研究学.

鲁阳 lǔyáng ①囤春秋時代の楚の邑.河南省魯山県内. ②圃魯山県西南にある関名. ③囚戦国時代の楚の県公(県公).ほこをふるって沈みゆく太陽を呼びもどしたという.〔~戈 gē〕同前. ④〈姓〉魯阳(ょう)

鲁艺 lǔyì〔鲁迅艺术(文)学院〕の略.1938年延安で創立,多数の文芸工作幹部を養成した.

鲁鱼亥豕 lǔ yú hài shǐ 魯を魚,亥を豕と書く.〈喩〉文字で書き違える.〔鲁鱼之误〕〔鲁鱼帝虎〕ともいう. →〔乌 wū 焉成马〕

鲁直 lǔzhí 愚直である.

鲁智深 lǔzhìshēn 囚『水滸伝』に出てくる侠気のある乱暴な坊主.

〔澛・澛〕 lǔ 地名用字.〔~港 gǎng〕囤安徽省にある.

〔櫓・櫓(艣・艪・樐・樐)〕
lǔ (I)〔櫓(艣・艪・樐・樐)〕舟をこぐ艪(ろ).〔摇 yáo~〕艪をこぐ.〔拔 bá~〕船首を左に向ける.とりかじをとる.〔推 tuī~〕船首を右に向ける.おもかじをとる. →〔桨 jiǎng〕
(II)〔櫓・樐〕①〈文〉大きい盾. ②物見櫓(やぐら).城壁上の望楼.〔楼 lóu~〕同前.

櫓脐 lǔqí 艪杭をはめる孔.艪べそ.

櫓索 lǔsuǒ 艪づな(舟の)

櫓状聚電器 lǔzhuàng jùdiànqì ⇒〔电杆架〕

櫓子 lǔzi ⇒〔撸 lū 子〕

〔氇・氇〕 lǔ〔氇~pǔ・lǔ〕國チベット産の厚い毛織:衣類や敷物などに用いられる.

〔镥・鎦〕 lǔ 化ルテチウム:希土類金属元素.記号 Lu.ランタノイドの一.〔鎦 liú ②〕は旧名.

〔六〕 lù ①地名用字.〔~合 hé〕囤江蘇省にある.〔~安〕安徽省六安産の茶. ②〈姓〉六(?) → liù

〔角(角)〕 lù 地名用字.〔~直 zhí〕囤江蘇省にある.〔~堰 yàn〕囤浙江省にある.

角里 lùlǐ ①古地名:江蘇省呉県の西南. ②〈姓〉角里(?)

〔陆・陸〕 lù ①陆.陆地.〔~地〕同前.〔~军 jūn〕陸軍.〔大~〕大陸.〔登 dēng ~〕上陸する.〔水~交通〕水陸交通. →〔旱 hàn ②〕〔水 shuǐ〕 ②〈姓〉陸(?) → liù

陆半球 lùbànqiú 囤陸半球.

陆沉 lùchén ①陸地の陥没. ②〈喩〉国家の滅亡. ③隠退する.

陆稻 lùdào 陆稻.おかぼ.〔旱 hàn 稻〕に同じ.

陆地 lùdì 陸地(海洋を含む)以外の陸の部分.〔~棉 mián〕〔高原棉〕〔美棉〕中国の代表的な綿花の名.〔~行 xíng 舟〕陸地に舟を走らせる.〈喩〉不可能.〔观测卫 wèi 星〕地球観測衛星.

陆费 lùfèi 〈姓〉陆费

陆风 lùfēng 囡陸風(ぷう). →〔海 hǎi 风〕

陆海 lùhǎi ①陸軍と海軍. ②物産の豊富な地区.

陆海潘江 lùhǎi pānjiāng 〈喩〉(晋)の陆机や潘岳のような偉大な文才.

陆架 lùjià ⇒〔大 dà 陆架〕

陆离 lùlí〈文〉①光彩が入り混じる(散乱する)さま.〔光怪 guài~〕①光がけばけばしいさま. ②美しい玉.

陆连岛 lùliándǎo ⇒〔大 dà 陆连岛〕

陆龙卷 lùlóngjuǎn 囡地上の竜巻.トルネード.〔~龙卷〕

陆路 lùlù 陆路:〔旱 hàn 路〕に同じ. →〔水 shuǐ 路〕

陆棚 lùpéng ⇒〔大 dà 陆架〕

陆坡 lùpō ⇒〔大 dà 陆坡〕

陆桥 lùqiáo ①大陆と大陆をつなぐ陸地:生物と古人類の移動コースを説明するのに用いることが多い.〔~运输〕大陆の両側の港と港をつなぐ陸上輸送.

陆禽 lùqín 鳥飛ぶことが苦手で陸地を歩くことが多い鳥類.

陆生动物 lùshēng dòngwù 動陸生動物:〔陆栖 qī 动物〕ともいう.

陆生植物 lùshēng zhíwù 圃陸生植物:〔陆栖植物〕ともいう.

陆台 lùtái 高台.高地.台地.

陆王之学 lùwáng zhī xué (宋)の陸九淵と(明)の王守仁の学派.

陆相沉积 lùxiàng chénjī (沖積・残積その他湖沼・川の流れまたは風の作用など種々の原因によって)陆上に沈積することした物質)

陆行 lùxíng 陸地を通って行く.

陆续 lùxù 次々と続く.〔陆陆续续〕同前のさま.〔~入场者と入場する.

陆英 lùyīng ⇒〔接 jiē 骨草〕

陆缘 lùyuán 大陸の縁.〔~海〕同前の海.

陆源污染 lùyuán wūrǎn 陸地からの海洋汚染.

陆运 lùyùn 陸路運送.〔~报 bào 单〕陸路運送申告書.

陆战 lùzhàn 陸上の戦闘.〔~队 duì〕陸戦隊.〔~棋 qí〕軍人将棋. →〔军 jūn 棋〕

陆终 lùzhōng ①古代の帝王の名. ②〈姓〉陆终(?)

lù

〔录・錄〕 lù
①書きとる.書き写す.〔抄 chāo 〜〕書きとめる.〔照底稿 〜下来〕原稿どおり書き写す.〔另〜〜〕別に1部書く〔写しとる〕.②〔筆記用具・記録機器で〕記録する.記載する.〔记〜〕書き記す.〔登〜〕登録する.〔照实直〜〕実際のとおりのまま記録して残す.③事物や言語を記載してある書物.記録.〔职员〜〕職員録.〔马克思回忆〜〕マルクス回想録.〔言行〜〕言行録.④人を採用する.〔~聘 pìn 同前.〔~满为止〕採用予定数に達したら打ち切る.→录取①.⑤〔姓〕録(?)

录案 lù'àn 〈文〉記録.〔录单〕〔录第〕ともいう.
录播 lùbō (ラジオ・テレビで)録音・録画したものを放送する.〔~节目〕同前の番組.→〔直 zhí 播〕
录呈 lùchéng 〈文〉記録して上官に差し出す.
录单 lùdān ⇒〔录案〕
录第 lùdì ⇒〔录案〕
录放 lùfàng 録音・録画・再生する.〔~机〕レコーダ
录供 lùgòng 〔法〕供述を筆記する.
录籍 lùjí 〈文〉官員の記録簿.
录目 lùmù 〈文〉目次.目録.
录请 lùqǐng 〈文〉記録を差し出して申請する.
录囚 lùqiú 囚人の罪状を調べる.
录取 lùqǔ ①合格採用(する).〔今年〜的新生〕今年採った新入生.〔~线 xiàn〕(最低)合格ライン.②尋問記録する.
录入 lùrù 〔输 shū 入②〕
录事 lùshì 旧官庁の記録係.書記.筆生.→〔文 wén 书②〕
录像 lùxiàng =〔方影影〕①(テレビ・映画の)録画(をする).〔录相〕とも書く.〔~带 dài〕ビデオテープ.〔~机〕〔磁带~机〕ビデオレコーダー.ビデオデッキ.〔~片 piàn〕映画やドラマなどのビデオ.→〔摄 shè 像〕②ビデオ撮影(をする).〔昨天的专题讨论会~了〕昨日のシンポジウムは撮影した.〔看~〕ビデオを見る.
录写 lùxiě 書き写す.
录遗 lùyí 〔旧〕科挙の試験における補欠採用.
录音 lùyīn 録音(する).吹き込み(をする).〔~笔 bǐ〕ペン型録音器.〔(磁)带〕録音テープ.〔~导 dǎo 游〕(観光用の)音声ガイド.〔~电话〕留守番電話.〔~合成〕音響合成.〔~机〕テープレコーダー.録音機.〔~摄影机〕サウンドカメラ.〔~师〕録音技師.〔~遗嘱〕録音した遺言.〔盒 hé 式 ~(磁)带〕カセットテープ.〔实况 ~〕生(き)〔双卡 ~机〕ダブルカセットテープレコーダー.〔~报道〕録音したものを流しながら同時に解説を入れて放送する.〔放 ~〕録音を流す.〔听 ~〕録音を聞く.〔录了一个小时的音〕1時間ほど録音した.
录影 lùyǐng ⇒〔录像〕
录用 lùyòng 採用(する).雇用(する).〔~考核〕昇任考査する.
录载 lùzǎi 記載する.記されている.
录制 lùzhì 録音・録画して制作する.〔把解说词~下来〕解説を録音して同じする.

〔渌〕 lù
①〈文〉(水が)清い.→〔醽 líng 渌〕②〔~水〕江西に発し,湖南で湘江に注ぐ:〔渌江〕ともいう.
渌老(儿) lùlǎo(r)〔白目.〔斜着~不住睃 suō〕(董厢)横目でしきりに眺める.

〔逯〕 lù
①〈文〉ぶらぶら行く.②〈文〉謹む.③〔姓〕逯(?)
逯逯 lùlù 〈文〉行いを謹むさま.
逯遫 lùsù 〈文〉漫然と行く.

〔菉〕 lù
地名用字.〔梅 méi ~〕広東省にある.〔~葭 jiā 滨〕江蘇省にある.→〔绿 lù〕

〔崶〕 lù
(チワン語で)丘の間の小さな平地.

〔騄・騄〕 lù
〔~驸 ěr〕〔~耳 ěr〕〈文〉騄耳(ば):古代名馬の名.

〔绿・綠(菉)〕 lù
(Ⅰ)〔绿〕味は同じ.〔绿林〕〔鸭绿江〕〔绿营〕などは lù という.〔鸭 yā~江〕鴨緑江.
(Ⅱ)〔菉〕〔荩 jìn 草〕(コブシソウ)の古称.→〔菉〕→ lù
绿林 lùlín ⓘ〈王国・王鳳などを指導者として绿林山(現在の湖北省大洪山一帯)に集結した農民反乱集団を〔~军 jūn〕と称した.〔~起义〕同前の農民反乱.②山賊.〔~之徒〕同前.
绿营 lùyíng ⓘ漢族で作られた地方の軍隊:緑色の旗を用いた.

〔禄〕 lù
①官吏の俸禄.〔~米〕同前.〔高官厚~〕高官高禄.②幸福.〔福~寿〕福禄寿.③〔姓〕禄(?)
禄蠹 lùdù 〈文〉栄誉と高禄を図る者.立身出世主義の亡者.
禄饵 lù'ěr 〈文〉俸禄の餌(えさ)
禄爵 lùjué 〔禄位〕
禄食 lùshí 〈文〉俸給.食禄.
禄位 lùwèi 〔禄爵〕〔禄秩〕〈文〉俸禄と官職.〔~高升〕官位栄進.
禄养 lùyǎng 〈文〉①俸禄の等級別.②俸禄.
禄秩 lùzhì ⇒〔禄位〕

〔琭〕 lù
〈文〉玉の一種.〔~~如玉〕〈喻〉珍貴で希少である.
琭簌 lùsù 〈文〉房飾り.〔珠 zhū ~〕玉の同前.

〔碌〕 lù
①〈文〉凡人である.凡庸である.〔庸~〕平々凡々である.〔~~无为 wéi〕平凡でなすところがない.〔~~无奇〕平凡で代わり映えがない.②忙しくされこれ骨折る.〔忙 máng ~〕同前.〔劳 láo ~〕やたらに苦労する.→ liù
碌碌 lùlù ①平凡なさま.②忙しくあれこれ骨折るさま.〔忙 máng 忙~〕同前.〔~半生〕あくせくと働いて半生を送る.③人に合わせて事なかれにふるまう.
碌簌 lùsù 〈文〉織物の切れはし.

〔睩〕 lù
〈文〉目玉が動く(見る)

〔箓・籙〕 lù
〈文〉①天命のお告げ.〔应图~为天子〕天のお告げのとおりに天子になった.②道家の秘文.〔轸~護符.〔符 fú~〕同前.〔受符~〕同前のお札.③簿籍.

〔醁〕 lù
→〔醽 líng 醁〕

〔鯥・鯥〕 lù
〔鱼貝〕ヨロイメバル(モヨ):フサカサゴ科.→〔鲉 yóu〕

〔辂・輅〕 lù
〈車〉くびき=古代の車の轅(ながえ)につける横木.〈転〉家畜にひかせる大型の車.〔龙 lóng~〕皇帝の乗り物.

〔赂・賂〕 lù
〈文〉①財物.贈り物(を贈る).②わいろを使う.〔~谢 xiè〕〔贿 huì ~〕同前.

〔路〕 lù
①道.〔道 dào~(Ⅰ)①〕道路.〔柏 bǎi 油(马)~〕アスファルト道路.〔公 gōng~〕市街地外の主に自動車の通行する幹線道路.〔旱 hàn~〕〔陆 lù~〕陸路.〔水~〕水路.水路.〔铁 tiě ~〕鉄道.〔修 xiū~〕道路を修築する.道路工

lù

事をする.〔上～〕旅立つ.〔赶 gǎn ～〕道を急ぐ.〔引 yǐn ～〕引道案内をする.〔祝 zhù 你一～平安〕一路平安を祈ります. ②道のり. ▷〔很远〕道のりはだいぶある. ③〔-儿〕〈転〉(行動や生活の)道.行き方.方法.手段.〔不要走老～〕古くさい行き方をするな.〔他穷得没有活～了〕彼は貧乏で生活の手だてがまったくない.〔为 wèi 我国开辟 pì 新～〕わが国のために新しい道を開拓する.〔免 miǎn 得走弯 wān ～〕余計な回り道をしないですむ. ≒〔路儿〕〔路子①〕 ④筋道.条理.〔理儿〜①〕同前.〔不对～〕好みに合わない.〔笔 bǐ ～〕筆法. ⑤方面.地区.〔外～人〕他地方からの人.〔八～军〕第八路軍. ⑥量詞. ⓐ隊列に用いる.〔三～纵 zòng 队〕3 列縦隊. ⓑ種類・種別.〔哪一～的病呢？〕どんな病気ですか.〔他跟咱们不是一～人〕あいつとおれたちは別種の人間だ. ⑦等級.〔头～货〕一等品.〔二～货〕二等品.〔同等级. ⑧道筋.路線.〔七～公共汽车〕7 番のバス.〔四～进攻〕四方面から攻め入る. ⑨困行政区画:現在の省にあたる. ⑩〈姓〉路(⁽)

路案 lù'àn 団追いはぎ事件.
路霸 lùbà 勝手に通行料をまきあげる者(団体).→〔车 chē 匪路霸〕
路毙 lùbì 行き倒れ(になる)
路边 lùbiān 道端.
路边社消息 lùbiānshè xiāoxi〈口〉口コミ(社)のニュース:〔路透社〕(ロイター通信社)をもじった言い方.
路标 lùbiāo ①交通標識.〔限速～〕速度制限標識.→〔路牌〕 ②軍(行軍の際途中で残していく連絡用の)道しるべ.
路不拾遺 lù bùshíyí〈成〉道に落ちているものを拾う者がいない.〔～，夜不闭户〕同前で夜も戸じまりしない.〈喩〉世の中がよく治まっていること:〔路〕は〔道〕ともいう.
路茶 lùchá ⇒〔路(庄)茶〕
路程 lùchéng ①路程.行程.移動の距離.〔～单 dān 子〕行程表. ⓑ案内.〔～指南〕という. ②〈喩〉道のり.道程.〔今后应走的～〕今後進むべき道のり.
路牀 lùchuáng 鉄道の道床.
路单 lùdān ①通行証. ②車両の走行距離記録.
路倒儿 lùdǎor〈口〉行き倒れ(の人)
路道 lùdào〈方〉①こつ.やり方.〔他人倒聪明,就是～没有走对〕彼は頭はいいが,ただやり方は正しくない. ②品行.行状(多くそしる意に用いる).〔～不正〕行状がよくない. ③縁故.手づる.〔～粗〕顔が広い.
路得 lùdé〈音訳〉ルード:英国の度量衡の面積の単位. 4 分の 1 エーカー.
路德會 lùdéhuì 囯(キリスト教の)ルーテル教会:〔马 mǎ 丁路德〕(人)マルチン・ルター(ドイツの宗教改革者)による.
路灯 lùdēng 街灯.道路灯.
路堤 lùdī 平地に土を盛り上げて作った道路(基礎).→〔路基〕
路地 lùdì 鉄道(当局)と地元(民):〔铁路和地方〕の略.
路奠 lùdiàn ⇒〔路祭〕
路段 lùduàn 道路の区間.
路費 lùfèi 旅費.〔到东京的往返～〕東京までの往復旅費.
路风 lùfēng 鉄道など陸運部門の体質.
路服 lùfú 鉄道制服:〔铁路制服〕の略.
路幅 lùfú 路幅.道幅.
路梗阻 lùgěngzǔ〈喩〉道路渋滞.交通渋滞.〔肠 cháng 梗阻〕(腸閉塞)のもじり.
路工 lùgōng ①道路工事.鉄道工事. ②鉄道労働者.道路工夫.
路弓 lùgōng〈文〉大きな弓.
路股 lùgǔ 囯鉄道株.
路鼓 lùgǔ =〔路祭〕旧祭祀に用いた四面皮張りの鼓.
路規 lùguī 車両運行に関する規則・制度.
路軌 lùguǐ 線路.軌道.レール.
路过 lùguò 通過する.道すがら…を通る.〔～车〕経由列車(バス).〔从天津去南京～济南〕天津から南京へ行くには济南を通る.
路徽 lùhuī (中国の)鉄道のマーク.
路基 lùjī =〔道 dào 基〕建(鉄道・道路の)路基.路床.路盤:周囲より高いものを〔路堤〕,低いものを〔路坎①〕〔路堑〕という.
路基石 lùjīshí 軌道の敷き石.
路祭 lùjì ⓐ路奠旧親戚や友人が葬列を道路わきで迎え,お供えを置き礼拝し見送ること.〔～棚 péng〕同前の仮屋.
路肩 lùjiān 路肩.路側.
路检 lùjiǎn 違反車両に対する路上取締り.
路見不平, 拔刀相助 lù jiàn bùpíng, bá dāo xiāngzhù 路上で弱い者の危難を見て刀を抜いて助ける.〈喩〉義侠心を起こす.
路建隊 lùjiànduì 道路建設部隊.
路劫 lùjié 路上強盗(をする).追いはぎ(をする).
路警 lùjǐng 鉄道警察(官):〔铁路警察〕の略.
路径 lùjìng ①(目的地までの)コース.道筋. ②事を行う手順. ③電電バス.
路靜人稀 lùjìng rénxī〈慣〉人影が少なく寂しい.
路局 lùjú 鉄道管理局.道路管理局:〔铁路局〕(公路局)の略.
路坎 lùkǎn ①切り通し(路).山を切り崩して作った道路.→〔路基〕 ②壕⁻⁻.溝.掘削.
路考 lùkǎo (運転免許取得のための)路上試験.
路口（儿） lùkǒu(r) 辻.分かれ路の入り口.〔十字～交差点.十字路.〔三岔～〕三叉路.
路況 lùkuàng 道路状況・交通状態:道面状況と交通量:〔路情〕ともいう.
路矿 lùkuàng 鉄道と鉱山(総称).
路洛 lùluò〈姓〉路洛(⁽).
路門 lùmén 囯宮殿内で最も内部の正門.
路面 lùmiàn 道路の表面.道路の舗装.〔柏 bǎi 油～〕アスファルト道路面.
路牌 lùpái ①街路名を書いた標識.道しるべ.道路標識.〔～广 guǎng 告〕道路脇の広告.→〔路標①〕
路皮(铁) lùpí(tiě) ⇒〔箍 gū 铁〕
路卡 lùqiǎ (検問・料金納入などの)道路検問所・料金所.
路签 lùqiān タブレット.スタフ:〔通 tōng 票〕ともいう.車両通過時に運転手に渡す証票.
路塹 lùqiàn 地面より掘り下げて造った路面.→〔路基〕
路橋 lùqiáo ①道路と橋梁. ②陸橋
路權 lùquán ①鉄道敷設権. ②道路占有権.道路優先通行権.
路儿 lùr ①種類.〔这一货〕この種類の商品. ②道.方法.こつ.〔找～〕方法を探す. ③コネ.関係筋.→〔路子①〕
路人 lùrén ①行合う人. ②〈喩〉あかの他人.
路容 lùróng 道路とその周辺の環境整備:たとえば両側の緑化状況など.
路上 lùshang ①路上.〔～停着一辆车〕路上に車が一台止まっている. ②道中.途中.〔～辛 xīn 苦

lù

路 了〉〈挨〉道中お疲れさまでした.
路尸 lùshī 行き倒れ死体を:〔〈方〉路倒 dǎo 尸〕ともいう.
路数 lùshù ①道筋.手づる. ②やり口.様子.手法. ③〈口〉来歴.内情.〔这樊雄飞是什么~〕(茅・霜2)この樊雄飛というのはどんな素性の人間か.
路叢 lùtiáo ⇒〔路鼓〕
路条 lùtiáo 旧通行許可証.〔起 qǐ ~〕同前をもらう.→〔通 tōng 行证〕
路透社 lùtòushè〈音義訳〉ロイター通信社:イギリスの通信社名.
路头 lùtou〈方〉①道·路途. ②方法.〔人多~多〕大勢いればいるほど方法も多く出る.
路途 lùtú ①道.②道路.途中. ③里程.〔~通 yáo 远〕道のりは遠い.〔~債〕〈喩〉どうしても果たさなければならない旅(訪問)
路网 lùwǎng 道路網.
路线 lùxiàn ①(鉄道などの)路線.〔火车~〕鉄道路線.〔海上~〕航路. ②原則.方針.方向.基本方式.〔根本的组织~根本的組織原則.〔政治~〕政治的方向.政治路線.〔中间~〕中間のやり方.〔~是纲,纲举目张〕路線は大綱であり,大綱をつかむことがすべてを決定する.〔~斗 dòu 争〕(政治上の)路線闘争.〔〜觉 jué 悟〕政治路線基本方針についての認識.〔建设社会主义的总~〕社会主義建設の総方針. ③路順.路線.ルート.コース.〔旅行~〕旅行のルート.〔~图 tú〕ロードマップ.③やり方の道筋.
路向 lùxiàng 道ののびる方向.〈喩〉発展の方向.〔改革的~〕改革の方向.
路心 lùxīn 道路の中央部分:〔路肩〕に対していう.
路演 lùyǎn 〔証券会社などの〕投資促進キャンペーン.〔网 wǎng 上~〕インターネット上の同前.
路遥知马力,事久见人心 lùyáo zhī mǎlǐ, shìjiǔ jiàn rénxīn〈諺〉馬には乗ってみよ,人には添うてみよ:〔事〕は〔日〕ともいう.
路椅 lùyǐ 道路脇のベンチ.
路易港 lùyìgǎng 囮ポートルイス:〔毛 máo 里求斯共和国〕(モーリシャス共和国)の首都.
路引 lùyǐn 回通行証.旅行許可証.
路由 lùyóu 道.路途.道筋.〔~器 qì〕電單ルータ.〔游行~〕デモ行列通過の道順.
路遇 lùyù 道で出会う.ばったり出くわす.
路员 lùyuán 鉄道従業員の〔铁 liě 路員工〕の旧称.
路运 lùyùn 陸路運送.
路贼 lùzéi ①追剥(哏). ②国鉄道の権利を外国人に渡しとる.
路闸 lùzhá ⇒〔转 zhuǎn 辙机〕
路障 lùzhàng 路上障害物.バリケード.〔设 shè 置~〕バリケードを築く.
路照 lùzhào 通行証.
路政 lùzhèng 道路・鉄道の管理行政.
路中 lùzhōng〈姓〉路(哏).
路(庄)茶 lù(zhuāng)chá 回茶の輸出商が生産地で製茶し箱詰めしたもの.
路子 lùzi ①手蔓(亡).つて.(世渡りの)道.〔他有领导的~〕彼は上の方にコネがある.〔~野〕口つてが多い(広い).〔他这个人~〕彼きたとき手蔓が多い.〔走对了~〕時代の波にのる.→〔路儿〕〔门 mén 路〕 ②〈口〉しかた.やり方.〔两个人的唱法不一个~〕二人の歌い方は一つの型ではない.

[潞] lù ①地名用字. ②〔潞河〕囮雲南省にある.〔~河〕囮河北省にある.〔~水〕囮山西省にある古水名:現在の〔浊 zhuó 漳河〕.〔~酒〕山西省に産する焼酎.〔~江〕囮雲南省を流れる怒江. ②〈姓〉潞(穿).

[蕗] lù ⇒[甘 gān 草]

[璐] lù ①〈文〉美しい玉. ②→〔赛 sài 璐珞〕

[鷺·鷥] lù 囲サギ(総称)〔苍 cāng 〜〕アオサギ.〔白 bái 〜〕シラサギ.〔小白〜〕コサギ.〔朱〜〕トキ.
鷺兰 lùlán 囲サギソウ.
鷺门 lùmén 囲アモイ:〔厦 xià 门〕の古称.〔鷺島〕ともいった.
鷺鷥 lùsī 囲コサギ.
鷺鷥藤 lùsīténg ⇒〔忍 rěn 冬①〕

[露] lù ①露(ぢ).〔雨~〕雨露.〔朝 zhāo ~〕朝露. ②〈喩〉恩めぐみ.はかないこと.〔甘~〕 ③果実酒・シロップなどの飲料.また化粧水.〔玫 méi 瑰~〕高粱酒にバラの花と砂糖を入れて作った酒. ④露地.野外. ⑤あらわれた(なる).さらけ出す(出る). ⑥露出する(される).外に出す(出る).〔暴 bào ~〕 ⑦暴露する.〔揭 ~〕すっぱぬく.〔藏 cáng 头~尾〕成〉頭隠して尻隠さず.〔赤身~体〕赤裸な体をむきだしにする.⇒ lòu
露布 lùbù ①〈文〉公文書.〔檄 xí 文〕に同じ. ②〈文〉軍の戦勝報告. ③回(仏教の)封かしていない詔書,上奏文:〔露板〕ともいう. ④〈方〉公告.通知.
露层 lùcéng ⇒〔露头〕
露呈 lùchéng〈文〉現す.
露出 lùchū 露出する.表に現す.
露地 lùdì ①露地.むきだしの農地.〔~蔬 shū 菜〕露地物野菜. ②国(仏教の)煩悩を離れた地境.
露点 lùdiǎn 團露点(ᄼ).
露电 lùdiàn〈文〉①露と稲妻. ②〈喩〉人生の短いことの喩え.〔~泡影〕泡沫のように消えるもの.
露店 lùdiàn 露店.壁のない店.
露兜树 lùdōushù 囲タコノキ.〔荣 róng 兰〕ともいう.その若葉で編むと夏帽子をとれて台湾パナマという.
露骨 lùgǔ 露骨である.〔既然这么~地表示了,就不容人再装糊涂〕こんなにあけすけに示されると,これ以上ぬぼらをかく訳にはゆかなくなる.
露劾 lùhé =〔露章〕〈文〉上奏文を書いて弾劾する.
露积 lùjī 露天積み.
露脊鲸 lùjǐjīng 囮セミクジラ科:セミクジラは〔黑 hēi 露脊鲸〕という.
露筋暴骨 lùjīn bàogǔ〈成〉痩せて骨ばっている.〈喩〉貧乏さま.〔穷得~〕貧乏で一物もないありさまとなる.
露井 lùjǐng 露天井戸.覆いのない井戸.
露酒 lùjiǔ 果汁・花のエキスなどを加えた酒(総称):果実酒・リキュールなど.
露葵 lùkuí ⇒〔蓴 chún 菜〕
露苗 lùmiáo ⇒〔露头〕
露脐装 lùqízhuāng 囲へそ出しルック.
露禽 lùqín 鶴の別称.
露渠 lùqú むきだしの溝渠.
露水 lù·shuǐ ①露.〔一滴~〕1滴の露. ②〔~儿〕〈喩〉かりそめ.〔~夫 fū 妻〕〔~鸳 yuān 鸯〕かりそめの夫婦.同棲中の男女.〔~姻 yīn 缘〕(男女の)かりそめの契り.
露水珠儿 lùshuǐzhūr ⇒〔露珠(儿)〕
露餐鲸饮 lùcān jīngyǐn〈成〉〔风餐 cān〕〔风餐宿露〕〈喩〉旅の苦労.〔~街头〕ホームレス生活をする.
露台 lùtái ①⇒〔晒 shài 台〕 ②⇒〔阳 yáng 台〕
露袒 lùtǎn〈文〉裸になる.肌ぬぎになる.
露体 lùtǐ 肌を表す.〔赤 chì 身~〕真っ裸になる.
露天 lùtiān 屋根のない場所.屋外.露天ざらし.〔~地儿〕同前.〔~剧 jù 场〕〔外 wài 光剧场〕劇野

lù～lú

露鹿漉辘麗籚麓僇蓼戮驴

外剧场.〔～开采〕露天掘り.〔～跨kuà〕〈方〉屋外の職場.覆いのない職場.〔～矿 kuàng〕露天掘り鉱.〔～煤 méi 矿〕露天掘り炭鉱.〔～牌 pái 九〕〈方〉野合.〔～演说〕屋外演説.〔～音乐会〕野外音楽会.〔～银行〕⟨喩⟩(電線泥棒からみた)送電設備.〔堆 duī 放〕野積みする.

露田 lùtián 〔古〕樹木のない耕地.②〔史〕(北魏の均田制度の)田租.

露头 lùtóu ＝〔露层〕〔露苗〕地上に露出している鉱脈;〔矿 kuàng 苗〕ともいう.

露头角 lùtóujiǎo 頭角を現す.勢いを示す.

露尾藏头 lùwěi cángtóu ⇒〔藏头露尾〕

露芽 lùyá 茶の一種.

露营 lùyíng ①罒露営(する).②キャンプ(する).野営(する).

露章 lùzhāng ⇒〔露劾〕

露珠(儿) lùzhū(r) ＝〔露水珠儿〕露のしずく.

露装 lùzhuāng (輸送する時)包装をせずに積み込む.露積みする.

[鹿(鹿)]

lù ①動 シカ.〔公 gōng ～〕雄鹿.〔梅 méi 花～〕ニホンジカ:夏,体表に白斑が出る.〔坡 pō ～〕ターミンジカ.〔豚 tún ～〕ホッグジカ.〔水～〕サンバー.〔爪哇 xī ～〕ジャワマメジカ.②⟨喩⟩(政権・天下など)奪取すべき目的物.〔～死誰手]成〕天下(目的物)が何人の手に帰するか.⟨喩⟩(競争・競技において)誰に勝利が帰するか.③〔姓〕鹿(?)

鹿车 lùchē 〔古〕①鹿にひかせた車.②一輪車.

鹿葱 lùcōng ①回ナツズイセン.②＝〔萱 xuān 草〕

鹿蕻 ⇒〔藜 lí 芦〕

鹿羔 lùgāo 子鹿.

鹿骇 lùhài 〈文〉驚く.

鹿藿 lùhuò 回タンキリマメ:マメ科の多年生蔓草.〔蕉 biāo ①〕は古称.

鹿角 lùjiǎo ①中医鹿の角:特に雄鹿の骨化した角.薬用する.〔～胶 jiāo〕同前の煎液を濃縮乾燥したエキス:強壮強精薬.②⇒〔鹿寨〕

鹿角菜 lùjiǎocài 植(海草の)フノリ;〔鹿角藻 zǎo〕ともいう.

鹿囿 lùyuàn ＝〔鹿苑①〕

鹿梨 lùlí ＝〔豆豉 dòu shǐ 梨〕植マメナシ:バラ科.病害に強く梨の接ぎ木の台木とする.

鹿卢 lùlu ⇒〔辘轳〕

鹿卢枣 lùzǎo 回ナツメの一種.

鹿鸣(宴) lùmíng(yàn) 旧科挙で郷試合格者発表の翌日に行われた試験官と合格者の合同宴会.

鹿皮 lùpí 鹿の皮.バックスキン.

鹿茸 lùróng 中医ふくろづの:鹿の袋角.雄鹿の骨化していない角.薬用する.〔花鹿茸〕と〔马鹿茸〕の二種がある.〔嫩 nèn 〜〕生えたばかりの柔らかい角前.→〔关 guān 东三宝⑤〕

鹿豕 lùshǐ 〈文〉①鹿と豚.②⟨喩⟩野卑な人.無知な者.

鹿市 lùshì 商(株式の)先き行きのはっきりしない相場.→〔牛 niú 市②〕

鹿胎 lùtāi ①鹿の胎盤.〔～膏 gāo〕中医強壮強精剤.②⇒〔鹿 cōng ①〕

鹿特丹 lùtèdān ロッテルダム:オランダ南西部の港市.工業都市.

鹿蹄草 lùtícǎo 植イチヤクソウ近縁種.〔鹿衔 xián 草〕ともいう.

鹿尾 lùwěi ①鹿の尾:中国料理で珍味の一.②同下.

鹿尾菜 lùwěicài ＝〔羊 yáng 栖菜〕植ヒジキ:海草の一種.単に〔鹿尾②〕ともいう.

鹿囿 lùyòu 同下①.

鹿苑 lùyuàn ①鹿の飼育場:〔鹿圈〕〈文〉鹿園〕ともいう.②宗(仏教で)釈迦が最初に説法した場所.〔転〕寺院.

鹿寨 lùzhài 〔鹿砦〕とも書いた.軍ろくさい.逆茂木(さ);〔鹿角②〕に同じ.

鹿爪 lùzhǎo 琴爪;〔鹿角爪〕ともいう.

鹿竹 lùzhú ⇒〔黄 huáng 精〕

[漉]

lù ①にじむ.②したたりだす.したむ.③酒.酒をこす.＝〔滤 lǜ ①〕③〈文〉しっとりと明るいさま.〔月～～〕月が同前.

漉网 lùwǎng 抄(～)き網:造紙の際,パルプ液の水分を漉しとる網.

[辘・轆]

lù ①→〔辘轳〕②〔轴～ gū- 轮〕(車輪)の通称.⑤〔-儿〕物の一節.くぎり.ころころ転がる:〔骨 gū 碌〕に同じ.

辘轳 lù-lù 〔辘轆〕鹿卢〕とも書く.①つるべ井戸のろくろ.水揚げ機.②園滑車.ウインチ.巻揚機.巻きろくろ.ウィンドラス.〔～歌儿 gēr〕水汲み歌歌:作業歌の一種.〔～链 liàn〕(チェーンブロックの)チェーン(鎖).〔～棉 mián 线〕糸巻きに巻いた木綿糸.〔～炮 pào〕⟨口⟩機関砲.〔～梳 shū 棉机〕ローラー梳綿機.

辘辘 lù-lù ⟨擬⟩ガラガラ:車輪などの音.〔牛车发出笨重的～声〕牛車がゴロゴロと鈍重な音をたてている.〔饥 jī 肠～〕ひもじくて腹がグーグー鳴る.

[麗]

lù 〈文〉小さな魚網.

麗薮 lùsù ⇒〔麗簌〕

[籚]

lù ①竹の箱.つづら.〔书～〕竹製の書箱.⟨喩⟩物知りだが役立たず者.②〈方〉竹で編んだ小さく深いかご.〔筷 kuài ～〕竹で編んだ箸入れ.〔字纸～〕〔字纸篓 lǒu〕紙くずかご.

籚簌 lùsù 〈文〉垂れ下がっているさま:〔麗簌〕に同じ.

[麓]

lù 〈文〉(山の)ふもと.〔山～〕同前.〔泰山南～〕泰山の南麓(多).

麓守 lùshǒu 〈文〉山林を守る役人.山番.

[僇]

lù ①戮に同じ.辱める.〔～及先人〕恥辱が先人にまで及ぶ.②殺す.死罪に処する:〔戮(I)〕に同じ.〔～民〕死刑囚.

僇人 lùrén 〈文〉死刑囚.重罪人:〔戮人〕に同じ.

僇辱 lùrǔ ⇒〔戮辱〕

[蓼]

lù 〈文〉植物の高く大きいこと. →liǎo

[戮(剹・勠)]

lù (I)〔戮(剹)〕〈文〉①殺す.死罪に処する.〔杀 shā ～〕(大量に)殺す.②辱める.(II)〔戮(勠)〕〈文〉合わせる.一つにする.〔～力〕〔勠力〕力を合わせる.努力する.

戮力同心 lùlì tóngxīn 〔成〕力を合わせ心を一つにする.

戮囚 lùqiú 〈文〉犯人を死刑に処する.

戮人 lùrén 〈文〉死刑囚.重罪人:〔僇人〕に同じ.

戮辱 lùrǔ ＝〔僇辱〕〈文〉辱める.

戮尸 lùshī 〔古〕死骸を辱める刑.

戮诛 lùzhū 〈文〉誅殺する.

lú ㄌㄨ

[驴・驢]

lú 動ロバ(総称).〔叫 jiào ～〕〔公 gōng ～〕雄 ロバ.〔草 ～〕〔骒 kè ～〕雌ロバ.〔非 fēi ～非马〕⟨喩⟩いいかげんである.

驴不驴,马不马 lú bùlú, mǎ bùmǎ ⟨喩⟩へんてこ

驴 闾 榈 吕 侣 铝 稆 旅　　　　　　　　　　　　　　　　　　　lǘ～lǚ

驴龛的 lúcàode ⇒〔驴下的〕
驴车 lúchē ロバの引く車.
驴唇 lúchún ①ろばの唇.〔～不对马嘴 zuǐ〕[驴头不对马唇の意](驴唇不对马嘴)〔驴唇(驴唇の話(双方の話)がちぐはぐで合わない.つじつまが合わない.〔牛 niú 头不对马嘴〕ともいう. ②〈方〉鞭(むち)でたたかれた跡.みみず腫れ.〔被鞭子抽了一身的〕鞭でたたかれて体中にみみず腫れができた.
驴打滚(儿) lúdǎgǔn(r) ①⇒〔利 lì 滚利〕 ②〔国〕もちあわの粉で作った団子にきなこをまぶしたもの.
驴的 lúdí（新疆地方など）貸しロバ車.〔的〕はタクシーの意.〔马 mǎ 的〕は貸し馬車.〔～一朝 cháo 东,马朝西〕心思い思いの方向へ別れ別れになる.
驴(屌)龛的 lú(diǎo)càode ⇒〔驴下的〕
驴驮子 lúduòzi ①ロバに荷物をのせる時に使う用具. ②同前を用いてロバに背負わせること.
驴粪蛋(儿) lúfèndàn(r) 〈喩〉うわべだけよくて内容のつまらないもの.見かけ倒し.〔外面光〕同前.
驴粪球(儿) lúfènqiú(r) 〈喩〉みかけと違い腹黒い人.〔表面儿光〕同前.
驴肝肺 lúgānfèi ロバの肝臓と肺臓(臭くて食べられない).〈喩〉悪い心根.〔你真是把好心当 dàng 做～〕きみはまるでわたしの好意を無にしている.
驴脚 lújiǎo 人を乗せたり物を運ぶロバ.
驴叫声 lújiàoshēng ロバの叫び声.〈喩〉声高く聞きづらい罵り(からかい)声.
驴狗子 lúgǒuzi ロバの子.
驴脸 lúliǎn ①〈罵〉馬づら.〔～瓜搭 guā-dā〕同前. ②怒って長くなった顔.
驴骡 lúluó 〔動〕騾驢(らば):雌のロバに雄の馬を交配したラバの一種.〔驮 jué 骡〕ともいう.〔骡子〕
驴鸣狗吠 lúmínggǒufèi 〈喩〉文の拙劣なこと.拙い文章.
驴年马月 lúnián mǎyuè ⇒〔猴 hóu 年马月〕
驴(皮)胶 lú(pí)jiāo ⇒〔阿 ē 胶〕
驴皮影(儿) lúpíyǐng(r) ⇒〔皮影戏〕
驴日的 lúrìde ⇒〔驴养的〕
驴头不对马嘴 lútóu bùduì mǎzuǐ ⇒〔驴唇①〕
驴推磨 lútuīmò 〈方〉ロバの臼(うす)ひき.〈喩〉一つのことにいつまでもこだわること.
驴下的 lúxiàde 〔驴(屌)龛的〕〔驴日的〕〔驴养的〕〈罵〉ロバが生んだ(から生まれた)者.ばか野郎.〔猫 māo 养的〕〔狗 gǒu 养的〕に同じ.
驴养的 lǘyǎngde 同前.
驴子 lúzi ロバ.

〔闾・閭〕 lǘ ①［固］村:25戸を 1〔～〕とし ②〈文〉村里の門.路地の入り口.〔倚 yǐ ～而望〕倚～望切〉〈成〉両親や家族が子供の帰りを待ちわびること. ③〈文〉横町.小路.村里.〔乡～〕郷里.〔穷 qióng～〕陋巷(ろうこう).〔仙～〕仙境. ④〈姓〉閭(りょ).
闾里 lǘlǐ ⇒〔闾伍〕〈文〉村里.田舎.里.〔转～〕里.
闾丘 lǘqiū 〈姓〉閭丘(りょきゅう).
闾伍 lǘwǔ ⇒〔闾里〕
闾巷 lǘxiàng 〈文〉村の往還.〈喩〉民間.世間.
闾阎 lǘyán 〈文〉①庶民の居住地. ②〈喩〉庶民.
闾左 lǘzuǒ 閭里巷街:秦代,貧しい住民は賦役を免ぜられ里門の左側に住まわされた.

〔榈・櫚〕 lǘ ［植〕①カリン:ふつう〔花 huā 木〕〔花梨 lí 木〕という. ②⇒〔棕 zōng 榈〕は器具の製作に用いる.

〔吕(呂)〕 lǚ ①[音]中国古代の音律の音律・音階.〔六律六～〕六律六呂. →〔律 lǜ 吕〕 ②〈姓〉吕(りょ).

吕洞宾 lǚdòngbīn ⇒〔吕祖〕
吕端大事不糊涂 lǚduān dàshì bù hútú 〈諺〉大事をなすのには是非を明らかにして原則を堅持することと:宋の太宗が宰相の呂端を評した言葉から.
吕公枕 lǚgōngzhěn〈成〉盧生が邯鄲で道士呂洞賓から授けられた枕:それを借りて眠り,死に至るまで80年間の栄華の夢を見たという.〔繁华一梦人不知,万事邯郸一梦中〕繁華事一夢人知らず,万事は邯鄲呂公の枕. →〔吕祖〕〔黄 huáng 粱(美)梦〕
吕剧 lǚjù 〔吕戏〕〔劇〕山東・河南・江蘇・安徽に流行している地方劇:民間芸能の山東洋(扬)琴から発展したもので〔洋 yáng 琴戏〕ともいった.
吕庙 lǚmiào ⇒〔吕(祖)庙〕
吕尚 lǚshàng 〔人〕太公望呂尚:周の文王を助け殷を滅ぼした.〔姜 jiāng 太公〕は別称. →〔伊 yī 吕〕
吕宋 lǚsòng ［地〕ルソン:フィリピン諸島の北部にある最も大きな島.〔～麻〕マニラ麻.〔麻绳 shéng〕マニラロープ.
吕宋索 lǚsòngsuǒ ⇒〔棕 zōng 绳②〕
吕宋烟 lǚsòngyān マニラ葉巻タバコ. →〔雪 xuě 茄〕
吕戏 lǚxì ⇒〔吕剧〕
吕祖 lǚzǔ 〔人〕唐の京兆の人〔吕洞宾〕の尊称:名は巌または嵒(がん),号は純陽子.〔吕仙 xiān〕ともいい,八仙人の一.〔～爷 yé〕同前.〔～祠〕〔～庵〕呂祖を祭る祠(ほこら)・庵.〔八 bā 仙〕
吕(祖)庙 lǚ(zǔ)miào 呂祖を祭る廟.

〔侣(侶)〕 lǚ ①仲間.ともがら.〔游 yóu ～〕遊び仲間.〔情 qíng ～〕恋人同士.〔与明月为～〕月を友とする. ②友とする. ③〈姓〉侶(りょ).

侣伴 lǚbàn ⇒〔伴侣〕
侣俦 lǚchóu 〈文〉同僚.仲間.道連れ.

〔铝・鋁〕 lǚ 〔化〕アルミニウム:金属元素.記号Al.〔～〈方〉钢 gāng 精〕〔方〉钢种〕ともいう.〔硅 guī 酸～〕ケイ酸アルミニウム.〔硬 yìng ～〕硬き合金～.〔合 hé 金〕〔飞 fēi 机～合金〕〔都 dū 拉～(音訳)都拉铝(ジュラルミン).
铝箔 lǚbó アルミニウム箔.アルミホイル.
铝锭 lǚdìng アルミニウム塊.
铝矾土 lǚfántǔ ⇒〔铝土矿〕
铝粉 lǚfěn 〔铝银粉〕〈口〉银 yín 粉②〕アルミニウムの銀粉.
铝箍 lǚgū 〔建〕アルミ条.
铝锅 lǚguō アルミなべ.
铝合金 lǚhéjīn アルミ合金(総称). →〔硬 yìng 铝〕
铝胶 lǚjiāo アルミナゲル.
铝凉盒 lǚliánghé ⇒〔冰 bīng 晶石〕
铝镁金石 lǚměijīnshí ⇒〔冰 bīng 晶石〕
铝片 lǚpiàn アルミニウム板.
铝热剂 lǚrèjì 〔囙〕テルミット.
铝丝 lǚsī アルミニウム線.〔～绳〕アルミニウム製のワイヤロープ.
铝铜(合金) lǚtóng (héjīn) 銅 9 アルミニウム 1 の合金.
铝土矿 lǚtǔkuàng 〔鉱〕ボーキサイト:〔铝土岩〕〔铝矾土〕〔水合铁 tiě 铝土〕〔铝铁氧石〕ともいう.
铝氧土 lǚyǎngtǔ ⇒〔矾 fán 土〕
铝银粉 lǚyínfěn ⇒〔铝粉〕

〔稆(穬・穭)〕 lǚ（穀物などが）自然に生える:〔旅③〕に同じ.〔～生〕自生する.

〔旅〕 lǚ ①旅をする.他郷を旅する.〔～日华侨〕在日(中国籍)中国人. ②旅行者.〔行

lǔ

xíng ~〕旅行(者).〔商~〕旅商人. ③穀物が自生する:〔秬〕~に同じ.〔~谷〕自生した穀物. ④軍隊.〔強兵勁~〕強い軍隊. ⑤〔團旅團:〔師 shī〕②〕と〔團 tuán〕⑦〕の間にある.〔騎 qí 兵~〕騎兵旅団:〔軍 jūn〕②〕の下にあり若干の〔營 yíng〕③〕からなる.→〔協 xié ④〕 ⑥〈文〉一緒に.共に.〔旅進旅退〕 ⑦〈文〉旅(?):六十四卦の一.

旅安 lǔān 〔旅祺〕〔旅祉〕賀旅行先での平安をお祈りしています:旅行先の人に送る手紙の結尾語.〔順請〕同前.→〔安⑥〕

旅伴(儿) lǔbàn(r) 旅の道連れ.

旅部 lǔbù 〔軍〕旅団本部.

旅差費 lǔchāifèi 出張諸経費:〔差旅費〕に同じ.

旅程 lǔchéng 旅行の道のり.

旅充 lǔchōng 携帯電話などの旅行用充電器.

旅次 lǔcì 〈文〉旅の宿.旅先.→〔車 chē 次〕〔舟 zhōu 次〕

旅店 lǔdiàn →〔旅館〕

旅費 lǔfèi 旅費.〔出差 chāi ~〕出張旅費.→〔車 chē 船費〕〔盤 pán 錢〕

旅館 lǔguǎn 旅館(総称):〔賓 bīn 館〕(高級ホテル),〔飯 fàn 店〕(ホテル),〔客 kè 栈〕〔栈 zhàn 房〕(回やや大きな宿屋),〔旅店〕〔客店〕(回設備のよくない小さな宿屋),〔〈文〉旅社〕は旅館の意で,多く〔××旅社〕のように用いる.〔旅舎〕〔客館〕〔逆 nì 旅〕は文語.

旅検 lǔjiǎn 旅客の身体・手荷物の検査.

旅見 lǔjiàn 〈文〉大勢の者が並んで一緒にまみえる.

旅進旅退 lǔjìn lǔtuì 〈喩〉自己の主張もなく大勢に押し流されること.

旅居 lǔjū 逗留する.〔~国〕寄留国.〔~日本時的照片〕日本滞在中の写真.

旅客 lǔkè 旅行者.

旅客公里 lǔkè gōnglǐ ⇒〔延 yán 人公里〕

旅力 lǔlì ①〈文〉大衆の力.②〔膂力〕

旅鳥 lǔniǎo 旅鳥.→〔候 hòu 鸟〕

旅祺 lǔqí ⇒〔旅安〕

旅人 lǔrén 旅人.旅客.

旅商 lǔshāng 〈文〉他郷にいる行商人.

旅社 lǔshè →〔旅館〕

旅舎 lǔshè →〔旅館〕

旅鼠 lǔshǔ 〔動〕レミング.タビネズミ.

旅途 lǔtú 旅行の途中.〔~見聞〕旅先の見聞.〔~览見聞〕道中の名勝見物.

旅行 lǔxíng ①旅行(する).〔~社〕旅行(会)社.〔~团〕旅行団.〔~車〕旅游車〕観光バス.〔~轿 jiào 车〕ステーションワゴン.〔~大巴 bā〕大型観光バス.〔~船〕観光船.〔~包〕旅行カバン.ボストンバッグ.〔~杯〕携帯用湯のみ(コップ).〔~袋 dài〕旅行用バッグ.〔~指南〕旅行ガイドブック.〔~外国人旅行者的~〕旅行証.②(動物の)群をなした行動.

旅行経紀人 lǔxíng jīngjìrén 旅行代理業社.

旅行票据 lǔxíng piàojù 〔圆〕旅行小切手.巡回回形:〔国 guó 际支票〕ともいう.

旅行支票 lǔxíng zhīpiào 旅行(者)小切手.トラベラーズチェック.

旅游 lǔyóu 旅行(する).観光(する).〔~车〕旅行车〕観光バス.〔~地〕観光地図.〔~度假区〕リゾート地.〔~楽地.保養地.〔~纪念品〕旅みやげ.スーベニア(スーブニール).〔~农 nóng 业〕観光農業.〔~热线〕人気観光ルート.〔~馆のフリーダイヤル.〔~设施〕観光施設.〔~市场〕旅行業市場.〔~団 tuán〕観光团.ツアー団.〔~鞋〕スニーカー.〔~信 xìn 息〕観光情報.〔~业〕旅〕旅行业〕観光业.旅行业.〔~预 yù 警〕旅游预

測警報.〔~资源〕観光資源.〔是来留学,还是来~〕留学ですか,観光ですか.

旅寓 lǔyù ①異郷に寄寓すること.②前同の宿所.

旅长 lǔzhǎng 〔軍〕旅团長.→字解⑤

旅祉 lǔzhǐ →〔旅安〕

旅资 lǔzī 旅費.

[膂(䘸・䝯)] lǔ 〈文〉背骨.

膂力 lǔlì =〔〈文〉旅力②〕体力.腕力.〔~过人〕力が人に優れている.

[捋] lǔ ①(指先を滑らせて)しごく.なでつける.こする.〔~胡子〕手でひげをなでる.ひげをしごく.〔~把纸~平了〕紙をなで伸ばした.②整理する →luō

捋鬓 lǔbìn 鬓(ビン)をなでる.

捋须 lǔxū 鬚(ヒゲ)をなでる・ひねる.

[偻・僂] lǔ 〈文〉①(背や腰が)曲がっている.まるくなっている.〔佝 yǔ ~〕〈転〉恭しいさま.②迅速に.〔不可~售 shòu〕すぐに売ることはできぬ.→ lóu

偻指 lǔzhǐ 〈文〉指を曲げる.指折り数える.〔不能 ~にわかには指摘できない.

[屡・屢] lǔ しばしば.たびたび.何度も〔~同前.〔~创 chuàng 新记录〕幾度も新記録を出す.〔~有发明〕たびたび発明をした.

屡…不… lǔ…bù… 何度…しても…でない.〔~禁~绝〕〔~禁~止〕たびたび禁じても杜絶していない.〔~挫 cuò ~奋 nèi〕たびたび失敗してもひるまない.〔~戒~悛 quān〕何度戒めても悔い改めない.〔~试~爽 shuǎng〕たびたび試みても違わない.

屡次 lǔcì =〔屡屡〕たびたび.しばしば.〔累 lěi 次〕ともいう.〔~去见他,他都很忙〕幾度も会いに行ったが,彼はいつも忙しかった.→〔一 yī 再〕

屡次三番 lǔcì sānfān たびたびたびたび.何度となく.再三.〔~地要求〕何度も頼む.

屡番 lǔfān 同上.

屡见不鲜 lǔjiàn bùxiān よく見られることで珍しくない.〔累 lěi 见不鲜〕ともいう.→〔数 shuò 见不鲜〕

屡教不改 lǔjiào bùgǎi =〔累 lěi 教不改〕〔累诫不改〕幾度諭しても改めない.

屡屡 lǔlǔ ⇒〔屡次〕

屡试屡… lǔshì lǔ… 何度もくり返し行われること.〔~仆 pū ~起〕〈喩〉何度失敗しても挑戦する.〔~试~败〕何度試しても失敗する.〔~战~胜〕戦えば必ず勝つ.

屡年 lǔnián 〈文〉幾年も.多年.長年.

屡遭 lǔzāo しばしばあっている.〔~不幸〕しばしば不幸にあう.

[缕・縷] lǔ ①糸.〔一丝一~〕糸ひとすじ.〈喩〉ごくわずかなこと.〔千丝万~〕〈成〉相互にいろいろ複雑なつながりのあるさま.〔不绝如~〕(音が)細い糸のように細長く続いていること.②筋道を立てて細かく.〔~解〕丹念に解釈する.〔~析〕詳解する.③量詞 ひとすじ.すじ:糸や煙など細長くて軽いものを数える.〔一~线〕一すじの糸.〔一~炊烟〕一すじのかまどの煙.

缕陈 lǔchén 〈文〉詳細に言上する.上司や目上に対して申し述べる.→〔缕述〕

缕缕 lǔlǔ ①絶えないさま.〔~不断〕同前.〔不尽~〕〔~缕续 xù 续〕引き続くさま.数の多いさま.②繊細なさま.

缕述 lǔshù 詳細に述べる.縷縷(る)説明する.→〔缕陈〕

缕褛履律狕葎慮濾　　　　　　　　　　　　　　　　　　　　　　lǚ~lù

a **缕析** lǚxī 細かに分ける.〔～呈 chéng 明〕明細に申し述べる.
   缕续 lǚxù 陸続と.〔缕缕续续〕同前のさま.〔～地入场 chǎng〕どんどん入場する.

b 〔**褛・褸**〕lǚ ⇒〔褴 lán 褛〕
   〔**履**〕lǚ ①靴. 履き物.〔草 cǎo ～〕わらぞうり.〔革 gé ～〕皮靴. ②歩く. 踏む.〔～薄冰〕<成>薄氷を踏むような思いである. ひやひやである. ③歩み. 足どり.〔步 bù ～〕歩行.〔～痕 hén〕足跡. 痕跡.〔操 cāo ～〕行い. 品行. ④実地にや. 実践する.→〔履约〕 ⑤〔文〉履(り) : 六十四卦の一. ⑥〈姓〉履(り)
   履冰 lǚbīng =〈喩〉びくびくする:〔履薄 bó（冰〕ともいう.→〔临 lín 深履薄〕
d **履穿踵决** lǚchuān zhǒngjué 靴が破れかかとが裂ける.〈喩〉生活が貧しいこと.
   履带 lǚdài =〔履链〕□無限軌道. キャタピラ(タンクやトラクターの):〔链 liàn 轨〕ともいう.〔～(式)拖拉机〕キャタピラ式トラクター.
e **履端** lǚduān〈文〉①年の初め.〔～多胜〕年頭に際し, ご勝勝を祈る. ②即位して改元すること.
   履(虎)尾 lǚ(hǔ) wěi =〔履尾〕とらの尾を踏む.〈喩〉危険を冒す.
   履践 lǚjiàn〈文〉実際に行う.〔～诸言〕諾諾したことを実践する.
f **履勘** lǚkān〈文〉実地に踏査する.
   履历 lǚlì ①履歴. 経歴.〔～表 biǎo〕〔～书 shū〕履歴書.〔履历书〕.
   履链 lǚliàn ⇒〔履带〕
g **履任** lǚrèn〈文〉赴任する. 就任する.
   履霜坚冰 lǚshuāng jiānbīng 霜を踏んで歩いているうちに堅い氷のところになる.〈喩〉物事の成り行きに災厄の予兆を知る事ができる.
   履屉 lǚxǐ ⇒〔履带〕
h **履舄交错** lǚxì jiāocuò〈喩〉男女が入り交じって座り不作法なさま.
   履险如夷 lǚxiǎn rúyí〈文〉険難な道を行くのに平坦な道を行く如くである.〈喩〉能力があるので困難を恐れずに進む. ②危険を無事に切り抜ける.
i **履新** lǚxīn〈文〉①新年を迎える. ②(役人が)新たな任に就く.→〔履任〕
   履行 lǚxíng 履行する. 実行する.〔～诸言〕約束を履行する.
   履约 lǚyuē 約束を実行する.
j **履职** lǚzhí 職務を果たす.〔我不～就提出辞职表〕職責を全うすることができなければ直ちに辞表を出す.

   〔**律**〕lǜ ①決まり. おきて. 定め.〔法 fǎ ～〕律.〔按法～判罪〕法律によって断罪する.
k ②法則.〔定～〕定律(科学上の法則).〔规～〕法則.〔周 zhōu 期～〕①周期律.〔渐 jiàn 减～〕逓減の法則. ③中国古代の音楽の音階.〔五音六～〕中国古代音楽の音階.→〔律吕〕〔五～诗〕の略.〔五～〕五言律詩.〔七～〕七言律詩. ⑤
l 〈文〉律する. 取り締まる.〔以重 zhòng 典〕厳しい法典で取り締まる. ⑥〈姓〉律(り)
   律典 lǜdiǎn〈文〉法典.
   律动 lǜdòng ①リズム. 調子. ②規則的に動く. リズミカルに動く.
m **律度** lǜdù〈文〉法律. 法度.
   律法 lǜfǎ〈文〉法則. 法律.
   律服 lǜfú □(仏教)の法衣の一種.
   律赋 lǜfù 律賦:賦の一種. 唐宋代の科挙の答案の文体.→〔时 shí 文①〕
n **律己** lǜjǐ〈文〉自分を律する.〔～其严〕自分を非常

   律戒 lǜjiè 戒律.〔守〕同前を守る.
   律考 lǜkǎo〔律师资格考试〕(弁護士試験)の略.
   律历 lǜlì〈文〉楽律と暦法.
   律例 lǜlì ①〈文〉楽律と暦法. ②法律. 規定. 法規.
   律令 lǜlìng ①法令. 法律の条令. ②〈文〉(伝説の)雷公(かみなり)の部下:周の人で俊足であったとされる.
   律吕 lǜlǚ □(中国古代の)音階. 楽률:竹管の長さにより異なる12の音階をきめ, 漢代には陰陽に分け, 陰(偶数番目)の音律の〔六吕〕と陽(奇数番目)の〔六律〕の〔十二律〕とした.
   律师 lǜshī ①弁護士=〔辩 biàn 护士〕は旧称.〔～事务所〕〔方〕～楼 lóu〕弁護士事務所.〔～袍 páo〕弁護士ガウン. ②〔仏教などの〕和尚, また道士の尊称.
   律诗 lǜshī 律詩(り)=〔近 jìn 体(诗)〕の一種で, 八句より成り五言律詩と七言律詩とある.→〔绝 jué 句〕
   律条 lǜtiáo ①法律の条文. ②準則. 標準となる規則.〔做人的～〕身を持する準則.
   律宗 lǜzōng □(仏教の)律宗.

   〔**狕**〕lù ⇒〔㤋 hū 狕〕

   〔**葎**〕lù
   葎草 lùcǎo □ムグラ(カナムグラ):多年生のつるくさ. 薬用される.〔来 lái 莓草〕来 lè 草〕ともいう.

   〔**慮・慮**〕lù ①おもんぱかる. 思いをいたす. 考える.〔考 kǎo ～〕考慮(する).〔别人没～到的, 他早就～到了〕人は思い及んでいなかったのに, 彼はとっくに考えついていた.〔深 shēn 思熟~〕〈成〉深思熟慮する. ②心配する. 案ずる. 思う.〔他所～的是材料弄不到手〕彼の心配は材料が手に入らないことだ.〔忧 yōu ～〕憂慮する.〔无 wú 忧无～〕憂いもなく心配もない.〔不必过～〕あまり気にかけなさすぎ.〈姓〉慮(り)
   虑患 lùhuàn〈文〉あらかじめ災禍を心配(用心)する.
   虑及 lùjí〈文〉考えをめぐらす.
   虑恋 lùliàn〈方〉顧慮する. 考慮する.〔还是～周到点儿好〕やはり充分に考慮した方がいい.
   虑念 lùniàn〈文〉思う. 思案する. 考える.
   虑远 lùyuǎn 遠い先を考慮する. 永遠の計をなす.

   〔**濾・濾**〕lù ①滤(り) す.〔过 guò ～〕同前.〔～一袋 dài〕こし袋.〔要是怕 pà 这碗药有渣 zhā 子, 一下〕もしこの薬におりが生じそうな時は一度こしたらよい.→〔濾 lù ②〕② (装置を用いて)分離する.
   滤波 lùbō □濾波.〔～器 qì〕濾波器. ウエーブフィルター.
   滤布 lùbù ⇒〔濾水羅〕
   滤尘 lùchén (濾過器で)ほこり(微粒子)を分離する.
   滤斗 lùdǒu 濾過(る)用じょうご.
   滤管 lùguǎn 濾(過)管.
   滤光镜 lùguāngjìng ⇒〔滤色镜〕
   滤光器 lùguāngqì □濾光機. ライトフィルター.
   滤过性病毒 lùguòxìng bìngdú ウイルス(ビールス):〔滤过性病原体〕〔病毒①〕ともいう.
   滤净器 lùjìngqì 浄化フィルター.
   滤器 lùqì 濾過器. フィルター.
   滤色镜 lùsèjìng =〔滤光镜〕フィルター(カメラの)
   滤水池 lùshuǐchí 濾過池.
   滤水罗 lùshuǐluó =〔滤布〕水をこす薄布.

滤水渣 lǜshuǐzhā（こした）水のおり．
滤网 lǜwǎng 濾(˘)し網．漉し袋．フィルター：コーヒー用のものなどを含める．
滤液 lǜyè 濾（過）液．
滤渣 lǜzhā こしかす．
滤纸 lǜzhǐ 濾（過）紙．〔油 yóu ~〕油濾紙．〔绉 zhòu 布状~〕クレープ状濾紙．〔毡 zhān 状~〕フェルト状濾紙．〔定 dìng 性~〕定性濾紙．〔定量~〕定量濾紙．〔圆 yuán 筒状~〕円筒濾紙．〔色 sè 彩分离用~〕クロマト用濾紙．
滤嘴 lǜzuǐ →〔过 guò 滤嘴儿〕

[镥・鑥]

lù 〈文〉①銅・鉄・骨などで作ったやすり．②やすりで磨く，つやを出す．〔~修〕修蓄する．

[率]

lù 率．割合．〔比 bǐ ~〕比 值 zhí〕比率．
〔百分~〕百分率．パーセンテージ．〔汇 huì ~〕為替レート．〔概 gài ~〕〔旧 或 huò 然~〕確率．〔工效 xiào ~〕作業能率． → shuài

[绿・綠（菉）]

lù ① 緑（色）．〔草 cǎo ~〕 草色（の）．〔鹦 yīng 哥~〕おうむ色（の）．〔~龙 lóng〕〔喩〕防砂・防風の植林地帯．②緑になる．緑に変える． → lù

绿宝石 lǜbǎoshí 鉱エメラルド．
绿标 lǜbiāo エコマーク．〔绿色标志〕の略．〔~车〕エコカー．
绿鬓 lǜbìn〈文〉黒い髪．みどりの黒髪．〔喩〕若者．
绿菜花 lǜcàihuā ⇒〔西 xī 兰花〕
绿茶 lǜchá →〔~叶〕绿茶（総称）：〔龙 lóng 井〕や〔雨 yǔ 前〕など．〔茶〕
绿翅鸭 lǜchìyā 鳥コガモ：〔八 bā 鸭〕〔巴 bā 鸭①〕〔小 xiǎo 水鸭〕ともいう．
绿虫 lǜchóng ⇒〔槐 huái 蚕〕
绿葱葱 lǜcōngcōng 青々と茂っているさま．
绿带 lǜdài グリーンベルト．
绿党 lǜdǎng 緑の党：西欧の環境・人権保護や反戦を主張する政党．
绿灯 lǜdēng（交通標識の）緑灯．〔等着变~再过去〕青信号になってから渡りなさい．〔红~〕交通信号．〔开~〕信号を青にする．〔転〕特別に便宜をはかる．→〔红 hóng 灯〕
绿地 lǜdì 緑地．都市の緑地帯．
绿豆 lǜdòu 植リョクトウ．リョクズ（緑豆）．ブンドウ．〔~糕〕緑豆の粉で作った干菓子（型に押して蒸したもの）．〔~面（儿）〕緑豆の粉．〔~烧 shāo〕緑豆製の焼酎．〔~汤 tāng〕緑豆の煮汁：暑気払いに飲むのかゆ．〔~芽 yá〕緑豆もやし．〔~粥 zhōu〕食緑豆入りのかゆ．
绿豆粉 lǜdòufěn〔-儿〕食緑豆から製したでんぷん．またそれから作ったさめ．→〔粉条（儿）〕〔粉皮（儿）①〕〔团 tuán 粉〕
绿豆蝇 lǜdòuyíng ⇒〔青 qīng 蝇〕
绿萼梅 lǜ'èméi 植花が白色緑萼（がく）の梅．
绿发 lǜfà →〔大 dà 三元〕
绿矾 lǜfán 化緑ばん．→〔硫 liú 酸亚铁〕
绿肥 lǜféi 緑肥．〔~作物〕緑肥作物．
绿肥红瘦 lǜféi hóngshòu〔成〕（晩春の）花が散り，若葉が萌え出でる情景．
绿肺 lǜfèi〈喩〉森林．緑地．緑地帯：樹木が二酸化炭素を吸収し酸素を吐くことから．
绿氟石 lǜfúshí 鉱緑蛍石．
绿化 lǜhuà 緑化（する）．〔~城市〕都市を緑化する．〔緑化された都市〕．〔~带〕緑地帯．〔~运动〕緑化運動．
绿简 lǜjiǎn ⇒〔绿章〕
绿轿 lǜjiào →〔亮 liàng 轿〕

绿茎 lǜjīng 植葉のような形に変形した茎．
绿鸠 lǜjiū 鳥アオバト（属総称）
绿卡 lǜkǎ ①グリーンカード：国家の発給する外国人永住許可証．②〔転〕農村から都市に出た者への移転許可証．
绿蓝色 lǜlánsè 色青緑色（の）．トルコブルー（の）
绿篱 lǜlí 生け垣．
绿鹭 lǜlù ササゴイ．
绿毛 lǜmáo ①緑毛．〔~龟 guī〕動ミノガメ．②青徴（ぃ）
绿帽子 lǜmàozi ⇒〔绿头巾〕
绿茗 lǜmíng ⇒〔绿茶〕
绿内障 lǜnèizhàng 医緑内障：〔青 qīng 光眼〕は通称．
绿泥石 lǜníshí 鉱緑泥石．
绿脓杆菌 lǜnóng gǎnjūn 医緑膿菌：化膿菌の一種．
绿盘 lǜpán 商下落した株価の指数．→〔红 hóng 盘②〕
绿皮车 lǜpíchē ⇒〔慢 màn 车〕
绿青 lǜqīng ⇒〔孔 kǒng 雀石〕
绿茸茸 lǜróngróng（作物・草が）ビロードのように芽を出しているさま：〔绿绒绒〕とも書く．〔~的稻田〕同前の水田．
绿色 lǜsè ①色绿色（の）．〔~长 cháng 城〕黄砂を防ぐための緑化带．〔~警 jǐng 察〕森林警察．〔~植 zhí 物〕绿色植物．②〔転〕安全（である）．環境にやさしい（こと）．〔~包装 zhuāng〕再生紙などを利用した包装．〔~环 huán 境壁垒〕グリーン障壁．環境障壁．〔~标 biāo 志〕〔标识〕环境 jìng 标志〕〔生态 tài 标志〕安全基準マーク．エコマーク．〔~冰 bīng 箱〕无氟 fú 冰箱ノンフロン冷蔵庫．〔~产 chǎn 品〕安全で環境にやさしい製品．〔~电 diàn 力〕〔绿电〕エコ発電：風力・太陽熱・地熱による発電．〔~汽 qì 车〕无公害车．低公害车．エコカー：ハイブリッド車・電気自動車・ソーラーカーなど．〔~人才〕環境保護意識の高い人，または寄与する人材．〔~设 shè 计〕廃物再利用計画：廃棄物の再利用を前提としての製品設計．〔~食品〕安全食品．自然食品．エコ食品．〔~消 xiāo 费〕自然にやさしい消費．〔~营 yíng 销〕〔环保营销〕〔生态营销〕環境を配慮した商品発売．
绿色产业 lǜsè chǎnyè ①森林産業．林業．②環境破壊におかすらない産業．
绿色革命 lǜsè gémìng 農業技術の革命．
绿色和平组织 lǜsè hépíng zǔzhī グリーンピース：NGOの一．
绿色蔬菜 lǜsè shūcài ①绿色野菜．②安全野菜．無農薬野菜．有機野菜．
绿色通道 lǜsè tōngdào ①税関申告者用通路．②〔転〕面倒な手続を省いた方法．簡素化した手続き．
绿色网 lǜsèwǎng 郵便配達網．〔绿衣使者②〕
绿色组织 lǜsè zǔzhī 植绿皮层：〔木 mù 栓层〕（コルク層）の内側．
绿生生 lǜshēngshēng 绿したたるさま．〔~的菠 bō 菜〕青々としたほうれん草．
绿石 lǜshí 鉱绿岩．
绿柿 lǜshì 青柿．渋柿．〔椑 bēi 柿〕ともいう．
绿水 lǜshuǐ 青く澄んだ河水．〔青 qīng 山~〕〈喩〉美しい国土．
绿视率 lǜshìlù 绿視率．
绿松石 lǜsōngshí 鉱トルコ石：〔磷 lín 铝石〕〔土 tǔ 耳古玉〕ともいう．
绿笋 lǜsǔn〈方〉绿竹の筍を煮て干したもの：薬用にする．
绿条 lǜtiáo〔-儿，-子〕地方政府の発行する即時現

绿氯峦娈李栾挛鸾　　　　　　　　　　　　　　lù～luán

绿化できない振替小切手.→〔白 bái 条②〕
绿铁矿 lùtiěkuàng 〚鉱〛ロックブリッジ石.
绿头巾 lùtóujīn ＝〔绿帽子〕〈喩〉妻の浮気を知らな（あるいは黙認している）亭主．コキュ：昔時，賤者・妓女の家族を一般の者と区別するため緑色の頭巾をつけさせたことがあり，明代には妓楼の主人が碧緑巾をつけた．
绿头鸭 lùtóuyā ＝〔大 dà 红腿鸭〕〔大麻鸭〕〚鳥〛マガモ：〔野 yě 鸭子②〕ともいう．
绿团鱼 lùtuányú ⇒〔鼋 yuán 鱼〕
绿委会 lùwěihuì 〔绿化委员会〕の略．
绿野 lùyě 緑野．
绿叶 lùyè ①緑の葉．青葉．②〈喩〉脇役．〔我只是一片～〕私はただの脇役だ．→〔青 qīng 枝绿叶〕
绿叶成阴 lùyè chéngyīn 〈喩〉昨日の少女も明日には子女の親となること．
绿衣使者 lùyī shǐzhě ①オウムの美称．②〔邮 yóu 递员〕（郵便配達員）の別称：緑色が配達員の制服や郵便ポストなどに用いられることから．
绿阴 lùyīn 绿荫とも書いた．緑陰．木かげ．
绿茵 lùyīn 緑のしとね（芝生．草地）．〔～场 chǎng〕サッカーグラウンド．〔～健儿 jiàn'ér〕サッカー選手．
绿茵茵 lùyīnyīn 青々としたさま．
绿蝇 lùyíng 〚虫〛キンバエ．
绿莹莹 lùyíngyíng 緑の鮮やかなさま．
绿油 lùyóu 〈文〉〔绿云〕アントラセンオイル．
绿油油 lùyóuyóu，〈口〉～yōuyōu 緑したたるさま．〔一大片～的庄稼〕一面緑色の作物．
绿云 lùyún 〈文〉（若い女性の）みどりの黒髪．
绿藻 lùzǎo 〚植〛緑藻（りょくそう）．
绿帻 lùzé 賤民の着衣．
绿章 lùzhāng ＝〔绿简〕（道士）の天の神に対する上奏書．
绿洲 lùzhōu オアシス．→〔沙 shā 泉〕
绿柱石 lùzhùshí 〚鉱〛緑柱石．ベリル：〔绿柱玉〕ともいう．〔绿宝石〕（エメラルド）はその中の一つ．
绿紫菜 lùzǐcài ⇒〔海 hǎi 苔①〕

〔氯〕lù 〚化〛塩素：非金属元素．記号 Cl．ハロゲン元素の一．〔～气 qì〕（塩素ガス）は通称．→〔卤 lǔ 素〕

氯胺 lù'àn ＝〔氯亚明〕クロラミン．
氯胺苯醇 lù'ànběnchún ⇒〔氯霉素〕
氯苯 lùběn 塩化ベンゼン（クロロベンゼン）
氯苄 lùbiàn ＝〔扑 pū 疟特灵〕〚薬〛パルドリン（マラリア特効薬の一種）
氯丙嗪 lùbǐngqín 〚薬〛クロルプロマジン．
氯丙酮 lùbǐngtóng クロルアセトン．
氯丁橡胶 lùdīng xiàngjiāo 〚化〛クロロプレンゴム．
氯仿 lùfǎng 〚薬〛クロロホルム：〔三 sān 氯甲烷〕（三塩化メタン）の通称．〔麻 má 醉〕～〕麻酔用クロロホルム．
氯氟烃 lùfútīng フロンガス．
氯化 lùhuà 〚化〛塩化．〔～氨 ān 基汞〕〔白 bái 降汞〕白降水．〔～铵 ǎn〕〔卤 lǔ 砂〕〔硇 náo 砂〕塩化アンモニウム（塩化アンモン．鹵砂）：天然のものを〔硇 náo 砂〕という．〔～钯 bǒ〕塩化第二白金．〔～钙 gài〕塩化カルシウム．〔～亚汞〕〔甘 gān 汞〕〔升 shēng 汞〕塩化第一水銀．昇汞．〔～钴 gǔ〕塩化コバルト．〔～钾 jiǎ〕塩化カリウム（塩剝）．〔～苦 kǔ〕〚薬〛クロロピクリン（薫蒸殺虫剤）．〔～镁〕塩化マグネシウム．〔～钠 nà〕塩化ナトリウム：食塩の主要成分．〔～氢 qīng〕塩化水素．〔水溶液は塩酸．〔～氰 qīng〕塩化シアン．〔～钕〕塩化第七化合物．〔～锌 xīn〕聚氯烯：ネオプレン：合成ゴムの一種．〔～锌 xīn〕

氯〕塩化亜鉛．クロール亜鉛．
氯喹 lùkuí 〚薬〛クロロキン（クロロキニーネ）：マラリアの特効薬．
氯链丝菌素 lùliànsījùnsù ⇒〔氯霉素〕
氯纶 lùlún 〔聚 jù 氯乙烯纤维〕（ポリ塩化ビニル繊維）の商品名．
氯霉素 lùméisù ＝〔氯胺苯醇〕〔氯链丝菌素〕〚薬〛クロラムフェニコール（クロロマイセチン）．〔～霉①〕
氯气 lùqì 塩素ガス．〔氯〕の通称．〔～炮 pào〕〔熏 xūn 炮〕毒ガス弾を発射する砲．
氯噻酮 lùsàitóng 〚薬〛クロロサリドン．
氯水 lùshuǐ 塩素水．
氯酸 lùsuān 塩素酸．〔～钾 jiǎ〕〔盐 yán 剥〕〔洋 yáng 硝〕塩素酸カリウム（塩剝）．〔～钠 nà〕塩素酸ナトリウム．
氯亚明 lùyàmíng ⇒〔氯胺〕
氯乙烷 lùyǐwán クロルエタン（塩化エチル）
氯乙烯 lùyǐxī クロルエチレン（塩化ビニル）

luan カメラ

〔峦・巒〕luán 〈文〉①鋭く盛り上がった小山．〔岗 gāng〕同前．②（連なる）山々．〔冈 gāng 起伏〕〔重 chóng 一迭峰〕山の峰が重なり連なっている．
峦头 luántóu （地相見の用語）山の峰．
峦兄峦弟 luánxiōng luándì 〈文〉妻の兄弟：〔峦兄弟〕ともいう．妻の父を〔泰 tài 山〕（岳父）ということから．
峦嶂 luánzhàng （障壁のように）そそり立った山々．

〔娈・孌〕luán 〈文〉①〔～眉目〕麗（うるわ）しい．〔～童 tóng〕孌童（れんどう）．かげま．

〔李・欒〕luán 〈文〉双生．〔～子〕双子
李生 luánshēng 双生．〔～子〕双子：〔双 shuāng 生子〕は通称．〔～兄弟〕双子の兄弟．

〔栾・欒〕luán ①＝〔栾树〕②＝〔团 tuán 圆①〕③〈姓〕欒（らん）．
栾华 luánhuá ⇒〔栾树〕
栾栾 luánluán 〈文〉瘦せているさま．
栾树 luánshù ＝〔栾华〕〔木 mù 栾树〕〚植〛モクゲンジ：実は〔木栾子 zǐ〕という．→〔无 wú 患子〕

〔挛・攣〕luán ①〔手足が〕曲げて伸びない．〔～曲 qū〕（手足が）ひきつる．〔手冻拘 jū～了〕手がかじかんだ．②〔痉 jìng～〕痉挛（けいれん）（起こす）
挛躄 luánbì 手足が曲がって動けない．
挛缩 luánsuō 湾曲して縮む．
挛腕 luánwǎn 〚中医〛手足が曲がって伸びない病気．

〔鸾・鸞〕luán ①鳳凰に似た伝説上の霊鳥．→〔凤 fèng ①〕②〚古〛車につける鈴：〔銮①〕に同じ．
鸾车 luánchē 〈文〉くびきに鈴をつけた馬車．
鸾俦 luánchóu 〈文〉〈喩〉夫婦．〔～凤侣〕同前．
鸾带 luándài 〚劇〛（旧劇の）衣装由の幅広い帯．
鸾刀 luándāo 刀環に鈴のついた刀．
鸾殿 luándiàn 〈文〉皇后の宮殿．
鸾凤 luánfèng 鸾（らん）と鳳凰．①〈喩〉夫婦．〔～和鸣〕〈成〉夫婦相和す．〔凤凰于飞〕〔琴 qín 瑟和鸣〕ともいう．③〈文〉大賢人．
鸾驾 luánjià →〔銮驾〕
鸾笺 luánjiān 彩色の便箋．
鸾胶重续 luán jiāo chóng xù 〈成〉後添えをめとる：漢の武帝が鸞（らん）のにかわで切れた弓の弦を接いだことから．→〔续 xù 弦〕

鸾铃 luánlíng ⇒〖銮铃〗
鸾飘凤泊 luánpiāo fèngbó〈成〉①〈書法〉の筆勢が滑脱で巧みなこと.②夫婦が離散すること.
鸾翔凤集 luánxiáng fèngjí〈喩〉人材が寄り集まるさま.
鸾翔凤翥 luánxiáng fèngzhù〈成〉筆勢が伸びやかで精彩のあること.
鸾舆 luányú ⇒〖銮驾〗

〖脔・臠〗luán〈文〉肉を小さく切る.またその肉.大きく切ったものは〖尝 cháng 鼎一〜〗という.〖尝 cháng 鼎一〜〗鼎(ｶﾅｴ)の中の一片の肉を味わってみる.〈転〉一部分から全貌を知る.
脔割 luángē〈文〉こま切れにする.分割する.

〖滦・灤〗luán ①〖〜县〗河北省にある.〖〜河〗河北省を流れ渤海に入る.②〈姓〉滦.
滦州戏 luánzhōuxì →〖皮 pí 影戏〗

〖圞・圝(圑)〗luán〈方〉①丸い.ル.〖団〜明月〗まんまるい月.→〖団 tuán 圆〗②まるごと全部.まるのまま.〖〜蛋 dàn〗ゆで卵.

〖銮・鑾〗luán ①帝王の車駕につけた鈴.〈転〉帝王の乗り物.〖回 huí〜〗還幸.〖起 qǐ〜〗御発輦(ﾚﾝ).③〈姓〉銮.
銮驾 luánjià =〖銮舆〗〖鸾驾〗〖鸾舆〗皇帝の車駕.鳳輦(ﾚﾝ).〈転〉皇帝.
銮铃 luánlíng 馬車のくびきにつけた鈴.
銮舆 luányú ⇒〖銮驾〗

〖卵〗luǎn 卵.〖蛇 shé〜〗蛇の卵.→〖蛋 dàn①〗〖〜子(ｽ)〗=〖生理卵子(〜z ǐ)〗ともいう.〖排 pái〜〗排卵.〖受 shòu 精〜〗受精卵.〖〜细胞〗=〖生理受精卵.④〈方〉〖〜子〗ⓐきんたま:〖睾 gāo 丸〗の俗称.ⓑ〖阴 yīn 茎〗の俗称.
卵白 luǎnbái 卵の白身.卵白.=〖蛋 dàn 白〗に同じ.
卵巢 luǎncháo =生理卵巢.→〖精 jīng 巢〗
卵寄生蜂 luǎnjìshēngfēng =虫卵寄生蜂:他の虫の卵の中に産卵して寄生する.
卵黄 luǎnhuáng 卵の黄身.卵黄.=〖蛋 dàn 黄〗に同じ.
卵酱 luǎnjiàng =魚の卵の塩辛.
卵块 luǎnkuài (ｽ)卵塊.
卵裂 luánliè =生命卵裂.
卵磷脂 luǎnlínzhī =〖蛋 dàn 黄素〗レシチン.
卵毛 luǎnmáo 〈方〉(男性の)陰毛.
卵嚢 luǎnnáng〈方〉=生理きんたまの皮:〖阴 yīn 囊〗の俗称.
卵胞 luǎnpāo =生命卵胞.
卵壳 luǎnqiào 卵殻(ｶﾞﾗ).→〖鸡 jī 蛋壳儿〗
卵生 luǎnshēng =生命卵生(の).→〖胎 tāi 生〗
卵石 luǎnshí =〖河 hé 卵石〗〖建 jiàn 筑〗ぐり石:〖鹅 é 卵石〗に同じ.〖砌 qì〜的渠 qú 道〗栗石を敷き詰めた水路.
卵蒜 luǎnsuàn =植野びる.→〖蒜〗
卵胎生 luǎntāishēng =生命卵胎(ﾀｲ)生.
卵细胞 luǎnxìbāo =生命卵細胞.
卵翼 luǎnyì(鳥が)はぐくみ育てる.〈喩〉庇護する.けなす意味に用いる.
卵用鸡 luǎnyòngjī →〖蛋 dàn(用)鸡〗採卵鶏:〖来 lǎi 亨鸡〗(レグホン)=〖肉 ròu 用鸡〗
卵子 luǎnzǐ =生理卵子(ｽ).〖〜移植〗医受精卵移植.→〖精 jīng 子〗
卵子 luǎnzi →字解④

〖乱・亂〗luàn ①乱れている.乱雑であある.〖话说得很〜〗言うことが非常に乱れている.〖屋里很〜,请你收拾一下〗部屋が散らかっているから片付けて下さい.〖打〜仗 zhàng〗(権利・責任・範囲などの)境界がなくなる.ごちゃごちゃになる.〖书〜堆在书架上不好找〗書物が書架に乱雑に重ねておくと探しにくい.↔〖治 zhì②〗②乱している.ごたつく.〖惟酒无量,不及〜〗〈文〉酒は制限しないが,乱れるまでは飲まない.〖扰 rǎo〜〗かき乱す.邪魔する.〖以假〜真〗偽物を本物の中にいれてわからなくする.③(心)が乱れる.混乱させる.〖心〜〗心が乱れる.④騒乱.戦乱.変事.〖动 dòng〜〗動乱.〖涡 huò〜〗災.〖战 zhàn〜〗戦乱.〖叛 pàn〜〗謀反する.〖みだらである.〖淫 yín〜〗淫猥である.⑥むやみに.勝手気ままに.〖不要〜吵!〗やたらに騒ぐな.⑦〈文〉楽曲の末章.また〖辞 cí 赋〗の一段.

乱邦 luànbāng〈文〉乱れている国家.
乱兵 luànbīng ①反乱兵.②敗走兵.
乱嘈嘈 luàncāocāo ガヤガヤするさま.
乱臣 luànchén①〈文〉天下をよく治める臣.〖予有〜十人〗(論語)予には治世の臣が10人ある.②乱臣.逆臣.〖〜贼子〗乱臣賊子.=〖谋反臣〗.
乱成一团 luànchéng yītuán 糸がもつれてひとかたまりになる.〈喩〉物事がひどく混乱するさま.〖乱作一団〗ともいう.
乱党 luàndǎng 反逆者の(一味徒党).逆賊ども.
乱点鸳鸯 luàndiǎn yuānyāng〈喩〉組み合わせを誤る:不適当な相手どうしを結婚させたり結婚させたりする.
乱动 luàndòng①むやみに動かす.②やたらに手をつける(ふれる).
乱罚款 luànfákuǎn むやみに罰金を徴収する.
乱反射 luànfǎnshè物乱反射.〖散 sǎn 射〗に同じ.
乱纷纷 luànfēnfēn ごちゃごちゃしているさま.〖他心里〜的〗彼は気持ちがひどく混乱している.
乱坟岗 luànféngǎng ⇒〖乱葬岗子〗
乱搞 luàngǎo でたらめにやる.〖〜男女关系〗ふしだらな行いをする.
乱哄 luànhōng 騒ぎたっている.ぶうぶう言ってわめく.〖乱哄哄〗同例のさま.
乱哄哄 luànhōnghōng〖乱烘烘〗〖乱轰轰〗とも書く.がやがやするさま.わいわい騒がしいさま.
乱乎 luànhu〖乱糊〗〖乱忽〗とも書く.〈方〉ごたごたしている.
乱慌慌 luànhuānghuāng あたふたするさま.
乱晃 luànhuàng 行ったり戻ったりする.〖出来进去地〜〗出たり入ったりしてそわそわしている.
乱婚 luànhūn 乱婚(原始社会の)
乱机 luànjī〈文〉禍乱の機縁.
乱纪 luànjì 規律や秩序を乱す.〖违 wéi 法〜〗法を犯すことと同前.
乱箭攒心 luànjiàn cuánxīn ⇒〖万 wàn 箭攒心〗
乱绞丝(儿)luànjiǎosī(r)⇒〖绞丝(儿)〗
乱阶 luànjiē〈文〉災厄の始まり.禍根.
乱劲儿 luànjìnr 乱れた様子.
乱局 luànjú 混乱した局面.手のつけられない状況.
乱砍滥伐 luànkǎn lànfá (森林を)乱伐する.
乱扣盘 luànkòupán =〖方〗牙 yá 盘〗 螺旋式工程測定器.
乱来 luànlái〈口〉むちゃなことをする.しゃにむにやる.〖〜一气〗めちゃくちゃにする.
乱离 luànlí〈文〉戦乱で一家がちりぢりになる.
乱流 luànliú 図乱気流.
乱…乱… luàn…luàn… むやみやたらに…する.〖〜跑 pǎo〜窜 cuàn〗あちこち走り(逃げ)回る.〖〜跑

乱掠略　　　　　　　　　　　　　　　　　　　　　　　　　　luàn～lüè

～叫』わめきながら走り回る.〔～捧 pěng ～骂〕人をほめたりけなしたりする.〔～抓 zhuā ～碰〕行きあたりばったりにやる.〔～撞 zhuàng ～碰〕やみくもにぶつかって行く.

乱伦 luànlún　乱倫.近親相姦(かん).

乱麻 luànmá　①纖維がからみ合った麻. ②〈喩〉混乱して解決の糸口がみつからないさま.〔心里～麻的〕心がちぢに乱れる.

乱麻头 luànmátóu　填絮(じゅう):船板などのすき間に詰めるもの.

乱码 luànmǎ　〔電算〕文字化け(する)

乱萌 luànméng　〈文〉擾乱の萌芽(ほう).騒動の兆し.

乱民 luànmín　⇒反乱民.

乱命 luànmìng　〈文〉①今わ(臨終)の際の言いつけ. ②でたらめな命令.

乱蓬蓬 luànpéngpéng　(髪・ひげ・雑草などの)ぼうぼうと乱れたさま.

乱七八糟 luànqībāzāo 〈慣〉ごたごた(である).めちゃくちゃ(である).〔乱七八八〕〔七糟八糟〕ともいう.→〔乌 wū 七八糟〕

乱儿 luàr　⇒〔乱子〕

乱石 luànshí　つぶ石.ごろ石.〔～沟〕石がごろごろ散在している谷.

乱世 luànshì　乱世.〔～出英 yīng 雄〕〈諺〉乱世に英雄は出る.〔～显 xiǎn 忠臣〕〈諺〉乱世に忠臣は出る.〔～枭 xiāo 雄〕乱世の梟(きょう)雄.〔～鬼 guǐ〕〈方〉社会の敵.〔～佳 jiā 人〕乱世の佳人.

乱视(眼) luànshì(yǎn)　囲乱視(眼).→〔散 sǎn 光②〕

乱收费 luànshōufèi　むやみに費用を徴収する.

乱首 luànshǒu　①禍乱の源(の張本人). ②〈文〉(散髪をした)ほうほうの頭〔乱头〕ともいう.

乱说 luànshuō　でたらめを言う.〔～乱动〕勝手な言動をする.

乱丝头 luànsītóu　①屑糸. ②〈喩〉愚物.鈍物.

乱松松 luànsōngsōng　髪がぼさぼさに乱れているさま.

乱俗 luànsú　①風紀の乱れ. ②乱れた風俗.

乱摊派 luàntānpài　むやみに口実を設けて費用を割り振り徴収する.

乱摊子 luàntānzi　⇒〔烂 làn 摊子〕

乱弹 luàntán　劇①〔花 huā 部〕の総称. ②旧劇の歌曲の一:〔梆 bāng 子腔〕とほぼ同じもの. ③京劇の別称.→〔京 jīng 剧〕

乱弹琴 luàntánqín　〈喩〉でたらめにやる.でたらめを言う.〔事情哪有这么办的,～!〕こんなやり方であるものか,でたらめじゃないか.〔简直是～〕全くめちゃだ.

乱套 luàntào　〈口〉混乱する.めちゃくちゃになる.

乱腾腾 luànténgténg　ひどく混乱しているさま.心が動揺するさま.〔～的〕同前.

乱腾 luànteng　混乱している.秩序が乱れている.〔现在路上～!〕いま道中は物騒だ.

乱头粗服 luàntóu cūfú　〈喩〉書体・文体がなりふりをかまわないこと.〔粗服乱头〕ともいう.

乱营 luànyíng　〈方〉兵営内が乱れる.〈喩〉パニック状態になる.てんやわんやになる.〔他心中乱了营〕彼はあわてふためいた.

乱用 luànyòng　乱用する.やたらに使う.

乱杂 luànzá　乱雑である.雑然としている.

乱葬岗子 luànzàng gǎngzi　=〔乱坟岗〕囲無管理の共同墓地.無縁墓地.

乱糟糟 luànzāozāo　ひどく乱れているさま.〔心里～的,坐立不安〕心中不安で居ても立っても居られない.

乱真 luànzhēn　①真贋(がん)が見分けられない.真に迫

る.〔仿造之精,几 jī 可～〕にせて作ったその精巧さは,本物とまがうほどである.〔以假 jiǎ〕偽物を本物に見せる. ②物スプリアス.〔～放电〕スプリアス放電.

乱政 luànzhèng　〈文〉政治をかき乱す.

乱中取胜 luànzhōng qǔshèng　〈喩〉火事場泥棒を働く.

乱子 luànzi　=〔乱儿〕騒動.ごたごた.〔惹 rě ～〕悶着を引き起こす.〔闹 nào ～〕もめごとを起こす.〔出～〕面倒を起こす.

乱作一团 luànzuò yītuán　⇒乱成一团

lüe　　力ㄩㄝ

〔掠〕 lüè　①略奪する.かすめ取る.〔劫 jié ～〕〔抢 qiǎng ～〕同前.〔～民〕人民から搾取する. ②さっとかすめる.軽く触れる.なでる.〔凉风～面〕涼風が顔をなでる.〔～鬓 bìn〕鬢(びん)をなでつける.～目〕目をかすめる.〔一只燕 yàn 子由头上～过〕一羽の燕が頭の上をかすめて飛んだ. ③ちらっと出る.ふっと現れて消える.〔嘴 zuǐ 角上～过一丝微笑〕口もとにちらりとほほえみを浮かべた. ④書法で左にはねること:〔分 fēn 发③〕ともいう.→〔撇 piě ④〕 ⑤〈文〉笞(むち)や棒で打つ.〔～笞 chī〕〔拷 kǎo ～〕同前.

掠地飞行 lüèdì fēixíng　超低空飛行.

掠夺 lüèduó　奪い取る.略奪する.〔～婚 hūn〕〔抢 qiǎng 婚〕略奪婚.〔经济～〕経済的収奪.

掠过 lüèguò　かすめて通る.〔燕 yàn 子～水面〕つばめが水面をかすめて通る.

掠劫 lüèjié　⇒掠夺.

掠卖 lüèmài　(誘拐や拉致して)人を売りとばす.

掠美 lüèměi　〈文〉他人の手柄を横取りする.〔掠人之美〕同前.

掠取 lüèqǔ　かすめ取る.略奪する.

掠视 lüèshì　さっと見回す.〔～一周〕ぐるりと見回す.

掠影 lüèyǐng　瞥(べつ)見.一瞥:多く標題に使われる.

掠脂斡肉 lüèzhī wòròu　〈成〉残酷に搾取し略奪するさま.

〔略(畧)〕 lüè (Ⅰ)①簡単である.〔～举 jǔ 几例〕簡単にいくつかの例を挙げる.〔你写得过～了〕この書き方はあまりにも簡単すぎる.↔〔详 xiáng ①〕 ②要約した記述.略述.〔事 shì ～〕事のあらまし.〔传 zhuàn ～〕略伝. ③省略する.〔中国的话都～过去〕中国の話はみな省いてしまう.〔从 cóng ～〕省略する. ④ちょっと.ざっと.〔～胖 pàng〕小太りである.〔～嫌 xián 笨拙〕少々不器用である.〔～坐片刻〕ちょっと〔～说一说〕ざっと話す.〔见功效〕少し効能が現れる.〔～差一筹 chóu〕わずかに一歩及ばない.タッチの差である.(Ⅱ)計画.はかりごと.〔策 cè ～②〕はかりごと.〔战zhàn ～〕戦略. (Ⅲ)奪う.かすめる.〔攻 gōng ～〕攻め取る.〔侵 qīn ～〕侵略(する)

略表 lüèbiǎo　略章.〔略章 zhāng〕ともいう.

略称 lüèchēng　略称(する).→〔简 jiǎn 称〕

略地 lüèdì　①敵地を占拠する. ②辺境を巡視する.

略读 lüèdú　ざっと読む.→〔精 jīng 读〕

略而不谈 lüè ér bùtán　〈成〉略して論じしない:〔略而不言〕ともいう.

略号 lüèhào　⇒〔省 shěng 略号〕

略迹原情 lüèjì yuánqíng　〈成〉事の表面にかまわずその心がけに免じる.情状酌量する.

略加 lüèjiā もう少し.〔～说明〕もう少し説明する.
略见一斑 lüèjiàn yībān 〈成〉ほぼ一部分は見られる.かいま見ることができる.
略略 lüèlüè ほぼ.大略.だいたい.わずか.〔～晓得〕少しばかりわかる.〔微风吹来,湖面上～起了点儿波纹〕微風が吹くと湖面にやや波紋がおこった.
略论 lüèlùn 略論.
略卖 lüèmài 〈文〉(婦女子などを)略取誘拐して売り飛ばす.
略去 lüèqù 省略する.〔～不提〕省略して述べない.〔～五个字〕5文字削除.
略然 lüèrán 〈文〉ちょっと.少し.
略胜一筹 lüèshèng yīchóu =〔稍 shāo 胜一筹〕〈成〉少し勝(まさ)っている.→字解④
略施小计 lüèshī xiǎojì ちょっとしたはかりごとを用いる.
略识之无 lüèshí zhī wú 〈成〉字がわずかしか読めないこと:〔之〕や〔无〕など(の常用字)しか知らぬ.
略事 lüèshì ①すこし…する.〔～休息〕しばらく休息する. ②事を省略する.他の事はしない.
略述 lüèshù 略述する.〔～大意〕大意をざっと述べる.〔借此机会～一二〕この機会を借りて簡単に述べさせていただきます.
略算 lüèsuàn 概算(する)
略图 lüètú 略図.→〔示 shì 意图〕
略微 lüèwēi 少し.いささか.〔这不过是～表示一点心意〕これはほんの少しばかりの気持ちを表したものです.→〔稍 shāo 微〕
略为 lüèwéi やや.いくらか.ちょっと.〔～增加了一些〕いくらか増えた.
略有 lüèyǒu ①占拠する.我が物とする. ②多少.幾分.〔～所闻〕多少聞いている.幾分知っている.〔～增加〕いくらか増えた.
略诱 lüèyòu 略取誘拐(する)
略语 lüèyǔ =〔缩 suō 写词〕語略語:例えば〔土改〕は〔土地改革〕,〔十大〕は〔中国共产党第十次全国代表大会〕の略語.
略知一二 lüèzhī yī'èr 〈謙〉わずかに知るのみだ:少しは知っている:〔略知发 fà 毛〕〔略知皮 pí 毛〕〔略通 tōng 一二〕ともいう.

〔锊・鋝〕 lüè 〈文〉古代の重量単位:1鋝(らつ)は6両16銖に当たる.→〔两 liǎng (Ⅱ)〕〔铢 zhū〕

〔圙(啚)〕 lüè →〔圐 kū 圙〕

lun　カメㄣ

〔抡・掄〕 lūn ①(手で)振り回す.〔～刀〕刀を同前.〔～拳 quán〕こぶしを同前.〔～开铁锤打铁〕ハンマーを振りかぶって鉄を打つ. ②〈方〉ほうりなげる.ほうりだす.ほったらかす. ③〈方〉(金銭を)使い散らす.〔～钱〕同前. ④〈方〉叱る. → lún
抡打 lūnda 〔抡搭〕〔抡得〕とも書く.〈方〉①(手・棒などを)振り回す.〈喩〉(子供を)おどかす. ②社会でもまれる.苦労する.
抡风使性 lūnfēng shǐxìng わがまま勝手にふるまう.
抡枪舞剑 lūnqiāng wǔjiàn 〈喩〉大立ち回りをする.
抡圆 lūnyuán ぐるぐる振り回す.〔拿刀～了砍 kǎn〕刀を振り回して斬りかかる.〔～了打他一个嘴 zuǐ 巴〕彼の頰をひっぱたいた.

〔仑・侖(崙・崘)〕 lún (Ⅰ)〔侖〕①〈文〉条理.秩序.筋道. ②〈方〉思う.考える.(Ⅱ)〔崙・崘〕地名用字.〔昆 kūn ～〕地昆崙(こんろん)山脈.〔三条～〕〔青草～〕〔白沙～〕地台湾にある.

〔论・論〕 lún 書論語:〔～语 yǔ〕の略.〔上～〕同前の前半の10巻.〔下～〕同前の後半の10巻.〔～孟 mèng〕論語と孟子. → lùn

〔伦・倫〕 lún ①人倫.〔五～〕旧父子・君臣・夫婦・兄弟・朋友の五つの(守るべき)道.〔人～〕人間の従い行うべき道義. ②筋道.順序.秩序. ③同類.仲間.たぐい.比べるもの.〔不～不类〕〈成〉似ても似つかない.ろくでなし.〔英勇绝 jué ～的军队〕勇敢無比の軍隊.→〔伦比〕 ④〈姓〉倫(りん)
伦巴 lúnbā 〈音訳〉ルンバ(音楽,またダンス):〔轮摆〕とも書いた.〔～舞 wǔ〕ルンバ(ダンス)
伦比 lúnbǐ 〈文〉匹敵する.〔无与～〕比較になるものがない.
伦比拉 lúnbǐlā 〈音訳〉レンピラ:ホンジュラスの通貨単位名.1〔～〕が100〔生太伏〕(センターボ)
伦常 lúncháng =〔伦纪〕〈文〉人の守るべき道.→〔五 wǔ 伦〕
伦俦 lúnchóu ⇒〔伦类〕
伦次 lúncì 順序.次第.秩序.〔语无～〕話がしどろもどろである.
伦敦 lúndūn 地ロンドン:〔英 yīng 国〕(イギリス)の首都.〔～城 chéng〕シティ:ロンドンの金融・商業の中心地.
伦纪 lúnjì ⇒〔伦常〕
伦类 lúnlèi =〔伦俦〕〔伦匹①〕〈文〉同類.仲間.
伦理 lúnlǐ 倫理.人倫道徳の理.〔～学〕倫理学.
伦匹 lúnpǐ ①⇒〔伦类〕 ②〈文〉配偶.
伦琴 lúnqín 〈音訳〉物レントゲン.記号R:X線・γ(ガンマ)線の強さを表す単位.現在は〔库 kù 仑〕(クーロン)毎キログラムで表す.
伦琴射线 lúnqín shèxiàn ⇒〔爱 ài 克斯射线〕

〔沦・淪〕 lún ①沈む(水中に).〔～于海底〕海底に沈む.〔沉 chén ～〕沈淪する.深く沈む. ②没落する.陥落する.陥る.〔在解放前,他已～为乞 qǐ 丐〕解放前に彼はもう物乞いをするまで落ちぶれていた. ③滅亡する.
沦波 lúnbō =〔〈文〉沦漪〕〈文〉小波.さざなみ.
沦废 lúnfèi 〈文〉うずもれて廃棄される.
沦肌浃髓 lúnjī jiāsuǐ 〈喩〉深い影響(感動)を受ける.
沦落 lúnluò ①零落する.〔家境～〕家は没落して暮らしに困る. ②流離する.さすらう.〔～街头〕街頭をさすらう.
沦灭 lúnmiè 〈文〉消滅する.滅亡する.
沦没 lúnmò 〈文〉①沈没する.うずもれる. ②(人が)死亡する:〔沦殁〕とも書く.
沦弃 lúnqì 〈文〉落ちぶれて世に顧みられなくなる.
沦屈 lúnqū 〈文〉落ちぶれて縮こまる.
沦入风尘 lúnrù fēngchén 〈喩〉苦界に身を沈める.妓女に落ちぶれる.
沦丧 lúnsàng 〈文〉喪失する.滅びる.〔道德～〕道徳が失われる.
沦替 lúntì 〈文〉消滅する.
沦亡 lúnwáng ①(国が)滅びる.滅亡する.〔沦落丧亡〕同前. ②喪失する.
沦陷 lúnxiàn ①陥落する.占領される.〔～区〕被占領地域. ②〈文〉埋没する.
沦漪 lúnyī ⇒〔沦波〕
沦阴 lúnyīn 〈文〉夕焼け.→〔晚 wǎn 霞〕

〔抡・掄〕 lún 〈文〉選ぶ．〔～择 zé〕同前．
　抡材 lúncái 人材を選ぶ．
　抡魁 lúnkuí ⇒〔抡元〕
　抡选 lúnxuǎn 〈文〉選択する．
　抡元 lúnyuán ＝①〈文〉科挙の試験で状元に選ばれる．②〈喩〉一番になる．〔他在乒 pīng 乓球锦标赛中首次～〕彼は卓球選手権大会で初めて優勝した．〔冠 guàn 军〕〔状 zhuàng 元〕

〔囵・圇〕 lún →〔囫 hú 囵〕

〔纶・綸〕 lún ①〈文〉官吏が帯びる青い絹帯．②〈文〉釣り糸．〔垂 chuí ～〕釣りをする．③配各種合成繊維．〔涤 dí ～〕ポリエステル．〔腈 jīng ～〕アクリル．〔维 wéi（尼）～〕ビニロン．〔锦 jǐn ～〕〔尼 ní 龙〕ナイロン．→ guān
　纶绋 lúnfú 〈文〉詔勅を巻くのに用いた青絹のひも．〔～纶音①〕
　纶言如汗 lúnyán rúhàn〈成〉詔は一度出れば取り消したり改めたりできない．
　纶音 lúnyīn ＝①〔纶诏〕〈文〉詔勅.詔書．②〈喩〉権威的な言論．
　纶诏 lúnzhào 同上①．

〔炿・焀〕 lún 配〔苯 běn〕（ベンゼン）の旧名：〔轮质 zhi〕ともいう．〔～醇 chún〕石炭酸の旧称．

〔轮・輪〕 lún ①[-儿,-子]（车の）輪．車輪状の部分．〔车～〕車輪．〔齿 chǐ～〕〔惯 guàn 性～〕歯車．〔木～〕はずみ車．→〔毂 gū 辘〕②円形（輪形）のもの．〔日～〕①日輪（太陽）．〔年～〕⇒年輪．③汽船．〔快～〕快速船．〔巨 jù ～〕巨船．〔江～〕河川用の汽船．〔飞～〕飛船．④〔顺々に〕巡る．番が回ってくる．〔这回～到我了〕こんどはわたしの番に回ってきた．〔～不上〕〔～不着 zháo〕順番が来ない．〔已经～完了一回,又～念了〕ひと周り回ってまたわたしの読む番になった．⑤量詞．〔试合・会談・上映などの〕一巡．〔比赛 sài 进入第二～〕試合は第2回戦に入る．〔第二～会谈〕第2次会談．⑥（十二支で）年齢のひと回り．〔他比我大一～〕彼はわたしよりひと回り（12歳）年上．⑦〔物の〕周り．〔这木头大了一～〕この木はひと周り大きい．⑧太陽や月など輪形のもの．〔一～红日〕真っ赤な太陽．〔一～明月〕一輪の明月．⑨〈姓〉姓.
　轮班 lúnbān 交替当番（する）．当番（でやる）．順番（であたる）．〔昼 zhòu 夜～（制）〕昼夜交替勤務（制度）．〔～任事〕交代で事にあたる．〔轮着差儿休 xiū 息〕順番に休む．〔值 zhí 班〕
　　轮班放风 lúnbān fàngfēng ①かわるがわる見張りに立つ．②〔刑務所で〕囚人がかわるがわる所内を散歩させたり便所に行かせたりする．
　轮遍 lúnbiàn 一巡する．
　轮拨儿 lúnbōr〈口〉（一組ずつ）かわるがわる．→〔轮流〕
　轮埠 lúnbù （汽船の）埠頭.
　轮唱 lúnchàng 輪唱.
　轮掣 lúnchè →〔轮挡子〕〔轮轫〕制動機．ブレーキ．
　轮齿 lúnchǐ 歯車の歯．
　轮充 lúnchōng 順番で仕事（任務）に当たる．
　轮虫 lúnchóng →〔轮形动物〕回ワムシ．クルマムシ．
　轮船 lúnchuán 汽船（略〔火轮 船〕）．〔～公司〕汽船会社．〔～货单〕汽船の貨物証書．〔远洋～〕外航船．遠洋汽船．
　轮次 lúncì ①順番に．順ぐりに．順序よく．②一巡

轮催 lúncuī ①順次に回して催促する．②清里甲中の一定の戸数にあらかじめ納税告知書を配付しておき,そこから回して納税を終わらせるという方法．
轮带 lúndài 机調べ帯．ベルト．ふつう〔皮 pí 带②〕という．②タイヤ．〔轮胎〕の通称．〔～压力表②〕タイヤゲージ．
轮挡子 lúndǎngzi →〔轮翔〕
轮灯 lúndēng 輪灯：天井からつるす輪状の灯明．
轮渡 lúndù ①渡し（渡す）：人・荷物が船で行き来する（こと）．〔～码头〕渡し場．〔市～〕市営の渡し（船）．②渡船.フェリー．連絡船：〔轮渡〕に同じ．
轮番 lúnfān かわるがわる．交代（で）．〔～去做〕交代でやる．
　轮番战 lúnfānzhàn →〔车 chē 轮战③〕
轮辐 lúnfú ＝〔辐条〕車輪の輻(*)．スポーク．
轮岗 lúngǎng ＝シフト勤務.交替勤務（につく）．〔職場を移る．異動する．
轮个儿 lúngèr （一人ずつ）順番に．かわるがわる．→〔轮流〕
轮箍 lúngū 木製の車輪の外囲を覆っている鋼鉄の輪．→〔轮胎〕
轮毂 lúngū ＝〔音 訳〕薄 bó 斯②〕〈方〉搭 dā 子①〕車輪ボス.車のこしき．
轮官马 lúnguānmǎ〔回〕（役所などの）公用馬：公用で人々に使われる官馬．〔〈方〉子子の家を渡り暮らす親．〔我成了～了〕わたしは同前になってしまった．
轮廓 lúnguō ⇒〔轮廓〕
轮候 lúnhòu 順番を待つ．
轮滑 lúnhuá 区インラインスケート．〔单 dān 排～〕〔直 zhí 排～〕
轮奂 lúnhuàn〈文〉建物などの高壮で美しいこと．〔～高壮〕〔美轮美奂〕〈成〉同前．〔～一新〕建物が一新して立派になる．
轮换 lúnhuàn 交代する．順番で～する．〔他们俩～工作〕二人はかわるがわる仕事を続ける．
轮回 lúnhuí ①循環する．巡る．〔四季～〕四季が巡る．②〔仏教の〕輪廻(",,)．まわりもの：六道中に生死転生すること．
轮会 lúnhuì →〔合 hé 会〕
轮机 lúnjī 机タービン（渦 wō 轮（机）の略.〔透 tòu 平（机）〕は旧音義訳）．〔空气～〕エアタービン．〔煤气～〕〔燃 rán 气～〕ガスタービン．〔汽～〕〔蒸 zhēng 气～〕〔汽机〕スチームタービン．〔～油〕〔透 tòu 平油〕タービンオイル．②汽船のエンジン．〔～长 zhǎng〕（船）の機関長．チーフエンジニア．→〔管 guǎn 轮（的）〕〔老 lǎo 鬼③〕
轮奸 lúnjiān 輪姦（する）
轮距 lúnjù （自動車などの左右両輪の）輪距．軸距．
轮空 lúnkōng ①区シード（する）．不戦勝（とする）．②一時的に担当からはずれる．
轮廓 lúnkuò →〔轮廓〕①輪郭．アウトライン．②概観.概要．あらまし．
轮流 lúnliú （一人または複数名から成る一組が）かわるがわる．交替で．〔一日一日ごと交代で当番する．〔～着办〕かわりばんこに処理する．→〔轮拨儿〕〔轮个儿〕〔轮批〕
轮流坐庄 lúnliú zuòzhuāng〔轮流做东〕ともいう．①〔賭博やマージャンで〕順番に親になる．②順番に主宰者・世話人になる．③政権などをたらい回しする．
轮磨 lúnmó グラインダーで研ぐ（こと）．→〔磨削〕
轮牧 lúnmù （区域ごとに）代わる代わる放牧する．
轮派 lúnpài 順々に派遣する．
轮盘 lúnpán ①（车の）丸ハンドル．②〔裁縫道具

の)ルレット.ルーレット.
轮盘赌 lúnpándǔ〔赌博の〕ルーレット:〔平 píng 天转②〕〔凭 píng 天物〕〔转 zhuàn 盘②〕ともいう.
轮批 lúnpī〔多人数から成る一組が〕順番になる.→参阅まとまって順繰りに参観する.→〔轮流〕
轮圈 lúnquān ⇒〔瓦 wǎ 圈〕
轮韧 lúnrèn ⇒〔轮型〕
轮扇 lúnshàn 囿後斉の参軍信都芳の作った気象観測器具.
轮生 lúnshēng 植輪生(%)する.
轮式拖拉机 lúnshì tuōlājī 囿ホイールトラクター.
轮胎 lúntāi ①〔车 chē 带〕〔车胎〕タイヤ(総称):タイヤとチューブ.〔轮带②〕は通称.タイヤだけを〔外 wài 胎〕,チューブだけを〔内 nèi (车)胎〕〔里胎〕という.〔实 shí 心(轮)胎〕ソリッドタイヤ.〔橡 xiàng 皮~〕タイヤ.〔汽车~〕自動車のタイヤ.〔无 wú 空~〕チューブレスタイヤ.〔备 bèi 用~〕予備のタイヤ.〔~爆 bào 了〕タイヤが破裂した.→〔轮箍〕〔胎⑤〕
轮蹄 lúntí〈文〉車輪と馬蹄.〈喩〉車馬.
轮替 lúntì 順番に交替する.かわるがわるする.〔~休息制〕交替休憩制.
轮王 lúnwáng ④(仏教の)仏様.お釈迦様.
轮辋 lúnwǎng リム.車輪の外縁(%).
轮舞(曲) lúnwǔ(qǔ) 嘗ロンド.
轮系 lúnxì 囿輪列.⑧ギアトレーン.
轮相 lúnxiàng ④(仏教で)①輪相.相輪:塔の頂に安置する輪形のもの.②仏の足裏にある千幅輪の紋.
轮歇地 lúnxiēdì 囿休閑地.
轮心 lúnxīn 車輪の中心.輪心.
轮形动物 lúnxíng dòngwù ⇒〔轮虫〕
轮休 lúnxiū ①囿(田・畑を)順々に休ませる.②(職員・労働者が)交替で休む.
轮训 lúnxùn かわるがわる訓練する.〔分期~〕段階的に研修する.
轮养 lúnyǎng ①(水産業で)一つの養殖場で異なった種類の魚を順番に養殖する.②分家した兄弟が交代で親を養う(こと)
轮叶 lúnyè プロペラの羽根.
轮椅 lúnyǐ 車椅子:〔摇 yáo 手车〕〔椅子车〕に同じ.
轮阅 lúnyuè〈文〉かわるがわる閲読する.回覧する.
轮栽 lúnzāi ⇒〔轮作〕
轮藻 lúnzǎo 图シャジクモ(海藻)
轮值 lúnzhí 順に当番(当直)を務める.
轮苯 lúnzhí 化〔苯 běn〕(ベンゼン)の旧称:〔烃 lún〕に同じ.
轮种 lúnzhòng ⇒〔轮作〕
轮轴 lúnzhóu 囿車軸.輪軸.心棒.
轮转 lúnzhuàn ①(くるくる)回る.巡る.〔~誊 téng 写机〕輪転謄写機.②〈方〉交替でする.
轮子 lúnzi 一字解.
轮作 lúnzuò〔轮栽〕〔轮种〕〔倒 dǎo 茬〕〔调 diào 茬〕〔换 huàn 茬〕囿輪作(する).→〔连 lián 作〕

[錀] lún jiālún とも読んだ.現在は〔加 jiā 仑〕を用いる.

[坛・塩] lǔn〈方〉(田畑の)うね.

[论・論] lùn ①議論する.討論する.〔不能一概而~〕一律には論ぜられない.〔就事一事〕事実そのものを論ずる.〔~世界和平〕世界平和を論ずる.这还要继续讨~〕これはひき続き討論しよう.②意見・主張・学説・理論:事物の道理を分析・闡明(%)した文章や言論.〔社~〕社説.〔唯物~〕唯物論.〔舆 yǔ ~〕世論.〔評

評定する.認定する.〔以反革命~罪〕反革命として罪を評定する.〜功行赏〕功績を評定して賞を行う.按质~价〕品質によって価格を評定する.④取りたてて論ずる.問題にする.重視する.〔不~多少〕多少~〔无~是谁〕誰であろうと.⑤…を基準として.…を単位として.…に応じて:後に置いた量詞を基準としていう.〔~天给工钱〕一日いくらで工賃を払う.〔~日雇工月〕日当で雇う.〔~件付手续费〕一件につきいくらで手数料を支払う.〔鸡蛋是~斤卖,是~个儿呢〕卵は目方で売るのか,数で売るのか.〔~筐儿 kuāngr 卖〕かご単位で売る.〔买鸡~只 zhī〕鶏は1羽(いくら)で買う.⑥…について言えば.〔~质 zhì 量,这个最好〕質からいえば,これが一番だ.⑦〈姓〉論(%)→ lún
论辩 lùnbiàn 弁論する.論争する.
论驳 lùnbó〈文〉論駁する.是非を言い争う.
论处 lùnchǔ 処分する.処罰する.
论丛 lùncóng 論叢(多く論文集の書名に用いる.
论敌 lùndí 論敵.
论点 lùndiǎn 論点.〔~突出,条理分明〕論点がきわ立っていて条理がはっきりしている.
论调(儿) lùndiào(r) 論調.議論の傾向.意見:多くそしる意味を含む.〔过分乐观的~〕楽観的すぎる意見.
论断 lùnduàn 論断(する)
论锋 lùnfēng 論鋒.言論の矛先.
论功行赏 lùngōng xíngshǎng〈成〉論功行賞.功績の大小により賞金や栄誉を与える.
论黄数黑 lùnhuáng shǔhēi ⇒〔数黑论黄〕
论及 lùnjí 論及する.
论价 lùnjià 値段を相談する(きめる)
论斤论两 lùnjīn lùnliǎng〈方〉細かく詮索する.
论据 lùnjù ①(論理学の)論拠.②根拠.〔充足的~〕十分な事柄.
论客 lùnkè 論客.議論家.
论理 lùnlǐ ①理屈から言えば.〔~应该是这么着〕本来こうあるべきだ.②理非曲直を論ずる.〔把他找来论论理〕あの人を呼んで来て話をはっきりさせよう.③⇒〔逻 luó 辑〕
论理学 lùnlǐxué ⇒〔逻 luó 辑学〕
论列 lùnliè いちいち論述する.
论难 lùnnàn 論難(する).〔各持己见,互相~〕めいめい自己の意見を主張して,甲論乙駁(%)する.
论儿 lùnr〈方〉道理.論法.しきたり.
论述 lùnshù 論述(する)
论说 lùnshuō ①論説.〔~文〕論説文.〔~古今〕古今を論説する.②〈口〉理からいうと.本来ならば.〔~这个会他应该参加,不知道为什么没有来〕本来ならば彼はこの会に出席すべきなのに,どうして来なかったのかわからない.
论坛 lùntán 論壇.フォーラム.
论题 lùntí ①論題.②(論理学で)命題.
论文 lùnwén 論文.〔毕业~〕卒業論文.
论心 lùnxīn〈文〉心中を打ち明けて語り合う.〔把酒~〕酒をくみながら腹を割って話し合う.
论议 lùnyì 議論する.〔~政事/政务について問前.
论赞 lùnzàn〈文〉史伝の記述の後に作者が加える評論.→〔传 zhuàn 赞〕
论战 lùnzhàn 論戦(する)
论争 lùnzhēng 論争(する).②論述と証明.〔~会〕専門家による検討会.③論拠.
论旨 lùnzhǐ 議論の主旨.論旨.
论资排辈 lùnzī páibèi〈成〉年功序列:けなした言

lùn～luó

い方.[打破～]同前を打破する.

论罪 lùnzuì 有罪と判決する.[按贪污～]汚職の罪を問う.

luo ㄌㄨㄛ

[捋] luō (ものを握って)しごく.しぼる.[～树叶儿]木の葉をしごく(しごいて落とす).[～起袖 xiù 子]袖をまくり上げる.[～下手镯]腕輪を外す. → lǔ

捋胳膊 luōgēbo 腕まくりをする.[～,挽袖子]腕やそでをまくりあげる(てきな来いと構える)

捋管儿 luōguǎnr ⇒[络 luò 管儿]

捋汗 luōhàn 手に汗を握る.

捋虎须 luōhǔxū 虎のひげをしごく.〈喩〉ⓐ権力者の忌諱に触れる.ⓑあえて危険なことをする.→[拔 bá 虎须]

捋壳子 luōkézi ⇒[络 luò 管儿]

捋奶 luōnǎi 乳をしぼる.[捋牛奶][擠 jǐ 牛奶]牛の乳をしぼる.

捋牌 luōpái 摸牌(モーパイ)する:マージャンで,手の牌を見るため牌をとること.

捋拳 luōquán 腕をまくりあげる.[～,跳 tiào 脚]腕をまくりあげ,足を踏み鳴らして打ちかかろうとする.

[啰・囉] luō → luó luo

啰里啰唆 luōli luō-suō [啰里啰嗦]とも書く. ①(話が)くどくどしい.くどくどしいさま.②乱れているさま.まとまらないさま.[他的长头发,看上去～醒 wò 里醒醒的]彼の長い髪は見たところいかにもむさくるしい.

啰唆 luōsuo [啰索][啰嗦][啰琐]とも書く. ①くどくどしくしゃべる.煮えきらないことを言う.ぐちる.[说话太～]話しぶりが(話が)くどすぎる.[这两句就够了,别～了!]二言三言で十分だし,くどくど言うな.②くどくどしい.ぐちっぽい.③煩わしい.めんどくさい.[这件事太～]ひどくめんどくさい.[～得不耐烦]めんどうで煩わしい.

[落] luō →[大 dà 大落落] → là lào luò

[罗・羅] luó (Ⅰ)①鳥を捕らえる網.〈喩〉捜査網.手配.[天～地网]〈喩〉水も漏らさぬ捜査網.②(網で鳥を)捕らえる.[门可～雀 què〈成〉]門前に雀(すずめ)が群がり網雀を捕らえられる:訪れる人もなくひっそりしている.③招待する.収集する.[搜 sōu～]捜し集める.④並べる.広げ並べる.[珍宝～于前]珍宝が前に並べられている(を前に並べる).[星～棋布〈成〉]一面に(びっしりと)排列しているさま.⑤目の細かい篩(ふるい).[铜丝～]真ちゅう線の同前.[绢 juàn～]絹ふるい.⑥ふるいにかける.[把面再～一过儿]粉をもう一度ふるいにかける.[这面已经过一次～了]この粉はもうふるいにかけてある.→[筛 shāi (Ⅰ)①②]⑦ 國 糸の細い(目の粗い)絹織物や綾・紗・薄絹の類.[～带 dài]同前の帯.[目の細かい絹ソックス同前.[～袜 wà]シルクの靴下.⑧〈姓〉羅(ら).(Ⅱ)量詞.グロス:12[打 dá](ダース)にあたる.[一～铅笔]鉛筆1グロス,12[打](144ダース)

罗安达 Luó'āndá 囶 ルアンダ:[安 ān 哥拉共和国](アンゴラ共和国)の首都.

罗拜 luóbài〈文〉とり巻いて礼拝する.

罗布 luóbù〈文〉①(広く)並んで分布している.並べ敷く.② 國紗.

罗布麻 luóbùmá 囶 バシクルモン:キョウチクトウ科の野生麻.[茶 chá 棵子][茶叶花][夹 jiā 竹桃麻]

罗布泊 Luóbùpō 囶 ロブノール湖:[罗布诺 nuò 尔]とも書く.中国新疆ウイグル自治区東南部にある塩湖."さまよえる湖"といわれる.

罗刹 luóchà〈梵〉人をとり喰う鬼の名.

罗陈 luóchén〈文〉広げ並べる.

罗得西亚 Luódéxīyà 囶 ローデシア:アフリカ南部の旧イギリス植民地.北部には[赞比亚](ザンビア),南部は[津巴布韦](ジンバブエ)として独立.

罗底布 luódǐbù 囶篩(ふ)絹.

罗地布 luódìbù 囶絹のコール天.

罗缎 luóduàn 國①シルク生地.絹生地(総称). ②厚手の織り目が浮き出て光沢のある綿織物. ③ベンガリン.

罗非鱼 luófēiyú ⇒[非 fēi 洲鲫鱼]

罗浮春 luófúchūn〈文〉美酒.旨(う)酒:蘇軾の作った酒の名から.

罗浮仙 luófúxiān 梅花の別称:隋の趙師雄が羅浮山で遇った梅の精の美人.

罗锅 luóguō [–儿]背骨が曲がっている(人).猫背(である):[驼 tuó 背]の別称.[～儿上山,前短]〈歇〉背の曲がっている人の山登り.前が短い(前にかがんで登る):[钱 qián 短]に通じ,金が足りないの意.[短]は[紧 jǐn]ともいう. ②アーチ型.[～桥]太鼓橋.→[拱 gǒng (Ⅰ)④]

罗锅 luóguo 〈口〉背・腰が曲がっている.[～着腰]腰を曲げて(いる)

罗汉 luóhàn =[阿 ā 罗汉]囶 (仏教の)羅漢(かん):[阿]はãとも読んだ.[阿]は〈釈迦さま〉に対する法号の一.ⓑ(小乗仏教で)修行の最高段階に達した人.聖者.→[陪 péi 观音,客少主人多][～请观音,客少主人多]〈歇〉大勢での仰々しい送迎や接待.[～身子 shēnzi]〈喻〉石女(禉).子を産めない女.

罗汉病 luóhànbìng ⇒[血 xuè 吸虫病]

罗汉菜 luóhàncài =[罗汉斋]囶野菜のごった煮.うま煮.

罗汉豆 luóhàndòu ⇒[蚕 cán 豆]

罗汉果 luóhànguǒ 囶 ラカンカ.またその果実.

罗汉钱 luóhànqián 清康熙年間に急鋳しのぎで寺院の金や銅の仏像を鋳直して作った銭.

罗汉松 luóhànsōng 囶 イヌマキ.ラカンマキ.

罗汉须 luóhànxū 囶菊の一種:花弁が細長くて湾曲.

罗汉椅子 luóhàn yǐzi ⇒[太 tài 师椅]

罗汉斋 luóhànzhāi ⇒[罗汉菜]

罗汉竹 luóhànzhú 囶ラカンチク.

罗侯 luóhóu〈姓〉羅侯(ら).

罗睺 luóhóu (占いで)吉凶と禍福を司る星.

罗睺罗 Luóhóuluó 囶 (仏教の)ラーフラ尊者:仏陀十大弟子の一.釈迦の息子とされる.

罗经 luójīng →[罗盘①]

罗掘 luójué 籠城して雀や鼠を捕らえて飢えをしのぐこと.〈喻〉あらゆる手段で資金や物資を調達すること:[罗雀掘鼠]に同じ.[～一空 kōng]〈喻〉あらゆない人の人物をむしり取る.

罗口 luókǒu 國①(えり・袖口・靴下などの)編みの伸縮する部分.②⇒[螺口]

罗可可 luókěkě 囶(美術・建築の)ロココ(様)式:[洛 luò 可可]とも書く.

罗拉 luólā〈音訳〉 國 ローラー:[罗整②]とも書く.[辊 gǔn 子]に同じ.[～粗 cū 梳机] 國 ローラーカード機.

罗拉呢 luólānī ⇒[滚 gǔn 筒呢]

罗勒 luólè〈～[罗芳]囶 メボウキ.(スイート)バジル:シソ科の薬用植物.[矮 ǎi 糠]は通称.[零 líng

luó

陵香)は漢方薬名. ② ⇒[罗拉]

罗列 luóliè ①並べる.排列する.〔桌子上杯bēi盘~〕テーブルの上に杯や皿が並べられている. ②羅列する.列挙する.

罗缕 luólǚ ⇒[缕]

罗落 luóluò〔罗络〕とも書く. ①鳥や魚を捕る網. ②籠絡する.まるめ込む.

罗马 luómǎ ローマ.ⓐ地〔意 yì 大利共和国〕(イタリア共和国)の首都.ⓑ〔~帝 dì 国〕史ローマ帝国:昔時,〔大 dà 秦〕ともいった.〔~字〕ローマ字:〔拉 lā 丁字母〕の別称.〔~拼 pīn 音〕中国国語のローマ字発音表記.〔~数 shù 字〕ローマ数字.〔~法〕ローマ法.〔~(正)教〕ローマ正教.天主教.〔~公教〕ローマカトリック.〔~教皇〕ローマ法王.〔~教廷〕ローマ法王庁. →〔梵 fàn 蒂冈〕

罗马尼亚 luómǎníyà ルーマニア:首都は〔布 bù 加勒斯特〕(ブカレスト)

罗曼蒂克 luómàndìkè 〈音訳〉ロマンチック:ふつう〔浪漫的〕という.

罗曼史 luómànshǐ 〈音訳〉ロマンス:〔罗曼司 sī〕〔罗曼斯〕とも書く.

罗面 luómiàn 粉をふるう.

罗碾 luóniǎn 〈文〉推しはかる.洞察する.

罗盘 luópán ⇒〔罗盘仪〕〔罗针盘〕羅針盤.コンパス:〔向 xiàng 盘〕〔指 zhǐ 南针〕ともいった.〔罗经〕は航空機用の精密をもの. 〔風水家の用いる方位盤(干支度数を刻した円盤)

罗盘仪 luópányí 同上①.

罗绮 luóqǐ ①〈文〉ⓐ上等で華美な衣装. ②〈喩〉女性.〔~丛 cóng〕ご婦人がた.

罗圈(儿) luóquān(r) ふるいの丸い枠.

罗圈(儿)**腿** luóquān(r)tuǐ がに股.O脚:〔哈 hǎ 巴腿〕〔O形腿〕ともいう. →〔外 wài 八字腿〕

罗圈(儿)**揖** luóquān(r)yī〔口〕体をぐるりと回し周囲の人全部に対して行うお辞儀.〔作~〕同前.→〔揖〕

罗雀 luóquè →〔门 mén 可罗雀〕

罗雀掘鼠 luóquè juéshǔ ⇒〔罗掘〕

罗裙 luóqún 絹のスカート.〈転〉女性の衣服.

罗裙带 luóqúndài 植〔文 wén 珠兰〕(ハマオモト.ハマユウ)の根からとる:解毒・腫れものに用いる.

罗衫儿 luóshānr 薄絹の上衣.

罗扇 luóshàn 紗の扇.

罗斯福 luósīfú 人ルーズヴェルト:第二次大戦時のアメリカ大統領(1882~1945)

罗宋 luósòng ⇒[俄 é 罗斯]

罗宋汤 luósòngtāng ⇒[红 hóng 菜汤]

罗索 luósuǒ 地ロゾー:[多 duō 米尼克国](ドミニカ国)の首都.

罗网 luówǎng ①鳥や獣を捕らえる網. ②〈喩〉人をしばるもの.[陷 xiàn 在他的~里]彼の計略にひっかかる.[自投 tóu ~]〈喩〉自ら網にかかる. →[网罗]

罗望子 luówàngzi ⇒[酸 suān 豆]

罗纬帽 luówěimào 清官束の夏の礼帽.

罗纹 luówén ⇒[螺纹②]

罗纹鸭 luówényā 鳥ヨシガモ.

罗衣 luóyī 绢の着物.

罗唣 luózào →[啰唣]

罗针盘 luózhēnpán ⇒[罗盘①]

罗织 luózhī 〈文〉罪のないものを罪に陥れる.[~诬陷]人を誣告して罪にする.[~罪名]罪名をでっちあげる.

罗致 luózhì 〈文〉広く招き集める.[~人材]広く人材を集める.

罗祖 luózǔ 旧理髪業の祭り神.

[**偻·儸**] luó ① →[喽 lóu 啰] ② → [俚 luǒ 偊]

[**逻·邏**] luó ①見回る.巡邏(ʰ)する.[巡 xún ~]同前. ②→[逻辑]

逻辑 luójí ①〈音訳〉ロジック.論理:[论 lùn 理③]は旧称.[~思维][抽 chōu 象思维]論理的の思考.[~性]論理性.[形式~]形式論理.[他讲的话~上有矛盾]彼の言うことは論理上矛盾がある. ②客観的法則.[革命的~]革命の客観的法則. ③同下.

逻辑学 luójíxué 國論理学:[论 lùn 理学]は旧称.昔時[辩 biàn 学][名 míng 学]といった.単に[逻辑③]ともいう.

逻骑 luóqí 騎馬の巡邏兵.

逻人 luórén 〈文〉警邏(の者)

逻沙檀 luóshātán 植チベット産の檀木.

逻守 luóshǒu 巡邏して守る.

逻所 luósuǒ 旧警邏詰め所.

逻子 luózi 同下.

逻卒 luózú ⇒[逻子]〈文〉巡回警備の兵卒.

[**萝·蘿**] luó 植①蔓性の植物.[藤 téng ~]フジ(藤).[茑 niǎo ~]ルコウソウ.[女 nǚ ~][松 sōng ~]サルオガセ. ② 〈文〉ヨモギの一種:[茂 é 蒿]の古称. ③→[萝卜]

萝卜 luóbo [方菜 cài 头]植ダイコン.[萝菔 fú][学 xué 名 luó 菔]ともいう.[萝卜头]とも.[白~]同前(普通のもの).[热 rè ~]夏大根.[扁 biǎn ~]カブ(ラ).[胡 hú ~]ニンジン.[水~]ラディッシュ.[~干(儿) gān(r)]圃干し大根.[~泥 ní]大根おろし.[~丝(儿) si(r)]大根の千切り.[~条(儿) tiáo(r)]大根の拍子木切り.[~缨(儿) yīng(r)]大根の葉.[~菜]つまみ菜.ぬき菜:大根の間引き葉.[~子(儿) zǐ(r)]大根の種子.[~白菜各有所好 hào]〈喩〉すきずき:[好]は[爱 ài]ともいう.[拔 bá ~]大根を抜く.〈喩〉子供を両手で持ち上げて"高い高い"をすること.ⓑ[憎らしい・邪魔な人を片付ける.[~快了不洗泥]〈諺〉大根がよく売れるときは泥を落とさない.〈喩〉売れ行きのよい商品は粗製乱造になりやすい. →[芜 wú 菁]

萝卜花 luóbohuā 〈方〉[小儿目]:[医角 jiǎo 膜白斑]の俗称.

萝卜螺 luóboluó 魚貝モノアラガイ.

萝卜头 luóbotóu 〈喩〉丸刈り頭.[小~]ちびっ子(男児)

萝缠 luóchán (藤蔓のように)からみつく.からまる.

萝芙木 luófúmù 植ホウライアオキ:キョウチクトウ科の常緑低木.高血圧の薬.[印 yìn 度~][印度蛇根木]インドジャボク.

萝藠 luóhāo ⇒[莪 é 蒿]

萝芍 luóle ⇒[罗勒①]

萝藦 luómó 植ガガイモ.[芄 wán 兰]は古名.

[**啰·囉**] luó 〈白〉①[~嗉 zào]→[啰嗦]②[啰啭]うるさくつきまとう.騒ぎを引き起こす.[孩儿快放了手,休要~](水51)これ,手を離しなされ,うるさくつきまとってはいけませぬぞ. ②[喽 lóu ~][倭啰]圃盗賊・悪人などの手下.手先. → luō luo

[**猡·玀**] luó →[猪 zhū 猡]

[**锣·饠**] luó →[饆 bì 锣]

[**珂·玾**] luó →[珂 kē 珂版]

[**椤·欏**] luó →[桫 suō 椤]

luó

〔锣・鑼〕 luó
[音] どら. [～儿] 小さな同前. [铜 tóng～] 銅の同前. [打 dǎ～] [鸣 míng～] をたたく. [～鸣鼓响〈成〉] どらが鳴り太鼓の音が響く. → [金 jīn 锣]

锣槌 luóchuí どらを打つばち.

锣鼓 luógǔ [音] どらと太鼓. [～喧 xuān 天] どらや太鼓が鳴り響く. 〈喩〉喜び楽しむさま; もと両軍が対陣すること. [开台～] 幕開きの どら太鼓.

锣鼓经 luógǔjīng [劇] 打楽器の打ち方の楽譜. また "ロ三味線" などのように口で音をまねること: [锣经] ともいう. [手里不停地敲 qiāo 打着, 嘴 zuǐ 里还念着～] 手では休みなしに叩きながら, そのうえ口ではその叩き方をロずさんでいる.

锣架 luójià どらの掛け台.

〔箩・籮〕 luó
柳の枝や竹などで編んだ物入れ; 底が四角で深く口が丸くて大きいざる.

箩筐 luókuāng = [箩头] 筐箩] 竹や柳の枝で編んだ深いざる.

箩筛 luóshāi ⇒ [筛子]

箩头 luótou ⇒ [箩筐]

〔儸・儸(儸)〕 luó
〈文〉細かい.

儸缕 luólǚ = [罗缕] 〈文〉部始終を述べる. つぶさに述べる. [非片言所能～] 一言ではつぶさに述べられるものではない. [今～详叙此事] いまここに事の一部始終を次に述べる.

〔腡・膈〕 luó
[生理] (手) の指紋. [～纹 wén] [螺纹 ②] 同前. [～肌 jī] 指の腹: 指紋のある部分.

〔骡・騾(贏)〕 luó
[-子][動] ラバ: 雌馬と雄ロバとの雑種で生殖機能をもたない. 馬よりやや小さくロバより大きい. 強健で力が強い. [马 mǎ～] は総称. 雄馬と雌ロバの子は [驴 lú～] [驮 jué 驉] (けってい) とよばれ体が小さく体力が劣る. [叫～] 雄ラバ. [草 cǎo～] [骒 kè～] 雌ラバ.

骡车 luóchē ラバに引かせる車: [骡子车] ともいう.

骡驮(子) luóduò(zi) ラバに積んだ荷物.

骡夫 luófū ラバ使い.

骡纲 luógāng 隊商のラバの列.

骡户 luóhù ラバ業者.

骡轿 luójiào ラバ駕籠.

骡驹子 luójūzi ラバの子.

骡马 luómǎ ラバと馬: 広義では農作業に用いる大型の家畜. 狭義ではラバとは雌馬. [～成群] 大きな家畜が群がっている: 農業の豊かなさま. [～大店] 旧大型の家畜も泊められる宿: [马店] ともいう.

骡驮轿 luótuójiào [骡轿][驮轿] 旧 2頭のラバで前後を担ぐ鞽子 (き): 北方の長途旅行に用いた.

骡子 luózi ①⇒字解 ②〈喩〉麻薬を胃に飲み込んで密輸する者.

骡子车 luózichē ⇒[骡车]

〔螺〕 luó
①=[蠃 luǒ][魚貝] ニシ: タニシ・サザエなどの巻き貝 (総称). [～蛳 sī][蠕～] サザエ. [田～] タニシ. [拳 quán～] [蝶 róng～] サザエ. [窝 wō～] ニナ. カワニナ. [海 hǎi～] ホラガイ. ②はくぐ. [雌～] 雌ねじ. [母～] 雌ねじ. →[螺丝] ③渦状の指紋.

螺贝 luóbèi ①巻貝の貝殻. ②古楽器名.

螺槽铣刀 luócáo xǐdāo 螺溝切りカッター.

螺撑 luóchēng [牵 qiān 条螺栓]

螺垫 luódiàn [機] 螺旋座.

螺钿 luódiàn らでん. [螺旬] とも書いた. 器物の台に貝殻をちりばめて装飾したもの. → [钿]

螺钉 luódīng ねじ. ねじくぎ. ビス. ボルト (特に雄ねじ・プラスねじ): [螺丝] [螺丝钉] [螺旋钉] ともいう. [起一个～的作用] ねじのような役割を果たす.

螺房 luófáng [理蜗牛(管)] 内耳の一部.

螺杆夹子 luógǎn jiāzi [機] ボルトクリッパー: [螺杆剪钳器] ともいう.

螺号 luóhào [音] 法螺貝: ホラガイで作った吹奏楽器.

螺簧 luóhuáng [螺旋弹簧]

螺髻 luójì ①渦巻形に結った髪. ②〈喩〉山峰.

螺桨泵 luójiǎngbèng プロペラ式装置で水を揚げるポンプ. 螺旋揚水機: [螺桨式抽水机] ともいう.

螺距 luójù =[牙yá节] [牙距] [機] (ねじ類の) ピッチ. 刻み.

螺菌 luójūn ⇒[螺旋菌]

螺口 luókǒu =[螺口捻じ込み式. スクリュー型: [螺旋] ともいう. [～灯 dēng 口] 捻じ込み式のソケット. エジソンソケット. [～灯头] 捻じ込み式の口金. エジソンロ金.

螺轮 luólún ⇒[螺丝轮]

螺帽 luómào ⇒[螺母]

螺帽攻丝机 luómào gōngsījī [機] ナットタッパー.

螺母 luómǔ =[螺帽] [螺丝母] 雌ねじ. ナット. [方] 丝母] [阴 yīn 螺旋] [機] 雌ねじ. ナット. [撑 chēng 条～] ひかえナット. [导 dǎo～] ガイディングナット. [蝶 dié 形～] 菊ナット. [对开～] ハーフナット. [方～] 角ナット. [防松～] チェックナット. [盖 gài～] 袋ナット. [环 huán～] リングナット. [开缝 fèng～] 割れナット. [配合～] 取り付けナット. [双～] ダブルナット. [锁紧～] とめナット. ねじどめ. [凸 tū 缘～] フランジナット.

螺青 luóqīng [色] 黒味を帯びた青色(の)

螺栓 luóshuān =[螺杆] [機] =[栓往] ボルトでしめつける. [贯穿～] 〈方〉对 duì 纺螺栓] 通しボルト. 両ナットボルト. [带头～] ねじこみボルト (頭つきのスタッド). [拔 bá 梢～] テーパーボルト. [埋 mái 头～] 皿鋲. 沈め鋲.

螺丝 luósī 〈口〉ねじ. ビス. ボルト: [螺钉] に同じ. [～钉] ねじ钉. [木 mù～] 木(き)ねじ.

螺蛳 luósī →字解①

螺丝扳子 luósī bānzi ①⇒[螺丝刀] ②⇒[活扳 huó 扳子]

螺丝板牙 luósī bǎnyá [機] ダイス: 雄ねじを刻する道具. [板牙②] の別称. →[外 wài 螺纹]

螺蛳饽饽 luósī bōbo =[螺蛳转儿] [食] 小麦粉をこねて発酵させたものを薄く延ばし, ごま油・山椒粉・塩などをまぶしてぐるぐるまいたものを焼きあげた食べ物: 形が "たにし" に似ている. 強い火でゆっくりパリパリに焼きあげたものを [干 gān 绷儿] という.

螺丝菜 luósīcài ⇒[甘 gān 露子]

螺丝(车)床 luósī (chē)chuáng [機] ねじ切り盤: ボルト(ねじ/目钉) などを作る機械.

螺丝刀 luósīdāo ねじ回し. ドライバー: [螺丝扳子①] は方言. [螺丝批 pī] [螺丝起 qǐ 子] [螺丝(钉)钻 zuàn] [改锥 gǎi 锥] ともいう.

螺丝垫 luósīdiàn 座金. ワッシャー.

螺丝钉 luósīdīng ⇒[螺钉]

螺丝钉精神 luósīdīng jīngshén → [雷 léi 锋精神]

螺丝攻 luósīgōng ⇒[螺丝攻]

螺丝钉攻 luósīgōng ⇒[螺丝攻]

螺丝酱瓜 luósī jiàngguā →[甘 gān 露子]

螺丝扣 luósīkòu ⇒[螺纹③]

螺丝轮 luósīlún =[螺轮] [螺旋齿轮] [機] 螺旋歯車.

螺丝帽 luósīmào ⇒[螺母]

螺丝帽攻 luósī màogōng [機] ナットタップ. 雌ねじ切削器.

luó～luò

螺丝磨床 luósī móchuáng 機ねじ研ぎ削り盤.
螺丝母 luósīmǔ ⇒〔螺母〕
螺丝起子 luósīqǐzi ⇒〔螺丝刀〕
螺丝头 luósītóu ねじの頭:ねじの頭の大きくなった部分.
螺丝牙 luósīyá 〔外 wài 螺纹〕
螺丝(牙)规 luósī(yá)guī ⇒〔螺蛳规〕
螺蛳转儿 luósīzhuànr ⇒〔螺蛳饽饽〕
螺蛳锥 luósīzhuī ①⇒〔螺丝攻〕②(コルクの)せん抜き.
螺纹 luówén ①渦状の模様.紋. ②生理渦状の指紋.〔罗纹〕〔脶纹〕とも書く.〔指 zhǐ 纹〕.〔螺纹扣〕機ねじ山(またはねじ溝):雄ねじやボルトの外面,または雌ねじのナットの内面に刻まれた螺旋形の凸形の稜.外面にあるのを〔外 wài 〜〕,内面にあるのを〔内〜〕という.
螺纹钢 luówéngāng 工螺旋溝をつけた型鋼.
螺纹攻 luówéngōng ⇒〔螺丝攻〕〔螺丝销〕〔丝 sī 公〕〔丝攻〕機タップ:〔丝锥(子)〕の別称.〔机器〜〕マシンタップ.〔复合钻 zuàn 〜〕コンバインドドリルタップ.〔手〜〕ハンドタップ.〔螺尺尖端〜〕スパイラルポイントタップ.
螺纹规 luówénguī ⇒〈方〉螺丝(牙)规〕〈方〉扣kòu 尺〕機螺旋の山距離を測る器具.
螺纹接口(管) luówén jiēkǒu(guǎn) 工ニップル.
螺纹宽度 luówén kuāndù ねじ山の幅.
螺线 luóxiàn 螺旋状の線.〔〜管 guǎn〕らせん形コイル.
螺旋 luóxuán ①螺旋.〔〜形〕らせん形.〔〜式上升〕らせん状の上昇.〔楼梯〕らせん階段.〔〜弹簧〕〔螺簧〕機螺旋バネ.〔阳 yáng 〜〕ボルト.〔阴 yīn 〜〕〔牝 pìn 〜〕〔钉〕機ねじくぎ.〔〜刀〕機ねじ切り.〔〜菌 jūn〕〔螺菌〕生命螺旋菌. ②農耕機の刃(は).〔三个〜〕三本刃.〔四个〜〕四本刃. ③⇒〔螺旋桨〕
螺旋齿轮 luóxuán chǐlún ⇒〔螺丝轮〕
螺旋端铰刀 luóxuán duānjiǎodāo 機スパイラルエンドミル.
螺旋桨 luóxuánjiǎng 機スクリュー・プロペラ:〔螺旋③〕ともいう.〔螺旋推进机〕の通称.〔〜毂 gǔ 板〕機飛行機用のプロペラ板.〔〜飞机〕〔桨式飞机〕プロペラ(飛行)機.
螺旋伞齿轮 luóxuán sǎnchǐlún 機曲がり歯かさ歯車.〔スパイラルベベルギア〕〔螺旋锥齿轮〕ともいう.
螺旋体 luóxuántǐ 生命スピロヘータ:らせん状の微生物.
螺旋推进机 luóxuán tuījìnjī ⇒〔螺旋桨〕
螺旋铣床 luóxuán xǐchuáng ⇒〔滚齿机〕
螺旋铣刀 luóxuán xǐdāo ⇒〔滚齿铣刀〕
螺旋线 luóxuánxiàn 機蔓巻線(つるまきせん).ヘリックス.〔锥 zhuī 形〜〕コニカルヘリックス.円錐形螺旋(ら).〔正交〜〕ノーマルヘリックス.
螺旋藻 luóxuánzǎo 植螺旋藻.スピルリナ.
螺子黛 luózǐdài 〈文〉青黒い顔料:昔時,宮女が眉を描くのに用いた.

〔砢〕 luǒ →〔磊 lěi 砢〕→ kē
〔倮〕 luǒ 〈文〉裸(になる)
  倮倮 luǒluǒ 〔倮㑩 luó〕とも書く.少数民族名,〔彝 yí 族〕の旧称.
〔裸(躶・赢)〕 luǒ ①裸(になる).むきだし(になる).〔〜戏 xì〕ヌードドラマ.〔赤 chì 〜〜①〕真っ裸である. →〔光 guāng ⑩〕 ②電算インストールしていない.

裸奔 luǒbēn ストリーキング.
裸虫 luǒchóng 〈文〉羽毛や鱗のない動物.〈喻〉人間.
裸大麦 luǒdàmài ⇒〔青稞〕
裸官 luǒguān 妻子や財産を海外へ置いて,単身で勤める高官:〔裸体官员〕の略.
裸花 luǒhuā 裸花.無花被花.
裸机 luǒjī 電算OSなどのソフトがインストールされていないコンピューター. ②未契約の携帯電話.〔〜价 jià〕同機の価格.
裸镜 luǒjìng ヌードシーン:〔裸体镜头〕の略.
裸露 luǒlù 裸にする.むきだす.〔〜心灵〕心の内をさらけだす.〔〜着上半身〕上半身裸である.
裸卖 luǒmài 包装しないで売る.はだか売り.
裸麦 luǒmài 植ハダカムギ(またその穀粒):〔裸大麦〕ともいう.〔青 qīng 稞(麦)〕の俗称.
裸身 luǒshēn ⇒〔裸体〕
裸视 luǒshì ①裸(の)眼で見る. ②裸眼視力.
裸体 luǒtǐ はだか:〔裸身〕〔裸形〕ともいう.〔〜画 huà〕裸体画.〔〜舞 wǔ〕〔脱 tuō 衣舞〕〔艳 yàn 舞〕ストリップショー.ヌードショー.→〔裸官〕
裸跣 luǒxiǎn 〈文〉はだかで素(す)足.
裸线 luǒxiàn はだか電線.
裸形 luǒxíng 〔裸体〕
裸岩 luǒyán (草木がなく)岩肌がむきだしである.
裸眼 luǒyǎn 裸眼.〔〜视 shì 力〕裸眼視力:〔矫 jiǎo 正视力〕に対していう.
裸葬 luǒzàng 屍(しかばね)をはだかのままで棺に入れて葬ること.
裸藻 luǒzǎo 植ミドリムシ藻(藻類)
裸照 luǒzhào ヌード写真:〔裸体照片〕の略.
裸装 luǒzhuāng はだか積み.〈〜货〉同前の積み荷.
裸子植物 luǒzǐ zhíwù 植裸子植物.胚珠と種子が裸出していて果皮におおわれていないもの(松・杉・麻黄など).↔〔被 bèi 子植物〕
裸足 luǒzú 〈文〉はだし.〔光 guāng 脚〕

〔蓏〕 luǒ 〈文〉瓜.〔果 guǒ 〜〕くだものや瓜.
〔瘰〕 luǒ 中医瘰疬(れき).〔肺 fèi 〜〕肺にできる瘰疬.〔瘰 láo〕〔瘰 shǔ〕
瘰疬 luǒlì 中医瘰疬(れき).頸部リンパ節結核.〔鼠 shǔ 疮〕〔鼠瘰〕ともいう.〔〜疙 gē 瘩〕瘰疬の腫れ物.
〔蠃〕 luǒ 〔螺 guǒ 〜〕虫トックリバチ. ②⇒〔螺 luó ①〕
〔泺・濼〕 luò 〔〜水〕山東省にある.→ pō
〔跞・躒〕 luò 〔卓 zhuó〕〔卓 荦〕〈文〉卓越する.卓越している. → lì
〔洛〕 luò ⓐ〔〜河;古くは〔雒〕といった.㋐陕西北部に発し,渭河に入る:〔北〜河〕ともいう.ⓑ陕西西南部に発し,河南に注ぐ:〔南〜河〕ともいう.〔〜阳 yáng〕河南省にある:古くは〔雒阳〕といった.→〔雒 luò ②〕②〈姓〉洛(ら)

洛京 luòjīng 地洛陽の古称.
洛可可 luòkěkě ⇒〔可可〕
洛美 luòměi ロメ:〔多 duō 哥共和国〕(トーゴ共和国)の首都.
洛闽之学 luòmǐn zhī xué 困程颢·程颐と朱熹の学派.
洛杉矶 luòshānjī 地ロサンゼルス:〔洛桑 sāng 矶〕〔络杉矶〕〔劳伦斯安琪尔斯〕などともいった.アメリカ西海岸の都市.
洛神 luòshén 地水神(女神)の名:伏羲氏の娘が洛水に溺死してその神になったという.
洛书 luòshū 固禹が洛水を治めた時,神亀の背に負

luò

洛诵 luòsòng ＝〔雒诵〕〈文〉(声を出して)繰り返し読む.

洛学 luòxué 困程顥·程頤の学説.

洛阳花 luòyánghuā 稙①〔牡丹 mǔ dān〕(ボタン)の別称. ②セキチクに似た花の名.

洛阳纸贵 luòyáng zhǐguì ＝〔纸贵洛阳〕〈成〉著書が盛んに売れること:晋の左思の三都賦が出ると人々が競って伝写したので洛陽の紙の値段が上がったことから.

〔咯〕 luò →〔吡 bǐ 咯〕 → gē kǎ lo

〔骆·駱〕 luò ①圉黒いたてがみの白馬. ②圉百越族の一. →〔百 bǎi 粤〕 ③〈姓〉骆(?)

骆马 luòmǎ 動ラマ科.

骆驼 luòtuo 動ラクダ:〔橐 tuó 驼〕は古称.〔沙漠之舟〕ともいう.〔单 dān 峰驼〕ヒトコブラクダ.〔双 shuāng 峰驼〕フタコブラクダ.〔瘦 shòu 死的~比马大〕〈諺〉やせて死んだらくだでも馬よりも大きい.腐っても鯛. ②〈方〉背の高い人.のっぽ.

骆驼鞍儿 luòtuo'ānr 〈方〉綿入りの靴の一種.

骆驼刺 luòtuocì 稙砂漠に生育する刺のある低木:ラクダの飼料となる.〔骆驼草〕ともいう.

骆驼队 luòtuoduì キャラバン.隊商:〔驼商〕に同じ.

骆驼桥 luòtuoqiáo 〈口〉太鼓橋.めがね橋. →〔拱 gǒng 桥〕

骆驼绒 luòtuoróng ラクダ色の織物(混毛の裏地用生地):〔驼绒〕ともいう.

骆驼上车 luòtuo shàngchē 〈方〉死ぬ:らくだは死んだ肉屋へ運ばれるときに車に乗る.

骆驼腰 luòtuoyāo 〈口〉ひどく曲がった腰. →〔罗锅 luóguō〕

〔络·絡〕 luò ①網状のもの.〔橘 jú 子~〕みかんの(果肉の)筋.〔网 wǎng ~〕ⓐネットワーク.ⓑインターネット.〔中医 络(?).〔脉 mài ~〕脈絡.〔经 jīng ~〕中医 経絡(𝑘𝑦𝑎𝑘𝑢). ②〔網状のものを)かぶる.かぶせる.〔头上~着一个发网〕頭にヘアーネットを被っている. ④巻きつける. →〈姓〉络(?) → lào

络丁 luòdīng ⇒〔芦 lú 丁②〕

络管儿 luòguǎnr ＝〔放 fàng 高射炮②〕〔砍 kǎn 橡子〕〔捋 lǚ 管儿〕〔捋壳子〕(男が)せんずりをかく.手淫する. →〔手 shǒu 淫〕〔自 zì 渎〕

络合物 luòhéwù 化錯体.

络离子 luòlízǐ 化錯イオン.→〔离子〕

络脉 luòmài →〔经 jīng 络〕

络腮胡子 luòsāi húzi 頬(ひげ.鍾馗 (しょうき) ひげ:〔罗 luó 腮胡子〕〔落腮胡子〕とも書いた.〈方〉大 kē 腮胡〕〔络腮胡须〕ともいう. →〔连 lián 鬓胡子〕

络纱 luòshā ＝〔络丝〕紡〕(紡錘に)糸を巻く.〔~工〕<機〕ドッファー.

络石 luòshí ①稙テイカカズラ(ケテイカズラ):〔白 bái 花藤〕ともいう.葉を〔~藤 téng〕といい薬用する.②⇒〔薜 bì 荔〕 ③⇒〔珍 zhēn 珠莲〕

络丝 luòsī ⇒〔络纱〕

络丝娘 luòsīniáng ⇒〔纺 fǎng 织娘〕

络筒 luòtǒng ⇒〔络纱〕

络头 luòtóu ①髮をおさえて頭を包む布. ②おもがい.

络网玻璃 luòwǎng bō·lí 網入りガラス:〔夹 jiā 丝玻璃〕に同じ.

络纬 luòwěi ⇒〔纺 fǎng 织娘〕

络新妇 luòxīnfù 囲ジョログモ.

络续 luòxù 〈文〉陸続と.〔各种瓜果~上市〕各種の果物が次々と市場に出回る.

络盐 luòyán 化錯塩.

络绎 luòyì 〈文〉(人·馬·车·船などの)往来が絶え間なく続くこと.〔车马来往~不绝 jué〕車馬の往来がひきもきらない.

〔烙〕 luò →〔炮 páo 烙〕 → lào

〔珞〕 luò ①〔瓔 yīng ~〕固珠玉をひもに通した首飾り. ②〔赛 sài 璐 ~〕〈音訳〉セルロイド. ③〈姓〉珞(?)

珞巴族 luòbāzú ロッパ族:中国少数民族の一.チベット自治区に居住する.

〔硌〕 luò 〈文〉山にある巨石.〔~石〕同前. → gè

〔落〕 luò ①落ちる(とす).〔花瓣 bàn ~了〕花びらが落ちた.〔~在地下〕地面に落ちる(ちている).〔伤心~泪 lèi〕悲しんで涙を流す. ②下ろす.〔~帆了 下来〕把旗子~下来]だれをおろす. ③下がる.降下する.〔太阳~山了〕陽が落ちた.〔河水~了〕川の水が涸れた.〔到処~满了灰尘〕いたるところほこりでいっぱいだ.〔一~千丈〕急に大きく落ち下する形容.〔行 háng 市~下了〕相場が下がった.〔水势未~的水势はまだ衰えていない.〔飞机要住 ~了〕飛行機が着陸しようとしている. ④(枠外に)残す(る).…の中に入らない.〔~不下什么钱〕いくらも余らない.〔丝毫不~,都按着排儿说〕少しも残さず順序だてて話す.〔大家一跑,他就~下了〕皆がかけ出すと,彼はとり残された.〔名单里~下他了〕名簿には彼が落とされていた. ⑤書きとどめる.記し置く.〔把这个落在纸上〕これを紙に書きとどめる. ⑥落ちる.落ちぶれる.〔衰 shuāi ~〕同前.〔沦 lún ~〕①落ちぶれる.〔堕 duò ~〕堕落する. ⑦とどまる(める).落ち着く.〔在北京~了户了〕北京に落ち着いた(居を構えた).〔小鸟~在树枝上〕小鸟が木の枝におりて(とまって)いる. ⑧帰する.落ちる.…に帰する.〔这个光荣任务,总算~在咱们组里了〕この光栄ある任務はとにかく我々のグループのものになった.〔他的房子~人家手里了〕彼の家は人手に渡った.〔~(…の結果に)…を受ける結果(羽目)となる.〔管闲事~不是〕〈諺〉余計なことをしてつまらぬ目をみる.〔反倒~下个坏 huài 名儿]かえって不名誉な結果になった.〔~笑 xiào 柄〕笑いものになる.〔~好名誉〕名誉を得る.〔~了不少的埋 mán 怨〕少なからず恨まれた.〔~入陷阱策謀(罠)に陷る.〔~得没饭吃〕飯も食えない羽目になった. ⑩集落.〔村 ~ 村落.〔部 ~ 部落. ⑪とどまる所.〔角 jiǎo ~〕隅.片隅.〔下 ~〕ゆくえ. ⑫〈姓〉落(?) → là lào luō

落案 luò'àn 判決を下す.結着をつける.

落败 luòbài 失敗する.打ち負かされる.

落榜 luòbǎng (入学試験に)不合格になる.〔高考落了榜〕大学入試に落ちた. →〔落第〕

落褒贬 luòbāobiǎn 〈方〉批判を受ける.〔落出褒貶来了〕世間から批判されることになった.

落本 luòběn 〈方〉出资する.投资する.

落笔 luòbǐ ＝〔落墨〕(書や絵で)筆をおろす.書き始める:〔下 xià 笔〕〔着 zhuó 笔〕に同じ.〔真难~〕実に筆をおろしにくい.

落标 luòbiāo 入札にまける.落札しそこなう.

落膘(儿) luòbiāo(r) 家畜がやせる:〔掉 diào 膘〕ともいう. ↔〔上 shàng 膘〕

落泊 luòbó ＝〔落薄〕〔落魄〕とも書いた.〈文〉落ちぶれる:〔落拓②〕ともいう. ②⇒〔落拓①〕

落残疾 luòcánjí 身体に障害が残る.

落槽 luòcao ①河の水位が下がる.水たまり状態になる. ②〈方〉家が没落する.〔~儿〕〈方〉ほぞがほぞ

luò 落

穴にうまくはまる.④〈方〉心が落ち着く.〔事情没办好,心里总不~〕事がうまくいかず,どうしても気持ちがしっくりしない.

落草 luòcǎo ①旧山中に落ちのびて(流賊の仲間に入って)野盗になる.〔共有二十个,结为兄弟,前往太行山梁上泊 pō 去~为寇〕(宜和遺事)20人の者が兄弟の誓いをし,太行山梁山泊へ行って匪賊になった.②[-儿]〈方〉生まれ落ちる.〔孩子一~奶奶喜欢得合不上嘴〕(紅旗譜)子供が生まれておばあさんはうれしくて口をつぐむことができない.③[宗](仏教で)世俗の人に門を開いてわかりやすく接する.④〈喩〉国(官)から民間へ転ずる.

落差 luòchā ①落差.②格差.ギャップ.〔两种工资的~较大〕2種類の賃金格差はわりあい大きい.〔~感 gǎn〕ギャップのある感じ.

落潮 luòcháo [気]退潮(する).引き潮(になる):〔退 tuì 潮〕に同じ.↔〔涨 zhǎng 潮〕

落尘 luòchén ①塵が降り積もる.②〈喩〉下界に下る.俗世間に身を落とす.

落成 luòchéng (建築などが)落成(する).〔~典礼〕落成式.

落船 luòchuán ⇒〔下 xià 船〕

落槌 luòchuí (競売・せり・オークションで小槌を打って)物件の売買が成立する.競売が終る.〔~定音〕〈喩〉決着する.

落锤 luòchuí [機]ドロップハンマー.→〔模 mú 锻〕

落单 luòdān ひとりぼっちである.=〔挂 guà 单〕①[劇](旧劇)で役者が座元に届けてある自分の出し物(役柄)を抹消してもらうこと.

落胆 luòdǎn 胆をつぶす.恐懼(ク)する.ひどく恐れる.〔~积 jī 雪草〕

落得打 luòdédǎ =〔积 jī 雪草〕

落得 luòde …に終わる.結局…になる.〔~一场空〕一場の夢と化す.〔以前挥霍无度,现在~沿街乞讨〕以前は金を湯水のように使ったが,今では街で物乞いをして回る始末になっている.

落灯 luòdēng ①(夜になって)店じまいする.②旧〔灯节〕の提灯をおろす〔旧暦の正月18日〕

落地 luòdì ①地面に落ちる.地上につく.着地する.〔~轮 lún〕[機]着陸用車輪.〔脚疼得不敢~〕足が痛くて地につけられない.〔心落了地〕心がほっとした.〔~签 qiān(证)〕アライバルビザ.空港ビザ.②生まれる.出生する.〔~为兄弟〕(陶潜詩)生まれ落ちて兄弟となる.③直接地面(床)に接している.〔~灯 dēng〕フロアスタンド.〔~窗 chuāng〕[建]下端が地面または床面に達している大きな窓.〔~镜 jìng〕フロアに接して固定する大鏡.姿見.〔~扇 shàn〕フロアスタンド扇風機.〔~式 shì〕コンソール型.床置き型.フロア型.〔~罩 zhào〕(中国家屋で)一室の中で分けて使う場合の間仕切り.

落第 luòdì ⇒〔下 xià 第〕②落第する.不合格となる:もと〔乡 xiāng 试〕以上の科挙の入試に不合格になること.〔高考~〕大学入試不合格.

落地车床 luòdì chēchuáng ⇒〔平 píng 面车床〕

落地捐 luòdìjuān ⇒〔落地税〕

落地梅 luòdìméi ①[医]重症の〔杨 yáng 梅 疮〕(梅毒):足にまで及んでいるもの.

落地炮 luòdìpào ⇒〔日 jiù 炮〕

落地生根 luòdì shēnggēn ①[植]セイロンベンケイ.②土地に根づく.土地に住みつく.

落地税 luòdìshuì =〔落地捐〕[旧]物品の販売地で納める一種の消費税.

落点 luòdiǎn ①着火点.落下点.②〈喩〉落としどころ.結着点.

落店 luòdiàn [旧]旅館に泊まる.投宿する.

落顶 luòdǐng (鉱山の採掘現場で)上向きに掘り,

切羽(ぎり)や中段坑道などに落とすこと.

落锻 luòduàn ⇒〔模 mú 锻〕

落发 luòfà 頭髪をおろす.出家する.〔~为僧 sēng〕剃髪して僧となる.

落帆 luòfán (帆船が)帆を降ろす.

落风尘 luòfēngchén 旧身を沈めて妓女となる.

落岗 luògǎng 失職する.〔~不落志〕失職したが志は失わない.

落好(儿) luòhǎo(r) よい結果になる.よい評判をとる.〔落不出好(儿)来〕ろくなことにならない:よい結果にならない.人にほめられたり喜ばれたりする結果にならない.

落黑 luòhēi 日が暮れる.→〔黄 huáng 昏〕

落红 luòhóng ①〈文〉落花.落ちた花びら.②石炭屑.

落后 luòhòu 遅れをとる.落伍する.〔外国队~两分〕外国チームは2点負けている.→〔落伍〕②(计画・活動など)管理の(管理がたち遅れている.〔谁最~就帮助谁〕最も遅れた人があればその人を援助する.③水準が低い.発展が遅れている.〔~分 fēn 子〕遅れている連中.↔〔先 xiān 进〕

落户 luòhù ①(他地に)居住する.〔在群众中~〕(幹部などが)大衆の中に住み着く.〔~班 bān 组〕幹部が基層・現場に住み着く.→〔下 xià 户②〕②戸籍に入る.〔落不上户〕戸籍に入れられない.

落花 luòhuā ①落花.落ちた花びら.〔流 liú 水〕〔流水〕①晩春のうらぶれた景色.⑤〈喩〉影もない.さんざんである.〔打了个~流水〕さんざんに殴る(られる).〔~有意,流水无情〕②〈喩〉片意あれど流水に情なし.〈喩〉片思い.〔~棉〕落棉.

落花生 luò·huāshēng [植]ラッカセイ(落花生).また,その実:〔花生〕に同じ.

落荒 luòhuāng 〈白〉荒野へ落ちのびる.〔~而走〕〔~而逃〕〈成〉戦いに敗れて逃れる.

落黄 luòhuáng 稲の葉が黄色になる(枯れる)

落晖 luòhuī 残照.夕日.

落货 luòhuò ①貨物を船に積み込む.〔~纸〕装 zhuāng 货单〕積込証書.〔~人〕荷送人.荷主.②積込品.③荷物を車・船からおろす.〔卸 xiè 货〕〔装 zhuāng 货〕

落籍 luòjí ①その地の籍に入る.原籍を移す:〔落户②〕に同じ.〔~做上海人〕上海人として住みつく.②〈文〉(娼妓)の戸籍を除く.落籍する.

落监 luòjiān 入獄する.

落脚点 luòjiǎodiǎn 帰着点.最終目標.〔出发点和~〕出発点と到着点.

落脚(儿) luòjiǎo(r) ①足を休める.休息する.〔他常在我家~〕彼はいつもわたしの家に泊まる.〈方〉売れ残る.〔~菜 cài〕売れ残りの野菜.〔~货〕売れ残り品.

落井下石 luòjǐng xiàshí 〈成〉苦境に陥った人に更に害を加える.首つりの足をひっぱる:〔投 tóu 井下石〕に同じ.

落局 luòjú ①終わりにする.②人のわなに陥る.

落卷 luòjuàn [旧]科挙の不合格者の答案.

落空 luòkōng 駄目になる.〔一希望现在显然是完全~了〕この希望はいまでは完全にふいになってしまった.〔落了一场空〕一場の夢となった.→làkōng

落款(儿) luòkuǎn(r) ①書画・手紙・花輪・贈物に姓名や為め書きなどを書き記す.〔画是画好了,还没~呢〕絵は描き終わったが,まだ落款がしてない.②落款.〔这里有作者的~〕ここに作者の落款がある.→〔上 shàng 款(儿)〕

落葵 luòkuí [植]フジナ(ツルムラサキ):〔藤 téng 菜〕〔藤 葵〕〔天 tiān 葵〕〔胭 yān 脂 菜〕〔御 yù 菜〕〔蓤 làokuí〕

luò

zhōng 葵]などともいう.

落雷 luòléi 〚気〛落雷.→〔劈 pī ③〕

落力 luòlì 努力する.力を出す.

落铃 luòlíng 〚農〕綿花の外皮が綿毛を露出する前に落ちてしまう病害.→〔棉 mián 铃〕

落令 luòlìng 季節はずれ.オフシーズン.閑散期.〔~商品〕季節はずれの商品.→〔当 dāng 令①〕

落落 luòluò 〈文〉①大らかである.悠々としてこだわらない.〔~大方〕度量が大きいさま. ② しっくりしない.〔~寡 guǎ 合〕気性が偏屈で人と折り合わない. ③ (とぎれることなく)多いさま.〔~如石〕石のようにいくらでもある.

落马 luòmǎ ①落馬する. ②〈転〉(戦い・試合で)敗退する.脱落する.

落脉 luòmài (地相見の用語で)〔龙 lóng 脉〕(山の起伏)の高い所から下ったところをいう.

落煤 luòméi 石炭を積み入れる.

落寞 luòmò 〔落漠〕〔落莫〕とも書いた. ①もの寂しい.さびれている. ②落ちぶれる.

落墨 luòmò ⇒〔落笔〕

落幕 luòmù ⇒〔闭 bì 幕〕

落难 luònàn 災難を被る.災難にあう.苦境に陥る.

落盘 luòpán 〚商〕(証券市場で,売り買いの値を示して)発注する.注文を出す.

落品 luòpǐn ①〈文〉品格がない. ②〈方〉社会的な地位を失う.

落聘 luòpìn 採用試験に落ちる.不採用となる.〔~干部〕昇格試験不合格の幹部職員.

落魄 luòpò, ~tuò 〈文〉①魂を失う.〈喩〉驚きあわてる.〔~失魂〕同前. ②⇒〔落泊〕 ③⇒〔落拓〕

落气 luòqì 〈方〉息を引き取る.死ぬ.

落取 luòqǔ 入試に落ちる.〔高考~〕大学入試に落ちる.

落日 luòrì 夕陽(ひ).落日.

落腮胡子 luòsāi húzi ⇒〔络腮胡子〕

落山 luòshān 太陽が沈む.

落生 luòshēng 〈方〉生まれ落ちる.

落石 luòshí 落石.〔崩 bēng 塌〕(山崩れ)の一種.

落实 luòshí ①確定する.確実にする.〔明天去开会的有多少人,要~一下〕あした会議に行く人数を確定しておかねばならない. ②(計画・政策・任務など)実行する(して結果を出す).具体化する.〔~党的各项政策〕党の各項の政策を着実に遂行する. ③ (計画・措置・統計数字などで)具体的である.適切である.〔生产计划不大~〕生産プランはあまり現実的でない. ④〈方〉気が楽になる.心が落ち着く.〔他心中~了〕彼は安心した.

落市 luòshì 〈方〉①(季節はずれで農産品が)市場になくなる.→〔上 shàng 市①〕 ②市場の取引が終わる.

落霜红 luòshuānghóng 〚植〕ウメモドキ.観賞用落葉低木. ②ニシキギ科ツルウメモドキ.

落水 luòshuǐ ①水中に落ちる.〔~摘 qín 水泡〕〈諺〉おぼれるものはわらをもつかむ. ②〈喩〉堕落する.〔~狗 gǒu〕水に落ちた犬.〈喩〉力を失った悪人.〔痛 tòng 打~狗〕落ちぶれた敵に追い打ちをかける.

落水管 luòshuǐguǎn ⇒〔水落管〕

落苏 luòsū ⇒〔茄 qié 子〕

落俗 luòsú 〈口〉俗っぽい(くなる).

落宿 luòsù 〈文〉投宿する.

落寞 luòmò もの寂しい.

落锁 luòsuǒ 鎖をかける.施錠する.

落胎 luòtāi ⇒〔堕 duò 胎〕

落汤鸡 luòtāngjī 〈口〉熱湯に落ちた鶏.〈喩〉ぬれねずみ.全身びしょぬれのさま.

落汤螃蟹 luòtāng pángxiè 熱湯に落ちた蟹.〈喩〉絶体絶命であわてふためくさま.

落套 luòtào (文芸作品などが)通俗的な型にはまる.月並みなものとなる.

落体 luòtǐ 〚物〕落体.

落西 luòxī 〈方〉(日や月が)沈む.〔太阳~〕太陽が沈む.

落拓 luòtuò 〔落托〕〔落魄〕とも書いた.〈文〉①豪放である.〈口〉小事にこだわらない. ②〔不羁 jī〕おおらかでこせこせしない. ②⇒〔落泊①〕

落晚 luòwǎn 〈方〉たそがれ.

落网 luòwǎng ①網にかかる.捕縛される.〔主犯已经~〕主犯はすでに逮捕された. ②〚网〕ネットする.〔不是~就是出界〕(ボールが)ネットするかアウトサイドするかだ.

落尾 luòwěi 〈方〉①後ろ.最後. ②書籍などの後ろの署名する場所. ③後で. ④落伍する.

落伍 luòwǔ ①落伍する.〔~者 zhě〕落伍者.→〔落后①〕 ②時代遅れになる.〔有了电灯,煤油灯就显得~了〕電灯がつくようになって石油ランプは時代遅れになってしまった.

落霞 luòxiá ⇒〔晚 wǎn 霞〕

落乡 luòxiāng 〈方〉郊外.片田舎.

落新妇 luòxīnfù 〚植〕(虎 hǔ 麻〕(アカショウマ)の近縁種:薬用する.

落选 luòxuǎn 落選(する).⇒〔当 dāng 选〕

落扬 luòyáng ⇒〚農〕脱穀の打ち上げ.

落叶 luòyè 〚植〕落葉(する).〔~树〕落葉樹.〔~植物〕落葉植物.

落叶归根 luòyè guīgēn ⇒〔叶落归根〕

落叶松 luòyèsōng 〚植〕グイマツ.〔日本~〕フジマツ(カラマツ)

落音(儿) luòyīn(r) (たった今)言い終わる.歌い止む.音が止む.〔这位的话一~另一位立刻接上去说〕こちらの人の話が終わると別の人がすぐ後に続いて話した.

落英 luòyīng 〈文〉①しぼんで落ちた花.〔~缤 bīn 纷〕しきりに花が散る.②初咲きの花.

落雨 luòyǔ ⇒〔下 xià 雨〕

落葬 luòzàng 埋葬する.

落栈 luòzhàn ①貨物を倉入れする. ②旧宿屋に着く.

落账 luòzhàng 記帳する.帳簿につける:〔上 shàng 账〕〔记账②〕に同じ.→làzhàng

落照 luòzhào 夕日の輝き.

落纸 luòzhǐ 書き物をする.〔~如飞 fēi〕〈成〉文書を書くのがすこぶる速い.

落帚 luòzhǒu ⇒〔地 dì 肤〕

落子无悔大丈夫 luòzǐ wúhuǐ dàzhàngfu 〈諺〉碁を盤に置いたら後悔しないのが立派な男だ.

落座 luòzuò 席につく.客が座る.〔等客人落了座,服务员上来献茶〕お客が席につくやサービス係が出てきてお茶を勧める.

[雒] luò ①〈文〉全身が黒くたがみの白い馬. ②〔~南县〕〔商~地区〕〚地〕陝西省にある地:現在は〔洛南县〕〔商洛地区〕と書く.→〔洛①〕③〈姓〉雒(l)

雒诵 luòsòng ⇒〔洛诵〕

[荦・犖] luò 〈文〉①まだら(雑色)牛. ②明らかである.〔~~〕〈文〉(物事が)はっきりしているさま.際立っているさま.〔~~大端 duān〕明確な要点.主な項目.〔卓 zhuó ~〕卓絶している.

[漯] luò 〔~河 hé 市〕〚地〕河南省にある. → tà

luò～má

[摞] luò ①一つ一つ積み上げる.積み重ねる.〔把书～起来〕書物を積み重ねる.〔桌子上~着一摞旧杂志〕テーブルに古い雑誌が積み重なっている.②量詞.積み重ねられた物を数える.〔一~碗 wǎn〕一重ねの碗.〔一~书〕一重ねの書物.〔一~筐 kuāng〕一重ねのかご.

[啰・囉] luo 語気詞:文末に置き軽い肯定の語気を表す.〔你去就成~！〕きみが行けそれですむことさ. → luō luó

M

m ㄇ

[姆] m̄ → mǔ
姆妈 m̄mā〈方〉①母.お母さん. ②おばさん:年輩の既婚女性に対する呼称.

[呒・嘸] ḿ〈方〉ない:〔没有〕にあたる.〔~啥〕何もない.何でもない.

[唔] ḿ 疑問などを表す感動詞.〔~,什么？〕え,何だって. → m̀

[嗯] m̀ 承諾などを表す感動詞.〔~,我知道了〕ウム,わかった(承知した) → ḿ

[唔] m̀〈方〉…しない.〔~系〕…でない. → wú

ma ㄇㄚ

[孖] mā ①〈方〉対になっている.〔~女 nǚ 子〕双子の姉妹.〔~烟 yān 囟〕(男性用)トランクス.〔~仔 zǎi〕双子の(兄弟). ②~髻jì 山〕Ⓗ広東省にある山. → zī

[妈・媽] mā ①〈口〉母.お母さん:母親に対する呼びかけにも用いる.〔~~〕お母さん.〔我的~！〕あれっ. → mǔ 〔~娘 niáng〕②年上,あるいは一世代上の既婚女性に対する呼称.〔姑 gū ~〕〔姑姆〕父の姉妹.〔姨 yí ~〕〔姨妈〕はおばさん.〔大~〕おばさん:父の兄の妻.または老年の既婚女性に対する呼称. ③回姓に続けて中老年の女使用人を呼んだ.〔王~〕王ばあや.→〔妈的〕
妈的 māde 〈駡〉チェッ.クソッ.→〔妈妈的〕
妈港 māgǎng Ⓗ(マカオの)別称:古く〔阿妈神庙〕があったので〔阿妈港〕ともいった.〔澳 ào 门〕
妈拉(个)巴子 mālā(ge)bāzi〈駡〉ま・ち・く・し・ょ・〔拉〕は〔啦〕とも書く.〔他~〕同前. →〔巴子〕
妈妈 māma ①〈口〉母親.②〈转〉お母さん(夫が子供の前で妻のことをいう時に用いる)お母さん. ③〈方〉一般の年長の女性に対する称呼.④〔-儿〕〈方〉お乳.〔吃~〕お乳を飲む.
妈妈大全 māmadàquán 決まり文句:母親が子供にくどくどというようなこと.〔妈妈论儿〕を書物に見たてての集大成と誇張した表現.
妈妈的 māmade〈駡〉こんちくしょう.ばかやろう.
妈妈论儿 māmalùnr =〈方〉老 lǎo 妈论儿〕〔论儿,口〕母親がよけいな気をもむこもつまらないくりごと.決まり文句.〔又是一大套~的,我真不爱听〕また愚にもつかないことばかり言ったりして,わたしはほんとに聞きたくない.
妈妈先生 māma xiānsheng〈口〉専業主夫.

妈咪 māmī〈音訳〉①マミー:ママに当たる幼児語.②〈口〉(バーやクラブなどの)ちいママ.
妈呀 māya なんとまあ:驚きを表す感動詞.〔~,你吓 xià 死我了！〕ひぇっ,びっくりした.→〔老 lǎo 天爷②〕
妈祖 māzǔ 航海の女神:中国東南沿海地区に伝わる信仰.〔~庙 miào〕同前を祭る廟:湄洲島と台湾北港の媽祖廟と天津の天后宮が三大媽祖廟.〔天 tiān 后〕

[蚂・螞] mā〔~蜋 lang〕〈方〉トンボの俗称:〔蜻 qīng 蜓〕に同じ. → mǎ mà

[抹] mā ①拭く.〔~桌 zhuō 子〕テーブルを拭く.〔~干 gān 净〕きれいに拭く.〔~掉 diào〕拭きおとす.→〔擦 cā②〕 ②押し下げる.〔把帽檐儿 yánr 一下来〕帽子のひさしを下におろす.③〈方〉くびにする.免職する.〔他那个校长的头衔早让人~了〕彼の校長の肩書はとっくに召し上げられていた. → mǒ mò
抹布 mābù =〔抹)巾〕雑巾.布巾. →〔擦 zhǎn 布〕
抹搭 mādā 〈方〉まぶたが下がる.→〔着眼皮〕同前.
抹巾 mājīn ⇒[抹布]
抹脸 māliǎn〈口〉①いきなり険しい顔つきをする.〔抹不下脸来〕きつく言えない.→〔拉下脸〕 ②顔を拭く.
抹澡 māzǎo〈方〉ぬれ手ぬぐいで全身を拭く.

[麻(蔴)] mā → má
麻麻黑 māmahēi〈方〉今にも日が暮れる.〔天~了〕まさに日が暮れようとしていた.
麻麻亮 māmaliàng〈方〉今にも日が昇る.〔天刚 gāng ~〕今しがた空がほのかに明るくなった.

[摩] mā → mó
摩挲 mā·sā〔摩撒〕とも書く.〈方〉なでつける.〔要没有熨 yùn 斗,半干 gān 的时候用手~~就成了〕もしアイロンがないなら半乾きの時に手で平らになでつけておけばよい. ②さする.〔~胸 xiōng 口〕(苦痛和らぐように)みぞおちをさする.〔~~肚儿,开小铺儿！痛くない,痛くない,ほら治った:子どもが腹が痛い時やむずがる時に腹をなでながら言ってやる言葉. → mósuō

[吗・嗎] má〈口〉なに:疑問詞で〔什么〕と同じように用いられる.〔~地方？〕どこ.〔干 gān ~？〕何で.何のために.何をする.〔~事〕何事だ. → mǎ ma

[麻(蔴)] má（Ⅰ)〔蔴〕①画アサ(総称),またその繊維.〔亚 yà ~〕亜麻(リネン).〔苎 zhù ~〕ちょ麻(カラムシラミー).〔大 dà ~〕大麻(麻.ヘンプ).〔黄 huáng ~〕(ジュート).〔剑 jiàn ~〕サイザル麻.〔蕉 jiāo ~〕マニラ麻(アバカ). 〔~绳(儿) shéng(r)〕麻の細ひも.②ゴマの略称:ふつう〔芝 zhī 麻①〕という.〔~油〕ゴマ油. ③〈姓〉麻(ᵃ)
（Ⅱ)〔麻〕①表面がざらざらしている.滑らかでない.〔一面光,一面~〕片面はなめらかだが,片面はざらざらしている. ②あばた.→〔麻子 zi〕③小さい斑点がある.
（Ⅲ)〔麻〕①しびれる.感覚がなくなる:〔麻〕とも書く.〔腿 tuǐ ~了〕足がしびれた.〔发 fā ~〕〔发木〕しびれてくる.しびれがくる.〔~着胆 dǎn 子说〕大胆に言う.②いやな感じで〕ぞっとする.むずがゆい.〔听着怪 guài 肉~的〕聞いててぞくぞくする. → mā
麻包 mábāo ⇒[麻袋]
麻痹 mábì ①(意志・警戒の)感覚を失う(わせる)

麻 má

麻痹 〔~人们的斗志〕人々の闘志を麻痺させる.〔别~大意〕油断するな. ②医麻痺(する・させる):〔小儿~症〕小児麻痺.ポリオ:〔脊jí髓huǐ灰huī炎yán〕の通称.〔面部麻经~〕顔面神経麻痺.

麻饼 mábǐng ⇒〔麻(砧)饼〕

麻布 mábù 紡①麻の粗布:梱包や荷袋ズックに使う.②麻の生地.〔细~〕〔夏布〕リネン.ラミー布地.

麻缠 mánchán 〈方〉厄介である.〔~的事情〕厄介なこと.

麻搭搭 mádādā 〈方〉落ち着かないさま.〔心上~的〕心がどうも落ち着かない.

麻袋 mádài =〔麻包〕麻袋.ナンキン袋.〔~装 zhuāng〕麻袋入り(の)

麻刀 mádao =〔麻筋〕すさ.つた:しっくいなどにすきこむ麻の繊維屑.〔麻捣〕とも書く.

麻点 mádiǎn ①ぽつぽつ.点々.〔黑 hēi 门上生出许多~〕黒い門扉にたくさんの点々ができている. ②工(メッキの)ざらつき.(鋳物の)サンドホール. ③あばた.

麻豆苍蝇 mádòu cāngying 虫ベッコウバエ.

麻豆腐 mádòufu 食緑豆から澱粉を取ったあとのかす:やや酸味があり,油で炒めて食べる.

麻顿赛体 mádùnsàitǐ ⇒〔马mǎ氏体〕

麻儿逆 márnì ⇒〔猫猫儿腻〕

麻烦 máfan ①面倒くさい.煩わしい.〔那件事变得~起来了〕例の件が厄介なことになってきた. ②迷惑をかける.煩わす.迷惑や同前を食べる.話は になる.〔~你跑一趟吧〕ご足労がひと走り行ってください.〔送封信请你一定带给张先生,~你了〕この手紙を必ず張さんに持って行って下さい.手数をかけさせます.〔给你添了很多~〕〈挨〉いろいろご面倒をおかけしました.→〔累léi〕②面倒.厄介(事)

麻纺 máfǎng 紡麻織り(の)

麻风 máfēng 医ハンセン(氏)病:〔麻风病 bìng〕麻风疮 chuāng〕〔大 dà 麻风〕〔大风③〕〔〈文〉癞 lài ①〕〔癞病〕〔疠 lì 风〕ともいう.〔麻疯〕〔麻风〕〔麻疯〕とも書いた.

麻秆儿 mágǎnr (皮つきの)麻の茎.→〔麻秸(秆儿)〕

麻姑 mágū ①古女仙人の名. ②地江西省南城県の西南にある山.

麻姑莲 mágūlián 色バイオレットの一種.〔盐基~〕染メチルバイオレットの一種.

麻古 mágǔ ⇒〔冰bīng毒〕

麻花(儿) máhuā(r) 食小麦粉をこねて長さ20センチほどの縄状によりねじり合わせたものをかりん糖のように油で揚げたもの:〔炸zhá麻花(儿)〕ともいう.〔猴吃~,蛮(滿)拧~〕〈歇〉猿が同前を食べる.無理にねじる:全くこわっている.→〔课guǒ子①〕 ②〈方〉(着古して生地が)よれよれになる. ③⇒〔并bìng丝〕

麻花钻(头) máhuāzuàn(tou) =〈口〉麻yóu条钻头〕工ツイストドリル.ねじぎり=螺旋countを持つドリル

麻黄 máhuáng 植マオウ(科の草).〔~碱 jiǎn〕〔~素 sù〕化エフェドリン.〔盐 yán 酸~碱〕化塩酸エフェドリン.

麻将 májiàng マージャン:〔〈方〉麻雀①〕ともいう.〔十shí三张〕〔竹zhú(城之)战〕〔竹林之战〕などは別称.〔麻牌 pái〕〔雀牌〕②同前.同前のパイ.〔打~〕マージャンする.

麻酱 májiàng ⇒〔芝zhī麻酱〕

麻酱面 májiàngmiàn ⇒〔芝zhī麻酱面〕

麻胶 májiāo リノリウム.

麻秸(秆儿) májiē(gǎnr) =〔麻秸棍儿〕麻がら:皮つきは〔麻秸秆儿〕,皮を取ったものは〔麻秸(秆儿)〕という.〔~打狼〕〈歇〉麻がらを持って狼をたたく:打つ方も打たれる方もおっかなびっくり,すなわち〔两头儿害怕〕(双方どちらも怖がる)

麻秸棍儿 májiēgùnr 同上.

麻筋 májīn ⇒〔麻刀〕

麻筋 májīn 〔~儿〕〈方〉人体のひじの内側にあるちょっと打たれてもしびれる痛い筋.〈転〉弱み.痛い所.〔敲 qiāo ~〕弱みを突く.痛い所を押さえる.

麻经儿 májīngr (细い)麻の(皮(繊維)を細く割いただけのもの.〔麻荆〕〔麻茎〕〔麻精〕とも書く.→〔麻绳(儿)〕

麻口铁 mákǒutiě 工まだら銑(生):〔白口铁〕〔灰口铁〕との中間類型の鋳鉄.

麻口鱼 mákǒuyú ⇒〔黄 huáng 鲫〕

麻辣 málà 舌がピリピリした(味である):〔麻〕は〔花椒〕の味,〔辣〕は唐辛子の味.〔~豆腐〕食ピリ辛豆腐.

麻剌甲树胶 málájiǎ shùjiāo ポンチアナックゴム:コパール(硬質樹脂)の一種.

麻雷子 máléizi 大音を出す爆竹の一種.→〔爆 bào 竹〕

麻栎 málì クヌギ.→〔栎〕

麻利 máli 〔麻力〕〔麻俐〕とも書いた. ①(動作が)すばやい.手早い.てきぱきしている.〔他做事很~〕彼は仕事がとても手早い.〔又~又仔zǐ细〕手早くて念入り.〔跑得怪~的〕走るのがとても速い. ② =〔麻溜(儿)〕さっさに.急いで.〔妈叫你~回去〕母さんがあなたに早く帰りなさいって.

麻脸 máliǎn =〔〈方〉麻面〕あばた面.

麻溜(儿) máliu(r) =〔麻利②〕

麻冕 mámiǎn 旧喪中の麻製の冠りもの.

麻面 mámiàn ⇒〔麻脸〕

麻木 mámù ①しびれる.無感覚になる.〔手脚~〕手足がしびれる.〔麻木木木〕すっかりしびれたさま. ②無感動である.→〔木⑥〕〔发fā木〕

麻木不仁 mámù bùrén 手足がしびれて感覚がない.〈喩〉(世事に)無感覚・無関心である.

麻婆豆腐 mápó dòufu 食みじん切りにした牛肉,またはひき肉と豆腐とを油で炒め唐辛子や山椒などの調味料で味つけしたもの.

麻钱 máqián 〈方〉小さな銅銭.穴あき銭.

麻球 máqiú ⇒〔麻团〕

麻雀 máquè ①鳥スズメ:〔〈口〉家雀儿qiǎor〕〔〈方〉老 lǎo 家贼〕〔〈方〉老家子〕〔王母使者〕などともいう.〔~虽小,肝胆俱全〕〈諺〉〔~虽小,五脏俱全〕〈諺〉規模は小さいが,何もかもそろっていること.〔打~〕①雀狩り.〈方〉マージャンをやる.〔~落在糠kāng堆上,空kōng欢喜〕〈歇〉ぬか喜び.〔~战〕①小さな戦闘.〈喩〉小規模な生産活動.〔~学校〕〈喩〉小規模学校.〔老天饿が不死瞎雀儿〕〈諺〉お天道様は目の見えぬ雀にも餓死させない.捨てる神あらば拾う神あり. ② ⇒〔麻将〕

麻仁(儿) márén(r) 麻の実:製油用・薬用.

麻纱 máshā 紡①麻の織り物用の糸. ②キャンブリックなど薄地の麻布作(また綿との混紡)

麻沙本 máshābèn 旧福建省建陽の麻沙鎮で印刻した(質の悪い)旧刻本.

麻糁 máshēn ごま油の絞り粕.

麻绳(儿) máshéng(r) 麻の(細)ひも.麻縄.〔~捎 shào水,越捆越紧〕〈諺〉濡れた麻ひもを打ちかけるとますます締まってくる:ますます逼迫してくる.→〔麻经儿〕

麻绳菜 máshéngcài ⇒〔马mǎ齿苋〕

麻石 máshí ⇒〔花huā岗岩①〕

麻刷子 máshuāzi 麻刷毛(炉).ペンキ刷毛.
麻丝 másī 麻の繊維を細く紡いだもの.→〔麻线（儿）〕
麻酥酥 másūsū 軽くしびれるさま.力が抜けるさま.力が入らないさま.〔两腿～地站不起来〕両足がしびれて立ち上がれない.〔麻原酥酥〕ぐったりと力が抜けたさま.
麻索 másuǒ〈方〉劚麻糸.麻ひも.
麻糖 mátáng ⇒〔芝 zhī 麻糖〕
麻铁 mátiě ⇒〔韧 rèn 性铁铁〕
麻团 mátuán〔〈方〉麻球〕〔粉 fěn 团①〕區ごま団子:米粉をこねあんを包んで球形に丸め、ごまをまぶして揚げたもの.
麻纤 máxiān 麻の繊維.
麻线(儿) máxiàn(r) 劚麻の糸.
麻鞋 máxié 麻製の靴.
麻鸭 máyā 廚ツクシガモ:羽毛に斑点がある.
麻燕儿 máyànr〈方〉廚ノツバメ:イエツバメよりやや大型のもの.
麻药 máyào〔薬麻酔薬.→〔麻酔剤〕
麻叶(儿) máyè(r) ⇒〔油 yóu 饼②〕
麻衣 máyī ①圉喪服.②固平服.③圁科挙の試験を受ける者(の服).
麻衣神相 máyī shénxiàng 麻衣道者という伝説上の人に創始が仮託される観相術:〔麻衣相法〕はその書とされる.
麻蝇 máyíng 廚ニクバエ(科のハエ).
麻油 máyóu ⇒〔芝 zhī 麻油〕
麻渣 mázhā ごま油を取った後の絞りかす.→〔麻（砧）饼〕
麻(砧)饼 má(zhēn)bǐng ごま油のしめかすを盤状にしたもの:肥料・魚飼とする.→〔豆 dòu 饼〕
麻疹 mázhěn〔〈方〉疹 shā〕医はしか.〔疹子〕は通称.〔麻疹〕とも書いた.〔～病毒〕はしかウイルス.〔瘟 wēn 疹(子)〕
麻织品 mázhīpǐn 劚麻織物(総称)
麻纸 mázhǐ 麻を原料として作った紙.
麻爪 mázhuǎ〈方〉慌てふためく.〔等八路军来了他们就～了〕(罗・風1)八路軍がやって来ると彼らはすっかり慌ててしまった.→〔抓 zhuā 瞎〕
麻子(儿) mázǐ(r) 麻の実.〔麻子油 yóu〕(大)麻の実の油.
麻子 mázi ①あばた.〔白～〕同前.〔～脸(儿) liǎn(r)〕あばた面.〔俏 qiào 皮～愛娇〕あばたも一笑.〔一脸的阿 kē 弥～〕顔一面の醜いあばた.②あばた面の人.〔大～〕いっぱいあばたのある人.〔李～〕
麻醉 mázuì ①医麻酔(をかける).〔～师 shī〕麻酔医.〔～品 pǐn〕⑧麻酔薬.⑥〈喩〉人の判断力を失わせるもの.〔全身～〕〔全麻〕全身麻酔作用.〔针刺～〕囩针麻酔.〔打 dǎ ～针 zhēn〕麻酔注射する.②判断力を失わせる.〔用诲 huì 淫海盗的电影～青年人〕性や暴力の映画で若者を悪魔に染まらせる.
麻醉剂 mázuìjì〔薬麻酔薬:〔麻药〕〈口〉蒙 méng 药〕ともいう.
麻醉氯仿 mázuì lǜfǎng〔薬麻酔用クロロホルム.
麻醉乙醚 mázuì yǐmí〔薬麻酔用エーテル.

〔麻〕 má

麻痹 mábì ⇒〔麻痹〕
麻风 máfēng ⇒〔麻风〕

〔蟆(蟇)〕 má →〔蛤 há 蟆〕

〔马・馬〕 mǎ ①劚ウマ.〔公 gōng ～〕〈方〉儿 ér ～〕母 mǔ

～〕〔骒 kè ～〕〈方〉草 cǎo ～〕①雌馬.〔～不得夜草不肥〕〈諺〉馬は夜草を食わなければ太らない:特にうまい儲けがなければ金持ちになれない.〔驿 yì ～〕①圁宿場馬.②(虫や草などが)馬のように大い.〔马蜂〕〔马勺〕②劚鉄管・チューブ類の継ぎ目管.⑤時計の脱進機のアンクル(つめ).④→〔马子①〕⑤→〔马克〕⑥→〔象 xiàng 棋～〕〔(姓)〕
马鞍(子) mǎ'ān(zi) 鞍(ら).〔～铺 pù〕馬具店.〔～形 xíng〕⑧U字型:両側が高く中間がくぼんでいる形.⑤起伏・曲折のある物事.〔呈 chéng ～形〕浮き沈みがある.
马把式 mǎbǎshi 馬使い.馬丁.→〔把式〕
马绊子 mǎbànzi ①〈喩〉他人の前進をじゃまするもの.〔绊马索〕②馬の足にかけて走りを制止する綱.
马帮 mǎbāng 駄馬からなる輸送隊.キャラバン.
马棒 mǎbàng ①馬の尻をたたく棒.②旧旅行者が護身のために持って歩いた杖.
马宝 mǎbǎo 中医病馬の腹中からとった結石:薬用される.
马保儿 mǎbǎor 馬丁.馬夫.
马报 mǎbào 旧馬による)急報.
马刨子 mǎbàozi 馬櫛:馬の体をかいてやるもの.
马背 mǎbèi 馬の背中.〔～民族〕騎馬民族.
马鼻疽 mǎbíjū =〔鼻疽〕医ばびそ:俗に〔吊 diào 鼻子〕ともいう.馬の慢性伝染病.
马币 mǎbì ①マレーシアの通貨.②廑馬の模様の入った硬貨.
马鞭草 mǎbiāncǎo 廚クマツヅラ:薬用する.
马鞭(子) mǎbiān(zi)（馬の)むち.
马弁 mǎbiàn 旧(将校の)護衛兵.
马镳 mǎbiāo 馬のくわの:口の両脇にかませる部分.→〔马衔〕
马表 mǎbiǎo〔区(競技用)ストップウォッチ:競馬に用いたことから.〔秒 miǎo 表〕〔跑 pǎo 表〕ともいう.
马鳖 mǎbiē ⇒〔水 shuǐ 蛭〕
马兵 mǎbīng〔马军〕騎馬兵〔骑 qí 兵〕に同じ.
马拨子 mǎbōzi 旧公文書を急送するために各宿駅に配置されていた早馬:前前に送る公文書を入れる袋を〔马封〕という.
马勃 mǎbó 廚ホコリタケ(茸):オニフスベなどの大形球状菌体(総称).止血消炎剤にする.〔马庋勃〕〔马粪包〕ともいう.
马伯六 mǎbóliù〔马泊六〕とも書く.く白〕男女の間の取り持ちをする者.連れ込み宿の客引き.
马皎儿 mǎbór 廚ワスズメウリ:薬用.
马步 mǎbù 両足を大きく開き腰をしずめふんばってかまえた姿勢:体操や拳術の基本型の一.〔阿Q连忙捏好砖头,摆开～,准备和黑狗开战〕(魯・Q7)阿Qは急いで煉瓦(ñ）のかけらをつかんで、足をふんばり,黒犬と開戦する準備をした.
马不停蹄 mǎ bù tíngtí〈喩〉しばしも休まず先を急ぐこと:〔马不卸 xiè 鞍〕ともいう.〔～,人不下鞍ān〕同前.〔地来回跑〕休むことなく走って行ったり来たりする.
马菜 mǎcài →〔马兰〕
马槽 mǎcáo 飼い葉桶.
马草 mǎcǎo ①馬の飼い葉.②⇒〔问 wèn 荆〕
马叉 mǎchā 古兵器の一種:矛の先から両方に刃が分かれているもの.
马差 mǎchā ⇒〔马飞脚〕
马蝉 mǎchán ⇒〔昨 zhà 蝉〕
马车 mǎchē ①馬の引く車.馬車.②ラバの引く車.
马扯手 mǎchěshǒu（馬の）手綱.
马齿 mǎchǐ =〔马龄〕〈文〉馬齢:馬は歯の生え方で

马

mǎ

年齢を知ることができる.〔～徒 tú 增〕<成>いたずらに馬齢を加える.年征りをとる(謙遜の辞)

马齿苋 mǎchǐxiàn ＝〔长 cháng 命菜〕〔长寿菜〕〔方〕麻 má 绳菜〕㊩スベリヒユ(イハイズル):茎・葉をゆでて食べたり,薬用する.〔大花～〕マツバボタン.

马刺 mǎcì（乗馬靴のかかとの）拍車.

马褡子 mǎdāzi〔方〕荷駄(に)〕:馬の背に載せる振りわけ荷袋.→〔搭裢①〕

马达 mǎdá〈音訳〉モーター:〔电 diàn 动机〕〈音訳〉摩 mó 托〕ともいう.〔～底座〕<喩>モータースチェルフ.〔～底板固定螺栓〕モーターベースセッティングボルト.〔～油〕モーターオイル.→〔引 yǐn 擎〕

马达加斯加 mǎdájiāsījiā マダガスカル:正式国名は〔～共和国〕.〔马尔加什〕（マルガシュ）は旧名.首都は〔塔 tǎ 那那利佛〕（アンタナナリボ）

马大哈 mǎdàhā ＜口＞いい加減で,ずぼらで,だらしない(人):漫才の〔买猴儿〕に出てくる人物.〔马马虎虎〕〔大大咧咧〕〔嘻嘻哈哈から〕.

马大嫂 mǎdàsǎo ＜方＞家事に忙しい:買物・洗濯・炊事に忙しいの意.

马大头 mǎdàtóu ㊉オニヤンマ:大型のトンボの一種.

马刀 mǎdāo ①＝〔战 zhàn 刀〕騎兵の持つ刀.サーベル. ②〔马蛤〕

马岛战争 mǎdǎo zhànzhēng ㊙フォークランド紛争:1982年〔马尔维纳斯群岛〕（マルビナス諸島）をめぐって起ったアルゼンチンとイギリスの紛争.

马道 mǎdào（練兵場や城壁の上の）馬の走る道.

马到成功 mǎ dào chénggōng 騎馬武者が到着したらすぐ勝利する.＜喩＞立ちどころに成功する.→〔旗 qí 开得胜〕

马德堡半球 mǎdébǎo bànqiú ＜音訳＞㊌マグデブルグの半球:〔麦 mài 堡半球〕ともいった.

马德里 mǎdélǐ ㊌マドリード:〔西 xī 班牙王国〕（スペイン王国）の首都.

马灯 mǎdēng ＝〔桅 wéi 灯②〕カンテラ:ガラス窓のついた防風用手提げランプ.

马镫 mǎdèng 馬の鐙（アブミ）.

马的 mǎdí 馬車タクシー.

马递 mǎdì＜文＞駅中で馬で送る.→〔马拔子〕

马店 mǎdiàn ㊎馬小屋も備えた宿泊施設:〔骡 luó 马大店〕に同じ.

马吊(牌) mǎdiào(pái) ㊎賭博（具）の一種:〔万 wàn〕〔索 suǒ〕などの札があるので,〔纸 zhǐ 牌〕や〔麻 má 将牌〕はこれから変化してきたもの.

马丁钢 mǎdīnggāng ⇒〔平 píng 炉钢〕

马丁炉 mǎdīnglú ⇒〔平 píng 炉〕

马丁尼(酒) mǎdīngní(jiǔ) ＜音訳＞マティーニ:カクテルの一.〔马天尼〕とも書く.

马兜铃 mǎdōulíng ㊩ウマノスズクサ:〔青 qīng 木香〕は別称.果実が馬首にかける鈴に似ている.〔木 mù 香②〕と称し薬用にする.

马肚带 mǎdùdài 馬の腹帯.

马队 mǎduì ①騎馬隊.騎兵隊. ②荷馬の隊列.隊商.

马驮子 mǎduòzi 馬にのせた荷物.→〔驮子〕

马恩列斯 mǎ ēn liè sī ㊅〔马克思〕（マルクス）・〔恩格斯〕（エンゲルス）・〔列宁〕（レーニン）・〔斯大林〕（スターリン）

马耳 mǎ'ěr ①馬の耳. ②＜転＞聞こうとしない耳.〔～东风〕〔东风射～〕馬耳東風.〔射〕は〔吹 chuī〕ともいう. ③（料理で）乱切り:野菜などを乱切りにすること.

马尔代夫 mǎ'ěrdàifū モルディブ:正式国名は〔～共和国〕.インド洋北部にあり,多くの島からなる.首都は〔马累〕（マレ）

马尔加什 mǎ'ěrjiāshí ⇒〔马达斯加〕

马尔萨斯主义 mǎ'ěrsàsī zhǔyì＜音訳＞マルサス主義.

马耳他 mǎ'ěrtā マルタ:正式国名は〔～共和国〕.イタリアのシシリー島の南にあり,首都は〔瓦 wǎ 莱塔〕（バレッタ）

马法尼 mǎfǎní ⇒〔后 hòu 莫磺胺〕

马翻人仰 mǎfān rényǎng ⇒〔人仰马翻〕

马贩(子) mǎfàn(zi) 伯楽(り).馬売り.

马方综合症 mǎfāng zōnghézhèng ＜音訳＞㊩マルファン症候群:結合組織に影響を及ぼす疾患.

马放南山 mǎ fàng nánshān ＜成＞南にある山に軍馬を放牧する:交戦状態が終わり,平和な時期になること;〔马入华 huà 山〕ともいう.

马粪包 mǎfènbāo ⇒〔马勃〕

马粪纸 mǎfènzhǐ ⇒〔黄 huáng 纸板〕

马封 mǎfēng ⇒〔马拔子〕

马蜂 mǎfēng ㊉①アシナガバチ（総称）:〔蚂蜂〕とも書いた.〔黄蜂〕～〕キボシアシナガバチ.〔华 huá ～〕フタモンアシナガバチ.〔胡 hú 蜂〕スズメバチ・俗称熊蜂〕の通称.＜転＞蜂（総称）.→〔木 mù 蜂〕

马蜂窝 mǎfēngwō スズメバチの巣.＜喩＞扱いにくい人または粉料を引き起こす事.→〔捅 tǒng 马蜂窝〕

马夫 mǎfū ㊌馬丁.馬方き.

马弗炉 mǎfúlú ＜音訳＞㊏マッフル炉.

马竿(儿) mǎgān(r) 盲人用の杖.→〔盲 máng 杖〕

马蛤 mǎgé ＝〔马刀〕〔魚貝〕マテガイ.

马革裹尸 mǎ gé guǒshī 馬の皮で死体を包む.＜喩＞(軍人が)戦死する.

马公 mǎgōng ⇒〔公马〕

马褂(儿) mǎguà(r) ㊎男性用の短い伝統的中国服（上着）:もともと満洲族の乗馬服.羽織のように礼服として長い着物の上に着る腰までの短い上着.通常黒色.広袖の短い〔大 dà 袖～〕という.

马信(儿) mǎguàn(r) 馬飼い.

马锅头 mǎguōtóu ＜方＞荷駄隊の親方.

马海毛 mǎhǎimáo ＜音訳＞㊎モヘア:アンゴラヤギの毛.また他の繊維との混毛.〔马海呢〕ともいう.

马好不在鞍,人美不在衫 mǎ hǎo bùzài,ān, rén měi bùzàishān ＜諺＞鞍より馬,衣裳より身体.

马号 mǎhào ①㊅官署や大家(ヮ)の中で馬を飼う所. ②騎兵ラッパ.

马赫 mǎhè ＜音訳＞マッハ.〔～数 shù〕マッハ数:流体の速度を音の速度で割った数.航空機ではその速度と音速の比.〔～主义〕㊐マッハ主義:〔经 jīng 验批判主義〕ともいう.

马猴帽 mǎhóumào ㊎耳出し帽:顔面が出るものは〔罗 luó 宋帽〕という.

马后 mǎhòu ＜喩＞立ち遅れる.手遅れになる.〔这都是马前的事儿.一一就全叫人买去了〕これは早目にすることで,ちょっとでも遅れたら全部人に買われてしまう.〔你关照场上的戏～点儿唱,我看今天这出戏扮起来相当費时间〕舞台の方へ少しゆっくり歌を出すように伝えてくれ,今日のこの劇は扮装に相当時間がかかると思うから.→〔马前②〕

马后炮 mǎhòupào ①＜象 xiàng 棋〕(中国将棋)で〔马〕の後に控える優勢な手. ②＜喩＞後の祭.〔会都开完了才说,真是～呜〕会がすんでから言ってくるなんて,まったく後の祭りじゃないか.

马虎子 mǎhuzi〔麻 má 虎子〕とも書いた.＜方＞子供を食べる化け物:小さな子をしかっておとなしくさせるためにいう.〔别闹 nào 了,～要来了〕騒ぐんじゃない,お化けが来るよ.

马虎 mǎhu〔马糊〕〔麻糊〕とも書いた.いい加減(に

mǎ 马

する).ぞんざい(である).〔马马虎虎〕[马里〜]いい加減である.〔~过去〕いい加減で通す.〔~敷 fū 衍〕大概にしてごまかす.〔这是我~了〕これはわたしがうっかりしてました.〔~了 liǎo 事〕ぞんざいに事を済ぜす仕事.〔~人〕〔哈 hā 哈人〕いいかげんな人.→[打 dǎ 马虎眼].

马蟥 mǎhuáng ⇒[蚂蟥]

马机 mǎjī ⇒[卷juǎn 扬机]

马鸡 mǎjī 鳥ミミキジ(総称).[褐 hè ~]ミミキジ.〔藏 zàng ~〕シロミミキジ.

马季 mǎjì 競馬シーズン.

马甲 mǎjiǎ ①〈文〉馬用のよろい.②〈方〉チョッキ.ベスト:ふつう[背 bèi 心〔儿〕]という.〔~袋 dài〕〔背心袋〕(スーパーなどの)ビニール袋:形がチョッキに似ている.③〔江 jiāng 珠柱①〕

马架(子) mǎjià(zi) ①馬つなぎ場.②掘ったて小屋.③しょいこ:物を背負うのに用いる道具.

马鲛 mǎjiāo ⇒[鲅 bà]

马嚼子 mǎjiáozi 馬のくつわ(総称).〔马口扣〕[嚼子]ともいう.

马嚼子疮 mǎjiáozichuāng 医唇の周辺のただれ.

马脚 mǎjiǎo ①馬の脚.②〈喩〉しくじり.ぼろ.〔露 lòu 出~了〕ぼけの皮がはがれた.〔看出~〕ぼけの皮をはがす.

马厩 mǎjiù ⇒[马圈][马棚]厩(きゅう).馬屋.

马驹(子) mǎjū(zi) ⇒[马]小馬.

马圈 mǎjuàn ⇒[马厩]

马军 mǎjūn ⇒[马兵]

马珂 mǎkē ⇒[蛤 gé 蜊①]

马可波罗 Mǎkě Bōluó 人マルコポーロ:〔马哥字罗〕とも書いた.イタリアの旅行家(1254〜1324).〔~行记〕(東方見聞録)を書いた.

马克 mǎkè 〈音訳〉マルク:略称[马⑤].ドイツなどの旧通貨単位名.→[欧 ōu 元].

马克杯 mǎkèbēi 〈音義訳〉マグカップ.

马克笔 mǎkèbǐ 〈音義訳〉ペイントマーカー:〔麦 mài 克笔〕ともいう.

马克思 Mǎkèsī 人マルクス:ドイツの経済学者・哲学者.資本論を書いた(1818〜83).〔~主义〕マルクス主義.〔~、列宁主义〕〔马列主义〕マルクス・レーニン主義.

马口料 mǎkǒuliào ⇒[黑 hēi 铁皮]

马口扣 mǎkǒuqián ⇒[马嚼子]

马口钱 mǎkǒuqián 関馬頭税.馬税.

马口铁(皮) mǎkǒu tiě(pí) ⇒[镀 dù 锡铁(皮)]

马口鱼 mǎkǒuyú 魚貝ハス:淡水魚の一種.〔桃 táo 花鱼②〕ともいう.

马裤 mǎkù 乗馬ズボン.[〜呢 ní 服]ホイップコード:斜文織の厚手の毛織物.乗馬ズボンのほかにもオーバーコートなどに用いる.

马快(手) mǎkuài(shǒu) 旧捕手(きゅう)の役人:〔快班①〕ともいう.

马拉博 Mǎlābó 地マラボ:〔赤 chì 道几内亚共和国〕(赤道ギニア共和国)の首都.旧称〔圣 shèng 伊萨贝尔〕(サンタイサベル).

马拉硫磷 mǎlā liúlín 薬マラソン:農薬.有機リン酸系の殺虫剤.

马拉松 mǎlāsōng 〈音訳〉マラソン.〔~赛 sài 跑〕同前.〔~接力赛〕駅伝競走.②〈喩〉時間が長時間続ける(けなす意味も含む).〔~会议 yì〕同前の会議.〔~演说〕マラソン演説.

马拉维 Mǎlāwéi マラウイ:正式国名は〔~共和国〕.〔尼 ní 亚萨兰〕(ニアサランド)は旧称.首都は〔利里隆圭〕(リロングウェ).〔松 sōng 巴〕(ゾンバ)は旧首都.

马来树脂 mǎlái shùzhī 化マレイン(酸)樹脂:〔顺 shùn 丁烯二酸丙三醇树脂〕の通称.

马来酸 mǎláisuān 化マレイン酸:〔顺 shùn 丁烯二酸〕の通称.

马来西亚 Mǎláixīyà マレーシア:首都は〔吉 jí 隆坡〕(クアラルンプール).

马来熊 mǎláixióng 動マレーグマ:〔太 tài 阳熊〕ともいう.

马来语 mǎláiyǔ 言マレー語.

马兰 mǎlán ①植コメナ:その若葉を〔马兰头〕〔马菜〕〔鸡 jī 儿肠〕〔鱼 yú 鳅菜〕といい食用される.②⇒[2]

马蓝 mǎlán 植リュウキュウアイ:藍色の顔料となる.→[蓼 liǎo 蓝]

马郎 mǎláng ミャオ族の若者(未婚の男)

马勒 mǎlè おもがい:馬の頭から頬にかけるひも.

马累 Mǎlěi 地マレ:〔马尔代夫共和国〕(モルディブ共和国)の首都.

马里 Mǎlǐ マリ:正式名称は〔~共和国〕.アフリカ西部中央にある.首都は〔巴 bā 马科〕(バマコ).

马力 mǎlì 機馬力:仕事率の単位.〔制动~〕ブレーキ馬力.制動馬力.〔有效~〕正味馬力.〔指示~〕図示馬力.〔名义~〕〔标称~〕公称馬力.〔净~〕〔实际~〕実馬力.〔~功率〕

马立派 Mǎlìkè pài →[逊 xùn 尼派]

马利亚 Mǎlìyà →[玛利亚]

马利亚纳群岛 Mǎlìyànà qúndǎo 地マリアナ諸島.

马里马虎 mǎlǐmǎhǔ →[马虎]

马莲 mǎlián ⇒[马蔺]

马料 mǎliào ⇒[豆 dòu]馬料豆.

马蓼 mǎliǎo ⇒[大 dà 蓼②] 植ハルタデ.

马列 Mǎliè 〔马克思列宁〕(マルクス・レーニン)の略.

马埒 mǎliè 〈文〉両側に低い垣のある騎射訓練用の馬道.

马鬣 mǎliè ⇒[马鬃]

马蔺 mǎlìn ⇒[马兰②][马莲][旱 hàn 蒲][蠡 lí 实][荔 lì 实][豕 shǐ 首②]ハナショウブ.〔马蔺 lián 包〕同前の葉で編んだだんご.〔马蔺肉 ròu〕食 同前の葉で包んだ豚肉を各種の調味料で煮込んだもの.〔白花~〕ネジアヤメ.

马齢 mǎlíng ⇒[马齿]

马铃瓜 mǎlíngguā 植スイカの一種:やや小さい長球形のもの.

马铃薯 mǎlíngshǔ ⇒[〈方〉洋 yáng 山芋]〔〈方〉洋芋〕植ジャガイモ.馬鈴薯:ナス科の植物.またその塊茎.〔土 tǔ 豆〔儿〕〕は通称.〔〈口〉山 shān 药蛋〕〔〈口〉山药豆儿〕は別称.〔炸 zhá 〜饼 bǐng〕〔炸土豆饼〕コロッケ.

马铃(子) mǎlíng(zi) ⇒[金 jīn 铃儿]

马留 mǎliú 固マレーの一部族:〔马流〕とも書く.漢留馬援が南征したとき残留した将士の子孫.

马骝 mǎliú 〈方〉猿(き):ふつう〔猴hóu①〕という.〔〜戏 xì〕猿回し.〔〜要 shuǎ 猴儿〕

马六甲海峡 Mǎliùjiǎ hǎixiá 地マラッカ海峡:マレー半島とスマトラ島との間にある.

马龙车水 mǎlóng chēshuǐ ⇒[车水马龙]

马笼头 mǎlóngtóu 馬の頭絡.おもがい.→[马嚼子][笼头]

马陆 mǎlù ⇒[马蚿][马蚰]ヤスデ:物に触れると球状になり,臭気を放つ.俗に〔香 xiāng 油虫〕ともいう.ふつう見かけるものは〔北京山蛩虫〕(ペキンヤマスデ)である.通称〔百脚 足〕

马路 mǎlù ①大通り.街路.〔大〜〕同前.〔〜消xiāo 息〕〜新 xīn 闻〕街のうわさ.ゴシップ.〔〜餐cān 厅〕屋台の戯称.〔〜杀 shā 手〕暴走ドライバー.〔〜牙子〕〜崖子〕歩道と車道の境のブロック.

mǎ

马 ②⇒〔公 gōng 路〕

马鹿 mǎlù 動アカシカ：〔赤 chì 鹿②〕ともいう.鹿茸は薬用される.

马鹿茸 mǎlùróng →〔鹿茸〕

马骡 mǎluó 動ラバ(俗称)：雄ロバと雌ウマを交配して生れた雑種.〔騾〕

马马虎虎 mǎmǎhūhū，〈口〉〜hūhū〔马马糊糊〕〔妈 mā 妈 妈虎虎〕〔麻 má 麻 糊糊〕とも書いた.〔马虎〕の重畳形.①いいかげんである(に).でたらめである(に).不注意である(に).〔他办事老是〜〕彼の仕事はいつもいいかげんだ.〔他是很认真的人，一点儿情也不肯一地叫它过去〕彼は非常にきちんとした人で、少しの事でもいいかげんに見逃すことはしなさいよ.〔〜，少算点儿吧〕堅いことを言わずに少しまけなさいよ.②まずまずである.まあよしとする.〔这种牌子的香烟怎么样？——，你来支试试〕このタバコの味はどうだい.——まあまあだ，吸ってみなよ.

马门 mǎmén 船の客室の入口.〔〜多少〕客室はいくつあるか(その多少により船の大きさがわかる)

马迷 mǎmí 競馬狂.競馬ファン.→〔迷⑤〕

马面鲀 mǎmiàntún 魚貝ウマヅラ(ハギ)：〔马面鱼〕〔面包鱼〕〔猪 zhū 鱼〕ともいう.

马明王 mǎmíngwáng ＝〔马头娘〕蚕の神.

马母 mǎmǔ ⇒〔母马〕

马那瓜 mǎnàguā 地マナグア：〔尼 ní 加拉瓜〕(ニカラグア)共和国の首都.

马奶 mǎnǎi ⇒〔马乳〕

马尼拉 mǎnílā 地マニラ：〔马尼剌 là〕とも書く.〔菲 fēi 律宾〕(フィリピン)の首都.正式名称は〔大市〕(メトロ・マニラ).〔奎 kuí 松城〕(ケソン)は旧首都.〔小 xiǎo 吕宋〕ともいった.〔〜草〕〔〜麻 má〕植マニラアサ：〔蕉 jiāo 麻〕の別称.〔〜树 shù 胶〕マニラゴム.

马尿花 mǎniàohuā 植①〔水 shuǐ 鳖〕トチカガミ.②コモチマンネングサ.

马牛 mǎniú ①馬や牛.〔転〕牛馬のように苦役に従う.労する.〔为儿孙做〜〕子や孫のために苦労する.

马趴 mǎpā 腹ばい(に倒れる).四つんばい(になる).〔摔了个大〜〕派手に腹ばいに倒れた.→〔狗 gǒu 吃屎〕

马棚 mǎpéng ⇒〔马厩〕

马脾风 mǎpífēng 中医馬脾風(ばひふう).→〔白 bái 喉〕

马蚍蜉 mǎpífú ⇒〔马蚁〕

马匹 mǎpǐ 馬匹(ひつ).うま(総称)

马癖 mǎpǐ 馬道楽.

马屁 mǎpì ＝〈喩〉お追従(しょう).おべっか.〔〜精 jīng〕〔〜鬼 guǐ〕おべっか使い.ごますり屋.〔拍 pāi 马(屁)〕おべっかを使う.お追従を言う.

马票 mǎpiào 馬券.勝馬投票券.

马普托 mǎpǔtuō 地マプト：〔莫 mò 桑比克共和国〕(モザンビーク共和国)の首都.〔洛 luò 伦索马贵斯〕(ロレンソマルケス)は旧首都.

马芹 mǎqín 植セリの一種：やや大型で若芽は食用にされる.〔野 yě 茴香①〕ともいう.

马其顿共和国 mǎqídùn gònghéguó マケドニア旧ユーゴスラビア共和国.首都は〔斯 sī 科普里〕(スコピエ)

马奇诺防线 mǎqínuò fángxiàn〔音意訳〕史マジノ線：〔马其诺防线〕とも書く.

马前 mǎqián ①〈方〉早目に終える.〔咱们可〜啊〕急いで終わらせなくちゃいかん.〔〜刀儿〕人の前でやり手のふりをする.②劇(京劇で)歌の出だしを早目にする(演技の時間をつめること).〔马后②〕

马钱 mǎqián ①旧往診料.昔は医生看得将，就是大一点儿〕この医者は腕はまあいい方だが往診料

が少し高い.②旧占い料.見料.〔王瞎子算得很灵,可是〜真高〕(占い師の)盲人の王は見立てはたいへん上手だ,しかし見料もぐんと高い.③⇒〔番 fān 木鳖〕

马前课 mǎqiánkè ＝〔马前数〕旧算木(ぎ)の代わりに馬の字と周囲に絵を描いている占い：吉凶がすぐわかるといわれる.

马前数 mǎqiánshù 同上.

马钱子 mǎqiánzǐ ①⇒〔番 fān 木鳖〕②植ホウライカズラ.

马前卒 mǎqiánzú 馬前で使い走りする兵卒.〈喩〉お先棒.露払い.

马枪 mǎqiāng 騎兵銃：〔骑 qí 枪〕ともいう.

马球 mǎqiú ⊠ポロ.またポロに使う球.

马儿 mǎr ①馬.②〈口〉神様の像を紙に印刷した画像.〔神〜〕同前.〔财 cái 神〜〕福の神の同前.〔灶 zào 王〜〕かまどの神の同前.〔月光〜〕中秋節のとき飾る同前.

马日事件 mǎrì shìjiàn 史1927年5月21日，湖南省の長沙で労働組合・農民組合などの活動家多数が捕えられ殺された事件：〔马日〕は旧電報日付で"21日"の意.〔湖 hú 南事件〕ともいう.

马肉脯儿 mǎròufǔr 馬肉などを小さく切って煮たもの：路上で売り下層階級の食べものとされていた.貧乏人は肉食となると眼の色を変えて食べるというので〔瞪 dèng 眼食〕ともいった.

马乳 mǎrǔ ＝〔马奶〕馬乳.〔〜酒〕馬乳酒.〔〜葡 pú 萄〕トルファン産ぶどう.

马褥(子) mǎrù(zi)〈方〉鞍ぶとん.

马塞卢 mǎsàilú マセル：南部アフリカの〔莱 lái 索托王国〕(レソト王国)の首都.

马赛 mǎsài 地マルセイユ：フランスの地中海に面する主要港市.

马赛克 mǎsàikè〔玛赛克〕とも書く.〈音訳〉①モザイク.〔〜砖 zhuān〕モザイクタイル.〔〜角 jiǎo〕モザイク模様.③(写真・映像などの)モザイクぼかし.

马赛曲 mǎsàiqǔ ＝ラ・マルセイエーズ：フランス国歌.〔马赛进 jìn 行曲〕ともいう.

马上 mǎshàng ①〈文〉馬上(で).武力(で).〔〜得 dé 天下〕武力で天下をとる.〔〜功夫〕乗馬の技術.〔〜风〕〜疯 fēng〉〈方〉馬上腹上死.②すぐに.直ちに.〔我〜就去〕すぐに行く.→〔立 lì 刻〕

马上找马 mǎshàng zhǎomǎ ＝〔骑 qí 马找马〕

马勺(子) mǎsháo(zi) 大きな杓子(しゃくし)：多くは木製.鉄製もある.〔〜一坏一锅 guō〕〈諺〉一つのことで全体に悪い影響が及ぶこと.

马哨 mǎshào 騎馬の見回り兵.

马绍尔群岛 mǎshào'ěr qúndǎo マーシャル諸島：正式国名は〔〜共和国〕.首都は〔马朱罗〕(マジュロ)

马生角 mǎshēngjiǎo〈喩〉(馬が角を生やすように)不可能なこと.生じがたいこと.難しいこと.

马圣人 mǎshèngrén ムハンマド(マホメット)に対する尊称.〔穆 mù 圣穆德〕

马虱 mǎshī 虫ウジラミ.

马虱蝇 mǎshīyíng 虫ウマシラミバエ：単に〔虱蝇〕(シラミバエ)ともいう.

马失前蹄 mǎ shī qiántí〈喩〉偶然のミスで挫折する.

马史 mǎshǐ ＝史記(司馬遷の著した史書)

马市 mǎshì ＝〔马肆〕馬市.

马氏体 mǎshìtǐ 物マルテンサイト：〔麻 má 顿赛体〕但音訳.

马氏文通 mǎshì wéntōng 書清光緒24年(1898)馬建忠の著した文法書.

马首是瞻 mǎshǒu shì zhān〔成〕見るのは大将の乗る馬の首.〈喩〉ひたすら服従したり，大勢の動きの

mǎ

ままにすること.

马瘦毛长 mǎshòu máocháng →[人 rén 贫智短]

马术 mǎshù [又]馬術.

马斯喀特 mǎsīkātè [地]マスカット:[阿ā曼苏丹国](オマーン国)の首都.[马斯开特][马斯加]とも書いた.

马嘶声 mǎsīshēng 馬のいななき.

马肆 mǎsì →[马市]

马台石 mǎtáishí 馬乗り台石:旧時,大門のすぐ外の両側に置かれていた.

马太效应 mǎtài xiàoyìng 〈音義訳〉マタイ効果:社会・経済上の2分極化.聖書のマタイ伝にある持てる者と持たざる者との分化による命名.

马探 mǎtàn 騎馬斥候.

马唐 mǎtáng ⇒[蔓 màn 于]

马趟子 mǎtàngzi →[趟马]

马蹄 mǎtí ①馬のひづめ.[~形]馬蹄形.U字形.[~表]~钟 zhōng]丸形の目覚まし時計:上方に馬蹄形の取っ手がある. ②⇒[荸 bí 荠]

马蹄草 mǎtícǎo [植]①ジュンサイ. ②カキドウシ. ③リュウキンカ. ④タカラコウ. ⑤グンバイヒルガオ:以上いずれもみな馬蹄形の葉をもつ.

马蹄儿烧饼 mǎtír shāobǐng [食]薄い[~烧饼](烧饼)の一種:多く朝食に[油yóu条]を包んで食べるのに用いられる.単に[马蹄儿]ともいう.→[烧饼]

马蹄糕 mǎtígāo [食][荸bí 荠](クロクワイ)の実をすりつぶし砂糖などを加えて蒸し上げて作った菓子.

马蹄金 mǎtíjīn ①馬蹄形に鋳造した金(貨). ②[植]アオイゴケ:ヒルガオ科繊葉植物.

马蹄莲 mǎtílián [植]オランダカイウ.

马蹄铁 mǎtítiě =[马掌②]蹄鉄.かなぐつ.[钉dìng~]同前すう. ②U字型の磁石.

马蹄袖 mǎtíxiù [服]清代の男性礼服の袖:ゆたりと長く袖口を馬蹄形に作ったもので,着用時には若干折り返している.

马蹄银 mǎtíyín [宝 bǎo 银][旧]馬蹄形に鋳造した銀の貨幣.→[纹 wén 银][元 yuán 宝②]

马铁 mǎtiě =[韧 rèn 性铸铁]

马童(儿) mǎtóng(r) 馬の世話をする若者.

马桶 mǎtǒng [方]~子③][便 biàn 桶](恭gōng 桶)[旧]持ち運び式の便器:部屋の隅に常置して.腰掛けて用便するので[~]という.[净 jìng 桶]に婉曲ないい方.[便 dào ~]毎朝,家の入口においた容器まで公衆便所に便をあける(こと).[~刷子]便器掃除の竹製のささら.[刷]同前で便器を洗う(こと).[尿 niào 盆~][夜 yè 壺]便器(総称).[抽 chōu 水~]水洗便器.

马桶包 mǎtǒngbāo 丸底巾着型バッグ.

马头娘 mǎtóuniáng ⇒[马明王]

马头琴 mǎtóuqín [楽]馬頭琴(ばとうきん):蒙古族の弦楽器.

马王堆 mǎwángduī [史]前漢の初頭,長沙の軟侯利蒼の墓.

马尾 mǎwěi ①馬の尻尾の毛:俗に[马尾儿 yǐr]という.一本一本の毛を指す.衣服の芯や漉し網,髪につけるまげを作ったりするのに用いられる.[~罗罗(儿)]同前で作った漉し器.[~儿穿豆腐][歇]馬の尻尾で豆腐を突き通しても持ちあげられない:[提不起来]話を言いだせない. ②⇒[商 shāng 陆]

马尾巴 mǎwěiba ①馬のしっぽ:しっぽ全体を指す. ②同上.

马尾辫(儿) mǎwěibiàn(r) (髪型の)ポニーテール:[马尾巴②]ともいう.

马尾蜂 mǎwěifēng ⇒[小 xiǎo 茧蜂]

马尾鞧 mǎwěiqiū →[鞧①]

马尾松 mǎwěisōng [植]シナアカマツ(タイワンアカマツ)

马尾香 mǎwěixiāng ⇒[乳 rǔ 香②]

马尾藻 mǎwěizǎo [植]ホンダワラ(総称)

马位 mǎwèi 馬身:競馬で差を表現する単位.

马戏 mǎxì ①人が馬上で行う演技をいった.~团 tuán]曲馬団.→[杂 zá 技]

马弦 mǎxián →[马陆]

马衔 mǎxián はみ.馬のくつわ(口に含ませる部分)→[马镳]. ②海神の名.

马熊 mǎxióng →[棕 zōng 熊]

马靴 mǎxuē 乗馬靴.ブーツ.

马牙 mǎyá 〈口〉嬰児の口の中のできもの.

马眼 mǎyǎn 〈文〉囲碁の目.

马仰人翻 mǎyǎng rénfān ⇒[人仰马翻]

马衣 mǎyī ①馬に着せかける布. ②[服][袍 páo](旧時の中国服で,いちばん外側に着る長衣)の別称.

马医 mǎyī 馬の医者.

马尾儿 mǎyǐr =[马尾 wěi ①]

马缨丹 mǎyīngdān [植](ランタナ)シチヘンゲ:クマツヅラ科藤状低木.香気を放ち花の色が変化する.[臭 chòu 草][广guǎng 叶美人缨][七qī变化][五 wǔ 色梅][五色绣球]など別称が多い.

马缨花 mǎyīnghuā =[合 hé 欢①]

马蝇 mǎyíng [虫]ウバエ.

马蚰 mǎyóu →[马陆]

马仔 mǎzǎi [方]やくざの手先.[走私集团的~]密輸団の手先.

马贼 mǎzéi [旧]賊馬.

马扎 mǎzhá [工]折りたたみ式の携帯用腰掛け:[马劉]とも書いた.

马掌 mǎzhǎng ①馬のひづめの下側の角質の皮. ②⇒[马蹄铁]

马蛭 mǎzhì [虫]クマビル.→[蚂蟥]

马朱罗 mǎzhūluó [地]マジュロ:[马绍尔群岛共和国](マーシャル諸島共和国)の首都.

马桩 mǎzhuāng 馬をつなぐ杭(ぐい).

马子 mǎzi ①賭博に用いる[筹 chóu 码儿①][計算棒)=[马④][码(儿)②]ともいう.[有多少~](胴元に向かって)わたしの借りている計算棒はいくらだったかね. ②〈方〉山賊. ③⇒[马桶①] ④〈方〉ガールフレンド:ふざけた言い方.

马子盖(儿) mǎzigài(r) 子供の頭髪の中央部だけを剃り残した髪型:[码子盖(儿)]とも書く.

马鬃 mǎzōng =[马鬣 qí]馬のたてがみ.

马鬃衬 mǎzōngchèn [服]洋服の服地と裏との間に縫い込む芯:経糸は麻または絹,緯糸は馬のたてがみで手触りは堅い.

马醉木 mǎzuìmù [植]アセビ:[楥 qǐn 木]ともいう.

[吗・嗎]

mǎ 音訳字.[~啡 fēi][薬]モルヒネ.モヒ.[~啡针 zhēn]モヒ注射. → má ma

[犸・獁]

mǎ [猛 měng ~][毛 máo 象] [動]マンモス(古生物)

[玛・瑪]

mǎ [姓]瑪(ば)

玛钢 mǎgāng ⇒[韧 rèn 性铸铁]

玛利亚 mǎlìyà 〈音訳〉[宗](キリスト教の)聖母マリア:[马利亚]とも書く.

玛瑙 mǎnǎo [鉱]めのう.[~砌]とも書く.[〈文〉文 wén 石]に同じ.

玛赛克 mǎsàikè 〈音訳〉モザイク(模様):[马赛克]とも書く.

玛雅 mǎyǎ 〈音訳〉(中南米の)マヤ(族):[马亚 yà]とも書く.[~文明][史]マヤ文明.

[杩・榪]

mǎ 〈文〉人馬の通行を止める木の柵.[~榰 chá]三本の杭を

杩码钨蚂祃骂么吗嘛   mǎ～ma

〔码・碼〕 mǎ

(Ⅰ)①[-儿](数を表す)番号.符号.〔号 hào～〕(儿)〔价 jià～〕(儿)正札(ふだ).〔电～〕電報の符号.〔明～儿售货〕正札をつけて販売する.〔阿拉伯数～〕アラビア数字.〔起一得十元〕最低で10元はかかる.〔比他高一个～儿〕彼よりは一段優れている.②計数のための道具.〔砝 fǎ～〕(儿)〔法 fǎ～〕(儿)分銅.〔筹 chóu～〕(儿)(マージャンの)点(数計算)棒.③量詞.事柄の類型性を数えて弁別を示す.〔你说的跟他说的是一～事〕きみの言うのと彼の言うのとは同じ事だ.〔这是两～事〕これは別のことだ.これは同じではない.
(Ⅱ)<口>積み上げる.同じものを上(または横)に重ねる.〔～长 cháng 城〕マージャンする〔打 dǎ 麻将〕に同じ.〔把这些砖～齐了〕この煉瓦(がゎ)をきっちり積み上げなさい.〔～草〕束ねた麦や稲を積み重ねる.
(Ⅲ)<度>ヤード:〔三英尺〕(3フィート)に当たる.0.9144メートル.〔～尺 chǐ〕<度>ヤード尺.→〔磅 bàng①〕

码单 mǎdān 純分・重量・数量などに関する証明書(証紙):〔批 pī 码①〕ともいう.
码垛 mǎduò 積み重ねたもの.→〔码子④〕
码放 mǎfàng 順序よく並べる.きちんと積みあげる.〔～得很整 zhěng 齐〕きちんと積み重ねてある.
码麦子 mǎmàizi <方>刈った麦を積み重ねる.→〔麦码子〕
码瑙 mǎnǎo ⇒〔玛瑙〕
码钱 mǎqián ⇒〔筹 chóu 码〕
码头 mǎtou ①埠頭〔水 shuǐ～〕(船 chuán 埠)ともいう.〔～桥 qiáo〕岸から突き出した桟橋(きょう).〔～税 shuì〕埠頭税.〔～费 fèi〕埠頭使用料金.〔～工人〕埠頭人夫.荷役作業員〔高梁卸工人〕に同じ.〔～调 diào 儿〕波止場歌.〔～交 jiāo(货)〕国埠頭渡し.→〔埠头 bù 头①〕②水陸交通の発達した商業都市.〔水早～〕同前.
码洋 mǎyáng 書籍の単価に発行部数をかけた金額(総額)
码子 mǎzi ①(数を表す)符号:〔码儿〕ともいう.〔洋～〕アラビア数字の旧称.→〔苏 sū 州码子〕②円形の点取券.③旧動かすことのできる現金.④積み重ねたもの.〔麦～〕刈った麦の高粱(たかあわ)〔高粱～〕こうりゃんの同前.⑤劇出し物:〔戏 xì 码～〕(儿)に同じ.⑥<方>人.やつ.〔他堂 táng 客也是一个厉害～〕彼の奥もまたきついやつだ.
码子盖(儿) mǎzigài(r) ⇒〔马子盖(儿)〕

〔钨・鎢〕 mǎ

化マスリウム:43番元素として命名されたが,後に〔锝 dé〕(テクネチウム)が同番として確認された.

〔蚂・螞〕 mǎ → mā mà

蚂蜂 mǎfēng ⇒〔马蜂〕
蚂蟥 mǎhuáng 動①ヒル:〔蛭 zhì〕の通称.〔蝗〕〔马蟥〕とも言う.〔山～〕〔山蛭 zhì〕ヤマビル.②⇒〔水 shuǐ 蛭〕
蚂蟥钉 mǎhuángdīng かぎくぎ.かすがい.
蚂蚁 mǎyǐ 〔马蚁〕とも書いた.蚁:〔~拉车,拽不动〕〔歇力の小さいこと.役に立たない.〔～搬 bān 泰山〕ありが泰山を動かす.〔～啃 kěn 骨头〕ありが骨をかじる.〔～かの小さな力でも集めれば大きな仕事を完成することができる.

〔杩・榪〕 mà

<文>寝台の前後の横木.戸の上下の横桟.〔～头 tou〕前.→ mà

〔祃・禡〕 mà

<文>古軍隊が駐屯地で行う祭祀.

〔蚂・螞〕 mà → mā mǎ

蚂蚱 mǎzha ①⇒〔蝗 huáng 虫〕②⇒〔蚱蜢〕

〔骂・罵(駡・傌)〕 mà

①罵(ののし)る.悪態を吐(つ)く.〔挨 ái～〕〔一人〕人から罵られるのを言う.〔~不住口〕〔~不绝口〕さんざん罵る.どなり続ける.〔挨打受～〕打たれたり罵られたり(する).〔破 pò 口大～〕声をあげてののしる.〔~不还 huán 口,打不还手〕〔喻〕どんな事をされてもじっと我慢する.〔他~了我一顿〕彼はわたしにさんざん悪態をついた.→〔警 lì〕②叱りつける.きびしくとがめる.〔他爹~他不长进〕彼は父に進歩がないと叱られた.

骂大街 màdàjiē ⇒〔骂街〕
骂话 màhuà 悪態.罵り言葉.〔骂人话〕同前.
骂唧唧 màjījī ⇒〔骂唧咧咧〕
骂街 màjiē 〔骂大街〕〈方〉骂阵②〕〔打 dǎ 街骂巷〕屋外へ出て罵って近所の人に訴える.大勢の前ではっきりと相手を名指しせず悪口を言う.人前でわめき散らす.〔两口子打架,男的最怕女的~〕夫婦げんかでは,亭主は女房が道に飛び出してどなり始めるのがいちばん怖い.
骂詈语 màlìhuà 国罵り語.
骂骂咧咧 màma liēliē =〔骂唧唧〕悪罵をまじえて物を言う.口汚くしゃべる.〔心里不痛快,整天价~的〕不愉快なので,一日中ぐどぐどと悪口ざんまいだ.
骂名 màmíng (罵られる)悪名.〔汉奸秦桧留下了千古的~〕売国奴秦桧は千年万年後までに人に罵られる悪名を残した.→〔臭 chòu 名〕
骂娘 màniáng 〈喻〉怒鳴り散らす.悪口ばかり言う:〔娘〕〔妈 mā〕(バカ,アホ)などの雑言を入れてしゃべること.
骂人别揭短 màrén bié jiēduǎn →〔打 dǎ 人不打脸〕
骂人的不高,挨骂的不低 màrénde bùgāo, áimàde bùdī 〔谚〕人を罵る者が偉いわけでもなく,罵られる者がつまらぬ者でもない.
骂人歌 màrénggē 悪口歌.人を罵る歌.
骂山门 màshānmén 〈方〉(感情にまかせて)罵りちらす.
骂题 màtí 論旨を批判する.
骂誉 màyù 悪口.罵る言葉.
骂阵 màzhèn ①<白>敵陣の前で大声で罵る:敵を怒らせて応戦させる.②⇒〔骂街〕
骂座 màzuò 同座の人に向かって罵る.

〔么・麼〕 ma

①〔吗〕に通用される.②〔嘛〕に通用される.→〔麼 mó〕〔幺 yāo〕

〔吗・嗎〕 ma

=〔么〕①文末に置いて疑問を表す.〔你去~〕きみは行くか.〔他是中国人,你是中国人吗?〕彼は中国人ですか.②文末に置いて反語文を作る.〔这不就成了~〕これでもういいじゃないか.〔你说的像话~〕おまえの言うことはなっちゃいない.→ mā mǎ

〔嘛〕 ma

=〔么②〕〔嚒 me〕①文末に置いて当然で誰でもわかるということを表す.〔别说了,他还是孩子~〕言うなかって,彼はまだ子供なんだ.〔失败是难免的~〕失敗は免れないものだ.〔我们有什么办法,他自己决定的~〕私達にどうすこともできないじゃないか,彼が自分で決めたんだから.②文末に置いて勧めや防止の語気を表す.〔医生不

ma〜mǎi 嘛埋霾买

让你吃,你就别吃〜]医者が食べるなと言っているのだから,食べてはだめだよ.[你不要着急也急不〜]こんなに急がせないでよ.③文中の切れ目に用い,相手の注意を促す.[其实,这件事〜,也不能全怪他]実は,この件ですが,彼が悪いわけではない.[学生〜,就得děi好好学习]学生なんだから,しっかりと勉強しなくちゃ.④→[喇lǎ嘛]

mai ㄇㄞˊ

[埋(薶)] **mái** ①埋める.埋まる.覆いかぶす.[掩yǎn〜]同前.[〜地雷]地雷を埋める.②伏せる.知られないようにする.→ mán

埋藏 máicáng ①埋めておく.埋蔵する.②覆い隠す.[他是个直爽人,从来不把自己想说的话在心里]彼は卒直な人で,いつも言いたいことを腹の中にしまってはおけない.③医埋め込み(む).[〜疗法]埋め込み療法:[埋植疗法]ともいう.鍼灸治療の一つで,[埋线疗法][埋药疗法]などもある.

埋存 máicún ①埋蔵(する).[于地下]地下に埋蔵する.②隠す.[心里〜希望]心に希望を秘めている.

埋单 máidān =[买mǎi单①](飲食店などで)勘定を支払う.②〈喩〉責任を持つ.

埋堆 máiduī 〈方〉交際する.[不〜]交際ぎらい.

埋伏 máifú ①隠しておく.潜伏する.[〜水雷]水雷を敷設しておく.[有危机]危機が潜んでいる.②待ち伏せする.[必有〜]きっと伏兵が有るだろう.[中zhòng〜]伏兵にやられる.[打dǎ〜]⑥伏兵をおく.⑥(財物・人力・物資などを)隠しておく.

埋根 máigēn ①根をおろす.②定住する.③(趣旨にかかわる)伏線を張る.[事情是还早着呢,这么说一声是先埋个根]事はまだまだ後のことだ,このようにひとこと言っておくのはあらかじめ手を打っておくというわけだ.→[伏fú笔]

埋骨 máigǔ 骨を埋める.死ぬ.

埋蛊 máigǔ 〈喩〉証拠をでっちあげて陥れる:旧時,人形を使って人に呪いをかけることがあった.そのような人形を土中に埋めておき,人に害意のあったことの証とする.

埋锅造饭 máiguō zàofàn 〈喩〉野営する.

埋殓 máiliàn 〈文〉埋葬(する)

埋轮 máilún 〈文〉車の車輪を地中に埋める.〈喩〉不退転の決意を表す.→[破pò釜沉舟]

埋名 máimíng 名を隠す.[隐姓〜]姓名を隠す.〈喩〉世を避ける.

埋没 máimò ①物におおわれ埋もれる.埋没する(される).②世に出さない.[〜了多少人材]多くの人材を埋もれさせてしまった.→[淹yān没②]

埋青 máiqīng 農生きている植物を緑肥として畑に埋(")け込むこと.

埋设 máishè 埋設する.[〜煤气管道]ガス管を埋設する.

埋身陇亩 máishēn lǒngmǔ 〈成〉(公職を退いて)平民の暮らしに身を埋もれさせる:[埋身垄亩]とも書く.

埋身战 máishēnzhàn 接近戦.白兵戦.

埋首 máishǒu ⇒[埋头]

埋书 máishū 固盟約の書き付けを地に埋めて誓い合ったこと.

埋汰 máitai 〈方〉①汚い.[〜货]〈喩〉(ぼろを着た)ぐず.②辛辣な皮肉を言う.

埋头 máitóu =[埋首]埋頭する.専念する.[〜读dú书]読書(勉学)に没頭する.[〜苦干gàn]〜頭

して励む.
埋头铆钉 máitóu mǎodīng 機ブラインドリベット.沈頭リベット.
埋忧 máiyōu 〈文〉憂さを晴らす.
埋葬 máizàng ①埋葬する.〈喩〉葬り去る.
埋置 máizhì 埋設する.[〜深度]建基礎の埋設の深さ.

[霾] **mái** 気ちりほこり・砂ぼこり・煙などで空にもやがかかった状態.もや.[阴〜暗淡]空がどんより暗くなったさま.[拔bō〜见天]土ぐもりが吹き払われて空が見えてくる.→[阴yīn霾]

[买・買] **mǎi** ①買う.[我〜了一本书]わたしは本を1冊買った.[〜着是钱,卖mài着是纸]〈諺〉買う時は高い値でも払うが,売ろうとすると高い値にならない.[这个价jià钱你到哪儿去都〜不到]その値段ではどこに行ったって買えない.[〜不得](買ってはいけない).[〜不来]金では買えない.[〜不了]⑧(値が高くて)買えない.⑥(多くて)買い切れない.[我这劳教街的〜不起]わたくしのような貧乏教師では買えない.[要买的人太多,〜不上]買いたい人が多すぎて買えない.[〜不下(来)](値段が違って)買えない.[〜不着zháo](品がなくて)買えない.[这件衣裳,我〜得过儿]この服は買うのに手ごろだ.↔[卖mài①] ②〈姓〉買(ばい).

买办 mǎibàn ①物資を仕入れさばく係(の人).②旧買弁.コンプラドル:外国商社が中国人との取り引きを円滑にするため代理人として雇用した中国人(高級使用人).〈参 zī本主义〉買弁資本.

买办(资产)阶级 mǎibàn (zīchǎn) jiējí 買弁ブルジョアジー.

买菜求益 mǎicài qiúyì 〈成〉損得の多少にこだわる:[买菜求添tiān]ともいう.

买春 mǎichūn ①〈方〉酒を買う.②〈文〉春の遊山(さん).→[买春する]

买踬儿卖踬儿 mǎicuānr màicuānr 〈方〉安く買って高く売る.投機で利ざやをかせぐ.

买打眼 mǎidǎyǎn (品を見損なって)ばかな買い物をする.[买打了眼了]おかしな物を買ってしまった.→[打眼]

买单 mǎidān ①⇒[埋mái单] ②経(金融市場で)買い注文伝票.

买点 mǎidiǎn ①買う着眼点.買い手の目のつけどころ.↔[卖mài点] ②(投資家の)買いに出される相場.

买动 mǎidòng 買い入れる.大きな買い物をする.

买读 mǎidú 自費で大学で勉強する.

买椟还珠 mǎidú huánzhū 〈成〉真珠のちりばめてある箱を買って中の真珠を返す:見る目がなくて取捨を誤ること.ちぐはぐなたとえ.

买断 mǎiduàn 買い取る.(物や権利を)全部買い切る.[〜工龄]雇用者が定年前に一時金を払って従業員を解雇すること.[〜版权]出版社が著作権を買い取る.

买方 mǎifāng 買い手.[买手]ともいう.[〜市场]買い手市場.[〜期权]コールオプション.[〜货栈交货价]倉保税倉庫渡し価格.[〜码头交货价]倉埠頭渡し価格.↔[卖mài方]

买方便 mǎifāng·biàn 便利さを買う.

买服 mǎifú (部下や人民に利益を与えて)取り入る.人心を収攬(えん)する.

买骨 mǎigǔ 良馬なら骨でも買ってしまう.〈喩〉人材を求めるに切なること.[买骏jùn骨]ともいう.

买官 mǎiguān 旧金を出して官職を手に入れる.

买关节 mǎiguānjié 〈慣〉金銭で要所の人を買収する.賄賂を使う.→[关通]

1140

买好(儿) mǎihǎo(r) 機嫌をとる.歓心を買う.お世辞を言う.〔向人~〕おべんちゃらを言う.〔他会买人的好儿〕人の機嫌をとるのがうまい.

买号 mǎihào 〔-儿〕①〔号販子〕(並び屋)から待ち順番を買う.②自動車のナンバーや電話番号などを買う.

买回 mǎihuí 買い戻す.買い戻し.

买汇 mǎihuì 圖(外国為替銀行にとって)買為替.輸出為替.〔买入外汇〕の略.

买贿 mǎihuì 賄賂を使う(って買収する).

买货单 mǎihuòdān 発注書.注文書.

买家 mǎijiā ⇒〔买主〕

买价(儿) mǎijià(r) 買い値.買った値段.

买奖 mǎijiǎng 〔奖を金で買う〕宝くじを買う.

买金的遇见卖金的 mǎijīnde yù・jiàn màijīnde 〈諺〉金を買う者が金を売る者に出会う:互いに都合のよい者が出会う.

买进 mǎijìn 買い入れる.仕入れする.〔投 tóu 机~〕思惑買いをする.

买客 mǎikè ⇒〔买主〕

买空 mǎikōng ①買いつくす.②カラ買い.〔~交易〕空売買をする.

买空仓 mǎikōngcāng ⇒〔放 fàng 青苗〕

买空卖空 mǎikōng màikōng =〔空买空卖〕〔卖空买空〕①空売買(投機取引)をする.<喩>詐欺的行為をはたらく.ペテンにかけるような駆け引きをする.〔~一个中间人〕ブローカー.〔~不成仁义在〕<諺>商売は成り立たなくても交情までは破らない.〔~好做,伙 huǒ 计难找〕<諺>商売は難しくなり,店員の取り扱いが難しい.〔~争毫 háo 厘〕商売は一厘一毛を争う.〔没本钱的~〕どろぼう商売.〔入了~道儿,又入了~地儿〕商売の道に入った.商人になった.〔做 zuò ~〕商売する.店舗.店舗.〔开了~〕店を開いた.

买面子 mǎimiànzi 相手の顔をたてやる.→〔卖 mài 面子〕

买名 mǎimíng =〔买誉〕金銭で名声を得る.

买盘 mǎipán (証券市場で)買い(商いの成立).

买青卖青 mǎiqīng màiqīng 圖青田売買:未収穫の稲を抵当とする高利貸の一種.

买青苗 mǎiqīngmiáo 圖青田買:青田を抵当に金を貸す.〔放 fàng 青苗〕に同じ.⑩開発中の研究成果を買う.

买人 mǎirén ①身柄を請け出す.人質をもらい下げ.〔花钱~〕金を使って同罪.②妾を買う.③人材や選手をスカウトする.

买人 mǎirù 買い入れる.〔~后继 jì 续持有〕圖買い持ち.〔~外汇 huì〕〔买汇〕買為替.輸入される.

买三卖二 mǎisān mài'èr 圖売り買いの周旋人に対する謝礼に関する言葉:買った方は価格の100分の3,売った方は100分の2を周旋人に払うの意.〔买三卖两〕〔成 chéng 三破二〕などもいう.

买山 mǎishān 〈文祝〉隠遁(生活)する.田舎に引き込む.

买私 mǎisī 密輸品を買う.〔~贩 fàn 私〕密輸品の購入と販売.

买死(儿)**卖死**(儿) mǎisǐ(r) màisǐ(r) 圖(人身買取の時の)殺すも勝手生かすも勝手という条件.

买通 mǎitōng 買収する.金で話をつける.〔买(通)关节〕金を握らせて事を運ぶ.

买文凭 mǎiwénpíng 偽の卒業証書を買う.

买下 mǎixià 買い入れる.〔你先把东西~〕きみまずその品物を買い取れ.

买笑 mǎixiào 〈白〉花柳界で遊ぶ.芸者遊びをする.

买一送一 mǎiyī sòngyī 一つお買い上げごとに(おまけとして一つ進呈(広告文):おまけは買った商品と同じものとは限らない.

买誉 mǎiyù ⇒〔买名〕

买冤 mǎiyuān 買ってばかをみる.

买涨 mǎizhǎng 圖(株価の)上げ時に買うこと.〔~不买跌 diē〕同前で下げ時は控える.

买账 mǎizhàng 恩に着る.相手に心服する.相手に頭をさげる:多く否定に用い,そしる意を含む.〔我们就是不买你们的账〕我々はきみたちに頭をさげるのは絶対にない.〔先打个电话看他~不~再说〕まず電話をかけて彼が敬意を見せるかどうかをみてからのことにしよう.

买棹 mǎizhào 同上.

买舟 mǎizhōu =〔买棹〕〈文〉舟を雇う.

买主 mǎizhǔ =〔买家〕〔买客〕買い手.買い主.〔~市场〕買い手相場.〔~的信用保証〕買い手の支払能力に対する保証.↔〔卖 mài 主〕

买嘱 mǎizhǔ 金を渡して(賄賂を使って)頼む.

买嘴 mǎizuǐ 〈白〉おやつを買う:〔买零 líng 食〕ともいう.〔~吃〕買い食いをする.

买醉 mǎizuì 酒を買ってしたたか飲む.酔いを求める.酒で憂さを晴らす.

〔荬·蕒〕 mǎi 圖①〔苦~kǔmài菜〕ヤクシソウの近縁種.②〔苣~qǔmài菜〕ハチジョウナ.

〔劢·勱〕 mài〈文〉努める.努力する.

〔迈·邁〕 mài（Ⅰ）①足をあげ踏み出す.〔一~出门就把他忘了〕門を出るともう人のことは忘れてしまう.〔~不开步(儿)〕(足を踏み出せなくて).〔你的成绩~过他去了〕きみの成績は彼を追い越した.〔~不过理〕道理を置き去りにできない.②〈姓〉邁(贳).
（Ⅱ）年老いる.〔老老~〕〔年 nián ~〕老いぼれる.
（Ⅲ）〈度〉マイル:〔英 yīng 里〕に同じ.〔时速一百~〕時速100マイル(約161キロメートル).

迈步 màibù =〔迈脚〕足を踏み出す.大股に歩く.〔~前进〕勢いよく歩き進む.〔迈大步〕〔迈开大步走〕大股に歩く.

迈方步(儿) màifāngbù(r) ゆったりと歩く:昔の高級官吏や知識人の典雅な歩みで,現在は舞台上の歩き方や仕事の緩慢なことを例える.〔迈四方步(儿)〕ともいう.

迈格表 màigébiǎo ⇒〔高 gāo 阻表〕

迈进 màijìn 邁(贳)進する.立身する.〔~发 fā 迹〕

迈进 màijìn 邁(贳)進する.大股に歩き進む.

迈门子儿 màiménzr〈方〉結婚初夜にみごもって生まれた子供.

迈腿 màituǐ ⇒〔迈步〕

mài 迈麦唛铑卖

迈越 màiyuè 越える.
迈众超群 màizhòng chāoqún 〈成〉群を抜いて優れている.

〔麦・麥〕 mài

（Ⅰ）①〔-子〕ムギ（総称），またその実.〔~花〕ムギ（総花.〔大~〕大麦.〔裸 luǒ ~〕はだか麦.〔小~〕小麦.〔燕 yàn ~〕オート.エンバク.〔雀 què ~〕スズメノチャヒキ（雀麦）. ②小麦:〔~子②〕は通名. ③〈姓〉麦(ば)
（Ⅱ）→〔麦克斯韦〕

麦堡半球 màibǎo bànqiú ⇒〔马ma 德堡半球〕
麦比乌斯带 màibǐwūsī dài 数メビウスの帯.
麦草 màicǎo ⇒〔麦秸〕
麦茬（儿） màichá(r)〔麦楂（儿）〕とも書いた.①農麦の刈り株. ②麦を刈った後の畑,また後作.〔~地〕同前の畑.〔~白薯〕麦の後作に植えたさつまいも（細長くて甘味が強いといわれる）
麦灯 màidēng ⇒〔麦(子)灯〕
麦地 màidì 麦畑.
麦地那 màidìnà 地メジナ:サウジアラビアの都市.マホメットの墓があり聖地とされている.
麦冬 màidōng =〔麦门冬〕植ジャノヒゲ（リューノヒゲ）:ユリ科の常緑多年生草本.〔爱 ài 韭〕〔不 bù 死草〕〔〈方〉浦 pǔ 草〕〔忍 rěn 冬〕〔忍凌〕〔书 shū 带草〕〔乌 wū 韭②〕〔小 xiǎo 叶麦门冬〕〔绣 xiù 墩草〕〔沿 yán 阶草〕〔羊 yáng 韭〕〔禹 yǔ 韭〕など別称が多い.〔大叶 yè ~〕⑧ナガバジャノヒゲ.⑥ヤブラン:⑧⑥とも〔阔 kuò 叶~〕ともいう.
麦囤 màidùn バクガ:囤
麦垛 màiduò 麦わらを積み重ねたお:〔麦码子〕に同じ.〔码 mǎ 成~〕同前を作る.
麦蛾 mài'é 虫バクガ:貯蔵穀類の害虫.
麦尔登呢 mài'ěrdēng ní 〈音義訳〉紡（服地の）メルトン.
麦饭 màifàn 〔麦〕麦めし.
麦饭石 màifànshí 中医麦飯石:火成岩の風化した鉱物で人体に有用とされる.
麦麸 màifū （麦の）ふすま.
麦秆虫 màigǎnchóng ⇒〔蛴 jié〕
麦秆（儿） màigǎn(r) ⇒〔麦秸〕
麦秆蝇 màigǎnyíng 虫キモグリバエ:俗に〔麦姐〕〔麦钻 zuān 心虫〕ともいう.小麦の害虫.
麦个 màigè 収穫した麦の束:〔~子〕ともいう.
麦管（儿） màiguǎn(r) ストロー.麦わら（管）
麦黄 màihuáng ①麦が熟れる. ②麦こうじ.
麦鸡 màijī 鳥タゲリ.
麦季 màijì 麦の収穫期.
麦加 màijiā 地メッカ:サウジアラビアの都市.モハメッドの生誕地としてイスラム教の霊地.〔向~方向朝拜〕メッカに向かって礼拝する.
麦加利银行 màijiālì yínháng 商チャータードバンク:〔〈音義訳〉渣 zhā 打银行〕ともいう.イギリス系銀行名.上海などに支店があり,紙幣を発行し,〔汇 huì 丰银行〕（香港上海銀行）に並ぶもの.
麦角 màijiǎo 医麦角(ば):麦角菌の乾燥菌核.止血剤,子宮収縮用.
麦角酸二乙基酰胺 màijiǎosuān èryǐjī xiān'àn 薬 LSD:麻薬の一種.
麦秸 màijiē =〔〈方〉麦草〕〔麦秆（儿）〕麦わら.〔~秆儿 gǎnr〕同前.〔~画〕=〔剪 jiǎn 贴〕麦わらで作った絵.
麦精 màijīng 麦芽エキス:〔麦芽浸 jìn 膏〕ともいう.
麦酒 màijiǔ ⇒〔啤 pí 酒〕
麦糠 màikāng 麦ぬか.⇒〔稻 dào 糠〕
麦客 màikè〈方〉麦刈り期の農作業をする臨時雇い.

麦克风 màikèfēng〈音訳〉マイク(ロフォン):〔传 chuán 声器〕(拡声器)の通称.
麦克斯韦 màikèsīwéi 〈人名〉マクスウェル.記号 Mx:磁束の cgs 電磁単位,mks 単位では〔韦(伯)〕を用いる.単に〔麦(Ⅱ)〕ともいう.
麦口 màikǒu(r)〈方〉麦が熟れようとして,まだ収穫のできない時.端境期:〔麦口期〕〔麦口上〕ともいう.→〔青 qīng 黄不接〕
麦浪 màilàng （風で揺れる）麦の波.
麦粒 màilì 麦の粒.〔~肿 zhǒng〕〔睑 jiǎn 腺炎〕医麦粒腫(ば):俗に〔针 zhēn 眼〕(ものもらい)という.
麦陇 màilǒng 麦畑(のうね):〔麦垄〕とも書く.
麦码子 màimǎzi 刈り取った麦わらを積み重ねたもの:〔麦垛〕ともいう.→〔码子〕
麦芒（儿） màimáng(r) 麦の穂の"のぎ".
麦门冬 màiméndōng =〔麦冬〕
麦纳麦 màinàmài 地マナーマ市:〔巴 bā 林王国〕(バーレーン王国)の首都.
麦尼多 màinídūo 〔磁 cí 发电机〕
麦奴 màinú 黑穂.黑穂病にかかった麦.
麦皮 màipí 麦粒の表皮.
麦片 màipiàn 食オートミール.→〔燕 yàn 麦片粥〕〔莜 yóu 麦〕
麦(片)粥 mài(piàn)zhōu →〔燕 yàn 麦片粥〕
麦琪淋 màiqílín ⇒〔人 rén 造奶油〕
麦秋 màiqiū 麦の収穫の季節:一般は夏季が多い.
麦曲 màiqū 麦こうじ.
麦乳精 màirǔjīng 食小麦粉・牛乳・卵・バター・砂糖などを原料にして真空乾燥法で作った顆粒状の食品;湯で溶かして飲む.
麦收 màishōu ①麦を刈る. ②麦の収穫量.〔~三月同〕:陰暦三月の育つ春に同時が多く.〔~收〕は豊作.
麦斯林纱 màisīlínshā〈音義訳〉紡綿モスリン:〔薄 báo 洋纱〕〔细 xì 洋纱〕〔平 píng 纹细布〕ともいう.→〔毛 máo 丝绒〕
麦穗 màisuì ①麦の穂.〔~两歧〕〔麦秀两歧〕〔喩〕豊作の兆し. ②羊皮の毛のふさふさと長いものの別称.
麦莛（儿） màitíng(r) 麦の茎（穂の下部）.〔~辫 biàn 子〕〔草帽辫〕同前で作ったさなだひも.
麦薰 màixūn ⇒〔松 sōng 露〕
麦芽 màiyá 麦芽.モルト:〔大麦芽〕ともいう.〔~糖 táng〕麦芽糖.〔~糖酶 méi〕酶マルタービ.
麦蚜 màiyá 虫ムギヒゲナガアブラムシ:ムギ・イネの害虫.
麦芽灯 màiyádēng ⇒〔麦(子)灯〕
麦野 màiyě 広大な麦畑.
麦颖 màiyǐng〈文〉麦の穂ののぎ.→〔麦芒（儿）〕
麦蜘蛛 màizhīzhū 虫麦につくダニ(総称):〔〈方〉红 hóng 蜘蛛〕〔〈方〉火ノ蜘 ③〕は別称.〔麦叶爪螨〕〔麦圆背肛螨〕〔麦圆蜘蛛〕（ムギダニ）,〔麦长腿蜘蛛〕〔麦岩螨〕（ホモハダニ）などがある.
麦子 màizi ①麦.〔~地(里)〕〔~地儿〕麦畑. ②小麦の通称.
麦(子)灯 mài(zi)dēng =〔麦芽灯〕旧旧暦正月15日の〔元宵节〕の日に,北方の麦地,地方の民間で作られる灯籠の一種:綿その他の物で人や魚・竜などの形に作った灯籠に水を含ませて麦粒を全面に植えつけたものを暖かい所に置いて発芽させ,それを戸外の寒気で凍らせた菊人形のようなもの.

〔唛・嘜〕 mài

〈方〉〈音訳〉マーク.商標:〔~头 tou〕

〔铑・鿏〕 mài

マイトネリウム.記号 Mt:人工放射性元素の一.

〔卖・賣〕 mài

①売る:品物や力を売って金に換える.〔~完 wán 了〕〔~

卖 mài

光了]売り切れた.[贱 jiàn ~]安売り(する).[甩 shuǎi ~]見切る.[赊 shē ~]掛売り(する).[~不出去](売る条件が悪くて)売れない.[~不动](買い手がなくて)売れない.はけない.[~不了 liǎo](売りきれない).[~不着 zháo](値が安すぎて売る甲斐がないので)売るわけにいかない.[~菜的]野菜売り.[~报 bào 的]新聞売り. ↔[买 mǎi ①]
② (自分が利益を得るために)[~友]友達を裏切る. ③ 努める.力を出し惜しまない. ④ 見せびらかす.ひけらかす.[~本事]腕前(手腕)を誇示. ⑤〈方〉回(料理屋で)一人前(一皿).[他那份足有别家的三~菜]彼のあの一人分はよその家のたっぷり3人前はある. ⑥〈姓〉賣(は)

- **卖卜** màibǔ 占いをして見せる.
- **卖才** màicái 才能のあるところを見せる.
- **卖场** màichǎng 規模の大きい売場.[家电 ~]大型家電店.
- **卖唱** màichàng 街頭で歌をうたい金を稼ぐ.ストリートライブをする.[~的]ストリートミュージシャン.流しの芸人.
- **卖出** màichū 売り出す.[~汇 huì 价]商両替レートの売り値.
- **卖春** màichūn 売春(する)
- **卖大号** màidàhào 大口売り.(特定の)大口の客に一括して売ること[卖大户]ともいう.
- **卖大炕的** màidàkàngde〈方〉下等な娼婦.
- **卖呆(儿)** màidāi(r)〈方〉① 戸口でぼんやりしている.油を売る(多く女性に用いる). ② ぽかんとする.[你在这儿~做什么]きみここで何をぶらぶらしているのだ. ③ (野次馬として)見物する.[~的人都笑着,喝彩,拍手]野次馬たちは皆笑って,喝采し,拍手した.
- **卖单** màidān 回① (金融市場で)売り注文伝票. ② 回船荷証券を銀行に売る.
- **卖刀买犊** màidāo mǎidú ⇒[卖剑买牛]
- **卖底** màidǐ〈方〉(秘密・内情を)漏らす.[~的]裏切り者.[这必是有~的]これはきっと誰かがばらしたんだ.
- **卖地契** màidìqì 回土地売渡証書.
- **卖点** màidiǎn ① セールスポイント.[以人情为~的电影]人情を売りにしている映画. ② 国(証券等の相場の)売りの好機.
- **卖冻儿** màidòngr〈方〉①(物もらいが)屋外で寒にふるえている. ② [伊達 (ぎ) に]薄着をする.
- **卖** mài 悪事を人(共犯の相方)になすりつける.
- **卖恩** mài'ēn 恩を着せる.
- **卖方** màifāng 売り手側.[~市场] 売り手市場. ↔[买 mǎi 方]
- **卖房契** màifángqì 国家屋売買契約書.
- **卖放** màifàng 回(役人が)賄賂をとって罪人を釈放する.[~罪 zuì 人]同前.
- **卖疯** màifēng めちゃくちゃに受ける.飛ぶように売れる.
- **卖风流** màifēngliú (男に)色っぽさを見せつける.媚態を示す.
- **卖富** màifù 金持ちらしいところを見せつける.
- **卖胳臂** màigēbei ①力仕事で渡世する.[我就凭 píng ~挣饭吃]おれは力仕事だけで稼いで食ってるんだ. ②腕力に訴える.荒々しく振るまう.
- **卖功** màigōng 自分の手柄にする.
- **卖工夫** màigōngfu ① ⇒[卖好(儿)] ② 回雇われて仕事をする.
- **卖狗皮膏药** mài gǒupí gāoyao インチキ薬を人に売りつける.〈喩〉うまいことを言って人を騙す.
- **卖瓜的说瓜甜** màiguāde shuō guātián [〈谚〉我田引水].[卖瓜的不说瓜苦]ともいう. →[老 lǎo 王卖瓜]

卖瓜 màiguā 利口ぶる.利口なことをひけらかす.得意顔をする.[得(了)便宜(还)~]うまいことをしておいて,したり顔をする.

- **卖官鬻爵** màiguān yùjué 回官職や爵位を売る.
- **卖关子** màiguānzi ①回[说书的](講釈師が)長篇物を演ずる場合,毎回最も山場となる所でやめ,興味を次回につなぐ手法.[卖了个关子]同前. 〈喩〉もったいぶる.思わせぶりをする.[有话痛痛快快地说出来,卖什么关子呀!]話がしたいなら気持ちよく話したらいい,何をそんなに思わせぶりをするのか.
- **卖国** màiguó 祖国を裏切る(こと).[~求荣]祖国を裏切って栄達を図る.[~奴 nú]~[贼 zéi]売国奴.→[叛 pàn 徒][亡 wáng 国奴]
- **卖好(儿)** màihǎo(r) ⇒[卖工夫①]他人からよく思われたくて努める.おべっかを使う.[~讨 tǎo 俏]ご機嫌をとる.ご機嫌をとってこびへつらう.
- **卖花婆** màihuāpó〈喩〉売春婦.
- **卖货清单** màihuò qīngdān 回仕切り書.インボイス.
- **卖家** màijiā ⇒[卖主]
- **卖价** màijià 売り値.
- **卖剑买牛** màijiàn mǎiniú [卖刀买犊]〈喩〉悪人が改心して正業につく.
- **卖劲(儿)** màijìn(r) がんばる.精出す.骨を惜しまない. →[卖力气②]
- **卖据** màijù ⇒[卖契]
- **卖绝** màijué (買い戻し約定なしの)売り切りにする.
- **卖客** màikè ⇒[卖主]
- **卖空** màikōng ①空売りする. ②全部売り切れる.
- **卖空买空** màikōng mǎikōng ⇒[买空卖空]
- **卖老** màilǎo 年寄り風を吹かせる(老人として先輩風を吹かせる).[倚 yǐ 老~]同前.[刚满四十岁,就卖起老来了]やっと満40歳なのにもう年寄りぶることをして見せるようになった.
- **卖了** màile〈方〉陶磁器などを誤まって落として壊した時にいう:すなわち[碎 suì 了]という語を嫌って[~]という.[呦,这个细瓷盘子怎么~了]おや,この瀬戸物皿をどうして壊してしまったのか.
- **卖力** màilì 同下②.
- **卖力气** màilìqi ①労働力を売る.[~的](肉体)労働者.[他靠~过日子]彼は力仕事をして暮らしを立てている.[卖苦力]苦しい仕事をする. ② =[卖力]がんばっている.精一杯やる.[这孩子很~]この子は本当によくがんばる.[他工作很~]彼は仕事の面でも骨身を惜しまない.
- **卖脸** màiliǎn ①恥をかいても人に頼みこむ.[~不卖身]恥を忍んで人にはすがっても身は売らぬ. ②劇四川地方劇で門外不出の[变 biàn 脸](面具の早変わり)の技術を部外者に金で教えること.
- **卖满** màimǎn 満員売り切れになる.札止めになる.[戏~了]芝居は札止めになった.
- **卖门市** màiménshì 店頭売り(小売り)をする.
- **卖面子** màimiànzi 顔を立てる.恩を売る.→[卖恩][卖人脸(面)]
- **卖命** màimìng ①(他人に利用されたり,生活のために)命賭けで働く. ②しゃにむに働く.がむしゃらにやる.
- **卖弄** màinong ひけらかす.見せびらかす.いい気になってやる.[~小聪 cōng 明]小利口を見せる.[~风情]媚態を示す.
- **卖盘** màipán 成立した売り商い(その相場).[~操 cāo 作]売りオペレーション.
- **卖票的** màipiàode 切符売り. →[售 shòu 票员]

1143

mài 卖脉

卖婆 màipó 〔旧〕人の家に出入りして物の売り買いを(仲介)する年配の女性.

卖破烂(儿)的 mài pòlàn(r)de ぼろ売り:ぼろを買って売りさばき生計を立てる者.

卖破绽 màipòzhàn わざとすきを見せる.〔不是我疏神,我这是故意卖个破绽给他〕わたしがうっかりしたのではない,すきを見せて彼を誘ったのだ.

卖契 màiqì =〔卖据〕売渡し証.

卖钱 màiqián ①売って金に換える.売れて金になる.〔卖好钱〕よい値段で売れる.〔对不起,今天还没~呢〕すみません、今日はまだ商売がなくて金ができないものですから. ②売上げ(金).〔现在我这个小店的营业一天比一天发展,~也一天比一天增多〕今では当店の営業は日々発展し,売上げも日々増加している.

卖巧 màiqiǎo 手際の良さを見せて取り入る.

卖俏 màiqiào ①人の気を引く.媚(こ)びる.②したり顔をする.利口ぶる.

卖青 màiqīng →〔买 mǎi 青卖青〕

卖清 màiqīng 売り尽くす:〔卖光〕,〔〈文〉卖罄〕ともいう.

卖青苗 màiqīngmiáo →〔放 fàng 青苗〕

卖情面 màiqíngmiàn =〔卖人情〕

卖罄 màiqìng 〈文〉売り尽くす:〔卖清〕に同じ.

卖缺 màiquē 〈文〉官職を売る.→〔缺④〕

卖缺 màiquē 〔旧〕人につけ込んで売る.

卖嚷嚷儿 màirāngrangr 〈方〉わざと人に聞かせるように話す.

卖人情 màirénqíng =〔卖情面〕恩を着せる.〔今天他答应得这么痛快是故意~〕今日彼がこんなに二つ返事で承諾してくれたのはわざと恩を着せようというのだ.〔卖给你个人情〕おまえに恩を着せる.

卖山音 màishānyīn 〈方〉聞こえよがしに大声で言う.あてつけて聞かせる.〔有理当面找他说去,何必在这儿~ 〕話があるなら彼のところに行って,面と向かって彼に話しなさい,何でこんなところでわめきちらしているのだ.

卖赊 màishē 売り掛け(をする)

卖舌 màishé 弁が立つところを見せる.

卖身 màishēn ①〔旧〕身売り(をする.に出す).〔~契 qì〕身売り証文. ②〔旧〕売春する.

卖身投靠 màishēn tóukào 〈喩〉(自分の人格を売って)悪人の手先となる.

卖耍货儿的 mài shuǎhuòrde 〔旧〕子供の玩具やあめなどを売る大道商人.

卖头卖脸 màitóu màiliǎn 臆面もなく人前に顔を出す:〔卖头卖脚〕ともいう.

卖味儿 màiwèir 〈喩〉虚勢をはる.もったいぶる.〔那个铺子竟~,不用买他们的货〕あの店はもったいぶってばかりいる,買ってやるにはおよばない.〔他这样是~呢,你还不明白吗〕彼がそうやっているのはほのめかしているんだよ,まだわからないのか.

卖文 màiwén 〈喩〉文筆で生計を立てる.

卖五代史 mài wǔdàishǐ →〔说 shuō 话⑥〕

卖武的 màiwǔde 〔旧〕武芸で生活する者.

卖席睡炕 màixí shuìkàng 〈諺〉ござを商っていながら,オンドルの上にごろ寝する.紺(こん)屋の白ばかま.→〔卖油娘子水梳头〕

卖项 màixiàng 売上高.〔~还不错〕売り上げがなかなかいい.

卖笑 màixiào 〔旧〕(芸者や芸人が)芸と色(身体)を売る.

卖血 màixiě 売血する.

卖解的 màixiède 〔旧〕大道で武芸や雑技を演じて生計を立てる者.

卖压 màiyā 〔商〕(株などの)売り圧力.

卖眼 màiyǎn 〈文〉秋波を送る.

卖野人头 mài yěréntóu 〈方〉こけおどしをする.

卖艺 màiyì (見せ物)芸で暮らしを立てる.〔~的〕〔艺人〕芸(能)人.

卖淫 màiyín (女子が)売春(する)

卖油娘子水梳头 màiyóu niángzi shuǐ shūtóu 〈諺〉髪油売り屋のおかみさんが髪油を切らして自分には髪油が惜しくて水で間に合わせる:小さな商売をする人が商品を惜しむことをいう.〔匠 jiàng 人屋下没凳坐〕

卖友求荣 màiyǒu qiúróng 〈成〉自分の出世のために友人を裏切る.

卖阵之计 màizhèn zhī jì 〔旧〕敵に裏切った者がわざと負け戦をする計.

卖主 màizhǔ =〔卖家〕〔卖客〕売り手.〔~市场〕売り手市場.↔〔买 mǎi 主〕

卖字 màizì 字を書いて売る.

卖字号 màizìhao 看板を売る.店の名で売る.〈転〉出身・所属などの名で自分を売りこむ.

卖嘴 màizuǐ 口先だけで立派なことを言う:〔~皮子〕ともいう.〔人不能光~〕人は口先で言うだけではいけない.〔~乖 guāi〕口先の達者なところを見せつける.

卖座(儿) màizuò(r) (劇場・料理屋などで)席(の切符)を売る.〈転〉席の売れ行き・客足(がよい).〔~记录〕切符の売れ行き記録.〔~不佳 jiā〕客の入りが芳しくない.〔~率 lǜ〕座席販売率.興行成績.

〔脉(脈・䘑・衇）〕mài ①

生理 血管.〔动 dòng~〕動脈.〔静 jìng~〕静脈. ②脈.脈搏(ぱく).〔方〕号 hào~〕〔诊 zhěn~〕(脈をとって)診断する.〔~跳 tiào 得很快〕脈打ちが強い.〔~沉 chén~〕脈が弱い.〔吓 xià 得没有~了〕びっくりして縮み上がってしまった.〔他的病不上~〕彼の病気は脈には出てこない.〈転〉脈絡.すじ.〔山 shān~〕山脈.〔叶 yè~〕葉脈.〔矿~〕鉱脈.〔土~好,出产多〕土地の質(も)がよくて産物が多い.〔~~相承〕同じ宗旨や気風を受け継いでゆく.〈文〉姓〕脈(みゃく). → mò

脉案 mài'àn 中医診断.見立て.

脉搏 màibó ①医脈搏(はく).〔~不定〕脈が不整である.~不整脈である.②〈喩〉動き.大勢.趨勢.〔时代的~〕時代の動向.

脉冲 màichōng ①電 インパルス.〔~电流〕衝撃電流.〔~波〕パルス.〔~雷达〕パルスレーダー.〔~星〕天 パルサー:〔中子星〕〔中性子星〕の一種.

脉动 màidòng ①脈動.鼓動. ②機械や電流などの周期的な運動や変化.〔~电流〕脈動電流.

脉动变星 màidòng biànxīng 天脈動変光星.

脉管 màiguǎn 生理血管:動脈と静脈との総称.〔~炎〕医血管炎.

脉金 màijīn ①=〔脉钱〕〔脉资〕中医診察代. ②鉱石英に含まれる粒状の金:〔山 shān 金〕ともいう.

脉礼 màilǐ 〈文〉診察代.

脉理 màilǐ ①医脈絡.条理.筋道. ②中医医学の理論.またその深さ.〔他的~很好〕彼の医学知識はなかなか深い.

脉络 màiluò ①中医脈絡:経脈と絡脈. ②〈喩〉脈絡.筋道.〔一~贯 guàn 通〕筋が通っている.

脉络膜 màiluòmó 生理脈絡膜.

脉门 màimén 脈どころ.

脉气 màiqì 脈に現れる生命力.〔今天~不大好〕今は脈の力が芳しくない.

脉钱 màiqián ⇒〔脉金①〕

脉石 màishí 鉱脈石:鉱脈中に存在し,鉱石として

mài～mán

の価値のない岩石.→[煤 méi 矸石]
脉息 màixī 中医脉搏.⇒[脉搏①]
脉象 màixiàng 中医脉象:指に感じる脉搏の形状.[浮 fú 脉]など28脉に整理されている.
脉压(差) màiyā(chā) 医脉圧:血圧の最高値と最低値の差.
脉泽 màizé〈音訳〉物メーザー.ⓐマイクロ波増幅・発振装置.ⓑ同前のマイクロ波.[～激 jī 光]
脉诊 màizhěn ⇒[切 qiè 脉]
脉枕 màizhěn 脉枕:脉をとるときに患者の手首の下に置く小さな枕状の当て物.
脉资 màizī ⇒[脉金①]

[**霢(霡**)] **mài**〔～霂 mù〕〈文〉小雨.

man ㄇㄢ

[**嫚**] **mān**[-儿,-子]〈方〉女の子.→**màn**

[**颟·顢**]
颟顸 mānhān ぐずぼんやりしている.ぽきっとしている.間が抜けてだらしがない.[颟颟预预][颟里～]同前のさま.[～性儿 xìngr][～劲儿 jìnr]ぼんやりかげん.[一个人]ぼさっとした人間.[別～了,快点去办吧！]ぼさっとしているな,早く行ってやりなさい.[那人太～,做什么事都靠不住]あの人間はまったくいいかげんで,何をしてもあてにならない.

[**姏**] **mán**〈文〉老女.[老姏～]旧式結婚で,新婦に付き添って雑用を務める老女.

[**埋**] **mán** →**mái**
埋怨 mányuàn =[瞒怨]恨む.恨みごとを言う.[～懊 ào 悔]恨んで悔やむ.[你自己不小心,还～别人干什么]お前自身が不注意だったのに,人に恨むことを言うのはとは何事だ.[现在一政府的人还不少]現在政府を恨んでいる人はまだ少なくない.→[含 hán 怨]

[**蛮·蠻**] **mán** ①野蛮である.無法である.手荒である.情理をわきまえない.横暴である.[野 yě ～行为]野蛮な行為.[犯 fàn ～]無法なことをする.凶暴な行為をする.②ⓐ田南方の諸民族に対する呼称.[南～子]同前の蔑称.ⓑ[転]広く周囲の諸民族に対する総称.[～族 zú]満族.④=[満 mǎn(①⑥)]〈方〉たいへん.[～好]とてもよい.[～像个样子]なかなか板についている.→[很 hěn][挺 tǐng ⑤] ⑤〈姓〉蛮.
蛮不讲理 mán bù jiǎnglǐ〈慣〉横暴で道理をわきまえない.[满 mǎn 不讲理]とも書く.
蛮缠 mánchán 理不尽でやたらにからむ.
蛮触之争 mánchù zhī zhēng〈成〉つまらないことで争うこと.[蛮触相争][蛮争触斗 dòu]ともいう.
蛮法三千 mánfǎ sānqiān〈方〉むちゃくちゃであるやり方はいくらでもある.[～,道理一个]〈諺〉同前だが,真理にかなった方法は一つしかない.
蛮干 mángàn(仕事を)しゃにむにする.むちゃくちゃにやる.
蛮憨 mánhān 素朴である.朴訥(ら)である.[粗 cū野～]素朴で朴訥である.
蛮悍 mánhàn 野蛮で気が荒い.
蛮横 mánhèng =[横蛮]横暴である.[～无理]横柄で理不尽である.
蛮荒 mánhuāng ①未開で荒涼としている.②〈文〉

文化が開けていない辺鄙なところ.
蛮笺 mánjiān =①四川産の高級書簡箋の一種.②高麗から進貢された書簡箋.
蛮劲(儿) mánjìn(r) 馬鹿力.[他有股 gǔ 子～]彼は馬鹿力がある.[～十足]死に物狂いの力をふるって.
蛮蛮 mánmán〈文〉鳥の鳴き声.[鸟声～]鳥がしきりにさえずる.
蛮拼 mánpīn がむしゃらにやる.
蛮夷戎狄 mán yí róng dí 田(中国から見た)周囲の未開民族(総称)
蛮勇 mányǒng たけだけしく勇猛である.
蛮装 mánzhuāng 囻(満族から見た,漢族の)女性の纏足(ら)などの装いに対する蔑称.→[金 jīn 莲]
蛮子 mánzi 回(北方人から見下して)南方人.②〈方〉纏足している女性(蔑称).[～脚]纏足した足.

[**谩·謾**] **mán**〈文〉だます.欺く.[～天～地]天を欺き地を欺く.→**màn**

[**蔓**] **mán** →**màn wàn**
蔓菁 mánjing ⇒[芜 wú 菁]

[**馒·饅**] **mán**
馒首 mánshǒu 同下.
馒头 mántou =〈方〉[馒首]食マントー:小麦粉で作った味のつけていない(あんの入っていない)まんじゅうで北部の常食.[笼 lóng 饼]は旧称.[馍馍 mómo][蒸 zhēng 馍]は方言.②〈方〉食(あずきあんや野菜・肉あん入りの)まんじゅう:[包 bāo 子①]と同じ.古くはこれがマントーであった.[肉 ròu ～]肉まんじゅう.→[炉 lú 馒] ③〈口〉乳房.

[**鳗·鰻**] **mán** 魚貝ウナギ:[～鲡]の略称.
鳗鲡 mánlí 魚貝ウナギ.[鳗鱼][白鳝 bái shàn][河 hé 鳗]ともいう.→[鳝 shàn 鱼]
鳗线 mánxiàn 魚貝シラスウナギ.

[**鬘**] **mán**〈文〉髪の美しいさま.
鬘华 mánhuá =[茉 mò 莉]
鬘饰 mánshì (インドで)体につける飾りの花環.[华 huá 鬘]ともいう.

[**瞒·瞞**] **mán** ①だます.ごまかす.隠して知らせない.[隐 yǐn ～]包み隠す.[欺 qī ～]欺瞒する.[不～您说…]隠さず申し上げますと….実を申しますと….[～着这个背 bèi 着那个]あれを隠したりこれをこそぞやったり.内緒で.[～不过]ごまかし(だまし)通せない.[～不了]だまされない.②〈方〉=[瞒②]
瞒报 mánbào 隠蔽報告(をする).[～收入以逃税]脱税をするために収入を偽って申告する.
瞒哄 mánhōng だまして.内緒にする.
瞒产 mánchǎn 実際生産量をごまかす.生産量をごまかして申告する.
瞒得住人,瞒不过天 mándezhù rén, mánbuguò tiān〈諺〉人はだませても,天をだますことはできない.
瞒哄 mánhǒng ごまかす.だます.→[欺 qī 骗]
瞒昧 mánmèi 同下.
瞒骗 mánpiàn =[瞒昧]瞞着する.ごまかし隠す.[一事情～不过去了人]人をごまかし隠しおおせなくなる.
瞒上不瞒下 mánshàng bùmánxià〈諺〉上の者にはごまかし欺くが,下の者には知られても困らないのでかまわない.
瞒上欺下 mánshàng qīxià〈慣〉上級の者をだまし,

瞒税 mánshuì 納税をごまかす.

瞒天过海 mántiān guòhǎi〈喻〉あれこれ巧みに人目をごまかして陰でこそこそやる.

瞒心昧己 mánxīn mèijǐ〈成〉良心に背いて悪事をする.

瞒怨 mányuàn ⇒〔埋怨〕

〔**鞔**〕mán ①鼓の皮を張る.〔～鼓 gǔ〕同前. ②(布鞋を作る時)甲の部分の布を張る. 〔～鞋 xié〕④同前.⑤〈文〉喪中の者が布靴に白布をかぶせる.→〔孝 xiào 鞋〕

〔**满·滿**〕mǎn（Ⅰ）①満ちる.いっぱいになる(である).余地なく満たす(している).〔客 kè ～〕客が満員である.〔人都坐～了〕座席がいっぱいになった.〔装～了车〕車いっぱいに積んだ.〔倒 dào ～〕(液体の)いっぱいに注ぐ.〔倒得～～的〕いっぱいに注ぐ.②期限となる.日にちが終わる.限度に達する.〔假 jià ～〕休暇が終わりになる.〔届 jiè ～〕期～期限になる.〔没日子就搬了〕期限にならないのにもう引っ越した.〔刑～出来〕刑期を終えて出所する.③全(部の).…じゅう(の).いっぱい.すっかり.〔～头大汗〕頭にいっぱい大汗をかく.〔～身の油泥也不顾〕全身の垢もかまわない.〔～行 xíng 〕〔～可以〕すっかり大丈夫.〔～不是那么回事〕全くそんなことはない.④満足する.〔人人不～〕誰もかれも不満である.⑤驕り高ぶる.〔话说得太～〕あまりにも自信のあることを言う.〔～招损,谦受益〕驕れば損をし,謙虚である.〔自 zì ～〕自分で偉いと思う.⑥⇒〔蛮 mán ④〕

（Ⅱ）①满(洲)族,またその歴史的居住の地.〔东～〕満洲東部.→〔满洲〕〔满族〕②〈姓〉

满不讲理 mǎn bù jiǎnglǐ →〔蛮 mán 不讲理〕

满不听提 mǎn bù tīngtí〈方〉少しも耳を貸さない.〔提〕とも書く.

满不在乎 mǎn bù zàihu〈惯〉少しも気にかけない.〔别人怎么说都～〕他の者が何を言おうが気にかけない.〔装出一付～的样子〕全く意に介しないふりをする.

满仓 mǎncāng ①倉庫を満たす.②商 資金をはたいて株を買う.

满产 mǎnchǎn フル生産(する)

满潮 mǎncháo 旧 満潮.↔〔低 dī 潮①〕

满城风雨 mǎnchéng fēngyǔ〈喻〉町中のうわさになる:多くよくない事に用いる.〔～,人心惶惶〕デマなどで人々が恐慌をきたす.

满处 mǎnchù〈口〉いたるところ.〔～大骂 mà〕あっちでもこっちでもどなりちらす.

满打满算 mǎndǎ mǎnsuàn〈惯〉充分計算する(に入れる).〔～,还不到二十七岁〕どうみたところでまだ27歳にはなっていない.〔～就这一个独生儿 ér 子〕後にも先にもこの一人息子があるだけだ.

满打(着) mǎndǎ(zhe)〈口〉①すっかりそのつもりに.すっかり計算に入れる.②〈方〉よしんば.たとえ.〔～跟羊肉一价儿吧～〕よしんば羊の肉と同じ値としても〔即 jí 使〕

满当当 mǎndāngdāng いっぱいになるさま.満ち満ちているさま:〔满登登〕ともいう.〔电影院里人坐得～的映画館から溢れる.

满登登 mǎndēngdēng 同上.

满地 mǎndì あたり一面:〔满地下〕ともいう.〔扔得～是纸〕そこらじゅう紙くずだらけ.〔～的黄花〕あたり一面の黄色い花.〔～找牙〕〈喻〉ひどく(殴られる)こっぴどく(やられる).

满点 mǎndiǎn 定時いっぱいまで(行う):早退をしない.〔～营业〕定時営業.

满肚子 mǎndùzi 腹(心)にいっぱい(あること).〔～的委曲吐不出来〕腹にいっぱいたまった不平ごとを言い出せない.

满舵 mǎnduò (船舶の舵輪を)いっぱいに回す.〔右～〕面舵一杯.〔左～〕取舵一杯.

满额 mǎn'é =〔额满〕定員に達する.満員になる.〔本校已经～,不再招生了〕本校はすでに定員を満たしたので,これ以上は募集しない.

满帆 mǎnfān 帆をいっぱいに張る.

满分(儿) mǎnfēn(r) 満点.〔得 dé ～〕満点をとる.

满服 mǎnfú ⇒〔满孝〕

满福寿 mǎnfúshòu ⇒〔划 huá 拳②〕

满腹 mǎnfù 心の中にいっぱいである.〔～牢 láo 骚〕〈成〉心にいっぱい不平がある.不平がいっぱいある.〔～经 jīng 纶〕〈喻〉政策や識見を豊かに持っている.〔群疑～〕〈成〉衆人がみな深い疑いを抱く.

满负荷 mǎnfùhè 最大限度.負荷限度(である).〈喻〉人力の限界.〔～生产〕フル稼働で生産する.〔～工作法〕全力投球作業法.

满共 mǎngòng〈方〉合計して.全部で.

满贯 mǎnguàn ①回 銭さしに銭がいっぱいさされた状態になること.〈転〉物事の最高限度に達すること.②〈喻〉グランドスラム.3冠王.②(マージャンで)満貫(ᅣᅡ)

满汉全席 mǎnhàn quánxí 食 満族風料理と中国(漢族風)料理とを揃えた豪華な会席料理.

满怀 mǎnhuái ①心にいっぱい抱く.〔～信心地干〕充分に自信を持ってやる.〔～喜悦〕心にあふれる喜び.〔～革命豪情地讲述了革命の大志である.②胸全体.体ごと.〔同他撞了个～〕彼と真っ向からぶつかった.③(飼っている家畜が)すべてはらむ.

满江红 mǎnjiānghóng ①〔红浮萍〕植 アカウキクサ:多年生水草.水田・池沼などの水面を真っ赤に覆う.②→〔词 cí 牌〕

满坑满谷 mǎnkēng mǎngǔ〈喻〉いたる所にある.捨てるほどたくさんある.〔满谷满坑〕ともいう.

满口 mǎnkǒu ①口いっぱい.口の中全体.〔～假牙〕総入れ歯.②言うこと.〔～胡说〕でたらめばかり言う.〔～春风〕非常に能弁なこと.〔～上海话〕口から出るのはみな上海弁.③ためらいもなく.二つ返事で.〔～答 dā 应〕=〔应 yìng 承〕二つ返事で承諾する.

满脸 mǎnliǎn 顔中.満面.〔陪 péi 笑〕顔中に愛想笑いをする.

满流 mǎnliú 旧 流刑の刑期が満ちる.

满留头 mǎnliútóu〈方〉総髪:男性の髪型.

满当当 mǎndāngdāng 満いっぱいであるさま:〔满满登 dēng 登〕ともいう.〔～地摆了一桌子菜〕テーブルいっぱいに料理を並べた(が並んでいる).〔挑着一的两桶水〕二つの桶になみなみと水を入れたのを担いでいる.

满门 mǎnmén 一家中.一門.〔～抄 chāo 斩〕一家全部が財産を没収され斬罪にされる.

满面 mǎnmiàn 顔中.満面.〔～春风〕〔～笑容〕〈成〉満面に笑みを浮かべる.顔中に喜びが溢れる:〔～生春〕〔春风～〕ともいう.

满面红光 mǎnmiàn hóngguāng ⇒〔红光满面〕

满目 mǎnmù〈文〉視野全体.見渡す限り:〔满眼②〕に同じ.〔～凄 qī 凉〕〈喻〉あたり一面もの寂しいさま.〔～疮 chuāng 痍〕〈成〉目に入るものすべて痛ましく傷を被っている.被害の悲惨なさま.

满脑子 mǎnnǎozi 頭の中はすっかり.〔～落 luò 后思想〕頭が遅れた思想でいっぱいだ.

满拧 mǎnnǐng〈口〉(話が)あべこべだ.全く逆だ.→〔拧 nǐng 葱〕

mǎn～màn

满盘子满碗 mǎnpánzi mǎnwǎn 〈方〉〈喻〉完全で滞りのない事.

满瓶不响,半瓶叮当 mǎnpíng bùxiǎng, bànpíng dīngdāng ⇒〔yī 瓶醋不响,半瓶醋晃荡〕

满七 mǎnqī 人の死後49日目.→〔七七〕〔做 zuò〕

满期 mǎnqī 満期(になる).期限(になる).〔～日〕満期日.

满钱 mǎnqián 小銅銭(一個一文)一千個を〔一吊〕とする計算法.→〔cháng 钱〕

满腔 mǎnqiāng 満腔(の).〔～的怒火〕心にいっぱいの怒り.〔～热情地接待我们〕心から親切に我々を接待してくれた.

满勤 mǎnqín 皆勤(する).〔全 quán 勤〕に同じ.〔没歇过一班,一直～〕1回も休んだことがなく,ずっと皆勤だ.

满清 mǎnqīng 圖清朝:多く20世紀前半に使われた.

满缺 mǎnquē 圉満洲人を登用する官職の空位.

满人 mǎnrén 人:満族に属する人.

满任 mǎnrèn 任期が満ちる.

满山遍野 mǎnshān biànyě 山にも野にもいっぱいある.〈喻〉ある所(者)非常に多い)

满山红 mǎnshānhóng 圖エゾムラサキツツジ.→〔映 yìng 山红〕

满身 mǎnshēn 全身.体中.〔～债 zhài〕借金だらけ.〔～伤 shāng 疤〕満身創痍(ぞう).〔～是汗〕全身汗びっしょり.

满师 mǎnshī 徒弟の年期があける(終える).〔学徒三年～〕弟子入りは3年で修業があける.→〔出 chū 师②〕

满世界 mǎnshìjiè ＝〔饶 ráo 市街〕〈口〉どこもここも.どこへでも:〔满市街〕とも書く.〔小孩儿一瞎跑〕子供がやたらにとび回る.→〔yī 世界〕

满堂 mǎntáng ①満場.〔～喝彩 cǎi〕満場の喝采.②満員になる.満席になる.③人が堂に満ちる.〔儿孙～〕子孫がいっぱいいること.

满堂彩 mǎntángcǎi 満場の喝采.

满堂灌 mǎntángguàn 〈慣〉学生に対して一方的に教えること.知識を詰め込むだけの教育.

满堂红 mǎntánghóng ①広間を飾る色絹を張った角灯篭・大燭台.〈転〉すべての面でうまくいくこと.〔今年我们厂是～,样样指标都提前完成了〕今年はわが工場も勢いに乗っている,目標値はすべて予定より早く達成された. ②⇒〔百 bǎi 日红〕 ③～〔划 huá 拳②〕

满天 mǎntiān 空いっぱい.〔～星星,不见月亮〕空いっぱいの星,月は見えない.〈喻〉小物ばかりで大物が出ないこと.〔～阴霾 mái〕成～〕空一面に曇る.〔～飞 fēi〕ⓐあちこち飛び回る.ⓑいたる所で見うける.→〔漫 màn 天①〕

满天星 mǎntiānxīng ①空いっぱいの星.〔～,明天晴〕〈諺〉星がたくさん見えれば明日は晴れ. ②〈白〉(めいせい)目の中にちらつく星.

满天要价 mǎntiān yàojià ⇒〔漫 màn 天讨价〕

满文 mǎnwén 満族の文字.満洲文字:清朝では公文書などに漢字と並列して用いられていた.

满席 mǎnxí 圉満族風の会席料理:〔汉 Hàn 席〕(漢族の会席料理)に対している.

满销 mǎnxiāo (製品や商品を)売り切る.完売する.

满孝 mǎnxiào ＝〔满服〕〔服满〕〔孝满〕服喪期間が満ちる.〔脱 tuō 孝〕

满心 mǎnxīn 一心に.心いっぱいに(気持ちが)山々である.〔～欢喜〕心が喜びでいっぱい.〔～挂 guà 虑〕十二分に心にかける.〔他倒是～愿意(的)〕彼は実はやる気満々だ.

满眼 mǎnyǎn ①目全体.〔～泪水〕目にいっぱい涙をためる.〔他一连两夜没有睡,～都是红丝〕彼はまるまる二日間も眠らなかったので目がすっかり赤くなっている. ②⇒〔满目〕 ③〈喻〉ひたすら思う.

满以为 mǎnyǐwéi てっきり…と思い込む.

满意 mǎnyì 満足する.〔～的价格〕満足な値段.〔他们不～现实社会〕彼らは現実の社会に不満である.〔他说的话不满我的意〕彼の言うことはわたしは気にいらない.

满饮 mǎnyǐn いっぱいに注いで飲む.〔请诸位一杯〕どうぞ皆さんぐっとおあけください.

满应满许 mǎnyīng mǎnxǔ 一も二もなく承諾する.

满员 mǎnyuán ①満員になる.定員に達した.〔二号车厢已经～了〕2号客車はすでに満員です. ②圉満洲人の官吏.

满园春色 mǎnyuán chūnsè 庭中の春景色.〈喻〉活気あふれ意気盛んなさま.〔春色满园〕ともいう.

满月 mǎnyuè ①満月.〔望 wàng 月〕に同じ. ②満ひと月(になる).〔办～〕〔做～〕子供が生まれて満1カ月のお祝い.〔弥 mí 月②〕〔双 shuāng 满月〕 ③産み月になる.妊娠10カ月になる.〔怀胎～〕同前.

满载 mǎnzài ①満載する.(限度)いっぱいに積む.〔～而归 guī〕〈喻〉大きな収獲をあげる. ②(機械・設備の)最大載荷(状態).フルロード.

满帐 mǎnzhàng 圖枕刑の百回叩たき.

满招损,谦受益 mǎnzhāosǔn, qiānshòuyì 〔成〕あまり自信たっぷりでは損を招くことになり,控え目の方がかえって得をすること.〔谦受益,满招损〕ともいう.

满秩 mǎnzhì 〈文〉①秩禄に満つる.最高官位に達する. ②官吏が任期満了になる.

满洲 mǎnzhōu ＝〔满族〕(満族)の旧称. ②満洲:中国東北(地方)の旧称.〔东 dōng 北①〕

满装 mǎnzhuāng 満洲人の服装.

满子 mǎnzǐ 〈方〉末っ子.〔老 lǎo 儿子〕〔老姑娘〕

满足 mǎnzú 満足させる.満たす.〔～愿望〕願いを満足させる.〔不能～儿童的要求を満足させ得ない.〔～不了 liǎo 需求〕求めに十分応じきれない.〔我们将尽可能地～你们的要求〕できるだけあなたたちの要望に応じよう. ②～に満足する.満足している.〔不～(于)已经取得的成绩〕すでに修めた成績には満足していない.〔～(于)现状〕現状に満足している.

满族 mǎnzú 満族:〔满洲①〕は旧称.中国少数民族の一.主として遼寧・吉林・黒竜江の各省,蒙古自治区および北京などに分布している.

满嘴 mǎnzuǐ 言うこと何もかも.口まかせ.〔～之乎者也〕言うことの何もかもが文語めいている.〔～(的)仁义道德,一肚子(的)男盗女娼〕〈諺〉口では一から十まで仁義道徳を重んじているように言うが,その実,腹の中はまるで泥棒か娼婦のように破廉恥だ.

满座(儿) mǎnzuò(r) ①全席.座にある者全員. ②満席になる.満員になる.〔～牌 pái〕満員札.

〔螨・蟎〕 mǎn 〔～类 lèi〕圖ダニ(総称).〔～虫 chóng〕は通称.節足動物の一.普通円形または楕円形で動物の体に寄生して血液を吸い,病気を伝染する.〔疥 jiè (癣)虫〕(カイセンダニ)など多くの種類がある.

〔荫・蒴〕 màn 〔～山镇〕圖山東省にある.

〔曼〕 màn ①長い.〔～～〕〈文〉長く延びているさま. ②(体や動作が)軽く柔らかい.しなやかである.〔～舞 wǔ 婆妥〕軽やかに舞う. ③〈姓〉曼(ま).

màn 曼谩漫

曼巴 mànbā （チベット語）医者.
曼波 mànbō 〈音訳〉マンボ（音楽,またダンス）:〔漫波〕とも書いた.
曼彻斯特导报 mànchèsītè dǎobào マンチェスター・ガーディアン紙:イギリスの新聞〔卫 wěi 报〕（ガーディアン）の旧称.
曼词 màncí 〔曼辞〕とも書く.〈文〉美辞.美しい言葉.
曼德勒 màndélè 地 マンダレー:ビルマ中央部の都市.〔瓦 wǎ 城〕ともいい,〔曼大雷〕とも書いた.
曼德林 màndélín ⇒〔曼陀林〕
曼福 mànfú 永(どう)えのご幸福:手紙文の結びに用いて相手の幸福を祈る.〔敬頌～〕御多幸をお祈り申し上げます.
曼谷 mànɡǔ 地 バンコク:〔盘 pán 谷〕⑤ともいった.〔泰 tài 王国〕（タイ王国）の首都.
曼哈顿 mànhādùn 地 マンハッタン:アメリカ・ニューヨーク市にある.
曼丽 mànlì 〈文〉あでやかで美しい.
曼曼 mànmàn 一字解①
曼靡 mànmí 〈文〉①声が細く美しいこと.②〈喩〉美人.
曼妙 mànmiào 〈文〉（舞い姿が）しなやかで優美であること.
曼暖 mànnuǎn 〈文〉ほんのり暖かい.
曼记 mànqìní 〈姓〉曼丘(稜)
曼声 mànshēng ①声を長くひっぱる.〔～而歌 gē〕声を長くひっぱって歌う. ②柔らかな（穏かな）声.〔改ően 口气,～得穏やかな口調に改めて言った.
曼荼罗 màntúluó 〈音訳〉仏（仏教の）曼荼羅(ぎょ):諸尊の悟りの世界を表現したもの.一定の方式に基づいて,諸仏を安置し修法をなす場所.実際に描かれた絵.
曼陀林 màntuólín 〔曼德琳〕〈音訳〉楽 マンドリン:4弦の小型弦楽器.〔曼度林〕〔曼多林〕〔曼陀铃〕とも書いた.〔口〕瓢 piáo 琴〕〔口〕洋 yáng 琵琶〕は俗称.〔琴 qín〕同前.
曼陀罗 màntuóluó 〔风 fēng 茄儿〕〔风茄花〕〔洋金花〕ともいう.〔白曼陀罗〕チョウセンアサガオ.〔毛～〕ケチョウセンアサガオ.〔～浸 jìn 液〕ダツラエキス:鎮痛鎮咳薬とする.
曼延 mànyán ①（山嶺·水流·道路など）際限なく遠く延びる.②⇒〔蔓延②〕
曼泽 mànzé 〈文〉美しく光沢がある.

[谩・謾] màn

みくびる.なめてかかる.なめた言い方.→ **幂**
谩骂 mànmà 侮り罵る.嘲けり罵る.〔漫骂〕〔嫚骂〕とも書く.

[漫] màn

①水があふれる.（あふれる）浸水する.冠水する.〔雨太大,把庄稼苗都～过去了〕雨がひどくて作物の苗が水浸しになってしまった.〔水～了路～〕路床が水浸しになった.〔～及胸 xiōng 部的泥水〕胸にまで達する泥水. ②いっぱいになる.至るところに広がる.〔大雾～天〕空いっぱいに霧が立ちこめる.空ままである.締まりがない.取り留めがない.勝手にする.〔～无纪律〕ほしいままにして規律がない.〔～无目的 dì〕漫然と目的がない.③長い.どこまでも続く.〔～〕〔曼冒〕長々しい.果てしない.限りない.〔～～长夜〕長々しい夜.〔～～的大草原〕果てしない大草原.〔四野都是～白雪〕あたりは見渡す限りの大雪原.④〔～慢 ④〕してはならない.〜するなかれ.〔～说是你,他来也不行〕君もちろんのこと,彼が来てもだめだ.
漫吧 mànbā 漫画喫茶.〔漫画吧〕ともいう.
漫笔 mànbǐ 漫筆:多くは書の題名などに用いる.

漫步 mànbù そぞろ歩き(く)
漫不经心 màn bù jīngxīn どうでもよい.全く気にしない.〔对子女的品行～〕子女の品行について全く気を配らない（気にかけない）.〔漫不经意〕ともいう.
漫长 màncháng 長々とした.長たらしい.〔～的岁月〕長い年月.
漫成 mànchéng 〈文〉いいかげんにできる（詩）
漫道 màndào 〔～慢道〕とも書く.〜はおろか…はもちろん.…は言うに及ばず:〔漫说〕〔慢说〕ともいう.〔～十万,就是百万千万,他也不会见钱动心〕彼は十万はおろか百万千万でも,金を見て心を動かすことはありえない.→字解⑤
漫反射 mànfǎnshè 光が散乱する.乱反射する.〔～光 guāng〕散乱光.乱反射光.
漫灌 mànguàn ①耕地へ水を自然に流入させる灌溉法.越流式灌溉.②（洪水が）流れ込む.
漫汗 mànhàn 〈文〉広大である.
漫话 mànhuà 自由気ままに話す.放談する.〔～家常〕気ままに世間話をする.
漫画 mànhuà 映 漫画（総称）:一コマ漫画やストーリー漫画など.〔～音訳〕卡 kǎ 通〕〕（カートン）ともいう.〔～家〕漫画家.漫画作者.〔动 dòng 画〕小 xiǎo 人儿书〕
漫漶 mànhuàn 文字や絵が摩擦,あるいは浸水のためぼやけること.〔字迹～〕筆跡がぼやけている.
漫记 mànjì 漫記:とりとめない記述の意で書物の名などに用いる.
漫卷 mànjuǎn （旗などが）風にひらひらする.
漫浪 mànlàng 勝手で気ままである.
漫流 mànliú あふれて広く流れ出る.
漫骂 mànmà ⇒〔谩骂〕
漫漫 mànmàn 字解③
漫评 mànpíng 漫評（する）
漫儿 mànr ⇒〔镘儿〕
漫散 mànsàn 気ままである.散らばる.
漫山遍野 mànshān biànyě 〈成〉野山に満ちる.非常に多い:〔满 mǎn 山遍野〕に同じ.
漫水 mànshuǐ 冠水.
漫说 mànshuō ⇒〔漫道〕
漫坛 màntán 漫画界.
漫谈 màntán 形式にこだわらず自由にしゃべる.放談する.
漫天 màntiān ①天を覆う.空いっぱいである.〔～雪〕空一面の銀世界.〔～（白 chè 地）〕天地に充満する.〈喩〉勢いの盛大なこと.→〔满 mǎn 天〕 ②〈喩〉とてつもない.法外である.〔～大谎〕真っ赤なうそ.
漫天讨价 màntiān tǎojià 〈成〉高い値段を吹きかける:〔漫天要价〕〔满 mǎn 天要价〕〔瞒天要价〕ともいう.
漫头 màntou 映 （旧劇で）二人の役者が一方は追いかけ一方は逃れる立回りの一種:舞台中央を軸として お互いに逆の方向·逆の動作をする.
漫无边际 màn wú biānjì 〈成〉①非常に広い（広くて境が見えない）. ②（話·文などが）散漫である.とりとめのない.
漫无止境 màn wú zhǐjìng 〈成〉めちゃくちゃにどこまでも続く.きりがない.
漫行 mànxíng 〈文〉散歩する.ぶらぶら歩く.漫遊する.
漫兴 mànxìng 即興（詩）
漫延 mànyán ①水があたり一面に広がる.②⇒〔蔓延②〕
漫议 mànyì 気ままに論ずる:文章の標題などに用いる.
漫溢 mànyì 溢れ出る.

1148

màn

漫游 mànyóu ①水中を自由に泳ぐ.〔～生物〕同前の水棲生物:クジラ・イカ・ウナギなど広域を自由に移動するもの. ②気のむくままにぶらぶらと見物する(ぶらつく,または遊ぐ).漫遊する. ③ローミング:携帯電話でサービスエリア以外でも通信サービスを受けることができること.

漫友 mànyǒu 漫画ファン.

漫语 mànyǔ 漫談.とりとめもないこと.

[慢] màn ①(速度が)遅い.のろい.ゆっくりである.〔快～〕速さ遅さ.速さ.〔我的表～一点儿〕わたしの時計は少し遅い(遅れている).〔走得～〕歩きかたがのろい.〔性子～〕性質がのろい.〔快 kuài ①〕→〔迟 chí ①〕 ②待つ.ゆっくりする.〔且 qiě ～〕〈白かぶりとされよ.しばし待たれい.→〔慢着〕 ③みくびる.おろそかに扱う.無礼である.態度が冷淡である.〔轻 qīng ～〕軽しじみくびる.〔侮 wǔ ～〕侮りみくびる.〔傲 ào ～〕傲慢に見くだす.〔怠 dài ～①〕そっけなくする. ④⇒〔漫⑤〕 ⑤〈姓〉慢(え)

慢班 mànbān 学習進度の遅いクラス.

慢板 mànbǎn 〔板眼①〕

慢波睡眠 mànbō shuìmián 生理 ノンレム睡眠.

慢步 mànbù ①ゆるい歩み.のろのろした歩き方.→〔慢跑〕〔跑 pǎo 步②〕⦁(馬術の)常歩.並み足.→〔快 kuài 步②〕

慢藏海盗 màncáng huìdào 〈成〉物の所蔵の仕方が無用心のため人に盗み心を起こさせる(易・繁辞上).〔～,冶容海淫〕同前.

慢车 mànchē 普通列車,鈍行列車.各駅停車の列車・バス.↔〔快 kuài 车〕

慢车道 mànchēdào =〔慢行道〕低速走行車線:自転車・オートバイなどの走行車線.

慢词 màncí 詞の一種:字句が多く長い.例えば〔沁 qìn 园春〕など.

慢待 màndài ぞんざいにあしらう.おろそかにもてなす:〔怠 dài 慢〕〔简 jiǎn 慢〕ともいう.〔～～！〕〈挨〉何のおかまいもしませんで失礼しました.

慢道 màndào ⇒〔漫道〕

慢调 màndiào 詞や曲のテンポがゆっくりしている.

慢动作 màndòngzuò スローモーション.

慢放 mànfàng スローモーション(速度おとし)でテープを再生すること.→〔慢镜头〕

慢工出巧匠 màngōng chū qiǎojiàng 〈諺〉念入りに仕事をするものの中から名人上手が出る.〔慢工出细 xì 活〕ともいう.〔细活〕は精巧な仕事の意.

慢化剂 mànhuàjì ⇒〔减 jiǎn 速剂〕

慢火 mànhuǒ ⇒〔文 wén 火〕

慢件 mànjiàn (鉄道貨物の)普通便.

慢惊(风) mànjīng(fēng) 中医 小児のひきつけの一種:長わずらいの後などに併発する脳症状.→〔惊风〕

慢镜头 mànjìngtóu (映画などの高速撮影による)スローモーション.→〔慢放〕

慢粒 mànlì 医〔慢性粒细胞(性)白血病〕〔慢性顆粒球性白血病〕の略.

慢轮 mànlún 〔背 bèi 轮〕

慢慢(儿) mànmàn(r), ～mān(r) ゆっくり.ゆるゆる.次第に.〔～(地)走〕ゆっくり歩く.〔～(地)就好了〕次第によくなった.

慢慢腾腾 mànmàn tēngtēng ⇒〔慢腾腾〕

慢慢吞吞 mànmàn tūntūn 〔慢吞吞〕

慢慢悠悠 mànmàn yōuyōu 〔慢悠悠〕

慢牛 mànniú ①画(株)の相場が徐々に強気(上向き)になること.→〔牛市②〕 ②〈喩〉落ちこぼれ.のろま.

慢盘牙(齿) mànpányá(chǐ) ⇒〔背 bèi 轮〕

慢跑 mànpǎo ス①ジョギング(する). ②⇒〔慢步②〕

慢坡 mànpō ゆるやかな坂(道).↔〔陡 dǒu 坡〕

慢球 mànqiú スロースローボール.

慢三步 mànsānbù ワルツ(音楽,またダンス):〔华 huá 尔兹〕は訳語.

慢三拍 mànsānpāi 〈喩〉遅れていること.スローテンポ.

慢声细气 mànshēng xìqì 話し声が低く,かぼそいさま.

慢世 mànshì 〈文〉世間を侮る.

慢手慢脚 mànshǒu mànjiǎo 動作・仕事ののろいさま.

慢说 mànshuō ⇒〔漫道〕

慢速运转 mànsù yùnzhuàn =〔怠 dài 速运转〕アイドリング.空ぶかし.→〔空 kōng 转〕

慢腾腾 mànténgténg ゆっくりで,のろのろのろと:〔慢慢腾腾〕〔慢慢吞吞〕〔慢吞吞〕ともいう.

慢条斯理 màntiáo sīlǐ 〈成〉落ち着きはらうさま.ゆっくりと構えるさま.〔～把事都办了〕あわてずに落ち着いて仕事をみなやり終わった.〔～地说道:这话还得请父亲断卸〕(儿)落ち着きはらって"そのことはもっと父に考えてもらわねばなりません"と言った.

慢吞吞 màntūntūn ⇒〔慢腾腾〕

慢行 mànxíng ゆっくり進む.徐行する.〔～道〕〔慢车道〕低速走行車線.

慢性 mànxìng ①慢性(の).〔～疲 pí 痨〕慢性的な疲労.〔～病〕慢性病. ②⇒〔慢性子〕

慢性腺炎 mànxìng bídáoyán 医 蓄膿症:〔上 shàng 颌窦蓄脓症〕は別称.古くは〔鼻痈〕〔鼻渊〕〔口〕脑 nǎo 漏〕ともいった.

慢性粒细胞(性)白血病 mànxìng lìxìbāo(xìng) báixuèbìng ⇒〔慢粒〕

慢性子 mànxìngzi =〔慢性①〕①(性格が)ぐずぐずしている.てきぱきしない. ②同前の人.

慢用 mànyòng 〈挨〉宴会で,先に済んだ人がまだ食べている人に言う言葉.〔～～！〕どうぞゆっくり.

慢悠悠 mànyōuyōu ゆったりとしたさま.〔慢慢悠悠〕ともいう.

慢着 mànzhe ①しばらくお待ちなさい. ②あわてなさるな.ゆっくりめしてませ(せよ):多く〔～一点儿〕の形を取る.〔～点儿走！〕少しゆっくりめに歩く.

慢中子 mànzhōngzǐ 物 遅い中性子:運動エネルギーの小さい中性子.代表的なものに〔热中子〕(熱中性子)がある.

慢走 mànzǒu ①ゆっくり歩く. ②ゆっくりしていなさい.もう少し. ③〈挨〉さような ら.〔～～！〕どうぞお気をつけてお帰りください(客を見送る時の言葉)

慢阻肺 mànzǔfèi 医 慢性気管支炎や肺気腫など.

[墁] màn ①(平たい石・煉瓦(がら)・木などを)敷き並べる.〔～地 dì〕地面に(石や煉瓦を)敷きつめる.〔～砖 zhuān〕煉瓦を敷きつめる.〔～瓦 wǎ〕瓦を敷き並べる.〔～甬 yǒng 道〕〔～甬路:石・煉瓦を敷いて通路を作る. ②〈方〉(モルタルで)壁を塗る.〔～墙 qiáng〕同前.

[蔓] màn ①植物のつる(蔓):複音節語に用いる. ②はびこる.広がる.〔这段话简单扼ト要不不枝,实在说得好〕この話は簡単で短いが要を得て本筋からそれて実にうまく言っている. → mán wàn

蔓草 màncǎo つる草.〔～难 nán 除〕〈喩〉悪がはびこると退治しがたい.

蔓荆 mànjīng 植 ハマゴウ.ミツバハマゴウ:クマツヅラ科の落葉低木.海辺の砂地に生える.果実を〔～子 zǐ〕といい薬用する.

蔓生 mànshēng つるをのばして生える.つるだち.

植物]蔓生植物.
蔓藤花纹 màntáng huāwén アラベスク.
蔓延 mànyán 〔曼延②〕〔漫延②〕とも書く. ①(つる草などに)断えずあたりに広がる. ②蔓延る.はびこる.
蔓于 mànyú ＝〔羊 yáng 麻〕圖メヒシバ近縁種:イネ科の雑草.〔马 mǎ 唐〕ともいう.

〔**幔**〕 màn 〔窗 chuāng～〕窓にかける布や幕.カーテン.→〔帘 lián(Ⅱ)〕
幔室 mànshì 〈文〉幕を張り巡らせて作った部屋.
幔帐 mànzhàng 幔幕(ばく).引き幕.仕切り幕.〔撩 liāo 起～〕〔掀 xiān 起～〕幕をめくる(からげる).〔放下～〕幕を下ろす.
幔子 mànzi 幔.仕切りの幕.

〔**嫚**〕 màn 〈文〉みくびる.侮る.〔～戏 xì〕みくびりからかう.→〔漫〕 → **mān**
嫚骂 mànmà ⇒〔谩骂〕

〔**缦・縵**〕 màn 〈文〉①無地の絹織物.〔～帛 bó〕同前. ②飾りのない.〔～缓やかに広がる.〕～]同前のさま.
缦裆裤 màndāngkù 圖上下の両端以外ロのないズボン.↔〔开 kāi 裆裤〕

〔**熳**〕 màn →〔烂 làn 漫〕

〔**镘・鏝(槾)**〕 màn 〈文〉①壁を塗ること.〔～刀〕〔泥～〕同前. ②〔～儿]硬貨の字の刻んでない(少ない)側.裏側:〔漫儿〕〔闷 mèn 儿〕に同じ.→〔字 zì 儿③〕

mang ㄇㄤ

〔**牤(犘)**〕 māng 〔～牛〕〔～子 zi〕〈方〉雄牛.ふつう〔公 gōng 牛①〕という.

〔**邙**〕 máng 〔北～〕〔北邙〕畑河南省洛陽の北にある山;古代、王侯貴族の葬られた場所.〈喩〉墓地.〔北～行〕新楽府(ふ)の名.

〔**忙**〕 máng ①忙しい.〔繁 fán～〕同前.〔近来～]近ごろたえず忙しい.〔～而不乱]忙しくても乱れない.〔看他出来进去,显得特别～]出たり入ったりしている様子を見ると,いかにも忙しそうだ.〔～上了]忙しくなりだした.忙しくなってきた.〔无 wú 事～]やたらに忙しい.大したこともないのに忙しい.↔〔闲 xián(Ⅰ)①〕 ②急いでする.気ぜわしくする.〔～节 jié]〔端午や中秋などの〕節句の日のことをする.〔你别～!]そう急ぐな.まあ待て.〔～不过来]手が回らない.〔正～活呢]ちょうど仕事を急いでやっているところです.〔大家都在～自己の事に夢中になっている.〔您请～您的吧.]どうぞあなたのお仕事をなさってください. ③あわただしい.切迫している.〔心里一阵发～]心中にわかにせかせかした気持ちになる.〔着 zháo～]急ぎ慌てる.あわを食う.〈姓〉(ぼう)
忙不迭 mángbudié 急いで.慌しく.〔～地赶到事故现场]急いで事故現場にかけつけた.
忙叨 mángdao 〈口〉急ぐ.慌てる.〔忙叨叨〕同前.〔您这么～地是上哪儿去呀]そんなに慌ててどこにいらっしゃるのですか.→〔慌 huāng 忙〕
忙得团团转 mángdetuántuánzhuàn てんてこまいする.手一杯の仕事で駆け回る.〔忙得脚打后脑勺儿]〔忙得找不着东南西北]ともいう.
忙工 mánggōng 旧農繁期の臨時雇い.
忙乎 mánghu 〔忙呼]〔忙合]とも書く.〈口〉忙しく働く.〔忙活 huo]に同じ.
忙活 mánghuó(r) ①急いで仕事をする.〔你忙什么活(儿)呢]君は何の仕事を急いでやっているの.②急ぎの用件.〔这是件～,要先做]これは急ぎの仕事なので,先にやらなければいけない.
忙活 mánghuó 〔忙伙〕とも書く.忙しくやる:〔忙乎]に同じ.
忙季 mángjì 繁忙期:野良仕事の忙しい時季.
忙里忙外 mánglǐ mángwài せかせか慌ただしいさま.
忙里偷闲 mánglǐ tōuxián 〈成〉忙中閑を盗む.忙しい中に暇をみつける.〔～去一趟]忙中閑を盗んで一度行ってくる.
忙碌 mánglù 忙しくあくせくする.〔忙忙碌碌〕同前のさま.〔终 zhōng 日～]一日中あれこれと忙しい.
忙乱 mángluàn 多忙で取り乱れている.〔忙忙乱乱〕同前のさま.〔这几天～极了]この数日は忙しくてたいへんごたごたしている.
忙叨叨 mángmang dāodāo せかせか忙しいさま.せかせかせかしあたふたと.〔忙叨〕
忙迫 mángpò ひどく慌しい.多忙で切迫している.
忙人(儿) mángrén(r) 多忙な人.〔大～]非常に多忙な人.
忙三迭四 mángsān diésì 〈慣〉ひどくあわてるさま.〔他～地走出门去了]彼は大慌てで外へ出て行った.
忙上忙下 mángshàng mángxià 〈慣〉上も下も(何もかも)忙しい.忙しさが一通りでない.
忙音 mángyīn ビジー音.話中(ちゅう)音:電話で通話中を示す信号音.
忙银 mángyín 旧地租の別称.
忙于 mángyú …に(で)忙しい.〔～准备考试]試験の準備に忙しい.
忙月 mángyuè 農]農繁期:立夏からほぼ120日の間.②〈方〉農繁期の臨時雇い.
忙针儿 mángzhēnr 〈口〉(時計の)秒針.→〔秒 miǎo 针〕
忙中有错 mángzhōng yǒu cuò 〈成〉急(せ)いては事を仕損じる.↔〔事 shì 款则圆]

〔**芒**〕 máng ①圖ススキ. ②(穀物の実の)のぎ.〔麦 mài～(儿)]麦ののぎ.〔稻 dào～]稲ののぎ.〔颖 yǐng～]〈转〉細い物のとがった先端.〔锋 fēng～]〔锋铓]切っ先.→〔芒芒〕 ⑤〈姓〉(ぼう)
芒草 mángcǎo 圖ススキ(総称)
芒刺 mángcì とげ.のぎ.〔～在背 bèi〕〈成〉(心配や恐怖がまつわって)どうしても落ち着かないこと:〔如 rú 芒在背]ともいう.
芒果 mángguǒ ⇒〔杧果〕
芒屦 mángjuē ⇒〔芒鞋〕
芒芒 mángmáng 〈文〉①広大なさま. ②繁雑なさま. ③はるかなさま. ④疲れ果てたさま. ⑤ぼんやりして分からないさま.
芒萁 mángqí 圖コシダ:ウラジロ科のシダ.
芒刃 mángrèn 刀剣の刃.
芒硝 mángxiāo ≠〔十 shí 水含硫酸钠]硫酸ナトリウムの10水和物:〔硭硝]とも書く.純度の低いものを〔朴 pò 硝]〔盐 yán 硝]という.
芒鞋 mángxié =〔芒屦]ススキの茎を編んだ草履.
芒种 mángzhòng 二十四節気の一: 6月6日前後.

〔**杧**〕 máng
杧果 mángguǒ 圖マンゴー:ウルシ科の常緑高木.またその果実.〔芒果]〔檬 méng 果]とも書く.

〔**氓**〕 máng 〔流 liú～]①ルンペン.浮浪者. ②ごろつき.無頼漢.よたもの. ③(女性をから

かうなど)げすな振る舞い. → méng

〖盲〗 máng ①目の見えない.〔夜 yè ~症〕医夜盲症.→〔瞎 xiā ①〕 ②識別できない.見分けられない.〔色 sè ~〕色覚異常(者).〔文 ~〕非識字者.〔扫 sǎo ~运动〕非識字者をなくす運動.〔图 tú ~〕設計図の読めない者. ③やたらめたらに.

盲斑 mángbān ⇒〔盲点①〕
盲笔 mángbǐ 点筆:点字を打つ錐($\hat{*}$).
盲肠 mángcháng 生理盲腸.〔~ 炎 yán〕医 腸炎.⑧〔阑 lán 尾炎〕(虫垂炎)に付属しておこる盲腸の炎症. ⑦虫垂炎の俗称.
盲椿象 mángchūnxiàng 虫カスミカメムシ:農作物の害虫.
盲从 mángcóng 盲従する.
盲打 mángdǎ タッチタイピング(で打つ)
盲道 mángdào 点字ブロックの敷設してある道路:〔盲人步道〕ともいう. 標識として〔位置砖〕〔导向砖〕〔止步砖〕などがある.
盲点 mángdiǎn ①〔盲斑〕生理(眼球の)盲点. ②〈転〉見落してしまう所. 盲点.
盲动 mángdòng 妄動(する).〔~ 主义〕妄動主義.
盲风 mángfēng 〈文〉疾風.
盲干 mánggàn 計画もなくやみくもにやる.
盲谷 mánggǔ 流れの一端が絶壁で遮られた谷:絶壁の下に水が地下へ流れる穴がある.石灰岩地区によく見られる.
盲降 mángjiàng 誘導着陸.計器着陸.
盲井 mángjǐng ⇒〔暗 àn 井①〕
盲流 mángliú 農村部から都市部への無秩序な流入(する人々.出稼ぎ農民)
盲鳗 mángmán 魚貝ヌタウナギ(総称):メクラウナギは旧称.
盲猫 mángmāo 目の見えない猫〔瞎 xiā 猫〕に同じ.
盲目 mángmù ①目の見えない.〔~不盲心〕目えなくても心ははっきりしている. ②〈転〉やみくもに.〔~发展〕無計画的発展.
盲目竞争 mángmù jìngzhēng 自由主義経済における無制的な競争.
盲棋 mángqí ①目隠し将棋(碁). ②〈喩〉へぼ将棋(碁)
盲区 mángqū ①レーダーの不感地帯.無線電波のブラインドゾーン.内視鏡の観察不能部位. ②死角:〔盲点②〕よりも対象範囲を広く指す.
盲人 mángrén 視覚障害者=〔瞎 xiā 子①〕〔盲人〕は俗称.〔~摸 mō 象〕盲人が象を,〈喩〉狭い的ものの経験・理論を主張して譲らないこと=〔瞎 xiā 子摸象〕ともいう. →〔残 cán 废〕
盲人(骑)瞎马 mángrén (qí) xiāmǎ 〈喩〉危険極まりないこと.〔~,夜半临深池〕同前.
盲蛇 mángshé 動メクラヘビ(科目の総称)
盲生 mángshēng 視覚障害をもつ学生・生徒.
盲试 mángshì ブラインドテスト.盲検法.
盲鼠 mángshǔ ⇒〔鼢 fén 鼠〕
盲童 mángtóng 視覚障害をもつ児童.
盲文 mángwén ①⇒〔盲字〕 ②点字文.
盲信 mángxìn ⇒〔瞎 xiā 信〕
盲哑学校 mángyǎ xuéxiào 盲唖学校.
盲杖 mángzhàng 白杖:視覚障害をもつ人の杖.
盲蜘蛛 mángzhīzhū =〔长 cháng 脚蜘蛛〕虫ザトウムシ:メクラグモは旧称.
盲字 mángzì =〔盲文①〕〔点 diǎn 字〕点字:〔~号〕ともいった. 中国ではフランスの〔布来尔〕(ルイ・ブライユ)の考案による3点2行の盲人用文字に若干手直ししたものを使用している. →〔手 shǒu 语〕

〖茫〗 máng ①果てしなく広大である.広漠としている.漠としている(定かでない). ②何もかっていない.よく知らない. →〔茫然〕 ③〈姓〉茫(苦)
茫茫 mángmáng 果てしなくてはっきり見えないこと.〔~大海〕広大な大海.〔雾 wù气~〕霧が広々とたちこめている.〔在旧社会他感到前途~〕旧社会では彼は前途に見通しを持てなかった.〔~一片白雾〕霧にすっぽり包まれりなさま.
茫昧 mángmèi 〈文〉はっきりしない.漠として分からない.
茫然 mángrán ①うかうかとしている.何が何だかさっぱり分からない.〔~不知〕〔~无知〕さっぱり分からない.〔~若失〕(何か抜けたように)精神がぼんやりする.〔~がっかりして放心する. ③〈文〉漠然としている.広漠としている.
茫无头绪 máng wú tóuxù〈成〉(漠として)わかりようがない.手がかりがつかめない.何から手をつけてよいのか分からない.

〖硭〗 máng
硭硝 mángxiāo ⇒〔芒硝〕

〖铓・鋩〗 máng ①刃物の先端.〔锋 fēng ~〕〔锋芒〕刃先.
铓锣 mángluó 器雲南W族の打楽器:大小いくつかの〔铜铓锣〕(ドラ)を一つの枠にかけて演奏する.

〖尨〗 máng ①犬.むく犬:一般に毛の長い犬. ②まだらである.〔~眉皓发〕ごましおの眉と白い髪.〈喩〉老人.

〖牻〗 máng 〈文〉黒・白まだら牛.〔~牛儿苗科〕フウロソウ科:〔老 lǎo 鹳草〕(ミツバフウロ)や〔尼 ní 泊尔老鹳草①〕(ゲンノショウコ)が属する.

〖莽〗 mǎng ①草が茂る.また密生した草.〔草 cǎo ~〕 ②草むら. ⑤〈転〉民間(の).〔在野(の).〔林 lín ~〕草木の茂み. ②無鉄砲である.がむしゃらである.〔卤 lǔ ~〕そそっかしい.手荒い.がさつである.〔~张飞〕張飛のようにがさつな人間:張飛は〔三国(志)演义〕にみえる蜀漢の猛将. ③〈文〉大きい. ④〈姓〉莽(•)
莽苍 mǎngcāng ①〈文〉(茫漠とした)原野.〔~茫漠たるさま.〔莽莽苍苍的原野〕茫漠とした原野.
莽草 mǎngcǎo 植イリキウ・ランセオラツム:シキミ類緑の常緑低木.種子を〔~子〕といい有毒.〔毒 dú八角〕〔水莽〕は別称.〔~毒〕植シキミン.
莽荡 mǎngdàng 〈文〉広々として(荒れ果てて)いるさま.
莽汉 mǎnghàn 粗忽(ら)の男.がさつな人=〔莽夫〕ともいう.
莽莽 mǎngmǎng ①草の深く茂ったさま. ②広々として際限のないさま.
莽原 mǎngyuán 草深い原野.
莽撞 mǎngzhuàng がむしゃらである.無鉄砲である.〔请您恕我~!〕どうかわたしの粗忽をお許しください.〔你不要莽莽撞撞地搞 xiā 干〕やたらがむしゃらにしてはいけない.
莽戆 mǎngzhuàng 〈方〉正直で一徹である:〔戆莽〕に同じ.

〖漭〗 mǎng 〔~~〕〈文〉(川や湖の水が)広々と果てしないさま.〔~沧 cāng 沧〕同前.
漭沆 mǎnghàng 〈文〉水面が広々と果てしない.

〖蟒〗 mǎng ①おろち:伝説上の大蛇. →〔龙 lóng ①〕 ②=〔蟒袍〕
蟒鞭 mǎngbiān 旧刑具の一種:長い皮の鞭.
蟒服 mǎngfú 同下.
蟒袍 mǎngpáo =〔蟒服〕〔蟒衣〕①国清高官の着

礼服:黄金色のうわばみの模様が刺しゅうされている. ②[劇](旧劇)で帝王将相,后妃貴婦が着る官服. →[龙 lóng 袍]

蟒蛇 mǎngshé [動]ボア.ニシキヘビ:[蚺 rán 蛇]ともいう.

蟒衣 mǎngyī ⇒[蟒袍]

mao ㄇㄠ

〔猫(貓)〕 māo ①[動]ネコ:[狸 lí 奴]は別称.〔~儿〕同前.〔小~儿〕子猫. ②[口]こそこそ逃げる.逃げ隠れる.〔他~在那儿了〕彼はあそこへ隠れた. ③[電算]モデムの俗称. → 猫

猫豹 māobào ⇒[云 yún 豹]

猫步 māobù ファッションモデルが舞台上で歩く足取り.

猫蝶图 māodiétú 猫が蝶(ちょう)に戯れている図:[耄耋 màodié](70~90歳の高齢)に通じ,長寿を祈る図柄.

猫冬 māodōng <方>何もせず冬ごもりして過ごすこと.

猫洞 māodòng 猫用のくぐり穴. →[狗 gǒu 洞]

猫耳洞 māo'ěrdòng 塹壕・交通壕の側壁に掘った半円形の防空壕.

猫耳朵 māo'ěrduo ①猫の耳. ②<方>[食]小麦粉をこねて猫の耳の形にひねったものを煮込んだ"すいとん":[拨 bō 鱼儿]

猫睛石 māojīngshí 猫目石:[猫眼①]〔猫儿眼〕は通称.〔猫眼石〕〔猫眼珠〕ともいう.

猫哭老鼠 māo kū lǎoshǔ <歇>猫がねずみのために泣く.鬼の念仏:[假 jiǎ 慈悲](みせかけの慈悲)の意.〔猫哭耗子〕ともいう.フード. →[老虎挂素珠]

猫粮 māoliáng キャットフード. →[猫儿食①]

猫论 māolùn 白猫でも黒猫でも鼠を取るのがよい猫だという鄧小平の論.

猫猫 māomī ⇒[猫]

猫念藏经 māo niàn zàngjīng <喩>ぐずぐず言う.御託(ごたく)を並べる. →[藏 zàng 经]

猫儿刺 māorcì →[狗 gǒu 刺]

猫儿盖屎 māorgàishǐ <方>猫が小便に砂をかける. <喩>表面をとりくろう.

猫儿腻 māornì =[猫腻]〈方〉〔~儿〕(よくない)わけ.小細工.内緒ごと.〔肯定有~〕きっと何かわけがある. ②手くだ(を使う).悪だくみ(を考える):[猫儿匿]〔猫儿溺〕ともいう.〔麻儿腻〕とも書いた.

猫儿尿 māorniào <喩>酒.〔把钱都喝了~〕(老舍・竜鬚溝)金はみな酒になった(飲んでしまった). →[狗 gǒu 屎]

猫儿食 māorshí ①ねこのえさ.ねこまんま:[猫食]に同じ. →[猫粮] ②<慣>食事の量が少ないこと.

猫儿眼 māoryǎn →[猫睛石]

猫儿眼睛草 māoryǎnjīngcǎo ⇒[泽 zé 漆]

猫食 māoshí ⇒[猫儿食①]

猫鼠同眠 māo shǔ tóngmián <喩>上役と下役が慣れ合いで悪事をはたらく:[猫鼠同处 chǔ]ともいう.

猫头(儿)瓦 māotóu(r)wǎ 軒丸瓦:[兽 shòu 瓦]の一種.

猫头鹰 māotóuyīng =[方]猫王鸟〕〔夜 yè 猫子〕[鳥]フクロウ科の鳥(総称).特にミミズク:[鸱 chī 鸺]ともいう.〔雪 xuě ~]シロフクロウ. →[鸺 xiāo]〔鸺 xiū 鹠]

猫王鸟 māowángniǎo 同上.

猫熊 māoxióng [~方~山 shān 门 蹲]〈方〉〔竹 zhú 熊〕[動]パンダ(ジャイアントパンダ):[大熊猫]〔熊猫]は通称. →[小 xiǎo 熊猫]

猫眼 māoyǎn ①=[猫睛石] ②[门 mén 镜]

猫眼道钉 māoyǎn dàodīng ⇒[道钉②]

猫眼石 māoyǎnshí ⇒[猫睛石]

猫养的 māoyǎngde <罵>猫の生んだやつ.ばか野郎.畜生:[狗 gǒu 养的]に同じ.

猫咬尿脬 māo yǎo suīpāo <歇>猫が氷囊(ひょうのう)に食いつく:[瞎喜欢]ぬか喜び.中身には食べられるものが何もない.旧時,[尿脬][尿泡]とも書き氷囊用の動物の膀胱.

猫鼬 māoyòu [動]ミーアキャット.

猫鱼(儿) māoyú(r) 猫にやる小魚.<転>小さくて安価な魚.雑魚(ざこ)

猫月子 māoyuèzi ⇒[坐 zuò 月子]

猫枕大头鱼 māo zhěn dàtóuyú 猫が鯛(たい)を枕にする.~,不吃也叨两把]〈歇〉同前で,〔食べはしないまでも1回や2回はひっかく:悪習は結局改めがたいこと.〔刀]〔掏 tāo〕〔搗 dǎo〕

猫纸 māozhǐ <口>カンニングペーパー.

猫捉老鼠 māo zhuō lǎoshǔ ⇒[捉蛇龙]

〔毛〕 máo (Ⅰ)①[動植物]の毛.毛状のもの.〔桃~〕桃の果皮に生える毛.〔羽 yǔ ~〕羽毛.〔羊 yáng ~〕羊毛. ②体毛:特に人のひげや髪の毛.〔一~不拔〕<喩>非常にしみったれである. ③小さい.細い.〔~~雨〕細雨. →[毛孩子] ④<口>量詞.補助通貨の単位:[<口>块 kuài 洋](元)の10分の1,10[分 fēn ⑩]が1:[~]〔角 jiǎo (Ⅱ)]に同じ.〔二~三〕2角3分. [一块五~(钱)]一元五角.〔五~7 5角. ⑤貨幣価値が下がる.〔钱~了〕同前.〔美元~了〕米ドルが下がった. ⑥かび(が生える).〔馒头放久了,长了~了〕マントーは日が経てる.
(Ⅱ)①大ざっぱである.〈風袋〉込みである.まだ加工していない.〔~油〕未精製油.〔~铁〕生鉄.〔生产~额〕大ざっぱな生産額. →[净 jìng 值] ②きめが粗い.〔纸有一面光,一面~〕紙は片面がつるつるしていて片面がざらざらしている.〔把鞋尖儿碰~了两块〕靴の先をぶつけて二ところをむいてしまった. ③そそっかしい.落ち着きがない.〔那个人办事很~〕あの男はやることがそそっかしい. ④〈方〉恐れる.びくびくする.〔他一听这个消息就~了〕彼はこの知らせを聞いて身をすくめた. ⑤〈方〉腹をたてる.〔把他惹~了]彼を怒らせた.

毛白杨 máobáiyáng =[大 dà 叶杨]〔响 xiǎng 杨〕[植]オオバヤマナラシ.オニドロノキ:単に[白杨②]ともいう.

毛包 máobāo <方>粗忽者.がさつ者.

毛背心 máobèixīn [服]毛系のチョッキ.ベスト.

毛笔 máobǐ 毛筆.筆.〔~画 huà〕毛筆画.

毛哔叽 máobìjī [紡]ウールサージ.

毛边 máobiān ①[書籍の製本前の]裁断していない頁の縁. ②布地のかがっていない縁. ③同下.

毛边纸 máobiānzhǐ 唐紙(とうし):竹の繊維を原料とした毛筆書写用・木版印刷用などに使用されるやや黄色を帯びた紙:[毛边]ともいう. →[竹 zhú 纸]

毛病 máobìng ①きず.故障.〔这个表有~〕この時計は故障している.〔这个花瓶有~〕この花瓶にはきずがある. ②癖.欠点.〔要改改自己的~〕自分の欠点を改めなければならない.〔他有偷东西的~〕彼は盗癖がある.〔这匹马有~〕この馬は悪い癖がある. ③〈仕事上の〉ミス.しくじり. ④<口>病気.〔心脏有~〕心臓が少々悪い.

毛玻璃 máobōli =[磨 mó 砂玻璃]すりガラス.

毛布 máobù ①[紡]太い綿糸で織った布. ②ドイツネル. →[绒 róng 布①]

毛菜 máocài 水洗いなどしていない野菜.土つきの野菜.→〔净 jìng 菜〕

毛糙 máocāo 〔毛草〕とも書く.①作りが粗い.丁寧でない.〔做工太～了〕仕事が雑だ.〔你做事怎么这么～〕君のやる事ときたら,何でこんなにがさつなだ.②おおざっぱである.さくい.まくれた.さくれる金属製品の表面

毛厕 máo·cè ⇒〔茅厕〕

毛茶 máochá (製品になる前の)原料茶:〔毛条①〕ともいう.〔红 hóng ～〕紅茶の同前.〔绿 lǜ ～〕緑茶の同前.

毛茬儿 máochár 切ったあとの整っていない部分:〔毛碴儿〕とも書く.

毛柴 máochái 〈方〉(燃料とする)小枝や葉っぱ.

毛虫 máochóng ⇒〔毛毛虫;毛毛虫〕ともいう.

毛刺 máocì ①=〔毛口〕〔毛头②〕〈方〉飞 fēi 刺〕〔劈 pī 锋〕〔凸 tū 珠〕回 (铸造物·锻造物·研磨物などの)はしり.ささくれ.まくれ.また金属製品の表面の凹凸.②[-儿]植物の皮にある毛·とげ.

毛刀 máodāo ⇒〔粗 cū 削〕

毛涤 máodí 勧混紡:ウールとポリエステルの混紡.〔～纶 lún〕〔毛的 dí 确良〕同前.

毛地黄 máodìhuáng ⇒〔洋 yáng 地黄〕

毛豆 máodòu 〔毛豆角儿〕枝豆.一般にさやつきのもの.→〔大 dà 豆〕

毛豆角 máodòujiǎo(r) 同上.

毛肚(儿) máodǔ(r) 食材としての牛の胃.

毛吨数 máodūnshù 〔口〕総トン数.

毛发 máofà 毛髪.(人の)毛と髪.

毛发悚然 máofà sǒngrán ⇒〔毛骨悚然〕

毛房 máofáng ⇒〔茅房〕

毛峰 máofēng 〔毛尖〕

毛缝眼 máofèngyǎn [-儿]毛穴(ほどのすき間)

毛葛 máogé 勧ポプリン:〔府 fǔ 绸①〕に同じ.

毛莨 máogèn 勧ウマノアシガタ.

毛估 máogū 大ざっぱに見積もる.およその見当をつける.〔心里～了一下,至少也得三四万〕腹でざっと見積もったら,少なくとも3,4万はかかる.〔骨悚然〕〔毛骨竦然〕とも書いた.

毛骨悚然 máogǔ sǒngrán =〔毛发悚然〕〔成〕非常な恐怖のさま:〔毛骨耸然〕〔毛骨竦然〕とも書いた.

毛咕 máogū 〈方〉怖がる.びくびくする.〔毛盅〕とも書く.〔发 fā～〕同前.〔毛古咕 gū 咕〕同前のさま.

毛冠鹿 máoguānlù 勧マエガミジカ.

毛孩(儿) máohái(r) 生まれながら長い毛が生えた子供.

毛孩子 máoháizi 〈口〉①=〔〈方〉小毛头〕幼い子.②若僧.小せがれ.青二才.〔当时我还是一个不懂事的～呢〕当時私はまだ何も知らない子供だった.

毛蚶 máohān (蚶子)

毛烘烘 máohōnghōng 毛深いさま.

毛猴儿 máohóur 〔口〕猿:〔猴〕の通称.

毛乎乎 máohūhū 毛が密で多いさま.

毛活(儿) máohuó(r) 〔口〕編み物.〔她一边看电视,一边打～〕彼女はテレビを見ながら編み物をしている.

毛火虫 máohuǒchóng ⇒〔松 sōng 毛虫〕

毛货 máohuò ①未加工製品.②〈口〉ウール.毛織物.〔毛货〕ともいう.〔毛皮货〕

毛价 máojià ①(法外な)掛け値:ふつう〔谎 huǎng 价〕という.→〔二 èr 价①〕 ②ウールの価格.

毛尖 máojiān 緑茶の一種:〔毛峰〕ともいう.うぶ芽のついている正く開いていないとがった新芽で作った高級品.〔～茶〕同前.

毛茧 máojiǎn (糸にしないままの)繭.

毛剪绒 máojiǎnróng 勧毛織ベルベット地.

毛姜 máojiāng 〈方〉おっちょこちょい.じっとしていられない人.

毛脚鸡 máojiǎojī 〈方〉がさつ者.軽はずみな人.

毛脚女婿 máojiǎo nǚxù (婚約して挙式前の)婿どの.

毛校 máojiào (印刷の)内(ai)校(正)

毛巾 máojīn =〔〈方〉面miàn 巾〕タオル.→〔手 shǒu 巾〕

毛巾被 máojīnbèi タオルケット.タオル毛布.

毛举细故 máojǔ xìgù 〔慣〕些細なことまでこまごまと問題にする:〔毛举细务〕ともいう.

毛蕨 máojué 勧ヒメシダ.

毛坑 máokēng ⇒〔茅坑〕

毛孔 máokǒng 〔毛细孔〕毛 穴:〔汗 hàn 孔〕の通称.〔～那么小的事情〕〈喩〉ごく些細なこと.

毛口 máokǒu ⇒〔毛刺①〕

毛口鱼 máokǒuyú ⇒〔黄 huáng 鲫〕

毛裤 máokù 勧毛糸の股(引).毛糸のズボン下.

毛拉 máolā 〈音訳〉回 ムラー:イスラム教の神学者に対する敬称.=〔阿 ā 旬〕

毛梾 máolái 勧クマノミズキの近縁種:〔车 chē 梁木〕〔油 yóu 种子树〕ともいう.→〔梾木〕

毛蓝 máolán 色やや浅い藍色の

毛楞 máolèng 〈方〉そそっかしい.不調法.〔毛毛楞〕そそっかしさま.〔他有点儿～,我不放心〕あの男はそそっかしいから心配だ.

毛里求斯 máolǐqiúsī モーリシャス:正式には〔～共和国〕.アフリカ南東にある島国.首都は〔路易港〕(ポートルイス)

毛里塔尼亚 máolǐtǎníyà モーリタニア:正式には〔～伊斯兰共和国〕(モーリタニア·イスラム共和国).アフリカ西部にある.首都は〔努 nǔ 瓦克肖特〕(ヌアクショット)

毛利 máolì ①総収益.粗利益(純益に対していう):〔卖 mài 价〕から〔成本〕(コスト)を引いた差額.〔～润 rùn〕同前.→〔净 jìng 利〕 ②〈音訳〉マオリ族:〔～人〕ともいう.

毛料 máoliào ①〈口〉毛織物.②⇒〔毛坯〕

毛驴(儿) máolǘ(r) 〔口〕(小さな)ロバ.

毛落单 máoluò pídān 〔成〕毛が抜け落ちて皮一重だけ:保護するものを失って危険な状態の形容.

毛毛 máomao 〈方〉赤ん坊(愛称)

毛(毛)虫 máo(mao)chóng ⇒〔毛虫〕

毛毛匠 máomaojiàng 回〔皮 pí 桶子〕=〔成衣〕(衣服の裏につける毛皮)を作る職人.

毛毛雨 máomaoyǔ ①=〔〈方〉蒙 měng 松雨〕こぬか雨.=〔牛 niú 毛雨①〕②〈喩〉とるに足りないこと(もの).〔五元,十元,～啦!〕たかが5元や10元なんて!③事前の風説.〔下～〕同前の流す.

毛霉菌 máoméijūn 生命ケカビ.

毛南族 máonánzú マオナン族:中国少数民族の一.広西チワン族自治区環江·南丹·河池などに住む.もと〔毛难族〕といった.

毛囊 máonáng 生理毛のう.

毛呢 máoní 勧毛織物.ラシャ.

毛牛 máoniú ⇒〔牦牛〕

毛泡桐 máopàotóng ⇒〔紫 zǐ 花桐〕

毛坯 máopī 半加工品.半製品.素地:〔毛料②〕〔～子〕〔毛胚 pēi〕とも書いた.〔～刀〕〔粗 cū 削刀〕荒仕上げ工具.〔～房〕付帯工事施工前の建物(本体)

毛皮 máopí (加工済みの)毛皮.

毛皮纸 máopízhǐ 表面がざらざらしてしなやかで丈夫な紙:貴重品や重要文書などを包むのに用いる.

毛片(儿) máopiàn, ~piānr 勧①未編集の映画フィルム.②ブルーフィルム.ポルノ映画.

máo 毛

毛票(儿) máopiào(r) 〈口〉1角・2角・5角などの紙幣:〔毛钱票(儿)〕〔角 jiǎo 票〕に同じ.→字解(I)④

毛钱票(儿) máoqiánpiào(r) 同上.

毛钱(儿) máoqián(r) 回1角・2角の銀貨.

毛渠 máoqú 細い水路:〔斗 dǒu 渠〕から田へ水を引き入れる.

毛醛绒 máoquánróng ⇒〔天 tiān 鹅绒〕

毛人 máorén 全身に毛が密に生えた人間.

毛茸 máoróng 植植物の葉・茎などに生えている細く短い毛.

毛茸茸 máoróngróng (動植物の)毛のふさふさしているさま.〔腿 tuǐ 上～的〕足が毛深い.

毛绒线 máoróngxiàn ⇒〔毛线〕

毛瑟枪 máosèqiāng 〈音義訳〉回モーゼル拳銃:〔驳 bó 壳枪〕〔盒 hé 子枪〕ともいう.

毛纱 máoshā 紡毛糸.→〔毛线〕

毛衫 máoshān ①圕薄いセーター.〔羊～〕同前. ②[-儿]回産着.

毛诗 máoshī 回〔诗经〕

毛虱 máoshī =〔阴 yīn 虱〕田ケジラミ.

毛石 máoshí 建粗石.割りぐり石.また割石積みや粗石積み.

毛柿木 máoshìmù 圕カマゴノ材(黒檀)

毛收入 máoshōurù 必要経費の控除や税引き前の収入.

毛手毛脚 máo shǒu máo jiǎo そそっかしい(しくじる).粗忽である.〔他开始因为没有经验,做起事来～的〕彼は初めは不慣れのため,仕事をするとやり損ないばかりだった.

毛刷 máoshuā ⇒〔发 fà 刷(子)〕

毛水 máoshuǐ =〔去 qù 水②〕回金銀(硬貨)を両替する時の打歩(ぶ)

毛丝纶 máosīlún 〈音訳〉団モスリン:〔毛斯纶〕ともかく.

毛遂自荐 máosuì zìjiàn 〈成〉自薦する:戦国時代,趙の平原君の食客の毛遂が平原君に自薦して楚国に行き大功を立てた故事による.

毛笋 máosǔn 〔毛笋〕(モウソウチク)の筍.

毛损 máosǔn 損失総額.

毛太纸 máotàizhǐ 〔毛边纸〕に似て紙幅が狭くやや黒味を帯びた紙:主に福建省の毛太から作られる.

毛毯 máotǎn ⇒〔毯子〕

毛桃 máotáo 圕野生の桃(の木)

毛腾胡火 máoténg sìhuǒ 〈方〉向こう見ずである.無鉄砲である.

毛条 máotiáo ①⇒〔毛茶〕 ②紡ウールトップ.

毛头 máotóu ①<喩>若者.青年.若僧.〔～小伙子〕〈口〉若い衆.若い奴.〔～姑娘〕小娘. ②⇒〔毛刺①〕 ③回毛の毛並み.〔这皮袄～不错〕この皮裘の上着は質がよい.

毛头毛脑 máotóu máonǎo 〈慣〉そそっかしいさま.無鉄砲なさま.

毛头纸 máotóuzhǐ 繊維が太くて質が柔らかく白い紙:窓紙などに用いられる.〔东 dōng 昌纸〕ともいう.

毛袜(子) máowà(zi) 毛の靴下.→〔丝 sī 袜〕

毛窝 máowō 〈方〉防寒用の綿入れ靴:〔棉 mián 鞋〕の通称.

毛物 máowù 〈文〉(細毛の)獣類.

毛息 máoxī 税引き前の利息・利息総額.

毛犀 máoxī ⇒〔披 pī 毛犀〕

毛细管 máoxìguǎn ①物毛細管.毛管. ②⇒〔毛细血管〕

毛细现象 máoxì xiànxiàng 物毛細管現象.

毛细血管 máoxì xuèguǎn 生理毛細血管:〔毛细管②〕〔微 wēi 血管〕ともいう.

毛虾 máoxiā 魚貝アキアミ.

毛线 máoxiàn =〔毛线 线〕〔绒 róng 绳(儿)〕絨线.毛糸.〔～背 bèi 心〕毛糸のチョッキ.

毛线衫 máoxiànshān ⇒〔毛衣〕

毛线衣 máoxiànyī ⇒〔毛衣〕

毛象 máoxiàng ⇒〔猛 měng 犸(象)〕

毛心 máoxīn よからぬ心.

毛选 máoxuǎn 〔毛泽东选集〕の略.→〔毛泽东〕

毛丫头 máoyātou 〈口〉小娘.ねんね.

毛燕 máoyàn つばめの巣料理に用いる〔金丝燕〕の巣のうち,品質が悪く毛の混入して汚れた色をしたもの.→〔官 guān 燕〕〔燕窝〕

毛样 máoyàng (版を組んでいない)ゲラ刷り・校正刷り.

毛腰 máoyāo 〈方〉腰をかがめる(た姿勢):〔猫腰〕とも書く.

毛衣 máoyī 〈方〉毛线衫〕〔毛线衣〕圕セーター(総称).〔开襟～〕〔开身～〕カーディガン.〔套 tào 头(儿)的～〕頭からかぶって着るセーター.

毛衣针 máoyīzhēn ⇒〔织 zhī 毛线针〕

毛樱桃 máoyīngtáo 圕ユスラウメ:〔山 shān 樱桃〕〔毛 máo 桃①〕〔山豆子〕〔朱 zhū 桃①〕は別称.→〔樱桃〕

毛颖 máoyǐng ⇒〔毛锥(子)〕

毛蚴 máoyòu 動(吸血類の)毛の生えている幼虫(総称):ジストマなどの幼虫.

毛羽 máoyǔ 鳥獣の毛.〔～渐丰〕<喩>順調に発展する.

毛躁 máo·zào ①せっかちである.いらいらしやすい. ②そそっかしい.落ち着きがない.

毛泽东 Máozédōng 〈人名〉毛沢東:湖南省出身.長沙師範卒業.中国共産党と中国革命の指導者.1949年10月中華人民共和国を設立しその主席となった(1893～1976).ほか中国共産党中央委員会主席,人民政協全国委員会名誉主席などを歴任した.〔～选集〕〔毛选〕がある.〔～著作〕毛沢東の著作.

毛泽东思想 Máozédōng sīxiǎng マルクス・レーニン主義理論と中国革命のための実践的な統一思想.

毛贼 máozéi 〈罵〉①盗賊.泥棒. ②回一揆を起こした農民.

毛毡 máozhān ⇒〔毡子〕

毛织品 máozhīpǐn 紡①毛織物:〔～物 wù〕ともいう. ②毛糸で編んだ衣類.

毛痣 máozhì 生理ふくらみに毛の生えたあざ.

毛重 máozhòng ①=〔总 zǒng 量②〕〔总重〕総重量.風袋込み重量.グロスウエート. ②食肉動物の骨皮つき重量.〔肉类～〕同前. ↔〔净 jìng 重〕

毛周刘朱 máo zhōu liú zhū 〈口〉100 元 紙幣:1988年第4回目の刷版では毛沢東・周恩来・劉少奇・朱徳の肖像が描かれた.→〔大 dà 团结〕

毛猪 máozhū 食品としての生きたままの豚.

毛竹 máozhú 圕モウソウチク(孟宗竹):〔江 jiāng 南竹〕〔南 nán 竹〕ともいう.

毛著 máozhù ⇒〔毛泽东著作〕

毛装 máozhuāng 書籍の装訂でページの切り離していないもの.→〔毛边①〕

毛锥(子) máozhuī(zi) =〔毛颖〕〈文〉筆の別称.

毛子 máozi ①回④毛唐.西洋人野郎:西洋人を軽蔑した呼称.⑥露助(ち):ロシア人に対する蔑称.→〔大 dà 毛子〕〔大鼻子〕 ②〈方〉土匪. ③〈方〉細い毛の毛.

毛子嗑 máozikè [-儿]〈方〉ヒマワリの種:〔〈方〉毛(儿)嗑儿〕ともいう.〔葵 kuí 花子 zǐ〕に同じ.

máo～mǎo

[牦(氂)] máo
牦牛 máoniú 動ヤク:チベットなど高山地域に多く見られる長毛の牛.[毛 lí]〔氂 lí(牛)〕[犛 lí 牛②]ともいう.

[旄] máo 古ヤクの尻尾を竿頭につけた旗.→[旌 jīng ①]

[酕] máo ～酶 táo〈文〉酩酊(ﾒﾝ)のさま.深酔いのさま.

[髦] máo ①古眉まで垂らした小児の前髪. ②〈文〉傑出したもの.〔～士 shì〕俊才. ③→[时 shí 髦]
髦儿戏 máorxì 演若い女優のみの芝居:多くは[京 jīng 剧][昆 kūn 曲]を演ずる.

[矛] máo ①(古代武器の)ほこ.[长 cháng ～]長い矛. ②[～儿]図まかんむり:漢字部首の"マ".[字头(儿)][倒 dào 三角(儿)]ともいう.→付録1
矛盾 máodùn ①矛と盾.→[戈 gē ①] ②〈転〉矛盾.両立しない.自家撞着(ﾄﾞｳﾁｬｸ)している.[自相~].自己矛盾.[~百出]自己矛盾に満ちている.[~上交]問題を解決しないで上級にゆだねる.[这两种意见并不~]この二つの意見は別に矛盾していない. ③哲矛盾.[~的普遍性(特殊性)]矛盾の普遍性(特殊性).[主要(次要)~]主要な(主要でない)矛盾.[~的主要(次要)方面]矛盾の主要な(主要でない)側面.[~的同一性]矛盾の同一性.[敌我(间的)~][対抗性~]敵対的な矛盾.[人民内部(的)~]人民内部の矛盾.[非对抗性~]非敵対的な矛盾.[~的转化]矛盾の転化.[~律]矛盾律.

矛头 máotóu ほこ先.〈喩〉人をやっつける手段.〔～向上〕批判の矛先を上層部へ向ける.

矛尾鱼 máowěiyú 魚類ラティメリア.〔空 kōng 棘鱼〕(シーラカンス)の現生種.

[茅] máo ①[～儿]植チガヤ.[~针 zhēn]ばな(チガヤの新芽).→[茅草①] ②[姓]茅(ﾎﾞｳ)
茅草 máocǎo ①植チガヤ.[白 bái 茅]の通称. ②⇒[草茅] ③[方]かやぶきの小屋.ぼろ家.
茅厕 máo·cè 便所:[毛厕]ともいう.[厕所]に同じ.
茅茨土阶 máocí tǔjiē 〈喩〉簡素な建物.
茅店 máodiàn かやぶきの粗末な宿.
茅房 máofáng =[毛房]〈口〉便所:[厕 cè 所]に同じ.[新盖的~三日不臭][新しい便所も建ててから三日は臭くない.〈喩〉新鮮な(気持ち)はすぐ失われること.
茅膏菜 máogāocài 植イシモチソウ.
茅坑 máokēng =[毛坑]①〔口〕糞 壺 (ﾌﾝｺ). ②〔方〕便所.
茅栗 máolì 植モーバングリ:〔栭 ér 栗〕は古称.
茅庐 máolú 〈文〉草葺の家.〔初出~〕〈喩〉初めて社会に出る.→[三 sān 顾茅庐]
茅棚 máopéng かやぶきの小屋:〔草棚〕ともいう.
茅蒲 máopú すげ笠.
茅塞 máosè〈自分の〉愚かさ.愚蒙.不明.〔~顿 dùn 开〕〔顿开~〕～大开〕すぐに納得する.
茅舍 máoshè ⇒[茅屋]
茅鼠 máoshǔ =[巢 cháo 鼠]
茅台(酒) máotái(jiǔ) 貴州省仁懐市茅台鎮産の有名な焼酒:高粱と小麦とで製にられる.
茅亭 máotíng チガヤの屋根のあずまや.
茅屋 máowū =〈文〉茅舎]草ぶきの家.あばら屋.→[瓦 wǎ 房]
茅香 máoxiāng 植コウボウ(香茅):イネ科の草本.花に香がある.
茅蕈 máoxùn 植カワタケ(シシタケ)

[髳] máo 古西南の少数民族の名.[~国]同前の国名.

[蝥] máo →[斑 bān 蝥]

[蟊] máo〈文〉稲の根を食う害虫:イネノシロウジコガネなど.
蟊贼 máozéi ①〈文〉稲の根を食う虫と茎を食う虫. ②〈喩〉人民や国家に害をなす悪人.

[茆] máo ①⇒[茅] ②〈姓〉茆(ﾎﾞｳ)

[猫(貓)] máo (腰)をかがめる.〔~腰 yāo〕[毛腰]腰をかがめる:〔弯 wān 腰]に同じ. → mão

[锚・錨] máo (船の)いかり.[下 xià ~]いかりを下ろす.[抛 pāo ~] ⓐ同前. ⓑ〈喩〉(物事に)途中でストップする.[起 qǐ ~]いかりを上げる.↔[碇 dìng]
锚泊 máobó (船が錨を下ろして)停泊する.
锚车 máochē ⇒[起 qǐ 锚机]
锚地 máodì 投錨地.係留地:〔锚泊地〕〔泊 bó 地〕ともいう.
锚固 máogù 建定着:鉄筋をコンクリートの中に固定させるための処置.鉄筋の端部をかぎ形に加工することなど.
锚绳 máoshéng =〔锚缆〕〔锚索〕いかり綱.
锚雷 máoléi 軍係留機雷.
锚链 máoliàn =〔链索〕チェーンケーブル.(鎖製の)いかり綱.〔~库〕錨鏈庫.チェーンロッカー.
锚绳 máoshéng ⇒〔锚绳〕
锚索 máosuǒ ⇒〔锚绳〕
锚位 máowèi 投錨位置.停泊位置.
锚形螺栓 máoxíng luóshuān 建アンカーボルト.
锚爪 máozhuǎ 錨かぎ.錨づめ:錨の先端の三つ股の部分.

[冇] mǎo〈方〉ない:[没 méi 有]に当たる.[有~?]あるか.

[卯(夘・戼)] mǎo ①〉:十二支の第4位.[~兔 tù]同前.→[干 gān 支] ②順序の4番目. ③旧明け六つ:朝の5時～7時まで.[~时 shí][~刻 kè][交 jiāo ~]旧朝5時になる.[正~]朝6時(になる).[点 diǎn ~]旧役所の(朝6時の)仕事始めの点呼.[画 huà ~]旧出勤簿に判を押すこと.[应 yìng ~]旧点呼に返事をする.[~眼][榫眼]同前.[~~]榫][榫]ほぞとほぞ穴:凹凸両部をいう.↔[榫 sǔn]→[凿 záo ⑥]
卯簿 mǎobù =〔卯册〕〈文〉官署の名簿:出勤の点呼に用いた.
卯册 mǎocè 同上.
卯饭 mǎofàn 〈文〉朝飯.
卯金(刀) mǎojīn(dāo) 卯に金(に刀):[刘 liú]の繁体字[劉]を人に説明する時の言葉.
卯劲儿 mǎojìnr ⇒[铆劲儿]
卯酒 mǎojiǔ 〈文〉朝酒.
卯睡 mǎoshuì 〈文〉朝寝(する)
卯榫 mǎosǔn ほぞ穴とほぞ.→字解④
卯眼 mǎoyǎn ほぞ穴.→字解④
卯饮 mǎoyǐn 〈文〉朝酒を飲む.
卯月 mǎoyuè 旧暦2月の別称.
卯子工 mǎozǐgōng 旧日雇い仕事(工).手間仕事(人)

[泖] mǎo 〈文〉水面の穏やかな小湖.[三~]地もと江蘇省にあった湖(現在は平地になっている)

[峁] mǎo〈方〉(中国西北地区にある)丸い頂の傾斜のある小さな丘陵.[三星~][薛 xuē

M

1155

家~〕地ともに陝西省にある.

〔昴〕 mǎo 昴〔二èr十八宿の一.〔宿 xiù 星〕すばる(星).〔~宿〕〔~星 xīng 团〕〈口〉七 qī 姊妹星团〕すばる座.

〔铆・鉚〕 mǎo 动①(…を)リベットを打つ.鋲接(する).〔~钢板〕鋼板を鋲接する.②〈口〉力を一気に使う.

铆冲器 mǎochōngqì 图リベットポンチ.リベット締め機.
铆钉 mǎodīng =〔帽 mào 钉〕鋲.リベット.〔~头〕リベットヘッド.
铆钉克(子) mǎodīngkè(zi) ⇒〔铆钉(窝)模〕
铆钉孔绞刀 mǎodīngkǒng jiǎodāo ⇒〔桥 qiáo 工绞刀〕
铆(钉)枪 mǎo(dīng)qiāng =〔铆机 ②〕〈方〉风 fēng 铆锤〕空気リベッター.
铆钉(窝)模 mǎodīng(wō)mó =〔方〉铆钉克(子)〕〈方〉リベットスナップ.かしめ.
铆工 mǎogōng ①リベット打ち.②リベット工.
铆焊 mǎohàn 图リベット溶接.〔~工〕リベット溶接工.
铆机 mǎojī 图①リベッター.リベット締め機.②⇒〔铆(钉)枪〕
铆接 mǎojiē 鋲(ビャウ)接(する):単に〔铆①〕ともいう.
铆劲儿 mǎojìnr 〈口〉一気に力を出す.全力でやる:〔叩劲儿〕とも書いた.〔他个人一推,说不定就能推动〕数人が力をためて一気に出せば押し動かせるかもしれない.〔铆着劲儿干〕力を一気に出してする.
铆枪 mǎoqiāng ⇒〔铆(钉)枪〕
铆上 mǎoshang ①ぱったりでくわす.②うまく合う.
铆眼 mǎoyǎn リベット打ちの穴.リベットホール.

〔芼〕 mào 〈文〉(草などを)抜く.摘む.

〔眊〕 mào ①〈文〉(年をとり)目がよく見えない.②~聩 kuì〕目が見えず耳も聞こえない.②⇒〔耄〕

〔耄〕 mào =〔眊②〕〈文〉高齢(者):8,90歳をいう.〔~龄 líng〕高齢.〔~耋 dié〕高齢(者):〔耋〕は7,80歳をいう.〔猫 māo 蝶〕と同音で,猫と蝶は長寿を祈る図に描かれる.〔~耋之年〕老年.

〔茂〕 mào ①茂る.〔根深叶~〕成根が深くはり葉がよく茂る.②〈喩〉栄える.③豊富である.立派である.〔图文井~〕挿絵も文章も内容が豊富で立派である.〔~典〕〈文〉立派な典籍.④〈姓〉茂(ボウ)

茂才 màocái 〈文〉①豊かな才能(の持ち主).②後漢の頃,〔秀 xiù 才〕の別称:光武帝の諱(ゐな)が〔秀〕であったため.
茂密 màomì 繁茂している.繁茂している.〔森林~〕森林が生い茂っている.
茂年 màonián 〈文〉壮年.
茂盛 màoshèng ①繁茂している.〔庄稼长得很~〕作物の出来がたいへんよい.②繁昌している.〔财 cái 源~〕お金がどんどん入る.
茂物 màowù 图ボゴール:ジャワ島西部の都市.
茂行 màoxíng 〈文〉立派な行為.
茂勋 màoxūn 〈文〉偉勲.大なる勲功.

〔冒(冐)〕 mào (Ⅰ)吹き出す.浮かび出る.立ちのぼる.〔~芽 yá 儿〕芽を吹く.〔阵地上到处~烟〕陣地ではいたるところ煙が上がっている.〔水里~出泡儿来水から泡が浮かび上がってくる.〔眼眶~金星儿〕目から火花が飛び出す.〔浑 hún 身~汗〕全身汗みどろである.(Ⅱ)①かまわず.〔~もしてもかまわない.顧りみない.〔~着敌人的炮火前进〕敵の砲火を冒してしか前進する.〔~雨修理〕雨にもかかわらず修理する.②平気で違える.違犯する.→〔冒昧〕③軽率である.そそっかしい.→〔冒昧〕④だしぬけに.ふいに.やみくもに.〔着了急走出东屋门,~向南屋叫了声"南屋嫂"〕慌てるあまり東の棟の戸口を出ると,やみくもに南の棟に向かい"おねえさん"と呼んだ.⑤(名を)冒(ヲカ)す.〔假 jiǎ〕~偽称する.…と偽る.⑥〈姓〉冒(ボウ)

冒不通 màobutōng 〈方〉不意に.だしぬけに.
冒场 màochǎng 劇(役者が)出番でもないのに間違って登場する.
冒称 màochēng 偽って称する.
冒充 màochōng =〔假 jiǎ 托②〕本物に見せかける.偽物を本物とする.〔用假的~真的〕偽物で本物のように見せかける.〔假充〕
冒顶 màodǐng ①圏(炭坑で)落盤する.→〔塌 tā 方〕②⇒〔冒点顶梁〕
冒渎 màodú 〈文〉冒瀆(する)
冒犯 màofàn ①失礼なことをする.人の気にさわることをしてしまう.〔~尊 zūn 严〕〈尊严〉〕贵方のお怒りに触れる.→〔冲 chōng 撞〕②常軌を逸脱する.
冒风险 màofēngxiǎn 危険に立ち向かう.思い切ってやってみる.リスクを冒す.
冒富 màofù めきめき豊かになる.大金持ちになる.
冒功 màogōng 他人の功績を自分の功績にしてしまう.〔~请赏〕他人の手柄を横取りして褒美を求める.
冒汗 màohàn 汗が出る.〔出 chū 汗〕に同じ.
冒号 màohào 图コロン.句読点符号の":".→〔标 biāo 点符号〕
冒坏 màohuài 〈方〉悪い考えを出す:〔~水儿 shuǐr〕ともいう.
冒火(儿) màohuǒ(r) ①火が出る.火を吹き出す.②怒る.いらだつ.
冒尖 màojiān ①頭を出す(容器に入れたものが一杯になって).〔筐 kuāng 里的菜已经一~了〕野菜はもうかごから頭が出ている.②表面に出る.現れる.露出する.〔問題一~,就要及时研究解決〕問題がちょっと持ち上がったら,すぐさま検討して解決しなければならない.③ずば抜けている.目立つ.〔她就爱~〕彼女は目立ちたがる(でしゃばりたがる).〔~户〕〔尖子户〕所得が急増した農家.〔怕 pà~〕出る杭(にく)になるのを恐れる.④(一定数量)以上である.〔一石 dàn 还~〕一石より少しこえる.〔弟弟十岁刚~〕弟は10歳をちょっと出たばかりだ.
冒金星儿 mào jīnxīngr 目から火が出る.目がチカチカする:〔冒金花儿〕ともいう.
冒进 màojìn 冒進(する).猪突(する).〔既 jì 要反对~,也要反对保守〕急進にも反対するし,また保守にも反対する.
冒口 màokǒu 图押し湯口.→〔浇 jiāo 口〕
冒领 màolǐng (金品等を)偽って受け取る.他人になりすまして受け取る.〔購 gòu 粮报收入~低保〕収入額を偽って報告し生活保護費を受ける.
冒昧 màomèi〔謙〕だしぬけである.軽率である.失礼を顧みない.〔我来得太~了〕だしぬけにおうかがいまして(すみません).〔~请您我~挨〕突然なことをお許しください.〔~从事〕軽率に事をなす.〔不揣~〕失礼とは思いながら.〔~陈 chén 辞〕愚昧を顧みず一言申しあげる.
冒猛(子) màoměng(zi)〈方〉突然.だしぬけに:〔冒猛的〕ともいう.〔~他一声 rǎng,他们都站起来了〕だしぬけに彼がどなると,彼らはみな立ち上がった.
冒名 màomíng =〔顶 dǐng 名(儿)①〕名前をかたり偽称する.〔那笔钱被人~的金は人にかたられて受け取られた.〔~顶替〕他人の名義をか

mào

冒帽媢瑁眊贸

冒 (続き)

たる.替玉(かえだま)となる：偽名を使って悪い事をし，権益を侵す.〔冒项②〕〔冒替〕ともいう.→〔枪 qiāng 替〕

冒牌 màopái 商標を盗用する.〔~货 huò〕偽ブランド品.〈喩〉偽物.贋る.〔~大学生〕テンプラ大学生.

冒泡 màopào 泡が吹き上がる.

冒骗 màopiàn 騙(だま)る.詐欺する.

冒汽 màoqì 蒸気が吹き出す.〔安全阀 fá 开始~了,他们很害怕〕安全バルブが蒸気を吹き出したので彼らは非常に恐ろしくなった.

冒签 màoqiān 偽って署名する.〔伙 huǒ 计先后三次偷老板的支票~〕店員が主人の小切手を盗み3回にわたって偽の署名をした(して盗みをした)

冒儿咕咚 màorgūdōng 〈方〉いきなりにいきなり.→〔跑进个人来〕いきなり一人が駆け込んで来た.〔这个会上,情况复杂,别~地什么都说〕この席は事情が込み入っているから何でもかんでもしゃべってはいかん.

冒然 màorán ⇒〔贸然〕

冒认 màorèn 偽称する(して他人のものを騙し取る)

冒色 màosè 〈文〉女色を漁(あさ)る.

冒傻气 màoshǎqì 〈口〉ばかげたこと・間の抜けたことをしでかす.

冒失 màoshī そそっかしい(くてやり損なう).無鉄砲である.軽率である.〔坏了,这事做~了〕しまった,これはすそっかしいことをしてしまったな.〔~鬼〕慌て者.がさつ者.〔他冒冒失失地闯 chuǎng 了进来〕彼は無茶苦茶に押し入ってきた.

冒水 màoshuǐ 水が噴き出す.

冒死 màosǐ 死を恐れずに.危険を冒して.

冒算 màosuàn 偽りの計算をする.〔高估~〕見積りを高くしてごまかす.

冒替 màotì ⇒〔冒名顶替〕

冒天下之大不韪 mào tiānxià zhī dà bùwěi〈成〉天下が大いに不正とし,反対しているのを意に介しない.

冒头 màotóu ①〔-儿〕頭をもたげる.芽を出す.→〔尖②〕やり上回る.〔三十岁刚~〕30歳をちょっと出たばかりだ.②⇒〔冒頭〕

冒险 màoxiǎn =〔担 dān 险〕危険を冒す.〔~的行为〕冒険的行為.〔~主义〕冒険主義.〔~家〕冒険家.

冒饷 màoxiǎng 旧〔兵士の〕給料を着服する：部隊長が兵数を定員より少なくして浮かせた給料を受け取っていたこと.

冒姓 màoxìng (養子になったり,母の再婚などのために)他人の姓を名乗る.

冒烟 màoyān 煙が出る(吹き出す).〔这个木炭还没烧透哩,爱~〕この木炭はまだよく焼けてないね,どうも煙が出る.〔~〕〈転〉きわみである.〔缺少德带~〕不道徳きわまるもの(こと).〔嗓子渴得直~〕のどが渇いてからからである.

冒溢 màoyì (容れ物から)あふれ出す.

冒用 màoyòng 他(人)の名をかたる.〔~他人厂 chǎng 址〕他人の工場の住所をかたる.

冒雨 màoyǔ 雨を冒す.雨の中を…する.〔他~回去了〕彼は雨の中を帰っていった.

冒赈 màozhèn 旧(役人が)貧民救済金をごまかす.

冒支 màozhī 公用と偽る(かこつけて)支出する.

冒撞 màozhuàng ①やみくもにやる.②無作法で失礼なことをする.

冒嘴 màozuǐ(r) ちらりと顔を出す(のぞかせる).(つぼみが)ちらりとほころぶ.〔太阳~了〕太陽がちらりと顔を出した.〔骨朵儿才~〕つぼみがやっとほころび始めた.

〔帽(帽)〕 mào ①帽子.〔草 cǎo ~(儿)〕麦わら帽.〔鸭 yā 舌~〕鳥打帽.ハンチング.〔常礼~〕〔铜盆~〕山高帽.〔礼~〕ソフト帽.〔大礼~〕シルクハット.〔凉 liáng ~〕夏帽.〔风 fēng ~〕⑦防寒帽.⑥上衣ににじかにつけてあるフード.②〔-儿〕器物の頭部.キャップ.ふた.〔螺 luó 丝~〕ナット.〔钉 dīng 子~〕釘の頭.〔笔 bǐ ~〕ペンのキャップ.〔铅 qiān 笔~〕鉛筆のキャップ.〔笼 lóng 屉~〕せいろのふた.⇒〔冒頭.初めの部分.筆頭.〔文章的〕文章の書き出し.

帽翅 màochì(r)〔纱 shā 帽〕の両側についている翼状の飾り.

帽带(儿) màodài(r) =〔帽箍(儿)〕〔帽条儿①〕(帽子の)リボン.子供のあごひも.

帽钉 màodīng ⇒〔铆 mǎo 钉〕

帽顶 màodǐng ①帽子の頂.②⇒〔帽结〕

帽耳 mào'ěr〔防寒帽の〕耳を覆う部分：〔耳扇〕ともいう.

帽疙瘩 màogēda ⇒〔帽结〕

帽箍(儿) màogū(r) =〔帽带(儿)〕

帽盒儿 màohér 帽子入れ箱.

帽花(儿) màohuā(r) ①帽子につける飾り.②同下.

帽徽 màohuī =〔<口>帽花(儿)②〕帽子につける記章.

帽架 màojià〔-儿,-子〕帽子かけ.

帽结 màojié〔-儿,-子〕〔瓜 guā 皮帽子〕の頂につける小球状にからげた紐製のつまみ：〔帽顶②〕〔帽疙瘩〕ともいう.

帽镜 màojìng 置き鏡.→〔穿 chuān 衣镜〕

帽盔儿 màokūr ①ヘルメット.②製帽用の木型.③帽子の縁を取り除いた部分(頭部に接する部分)

帽坯 màopī 帽子のボディー.帽体.〔毡 zhān 呢~〕フェルトの帽体.

帽圈 màoquān ①頂辺のない周りだけの一種のかぶりもの.子供の周りの子供.

帽儿戏 mào'érxì ⇒〔开 kāi 锣戏〕

帽衫 màoshān 服フード付き上着.

帽舌 màoshé 帽子の前びさし：〔<方>帽舌头〕ともいう.〔鸭舌帽的~〕ハンチングの前同.→〔帽檐(儿)〕

帽条儿 màotiáor ①⇒〔帽带(儿)①〕②(集会場などの)帽子の預かり札.

帽筒 màotǒng 帽子をのせておく磁製の高さ約20センチほどの筒.

帽头儿 màotóur ⇒〔瓜 guā 皮帽(儿)〕

帽檐(儿) màoyán(r)〔帽沿(儿)〕とも書く.(帽子の)へり.つば.→〔帽舌〕

帽缨(子) màoyīng(zi) 旧帽子のあごひも.

帽章 màozhāng 帽章.

帽珠 màozhū 帽子の頂につける小さな珠.

帽罩(儿) màozhào(r) 帽子のカバー.

帽子 màozi ①帽子.〔戴 dài ~〕帽子をかぶる.〔摘 zhāi ~〕帽子をとる(脱ぐ).②〈転〉レッテル.〔扣 kòu 上保守思想的~〕保守思想だというレッテルを貼る.

帽子戏法(儿) màozi xìfǎ(r) 帽子の手品.〈喩〉⊼サッカーのハットトリック.〔帽上演了~〕彼はハットトリックをした.

〔媢〕 mào〈文〉ねたむ.〔~嫉 jí〕〔~忌 jì〕嫉妬する.

〔瑁〕 mào →〔玳 dài 瑁〕

〔眊〕 mào〔~髦 sào〕〈文〉悩む.

〔贸・貿〕 mào ①商業取引き(する).交易(する).〔财~〕財政と貿易.→〔贸易〕②考えもなく.やみくもに.ものともしな

1157

いで.〔未便〜〜実行〕軽率に実行するわけにはいかない.〈姓〉貿(у)
贸然 màorán =〔冒然〕軽率に.不用意に.〔不〜下结论〕軽率に結論を下すことはしない.
贸首 màoshǒu〈文〉不倶戴天:その首をとってやりたいくらい憎むこと.〔〜之仇 chóu〕同前の敵.
贸易 màoyì ❶交易.商取引.〔国内〜〕国内取引.〔对外〜〕対外貿易.〔集市〕農村または小さい都市で定期的に行われる市(いち)での売買取引.〔〜伙 huǒ 伴〕取引相手.〔〜顺 shùn 差〕対米貿易黒字.〔〜逆 nì 差〕対米貿易赤字.〔〜壁 bì 垒〕通商障害.〔〜差 chā 额〕貿易差額.〔〜摩 mó 擦〕貿易摩擦.
贸易呆账 màoyì dāizhàng ⇒〔贸易欠款〕
贸易单位粮 màoyì dānwèiliáng ⇒〔去 qù 壳粮〕
贸易风 màoyìfēng 図貿易風.〔信 xìn 风〕に同じ.→〔季 jì 候风〕
贸易联销制 màoyì liánxiāozhì 経エスクロバーター制.
贸易逆差 màoyì nìchā 経輸入超過.貿易赤字:〔入 rù 超〕(入超)に同じ.↔〔贸易顺差〕
贸易欠款 màoyì qiànkuǎn =〔贸易呆账〕貿易上の债务.〔有些国家所欠的〜〕若干の国家が支払いを滞らせている同前.
贸易顺差 màoyì shùnchā 経輸出超過.貿易黒字:〔出 chū 超〕(出超)に同じ.↔〔贸易逆差〕

〔鄮・鄮〕 mào 地浙江省宁波一帯の古地名.

〔袤〕 mào〈文〉(土地の南北の)長さ(縦).奥行:東西の長さ(間口・横)を〔广 guǎng ④〕という.〔广〜〕❶間口と奥行き.❷〈転〉(土地の)広さ.❸広い.〔〜八方 bā fāng〕横,縦それぞれ百丈,広さ〔〜三千里〕広さが三里(四方)ほどある.

〔萺〕 mào
萺薐 màosǎo ⇒〔花 huā 葡〕

〔瞀〕 mào〈文〉❶目がくらんでいる.めまいがする.❷惑乱する.〔〜乱 luàn〕同前.❸〈転〉愚かである.〔昏 hūn 〜〕無知で愚かである.〔〜儒 rú〕愚かな学者.

〔懋〕 mào〈文〉❶励ます.激励する.❷〈文〉盛んである.大きい.〔〜功 gōng〕〔〜勋 xūn〕〔〜绩 jì〕大功.〔〜典 diǎn〕盛典.〔〜赏 shǎng〕手厚くほうびを与える.❸茂る.

〔鄮〕 mào〔〜州 zhōu〕地河北省任丘市北方にある.

〔貌(皃)〕 mào ❶容貌.顔つき.〔面 miàn 〜〕❶〔相 xiāng 〜〕人相.容貌.〔不能以〜取人〕容貌で人を採ることはできない.❷物事の外観.人の外見.〔〜为和平〕うわべは平和を装う.〔全 quán 〜〕全貌.〔变 biàn 〜〕変貌(する).❸ 様子.状況.〔概 gài 〜〕概貌.〔礼 lǐ 〜〕礼儀正しい様子(態度).❹〔飘 piāo 飘,飞〜〕飄飄とは飛びざまである.❺〈姓〉
貌不惊人 mào bù jīngrén〈成〉見た目は平凡である.
貌合神离 màohé shénlí〈成〉うわべだけ親しくて,真心はこもっていない:〔貌合心离〕ともいう.
貌敬 màojìng〈文〉うわべだけ尊敬する.
貌似 màosì〈文〉うわべは似ている.…らしく見える.〔〜公允〕うわべは公正らしく見える.〔〜强大〕うわべは強そうだ.
貌相 màoxiàng ❶容貌.うわべだけで見る.〔人不可以〜〕人はうわべだけでは判断できない.
貌执 màozhí〈文〉礼儀を正して接待する.

me ㄇㄜ

〔幺・麽〕 me 接尾語.〔文〕とも書いた.〔什 shén 〜〕なに.〔什〜事〕どんなこと.〔…什〜的〕…など.〔怎 zěn 〜〕なぜ.どうですか.〔这〜样〕どうですか.いかがですか.〔这〜〕こんなに.〔那 nà 〜〕❶あんなに.❷それでは.それなら.〔哪 nǎ 〜〕どんなに.〔多〜〕❶どのくらい.❷なんと.❷歌詞の中の合いの手.〔五月的花儿红呀〜红似火〕五月の花,赤いよ,火のように.→〔麽 mó〕〔幺 yāo〕 → ma

〔末〕 me ⇒〔幺①〕 → mò

〔嚜〕 me ⇒〔嘛 ma〕

méi ㄇㄟ

〔没(沒)〕 méi ない:否定を表す.〔〜有 yǒu〕に同じ.単に〔〜〕とも言う.文末に置かれた場合や返事にふつう〔〜有〕を用いる.❶所有・存在・程度などを否定する.❷持っていない.〔〜钱 qián〕金がない.❶事実の存在の否定:例えば〔〜有〕は〔有〕という事実(存在・所有)がないこと,〔〜来〕は来たという事実がないことを示す.〔有〕は客観的な存在を示し,その否定は時制に関係なく常に〔〜有〕である.❷及ばない.達しない.〔我〜他高〕私は彼より背が低い.❷動詞・形容詞の前に置き,動作・状態の発生を否定する.❶動詞の過去の否定は〔〜(有)〕を動詞の前に置く:〔不〕は主観的な否定で,意志の働きを表す.例えば〔不来〕は来る意志がないことであり,来ないことを示すものだから,ふつう,時制的には未来である.〔〜来〕は来たという事実がないことで来る意志があったか否かは問うところではない.従ってふつう時制的には過去である.〔前天请他,他〜来〕おととい彼を招いたが来なかった(客観的な事実の否定).〔昨天请他,他不来,现在不请他,他更不来了〕昨日彼を招待したのに来ようとはしなかった(主観的な否定),今招きもしないのに来っこない.❷過去の経験を否定する.〔我〜去过〕私は行ったことがない.❶形容詞の表す状態または程度を否定することを表す.〔病 bìng 还〜好〕病気はまだよくなってない.❸助動詞〔能(够)〕〔要〕〔肯〕〔敢〕などの前にのみ置く:〔〜能来〕来れなかった.→〔没有〕〔不 bù〕 → mò

没熬过来 méi áoguòlái〈方〉こらえきれなかった.もちこたえられなかった.死んだ.〔唉!叔叔到底〜啊!〕残念なことにおじさんはとうとういけなかったのですね.

没把鼻 méibǎbí〈方〉❶根拠がない.手がかりがない.来歴がわからない:〔把鼻〕は〔巴 bā 臂〕〔巴壁〕〔把臂〕ともし書く.❷確信(自信)がない.

没摆布 méibǎibù 格好をつける(処理し手配りをする)方法がない.

没办法 méibànfǎ しょうがない.いたしかたない.

没鼻子没脸 méibízi méiliǎn〈喩〉恥も外聞もなく.〔这小子〜地冲我撒〜〕この若造は恥も外聞もなく私にあたりちらした.

没边儿 méibiānr ❶根拠がない.〔别说这〜的话〕そういう根拠のない話をするな.❷とりとめがない.〔〜没沿儿 yánr〕同前.

没材料儿 méicáiliaor〈方〉ろくでなし.

没 **méi**

没承想 méichéngxiǎng 〈口〉思いがけなく：〔没成想〕とも書く．〔~遇见他了〕思いがけなく彼に会った．〔我寻 xún 思来晚了呢，~还早得很〕わしは遅くなったと思ってたんだ，こんなに早すぎるとは思いもかけなかった．

没出豁 méichūhuō 〈白〉どうしようもない．どうにもやり様がない．

没出息 méichūxi ①甲斐性がない．覇気がない．いくじなし．〔~的人〕うだつがあがらない人．〔别这么~〕くよくよするんじゃない．②真面目にやらない．→〔不 bù 长进②〕

没词儿 méicír 〈口〉言葉に窮する．返事に窮する．

没错(儿) méicuò(r) 間違いない．その通りだ．確信している．安心してよい．正確である．〔~就是他〕彼に間違いない．

没答飒 méidāsā 〈方〉ぱっとしない．

没大没小 méidà méixiǎo 年長者を無視する．年長者をないがしろにする．〔没大没细〕ともいう．〔你向来是这么~的〕お前は以前から目上を立てたことがない．

没德行 méidéxíng 〈口〉〈罵〉人でなし．悪い奴．→〔缺 quē 德〕

没的 méide 〈方〉①〈一事〉そんなことはない．〔~吃〕食べるものがない．②…する必要(値打ち)はない．〔走吧，我也~说了〕行こう，もうこれ以上言う必要もない．〔~找 zhǎo 打〕なぐられるようなことをする必要はない．③…するな．…することなかれ．〔~叫他笑话〕彼に笑われないようにしなさい．

没…的事 méi…deshì …とは関係しないいなぐさめたり，またはうるさい感じを表す．〔这~你~，你可以回去了〕これは君と関係ないから帰っていいよ．〔这个案子根本~他，他闹 nào 什么呀〕この事件は全く彼と関係ないのに，何を騒いでいるか．

没的说 méideshuō ⇒〔没说的〕

没底 méidǐ ①自信がない．〔心里~〕内心では自信がない．②見当がつかない．

没地儿 méidìr 〈方〉①スペースがない．②〈喩〉立つ瀬がない．

没断(地) méiduàn(de) 〔没短(地)〕とも書く．〈方〉絶えず．たびたび．〔这阵子~下雨〕近ごろは絶えず雨が降る．〔这雨下得~〕雨がしょっちゅうやって来る．

没对儿 méiduìr 〈方〉匹敵するもの(相手)がない．比べものがない．(なく 優れている)．〔长 zhǎng 得~〕比類なく美しい．

没法儿 méifǎr ①しかたがない．方法がない．〔没法子〕ともいう．〔~办 bàn〕やる(処理する)方法がない．どうしようもない．〔这件事我~〕この件は私にはどうしようもない．②〈方〉これ以上はない．〔今天这场 chǎng 戏，好得~了〕今日のこの劇は最高だ．③〈方〉…わけがない．あり得ない．〔这事儿他~不知道〕この件は彼が知らないわけはない．

没肺 méifèi 根性が悪い．良心がない．

没分晓 méifēnxiǎo 物わかりが悪い．〔为何如此~〕何でこんなに物わかりが悪いのか．

没份儿 méifènr 〔没分儿〕とも書く．〈口〉①見返りがない．②身分不相応だ．〔没你的份儿，这是送人的礼物〕とんでもない(君のではない)，これは人にあげるおみやげだ．

没缝儿不下蛆 méifèngr bù xiàqū 〈諺〉すき間のないところに蛆(た)は生じない／内に欠陥がなければ外から破られることはない．〔没缝几下蛆〕〈喩〉乗ずる隙がない．

没稿子 méigǎozi 〈方〉定見がない．〔没准 zhǔn 稿子〕はっきりした考えがない．〔这事究竟怎么样，我还~呢〕これは結局どうなのか，まだ決めかねている(何とも言えない)

没根基 méigēnjī 〈方〉得をしようとする．〔这个人好一了，总是跟人要纸烟抽〕この男はとてもけちくさいんだ，いつでも人からたばこをもらって吸う．

…没够 …méigòu 〈口〉きりがない．終わりがない．〔他一说起来就没个够〕彼はしゃべりだしたらきりがない．

没骨气 méigǔqì ＝〔没骨头〕骨(気骨)がない．根性がない．バックボーンがしっかりしていない．→〔没种〕

没骨头 méigǔtou 同上．

没关系 méiguānxi ①関係がない．②差し支えない．大丈夫である．かまわない．〔对不起一~〕〈挨〉すみません．いいえ．〔谢谢一~〕〈挨〉ありがとう―いいえ．→〔没事(儿)②〕

没行市 méihángshi 相場がない．高く売れない．商売にならない．

没好脸 méihǎoliǎn 不機嫌な顔をみせる．

没好气 méihǎoqì 不機嫌である．むかむかするさま．〔~地说〕ぶっきらぼうに言う．

没黑下带白日 méi hēixià dài báirì 〈白〉夜となく昼となく：〔黑下〕は〔黑间 jiàn〕〔白日〕は〔白天〕ともいう．

没花头 méihuātou ①取り柄がない．能力がない．②浮気をしていない．〔他在外面~〕彼は浮気なんかしていない．

没家没业 méijiā méiyè 家もなければ職もない．屋敷も財産もない．

没见过世面 méijiànguo shìmiàn 世間をよく見ていない(経験が乏しい)．〔~的人〕世間知らず．

没见天日 méijiàn tiānrì 夜が明けて日に出ない．まだ晴れがましい場所に出ない．日の目を見ない．〔这件衣裳~就不能穿了〕この服は，まだ晴れの場所にも出ないうちにもう着られなくなる．

没脚后跟 méi jiǎohòugēn 〈方〉外出したらなかなか帰ってこないこと．〔你不用等他了，他向来~，不知道什么时候才能回来呢〕彼を待たないで良いよ，彼はだいたい外出したが最後なかなか帰らないんだから，いつ帰ってくるか知れたもんじゃない．

没脚蟹 méijiǎoxiè 足をもがれた蟹．〈喩〉⑧処置なしの状態．〔乍到一户生地方，就像一一样〕初めての土地に来たばかりでは足をもがれたかに同然でどうしようもない．⑥頼りのない未亡人．⑧みなしご．

没劲 méijìn ①力がない．元気がない．②おもしろくない．つまらない．くだらない．〔你这人真~，开句玩笑就急了〕お前はつまらん奴だ，ちょっと冗談を言ってもすぐかっとなる．

没进退 méijìntuì 同下．

没禁子 méijìnzi ＝〔没进退〕〈方〉(好みやたしなみに)とめどがない．際限がない．自制力がない．〔他~，别叫他喝酒了〕あの男は自制力がないのだから，酒を飲ませやいけない．

没精打采 méijīng dǎcǎi 〈慣〉しょげかえった様子．うちしおれたさま．〔无 wú 精打采〕に同じ．

没救儿 méijiùr 救済しようがない．〔事情已然到这个份儿上了，可算~了〕事ここに至っては，もはや救いようもない．

没来由 méiláiyóu いわれなく．わけもなく．

没落儿 méilàor 同下．

没落子 méilàozi ＝〔没落儿〕〈方〉身寄りがない．落ち着くところがない．

没了 méile 〈方〉なくなった．死んだ．

没棱缝儿 méi léngfèngr ①すき間がない．②〈転〉チャンスがない．

没理 méilǐ 道理がない．〔~矫 jiǎo 理(儿)〕〔~搅理(儿)〕〔~赖三分〕道理がないのにへりくつをこねる．

没脸(面) méiliǎn(miàn) 恥ずかしい．面目がない．

没脸皮 méiliǎnpí 恥知らずだ．

méi 没

没撩没乱 méiliáo méiluàn いらいらして落ち着かないさま.

没溜儿 méiliùr〔没流儿〕〔没六儿〕とも書く.〈方〉だらしがない.不真面目である.〔你看他越来越～了〕彼はますますだらしなくなっている.

没…没… méi…méi…①…がなく…もない:名詞・動詞・形容詞の近義の2語を入れる.〔～吃～穿〕食うものも着るものもない.〔～颠 diān～倒〕物分かりが悪い.〔～着 zhuó～落〕落ち着きがない.〔～结～完〕終わりがない.〔～棱 léng～角〕〈方〉さまにしていない.〔～名～分〕不相応である.ふさわしくない.〔～气～囊 náng 的东西〕意気地なし.ぐず.〔说起话来～完～了 liǎo〕しゃべりだしたらきりがない.②形容詞の反義の2語をあてはめて,物事の区別をわきまえないことを表す.〔～紧～慢〕ぐずぐずする.てきぱきしない.〔～老～少〕長幼の序をわきまえない.〔～日～夜〕〔～明～黑〕昼も夜も.

没门儿 méiménr〈口〉見込みがない.だめだ.〔他想拉拢我,～〕彼がわたしをひっぱりこもうとしても,だめだよ.〔你求他?～!他不会干的〕彼に頼るよ?むだだよ,承知するはずがない.

没命 méimìng〈口〉①死ぬ:多く後に〔了〕を伴う.②懸命である.命がけでやる.〔～地跑 pǎo〕懸命に走る(逃げる).③福に恵まれていない.

没奈何 méinàihé ⇒〔莫 mò 奈何〕

没能 méinéng …できなかった.〔这几天太忙,～来〕この数日あまり忙しくて来られなかった.

没跑儿 méipǎor〈口〉請け合う.はずれっこない.〔这准是他干的,～!〕これはきっと彼がやったんだ,間違いっこない.

没皮没脸 méipí méiliǎn〈慣〉恥も外聞もない.面の皮が厚い.

没脾气 méipíqi 自分の意見をもたない.なり行きにまかせる.

没谱(儿) méipǔ(r)〈口〉①成算がない.目算見がない.〔这件怎么办,我也～〕この件はどうすればいいか分からない.②根拠がない.いいかげんである.

没轻没重 méiqīng méizhòng 物事のほどあいを知らない.ほどほどをわきまえない.

没趣(儿) méiqù(r) 面白くない.まずい:不面目・不幸・不首尾などの結果にしたことになって.〔挨了一顿骂,讨了一个～〕罵られてばかな目にあった.

没人味儿 méi rénwèir〈口〉人間味がない.憎たらしい.思いもつかないこのような悪事〔他何とこんなに悪辣なことをしようとは思わなかった.

没日没夜 méirì méiyè 昼も夜も.〔～地干〕昼も夜も働く.

没日子 méirìzi ①期日が定まっていない.②日が遠くない.残った日はあまりない.〔马上就要开学,～了〕もうすぐ学校が始まる,もう何日もないよ.

没臊 méisào ⇒〔没羞没臊〕

没杀手(儿) méi shāshǒu(r)〈方〉使いがとめどもない.〔～没禁子〕

没商量 méishāngliang 相談の余地がない.有無を言わせない.〔好吃～〕絶対おいしい.

没什么 méishénme 何でもない.何もたいしたことはない.〔不要紧,那～〕かまいません,それは何でもありません.〔辛 xīn 苦了〔～〕お疲れさまでした.いいえ.〔大不了 liǎo 的〕大した事はない.〔这事～好说的〕この事には話し合いの余地はない.

没事(儿) méishì(r) ①暇である.〔他毕业后一直～,在家所里〕卒業後仕事がなくてぶらぶらしている.②大したことない.気にしない.③無事である.何事もない.

没事人(儿) méishìrén(r) 関係のない人.〔装作～似的〕局外者のような顔をする.

没事偷着乐 méishì tōuzhelè〈喩〉一人よがりの心境.

没事找事 méishì zhǎoshì ①ことさらにあら捜しをする.②余計なまねをして手をやく.寝た子を起こす.

没说的 méishuōde =〔没的说〕〔没有说的〕〈口〉①指摘すべき欠点がない.〔那个店的售后服务～〕その店のアフターサービスはまったく非の打ち所がない.②話す余地がない.問題にならない.〔这事包在我身上,～〕この事はまかせなさい,何の問題もない.

没死活 méisǐhuó =〔没死赖活〕〈口〉一生懸命に.一途に.やたらに.〔～用功〕一生懸命に勉強する.

没死赖活 méisǐ làihuó 同上.

没天理 méitiānlǐ 理不尽である.非道である.〔做～的事〕理不尽なことをする.

没挑儿 méitiāor〈喩〉捜すべき欠点がない.〔没挑没捡 jiǎn 儿〕非の打ち所がない.〔列车员的服务态度～〕車掌のサービスは申し分ない.

没头 méitóu〈口〉果てしがない.〔没个头〕ともいう.〔忧 yōu 愁愁没个头,心配種が尽きない.

没头案子 méitóu ànzi 迷宮入りの事件.

没头没脑 méitóu méinǎo ①手がかりがない.つかみどころがない.②見さかいがない.やぶから棒である.〔～地抽打〕見さかいなくひっぱたく.

没头脑 méitóunǎo〈喩〉①考えがあまりに単純すぎる.②手がかりがない.

没完 méiwán ①終わっていない.〔～没了 liǎo〕きりがない.②どこどこまでもやる.〔我跟他～〕彼とは徹底的にやってやる.

没尾羊(儿) méiwěiyáng(r)〔字〕漢字部首の"羊":〔羊字头(儿)〕ともいう.→付録1

没问题 méiwèntí 問題ない.大丈夫だ.平気だ.

没戏 méixì〈口〉望みがない.だめだろう.〔肯 kěn 定～〕確実にだめだ.〔看来当教授是～了〕見たところ教授になるんて全く望みはない.

没想到 méixiǎngdào 思いつかなかった.気がつかなかった.思いもよらなかった〔没料 liào 到〕ともいう.〔这是我～のにれったく思いつかなかったことである.〔～他病了〕彼が病気になったとは思いもよらなかった.

没想儿 méixiǎngr〈方〉望み(見込み)がない.

没心肠(儿) méi xīncháng(r) (…する)気がない.〔～干 gàn 事〕仕事をする気がない.

没心肝 méixīngān〈口〉良心がない.人間らしいところがない.

没心没肺 méixīn méifèi〈口〉①考えがない.気働きがない.〔这个人～,怎么办得成事〕この男は思慮のない人間なんかに,どうして仕事がやれようか.②〈罵〉人でなし.

没心眼儿 méi xīnyǎnr 一本調子である.ばか正直である.直情である.

没行止 méixíngzhǐ はしたない.まともでない.おかしな風である.

没兴 méixìng 不愉快な(まずい)結果.くやしい成り行き.〔这怪我没眼色自找～〕これはわたしが見る目がなかったばかりに,自分からばかな目にあったのだ.

没羞 méixiū 恥を知らない.面の皮が厚い.〔～没臊 sào〕同前.〔他可真～〕彼は本当に厚かましい.

没眼色 méiyǎnse 見る目がない.

没样儿 méiyàngr〈口〉行儀が悪い.礼儀が無い.なってない.

没意思 méiyìsi ①退屈である.気がふさぐ.〔一个人待在家里实在～〕一人で家にいるのは実に退屈だ.②おもしろくない.〔昨天的电影真～〕昨日の映画は本当につまらなかった.③意味がない.〔没有意思〕

1160

没 玫 枚 **méi**

同前.
没影儿 méiyǐngr ①見えなくなる.跡形もなくなる.②根拠がない.〔~的瞎 xiā 话〕根も葉もない嘘の話.
没用 méiyòng ①使わなかった.使っている.②役に立たない.用途がない.〔哭 kū 也~〕泣いたって何にもならない.
没油盐 méiyóuyán 〔転〕つまらない.あじけない.〔少说这些~的话〕そんなつまらない話はたいていにしろ.
没有 méiyǒu 〔没〕に同じ.①所有の否定:持っていない.備えていない.〔没(有)票〕キップ(紙幣・券など)がない.〔你的话太没(有)道理了〕君の言うことはむちゃだ.〔没(有)把握〕自信がない.〔没(有)依据〕根拠がない.②存在の否定:いない.ない.前に時間・場所を表す語を置き,意味上の主語はふつう後におく.〔屋里没(有)人〕室内には誰もいない.〔天上没(有)云〕空には雲がない.〔明天没(有)会〕あす会議はありません.③比較してそれに及ばないことを表す:〔你没(有)他高〕君は彼は彼より(背が)高くない.〔这里从来没(有)这么冷过〕ここは今までこんなに寒かったことはない.〔大阪没(有)东京大〕大阪は東京ほど大きくはない.〔谁都没(有)他会说话〕誰でも彼のようにうまくは話せない.④すべて…ではない.だれも…しない:〔谁〕〔哪个〕などの前に置く.〔~谁不同意〕賛成しないものは一人もいない.〔~哪个说过这样的话〕このような話は誰も言っていない.⑤期限が満たない.時間が経過していない.〔没(有)满期的定期存款,也可以提取〕期限の来ていない定期預金でも引き出せます.〔他走了还没(有)两天呢〕彼が出かけてからまだ二日もたっていない.〔他来过了,可是没(有)几分钟就出去了〕彼は来ましたが,何分も経たないうちにまた出かけました.⑥過去の事実(動作・状態)がすでに発生したことを否定する.すなわち,動作・行為の未然を表す:しばしば〔还没(有)…(呢)〕の形で強調する.〔他还没(有)回来(呢)〕彼はまだ帰っていません.〔邮局还没有开门(呢)〕郵便局はまだ開いていません.〔天还没(有)黑〕日はまだ暮れていません.〔天气还~暖和(呢)〕天気はまだ暖かくなっていない.〔过去に於ける完了・継続を否定する.〔老张昨天没(有)回来〕張君は昨日は帰ってこなかった.〔银行昨天没(有)开门〕銀行は昨日は開かなかった.〔他从来没(有)跟朋友红过脸〕彼はついぞ友人に対して怒ったことはなかった.⑧文末に置き客観的な問いかけを表す.〔去了~?〕行ったか.〔讨论了~〕〔吗 ma〕〕疑問文中に置き詰問の口調をもつ.〔你们~听吗?〕きみたちは聞いていないのか.⑩否定の返事.〔他来了没有?—~〕彼は来たか.いいえ.→〔不 bù〕①②③④
没有不透风的墙 méiyǒu bùtòufēngde qiáng 〈諺〉風を通さない塀(まがき)はない:秘密は必ずばれるものだ.隠そうと思ってもばれてしまう.〔墙〕は〔篱 lí 笆〕ともいう.
没有功劳,(也)有苦劳 méiyǒu gōngláo, (yě)yǒu kǔláo 〈諺〉たとえ功労はないにしてもそれなりの苦労はしている.
没有过不去的河 méiyǒu guòbuqù de hé 〈諺〉渡れない川はない:成せばできないことはない.なんとかなる.〔没有过不去的火 huǒ 焰山〕ともいう.
没有家 méiyǒujiā 家(族)がない.独身である.
没有卖后悔药儿的 méiyǒu mài hòuhuǐyàorde 〈諺〉あとの後悔さきに立たず.
没有说的 méiyǒu shuōde ⇒〔没说的〕
没有腿 méiyǒutuǐ 〔喩〕魚.〔一 yī 条腿儿〕
没缘 méiyuán 縁がない.〔我跟酒~〕わたしは酒の方

はさっぱりだめだ.
没早到晚 méizǎo dàowǎn 朝早くから晩まで励むこと.
没造化 méizàohuà 運が悪い.不幸せである.
没怎么 méizěnme べつにどうと言うことはない.〔你怎么了?—~〕どうしましたか.いいえ別に.
没辙 méizhé 〔口〕お手あげになる.しかたがない.〔被大伙儿这么一问了〕皆の者にこう問いつめられると彼はすっかりお手あげで一言も言うことはなかった.
没正形儿 méizhèngxíngr 〈方〉ふざける.やんちゃをする.〔这孩子一天到晚就是~〕この子は一日中やんちゃばかりしている.
没指望儿 méizhǐwàng(r) 望みがない.〔得的是癌症,他已经~了〕癌にかかったから,彼はもう見込みがない.
没治 méizhì 〔口〕①処置なし.②とてもよい.すごい:〔了〕を伴う.〔好得~了〕すごくいい.
没种 méizhǒng 〈方〉いくじがない.だらしない.→〔没骨气〕
没咒念 méizhòuniàn 〈方〉仕方がない.手のつけようがない.⑧すばらしい.⑨絶望的だ.だめだ.
没主意 méizhǔyi (自分の)考えがない.どうしようという考えがない.
没准儿 méizhǔnr 〔口〕①決まりがない.確かではない:〔没个准儿〕ともいう.〔他来不来~〕彼は来るかどうかはっきりしない.〔做事~还行?〕物事をやる時にはっきりした考えがなくてよいものか.②〔転〕多分…かもしれない.〔明天~下雨〕明日雨かもしれない.
没字碑 méizìbēi ①文字の刻んでない石碑.②〈喩〉教養が無い.
没嘴的葫芦 méizuǐde húlu 〈慣〉口べた.口おも.

[玫] méi 〈文〉美玉の一種.

玫瑰 méigui ①囲ハマナス(ハマナス),またその花:バラ科の低木.花は〔刺 cì ~(花)〕ともいい,芳香がある.②囲芳香性の強いバラ(通称).③〔黑 hēi 云母〕(黑雲母)の別称.
玫瑰饼 méiguibǐng 食麦粉を〔香油〕(ごま油)でねり,砂糖と〔玫瑰①〕の花弁とをよくつき混ぜたものを餡として包み,平鍋で焼いた菓子.→〔大 dà 八件儿〕
玫瑰红 méiguihóng ⇒〔玫瑰紫〕
玫瑰精 méiguijīng ローズエッセンス.
玫瑰酒 méiguijiǔ 同下.
玫瑰露酒 méiguilù =〔玫瑰酒〕焼酎に〔玫瑰①〕の花と氷砂糖を加えたもの.
玫瑰茄 méiguiqié 囲ローゼル(ローゼソウ):アオイ科植物.繊維は麻の代用となる.
玫瑰色 méiguisè 色バラ色(の):⇒〔玫瑰紫〕に同じ.
玫瑰香 méiguixiāng ①バラの香り.②葡萄の品種の一.
玫瑰油 méiguiyóu ローズオイル:バラの花から採った香油.
玫瑰紫 méiguizǐ 色バラ色(の):深紅色(の):⇒〔玫瑰红〕〔玫瑰色〕ともいう.
玫红精 méihóngjīng 囲紅色の一種.〔盐 yán 基~〕囲塩基性紅色染料ローダミンの一種.

[枚] méi ①量詞.小型の平たいものに用いられる.〔铜 tóng 元五~〕銅貨 5 枚.〔一~奖 jiǎng 牌〕一つの褒章.〔取 qǔ 得了十五~金牌〕金メダルを15個とった.②量詞.丸い型の武器を数える.〔一~火箭〕ロケット 1 基.〔两~导弹〕ミサイル 2 基.〔投掷炸 zhà 弹多~〕爆弾多数を投下する.③小さい丸いもの.→〔猜 cāi 枚〕④〈転〉一つ

méi 枚眉郿湄嵋猸楣镅鹛莓姆梅

つ.一つずつ.〔不胜～举 jǔ〕〈成〉枚挙にいとまがない.⑤ 固枚(⁸⁷):声を立てさせないように行軍の兵や馬の口に含ませた箸状のもの.→〔衔 xián 枚〕⑥〈姓〉枚(ೈ)

〔眉〕méi
① まゆ.〔浓 nóng ～大眼〕濃い眉に大きな目:偉丈夫の形容.〔柳 liǔ 叶～〕細い眉.〈喩〉美人の(眉).〔吊 diào 角～〕つり上がった眉.〔卧 wò 蚕～〕きれいな三日月形の眉.〔扫 sào 帚～〕眉をひく. ② 書物の本文上端の空白部.〔书 shū ～〕同前.→〔眉批〕③〈姓〉眉(⁷)

眉笔 méibǐ（ペンシル状の）まゆずみ.アイブローペンシル.
眉黛 méidài〈喩〉女性.
眉端 méiduān ① 眉と眉の間. ② 本の頁の上部.
眉额 méi'é（便覆などの）鬢の上部の空白.
眉飞色舞 méifēi sèwǔ〈喩〉得意（喜色）満面.
眉峰 méifēng 眉.眉根.〔～〈緊皺〉眉間にいっぱいしわを寄せる:憂い顔である.
眉高眼低 méigāo yǎndī〈喩〉いろ.表情:〔眉眼高低〕〔外で外边做事要看人家的～〕外で働くには人の目の色をうかがわなくてはならない.
眉弓 méigōng ⇒〔眉棱〕
眉户 méihù ⇒〔郿鄠〕
眉花眼笑 méihuā yǎnxiào ⇒〔眉开眼笑〕
眉急 méijí〈喩〉ひどく切迫していること:〔焦 jiāo 眉之急〕〔燃 rán 眉之急〕ともいう.〔事在～〕事は差し迫っている.
眉脊 méijí
眉茧 méijiǎn〈文〉濃い憂色.
眉睫 méijié 睫眉(ఄᢗ).〔近在～〕〈喩〉眼前に迫っている.〔失兴之～〕目前で見失う.
眉开眼笑 méikāi yǎnxiào →〔眉开眉眼笑〕〈喩〉喜びがあふれるさま.大喜びするさま.はればれしたさま.
眉来眼去 méilái yǎnqù →〔眉目传情②〕(男女が)目くばせをする(で知らせる)
眉棱 méiléng 眉稜:眼窩の上線をなす骨の隆起.弓の形をしているので〔眉弓〕,〔眉峭〕ともいう.〔～骨〕生理眉骨.
眉毛 méimao 眉毛:〔方〕眼 yǎn 眉〕ともいう.〔皱 zhòu 着～〕眉をしかめて.〔拧 níng 着～〕眉をゆがめて.〔～胡子一把抓 zhuā〕眉毛とひげをいっぺんにつかむ.〈喩〉一把ひとから付.
眉目 méi·mù ① 眉と目.〈転〉容貌.〔～清 qīng 秀〕〔眉清目秀〕〈成〉眉目秀麗であるさま:〔如画〕美人の形容. ② （文章などの）文脈.筋道.条理.〔此文～不清〕この文章は文脈が通じない. ③ 手がかり.糸口:〔头 tóu 绪①〕に同じ.
眉目传情 méimù chuán qíng〈成〉目で気持ちを伝える.ウインクする. ② ⇒〔眉来眼去〕
眉批 méipī（書物や原稿の本文上端の空白部に書き込んだ）評語や覚え書.
眉前 méiqián〈文〉目前.〔～危机〕目前の危機.
眉清目秀 méiqīng mùxiù〈成〉眉目秀麗であるさま:〔眉目清秀〕に同じ.
眉梢 méishāo 眉毛の端.眉じり.〔喜上～〕喜びの表情があらわれる.
眉寿 méishòu〈文〉長寿.
眉题 méití（新聞記事などの）サブタイトル:テーマの上にある文字の小さいもの.〔引 yǐn 题〕ともいう.
眉头 méitóu 眉根.眉根:〔解说〕眉根をしかめて話す.〔～一皱,计上心来〕〈慣〉ちょっと考えると考えが浮かんできた.
眉线 méixiàn 眉ライン（化粧の）
眉心 méixīn 眉間.眉と眉の間.

眉形 méixíng（整えた）眉形.〔修 xiū ～〕眉毛を整える.
眉眼 méiyǎn ① 眉と眼. ②〈転〉みめ.顔だち.〔～长得俊〕みめ麗しい. ③〈転〉顔色.表情.〔做～〕目配せする.〔～传情〕目で情を通わせる. ④〈転〉事のあらまし.〔分不清～高低〕見当がつかない.顔色が読めない.
眉宇 méiyǔ〈文〉眉と眉.〈転〉顔に表れた様子.
眉语 méiyǔ〈文〉眉を動かして意思を伝えること:〔眼 yǎn 色②〕
眉月 méiyuè 眉のような細い新月.→〔月牙(儿)〕

〔郿〕méi
地名用字. ①〔～县 xiàn〕地陝西省にある:現在は〔眉县〕と書く. ②〔～鄠 hù〕地陝西秦嶺山脈の太白山北麓一带:〔眉户〕とも書く.〔～鄠戏〕同前に流行する劇.

〔湄〕méi
〈文〉河岸.みぎわ.
湄公河 méigōnghé 地メコン川:青海省に発しチベット・雲南を流れる〔澜 lán 沧江〕の下流.ラオスに入り〔～〕となる.
湄南河 méinánhé 地メナム川:シャム湾に注ぐ.

〔嵋〕méi → 〔峨 é 眉山〕

〔猸〕
猸子 méizi ⇒〔鼬 yòu 猸〕

〔楣〕méi
建まぐさ(上かまち.鴨居):戸口や窓の上に渡してある横木.〔横 héng ～〕ともいう.〔门 mén ～①〕戸口の同前.

〔镅・鎇〕méi
化アメリシウム:希土類金属元素.記号 Am.アクチノイドの超ウラン元素.

〔鹛・鶥〕méi
鳥ホオジロ(総称).〔黑 hēi 脸～〕カオグロガビチョウ.〔红 hóng 顶～〕アカガシラチメドリ.〔棕 zōng 颈钩嘴～〕ヒメマルハシ.

〔莓(苺)〕méi
植イチゴ,またその実.〔草 cǎo ～〕イチゴ類:最も一般的に栽培されるイチゴ.〔山～〕〔悬 xuán 钩子～〕ビロウドイチゴ.〔寒 hán ～〕フユイチゴ.〔蛇 shé ～〕ヤブヘビイチゴ.〔凤 fèng 梨草～〕オランダイチゴ.

〔姆〕méi 人名用字.

〔梅(楳・槑)〕méi
植ウメ(梅),またその花や実.〔～(子)树 shù〕梅の木.〔～不过江〕梅は長江以北では育たない.〔凋谢〕〈喩〉瀕死の状態から生き返ること. ③ 再婚すること. ④〈姓〉梅(ೈ)
梅毒 méidú 医 梅 毒:〔广 guǎng 疮〕〔杨 yáng 疮〕に同じ:〔梅大疮〕は方言.
梅尔顿呢 méi'ěrdùnní 纺メルトン:〔厚呢呢②〕ともいう.
梅脯 méifǔ 食種をとった梅の実を蜜漬けにして乾燥させたもの.
梅干菜 méigāncài ⇒〔霉干菜〕
梅干儿 méigānr 梅干し:〔干梅子〕に同じ.〔～子儿〕うめぼしの種.
梅红色 méihóngsè 色淡紅色(の)
梅花 méihuā ①〔～儿〕①ウメの花.〔花魁 kuí ①〕は別称. ②〔方〕ロウバイ:〔腊 là 梅〕に同じ. ③（トランプの）クラブ:〔花子②〕〔草 cǎo 花②〕ともいう.→〔扑 pū 克〕
梅花扳头 méihuā bāntou〈方〉ボックスレンチの一種.→〔闭 bì 口扳头〕
梅花疔 méihuādīng 中医横根(おੁ).横痃(ఄᢗ)
梅花奖 méihuājiǎng 劇梅花賞:中国演劇賞.

méi

梅花坑 méihuākēng （指のつけ根）にできるくぼみ.

梅花鹿 méihuālù 動ニホンジカ：夏に白いまだらが出る.→[鹿茸]

梅花拳 méihuāquán ＝[梅花桩][中国拳法の一：梅の花のように立てた5本の杭の上で稽古をすることから]い.

梅花雀 méihuāquè ⇒[红 hóng 雀]

梅花三弄 méihuā sānlòng 置①函長笛の楽曲.のち琴曲に編曲されて今日に至る：[梅花曲][梅花引]ともいう. ②琵琶曲の名：民間の楽曲.[三六][三落]ともいう.

梅花参 méihuāshēn [魚貝]バイカナマコ：ナマコの一種.

梅花针 méihuāzhēn →[皮 pí 肤针]

梅花桩 méihuāzhuāng ①宿営地の周りに竹や木を立てて造る防御物：[鹿 lù 寨]のように用いられる. ②＝[梅花拳]

梅菜凯奥克 méilǎikǎi'àokè 地マルキョク州：[怕 pà 劳共和国]（パラオ共和国）の首都.[科 kē 罗尔]（コロール）は旧首都.

梅苏丸 méisūwán 食梅の実・紫蘇葉・薄荷・葛根などで作った肉肉エキス類似の夏の滋養物.[冰 bīng 霜～]同前.

梅汤 méitāng →[酸 suān 梅汤]

梅天 méitiān →[黄 huáng 梅天]

梅童鱼 méitóngyú [魚貝]ニベ科の魚.

梅香 méixiāng ①梅の香り. ②函梅の女中.腰元.侍女の別称.→[红 hóng 娘①]

梅有仁 méiyǒurén いもしない（架空の）人物"名なしの権兵衛"：[没有人]（人物は存在しない）のもじり.[吴 wú 是公]ともいう.[梅友仁]とも書く.

梅雨 méiyǔ つゆ：[霉雨]は嫌悪の意を持つ.[黄 huáng～]同前.→[黄梅季(节)]つゆどき.

梅月 méiyuè 旧暦4月の別称.

梅子 méizi ①梅の実. ②梅の木：[梅(子)树]ともいう.[吃惯了～不怕酸〈喻〉]やり慣れてしまえば別に不便とも感じない.

[胸(胅)] méi 〈方〉[豚・牛などの]背骨の両側の(肉)

胸条 méitiáo 同下.

胸(子)肉 méizirǒu ＝[〈文〉胸条]〈方〉ヒレ肉.→[里脊]

[酶] méi 酵素：[酵 jiào 素]ともいう.[～素 sù]は旧称.[淀 diàn 粉（糖化）～][淀粉酵素]糖化酵素]ジアスターゼ(アミラーゼ). [肮 ruǎn ～]プロテアーゼ.[胃 wèi 蛋白～][胃朊～][(胃)蛋白酵素]ペプシン.[胰 yí ～][胰酵素]パンクレアチン.[胰肮～]＝[脂肪 zhīfáng ～][解 jiě 脂～]リパーゼ.[麦 mài 芽糖～]マルターゼ. [过 guò 氧化氢～]カタラーゼ.[自 zì 酵～]自家酵素.[番 fān 瓜～]パパイン.[～原]チモーゲン.[唾 tuò 液～]プチアリン.[酒 jiǔ 化～][酒化酵素]チマーゼ.→[干 gān 酵母]

[霉・黴] méi ①かび.[发 fā ～①][长 fáng ～剂]かび防止剤.[青 qīng ～素][音訳]盘 pán 尼西林]ペニシリン.[链 liàn ～素][肺 fèi 针]ストレプトマイシン.[地 dì ～素][土 tǔ ～素][链丝 sī 霉素]テラマイシン.[金 jīn ～素]金链素菌 jūn 素]オーレオマイシン.[氯 lù ～素][氯链丝菌素]クロラムフェニコール(クロロマイセチン). [抗 kàng 生素] ②かびが生えてくる.変質変色する.[～烂 làn]同前.[堆 duī 放的米～坏了]積んでおいた米にかびが生えて悪くなった. ③[口]不運.不幸.[倒 dǎo ～]不運にみまわれる.ついていない.ばかをみる.→[霉气②] ④〈姓〉霉(氏)

霉变 méibiàn かびが生えて変質する.

霉病 méibìng 菌うどん粉病.

霉臭 méichòu かび臭い(におい)

霉干菜 méigāncài ＝[梅干菜][干菜]食からし菜の漬け物をかめに入れ、かびを生えさせたものを乾燥させた食品.

霉菌 méijūn ①かび：単に[霉①]ともいう. ②真菌の一種.

霉菌病 méijūnbìng かび病.真菌症：かびやばい菌によっておこる病気(総称)

霉烂 méilàn かびが生えて腐る.

霉气 méi·qi ＝[霉味(儿)]かび臭いにおい. ②〈方〉運が悪い.[～事]ばかな目にあったこと.

霉损 méisǔn かびによる損失または害.

霉天 méitiān ⇒[黄 huáng 梅季(节)]

霉头 méitou →[触 chù 霉头]

霉味(儿) méiwèi(r) ⇒[霉气①]

霉雨 méiyǔ ⇒[梅雨]

霉运 méiyùn 不運.悪運.

[媒] méi ①仲立.媒酌.[做 zuò ～]媒酌をする. ②間に立つ.媒介する.[风～花]風花.[溶 róng ～]団溶媒.

媒媪 méi'ǎo ⇒[媒婆(儿)]

媒介 méijiè ①中をとりもつ.媒介する.→[中 zhōng 介] ②メディア.媒体.[大众～]マスメディア.[～定位]メディアポジション.

媒婆(儿) méipó(r) 田職業的に縁談のとりもちをする女性：[媒媪]ともいう.[～纤 qiàn 手少有不瞒世人的縁談のとりもちを女で人をだまさないのは少ない.

媒染 méirǎn 囮媒染.また媒染剤で処理する.[～剂]媒染剤.

媒人 méirén ＝[〈文〉媒约]仲人.媒酌人.[～口[～嘴]仲人の巧みな言葉.[父母之命媒约之言]父母の言いつけと仲人の言うこと(そむけない).→[大 dà 媒][说 shuō 媒][小 xiǎo 媒]

媒妁 méishuò 同上.

媒体 méitǐ 媒体.マスメディア.[多～]マルチメディア.[～麦 hōng 炸]マスメディアによる大宜伝.[～人]マスコミ.業界人.

媒帖 méitiě →[庚 gēng 帖]

媒怨 méiyuàn 〈文〉恨みを買う.

媒质 méizhì 媒体.媒质.[介 jiè 体]に同じ.

媒子 méizi →[托 tuō 儿③]

[煤] méi ①石炭.[～炭]ともいう.[〈文〉黑 hēi 丹]黑金子] ②[石 shí 炭][〈文〉石涅]は旧称.[～末(儿)][末(儿)]石炭くず.[肥 féi ～]熱量の高い石炭.[粉 fěn ～][面子～]粉炭.[蜂窝～]穴あき練炭.[褐 hè ～][块～].[〈文〉明～]大粒の(塊の大きい)石炭.[泥 ní ～][泥炭]泥炭.[粘 nián 性～]粘結炭.[烧 shāo ～]石炭を燃やす(たく).[煙炭～][土～][土状炭.[无 wú 烟～][〈口〉白 bái ～]①[〈口〉紅 hóng ～][〈方〉硬 yìng ～]無煙炭.[烟 yān ～]有煙炭. ②〈方〉[子～]すす.

煤饼 méibǐng 平たいれどん.→[煤砖]

煤仓 méicāng ＝[炭 tàn 库]石炭庫.

煤舱 méicāng 船の石炭庫.バンカー.[～交]商バンカー積み込み渡し.

煤藏量 méicángliàng 石炭埋蔵量.

煤槽 méicáo 石炭ポケット.

煤层 méicéng 炭層.[～厚度]炭層の厚さ.[薄 báo ～]薄炭層.[厚～]厚炭層.[～气 qì]炭層ガス.

煤场 méichǎng 石炭置き場.

煤厂(子) méichǎng(zi) 石炭販売所：豆炭・穴あき

méi～měi 煤楳縻每

練炭なども作って販売する.
煤尘 méichén 煤塵(%).炭塵.
煤代油 méidàiyóu 石油のかわりに石炭を使う.
煤电 méidiàn ①石炭と電力. ②石炭発電(による電力)
煤雕 méidiāo 〔煤精〕と呼ばれる石炭の一種を材料とした彫刻(遼寧省撫順市の物産品)
煤斗车 méidǒuchē ホッパー車:底を開いて荷おろしする構造の貨車.
煤斗(子) méidǒu(zi) 石炭バケツ.
煤毒 méidú 石炭ガス(の毒):〔煤气②〕ともいう.
煤垛 méiduò 石炭の山(積み)
煤房 méifáng 〘図〙炉刃(%)
煤肺 méifèi 医〔炭塵による〕塵肺.
煤酚 méifēn 〔甲jiǎ(苯)酚〕クレゾール(トリクレゾール).〔～皂zào溶液〕クレゾール石鹼液:〔〈音訳〉来lái苏儿〕(リゾール)に同じ.→〔酚〕
煤粉 méifěn 石炭の粉.炭塵.
煤矸石 méigānshí 〘図〙ぼた(ずり):石炭採掘の際,一緒に掘り出された他の岩石,または選炭後の屑石炭.→〔脉 mài 石〕
煤耗 méihào 石炭消費量:一仕事単位に消費する石炭の量(普通キログラムで計算する)
煤耗子 méihàozi 石炭泥棒.
煤焦油 méihēiyóu ⇒〔煤焦油〕
煤黑子 méihēizi 〘旧〙炭坑夫・石炭運搬夫・石炭屋(たどん屋)の職人に対する蔑称.〔瞧他一脸的泥像个～泥〕泥だらけの顔でまるでたどん屋のようだ.
煤核儿 méihúr 石炭の燃え残り(燃えがらの芯).〔拣jiǎn～〕同前を拾う.
煤化 méihuà ⇒〔炭tàn 化〕
煤荒 méihuāng 石炭不足.
煤灰 méihuī 石炭灰.
煤茧儿 méijiǎnr 繭形のたどん.→〔煤球(儿)〕
煤焦油 méijiāoyóu 〔煤黑油〕〔〈音義訳〉煤溶〕〔〈口〉臭chòu油〕コールタール.石炭タール:旧時,〔炭tàn油〕は俗称.〔煤溶碱〕タール塩基.
煤焦油沥青 méijiāoyóu lìqīng 〔〈口〉臭chòu油〕コールタールピッチ.ピッチ:コールタールなどの蒸留後に得られる黒色固型物.
煤焦杂酚油 méijiāo záfēnyóu ⇒〔木mù馏油(酚)〕
煤斤 méijīn 石炭(総称).〔斤〕は〔量〕(石炭)に対する量詞から転化したもの.→〔纸zhǐ张〕
煤精 méijīng 〘図〙黒玉(%):緻密な黒い石炭.磨くとつやが出る.数珠・宝石・ボタンなどを作る.→〔煤雕〕
煤精刷 méijīngshuā ⇒〔电diàn刷〕
煤井 méijǐng 炭坑の縦坑.
煤矿 méikuàng 炭鉱.〔～工人〕炭鉱労働者.
煤熘油 méiliūyóu ⇒〔煤黑油〕
煤炉 méilú 石炭を燃やす炉(ストーブ).〔烧shāo～〕同前をたく.
煤米 méimǐ 石炭や米(などの日用物資).〔～柴盐〕石炭・米・薪・塩(日用物資)
煤末 méimò 〔～儿,-子〕石炭くず.粉炭.→〔碎suì煤〕
煤模 méimú 〔-子〕煉瓦形のたどんを製造する型枠.→〔煤砖〕
煤泥 méiní スラッシュ.炭泥(%)
煤坯 méipī 粗製(手作り)のたどん.〔煤球(儿)〕〔煤饼〕〔煤砖〕など.
煤铺 méipù 石炭屋.
煤气 méiqì ①=〔〈方〉自zì来火②〕ガス(石炭ガス):〔〈音訳〉瓦wǎ斯④〕ともいう.〔～本生灯〕ガスバーナー.〔～表〕ガスメーター.〔～灯〕(ブンゼン灯)の通称.〔～灯罩〕ガスマント

ル.〔～管 guǎn〕ガス管.〔～罐〕プロパンガスボンベ.〔～机〕ガスエンジン.〔～炉〕ガスストーブ.〔～灶zào〕ガスコンロ.〔～贮zhù蔵槽〕〔贮器〕ガスタンク.〔天tiān然～〕天然ガス.〔烧shāo～〕ガスを燃やす(使う). ②石炭の不完全燃焼で出る一酸化炭素:〔煤毒〕に同じ.〔一氧化碳〕ともいう. ③〈口〉プロパンガス:〔液yè化石油气〕(液化石油ガス)の通称.
煤气内燃机 méiqì nèiránjī ⇒〔燃气发动机〕
煤球(儿) méiqiú(r) 豆炭.たどん.〔～炉子〕同前のストーブ.〔摇yáo～〕同前を作る.〔烧shāo～〕同前を燃やす.
煤区 méiqū 石炭鉱区.
煤山 méishān ⇒〔景jǐng山〕
煤师 méishī 〘旧〙たどん作り職人.
煤水泵 méishuǐbèng 炭坑用排水ポンプ.
煤水车 méishuǐchē 炭水車.テンダー.
煤塔 méitǎ ⇒〔煤楼〕
煤炱 méitái 〔煤烟子〕〔烟yān炱〕すす.
煤炭 méitàn 石炭(総称).〔～工业〕石炭工業.〔～行〕石炭・木炭販売店.
煤屉子 méitìzi (ストーブなどの)石炭受け.ロストル.
煤田 méitián 炭田.〔炭tàn田〕ともいう.
煤系 méixì 〘地〕夾炭(%)層.
煤屑 méixiè 石炭くず.
煤烟 méiyān 煤煙:燃やす際に出るすすと煙.〔～子〕すす:〔煤炱〕に同じ.→〔锅guō烟子〕〔黑hēi烟子〕
煤窑 méiyáo 手掘り炭坑.
煤液化 méiyèhuà 〘旧〕石炭液化.
煤油 méiyóu 〔灯dēng油〕〔〈方〉火huǒ油〕〔石shí油②〕〔〘旧〕洋yáng油〕灯油.〔～灯〕石油ランプ.〔～炉lú(子)〕石油こんろ.石油ストーブ.→〔石油②〕
煤渣 méizhā 〔～儿〕石炭がら.石炭の燃えがら.
煤砟子 méizhǎzi 石炭の小さな塊:ストーブでたけるようにしたもの.
煤栈 méizhàn ①石炭倉庫(置き場). ②〘旧〕石炭問屋.
煤柱 méizhù 〘鉱〕鉱層を支えるため掘り残しておく炭層.
煤砖 méizhuān 煉瓦形のたどん.→〔煤饼〕〔煤坯〕

[楳] méi 〘由〕子宝を求める祭祀,またその神.〔～娘niáng娘庙〕

[縻(縻・糜)] méi →mí

縻子 méizi =〔穄jì子〕〘図〕ウルチキビ(黍):〔稷jì〕の一種.〔～面〕同前の粉.→〔黍shǔ子〕

[每] měi ①…ひとつひとつの毎(%)….各….〔…ごとに〕ふつう数詞・量詞または量詞として用いられる一部の名詞の前にのみ用いられる.〔～天〕毎日.〔～回〕毎回.〔我关心一个人ひとりひとりに関心を持つ.〔～趟车都是拥yōng挤不堪〕各列車どれもぎっしりだ. ②…あたり.…につき.〔一五天去一回〕5日ごとに1回行く.〔～瓶五元〕一びんあたり5元.〔～天工作八小时〕毎日8時間働く. ③…にはいつも.〔～到星期日就出去玩〕日曜日になるといつも外出して遊ぶ.〔〈文〉毎常〕.しばしば.たびたび. ⑤〈白人〉を表す名詞・代名詞の後につけ複数を表す:〔们men〕に相当する.〔母子～〕母と子たち.〔你～〕君たち. ⑥〈姓〉

每常 měicháng 日ごろ.いつも(決まって)
每次 měicì 毎度.いつも.しょっちゅう.〔这件事已经申请过几次,不过～都被上头驳回来〕このこと

每当 měidāng …になるといつも. …になるごとに. 〔～晴 qíng 明朗午…〕よく晴れた昼にはいつも….

每到 měidào …になるたびに. いつも…になると. 〔～年底放假…〕いつも年末年始休暇になると.

每逢 měiféng いつも…になると(…になると). 〔～(到了)这个时候〕いつもこの頃になると. 〔三、七开斋〕毎月3と7の日に縁日の祭りがある. 〔～佳 jiā 节倍思亲〕(王維)節句のたびに遠くの家族(親族)がひとしおしのばれる.

每个 měigè 一つひとつ. 一つごとに. どれもこれも. →〔各个〕

每况愈下 měikuàng yùxià =〔每下愈况②〕〈成〉情勢がしだいに悪くなる. じり貧になる.

每每 měiměi いつも(いつも). …するたびに: 一般に過去のことを経常的なことに用いる. 〔头一节课,～有人迟到,这像话吗〕一時間目はいつも遅刻する者がいる, なっておらんぞ.

每日 měirì 〈文〉毎日. 〔～电讯 xùn 报〕デイリーテレグラフ. 〔～镜 jìng 报〕デイリーミラー. 〔～先驱 qū 报〕デイリーヘラルド. 〔～邮 yóu 报〕デイリーメイル: いずれもすべて英国の新聞名.

每时每刻 měishí měikè いつでも.

每下愈况 měixià yùkuàng ①〈成〉豚の足を下の方へと踏んでいくと肉のつき方は加減がよく分かる(莊子·知北游)些細な事柄にこそ真相を見ることができること. ⇒〔每况愈下〕

每逾 měiyú ⇒いつも…になるといつも.

〔美(羙)〕 měi (Ⅰ)①美しい. 麗しい. 〔风景很～〕風景がすばらしい. ↔丑 chǒu (Ⅱ①). ②きれいにする. 〔～齿 chǐ〕歯を美しくする. 〔～容〕顔を美しくする. ③よい. 楽しい. 気に入る. 〔价廉物～〕〈成〉値段は安く品はよい. 〔日子过得很～〕生活は非常に楽しい(楽しく過ごしている). ④味がよい. 〔～味〕美味. おいしいもの. 〔～酒〕うまい(い)酒. ⑤〈方〉得意である. 意気揚々としている. 〔他～着哩!〕彼は有頂天だ. 〔瞧你～的!〕おまえのその得意そうなざまはなんだ!. 〔你不用～〕うれしがることはない. ⑥〈文〉美点. 善行. 〔掠 lüè 人之～〕〈成〉人の手柄(業績)を横取りする. 〔成人之～〕〈成〉他人のことがうまくいくように力添えしてやる. ⑦〈姓〉美(ビ).

(Ⅱ)①〔美国〕=〔利坚合众国〕(アメリカ合衆国)の略. 〔～侨 qiáo〕国外に居留するアメリカ国籍を持つアメリカ人. 〔～轮 lún〕アメリカ船. 〔～领 lǐng〕④米領. ③アメリカ領事. 〔～澳ào新条約组织〕アンザス条約機構. 〔～洲〕亚 yà·利加洲〕(アメリカ州)の略. 〔拉 lā～〕ラテンアメリカ. 〔南～〕南アメリカ州.

(Ⅲ)〈度〉メール: 音調の単位. 〔哎〕は旧称.

美白 měibái ①白く美しい. ②白く美しくする. 〔～功能〕美白効果.

美不美, 故乡水 měi bùměi, gùxiāng shuǐ 〈諺〉うまくてもまずくても故郷の水(酒)はよいもの: 〔美不～,〕〔～亲 qīn 不亲, 故乡人〕ともいう.

美不胜收 měi bù shèngshōu 〈成〉立派なものがあまりに多くて一度に受け取ることができない(全部を見られない).

美不滋儿 měibuzīr 〈方〉得意になる. 有頂天になる.

美餐 měicān うまい食事. おいしい料理. 〔～一顿〕同前.

美差 měichāi ①割の良い地位. ②悪くない役目. 〔出一個～〕うまみのある仕事を出す.

美钞 měichāo 米ドル紙幣. →〔美元〕

美称 měichēng ①(よい)評判. 令名. 名望. 〔四川向有天府之国的～〕四川省は昔から天府の国との名声がある. ②賞賛する. 賛美する.

美除 měichú 〈白〉割のよい官職に任命されること. 〔喜 xǐ 得～〕ご就任おめでとうございます.

美传 měichuán 美談. 立派な行いの伝説.

美德 měidé ①美徳. ②アメリカとドイツ.

美的 měideī アメリカしいそうまくはいそうは問屋が卸さない: 〔的〕は〔得〕とも書く. →〔野 yě 的你〕

美帝 měidì アメリカ帝国主義の: 〔～国主义〕の略.

美吨 měidūn =〔短 duǎn 吨〕〈度〉米トン. ショートトン. →〔公 gōng 吨〕

美发 měifà 整髪する. 〔～厅〕美容院に〔理 lǐ 发厅〕より高級感を与える. 〔～膏 gāo〕〔发蜡 là〕ヘアワックス. 〔美容院〕

美分 měifēn アメリカセント: 〔美元〕(米ドル)の100分の1.

美感 měigǎn ①審美意識. ②美感. よい感じ. 〔富有～〕美感に富む.

美工 měigōng 〈劇〉(演劇·映画の)美術関係の仕事, またその担当者. 美術スタッフ.

美观 měiguān (装置·装飾など)美しい. 立派である. 〔房间布置得很～〕部屋の中はきれいに飾ってある.

美规 měiguī ⇒〔美国线规〕

美国 měiguó アメリカ. 米国: 〔美利坚合众国〕(アメリカ合衆国. USA)の通称. 首都は〔华 huá 盛顿哥伦比亚特区〕(ワシントン D.C.). 〔～佬 lǎo〕アメ公. ヤンキー: 〔扬 yáng 基〕と音訳し. 〔～联邦储备委员会〕美联储〕アメリカの中央銀行名. 〔～线规〕〈口〉美规〕巴ワイヤーゲージ. AWG. 〔～宇航局〕①アメリカ航空宇宙局. NASA. 〔～在线 xiàn〕アメリカ·オン·ライン. AOL: 世界最大のプロバイダー. 〔～之音〕アメリカの声: VOA 放送. →〔阿 ā 美利加〕

美国杨 měiguóyáng ⇒〔钻 zuān 天杨〕

美好 měihǎo よい. 美しい: 生活·未来·希望など多く抽象的な事に用いる). 〔～的愿望〕すばらしい願望.

美猴王 měihóuwáng ⇒〔孙 sūn 悟空〕

美后 měihòu 美の女王: ミスコンテストの優勝者.

美化 měihuà ①美しく施す. ②実際以上に美しいものとして表現する. 美化する.

美甲 měijiǎ マニキュア(ペディキュア)をする.

美金 měijīn ⇒〔美元〕

美劲儿 měijìnr ①得意なさま. 〔瞧 qiáo 你的～〕有頂天になるな. ②気持ちよさ.

美景 měijǐng ①美しい景色. ②幸せな境遇.

美酒 měijiǔ 美酒. うま酒. 〔佳 jiā 酿〕ともいう.

美举 měijǔ 美挙.

美拉尼西亚 měilānixīyà 囲 メラネシア: 〔伊 yī 里安〕(イリアン, ニューギニア), 〔所 suǒ 罗门群岛〕(ソロモン), 〔新 xīn 喀里多尼亚岛〕(ニューカレドニア)などの島々がある.

美乐托宁 měilètuōníng 〈音訳〉生理 メラトニン: 〔松 sōng 果体〕(松果体ホルモン)に同じ.

美丽 měilì 美しい. 綺麗である. 〔～的未来〕美しい未来. 〔～动人〕美しく人を感動させる. 〔～冻人〕美しく見せるために薄着でも寒さを物ともしない(人): 同前のもじり. 〔～岛 dǎo〕台湾の別称.

美利坚合众国 měilìjiān hézhòngguó アメリカ合衆国.

美联社 měiliánshè AP 通信社: アメリカの通信社の一.

美轮美奂 měilún měihuàn ①〈成〉建築物が壮大で立派なこと. ②立派だ. 絶妙だ: 〔美奂美轮〕ともい

měi 美

美满 měimǎn 申し分がない.円満である.〔婚后生活很~〕結婚生活はとても幸せである.→〔圆 yuán 满〕

美盲 měimáng 美の音痴.

美貌 měimào 美貌(である).美しい.〔~女子〕美貌の女性.〔长得十分~〕器量がまことによい.

美美 měiměi 〈口〉じっくりと,思う存分に.〔再~地睡上一觉〕またぐっすりと眠るよ.

美梦 měimèng ①現実離れの幻想.ひとりよがりの期待.②よい夢.

美眄 měimiǎn 〈文〉眼差(まなざし)が色っぽい.

美妙 měimiào すばらしい.妙(たえ)なる.〔~的青春〕麗しい青春.

美名 měimíng 美名.名声.好評.〔英雄~,流芳百世〕英雄の美名は長く後世に残る.

美男子 měinánzǐ 〈文〉美男子.立派な男性.

美尼尔综合症 měiní'ěr zōnghézhèng 医 メニエール病.〔美尼尔氏病〕〔内 nèi 耳性眩晕〕ともいう.

美粘土 měiniántǔ 国 ベントナイト.

美女 měinǚ 〈文〉美女.〔~经济〕〈喩〉美しい女性を媒体とした種々の経済活動.

美其名曰 měi qímíng yuē 〈成〉耳ざわりよい名称で.聞こえがいいように…と言う.

美气 měiqì 〈口〉のびのびと楽しい.すばらしい.〔真是~!〕(梁・紅 5)まったく愉快.

美迁 měiqiān 〈文〉栄転する.昇進する.

美缺 měiquē よい官職.心にかなう職務.〔肥 féi 缺〕に同じ.

美儿侈儿的 měirchǐrde 〈方〉自分で得意になるさま.〔让人抬举才好,自己~有什么意思!〕人から引き立てられてこそよいのだ,自分で得意になってどうするんだ.

美髯公 měirángōng ①美しいあごひげを生やしている男性.②〔三国(志)演义〕にみえる蜀漢の武将関羽(愛称).→〔关 guān 帝〕

美人 měirén ①〔-儿〕美人.若く美しい女性.〔骨感~〕ほっそりした美人.〔肉感~〕豊満な美女.〔~胎子〕生まれながらの美人.素肌美人.②閩〔妃〕〔嫔〕の称号.③〔美国人〕(アメリカ人)の意:書き言葉として用いる.

美人关 měirénguān =〔燕 yān 脂关〕美人という関門・関所.〔英雄难过~〕〈喩〉英雄も美人にかかってはからきし意気地ゆがない.

美人计 měirénjì 色じかけ.つつもたせ.〔美人局〕〔翻 fān 戏〕〔放 fàng 白鸽〕〔仙 xiān 人跳〕〔捉 zhuō 黄脚鸡〕ともいう.〔中 zhōng ~〕同前にひっかかる.

美人蕉 měirénjiāo ①=〔红 hóng 蕉〕植 ハナカンナ.カンナ(総称):通称〔大花~〕.②⇒〔昙 tán 花〕

美人桃 měiréntáo =〔人面桃〕植 ハナモモ.

美人鱼 měirényú (童話に出る)人魚.→〔人鱼〕

美容 měiróng (容貌を)美しくする.美しい容貌.エステ.〔~院〕エステティックサロン.〔~手术〕美容整形手術.〔~祛斑霜〕しみ取りクリーム.〔~师〕美容師.〔高级~技师〕トップクラスの④エステティシャン.ⓑ車の装飾施工技術者.〔~术〕美容術.〔~手〕義手.

美色 měisè 器量が(よ)し.美貌.〈喩〉美女.

美沙酮 měishātóng 薬 メサドン:麻酔剤の一種.

美声 měishēng 麗しい声.〔~唱法〕柔 róu 声唱法 ベルカント.

美食 měishí 美食.おいしい食べ物.〔~家〕グルメ.美食家.〔~街〕グルメ街.名物食品街.

美事 měishì よいこと.立派なこと.

美式橄榄球 měishì gǎnlǎnqiú ス アメリカンフットボール.

美术 měishù ①美術:絵画・彫刻・彫塑などの造形美術.〔~馆 guǎn〕美術館.〔~家〕美術家:多く造型美術品の作家をいう.〔~学院〕[美院]美術大学.〔~作品 piàn〕絵画書.

美术片(儿) měishùpiàn,~piānr アニメーション映画・動画・漫画映画・人形劇映画・影絵映画など.

美术设计 měishù shèjì 美術設計.デザイン.

美术印图纸 měishù yìntúzhǐ アート紙.

美术字 měishùzì 装飾文字.図案文字:ゴシック体・イタリック体など.

美索不达米亚 měisuǒbùdámǐyà 地 メソポタミア:〔米索不大米亚〕とも書いた.小アジアの〔幼 yòu 发拉底河〕(ユーフラテス川),〔底格里斯河〕(ティグリス川)の間にあり,〔巴比伦〕(バビロン),〔亚述〕(アッシリア)建国の地.

美坛 měitán 美術界.

美谈 měitán 美談.よい話.〔传 chuán 为~〕美談として伝わる.〔千古~〕成^千古の美談.

美体 měitǐ (トレーニングで)体を美しくする.〔健身~〕身体を健康に美しく保つ.

美味 měiwèi 美味.おいしいもの.〔珍馐 xiū~〕成^山海の珍味.

美味牛肝菌 měiwèi niúgānjūn 菌 ヤマドリタケ.

美祥 měixiáng 〈文〉吉兆.

美秀 měixiù 〈文〉美貌で優れた才能がある.

美学 měixué 美学.

美言 měiyán ①聞こえのよい言葉.ほめ言葉.〔谢谢您的~〕縁起のよい言葉を言ってくださってありがとう.〔~不信,信言不美〕〈諺〉聞こえのよい言葉は信じられない,信じる言葉は聞きよいものではない.②よしなに言う.〔帮帮忙,给一两句~〕頼みます,よろしくとりはからってください.

美艳 měiyàn 美しくあでやかである.

美以美会 měiyǐměi huì 宗 (キリスト教の)メソジスト教会.

美意 měiyì 好意.〔谢谢您的~〕ご好意に感謝します.

美玉 měiyù 美しい玉(ぎょく).

美育 měiyù 情操教育.審美教育.

美誉 měiyù ますます高い名誉.名声.

美元 měiyuán 〔美圆〕とも書いた.アメリカドル.米ドル:〔美金〕に同じ.〔~荒〕ドル不足.〔~集团〕ドル圏諸国.〔~区〕ドル圏.→〔英 yīng 镑区〕

美院 měiyuàn 〔美术学院〕の略.

美展 měizhǎn 美術展覧(会).

美丈夫 měizhàngfū 〈文〉美丈夫.美男子.→〔伟 wěi 丈夫〕

美征 měizhēng 〈文〉瑞兆.吉兆.

美制 měizhì アメリカ度量衡制.→〔英 yīng 制〕

美中不足 měizhōng bùzú 〈成〉立派な中にも少し足りない点がある.玉にきず.→〔白 bái 璧微瑕〕

美洲 měizhōu アメリカ州:〔亚 yà 美利加洲〕の略.〔新 xīn 大陆①〕ともいった.〔北~〕北アメリカ州.〔拉 lā 丁~〕ラテンアメリカ州.〔~国家组织〕米州機構.〔~豹 bào 潜艇〕アメリカシロヒトリ:樹木の害虫.〔~虎 hǔ〕動 ジャガー.アメリカヒョウ.〔~狮 shī〕動 ピューマ.アメリカライオン.〔~鸵 tuó〕鳥 レア.アメリカダチョウ:〔鹈 lái 鹈〕は別称.

美资 měizī アメリカ資本.〔~企业〕同前の企業.

美滋滋 měizīzī 心満たされたさま.よろこびに堪えぬかのようなさま.〔~地〕〔~恣 zì 恣〕とも書く.〔~地赞美〕感に堪えぬかのようにほめたたえる.

美子 měizi 米ドル(隠語):日本円は〔老 lǎo 日〕,香港ドルは〔港 gǎng 纸〕という.

měi～mèi

[渼] měi 〈文〉波模様.波紋.

[嘆] měi ⇒[美(Ⅲ)]

[镁・鎂] měi ①化 マグネシウム：アルカリ土類金属元素.記号Mg.〔碳tàn酸～〕炭酸マグネシウム(炭酸マグネシア.炭酸苦土.炭717).〔氧yǎng化～〕(苦kǔ土)重質酸化マグネシウム(重質マグネシア).〔轻qīng质氧化～〕酸化マグネシウム(マグネシア苦土.煅(duàn)製マグネシア.煅717).〔硫liú酸～〕(苦)〔泻xiè(利)盐〕硫酸マグネシウム. ②〈姓〉鎂(ｷﾞ)

镁肥 měiféi マグネシウム肥料.
镁粉 měifěn マグネシウム粉(すべり止め用)
镁光 měiguāng マグネシウム光.〔～灯〕(写真撮影用の)フラッシュバルブ.
镁砂 měishā マグネシアクリンカー.
镁石 měishí 鉱 マグネサイト.
镁砖 měizhuān マグネシアれんが：耐火れんがの一種.

[浼(浼)] měi 〈文〉①けがす.けがれる. ②人に用件をお願いし頼む.〔～托tuō〕御依頼する.〔以此事相～〕この事をお願いする.

[沬] mèi ①〈文〉ほの明るい. ②春秋衛国の都.殷内(朝zhāo歌)といった.現在の河南省淇県の南. → huì

[妹] mèi ①妹：ふつう〔～～mei〕という.〔女弟〕は文語.〔二～〕2番目の妹(さん).〔姐jiě～〕姉妹.〔舍shè～〕わたくしの妹.〔令lìng～〕妹さん.→付録5 ②親戚中で自分より年下の女性に対する呼称.〔表biǎo～〕いとこ：父の姉妹の娘,または母の兄弟姉妹の娘で自分より年下の者.〔表～夫fū〕同前の夫. ③わたくし：手紙などで女性の自分に対する呼称. ④若い男が,恋人あるいは愛妻に対する称呼. ⑤〔方〕若い女の子.〔农家～〕農家の娘.〔大陆lù～〕大陸の娘(香港などの).〔外来～〕他地から来た娘.〔打工～〕地方から都会へ働きに来た娘. ⑥〈姓〉妹(ﾏｲ)

妹夫 mèifu 妹の夫.妹婿：〈文〉妹倩〉〈文〉妹壻〉〔妹丈〕ともいう.
妹妹 mèimei →字解①
妹妹鞋 mèimeixié 若い女性向きの黒い皮靴.
妹倩 mèiqiàn ⇒[妹夫]
妹儿 mèir 〈口〉メール.正式名称は〔电子邮件〕.また,〔伊yī～〕〔E～〕ともいう.〔发fā～〕メールする.
妹婿 mèixù ⇒[妹夫]
妹丈 mèizhàng ⇒[妹夫]
妹子 mèizi 〈口〉姊：[妹妹]に同じ. ②〔方〕女の子.〔川～〕四川の女の子.

[昧] mèi ①〈文〉暗い.うす暗い.〔～爽shuǎng〕払暁(ｼﾞﾝｼﾞ). 〔幽yōu～〕奥深く暗い. ②よく分からぬ.道理に疎い.無知である.〔愚yú～〕愚かでわからない.〔暧ài～①〕あいまいである. ③覆い隠す.隠して言わない.〔良心不～〕〈成〉良心に背かない.〔他净～别人的钱〕彼は人の金をごまかしてばかりいる.〔拾shí金不～〕〈成〉金を拾ってもねこばばしない. ④怒らせる.分際を越える.〔冒mào～〕ぶしつけである.

昧旦 mèidàn 〈文〉未明.
昧己 mèijǐ 己を欺く.〔瞒mán心～〕心を偽り己を欺く.
昧良心 mèiliángxīn 良心にもとる(背く).心を欺く：〔昧心〕ともいう.〔昧着良心做坏事〕良心に背いて悪事をする.

昧死 mèisǐ 〈文〉軽率(愚か)にも死に値するようなことをしでかす.〔臘〕まことに恐縮千万です.〔～以闻wén〕〈成〉君主に諌言する.
昧心 mèixīn 心を欺く.〔昧良心〕同前.〔～钱qián〕不義の財.不徳の手段で得た金銭.〔～事〕やましいこと.良心にもとること.
昧于 mèiyú …に疎い.〔～世故 gù〕世事に暗い.

[寐] mèi 〈文〉寝る.〔夙sù兴夜～〕〈成〉朝早く起き夜遅く寝る：〔早zǎo起晚睡〕に同じ.〔假jiǎ～〕仮眠(する).〔梦mèng～以求〕夢にまで見るほど手に入れようとする.〔～语yǔ〕寝言.〈転〉たわごと.→[睡shuì] ②〈姓〉寐(ﾋﾞ)

[魅] mèi ①〈文〉ものの怪(ｹ).→[魑chī魅]. ②引きつける.魅惑する.

魅惑 mèihuò 誘惑(する).魅惑する.〔～力〕魅惑する力.
魅力 mèilì 魅力.〔艺yì术～〕芸術の魅力.〔富有～〕魅力あふれる.
魅人 mèirén 人をうっとりさせる.人を引きつける.〔～的景jǐng色〕うっとりさせる景色.
魅药 mèiyào ⇒[媚药]

[袂] mèi 〈文〉そで.たもと.〔把bǎ～〕袖をしっかりつかみ親愛を表す.〔分fēn～〕袖を分かつ.別れる.〔联lián～赴津〕同伴で天津へ行く.→[袖xiù]

[谜・謎] mèi → mí

谜儿 mèir 〈口〉なぞなぞ.〔破pò～〕なぞなぞを解く.〔猜cāi～〕同前を当てる.

[媚] mèi ①媚(ﾋﾞ)びる.〔谄chǎn～〕〔奉fèng承①〕媚びへつらう.→[媚外] ②なまめかしい.〔娇jiāo～〕同前.〔～功gōng〕色仕掛け. ③麗しい.美しい.かわいらしい.〔春光明～〕春の景色が麗しい. ④〈文〉好む.好(ｺﾉ)む.

媚奥 mèi'ào 〈文〉家に媚びず奥に媚びる.〔与其媚于奥,宁媚于灶〕〔論語・八佾〕(周代の俗諺で)奥座敷の神に媚びるよりは己に食を与えるかまどの神に媚びるがよい.君主に媚びるよりは権臣に媚びるがよい.
媚骨 mèigǔ (他人に媚びへつらう)卑しい根性.さもしい品性.〔奴颜～〕〈喩〉媚びへつらいさもしいさま.
媚惑 mèihuò ①あでやかさで惑わせる. ②ほれぼれとさせる.
媚景 mèijǐng 〈文〉春の景色.
媚客 mèikè =[蔷qiáng薇] (バラ)の別称.
媚目 mèimù 〈文〉色目.
媚气 mèiqì 魅力的である.
媚趣 mèiqù 〈文〉愛嬌.
媚权 mèiquán 権力に媚びる.
媚世 mèishì 世におもねる.
媚俗 mèisú 世俗におもねる.〔趋时～〕時勢に順応して世俗に迎合する.
媚态 mèitài 媚態.〔～柔róu情〕媚び,しなだれるさま.→[娇jiāo态]
媚外 mèiwài 外国に媚びへつらう：〔媚洋〕ともいう.〔崇chóng洋～〕同前.
媚妩 mèiwǔ =[妩媚]〈文〉なまめかしい.愛らしい.
媚笑 mèixiào なまめかしい笑い(をする).〔发出～〕同前を出す,同前を浮かべる.
媚言媚语 mèiyán-mèiyǔ 媚びへつらいの言葉.
媚眼(儿) mèiyǎn(r) ①魅惑的な目. ②色目.媚びた目つき.
媚艳 mèiyàn 妖艶である.〔～女郎〕妖艶な美女.
媚药 mèiyào =[魅药]媚薬.〔春chūn药〕
媚悦 mèiyuè 媚びる.〔～流俗〕世俗に媚びへつらう.
媚灶 mèizào →[媚奥]
媚子 mèizǐ 〈文〉①愛児. ②親愛する人.

〔瞢〕mèi 〈文〉憂いが高じて病気になる.

men ㄇㄣˊ

〔悶・悶〕mēn ①(空気が濁って)うっとうしい.むっとする.〔天气这样~,可能要下雨〕天気がこんなにうっとうしいのをみると雨が降るかもしれない.〔屋子里一得难受,开开窗户吧〕部屋がむっとしてやりきれない,窓を開けなさい.②蒸らす.よくふやけるまでおいておく.〔这茶还没一到家吧,再一会儿吧〕このお茶はまだ十分に出ていない,もうしばらくおいておこう.③(声や音が)鈍い.低い.声がはっきりしない.〔~响 xiǎng〕押し殺した音(がする).④おし黙る.黙り込む.〔他怎么又~了〕彼はどうしてまた黙りこんだのか.⑤〈方〉(ショックを受けて)気落ちする.がっかりする.⑥閉じこもる.〔别老一在家里〕家の中に閉じこもってばかりいないようにね. → mèn

悶板 mēnbǎn 回音色がにぶい(純度の低い)銀貨.偽造銀貨.

悶沉沉 mēnchénchén ①空気がよどんでいるさま.〔~的房间〕むっとしている部屋.②重苦しい雰囲気.〔会场一的〕会場は重苦しい空気だ.③(声が)こもってよく聞こえないさま.〔雷在远处~地响/雷の音が遠くでくぐもっている. → mènchénchén

悶锄 mēnchú 農 (種子の発芽を促進するために)表土を起こして雑草を除く.

悶得儿密 mēndermì〈方〉①人に隠れてする.こそこそとする.②(物を)独り占めする.猫ババする.〔悶得儿密〕[悶得儿蜜]とも言く.

悶了 mēnle〈方〉(大きな打撃を受けて)がっかりする.

悶气 mēnqì 空気がむっとして息苦しい. → mènqì

悶腔儿 mēnqiāngr〈方〉黙り屋.むっつり屋.

悶热 mēnrè 蒸し暑い.〔~的夏天〕同前の夏.

悶声不响 mēnshēng bùxiǎng〈慣〉息を殺して声を出さない.

悶声悶气 mēnshēng mēnqì〈慣〉声が低くてはっきりしないさま.

悶死 mēnsǐ ①窒息する.②蒸し暑い.〔今天天气~了〕今日は蒸し暑いぞ. → mènsǐ

悶坛子 mēntánzi〈方〉むっつり屋.〔没嘴的葫 hú 芦〕(口おも)の意.〔这个一,一句话不说,真叫人急死了〕このむっつり屋は一言もしゃべらないんだから,もどかしいったらありゃしない.

悶头螺丝 mēntóu luósī〈方〉はめ込み式の釘類(水道管・水樋・油桶などの).

悶头儿 mēntóur〈口〉黙々と.〔悶(着)头儿干 gàn〕黙々とやる.〔~睡 shuì〕じっと静かにして寝る.〔~过日子〕交際もせず,ひっそりと暮らす.

悶香 mēnxiāng〔白〕神経を麻痺させるお香.

悶眼 mēnyǎn〔口〕突き通っていない穴:機械用語では〔不通孔〕という.

悶子 mēnzi 工 鍛造・プレスなどに用いる模型:一般に鋼鉄を用いる.

〔门・門〕mén ①(建築物・乗り物などの)出入り口:門.戸.ドアなど.昔時,双扉を〔~〕,単扉を〔户 hù〕といった.〔~户①〕〔~儿〕同前.〔自动转 zhuàn ~〕自動回転ドア.〔城 chéng ~〕城門.〔宫 gōng ~〕皇宮の門.〔辕 yuán ~〕回官署の表門.〔大~〕大門.表門:街路に面しているという意味で〔街 jiē ~〕ともいう.〔屏 píng ~〕扉が4枚の板でできている門.〔仪 yí ~〕回旧役所の同前.〔二~〕二の門.〔过堂~〕

長屋つきの門.〔月亮 ~〕壁を丸くくり抜いた門.〔便 biàn ~〕通用門.〔栅 zhà ~〕〔栅栏(儿)~〕生け垣や花園などの格子門.〔房 fáng ~〕家の入り口.〔屋 wū ~〕部屋の入り口.〔太 tài 平 ~〕非常口.〔单 dān 扇 ~〕一枚戸の入り口.〔~上贴着一张纸〕門(戸・ドア)に1枚の紙が貼ってある.〔关 guān ~〕〔关上~〕門(ドア)を閉める.〔锁 suǒ 上 ~〕門(ドア)に錠をおろす.〔开 kāi ~〕門(ドア)を開ける.〔出 chū ~①〕外出する.②~儿〕装置や器物の開閉部.〔柜 guì ~〕戸棚の扉.〔炉 lú ~〕ストーブの焚き口.〔电 diàn ~〕回電気のスイッチ.〔气 qì ~①〕バルブ.安全弁.排気孔.〔水 shuǐ ~〕水門.〔闸 zhá ~①〕閘(こう)門.③生理 人体上の穴.〔贲 bēn ~〕噴門.〔肛 gāng ~〕肛門.④一族.家.家柄.家門.〔满 ~〕一族全体.〔长 ~长子〕総領の家の長男.〔名 ~〕名門.〔将 jiàng ~出将(虎)子〕諺:将軍の息子は(それらしく)優れた子が出る.〔张~李氏〕張の家に嫁いだ李姓の女性.⑤〔-儿〕秘訣.方法.やり方.要領.こつ.〔我也摸着点~了〕わたしも少しばかり要領を得てきた.〔赌 yā 宝〕(賭博の一種)の賭け金を張る位置の名:〔天 tiān ~〕〔青 qīng 龙 ~〕などがある.⑦宗教・学術・思想などの組織.〔教 jiào ~〕〔门①〕イスラム教の同前.〔佛 fó ~〕仏門.〔儒 rú ~〕儒学派.〔左道旁~〕邪教.⑧弟子入りする.〔拜 bài ~②〕師弟.師の門弟の礼をとる.〔~生①〕〔~徒 tú〕〔~下 ①〕門下生.〔同 tóng ~〕同じ先生の門下.〔孔 kǒng ~〕孔子の門下.⑨部類.〔专 zhuān ~①〕専門.〔五花八~〕多種多様.⑩(生物分類上の)門:最上の単位.〔纲 gāng ③〕の上.〔裸子植物~〕裸子植物門.⑪量詞.⑧大砲を数える.〔~一炮 pào〕一門の大砲.⑤学問・技術などを数える.〔有几一课?〕何科目の学科がありますか.〔这~学问〕この部門の学問.〔这(一)~技术我不会〕この部門の技術はわたしにはできない.⑥縁組・婚姻などを数える:〔门子③⑥〕に同じ.〔找 zhǎo 一~亲〕一つ(どこか)縁談先をさがす.⑫〈姓〉門(も)

门巴 ménbā (チベット語で)医者. →〔医 yī 生〕

门巴族 ménbāzú メンパ族:中国少数民族の一.主にチベットに居住する.

门把 ménbǎ =〔门拉手〕ドアの取っ手.ノブ:〔~手〕ともいう.

门板 ménbǎn ①薄板の門扉.②はめ込み式の戸板:降ろして置き台などにして用いる.

门榜 ménbǎng 門口のかけ札(掲示・あいさつのための)

门包(儿) ménbāo(r) =〔门规〕〔门敬〕〔门礼〕〔门钱〕回訪問者が門番に取り次ぎを頼む時の心づけ.

门报 ménbào 寄廊 =〔门状〕などの同前に出す広告.

门鼻儿 ménbír 門または戸に打ち込まれた銅または鉄製の半円形の環(施錠用)

门庇 ménbì

门匾 ménbiǎn ①(鳥居の額のように)門の上部に掲げられた扁額.②紙幣または手形の上部に発行銀行または店舗名を横一文字に印刷してある文字.

门宾 ménbīn ⇒〔门客〕

门钹 ménbó 旧式の表門に取り付けたシンバル状のもの.上についた輪をたたいて来訪を告げる. →〔门环〕

门簿 ménbù =〔门册〕回訪問者の名簿.

门册 méncè 同上.

门插关儿 ménchāguānr 門のかんぬき:〔门插〕〔门插管儿〕〔门划子〕ともいう. →〔门闩〕

门差 ménchāi =〔门上的〕門番. →〔看 kān 门的〕

门齿 ménchǐ 生理用語(きょう) =通称〔门牙〕(前歯)

门窗 ménchuāng 戸と窓.〔~要关严了〕戸や窓はき

mén 门

っちり締めなければいけない.〔～桌椅〕〈喻〉部屋のしつらえ.〔金属～格〕金属の窓格子.

门刺 méncì ⇒〔名 míng 刺〕

门当户对 mén dāng hù duì〈慣〉(旧時,縁談について)双方の家柄がつりあう.

门道 méndào 屋根つき門の通路:〔门洞(儿)①〕に同じ.

门道 méndào〈文〉葬列の先頭に進む旗.

门道 méndao ＝〔门路②〕要領.秘訣.こつ.〔他的刀法məneい有～〕彼の剣術はなかなか凄(ｽｺﾞ)がある.〔那家伙～多着呢〕あいつはいろんな手を使う.〔内行 háng 看～,外行看热闹〕〈諺〉くろうとは仕事のかんどころをよく見るし,しろうとはうわべの派手なところに気をとられる:〔行门道〕とも,〔外行〕は〔力巴〕ともいう.〔你说这几句话倒有些～〕君の話はなかなか要領を得ている.〔诀 jué 窍(儿)〕

门第 méndì ①家柄.〔～相当〕家柄が同等である.〔书香～〕学者の家柄.②〈文〉邸宅.

门的内哥罗 méndìnèigēluó ⇒〔黑黑山①〕

门弟子 méndìzǐ 一門の弟子.〔及 jí ～〕同前.

门店 méndiàn 購買部.

门吊 méndiào 橙 ガントリークレーン.橋形クレーン.

门吊儿 méndiàor 戸の掛け金.

门丁 méndīng〈文〉役所や屋敷の門番:〔门公〕に同じ.

门钉(儿) méndīng(r) ①(宮殿・廟宇などの門扉の)化粧くぎ.②〈方〉食 小さい〔糖 táng (饀)包子〕(砂糖を包み込んだマントー):形が同前に似ている.

门冬 méndōng 植①〔天 tiān ～〕(クサスギカズラ)の略称.②〔麦 mài ～〕(ヤブラン)の略称.

门洞(儿) méndòng(r) ①表門内の奥行のある屋根つきの通路:〔门道 dào〕ともいう.〔城 chéng ～〕城門の通路.②表門.

门斗(儿) méndǒu(r) ①建建物の入り口の外に設置された防風・防寒用の小室.②戸の上にわたしてある横木の上の部分.

门对(儿) ménduì(r) ＝〔门联(儿)〕〔门帖(儿)〕入り口や門扉に貼った対聯(ｿﾞ).

门墩(儿) méndūn(r) 門扉の回転軸を支える土台(石や木).

门垛子 ménduǒzi 大門の両側にある煉瓦の壁柱,または低い土手.

门额 mén'é 建 まぐさ:門の上の部分.屋号や扁額をかける所.

门阀 ménfá〈文〉門閥(縗).

门法 ménfǎ 旧家法.家門のおきて.

门房(儿) ménfáng(r) ①門衛詰所.門番小屋.②門番.門房.

门扉 ménfēi 門の扉:〔门扇〕に同じ.〔敞 chǎng 开心灵的～〕心の扉を開く.〔一把 bǎ 手〕〔门把〕ドアのノブ.〔～滑 huá 车〕戸車.

门风 ménfēng ①＝〔家 jiā 风〕家風.一門の風儀.〔他们家辈辈出逆子,这是他们家的～〕代々不孝者が出るのも彼らの家風だ.〔败坏～〕家門の名誉を傷つける.②(マージャンの)門風牌:東・西・南・北の4種.

门封 ménfēng 旧官吏の邸宅の門前に貼りつけた札:〔禁止喧哗,勿许作践,如有故违,定行送究〕(騒いだり,侮辱してはならぬ,あえて違反すれば必ず裁判ざたにする)と書いてある.

门缝 ménfèng 〔一儿〕戸の隙間.〔～里看人〕戸の隙間から他人を見る.〔～里看人,把人看扁了〕〈歇〉同前で人を見くびる.

门符 ménfú 旧門に貼る守り札.

门盖儿 méngàir 圖 門がまえ:漢字部首の"門".→

付録1

门岗 méngǎng 門の立ち番(所).立哨(所).門衛.

门公 méngōng ⇒〔门丁〕

门功 méngōng 旧家門の功績.先祖の手柄.

门鼓 méngǔ 旧喪家の門に据えておく太鼓.〔～账 zhàng〕〈喻〉親の死後に返す約束で借りる借金:〔幡 fān 杆账〕ともいう.

门官 ménguān 旧城門守護の役人.

门馆 ménguǎn 旧①(家庭教師を兼ねる)居候・食客(の居室).〔家塾.〔～先生〕家庭教師.

门规 ménguī ⇒〔门包(儿)〕

门户 ménhù ①門戸.関門.出入り口.〔～要小心〕戸締まりに注意せねばならない.〔～开放政策〕門戸開放政策.〔～网 wǎng 站〕〔～站(点)〕電算 ポータルサイト.②〈転〉家柄.家風.家のしつけ.〔什么～儿出什么样儿的人〕〈諺〉家のしつけしだいで育つ人間も違ってくる.〔～高〕家風が高い.〔小～〕小戸〕家柄の低い家.〔～帖(儿) tiě(r)〕〔～册 cè 子〕旧縁談の時互いに取りかわす双方三代と自分の官職名を書き出したもの.③〈転〉派.流派.〔别开～〕別に一派を開く.〔～之见〕からに閉じこもった見解.派閥にとらわれた偏見.

门花 ménhuā 建門扉の飾り模様.

门划子 ménhuázi ⇒〔门插关儿〕

门环 ménhuán 〔一子〕門環.ドアノッカー:〔门钹(台座)〕に打ちつけて鳴らす.

门笺 ménjiān 吉祥模様や文字の切り紙:春節の装飾品で,門の横木に貼って吊り下げる.〔挂 guà 笺〕ともいう.

门将 ménjiàng 〔守 shǒu 门员〕

门襟 ménjīn 服ボタン側.

门禁 ménjìn (城門などの)門の出入りの取締まり.〔～森严〕門の警備が厳重だ.

门警 ménjǐng 門衛(警察官・警備員)

门径 ménjìng ①要領.方法.やり方.〔摸 mō 到了一些～〕いささかこつをつかんだ.→〔门路①〕②(学問や技芸の)初歩.入口.③門に通じる道.門への出入り口(通路)

门敬 ménjìng ⇒〔门包(儿)〕

门镜 ménjìng ドアアイ〔窺 kuī 视镜〕に同じ:俗に〔猫 māo 眼〕という.→〔后 hòu 视镜〕

门(静)脉 mén(jìng)mài 生理門脈.

门臼 ménjiù とぼそを受ける穴(くぼんだ部分):〔根 wēi〕は文語.→〔门墩(儿)〕

门卡 ménkǎ カードキー:カード型の電子鍵.〔把～插进去〕門に挿入する.

门槛 ménkǎn 〔门坎〕とも書いた.①〔一儿〕(門や戸の)敷居:〔〈文〉门限〕に同じ.〔踢 tī 破～〕〔限怎穿〕大勢の人が(頻繁に)訪れてくる.〔你怎么老不来啊?我们这儿～高是怎么着?〕どうしてずっと来ないのかね,わしのところは敷居が高いとでも言うのかね.②〔一儿〕〈喻〉標準.条件.〔～条件が高い.③〈方〉要領.腕.こつ.〔他买东西的～不精,常花冤 yuān 钱〕彼の買い物の要領はは粗末だい,いつもつまらん金ばかり使っている.〔～紧 jǐn 的人〕しっかり者.〔他～精,不会上当〕彼は抜け目ない人から,だまされたりはしない.→〔老脑 门槛〕

门槛价格 ménkǎn jiàgé 経境界価格.

门坎 ménkàn →〔槛②〕

门可罗雀 mén kě luóquè〈成〉門先に網を張って雀を捕らえることができる:訪れる人が少なくてひっそりとしているさま:〔门可张罗〕ともいう.

门客 ménkè ＝〔食 shí 客①〕旧食客.客分の住人.〔门宾〕〔门人〕〔门生〕〔门下②〕〔清 qīng 客①〕ともいう.

mén

门口(儿) ménkǒu(r) 門(口)口.入り口.〔把客人送到门口〕お客さまを門口まで送っていく.〔学校~〕校門の前.

门扣子 ménkòuzi ①門のかんぬき.②門のとめがね.

门框(儿) ménkuàng(r) 建門枠.戸のかまち:やや戸の上・下・両がわの木枠.

门拉手 ménlā·shǒu ⇒〔门把〕

门廊 ménláng ①ポーチ.車寄せ.玄関:ドアより外の部分.②表門と建物の玄関をつなぐ廊下.

门类 ménlèi 部門別.大項目分類.

门礼 ménlǐ ⇒〔门包(儿)〕

门吏 ménlì ①門番の小役人.②回高官宅の使用人.執事.

门里出身 ménli chūshēn 〈方〉その道の家柄出身の人.玄人.専門家.〔他是~〕彼はその道の専門家だ.

门帘 ménlián 〔-儿,-子〕建物の入り口に掛ける垂れ幕(冬季の防寒用).→〔夹jiā板(门)帘〕

门帘大帐 ménlián dàzhàng 劇(京劇で)背景の大幕:壁にかけられたもので左右の出入り口は〔门帘〕とは続いていない.→〔守shǒu旧②〕

门联(儿) ménlián(r) ⇒〔门对(儿)〕

门脸儿 ménliǎnr ①城門の出入り口付近:〔城chéng~〕ともいう.〔~上常有警察站岗〕城門の出入り口付近にはいつも警察が立ち番している.②⇒〔门面儿〕

门楞 ménléng (門や戸の)格子.

门铃 ménlíng (門や戸の)呼び鈴.

门楼(儿) ménlóu(r) ①屋根つきの門(の屋根).②城門上のやぐら・建物.〔城~〕同義.

门路 mén·lù ①道すじ.って.コネ:〔门子②〕に同じ.〔没有~,进不去〕手づるがなくて(なければ)入れない.〔~窄zhǎi〕つてが少ない.交際が狭い.〔钻zuān~〕手づるに取り入る.〔找zhǎo~〕人脈を求める.〔走县长的~〕県知事に手づるを求める.→〔门径①〕〔路子①〕 ②⇒〔门道dao〕

门罗主义 ménluó zhǔyì 〈音義訳〉モンロー主義:〔孟mèng录主义〕とも書いた.

门脉 ménmài ⇒〔门(静)脉〕

门楣 ménméi 建門の上方にある横木.まぐさ.〈転〉家構え:〔横héng木①〕に同じ.〔~倒很威风〕家構えはなかなか堂々としている.→〔过guò梁〕〔文〉家柄.家門.〔壮zhuàng~〕家門を盛んにする.③〔横héng木②〕

门面 ménmiàn =〔门脸儿①〕商店の店構え.間口:商店の道路側からの像.〔五间~的买卖〕5間(の間口)間の商売.〔他们铺有几间~〕彼らの店は間口はどれくらいですか.〔~房fáng〕通りに面した(店舗向きの)家.〔~进jìn深①〕〔开kāi间②〕②〈転〉外観.見かけ.〔撑chēng~〕〔充chōng~〕見栄をはる.体裁をつくる.〔~话〕体裁のいい話.

门牌 ménpái 番地札.門札.表札.〈転〉番号.〔~几号〕何号か.〔~十二号〕12号の家.

门派 ménpài 流派.

门票 ménpiào =〔门券〕入場券.

门旗 ménqí 回陣屋の前に立てた細長い旗.

门钱 ménqián ⇒〔门包(儿)〕

门前清 ménqiánqīng ①マージャンで,〔吃chī碰pèng〕〔杠gàng〕をせずに,〔自摸〕のみによって〔听tīng牌〕し,〔自摸〕によってあがる役.②酒席で各自目の前にある杯を飲み干すこと.

门前三包 ménqián sānbāo 街の環境美化のため,企業や商店,住民たちが各々の門前の衛生・緑化・秩序の三つに責任を持つこと.

门桥 ménqiáo 船橋.

门窍(儿) ménqiào(r) こつ.要領.

门球 ménqiú Xゲートボール.またそのボール.

门券 ménquàn ⇒〔门票〕

门儿清 ménrqīng 〈口〉玄人である.〔这样的事他~〕このようなことは彼が熟知している.

门人 ménrén ①〈文〉門人.弟子.②⇒〔门客〕

门塞子 ménsàizi 門のかんぬき.〔门闩〕に同じ.

门扇 ménshàn 〈方〉門の扉.〔门对〕に同じ.

门上的 ménshangde ⇒〔门差〕

门神 mén·shén 大晦日に福を招き邪を払うため家の左右の門扉に貼りつける神像(画像):古くは〔钟馗〕や〔神荼〕と〔郁垒〕をいう.ふつう〔秦琼(宝)〕と〔尉迟恭(敬德)〕(別名〔胡敬德〕)の2神の像が多い.尉遅敬德の方を〔武wǔ门门神〕〔黑脸儿,秦叔宝〕の方を〔文wén门神〕〔白脸儿〕という.通称〔~爷yé〕という.また,組になっていない1枚のものを〔正zhèng单(儿)〕〔独dú坐儿〕〔加jiā官儿〕という.〔~打灶zào神门〕の神がかまどの神とやりあう.〈喩〉一家内で争いあう.

门生 ménshēng =〔门下③〕回門下生.弟子.弟子が師に対して自分のことをいうのに用いる.また〔科kē举〕で合格者の主任試験官に対する自称.〔小~〕孫弟子.弟子の弟子.〔~故吏〕弟子や昔の部下.→〔座zuò主〕

门氏 ménshì 家柄.出身.

门市 ménshì 小売り.ばら売り.〔除了批pī发以外,还卖~〕卸売りのほかに小売りもする.〔~部〕小売部.購買部.→〔小xiǎo卖部〕

门式 ménshì 門型.〔~起重机〕ガントリークレーン.門型クレーン.〔(龙)~铁塔〕ガントリー鉄塔.

门饰 ménshì 戸やドアの飾り物.

门首 ménshǒu 門前.門先.

门塾 ménshú ⇒〔家jiā塾〕

门闩 ménshuān 〔门栓〕とも書いた.(門の)かんぬき:〔门杠〕ともいう.〔上~〕門をかける.〔下~〕同前をはずす.〔门插关儿〕

门锁 ménsuǒ ドアロック.ゲートロック.

门堂 méntáng 〈方〉門わきの小部屋.

门帖 méntiě ①〔门对〕に同じ.②回(門に貼った)建物・田畑の売り渡し掲示.

门厅 méntīng 入り口の間.玄関ホール.

门庭 méntíng ①〈文〉門と庭.〔~若ruò市〕〈成〉門前市(を)なす.〈喩〉多くの人が訪れてくるさま.②家柄.家門.〔~衰shuāi落〕家門が衰える.〔~冷落车马稀〕訪ねに来る客がいなくなるさま.〈喩〉さびれているさま.

门僮 méntóng 〔门童〕とも書く.ドアボーイ.ドアマン.

门徒 méntú 門弟.

门外汉 ménwàihàn 門外漢.しろうと.→〔外行háng〕

门网 ménwǎng Ⅻ(サッカーなどの)ゴールネット.

门望 ménwàng 〈文〉家門の声望(評判).〔很有~〕なかなか声望がある.

门卫 ménwèi 門衛.

门庑 ménwǔ 建回廊.門と建物をつなぐ廊下.

门下 ménxià ①門下.師事する人の傍ら.②食客.客分:〔门客〕〔门下客〕ともいう.③門下生.弟子:〔门生〕〔门下士〕ともいう.

门限 ménxiàn ⇒〔门槛①〕

门心 ménxīn 門扉のまん中あたり.

门婿 ménxù 〈方〉〔女nǚ婿〕

门牙 ményá =〔方〕板bǎn牙〕前齿:〔切qiē齿〕〔切齿(儿)〕に同じ.〔门齿〕〔门齿(儿)〕の通称.〔上~〕上の前歯.〔下~〕下の前歯.→〔牙(Ⅰ)①〕

门业 ményè 〈文〉先祖伝来の家業.

mén～men

門蔭 ményìn ＝［門庇］〈文〉家柄のおかげ.先祖の徳の余沢.
門閘 ménzhá 上から下におろす門扉.
門照 ménzhào ⓛ城門出入りの鑑札.
門診 ménzhěn （病院の）外来診療.〔～部〕外来診察部門.〔看 kàn ～〕外来を診る.↔〔出 chū 诊〕
門枕 ménzhěn 門柱の土台石.
門軸 ménzhóu 同下②.
門柱 ménzhù ①門柱.②門扉の回転軸など.〔门轴〕に同じ.〔球 qiú 门柱〕
門庄貨 ménzhuānghuò 店ざらえ品.→〔剔 tī 庄货〕
門状 ménzhuàng ⇒〔拜 bài 帖〕
門子 ménzi ①(役所や貴族·官宦の家の)門番.取次ぎ.②手づる.コネ.〔门路〕に同じ.〔走 zǒu〕〈喩〉裏から手を回す.〔～货 huò〕〈喩〉コネで入ってきた者.③量詞.縁談·縁組など.〔门①⑩〕に同じ.〔这～亲事老两口相称心〕この縁談は老いた両親がとても気に入った.④〈方〉軽蔑の意を含んだ事柄.〔哪～话〕何たる話だ.〔哪～事〕何たる事か.〔这是哪～酒, 這是水呀〕これは何とした酒か,まるで水みたいじゃないか.〔他是哪～先生,连这么点儿事儿都不知道〕彼は何たる先生か,これしきのことも知らないとか.
門祚 ménzuò 〈文〉代々の家柄.

〔们·們〕 mén 地名用字.〔图 tú ～市〕⓫吉林省にある.〔图～江〕⓫豆満江.→ men

〔扪·捫〕 mén ①〈文〉手のひらを置く(あてる).押さえる.③さぐり撫でる.〔～掀 sūn〕手さぐりする.さぐり求める.

扪舌 ménshé〈文〉語らせない.物を言わせない.
扪虱 ménshī〈文〉しらみをつぶす.〔～而谈〕成らしみをつぶしながら語る.無頓着で飾らない態度.
扪心 ménxīn〈文〉胸に手をあてる.〔～自问〕成胸に手をあてる.
扪诊 ménzhěn 医触診する.〔触 chù 诊〕に同じ.

〔钔·鍆〕 mén 化メンデレビウム:希土類金属示素.記号 Md. アクチノイドの超ウラン元素.

〔璊·璊〕 mén 〈文〉赤い玉(ぎょく).

〔亹(亹)〕 mén 〔～源 yuán〕⓫青海省にある:現在は〔门源〕と書く. → wěi

〔闷·悶〕 mèn ①ゆううつである.くさくさする.気がふさぐ.〔烦 fán ～〕煩悶(する).ゆううつな気分.憂(う)さ.〔～(儿)遣 qiǎn〕憂さ晴らしをする.②(ふたや戸を)締め切る.密閉する.〔～火〕〈方〉灰で炭火を埋める.またその火.〔焖 mèn①〕 → mēn

闷包 mènbāo 明細のない費用の請求.
闷怅怅 mènchàngchàng ひどくゆううつなさま.
闷沉沉 mènchénchén ふさぎこんでいるさま.→ mēnchénchén
闷得慌 mèndehuāng ひどく退屈(ゆううつ)である.
闷灯 mèndēng カンテラの一種:四角のブリキ製で前方だけガラスをはめこんだもの.
闷堵 mèndǔ 〈口〉いらいらする.くさくさする.
闷宫 mèngōng 役者が睡眠をとりすぎてかえって声に冴えがないこと.
闷罐 mènguàn 密閉した缶.
闷罐车 mènguànchē ⇒〔闷子车〕
闷棍 mèngùn ①古武器の一.棍棒.②〈喩〉不意打ち.やぶから棒の一撃(行為·言葉).〔刚进门就吃了她一～〕部屋に入るやいなや彼女からやぶから棒にやられた.〔打～〕不意打ちをする.

闷葫芦 mènhúlu〈喩〉①不可解なこと.わけがわからないこと.〔这件事的真相还是个～〕この事の真相は依然として謎である.〔谁能打破这个～呢〕誰がこの謎を解くだろうか.②だんまり屋.無口者.〔大伙儿管他叫～〕皆は彼をだんまり屋という.
闷葫芦罐儿 mènhúluguànr ⓛ貯金つぼ:一杯になったら壊して金をとり出す式の焼き物.〔扑 pū 满〕に同じ.②〈喩〉だんまり屋のような人.〔真是急人,看这～多咱打破〕まったくいらいらしてくる.この雲をつかむような話がいつはっきりするものやら.
闷酒 mènjiǔ うさばらしの酒.やけ酒.〔懊 ào 心酒〕ともいう.〔喝 hē ～〕同前酒を飲む.
闷局 mènjú 長く続くうっとうしい局面.手詰まりの対峙.
闷倦 mènjuàn 退屈する.うんざりする.あきあきする.
闷咳 mènké 押しつぶすように(声をたてないように)せきをする.〔～了两声〕二つ三つせきを殺した.
闷壳儿表 mènkér biǎo 両蓋つきの懐中時計.→〔敞 chǎng 脸儿表〕
闷扣(儿) mènkòu(r) スナップ.押しホック.
闷亏 mènkuī ⇒〔哑 yǎ 巴亏〕
闷雷 mènléi 低い音をたてる雷.遠雷.〈喩〉突然の打撃.〔他听了这话,又是一个～〕彼はこの話を聞いてまたもや大きなショックを受けた.
闷炉 mènlú (焼芋などの)蒸し焼き釜.→〔焖炉〕
闷瞀 mènmào 〈文〉悶え惑う.
闷闷不乐 mènmèn bùlè 〔慣〕悶々として悩む.煩悶する.
闷气 mènqì うっぷん.抑えている怒り.〔生～〕むっとする.→ mēnqì
闷桥 mènqiáo 船体が橋脚間にふさがる.
闷儿 mènr ＝〔〈方〉镘 màn 儿〕硬貨の裏側(模様の刻んである面).↔〔字 zì 儿③〕
闷烧锅 mènshāoguō →〔焖烧锅〕
闷死 mènsǐ ①もだえ死ぬ.息がつまる.②ひどく憂うつである.とてもくさくさする.〔～人〕退屈で死にそうだ.→ mēnsǐ
闷郁 mènyù 〈文〉憂悶する.心が暗くふさぐ.
闷子车 mènzichē 有蓋貨車.有蓋トラック.幌つきトラック.〔〈方〉闷罐车〕ともいう.
闷坐 mènzuò ふさぎこんで座っている.しかた無しに座っている.

〔焖·燜〕 mèn 蓋(ふた)をかぶせてとろ火で煮込む.〔～肉 ròu〕④肉を煮込む.③煮込み肉.〔～一锅 guō 肉〕肉の煮込みを一鍋作る.〔把肉～得烂烂だ肌の肉を柔らかくなるまで煮込む.〔油～笋 sǔn〕⓯たけのこの油炒め:炒めた後しばらく蓋をして煮る.〔红～肉〕⓯肉を氷砂糖·酒·醬油で煮込んだもの.→〔炖 dùn①〕

焖饭 mènfàn ①ご飯を炊く.〔焖一锅饭〕同前.②同前の飯.
焖火 mènhuǒ ⇒〔回 huí 火①〕
焖炉 mènlú 工均熱爐.
焖烧锅 mènshāoguō 厚手鍋:余熱を利用するもの.〔闷烧锅〕とも書く.

〔懑·懣〕 mèn 〈文〉①煩悶する.もだえる.②怒りを抱く.腹が立つ.〔愤 fèn ～〕〔忿 fèn ～〕憤懣をきわめる.憤慨する.〔胸中烦～〕不満(不平)を抱く.

〔们·們〕 men 接尾辞.①ふつう人を表す代名詞·名詞の後に置き複数を表す.ただ名詞の前に数詞がある場合は,後に〔～〕をつけない:例えば〔三个孩子～〕とはいわない.〔他～〕彼ら.〔人～〕人々.〔这个小哥儿～〕この若い衆.〔老师、同学～〕先生と学生たち.〔老师～和

同学〜]先生たちと生徒たち.②人以外のものを擬人化して用いる.〔月 xīng 星〜]星たち.〔兔子〜]ウサギたち.③人名の後に置いた場合は,その人を含む人々を表す.〔李大海〜]李大海たち. → mén

meng ㄇㄥ

[蒙・矇] **mēng**(I)〔矇]①だましごまかす.〔别〜人]ごまかすな.〔〜着卖]だまして売りつける.〔说瞎话〜人]でたらめを言って人をだます.〔你被人〜了]きみはごまかされたんだ.〔〜客]客をだます.〔〜不了 liǎo]だませない.②当て推量をする.あてずっぽうにする.〔这下我可〜对了]でも今度はあてずっぽで当たった.
(II)①ぼうっとなる.(目が)くらむ.〔一上台就〜了]ステージに上ったとたんぼうっとなった.②意識がなくなる.〔他被球打〜了]ボールに当たって気が遠くなる.
蒙报 mēngbào 虚偽の報告をする.
蒙吃蒙喝 mēngchī mēnghē 他人にたかって飲み食いをする.
蒙坑 mēngkēng ぺてんにかける.〔〜消 xiāo 费者]消費者を同前.
蒙蒙黑 mēngmēnghēi (日が落ちて)うす暗いさま.
蒙蒙亮 mēngmēngliàng わずかに空が白んできたさま.夜の明けきらぬさま.
蒙骗 mēngpiàn ごまかし欺く.たぶらかす.
蒙人 mēngrén →字解(I)①
蒙事 mēngshì 〈口〉ごまかしてしまう.〔公文里满篇都是白字,这哪儿叫办公啊.简直是〜呀]この公用文はあて字だらけだが,これが公務処理といえば,まるでごまかしだ.
蒙松雨 mēngsōngyǔ ⇒〔毛 máo 毛雨①]
蒙头转向 mēngtóu zhuànxiàng 〔惯]頭がぼんやりして方角をまちがえる.何が何だかわからない.五里霧中である.〔晕 yūn 头转向]に同じ.〔忙得〜]忙しくてててんこまいする.
蒙着 mēngzháo 〔方]ついている.まぐれあたりする. →字解(I)②
蒙着锅儿 mēngheguōr 〔方]やみくもに.あてずっぽうで.〔你别〜胡说啦]あてずっぽでいいかげんなことを言うなよ.〔打听打听根底,〜能不失败呢]根本のことを探らないでいきあたりばったりやったのでは失敗は免れない.
蒙住 mēngzhù ①だましこむ.〔我把他〜了]わたしはすっかり彼をだました.②ちょっとぼんやりするほける).ぽかんとする.〔他突 tū 然大哭起来,大家都〜了]彼が急に泣きだしたので皆はぽかんとなった.〔一时〜了没想起来]忘れていて思い出せなかった.

[龙] **méng** → máng páng
龙茸 méngróng 〈文〉(髪などが)ぼうぼうに乱れているさま.→〔蓬 péng 松]

[氓(甿)] **méng** =〔萌③]〈文〉民百姓:多くは外来の民百姓を指す.〔〜隶 lì]〔萌藜]同前.〔群 qún 〜]群衆. → máng

[虻(蝱)] **méng** 国アブ(総称)〔牛〜](牛につく)同前.

[萌] **méng** ①芽を出す.芽生える.②起こる.生じる.始まる.〔〜了这种念头]こうした考えが起きてくる.〔故态复〜]〈成〉元のような状態がまた起こってくる.〔见于未〜]事が起こらない前に.③⇒[氓]〈姓〉萌(ᴹéng)
萌动 méngdòng ①芽がうごく.芽ばむ.②〈転〉始まる.兆す.〔春意〜]春の兆しがある.
萌发 méngfā ①芽を吹く.芽を出す.②〈転〉物事や情念が起こる.
萌念 méngniàn ⇒[萌想]
萌蘖 méngniè 〈文〉樹の切り口の近くから新たに出る芽.ひこばえ.→[二 èr 茬]
萌生 méngshēng 〈文〉(多く抽象的な事柄が)芽ばえる.兆す.起こる.
萌想 méngxiǎng =[萌念]〈文〉考え出す.考えを起こす.
萌芽 méngyá ①芽を出す.芽ばえる.②〈転〉萌芽.起こり.〔〜时期]萌芽時代.発生時期.〔〜状 zhuàng 态]萌芽段階.発達の初期.
萌育 méngyù 萌え出る.
萌长 méngzhǎng 成長発展する.
萌兆 méngzhào 兆し.兆候.
萌茁 méngzhuó 〈文〉発芽(する)

[盟] **méng** ①盟.同盟:国家・階級・団体・個人などが約束を交わして連合すること.〔结 jié 〜]結盟する.〔同 tóng 〜]同盟(する).〔工农联〜]労農同盟.労働者と農民の連盟.②天に誓う.誓いをたてる.③兄弟の契りを結ぶ.〔〜兄弟]義兄弟.〔〜把 bǎ (IV)]〈把 bǎ 兄弟]義理の兄と弟.④〔内蒙古自治区]の行政区画の称.アイマク:古代,蒙古では数個の部落を〔〜]といった.→〔旗 qí (II)④] ⑤〈姓〉盟(ᴹéng)
盟邦 méngbāng =[盟国]同盟国.
盟册 méngcè ⇒[盟书]
盟弟 méngdì =[谱 pǔ 弟](義兄弟の約束を交わした)弟.〔〜妇 fù]同盟者の妻.
盟国 méngguó ⇒[盟邦]
盟军 méngjūn 同盟軍.
盟嫂 méngsǎo [盟兄]の妻.
盟誓 méngshì =〔明 míng 誓]①誓う.誓いを立てる.②〈文〉盟約.
盟首 méngshǒu =[盟主①]
盟书 méngshū =[盟册]同盟の誓約書.
盟帖 méngtiě 〈文〉義兄弟の約を結んだ人の姓名・年齢・住所などを記載した目録.
盟心 méngxīn 〈文〉偽りのない心.
盟兄 méngxiōng =[谱 pǔ 兄](義兄弟の約束を交わした)兄.〔把 bǎ 兄]義理の兄と弟.
盟兄弟 méngxiōngdì =[谱 pǔ 兄弟](兄弟の約束を交わした)義兄弟.〔把 bǎ 兄弟]に同じ.
盟友 méngyǒu ①盟約をした友人.②同盟国.〔盟邦]に同じ.
盟员 méngyuán 同盟員:ふつう〔中 zhōng 国民主同盟]のメンバーを指す.
盟约 méngyuē 盟約.条約.
盟侄 méngzhí [盟兄弟]の息子.
盟主 méngzhǔ ①=[盟首]盟主.〔〜权 quán]主導権.指導権.②優勝者.〔本届 jiè 杯赛的〜]今期のカップ争奪試合の優勝者.

[蒙・濛・懞・矇] **méng**(I)
〔蒙]①覆いかぶせる.つつむ.かぶる.〔用手〜住眼睛]手で目隠しする.〔再一块皮子〜]もう1枚皮をかぶせる.〔〜头盖脸]頭や顔を覆い隠す.〔把头〜在被窝里]頭をふとんの中に突っ込む.②こうむる.受ける.〈文難〉〔蒙宠]③かたじけなくする.〔多〜您指正]何かとご教示をいただいてありがとうございます.〔深〜过奖]身に過ぎた愛顧をかたじけなく思います.〔〜殷 yīn 勤招待,无任感谢]ご丁寧な招待をいただきまして感謝にたえません.④〈文〉蒙(ᴹéng):六十四卦の一.⑤〈姓〉蒙(ᴹéng)
(II)〔濛]小雨のそぼふる.〔〜〜]同前のさま.〔溟 míng 〜](霧・小雨などで)ぼうっとかすんでいる.

蒙幪檬曚朦礞鹲艨甍瞢 **méng**

(Ⅲ)〔幪〕❶無知である.愚かしい.〔启 qǐ～〕ⓐ蒙を啓く.ⓑ学問・技芸などの手ほどきをする. ❷〈文〉朴訥(ぼくとつ)である.
(Ⅳ)〔瞢〕〈文〉❶目が見えない.失明している. ❷盲人. ❸〈文〉楽師古くは盲人の職業の一. →

mēng mēng

蒙巴萨 méngbāsà 地モンバサ:ケニアの都市.アフリカ東岸の港市.

蒙蔽 méngbì 欺く.瞞着(まんちゃく)する.〔受了他的～〕彼に瞞着された.

蒙尘 méngchén 〈文〉土ぼこりをあびる.〈喩〉天子が都を離れて逃亡すること.

蒙冲 méngchōng ⇒〔艨艟〕
蒙艟 méngchōng ⇒〔艨艟〕

蒙丹蜡 méngdānlà 〔=褐车炭蜡〕鉱螺.モンタン蠟.

蒙得维的亚 méngdéwéidìyà 地モンテビデオ:烏wū拉圭东岸共和国(ウルグアイ東方共和国)の首都.

蒙顶 méngdǐng →〔蒙山茶〕

蒙垢 ménggòu 〈文〉はずかしめにあう.屈辱をなめる.〔～含羞地过这么些年了〕恥を忍んで何年このかた過ごしてきた.

蒙辜 ménggū 〈文〉罪を得る.

蒙顾 ménggù 〈文〉お引き立てをいただく.

蒙馆 méngguǎn =〔蒙学〕旧一族の幼童教育のために設けられた私塾.

蒙裹 ménggǔ 包む.包み覆う.〔下雨了,您拿这块油布～着衣服回去吧〕雨が降ってきましたので,この桐油の防水布で服を覆ってお帰りなさい.

蒙汗药 ménghànyào ❶〔白しびれ薬.〔～酒同前.❷〈喩〉人をだます巧妙な手口.

蒙哄 ménghǒng だまし欺く.〔～人〕人をだます.〔这事～不了 liǎo 行 háng 家〕この事については玄人(くろうと)をだましおおせるものじゃない.

蒙混 ménghùn ごまかし欺く.〔你想～过去,那还行吗〕ごまかし通そうとしているようだが,それでいいのか.〔～过关 guān〕〈喩〉ごまかしてお茶をにごす.その場をにごす.

蒙愧 méngkuì 〈喩〉無知.

蒙老瞎 ménglǎoxiā ⇒〔捉 zhuō 迷藏〕

蒙眬 ménglóng (ねむたげ)目のはっきりしないさま.目がぼんやりする.うつらうつらする.〔蒙眬〕〔矇眬〕〔朦胧〕〔朧胧〕とも書いた.〔睡眼～〕眠たそうな目でぼうっとしている.

蒙罗维亚 ménglúowéiyà 地モンロビア:〔利lì 比里亚共和国〕(リベリア共和国)の首都.

蒙昧 méngmèi ❶未開である.文化の低い.〔处于～时期〕未開の時期にある. ❷物事に暗く,愚かである.〔～主义〕反啓蒙主義.〔～无知〕無知蒙昧.

蒙蒙 méngméng ❶〈文〉ぼんやりとして薄暗いさま.〔雾 wù ～〕もや(湯気)がたちこめるさま. ❷小雨がそぼ降るさま.〔～细 xì 雨〕〔～雨(儿)〕しとしとと降る細雨.

蒙面 méngmiàn 覆面(する).〔蒙脸 liǎn〕ともいう.〔持枪～的大汉〕ピストルを持ち覆面した大男.

蒙难 méngnàn ❶災難(人為的な)にあう.〔著名人)が受難する.危害をうける.〔～牺 xī 牲〕同前で死亡した.

蒙皮 méngpí 外皮・外表.

蒙求 méngqiú 〈文〉初学者用教科書(の名):〔童蒙求我〕蒙昧(もうまい)な〔金慣〕我に(智を)求める(周易)から.

蒙山茶 méngshānchá 四川省名山県蒙山産の茶の名.〔蒙頂〕同前の極上品.

蒙师 méngshī 旧幼童に啓蒙教育を行う私塾の先生.手ほどきをしてくれる先生.

蒙士 méngshì 〈文〉地位の低い士.

蒙示 méngshì 〔牘〕ご教示をいただく(いたい)….ご教示の….

蒙受 méngshòu 蒙る.受ける.…の目にあう.〔像他那样清清白白的人竟一不白之冤,真叫人觉着不平〕彼のような潔白な人が意外にも無実の罪をきせられるとは,まったく憤りを感ぜずにはおれない.

蒙瞍 méngsǒu ⇒〔矇瞍〕盲目である.盲目である.

蒙太奇 méngtàiqí 〈音訳〉(映画・写真・文芸で)モンタージュ.

蒙特卡洛 méngtèkǎluò 地モンテカルロ:モナコ公国の都市.娯楽場・賭博場があり〔賭 dǔ 城〕ともいう.

蒙童 méngtóng 旧字をおぼえたての子供.初学の幼童.

蒙头 méngtóu 頭からかぶる.〔～大睡〕ふとんをかぶって寝込む.〔～袱 fú〕婚礼で新婦のかぶる赤い布.

蒙头纱 méngtóushā 〔方〕土ぼこりよけに女性がかぶる薄絹.ベール.〔戴上～〕ベールをかぶる.→〔面 miàn 纱〕

蒙席盖顶 méngxí gàidǐng 〈喩〉隠しだててごまかす.〔～鬼混 hùn 一时〕何もかも隠して一時をごまかして過ごす.

蒙羞 méngxiū 辱めを受ける.〔她～以后成天寻xún 死赖活的〕彼女は辱めを受けてからというもの一日中死ぬの生きるのと騒動している.

蒙学 méngxué ⇒〔蒙馆〕

蒙养 méngyǎng 〈文〉幼児を保育する.

蒙药 méngyào 麻酔剤(通称). ⇒ **mēngyào**

蒙幼 méngyòu 年端のいかない.がんぜない.

蒙冤 méngyuān 無実の罪(疑い)を受ける.〔～而死〕ぬれぎぬを着せられて死ぬ.

蒙在鼓里 méng zàigǔli 〈喩〉隠して知らされないこと.〔只有他还～〕彼だけがまだかやの外だ.

蒙稚 méngzhì

蒙子 méngzi ❶〔方〕覆い.カバー.〔表 biǎo ～〕時計のガラス(表面の). ❷⇒〔笛 dí 膜(儿)〕

〔幪〕 méng →〔帡 píng 幪〕

〔檬〕 méng →〔柠 níng 檬〕

〔曚〕 méng

曚昽 ménglóng ❶〈文〉(日光が)薄暗い. ❷⇒〔蒙眬〕

曚曚 méngméng ぼうっとしてはっきりしないさま.

〔朦〕 méng

朦胧 ménglóng ❶月光がおぼろで薄暗い.〔～诗shī〕朦朧詩:難解なため"詩謎"とも言われた象徴詩(1980年代). ❷⇒〔蒙眬〕

〔礞〕 méng 〔～石 shí〕鉱 鉱物の一種:〔青qīng ～石〕と〔金～石〕とがある.薬用される.

〔鹲・鷧(鷀)〕 méng 鳥ネッタイチョウ(総称)〔热 rè 带鸟 niǎo 总称.〔白尾～〕シラオネッタイチョウ.〔红嘴～〕アカハシネッタイチョウ.

〔艨〕 méng 〔～艟 chōng〕固(牛皮をかぶせて武装し敵の船をつき破る)いくさ船.〔～冲〕〔蒙冲〕〔蒙艟〕とも書いた.

〔甍〕 méng 〈文〉〔家屋の〕棟(屋根のいちばん高いところ).〔比屋连～〕家が連なる.〔雕diāo ～绣槛〕〔慣〕華美な建物.

〔瞢〕 méng ❶〈文〉目が見えない.はっきり見えない. ❷〈文〉暗い. ❸〈文〉もだえる. ❹〈文〉恥じる. ❺〈姓〉瞢(ぼう).

méng~měng

曹眴 méngxuàn〈文〉ぼうっとしてはっきりしない.

[勐] měng ①〈文〉勇敢(である).②〔タイ族の言葉で〕小さな平地の意.③雲南省シーサンパンナ・タイ族自治州の旧行政単位.④地名用字.〔~河〕雲南省にある.

[搻] měng 地名用字.〔~鸡 jī 特〕広西にある.

[猛] měng ①獰猛(ぎ)である.たけだけしい.②強い.激しい.〔勇 yǒng~〕勇猛(である).〔药 yào 力~〕薬の力が激しい.③力をこめる.思い切ってする.ふいに.急に.〔~地 de 站了起来〕さっと立ち上がった.〔水喝の,呛 qiàng 出来了〕水を急いで飲んで(だら)むせて吐き出した.〔危险的急停~拐〕危険な急停車と急ハンドル.⑤〈口〉思う存分に.〔~吃~喝〕思いきり食べたり飲んだりする.⑥〔姓〕猛(³)

猛不丁 měngbùdīng〈文〉突然.急に.出し抜けに.
猛不防 měngbùfáng 突然.急に.
猛冲 měngchōng 突進する.殺到する.
猛打 měngdǎ 猛攻する.
猛跌 měngdiē 急落する.〔猛落〕ともいう.
猛攻 měnggōng 猛攻する.
猛火 měnggǒng ⇒〔升 shēng 汞〕
猛孤丁 měnggūdīng〈方〉突然に.ふいに.〔猛丁〕ともいう.
猛悍 měnghàn 勇猛である.獰猛である.
猛虎 měnghǔ 猛虎.〔転〕勇将.勇士.〔~扑 pū 食〕〈慣〉動作の俊敏なさま.
猛火 měnghuǒ 強火.〔用~煎药〕強火で薬を煎じる.→〔武 wǔ 火〕
猛剂 měngjì ⇒〔猛药〕〈文〉劇薬.→〔剧 jù 药〕
猛将 měngjiàng 勇将.猛者(ざ).〔摔 shuāi 跤~〕相撲の猛者.
猛进 měngjìn 非常な勢いで進む.突進する.〔突 tū 飞~〕同前.
猛劲儿 měngjìnr ①急に(一時に)力を集中的に出す.またその力.〔一~,超过了前边的人〕スパートをかけると前方に追いついた人をたちまち追い越してしまった.②強い力.瞬発力.〔这小伙子干活有股子~〕この若者は仕事をする時に馬鹿力を出す.
猛决 měngjué〈文〉勇猛果断(である)
猛可 měngkě〈白〉突然.ふいに.ふと.とっさに.〔~地〕〔~里〕同前.〔只是与~里想不出是谁〕〔儿15〕ただとっさに誰だかは思い出せない.
猛力 měnglì 猛烈に激しく.強力に.力強く.〔把手榴弹一~甩〕力一杯手榴弾を放り投げた.
猛厉 měngliè 猛烈である.〔朔 shuò 风~〕北風が激しい.
猛戾 měnglì〈文〉気が荒くて乱暴である.
猛料 měngliào ①すごいネタ.ショッキングな話題.センセーショナルな情報.〔他向记者爆出了~〕彼は記者に特だねをばらした.②過激な手段・方法.
猛烈 měngliè ①猛烈(である).〔风势~〕風の勢いがたけだけしい.〔~的炮火〕猛烈な砲火.②激しい.急激である.〔心脏~地跳动着〕心臓が激しく脈打っている.
猛犸(象) měngmǎ(xiàng)=〔长 cháng 毛象〕〔毛máo 象〕マンモス(古生物)
猛男 měngnán〈口〉タフガイ.
猛片(儿) měngpiàn, ~piānr アクション映画.
猛禽 měngqín 猛禽(芬)
猛然 měngrán 突然に.ふいに.〔~回头〕急に振りむく.〔~一惊 jīng〕はっとする.
猛士 měngshì 勇士.ますらお.
猛兽 měngshòu 猛獣.〔洪水~〕〈喩〉大災害.
猛省 měngxǐng ①気がつく.はっと思い出す.

②同下.
猛醒 měngxǐng =〔猛省②〕突然悟る.思い当たる.
猛药 měngyào ⇒〔猛剂〕
猛增 měngzēng 激増(する).〔产量~〕生産量が急増した.
猛涨 měngzhǎng ①急に上昇する.〔数 shù 量~〕数量が急増する.②(株式などが)急騰する.
猛鸷 měngzhì 猛禽:特に鷹をさす.
猛子 měngzi〈口〉頭から水中にもぐること.〔扎 zhā~〕水中にザブンともぐる.

[锰・錳] měng 化 マンガン:金属元素.記号 Mn.〔二氧 yǎng 化~〕〔~粉〕二酸化マンガン.〔过~酸钾 jiǎ〕過マンガン酸カリウム.
锰钢 měnggāng マンガン鋼.
锰结核 měngjiéhé 鉱 マンガン団塊.マンガンノジュール.
锰砂 měngshā 鉱 マンガン鉱.
锰污染 měngwūrǎn マンガン汚染.

[蜢] měng →〔蚱 zhà 蜢〕

[舴] měng →〔舴 zé 艋〕

[蒙] měng〔蒙古〕(モンゴル)の略.〔~文wén〕モンゴル文.モンゴル文字.〔~语 yǔ〕モンゴル語.→méng měng
蒙哥 měnggē ⇒〔獴〕
蒙古 měnggǔ モンゴル:正式名称は〔~国〕.首都は〔乌 wū 兰巴托〕(ウランバートル).〔~人〕モンゴル人.〔~族 zú〕〔蒙族〕モンゴル族.ⓐ中国少数民族の一.内蒙古自治区・吉林・黒竜江など広くわたって居住している.ⓑ〔蒙古国〕の民族.
蒙古百灵 měnggǔ bǎilíng 鳥 コウテンシ:〔百灵〕の別称.
蒙古包 měnggǔbāo パオ.ゲル:モンゴル人のテント式家屋.
蒙古大夫 měnggǔ dàifu 旧 やぶ医者.→〔江 jiāng 湖大夫〕
蒙(古)栎 měng(gǔ)lì 植 モンゴリナラ.
蒙古人种 měnggǔ rénzhǒng モンゴロイド:〔黄huáng 色人种〕ともいう.
蒙贵 měngguì ⇒〔獴〕
蒙药 měngyào モンゴルの伝統的医薬.
蒙医 měngyī ①モンゴルの伝統医学.②モンゴル族の医者.
蒙原羚 měngyuánlíng ⇒〔黄 huáng 羊〕
蒙藏 měngzàng 蒙古と西藏(チベット).〔~院〕史 中華民国初年に設けられた蒙古・チベット方面管轄官庁.
蒙族 měngzú →〔蒙古〕

[獴] měng 動 マングース(総称):〔方〕蒙哥gē〕〈方〉蒙贵 guì〕ともいう.食肉獣.〔眼 yǎn 镜蛇〕(コブラ)を殺して食うので有名.〔~科〕マングース科(ジャコウネコ科の1亜科とされる).〔食〕蟹 xiè~〕カニクイマングース.〔爪 zhǎo 哇~〕ジャワマングース.

[蠓] měng〔蠓 miè 蠓〕
蠓虫儿 měngchóngr 虫 ヌカカ(糠蚊):双翅類ヌカカ科の昆虫(総称).〈口〉蠓蠓虫儿〕ともいう.〔~飞过都有影〕〈喩〉小さな事をしても必ず痕跡をのこすこと.

[懵(懞)] měng ぼんやりしている.〔~然rán 无知〕〈慣〉ぽかんとしてわからない.
懵懂 měngdǒng ①無知である.〔聪 cōng 明一世,

~一时〉〈諺〉知者の一失. ②ぼんやりしている.〔懵懵懂懂不知走到哪里走不了的〕ぼんやりしていてどこへやって来たのかさっぱりわからない.

[孟] mèng ①旧⑥兄弟姉妹の中で最年長を示す:名の前に〔孟〕をつける.〔曹 cáo ～ 德〕[人]魏の曹操(兄弟中の長男)をいう. ②旧暦で四季の最初の月.→〔季 jì〕(II)②〔仲 zhong ②〕 ③〈文〉努める. ④〈姓〉孟.

孟春 mèngchūn ＝〔孟阳①〕[发 fā 春〕〔首 shǒu 春〕〔献 xiàn 春〕春の初めの月(旧暦の正月).

孟德尔定律 mèngdé'ěr dìnglù [生命]〈音義訳〉メンデルの法則.

孟冬 mèngdōng 冬の初めの月(旧暦の10月):〔上 shàng 冬①〕に同じ.

孟夫子 mèngfūzǐ →〔孟子〕

孟加拉 mèngjiālā ①バングラデシュ:正式には〔～人民共和国〕.1971年〔巴 bā 基斯坦〕(パキスタン)より分離独立した.首都は〔达 dá 卡〕(ダッカ). ②[地]ベンガル:旧東部パキスタン地方の称.〔～豹 bào 猫〕ベンガル猫.〔～猴 hóu〕ベンガル猿.〔獹 mǐ 豚〕の別称.〔～湾 wān〕ベンガル湾.

孟姜女 mèngjiāngnǚ [人]範杞良の妻の名:民間伝説で、秦の始皇帝時代、夫が万里の長城の使役に駆りだされたので千里の道をはるばる冬着を届けに行き、長城に着いた時に、夫が死んでいたことを知り、10日間も哭泣して止まず、ために万里の長城も崩れた.

孟晋 mèngjìn 〈文〉努力進歩する.

孟浪 mènglàng 〈文〉①粗雑である.がさつである.〔待他不敢过于～〕彼をあまりおろそかに遇するわけにはいかない. ②渡り歩く.〔～江湖〕世間を同前.

孟买 mèngmǎi [地]ムンバイ(ボンベイ):インド中部の港市.

孟母断机 mèngmǔ duànjī 〈成〉孟子の母の〔仉 zhǎng 氏〕が織りかけた布を断って、中途で学問をやめようとしたわが子を戒めたこと.

孟母三迁 mèngmǔ sānqiān 〈成〉孟母三遷(さんせん)(の教え):孟子の母がわが子の教育のために環境のよいところを求めて3回も住居を移したこと.

孟婆 mèngpó [旧]風神の名.

孟婆神 mèngpóshén [宗](仏教の)亡者の前世のことを忘れさせる薬湯を飲ませるという神の名.

孟秋 mèngqiū ＝〔首 shǒu 秋〕秋の初めの月(旧暦7月).

孟什维克 mèngshíwéikè 〈音訳〉[史]メンシェビキ:少数派の意.ロシア社会民主労働党内のレーニンの指導する〔布 bù 尔什维克〕(ボルシェビキ一多数派)に反対し、のちケレンスキー臨時政府に参加し、十月革命以後は打倒された.

孟特尔逊 mèngtè'ěrxùn [人]メンデルスゾーン:ドイツの作曲家(1809〜47)

孟夏 mèngxià ＝〔首 shǒu 夏〕夏の初めの月(旧暦4月).

孟阳 mèngyáng ①⇒〔孟春〕 ②旧暦の3月・4月.

孟月 mèngyuè 旧暦で、1月・4月・7月・10月をいう(春・夏・秋・冬のそれぞれ初めの月)

孟子 mèngzǐ ①[人]孟軻:戦国時代の思想家.中国古代の聖人の一.〔至 zhì 圣〕(至聖)たる孔子につぐ賢人の意で、後世〔孟夫子〕〔亚 yà 圣〕(亜聖)と敬称される. ②[書]孟子.〔四 sì 书〕

[萌] mèng 〔～烧 wán〕[化]メンタン.〔～醇 chún〕[薄]ハッカ脳(儿)メントール.

[梦・夢] mèng ①夢〔夢を見る). ②〈做〜〉夢のようなことを考える.空想する.〔做～也想不到〕夢にも思い及ばない.〔我怎么敢做那样的梦～呢〕わたしがどうしてそんな夢のようなことを考えましょうか.〔～之队 duì〕ドリームチーム.〔做恶梦è〕悪夢を見る. ②〈喩〉夢のような. ③〈姓〉梦.

梦笔生花 mèngbǐ shēnghuā 〈成〉文才の傑出したさま.→〔生花之笔〕

梦场 mèngchǎng [宗](仏教の)夢の世(俗世間)

梦蝶 mèngdié 〈喩〉生命のはかなく常ならぬさま(荘子・斉物論)

梦话 mènghuà ①寝言.うわごと.〔呓 yì 语(语)〕ともいう.〔说〜〕寝言を言う. ②たわ言.夢のような話.

梦幻 mènghuàn まぼろし.夢幻.夢想.〔～一般の境界〕夢の国.夢想郷.〔～泡 pào 影〕〈喩〉夢まぼろし.水の泡.

梦魂 mènghún 夢を見ている間,肉体からさまよい離れる魂.

梦见 mèngjiàn 夢に見る.〔我～你骑 qí 在大雁脖子上回来了〕君がひしぎの首にまたがって帰って来た夢を見る.

梦景 mèngjǐng 夢の中の様子.

梦境 mèngjìng 夢の世界.〈喩〉多く美しい景色.〔这美丽的景色如同～〕この美しい景色はまるで夢の世界のようだ.

梦寐 mèngmèi 〈文〉夢寐(むび).〔～不忘〕片時も忘れない.〔～以～慣〕夢の間も慕い求めている.どうしても手に入れたいと思う.

梦梦 mèngmèng 〈文〉ぼんやりしている(はっきりしない)さま.

梦婆婆 mèngpópo →〔魇 yǎn 虎子〕

梦乡 mèngxiāng 夢の世界.〔进入～〕夢路をたどる(眠りにつく)

梦想 mèngxiǎng ①夢想する.空想する.〔你的～不可能实现〕君の夢は実現するはずがない. ②渇望する. ③理想.

梦泄 mèngxiè ⇒〔梦遗〕

梦行症 mèngxíngzhèng ⇒〔梦游症〕

梦魇 mèngyǎn 夢でうなされる(こと)→〔魇虎子〕

梦遗 mèngyí ＝〔梦泄〕[医]夢精(する)→〔遗精〕

梦呓 mèngyì ①寝言.〔发 fā 梦〕寝言を言う. ②〈文〉でたらめ.うわごと.

梦游 mèngyóu ①夢の中で遊ぶ.〔～仙境〕夢で仙境に遊ぶ. ②[医]夢遊(する).〔～症 zhèng〕〔梦行症〕夢遊病.

梦兆 mèngzhào ＝〔梦征〕夢の知らせ.〔～熊 xióng 黑〕〈喩〉熊が腹中に入る夢を見る:男子が生まれる兆し.

梦征 mèngzhēng 同上.

梦中说梦 mèngzhōng shuōmèng 〈成〉①夢の中の夢. ②根も葉も無いことを言う.

mi ㄇㄧ

[咪] mī ①→〔咪咪〕 ②訳音字:旧時、"メートル"の意などに用いられた.→〔米 yǐ〕(II)

咪表 mībiǎo パーキングメーター.

咪立 mīlì ⇒〔密 mì 里〕

咪咪 mīmī ①〈擬〉ニャオ:猫が鳴く声.また猫を呼ぶ声.〔小猫～叫〕小猫がニャオニャオと鳴く.→〔喵 miāo〕 ②にこにこと笑う様子.

咪唑 mīzuò イミダゾール.〔甘 gān 咪林〕(グリオキサリン)に同じ.

[眯(瞇)] mī ①目を細くする(して見る).〔笑～了双眼〕笑って目が細くなっている.〔～着眼笑〕目を細めて笑う.〔眼 yǎn 睛

～成一条缝儿〕目が細くなって一本の筋のようになる. ②〈口〉うつらうつらする.〔～一会儿〕しばらくうたた寝する. → mí

眯盹儿 mīdǔnr 〈方〉うたた寝する:〔〈方〉眯瞪 deng〕ともいう.〔打 dǎ 盹儿〕に同じ.

眯缝 mīfeng （目を）細める.〔～着眼睛〕目を細めて（いる）.〔～眼儿〕細い目.

眯眯儿 mīmir 〈方〉うとうと（する）. うつらうつら（する）.〔天热的时候吃了午饭总想～〕暑い時は昼飯の後どうしてもひと眠りしたくなる.〔大家累了一天,连眯一眯儿也不准吗〕こちとら一日中働かされて疲れているのに,ひと眠りさえ許されないのか.

眯翕 mīxi 〈方〉目を細くする.

〔弥・彌・瀰〕

mí （Ⅰ）〔彌〕①いっぱいにする. 補う. 埋め合わせる.〔～补亏 kuī 空〕損失を埋め合わせる. ②〈文〉満ちる. いっぱいに広がる.〔小儿～月〕子どもが（生まれて）満1か月になる.〔～眼俱绿〕〈慣〉見わたす限りの緑.〔～足珍贵〕貴重なものに満ちている. ③〈文〉いよいよ. ますます.〔老而～勇〕年をとってますます勇敢になる.〔来者～众〕来る人がますます多くなってくる. ④〈姓〉弥（び）
（Ⅱ）〔瀰〕（水などが）満ち満ちている. →〔弥漫〕

弥补 míbǔ うずめ補う. 取り繕う.〔造成了不可～的损失〕補いのできない損失をもたらした.〔～赤字〕赤字をうめる.

弥封 mífēng 試験の答案用紙の氏名・番号欄の部分をとじる:採点者に分からないようにすること.〔～卷 juàn〕同前. →〔密 mì 封〕

弥缝 míféng 〈文〉弥縫（ほう）する. 取り繕う.

弥合 míhé 埋める. 補う.〔～裂痕〕裂け目をふさぐ.〔～伤口〕傷口を癒合する.

弥敬 míjìng →〔弥月②〕

弥久 míjiǔ 〈文〉久しきにわたる.

弥勒 mílè 宗（仏教の）弥勒（ろく）菩薩.〔～佛 fó〕同前.

弥留 míliú 〈文〉①臨終.〔～之际〕いまわの際. 臨終の時. ②残る（残す）.〔～旧历〕旧暦を残す.

弥纶 mílún 〈文〉ひとまとめにして取り扱う.

弥满 mímǎn 満ちあふれる.〔精力～〕精気が満ちあふれている.

弥漫 mímàn （水・煙・霧などが）みなぎる. 充満している:〔迷漫〕ともいう.〔烟雾～〕煙がもうもうとたちこめている.

弥蒙 míméng 煙や霧がもうもうと立ちこめてはっきり見えないさま.

弥日 mírì 〈文〉①日数を重ねる. ②終日.

弥撒 mísa 〈音訳〉宗（カトリック教の）ミサ. 聖晩餐式.

弥赛亚 mísàiyà 〈音訳〉宗（キリスト教の）メシア. 救世主.

弥散 mísàn ⇒〔扩 kuò 散〕

弥甥 míshēng 〈文〉姉妹の孫:〔外 wài 甥孙〕に同じ.

弥天 mítiān 天いっぱいに広がる.〈転〉途方もない.〔～大罪〕極悪の大罪.〔～大谎〕とてつもない大うそ.〔～盖 gài 地的大雨〕どしゃぶりの雨.

弥陀(佛) mítuó(fó) ⇒〔阿 ē 弥陀佛①〕

弥望 míwàng 〈文〉見渡す限りいっぱいである.〔沃 wò 野～〕見渡す限り沃野である.

弥旬 míxún 〈文〉旬日にわたる. 十日間いっぱい.

弥月 míyuè 〈文〉①1か月にわたる.〔～不雨〕1か月にもわたって雨が降らない. ②赤ん坊が生まれて満1か月になること:俗に〔满 mǎn 月〕といい,その祝いをすることを〔办 bàn 满月〕,友人から贈る祝い品を〔弥月之敬〕〔弥敬〕という. →〔代 dài 铃〕

〔祢・禰〕

mí 〈姓〉禰（でい） → nǐ

〔猕・獼〕

mí →〔猴 hóu〕〔猿 yuán〕

猕猴 míhóu 動アカゲザル:〔长 cháng 尾猴〕（オナガザル）類のマカクザル.〔猢 hú 狲〕に同じ.〔广 guǎng 西猴〕〔孟 mèng 加拉猴〕（ベンガルザル),〔恒 héng 河猴〕（ガンジスザル）は別称.

猕猴桃 míhóutáo 植①キウイフルーツ,またその果実:〔杨 yáng 桃②〕ともいう.〔苌 cháng 楚〕は古称.〔〈音義訳〉几 jǐ 维果〕〔〈音義訳〉奇 qí 异果〕は果実の別称. ②オニマタタビ:キウイフルーツの中国原種.

〔篾・籋〕

mí 〔-儿,-子〕竹（葦）を薄く削ったもの:〔篾 miè〕に同じ.〔席 xí ～儿〕竹（葦）むしろを作るための"ひご".

〔迷〕

mí ①迷う. 心が平衡を失う.〔他～了路〕彼は道に迷った.〔心里发～〕心に迷いを生じる. ②耽る. 夢中になる. やみつきになる.〔近来他对照相非常～〕〔近来他～上了照相〕近ごろ彼は撮影に夢中になっている. ③ファン. マニア. 狂愛者.〔财～〕守銭奴（ど）.〔电影～〕〔影 yǐng ～〕映画ファン.〔棋 qí ～〕囲碁狂. 将棋狂.〔球 qiú ～〕（サッカーなど）球技のファン.〔色～〕〔色鬼〕（男の）色情狂.〔戏 xì ～〕芝居好き.〔体育～〕スポーツ狂. →〔鬼 guǐ ③〕 ④惑う（わす）. 陶酔する（させる）.〔景 jǐng 色～人〕景色にうっとりする. →〔财 cái 迷心窍〕

迷岸 mí'àn 宗（仏教の）迷いの道.

迷彩 mícǎi 軍迷彩.〔三色～〕緑・褐・黄の3色のカムフラージュ.〔～服〕迷彩服.

迷瞪 mídeng 〈方〉ぼんやりする. 戸惑う.〔迷迷瞪瞪〕同前のさま.

迷宫 mígōng ①迷宮. ラビリンス. ②〈喩〉複雑で解明困難な領域.〔～盘 pán 根〕機ラビリンスパッキング:〔迷宫式密封(件)〕ともいう.

迷航 míháng （船や飛行機が）針路を見失う.〔～转 zhuàn 向〕航行を誤り迷走する.

迷糊 míhu 〔迷乎〕とも書いた. ①ぼんやりする. はっきりしない.〔迷里～〕〔迷迷糊糊〕同前のさま.〔这阵子都把我忙～了〕このごろは忙しさですっかり頭がぼんやりしてしまった.〔你这个人怎么这么～啊！〕おまえという人間はどうしてそうぼんやりなんだ.〔睡～了〕（目がさめたばかりで）ねぼけている. ②うたた寝する. 居眠りする.

迷幻 míhuàn うっとりする（させる）. 幻覚状態になる（させる）.〔～剂 jì〕〔～药 yào〕薬幻覚剤.

迷魂 míhún 人の心を迷わせる.〔～汤 tāng〕〔～药 yào〕〔迷汤〕〈喩〉魂を迷わす言行:よみの国で飲まされる生前のことをみな忘れさせる薬湯.〔灌 guàn ～药〕〈喩〉殺し文句を並べる.

迷魂阵 míhúnzhèn ＝〔迷阵〕①古詭計をめぐらした布陣. ②人をたぶらかす手段や仕掛け.〔摆 bǎi ～〕同前をしかける. ③（レジャー施設の）大迷宮.

迷惑 mí·huò わからなくなる（させる）. 迷う（わせる）.〔～敌人〕敵を当惑させる.〔～人〕人を迷わせる.〔～人心〕人心を惑わす.〔叫狐 hú 狸～住了〕狐狸にたぶらかされた.〔花言巧语～不了 liǎo 人〕うまいことを言っても人をだますことはできない.

迷津 míjīn ①〈文〉河の渡し口が分からないこと. ②宗（仏教で）三界六道に行き悩む.〈転〉生きる道に惑う.〔指破～〕行く道の誤りを喝破する.〔指点～〕人生の生き方を教える.

迷离 mílí ぼんやりして区別がつかない（真相がつかめない).〔～恍惚〕〈慣〉ぼんやりしてはっきり見えない.〔睡眼～〕ねぼけた目がもうろうとしている. →〔扑 pū

迷谜眯醚糜麋醾縻蘼靡米 mí~mǐ

朔迷离]

迷恋 míliàn 夢中になる.やみつきになる.[~不舍 shě]同前.[~酒色]酒色にうつつをぬかす.

迷留没乱 mílíu mòluàn〈白〉ぼんやりする.はっきりしない:[迷留冈 mèn 乱][迷留摸 mō 乱]ともいう.

迷路 mílù ①迷路.道に迷う.〈喩〉正しい方向を見失う.[走迷了路]道に行き迷う.③⇒[内 nèi 耳]

迷乱 míluàn 錯乱している.頭が混乱している.

迷漫 mímàn 天地に立ちこめてぼうっとしている:[弥漫]に同じ.[烟雾~]煙が立ちこめている.[风雪~]雪まじりの風が吹いてあたりがぼうっとしている.

迷茫 mímáng ①広々として見極めがつかない.[大雪铺天盖地,原野一片~]大雪が天地を覆い原野は一面の白色だ.②とまどっている.当惑してぼうっとしている.

迷蒙 méméng [迷濛]とも書く.もうろうとしている.ぼんやりしている.[迷迷蒙蒙]同前のさま.

迷梦 mímèng 夢想.迷夢.妄想.

迷迷怔怔 mízhēngzhèng ぼんやりしているさま.ぼかんとしているさま.

迷你 mǐnǐ〈音訳〉ミニ.[~裙 qún][超短裙]ミニスカート.[~装 zhuāng]ミニスタイル.⑤ミニパック.少量パック.[~车]ミニカー(模型).[~电视机]ミニテレビ.[~光盘]ミニディスク.[~汽 qì 车]ミニカー.軽自動車.[~型]ミニ型.

迷鸟 mǐniǎo 迷鳥.→[候 hòu 鸟][留 liú 鸟]

迷人 mírén ①人を迷わせる.[酒不醉人人自醉,色不~人自迷]〈諺〉酒が酔わすのでなく人が自ら酔うのであるが,色欲が人を迷わせるのでなく人が自ら迷うのである.[眼目~]人の目を惑わす.人目をあざむく.②人を陶酔させる.[景色~]景色にうっとりする.

迷失 míshī (方向や道などが)わからなくなってしまう.[~方向]方向を見失う.

迷水 míshuǐ =[〈文〉地 dì 镜]⑨逃げ水:[下 xià 层晨景]の俗称.→[海 hǎi 市蜃楼]

迷汤 mítāng ⇒[米汤]

迷头 mítóu〈白〉ぼんやりしてわからなくなる(する).ぼかんとする(させる).[谁也保不住~][谁也保不住不~]誰でも迷わないとはいえない.[事情把人忙得迷了头]忙しくてぼうっとなってしまった.

迷途 mítú〈文〉①道に迷う.②〈喩〉誤った方向(傾向).[~知返 fǎn]誤った方向から正道に立ち返る.[误入~]誤った方向に踏み入る.[~羔 gāo 羊]迷える小羊.〈喩〉前途不安の若者.

迷惘 míwǎng ①困惑してしまう.[感到非常~]まったく途方にくれる.②ぼうっとしてどうしていいかわからない.[他~地跑回宿舍]彼は茫然として宿舎に戻った.

迷误 míwù〈文〉①迷って失敗する.②惑わす.

迷雾 míwù ①迷霧.濃霧.②〈喩〉人を惑わす事物.[妖风~]邪悪な風と毒気:人の心を惑わすもの.

迷信 míxìn ①迷信を持つ.[你太~了]まったくの迷信だよ.[我早不~了]もう迷信にとらわれない.[不能~外国的东西]外国のものを盲信してはいけない.②迷信.[破除~]盲信を打ち破る.

迷眩 míxuàn 惑う.惑わす.

迷眼 míyǎn ①(ほこりや光で)目があけられない.②陶酔させる.酔わす.[~]〈喩〉判断力を失う.

迷阵 mízhèn ⇒[迷魂阵]

迷走神经 mízǒu shénjīng [生理]迷走神経.

迷醉 mízuì 夢中になる.陶酔させる.惑溺する.[令人~的歌声]人をうっとりさせる歌声.

[谜・谜(謎)] mí ①謎(-).なぞなぞ.クイズ.[字~]文字当てのなぞなぞ.[填油 tián 字~][纵横字~]クロスワードパズル.[画 huà ~]絵を使ったパズル.→[灯 dēng 谜] ②不思議ななぞ.[这个事件的结果如何,简直是个~]この事件の結果がどうなるかはまったくのなぞである.→ mèi

谜底 mídǐ ①なぞなぞの答.→[射 shè ④] ②〈喩〉(事の)真相.

谜面 mímiàn なぞなぞ問題(文句)

谜团 mítuán 〈喩〉謎・疑問のかたまり.→[疑 yí 团]

谜隐 míyǐn〈文〉なぞ.

谜友 míyǒu クイズ仲間.

谜语 míyǔ 謎(-).なぞかけ言葉.

[眯(謎)] mí (ほこりや細かい砂などが入って)目があけられなくなる.[眼睛~了]同前にある.[砂迷土~了眼]目に砂ぼこりが入った(開けられなくなった).→ mī

[醚] mí =[醇 chún 精]⑩エーテル:通常は[乙 yǐ 醚](エチルエーテル)を指す.→[以 yǐ 太]

[糜(麋・麿)] mí ①かゆ.粥状のもの.[~粥 zhōu]同前.[肉~]挽き肉.②とろけそうになる.形を留めないまでに崩れる.→[糜烂] ③⇒[麽] ④〈姓〉糜(.) → méi

糜沸 míféi =[麋沸]〈文〉混乱する.ごった返す.

糜费 míféi ⇒[靡费]

糜烂 mílàn ①腐乱する.[尸 shī 体~]死体が腐乱する.[~不堪]ひどくただれる.[没 mò 落阶级的~生活]没落階級のただれきった生活.②堕落腐敗する.③医腐食.侵食.[~性毒 dú 剂]軍びらん性毒ガス.

[麋] mí ①動オオジカ.ムース.[麋鹿]は通称.[~茸 róng][马 mǎ 鹿茸]同前の袋角(薬用される).②〈姓〉麋(.)

麋沸 míféi ⇒[糜沸]

麋羚 mílíng 動オオカモシカ.

麋鹿 mílù 動オオジカ.エルク.ムース:[麋①]の通称.四不像(--)は俗称.→[四 sì 不像②]

[醾(醾・醾)] mí →[酴 tú 醾]

[縻] mí〈文〉①繋ぎとめる.[羁 jī ~]束縛する.籠絡(-)する.②牛を繋ぐ縄.

[蘼] mí →[酴 tú 醾①]

[靡] mí〈文〉①=[靡③](ぜいたくで)むだ使いする.[奢 shē ~]同前. → mǐ

靡费 mǐfèi むだ使いする:[糜费]とも書く.[~巨款]大金を浪費する.

[蘼] mí ①=[羌 wú]〈文〉蘼苜 qíchǎi]古センキュウの苗.→[芎 xiōng 䓖] ②→[酴 tú 醾]

[米] mǐ (Ⅰ)①米:脱穀あるいは精白したものをいう.もみのままのものは[稻 dào 谷].[~仁]精白米.[糙 cāo ~][粗 cū ~]精白してない米.玄米.[江 jiāng ~][糯 nuò ~]もち米.[粳 jīng ~](もち米に対して)うるち米.[~店 diàn ~][~行 háng]米屋.[籼 pù ~][庄 zhuāng 稼~]精米する.[大 dà 米][机 jī 米]①[籼 xiān 米] ②一部の穀物や種子の皮を取ったもの:多く食用する.[小~(儿)~]あわ.[玉 yù ~](⑩~]とうもろこし.[薏 yì ~][薏仁~][薏苡仁~]はと麦.花生~]落花生の実.[菱 líng 角~]ヒシの実の中身.[鸡 jī 头~][芡 qiàn ~]オニバス(ミズブキ)の種仁.③米粒状のもの.[虾 xiā ~].

M

1177

mǐ 米洣籹脒铼芈汨弭

小さなむきえびの干したもの. ④→〔多 duō 来米〕⑤〈姓〉(⌀)
(Ⅱ)〈度〉メートル. 記号m:長さの単位.〔~突〕密 mì 达〕は旧訳訳.〔公 gōng 尺〕は旧称.〔一~八零〕1メートル80(センチ).〔女子100-栏(赛跑)〕女子100メートル(競走).〔女子100-栏(赛跑)〕女子100メートルハードル(競走).〔微 wēi ~〕ミクロン:100万分の1メートル.〔平 píng (方)~〕〔方 fāng ~〕平方メートル.→〔公(Ⅱ)⑤〕

米饼 mǐbǐng 食せんべい. あられ.
米波 mǐbō ⇒〔超 chāo 短波〕
米仓 mǐcāng 米倉.
米厂 mǐchǎng 精米場.
米尺 mǐchǐ メートル尺.
米醋 mǐcù 食米(粟)を原料とした食酢. 米酢.
米袋子 mǐdàizi ①米を入れる袋. ②〈喩〉必要な食糧. →〔菜 cài 篮子〕
米点 mǐdiǎn 美米点(⌀):中国画で,水墨の点で山を描く法. 北宋の米芾(⌀)が始めた.〔~山水〕同前で描かれた山水画.
米斗 mǐdǒu ⇒〔米升〕米を量る升(⌀)
米豆腐 mǐdòufu 米をすりつぶし糊状にして豆腐のように固めたもの.
米蠹 mǐdù 米につく虫.〈転〉米の投機商人.
米囤 mǐdùn 米を貯蔵する囲い. →〔囤〕
米饭 mǐfàn 食米の飯. ご飯. ライス.
米粉 mǐfěn 食米①米の粉. しんこ. ②=〈方〉米线 ビーフン:米の粉を春雨のように作ったもの.
米粉肉 mǐfěnròu 食豚(羊)肉で切った豚肉を調味料をといた醤油に浸して味を浸ませ,米の粉をのせて蒸した料理:〔粉蒸肉〕〔〈方〉鲊 zhǎ 肉〕ともいう.
米泔水 mǐgānshuǐ ⇒〔泔水〕
米糕 mǐgāo 食米の粉を主材料として作った菓子.
米格 mǐgé 〈音訳〉軍ミグ.〔~式机 jiān 击机〕(旧ソ連・ロシアの)ミグ式戦闘機.
米轨 mǐguǐ 狭軌. メーターゲージ. →〔宽 kuān 轨〕
米花糖 mǐhuātáng 食おこし(菓子の一種)
米黄(色) mǐhuáng(sè) ⇒〔米色〕
米加周波 mǐjiā zhōubō 〔兆 zhào 赫〕
米禁 mǐjìn 米の輸(移)出禁止令.
米酒 mǐjiǔ もち米またはもちあわで作った酒:〔〈方〉水 shuǐ 酒〕ともいう.
米糠 mǐkāng 米糠(⌀)
米兰 mǐlán 〔鱼 yú 子兰〕
米老鼠 mǐlǎoshǔ 〈音義訳〉ミッキーマウス(商標名):アメリカの漫画主人公.〔米奇老鼠〕〔米凯鼠〕ともいう.〔~和唐老鸭〕同前とドナルドダック.
米粒(儿) mǐlì(r) 米粒.〔~大〕米粒大(の).
米粮川 mǐliángchuān 穀倉地帯(平野).〔昔日穷山沟,今日~〕以前の不毛の谷間はいまや穀倉地帯に変貌した.
米廩 mǐlǐn 固学舎.
米面 mǐmiàn 食①米と小麦粉. ②〔-儿〕米の粉.③〈方〉幅の広いビーフン.
米囊花 mǐnánghuā ⇒〔罂 yīng 粟〕
米牛 mǐniú ⇒〔米象〕
米诺地尔 mǐnuòdì'ěr 薬ミノキシジル:血圧降下剤・発毛剤として用いる.
米票 mǐpiào 旧米購入券(食糧配給制度期の).→〔粮 liáng 本〕
米棋 mǐqí 〈口〉へぼ将棋. ざる碁:〔屎 shǐ 棋〕の〔屎〕の字をさけて〔米〕という.〔臭 chòu 棋〕ともいう.
米丘林学说 mǐqiūlín xuéshuō 〈音義訳〉農ミチューリン学説.
米色 mǐsè =〔米黄(色)〕色黄色がかった薄いクリーム色(の)
米升 mǐshēng ⇒〔米斗〕
米市 mǐshì ①米穀市場. ②米の相場.
米汤 mǐtāng ①(米または粟)のおもゆ.〔灌 guàn ~〕〈喩〉人にへつらう. ②〔捞 lāo 饭①〕したあとの煮汁.
米贴 mǐtiē 旧米価手当.
米突 mǐtū ⇒〔米突制〕
米突吨 mǐtūdūn ⇒〔公 gōng 吨〕
米突制 mǐtūzhì ⇒〔米制〕
米吐尔 mǐtǔ'ěr メートル:写真用現像液の一.〔海 hǎi 得罗几奴〕
米虾 mǐxiā 〔草 cǎo 虾〕魚貝ヌマエビ近縁種.
米线 mǐxiàn ⇒〔米粉②〕
米象 mǐxiàng 〔米牛〕虫コクゾウ(ムシ). →〔蛀 zhù 虫〕
米雪 mǐxuě 〈口〉気あられ・みぞれ状の雪.〔霰 xiàn〕
米鱼 mǐyú ⇒〔鮸 miǎn〕
米纸 mǐzhǐ 〔江 jiāng 米纸〕〔糯 nuò 米纸〕〈方〉威 wēi 化纸②〕オブラート. →〔胶 jiāo 囊〕
米制 mǐzhì メートル法:〔国 guó 际公制〕の通称.〔米突制〕は旧称.
米粥 mǐzhōu 米の粥.
米猪 mǐzhū 体内に嚢虫が寄生している豚.
米珠薪桂 mǐzhū xīnguì 米は珠の如く,薪は桂の如く高価である.〈喩〉日用品が高騰して生活が苦しいこと.
米烛光 mǐzhúguāng ⇒〔勒 lè 克斯〕
米蛀虫 mǐzhùchóng 虫米を食い荒らす害虫.〈転〉食糧の値を不当につり上げる悪徳商人.
米仔兰 mǐzǐlán ⇒〔鱼 yú 子兰〕
米字格 mǐzìgé 習字用の下敷紙:大字なら9字,小字なら36字書けるように⌀形の区画がある.

[洣] mǐ 地名用字.〔~水〕地湖南省にある川.

[籹] mǐ 〈文〉安定する(させる). 鎮まる(める). ~〔宁 níng〕安撫する.
籹乱 mǐluàn 〈文〉反乱を鎮める.
籹平 mǐpíng 〈文〉平定する.〔这次叛变迅速被政府军~〕このたびの反乱は速やかに政府軍によって平定された.

[脒] mǐ 化アミジン:有機化合物の一.〔乙~〕アセトアミジン.〔磺 huáng 胺~〕スルファグアニジン.

[铼・鉨] mǐ 化〔锇 é〕(オスミウム)の旧名.

[芈] mǐ ①⇒〔咩 miē〕②〈姓〉芈(⌀).

[汨・瀰] mǐ 〈文〉①水が満ちる.〔~迤 yǐ〕どこまでも平坦なさま. ②数多い.

[弭] mǐ ①〈文〉ゆはず:弓の両端(弦を張る部分)→〔弝 kòu〕②〈文〉停止する. やめる(やむ). なくなる(なる).〔~兵〕いくさをやめる.〔消~祸 huò 患〕災害をなくする.〔風~雨停〕風や雨がやむ. ③従う. 服従する.〔~耳〕耳がたれる:従順な様子. ④〈姓〉弭(⌀).
弭谤 mǐbàng 〈文〉そしりを止める(なくする).
弭除 mǐchú 〈文〉取り除く.〔~成见〕先入観を取り除く.
弭患 mǐhuàn 〈文〉災害をなくする.
弭乱 mǐluàn 〈文〉戦乱を平定する.
弭皮 mǐpí ゆはずにつける皮.
弭战 mǐzhàn 〈文〉戦いをやめる.〔~运 yùn 动〕不戦運動.

〔靡〕mǐ （Ⅰ）〈文〉①なびく(かせる).なびき倒れる.〔转〕衰える.〔从 cóng 风而～〕風のままになびく.〔风一时〕〈成〉一世を風靡する.〔委 wěi ～不振〕衰えて振るわない.〔望 wàng 风披～〉〈成〉敵の威勢にけおされて戦わずして潰(つい)走する.②美しい.
（Ⅱ）ない.〔不 bù〕〔没 méi〕〔无 wú〕と同じく用いる.〔一日不思〕考えない日はない.〔～既 jì〕つねない.〔至死～他〕死んでも心変わりはしない.〔天命～常〕天命は無常である.〔～不有初,鲜 xiǎn 克有终〕初めのないものはないが,よく終わりを全うするものは少ない.〔诸事～不注意〕諸事注意せざるなし（よく気をつけている）　→ mí

靡敝 mǐbì 〈文〉衰微する.〔国家～〕国が衰える.
靡丽 mǐlì 華麗である.
靡曼 mǐmàn 〈文〉色美しい.美麗である.〔靡嫚〕とも書く.
靡靡 mǐmǐ 〈文〉①ゆったりしている(する).弱々しい.②頽廃的である.〔～之音〕みだらな音楽.
靡然 mǐrán 〈文〉さっとなびくさま.
靡颜腻理 mǐyán nìlǐ 〈文〉容貌が美しく肌の美しいこと.

〔汨〕mì 地名用字.〔～罗 luó 江〕江西に発し,湖南を流れる川:古代,楚の屈原が投身したといわれる.→〔汨 gǔ〕

〔泌〕mì 分泌する.滲(し)み出す.〔分 fēn ～〕分泌(する).
泌尿 mìniào 泌尿する.〔～管 guǎn〕泌尿管.〔～器 qì〕泌尿器.〔～系统〕泌尿器系(統).〔～科 kē〕泌尿器科.

〔宓〕mì ①〈文〉安らか(である).静か(である).②〈姓〉宓(氏)　→ fú

〔秘(祕)〕mì ①秘密である.隠されている.〔～室〕秘密の部屋.〔独得之～〕一人だけ知っている秘密.②秘する.秘密を守る.〔～不示人〕慣秘して表さない.③珍しい.稀である.④〔使馆秘书〕(大使館付秘書官)の略.〔一～〕一等書記官.⑤〈姓〉秘(氏)　→ bì

秘奥 mì'ào 秘奥.神秘.
秘宝 mìbǎo 秘宝.めったにない宝物.
秘本 mìběn 秘本.珍蔵書.稀覯(う)本.
秘藏 mìcáng ①秘蔵する.②秘蔵品.
秘传 mìchuán 秘伝する.
秘而不宣 mì ér bùxuān 〈慣〉秘して公表しない.
秘方 mìfāng 秘伝の処方.〔祖传～〕先祖伝来の同前.
秘府 mìfǔ 宮中で,重要な文書や物を保管する建物.
秘笈 mìjí 同下.
秘籍 mìjí ＝〔文〕秘笈〕①秘蔵の書物.珍蔵本.②〈喩〉奥の手.秘策.こつ.
秘计 mìjì 秘密の計略(計画)
秘技 mìjì 秘技.裏技(特に家庭用ゲーム機での).〈游戏〉同前.
秘结 mìjié 固まる.
秘诀 mìjué 秘訣.奥の手.こつ.
秘密 mìmì 秘密(である).〔～文件〕秘密文書.〔～地策 cè 动〕こっそり策動する.〔保守～〕秘密を守る.〔～结 jié 社〕秘密結社.↔〔公 gōng 开〕
秘密语 mìmìyǔ 隠語.
秘幕 mìmù 知られざる内幕.
秘史 mìshǐ 秘史.〔宫廷～〕宮廷秘史.
秘事 mìshì 隠し事.
秘书 mìshū ①固官名の一.②秘書.〔联合国～长 zhǎng〕国連事務総長.〔～处〕事務局〔国際会議用語〕③書記官:大使館内の職位:〔参 cān 事官〕(参事官)と〔随 suí 员〕(随員)の中間.〔一等～〕〔一级～〕(大使館の)一等書記官.

秘闻 mìwén 秘話:多く私生活に関すること.〔～轶 yì 事〕秘話逸聞(ぶん)
秘戏图 mìxìtú 春画.→〔春 chūn 宫②〕

〔密〕mì ①密である.目が(間が)詰んでいる.すき間がない.〔树叶子长 zhǎng 得真～〕木の葉がびっしりと生い茂っている.〔枪 qiāng 声很～〕銃声が非常に激しい(絶え間がない).〔气～室〕気密室.↔〔疏 shū (Ⅰ)③〕〔稀 xī ①〕　②関係が近い.親しい.〔亲～親密である.〔～不可分〕しっかりと結びついているさま.③周到である.緻密である.〔精～〕精密である.〔心思细～〕思いやりが行き届く.④〈秘密〉である.〔保 bǎo ～〕秘密を保つ.〔告 gào ～〕密告(する).⑤助比重.〔经 jīng ～〕縦糸の比重.〔纬 wěi ～〕横糸の比重.⑥〈姓〉密(氏)

密报 mìbào ＝〔密告〕①ひそかに通告する.密告する.②秘密報告.〔得到～的报告を得た.
密闭 mìbì 密閉する.
密布 mìbù すきまなく広がる.〔乌 wū 云～〕黒雲が垂れこめる.
密查 mìchá 秘密の調査(をする)
密呈 mìchéng 秘密に報告などを提出すること(こと)
密饬 mìchì ⇒〔密令〕
密传 mìchuán ＝〔密诀〕ひそかに伝える.
密达 mǐdá ⇒〔米 mǐ 用〕
密电 mìdiàn 暗号電報・秘密電報(を打つ).〔～码 mǎ〕暗号電報符号(書).⇒〔密码〕
密度 mìdù ①密度.〔人口～〕人口密度.②物密度.〔～计〕密度計.〔比 bǐ 重①〕
密尔 mì'ěr 〔度〕ミル:インチの1000分の1.
密迩 mì'ěr 〈文〉密接している.近接している.
密访 mìfǎng 秘密に訪問すること(こと)
密封 mìfēng 密封(する).〔～机舱〕航空機の客室.→〔弥 mí 封〕
密告 mìgào ⇒〔密报〕
密函 mìhán ＝〔密信〕秘密の手紙.
密航 mìháng ひそかに航行する.
密烘铸铁 mǐhōng zhùtiě 工鋼に近い金相組織をもっている高級鋳鉄.
密会 mìhuì ①ひそかに会う.密会する.②秘密会議.
密级 mìjí （国家事務などの)秘密のランク・等級:ふつう〔绝 jué 密〕(最高機密),〔机 jī 密〕(機密),〔秘密〕(秘密)の三つに分けられる.
密集 mìjí 密集する.〔～队 duì 形〕密集隊形.〔～劳动〕生産性の低い密集労働.
密件 mìjiàn 秘密件.秘密文書.〔～抄送〕電訳 BCC.ブラインドカーボンコピー.
密教 mìjiào 圏〔仏教の)密教:〔密宗〕ともいう.→〔显 xiǎn 密〕
密接 mìjiē 密接する.
密诀 mìjué ⇒〔密传〕
密克罗尼西亚 mìkèluóníxīyà ミクロネシア:正式国名は〔～联邦〕.首都は〔帕 pà 利基尔〕(パリキール)
密勒氏评论报 mìlèshì pínglùnbào チャイナウィークリーレビュー:旧時,上海発行の英文週刊紙名.
密理 mìlǐ ＝〔咪 mī 立〕ミリ(メートル法)の旧音訳.→〔毫 háo 厘〕
密林 mìlín ジャングル.密林.
密令 mìlìng ＝〔密饬〕秘密の命令(を下す)
密锣紧鼓 mìluó jǐngǔ ⇒〔紧锣密鼓〕
密麻麻 mìmámá ⇒〔密(密)麻麻〕
密码 mìmǎ ①＝〔暗 àn 码①〕〔一儿〕秘密の符牒.暗号.電報用暗号.〔～电报本号〕暗号電報符号書.コードブック.〔一箱④〕(ダイヤル式の)ア

mì 密谧蜜

タッシュケース.⑤ダイヤル式金庫.〔破译~〕暗号を解読する.〔~锁〕ダイヤル錠.↔〔明 míng 码①〕②[軍]パスワード.暗証番号.

密码子 mìmǎzi [生命]コドン:遺伝暗号の単位.

密茬 mìmào びっしり茂っている.

密密层层 mìmì céngcéng 重なり合うさま.〔~的人群〕ぎっしり重なりあった人の群れ.〔上面还~地钉着铁钉子〕表面にはその上びっしりと鉄鋲(ガビョウ)が打ちつけてある.

密密丛丛 mìmì cóngcóng (草木が)すきまなく茂っているさま.

密(密)麻麻 mì(mi)mámá 密で切れ目がないさま.絶えることがないさま.

密(密)匝匝 mì(mi)zāzā ぎっしりとつまっている.〔稻子全成熟了,~地垂着穗子〕稲はすっかり熟し穂がいっぱい垂れ下がっている.

密谋 mìmóu 秘密の計略(をたてる):多く悪い計略をいう.

密拍 mìpāi 秘密撮影する.盗撮する.

密排 mìpái ベタ組み(印刷の).

密配合 mìpèihé =[推 tui 合 座][推 tui 配 合][機]プッシュフィット.押し込みばめ.→[配合③]

密切 mìqiè 密接である(にする).〔有~的关系〕密接な関係がある.〔~两国间的经济关系〕両国間の経済的連携を密にする.〔~联系〕密接に関連がある.密接に連絡する.②きめ細かい.入念である.〔~注意〕よく注意する.〔~关注〕注意深く見守る.

密商 mìshāng 秘密に相談する.

密使 mìshǐ 密使.

密室 mìshì 密室.

密实 mìshí 目が詰んでいてしっかりしている.〔密密实 shí 实〕同前.〔这是走远路穿的衣服,要缝得~一点儿〕これは遠道を歩くのに着る服だから少ししっかりと縫っておかねばならない.

密斯 mìsī [密司]とも書く.〔音訳〕ミス.…嬢:多く欧米作品の初期の翻訳に用いられた.〔~林〕林嬢.ミスリン.→[小 xiǎo 姐]

密斯脱 mìsītuō [密司]とも書く.〔音訳〕ミスター.…氏:〔密斯忒 tè〕〔密斯特 tè〕とも書く.多く欧米作品の初期の翻訳に用いられた.〔~林〕林氏.ミスターリン.→[先 xiān 生②]

密谈 mìtán 密談(する)

密探 mìtàn (多く敵側の)密偵.→[侦 zhēn 探②]

密陀僧 mìtuósēng =[蜜陀僧]〔文〕一酸化鉛:梵語の音訳.

密纹唱片 mìwén chàngpiàn LP盤.→[唱片(儿)]

密勿 mìwù ①注意深く励む.②機密.

密昔斯 mìxīsī 〔音訳〕ミセス…夫人:多く欧米作品の初期の翻訳に用いられた.〔~林〕林夫人.ミセスリン.→[密斯][夫 fū 人]

密写 mìxiě 目に見えないインクで書く.〔~药水〕あぶり出しインク(化学薬剤)

密信 mìxìn 〔密函〕

密讯 mìxùn 秘密情報.

密议 mìyì 密議(する)

密友 mìyǒu 親友.〔~之交〕〔亲 qīn 友〕

密语 mìyǔ ①暗号.符丁.〔~通 tōng 信〕暗号文の通信.②密談(する)

密邮 mìyóu ⇒[密信]

密约 mìyuē ①秘密の約束(条件).②秘密の条約.

密钥 mìyuè [電算](暗号の)鍵.〔秘密~〕秘密鍵.シークレットキー.〔公开~〕公開鍵.パブリックキー.〔公开~加密技术〕公開鍵暗号技術.

密云不雨 mìyún bùyǔ 〈成〉雲は厚くなっているが雨は降ってこない:恩恵があがらないさまのたとえ.

密匝匝 mìzāzā ⇒[密匝匝]

密札 mìzhá 〈文〉密書.秘密の手紙.

密召 mìzhào 密かに(人を)呼ぶ.〔~回京〕密かに北京へ呼びもどす.

密诏 mìzhào 秘密の詔勅.

密芝那 mìzhīnà [地]ミートキーナ:ビルマ北部の都市.〔蓂 miè 挈那〕とも書かれる.

密植 mìzhí [農]密植(する).〔~楼 lóu〕密植用種まき器.

密旨 mìzhǐ =〔密谕〕密勅.秘密の論旨.

密致 mìzhì 細密である.緻密である.

密宗 mìzōng [宗](仏教の)密教宗派.

[谧 · 谥] mì 〈文〉静かでやすらかである.〔~同前のさま.〔安 ān ~〕平穏無事である.

谧静 mìjìng 穏やかである.平穏無事である.

[蜜] mì ①蜂蜜.〔蜂 fēng ~〕同前.〔枣 zǎo 树~〕なつめの花から採る同前.②蜜のように甘い.〔~蜜桃〕〔糖 táng 蜜〕=〔蜜〕甘美である.心地よい.〔~曲 qǔ〕甘いラブソング.

蜜胺 mì'àn [化]メラミン:〔氰 qíng 尿酰胺〕(シアヌル酸アミド)に同じ.〔~树脂〕メラミン樹脂.

蜜房 mìfáng =[蜜窝]蜜蜂の巣.

蜜蜂 mìfēng [蜡 là 蜂]ミツバチ.〔~窝 wō〕蜂の巣.

蜜柑 mìgān (三宝柑に似た)大形のみかん.→[橘 jú 子]

蜜供 mìgòng [食]小麦粉をこね,細長く切って揚げたものに蜜をかけ,これを塔の形に積み重ねたもの:旧時,年末のお供えにした.〔敬神的~已经请来了〕お供えの"蜜供"はもう買って来た:神仏へのお供え物は〔买来〕といわず〔请来〕という.

蜜瓜 mìguā [植]メロン.マクワウリ,またその果実:〔甜 tián 瓜〕に同じ.蜜と甜は音義同.

蜜罐 mìguàn ①[-儿]蜂蜜の缶.②[-儿]〈喩〉甘美な環境.③[電算]ハニーポット.罠(ワナ).〔~技术〕同前のしくみ.

蜜户 mìhù 養蜂業者.

蜜饯 mìjiàn 蜂蜜・砂糖漬(にする).〔~果脯〕同前の果肉の同前.〔~砒 pī 霜〕〈喩〉甘い言葉でくるんだ悪意:砒霜は砒素(ヒソ)(有毒)

蜜浆 mìjiāng ⇒[糖 táng 浆]

蜜橘 mìjú <口>甘いみかん.

蜜口蛇心 mìkǒu shéxīn 〈喩〉口ではお上手を言うが心は腹黒い.→[口蜜腹剑]

蜜蜡 mìlà ①[蜂 fēng 蜡]②ワックス.封蠟:単に[蜡]ともいう.

蜜里调油 mìlǐ tiáoyóu 〈喩〉非常に密接なさま.〔假jiǎ 朋友~〕うわべだけの友だちがいかにも親しそうに見えるものだ.

蜜儿 mìr 〈口〉(愛人を兼ねた)女性秘書.

蜜色 mìsè [色]蜂蜜色(の).黄白色(の)

蜜司 mìsī ⇒[密斯]

蜜糖 mìtáng 〈方〉蜂蜜.〔蜂 fēng 蜜〕に同じ.

蜜桃 mìtáo [植]水蜜桃.〔水~〕同前.

蜜甜 mìtián 甘い.甘ったるい.

蜜陀僧 mìtuósēng ⇒[密陀僧]

蜜丸子 mìwánzi [中医]漢方薬に蜂蜜を加えて作った丸薬:〔蜜丸儿〕ともいう.

蜜窝 mìwō ⇒[蜜房]

蜜腺 mìxiàn [植]蜜腺.

蜜香 mìxiāng ①⇒[沉 chén 香]②⇒[木 mù 香]

蜜语 mìyǔ 甘い言葉.〔甜 tián 言~〕同前.

蜜源 mìyuán 蜜源.〔~植物〕蜜源植物.

蜜嘧蓉觅幎幂眠绵棉 mì～mián

蜜月 mìyuè ハネムーン．〔～旅 lǚ 行〕〔～旅游〕新婚旅行．
蜜枣（儿）mìzǎo(r) 食なつめの蜜（砂糖）漬け．
蜜渍 mìzì 蜜漬け（食品）

〔**嘧**〕mì〔～啶 dìng〕化ピリミジン：有機化合物の一．

〔**蓉**〕mì →〔缩 sù 砂密〕

〔**觅・覓（覔）**〕mì 搜す．探す．捜し求める．〔寻 xún ～〕尋ね捜す．捜し求める．〔知音难 nán 觅〕知己は求めがたい．〔寻亲～友〕親戚や友人を訪ね回る．〔踏 tà 破铁鞋无～处,得来全不费工夫〕〈諺〉鉄のわらじを履きつぶしても捜し出せないものでも、手に入る時は何の苦もなく捜しあてる．

觅宝 mìbǎo 宝物探しをする．
觅保 mìbǎo〈文〉保証人を求める．
觅访 mìfǎng〈文〉訪ねる．訪問する．
觅举 mìjǔ〈文〉推挙（挙用）を求める．
觅句 mìjù〈文〉（作詞のために）あれこれと適当な語句を搜す．
觅据 mìjù〈文〉証拠を搜し求める．
觅路 mìlù 道を求める．〈転〉正しい道を求める．
觅求 mìqiú 探し求める．
觅取 mìqǔ 捜し出す．〔～珍 zhēn 贵的药材〕珍しい薬草を捜し出す．
觅食 mìshí（鳥獣が）食物を搜す．
觅死觅活 mìsǐ mìhuó →〔寻 xún 死觅活〕
觅踪 mìzōng 足あとを探す．探求する．
觅寻 mìxún〈文〉探し求める．

〔**幎**〕mì →〔薜 xī 幎〕→ míng

〔**幂（冪・羃・幎）**〕mì ①〈文〉体を覆う(布).体にかぶせる(巾).〔～目〕死者の顔面を覆う布．② 数〔幂〕：同じ数を何回か掛け合わせること．〔a³ は a の 3 乗 chéng〕〔a³ は a の 3 乗幂である．〔～方〕べき法．〔～次〕累乗．べき乗．〔～数〕べき指数．〔～级数〕累乗級数．べき級数．

mian ㄇㄧㄢ

〔**眠**〕mián ① 眠り(る)．〔睡 shuì ～〕睡眠．〔失 shī ～〕眠れない．不眠．〔不～不休〕不眠不休．〔夜不成～〕夜眠れない．〔安～〕安眠（する）．〔长 cháng ～〕永い眠り．②（動物の）休眠（する）．〔冬 dōng ～〕冬眠（する）．〔蚕 cán 已经三～了〕蚕はもう 3 回休眠した．③〈姓〉眠(さ)．
眠花宿柳 miánhuā sùliǔ〈喻〉花柳街に泊まる．
眠思梦想 miánsī mèngxiǎng〈慣〉夢にも忘れられない．思い焦がれる．

〔**绵・綿(緜)**〕mián ①長く続く．〔连 lián ～不断〕連綿と続く．②柔らかい．〔～弱 ruò〕軟弱である．③ 劻 真綿．同前．→〔绵①〕④ まつわりつく．つきまとう．〔缠 chán ～〕〔感情などが〕同前．⑤（性格が）おっとりしている．〔他性子挺～,但很有主见的〕彼はおとなしいが考えはしっかりしている．⑥〈姓〉绵(さ)

绵白糖 miánbáitáng 上白糖：〔绵糖〕〔细 xì 砂（糖）ともいう．
绵薄 miánbó〈謙〉微力である．才能が乏しい．〔尽 jìn ～之力〕微力を尽くす．
绵长 miáncháng〈文〉（切れずに）長く続く．〔福寿～〕幸福や寿命が長く続く：老人に対する祝詞．

绵绸 miánchóu =〔棉绸〕劻 紬(つむぎ)：くず繭・くず糸を原料として織った織物．
绵笃 miándǔ〈文〉危篤．重態．→〔危 wēi 笃〕
绵顿 miándùn〈文〉病気がはかばかしくない．
绵亘 miángèn →〔绵延〕
绵瓜 miánguā ⇒〔绵瓜瓞〕
绵和 miánhé〔口〕おっとりしている．くせがない．〔这酒很～〕この酒は口あたりがいい．〔他脾气挺～的〕彼は気立てがとても優しい．
绵里藏针 miánlǐ cángzhēn =〔白〕绵里针〕〈喻〉①外柔内剛：表面はおだやかに、しんはしっかりしている．②表面は穏やかだが、内心は冷酷である．③〈白〉注意深く大切にする．
绵里针 miánlǐzhēn 同上．
绵力 miánlì〈謙〉非力．微力．〔～薄 bó 才〕同前．〔我愿尽～去完成〕微力を尽くしてやりとげたい．
绵连 miánlián〔绵联〕とも書いた．切れずに続く：〔连绵〕に同じ．
绵蛮 miánmán〈文〉小鳥の（のさえずる声）
绵密 miánmì 綿密（である）．周到（である）．
绵绵 miánmián 長く続くさま．〔秋雨～〕秋雨が長々と続く．〔～瓜瓞 dié〕〔瓜瓞～〕=〔绵瓜〕〈喻〉子孫が増え栄える．〔天长地久有时尽,此恨～无尽期〕（唐・李白・长恨歌）天長し地久しきも時の盡くる有り、この恨み綿綿として盡くる期無からん．
绵邈 miánmiǎo〈文〉悠遠（である）
绵软 miánruǎn ①柔らかい．〔这块料子真～〕この布地はほんとに柔らかい．②体に力が入らない．気力がない．〔觉得浑身～〕全身だるく感じる．〔手～〕
绵善 miánshàn 温和で善良である．おとなしくて人がいい．
绵糖 miántáng ⇒〔绵白糖〕
绵甜 miántián 口あたりが柔らかである：多く酒類についていう．
绵延 miányán 長々と続いて絶えない．〔～不绝〕同前．
绵羊 miányáng =〔口〕大 dà 尾巴羊〕動 メンヨウ（綿羊）．〔～绒 róng〕綿羊的毛織物．→〔绒①〕
绵远 miányuǎn〈文〉永遠（である）．長久（である）．
绵纸 miánzhǐ〔棉纸〕とも書いた．①靭(じん)皮繊維から製した弾力性のある薄い紙．②ティッシュ（ペーパー）
绵子 miánzi〔方〕真綿：〔丝 sī 绵〕に同じ．単に〔绵子〕ともいう．

〔**棉**〕mián ① 椬ワタ．またその実の繊維：〔草 cǎo ～〕〔ワタ〕と〔木 mù ～〕（パンセ）の総称．多く前者をいう．→〔绵③〕②綿花（で作ったもの・入りのもの）．〔脱 tuō 脂～〕脱脂綿．〔火 huǒ ～〕〔～花火药〕綿火薬．〔一场秋雨一场寒,十场秋雨穿上～〕秋雨は一雨ごとに寒くなり、十回目には冬装束（北方の俗諺）．③綿に似たもの．〔晴 qíng 纶～〕アクリル繊維．〔石～〕石綿．アスベスト．④〈姓〉棉(さ)
棉袄 mián'ǎo 服綿入れの上着：真綿を詰めた防寒着．
棉棒儿 miánbàngr ⇒〔棉签（儿）〕
棉包 miánbāo 服綿の梱(こり)
棉被 miánbèi 綿入れ掛け布団．
棉背心 miánbèixīn 服綿入れのチョッキ．
棉饼 miánbǐng ⇒〔棉籽饼〕
棉布 miánbù 綿布．〔～裤 kù 子〕服コットンのズボン．
棉绸 miánchóu ⇒〔绵绸〕
棉大衣 miándàyī 服綿入れ外套．
棉涤 miándí →〔涤棉〕
棉的确良 mián díquèliáng ⇒〔涤 dí 棉〕

mián～miǎn

棉法兰绒 mián fǎlánróng ⇒〔棉花绒②〕
棉帆布 miánfānbù 〘紡〙キャンバス(地).
棉纺 miánfǎng 綿紡績.〔～厂〕綿糸紡績工場.
棉凫 miánfú 〘鳥〙ナンキンオシ:ガンカモ科の鳥.
棉秆儿 miángǎnr ワタの茎.
棉贯儿 miángùnr ⇒〔棉签〕
棉红铃虫 miánhóng língchóng 〘虫〙ワタキバガ:〔棉花虫〕ともいう.
棉猴儿 miánhóur 〈口〉フードつき綿入れオーバー.
棉花 miánhua ①〘植〙ワタ:〔草cǎo 棉〕の通称. ②綿.ワタの実(の繊維).〔～布〕〘棉布〙綿布.〔～弓 gōng〕綿うち弓.〔～团 tuán〕綿の塊.〔碎 suì～〕綿くず.〔旧 jiù～〕古綿.〔～子 zǐ(r)〕ワタ(儿 zǐ(r))④綿の実.〔喩~〕したたか者.〔～堆里打拳〕喩のれんに腕押し.
棉花耳朵 miánhua ěrduo〈方〉人の言うことをすぐ信じる人.
棉花蛆 miánhuaqū ⇒〔红 hóng 铃虫〕
棉花绒 miánhuaróng (紡績中の)くずわた. ②綿ネル:〔棉法兰绒〕〔棉回绒〕の別称.〔棉绒〕に同じ.
棉花胎 miánhuatāi ⇒〔棉絮②〕
棉花糖 miánhuatáng 〘食〙①綿菓子. ②マシマロ(マシマロ)
棉花桃儿 miánhuatáor ①⇒〔棉桃〕 ②⇒〔棉花团儿〕
棉花套(子) miánhuatào(zi) ⇒〔棉絮②〕
棉花团儿 miánhuatuánr 〔棉花桃儿②〕〔喩〕態度がおとなしいこと.(現在的女孩子可不兴～脾气了)今の女の子でおとなしいばかりの性質ははあまりはやらない.
棉回绒 miánhuíróng ⇒〔棉花绒②〕
棉活 miánhuó 綿入れやふとんを作る仕事.
棉剪绒 miánjiǎnróng ⇒〔棉天鹅绒〕
棉胶 miánjiāo ⇒〔胶棉〕
棉卷 miánjuǎn 〘紡〙ラップ.綿巻.
棉裤 miánkù 〘服〙綿入れズボン.
棉兰姥岛 miánlánlǎodǎo 〘地〙ミンダナオ島:フィリピン最南の大島.
棉铃 miánlíng (はじける前のとがった形の)わたの実. →〔棉桃〕
棉铃虫 miánlíngchóng 〘虫〙オオタバコガ:ヤガ科の虫.この幼虫が綿などに害を与える.
棉毛 miánmáo 〘紡〙厚手の綿織物.綿メリヤス.〔～机〕メリヤス織機.〔～裤 kù〕メリヤスのズボン下.〔～衫 shān〕〘服〙メリヤスシャツ・下着.→〔绒 róng 衣〕
棉帽 miánmào〔-子〕綿入れ帽子.
棉门帘 miánménlián ⇒〔暖 nuǎn 帘〕
棉农 miánnóng わた作農民(農家)
棉袍 miánpáo〔-儿,-子〕〘服〙綿入れの長い上着(中国服の)
棉皮鞋 miánpíxié (内側にフェルトなどをつけた)防寒靴.
棉签(儿) miánqiān(r)〔棉棒儿〕〔棉棍儿〕〔药棉棒〕〔药棉棍〕〔药签〕〘医〙綿棒(ぼう)
棉球 miánqiú (消毒用などの)カット脱脂めん.
棉区 miánqū わたの栽培地区.
棉绒 miánróng〘紡〙綿ネル:〔棉花绒②〕ともいう.〔～布〕綿ネル布.
棉纱 miánshā 〘紡〙綿糸.〔丝光~〕ガス糸.
棉绳 miánshéng 木綿のひも:〔棉线绳儿〕ともいう.
棉塑 miánsù 綿糸と合成繊維の混紡布.
棉胎 miántāi ⇒〔棉絮②〕
棉桃 miántáo 〔棉花桃儿①〕(外皮がはじけ丸い形になった)わたの実. →〔棉铃〕
棉套 miántào (ティーポットや飯びつなどの保温用の)綿入れのカバー.
棉天鹅绒 mián tiān'éróng =〔棉剪绒〕〔假 jiǎ 天鹅绒〕〘紡〙ベッチン(別珍).綿ビロード:〔平 píng 绒〕の別称.
棉田 miántián わた畑.
棉条 miántiáo 〘紡〙スライバー.篠(ʃɪ)
棉袜 miánwà 〘服〙めん靴下:〔线 xiàn 袜〕に同じ.
棉纤维 miánxiānwéi 綿繊維.
棉线 miánxiàn 木綿糸.〔～绳 shéngr〕〔棉绳〕木綿のひも.
棉销 miánxiāo 〘机〙綿栓.コットンピン.
棉鞋 miánxié 綿入れの布靴(防寒用の). →〔布bù 鞋〕〔老 lǎo 头(儿)乐②〕〔毛 máo 窝〕
棉絮 miánxù ①わたの実の繊維. ②=〈方〉棉(花)〔棉花套(子)〕(ふとんの)つめ綿.中入れ綿. →〔被 bèi 胎(儿)〕
棉蚜 miányá 〘虫〙わたにつくアブラムシ:通称〔棉蚜虫 chóng〕
棉衣 miányī 〘服〙綿入れ.
棉织品 miánzhīpǐn 綿織物:〔棉织物〕ともいう.
棉质 miánzhì 木綿地(の).〔～哔 bì 叽〕綿サージ.〔~府 fǔ 绸〕綿ポプリン.
棉籽 miánzǐ 〔棉子〕〔棉仔〕とも書く.わたの種子.〔~油 yóu〕綿実油.〔～饼 bǐng〕わたの実のしめかす(肥料・飼料に用いる). →〔豆 dòu 饼〕

丏

丏 miǎn ①〈文〉覆い隠されている.目に見えない.〈姓〉丏(ぺん)

沔

沔 miǎn ①地名用字.〔～水〕〘地〙漢水の上流:古くは漢水全体をさした.〔～县〕〘地〙陕西省にある:現在は〔勉县〕と書く.〈姓〉沔(ぺん)

眄

眄 miǎn〔又音〕miàn〈文〉横目で見る.流し目に見る.〔顾 gù ~〕ふりかえって見る.〔按 àn 剑相~〕剣に手をかけて相手をジロリとにらむ.
眄睐 miǎnlài〈文〉目をかけてやる.
眄眄 miǎnmiàn ①じろじろと流し目に見る(さま). ②知恵のないさま.
眄睨 miǎnnì〈文〉横目でにらむ.じろりとにらむ.
眄视 miǎnshì〈文〉横目で見る.

免(免)

免 miǎn ①省く.取り除く.〔任 rèn ~〕任命と免職. ②免除する(される).免れる.せずにすます. ③〘经〙〔酌 zhuó 量减~捐税〕事情を斟酌(しんしゃく)して税金を減額あるいは免除する.〔未~太麻 má 烦〕面倒なにはすみそうもない.たいへん面倒のようだ.〔难 nán~啊〕这说那〕人があれこれ言うのは免れがたい.〔事前做好准备,以~临 lín 时忙乱〕その時になって慌てないよう,前もって準備しておく.〔~诉 sù 讼费〕訴訟費用の支払いを免除する. ⑤…するなかれ,…を禁ず.…はお断り.〔～赐 cì 花红〕お祝儀はご無用に願います.
免不得 miǎnbude 同下.
免不了 miǎnbuliǎo =〔免不得〕免れない.どうしても…しなければならない.〔那是～的〕それは免れ得ないことだ.〔刚开始的时候,~有种种不方便的地方〕始まったばかりのところで,いろいろ不便な点があるのはやむを得ない.〔我早知道你们~要有这场争 zhēng 论的〕こんな言い争いが起こるのを免れ得ないということはとっくにわかっていた.
免册 miǎncè 〘旧〙私塾などで用いられた善行記録簿:よくしたことを生徒は鞭でたたかれたが,〔免册〕に善行の記録があるものは許された.
免除 miǎnchú ①免除する.〔~职 zhí 务〕職務を解く. ②防ぐ.避ける.〔兴 xīng 修水利,~水旱灾

miǎn

害]灌漑工事をして干ばつや洪水を防ぐ.
免黜 miǎnchù 免職にする(にされる)
免得 miǎnde …しないですむ(ように):多く後半の文のはじめに置く.〔一气 yī qì 办好,~又贯一回事〕一気にやってしまう方がいい,もう一度面倒をしなくてよいように.〔穿件像样儿的衣服去吧,~人家瞧不起〕人から軽蔑されないようきちんとした服を着て行きなさい.→〔省 shěng 得〕
免掉 miǎndiào 解除する.免除する.取り除く.〔他工作太忙,得给他~几项〕彼は仕事が多すぎるから,担当を少し減らさなければならない.
免丁 miǎndīng 旧]夫役を免除する(される)
免费 miǎnfèi 無料である(にする).〔~代办〕無料で取り扱う.〔儿 ér 童~〕小児は入場無料.〔行李可以~带十五公斤〕手荷物は15キロまで無料で持てます.〔~治疗〕無料で治療する.〔~参 cān 观〕見物(見学)無料.〔~软 ruǎn 件〕電算]フリーソフト.〔~(电子)邮 yóu 箱〕電算]フリーメール.
免付 miǎnfù 支払いを免除(する).〔~关税〕関税の支払いを免除する.
免耕法 miǎngēngfǎ 農]直播法.
免官 miǎnguān 免官にする(になる)
免冠 miǎnguān ①〈文〉冠を脱ぐ.〈転〉@謝罪の意を表す.⑥敬意を表す.②脱帽している.無帽である.〔二寸半身~相片〕名刺判の上半身無帽の写真.
免跪 miǎnguì 旧](目上に謁する時)ひざまずいて敬礼するには及ばないと差し止めること.
免贵 miǎnguì 〈謙〉名のる程の者ではない:旧時,挨拶で〔您贵姓?〕(お名前は)と聞かれて,〔~,我姓周〕(名のる程ではありませんが,周と申します)と言った.
免检 miǎnjiǎn 検査を免除する.〔~商品〕同前の商品.
免缴 miǎnjiǎo 納付免除する.
免进 miǎnjìn 入場を禁ずる.〔无门票者~〕入場券のない者は入場お断り.〔闲 xián 人~〕(立札や掲示)無用の者の立ち入りを禁ずる.
免开尊口 miǎnkāi zūnkǒu 〔慣〕発言を控えて下さい.要求はお断りします.
免考 miǎnkǎo ⇒〔免试〕
免科田 miǎnkētián 史]地租免除の田地.
免了 miǎnle 〔挨〕その必要はありません.ご無用に願います.
免礼 miǎnlǐ 〔挨〕堅苦しくなさらないように.→〔失 shī 礼〕
免赔 miǎnpéi 賠償・保険金支払いなど免除する.
免票 miǎnpiào ①入場・乗車・乗船などの無料入場券.優待券.②優待する(入場・乗車・乗船など切符がいらないこと).〔~入场〕入場無料.〔儿童身长不满一米的坐公共汽车~〕身長1メートル未満の児童は無料でバスに乗れる.
免签 miǎnqiān ビザ免除にする.〔可以~入国〕ノービザで入国できる.
免去 miǎnqù 免除する.やめにする.なくする.…ぬきにする.
免试 miǎnshì =〔免考〕試験免除(する)
免收 miǎnshōu 徴収を免除する.
免受 miǎnshòu =〔免遭〕(…の目に)あわずにすむ.受けげにすむ.
免税 miǎnshuì 免税する(になる).〔~单〕免税証.〔~进口品〕免税輸入品.〔~口岸〕自由港.フリーポート.
免送 miǎnsòng 旧](客が)見送りを辞退する.〔~~!〕〔挨〕お見送りご無用です:ふつう〔别 bié 送!〕〔别送!〕という.

免俗 miǎnsú しきたりにとらわれない:多く否定で用いる.〔未能~〕略式では済まされない.
免诉 miǎnsù 不起訴にする(なる)
免谈 miǎntán 話し合い無用である.相手にしない.
免烫衬衫 miǎntàng chènshān 服]ノーアイロンワイシャツ.
免淘米 miǎntáomǐ 無洗米.
免息 miǎnxī 利息免除.〔~贷款〕無利息借款.
免刑 miǎnxíng 法]刑事処分を免除する.
免修 miǎnxiū 科目修得の免除(をする).〔~外语〕外国語の同前.
免学 miǎnxué 学校教育を免除する.
免验 miǎnyàn 検査を免除する.〔~放行〕検査免除通過許可.〔代表团的行李可以~〕代表団の手荷物は検査免除となっている.
免议 miǎnyì 詮議をやめる.
免役 miǎnyì 兵役・夫役などを免除する(される).→〔服 fú 役②〕
免疫 miǎnyì 医]免疫.〔~力〕〔自身~〕免疫力.〔~缺 quē 损症〕免疫不全.免疫欠損.
免役法 miǎnyìfǎ 〔募 mù 役法〕
免予 miǎnyǔ 与えない.免除する.〔~起 qǐ 诉〕不起訴にする.
免遭 miǎnzāo ⇒〔免受〕
免责 miǎnzé 法]免責.〔~条款〕免責事項.
免战 miǎnzhàn 〈白〉停戦または休戦する.〔~牌〕掛出~牌〕挑戦を拒絶することを示す標識.〔掛出~牌〕挑戦拒否を公示する.
免征 miǎnzhēng 徴収免除にする(なる)
免职 miǎnzhí 職を免ずる.職を解く:昇格・降格を含む.→〔撤 chè 职〕
免租 miǎnzū 租税・借用料などを免除する(される)
免罪 miǎnzuì 罪を問わない.免罪にする.

[俛] miǎn 〈文〉務める.励む.〔俛 mǐn~〕〔黾 mǐn 勉〕同前.→fǔ

[勉] miǎn ①努める.励む.〔〈文〉黾 mǐn~〕〔〈文〉偶 miǎn〕同前.〔奋 fèn~〕奮起して励む.②励ます.〔自 zì~〕自ら励ます.〔以效 xiào 忠于祖国相~〕祖国に忠を尽くすことで互いに励ましあう.③無理にする.やっとのことである.④〈姓〉勉(べん).

勉力 miǎnlì 力を尽くしてやる.
勉励 miǎnlì 勉励する.励ます(む).〔老师~我们努力学习〕先生は精を出して勉強するように励ましてくれた.
勉强 miǎnqiǎng ①間に合わせに.どうにか.やっと.まあまあ.心から満足できる状況にない場合に用いる.〔勉勉强强〕どうにかこうにか.〔~答 dā 应〕しぶしぶ承諾する.〔~支持下去〕どうにもちこたえていく.〔~地实行集中饲 wèi 养,自然要遭受损失u」むりやりに共同飼育を実行すれば,むろん損失を招くことになる.〔草料~够牲口吃一天〕飼料はやっと家畜の1日分にしかならない.〔~维持生活〕かろうじて生活を維持する.②強いる.無理にさせる.〔既是他不肯就不必~了〕彼が来たがらないのなら無理じいするには及ばない.〔不了 liǎo〕無理がきかない.〔~不十分である.むりである.〔我认为这个理由很~〕この理由はどうも不自然だと思う.〔这种说法太~〕こじつけにすぎる.
勉为其难 miǎn wéi qínán 〈成〉困難なところを努めて(がまんして)やる.無理を承知でやる.
勉慰 miǎnwèi 励ましなぐさめる.

[娩(㝃)] miǎn 子を産む.〔分 fēn~〕分娩(する)

娩出 miǎnchū 医]娩出(ベんしゅつ)する.

miǎn～miàn 冕鮸黽渑偭勔湎愐缅冔腼面

[冕] miǎn ①固"大夫"以上の者の着用した儀式用の冠:とくに天子の王冠をいう.[～服 fú]古代の礼装.②冠の周りに垂れ下がる串玉.〈転〉天子の冠.[加～（典）礼]戴冠式す.→[冠 guān 冕堂皇]〈喩〉優勝の栄誉.[夺 duó～]優勝する.④〈姓〉冕(べん).

冕冠 miǎnguān ①固天子の冠.②区タイトル.[夺 duó 取～]タイトルを奪う.[防卫～][卫冕]タイトル防衛する.

冕旒 miǎnliú 〈文〉天子の冠の周りに垂れ下がっている串玉.

冕牌玻璃 miǎnpái bōli ⇒[皇 huáng 冠玻璃]

冕状轮 miǎnzhuànglún 王冠状の輪.

[鮸・鮸] miǎn [鱼只]ニベ.[米 mǐ 鱼]〈文>鳖 mǐn]ともいう.→[鳔 biào 胶]

[黽・黽] miǎn → mǐn

黽池 miǎnchí ⇒[渑池]

[渑・澠] miǎn 地名用字.[～河]河南省にある.[～池 chí 地]河南省西部にある:[黽池]とも書く.→shéng

[偭] miǎn 〈文>①(…に)顔を向ける.向かう.②違背する.[～规 guī 越矩]きまりに背く.

[勔] miǎn 〈文>勤勉である.

[湎] miǎn 〈文>(酒)におぼれる.〈転>耽(ふけ)る.[沉 chén～]耽溺する.[～于酒]酒におぼれる.

[愐] miǎn 〈文>①思う.②勤勉である.

[缅・緬] miǎn ①〈文>はるかに遠い.〈転>思いを馳せる.[～想 xiǎng]回顧.②〈文>細糸.③〈方>巻く.巻き上げる.[～起袖子]袖をまくる.④ミャンマー(旧称ビルマ):[～甸 diàn]の略.[中～会谈]中国ミャンマー会談.⑤〈姓>缅(べん).

缅甸 miǎndiàn ミャンマー(旧称ビルマ):正式には[～联邦].首都は[内比都](ネービードー).[仰 yǎng 光](ヤンゴン,旧称ラングーン)は旧首都.

缅桂 miǎnguì ⇒[白 bái 兰花]

缅怀 miǎnhuái =[缅想][缅想]はるかに思いを馳せる.深く懐しむ.

缅邈 miǎnmiǎo 〈文>はるかに遠い.遠い昔の.

缅茄 miǎnqié 圏マメ科シロユナ属の落葉高木:種子を薬用したり,彫刻用材にする.

缅维 miǎnwéi ⇒[缅怀]

缅想 miǎnxiǎng ⇒[缅怀]

缅元 miǎnyuán チャット:ミャンマーの通貨単位名.[缅甸元]ともいう.[什 shí 啤](ラングーンルピー)は旧称.

[冔・冔] miǎn → tiǎn

冔靦 miǎntiǎn ⇒[腼腆]

[腼] miǎn はにかむ.

腼腆 miǎntiǎn はじらう.もじもじする.内気である:[冔靦]とも書いた.[这个孩子很～]この子は人見知りをする(はにかみ屋だ)

[面(面)・麵(麨)] miàn （Ⅰ）[面(面)]①顔[脸 liǎn]に比べやや文語的.[～带笑容]顔に笑みを浮かべている.[～霜 shuāng][～膏 gāo]化粧クリーム.[不看僧 sēng～看佛～]〈諺>当人よりその後ろの大物の顔をたてよ.[见 jiàn～]顔に出す.[照 zhào～儿①]顔出しする.[～朝黄土背朝天]〈喩>農民がひたむきに耕作するさま.②面と向かう[当面].〈服>面前.[～谈 tán]面談(する).じかに話す.③面会する.[～圣 shèng]〈喩>皇帝に会う.④面する(している).対している.[这所房子～南坐北]この家屋は南に面して(敷地の)北側に立っている.⑤前.前面.[门～]間口.⑥側(がわ):位置を示す.[外～(儿)]外側.[上～]上側.[右 yòu～]右側.[南 nán～]南側.[里 lǐ～(儿)]裏側.中側.⑦(一つの)面.部位.[纸有一～光的,也有两～光的]紙は片側だけが光るのがあるし,両面ともつやのあるのもある.[一～说,一～哭 kū]語りながら泣く.[正 zhèng～的说法]正面からの論じ方.[暴露着旧社会的黑暗～]旧社会の暗黒面を暴露している.[一～之词 cí]一方だけの言い分.[一～倒 dǎo](主張・方針などが)一方にのみ傾く(いている).一方にのみ傾斜している.⑧[数](点や線で指定の)面.[平～图]平面図.[敌人占据的是"点",我们用"～"来包围他们]敵が占領しているのは点であり,我々は面によって彼らを包囲するのだ.⑨表.表の.表れている側.[海～]海面.[水～(儿)]水面.[棉 mián 袄～儿]綿入れの表地.[鞋 xié～儿]靴の甲.[脚 jiǎo～]足の甲.[谜 mí～]なぞなぞの本文.[谜底]はなぞなぞの答え.⑩量詞.①平たい物を数える.[镜子](鏡).[国旗](国旗)などに用いる.②会った回数を数える.[见过一～]一度会ったことがある.⑪〈姓>面(めん)

（Ⅱ）[麵(麨)]①小麦粉.うどん粉.メリケン粉.[买一斤～]小麦粉を500グラム買う.[白 bái～]小麦粉.[发 fā～]小麦粉を(こねて)発酵させる.⑤(こねて)発酵させた小麦粉.②[～儿,-子]穀物などの粉.粉末.[黄～]黄色い粉.[大豆～粉]大豆の粉.[绿豆(r)～]緑豆の粉.[玉 yù 米～]棒 bàng 子～]とうもろこし粉.[药 yào～儿]粉薬.[麵類(総称)]多く南方では[～],北方では[～条 tiáo]という.[吃一碗～]うどんを一杯食べる.[汤 tāng～]かけうどん(そば).[龙须 xū～]ごく細い干麺.[凤 fèng 尾～]幅の広い干麺.[迎 yíng 客～]客があったとき最初の食事に出す麺:長く滞在することを希望する意味.[方便～(条)][快餐～(条)]インスタントラーメン.④[粉>](果菜類の歯切れが)さくさくせず柔らかい.[这个苹果太～了,不好吃]このリンゴはさくさくしなくて(柔らかで)まずい.

a

面案 miàn'àn ⇒[白 bái 案]

面板 miànbǎn 小麦粉をこねる板.→[案板]

面包 miànbāo ①包パン.食パン.[～房 fáng][～坊]パン屋(工場).[烤~炉]トースト.[烘 hōng～机]トースター.[稞 kē 麦～]黒パン.[～卷 juǎn]ロールパン.②同下. j

面包车 miànbāochē マイクロバス.ステーションワゴン.ワンボックスカー.バン:単に[面包]ともいう.[小～]ミニバン. k

面包果 miànbāoguǒ 圏パンノキ.またその果実.

面包圈(儿) miànbāoquān(r) 包ドーナツ:[多 duō 福饼][多纳饼]は音義訳.[油炸～]同前.

面包鱼 miànbāoyú ⇒[马 mǎ 面鲀] l

面壁 miànbì ①圏(仏教で)壁に向かって座禅を組む.〈転>学業に専念する.②〈喩>無頓着である.人をかまわない.③回体罰の一種:壁に向かって立たせる.

面别 miànbié 〈文>会って別れを告げる. m

面禀 miànbǐng 直接に申し上げる.

面布 miànbù 〈方>顔を拭く布.

面部 miànbù 顔面.

面不改色 miàn bù gǎisè 〈慣>泰然として顔色一つ変えない.慌てないで落ち着いている.[面不改容 n

面 miàn

面茶 miànchá 〘名〙〔糜méi子面〕(うるちきびの粉)や〔小米面〕(あわの粉)をきつね色に炒(い)ったもの(香煎・こがし)に熱湯を注いで練ったもの:〔芝zhī麻酱〕(ゴマペースト)や〔花huā椒盐〕(塩と山椒の実を炒って細かくひいたもの)で味をつけて食べる.〔~挑tiāo子〕〔茶面子〕同面を担いで売り歩く者.→〔炒 chǎo 面③〕〔油 yóu 炒面⑤〕

面陈 miànchén じかに会って述べる.

面称 miànchēng〈文〉じかに語る.

面呈 miànchéng 手渡しする.

面斥 miànchì 面と向かって叱る.

面疮 miànchuāng ⇒〔粉fěn刺〕

面辞 miàncí 面会して別れのあいさつをする.

面从 miàncóng〈文〉表面だけ服従する.〔~后言〕その人の前では服従し、陰では悪口を言う.〔~腹fù背〕〈成〉〈慣〉表面だけでは服従しているが内心では反対している(である).

面的 miàndí, ~dī マイクロバスタクシー.ミニバンタクシー:以前は車体が黄色なものが多く、俗に〔黄huáng虫〕といった.→〔包bāo车〕の(2)

面点 miàndiǎn 〘名〙小麦粉を主材料とする軽食と菓子類.〔西式〕洋風の同前:ケーキ・クッキーなど.

面订 miàndìng〈文〉面会の上で決める(約束する).

面对 miànduì 面と向かう.直面する.〔~危wēi机〕危機に直面する.→〔现xiàn实〕現実に直面する.

面对面 miànduìmiàn ①面と向かう.顔をつきあわせる.②〈喩〉直接的である.〔~的会谈〕直接会談.

面额 miàn'é 額面(金額).〔~发行〕額面発行:〔面值发行〕ともいう.

面饭 miànfàn 麺類食品.

面坊 miànfáng 製粉場.

面访 miànfǎng 直接訪ねる.直接訪問する.

面肥 miànféi ①パン種:小麦粉を発酵させて〔馒头〕などを作った時、一ちぎり残しておいて次に作る時の種とするもの:〔面酵(子)〕〔〈方〉面头〕〔面引子〕〔发 fa 面肥〕〔〈方〉老面〕は別称.②畑の表面にまく肥料.

面粉 miànfěn 小麦粉.うどん粉.メリケン粉.〔~厂〕製粉工場.

面付 miànfù 手渡す.

面告 miàngào 会って知らせる.

面疙瘩 miàngēda〈方〉海すいとん:小麦粉をこねて小塊にちぎり、汁の中に落として煮たもの.

面馆 miànguǎn 麺専門食堂:うどん・ワンタンなど〔面食〕の専門店.

面和心不和 miànhé xīnbùhé〈慣〉双方の外面と内心が異なっていること:〔心〕は〔意〕ともいう.

面红耳赤 miànhóng ěrchì〈慣〉顔面が紅潮するさま:〔羞xiū得~〕恥ずかしくて顔から火が出る.〔争zhēng得~〕顔を赤くして言い争う.

面糊 miànhù ①練り粉:水でどろどろにといた小麦粉.〔煎jiān饼〕(平たい鉄板に広げて、ごく薄く焼いた食品)や〔拨bō鱼儿〕("面糊"を熱湯の中に落として煮た食品)を作る材料.②〈方〉海.

画糊 miànhú〈口〉食物が柔らかい.〔白薯蒸熟了,很~〕さつまいもはよく蒸したから、ほくほくしている.

面花 miànhuā ⇒〔面塑〕

面黄肌瘦 miànhuáng jīshòu =〔肌瘦面黄〕〈慣〉顔色が悪くやせているさま.

面积 miànjī 面積.〔~仪〕不規則な図形の面積を測る器械.

面颊 miànjiá ほお.〔脸liǎn蛋儿〕(ほっぺた)は俗称.

面荐 miànjiàn〈文〉じかに推薦する.

面酱 miànjiàng ⇒〔甜tián(面)酱〕

面交 miànjiāo ①手渡す.②〈文〉顔見知り.一面~之友〕顔見知りの友人.

面酵(子) miànjiào(zi) ⇒〔面肥①〕

面诘 miànjié〈文〉面と向かって詰問する(責める).

面巾 miànjīn ①⇒〔毛máo巾①〕②死者の顔面を覆う布.

面巾纸 miànjīnzhǐ ペーパータオル.紙ナプキン:〔面纸〕ともいう.

面筋 miànjin ①=〔麸fū质〕〔音訳〕哥gē路登グルテン(蛋白質の一種).②=〔麸筋〕〘名〙生麸(ふ):小麦粉をこねて大きな塊にし,布袋に入れて水の中でもみ,澱粉質を洗い落とした後に残るねばりの強いもの.〔踩cǎi~〕同前の袋を水の中へ入れ足で踏みこねて洗うこと.〔油yóu~〕〔软ruǎn筋〕生麸を油で揚げ、丸くふわふわにした食品.

面镜 miànjìng 小鏡.顔鏡.

面具 miànjù ①防護マスク.〔防fáng毒~〕防毒マスク.②仮面.お面.〔慈善的~〕(内心は冷酷だが)慈悲深そうな顔.

面恳 miànkěn〈文〉面会して懇願する.

面孔 miànkǒng ①顔.顔つき.〔和hé蔼的~〕穏やかなおもざし.〔板着~〕顔をこわばらせる.〔脸liǎn~〕⇒〔面貌②〕③〈喩〉(器物の)様子.〔旧~〕古い型式.

面宽 miànkuan ①間口(まぐち)の広さ:〔间 jiān 架①〕に同じ.②幅.〔台子的~〕台(テーブル)の幅.〔布的~〕織物の幅.

面阔口方 miànkuò kǒufāng〈喩〉大づくりな容貌:〔面方口阔〕ともいう.

面料 miànliào ①生地(きじ):服の表地.〔花~〕柄入りの同前.↔〔衬 chèn 料〕②物の表面に貼る材料.コーティング材.装訂材料.

面临 miànlín 眼前に見る.直面する.〔我们~的许多问题是共同的〕我々が直面する多くの問題は共通のものである.

面聆 miànlíng〈牘〉親しくお話を承る.〔~大教〕親しくご教示をいただく.

面领 miànlǐng〈文〉直接に受け取る.

面罗 miànluó ①⇒〔面纱①〕②粉ふるい.

面码儿 miànmǎr〈口〉麺類にのせる具:〔〈方〉菜cài码儿〕ともいう.

面貌 miànmào ①面貌.〔~可憎 zēng〕顔つきがいやらしい.②体面.面目(心).〔~孔②〕〈転〉姿.様相.〔各国人民的生活〕各国人民の生活の様相.

面面观 miànmiànguān 諸相:様々な角度からの観察.多く文章のタイトルに用いる.

面面俱到 miànmiàn jùdào〈成〉行き届いて手落ちがない.〔照顾得~〕世話がすみずみまで行き届く.

面面相觑 miànmiàn xiāngqù〈成〉顔と顔を見あわせるだけで、なすところを知らない:〔面面相视〕ともいう.

面命 miànmìng →〔耳ěr提面命〕

面膜 miànmó フェイシャルマスク.美顔パック(化粧の).〔做~〕同前をする.

面目 miànmù ①容貌.〔~可憎 zēng〕顔つきがいやらしい.②体面.面目(目).〔~见他〕何の顔で彼に会えよう.③本分.ものの様子・姿.もちまえ.〔真zhēn~〕本当の姿.正体.→〔庐lú山〕

面目全非 miànmù quánfēi〈成〉変わり果てる.一変する:好ましくない意に用いる.〔经过一场大地震zhèn,这个城市~了〕大地震後にはこの町は見る影もなく変わってしまった.

面目一新 miànmù yīxīn〈慣〉面目が一新する:好ましい意に用いる.〔这篇文章经过他修改以后,已经~了〕この文章は彼が手を加えたので見違えるようになった.

miàn 面

面嫩 miànnèn ①はにかむ.世慣れずおずおずする. ②若く見える.
面盘子 miànpánzi ⇒〔脸 liǎn 盘儿〕
面庞 miànpáng ⇒〔脸 liǎn 盘儿〕
面疱 miànpào 医顔にできる水疱.→〔水 shuǐ 疱〕〔粉 fěn 刺〕
面盆 miànpén ①⇒〔脸 liǎn 盆〕 ②小麦粉をこねる鉢.
面朋 miànpéng =〔面友〕〈文〉顔見知りの有人:〔面交之友〕ともいう.
面批 miànpī 対面して学生の宿題を直してやる.
面坯儿 miànpīr ①麵の生地. ②ゆでた麵の玉.
面皮 miànpí ①⇒〔脸 liǎn 皮〕 ②〔-儿〕〈方〉(小麦粉をこねって作った)ワンタン・餃子などの皮.
面片儿 miànpiānr 食小麦粉をこねて薄くのばし,幅広く切って煮たもの.
面票 miànpiào 旧小麦粉購入券(食糧配給制時代の).→〔粮 liáng 本〕
面谱(儿) miànpǔ(r) ⇒〔脸 liǎn 谱〕
面洽 miànqià =〔面商〕会って相談する.
面前 miànqián ①面前(の).顔前(の). ②目前の.今の.〔~的事〕当面の事.
面磬 miànqìng〈書〉委細面談.会って詳しく話す.
面人儿 miànrénr しんこ細工(練り粉で作った)人形.
面容 miànróng 容貌.顔かたち:多く精神や健康の状態をさす.〔~消痩〕容貌がやせ衰えている.
面如土色 miàn rú tǔ sè (驚いて)青い顔をしている.〔吓得~〕驚かされて顔色が真っ青になる.
面乳 miànrǔ 顔面化粧用乳液.
面软 miànruǎn 気が弱い.気が優しい.人がよい.〔~心慈〕〔心慈 cí ~〕心が優しくて人がよい.
面色 miànsè ①顔色.〔~红润 rùn〕顔が赤くてつやつやしている.〔~苍白〕顔が蒼白である. ②顔の表情.気色.
面纱 miànshā ①=〔面罗①〕〔面罩②〕ベール:〔兜 dōu 纱〕ともいう.〔蒙 méng ~〕同前をかぶる.〔摘~〕同前を脱ぐ. ②〈喩〉真の様相や姿を覆い隠すもの.
面善 miànshàn ①顔つきが穏やかである.〔~心恶 è〕顔つきが穏やかだが内心は食えない. ②顔見知りである.〔那人有些~〕あの人には少し見覚えがある.
面商 miànshāng ⇒〔面洽〕
面上 miànshang 全体面.〔~的问题〕一般的な問題.
面神经 miànshénjīng 生理顔面神経.〔~麻 má 痹〕〔口 kǒu 眼歪斜〕医顔面神経麻痺.
面生 miànshēng 面識がない.見に覚えがない.〔脸 liǎn 生〕に同じ.→〔面熟〕
面食 miànshí 小麦粉で作った食品(総称).→〔粉 fěn 食〕
面市 miànshì (商品の)発売開始(する)
面世 miànshì 世に出る.〔治疗流行性感冒的特效药还没有~〕インフルエンザを治す特效薬がまだ出ていない.
面试 miànshì 面接試験(する).口頭試問(する).→〔笔 bǐ 试〕〔口 kǒu 试〕
面首 miànshǒu 旧貴婦人がもてあそんだ美男子.男妾.
面授 miànshòu ①面接授業(する).スクーリング(する).→〔函 hán 授〕 ②直接伝授する.〔~机宜〕直接秘密の行動指示を与える.
面熟 miànshú 見覚えがある:〔脸 liǎn 熟〕に同じ.〔这个人看着~,就是想不起来是谁〕この人の顔に見覚えはあるがだれだか思い出せない.
面诉 miànsù 面と向かって訴える.直訴する.

面塑 miànsù =〔面花〕〔花 huā 馍〕〔礼 lǐ 馍〕しんこ細工(人形・動物・花など).→〔面花〕〔面人儿〕
面瘫 miàntān 医顔面麻痺.
面谈 miàntán 面談する.直談判する.
面汤 miàntāng ①麵をゆでてすくい上げた後の汁.麵のゆで汁. ②⇒〔汤面〕 ③〈方〉洗面の湯.〔~水〕同前.→〔洗 xǐ 脸水〕
面条 miàntiáo 食麵.うどん(総称)〔吃~〕麵を食べる.〔下~〕〔煮 zhǔ ~〕麵をゆでる=字解(II)③
面条鱼 miàntiáoyú ①⇒〔银 yín 鱼〕 ②⇒〔大 dà 银鱼〕 ③魚貝〔玉 yù 筋鱼〕(イカナゴ)の幼魚.
面艇鲅 miàntǐngbà ⇒〔虫 chóng 纹圆鲀〕
面头 miàntóu ⇒〔面肥①〕
面团(儿) miàntuán(r) ①小麦粉を練った塊.②〈喩〉もみくちゃ(され放題)にされるもの.
面托 miàntuō 直接委託する.じかに頼む.
面无人色 miàn wú rénsè〈慣〉(恐怖のため)顔色を失う.
面晤 miànwù 面会する.
面鲜 miànxiān 旧祭祀用に果物などの形に作ったふかしマントー.
面向 miànxiàng ①面と向かう:〔面対〕に同じ.〔~未来〕未来未志向の(の). ②(要求などに対して)取り組む.〔~农村〕農村(の問題)に正面から取り組む.
面相 miànxiàng 容貌.顔つき.
面谢 miànxiè 会って礼を述べる.
面叙 miànxù 面談する.会って話す.
面询 miànxún 対面して問い合わせる.
面邀 miànyāo 会って招待を申し出る.
面衣 miànyī てんぷらのころも.
面议 miànyì ①〈文〉直言する.〔直言~〕同前. ②会って協議する.
面引子 miànyǐnzi ⇒〔面肥①〕
面影 miànyǐng 人の顔.かたち.面影.
面友 miànyǒu ⇒〔面朋〕
面有菜色 miàn yǒu càisè〈喩〉青ざめた顔.
面谀 miànyú〈文〉面と向かってこびへつらう.
面鱼 miànyú ①⇒〔银 yín 鱼〕 ②〈方〉魚の干物を油で揚げたもの.
面鱼儿 miànyúr ⇒〔拨 bō 鱼儿〕
面谕 miànyù〈文〉会って命令・訓示を下す.
面誉 miànyù 面と向かってほめる.〔~背 bèi 毁〕〈慣〉面と向かって人をほめるが,背後ではけなす.
面源污染 miànyuán wūrǎn 非特定汚染源負荷.ノンポイント汚染:特定できない排出源による汚染.〔非 fēi 点源污染〕ともいう.
面约 miànyuē 面と向かって約束する.
面责 miànzé 面と向かって責める.
面杖 miànzhàng 麵棒.〔擀 gǎn 面杖〕ともいう.
面赵 miànzhào〈文〉会って直接に返す.→〔完 wán 璧归赵〕
面罩 miànzhào ①マスク.→〔面具〕 ②⇒〔面纱①〕
面值 miànzhí 経(紙幣・手形・証券などの)額面価格.公示価格:〔面值平价〕〔票 piào 面价格〕ともいう.〔~发行〕額面発行.〔~股票〕〔额 é 面股票〕額面株券.
面纸 miànzhǐ ⇒〔面巾纸〕
面嘱 miànzhǔ 面と向かって言いつける(頼む)
面砖 miànzhuān 外壁用(装飾)レンガ.
面酌 miànzhuó〈文〉面会して相談する.
面子 miànzi ①〈喩〉.体面.面目.〔~工程 chéng〕面子を立てるためのプロジェクト.〔~事儿〕面子にかかわること.〔爱~〕〔要~〕体面を重んじる.〔丢 diū ~〕面子をなくする.〔留 liú ~〕相手の顔をつぶさないようにする.〔没有~〕面子がない.

面眄喵苗描瞄鹋秒䏚 miàn~miǎo

〔~推 tuī 住了〕〔~推到那儿〕体面上(交際上)やむをえない(状態に至っている). ②情誼.義理ému. 〔~活 huó 儿〕面子のための事業.義理でやる仕事. 〔给 gěi ~〕〔看 kàn ~〕〔讲 jiǎng ~〕義理をたてる(てやる). 〔给他一个~,让他一点〕彼の顔をたてて少し譲ってやる. 〔碍 ài ~〕情にほだされる. 〔顾 gù 全~〕よしみを充分に考に入れる. ④表層.見かけ. 〔~货 huò〕見かけばかりの品. 〔~情儿〕うわべだけの交情. 〔别净做~活,犄里旮旯儿的事情也要顾到〕うわべだけを取り繕うような仕事をしてはいけない,すみずみのことまで心がけねばならない. ④(衣類・帽子・布靴などの)表地(おもて). 〔面(儿)⑨〕ともいう.↔〔里 lǐ 子 ①〕 ⑤〔口〕幅.〔~有多宽 kuān〕幅はどれくらいあるか. ⑥粉末.〔~药 yào〕粉薬.〔煤 méi ~〕〔煤面儿〕〔粉 fěn 煤〕微粉炭.

面奏 miànzòu 直接に奏上する.

〔眄〕 miàn miǎn の又音.

miao ㄇㄧㄠ

〔喵〕 miāo 〈擬〉ニャーオ:猫の鳴き声.〔小猫儿~~地叫〕子猫がニャーと鳴く.→〔咪 mī 咪①〕

〔苗〕 miáo ①〔-儿〕新芽.苗.若葉.〈略〉.〔树 shù ~〕木の苗.〔蒜 suàn ~〕④にんにくの薹.⑤にんにくの若い青葉・茎. ②穂の出る前の(米・麦などの)作物.〔青 qīng 苗〕.〔小~儿〕まだ小さな(よく伸びていない)作物. ③〔-儿〕後代の人.子孫.〔单根独~〕一粒種.〔他家就这一根~〕彼の家には若い後継者がこの子一人しかいない. ④〔-儿〕新芽の萌え出る感じに似たもの.〔火~〕ほのお.〔灯 dēng ~〕灯火のほのお. ⑤養殖魚や培養物の種苗.〔鱼 yú ~〕孵化したての稚魚.〔痘 dòu ~〕ワクチン.〔痘 dòu ~〕〔牛痘~〕医種痘の苗.〔卡 kǎ 介~〕医BCG(ワクチン).⑥〔口〕糸口.端緒.気配.兆候.〔这事好容易有点儿了〕この事はやっとのことで少し端緒が開いてきた.〔瘟 wēn 疫刚露~儿就扑灭了〕流行病が流行の気配を示したばかりのところで撲滅された. ⑦〔苗头〕⑦〔苗族〕〔姓 kuàng ~〕〔露 lù 头〕同前. ⑧→〔苗族〕〔姓（ミョウ）〕苗(ミョウ).

苗床 miáochuáng 苗床.
苗而不秀 miáo ér bùxiù 〈成〉稲の草丈だけ伸びて穂ができない.〈喩〉④素質を持ちながら夭折する. ⑤うわべだけで中身がない.→〔秀①〕
苗家 miáojiā ミャオ族の人.〔~姑娘〕ミャオ族の娘.
苗疆 miáojiāng 回ミャオ族の居住地域.
苗剧 miáojù ⇒〔苗戏〕
苗距 miáojù 農苗と苗の間距.
苗民 miáomín 回ミャオ族(蔑称).→〔苗族〕
苗木 miáomù 苗木.
苗圃 miáopǔ 苗圃(ほ).苗畑.
苗期 miáoqī 農(作物の)苗の段階.
苗情 miáoqíng 農(作物の)苗の段階の生長ぶり.〔小麦~很好〕(出穂前の)小麦の生長は順調だ.
苗儿 miáor 〔方〕兆候.兆し.
苗条 miáotiao =〔条苗〕〔女性の体つきが〕ほっそりしている.しなやかで美しい.スマートである.〔~装 zhuāng〕スリムパック.
苗头 miáotou 芽.兆し.前兆.前ぶれ.〔事情见得有点~了〕事は少し糸口が出てきた(好転してきた).〔这都是要起风暴的~〕これはすべて嵐の前兆だ.〔这事势必闹不下对〕このことの風向きはよくない.
苗戏 miáoxì 劇ミャオ族の芝居:〔苗剧〕ともいう.

〔湘西~〕湖南省西部の同前.
苗绣 miáoxiù ミャオ族の刺繍.
苗绪 miáoxù 同下.
苗裔 miáoyì =〔苗绪〕〔苗胤〕〈文〉後裔.遠い子孫.
苗胤 miáoyìn 同上.
苗语 miáoyǔ 語ミャオ語:漢語系に属する.
苗寨 miáozhài ミャオ族の集落.
苗猪 miáozhū 子豚.
苗子 miáozi ①若苗.苗. ②若い後継者.継承者.〔这孩子是个好~〕この子は将来性のある後継者だ.⑤芽.兆し.〔苗头〕.
苗族 miáozú ミャオ族:中国少数民族の一.多く貴州省東南部および湖南省西部に住み,また広西・四川・広東などにも住む.

〔描〕 miáo ①敷き写しをする.模写する.〔~图 tú 案〕図案を模写する. ②上から重ねてかく.なぞる.〔写字不要~〕字を書く時なぞってはいけない.

描补 miáobu 〔方〕繰り返して述べる.付け足して言う.〔劳驾,您再~一遍,我没听清楚〕ご面倒ですがもう一度説明して下さい,はっきり聞きとれませんでした.
描红 miáohóng ①敷き写しする:朱で字が印刷されている習字の手本をなぞること. ②同前の手本(紙).〔~格 gé〕〔~模 mú 子〕〔~纸〕〔红模子〕同前.
描画 miáohuà 描く.描写する:多く比喩に用いる.
描绘 miáohuì 描く.描写する.
描记 miáojì 電気信号によって描き出された線グラフ.〔心电图~〕心電図のグラフ.
描金 miáojīn 装漆器・柱・壁などに金・銀粉で模様を施す(したもの).〔~柜 guì〕蒔絵の櫃(ひつ).
描眉 miáoméi 眉をひく.〔~画鬓 bìn〕〔慣〕形を美しくする.
描摹 miáomó =〔摹写①〕①模写する. ②(文字・言葉で)表現する.〔喜怒哀乐~得很逼真〕喜怒哀楽の表現が真に迫っている.
描述 miáoshù 〔描叙〕述べ表す.描写して述べる.〔难以用文字来~〕文字(文章)では述べ表すことは難しい.
描图 miáotú 原図をトレースする.〔~纸〕トレーシングペーパー.→〔透 tòu 写纸〕
描写 miáoxiě 描写する.〔这篇小说是~爱情的〕この小説は愛情を描写したものだ. ②記述する.〔~词 cí 汇学〕回記述語彙論.
描叙 miáoxù ⇒〔描述〕
描着模儿 miáozhemúr 〔方〕ぼんやりとおぼえている.〔这个人~在哪儿见过似的〕この人はどこかで会ったことがあるような気がする.〔仿 fǎng 佛〕
描状 miáozhuàng (文字やせりふで)表現する.描写する.

〔瞄〕 miáo 視線を一点に集中する.狙いを定める.〔~着靶 bǎ 子放枪〕射的を狙って発砲する.

瞄准(儿) miáozhǔn(r) ①(銃口・砲口・弓などの)照準を定める. ②狙いを定める.〔~市场〕市場を目標にする.

〔鹋・鶓〕 miáo ①→〔鸸 ér 鹋〕 ②〔姓（ミョウ）〕鶓（ミョウ）.

〔秒〕 miǎo 〈文〉①木のこずえ. ②〈転〉(年月・季節の)末.〔~末 mò〕終末.終わり.〔春~〕春の終わり.〔岁 suì 之~〕年末.〔月 yuè ~〕月末.

〔䏚〕 miǎo 中医わき腹.

[眇(眇)] miǎo
〈文〉①片目が見えない. 独眼である.〔転〕片目が見えない.〔~眼 yǎn〕同前.〔左目~〕左目が見えない. ②目を細めて見る. ③微小である.〔~小〕同前.

眇乎 miǎohū 〈文〉微少なさま.〔~其小〕ほんのかすかで小さい.

眇眇 miǎomiǎo ①〈文〉微少なさま.〔~小小〕同前.〔~忽忽 hū hū〕かすかで見定め難い. ②はるかに遠いさま.

眇目 miǎomù 〈文〉①片目. ②目を細くして見る(蔑視する目つき)

眇视 miǎoshì ①〈文〉片目で見る. ②⇒〔渺视〕

眇微 miǎowēi 〈文〉極めて微小である.

[秒] miǎo
①〈度〉秒.⑧時間の単位. 1〔分 fēn〕の60分の1.〔分一必争〕寸秒をおろそかにしない.⑥角度・経緯度の単位. 1〔分〕の60分の1.〔角 jiǎo 秒〕ともいう. ②〈文〉穀物の"のぎ". "のげ".〔麦 mài ~〕麦の"のぎ"

秒表 miǎobiǎo ストップウォッチ:〔马 mǎ 表〕に同じ.〔电子~〕電子ストップウォッチ.

秒差距 miǎochājù 因パーセク. 記号 pc:天体の距離を表す単位.

秒立方米 miǎo lìfāngmǐ 〈度〉秒立方メートル.

秒针 miǎozhēn (時計の)秒針;俗に〔忙 máng 针儿〕という.〔刻 kè 针〕は旧称.→〔分 fēn 针〕〔时 shí 针〕

[渺(渺・淼)] miǎo
（Ⅰ）〔渺〕①微小である.〔~不足道〕微小で取るに足りない. ③はるかに遠くぼんやりしている.〔~若烟云〕渺茫(ぼう)として雲煙のようだ.〔~无人迹〕人がいた気配もない.
（Ⅱ）〔渺・淼〕①水が広がり果てしない.〔烟 yān 波浩~〕かすんだ水面が波うちはるかに広がっている. ②〈姓〉淼(びょう).

渺漫 miǎomàn 〈文〉(山々や水面が)果てしなくはるかである.

渺茫 miǎománg ①遠くてはっきりしない. ぼんやり広がってはっきりしない.〔杳信~〕杳(よう)として消息がない. ②確かめられない. 予測できない. 漠然としている.〔~无凭 píng 的事〕つかみどころのないこと.〔成功的希望是很~的〕成功の見込みはなかなかつかない.

渺弥 miǎomí 同下.

渺渺 miǎomiǎo =〔渺弥〕〈文〉①水面・海面が広々として果てしない. はるか果てしない. ②微小なこと. かすかなこと.

渺然 miǎorán 遠くぼんやりとしていて形跡が見えないさま.

渺视 miǎoshì =〔眇视②〕〔藐视〕見下げる. 小さく見る. 軽視する.

渺无人烟 miǎo wú rényān〈慣〉見渡す限り人や煙がない:荒はてて人気(げ)のないさま.

渺无音信 miǎo wú yīnxìn〈慣〉音信が全く無い.

渺小 miǎoxiǎo 微小である. ごく小さい:〔藐小〕とも書く.

渺远 miǎoyuǎn ⇒〔邈远〕

[缈・縹] miǎo →〔缥 piāo 缈〕

[邈] miǎo
〈文〉遠い. はるかである.〔~然 rán〕〔~~〕同前のさま.〔~不可闻 wén〕音(声)遠くして聞きとれない.

邈远 miǎoyuǎn〈文〉遠くはるかである:〔渺远〕とも書く.

[藐] miǎo
①〈文〉小さい. ②気にとめない. 注意しない. ③軽視する. さげすむ.

藐孤 miǎogū〈文〉幼い孤児.

藐姑射 miǎogūyè 古はこやの山. 姑射(ゃ)山:仙人が住むといわれる伝説の山(荘子)

藐藐 miǎomiǎo〈文〉①大なるさま.〔~昊 hào 天〕広々とした天空. ②軽視するさま.〔听之~〕これを聞いても耳を傾けない.〔言者谆 zhūn 谆, 听者~〕言う方は口を酸っぱくして言っても聞く側が聞き入れない.

藐视 miǎoshì 見下げる. 軽視する:〔渺视〕に同じ.〔~对方〕相手を見くびる.

藐小 miǎoxiǎo ⇒〔渺小〕

[妙(玅)] miào
①深く優れている.〔这个法子真~〕このやり方は実にうまい.〔说得真~〕言い方が大変たくみだ.〔见事不~就跑了〕形勢が悪い(まずい)と見て逃げだした.〔叫他们知道了才~呢〕彼らに知られでもしたらそれこそだ. ②人知が及ばない. 不可思議である.〔奥 ào ~〕玄妙である.〔~理〕深奥な理論〔莫名其~〕〈慣〉その玄妙な点(深い事情)がわからない:何が何やらわからない. ③〈姓〉妙(ぷ)

妙笔 miàobǐ 〈文〉絵画や文章のすぐれた書きかた.

妙笔生花 miàobǐ shēnghuā〈成〉文才・画才などの傑出したさま.

妙不可言 miào bù kěyán〈慣〉口で言い表せないほどよい:〔妙不可酱油〕同前.〔言〕が〔盐 yán〕(塩)と同音であるところからのだじゃれ.

妙策 miàocè 妙案.

妙处 miàochù おもしろい所. すばらしい点.〔它的~在哪里〕それのおもしろさはどこだい.

妙谛 miàodì 妙理. 奥義.

妙法 miàofǎ ①非常によい方法(思いつき).〔有什么~〕何かよい方法があるか. ②因(仏教の)深遠な仏法.

妙极 miàojí ⇒〔奇 qí 绝〕

妙计 miàojì =〔妙略〕うまい計略. いい手. 妙計.

妙境 miàojìng 妙(ょ)なる境地(境遇)

妙句 miàojù うまい文句. キャッチフレーズ.

妙诀 miàojué 秘訣. 奥の手. こつ.

妙绝 miàojué〈文〉絶妙である.〔~千古〕古今にたぐいまれ(立派)である.

妙丽 miàolì ①華麗である. ②美しい若い女性.

妙龄 miàolíng (女性の)妙齢. 青春期.〔有一个~女子〕年ごろの娘がいる.

妙略 miàolüè ⇒〔妙计〕

妙论 miàolùn 巧みな言論.

妙年 miàonián〈文〉青春期. 少壮期.

妙品 miàopǐn 傑作. 名作もの(芸術品に用いる).→〔神 shén 品〕

妙趣 miàoqù 優れた趣.〔~横 héng 生〕〈慣〉妙趣が横溢(いつ)する:言葉・文章・芸術などについていう.

妙手 miàoshǒu ①優れた手腕.〔~成春〕=〔回春〕優れた腕が健康を取り戻してくれる:医者をほめたたえる言葉.〔着 zhuó 手成春〕〔着手回春〕ともいう. ②妙手.〔绝 jué 代~〕絶世の妙手.〔~空 kōng 空〕技法・手段が絶好である.

妙算 miàosuàn 妙策.

妙想 miàoxiǎng 奇抜な(うまい)思いつき.〔~天开〕〔异 yì 想天开〕奇想天外(なことを考える)

妙药 miàoyào 妙薬.〔灵 líng 丹~〕同前.

妙用 miàoyòng すばらしい効きめ. 不思議な作用. ②巧みに運用する.

妙语 miàoyǔ しゃれ. 味のある言葉. 警句.〔~解 jiě 颐〕〈成〉味のよい話で大笑いする.〔~联 lián 珠〕〔~如珠〕〈成〉うまいはまり文句を連発させて言う.

妙在言外 miào zài yánwài〈慣〉言うに言われぬ良さがある. 言外に妙味がある.

妙招(儿) miàozhāo(r) =〔妙着②〕奇策. 奇手.

miào～miè

妙着 miàozhāo ①〔囲碁・将棋で〕うまい手. ②同上.

[庙・廟] miào
①廟(ぴょう):旧時,祖先の位牌を祭る場所.〔宗 zōng～〕(天子や諸侯の)一族の霊廟.〔家～〕〔家祠 cí〕一家の同前. ②社(やしろ).祠(ほこら).寺.廟:神仏・聖賢などを祀(まつ)った所.儒教・道教・仏教その他土着宗教など祭祀の建物.〔土地 dì 神～〕うぶすな神(土地の神)の社.〔关(关)～〕〔武 wǔ 帝～〕関羽の廟.〔和 hé 尚～〕仏寺.〔喇 lǎ 嘛～〕①ラマ寺.〔孔 kǒng(子)～〕〔文〕孔子廟.〔开～〕@ご開帳.⑤縁日.〔一个～里排出来的〕〈喩〉同じ穴のむじな.〔～还是那个～,神不是那个神了〕〈喩〉外形は変わりないが内容は元のと違う.〔只剩 shèng 下～了,廟里没什么神(元气)了〕〈喩〉形だけで精神(元気)がない. ③廟の縁日.〔逛 guàng～〕縁日に出かける.〔赶 gǎn～〕〔赶会〕⑤縁日に店を出しに行く.⑥(同じく)買いものに行く. ④〈文〉朝廷.→〔庙堂①〕 ⑤〈文〉亡くなった皇帝を指す. ⑥〈姓〉廟(ぴょう).

庙董 miàodǒng 寺の世話人.氏子総代.

庙号 miàohào 〈文〉①亡くなった皇帝を太廟に祭るときの贈り名.〔～太宗〕太宗と贈り名をした.→〔圣 shèng 讳〕 ②亡くなった父の位牌.

庙会 miàohuì (寺社の)縁日:〔<口>庙市〕ともいう.春節の市(いち)もいう.〔文化〕同前.

庙讳 miàohuì 〈文〉皇室の祖先の贈り名.〔犯～〕同前の字を使用してしまうこと.

庙廊 miàoláng ⇒〔庙堂①〕

庙谟 miàomó =〔庙谋〕〈文〉朝廷の方針(方策)

庙谋 miàomóu 同上.

庙寝 miàoqǐn →〔寝庙〕

庙食 miàoshí 〈文〉功労のあった人を廟に祭ること.

庙算 miàosuàn 〈文〉朝廷のたてた作戦計略.

庙堂 miàotáng ①=〔庙廊〕〈文〉朝廷.〔～文学〕王朝文学.②廟の霊屋. ③⇒〔庙宇〕

庙田 miàotián 寺社所有の畑.

庙议 miàoyì 〈文〉朝廷の決定.

庙宇 miàoyǔ =〔庙堂③〕廟宇.神社仏閣.

庙主 miàozhǔ 〈文〉①祖廟の位牌. ②寺社の住職.〔庙首〕〔庙头〕ともいう.

庙祝 miàozhù 寺廟の香火を管理する者.寺男:〔<口>香 xiāng 火②〕ともいう.

[缪・繆] miào
〈姓〉繆(びゅう). →miù móu

mie ㄇㄧㄝ

[乜] miē →niè

乜斜 miēxie 〔乜些〕とも書く. ①横目を使う.すがめでみる:不快や軽蔑を示す.〔正经人决不～着眼睛看人〕まじめな人はけっして横目で人を見たりしない. ②(眠くて,また酔って)まぶたがくっついている.〔～倦眼〕ねぼけて物憂い目をする. ③よろよろ(斜めに)歩く.

乜乜斜斜 miēmiēxiéxié 〔乜乜些些〕とも書く. ①ぼんやりしている.〔醉 zuì 得～地两脚直伸蒜〕酔っぱらってひょろひょろと両足がしきりにもつれている. ②横目(色目)をつかう.流し目に見る.

[咩(哔・哗)] miē
=〔羋 mǐ ①〕(擬)メエー:〔羊 yáng～～地叫〕メエーと羊が鳴く.

[灭・滅] miè
①(火や明かりなど)消える.消す.消えさせる.〔火～了〕火が消えた.〔～灯〕明かりを消す.〔把灯吹～了〕明かりを吹き消した. ②(消えて)なくなる.消滅する.〔磨 mó ～〕磨滅する.〔消～〕消滅する(させる).〔～了踪 zōng 迹〕ゆくえをくらませた. ③没する.水没する. →〔灭顶〕 ④滅ぼす.退治する.〔蚊 wén 器〕蚊取り器.〔蝇 yíng 器〕蝿を撲滅する.

灭茬 mièchá 農刈り株を取りはらう.

灭虫 mièchóng 害虫を退治する.

灭此朝食 miè cǐ zhāoshí 〈成〉朝めし前に敵を片付ける:断乎として即座に敵を消滅する決意を表す.

灭顶 mièdǐng =〔没 mò 顶〕頭の上まで水がくる.溺死する.〔～之灾 zāi〕〈喩〉壊滅的な災難.

灭荒 mièhuāng ①凶作をなくす. ②荒れた土地を緑化する.

灭火 mièhuǒ ①消火する.火を消す:〔熄 xī 火〕に同じ.〔～弹 dàn〕消火弾.〔～剂 jì〕消火剤.〔～沙〕消火用の砂. ②動力が停止する.〔汽车～了〕車がエンストした.

灭火器 mièhuǒqì 消火器:〔灭火机〕〔灭火筒〕ともいう.〔四氯化碳～〕四塩化炭素消火器.〔二氧化碳～〕炭酸ガス消火器.〔酸碱式～〕酸アルカリ消火器.〔粉末～〕粉末消火器.

灭迹 mièjì ①(悪事の)痕跡をなくす.〔杀人～〕人を殺して証拠を隠滅する. ②〈文〉世俗から身を隠す.

灭绝 mièjué ①絶滅させる(する). ②全く喪失する.〔～天良〕良心のかけらもない.〔～人性的暴行〕非人間的な残虐きわまる暴行.

灭菌 mièjūn 滅菌する.殺菌する.

灭口 mièkǒu (秘密を知っている人を殺して)口封じをする.〔杀 shā 人～〕同前.

灭雷艇 mièléitǐng ⇒〔扫 sǎo 雷艇〕

灭螺工作 mièluó gōngzuò 住血吸虫の中間宿主である〔钉 dīng 螺〕(みやりがい貝の類)を撲滅する仕事:〔消灭钉螺工作〕の略.

灭门 mièmén 一家を滅ぼす(される).〔～之祸〕一家を滅ぼす災難.〔～绝户〕一家を絶やす(が絶える)

灭没 mièmò 無くなる.〈転〉死ぬ.

灭杀 mièshā 消滅させる.薬で退治する.

灭失 mièshī ①〔法〕(物)がなくなる.失う. ②消滅する.損失する.

灭亡 mièwáng 滅亡する(させる)

灭息 mièxī 〔灭熄〕とも書く.なくなる.消滅する.

灭性 mièxìng ①生命を失う. ②人間性を失う.

灭蚊 mièyǐ アリを駆除する.〈喩〉運び屋を摘発する.

灭种 mièzhǒng ①民族が絶滅する.〔亡国〕国家民族を絶滅させる. ②種(たね)を絶つ(やす).〔濒临～〕絶滅の危機に瀕(ひん)する.

灭资兴无 mièzī xīngwú 〔兴无灭资〕ブルジョア意識を打破しプロレタリア意識を高める:文化大革命期のスローガン.

灭族 mièzú 固〔刑罰で〕一族皆殺し(にする)

[蔑(衊)・衊] miè
〈文〉(Ⅰ)蔑(衊)〈文〉①侮る.軽んずる.〔轻 qīng～〕軽蔑(する). ②微小である. ③ない.〔有死而已,吾～从之〕死んでも服従しない. (Ⅱ)衊 〈文〉誹謗(ひぼう)する.中傷する:もとは血で汚す意.〔污 wū ①〕〔诬 wū ～〕デマをとばして人の名誉を傷つける.

蔑称 mièchēng ①軽んじた呼び方をする. ②蔑称. →〔称(Ⅰ)②〕

蔑儿 miè'ér 〈文〉非常に小さいさま.

蔑弃 mièqì 〈文〉捨て去る.

蔑如 mièrú 〈文〉侮り軽蔑する.

蔑视 mièshì 蔑視する.軽視する.〔～困难〕困難をものともしない.

miè～mín 篾蠛民

〔篾（篾）〕 miè
竹（または葦や高粱がらなど）を薄く割ったもの：各種の器物を作る材料となる：〔籴 mí〕に同じ．〔～丝 sī〕同前．〔竹 zhú ～〕竹のひご．〔细 xì ～ 儿〕細い竹ひご．

篾白 mièbái ⇒〔篾黄〕

篾尺 mièchǐ 材木の円周を量るための薄い竹製の物差し．

篾工 mièɡōnɡ ①竹細工．②⇒〔篾匠〕

篾黄 mièhuánɡ 竹の外皮の内側の部分（質がもろく柔らかい）：〈方〉篾白ともいう．

篾货铺 mièhuòpù 竹細工店．

篾匠 mièjiànɡ 竹細工師：〔篾工②〕ともいう．

篾篓 mièlǒu 竹籠．

篾片 mièpiàn ①竹を薄く割った竹片．②旧富豪の取り巻き連．

篾青 mièqīnɡ 竹の外皮（質が硬い）

篾条 mièitáo （竹かごなどの材料にする）細く割った竹．

篾席 mièxí 竹で編んだござ．

篾箱子 mièxiānɡzi 竹行李．

篾子 mièzi 竹のひご：〔篾片①〕〔篾条〕に同じ．〔～篅 ɡū〕竹の篅（ｓ）

〔蠛（蠛）〕 miè

蠛蠓 mièměnɡ 国ヌカカ：〔蠓〕の古名．→〔蠓 měnɡ 虫儿〕

min ㄇㄧㄣ

〔民〕 mín
①民（ミ）．庶民．民衆．〔居～〕住民．〔～国〕国民．〔国计～生〕国の経済と民生．②（官に対して）民（の）．民間（の）．③ある民族の人．〔汉～〕漢族の人．〔藏 zànɡ ～〕チベット族の人．④ある職業・業務に従事する人．〔农 nónɡ ～〕農民．〔股 ɡǔ ～〕投資家．⑤非軍事的の．軍事以外の．〔～用机场〕民用空港．⑥〈姓〉民（ミ）

民办 mínbàn 民営（でする）．〔～教 jiào 师〕④非正規教員．代用教員．⑤民営学校教員．〔～学校〕〔民校②〕〔民学〕民営の学校．私立学校．→〔公 ɡōnɡ 办〕

民变 mínbiàn 旧民間の暴動．→〔兵 bīnɡ 变〕

民兵 mínbīnɡ 民兵：生産から離れない大衆の武装組織．またその成員．〔～师 shī〕民兵師団．〔女～〕女性民兵．→〔基 jī 干民兵〕

民不聊生 mín bù liáoshēnɡ〈成〉人民が安心して生活できない．

民船 mínchuán （軍船に対して）民用船．民間船．

民粹派 míncuìpài 史人民主義者：ナロードニキの訳語．〔民粹主义者〕ナロードニキ主義者．

民调 míndiào 世論調査：〔民意調査〕の略．

民法 mínfǎ 法民法．

民房 mínfánɡ 民家．個人所有の家屋．

民愤 mínfèn 大衆の恨み・怒り．

民风 mínfēnɡ 民間の風俗．社会の気風．

民伕 mínfū 旧夫役にかり出されたもの：〔民伏〕とも書いた．

民负 mínfù 人民の負担．

民膏 mínɡāo →〔民脂民膏〕

民告官 mínɡàoɡuān〈口〉民間人が官庁（政府）を相手に裁判を起こす（こと）．→〔行 xínɡ 政诉讼〕

民歌 mínɡē 民謡．民間の歌謡．〔新～〕ニューフォーク（ソング）

民革 mínɡé ⇒〔中 zhōnɡ 国国民党革命委员会〕

民工 mínɡōnɡ ①国の土木工事などに臨時に参加する人々：農民が多い．②農村からの出稼ぎ労働者：〔农 nónɡ 民工〕の略．〔～潮 cháo〕⓸同前の大移動．⓹出稼ぎブーム．〔～荒 huānɡ〕同前の不足現象．

民公 mínɡōnɡ 圃皇室以外の一般人から昇進して公爵に封ぜられたもの．

民国 mínɡuó 民国：〔中 zhōnɡ 华民国〕（中華民国）の略称．

民航 mínhánɡ 民間航空：〔民用航空〕の略．

民户 mínhù ①旧土着民．定住民．②圃漢人（満州人以外の人民）

民患 mínhuàn 民の禍（のもと）

民家 mínjiā 民家．一般大衆の家．②⇒〔白 bái 族〕

民间 mínjiān ①民間．庶民の間．〔～故事〕民話．〔～文学〕民間文学：民間伝承される神話・伝説・民話・歌謡などの総称．〔～艺 yì 术〕民間芸術．フォークアート．〔～艺 yì 人〕大道芸人．②（官に対して）民間の．〔～贸易〕民間貿易．〔～资本〕民資〕民間資本．〔～组织〕民間組織．〔～空间〕政府の関与しない自由な地．民間（の）．

民建 mínjiàn ⇒〔中 zhōnɡ 国民主建国会〕

民进 mínjìn ⇒〔中 zhōnɡ 国民主促进会〕

民警 mínjǐnɡ 警察：〔人 rén 民警察〕の略．〔～岗楼〕十字路などにある交通整理用の交番．〔交通～〕交通巡査．

民居 mínjū 民家．一般大衆の住居．

民局 mínjú ⇒〔民（信）局〕

民军 mínjūn 史辛亥革命の時期，清朝政府軍に対する革命軍．

民康物阜 mínkānɡ wùfù〈成〉人々の生活が安定していること．

民困 mínkùn ⇒〔民瘼〕

民力 mínlì 民力．人民の財力．

民盟 mínménɡ ⇒〔中 zhōnɡ 国民主同盟〕

民命 mínmìnɡ 人民の生命．

民瘼 mínmò〈文〉人民の苦しみ：〔民困〕に同じ．

民牧 mínmù〈文〉牧民官：多く直接人民に接する県知事をいう．

民埝 mínniàn 旧民間で造築した堤防．↔〔官 ɡuān 堤〕

民女 mínnǚ 旧民家の女．

民品 mínpǐn 民需品．→〔军 jūn 品〕

民企 mínqǐ 民間企業：〔民営企业〕の略．→〔国 ɡuó 企〕

民气 mínqì 人民大衆の気持ち・気概．〔～旺盛〕人民の気persch sgaiんである．

民情 mínqínɡ ①民情．民間の実情．②人民の心情．大衆の感情．

民穷财尽 mínqiónɡ cáijìn〈成〉人民が生活に困窮する．

民权 mínquán 民権．人民の権利．

民权主义 mínquán zhǔyì →〔三 sān 民主义〕

民社 mínshè〈文〉人民と社稷（国家）

民生 mínshēnɡ 人民の生活・生計．〔～凋 diāo 敝〕人民の生活が疲弊する．

民声 mínshēnɡ 人民の声．民衆の要望．

民生主义 mínshēnɡ zhǔyì →〔三 sān 民主义〕

民师 mínshī〈文〉人民の師表．

民时 mínshí〈文〉農時．

民食 mínshí 人々の食生活．

民事 mínshì ①法民事：〔刑 xínɡ 事〕に対していう．〔～案件〕民事事件．〔～法庭〕民事法廷．〔～权利〕民法上の権利．〔～诉讼〕民事訴訟．〔～义务〕民事上の義務．〔～责任〕民事上の責任．②〈文〉まつりごと．政事．③〈文〉農事．④〈文〉夫役（ぶ）

民 / mín

民庶 mínshù 〈文〉庶民.人民.

民俗 mínsú 民俗.民間の風俗習慣.〔～文化〕風俗習慣などの文化現象.〔～学〕民俗学.

民天 míntiān 〈文〉食糧.→〔民以食为天〕

民田 míntián 人民私有の田地.

民庭 míntíng ⇒〔民事法庭〕

民团 míntuán 旧(地主などが組織した)民間の自衛団.

民望 mínwàng ①民衆の望み. ②民衆の間の声望(のある人)

民先(队) mínxiān(duì) ⇒〔中 zhōng 华民族解放先锋队〕

民献 mínxiàn 〈文〉民間の賢者.

民校 mínxiào ①成人に対する学校:〔业 yè 余学校〕に同じ. ②⇒〔民办学校〕 ③旧農民に文字や基本的な普通科目を教える学校.

民心 mínxīn 民心.〔～向背〕人々の心情・考えの向かうところと反対するところ.

民(信)局 mín(xìn)jú 旧 清私設郵便局.飛脚問屋:単に〔信局〕ともいった.

民选 mínxuǎn 人民が選ぶ.〔～村长〕村民の直接投票で選ばれた村長.

民学 mínxué ⇒〔民办学校〕

民谚 mínyàn 民間に伝承されている諺.

民窑 mínyáo 民間の窯,またそこで焼かれた陶器.↔〔官 guān 窑〕

民谣 mínyáo 民謡:多くは時事や政治などに関するものをさす.

民彝 mínyí 〈文〉人民の不変の性質.

民以食为天 mín yǐshí wéitiān 〈成〉民は食を以て天となす.人民は食に頼って生きるから,食を最も大切なものとする(管子)→〔民天〕

民意 mínyì 民意.〔～测 cè 验〕〔～调查〕〔民调〕世論調査.

民隐 mínyǐn 〈文〉人民の隠された(表に現れない)苦しみ.

民营 mínyíng 民営.民間の個人また集団の経営する.〔～经济〕民間経済.〔～企业〕民営企業.

民用 mínyòng 民用(民間)の使用(利用)する.〔～航 háng 空〕〔民航〕民間航空.→〔公 gōng 用〕〔军 jūn 用〕

民怨 mínyuàn 人民が為政者に対して抱いている恨み.〔～沸 fèi 腾〕〈成〉同前が沸騰する.

民约 mínyuē 社会契約.〔～说〕社会契約論.

民乐 mínyuè 民间[民族]の器楽.〔～队 duì〕同前の楽隊.

民运 mínyùn ①一般人民の生活物資の運輸. ②旧私営の運輸業. ③史共産党の人民に対する宣伝組織活動. ④民衆運動:〔民众运动〕の略. ⑤民主化運動:〔民主化运动〕の略.〔～人士〕民主化運動家.

民运会 mínyùnhuì 〔全 quán 国少数民族传统体育运动会〕の略.

民贼 mínzéi 人民を害する賊.

民宅 mínzhái 民家.一般住宅.

民政 mínzhèng 民政:国の内政業務のうちの民間組織管理・災害救済・地域社会・社会福祉・婚姻・選挙など.

民脂民膏 mínzhī míngāo 〈成〉人民の膏血:〔民膏民脂〕ともいう.〔搜刮～〕人民の膏血をしぼりとる.

民智 mínzhì ①国民の教育・知識水準. ②人民の知恵.

民众 mínzhòng 民衆(の).〔～版 bǎn〕普及版.〔～运动〕大衆運動.→〔群 qún 众〕

民主 mínzhǔ ①民主.民主主義:五四時期には〈音訳〉德 dé 谟克拉西〕(デモクラシー)ともいった.〔～改革〕史民主的な改革(特に解放初期の).〔～革命〕史ブルジョア革命.民主主義革命.〔～人士〕史新民主主義の時期における〔民主党派〕に属する人々及び無党派の愛国的な人々.〔～主义〕民主主義.デモクラシー:五四時期には〔平 píng 民主义〕ともいった. ②民主的である.ひらけている.〔没有～〕民主的でない.〔他很～〕彼はなかなか民主的だ.〔～办厂〕民主的に工場を運営する.〔～作风〕民主的な行き方・やり方.

民主党派 mínzhǔ dǎngpài 史共産党の指導する愛国統一戦線に参加している各党派:〔民主各党各派〕をいう.国民党革命委員会・民主同盟・民主促進会・農工民主党・致公党・九三学社・台湾民主自治同盟など.

民主德国 mínzhǔ déguó →〔德意志〕

民主国 mínzhǔguó 民主国家.→〔共 gòng 和国〕

民主集中制 mínzhǔ jízhōngzhì 民主を基礎とした集中指導体制.

民壮 mínzhuàng 旧①徴用された壮丁. ②州・県庁の衛兵.

民资 mínzī 民間資本:〔民间资本〕の略.

民族 mínzú ①民族.ネーション.〔～的愿 yuàn 望和利益〕民族の願望と利益.〔～隔阂〕民族間のへだたり.〔～魂 hún〕民族の魂.民族の心.〔～自决权〕民族自決権.〔～融合〕民族融合.〔～学〕民族学.〔～英雄〕民族の英雄.〔～资 zī 本〕民族資本.土着資本.〔～资产阶级〕民族ブルジョアジー.②少数民族.エスニックグループ:漢族に対し,各少数民族を示す.〔～体育〕民族独自の体育・スポーツ.→〔群群〕

民族地区 mínzú dìqū 少数民族居住地域:漢族を除く少数民族が多数を占める地域.居住地域の大小に応じて自治区・自治州・自治県などを設ける.〔～自治〕少数民族地域の自治.

民族工商业 mínzú gōngshāngyè 民族商工業:自国の民間資本で経営されている商工業.

民族共同语 mínzú gòngtóngyǔ 民族共通語:中国では〔北京语言为标准,以北方话为基础方言,以典范的现代白话文著作为语法规范的汉民族的共同语〕(北京語音を標準音とし,北方語を基礎方言とし,規範的現代中国語文による作品を語法の規範とする漢民族の共通語)とされる.〔～普 pǔ 通话〕

民族民主联合政府 mínzú mínzhǔ liánhé zhèngfǔ 史民族民主連合政府:同一地方または地区にいくつもの民族がいる場合,その地方における少数民族の平等権利が保障されての一つの〔～〕が作られる.〔新疆维吾尔自治区人民政府〕はその典型的なもの.1952年2月公布の〔政策～实施办法〕による.

民族统一战线 mínzú tǒngyī zhànxiàn 史民族統一戦線:国内各民族・各階級・各党派が連合する民族革命の最も広範な連盟.〔民族阵线〕ともいう.

民族文化宫 mínzú wénhuàgōng 民族文化宮:北京にある各少数民族の文化活動のセンター.

民族乡 mínzúxiāng 少数民族の居住区域における〔乡〕:〔乡〕に相当する行政単位.

民族形式 mínzú xíngshì 自民族の特色を保った政治・経済・文化・生活上の形式.

民族运动 mínzú yùndòng 民族解放運動:異民族支配に反対し,民族の平等・独立を求める解放運動.

民族主义 mínzú zhǔyì ①民族主義.ナショナリズム:〔种 zhǒng 族主义〕(人種主義.レイシズム)や,〔沙 shā 文主义〕(排外主義.ショービニズム)〔爱 ài 国主义〕(愛国主義.パトリオティズム)に対していう. ②→〔三 sān 民主义〕

mín～míng 芪岷珉緡忞玟旻皿闵悯泯抿筸湣慜瞖闽黾僶敏愍鳘名

〔芪〕 mín (作物が)晩生(おそ)(である).〔～高粱〕同前のこうりゃん.〔～棒 bàng子〕晩生(おそ)のもろこし.〔黄 huáng谷子比白谷子～〕黄粟は白粟より晩生である.

〔岷〕 mín 地名用字.〔～江〕回四川省にある.〔～山〕回四川省と甘粛省の境にある.〔～县〕回甘粛省にある.

〔珉(瑉·碈)〕 mín 玉に似た美石.〔玟〕に同じ.

〔緡·緍(緍)〕 mín 〈文〉①銭(ぜ)指しのひも.②ひもを通した銅銭.②量詞.同前の束を数える:1本が1000文に当たる.

〔忞〕 mín 〈文〉①努力する.努める.②おろかしい.〔～～〕おろかなさま.

〔玟〕 mín ⇒〔珉〕

〔旻〕 mín 〈文〉①秋.〔～序 xù〕同前.②空.〔苍 cāng～〕同前.
旻天 míntiān 〈文〉①秋.②空.青空.

〔皿〕 mǐn 〈文〉甴耳のある皿.〔器 qì～〕器(うつ)類.〔玻 bō璃器～〕ガラス類類.→〔碟 dié〕〔盘 pán〕
皿墩(儿) mǐndūn(r) 回さらあし:漢字部首の"皿".〔堆 duī(儿)〕〔一字底(儿)〕〔坐 zuò墩②〕ともいう.→付録1

〔闵·閔〕 mǐn ①〈文〉いたむ.哀れむ.〔～痛 tòng〕深く悲しむ.②〈文〉憂う.悲しむ.③〈姓〉閔(び)

〔悯·憫〕 mǐn ①気の毒に思う.哀れに思う.〔怜 lián～〕同前.②=〔愍〕〈文〉憂う.悲しむ.
悯测 mǐncè 〈文〉気の毒に思う.
悯然 mǐnrán 〈文〉①哀れむさま.②憂い悲しむさま.
悯惜 mǐnxī 〈文〉愛惜する.
悯恤 mǐnxù 〈文〉哀れみ恵む.

〔泯(冺)〕 mǐn 消える(す).なくなる(す る).〔良心未～〕良心はまだなくなっていない.〔～除 chú成见〕凝り固まった考えを除き去る.〔～然众人〕嗡〕名声が失われてしまったこと.
泯绝 mǐnjué 〈文〉滅亡する.
泯灭 mǐnmiè 〔痕跡·印象などが〕消えてなくなる.消滅する.〔难以～的印象〕消しがたい印象.
泯泯 mǐnmǐn 〈文〉①滅亡する.なくなる.②水の澄みきったさま.③乱れるさま.
泯没 mǐnmò 消えてなくなる.〔永不～〕いつまでもなくならない.

〔抿〕 mǐn (Ⅰ)(油や水をつけたブラシで)髪をなでつける.〔～发 fà〕〔～头 tóu〕同前.〔用子蘸 zhàn水～头发〕ブラシに水をつけて髪をなでつける.
(Ⅱ)①(口やばしなどを)すぼめる.軽くとじる.〔～着嘴儿笑〕口をすぼめて笑う.②(碗や酒杯にちょっと口をつけて)すった.〔～了一口茶〕ひとくちお茶をすった.〔茅台酒是名酒,不会喝也得～点儿〕茅台酒は名酒だから,飲めないにしてもちょっと味見ぐらいはしてくれ.
抿缸儿 mǐngāngr 女性の髪をなでつける油を入れた蓋付き碗形の器.
抿搭 mǐndā 〈方〉すぼめる.
抿子 mǐnzi 髪をなでつけるための小さなブラシ:〔筸子〕とも書いた.

〔筸〕 mǐn 竹を割って細くしたもの:〔竹 zhú蔑〕に同じ.

筸子 mǐnzi ⇒〔抿子〕

〔湣〕 mǐn 甴死後におくられる贈り名に用いた:魯の関公を〔湣公〕という.

〔慜(慜)〕 mǐn ⇒〔悯②〕

〔瞖(敃)〕 mǐn 〈文〉押しが強い.〔～不畏 wèi死〕成〕鼻っ柱が強くて死を恐れない(書經·康詰)

〔闽·閩〕 mǐn ①回福建省の別称.〔八～大地〕同前:福建は元代に8路,明代に8府に分けられたことから.〔～红〕同前産の紅茶.〔～粤 yuè两省〕回福建·広東の2省.②〔～江〕回福建省にある.③古国名.五代十国の一.④〈姓〉閩(び)
闽菜 mǐncài 福建料理.
闽方言 mǐnfāngyán =〔闽语〕回福建語:〔闽北話〕すなわち福建省北部および台湾の一部に分布している方言と〔闽南话〕すなわち福建省南部,広東省東部の潮州·汕頭一帯,海南島の一部,台湾の大部分に分布している方言からなる.
闽姜 mǐnjiāng ①回現在の福建省の地にいた種族名.②五代十国の一.③福建産のしょうが.
闽剧 mǐnjù 回福建省の閩侯·福建一帯に発し,福州方言で演じる一種の地方劇:明末から清の中葉にかけて生まれたもの.〔福州戏〕ともいう.
闽语 mǐnyǔ ⇒〔闽方言〕

〔黾·黽〕 mǐn =〔僶〕〈文〉努め励む.→miǎn
黾勉 mǐnmiǎn 〈文〉努める.励む.〔僶俛〕とも書いた.

〔僶·僶〕 mǐn ⇒〔黾〕

〔敏〕 mǐn ①すばしこい.すばやい.〔～于事而慎 shèn于言〕〔論語·学而〕言うことは慎重で事をなすにはすばやい:不言実行.〔神経过～〕神経が過敏である.②さとい.聡明である.③努める.〔勤 qín～〕努め励む.④〈姓〉敏(び)
敏感 mǐngǎn ①敏感(である).デリケート(である).②鋭い反響がある.強い反応を招く.〔～(性)行业〕国際市場などの影響を受けやすい業種.
敏慧 mǐnhuì 〈文〉敏感で賢い.俊敏で智恵がある.
敏捷 mǐnjié 敏捷である.すばしこい.すばやい.〔动作～〕動作がすばしこい.〔～制造〕回アジャイル生産.
敏锐 mǐnruì 鋭敏である.鋭い.〔～的观察力〕鋭い観察力.
敏悟 mǐnwù 聡明で理解力がある.

〔愍〕 mǐn 〈文〉さとい.機敏である.

〔鳘·鳘〕 mǐn 〔魚貝〕①ニベ:〔鮟 miǎn鱼〕の古称.〔干～〕棒だら.〔～鱼肝油〕〔鱈肝油〕タラ肝油.→〔鱼 yú肝油〕

míng ロ|ㄥ

〔名〕 míng ①〔-儿〕名称.名前.〔改 gǎi～〕改名(する).〔点～①〕(名前を呼んで)出席をとる.点呼をとる.〔签 qiān～〕署名する.〔单 dān～〕1字名.〔匿 nì～信〕匿名の手紙.〔命 mìng～〕命名する.②〈文〉言葉にする.言い表す.〔感 gǎn得〕心に感じ感動したものを言い表せないほどである.〔莫～其妙く憤〕その妙名くるしなし:何が何やらさっぱりわからない.〔不可～状〕名状しがたい.③.名は.〔姓刘～胡兰〕姓は劉,名は胡蘭と言う.④名目.おもてむき.〔～为～实则～〕名目は～である

が、実は…である.〔以援助为~〕援助を名目とする. ⑤ 評判.名声.〔出 chū ~〕評判が出る.〔著 zhù ~〕著名である. ⑥〔作家〕有名な作家.〔~摩 mó〕有名なオートバイ.〔~表 biǎo〕ブランド品の時計. ⑦〈文〉(自分の名義で)持っている.保有している.〔一文不~〕〈俗〉1文もない. ⑧ 量詞.①一定の身分をもつ人(数)に用いる.〔五十~学生〕50名の学生.〔当一~校长〕校長になる. ⓑ 席次.〔第一~〕第一人者.トップ. ⑨〔姓〕名(め).

名案 míng'àn 有名な事件.
名辈 míngbèi 〈文〉名望と年功.
名笔 míngbǐ 〈文〉①優れた筆跡. ②〈転〉名文章.名作.
名簿 míngbù ⇒〔名册〕
名不副实 míng bù fùshí 〈成〉名に実が伴わない:看板に偽りあり.〔名不符 fú 实〕〔名实不相符〕ともいう. ↔〔名副其实〕
名不见经传 míng bùjiàn jīngzhuàn 〈成〉その名は典籍には出ていない.だれもその名を知らない.
名不虚传 míng bù xūchuán 〈成〉その名に背かない.名声にたがわない.〔果然~〕果たしてその名声のとおりだった.
名不正,言不顺 míng bùzhèng, yán bùshùn 〈成〉大義名分がなければ言うことに筋が通らない. →〔名正言順〕
名菜 míngcài 有名な料理.
名册 míngcè =〔名簿〕名簿:氏名及び関連する事柄を書いたもの.〔花 huā ~〕ともいう.
名茶 míngchá 有名茶.銘茶.
名产 míngchǎn 有名産.
名场 míngchǎng 旧名誉・地位を競う場所.科挙の試験場.
名称 míngchēng ①名.名称. ②誉れ.名誉.
名城 míngchéng 有名な都市.
名厨 míngchú 有名なコック.
名垂千古 míng chuí qiāngǔ 〈成〉名が永遠に伝えられる.〔名垂千秋〕ともいう.
名垂青史 míng chuí qīngshǐ 〈成〉歴史に名を残す.
名词 míngcí ①語名詞. ②術語.〔新~〕新しくきた用語.〔化学~〕化学術語. ③三段論法で概念を表す言葉.
名次 míngcì 席次.名前の順序.〔我的~在他的后面〕わたしの順番は彼の後ろにある.
名刺 míngcì =〔〈文〉门 mén 刺〕〈文〉名刺:古くは竹・木の板に氏名・出身・爵位・職業などを書いた.〔刺①〕に同じ.〔投~〕名刺を渡す. →〔名片〕
名从主人 míng cóng zhǔrén 〈成〉名は支配する人によって定められる.
名存实亡 míngcún shíwáng 〈成〉名だけが残って実態はなくなる.有名無実になる. →〔形 xíng 存实亡〕
名单 míngdān 名簿.〔新内阁~〕新閣僚名簿.
名旦 míngdàn 旧(旧劇で)有名な女役.
名导 míngdào 著名な映画監督.
名德 míngdé 〈文〉名望と徳行(のある人)
名店 míngdiàn 名店.有名店.
名额 míng'é 定員.〔招 zhāo 生~〕学生(生徒)募集定員.〔定 dìng 额〕
名阀 míngfá 〈文〉名門の一族.
名分 míngfèn 名分(その人の名義・身分.地位など).〔他年长 zhǎng、~大〕彼は年長でありその立場の役割も大きい.
名副其实 míng fù qíshí 〈成〉名実相伴う:看板に偽りなし.〔名符 fú 其实〕〔名实相符〕ともいう. ↔〔名不副实〕

名闺 míngguī 〈文〉名門の令嬢.
名贵 míngguì 有名で貴重である.〔这种茶叶非常~〕この茶の葉は有名で貴重である.
名过其实 míng guò qíshí 〈成〉評判が実際以上である. →〔名不虚传〕
名号 mínghào ①名前と号. ②呼称.名称.
名号侯 mínghàohóu 園名義のみあって領地のない諸侯.
名花 mínghuā ①名花. ②〈転〉有名な美女. ③〈転〉名妓.
名宦 mínghuàn 旧有名な官吏.立派な官吏.
名讳 mínghuì ①旧(目上や尊敬する者の)名前. ②生前の名前と諡(おくりな).
名记 míngjì 有名記者.
名妓 míngjì 名妓.
名迹 míngjì ①有名な古跡. ②有名人の筆跡. ③〈文〉名誉.功績.
名家 míngjiā ①その道の大家(たいか).〔小~〕ちょっと有名な人. ②囲名家(めいか):諸子百家の一.正名弁義を主とするもの.
名缰利锁 míngjiāng lìsuǒ 〈成〉名利にとらわれる.
名将 míngjiàng ①名将. ②図名選手.〔足球~〕サッカーの名選手.
名教 míngjiào 〈文〉①名分と教化. ②礼教に基づく教化.
名节 míngjié 名節.名誉と節操.
名句 míngjù 名句.有名な詩句.
名角 míngjué 旧(旧劇の)有名な役者.〔~大会串 chuàn〕千両役者の競演会. →〔明星〕
名款 míngkuǎn 書画に書く作者の名前.〔落 luò 款(儿)①〕
名利 mínglì 名誉と利益.〔~场 chǎng〕名利を追い求める場所.〔~兼收〕名誉と利益の両者を収める.〔~双全〕同前.〔~思想〕名誉と利益を重視する思想.〔~之客〕同前.
名列 míngliè 名前が並ぶ.〔~榜 bǎng 首〕トップを占める.〔~前 qián 茅〕〈文〉席次が上位にある. →〔茅②〕
名伶 mínglíng =〔名优〕旧名優.
名流 míngliú (世間で)著名人士.名士.〔~俊 jùn 士〕名士や秀才たち.〔社会~〕同前.〔学界~〕学術界の名士.
名录 mínglù 人名録.〔登 dēng ~〕人名録に名前がのる.
名落孙山 míng luò sūnshān 〈成〉落第する.不合格となる.
名满天下 míng mǎn tiānxià 〈成〉名声が天下に広く知られる.
名门 míngmén 名門.
名模 míngmó 有名(ファッション)モデル.〔超级~〕スーパーモデル. →〔模特儿〕
名目 míngmù 事物の名称.名目.〈転〉名義.口実.〔巧立~〕〈慣〉巧みに口実をたてる.うまくごまかす.
名牌 míngpái ①〔~儿〕ブランド.有名銘柄.〔~货〕ブランド商品.有名品.〔~香烟〕有名な巻きタバコ.〔~学校〕有名校.〔~折 zhé 扣店〕アウトレット.〔~杂 zá 牌〕 ②プレート.ネームプレート. =〔铭牌〕
名篇 míngpiān 名篇.
名片 míngpiàn ①〔~儿〕名刺:旧名帖〕〈方〉卡片〕ともいう.〔~册〕名刺ホルダー.〔~盒〕名刺入れ. =〔名刺〕〔片子①〕
名票 míngpiào 名の通った素人役者.アマチュア芸人. →〔票友〕
名品 míngpǐn 有名品.有名作品.名産品.
名企 míngqǐ 有名企業.
名气 míng·qì =〔〈方〉名头〕〈口〉名声.評判.〔有

名签 míngqiān テーブルなどに置く名札.
名诠自性 míng quán zìxìng 〈成〉名はそのものの性質を表す.
名儿姓儿 míngrxìngr 評判.名声.〔有名儿有姓儿的人物〕実在の人物.⑥評判の高い人物.
名人 míngrén 有名人.〔当代~〕当代の名士.〔~效应 yìng〕〈成〉有名人のもつ効果.〔~官司〕有名人の裁判沙汰.〔~法帖 tiè〕有名書家の筆跡の拓本を折り本にしたもの.
名荣责重 míngróng zézhòng 〈成〉名や位が高くて責任が重い.
名儒 míngrú 高名な儒学者.有名な学者.
名山 míngshān 有名な山.〔~大川〕〈慣〉名山や大河.
名山事业 míngshān shìyè 〈成〉書物を著し説を立てること.
名声 míngshēng ①名声.〔好~〕高い名声. ②評判.〔~很坏〕評判がとても悪い.
名胜 míngshèng 名勝.〔江南~〕江南の名所.〔~古迹 jì〕名所旧跡.
名师 míngshī 名高い先生.〔~出高徒〕〈慣〉立派な師匠から優れた弟子が生まれる.
名实 míngshí 名称と実際.→〔名副其实〕
名士 míngshì 〈文〉名士:著名な文人.また有名な在野の士.〔~派〕自由気ままを好んだ知識人連中.
名氏 míngshì 〈文〉姓名.
名世 míngshì =〔命 mìng 世〕〈文〉名が世間に知られる(でいる).〔闻名于世〕同前.
名手 míngshǒu (文章・技芸などの)名手.名人上手(じょう).〔书法~〕書の名人.
名姝 míngshū 〈文〉美女.
名数 míngshù 国名数:単位名を伴う数.
名宿 míngsù 有名な大先輩.長老.
名堂 míngtáng 〈口〉①名目.やり方のいろいろ.〔那家伙~可多了〕あいつの手ときたらいくらでも持っている.〔详细分别起来~是很多的〕細かく分ける項目は多い. ②成果.得られた事.〔几个妇女临 gǎo 不出什么~来〕数人の女の手ではたいした成果があがるはずもない.〔这两天刚搞得有点~了〕この2,3日やっと目鼻がついてきた. ③内容.理.道理.〔不知唱的什么~〕どんな内容のことを歌っているのかわからない.〔我想这里边有~〕これには何か日~のではないかな.
名特优新 míng tè yōu xīn 銘柄の・特色ある・良質で・斬新な(品)
名帖 míngtiě ⇒〔名片〕
名头 míngtóu ⇒〔名气〕
名网 míngwǎng ①〈文〉名誉のしがらみ.名声あるがゆえの束縛. ②電質有名サイト.
名望 míngwàng 名声と人望(のある人).名望(家).〔~夙 sù 乎〕〈成〉つとに名望が高い.〔那个人很有~的人はなかなか名望がある.
名位 míngwèi ①名声と地位. ②〈文〉官宰.
名闻遐迩 míngwén xiá'ěr 〈成〉遠近に名が通っている.
名物 míngwù 〈文〉物の名前と形(を弁別する)
名下 míngxià …名義の(で).〔乙今租到甲一楼房一所〕乙はここに甲の名義の2階家を借用した.〔记在他的~〕彼の勘定につける.
名下无虚 míngxià wúxū 〈成〉その名に背かない:〔名不虚传〕に同じ.
名衔 míngxián ⇒〔头 tóu 衔〕
名校 míngxiào 名門校.有名校.
名姓 míngxìng 姓.〔姓名〕に同じ.
名学 míngxué 論理学の旧称.→〔逻 luó 辑学〕

名勋 míngxūn 〈文〉殊勲.
名烟 míngyān 有名なタバコ.
名言 míngyán 名言.
名扬四海 míng yáng sìhǎi 〈慣〉名声が遠くまで聞こえている.
名义 míngyì ①名目.身分.資格. ②名義上.形式上:多く〔义上〕として用いる.〔~上是援助,实际上是侵略〕名目上は援助だが、実際は侵略だ.〔〈文〉名誉.
名义工资 míngyì gōngzī 経名目賃金.→〔工资〕〔实 shí 际工资〕
名优 míngyōu ①(商品が)有名で優良である.〔~产品〕一流製品.ブランド品. ②⇒〔名伶〕
名誉 míngyù ①名声.名誉.よい評判.〔~扫地〕〈成〉評価が地に落ちる. ②名誉:功績を記念して与えた称号.〔~会员〕名誉会員.〔~会长〕名誉会長.〔~教授〕名誉教授.〔~权 quán〕名誉権.
名媛 míngyuàn 〈文〉有名な女性.令嬢.
名噪一时 míng zào yīshí 〈慣〉名が一時世間に知れ渡る.
名章 míngzhāng 氏名を彫った印鑑.→〔闲 xián 章〕
名震中外 míngzhèn zhōngwài 〈成〉国内外に名声をとどろかす.
名正言顺 míngzhèng yánshùn 〈成〉名分(筋道)が正しければ、主張も妥当となる.言うことに筋が通っている.〔说起来倒很~〕言うことに筋が通っている.→〔名不正,言不顺〕
名胄 míngzhòu 〈文〉名門の子孫.
名著 míngzhù 名著.〔文学~〕文学の名著.
名状 míngzhuàng 言葉で言い表す:否定文に用いる.〔难 nán 以~〕名状しがたい.
名字 míngzi ①名前:もとは名前と字名(あざ).〔你叫什么~〕お名前は何といいますか.〔起 qǐ ~〕名前をつける. ②名称.〔这座山的~叫什么〕この山の名は何というか.
名嘴 míngzuǐ 〈口〉(テレビ・ラジオの)司会者.名キャスター.名アナウンサー.
名作 míngzuò 名作.

【洺】 míng 地名用字.〔~河〕 地 山西省に発し河北省を流れる川.

【茗】 míng 〈文〉①茶の柔らかい若芽. ②茶.〔品 pǐn ~〕茶を味わう.〔香 xiāng ~〕上等茶.〔啜 chuò ~〕〈成〉茶を飲む.
茗点 míngdiǎn 茶と菓子.
茗具 míngjù 茶器.

【铭・銘】 míng ①国金属や石に功績をたたえたり自戒の字句を刻みつける(けた文章).〔~其丰功于碑碣〕その大きな功績を石碑に刻みつける.〔座 zuò 右~〕座右の銘.〔碑 bēi ~〕石碑の文.〔墓志~〕墓碑に刻んだ文章. ②〈文〉肝に銘ずる.心に刻む.〔~诸肺腑〕〔~之肺腑〕〈成〉肝に銘ずる. ③国文体の一種. ④〈姓〉銘〕
铭感 mínggǎn 〈文〉感銘する.恩を感ずる(銘記する).〔~五内〕〔~五衷 zhōng〕〈喩〉心に深く恩を感ずる.心からありがたいと思う.
铭功 mínggōng 〈文〉功績を(金石に)刻みつける.
铭肌镂骨 míngjī lòugǔ 〈成〉しっかと銘記する.
铭记 míngjì ①(心に)銘記する.〔~在心〕同前. ②⇒〔铭文〕
铭金 míngjīn 〈文〉金器に刻みつける.
铭旌 míngjīng 旧死者の官位・姓名を記し棺の前に立てた旗.〔明旌〕とも書いた.
铭刻 míngkè =〔铭勒〕①文字や図案を金石に刻みつける.またその文字など. ②〈転〉銘記する.〔~在

心〕心に刻み込む.
铭泐 mínglè 同上.
铭牌 míngpái （機械などにとりつけられた）名称・製造者・性能などを記したメタルプレート．→〔名牌②〕
铭佩 míngpèi 〈文〉肝に銘じて感謝する.
铭文 míngwén ＝〔铭记②〕〔铭篆②〕銘文.
铭心 míngxīn 心に刻み込む．〔～刻 kè 骨〕刻骨銘心〕〈成〉心に銘記して忘れない.
铭志 míngzhì 〈文〉墓石に刻みつける(文章)
铭篆 míngzhuàn ①〈文〉感激して忘れない．②⇒〔铭文〕

〔明〕 míng （Ⅰ）①明るい(くなる)．〔天～〕夜明け．〔山～水秀〕〈成〉山紫水明．↔〔暗 àn(Ⅰ)①〕→〔亮 liàng①〕　②翌.次の:年・日のみに用いる.〔～天〕あす.〔～年〕来年. ③明らかである(になる・にする).はっきりしている(させる・する).〔事情查～了〕事柄は調べてはっきりした.〔我得 děi 和盘托出来～我的心□何もかもごまかすことなくこれをはっきりさせなくちゃならない.〔这事最好挑～了〕この事ははっきり表に出すのが一番よい.〔有话～说〕言うことがあればずばっと言え.〔已～真相 xiàng〕すでに真相が明らかにされた.〔～心迹 jì〕心境を明らかにする.〔一些费用不便~着报销〕費用の一部はあからさまに清算してくれとは言いにくい．④はっきりとわかる(っている)．理解している.〔聪 cōng ～〕賢い．利口である．〔电码不～〕電報文の数字がはっきりしない．〔深~大义〕大義をよくわきまえている．→〔明白①〕⑤表に現れている(た)．表面的である(に)．公開された(て).〔～里赞 zàn 成，暗中却反对〕表面上は賛成しながら陰では反対する．↔〔暗(Ⅱ)①〕　⑥正直である．公明正大である．〔～人不做暗事〕公明正大な人は陰険なことをしない．⑦目ざとい．目が利く.〔眼～手快〕〔眼尖手快〕〈成〉目もはやく手もはやい．〈喩〉非常に敏捷である．⑧視覚．〔失 shī ～〕失明する．⑨〈文〉明らかに表す.〔开宗～义〕冒頭に全篇の主旨を示す.〔赋诗～志〕詩を作って志を表す.
（Ⅱ）①〔因〕明(えん) 朝代名. 1368年～1644年. 朱元璋(太祖)が元を倒して建てた. 17代の思宗(毅宗)の時, 李自成の乱により滅ぶ. ②〔姓〕明(めい)
明暗 míng'àn 明暗.〔～对照法〕〔美〕明暗法.キアロスクーロ.
明…暗… míng…àn… 表では…裏では…．〔～抗~顶〕陰に陽に抵抗する．〔～弃 ～取〕表ではさりげなく装い, 陰でわがものにする．〔～升～降〕栄転(昇進)にみせかけた左遷(降格).〔～盈 yíng ～亏〕黒字を計上し赤字を装っておいて, ひそかに許してやる.
明摆着 míngbǎizhe 明瞭である. 目に見えている．〔这是～的事情，你还说不知道〕こんなわかりきったことを, まだ知らないというのか.
明白 míngbai ①わかる(っている).〔还不～？〕まだわからないのか.〔我这才～了〕これでやっとわかった. ②賢い.話がわかる.〔他人很~〕あの人は人物としては非常にわかりのよい人だ. ③明白である.公然としている.〔这不是明明白白的吗〕それはわかりきったことだろう.〔～钱 qián〕④筋が通っている金. ⑤表に出せない金.
明白卡 míngbaikǎ ⇒〔负 fù 担卡〕
明白人 míngbairén ①話のわかる人．②仕事のできる人.
明版 míngbǎn 〔明板〕とも書く. 明代に刊行された書物:〔～书 shū〕〔明本〕〔明刻〕〔明椠〕などともいう.
明辨是非 míngbiàn shìfēi 〈成〉是非をはっきりさせる.

明补 míngbǔ 直接補助:〔明贴〕に同じ.→〔暗 àn 补〕
明察 míngchá よく洞察し見きわめる.〔～秋毫〕〈成〉賢明で少しのことも洞察する.
明察暗访 míngchá ànfǎng 〈成〉公然と観察し陰で訪れる:いろいろと手を尽くして調べる:〔明查暗访〕とも書く.
明蟾 míngchán 〈文〉月の別称.→〔蟾②〕
明畅 míngchàng （言葉や文章が）分かりやすくて流暢である.
明朝 míngcháo 〔因〕明(えん)朝. → míngzhāo
明澈 míngchè 澄み切っている.↔〔浑 hún 浊①〕
明晨 míngchén ＝〔明旦〕〈文〉明朝.
明处 míng-chù 明るい所. 大勢の前. 公開の場.
明达 míngdá ①道理に明るい. ②公明正大である.〔～公正〕明達である.
明打明 míngdǎmíng 〈方〉あけすけ(に).はっきり(と).〔不能～地告诉她〕ありのまま彼女に言うわけにはいかない.
明旦 míngdàn ⇒〔明晨〕
明珰 míngdāng 〈文〉明珠で作った耳飾り.
明灯 míngdēng 〈喩〉民衆を正しい方向に導く人または事物.〔指路～〕〈慣〉明るい道しるべ.
明兜 míngdōu ⇒〔贴 tiē 兜〕
明断 míngduàn 明断する.〔～是非〕白黒をはっきりする.
明矾 míngfán ＝〔明石〕〔钾 jiǎ(明)矾①〕 ミョウバン(明攀).〔白 bái 矾〕は通称.→〔干 gān 煤明矾〕
明分 míngfèn 〈文〉明確な職分.
明公 mínggōng 〈文〉賢明なるあなた様.
明沟 mínggōu ①覆いのない排水溝. 開渠(きょ):〔阳 yáng 沟〕に同じ.↔〔暗 àn 沟〕　②覆いのない塹壕.
明骨 mínggǔ 〔生理〕向こう脛(すね)の骨.
明河 mínghé ⇒〔天 tiān 河〕
明后天 mínghòutiān 明日か明後日.〔我～就走〕わたしは明日か明後日のうちに行く.
明皇 mínghuáng 〔唐 táng 明皇〕すなわち, 唐の玄宗皇帝をいう.〔~杂录〕〔因〕唐の鄭處誨の著.玄宗時代の逸話を記録したもの.
明黄 mínghuáng 色真黄色.
明晃晃 mínghuǎnghuǎng きらきら(ぎらり)と光るさま.〔～的太阳〕きらきら輝く太陽.〔～的刀〕ぎらりと光る刀.
明慧 mínghuì 怜悧である.聡明である.
明婚正娶 mínghūn zhèngqǔ ⇒〔明媒正娶〕
明火 mínghuǒ ①〔因〕火をともす．(銅鏡などで)火をとる．②炎をあげている火.〔～暗 àn 火〕③たいまつをつける.〈喩〉公然とやる.〔～执仗 jié〕押し入り強盗を働く.〔～执仗〕〈成〉公然と悪事を行なう.
明间儿 míngjiānr 大小で通ずる入り口のある部屋.↔〔暗 àn 间儿〕→〔外 wài 屋〕
明鉴 míngjiàn ①くもりのない鏡.②参考となる明白な先例. ③〈尊〉御覧識.御明察.
明见万里 míngjiàn wànlǐ 〈慣〉先見の明がある.
明胶 míngjiāo ＝〔动 dòng 物胶〕〔亚 yà 胶〕①にかわ. 膠.②〔甘油～栓 shuān〕グリセロゼラチン座剤.
明角罩 míngjiǎozhào ⇒〔角罩〕
明教 míngjiào ①〈尊〉お教え.〔敬候~〕〔~を賜ばらんことを〕ご教示をお待ちしております. ②⇒〔摩 mó 尼教〕
明经 míngjīng ①〈文〉経書に明るい. ②〔因〕経義に明るいということで士を採用すること. またその人. ③〔清〕〔贡 gòng 生〕の別称.

míng　明

明旌 míngjīng ⇒〔铭旌〕
明净 míngjìng 明るくてきれいである.澄みわたっている.〔~的橱窗〕明るいショーウインドー.
明镜 míngjìng ①くもりのない鏡.〔湖水清澈,犹如~〕湖水が澄みきっていて,くもりのない鏡のようだ.②〔-儿〕喩)物事が非常によくわかっていること.
明镜高悬 míngjìng gāoxuán〈成〉裁判が厳格公正である:〔秦 qín 镜高悬〕ともいう.〔本县官是~〕本官(わたし)の裁きは厳格公正である.
明九暗九 míngjiǔ ànjiǔ ⇒〔明七暗七〕
明局 míngjú 旧)公開の賭場.↔〔暗 àn 局〕
明快 míngkuài ①明快である.〔语言~〕言葉が明快だ.②朗らかでさっぱりしている.〔作风~〕やり方が同前.
明贶 míngkuàng〈尊〉頂戴の品.
明亏暗赚 míngkuī ànzhuàn 帳簿上は赤字で実際は黒字.
明来暗往 mínglái ànwǎng〈慣〉陰に陽に交際する:多くそしる意に用いる.
明朗 mínglǎng ①明るく輝く.明るい.②明朗である.〔~的性格〕からっとした性格.③はっきりしている.〔态度~〕態度がはっきりしている.〔心里一了〕気持ちがすっきりした.
明理 mínglǐ ①道理をよくわきまえる(ている).〔~人〕道理のよくわかった人.②〔-儿〕明らかな道理.
明里 míng·lǐ 表面(で).人前(で).↔〔暗里〕陰に陽に.
明丽 mínglì (風物が)鮮やかきれいである.
明亮 míngliàng ①明るい.②よくわかった.〔心里一了〕はっきりと分かった.③輝いている.〔~的眼睛〕ぱっちりとした目.④(声が)はっきりしていて響く.
明了 míngliǎo ①明瞭である.〔简 jiǎn 单~〕簡単明瞭である.②理解する.了解する.〔~思想工作的重要性〕思想工作の重要性を理解する.
明令 mínglìng 文字によって命令せられた法令・規定.〔~禁 jìn 止〕明文化して禁止する.
明轮叶 mínglúnyè ⇒〔桨 jiǎng 叶〕
明码 míngmǎ ①(通常の)電報略号:4 けたの数字で漢字 1 字を表す.〔~电报本子〕電報略号簿.↔〔密 mì 码①〕②(商品の)正札.〔~售货〕正札販売(する).〔~标价〕正札で価格表示する.〔~实价〕正札価格.
明媒正娶 míngméi zhèngqǔ ⇒〔明婚正娶〕旧)媒酌人があって正式にめとる.
明媚 míngmèi ①風光明媚である.〔春光~〕春うらら(である).②(目が)輝いて魅力的である.
明面(儿) míngmiàn(r) 表面.おもて.明るみ.
明灭 míngmiè 明滅する.点滅する.〔星光~〕星がまたたく.
明明 míngmíng 明らかに.〔这~是他的不是〕これは明らかに彼がよくない.〔~是你的错,怎么不承认〕君の間違いは確かなのに,なぜ認めようとしない.
明眸皓齿 míngmóu hàochǐ きれいな目に白い歯.〈喩〉(女性の)美貌.
明目 míngmù ①明るい目.②よく見えるようにする.視力をよくする.
明目张胆 míngmù zhāngdǎn〈成〉(悪事を)公然と大胆にやるさま.大胆不敵にやるさま.〔~地干 gàn〕おおっぴらにやる.
明年 míngnián =〔口)过年 guònian〕〔文)后 hòu 年②〕来年.明年.→〔今 jīn 年;来 lái 年〕
明盘 míngpán 画)市場価格.市場の公開取引き価格.↔〔暗 àn 盘①〕
明欺暗骗 míngqī ànpiàn〈慣〉手段を選ばずあらゆる方法で欺きだます.

明七暗七 míngqī ànqī〔酒令〕(酒席に興を添えた遊び)の一種:座客が順次に数字を唱え〔暗七〕に当たる数字にあたった者は桌を叩き,これを誤ると罰するゲームで,〔明七〕は 7 , 17 , 27 などの数,〔暗七〕は 14 , 21 , 28 など 7 の倍数.また〔明九暗九〕は〔明九〕(9 , 19 , 29 , 39 などの数)と〔暗九〕(18 , 27 , 36 などの数)で行う同前.
明器 míngqì ⇒〔冥器〕
明前 míngqián 緑茶の一種:清明節前に摘んだ若葉の茶.
明槧 míngqiàn ⇒〔明版〕
明枪暗箭 míngqiāng ànjiàn〈成〉公然たる敵(攻撃)と表に現れない敵(攻撃).〔明枪易躲,暗箭难防〕〈諺〉正面からの攻撃は対処しやすいが,暗中の奸計は避けがたい.
明抢 míngqiǎng おおっぴらに強奪する.〔~暗夺〕〈慣〉(おおっぴらに,またひそかに)あらゆる手段で強盗をはたらく.
明渠 míngqú 覆いのない灌漑用水路.明渠(↕).
明曲 míngqǔ 明代の戯曲.→〔传 chuán 奇②〕
明确 míngquè ①はっきりして確かである.〔~的规定〕はっきりした規定.②明確にする.〔这篇社论进一步了当前的中心任务〕この社説は,さらに進んで現代の課題の要所をはっきりさせた.
明儿 míngr ①⇒〔明天〕②〈口〉面.方.〔这所房子四~都是窗户〕この家は四方がみな窓になっている.〔北京城一~十里〕北京城は一辺が 5 キロある.
明儿个 míngrge ⇒〔明天①〕
明人 míngrén ①公明正大な人.〔~不做暗事〕〈諺〉公明正大な人はやましい事はしない.②物わかりのよい人.③目の見える人.晴眼者:〔盲 máng 人〕に対して.
明日 míngrì ⇒〔明天〕
明日黄花 míngrì huánghuā〈成〉十日の菊:旧暦 9 月 9 日重陽節の翌日の菊.役に立たない過ぎ去った事柄.〔不过这已经是~〕でもこれはもう後の祭りだ.
明锐 míngruì ①(目や刃が)きらきらしていて鋭い.②〈文〉賢く敏い.
明睿 míngruì〈文〉聡明で見遠しがきく.
明润 míngrùn〈文〉明るくてしっとりしている.
明若观火 míng ruò guānhuǒ ⇒〔洞 dòng 若观火〕
明色 míngsè 色)明色(の):明度の高い色.明るい色.↔〔暗 àn 色〕
明闪闪 míngshǎnshǎn きらきら光るさま.〔~的灯光〕きらめく灯火.
明圣湖 míngshènghú ⇒〔西 xī 湖〕
明石 míngshí ⇒〔明矾〕
明示 míngshì 明示する.はっきり指示する.
明誓 míngshì ⇒〔盟 méng 誓〕
明视距离 míngshì jùlí 明視距離:物体をはっきり見る最適距離.
明说 míngshuō ありのままに言う.〔至于这里他也没~〕その点については彼もはっきりしたことは言わなかった.
明斯克 míngsīkè 地)ミンスク:〔白 bái 俄罗斯共和国〕(ベラルーシ共和国)の首都.
明锁 míngsuǒ 錠.↔〔暗 àn 锁〕
明抬头 míngtáitóu〔牘〕相手のことを書く時に必ず行をかえて書く手紙の書き方.→〔抬头〕
明太鱼 míngtàiyú〔狭 xiá 鳕〕
明堂 míngtáng ①古)天子が大きな儀式をとり行った場所.②古)両目の内側.〔天 tiān 门〕の内側でいう.③(地相見の言う)墓前の気の集まる場所.④(人相見の言う)手のひらの中央部.⑤=〔唐)方〕中庭.(また穀物の)干し場.

míng

明唐 míngtáng 同上⑤.

明天 míng·tiān ＝〔<口>明儿①〕〔明日〕〔<方>明朝zhāo〕①明日.あす;〔明儿个〕は俗な言い方.〔~见〕〔明儿见〕では明日また.〔~说〕明日のことにしましょう.〔~再说〕~的〕明日のことはいずれ明日になってのことにしよう.→〔明朝 cháo〕〔今 jīn 天〕 ②近い将来.〔光輝燦爛的~〕輝やかしい未来.

明贴 míngtiē ⇒〔明补〕

明瓦 míngwǎ 〔旧〕半透明に磨かれたカキやカラスガイの貝殻;採光をよくするために天窓や窓にはめこむ.

明文 míngwén 明文.〔~规定〕明文で規定する.

明晰 míngxī 明白である.はっきりしている.

明细 míngxì 明細(である).明確で詳しい.〔~表〕詳細な表.〔~(分类)账〕明細帳簿.

明虾 míngxiā ⇒〔对 duì 虾〕

明显 míngxiǎn 明らかである.顕著である.〔愈加~地感觉到…〕いよいよはっきりと感じた.

明线 míngxiàn (文学作品で表に出ている)話の筋.→〔暗 àn 线〕

明线光谱 míngxiàn guāngpǔ 〔物〕輝線スペクトル.

明晓 míngxiǎo 通暁する.精通する.

明效大验 míngxiào dàyàn 〈成〉あらたかな効き目.

明心见性 míngxīn jiànxìng 〔宗〕(仏教の)心境を清浄にして自分の本性(仏性)を見出す.

明信片 míngxìnpiàn ＝〔信片〕郵便はがき.〔<口>花 huā 信片〕〔美术~〕絵葉書.

明星 míngxīng ①〔耀く星.<喩>〕花形.〔电影~〕〔影 yǐng 星〕映画スター.〔足球~〕サッカーのスター選手.〔~班〕大スターを輩出した演劇学校の卒業年次.〔~效应〕社交界の花形.〔~效应〕社会に影響されて起こる社会的な効果(流行やファッション).→〔红 hóng 星〕 ②〔旧〕金星の別称:〔金 jīn 星〕に同じ.

明修栈道 míng xiū zhàndào 〈成〉陽動作戦をとって目的を達すること:漢の高祖が桟道を修理すると見せかけて,実は陳倉(地名)に兵を送り込んで奇襲したという故事による.〔~,暗度陈仓〕同前.→〔暗 àn 渡陈仓〕

明秀 míngxiù (風景が)さわやかで美しい.〔~的江南景色〕麗しい江南の風景.

明训 míngxùn 〈尊〉ご教示.

明言 míngyán 明言(する).〔~推测〕はっきりと断わる.

明眼人 míngyǎnrén 目の利く人.眼力のある人.→〔明人③〕

明验 míngyàn 目に見えた効果.

明艳 míngyàn あざやかで美しい.

明夷 míngyí 〈文〉明夷(jǐ):六十四卦の一.

明引 míngyǐn 出典を明示する引用.→〔泛 fàn 引〕

明幽 míngyōu 明界と幽界.この世とあの世.

明油 míngyóu 〔食〕料理用つや出し油.

明有王法,暗有神 míng yǒu wángfǎ, àn yǒu shén 〔諺〕人の目に触れるところには法律があるし,陰には神明があってよくないものを罰してくれる.

明喻 míngyù 〔図〕直喻(?)＝〔直 zhí 喻法〕ともいう.修辞法の一.一つのものを直接に他のものにたとえる比喻."たとえば…の如し"などとして示す法.

明月 míngyuè 明月.

明早 míngzǎo 明朝.あす朝.

明杖(儿) míngzhàng(r) 盲人用の杖.

明朝 míngzhāo ⇒〔明天〕

明折 míngzhé はっきり値引きを示す.〔~明扣 kòu〕同前.

明哲保身 míngzhé bǎoshēn 〈成〉賢人が上手に身を処して自分の地位を保つこと.〈喩〉うまくたちまわること.

明争暗斗 míngzhēng àndòu 〈慣〉陰に陽に角逐する.

明证 míngzhèng ＝〔确 què 据②〕〔确证〕〔铁 tiě 证〕確かな証拠.確証.

明正典刑 míngzhèng diǎnxíng 〈成〉法律に照らして刑罰に処する.

明知 míngzhī 〔情 qíng 知〕事情を明らかに知っている(ていながら).〔~故犯〕〈慣〉知っていながら罪を犯す.〔~故问〕〈慣〉知っていながらとぼけて問うてみる.〔~山有虎,偏向虎山行〕山奥に虎がいることをよく知っていながら,その山へ行こうとする.〈喩〉危険を承知で目標をめざす.

明志 míngzhì 志を表す(明らかにする).

明智 míngzhì 賢明である.知恵がある.〔他这样决定是~的〕彼がこのように決定したのは賢明だった.

明珠 míngzhū ①光沢の良い真珠.〈喩〉愛する人,また貴重な物.〔掌上~〕〈喩〉大事な娘.また娘.〔~弹 tán 雀〕〈成〉雀をとるのにこの宝石の弾を使う.得より失が多い.つまらないことをする.→〔隋 suí 珠弹雀〕〔以 yǐ 珠弹雀〕 ②〈転〉立派な人物.〔~暗 àn 投〕〔~投暗〕〈成〉立派な人物や貴重な物が埋もれている.

明主 míngzhǔ 英明な君主.

明柱 míngzhù 周りに壁のない柱.

明子 míngzi ①たいまつ:〔火 huǒ 把〕に同じ. ②〈方〉ひで:松材のやにのある部分.昔時,火をつけて照明に用いた.〔勞 yé~〕ひでを用いる.

明尊教 míngzūnjiào ⇒〔摩 mó 尼教〕

【鳴·鳴】 míng

①〔鳥·獣·虫が〕鳴く.〔鸡 jī~〕にわとりが鳴く.〔虫 chóng~〕虫が鳴く.〔~声 shēng〕鳴き声. ②鳴る(らせる).音声を出す.〔汽 qì 笛长~〕汽笛が長く尾を引いて鳴る.〔~礼炮〕礼砲を放つ.〔~〈転〉(感情·意见·主張などを)外に表す(述べる).公にする.〔~不平〕不平を述べる.〈父姓〕鳴(?)

鸣鞭 míngbiān ①鞭(?)を鳴らす. ② ⇒〔净 jìng 鞭〕〔静 jìng 鞭〕〔旧〕天子の儀仗(用具)の一:ムチの形で振って音を出し,人々を静粛にさせる.

鸣蝉 míngchán ⇒〔寒 hán 蝉〕

鸣笛 míngdí サイレン(警笛·呼子)を鳴らす.

鸣镝 míngdí 〔旧〕かぶら矢:〔嚆 hāo 矢〕ともいう.軍の前進する方向を指すのに用いた.

鸣放 míngfàng ①銃砲を打ち鳴らす.〔~礼炮〕礼砲を鳴らす.〔~爆 bào 竹〕爆竹を鳴らす. ②大いに意見·主張を発表する.〔百家争鸣,百 bǎi 花齐放〕の略.1956年,教条主義と官僚主義に反対する政治上の新しい方向を示したスローガン.〔~辩 biàn 论〕同前についての談議(討論).〔~园地〕大字報の貼られた所.〔大鸣大放〕大いに意見を出しあって議論を戦わせる.→〔双 shuāng 百方针〕

鸣鼓 mínggǔ 太鼓を鳴らす.〔~而攻之〕〈成〉太鼓を鳴らして攻撃する.〈転〉人の非を掲げて公然と責めたてる.

鸣管 míngguǎn 〔動〕鳴管(?):鳥の発声器官.

鸣叫 míngjiào (鳥や虫また汽笛などが)鳴く.〔蟋蟀 xīshuài~〕コオロギが鳴く.〔汽笛~〕汽笛が鳴る.

鸣金 míngjīn (戦闘を止める合図の)どらを鳴らす.〈転〉試合や仕事を終える.〔~收兵〕〈成〉どらを鳴らして撤収する.

鸣警 míngjǐng 警笛を吹いて巡査を呼ぶ.

鸣鸠 míngjiū ⇒〔斑 bān 鸠〕

鸣榔 míngláng 〔漁〕(梆?)(漁船の後尾近くに設けられた横木)を叩いて魚を網を張った方向に追いやって捕えること.

鸣銮 míngluán 〈文〉天子の出御や貴族の外出.

鸣锣 míngluó どらを鳴らす.〔~喝 hè 道〕〔~开道〕

ⓐ[旧]大官が外出する時、どらを鳴らして先払いする。ⓑ〈x〉前もって世論をつくっておく。〔～击jī鼓〕どら太鼓を鳴らす。
鸣炮 míngpào ①爆竹を鳴らす。②礼砲を放つ。〔～致敬〕同time敬意を表す。
鸣蜣 míngqiū〈文〉ミミズ：〔蚯qiū蚓〕の別称.
鸣枪 míngqiāng ①発砲する。〔～报警〕警戒するよう同time。〔～示警〕威嚇(ic)射撃をする。〔x〕号砲を鳴らす。
鸣禽 míngqín 動鸣禽(類)
鸣沙 míngshā 地泣き砂。鳴き砂.
鸣哨 míngshào 試合開始のホイッスルを吹く。〈転〉競技を始める。
鸣天鼓 míngtiāngǔ 健康法の一種。ⓐ両手で両耳をおおい人指し指と中指で頭の後をたたくもの。ⓑ口をつむって歯をたたくもの。→〔叩 kòu 齿〕
鸣蜩 míngtiáo 虫アブラゼミ(総称)。〔蜩〕
鸣谢 míngxiè (公に)謝意を述べる。お礼を述べる。〔～启事〕感謝の公告.
鸣冤 míngyuān 不公正だと主張する。〔～叫屈 qū〕〈成〉無実を訴える。不平を言う.
鸣指 míngzhǐ 指を鳴らす。→〔打dǎ 榧子〕
鸣钟 míngzhōng 鐘を鳴らす.
鸣啭 míngzhuàn (鳥・虫が)さえずる。鳴く.
鸣奏 míngzòu 声をあげて奏でる(歌う)

〔**冥(宾)**〕 míng ①〔冥〕暗い。〔晦 huì～〕同前。②頑迷(である)。〔～顽不灵〕頑迷で愚かだ。③深い。〔～思〕〔～心〕〈文〉深く考える。④あの世。〔～府 fǔ〕同前。〔～供 gòng〕鬼神へのお供え。→〔幽 yōu ⑥〕⑤〈姓〉冥(ic)

冥暗 míng'àn〈文〉暗い。薄暗い。〔日落西山，天渐～〕日が暮れてだんだん暗くなってきた.
冥宝 míngbǎo ⇒〔冥钞〕
冥报 míngbào〈文〉①暗々裡の報い。②死後の報い.
冥币 míngbì ⇒〔冥钞〕
冥曹 míngcáo 閻魔の庁の役人.
冥钞 míngchāo =〔冥宝〕〔冥币〕〔冥钱〕〔冥镪〕[旧]死者のために焼いたり、撒いたりする紙銭。→〔纸 zhǐ 钱(儿)〕
冥福 míngfú 死後の幸福。〔敬祈〕冥福を祈る.
冥河 mínghé (迷信での)三途の川.
冥晦 mínghuì〈文〉暗闇.
冥婚 mínghūn [旧]死んだ子供(男女)を結婚させる(合葬する)こと.
冥茫 míngmáng〈文〉蒼茫たる。茫漠としている。〔溟茫〕とも書いた.
冥蒙 míngméng〈文〉かすんで模糊としてはっきりしない。〔溟蒙〕とも書いた.
冥冥 míngmíng (溟溟)とも書いた。〈文〉①暗い。〔尘雾合～,咫尺昏不见〕ほこりと霧とで暗く、一寸先もぼんやりして見えない。②愚かである.
冥契 míngqì〈文〉言わず語らずの黙契.
冥器 míngqì =〔明器〕葬式に用いる種々の品物：紙を張って作った車・馬・人形・銭・銭箱など、墓前で焼いてあの世で死者に使わせた。もとは副葬品を指した。〔纸 zhǐ ～〕同前。→〔俑 yǒng〕
冥钱 míngqián ⇒〔冥钞〕
冥镪 míngqiǎng ⇒〔冥钞〕
冥寿 míngshòu 亡くなった人の誕生日：〔冥诞 dàn〕ともいう.
冥思苦想 míngsī kǔxiǎng じっくり考える：〔冥思苦索 suǒ〕ともいう.
冥顽 míngwán〈文〉頑迷固陋(ic)である。〔～不灵〕かたくなで無知である.

冥王 míngwáng 〔口〕閻魔さま：〔阎 yán 王爷①〕に同じ.
冥王星 míngwángxīng 天冥王星.
冥屋 míngwū 死者のため霊前で焼く紙はりこの小さな家屋。→〔冥器〕
冥想 míngxiǎng 瞑想(にふける)
冥衣 míngyī 死者のため墓前で焼く衣服：〔鬼 guǐ 衣〕ともいう。〔～铺〕同similar冥衣や冥器類などを売る店.
冥佑 míngyòu〈文〉鬼神の助け。神仏の加護.
冥纸 míngzhǐ 〔葬祭に用いる霊前で焼く紙製品。②〕→〔纸钱〕

〔**溟**〕 míng〈文〉①海。〔～海〕大海。〔～池〕〔北～〕(古书に见える)北方の大海。②広大無辺である。〔～漭 mǎng〕同前のさま。③ぼうっとかすんでいるさま.

溟茫 míngmáng ⇒冥茫
溟蒙 míngméng ⇒〔冥蒙〕
溟溟 míngmíng ⇒〔冥冥〕

〔**莫**〕 míng 〔～荚 jiá〕〈文〉伝説上の瑞草の名：月の始めに毎日莢(ic)を一個つけ、15日で15個となり、翌日から荚を一個ずつ落とし月の終わりに全部無くなることから。〔历 lì 荚〕(こよみぐさ)ともいう。=〔蓂〕

〔**榠**〕 míng〔～樝 zhā〕植カリン・カラボケ：〔木mù 瓜①〕の古名.

〔**暝**〕 míng〈文〉①日が暮れる。〔日将～〕まさに日が暮れようとしている。〔天已～〕もう日が暮れた。②たそがれ。夕方。③暗い：〔冥①〕に同じ.

〔**瞑**〕 míng ①眼をつぶる。〔通夜不～〕夜通しまんじりともしない。②目がくらむ。〔耳聋 lóng 目～〕慣耳が遠くなり目がかすむ.

瞑目 míngmù 目をとじる。目をつぶる。〈転〉心残りなく死ぬ。〔死不～〕〈成〉死んでも目をつぶらない：死んでも死にきれない.
瞑眩 míngxuàn 中医(服薬後)目まい(がする)。吐き気(がする).

〔**螟**〕 míng 虫メイガ：ズイムシの成虫。〔稲 dào～〕〔稲のズイムシ。〔玉 yù 米～〕とうもろこしのズイムシ。〔二化～〕ニカメイガ.

螟虫 míngchóng 虫ズイムシ。メイチュウ(総称)：〔螟蛾〕(メイガ)の幼虫。〔三化～〕サンカメイチュウ.
螟蛾 míng'é 虫メイガ.
螟蛉 mínglíng 虫①イネノズイムシ：〔稲 dào～〕ともいう。②(菜・タバコ・大豆・亜麻などにつく)アオムシ(総称)。③〈喩〉養子。義理の子：〔螟 guǒ 蠃〕(トックリバチ)は、〔螟蛉〕を巣の中に引き入れその体内に卵を生みつけ、孵ったトックリバチの子は〔螟蛉〕をえさとして育つという習性があるのを古人が誤認して、〔螟蛉〕をトックリバチがわが子のように養っているものと解した。〔～义 yì 子〕同前.

〔**酩**〕 míng 〔～酊 dǐng〕酩酊する。ひどく酔う：〔喝得～酊大醉〕ぐでんぐでん(の状態)になるまで飲む.

〔**命(令)**〕 mìng (Ⅰ)〔佥〕①いのち。寿命。〔生～〕生命。〔人～关天〕〈成人人命にかかわる！〔救 jiù～！②〕助けてくれえ！〔拼 pīn～〕一生懸命(にやる)。〔疼 téng 得要～〕痛くてたまらない。〔这可要我的～！〕これはたまらん。〔差 chà 点儿把～送了〕すんでのことに命をなくすところだった。〔～丧 sàng 黄泉〕死ぬ。②運命。〔～好〕幸運である。〔苦 kǔ～〕苦しい(悪い)運命。〔认 rèn～〕運命とあきらめる。〔算 suàn～(的)〕易者。〔万般皆由～〕万事はすべて運命のまま。〔该如此〕こうなるのも運命である。運命がこのようになっている。〔～不由人〕運命は人の思うとおりにはならない。〔～里注定〕持って生まれた運命。宿命的な

もの.③命令(する).命(ずる).〔奉 fèng ～〕命を奉ずる.〔遵 zūn ～〕命令に従う.〔他去上海調査一件事〕彼に上海へ一つのことを調査に行くよう命じた.
(Ⅱ)〔命〕名づける.定める.〔～之为哺 bǔ 乳类〕これに哺乳類と名をつける.

命案 mìng'àn 殺人事件.〔～招标〕同前の懸賞金付き公開捜査.
命笔 mìngbǐ〈文〉筆を執る.〔欣然～〕喜んで筆を執る.〔家父～致候〕〔牘〕父からもよろしくと申しております.→〔嘱 zhǔ 笔〕
命薄 mìngbó 薄命である.運命に恵まれない.
命俦啸侣 mìngchóu xiàolǚ〈成〉同類相呼ぶ.仲間が寄り集まる.
命大 mìngdà 運が強い:多く大難でも死なないことをいう.
命蒂 mìngdì〔臍(さい)の緒.②⇒〔命门①〕
命定 mìngdìng 運命づけられる.宿命的である.
命犯孤鸾 mìng fàn gūluán〈喩〉つれ合いに先立たれる人相にある.
命妇 mìngfù〔旧〕天子から称号を賜った婦人:多く役人の妻や母親.
命根 mìnggēn〈文〉命の根源.
命根子 mìnggēnzi〔命根儿〕ともいう.最も大切にしているものや人.〔触 chù 到了～〕肝心の点(急所)に触れる.〔这块砚台是他的～〕このすずりは彼の命より大事なものだ.〔那孩子是他爹的～〕あの子は彼の父親の最愛の子どもだ.
命宫 mìnggōng〔星占家のいう〕人の運命.〔～磨 mó 蝎〕運命がよくない.〔眉間(人相表の用語)〕
命官 mìngguān〈文〉朝廷が任命する役人.
命馆 mìngguǎn〔旧〕易断所.
命驾 mìngjià〈文〉車馬の準備を命ずる.〈転〉外出する.〔敬请早日～〕ぜひ近いうちにおでかけ下さい.
命苦 mìngkǔ 運が悪い.
命理 mìnglǐ 運命(による遭遇の全て)
命令 mìnglìng ①命令(する).命(ずる).〔～主义〕命令主义.〔我说我留下,他～我回来]わたしは残ると言ったが,彼はわたしに帰るよう命じた.〔快下～叫同志们上来]みんなにはやく上がって来るよう命令を出して下さい.〔我接到～要我马上赶回部队去]わたしはすぐに部隊に帰るようにという命令を受け取った.〔電軍〕コマンド.
命令句 mìnglìngjù〔旧〕命令文.〔祈 qí 使句〕
命脉 mìngmài 生命と血脈.〈喩〉(生死に関するような)重要な勘所.〔经济～〕経済上の命脈.
命门 mìngmén ①〔命膏②〕〔中医〕針灸経穴の一:両腎の中間部にある.〈転〉生命の源.根源.〔文化的～〕文化のルーツ.③こめかみの下,頬と耳との間(人相表の用語)
命名 mìngmíng ＝〔取 qǔ 名〕命名する.名づける.〔～典礼〕命名式.→〔定 dìng 名〕
命否 mìngpǐ〈文〉運が悪い.不幸である.
命世 mìngshì ⇒〔名 míng 世〕
命数 mìngshù ⇒〔命运①〕
命题 mìngtí ①出題.問題.論題を出す.〔出 chū 題〕に同じ.〔～作文〕課題作文.〔在考试大纲的范围内～〕試験大綱の中から出題する.〔拿它考学生,岂不是给学生出试验受けさせる.②〔論理学上の〕命題.
命途 mìngtú〈文〉一生の経歴.人生.〔～多 舛 chuǎn〕生涯が曲折が多く不運の続く人生.
命相 mìngxiàng 相性.〔～不对配不成〕相性が悪くて結婚できない.
命意 mìngyì ①趣旨.寓意.②(文章・絵画などの)主題を決める.

命硬 mìngyìng 運が強すぎる:近親者を害し死なせる相があること.
命运 mìngyùn ①＝〔命数〕運命.〔悲惨的～〕悲惨な運命.〔～共同体〕運命共同体.②将来の成り行き.命運.
命在旦夕 mìng zài dànxī〈成〉命旦夕(たんせき)に迫る.余命いくばくも無い.
命中注定 mìngzhòng zhùdìng〈成〉運命として決まっている.そうなる運命.
命中 mìngzhòng 命中する.〔～率〕命中率.

miu ㄇ丨ㄡ

[谬・謬] miù ①誤っている.まちがっている.〔～负重任〕はからずも重任を担う.〔失之毫 háo 厘,～以千里〕〈謬〉初めの方ではわずかの違いでも後の方では大きな誤りとなる.〔荒 huāng ～〕途方もなくてたらめである.②誤り.まちがい.③〈謙〉過分な.〔～爱〕過分なご厚意.④〈音訳〉(ギリシア文字)μ ミュー.→〔希 xī 腊字母〕⑤〈姓〉謬(びょう)
谬传 miùchuán 誤伝(される)
谬错 miùcuò ⇒〔谬误〕
谬见 miùjiàn 誤った考え(見解)
谬奖 miùjiǎng〈挨〉ほめすぎる.〔～～！〕過分なおほめいただいて恐縮す.→〔过 guò 奖〕
谬戾 miùlì〈文〉誤りもとる.
谬论 miùlùn =〔谬说〕誤った議論.
谬说 miùshuō 同上.
谬妄 miùwàng 虚妄である.でたらめである.〔审 shěn 断～〕裁きがでたらめである.
谬误 miùwù ＝〔谬错〕誤謬.誤り.
谬悠 miùyōu〈文〉荒唐無稽である.
谬赞 miùzàn 仮にほめる.過分にほめる.
谬种 miùzhǒng ①縁起の悪い人・事物.②まちがった言論や学派.〔～流传 chuán〕〈成〉誤りが転々と伝わる.③〈罵〉ろくでなし.〔你简直是～〕お前はまるでろくでなしだ.

[缪・繆] miù〔纰 pī ～〕〈文〉誤謬(びょう).〔正其纰～〕その誤りを正す.
→ miào móu
缪斯 miùsī〈音訳〉ミューズ:ギリシア神話の女神.

mo ㄇㄛ

[摸] mō ①(手で)触れる.さする.なでる.〔～～小孩儿的头〕子どもの頭をなでる.〔～着钱就花〕金を手にするとすぐ使う.〔～读 dú〕点字を指で読む.〔不要用湿 shī 手～电门〕湿った手でスイッチに触れてはいけない.〔这块布～着真粗糙〕この布は手触りが実にがさがさしている.②手でとり出す.つまみだす.〔～出一张钞 chāo 票来〕1枚の紙幣をとり出した.③手探りでする.やってみる.推し量る.〔～了一年多,才找着窍 qiào 门儿〕1年あまりやってみてやっとコツがわかった.〔一一他的脾气〕彼の性癖を推察する.〔熟了他的习惯〕彼の習慣が飲み込めた.〔～不清底细〕詳細をはっきりさせることができない.〔～不透〕人の意向または状況などを完全に探ることができない(当惑させられる).〔～不着头儿儿〕〔～不着头脑〕手がかりがつかめない.事情がさっぱりつかめない.④暗闇の中で行動する.〔武工队～过几次敌人的碉 diāo 堡〕武装工作隊は敵のトーチカを数回夜襲した.⑤マージャンで〔壁 bì 牌〕から牌をも

mō～mó　摸无谟馍嫫模摹

ってくる.〔自〜〕(同前で)ツモる.→〔摸牌②〕
摸彩 mōcǎi ⇒〔摸奖〕
摸底 mōdǐ 内容を探る.内情がわかっている.〔不〜〕〔不知道底细〕内情はわからない.〔～考试〕実力テスト.〔村子里的人谁好谁坏,他都～〕村の人たちがよくすてだれが悪いか,彼にはすっかりわかっている.〔摸对方的底〕相手の腹を探る.
摸高 mōgāo ①ﾊ垂直跳び.またその高さ.②〈転〉到達点.最高値.
摸骨 mōgǔ 骨相をみる.〔揣 chuāi 骨〕ともいう.
摸黑儿 mōhēir 〈口〉暗やみで(行動する).〔～说话〕暗やみの中で話をする.〔～行军〕夜間の行軍.〔摸着黑儿赶路〕夜道を急ぐ.
摸奖 mōjiǎng ＝〔福引きをひく.くじを引く.〔摸中 zhòng 了金奖〕くじで一等賞をひき当てた.〔～风〕おきげつき商法の流行.
摸老虎屁股 mō lǎohupìgu 〔龙 lóng 嘴掏珠〕
摸门儿 mōménr 〈口〉コツを覚える.合点が行く.〔这几天刚摸着点儿门儿〕近ごろやっとコツがわかった.
摸弄 mōnòng いじる.さする.
摸爬滚打 mō pá gǔn dǎ〈喩〉苦しい訓練や仕事をすること.
摸排 mōpái 被疑者をしぼりこむ.〔排摸〕に同じ.〔逐个〜〕しらみつぶしに調査してしぼり込む.
摸牌 mōpái かるたをとる.②(マージャンで)牌をとる.〔该你～了〕きみのとる番だ.〔起 qǐ 牌〕
摸哨 mōshào 敵の歩哨所を夜襲する.
摸水杆 mōshuǐgān 水深をはかる竿.
摸索 mō·suǒ ①手探りする.〔在星夜里～着前进〕星のある夜にやみくもに前進する.②模索する.〔暗àn 中～〕〔在工作中～经验〕仕事中模索しながら経験を積む.③〈方〉ぐずぐずする.のろのろする.〔～了半天好容易才拾掇完了〕長い間のろのろしてやっとのことで片づけ終わった.〔手底下〜〕することがのろい.
摸头(儿) mōtóu(r)〈口〉手がかりをつかむ.事情がわかる.多く否定で用いる.〔这事我不〜〕この事は手ごたえがない.
摸瞎儿 mōxiār〈方〉暗やみの中を手探りでする.
摸营 mōyíng 敵陣を夜襲する.敵に夜討ちをかける.
摸早贪黑 mōzǎo tānhēi〈慣〉夜明けから日暮れまで働く.
摸着石头过河 mōzhe shítou guòhé〈喩〉手さぐりでやりながら経験を積んでいく.
摸准 mōzhǔn 正しく理解する.〔～了农民的心理〕農民の気持ちをはっきり把握した.

[**无・無**] mó →〔南 nā 无〕→ wú

[**谟・謨(暮)**] mó〈文〉はかりごと.計画.〔宏hóng ～〕大きな計画.〔远 yuǎn ～〕遠大なはかりごと.②〈姓〉谟(·).

[**馍・饃(饝・饝)**] mó 〈食〉①〈方〉マントー.〔～～〕は通称.〔馒 mán 头〕に同じ.〔蒸zhēng ～〕マントーを作る.②小麦粉をこねて円盤状に焼いたもの:〔饼 bǐng ①〕に同じ.〔烩 huì ～〕同前をちぎって肉・野菜と煮たもの.〔牛肉泡～〕同前をちぎって牛肉のスープに入れたもの.→〔锅 guō 盔〕

馍馍 mómo →字解①

[**嫫**] mó〈文〉醜い.〔～母 mǔ〕黄帝第四の妃:伝説上の醜婦.

[**模**] mó ①模範.規範.②ならう.まねる.→〔摹〕③模範的人物.〔评〜〕同前を選び

出す.④〈姓〉模(⁵) → mú
模本 móběn 模本.
模表 móbiǎo〈文〉模範.
模范 mófàn ①模範.〔劳 láo 动〜〕〔劳模〕生産増強に功績のあった労働者に対して授与される栄誉称号.②模範となる.〔～小组〕模範班.模範グループ.
模仿 mófǎng 模倣(する).まね(る).〔摹仿〕とも書いた.〔～秀 xiù〕(スターの)物まねショー.〔各有各的文化,谁也不能～谁〕それぞれ独自の文化を持っており,だれも他のまねをすることはできない.
模糊 móhu〔模胡〕〔糢糊〕とも書いた.①はっきりしない.ぼやけている.〔模模糊糊 hú hú〕同前のさま.〔字迹～〕筆跡がはっきりしない.〔神态～〕意識がもうろうとしている.〔她对这个问题还有一些～认rèn 识〕この問題に対する彼女の認識は,まだ,ぼんやりしている.〔这张照 zhào 片很～〕この写真はたいへんぼやけている.②あいまいにする.混同する.〔不要～了是非界限〕是非の境界をあいまいにしてはならない.〔泪 lèi 水～了他的双眼〕目が涙でほんやりした.→〔马 mǎ 虎〕③〖電算〗ファジー.〔～集理论〕ファジー集合論.〔～技术〕ファジー技術.〔～逻辑〕ファジー理論.〔～控制〕ファジー制御.
模楷 mókǎi〈文〉手本.標準.模範.
模块 mókuài モジュール.標準部品.〔～技术〕モジュール技術.
模棱 móléng (意見や態度などが)どっちつかず(である).あいまい(である).不得要領(である).〔摸棱〕とも書いた.〔他派来的特使也是一样的～〕彼が派遣してきた特使の態度も同じようにあいまいである.〔～两可①成〕どちらをとるかあいまいである.どっちつかずである.
模量 móliàng ⇒〔模数〕
模拟 mónǐ ①なぞらえる.まねる.〔摹拟〕とも書いた.〔～古人的作品〕古人の作品をまねる.〔～试验〕模擬試験.模試.〔～像 xiàng〕モンタージュ(写真).②〖電算〗ⓐアナログ.〔电子－计算机〕アナログ型電子計算機.〔～通信〕アナログ通信.〔～信号〕アナログ信号.ⓑシミュレーション.〔～器 qì〕～装置〕シミュレーター.〔～法人〕〈喩〉企業内で独立採算制をとる会計下の〔～购物〕買い物のモニター制.〔～市场核算〕〖経〗市場で通用する価格から逆算して生産コストを決める原価計算方式.→〔数 shù 字〕
模式 móshì ①モデル.パターン.：模範形式・標準となる様式をいう.〔～图 tú〕モデル図.パターン図.〔～化〕モデル化(する).②〖数〗モデル.スキーマ.
模数 móshù =〔模量〕〖率〗.〔断 duàn 面～〕断面率.〔刚 gāng 性～〕剛性率.〔弹 tán 性～〕弾性率.→〔系 xi 数〕
模态 mótài〈音訳〉モダリティー.様相.
模特儿 mótèr〈音訳〉①モデル:特に服飾・芸術の方面で用いる.〔时装～〕ファッションモデル.②⇒〔模型①〕
模效 móxiào まねる.模倣する.〔摹效〕とも書いた.〔～仿真〕模造品.
模写 móxiě ⇒〔摹写〕
模型 móxíng ①模型.モデル.〔模特儿②〕ともいう.②〖木型.原型.パターン.③鋳型(·)ː俗に〔模子múzi〕という.
模压 móyā =〔压膜〕〖工〗型打ち.モールディング.型プレス.〔～法 fǎ〕型プレス法.→〔无 wú 模锻铁〕

[**摹**] mó まねて書く.なぞらえる.〔把这几个字～下来〕このいくつかの字をまねて書きなさい.〔临 lín ～〕臨書する.〔描 miáo ～〕模写する.→〔模②〕

mó

摹本 móběn 翻刻(印)本.模写(画)本.
摹仿 mófǎng →[模倣]
摹古 mógǔ 〈文〉古代美術を模造する.
摹绘 móhuì 〈文〉模写して描く.
摹刻 mókè 摹刻(に):まねて書いた書画を版木に刻むこと、またはその版木で印刷した作品.
摹拟 mónǐ →[模擬]
摹品 mópǐn 模写品.
摹效 móxiào →[模效]
摹写 móxiě ①模写(する).②描写する.[~人物情状]人物像を描写する;[肩摩踵接]に同じ.
摹印 móyìn 本や絵などを模写して印刷する.②秦代の八書体の一で、曲がりくねりが多くかつ筆画の間の目がついたもの.→[八bā体(书)]
摹状 mózhuàng ①→[描 miáo 摹] ②擬態.

[膜] mó
①生理 膜.[腹 fù ~]腹膜.[脑 nǎo ~]脳膜.[肋 lèi ~]肋膜. ②[儿]膜状のもの.[笛 dí ~(儿)][〈方〉蒙 méng 子]笛の響孔に張る、タケやアシの薄い膜.[橡 xiàng 皮~]ゴムの膜. ③くっ隔てるもの.[隔 gé ~①]隔たり(ができる).わだかまり(ができる)

膜拜 móbài 固ひざまずいて拝する.[顶 dǐng 礼~]ひざまずき合掌して手を額にあげて拝する.〔喩〕はいつくばる(権力者などに).心酔し崇拝する.
膜翅类 móchìlèi 国膜翅(ỉ)目:ハチやアリなどの昆虫類.
膜片 mópiàn 膜片.膜状の薄片.[阀 fá ~]バルブ用膜片.
膜外 mówài 〈文〉考えのほか.[置 zhì 之~]度外視する.

[模] mó →[模糊]

[麼(麽)] mó
〈文〉微少である.[~小]同前.→[幺 yāo 麼][作 zuò 麼生] ②〈姓〉ボー.→[么 ma me] = an me

[摩] mó (I)
①こする.なでる.[按 àn ~]もむ.按摩をする.[抚 fǔ ~][抚摸]なでさする.②触れる.届く.[~天(大)大厦 lóu(~大大厦)][~天楼].③研究する.探求する.[观 guān ~]に見学しあって学習する.[观~会]観談会.コンクール. ④訳音字.[~洛哥]モロッコ. ⑤〈姓〉莫(*). (II) [~尔]の略. = mā

摩擦 mócā [磨擦]とも書いた. ①摩擦する.こすれる.～发热こすれて熱くなる. ②摩擦.[~力]物 摩擦力. ③(利害対立による)衝突(する). [引起了不必要的~]不必要な衝突をひきおこした.[发生经济上的~]経済の摩擦が生じる.
摩擦音 mócāyīn →[擦音]
摩登 módēng 〈音訳〉モダン.[~发 fà 型]モダンなヘアスタイル.[~女郎]モダンガール.[~舞 wǔ]モダンバレエ.[现 xiàn 代舞]に同じ.
摩的 módí, ~dī バイクタクシー.[摩托车的士]の略.
摩电灯 módiàndēng ＝[磨电灯]発電式電灯(自転車などに用いられる)
摩顶 módǐng 园(仏教中で)頭頂に右手をあて授戒す(儀式)
摩尔 mó'ěr 〈音訳〉①化 モル.記号 mol:分子(原子)の量を(原子)粒子の数で表す特の単位.分子の場合、分子量にグラムをつけた量が1[~]となる.単に[摩(II)]ともいう. ②モール:大型商業センター.
摩尔多瓦 mó'ěrduōwǎ モルドバ:正式国名は[~共和国].首都は[基 jī 希讷乌](キシニョフ)
摩尔根主义 mó'ěrgēn zhǔyì 生摩トーマスモーガンの遺伝学説.

摩诃 móhē 〈梵〉摩訶(ā):"大""多""勝"の意.[~止观]天台宗の経典の名.[~般若波罗密多心经]团(仏教の)般若心経.
摩加迪沙 mójiādíshā 地モガディシュ:[索 suǒ 马里民主共和国](ソマリア民主共和国)の首都.
摩加咖啡 mójiā kāfēi 〈音訳〉モカコーヒー.
摩戛 mójiá 〈文〉ぶつかりすれあう.
摩肩击毂 mójiān jīgǔ 〈成〉人や車の往来が込み合うこと;[肩摩毂击]に同じ.
摩肩接踵 mójiān jiēzhǒng 〈成〉人が押しあいへしあいすること;[肩摩踵接]ともいう.
摩羯座 mójiézuò →[黄 huáng 道十二宫]
摩厉以须 mólì yǐxū 〈成〉準備万端にして待ちかまえる.
摩洛哥 móluògē モロッコ:正式国名は[~王国].アフリカ西北部の地.首都は[拉 lā 巴特](ラバト)
摩门教 móménjiào モルモン教.
摩拿法典 móná fǎdiǎn マヌ法典:紀元前2世紀ごろに成立したインドの法典.
摩纳哥 mónàgē モナコ:正式国名は[~公国].首都は(モナコ).イタリア寄りのフランス地中海沿岸にある小国.
摩尼 móní 〈梵〉数珠.
摩尼教 móníjiào 团マニ教:3世紀のころ、ペルシャのゾロアスター教にキリスト教と仏教の要素が加わっておこった宗教.唐の則天武后のとき中国に伝わった.[莱 lái 教][明 míng 尊教]ともいう.→[祆 xiān 教]
摩涅尔合金 móniè'ěr héjīn モネルメタル:ニッケルと銅の合金.
摩弄 mónòng いじくる.手でもてあそぶ.
摩拳擦掌 móquán cāzhǎng 〈成〉手ぐすね引く(いて待ちかまえる).腕が鳴る:[擦掌摩拳]ともいう.[摩]は[磨]とも書いた.
摩丝 mósī 〈音訳〉ムース(整髪料)
摩挲 mósuō [白手のひらでなでさする.→ māsa
摩托 mótuō ①〈音訳〉モーター(モートル).内燃機関.[~马 mǎ 达] ②オートバイ.モーターバイク(総称)[~车]ともいう.[~越野赛]モトクロス.[~艇 tǐng]モーターボート;[汽 qì 艇]に同じ.→[机 jī 器脚踏车][轻 qīng 骑]
摩西 móxī 囚モーセ(モーゼ):古代イスラエル人の指導者.[~五经]团モーセ五書:旧約聖書巻頭の創世記など.
摩崖 móyá 磨崖:天然の岩石や懸崖に碑文や経文・仏像・詩などを刻んだもの.
摩鹰 móyīng →[雀 què 鹰]

[摩] mó →[萝 luó 摩]

[磨] mó
①こする(れる).する(れる).[~破 pò 了]こすり切れた.[衣服~了一个窟 kū 窿]服がすれて穴が一つできた. ②磨く.研ぐ.磨いて光らせる.[~剑 jiàn]剣を研ぐ.[喩]出番に備える. ③いじめる.苦しめる.[好事多~][慣]好事魔多し. ④まつわりつく.うるさくせがむ(言う).困らせる.[这孩子真~人]この子は実にふけをこねる. ⑤時間をつぶす.費やす.だらだらやる.[消~时间]時間をつぶす. ⑥摩滅する.消滅する.(すりへって)なくなる.[百世不~]いつまでも滅びない. → mò

磨擦 mócā ⇒[摩擦]
磨蹭 móceng ゆっくりこする.すりけっする. ②ぐずぐずひきのばす.のろのろする.[磨磨蹭蹭]同前のさま.[快点吧,再~就赶不上了]もう少し早くしなさい.これ以上のろのろしてる間に合わなくなる. ③まつわる.だだをこねる.
磨齿床 móchǐchuáng 機歯車研磨機.

mó

磨杵成针 móchǔ chéngzhēn 〈成〉鉄棒を磨いて針にする：根気よくやれば難しい事でも実現する．→〔铁 tiě 杵磨成针〕

磨穿铁砚 móchuān tiěyàn 〈成〉鉄のすずりを穴のあくほどすり減らす：学問に熱心でたゆまないこと．

磨床 móchuáng 圈①研削盤．グラインダー．〔工具～〕工具研削盤．〔钻 zuàn 头～〕ドリルグラインダー．②ベンチグラインダー．→〔机 jī 床〕

磨裆儿 módāngr 羹豚や羊の内側のもも肉．

磨刀 módāo 刀（包丁・ナイフなど）を研ぐ．〔～石 shí〕砥石は古称．〔砥 dǐ 石〕に同じ．〔～布 bù 砥，～霍 huò 霍〕刀を力を入れて研ぐ：（悪人が）事を起こすかまえを見せる．

磨刀不误砍柴工 módāo bùwù kǎncháigōng 〈喩〉時間をかけて準備をしても仕事を遅らせることにはならない．

磨刀雨 módāoyǔ 旧暦 5 月 13 日の雨の別称：〔关公〕（関羽）が刀を磨き呉に行った 5 月 13 日に雨が降ったという伝説による．〔磨刀水〕ともいう．

磨电灯 módiàndēng ⇒〔摩电灯〕

磨对 móduì ①〈方〉（主として金額を）掛け合う．〔～了半天省了五块钱〕長い間掛け合って 5 元払いが助かった．②つき合わせをする．

磨兑 móduì うるさくつきまとう．

磨工 mógōng 圈①研削仕事．グラインダーを使う作業．〔～车间〕（工場内の）研削作業場．②研削労働者．研削工．

磨工夫 mógōngfu 時間を費やす：〔磨时间〕ともいう．

磨光 móguāng 磨いてピカピカ（ツルツル）にする（なる）．〔～皮 pí〕光沢のある皮革．〔～用砂〕研磨用砂．

磨害 móhài 〈方〉うるさくする．だだをこねる．つきまとって困らせる．〔每天跟哥哥要钱～他〕毎日兄に金をせびっては困らせる．

磨耗 móhào ⇒〔磨损〕

磨合 móhé ═〔走 zǒu 合〕①（機器類を）ならし運転する．試運転する．②調整する．すり合わせる．なじませる．

磨蝎 móhé →〔命 mìng 宫〕

磨花 móhuā 模様を磨き出す．

磨滑 móhuá 〈方〉なまけてやる．

磨脚石 mójiǎoshí 足をこする軽石（がる）．〔搓 cuō 脚石〕に同じ．

磨究 mójiū 〈文〉研究する．

磨具 mójù 圈研磨器具（総称）

磨勘 mókān 〈文〉①（行政官の）成績を考査する．②再吟味する．

磨快口 mókuàikǒu 研いで刃を切れるようにする．

磨棱子 móléngzi 〈方〉ぐずぐずやる．〔你别～了！〕ぐずぐずするな．

磨砺 mólì 〈刃物など〕鋭く研ぐ．〈転〉練磨する：〔着 lóng 砺〕に同じ．

磨炼 móliàn 〔磨练〕とも書いた．練磨する．鍛練する．〔在艰苦斗争中～自己〕苦しい戦いの中で自分を鍛える．

磨料 móliào 研磨材料．〔天然～〕天然研磨材料．

磨轮 mólún 〔砂 shā 轮〕

磨灭 mómiè 磨滅する．消滅する．〔不可～的印象〕消すことのできない印象．

磨墨 mómò 墨をする：〔研 yán 墨〕ともいう．〔墨磨浓 nóng 了〕墨が濃くすれた．

磨难 mónàn 苦難．難儀：〔魔难〕とも書いた．〔他母子在那段日子里很受了一点～〕彼ら母子はその当時はなかなか苦労をした．〔不受～不成佛〕〈諺〉難儀をしなければ偉くはなれない．

磨破嘴唇 mópò zuǐchún 〈惯〉口が酸っぱくなるほどしゃべる．

磨漆画 móqīhuà うるし画．

磨拳擦掌 móquán cāzhǎng ⇒〔摩拳擦掌〕

磨人 mórén 〈口〉人にうるさくする（困らせる）．→〔字解④〕

磨砂玻璃 móshā bōli ⇒〔毛 máo 玻璃〕

磨砂膏 móshāgāo スクラブ（洗顔料）．〔磨沙膏〕〔磨面膏〕ともいう．

磨蚀 móshí ①圈（風食・水食など）地表の損食．侵食．浸食．②〔擦り減る．

磨损 mósǔn ═〔磨耗〕磨耗する．すりきれる．

磨坨子 mótuózi 〈方〉だだをこねる（子供）．〔磨坨子〕〔摩驼子〕とも書く．

磨洗 móxǐ こすって洗い流す．

磨削 móxiāo グラインダーで削る．→〔轮 lún 磨〕

磨牙 móyá ①歯ぎしり（する）．〔患～症 zhèng〕歯ぎしり症状が出る．②⇒〔白 jiù 齿〕③つべこべ言う．へらずロをたたく．〔磨嘴皮子〕に同じ．

磨洋工 móyánggōng 〈口〉わざとのろのろと仕事をする：〔磨羊工〕とも書く．〔以后在工作上，不准～〕今後は仕事の上でだらだらと手を抜くのは許さんぞ．→〔怠 dài 工〕

磨折 mózhé 苦しめる：〔折磨〕に同じ．

磨制 mózhì 磨いて作る．

磨砖对缝 mózhuān duìfèng 煉瓦をすり合わせて目をきっちり合わせる．〈喩〉施工の精密堅固なこと．

磨嘴皮子 mózuǐpízi 無駄口をきく：〔磨嘴（皮）〕〔磨牙〕ともいう．〔成天～不干活〕一日中つべこべ言って仕事をしない．〔这可不是光～的事〕これはあれこれ言っているだけですむ話ではない．

[嬷] mó

嬷嬷 mómo ①〈方〉老婦人に対する呼称．②〈方〉乳母に対する呼称．〔～爹 diē〕〔奶 nǎi 公〕乳母の夫．③密（カトリック教の）シスター：修道女への呼称．

[磨] mó 圈キノコ（総称）：〔～菇〕は通称．〔鲜 xiān ～〕生のキノコ．〔松 sōng ～〕マツタケ．→〔菌 jùn〕〔蕈 xùn〕

蘑菇 mógu ①キノコ（総称）：とくに〔口蘑〕（張家口一帯に産するキノコ）や〔香 xiāng 菇〕（シイタケ）を指す．〔洋～〕〔松 sōng 茸蘑〕マッシュルーム．〔毒 dú ～〕〔毒蕈 xùn〕毒キノコ．②〈口〉ごねてやめない．つきまとう．〔泡 pào ～〕同前．〔跟他～〕彼につきまとう．〔从早上～到晚上〕朝から晩までだだをこねる．〔～战术〕ねばり戦術（ゲリラ戦術）．③のろのろする．思いきりが悪い．ぐずぐずする．〔心里想得要命，偏～着不说〕心では身もだえるほど思っているくせに，ぐずぐずして口には出さない．

蘑菇云 móguyún 原水爆のきのこ雲．

蘑芋 móyù ⇒〔魔芋〕

[魔] mó ①悪魔．悪〔鬼 ～〕同前．⑥同前のような人．〔着 zháo 了～〕悪魔がとりついた．〔病 bìng ～〕病魔．〔～罗 luó〕(梵)魔羅．修行・善事を妨げる魔．②異常である．神秘的である．〔入了～〕やみつきになった．

魔鬼 móguǐ ⇒〔魔王〕

魔道 módào 邪道．魔の道．

魔法 mófǎ 邪法の術．妖術．

魔方 mófāng ルービックキューブ：〔音訳〕鲁 lǔ 比克～〕ともいう．完成させる過程を〔开解〕という．

魔高一尺，道高一丈 mó gāo yīchǐ, dào gāo yīzhàng 〈成〉魔障が生じてきたら，それ以上の手を打つ．→〔道高一尺，魔高一丈〕

魔宫 mógōng 魔宮．魔界．

mó～mò

魔怪 móguài 妖怪.化け物.〈喩〉悪人や邪悪な勢力.

魔鬼 móguǐ 鬼.悪魔.〈喩〉悪人や悪党.[～横行]悪党が暴れまわる.[百慕大～三角]バミューダ・トライアングル.

魔棍 mógùn スネークキューブ:玩具の一種.

魔幻 móhuàn 神秘的である.[～小说]怪奇幻想小説.

魔窟 mókū 怪物の住む穴.悪人の巣窟.

魔块 mókuài 〔魔〕方阵.

魔力 mólì 魔力.魅力.

魔难 mónàn ⇒[磨难]

魔手 móshǒu 魔手:[魔掌]に同じ.

魔术 móshù 奇術.手品:[幻among]han術](戏xì法(儿))ともいう.[变biàn～]同前をする.[～师]演員]手品師.奇術師.マジシャン.→[杂zá技]

魔头 mótóu 圆(仏教で)悪魔.悪魔人.

魔王 mówáng ①圆(仏教で)魔王.②〈喩〉暴君.悪魔的人物.

魔影 móyǐng 悪魔の影.〈喩〉隠れている悪党.

魔芋 móyù =[蒟蒻jǔ ruò](鬼guǐ芋]は漢方薬材の名称.食品としてこんにゃくを作る.[～豆腐]圖こんにゃく.[～粉条]糸こんにゃく.[～食品]こんにゃく料理.[冻dòng～]凍りこんにゃく:食用,また糊菌類,細菌の培養基にする.

魔域 móyù 魔境.秘境.

魔掌 mózhǎng 〈喩〉悪勢力の支配.[陷入～]魔手にかかる.

魔杖 mózhàng =[魔棒]魔法のつえ.手品師の使用するつえ.

魔障 mózhàng ①圆(仏教で)魔障:修養の(心の)妨げになるもの.②人生の波瀾・困難・苦難

魔爪 mózhǎo ①魔の手.[伸出～来了]魔手をのばしてきた.②〈喩〉悪の勢力.

魔怔 mózheng 〈口〉気がどうかしている.[魔症]とも書いた.

[劘] mó 〈文〉①磨く.こする.②削る.切る.

[抹] mǒ ①なでつける.塗りつける.[皮鞋xié油靴 xuē 油刷刷]靴にクリームをつけてブラシをかけなさい.[～上黄油吃]バターをつけて食べる.②(塗りつぶして)消す.抹消する.切り除く[从名册上～掉diào]名簿から削除する.[把这几个字～了]この何字かを消しなさい.③(こするようにして)拭く.ぬぐいとる.[～(眼)泪]涙を拭く.[油手别往衣裳上～]油のついた手を服になすりつけてはいけない.[你吃完了,～～嘴没你的,这儿全不用管了]きみは食べ終わったら,口を拭いてさっさと帰ればいいのだ,ここのことはかまうな.[擦 cā②③]④量詞.雲や朝焼け・夕焼けに用いる数詞は[一]と[儿]に限る.[一～晚霞]かすかな夕焼け.[几～落日の薄い雲.→

抹鼻子 mǒbízi 〈方〉泣く.[干吗 má 擦眼睛～的,有什么委屈啊]何でめそめそしているのかね,何かつらいことでもあるのか.

抹脖子 mǒbózi 刀で首を斬る:多く自殺することをいう.[文]刎 wěn 颈]に同じ.→[砍 kǎn 头]

抹彩 mǒcǎi 圖(旧劇の役者が)役柄にメーキャップする(こと)

抹刀 mǒdāo ⇒[抹子]

抹粉 mǒfěn (白粉を)つける.ぬる.[～画 huà 眉]白粉をつけ眉を描く:化粧する.→[擦 chá 粉][扑 pū 粉②]

抹黑 mǒhēi [一儿]黒くぬる.〈喩〉みっともなくする.顔を汚す.[你这样做不是给自己脸上～吗]これで

は君,自分の顔に泥を塗るようなものではないか.

抹灰 mǒhuī 石灰などで泥を塗る.〈喩〉顔に泥を塗る.[要不争 zhēng 气,不是给自己脸上～吗]意地でも頑張らないと,自分の顔をつぶすことになるんじゃないか.

抹颈 mǒjǐng 〈文〉首を斬る(って自殺する).→[抹脖子]

抹泪 mǒlèi 涙をぬぐう.[抹眼泪]同前.

抹零(儿) mǒlíng(r) (勘定で)端数を切り捨てる(まける).[那四分的零儿抹了去吧]その4分のはしたはまけちゃいなさいよ.

抹面无情 mǒmiàn wúqíng 〈慣〉顔をぬぐって(赤の他人のようになって)つれなくする.

抹面子 mǒmiànzi 顔をつぶす.恥をかかせる.

抹腻 mǒnì 〈方〉①きちんとしている.あか抜けしている.[～点儿的衣裳]小ざっぱりした服.→[腻④]②細かく行き届いている.[开关要安在个～地方儿]スイッチは気が利いたところに取りつけなくちゃならん.

抹杀 mǒshā [抹煞]とも書いた.抹殺する.消し去る.ないものにしてしまう.[一笔～]スパッと消す.[他们想～全部成就]彼らは全ての成果を抹殺しようとしている.

抹稀泥 mǒxīní 〈口〉とりなす.とにかく丸くおさめる.いい加減にごまかす.まあまあで済ます:[和 huò 稀泥]に同じ.

抹香鲸 mǒxiāngjīng 圖マッコウクジラ.

抹一鼻子灰 mǒ yībízi huī 〈喩〉(相手の機嫌・好意を得ようとして)当てが外れて鼻白む.とりそこなって興ざめする:[碰 pèng 一鼻子灰]ともいう.

抹油嘴(儿) mǒyóuzuǐ(r) ただ食いをする.ごちそうしてもらって言返ししない.

抹月批风 mǒyuè pīfēng 風月を酒のさかなとする.〈喩〉貧乏で何のもてなしもできないこと:[批风抹月]ともいう.

抹子 mǒzi (モルタルなどを塗る)こて:[抹刀]ともいう.→[泥 nì 子②]

[万] mò [～俟 qí]〈姓〉万俟(ぼく) → wàn

[末] mò ①先端.(物の)端.先.[～梢]末梢.[秋毫之～]きわめて微細なもの.②根本的でない(重要でない)こと.末節であること.[～倒置]本末転倒(である).[不要舍 shě 本逐～]根本の方を打ち捨てて末梢的なことを追いかけてはいけない.③末.最後の.[周 zhōu ～]週末.[篇 piān ～]篇末.[～批 pī 货]最後の売り物.[～制导]軍(ミサイルの)終末誘導.④[～儿,～子]粉末.[～药]粉薬.[茶 chá 叶～]粉茶.⑤圖(旧劇で)中高年を演じる端役.⑥(料理で)みじん切り.[姜～]しょうがのみじん切り.→[刀 dāo 工]⑦〈姓〉末(ばつ).

末班车 mòbānchē ①=[末趟车]最終バス.終電車:[末车]ともいう.↔[首 shǒu (班)车] ②〈喩〉最後の機会.ラストチャンス(年齢制限など).

末版 mòbǎn (新聞の)最終ページ.最終面.

末次 mòcì 最終回.

末大不掉 mòdà búdiào ⇒[尾 wěi 大不掉]

末代 mòdài 最後の代.末代(の).[～皇帝]ラストエンペラー.

末端 mòduān 末端.尾.エンド.最終点.

末伏 mòfú [伏天]

末富 mòfù 〈文〉商工業や高利貸しで富を積むこと(史記).→[末利]

末官 mòguān =[末官][末秩]〈文〉①下級役人.②〈謙〉小官:旧時,役人の自称.

末光 mòguāng 〈文〉①かすかな光.②余光.

末毫 mòháo 〈文〉竿秤の一番最後のつり手:複

mò 末沫茉抹妹昧秣

数のつり手の中で一番荷を吊る側から遠いもの.→〔秤 chèng 毫〕

末后 mòhòu 最後(に)
末宦 mòhuàn ⇒〔末官〕
末回 mòhuí 最終回.
末疾 mòjí 〈文〉手足の病気.
末技 mòjì =〔末艺〕〈文〉小手先の(つまらない)技.
末减 mòjiǎn 〔法〕軽く罪刑する.
末将 mòjiāng 〈謙〉小官:旧時,将軍の自称.
末脚年 mòjiǎonián 〈方〉凶作の年.
末节 mòjié 些細なこと.重要でないこと.〔细枝～〕枝葉末節.些細なこと.→〔小 xiǎo 节〕
末角(儿) mòjué(r) 〔旧劇〕家従・侍女・馬夫などの端役.〔副 fù 末〕
末利 mòlì 〈文〉商工業(のもうけ).〔事～〕〈文〉商工業に従事する(史記)
末僚 mòliáo 〈謙〉小職:旧時,役人の自称.
末了(儿) mòliǎo(r) 〈口〉最後(に).しまい(に):〔方〕末了儿〕ともいう.〔第五行～の那个字我不认识〕5行目の最後の字が読めない.
末流 mòliú ①末流.下流. ②〔喩〕衰退した流派. ③低級.下等.〔～演员〕大根役者.
末路 mòlù 旅の終わりの段階.〔転〕落ちぶれはてた行きづまり.なれのはて.
末民 mòmín 〔商〕商工業者.→〔末业〕
末命 mòmìng 〈文〉(帝王の)臨終の遺言.遺命.
末末儿 mòmoliǎor 〈方〉最後(に).しまい(に):〔末末拉了儿〕mòmòr(儿)ともいう.
耐何 mònàihé ⇒〔没奈何〕
末脑 mònǎo ⇒〔延 yán 脑〕
末年 mònián 末年.末期.
末期 mòqī 末期.
末戚 mòqī 〈文〉遠縁の親戚.
末契 mòqì 〈謙〉おつき合いしていただくはしくれ.→〔下 xià 交〕
末儿药 mòryào ⇒〔末子药〕
末日 mòrì ①末の日. ②〔喩〕世の末の日.〔～论者〕終末論者.〔～审判〕〔宗〕(キリスト教で)最後の審判
末梢 mòshāo 末梢.すえ.〔～神经〕〔生理〕末梢神経.
末生 mòshēng 〈文〉商人や職人の渡世.
末世 mòshì =〔末代〕末世.末期.滅亡期.
末趟车 mòtàngchē 終電車.
末尾 mòwěi ①末尾.〔信的～〕手紙の末尾.〔排在～〕列の最後に並ぶ. ②〔音〕(楽曲の)終止.終わり.エンディング.
末位 mòwèi 最下位.末席.下っ端.〔～淘汰〕最下位の切り捨て.
末席 mòxí ⇒〔末座〕
末学 mòxué 〈文〉①枝葉の学問.〔～肤 fū 受〕〔成〕上っつらだけをかじってしっかりとした学問がない. ②〈謙〉浅学(のそれがし)
末药 mòyào ⇒〔没药〕
末叶 mòyè ①末期.〔唐朝 cháo ～〕唐朝末期. ②〈文〉末孫.
末业 mòyè 〈文〉商工業(史記):〔本 běn 业③〕(農業)に対していう.
末艺 mòyì ⇒〔末技〕
末议 mòyì 〈謙〉つまらぬ議論:私の立論.
末由 mòyóu =〔无 wú 由〕
末造 mòzào ⇒〔末期〕
末着(儿) mòzhāo(r) 〔末著〕ともいう. ①最後の手(方法). ②下手な手段.
末枝 mòzhī 〈文〉枝先.
末秩 mòzhì ⇒〔末官〕

末子 mòzi 粉末.粉:〔末儿〕ともいう.〔煤 méi ～〕粉炭.石炭のくず.〔～药〕〔末儿药〕〔面子药〕粉末剤.粉薬.→〔面 miàn 子⑥〕
末座 mòzuò =〔末席〕末座.末席.

[沫] mò ①[-儿,-子]泡.〔泡 pào ～〕泡.泡沫.〔口吐 tǔ 白～〕口から白い泡を吹く.〔撇 piē 去浮～〕表面の泡をすくって捨てる.〔肥 féi 皂～儿〕石鹼の泡. ②唾液.つば:〔〈口〉唾 tuò ～〕〔吐 tù ～〕に同じ. ③〈姓〉姓(3).

沫沫丢丢 mòmo diūdiū 〈方〉泡がぶくぶく浮いて汚いさま.

[茉] mò·lì 〘植〙マツリカ(モウリンカ),またその花:ジャスミンの一種.〔柰 nài 花〕〔鬘 mán 华〕〔小 xiǎo 南强〕ともいう.〔～花茶〕ジャスミン茶.〔～双薰 xūn〕同前の上等品.〔紫 zǐ 茉莉〕

[抹] mò ①塗りつけて平らにする.塗って仕上げる.〔～上水泥〕セメントを塗る.〔～上一层白灰 / 石灰をひと皮塗る.〔拿抹 mǒ 子～〕こてで塗りなど.〔～墙 qiáng 〕塀や壁を塗る. ②角に沿って曲がる.〔～过一座林子〕林のへりをたどって行く. ③〈方〉向きを変える.〔～头就走〕くるりと向きを変えて立ち去る.〔～过头来〕頭をぐるりと回す.〔把车子～过来〕車をUターンしなさい. → mā mǒ

抹不开 mòbùkāi 〔磨不开〕とも書く.〈口〉(顔に出すのが)きまりが悪い.具合が悪い.恥ずかしい.赤面する.〔脸上～〕同前で顔に出せない.〔给爷妈暗不是有什么～(脸)的/両親に謝るのに何が恥ずかしいことがあるか.〔他跟我这么一说,我当时～(脸),就答応了他了〕彼にこう言われるとその場では断りきれず,承諾してしまった. ②〈方〉(考えがいき)きづまる.どうしたらよいかわからなくなる(うまくできなくて).〔我有了～的事,就找他去商量〕わたしは何か困ったことができると,いつでも彼の所へ相談を持ち込む.

抹得开 mòdekāi 〔磨得开〕とも書く.〈口〉顔に出して平気である.こだわりなく表に出せる.〔只要～也就是了,何苦认真呢〕かまわず思うことを言えばそれでいい,何生まじめに考えなくてもようよう.

抹额 mò'é =〔额子〕〔额鉢卷〕〘古式〙に額にあてる布製の装飾具.〔抹头〕ともいう.元来は装飾あるいは防寒のために主として老婦人が着けた.小幅で前端に翡翠や珠で飾りつけたりすると,細いひもがついていて,後頭部で鉢卷のように結びとめる.

抹咕丢 mògudiū 〔磨咕丢〕とも書く.〈方〉①虫けらのような.雑巾でぬぐい捨てるくらいの. ②何とも気まずい.意味わるい.

抹角 mòjiǎo ①[-儿]①角を曲がる. ②曲がっているところ.〔拐 guǎi 弯〕〔转弯〕〈喩〉(話や行動が)直接的ではない.

抹面 mòmiàn 〘建〙(石灰・モルタルなどを)上塗りする.
抹头 mòtóu ⇒〔抹额〕
抹胸 mòxiōng ①⇒〔兜 dōu 肚〕 ②〘旧〙古代,女性の胸当て(下着)

[妹] mò 〔～喜 xǐ〕夏の桀王の妃.

[昧] mò 〈文〉①目が見えない. ②(危険や苦難を)顧みない.問題にしない.

[秣] mò ①馬などの家畜の飼い葉.〔粮 liáng ～〕食糧と飼料.糧秣(3).→〔刍 chú ①〕 ②飼い葉をやる. ③〈馬〉馬に同前.〔喂 wèi〕

秣槽 mòcáo 飼い葉桶.
秣马厉兵 mòmǎ lìbīng 〔成〕馬に飼い葉をやり兵器を磨ぐ:怠りなく戦の準備をする.〔厉兵秣马〕ともいう.〔厉〕は〔砺 lì 利〕とも書いた.

mò

袜袜没殁帕陌貊冒莫

〔袜〕 mò
〔~肚dù〕〔~胸xiōng〕〔~腹fù〕〈文〉女性の胸当て.腹掛け.→〔兜dōu肚〕
— wà

〔韈〕 mò
〔~鞨hé〕囲東北部に居住したツングース族.→〔通tōng古斯〕

〔没(沒)〕 mò
①〈水〉に没する.沈む.〔太陽将~不一的时候〕お日様が今にも沈むかどうかという頃.②〈水などが〉覆う.冠水する.〔大水把庄稼淹yān~了〕大水が作物を水没させた.〔水~了膝xī盖〕水が膝がしらを浸した.〔雪深~膝〕雪が深く膝をうずめる.〔脚足が沈む(深さになる).〔那片~人深的杂草〕あのあたりの人の丈を越すほど深い雑草.③消える.隠れる.隠す.〔出~〕出没する.〔泯mǐn~〕なくする.消滅させる.〔吞~公款〕公金を着服する.④没収する.〔抄chāo~违禁品〕禁制品を摘発して没収する.⑤最後になる.尽きる.〔~世〕〈成〉終生.終身.⑥死.⑥〔~了〕⑦〔~奈何〕=méi
没齿 mòchǐ〈文〉生涯.終世.〔~不忘〕〈成〉〔难忘〕〈成〉生涯忘れることができない〔没世不忘〕ともいう.〔他给我的恩德~不忘〕彼の恩は終生忘れることはできない.
没地 〈文〉死ぬ.死んで土に入る.〔殁地〕に同じ.
没顶 mòdǐng ⇒〔灭miè顶〕
没骨画 mògǔhuà 囲輪郭を描かずにかいた柔らかい感じの絵.→〔勾gōu勒法〕
没落 mòluò ①陥落(する).②没落(する).
没没无闻 mòmò wúwén〈成〉名前があがらない.世に知られない.ふつう〔默默无闻〕と書く.
没奈何 mònàihé =〔莫奈何〕〔末耐何〕いかんともしがたい.どうにもならない.〔我~,只得走了〕わたしは仕方がないから,帰ってくるより方法がなかった.→〔没méi法儿〕
没人 mòrén〈文〉潜水に長じた者.
没入 mòrù〈文〉没収する.
没食子 mòshízǐ〔没食子(zi):ブナ科植物にインクタマバチの刺激でできる球状の虫こぶ.タンニン酸の原料にもなる.→〔五wǔ倍子〕
没世不忘 mòshì bùwàng ⇒〔没齿不忘〕
没收 mòshōu (公権力により)没収する.取り上げる.〔~财产〕財産を没収する.
没药 mòyào 〔木药〕ミルラノキ属などの植物が分泌する樹脂:主として薬用・化粧用香料などに用いる.〔~树〕ミルラの木.
没饮 mòyǐn〈文〉酒に溺れる.痛飲する.

〔殁(歿)〕 mò
〈文〉⑥〈文〉死ぬ.〔~地〕〔没地〕同前.〔病bìng~〕病死す.〔于阵zhèn上〕戦場で死ぬ.

〔帕〕 pà
mò 〔~头tóu〕男子用の頭巾.〔~首shǒu〕〔帕头〕ともいう.〔幞fú头〕に同じ.

〔陌〕 mò
①あぜ道:田畑の東西に走るあぜ.→〔阡qiān①〕②〈文〉銭(は)100文.→〔长cháng钱〕〔短duǎn陌〕
陌路(人) mòlù(rén)〈文〉路傍の人.あかの他人.〔视同~〕他人扱いする.〔毫不相干的~人〕縁もゆかりもないあかの他人.〔成了~了〕〔今までは親しかったが〕他人のようになってしまった.
陌上桑 mòshàngcài 囲ゼナ.→〔母mǔ草〕
陌生 mòshēng ①なじみがない.見慣れない.不案内である.〔~人〕見慣れない人.〔对乡情很~〕村内の事情には不案内である.〔不要盲目地去搞~的事情〕やたらに不慣れな事に手を出してはいけない.→〔生疏〕

陌头 mòtóu ①〈文〉路傍.②⇒〔帕头〕

〔貊〕 mò
①囲東北部の民族をいった.②〈姓〉貊(ぱっ)

〔冒(冐)〕 mò
〔~顿dú〕ボクトツ:漢代匈奴の首長.→〔单chán于〕
— mào

〔莫〕 mò
①〈文〉(…するもの)なし.全くなし.〔~不欢欣鼓舞〕大喜びしないものはない.②〈文〉…しがたい.…でない.〔一筹~展〕にっちもさっちもいかない.手も足も出ない.〔爱~能助〕同情するが助力はできない.〔~罄qìng尽くしがたい.〕〈文〉知れない.③してはならない.するな.〔请~见怪〕とがめだてしないで下さい.どうかあしからず.〔~哭〕泣くな.〔赶快做,~迟chí延〕早くしろ,ぐずぐずしてはいけない.〔~憶測や反語を表す.→〔莫非②〕⑤訳音字.〔~斯科〕囲モスクワ.⑥〈姓〉莫(ぼっ)
莫泊桑 mòbósāng 人モーパッサン:フランスの小説家(1850〜1893)
莫不 mòbù …せざるはなし.〔~大笑〕みな大笑いした.
莫不成 mòbuchéng 同下.
莫不是 mòbushì =〔莫非②〕〈白〉まさか…ではあるまい:〔莫不成〕に同じ.
莫測 mòcè 測れない.測り知ることができない.〔居jū心~〕〔居心叵pǒ測〕〈成〉どんな気でいるのか測り知ることができないから,気が知れない.
莫測高深 mò cè gāoshēn〈成〉難解で高さ深さがわからない.どれほどのことか知りようがない.〔高深莫測〕ともいう.〔~的术语〕深奥な術語.
莫此为甚 mò cǐ wéi shèn〔慣〕これより甚だしい(ひどい)ものはない.
莫大 mòdà 莫大である.この上なく大きい.〔~之福〕極めて大きな幸福.〔~的光荣〕この上ない光栄.
莫道 mòdào ⇒〔莫说〕
莫定 mòdìng〈文〉不確かである.
莫尔斯比港 mò'ěrsībǐ gǎng 囲ポートモレスビー:〔巴bā布亚新几内亚独立国〕(パプアニューギニア独立国)の首都.〔斯〕は〔兹〕とも書いた.
莫尔斯电码 mò'ěrsī diànmǎ モールス符号.
莫尔斯退拔 mò'ěrsī tuìbá 機モールステーパー.→〔锥zhuī度〕
莫非 mòfēi ①…にあらざるはなし(皆そうである).②=〔莫不是〕まさか…ではあるまい:〔不成〕を後に置く.〔~他是坏人不成〕彼はまさか悪い人間ではあるまい.〔~你听错了不成〕まさか聞きまちがえたのではあるまい.〔难nán詳〕
莫非说 mòfēishuō ⇒〔难nán道说〕
莫干山 mògānshān 囲浙江省北部の德清県にある山:春秋時代に呉王が〔莫邪〕と〔干将〕の2本の名刀を作った場所.避暑地として有名.
莫高窟 mògāokū 囲莫高窟(ぼう):甘粛省敦煌にあり〔千qiān佛洞〕ともいわれる仏教遺跡.
莫怪 mòguài ①〈挨〉あしからず.〔~!~!〕どうぞあしからず.②おかしいことはない.〔这就~他这么说了〕これは彼がそう言うのも当然だ.
莫管 mòguǎn〈文〉かかわりありうなかれ.かまうな.〔~闲xián事〕よけいなおせっかいを焼くな.〔各人自扫门前雪,~他人瓦上霜〕〈諺〉自分の頭の上の蝿を追え.
莫过于 mòguòyú …以上のものはない.〔乐lè事~读书;读书~过るる楽しみはない.
莫霍界面 mòhuò jièmiàn 囲モホロヴィッチ(境界)面:地殻とその下方のマントルとの間の不連続面.
莫解 mòjiě〈文〉理解できない.〔令人~〕理解に苦しませる.

mò

莫漠寞蓦瘼镆貘脉眽墨

莫可名状 mò kě míngzhuàng 〈慣〉名状しがたい：〔莫可言 yán 说〕〔莫可言状〕〔莫可言喻 yù〕〔莫能言喻〕.

莫可指数 mò kě zhǐshù 〈慣〉指折り数えても数えきれない(数が多い).

莫罗尼 mòluóní 地モロニ：〔科 kē 摩罗联盟〕(コモロ連合)の首都.

莫名 mòmíng (非常なことで)言い表せない. 〔感激～〕その感激は言い表せないほどである. 〔一阵～的悸动〕言いようのない動悸.

莫名其妙 mò míng qímiào 〈慣〉その奥深さを(何とも)言い表せない. 〔感到～〕まことに不思議である. →〔莫明其妙〕.

莫明其妙 mò míng qímiào 〈慣〉(誰にも)理解できない. 〔大家都～〕皆は何が何やらさっぱりわからないでいる.

莫名其妙土地堂 mò míng qí tǔdítáng わけがわからない：〔莫名其妙〕のだじゃれ. 〔土地堂〕は〔土地庙 miào〕(産土(花)神の社)の意で, 〔庙〕と〔妙〕が同音であるところから.

莫奈何 mònàihé ⇒〔没奈何〕

莫逆 mònì 意気投合している. 仲が良い. 〔～之交〕〈成〉気心のよく分かった友人(友人).

莫如 mòrú =〔莫若〕(…に)しくはない. (むしろ)…したほうが良い. 〔～趁早和他说了倒好〕早いうちに彼に話してしまうにこしたことはない. 〔休息日, 与其在家里发闷, ～出去转转〕休みの日は家の中にくすぶっているよりも, 外へ出てぶらぶらしたほうが良い. →〔不如〕.

莫若 mòruò 同上.

莫桑比克 mòsāngbǐkè モザンビーク：正式国名は〔～共和国〕. 〔莫三鼻给〕とも書いた. 首都は〔马 mǎ 普托〕(マプト).

莫善于此 mòshàn yúcǐ 〈慣〉これに勝るものなし.

莫视 mòshì 〈文〉じすんで見る.

莫氏硬度表 mòshì yìngdùbiǎo 〈音義訳〉モースの硬度計：十種の標準となる鉱物の試料の表面を引っかき, きずがつくるか否かで硬度を測定するもの. 〔莫氏〕は〔摩氏〕とも書く.

莫说 mòshuō =〔莫道〕〈文〉言うなかれ. …は言うに及ばず〔休 xiū 说〕ともいう.

莫斯科 mòsīkē 地モスクワ：〔俄 é 罗斯联邦〕(ロシア連邦)の首都.

莫谈国事 mò tán guóshì 国事(政治)を論ずるなかれ：旧時, 茶館などに掲げてあった注意書きの一種.

莫卧儿帝国 mòwò'ér diguó 囚ムガール帝国.

莫须有 mòxūyǒu あるかもしれない. 必ずあるとは言いきれない. 〈転〉ありもしない. 〔～的罪名〕でっちあげた罪名.

莫要 mòyào …するな. …してはいけない. 〔我们～夜郎自大〕我々は身の程を忘れてはならない.

莫邪 mòyé 古名剣の名：〔镆铘〕とも書いた. →〔莫干山〕

莫扎特 mòzhātè 囚モーツァルト：オーストリアの作曲家(1756～1791). 〔莫差特〕〔穆 mù 札尔特〕とも書いた.

莫知 mòzhī 〈文〉知らない. 〔～所云 yún〕(他人の)言っていることがわからない.

莫衷一是 mò zhōng yīshì 〈成〉一致した結論に達することができない：〔衷〕は判断して適中する意. 〔人各言殊, ～〕各人の意見は異なっていて一つにまとまらない.

〔**漠**〕 mò （Ⅰ）砂漠. 〔沙 shā ～〕同前. 〔大～〕大砂漠：〔戈 gē 壁〕(ゴビ砂漠)をいう.
（Ⅱ）気にかけない. 冷淡である. 〔冷～〕同前. 〔～不关心〕〈慣〉さっぱり関心がない. 〔～不相干〕何にも関係(かかわり)がない.

漠北 mòběi 地蒙古高原の砂漠地帯以北.

漠漠 mòmò ①霧の深いさま. 〔湖面升起一层～的烟雾〕厚い霧が湖面に発生した. ②広漠としたさま. 〔远处是～的平原〕遠方は漠々たる平原である.

漠然 mòrán 関知しない. かまわずにおく. 関心がない. 〔～置之〕放置してかまわない. 〔～不动〕(関心がなく)少しも気持ちを動かさない. 〔处之～〕冷淡に扱う.

漠视 mòshì 軽視する. 何とも思わない. 〔～职工健康的官僚主义〕従業員の健康に無関心な官僚主義. =〔冥视〕

〔**寞**〕 mò 静かである. 寂しい. 〔寂 jì ～〕寂しい. 〔～～〕〈文〉ひっそりとしているさま. 〔落～〕〈文〉ひっそりとしてさびれている.

〔**蓦**・**驀**〕 mò 不意に. 突然. だしぬけに.

蓦地 mòdì 突然. 出しぬけに. いきなり. 〔～跳下马来〕突然馬上から飛び降りる.

蓦然 mòrán ふと. なにげなく. 〔～看去, 这石头像一头卧牛〕ちょっと見ると, その石は寝ているウシに見える.

蓦生 mòshēng ⇒〔陌生〕

〔**瘼**〕 mò 〈文〉病気. 苦痛. 〔关心民～〕人民の苦しみに関心をよせる.

〔**镆**・**鏌**〕 mò

镆铘 mòyé ⇒〔莫邪〕

〔**貘(獏)**〕 mò ①動バク. 〔马 mǎ 来～〕マレーバク. 〔美 měi 洲～〕アメリカバク. ②古白豹.

〔**脉(脈)**〕 mò

脉脉 mòmò 〈文〉じっと見つめる. 目のそぶりで気持ちを表す：〔眽眽〕とも書いた. → mài

〔**眽**〕 mò

眽眽 mòmò ⇒〔脉脉〕

〔**墨**〕 mò （Ⅰ）①墨(または朱墨). 〔笔 bǐ ～〕筆と墨. 〔朱 zhū ～〕朱墨. 〔研 yán ～〕墨をする. ②黒(色). 黒い(色). 〔～晶〕黒水晶. ③古顔や腕に入れ墨をする刑(に処する)：(五刑)の一. 〔～刑〕同前. 〔黥 qíng ②〕〔肉 ròu 刑〕〈文〉汚職をする. 〔～吏 lì〕〔贪 tān ～〕貪婪(た)な官吏. 〔墨墨〕. ⑤書画. 墨跡. 〔鲁 lǔ 迅 xùn ～〕魯迅の遺筆. 〔请您赏～〕どうぞご揮毫を願います. →〔墨宝〕 ⑥〈転〉学問. 〔胸 xiōng 无点～的人〕(少しも学問のない)人間. →〔墨水(儿)③〕 ⑦インク. 顔料. 〔油～〕〔印(刷)～〕〔印刷油～〕印刷用インク. ⑧墨子, またその学派を指していう. →〔墨家〕 ⑨〈姓〉墨(ぼ)
（Ⅱ）=〔～西哥〕(メキシコ)の略. 〔～国〕同前. 〔～银〕

墨宝 mòbǎo 〈文〉貴重な書または絵. 〈転〉他人の筆跡に対する敬称. 〔我想您您赏我一张～, 好使蓬 péng 荜生辉〕あなたの書を1枚頂戴して, 拙宅に光彩を添えたいと思います.

墨笔 mòbǐ 毛筆.

墨场 mòchǎng 〈文〉文人墨客仲間の交際場.

墨痴 mòchī 墨を使うのが下手な書画家.

墨池 mòchí ①=〔翰 hàn 池〕〔砚池 (硯)〕. すずりの海：墨の墨汁の溜まる部分. ②〈文〉東晋の王羲之が字を習った所：現在の浙江省永嘉県などいくつかの地が伝えられる.

墨尺 mòchǐ ⇒〔墨线①〕

墨床(儿) mòchuáng(r) 墨置き台.

mò

墨带 mòdài ＝[色 sè 带]インクリボン.
墨迪 mòdí ⇒[墨子]
墨绖 mòdié 白黒の喪服:喪にあるものが従軍する場合の喪服.
墨斗 mòdǒu （大工の使う）墨つぼ.→[墨线①]
墨(斗)鱼 mò(dǒu)yú ⇒[乌 wū 贼]
墨尔本 Mò'ěrběn 地メルボルン:オーストラリアの都市.[梅 méi 尔门]とも書いた.[新 xīn 金山]は別称.
墨粉 mòfěn トナー.
墨滚 mògǔn （印刷機の）ローラー.
墨海 mòhǎi （盆状の）大硯(けん).[砚 yàn 海]に同じ.
墨盒(儿) mòhé(r) ①墨汁入れ.→[墨丝儿] ②インクカートリッジ.
墨黑 mòhēi 真っ黒(である).真っ暗(である).[～天]墨を流したような空模様.
墨痕 mòhén 墨の跡.[～转]先人の筆跡.
墨花 mòhuā 長年使われたすずりにできた墨模様.
墨灰色 mòhuīsè 色黒鼠色(の)
墨迹 mòjì ①筆跡.手書.[这是鲁迅的～]これは魯迅の真筆です. ②墨の跡.[～未干]筆跡の乾く前に:すぐに.まもなく（時間的に短いことを表す）.[～淋 lín 漓]成～墨痕あざやかである.
墨家 mòjiā 墨家(か):墨子の学派.[诸 zhū 子百家]の一.→[九 jiǔ 流①]
墨晶 mòjīng 鉱黒水晶:濃い色の煙水晶の総称.
墨镜 mòjìng 黒眼鏡:黒水晶など濃い色のサングラス.→[太 tài 阳镜]
墨菊 mòjú （晩秋に咲く）暗紫色の菊の花.
墨卷 mòjuàn 旧科挙の試験の郷試・会試の答案の実物:受験者が墨書することから.
墨客 mòkè <文>文人.
墨吏 mòlì <文>貪欲で私腹を肥やす官吏.→[贪 tān 官污吏]
墨绿 mòlǜ 色深緑色(の)
墨妙 mòmiào <文>文や書画の精妙なこと.
墨囊 mònáng 墨袋(イカ)の墨袋.
墨色 mòsè ①黒色(の). ②(水墨画で)墨の色あい.
墨沈 mòshěn <文>墨汁.<転>筆跡.[～未干,言犹在耳]筆跡がまだみずみずしく,お言葉が耳に残っているようである.
墨守成规 mòshǒu chéngguī <成>旧式をかたくなに守る.墨守する.:[墨守陈 chén 规]ともいう.
墨水规 mòshuǐguī （製)図用の烏口.→[鸭 yā 嘴笔]
墨水(儿) mòshuǐ(r) ①墨汁(墨をすった汁). ②インク.[蓝 lán ～]青インク.[红 hóng ～]赤インク.[蓝黑～]ブルーブラックインク.[纯蓝～]ピュアブルーインク.[隐显 yǐnxiǎn ～]あぶり出しインク.[～瓶 píng]インクびん.[～瓶架]一[～台]インクスタンド.[～垫 diàn]スタンプパッド.<転>学問.[他喝过几年～]彼は幾年か学問をしている.[肚里一点儿～没有]全く学がない.[喝洋～]外国(文化)を経験する.
墨丝儿 mòsīr 墨入れに入れる真綿.[笔尖上挂了一条～]筆の先に墨汁の綿の糸が一筋ひっかった.→[墨盒(儿)]
墨索里尼 Mòsuǒlǐní 人ムッソリーニ（1883～1945）：第二次世界大戦中のイタリアの首相.ファシスト党首.
墨胎 Mòtāi [姓]墨胎(ぼく).
墨帖 mòtiè ⇒[法 fǎ 帖]
墨西哥 Mòxīgē メキシコ:正式国名は[～合众国].略して[墨国]ともいう.首都は[～城 chéng](メキシコ・シティ)

墨线 mòxiàn ①＝[墨尺](大工用の)墨糸.墨縄.→[墨斗] ②墨糸でかいた直線.
墨刑 mòxíng 面顔や腕に入れ墨をする刑罰.→[刺 cì 字][黥 qíng 面]
墨选 mòxuǎn 旧科挙受験者のための模範文集:明・清代に流行した八股文を選んで編集したもの.
墨鸦 mòyā ①<文><喩>へたな書画. ②⇒[鸬 lú 鹚]
墨砚 mòyàn 墨とすずり.
墨洋 mòyáng 同下.
墨银 mòyín ＝[墨洋][墨元]メキシコドル:旧時,中国で流通したメキシコ1ドル銀貨.鷹の模様が入っていたので[鹰 yīng 洋]ともいう.
墨油 mòyóu ⇒[鲸 qíng 油]
墨鱼 mòyú 魚貝イカ(≒[乌 wū 贼]の俗称.[墨斗鱼]ともいう.[～干]するめ.乾いか.
墨玉 mòyù 黒(っぽい)軟玉.
墨元 mòyuán ⇒[墨银]
墨韵 mòyùn <文>書画・文章などの風格.
墨汁(儿) mòzhī(r) ①(すずりでスった)墨. ②墨汁.
墨猪 mòzhū <文><喩>太くて下手な字.
墨竹 mòzhú ①⇒[紫 zǐ 竹] ②水墨画の竹.
墨子 Mòzǐ 人春秋時代の思想家.名は翟(てき).魯の人.兼愛・非攻などが有名.
墨渍 mòzì 服(についた)墨のしみ(あと)

[嘿] mò <文>沈黙している.[默①]に同じ.
→ hēi

[默(嘿)] mò ①黙っている.声を出さない(で):古く[嘿]とも書いた.[沉 chén ～]沈黙(する).[～察事态发展]事態の推移を静観する. ②書き取りをする:多くは暗記しているものを文字に書き表すこと.[～了一课书]本の1課分暗記で書き取りした.[这样儿的文章,他们大概他一得上来]こういう文章は彼らはたいていそらで書き取りできるだろう. ③[姓]黙(もく).
默哀 mò'āi 哀悼のための黙禱(する).[群众起立一三分钟]民衆が起立して3分間の黙禱をした.→[追 zhuī 悼会]
默不作声 mò bù zuòshēng <慣>口をきかない.うんともすんとも言わない.
默祷 mòdǎo 黙禱(する).心の中で祈る.
默读 mòdú ＝[默诵]黙読(する).→[口 kǒu 读][朗 lǎng 读]
默尔 mò'ěr <文>黙々と.黙したまま.
默稿 mògǎo ⇒[腹 fù 稿]
默画 mòhuà （現物を見ずに）記憶（または想像）で描く.
默会 mòhuì <文>黙って理解する.
默记 mòjì 暗記する.
默剧 mòjù ⇒[哑 yǎ 剧]
默默 mòmò 黙々と.[～无言]黙々として物を言わない.[～无闻]世に知られない.人に知られない.[～忍受]黙って耐える.
默念 mòniàn ①黙読する. ②黙考する.
默片(儿) mòpiàn(r),～piānr ＝[无 wú 声电影]無声映画（フィルム）.
默契 mòqì ①暗黙の了解(をする).無言のまま心を通わせ合う. ②密約.秘密の条約,あるいは口頭上の協定.
默然 mòrán 黙っているさま.[二人～相对]二人は口もきかずに向かい合っている.
默认 mòrèn 黙認(する).[～值]電算デフォルト.既定値.初期設定.
默示 mòshì 暗示(する)

默诵 mòsòng ①⇒〔默读〕 ②暗唱する.
默算 mòsuàn ①心の中で思案する.②暗算(する)
默想 mòxiǎng 黙って考え込む.黙想する.
默写 mòxiě 記憶で書く.暗記してそらで書く.→〔听 tīng 写〕
默许 mòxǔ 黙認する.言葉にはしないで許可(同意)する.
默佑 mòyòu〈文〉陰ながら助ける.
默志 mòzhì〈文〉心にたくわえ置く.おぼえて忘れない.
默祝 mòzhù 心の中で神に祈る.
默坐 mòzuò 黙然と座っている.

〔缪・繆〕mò〈文〉縄.

〔貉〕mò ⇒〔貊①〕→ háo hé

〔磨〕mò ①ひき臼.〔家有一盘〜〕家に石臼がある.〔电 diàn 〜〕電動製粉(機).〔水〜〕水力製粉(機).②(ひき臼で)ひく.〔用磨〜面 miàn〕ひき臼で粉をひく.〔〜豆 dòu 子〕豆をひく.③(くるりと)向きをかえる.方向転換する.〔〜车〜回来〕Uターンさせる.→ mó
磨不开 mòbukāi 〔抹不开〕
磨车 mòchē 車をUターンさせる.→字explained③
磨齿 mòchǐ ひき臼の目.
磨叨 mòdao くどくど言う.〔你别〜了〕くどいぞ.
磨得开 mòdekāi 〔抹开〕
磨豆腐 mòdòufu ①豆腐をひく(いて作る).②〈喩〉(ぐずぐず)げずる.〔你磨什么豆腐呢?不赶快地干活儿!〕何をぐずぐずしているのか,はやく仕事をしないか.〔跟这种人办事还不够〜的呢〕こういう人間と一緒に仕事をしたら,だらだらしていて不愉快ったらありゃない:〔还不够〕は〔浪费了时间还不够〕の意.
磨烦 mòfan 〈口〉しつこくする.まつわる.〔他这么常来,真叫人讨厌〕彼はこのとおりしきりに何とかんかうるさく言ってきて,まったくいやになる.②ぐずぐずする.引き延ばす.遅らせる.〔了半天才收拾停当〕長い時間ぐずぐずしてやっと片づいた.〔快说!别〜!〕早く言え,ぐずぐずするな.
磨坊 mòfáng〔磨房〕とも書いた.旧式の製粉場.
磨咕丢 mògudiū 〔抹咕丢〕
磨倌(儿) mòguān(r) 〔粉ひき職人〕.
磨黄 mòhuáng〈方〉ぐずぐずして駄目にしてしまう.〔咱们这个实验非叫小李给〜了不可〕我々のこの実験は李君にだめにされるに決まっている.
磨面 mòmiàn 製粉(する).〔〜机 jī〕製粉機械.
磨盘 mòpán ①=〔磨扇〕ひき臼の上下の石:上の石を回転させる.②ひき臼の台(下の石)
磨盘战术 mòpán zhànshù〈喩〉ローラー戦術.
磨脐 mòqí ひき臼中央の回転軸となる穴.
磨扇 mòshàn 〔磨盘①〕
磨身 mòshēn 方向を変える.体の向きを変える.〔她〜大地跑去了〕彼女は向きを変えると大股で駆けていった.
磨游 mòyou〈方〉ぶらぶらと遊び歩く.
磨轴 mòzhóu ひき臼の心棒.

〔礳〕mò〔石礳 qú〕山西省にある.

〔耱〕mò ①圆土ならし器:農具の一種.〔耢 lào〕に同じ.木の枝を用いた〔树 shù 条〕,板を用いた〔木 mù 板〜〕などがある.②(同前)で土をならす.

mou ㄇㄡ

〔哞〕mōu〈擬〉①モー:牛の鳴き声.②ボー:汽笛の音.〔〜儿的一声眼看着车开了〕ボーと汽笛一声汽車は目のあたりに動き始めた.

〔牟〕móu ①策略で自分のものにする.貪り取る.〔〜取暴 bào 利〕計略を使い暴利を貪る.〔〜利 lì〕利を貪る.②〈姓〉牟(ぼう)→ mù
牟比乌斯带 móubǐwūsī dài 図メビウスの帯.

〔侔〕móu〈文〉相等しい.〔攻 gōng 效 相〜〕
〔〜成〕効果が相等しい.

〔眸〕móu ①〈文〉ひとみ.目玉.〔明〜皓 hào 齿〕〔成〕明眸皓齿(めいぼうこうし):美人の形容.〔凝 níng 〜远望〕ひとみを凝らして遠くを眺める.
眸子 móuzi ひとみ.目の玉.=〔瞳 tóng 仁〕〔眼 yǎn 珠〕

〔蛑〕móu →〔蜉 yóu 蛑〕

〔麰・麳〕móu〈文〉大麦.

〔谋・謀〕móu ①計画を巡らす.画策する.〔合 hé 〜〕共謀する.②はかりごと.策謀.〔足智多〜〕知謀に富む.〔不可以有勇无〜〕勇気ばかりあって無策じゃいかない.〔阴 yīn〜〕①陰謀.〔〜献 yóu〕〈文〉謀略.③算段して手に入れる.入手の法を求める.〔为人民〜幸福〕人民のために幸福をはかる.〔功名〜〕栄達をはかる.〔〜个事情〕何か仕事を探す.〔〜官差 chāi〕役人の職を求めて運動する.〔〜饭吃〕食物を得ようとする.④〔〜定〕〈文〉相談して決める.〔不〜而合〕はからずも意見は一致する.⑤〈姓〉谋(ぼう)
谋财害命 móucái hàimìng 他人の財物を奪おうとたくらんだ悪業.
谋臣 móuchén〈文〉知謀にたけた臣.〔〜 良将 jiàng〕知謀の下臣と立派な将軍.
谋刺 móucì〈文〉暗殺を企てる.
谋反 móufǎn =〔谋叛〕反逆を謀る.
谋府 móufǔ〈文〉主謀者.はかりごとの出所.
谋害 móuhài ①企んで人を陥れる.②⇒〔谋杀〕
谋和 móuhé 和解を求める.
谋划 móuhuà〔画谋〕とも書いた.計画する.企てる.
谋利 móulì 利益をはかる.
谋虑 móulǜ 計画する.考えをめぐらす.
谋略 móulüè 謀略.〔〜深远〕策略遠大である.
谋面 móumiàn〈文〉顔見知りである.〔并未〜〕面識があるわけでもない.〔素未〜〕一面識もない.
谋叛 móupàn ⇒〔谋反〕
谋骗 móupiàn 策を弄して欺く.〔他净想〜人〕彼は何とかして人をだまそうとばかりしている.
谋求 móuqiú 実現しようと計画する.〔〜统 tǒng 一〕手だてを求める.
谋取 móuqǔ 運動して手に入れる.〔〜利益〕計画により利益を得る.
谋杀 móushā =〔谋害②〕計画的に人を殺す.〔〜案〕謀殺事件.
谋生 móushēng 生計の道をはかる.〔〜之道〕生計を立てる道.
谋食 móushí 生活の道を講ずる.
谋士 móushì 策士.
谋事 móushì ①事を計画する.〔〜在人,成事在天〕〈諺〉成功不成功は人の力ではどうともしがたい.→〔尽 jìn 人事,听天命〕②回職・仕事を探す.
谋私 móusī 私利を謀る.
谋算 móusuàn (人の殺害,またその人の財物を)横

取りしようともくろむ.
謀陥 móuxiàn （人を)陥れる.[遭 zāo 人～]人に陥れられる.
謀議 móuyì 〈文〉謀議.
謀職 móuzhí 職(ң)をもとめる.
謀主 móuzhǔ 主謀者.

[缪・繆] móu [绸 chóu ～]〈文〉①（情が)こまやかである.〈绸～東新〉〈成〉夫婦の情こまやかなこと.夫婦仲のよいこと. ②からげて丈夫にする.[未 wèi 雨绸～]〈成〉雨が降らない前から雨戸のつくろいをしておく:平素から手入れして備えておく. → miào miù

[鍪] móu → [兜 dōu 鍪]

[厶（厶)] mǒu [某]の異体字として用いられた. → sī

[冇] mǎo 〈方〉ない:[没 méi 有]に当たる.[有冇？]あるか:[有没有？]に当たる.

[某] mǒu ①ある.某:特定の人・時・土地・事物合に用いる.[我军一部]わが軍の某部隊.[东北一厂]東北地方のある工場.[三月一日]3月某日.[张～]張氏なにがし.張という人. ②ある.なにがし:不確定な人・事物を表す.[～甲 jiǎ]なにがし.なんのたれがし.[～人]ある人.[～个]ある一つ(の). [～些]ある幾つ(の).一部(の).[～日 rì]ある日.[～时]ある時期.[～月]某月.[～年]某年.[～种线索]何らかの手がかり.[～处 chù]某所.[～地]某地.わたくし.[张～]わたくし張.④それがし.わたくし.[张～]わたくし張. ④人の名を軽く不遠慮にいう.[张～ⓒ]の張.張のやつ. ⑤[～～]だれそれ.なになに:重ね用いるが示すものは単数.[～～人]それそれという人.[～～学校]なになに学校.[～～事]なになに事.[张～～]わたくし張.⑥なになにがし.わたくし張.

mu ㄇㄨ

[毪] mú [～子]<u>ⓂⒽ</u>チベット産の厚い毛織物の一種.

[模] mú ①[-儿,-子](中に材料を入れて造型する)型.[木～]木製の型枠.[铜～]ⓉⒷ銅の鋳型. ②→[模样(儿)] → mó

模板 múbǎn ①ⓉⒷ堰板(アタ):コンクリートを流し込む型枠用の板. ②ⓉⒷ型板.
模锻 múduàn ＝[落 luò 锻]ⓉⒷ型鍛造:所要鍛造物の形を刻んだ鋼製の上型と下型とを作り,下型は固定させ上型を槌の下端に取り付けて落下させて鍛圧する方法.→[落锻]
模具 mújù 金型.型打ち用具.モールド.ダイス型.
模样(儿) múyàng(r) ①人の容貌.装った姿.[有～美貌である.[没有一]容貌が醜い.[～长 zhǎng 得很好]見目美しく育っている.[人品很好,可惜一不济 jì]人品は非常にいいが,惜しいことには容貌が少しよくない. ②（時間・年齢に関してのみ)おおよそ.大体.[等了大概有半年～]半年そぐらい待った.[有五十岁～]50歳恰好. ③情勢.なりゆき.様子.[看～,这个店好像不景气]見たところどうにもこの店は不景気なようだ.
模制机 múzhìjī ⇒[靠 kào 模铣床]
模子 múzi 鋳型(钅?).型枠.[模 mó 型③]の通称.[月饼～]月餅をつくる型.→[字解]

[母] mǔ ①母:呼びかけけには[妈 mā ①]を用いる.[～亲]母親.[老～]老母.[父～]父母. →[娘 niáng ①] ②近親の年長の女性に用いる.[～伯一]伯母(ガ):父の兄の配偶者.[婶～]叔母(ガ):父の弟

mǒu~mǔ

の配偶者.[姑～]父の姉妹.[舅～]母の兄弟の配偶者.[姨 yí ～]母の姉妹. ③[鸟・獣]の雌:[～鸡 jī]めんどり.[～牛 niú]牝牛.↔[公 gōng (II)④]→[雌 cí ①][女 nǚ ⑤][牝 pìn] ④物事を作り出すもと.[酵 jiào ～]酵母(菌).イースト(菌).[失败乃成功之～]失敗は成功の母.⑤基地(拠点)となる施設や場所.[～港]母港.[航天空～艦]航空母艦.⑥[凹]凹凸一組の凹の部分.[这个螺丝～毛了]このナットは,もう筋が減っちゃった. ⑦[姓]母(ボ).
母爱 mǔ'ài 母性愛.
母本 mǔběn ①ⓈⒷ親株[母株]ともいう.→[父 fù 本] ②元手.資本金.→[本钱①]
母草 mǔcǎo ⓈⒷウリクサ.[刺 cì 毛～]シソバウリクサ.
母畜 mǔchù めすの家畜.
母带 mǔdài 親テープ.元のテープ.マザーテープ.またマスターテープ.
母党 mǔdǎng 母方の親族.→[父 fù 党]
母弟 mǔdì 実弟.
母丁香 mǔdīngxiāng →[丁香①]
母法 mǔfǎ Ⓛ①憲法.基本法. ②法の移入がなされる時,その模範・根源となる他国または他民族の法.→[子 zǐ 法]
母范 mǔfàn 〈文〉母たるものの模範.
母蜂 mǔfēng ⓁⒷ女王蜂:[蜂王]に同じ.
母公司 mǔgōngsī 親会社:[控 kòng 股公司][持ち株会社]であるが,事業内容にも共有・連関のあるもの.→[子 zǐ 公司]
母狗 mǔgǒu ①雌犬.↔[公 gōng 狗] ②〈罵〉あま.あばずちょ.[你这～！]このあまめ！
母国 mǔguó 母国.
母后 mǔhòu ①皇后:皇帝の子供から皇后に対していう. ②皇太后:皇帝の兄弟姉妹から母である皇太后に対していう.
母机 mǔjī [工 gōng 作～]の略.工作機械.
母鸡 mǔjī [〈方〉草 cǎo 鸡]〈方〉鸡母]〈方〉婆 pó 鸡]めんどり.[～带小鸡,寸步不离]〈喩〉ぴたりと付添う.↔[公 gōng 鸡]
母家 mǔjiā 母の実家.→[娘 niáng 家①]
母教 mǔjiào 母の教え(しつけ)
母金 mǔjīn ⇒[母钱]
母舅 mǔjiù ＝[〈方〉娘 niáng 母]の兄または弟:[舅 jiù 父]に同じ.
母菊 mǔjú ⓁⒷカモミール.カミツレ.
母老虎 mǔlǎohǔ ①雌虎. ②〈喩〉気の強い(やかましい屋の)女.荒荒しい女.[她是有名的～]彼女は有名なじゃじゃ馬だ.→[母夜叉]
母马 mǔmǎ ＝[〈方〉草 cǎo 马①][〈方〉骡 kè 马][〈方〉马母]〈方〉[～上不去问]諺ʔ？;馬は戦場に出られない]:古い時代の考え方で,女性は大事業をできないというもの.↔[公 gōng 马]
母猫 mǔmāo 雌猫.↔[公 gōng 猫]
母妹 mǔmèi 実の妹.
母难日 mǔnànrì Ⓙ自分の生まれた日.
母牛 mǔniú ＝[〈方〉沙 shā 牛]雌牛.↔[公 gōng 牛]
母盘 mǔpán マザーディスク.→[原 yuán 始盘]
母钱 mǔqián [母金]元金.[一铺 pù]Ⓙやみ金融業.→[母本②][子 zǐ 金]
母亲 mǔ·qīn 母.母親.[～呀]〈喩〉わたしの母.[～河]母なる河.[～节 jié の日.→[妈 mā ①]
母权制 mǔquánzhì Ⓢ原始母系社会の母権制.
母乳 mǔrǔ 母乳.
母树 mǔshù Ⓛ親樹.[～林]母樹林.

母体 mǔtǐ 母体.
母系 mǔxì ①母方の. ②母系の.
母校 mǔxiào 母校.
母性 mǔxìng 母性.母親としての本能.
母液 mǔyè 囮母液①
母夜叉 mǔyèchā 〈喩〉恐ろしい(容貌・気性の)女.→〔母老虎〕〔夜叉〕
母音 mǔyīn 圖母音:ふつう〔元 yuán 音〕という.↔〔子 zǐ 音〕
母语 mǔyǔ 圖①母語.第一言語:一般には自分の国の言語.〔外 wài 语〕②祖語.
母质 mǔzhì 基となる物質.〔生油〜〕油をつくり出す母材.
母钟 mǔzhōng ⇒〔子 zǐ 母钟〕
母猪 mǔzhū =〔方〕猪母〕:〔方〕草 cǎo 猪〕雌豚.〔老〜〕⑧年とった同耳.ⓑ〈喩〉太った老婦人(蔑称).〔公 gōng 猪〕
母株 mǔzhū ⇒〔母本①〕
母子 mǔzǐ 母と子:特に母と息子.〔〜钓 diào〕母船と子船による延縄(ﾊﾅﾜ)漁.

〔**姆**〕 mǔ 〔垆 lú 姆〕

〔**拇**〕 mǔ (手や足の)親指.
拇印 mǔyìn ⇒〔手 shǒu 印①〕
拇战 mǔzhàn ⇒〔划 huá 拳②〕
拇指 mǔzhǐ (手や足の)親指:〔大〜〕〔大〜头〕〔方〕大拇哥〕は別称.〔〜内翻 fān〕医内反母趾.〔〜外翻〕外反母趾.

〔**峔**〕 mǔ 地名用字.〔〜矶 jī 角〕囮山東省にある岬.

〔**姆**〕 mǔ ①因婦道を教える女性.乳母.②〔保 bǎo 姆〕③〔〜〜〕夫の兄嫁.④〈姓〉姆(ﾑｰ)→ m̄
姆巴巴内 mǔbābānèi 囮ムババネー:〔斯 sī 威士兰王国〕(スワジランド王国)の首都.
姆欧 mǔ'ōu 囲モー.mho.記号℧:電気伝導度の〔西 xī (门 fén)〕(ジーメンス)が使われる前の単位.→〔欧姆〕

〔**鉧・鈩**〕 mǔ →〔钴 gǔ 鉧〕

〔**踇**〕 mǔ 〈文〉足の親指.〔〜指 zhǐ〕〔〜趾 zhǐ〕同前.

〔**亩・畝**（**畆・畞・畮・畒・畂**）〕 mǔ ①〔度〕地積の単位.ⓐ〔市 shì〜〕の略称.1〔〜〕は10〔分 fēn 〕,100〔〜〕が1〔顷 qǐng (I)〕.1〔〜〕は60〔平方(ﾍｲﾎｳ)丈〕で6.667アールに当たる.ⓑ旧制では,5尺平方を"1方步"とし240方步を1〔〜〕に当てる.ⓒ〔公 gōng〜〕アールに当たる.0.15〔市〕に当たる.②〈文〉畑のうね.
亩产（**量**）mǔchǎn(liàng) 1ムーあたりの収穫量.
亩捐 mǔjuān 旧地租に加え税ごとに課した税.

〔**嗽**（**畮**）〕 mǔ yīngmǔ とも読んだ.現在は〔英亩 yīngmǔ〕を用いる.

〔**牡**〕 mǔ ①〔鸟獣の〕雄(ｵｽ).(植物の)雄株.〔牝 pìn〕⇔〔雄雌.〔〜牛 niú〕〔公牛①〕雄牛.〔〜鼠 shǔ〕雄鼠.〔〜麻 má〕〔枲 xǐ 麻〕大麻の雄株.↔〔牝 pìn〕→〔公 gōng (II)④〕〔雄 xióng ①〕 ②→〔牡丹〕
牡丹 mǔdān =〔富 fù 贵 guì 花①〕圖ボタン,またその花:〔贵 guì 客①〕〔国色天香①〕〔花王①〕圖〔木 mù 芍 sháo 药①〕〔鼠 shǔ 姑②〕は別名.〔〜花〕ボタンの花.〔牡丹虽好,还得绿叶扶持〈諺〉牡丹の花は美しいが,やはり周りの緑の葉に支えられなければない.能力を持つ人でも周り人の力だけではどうにもならないものだ.〔还得〕は,〔也要〕〔全仗〕ともいう.→〔荷 hé 花①〕〔红 hóng 花①〕
牡丹茶 mǔdāncha 牡丹の花の香入りの茶.
牡桂 mǔguì ⇒〔肉 ròu 桂〕
牡蒿 mǔhāo 囮オトコヨモギ.〔蔚 wèi ①〕は古名.→〔蒿①〕
牡荆 mǔjīng ニンジンボク:〔文〕楛 hù〕〔楚 chǔ (I)〕ともいう.昔時,茎が刑杖として用いられた.実が〔黄 huáng 荆子〕といい薬用する.→〔荆①〕
牡蛎 mǔlì 魚カキ:〔海 hǎi 蛎 lì 蛎〕〔海 hǎi 蛎子〕〔蚝 háo 〕〔蛎〕ともいう.
牡瓦 mǔwǎ =〔凸 tū 瓦〕凸面の瓦.↔〔牝 pìn 瓦〕

〔**姥**〕 mǔ 〈文〉老婆.〔老〜〕同前.②地名用字.〔天〜山〕圕浙江省にある.→lǎo

〔**木**〕 mù ①圕木.樹木.〔树 shù〜①〕同前.〔满院花〜〕庭いっぱいの花や樹.〔草〜〕草木.〔果〜〕園〕果樹園.〔树①〕 ②木(の)〔〜制品〕木製品.〔〜棍 gùn〕木の棒.特に棺桶の木材を指す.〔行将就〜之年〕もうすぐ棺桶に入ろうとする年だ.③質素である.朴訥である.④〈反応が〉にぶい.〔做事不〜〕やるのがわれる.⑥しびれる.〔坐得两腿发〜〕座っていて両足がしびれてくる.〔手都冻〜了〕手がすっかり凍えて感覚がなくなってしまった.→〔麻 má 木〕 ⑦〈方〉ぼうっと立ちすくむ.ぼんやりする.〔他〜在了槐树底下〕(老・四・惺29)彼はえんじゅの木の下に立ちすくんでしまった.⑧〈姓〉木(ﾎﾞｸ)→mū
木板 mùbǎn ①〔〜儿〕木の板.②同下.
木版 mùbǎn ①とんもいう.〔〜书 shū〕木版刷りの書物.〔〜印花⑧〕木版捺染(法).〔〜画〕〔〜图 tú〕木版画〔〜刻(画)〕
木半夏 mùbànxià 囮ナツグミ.
木棒 mùbàng 木の棒.
木本 mùběn 囮木本(ﾓｸﾎﾝ).〔〜植物〕木本植物:〔乔 qiáo 木〕(高木)と〔灌 guàn 木〕(低木)に分かれる.→〔草 cǎo 木〕
木本水源 mùběn shuǐyuán 〈喩〉根本.出所.よって来たるところ.
木笔 mùbǐ ①囮コブシ:〔望 wàng 春(花)〕〔辛 xīn 夷〕〔迎 yíng 春(花)〕は別称.②⇒〔木兰①〕 ⇒〔玉 yù 兰〕
木变石 mùbiànshí =〔木化石〕木が堆積層の中で石質に変化した化石:〔虎 hǔ 睛石〕〔石化木〕ともいう.〔猫 māo 睛石〕もその一種.
木鳖 mùbiē 囮ナンバンカラスウリ.木鱉(ﾓｸﾍﾞﾂ).〔〜子 zǐ〕同種の種子で薬用する.
木冰 mùbīng =〔木稼〕〔木介〕樹氷〔树 shù 挂〕の旧称.
木菠萝 mùbōluó 囮ナガミパンノキ.波羅蜜樹:〔菠萝〕は〔波罗〕とも書く.〔树 shù 菠萝〕ともいう.〔菠萝蜜①〕に同じ.
木材 mùcái 木材:伐採してから荒加工をしたもの.〔〜厂〕(建築用材などの)→〔木料〕
木槽 mùcáo 木制のえさ箱.木制の槽.
木杈 mùchà 木製のフォーク.
木柴 mùchái たきぎ.→〔劈 pǐ 柴〕
木厂(子) mùchǎng(zi) ①製材所.②材木店.
木齿轮 mùchǐlún 木製歯車.
木船 mùchuán 木造船.
木锤 mùchuí 木槌.
木醇 mùchún ⇒〔甲 jiǎ 醇〕
木醋 mùcù =〔木〜酸〕〔焦 jiāo 木酸〕同前.
木呆呆 mùdāidāi ぼうっとしているさま.ぽかんとしている様子.
木雕 mùdiāo 木彫り.
木雕泥塑 mùdiāo nísù ⇒〔泥塑木雕〕

木　mù

木钉 mùdīng 木釘(ᎦᎦ).ペッグ:木製の釘.
木豆 mùdòu キマメ,またその種子:種子は食べたり油を採ったりする.
木蠹 mùdù 〈文〉木食虫.→[小 xiǎo 蠹虫]
木铎 mùduó 木鐸:古代,金属製の木の舌をもった一種の鈴.[金 jīn 口木舌]ともいう.法令を施行したり教えを垂れたりする時に鳴らして静粛にさせたもの.[転]指導者,師.
木耳 mù'ěr 圃キクラゲ:[树 shù 鸡]ともいう.ふつう[黑 hēi 〜](黒キクラゲ)をいう.[白〜][银 yín 耳]白キクラゲ.
木筏 mùfá 木を組んだ筏(乗り物).→[皮 pí 筏]
木蜂 mùfēng 昆クマバチ(総称).[黄胸〜]クマバチ.→[马 mǎ 蜂②]
木芙蓉 mùfúróng 圃フヨウ(芙蓉),またその花:[芙蓉][山 shān 芙蓉][地 dì 芙蓉][木莲②]は別称.
木杆 mùgān 丸太材.木の支柱.木のさお.
木杠 mùgàng ①丸太棒.木の太い棒.②横木.横に渡した木.体操の平行棒.③丸木橋.
木工 mùgōng ①建具仕事.大工仕事.[〜活][木活儿]同前.[〜带锯]細工物用の帯のこ.②建具屋.指物師.木工職人.→[土 tǔ 工]
木狗子 mùgǒuzi 囲足にはさみ込む刑具.[两脚上了〜]股の間に同前をはさんだ.
木榾柮 mùgǔduò (木の)こっぱ.
木瓜 mùguā ①圃カリン,またその果実:[楙 míng 楂]は古名.②[贴 tiē 梗海棠]③⇒[番 fān 木瓜]④⇒[文 wén 冠果]⑤〈方〉頭脳の働きの鈍いこと.[眼看着好机会错过了,真是〜]みすみす好機を逃してしまった,まったくぼんやりだ.
木棍 mùgùn 木の棒.棍棒.
木夯 mùhāng 地固めに使う木製の胴突き:[木人②]ともいう.
木行 mùháng 旧材木屋.
木化石 mùhuàshí 〔木变石〕
木活儿 mùhuór ⇒[木工活]
木鸡 mùjī 木で作った鶏.〈喩〉ぼんやり者.[呆 dāi 若〜]木で作った鶏のようにぼんやりしている.
木屐 mùjī ①=[木履]②下駄(ゃ).③木製のサンダル.→[拖 tuō 鞋]
木架 mùjià ①木の骨組み.②横に渡した木.
木稼 mùjià ⇒[木冰]
木简 mùjiǎn 古木簡.→[简版①]
木浆 mùjiāng パルプ.[〜纤 xiān 维]セルロース繊維.[化学〜]化学パルプ.[机 jī 械〜]機械パルプ.[制丝〜]レーヨンパルプ.→[纸 zhǐ 浆]
木姜子 mùjiāngzi 圃ハマビワ(総称):クスノキ科.
木桨 mùjiǎng 木のかい(オール).
木强 mùjiàng 〈文〉①剛直である.②かたくなである.思い込みが強い.[不〜不 bú 吝]同前で融通がきかない.融通のきかない人.→[倔 juékiáng]
木匠 mùjiàng =[木作②]大工(゛).[大 dà 〜](ふつうの)大工.[小 xiǎo 〜][小器作 zuò]指物(ᎿᎦ)大工.[〜多了盖歪房][諺]大工が多すぎると家をゆがんで建ててしまう:船頭多くして船山に登る.
木焦油 mùjiāoyóu =[木溚]木タール.→[焦油①]
木阶 mùjiē 木製の階段.
木结构 mùjiégòu 建木材構造.木造り.
木介 mùjiè ⇒[木冰]
木槿 mùjǐn =[日 rì 及①]ムクゲ(朝 zhāo 生)は別称.[〜花]ムクゲの花.[〜皮 pí]ムクゲの樹皮:薬用する.→[朱 zhū 槿]
木(酒)精 mù(jiǔ)jīng [甲 jiǎ 醇]
木居士 mùjūshì 神仏の木像(ふざけていう)

木橛 mùjué 木の杙(ふ).
木刻 mùkè 木の彫刻.②⇒[木刻(画)]
木客 mùkè ①きこり.②材木商人.③山にすむ一種の妖怪.
木刻版 mùkèbǎn 木刻版.
木刻(画) mùkè(huà) [木版画][木版图]ともいう.木版画.木刻画:[木版水印][水印木刻][印]水印木刻(印刷).多色重ね刷り木版画.→[板 bǎn 画②]
木蜡 mùlà 木蠟.[〜树 shù]圃ヤマハゼ:木蠟をとる.
木兰 mùlán ①圃モクレン.モクラン.シモクレン:[木笔②][木莲④][林 lín 兰][紫 zǐ 玉兰]ともいう.漢方では干燥した花蕾を[辛 xīn 夷]といい薬用する.②⇒[玉 yù 兰]③古男装して父に代わって従軍したといわれる孝女の名.[〜从 cóng 军]剧同前を扱った旧劇.[〜诗 shī 篇]同前の民謡.④地黒竜江省にある県.
木栏 mùlán 木の柵.木の手すり.
木蓝 mùlán 圃アイ:染料の藍がとれる.
木理 mùlǐ =[木纹]木目(ぉ).→[花 huā 节]
木立 mùlì 〈文〉突っ立つ.ぽかんとして立つ.
木莲 mùlián ①圃モクレン:ハスの花に似た白色花を開く.[〜树 shù][黄 huáng 心树]同前(の木).②⇒[木芙蓉]③⇒[薛 bì 荔]④⇒[木兰①]
木料 mùliào 材木:用途別に加工された木材.→[木材]
木馏油(酚) mùliùyóu(fēn) =[木油][煤 méi 焦杂酚油][杂 zá 酚油][蒸 zhēng 木油][药]クレオソート.[木馏油丸 wán]クレオソート丸.
木笼 mùlóng ①かご.②(水防用の)石を入れたかご.
木驴 mùlǘ ①畜馬の形をした攻城用の兵車.②刑具の一種.罪人をしばりつけ市中引き回しをするのに用いた刑具.
木履 mùlǚ ⇒[木屐]
木栾树 mùluánshù ⇒[栾树]
木螺钉 mùluódīng 同下.
木螺丝 mùluósī =[木螺钉]木ねじ.
木螺丝钻 mùluósīzuàn =[木螺钉]機木質材料に穴をあけるらせん錐.
木螺锥 mùluózhuī 同上.
木麻黄 mùmáhuáng 圃トキワギョウリュウ:モクマオウ科の植物.
木马 mùmǎ ①又鞍馬.跳馬.②(子ども用の)木馬.③木製の馬.④史古代ギリシアの[特 tè 洛伊〜](トロイの木馬)の計略.⑥〈喩〉敵の内部でかく乱する謀計.
木猫 mùmāo 木製のねずみ捕り:旧時,農家などで鼠を捕るための道具.[捕 bǔ 鼠器]の一種.
木煤 mùméi =[褐 hè 煤]
木棉 mùmián 圃キワタノキ.パンヤノキ.カポックノキ,またその果実内の綿(キワタ.カポック.パンヤ):[古 gǔ 贝][吉 jí 贝][红 hóng 棉][攀 pān 枝花][英 yīng 雄树][橦 tóng]は別称.[〜花]同前の花.
木模 mùmú 木製の型枠.
木乃伊 mùnǎiyī ①〈音訳〉ミイラ.→[干 gān 尸][僵 jiāng 尸].②〈喩〉ミイラ化した事物.
木讷 mùnè 〈文〉素朴で口べたである.[〜寡言]朴訥で寡黙である.
木碾子 mùniǎnzi 畑の畦(ǡ)の上をならしおさえる木製の農具.
木牛 mùniú ①古一輪車.→[独 dú 轮车]②木の耕土機の別称.③〈文〉攻城用の木製の器械.

mù 木 沐

木牛流马 mùniú liúmǎ 〔史〕諸葛孔明が発明したという牛馬にかたどった機械じかけで動く兵糧運搬車.

木偶 mù'ǒu ①でく.木の人形.〔指 zhǐ 头〜〕指人形.〔〜片(儿) piàn(piānr)〕人形劇映画.〔〜奇遇记〕〔書〕ピノキオの冒険.→〔泥 ní 人(儿)〕②〈罵〉でくのぼう.愚物.

木偶戏 mù'ǒuxì ＝〔木人戏〕〔偶戏〕〔傀 kuǐ 儡戏〕人形芝居.人形の形と操り方により@〔布袋木偶(戏)〕〔手托(傀儡戏)〕手遣式の人形芝居:人形浄瑠璃と同じ手法.街頭で演じられる〔扁担戏〕,北京の〔要猴粒子〕,福建の〔布袋戏〕,南昌の〔被窝戏〕など.ⓑ〔提线木偶(戏)〕〔牵 qiān 丝戏〕〔悬丝傀儡戏〕糸操式の人形.マリオネット.ⓒ〔杖头木偶(戏)〕〔杖头傀儡戏〕人形につけた棒を操る人形芝居:北京の〔托偶戏〕,四川の〔木脑壳戏〕,広東の〔托戏〕などがある.

木耙 mùpà 土をならす木製のトンボ:横木に鋸歯がある.

木排 mùpái (材木を組んで輸送する)筏(いかだ):〔木簰〕とも書いた.〔書〕〔竹 zhú 排〕

木牌子 mùpáizi 木の札.

木盘 mùpán 木の皿・盆.

木盐 mùpán 木製の塩(しお)

木片 mùpiàn ①経木(きょうぎ). ②(パルプの原料となる)チップ.

木器 mùqì 木製器具・家具.〔〜厂〕家具製作所.

木枪 mùqiāng 檜(やり)古代の武器.

木锹 mùqiāo ①⇒〔木锨〕②雪かき用の木製シャベル.

木琴 mùqín 〔音〕シロホン.木琴.→〔钢 gāng 片琴〕

木球 mùqiú ⇒〔板 bǎn 球〕

木然 mùrán ぼんやりとしている.無表情である.〔〜呆 dāi 立〕ぼんやりと突っ立つ.〔他总离不开那种〜而又頑固的表情〕彼はいつもあの無表情なそして頑固な表情をしている.

木人 mùrén ①〈文〉でく.木の人形.〔〜石心〕〈喩〉無感覚な人.②⇒〔木夯〕

木人戏 mùrénxì ⇒〔木偶戏〕

木塞 mùsāi コルク栓:ふつう〔软 ruǎn 〜〕という.

木勺 mùsháo 木じゃくし.

木虱 mùshī ①〔虫〕キジラミ(科の虫の総称).②⇒〔臭 chòu 虫〕

木石 mùshí 木や石.〈喩〉無感覚な人.非常に冷淡な人.〔人非一谁能无情〕人は木石ではないし,だれが無感情でおられようか.

木梳 mùshū 木ぐし.櫛(くし)→〔梳子〕

木薯 mùshǔ 〔植〕キャッサバ,またその塊根:〔树 shù 薯〕ともいう.

木薯淀粉 mùshǔ diànfěn 〔食〕タピオカ.

木栓 mùshuān コルク層:通称は〔软 ruǎn 木〕という.〔〜(形成)层 céng〕〔植〕コルク層:茎・葉などの最外部の細胞層.

木丝 mùsī 木毛:細いかんなくず.包装用.しっくい・絶縁材などにする.

木素 mùsù ⇒〔木质素〕

木栗 mùsù 〔植〕〔苜 mù 蓿〕(ウマゴヤシ)の別称.

木燧 mùsuì ①〔文〕(火をおこすのに用いられた)火きり.

木溚 mùtà ⇒〔木焦油〕

木炭 mùtàn 木炭.単に〔炭〕〔炭 tàn〕ともいう.〔〜窑 yáo〕炭焼きがま.〔〜画〕木炭画.

木糖 mùtáng 〔化〕キシロース.〔木質〕を分解して得られる一種の糖類.〔〜醇 chún〕キシリトール.

木桃 mùtáo ①大型の桃.②〔植〕マボケ.

木天 mùtiān ①⇒〔天棚②〕②〔翰 hàn 林院〕の別称.③高くて大きな建物.

木天蓼 mùtiānliǎo 〔植〕マタタビ.

木通 mùtōng 〔植〕アケビ:〔通草③〕は古名.〔关 guān 〜〕キダチウマノスズクサの茎.

木桶 mùtǒng 木のおけ.

木头木脑 mùtóu mùnǎo ぐずなさま.のろいさま.とろいさま.

木头 mùtou ①材木.木材(総称).〔用〜做〕木で作る.〔〜架子〕木の枠.②木ぎれ.

木头人(儿) mùtóurén(r) 〈喩〉でくのぼう.ぐず.〔他是个〜,眼里一点活儿都没有,你不支使他不动〕彼はぐずで,全く気がきかないから,君が指図しなければ動かないよ.

木碗儿 mùwǎnr お椀.〔小孩子们使的〜〕子どもの使うお椀.

木威子 mùwēizǐ ⇒〔乌 wū 榄〕

木纹 mùwén 〔木理〕

木屋 mùwū 木造小屋.板で作った家.

木犀 mùxī 〔木屋〕とも書く.①〔植〕モクセイ:別称〔桂 guì 〜〕.〔〜枣 zǎo〕なつめの実を甘く煮てモクセイの香気をつけたつまみもの.②〔食〕かき混ぜた鶏卵を主材料とした料理:〔木须〕ともいう.〔〜汤 tāng〕卵入りのスープ.〔〜肉 ròu〕卵ときくらげ・わけぎなど・肉の炒め料理.〔〜饭 fàn〕卵入りチャーハン.→〔摊 tān 鸡蛋〕

木锨 mùxiān ＝〔木锹①〕木製シャベル.→〔扬 yáng 场〕

木香 mùxiāng ①⇒〔木香花〕②=〔蜜 mì 香②〕〔植〕サウスレアラバナ:キク科の植物.〔土木香〕ともいう.〔马 mǎ 兜铃〕(ウマノスズクサ)と共に〔〜〕と称し薬用とする.

木箱 mùxiāng (大型の)木箱.

木香花 mùxiānghuā =〔锦 jǐn 棚儿〕〔植〕モッコウバラ(スダレイバラ).モッコウカ.〔木香〕ともいう.

木屑 mùxiè 木ぎれ.木のくず.おがくず(ナタなどの切りくずもいう).

木星 mùxīng 〔天〕木星:〔福 fú 星②〕ともいう.〔〜环 huán〕木星の環.

木须 mùxū ⇒〔木犀〕

木已成舟 mù yǐ chéngzhōu 〈喩〉後の祭り.〔〜,难以更改〕既成事実となってもう変更できない.

木易 mùyì 〈姓〉木易

木俑 mùyǒng 木製の俑(よう).木で作った人形(にんぎょう).

木油 mùyóu ⇒〔木馏油(酚)〕

木鱼 mùyú 〔宗〕(仏教の)木魚(もくぎょ):読経の時にたたいて鳴らす仏具.〔〜儿改梆 bāng子,挨áí 打的命〕歇后木魚の後は拍子木になる:いずれにしても叩かれずにはすまぬ苦しい運命.

木鱼石 mùyúshí 〔鉱〕木魚石:亜鉛・ストロンチウム・ゲルマニウムなど20余の微量な元素を含む鉱物.

木芋 mùyù →〔蒟 jǔ 蒻〕

木贼 mùzéi =〔节 jié 节草〕〔植〕トクサ.

木枕 mùzhěn ①木まくら.②枕木.

木质 mùzhì 木質.〔〜部〕木質部.〔〜地板〕〔建〕(ウッド)フローリング.〔〜茎 jīng〕〔植〕木質の茎.〔〜素〕〔木素〕〔化〕リグニン.

木制 mùzhì 木製(の).〔〜玩具〕木製玩具.

木质醛糖 mùzhì quántáng 〔化〕アルドース:アルデヒド基を持つキシロース.→〔木糖〕〔醛〕

木制纱 mùzhìshā =〔人 rén 造棉纱〕〔紡〕スフ糸.

木钟 mùzhōng 〈文〉大きい丸太.

木主 mùzhǔ 〔旧〕〔位牌〕:〔神 shén 主〕ともいう.

木桩 mùzhuāng 杙(くい)

木作 mùzuò 〔旧〕木工作業場.大工の仕事場.指物工場.②⇒〔木匠〕

〔沐〕 mù 〔沐〕髪を洗う.入浴する.〔〜发 fà〕髪を洗う.〔〜浴〕水を浴る.受ける.〈文〉〈喩〉受ける.〈文〉〈喩〉受ける.〈文〉〈喩〉

沐恩 mù'ēn ①〈文〉恩を受ける.②〔旧〕拙者.それが

mù

し:武官が長官に対して用いた自称.
沐猴而冠 mùhóu ér guàn〈成〉猿に冠〈成〉外観だけ立派で中身は全く非なるもの(史記)
沐手 mùshǒu 手を洗う.〔~拜读〕(いただいたお手紙を)恭しく拝見する.
沐浴 mùxǐ ⇒〔沐浴①〕
沐雨栉风 mùyǔ zhìfēng〈成〉奔走していろいろ苦労するさま.〔栉风沐雨〕ともいう.
沐浴 mùyù ①=〔沐洗〕入浴(する). ②潤される.潤いを受ける.〔有朵 duǒ 花,每棵 kē 树,每根 gēn 草都~在阳光里〕花・樹木・草すべてが太陽の光を受けてつやつやである.③(ある環境の中に)浸る.〔他们~在青春的欢 huān 乐里〕彼らは青春の楽しさの中に浸っている.

[霂] mù →〔霡 mài 霂〕

[目] mù ①目.まなこ:複音節語として用い単用しない.〔闭 bì ~〕目を閉じる.〔有~共睹〕〈成〉皆が見ている.多くの目が注視している.〔避人眼~〕人目を避ける.→〔眼 yǎn 目〕 ②網の目.孔.→〔纲 gāng 举目张〕 ③〈文〉見る.〔一~了然〕〈成〉一目瞭然(然).〔返首一~〕ふり向いて見る. ④目録.目次.リスト.〔书 shū ~〕書目.ブックリスト.目次.〔总~〕総目次.〔账 zhàng ~〕帳簿(尻).〔上演剧~〕(演劇の)上演プログラム.〔节 jié ~〕プログラム.番付. ⑤(細分類された)事項.項目.〔立~〕項目を立てる.〔收~〕項目として採録する.〔价 jià ~②〕価格.〔細 xì ~細目.〔項 xiàng ~〕項目.⑥〘管理〙生物分類学上の目(め):〔纲 gāng ③〕の下,〔科 kē ②〕の上にあたる.⑦名称.名目.〔名~〕同前.〔題 tí ~〕問.〔~的交叉点〕〔三~胜 shèng〕3 目の勝ち.〔~姓〕〈姓〉.
目标 mùbiāo ①注視の対象.射撃の攻撃目標.〔~跟踪雷达〕〘軍〙標的追尾レーダー.②目標.目当て.〔达 dá 到~〕目標を達成する.〔奋斗 fèndòu 的目標.〕〔~家教〕請け負い家庭教師.〕目標上から与えられた目標を達成するため構成員が各々要求内容を定めて自主的に管理すること.
目波 mùbō〈文〉瞳のきらめくようなまなざし.
目不見睫 mù bù jiànjié 自分の まつ毛は見えない.〈喩〉④自分(の欠点)を知ることのない愚かさ.⑤燈台下暗し.
目不交睫 mù bù jiāojié〈慣〉一睡もし(でき)ない.
目不窺園 mù bù kuīyuán〈成〉わき目もふらず勉学すること:漢の董仲舒は3年間自邸の庭の景色も見ずに勉学したという.
目不忍睹 mù bù rěndǔ〈慣〉見るに忍びない:〔目不忍见〕〔目不忍视〕ともいう.
目不識丁 mù bù shídīng〔不識一丁〕〔瞎 xiā 字不识〕ともいう.〈成〉目に一丁字もない:無学であること.
目不暇給 mù bù xiájǐ 同上.
目不暇接 mù bù xiájiē =〔目不暇給〕〈成〉(よいもの)が多くて見きれない.〔展览会上展出的新产品丰富多彩,令人~〕展覧会に展覧されている新製品は豊富多彩で見きれない.
目不邪視 mù bù xiéshì〈慣〉わき目をふらない:〔邪〕は〔斜〕とも書く.
目不转睛 mù bù zhuǎnjīng〈慣〉じっと目をすえて見つめる.注視する.〔~地看〕同前.
目測 mùcè 目測(する)
目成 mùchéng〈文〉①(女性が)目で愛情を伝える(了親密になる).②目つきのみに見る.
目次 mùcì 目次:〔目录②〕に同じ.

目瞪口呆 mùdèng kǒudāi〈慣〉鳩が豆鉄砲を食ったよう.〔吓得~,不知道怎么着着好〕びっくりして度を失い目を白黒させている:〔目瞪口哑〕ともいう.
目的 mùdì ①目的.〔~地〕目的地.〔达 dá 到~〕目的を達成する.〔~性〕目的性(のある). DEQ. ②意図.〔码头交货〕〘經〙埠頭持ち込み渡し.
目睹 mùdǔ 目撃する.まのあたりに見る.〔耳闻~〕〈慣〉直接見聞きする.〔~一切眼见的事〕これはわたしがこの目で実際に見たことだ.
目瞽耳聩 mùgǔ ěrkuì〈成〉目がつぶれ耳が聞こえない.
目光 mùguāng ①視線.まなざし.②眼光.〔转〕見識.〔~如豆〕〈短浅〉〈成〉見識が浅薄である.〔~如鼠〕目先がきかない.〔~如炬 jù〕〈成〉見識が高遠である.③目の表情.まなざし.〔~炯 jiǒng 炯〕〈成〉目に光があって気力に満ちたさま.〔~无神〕まなざしに力がない.→〔眼 yǎn 光〕
目击 mùjī 目撃する.〔~者〕目撃者.〔~心伤 shāng〕〈慣〉悲惨なさまを目撃して心を痛める.
目疾 mùjí 目疾.
目見 mùjiàn 自分の目で見る.まのあたりに見る.→〔耳 ěr 目〕
目睫 mùjié 目と睫毛.〈転〉目と鼻の先:極めて近いことの表現.
目今 mùjīn 現今.→〔目下〕
目镜 mùjìng〘物〙接眼レンズ.〔接 jiē ~〕同前.
目空一切 mùkōng yīqiè〈喩〉何ものも眼中にない:〔目空一世〕〔眼 yǎn 空四海〕ともいう.
目力 mùlì 視力.〔~测试〕(視力測定)視力測定.
目连戏 mùliánxì〘劇〙旧劇の演目の一:目連という信心のあつい男が地獄に落ちている母を仏にすがって救い出すという筋.〔目连教母〕は外題.奉納芝居として演じられることが多い.
目录 mùlù ①目録.〔图 tú 样~〕図面の目録.カタログ.〔~学〕目録学.②目次:〔目次〕に同じ.③〘電算〙ディレクトリー.
目论 mùlùn〈文〉浅い見識.
目迷五色 mùmí wǔsè〈成〉色彩が複雑で目がくらむ.見分けがつかない(老子).〔~,无所适从〕あまりに色々でどうしたらよいかわからない.
目逆 mùnì〈文〉目で迎える.〔~而送之〕目で迎え送る.
目前 mùqián 目下.現在.〔到~为止〕現在までのところ.→〔眼 yǎn 前②〕
目濡耳染 mùrú ěrrǎn〈成〉見たり聞いたりすることが多いため,自然になじむこと.門前の小僧習わぬ経を読む:〔濡〕は〔擩〕とも書く.
目使頤令 mùshǐ yílíng =〔目指气使〕〈成〉目くばせやあごの先で人をこき使う.
目送 mùsòng 去る人を見守り送る.離れていく物を目で追う.
目送手挥 mùsòng shǒuhuī〈成〉遠く飛ぶ鳥を目で見送りながら楽器をかき鳴らす:〔目送归鸿,手挥五弦〕の略.手も目もよくきき自在なこと.また技芸に熟達していて芸道を広く掌握すること.
目所未经 mù suǒ wèijīng〈慣〉まだ見たことがない.〔~的事情〕まだ見たことのない(事件)
挑心招 mùtiǎo xīnzhāo〈成〉異性に(女性が男性に)目で情を伝える.秋波を送る.
目为 mùwéi 見なす.〔被~坏人〕悪人だと見られる.〔~奇迹〕奇跡だと見られている.
目无法纪 mù wú fǎjì〈成〉規律や法律など眼中にない.
目无全牛 mù wú quánniú〈成〉技術が優れ熟達している:屠牛の名人が牛の全体の形を見なくてもその筋や肉のつきぐあいをよく心得ていること(荘

mù 目苜钼仫牟牧募墓幕

目无余子 mù wú yúzǐ ⇒〔目中无人〕
目无尊长 mù wú zūnzhǎng〔成〕目上の人でも眼中にない.
目下 mùxià 〔=[刻 kè 下] 目下.現今.→〔目今〕〔日 rì 下③〕
目眩 mùxuàn 目がくらむ.〔灯光强烈,令人～〕明かりが強烈で,目がくらむ.
目验 mùyàn 肉眼で観察し調べる.〔～实况〕実際の状況を目で調べる.
目语 mùyǔ〈文〉目でものを言う.目で意を通ずる.目くばせする.
目指气使 mùzhǐ qìshǐ ⇒〔目使颐令〕
目中无人 mù zhōng wúrén 〔=[目无余子]〈成〉眼中人なし.非常に傲慢である:〔眼 yǎn 中无人〕に同じ.
目眦尽裂 mùzì jìnliè まなじりが裂ける.〈喩〉激怒する:〔目眦欲 yù 裂〕ともいう.

〔苜〕mù

苜蓿 mùxu 〔①ウマゴヤシ(属総称):〔草头〕〔光 guāng 风草〕〔连 lián 枝草〕〈文〉木 mù 栗〕ともいう.〔小～〕コウマゴヤシ,〔天蓝 lán〔～〕コメツブウマゴヤシ,〔野～〕コガネウマゴヤシ,〔黄花～〕ニセウマゴヤシ,〔南～〕〔金花菜〕ウマゴヤシ(トゲナシウマゴヤシ).②アルファルファ.ムラサキウマゴヤシ:〔紫 zǐ 花～〕ともいう.

〔钼・鉬〕mù

〔化〕モリブデン:金属元素.記号 Mo.〔～钢 gāng〕モリブデン鋼,〔～丝 sī〕モリブデン線,〔～酸 suān〕モリブデン酸.

〔仫〕mù

仫佬族 mùlǎozú ムーラオ族:中国少数民族の一,広西チワン族自治区羅城・宜山・柳城・忻城などに居住する.

〔牟〕mù

地名用字.〔～平 píng〕〔地〕山東省の東北部にある県.→ móu

〔牧〕mù

①放牧する.放し飼いする.〔～牛 niú〕牛を放牧する.→〔放 fàng ④〕 ②〈文〉民を統治する.〔州 zhōu ～〕〔旧〕州の長官. ③〈姓〉牧(ぼく).

牧草 mùcǎo 牧草.
牧厂 mùchǎng 〔旧〕長城外に設けられた中央直轄の馬を育てる牧場.
牧场 mùchǎng ①牧場. ②経営体としての牧場.
牧笛 mùdí 牧童の吹く笛.
牧放 mùfàng 放牧(する).
牧夫 mùfū ①牧場の従業員. ②〔旧〕地方官.
牧歌 mùgē 〈文〉牧歌:牛追い歌・馬追い歌など. ②(西欧の)田園詩.
牧工 mùgōng ①牧場労働者. ②牧童(大人の).牧者.
牧户 mùhù 牧畜業の家.
牧民 mùmín ①牧畜民:〔牧人〕に同じ. ②〈文〉民を治める.
牧皮 mùpí 〈姓〉牧皮(ぼく).
牧区 mùqū ①放牧する場所. ②牧畜地域.
牧犬 mùquǎn 〔=[牧(羊)犬]
牧群 mùqún 放牧した家畜の群.
牧人 mùrén 牧畜をする人.
牧师 mùshī 〔宗〕(キリスト教・プロテスタントの)牧師.→〔神 shén 父〕
牧童 mùtóng 牧童.
牧畜 mùxù 〔=[牧畜(をする)]〕〔畜牧〕ともいう.
牧(羊)犬 mù(yáng)quǎn 牧羊犬:〔狼 láng 犬(狼狗)〕は通称.
牧养 mùyǎng 放牧して飼う:〔牧放〕〔放 fàng 牧〕に同じ.〔～地〕放牧地.
牧业 mùyè 牧畜業:〔畜牧业〕の略.
牧主 mùzhǔ 牧場主.

〔募〕mù

募る.募集する:〔招 zhāo ～〕(人を)募る.

募兵 mùbīng ①志願兵を募集する.〔～制〕募兵制. ②募集した兵士.
募工 mùgōng 労働者を募集する.〔～承 chéng 揽人〕労働者募集請負い業者.→[工(I)]
募股 mùgǔ (企業が)出資金を募集する.→〔招 zhāo 股〕
募化 mùhuà 〔宗〕(僧尼や道士が)布施を求める:〔募缘〕〔化缘〕に同じ.
募集 mùjí 募集する.募る.
募建 mùjiàn 寄付金を募って建てる.
募捐 mùjuān 募金する.寄付金を募る.〔～善 shàn 款〕浄財を募る.
募款 mùkuǎn 出資金を募る.募金する.
募修 mùxiū 寄付金を集めて修復する.
募役法 mùyìfǎ 〔史〕宋の王安石の新法の一:〔雇 gù 役法〕〔免 miǎn 役法〕ともいう.
募缘 mùyuán ⇒〔募化〕

〔墓〕mù

墓.〔坟 fén ～〕墳墓.〔公 gōng ～〕公共墓地.共同墓地.〔王侯や烈士などの墓.〕〔坟〕〈姓〉墓(ぼ).

墓碑 mùbēi 墓碑.墓標.墓石:墓の前後に建てられる石碑で,死者の事績などを刻む.→〔墓碣〕
墓表 mùbiǎo 〔=[阡 qiān 表]〈文〉墓碑(銘)
墓道 mùdào ①墓前の道. ②墓室へ至る道.
墓地 mùdì 〔坟 fén 地〕に同じ.
墓祭 mùjì 墓前祭.→〔扫 sǎo 墓〕
墓碣 mùjié 〔墓碑〕の一種:碑の肩部が丸みをもっているもの.
墓木 mùmù 〈文〉墓地に植えた木.
墓室 mùshì 墓の中の棺を置くところ.
墓穴 mùxué 棺を埋める穴.墓穴(ぼけつ).
墓茔 mùyíng 墓.墓地.
墓园 mùyuán 霊園.
墓葬 mùzàng 〈考古学上の〉墳墓.
墓志 mùzhì 墓誌:死者の事跡などを金石に記し棺におさめたもの.あるいは記された内容.
墓志铭 mùzhìmíng 〔旧〕文体の一.〔志〕は散文で死者の姓氏や経歴などを記し,〔铭〕は韻文で死者をたたえ,慰めの言葉を記す.②同前の石刻.

〔幕(幙)〕mù

①幕.①上から覆う大きな布.〔帐 zhàng ～〕〔帐篷〕天幕.テント.⑤吊り下げた大きな布.〔芝居の〕緞〕帐.〔影 yǐng ～〕〔银 yín ～〕スクリーン.銀幕.〔字 zì ～〕字幕.〔～上出现了我们的英雄〕スクリーンに我々の英雄が現れてきた.〔开 kāi ～〕開幕する.〔拉 ～幕を引く.〔閉 ～〕閉幕する. ②〔旧〕将帥・長官が政務を執る所. ③量詞.芝居の幕数を数える.〔独 dú ～〕1幕劇.〔五～话剧〕5幕の新劇.〔三～九场〕3幕9場.⑤情景に用いる.〔一～动人的景象〕感動の一コマ. ④〈姓〉幕(ぼく).

幕宾 mùbīn ①⇒〔幕友〕 ②⇒〔幕僚〕
幕布 mùbù (舞台の)幕.カーテン.
幕府 mùfǔ 〈文〉〔旧〕戦時の本営.司令部.
幕后 mùhòu 幕の後ろ.〈喩〉舞台裏.〔～人〕〔～主持者〕黒幕の人をさす.〔～策动〕後ろで策動する.〔～操纵〕後ろであやつる.〔他的～活动特别活跃〕彼の陰の動きは特に活発だ.→〔后台〕
幕间休息 mùjiān xiūxi 〔劇〕幕間(まくあい):〔场 chǎng 间休息〕に同じ.

幕客 mùkè ⇒[幕友]
幕僚 mùliáo =[幕宾②]〔幕宾〕〈文〉幕僚.参謀.
幕墙 mùqiáng 建カーテンウォール.
幕天席地 mùtiān xídì 大空を天幕とし大地をござとする.〈喩〉②豪放な心情と行為.⑤露天の野外生活.
幕帷 mùwéi 〈文〉幕.カーテン.
幕燕 mùyàn 幕の上に巣を作っている燕.〈喩〉いる場所が極めて危険なこと.
幕友 mùyǒu =[幕宾①]〔幕宾〕旧地方の長官が私的に任命した幕僚あるいは顧問:俗に〔师 shī 爷〕ともいう.〔绍兴师爷〕绍興出身の同ान.
幕障 mùzhàng 〈喩〉深刻なわだかまり.〔他和这个亲 qīn 骨肉之间有了一道～〕彼と肉親との間には深いわだかまりがあった.

[慕] mù ①慕い想う.〔仰 yǎng～〕仰ぎ慕う.〔羨 xiàn～〕人の幸いにあやかりたいと思う.②恋い慕う.恋う.〔爱 ài～〕愛し慕う.〔思 sī～〕恋い慕う.③〈姓〉慕(ぼ)
慕光 mùguāng ⇒[飞 fēi 蛾]
慕光性 mùguāngxìng ⇒[趋 qū 光性]
慕蔺 mùlìn 〈文〉人を敬慕する:漢の司馬相如が蔺(りん)相如を敬慕してまた変えたことからいう.〔～望 wàng 回〕〈成〉人を敬慕する:回は顔回を指す.
慕名 mùmíng ①美名を慕う.〔～来拜〕名を慕って来て面会する.②〈文〉名誉を喜ぶ.自分の名声を求める.
慕尼黑 mùníhēi 地ミュンヘン:西ドイツ南部バイエル地方の都市.
慕求 mùqiú 慕い求める.
慕容 mùróng 〈姓〉慕容(ぼう)

[暮] mù ①暮れ(る).〔旦～〕〈文〉旦夕(たんせき).〔～途穷 qióng〕日が暮れて(その上に)行く道がふさがってしまう.〈喩〉にっちもさっちもいかない.②終わりに近い.〔天寒岁～〕寒空の年の暮れ.③〈姓〉暮(ぼ)
暮霭 mù'ǎi 夕暮れのもや.
暮春 mùchūn 晩春.→[季 jì 春]
暮改 mùgǎi →[朝 zhāo 令夕改]
暮鼓晨钟 mùgǔ chénzhōng 〔晨钟暮鼓〕〈成〉①(寺院で)夕方には太鼓を持ち,朝方には鐘を鳴らして時を告げる.②〈転〉(僧尼の寂しい生活で)時の推移すること.③警世の言.
暮节 mùjié ①⇒[重 chóng 阳(节)] ②旧暦12月.③⇒[暮年]
暮景 mùjǐng ①夕暮れの景色.②同上.
暮年 mùnián ①〔暮景②〕〔暮岁②〕晩年.
暮气 mùqì 無気力.〔～沉 chén 沉〕〈慣〉しょんぼりしている.意気消沈している.↔[朝 zhāo 气]
暮秋 mùqiū 晩秋.→[季 jì 秋]
暮去朝来 mùqù zhāolái 〈喩〉歳月が流れること.
暮色 mùsè 夕暮れの景色.夕方の薄暗さ.〔～苍 cāng 茫〕〈慣〉夕ぐれ時が暗くなる.
暮生儿 mùshengr =[背 bèi 生儿][遗 yí 腹子]〈方〉父の死後に生まれた子.忘れ形見.遺腹の子.
暮岁 mùsuì ⇒[暮年]
暮途 mùtú 〈文〉日暮れ時の旅路.〈喩〉困窮状況と晩年.
暮霞 mùxiá 〈文〉夕焼け.
暮夜 mùyè 〈文〉夜.夜中.〔～金〕賄賂の別称.
暮云春树 mùyúnchūnshù 〈成〉遠く離れた友を思う深い情:[春树暮云]ともいう.杜甫の〔渭北春天树,江东日暮云…〕から出た語.杜甫が渭水の北の洛陽に在って,江東にいる李白を懐かしんだこと.〔～无日不神驰 chí 左右也〕〔牘〕日夜ご案じ申し上げております.
暮钟 mùzhōng 〈文〉晩鐘.入相(いりあい)の鐘.

[睦] mù ①むつまじい(じくする).〔兄弟不～〕兄弟が仲よくない.〔和 hé～〕むつまじい.②〈姓〉睦(ぼ)
睦剧 mùjù 剧地方劇の名:旧称〔三 sān 脚戏〕.浙江省遂安·淳安·開化および安徽省の歙県·屯渓一帯に流行している.滑稽味のある出し物が多い.
睦邻 mùlín 善隣:近隣または隣国と仲よくする.
睦谊 mùyì 親密の情.交友のよしみ.

[穆] mù ①恭しい.〔肃 sù～〕慎ましく深く穏やかである.〔静 jìng～〕静粛である.②温和である.③〈姓〉穆(ぼ).〔～桂英〕旧劇の演目や小説の〔楊家将〕の女主人公の名.
穆罕默德 mùhǎnmòdé 人ムハンマド(マホメット):〔伊 yī 斯兰教〕(イスラム教)の開祖(571～632).〔马 mǎ 圣人〕ともいった.〔～教〕イスラム教の別称.
穆民 mùmín ⇒[穆斯林]
穆穆 mùmù 〈文〉①美しく立派である.②盛大である.③よく整い典雅である.④恭しく物静かである.
穆然 mùrán 〈文〉①穏やかでつつましやかなさま.②静かに考えるさま.
穆斯林 mùsīlín =[穆民]外イスラム教信徒.ムスリム.〔斯〕は〔士〕〔思〕とも書いた.→[伊 yī 斯兰教]

N

n ㄋ

[嗯(唔)] ń ńg の又音.
[嗯(唔)] ň ňg の又音.
[嗯(吭)] ǹ ǹg の又音.

na ㄋㄚ

[那(哪)] nā ①〔～迦 luójiā〕〈梵〉なら〈(地獄名).②〈姓〉那(だ)
→ nǎ na né nèi nèi
[南] nā 〔～无 mó〕〈梵〉合掌稽首の意.〔～无阿弥陀佛 ēmítuófó〕なむあみだぶつ:ふつう〔阿弥陀佛〕と唱える. → nán
[拿(伕·拏·挐)] ná ①(手に)取る.(つかんで)持つ.手にする.〔～茶来〕茶を持って来い.〔手里～着一本书〕手に本を1冊持っている.〔这是人家的好意,你～着吧〕せっかくのご好意だからいただいておきなさい.②握る.自分のものとする.〔～一等奖〕一等賞をとる.〔～号〕順番·割り当てを受ける.〔我～的是和平奖学金〕私がもらったのは平和奨学金だ.③制圧する.奪う.捕らえる.〔～贼 zéi〕どろぼうを捕まえる.〔～下敌人的碉 diāo 楼〕敵のトーチカを奪取する.④掌握する.支配する.〔～得稳吗〕このことはきみ自信でもてるか.⑤〈白〉害する.困らせる.苦しめる.〔他知道你为难,所以～你一把〕彼は君が困っているのを知っているのでつけこむのだ.〔这块木头让药水～白了〕この木片は薬液

ná

の作用で白くなった.〔碱掬得太多,把馒头～死了〕ソーダを入れすぎたので,マントウの味がそこなってしまった. ⑥ふりをする.格好をつける. →〔拿架子〕 ⑦按摩(ぁん)をする.〔推 tuī ～〕同前. ⑧…をもって….〔(～)钢笔写字ペンで字で書く.〔(～)铁做(的)铁で作ったもの.鉄製のもの.〔～事实证明〕事実をもって証明する.〔～戒 jiè 烟来说…〕禁煙ということになると….〔就～去年来说,粮量就增产了一倍多〕去年を例にとってみても食糧の増産は倍以上になった.〔～老眼光去观察新事物,是不行的〕過去の観点から新しい事物を観察するのはだめだ. →〔用 yòng ①〕⑨…を:動作の対象を述語の前に出して処置を加える.〔你别～我当小孩〕ぼくを子ども扱いするな.〔真～你没办法〕まったくお前ときたらお手あげだ.〔总爱～他开玩笑〕しょっちゅう彼を笑いものにしたがる.

拿把 nábǎ 〈方〉①難癖をつける. ②もったいぶる.
拿班(儿) nábān(r) 〈白〉しなを作る.格好をつける.えらそうな態度を見せる.〔咱们弟妹一要出门儿就～〕うちの弟嫁ときたら,ちょっと出かけるとすぐ格好をつける. →〔拿腔作势〕
拿班作势 nábān zuòshì ⇒〔拿腔作势〕
拿办 nábàn 逮捕して罰する.〔革 gé 职～〕〈文〉官吏を罷免して同前. →〔拿问〕
拿绊 nában 意地悪をする.いじめる.〔拿拌〕とも書く.
拿不出去 nábuchūqù 人前に出せない.〔拿得出去〕は可能を表す.〔拿不出手(去)〕人に見せられない.〔我这字可真一啊〕わたしのあんなまずい字人前に出せないよ.〔参加这样隆重的典礼派个～的人怎么行呢〕こんな大きな儀式に出不精な人をやるなんてしかたない.
拿不起来 nábuqǐlái 〔拿得起来〕は可能を表す. ①重くて持ち上げられない. ②切り回せない.〔他虽是科长,但这一切事都～〕彼は課長ではあるが,少しも切り回せない. ③任にたえない.手に負えない.〔写算,他都～〕帳面付けや計算となると彼は手に負えない.
拿不住 nábuzhù ①(逃げられないように)しっかりとつかまえられない.〔这么多警察,竟～一个小偷〕こんな大勢の警察が,こそどろ一人を一向に捕まえられない. ②(落とさないように)しっかりと持っていられない.〔拿得住〕は可能を表す.〔左手一点力气都没有,什么东西都～〕左手に力が入らないので,どんな物もしっかりと持つことができない.〔他这个人一钱,一两天就花光了〕あの男は金は持っていられず,1,2日ですっかり使い果たした. ③掌握できない.取り締まれない.手に負えない.押さえきかない.〔～人,当不了头儿儿〕〈諺〉手下の押さえがきかな人は頭目にはなれない.
拿不准 nábuzhǔn ①自信が持てない.予想できない. ②決心しきれない.
拿蹭儿 nácèngr ⇒〔蹭儿戏〕
拿茶 náchá 回葬式の時,友人知人が棺の通行する沿道に茶を備えて会葬の遺族にふるまうこと.
拿出货来 náchūhuòlái 〈喩〉十八番(おはこ)を披露する.腕前をみせる.
拿大 nádà 〈方〉偉そうにする.うぬぼれる.いばる.〔他很随和,一点不～倒〕彼はすぶる穂やかで少しも偉そうにしない. →〔自 zì 大〕
拿大顶 nádàdǐng ⇒〔拿顶〕
拿大头 nádàtóu 〔口〕好(ᵛ)い鴨にする.〔你可别让人家拿大头了〕好い鴨になってはだめだよ.
拿刀动仗 nádāo dòngzhàng 〈成〉武力に訴える.武力ずくで行う.〔拿刀动斧〕〔拿刀弄杖〕ともいう.〔动不动儿就要～〕ともすれば何かに物を言わせ

ようとする.
拿到 nádào 入手する.手に入れる.受け取る.
拿得 náde 害される.やられる.…のためである.〔他那么没精神是病～〕彼のあんなに元気がないのは病気のためだ.〔叶子被虫子～都黄了〕葉が虫のため黄色になった. →〔字解⑤〕
拿顶 nádǐng ＝〔拿大顶〕〈方〉竖 shù 蜻蜓〕逆立ち(する):両手で全身を支える.〔拿不起大顶来〕逆立ちができない. →〔倒 dào 立①〕
拿定 nádìng しっかりと持つ.堅持する.〔～主意〕決心する.〔他总是拿不定主意〕彼はどうしても考えを決められない.
拿东补西 nádōng bǔxī 〈慣〉甲より借りて乙に返す.やりくりする.〔～对付着过日子〕やりくりしてどうにか暮らしている.
拿东忘西 nádōng wàngxī 〈慣〉忘れっぽい.健忘症の.〔你看我,总是～的,真是上了年纪了〕ほらわえ,どうも忘れっちゃって,ほんとに年をとったものだ.
拿舵 náduò ①舵(ゕじ)をとる. ②うまく采配を振る. ③考えを決める.〔拿不准 zhǔn 舵〕考えが決まらない.決心がつかない.
拿讹头 ná'étou 〈方〉人の弱味につけこんで金銭・物品をまき上げる(ゆする)こと. →〔拿胳臂钱〕
拿犯 náfàn 〈方〉(權勢)を頼んで,あるいは人の弱点をたねに)人に強要する.
拿放 náfàng 〈方〉煩わす.脅迫する.〔这么点儿小病,还～得了人〕これっぽっちの病気でまいってたまるか.
拿胳臂钱 ná gēbeiqián 〈方〉無賴漢などが暴力で商人などから金を納めさせること. →〔拿讹头〕
拿获 náhuò 捕らえる.捕縛する.
拿假当真 nájiǎ dàngzhēn 〈慣〉偽物を本物としてみる.うそにだまされる.
拿架子 nájiàzi ⇒〔摆 bǎi 架子〕
拿脚 nájiǎo ①足が道路面に吸いつく.足について歩きにくい.足を取られる.〔雪地上～,跑不快〕雪の積もった道は足がくっついて速く走れない.〔雪虽不厚,但是～〕雪は少ないが足にくっついて歩きにくい. ②足をしめつける.〔新鞋～〕新しい靴は足をしめつける.
拿解 nájiè 捕らえて護送する.
拿劲儿 nájinr 〈方〉①力を入れる.力が入る.ひきつる. ②⇒〔摆 bǎi 架子〕
拿空子 nákòngzi 隙に乗じる.
拿款儿 nákuǎnr 〈方〉もったいぶる.威張る.〔～摆 bǎi 谱〕同前で人をばかにする.
拿来主义 nálái zhǔyì 〈喩〉外来文化をまず取り入れてから選り分けるという主張.
拿篮的 nálánde 〈方〉物乞いに.ものもらい.〔〈方〉抱 bào 沙锅的〕に同じ. →〔乞 qǐ 丐〕
拿摩温 námówēn ⇒〔那 nà 摩温〕
拿脑脑 nánǎonǎo (酒を飲んで)頭が痛くなる.〔这种酒不好,喝了～〕この手の酒はよくない,飲むと頭に来る.
拿捏 nánie 〈口〉①把握する.掌握する. ②人の足もとを見てつけこむ.つけこんで困らせたり,じらしたりする.〔他明知此事只有他办得了,故意～呢〕彼はこれは自分だけしかできる者がないことを知っているので,わざと嫌がらせをしているのだ.〔并不是故意～不答应〕決してわざと足元を見て承諾しないのではありません. ③もじもじする.
拿牌 nápái メダルを取る(獲得する).トロフィーを手に入れる.
拿破仑 nápólún 〈人〉ナポレオン:19世紀のフランス皇帝(1769～1821).〔～法典〕ナポレオン法典.

拿腔 náqiāng 作った言い方をする.仰々しくする.〔今天这小子拿起腔来了,说话是那么闪闪〕(茅·霜8)今日はこの若僧格好をつけてきたぞ,言うことがもったいぶっている.

拿腔拿调 náqiāng nádiào 〈成〉[拿腔 捏 niē 调]ともいう.①言葉の調子や声色を変えて言う.②もったいぶった口調で言う.虚勢を張る.

拿班作势 nábān zuòshì =[拿班作势]〈成〉もったいぶって格好をつける.

拿乔 náqiáo 格好をつけてわざと人につらくあたる.いい気になる.偉ぶる.もったいぶる.[拿糖]に同じ.

拿情 náqíng ⇒[偷 tōu 情]

拿权 náquán 権力を握る.

拿缺 náquē ①同下.②欠員の地位を得る.

拿缺缺儿 náquē-quer =[拿缺]〈方〉他人の弱味につけこむ.[拿缺缺蔓儿 wànr]同前.

拿人 nárén ①人を捕らえる.人を引っぱる.②〈方〉強要する.意地悪する.困らせる.足元につけこむ.③〈方〉人を引きつける.魅了する.

拿三搬四 násān bānsì 〈惯〉格好をつけてわざと人を困らせる.言い訳を作って従わない.〔你倒别和我~的〕(紅62)私にいやがらせをしないで下さいね.

拿骚 násáo 固ナッソー:〔巴哈马国〕(バハマ国)の首都.

拿舌头压人 ná shétou yārén 〈喩〉言葉で人を傷つける.

拿事 náshì 責任を持って事に当たる.〔~(的)人〕実力のある人.実権を握っている人.〔他虽说是部长,其实在部里是副部长~〕彼は大臣ではあるが,実際は次官が仕事をしている.

拿手 náshǒu ①優れている.たけている.得意としている.〔什么地方~〕何が彼の得手ですか.〔~活儿〕〔~绝 jué 活〕得意の技.十八番.〔~好戏〕十八番の演題・出し物.〔~菜〕自慢の料理.②見込み.やれる自信.〔心里有了~了〕心中見込みが立ってきた.

拿酸捏糖 násuān niētáng ⇒[拿糖作醋]

拿糖 nátáng 〔口〕[拿搪]とも書く.もったいぶる.得意になる.[拿乔]に同じ.

拿糖作醋 nátáng zuòcù =[拿酸捏糖]〈成〉もったいぶってひけらかす.偉そうにお高くとまる.→[拿乔][拿糖]

拿稳 náwěn ①しっかり持つ.②自信がある.沈着である.③断定する.

拿问 náwèn 逮捕して尋問する.〔革 gé 职~〕〈文〉官吏を罷免して同前.→[拿办]

拿下 náxià ①逮捕する.捕縛する.②奪い取る.占領する.獲得する.〔把那座山~来了〕あの山を占領した.

拿下马来 náxià mǎ lái 〈方〉人を服従させる.言うことを聞かせる.〔找个真凭实据给他看,就把他~了〕動かぬ証拠をつきつけて彼を屈服させた.

拿小软儿 ná xiǎoruǎnr 〈口〉難癖をつける.〔这不明明拿咱们的小软儿了〕これは明らかに俺たちに難癖をつけているのじゃないか.

拿邪 náxié 欠点を探す.〔竟想拿人家的邪,还不如来个自我批评呀〕他人の欠点ばかり探しているよりは,自己批判でもした方がいい.

拿押 náyā 拘留する.取り押さえて拘禁する.

拿鸭子 náyāzi 〈方〉①歩いて行く.②逃げる.

拿殃儿 náyāngr 妻妾が亭主の財産を持ち逃げすること.

拿腰 náyāo 腰を低めて力を入れる.〔他一~,一气跑到了家〕彼は腰に力を入れて一気に家まで駆け戻った.

拿一把 náyībǎ 〈惯〉わざとじらす.わざといやがらせをする.〔故 gù 意~〕同前.

拿印把儿 ná yìnbàr 〈惯〉権力を持つ.権力を握る.〔拿印把子〕ともいう.

拿着鸡毛当令箭 názhe jīmáo dàng lìngjiàn 〈惯〉鶏の羽根を発令に用いる矢にする.〈喩〉虎の威を借り(職権を乱用して)令を下す.分を越えて偉ぶり人に指図する.

拿主意 názhǔyì 考えを決める.〔拿不定主意〕考えをしっかり決められない.〔拿紧主意〕考えをしっかり決める.〔拿好了主意再来吧〕よく考えを決めてからまたおいで.

拿准 názhǔn しっかり把握する.確実に決める.〔~舵 duò〕考えを決める.決心がつく.〔~了时候去〕きっとその時間に行く.〔拿不准主意〕決心がつかない.

拿总(儿) názǒng(r) 総括する.全体を把握する(して仕切る)

[锫・錇] ná 化ネプツニウム:超ウラン・希土類金属元素.記号Np.アクチノイドの一.

[那(那)] nǎ ⇒[哪] → nā nà nè něi nèi nuó

[哪(哪)] nǎ [那]とも書いた.①どれ.どの:特定のもの・ことを指す.ⓐふつう後に量詞または数詞+量詞を伴う.口頭語ではněiまたはnǎiと発音される.〔~(一~天)的〕いつ(日に関して)来たのですか.〔您住在一个地方儿〕どこにお住まいですか.〔你找~一个きみどれを探しているの.〔用~种材料〕(種の)材料を使うか.〔~样〕どんな.ⓑ単独で用いる.〔分不出来~是水,~是天〕水面と空の区別がつかない.また〔什么〕と相対応して用いられることもある.この場合は〔什么叫吃亏,~叫上算,全都谈不到〕何が損で何が得か,全く問題にならない.②どれか:不定のもの・ことを指す.〔~一天有空 kòng,来我家坐坐〕いつかひまがあったら家へ寄ってください.③どれ.どの.どれも:任意のいずれか一つを指す:多く後に〔都 dōu〕〔也 yě〕を置く.〔~天来都可以〕いつ来ても大丈夫だ.〔~个好〕どれでもいい.〔~个便 pián 宜就买~个〕どれでも値段が安ければ買う.④どうして.なんで:疑問・詰問・否定あるいは反問に用いられる.nàと発音する.〔国家财富~能随意浪费〕国家の富をどうして勝手に浪費することができよう.〔~止认识〕知り合っているどころではない.〔~知他早晚去〕彼がとっくにずらかったとは(どうして知ろう).〔~能(够)比得上他〕どうして彼と比べることができるものか. → na nǎi né něi

哪般 nǎbān なに(のため):多くは[为 wèi]と連用し,原因をたずねる.〔如此流言纷纷为~〕このようにデマが飛ぶのはなぜか.

哪边(儿) nǎbiān(r), něi~ どこ.どっち.どの辺.

哪不… nǎbu… 〈方〉よしんば.たとえ.〔~给他一块钱呢,也比送他这筐 kuáng 烂果子要 1 元でも,この腐った果物一かごを贈るよりはましだ.→[哪怕]

哪不是… nǎbushì… …でないことがあろうか.…ではないか.…に違いない:詰問の語気.〔现在败人亡,~你闹出来的〕家がすっかりおちぶれてしまったのは,全くおまえのおかげだ.

哪处 nǎchù, něi~ どこ.

哪搭儿 nǎdār 〈方〉どこ.〔哪儿①〕に同じ.

哪个 nǎge, něi~ どっち.どこの.どれ.いずれ.〔你们是~连的〕君たちはどこの中隊のものか.〔要~〕どちらにしますか.②〈方〉だれ.どなた.〔刚才说话的是~〕いま話をした方はどなたですか.

哪行 nǎháng, něi~ どの職.何の職.〔学~就吃~〕

哪儿 nǎhuìr, něi~ ①いつごろ.いつ.〔你是~从广州回来的〕いつ広州からお帰りになったのですか.②いつでも.いつか.〔哪会子〕ともいう.〔你要~来啦,~好好来玩儿吧〕いつでもいいからまた遊びに来てちょうだい.

哪堪 nǎkān 〔白〕なんぞ…に堪えん.〔~回首忆当年〕回顧して当時を思うに堪えない.

哪里 nǎli ①⇒〔哪儿〕②〔挨〕どういたしまして:へりくだって相手の感謝や評価を否定する.〔你辛苦啦~,~〕ご苦労さま.ーどういたしまして.

哪么 nǎme 〔方〕どんな風に,どんな具合に.〔往~走可以走过去呢〕どう行けば通りぬけられるか.〔到火车站去,往~走好啊〕駅へはどう行ったらいいですか.

哪门子 nǎménzi, něi~ 〈口〉なぜ.なんで.何.何事:理由がない,と反語口調で言う.〔你说一话〕いったいどうしたというのか.〔你哭~,到底有什么可以的〕何を泣いているんだ.〔生~气〕何を怒っているんだ.〔发~脾气〕何でかんしゃくを起こしてるんだ.

哪怕 nǎpà 何を恐れよう.たとえ…であろうとも:多く後に〔都〕〔也〕〔还〕を置く.〔~为你赴汤蹈火,我也情愿〕あなたのためならたとえ火の中水の中でも,喜んで飛び込みます.〔~见见面,看一眼呢〕ただ会うだけでも,一目会いたいものだ.→〔即 jí 使〕

哪儿 nǎr 〔哪里①〕に同じ.①〈口〉どこ.どちら:場所をたずねる.〔他本住〕〔他住在~〕彼はどこに住んでいるか.〔差 chà ~去了〕どこまで違ってしまったか(大変な違いだ).〔~~都关门了〕どこもかしこも店が閉じている.②どこ:不定の場所を指す.〔我好像在~看见过这张画儿〕この絵はどこかで見たことがある.③どこでも:任意の場所を指す.〔干工作~都一样〕仕事をするのはどこでもみな同じだ.〔~有困难就到~去〕困っている所へどこでも行く.④なんで.何の.どうして.…であるものか:反語を表す.〔怎么②〕より語気は強い.〔这是从~说起呢〕それはいったい何のことですか.〔~有这么个理呢〕どうしてそんな理屈があるものか.

哪儿的话 nǎrdehuà 〔挨〕どういたしまして.〔~！咱们是老交情了,用不着客气〕どういたしまして,長い間のおつきあいですから,他人行儀はいりません.

哪儿来的 nǎrláide どこから来た…というはずのないことだ(なのに).〔你要吃馒头,~面粉〕マントーを食べたいって,小麦粉はどこから来るんだ.〔咦,桌上~一苹果〕あっ,どうして机の上にりんごが？

哪如 nǎrú 〔方〕むしろ…したほうがよい.→〔不 bù 如〕

哪天 nǎtiān, něi~ ①どの日.いつの日か.いつか.〔~要和你研究研究〕いつかきみと研究しよう.

哪位 nǎwèi, něi~ どの方.どなた:〔谁 shéi〕の敬語.〔~～〕どちら様ですか.

哪些 nǎxiē, něi~ どれ.どの(複数)

哪样 nǎyàng, něi~ どんな.どのような.〔~可您的心〕どんなのがお気に召しますか.

哪咱 nǎzán 〔方〕いつ.

哪知 nǎzhī 思いも寄らない.はからずも….意外にも….

[㑨] nǎ 〔方〕雌(の).〔鸡 jī ~〕めんどり.→〔驰 jiě ①〕〔母 mǔ ③〕

那(那) nà ①(遠称・中称)それ.あれ.その.あの:口頭語では単用または直接名詞を伴う場合は nà あるいは nè と発音し,後に量詞あるいは数詞+量詞を伴う場合は多く nèi あるいは nè と発音される.〔~是谁〕あれは誰ですか.〔~是我的〕それはわたしのだ.〔~就是天安门〕それが天安門です.〔~个人〕あの人.〔~棵树〕あの木.〔~两个人〕あの二人.ど

んな職でも習った職で食っていく.地方〕そこ.あそこ.〔我要~个〕僕はそれ(あれ)が要る;〔这 zhè〕と相対応して用い,あれもこれも全ての意を表す.量詞は略される.〔说这道~〕あれこれ話す.〔请这请~,街坊四邻请到了〕あの人もこの人も近所の人をみな招いた.③後に〔一〕+動詞・形容詞を置き,強調を表す.〔我一说,可把她高兴了〕僕が話すと彼女はよろこぶことを避けている.〔~种)病〕性病.⑤それでは.〔~怎么办呢〕じゃあどうするんだ.〔你既 jì 然看见了~就没法子了〕君が見てしまったのならしかたない.→ nā nǎ nè něi nèi nuó

那般 nàbān ①あんな.そんな.〔~地〕そんなに.②あれら.それら.〔~人〕その人々.

那壁（厢） nàbì(xiāng) ⇒〔那厢〕

那边(儿) nàbiān(r), nèi~ そこ.あそこ.あちら.〔铁路的~〕鉄道線路のあちら側.〔那边儿一点儿〕少し先の方.

那才 nàcái それはもっと(…だ):さらに程度が高いことを表す.

那程子 nàchéngzi 〈口〉あの頃.その時:過去のある時期・時間をいう.

那搭儿 nàdār 〈方〉そこ.あそこ.〔那儿〕に同じ.

那达慕 nàdámù ナダム:内蒙古地区の伝統的な庶民の集会.祭りや諸々の催しに加え,市も開かれ交易が行われる.

那当儿 nàdāngr, nèi~ その時.その際.〔我吃饭~,他打电话来了〕僕がご飯を食べている時,彼が電話をかけてきた.

那等 nàděng 〔文〕あんな.そのような.→〔那样(儿)〕

那个 nàge, nèi~ ①それ.その.あれ.あの.〔~铺 pù 子〕あの店.〔~问题〕その問題.例の問題.②あれだ:述語の中で用い,言いにくいことに代用する.表現の味つけやあてこすりがある.〔他这人做事,真有点儿~,让我们的男のやり方はちょっとなんだなあ〕〔孙烧君这人对他很,很~〕孫焼まずという人間は彼に対してとてもその,あれだね.③動詞や形容詞の前に用いて誇張を表す.〔瞧 qiáo 他们干得~欢〕ほら,彼らのあの張り切っているをごらんよ.④〔这个〕と相対応して用い,多い意を表す.〔这个~地买了许多东西〕あれもこれもとたくさん買った.⑤家内.〔你瞧我们家~〕うちのあいつをごらんよ.

那话(儿) nàhuà(r) 何事,何物であるかを明言せずにあること,ある物を指す隐語.⑥あの話.例の一件.⑥〔白〕あれ.一物(男性生殖器を指す)

那会儿 nàhuìr, nèi~ 〈口〉あの時.その時.その頃:過去・未来ともに用いる.〔那会子〕ともいう.〔~我们还都是小孩儿呢〕その頃わたしたちはまだみんな子どもだった.〔~亏 kuī 您关照了〕その節はお世話になりました.〔要是到了~〕もしそのような時でもいたら….

那可汀 nàkētīng 〔薬〕ナルコチン.

那里 nàli ①そこ.あそこ:比較的遠い場所を指す.〔刘先生~〕劉さんはあちらです.〔~是新站〕そこが新しい駅だ.〔~的风景色きれいだ.②…のところ:場所性を与える.〔送到经理~〕社長のところまで送る.

那么 nàme 〔那末〕とも書いた.①そんなふうに.あのように:性質・状態・方法・程度などを表す.〔~走,就可以到大街了〕そう行きますと大通りに出られます.〔~说,他肯定明白〕それなら彼も必ずわかります.〔有指头~大〕指ほどの大きさがある.〔他学汉语,有谈恋 liàn 爱~热心〕彼は中国語を勉強するのが,恋をするくらいに熱心だ.〔她没有~聪 cōng 明〕彼女はそれほど賢くない.は

nà

ど.あんな:数詞+量詞の前に置き,強調を表す.〔说～两句话,他就懂了〕ちょっと言っただけで彼はすぐわかった.〔世上还有一个人干不了的事〕世の中にあんな人もいますかね.〔～件事,谁不会办呢〕あんなことくらいできない人はない. ⑧(前文を承けて)それでは.じゃ.〔～咱们走吧〕それでは出かけましょう.〔他已经表示不愿意了,～,我们就不要再强迫了〕彼はすでに希望しない旨を明らかにしたのだ,それなら我々は彼に強制してはいけない.〔～的吧〕そう.そう決めよう.

那么点儿 nàmediǎnr そっぽっちの.それしきの.これだけの.〔～东西,一个箱子就装下了〕それっぽっちの物,一つの箱にみんな入るさ.

那么些 nàmexiē それほどたくさんの.そんなに多くの.〔你说一个钱他一个人会花光了吗〕なんですって,あんなにたくさんの金を彼が一人ですっからかんにしてしまったって.

那么样 nàmeyàng あのように.あんなふうに.〔你应该别～〕君はそんな風ではいけないはずだ.

那么一来 nàme yīlái そうなったので:〔那样一来〕ともいう.

那么着 nàmezhe そういうふうに(する).そういうふうで.〔你既然对他们说了,只好就～吧〕きみがもう彼らに言ってしまったのならしかたない,そうしよう.〔～办我们们也很省事〕そんなふうにやるなら我々もたいへん手が省ける.

那摩温 nàmówēn〈音訳〉回ナンバーワン:〔那莫温〕〔拿ná 摩温〕ともいう. ⓐ(紡績工場の)女子監督. ⓑ職工長.職長.人夫頭.親方.→〔工 gōng 头〕

那儿 nàr 〈口〉①そこ.あそこ:比較的遠い場所を指す.〔～有一座山〕あそこに山がある.〔～的乡亲们对我们热情税了〕あちらの村人たちはとても親切にしてくれた. ②…のところ:場所性を与える.〔我～〕わたしの家.〔那么,我明天到您～去〕それでは,明日お宅へうかがいます. ③あの時.その時.〔打～起他就一天比一天强健了〕あの時から,彼は日一日と健康になった.

那时 nàshí あの時.あの時.
那时候(儿) nàshíhòu(r) あの時.その時.
那事 nàshì あの事.例のこと:あることを明白に言わずに指す.〔我什么时候与她干一了〕いつおれが彼女と関係したっていうのだ.

那是 nàshì 〈強調・得意・抗争の語気で〉当然.もちろん.〔～他成,要不然还不派他呢!〕もちろん彼で結構です,もしそうでなかったら,彼を派遣しやしませんよ.〔～,现在干什么不得要钱哪〕その通りだ,今は何をするにも金じゃ金だ.

那斯 nàsī〈白〉きゃつ.あやつ.
那套 nàtào, nèi～ 例のやり口.
那天 nàtiān, nèi～ ①その日.あの日.先日. ②その時刻.〔已经有十二点了〕その時刻はもう12時だった.

那厢 nàxiāng =〔那壁(厢)〕〈白〉あちら.そちら.
那些 nàxiē, nèi～ それら.あれだけ.それだけ.〔～日子〕あの頃.〔～狐 hú 朋狗友〕あれら(一群)の悪友ども.〔～东西都是他的〕あの品々はみんな彼のものだ.

那样(儿) nàyàng(r), nèi～ あんな.そんな.あの類.その程度.〔人家不是～说的〕あの人はああ言うんだ.

那咱 nàzan 〈方〉そのころ.あのころ.
那阵儿 nàzhènr, nèi〈口〉その時.そのころ:〔那阵子〕〔我还在学校念书呢〕その時,私はまだ学生でした.

那种 nàzhǒng, nèi～ あの種(の).あのよう(な).

〔**郍**〕 nà 地名用字.〔～拔 bá 林〕台湾にある. → nuó

〔**娜**〕 nà ①訳音字:多く女性の名前に用いる.〔安 ān～〕アンナ. ②〈姓〉娜(5·) → nuó

〔**呐**〕 nà → na nè ne

呐喊 nàhǎn どっと叫ぶ.わっと声をあげる.〔～助 zhù 威〕大声で叫び加勢する.

呐摸劲儿 nàmojìnr 〈方〉推量する.〔这件事我～是可以搞成的〕この事はだいたいうまくいくと思う.

呐摸滋味儿 nàmo zīwèir 〈方〉情況を観察してみる.〔他办的这事,我～有点儿不对头〕彼のやったことは,少しちぐはぐのところがあるようだ.

〔**纳・納**〕 nà (I) ①入れる.採る.〔～人之言〕他人の意見を採用する.〔闭门不～〕門を閉じて客を拒む. ②受け取る.受ける.しまい込む.〔收～〕収める.〔把衣服～人箱里〕服を箱にしまい込む. ③享受する.受ける.〔～凉 liáng〕〔乘 chéng 凉〕涼む.納涼する. ④渡す.納付する.〔～税〕税を納める. ⑤〈姓〉纳(ṇ) (II)刺し縫いする.刺し子に縫う:〔衲④〕に同じ. (III)ナノ.記号 n:10億分の1 (10^{-9})を表す.〔～诺〕の略.

纳彩 nàcǎi 〔纳采〕とも書く.回結納を納める.〔～礼〕結納の贈り物.→〔过 guò 礼〕

纳谗 nàchán〈文〉讒言(sì)を採用する.
纳宠 nàchǒng ⇒〔纳妾〕
纳粹 nàcuì〈音訳〉ナチ(ス).〔～主义〕ナチズム.〔～分子〕ナチ党員.〔～战犯〕ナチス戦犯.

纳底子 nàdǐzi 布靴の底を刺し縫いする:〔纳鞋底〕〔纳鞋底(儿)〕ともいう.

纳福 nàfú〈文〉幸福に暮らす.→〔享 xiǎng 福〕
纳贡 nàgòng 回(諸侯が)納貢する.
纳罕 nàhǎn 奇妙に思う.合点がいかない.〔我真～,他为什么老躲着人〕ほんとに腑に落ちない,彼はなぜ人を避けてばかりいるのだろう.

纳户 nàhù 納税者.
纳贿 nàhuì ①賄賂を取る:〔受 shòu 贿〕に同じ. ↔〔行 xíng 贿〕 ②贈賄する:〔行贿〕に同じ.

纳霍德卡 nàhuòdékǎ 回ナホトカ:ソ連沿海州の要港.

纳吉 nàjí 回結納を入れた後,寺廟で吉日を占い選び,結婚の日と定めて,これを嫁の家へ知らせること.

纳谏 nàjiàn 諌言(sì)を入れる.
纳交 nàjiāo〈文〉交わりを結ぶ.友達づきあいする.
缴纳 nàjiāo ⇒〔缴纳〕
纳捐 nàjuān ⇒〔纳税〕
纳客 nàkè 客を迎え入れる.〔今天开馆～〕本日開館し来館者を受け入れる.

纳款 nàkuǎn ①納金する. ②〈文〉よしみを通じて降服する.

纳脸儿 nàliǎnr =〔衲脸儿〕〈白〉糸で刺し縫いした〔鞋 xié 脸(儿)〕(布靴の爪先)

纳粮 nàliáng 回金銭や食糧を官に納める.
纳卯 nàmǎo ⇒〔达 dá 沃〕
纳闷儿 nàmènr いぶかしい.変に思う.〔心里有些～气にかかる.

纳米 nàmǐ〈度〉ナノメートル:〔毫 háo 微米〕に同じ.〔～技术〕ナノテクノロジー.〔～材料〕ナノ材料.〔～科学〕ナノサイエンス.

纳米比亚 nàmǐbǐyà ナミビア:正式国名は〔～共和国〕.首都は〔温 wēn 得和克〕(ウィントフック).

纳诺 nànuò 一字輸(III)
纳聘 nàpìn 回結納を贈る.
纳气 nàqì〈方〉腹立ちを抑える.気を押し鎮める.〔我实在纳不下这口气〕このむしゃくしゃした気持はどうも抑えられない.

纳妾 nàqiè =〔纳宠〕回妾を囲う.

nà～nǎi

纳清 nàqīng 納付済み.全部納付する.
纳入 nàrù おさめ入れる.おさめる.(軌道)にのせる.〔工作～正轨〕仕事を正規の軌道にのせる.
纳纱制品 nàshā zhìpǐn テントステッチ製品:細かく斜めに縫う刺繡の一種を施した工芸品.
纳水 nàshuǐ 風水家〔風水〕で地相を見る時,水の流れの方向によって吉凶を決することがある.
纳税 nàshuì =〔纳捐〕税を納める.〔缴 jiǎo 税〕に同じ.〔～人〕納税義務者(個人と人法).〔～能力〕〔赋 fù 税能力〕担税力.
纳斯达克 nàsīdákè 〈音訳〉图ナスダック.〔～综合指 zhǐ 数〕[纳指]ナスダック指数.
纳头 nàtóu 〈白〉頭を下げる.〔～便拜〕頭を下げてお辞儀をする.
纳西族 nàxīzú ナシ族:中国少数民族の一,雲南・四川省に居住する.
纳闲 nàxián 暇でいる.〔现下～在家的人多的这〕このごろでは職がなくてぶらぶらしている人がいくらでもいる.
纳贤 nàxián 優秀な人材を集める.
纳降 nàxiáng 降服を許す.投降を受け入れる.
纳鞋底(子) nàxiédǐ(zi) ⇒〔纳底子〕
纳新 nàxīn 〈文〉新しいものを受け入れる.〔～对象〕新党員として受け入れの対象となる人.

〔**肭**〕 nà →〔腽 wà 肭〕

〔**衲**〕 nà ① 縫い繕う.つぎはぎする.〔百～衣①〕 ②〈喩〉僧衣.〔僧衣.〔袄 ǎo～〕〔袷(jiá)～〕僧衣.③〈転〉僧侶.〔老～〕老僧.〔贫 pín～〕拙僧(僧の自称).④⇒〔纳(Ⅱ)〕
衲袄 nà'ǎo 图 (僧侶が着る)斜め襟で合わせる(または綿入りの)上着.
衲脸儿 nàliǎnr 〔纳脸儿〕
衲头 nàtóu つぎはぎして縫い上げた着物(僧衣)
衲衣 nàyī ① 僧衣.②〈転〉僧.③道士の着る上着.④つぎはぎのある衣服.
衲子 nàzi 拙僧:僧侶の自称.

〔**钠·鈉**〕 nà 化 ナトリウム:アルカリ金属元素.記号 Na.〔氯 lǜ 化～〕塩化ナトリウム(通称は塩).〔枸 jǔ 橼酸～〕クエン酸ナトリウム.〔碘 diǎn 化～〕ヨウ化ナトリウム.〔～硝石〕〔硝 xiāo 酸～〕硝酸ナトリウム.〔硅 guī 酸～〕珪酸ナトリウム.
钠玻璃 nàbōli →〔钠钙玻璃〕
钠长石 nàchángshí 图 ソーダ長石.アルバイト.
钠灯 nàdēng ナトリウム灯.〔钠蒸 zhēng 气灯〕ともいう.
钠钙玻璃 nàgài bōli =〔钠玻璃〕〔软 ruǎn 玻璃〕ソーダ石灰ガラス.
钠质白山埃 nàzhì báishān'āi ⇒〔氰 qíng 化钠〕

〔**郍(鄀)**〕 nà 周代の国名:現在の湖北省荆門市一帯にあった.

〔**捺**〕 nà ① 手で強く押さえる.〔～印 yìn〕印鑑·拇印を押す.② (感情·思いを)抑える.がまんする.耐える.〔～不得住〕おさえきれる.耐えきれない.〔按 àn～不住〕おさえきれない.耐えきれない.→〔捺气〕③〔一儿〕漢字の筆画"乀"(右はらい):〈文〉磔 zhé ②に同じ.→〔笔 bǐ 画〕
捺气 nàqì 気を鎮める.腹立ちを抑える.〔他跟我吵,我揿着气儿不理他〕彼はぼくにわめき散らしたが,ぼくは気を鎮めて相手にしなかった.→〔纳气〕
捺儿 nàr 一字解说
捺瑟 nàsè 图 昔時,語りと謡いの伝統芸能で用いるカスタネットに似た打楽器の一種:紫壇の板2枚を紐でつなぎ,それを片手に持って打ち拍子をとるもの.→〔拍 pāi 板①〕

捺印 nàyìn 印章あるいは拇印を押す.→〔盖 gài 章〕

〔**呐**〕 na ⇒〔哪〕 → nà nè ne

〔**哪(哪)**〕 na =〔呐〕語気助詞〔啊 a〕の直前の字音が n である場合〔～〕となる.〔谢谢您～〕ありがとうございます.→〔啊〕 → nǎ nǎi né něi

nai ㄋㄞ

〔**乃(迺·廼)**〕 nǎi〈文〉①(たしかに)…である.〔人民~新社会的主人〕人民は新社会の主人公である.〔水浒~一代奇书〕水滸は一代の奇書である.② そこで.はじめて.〔人智既进~有科学〕人知が進み,はじめて科学が生まれた.〔闻之~知其一二〕これを聞いてそこで少しわかった.③ かえって.意外にも.ついに.〔不见甲,~见乙〕甲に会わずて,かえって乙に会った.〔~至如此〕ついにここに至った.④ ただ.〔天下胜 shèng 者众矣,而霸 bà 者~王〕天下に勝者は多いが,覇者はただ王のみだ.⑤ 汝〔你〕〈文〉きみ.おまえ.〔~祖~父〕汝の祖父.〔~母〕汝の母.⑥ 発語の辞.〔~文~武〕文にして武.⑦〈姓〉乃.迺(nǎi).
乃尔 nǎi'ěr〈文〉かくのごとし.このように.〔何其相似~〕何とこうもよく似たものよ.
乃父 nǎifù 〔乃公①〕〔乃翁〕〈文〉① 汝の父.② 子に対する父の自称.きみたち.
乃公 nǎigōng〈文〉① 同上.② 上司または先輩が下役·後輩などに向かっていう威張った自称.
乃是 nǎishì〈文〉すなわち…である.(まさに)…である.もともと…である.
乃翁 nǎiwēng ⇒〔乃父〕
乃者 nǎizhě〈文〉先に.昔日.
乃至 nǎizhì ないしは.ひいては.〔~于〕同前.〔得到了全中国~全世界人民的同情〕全中国,ひいては全世界の人民から共感が寄せられた.

〔**艿**〕 nǎi

艿芋 nǎiyù ⇒〔芋头〕

〔**奶(嬭·妳)**〕 nǎi ①〈方〉乳房:〔乳 rǔ 房〕に同じ.② 乳汁:〔乳汁〕.〔牛~〕牛乳.〔~油①〕〔黄油①〕バター.→〔你 nǐ〕③ 乳を飲ます.〔~孩子〕子どもに乳を飲ます.→〔乳②③〕
奶白 nǎibái 乳のように白い.〔~色 sè〕 色 乳白色(の)
奶饼 nǎibǐng ⇒〔干 gān 酪〕
奶饽饽 nǎibōbo 食〔奶皮①〕を皮にして胡椒·砂糖などを具にして作る食品.
奶茶 nǎichá 食 ① 牛乳(あるいは羊乳)に磚(zhuān)茶を入れ,塩味をつけた飲みもの.モンゴル族·チベット族などが常飲.② 乳飲料.〔~馆 guǎn〕〔~铺 pù〕〔牛 niú 奶铺〕旧 ミルクホール.③ ミルクティー.
奶疮 nǎichuāng 医 乳房の腫れ物:〔乳 rǔ 腺炎〕の通称.
奶豆腐 nǎidòufu 食 乳製豆腐:牛·羊などの乳で作った食品.
奶粉 nǎifěn =〔乳 rǔ 粉〕粉ミルク:〔干 gān 牛奶〕は旧称.→〔鲜 xiān 奶〕
奶糕 nǎigāo 食 米の粉·砂糖などで作った乳児の代用食品.
奶公 nǎigōng〔〈口〉嬷 mó 嬷爹〕尊乳母の夫.
奶罐子 nǎiguànzi 牛乳さし(西洋式のお茶のとき牛乳をいれておく器)

1220

奶糊子 nǎihúzi 母乳が乳飲み子の口の周囲にくっついて乾いたもの.〔~还addr退,别跟我说嘴啦〕まだ口のはたが乳臭いくせにおれに口答えするのか.

奶花(儿) nǎihuā(r) ⇒〔奶皮②〕

奶积 nǎijī 中医授乳の不適による小児の消化不良.

奶酒 nǎijiǔ =〔奶子酒〕牛乳酒・馬乳酒:牛乳・馬乳を発酵させて製する酒.

奶卷儿 nǎijuǎnr 食〔山 shān 楂糕〕(さんざしの果肉で作ったようかんのようなもの)の中にクリームを挟んだロール菓子.

奶咖 nǎikā カフェオレ.ミルクコーヒー.

奶酪 nǎilào =〔奶子酪①〕① 食牛・馬・羊乳を発酵させやわらかめに固めたもの:ヨーグルト・チーズ・バターなど.→〔干 gān 酪〕〔酸 suān 牛奶〕 ②〈喩〉目標・目的物.ターゲット.

奶妈(儿) nǎimā(r) =〔奶母〕〈方〉奶娘〕〈方〉奶婆〕〈方〉奶子③〕旧乳母.

奶毛(儿) nǎimáo(r) うぶ毛.〔胎 tāi 毛〕に同じ.

奶名(儿) nǎimíng(r) =〔乳 rǔ 名〕

奶母 nǎimǔ ⇒〔奶妈(儿)〕

奶奶 nǎinai ①〈口〉おばあさん:父方の祖母.→〔姥 lǎo 姥①〕〔祖 zǔ 母〕 ②おばあさん:祖母と同年代の女性. ③奥様:旧時,召使いなどが主人の妻に対していう称呼.〔大~〕長兄の妻.〔二~〕①次男の妻.〔少 shào ~〕若奥様.〔老~〕大奥様.〔小~〕〔二~〕〔姨 yí 太太〕二号さん. ④〈方〉お母さん.

奶奶庙 nǎinaimiào ⇒〔娘 niáng 娘庙〕

奶奶婆 nǎinaipó 舅(しゅうと)の母.夫の祖母.

奶娘 nǎiniáng ⇒〔奶妈(儿)〕

奶牛 nǎiniú =〔乳 rǔ 牛〕乳牛.→〔菜 cài 牛〕

奶农 nǎinóng 乳業農家.

奶胖子 nǎipàngzi ちち.乳房:〔乳 rǔ 房〕の通称.

奶皮 nǎipí 〔-儿〕①牛乳を煮沸して表面にできる皮膜. ②=〔奶花(儿)〕 食 ケーキの〔坯 pī 子〕(スポンジ)にかけるバタークリーム.〔挂 guà ~〕同前をかける.

奶品 nǎipǐn =〔奶食〕

奶瓶 nǎipíng 〔-儿〕哺乳びん.

奶婆 nǎipó ⇒〔奶妈(儿)〕

奶声奶气 nǎishēng nǎiqì (大人の)鼻にかかった甘い声.

奶食 nǎishí 乳製品:〔奶品〕〔奶制品〕〔乳 rǔ 品〕ともいう.

奶水 nǎishuǐ〈口〉乳.乳汁.

奶汤 nǎitāng 食 とろみのある牛乳入りスープ.

奶糖 nǎitáng 食 ミルクキャラメル.ミルクキャンディ:〔牛 niú ~〕ともいう.

奶头(儿) nǎitóu(r) ①乳首(ちち). ②哺乳びんの乳首.

奶乌他 nǎiwūtā〈方〉食 バターに砂糖を混ぜて作るクリーム状の菓子:バターを用いないものは〔水 shuǐ 乌他〕

奶昔 nǎixī 〔音義訳〕食 ミルクセーキ.シェイク.

奶腥 nǎixīng 乳くさい.バターくさい.〔~味儿〕同上.

奶牙 nǎiyá〈口〉乳歯:〔乳 rǔ 齿〕の通称.〔~还没掉呢〕乳歯がまだ落ちていないくせに.〔嘴~吗乳臭し.

奶羊 nǎiyáng 乳用種の羊:〔乳 rǔ 羊〕ともいう.

奶油 nǎiyóu ①=〔黄 huáng 油①〕バター.〔~花生〕バターピー(ナッツ). ②〔乳 rǔ 油①〕食(食用の)クリーム.〔~菜心〕食 白菜のクリーム煮. ③〔~色 sè〕色 クリーム色(の).〔~巧 qiǎo 克力〕食 ミルクチョコレート.→〔巧克力〕

奶油小生 nǎiyóu xiǎoshēng〈喩〉二枚目.アイド
ル.イケメン(蔑称)

奶罩 nǎizhào =〔乳 rǔ 罩〕〔文 wén 胸〕〔胸 xiōng 罩〕ブラジャー.

奶汁 nǎizhī 乳.母乳:〔汁子〕ともいう.

奶制品 nǎizhìpǐn ⇒〔奶食〕

奶子 nǎizi ①乳:牛・馬・羊などの乳汁.〔还很小,还在吃~〕まだ小さくて乳を飲んでいます. ②⇒〔乳 rǔ 房〕 ③⇒〔奶妈(儿)〕

奶子酒 nǎizijiǔ ⇒〔奶酒〕

奶嘴 nǎizuǐ 〔-儿〕①(哺乳瓶の)吸い口.乳首:俗に〔咂 zā 嘴嘴儿〕という. ②(乳児の)おしゃぶり.ねぶりこ.

奶嗓子 nǎizuōzi 産後の女性の乳を吸いだす道具.

〔氖〕 nǎi 化 ネオン:希ガス元素.記号 Ne.通称.

氖灯 nǎidēng ネオン灯:〔氖光灯〕ともいう.〔霓 ní 虹灯〕は音義訳.

氖管 nǎiguǎn ネオンランプ管.

氖光灯 nǎiguāngdēng ⇒〔氖灯〕

氖气 nǎiqì 化 ネオン(通称):〔霓 ní 虹〕は旧音訳.

一字解

〔哪〕 nǎi 〔哪 nǎ ①〕の口語音. → nǎ na né něi

〔俫〕 nǎi〈方〉あなた.おまえ.

〔奈〕 nài ①〈文〉対処する.処置する.〔~他不得〕彼をどうするこすができない. →〔奈何〕 ②〈文〉いかんせん.如何ともするなし.どうにもしようがない:〔无 wú ~〕の略.〔怎么~〕いかんせん.なにぶんにも.〔日~日子近了,怎么赶也来不及沙いかんせん日があまりにもせっていているので,どんなに馬力を作る問にも合わない.〔虽已決定做,~无相当的人材,暂 zàn 时只好停~下〕することは決まったものの,いかんせん適当な人がいないので,当分はやめておくより仕方がない. ③耐える.こらえる:〔耐①〕の意に用いられる.〔~烦〕煩をいとわない.〔也亏你~烦〕(红36)おまえが面倒がらずにやってくれたおかげだ. ④〈姓〉奈(だい).

奈何 nàihé〈文〉①いかにせん.いかにすべきか.〔徒 tú 唤~〕どうしようで叫ぶばかりだ. ②どうして…できようか.…することもできない.〔不得~〕いかんともすることができない.〔出于无~〕やむなくこうした.〔凭你怎么说,他就是不答应,你又奈他何!〕君が何と言ったって彼は承諾しないんだから,君にだってどうするというのだ. ③こらしめる.処罰する.痛めつける.

奈何木 nàihémù 城を守る用具:塀木に横架するもの.

奈何桥 nàihéqiáo ①奈河にかけられている橋:山東省蒙山にある. ②〈転〉(冥途への)思案橋:旧時,迷信で死後に善人の魂は橋の(西南隅にある〔金桥〕〔銀桥〕)に至り,悪人の魂は血の池地獄から流れる血の水に乗って橋まで来てこれを越せないで途方にくれるという.

奈克式导弹 nàikèshì dǎodàn 军 ナイキミサイル:〔奈克〕(ニケ)はギリシア神話の勝利の女神.

奈因 nàiyīn〈文〉…により.〔~环境关系,所以我不能离开她〕いかんせん周囲の関係で彼女と別れることができない.

〔柰〕 nài〈文〉植 ワリンゴの一種.〔~子 zǐ〕同前の実.=〔花 huā 红③〕

柰园 nàiyuán =〔柰苑〕〈文〉僧寺の別称.

柰苑 nàiyuàn 同上.

〔萘〕 nài ①化 ナフタレン(ナフタリン):〔骈 pián 苯〕ともいう.〔那 nà 沃夫塔林〕は旧音訳.俗に〔臭 chòu 樟脑〕〔焦 jiāo 油脑〕〔洋 yáng 樟脑〕と

いう.〔~胺〕ナフチルアミン. ②〈姓〉萘(だい).
萘酚 nàifēn 〔薬〕ナフトール:「纳 nà 夫妥」は旧訳語.
萘磺脲 nàiliúniào ⇒〔安 ān 妥③〕
萘球 nàiqiú ナフタリン球.〔卫 wèi 生球(儿)〕に同じ.
萘乙酸 nàiyǐsuān 〔化〕ナフチル酢酸.ナフタリン酢酸:「萘醋酸」ともいう.

〔俐〕 nài 〈姓〉耐(だい) → èr

〔耐〕 nài ①耐える.もちこたえる.〔吃苦～劳〕苦しみを耐えぬく.労苦に耐える.〔～水性〕水に強い性質.〔钱真不～花〕お金は本当に使いでがない. ②耐え忍ぶ.こらえる.我慢する.〔难～〕耐えがたい.〔忍～〕こらえ忍ぶ.〔我真～不住了,非马上找他去问个究竟不成〕まったく我慢しきれない,すぐにでも彼のところへ行って訳を聞いてみねばならない. ③〈方〉きみ.あなた. ④〈方〉時間.〔好～〕非常に長い間.
耐穿 nàichuān (着るものまたは履くものが)丈夫で長持ちする.〔这双鞋～〕この靴は長くはける.
耐冬 nàidōng ⇒〔络 luò 石①〕
耐笃 nàidǔ 〈方〉きみら.お前たち.
耐烦 nàifán 面倒に耐える.忍耐する.辛抱強い:多く否定に用いる.〔耐心烦(儿)〕ともいう.〔你不要不～〕どうか面倒がらないで下さい.〔我实在不～了〕ぼくはまったく面倒でたまらない.
耐风灯 nàifēngdēng ⇒〔风灯〕
耐寒 nàihán 寒さに耐える.〔～作物〕耐寒作物.
耐旱 nàihàn 干ばつに強い.
耐火 nàihuǒ 火に強い.〔～材料〕耐火材料.〔～纸 zhǐ〕耐火性のある紙.
耐火泥 nàihuǒní ⇒〔火泥〕
耐火(黏)土 nàihuǒ (nián)tǔ ⇒〔火泥〕
耐火砖 nàihuǒzhuān 〔黏 nián 土火砖〕耐火煉瓦:単に〔火砖〕ともいう.→〔钢 gāng 砖〕
耐饥 nàijī ①飢えに耐える.〔～经饿〕〔慣〕飢えによく耐える. ②〈転〉腹もちがよい.
耐甲氧西林金黄色葡萄球菌 nàijiǎyǎngxīlín jīnhuángsè pútaoqiújūn 〔生命〕メチシリン耐性黄色ブドウ球菌. MRSA(マーサ)
耐嚼 nàijiáo 噛(か)みでがある.〔这种口香糖很～〕この種のチューインガムはよく噛みでがある.
耐久 nàijiǔ 長持ちする.耐久力がある.〔～力〕耐久力.〔这种笔又～又耐用〕この手の筆は長持ちもし,また書きやすい.〔～靠 kào 常 [4]〕
耐看 nàikàn 見ごたえがある.鑑賞に耐える.
耐可 nàikě 〈文〉①(むしろ)…の方がましだ.〔宁 nìng 可〕 ②どうして…できようか.→〔怎 zěn 能〕
耐劳 nàiláo 労苦に耐える.
耐冷 nàilěng 寒さに耐える.〔他们都很能～〕彼らはみな寒さに強い.
耐力 nàilì ①耐久力.持久力. ②忍耐力.
耐纶 nàilún ⇒〔尼 ní 龙〕
耐磨 nàimó 摩擦に強い.すり切れない.〔～合金〕減摩合金.
耐气 nàiqì 〈方〉怒りをこらえる.
耐热 nàirè 熱に強い.〔～合金〕耐熱合金.
耐人寻味 nài rén xúnwèi 〈成〉味わえば味わうほど味が出る.くり返し味わうとき値打ちがあること.
耐蚀 nàishí 腐食に耐える.〔～合金〕耐食合金.〔～金属〕耐食性金属.
耐水 nàishuǐ 水に強い.耐水性がある.〔～作 zuò 物〕低湿や冠水に強い農作物:例えばコウリャン・陸稲など.
耐酸 nàisuān 耐酸性がある.酸に強い.〔～铝 lǚ〕〔防 fáng 蚀铝〕耐酸性アルミニウム.

耐心 nàixīn ①辛抱強い.根気強い.〔进行～的解释〕根気よく説明する.〔你不要着急,得一细致地教育他〕焦ってはいけない,辛抱強く彼を悟さなければならない. ②⇒〔耐性(儿)〕
耐心烦(儿) nàixīnfán(r) ⇒〔耐烦〕
耐性 nàixìng 我慢強さ.辛抱強さ:〔耐心②〕に同じ.〔有～的人〕辛抱強い人.〔他真好～,怎么说也不生气〕彼はまったく忍耐強いたちだ,どんな言い方をしても怒らない.
耐压玻璃 nàiyā bōli 耐圧ガラス.強化ガラス.
耐用 nàiyòng 長く使用に耐える.耐久性がある.〔经洗～〕洗濯しても生地が長持ちする.
耐油纸 nàiyóuzhǐ ⇒〔玻 bō 璃纸②〕
耐脏 nàizāng 汚れが目立たない.〔藏 zàng 青色の料子〕濃紺の生地は汚れが目立たない.
耐战 nàizhàn 長期にわたる戦いを持ちこたえられる.

〔能〕 nài ①〈文〉耐える. ②〈姓〉能(のう) → néng

〔褦〕 nàidài 〈文〉①(衣服が)体に合わずやぼくさい. →〔肋 lè 賦〕 ②〈転〉事理に疎い.愚かである.〔～子〕愚か者. ③日笠.涼笠:竹製の笠に青絹をふちにつけたもの.

〔鼐〕 nài 〈文〉大きな鼎(かな)

nan ㄋㄢ

〔囡〕 nān 〈方〉①子ども.〔小～〕〔阿～〕同前:親しみを込めた呼称.〔女小～〕女の子.〔男小～〕男の子. ②〈転〉→〔囝 jiǎn〕
囡囡 nānnān 子ども:親しみを込めた言い方.〔～乖 guāi〕いい子だ.

〔男〕 nán (Ⅰ) ①男(の).男性(の).〔～耕女织〕〈喩〉昔の農村の自給自足の生活.〔～小女大〕〈喩〉姉さん女房(の夫婦).〔～大当婚,女大当嫁〕<諺>娘は成人すれば嫁をとり,女は嫁にいくべきである.↔〔女 nǚ 〕 ②息子.〔长～〕長男. ③〈文〉子の父に対する自称. ④〈姓〉男(だん) (Ⅱ) 〔旧〕爵位の第 5 位:〔公,侯,伯,子,～〕に分ける.〔～爵 jué〕男爵.
男阿姨 nán'āyí 保育士.保父.
男扮女角 nánbàn nǚjué 男性が女役をやる.
男扮女装 nánbàn nǚzhuāng (男性が)女装をする.↔〔女扮男装〕
男棒 nánbàng 〔又〕男子野球.→〔女 nǚ 垒〕
男保姆 nánbǎomǔ 保父.(男性の)お手伝い.
男表 nánbiǎo 男性用腕時計.
男宾 nánbīn 男性客:〔男客〕ともいう.
男傧相 nánbīnxiàng 新郎の介添人(男性).→〔伴 bàn 郎〕
男不拜月 nán bù bàiyuè 〔旧〕男は陽であるので,陰である月を拝さない.〔～,女不祭灶〕<諺>男子は月を拝せず,女子はかまどの神を祭らない.→〔祭 jì 灶〕
男才女貌 náncái nǚmào 〔旧〕〔才 bāng 才女貌〕
男厕(所) náncè(suǒ) 男子(用)便所.
男车 nánchē 男性用自転車.
男娼 nánchāng ⇒〔男妓〕
男单 nándān 〔又〕(テニス・卓球などの)男子シングル.
男盗女娼 nándào nǚchāng 〈成〉男といえば泥棒,女といえば娼婦:男も女もろくでなしだ.〔满嘴仁义道德,一肚子～〕〈諺〉口では仁義道徳ばかりとなえているが,その実,腹の中は腐り切っている.

男南 nán

男的 nánde 〈口〉男(の人).[~,还是女的]男か,それとも女か.
男低音 nándīyīn 〚音〛バス.
男丁 nándīng 〖回〗成年男子:〔成 chéng 丁〕に同じ.
男儿 nán'ér ⇒[男子汉] ②男の子.
男方 nánfāng (結婚当事者の)男子のほう.新郎側.↔[女 nǚ 方]
男风 nánfēng 男色.
男高音 nángāoyīn 〚音〛テノール.
男工 nángōng 男子工員.男性労働者.男の雇い人.
男孩儿 nánháir ①同下. ②息子.
男孩(子) nánhái(zi) =[男孩儿①]男の子.男の若者:〔男孩儿的 ér 花〕に同じ.
男花 nánhuā ①〚スポ〛男子フェンシング.→[花剑] ②[-儿]同上.
男欢女爱 nánhuān nǚ'ài 〈成〉男女が互いに愛する.相思相愛である.
男婚女嫁 nánhūn nǚjià 〈成〉男子は妻を娶り,女子は他に嫁す:普通の人生.
男妓 nánjì =[男娼]①〖回〗かげま.男娼.[~馆]同前の妓楼. ②ホスト.
男家 nánjiā =[〈文〉乾 qián 宅](結婚当事者のうち)婿方の家.↔[女 nǚ 家]→[男婚]
男角 nánjué =[男伶]男優=[男脚]とも書いた.女優は[坤角]女 jiǎo に対し.〔~演 yǎn 员〕
男科 nánkē 〚医〛男性専科:男性機能関係の疾病を対象とする科.[~门诊]同前の外来.[~学 xué]男性学.
男款 nánkuǎn ①男性向け(デザイン).メンズ. ②金持ち男.
男篮 nánlán 〚スポ〛男子バスケットボール(チーム)
男模 nánmó 男性モデル.
男伶 nánlíng ⇒[男角]
男媒 nánméi 〔男女(儿)]方の媒酌人.
男男女女 nánnán nǚnǚ 大勢の男女.〔游行队伍里,~个个兴高采烈〕パレードの隊列には大勢の男女がどれもうれしそうに喜び勇んでいる.
男女 nánnǚ ①男(子)と女(子).[~关系]両性关系]男女関係.〔~同工同酬〕性別を問わず同じ仕事に対して同じ報酬を受ける(支払う).[~混合双打]〚スポ〛(テニスなど)男女混合ダブルス.[~老少 shào]老若男女.[~平等]男女平等.[~同校]男女共学.→[乾 qián 坤②] ②〈方〉子女. ③〈白〉賤しい者:召使いなどの称.
男排 nánpái 〚スポ〛男子バレーボール(チーム)
男朋友 nánpéngyou =[男友]男性の友人. ②ボーイフレンド.彼氏.恋人(男性の)
男仆 nánpú =[男佣]男の下男.男の召使い.
男钱 nánqián 〖史〗南朝の時代に民間で作られた貨幣の一種:女性はこれを身につけると男児を得ると信じられた.
男人 nánrén ①男.成人男性.[~味(儿)]男っぽさ.→[男的] ②男連中.↔[女 nǚ 人]
男人家 nánrénjiā 男.男性:男であることを強調したいい方.
男人 nánren 〈口〉亭主.やどろく.
男色 nánsè ①〈文〉男色. ②ホスト.
男生 nánshēng ①男子学生. ②青年.若者.
男声 nánshēng 〚音〛男声.[~合唱]男性合唱.
男士 nánshì 男性.紳士.殿方.
男式 nánshì 男性用.[~西装]紳士服.
男手 nánshǒu 〚スポ〛男子ハンドボール(チーム)
男双 nánshuāng 〚スポ〛(テニスなど)男子ダブルス.
男童 nántóng 男子児童.男の子.
男同学 nántóngxué 男(子)の学友.

男同志 nántóngzhì 男の同志.男の人.男性.→[男人 rén]
男团 nántuán 〚スポ〛男子団体競技.
男网 nánwǎng 〚スポ〛男子テニス(チーム)
男系 nánxì 男系(父方の血筋)
男性 nánxìng ①男性.[~不育症]〚医〛男性不妊.[~病]男性生殖機能障害.[~荷尔蒙][~激素]男性ホルモン. ②男.男の子.
男阴 nányīn 男子の生殖器.→[阴茎]
男婴 nányīng 男の嬰児.
男佣 nányōng ⇒[男仆]
男友 nányǒu ⇒[男朋友]
男中音 nánzhōngyīn 〚音〛バリトン.
男装 nánzhuāng ①男子服.紳士服. ②男子の扮装.[女扮~]女子が男装する.
男子 nánzǐ 男子.男性.[~气 qì]男らしさ.[~单打]〚スポ〛男子シングルス.[~双打][男双]〚スポ〛男子ダブルス.
男子汉 nánzǐhàn =[男儿①]男子.男児:特に男の堂々としたさまを強調するのに用いる.[不像~]男らしくない.[男儿有泪不轻弹 tán 〔谚〕男はめそめそ泣かない.
男足 nánzú 〚スポ〛男子サッカー(チーム)
男尊女卑 nánzūn nǚbēi 男尊女卑.
男左女右 nánzuǒ nǚyòu 〈慣〉男は左,女は右:もと髪の結い方の別.後には男女の区別すべきことをいう.

南 nán

①南(の).南方(の).[城~]都市の南部.[~岸]南岸側の水ぎわ.[~风]南風.[~房]〖回〗中庭の南側にあり[北房]と向かいあいの一棟. ②〈文〉南に向かって行く. ③〈姓〉南(だ)
→nā

南半球 nánbànqiú 南半球.
南梆子 nánbāngzi 〖劇〗京劇の曲調の一種:常に[西xī皮]の節回しと共に使う.
南北 nánběi ①南と北.[~对话]開発途上国と先進国との対話. ②南端から北端まで(距離).〔这个水库~有五公里〕この貯水池は南端から北端まで5キロある.
南北朝 nánběicháo 〖史〗東晋以後,南方の地に拠った宋・斉・梁・陳の漢族四朝,ならびに[南朝]と,北方に拠った北魏・北周など鮮卑の[北朝]をいう.のち隋に統一された.
南北曲 nánběiqǔ 〖劇〗[北曲]と[南曲]:元の"北曲"は大都(北京)を中心として発達したもので,[杂 zá 剧]に代表される."南曲"は宋・元・明代に南方で行われた戯曲の称で,宋代の〈元曲①〉,明代の[明 míng 曲][昆 kūn 曲]など.[杂剧]に対して,清代にかけては[传 chuán 奇②]が中心となった."北曲"の『西厢記』"南曲"の『琵琶記』は有名.→[南戏]
南北学 nánběixué 晋から隋にいたる南北朝の経学の2派:南朝の[南学①]は王粛・王弼・杜預らの学を主とし古学を重んじ,[北学]は鄭玄・服虔らの学を主とし古今の学を兼ね修めることを重んじた.
南北洋 nánběiyáng 〈史〉南洋・北洋:中国沿海の山東以北を[北洋],江蘇以南および長江沿岸を[南洋]といった.
南北宗 nánběizōng 禅宗・道家・絵画のそれぞれ南北2派をいう.
南边 nánbiān ①[-儿]南.南側. ②⇒[南方②]
南部 nánbù 南部.
南菜 náncài =[中 zhōng 国菜]
南漕 náncáo =[漕粮]
南侧 náncè 南側.
南柴胡 náncháihú 〚植〛ホソバミシマサイコ.ホタルサイ

nán 南

コ(ホタルソウ):根は薬用される.別称〔茹 rú 草〕

南昌起义 nánchāng qǐyì ⇒〔八 bā 一南昌起义〕

南朝 náncháo →〔南北朝〕

南船北马 nánchuán běimǎ〈成〉南中国の交通は多く船により,中北国の旅行は多く馬による.南北の風物が大いに異なっていること.諸方を旅行すること.

南丁格尔奖 nándīnggé'ěr jiǎng〈音義訳〉ナイチンゲール記章.

南斗 nándǒu →〔斗⑦〕

南豆腐 nándòufǔ〔絹豆腐:南方地区の水分が多く軟らかで目の細かいもの:〈方〉嫩 nèn 豆腐〕〔水 shuǐ 豆腐〕ともいう.北方地区の〔北 běi 豆腐〕に対していう.

南渡 nándù ①(河や海を渡って)南に行く. ②史南に移る:難を避けて長江の南に都を移したこと.晋の司馬睿(元帝)が建業(南京)に,宋の趙構(高宗)が臨安(杭州)に遷都したことなど.

南方 nánfāng ①(南の方). ②(ふつう長江以南の)華南各省:〔南边②〕に同じ. 〔~人〕華南の人.〔~人参 shēn〕三七①サンシニンジン.

南非 nánfēi 地南アフリカ. 〔~共和国〕の略.

南非共和国 nánfēi gònghéguó 南アフリカ共和国:首都は〔比 bǐ 勒朝陀利亜〕(プレトリア).

南风不竞 nánfēng bùjìng〈成〉①南方の詩の音調には活気がない.〔~:南国の威勢が振るわないこと(左伝・襄公十八年). ②(試合での)相手の意気の振わないさま.試合で一方が負けたこと.

南风窗 nánfēngchuāng〈喩〉香港・マカオや深圳・広東など:海外との窓口の意で,〔~〕という雑誌名による.

南风之薫 nánfēng zhī xūn〈成〉天下がよく治まって民が喜び富むこと:虞舜の作とされる歌〔南風〕中の句.

南宫 nángōng ①地河北省の南部にある市. ②〈姓〉南宫(名)

南瓜 nánguā =〔方〕北 běi 瓜〕〔〈方〉番 fān 瓜②〕〔〈方〉倭 wō 瓜①〕〔窝 wō 瓜①〕圃カボチャ. →〔金 jīn 瓜①〕〔老 lǎo 倭瓜〕

南瓜子(儿) nánguāzǐ(r) かぼちゃの種:〔白 bái 瓜子(儿)〕〔倭 wō 瓜子(儿)〕〔瓜子(儿)〕〔子〕は〔籽〕とも書く.煎ったものはお茶うけとする.〔瓜子(儿)〕

南音 nányīn ⇒〔南音①〕

南郭先生 nánguō xiānsheng〈喩〉もぐり先生:南郭は周代斉国で楽器もできないのに楽士を偽った人の名.

南国 nánguó ①周長江・漢水一帯の諸侯国. ②〈転〉中国の南部一帯. 〔~风光〕南部の風光. →〔北 běi 国②〕

南海 nánhǎi ①地南シナ海:北は台湾の南端,福建南端から広東省,広西チワン族自治区,東はフィリピン,南はボルネオ,西はベトナム・マレー半島に至る一帯の海面. 〔~诸 zhū 岛〕地東沙(プラタス)群島,西沙(パラセル)群島,中沙(マックルスフィールド)群島,南沙(スプラトリー)群島からなる. ②地北京旧皇城内にある湖の部分. ③回南方俗語の地. →〔南洋〕

南海观音 nánhǎi guānyīn 国(仏教の)観音:俗に南海の舟山列島中の普陀山に住むとされる.〔~菩 pú 萨〕同前.

南寒带 nánhándài 南半球の寒帯.

南汉 nánhàn 史五代十国の一. →〔五 wǔ 代〕

南胡 nánhú ⇒〔二 èr 胡〕

南华 nánhuá 書荘子の別称:〔~经 jīng〕ともいう. 〔~真 zhēn 人〕又荘子の別称.

南回归线 nán huíguīxiàn 地南回帰線.

南货 nánhuò 中国の南方特産品:特に食品(海産物,干し筍・ハムなど). 〔~店〕同前の物を取り扱う店.

南极 nánjí ①南極. 〔~圈 quān〕南極圏. 〔~光〕南極光. 〔~洲 zhōu〕南極大陸. 〔~臭 chòu 氧洞〕南極オゾン層ホール. 〔~棉 mián〕圃高保温性合成繊維布. ②〔磁石の〕S極.

南极老人星 nánjí lǎorénxīng ⇒〔老人星〕

南笺 nánjiān 華南産の書簡箋.

南煎丸子 nánjiānwánzi 食南方風の揚げ豚肉団子のあんかけ.

南疆 nánjiāng ①新疆南部. ②南の辺疆.

南金东箭 nánjīn dōngjiàn 南方(華山)産の金石と東方(会稽)産の竹製の矢.〈喩〉優秀で傑出した人物.

南京 nánjīng 地江蘇省西南部にある:〔建业〕〔金陵〕〔石头城〕は古称.

南京路上好八连 nánjīng lùshang hǎo bāliān 史上海の解放時に模範的な行動を示した人民解放軍上海駐留部隊第8中隊の称号(1963年4月授与)

南酒 nánjiǔ 華南産の酒,すなわち紹興酒.〔~局〕紹興酒醸造所.

南橘北枳 nánjú běizhǐ〈慣〉江南のたちばなは江北ではからたち.〈喩〉ところ変われば名も変わる.

南柯一梦 nánkē yīmèng〈成〉淳于棼という者が夢の中で大槐安国の南柯大守になり富貴栄華を極めたが,醒めてみると不思議にも家の南側にあるえんじゅの木の下の蟻穴であった(唐の李公佐「南柯大守伝」).〈転〉ぬかよろこび.〔槐 huái 安梦〕ともいう.〔黄 huáng 粱(美)梦〕

南来北往 nánlái běiwǎng〈喩〉行き来する人が多いさま.

南凉 nánliáng 史朝代名.晋代の五胡十六国の一.

南粮北调 nánliáng běidiào 華南の食糧を華北へ輸送する. →〔北煤南运〕

南岭 nánlǐng 地長江以南の山脈.

南麓 nánlù 山の南の麓.

南蛮 nánmán 国南方の諸民族をいった.〔~子〕同前の人の蔑称. 〔~鴃 jué 舌〕南方の蛮人の意味の通じない言葉:北の言葉と違うことをそしっていう.

南满洲 nánmǎnzhōu 地旧時,東三省の長春以南をいった.

南美洲 nánměizhōu 地南アメリカ州.

南门 nánmén〈姓〉南門(名)

南面 nánmiàn ①〔~儿〕南側. ②〈文〉君主となる:昔時,君主は臣下に南面した.〔~百城〕南面して王となり,広い土地を領すること. 〔~王〕王候.〈転〉最高権力の者.↔〔北 běi 面②〕

南明 nánmíng 史朝代名:明朝が滅亡した後,その残余の勢力が前後十数年余南方に建立した政権.

南南合作 nánnán hézuò 南南協力:開発途上国間の経済協力.

南泥湾精神 nánníwān jīngshén 史抗日戦争中,八路軍が陝西省南泥湾の不毛の土地を開墾し,自給自足できるまでにした刻苦奮闘の精神.

南欧 nán'ōu 南ヨーロッパ.

南齐 nánqí 史朝代名.479年〜502年.南北朝時代,南朝の第二王朝.

南腔北调 nánqiāng běidiào〈慣〉南北各地の方言がまじった言葉.

南曲 nánqǔ →〔南北曲〕

南拳 nánquán 中国の拳法での南の流派(総称):龍・虎・豹・蛇・鶴の5拳を主とする.

南荣 nánróng〈姓〉南栄(名)

南沙群岛 nánshā qúndǎo →〔南海诸岛〕

南沙参 nánshāshēn〔ツリガネニンジン):単に〔沙参①〕ともいう.俗称〔钓 diào 钟草①〕

nán

南山楂 nánshānzhā 植サンザシ．〔山楂①〕の別称．
南式 nánshì　南方式(の)：(北方からみた)南方の手工業や食品の様式や作り方．〔~糕点〕南方式の菓子．〔~盆帼〕南方式のたらいおけ．
南树 nánshù　⇒〔檰 chá ①〕
南水北调 nánshuǐ běidiào　南の水(長江)を北へ引いて(華北)へ廻すこと．
南斯拉夫 nánsīlāfū　ユーゴスラビア：1929年から2003年にかけて、東ヨーロッパのバルカン半島に存在していた国家．〔巨 jù 哥斯拉夫〕は旧音訳．首都は〔贝 bèi 尔格莱德〕(ベオグラード)．→〔塞 sài 尔维亚〕
南宋 nánsòng　史朝代名．1127年～1279年．高宗が金の侵入のため南遷して臨安(杭州)に都し、淮・漢両水以南の地を保有した．→〔宋①②⑤〕
南唐 nántáng　史朝代名．五代十国の一．937年～975年．呉の李昇が建てた都は金陵(南京)
南糖 nántáng　⇒〔什 shí 锦南糖〕
南天竹 nántiānzhú　〔天烛 zhú〕とも書く．植ナンテン．
南甜、北咸、东辣、西酸 nántián, běixián, dōnglà, xīsuān 〔慣〕中国料理の味の特徴：南の料理は味が甘く、北は塩辛く、山東などは辛味がより、山西など西は酸味が濃いこと．→〔中 zhōng 国菜〕
南头(儿) nántóu(r)　南の端．南寄り．
南腿 nántuǐ　食中国南方に産する〔火 huǒ 腿〕(ハム)：雲南産や浙江省金華産のものは有名．
南闱 nánwéi　史科挙の試験のうち、"会試"は北京および南京で挙行されれた．北京における会試は〔北闱〕、南京における会試を〔南闱〕という．→〔科 kē 举〕
南纬 nánwěi　地南緯．
南味儿 nánwèir　南方風味の．〔~糕点〕南方風味の菓子．
南温带 nánwēndài　地南半球の温帯．
南葜苔 nánxītái　植マキノゴケ．
南戏 nánxì　劇南曲：伝統劇の一つで、南宋の初期浙江省温州あたりに始まったもの．〔戏曲①〕ともいった．→〔南曲〕
南下 nánxià　南下する．南へ行く．↔〔北 běi 上〕
南鲜 nánxiān　南方産の(生の)果物：蜜柑・柚子・橙・竜眼など．
南学 nánxué　①→〔南北学〕②旧式学塾の称．
南巡 nánxún　史天子が南を巡視すること．〔~讲话〕1992年春、鄧小平が武昌・珠海・上海・深圳などを視察したのちの再度の改革開放の宣言．
南亚 nányà　南アジア：パキスタン・インド・バングラディッシュ・スリランカ・ネパール・モルディブなど．〔~次 cì 大陆〕南アジア亜大陸．
南洋 nányáng　①旧江蘇以南および長江一帯の沿海各省．―②旧大臣部南と外国との通商事務・国防・税関行政を管轄した大官：両江総督の兼任．②旧東南アジア．〔~群岛〕南洋諸島．
南洋商报 nányáng shāngbào　マレーシアの華僑新聞名．
南音 nányīn　①唐代の〔大曲 dàqǔ〕に起こり、福建・台湾などで流行する古典的な謡いもの芸能：〔南管〕〔南乐〕ともいう．②広東一帯で行われる謡いもの芸能．③圖南方言音．
南辕北辙 nányuán běizhé　〈成〉(車の)轅(ながえ)は南の方向に、轍(わだち)は北の方向に．南へ行こうとして北に行ってしまうこと．〈喩〉行動と目的が食いちがうこと．
南乐 nányuè　⇒〔南音①〕
南岳 nányuè　⇒〔衡 héng 山〕
南越 nányuè　①古代の地名．現在の広東・広西の地．②同前に漢代に存在した国．
南运河 nányùnhé　→〔北 běi 运河〕
南杂行 nánzáháng　南方の物資を扱う店．

南针 nánzhēn　①羅針盤．磁石．〔指南~〕同前．②指針．教え：書簡で教えを請う時に常用された．〔他说的这几句话，可以作为我事业的~〕彼の言葉は、一生の事業の指針とすることができる．
南征北战 nánzhēng běizhàn　〈成〉南方や北方に転戦すること：各地を転戦する．
南枝北枝 nánzhī běizhī　山の南側の梅花は日光を受けるが、北側は霜露を受ける．〈喩〉境遇により苦楽が分かれること．
南竹 nánzhú　⇒〔毛 máo 竹〕
南烛 nánzhú　植①ツツジ科ネジキ．②=〔乌 wū 饭树〕
南字 nánzì　→〔字喃〕
南宗 nánzōng　〈文〉南方派(禅宗・道家・絵画など)．→〔北 běi 宗〕

〔喃・諵〕 nán

〈文〉多言．低い話し声．〔~~〕多言あるいは話し声の低いさま．

〔喃〕 nán

喃喃 nánnán 〈擬〉①小声でひそひそと続ける話し声．〔~自语〕ぶつぶつ独り言を言う．つぶやく．〔~笃 dǔ 笃〕〔~呲 duō 呲〕〔~呐 nà 呐〕〔~吱 zī 咕〕小声でぶつぶつ言う．→〔呢 ní 喃〕②鳥の鳴き声．

楠(柟・枏) nán

植タイワンイヌグス(の総称)：クスノキ科の高木．通称〔~木〕．→〔樟 zhāng〕
楠木作 nánmùzuò　タイワンイヌグスの家具類を造る指物屋．

〔难・難〕 nán

①困難である．難しい．〔这个字~写〕この字は書きにくい．〔进口货~敌 dí 国产品〕外国品は国産品に勝てない．〔~考 kǎo 的大学〕試験が難しい大学．〔学习外语是一件很~的事〕外国語に熟達することは難しいことである．〔~者不会，会者不~〕難しいと思う人はできない、できた人には難しくないのだ．〔生死料 liào 〕生死のほども分からない．↔〔易 yì ①〕②できない、ようがない．だめにはいかない．〔他品行不好，这种事~干出来〕彼は品行が悪い、これくらいのことはやりかねない．③感じがよくない．…しづらい．〔~看〕醜い．〔~听〕聞きづらい．〔~闻〕臭い．④困らせる．閉口させる．〔~不住他〕彼をぎゃふんと言わせることができない．〔那件事可把我~住了〕あの事には全く手を焼いている．→ **nàn**

难熬 nán'áo　耐えがたい．忍びがたい．つらくてたまらない：〔难挨 ái〕ともいう．〔闷 mēn 热~〕〔闷热难挨〕むし暑くてがまんできない．
难白之诬 nán bái zhī wū　〈成〉弁明困難な事実無根の悪口．〔~休辩〕〈諺〉同前は弁明せずにおけ．
难办 nánbàn　やりにくい．さばきにくい．取り扱いにくい．〔这件事很~〕この問題はどうも扱いにくい．
难保 nánbǎo　保証しがたい．〔假如不好好地休养，你的病不~复发〕よく休養しないと、きみの病気は再発しないとは言えない．〔~他准来〕彼が必ず来るとは保証しがたい．
难比 nánbǐ　比較にならない．…とは別である．〔亲兄弟~别人〕血のつながった兄弟はよその人とは違う．
难卜 nánbǔ　予想しがたい．〔命运~〕先行きどうなるかわからない．
难缠 nánchán　(人が)うるさくてやっかいだ．扱いにくくて困る．〔这人真~，跟他说了半天，他是不走〕あの男は全くやっかいで、長いこと話したのに、いつまでたっても尻を上げようとしない．
难产 nánchǎn　①医難産(する)．→〔逆 nì 产①〕②〈喩〉事物が容易に実現・完成し得ない．〔那件事

nán 难

一两延期恐怕是～了]あの件は再三延期している,おそらく難産だろう.

难筹 nánchóu 工面しがたい.〔这笔钱～得很,我实在无能为力的〕このお金は工面がたいへん難しいのでどうもお力になれません.

难处 nánchǔ つきあいにくい.一緒におりにくい.〔跟人～〕人と折り合いをつけにくい.

难处 nánchu 困難な点.苦衷.〔体谅他们的～〕彼らの苦衷を察する.

难辞其咎 nán cí qíjiù〔成〕その責めを逃れることはできない.

难打交道 nán dǎjiāodao つきあいにくい.〔他有怪脾气,～〕彼は変な癖があって,つきあいにくい.

难当 nándāng ①任に当たりがたい.立ち向かいにくい. ②耐えきれない.気持ちをおさえがたい.〔痛苦～〕苦痛に耐えがたい.

难倒 nándǎo 困らす.まいらせる.〔这些困难难不倒他们〕このような困難にも彼らはひるまないだろう.〔这个问题可把我～了〕この問題はまったくわたしを困らせた.

难道 nándào まさか…ではあるまい;多く後に〔吗〕〔不〕〔不成〕などを伴う.〔你在中国多年了,～中国话都不懂吗〕きみは中国に永年いたのだから,まさか中国語をひとことも知らないことはあるまい.〔～他不来?〕彼はまさか来ないということはないだろう.〔～说〕〔〈文〉莫 mò 非说〕まさか…というわけでもあるまい.→〔莫非〕

难得 nándé ①得がたい.珍しく貴重だ.〔～的东西〕得がたい物.〔这样的机会很～〕こんな機会はめったにない.②めったに…しない.思いもよらない.〔他～到外头去吃顿饭〕彼はめったに外で食事することはない.〔～有这样的好人〕このようないい人はめったにいない.

难点 nándiǎn 困難なところ.難点.

难度 nándù (技術・技芸の)難しさ.難度.

难分伯仲 nánfēn bózhòng〔成〕優劣の差をつけ難い.

难分难解 nánfēn nánjiě ⇒〔难解难分〕

难分难舍 nánfēn nánshě ⇒〔难舍难分〕

难怪 nánguài ①怪しむに足らぬ.不思議はない.〔～!〕なるほど(道理でね).→〔怪不得〕 ②…は無理もない.…を責めることはできない.〔也～她〕彼女が悪いんじゃない.→〔无 wú 怪(乎)〕

难关 nánguān 立ちはだかる壁.難関.〔克 kè 服～〕難関を突破する.

难过 nánguò ①難儀する.暮らしにくい.〔日子很～〕暮らし向きが苦しい.②つらい.悲しい.〔我心里很～〕私は心中はなはだつらい.〔我替他～〕彼に同情する.③通りにくい.パスしがたい.

难喝 nánhē 飲みづらい.

难乎 nánhū …しがたい;〔～其 qí …〕〔～为 wéi…〕の形をとる.〔～其难〕非常に困難である.〔～为选〕選ぶことが難しい.〔～为继〕継続していくことが難しい.〔～为情 qíng〕済まない.恥ずかしい.

难记 nánjì おぼえにくい.

难尖 nánjiān 難度トップ.〔～动作〕超難度の技.

难解难分 nánjiě nánfēn〔难分难解〕〔成〕①なかなか双方が譲らない.〔打得～〕(戦争・けんか・競技など)なかなか勝負がつかない.②切っても切れない仲である.〔好 hǎo～〕同前.

难局 nánjú 困難な事態.行きづまり状態.

难堪 nánkān ①堪えがたい.つらい.〔情面上,有点儿～〕情において大いにきまりが悪い.〔他脸上有一种～的样子〕彼の顔に何かつらそうな様子が見えた.→〔不 bù 堪①〕 ②恥ずかしい.ざまが悪い.〔给他一个～〕彼に恥ずかしい目をさせる.

难看 nánkàn ①醜悪である.見にくい(醜い).②見っともない.汚い.体裁が悪い.〔一个麻子九个俏,怎么able说难看〕あばたのある人はたいへいきれいな人が多い,彼女が醜いなどと思ったら大まちがいだ.〔他做了那种丢 diū 脸的事,叫同事的面子上都不怪～的〕あいつがあんな恥さらしなことをやったので,同僚の顔も大いにつぶされた.③(表情が)ゆがんでいる.険しい.不機嫌である.〔他的脸色特别～〕彼の顔つきは非常に険しい.

难买难卖 nánmǎi nánmài〔方〕ことさら面倒をかける.意地悪くあたる.〔您既然赏脸,我还能～吗〕あなたが讓歩してくれたのに,わたしが頑張りとおすわけにもいきません.

难免 nánmiǎn 免がれがたい.避けられない.〔～失败〕失败は免がれない.〔～的结果〕免がれがたい結果.

难耐 nánnài 忍びがたい.忍受しがたい.〔酷热～〕厳しい暑さに耐えられない.

难能 nánnéng するのが難しい.〈転〉得がたい.〔他平日的俭省也是人所～的〕彼の平素の倹約もなかなか人のできないところだ.

难能可贵 nánnéng kěguì〔成〕得がたく貴い.殊勝である.奇特である.〔他们都能够互相帮助,这倒是～的了〕彼らのようにお互いに助けつうことができるのは,なかなか奇特なことだ.→〔可贵〕

难念的经 nánniànde jīng 難しいお経.〔喩〕困難なこと.〔家家都有一本～,谁〞どの家にも(そと見には幸福そうに見えても)みなそれぞれ困ったことがあるものだ.

难求 nánqiú 求めにくい.探しにくい.

难燃纤维 nánrán xiānwéi 難燃繊維;〔阻 zǔ 燃纤维〕ともいう.

难人 nánrén ①人を困らせる.②〔口〕困難に当面し,面倒をしいこんだ人.面倒をしいこんだ人.〔我家和赵家又没仇没冤,何苦出头做～〕うちと趙家とは仇も恨みもないのに何を苦しんで表に立って憎まれ役になることがあろうか.

难忍 nánrěn 忍びがたい.耐えがたい.

难容 nánróng 許されない.受け入れられない.相容れない(うまくいかない).〔情理～〕情理として許されない(捨てておけない).〔他干了那种丧 sàng 廉耻的勾当,就是他的亲老子也～他〕彼はあんな破廉恥なことをやったので,肉親のおやじさえ怒っている.

难色 nánsè 困惑の色.困惑の表情.〔面有～〕顔に困った思いが現れた.

难煞 nánshā〔难杀〕も書く.〈白〉すごく難しい.→〔煞④〕〔杀⑤〕

难上加难 nánshàng jiānán 難しい上にも難しい.この上なく難しい.重ね重ねの難儀;〔难上难〕ともいう.

难舍难分 nánshě nánfēn =〔难分难舍〕〔成〕別れ難い.後ろ髪を引かれる.〔成了～的关系〕離られない関係になった.

难事 nánshì 難事.難事.容易に処理できないこと.〔天下无～,只怕有心人〕〔諺〕世の中には難しいことはない,ただ志しだいである.

难受 nánshòu 耐え得えない.忍びがたい.つらい.悲しい.〔那够多么～啊〕とてもやりきれないよ.〔疼得～〕痛くてたまらない.↔〔好 hǎo 受〕

难说 nánshuō ①言いにくい.話しにくい.〔这个绕口令很～〕この早口ことばは大変難しい.〔因为我和他没大交情,这样的话很～〕僕は彼とそんなに交際もないから,そんな話は言いづらい.②はっきり言えない.わからない.〔他今天能不能到上海来〕彼は今日上海へ着けるかどうか,どうもはっきりわかりません.

难说话(儿) nánshuōhuà(r) ①(人の性格が)話しにくい.話しが通じにくい. ②融通がきかない.頑固である.
难题 nántí 困難な問題.難題.〔í来道~问人〕難問を持ちかける.〔他常给人出~〕彼はいつも人に難題を持ちかける.
难听 nántīng ①(音声など)聞き苦しい.耳障りである.〔~的话〕聞き苦しい話.〔~的声音〕聞き苦しい声. ②(言葉など)下品である.(言い方が)粗暴ぜい.〔你怎么骂人,多~〕なぜ人を罵る,聞くに堪えんぞ. ③(事情などが)外聞が悪い.不体裁である.〔这事情说出去多~〕この件は広まれば全くみっともない.
难忘 nánwàng 忘れがたい.〔终生~的印象〕終生忘れ得ぬ印象.
难为情 nánwéiqíng ①情義に合わない.義理がすまない. ②体裁が悪い.ぶざまな思いをする.間が悪い.〔头一次来怎么好意思坐下就吃饭呢,真叫人~的〕初めてうかがったのに,腰をおろすとさっそくあつかましくご飯をごちそうになるなどということが,どうしてできましょうか.
难为 nánwei ①困らせる.へこませる.いじめる.苦しめる.油をしぼる.〔既是他那么夸口,我可以~~他〕彼がそんなに大きな口をたたくなら,油をしぼってやろう.〔~不着你们!〕君たちに迷惑はかけない.〔别~人家〕人を困らせてはいけない. ②苦労をかける.面倒をこうむる.〔这么冷的天,~你想着来〕こんな寒い日によくも忘れずに来てくれた. ③ご苦労さまでした. …していただいてありがたい:人に謝意を表す挨拶.〔您惦记着我记我〕よくもわたくしのことをお心にかけて下さって(ありがとうございます).
〔这么远的道儿,真~您了〕こんな遠路を(おいで下さり)ありがとうございました.
难闻 nánwén 嗅ぎにくい(においをかぐにたえない.においが悪い).〔这个味儿还不算~〕このにおいは悪い方でない. ②臭い.
难心 nánxīn 〔方〕苦しむ.つらく思う.〔他这样求我,我不能不给他办,可是又办不到,真叫人~〕彼に頼まれては,どうしてもやらなければならないし,といって僕にはできそうもないし,本当に心苦しい.
难兄难弟 nánxiōng nándì 〔成〕兄たりがたく,弟たりがたい.どっちもどっちだ(悪い意味で用いる):元来は兄弟ともにすばらしいの意.〔他们俩是~〕あの二人はどっちもどっちだ. → nànxiōng nàndì
难言 nányán 言いにくい.〔~之隐 yǐn〕〈成〉人に言えない隠し事.〔~胜数 shǔ〕多くて数え切れない.
难以 nányǐ …しがたい.…しにくい.〔~想像〕想像がつかない.到底考えられない.〔这个人~对付〕この男は扱いにくい.〔~启齿 qǐ〕〈成〉口に出しにくい.〔~置 zhì 信〕〈成〉信じられない.〔~估计〕見当がつけにくい.〔~形容〕名状しがたい.言い表すことのできない.〔~为继 jì〕継続しがたい.難易.
难易 nányì 難しいとやさしい.難易.
难于 nányú …するのは容易ではない.…のが難しい.〔~回答〕返事に窮する.
难愈 nányù 治しにくい.〔~性溃疡（yáng）〕難治性の潰瘍.
难圆 nányuán 〈喻〉すらすら事が運ばない.〔梦~〕〔月~〕〔~的梦〕簡単に実現できない夢.
难找 nánzhǎo 探しにくい.〔这个年头儿事情是很~的〕このご時世では仕事はなかなか探しにくいです.
难治 nánzhì 治しにくい(病気など).〔这个病没什么~的〕この病気は別に治りにくいものではない.
难住 nánzhù 困らせる(られる).難儀させる(られる).〔这件事倒把我~了,我真不会做〕この問題で私は全く参った,僕にはとてもできないのだ.

nán〜náng

难字 nánzì 難解な字.〔~表〕難字一覧表.

〖赧(赦)〗 nǎn 〈文〉恥じて顔を赤らめる.
赧红 nǎnhóng 〈文〉顔を赤らめる.
赧颊 nǎnjiá 〈文〉赤面する.
赧愧 nǎnkuì 〈文〉顔を赤らめて恥じる.
赧然 nǎnrán 〈文〉顔を赤らめそうな様子.〔~不语〕恥ずかしそうにして黙っている.
赧颜 nǎnyán 〈文〉(恥ずかしくて)顔を赤らめる.〔~相对〕顔を赤らめて向き合う.

〖腩〗 nǎn ①〈古〉調理法の一.調味料で味つけした肉をあぶる.②牛の上腹部から肋骨にかけての柔らかい上肉.またその料理.〔牛~〕同前.→〔囊 nāng 腩〕

〖蝻〗 nǎn 〔~子〕〈虫〉イナゴ・バッタの幼虫(まだ翅の生えていないもの).〔~蝗 huáng〕〔蝗~〕〔跳 tiào~〕同前.→〔蝗〕

〖戁・戁〗 nǎn 〈文〉恐れるさま.

〖难〗 nàn ①患.患難.難儀.災難.〔大~临头〕大難が身にふりかかる. ②難詰する.責める.〔非~〕非難する.〔责~〕責める.〔问 wèn~〕論難する. → nán
难胞 nànbāo 自国民の難民:多くの場合国外で迫害を受けた華僑を指す.→〔难胞〕
难船 nànchuán ①危険にあった船. ②難民船.
难民 nànmín 難民.催災民.避難民.〔~营 yíng〕難民キャンプ.
难侨 nànqiáo 外国で迫害を受けた在外同胞.→〔难胞〕
难属 nànshǔ 被災家族.
难兄难弟 nànxiōng nàndì 〔惯〕苦難をともにする(した)人.同じ苦境にあるもの.〔两个~〕苦難の中にある二人の兄弟(たち).〔这一块儿吃过多年苦的~,竟为了一件小事闹翻了脸〕長いこと一緒に苦労してきた仲間が,しょうもないことで仲たがいした.→ nánxióng nándì
难荫 nànyīn 〔旧〕官吏が公務のために殉職した場合その嗣子に官を賜うこと.
难友 nànyǒu ①艱難を共にした友人.〔狱 yù 中~〕獄友.囚人仲間. ②困っている友.

nang ㄋㄤ

〖囔〗 nāng → náng
囊揣 nāngchuài ①〔囊膪〕とも書く.豚の腹部から胸にかけての柔らかい肉.〈喻〉ぶよぶよとしまりのないさま.〔他胖得简直成了~了〕彼の太りかたは,まったく水太りだ. ②〈白〉軟弱である.〔鬓发苍白,身体~的人〕白くなり,体も弱弱しい.
囊膪 nāngchuài 同上①.
囊囊 nāngnang 形容詞の後に置き,いっぱいにふくれていることを表す.〔肥 féi~〕ぶくぶくに肥えている.〔软 ruǎn~〕ぶよぶよと軟らかい.

〖嚷〗 nāng 〔~~ nāngnang〕小声でぶつぶつ言う.〔嘟 dū 嚷〕

〖囊〗 náng ①ふくろ.〔皮 pí~〕③革袋.⑤人間の体.〔探 tàn~取物〕〈成〉袋の中を探って物をとりだす:ごくたやすい.②ふくろ状のもの.〔肾 shèn~〕〔中医〕陰囊.〈文〉袋に入れる.包む.包括する. → nāng
囊虫 nángchóng ⇒ 囊尾虫.
囊底 nángdǐ 〈文〉囊(ふくろ)中.〔~智 zhì〕知恵袋に入

náng~náo

ている知謀.〔～羞 xiū 涩〕<喩>懷中が寂しい.

囊劲儿 nángjìnr〈方〉ふんばり.〔打起精神来,别这么没～的〕元気を出しなさい,そんなに気力がないんではいかん.→〔骨 gǔ 气①〕

囊空如洗 náng kōng rú xǐ〈成〉囊中無一物.すっからかん.赤貧洗うが如し.

囊括 nángkuò 包み込む.一人占めする.〔～四海〕全国を統一する.〔中国队～前三名〕中国チームは上位3位を独占した.→〔笼 lǒng 括〕

囊生 nángshēng（チベット語で）奴隷.農奴:〔郎 láng 生〕ともいう.

囊橐 nángtuó〈文〉穀物入れの大袋.〈転〉食糧倉庫.

囊尾虫 nángwěichóng 圃 嚢(ノウ)虫:〔～幼 yòu〕〔囊虫〕ともいう.

囊萤 nángyíng 同下.

囊萤映雪 nángyíng yìngxuě＝〔囊萤照书〕〈成〉蛍雪の功.ほたるの光,窓の雪:晋の車胤は蛍の光で,また孫康は窓の雪の光で苦学したという故事による.略して〔囊萤〕.

囊萤照书 nángyíng zhàoshū 同上.

囊中物 nángzhōngwù 袋の中の物.〈喩〉極めて手に入れやすい物.

囊中羞涩 nángzhōng xiūsè〈成〉懷中無一文.

囊中颖 nángzhōngyǐng〈喩〉才を抱きながら発揮できない人.（時を待つ）不遇の人材.

囊中之锥 nángzhōng zhī zhuī〈成〉囊中の錐(キリ):才気の優れた士.必ずいつかは才能の現れる人.

囊肿 nángzhǒng 医 嚢腫.囊腺腫.

〔**馕・饢**〕náng 名 ナン:小麦粉をこねて焼いたパンの一種.ウイグル族・カザフ族の主食.

〔**曩**〕nǎng〈文〉さきに.昔.〔～日〕昔日(セキジツ).さきの日.〔～年〕さきの年.昔年.〔～昔〕以前.〔～者〕以前.先頃.〔～时〕昔時.

〔**攮**〕nǎng ① 押す.〔推来～去〕押しまくる.②（刃物で）刺す.〔一锥子～不动的人〕錐で突いても動かぬぐずぐずした人.〔一刺刀～死了敌人〕銃剣で一突きに敵を突き殺した.〔～人〕〈方〉人を罵る語.〔糊 hú 涂～的〕うすのろめ.ばかやろう.

攮子 nǎngzi あいくち.どす.よろいどおし.→〔白 bái 条〕

〔**馕・饢**〕nǎng（食物を）口に押しこむ.口につめこむ.→ náng

〔**齉（儾）**〕nàng 鼻づまりになる.〈受了凉,鼻子发～〉風邪をひいて鼻声になる.〔～鼻 bí 儿〕鼻声になる.ⓑ同前の人.

nao ナオ

〔**孬**〕nāo ⓐ〈方〉悪い.〔谁知第二年又赶上个～年景〕ところが次の翌年もまた不作だった.〔从前农民吃的、穿的、现在可不同了〕以前農民は食べ物は悪いし、着物も粗末だったが、しかし今はそうではない.〔～坏 huài〕②.気込みのない.いくじがない.臆病である.〔这人太～〕この男はとてもいくじがない.③だます.たぶらかす.〔他～了我一千块钱〕彼は僕から1000元だましとった.

孬土 nāotǔ 不良の土地.〔变～为好土〕不良の土地をよい土地に変える.

孬种 nāozhǒng ①臆病者.②〈罵〉卑怯者.ぐず.〔你这个～〕このばかもの!

〔**呶・詉**〕náo〈文〉叫ぶ.〔～～〕言い争う声.やかましい声.

〔**挠・撓**〕náo ①＝〔猱②〕（指などで）かく.ひっかく.〔心痒难～〕〈成〉もどかしく感じてもどうにもならない.〔后背痒,自己～不着 zháo〕背中がかゆいが自分ではかけない.②妨げる.阻害する.〔阻 zǔ～〕同前.③たわむ.屈する.〔不屈～〕〈成〉めげずたゆまず.〔百折 zhé 不～〕〈成〉いくら失敗してもへこたれない.④〈方〉取る.つかむ.〔一着 zhe 什么是什么〕手あたりしだいである.〔～着酒就喝〕酒が手に入るとすぐ飲んでしまう.⑤〈方〉逃げる.〔北京一解放那个坏蛋就想～〕あの悪いやつは北京が解放されたらいちはやく逃げようとした.〔大家都不许他走,他趁人不注意就～了〕みなは彼を行かせないようにしたが,彼は人の見ていないすきに逃げて行ってしまった.

挠败 náobài〈文〉負ける.敗北する:〔挠北〕ともいう.

挠度 náodù たわみ.

挠钩 náogōu ①熊手のような武器.②草取り用の熊手（農具）

挠搅 náojiǎo かき乱す.

挠节 náojié〈文〉節操をまげる（人に従う）

挠乱 náoluàn かき乱す.〔母鸡把鸡窝给～了〕めんどりが鳥屋(トヤ)をひっかきまわした.

挠破 náopò かき破る（爪で）.〔把胳膊～了〕腕を爪でかき破った.

挠搔 náosāo かゆい所をかく.

挠头 náotóu ①頭を悩ます.困らされる.厄介である.〔这事真～〕この件はまったく厄介だ.②頭をかく:〔抓 zhuā 头〕に同じ.〔他一说错了话,就爱～〕彼は言いまちがえるとすぐ頭をかく癖がある.→〔蓬 péng 头①〕

挠心 náoxīn〈方〉心をかき乱す.心を悩ます.〔～的事〕心配ごと.

挠性 náoxìng 曲げやすい質質.可撓(トウ)性.〔～汽管〕フレキシブルスチームパイプ.〔～翼 yì〕可撓性の翼.フレキシブルウイング.

挠性轴 náoxìngzhóu 機 弯曲シャフト.

挠丫子 náoyāzi〈方〉ずらかる.逃げ去る:〔挠鸭子〕とも書く.〔闯 chuǎng 了祸就～了〕大変なことをかすなりずらかってしまった.

挠秧 náoyāng 農 除草・中耕をする.

挠痒痒儿 náoyǎngyangr〈慣〉①かゆい所をかく.②おざなりに批判する.さらっとたたく.〔要打,你就使点劲,别跟～似的〕たたくならぶったたけ,たたく格好だけするな.

挠折 náozhé くだき折る.たわんで折れる.

〔**铙・鐃**〕náo ①田 陣鉦(ショウ):軍楽器の一.形は鈴に似て舌があり,上部に柄がある.大小3枚,または5枚で1組.合戦の合図に用いる.→〔钲 zhēng〕②円形の銅鑼(ドラ)のような楽器.③〈姓〉铙(ジョウ).

铙钹 náobó 圃 打楽器の一.にょうはち.シンバル:〔铜 tóng 钹〕〔铜钵 bō〕〔铜盘 pán〕は古称.→〔碰 pèng 铃〕

〔**蛲・蟯**〕náo

蛲虫 náochóng 動 ギョウチュウ:線虫類に属する寄生虫の一.

〔**呶**〕náo〈文〉やかましく騒ぐ.→〔努 nǔ〕

呶呶 náonáo〈文〉くどくどと言うさま.〔～不休〕〈成〉くどくどと話す.

〔**恼・惱**〕náo →〔懊 ào 恼〕

〔**猫（峱）**〕náo ＝〔嶩②〕田 古代,山東省淄博市臨淄一帯の山をいった.

náo～nǎo

〔硇（硇・䃦）〕náo

硇砂 náoshā ＝〔卤砂〕〔硇卤砂〕〔氯 lù 铵〕〔鹾硇砂(?)〕. 天然塩化アンモニウム.

硇洲 náozhōu 地広東省湛江市近海の島.

〔猱〕náo

＝〔夒〕①古猿の一種. ②⇒〔挠①〕

猱升 náoshēng〈文〉(猿のように)するすると木に登る.

猱狮狗 náoshīgǒu 動〔哈 hǎ 吧狗〕(チン)の一種.

〔夒〕náo ⇒〔猱〕

〔巙〕náo ①⇒〔猱〕 ②人名用字.〔～～〕元代の書家, 字は子山.

〔恼・惱〕nǎo

①怒る(らせる). 恨む. 気を悪くする.〔～在心里, 笑在面上〕心中では怒っていても, 顔では笑う.〔要是还同, 我就～了〕これ以上ふざけると怒るぞ.〔开玩笑, 闹～了〕冗談を言って, 怒らせてしまった. ②煩悶する. 悩む.〔烦 fán～〕同前.〔苦 kǔ～〕苦悩する.

恼巴巴 nǎobābā〈方〉腹を立てるさま. 怒るさま.

恼害 nǎohài 悩ます. 苦しめる.〔这种～人家的话, 还是少说为妙〕こんな人がいやがるような話は, あまりしない方が上策だ.

恼恨 nǎohèn 怒り恨む. 憎悪する.〔我从来没有～过你〕いままで君を恨んだことなどない.

恼火 nǎohuǒ 怒る. 腹を立てる.〔他竟当众出了局长的丑, 这使这位一向高傲的局长大为～〕彼は事もあろうに人前で局長に恥をかかせたので, この傲慢な局長をかんかんに怒らせた. →〔生 shēng 气〕

恼怒 nǎonù ①怒る. 腹を立てる. ②人を怒らせる. 怒りに触れる.

恼气 nǎoqì 怒気.〔一股～〕腹一杯の怒気.

恼人 nǎorén 人を悩ませる. いらいらさせる. 怒らす.〔真～〕まったく困った.

恼杀 nǎoshā〈文〉うんざりしてしまう. 気がすっかりめいる.

恼羞 nǎoxiū 恥をかいて気を悪くする.〔至今犹～不止〕今でもまだ恥じて怒っている.

恼羞成怒 nǎoxiū chéngnù ＝〔羞恼成怒〕〈成〉恥ずかしさ余って怒り出す. 逆上する.

恼厌 nǎoyàn 厌(と)い嫌う.〔我～那个人〕ぼくはあいつが嫌いだ.〔这块地方很脏, 招人～〕ここは本当に不潔でいやだ.

恼意 nǎoyì 怒りの顔色.〔我瞧他今天稍有～〕彼は今日はちょっとご機嫌ななめのようだ.

恼撞 nǎozhuàng〈方〉人にあたりちらす. ぷんぷん腹を立てる.

〔堖・腦〕nǎo 頂上が平らな小高い丘.〔～上〕地河南省林州市にある.

〔脑・腦〕nǎo

①生理脑. 脑髄. 頭. 頭脳.〔大～〕大脳.〔～波 bō〕生理脑波.〔～挫伤〕脑挫傷. ②頭部.〔探头探～(儿)〕〈喩〉首をつき出し様子を伺うさま. ③頭のはたらき. 知力.〔电～〕コンピューター. ④精粋. エキス.〔樟 zhāng～〕樟脳.〔薄 bó 荷～〕はっか脑. メントール. ⑤脑みそ状のもの. ぶよぶよしたもの. →〔脑儿〕 ⑥端. 余った小さな部分.〔针头线～〕日用のこまごましたもの.

脑充血 nǎochōngxuè 医脑充血.〔患～〕同前を起こす.

脑出血 nǎochūxuè ＝〔脑溢血〕医脑溢血. 脑出血.

脑垂体 nǎochuítǐ ⇒〔垂体〕

脑卒中 nǎocùzhòng 中医脑卒中. 中风(?):〔脑中风〕ともいう.

脑袋 nǎodai ＝〔〈方〉脑袋瓜(儿)〕〈方〉脑瓜(儿)〈方〉脑瓜子(儿)〈口〉頭.〔拍拍～算一个〕頭数を何とかかぞえそろえる.〔～沉〕頭が重い.〔～搬家〕首がとぶ(殺される).〔搁在～后头去了〕すっかり忘れてしまう.〔看见他的媳妇儿就～疼〕あいつのこの嫁を見ると胸くそが悪い.〔头 tóu 颅〕頭のはたらき. 脑の機能.〔～好使〕頭がいい.〔他最怕考试, 一进考场～就大了, 什么也想不起来〕彼は試験が最も苦手で, 試験場に入ると, もうぼうっとして, 何もかも思い出せなくなってしまう.

脑袋瓜(儿) nǎodaiguā(r) 同上.

脑袋夹在胳肢窝里 nǎodai jiāzài gēzhīwōli〈喩〉①〈喩〉顔向けができない:〔脑袋钻进裤裆里〕ともいう. ②何も恐れずに命がけでやる.

脑电波 nǎodiànbō 医脑波.

脑电图 nǎodiàntú 医脑電図.

脑干 nǎogàn 生理脑幹.

脑梗死 nǎogěngsǐ 医脑梗塞(?).

脑功 nǎogōng 頭脳の働き.

脑箍 nǎogū 占頭にはめるたが(刑具).

脑瓜(儿) nǎoguā(r) ⇒〔脑袋〕

脑瓜子 nǎoguāzi ⇒〔脑袋〕

脑海 nǎohǎi 頭の中. 脑裏. 脑中(思考・記憶など).〔我的～中浮现出他的影子〕わたしの頭の中に彼の姿が浮かんで来る.

脑后疮 nǎohòuchuāng ⇒〔对 duì 口疮〕

脑后音 nǎohòuyīn 〈京〉京劇などで歌の最も高く最もとおる音.〔老 lǎo 生〕が常に用いる.

脑积水 nǎojīshuǐ 医脑水腫:〔水脑症〕(水頭症)は別称.

脑脊髓膜炎 nǎojǐsuǐmó yán 医脑脊髄膜炎:〔脑膜炎〕は旧称. 俗に〔转 zhuǎn 膜疯〕という.

脑脊液 nǎojǐyè 医脑脊髄液.

脑际 nǎojì 脑裏. 脑中(記憶・印象など)

脑浆 nǎojiāng ①生理脑漿(?). ②〔-子〕〈口〉脑みそ. →〔脑髄〕

脑筋 nǎojīn ①頭脑.(働きとしての)あたま.〔学理科的人～都得特別好才行呢〕理科を勉強する人は頭が特別よくなければならない. 頭を働かせる.〔～急转 zhuǎn 弯〕発想転換クイズ. ②〈转〉意識. 思想.〔旧～〕総要改造一下〕古い頭は必ず改造しなければならない.

脑疽 nǎojū ⇒〔对 duì 口疽〕

脑壳 nǎoké 頭. 頭のはち.〔打破了～〕頭のはちを打ち割る.〔放在～背后〕忘れてしまう.〔乡下～〕田舎くさい頭.

脑库 nǎokù〈口〉シンクタンク. ブレーン:〔智 zhì 囊团〕ともいう. →〔咨 zī 询(服务)公司〕

脑力 nǎolì 知力・知能・思惟力・記憶力・想像力など.〔我的～不如你〕僕の頭はきみには及ばない.

脑力劳动 nǎolì láodòng 精神労働. ↔〔体 tǐ 力労动〕

脑磷脂 nǎolínzhī 脑リン脂質. ケファリン(セファリン)

脑瘤 nǎoliú 医脑腫瘍(?):〔颅 lú 内肿瘤〕の通称.

脑漏 nǎolòu 医蓄膿症:〔慢 màn 性鼻道炎〕の俗称.

脑颅 nǎolú 生理頭蓋. →〔头 tóu 颅〕

脑满肠肥 nǎomǎn chángféi ＝〔肠肥脑满〕〈成〉ぜいたくな食生活をしてでっぷりと太っているさま. 安逸をむさぼり進取の意欲がないこと.〔～的资本家〕でっぷり肥え太った資本家.

脑门儿 nǎoménr ＝〔脑门子〕〈口〉おでこ. 前頭部:〔脑ノ儿〕に対していう.〔额 é(头)〕に同じ.

脑门子 nǎoménzi 同上.

脑民 nǎomín 頭脳労働者.

脑膜 nǎomó 生理脑膜.

脑膜炎 nǎomóyán 医脑膜炎.〔流 liú 行性脑脊髓膜炎〕の通称.

脑瓢儿 nǎopiáor〔方〕①後頭部. 頭のうしろ.〔脑勺儿〕に同じ. ②頭頂部. 頭のてっぺん.

脑贫血 nǎopínxuè 医脑貧血.

脑桥 nǎoqiáo =〔桥脑〕生理橋(きょう). 脑橋.

脑缺血 nǎoquēxuè 医脑虚血.

脑儿 nǎor ①(食品としての)家畜の脑髄.〔鸭儿~〕家鴨の脑みそ.〔猪 zhū ~〕豚の脑みそ. ②脑み そ状の白くて柔らかいもの.〔豆腐~〕豆腐の一種: おぼろ豆腐のようなもの.→〔豆 dòu 腐〕

脑仁儿 nǎorénr〔脑人儿〕とも書く. ⇒脑. 脑髄. 頭のしん.〔招人~疼〕頭をきりきりさせられる. 頭が痛む.

脑上腺 nǎoshàngxiàn ⇒〔松 sōng 果体〕

脑勺儿 nǎosháor =〔脑勺子〕〔口〕頭のうしろ. 後頭部.〔脑瓢儿〕に対していう.

脑勺子 nǎosháozi 同上.

脑室 nǎoshì 生理脑室.

脑栓塞 nǎoshuānsè 医脑塞栓.

脑水肿 nǎoshuǐzhǒng 医脑浮腫.

脑死(亡) nǎosǐ(wáng) 医脑死.

脑髄 nǎosuǐ ⇒脑.

脑瘫 nǎotān ⇒〔小 xiǎo 儿麻痺症⑤〕

脑体倒挂 nǎotǐ dàoguà 頭脑労働と肉体労働の所得逆ざや現象:〔脑体正指頭脑労働の所得が肉体労働より多い現象に対していう.

脑萎缩 nǎowěisuō 医脑萎縮.

脑下垂体 nǎoxiàchuítǐ 生理脑下垂体:〔垂体〕という.

脑性 nǎoxìng〔口〕物覚え. 記憶力.〔说过多少次了也记不住, 怎么那么没~啊〕何べん言っても覚えられずにいる, どうしてあんなに物覚えが悪いのだろう. →〔记 jì 性〕

脑血管 nǎoxuèguǎn 生理脑血管.

脑血栓 nǎoxuèshuān 医脑血栓.

脑压 nǎoyā 生理脑(内)圧.

脑炎 nǎoyán 医脑炎(総称).〔大~〕脑炎.

脑业 nǎoyè 頭脑産業.

脑溢血 nǎoyìxuè ⇒〔脑出血〕

脑凿子 nǎozáozi〔口〕げんこつ(で頭を殴ること).〔让我打你几个~〕げんこつをくらわしてやるぞ.

脑震荡 nǎozhèndàng 医脑しんとう.

脑汁 nǎozhī〔喩〕脑みそ.〔绞 jiǎo 尽~也想不出〕脑みそをしぼっても考え出せない.

脑肿瘤 nǎozhǒngliú 医脑腫瘍(よう):〔脑质瘤〕ともいう.

脑中风 nǎozhòngfēng ⇒〔脑卒中〕

脑子 nǎozi ①〔口〕脑.〔~进水〕〔喩〕ばかげている. 愚かなことをする. ②頭. 頭脳.〔~好〕頭がいい.〔他没有~〕彼は頭が働かない. 彼は頭が悪い.〔这个酒拿~〕この酒は頭にくる.

瑙 nǎo →〔玛 mǎ 瑙〕

瑙鲁 nǎolǔ ナウル:正式国名は〔~共和国〕. オセアニアにある. 首都は〔亚 yà 伦〕(ヤレン)

碯 nǎo →〔玛 mǎ 瑙〕

闹・鬧(鬧) nào ①騒がしい. やかましい.〔热 rè ~①〕にぎやかである. ②騒ぐ. 擾乱する.〔吵~②〕騒ぐ.〔孙行者大~天宮〕孫悟空が天宮を大いに騒がす. 〔~得天翻地覆〕天地もひっくり返るような大騒ぎをする.〔不哭不~才是好孩子〕泣いたりだだをこねたりしないのがいい子だよ.〔~吃~喝〕食べたい, 飲みたいと言ってこねる. ③どなる. わめく. 叫ぶ.〔大吵大~〕どなりちらしわめきたてる.〔又哭又~〕泣いたりわめいたり. ④(感情を)あらわにする. 発散する. ぶちまける. もらす. ⑤ふざける. ふざけてうるさくする.〔别跟他~了〕あの人にうるさくしてはいけない.〔上课了, 别~了〕授業が始まったから, ふざけてはいけない. ⑥(悪いことが)起こる. 発生する. ひきおこす. してかす.〔小心点儿开, 别~出事情来〕注意して運転し, 事故をひきおこさないようにしなさい.〔~擋 bāi 了〕仲たがいした.〔~僵 jiāng〕にっちもさっちもいかなくなる.〔~海〕海が荒れる.〔~蝗 huáng 虫〕いなごの害が起きる.〔~连阴雨〕長雨にたたられる.〔~了一身油泥〕全身油だらけになった.〔你不听话, ~出事来我可不管〕言うことを聞かず問題が起こっても俺は知らんよ. ⑦する. やる. 他の動詞の代わりに用いられる.〔~生産〕生産に身を打ち込む.〔临时, ~了四两烧酒〕出がけに焼酒を1杯やる.〔饿了就~上几个〕腹がすいたら二つ三つ食べる.〔~壶酒〕酒を1本つける.〔~一条裤子〕ズボンを1本こしらえる.〔我也~不清是怎么回子事儿了〕どういうわけか分からなって. 〔~到傍 bàng 晚才回去的〕夕方まで続けて, やっと帰って行った.〔末了 liǎo ~了四个字批语:莫名其妙〕最後に訳がわからないという批評を受ける結果となった.→〔搞 gǎo〕〔弄 nòng〕

闹别扭 nàobièniu ①意見が合わず衝突する.〔为这么点儿事~多没意思〕こんな些細なことで仲たがいをするのはつまらないだろう.〔他们两口子~了〕あの夫婦の間はまずくなった. ②わざと困らせる.〔他总是跟我~〕彼はいつも私にいじわるをする.

闹病 nàobìng〔口〕病気になる.〔闹流行病〕はやり病にかかる.

闹财 nàocái ①(宝物を掘りあてなどして)金儲けする.〔我这两天天天儿梦见一个白胡子老头儿背着个包袱上咱们家来, 别是要~吧〕僕はこの2,3日毎晩白いお髭のお爺さんが宝物包みを背負って家へやって来る夢を見るが, 宝物でも見つかって金儲けでもするんじゃなかろうか. ②金儲けしてから落ち着かなくなる.

闹场 nàochǎng ⇒〔闹台〕

闹吵子 nàochǎozi いさかいをする.〔年轻的夫妻~是常有的事〕年若い夫婦がいさかいをするのは珍しいことではない.

闹穿 nàochuān 騒ぎが表沙汰になる. 喧嘩が表面化する.〔~了叫人笑话〕騒ぎが表沙汰になっては人に笑われる.

闹错 nàocuò 間違いをしでかす. しくじる.〔您放心好了, 这事交给我绝不会~〕どうぞご安心下さい, この話はわたしにお任せ下さればけっしてしくじりはいたしません.〔把数 shù 目~了〕数をまちがえた.

闹得 nàode 結局は…(して, 悪い結果)になる. その結果…をしでかす. おかげで…の結果になる.〔只因这一罗曼史, ~满家风雨〕たったこの一つのロマンスのおかげで家中大騒ぎになった.〔昨儿夜里他们通宿 xiǔ 地打麻将, ~我们连觉都没睡成〕昨夜彼らは徹夜でマージャンを打っていた, おかげでぼくらは一睡もできなかった.〔~人人不满意〕おかげで, 誰もが不満だ.

闹得慌 nàodehuāng ①心が騒ぐ. 落ち着かない. ひどく気分が悪い.〔觉得胃疼, 心口直~〕胃が痛んで, みぞおちが落ち着かない.〔他是钱多了~, 不赌出去点钱儿不舒服〕彼は金があると落ち着かないたちで, 少しばかりばくちでもやって負けないと気持ちが悪い方だ. ②騒ぎすぎた.

闹地位 nàodìwèi 地位を得ようとして騒ぐ.

闹洞房 nàodòngfáng ⇒〔闹房〕

闹肚子 nàodùzi〔口〕腹をこわす. 腹下しする. →〔腹

闹 nào

fù 泻〔泻 xiè 肚〕

闹翻 nàofān ①仲たがいする.〔母子俩〜了〕母子の間がおかしくなった.②騒ぎをたてる.ひどく暴れる.〔小孩儿和母亲〜了〕子どもが母親にひどくだだをこねた.

闹翻天 nàofāntiān 大騒ぎになる.

闹房 nàofáng =〔闹洞房〕〔闹新房〕新婚の夜,友人や親戚が新夫婦の部屋に押しかけてからかう風習.

闹革命 nàogémìng 革命をおこす.革命をやる.

闹个不休 nàoge bùxiū 騒いで止まない.しきりに騒ぐ.〔这孩子在家里成天〜,趁早儿把他送到托儿所去吧〕この子ったら家ではいつも騒いでばかりいる,早いうちに託児所に連れて行こう.

闹狗 nàogǒu (犬が)盛る.

闹鬼 nàoguǐ ①幽霊が出る.化けものが出る:出て祟る.〔那块坟地у、人家都绕着走〕あの墓場は幽霊が出るので,みな遠回りして行く.②〔~儿〕こそこそやる.いたずらする.〔他很老实,不会暗中〜〕彼は非常にまじめで,悪だくみをするなんてできない.〔这才明白是他闹的鬼〕これでやっと彼の打った芝居だとわかった.〔考试时候〜的不是好学生〕試験の時カンニングするようなのはいい学生ではない.③劇(京劇)最初習った時に歌い違ったところを,祟られたように後々まで歌い間違えること.

闹哄哄 nàohōnghōng〔闹轰轰〕〔闹烘烘〕とも書いた.にぎやかな(騒がしい)さま.ワーワー騒ぐさま.

闹哄 nàohong〈口〉①騒ぐ.わめきたてる.〔~了好几天才安静下来〕長い間大騒ぎしていたが,やっとおさまった.〔年轻人到了一块儿,少不了〜〕若い人たちが一緒に集まればどうしても元気よく騒ぐ.②大勢の者が忙しく立ち働く.〔大家〜了好一阵子,才把那堆土给平了〕皆がわいわいと立ち働いてやっとその盛り土を平らにした.

闹狐仙 nàohúxiān 化け狐が出ること.

闹胡子 nàohúzi〈方〉馬賊が暴れる:旧時,東北地方で馬賊を〔胡子〕といった.

闹坏 nàohuài ①むちゃに騒ぐ.②いじくり壊す.〔这件事情叫他给〜了〕その事は彼にぶち壊されてしまった.→〔弄 nòng 坏〕

闹荒 nàohuāng 旧凶年騒ぎを起こす.米騒動を起こす.→〔吃 chī 大户〕

闹黄 nàohuáng 失敗させる.だめにさせる.

闹饥荒 nàojī·huang ①飢饉が起こる.②困窮する.食うに困る.〔闹起饥荒来,可够人受的〕食うに困るということはひどいことだ.

闹家务 nàojiāwu 家庭争議が起こる.内輪もめする.

闹架 nàojià〈方〉口論をするこ.けんかをする.

闹监 nàojiān 牢獄内で騒ぐ.刑務所で騒動が起こる.

闹酒 nàojiǔ 酒に酔って騒ぐ.→〔酒疯(儿)〕

闹剧 nàojù ①圓笑劇:〔笑 xiào 剧〕ともいう.→〔喜 xǐ 剧〕②喩滑稽な事柄.茶番.ばかさわぎ.

闹口 nàokǒu ワーワー騒ぐ.

闹口(舌) nàokǒu(shé) 口論する.口げんかする.〔大家庭中难免有一的事〕大家族の中ではいさかいなどありがちなこと.〔一家〜,四邻都不安宁〕一軒が内輪げんかすると,隣近所まで不安を感ずる.

闹了半天 nàole bàntiān〈口〉あげくの果て.結局は:〔这孩子闹了归齐〕〔我一直以为 wéi 他是美国人,〜是英国人〕ずっと彼はアメリカ人だと思っていたが,実のところイギリス人だった.〔~オ完成一半儿〕結局,やっと半分ばかり終わった.

闹铃 nàolíng ⇒〔闹钟〕

闹流口辙 nào liúkǒuzhé おざなりを言う.でまかせを言う.→〔流口辙〕

闹乱 nàoluàn 旧地方が不穏であること.

闹乱子 nàoluànzi 事件(面倒・騒ぎ)をひきおこす.

闹猛 nàoměng にぎやかである.活気がある.

闹魔 nàomó〈方〉(子どもが)ぐずる.だだをこねる:〔闹磨〕とも書く.〔这孩子怎么整天〜,别是有了食了吧〕この子ったらどうして一日中むずかるのか,おおかた消化不良のせいかもしれないが.

闹年成 nàoniánchéng 凶作(になる)

闹排场 nàopáichǎng 見栄を張る.

闹棚 nàopéng ①劇(旧劇)俳優が幕内から歌いながら登場すること.②〈方〉弔事の中での娯楽活動.

闹脾气 nàopíqi〔闹皮气〕とも書く.腹を立てる.怒る.悪いくせを(怒ったり,すねたり,つむじをまげたり)を出す:〔发 fā 脾气〕ともいう.〔他这几天见人总不说话,恐怕又〜了〕彼はこの数日人に会ってももの言わねないったん,たぶんまた悪いくせを出したのだろう.〔经理又〜了,小心他找咱们的碴儿〕支配人はまたご機嫌ななめだ,あらを見つけられないよう気をつけろ.

闹气(儿) nàoqì(r) あたりちらす.むかっ腹を立てる.

闹清 nàoqīng はっきりさせる.〔总得先〜オ好〕〔丁・我〕どうしてもまずはっきりさせねばならない.〔我也闹不清是怎么回子事儿了〕どういうわけなのか,わたしにもわかりません.

闹情绪 nàoqíngxù 気分を損なう.ヒスを起こす.(気持ちが)くさる.憂うつになる.不満をいだく.不平をこぼす.〔打起精神干活儿,老〜还行!〕元気を出して仕事をやるんだ,いつも不機嫌でよいものかね.〔工资不高,工人们都〜〕給料が安いので労働者たちは皆おもしろくない.

闹区 nàoqū 繁華区域.繁華街.〔身居〜,一尘不染〕繁華な都会にいても少しも俗悪に染まらない.

闹儿赛 nàorsài〈方〉よい.優れている.〔这出戏真叫〜〕この芝居は本当にいい.

闹嚷嚷 nàorāngrāng 騒がしいさま.〔外头〜的,出了什么事情〕外でがやがやしているが,何が起こったのか.

闹热 nàorè ⇒〔热闹〕

闹丧鼓 nàosānggǔ 旧葬式行列の鳴りもの.とむらいの鐘や太鼓:葬式を出すとき鐘や太鼓を打ち鳴らして知らせること.

闹嗓子 nàosǎngzi 咽喉を痛める.

闹神闹鬼 nàoshén nàoguǐ 化け物が出る.〔那座大楼年久失修,听说经常〜的,也不知是真是假〕あのビルは長い間閉ざれたままで,よく化け物が出るということがほんとかどうか.

闹声 nàoshēng 騒音.

闹时令 nàoshílíng〈方〉伝染病が流行する.流行病にかかる.

闹市 nàoshì 盛り場.繁華街.〔~区 qū〕繁華街.

闹事 nàoshì 騒ぎをひき起こす.問題をひき起こす.騒ぎを起こす:〔闹事情〕ともいう.〔那人净爱〜〕あの男は騒ぎをひき起こしてばかりいる.〔你要是不听话,闹出事来我可不管〕言うことを聞かないなら,問題を起こしても知らないぞ.

闹手 nàoshǒu 暴れん坊で手にあまる.

闹水 nàoshuǐ ①出水する.大水が出る.〔~灾 zāi〕洪水になる.②水不足で困る.

闹台 nàotái〔打 dǎ 通〕(旧劇)開演の前にどらや太鼓を鳴らして景気をつけること:騒ぎを起こす:〔闹锣〕ともいう.→〔开 kāi 锣①〕

闹腾 nàoteng ①騒がしくて人の心をかき乱す.騒ぎ立てる.〔~得屋一条街都听见了〕そのやかましさは一筋隔てた通りでも聞こえるくらいだった.②ふざける.ばか騒ぎする.③大勢が一斉に始める.

闹天气 nàotiānqì 悪天候になる:雨や雪が降る(こと):〔方〕闹天儿〕ともいう.

闹头 nàotou ①騒ぎ.騒動.②騒ぐだけの値打ち.〔一点小事有什么～〕ちょっとしたことだ,何も騒ぐことはない.
闹席 nàoxí =〔闹宴〕〔闹 chuǎng 席〕案内もなく宴席に入る(こと)
闹喜 nàoxǐ ①⇒〔害 hài 喜〕②⇒〔吵 chǎo 喜〕
闹戏 nàoxì 〔劇〕(旧劇の)滑稽・風刺の劇;道化役が演じた茶番.仁輪加(にわか)狂言.→〔闹剧①〕
闹小偷儿 nào xiǎotōur こそ泥に入られる.
闹笑话(儿) nào xiàohua(r) 笑いの種になる.恥をかく.しくじる.
闹心 nàoxīn 〈口〉①つらく思う.心を悩ます.〔你有什么～的事吗〕君は何か心配事でもあるのか.〔我觉着有点儿～〕僕はいささかつらい.②腹具合が悪い.腹がしくしくする.〔吃多了～〕食べすぎて同前.
闹新房 nàoxīnfáng ⇒〔闹房〕
闹心眼儿 nào xīnyǎnr 悪い気を回す.けちな考え方をする.
闹性(子) nàoxìng(zi) ①(馬などが)暴れること.②かんしゃくを起こす.わがままを言う.〔办事是办事,光会～有什么用〕仕事は仕事だ,そでてばかりいたって何にもならん.〔别闹～行不行〕わがままはいいかげんにしたらどうだ.
闹虚 nàoxū 見せかけの遠慮をする.心にもない気づかいを見せる.〔确实是有事,不然还～吗〕本当に用事があるのです,そうでなくてどうして遠慮するものですか.〔我说的的 dí 确是实话,决不～〕僕の言うのは確かに事実です,決してうそは申しません.
闹玄虚 nàoxuánxū けむにまく.人をごまかす.インチキをする.〔过去投机商人们常在市场上～,造谣言抬高物价〕以前相場師たちはよく市場でトリックを使ったり,デマをとばしたりして物価をつりあげたものだ.
闹眼 nàoyǎn 目を患う.
闹宴 nàoyàn =〔闹席〕
闹羊花 nàoyánghuā ⇒〔羊踯躅〕
闹夜魔 nàoyèmó 子どもが夜泣きすること.
闹意见 nàoyìjiàn 意見が合わない.仲が悪くなる.
闹意气 nàoyìqì 意地を張る.気負って無理をする.
闹油 nàoyóu 〈方〉騒ぐ.はめをはずす.〔小孩儿一大就～〕子どもは大きくなるとすぐやんちゃになる.
闹油儿 nàoyóur 〈方〉①(心が)動揺する.迷う.②腹をたてる.怒る.
闹灾(荒) nàozāi(huāng) 災害が起こる.
闹糟糕 nàozāogāo ぶち壊す.だめにする.
闹贼 nàozéi 〈口〉泥棒に入られる.〔昨天我们家～,把大衣手表都偷走了〕昨日我が家へ泥棒が入って,オーバーや腕時計などみな盗んで行ってしまった.
闹着玩儿 nàozhewánr 〈口〉①ふざける.戯れる.遊び半分にやる.〔我这是～呢〕これは冗談ですよ.〔～得有分寸,要是闹急了,就没意思了〕冗談にもほどがある,そのためにりつ立つようなことになると面白くない.②遊ぶ.遊戯をする.遊ばれる.
闹钟 nàozhōng =〔闹铃〕{定 dìng 时钟⑤〕目覚し時計.〔把他～调到 4 点目覚まし時計の針を4 時に合わせておかなければいけない.〔～服务〕モーニングコールサービス(ホテルなどの)
闹宗派 nàozōngpài 派閥対立する.

〔淖〕 nào ①〈文〉泥.ぬかるみ.泥沼.〔泥～①〕ぬかるみ.〔陷入泥～〕同前に落ちる.〔雨后泥～难行〕雨後のぬかるみは歩きにくい.②〈文〉沼沢.ぬかるみがある.③〈姓〉淖氏.
淖尔 nào'ěr 〔诸 nuò 尔〕ノール:蒙古語で湖の意.〔达里～〕内内蒙古自治区内にある湖.〔库库～〕青海の別称.〔罗布～〕ロブノール:新疆にある湖.

〔臑〕 nào ①〔中医臑(臑):〕上膊の内側をいう.②〈文〉家畜の前足(の下部)

ne ㄋㄜ

〔哪(哪)〕 né →nǎ na nǎi něi
哪吒 né·zhā 〔毘沙門天(びしゃもんてん)の王子で,仏法を守る武神.梵語の音訳〔～俱伐罗〕(ナラクーバラ)の略.〔～太子〕ともいい,神話小説によくでる.〔～令〕旧劇中の曲調の一.にぎやかな伴奏曲.

〔讷・訥〕 nè 〔呐〕〈文〉口の重い.弁舌朴でロが重い.〔木～〕朴訥である.素朴とは不得意だが,やることは敏捷である.
讷口 nèkǒu =〔呐口〕〈文〉讷(訥)弁である.〔～少言〕同前.
讷讷 nènè =〔呐呐〕〈文〉口の重いさま.
讷涩 nèsè 〈文〉口が重い.口下手である.

〔呐〕 nè 〈文〉口の重い.言葉がすらすら出ない:〔讷〕に同じ. →nà ne
呐口 nèkǒu ⇒〔讷口〕
呐呐 nènè ⇒〔讷讷〕

〔那〕 nè 〔那 nà〕の口語音. →nā nǎ na nè něi nèi nuó

〔呐〕 ne ⇒〔呢〕

〔呢〕 ne 文末の助詞;〔哪〕〔呐〕とも書いた.①判断を表す文で強調や念を押す意を添える.〔我还不知道～〕わたしはまだ知らないのです.〔他还要留～,你不要着急〕彼はまだ帰って来るんです,落ち着きなさい.②疑問文につけて疑問の意を確かにする.〔什么事～?〕何事ですか.〔为什么不早些～?〕どうして早く来なかったのか.〔谁知道～〕誰が知っていようか.③進行を表す文で継続中の意を強める:ふつう〔正〕〔正在〕〔在〕また〔着〕などと呼応して用いる.〔他们都在干活儿～〕皆仕事中です.〔我喝茶～〕今お茶を飲んでいるところだ.〔你带着表～吗〕あなたは時計をお持ちですか.〔他正忙着～,顾不了别的事〕彼は今ちょっと忙しいんです,他の用事などとてもできません.〔你去的时候,拿着这个～没有〕あなたが行かれた時にはこれを持っていらっしゃいましたか.〔他们在那儿说着话～〕あの人たちはあそこで今話をしている.④文中で対比を示すための区切り目に置く.〔如今～,可不比往年了〕今はですから,以前とは比べものにならませぬ.〔喜欢～,留下;不喜欢～,我拿走〕お気に召したらお取り下さい,お気に召さなければ持って帰ります.⑤選択文で強調する.〔你喝咖啡～,还是喝可乐～〕コーヒーですか,コーラですか.〔去好～,还是不去好～?〕行った方がいいものか,それとも行かない方がいいものか.⑥命令・願望を表す文の強さを表す.〔看～!〕見ろよ.⑦動作・状態・場所などを尋ねる意を表す.〔他～?〕彼は:⑧どうするつもりだったか.⑥どこにいる.〔你的练习本～?〕きみのノートは:⑥なぜ出さないか.⑥どこにあるのか.〔后来～?〕それから? →ní

nei ㄋㄟ

〔那(那)〕 něi 〔那 nǎ〕の口語音;〔哪〕に同じ. →nā nǎ nà nè nèi nuó

něi～nèi

〔哪(哪)〕 něi 〔哪 nǎ〕の口語音:〔那〕とも書いた. → nǎ na nǎi nè

〔馁・餒〕 něi ①〈文〉飢える. ②がっかりする. 気を落とす. 弱気を出す. 〔～怯 qiè〕卑怯である. 〔不少地区禾苗连续遭到洪水淹浸 yānjìn, 但是人们毫不气馁, 淹了再种 zhòng, 再淹再种〕多くの地区で苗が続けざまに洪水につかったが, 人々は少しもひるまず, つかったらまた植え, またつかったらまた植えた. 〔不要自~〕気を落とすな. ④〈文〉腐る. ただれる. 〔～鱼〕腐った魚.

〔内〕 nèi ①内. なか. 〔国～〕国内. ↔〔外〕→〔里 lǐ⑩③〕 ②家の中. 家内. 〈転〉妻. 〔贱 jiàn ~〕回（わたしの）家内.〔惧 jù ~怕 pà 老婆〕恐妻. ③国内. 国内.〔需〕国内需要. の国内. 内蔵.〔五~〕〔五中〕〈文〉五臓. 臓腑. ⑤体内. 内蔵.〔五~〕〔五中〕〈文〉五臓. 臓腑. ⑤〈文〉禁室. 御所.〔大~〕内裏.

内八字脚 nèibāzìjiǎo 内また.
内白 nèibái 劇舞台裏から言うせりふ.
内班 nèibān 回宦官. →〔太 tài 监〕
内版 nèibǎn 回宫内版の書籍.
内包 nèibāo ①⇒〔内涵①〕 ②内部に請け合わせる.
内包装 nèibāozhuāng 内側の包装.〔食品～〕食品の同前.
内逼 nèibī ⇒〔内急〕
内比都 Nèibǐdū 地ネービードー:〔缅 miǎn 甸联邦〕（ミャンマー連邦）の新首都.〔仰 yǎng 光〕（ヤンゴン）は旧首都.
内嬖 nèibì 〈文〉君主の寵愛を得る(得た女性)
内变 nèibiàn 物体に外力を加えた場合に生ずる体積及び形状の変化.
内宾 nèibīn ①（中国国内での）中国人客. ②回女性客. →〔外 wài 宾〕
内部 nèibù 内部. 範囲内.〔～持股〕従業員持ち株.〔～交易〕回（グループ内の）内部取引.〔～刊物〕内部刊行物.〔～粮票〕喩所属機関の認める昇格とその役職.〔～退养〕〔内退〕早期退職. 定年前の内部退職:〔提 tí 前退休〕（早期退職）とは異なる.〔～文件〕部外秘の公文書.〔～网 wǎng〕電算イントラネット.〔房屋～〕家屋の内部.〔学校～〕学校内. 学内.
内部矛盾 nèibù máodùn →〔人 rén 民内部矛盾〕
内才 nèicái 〈文〉学問. 才能.
内参 nèicān ①～の略. 部外秘の参考資料・ドキュメントなど. また印刷物の名.
内差 nèichāi 回宫中の御用.
内场 nèichǎng ①劇舞台上のテーブルから後ろの区域. 舞台後方. ②囚（野球の）内野.〔～腾空球〕内野フライ. インフィールドフライ. ↔〔外 wài 场②〕 ③方八輪の（内部の）仕事. 家庭の用事,〔他只能张罗外场, ～要陈妈一人招呼〕彼は外回りの応待しかできず, 内部的な仕事は陳ばあやが一人で切り回さねばならなかった.
内车胎 nèichētāi ⇒〔内胎〕
内臣 nèichén 〈文〉①国内の政治を掌る臣. ②天子の側近に仕える臣. 宦官.
内称 nèichēng ⇒〔内开〕
内城 nèichéng 回内城: 二重の城壁をもつ都市の内側の区域. 中枢部分に当たる. とくに北京の正陽門内の区域をいう. →〔里 lǐ 九外七〕〔外 wài 城〕
内宠 nèichǒng 〈文〉①君主の寵妾. ②宫内官・宦官の君籠を受け権力を有する者.
内出血 nèichūxuè 医内出血.
内存 nèicún 電算①メモリ. RAM:〔～储 chǔ 器〕の略.〔显示～〕VRAM. ②メモリ容量:〔～容量〕の略.

内带 nèidài ⇒〔内胎〕
内丹 nèidān 道家が丹田内の精気を修練して作り出した丹薬.
内当家(的) nèidāngjiā(de) ①〔口〕妻. ②回（店の）女主人. 主婦. ③喩〕経理. 会計・出納係.
内盗 nèidào ①内部の者が盗む. ②身内から出た盗人. 内部の犯行.
内德 nèidé 〈文〉①内心の徳. ②女性の徳.
内地 nèidì ①〈文〉畿内の地. ②国内の地（辺地に対して）. ③内地. 奥地（開港場に対して）.〔~交易〕奥地取引. →〔奥 ào 区〕〔沿 yán 海〕
内弟 nèidì 妻の弟:〔妻兄 qī 弟〕〔小 xiǎo 舅子〕ともいう. →〔大 dà 妗子〕
内地会 nèidìhuì 宗（キリスト教で）旧時, 中国内地で伝道する宣教師の組織: 新教の一派と見なされた.
内典 nèidiǎn 宗（仏教で）仏教経典.
内调 nèidiào （チベット・新疆など辺境地から）内地へ転職（転勤）する.
内定 nèidìng ①（人選・人事など）内定する. ②内々で判定する.〔成了～的嫌疑犯〕犯人の嫌疑をかけられる.
内东 nèidōng （主人の）おかみさん. →〔老 lǎo 板娘〕
内动词 nèidòngcí ⇒〔不 bù 及物动词〕
内毒素 nèidúsù 医内毒素.
内耳 nèi'ěr →〔迷 mí 路〕生理内耳.
内房 nèifáng 奥部屋. 家族（女性）の住む部屋.〔~止步〕家族の部屋につき, 出入りはご遠慮下さい: 掲示の文句.
内分泌 nèifēnmì 生理内分泌.〔～障碍〕医内分泌障害.
内风 nèifēng 中医肝臓・腎臓の陰虚・邪熱の旺盛による病変.
内封 nèifēng 書籍の小扉. 扉.〔扉 fēi 页〕に同じ.
内锋 nèifēng 囚（サッカーの）ミッドフィルダー（インナー）. →〔前 qián 锋〕
内稃 nèifū 回内花穎(えい). →〔外 wài 稃〕
内服 nèifú 内服（する）.〔～药 yào〕内服薬. ↔〔外 wài 敷〕
内府 nèifǔ ①回王室の倉庫. またその管理(官). ②〈文〉宫中の物. ③明清代の内役所の一.
内辅 nèifǔ 〈文〉①君主を輔弼(ひつ)する. ②宦官の別称. →〔内班〕
内附 nèifù ①同封する. ②〈文〉（外国が）帰服する.
内港 nèigǎng 内港.〔～章程〕回内地水路汽船航行規則. ↔〔外 wài 港〕
内阁 nèigé 〈文〉回清中央政務機構の名.〔～大学士〕六部の上にあって国政の枢機に参与する内閣の長.〔～中堂〕 ②（～制 zhì）内閣制度: 政治体制の一.〔～总 zǒng 理〕内閣総理.
内公 nèigōng 回宫内宦. 宦官.
内功 nèigōng ①人体内の諸器官の鍛練・修練. またその武術は気功. ②（人間や組織が持っている）内在的な力. ③喩〕企業の内部管理. ↔〔外 wài 功〕
内攻 nèigōng ①中医内攻:病気が体内にこもること. ②内部の敵をうつ. 内部を侵攻する.
内骨骼 nèigǔgé 生理高等動物の骨格.
内顾 nèigù 〈文〉①後ろを振り返り見る. ②内部のことに気を遣う.〔～之忧〕内部の心配事. ③妻子を思う.
内官 nèiguān ①回宫中奉仕の女官・妃・嬪の類. ②宦官.
内柜 nèiguì ①=〔后 hòu 柜〕〔里 lǐ 柜〕商店の奥に

nèi 内

ある帳場.②商店の内部の事務,すなわち,文書・庶務・出納・会計などを処理する事務員.

内果皮 nèiguǒpí〔植〕内果皮.

内海 nèihǎi ①陸地に囲まれた海.②沿岸が一つの国家に属する海.↔〔外 wài 海〕

内涵 nèihán ①〔論理学上の〕内包:〔内包①〕ともいう.〔外 wài 延〕に対していう.②〔精神的な〕内容.教養.〔~很深〕人間に深みがある.③言葉の意味.

内行 nèiháng ①玄人(ﾄﾞ).〔~看门道,外行看热闹〕〈諺〉素人は玄人にしてやられる.②業務に精通する.↔〔外 wài 行〕→ nèixíng

内行厂 nèihángchǎng 囲宦官を監督するために設置された司法機関.→〔三 sān 厂一卫〕

内耗 nèihào ①〔物〕内部摩擦.②内部消耗:組織内の人力・財産のむだな消耗.

内河 nèihé 内地の河川.〔~小轮〕川蒸汽船.〔~航行〕内河の航行.〔~航行权〕(国際法の)内河航行権.

内核 nèihé 芯となるもの.核心部分.

内讧 nèihòng 内訌(を起こす).同志打ち(する):〔内哄〕とも書いた.

内画 nèihuà ガラス・めのうなど透明な器物の内側に画いた絵.

内踝 nèihuái 生理 内くるぶし.

内环(线) nèihuán (xiàn) 内(側)環状線.

内患 nèihuàn〈文〉国内の憂患.

内汇 nèihuì 国内為替:〔国内汇兑 duì〕の略.

内火 nèihuǒ ①⇒〔内热①〕 ②〈白〉燃えるような欲望.

内急 nèijí=〔内逼〕中医切迫した便意(とくに大)

内寄生 nèijìshēng 生命体内寄生(する)

内家(拳) nèijiā (quán) →〔武 wǔ 当拳〕

内奸 nèijiān 内部に潜入しているスパイ.間者.獅子身中の虫.囚徒.

内艰 nèijiān=〔内忧〕〈文〉母の喪.〔丁~〕〔丁内忧〕母の喪にあう.母を失う.↔〔外 wài 艰〕

内件 nèijiàn 中身の物件・品物.

内间 nèijiàn〈文〉(孙子兵法の)相手の内部の人間を使った間諜.間者.→〔内线①〕

内监 nèijiān 宦官の別称.

内角 nèijiǎo ①数内角.②野球の内角.〔~好球〕内角ストライク.↔〔外 wài 角〕

内教 nèijiào ①旧女子教育. ②旧〔仏教でいう〕仏教:仏教以外の教えを〔外教〕(げ kyō)という.③旧〔道教の〕経文にある内教10卷のこと.

内接多边形 nèijiē duōbiānxíng 数内接多辺形.

内经 nèijīng 古代の医書〔素 sù 问〕と〔灵 líng 枢〕とを合わせていう:別名〔黄 huáng 帝~〕といい,18巻中前半9巻が〔素问〕,後半9巻が〔灵枢〕

内景 nèijǐng 囲室内セット.室内を表した舞台装置.

内径 nèijìng 内径.

内镜 nèijìng ⇒〔内窺镜〕

内疚 nèijiù やましい.うしろめたい.うしろ暗い.〔~于心〕心にやましいところがある.→〔心 xīn 疚②〕

内举 nèijǔ〈文〉親類縁者を推薦すること.

内聚力 nèijùlì ①物凝集力.〔凝 níng 集力〕ともいう.②〈喩〉集団の結集力.

内眷 nèijuàn ①(家族の中の)女性. ②⇒〔内人①〕

内卡 nèikǎ 同下.

内卡钳 nèikǎqián=〔内卡〕〔里 lǐ 卡〕内側測径器.

内开 nèikāi=〔内称〕〈公〉来文を引用して,"…によれば…とのこと"の意に用いる.〔窃奉鈞府第〇号训令~案准△委员会函称"贵府的第〇号訓令を拝承いたし,それによれば本件は△委員会より…のおもむきを来信ありとのこと….→〔内载〕准 zhǔn ⑦〕

内刊 nèikān 内部発行物.社内報.

内科 nèikē 医内科.〔~医生〕内科医.

内控 nèikòng 内部コントロール(する).内部規制(する)

内口袋 nèikǒudai 内ポケット:〔里 lǐ 袋〕に同じ.

内裤 nèikù 服 パンティー.→〔衬 chèn 裤〕

内窥镜 nèikuījìng 医内視鏡:〔内镜〕は旧称.〔内窺(手)术〕同前を使った手術.

内愧 nèikuì 心に恥じている.やましい:〔内疚〕に同じ.

内馈调速 nèikuì tiáosù 機ガバナー:エンジンの回転数を制御する装置.

内涝 nèilào 雨水による作物の冠水.

内里 nèilǐ ①内.内部.②心.考え.③⇒〔内庭①〕

内力 nèilì ①物内力.②組織内部の力.

内帘 nèilián 旧科挙の〔主 zhǔ 考官〕(主任試験官)と〔同 tóng 考官〕(試験官)をいう:その他の係員を〔外 wài 帘〕と呼んだ.→〔帘官〕

内联 nèilián ①国内の横断的経済連合.〔~企业〕同前.②国内を横断的に固める.〔~外引〕同前ともに外部からも吸収する.

内敛 nèiliǎn ①内に秘めている.内向的である.〔她性格~〕彼女は内気だ.→〔外 wài 向〕②〔芸術作品が〕味わい深い.含蓄に富む.〔~的凄美の〕に秘めたもの悲しい美しさ.

内陆 nèilù ①内陆.〔~国〕(国家)内陆国.〔~河〕〔内流河〕地内陆河川.〔~湖〕地内陆湖.

内乱 nèiluàn ①内乱.②〈文〉人倫に反する(こと)

内罗毕 nèiluóbì 地ナイロビ:〔肯 kěn 尼亚共和国〕(ケニア共和国)の首都.〔那 nà 罗毕〕〔奈 nài 罗比〕とも書いた.

内螺丝 nèiluósī ⇒〔管 guǎn 箍〕

内螺纹 nèiluówén 機(めねじ・ナットのような)円柱形の内面に刻まれた螺旋(ﾄﾞﾏ)の溝.

内贸 nèimào 国内貿易.国内取引.

内酶 nèiméi 化内酵素.

内美 nèiměi〈文〉中に隠されている美徳.

内妹 nèimèi 妻の妹.

内蒙古 nèiměnggǔ〔内蒙古自治区〕(内モンゴル自治区)の略称:〔内蒙〕ともいう.〔~人民革命党〕〔内人党〕旧解放前,内モンゴルにあった共産党系の政党.文化大革命期にその旧関係者が多数迫害された.→〔蒙古〕

内膜 nèimó 生理 心臓壁・血管壁などの内層の膜.

内幕 nèimù ①内幕.内情.〔~交易〕〔内线交易〕経インサイダー取引.②〈文〉幕府.

内难 nèinàn 国内の困難.

内囊(儿) nèináng(r) ①家財.資産.〔如今外面的架子虽未甚倒,~却也尽上来了〕(紅2)今では外見はまだそれほどでもないが,財産はもう寒々としてきている.②内ポケット.③財産としての衣類および装身具類:〔外妆儿〕(諸道具)に対していう.

内能 nèinéng ①物内部エネルギー.自己エネルギー.②〈喻〉内に秘められた能力.〔充分发挥~〕潜在能力を十分に発揮する.

内培 nèipéi〔内部培训〕の略.人材を内部で育成すること.

内配 nèipèi 内部で手当てする.中で揃える.〔~资金〕(借款でない)国内自身で調達した資金.

内皮 nèipí 生理内皮(細胞):心臟・血管・リンパ管などの内壁を覆う細胞層.

内篇 nèipiān 古書物の内編:中核的部分.〔外篇〕は余論.

内 nèi

内聘 nèipìn 内部での聘用.部内の登用.
内企 nèiqǐ 国内の(投資による)企業.↔〔外 wài 企〕
内迁 nèiqiān 内陸の方へ移す.
内牵 nèiqiān ⇒〔内线①〕
内潜 nèiqián 潜在能力.
内切圆 nèiqiēyuán [数]内接円.
内亲 nèiqīn ①=〔裙 qún 带亲〕妻方の親類(総称).②⇒〔宗 zōng 亲〕
内勤 nèiqín ①内勤.〔~记者〕内勤の記者.〔~警察〕内勤の警察官.↔〔外 wài 勤①〕②内勤者.
内寝 nèiqǐn 〈文〉①日常居住の部屋.②[旧]女性の居室.〔寿 shòu 终~〕[旧]女性が死亡したことをいう:女性の死亡広告の文句.→〔正 zhèng 寝〕
内倾 nèiqīng ①内側へ傾く.②内向(する).自閉的である.
内情 nèiqíng [農]内情.わけ.事情.
内曲线球 nèiqūxiànqiú [又](野球などの)内角球.インコース(ボール)
内燃 nèirán [機]内部燃焼(する).〔~机 jī〕④内燃機関.⑤エンジン.〔~机车〕ディーゼル機関車.〔柴 chái 油机车〕に同じ.〔~蒸 zhēng 气机车〕内燃蒸気機関車.
内瓤(儿) nèiráng(r) ①(瓜類など)皮で包まれた中身.②〈喩〉内幕.内部のこと.〔把他的~弄明白了不少〕彼の内幕がかなり分かった.
内热 nèirè ①=〔内火〕[中医]陰の欠如,また陽の過剰で起こる病状:感情の不安定,口の渇き,便秘など.②〈文〉心中の焦り.
内人 nèi·rén ①〔内眷②〕〔内子〕家内:他人に対して自分の妻をいう.多く中年以上の人が用いる.〔爱 ài 人〕 ①=〔阁 gé 下〕〔贱 jiàn 内〕〔妻 qī〕〔外 wài 子〕①.②〈文〉官女.
内人党 nèiréndǎng ⇒〔内蒙古人民革命党〕
内荏 nèirěn 〈文〉柔弱なこと.臆病なこと.〔色厉而~〕(論語)顔はきそうだが,内は柔弱である.
内容 nèiróng 内容.〔~产业〕コンテンツ産業.
三关 nèisānguān [囲]居庸・倒馬・紫荆の三関.
内伤 nèishāng [中医]過労・悲痛・食事の不適などにより起こる内臓の障害.②内傷.→〔外 wài 伤①〕
内审 nèishěn (企業体の)内部監査(をする)
内侍 nèishì ①宮廷内で奉仕する者.②宦官.
内视 nèishì 〈文〉内省する.反省する.
内事 nèishì ①国内の政事.②〈文〉宮室内のこと.③〈文〉宗廟を祭ること.
内室 nèishì 奥の部屋:ふつう寝室をいう.→〔闺 guī 房〕
内书房 nèishūfáng [建]奥の書斎.〔二 èr 门〕を入ったところにある〔厢 xiāng 房〕(母屋の両わきの棟)あたりを当てることが多い.
内水 nèishuǐ 内水.②領海の基線から海岸線まで.③自国内の河・湖及び領海.
内胎 nèitāi =〔内车胎〕〔内带〕〔软 ruǎn 管〕①(タイヤの)チューブ:〔里儿带〕〔里胎〕ともいう.→〔轮 lún 胎〕
内帑 nèitǎng 〈文〉皇帝の財.宮中の金庫.
内厅 nèitīng 奥の間.客室:旧式の家屋で入り口から2番目の室.
内廷 nèitíng [旧](皇居内で)重要な政務機構(軍機処など)の置かれた場所:〔内庭〕とも score.
内庭 nèitíng ①=〔内里③〕〔内苑〕の,[旧]皇帝の日常生活を営む部分.清代では故宮の乾清門内をいう.②同上.
内退 nèituì ⇒〔内部退养〕
内外 nèiwài ①内と外.内容と外形.②国内と国外.③内外.前後:概数を示す.〔五十岁~〕50歳位.〔一年~〕1年ぐらい.
内…外… nèi…wài… 同義また反義の単音節語を入れ熟語を作る.〔~查~调 diào〕内と外と両方調べる.〔~勾~联〕内部の者が外部の者と内通連絡する:〔里儿勾外联〕に同じ.〔~柔~刚〕性格は優しいが表面は強い.
内外夹攻 nèiwài jiāgōng 〈成〉内と外からはさみうちする.
内外交困 nèiwài jiāokùn 〈成〉内外ともに困難である.〔喩〕大変厳しい状況である.
内屋 nèiwū ⇒〔里儿间(儿)〕
内务 nèiwù ①国内の政務:特に民政をいう.②(集団の内部における)日常生活に関する室内での仕事:ベッドの整理,衣類の整頓や衛生など.③〈文〉宮廷内の業務.〔~府〕[旧]同前を司る役所.
内吸剂 nèixījì [農]植物体に浸透させる農薬:害虫は薬剤のしみ込んだ樹液などを吸収して死ぬ.
内线 nèixiàn ①=〔内间〕〔内察〕相手の内部にあって事情をさぐり,スパイし通報すること.またその人(手引きする者).〔~交易〕内幕交易 [経]インサイダー取引.〈方〉插 chā 签儿的〕〔眼 yǎn 线②〕②内側の戦線.包囲された方の戦線.〔~作战〕内線作戦:内側から外へ向かって作戦すること.③(電話の)内線.↔〔外 wài 线③〕 ④内部関係.内部とのパイプ:多くは人事関係.〔又知道运动官職地位は须走~](老・四・惶 7)また官職の運動にはどうしてもコネを使わねばならぬことを知っている.〔~走 zǒu 内线〕
内陷 nèixiàn [中医](病気が)内攻する.
内详 nèixiáng 中を読まれたし:封筒に〔内详〕または〔名内详〕と書いて発信人の住所・姓名に代える.
内向 nèixiàng ①内に向く.国内に向く.〔~型 xíng 经济〕内需主導型経済.②内向的である.引っ込み思案である.自閉的である.〔~性〕内向性.↔〔外 wài 向①〕
内项 nèixiàng [数]内項.
内销 nèixiāo 国内販売(をする).〔~权 quán〕国内販売権.〔出口转~〕輸出品の国内販売.↔〔外 wài 销〕
内斜视 nèixiéshì [医]内斜視.→〔对 duì 眼②〕
内心 nèixīn ①心のうち.〔~独白〕同前でつぶやく.②[数]内接円の内心.
内行 nèixíng 〈文〉家庭生活での品行.→ nèiháng
内行星 nèixíngxīng [天](九大惑星中の)水星と金星:軌道が地球軌道内にあるものをいう.
内省 nèixǐng 内省(する).自己をかえりみる(こと)
内兄 nèixiōng 妻の兄.〔大 dà 舅子①〕ともいう.
内秀 nèixiù (見かけによらず実に)聡明である.利発である.〔他知道这是个很~的人〕この人は見かけによらぬしっかりした人だと彼にはわかった.
内需 nèixū [経]内需.国内需要.〔扩大~〕内需拡大(する).↔〔外 wài 需〕
内学 nèixué ①[仏](仏教で)仏教学.②〈文〉漢代に盛んであった識讖 chèn 緯の学.
内训 nèixùn ①(構成員に対する)内部での教育訓練(をする):〔内部训练〕の略.〔~时间为每年十天〕同前の期间を年10日間とする.↔〔外 wài 训〕②〈文〉家庭内の教え.
内言 nèiyán 〈文〉家庭内のこと.〔~不出,外言不入〕家庭内のことは外部へは出さないし,また外部のつまらない評判などには持ち込まない.
内焰 nèiyàn ⇒〔还 huán 原焰〕
内衣 nèiyī [服]下着類.ランジェリー:肌着や下ばき,アンダーシャツやパンツなど.〔~裤 kù〕同前.〔~秀 xiù〕ランジェリーショー.

内移 nèiyí 外から内へ移る(移す)
内因 nèiyīn 図内因.内的要因.↔〔外 wài 因〕
内影壁 nèiyǐngbì →〔影壁〕
内应 nèiyìng ①内応させる:敵の内部にかくれていて味方に呼応する. ②内応者.
内忧 nèiyōu ①国内に起こる憂.〔~外患〕〔成〕=内憂外患. ②<文>心中で心配する. ③⇒〔内艰〕
内援 nèiyuán 内部からの援助:特にスポーツチームの自国選手による補強.
内圆角 nèiyuánjiǎo =〔圆根①〕凸縁.隅肉(すみにく).
内圆磨床 nèiyuán móchuáng 図円内面磨き機.
内院 nèiyuàn 〔~儿〕中庭.
内蕴 nèiyùn <文>内にひそんでいる内容.
内载 nèizǎi <文>…に曰く …に記載するところによれば:往復文書や書物に記載されているものを引用する時に用いる.→〔内开〕
内在 nèizài ①図内在.〔~规律〕内在法則.〔~因素〕内在原因.内にある.〔~美〕内在美.〔~感情〕内にある感情.
内脏 nèizàng 生理内臓.→〔下水 xiàshui〕
内宅 nèizhái 旧屋敷内で家族(多くは女性)の住むところ:〔二多门〕より奥の内院.〔~墙 qiáng〕建同前.〔客客厅〕との間にある塀.
内债 nèizhài 国内債務:政府が国民に発行した国債.
内战 nèizhàn ①国内戦争. ②〔喩〕内紛.内輪もめ.
内栈 nèizhàn ①自家倉庫. ②自家倉庫に入れてある商品.〔~单〕工場・商社が発行した自己倉庫の倉荷証券.
内掌柜(的) nèizhǎngguì(de) 商家の主婦.おかみさん.→〔老板娘〕
内障 nèizhàng 中医そこひ(総称).〔白~〕しろそこひ.
内招 nèizhāo 縁故募集.
内争 nèizhēng 内部闘争(する).
内政 nèizhèng 内政.
内侄 nèizhí 妻の兄弟の息子.妻方の甥.〔~媳妇(儿)〕同前の妻.〔~女(儿)〕妻兄弟の女の子.妻方の姪.〔~女婿〕同前の夫.〔~孙〕妻方の甥の子.
内酯 nèizhǐ 化ラクトン.
内治 nèizhì <文>①内政. ②家事. ③女子教育.
内质 nèizhì 内在する性質.本質.
内痔 nèizhì 医肛門内に起こる痔.
内置 nèizhì 電算内蔵.
内中 nèizhōng <文>①そのなか.内部. ②宮中内.
内重外轻 nèizhòng wàiqīng <成>内を重く外を軽く見る.〔転〕中央勤務の官吏の勢力が大きく,地方勤務の官吏が軽んぜられること.
内周 nèizhōu <文>(旧論理学用語で)〔归 guī 纳〕の別称.〔~法〕帰納法.→〔外 wài 籀〕
内助 nèizhù 〔~〕妻.〔贤 xián ~〕奥さん.
内传 nèizhuàn ①経典を解釈した書物. ②伝記の一種.↔〔外 wài 传〕
内装(修) nèizhuāng(xiū) インテリア:〔室 shì 内装修〕の略.
内资 nèizī 国内資本.国内資金.
内子 nèizǐ <文>家内.愚妻〔内人〕に同じ.
内阻 nèizǔ 電内部抵抗.内部抵抗器:〔内电阻〕ともいう.

〔氖〕 nèi 図〔氖 nǎi〕(ネオン)の旧名.

〔那(那)〕 nèi 〔那 nà〕の口語音:量詞・数量詞の前の〔那〕はふつう nèi と発音される. → nā nǎ nà nè něi nuó

nen ろ乀

〔恁〕 nèn <方><白>①その.あの.〔~时(节)〕その時.あの時.〔他~时幼小〕彼はそのころ幼少だった. ②そんな(に).こんな(に).〔生死人常理,何须~怕怯〕(董解)生死は人の常であるのにどうしてそんなに恐れおびえる必要があろうか.〔~般 bān 和美〕こんなに睦まじい. ③どんな.〔~生(样)]同前.〔有一事如此烦恼〕どんなことがあってそんなにくさっているのか.〔~人〕だれ. → nín

恁般 nènbān <白>このような(に).そのような(に):〔恁的般〕ともいう.〔~情性〕(董解)こんな気性.〔这老儿~可恶 wù〕(醒世恒言 4)この老いぼれはなんて憎たらしいこと.

恁地 nèndì 〔恁的〕とも書く.<方><白>①このような(に).そのような(に).〔一个后生~〕このような若者.〔既然~〕そうであるからには. ②どうして.どのように.〔~道他不是人?〕どうして彼を人でなしと言うか.

恁来 nènlái <白>このくらい.〔身材~大〕(董解)背丈はこのくらいの大きさ.

恁么 nènme <白>こんな(に).そんな(に).〔打死也只是~招供〕(清平山堂話本)うち殺されてもこんな供述するだけのこと. ②なに.〔哭 kū ~〕なんで泣くの.

〔嫩(嫩)〕 nèn ①(生まれたて,出たてで)柔らかい.〔~肤 fū〕みずみずしい肌(にする).〔细皮~肉〕皮膚は柔らかい.〔~脸蛋儿〕(小供の)やわらかなほっぺた.〔~暖 nuǎn〕<文>早春. ②未熟である.老練でない.〔刚参加工作的~手〕仕事に参加したばかりの未熟者.〔她脸皮~,不肯在大家面前唱〕彼女は恥ずかしがり屋で,どうてもみんなの前で歌わうとしない. ③(食物を短時間火に通して)柔らかい.〔鸡蛋煮得~〕卵が半熟だ.〔肉炒得很~〕肉は柔らかく炒めてある. ④(色などが)淡い,薄い.→〔老 lǎo ⑪⑫⑬〕

嫩白 nènbái (皮膚などが)みずみずしくて白い.
嫩脆 nèncuì 柔らかくてさくさくしている.
嫩豆腐 nèndòufu =〔南 nán 豆腐〕
嫩风 nènfēng <文>微風.
嫩肤 nènfū 皮膚を若若しくさせる.〔光子 guāngzǐ ~フォトフェイシャル(美容整形術)
嫩夫嫩妻 nènfū nènqī 新婚夫婦.
嫩海带 nènhǎidài =〔裙 qún 带菜〕 植ワカメ.
嫩寒 nènhán <文>寒の訪れ:初冬に気温がようやく寒くなること.
嫩红 nènhóng 色淡紅色(の).→〔浅 qiǎn 红〕
嫩滑 nènhuá 柔らかくてつややかでいる.
嫩黄 nènhuáng 色浅黄色(の).ブリリアントイエロー(の).〔柳叶儿~〕柳が芽をふいている.
嫩凉 nènliáng <文>秋の訪れ.
嫩绿 nènlǜ 色浅緑色(の)
嫩苗(儿) nènmiáo(r) 若い苗.新芽.
嫩嫩(儿) nènnèn(r) きわめて柔らかい.
嫩皮(儿) nènpí(r) 柔らかい皮膚.
嫩晴 nènqíng <文>雨があがり晴れ間のぞくこと.
嫩蕊 nènruǐ <文>柔らかいつぼみ.
嫩弱 nènruò ①きゃしゃである.かぼそい. ②若い.幼い.
嫩生 nènsheng <方>①柔らかい. ②未熟である.
嫩巍巍 nènwēiwēi 肉弱いさま.
嫩芽 nènyá 〔~儿〕新芽.若芽.
嫩叶 nènyè 〔~儿〕柔らかい葉.若菜.
嫩稚 nènzhì 未熟である.

néng

[能] néng ①才能.才幹.能力.技能.〔技~〕技能.〔无~的人〕才能のない人.〔逞 chěng ~〕①才能・技能などをひけらかす.②才能ある(人).〔选贤与~〕(礼記)賢者と才能ある人をえらぶ.③〘物〙物質の能力.エネルギー.〔~交〕エネルギーと交通.〔热~〕熱エネルギー.〔潜 qián ~〕潜在エネルギー.潜在的能力.〔动~〕運動エネルギー.〔原子~发电站〕原子力発電所.〔地热~发电站〕地熱発電所.〔太阳~热水器〕太陽熱温水器.④できる.する力がある.…たけている.よくできることを表す.〔~不~?〕できるか.〔鸟~飞〕鳥は飛べる.〔他很~团结同志〕彼は仲間とうまくやっていける.〔你可~说中国话?〕君は本当に中国語を話せる.〔他病好了,~下床了〕彼は病気がよくなってベッドからおりられるようになった(すでにある能力が元に戻った).〔一分钟~打一百五十字〕彼女は1分間に150字タイプすることができる.〔~诗善画〕〈文〉詩も絵もうまい.〔不~不…〕しなければならない.〔技~不~来啊〕来るか,どうしても来なければだめだよ.〔这雨,下长~〕この雨は長く続くだろうか.⑤かも知れない.…がありうる:可能性があることを表す.〔~不知道?〕字が知らんはずがあるものか.〔我想他不~不识字〕彼が字を知らないはずはないと思う.〔他不~这么快就回来〕彼はこんなに早く帰るはずはない.〔~看得懂〕見てわかるだろう.⑥…してもよい.…するはずである.…することが認められる:情理や客観条件からいって許されることを表す.多く疑問・否定の形をとる.〔你不~这样不负责任〕お前はこのように無責任ではいけない.〔~吃点儿就吃点儿〕食べられるだけ食べる.〔这儿不~抽烟?一那儿是可以抽烟,这儿不~〕ここでタバコ吸ってよろしいですか.一あそこはいいですが,ここではだめです.⑦〔姓〕能(ラ) → nài

能不… néngbù… …ことがあるか:反語として用いられる.多く〔吗〕と呼応する.〔那个铺子那么亏损~关门吗〕あの店はあんなに欠損をしても閉店しないでいられますか.〔~忆江南〕江南を思わずにいられようか.

能臣 néngchén 〈文〉才能のある下臣.

能吃能喝 néngchī nénghē よく食いよく飲む.〈喻〉健康で病気がないこと.

能大能小 néngdà néngxiǎo 伸縮自在である.臨機応変である.

能带 néngdài =〔能域〕〘物〙エネルギーバンド.

能道 néngdào 能弁である.→〔能说会道〕

能动 néngdòng 能動的である.自主的である.〔发挥~作用〕主動的な役割を発揮する.〔主观~性〕主観的能動性.

能否 néngfǒu …できるかどうか.〔~成功?〕成功するかどうか.

能干 nénggàn 才能がある.仕事ができる.〔他很~〕彼はやり手だ.〔~的领导人也难免其把好事做坏,或者把错误当成真理〕有能な指導者でも良いことを悪いとしたり,まちがいを真理としたりすることがないとはいえない.

能歌善舞 nénggē shànwǔ 歌もおどりも上手である.〈喻〉多才多芸なさま.

能个儿 nénggèr 〈方〉腕がいい.腕がある.

能工巧匠 nénggōng qiǎojiàng 腕のいい職人.名工.

能够 nénggòu ①…できる.たけている.〔能④〕に同じ.多く書き言葉に用いる.〔能不能够?〕できるか.〔你~去一趟吗〕君は行って来られるか(君に行ってもらえうかな).②…があり得る.…かも知れない.〔能⑤〕に同じ.③…するはずである.…してもよい.〔下游~行驶轮船〕川下は汽船の航行ができる.

能官能民 néngguān néngmín 〈喻〉幹部になることも,平(ビラ)でいることもできる.

能耗 nénghào エネルギー消費.

能级 néngjí ①〘物〙エネルギー準位.②能力のレベル.

能见度 néngjiàndù 〘物〙視程.可視度.視界.

能近取譬 néng jìn qǔ bì 〈成〉①自分を他人になぞらえる(論語・雍也).②身近なところから例をとって論ずることができる.

能力 nénglì 能力.腕前.力量.力.

能量 néngliàng ①〘物〙エネルギー(量).〔~守恒定律〕エネルギー保存の法則:〔能量恒存定律〕〔能量不滅定律〕は旧称.②能力.〔牵引~〕牽引能力.〔上升~〕上昇能力.

能耐 néngnai ①〈口〉技能.能力.〔有~的人〕腕のある人.〔一大~胜走遍天下〕腕を持っていればどこへ行っても心配はない.→〔本 běn 事〕②腕がいい.能力がある.

能品 néngpǐn 〈文〉技能の品格.書画などの技能が優れ,品のあるもの.→〔妙 miào 品〕〔神 shén 品〕

能掐会算 néngqiā huìsuàn 〈慣〉占卜に巧みである.的確に予測する.予知する.

能屈能伸 néngqū néngshēn よく屈するしよく伸びる.伸縮自在である.〈喻〉失意の時には我慢でき,得意の時には飛翔できる.

能人 néngrén 才能ある人.〔~背后有~〕能者の後ろには能者がある.〈喻〉上には上がある.→〔人上有人,天上有天〕

能人所不能 néng rén suǒ bùnéng 〈成〉普通の人のできないことを成し得る.

能上能下 néngshàng néngxià 〈慣〉上の役にも平(ビラ)にもなれる.

能事 néngshì 熟練した仕事.得意な仕事.優れた能力:常に〔尽〕として用いる.〔尽 jìn 其~,但是丝毫没有效果〕能力を尽くしたが,少しも効果がなかった.〔极尽污蔑的~〕あらん限りの力で人の名誉を傷つける.

能手 néngshǒu 〔硬 yìng 手(儿)〕働き手.腕きき.やり手.〔现在,全村的人都已成为种田的~〕いまでは,村中の人々はみなもう農作業の腕ききになりました.〔请~来帮忙〕腕ききを一人頼んで来て手伝ってもらう.→〔好 hǎo 手〕

能说会道 néngshuō huìdào =〔能言慣道〕〈慣〉口が上手である.弁舌さわやかである.

能踢能打 néngtī néngdǎ 立ち回り手である.

能为 néng·wéi 〈方〉腕前.手腕.才覚.働き.〔尽管他说嘴 zuǐ,今儿倒看看他有多大~〕(いつもは)彼が偉そうなことを言っているのが現れているが,今日はどれくらいの腕前があるか見てやろう.

能文能武 néngwén néngwǔ 〔能文善 shàn 武〕ともいう.〈慣〉①文武両道に優れている.②頭脳労働も肉体労働もできる.③文章も書けるし実践力もある.

能无 néngwú 〈文〉…でないことがあろうか:反語.〔巨海~钓〕大海で魚が釣れないことがあろうか.

能效 néngxiào エネルギー効率.〔能源效率〕の略.

能言慣道 néngyán guàndào ⇒〔能说会道〕

能言鸟 néngyánniǎo 言葉のできる鳥:オウムなど.

能言善辩 néngyán shànbiàn 〈成〉弁舌さわやかである.

能医 néngyī 名医.腕ききの医者.〔~不自医〕名医も自分の病は治せない.医者の不養生.

能域 néngyù ⇒[能带]
能员 néngyuán〈文〉能吏.
能源 néngyuán エネルギー源.[～安全]エネルギーの安定供給.[～危机]エネルギー危機.[～效率][能效]エネルギー効率.[替代～]代替エネルギー.[化石～]化石エネルギー.[节约～][节能]省エネ(ルギー).[清洁～]クリーンエネルギー.[一次～]一次エネルギー.[二次～]二次エネルギー.→字解③
能愿动词 néngyuàn dòngcí 助動詞の別称.
能者多劳 néngzhě duōláo =[贤 xián 者多劳]〈成〉有能な人ほど多く働く.[転]多忙な人をほめる時,また貧乏暇なしの人に対するけりなしの言葉.
能者为师 néngzhě wéi shī〈成〉能力ある者は先生となる.
能挣会花 néngzhèng huìhuā〈慣〉金もうけができるし上手に使うこともできる.

ng ㄫ

[嗯(唔)] ńg〈又音〉ń 疑問などを表す感動詞.[～!你说什么]えっ,何だって.→[唔 ḿ, wú] → ńg ňg

[嗯(呣)] ňg〈又音〉ň 不満・とまどい・意外を表す感動詞.[～!你怎么还没去]フーン,おまえどうしてまだ行ってないのか.[～,那不对呀]そりゃ,まずいよ.[～!我看不一定是那么回事]フフーン,必ずしもそういうことは言わんね.→ ńg ňg

[嗯(呝)] ǹg〈又音〉ǹ 承諾を表す感動詞.[～!就这么办吧]ウン,そうしよう.→ ńg ňg

ni ㄋ一

[妮] nī ①[-儿,-子]〈方〉少女.女の子.小娘.=[妞 niū]〈姓〉妮(ﾆ)
妮婢 nībì〈白〉婢.下女.
妮子 nīzi →字解]

[尼] ní ①[尼僧.あま:[尼姑]は通称.[比 bǐ 丘]同前. ②〈姓〉尼(ﾆ)
尼庵 ní'ān =[尼姑庵]尼寺.
尼安德特人 ní'āndétè rén〈音義訳〉ネアンデルタール人:[尼人]という,現生人類に先行し,ピテカントロプスなどの原人類の次に生存した人類.
尼泊尔 níbó'ěr ネパール:正式国名は[～联邦民主共和国].[廓 kuò 尔喀](ﾈﾊﾟｰﾙ(罗))は旧称.首都は[加 jiā 德满都](ｶﾄﾏﾝｽﾞ)
尼泊尔老观草 níbó'ěr lǎoguàncǎo ⇒[老鹳草]
尼布楚 níbùchǔ ネルチンスク:シベリア南部チタ州の都市.[～条 tiáo 约]史ネルチンスク条約:清の康熙28年(1689)ロシアと中国との間に結ばれた国境画定条約.
尼采 nícǎi〈人〉ニーチェ:ドイツの哲学者(1844～1900).〈超人哲学〉を唱えた.著書に[扎拉图斯拉如是说](ツァラトゥストラかく語りき)など多数.
尼德兰 nídélán オランダ.ﾈｰﾃﾞﾙﾗﾝﾄﾞ.=[荷 hé 兰]
尼父 nífù〈尊〉孔子:孔子の父が山東省曲阜県にある尼山に祈り孔子が生まれた.故に孔子の名を丘といい,字を仲尼という.→[孔 kǒng 子]
尼哥丁 nígēdīng ⇒[烟 yān 碱]
尼格罗人种 nígéluó rénzhǒng〈音義訳〉ネグロイド.黑色人種:.[黑 hēi 种]に同じ.
尼姑 nígū =[姑子]あま.尼子:[尼庵]に同じ.→[尼僧]

尼古丁 nígǔdīng〈音訳〉ニコチン:[烟 yān 碱]に同じ.[～中 zhòng 毒]ニコチン中毒.[～酸 suān]ニコチン酸:[烟 yān 酸]に同じ.
尼赫鲁 níhèlǔ〈人〉ネール:インドの政治家.独立運動指導者.国民会議議長.首相(1889～1964)
尼加拉瓜 níjiālāguā ニカラグア:正式国名は[～共和国].中部アメリカにある.首都は[马 mǎ 那瓜](ﾏﾅｸﾞｱ)
尼拘陀 níjūtuó〈梵〉ニヤグロダ榕樹.
尼科西亚 níkēxīyà ニコシア:[塞 sài 浦路斯共和国](ｷﾌﾟﾛｽ共和国)の首都.
尼可刹米 níkěshàmǐ =[二乙氨烟酰胺][可 kě 拉明]薬ニケタミド(アミノコルジン,コラミン)
尼龙 nílóng =[尼隆]とも書く.〈音訳〉ナイロン:[乃 nǎi 龙][耐 nài 纶]は旧音訳.[锦 jǐn 纶]の俗称.[玻 bō 璃②]は旧称.[～丝 sī][尼丝][玻璃丝]ナイロン繊維.[～布]ナイロン布.[～(女)袜 wà]婦人用ナイロン靴下.[聚 jù 酰胺纤维]
尼罗河 níluóhé ナイル川.[～鳄 è 鱼]動ナイルロコダイル.
尼日尔 nírì'ěr ニジェール:正式国名は[～共和国].首都は[尼亚美](ﾆｱﾒ)
尼日利亚 nírìlìyà ナイジェリア:正式には[～联邦共和国].アフリカにある.首都は[阿 ā 布贾](ｱﾌﾞｼﾞｬ).[拉 lā 各斯](ﾗｺﾞｽ)は旧首都.
尼僧 níséng 尼僧:[师 shī 姑]に同じ.
尼丝 nísī ⇒[尼龙丝]
尼亚加拉瀑布 níyàjiālā pùbù ナイアガラ瀑布.
尼亚美 níyàměi ニアメ:[尼日尔共和国](ﾆｼﾞｪｰﾙ共和国)の首都.
尼亚萨兰 níyàsàlán ⇒[马 mǎ 拉維]

[泥] ní ①泥.[～儿包着的手]泥だらけの手. ②泥状のもの.[胶～]粘土.[金～]金油金泥:金粉に膠(にかわ)を混ぜたもの.絵の具に用いる.[银～]銀泥.[印～]印肉.[枣 zǎo ～]棗で作った餡.[萝卜～]大根おろし.[山药～]とろろ汁.[水～]セメント. ③泥のようになる(元の性質が崩れる).[醉 zuì]泥酔(する).〈姓〉泥(ﾃﾞｲ) →nì
泥巴 ní·bā〈方〉泥.泥土.[满手～]泥だらけの手.
泥板 níbǎn (左官の使用する)泥ごて.→[托 tuō 灰板]
泥版文书 níbǎn wénshū 史泥土板に楔(くさび)形文字(シュメール文字)でかかれた古代,西アジア諸国の文書.
泥泵 níbèng =[泥浆泵]ドレッジポンプ.
泥饽饽 níbōbo〈方〉泥を玩具の型に入れ打ち出したもの:子どもが作って遊ぶ.
泥车瓦狗 níchē wǎgǒu〈喩〉子どもの玩具.
泥船渡河 níchuán dùhé 泥船で川を渡る.〈喩〉世の危険の多いこと(三重喩).→[泥菩萨过河]
泥弹儿 nídànr =[泥蛋儿]とも書く.泥団子.
泥刀 nídāo =[泥掌][瓦 wà 刀](左官の使う)こて.→[托 tuō 灰板]
泥点儿 nídiǎnr =[泥点(子)]はね.泥はね.[溅了一身～]泥がべったりかかる.
泥点(子) nídiǎn(zi)⇒[泥点儿]
泥多佛大 níduō fódà 泥が多ければ大きい仏像ができる.〈喩〉元手が大きければ,あるいは援助するものが多ければ大きい仕事ができる.→[水 shuǐ 涨船高]
泥饭碗 nífànwǎn〈喩〉不安定な仕事・収入.不安定職業.→[铁 tiě 饭碗]
泥肥 níféi 川や池などの泥土(肥料)
泥封 nífēng ⇒[封泥②]
泥嘎巴儿 nígābār 泥がこびりついて固まったもの.
泥工 nígōng ①⇒[泥水活] ②瓦職人.屋根ふき

職人. ③粘土細工.

泥垢 nígòu ＝〔泥污〕垢(⊕):泥と垢.〔満身〜〕垢だらけ.

泥孩儿 níháir 〈罵〉小せがれ.がき.

泥蚶 níhān [魚貝]アカガイ.〔血xuè 蚶〕ともいう.

泥猴 níhóu ①〔一儿〕泥だらけのさま. ②⇒〔弹 tán 涂鱼〕

泥花 níhuā 泥はね:犁で耕す時に飛び散る泥.→〔泥点儿〕

泥滑滑 níhuáhuá ⇒〔竹 zhú 鸡〕

泥灰岩 níhuīyán [地]灰岩:肥料の原料に用いられる.

泥浆 níjiāng 泥(水).マッド.

泥浆泵 níjiāngbèng ⇒〔泥泵〕

泥脚 níjiǎo ①泥の基礎:上の建物が倒れやすいこと. ②〈喩〉農民.〔方〕田の泥の程度.〔～很浅〕泥土が浅い.

泥金 níjīn ①金粉.金泥.〔～帖 tiě〕金粉で飾った書簡箋. ②[色]白茶色(の).〔～色〕同前.

泥拘拘儿 níjūjur〔方〕体からこすり落とした垢:〔泥锔锔儿〕〔泥拘卷儿〕〔泥拘溜儿〕〔泥拘绫儿〕ともいう.

泥坑 níkēng ①泥だまり.ぬかるみ.泥んこ. ②〈喩〉泥沼.〔陷 xiàn 进了～〕泥沼に入りこんだ.

泥犁 nílí 〔梵〕地獄:〔泥梨〕〔泥黎〕とも書く.

泥疗 níliáo [医]療法:泥を熱くして局部につける治療法.

泥龙 nílóng [旧]雨乞いに使った土製の竜.〈喩〉無用なもの.

泥螺 níluó〔吐 tǔ 铁〕[魚貝]カワニナの一種.

泥镘 nímàn〔方〕壁を塗るこて.

泥煤 níméi ⇒〔泥炭〕

泥淖 nínào ①泥.ぬかるみ. ②〈文〉泥沼.沼地.

泥泞 nínìng ①ぬかるみ.へどろ.〔陷入～〕ぬかるみにはまる. ②ぬかるむ.泥で足をとられる.〔道路～难走〕道路がぬかるんで歩きにくい.

泥牛 níniú ①⇒〔春 chūn 牛〕 ②泥の牛.〔～入海〕泥の牛が海に入る.〈喩〉行ったきり再び帰らないこと.〔谁要是侵略中国,管叫它～,有来无回〕中国を侵略しようとする者は泥の牛が海に入るようなもので再び戻ることはない.

泥偶 ní'ǒu ⇒〔泥人(儿)〕

泥炮 nípào 溶鋼爐の出銑口を,粘土とコークスを混ぜたものでふさぐための道具:電気で作動するものを〔电 diàn 气泥炮〕といい,圧搾空気によるものを〔气 qì 动泥炮〕という.

泥盆纪 nípénjì 〔地質学での〕デボン紀.

泥坯 nípī ①⇒〔泥胎儿〕 ②＝〔土 tǔ 坯〕粘質土を煉瓦の形に固めて乾かしたもの:北方ではこれをつみ重ねて土屋を建てる.

泥菩萨过河 nípú-sà guòhé ＝〔土 tǔ 菩萨过江〕泥で作った菩薩が川を渡る.〔～,自身难保〕〔歇〕同前で,本尊自身が崩れてしまって衆を救うことができないさま:自身自身があやしくなる.

泥钱 níqián 銅貨(硬貨)を粘土に押しつけて模様をつけたもの.

泥墙 níqiáng 土塀.

泥·鳅 ní·qiū [魚貝]ドジョウ.→〔鳅①〕〔蝲 xí 子〕

泥蟹猫 níqiūmāo ⇒〔食 shí 蟹獴〕

泥人(儿) nírén(r) ＝〔泥偶〕泥人形.土偶.→〔木 mù 偶〕〔陶 táo 俑〕

泥沙 níshā ①土と砂. ②[工]〔鉄鋼用語〕心型に用いる川の砂・粘土・石墨・松脂・小麦粉・にかわなど.→〔泥心〕 ③〈喩〉つまらぬもの.卑賤な身分.

泥砂俱下, 鱼龙混杂 níshā jùxià, yúlóng hùnzá 泥も砂も一緒に水に流れ,魚も竜も入り乱れてい

る.〈喩〉良いも悪いも区別がつかず混然としているさま. 単に〔泥砂俱下〕ともいう.

泥石流 níshíliú 土石流.→〔崩 bēng 塌②〕〔滑 huá 坡①〕

泥水活 níshuǐhuó ＝〔泥工①〕〔瓦 wǎ 工②〕左官の仕事.

泥水匠 níshuǐjiàng 左官.瓦匠.れんが積み工:〔泥水工〕〔泥工②〕〔泥瓦匠〕〔泥瓦工〕〔瓦 wǎ 工②〕〔瓦匠〕〔瓦工〕ともいう.

泥水选种 níshuǐ xuǎnzhǒng [農]泥水の中に種子を入れてかきまぜ良い種を選別する方法.

泥塑 nísù ①粘土で作る. ②粘土作りの人形や動物の像.〔～人〕土人形.

泥塑木雕 nísù mùdiāo ＝〔木雕泥塑〕土人形と木ほりの人形.〈転〉でくのぼう.無表情な人.

泥胎 nítāi 泥土で作った(着色されていない)像.〔～偶像〕同前.

泥胎儿 nítāir ＝〔泥坯〕窯入れ前のしらじ:陶土を練ったままのもの.

泥潭 nítán 泥だまり.ぬかるみ.〈喩〉どろ沼:〔泥坑〕に同じ.

泥炭 nítàn ＝〔泥煤〕(⊕)炭.→〔草 cǎo 炭〕

泥汤儿 nítāngr どろ汁.泥水.

泥塘 nítáng ぬかるみの凹地.泥の沼.

泥藤 níténg [植]藤の一種:質は堅く,たるきなどに用いる.

泥头 nítóu 泥で作った仏像の頭部.→ nìtóu

泥头车 nítóuchē 泥砂や廃棄物を運ぶ車.

泥涂 nítú〔泥途〕とも書く. ①どろどろの道. ②卑賎の地位. ③汚す.

泥土 nítǔ ①土壌.土.〔～气〕土の匂い.田舎の純朴さ. ②汚す.

泥腿(子) nítuǐ(zi) 〔旧〕土百姓.いなか者.〔穷得叮咚响的～〕素寒貧のいなかっぺ.

泥坨子 nítuózi 泥の塊.

泥娃娃 níwáwa ＝〔土人形.泥人形. ②仏寺中の〔娘娘殿〕に備えつけてある泥人形:子どものほしい者が盗んで持ち帰ると子ができるという迷信がある. →〔娘 niáng 娘庙〕

泥瓦匠 níwǎjiàng ⇒〔泥水匠〕

泥丸 níwán ①泥団子.土つぶて. ②[旧](道家の)人の頭をいう.

泥碗 níwǎn 素焼きどんぶり鉢.

泥污 níwū ⇒〔泥垢〕

泥像 níxiàng 泥製の像または仏像.

泥心 níxīn [工]心型.なかご:粘土型鋳造で砂型の中にできる型.〔～撑 chēng〕[工]カ・かし子(*)鋳型の内型が鉄水を流し込んだときす浮動しないように支える金具.〔～盒〕〔方〕～壳 ké〔砂心盒〕鋳型の原型となる木型(金属性の型).〔～冒口〕湯口:鋳型に湯(溶融金属など)を注入する穴.

泥岩 níyán [地]岩(⊕).

泥罨 níyǎn [医]巴布(⊕).〔～剂 jì〕パップ剤.〔白陶 táo 土～〕白陶土パップ.

泥银 níyín 〔書画などを飾る顔料としての〕銀泥.銀梨地.→〔金 jīn 泥〕

泥印子 níyìnzi 足跡.泥の上に残された足跡.

泥俑 níyǒng 土で作った人形:古代,殉死者の代わりに用いられた.

泥雨 níyǔ 泥まじりの雨.

泥掌 nízhǎng ⇒〔泥刀〕

泥沼 nízhǎo ①泥. ②泥沼.→〔泥坑〕

泥猪 nízhū 〈喩〉泥だらけの人.薄汚ない奴:〔泥母猪〕ともいう.

泥砖 nízhuān 瓦.泥煉瓦.

泥滓 nízǐ ①泥のかす.②汚いもの.③つまらぬもの

(地位). ④塵ほこりで汚れる.

泥足巨人 nízú jùrén 〈喩〉独活(う)の大木.見かけ倒し.

泥醉 nízuì 泥醉する.→〔酩 mǐng 酊〕

〔**怩**〕 ní 〈文〉恥じる.〔忸 niǔ ~〕同前.

〔**坭**〕 ní ①〈方〉泥.泥状のもの:〔泥①②〕に同じ.〔红毛~〕〔方〕セメントの旧称. ②地名用字.〔白~〕囲広東省にある.〔~洞 dòng〕囲広西省にある.

〔**呢**〕 ní ①〔勔羅紗(じゃ)〕.毛織物.〔平光~〕ウーステッド:表面に毛の立っていないラシャ.〔毛面~〕ウール:表面に毛の立ったラシャ.〔巴勒lè~〕ボーラ:経緯ともに硬く毛で織ったラシャ.〔毛华huá达~〕ギャバジン.〔制 zhì 服~〕冬服用の厚手のラシャ.〔花~〕模様のあるラシャ.柄のラシャ.〔直贡gòng~〕あやじゅす:中国靴の底などに用いられる.〔线 xiàn ~〕綿ラシャ.
Ⅱ~ ne

呢料 níliào ①毛織物.〔工业用~〕工業用の毛織物. ②ラシャ生地.

呢喃 nínán 〈擬〉つばめの鳴き声や小声でしゃべる声.→〔喃〕

呢绒 níróng ＝〔绒呢〕毛織物(総称):獣毛・人造毛で織った生地.〔毛 máo 织品~〕

呢子 nízi 〔勔ラシャ(羅紗)〕

〔**铌・鈮**〕 ní 〔化ニオブ(ニオビウム):金属元素.記号 Nb,または Cb.〔鋼kē〕(コランビウム)は旧名.

铌铁矿 nítiěkuàng 〔鉱コルンブ石.

〔**兒(郳)**〕 ní (Ⅰ)〔兒〕〔姓〕兒(じ)
(Ⅱ)〔郳〕①周代の国名.現在の山東省滕州市附近. ②⇒〔睨〕 〔~儿 ér〕

〔**倪**〕 ní 〈文〉幼い.いとけない. ②端(た).〔天端地~〕天地の際(認).〔端 duān ~〕手がかり.〔俟 sì 有端~再办〕手がかりがついてから実行しよう.→〔头 tóu 绪〕 ③〈方〉我々.〔~搭 dā〕我々のところ. ④〔姓〕倪(げい).

倪兀 níwù ⇒〔臬 niè 兀〕

〔**猊**〕 ní 〔狻 suān ~〕獅子(の〔狮 shī 子〕の古称.

猊座 nízuò 〔狮 shī 子座〕①〈文〉仏の座するところ. ②囷獅子座.

〔**婗**〕 ní →〔婴 yī 婗〕

〔**輗・輗**〕 ní 〈方〉荷車の轅(ぷり)の前へ軛(ぷり)をつける止め金.

〔**霓(蜺)**〕 ní (Ⅰ)〔霓〕① 虹(ぷ).〔副〕虹.〔雌 cí ~〕〔副 fù 虹〕〈文〉蜺qiè 貳〕ともいう.→〔虹 hóng〕 ②彩雲.霞. ③彩りしてある.〔~旌 jīng〕虹の旗.羽も色を五彩に染めて飾りとした旗.
(Ⅱ)〔蜺〕 〈文〉ツクツクボウシ:蟬の一種.〔寒 hán 蟬①〕の古称.

霓虹 níhóng 虹:副虹と主虹.

霓虹灯 níhóngdēng ＝〔氖 nǎi 灯〕〔音義訳〕ネオン灯.ネオン(サイン).→〔氖〕

霓裳 níshāng ①〔舞台衣裳など〕きらびやかな衣裳.神仙の衣裳. ②囧宮廷の楽曲の〔霓裳羽衣曲①〕の略.

〔**齯・齯**〕 ní ＝〔兒(Ⅱ)②〕〈文〉老年になってから生え変わった歯:長寿の象徴.〔~齿 chǐ〕同前.

〔**鯢・鯢**〕 ní ①〔勔サンショウウオとオオサンショウウオ(総称):ふつう前者を〔小鯢〕〔短 duǎn 尾鯢〕,後者を〔大鯢〕〔ピ娃wá娃鱼〕という.〔海 hǎi 狗鯢〕〔山 shān 椒鯢〕

別称.〔鰓 sāi ~科〕〔分類学上の〕オオサンショウウオ(ハンザキ)科.〔小~科〕サンショウウオ科. 〈文〉雌鯨.〔鯨 jīng ~〕〈喩〉凶暴な悪人・罪人.

鯢鰍 ní·qiū ⇒〔泥鰍〕

〔**麑**〕 ní 〈文〉小鹿.古代,卿大夫が訪問の礼物として用いた.後には小羊・雁なども用いた.〔~鹿 lù〕同前.〔~裘 qiú〕鹿の皮で作った皮衣.

〔**你(伱・妳)**〕 nǐ ①君.あなた.おまえ:一般に二人称代詞として用いられる.〔你们〕の意に用いる事もある.〔~校〕あなた(方)の学校.〔~报〕貴社の新聞.〔~公司〕貴社. 〔~您 nín〕任意の人を指す.また実際は自分を指すこともある.〔~有钱就好办了〕誰にせよ金があったら問題はない.〔他很能干,又肯吃苦,叫~不得不佩服〕彼は仕事ができる上に苦労をいとわないから人も敬服せざるを得ない. ③お互いに.誰にせよ.誰かれの別なく:〔我〕また〔他 tā〕と対応して用いる.〔一句看々地议论〕人々があれやこれやと議論する.〔~敬我爱〕互いに敬愛する.〔~问我,我问~〕お互い押し問答する.〔~推我,我让~地不肯入席〕お互い譲り合ってすぐに席につこうとはしない.→〔我 wǒ ④〕 ④→〔奶 nǎi ②〕 ⑤〔姓〕你(じ).

你笃 nǐdǔ 〈方〉君たち.あなたたち.

你好 nǐhǎo 〔挨〕こんにちは・おはよう・こんばんはなど.〔~吗?〕お元気ですか.いかがですか.

你家 nǐjiā ①あなたの家. ②〈方〉あなた.あなたた.

你看 nǐkàn ①ごらん.見なさい. ②〔这个〕君これを見なさい. ③〔君は…と〕思う:疑問文の前に置く.〔~怎么样〕どう思うか.〔~行吗〕君は大丈夫だと思う. ④何と…ではないか:思ったとおりの結果となったことを表す.〔~多么好啊〕何といいやではないか.〔~,着 zháo 凉了吧〕そらみろ,風邪をひいたろう.

你来我往 nǐlái wǒwǎng 〔慣〕互いに行ったり来たりして交際する:〔往〕は〔去〕ともいう.

你老 nǐlǎo 〈尊〉あなた:〔老〕は親しんで呼ぶ称呼,ただし相手が目上の人に対して用いる.〔~人家〕同前.→〔老人家②〕

你们 nǐmen 君ら:二人称複数,また相手を含む多数を表す.〔~二位〕あなたがたお二人.〔~俩 liǎ〕君ら二人.〔~兄弟〕君たち兄弟.〔~诸位〕皆さまがた.〔~(的)学校〕君らの学校.〔您 nín〕

你情我愿 nǐqíng wǒyuàn 〔慣〕互いに心に希望する.どちらも心から願う.

你…你的 nǐ…nǐde 君の自由に…せよ.〔~去~吧〕行きたい方へ行きなさい.〔~做~,我做我的〕君は君でやれ,僕は僕でやる.

你说 nǐshuō ①言ってごらん.言いなさい:ねえ,そうでしょうと相手に同意を求める.〔~呢〕同前. ②〔君は…と〕思う.〔~怎么样〕きみどう思うか.〔~这件事我不该做〕こんなことやっていい事なのかね.〔~我倒 dǎo 霉不倒霉呀〕ほら,ついてないでしょう.

你死我活 nǐsǐ wǒhuó 〔慣〕食うか食われるか:〔不是你死,就是我活同前. ②〔一看是生意意,其实是~的斗争〕ちょっと見たところでは商売だが,その実は食うか食われるかの闘争だ.

你听着 nǐtīngzhe 聞きなさい:命令・威脅・警告などの語気をもつ.〔~吧〕同前.

你我 nǐ wǒ 君と僕.自分たち.お互い.〔不是~的造化吗这是我活同前. ②〔~不分~〕互いに分け隔てがない.

你…我… nǐ…wǒ… 両者が一緒に(かわるがわる)や.またはらばらにやることを表す.〔~唱~和 hè〕唱和すること.〔~推~诿 wěi〕互いに責任をなすりつ

你祢拟嶷苨旎伲泥昵逆　　nǐ～nì

ける.〔东～西〕めいめい勝手にやる.〔～言～语〕口々に言う.〔～有去语〕ああ言えばこう言う.売り言葉に買い言葉.

你我他仨 nǐwǒtāsā 〈方〉おれがおまえがあいつがと:人を見下したさま.〔～地说〕乱暴な言い方をする.

你一言我一语 nǐyīyán wǒyīyǔ 〈惯〉あちらからもこちらからも言う.誰かれとなく口々に言う.〔大家伙儿～让他下不来台了〕皆であっちからもこっちからも声をかけて彼をのっぴきならぬようにさせてしまった.

你这个人 nǐ zhègerén,～zhèi～ 君ときたら.お前って奴は:非難の口調.

你争我夺 nǐzhēng wǒduó 〈惯〉互いに奪いあう.しのぎをけずる.

你追我赶 nǐzhuī wǒgǎn 〈惯〉追いつ追われつ競い合う.

你走你的阳关道 nǐ zǒu nǐde yángguāndào 〈惯〉お好きなように.ご自由に.〔～,我走我的独木桥〕同前.

[祢・禰] nǐ 〈文〉死後,霊位(位牌)となった父の称. → mí

[拟・擬(儗)] nǐ ①比較する.〔比～〕比べる. ②なぞらえる.真似る.〔模～〕同前.〔～饵ěr〕擬餌(針). ③計画する.準備する.〔～于明日下午三点前往拜访〕明日午後3時にお訪ねしたいと思っています(予定しています). ④量る.推し量る.

拟待 nǐdài 〈文〉…せんと欲す.…しようと思う:詩詞に常用される.

拟抵 nǐdǐ 〈文〉罪状に相当する罰を決定する.

拟订 nǐdìng 立案する.起草する.

拟定 nǐdìng ①立案制定する. ②推理して断定する.

拟度 nǐduó 〈文〉推測する.見当をつける.

拟稿(儿) nǐgǎo(r) (多く公文書を)起草する.→〔打 dǎ 稿〕

拟古 nǐgǔ (書画文芸などにおいて)昔の作品を模倣する.

拟规画圆 nǐguī huàyuán コンパスで図を書く.〈喩〉しきたりを墨守して,変通を知らないこと.

拟话本 nǐhuàběn 国话本ふうの小説.→〔话本〕

拟金茅 nǐjīnmáo 植ミノゴメ;〔龙 lóng 须 草〕〔襄 shuāi 草〕は別称.

拟人 nǐrén 擬人(法):修辞法の一.人以外の物を人になぞらえること.

拟声词 nǐshēngcí ⇒〔象 xiàng 声词〕

拟势 nǐshì 生命標識的擬態.

拟态 nǐtài 生命擬態.

拟物 nǐwù 擬物(法):人を人以外の物に例えて述べること.

拟议 nǐyì ①推し量って計画する.提案を作成する.立案する. ②もくろみ.意向.

拟音 nǐyīn ①擬音.効果音. ②言古代の語音になぞらえた発音.

拟于 nǐyú (…に)もくろんでいる.…しようとしていると.見当はずれの比較.〔～不伦 lún〕〈成〉比較ができないこと.〔～于明年开工的工程〕来年着工をもくろんでいる工事.

拟制 nǐzhì ①制度・体制を模倣する. ②案を作り制定する.

拟罪 nǐzuì 罪をはかり定める.

拟作 nǐzuò 模擬した作品(文章・書画)

[嶷] nǐ 〔～～〕〈文〉(草木の)生い茂るさま.

[苨] nǐ →〔荠 jì 苨〕

[旎] nǐ →〔旖 yǐ 旎〕

[伲] nì 〈方〉①私(の).ぼく(の). ②我々(の).わたくしたち(の)

[泥] nì ①泥で塗る.〔～瓦缝儿 fèngr〕瓦と瓦の間に泥を塗る. ②固執する.拘泥する.かかずらう.→〔拘 jū 泥〕 ③渋滞する.すらすらといかない.未練が残る.思いを断てない.〔翠环仍～着不肯去〕(老残遊記)翠環はなおもぐずぐずしてそこを立ち去ろうとしなかった. → ní

泥古 nìgǔ 古い決まりに拘泥して融通をきかせない.〔～不化〕〈成〉昔のしきたりにこだわって改めようとしない.

泥酒 nìjiǔ 酒に耽溺する.

泥抹 nìmǒ (泥や石灰などで)塗る.

泥守 nìshǒu 墨守する.

泥首 nìshǒu 同下.

泥头 nìtóu 〈文〉頭を地にすりつけて拝する:〔泥首〕に同じ.〔～拜谢〕厚く謝する.→ nítóu

泥于 nìyú …に拘泥する.…に固執する.〔～风水地卜(bǔ)に拘泥する.

泥滞 nìzhì 渋滞する.滞る.こだわって進まない.

泥子 nìzi ①継ぎ目に塗る練り物.パテ(桐油・松や石膏などを混ぜ合わせたもの.〔腻子①〕とも書く.〔用～抹上〕パテを塗る. ②こて(隅の部分や狭い場所用).〔抹 mǒ 子〕

[昵(暱)] nì 親しみ近づく.ごく親しい.〔亲 qīn ～〕なれなれしくする.

昵爱 nì'ài 〔爱昵〕愛する.昵懇(ぢ)である.

昵称 nìchēng ①愛称.ニックネーム.→〔爱 ài 称〕 ②親しみをこめて(…と)いう.

昵交 nìjiāo ①昵懇(ぢ)の交際. ②=〔昵友〕〔腻友〕ごく親しい友人.

昵友 nìyǒu 同上②.

[逆] nì ①逆に迎える. ②逆方角に進む.〔～水行舟〕流れに逆らって船をやる.〔倒行～施〕時勢に逆らう.社会正義に逆らう.〔～序词典〕〔倒序词典〕逆引き辞典.↔〔顺 shùn ①〕 ③逆らう.従わない. ④うまくいかない.思うにまかせない. ⑤乱をなす.反乱する.〔～臣〕逆臣. ⑥謀反人.裏切り者.〔叛 pàn ～〕同前. ⑦あらかじめ…する.前もって…する.

逆差 nìchā 経貿易赤字.輸入超過.〔对外贸易出现～四千万美元〕対外貿易は4000万ドルの逆差となった.↔〔顺 shùn 差〕

逆产 nìchǎn ①=〔倒 dào 产〕〔倒生〕逆子(を産む).→〔胎 tāi 位〕 ②逆叛者の財産.

逆党 nìdǎng ①反逆の党.謀反の徒党.

逆定理 nìdìnglǐ 数逆定理.

逆睹 nìdǔ ⇒〔逆料〕

逆耳 nì'ěr (聞いて)耳に痛い.耳に逆らう.〔忠言～〕成〕忠言は耳に逆らう.

逆反 nìfǎn 逆らう.〔～心理〕反発心.反抗心.マイナス心理.

逆反应 nìfǎnyìng 化逆反応.

逆匪 nìfěi 反徒.逆徒.

逆风 nìfēng ⇒〔顶 dǐng 风〕

逆光 nìguāng (写真の)逆光.逆光.

逆函数 nìhánshù 数逆関数.

逆汇 nìhuì 〔逆〕は為替.

逆火 nìhuǒ (内燃機関の)逆火.バックファイアー.〔～式袭炸机〕バックファイアー型超音速爆撃機.

逆戟鲸 nìjǐjīng ⇒〔虎 hǔ 鲸〕

逆计 nìjì 〈文〉①あらかじめ計算する. ②反逆計画.

nì

逆价 nìjià 〖商〗仕入れ値を下回る売り値.↔〖顺 shùn〗

逆经 nìjīng 〖中医〗月経期間中またその前後に出る鼻血.

逆境 nìjìng 逆境.〖~商数〗逆境での反発力.

逆来顺受 nìlái shùnshòu 〈慣〉逆境や無理な待遇をすなおに受けて忍ぶこと.

逆料 nìliào =〖文〗逆睹〗あらかじめ予想する.〖将来变化难以~〗将来の変化は予測しがたい.→〖预 yù 料〗

逆鳞 nìlín 〈喩〉天子の怒り:竜の顎の下に逆さに生えた鱗(?)があり,それに触れると竜が大いに怒る.竜を天子にたとえる.→〖撄 yīng 鳞〗

逆流 nìliú ①逆流(する).〖~而上〗慣流れに逆らって進む. ②反動的な潮流.〖一股反社会主义的~〗ひとすじの反社会主義的な逆流.

逆旅 nìlǚ 〈文〉旅館.〖天地乃万物之~〗天地はすなわち万物の客舎.

逆伦 nìlún 〈文〉人倫にもとる.

逆命 nìmìng ①命令に逆らう. ②〈文〉命令を受けない.

逆取顺守 nìqǔ shùnshǒu 〈成〉天下を取る時は道に逆らった方法を用い,これを守るには道に従う.

逆时针 nìshízhēn 時計の針と逆回り(の).左回り(の)

逆市 nìshì 〖商〗市況(相場)の動きに逆行する.→〖顺 shùn 市〗

逆势 nìshì 逆勢.不利な情勢.〖~崛 jué 起〗〈成〉逆境から脱する.

逆水 nìshuǐ 流れに逆らう.〖~行 xíng 舟,不进则退〗〈喻〉何事も続けて努力しなければ退歩する.↔〖顺 shùn 水〗

逆温 nìwēn 〖気〗(気温の)逆転.〖一层 céng〗逆転層.

逆向 nìxiàng 逆方向(逆向か)に進む.

逆行 nìxíng 逆行する.〖单行线,车辆不得~〗一方通行だから,車両は逆行できない.

逆性 nìxìng 抵抗力がある.反発力がある.〖可~〗可逆的(である).〖这种作物~很大〗この種の作物は抵抗力が強い.

逆修 nìxiū 〈文〉①死後の冥福のために生前仏事をすること. ②若者が先に死んで生き残った老人がその仏事を営むこと.

逆序 nìxù 逆引き.〖倒 dào 序〗に同じ.〖~词典〗逆引き辞書.

逆运算 nìyùnsuàn 〖数〗逆演算(する)

逆贼 nìzéi 逆賊.

逆诈 nìzhà 〈文〉〖暴戾奸诈〗である.

逆证 nìzhèng 〖中医〗病状が通常と異なる進行をして急に悪化を呈する症状.

逆知 nìzhī 〈文〉予知する.予め知る.

逆种 nìzhǒng 〈罵〉親不孝者.

逆转 nìzhuǎn ①逆転(する). ②(情勢が)悪化する.

逆子 nìzǐ 不孝な子.親に逆らう子.

[匿] nì ①隠れる.逃げる. ②かくまう.〖隐 yǐn ~〗隠匿する.

匿避 nìbì 姿を隠す.潜伏する.

匿藏 nìcáng 隠匿する.

匿窜 nìcuàn 隠れ逃げる.姿をくらます.

匿伏 nìfú 隠れる.潜伏する.

匿恨在心 nìhèn zàixīn 〈成〉恨みを包み隠してこらえている.

匿户 nìhù 〖旧〗戸籍を隠して届けない.

匿迹 nìjì 〈文〉行方をくらます.あとをくらます.〖~销声〗〖销 xiāo 声〗〖匿声敛迹〗〈成〉鳴りをひそめる.

匿名 nìmíng 名を隠す.〖~书〗〖~东 jiǎn 帖〗匿(き)名.おとしぶみ.〖~揭 jiē 帖〗他人の非を攻撃するための匿名の掲示.〖~信 xìn〗〖隐 yǐn 名信〗〖文〉隐章〗匿名の手紙.〖黑 hēi 信〗ともいう.〖~举报〗匿名の密告.

匿情 nìqíng 実情を隠蔽する.

匿笑 nìxiào 笑いを隠す.ひそかに笑う.

匿影藏形 nìyǐng cángxíng 〈成〉姿形を見えないようにする.真相を隠蔽.〖匿影潜形〗〖藏形匿影〗ともいう.

匿怨 nìyuàn 恨みを隠す

匿赃 nìzāng 臓品隠匿する.

[楢] nì

楢木 nìmù ⇒〖八 bā 角枫〗

[蚂(蜴)] nì 〈文〉①小さな虫. ②〖中医〗に関わてなる病気.〖阴 yīn 蚂〗〖阴蚀 shí〗陰部の重症なもの.〖鼻 bí ~〗鼻の両側がただれて痒い症状.

[埤] nì →〖埤 pì 埤〗

[睨] nì 〈文〉じろりと見る.横目でにらむ.〖~视 shì〗同前.→〖睥 pì 睨〗

[恧] nì 〈文〉憂慮する.憂う.

[溺] nì ①おぼれる.〖~毙 bì〗水死する. ②ふける.はまる.迷う.〖~于酒〗酒におぼれる.〖~信 xìn〗盲信する.→ niào

溺爱 nì'ài 〖~于子〗を溺愛する.

溺鬼 nìguǐ 〖旧〗溺死者の幽霊.

溺水 nìshuǐ 水におぼれる.溺(き)死する.→〖淹 yān 死〗

溺死 nìsǐ ⇒〖淹 yān 死〗

溺婴 nìyīng 間引く(き)嬰児を水に浸して殺す(こと).〖溺弃 qì〗ともいう.〖溺女 nǚ〗は女の嬰児の同前.

溺职 nìzhí 〈文〉職務を怠る.職務にたえられない.

[腻・膩] nì ①(食べ物が)油ぎる.油っこい.〖油~①〗油っこい. ②(油っこくて)くどく感じる.〖这个菜太~人〗この料理はくどい.飽き飽きする.〖吃~了〗食べ飽きた.〖~烦了〗面倒なのでいやになった. ④滑らかである.きめの細かい.きれいである.→〖抹 mǒ 腻〗〖细 xì 腻〗. ⑤〈文〉汚れ.垢.〖尘 chén ~〗ほこりや垢. ⑥粘る.ねばねばする.うるさく付きまとう.べたべつく.〖油擦布~得沾手〗油雑巾はねばねばして手にくっつく.〖~友〗〈喻〉ごく親しい友人.〖小孩子~人〗子どもがうるさく付きまとう.〖他的行为太~人〗彼の行為は大変こすい.〖那个小妖精跟他~上了〗あの妖婦が彼にひっついた.

腻虫 nì·chóng ⇒〖蚜 yá 虫〗

腻搭搭 nìdādā 〖方〗べたべたするさま:〖搭搭〗は〖得得〗とも書く.〖扑 pū 在身上~的,一点也不爽呀〗つけるとべたついて,少しもすっきり(すべっこく)ならない.

腻烦 nìfan 〖口〗①いやになる.面倒くさい.〖腻腻烦烦〗は重畳形.飽き飽きする.〖听着~〗聞いていてやになる.〖左一趟,右一趟也老去,也不嫌~〗何度も何度も行っているが,一度もめんどくさくないということだ. ②憎む.嫌う.うんざりする.〖我真~他〗わたしはまったく彼が嫌いだ.

腻糊儿 nìhur ⇒〖黏 nián 糊〗

腻滑 nìhuá きめが細かくつるつるしている.

腻抹 nìmǒ 〖腻磨〗とも書く. ①汚れる. ②こすりつける.ぬりつける.

腻人 nìrén 〖口〗①しつこい.煩わしい.〖肥肉特別

〜〕脂身(の肉)は特にしつこい.②うんざりさせる(られる).〔真〜〕本当に嫌になる.

腻味 nìwei 〈口〉面倒くさくなる.いやになる.飽きが来る(味)〔は〔胃〕〔畏〕〔喂〕〔歪 wāi〕〔外 wài〕とも書く.〔每天老吃一样的菜,不~吗〕毎日いつも同じ料理を食べてて飽きはこないですか.〔吃~了〕食べ飽きた.〔看~了〕見飽きた.

腻细 nìxì 滑らかで、きめが細かく美しい.

腻友 nìyǒu ⇒〔昵交②〕

腻滞 nìzhì 停滞する.滞る.

腻子 nìzi ①⇒〔泥子①〕②回ねばる客.長居する客.〔酒〜〕居酒屋の同前.

nian ㄋㄧㄢ

〔拈〕 niān ①指ではさむ.つまむ.つまみとる.〔〜过香了〕香を(手でつまんで)焚(た)いた.〔〜花花をつまむ(つみとる).〔〜笔〕筆を執る.②つまんで選ぶ.③〈姓〉拈(ねん).

拈惹草 niānhuā rěcǎo ⇒〔沾 zhān 花惹草〕〔折 zhé 花攀柳〕〈成〉花をつまみ草をひっぱる.〈転〉女色を漁(あさ)る.女遊びをする.〔惹草拈花〕ともいう.→〔寻 xún 花问柳〕

拈花微笑 niānhuā wēixiào 回(仏教で)花を持ち微笑する:釈迦が花をとって禅理を説いた時に,迦葉尊者のみそれを見てにっこり笑って禅理を体得した.→〔不 bù 立文字〕

拈斤播两 niānjīn bōliǎng ⇒〔掂 diān 斤播两〕

拈阄儿 niānjiūr ⇒〔抓 zhuā 阄儿〕

拈弄 niānnòng ①いじる.ひねりまわす.②ひきおこす.

拈轻怕重 niānqīng pàzhòng 楽なことには手をつけるが、困難なことからは逃げようとする.〈喩〉困難をおそれる.

拈纱环 niānshāhuán 紡より糸リング.

拈酸 niānsuān (男女間で)やきもちをやく.格(か)気する.〔吃醋〕同前.

拈题分韵 niāntí fēnyùn 回(作詩の会で)題や韻を選ぶ(くじで割り振る).

拈香 niānxiāng 香をつまむ.香を焚く.焼香する.〈転〉寺参りをする.

〔蔫〕 niān ①(草木の花・葉・果実などが)しおれる.しなびる.〔〜萎 wěi〕同前.〔因为太阳毒 dú,草花儿都〜了〕太陽がひどく照りつけるので,草花がすっかりしおれてしまった.〔常浇 jiāo 水,不要让花儿〜了〕しょっちゅう水をやって,花がしおれないようにしなさい.〔〜枣 zǎo〕しなびた棗(なつめ).②(人が)元気がない.しょげている.しょんぼりする.〔他这两天呀〜,像是有病〕彼はこのごろ元気がない,病気のようだ.〔买卖亏 kuī 了,所以他〜了〕商売で損をしたので,しおれているのだ.〔被父亲申斥 chì 了一顿,〜了〕父親にしかられて,しょげている.→〔萎〕③〈口〉きはきしない.のろまである.〔〜儿脾 pí 气〕無口な性格.

蔫巴 niānba 〈方〉ぐんなりする.元気がない.〔黄瓜秧儿 yāngr〜了〕きゅうりの苗がしおれた.

蔫不唧儿 niānbujīr 〔蔫不咕儿〕とも書く.〈口〉①しょげているさま.めいっているさま.元気がない.〔他老是那么〜的〕彼はいつもあのようにふさぎ込んでいる.②ものも言わずにひっそりとしているさま.

蔫出溜儿 niānchūliūr 〈方〉こっそりぬけ出る.〔他怎么〜地赵 zhào 不肖了呢〕彼はどうしてこっそりぬけだしたのだろう?〔赵不肖〕は〔趙〕の〔肖〕を取ったもの,すなわち〔走〕の意.〔两个人〜地走了〕二人はこっそり逃げてしまった.

〔悄 qiǎo 没声儿〕

蔫甘 niāngān 〈方〉言葉少なくおとなしい.態度が平静である.〔〜的人爱走心路儿〕言葉少ない人は思索にふけりがちだ.

蔫呼呼 niānhūhū 〔蔫乎乎〕とも書く.ぐずぐずしているさま.はきはきしない.〔他做事总是〜的〕彼は何事をやってもてきぱきしない.

蔫冷 niānlěng 〈方〉(北方の)底冷えのする寒さ.寒風も雪もないに非常に冷える寒さ.→〔干 gān 冷〕

蔫溜 niānliū 〈方〉内緒で(行く).こっそりと(ぬけ出す).〔你别〜了〕お前は内緒で行ってはいけない(こっそり逃げてはいけない)

蔫皮实拉 niānpí dālā 〈方〉皮膚がたるんでカサカサしているさま.

蔫儿坏 niānrhuài 〈口〉陰で悪さをする.陰険であくどい.

蔫儿蔫儿 niānrniānr 〈方〉こっそりと.

蔫人出豹子 niānrén chū bàozi 〈方〉人はみかけによらぬもの.→〔豹子①〕

蔫头耷脑 niāntóu dānǎo 〈慣〉ぐったりして元気のないさま.〔蔫头蔫脑〕ともいう.

蔫土匪 niāntǔfěi 〈方〉見かけとは違う悪(わる).とんだ食わせ者.

〔年(季)〕 nián ①一年.とし.〔一〜有十二个月〕1年は12か月だ.〔我学过两〜中文〕ぼくは2年間中国語を習った.〔一半载 zǎi〕1年まで.②毎年の.〔〜会〕毎年1回開く会議.〔〜鉴〕年鑑.③人の年.@年齢.〔〜方十八〕年齢はやっと18歳.〔〜过六十〕歳は60を越した.⑥年齢による人生の段階:〔少 shào〜〕〔壮 zhuàng〜〕〔中年〕〔老〜②〕など.④年の作柄.豊凶.〔〜成〕⑤(年中行事をする)新年.正月は旧正月に関係あるもの.〔过〜〕正月を迎える.〔拜〜〕年賀のあいさつをする.〔〜货〕正月必需品.〔〜画〕正月に貼る絵.⑥時代.時期.〔近〜〕近年.〔明朝末〜〕明朝末年.⑦回科挙に合格した同期(の間柄).→〔年谊〕⑧〈姓〉年(ねん).

年报 niánbào 年次報告.

年辈 niánbèi (身分関係を決める)年齢と世代.→〔轮 lún ④〕

年表 niánbiǎo 年表.

年伯 niánbó ⇒〔年谊〕

年菜 niáncài 正月料理.おせち料理.

年产 niánchǎn 年産.〔〜量〕年間生産量.〔〜值 zhí〕年産値.

年辰 niánchén 歳月.

年陈日久 niánchén rìjiǔ ⇒〔年深日久〕

年成 niánchéng 〔年程〕とも書く.1年の収穫.作柄.〔今年〜好不好〕今年の取り入れはどうですか.

年齿 niánchǐ 〈文〉年齢.

年初 niánchū 年初.年始.〔〜一〕〔大 dà 年初一〕旧暦の元旦.〔〜开市〕回年初の取引開始.

年代 niándài ①(かなり昔の)時代.年代.時期.②1世紀(100年)のうちの毎10年間.〔八十〜〕1980年代.→〔世 shì 纪②〕

年龄 niánlíng 年齢が…に達する.〔〜花甲〕〈文〉還暦を迎える.②穀物が豊作である.

年底 niándǐ 年の暮れ.年末.〔〈方〉〜下〕〈口〉年根(じね)〔〈方〉年根儿底下〕〔年尾〕〈文〉岁 suì 抄〕ともいう.

年底下 niándǐxia 同上.

年谊 niányì 回科挙の〔同 tóng 年③〕に対し自分を指していう謙称.

年度 niándù 年度.〔〜计 jì 划〕年度計画.〔〜收入〕歳入.

年多日久 niánduō rìjiǔ ⇒〔年深日久〕

nián 年

年饭 niánfàn ⇒[年夜饭]
年方二八 nián fāng èrbā 〈慣〉年ならまさに二八(はち)(16歳).〈喩〉年頃.
年份 niánfèn ①年:ある一年を指す.[这两笔开支不在一个~]この二つの支出は同じ年ではない. ②年数:経過した年数の長短.[这件瓷器的~比那件久]こちらの磁器の方があちらよりも年代が古い.[~深的薪水高、~浅的薪水低]勤続年数の長い者は月給が多く、短い者は月給が少ない.
年富 niánfù ⇒[富年]
年富力强 niánfù lìqiáng 〈成〉年が若くて精力が旺盛である.働き盛り.
年高 niángāo 年寄の.[~德劭 shào]〈~有德〉高年で徳が高い(人).[~望重]〈成〉高齢で人望もあい.[证婚人总是挑~有德的,由男女两家公请]結婚の証人は年のいった有徳の士を選んで婚家双方ともにお願いする.
年糕 niángāo 〔食〕中国式の正月餅:もち米(またはうるち)の粉をこね、蒸してついたもの.
年根(儿) niángēn(r) ⇒[年底]
年根儿底下 niángēnr dǐxia ⇒[年底]
年庚 niángēng 〈文〉生まれた年・月・日・時.[~八字]同前を干支の2字ずつで表した八字:旧時、これによってその人の一生の禍福寿命などを占った.→[庚帖]
年功 niángōng 在職年数による功績.[~加俸]同前による加俸.
年谷 niángǔ その年に作付け・収穫する穀物.[~不登]収穫がよくない.
年关 niánguān (旧暦の)年の瀬:旧時、借金を年末に支払う慣習があった.[~将近,债主登门]年の瀬、借金取りがやって来る.→[年底]
年光 niánguāng ①⇒[年华]〈文〉光陰.歳月.[大好~蹉 cuō 跎 tuó]貴重な歳月がつまらなく過ぎてしまう.[易 yì 近]歳月は過ぎ去りやすい.[虚 xū 度~]歳月を無意に過ごす. ②(農作物の)作柄. ③〈方〉時代.時世:[年头儿]に同じ.
年号 niánhào 年号.
年后 niánhòu 旧正月あと.
年候 niánhòu [~儿]〈方〉年数.
年花 niánhuā 旧正月の飾り花.
年华 niánhuá ⇒[年光①]
年画(儿) niánhuà(r) =〈方〉花 huā 纸〕年画:旧正月、室内に貼る絵.めでたい群像や情景を多色印刷した美麗なもの.天津楊柳青、山東潍坊、蘇州桃花塢、四川綿竹などのものは古くから有名.→[春 chūn 联(儿)]
年会 niánhuì 年次総会.年度大会.
年货 niánhuò 旧正月に用いる食物・器用・装飾品など一切のもの.[这些年货都办齐了吗?]旧暦12月23日にかまどの神様(灶王爷)を送り出してしまうと、どこの家でも正月用の品物を仕度するのに忙しくなる.[祭 jì 灶 zào]
年级 niánjí 年級.学年.[高~]高学年.[低~]低学年.[几~]何年生.[一~]1年生.1学年.
年集 niánjí 年の瀬の市(s).年末の市.
年忌 niánjì 災厄のある年.厄年:旧時、陰陽道では7歳が厄年の始めで、漸次それに9を加えた年、すなわち16、25、34歳...を厄年とした.[犯冲].
年纪 nián·jì (人間の)年齢.[他~多大呀]彼は年はいくつですか.[好大~的人]いい年をした者.→[年龄]
年家 niánjiā ⇒[年谊]
年家子 niánjiāzǐ ⇒[年谊]
年假 niánjià ①旧正月の休暇. ②学校の冬休み.
年间 niánjiān ある年代(の間).[洪武~]明(みん)の洪武年間.
年检 niánjiǎn 年定期検査.
年鉴 niánjiàn 年鑑.
年节 niánjié ①旧正月(前後の別日)古くは臘月23日、正月15日間を指す.[年也过了,节也过了,该下什么的了什什么,从新打鼓另开张]年も越したしそれぞれの事を新しく始めることになる. ②旧年間の祝祭日.
年结 niánjié ①=[年总]年末の決算.年度の決算. ②旧式帳簿による年末の決算書:複式簿記の貸借対照表に相当する.
年届 niánjiè 〈文〉年齢が来る.[~七旬 xún]70歳になる.
年金 niánjīn 年金.年ごとに支給される金.
年馑 niánjǐn 〈方〉飢饉の年:[荒 huāng 年]に同じ.
年景 niánjǐng ①その年の作柄.[今年~可以说是丰收吧]今年の作物は豊作といっていいだろう. ②春節のめでたい雰囲気.
年久 niánjiǔ 長年の間.[~失修]長い間修理がされていない.
年酒 niánjiǔ 新年の祝酒.
年均 niánjūn 年平均.
年卡 niánkǎ 1年間有効のカード.
年刊 niánkān 年刊.
年腊 niánlà 〔仏教で〕僧が受戒してからの年齢:僧が九旬の安居(あ)を終わった時を[腊]といい、毎年1回安居をやるので1年毎に[一腊]という.
年来 niánlái ①近年来. ②一年来.
年劳 niánláo 〈文〉年功と功績.
年老 niánlǎo 年をとる.老いる.[~告退]老年のため辞職引退する.[~病弱]年をとり体が病弱である.[~身残 cán]=[一体衰 shuāi]年をとり体が不自由である.
年礼 niánlǐ 歳暮の贈り物.お歳暮.
年力 niánlì 年齢と精力.[~就衰]年齢も精力も衰えが見えてくる.[~均 jūn 富]年若く元気はつらつとしている.
年历 niánlì [(1年分を1枚に印刷した)カレンダー.[~转]カレンダー.こよみ.→[日 rì 历][月 yuè 份牌(儿)][月历]
年利 niánlì =[年息]年利.[~率 lù]同前.
年例 niánlì 〈文〉毎年の恒例.
年龄 niánlíng 年齢:人間以外にも用いる.[~未满十八岁]年齢18に満たない.[一段 duàn]年齢段階.[就业~段]就職年齢期間.[树 shù 木的~]〔树龄〕樹齢.
年轮 niánlún [图]年輪.木の目.
年迈 niánmài 年老いている.[~力衰]年老いて力が衰える.
年貌 niánmào ①年齢と容貌.[~相当,倒不妨给他们说合说合]年齢も容貌も(双方)釣り合っているから、とり持ってやってもいい. ②年格好.
年幼 niányòu ⇒[幼年]
年命 niánmìng 寿命(を定める運命)
年末 niánmò 年末.[~收市]年末の最終取引.
年内 niánnèi 年内.[~还要出一趟 tàng 门儿]年内にどこかに出かけるかもしれません.
年年 niánnián 毎年.[~月月]毎年毎月.[~防歉 qiàn 夜夜防贼]毎年凶作を防ぎ、毎夜賊を防ぐ.〈喩〉常々心がけて不慮に備えること.
年票 niánpiào 年間通し切符.年間パス:公園入場券・道路通行料金など.[~制 zhì]同前の制度.
年谱 niánpǔ 年譜.
年前 niánqián 新しい年の来る前.昨年(の末).[~我还去过一趟呢]昨年やはり1回行きましたよ.
年青 niánqīng ①若い:青少年期にある.[~人]若

年粘鮎黏　　　　　　　　　　　　　　　　　　　　　　　　　　　nián

者.〔~的一代〕若い世代. ②若々しい.
年轻 niánqīng ①年が若い.〔他还~〕彼はまだ若い.〔~(的)人〕若者.若い人.〔~力壮 zhuàng〕〈成〉年が若くて体力がある.血気盛んである.〔~气盛 ~成〕年が若くて鼻っぱしが強い. ②年下である.(相対的に)若い.
年轻轻 niánqīngqīng 年若いさま.
年三十 niánsānshí　⇒〔除 chú 夕〕
年少 niánshào ①年が若い.若年である.〔~气锐〕〈成〉年が若くて意気込みがある.〔~青少年.
年深日久 niánshēn rìjiǔ ＝〔年陈日久〕〔年多日久〕〈成〉年月が久しくなる:〔日は〔月〕〔岁〕ともいう.〔这种病一~了,就不大容易治〕この種の病気は長びくと治りにくくなる.
年审 niánshěn 年定期審査・検査.
年剩余价值率 niánshèngyú jiàzhílǜ 経年間剰余価値率.
年时 niánshí ①〈文〉昔のこと.以前.往年. ②⇒〔年头儿③〕
年市 niánshì 年の(暮れの)市.春節に先だつ市.
年事 niánshì 〈文〉年齢;加齢による経験の深さ.
年时 niánshí 〈方〉去年.〔他们是~才结婚的〕彼らは去年結婚したばかりだ.
年收入 niánshōurù 年収入.
年寿 niánshòu 寿命.
年岁 niánsuì ①年齢.〔上了~的人〕年とった人.〔~大〕年齢が高い. ②時代.時世.(比較的経っている)年数.〔有~了〕年数がたっている.〔因为~久远,当时的情况已记不清了〕ずいぶん古い時代のことなので当時の詳しい様子をはっきりと覚えていない. ③〈方〉(農作物の)作柄.
年同比 niántóngbǐ 国前年同期比.
年头 niántóu 年のはじめ.
年头儿 niántóur 〈口〉①時代.時世.〔在这个~,规矩的人是吃亏的今のご時世では正直者は馬鹿をみるのだ. ②年(ピ).年回り.〔今年是闹流行性感冒的~〕今年はインフルエンザのはやる年回りだ. ③〔年时〕(1年の)年数.〔我到北京有三个~了〕北京へ来てから足掛け3年になります.〔他干这行,有~了〕彼はこの仕事を長年やってきた.〔事后有~了,详情不好查明だいぶ長い年月がたっているから,詳細は調査しようがない. ④農作物の作柄.〔今年~好〕今年の収穫はよい.
年尾 niánwěi ⇒〔年底〕
年息 niánxī ⇒〔年利〕
年下 niánxia 〈口〉春節(旧正月)前後.〔大~的,别做活儿了〕正月じゃないか,仕事なんかやめろよ.
年限 niánxiàn 年限.規定の年数.
年宵 niánxiāo 〈文〉旧正月の前に開かれる花市場.〔~市〕同前.〔~花〕~花卉〕旧正月に飾られる生花.
年薪 niánxīn 年俸.年給.〔~制 zhì〕年俸制.
年兄 niánxiōng ⇒〔年谊〕
年夜 niányè (旧暦の)大みそかの夜.除夜;広く大みそかをもいう.ふつう〔除 chú 夕〕という.〔~饭〕〔年饭〕同前に食べる食事.〔~钟〕大晦日に打つ鐘.
年谊 niányì 回同年に科挙の試験に合格した者同士:お互いの家庭を〔年家〕,相手方の先輩を〔年伯〕,同輩を〔年兄〕,後輩を〔年家子〕という.→字解⑦
年幼 niányòu 幼少である.年若い.
年逾 niányú (年が…を越し)〔~大衍〕〔~半百~成〕年が50を越す.〔~六旬〕年が60歳を越す.
年月 niányuè ①年月. ②時代.ご時世.〔什么~!〕何という時世だ.
年长 niánzhǎng 年をとっている.年が多い. ②

〈文〉年をとる.年齢が増す.
年账 niánzhàng 年末の決算:〔年结①〕に同じ.〔~主 zhǔ〕国年末払いの客.
年纸 niánzhǐ 正月に用いる紙製の黄銭・掛金・神像・門に貼る対聯など.→〔挂 guà 钱(儿)〕〔黄 huáng 钱〕
年祉 niánzhǐ ＝〔喜 xǐ 祉〕年賀状の結尾に先方の幸福を祝するために用いる語.〔顺候〕〔膺〕まずは新年の祝詞言上まで.
年中 niánzhōng ①年の中ごろ:6,7月期. ②1年中.年中.
年终 niánzhōng 年末.歳暮.〔~病〕〔喻〕年末になって慌てて仕事や会議などをやること.〔~结账〕年末の結算(をする).〔~津 jīn 贴〕年末手当.〔~加薪〕年末増薪.
年壮 niánzhuàng 壮年.血気盛んな年頃.
年资 niánzī 経験年数とキャリア.〔打破~框框〕年功序列の枠を超える.〔建设对勤杂人员实行~工资制〕雑役夫に対して経験年齢給制度を実施するように建議する.
年总 niánzǒng ⇒〔年结①〕
年租 niánzū 1年分の借り賃・年賃・租税など.
年尊 niánzūn 〈文〉年をとっている.年長である.〔~辈长 zhǎng〕年上で目上の世代である.
年祚 niánzuò 〈文〉①立国後の年数.君位にあった年数. ②寿命.

[**粘**] nián 〈姓〉粘(欠).〔~竿 hǎn〕囚金の有名な武将.→ zhān

[**鲇・鲶(鲶)**] nián 魚貝ナマズ:〔~鱼 yú〕は通称.〔电 diàn ~〕デンキナマズ.〔胡 hú ~〕ヒレナマズ.

[**黏**] nián ①ねばりつく.つきまとう. ②＝〔粘 zhān〕 ①ねばっこい.〔胶 jiāo 水係~〕ゴムのりは非常にねばる. ③(囲碁で)つぐ.かけつぐ.
黏巴 niánba 〈口〉ねばりつく.はりつく.
黏缠 niánchan ＝〔方〕淹 yān 缠〕〈方〉①まつわりつく.〔你别老这么~不清的〕いつもぐっすかせたてはいけない. ②しつこい.長びく.〔糖尿病就是这么~人,一时好不了 liǎo〕糖尿病は全くしつこいから,なかなか治らない.
黏虫 niánchóng 国ヨトウムシ:ヨトウガの類の幼虫で,野菜類を食害する.〔剃 tì 枝虫〕〔行 xíng 军虫〕〔芽 yá 枝虫〕〔方~好 zǐ 蚄〕ともいう.
黏稠 niánchóu どろりと濃い.〔~液 yè 体〕同前の液.
黏度 niándù 粘度.粘着度:〔黏滞系数〕に同じ.〔~计〕粘度計:流動体の粘度・粘性を計るもの.
黏附 niánfù ぴったりはりつく.粘着する.
黏竿 niángān 〔~子〕とりもち竿.もち竿.〔用~粘 zhān 鸟儿〕もち竿で鳥をとる.
黏糕 niángāo もち米(の粉)でつくった餅.→〔年糕〕
黏高粱 niángāoliáng もちコーリャン:〔黏蜀黍〕ともいう.
黏谷子 niángǔzi (脱穀していない)もちあわ.→〔黏小米〕
黏合 niánhé はりつける.はりつく.〔~剂 jì〕〔黏胶〕〔胶 jiāo 合剂〕接着剤.
黏糊糊(儿) niánhūhū(r)〔黏乎乎(儿)〕とも書く.ねばねばした.
黏糊 niánhu ＝〔方〕腻 nì 糊儿〕①ねばつく.〔今儿的小米粥熬 áo 得真~〕今日の粟がゆは非常にねばつく(程度にまだよく煮えた). ②動きがにぶい.元気のない.のろのろしている.〔别看他平时~,有事的时候比谁都利索〕彼はふだんぼんやりとしているが,何か事が起きた時にはきびきびとしている.
黏胶 niánjiāo ①化ビスコース.〔~丝〕ビスコース

nián～niǎn 黏恁捻撵辗碾

糸.〔～纤维〕ビスコース繊維. ②⇒〔黏合剂〕

黏结 niánjié しっかりと付着する.接着する.〔富于～性〕膠着性が強い.〔～舌〕のり代(⸍).→〔胶 jiāo 结〕

黏菌 niánjūn 生物粘菌.変形菌.

黏力 niánlì 粘着力.

黏米 niánmǐ ①もちごめ.→〔糯 nuò 米〕 ②〈方〉(精白した)もちきび.→〔黍 shǔ 子〕

黏膜 niánmó 生物粘膜.

黏皮带骨 niánpí dàigǔ 〈成〉①融通がきかないこと.ぐどぐどしくきっぱりしない.

黏儿 niánr 〈方〉どろどろした糊状のもの.やに.〔松树出～了〕松の木からやにが出た.

黏涎 niánrxián 〈方〉①言葉がはっきりしない.②話がくどい.〔听他这份～的〕彼の話のくどいのには閉口だ.

黏肮 niánruǎn 化ムチン.→〔肮〕

黏湿 niánshī ねばねばする.

黏蜀黍 niánshǔshǔ ⇒〔黏高粱〕

黏土 niántǔ 粘土.〔韧 rèn 泥〕ともいう.〔～细工〕粘土細工.

黏土火砖 niántǔ huǒzhuān ⇒〔耐 nài 火砖〕

黏趸儿 niánzánzi →〔哈 hā 喇子〕

黏涎 niánxian 〈方〉くどくどとうるさい.〔～人〕しつこい人.〔他这人真～,别理他了〕あの人は実にしつこい、相手にしない方がいいよ.〔他醉得说话透着～〕彼は酔っているので言うことがひどくくどい.→〔黏儿涎儿〕

黏小米 niánxiǎomǐ (精白した)もちあわ.→〔黄 huáng 米〕に同じ.

黏性 niánxìng 粘着性.ねばり(気).〔～大〕〔～強 qiáng〕腰が強い.〔～有～〕粘りがある.〔～土壤〕粘土質土壌.〔～煤 méi〕粘結炭.

黏液 niányè (動植物の)粘液.〔～性水肿〕医粘液水腫.

黏滞 niánzhì ①ぐずぐずする.さっぱりしない.〔你怎么今儿这么～起来了〕君はどうして今日はこうもぐずぐずしているのかね. ②物(液体の)粘性.〔～系 xì 数〕粘度.

黏着 niánzhuó ①粘着する.付着する.〔～力〕物粘性. ②にかわづけする.

黏着语 niánzhuóyǔ 国語膠(⸋)着語言.〔～素 sù〕膠着語素.

黏子 niánzi 〈方〉①糊. ②(街頭での)かたり.寸借詐欺.さくら.

〔**恁**〕 **niǎn**〈文〉汗をかくさま.〔～然 rán 汗出〕汗が出る.

〔**捻**（**撚**）〕 **niǎn** ①指で捻(ǟ)る.指でひねる.(糸などに)よりをかける.〔～成纸坚儿〕紙をよってこよりにする.〔～不动〕(堅くて)よれない.指でひねっても動かない.→〔拈 niān ①〕 ②〔一儿〕ひも,または帯状のもの.〔麻 má～儿〕麻のこより.〔灯～儿〕灯心.〔纸～儿〕紙で作ったこよりのような形の灯芯.〔油纸～儿〕油紙をよって作った紙より.紙燭. ③⇒〔捌 lǎn〕

捻把儿 niǎnbàr 〔表 biǎo 把儿〕

捻度 niǎndù 紡より数.

捻匪 niǎnfěi →〔捻军〕

捻缝 niǎnfèng 〈方〉(清 qīng 涼 liáng 缝〕

捻军 niǎnjūn 史清嘉慶年間(1852年～1868年)の安徽北部・河南一帯の農民蜂起軍:この地方の農民は祭の時に,捻(油纸捻り)を燃して蛇踊りをする風習があった.咸豊・同治年間これらは党を結び,山東・江蘇・安徽・湖北・湖南など各省に蔓延し,ついで"西捻""東捻"に分かれ,太平天国と相呼応して"東捻"は河北・山東に,"西捻"は陝西で軍

と戦った.〔捻匪〕〔捻子③〕は蔑称.→〔太 tài 平天国〕

捻捻转儿 niǎnnianzhuànr ①ひねり独楽(⸌). ②旧出世双六(⸇⸉)をする時,骰子(⸏⸋)がわりに用いる四角のこま:四面に〔德〕〔財〕〔功〕〔脏 zāng〕の4字がある.〔～〕出世双六で遊ぶ.→〔升 shēng 官图〕〔陀 tuó 螺〕

捻钱 niǎnqián 銭をころがして遊ぶ遊戯.

捻儿 niǎnr ①こより.〔纸～〕同語. ②こより状のもの.〔药～〕花火の口火(紙に火薬を入れこよりにしたもの).〔灯～〕灯芯.

捻绳子 niǎnshéngzi 縄をよる.縄をなう.〔搓 cuō 绳子〕に同じ.

捻丝 niǎnsī 糸をよる.

捻碎 niǎnsuì ひねりつぶす.

捻线 niǎnxiàn 糸をよる.〔～机〕紡撚糸機.〔～绸〕よりをかけた糸で織った縮緬(⸎⸍)の一種.

捻须 niǎnxū 鬚(⸋)をひねる.

捻针 niǎnzhēn 中医特定の部位(経穴)に鍼を刺入してくるくる回す(鍼療法).

捻指间 niǎnzhǐjiān 〔喩〕一瞬.

捻转儿 niǎnzhuànr ①手でひねり回すこと. ②〈方〉食エンポツの一種を粉にして作った麺.

捻子 niǎnzi ①こより状のもの.〔药～〕花火の導火線. ②(ろうそく・ランプなどの)芯(⸌). ③→〔捻军〕

〔**辇**・**輦**〕 **niǎn** ①国手でひく車.手車. ②天子の乗り物.〔龙车凤～〕同前. ③車をひく. ④載せる.

辇毂下 niǎngǔxià 同下.

辇下 niǎnxià 〔辇毂下〕〈文〉天子のおひざもと.帝都.

〔**撵**・**攆**〕 **niǎn** ①追い出す.追い払う.〔～不开〕追い払えない.〔～出去〕追い出す.〔把他～去〕彼を追い出す.〔～出去〕退陣を迫る.責任ある地位をやめさせる.〔你瞧这人山人海的,谁也～不动呀！〕どうです,この人の山,人の海では誰にせよ追い出せるものではありませんよ.〈方〉追いかける.追いつく.〔他～不上我〕彼はおれに追いつけない.〔干活没有一个妇女～得上她,炕上的剪子,田里的镰刀,都是利落手〕(周・暴)仕事は一人として彼女に及ぶ女はいない,針仕事でも,畑仕事でも立派なものだ.

撵跑 niǎnpǎo 同下.

撵走 niǎnzǒu 〔撵跑〕追い出す.放逐する.〔被房主～〕家主に追い出される.〔没事情净看热 rè 闹的都给～!用事もなく,ただ物見しているだけの者は皆な追い出せ.〔那些流 liú 氓叫警察给～了〕その浮浪者たちは全部警察に追い払われた.

〔**辗**・**輾**〕 **niǎn** ⇒〔碾〕 → zhǎn

〔**碾**〕 **niǎn** ＝〔辗〕①穀類を石臼でひいて精白する.→〔米厂〕精米工場. ②精米に用いる石臼.〔石～〕同前. ③ローラーをかけて地面を平らにする.〔～平路面〕同前. ④ローラー.〔汽～〕〔子～〕蒸気ローラー(路面を平らにし固めるために使う). ⑤〈文〉磨いて作る.(原石を)玉に磨き上げる.

碾毙 niǎnbì ひき殺す:〔碾死〕ともいう.

碾茶 niǎnchá ①茶をひく. ②ひき茶.

碾场 niǎncháng 脱穀場でローラーで脱穀する.

碾船 niǎnchuán 薬研(⸍⸌):〔药 yào 碾子〕ともいう.

碾坊 niǎnfáng 精米所.製粉所:〔碾房〕とも書く.

碾谷子 niǎngǔzi 粟をひいてひく.

碾磙子 niǎngǔnzi →〔碾砣〕石臼のローラー.→〔碾子①〕

碾米 niǎnmǐ 精米(する):米をローラー用の石でひ

碾蹍廿念　　　　　nián～niàn

いて精白すること．〔～机〕精米機．→〔碾坊〕
碾磨 niǎnmò ①⇒〔碾碎〕　②ローラーの形をした石臼．
碾盘 niǎnpán 石臼の台．→〔碾子①〕
碾棚 niǎnpéng 粉ひき小屋．
碾平 niǎnpíng ＝〔碾压①〕ローラーをかけて平らにする．〔汽碾子把石子路都～了〕スチームローラーが砂利道をすっかり圧し固めて平らにした．
碾伤 niǎnshāng 車にひかれて負傷する．
碾碎 niǎnsuì ＝〔碾磨〕臼でひき粉砕する．ローラーでひき砕く．〔把石子～〕小石をひき砕く．〔～机〕粉砕機．
碾砣 niǎntuó ⇒〔碾磙子〕
碾轧 niǎnyà ①⇒〔碾压〕　②（車輪などが）地面を圧しつける．〔用担克～〕戦車で押しつぶす．
碾子 niǎnzi ①粉ひき・精米などに用いる大石臼：円形の大きい石臼の台の中央に枢(しんぎ)が立っており，このしん木に木の軸のついた大きく長い石ローラーの一端を連結し，他端にロバをつないで石臼の周りを回転させる．このローラーを〔碾砣〕といい，台臼を〔碾盘〕という．〔石～〕同前．〔推～〕石臼を回す．〔拉～〕馬や牛などで石臼を回す．　②ローラー．〔药 yào ～〕〔碾船〕薬研(やげん)．〔汽 qì ～〕（道路構築などに用いる）蒸気ローラー．

〔蹍〕 niǎn ＜方＞踏む．〔～碎 suì〕踏みくだく．

〔廿（卄）〕 niàn ＝〔念⑩〕二十の別称：三十を〔卅 sà〕，四十を〔卌 xì〕という．〔本月念五日〕本月25日．
廿四史 niànsìshǐ ⇒〔二 èr 十四史〕

〔念（唸）〕 niàn （Ⅰ）〔念〕①想う．心にかかる．懐かしく思う．〔惦 diàn ～〕心に思う．気にかける．〔怀～故人〕旧友を懐かしく思う．〔不～旧恶〕他人の古い悪事を気にかけない．〔～着父母〕父母を慕う．〔清释～〕＜喩＞何とぞご放念下さい．〔永远～你的好处〕ご好意は永久に忘れません．〔姑 gū ～平日工作尚肯努力，免予处分〕＜公＞平素の働きを斟酌(しんしゃく)して，処分は見合わせる．　②考え．意原．〔一～之差 chà〕ちょっとした考えの違い．〔不该有这种～头〕こういう考えを持つべきではない．＜姓＞念(ねん)

（Ⅱ）〔唸〕①声を出して読む．〔他每天早上～汉语〕彼は毎朝中国語を読む．〔和尚～经〕坊さんが読経する．　②学校に行き勉強する．〔在大学里～书〕彼は大学で勉強している．〔我～文科〕わたしは文科の学生です．→〔读 dú ②〕　③＜方＞うなる．（Ⅲ）〔廿〕の大(だい)字．二十．

念白 niànbái ①→〔道 dào 白〕　②字音を読みまちがえる．〔他～了几个字〕彼は何字か読みまちがえた．→〔白字〕
念叨 niàndao 〔念道〕とも書く．＜口＞①心を離れぬ思いが言葉に出る．気にかけていてつい口に出す．〔刚一～您，您就早习了たった今おうわさをしていたのりました．〔他直～着您，说您老没露面〕彼はずっとあなたのことを心にかけていて，人と会うたびに会えないと言っています．　②口の中でつぶやく．　③＜方＞話す．討議する．
念佛 niànfó ①念仏する．〔吃斋 zhāi ～〕精進して念仏する．　②仏恩を報謝する．
念挂 niànguà 気にかける．気にかかる．
念叽咕儿 niànjīgur ＝〔念喜歌儿〕悲観予言や呪咀の語を発する．〔人家已经愁 gòu 烦的了，还禁得住你～〕相手はとても忙しいんだ，君にまでつべこべ言われたくない．　②口出しをしてまぎかえす．〔旁 páng 边有人～真叫人

心烦〕そばであれこれ差し出口をするので，うるさくてたまらない．
念记 niànjì 気にかける．心配する．〔～着去中国留学的儿 ér 子〕中国へ留学へ行った息子を気にかけている．
念紧箍儿咒 niàn jǐngūrzhòu たがをしめて痛めつける：『西遊記』で孫悟空が反抗すると，三蔵法師は呪文を唱えて孫悟空の頭の箍(たが)をきりきりとしめつけること．
念经 niànjīng ＝〔拜 bài 忏〕〔唪 fěng 经〕読経する．
念旧 niànjiù ＝〔感 gǎn 旧〕旧友を忘れない．昔のことを忘れない．〔他还不失为君子，尚有～之心〕彼はまだ君子としての資格を失っていない，旧友を辞しない気持ちがある．〔您难道不～了吗〕まさか旧友をどうでもいいというのではないでしょうね．
念念不忘 niànniàn bùwàng ＜成＞始終心に考えている．絶えず念頭にある．〔对祖国的命运和民族的前途～〕祖国の運命と民族の将来をいつも心に置いて忘れない．→〔念兹在兹〕
念念有词 niànniàn yǒucí ＜成＞①⊟迷信のある人が口に呪文や祈りを唱える．　②何かぶつぶつ言う．絶えず言っている．〔他常常口中～〕彼はいつもつぶやいている．
念诗 niànshī 詩を朗読する．詩を口ずさむ．→〔吟 yín 诗〕
念书 niànshū ①声を出して本を読む．　②読書する．　③学校に入り勉強する．〔我在某大学～〕私は某大学で勉強しています．→〔读 dú 书②〕
念熟 niànshú 熟読する．よく読んで覚える．
念四史 niànsìshǐ ⇒〔二 èr 十四史〕
念诵 niànsòng ①読誦する．朗読する．②＜白＞心にかける．心配して口に出す．〔念叨①〕に同じ．〔刚才老太太还～呢，可巧就来了〕(紅3)今ご隠居様が心配なさっていたところですが，ちょうどよくおいでなさいましたね．
念头 niàntou 考え．思い．漠然とした思い．〔转～〕思案をめぐらす．考えを変える．〔这～不好〕この考えはよくない．→〔主 zhǔ 意〕
念完经打和尚 niànwánjīng dǎhéshang 〔諺〕お経を上げすませてから坊主をぶん殴る．＜喩＞用が済めば邪魔者扱いする．
念慰 niànwèi 哀悼し慰める．
念物 niàn‧wù ＜口＞記念品．
念喜歌儿 niànxǐgēr ①他人に対して予言的にめでたいことを言う．〔～的〕祝いごとのある家の門前でめでたい歌をうたって金銭をもらう物乞い．　②⇒〔念叽咕儿①〕
念心儿 niànxīnr 〔念信儿〕〔念想儿 xiangr〕〔念相儿〕＝〔纪念品〕〔纪 jì 念品〕に同じ．〔这个给你作个～〕これは記念品として君にあげるよ．〔我这病怕不能好了，你拿着这个作个～吧〕わしの病気はよくならないと思うからこれを形見に持っておくれ．
念央儿 niànyāngr 〔念秧儿〕とも書く．＜方＞①遠回しに言う．〔你要有意见就直 zhí 接提，别～〕意見があったら率直に言え，なぞをかけるな．〔他想那么办，又怕 pà 大家不赞成，只好在一边儿～〕彼はあのようにやりたいのだが，皆が不賛成を唱えるかもしれないので，仕方なくかたわらで遠回しに言っている．　②甘言で人をわなにひっかける．〔他跟我～来着，幸 xìng 亏我没上当〕彼はぼくをわなにひっかけたが，幸いにだまされなかった．〔他跟我～，说买什么可以发财，便我动了心，饶 ráo 出了钱，还当了秩子〕彼のにひっかけられて，これを買えばもうかるなどと言ってぼくの心を動かし，さんざん金を出させて，

nian~niǎo

結局好(ッ)い鴨にされてしまった.→[局 jú 騙]
念咒 niànzhòu 呪文を唱える.祈る.[~治鬼]祈って悪霊をはらい清める.
念珠(儿) niànzhū(r) ⇒[数 shù 珠(儿)]
念茲在茲 niànzī zàizī <成>考えていることはこれだ.いつもこれを考えている.[开始编辞典以来,~脑 nǎo 子里想的就是这个事]辞典の編纂を始めてからというものは、頭の中はいつもそのことで一杯だ.→[念念不忘]

[埝] niàn
田のあぜ.小さな土手.[~埂 gěng] 同前.[打~]同前に築く.[河~]川の土手.

niang ㄋㄧㄤ

[娘(孃)] niáng
①母親.[爹 diē~]父と母.[后~][后妈]継母.→[妈 mā ①][母 mǔ ①] ②若い女.むすめ.[姑~ gū niang ①]むすめ.[新~]花嫁.新婦. ③年長の女性に対する呼称.[〔大~〕おばあさん.[<文>人妻.⑤→[娘娘]

娘家 niángjia ①(嫁に行った女の)実家.里方.↔[婆 pó 家] ②<喻>かつて生活・学習・勤務を長く続けた場所.
娘舅 niángjiù ⇒[母 mǔ 舅]
娘老子 niánglǎozi ①父と母.おやじとおふくろ. ②<方>母親.
娘们儿 niángmenr <方>①女たち.女性(がた).→[娘们②] ②妻.[爷 yé 们儿]
娘娘 niángniang ①女神(特に子宝の)名.[子孙~]子授けの女神. ②<方>(父の姉妹にあたる)おばさん.[斑 bān 疹~][痘 dòu 疹~]疱瘡よけ女神. ③<方>(父の姉妹にあたる)おばさん.[姑 gū 姑]に同じ. ④<口>皇后.貴妃.[太后~]皇太后.
娘娘庙 niángniangmiào =[<文>奶 nǎi 奶庙]子授けの神様の社.
娘娘腔 niángniangqiāng ①(男性の話し方が)女っぽいこと. ②めめしさ.→[婆 pó 婆妈妈]
娘亲 niángqīn 母:主に京劇のせりふに使う.[老~]ともいう.
娘儿 niángr =[娘们儿]母と息子.母と娘.[~俩 liǎ]母と子(の二人).[~仨 sā]母と子(の三人)→[爷 yé 儿]
娘儿们 niángrmen <方>①同上. ②おなご(たち):軽んじた言い方.[刚才有个~来找你]今しがた女がきみを尋ねて来たよ. ③<方>妻.
娘(儿)母子 niáng(r)mǔzi <白>母.母と(男の)子.
娘杀 niángshā <方><罵>ばかやろう.
娘胎 niángtāi 母胎.[不是一出了一就瞎的]生まれながらの盲目ではない.
娘姨 niángyí <方>①女中.子守り女.お手伝いさん. ②母の姉妹.おばさん. ③父の妾(めかけ).→[阿 ā 姨]
娘子军 niángzǐjūn ①唐高祖(李淵)の娘の平陽公主が率い,高祖の天下平定を助けた軍隊. ②女性部隊. ③<転>女性で作ったグループ・チーム.
娘子 niángzi <方>妻.[<尊>年少・中年の女性に対する尊称.

[酿・釀] niàng
(酒・醤油などを)醸造する.かもす.[~酒]酒をかもしつくる.酒.[佳 jiā~]<文>上等な酒. ③蜜蜂が蜜をつくる.だんだんとつくり出す. ④多くの原因により漸次事がおこること.[层层的官僚主义~成这次的灾祸]多くの官僚主義が今回の災

禍をかもしだした. ⑤料理法の一:肉・魚・海老などのみじん切りを冬瓜やピーマンに詰めこんで,油で揚げたり,蒸すこと.
酿吧 niàngbā ワイン醸造所風のバー.
酿成 niàngchéng しだいに形成する.かもし出す.[~事端]物議をかもす.[小错不改就会→大错]小さな誤りを改めないと大きな誤りのもとになる(を招く)
酿祸 niànghuò 災いをかもす.災禍を醸成する.
酿酒 niàngjiǔ 酒を醸造する.[~厂]造り酒屋.酒の醸造所.[~业 yè]醸造業.
酿酶 niàngméi ⇒[酒 jiǔ 化酶]
酿蜜 niàngmì (蜜蜂が)蜜を作る.
酿母菌 niàngmǔjūn ⇒[酵 jiào 母菌]
酿脓 niàngnóng 医化膿を起こす:[化 huà 脓]に同じ.
酿热物 niàngrèwù 農有機物の発酵によって熱を発生するもの:温床の加熱に使用される.
酿造 niàngzào ①(酒・酢・醤油などを)醸造する. ②かもし出す.[~幸福生活]幸せな生活を同前.
酿制 niàngzhì 醸造する.

niao ㄋㄧㄠ

[鸟・鳥] niǎo
①[~儿]鳥.[小~儿]小鳥.[~类]鳥類. ②<姓>同前.(ぢょう) → diǎo

鸟巢 niǎocháo ①鳥の巣:[鸟窝]に同じ. ②北京オリンピック(2008年)のメインスタジアムの俗称.
鸟巢蕨 niǎocháojué 植オオタニワタリ:チョウセンシダ科.
鸟虫书 niǎochóngshū =[虫书][虫篆]紀元前14~11世紀におこった銅器銘文すなわち鐘鼎文は春秋後期呉越などの国になってから,筆画に鳥や虫の足跡に象(ぞ)った線が加えられ装飾性に富むものが生まれた.これを[~]という.秦代の[八体(书)]の一.武器に刻まれ旌幡に書かれ,印章文字としても用いられた.[龙 lóng 虎书][鸟虫篆]は別称. ②虫がものをむしばんだ跡:篆書に似ている.
鸟铳 niǎochòng ⇒[鸟嘴铳]
鸟雏 niǎochú 幼鳥.ひな.
鸟蛋 niǎodàn 小鳥の卵.
鸟道 niǎodào =[鸟途]<喻>険しい山道.
囮子 niǎo'ézi =[鸟媒]
鸟粪 niǎofèn 鳥糞.[~层 céng]同前が層をなしてるもの.
鸟革翠飞 niǎogé huīfēi <成>宮殿の美麗なこと:鳥が羽根を張り広げて高く飛ぶさまのように建物が華麗(壮麗)なこと.
鸟害 niǎohài 鳥による被害.
鸟喙 niǎohuì =[长 cháng 颈鸟喙]
鸟集鳞萃 niǎojí líncuì 鳥が集まり魚が集まる.<喻>たくさん集まること.
鸟尽弓藏 niǎojìn gōngcáng ⇒[飞 fēi 鸟尽,良弓藏]
鸟举 niǎojǔ <文>鳥が飛ぶ.<喻>あちこち敏速に移り住むこと.
鸟瞰 niǎokàn ①鳥瞰(かん)する.見おろす.俯瞰する.[从飞机上~水库]飛行機からダムを見下ろす. ②概観する.[世界大势之~]世界大勢の概観.[~图 tú]鳥瞰図.空瞰図.
鸟类 niǎolèi 鳥類.
鸟里 niǎolǐ 直線距離を計った里数:地図作成の際に用いる.
鸟笼(子) niǎolóng(zi) 鳥かご.
鸟毛蕨 niǎomáojué 植ヒリュウシダ.

niǎo～niē

鸟媒 niǎoméi =〔鸟囮子〕おとり.→〔圈 yóu 子〕
鸟面鹄形 niǎomiàn gúxíng ⇒〔鸠 jiū 形鹄面〕
鸟枪 niǎoqiāng ①〔旧〕鳥打ち銃.〔～换炮 pào〕猟銃を大砲に換える.〔喩〕物事が大いに良い方へ変わること.②⇒〔气 qì 枪〕
鸟雀 niǎoquè 鳥.鳥類.
鸟儿 niǎor 〈口〉小鳥.〔好几只～〕何羽もの小鳥.
鸟市 niǎoshì 小鳥市店.
鸟兽 niǎoshòu 鳥獣.〔作～散 sàn〕〔如～散〕算を乱して逃げる.くもの子を散らす.〔～行 xíng〕鳥獣の如き行為.乱倫の行.
鸟途 niǎotú ⇒〔鸟道〕
鸟王 niǎowáng 百鳥の王.鳳凰(ほうおう).
鸟窝 niǎowō 鳥の巣.
鸟彝 niǎoyí 鳥類の模様の刻してある祭祀用の鼎(かなえ)や鐘などの青銅器.
鸟友 niǎoyǒu 愛鳥家仲間.
鸟语 niǎoyǔ 鳥のさえずり.〔～花香〕花香～〕〈成〉春のうららかなさま.
鸟葬 niǎozàng 鳥葬:死者を鳥のついばむのに任せる葬法.チベットなどにある風習.→〔天 tiān 葬〕
鸟爪 niǎozhǎo (仙人の)指の繊細なこと.〔玉貌 mào～〕みめ麗しく手や爪がかぼそくきれいである.
鸟箸 niǎozhòu 同下①
鸟篆 niǎozhuàn ①=〔鸟箸〕古文の篆書の鳥の足跡に似た字体.→〔鸟虫书〕②篆書のような形をした鳥の足跡.
鸟嘴 niǎozuǐ 鳥のくちばし.
鸟嘴铳 niǎozuǐchòng =〔鸟铳〕圈鉄砲の一種.

〔茑·蔦〕 niǎo 圃ヤブサンザシ;〔华 huá 茑〕の古称.
蔦萝 niǎoluó ①〈喩〉親戚関係:〔茑〕(ヤブサンザシ)や〔女 nǚ 萝〕(サルオガセ)は松柏にからまって生長する(詩経・小雅).②圃ルコウソウ·ヒルガオ科の蔓性一年生草本.〔金 jīn 丝线〕ともいう.

〔袅·裊(嫋·嬝·裹)〕 niǎo かぼそいさま.しなやかさま.
袅袅 niǎoniǎo ①風がそよそよと吹くさま.〔～兮 xī 秋风〕(楚辞·九歌)秋風そよそよ.②煙などがゆらゆらと立ちのぼるさま.〔炊 chuī 烟～〕飯を炊く煙が同前.③しなやかなさま.〔垂 chuí 杨～〕しだれ柳がしなやかに揺れる.④音声の長く響くさま.音の澄みわたるさま.〔余音～〕(蘇軾·赤壁賦)余音嫋嫋(ふう).
袅袅婷婷 niǎoniǎo tíngtíng =〔婷婷袅袅〕〈文〉(女性の)なよなよと歩くさま.
袅娜 niǎonuó〈文〉①なよなよとしなやかなさま.②(女性の)なよなよした美しいさま.
袅嫋 niǎoxuán〈文〉嫋嫋(ふう)としている.〔余音～〕余音嫋嫋.

〔嬲〕 niǎo ①なぶる.もてあそぶ.たわむれる.②むりやり～する.まつわる.絡み付く.〔～着斗蟋 xī 蟀〕〔喩〕無理強いする(無理に他人を引っ張って…する)
嬲恼 niǎonǎo もてあそんで悩ます.いじめる.

〔尿〕 niào =〔溺〕①尿.小便.〔撒 sā 了一泡 pāo～〕ジャーと小便をした.②小便をする.〔～了一泡尿 suī〕ジャーと小便をした.〔小孩子～裤子〕子どもが小便をしてズボンをぬらす.
→ suī
尿崩症 niàobēngzhèng 医尿崩症.
尿闭 niàobì 医無尿(症).尿閉.
尿鳖(子) niàobiē(zi) ⇒〔夜 yè 壶〕
尿布 niàobù おしめ.〔尿片〕[揩 jiē 子].〔拿～垫起来〕おしめをあてる.〔换～〕おしめを換える.

尿床 niàochuáng =〔尿炕〕寝小便(をする).〔有的孩子有经常～的毛病〕しょっちゅう寝小便をするせの子どがいる.
尿胆素 niàodǎnsù 医ウロビリン:腸管内でビリルビンが腐敗菌の作用により生ずる赤褐色の胆汁色素.
尿道 niàodào 生理尿道.〔～栓 shuān〕尿道座剤.〔～炎 yán〕医尿道炎.
尿毒症 niàodúzhèng 医尿毒症.
尿肥 niàoféi 人畜糞尿の肥料.
尿缸 niàogāng 小便桶.
尿壶 niàohú しびん.しゅびん;〔夜 yè 壶〕の別称.→〔尿盆(儿)〕
尿急 niàojí 医排尿切迫.
尿检 niàojiǎn 医尿検査:ドーピング検査も含む.〔尿样检测〕ともいう.〔尿样〕は検査用に採取した尿.〔～结果呈阳性〕尿検査の結果は陽性だ.→〔血 xuè 检〕
尿碱 niàojiǎn 小便から沈澱·結晶する灰白色の物質(便器などに付着する):これから精製した薬を中医人中白〕という.成分は尿酸カルシウム.
尿炕 niàokàng ⇒〔尿床〕
尿流屁滚 niàoliú pìgǔn ⇒〔屁滚尿流〕
尿路 niàolù 生理尿路:腎から尿管,膀胱,尿道を通り,尿を体外に排出する一連の導管.〔～结石〕医尿道結石.
尿脑 niàonǎo〈口〉おしっこする.→ niàosuī
尿盆(儿) niàopén(r) =〔夜 yè 盆儿〕女性用のしびん.しゅびん;〔父关 guān 防盆儿〕ともいう.男の見るべからざるもの.〔马 mǎ 桶〕
尿片 niàopiàn ⇒〔尿布〕
尿频 niàopín 医頻(ひん)尿.
尿器 niàoqì =〔夜 yè 壶〕
尿失禁 niàoshījīn 医尿失禁.
尿素 niàosù 化尿素.→〔脲〕
尿酸 niàosuān 化尿酸:〔溺 niào 酸〕とも書く.人畜の尿中にある有機化合物で化学名は〔三 sān 羟基嘌呤〕(トリヒドロキシプリン)
尿酸性关节炎 niàosuānxìng guānjiéyán =〔痛 tòng 风〕医尿酸性関節炎.
尿 niàosuī 小便をする.→ niàoniào
尿桶 niàotǒng 小便桶.→〔尿盆(儿)〕
尿血 niàoxiě 血尿(をする).
尿液 niàoyè 尿.尿液.
尿意 niàoyì 尿意.
尿潴留 niàozhūliú 医排尿困難症.

〔脲〕 niào 化尿素:複音節語に用いる.単独で用いる時は〔尿素〕という.〔～酸 suān〕〔脲酸〕尿酸.〔～树 shù 脂〕尿素樹脂.〔乙 yǐ 酰～〕アセチル尿素.〔硫 liú ～〕チオ尿素.〔～酯 zhǐ〕〈音訳〉乌 wū 拉坦〕ウレタン.〔～醛 quán 塑料〕尿素フォームアルデヒドプラスチック.

〔溺〕 niào ⇒〔尿〕→ nì

nie ㄋㄧㄝ

〔捏(揑)〕 niē ①(親指とほかの)指でつまむ.〔把面里的小石子儿～出来〕粉の中の小石をつまみ出す.→〔拈 niān〕②指でひねる.指でこねる.〔～泥人儿〕泥人形を指でこねて作る.〔～饺 jiǎo 子〕ギョーザを作る.〔～江米人儿〕しんこ細工を作る.③握る.つかむ.〔～一把汗〕手に汗を握る.〔紧拳 quán 头〕しっかとこぶしを握りしめる.④くっつける.合わせて一つにする.〔～在一起〕同前.⑤捏造する.虚構する.〔～造谣言〕

風説を捏造する.〔~报案情〕事件の内容を捏造して報告する.

捏把汗 niēbǎhàn ⇒〔捏一把汗〕

捏报 niēbào ①偽って報告する. ②虚偽の報告.

捏称 niēchēng 偽って申し立てる.

捏词 niēcí ウソ(をつく). 話をこしらえる. でっちあげる.〔~告人〕間前して, 人を誣告(ぶこく)して訴える.→〔妄 wàng 控〕誣告する.

捏告 niēgào 誣告する. 作り話を報告する.

捏骨縫儿 niēgǔfèngr 回産後12日目に里方から豚肉や羊肉入りのギョーザを作ってきて産婦に食べさせること.

捏咕 niēgu ①⇒〔捏孪③〕 ②⇒〔捏合⑤〕

捏合 niéhé ①寄せ集める. 合わせて一つにする.〔把这些零碎~到一块儿也不少呢〕このばらばらのものを一緒に寄せ集めると少なくもありませんよ. ②間に合わせをする. あり合わせで間に合わせる. ③ぐるになる. 私通する. ④捏造する. 作りごとをする. ⑤=〔捏咕①〕間をとりもつ. 仲人となる.

捏和 niēhé こね混ぜ機.

捏积 niējī 〔捏肌〕〔捏脊〕とも書く. 中医手で子どもの背を按摩して消化不良などの病気を治療すること.

捏款儿 niēkuǎnr 〈方〉おどす.〔捏他的款儿〕彼をおどかす.

捏弄 niēnong ①指先でつまんでいじる. まさぐる.〔他无意识地~着口袋里的钱包〕彼は無意識にポケットの中の財布をいじっている. ②〈贬を〉弄する. 企む.〔罠を〕しかける.〔随便一人怎么行〕やたらに人を操ってはだめだ.〔借着公司的牌子故意~我会社という看板を借りて私をいいように扱う. ③=〔捏咕①〕秘かに話し合う.〔这么大的事情一~就办了是不行的〕こんな大事なことは, あなた達がこっそり話し合ってやってはだめだ. ④捏造する.

捏神捏鬼 niēshén niēguǐ 〈喩〉こそこそとたくらむ. ひそかに悪計を巡らす:〔捏神弄鬼〕ともいう.

捏手 niēshǒu 取っ手. ノブ.〔调整〕調整ノブ.〔回转〕逆転取り手. 運転桿.

捏手捏脚 niēshǒu niējiǎo ⇒〔蹑 niè 手蹑脚〕

捏塑 niēsù 粘土で造形する. 泥人形を作る.

捏酸 niēsuān 自ら大とする. もったいぶる.

捏酸假醋 niēsuān jiǎcù 〈方〉気取る. 思わせぶりをする.〔你吃不吃呢, 干什么这么~的?〕食べるなら食べなさい, 何だってそんなに思わせぶりをするのだね.〔随随便便, 大大方方的好, ~的多肉麻呀〕こだわりのない, おおようなのがいい, ことさらに気取ったりするのがなんとも気持ちの悪い.〔~装 zhuāng 模作样〕

捏铁 niētiě 〈方〉に肝を抜かれる. 驚いてうろたえる. 手を焼く. なすすべがない.〔领导一说话, 群众一起来, 他不就一了嘛!〕指導者が呼びかけ, 民衆がたちあがったら, 彼は手の施しようがないだろう.

捏窝儿 niē wōwor 〈方〉〔窝窝儿〕をひねり回して作りあげる.〈喩〉うそをつきあげる. たくらむ.〔窝窝儿は玉蜀黍(とうもろこし)粉をこねて蒸した餡なしのマントーのようなもの.〔他们两下里就这么~, 不定弄成什么样儿的东西〕彼ら両方がもたれたくらみをやって, どんなものをでっちあげるか知れたものじゃない.〔咱们~骗他们〕ひとつ, 計略を考えて, やつらをだましてやろうじゃないか.

捏陷 niēxiàn ぬれぎぬを着せて人を陥れる.

捏一把汗 niē yībǎhàn =〔捏把汗〕〔捏着把汗〕手に汗握る. ひどく心配する.〔对这件事, 我老捏着把汗, 怕出岔儿〕このことについては, 何かまちがいがおこりはしないかと思って, 始終びくびくしている.〔看热闹儿的人都捏了一把汗〕見物の人は皆手に汗を握った.

捏造 niēzào 捏造(ねつぞう)する.

捏闸 niēzhá ハンドブレーキをかける. 手で(つかんで)ブレーキをかける. →〔闸②〕

捏着把汗 niēzhe bǎhàn ⇒〔捏一把汗〕

捏着鼻子 niēzhe bízi 〈喩〉いやいやながらする. がまんしてやる.〔这件事, 他真是~给你办的〕これは, 彼が本当にいやいやながらやってくれたのだ.

捏住 niēzhù 〈喩〉しっかりつかむ.〔阿Q两只手都~了自己的辫根〕(鲁·Q2)阿Qは両手でしっかりと自分の辫髪の根元をつかんだ.

[苶] nié ①疲れている.〔发 fā~〕〔疲 pí~〕疲れている. 元気がない. ②臓病である.

苶呆 niédāi =〔苶滞〕疲れてぼんやりする. 疲れてぐったりする.〔茶不呆呆〕同前のさま.

苶滞 niézhì 同上.

[乜] niè 〈姓〉乜(ぼう). → miē

[陧(隉)] niè ①〈文〉危ない. ②⇒〔臬③〕 ③〔杌 wù~〕〈文〉不安定なさま.

[涅(湼)] niè ①黑色の染料に用いられるみょうばん石.〔白沙在~, 与之俱黑〕〈諺〉朱に交われば赤くなる. ②〈文〉黑く染める. ③〈文〉不透明である. ④〔~河〕地 山西省にある.

涅白 nièbái 色白濁色.

涅齿 nièchǐ 歯を黒く染める. おはぐろをつける.

涅而不缁 niè'ér bùzī 〈成〉黒の染料で染めても黒くならない.〈喩〉人格が高潔であると周りの悪影響を受けない.

涅蓝 nièlán 色黒ずんだ藍色(の).

涅面 nièmiàn 〈文〉顔に入墨する.

涅槃 nièpán 固〈仏教の〉①涅槃(ねはん):梵語の涅槃那の略. ②僧侶の死=〔圆 yuán 寂〕(円寂)すると もいう.

涅石 nièshí 固明礬(みょうばん)石.

涅字 nièzì 入れ墨する. 墨を入れる. →〔刺 cì 青〕

[聂·聶] niè 〈姓〉聂(じょう).

[嗫·囁] niè 〈文〉①ささやく. 小声でしゃべる. ひそひそ話す. ②口ごもむ. だまる. 口ごもる.

镊口鱼 nièkǒuyú 魚類 フエヤッコダイ.

嗫嚅 nièrú 〈文〉口ごもる. ものを言いかけて口をつぐむ(口をもぐもぐさせる).〔~低语〕同前.

[镊·鑷] niè ①毛抜き. ピンセット:〔~子〕は通称. ②〔毛抜きやピンセットで〕挟む. つまむ.〔~毛〕毛を抜く

镊子 nièzi 毛抜き. ピンセット(総称). →〔钳 qián子①〕

[颞·顬] niè 〔~颞 rú〕生理 こめかみ. 側頭. →中医两太阳 ともいう.〔~骨〕侧頭骨. 解剖骨(ぼう)骨. →〔头 tóu 骨〕

[蹑·躡] niè ①そろりそろりと(歩く).〔偷偷~着脚走到他身边〕抜き足で彼の側まで行った. ②跡をつける. 尾行する. ③〈文〉踏みつける.〔~足其间〕足をつっ込む. 参加する. かかわりあいを持つ.

蹑跟 nièjiē ①靴のかかかとを踏んで(歩く). ②爪先で(歩く)

蹑机 nièjī 足で踏んで糸をそろえる道具.

蹑手蹑脚 nièshǒu nièjiǎo =〔捏 niē 手捏脚〕〈成〉ぬき足さし足で(歩く)

蹑景 nièyǐng 日影を追う:極めて速いことにたとえる.〔~追 zhuī 影〕とも書く.

蹑踪 nièzōng 〈文〉尾行する. 跡をつける.

niè~níng

a 蹑足 nièzú〈文〉①そっと歩く.こっそり歩く. ②足を踏み入れる.参与する.
蹑踪潜踪 nièzú qiánzōng〈成〉人目を避けて歩く.

[臬] niè ①〈文〉標的.まと. ②〈文〉固地上に立て,その方角から太陽の方位・時間を測るための柱. ③=[陧](niè)〈文〉標準.法度.⼒ぎり.体为圭 guī =...おきてとして遵奉する:[圭]は古代の日時計. ④=[陧]〈文〉限り.際限.[其深不测,其广无~]その深さ測られず,その広さきわまりなし. ⑤〈姓〉臬(げつ).

c 臬法 nièfǎ〈文〉法規.
臬司 nièsī 古按察使(地方官)の別称:[臬台]は尊称.
臬台 nièták =[臬司]
臬兀 nièwù =[倪 ní 兀]〈文〉不安なさま.落ち着

d かないさま:[陧杌]とも書く.
臬限 nièxiàn〈文〉範囲.極限.

[嶭] niè → [嵲 dié 嶭]

e **[镍・鎳]** niè 化ニッケル:金属元素.記号 Ni.[~ 黄铁矿]ニッケル矿 kuàng]ニッケル鉱.[~ 氢 qīng 电池]ニッケル水素電池.
镍币 nièbì ニッケル貨幣.白銅貨:俗に[钢 gāng 镚(儿)]という.

f 镍钢 niègāng ニッケル鋼.[~ 卷尺]ニッケル鋼巻尺.
镍镉电池 niègé diànchí ニッカド電池.
镍铬 niègé ニクロム.ニッケルとクロム.[~ 丝 sī/~ 线]ニクロム線.[~ 钢 gāng][铬镍钢]ニクロム

g スチール:鉄・ニッケル・クロムの合金.[~ 合金]ニクロム合金.

[臲] niè [~ 陧 wù](臬兀]〈文〉不安なさま.落ち着きがないこと.

h **[啮・嚙(齧・嚙)]** niè〈文〉①かむ.かじる. ②裂け目.切れ目.
啮臂 nièbì〈文〉自分の腕をかんで決心を表すこと.
啮臂盟 nièbìméng〈文〉腕をかんで盟をする:男女がひそかに結婚の約束をすること.[割 gē 臂盟]に同じ.

i 啮齿 nièchǐ 歯ぎしりする.激怒する様子.
啮齿动物 nièchǐ dòngwù 動齧歯(げっし)動物.
啮齿目 nièchǐmù (動物分類の)齧歯類.
啮合 nièhé かみ合う(わさ).[两个齿轮~在一起]二つの歯車がぴったりとかみ合っている.

j 啮合子 nièhézi 機クラッチ:機械の補助器.摩擦連環などの方法で機械を動かし,また静止させたりする.
啮噬 nièshì ①〈文〉物をかむ. ②〈喩〉さいなむ.苦しめる.虐げる.

k **[镊・鑷]** niè〈文〉毛抜き.[镊①]に同じ.

[槷] niè〈文〉①的(まと)の中心. ②固地面に立て太陽の影を測る柱.→[臬②]

l **[孽(孼)]** niè ①妖怪.魔物.怪異な災い. ②悪因.悪縁.罪.業.業障.[天作,犹可违;自作~,不可逭 huàn]天のなした災難は逃れることもできるが,自分が作った災いは逃れられない.[作~]罪を作る.[儿孙遭报]父母の作った罪業で子孫に報いがくる. ③不孝.不忠.

m 孽党 nièdǎng ①邪悪の党. ②悪いやつ.悪党.
孽根 nièɡēn 禍根.悪因.悪の種.[~ 未除]悪が取り除かれていない.[~ 祸胎 tāi]〈成〉災いの元.
孽鬼 nièɡuǐ ①悪事をなすもの.罪作りをするやつ. ②宿業によりこの世で苦労する者.

n 孽海 nièhǎi 仏(仏教の)罪の世.多くの人を罪業に

沈める世界.[~ 无边]同前が果てしない.
孽妾 nièqiè〈文〉妾(めかけ).
孽孙 nièsūn〈文〉妾腹の孫.
孽缘 nièyuán〈文〉悪い因縁.くされ縁.
孽障 nièzhàng ①罪障(ざいしょう).たたり.因果の妨げ.[出这样的败家子儿真是~]こんな放蕩者ができたとは全く因果なことだ. ②⇒[孽种①]
孽债 nièzhài〈文〉まだ報いを受けていない罪行.
孽种 nièzhǒng ①=[孽障]〈罵〉罰当たり:私生児・庶子の意で,できの悪い子や孫への罵りまた愛称. ②罪悪の種.
孽子 nièzǐ〈文〉庶子. ②親不孝な子.

[蘖(櫱)] niè 圃木の切り株から出る芽.またばえ.ひこばえ.[萌 méng ~]ひこばえ.[枝 zhī]ひこばえの枝.[分 ~]分蘖(ぶんげつ)する.→[稻 dào 孙]

[糵(櫱)] niè〈文〉酒造に用いる麴(こうじ).[媒 méi ~]媒介物.

nin ニㇰ

[您] nín〈白〉あなた:[您]に同じ. → nèn

[您] nín〈尊〉あなた:[你 nǐ]の敬称.北京では親しい友人や後輩・下部屋に[你]を用いる以外は広く[~]を用いた.[~ 身体好吗?]お元気ですか.[~ 几位什么时候走?]皆様方はいつお出かけですか.→[怹 tān]
您好 nínhǎo〈挨〉こんにちは:時間・状況にこだわらず広く用いられる.[~ 吗]お元気ですか.[老师!~ 先生,こんにちは.
您老 nínlǎo〈方〉あなた様:年長者に対する敬称.
您们 nínmen あなた方:以前はふつう[你们二位]や[诸 zhū 位][各 gè 位]が用いられた.[~]は書面語として用いられることがある.[~ 诸位]皆様方(二人称).[~ 二位]あなた方お二人.

níng ニング

[宁・寧(寍・寧)・甯(甯・寗)] níng ①安らかである.無事である.[~ 日]平穏な日. ②平安にする. ③〈文〉帰省して父母を安心させる.嫁した女子が父母の安否を問うために実家に帰る.里帰りする.[归 guī ~]同前. ④〈白〉かくのごとし.このよう(あのよう)である:[如此]の意. ⑤[南 nán 京]の別称:[下 xià 榻 tà 金陵]と同じ. ⑥[宁夏回族自治区]の略称:寧波の別称は[甬 yǒng 之] ⑦〈姓〉寧(ねい). → nìng

宁绸 níngchóu 紡南京どんす:南京・鎮江・杭州地方に産す.
宁处 níngchǔ〈文〉静かに暮らす.[不遑 huáng ~]静かにしている暇がない.
宁底 níngdǐ ⇒[宁馨]
宁家 níngjiā ①〈文〉家を平安にする. ②〈白〉棒叩きをして家へ帰らせる.
宁靖 níngjìng〈文〉秩序が安寧である.安定しているさま.
宁静 níngjìng 安らかで静か(である).[夜深了,街道十分~]夜がふけて大通りが全く静かになった.[他不回来,我心里怎么也~不下来]彼はまだ帰ってこないので,私の気持ちはどうしても落ち着か

宁静致远 níngjìng zhìyuǎn〈成〉静かな心境で探

níng 宁苎拧咛狞柠聍虾髯凝

究の思惟が遠く達すること(諸葛孔明の語から)

宁居 níngjū 〈文〉安らかに暮らす.

宁康 níngkāng 〈文〉安寧(である).安穏(である).

宁乐 nínglè 〈文〉安らかで楽しい.

宁玛派 níngmǎpài →[喇嘛教]

宁谧 níngmì 〈文〉安寧(である).平安(である).

宁耐 níngnài 〔宁奈〕とも書く.〈文〉気を抑えて静かにしている.忍耐する.

宁亲 níngqīn 〈文〉両親を安心させる.→字解③

宁日 níngrì 平穏な日々.

宁神 níngshén 精神を安んじる.

宁肃 níngsù 〈文〉安らかで静か(である)

宁岁 níngsuì 〈文〉平和な年(年月)

宁帖 níngtiē 〔宁貼〕とも書く.安らかである.落ち着く.〔妥 tuǒ 帖〕

宁王 níngwáng 〈文〉天下を安んずる天命を負った開国の王.

宁息 níngxī 〈文〉安らか(である).平穏(である)

宁夏 níngxià 地寧夏.〔~回族自治区〕寧夏回族自治区.

宁心 níngxīn 心安らかである.心静かである.〔~定气〕気を落ち着かせる.

宁馨 níngxīn 〈文底〉固かくのごとし.このような.〔~儿 ér〕このような子.〈転〉立派な子.

[苎・薴] níng ①[化〔~烯 xī〕[柠烯]リモネン. ②〔苎 jì〕=植ヒメジソ.

[拧・擰] níng ①(両手で)しぼる.〔~把手巾来〕絞ったタオルを1本持ってきなさい.〔~干了再晒 shài〕ちゃんと絞ってから日に干す.→[扭 niǔ ①] ②指でつねる.ひねる.つねって揺さぶる.〔把耳朵一红了〕耳をつねって赤くなった.〔把孩子一哭 kū 了〕子どもをつねって泣かせた.〔你还不~他的嘴?〕(紅42)口をひねっておやんなさいよ.〔绽 zhàn = 〕=[捻 niǎn ①]. ③〔~绳 shéng 子〕縄をなう.〔~成一股绳〕一筋の縄にないあげる(あがる);団結する.〔~成一股劲儿 jìnr〕同们. → níng nǐng

拧干 nínggān しぼって水をきる.〔~了再擦呀,墩布不要这么湿淋淋的水をしぼってから拭きなさい,モップを水がこんなにぼたぼたたれるようにしておいていけない.

拧眉瞪眼 níngméi dèngyǎn 〈成〉眉をつり上げ目をむく(いて怒る)

拧眉立目 níngméi lìmù 〈成〉眉をつり上げ目に角をたてる(てて怒る)

拧眉,苦着脸 níngzhéméi, kǔzheliǎn 〈成〉顔をしかめる.心配そうな顔つきをする.

拧着疼 níngzheténg ちぎれるように痛い.

[咛・嚀] níng 〔叮 dīng ~〕〔丁宁〕再三言う.繰り返し言いつける.

[狞・獰] níng (顔つきが)凶悪である.たけだけしい.〔狰 zhēng~〕凶悪である.〔~恶〕凶悪である.〔暴露了其争~面目〕その凶悪な本性を暴露した.

狞眉豳面 níngméi xiūmiàn 〈文〉凶悪な顔つき.

狞笑 níngxiào あくどい笑いかたをする.凶悪な笑いかたをする.

[柠・檸] níng

柠檬 níngméng ①[植レモン,またその果実.〔~茶〕レモンティー.〔~汁〕レモンジュース.〔~水〕レモンスカッシュ.ラムネ.レモネード.〔~糖〕レモンドロップ.〔~油〕レモン油.〔~黄 huáng〕[色]レモンイエロー(の). ②⇒[黎 lí 檬]

柠檬桉 níngméng'ān 植レモンユーカリ;常緑高木.葉に強いレモンの香りがあり,これより油と香水をとる.〔留 liú 香久〕ともいう. →[桉树]

柠檬素 níngméngsù ビタミンP;〔维 wéi 生素P〕に同じ.

柠檬酸 níngméngsuān ⇒[枸 jǔ 橼酸]

柠头 níngtóu 〈口〉木のほぞ.→[榫 sǔn 头]

[聍・聹] níng →[耵 dīng 聍]

[虾・嚀] níng 〔~虾 xiā〕[对 duì 虾]貝クルマエビ.

[髯・鬟] níng 〔鬟 zhēng 髯〕

[凝] níng ①凝る.凝結する.〔河水~成冰了〕川の水は凍って氷になった.〔~阻 zǔ~剂〕凝固防止剂.〔~心〕注意を集中する.〔~思〕思いを凝らす.〔~定的眼神〕じっと見つめるまなざし.②集まる.

凝睇 níngdì ひとみを凝らす.注視する.

凝点 níngdiǎn 凝集点.

凝冻 níngdòng 凝結する.凍結する.〔河水~〕川の水が凍る.

凝固 nínggù ①凝固(する).〔~点〕物凝固点:液体が凝固を開始する時の温度.〔~热〕凝固熱.〔~剂 jì〕凝固剂.〔~汽 qì 油弹〕軍ナパーム弾. ②動きがなくなる.停滞する.(思想・考えが進まない.〔~的目光〕まなざし(表情)に動きがない.

凝合 nínghé 凝縮する.

凝寒 nínghán 〈文〉厳寒.

凝合 nínghé 凝集合する.

凝华 nínghuá 物昇華(する)

凝集 níngjí ①集まって固まりになる. ②物(液体や気体が)凝結する.

凝胶 níngjiāo =[胶체]化ゲル.〔~作用〕ゲル化.〔干 gān 燥氢氧化铝〕乾燥水酸化アルミニウムゲル.〔~溶 róng 胶〕

凝结 níngjié (気体が)液化する.(液体が)凝固する.(コロイド粒子が集合して大きな粒子になる).〔~不开〕凝結して解けない.〔~器〕凝汽器コンデンサー(凝縮器).

凝结(水)泵 níngjié(shuǐ) bèng =〈文〉复 fù 水泵)凝結器内の凝結水を押し出すためのポンプ.

凝聚 níngjù ①物凝結.凝結.〔~器 qì〕凝汽器コンデンサー(凝縮器).〔~体 tǐ〕凝集体.〔~剂 jì〕凝集剂. ②この作品~他一生的心血〕この作品には彼の一生の心血が凝縮されている.

凝聚力 níngjùlì 凝集力.結束力.団結力.〔中国各民族人民有强大的~〕中国の各民族の人民は強大な凝集力を持っている.

凝炼 ngliàn (文章などが)簡潔に練られている.洗練されている.〔凝炼〕とも書いた.

凝眸 níngmóu 〈文〉凝視する.

凝目 níngmù 目を凝らす.凝視する.

凝念 níngniàn 〈文〉思いを凝らす.沈思する.

凝汽柜 níngqìguì 冷却装置の一種.→[冷 lěng 却器]

凝汽器 níngqìqì =[凝结器][凝聚器][凝缩器]コンデンサー(凝縮器);〔冷 lěng 凝器〕に同じ. →[电 diàn 容器][聚 jù 光器]

凝神 níngshén 精神を統一する.精神を集中する.〔~一志〕〈成〉一意専心.〔~思 sī 考〕精神を集中する.〔~谛 dì 听〕聞き耳をたてる.〔~贯 guàn 注〕精神を傾注する.

凝视 níngshì 見つめる.注目する.

凝思 níngsī 思いを凝らす.夢中になって考える.

凝缩 níngsuō 凝縮する.

凝拧宁　　　　　　　　　　　　　　　　　　　　　níng～nìng

凝缩器 níngsuōqì ⇒〔凝汽器〕
凝听 níngtīng 一心に聞く．
凝望 níngwàng まばたきもせずにじっと見つめる．目を凝らして遠くを見る．
凝析 níngxī 化凝結．凝固．凝集．〔～剂〕凝結剤．
凝析油 níngxīyóu 液化石油ガスの一つ．硫化水素を多精練してガソリン・重油・灯油などに分離する．
凝想 níngxiǎng 精神を集中して沈思する．
凝休 níngxiū〈文〉幸福が集まってくる．〔履 lǚ 祉～ 牋〕いよいよ御清祥の段慶賀に申し上げます．
凝血酶 níngxuèméi 生凝血酵素．トロンビン．
凝咽 níngyè〈文〉むせび泣く．
凝噎 níngyī 同上．
凝脂 níngzhī〈文〉脂がすべすべするさま．白くてつやのある肌の形容．〔肤 fū 如～〕皮膚が白くてつやつやしている．
凝滞 níngzhì ①鬱積する．滞りたまる．〈～不通〉鬱積して通わない（血行などが）．②じっとして動かない．〈两颗~的眼珠出神地望着窗外〉じっと動かない目がうっとりと外を眺めている．③〈文〉凝集する．集積する．
凝重 níngzhòng ①重々しく立派である．〈風姿が〉重厚である．②〈音声に〉厚みがある．③〈色彩が〉濃くて厚みがある．
凝伫 níngzhù〈文〉じっと立ち止まる．立ちつくす．
凝妆 níngzhuāng〈文〉装いを凝らす．化粧を凝らす．

〔拧・擰〕 **nǐng** ①ねじる．ねじって回す．ぎゅっと力を入れてねじる．〔~断 duàn〕ねじ切る．〔~螺 luó 丝钉〕ねじ釘をねじ込む．〔～开墨水瓶盖儿〕インク瓶のふたをひねって開ける．〔胳臂一~出大腿 tuǐ〕〈喩〉長いものには巻かれろ．②まちがえる．しくじる．〔把话说～了〕言いちがった．〔路走~了〕道をまちがった．〔事情办~了〕事をやりそがれた．③食い違う．ちぐはぐになる．こじれる．〔这话满 mǎn ～〕これはまるであべこべだ．〔他把两只鞋 xié 穿~了〕彼は靴を左右あべこべにはいてしまった．〔他们俩有点儿～了〕彼ら二人の間にはごたごた〈意見の不一致〉がある．〔昨天我和他说了,说来说去差点儿闹~了〕昨日彼と長いこと話したところだった，そうこうするうちに，もう少しで衝突するところだった．→ níng nìng
拧葱 nǐngcōng =〔拧劲〕〈方〉①手違いができる．誤解する．やり損なう．〔这事可真拧了葱了〕これは全く手違いだった．②意見が衝突する．〔他们俩一说话就～〕彼らは話をすればすぐ衝突する．
拧劲 nǐngjìng 同上．
拧紧 nǐngjǐn ぎゅっとねじる．きつくねじる．〔~螺 luó 丝〕ねじを締める．
拧开 nǐngkāi ねじって開ける．〔~锁进去〕〈錠を鍵で〉開けて中に入る．〔把盖儿 gàir ~〕ふたをねじって開ける．〔把水龙头~了〕水道の蛇口をひねって開けた．
拧折 nǐngshé ねじ折る．〔把锁 suǒ ~了〕錠前をねじ折った．
拧弯 nǐngwān ねじって曲げる．ひねって曲げる．
拧子 nǐngzi〈方〉まちがい．誤り．仲たがい．不具合．〔闹了个~〕〈いいと思ってやったことが結果的に〉まずくなる．仲たがいする．

〔宁・寧（寧・寕）・甯（甯・寍）〕 **nìng** ①〈文〉①むしろ…のがましい．いっそ…するのがよい．〔礼与其奢也,～俭〕〈論語・八佾〉礼はおごるよりはむしろ質素であったらよい．〔～停 tíng 三分,不抢一秒〕3分止まろうと，1秒を争うな（交通標

语）．②豈（き）ならんや．まさか…ではあるまい．〔~不知乎？〕よもや知らないことがあろうか．〔事之可怪,～有逾此？〕…なことはこれよりはなはだしいことはあろうか．〔居马上得之,~可以马上治之乎？〕〈史記〉武力でとったものが,どうして武力で治められるものか．③姓〕甯〔bǐ〕→ nìng

宁拆三座庙,不破一家婚 nìng chāi sānzuòmiào, bùpò yījiāhūn〈諺〉三つの寺を毀すとも,一人の婚を破らない．〈喩〉結婚の妨げをするのは罪が深い：〔三〕は〔十〕，〔家〕は〔門〕また〔人〕ともいう．
宁隔千山,不隔一水 nìng gé qiānshān, bùgé yīshuǐ〈成〉たとい千山を隔つとも陸続きならば行くことができるが,水を隔てれば行くことができない．
宁减不赊 nìng jiǎn bùshē〈慣〉値引きして売るとも掛け売りはしない．
宁可 nìngkě むしろ…のほうがよい．いっそのこと…のほうがました．〔与其在这儿老等,~走着去〕ここでいつまでも待っているよりは,むしろ歩いて行った方がいい．〔与其〕を略し,または〔~〕に先行する文を略すことができる．その場合と〔…的好〕を文の最後につける．〔~走着去的好〕むしろ歩いて行った方がいい．〔他~牺牲自己,也要对祖国有所贡献〕彼は自己を犠牲にしても祖国に貢献することを願っている．〔我~走路,也不愿坐这辆破车〕こんなボロ車に乗るよりは,むしろ歩いた方がいい．〔~和明白人打架,不和糊涂人说话〕〈諺〉むしろ道理のわかった人ときちんとするとも,愚かな人とは言葉も交わさない．〔信其有,不可信其无〕そのことを信ずるとも,ないと信じてはいけない：ないなどとは考えず,あるものと思って構えるがよい．〔~少招,质量要高〕〈学生を〉少なく採ろうとも,質はよくなくてはいけない．

宁可清贫,不可浊富 nìngkě qīngpín, bùkě zhuófù ⇒〔浊富不如清贫〕
宁可全不管,不可管不全 nìngkě quánbùguǎn, bùkě guǎnbùquán〈諺〉もし徹底的に世話ができないなら,初めから世話などしない方がいい．
宁可站着死,不愿跪着生 nìngkě zhànzhesǐ bùyuàn guìzheshēng 立って殺されようとも,跪いて生きてはいたくはない．
宁肯 nìngkěn むしろその方がいい．甘んじて…のほうをとる．たとい…であってもかまわない：〔宁可〕に同じ．〔~少些,要要好些〕〔宁可少些,但要好些〕量は少なくとも質でないものがよい．
宁缺毋滥 nìngquē wúlàn〈成〉足りないくらいがよい：〔毋〕は〔勿 wù〕とも書く．〔我们要严格挑选稿子,掌握~的原则,保证质量〕厳格に原稿を選び,量より質で質を確保しなくちゃならない．〔严格筛选,~〕厳選し粒を揃える．
宁折不弯 nìngzhé bùwān〈成〉死んでも屈服しない．敗れるとも曲がったことをしない．事をあやふやにしない．
宁食开眉粥,莫食愁眉饭 nìngshí kāiméizhōu, mòshí chóuméifàn〈諺〉むしろ喜びの粥を食うとも愛いの飯を食うなれ．〔食〕は〔吃〕,〔开眉〕は〔开眉头〕,〔愁眉〕は〔皱眉头〕ともいう．
宁死 nìngsǐ 死んでも．どうしても．〔~不屈 qū〕〈成〉たとえ死んでも屈服しない．〔~也要把小孩子抚养成人〕どうしても子どもを育てなければならない．
宁为鸡口,无为牛后 nìngwéi jīkǒu, wúwéi niúhòu〈諺〉鶏口となるも牛後となるなかれ：〔鸡口牛后〕ともいう．〔无〕は〔毋〕とも書く．
宁为玉碎,不为瓦全 nìngwéi yùsuì, bùwéi wǎquán〈諺〉玉となって砕けても瓦となって全うしない：節を重んじて命をも惜しまないたとえ．
宁要 nìngyào 同下．

宁愿 nìngyuàn ＝〔宁要〕むしろ…したい．どちらかといえば…したい．〔～多花些钱买这个〕少し多く金がかかってもこれを買いたい．〔～饿着肚子，也得把衣服穿好了〕よしんば腹ペコをがまんしても，着物は立派なものを着ていなくては．

宁走十步远，不走一步险 nìngzǒu shíbù yuǎn, bùzǒu yībù xiǎn 〈諺〉遠回りになろうとも危険な道は通らない．急がば回れ．

宁左勿右 nìngzuǒ wùyòu 左傾のまちがいをしようとも右傾のまちがいをするな：文化大革命期のスローガンの一．

宁作太平犬，不作乱离民 nìngzuò tàipíngquǎn, bùzuò luànlímín 〈諺〉太平の犬となろうとも戦乱の難民となるな．

〔泞・濘〕 nìng 〈文〉①泥濘．ぬかるみ．②ぬかるみにはまる．ぬかるむ．
泞滑 nìnghuá ぬかるみで滑る．
泞滞 nìngzhì 〈文〉ぬかるみで歩きにくい．

〔拧・擰〕 nìng 〈口〉かたくなである．偏屈である．ひねくれている．〔这孩子～着呢，哭起来没有completing]この子は強情で泣き出したらきりがない．→ níng nǐng
拧劲儿 nìngjìnr 〈口〉ひねくれた根性．へそまがり根性．②へそを曲げる．意地を張る．
拧脾气 nìngpíqi ひねくれた性格．へそまがり．
拧性 nìngxìng 偏屈な性格．あまのじゃく．〔他就这么个～，叫他往东，他偏往西〕あいつは全くあまのじゃくで，東へ行けといえば反対に西へ行くんだ．
拧种 nìngzhǒng 〈口〉頑固者．〔天生的～〕生来の偏屈者．〔包老爷的儿子～〕〈歇〉包拯(昔の名判官の名)の息子だけあって，一筋縄ではいかぬやつだ．

〔佞〕 nìng 〈文〉①才知がある．〔不～〕謙〉わたくし．②言葉巧みである．③人におもねる．こびる．〔奸～〕悪賢く人にへつらう．
佞辩 nìngbiàn 〈文〉(人のごきげんをとって)言葉巧みに言い回す．
佞臣 nìngchén 〈文〉佞臣(伭)．奸臣．
佞人 nìngrén 〈文〉口先の上手なへつらい者．
佞舌 nìngshé 〈文〉言葉巧みである．口先がうまい．
佞史 nìngshǐ 〈文〉権力におもねる歴史記述．
佞笑 nìngxiào せせら笑い(う)．へつらい笑い．(をする)：〔奸 jiān 笑〕に同じ．
佞幸 nìngxìng 〈文〉媚びへつらって寵愛を得る(者)

niu ㄋㄧㄡ

〔妞〕 niū 〈口〉女の子．→〔妮 nī ①〕
妞妞 niūniu 同下．
妞儿 niūr ＝〔妞妞〕〔妞子〕女の子．娘．〔小 xiǎo ～〕小さな子．〔女 nǚ 孩儿〕
妞儿大鼓 niūrdàgǔ 〔旧〕娘が歌う〔大鼓(书)②〕
妞子 niūzi ⇒〔妞儿〕

〔牛〕 niú (Ⅰ)①翻ウシ．〔水 shuǐ ～〕水牛．〔黄 huáng ～〕赤牛．〔公 gōng ～〕雄牛．〔母 mǔ ～〕雌牛．〔他是属～的〕彼はうし年だ．〔～儿不喝水，不能强摁 èn 头〕〈諺〉牛が水を飲まないからとて，無理に頭をおしつけるわけにもいかない：誰に対しても無理強いはできない．②(牛のように)頑固である．傲慢である．〔他很～個〕彼は頑固だ．〔他自从当了会长以后，就～了〕彼は会長になってからいばるようになった．③〈方〉すごい．たいしたものだ．腕がたつ．④牛(ř°)：〔二 èr 十八宿〕の一．⑤〈姓〉牛(ř°)

(Ⅱ)物ニュートン：〔～顿②〕の略．
牛百叶 niúbǎiyè 牛の胃袋(食材)．→〔下水 xiàshui〕
牛蒡 niúbàng 植ゴボウ：〔中医梨 lí 尖草〕は別称．〔～子〕(悪く実)中医ごぼうの実：薬用する．
牛背鹭 niúbèilù ＝〔黄 huáng 毛鹭〕〔黄头鹭〕圏アマサギ．
牛鼻疆 niúbíjiāng 牛の鼻綱．
牛鼻子 niúbízi 牛の鼻．〈喩〉押さえるポイント．〔牵牛要牵～〕〈喩〉事をなすには肝心な点を押さえなければならぬ．
牛鼻子老道 niúbízi lǎodào 〔旧道士(蔑称)：道士の髪形が牛の鼻に似たことから．
牛鞭 niúbiān 牛の陰茎．〔～汤 tāng〕食同前を長時間煮込んだ料理．
牛扁 niúbiǎn ＝〔扁毒〕〔扁特〕オオキエボシソウ：キンポウゲ科．有毒．薬用植物の一種．
牛脖子 niúbózi 〈口〉牛の首．〈喩〉頑固．強情．偏屈．片意地．〔犯～〕頑固に意地を張る．〔你别刚犯这～，他说的不是没有道理的〕そうかたくなになることを言うな．〔你还不知道他那～脾气，和他硬争是不行的〕彼の片意地なのを知らないのか，あいつとはり合ったところで仕方がない．
牛车 niúchē 牛車．
牛打滚 niúdǎgǔn 牛が転がる．〈喩〉わずかな資金をだんだん吸収し増加していくことにたとえる．雪だるま式．
牛胆碱 niúdǎnjiǎn ⇒〔氨 ān 基乙磺酸〕
牛刀 niúdāo 牛を殺すのに用いる大きな包丁．また大材にたとえる．〔割鸡焉用～〕〈諺〉鶏を裂くになんぞ牛刀を用いん．→〔牛鼎烹鸡〕
牛刀小试 niúdāo xiǎoshì 〈喩〉小手調べ(をする)．小さいことで大きな本領を試すのたとえ．ほんの腕試し．〔小试牛刀〕ともいう．
牛鼎烹鸡 niúdǐng pēng jī 〈成〉牛を煮る釜で鶏を煮る．〈喩〉大材を小事に用いることにたとえる．〔牛刀〕〔大材小用〕
牛斗 niúdǒu ①牛宿と斗宿：星宿名．→〔二 èr 十八宿〕 ②〈転〉高いことを意味する．〔气冲 chōng ～〕気は斗牛を衝く．〈喩〉意気盛んである．
牛痘 niúdòu 医①牛痘(牛のほうそう)．②痘苗．ほうそうワクチン：〔～苗〕〔痘苗〕ともいう．〔接种 jiēzhǒng ～〕種痘する．
牛犊 niúdú 〔～子〕子牛．牛の子：〔〈文〉童 tóng 牛〕ともいう．
牛顿 niúdùn ①人ニュートン：イギリスの科学者(1642～1727)．万有引力の発見者．〔～定律〕ニュートンの法則．〔～力学〕ニュートン力学．古典力学．②物ニュートン：力の単位．記号 N．1〔～〕は 1 キログラムの質量の物体を 1 メートル毎秒毎秒の加速度で加速する力．10万ダイン (dyn) に等しい．単に〔牛(Ⅱ)〕ともいう．→〔达 dá 因〕
牛轭 niú'è ⇒〔牛鞅〕
牛耳 niú'ěr 牛の耳．〔执 zhí ～〕牛耳(びぎ)る：古代，血盟をする時は牛の耳を切って血を取った．牛耳を執るとは盟主となるの意．後には強いリーダーシップを持つことをいう．
牛耳尖刀 niú'ěr jiāndāo どす．あいくち．
牛繁缕 niúfánlǚ ⇒〔鹅 é 儿肠〕
牛贩子 niúfàn(zi) 牛の仲買人．
牛肺疫 niúfèiyì 胸膜肺炎：家畜の伝染病．
牛粪 niúfèn 牛の糞(ř)．
牛肝菌 niúgānjùn 植キノコの一種．食用・薬用する．
牛公 niúgōng ⇒〔公牛①〕
牛倌儿 niúguānr 〈口〉牛飼い．牧童．
牛鬼蛇神 niúguǐ shéshén 〈慣〉牛の妖怪と蛇の化

牛

牛后 niúhòu 〈喩〉牛の肛門.〈転〉人のうしろ.従属する立場.〔宁为鸡口,不为～〕鶏口となるも牛後となるなかれ:大組織の中で埋没するより小さな団体の長となるほうがよい.

牛黄 niúhuáng 中医ごおう.〔丑 chǒu 宝〕ともいう.牛の胆囊中の結石.強心・解熱などの作用があり,ひきつけ・てんかんなど小児病治療剤として薬用に供する.→〔羊 yáng 哀〕

牛黄狗宝 niúhuáng gǒubǎo 〈喩〉腐り切った心(の持ち主):薬用にする"牛黄"や"狗宝"は共に原来内臓の結石.

牛(犄)角 niú(jī)jiǎo 牛の角.

牛骥同皂 niújì tóngzào 牛と駿馬とを同じ飼い葉桶で飼う.〈喩〉賢愚をごっちゃにする(なっている).玉石混淆:〔牛骥同槽〕ともいう.

牛胶 niújiāo 牛の皮から作ったにかわ.

牛角 niújiǎo ⇒〔牛(犄)角〕

牛角灯 niújiǎodēng 牛角灯:牛の角の薄片が光を通す性質を利用して作った旧式の灯火.→〔羊 yáng 角灯〕

牛角尖(儿) niújiǎojiān(r) ①牛の角の先端. ②〈喩〉解決しようのない問題.問題として取り上げる価値のない問題.〔钻 zuān ～〕くだらぬ問題に頭を悩ます.〔不要钻～〕重箱の隅をつつくな.〔他爱钻～〕彼はいつもどうしようもない(どうでもよい)ことにこだわる.

牛角螺 niújiǎoluó ⇒〔角贝〕

牛筋 niújīn ①牛(水牛)の筋・靱帯:〔～头〕は俗称. ②〈喩〉がんこ者.いっこくな者.強情な人.

牛津 niújīn 地(英国の)オックスフォード.〔～大学〕オックスフォード大学.〔简明～词典〕コンサイス・オックスフォード辞典.COD.

牛筋草 niújīncǎo ⇒〔蟋 xī 蟀草〕

牛筋树 niújīnshù ⇒〔山 shān 胡椒〕

牛筋子 niújīnzi ⇒〔茶 chá 叶树〕

牛劲(儿) niújìn(r) ①〈喩〉ばか力.〔使～拉〕ばか力を出して引っ張る.〔你真有一股子～〕君はすごい力があるね. ②頑固.偏屈.〔犯 fàn ～〕頑固を通す.

牛圈 niújuàn 牛小屋.

牛栏 niúlán 牛を飼う囲い.牛小屋.

牛郎 niúláng ①牧童. ②牽牛星の別称:〔牵牛〕に同じ.〔～织女〕ⓐ牽牛星と織女星. ⓑ〈喩〉夫婦が別々の土地で生活すること. ③〈方〉男芸者.太鼓持ち.幇間(ほう)の中国でも用いられる.

牛郎星 niúlángxīng 天牽牛星の通称.

牛酪 niúlào 回牛乳から作る半練りの食品(総称)

牛羚 niúlíng ⇒〔羚牛〕

牛羚羊 niúlíngyáng ⇒〔角 jiǎo 马〕

牛驴骡马 niú lǘ luó mǎ 牛・ロバ・ラバ・馬:家畜の主なもの,家畜の総称.

牛马 niúmǎ 牛馬.〈喩〉人の生活のために労苦を供する人(こと).〔不如～〕牛や馬にも劣る者.〔给儿女做～〕子女のために父母が馬のように働いて苦労する.〔～风尘〕牛馬のように奔走する生活の苦労.

牛马走 niúmǎzǒu ①〈文〉牛馬を扱う下僕:昔時,〔走〕は〔仆 pú〕(しもべ)の意. ②〈謙〉わたくし.それがし.

牛毛 niúmáo 牛の毛.〈喩〉非常に多い.非常に細い.〔苛 kē 捐杂税,多如～〕苛酷で雑多な税金が数えきれないほど多い.〔～一草 圃チカラシベ.〔九牛(之)一毛〕〈喩〉無数にある中の一つ.きわめてまれ(わずか)である.

牛毛雨 niúmáoyǔ 細雨.ぬか雨.〔牛毛细雨〕同前.

→〔毛毛雨〕

牛虻 niúméng 国(牛につく)アブ.

牛母 niúmǔ ⇒〔母牛〕

牛奶 niúnǎi 牛乳:〔乳〕ともいう.〔～饼 bǐng 干〕ミルクビスケット.〔～珈 kā 珥〕ミルク入りコーヒー.〔～糖 táng〕キャラメル.〔喝 hē ～〕牛乳を飲む.〔挤 jǐ ～的〕牛乳しぼり.→〔乳 rǔ ③〕

牛奶麦粥 niúnǎi màizhōu ⇒〔燕 yàn 麦片粥〕

牛奶铺 niúnǎipù ⇒〔奶茶馆〕

牛奶酥 niúnǎisū ⇒〔干 gān 酪〕

牛奶子 niúnǎizi ⇒〔地 dì 黄〕

牛腩 niúnǎn ①〈方〉牛のテンダーロイン:牛の上腹部から肋骨にかけての柔らかい上肉. ②食牛腩で作った料理.

牛年马月 niúnián mǎyuè ⇒〔猴 hóu 年马月〕

牛牛 niúniú 蝸牛(かたつむり).→〔蜗 wō 牛〕

牛排 niúpái 食大きく厚めに切った牛肉(ロース),またその料理.〔沙 shā 朗 láng ～〕サーロインステーキ.→〔里 lǐ 脊〕

牛攀颈 niúpānjǐng 牛のくびにかける頸木.→〔牛靶〕

牛棚 niúpéng ①牛小屋.牛舎. ②回文化大革命の時期に,批判の対象とされた者が強制的に居住させられた寒村の小屋.〔蹲 dūn ～〕〔进～〕〔关～〕同前に拘束されること.

牛皮 niúpí ①牛皮. ②ほら.〔吹 chuī ～〕ほらを吹く. ③回相場に変動がないこと.〔～市〕同前の株式市況.〔金市〕金相場には変動なし.

牛皮灯笼 niúpí dēnglóng 牛皮張りの提灯・行灯.〔～外面黑心里亮〕〈歇〉外は暗いが中は明るい.〔～照里不照外〕〈歇〉内には照らし外に照らさず:〔肚里明白〕心では分かっている,〔不亮〕明るくない,などの意.

牛皮筋儿 niúpíjīnr ⇒〔橡 xiàng 皮圈〕

牛脾气 niúpíqi 頑固な気性:〔牛皮气〕とも書く.〔犯～〕〔发～〕強情を張る.〔小李的～要是上来,你就是十匹马也拉不回来他〕李君がへそを曲げたら,10頭の馬でひっぱっても元には戻せない.

牛皮糖 niúpítáng =〔皮糖〕食砂糖に澱粉を加えて煮た飴.

牛皮癣 niúpíxuǎn ①医乾癬(鱗屑癬). ②〈喩〉所かまわずべたべた貼られたビラ.

牛皮纸 niúpízhǐ クラフト紙(ハトロン紙):パルプを硫酸ソーダで処理した丈夫な茶色の紙.大型封筒・セメント袋などに用いる.〔～浆 jiāng〕クラフトパルプ.

牛气 niúqì 回(相場の)強気筋.上昇中.ブル相場.

牛气 niúqi 〈口〉偉そうにする.ひどく傲慢である.〔我看他说话有点儿～〕どうもあいつの言うことはなまいきだ.〔好大的～〕えらく傲慢だね.〔你才干了多少活儿,就这么～〕おまえはどれだけ仕事をしたというんだ,もうこんなにいばりまくって.

牛(儿)牌 niú(r)pái ⇒〔天 tiān 九(牌〕

牛绒 niúróng ヤクの毛:長毛で衣服や袋を作るのに用いる.→〔牦 máo 牛〕

牛肉 niúròu 回(相場の)〔～干(儿)〕ビーフジャーキー.〔～松〕牛肉でんぶ. 〔～扒 pá〕〈方〉ビーフステーキ.〔～片〕牛肉のスライス.〔～脯 fǔ〕燻製の干し牛肉.〔～汁 zhī〕牛肉汁.牛肉エキス.〔～汤〕牛肉のスープ.〔～面 miàn〕牛肉を煮込んだうどん.〔～饼〕ⓐ〔～〕を主な材料とした〔馅〕が入った〔馅饼〕. ⓑハンバーグ.

牛乳 niúrǔ ⇒〔牛奶〕

牛山濯濯 niúshān zhuózhuó ①山に樹木が生えていないこと.〈転〉頭に毛の生えていないこと.→〔谢 xiè 顶〕

niú～niǔ   牛忸扭

牛舌 niúshé ①⇒〔牛舌头〕 ②[魚貝]ウシノシタ.シタビラメ.〔塌tā沙鱼〕〔鳎tǎ目鱼〕ともいう. ③⇒〔车chē前〕

牛舌菜 niúshécài ⇒〔羊yáng蹄〕

牛舌头 niúshétou ＝〔牛舌①〕[食]牛の舌.タン.→〔口kǒu条〕

牛舌(头)饼 niúshé(tou) bǐng [食]〔烧shāo饼〕に類した発酵させた小麦粉製の食品で,長さ15センチほどの牛の舌の形をしている.

牛舍 niúshè 牛舍.

牛虱 niúshī [虫]ウシジラミ.

牛市 niúshì ①牛を買売する市(いち). ②活発な相場.上げ相場.ブルマーケット.→〔熊xióng市〕

牛瘦骨不瘦 niú shòu gǔ bùshòu 牛は痩せても骨(角)は痩せない.〔～底dǐ子好〕〈歇〉同前で,基礎はしっかりしている.

牛溲马勃 niúsōu mǎbó 〈喩〉極めてつまらないものであるが価値のあるもの.〔牛溲〕は牛の尿,〔马勃〕は馬糞. また〔牛溲〕はオオバコ,〔马勃〕は俗に〔马屁勃〕というある菌類.いずれも漢方薬となる.

牛蹄 niútí 牛のひづめ.膠の原料になる.〔～筋jīn〕[食]牛すじ.

牛蹄子两瓣子 niútízi liǎngbànzi 〈慣〉(牛のひづめが二つに割れているように)二人の意見の一致しないこと;〔瓣〕は〔半〕に通じる.〔一个说热,一个说冷,你们怎么总是～呀〕彼が暑いと言えば君は寒いと言う,君はどうしてそうも人と意見が合わないのか.

牛头 niútóu ①牛の頭(部). ②[機]ラムシェーバー.切削具が取りつけられて往復運動する部分.

牛头刨(床) niútóubào(chuáng) [機]形削り盤.成形機.シェーバー.〔小xiǎo刨床〕ともいう.→〔刨bào床〕

牛头不对马嘴 niútóu bùduì mǎzuǐ ＝〔驴lǘ唇不对马嘴〕〔驴头不对马嘴〕〈喩〉木に竹を接ぐ:対応がちぐはぐである.〔他说的话简直是～〕彼の言うことはまるでとんちんかんだ.

牛头马面 niútóu mǎmiàn 牛頭馬頭(ごず めず):地獄の二人の番人.一人は牛の頭のようで,一人は馬の面のようである.〈喩〉いろいろな反動的で邪悪な人間.

牛腿琴 niútuǐqín [音]中国の僮族・苗族の弦楽器の一.

牛蛙 niúwā [動]ウシガエル(ショクヨウガエル):牛のような鳴き声をウシガエル.〔喧xuān蛙〕ともいう.

牛尾 niúwěi 牛の尻尾.〔～汤tāng〕[食]牛のテールスープ:同前を長時間煮込んだ料理.

牛尾鱼 niúwěiyú ⇒〔鲬yǒng〕

牛瘟 niúwēn ＝〔牛疫〕牛疫:牛・羊などのウイルスによる急性伝染病.〈方〉胆dǎn胀瘟〕〔烂làn肠瘟〕ともいう.

牛膝 niúxī [植]イノコズチ(フシダカ).またその近縁種:根を薬用にする.〔山shān苋菜〕に同じ.

牛心 niúxīn ①牛の心臓. ②執拗な心.頑固な気性.〔～左性〕同前.

牛性(子) niúxìng(zi) 〈喩〉頑固な性格.つむじまがり.〔我就怕他犯～〕わたしは彼がつむじまがるのがこわい.

牛宿 niúxiù →〔二èr十八宿〕

牛鞅 niúyàng 〔-子〕牛の頸(くび)木に〔牛轭〕に同じ.

牛屠 niúyè [中医]牛あるいは水牛の甲状腺:甲状腺肥大の治療薬.

牛疫 niúyì ⇒〔牛瘟〕

牛饮 niúyǐn 〈文〉牛飲する.

牛蝇 niúyíng [虫]ウシバエ.

牛油 niúyóu ①ヘット.牛脂. ②⇒〔滑huá脂〕 ③⇒〔黄huáng油〕

牛仔 niúzǎi 〔牛崽〕とも書いた. ①カウボーイ.牛飼い. ②牛の子.仔牛. ③[服]ジーンズ.〔～布〕同前.〔～装zhuāng〕ジーンズスタイル.〔～裤kù〕ジーパン.ジーンズ.ジーパン.〔～片piàn〕〔～片儿piānr〕(アメリカの)西部劇.

牛子眼(儿) niúzǐyǎn(r) [中医]眼球にいぼ状のものができて視力に障りのある目.

〔**忸**〕 niǔ ①きまり悪がる.恥ずかしがる.しりごみする. ②⇒〔忸〕

忸怩 niǔní ばつが悪い.きまり悪がる.〔～作态〕もじもじする.恥ずかしがる.〔忸忸怩怩的～态态tài度〕もじもじした態度.

〔**扭**〕 niǔ ①ねじる.ひねる.(手で物を)回す.→〔拧níng①〕 ②とっくみあいをする.〔～成一团〕同前. ③捻挫する.くじく→〔扭腰〕 ④(顔などを)振り向ける.〔～转zhuǎn身〕体の向きを変える.〔～过脸来〕顔をこちらへ振り向けてくる.〔～不过去〕道理は所すぎない.〔小腿へ不过大腿去〕〔胳ge臂へ不过大腿去〕〈諺〉長いものには巻かれろ.〔～向后看〕振り向いて後ろを見る(頭を後ろに回して見る). ⑤体をくねらせる(ポーズをとる).〔～弄néng〕同前.〔快点儿走吧,别～啦〕早く歩け,くにゃくにゃしないで.〔那个女人走路直へ,很不好看〕あの女の歩き方は体をくねくねさせて見れたもんじゃない. ⑥(田植え踊りなどを)踊る.

扭摆 niǔbǎi (体を)揺らす.くねらせる.〔她～着腰肢走来了〕彼女は腰を振り振りやって来た.〔～舞〕(ダンスの)ツイスト.〔跳tiào～舞〕同前を踊る.

扭扯 niǔchě ①互いにつかみ合う.〔几个女人～成一团〕数人の女がつかみ合いをしている. ②からむ.まつわり付く.〔她跟售货员～了半天〕彼女はしばらくの間店員にまつわりついていた.

扭秤 niǔchèng ねじりばかり.

扭打 niǔdǎ 取っ組み合ってけんかをする.〔两人～在一起了〕二人は殴りあった.

扭搭 niǔdā 〔-da〕とも書く.〈口〉肩を振りながら(ゆっくり歩くさま).もったいぶって(歩くさま).〔～～地回屋里去了〕肩を揺すりながら部屋へ戻って行った.

扭动 niǔdòng (体を)左右に振る.揺らす.〔她～着腰肢走来走去〕彼女は腰を振って行ったり来たりしている.

扭斗 niǔdòu 組んずほぐれつやり合う.取っ組み合いをする.

扭断 niǔduàn ねじ切る.

扭股儿糖 niǔgǔr táng ①ねじり飴.細長い2,3本の飴をねじり合わせたもの.〔你别那么～似地纠缠chán饴のようにしべりついていなくてはいけない. ②〈喩〉事柄のからみあって解決しにくいさま.

扭获 niǔhuò 捕縛する.取り押さえる.

扭交 niǔjiāo 捕らえて引き渡す.

扭脚 niǔjiǎo 足をくじく.足をひきずる.〔老大娘扭着脚找市长反映意见〕おばあさんはおぼつかない足どりで市長をたずねに行き意見をぶちまけた.

扭角羚 niǔjiǎolíng ⇒〔羚ν〕

扭结 niǔjié ①＝〔揪jiū打〕取っ組み合う.つかみあい殴りあう. ②〔糸などが〕もつれる.

扭解 niǔjiè 捕らえてつき出す.

扭筋 niǔjīn 筋違え(する).→〔挫cuò伤①〕

扭矩 niǔjǔ [物]〔转zhuǎn矩〕

扭亏 niǔkuī [商]赤字状態を一変させる.〔～为盈yíng〕〔～增盈〕(経営が)赤字から黒字に転じる.同前で,収入を増やす.

扭力 niǔlì [物]モーメント.トルク力.トーション.〔～天平〕[機]トーションバランス.

扭脸 niǔliǎn 〈方〉①顔を振り向ける.〔扭过脸来〕顔をこちらに向ける.〔扭过脸去〕顔を背ける(反対

niǔ～nóng

の態度をとる). ②[-儿]〈喩〉すばやい. 〔刚才我要做什么来着，～就忘了〕今おれは何をしようとしていたっけな，ふと忘れてしまった.

扭捏 niŭnie ＝〔拿 ná 腔〕①〈体〉を揺すって歩く. 〔扭扭捏捏〕しなを作るさま. 格好をつけるさま.〔那位太太穿着漂亮的衣裳～着出去了〕あの奥さんきれいな服を着て，しゃなりしゃなりと出て行った. ②もったいをつける.〔有话快说，～什么劲儿〕言いたいことがあったら早く言え，何をもじもじしているんだ.〔只得～着慢慢地退出〕格好をとりつくろってゆっくりと退出せざるを得ない.

扭曲 niŭqū ねじ曲げる. 歪ませる.〔～现象〕ねじれ現象.〔铁 tiě 筋～了〕鉄筋がねじ曲がった.〔被～了的历史究竟于恢复了本来的面目〕ねじ曲げられた歴史が，やっと真実の姿をとり戻した.

扭曲作直 niŭqū zuòzhí〈成〉曲を無理に直と言う：理非曲直を転倒する.

扭杀 niŭshā〈喩〉はげしくやり合う.〔～在一起〕同前.

扭伤 niŭshāng（身体の一部を）ひねって損なう. くじく. 筋を違える.

扭送 niŭsòng（犯人を）捕らえて送致する.〔～公安部门〕警察にさしだす.

扭头 niŭtóu ①顔の向きを変える.〔～别项 xiàng〕そっぽをむく. ②身体の向きをかえる.〔～就跑了〕身をひるがえしてさっと駆けて行ってしまった.

扭秧歌 niŭyāngge〔秧歌〕（田植え踊り）を踊る.

扭腰 niŭyāo ①腰の筋を違える.〔搬行李时把腰扭了〕荷物を運ぶ時腰をひねってしまった. ②腰を振る.

扭枕 niŭzhěn〈方〉寝違えて首筋を痛める.

扭住 niŭzhù ①ねじ伏せる. しっかりと取り押さえる. ②ぎゅっとひねる.

扭转 niŭzhuǎn ①〔物〕ねじる(こと). ねじり回る(回す). トーション. ねじり.〔～形变〕ねじりによる変形. ねじり変形. ②向きを変える. 方向を転換する.〔他～身子，向车间走去〕彼は体をくるりと回して職場の方へ歩き去った. ③（ゆがみを）正す. 局面を転換する(させる).〔～了过去工人对卫生不正确的看法〕過去における労働者の衛生に対する間違った見方を正した.〔～选举的形势〕選挙の形勢を転換させる.〔～乾坤〕天下の大勢を一変させる.

扭转簧 niŭzhuǎnhuáng〔機〕ねじりばね.

〔狃〕 niŭ〈文〉＝〔扭②〕なじむ. とらわれる. こだわる.〔～于成见〕既成観念がしみこんでいる.〔～于习俗〕古いしきたりにとらわれている. ②むさぼる.

〔纽・紐〕 niŭ ①〈さげるための〉取っ手.〔印 yìn ～〕印判のさげひもまたはつまみ.〔纽①〕とも書いた. ②ボタン.〔纽①〕とも書いた.〔衣 yī ～〕衣服のボタン.〔脖 bó ～〕首のボタン. ③（瓜や果物などの結実したばかりの）果実. ④重要なかなめ.〔枢 shū ～〕同前. ⑤→〔声 shēng 纽〕 ⑥〔音訳〕〈ギリシア文字〉ニュー.→〔希 xī 腊字母〕 ⑦〈姓〉纽（ぢう）.

纽贝 niŭbèi（ボタン製造用の）どぶ貝.

纽带 niŭdài 結びつけるもの. 紐（ぢう）帯. かけはし. きずな. 連結する作用.〔爱情的～〕愛の絆.〔友谊的～〕友情の絆.

纽孔 niŭkŏng 同下.

纽扣 niŭkòu ボタン穴.

纽扣(儿) niŭkòu(r)〔纽扣(儿)〕とも書いた.（洋服・シャツ類・中国服などのボタン類(総称)）:〔纽子①〕と〔扣子〕.〔算 suàn 盘珠纶〕中国服の縫いボタン.〔钉～〕ボタンをつける.〔扣上～〕ボタンをはめる.

〔解～〕ボタンをはずす.→〔扣襻(儿)〕

纽襻(儿) niŭpàn(r)中国服のボタンにかけるひもの輪.〔扣 kòu 襻(儿)〕に同じ.〔纽绊(儿)〕とも書いた.

纽儿 niŭr ①ボタン. ②瓜や果物などつけたばかりの実. 小さなさや豆.

纽眼 niŭyǎn ボタン穴.

纽约 niŭyuē 〔地〕ニューヨーク.〔～时报〕ニューヨークタイムズ（米国の新聞名）.〔～客 kè〕ニューヨーカー. ニューヨークっ子.

纽子 niŭzi ①〔纽扣〕とも書いた. ボタン(類).→〔扣(儿)〕 ②道具についているひも.〔秤 chèng ～〕さおばかりの下げひも.〔印 yìn ～〕印判のひも.

〔杻〕 niŭ 〔植〕樹木の名.→ chŏu

〔钮・鈕〕 niŭ ①⇒〔纽①②〕 ②〔機〕つまみ. スイッチ. ボタン.〔电diàn～〕同前.〔旋 xuán ～〕調節つまみ.〔按 àn 按～儿〕プッシュボタンを押す. ③〈姓〉钮（ぢう）.

钮扣(儿) niŭkòu(r)⇒〔纽扣(儿)〕

钮子 niŭzi ⇒〔纽子〕

〔拗(㧙)〕 niù ひねくれている. あまのじゃくだ. 強情である.〔他的脾 pí 气真～〕彼の気性はじつにひねくれている.〔人～损 sǔn 财，牛～损力〕〈諺〉人がひねくれていると金を損し，牛がひねくれていると力を損する.〔违 wéi ～〕逆らう.→ ǎo ào

拗不过 niùbuguò 逆らえない.（人の考えを）変えようがない. 歯が立たない.〔~理来〕道理には歯が立たない.〔～她的盛情〕彼女の好意に逆らえない.

拗劲 niùjìn ひねくれる. ごねる.〔你拗什么劲呢〕君何でひねくれているんだ.〔他有一股～，这么冷的天要去游泳〕彼はへそ曲がりなところがあって，こんな寒い日に水泳に行く.

拗性 niùxìng ひねくれた性質.〔～不改〕ひねくれた根性が直らない. ②ひねくれる.〔你别这么～了〕そんなにひねくれてはいけない.

拗众 niùzhòng 多数の人にそむく. 反抗する.〔一不～〕一人で多数の人にそむくことはできない.

nóng ㄋㄨㄥˊ

〔农・農(辳)〕 nóng ①農業.〔务 wù ～〕農を業とする.〔忙〕農繁. ②農家. 農民.〔贫 pín ～〕貧農.〔富 fù ～〕富農.〔莱～〕野菜農家.〔～百万(户)100万户以上の金持ち農民.〔棉 mián ～〕綿花の栽培を主とする農家.〔工～联盟〕労農同盟. ③〈姓〉农（のう）.

农产 nóngchǎn ①農業生産.〔～区〕同前の地区. ②農産物.〔～加工〕同前の加工.

农产品 nóngchǎnpǐn 農産物.〔~〕〔农产物〕ともいう.

农场 nóngchǎng（大規模な農業経営を行う）農場.〔集体～〕集団農場.〔国营～〕国営農場. ソフォーズ.→〔集 jí 体农庄〕

农村 nóngcūn 農村. 田舎.〔～信用合作社〕農村信用協同組合.〔～集市贸易〕農村で開かれる定期市での取引.

农村公社 nóngcūn gōngshè ⇒〔村社①〕

农村红医 nóngcūn hóngyī ⇒〔赤 chì 脚医生〕

农村人民公社 nóngcūn rénmín gōngshè ⇒〔人民公社〕

农大 nóngdà 農業大学:〔农业大学〕の略称.

农贷 nóngdài 農民への貸付金:〔农业贷款〕の略.

nóng 农

农夫 nóngfū 回農夫.
农妇 nóngfù 農業に従事する女性.
农副产品 nóng fùchǎnpǐn ①農産物と副業性産物. ②農業の副業性産物. →〔农贸市场〕
农副业 nóngfùyè 農業副業.農村の副業.
农歌 nónggē 農夫の歌.
农耕 nónggēng 田畑を耕すこと.農耕.〔不事~〕農耕をしない.
农工 nónggōng ①農業と工業.農民と労働者.〔~商〕農業・工業・商業. ②国営農場の農業労働者.
农功 nónggōng 〈文〉農事.農業の仕事.
农行 nóngháng〔中国农业银行〕の略.
农户 nónghù 農家.
农话 nónghuà 農村部の電話(事業).→〔市 shì 话 ③〕
农会 nónghuì ⇒〔农民协会〕
农活(儿) nónghuó(r) 野良仕事.農作業.〔方〕〔活茬(儿)〕に同じ.〔农家活儿〕同前.
农机 nóngjī 農業用機械.農機具.〔农机具 jù〕〔农业机器〕〔农业机械〕ともいう.→〔农具〕〔农械〕
农机站 nóngjīzhàn 農業機器ステーション.〔农业机器站〕〔拖 tuō 拉机站〕ともいう.
农技 nóngjì 農業技術(の略).〔~站〕農業技術指導ステーション.〔~学校〕農業技術学校.〔~书〕農業技術書籍.
农家 nóngjiā ①農家.農夫. ②旧学派の一.→〔九 jiǔ 流〕
农家肥(料) nóngjiā féi(liào) 自家製のこやし.自給肥料:〔人 rén 粪 fèn〕(人の糞尿)を石炭や草木の灰また石炭がらの粉末にまぜ野外で完熟させたもの.また(家畜の糞尿を使った)堆肥など.→〔化 huà 肥〕
农家乐 nóngjiālè ①農家の楽しみ. ②〈喩〉産地直売・民宿・田舎でのホームステイなど.
农具 nóngjù 農具.農機具.農作業をする道具.→〔农机〕〔农械〕
农具手 nóngjùshǒu 農機具を使える人.〔培养60多名~〕農民の(農機具を使える人)を60余名養成する.
农科 nóngkē〔农业科学〕の略.〔~村 cūn〕科学的な農業の行われる農村.〔~所〕農業科学研究所.
农垦 nóngkěn 農業開拓.〔~事业〕開拓事業.
农口 nóngkǒu 農業関係の組織・機構.
农历 nónglì ①農暦:夏代に始まったので〔夏 xià 历〕ともいう.〔阴 yīn 历〕は通称. ②農作業用の暦.
农林 nónglín 農業と林業.〔~口〕農林業関係の組織・機構.〔~牧副渔 mùfùyú〕農業・林業・牧畜業・副業・漁業.〔~间 jiàn 作〕混農林業.
农忙(季节) nóngmáng (jìjié) 農繁期. ↔〔农闲(季节)〕
农贸市场 nóngmào shìchǎng〔农副产品贸易市场〕の略.〔自由市场〕の一:農民が穀物・野菜などを売る市場.
农民 nóngmín 農民(農村戸籍をもつ者を含める):回〔雇 gù 农〕〔贫农〕〔下中农〕(下層中農)〔中农〕〔上中农〕に分けた.〔~战争〕農民戦争.〔~工〕農村戸籍(出稼ぎ)労働者.〔~起义〕農民一揆.〔~暴动〕.→〔地 dì 主①〕〔富 fù 农〕〔贫 pín 下中农〕
农民负担监督卡 nóngmín fùdān jiāndū kǎ 正規の税金以外に農民の納める負担金の範囲を明確に記入したカード:負担金の範囲を明白にしていることから〔明 míng 白卡〕ともいう.
农民协会 nóngmín xiéhuì 回農民組合:略して〔农会〕〔农协〕ということもある.
农膜 nóngmó (農業用)フィルム.ビニール膜.
农末 nóngmò 回農夫と商人.:〔末〕は末利を追う者,

すなわち商人の意.
农牧业 nóngmùyè 農業と牧畜業.
农奴 nóngnú 農奴.〔~(主)農奴主.〔~制 zhì〕回農奴制度.
农轻重 nóngqīngzhòng 農業・軽工業・重工業の略.
农渠 nóngqú 農業用水路.
农人 nóngrén 農民.百姓.
农桑 nóngsāng 農耕と養蚕.
农舍 nóngshè 農民の住家(農家)
农时 nóngshí 農作物の時期.春耕・夏耘・秋収など農作業のそれぞれの適期.〔~不等人,人误地一时,地误人一年哪〕農作業の時期は人を待たない,人がその時を誤れば,畑は人に1年の損失を与える.〔不误~〕季節に応じて農事に励み時機を失わないこと.
农事 nóngshì 農作業.〔~繁忙〕農作業が忙しい.
农田 nóngtián 農作物を栽培する田畑.〔建立~保护制度〕農地保護制度を制定する.〔~水利〕耕作地の水利.
农网 nóngwǎng ①農村の道路・交通・電力・水道などの生活基盤(のネットワーク). ②農村の電力網.〔农村电网〕の略.
农隙 nóngxì〈文〉農閑期.
农闲(季节) nóngxián (jìjié) 農閑期. ↔〔农忙(季节)〕
农险 nóngxiǎn 農業保険.〔农业保险〕の略.
农协 nóngxié ⇒〔农民协会〕
农械 nóngxiè 農業用の器具:噴霧器など.→〔农机〕
农学 nóngxué 農学.〔~家〕農学者.〔~院〕農業大学.
农谚 nóngyàn 農事に関することわざ.
农药 nóngyào 農業用薬品.〔~残 cán 留〕農薬の残留.
农业 nóngyè 農業.〔~产业化〕大農場経営化.〔~工人〕農業労働者:国営農場で働く人.〔~国〕農業国.〔~合作化〕農業協業化・合作化.〔~户〕農村部の戸籍.農業を行う家庭.〔~机械化〕農業機械化.〔~技术推广站 zhàn〕農業技術普及センター.〔~普 pǔ 查〕農業センサス.〔~人口〕農業人口.〔~税〕農業税(1958~2006年).〔~四化〕農業の機械化・電化・水利化・化学化.〔~用地〕〔农用地〕農業用土地.〔~园区〕農業団地.広域経営の農業地区.〔园区〕ともいう.
农业八字宪法 nóngyè bāzì xiànfǎ 農業増産のための八つの重要事項:〔土〕(深く耕し土地を改良する),〔肥〕(合理的施肥),〔水〕(水利工事と合理的の灌漑),〔种〕(品種改良と普及),〔密〕(合理的密植),〔保〕(作物の保護,病害虫駆除),〔管〕(作物の管理),〔工〕(道具の改良)の8項目.略して〔八字宪法〕ともいう.1958年12月毛沢東がまとめたもの.
农业机器站 nóngyè jī qìzhàn ⇒〔农机站〕
农业机械 nóngyè jīxiè ⇒〔农机〕
农业社 nóngyèshè 同下.
农业生产合作社 nóngyè shēngchǎn hézuòshè =〔土 tǔ 地合作社〕農業用機械・役畜・農業用建物・耕作地などを組合の所有に移して共同経営を行う社会主義的経営組織:1950年代に行われた.集団化の程度により〔初級~〕と〔高級~〕がある.単に〔农业社〕ともいう.
农业生产责任制 nóngyè shēngchǎn zérènzhì 農業生産の請け負い制:〔三 sān 包一奖制〕から発展したもので,1980年代定着した.
农业学大寨 nóngyè xué dàzhài 農業は大寨に学ぶ:1964年以降,特に文化大革命時期に展開された

衣依浓哝脓秾酞弄　　　　　　　　　　　　　　　　nóng～nòng

大寨(地名)をモデルとする農業の生産性向上の運動.→〔工 gōng 业学大庆〕
农艺 nóngyì　農芸.〔～师 shī〕農芸家.農芸技師.〔～学〕農学.作物学.
农用 nóngyòng　農業用の.〔～柴油机〕農業用ディーゼルエンジン.〔～拖拉机〕農業用トラクター.
农友 nóngyǒu　農民に対する呼称.
农月 nóngyuè　〔立夏後の農事の多忙な月.
农运 nóngyùn　農民運動:〔农民运动〕の略.〔～会〕〔全国农民运动会〕全国農民スポーツ大会.
农转非 nóngzhuǎnfēi　農村の戸籍を非農村(都市)の戸籍に変えること.
农庄 nóngzhuāng　①農村:農業を主とする個々の村.②農場.農園.→〔集 jí 体农庄〕
农资 nóngzī　農業資材:飼料・肥料・温室のビニール・種子・苗など農業を営むのに必要な資材.
农作物 nóngzuòwù　農作物.作物.〔作物〕に同じ.

〔侬・儂〕 nóng　①〔固〕わたくし.②〈方〉きみ.あなた.③→〔侬族〕④〈姓〉(nóng).
侬族 nóngzú　〔壮 zhuàng 族〕の一支派.

〔浓・濃〕 nóng　①濃い.濃厚である.〔～茶 chá〕濃いお茶.〔酒味～〕酒の味にこくがある.↔〔淡 dàn〕②程度が強い(ひどい).〔兴 xìng 趣正～〕まさに興たけなわである.→〔稠 chóu 浓〕③〈姓〉浓 (nóng).
浓愁 nóngchóu　〈文〉深い愁い.
浓淡 nóngdàn　濃淡.濃さ.
浓度 nóngdù　濃度.
浓厚 nónghòu　①(もやや雲の層などが)濃厚である.濃い.〔～的黑烟〕濃い黒煙.②(色・色彩・雰囲気が)濃い.重い.〔政治空气～〕政治的色彩が濃厚である.〔～的地方色彩〕濃いローカルカラー.③(興味の程度が)大きい.〔孩子们对乒 pīng 乓球兴趣都很～〕子供達は卓球に大変興味がある.↔〔稀 xī 薄〕
浓积云 nóngjīyún　〔気〕積層雲.
浓醪 nóngláo　強い濁り酒.
浓烈 nóngliè　濃密で強烈である.〔满屋子～的烟酒味〕部屋中にたばこや酒の強いにおいが充満している.
浓绿 nónglù　〔色〕濃緑(の)
浓眉 nóngméi　黒くて濃い眉毛.〔～大眼〕濃い眉と大きな目.〔～喻〕雄々しい容貌.
浓密 nóngmì　濃密である.密生している.〔一头～的黑发〕ふさふさとした黒髪.
浓墨 nóngmò　濃い墨.〔～重 zhòng 彩〕(書や絵が)墨や色彩の濃い色で鮮やかに書かれていること.
浓情 nóngqíng　厚い情愛.
浓稠 nóngchóu　熟稠する.
浓缩 nóngsuō　濃縮(する).〔～铀 yóu〕化濃縮ウラン.
浓汤 nóngtāng　〔食〕①濃いスープ.②ポタージュ.
浓雾 nóngwù　〔気〕濃霧.濃い霧.
浓香 nóngxiāng　濃くてよい香り.
浓艳 nóngyàn　(色彩が)濃くて派手である.あでやかで美しい.濃艶(である)
浓阴 nóngyīn　生い茂った木の陰.
浓郁 nóngyù　①濃厚で強い.密生する.②(香りや感じ・雰囲気が)重い.濃厚である.③面白さが強い.味わいが深い.
浓云 nóngyún　濃い雲.
浓重 nóngzhòng　(霧・におい・色彩など)濃い.きつい.〔设色十分～〕色どりがとてもきつい.〔桂花发出～的气味〕きんもくせいが強いにおいを放っている.
浓妆 nóngzhuāng　厚化粧.〔～艳 yàn 抹〕(女性が)けばけばしい厚化粧(をする).→〔搽 chá 粉〕
浓浊 nóngzhuó　(煙や霧などが)よどむ.〔山顶笼 lǒng 罩着～的雾气〕山頂はどんよりと濁った霧が立ちこめている.②(声が)低くて太い.

〔哝・噥〕 nóng　①小声でしゃべる.〔嘟～dūnong〕〔嘟嘟 nang〕ひとりごとを言う.つぶやく.〔唧～jinong〕⑩ひそひそ話をする.〔搋〕ピチャピチャ:液体のもれる音.
哝哝 nóngnong　①(不明瞭な低い声で)ぶつぶつ言う.〔～地说〕同前.〔你一什么〕何をぶつぶつ言っているのか.②小声で謀る.

〔脓・膿〕 nóng　膿(á).〔化 huà ～〕〔酿 niàng ～〕化膿する.〔挤 jǐ ～〕膿を押し出す.膿を しぼり出す.
脓包 nóngbāo　①医おでき.はれもの.膿包.②〈喻〉無用な人間.役にたたない人間.
脓疮 nóngchuāng　腫れもの.
脓疖子 nóngjiēzi　膿んだ小さいはれもの.
脓漏眼 nónglòuyǎn　医淋菌性の結膜炎.
脓尿 nóngniào　医膿尿.
脓疱 nóngpào　医膿疱.〔～病 bìng〕〔～疮 chuāng〕膿疱疹:〔黄 huáng 水疮〕(とびひ)は通称.
脓塞子 nóngsāizi　〈方〉無能なのに有能ぶる人.
脓水 nóngshuǐ　〈口〉うみ.うみ汁.
脓胸 nóngxiōng　医膿胸.
脓血 nóngxuè　血膿.血うみ.〔～症 zhèng〕医血膿症.
脓液 nóngyè　医膿汁.→〔脓水〕
脓肿 nóngzhǒng　医膿腫.〔结 jié 核性～〕結核性膿腫.

〔秾・穠〕 nóng　〈文〉草木のよく茂り美しく花開いたさま.〔天 yāo 桃～李〕成ん若い女性や花嫁の美しさ.
秾绿 nónglù　〈文〉草木の青々と茂っているさま.
秾艳 nóngyàn　〈文〉濃艶(である).豊艶(である)

〔酞・醲〕 nóng　①(酒が)濃くてうまい.②濃い酒.芳醇な酒.
酞郁 nóngyù　(味に)こくがある.

〔弄(挵)〕 nòng　①もてあそぶ.いじる.手なぐさみにする.〔造 zào 化～人〕運命は人をもてあそぶ.〔～玩 wán 艺儿〕玩具もいじる.〔小心点儿～它〕気をつけてそれを扱え.②する.やる.なす:本来の意味を表す動詞を代用するのは,その動作の具体的な限定が不必要であるか,または困難な場合である.以下( )内が本来の動詞.〔～(做)了不少菜〕料理をたくさん作った.〔别把孩子～(弄)醒 xǐng 了〕子供を起こしてはいけない.〔我把电话号码 mǎ ～(记)错了〕私は電話番号を覚え間違えた.〔～(搬)走一堆垃 lā 圾〕ごみを一山運んで行った.〔总要～(研究)出一个结果来〕どうしても結論をひねり出さなければならない.〔不知道从哪儿～(挣)来那么多钱〕彼は一体どこからあの大金を手に入れて(工面して)来たのだろう.〔把身上～(料理)干净了〕一身上のことはすっかり片づけてしまった.〔至少要想把汉语～(学)好〕せめて中国語だけは勉強したい.〔他摔倒了一(蹴)了一身泥〕ころんで全身泥だらけになった.③(なんとかして)手に入れる.もらう.得る:後に数量詞を置く.〔快～点水来〕はやく,水(湯)を持ってきてくれ.④たくらむ.(策)を弄する.〔～手段〕(悪辣な)手を使う.⑤〔～得 de〕の形で悪い結果をきたしたことを表す.〔～得不可收 shōu 拾〕手がつけられないことになる.〔他说这个谎那个地费了许多话给我解 jiě 释,~得我反倒更加莫 mò 名其妙〕彼はあれこれと長々と解釈してくれたが,おかげでますますわからなくなってしまった.→ lòng

弄笔 nòngbǐ ①事実を曲げて書く.曲筆を弄する.②思う存分書く.書きなぐる.

弄不好 nòngbuhǎo ①上手にやれない.うまくやれない.〔中国菜我～〕わたしは中国料理を上手に作れない.②〔口〕(よくない事を予想して)ことによると.ひょっとすると.

弄不来 nòngbulái ①手に入れることができない.②やれない.手を出せない.〔打扑 pū 克,打麻将这事我可～〕トランプとかマージャンとかのこととなると,わたしは手を出せない.

弄潮 nòngcháo 海で遊ぶ.泳ぐ.〔～儿 ér〕ⓐ海で泳いだり,サーフィンしたり,ボート乗りする(若い)人.ⓑ〈喩〉危険に立ち向かう人.冒険者.

弄臣 nòngchén 〈文〉(君主の)寵(ちょう)臣.

弄到手 nòng·dàoshǒu 手に入れる.

弄得好 nòngdehǎo (よくなることを予想して)うまくすると.ひょっとすると.

弄丢 nòngdiū なくしてしまう.〔我把钱包～了〕財布をなくしてしまった.

弄懂 nòngdǒng わからせる.

弄翻 nòngfān ひっくり返す.

弄鬼 nòngguǐ 〔口〕いんちきをする.人をごまかす手を使う(ごまかしをする).陰で悪さをする.〔～弄神〕同前.

弄好 nònghǎo 手を加えてよくする.うまく仕上げる.〔～关系〕うまく関係をつける.

弄坏 nònghuài だめにする.おかしくしてしまう.〔这样就容易把事情～〕こうして容易に事をだめにする.

弄假 nòngjiǎ いんちきをする.ごまかしをする.〔～成真〕〈慣〉うそがまことになる.〈喩〉ひょうたんから駒.うそから出たまこと.

弄僵 nòngjiāng こじらす.いじくって手がつけられなくする.〔这件事现在～了〕この事件は今ではこじれてしまった.

弄扭 nòngniǔ 仲たがいをする.〔说来说去差点儿～了〕口論をしてしまってもう少しで仲たがいをするところだった.

弄钱 nòngqián ①お金を工面する.つてを探して金を作る.〔我得不弄点钱来吃什么呢〕おれが銭を工面してこなきゃ何を食べるんだ.②銭をもうける.

弄巧成拙 nòngqiǎo chéngzhuō 〈慣〉手段を弄してかえってまずいことになる.

弄清 nòngqīng 清算する.はっきりさせる.〔弄清楚〕ともいう.〔～是非〕善し悪しをはっきりさせる.

弄权 nòngquán 権力を振り回す.〔奸 jiān 人～〕悪人が権力を乱用する.

弄伤 nòngshāng けがをする.傷つける:精神的に傷つく場合にも用いる.

弄神 nòngshén 〈方〉①気苦労をする.②悪ふざけをする.人をからかう.

弄手脚 nòngshǒujiǎo 〈方〉奸計をめぐらす.悪だくみをする.

弄通 nòngtōng 理解する.精通する.マスターする.〔下苦工夫,才能一门外语〕苦しい勉強をしてこそ一つの外国語に精通することができる.

弄瓦 nòngwǎ 〈文〉女の子が生まれること:古代,女の子が生まれると〔瓦⑤〕(いとまき)をおもちゃに与えたことから.〔～之喜 xǐ〕女子出生のおめでたい.→〔弄璋〕

弄险 nòngxiǎn 冒険をする.〔他从不～〕彼は冒険する事がない.

弄小 nòngxiǎo 囯妾を入れる.→〔小夫人〕

弄醒 nòngxǐng 目を覚まさせる.〔火车的汽笛时常～他〕汽車の汽笛がしょっちゅう彼の目を覚まさせる.

弄性尚气 nòngxìng shàngqì 〈成〉気ままで怒りっぽい.

弄虚作假 nòngxū zuòjiǎ 〈成〉偽計を弄する.ぺてんにかける.

弄眼 nòngyǎn 目顔(目くばせ)で知らせる.→〔挤 jǐ 眼(儿)〕

弄糟 nòngzāo やり損ねる.すっかりしくじる.台無しにする.だめにする.〔一插手,就把事情全都～了〕彼が手を出すと,何もかもめちゃくちゃになる.

弄璋 nòngzhāng 〈文〉男の子が生まれること:古代,男児が生まれるとおもちゃとして〔璋〕(玉の一種)を与えたことから.〔～之喜〕男子出生の喜び.→〔弄瓦〕

nou ㄋㄡ

〔耨(鎒)〕 nòu 〈文〉①田畑の除草をする.〔～草 cǎo〕同前.〔深耕易～〕〈文〉よく耕しまめに草を取る.②〔耕 gēng ～〕作物の手入れをする.③囯草かき:除草農具.

nu ㄋㄨ

〔奴〕 nú 〈文〉奴隷僕:〔奴①〕に同じ.

〔奴〕 nú ①(体を拘束されて他人に使役される)奴隷.〔农 nóng ～〕農奴.②他人を卑しめて呼ぶ称呼.〔守財～〕守銭奴.〔亡国～〕亡国の民.③〔白〕若い女性の自称:古くは男性も用いた.

奴辈 núbèi 〈文〉奴隷の身分の者.やつら.

奴婢 núbì ①下男下女.②囨捕虜または罪人で奴隷として使役された男女.〔官 guān ～〕国家の所有する奴隷.③〈謙〉わたくしめ:昔時,〔太 tài 监〕が皇帝后妃の前で使った自称.

奴才 núcai ①奴僕.②〈罵〉奴隷根性の持ち主.悪者の手先.〔该死的～〕けしからん奴め.〔～哲学〕奴隷哲学:服従をよしとする考え方.〔～外交〕奴隷外交.〔～相 xiàng〕卑屈な態度.③囨清主人に対して奴婢の自称.〈謙〉わたくし:昔時,宦官で臣下の者の自称.

奴产子 núchǎnzǐ 囯奴婢の生んだ子.

奴唇婢舌 núchún bìshé 〈成〉奴婢のようなおどおどした卑屈な言葉づかい.

奴佛卡因 núfókǎyīn ⇒〔盐 yán 酸普鲁卡因〕

奴工 núgōng 囬奴隷的労働(者)

奴化 núhuà 奴隷化する.〔～教育〕奴隷化教育.

奴家 nújiā 〈白〉女性の自称:単に〔奴③〕,また〔奴奴〕ともいう.〔～是东京人民〕わらわは東京(開封)の人なり.

奴隶 núlì 奴隷.〔～社会〕奴隷社会.〔～主〕奴隷主.奴隷社会の支配者.

奴隶制 núlìzhì 奴隷制度.

奴奴 núnú ⇒〔奴家〕

奴仆 núpú 囬下男.しもべ.

奴使 núshǐ ⇒〔奴役〕

奴视 núshì 〈文〉奴隷視する.奴隷扱いする.

奴胎 nútāi 〈白〉こいつ.〔不是这～是谁〕こいつでなくて誰か.こいつに決まってる.

奴性 núxìng 奴隷根性.〔～十足的卖国贼 zéi〕奴隷根性丸出しの売国奴.

奴颜婢膝 núyán bìxī 〈成〉(人の甘心を得るための)卑屈な態度.

奴颜媚骨 núyán mèigǔ 〈成〉奴隷根性.卑屈な態度.〔鲁 lǔ 迅的骨头是最硬的,他没有丝毫的奴颜和媚骨,…〕(毛・新12)魯迅の背骨はもっとも硬く,

彼には奴隷根性やへつらいの態度がいささかもなかった］サッと〔矢のように早く〕逃げてしまった.
奴役 núyì ＝[奴使]奴隷のように酷使する.〔~他国]他国を奴隷のように使う.〔不堪 kān ~]奴隷の如くに酷使されるのに堪えない.

弩末 nǔmò 〔强弩之末〕[弩末之势]の略.矢がまさに地に落ちようとする[力がまさに尽きようとする]こと.<成>かつての英雄も衰えてはどうにもならない.
弩手 nǔshǒu 石弓の射手.
弩牙 nǔyá ＝[銑 hóng]<文>牙（*ﾞ）:石弓の発射装置.弦をかけるところ.
弩张剑拔 nǔzhāng jiànbá <成>一触即発:[剑拔弩张]ともいう.

[驽・駑] nú <文>①駑馬(ﾊﾞ).脚の遅い馬. ②<転>才能の劣ったもの.
驽才 núcái <文>才能の乏しい人間.
驽钝 núdùn <文>能力の劣った（者）.働きの鈍い（者）:多く謙称.
驽骥 nújì <文>駑馬と駿馬.
驽劣 núliè <文>能力の低劣なこと.
驽马 númǎ <文>のろまな馬.駑馬.〔~自受鞭 biān 策]才能の足らない者は人にこき使われるのがよい.〔~恋栈豆]劣等な馬は馬舎や馬料の豆に恋々としている:凡庸な者がその地位に恋々とする.眼前の小利に未練を断てない.→[恋 liàn 栈②]
驽骀 nútái <文>①駄馬.駑馬.②才能の劣った（者）.〔~竭 jié 力]<謙>駑馬の如く凡庸であるが最善を尽くす.
驽下 núxià <文>賤劣なこと.才知の鈍くて人に劣ること.

[孥] nú <文>①子.児女.〔妻 qī ~]妻子. ②妻子.眷（*ﾝ）属.
孥戮 núlù <文>罪を子孫にまで及ぼして殺すこと.

[努(拏・呶・孥)] nǔ（I）[努]①めぐる.努力する.〔~着力向前跑 pǎo]一生懸命に前に向かって走る.〔他本来气力单薄,这目是强一劲儿]彼は元来体力は弱いのだが,今回は無理をしてがんばった. ②<方>きばりすぎて身体内部を傷めすぎる.〔搬石头~傷了,直吐血 xiě]石を運ぶのに力りすぎたので,しきりに血を吐いた.→[努伤] ③漢字筆画の"丨"（たて）:[竖 shù(I)③]の別称.
（II）[拏・呶・努]突き出す.とび出る.〔眼 yǎn 睛 ~着]目が突き出ている.〔~嘴儿挤 jǐ 眼儿]口をとがらし横目を使う.〔这段墙挂外~了,注意危险]土塀がここのところ外側へふくれ出しているから気をつけなさい.→[呶 náo]
努劲儿 nǔjìnr 全身の力を出す（こと）.がんばる（り）.〔这一袋米,我努著著劲儿才 káng起来]この袋の米は,わたしにはがんばってやっと担げた.〔再努把劲儿就到山顶了]もうちょっと頑張れば頂上だ.
努库阿洛法 nǔkù'āluòfǎ ㊥スクアロファ:[汤 tāng 加王国]（トンガ王国）の首都.
努力 nǔlì ①努力する.〔~用功]一生懸命に勉強する. ②大変がんばりである.〔工作很 ~]懸命に仕事をする.〔他很 ~,两个钟头就干完了]彼はがんばって,2時間で仕上げた.
努目 nǔmù 怒って目をむく.
努伤 nǔshāng ＝[挣伤]<方>きばり過ぎて体の内部を傷める.〔这桌子太重,你别一人扛,看~了!]このテーブルは重すぎる,一人では担ぐな,きばりすぎて体を痛めるぞ.
努瓦克肖特 nǔwǎkèxiàotè ㊥ヌアクショット:[毛maó 里塔尼亚伊斯兰共和国]（モーリタニア・イスラム共和国）の首都.
努着 nǔzhe →[努伤]
努嘴 (儿) nǔzuǐ(r) 口を突き出す（して合図する）.

[弩] nǔ 〔弯 quān]石弓.弩(ﾄﾞ)：古代の兵器の一種.バネ仕掛けで発射する弓.〔~弓 gōng]同前.〔强 qiáng ~]強い石弓.〔万~齐发]たくさんの石弓が一斉に矢を放つ.
弩舰舰 nǔjíjiàn →[无 wú 畏舰]
弩箭 nǔjiàn 石弓の矢.石矢.〔像 ~ 离 lí 弦似地跑

nú～nù

[砮] nǔ <文>鏃（*ｼﾞﾘ）にする石.
[胬] nǔ ＝[肉 ròu]中医胬肉（ﾆｸ）:眼球の結膜にできる肉質部.〔~肉攀 pān 睛]同前が角膜まで覆ってしまうの.

[怒] nù ①怒る(ﾙ).〔大~]大いに怒る.〔发 fā ~]怒気を発する.怒る.〔愤 fèn ~]忿 fèn ~]（不満で,あるいは抑えきれずに）怒る.〔恼 nǎo ~]（せっぱつまったりいらいらしたりして）怒る.〔老羞 xiū 成 ~]〔恼羞成 ~]恥ずかしさのやりけこで,②<喩>勢いよく発生する.〔草木～生]草木が急に盛んに萌(*)えだす. ③→[怒族]
怒不可遏 nù bùkě'è <成>怒りを抑えきれない.怒りが頂点に達する.
怒潮 nùcháo 激しい潮の勢い.<喩>激しい勢いの大衆反抗運動.
怒叱 nùchì 怒って叱りつける.どなりつける.
怒斥 nùchì 怒って叱責する.かんかんに怒って非難する.
怒冲冲 nùchōngchōng 怒りの激しさま.
怒发冲冠 nùfà chōngguān ＝[冲冠]<成>怒髪冠をつく.<喩>髪が逆立ち冠をとばすくらい怒りの激しさま.
怒放 nùfàng 花が真っ盛りである.〔山花 ~]山は花盛りである.
怒海 nùhǎi 荒れ狂う海.→[怒涛]
怒号 nùháo 怒号する.どなる.〔狂风 ~]荒れ狂う風がうなりを立てる.
怒喝 nùhè 怒りをこめて叱責する.怒鳴る.
怒恨 nùhèn <文>怒り恨む.憤慨する.
怒轰轰 nùhōnghōng かんかんに怒るさま:[怒烘烘][怒哄哄]とも書く.
怒吼 nùhǒu （猛獣が）怒りほえる.<喩>激しい音を発する.怒号する.雄たけびを上げる.
怒火 nùhuǒ <喩>怒りの炎.激しい怒り.〔~中烧 shāo]<喩>激しい怒りが心の中にわきあがる.〔~冲天]<成>怒気天をつく.〔万丈 ~]<成>怒りが天にも達する.
怒骂 nùmà 猛烈に呪う.激怒して罵る.
怒目 nùmù 目を怒らせる.怒らせた目.〔~横 héng 眉]〔~张眉]<成>目を怒らせ眉をつりあげる.〔~相向]双方互いににらみ合う.〔~而视]怒った目でにらむ.〔~瞠眼]<成>怒ってにらみつける.
怒恼 nùnǎo 怒る.
怒气 nùqì 怒気.〔~冲冲]〔~冲天]<喩>非常に怒る.
怒容 nùróng 怒った表情・態度.〔~满面]満面に怒気をふくんでいる.
怒色 nùsè 怒りの表情.〔面带 ~]顔に怒りが現れている.
怒视 nùshì 目を怒らせて見る.怒りの目で見る.
怒涛 nùtāo 怒涛.〔~澎 pēng 湃]怒涛が逆巻く.〔~一般的掌声]怒涛のような拍手の音.
怒蛙 nùwā ①<文>腹をふくらして怒っている蛙.→[蛙] ②<喩>意気軒昂なさま.
怒形于色 nùxíng yúsè <成>怒りが顔に出る.

怒族 nùzú ヌー族:中国少数民族の一.雲南省に居住する.

[傉] nù 人名用字.

nü ㄋㄩ

[女] nǚ ①女.[~的]〈口〉女(の人).[妇 fù]女性.婦人:成人女性に対するきちんとした言い方.[~排 pái]〈~子排球〉女子バレーボール.[~足 zú]又女子サッカー.↔[男 nán]. ②娘.[小~]わたしの娘(対他卑称).[长 zhǎng ~]長女.[次~]次女. ③未婚の女性:既婚の女性は[妇]という. ④小さい,あるいは柔らかい,弱い,美しいものを指していう.[~桑](若く柔らかで)小さな桑の木. ⑤(一部の動物の)めす. ⑥女(星)[二 èr 十八宿]の一. → nù rǔ
女伴 nǚbàn (女性の)伴侶.ガールフレンド.フィアンセ.
女扮男装 nǚ bàn nánzhuāng 女性が男装する.↔[男扮女装]
女婢 nǚbì 女使用人.
女宾 nǚbīn 女性客.
女傧相 nǚbīnxiàng 旧(結婚式における)花嫁の介添人.→[伴娘]
女厕(所) nǚcè(suǒ) 女子(用)便所.
女车 nǚchē 女性用自転車.[坤 kūn 车①]に同じ.
女丑 nǚchǒu ⇒[彩 cǎi 旦]
女大十八变 nǚ dà shíbābiàn 〈諺〉女は成長するまでに姿や性格がよく変わる:[~,黄梅天公十八变]〈諺〉同before,梅雨時の天気もよく変わる.
女单 nǚdān 又(球技の)女子シングル:[女子单打]の略.→[女双][混 hùn 合双打]
女道士 nǚdàoshi 道教の尼:[女官②][女冠][女黄冠][道姑]ともいう.
女德 nǚdé 旧女子の德性.[女子无才便是德]女子は学才がついていない方が女子としての德を保つゆえんである.
女低音 nǚdīyīn 囚アルト.
女弟 nǚdì 〈文〉妹.→[妹 mèi 妹①]
女儿 nǚ'ér ①(親から見た)女の子.娘.[大~]一番上の娘.[二~]2番目の娘. ②未婚の娘.
女儿寡 nǚ'érguǎ 旧婚約者が死んで,そのまま未亡人となった女の称.
女儿国 nǚ'érguó [喻]女ばかりの世界·職場·社会:もともとは李汝珍の[镜花缘]に出てくる女ばかりの国の名.
女儿家 nǚ'érjiā 旧 お嬢様.令嬢.娘さん. ②女の子.女というもの.[~是火钳 qián 命]〈諺〉旧女は火ばさみ(台所)から離れることができない.
女儿节 nǚ'érjié 旧同旧暦5月1日から4日まで行われた風習をいう:北京では娘は盛装し,嫁に行った者は里帰りしたりする. ②旧暦7月7日の七夕の日.
女儿经 nǚ'érjīng 旧同[女訓]の書:三言·五言の韻文で書かれている.作者は不明.
女儿酒 nǚ'érjiǔ 浙江省紹興産の酒[花 huā 雕②]の別称:紹興地方で女児出産の時,[洗 xǐ 三][弥 mǎn 月]の祝いに贈られた米で酒を造り,花柄の彫刻をほどこしたかめに貯蔵し土中にうめておき,その子が嫁入りする時に取り出し客をもてなすのに用いる.また[女酒][女贞酒⑤]とも呼ばれる.
女儿痨 nǚ'érláo 俗に,年ごろの娘の肺病をいう.→[干 gàn 血痨]
女(儿)墙 nǚ(ér)qiáng ①姬垣:[女垣][陣 pí][坤 pì 埌][雉 zhì 堞][雉墙]は文語.城壁上に凹凸状の塀の形に積まれた部分.[女]は"小さい"の意.この姫垣には一定間隔をおいて[垛 duǒ 口][堞 dié 口][箭 jiàn 垛子②]と呼ばれる射撃孔がつけられている. ②=[压 yā 檐墙]建築物の外壁の屋根を越えた部分.
女犯 nǚfàn 女子の犯罪者.女囚.
女方 nǚfāng 女の側.新婦の方.↔[男 nán 方]
女夫 nǚfū ①⇒[女婿①] ②夫(おっと).
女服务员 nǚ fúwùyuán 女性服務員(総称)
女高音 nǚgāoyīn 囚ソプラノ.[~歌唱家]ソプラノ歌手.[花腔~]コロラトゥーラソプラノ.
女工 nǚgōng ①女性労働者.女工.→[工(Ⅰ)①] ②旧女の使用人.下女. ③同下.
女红 nǚgōng [女工③][女事]旧女の仕事(裁縫·仕事·ししゅうなどの).
女宫 nǚgōng 旧訳あって宫中に入れず召使いとされた女.
女公子 nǚgōngzǐ 〈尊〉旧お嬢様:他人の娘を指していう.→[小 xiǎo 姐]
女官 nǚguān ①旧宮中の女官. ②⇒[女道士]
女冠 nǚguān ⇒[女道士]
女观 nǚguān 道教の尼寺.
女光棍儿 nǚguānggùnr [-儿]①(女の)ごろつき. ②独身女性.
女孩儿 nǚháir =[女孩子]①女の子.少女.若い女性. ②娘.[我的~]うちの娘.
女孩子 nǚháizi 同上.
女豪 nǚháo 女丈夫.
女户 nǚhù 古(成人の男性がなく)女性が戸主である家.
女护士 nǚhùshì 女性の看護師.
女花(儿) nǚhuā(r) 〈方〉女の子:[花]は[孩]のなまり.→[女孩儿]
女皇 nǚhuáng 女帝.女皇.
女黄冠 nǚhuángguān ⇒[女道士]
女祸 nǚhuò 女のことで引き起こされた禍乱(らん).たその女:多くは,昔時,君主が女色に耽ったため国事を誤まったことを指す.
女及第 nǚjídì 囚蚕を無事に飼い終わってから廟にお礼参りすること.
女家 nǚjiā =[〈文〉坤 kūn 宅]結婚当事者のうち,嫁方の家(婿方に対して).↔[男 nán 家] →[女方]
女监 nǚjiān 女子監獄.女子刑務所.
女将 nǚjiàng 女性リーダー.女傑.女丈夫.[排球~]女子バレーボールの名選手.
女教师 nǚjiàoshī 女の先生.女性教師.
女校书 nǚjiàoshū (文学素養のある)妓女.
女杰 nǚjié 女傑.
女界 nǚjiè [女性社会.女性界. ②女性(用)の場所.
女眷 nǚjuàn 家族中の婦人.
女角 nǚjué 女性の役柄.→[坤 kūn 角儿]
女科 nǚkē 囚婦人科:ふつう[妇 fù 科]という.[~医生]婦人科医.
女客 nǚkè ①婦人客. ②〈方〉女性.
女口 nǚkǒu 〈文〉(しもべの)女子.
女喇嘛 nǚ lǎma 喇嘛(ラマ)教の女僧.
女篮 nǚlán 又女子バスケットボール(チーム)
女郎 nǚláng 年頃の娘.かわいい女性.
女郎花 nǚlánghuā ⇒[弥 yí 夷]
女牢 nǚláo 旧女子監獄.女牢.→[女监]
女垒 nǚlěi 又女子ソフトボール(チーム)
女里女气 nǚlǐ nǚqì 〈慣〉(男)が女っぽいさま.めめしいさま.
女伶 nǚlíng ⇒[坤 kūn 角儿]

nǚ

女灵 nǚlíng ⇒〔女神①〕
女流 nǚliú 女子.おなご.女のやから:やや軽んじた言い方.
女萝 nǚluó ⇒〔松 sōng 萝〕
女猫 nǚmāo ⇒〔母 mǔ 猫〕
女模女样儿 nǚmú nǚyàngr〈慣〉にやけた(女のような)態度.
女能人 nǚnéngrén 女傑.女性のやり手.
女奴 nǚnú 女奴隷.
女朋友 nǚpéngyou =〔女友〕恋人.ガールフレンド.女友達.
女仆 nǚpú 下女.女中.お手伝い.
女气 nǚ·qì 女性的なこと.女々(め)しさ:男性についていう.
女倩 nǚqiàn ⇒〔女婿①〕
女墙 nǚqiáng ⇒〔女(儿)墙〕
女强人 nǚqiángrén 女傑.女性の辣腕家.
女青年 nǚqīngnián 女子青年.
女权 nǚquán 女権.〔~主义者〕フェミニスト.
女人 nǚrén 女:成人した女性.
女人家 nǚrénjia 女性.女というもの.
女人 nǚren〈口〉女房.かあちゃん:〈口〉老 lǎo 婆〕に同じ.〔应该有一个〕(鲁·Q 4)かかあを持たねばならない.↔〔男人 nánren〕
女色 nǚsè 女性のなまめかしさ.色香.
女僧 nǚsēng 尼.比丘尼(に).
女神 nǚshén ①=〔女灵〕女神.②〔女神峰〕の略:三峡風景区(四川省)にある巫山十二峰の一つで,頂上に女神がたたずむかのような石柱が立っていることで有名.
女生 nǚshēng ①女学生.女子学生.〔~宿舍〕女子学生寄宿舎.②女性のメンバー.
女声 nǚshēng 囿(声楽の)女の声.〔~独唱〕女声独唱.〔~合唱〕女声合唱.女声コーラス.
女生外向 nǚshēng wàixiàng〈成〉①女子は結局は人に嫁すべきもの.女子は生まれた家が家ではないし,生まれながら心は生家から離れたもの.②女子は夫の方にひかれひいきするものだ.
女史 nǚshǐ〈文〉①囿王后の礼をつかさどる女官.②〈尊〉学問のある婦人.③星の名.
女使花 nǚshǐhuā 水仙の別称.→〔水 shuǐ 仙①〕
女士 nǚshì ①〈尊〉女史:女性に対する尊称.姓は氏名の後につける.呼びかけにも用いる.〔孙中山夫人宋庆龄~〕孙中山夫人(の)宋慶齢女史.②特に外国婦人への尊称:レディー,マダム,ミセスにあたる.〔~们(和)先生们〕紳士淑女の皆さん.〔~第一〕〔优先〕レディーファースト.
女式 nǚshì 女性用.婦人用.
女事 nǚshì ⇒〔女红〕
女侍 nǚshì ①囿(旅館やレストランなどの)女性服務員の総称.②侍女.女中.
女书 nǚshū 湖南省江永県の瑶族の女性の間だけで使われている特殊な文字:〔女字〕ともいう.
女双 nǚshuāng ⟨球技の⟩女子ダブルス:〔女子双打〕の略.〔~金牌〕〔混 hùn 合双打〕
女四书 nǚsìshū 囲清の王相の編.古来女訓として有名な女誡・内訓・論語・女範の四種を集めたもの.
女孙 nǚsūn〈文〉孫娘.→〔孙女(儿)〕
女胎 nǚtāi ①女の赤ちゃん.②女の胎児.
女童 nǚtóng 女児.
女同胞 nǚtóngbāo 同胞の婦女.同胞の姉妹.
女同学 nǚtóngxué 女子学生(生徒)
女同志 nǚtóngzhì 女の同志.女の方.〔男同志能办到的事情,~也能办得到〕男のできることは女にもできる.→〔女人〕

女徒 nǚtú 囿女の囚徒.女囚.
女娲 nǚwā 神話中の女帝名:伏羲の同母妹,五色の石を錬って天を補ったとされる.〔~补 bǔ 天〕同前.
女袜 nǚwà 婦人用靴下.〔尼龙~〕ナイロンストッキング.
女王 nǚwáng ①女王.②→〔朴 pū 克〕
女网 nǚwǎng 囚女子テニス:〔女子网球〕の略.
女巫 nǚwū ①=〔巫婆〕囿めかんなぎ.みこ:舞を舞って神を降し祈禱する女.俗に〔神 shén 婆〕ともいう.②囿女官の名.
女戏子 nǚxìzi 女役者:けなして言う.→〔女角〕
女先(儿) nǚxiān(r) 同下②
女先生 nǚxiānsheng ①女教員.②=〔女先(儿)〕(盲目の女性の)占い者.また語り芸を業とする者.
女相 nǚxiàng 男性が女性の顔立ちで,女性のように振る舞うこと.
女校 nǚxiào 女学校.
女鞋 nǚxié 女性用の靴.婦人靴:〔坤 kūn 鞋〕ともいう.
女星 nǚxīng 女性スター.
女性 nǚxìng ①女性.〔~荷尔蒙〕〔~激素〕女性ホルモン.〔~学〕女性学.〔~主义者〕女性主義者.〔~同性恋 liàn〕レズビアン.②女子.女.〔新~〕現代的な女性.
女秀 nǚxiù 才女.〔文坛 tán ~〕文壇の才媛(え)
女宿 nǚxiù →〔二 èr 十八宿〕
女秀才 nǚxiùcái〈喩〉学問のある婦女.
女婿 nǚxu ①〔门 mén 婿〕〔子 zǐ 婿〕①娘の婿:〔女夫〕〔女倩〕〔半 bàn 子〕〔东 dōng 床〕〔东坦〕〔馆 guǎn 甥〕は文語.〔招~〕〔招婿〕婿をとる.〔~家〕娘婿の家.→〔赘 zhuì 婿〕②〈方〉夫.
女演员 nǚyǎnyuán 女優.女性出演者.
女谒 nǚyè〈文〉君主の寵愛を受けている妃嬪(ひん)を通して請願する.
女医生 nǚyīshēng 女医.女の医者です.
女夷 nǚyí〈文〉伝説中の万物の生長を掌る神.また花の神.
女阴 nǚyīn 女陰.女性生殖器.
女婴 nǚyīng 女の赤子.女の乳幼児.
女英雄 nǚyīngxióng ヒロイン.
女佣 nǚyōng 下女.女中.家婢.
女佣 nǚyōng 下女.女の召使い.
女优 nǚyōu ⇒〔坤 kūn 角儿〕
女友 nǚyǒu ①=〔女朋友〕②女性である友人.
女垣 nǚyuán ⇒〔女(儿)墙①〕
女运动员 nǚ yùndòngyuán 女子スポーツ選手.
女招待 nǚzhāodài 囿女給.酌婦.サービスガール.ホステス.
女贞 nǚzhēn 囿トウネズミモチ:〔贞木〕〔冬 dōng 青③〕〔蜡 là 树③〕〔鼠 shǔ 梓木〕ともいう.南木で高さ7メートル余になる.〔~子 zǐ〕同前の果実:肝腎を補い,強壮薬となる.〔~酒〕④〔女贞〕(トウネズミモチ)を入れた薬酒.→〔女贞酒〕
女真 nǚzhēn 囚女真(は):2世紀初に松花江と鴨緑江の間に居住したツングース系の種族.金を建国し,遼および北宋を亡ぼした.満州族はその後裔.→〔通 tōng 古斯〕
女中 nǚzhōng 女子中学校:〔女子中学〕の略.
女中音 nǚzhōngyīn 囿メゾソプラノ.
女中丈夫 nǚzhōng zhàngfū =〔巾 jīn 帼英雄〕女丈夫.女傑:〔女中豪杰〕ともいう
女主角 nǚzhǔjué 主役女性.ヒロイン.
女主人 nǚzhǔrén ①一家の女主人.②主婦に対する尊称.

女装 nǚzhuāng 婦人服.〔男扮～〕男が女装する.〔～手表〕女性用の腕時計.
女子 nǚzǐ 女子.女性.
女子子 nǚzǐzǐ 囨成人女子の称:男子を〔丈夫子〕という.
女字 nǚzì ⇒〔女书〕
女作家 nǚzuòjiā 女流作家.

[钕・鈥] nǚ 囮ネオジム(ネオジミウム):希土類金属元素.記号 Nd.ランタノイドの一.

[籹] nǚ〔粔 jù 籹〕囨穀物の粉を練って油で揚げたり,焼いたりした食品.

[女] nù〈文〉めあわせる.嫁入りさせる. → nǚ rǔ

[恧] nù〈文〉恥じる.〔慚 cán 〜〕〔愧 kuì 〜〕同.
恧缩 nùsuō〈文〉恥じ恐縮する.

[衄(蚵・鼻丑)] nù①〈文〉くじける.戦敗する.〔败 bài 〜〕戦いに敗れる. ②鼻血が出る.〔败 bài 〜〕出血させる.〔～血〕同前.〔鼻 bí 〜〕囻鼻血(が出る)

[朒] nù〈文〉①旧暦のついたちに月が東方に出ること.または の光. ②欠ける.不足する.〔盈 yíng 〜〕(数の)超過と不足.

nuan ㄋㄨㄢ

[暖(煖・暝・煗)] nuǎn ①暖かい.暖かさ.暖気.〔春～花开〕春暖かく花開く.〔风和日～〕風なごやかに日はうらら.↔〔凉 liáng①〕→〔温 wēn①〕 ②温める(まる).〔～一～手〕手を温める.〔喝杯酒～～肚子〕酒でも飲んでおなかを温める.〔党的关怀～人心〕党の思いやりは人心を温める. →〔煊 xuān〕
暖饱 nuǎnbǎo〈文〉ぬくぬくと飽食する.
暖巢管家 nuǎncháo guǎnjiā〈噺〉高齢者生活支援. →〔空 kōng 巢家庭〕
暖翠 nuǎncuì〈文〉明るい春の緑色.
暖调 nuǎndiào 美暖かい色調:色彩が緑や青でなく,赤や黄の勝った暖かさを感じさせる色調.
暖冬 nuǎndōng 暖冬.
暖洞子 nuǎndòngzi〈方〉温室.〔温 wēn 室〕に同じ.
暖肚 nuǎndù 腹一杯にする(食べる)
暖耳 nuǎn'ěr ⇒〔耳(心)帽〕
暖房 nuǎnfáng ①部屋を暖める.暖房する.〔～设备〕暖房設備. ②温室. ③=〔暖屋〕新居にお祝いを述べに行くこと.〔给人～〕同前. ④囨結婚前に親戚・友人などの子どもを集め,〔喜果子〕(落花生・くるみなどを赤く染めたもの)を与えにぎやかにする風습.
暖风 nuǎnfēng 暖かい風.暖風.〔～机 jī〕温風機.ファンヒーター.〔～扇 shàn〕(乾燥用)熱風を送る扇風機.
暖锋 nuǎnfēng =〔暖空气前锋〕囻温暖前線.〔暖锋面〕ともいう.
暖阁 nuǎngé ①囶大きな建物の一部を仕切って炉をたき,〔暖帘〕などを掛けて暖かくした部屋. →〔夹 jiā 壁墙(儿)〕 ②囶官庁などで大きなテーブルやかじろを備え,案件の審問や下僚との接見などに使った部屋.
暖锅 nuǎnguō ⇒〔火 huǒ 锅〕
暖烘烘 nuǎnhōnghōng =〔暖呼呼〕暖かさ.ほかほかである.
暖呼呼 nuǎnhūhū 同上.

暖壶 nuǎnhú ①⇒〔暖(水)瓶〕 ②茶器用保温カバー. ③湯たんぽ.
暖和和儿 nuǎnhuohuōr〈方〉ぽかぽか暖かい.〔天气～〕天気が同前.
暖和 nuǎnhuo =〔方〕暖热〕①暖かい.〔天气～〕天気が暖かい. ②温まる.温める.〔挨着火炉子～〜吧〕ストーブのそばに寄って温まりなさい.
暖轿 nuǎnjiào 囶防寒用の囲い幕の入った轎(きょう)
暖炕 nuǎnkàng ⇒〔火 huǒ 炕〕
暖空气前锋 nuǎnkōngqì qiánfēng ⇒〔暖锋〕
暖帘 nuǎnlián =〔棉 mián 门帘〕冬季,建物の出入り口に掛ける地面まで届く厚い布製または綿を入れた掛けもの:元来は屋号や取扱商品などを書きつけたりした."のれん"はこれからなまったもの.
暖流 nuǎnliú ①囻暖流. ↔〔寒 hán 流①〕 ②〈転〉暖かみ.〔幸福的～〕幸せな気持ち.
暖炉 nuǎnlú 暖房器.ストーブ.〔煤气～〕ガスストーブ.
暖帽 nuǎnmào 冬用の帽子:ふつう〔棉帽子〕という.夏用の〔凉 liáng 帽〕に対していう.
暖棚 nuǎnpéng ①〈口〉ビニールハウス.温室:〔大 dà 棚〕ともいう.〔～菜 cài〕ハウス野菜. ②冬季,庭の植え込みなどの上にかける防寒用の覆い.
暖瓶 nuǎnpíng ⇒〔暖(水)瓶〕
暖气 nuǎnqì ①(蒸気)スチーム.〔～机〕ラジエーター.〔～装置〕暖房設備.〔～片〕(スチーム用)ラジエーター.放熱器.〔～管子〕蒸気を導く(排出する)管. ②(同前による)暖房設備. ③〔-儿〕暖かい気体.暖気.
暖气团 nuǎnqìtuán 囻暖気団.
暖热 nuǎnrè ⇒〔暖和〕
暖溶溶 nuǎnróngróng 同下.
暖融融 nuǎnróngróng =〔暖溶溶〕〈文〉(陽光が)心地よく暖かいさま.
暖丧 nuǎnsāng ⇒〔暖孝〕
暖色 nuǎnsè 美暖色:赤・黄系統の色をいう. ↔〔寒 hán 色〕
暖手筒 nuǎnshǒutǒng 手ぬくめ.マフ.
暖寿 nuǎnshòu 囶誕生日の前日に宴を設けて祝いをすること.
暖水袋 nuǎnshuǐdài〈方〉ゴム製のゆたんぽ.
暖水管子 nuǎnshuǐ guǎnzi 温水を導く管(スチーム・湯沸かし器/シャワーなどの)
暖(水)壶 nuǎn(shuǐ)hú ⇒〔暖(水)瓶〕
暖水炉 nuǎnshuǐlú (温水)暖房器(スチーム)
暖(水)瓶 nuǎn(shuǐ)píng =〔暖(水)壶〕魔法瓶.ポット:〔热 rè 水瓶〕は口頭語.〔～胆 dǎn〕魔法瓶の中のガラス瓶.
暖酥 nuǎnsū〈文〉女性の柔らかい肌.
暖痛 nuǎntòng〈白〉鞭打たれた人をごちそうして慰めること.
暖碗 nuǎnwǎn 食物が冷めないように台に熱湯を入れておく装置のある宴会用の大碗.
暖屋 nuǎnwū ⇒〔暖房③〕
暖席 nuǎnxí〈方〉囶〔蓋(¿)〕を細く裂いて編んだアンペラ様のむしろ.日寝いに用いたり,〔炕〕(オンドル)の上に敷く. →〔炕 kàng 席〕
暖孝 nuǎnxiào =〔暖丧〕囶葬儀即出棺の前夜,喪家が宴を設け楽を奏じて客をもてなすこと.
暖鞋 nuǎnxié 囶内面にネルなどを使い暖かくした冬用の布鞋.
暖袖 nuǎnxiù 綿入れの上着の袖口につけ(取りはずしは自由)指先まですっぽり入るような筒状の防寒具.
暖眼 nuǎnyǎn 暖かみのある目つき.親しみのこもった目つき:〔冷 lěng 眼〕に対していう.

暖洋洋 nuǎnyángyáng （陽光が）ほかほかと暖かいさま.
暖意 nuǎnyì 暖かみ.

nüe ㄋㄩㄝ

[疟・瘧] nüè 中医おこり:悪寒と発熱をくり返すもの.多くはマラリアを指す.〔疟病 bìng〕〔〈文〉痎 jiē 疟〕〔〈方〉脾 pí 寒〕は別称.〔风 fēng ~〕発熱と発汗がある同前.〔寒 hán ~〕悪寒の激しい同前.〔温 wēn ~〕発熱の激しい同前.〔瘴 zhàng ~〕熱帯性の同前.〔食 shí ~〕同前による合併急性胃カタル. → yào

疟虫 nüèchóng ⇒〔疟原虫〕
疟涤平 nüèdípíng ⇒〔阿 ā 的平〕
疟疾 nüèji 医マラリア性熱病:〔疟 yào 子〕は俗称.〔寒 hán 热病①〕〔〈方〉冷 lěng 热病①〕は別称.
疟疾蚊 nüèjíwén ⇒〔疟蚊〕
疟媒蚊 nüèméiwén ⇒〔疟蚊〕
疟母 nüèmǔ 中医おこりが慢性化して頑固な痰と凝血が脇腹に固まってできる腫瘍.すなわち脾臓の肥大.
疟俘 nüèfú 捕虜を虐待する.
疟蚊 nüèwén =〔疟疾蚊〕〔疟媒蚊〕虫ハマダラカ:〔按 àn 蚊〕の通称.
疟原虫 nüèyuánchóng 動マラリア原虫:〔疟虫〕ともいう.

[虐] nüè ①むごい.残酷である.〔暴 bào ~〕乱暴でむごい.〔苛 kē ~〕苛酷でむごい.〔凌 líng ~〕むごく虐げる. ②〈文〉災害.

虐待 nüèdài 虐待（する）.〔自从颁布了婚姻法,儿媳妇不再受~〕婚姻法が公布されてから,嫁はもう虐待を受けなくなった.
虐待狂 nüèdàikuáng ⇒〔施 shī 虐症〕
虐俘 nüèfú 捕虜を虐待する.
虐民 nüèmín 〈文〉人民を虐げる.
虐囚 nüèqiú 囚人を虐待する.
虐杀 nüèshā 虐殺する.
虐行 nüèxíng 残虐な行為.
虐政 nüèzhèng 苛酷な政治.

nun ㄋㄨㄣ

[麏] nún 〈文〉よい香り.いいにおい.〔温 wēn ~〕温かくて香ばしいにおい.

nuo ㄋㄨㄛ

[那] nuó 〈姓〉那（·） → nā nǎ nà nè něi nèi
[挪] nuó 地名用字.〔~溪 xī〕湖南省にある. → nà
[挪] nuó ①移す.移動させる.〔把桌子一~〕テーブルをちょっと動かす.〔~动 dòng〕移し動かす.〔星期三全天的学习~到星期六,并改为半天〕水曜日の全日学習会を土曜日に移しかつ半日とする. ②移る.こっちに移る.場所を移る.向こうに移す.〔人~活,树~死〕人間は動いて生きているが,樹木は動けば死んでしまう.〔~到哪儿去了〕どこへ引っ越したか.〔~到〕どこに〔移 L〕置いたのか.= 〔搬 bān ①〕〔迁 qiān ①〕③流用する.本来でないことに使う.

挪拨 nuóbō 金を融通する.流用支出する.
挪补 nuóbǔ 流用して補塡する.借りて穴うめをす

る.
挪蹭 nuócèng のろのろ歩く.ぶらぶら歩く.〔一步步地往家里~〕一歩一歩家へ向って歩いていく.
挪借 nuójiè ほか（の費用）から借用（流用）する.
挪开 nuókāi 退ける.ほかへ移動させる.〔把这个东西~吧〕これを取り退けてくれ.
挪款 nuókuǎn （金錢）融通する.流用する.借用する.
挪膄窝子 nuósāowōzi 〈方〉赤ん坊が生後初めて母の里に行くこと:〔挪骚窝儿〕ともいう.
挪腾 nuóténg 動かす.移動させる.
挪威 nuówēi ノルウェー:正式には〔~王国〕.首都は〔奥 ào 斯陆〕（オスロ）
挪位 nuówèi 場所を移動する.位置を変える.引っ越す.
挪窝儿 nuówōr 〈口〉巢を移す.引っ越しする.〔一睹起来一天一夜都不~〕賭博を始めたら一昼夜でも席を離れない.〔快腾挪窝儿吧,人家主要这块地方呢〕はやく退いてくれ,そこは持ち主がいるんだ.
挪移 nuóyí 〈方〉流用する. ①〔~款项〕お金を転用する. ②（ほかへ）動かす.〔~地方儿〕場所を移す.
挪用 nuóyòng 流用する:多くは他の款項（ぎ）から流用すること. 〔~公款〕公金を使い込む.〔挪作他用〕他に流用する.〔专款专用,不得~〕費目内で執行し流用はできない. →〔流 liú 用〕

[娜] nuó 〈文〉〔婀 ē 娜〕 ② →〔袅 niǎo 娜〕 → nà

[傩・儺] nuó ①固追儺（ぎ）.鬼やらい:神を迎え厄払いする習俗.〔~神 shén〕厄を追い払う神.〔~舞 wǔ〕神に捧げる舞い.〔~戏 xì〕祭祀・儀礼に発する舞踊劇（総称）. ②〈文〉礼にかなっている.節度がある.

[诺・諾] nuò ①承諾する.〔许 xǔ ~〕〔允 yǔn ~〕承諾（する）.同意（する）.〔慨 kǎi ~〕〔慨 允 yǔn〕快諾（する）.〔金〕〈赝〉ご快諾. ②（同意・承諾を示す）返事の声.〔一呼百~〕〔成〕一声呼ぶと沢山の人間が一斉に返事する:多くのものがつきしたがう. ③訳音字.

诺贝尔奖 nuòbèi'ěr jiǎng 〈音義訳〉ノーベル賞:〔诺奖〕は略.〔~获得者〕ノーベル賞受賞者.
诺尔 nuò'ěr 〔淖 nào 尔〕
诺罗病毒 nuòluó bìngdú 〈音義訳〉医ノロウイルス.
诺曼底 nuòmàndǐ 地ノルマンディー:フランス北西部のイギリス海峡に臨む地方.〔~登陆 lù〕ノルマンディー上陸:第2次大戦中連合軍の上陸作戦.
诺曼人 nuòmànrén 〈音義訳〉ノルマン人.
诺诺 nuònuò 〈文〉はいはいと承諾する（さま）.〔~连言〕はいはいと承諾する.〔唯 wéi 唯~〕〔成〕言いなり放題になる.
诺脱 nuòtuō ⇒〔节 jié (Ⅱ)〕
诺亚方舟 nuòyà fāngzhōu 〈音義訳〉ノアの箱舟:ノアは旧約聖書にみえる洪水伝説中の主人公名.〔挪 nuó 亚方舟〕ともいった.
诺言 nuòyán 承諾の言葉.〔履 lǚ 行~〕承知した約束（諾言）を実行する.〔违 wéi 背~〕約束に背く.

[搦] nuò ⇒〔揭〕
[喏] nuò ①そら.おい君！これ！:自分の言うことへの注意を促すため,話の前に用いる.〔~！这不就是邮局吗〕おい君！これが郵便局じゃないのかね. ②はいと承諾する.〔~~连言〕はいと答える. →〔诺〕 → rě

[锘・鍩] nuò 化ノーベリウム:希土類金属元素.記号 No.アクチノイドの超ウラン元素.

[搦] nuò
=[掿]〈文〉①手に持つ.握る.〔～笔 bǐ〕筆をとる.〔～管 guǎn 作书〕筆をとって字を書く(手紙を書く).②こする.〔～下〕手でしごき落とす.③捕らえる.④挑む.人の感情を刺激する.〔～战 zhàn〕戦いを挑む.

[懦] nuò
軟弱(である).惰弱(である).〔～怯〕〔怯 qiè ～〕おどおどとしていくじがない.
懦夫 nuòfū 気骨のない男.いくじのない男.〔～懒汉思想〕臆病で怠け者の考え方.〔～立志〕くじけない人間が発奮する.
懦弱 nuòruò〈文〉弱々しい.いくじがない.〔～书生〕柔弱な書生.青白きインテリ.
懦弱 nuòruò いくじがなく弱い.〔～无能〕軟弱無能である.

[糯(稬・秫)] nuò
(米に)粘り気があること.またその米.→[糯米]
糯稻 nuòdào 植モチイネ.
糯谷 nuògǔ もち粟.
糯米 nuòmǐ =[江 jiāng 米]もち米:[糯稻]の実を粳搗(ぎ)りりしたもの.〔～饭〕もち米の飯.〔～团 tuán 子〕もち米の粉でつくった団子.〔～粽 zòng 子〕もち米のちまき.〔～酒〕もち米で作った酒.〔～年糕 gāo〕圖もち米で作った正月用もち.〔～稻 dào〕〔粳 jīng 米〕〔籼 xiān 米〕
糯米纸 nuòmǐzhǐ ⇒[米纸]

O

o ㄛ

[噢(嚄)] ō
了解・納得の意を表す感動詞.〔～,原 yuán 来是他！〕おお,あの人だったのか.〔～,原来是这么安装 zhuāng 的〕おお,このように取りつけるんだったな.→[喔 wō (Ⅱ)]

[哦] ó
驚きあるいは半信半疑の語気を表す感動詞.〔～,你也来啦〕よう,きみも来たのか.〔～呵 hē！来了这么多的人！〕やあ,こんなに多くの人が来ているのか.〔～呀！又抓 zhuā 了一大把出去〕やれやれ,またうんこさつかんで出て行った.〔～,真的是他〕まあ,本当にあの人ですか.〔～,会有这样的事〕へえ,本当にこんなことがあったのか.→ é ò

[嚄] ǒ
怪訝(がん)で合点のいかない語気を表す感動詞.〔～！这道题 tí 怎么还算不对〕ええ！この計算問題がどうしてまだ解けないんだろう.→ huō huò

[哦] ò
納得・合点の意(おっ,そうだという気持ち)を表す感動詞.〔～,我懂了〕ははあ,わかった.〔～,我想起来了〕ああ,思い出した.→ é ó

ou ㄡ

[区・區] ōu
〈姓〉区(ᵏ) → qū

[讴・謳(謳)] ōu
①歌う.〔有善～者〕(あるところに)上手に歌う者がいた.②民謡.〔吴 wú ～〕蘇州地方の歌曲.〔采菱 líng ～〕菱の実とりの歌.
讴歌 ōugē 謳歌する.高らかにたたえて歌う.〔～改革开放〕改革開放(政策)を称える.
讴颂 ōusòng〈文〉ほめたたえる.
讴哑 ōuyā〈擬〉ギャーギャー.キーキー.ⓐ赤ん坊の声.ⓑ鳥の鳴き声.ⓒきしむ音.
讴吟 ōuyín〈文〉歌いつつむ.

[沤・漚] ōu
〈文〉水泡.〔浮 fú ～〕同前. → òu

[瓯・甌(瓯)] ōu
(Ⅰ)①小さい鉢.〔金 jīn ～〕金属製の酒器.〈転〉領土の完全堅固なこと.→[盆 pén ①].②〈方〉[-子]深い碗.〔茶 chá ～〕深い湯のみ.→[盅 zhōng].
(Ⅱ)地浙江省温州の別称.〔～绣 xiù〕同前産の刺繍(しゅう).〔～江〕地浙江省温州湾に注ぐ川;[瓯 shèn 江]〔温 wēn 江〕〔永 yǒng 嘉江〕〔永宁江〕は別称.
瓯柑 ōugān 地浙江省温州産のみかん.〔春 chūn 橘〕ともいう.
瓯抠 ōukōu〈白〉凸凹している.〔生得眼脑 ～〕(董厢)顔付きが異様である.
瓯穴 ōuxué 圆川底がえぐられて深い穴になっていること:滝壺など.
瓯蚁 ōuyǐ〈喩〉湯飲みの中に残った茶泡.
瓯越 ōuyuè 圆百越の一支族.→[百 bǎi 粤]
瓯子 ōuzi〈方〉小さい鉢.

[欧・歐(欧)] ōu
(Ⅰ)①ヨーロッパ.欧州.〔～风〕ヨーロッパ風(の).②〈姓〉欧(ᵏ)
(Ⅱ)物オーム.記号Ω:〔～姆〕の略.
欧安会 ōu'ānhuì〔欧州安全会议〕(ヨーロッパ安全会議)の略称:1972年ソ連によって提案された.
欧刀 ōudāo 固処刑用の刀.
欧尔 ōu'ěr〈音訳〉エーレ:デンマーク・ノルウェー・スウェーデンの補助通貨単位名.1〔克 kè 朗〕(クローネ)が100〔～〕にあたる.
欧共体 ōugòngtǐ〔欧州共同体〕の略称.〔～国家〕欧州共同体諸国(EC 諸国)
欧规宁 ōuguīníng =[优 yōu 查宁]
欧化 ōuhuà ヨーロッパ化(する).
欧几里得 ōujǐlǐdé〈人〉ユークリッド(紀元前323？～285):古代ギリシアの数学者.〔～几何〕ユークリッド幾何学.
欧锦赛 ōujǐnsài 区(各種スポーツの)ヨーロッパ選手権試合合:[欧洲锦标赛]の略.
欧拉定理 ōulā dìnglǐ〈名义〉数オイラーの定理.
欧李 ōulǐ 植コニシザクラ:イバラ科の落葉灌木.
欧椋鸟 ōuliángniǎo 鳥ホシムクドリ:ムクドリ科の小鳥.
欧陆 ōulù ヨーロッパ大陸:〔欧洲大陆〕の略.
欧罗巴 ōuluóbā〈音訳〉ヨーロッパ:〔欧洲〕ともいう.〔～人种〕ヨーロッパ人種.
欧美 ōuměi 欧米.ヨーロッパとアメリカ.
欧盟 ōuméng 欧州連合.EU:〔欧洲联盟〕の略.
欧姆 ōumǔ 物オーム.記号Ω:電気抵抗の単位.単に〔欧(Ⅱ)〕ともいう.〔兆 zhào ～〕メグオーム.→[姆欧]〔电 diàn 阻〕
欧佩克 ōupèikè〈音訳〉オペック.OPEC:[石油输出国组织](石油輸出国機構)に同じ.
欧鸲 ōuqú 鳥ヨーロッパコマドリ:ツグミ科の小鳥.
欧式 ōushì 洋式(の).〔～的建筑〕ヨーロッパ式の建築.〔～的灯具〕ヨーロッパ風の照明器具.
欧氏管 ōushìguǎn =[耳と咽管]生理耳管.エウスタキオ管.欧氏管:咽頭と中耳とを連絡する管.
欧体 ōutǐ 欧陽詢の書体.→[欧虞体]
欧西 ōuxī 旧西欧諸国.
欧亚大陆 ōuyà dàlù ユーラシア大陸:ヨーロッパ大

欧殴鸥噢呕偶耦　　　　　　　　　　　　ōu～ǒu

陸とアジア大陸を合わせた名称.〔亚欧大陆〕に同じ.〔欧雷西亚〕は旧音訳.〔～桥〕〈喩〉ユーラシアランドブリッジ：連雲港—オランダ・アムステルダム間の大陸横断鉄道路(鉄道)

欧阳 ōuyáng 〈姓〉欧陽.

欧虞体 ōuyútǐ 欧陽詢と虞世南の書体.

欧元 ōuyuán ユーロ.〔欧圆〕とも書く.〔欧洲共同体〕の共通通貨単位.

欧战 ōuzhàn 〔欧洲大战〕の略.

欧洲 ōuzhōu 欧州.〔欧罗巴〕(ヨーロッパ)に同じ.〔～大战〕〔欧洲大战〕欧州大戦.〔～联 lián 盟〕〔欧盟〕欧洲連合. EU.

欧洲共同体 ōuzhōu gòngtóngtǐ 欧州共同体. EC.〔欧洲经济共同体〕欧州経済共同体. EEC.

欧字帖 ōuzìtiè 欧陽詢筆跡の習字手本.

〔殴・毆(殴)〕 ōu なぐる.たたく.〔～斗 dòu ～〕なぐりあう.〔群 qún ～〕袋だたき(にする).〔痛 tòng ～〕〔凶 xiōng ～〕ひどく殴打(する).→〔打〕①

殴毙 ōubì 打ち殺す.

殴打 ōudǎ 殴る.〔～了一顿 dùn〕ひとしきり殴った.〔无 wú 理～〕理由なく殴る.

殴斗 ōudòu =〔斗殴〕殴り合いをする.

殴辱 ōurǔ 殴りつけ,侮辱する.〔惨 cǎn 遭～〕殴打と侮辱を受ける.

殴杀 ōushā 打ち殺す.

殴伤 ōushāng 殴打し傷つける.殴ってケガをさせる.

〔鸥・鷗(鸥)〕 ōu 〖鳥〗カモメ(総称)：〔鹭 yī〕は文語.〔海 hǎi ～〕(ウミ)カモメ.〔银 yín ～〕セグロカモメ.

〔噢・嗷〕 ōu ①感動詞.⑧納得・合点や驚き・賛嘆を表す.〔～,我想起来了〕ああ,思い出した. ⑤呼びかける.〔～,快来呀〕おーい,早く来いよ. ⓒ子供をあやす.〔～,宝 bǎo 宝別哭〕よしよし,泣かないで. ②〈擬〉アーン.ワー：相手の注意を引くための泣き声や大きな声.〔他急得～～地哭〕彼はおろおろしておいおい泣いている. → óu ǒu òu

〔噢・嗷〕 óu 感動詞.軽い驚きやいぶかる気持ちを表す.〔～,你也来了〕おや(なんだ),きみも来たのか. → ōu ǒu òu

〔呕・嘔(呕)〕 ǒu 吐く.〔～作～〕ヘどしゃさせる.人の気にさわる.怒らせる：〔怄〕に同じ.

呕呃 ǒu'ér 〈文〉雁などの鳴く声.

呕烦 ǒufán いや気がさす.

呕嘎 ǒugā 〈文〉燕(?)の鳴く声.

呕尽心血 ǒujìn xīnxuè 〈喩〉非常に苦心する：多くは文芸の創作に用いる.〔呕出心血〕〔呕心沥血〕ともいう.短くして〔呕心〕ともいう.

呕吐 ǒutù 嘔吐(する).吐く.〔～得厉害 lì hài〕ひどく吐く.

呕心 ǒuxīn 〈喩〉非常に苦心する：〔呕尽心血〕の略.

呕心沥血 ǒuxīn lìxuè ⇒〔呕尽心血〕

呕血 ǒuxuè 〖医〗吐血(する).→〔吐 tù 血〕

〔噢・嗷〕 ǒu 感動詞.深い驚きを表す.〔～,病情这么严 yán 重啊〕うーん,病状がこんなにひどいとは. → ōu óu òu

〔偶〕 ǒu (Ⅰ)(土や木で作った)人形.〔土～〕泥人形.土偶.土像.〔木～①〕木偶.木像.〔泥 ní 胎～像〕下地が泥製の像.

(Ⅱ)①偶数である.対(?)になっている：〔〈文〉耦②〕に同じ.〔无独有～〕(対の)悪いことが単独でなく必ず対(?)になる.他にも同類がいる.〔奇与～〕

奇数と偶数. ②対(?)になるもの.連れ.配偶：〔〈文〉耦③〕に同じ.〔与 yǔ 之为～〕これと対になっている.〔配 pèi ～〕配偶(者).〔佳 jiā ～〕ベターハーフ.〔选择良～〕よい配偶者を選ぶ. ③相対して向きあって.〔～视 shì〕向きあって見あう. ④〈姓〉偶(?)

(Ⅲ)偶然.たまたま.〔中途～遇 yù〕途中で遇然に会う.

偶氮苯 ǒudànběn 〖化〗アゾベンゼン.

偶氮基 ǒudànjī 〖化〗アゾ基.

偶氮染料 ǒudàn rǎnliào アゾ染料.

偶尔 ǒu'ěr 〔偶而 ér〕とも書いた.①ときたま.たまに.〔～去玩儿〕ときたま行って遊ぶ.〔他经常吃米饭,～也吃面条〕彼はふだんご飯を食べるがときにはラーメンも食べる.〔～遇兴 xìng 之作,颇不足观〕(儒)たまに愛さばらしに作ったものでとても見る値打ちはない. ②偶発した.偶然の.〔～的事〕偶然に起きたこと.

偶尔为之 ǒu'ěr wéizhī (好ましくないことを)たまたまやる：いつもやっているのではないから大目に見ようという意を含む.

偶发 ǒufā 偶発した.偶然に起こった.〔～事件〕偶発事件.〔～性〕偶発性の.

偶犯 ǒufàn うっかりミスをする.〔～错 cuò 误〕ケアレスミス.

偶方 ǒufāng →〔奇 jī 方〕

偶感 ǒugǎn 偶感.たまたま思ったこと：多く文章の題に用いる.

偶合 ǒuhé ①偶然に合致する.〔这两件事～〕この二つのことは偶然の一致だ. ②〖化〗カップリング：有機化学反応の一種.〔～剂 jì〕カップリング剤.〔～反应〕〔偶联反应〕カップリング反応.→〔耦合〕

偶或 ǒuhuò 〈文〉ことによると.あるいは.

偶价原质 ǒujià yuánzhì 〖物〗原子価が偶数の原子.

偶力 ǒulì →〔力偶〕

偶鳍 ǒuqí 〖動〗有対びれ：〔胸鳍〕(むなびれ),〔腹鳍〕(はらびれ)のように数が偶数になっている鳍(?).→〔奇 jī 鳍〕

偶然 ǒurán たまたま.偶然に.〔～现象〕偶然の現象.〔～所获 suǒ dé〕一時所得：当選金や賞金など.〔～的机会〕偶然のチャンス.〔～性〕偶然性.〔想不到在北京故宫遇见了小学老师,太～了〕北京の故宫で小学時代の先生に会うなんて思いもかけなかった,本当に偶然だ.〔～在报纸上看见了有关他的消息〕偶然新聞で彼のニュースを見た. ↔〔必 bì 然〕

偶人 ǒurén (土や木で作った)人形.

偶数 ǒushù 〖数〗〔双 shuāng 数〕〔〈文〉阴 yīn 数〕偶数. ↔〔奇 jī 数〕

偶蹄动物 ǒutí dòngwù 〖動〗偶蹄動物：牛・羊・鹿・豚などのようにひづめが二つに割れている哺乳動物.〔偶蹄目〕〖動〗偶蹄目.

偶戏 ǒuxì ⇒〔木 mù 偶戏〕

偶像 ǒuxiàng ①土・木・金属などで作った神仏の像. ②偶像：迷信によって作り上げられた対象.〔～崇 chóng 拜〕偶像崇拜. ③アイドル.〔～剧 jù〕若者のアイドルが出演するドラマ.

偶一为之 ǒu yī wéi zhī 〈成〉たまたまやってみる.

偶影 ǒuyǐng 〈文〉自分の影と連れになる.〈喩〉孤独.〔～独游〕一人だけで歩き回る.

偶语 ǒuyǔ ①〈文〉向きあって話す.対話する. ②互いに対句になっている語句.

偶坐 ǒuzuò 〈文〉①向き合って座る. ②たまたちょっと座る.

〔耦〕 ǒu 〈文〉①二人並んで耕す.〔～耕 gēng〕同前.〔～而立〕②対(?)になっている：〔偶(Ⅱ)①〕に同じ. ③連れ.配偶：〔偶(Ⅱ)②〕に同じ.

藕合 ǒuhé 結合. カップリング. 連結. 〔~电 diàn 路〕結合回路.〔~系 xì 数〕結合係数.〔~效 xiào 应〕カップリング効果. →〔偶合〕

〔藕(蕅)〕 ǒu ①レンコン. 蓮の根(地下茎).〔莲 lián ~〕同前.〔菜 cài ~〕煮て食べる蓮根.〔果 guǒ ~〕生食用の蓮根. ②〈姓〉藕(ぢう)

藕棒儿 ǒubàngr〈方〉①節のところで切りはなした蓮根(特にその大きめで丸みをおびたものをいう). ②〈喩〉子供や女性の白くまるまるとした腕.

藕断丝连 ǒuduàn sīlián〈成〉蓮根は切れてもその糸はつながっている.〈喩〉(多く男女間の)一脈の情(断ち切れない縁)が残されている. 手は切ったが未練はまだ続いている(こと)

藕粉 ǒufěn 〔食〕蓮根からとった澱粉:料理用・菓子原料用.〔莲 lián 粉〕に同じ.〔冲 chōng ~吃〕(湯をかけて)蓮根くず湯にして食べる. →〔淀 diàn 粉〕〔芡 qiàn 粉〕

藕荷 ǒuhé 〔藕合〕とも書く.〔色〕淡灰紫色(の)

藕灰 ǒuhuī ⇒〔藕色〕

藕节 ǒujié〔~儿〕蓮根の繋がった節の部分:止血薬(漢方薬)にする.

藕玲 ǒulíng 〔食〕薄く切った蓮根やさつまいもを油でから揚げにし、飴をまぶした間食品:〔茶 chá 菜〕〔糖 táng 菜〕ともいう.

藕色 ǒusè 〔藕灰〕〔色〕淡灰紅色(の)

藕丝 ǒusī 蓮根の糸.

藕芽儿 ǒuyár 蓮根の芽.〈喩〉柔らかいものや子ども・女性の手指などの形容.

〔沤・漚〕 òu ①水に長く浸ける(て変化させる).〔~坏 huài 了〕水に長く浸けたために悪くなる(腐った).〔~出病 bìng〕よくない状態が続いたあげく病気になる. ②ぐっしょりぬれたままになる.〔~透 tòu(了)〕水分がしみ通る. ぐしょぐしょにぬれる.〔汗~得难受 ji 汗びっしょりで気持ちが悪い.〔~得慌吧、快把湿衣服换下来〕びしょびしょで気持ちが悪いだろう、ぬれた服を早くとり替えなさい. ③腐熟させる.〔~绿 lǜ 肥〕緑肥を(堆肥にして)作る.〔~糟 zāo(了)〕水分がしみ込んで黒くなる(腐る). ④時日を引き延ばす.〔~两天不要紧〕2,3日延ばしてもかまいません. → ōu

沤靛 òudiàn 藍を水に浸ける.

沤肥 òuféi ①堆肥を作る. ②同前でできた堆肥:〈方〉〔窖 jiào 肥〕

沤粪 òufèn 糞尿をこえだめで腐熟させる.

沤烂 òulàn 水に長く浸かって腐る(浸けて腐らせる)

沤麻 òumá 麻の茎を水に浸けておく:皮を取りやすくするため.

沤郁 òuyù〈文〉香気の盛んなこと.〔芬 fēn 芳~〕ふくいくとかぐわしい.

〔怄・慪〕 òu〈口〉①腹をたてる. むかつくする.〔脸皮儿薄,禁 jīn 不住~〕ずうずうしくないから、からかわれては我慢がならない. ②からかって(怒らせる). わざと人の気にさわる.〔别~他了〕彼をからかってはいけない.〔~得人直冒火〕からかわれて彼はかっと怒った.

怄气 òuqì しゃくにさわる. むしゃくしゃする.〔跟 gēn 谁~了〕誰に腹を立てているんだ.〔怄闲 xián 气〕くだらないことを気にする. 関係もないことに腹を立てる. あたり散らす.〔怄了一肚子气〕むかっ腹が立った.

〔嚄・嚘〕 òu 感動詞. しだいに悟ることを表す.〔~,我才明白〕なるほど、やっとわかったぞ. → ōu óu ǒu

P

pa ㄆㄚ

〔扒〕 pā〈方〉①(食物などが)柔らかくなる. ②弱くなる. やわらぐ.

〔派〕 pā → pài

派司 pāsi〈音訳〉パス. ①〔旧〕出入証・許可証(厚紙などで作った). ②パスする. ④通過する. 合格する. ⑤(ゲームなどで)自分の番を休む.

〔趴〕 pā ①腹ばい(の姿勢)になる.〔在床上~着〕ベッドの上に腹ばいになっている. ②(物の上に)かがみ込んだ姿勢になる. うつ伏せになる.〔~在桌子上看书机の上にうつ伏して本を読む.〔墙垛 duǒ 头儿上还~着一个人呢〕塀の上にも一人へばりついているぞ. →〔扒 bā ①〕

趴蛋 pādàn〈口〉だめになる. 動けなくなる.〔我家两辆车全都~了〕わが家の車が2台ともだめになってしまった.

趴伏 pāfú 腹ばいになる.〔床底下~着一个人〕ベッドの下に人がうつ伏せになっている.

趴虎(儿) pāhǔ(r)〈口〉腹ばいの形に倒れる:〔爬 pá 虎(儿)〕ともいう.〔啪一个~〕ぱたんとところんで腹ばいになる.〔他摔 shuāi 了一个大~〕彼はいやと言うほどどしんのめって四つんばいになった.

趴活儿 pāhuór〈方〉(タクシーが客を待って)車を止めている. 客待ちする.

趴架 pājià〈口〉(ぺちゃんこに)つぶれる. くずれる.〈転じてだめになる(なる).〔咱村庄差点趴了架〕我が村は危うく瓦解するところだった.〔你别把身子累~〕働きすぎて体を壊さないように.

趴炕 pākàng〈口〉(病気で)寝込む.〔你怎么又~了〕おまえどうしてまた寝込んだのだ.

趴窝 pāwō ①⇒〔抱 bào 窝〕 ②〈口〉寝込む:〔趴炕〕に同じ. ③〈口〉故障で動けなくなる.〔那个拖拉机又~了〕あのトラクターはまた立ち往生した(故障した).

趴下 pāxià ①(立った姿勢から)腹ばいになる. ②〈喩〉(体や心が)参ってしまう.

〔啪〕 pā〈擬〉パッ. パン. バタン:銃声・拍手・物がぶつかり合う音.〔~的一拍桌子〕パンとテーブルをたたく.〔~~几声枪响〕パンパンと数発の銃声がした.

啪嚓 pāchā〈擬〉パチャ. パチャン. ガチャン. ガチャ.〔~一声,碗掉在地上碎了〕茶碗が床に落ちてガチャンと割れた.

啪嗒 pādā〈擬〉パタッ. パタリ.〔~一下儿掉下来了〕パタッと音がして落っこちてきた.〔打字机~~地响着〕タイプライターがカタカタと音を立てている.

啪叽 pājī〈擬〉パチャ:液体や気体から物を引き抜くときの音.〔小孩儿在泥水里~~地响儿〕子供が泥んこの中でバチャバチャ遊んでいる.

啪啦 pālā〔噼 pī ~〕とも書く. ポコボコ:ひびなどがつためる濁っている音.〔这个坛子怎么~~的,大概裂璺 wèn 了〕このかめはどうしてへんな音がするんだろう、割れ目があるんじゃないか.〔这个西瓜~~的,大概委了〕このスイカは音が悪い、熟れすぎだろう.

〔葩〕 pā〈文〉①花.〔奇 qí ~异草〕〔成〕珍しい花や草. ②はなやかで美しい.〔~经 jīng〕詩経の別称.

pá

〔扒〕 pá

①(手や熊手で)かき集める(かき散らす).ひっかく.[〜痒 yǎng]〈方〉かゆいところを搔く.②つかむ.[〜人的短处]人の欠点をはじくり出す.③ひったくる.掏(り)る.④長時間〔文 wén 火〕(とろ火)で煮込むこと.[〜白菜]白菜の酒ами料理.→ bāla

扒钉 pádīng かすがい.[用〜固定]かすがいでとめる.→〔锯 jū 子〕〔骑 qí 马钉〕

扒饭 páfàn 飯をかき込む.→〔爬饭〕とも書く.→〔扒拉〕

扒分 páfēn =〔爬分〕〈方〉兼業する.内職する.[扒洋 yáng 分]外貨を稼ぐ.外国で稼ぐ.

扒糕 págāo 〘食〙そば粉(と小麦粉)をこねて蒸し,小さい片に切る.冷やして醤油·酢·ごま味噌·ラー油·すりつぶしたにんにくなどをまぶして食べる.

扒灰 páhuī =〔爬灰〕旧舅が息子の妻すなわち〔媳〕を犯すことの隠語.灰の上をはえば膝(ざ)を汚す意.[膝 xī]と[媳 xí]と同音.

扒鸡 pájī 〘食〙とろ火で鶏を丸ごと煮込んだもの.

扒进 pájìn 大量に買い入れる.[〜粮食]穀物を同前.

扒拉 pála 〈方〉(飯を)かき込む.[爬拉]とも書く.[赶紧〜了两碗饭]急いで2杯ほど飯をかき込んだ.→ bāla

扒鱼翅 pá yúchì 〘食〙鱶(ふ)のひれの煮込み.鶏のスープ·醤油·砂糖·酒で鱶のひれを長時間とろ火で煮たもの.

扒犁 páli ⇒〔爬犁〕

扒山虎 páshānhǔ ⇒〔爬山虎②〕

扒抢 páqiǎng 盗みを働く.[〜犯 fàn]こそ泥.万引き.ひったくり.

扒窃 páqiè 掏摸(り)る.ひったくる.

扒人 párén 〈方〉陰口を言う.けなす.

扒山虎 páshānhǔ ⇒〔爬山虎①〕

扒手 páshǒu 掏摸(ざ)り.すり.巾着(ぎんちゃく)切り.ひったくりなど.[剪 jiǎn 绺]〔绺 liǔ 窃]〈方〉小 xiǎo 绺]に同じ.[扒手]とも書いた.[文坛〜]文芸界のごまの灰.[政治〜]政治屋.政治ごろ.[叫〜给扒去了]すりにやられた.

〔钯〕 pá [枇 pí·pá] 〘植〙ビワ,またその果実.

〔爬〕 pá

①(虫·動物·植物·人などが)はう.はいずる.[螃 páng 蟹横着〜]かにには横にはう.[墙上〜满了藤蔓]塀いっぱいに藤のつるがはっている.[孩子会〜了]子供がはいはいができるようになった.②よじ登る.[〜树]木に登る.[〜山]山に登る.[〜绳 shéng]ロープクライミング(をする).[〜长城]万里の長城に登る.[一口气〜了十层楼]一気に10階まで上った.[向上〜]④上へいう状態が上がる.③〈喻〉出世しようとする.④(寝ている状態から)起き上がる.[他病得〜不起来了]彼は病気にかかって起きられなくなった.[今天早上我五点钟就〜起来了]今朝は5時にはもう起きていた.

爬虫 páchóng ①〘動〙爬虫類.[爬行动物]の旧称.②〈喻〉インターネットを始めた人.ベテランを[大丛虫公]という.

爬得高,跌得重 páde gāo, diēde zhòng 〈諺〉高く登れば,落ちた時はひどい.高い地位には危険が大きい.大きくやれば失敗した時の痛手も大きい.[攀 pān]ともいう.[你别不知足了,〜]あまり欲を張るな,大きくやれば痛手も大きいぞ.

爬坂 páfàn ⇒〔扒饭〕

爬房 páfáng =〔爬墙③〕〈方〉約束を破る.[昨天听说客,怎么今天又〜了?]昨日はおごると言っておきながら,どうして今日は約束をほごにするの?

爬分 páfēn ⇒〔扒分〕

爬竿 págān さお登り(曲技の一種).→〔杂 zá 技〕⇒さお登り.

爬高 págāo 高いところへはい上がる.[〜留神摔 shuāi 着]高いところへ上がる時は落ちないように気をつけなさい.

爬高枝儿 págāozhīr ⇒〔攀 pān 高枝儿〕

爬格子 págézi (原稿用紙のマス目に)書き入れる.書き物をする.

爬虎(儿) páhǔ(r) ⇒〔趴虎(儿)〕

爬灰 páhuī =〔扒灰〕

爬架 pájià (蔓ものが)棚にはい上がる.

爬拉 pála ⇒〔扒拉〕

爬犁 páli =〔扒犁〕〈方〉橇(そり)

爬罗 páluó 〈文〉①(悪い部分を)掻き出す.ふるい出す.[〜剔抉 tījué]同例.②集める.収集する.

爬坡 pápō ①登はんする.坂を登る.[〜能力](自動車などの)登坂力.[我每天上班都要爬两道坡]私は毎日通勤の道中,二つの坂を登らなければならない.②〈喻〉更に高い目標を目指して前進すること.

爬墙 páqiáng 〘又〙①垣根·塀によじ登る.②責任を逃れる.逃げ出す.[要干天要干,谁也不许〜]やるなら皆でやる,誰も逃げ出すことは許さない.③⇒〔爬房〕

爬墙虎 páqiánghǔ →〔扒山虎②〕

爬山 páshān 山登り(する).→〔登 dēng 山〕

爬山虎 páshānhǔ ①=〔扒山虎〕〔巴 bā 山虎〕〈方〉山かご.登山用のかご.[山 shān 轿]の別称.② =〔地 dì 锦②〕〘植〙ツタ.ナツヅタ.[地 dì 锦②]ともいう.俗にツタ類植物を,[爬山墙虎]〔扒 bā 墙虎]〔巴 bā 壁虎]という.⇒〔壁 bì 虎〕

爬山鼠 páshānshǔ ⇒〔田 tián 鼠〕

爬山越岭 páshān yuèlǐng =〔翻 fān 山越岭〕〈成〉山を登り峰を越える.険しい道を行くさま.

爬上 páshàng ①よじのぼる.はい上がる.[藤萝〜了屋顶]フジのつるが屋根にはい上がって来ている.[一种感觉〜我的心头]一種の感覚が心中に上がってきた.

爬升 páshēng ①(飛行機などが)上昇する.②(物価などが)上がる.[价格〜到每公斤10元]値段がキロ当たり10元に値上がりした.③(官界で)ぐんぐん昇進する.けなしていう.

爬梳 páshū =〔爬栉〕〈喻〉整理する.

爬梯 pátī 縄ばしご.鎖ばしご.

爬头 pátóu 〈方〉(自分を)追い越す.[汽车〜]自動車が(自分の車を)追い越していく.

爬蔓儿 páwànr 蔓がのびる.[牵牛花〜了]朝顔はつるがのびてきた.

爬行 páxíng ①はう.[〜动 dòng 物]〘動〙爬虫類.[爬虫]は旧称.②〈喻〉尻についていく.[〜主义]現状追随事無来の主義.

爬泳 páyǒng 〘又〙(水泳の)クロール.→〔自 zì 由泳〕

爬栉 pázhì ⇒〔爬梳〕

〔钯·鈀〕 pá ⇒〔耙〕 → bǎ

〔耙〕 pá

=〔钯〕① 〘農〙レーキ.熊手.[钉 dīng 〜]ともいう.[铁〜]は鉄製の同前.[竹 zhú 〜]竹製の同前.②(レーキ·熊手で)かき集める.かきならす.[〜草]草をかき集める.[〜地]地面をかく.[把谷谷子〜开晒晒]アワをほぐらして日に乾かす. → bà

耙子 pázi 〘農〙レーキ.熊手.→〔筢子〕

〔琶〕 pá [琵 pí·pá]琵琶:楽器の一.[〜音]びわの音(ね)

〔筢〕 pá [〜子 zi]竹製の熊手(こまざらい.まっぱかき).[他扔下〜子就是扫 sǎo 帚,人可勤快了]彼は熊手を置いたかと思うとほうき

というあいで,全くまめな人だ.→〔耙子〕

〔**溮**〕 **pá** 地名用字.〔～江〕地広東省にある.

〔**耚**〕 **pá**
耚手 páshǒu ⇒〔扒手〕

〔**帕**〕 **pà** ⇒〔帕〕

〔**怕**〕 **pà** ①恐れる.怖がる.〔害 hài～〕同前.〔老鼠 shǔ～猫〕ねずみは猫を恐れる.〔你～不～？〕君は怖いか.〔～看又不能不看〕見るのはイヤだが見ないわけにもいかない.〔不～脏 zāng,不～累〕汚れも疲れもいとわない.〔他～得 dé 罪人〕彼は人の機嫌を損なうことを恐れている.〔前～狼 láng,后～虎〕〈諺〉後先のことを案じてためらう.→〔可 kě 怕〕②心配する.気になる.〔～不及格〕合格できるかな心配だ.〔我～的不是他不会做,而是他不肯 kěn 做〕わたしが心配なのは彼に能力がないことではなくて,やる気がないことだ.〔不～慢 màn,就～站〕遅いのは大丈夫,心配なのは立ち止まること.〔就～〕ともいう.〔以后就不～了〕今後はもう安心だ.③おそらくは…だろう.多分…かも知れない.〔恐 kǒng～〕同前.〔再下雨了多分あすもうまくいかないだろう.④…に耐えられない.…にはかなわない.〔什么事都～认 rèn 真〕何事も真剣なのにはかなわない.何事も真面目にやればできる.〔不～不识 shí 货,只～货比货〕目がきかないのは心配はない,品物を比べて見ることだ.〔天下无难 nán 事,只～有心人〕〈諺〉強い意志さえあれば天下に難事はない.強い意志ある人にはかなわない.〔不～小〕…に弱い.…に弱い.〔冷〕寒さに弱い.寒がりだ.〔～潮〕湿気に弱い.〔～咸〕塩辛いものは嫌いだ.〔我一脸吃 gézhi〕わたしはくすぐったがりだ.

怕不 pàbu …〈白〉…かもわからない.〔～也还要三四十天功夫〕(儒)あとまだ3,40日ぐらいの時間がかかるかもわからない.

怕丑 pàchǒu 〈方〉恥ずかしがる.〔怕羞〕に同じ.〔见了生人老～〕知らない人に会うと恥ずかしがってばかりいる.〔别…,学外语要大胆说〕恥ずかしがらないで.外国語を勉強するには大胆に話さなければならない.

怕惧 pàjù 〈方〉恐れる.怖がる.〔惧怕〕に同じ.〔～儿〕怖れること.恐れる物.〔更没有个～了〕なおさら怖いものはなくなった.

怕老婆 pàlǎopo =〈口〉顶 dǐng 灯〕④〈文〉惧jù 内〕〈口〉气 qì 管 guǎn 炎〕妻を恐れる.〔～以天下.〔～的〕恐妻家.〔别看他在外边怎么神气,回到家里就得 děi～〕彼は外ではあんなに威勢がいいようだけど,家に帰るとそれこそ奥さんにへいこらしなくちゃならぬ.

怕怕非林 pàpàfēilín 〔噁 yīng 粟碱〕

怕前怕后 pàqián pàhòu =〔怕三怕四〕〈慣〉何かにつけびくびく.〔你～干什么〕きみは何をびくびくするのか.

怕人 pàrén ①人見知りする.知らない人に会うのをいやがる.〔他的孩子～,一见生人就哭〕彼の子は人見知りする,知らない人を見ると泣き出す.②人を怖がらせる.〔他那凶 xiōng 狠的样子真～〕彼のあの凶悪な姿は実に恐ろしい.

怕三怕四 pàsān pàsì ⇒〔怕前怕后〕

怕生 pàshēng ⇒〔认 rèn 生〕

怕事 pàshì びくびくする.事なかれ主義である.〔～鬼 guǐ〕事なかれ主義者.〔他太～,不敢积极地工作〕彼はひどい事なかれで積極的に仕事をやろうとしない.〔胆小～〕臆病であまりに用心深い.

怕是… pàshì… おそらく.あるいは.〔～不成促〕おそらくだろう.

怕水 pàshuǐ ①水を怖がる.②水気に弱い.〔这种布～〕この種の布は水洗に弱い.〔不～〕防水してある.水を通さない.耐水性.

怕死 pàsǐ ①死を恐れる.〔不怕苦,不～〕苦も死も恐れない.②ひどく怖がる.〔～鬼 guǐ〕〈罵〉いくじなし.

怕羞 pàxiū 恥ずかしがる.→〔害 hài 臊〕

怕痒花 pàyǎnghuā ⇒〔百 bǎi 日红〕

怕字当头 pàzì dāngtóu 〈喩〉怖じ気づく.しり込みする.

〔**帕**〕 **pà** =〔帕〕(Ⅰ)①〔手 shǒu～〕〔手绢(儿)juàn(r)〕ハンカチ.②〔旧〕一種の額あて・腹巻などの類.
(Ⅱ)〔物〕パスカル.記号 Pa：〔帕斯卡②〕の略.→ 亩

帕金森病 pàjīnsēnbìng 医パーキンソン病：〔帕金森综合征〕〔震 zhèn 颤麻痹〕ともいう.

帕拉马里博 pàlāmǎlǐbó パラマリボ：〔苏 sū 里南共和国〕(スリナム共和国)の首都.

帕劳共和国 pàláo gònghéguó パラオ共和国：太平洋上のミクロネシア地域にある独立国.首都は〔梅méi 莱凯奥克〕(マルキョク州)

帕利基尔 pàlìjī'ěr 地パリキール：〔密 mì 克罗尼西亚联邦〕(ミクロネシア連邦)の首都.

帕马奎宁 pàmàkuíníng =〔扑 pū 疟喹啉〕

帕米尔高原 pàmǐ'ěr gāoyuán 地パミール高原.

帕斯卡 pàsīkǎ ①〔人〕パスカル：17世紀フランスの哲学者・科学者.②〔定律〕パスカルの法則：〔巴 bā 斯葛定律〕は旧称.②〔物〕パスカル.記号 Pa：圧力の国際単位.単に〔帕(Ⅱ)〕ともいう.→〔托 tuō(Ⅱ)〕

帕夏 pàxià 〈音訳〉パシャ：トルコで将軍などに与える栄誉称号.

帕子 pàzi 〈方〉①ハンカチ.②スカーフ.ネッカチーフ.

pai ㄆㄞ

〔**拍**〕 **pāi** ①(平たいもので軽く)はたく.打つ.たたく.〔～苍 cāng 蝇〕はえをたたく.〔把身上的土一～一～〕体のほこりをパタパタとはたく.〔～球玩儿〕まりをついて遊ぶ.〔～脑 nǎo 袋等一个ほど〕ボンと頭をたたいて一人に数える.頭数だけそろえる：いいかげんに採用する(バスさせる).→〔拊 dǎn ①〕〔扑 pū ⑥〕②競り売りする.競売する.〔～市〕オークション市場.〔～定〕競り落とす.〔～定人〕落札人.③〔-儿,-子〕はたくのに用いる道具.〔球 qiú～(子)〕ラケット.〔苍 cāng 蝇～〕ハエたたき.④圓拍子.⑤撮影する.〔～了一张半身照〕上半身の写真を1枚撮った.〔～电 diàn 影〕映画を撮る.⑥電報を打つ.打電する.→〔拍发〕⑦おべっかをつかう.〔你别～了！〕おべっかを言うな.→〔拍马(屁)〕⑧→〔拍它〕⑨〈姓〉拍(?)

拍岸 pāi'àn 〈文〉岸・堤防を激しく打つ.

拍案 pāi'àn 卓(テーブル)をたたいて,驚き・怒り・称賛の気持を表す.〔～大骂 mà〕卓をたたいて罵る.〔～叫绝 jué〕〈成〉絶賛する.〔～而起〕テーブルをたたいて立ちあがる.〔～惊 jīng 奇〕〈成〉奇抜さに卓をたたいて驚く.①圖明末の口語体小説集(凌濛初の編)：初刻と二刻両集を合わせて〔二 èr 拍〕という.

拍巴掌 pāibāzhang ⇒〔鼓 gǔ 掌〕

拍板 pāibǎn ①=〔鼓 gǔ 板〕圓伝統音楽の語り芸や楽奏でリズムを作る打楽器の一種：3枚(6枚,ま

た9枚のものもある)の板を短いひもに通し,これを片手に持って打ちあわせて拍子をとる.単に〔拍(I)③〕ともいう.〔莲 lián 花落〕(民間のうたい物文芸の一)などに用いるものを〔呱 guā 哒板儿①〕という.→〔捺 nà 瑟〕 ②同前を用いて拍子をとる.

板を打って鳴らす:取引の成立を示す.〔~成交〕商桥(9)が入り取引が成立する. ④喩:最後の決定を下す.〔这事儿得由厂长来~〕この事は工場長によって決定しなければならない. ⑤剧(映画の)カチンコ:撮影フィルムを回し始める時の合図に用いる道具.

拍成 pāichéng 剧(映画を)撮影する.映画にする.
拍出 pāichū 〈方〉出して並べる.〔现在不用给,到了时候儿~〕今はあげないでもよい,その時になったら出してやる.
拍打 pāida ①(軽く)はたく.たたく.〔把衣裳上的土~干净〕服のほこりをきれいにはたく.〔~鞋〕靴のほこりを払う. ②(羽を)はばたかせる.
拍档 pāidàng ①〈音訳〉パートナー.仕事仲間.〔最佳 jiā ~〕ベストパートナー. ②コーディネイト.コンビネーション.
拍得 pāidé 入札で手に入れる.〔~走私品〕(税関が押収した)密輸品を競売会で手に入れる.→〔拍卖〕
拍电(报) pāidiàn(bào) 打電する.〔一俟获复,即当函告,或~奉闻〕(膝)返事入手して次第直ちに手紙であるいは電報にてお知らせ申しあげます.→〔拍发〕
拍东儿 pāidōngr ⇒〔赌 dǔ 东(道)〕
拍发 pāifā (電報を)発する.〔~一急电〕至急電報を打つ.〔拍电(报)〕
拍坟 pāifén 清明節で墓参りの時,崩れた土饅頭(墓)の土をさらい上げてきちんとたたき固めること.
拍呱儿 pāiguār 〈方〉拍手する.ほめる.〔拍瓜儿〕とも書く.〔又蹦又笑又~〕とんだり笑ったり拍手したり.
拍号 pāihào 音拍子記号.
拍合 pāihé 仲をとりもつ.〔经纪人从中拉拢,使双方~〕仲買人が中に立ってあっせんし双方の仲をとりもった.
拍花 pāihuā 旧(眠り薬を使って)子どもを誘拐する.〔~的〕〔~子〕人さらい.
拍花巴掌儿 pāihuā bāzhangr (二人の)子供が手をたたきながら歌を歌う遊び.
拍击 pāijī たたく.たたき打つ.(波が)打つ.
拍价 pāijià 競りの決まり値.落札価格.
拍节器 pāijiéqì =〔节拍器〕音メトロノーム.
拍竣 pāijùn 剧(映画の)撮影完了.クランクアップ.
拍老腔(儿) pāi lǎoqiāng(r)〈方〉先輩ぶる.説教するような言葉で(説教口調で)人を抑えつける.
拍马挨踢 pāimǎ áitī〈慣〉おべっかを言い逆に相手の機嫌を害する.
拍马(屁) pāimǎ(pì) へつらう.人のごきげんをとる.おべっかを言う.ごまをする:北部の人は馬をほめる時にその尻をたたくことから.〔他对上司的马屁(上级)上段におべっかをつかう.お臀(股)の塵(塵)を払う.→〔溜 liū 须〕
拍卖 pāimài ①競売する.競(り)(売り). 〔~师 shī〕競り人.〔~会〕オークション.〔~行 háng〕競売店. ②投げ売り(する).バーゲンセール(する).〔大~〕大売り出し.〔又 yì 拍〕
拍门 pāimén ⇒〔敲 qiāo 门〕
拍脑袋 pāinǎodai 〈口〉主観だけで決める.簡単に決める:〔拍脑瓜〕ともいう.
拍屁股 pāipìgu 〈口〉何もしないこと.何もしなかったこと.

拍片 pāipiàn ①(映画やビデオの)撮影をする. ②レントゲン線による撮影をする.〔~检 jiǎn 查〕医レントゲン写真による検査.
拍品 pāipǐn せりに出た品物.競売品.〔拍卖品〕同前.〔~成 chéng 交〕競売品がせり落とされて取引が成立する.
拍曲子 pāiqǔzi 剧〔昆 kūn 曲〕を歌う:崑曲では,〔板 bǎn ③〕の拍子にあわせて歌う.〔随时替我~,吹笛子〕随時わたしのために崑曲の歌のけいこをしてくれたり笛を吹いてくださったり.
拍让 pāiràng オークションで売る.入札で売り渡す.
拍摄 pāishè 撮影する.〔~外景〕野外景ロケーション.野外撮影.
拍手 pāishǒu 手をたたく.〔~叫好〕手をたたいて褒める.〔~称 chēng 快〕〈成〉手をたたいて快哉を叫ぶ:気持ちがすっきりしたさま.〔拍着手唱歌〕手で拍子をとって歌う.→〔鼓 gǔ 掌〕
拍它 pāitā 〈音訳〉ペタ.記号P:10^{15}を表す.略して〔拍⑧〕ともいう.
拍拖 pāituō 〈口〉①(引き船を)他の船を引っぱって運行する. ②手に手をとって歩く.デートする.
拍戏 pāixì 剧映画(或いはテレビドラマ)を撮影する.
拍弦线 pāixiánxiàn スポ(ラケット用)ガット.
拍胸脯 pāixiōngpú 胸をたたいて自信を持って承諾する動作.〔你拍了胸脯,我就放心了〕あなたが保証して下さったおかげで安心しました.
拍音 pāiyīn 理振動数のほぼ等しい音波が干渉しあって生ずるビート音.
拍友 pāiyǒu 〈口〉写真愛好家.カメラ愛好者.
拍照 pāizhào 写真を撮る.〔替你拍张照〕写真を撮ってあげよう.〔室内不准~〕室内で写真を撮らないように.→〔照相〕
拍纸簿 pāizhǐbù はぎ取り式ノート・便せん.→〔杂 zá 记簿〕
拍制 pāizhì 剧(映画を)製作する.〔~影片〕映画を製作する.
拍砖 pāizhuān 〈口〉電算(ネット上で)他人の批難を書き込む.
拍子 pāizi ①音拍子.リズム:音調の停頓するところ.〔打~〕拍子をとる. ⓑ(コンダクターが)指揮する.〔不合~〕拍子が合わない.〔四~〕4 拍子.→〔节 jié 奏①〕 ②ものをたたく道具.〔乒 pīng 乓球~〕卓球のラケット.→字解3

〔俳〕 pái 〈文〉①ふざけ.戯れ.滑稽.だじゃれ. ②雑劇.滑稽劇.またその役者.〔~倡 chāng〕同前の俳優.道化役者. ③(日本の)俳句.〔~句〕同前.→〔汉 hàn 俳〕

体 páitǐ 〈文〉戯れの詩す.
俳笑 páixiào 〈文〉戯れ笑う.
俳谐 páixié =〔俳谑〕〈文〉しゃれ.冗談.滑稽な言葉.
俳谑 páixuè 同上.
俳优 páiyōu 団道化役者.〔~侏 zhū 儒〕同前と一寸法師:いずれも滑稽なしぐさで笑わせる道化者.

〔排〕 pái (Ⅰ)①押しやる.排除する.〔把水~出去〕水を排出する.〔~脓 nóng〕膿を押し出す.〔~堵 dǔ 交通渋滞を解消する.〔~子 fù〕財産のある者を除外する.〔~黑〕犯罪関係者を除外する.→〔排涝〕 ②押す.押し開ける. (Ⅱ)①(一つ一つ,また順に従って)並ぶ(べる).列を作る.〔~在前边〕前に並ぶ.〔在队伍里〕列に加わる.〔~(着)队走〕列を組んで行く.並んで歩く.〔~(成)两行〕2列に並ぶ.〔把椅子~成一行〕椅子を列に並べる. ②列.〔前~座位〕前列の席.

pái 排

〔后～还有很多空座〕後ろの方の列にはまだたくさん空席がある. ③＝〔排〕〔牌〕いかだ.その材料となる木材・竹材.交通手段用,また木材の流送用. 〔竹～〕竹のいかだ.〔放～〕いかだを流す. ④軍小隊.〔第一～〕第1小隊.〔～长〕小隊長.→〔班 bān ②〕〔军 jūn ②〕〔连 lián ⑥〕〔旅 lǚ ④〕〔团 tuán ②〕〔营 yíng ②〕 ⑤劇の稽古をする.(通し稽古をして)上演の準備をする.〔～戏〕同前.〔～话剧〕新劇の同前.〔这是一出新～的京戏〕これは新しく仕込んだ京劇だ. ⑥量詞.(多く横)列を単位として数える.〔一～樱花树〕1列に立ち並ぶ桜の木.〔一～枪〕1列に並んだ銃. ⑦→〔排行〕 ⑧→〔排球〕
(Ⅲ)①食肉の厚くて大きな一片.〔牛～〕ビーフステーキ.ビフテキ.〔炸 zhá 猪～〕豚カツ.カツ. ②音訳食パイ:〔派 pài(Ⅱ)①〕に同じ.〔苹 píng 果～〕アップルパイ. → pǎi

排奡 pái'ào 〈文〉詩文の調子が力強いこと.
排班 páibān ①仕事をする順序を定める. ②順序に従って整列する. ③〔-儿〕班または学級の順序によって排列する.
排版 páibǎn ①組版する.印刷のメークアップをする.またそれによってできた版. ②植字する.〔～机 jī〕植字機.
排榜 páibǎng ⇒〔排行榜〕
排爆 páibào 爆発物の排除(をする).〔反恐 kǒng ～演习〕テロ対策の爆発物除去演習.
排辈 páibèi ①家族,親戚などの長幼の序(をつける).〔～论资〕序列を決める.〔论资～〕年功序列.
排比 páibǐ 順に排列する:修辞上の一つの型.一連の構成,あるいは字数がほぼ同じ類似の句をもって強調をする.例えば:〔国家要独立,民族要解放,人民要革命,…〕国家は独立せねばならず,民族は解放されねばならず,人民は革命されねばならず,….
排笔 páibǐ 数本の筆を平らに並べてくくり,刷毛(はけ)のようにしたもの:画家が色を塗る時や表具師が糊づけする時に使う.
排摈 páibìn 〈文〉自己に不都合な人や事柄を排斥すること.
排兵布阵 páibīng bùzhèn 〈慣〉軍隊を配し陣を構える.
排查 páichá 厳重にチェックする.しらみつぶしに調べる.〔集中警力,～线索,争取尽快破案〕警察力を集中し,一斉捜査を行い速やかに事件を解決する.
排叉儿 páichàr 〔排岔儿〕〔排杈②〕とも書く.食小麦粉に食塩・ソーダを加えて水で堅くこね,短冊冊形に切り,さらにその中央を縦に切り開き,その切り目から短冊形の一端をひっぱり出しよじれた形にして油で揚げたもの.
排杈儿 páichàr ①間仕切りの板壁:細い木片を交差させたり,コーリャンの茎を組んだりしたものに紙を張る.丈は高くない. ②同上.
排场 pái·chǎng ①人目に見える外観・構え(の立派さ).〔那家铺子～很大〕あの店は構えが大きい. ②見栄.体裁.派手な見てくれ.〔没有钱还要学阔人的～〕金もないくせに金持ちの見ばえをまねようとする.〔讲～〕格好をつける.体裁ぶって豪勢を見せびらかす.〔穿得很～〕派手な身をしている.
排斥 páichì 排斥する.拒否し退ける.〔～反应 yìng〕生理拒絶反応.〔互相～〕互いに排斥しあう.〔～异己(え成)〕自分と考え方の異なる者を排斥する.〔我们只不同他们合作的义务,绝无～他们权利〕我々にはただ彼らと協力してやっていく義務があるだけあって,絶対に彼らを排斥する権利はない. →〔排除〕

排翅 páichì 食ふかのひれ(乾物):ばらばらにほぐしていないもの.→〔鱼 yú 翅〕
排出 páichū 排出する.〔～污水〕汚水を排出する.
排除 páichú 排除する.〔押しのける.〔～障碍〕障害を取りのぞく.〔不能～刚才所说的这种可能性〕先程話した可能性を排除することはできない.〔～万难,大兴水利〕万難を排除して大いに水利事業を興す. →〔排斥〕
排错 páicuò ①電算バグを取る. ②間違いを直す.
排大 páidà 長男または長女.総領.→〔排行〕
排単 páidān ⇒〔排 xīn 牌①〕
排挡 páidǎng (自動車やトラクターなどの変速装置の)ギア:単に〔挡④〕ともいう.
排档 páidàng 〈方〉①公認青空市場:露天の店が並んでいる通り.〔服装～〕服装市場.〔个体～〕個人経営の市場. ②露天の店を出す.
排定 páidìng 順序を決める.配置段取りをつくる.〔～工程进度〕工事の進度計画を立てる.
排队 páiduì ①順番に並ぶ.列を作る.隊を組む.行列する.〔～买票〕並んで切符を買う.〔市场上的～现象是日常生活中每天都能看到的〕マーケットでの行列現象は日常生活で毎日見られることである.〔队伍得排得長了〕すごい行列だ. ②事物や現象・問題などを列挙する.世の中のできごとを選び出して順に並べる.
排二 pái·èr 次男(または次女).→〔排行〕
排筏 páifá いかだ.→字解(Ⅱ)③
排放 páifàng ①(廃水・排気などを)排出すること.〔～交易〕排污(权)交易)排出権取引. ②射精する.排卵する.
排风扇 páifēngshàn 換気扇:〔排气扇〕に同じ.
排工 páigōng 〔派 pài 工〕派工を割り当てる.
排购 páigòu 行列買い:〔排队购买〕の略.
排骨 páigǔ 食(料理用のウシ・ブタ・ヒツジなどの)肉つきの肋骨・背骨.〔一面~〕〔大 dà 排面〕同前の大きな片を上にのせたかけうどん.〔猪 zhū ～〕スペアリブ.
排故 páigù 故障を取りのぞく.
排灌 páiguàn 排水と灌漑.〔～设备〕同前の設備.〔～站〕排灌ステーション.〔～发动机〕排水・灌漑用モーター.
排汗 páihàn 発汗する.
排行 páiháng 兄弟の長幼の順序:ふつう兄弟は兄弟だけ,姉妹は姉妹だけの順序を〔小～〕という.大家族の場合は,兄弟・姉妹・従兄弟姉妹を含めての順序を〔大～〕という.〔您～第几?〕あなたはご兄弟で何番目ですか.何男(何女)ですか.〔你排几?〕〔你行几?〕きみは何番目ですか.〔我～第一〕〔我行大〕〔我排大〕〔我行大〕わたしは長男(長女)です.〔我排二〕〔我行二〕〔大 dà 排)次男(次女)です.〔排大必傻,行二必奸,逢三必猴〕〈諺〉総領は必ずのろまで,2番目は必ず気がきつい,3番目は必ず腕白である.
排行榜 páihángbǎng ＝〔排~榜〕〔龙 lóng 虎 榜〕番付.格付け表.ランキング表.〔流行歌曲~〕流行歌のヒットチャート.
排号 páihào ①順番の番号をつける(こと).〔排不上号的选手〕出場登録できない選手. ②〈方〉列を作る.
排洪 páihóng 洪水の水を排水する(こと)
排华 páihuá 華僑を排斥する.
排击 páijī 排撃する.
排机 páijī 排水機.排水ポンプ:〔排水机〕ともいう. 〔电 diàn ～〕電動排水機.
排挤 páijǐ 押しのける.締め出す.〔企图借此～他国〕これによって他国を押しのけようと企てる.〔不应

pái

该～外来的干部]外来の幹部を締め出すべきではない.[几千种合成染料早就把天然染料～出去了]幾千種もの合成染料はとっくに天然染料に締め出しをくわせている.→[倾 qīng 轧]

排忌 páijì 排斥する.のけものにする.

排检 páijiǎn (書籍・資料等の)排列と検索.

排解 páijiě ①(紛争を)片付ける.仲裁する.和解させる.[～纠 jiū 纷]紛争を調停する.→[打 dǎ 圆场] ②気を紛らわす.憂悶を晴らす.

排句 páijù 修辞法の一:相似たあるいは相反した数句を対比的に並べて文としたもの.例えば『道徳仁義,非礼不成;教訓正俗,非礼不備』など.→[排比]

排拒 páijù 排斥する.拒絶する.

排开 páikāi ①広げ並べる.陳列する. ②人込みを押しわける.人の列・波を突き破る.

排课 páikè 授業時間の割り振り(をする).

排空 páikōng ①天空を衝く(空に昇る). ②工場の排気を空に放つ. ③(あるところにあるものを)排除して空にする.

排涝 páilào 田畑にたまった余分な水を排出すること.

排雷 páiléi 地雷や水雷を取り除く.

排联 páilián ㊇バレーボール連盟.

排练 páiliàn (演じ物・式典・行事などの)下稽古をする.準備稽古をする.試演する.リハーサルする.[～场]稽古をする場.予行練習をする所.

排量 páiliàng (液体や気体の)放出量.

排列 páiliè ①排列する.順序に並ぶ.[按笔 ～]筆画数により同順. ②㊈順序. [～组 zǔ 合]順列組み合わせ.⑥〈喩〉順序を変えて組み合わせる.再構築する.

排律 páilǜ [律诗]の一種.意をつくさない時に聯を加えたもの.唐では五言六韻十二句を正式とする.長いものは百韻以上にもよぶものもある.首聯・尾聯を除いてはみな対偶を用い,布置に序あり,首尾一貫を要とする.[长律]ともいう.

排卵 páiluǎn 生理排卵(する).[～期 qī]排卵期.

排名 páimíng 序列順に名前を並べる.[男子团体赛结果,日匈分居冠亚,中国～第四]男子団体戦の結果,ハンガリーがそれぞれ第1位と第2位を占め,中国は第4位に名を連ねた.

排摸 páimō 片っ端から調べる.[先后～了十几个犯罪嫌 xián 疑人]前後して十数名の容疑者を片っ端から取り調べた.

排难解纷 páinàn jiěfēn 〈成〉困難を除き紛争を調停して解決する.

排难解忧 páinàn jiěyōu 〈成〉困難を取り除き悩みを解決する.

排尿 páiniào 排尿(する).小便をする.[～困难]医排尿困難.

排偶 pái'ǒu 圖[排比]と[对duì偶②]を兼ねた修辞法.

排炮 páipào ①一斉砲火.集中砲火.[放 fàng ～]同前をする. ②一斉爆破. ③不発の原因を取りく.

排气 páiqì ①排気する.[～阀 fá]排気弁. [～机]排気機. [～量][排量]排気量. [～扇 shàn]排風扇]換気扇. [～通 tōng 路]圈吐出筒(管) [～罩 zhào](自動車の)排気カバー. ②=[方]发 fā[方]乏气][废fèi气][方]回 huí 气]圈内燃機関からもれる排気ガス.

排遣 páiqiǎn 気を紛らわす.気晴らしをする.[看看电视,～心中的愁绪]テレビを見て,心の憂いを晴らそう.[～消 xiāo 遣]

排枪 páiqiāng 一斉射撃.[排子枪]ともいう.[放

排 ～][打～]同前をする.

排球 páiqiú ㊇バレーボール:単に[排⑧]ともいう.[打 dǎ]同前をやる.[～场]バレーボールコート.[～界 jiè][排坛]バレーボール界.[女子～队]女排]女子バレーボールチーム.[球]

排沙简金 páishā jiǎnjīn =[披 pī 沙拣金]〈成〉精選する.

排山倒海 páishān dǎohǎi 〈成〉山を押しのけ海をひっくり返す:非常に威勢がよい.[全国人民正以～之势,向自然进军,要改造自然]全国人民は今まさに非常の勢いで自然に立ち向かい自然を改造しようとしている.

排笙 páishēng 圖①少数民族の吹管楽器の一. ②パンパイプ.

排水 páishuǐ 排水(する).[～沟渠][～圳 zhèn]排水溝. [～管]排水管.泄水管. [～防涝]圈排水や冠水防止. [～量](船などの)排水量.(川や用水などの)流水量.

排酸肉 páisuānròu 処理済み食肉.抗酸化加工済み肉.

排他 páitā 他を排除する.[～性 xìng]排他的な性質. [～集团]排他的グループ(集団)

排闼 páità 〈文〉扉を押し開ける.[～直 zhí 入]扉を開けてずかずかと入った.

排坛 páitán ⇒[排球界]

排调 páitiáo 〈文〉からかう.嘲笑する.

排头 páitóu 行列の先頭.最右翼.[向～看齐][向右看齐](号令)右へならえ! [～是小队长]最右翼は小隊長だ. [～兵]〈喩〉先頭に立つ優秀な人物.真っ先に手を挙げる人.

排头 páitou ⇒[吃 chī 排头]

排外 páiwài (外国人)や自党以外・内輪の者を以外を排斥する. [～主义]排外主義. [～运 yùn 动]排外運動. [排污不～]外国の有害なものは排除するが排斥はしない.

排危 páiwēi 危険を排除する.

排尾 páiwěi 行列の末尾.最後尾(にいる人)

排位 páiwèi [～子]順次を決める(こと).席順を決める(こと). [～赛](カーレースで)スタート位置を決めるレース.

排污 páiwū 汚染物質を排出する.[造纸厂～没达标,去年关了门]製紙工場は同前値の基準に達せず,去年閉鎖された. [～费]同前関連の料金. [～(权)交易]同前(権)交易][排污権取引].

排舞 páiwǔ ラインダンスなど列になって踊るもの.

排戏 páixì 劇芝居の稽古をする.リハーサルをする.[这出戏排了两个月～]この劇は2か月も稽古した.

排嫌 páixián 容疑者を取り調べる.[排摸嫌疑人]同前.

排险 páixiǎn 危険を排除する.

排箫 páixiāo 圖古代の楽器の一種:長さの違う16管ないし23管の笛を音律の順に並べたもの.

排泄 páixiè ①(液体を)排泄する.放出する. [～阀 fá]圈エキゾーストバルブ.排出弁. ②生理排泄する. [～器 qì]排泄器管. [～物]排泄物.

排序 páixù ①順位をつける.順序をつける.格付けする. ②電算ソート.並べかえ.→[排名]

排揎 páixuan 〈方〉あれこれがとがめだてる.たしなめ叱る.[叫人好好儿地～了一顿才老实了]人にきつく叱られてから,やっとおとなしくなった. [我得把他叫来～～]彼を呼んで叱ってやらねばならない.

排演 páiyǎn 劇(正式に)で公演前の練習をする.下稽古をする.リハーサルをする. [剧本编写和～]脚本の作成と通し稽古.

排椅 páiyǐ 連なっている座席.

排印 páiyìn 組み版(植字)と印刷する. [～机][自 zì 动

pái~pǎi

排浇机 モノタイプ.自動組版植字機.→〔排版〕
排忧 páiyōu 心配事をなくす.〔～解 jiě 难〕〈成〉悩みを取り除き困難を解決する.
排鱿 páiyóu 〔鱼 yú〕ゴドリスルメ.〔～头〕同前の足.〔～翼 yì〕同前の耳.→〔鱿〕
排长 páizhǎng 小隊長.=字़組(II)④
排障器 páizhàngqì 〔機関車の前部の〕障害物排除器.
排阵 páizhèn 出場選手の陣容を決める.
排钟 páizhōng 図一組の鐘.チャイム.管状の鐘を並べた打楽器.→〔编 biān 钟〕
排中律 páizhōnglǜ 〔論理学〕排中律.
排字 páizì 活字をひろって組み版する.植字する.〔～工人〕〔拣字工人〕植字工.〔～机〕植字機.〔排错的字〕誤植の字.→〔手 shǒu 民〕
排子枪 páiziqiāng ⇒〔排枪〕

〔俳〕 pái

俳徊 páihuái ①俳徊する.うろつく.〔徘徊〕とも書いた.②踌躇する.決断がつかない.〔冒～瞻 zhān 顾〕〔～观 guān 望〕〔左右～〕ためらい迷う.〔～歧 qí 路〕〈成〉分かれ道でうろうろする.去就に迷う.③〈喩〉ある事物が一定の範囲内で変動(上がり下がり)する.揺れる.〔美元和日元的汇率一直在 1:120～130之间〕〔ドルと円の相場はずっと1:120～130の間で上下している.

〔猅〕 pái ⇒〔排(II)③〕

〔牌〕 pái

〔~儿〕人に知らせることを書きつけた板.プレート.札(ふだ).〔门 mén ~〕ⓐ門札.標札.番地札.ⓑ番地.〔门～24号〕24号.〔路 lù ~〕道路名の立て札.〔招 zhāo ~〕看板.〔广告~〕立て看板.広告看板.②〔~儿〕商標.マーク.〔老~〕①名の売れた商標.〔名～货〕有名ブランド品.〔冒 mào ~〕商標を盗用する.〔冒～伪ブランド品.〔中华～香烟〕中華印タバコ.〔红旗～汽车〕紅旗印自動車.这个~子兴 xīng 开有小三十年了〕この商標は名が売れ出してからもう三十年近くにもなる.〔葡 pú 萄酒有什么~的〕ブドウ酒はどんな銘柄のがあるかね.〔老～帝国主义〕古くからの帝国主義.③〈转〉人に見せる顔.面目.〔把~撕shuāi 你的~子〕〔摘 zhāi 你的~子〕お前の面の皮をひんむいてやる.④〔マージャン・トランプ・花札などの〕札.〔纸 zhǐ ~〕〔花札の版〕.〔麻 má 将~〕マージャンの牌.〔扑 pū 克~〕トランプ.〔小～〕ⓐ〔~儿〕賭け金の少ないばくち.ⓑ弱い札.〔大～〕ⓐ賭け金の大きいばくち.ⓑ強い札.〔坛 tán ~〕〔桥 qiáo ~界〕〔トランプの〕ブリッジ競技界.〔打 dǎ ~〕マージャン遊びやカード遊び(をする).〔～战海戦〕〔マージャン・トランプ・花札などの勝負.多くマージャンを指す.〔～桌 zhuō ~〕マージャン卓.⑤〔表彰のための〕メダル類.〔金~〕金メダル.⑥图昔の公文の一種.〔下 xià 文 wén〕回中央官庁から道・府以下の役所に宛てた公文.〔信 xìn ~〕图軍中で秘密命令を伝えるための文書.ⓒ官吏が地方を巡視する際に携帯する〔身分〕証明書.⑦盾.〔藤 téng ~〕籐で作った盾.〔挡 dǎng 箭~〕①矢を防ぐ盾.②〈喩〉時刻.時:役所から一定の時刻に札をかけて示したものをいう.〔未～时分 fēn〕未の刻のころ:いまの午後四時ごろ.⑨〔词 cí〕や〔曲 qǔ〕の節の名称.⑩→〔保 bǎo 甲(制度)〕⑪〈姓〉牌(はい)

牌榜 páibǎng 掲示板に書いたり貼ったりした掲示.→〔牌照〕
牌匾 páibiǎn ①扁額.横額.②看板.〔～行 háng〕扁額屋.扁額商.
牌坊 páifāng 图孝子・節婦など人の模範たるべき行為・功労のあった人を表彰し記念するためまたは美観のために建てられた鳥居形の門.→〔牌楼〕
牌费 páifèi 免許証・許可証などの手数料.
牌号 páihào ①商標.トレードマーク.銘柄.〔什么～的都有〕どういうマークの(商品)でもそろってます.〔～不同,货色一样〕マーク(または商号)は違うが,商品の品質は同じである:形式は違っても本質は同じことだ.→〔商 shāng 号〕②⇒〔字 zì 号〕
牌记 páijì 文字を書いた板状のもの:扁額や標識など.
牌价 páijià 表示された値段.公定価格.正札值.〔国家收购～〕国家の購入公定相場.〔零售～〕小売り価格.〔批发～〕卸売り価格.〔外汇～〕為替相場.
牌九 páijiǔ =〔天 tiān 九(牌)〕图数字合わせのカルタ賭博:32枚の骨牌を使って4人で遊ぶ.牌は文・武に分かれ,文牌は天牌が一番強く,武牌は9点が一番強い.〔打～〕同前をする.
牌局 páijú ①トランプ・マージャンなどのゲーム会場.②①カルタを使用する賭場.③图妓院で賭博をすること.
牌军 páijūn 图役所の使い走り:みな〔腰 yāo 牌〕を持っていた.
牌楼 páilóu 圏①大通りの要衝や名勝地に建てられる装飾用または記念・祝賀用の建築物.〔牌坊〕に似た.②図北京城内の十字路に1本の道に跨って一つだけ建てられたものを〔单~〕といい,4本の道にそれぞれ一つずつ建てられたものを〔四~〕といい,いずれも東城・西城にそれぞれ1ヵ所ずつあった.現在は取り払われ,地名のみ残っている.
牌面 páimiàn 回①官吏や使節に発給された身分証明書.音の形は〔打 gōng 牌〕
牌票 páipiào 回上級機関から下級機関に送る公文の一種.〔上司行来~甚紧〕(儒4)上司からしきりに訓令が来る.→〔字牌⑥〕
牌情 páiqíng 〔マージャン・トランプなど〕手筋.手札の具合.
牌示 páishì 回掲示板に貼りつけた掲示.札.告示.〔挂出～一面〕掲示を一つ出す.
牌手 páishǒu トランプ・マージャンなどのメンバー.
牌头 páitóu =〔保 bǎo 甲(制度)〕
牌位 páiwèi 〈文〉位牌.
牌艺 páiyì トランプ(ブリッジ)やマージャンのテクニック.
牌友 páiyǒu トランプ・マージャン仲間.
牌誉 páiyù ブランドの名誉・信用.
牌运 páiyùn ⇒〔手 shǒu 气〕
牌长 páizhǎng ①→〔保 bǎo 长〕②トランプやマージャン仲間の世話役.
牌照 páizhào ①(自動車の)運転免許証:車輛検査証・ナンバープレートなど.②営業許可証.営業鑑査.〔牌证〕ともいう.→〔执 zhí 照〕
牌证 páizhèng 同上②
牌子 páizi ①書きつけ.プレート.札.②商標.マーク.〔老~〕老舗ブランド.銘柄.〔~响 xiǎng〕〔~硬〕店の名が通っている(信用がある).③〔词 cí〕や〔曲 qǔ〕の節の名称:例えば詞の満江紅・蝶恋花,曲の一枝花など.
牌子曲 páiziqǔ ①唱い物芸能:浪花節(ぶし)に似た民間芸能.〔曲牌〕〔小 xiǎo 调〕②⇒〔单 dān 弦(儿)②〕

〔簰(簿・篺・箄)〕 pái ⇒〔排(II)③〕

→〔箄 bēi〕

〔迫(廹)〕 pǎi → pò

迫击炮 pǎijīpào 軍迫撃砲.
迫子车 pǎizichē ⇒[排子车]

[排] pǎi ＜方＞新調の靴に靴型を入れて大きくしたり形を調整する.〔得拿楦 xuàn 子再一一〜〕靴型でもっと広げなくてはいけない.→[楦头]

→ pái

排子车 pǎizichē 大八車;2,3人でひく荷物運搬用の大型の木製の二輪車.[排子车]とも書く.〔排子板儿 bǎnr 车〕[大 dà 板车]ともいう.

[派] pài (Ⅰ)①＜文＞支流.[长 cháng 江九〜]長江の各支流.②派.流派.派別.[长江九〜]右派.[浪浪漫〜]ロマン派.[各党各〜]各党各派.[学〜]学派.[宗 zōng 〜]セクト.宗派.[画〜]絵の流派.[拉帮 bāng 结〜]派閥やセクトを作る.③気風.タイプ.[正〜]品行方正である.身持ちが正しい.[气 qì 〜]①気風.気慨.気質.態度.構え.[官(僚)〜]役人風.[乐 lè 观〜]楽天家.④(人)を派遣する.やる.[公司〜我到这儿来视察]会社からここへ視察に派遣された.[〜人去取]人に取りに行かせる.⑤配分する.配分する.[净 jìng 〜我累活儿]彼は骨の折れる仕事ばかり言いつける.[摊 tān 〜]分担(金)を割り当てる.[不上用场]使う場がない.[自己不喜 xǐ 欢的事,他都〜在人家身上]彼は自分がきらいな事はすべて人に押しつける.[苛 kē 〜村民]村民に税金を苛酷に割り当てる.⑥(罪を)人に押しつける.[他爱〜人家的不是]彼は他人の間違いを責めたがる.⑦[口]しゃれている.派手がある.[真〜]かっこいい.⑧量詞.ながめ.[学者〜]両派の学者.⑤景色·天候·事柄·音·言葉などに用いる.[一〜……]あたり一面.どこもここも の形で用いられる.[一〜春景]一面の春景色.[一〜新气象]全く新しい様相.[形势一〜大好]情勢は全くすばらしい.[听得一〜乐 yuè 声]あたり一面音楽が聞こえてきた(おこった).[一片 piàn 哒ゴ] ＜片 piàn ⑦＞
(Ⅱ)＜音訳＞①⇒[排 pái (Ⅲ)②]に同じ.②＜音訳＞(ギリシア文字)π パイ(ピー).→[希 xī 腊字母]→

派别 pàibié 党派.流派.宗派.[〜活动]派閥活動.[闹 nào 〜]派閥抗争をする.
派兵 pàibīng 兵を派遣する.派兵する.
派不是 pàibushì 他人の過失を指摘する.人の悪口を言う.落ち度を挙げてしかる.[派别人的不是]同前.→一字解⑥
派充 pàichōng 任命し充当する.
派出 pàichū ①派遣する.②出先(の).[〜机关]出先機関.代行機関.[〜所][警察の]派出所.[公安局〜所]の略.
派定 pàidìng ①任命する.指定する.[正式〜谈判代表]正式に交渉の代表を任命した.②…と認める.決めつける.
派对 pàiduì ＜音訳＞パーティー.[酒迪 jiù 会]に同じ.[生日〜]誕生日パーティー.[〜动物]パーティーの大好きな人種.
派恩脱 pài'ēntuō ⇒[品 pǐn 脱]
派发 pàifā 一つ一つ配る.ばらまく.[〜传 chuán 单]宣伝ビラを配る.
派饭 pàifàn 食事の供出を割り当てる.またその割り当てられた食事.[下放の幹部などに農村に滞在する幹部に農村に割り当てられた農家が有償で食事の世話などに]
[吃〜]同前の食事をとる.
派赴 pàifù 派遣して行かせる.
派工 pàigōng ⇒[排 pái 工]
派购 pàigòu (計画経済時の)重要な農業生産品,副業生産品の生産を国が農民に割り当てて,また農民から買い取る制度の.[〜任务]生産品の割り当て

額を購入する任務.
派红 pàihóng 利益を割り当てる.[現金〜]現金で配分する.
派活儿 pàihuór 作業を割り当てる.仕事を割り振る.[不管派给什么活儿,我都没意见]どんな仕事を与えられても私は不満は言わない.
派款 pàikuǎn (上から)金銭の拠出を割り当てる.
力力(呢) pàilìsī(ní)＜音訳＞紡パレスクレープ.
派遣 pàiqiǎn 派遣(する).[遣派]ともいう.[〜代表团]代表団を派遣する.[受〜]派遣される.
派儿 pàir ＜口＞資格.柄(².).[他还不够当干部的〜]彼はまだ幹部になる柄ではない.
派人 pàirén 人を派遣する.使いをやる.[〜送去]人をやって届ける.
派任 pàirèn 派遣し職務を担任させる.
派生 pàishēng 派生する.[由此〜出各种意义]ここからいろいろの意味が派生して出てきた.[〜品]経デリバティブ.[〜词 cí]言派生語:語幹に付加成分がついてできた語:[老虎][阿哥][桌子]など.[虎][哥][桌]を[词根](語幹),[老][阿][子]を[词缀](接辞)という.→[合 hé 成词]
派送 pàisòng (客に製品を)配る.贈る.[向客人〜小礼品]客に粗品を配る.[红股]ボーナスを配当する.
派头(儿) pàitóu(r) 人に見せつける様子.振り.思い上がった態度.振る舞い.多くそしる意に用いる.[大款 kuǎn 〜]金持ちぶった風.[〜大]気位が高い,偉そうにする.[要耍 shuǎ 〜]もったいぶる.[必須力戒"软 qīn 差大臣"的〜]"勅命大臣"といった振る舞いをつとめて戒めなければならない.→[气 qì 派]
派位 pàiwèi 入学希望者を学校に振り分ける.
派息 pàixī 利息を支払う.配当する.またその金.[不少中等公司已宣布停止〜]多くの二流会社では利息の支払い停止を発表した.
派系 pàixì 派閥.[〜纠纷]派閥争い.[不讲〜]派閥を問題にしない.[结成〜]派閥をつくる.
派销 pàixiāo 売りつける.[〜公债 zhài]公債を強制販売する.
派性 pàixìng 派閥意識.分派性.[他的〜很厉 lì 害]彼の派閥意識はとても強い.[搞 gǎo 〜]セクトエゴを出す.
派用场 pàiyòngchǎng ＜方＞役に立つ.[这个东西派上用场了]これは役に立った.[派不上大用场]あまり役に立たない.
派员 pàiyuán 係員を派遣する.人を派遣する.
派征 pàizhēng 割り当てして徴収する.
派驻 pàizhù 配備する.駐在をさせる.[公司〜香港的代表]会社派遣香港駐在の代表.

[哌] pài
哌啶 pàidìng 化ピペリジン.[氮 dàn 杂环己烷][氮己烷]ともいう.[一氮陆圜]に同じ.
哌嗪 pàiqín [＞对 duì 二氮己环]薬ピペラジン:蛔(²)虫などの駆虫薬.

[蒎] pài
蒎酸 pàisuān 化ピン酸.松脂酸.
蒎烯 pàixī 化ピネン:有機化合物の一種.

[湃] pài (澎 péng 〜)＜文＞澎湃(⁴²):海の大波が打ちよせぶつかりあうさま.＜転＞風潮·気風が盛んになるさま.

pan ㄆㄢ

[扳] pān <文>古書で〔攀〕に通じて用いた．→ bān

[番] pān ①地名用字．〔~禺 yú〕⑭広東省にある市．②〈姓〉番（ばん·）→ fān

[潘] pān ①米をといだ汁．②〈姓〉潘（はん·）

潘查希拉 pānícháxīlā 〈音訳〉パンチャシラ：五つの柱の意．インドネシアの建国の基礎である五原則．

潘多拉 pānduōlā 〔潘朵拉〕とも書く．〈音訳〉パンドラ：ギリシア神話に見える地上最初の女．〔~魔 mó 盒〕パンドラの箱．〔~之盒〕パンドラの箱．〔~效 xiào 应〕パンドラ効果．

潘杨之睦 pān yáng zhī mù 〈成〉晋の潘岳とその妻の楊氏の二家が代々婚姻を重ねてきたこと．〈喩〉代々親族結婚を結ぶ間柄．

[攀] pān ①よじ登る．しがみついて登る．〔登 dēng ~〕登攀（とうはん）する．よじ登る．〔~行〕同前．〔~树〕木によじ登る．〔~着绳子往上爬 pá〕縄にしがみついていき上へあがっていく．〔~单杠练臂 bì 力〕鉄棒で懸垂をして腕の力を鍛える．②しっかりつかむ（んでひっぱる）．〔他一把~住我的肩膀〕彼はぎゅっとわたしの肩にしがみついた．③〈身分の高い人に〉とりいる．〔~不起〕（地位などが違いすぎて）近づきになれない．交際しきれない．〔高不可~〕高くて手が届かない．高嶺の花．〔~附〕②〔攀附〕②〕④巻き添えにする．巻き込む：白状して（無実の）人を連座させる．〔~供 gòng〕同前．

攀比 pānbǐ （身の程を考えず）互いに張り合う．〔互相~〕互いに競って見栄を張る．〔各工厂互相~产量,结果忽视了质量〕各工場は互いに生産量を競うだけで結局,製品の質を無視してしまった．

攀冰 pānbīng ⓍX壁登攀．アイスクライミング．

攀缠 pānchán からみつく．

攀蟾折桂 pánchán zhéguì 〈成〉月の宮殿に登ってもくせいの花を摘む：科挙の試験（進士）に合格すること．→ 蟾 chán 宫

攀车卧辙 pānchē wòzhé ⇒〔攀辕卧辙〕

攀扯 pānchě 引っぱり込む．巻き込む．連座させる．〔我们不便与~〕（紅·24）わたしたちが渡りをつけに行くのは具合が悪い．

攀大 pāndà ⇒〔攀（个）大〕

攀得高,跌得重 pāndegāo, diēdezhòng ⇒〔爬 pá 得高,跌得重〕

攀登 pāndēng よじ登る．〔登攀〕ともいう．〔~高峰〕高峰に登る．〔~悬 xuán 崖峭壁〕断崖絶壁によじ登る．

攀地龙 pāndìlóng 囲（地面をはうように伸びる）芝類の雑草．

攀附 pānfù ①（ツタなどが）からんではい登る．②上の人にとりいる．〔攀高附势〕〈成〉地位の高い者や勢ある者にとりいる．

攀高 pāngāo ①〈喩〉高い地位によじ登る．〔不敢~〕〈挨〉（貴方のような立派な方と）おつきあいできる身分ではありません：人との交際を断る言葉．②地位の高い者と交際する．〔~接贵〕⟨成⟩偉い人と姻戚関係を持つことを望む．③（数値·値段などが）上昇する．〔攀升〕に同じ．

攀高枝儿 pāngāozhīr 高い地位の者と親密になる：〔攀高②〕〔巴 bā 高枝儿〕〔爬高枝儿〕に同じ．

攀（个）大 pān(ge)dà ⟨方⟩（謙遜の語調で）偉そうにする．目上扱いする．〔也不是我，你还是小兄弟呢，容易挂火〕（老·骆 7）先輩ぶるわけではないがね，すぐ腹をたてるんだよ，気が短くてね．〔~说,总比诸位年长几岁〕年寄り顔して言えば，とにかく諸君よりはいくらか年がいっているんだから．

攀供 pāngòng 白状して共犯者にしたてる．他人を誣告（ぶこく）して罪に陥れる．〔攀出来〕ともいう．

攀桂之喜 pānguì zhī xǐ ⟨成⟩科挙及第の喜び：〔攀桂〕は〔攀蟾折桂〕の略．→ 蟾 chán 宫

攀话 pānhuà （話題をあれこれと探して）努めて話しかける．

攀交 pānjiāo 自分より地位の高い人と付きあう．

攀接 pānjiē 接近しがる．〔~有权势的人〕権勢のある人にとりいる．

攀结 pānjié 地位の高い者と交誼を結ぶ．

攀留 pānliú （客）を引き留める．

攀龙附凤 pānlóng fùfèng =〔附凤攀龙〕⟨成⟩権勢のある者にとりいって出世しようとする：もとは〔攀龙鳞,附凤翼〕（徳高く声望のある聖賢を追随して徳行を積む）といった．〔寻找~之路〕出世の手づるを探す．

爬爬 pānpá はい上がる．上がる．

攀亲 pānqīn ①（血縁または親戚の）関係をつける．（血族的）つながりをつける：相手と親戚関係にあることを述べていって親密さを増そうとすること．〔攀高亲〕同前．②婚約する．縁談をまとめる．縁組みする．

攀亲道故 pānqīn dàogù ⟨成⟩①親戚としての関係をつける．コネをつける：手づるを得るために,縁故関係をつける．②古くからのなじみのように親しい様子をする．〔他们俩初次见面,真~,地一谈起来了〕あの二人は初対面なのに多年の知己のように話し始めた．

攀亲叙友 pānqīn xùyǒu ⟨成⟩親戚·親友として交際する．親戚·友人としての関係をつける．

攀禽 pānqín （鳥類分類上の）攀禽（はんきん）類．

攀绕 pānrào （上の方へ）からまりつく．

攀升 pānshēng ⇒〔攀高③〕

攀索 pānsuǒ 縄をたぐる．

攀谈 pāntán 世間話（に引き込む）．雑談（する）．〔扳谈〕とも書く．

攀外 pānwài 外部·外国と張り合う．

攀诬 pānwū 誣告して罪に陥れる．捏造した罪状で人を巻き添える．

攀岩 pānyán ⓍXロッククライミング．岩登り．〔~运 yùn 动〕同前．

攀阴姻 pānyīnqīn 死亡した男女の結婚をいう．

攀缘 pānyuán てづるに頼って高い地位に上がる（ろうとする）．

攀缘 pānyuán よじ登る（上がる）．はい上がる．〔~茎,性耐寒,善~〕巻きつるは寒さに耐え,よくはい上がる性質がある．〔~茎 jīng〕つる：他のものについてはい上がる植物の茎．

攀辕卧辙 pānyuán wòzhé =〔攀车卧辙〕⟨成⟩回立派な地方長官が転任する時,下役や住民が車のながえにすがり車輪の前に寝転んで（馬を引き止めて）留任を願ったこと．

攀越 pānyuè よじ登って（向こうへ）越える（ていく）

攀云 pānyún ⟨文⟩高貴の人にとりいって高い地位につく．

攀摘 pānzhāi よじ登ってつかむ（取る）．⟨転⟩努力して結果をあげる．

攀折 pānzhé 引っぱって枝を折る．たわめて折る．〔请勿 wù ~花木〕花や枝を折るべからず．

攀枝花 pānzhīhuā ①⇒〔木 mù 棉〕②⑭四川省西南部にある．

[爿] pán ⟨方⟩①小さい片に割りさいた竹·木．②量詞．⑭田地の小さい区切りを数える．〔一~田〕畑1枚．⑤⟨方⟩商店や工場などを数える．

〔一~钱 qián 庄〕1軒の両替屋.〔那~厂〕あの工場.

胖 pán 〈文〉ゆったりしている.〔心广 guǎng 体~〕心が広々として体がゆったりする. → pàng

般 pán 〈文〉遊び楽しむ.〔~游 yóu〕同前.〔~乐 lè〕(遊興)にふける. → bān bō

盘・盤 pán ①〔-子〕大皿.小皿・中・大型の皿.小皿は〔碟 dié〔子〕]という.〔七寸~〕(直径)7 寸の皿.〔皿 mǐn〕②〔-儿〕盆.盆形のもの.〔托 tuō~〕お盆.〔茶~〕茶盆.〔油 yóu~〕圈油受け.〔和 hé~托油〕盆ごと差し出す.〈喻〉何もかもぶちまける.包み隠さず話す.〔通~打算〕圖総合的に計画する. ③圏洗面のたらい.〔-儿〕盤.盤形のもの.〔罗 luó~〕羅針盤.〔磨 mò~〕石臼.〔棋 qí~〕碁盤. →〔盆 pén①〕 ⑤区切られた地域.〔营 yíng~〕兵営.〔地~〕地盤.⑥〔-儿〕圈相場.市.兄.〔市~〕同前.〔前~〕前市場.〔后~〕后市後場.〔开~〕寄り付き.〔二~〕(寄り付き後の)第二節.第二場.中寄り.〔三~〕(第二節後の)第三節.第三場.中寄り.〔收~〕大引け.〔红~〕正月の初相場.ご祝儀相場.〔卖~〕売り相場.〔放~出售〕(商店が)相場で売る.割り引き売り出しをする.〔粉~〕小麦粉相場.⑦量詞.皿や平たい形をしたもの(道具)を数える.〔一~炒 chǎo 面〕一皿の焼きそば.〔一~磨 mò 石白一つ.〔一~机器〕機械1台.⑧渦巻いた物を数える.〔一~电线〕巻いた電線ひと巻き.〔一~胶 jiāo 带〕テープ1本.〔一~线 xiàn 香〕うず巻き線香ひと巻き.⑨囲碁・将棋・卓球の試合などを数える.〔下一~棋 qí〕碁を一局やる.〔男子乒乓球单打,每一~都打满了五局〕男子卓球シングルスは5 試合ともフルセットだった.→〔场 chǎng④〕〔局 jú(II)②〕⑩ぐるぐる回る(って行く).〔一~旋 xuán〕同前.〔一~上山去]らせん形の山道を登る.⑨輪にする.うずまき形にする.〔把绳 shéng 子~起来〕縄を輪に巻く.〔~着腿儿坐]あぐらをかいて座る.〔把头发~起来〕髪の毛を巻いて頭の上にとめる.〔~辫子]おさげを頭に巻きつける.〔蛇在那儿~成一堆蛇]蛇があそこでとぐろを巻いている. ⑩(よく)調べる.(くり返し)点検する.〔一年~一次帐,三年才能 1 度帳簿を検査する(棚卸)する.〕〔~底 dǐ 细]底詳しい事情を調べだす.⑪運び出す.移す.〔由仓库往外~东西]倉庫から物を運び出す.〔衣裳从衣柜里~出来了〕服はたんすから出した.〔蚂 mǎ 蚁~窝 wō〕ありが引っ越す.⑫店を他人に譲渡する.〔~出]〔~让 ràng~〕同前.〔受~〕〔接~〕店を譲り受ける.⑬積み上げて築く.〔~炕]オンドルを築く.〔~灶〕かまどを築く.⑭〈姓〉

盘本算利 pánběn suànlì 元金・利子を計算する.
盘剥 pánbō 苛酷に搾取する.収奪する.絞り上げる.〔重 zhòng 利~]高利で搾取する.
盘驳 pánbó あれこれ聞きただして追求する.
盘查 pánchá 取り調べる.検査する.
盘缠 pánchan ①〈方〉盘川〕〔盘费〕〔盘脚〕〔川 chuān 费〕〔川资]路銀.路用.旅の費用. →〔旅 lǚ费〕②〈白〉暮らしの費用.
盘长结 pánchángjié 中国結び.〔中国结〕ともいう.~的编法〕同前の編み方.
盘秤 pánchèng (一方に皿形の物載せ台が吊り下げられた)天秤.〔~秤〕
盘川 pánchuan ⇒〔盘缠①〕
盘存 páncún 棚卸し(する).〔~数额〕棚卸し数量.〔永续~制度〕恒久棚卸し制度. →〔盘点]〔盘货〕

盘错 páncuò 〈喻〉事が複雑でからみ合っていること.〔问题~,不能解决〕問題がからんでいて解決できない.
盘道 pándào ⇒〔路路〕
盘底 pándǐ 詳しい事情を問いただす.
盘点 pándiǎn ①(在库品を)点検する.〔~库存实物〕圈棚卸しする.→〔盘存〕②(物事を)分析し整理する.
盘店 pándiàn 囻店(の商品・家具など一切)をそっくり他人に譲渡する(こと).→〔出 chū 倒〕
盘跌 pándiē ⇒〔盘落〕囻(相場が)ゆっくり小幅に値が下がる.↔〔盘升〕
盘费 pánfèi ⇒〔盘缠①〕
盘符 pánfú 電圏ドライブ名.
盘杠子 pángàngzi 〔口〕鉄棒をする.→〔杠子②〕
盘根错节 pángēn cuòjié 曲がった根,入り組んだ木の節.〈喻〉事物が複雑で困難である.〔不遇~,何以別利器〕〈諺〉困難に出会わなければ,人間の偉さがわからない.〔盘〕〔槃〕〔蟠〕とも書いた.
盘根问底 pángēn wèndǐ ⇒〔追 zhuī 根究底〕〈成〉根掘り葉掘り調べる.とことん追求する.〔盘根究底〕ともいう.
盘亘 pángèn 〈文〉入り組んで連なっているさま.〔山岭~]山が入り組んで連なっている.
盘购 pángòu 売りに出した店舗・企業を買い取る.
盘古 pángǔ 〔人圈古:神話で天地開闢(かいびゃく)の祖と伝えられる人物.〔~氏]同前.〔开天地盘古天地を開く.
盘谷 pángǔ ⒜囻河南省济源県北にある.ⓑ⇒〔曼 màn 谷〕②輪状にくねっている谷.
盘管 pánguǎn 圈管(竹).コイル(パイプ)
盘瓠 pánhú 五帝の一人である帝嚳(高辛氏)の娘婿:犬の化身とされる.
盘桓 pánhuán ①徘徊する.うろつく.〔在门口~的人,可要小心他,怕是小偷 tōu のお仂き〕ぶらついている人間には気をつけねばならない,賊の手引き役かも知れないから. ②ゆっくりする.逗留する.〔您在这儿还得停一几天吧]あなたはここでまだ数日間はご滞在なさるでしょう. ③くねりめぐっているうず巻いている.
盘簧 pánhuáng 圈囻うず巻きばね.
盘活 pánhuó (遊んでいる資産・資金・気力を)活性化する.〔~资金〕いざという時にすぐに使える資金.
盘货 pánhuò 在庫を検査する.棚卸しする.〔~日]棚卸日.→〔盘存〕
盘脚 pánjiǎo ⇒〔盘缠①〕
盘缴 pánjiǎo 〈方〉日常の支出.〔他交际广,~大〕彼は交際が広く,毎日の出費がかさむ.
盘诘 pánjié ⇒〔盘问〕
盘结 pánjié 絡み付く.巻き付く.〔粗藤~在树干上〕太い藤が木の幹に絡み付いている.
盘究 pánjiū 追及する.問い詰める.
盘局 pánjú 〈相場の〉持ち合い.
盘踞 pánjù 〈不法に〉占拠する.巣くう:=〔盘据]〔蟠据]〔蟠踞〕とも書いた.〔敌人仍旧~在一些城市里〕敵人依然一部の都市に占拠している.〔~在心头的悲观情绪〕心に巣くう悲観的な気持ち.
盘卷 pánjuǎn ①とぐろを巻く.丸く巻きつける. ②電圏ボリューム.
盘炕 pánkàng オンドルを築く.
盘空 pánkōng 空に舞う.
盘口 pánkǒu 圈(株式市場で)相場・出来高の動向.
盘库 pánkù 在庫品を調べる.棚卸しをする.
盘亏 pánkuī 棚卸しの結果欠損になる.在庫処分して原価割れで損をする.

pán 盘槃磐鏧磻蟠

盘龙癖 pánlóngpǐ〈成〉賭博癖:晋の劉毅は字(あざな)を盤龍といい,若年のころ賭博を盛んにやったので賭博の好きな人を〔有~〕という.

盘路 pánlù =〔盘道〕山などのらせんに回って登る道路.

盘络 pánluò ⇒〔盘绕〕

盘落 pánluò ⇒〔盘跌〕

盘弯弓 pánmǎ wāngōng 馬に乗り,弓を引いて構える.〈喻〉わざとやるふりをする.構えたままで実行しない.〔~地兜了半天圈子,到这儿才言归正传〕わざと遠回しにぐるぐるとほかの話などをして,それからやっと本題に入った.

盘面 pánmiàn ①商(ある時点での相場の)市況.取引状況. ②(囲碁・将棋の)盤面.

盘铭 pánmíng 殷の湯王作の盤(浴器)に鋳られた銘辞:その辞に〔苟日新,日日新,又日新〕とある.

盘尼 pánní ⇒〔芬尼〕

盘尼西林 pánníxīlín ⇒〔青qīng霉素〕

盘纽 pánniǔ 商中国服(女子用)の飾り紐ボタン.

盘弄 pánnòng ①いじくりまわす.もてあそぶ. ②行ったり来たりする.うろうろして立ち去らない.

盘球 pánqiú 区(サッカーなどの)ドリブル.→〔连lián击〕

盘区 pánqū 管轄区域.支配下の地域.地盤.縄張り.

盘曲 pánqū 曲がりくねっている.〔蟠曲〕とも書いた.

盘儿 pánr ①盆.小皿. ②〈口〉顔.容貌.〔他烧~了〕彼は顔を赤くした.〔~靓〕〔~亮〕顔立ちがきれい.

盘儿菜 pánrcài =〔家/盆 pén 菜〕そのまま煮ればよいように,いろいろ取り合わせて皿盛りしてあるおかずの材料.

盘绕 pánrào =〔盘络〕〔蟠绕〕ぐるぐる回ってとりつく.まつわりつく.

盘软 pánruǎn 商(相場が)弱含みになる.

盘山 pánshān (高い)山を曲がりくねる(回りめぐる).〔~道〕曲がりくねって(回りめぐって)登る山道.〔~公路〕同前の状態の自動車道路.〔~越岭lǐng〕〔~过岭〕ぐるぐる回って山に上り峠を越える.

盘珊 pánshān ⇒〔蹒跚〕

盘升 pánshēng 商(相場が)ゆっくり上昇する.上向く.↔〔盘跌〕

盘石 pánshí ⇒〔磐石〕

盘势 pánshì 商市況の勢い.相場の動き.

盘受 pánshòu 店や会社を譲り受ける.

盘书 pánshū CDブック.電子書籍.

盘算 pánsuan そろばんをはじく.計算する.胸算用する.もくろむ.〔~得周到〕抜け目なくそろばんをはじく(いてある).〔您心里怎样~呢〕あなたのお気持ちではどういうおつもりですか.→〔算suàn盘〕

盘梯 pántī 螺旋階段.

盘条 pántiáo =〔方/盘元〕商ワイヤーロッド.

盘头 pántóu 髪を巻いて頭にとめる.

盘腿 pántuǐ ①あぐらをかく:足を組んで座ること.〔~坐〕同前. =〔盘膝〕 ②けんけん:子供の片足とび(遊びの一種).

盘陀 pántuó 〔盘陁〕とも書いた.①〈文〉石がでこぼこしているさま. ②曲がるくねるさま.〔~路〕曲がりくねった道.

盘外着 pánwàizhāo (囲碁などで)局面外の手数.

盘问 pánwèn =〔方/盘诘〕詰問(する).尋問追及(する).〔公安人员截住了这个年轻人进行~〕警察官はこの青年を呼びとめて職務質問した.

盘涡 pánwō (水の)渦巻き.

盘卧 pánwò とぐろをまいて寝ている.

盘膝 pánxī〈文〉膝を組む.あぐらを組む(かく).〔~而坐〕あぐらを組んで座る.→〔盘腿①〕

盘现 pánxiàn 商紙幣を買い集め,これを銀行で現金に兌換して打歩(だぶ)を利得する行為.

盘香 pánxiāng 渦巻き線香.→〔蚊wén 香〕

盘旋 pánxuán ①回る.旋回する.〔飞fēi机在天空~〕飛行機が空でぐるぐる旋回している.〔石油年产量一直~在150万吨dūn左右〕石油年産額はひき続き150万トン前後を上下している. ②留まる.うろつく.

盘询 pánxún ⇒〔盘问〕

盘鸦 pányā 女性のまげ:髪を頭上に集めて束ねたもの.

盘验 pányàn 検査する.調査する.

盘羊 pányáng =〔大dà角羊〕動アルガリ:角が大きく湾曲している.多く蒙古・シベリアに棲息する野生の羊.

盘纡 pányū〈文〉紆余曲折.曲がりくねっていること.

盘元 pányuán ⇒〔盘条〕

盘运 pányùn 運搬する.

盘灶 pánzào かまどを築く.

盘账 pánzhàng 帳簿を検査する.つき合わせをする.→〔大dà账〕

盘整 pánzhěng ①商(市場が)小幅調整する.ゆっくりと調整する. ②(組織を)微調整する.

盘枝 pánzhī もつれ合った枝.

盘中餐 pánzhōngcān 鉢の中の飯.〈転〉食糧.〔盘中飧sūn〕ともいう.

盘中交易 pánzhōng jiāoyì 商(相場の)ざら場:寄付きから引けまでの間.

盘资 pánzī〈文〉路銀.旅費.

盘子 pánzi ①大皿. ②(企画・事業の)規模・範囲.〔招生~〕学生募集の要項. ③商商品相場. ④→〔开kāi盘子〕

盘坐 pánzuò あぐらをかいて座る.〔打~〕同前.→〔盘腿①〕

〔槃〕 pán ①固洗面のたらい:〔盘①〕に同じ. ②〔-儿〕盆:〔盘②〕に同じ. ③→〔涅niè槃〕

〔磐〕 pán〈文〉大石.〔安如~石〕〈成〉磐石のようにどっしりしている.

磐安 pán'ān〈文〉磐石のように安らかである.

磐礴 pánbó ⇒〔磅páng礴〕

磐石 pánshí 大きい石.〈喻〉どっしりと微動もしないさま:〔盘石〕〔蟠石〕とも書いた.〔~之安〕〈成〉磐石のように微動もせずどっしりしたさま.〔~之固gù〕〈成〉磐石のように揺り動かすことができない.

〔鏧(鏧)〕 pán（I）〔鏧〕固佩玉のひも.（II）〔鏧(鏧)〕〈文〉小袋.

〔磻〕

磻溪 pánxī 地①陝西省宝鶏市東南にある:周の太公望呂尚が釣り糸を垂れ文王に遇ったところ.別称〔璜huáng河〕 ②浙江省にある.

〔蟠〕 pán わだかまる.とぐろを巻く.→〔蜷quán〕

蟠螭纹 pánchīwén とぐろを巻いた角のない竜の紋様(青銅器)

蟠根错节 pángēn cuòjié ⇒〔盘根错节〕

蟠虺纹 pánhuǐwén とぐろを巻いた小蛇の紋様(青銅器)

蟠据 pánjù ⇒〔盘踞〕

蟠踞 pánjù ⇒〔盘踞〕

蟠龙 pánlóng ①地上にわだかまって昇天できない竜:低い地位の竜.→〔登dēng龙〕 ②(柱などに

蟠蹣垪判泮叛畔袢拚　　　　　　　　　　　　pán～pàn

蟠 pánqū ⇒[盘曲]
蟠繞 pánrào ⇒[盘绕]
蟠石 pánshí ⇒[磐石]
蟠桃 pántáo 圓ハントウ(蟠桃):桃の一種.平たい形をした水蜜桃[白芒〜]は有名.〈方〉羊yáng桃]ともいう. ②古代神話にある仙桃:三千年に1回実を結ぶという.[〜会]西王母の誕生祝

[蹣・蹣] pán [〜跚 shān]ひょろひょろ歩く.[盘跚]とも書いた. [〜跚地走来]ふらふらと歩いて来る.[〜跚不前]ためらう.ひるむ.尻込みする.[〜跚学步](幼児が)よちよち歩く稽古する.

[垪] pǎn 〈方〉山頂.山の斜面. → bàn

[判] pàn ①はっきり分かつ.区別する.[〜明是非][〜别是非]是非をはっきり区別する.[〜定真 zhēn 假]真偽をはっきり区別する. ②裁定する.[审 shěn 〜]審理と判決.裁判(する).[裁 cái 〜]同前.[区审判(する).[〜监 jiān 拘禁に処する.[案子已经〜了]事件はすでに判決があった.[〜得很公正]判決は公正だ.[〜了他五年徒刑,缓 huǎn 期三年]彼に懲役5年,執行猶予3年の判決を下した. ③評定する.評価を下す.[这道题〜错了]この問題は採点し間違えた. ④明らかである.(違いが)はっきりしている.[两个世界〜然不同]二つの世界ははっきりと異なっている.
判案 pàn'àn 判決を下す.
判别 pànbié 判別する.[〜是非]是非を識別する.
判处 pànchǔ (処罰の)判決を下す.[由法庭〜]法廷が判決を下し処分する.[〜死刑]死刑の判決を下す.→[判决]
判词 pàncí ①=[判语]囯判决文.[判辞]ともいった. ②結論.結語.
判错 pàncuò ①誤審判決(をする).[〜案 àn]を同前.⑥誤審判決事件. ②区ミスジャッジ(をする).[〜案]区ミスジャッジ事件.
判定 pàndìng 判別する.判定する.判决する.判断を下す.[〜书]囯裁定書.[〜认识或理论是否正确]認識や理論が正しいかどうかを判断する.
判读 pàndú 判読する.解読する.
判断 pànduàn ①判断する.裁きを下す.[不易〜]判断しにくい.[无从〜]判断しようがない.[〜力 lì]判断力. ②囯判断.[〜を下す.
判断词 pànduàncí 囯判断を示す動詞[是 shì]:[判断动词][系 xì 词②]に同じ.
判罚 pànfá ①区反則行為にペナルティーを科す.[〜点球]ペナルティーキックを科す. ②囸暗償判决を下す.
判分(儿) pànfēn(r) 点数をつける.採点する.[〜严]厳しく採点する.[〜标准]採点の基準.
判官 pànguān 節度使・観察使などの属僚.のち各朝ともにこの官を置いた.②閻魔庁の裁判を司る鬼,その他いろいろの神の前にはべる裁き役・書記役.→[火壳判官]
判归 pànguī 判决で…に决まる.…の責任とする判决が下る.
判据 pànjù (判定などの)基準.根拠.
判卷 pànjuàn [〜子](試験の)採点をする.
判决 pànjué 囯判决(を下す).[〜书]判决文.[〜主文]判决主文.→[判处][判词①]
判例 pànlì 囯判例.
判令 pànlìng 囯判决し命令する.強制執行を命じる.
判明 pànmíng (事実・是否などを)確かめる.はっき

りさせる.[〜是非]是非をはっきりさせる(区別する).[〜真相]事実を確かめる.
判赔 pànpéi 暗償(金)支払いの判决(を下す).またその賠償金額.
判儿 pànr 紙に印刷した(描いた)鍾馗(きょう)の像.[硃 zhū 砂〜]朱で描いた鍾馗の像.
判然 pànrán 判然と.はっきりと.[〜有別]はっきり区別がある.
判若鸿沟 pàn ruò hónggōu 〈成〉境界が非常にはっきりしていることのたとえ.
判若两人 pàn ruò liǎngrén 〈成〉まるで別人のようである.
判若云泥 pàn ruò yúnní 〈成〉はっきりと天と地ほどの違いがある:[判若天渊][判若霄 xiāo 壤]ともいう.→[天 tiān 渊之別]
判上判 pànshàngpàn 囸控訴討.
判司 pànsī 囿官庁の文書係.
判析 pànxī 分析し判断する.
判刑 pànxíng 囸刑罰の判决を下す.刑罰を科すること.
判押 pànyā ①書判(ゴ)する.署名する. ②収監の宣告を下す.
判语 pànyǔ ①⇒[判词] ②〈文〉批評.
判正 pànzhèng 〈文〉是非曲直を判定する.
判罪 pànzuì 囸有罪の判决を下して量刑を定める.

[泮] pàn 〈文〉①〈文〉溶ける.融解する.[冰 bīng 〜]氷が同前.⑥[转]氷の解ける季節.春.⑥[转]危険な状態.[〜涣 huàn]分散する. ②囿諸侯が郷射の礼を行った場所.[転]府県の学校.[人〜][进 jìn 学②]科学の[秀 xiù 才]に合格し,[国 guó 子监]の[生員]になること. ③〈文〉河辺.=[畔・泮(畔)]
泮宫 pàngōng 囿府県の官立学校:[学 xué 宫]に同じ.

[叛] pàn 叛(ど)く.反逆する.[背 bèi 〜]裏切る.[招 zhāo 降纳〜]〈成〉降伏を勧め反逆者の帰順を受け入れる.→[离 lí 经叛道]
叛变 pànbiàn 謀叛を起こす.裏切る.
叛党 pàndǎng ①党に背く.党を裏切る.[〜分子 fēnzǐ]叛党分子. ②(徒党を組んだ)叛徒.
叛匪 pànfěi 反逆の叛人.
叛国 pànguó 祖国に背く.[〜分子]国賊.国の裏切り者.[〜罪]国家反逆罪.
叛军 pànjūn 謀反軍.反乱軍.
叛离 pànlí (主義など)裏切る.離反する.
叛乱 pànluàn 反乱.→[武 wǔ 力政变]
叛卖 pànmài 裏切り売国の行為で売る.
叛逆 pànnì ①反逆する. ②反逆者.逆賊.
叛首 pànshǒu 叛徒の首領.
叛逃 pàntáo 謀反(に失敗)して逃亡する.裏切って(悪事を行って)逃げる.
叛徒 pàntú 裏切り者.逆徒.反逆者.→[汉 hàn 奸]
叛贼 pànzéi 叛徒.逆徒.

[畔(垪)] pàn ①田畑の畔(ё).あぜ境.[〜拉儿]⇒[拉 lā]②[耳 páng 拉儿]同前.[身〜]身旁旁の回り.[路 lù 〜]道端.[桥 qiáo 〜]橋のたもと.[河〜]川のほとり.[岸〜]岸辺.[枕 zhěn 〜]枕元. ③〈文〉離れる.背く.[〜约 yuē]約束に背く.

[袢] pàn ①⇒[襻] ②=[袷 qiā 袢]

[拚] pàn 捨てる.顧みない.[〜舍 shě][〜弃 qì]同前.[〜命 mìng][〜死 sǐ]生命を顧みない.必死でやる.[〜財]財産をなげうつ. →pīn

pàn～páng

盼 pàn
① 望む.希望する.(強い期待をもって)待つ.〔我正～他呢,可巧 qiǎo 他来了〕ちょうど彼を待っているところへ折よく彼は来た.〔～雨〕雨を待ち望む.〔切 qiè～〕切望する.〔新学年才开始没多久,他们就～暑 shǔ 假〕新学年が始まって幾日にもならないのに,彼らはもう夏休みが待ち遠しい.〔我们～你们来啊〕あなた達の来るのを待ってたんですよ.〔到了国庆 qìng 节这一天～待与待った国慶節の日がやってきた. ② ⟨文⟩見る.→〔左 zuǒ 顾右盼〕 ③ ⟨文⟩目も と涼(す)やかである.→〔盼倩〕 ④ ⟨姓⟩盼(ﾊﾞ)

盼不得 pànbude ⟨方⟩待ちかねる.待ちこがれる.〔他～马上飞到上海去见老朋友〕彼は今すぐ上海に飛んで行き,古い友人と会いたい思いでうずうずしていた.

盼祷 pàndǎo =〔企 qǐ 祷〕⟨文⟩願う.希望する.請い願う.〔不胜 shèng～之至〕〔牘〕希望の至りにたえず.

盼等 pàndeng 待ち望む.

盼念 pànniàn 希望し願う.〔～着出国留学〕海外へ留学に行けるよう念じている.

盼倩 pànqiàn ⟨文⟩女性の目元口元の美しいこと.〔巧笑倩兮,美目盼兮〕(詩経・衛風)同前.

盼切 pànqiè ⇒〔盼甚〕

盼求 pànqiú 渇望する.切望する.

盼儿 pànr ⇒〔盼头(儿)〕

盼甚 pànshèn =〔盼切〕⟨文⟩希望すること切である.〔务祈示下～〕〔牘〕お知らせくださるよう切望する.

盼头(儿) pàntou(r) =〔盼儿〕望み.見込み.〔你那件事有～了〕あなたのそのことについては見通しが明るくなった.

盼望 pànwàng 願う.希望する.心から待ち望む.〔大概你家里人～得了不得了〕おそらくお宅の方は大変お待ちになっておられるでしょう.〔～你早日回来〕一日も早く帰って来るのを待ち望んでいます.→〔希 xī 望①〕

盼星星,盼月亮 pàn xīngxing, pàn yuèliang ⟨喩⟩夜も昼もずっと待ち望むこと.〔大家都～着和他早日见面〕みんなは一日も早く彼と会うことを切望している.

鋬 pàn
⟨方⟩器物の取っ手.器物のつる.〔桶 tǒng～〕桶の手.

襻 pàn
=〔袢〕① [～儿]ボタンのかけひも.留めひも.〔幕などの〕耳.〔纽 niǔ～〕中国服の布ボタンをかけるひも. ② [～儿]同前に類するもの.〔帽 mào～〕帽子のあごひも.〔篮 lán～〕手かごのさげひも.〔车 chē～〕車を引く(あるいは一輪車を押すとき平均をとるための)平たく編んだ肩にかけるひも. ③ 〔縄や糸で〕からげる.つなぎ合わせる.〔～上几针〕幾針かからげる.〔用绳子～上〕縄でつなぎ合わせる.

---

pang ㄆㄤ

乓 pāng
⟨擬⟩銃を打つ音.物がぶつかったり,割れたりする音.〔～的一声響炮声〕というや炮声の音.〔突然听见～～的敲打声〕突然,トントントンとドアを叩く音が聞こえてきた.〔乒 pīng～〕⟨擬⟩ポンポン,パチパチ:銃声・爆竹の音.戸を閉める音.物の壊れる音.物を打つ音など. ⓑ ㄡ ピンポン.卓球.〔乓～球 qiú〕同前.

雱(霶・霧) pāng
⟨文⟩①雪がひどく降る.どか雪が降る. ②⇒〔滂〕

滂 pāng
=〔雱〕⟨文⟩水がわき出るさま.

滂湃 pāngpài 大水が激しく流れるさま.

滂藤 pāngténg ⇒〔扶 fú 芳藤〕

滂沱 pāngtuó 大雨が激しく降るさま.〔大雨～〕滝のように雨が降る.〔涕 tì 泗～〕(泣いて)涙がひどく流れるさま.

膀(髈) pāng
① むくむ.むくんでいる.〔他病得脸 liǎn 都～了〕彼は病気で顔まですっかりむくんでしまった. ② →〔奶 nǎi 膀子〕=bǎng bàng páng

彷(傍) páng
→〔仿 fǎng (II)〕

彷徨 pánghuáng ① (行き場)に迷う.ぶらぶらする.〔～歧 qí 途〕〔歧路～〕分かれ道に迷う. ②ためらって,てきぱきしない.〔旁皇〕とも書いた.

彷徉 pángyáng ⟨文⟩徘徊する.

旁 páng
① 傍ら.そば.わき.がわ.横.〔道 dào ～〕〔路 lù ～〕道 の 傍 ら.〔桌 zhuō～〕机(テーブル)のそば.〔从～帮 bāng 忙〕そばにいて加勢する.〔两～〕両側.〔目不～视〕わき目もふらない. → 〔边 biān (I)①〕 ② 関係のない.別のほかの.〔的事情〕関係のない事.ほかの事.〔～的还好办〕ほかの事はまあやりやすい.〔有～的意见吗〕ほかに意見はありません か.〔别 bié 名〕 ③ 正統でない.偏っている.→〔旁门〕左道 ④ [～儿] (漢字の偏旁の)偏.〔提 tí 手～〕手へん.〔木字～〕一个土字〕木へんに土(杜)〕→付録1 ⑤ 広範囲である. ⑥ ⟨姓⟩旁(ﾊﾞ)

旁白 pángbái [傍白(ﾎﾞ)].わきぜりふ:舞台上で登場人物の一人が,他の登場人物にきこえていない設定で,観客に語りかけるせりふ.〔说～〕〔打背剧〕同前をする.→〔定 dìng 场白〕

旁边(儿) pángbiān(r) = [一 yī 旁]⟨白⟩一壁厢 ②傍ら.そば.がわ.〔桌子～有字纸篓儿 lǒur〕机のそばに紙くずかごがある.〔站在～笑〕そばに立って笑っている.

旁不相干 páng bù xiānggān ⟨方⟩関係がない.見当違いである.〔他并没说出个正经理来,净 jìng 说了些～的话〕彼はまともなことといって筋の通ったことは言わず,見当違いのことばかり言った.

旁侧 pángcè ⟨文⟩傍ら.そば.

旁岔 pángchà ⟨方⟩横道(ﾐﾁ).〔说话拉～话〕が横道へそれる.

旁出 pángchū ① 分かれ出る(生ずる).派生する.〔问题～〕問題が派生する.→〔横 héng 生枝节〕 ②傍系の出.

旁处 pángchù ⟨方⟩近隣.

旁贷 pángdài ⇒〔责 zé 无旁贷〕

旁的 pángde 別の.他の.→〔别 bié 的〕

旁顾 pánggù 他の事に気を配る.〔无暇～〕他の事に気を配る暇がない.

旁观 pángguān 傍観する.傍で見る.〔袖 xiù 手～〕懷手をして(なすところなく)傍観する.〔～者 zhě〕傍観者.

旁观者清 pángguānzhě qīng ⟨成⟩局外者の方が物事を冷静に正しく見る.〔当 dāng 局者迷 mí,～〕⟨成⟩同打八目.

旁皇 pánghuáng ⇒〔彷徨〕

旁及 pángjí ① (関連して)…に及ぶ.〔他专攻历史,～考古〕彼は歴史学を専攻しているが考古学にまで及んでいる. ② 巻き添えにする.巻き込む.〔这次事件～者达十人之多〕この事件の巻き添えを食った者が10人もいる.〔涉 shè 及〕

旁见侧出 pángjiàn cèchū ⟨喩⟩脇から描く.横から示す.

旁跨 pángkuà (馬などに)片乗り(横乗り)する.

旁拉儿 pánglār =〔畔 pàn 拉〕⟨方⟩傍ら.そば.

旁膀磅螃鳑龙厐庞逄逢唪髈耪胖　　páng～pàng

旁落 pángluò 〈文〉(自分の持つ権力が)他人の手に落ちる.権力を失う.〔主权～〕主権が他人の手に帰する.

旁门(儿) pángmén(r) ⇒〔便 biàn 门〕

旁门左道 pángmén zuǒdào 非正統流派.〈喩〉まともでない事.異端.邪道.〔左道旁门〕ともいう.

旁孽 pángniè 〈文〉傍系の庶子.

旁扭儿 pángniǔr 〔八 bā 病〕

旁牌 pángpái (古代武器の)盾;〔旁排〕とも書く.

旁批 pángpī 本文のかたわらに書いた批評文.

旁敲侧击 pángqiāo cèjī〈成〉(話・文章など)それとなくほのめかしたり,謎めいた言葉で暗示する.〔有意见就直说,没有必要这么～〕意見があるならずばり言いなさい,そんなに遠まわしな言い方をする必要はない.

旁切圆 pángqiēyuán 数傍接円:三角形の外側で1辺と他の2辺の延長線とに接する円.

旁亲 pángqīn ⇒〔旁亲属〕

旁求 pángqiú〈文〉各方面から広く探し求める.〔～俊 jùn 彦〕広く人材を探す.

旁人 pángrén 他人.関係のない人.局外者.〔～不得而知〕関係のない人にはわかりはしない.〔别拿我当～看待〕私を部外者として扱うな.

旁若无人 páng ruò wúrén〈成〉傍若無人(ぼうじゃく)である.人目を憚(はばか)らない.〔他们高谈阔 kuò 论,～〕あの人たちは話に花が咲いて,他人など眼中にない.〔他～地吃起饭来〕彼はあたりをはばかることなくご飯を食べる.

旁搜博采 pángsōu bócǎi〈成〉広く集め納める.

旁听 pángtīng ① 傍聴する.聴講する.〔～证 zhèng〕傍聴券.〔～席 xí〕傍聴席.〔他在北大～过课〕彼は北京大学で聴講したことがある.② オブザーバーとして出席する.

旁通 pángtōng 広汎に通じている.通暁している.

旁骛 pángwù 〈文〉他(本職以外)のことに気を取られる.

旁系 pángxì ⇒〔旁文〕

旁系亲属 pángxì qīnshǔ 〔旁亲〕傍系の親属:親族のうち,父・子,祖父・孫のような直系親を除いた兄弟姉妹伯叔甥姪などをいう.

旁线 pángxiàn (文字の横にひいた)傍線.〔划上～〕〔加上～〕傍線をひく.→〔横 héng 线〕

旁心 pángxīn 数〔旁切圆〕(傍接円)の中心.

旁行 pángxíng ① あまねく通行する. ② 横行する.〔～天下〕天下を横行する(にのさばる)

旁训 pángxùn 傍訓.

旁压力 pángyālì ⇒〔侧 cè 压力②〕

旁逸斜出 pángyì xiéchū〈成〉横から勝手に延びる(出る)

旁影儿 pángyǐngr 横から見た様子(姿).〔他的～真有点儿像他父亲〕彼の横顔はほんとに父親によく似たところがある.

旁征博引 pángzhēng bóyǐn〈成〉博引旁証:あらゆる面から広く引証する.

旁证 pángzhèng 傍証.

旁支 pángzhī =〔旁系〕傍系.

旁枝 pángzhī 横に出た枝.〈喩〉傍系.〔～公司〕傍系会社.

旁注 pángzhù 傍注.〔～叶 yè〕枝葉末節.

旁尊 pángzūn (伯叔父など)傍系の尊族.

〔**膀**〕 páng → bǎng bàng pāng

膀胱 pángguāng 生理膀胱(ぼう);〔尿泡 suīpao〕は通称.

〔**磅**〕 páng → bàng

磅礴 pángbó =〔磐 pán 礴〕① 盛んである.広大である.〔气势～〕気勢が盛んである.〔大气～〕大気は広大無辺である. ②〈文〉みなぎる.充満する.〔～宇宙 yǔ 内〕全世界に広がる.

〔**螃**〕 páng

螃蟹 pángxiè 魚貝カニ(総称):〔蟹〕の通称.〔无 wú 肠公子〕とも別称.〔～骂同类横 héng 行〕〈喩〉目糞鼻糞を笑う.〔～盖(儿) gài(r)〕〔～壳儿 kér〕蟹(殻)にかにの甲羅.〔我是个小儿～,不能喝酒〕わたしは全くの下戸(げ)で酒はだめだ:ゆでた蟹のように真っ赤になる.

〔**鳑·鰟**〕 páng 〔～鲏 pí〕魚貝タイリクバラタナゴ:タナゴの一種:淡水魚.→〔鳡 yù〕

〔**龙**〕 páng ⇒〔庞〕 → máng méng

〔**厐(庞)**〕 páng ⇒〔庞〕

〔**庞·龐(龎)**〕 páng =〔龙〕〔厐〕 ① 大である.→〔庞大〕 ② 多量で乱雑である.→〔庞杂〕 ③〔~儿〕顔つき.容貌.〔脸 liǎn ～像他母亲〕顔つきが彼の母親に似ている.〔面～消瘦〕顔がやせている. ④〈姓〉龐(ぽう).

庞错 pángcuò ⇒〔庞杂〕

庞大 pángdà 膨大である.巨大である.でかい.〔预 yù 算～〕予算が膨大である.〔～的建筑〕巨大な建物.〔机构～,层 céng 次多〕機構が膨大で所属階層が多い.

庞然大物 pángrán dàwù ① 非常に巨大なもの. ② 図体だけばかりでかい:中身はない.→〔纸 zhǐ 老虎〕

庞杂 pángzá =〔庞错〕大量で乱雑である.ごたごたと乱れている.〔机构～〕機構が多く入り組んでいる.

〔**逄**〕 páng 〈姓〉逄(ぽう).

〔**逢**〕 páng 〈姓〉逢(ぽう):〔逄〕の本字.

逢门 pángmén 〈姓〉逢門(ぽう).

〔**唪**〕 páng 〈方〉自慢する.ほらを吹く.〔开～〕同前.〔他净 jìng 爱～〕彼はほらばかり吹いている.〔胡 hú 吹乱～〕〈成〉出まかせにほらを吹く.〔也不是我～,我和部长是好朋友〕ほらを吹くわけではないが,わたしは部長とは親しい仲です.→〔吹 chuī ④〕

〔**髈(髂)**〕 pǎng 〈方〉股(も).大腿.→〔膀 bǎng〕

〔**耪**〕 pǎng 農(すきで畑の土を)すき返す.〔～过两遍了〕すき返し草取りを2回やった.

耪地 pǎngdì 〔～儿〕〈口〉田畑の草取りをする.農家で稼要想长得好,总得～汉子手勤〕作物をよく育てようと思ったらどうしたってすきを返す人が手まめでなければならぬ.

〔**胖(胖)**〕 pàng (身体の)肉づきがよい.〔肥 féi ～〕肥え太っている.〔～和尚〕太っちょの和尚さん.〔长～после得又矮又～〕ずんぐりむっくりした体だ.〔这孩子真～〕この子は本当に丸々としている.〔她以前～过〕彼女は昔太っていた.↔〔瘦 shòu ①〕 →〔肥 féi ①〕 → pán

胖袄 pàng'ǎo 劇(旧劇で)〔净 jìng 角〕〔刚直,粗暴な役柄〕が中に着こむ厚い襟なしの綿入れ.

胖大海 pàngdàhǎi アオギリ科の高木.またその

pàng～pāo　胖抛泡

実:実は漢方薬(のど薬)に用い,〔大洞果〕ともいう.

胖嘟嘟 pàngdūdū ふっくら太ってかわいいさま.まるまる肥えているさま.

胖墩墩 pàngdūndūn ずんぐりむっくりして丈夫なさま.

胖墩儿 pàngdūnr 〈口〉ずんぐりむっくりの子.肥満児.

胖乎乎 pànghūhū でっぷり太ったさま.丸々としたさま.〔胖呼呼〕とも書く.多く子供についていう.

胖瘦 pàngshòu 太りぐあい.〔～比我怎么样?〕太りぐあいはわたしと比べてどうですか.

胖听 pàngtīng 缶詰食品が腐敗して缶がふくれていること.

胖头鱼 pàngtóuyú ⇒〔鱅 yōng〕

胖子 pàngzi 太っちょ.〔大～〕百貫でぶ.〔小～〕肥満児.〔一也不是一口吃的〕〔一口吃不成个～〕〔一口不能吃(成)个～〕肥えた人は一口で肥えたのではない:何事も一朝一夕にできるものではない.

pāo　ㄆㄠ

〔抛(拋)〕 pāo ①〔抛(挡)〕投げる.〔把球～来～去〕ボールを投げたり返したりする.②捨てる.ほったらかす.〔你怎么把家都～了〕きみはどうして家までほったらかしてしまったのか.〔把孩子～在家里不管?子供を家にほったらかしにして面倒をみない.→〔撇 piē ①〕〔扔 rēng ①②〕〔甩 shuǎi ②③〕③(商品合大量に売りに出す.〔～售①〕同前.④あらわにする.さらけ出す.

抛车 pāochē ①古武器の一:機械仕掛けで石を打ち出すもの.②〔抛光机〕

抛出 pāochū ①(主張・政策などを)打ち出す.持ち出す.〔～一个欺 qī 骗性的口号〕いかさまのスローガンを持ち出す.〔～宜 xuān 言〕宣言を打ち出す.②大量に売りに出す.〔～股票〕株券を同前.〔赔本～〕元を切って(商品を)投げ出す.

抛顶宮 pāodǐnggōng ⇒〔抢 qiǎng 帽子①〕

抛躲 pāoduǒ 放り捨てる.放り出す.

抛费 pāofèi 〈方〉浪費する.〔保证不～一粒谷物〕一粒の穀物といえども無駄にしないことを保証する.

抛戈解甲 pāogē xièjiǎ 〈成〉敗戦になる.

抛股 pāogǔ 図株の投げ売りをする.〔～变 biàn 现〕(損を承知で)株を売って現金化する.

抛光 pāoguāng ①工研磨(する).バッフィング.〔～机 jī〕〔抛车②〕研磨機.②全部投げ売りする.安値で売り払う.

抛海 pāohai 〈方〉掃いて捨てるくらいある.〔东西～,所以吃着放心〕ものはたくさんあるから食べてて安心だ.〔这个人花钱可～了〕この人は金使いが荒い.

抛荒 pāohuāng ①ほったらかしておく.(手入れを)怠る.〔暑假期间把功课～了〕夏休み中は勉強の方はほったらかしてしまった.②(耕地を)荒れるにまかせる.→〔荒芜②〕

抛开 pāokāi =〔撇 piē 开〕投げ捨てる.(わきに)取りのける.捨て去る.〔～话头〕話を打ち切る.〔把功课～不顾 gù〕学課をほったらかして気にかけない.〔暂 zàn 时～工作,去玩儿几天吧!〕しばらく仕事をほうっておいて数日遊びに行きましょう.

抛空 pāokōng =〔方〕轧 gá 空〕図(相場で)空(%)売りをする.先物を売る.

抛离 pāolí ぐんとひき離す.

抛锚 pāomáo ①=〔撇 piē 锚〕〔下 xià 锚〕いかりを下ろす.→〔拔 bá 锚〕②えんこする.〔我们的车中途～了〕私たちの車が途中でえんこした.③(物事が)途中でストップする.〔工程搞了半截儿就～了〕工事は途中で取りやめにった.→〔死 sǐ 火〕

抛盘 pāopán 図(相場で)売り注文を出す.〔～操 cāo 作〕売りオペ(レーション)

抛撇 pāopiē 振り捨てる.放り出す.〔他因为吃了大亏,～了家〕彼はひどく損をしたので,家族を振り捨てて逃げてしまった.

抛妻别子 pāoqī biézǐ 〈慣〉妻子を見捨てる(置き去りにする)

抛弃 pāoqì 放棄する.捨ててしまう.〔～型隐 yǐn 形眼镜〕使い捨てコンタクトレンズ.

抛却 pāoquè 捨ててしまう.〔～旧包袱〕古い包みを投げ捨てる:古い思想や弊習などを捨ててしまう.

抛洒 pāosǎ ①(人民や祖国のために血や汗を)流すこと.②こぼす.

抛撒 pāosǎ 撒き散らす.〔发现一路上～着白花花的大米〕道に真っ白なお米が撒き散らされているのを見つけた.

抛散 pāosàn 〈方〉使い果たす.蕩尽(沈)する.浪費する.〔把家产全～了〕家産をすっかり蕩尽した.

抛舍 pāoshě 投げ捨てる.

抛射 pāoshè はじき出す.

抛尸 pāoshī 死体を捨てる.〔～罪 zuì〕法死体遺棄罪.

抛石船 pāoshíchuán 石材運搬船.一杯船:堤防などを築く時に材料の石を現場に運び沈める船.

抛售 pāoshòu ①大量に売る.〔购 gòu 进货物向英镑区～商品を買い入れてポンド区域に大量に売る.②(倾 qīng 销〕(商品を)放出する.直接国外輸入で貨物切,然后将货物随时在国内市场～〕直接国外から品物を輸入し,しかる後それを随時国内市場に放出する.

抛梭机 pāosuōjī 紡績機の杼(%)を動かす機械.

抛头颅 pāotóulú 頭を投げ出す.〈転〉命を投げだす.一身を犠牲にする.

抛头露面 pāotóu lùmiàn 〈成〉①旧(女性が)人前に顔をさらけ出す.②臆面もなく(軽々しく)人前に出る.〔他退休后很少～〕彼は定年退職をしてからめったに姿を現さない.

抛堆 pāotuí 古瓦石を投げて遊ぶ遊戯.

抛网 pāowǎng 〈方〉網を打つ.投網する.

抛物面 pāowùmiàn 物放物面.〔～镜 jìng〕放物面鏡.〔～天线〕パラボラアンテナ:俗に〔大耳 ěr 朵①〕〔大锅 guō〕という.

抛物线 pāowùxiàn 物放物線〔抛物線〕

抛秧 pāoyāng 農(田植えで)投げ植えする.→〔插 chā 秋〕

抛在后面 pāozài hòumiàn 〈慣〉リードする.相手との差をつける.

抛掷 pāozhì 〈文〉①投げる.②投げ捨てる(て顧みない)

抛砖引玉 pāozhuān yǐnyù 〈成〉煉瓦を投げて玉を引きよせる.〈謙〉先に自分自身の浅薄な意見を述べたり,文章を発表することで,よりよい意見や文章を引き出そうとすること.→〔引玉之砖〕

〔泡〕 pāo （Ｉ）①〔一儿〕ふくらんで軟らかいもの.ふわふわしているもの.〔眼 yǎn ～〕上まぶた.〔～软 ruǎn〕(液体を含んで)軟らかくなっている.②〈方〉ふわふわして目が粗い.〔这个面包很～〕このパンはふかふかだ.〔～线〕切れやすい糸.〔这块木料发～〕この木材はガサガサになった.

（Ⅱ）=〔脬②〕量詞.大小便の回数を数える.〔撒 sā 了～尿 niào〕ジャーッと小便をした.〔地上一～屎 shǐ〕地面に一山の糞.→〔摊 tān ⑥〕

（Ⅲ）小さな湖:多く地名に用いる.〔月亮～〕地吉林省にある池.→ pào

泡红 pāohóng ⇒[泡枣儿]
泡货 pāohuò ①かさばっているが内容の少ない物. ②役に立たない. 効用がない. つまらない.
泡桐 pāotóng ⇒[白 bái 桐]
泡枣儿 pāozǎor =[泡红]種を取った青い棗(なつめ)を湯を通して赤くしたもの：外観はうまそうに見えるが、味はよくない.
泡子 pāozi 〈方〉小湖. → pàozi

[脬] pāo ①膀胱(ぼうこう)の古称. →[尿 suī 泡] ②⇒[泡(II)]

[刨] páo ①(くわなどで手元にかくように)掘る. [~土]土を掘る. [~煤]石炭を掘る. [~了一个坑儿 kēngr]穴を一つ掘った. ②(土や水などを)かく. かき寄せる. かきのける. [用手~水]手で水をかく. [狗 gǒu ~(儿)][狗刨(儿)](水泳)犬かき. ③引き去る. 減ずる. [~去税, 只收到一千块钱]税金を差し引いてたった1000元受け取る. [~去零头]端数を切り捨てる. [~去工作和学习, 还有时间做体育活动]労働と学習の(時間)を差し引いても(別にしても)まだ運動をやる時間はある. [一百五十一块五, ~不是整一百吗]150から50を引いたら、ちょうど100ではないか. → bào

刨除 páochú 取り除く. 差し引く. [这个月~房租还剩500元]今月、家賃を引いてまだ500元残っている.

刨根儿 páogēnr 根を掘る. [転]根掘り葉掘り徹底的に追究する. [刨上根儿没完]根掘り葉掘りきてりがない.

刨根(儿)问底(儿) páogēn(r) wèndǐ(r) =[扒 bā 根儿问底儿][打 dǎ 破砂锅问到底][喩]根掘り葉掘り尋ねる. 徹底的に問いただす. [你不要这么~, 他已经很难为情了]そんなに根掘り葉掘り聞くもんじゃないよ、彼の方ではもうすでにつらい思いをしているんだから. →[扒原]追 zhuī 根究底]

刨皮 páopí 風袋を除く. [这篓白菜, ~足有八十斤]このかごの白菜は正味40キロは十分ある. →[连 lián 皮]

刨食 páoshí (ニワトリなどが)土を搔きながらエサを探す.

刨头 páotou 割引き. 割引きの余地. [我们给你开的这个价儿一点儿~也没有了这里にもう少しの割引きの余地もありません.

[庖] páo 〈文〉①厨房. 台所. [越组 zǔ 代~]〈成〉でしゃばったことをする. 越権的なことをする. [~鼎 dǐng]賢臣. [厨 chú ~] ②料理人. ③〈姓〉庖(ほう)

庖厨 páochú 〈文〉①厨房. [君子远 yuǎn ~]〈成〉君子は厨房を遠ざく. ②料理人. 板前.

庖代 páodài 〈文〉料理人の代わりに調理する. 〈喩〉人に代わってする. [代庖]同前.

庖丁 páodīng 〈文〉料理人. [~解 jiě 牛]〈成〉神技に達していること；昔時、庖丁という名の料理人が牛を解体するのが非常にうまかったこと.

庖羲 páoxī ⇒[伏 fú 羲]

[咆] páo (猛獣が)吠える.
咆哮 páoxiào ①(猛獣が)吠える. ②[喩]ⓐ人が怒号する. [~如雷]〈成〉猛り吠えまくる. ⓑ水がゴーゴーと鳴る. →[哮叫]

[狍(麅)] páo 動 ノロ(ノロジカ):[~子 zi]は通称. →[獐 zhāng]

[炮] páo [中医](生薬)を焙(ほう)じる. 薬材を鉄鍋に入れてあぶる. ②〈文〉あぶる. 焼く. → bāo pào

炮格 páogé ⇒[炮烙]
炮炼 páoliàn 薬加熱法によって漢方薬の水分や雑質を除く.

炮烙 páoluò 固焼いた銅柱の上に体をのせる酷刑：もと páogé と読んだ. [炮格]に同じ.

炮制 páozhì [中医]生薬を漢方薬にする. [如法~] ⓐ決まった方法で同前. ⓑ[喩]型通りに作る. しきたり通りにやる. ②[転]捏造する. でっちあげる. [~反动理论]反動的な理論をこしらえ上げる.

[袍] páo [-儿, -子] 服 (中国服の)長衣. [长 cháng ~儿]男性用の裾の長い衣. [夹 jiá ~]あわせの長衣. [棉 mián ~]綿入れの長衣. [睡 shuì ~]ナイトガウン. [旗 qí ~儿]チャイナドレス. [道 dào ~]道士の着る衣. [~马 mǎ 衣] ②[蟒 mǎng 袍]固だだぶたした長い着物：もともと[宽~][深衣]のように下着や略式の服をいった.

袍哥 páogē 旧四川地方などにあった民間秘密結社(の加盟者). [在 zài 理教]
袍褂 páoguà 服清代の礼装. [褂]は[袍]の上に着る腰までくらいのもの. 羽織に相当する.
袍笏 páohù 服衣冠束帯: 古代、朝廷に参内する大礼服. [~登场]抔笏して舞台に登場する. [喩]官位に就く(風刺の意を含む). →[粉 fěn 墨登场]
袍泽 páozé 〈文〉(軍の)同僚. 戦友. [泽⑥]は内に着る衣服. [~故旧]古い戦友.
袍儿 páozhàor ⇒[罩袍]

[匏] páo
匏瓜 páoguā 植フクベ. またその実：ユウガオの変種. 実を半分に割って[瓢 piáo 葫芦](ひしゃく)を作る. [~葫 hú 芦]
匏系 páoxì 〈文〉①無用の人(物). ②才能がありながら重用されていない人.
匏樽 páozūn 〈文〉ふくべで作った酒の容器. [樽]は[尊]とも書く.

[跑] páo (獣)が足で土をかく(また掘る). [~槽 cáo]家畜が飼い葉桶の下をかき掘る. [虎 hǔ ~泉]地浙江省杭州市にある. → pǎo

[鞄] páo 固皮なめし職人.

[跑] pǎo ①(人・車などが)走る. 駆ける. [他~得很快]彼は走るのが速い. [拼命~]必死で走る. [慢 màn ~]ジョギング. [~得满头大汗]走ったので額中汗だらけだ. [火车在飞~]汽車が飛ぶように走っている. [他是~中距离的]彼は中距離ランナーだ. [这次百米赛 sài, 他~了第一]今度の100メートル競走で彼は1位だった. [成天东~西颠]一日中あちこち駆けずり回る. ②逃げる. 去る. [~掉 diào]逃げた. [別让他~了]あいつを逃がすな. [他想~可是没~成]彼は逃げようと思ったが逃げきれなかった. [吓 xià ~了]驚いて逃げた. [把他们赶~了]彼らを追い出せ. [帽子叫风刮~了]帽子が風で吹き飛ばされた. ③(何かのために)かけ回る. 歩き回る. [为了一几趟买卖]商売のことで何度か行き来した. [你给~一趟吧]ひとっ走り行ってくれ. [叫你白~了一趟]むだ足をおかけしました. [~材料]材料(資材)集めに走り回る. [~零件]部品を得るために飛び回る. [你~哪儿去了]どこまでもこつき歩いていた. [~细了腿]足が棒になるほど駆け回った. [~把钢笔~丢了]駆けずり回っているうちにペンをなくした. ④ぬけ出る. 失われる. 漏れる. [~电][漏 lòu 电]漏れ電(走 zǒu 电)漏電(する). [~油]油がもれる. [汽油~了不少]ガソリンがずいぶん揮発した. [酒精~了]アルコールが蒸発した. ⑤〈方〉歩く. [~路]同前. → páo

跑表 pǎobiǎo ストップウォッチ:[马 mǎ 表][停 tíng 表]ともいう.

pǎo 跑

跑步 pǎobù ①かけ足・ランニング(をする).〔他~去了〕彼はかけ足で行った.〔~走!〕(号令)かけ足進め.〔~机jī〕ルームランナー.ランニングマシン.〔~鞋xié〕ジョギングシューズ.〔~前qián进〕かけ足で前へ進む.②又(馬術の)駆歩.かけ足.キャンター:俗に〔快kuài跑〕という.→〔快步②〕

跑部 pǎobù (地方の代表が)中央の各部(省に相当)を訪れて陳情すること:〔跑步〕をもじったもの.

跑差 pǎochāi 使い走り(の者)

跑场 pǎochǎng 演奏活動をする.コンサートツアーをする.

跑车 pǎochē ①レーシングカー.スポーツカー:競走用自転車・自動車.〔平píng车〕(普通車)に対していう.〔赛sài车②〕ともいう.②木材を運ぶ索道につける移動装置.③(乗車乗務員が)車内で仕事をする.④斜坑道などでウインチが突然切れ、車が落ちる鉱山(事故).⑤林業用の修羅(しゅら).

跑驰 pǎochí 〈方〉奔走する.走り回る.〔您有什么忙不过来的,我替你~〕何かお手の回らないことがあったら、代わりに走り回りますよ.

跑春 pǎochūn 〈口〉さかりがつく.→〔发fā情〕

跑单 pǎodān 〈口〉無銭飲食する.食い逃げをする.

跑单帮 pǎodānbāng 担ぎ屋をする.〔他找不到职业只好去~〕彼は仕事が探せずにやむなく担ぎ屋をやっている.→〔単帮〕

跑刀 pǎodāo 又スピードスケート用のエッジ.

跑道 pǎodào ①又トラック.コース.〔空港の〕滑走路.〔新~,全长八千三百四十英尺,宽九百五十英尺〕新滑走路は全長8340フィート,幅950フィート.②又(喩)通じる道.〔股市~涨取引への道.

跑道儿 pǎodàor 奔走する.走り回る.

跑敌情 pǎodíqíng 〈方〉敵の情勢が伝わって住民が避難すること.〔跑情况〕ともいう.

跑电 pǎodiàn ⇒〔漏lòu电〕

跑调 pǎodiàor 調子がはずれる:〔走zǒu调儿〕に同じ.〔唱~了〕同前.

跑动 pǎodòng ①跳び回る.駆け回る.〔~传chuán球〕ランニングパス.〔~起qǐ跳〕ランニングテークオフ.ダイビング.②(コネをつけるために)奔走する.

跑肚 pǎodù ⇒〔泻xiè肚〕

跑而触击 pǎo ér chùjī 又(野球の)バントエンドラン.→〔触击〕

跑而打 pǎo'érdǎ 又(野球の)ヒットエンドラン.

跑反 pǎofǎn 戦乱を避けて疎開する.

跑肥 pǎoféi (降雨で)肥料が逃げる:〔跑水〕(雨水がしみ込まない),〔跑土〕(表土を流し去る)と共に〔三跑〕という.→〔三sān跑田〕

跑风漏气 pǎofēng lòuqì (タイヤなど)空気が抜ける.〈転〉機密をもらす.

跑狗场 pǎogǒuchǎng 旧ドッグレース場.

跑官 pǎoguān 猟官運動をする.出世しようと上役にとり入る.

跑光 pǎoguāng 感光する:〔漏lòu光〕に同じ.

跑旱船 pǎohànchuán 民間演芸の一種:〔旱船〕は陸上を行く船の意で、高粱(コーリャン)のからまたは竹を骨組みとし、これに更紗(サラサ)を張って底のない船の形に作ったもの.女性(女装した人と船頭に扮した人)とが入って(体にくくりつけ)歌ったり踊ったりして街をねり歩く.〔跑湖船〕ともいう.→〔采 cǎi莲船〕

跑行市的 pǎohángshìde 旧相場師.投機師.〔跑经纪〕

跑合儿的 pǎohérde 〔跑河儿的〕とも書く.〈方〉仲買人.ブローカー.〔牙yá子①〕に同じ.〔~要成三破二〕ブローカーは取引が成立した場合は3分,不成立に終わったときは2分の口銭を取る.

跑江湖 pǎojiānghú 旧(芸人・医者・八卦見・人相見などが)世間を渡り歩く.→〔走zǒu江湖〕

跑将 pǎojiàng 又ランナー.〔他们三个~破了马拉松全国记录〕あの3人のランナーがマラソンの全国記録を破った.

跑脚 pǎojiǎo 〈方〉車夫や運送屋の仕事.

跑街 pǎojiē 〈方〉外回の.

跑经纪 pǎojīngjì ブローカーをする.→〔经纪〕

跑警报 pǎojǐngbào (空襲)警報で避難する.

跑开 pǎokāi ①立ち去る.②逃げ出す.

跑口(外的) pǎokǒu(wàide) 旧内蒙古一帯にでかける商人.→〔口北〕

跑篮 pǎolán 又(バスケットボールの)ランニングショット.

跑了和尚跑不了庙 pǎole héshang pǎobuliǎo miào ⇒〔走zǒu了和尚跑不了庙〕

跑了今天跑不了明天 pǎole jīntiān pǎobuliǎo míngtiān ⇒〔走zǒu了和尚跑不了庙〕

跑垒员 pǎolěiyuán 又(野球の)ランナー.走者.→〔击jī垒员〕

跑龙套 pǎolóngtào 〔打dǎ旗儿〕も剧(旧劇)で旗持ちの儀仗兵の役をつとめる:〔龙套〕(竜の模様のある衣装)を着け,大将について走り回る.〔~的〕同前の役者.②〈喩〉端役を演じること.人の使い走りをすること.〔他当主角连上舞台的机会都没有〕彼は端役として舞台に出る機会すらなかった.

跑路 pǎolù 道を歩く.〔夜深没有电车只好~了〕時間が遅くて電車がなくなったので、仕方なくて歩いた.

跑马 pǎomǎ ①馬を走らせる.〔~一场chǎng〕競馬をする.急ぐ.②〔赛sài马①〕〈口〉遺精する.→〔遗 yí精〕

跑马观花 pǎomǎ guānhuā ⇒〔走zǒu马看花〕

跑马卖解 pǎomǎ màixiè 旧馬に乗って芸を見せ,生計を立てる.→〔跑解的〕

跑码头 pǎomǎtou 旧港のある都市を往来して商売する.

跑买卖 pǎomǎimai 商売で走り回る.

跑冒滴漏 pǎomào dīlòu 〈喩〉5項目による財政収支赤字:〔跑〕は予算外,〔冒〕は流用,〔滴〕は少額,〔漏〕は脱税などによるもの.

跑眉毛 pǎoméimáo 〈方〉表情が豊かなこと.

跑面 pǎomiàn 旧幹部が広く基層部を実地調査し、理解して指導をすること.→〔蹲dūn点〕

跑颠颠 pǎo diāndiān 駆けずり回る.〔一天到晚~〕一日中あちらこちら走り回る.

跑跑跳跳 pǎopao tiàotiào とんだりはねたり活発なさま.

跑偏 pǎopiān ①(車の運転が)道がそれている.②(行為や話が)本筋からはずれている.偏っている.

跑片儿 pǎopiānr 掛け持ち上映でフィルムを次へ届ける:幾つかの会場が同時に同じフィルムで映画を上映する時,フィルムを迅速に運送すること.〔跑片子piānzi〕ともいう.

跑气 pǎoqì 〔~儿〕空気・蒸気などが漏れる.ぬける.〔笼lóng屉一~,馒头就蒸不熟了〕せいろから蒸気がもれると、マントーはよく蒸せない.

跑情况 pǎoqíngkuàng ⇒〔跑敌情〕

跑圈(儿) pǎoquān(r) (人や車が)トラックを走る.コースを走る.

跑墒 pǎoshāng =〔失shī墒〕〔走zǒu墒〕農耕地の水分が蒸発し湿り気がなくなること.

跑舌头 pǎoshétou でたらめを言う.嘘を言う.〔他竟满嘴~,别信他的〕あいつは出まかせばかり言うから、信じてはいけない.

跑神儿 pǎoshénr 専念しない.うっかりする.

跑生意 pǎoshēngyi 商売で走り回る.

跑水 pǎoshuǐ ①水が漏れる.漏水(する).[管 guǎn 道〜]水道管の水が漏れる. ②→[三 sān 跑田]
跑馊腿 pǎosōutuǐ〚方〛むだ足を踏む.[去了不 行,那不是一吗]行ってだめだったらむだ足になるのじゃないか.
跑踏 pǎota〚方〛(落ち着いていずに)ばたばたととびまわる.[胡乱〜什么]やたらに何をばたついているのか.[不,咱有两条腿能〜,有两只手能做活!](梁・红5)いいや,わしには2本の足があってとび回ることができるし,2本の手があってどうしてでも食っていける.
跑堂儿 pǎotángr 旧①(料理店・飲食店で)客にサービスする.給仕する. ②=[堂 táng 倌①]ボーイ.給仕.[〜的]同前.
跑趟趟儿 pǎotàngtangr 行ったり戻ったりうろうろする.[别来回的〜]行ったり戻ったりうろうろするんじゃない.
跑题 pǎotí(話や文章が)脱線する.テーマから外れる.[走 zǒu 题]に同じ.[他的发言显然是一走调之论]彼の発言は明らかに本題から外れておりピントが狂っている主張だ.
跑头子货 pǎotóuzi huò〚方〛かけ落ちした女.
跑腿(儿) pǎotuǐ(r) (人のために)奔走する.忙しく働く.使い走りする.[〜的]⓪店員.⑥手下.⓪助かる喜事我给您〜]ご婚儀の時には,わしは使い走りをいたします.[还得跑一〜]これからまだ駆け回らなければなりません.[这点〜的事,我办得了 liǎo](老・四・惶17)このくらいの使い走りはわたしにしてもやれる.
跑腿子 pǎotuǐzi〚方〛(男性の)独身者.ひとり者.
跑脱 pǎotuō(その場を)逃げのびる.[这事你〜不了]このことでお前は逃げ去ることができない.
跑外 pǎowài 外回りする.[〜的]〚方〛跑街(商店などの)外回り.外交員.
跑鞋 pǎoxié ᚹランニングシューズ:スパイクがある競走用の靴.球技用の足首まであるものは[球 qiú 鞋].→[钉 dìng 鞋]
跑解的 pǎoxiède 旧大道で馬に乗って武芸(曲芸)を見せる者.[卖 mài 解的]
跑星 pǎoxīng トラック競技やマラソンのスター選手.
跑穴 pǎoxué ⇒[走 zǒu 穴]
跑圆场 pǎoyuánchǎng =[走 zǒu 圆场①]旧劇で)舞台の上を早足でぐるぐる回るしぐさ:遠路を急ぐことを表す.
跑账 pǎozhàng 掛け取りをする.[〜的]掛け取り人.
跑辙 pǎozhé〚喻〛話が脱線する.[他说话老〜]彼は話がいつも脱線する.
跑姿 pǎozī ランニングフォーム.

〖泡〗 pāo ①[一儿]泡沫.泡.あわ.[水〜①]水の泡.[肥皂〜]シャボン玉.[水里冒 mào〜]水中から出る. ②=[疱][一儿]まめ.水疱.水ぶくれ.[脚上起〜了]足にまめができた.[挑 tiāo〜]まめを突いてつぶす.[水〜②]水ぶくれ.[燎 liáo 浆]⓵烫 tàng〜]泡の形に似たもの.火傷の水ぶくれ.⓷[一儿,一子]泡の形に似たもの.[(电 diàn)灯〜]電球. ④液体に(長時間)浸ける(浸かる).浸けてふやかす.[一浸 jìn]同前.[在水中〜]水に浸ける.[要洗的衣服,先用水〜上]洗濯物はまず水に浸けておきなさい.[两只手让雨水〜得发白]両手が雨にあたっているうちに水にふやけて白くなった.[因вия在水里工作,脚全被〜烂 làn 了]いつも水の中で仕事をするので,足がすっかりふやけてしまった.[一湿 shī]水に浸して濡らす.[〜透〕水に浸けて十分にふやかす.[在苦水里〜大]苦しみをなめながら育つ.[你是在甜水里

～大的]あなたは温室育ちだ. ⑤時間をつぶす.長時間すごす.入りびたる.[在茶馆儿里〜了一天]茶館に一日中入りびたりだ.[〜岗 gǎng]職場でぶらぶら過ごす.[〜会 huì]会議でぶらぶら過ごす.[〜网 wǎng]インターネットで時間をつぶす.[不要把干部长 cháng 时间地一在会场里]幹部を長時間会場に缶詰にしておいてはいけない. ⑥言いがかりをつけて離れない.すったもんだ言う.[他跟我〜上了]彼は私に難癖をつける.[你还在这儿一呢?该回去了]おまえまだここでぐずぐず言ってるのか,もう帰れ.[跟他了半天,结果没解决]彼とずいぶん長い間すったもんだしたが,結局解決しなかった.[他一点儿也不念书,净〜妞儿 niūr 去]彼は少しも勉強せず女の子につきまとってばかりいる.→[泡蘑菇①] ⑦あしらう.始末をつける.[我跟他〜去]彼は,わたしが始末をつけに行ってやる.→pāo

泡吧 pàobā バー(ネットカフェなど)に入りびたになる.[〜族 zú]同前の人々.
泡病号(儿) pàobìnghào(r) 仮病で(病気を口実に)仕事を休む.
泡菜 pàocài 浅漬け:薄い塩水に酒・唐辛子を入れて煮て冷まし,かめに入れ,野菜をつけこみ密封しておいた漬け物.[朝 cháo 鲜〜]キムチ.
泡茶 pàochá 茶を入れる.[沏 qī 茶]に同じ.
泡饭 pàofàn ①ご飯に汁または湯をかける. ②ご飯に水をさして煮返す,またはそのご飯.
泡沸石 pàofèishí =[泡沸石]ᚹゼオライト.
泡芙 pàofú ᚹシュークリーム:(クリーム)パフの音訳.
泡滚石 pàogǔnshí ⇒[泡沸石]
泡花碱 pàohuājiǎn ⇒[水 shuǐ 玻璃]
泡化碱 pàohuàjiǎn ⇒[水 shuǐ 玻璃]
泡幻 pàohuàn 水泡や幻(のように空虚である)
泡立水 pàolìshuǐ =[清 qīng 漆]
泡立司 pàolìsī =[清 qīng 漆]
泡马子 pàomǎzi〚口〛(女性を)ひっかける.ナンパする.
泡面 pàomiàn ᚹインスタントラーメン:[方 fāng 便面]に同じ.
泡馍 pàomó〚馍②]を細かくちぎり,羊肉や牛肉の入ったスープで煮込んだ西北地方の名物料理.
泡蘑菇 pàomógu〚喻〛①まとわりつく.故意にからむ.からんでやめない.[他跟我〜]彼はわたしにからんでくる. ②のろのろやる.仕事をさばろる.油を売る.[别〜了,快干吧]油を売ってないで早くやりなさい.
泡沫 pàomò ①[一儿]泡沫.泡.[〜玻璃 bōli]泡ガラス.気泡ガラス.多孔ガラス.[〜剂 jì]起泡剤.[〜灭火器 qì]泡沫消火器.[〜水 shuǐ 泥]気泡コンクリート.[〜塑 sù 料]発泡スチロール.プラスチック.[〜橡 xiàng 胶]気泡ゴム. ②〚喻〛バブル(の).見かけだけで実質のない.[〜合同]バブル契約.[〜经济]バブル経済.[〜文化]泡沫文化.[〜名人]泡沫的な有名人.
泡沫纱 pàomòshā ⇒[绉 zhòu 纱①]
泡泡糖 pàopaotáng ᚹ①カルメラ. ②風船ガム.
泡泡浴 pàopaoyù バブルバス.
泡儿 pàor ①水泡.泡. ②水ぶくれ.まめ. ③〚方〛(男色の対象となる)お稚児さん.かわいい少年.→[断 duàn 袖]
泡水 pàoshuǐ ①水につかる. ②〚方〛(湯店で)湯を買う.→[老 lǎo 虎灶②]
泡汤 pàotāng 水の泡となる.[奖金也〜了]ボーナスもふいになった.
泡漩 pàoxuán 泡を立て逆巻く波.
泡影 pàoyǐng うたかた.水の泡.[这件事又成〜了]

この事はまたうたかたと消えた.〔希望都成了~,叫他怎么不伤心呢〕望みが水の泡になってしまった,彼がどうして悲しまずにおられようか.〔梦幻~〕〈喻〉空しいこと.

泡鱼 pàoyú ⇒〔鳐 jì〕
泡澡 pàozǎo 風呂に入る.
泡制 pàozhì ①制裁を加える.こらしめてやる.〔找出一个法子~他们〕何とかして彼らをこらしめてやる. ②お茶やコーヒーをたてる.入れる.〔~咖啡十分简单〕コーヒーをたてるのはとても簡単です.
泡种 pàozhǒng 農種子を(播く前に)水につけておく.
泡子 pàozi〈方〉電球. → pāozi

〔炮(砲・礮)〕 pào ①砲.大砲.〔放 fàng ~〕砲を打つ.〔快 ~〕〔连 lián 珠~〕〔速 sù 射~〕速射砲.〔高射~〕高射砲.〔过 guò 山~〕〔山 shān 炮〕(山砲)の旧称.〔野战~〕野砲.〔迫 pǎi 击~〕迫撃砲.〔火箭~〕ロケット砲.②発破.打ち放つ.~穴をあけて発破をかける.③爆竹.〔鞭 biān ~①〕同前,〔囮石弹①〕,また火薬で鉄の玉をとばす兵器.⑤→〔象 xiàng 棋〕~ bāo páo
炮兵 pàobīng 軍〔兵種〕砲兵,またそれに属する将兵.〔第 dì 二~〕(中国の)ミサイル部隊.
炮车 pàochē 軍砲車.
炮铳 pàochōng〈方〉①爆竹:ふつう〔爆 bào 竹〕という. ②怒りっぽい人.
炮弹 pàodàn =〔炮子(儿)中〕砲弾.〔~壳 ké〕砲弾の薬莢・ケース. →〔炸 zhà 弹〕〔子 zǐ 弹〕
炮队 pàoduì 軍砲兵隊.
炮轰 pàohōng 砲撃(する)
炮灰 pàohuī〈喻〉無益な戦争の犠牲となった兵士.〔充 chōng 当~〕戦争の犠牲にされる.
炮火 pàohuǒ 砲火.〔冒着敌人的~〕敵の砲火をおかして.〔~连天〕空に充満するような砲火.
炮击 pàojī 砲撃(する)
炮架 pàojià 砲架.
炮舰 pàojiàn 砲艦.〔~政策〕ガンボートポリシー.〔~外交〕砲艦外交(とくに内河航行権の行使)を背景にした外交政策.
炮口 pàokǒu 砲口.
炮楼 pàolóu ①砲塔.②防備を兼ねた望楼.
炮腔 pàoqiāng 砲身の内部.
炮身 pàoshēn 砲身.〔〈方〉炮筒〕ともいう.
炮声 pàoshēng 砲声.
炮手 pàoshǒu ①砲手.②→〔六 liù 色〕
炮栓 pàoshuān 砲身の後部:砲弾を入れた時後ろへ脱落しないようしっかり保持する機械部.
炮塔 pàotǎ (戦車,軍艦などの)砲塔.
炮台 pàotái 砲台.
炮台架 pàotáijià ⇒〔三 sān 刺(河)鲀〕
炮膛 pàotáng 砲身の内腔.
炮艇 pàotǐng 砲艇:砲艦の小型のもの.
炮筒 pàotǒng〈方〉砲身:〔炮身〕に同じ.
炮筒子 pàotǒngzi〈喻〉気短で率直であり,単刀直入にものを言う人:故に衣(ぎ)着せぬ人.〔~脾 pí 气〕向こう見ずな気性.無鉄砲な性格.
炮尾 pàowěi 砲尾.
炮位 pàowèi ①砲座. ②砲台. ③火砲の配備位置.
炮眼 pàoyǎn ①砲眼. ②発破をかける時ダイナマイトを詰めるための穴.〔打~〕同前を掘る.
炮衣 pàoyī 大砲のカバー.
炮战 pàozhàn 砲撃戦.
炮仗 pàozhang ⇒〔爆 bào 竹〕
炮竹 pàozhú ⇒〔爆 bào 竹〕

炮子(儿) pàozǐ(r) ①⇒〔炮弹〕 ②ピストルの弾.
炮座 pàozuò 砲座.

〔疱(皰・皰)〕 pào 皮膚にできる水泡や膿疱:〔泡②〕に同じ.〔面~〕顔にできる吹出物.にきび.〔只留给他青一块紫一块的一身伤和满脚的~〕全身のあちこちに黒ずんだり紫色がかったりした傷と足一面の水ぶくれが残されただけだった.
疱疮 pàochuāng ⇒〔疱疹〕
疱疹 pàozhěn 医疱疹(ほうしん).ヘルペス:症状・病名ともに指す.

〔奅〕 pào ①〈文〉大きい. ②〈方〉大ぶろしきを広げる.

pei ㄆㄟ

〔呸〕 pēi ちぇっ！ふん！:感動詞.叱責や軽蔑を表す.〔~,你胡说！〕ちぇっ,でたらめを言うな.

〔胚(肧)〕 pēi ①胚(はい).胚芽:生物の発生初期の状態. ②〈喻〉まだ始まったばかりのもの. →〔胚料〕〔坯 pī ②〕
胚层 pēicéng 動胚葉.〔内~〕同前.〔~细 xì 胞〕胚幹細胞.
胚根 pēigēn 植幼根.胚根:胚軸中の下端部.成長して主根となる.
胚粒 pēilì 氷晶・水滴などの胚芽.
胚料 pēiliào 加工前の素材:〔坯 pī 料〕に同じ.
胚囊 pēináng 植胚嚢.
胚盘 pēipán 動胚盤.
胚乳 pēirǔ 植胚乳.
胚胎 pēitāi ①受精卵の初期段階の胚. ②〈転〉(物事の)はじめ.きざし.萌芽.〔粗心,麻痹是事故的~〕不注意・油断は事故のもと.
胚芽 pēiyá ①植幼芽・胚軸の上端にある芽.成長して葉茎となる. ②萌芽(ほうが).きざし.
胚芽鞘 pēiyáqiào ⇒〔芽鞘〕
胚轴 pēizhóu 植胚軸.
胚珠 pēizhū 植胚珠.
胚子 pēizi 始まったばかりのもの.〔明 míng 星~〕スターの卵.

〔衃〕 pēi〈文〉凝血.凝結した血.

〔醅〕 pēi〈文〉濁酒.もろみ.

〔陪〕 péi ①お相伴(しょうばん)をする.お相手をつとめる.席にはべる.お供をする.〔~病人〕病人に付き添う.〔~唱 chàng〕客と一緒に歌う.〔~他吃饭〕彼のお相伴をして飯を食う.〔你先~他说话吧,我一会儿就来〕きみしばらくお相手をしていなさい,わたしはすぐ(また)来るから.〔失~！〕(中座する時や人と別れる時)失礼します.〔敬〕~〔敬知〕同前します:招待状の返事に書き込む"出席"の意の言葉.出席できない時は〔敬谢〕〔心领②〕などと書く.〔明天我请他吃饭,请您给~一~〕明日あの人を食事に招待するので,あなたもお相手をしてください.〔我认得路,我~您去吧〕わたしが道を知ってますからご一緒に行きましょう. ②側面から協力する. →〔陪衬〕
陪伴 péibàn お供する.同席する.〔~人员〕付き添いの者.随伴スタッフ.
陪伴词 péibàncí ⇒〔量 liàng 词〕
陪绑 péibǎng ①清一種の脅しの刑:罪状の比較的軽い者と事情を知らせず死刑場に引き出して他人の死刑執行を見せつけにし,その後また獄に引き戻して自白を促す手段とすること. ②〈転〉無実の者

陪培赔 **péi**

が)道づれで処罰される.共に苦しみをうける.いやいやながら難儀の供をする.〔你跑就跑你的得了,为什么偏偏要我老二～呢?〕(老·四·惶28)おまえは逃げるんなら自分だけ逃げりゃいいのに,何でわざわざこの老二までお供させようってんだ.

陪不是 péibùshi ⇒〔赔不是〕
陪餐 péicān 食事の供をする.客と食事をする:〔陪饭〕ともいう.→〔三 sān 陪小姐〕
陪臣 péichén 囧陪臣.
陪衬 péichèn ①添え者として相伴(する).わきぞえ(する).②引き立つように添えるもの.引き立て役.〔他不是主角,只是个～〕彼は主役ではなく,ただの引き立て役だ.③(料理などの)とりあわせ.つけあわせ.
陪床 péichuáng 病床に付き添う(看病する)
陪地 péidì 嫁入りの時,持参金として田地を相手の家に与えたこと,またその田地.
陪吊 péidiào 囧喪中の人に代わって弔問客の接待をする(人)
陪都 péidū =〔陪京〕囧副首都.→〔行 xíng 都〕
陪读 péidú ①勉強の相手をする.〔～生〕学友.②留学中の配偶者の世話をするため,一緒に外国へ行くこと.
陪房 péi·fáng ①囧新婦付き添いの女中:〔陪房丫头〕ともいう.嫁方の使用人の中から花嫁に付き添って行き,1か月前後の閨事の回り万端の世話をする者.そのままずっと居住って世話をする場合もある.→〔陪嫁〕②入院患者に付き添って病室で過ごす.
陪护 péihù ①介護する.付き添って看病する.②ヘルパー.介助者.
陪话 péihuà ⇒〔赔话〕
陪会 péihuì (上役の)お伴をして会議に出席する.
陪祭 péijì 祭りの主宰者に付き添って祭礼を行う.③祭祀に付き添って祭礼を行う.
陪驾 péijià 車の運転の練習に付き添う(って指導する)
陪嫁 péijià =〔陪送 song〕嫁入りの時に持たせてやる(物).嫁入り道具.〔～的妆奁〕持たせてやる嫁入り道具.〔～丫头〕〔陪房(丫头)〕囧新婦に付けてやる女中.〔～了一屋子的东西〕部屋中いっぱいになるくらいの品物を嫁入り道具に持たせた.→〔牧 zhuāng 奁②〕
陪京 péijīng ⇒〔陪都〕
陪酒 péijiǔ 酒席のお相手をする.酒席をとりもつ.〔～女(郎)〕ホステス.
陪客 péikè 客のお相手をする.客の接待をする.
陪客 péi·kè 陪席の客.↔〔正 zhèng 客〕
陪哭 péikū ①もらい泣きする.(付き従って)いっしょに泣く.②霊前で喪主が弔問客と一緒に泣いて客に謝意を表すこと.
陪老 péilǎo 老人の相手や世話をする.
陪礼 péilǐ ⇒〔赔礼〕
陪隶 péilì =〔陪台〕〈文〉下僕.しもべ.
陪奁 péilián 〈方〉嫁入り道具.
陪练 péiliàn 囧練習相手(になる).トレーニングパートナー(をする).
陪聊 péiliáo 話し相手をする.相手をしてサービスする.
陪灵 péilíng (死者の子女が)霊柩に付き添う.
陪审 péishěn 囮①(一般人が)陪審(する).〔～员〕参審員.陪審員.〔～制 zhì〕陪審制度.〔～席〕〔陪审席事:旧時は職業裁判官にも〕という言い方をした.②陪審員が裁判に参加する.
陪侍 péishì ①そばに付き添って仕える.②バーやキャバレー,風俗店などで客にサービスする:お色

気サービスを主に指す.〔～小姐〕〔～人员〕ホステス:風俗嬢をも含む.
陪送 péisòng 付き添って行く.〔厂长亲自～劳模去北京〕工場長は自ら模範労働者が北京へ行くのに付き添った.
陪送 péisong 囧親が娘に嫁入り道具をやる.また,その嫁入り道具.→〔陪嫁〕
陪宿 péisù 売春する.夜の相手をする.
陪台 péitái ⇒〔陪隶〕
陪堂 péitáng 囧①俗人が寺院に寄進して長期にわたり寺院で暮らすこと.②食客.
陪同 péitóng (活動参加の)お供をする.同行する.同道する.〔在张市长的～下……〕張市長に付き添われて….〔～来宾参观〕来賓に付き添って見学する.〔～人员〕付き添い人.②随行員.アテンダント.
陪玩 péiwán 遊びに同伴する.遊び相手になる.
陪小心 péixiǎoxīn ⇒〔赔小心〕
陪笑 péixiào 笑顔を見せる.笑顔で機嫌をとる.〔他对领导谄脸～〕彼はリーダーに対して顔いっぱいにおあいそ笑いをする.
陪夜 péiyè 夜,病人に付き添う.徹夜で看病する.
陪音 péiyīn ⇒〔泛 fàn 音〕
陪饮 péiyǐn お相伴して飲む.
陪员 péiyuán 随員.
陪葬 péizàng ①殉死者や副葬品を被葬主と一緒に葬る.〔～品〕副葬品.②臣下や妻妾を皇帝あるいは夫の墓の近くに葬ること.
陪住 péizhù 付き添って泊まり込む.寝泊まりを共にした生活をする.
陪罪 péizuì ⇒〔赔罪〕

〔培〕 **péi**

①つちかう.土を根元に盛り上げて苗や芽を保護する.〔～护 hù〕同前.〔玉米生起来以后,根部要多～点儿土〕とうもろこしがのびてきたら,根元に少し多く土をかけねばならない.〔种 zhòng 花儿了,拿土～上〕花を植えたら根元に土をかけない.②土をかける(で埋める).〔火太旺了,～上点儿灰吧〕火が強すぎる,少し灰をかけなさい.③培養する.(人材を)育てる.〔新～的疫苗〕新たに培養したワクチン.〔～干〕幹部を養成する.

培储 péichǔ 人材を育成・確保する.
培肥 péiféi 圆土壌改良をして地力を増やす.
培土 péitǔ 圆つちかう.植物の根元に土をかける.〔培上粪土〕下肥をやり土をかける.
培修 péixiū (堤防・道路などを)補強する.
培训 péixùn (幹部や技術者などに)研修訓練する.〔～技术人员〕技術者を研修訓練する.〔～班〕研修班.〔～费〕研修費.〔～学校〕研修スクール.
培养 péiyǎng ①育てる.培養する.〔～细菌〕細菌を培養する.〔～疫 yì 苗〕ワクチンを培養する.〔～基 jī〕囧培養基.培地.②(人を)教育養成する.〔～干 gàn 部〕幹部を養成する.〔～接班人〕後継者を養成する.③(精神などを)つちかう.〔～感情〕愛情を培う.〔～革命精神〕革命的な精神を育てる.〔～责任感〕責任感を育てる.→〔造 zào 就〕
培育 péiyù ①(幼少なものを)育てる.〔～新品种〕新しい品種を育てる.〔～树 shù 苗〕木の苗を育てる.②(人などを)育てる.〔～一代新人〕新しい世代を育てる.
培植 péizhí ①(植物を)植え大事に育てる.栽培する.〔～草药〕薬草を育てる.②(人材を)育成する.③勢力を扶植してつちかう.〔～势力〕同前.
培智 péizhì 知的障害児を教育する.

〔赔·賠〕 **péi**

①弁償する.償う.〔～不起〕賠償する能力がない.〔～案 àn〕損害賠償案件.〔买一个碗～上〕(割った責任か

ら)ごはん茶碗を買って弁償する.〔弄坏了别人的东西要〜〕人のものを壊したら弁償せねばならない. ②わびる.謝る.謝罪する.→〔赔不是〕 ③元金を失う.損をする.欠損が出る.〔〜掉 diào〕〔〜净 jìng〕すっからかんして損をする.〔哪儿有一面的厨 chú 子呢〕麵代に足りぬ金で作ってくれる料理人なんてあるものか:自腹 fù を切ってまでやってくれるものなどありはしない.~〔赚 zhuàn〕

赔本(儿) péiběn(r) ⇒〔亏 kuī 本〕
赔补 péibǔ 弁償して穴をうめる.
赔不是 péibùshi =〔道 dào 不是〕わびる.謝罪する.〔这不是什么了 liǎo 不起的事情,你给他赔个不是不就算完了吗〕これは別に大それたことでもないし,彼に謝ったらそれですむじゃないか.
赔偿 péicháng ①与えた損失を賠償する.〔〜损失〕損害を賠償する.〔照价〜〕実費による同前.〔〜金〕賠償金.〔负责〜〕責任をもって弁償する. ②(保険会社が)保険金を支払う.→〔赔付〕
赔错 péicuò 過ち(悪かったこと)をわびる.〔我来给你赔个错〕私はあなたに過ちを詫びにきました.
赔垫 péidiàn 人のために立て替えて自分が損をする.
赔付 péifù 賠償金・保険金などを支払う.〔〜款 kuǎn〕保険金.
赔光 péiguāng 損をして元金が全部無になってしまう.
赔话 péihuà =〔陪话〕わびを言う.遺憾の意を表する.〔给他〜〕彼にわびを言う.〔他叫我吃这么大的亏 kuī,一句话也没有赔〕彼はぼくにこんな大損をさせておきながら,一言のわびも言わない.
赔还 péihuán 弁償する.償還する.
赔款 péikuǎn ①与えた損害を賠償する. ②同前の賠償金.〔违反合同要〜〕契約に背くと賠償金を払わなくてはならない. ③戦敗国が賠償金を払う,またその金.
赔了夫人又折兵 péile fūrén yòu zhé bīng 〈諺〉利益を得ようとする思惑とは逆に大損を蒙る:三国志で,孫権はまを妻あわすということで劉備を呉におびきよせ,これを殺そうとしたが,劉備は諸葛亮の計略によって,まんまと夫人を得て蜀へ帰り,これを追いかけた孫権の兵も諸葛亮の伏兵に打ち破られた.
赔累 péilěi〈文〉元手をなくし,借金までできるほどの損失を重ねる.〔营 yíng 业清淡,不堪〕営業がさびれて損失が著しい.
赔礼 péilǐ =〔方]赔情〕〔赔罪〕わびを入れる.謝罪する:〔道 dào 歉〕に同じ.〔叫他向你〜就得了〕彼をきみにわびさせたらそれでよい.〔你得向他赔个礼〕あなたは彼に詫びを入れなくてはならない.
赔率 péilǜ オッズ:客の賭け金に対する払戻し金の率.
赔钱 péiqián ①金を損する.〔〜生意〕損をする商売.〔〜的满月〕〈諺〉子が生まれて満一か月の祝いには必ず欠損を招く(盛大にやるので).↔〔赚 zhuàn 钱〕 ②金を弁償する.
赔钱货 péiqiánhuò 旧女児.娘:嫁入りなどのために多大の出費を要するのでいう.→〔弄 nòng 瓦〕
赔情 péiqíng ⇒〔赔礼〕
赔身下气 péishēn xiàqì (人に対して)自分をおさえて低姿勢をとる.→〔低 dī 声〕
赔释 péishì わびて弁明する.
赔小心 péixiǎoxīn =〔陪小心〕①気をつかって人に好かれる.おIに手を言って人の機嫌をなだめる.〔怯生生的,向什么人都〜〕びくびくして誰にでも気をつかう. ②わびごとを言う.〔你总得去赔个小心,不然恐怕他要怪 jiù 你的〕彼に詫びに行かないといけない,でないと彼は気を悪くするかも知れない.

赔笑 péixiào =〔赔笑脸〕愛想笑いをする(してご気嫌をとる).笑顔を作って人をなだめる.
赔笑脸 péixiàoliǎn 同上.
赔赠 péizèng 嫁入りする娘につけて贈られる道具(金品).〔见西方家〜娶了他家女儿,(儒)方家からの持参金に目がくらんでその娘をもらった.
赔账 péizhàng ①金品を扱い過失で生じた損失を弁償する. ②商店などの欠損を補う.
赔赚 péizhuàn 損得.もうけがあるか赤字か.〔年终算算是赔是赚〕年末に損失があるか,もうかったかを決算する.
赔罪 péizuì =〔陪罪〕わびる.謝罪する:〔赔礼〕に同じ.→〔请 qǐng 罪〕②

〔毸〕 péi =〔毰 sāi〕〈文〉(鳥のぬけた)羽が散乱するさま.

〔锫・錇〕 péi 化 バークリウム(バークリウム,ベルゲリウム):人工放射性元素の一.記号 Bk.アクチノイドの一.

〔裴〕 péi ①〈文〉衣服が長いさま. ②〈文〉さまよう.〔〜回〕同前. ③〈姓〉裴(はい).

〔沛〕 péi ①〈文〉勢いの盛んなさま.〔精力充〜〕元気で精力的である. ②水中の浅くて草の多く生えているところ. ③〈姓〉沛(はい).

沛然 pèirán〈文〉(水が)多く盛んなさま.〔〜雨降〕激しい雨が降る.
沛泽 pèizé〈文〉①水中に草木の盛んに茂っている沼地. ②大いなる恵み.

〔旆(斾)〕 pèi〈文〉①下端が燕尾のようにとがっている旗. ②旗(総称)

〔霈〕 pèi ①〈文〉雨や雪の盛んに降るさま.〔云 yún 油雨〜〕雲が一面に広がり雨が盛んに降る. ②〈文〉大雨.〔甘 gān 〜〕〔甘霖〕慈雨. ③〈転〉恩沢.

〔帔〕 pèi 固 女性の用いる肩かけ(の飾り).〔〜肩 jiān〕同前.〔凤 fèng 冠霞〜〕鳳凰の冠に,彩雲の刺繍の肩掛け:女性の礼装.

〔佩(珮)〕 pèi(I)〔佩〕①(着物や帯などに下げて)身に着ける.腰にさげる.身に帯びる.〔〜勋 xūn 章〕勲章を胸につける.〔腰〜手枪〕腰にピストルを下げる. ②(敬服の念を)心にとめる.感心する.〔钦 qīn 〕敬服する.(II)〔珮〕固帯につけた飾り玉.〔玉 yù 〜〕同前.

佩带 pèidài ①(物を)用いる.帯・胸につける.腰に下げる.〔〜武器〕ピストル・刀などを身につける. ②同下.
佩戴 pèidài =〔佩带〕(バッジや身分を示すしるしを)胸・肩・腕などにつける.
佩刀 pèidāo 佩刀(する).
佩服 pèi-fú =〔钦 qīn 佩〕感服する.感心して敬服する.〔人人都〜他勇敢〕みな彼の勇敢さに感心している.
佩挂 pèiguà 身につけつり下げる.〔〜刀剑〕刀剣をおびる.〔〜勋 xūn 章〕勲章をつける.
佩剑 pèijiàn 又 サーブル(サーベル):フェンシングの一種目.→〔击 jī 剑〕
佩兰 pèilán =〔兰草〕植フジバカマ.
佩玉 pèiyù 帯の飾り玉.

〔配〕 pèi ①一定の比率で配合する.うまく組み合わせる.効果的に取り合わせる.〔〜颜色〕色を配合する.〔搭 dā 〜〕組み合わせる.取り合わせて型を作る.〔这是五种材料〜成的,这是 5 種の原料を配合してできたのである.〔高桌矮凳,〜着合用〕高いテーブルに低い椅子を,取り合わせて用い(なければいけない).〔你先〜几样菜来我们喝酒〕先に料理をいくつか取り合わせて,我々が酒を飲む

配 / pèi

配 のによいさかなを支度してくれ.②つけ加えてつくり上げる.不足に合わせて部品を補充する.フィットさせる.〔再~上一个齿轮,就省力力多了〕もう一つ歯車をとりつけると,ずっと力がいらなくなる.〔这辆车的一个轮子是后~的〕この車の輪一つは後からとりかえてつけたものだ.〔~零件〕部品をとりつける.〔~上里子〕裏をつける.〔好牲口~好鞍鞴〕〈諺〉いい馬にいい鞍をつける.〔~一副眼镜〕眼鏡を視力にあわせてつくる.〔~一把钥匙〕スペアキーを作る.〔~一块玻璃〕(窓の割れた所に)ガラスを(合わせて)入れる.③添ってひきたたせる.映(は)え合う.〔红花~绿叶〕赤い花と緑の葉がひきたたせ合う.④〔計画的に場所に〕分けて配置する.配る.〔~车〕配車する.⑤自動車を割り当てる.〔分~〕分配する.配置する.⑤夫婦になる(なる).つれ添わせる.(配偶者とあてがう.〔婚 hūn ~〕めあわす.つれあいになる.〔英雄模范〕労働英雄と労働模範が夫婦になる.〔配偶(者)〕多く妻をいう.〔许 xǔ ~〕〔许嫁;許婚〕(にする.なる).〔继弦〕後妻になる.⑦交尾する(させる).種をつける.〔~猪 zhū〕豚の種つけをする.〔公驴~母马,母马下骡 luó 子〕雄ロバと雌馬とかけ合わせるラバを生む.⑧…の資格(能力)がある.…に値する.…にふさわしい.〔你不~说这个话〕おまえがそんなことを言う資格はない.〔他不~当组长〕彼は組長を務める柄ではない.〔这样的二流子也~称做学模?〕こんなやくざな者が労働模範と呼ばれるに値しようか?〔你哪里~姓赵!〕〈魯·Q 1〉おまえなんかが趙と名のる資格があるものか.→〔能 néng ④〕⑨〖旧〗流刑(に処する).〔发~〕流刑に処する(して,罪人を護送する).

配备 pèibèi ①(人力や物力を)割りふる.割り当てる.②(軍隊)配備(する).配置(する).〔~火力〕火器を配置する.〔~助手〕助手を当てがう.③設備.装備.

配比 pèibǐ 配合比.調合の比率.

配不上 pèibushàng ①配偶者を決める.似合わない.資格がない.〔她这~我这么一个男人〕あの女は僕のような男にはとても釣り合わない.②合わせられない.とりつけられない.〔把零件丢了~〕部品をなくしてとりつけようがない.→〔配得上〕

配菜 pèicài ①(料理の)つま.②料理をとり合わせる.

配餐 pèicān ①献立を作る.〔航空~〕機内食のメニュー.②〔配膳〕セットメニュー.〔营养~〕栄養献立セット.又便〜〕お好み弁当.

配唱 pèichàng 〖伴唱する.バックコーラスをする.

配搭 pèidā ①とり合わせる.配し添える.添えて飾る.〔不但主角儿好,就是其余的角儿,那~得很整齐〕主役がいいばかりではなく,その他の俳優も息がぴったりと合っている.②組み合わせる.

配搭儿 pèidar 付属物.従属物.飾り.添えもの.〔没什么用,就是~〕使い道はない,ただ添えものだ.→〔菜 cài 码儿〕

配得上 pèideshàng ①似合う.釣り合う.〔我觉得她~你〕彼女はあなたによくお似合いだと思う.②合わせてとりつける.→〔配不上〕

配电 pèidiàn 〖電配電〗〔~箱 xiāng〕配電箱:開閉器や計器などを納めた箱.〔~网 wǎng〕発電所や変電所を含めた配電網.

配殿 pèidiàn =〔偏 piān 殿〕正殿の左右に建てられた殿.

配电板 pèidiànbǎn ⇒〔开 kāi 关板〕
配电盘 pèidiànpán ⇒〔开 kāi 关板〕

配对(儿) pèidui(r) ①一対にする.ペアになる(を組む).②〈口〉(動物の)が交尾する.

配对子 pèiduìzi 対句を作る.→〔对联(儿)〕

配额 pèi'é 割当額.〔今年第三季进口外汇~,与二季数额相同不予削减〕今年の第三四半期の輸入外貨割当額は第二四半期と同じで削減しない.

配发 pèifā ①分配して支給する.②(報道・記事に)合わせて発表する.〔~了十张照片〕記事に合わせて写真を10枚出した.

配方 pèifāng ①〖數〗完全な平方式に変える:例えば $x^2 + 6x \text{に} 9$ を加えて $(x+3)^2$ とすること.②〖薬〗調剤する.③化学製品や金属製品の調製・調合方法:通称は〔方子②〕

配房 pèifáng ⇒〔厢 xiāng 房〕
配歌 pèigē アフレコで歌を入れる.
配供 pèigōng 分配して提供する.
配购 pèigòu 割り当てで買う.→〔配售〕
配购证(件) pèigòu zhèng(jiàn) 配給物資購入証.

配股 pèigǔ 〖商〗割当増資(する).株式分割(する).

配合 pèihé ①手分けし共同する.持ち場に応じて協力する.呼応する.タイアップする.〔紧 jǐn 密~〕緊密にチームワークをとる.〔互相~〕互いに協力し合う.〔得到你的支持和~〕彼の支持と協力を得た.〔全力~你们完成任务〕全力をあげてあなた達に協力して任務を完成する(の任務完成に協力する).〔他们~得很好〕彼らは息が合っている(コンビネーションがいい).②適応する.歩調を合わせる.釣り合いをとる.マッチさせる.〔~世界的形势〕世界の情勢に歩調を合わせる.〔~船期备货〕船積期にとらみ合わせて貨物を手配する.③〖機〗はめあい.はまり.摺り合わせ.なじみ.嵌合(合):〔间隙~〕〔动座~〕〔过盈~〕(動嵌合),〔静座~〕(締りばめ,静止嵌合),〔过渡~〕(中間ばめ,滑合)がある.④〈口〉性交する.

配合 pèihé 似合う.マッチする.気が合う.〔这件衣裳你穿 chuān 着倒~〕この服はお前が着た方がかえってよく似合う.

配婚 pèihūn 配偶者を決める.結婚させる.
配火 pèihuǒ ⇒〔回 huí 火〕
配货 pèihuò 集荷し発売する.商品をとりそろえて出す.〔~中 zhōng 心〕メーカー.集配基地.〔~方~还没有到呢,请您再等两天〕メーカーからまだ品物が入荷しませんのであと一両日お待ちください.

配给 pèijǐ 配給(する).〔~制 zhì〕配給制:消費者は食糧・油・砂糖などの生活必需品を定量,定価で〔票〕(切符・券),〔卡〕(カード),〔本子〕(手帳)などに従って購入する.時代・都市・季節・品種などによって内容は異なる.

配价 pèijià 〖語〗動詞の対象名詞に対する支配力.

配件 pèijiàn 取りつけ部品.付属部品.アタッチメント.〔缺少~部品が不足している.〔专门~很难买到〕専用スペアパーツは非常に手に入れにくい.→〔部 bù 件①〕〔构 gòu 件〕〔机 jī 件〕〔零 líng 件〕

配镜 pèijìng (目に合う)眼鏡を作る(買う).〔验 yàn 光~〕(検眼)をして眼鏡を作ること.

配角(儿) pèijué(r) ①〖劇〗共演する.②〖劇〗共演者.③〖劇〗わき役(者).〔演~〕わき役を務める.→〔里 lǐ 子②〕〔戏 xì 子〕〔主 zhǔ 角(儿)〕〈喩〉補佐役(の者).〔给他当~〕彼の引き立て役になる.

配角戏 pèijuéxì 〖劇〗(役者の立場から)自分がわき役として出る芝居.

配军 pèijūn 〈文〉〔~白流刑地で軍務についた罪人.→〔充 chōng 军〕

配克 pèikè 〈音訳〉ペック:英国の容量単位名.1ペックは8クオート(4分の1ブッシェル.メートル法で9.092リットル).〔今 kuā 脱〕〔蒲 pú 式耳〕

配隶 pèilì 〈文〉分属する.配属する(される).
配俪 pèilì ⇒〔配偶〕

配粮 pèiliáng 食糧を配給する.[~限每人每日一斤]食糧の配給は一人1日につき1斤とする.

配料 pèiliào ①原料を配合する.②配合した原料.③[料理で添えつける]取りあわせの材料,または調味料.

配流 pèiliú 流刑に処する.

配楼 pèilóu 附属楼.主棟の両側につく棟.

配偶 pèi'ǒu 配偶者.つれあい.[配偶]配匹] 媲 pì 偶]は文語.[~权 quán]法配偶者の権利.

配匹 pèipǐ 同上.

配平 pèipíng 化(未定係数法で)化学式の係数を決める.反応式の両辺の個々の原子の数が同じ.

配齐 pèiqí 全部ととのえる.

配器 pèiqì 曾器楽編成をする.[~法][管 guǎn 弦乐法]管弦楽法.

配曲 pèiqǔ 歌詞に曲をつける.

配色 pèisè 配色(する).色の取り合わせをする.

配膳 pèishàn ⇒[配餐②]

配饰 pèishì 剧衣装につけた装飾物:帽子・スカーフ・ベルトなども含む.

配手 pèishǒu 助手ровれ.下働き.[缺了人,他能做~]手不足の時は彼が補佐をやれる.

配售 pèishòu 配給で売る:(配给]に同じ.[~商 shāng 店]配給店.→[配购]

配属 pèishǔ 军(兵力の一部を一時他の部隊に)配属する.配置する.

配送 pèisòng 配送(注文品を)配送する.[~中心]配送センター.物流センター.

配所 pèisuǒ [白]流罪の地.流刑地.

配糖物 pèitángwù ⇒[甘 gān]

配套 pèitào ①組み合わせて完成体にする(こと).[~供应]セット売り(する).②システムの一部を構成するもの.[~条 tiáo 件]付帯条件.[~政策 cè]関連政策.[~农具]取り付け農具.付属農具.[~设备]セットになっている設備.

配套成龙 pèitàochéng lóng =[成龙配套]

配天 pèitiān <文>①天と比べ見る(て競う).②天を祭り,あわせて祖先を祭ること.

配伍 pèiwǔ 医配合(する).調合(する).[~禁 jìn 忌]配合禁忌.

配戏 pèixì 剧わき役として共演する.→[配角(儿)]

配享 pèixiǎng <文>賢者または功臣を孔子廟あるいは帝王廟にあわせ祭ること.[~殿 diàn]孔子廟内の合祀された人々を祭るところ.

配型 pèixíng 医(输血に用いる)血液型が適合する.(臓器移植で)組織の条件が合う.拒絶反応を起こさない.

配演 pèiyǎn 剧①(主役に)脇役を配する.脇役に出演する.②(テレビの京劇で)過去の名優の(唱)の録音に配して演技をすること.

配药 pèiyào ①(処方によって)薬を調合する.→[配伍]②処方の薬を買う.[到药房~去]薬屋へ処方の薬を買いに行く.→[抓 zhuā 药]

配页 pèiyè 折丁(整う).丁合い.折本(缀).=[製本で印刷された紙をページ順に合わせたもの.

配音 pèiyīn (映画やテレビフィルムなどに)音楽・せりふなどを録音する.[~工作]吹き替えの仕事.[~复制](録音音源を合成した)ダビング.[~棚 péng]ダビングスタジオ.[~演 yǎn 员]声優.

配乐 pèiyuè (詩の朗読や話劇に)効果音楽を配する.BGMを流す.

配载 pèizài 船・車の荷の積み合わせ積み込み作業を組織的に行う.

配制 pèizhì ①調合する.[~各种疫苗]各種のワクチンを作る.[~酒]混合酒.[~饲料]配合飼料.②主体となるものに合わせて作る.

配置 pèizhì ①配置する.配備する.②電算コンフィギュレーション.設定.

配种 pèizhǒng 種付けをする.(動物を)かけ合わせる.[~站]種付け場.[人工~]人工授精.

配子 pèizǐ 生命配偶子:生物の生殖細胞(例えば精子・卵子)の総称.[~体]配偶体.

[辔・轡] pèi ①馬のたづな(とくわ).っくり行く.→[缰 jiāng 绳][衔 xián(I)①]马.[征 zhēng ~]征馬.[归 guī ~]帰途(馬に乗っての).[并 bìng ~]くつわを並べる.馬首を並べる.

辔头 pèitóu くつわ.→[笼 lóng 头]

pen ㄆㄣ

[喷・噴] pēn ①噴き出す.(液体やガス・粉末を)噴出する.[~农 nóng 药]農薬をご噴霧する.[把饭~出来了](おかしくて食べている)ご飯をブッと吹き出した.②吹きかける.(噴出する水を)そそぎかける.[拿喷壶~水]じょうろで水をかける.[~衣裳]着物に霧吹きをする.→pèn

喷笔 pēnbǐ エアブラシ.

喷勃 pēnbó <文>意気の盛んなさま.気勢のあがるさま.

喷薄 pēnbó <文>湧出する.水が湧き出る.または太陽が昇るさま.[~欲出的一轮红日]勢い盛んに立ち昇る赤い太陽.

喷出岩 pēnchūyán =[火 huǒ 山岩]凾火山岩.噴出岩.

喷打 pēndǎ ⇒[喷墨打印机]

喷灯 pēndēng =[吹 chuī 灯④]エトーチランプ.ブローランプ:金属溶接の際,溶接する部分を加熱する衝風灯.

喷镀 pēndù ⇒[喷金]

喷发 pēnfā 噴火爆発する.噴き出す.噴出する.[火山~]火山が噴煙.

喷发胶 pēnfājiāo ヘアスプレー.[喷发剤]ともいう.

喷饭 pēnfàn (失笑して食べている)飯を吹き出す.[不觉失笑,~满桌]思わず失笑して食卓いっぱいに飯を吹きこぼした.[令人~]おかしくってたまらない.

喷粉器 pēnfěnqì 散粉器.[手 shǒu 摇~]ハンドダスター.

喷粪 pēnfèn <喩>口から出放題を言う.でたらめを言う.[满 mǎn 嘴~][满嘴 zuǐ 胡说]何から何まで同前.[~蚴 qū]

喷管 pēnguǎn ノズル.[喷嘴(儿)]ともいう.[喷气管]エアノズル.[阻 zǔ ~]チョークノズル.[出水~]送り出しノズル.

喷灌 pēnguàn スプリンクラー灌水.

喷壶 pēnhú =[<方>喷桶]じょうろ(じょろ).

喷火 pēnhuǒ 火を吐く.[~山]噴火山.[~器 qì][火焰喷射器]火炎噴射器.

喷剂 pēnjì スプレー式薬品.

喷溅 pēnjiàn (液体が)噴きとび散る.

喷浆 pēnjiāng 建塗料を吹きつける(こと)

喷金 pēnjīn =[喷镀]金属の吹きつけメッキ(する)

喷口 pēnkǒu ①噴出口.噴き出し口.ノズル.②剧(劇の上演中,歌やせりふで)特にある字の発音に力を込めて言うこと.③<方>口を開いてしゃべる.

pēn～pēng

喷墨打印机 pēnmò dǎyìnjī インクジェットプリンター．〔噴打〕ともいう．

喷漆 pēnqī ①吹きつけラッカー塗料．②同前などで吹きつけ塗装をする．

喷漆胶 pēnqījiāo ラッカーゴム．

喷(漆)枪 pēn(qī)qiāng [機]スプレーガン：ラッカーの吹きつけ塗装に用いる圧搾空気を用いた噴霧器．

喷气 pēnqì ①息を吹き出す．②ガスを噴出する．〔～发 fā 动机〕ジェットエンジン．ロケットエンジン．〔～式〕ⓐジェット式(の)．ⓑ[因][文化大革命]の時，批判対象者の両手を背後に挙げさせるつるし上げの方式．〔～(式)机〕ジェット機．→〔火 huǒ 箭飞机〕〔桨 jiǎng 式飞机〕〔直 zhí 升机〕

喷枪 pēnqiāng ⇒〔喷(漆)枪〕

喷蛆 pēnqū 〈喩〉でたらめを言う．

喷泉 pēnquán ＝〔飞 fēi 泉〕①[地]噴泉：水を噴き出す泉．〔～向空中喷水〕噴水が空中に水を噴き上げる．②噴水．

喷洒 pēnsǎ (噴霧器で多く液体を)散布する．〔～车〕(液体)散布車．

喷撒 pēnsǎ (多く粉末や顆粒状のものを)散布する．〔～农 nóng 药〕農薬を散布する．

喷砂 pēnshā 圧搾空気を利用し，砂粒をホースで吹きつけ鍛製品・鋳工品・石工品を磨く．またはガラスの表面を処理してすりガラスを作ること．

喷射 pēnshè 噴出する．〔水翼～船〕ウォータージェット推進式水中翼船．

喷射器 pēnshèqì 噴射器．放出器．

喷水池 pēnshuǐchí 噴水池．

喷丝头 pēnsītóu [紡]スピンネレト．紡糸口金．

喷嚏 pēntì くしゃみ．ハックション．〔喷嚏 pèn に同じ．〕〔打(个)～〕同前のをする．

喷桶 pēntǒng ⇒〔喷壶〕

喷筒 pēntǒng 筒型の噴射器．

喷头 pēntóu じょうろ口．スプリンクラー(ヘッド)：シャワーや散水装置の多孔式噴水口．〔莲 lián 蓬头〕ともいう．

喷涂 pēntú 塗料を吹き付ける．(手塗りでなく)吹き付け塗装(する)

喷吐 pēntǔ ①(気体・炎などを)吹き出す．②(口から)物を吐き出す．

喷雾器 pēnwùqì 噴霧器．スプレー．

喷雾嘴 pēnwùzuǐ ⇒〔喷嘴〕

喷泻 pēnxiè 噴き出し激しく流れ落ちる．

喷雪花 pēnxuěhuā 〔珍 zhēn 珠绣线菊〕

喷涌 pēnyǒng (水・煙などが)勢いよくわき出る．激しく噴き出す．

喷油枪 pēnyóuqiāng オイルガン．オイル注入器．

喷油嘴 pēnyóuzuǐ ＝〔方〕[油尖头]内燃機関の燃料ノズル．噴き出し口．→〔喷嘴(儿)〕

喷云吐雾 pēnyún tǔwù (タバコやアヘンを)ブカブカとふかすさま．

喷子 pēnzi 噴霧器．霧吹き．スプレー．

喷嘴(儿) pēnzuǐ(r) ＝〔喷管〕〔喷雾嘴〕[口]ノズル：内燃機関で気筒上部にあって気筒内に燃料油を噴出する細口，あるいは合成繊維を噴出する噴出口，噴霧の噴出口などをいう．→〔喷油嘴〕

[盆] pén ①〔-儿〕鉢．盤(pán)：〔钵(bō)〕より大きいもの．〔花～〕植木鉢．〔火 huǒ ～〕①火鉢．〔洗脸～〕〔脸 liǎn ～〕洗面器．〔洗澡～〕〔澡 zǎo ～〕入浴用たらい．風呂桶．浴槽．〔～盆〕②鉢やたらい状のもの．〔骨 gǔ ～〕[生理]骨盤．〔四川～地〕四川盆地．③量詞．鉢や盆に盛ったものを数える．〔一～花〕一鉢の花．〔一～儿水〕たらいの水．④〔姓〕盆(盜)

盆菜 péncài ⇒〔盆 pán 儿菜〕

盆地 péndì 盆地．〔～意识〕〈喩〉見識の狭い考え方．

盆糕 péngāo ⇒〔盆(儿)糕〕

盆骨 péngǔ ⇒〔骨盆〕

盆花(儿) pénhuā(r) 鉢植えの花．

盆景(儿) pénjǐng(r) ①盆栽．盆景．②造花や珠玉で樹木や花卉(き)を摸して作り鉢植えのようにしたもの：〔些 xiē 子景〕ともいう．

盆口(儿) pénkǒu(r) ①皿・鉢・たらいなどの口．②同前のさしわたし．

盆满钵满 pénmǎn bōmǎn 〈喩〉もうけた金がざくざくとあること．大もうけ．

盆钵溢 pénmǎn bōyì 物や液体がいっぱいになって鉢から溢れ出る．〈喩〉非常に多数(多量)であること．

盆腔 pénqiāng [生理]骨盤の中の空洞部．

盆(儿)糕 pén(r)gāo [食]もち粟の粉またはもち米の粉をこね，砂糖などの実などを加えたものを鉢に入れて蒸して作った菓子：切り分けて食べる．小さいのを〔碗(儿)糕〕という．

盆汤 péntāng 〔堂〕〔盆塘〕とも書く．銭湯内の一人用のバスタブの設けてある部分．→〔池 chí 汤〕

盆溢 pényì ⇒〔溢〕

盆浴 pényù 入浴する(バスタブに入って)．→〔洗 xǐ 澡〕

盆栽 pénzāi 鉢植え(をする)

盆子 pénzi 〈口〉①鉢．②たらい．

盆子牙 pénzǐyá ⇒〔伞 sǎn 齿轮〕

[溢] pén ①〈文〉水があふれ出る．〔～溢 yì〕〔盆溢〕同前．〔～涌 yǒng〕水が湧き流れる．②地名用字．〔～水〕[地]江西省にある：〔龙 lóng 开河〕は別称．

[喷・噴] pèn ①〔口〕香気がプンプンす
る．非常にかぐわしい．②〔-儿〕(野菜などの)出盛り．旬．〔现在正是西瓜～儿〕今はちょうどスイカの旬だ．〔对 duì 虾正在～上〕車えびは今が出盛りだ．③〔-儿〕量詞．開花結果の回数あるいは成熟収穫の回数を数える．〔麦 mài 子开头～花了〕麦は第1回の花をつけた．〔绿 lǜ 豆结二～角了〕ぶんどう豆が2番莢(き)をつけた．〔头～棉花〕1番摘みの綿．→ pēn

喷鼻(儿) pènbí(r) 〈白〉香気が鼻につく：〔喷香喷香〕ともいう．〔饭吃得～〕おいしくご飯を食べている．

喷香 pènxiāng 香気が鼻につく．プンプンいい香りがする．

peng ㄆㄥ

[匉] pēng 〈擬〉物がぶつかったり，落ちたりする音：〔砰〕に同じ．

[怦] pēng 〈擬〉心臓の音．〔心～～地跳 tiào〕

怦然 pēngrán 心がおどる．胸がどきどきする．〔～心动〕同前．

[抨] pēng 弾劾する．批判攻撃をする．

抨击 pēngjī (言葉あるいは文章で)攻撃(する)．論難(する)．弾劾(する)．排撃(する)．〔加 jiā 以～〕同前．〔着 zhuó 重地～〕力を入れて論難する．〔一再提出~，表示强 qiáng 烈不满〕さらに非難を提出し強い不満を示した．

抨弹 pēngtán 〈文〉弾劾する．批判攻撃する．

〔砰〕 pēng
〈擬〉ガン.ドカン.バン.バタン:物が勢いよく閉まる音,爆発・発射音など.〈句〉[嘭]に同じ.[~的一声,门关上了]バタンと大きい音がして(ドアが閉まった).[打铁的声音,~啊嘭 pāng 地响]かじ屋の槌(つち)の音がトンテンカンと響く.[~然爆 bào 炸]ドカーンと爆発する.[~~两声枪响,人倒 dǎo 下了]バンバンと銃声がして,(その)人は倒れた.

〔烹〕 pēng
〈動〉①煮る.調理する.②料理法の一:油で炒めた後に調味料を入れて強火で手早くかきまぜ鍋から取り出すこと.[醋 cù ~豆芽菜]もやしを強火でさっと炒め,しょう油や酢を加えた料理.

烹茶 pēngchá ＝[烹茶]茶を煮る.茶を入れる.→[沏 qī 茶]
烹醢 pēnghǎi 固 酷刑の一種:[烹]は煮る,[醢]は肉をそぎとり漬物にする.
烹劲儿 pēngjìnr 〈方〉脅し.はったり.[方才是个~,居然把他意回去了]今のは脅しだったが(脅しがきいて)ほんとうに追い返してしまった.
烹龙炮凤 pēnglóng páofèng 〈喩〉驕奢な珍味.豪勢な宴席.
烹灭 pēngmiè 〈文〉悪人を滅ぼし除く.
烹茗 pēngmíng ⇒[烹茶]
烹饪 pēngrèn 調理(する).料理(する).[擅 shàn 长~]調理が得意だ.[~技能]割烹(ぎ)技術.[煤 méi 气~器]ガス調理器.
烹调 pēngtiáo 調理(する).料理(する).[~能néng手]料理の達人.
烹鲜 pēngxiān 〈文〉小魚を煮る.〈喩〉国を治め民を安らぐ:[治大国若烹小鲜](老子)大国を治めるのは小魚を煮るようなものである.[~鱼频则碎,治民烦则散]魚を煮るには,いじくりまわすと砕けてしまう,民を治めるには煩瑣にすると民心を失う.
烹制 pēngzhì 調理して食品を作る.

〔嘭〕 pēng
〈擬〉ドンドン.トントン.バーン

〔芃〕 péng
①[~~]〈文〉草木の勢いよく茂るさま.②〈姓〉芃イ.

〔朋〕 péng
①朋友.友.[良 liáng ~][良友]良友.[宾~满座]満場の客人や友人.②〈文〉徒党を組む.→[朋比]③〈文〉匹敵する.肩を並べる.④古貨幣単位の一.⑤地方行政組織の一.⑥〈姓〉朋イ.

朋輩 péngbèi 〈文〉同じ年頃の友人.朋輩.
朋比 péngbǐ 〈文〉徒党を組んで他を排斥する:[朋党比周]の略.[~为 wéi 奸]仲間つくって(ぐるになって)悪いことをする.
朋侪 péngchái 〈文〉友だち.同輩.
朋俦 péngchóu 〈文〉同伴者.友人.
朋党 péngdǎng 仲間.党派.徒党.
朋分 péngfēn 仲間で分ける.[~利益]利益を山分けする.
朋克 péngkè （音訳）パンク（ロック）.[碰 pèng kè]とも書く.
朋僚 péngliáo 〈文〉①朋友.②同僚.
朋情(儿) péngqíng(r) 友情.友誼.[泛 fàn 泛的~]通り一遍のおつきあい.
朋友 péngyou ①（つき合いの深い）友人.友だち.[好 hǎo ~]親友.[酒肉~]酒飲み友だち.[知 zhī 心~]気心の知れた友人.[不分彼此的老~]わけへだてのない古い友人.[狐 hú 朋狗友]悪友.[交了许 xǔ 多~]多くの友人ができた.[~是旧的好,衣裳是新的好]友だちは古いのがよく,服は新しいのがよい.②恋人.婚約者.[男~]彼氏.恋人(男).[女~]彼女.恋人(女).③昧方.[要分清敌人和~]敵と昧方をはっきりさせなければならない.④未知の人を好意的に指す語.また呼びかけの語.もしもし.すみません.[小~(们)]坊ちゃん嬢ちゃん(達).

〔塱〕 péng
①分水堤:春秋戦国時代,李氷が都江の堰堤を修築する時に創案したもの.水を外江と内江とに分流させた.②矢場に設けられた低い塀状の盛り土.[~的 dì]まと.→bèng

〔弸〕 péng
〈文〉①強い弓.②満ちる.充実する.[~中肆外]内に充実していれば自ずと外に現われる.→[外 wài 强中干]

〔棚〕 péng
①[~儿]小屋掛け.アンペラ掛け:竹や丸太で小屋掛けをし,ござ・防水布・ビニールシートなどをかぶせたもの.[席 xí 棚]ともいう.[搭 dā ~]小屋掛けをする.[彩 cǎi ~][喜 xǐ ~]慶事を行う飾りつけた小屋掛け.[白 ~]葬式の小屋掛け.[天~]①[凉 liáng ~]①夏の日覆い:夏の陽光をさえぎるため(庭や家屋の上または端)から中庭にかけて作られるすだれ・アンペラ掛け.→[暖 nuǎn 棚]②粗末な小屋・建物.[碾 niǎn ~]粉ひき小屋.[牲 shēng 口 ~]家畜小屋.[马 ~]馬圈 juàn]馬小屋.③[天井.[顶 dǐng ~]中国家屋の天井:中国家屋の屋根裏は通常[秋 shú 秸(ぎら)を利用して天井とし,これに下から紙を張ってほこりなどが落ちるのを防ぐ.[糊 hú 顶~]天井張りをする.→[天 tiān 花板]④軍隊で兵14人をいう.～[班 bān 2~] [哨(ぢ)]

棚菜 péngcài ハウス栽培の野菜.
棚车 péngchē ⇒[篷车①]
棚户 pénghù バラック（居住者）.[~区 qū]スラム地帯.
棚匠 péngjiàng 小屋掛け職(人)
棚圈 péngjuàn 家畜小屋(柵で囲った放牧場付き).
棚寮 péngliáo （工事現場の）アンペラ小屋.作業員小屋.飯場.
棚膜 péngmó 農 ビニールハウスにかぶせるビニール.
棚铺 péngpù 吉凶事の際,式場とする小屋掛け・日覆いなどを請け負う業者.→[棚匠]
棚舍 péngshè 家畜向け用のハウス小屋（ビニール）ハウス.
棚屋 péngwū 掘っ立て小屋.小屋掛け.[波状铁~]波型のブリキで屋根をふいた掘っ立て小屋.
棚竹 péngzhú 植 タヌゲキ科のつる植物.

〔硼〕 péng
化 ホウ素:非金属元素.記号 B.[硼布]は旧名.
硼砂 péngshā ［砂砂][月 yuè 石②]ホウ砂（硼砂）.[净 jìng ~]精製ホウ砂.
硼酸 péngsuān ホウ酸（硼酸）.[~软 ruǎn 膏]ホウ酸軟膏.

〔鹏・鵬〕 péng
鵬(ぽう):古代の想像上の鳥.[~鸟 niǎo]同前.
鹏城 péngchéng 広東省深圳市の別称.
鹏程 péngchéng 〈喩〉遠大な前途.[~万里](荘子・逍遥遊)前途洋々たり.
鹏举 péngjǔ 〈喩〉高い志を抱いて奮起する.
鹏鲲 péngkūn 鵬鳥と鯤魚:古代の想像上の大鳥と大魚(荘子).〈喩〉この上なく大きいもの.大業をする知略を持つ人.
鹏抟 péngtuán 鵬がたくましく飛び立つこと.〈喩〉奮起する.
鹏鷃 péngyàn 〈文〉大鳥と小鳥.〈喩〉大小の差,志の差の甚だしいこと.

〔髼〕 péng
〈文〉髪がバサバサに乱れている.[~着头发]髪をかき乱して(いる).[她的头发松 sōng ~~的,还没有梳 shū 过]彼女の髪はばさばさ

髼彭澎膨蟛搒蓬篷　　　　　　　　　　péng

さとして、まだすいてもない。→〔蓬②〕
髼鬙 péngsēng 同下.
髼松 péngsōng =〔髼鬙〕〔蓬松〕〈文〉髮がぼうぼうに乱れているさま.

〔**彭**〕 péng 〈姓〉彭(ぼう)

彭聃 péngdān 囚彭祖(彭爺)と老子(老耼):古代の長寿者.
彭铿 péngkēng 囚彭祖(ぼう):伝説上の人で名を鏗という.夏から殷末まで七百余歲まで生きたといわれる.②〈擬〉銅鑼(ど)と太鼓の音の形容.
彭蜞 péngqí ⇒〔蟛蜞〕
彭殇 péngshāng 〈文〉長寿と夭折.

〔**澎**〕 péng

澎湖 pénghú 囲福建・台湾間にある群島.〔～列liè岛〕澎湖列島.
澎湃 péngpài 大波の打ちよせるさま.〈転〉気勢・風潮が盛んになるさま.〔要 yāo 求禁使核武器的群众运动,日益～〕核兵器の使用禁止を要求する運動は日に日に盛んになりつつある.

〔**膨**〕 péng 膨張する.ふくれる.

膨大 péngdà (体積が)膨張する.
膨脝 pénghēng ①〈文〉腹がふくれている様子.太鼓腹.②くせものに機敏に扱えない.
膨化 pénghuà (加熱,加圧し,急に圧力を解いて)膨張させる.〔～米〕膨化させた米.〔～食品〕膨化食品.
膨闷 péngmèn 囲腹がふくれて苦しい.〔～发胀 zhàng〕=〔胀傻〕同前.
膨润土 péngrùntǔ 囲ベントナイト.
膨体纱 péngtǐshā 細かさ高絲.バルキーヤーン.
膨胀 péngzhàng ①囲膨張する.〔～系 xì 数〕膨張係数.②(規模が)大きくなる.〔停 tíng 滞性通货～〕囲スタグフレーション.〔(通货)～〕囲インフレ(ーション).〔军事~〕軍事的膨張.
膨滞 péngzhì 資金の需要が膨張し流れが渋滞する.

〔**蟛(蜌)**〕 péng

蟛蜞 péngqí〔彭蜞〕とも書く.魚貝ベンケイガニ.アカテガニ(総称):イワガニ科の赤いカニ.〔红 hóng 蟹〕〔相 xiàng 手蟹〕〔鹦 yīng 哥儿嘴〕ともいう.〔中型相手蟹〕ベンケイガニ.〔红螯 áo 相手蟹〕アカテガニ.
蟛蚏 péngyuè 〈文〉魚貝カニの一種〔蟛蜞〕よりも小さい.

〔**搒**〕 péng〈文〉竹板や棒でたたく. → bàng

〔**蓬**〕 péng ①古書でムカシヨモギ属植物を指す.〔飞 fēi～〕囲エゾムカシヨモギ:キク科.⑥枯れて根から抜け,風で飛ぶ草.〈喩〉旅人.→〔艾 ài 也〕②乱れる.散り乱れる.乱る.→〔蓬葆〕③量詞.枝葉がよく茂った草花などを数える.〔一～竹 zhú 子〕竹の茂み.④〈姓〉蓬(ぼう).
蓬葆 péngbǎo 〈喩〉髪の乱れているさま.
蓬筚 péngbì 〈喩〉貧しい住居.寒舍.あばらや:〔蓬门筚户〕の略.
蓬荜增辉 péngbì zēnghuī 〔蓬筚生辉〕ともいう.〈成〉あばらやに光がさす:人が自分の家を訪問してくれた時,また書画などを贈ってくれた時に感謝して述べる言葉.〔只要得着您的墨 mò 宝就～了〕貴方の書さえいただけたら茅屋に光がさすというのです.〔承蒙您光临,~〕ご光臨を賜り誠に光栄です.
蓬勃 péngbó 勢い盛んなありさま.〔一片蓬蓬勃勃的新气象〕あたりみなぎっている勢い盛んな様相.

〔他们对祖国各地建设事业的~发展都极感振zhèn 奋〕彼らは祖国各地の建設事業が勢いよく発展しているのを見て非常に興奮した.〔朝 zhāo 气～〕(朝の空気のように)生気に満ちてはつらつとしている.
蓬岛 péngdǎo ⇒〔蓬莱②〕
蓬莪术 péng'ézhú 囲莪术(ぎゅつ)の原名.→〔莪术〕
蓬蒿 pénghāo ①〔茼 tóng 蒿〕②〔蓬 ①〕と〔蒿〕.〈転〉草むら.野原.
蓬壶 pénghú ⇒〔蓬莱②〕
蓬户 pénghù →〔蓬舍〕〔蓬室〕〈文〉草ぶきの家.貧しい住居.〔～瓮 wèng 牖〕よもぎで作った門とかめで作った窓:粗末なあばらやをいう.
蓬莱 pénglái ①ヨモギ・アカザなどの雑草.②仙山:〔蓬蒿草莱〕の略.②伝説で,渤海中にある仙山:〔蓬岛〕〔蓬壶〕ともいう.〔～仙境〕同前のような仙境.③囲山東省にある県名.
蓬乱 pénglùan (草や髪の毛などが)乱れてぼうぼうになる.
蓬门荜户 péngmén bìhù ⇒〔蓬筚〕
蓬蓬 péngpéng ①(草木・髮などの)ぼうぼうと乱れているさま.〔乱 luàn～〕同前.②勢い盛んなさま.③風の吹くさま.
蓬茸 péngróng 〈文〉草の深く茂ったさま.〔蓬蓬茸茸的杂草,长满了整个的林间空地〕林中の空地に草がぼうぼうと生い茂っている.
蓬散 péngsǎn (頭髪が)ぼさぼさである.
蓬砂 péngshā ⇒〔硼砂〕
蓬舍 péngshè ⇒〔蓬户〕
蓬生麻中 péng shēng mázhōng 〈成〉麻の間に生えたよもぎ.〔～,不扶 fú 自直〕そえ木をしなくともまっすぐ立っている.〈喩〉常に善に接しよい環境にいれば善に変わっていく.
蓬室 péngshì ⇒〔蓬户〕
蓬首 péngshǒu ⇒〔蓬头①〕
蓬松 péngsōng (草・枝葉・髮・絨毛などが)ぼうぼうと乱れているさま:〔髼松〕とも書く.
蓬头 péngtóu ①=〔蓬首〕髮の乱れた頭:〔乱 luàn 首②〕に同じ.〔～垢 gòu 面〕ぼうぼうとなった髮とあかまみれの汚ならしい顔.〔~历历〕髮の毛がぼうぼうとなり歯がぎばになる形容.②囲老人の老いさらばえた形容.②囲女子が頭髮を豊かにみせるため,髮をふわふわ浮かし後頭部で小さく結った髮型.
蓬瀛 péngyíng 伝説中の渤海にある神仙の住む地:〔蓬莱〕と〔瀛洲〕.
蓬牖茅椽 péngyǒu máochuán よもぎの窓にちがやのたる木.〈喩〉粗末で貧しい住居.→〔蓬户〕
蓬转 péngzhuǎn →〔萍 píng 蓬转〕

〔**篷**〕 péng ①〔~儿〕とま:中に竹の皮をはさんで竹を編んだもの.アンペラ・帆布などで雨よけ日よけのためかまぼこ形に舟や車を覆うもの.〔船 chuán～〕②同前.⑥帆.〔乌 wū～船〕コールタールで黒く塗ったとまを掛けている小舟.とま掛けのある舟.〔车~〕車の幌(ほろ).〔敞 chǎng～车〕無蓋自動車.オープンカー.〔凉~〕(日よけ用の)テント.②舟の帆.〔扯 chě 起~来〕〔拉 lā ~〕帆をあげる.④〈文〉舟.
篷布 péngbù 防水シート.
篷车 péngchē ①=〔棚车〕囲有蓋貨車.→〔平 píng 板车①〕②ほろつきのトラック.→〔敞 chǎng 车〕〔轿 jiào 车〕③囲幌つきの馬車.〔大~〕同前.
篷窗 péngchuāng (とま)舟の窓.
篷帆 péngfān 帆船.
篷风 péngfēng 帆にあたる風.〔半~〕帆に斜めにあたる風.〔整 zhěng~〕帆に真正面にあたる風.
篷子 péngzi とま.

pěng~pèng 捧椪碰

[捧] pěng ①両手でささげるように持つ.両手ではさんで持つ.〔双手~住孩子的脸〕両手で子供の顔をぎゅっとはさむ.〔用手~水喝〕手で水をすくって飲む.→〔端 duān (Ⅲ)①〕 ②量詞.両手ですくい上げる(上げた)ものを数える.〔一~沙土〕両手にひとすくいの砂.〔给他捧了一大~花生〕彼に落花生を両手にいっぱいにくってやった. ③おだてる.持ちあげる.ひいきにする.かつぐ.〔~人〕人をもちあげる.おだてる.〔~到天上〕この上なく持ちあげる.ほめそやす.〔多亏诸位~我〕皆様のご声援のおかげです.〔求诸位~一~我〕皆さんご声援を願います.〔~唱戏的〕俳優をひいきにする.〔~那个明星的火〕あのスターの人気をひいきにする.

捧杯 pěngbēi 優勝カップ(賞杯)を手にする.優勝する.

捧场 pěngchǎng (わざわざ出向いて役者の演技を)喝采(ホホホ)する.〔転〕(現場に行って)声援する.ひいきする.〔请您给我捧捧场〕どうぞおひきたてを願います.〔朋友的事还能不~吗〕友人のことだもの,応援に駆け付けしないわけにはいかない. ②おだてる.持ちあげる.〔~架势〕同前.

捧臭脚 pěngchòujiǎo 〈口〉(恥知らずに)持ち上げる.へつらう.

捧大腿 pěngdàtuǐ ⇒〔抱 bào 粗腿〕

捧到云眼儿里去 pěngdào yúnyǎnrliqù 〈方〉おだてて持ち上げる(昇らせる).ひどくおだてあげる.

捧读 pěngdú 〈謙〉拝読する.〔~华翰〕〔~大札〕貴簡拝誦いたしました.

捧腹 pěngfù 腹をかかえて笑う.〔~大笑〕大笑いする.抱腹絶倒する.〔令人~〕大笑いさせる.

捧哏 pěnggén (二人で演ずる漫才で)ボケ.引き:〔逗 dòu 哏〕(つっこみ.押し)に対して,引き立て役をいう. ②(かけあい漫才でボケを受け持ち)客を笑わせる.→〔相 xiàng 声〕

捧盒 pěnghé 〈方〉果物や菓子を入れて客に出す箱形の器.

捧红 pěnghóng 応援して繁昌させる.バックアップして評判を高める.

捧角(儿) pěngjué(r) (ひいきの)役者をほめそやす.

捧你碗,由不得管你 pěng nǐ wǎn, yóu nǐ guǎn 〈諺〉飯を食わせてもらえば言うこともきかねばならぬ.

捧怕 pěngpà 〈方〉心配する.恐れる.→〔恐 kǒng 怕〕

捧杀 pěngshā ほめ殺しにする.ちやほやして人をだめにする.

捧上天(去) pěngshàngtiān(qù) 途方もなくおだてあげる.

捧势 pěngshì 権勢あるものをかつぐ.おもねる.取りまきになる.〔你别~架秧子了〕おだてってかつぎ上げてはいけない.

捧诵 pěngsòng 拝読する.

捧星 pěngxīng (持ち上げ売り込んで)スターを作り上げる.

[椪(椪)] pèng 〔~柑 gān〕 植 ポンカン,またその果実:〔芦 lú 柑〕ともいう.

[碰(碰・掽・踫)] pèng ① (いきなり)ぶつかる.ぶつける.軽くあたる(あてる):〔撞 zhuàng ①〕ほど衝撃は強くない.〔把椅子 yǐzi 一~倒了〕椅子にあたって一倒した.〔这块玻璃 bō 璃是我~破的〕このガラスはわたしがぶつかって割ったのです.〔~伤〕打撲傷(を負う).〔头上~了一个大口子〕ぶつかって頭に大きな傷ロができた.〔腿在门上一~一下〕足がドアにあたった.〔用胳 gē 膊~了一下〕腕で彼をぽんとついた.→〔碰杯〕 ②思わぬことに出会う.出くわす.ひと(人などに偶然に)会う.〔~上好天气〕いい天気に恵まれる.〔在路上~见了…〕道で(偶然)…に会った.〔~到困难〕困難にぶつかる.〔~在气头儿上〕ちょうど機嫌の悪い時にぶつかる. ③あたってみる.意志的な動作に.〔~~运气〕運を試してみる.〔我去一~~〕わたしがあたってみましょう. ④手だしをする.気にさわることをする(刃向かう).〔谁敢一根汗毛〕誰も彼に指一本触れようとしない.〔~不起他〕わたしには手だしがでできない. ⑤(マージャンで)〔刻 kè 子〕をつくる:自分の手の中に同一牌が2個あり,これと同じ牌が捨てられた場合,席順に関係なく〔~！〕と言って取り場にさらすこと.→〔吃 chī ⑥〕

碰板球 pèngbǎnqiú 又 (バスケットボールの)バンクショット:バックボードにあてて入れるショット.

碰棒 pèngbàng スティックバルーン.応援棒.

碰杯 pèngbēi (乾杯する時)杯と杯をカチンと突き合わせること.〔宴会上频 pín 频~〕宴会の席上しきりにグラスを触れあって乾杯した.

碰鼻子 pèngbízi 〈喩〉出くわす.行き当たる.

碰壁 pèngbì 壁につきあたる.拒絶に遭う.行きづまる.〔到处~〕いたるところで壁にぶつかる.

碰擦 pèngcā 当たってこする.〔変道〕車線変更による接触(事故)

碰彩气(儿) pèngcǎiqì(r) いい運にぶつかる.芽が出る.運が向く.→〔彩气(儿)〕

碰瓷儿 pèngcír 〈口〉①あたり屋を働く:故意に人や車につきあたり,身体や物を壊した代償を請求する犯罪行為(をする). ②〈転〉他人に言いがかりをつける.なんくせをつけて騒ぎを起こす.〔你别~,我不怕〕言いがかりをつけても怖くないぞ. ③言いがかりをする.けんか(する)

碰点儿 pèngdiǎnr ①幸運にぶつかる.つく.〔做事也是~,谁敢说一定之规呀〕何をするにも「つき」ということがあるものだ,誰だってはっきりこうするという道理を言えるのじゃない. ②障害につきあたる.差し障りに直面する.〔我今儿又碰到点儿上了,真倒 dǎo 霉〕わたしは今日はまたひどい目に遭った,ほんとに運が悪い.

碰钉子 pèngdīngzi 〈喩〉障害にぶちあたる.支障を生ずる.断られる.しかられる.〔碰了软 ruǎn 钉子〕(碰了橡皮钉子)やんわりと(巧妙な)拒絶に遭う.〔碰了硬 yìng 钉子〕手厳しくはねつけられた.〔碰了大钉子〕大きな障害にぶちあたった.〔碰了她的钉子了〕彼女にひじ鉄をくわされた.→〔顶 dǐng 板②〕〔刮 guā 胡子②〕

碰对 pèngduì (運まかせで)あてる(あたる).まぐれあたりする.

碰翻 pèngfān ぶつけてひっくり返る(す)

碰和 pènghú マージャンやカルタをする.〔~台子〕同前用のテーブル.〔~牌 pái〕胡画 マージャンに似た賭博(遊具).→〔打 dǎ 麻将〕〔打牌〕

碰(簧)锁 pèng(huáng)suǒ 自動錠:スプリングロック.ナイトラッチ.ホテルロックなど.→〔弾 tán 簧锁〕

碰击 pèngjī 衝突する.ぶつかる.

碰见 pèng·jiàn 出会う.〔今天我在车上~他了〕きょう電車(バス)で,彼に出会った.〔在路上~了一宗奇事〕途中で珍しいことに出会った.→〔遇 yù 见〕〔撞 zhuàng 见〕

碰礁 pèngjiāo 岩礁にぶつかる:〔触 chù 礁〕に同じ.

碰劲儿 pèngjìnr 〈口〉ちょうどうまい具合に.好都合に:〔碰巧劲儿〕ともいう.〔~也许有〕あわよくば.

碰克 pèngkè ⇒〔朋 péng 克〕

碰了 pèngle 〈口〉①障害に遭う.挫折する. ②劇

ちる:俳優が舞台でせりふや動作などをしくじること をいう.

碰铃 pénglíng =〔碰钟〕[音]民族楽器の一種:しんちゅう製の杯形の打楽器.二つをぶつけて音を出す.〔星 xīng ⑥〕に同じ.

碰面 pèngmiàn (人に)会う.顔を合わせる.

碰命 pèngmìng 運まかせに(やる).当たって砕ける.〔要実在が不均今,只有可抓 zhuā 阄凭他们各人的运气〜〕も し実際に公平に分けられないならば各人の運まかせにくじをひかせるよりほかない.

碰碰车 pèngpèngchē バンピングカー:ゴーカート同士または壁にぶつけて遊ぶ遊園地の乗り物.

碰碰船 pèngpèngchuán バンピングボート:お碗型ボートでぶつけて遊ぶ乗り物.

碰破 pèngpò ①突きあたって壊れる.②突きあたってちょっとけがする(血が出る).〔〜了皮〕突きあたって皮をすりむく.

碰巧 pèngqiǎo ①たまたまちょうどある結果になる.〔真〜了〕ああよかった(全くのあいにくだった).②たまたま….ちょうどおりよく.あいにく.〔我〜也在那儿〕わたしもたまたまそこにいたのです.〔〜找到他了〕運よく彼を捜しあてた.〔〜他不在〕あいにく彼はいなかった.→〔凑 còu 巧〕

碰软 pèngruǎn (巧妙な)心理作戦に立ち向かう.

碰上 pèngshang ①ぶつかる.②出くわす.③(不意に)顔を合わせる.④うまくいく.〔那是〜的〕あれはうまくいったんだ.

碰时气 pèngshíqì ⇒〔碰运气①〕

碰锁 pèngsuǒ 〔碰(簧)锁〕

碰头 pèngtóu ①出会う.顔を合わせる.打ち合わせる.〔他们没有一天不〜〕彼らは一日として会わない日はない.〔咱们几个委员先碰碰头,我々大勢の委員がまず会って打ち合わせをしよう.→〔碰头会〕②[機]鈎具(ぐ):工作物を固定したり回転させたりするためのつめ.

碰头好儿 pèngtóuhǎor [劇]俳優が舞台に現れた時に受ける喝采(さい).〔転〕手始めの仕事に対する称賛.

碰头会 pèngtóuhuì 顔合わせ(簡単な)打ち合わせ.ミーティング.〔每星期一上午9点开〜〕毎週月曜日午前9時に打ち合わせがある.→〔碰头①〕

碰网 pèngwǎng [スポ]ネットに触れる(あたる).→〔触 chù 网〕

碰响头 pèngxiǎngtóu ゴツンゴツンと頭を壁や床などにぶつける:体罰の一方法.〔磕 kē 响头〕

碰一鼻子灰 pèng yībízihuī 〔口〕断られる.拒絶される(て興ざめする).〔他碰了一鼻子灰,但他并不灰心〕彼は断られたが別に失望していない.

碰硬 pèngyìng 権力や圧力に抗する.〔反对不正之风敢干〜〕不正の風潮と戦うには,真っ向からやり合うことが必要だ.

碰运气 pèngyùnqì ①=〔碰时气〕運が向く.芽が出る.②運まかせにやってみる.当たってみる.〔赚钱不赚钱,那就碰碰运气了〕もうかるかもうからないかが運をためしてみます.

碰钟 pèngzhōng ⇒〔碰铃〕

碰撞 pèngzhuàng ①(物体が動いて,激しく)ぶつかる.②[理]衝突.〔核 hé 〜〕核衝突.③人の不興を買うとをする.人の気にさわることをする.

pī ㄆl

〔丕〕 pī 〈文〉大きい.②奉ずる.〔〜天之大律 lǜ〕宇宙の大法則に従う.

丕变 pībiàn 〈文〉大いに変化する.〔风气〜〕気風が大いに変わる.

丕基 pījī 〈文〉基となる大業:帝位.

丕绩 pījī 〈文〉大功.〔丕烈 liè〕ともいう.

丕图 pītú 〈文〉大計画.

丕绪 pīxù 〈文〉大業.国家の大業.

丕训 pīxùn 〈文〉偉大なる教訓.

丕业 pīyè 〈文〉大業.帝業.

〔伾〕 pī

伾伾 pīpī 〈文〉力強いさま.

〔邳〕 pī ①地名用字.〔〜州市〕[地]江蘇省にある.②〈姓〉邳(v)

〔坏(坯)〕 pī ①素(き)地.白地(はく):成型しただけで焼いていない瓦・煉瓦(が)・土器・陶磁器で,特に土(土 tǔ 〜)日干し煉瓦(日干瓦)を指す.〔打〜〕同削で造る.〔土〜墙 qiáng 泥煉瓦の壁.泥煉瓦の塀.〔砖 zhuān 〜〕焼く前の煉瓦.〔墼 jī 〕.②加工前の(溶鉱炉・鋳型・プレス機械などから取り出したままの)粗材.素地.〔铸 zhù 〜〕[冶]鋳型からはずした未加工品.〔钢瓶 〜〕[冶]溶鉱炉から取り出したままのビレット.〔刀 dāo 〜〕刃をつけてない打ったばかりの刃物.〔大块〜〕〔大钢〜〕〔大钢锻〜〕ブルーム.〔小块钢〜〕ビレット.〔钢扁〜〕シートバー.〔钢板〜〕スラブ.→〔胚 pēi ②〕 ③半製品.〔面〜儿〕③うどんまたはそばの生地.⑥うどんまたはそばの白玉.〔线 xiàn 〜〕まだ撚(り)のかかっていない綿糸.〔布〜〕布地(ぢ).未加工布.

坏件 pījiàn [機]未加工部品.ブランク.

坏块 pīkuài 原材料を固めただけの状態の物.

坏料 pīliào =〔方〕荒 huāng 料〕〔毛 máo 坯〕〔胚 pēi 料〕半製品:初歩的な成型ができてなお加工の必要なもの.インゴットブランクなどをいう.→字解 ②

坯模(子) pīmú(zi) (瓦・煉瓦・土器・鋳物などの)型.鋳型.

坯胎 pītāi 外表が未加工の器物.

坯子 pīzi ①素地.白地.〔胎 tāi 子①〕に同じ.②半製品.〔喻〕たまご.半人前.〔演员〜〕俳優のたまご.→字解②

〔狉〕 pī 〈文〉野獣がうごめくさま.〔〜〜〕同前.〔~獉 zhēn〕〔獉〜〕〔榛 zhēn 〜〕草木が生い茂り,動物が出没する.

〔批〕 pī (Ⅰ)①〈文〉打つ.ひっぱたく.②削る.そぐ.
(Ⅱ)①(上申に対して)判断を下す.決裁(許可・可)する:上級官庁が下級官庁(官庁が民間から)の報告・申請などに対し,(多く書面で)何らかの決定・指示・回答を与えること.〔〜文件〕=公文〕公文書を決裁する.〔〜签证〕ビザを認可する.〔补助金〜下来了〕補助金が下りた.〔御 yù 〜〕帝の指示.→〔批示〕〔批准〕 ②〈公〉決裁(許可・可)の公文.③批評を加える.添削する.〔〜作文〕作文を添作する.〔〜儿〕批評.〔眉 méi 〜〕原文・作文あるいは書物の上方欄外に書き込む意から)評語.批評など.→〔批改〕 ④批判する.〔狠〜他一顿〕こっぴどく叱りつけた.〔他这〜你什么白专道路〕彼はそれなたのことを専門バカだと批判している.〔在会上挨 ái 了〕会議の席で批判された.〔批判〕〔批评〕
(Ⅲ)①まとまった数の.大量の.口.〔〜处 chǔ 理〕[電算]バッチ処理.②大口に売買する.〔您〜的货到了〕あなたの注文された商品が着きました.②量詞.口.組.群.ロット.まとまりの物(人)を数える.〔一大〜军火〕大量の兵器.〔这次的货分四〜收到的〕今度の商品は4口に分けて受けとった.〔一〜货〕一口の商品.〔头〜和二〜的旅客都走了〕初

pī 批

め の 組 と 2 番目 の 組 の 旅客 はみ な 出 かけた.(IV)[一儿]<口>(綿・麻 などの)より をかける 前 の 糸 状 繊 維.→[线 xiàn 坯子]

批八字(儿) pībāzì(r) →[八字(儿)①][庚 gēng 帖]

批办 pībàn 決裁する.

批拨 pībō (経費・物資の)給付を許可する.

批驳 pībó ①=[批斥][驳批](下級機関からの)申請・請願を却下する(公文).②反駁する.批判する.[逐 zhú 条~]逐一反駁する.[愚公~了智叟的错误思想…](毛)愚公は智叟のまちがった考えに反駁した.

批捕 pībǔ 逮逮捕許諾(をする).[批准逮捕]の略.

批斥 pīchì ⇒[批驳①]

批饬 pīchì <公>筋を正しく指示する.

批臭 pīchòu ⇒[批倒]

批次 pīcì 経ロット(製品の生産・検査・輸送などの一まとまり)の延ベロ数.

批答 pīdá 申請に対して理由を付して許可・不許可を回答する(君主が臣下に,また上級が下部に).

批单 pīdān 裏書き(保証).エンドースメント.[立lì ~]同前を作成する.

批倒 pīdǎo (批判して)徹底的に批判する.=[批臭][批深]に同じ.[必须把反动的东西~,批深,批臭]反動的なものごとは徹底的に批判清算しなければならない.

批地 pīdì 土地使用を許可する.

批点 pīdiǎn ①詩文などに評語と圏点をつけること.②批判すべき問題点.

批斗 pīdòu 批判闘争する.糾弾し打撃を加える.

批发 pīfā =[趸 dǔn 卖][趸批②][趸售]大ロ販売(する).卸売りする.[~价 jià (格)]卸売価格.卸値.卸売物価.[~商]卸売り業.問屋.[~商店]卸売店.[~市场]卸売市場.[~站 zhàn]卸売り販売所.↔[零 líng 售]

批风抹月 pīfēng mǒyuè ⇒[抹月批风]

批复 pīfù <公>下級から報告または指示を仰いできたのに対して,意見または指示を書きつけて回答する.[仍未获上級~]まだ上からの回答に接していない.[当否,请~]適切かどうかご回答をお願い申し上げます.=[批转①]

批改 pīgǎi 作文・答案などを批評し訂正する.[~卷 juàn 子]答案を同前.[~作文]作文の添削をする.

批购 pīgòu ①大ロ購入する.②購入の決裁をする.

批号 pīhào ①(公的機関による)商標登録の認可番号.[取 qǔ 消了这个药的~]この薬の同前を取り消した.②ロット番号.

批回 pīhuí <公>下級に指示を与えて回答する(こと)

批货 pīhuò ①(商品を)仕入れる.[进城~去了]町へ仕入れに行った.[批了一~]一ロの商品を仕入れた.②大ロに売買する.

批颊 pījiá <文>頬を平手打ちする.びんたをくらわす.→[批嘴巴]

批价 pījià 卸値.→[批发]

批件 pījiàn (上級機関による)決裁済み文書.指示文件.

批交 pījiāo 指示を与えて交付する(こと)

批亢捣虚 pīkàng dǎoxū [成]敵の要害や防備の虚を衝く.

批量 pīliàng 経ロットサイズ.ロットの大きさ.②ロットで,一まとまりの数量ずつ.[~生产]ロット生産.

批鳞 pīlín ⇒[批(逆)鳞]

批零 pīlíng 卸売りと小売り.[~差 chā 价]同前の価格差.

批码 pīmǎ ①⇒[码单]②ロット(生産)の次数.③バーコードの審査認定(をする).

批命 pīmìng 運命判断(をする)

批(逆)鳞 pī(nì)lín 君主には強暴な者を犯して諌める.

批判 pīpàn ①(人・思想・言論・行為などを)批判し価値を否定する.[~错误]誤りを批判する.[这种错误思想必须彻底~]このような誤った思想は徹底的に批判しなければならない.[揭发~他们的罪行]彼らの犯した罪を暴き批判する.[写~文章]批判文を書く.[受到~]批判される.[(善悪を客観的に見ながら)批判的に:多く[~地]の形で用いる.[~地吸收]批判的に吸収する.

批判现实主义 pīpàn xiànshí zhǔyì (文芸の)批判的リアリズム.批判的写実主義.

批评 pīpíng ①長所と欠点とを指摘する.批評する.②(人や組織の誤りや欠点を)批判する.悔い改めることを要求する.[对他的缺点应该~,对他的优点也应该充分肯定]彼の欠点は批判しなければならないが,長所も十分認めなければならない.[有错误就~,有成绩就表扬]誤りがあれば批判し,意義あることをほめるのだ.[受到严厉的~]厳しい批判を受ける.[~和自我~]批判と自己批判.[他可~不得]ⓐ彼を批判したらあとがこわい.ⓑ彼は人の注意を受けつけない.

批设 pīshè 設立・設置の認可(をする)

批深 pīshēn ⇒[批倒]

批示 pīshì ①=[批语②](下級からの文書に対する)書面での指示.②同前を与える.[能不能出国考察,我们正在等领导~]外国へ視察に行けるかどうか、指示は今,上からの指示を待っている.→[请qǐng 示]

批首 pīshǒu 旧科挙制度の[科 kē 考]試験を首席で合格する(こと)

批售 pīshòu ①大ロに売りさばく.→[零 líng 售]②販売を許可する.

批条 pītiáo ①[一儿](命令・指示の)メモ書き・付条.②[一子]紙切れ・付箋に命令・指示を書く.

批文 pīwén 上級や関係部門からの回答指示文書.許可文書.

批郤导窾 pīxì dǎokuǎn [成]牛をさばいて肉をとるのに,骨と骨の間の隙に刃を入れてゆくこと:事の要点をとらえて善処すること.[郤][窾]は空の意で間のないところ.

批销 pīxiāo 卸売りをする.

批修 pīxiū 修正主義を批判する.[~整 zhěng 风]修正主義を批判し党の気風を粛正すること.→[斗dòu 私批修]

批语 pīyǔ ①評語:[评 píng 语]に同じ.②⇒[批示①]

批阅 pīyuè 読んで直したり指示を与えたりする.[~公文]公文書に目を通して指示を与える.

批注 pīzhù 評語や注解(を加える)

批转 pīzhuǎn <公>①下級機関からの報告に対し回答を与えるとともに,同報告を(当該機関からさらに)他機関に転達する.→[批复]②公文書の転送または回覧させることを認可する.

批准 pīzhǔn ①(下級からの申請や提議に対して)許可する.承認する.同意する.認可する.[得 dé 到~]許可を得る.[报请~]許可を申請する.[党支部~了我的要求]党支部はわたしの申し出を認可してくれた.[~的~权 quán]決裁の権限.[这个同学最近已经被~退学了]彼は最近退学を許可された.②批准する:全権委員が署名した条約を国家の権限機関が承認すること.[日本政府已~了日中友

批紕砒鈚性鎞披鈹劈　　　　　　　　　　　　pī

好条约了]日本政府は日中友好条约を批准した.
批租 pīzū〔政府が〕土地の使用権を賃貸しする.〔土地～〕同前.
批嘴巴 pīzuǐbā〈方〉びんたをはる:〔抽 chōu 嘴巴子〕ともいう.〔批他几个嘴巴〕〔鲁·Q 8〕彼の横つらを何回かかっぱたいた. →〔打 dǎ 耳光〕

〔**纰·紕**〕 pī ①〔布·紐などが〕破れほつれる.〔线 xiàn ～了〕糸がほつれた. ②手落ち.誤り.
纰漏 pīlòu 失敗.落ち度.〔照他的路子演出,并没有出什么～〕彼の筋書きどおり上演したが,別にこれといった失敗をしなかった.
纰缪 pīmiù〈文〉誤謬.〔正其～〕その誤りを正す.

〔**砒**〕 pī ①〔旧〕ヒ素:〔砷 shēn〕の旧名. ②→〔砒霜〕
砒石 pīshí =〔砒信〕〈文人 rén 言③〕〔信石〕砒石.砒華:ヒ素を含む鉱石.
砒霜 pīshuāng =〔白砒 bái〕〈方〉红 hóng 矾〕〔红砒〕〔旧〕白砒:砒石から得る〔無水〕亜ヒ酸の通称.結晶性白色粉末.化学名=〔三 sān 氧化二砷〕〔三酸化二砒素〕.=〔人 rén 言③〕
砒信 pīxìn ⇒〔砒石〕

〔**鈚·鈚（錍）**〕 pī〈文〉矢の一種.鏃(zú)が薄くて広く,箭(jiàn)が比較的長い.〔～箭〕同前.

〔**性**〕 pī〈文〉誤謬.過ち.

〔**鎞·鎞**〕 pī〈文〉やじり. → bī

〔**披**〕 pī ①はおる.まとう.〔～斗 dǒu 篷〕マントをまとう.〔～在身上〕体におる.〔～上大衣〕オーバーをはおる.〔～戴 dài 〕身につける.〔～蓑 suō 衣〕みのをまとう.〔～着羊皮的狼〕羊の皮をかぶった狼.〔～着合法的外衣,干非法的勾当〕合法という皮をかぶって,法にはずれた悪事を働く.〔群山～银装〕山々が白いベールをかぶっている. ②開く.開ける.ひろげる.〔～心腹〕〈文〉腹をさらける. →〔披读〕〔披肝沥胆〕 ③散らす.ばらばらにする.〔～着头发〕髪をふり乱して. ④割れる.さける.〔这根竹竿～了〕この竹ざおは割れている.〔指 zhǐ 甲～了〕爪が割れた. →〔劈〕
披猖 pīchāng〈文〉はびこる.跋扈(hù)する.
披读 pīdú =〔披览〕〔披阅〕〔牘〕開いて読む.
披发 pīfà〈文〉髪をふり乱す.〔披头散发同前.〔～缨 yīng 冠〕ふり乱した髪で冠をかぶる.〈喩〉急いで人を助けること.〔～左衽 rèn〕髪をふり乱し,おくみを左前にする.〔～文〕同前で入れ墨をする:いずれも異文化を遅れた野蛮と見る言葉.
披风 pīfēng ⇒〔斗 dǒu 篷①〕
披拂 pīfú〈文〉風がそよぐ.風にそよぐ.〔枝叶～〕木の枝や葉が風にそよぐ.
披肝沥胆 pīgān lìdǎn〈成〉心底を披瀝(lì)する.腹を割って物を言って誠意を表すこと:〔披肝露胆〕〔披肝沥血〕〔披胆〕ともいう.
披挂 pīguà ①〔白よろいや甲（をつける).軍装（する).〔全号〕完全に武装する.〔～上阵 zhèn〕武装して出陣する. ②〔専用の衣服を〕身にまとう.つける.飾る.
披红 pīhóng（栄誉を表彰し,慰労する,または祝賀の意を表すために）赤い絹を着衣や物にかけてやる.〔～戴 dài 花〕〔～挂彩 cǎi〕〔～挂 guà 绿〕〈喻〉にぎにぎしく喜ばしい雰囲気のさま.
披怀 pīhuái〈文〉誠心を披瀝する.胸襟を開く.
披枷戴锁 pījiā dàisuǒ〈成〉罪人に枷(jiā)をかけ,鎖で縛られている.〔戴〕〔带〕とも書いた.
披甲 pījiǎ 鎧(kǎi)甲(jiǎ)を着る.

披肩 pījiān〔旧〕①〔女性の〕礼装用の肩掛けをはおる. ②女性用ショール:〔围 wéi 巾〕に同じ. ③女性用チョッキ.
披肩发 pījiānfà ロングヘア:髪を肩まで垂らしたヘアスタイル.
披坚执锐 pījiān zhíruì〈成〉よろいをつけ武器をとる:領袖が戦場に出ること.
披巾 pījīn〔旧〕ショール.
披襟 pījīn〈文〉胸襟を開く（真心を示す）
披荆斩棘 pījīng zhǎnjí〈成〉困難を克服し障害を乗り越える.多くの困難をとり除いて創業する.
披卷 pījuàn〈文〉書物をひもとく.
披览 pīlǎn ⇒〔披读〕
披离 pīlí〈文〉ばらばらになるさま.散り乱れているさま.
披沥 pīlì〈文〉披瀝(lì)する.打ち明けて示す.
披露 pīlù =〔披露〕〔披瀝(lì)〕する.発表する.〔这个消息已経に在报上～了〕このニュースはもう新聞で公表された. ②心中を表す.思いのたけを述べる.
披麻 pīmá〔披孝〕喪服を着る.〔戴〕〔帯〕とも書いた.〔他最近丧父＝在身彼は最近父親を失い,いま喪に服している. →〔戴 dài 孝〕
披毛犀 pīmáoxī 動毛サイ:氷河期に生息した哺乳動物の一.
披靡 pīmí〈文〉①草木が風に吹き倒されて乱れたさま.〔转〕風靡する.〔～华夏〕中国を風靡する. ②〈喩〉〔軍隊が〕潰走する.〔所向～〕〈成〉向かうところ敵なし.〔敌 dí 军望风～〕敵軍は我が軍の進撃の威勢を見て潰走する.
披散 pīsan（髪）が乱れて垂れ下がる.〔～着头发〕乱れた髪を垂らして.
披纱 pīshā ベール（をかぶる）
披沙拣金 pīshā jiǎnjīn ⇒〔排 pái 沙简金〕
披素 pīsù =〔比 bǐ 素〕
披剃 pītì〈文〉僧衣を着し剃髪する:僧·尼になる.
披头散发 pītóu sànfà ⇒〔披发〕
披头士 pītóushì〈音訳〉ビートルズ:イギリスのロックグループ.〔甲 jiǎ 壳虫乐队〕ともいう.
披屋 pīwū 建母屋の軒に付けた物置きの建物.
披孝 pīxiào ⇒〔披麻〕
披心 pīxīn〈文〉真心を披瀝(lì)する:〔披怀〕に同じ.
披星戴月 pīxīng dàiyuè =〔戴月披星〕〈成〉月の光を戴き星の光に照らされて行動する.〈转〉①朝早くから夜遅くまで仕事に励む.〔～地步 láo 动〕同前. ②休まず旅路を急ぐ:〔戴〕は〔带〕とも書いた. →〔戴星而出,戴星而入〕
披衣 pīyī 服をまとう.服を身に着ける.
披阅 pīyuè ⇒〔披读〕
披展 pīzhǎn〔牘〕ひろげる（て読む）
披针形 pīzhēnxíng 植披针形:柄の近くが広く先がしだいに細くなっている葉.もと〔鈹针形〕と書いた.〔～叶 yè〕披針形葉.
披缁 pīzī〈文〉黑衣（僧衣）をまとう:出家する.

〔**鈹·鈹**〕 pī ①中医外科治療用の長い針:先端が両刃になっている. ②両刃の剣. ③長矛. → pí

〔**劈**〕 pī ①〔斧·鉈など〕でたたき割る.〔～劈 pǐ 柴〕まきを割る.〔用斧子～,～不开〕斧で割ってみたがだめだった.〔～了好几斧 fǔ 子才～开〕何回も斧を振るって,やっと割れた.〔把木头～成碎片〕木を小さい木片に割る.〔～开〕切り割る.たち割る. ②裂ける.〔指 zhǐ 甲了〕爪が裂けた. ③雷が落ちる.雷撃する.〔雷～了〕同前.〔一棵老树被雷～倒了〕1本の老木が雷に打たれて倒

た.〔打〕雷~死了〕落雷に撃たれて死んだ.④くさび・バイト・斧などの切断面が三角形になった刃をいう:〔尖 jiān 劈〕ともいう.→〔橛 jué 子①〕〔楔 xiē 子①〕 ⑤真っ向から.→〔劈脸〕〔劈头①〕 ⑥又(フェンシングの)切り〔刺 cì〕(突き)に対して言う.→ pǐ

劈波斩浪 pībō zhǎnlàng =〔劈风斩浪〕寄せ来る波を切る.〈喩〉あらゆる困難を突破して前進する.

劈刺 pīcì ①〔剣術の〕切ると刺す. ②銃剣術.

劈嗒吧嗒 pīdā bādā 涙(汗)をほろほろ(ぽたぽた)流すさま.〔一直掉眼泪〕ほろぼろと涙をとめどなく流す.〔汗珠子一地一劲儿往下滴 dī 〕汗の玉がぽたぽたとしきりにしたたった.

劈刀 pīdāo ①なた. ②(人を切り殺す)剣術.

劈锋 pīfēng ⇒〔毛 máo 刺〕

劈风斩浪 pīfēng zhǎnlàng ⇒〔劈风斩浪〕

劈接法 pījiēfǎ 〔割り接ぎ法:接ぎ木のやり方で〔割 gē 接法〕ともいう.

劈口 pīkǒu 間を置かず口を開く.ただちに言う.〔见茶房进来,~就说〕ボーイが入って来るのを見るとすぐに言った.

劈理 pīlǐ 〔△劈(△)開(する節目)

劈里啪啦 pīli pālā =〔噼里啪啦〕

劈脸 pīliǎn =〔劈面〕真正面から.真っ向から(いきなり).〔就是一掌〕まともに顔を平手打ちをした.〔~撞 zhuàng 着了他〕ばったり彼と出くわした.

劈面 pīmiàn 同上.

劈啪 pīpā 見て見ろ了也〕

劈噼啪啪 pīpī pāpā ⇒〔噼噼啪啪〕

劈杀 pīshā (馬上から)竹割りに切り殺す.

劈山 pīshān 山を切り開く.〔一造田〕同前で畑を作る.〔一引水〕同前で水を引く.〔一治水〕同前で治水をする.

劈手 pīshǒu 手早く(いきなり).すばやく.〔一抢 qiǎng 过去了〕やにわに奪いとった.

劈头 pītóu ①まともに頭に向けて.真っ向から.出会いがしらに〔劈头〕とも書いた.〔一便见到了他〕いばったり彼に会った. ②最初.はなはだ.のっけ.〔他一见我,~一句就是借钱〕彼はわたしの顔を見るなりのっけから金を借りとと言うんだ.

劈头盖脸 pītóu gàiliǎn 〈成〉勢いよくまともに向ってくるさま:〔盖脸〕と〔盖脑 nǎo〕〔劈脸〕〔遮 zhē 脸〕ともいう.〔地批评了一顿〕真っ向からぐさっと批評した.〔大雨一地浇下来〕大雨が滝のように降りかかってくる.

劈胸 pīxiōng 胸板に真正面に.胸元めがけて.〔一揪 jiū 住〕胸元めがけてつかみかかる.〔一挨 ái 了一刀〕胸に一太刀受けた.

劈硬柴 pīyìngchái 〈方〉割り勘にする.

〔**噼**〕**pī**

噼里啪啦 pīli pālā 〔劈里啪啦〕とも書く.〈擬〉パラパラ.パチパチ.バンバン:雨・爆竹・ピストル・拍手などの連続音.〔鞭 biān 炮一地响〕爆竹がパンパンと鳴り出した.〔掌 zhǎng 声一响起来〕拍手がパチパチと鳴り出した.〔话し方が)きっぱりと力強いさま.

噼啪 pīpā 〔劈啪〕とも書く.〈擬〉パン.ピシャ:銃・拍手・鞭などの突然起こった音.〔把鞭 biān 子抽得一响〕ムチを振ってパチッと鳴らした.

噼噼啪啪 pīpī pāpā 〈擬〉パチパチ.パラパラ:火事や爆竹の音,物が触れ合う音,大粒の雨の音など.〔劈噼啪啪〕とも書く.

〔**霹**〕**pī**

霹雷 pīléi 同下.

霹雳 pīlì ①霹雳(△).落雷:〔口霹雳〕ともいう. a〔~车〕古雷鳴のような音と共に石を発射する兵器.→〔霆 tíng〕 ②〈喩〉突然の事件.降ってわいたような出来事.寝耳に水の出来事.〔青 qīng 天~〕晴 qíng 天~〕〈成〉青天の霹雳.〔接到父亲死去的消息,犹 yóu 如晴天~,她不觉痛哭起来〕父親が死んだという知らせに接して,彼女にはまさに青天の霹雳で,思わず激しく泣きだした.

霹雳火 pīlìhuǒ ①雷電. ②〈喩〉〈短気で〉激しく粗暴な人.

霹雳舞 pīlìwǔ 〈音義訳〉ブレークダンス. c

霹雳一声 pīlì yīshēng 突然の雷のゴロゴロいう音.〈喩〉不意に大事件が起こること.

〔**皮**〕**pí** ①(人や動植物の)皮.皮膚.(物の)外皮.表皮.〔树~〕樹皮.〔橘 jú ~〕⑧みかんの皮.⑥同前を乾かして作った薬材.〔香蕉~〕バ d ナの皮.〔稻 dào ~〕もみがら.〔剥 bāo ~①〕皮をむく.〔帯~儿的皮つきの. ②なめし皮.毛皮.〔毛~①〕毛皮.〔牛~①〕牛皮.〔熟 shú ~〕なめし皮.〔~衣裳〕毛皮の衣服. ③弾性のある.カリッとしていない.湿ってやわらかい.〔这花生放~ e了,吃起来不香了〕この落花生はほうっておいたのでしけてしまいました.〔饼干~了クッキーの歯ざわりがふやけた.〔鼓都~了,打不响 xiǎng 了〕(湿気で)太鼓の皮がのびて,いい音がでなくなった. ④ゴム:〔橡 xiàng 皮〕の略. ⑤〔皮〕表面.〔地~〕地 f表.地面.土地〔水~〕水面. ⑥物を包む薄いもの.〔包~儿〕〔包袱一儿〕風呂敷.〔书一(儿)〕⑧本の表紙.⑥ブックカバー.〔面 miàn ~②〕小麦粉をねって作った皮.〔这是连一算的〕これは包み込みに計算したのである.〔刨 páo ~〕二十斤重〕風袋を除いて(正味)20斤の重さ.〔车~〕(鉄道の)貨車または客 g車(多くは貨車を指す). ⑦薄く平たいもの.〔铁 tiě~①〕薄鉄板.〔豆腐一(儿)〕ゆば. ⑧丈夫で弾力のある.〔这儿年锻炼得一多了〕この数年体を鍛えてずっと丈夫になった. ⑨腕白である.(子供が)言うことを聞かない.〔这孩子~得很,不听话〕この子供は腕白で言うことをきかない. ⑩(叱責の度が過ぎて) h もうこたえない.無感動になる.どうでもよく思う.〔~住〕すっかり同前.〔一着脸说〕ずうずうしく言う.〔说~了反回效果到まり叱って,しまいにはいっては効果が薄い. ⑪ピコ.記号 p:1兆分の1 (10^{-12}) を表す.〔皮可〕の略.→〔微 wēi 微②〕 ⑫〔姓〕〔皮〕

皮阿斯特 pí'āsītè 〈音訳〉ピアストル:エジプトなどの補助通貨単位名.100〔~〕が1〔埃 āi 及镑〕(エジ j プトポンド)

皮袄 pí'ǎo 古(中国服で)毛皮の裏をつけた上着.

皮板儿 píbǎnr 毛皮の(毛の生えている)地.〔毛儿都掉了,只剩了~了〕毛ははすっかりすりきれてしまって,革地だけ残っている.

皮包 píbāo 皮カバン.手さげカバン.ハンドバック.〔公文~〕〔公事~〕アタッシュケース.ブリーフケース.→〔手 shǒu 提包〕

皮包公司 píbāo gōngsī ペーパーカンパニー.幽霊会社.インチ会社:〔皮包儿公司〕ともいう. l

皮包骨 píbāogǔ 骨と皮だけ:ひどく痩せているさま.〔皮包骨头〕ともいう.〔病得~的〕病気して骨と皮ばかり.〔他瘦得~了〕彼はやせて骨と皮ばかり.

皮币 píbì ①古皮製の貨幣:漢武帝の時に白鹿の皮で作った. ②〈文〉皮と幣.〔事之以~〕(孟子)狐 m 貉の皮や繡帛(繪)を贈答の礼物とした.

皮鞭 píbiān 皮製の鞭.

皮弁 píbiàn 古白鹿の革で作った冠.

皮草 pícǎo 皮革.毛皮類.レザーとファー:元来は皮と草で編んだ物をいった.〔~行 háng〕毛皮店. n

皮 pí

皮层 pícéng ①（生物の）外皮.皮質.皮層.〔肾 shèn 脏～〕腎臓の表皮. ②[生理]大脳皮質の略称:〔皮质②〕の旧称.
皮缠 píchán 〈方〉うるさくつきまとう.
皮尺 píchǐ〔卷 juǎn 尺〕の旧称.
皮搋子 píchuāizi ⇒[水 shuǐ 搋子]
皮大衣 pídàyī [服]毛皮の外套.革オーバー.
皮带 pídài ①（革製の）バンド.ベルト.革製に限らず広く〔腰 yāo 带〕[腰ベルト]をいう.〔真皮～〕本物の皮のベルト. ②[機]調べ帯.ベルト:〔传 chuán 动（皮）带〕〔轮 lún 带〕ともいう. ③=〔输 shū 送带〕ベルトコンベヤーのベルト.→[传送带]
皮袋 pídài =[皮囊]①皮袋. ②人.畜生の身体:〔臭 chòu 皮 袋〕と同じ. ③いつかは朽ち果てる人の体:体の内に涕.痰.糞.尿などの不潔な物を蓄えている事をいう.④死骸.
皮带冲床 pídài chōngchuáng [機]ベルトパンチ.
皮带管 pídàiguǎn =[水 shuǐ 龙带]消防ホース.
皮带扣 pídàikòu ①=[皮带卡子][機]ベルトファスナー:調べ帯の両端の連結を固定するもの. ②（ベルトの）バックル.
皮带轮 pídàilún [機]ベルト車.ベルトプーリー.
皮带卡子 pídài qiǎzi ⇒[皮带扣①]
皮带(式)运输机 pídài(shì) yùnshūjī [機]ベルトコンベヤー:〔皮带流子 zi〕〔皮带(式)运送机〕〔传chuán 送带②〕〔带式输送机〕〔输送带①〕ともいう.→[输送机]〔皮带流〕
皮蛋 pídàn ①[食]ピータン:〔松 sōng 花(蛋)〕の別称. ②〈方〉腕白小僧.いたずらっ子. ③=[扑 pū 克].
皮垫 pídiàn [機]革パッキン.〔～圈 quān〕[皮钱儿]皮パッキンカラー.革座.
皮筏 pífá〔-子〕牛皮または羊皮の袋に空気を入れたものをつなぎあわせ、その上に丸太や板をのせて作った筏:黄河上流で使用される.〔羊～〕羊皮の同前.→[木 mù 筏]
皮坊 pífáng 皮なめし作業所.皮細工工房.
皮风箱 pífēngxiāng 〈方〉[皮老虎]（鋳物工が型についた砂土を吹き払うために用いる）ふいご:胴部は(牛)皮製.
皮肤 pífū [生理]皮膚.〔～病 bìng〕皮膚病.〔～晒 shài 黑了〕日に焼けて肌が黒くなった.〔～过敏 mǐn〕皮膚のアレルギー.〔～色〕肌(の)色.〔～科〕皮膚科.〔～真菌病〕[医]皮膚真菌症.
皮肤针 pífūzhēn [中医]皮膚針.ⓐ 7本または5本の小さい針の根を柄の先端の面に埋め込んだもの:〔梅 méi 花针〕〔七 qī 星针〕ともいう. ⓑ同前によるはり治療.
皮傅 pífù〈文〉浅はかな認識によってこじつける.牽(⽂)強付会する.
皮革 pígé（獣）の皮.皮革.
皮辊 pígǔn [紡]革張りの（トップ）ローラー.〔～花 huā〕[白 bái 皮辊〕①落ち綿.くず綿.
皮果 píguǒ [植]乾果のうちの裂果の一種:梧桐の実のように子房の内縁線から割れるもの.
皮愁肉厚 píhàn ròuhòu 〈慣〉〈方〉（尻なのように）肉が厚く体の感覚が鈍いところ（こと）.〔打小孩儿总得打～的地方〕子どもをたたくには必ず痛くないところをたたかねばいけない.
皮行 píháng ⇒[皮货店]
皮猴儿 píhóur [服]フードつきの外套（裏に皮やレザー・ビロード・綿などのついた物）
皮花 píhuā ⇒[皮棉]
皮划艇 píhuátǐng [ス]カヤック（競技）とカヌー（競技）.→[皮 huá 艇][皮艇]
皮环 píhuán リング状の皮革:吊り手や腕時計の帯など.

皮黄 píhuáng →[西 xī 皮黄]
皮货 píhuò =[毛 máo 货③]毛皮と皮製品の総称.〔～店〕=[皮 庄 zhuāng][皮行 háng]毛皮店:[皮局][皮庄]は旧称.
皮夹克 píjiākè [服]皮ジャンパー.
皮夹儿 píjiār 革（レザークロス）製の銭入れ.小物入れ:[皮夹子]ともいう.→[票 piào 夹子]
皮件 píjiàn 皮製品.
皮匠 píjiang ①皮製品を作る職人. ②靴職人:ふつう[修 xiū 鞋的]という.
皮胶 píjiāo （動物の皮からとった）かわ.→[骨 gǔ 胶]
皮筋(儿) píjīn(r) ゴム:輪ゴムやゴムひも:[橡皮筋]と同じ.〔跳 tiào ～〕ゴム跳び遊び(をする)
皮局 píjú ⇒[皮货店]
皮具 píjù 皮製の器物や用具.
皮开肉绽 píkāi ròuzhàn 皮膚が破れて血が出る:打たれた傷のひどいことをいう.〔打得～〕なぐって（られて）同前.
皮科儿 píkēr 〈方〉冗談.無駄口.〔～笑话儿〕同前.
皮可 píkě →[字解⑪]
皮库 píkù [服]スキンバンク.
皮挎包 píkuàbāo 革製のショルダーバック.→[挎包]
皮拉 píla [皮辣]とも書く.〈方〉(子供が)打たれ強い.根強い.しぶとい.めげず気にかけない.〔～东西捆在这儿,娇嫩东西搁楼上〕丈夫なものはここへ置き,きゃしゃなものは2階へ置く.〔这个病真～,老去不了根儿〕この病気は実に頑固で,なかなか根治できない.〔他挺～的,谁说他两句他也不在乎〕彼はとても図太くて,だれにかれこれ言われたところで,へいちゃらだ.
皮赖 pílài ごろつき.極道者.横暴者.〔他是有名的一人,不要理他〕彼は有名な札つきだ,かまわない方がいい.〔要 shuǎ 钱输了不许～〕ばくちをして負けてもいかさまをしてはいけない.〔孙三是这一乡的～〕孫三はこの村のならず者だ.→[赖皮]
皮老虎 pílǎohǔ ⇒[皮风箱]
皮里春秋 pílǐ chūnqiū [皮里阳秋]ともいう.〈成〉（外に現さないで）心中で人を批判する.→[春秋笔法]
皮里抽肉 píli chōuròu 〈喩〉〈方〉ひどくやせているさま.→[赖皮 瓜]
皮脸 pícliǎn〈方〉①あつかましい.〔拉了个～说〕ずうずうしく言う. ②いたずらである.腕白である.
皮脸皮痴 pícliǎn píchī 〈方〉〔厚ぼったい顔などの）膜面もなく甘えること:〔痴〕は[吃][嗤]とも書く.
皮脸儿 píliǎnr [布 bù 鞋]（中国靴）前部の縫い合わせ目と縫いつける細幅の皮をいう.〔这鞋要包上～就结实多了〕この靴は前の縫い目に皮をあててずっと丈夫になる.→[单 dān 脸儿鞋][双 shuāng 脸儿鞋][鞋 xié 脸]
皮领子 pílǐngzi 毛皮のえり.
皮毛 pímáo ①毛皮. ②〈転〉表面.上っつら.〔我只学了一点儿～,究竟还是不懂中华汉〕わたしはただちょっとばかり上っつらを学んだだけで,結局はやはり門外漢です. ③皮相浅薄.
皮帽 pímào〔-子〕皮製の（防寒）帽子.→[冬 dōng 装帽]
皮棉 pímián 〔皮 花]繰綿.皮 綿:〔籽 zǐ 棉〕（実綿,種子のもの）を綿繰り機にかけ,種子を分離したもの.商品として綿花とか原綿といわれるものは通常この皮綿を指す.
皮囊 pínáng ⇒[皮货]
皮内针 pínèizhēn [中医]（鍼療法で）皮下に刺した

pí 皮陂狓疲

鍼:1日または数日の間針を皮下に刺し込んだままにする療法.

皮袍 pípáo [-儿]® 中国服の,毛皮の裏をつけた長衣.

皮破血流 pípò xuèliú 〈慣〉皮膚が破れ血が流れる;重傷を負っているさま.

皮气 píqi ⇒【脾气】

皮钱儿 píqiánr ⇒【皮垫圈】

皮球 píqiú ①ゴムまり.ゴムボール.[拍 pāi~]まりつき(をする).[踢 tī~⑧]まり蹴り(をする).[扔 rēng~]ボール投げ(をする).[接 jiē (皮)球~]ボールを受ける.→【踢球】②〈喩〉たらい回し.[踢 tī~⑥]たらい回しをする.

皮肉 píròu ①皮と肉.身体.肉体.[~之苦]身体に受ける苦しみ.②〈喩〉売春.[~生涯]売春生活.[出卖~]売春をする.

皮褥子 pírùzi 毛皮の敷ぶとん.

皮试 píshì 医(注射や投薬の際の)アレルギーチェック.

皮实 píshi ①〈丈夫で〉強い.[这孩子真~,冷点热点全不怕]この子は本当に強い,ちょっとばかり寒かろうと暑かろうと何ともない.②(器物が)丈夫である.もちのいい.

皮手套 píshǒutào ①皮の手袋.②皮のグローブ.→【手套】

皮手筒 píshǒutǒng =[抄 chāo 手 (儿)④][打 dǎ 手儿]毛皮製のマフ:円筒状で両端から手を入れて暖をとるもの.→【手笼】

皮率 píshuài〈方〉強い.しっかりしている.[挺~的人,什么苦都受得了 liǎo]たいそうしっかりしている人で,どんな苦しみも耐えることができる.

皮丝(烟) písī (yān)(福建省産の)刻みタバコ.[水 shuǐ 烟袋]に用いる.

皮松肉紧 písōng ròujǐn〈成〉どうでもよい.取るに足らぬ.とりとめのない.[你这么~地做事,我真不痛快]おまえがこんな要領を得ない仕事をしていると,ぼくは不愉快でしかたがない.[这个孩子~]この子は間が抜けている.[和他一说了会子闲话彼とだらだらとしばらく世間話をした.

皮糖 pítáng ⇒【牛皮糖】

皮条 pítiáo ①皮.長い革帯.②→【拉皮条】

皮条客 pítiáokè [口]よからぬ男女関係を取り持つ者:[皮条纤 qiàn]ともいう.

皮艇 pítǐng ①カヤック.②スカヤック競技.→【划 huá 艇】

皮桶子 pítǒngzi 服上衣やコートの(裏地用の)生地に仕上げられた毛皮:[皮筒子][皮统子]とも書く.

皮下脂肪 píxià zhīfáng 生理皮下脂肪.

皮下注射 píxià zhùshè 医皮下注射(をする).

皮下组织 píxià zǔzhī 生理皮下組織:[基 jī 质层]ともいう.

皮线 píxiàn ⇒【橡 xiàng 皮线】

皮箱(子) píxiāng(zi) 皮のスーツケース.トランク.

皮相 píxiàng 皮相.浅薄.物事の外面.うわべのみを見て判断すること.[~之谈]浅薄な話.[你这是~之见,真相还在里面哪]君の言うことは皮相の観察だ,真相はずっと奥にあるのだ.

皮硝 píxiāo 硫酸ナトリウム:[朴 pò 硝]の俗称.旧時,皮なめしに用いた.

皮笑肉不笑 píxiào ròubùxiào ①作り笑い(をする).②悪意を内に潜めた失い.〈転〉陰険なさま.

皮鞋 píxié 皮靴.皮短靴.[~油]靴墨.靴用ワックス.

皮轩 píxuān 虎の皮で飾にした車:古代,鹵簿(ろ)に用いた.

皮靴 píxuē (皮製の)ブーツ.

皮炎 píyán 医皮膚炎(総称)

皮衣 píyī 毛皮や皮革で作った,または毛皮のついた衣類.→【裘 qiú ①】

皮椅子 píyǐzi 革張りの椅子.

皮影 píyǐng 影絵芝居(用の人形や動物など):人形の材料が牛や羊,ロバの皮であることからいう.

皮影戏 píyǐngxì =【影戏①】(影子戏)影絵芝居:河北省灤県の(方)驴皮影(л.)[滦 luán 州戏]ともいい,西北の[牛 niú 皮影]と並んで有名.

皮油 píyóu ①⇒【旧 jiù 油】②鶏.鸭などの皮下の脂肪.

皮张 pízhāng 原料となる獣皮.毛皮類.[~的生产比1959年将增加一倍以上]毛皮類の生産は1959年よりも倍以上に増加する予定だ.

皮掌(儿) pízhǎng(r) 靴底の前後に打ちつける皮.

皮着脸 pízheliǎn 面の皮を厚くして.ずうずうしく.[你别~再去借钱了]君は面の皮を厚くしてまたあの借金に行こうとしたりするな.→【老 lǎo 着脸皮】

皮疹 pízhěn 医皮しん.発しん.

皮脂 pízhī 生理皮脂腺]から分泌する脂肪.皮膚.毛髪を潤す.[~腺 xiàn]皮脂腺.皮下脂肪腺.

皮之不存,毛将焉附 pí zhī bùcún, máo jiāng yānfù〈諺〉皮がなくなれば毛はどこに付くのか:依存する基礎がなくなれば,それに付随していたものも存在できなくなる.[焉附]もともと[安傅]と書いた.

皮脂酸 pízhīsuān ⇒【癸 guǐ 二酸】

皮纸 pízhǐ ①ベラム:子牛.子羊.子ヤギなどの皮から製した墨書用の皮紙.【充 chōng ~】模造皮纸(ベラムペーパー).②桑.楮(ちょ).三椏(みつまた)などの樹皮や竹の子の皮などを原料として作った紙:強靭で虫がつかないので契約書や小包み包装.傘などに用いる.

皮质 pízhì ①生理皮質.②大脳皮質:[大脳~]の略称.[大脳皮层][皮层]は旧称.

皮重 pízhòng 風袋(の重さ).計量の際の容器の重さ.→[字解⑥]:[毛 máo 重]

皮庄 pízhuāng ⇒【皮货店】

皮子 pízi ①表皮.外側を包むもの.[书~]書物の表紙.②皮革.③果実の殻皮.

[陂] pí

地名用字.[黄 huáng ~县]湖北省にある.[高 gāo ~][固 gù ~][头 tóu ~]いずれも江西省にある.→ bēi pō

[狓] pí

[獾 huò 狓貐]

[疲] pí

①=[文罢]疲れる.気力が衰える.[筋 jīn ~力尽]疲れ果てる(くたくたに疲れる).②活気がない.③振るわない.伸び悩む:[疲软③]に同じ.[行 háng 市~了](市場の)商いが弱含みである.相場が伸び悩んでいる.

疲惫 píbèi ①疲れ果てる.[~不堪 kān]はなはだし く同前.②疲れさせる.[~敌军]敵軍を疲労困憊させる.

疲敝 píbì 消耗が激しくて欠乏する:[罢敝]とも書いた.[~不堪 kān]窮乏のどん底にあること.

疲顿 pídùn〈文〉疲れ切る.綿のように疲れる:[疲钝]とも書く.

疲乏 pífá 疲労(する).疲れて力がなくなる.

疲竭 píjié〈文〉疲れ果てる.力を使い果たす.

疲倦 píjuàn 疲れてだるくなる(元気がなくなる).

疲困 píkùn ①疲れてたえられない.②(経済状況が)活気がない.軟弱である.

疲劳 píláo ①疲れている.疲労で鈍麻がある.[有点儿~]すこし疲れた.[身体过度~]体は過度に疲労している.②疲れ.疲労.[肌肉~]筋肉疲労また.[~

疲 铍 鮍 鲏 苉 枇 毗 蚍 笓 琵 膍 貔 罴 羆 陴 郫 埤 啤 椑 脾 pí

過労.〔～病 bìng〕疲労病. ③服疲労.弾性.〕弾性疲労.〔～強度〕疲労強度.〔～試験〕疲労試験.

疲労轰炸 píláo hōngzhà ①反復して敵の神経を疲れさせる爆撃.波状攻撃. ②〔転〕長々しい談義.

疲累 pílèi 疲労する.疲れて気力,体力が衰える.

疲癃 pílóng 〈文〉年老いて多病である：〔罢癃〕とも書いた.

疲民 pímín 〈文〉疲弊した人民：〔罢民〕とも書いた.

疲软 píruǎn 〔罢软〕とも書いた.①疲労する.疲労して気力がない.〔一得立刻坐在地上了疲劳してすぐ地面に座りこんだ. ②物憂い. ③圈（相場が）低落気味.弱含み.〔～一股 gǔ 票〕値下がり株.〔日元～〕日本円のレートが下落傾向にある.

疲弱 píruò ①疲れて力がない.疲労して弱々しい. ②圈相場が軟弱である.

疲沓 pítà 気力がゆるむ.飽きがくる：〔疲塌〕とも書いた.〔起初他也热了一阵,可是日子一长又一下来了〕初めは彼もひとしきり熱中したものの,日がたつうちにだれてきた. 〔他就是那么个疲疲沓沓的人,对什么也是不冷不热的〕彼はもともとあんなんだ人間で,何事にもはっきりしない.

疲态 pítài ①疲労状態.息切れ状態. ②圈（相場の）低滞.伸び悩み.弱含み.

疲玩 píwán 〈文〉怠けて仕事をおろそかにする.

疲于奔命 pí yú bēnmìng 〈成〉奔命に疲れる.仕事に追われて疲れる.非常に忙しくて疲労する.

疲滞 pízhì 沈滞する.〔出口贸易～不振〕輸出貿易が沈滞して振るわない.

〔铍·鈹〕pí
①匹ベリリウム：アルカリ土類金属元素.記号 Be.〔铼 bó〕は旧名.〔～铝 lǚ 合金〕アルミベリリウム合金：航空機の部品や船舶用用プロペラなどに用いられる. → pī

〔鮍〕pí
地名用字.〔干 gài ～〕地カイピ：ベトナム最南部にある.

〔鲏·鮍〕pí → 〔鳑 páng 鲏（鱼）〕

〔苉〕pí
〔苯 fú〕植ゼニアオイの古名：〔锦 jǐn 葵〕に同じ. → bì

〔枇〕pí

枇杷 pí·pá 〔卢 lú 橘〕 植ビワ：樹及び果実をいう.

枇杷门巷 pí·pá ménxiàng 〈文〉花柳の巷.妓楼.

〔毗（毘）〕pí
〈文〉①（場所・土地が）連なる.続く. ②助ける.助けになる.

毗补 píbǔ 〈文〉助けて補う.

毗连 pílián 隣り合っている.並び接続している.

毗邻 pílín （場所が）隣り合わせる.隣接している.〔该建筑物和四川大学～〕その建物は四川大学と隣り合わせである.〔～的港口〕隣り合わせになっている港.

毗陵茄子 pílíng qiézi ⇒〔荸 bì 澄茄〕

毗卢 pílú 図（仏教で）るしゃな仏（⑤）：“毘盧舍那”“毘盧遮那”の略.〔～帽 mào〕旧時,死後三日目の供養の際,和尚のかぶる盧遮那仏を刺繍した帽子. →〔放 fàng 焰口〕

毗舍 píshè →〔吠 fèi 舍〕

毗陀 pítuó →〔吠 fèi 陀〕

毗倚 píyǐ 〈文〉信頼し重んじる.

毗益 píyì 〈文〉神益する.助けとなり役立つ.

〔蚍〕pí

蚍蜉 pífú →〔䗬 biē 蜉〕〔马蚍蜉〕〈文〉大きな羽蟻.

蚍蜉撼树 pífú hàn shù 〈成〉大きな羽蟻が大木を

ゆり動かそうとする.〈喩〉身のほど知らず.

〔笓〕pí
〔～笱 lǒ〕竹製のえびを捕る道具.

〔琵〕pí

琵琶 pí·pá 官びわ：楽器. →〔月 yuè 琴〕

琵琶虫 pí·páchóng →〔虱 shī〕

琵琶骨 pí·págǔ →〔肩 jiān 胛骨〕

琵琶记 pí·pájì 劇元末明初の高明の作.〔鼓 gǔ 子词〕にもなった蔡中郎と趙五娘の物語.〔四大奇书①〕の一.

琵琶襟(儿) pí·pájīn(r) 服胸の真ん中で合わせる式の婦人服：普通の中国服は,わき下から体の側面にかけてボタンをとめる.

琵琶桶 pí·pátǒng =〔桶②〕

琵琶鸭子 pí·páyāzi ⇒〔腊 là 鸭〕

琵琶（猪）肉 pí·pá (zhū)ròu 食豚の内臓と骨を取りさり,塩・山椒を入れて縫い合わせ,天日干ししたもの：琵琶の形に似ている.〔猪膀肉〕ともいう.少数民族に珍重される.

〔膍〕pí
①固牛・羊などの胃袋.〈口〉百 bǎi 叶①〕に同じ.〔～胜 chī〕〈方〉鳥類のもつ（胃袋）.〔～下水 xiàshui〕〈文〉立派ではないが捨てる訳にもいかない（お供え）もの.

〔貔（豼）〕pí
伝説中の虎に似た猛獣.

貔虎 píhǔ 固貔(°)と虎.〈喩〉勇猛な兵士.〔～百万〕百万の精兵.

貔貅 píxiū 固貔貅〔豹(°)〕に類する伝説上の猛獣.〈喩〉勇猛な将兵.

貔子 pízi ⇒〔黄 huáng 鼠狼〕

〔罢〕pí ⇒〔疲①〕 → bà ba

〔罴·羆〕pí 動ヒグマ：〔棕 zōng 熊〕の別称.

〔陴〕pí 〈文〉姫垣：〔埤 pì〕に同じ.

〔郫〕pí 地名用字.〔～县 xiàn〕地四川省にある.

〔埤〕pí 〈文〉付加する.増加する.〔～益 yì〕補い益となる.助けとなる.

〔啤〕pí 固ビール：ふつう〔啤酒〕という.〔～标 biāo〕(ビールの)ラベル.〔干 gān ～(酒)〕ドライビール.〔罐 guàn ～(酒)〕〔罐装～〕缶ビール.〔易 yì 拉罐～〕プルタブの缶ビール.〔瓶 píng ～(酒)〕瓶ビール.〔生～(酒)〕〔鲜 xiān ～(酒)〕生ビール.〔扎 zhā ～(酒)〕生ジョッキ.

啤酒 píjiǔ 固ビール：〔麦 mài 酒〕ともいう.〔～肚 dù〕ビール腹.太鼓腹.→字解

啤酒花 píjiǔhuā 植〔忽 hū 布(花)〕の別称.

〔椑〕pí 固楕円形をした酒器. → bēi

〔脾〕pí 生理脾臓：中国医学では〔五 wǔ 脏〕の一で飲食物の分解排泄及び水分代謝を司るものとしている.

脾疳 pígān 中小児の脾臓が肥大して,腹がふくれ体がやせる病気.

脾寒 píhán 中医脾臓の作用の不振により起こる腹痛・寒け.寒けなどの症状.

脾气 píqì 〔皮气〕とも書く. ①=〔脾性〕気質.性癖.くせ.〔直 zhí 筒子～〕さっぱりした気性.〔坏 huài ～〕悪いくせ. 〔～坏〕気性が悪い.〔各人有各人的～〕人はそれぞれくせがある.〔吃东西没有～〕食物に好き嫌いがない.〔摸熟他的～〕彼のくせを心得る.〔合～〕〔对～〕気が合う.仲がよい. ②かんしゃく.〔发 fā ～〕〔阿 nào ～〕かんしゃくをおこす.〔没

～〕おとない。〔他有～〕彼はかんしゃくもちだ。〔这个小孩子向来～很大〕この子供は元からかんしゃくがひどい。〔好大的～，一天没说话〕たいへんかんむりで、一日中ものを言わなかった。

脾肾 píshèn 脾臓と腎臓．
脾胃 píwèi 中医脾と胃．〔～虚 xū 弱〕〔脾胃〕胃弱・貧血・腹部膨大・下痢などの症状．〔～为后天之本〕脾臓と胃は後天的に重要な働きをするもと．〔～功能〕脾臓と胃の機能．〈転〉消化機能．⓶気性．好み．好き嫌い．〔脾味〕とも書く．〔不合～〕〔不对～〕肌が合わない．〔谁也不喜 ài 干干合～的事〕誰だって性に合わないことはしたくない．〔～相投〕が合う．
脾性 píxìng ⇒〔脾气①〕
脾虚 píxū ⇒〔脾胃虚弱〕
脾脏 pízàng 生理脾臓．

〔**裨**〕 pí 〈文〉(正に対する)副の．補佐の．⓶小さい．→ bì
裨販 pífàn 〈文〉こあきんど．⓶小さい商売．
裨将 píjiàng 〔偏裨 将〕〔偏裨〕副将．将補．
裨王 píwáng 〈文〉小王．小さい国の王．

〔**蜱**〕 pí 虫マダニ(科総称)・ダニ目の節足動物．〔壁 bì 虱〕．

〔**鼙**〕 pí 古代の陣太鼓．〔～鼓 gǔ〕〔鼓〕小型の同前．

〔**匹(疋)**〕 pǐ (Ⅰ)〔匹〕〈文〉対になったもの．→〔匹鸟〕⓶匹敵する．相当する．並ぶ．つり合う．〔世罕 hǎn 其～〕世に並ぶものがめったにない．〔难与为～〕匹敵しがたい．→〔匹敌〕〔匹配〕⓷単独の．〔～夫～妇〕ふつうの男と女．世の中の一人ひとりの人．⓸〈姓〉匹（疋）
(Ⅱ)〔疋〕量詞．⓵馬やロバを数える．〔一～马〕一頭の馬．→〔条 tiáo ⑦〕⓺．〔头 tóu ⑮〕⓸〔只 zhī ①〕⓶．⓶〔布〕布・絹織物を数える．〔一～布〕一匹の布．布は 4 丈をいう．現在では 50 尺、100 尺とまとまった量を指す．⓷動力(馬力)を数える．〔二百～马力〕200 馬力．
匹俦 píchóu 〈文〉①(よい)つれあい．伴侶．配偶．⓶同類．
匹敌 pídí 匹敵する．つり合う．⓶互いに似た力や地位を持つ人．
匹夫 pífū ①ひとりの男．普通の人．〔国家兴亡～有责〕国家の興亡についてはごく平凡な一般人にも責任がある．〔～不可夺志〕(論語・子罕)匹夫も志を奪うべからず．⓶無知無謀の人を軽んじていう．〔～之勇〕〈成〉無知無謀の血気の小男．〔老～〕老いぼれ．
匹拉米童 pǐlāmǐdòng ⇒〔氨 ān 基比林〕
匹练 pǐliàn ①一匹の白絹．〔瀑 pù 布泷如同～倒悬，万马奔腾〕滝は白絹をつり下げ万馬が駆けるかのようである．②〈転〉滝・日の光・水面・雲霧などを見立てて言う．
匹马单枪 pǐmǎ dānqiāng ⇒〔单枪匹马〕
匹鸟 pǐniǎo 対をなす鳥：〔鸳 yuān 鸯〕の別称．
匹偶 pǐ'ǒu 配偶．夫婦．
匹配 pǐpèi ①〈文〉添う．結婚する．〔良缘〕〈成〉良縁を結ぶ．②つり合いがとれている．似合いである．③電整合．マッチング．〔阻 zǔ 抗～〕インピーダンス整合．〔～变压器〕マッチングトランス．
匹萨饼 pǐsàbǐng 〔比 bǐ 萨饼〕
匹庶 pǐshù 〈文〉庶民．夫婦．
匹头 pǐtou 〈方〉(裁断された)反物(ᵗᵃⁿ)．

〔**苉**〕 pǐ 化ピセン．〔二 èr 萘品苯〕に同じ．

〔**庀**〕 pǐ 〈文〉①備える．準備する．〔鸠 jiū 工～材〕職人を集め材料を準備する．②治める．

〔**仳**〕 pǐ 〈文〉別れる．離別する．
仳离 pǐlí 〈文〉夫婦が離別する：多く妻が捨てられる場合に用いる．〔宣告～〕離婚を宣言する．

〔**吡**〕 pǐ 〈文〉そしる．責める．しかりつける．
 bǐ

〔**圮**〕 pǐ 〈文〉崩れこわる．〔倾 qīng ～〕同前．
圮废 pǐfèi 〈文〉荒廃する．
圮毁 pǐhuǐ 〈文〉崩れ倒れる．
圮塌 pǐtā 〈文〉崩れ落ちる．

〔**否**〕 pǐ ①〈文〉劣悪である．→〔否极泰来〕②おとしめる．あしざまに言う．〔臧 zāng ～〕よしあし(を批評する)．③〈文〉否：六十四卦の一．上が〔乾 qián〕(☰)，下が〔坤 kūn〕(☷)と出た卦，天地交わらず万物通ぜずという非常に悪い卦．この逆を〔泰 tài ⑤〕という．→ fǒu
否鬲 pǐgé 〈文〉ふさがって通じないこと．
否极泰来 pǐjí tàilái 〔否极反泰〕ともいう．〈成〉不運の極に達すれば幸運が回って来る．〈喩〉行くところまで行けば、〔苦 kǔ 乐 lè 极生悲〕
否泰 pǐtai 〈文〉不運と幸運．衰退と隆盛．

〔**痞**〕 pǐ ①中医胸腹部のつかえ・しこり．→〔痞块〕②ならずもの．無頼漢．〔地～〕土地のやくざ．地まわり．〔流 liú ～〕渡り者のごろつき．〔文～〕悪質文士．
痞积 pǐjī 中医痞积(ㅊᵃᵏ)：下部腹腔内の病的なかたまり．〔痞块〕と同じ．
痞块 pǐkuài 同上．
痞气 pǐqì ちんぴら根性．ごろつきの気風．
痞子 pǐzi ちんぴら．ごろつき．ならず者．〔～文学〕無頼漢文学．

〔**嚭(噽)**〕 pǐ 〈文〉大きい．

〔**劈**〕 pǐ ①=〔擘②〕手で裂く．むしりとる．〔～麻〕麻の皮を茎からはぎとる．〔～青菜的叶子〕野菜の葉をもぐ．〔把干树枝～下来〕枯れ枝を折りとる．〔白菜帮子得～下来扔掉〕白菜の外葉ははぎとって捨てなければいけない．②(二つに)分け分ける．〔～成两份儿〕割って二つに分ける．〔一～两半〕一つを二つに分ける．〔一份资金～成三股〕一つの資金を三つに分ける．③足や手指をいっぱいにひらく．→ pī
劈棒子 pǐbàngzi トウモロコシをもぐとる．
劈叉 pǐchā (体操・武術・舞踊などの)開脚座：両足を一直線にひろげ，床にぴったりとくっつける姿勢．
劈柴 pǐchai 薪．まき．〔劈木柴〕薪を割る．
劈账 pǐzhàng 一定の割合で金を分ける．負債を分担する．〔二八～〕2対8の割合で勘定を負担する(収益を分け合う．)

〔**擗**〕 pǐ ①〈文〉(驚きあるいは悲しんで)胸を叩く．〔～踊 yǒng〕胸を叩き足を踏みならして悲しむ．②⇒〔劈①〕

〔**癖**〕 pǐ (よくない)嗜好．くせ．〔烟 yān ～〕回アヘンを吸うくせ(アヘン中毒)．〔酒～〕酒好き(アルコール中毒)．〔嗜 shì 酒成～〕酒をたしなんでくせ(アルコール中毒)．〔洁 jié ～〕潔癖性．
癖爱 pǐ'ài 〈文〉偏愛する．溺愛する．好みが深い．
癖病 pǐbìng 悪癖．
癖痼 pǐgù 〈文〉持病．
癖好 pǐhào 特別の好み．癖(ㅊᵉ)．
癖习 pǐxí 同下．
癖性 pǐxìng 〔癖习〕性癖．好み．〔贪 tān 睡的～〕寝坊の習性．

屁钷湃埤睥媲辟僻澼甓䴙䴙 pì

〔屁〕 pì
①[生理]屁(へ).おなら.⑤〔放 fàng ～〕ⓐへをひる.ⓑばかなこと！あほくそ！ばかばかしい！ⓒ〈転〉なんの価値もない)つまらない.→〔屁事〕 ③多く強い否定や反語を作り,〔什么〕のようにすべてのものを指す.〔你懂 dǒng 个～〕君に分かるものか.〔别人说了有一屁也的者が言っても何の役にもたたない.〔～也不懂〕何もわかっていない.

屁步甲 pìbùjiǎ [虫]ミイデラゴミムシ：ヘヒリムシの代表的なもの.〔放 fàng 屁虫〕〈文〉气 qì 鳖〕〔行 xíng 夜②〕ともいう.

屁大 pìdà <喩>屁ほどの.小さい.言う(あつかう)ほどのものではない：〔屁大点儿〕ともいう.〔他好 hào 把～的事得有声有色〕彼はつまらない事を尾ひれをつけてでっちあげている.

屁股 pìgu ①尻.けつ.〔～蛋儿 dànr〕〔～蛋子〕<方>おしり.〔～眼儿 yǎn(r)〕〔屁眼〕尻の穴.けつの穴.〔肛 gāng 门〕〔肛门〕の俗称.〔～沟 gōu〕尻の割れ目.〔跟着人家～后头走〕他人の尻について行く.人の尻馬に乗る.〔满～都是账 zhàng〕借金だらけ.〔～还没挨 āi 座儿就走了〕腰を落ち着けないうちに出て行った.〔一～坐下〕ぺたんと座りこむ.〔移 yí～〕尻を移すいままでの生活態度を変える.→〔腔 dìng〕〔臀 tún〕②物の末尾.残片.〔香烟～〕〔烟头儿〕巻きタバコの吸いさし.〔这般无聊文人的笔名,常常在报～上发现〕これら三文文士のペンネームが,しょっちゅう新聞のはしっこに現れる.

屁股沉 pìguchén <方>尻が重い.尻が長い,長居をする.〔他的～,永远让厌而不自觉〕〈老・四・惺29〉彼の長尻はいつも人にきらわれているのだが自分ではわからない.

屁股蹲儿 pìgudūnr <方>しりもち.〔闹哨了个～〕しりもちをついた.〔一个～就坐在地毯上了〕ぺたんとじゅうたんの上にしりもちをついた.

屁股帘儿 pìgulliánr =〔屁帘儿〕.

屁滚尿流 pìgǔn niàoliú =〔尿流屁滚〕屁はひる小便はたれ流す.〈喩〉あたふたするさま.慌てふためくさま.〔魂 hún 不附体〕

屁话 pìhuà つまらぬ話.ばからしい話.

屁帘儿 pìliánr =〔屁股帘儿〕[図]冬季,幼児に〔开 kāi 裆裤〕(着たまま用便のできる尻割れズボン)を着せる時,風の寒さを防ぐために尻に垂れ下げる綿入れ製のしりあて；〔屁帘子〕ともいう.

屁塞 pìsāi <文>死者の肛門をふさぐ玉.

屁事 pìshì ①(反語表現で)何も少しも.〔～不干〕何もしない.〔～不会〕何もできない.〔关我～〕おれの知ったことか.②取るに足らぬ些事.

〔钷・鉕(鏺)〕 pì
<文>裂く.裁(た)つ.

〔湃〕 pì
〔～河〕[地]安徽省にある.

〔埤〕 pì
<文>姫垣：城壁上部の凹凸.〔陴 pí〕に同じ.→pí

埤堄 pìnì <文>姫垣.〔睥睨②〕に同じ.→〔女 nǚ (儿)墙①〕

〔睥〕 pì

睥睨 pìnì =〔僻倪〕<文>①〔轻蔑あるいは威丈高に〕.じろりと見る.にらみつける.〔一切 qiè あらゆるものをへいげいする.威風を示す.②城壁の姫垣：〔埤堄〕に同じ.

〔媲(妣)〕 pì
<文>①並び競う.〔与…相～〕…と匹敵する.②めあわせる.

媲美 pìměi =〔比 bǐ 美〕美を競う.匹敵するすばらしさである.〔货质可与西方各国制品～〕商品の品質は西欧各国の製品に匹敵できる.

媲偶 pǐ'ǒu 〈文〉連れ添う.連れ合う.伴う.②配偶.夫婦.

〔辟・闢〕 pì
(Ⅰ)〔辟〕<文>法.刑律.〔大～〕[固]極刑.
(Ⅱ)〔辟・闢〕①拓(ひら)く.〔开～〕開拓する.開発する.新たに始める.〔～地〕土地を開墾する.②<文>斥(しりぞ)ける.③透徹している.…しきっている.→bì

辟谷 pìgǔ <文>穀物の食事をやめて仙人になろうとすること.〔烟 yān 火②〕

辟门 pìmén 門戸を開放する.野に在る有能の士を求める.

辟谣 pìyáo デマ(うわさ)を反駁し打ち消す.

〔僻〕 pì
①〔偏 piān～〕辺鄙(である).→〔背 bèi ⑨〕②あまり見かけない(道・場所で字など).③〔生 shēng～〕目にしたことがない.見かけない.〔冷 lěng～〕ⓐ人跡まれで寂しい.ⓑ(文字の)あまり用いられない.〔～字 zì〕〔偏～字〕あまり用いられない字.③ひねくれている.偏屈である.〔乖 guāi～〕〔怪 guài～〕同前.〔孤 gū～〕偏屈で人付き合いをしない.

僻角一隅 pì chǔ yīyú <文>辺鄙な所.〔那里风景实在好,可惜～不为人注意〕あそこの風景は実によいが,惜しいことに辺鄙な所にあって人の注意をひかない.

僻处 pìchù 辺鄙なところ.寂しいところ.

僻地 pìdì 僻遠の地.

僻典 pìdiǎn <文>平生あまり用いられない故事・出典.→〔典故〕

僻见 pìjiàn めったにない意見.→〔偏 piān 见〕

僻径 pìjìng <文>辺鄙な小道.

僻静 pìjìng 辺鄙である.奥まって寂しい.〔～的地方〕人里離れた所.

僻陋 pìlòu 偏僻(である).人気ないすさんだ(ところ).荒れはてた(ところ).

僻倪 pìní ⇒〔睥睨〕

僻壤 pìrǎng 辺鄙で荒涼たる所.〔穷 qióng 乡～〕同前.

僻乡 pìxiāng 片田舎.

僻巷 pìxiàng 寂しい路地.

僻姓 pìxìng 珍しい名字.

僻野 pìyě 辺鄙な野外.

僻远 pìyuǎn 辺鄙な所.人里遠く離れた所.

〔澼〕 pì →〔洴 píng 澼〕

〔甓〕 pì
<文>敷瓦.甄(kǒng).〔陶侃运～成〕晋の陶侃は毎朝甎100枚を屋外へ,夕には屋内へ運んで体が鈍るのを防いだ.

〔䴙・䴙(鷿)〕 pì
〔～鹈 tī〕〔～鹈 tī〕[鳥]カイツブリ.

〔譬〕 pì
①たとえる.②たとえ.比喩.〔设 shè～〕たとえを設ける(たとえ話をする).③〈文〉明らかに諭す.よく教えて聞かせる.④わかる.了解する.

譬方 pìfāng たとえ(る).比喩(を用いる).→〔比 bǐ 方②〕

譬如 pìrú =〔譬若〕例を挙げる.たとえる.

譬若 pìruò 同上.

譬喻 pìyù ①たとえ.②たとえ.比喩.→〔比喻〕

pian ㄆㄧㄢ

[片] **piān** 〔片 piàn ②③〕が"儿化"する時,〔片儿 piānr〕と発音されるものが多い。①平くて薄い小さな物.〔相 xiàng～儿〕〔象～儿〕写真.〔画 huà～儿〕絵葉書.〔唱 chàng～儿〕レコード.⑤映画.〔电 diàn 影～儿〕映画フィルム.〔黑 hēi 白～儿〕白黒映画. → piàn

片子 piānzi ①映画.(作品としての)フィルム.〔美国～〕アメリカ映画.②X線の現像写真.③レコード.音盤. → piànzi

[扁] **piān** 〈文〉小さい. → biǎn

扁舟 piānzhōu 〈文〉小舟.〔一叶 yè～〕一艘の小舟.

[偏] **piān** ①(一方に)寄っている.かたむいている.〔请您～右一点儿站〕もう少し右の方へお立ち下さい.〔～左〕左に片寄る.左傾する.〔东北～东〕東北東.〔不要把镜子挂～了〕鏡を(かたよらないように)まっすぐに掛けなさい.〔这个相 xiàng 片是～脸儿〕この写真は横顔だ.②(中心から)はずれている.脇にある.辺遠である.〔这地方太～了〕ここはあまりに偏している.③不公平である.公平でない.〔这件事办得有点～了〕この事のやり方は少し公平を欠いている.〔他总～着他的兄弟〕彼はどうしても弟の肩をもつ.④正規(正式)でない.補佐(副)の.俗流の.〔～房②〕〔偏将〕⑤〔裏を先にいただきます.⑥あくまで.どうあっても.ことさら.かえって.〔不叫我去,我～去〕ぼくを行かせまいとしても,どうあっても行く.〔你不和他好,他～要和你好〕きみは彼と親しくもないのに,彼の方ではどうしてもきみと親しくなりたがっている.〔我说白,他～要说黑,老是说不到一块儿〕〔偏爱儿②〕わたしが白と言えば彼はことさらに黒と言おうとして,いつも話が合わない.⑦あいにく.折悪しく(よく):多く(通常・予期とは逆で)意外な失望を表す.〔好容易盼他回来了,又生起病来了〕やっとのことで彼が帰って来たと思ったら,あいにくまた病気になってしまった.⑧〔姓〕偏(へん)

偏爱 piān'ài → 〔偏疼;偏好(する)〕

偏安 piān'ān (封建時代の)統治者がわずかに一地方に安居して全国を統率していけない無力な状態.わずか一部分だけを支配していること.〔～一隅 yú〕同前.〔～之局〕同前の状勢.

偏笔 piānbǐ 運筆の一種:平筆・なで筆のことで筆力がなく穂先が乱れているもので運筆上最もきらわれるもの. → 〔圆 yuán 笔〕

偏不凑巧 piānbùcòuqiǎo 〈慣〉折あしく.都合悪く.なんのあいにくで. → 〔偏偏①〕〔偏巧〕

偏才 piāncái 一面のみに突出した才能をもつ人.

偏差 piānchā ①偏差.〔航空中的～不会大过十二浬〕航程誤差は12海里を大きく超えることはない.②偏向.かたより.くい違い.ずれ.ひずみ.〔要防止在政治运动中出现～〕政治運動中のいきすぎを防止する.〔工作中出了些～,但很快就纠正了〕仕事にいくつか考え違いがあったが,すぐ正した.

偏厂 piānchǎng 漢字部首の一.①がんだれ.〔厂〕:〔厃 tū ～〕〔偏厖儿②〕ともいった.②まだれの旧称.〔广〕:〔广 guǎng 字旁几〕に同じ. → 付録 1

偏陈 piānchén →〔苯 běn〕

偏处 piānchǔ 片寄る.偏在する.

偏辞 piāncí 〈文〉①一方的な考えによる言葉.不公平な言.②巧言.へつらう言葉.

偏凑巧 piāncòuqiǎo ⇒〔偏巧〕

偏宕 piāndàng 〈文〉過激(やりたい放題)で道理にはずれている.

偏殿 piāndiàn ⇒〔配 pèi 殿〕

偏阿 piān'ē 〈文〉かたよっていきする.私情がいられる.〔遇事当秉 bǐng 公处理,不可循 xún 私～〕事にのぞんでは公平に処理すべきで,私情がいられてひいきしたりしてはいけない.

偏饭 piānfàn 特別な食事.〈喩〉特別な配慮.〔他学习有困难,老师一直给他吃～〕彼は勉強が困難で,ずっと先生からの特別な配慮を受けている. → 〔小 xiǎo 灶〕

偏方 piānfāng ①〈文〉片一方.②[-儿]民間の処方:医書に記されていないもの.

偏房 piānfáng ①〔建〕〔四合院〕の〔东厢房〕と〔西厢房〕. → 付録 6 ②⇒〔妾 qiè〕

偏废 piānfèi 〈文〉①一方や一部をないがしろにする.一方を重視して一方を顧みない.〔二者不可～〕双方の一方を重用して他方を捨ててはならない.②半身が不随である.

偏风 piānfēng ①〔见〕(高空の)横風.②〔中医〕中風.半身不随:〔偏废②〕に同じ.

偏锋 piānfēng ①(運筆で)毛筆の先端を筆画(字の線)の中心からずらして書く.側筆で書く(書法).②〈喩〉(裏手からする)遠回しの論法・やり方.〔剑 jiàn 走～〕同前でやる.〔他总是从正面发言,不喜欢一话〕彼はいつも正面から発言し,遠回しの言い方を好まない.

偏缝 piānfèng →〔唇 chún 裂〕

偏高 piāngāo (値段が)高い方に振れている.〔日本的五金订价一,将来难免有一定程度的下跌〕日本の金物の価格は割高になっている.将来ある程度の下落はまぬがれない.

偏光 piānguāng ⇒〔偏(振)光〕

偏(过)了 piān(guò)le =〔先 xiān 偏了〕〈挨〉(食事など)お先にいただきました(すませました)

偏航 piānháng (飛行機または船の)オフコース.針路をそれる(こと).〔～计〕針路計.

偏好 piānhào ⇒〔偏爱〕

偏好 piānhào 特に好む.こる.ふける.偏愛する.

偏护 piānhù えこひいきする.身びいきで肩入れする.

偏花绉纱 piānhuā zhòushā 〔见〕ベムファニークレープ. →〔绉纱〕

偏讳 piānhuì 2字名のうち,1字だけを忌む(んで使用しない)こと. →〔讳〕

偏激 piānjī (意見・主張などが)激しい方に偏っている.〔～的思想〕同前の思想.〔态tài度～〕態度が偏って過激である.

偏见 piānjiàn 偏った見方.偏見.先入観. →〔僻 pì 见〕

偏将 piānjiàng 副将.将補:〔裨 pí 将〕に同じ.

偏角 piānjiǎo ①⇒〔磁 cí 偏角〕②⇒〔刃 rèn 口角〕

偏紧 piānjǐn ①不足に偏る.品薄である.②締め過ぎる.緊張しすぎる.〔皮带～〕バンドを締め過ぎた.

偏科 piānkē 学科の好き嫌いが激しい.学科を選り好みする.

偏口鱼 piānkǒuyú ⇒〔比bǐ目鱼〕

偏枯 piānkū ①⇒〔偏风②〕②(分配・恩恵などが)不公平である.(発展などが)不均衡である.〔有的地方供应得很好,另外的地方供应得不好,这种～的情况必须纠正〕ある地方では供給に恵まれていて,あのような偏頗な状態は正しなければならない.

偏劳 piānláo 一人だけ(一方のみ)に苦労をする.〔～！〕〔叫您～！〕〈挨〉あなたお一人にご苦労かけまして(かけます).〔请您～吧〕(悪いけれども)あなたに

1304

偏 牖 腷 篇 — piān

お願いしましょう.

偏离 piānlí 常軌からそれる.はずれる.逸脱する.〔一旦～正确路线,革命就会受到挫折〕正しい路線から逸脱すると革命は挫折してしまうだろう.

偏利共生 piānlì gòngshēng 〔生命〕片(偏)利共生:〔偏利共栖 xī〕ともいう.

偏磷酸盐 piān línsuānyán 〔化〕メタリン酸塩.

偏流 piānliú 〔電〕バイアス電流.

偏漏 piānlòu ⇒〔痹 zhì 漏〕

偏盲 piānmáng ①隻眼(片目は失明している):〔眇 miǎo 公〕ともいう. ②〔医〕視野欠損.半盲.

偏拗 piānniù 〈方〉偏屈(である).片意地(を張る)

偏旁(儿) piānpáng(r) 〔語〕漢字の"へん"と"つくり".

偏疲 piānpí 〔裨抨〕

偏僻 piānpì 辺鄙(である).〔住得太～了,出入真不方便〕ひどく辺鄙なところに住んでいて,外への行きが実に不便である.

偏僻字 piānpìzì 〔語〕あまり常用されない字.見慣れない難しい字:〔僻字〕ともいう.

偏偏 piānpiān ①わざと.〔昨天你来,～我没在家〕きのう君が来た時,あいにくぼくは家にいなかった.〔～遇着～〕あいにくなことが重なる.→〔偏巧〕②あくまで.意地にでも.かえって.〔偏⑥〕に同じ. ③意外にも.事もあろうに.〔怎么你～在山上扎营？〕(京劇・空城計)おまえはどうして事もあろうに山頂に陣をとったのか. ④〔範囲を表す〕だけ.ばかり.〔别的组都完成了任务,为什么～咱们没完成〕ほかの班はみんな任務を完遂したのに,どうしておれの班だけ完遂できないのか.

偏颇 piānpō 〈文〉不公平である.一方に偏している.

偏栖 piānqī 〈文〉ひとり暮らし(をする).やもめ暮らし(をする).

偏巧 piānqiǎo =〔偏凑巧〕〈方〉偏ʼ好 hǎo〕ちょうど.あいにく:事柄自体のよしあしによって"折良く"または"折悪しく"の意となる.〔我正要找他,～他来了〕彼を尋ねて行こうとしている時に,折良く彼が来た.→字解⑦

偏厦儿 piānshàr ①〔建〕家屋の外壁面に建て増しした部屋. ②⇒〔廂儿①〕

偏衫 piānshān 袈裟に似た僧衣.→〔袈 jiā 裟〕

偏生 piānshēng 〈方〉あいにく.〔事情正等他主持呢,～他病倒 dǎo 了〕事はまさに彼の采配にいを待っていたところに,あいにく彼は病気で倒れてしまった. ②かえって(なんとしても).意地でも.こちらの意向に逆らって.〔我叫他去,他～不去〕彼を行かせようとしているのに,彼はなおのこと行かない.

偏师 piānshī 〔旧〕軍隊の左翼(または右翼)につく(補助)部隊.

偏食 piānshí ①偏食する. ②〈喩〉一方のみを重んずる.特別待遇する. ③〔天〕太陽・月の部分食:〔偏蝕〕とも書く.〔半 bàn 蝕〕〔部 bù 分蝕〕は旧称.〔日～〕部分日食.〔月～〕部分月食.→〔食相〕

偏视 piānshì ⇒〔斜 xié 视①〕

偏势 piānshì 傾向.

偏室 piānshì ⇒〔妾 qiè 儿〕

偏斗儿 piāndǒur ⇒〔拉 lā 偏斗儿〕

偏私 piānsī 私情にとらわれる.えこひいきする.

偏瘫 piāntān 〔中医〕半身不随:〔半 bàn 身不遂〕ともいう.

偏袒 piāntǎn ①〈文〉衣服の一方の肩をぬぐ. ②〈転〉一方の肩をもつ.加担する.→〔左 zuǒ 袒〕

偏疼 piānténg ⇒〔偏爱〕

偏提 piāntí 〔酒 jiǔ 壺〕の別称.

偏题 piāntí めったに見かけない試験問題.

偏听 piāntīng 一方の言のみを聞く(こと).〔～一面之词〕同前.〔～偏信〕〈成〉一方の言い分のみを聞いて信じる.

偏头痛 piāntóutòng 〔医〕偏頭痛:〔边 biān 头风〕は俗称.

偏误 piānwù 偏りや誤り.

偏西 piānxī ①西に偏する.〔太阳～〕太陽が西に傾く. ②西寄り.〔西北～〕西北西.〔～风〕〔気〕偏西風.

偏析 piānxī =〔离 lí 析②〕〔工〕偏析.

偏狭 piānxiá 心が狭く偏っている.

偏乡僻壤 piānxiāng pìrǎng 辺鄙な土地.僻地.僻村.

偏向 piānxiàng ①一方に偏する(して中正でない).〔偏一个向一个〕片方にだけ偏しえこひいきする. ②偏向.偏っていること.〔只注意民主,不注意集中,也是～〕民主的ということにのみ注意を払って集中化ということに注意しないのも偏向というものだ. ③贊成に傾いている.〔大家～谁的意见,谁就会胜利出来〕どちらかと言えば贊成だ.

偏斜 piānxié 〔機〕振れ.ゆがみ.デフレクション.横傾.ひずみ.

偏心 piānxīn ①偏見のある.(考えが)偏頗(ʼ)な. ②不公平に一方の肩を持つ.

偏心轮 piānxīnlún 〔機〕偏心輪.ハートカム.

偏心眼儿 piānxīnyǎnr ①偏頗な考え. ②見方に偏りのある.えこひいきする.

偏心轴 piānxīnzhóu 〔機〕偏心軸.

偏信 piānxìn 偏って信じる.〔～文凭 píng〕卒業証書ばかりを信じる.

偏压 piānyā 〔電〕バイアス電圧.

偏移 piānyí (一定の方向へ)移動する(させる).ずらす.

偏倚 piānyǐ 〈文〉かたよる.偏重する.

偏义复词 piānyì fùcí 〔語〕偏義合成語:〔忘记〕〔国家〕〔妻子〕など一部の語素が語義内容を作るもの.

偏于 piānyú …の方に傾く.…に偏る.…の肩を持つ.〔～保守的意见〕保守に傾いた意見.

偏远 piānyuǎn 辺鄙で遠い.〔～地区〕辺鄙で中心から遠く離れた地域.

偏灾 piānzāi 〈文〉大水害・大旱魃(ʼ)などの災難.

偏振 piānzhèn 〔物〕偏振動.偏光.分極.

偏(振)光 piān(zhèn)guāng 〔物〕偏光.

偏振光镜 piānzhènguāng jìng 〔物〕偏光器.偏光子.

偏正 piānzhèng 偏頗と中正.副と正.〔～结构〕〔語〕連体修飾語→中心詞(被修飾語)、副詞的修飾語→中心詞などの修飾関係:例えば"红花""慢走"など.〔～词组〕修飾語と被修飾語からなる連語.〔～复 fù 句〕主従複文.

偏执 piānzhí 偏頗に固執する.〔性情～〕性質が頑なである.

偏重 piānzhòng 偏重する.一方のみ重んずる.↔〔并 bìng 重〕

偏转 piānzhuǎn ①〔物工〕偏移.振れ.偏差. ②〔機〕偏(ʼ).振れ.

偏坠 piānzhuì 〔中医〕睾丸の片方だけが腫れて下がる症状.慢性睾丸炎.

〔犏〕 piān 〔～牛 niú〕〔動〕(青海・チベット地方で)〔牦 máo 牛〕(ヤク)の雌と〔黄 huáng 牛①〕(あか牛)の雄との第一代の雑種牛をいう.

〔腷〕 piān 〔化〕メタプロテイン.

〔篇〕 piān ①(詩文などの)篇.首尾整った文章.〔前 qián 一〕前篇.〔第一～〕第一篇.〔全～大意〕全篇のたいたいのあらすじ.〔写长～小说〕長篇小説を書く.〔名～〕世に知られた詩文.〔论文还没有完～〕論文はまだ書き上がっていない.〔一儿〕文字や文章が書かれている一枚の紙:〔篇子〕に同じ.〔歌～儿〕1 枚に書かれた楽譜.〔单～儿讲义〕1 枚

の講義用プリント.〔翻开书～(儿)〕本のページをめくる.→〔页 yè②〕 ③〔～儿〕量詞.詩文·文章·文章作品を数える.〔一～论文〕一篇の論文.〔一～文章〕一篇の文章.〔写儿～通讯〕数通の通信を書く.〔李白斗酒诗百～〕李白は酒豪で酒一斗飲めば詩百篇はできた.〔三百～〕詩経のことをいう.〔上册共分七～〕上册は七つの篇に分かれている.ⓑ文章の書かれた紙を数える.〔三~儿纸〕(同前の)紙 2 枚.ⓒ本の表裏 2 ページとなる紙 1 枚.〔这本书缺了一～儿〕この本は 1 枚落丁している.

篇幅 piānfu ①〔書籍など刊行物の〕ページ数.枚数.紙数.紙幅.〔～有限, 未能详述〕紙数に制限があって詳述できない.〔各杂志的新年号增加了～〕各雑誌の新年号はみな内容を増した.〔这篇社论的~只有五百来字〕この社説の長さは 500 字あまりしかない.

篇籍 piānjí 〔文〕書籍.書物:多く古書をいう.

篇目 piānmù ①書物や詩の篇や章の名. ②書籍の目次.

篇什 piānshí 〔文〕詩篇.〔什〕は〔十〕とも書く.〔诗〕の〔雅〕や〔颂〕は十篇でまとまったことからいう.

篇页 piānyè 篇とページ.〈転〉章節.〔光辉的～〕輝かしいページ.

篇章 piānzhāng 篇と章.〈転〉詩.書物.〔写下新的～〕新しい文章を書いた.〔中日关系史上的新~〕中日関係史上の新しい一章.

篇子 piānzi 〈口〉1枚の紙に書いたもの:例えば楽譜とか綴じ込み式の文書などをいう.→字解②

〔**翩**〕 piān ①〔文〕ひらひらと飛翔するさま.〔~飞 fēi〕同前. ②〔転〕動きの軽快なさま.

翩翩 piānpiān ①軽快に動くさま. ②〔文〕瀟洒(しょう)なさま.〔风度～〕風采が瀟洒である.〔～莅 lì 临〕さっそうと(パーティーなどに)臨む. ③〔文〕喜ぶさま.〔～自喜〕悦に入って一人喜ぶ.

翩然 piānrán 〔文〕軽快に動くさま.〔～飞舞〕ひらひらと飛び舞う.〔~而至〕ひらりとやってくる.

翩跹 piānxiān 〔文〕姿が軽やかである.

〔**便**〕 pián ①安らかである. ②能弁である. ③〔姓〕便(ヴん). → biàn

便佞 piánnìng 〔文〕弁舌が巧みで人によく取り入る.

便辟 piánpì 〔文〕人の機嫌をとるのが上手なこと.

便便 piánpián ①〔文〕議論が明白で流暢である. ②肥満しているさま.〔大腹 fù ~〕べんべんたる太鼓腹.

便宜 piányi ①(価格が)安い.〔又好又~〕よくて安い.〔你买得很~〕きみは非常に安く買った.〔~没好货〕〈諺〉安物買いの銭失い.〔~些,算一百元吧!〕少しまけて100元にしましょう.→〔贱 jiàn ①〕 ②ぼろもうけできる.〔占~〕うまそうな話.甘くておいしい話.〔哪儿有那么~的事!〕そんなうまいことがあるものか. ③好都合.得(ヴ).本来のではない利益.〔占小~吃大亏 kuī〕ちょっと得をしようとして大損をする.〔贪 tān ~受大害〕利益の得をむさぼって大損をする.〔讨 tǎo ~〕うまいもうけを求める.〔得~卖乖 guāi〕うまいことをしていてすげぬ顔をする.〔见~就上〕得になれば何でもやる.→〔乖 guāi(I)②〕 ④人にうまみを握らせること.〔要是这么办真~他了〕こうすれば全く彼にうまい事をさせることになる. → biànyí

〔**缏・緶**〕 pián 〈方〉(針で)縫う.縫い合わせる. → biàn

〔**梗**〕 pián 〔文〕古書にみる樹木の名.

〔**骈・駢**〕 pián ①2頭の馬を並べて走らせる.馬首を並べて走る. ②(二つ)並んでいる.並列している. ③対(ひ)の. ④〔姓〕骈(ヴん).

骈本 piánběn ⇒〔荟 nài〕

骈比 piánbǐ 〔文〕びっしりと並んでいる.

骈复 piánfù 〈文〉重複している.余分である.〔～机关〕よけいな官庁.

骈肩 piánjiān 〔文〕肩と肩とがすれ合う.〈喩〉人が多い.

骈句 piánjù 〔文〕対句.

骈俪 piánlì 骈儷:文章の対偶句法.

骈邻 piánlín 〔文〕隣り合っていること.並んだ隣り.

骈拇枝指 piánmǔ zhīzhǐ 〈成〉余分なもの.余計なもの:略して〔骈拇〕という.足の親指と第二指とがくっついたものを〔骈拇〕,手の親指また小指の横に一指が生えて六指的なものを〔枝指〕という.

骈四俪六 piánsì lìliù 四六骈俪文:〔四六文〕に同じ.

骈体 piántǐ 骈(ヴん)体.骈儷体:六朝時代に盛んであった対句偶語を用いた華麗な文体.ふつう四字六字の対句をくり返すものをいう.〔四 sì 六文〕に同じ.

骈阗 piántián 〔文〕寄り集まる.集まり列をなす.数多い.〔骈田〕〔骈阗〕とも書いた.

骈文 piánwén 骈儷文:〔四 sì 六文〕に同じ.

骈胁 piánxié 〔文〕一枚あばら.肋骨がぎっしりと並び接していること(奇形).

骈衍 piányǎn 〔文〕つながり合っている様子.

骈臻 piánzhēn 〔文〕共に至る.

骈枝 piánzhī 〔骈拇枝指〕の略.余分なもの.〔～机 ji 构〕余分な機構.

〔**胼**〕 pián

胼手胝足 piánshǒu zhīzú 〈喩〉手足を労して働く.〔终日～得 dé 来的仍是贫困〕一日中手足を労して働いても得るものは依然として貧困である.

胼胝 piánzhī 〔生理〕(手·足にできる)たこ:〔胼胝〕とも書いた.ふつう〔胼 jiǎn 子〕という.

胼胝体 piánzhītǐ 〔生理〕胼胝(ヴん)体.脳梁.

〔**跰**〕 pián

跰胝 piánzhī ⇒〔胼胝〕

〔**蹁**〕 pián 〔文〕足がふらつく.歩く足つきのおかしい.

蹁跹 piánxiān 〈文〉ぐるぐる回って舞うさま.

〔**谝・諞**〕 piǎn 〈方〉①自慢する.ほらをふく.〔~能 néng〕腕自慢する.〔你不用~了,谁不知道那两下子〕自慢するな,それくらいのことを知らないやつがあるか. ②言葉が巧みである.

谝阔 piǎnkuò 〈方〉金持ちぶる.金持ちをひけらかす.

谝示 piǎnshì 〈方〉自慢する.

谝子 piǎnzi 〈方〉ほら吹き.

〔**片**〕 piàn ①〔~儿〕薄片.きれ.〔切成薄 báo ～〕薄片に切る.〔碎 zhǐ ～〕紙きれ.〔铁 tiě ~〕鉄片.〔余 cuān 鸡～〕鶏肉の薄切りの吸い物. ②〔~儿〕平たく薄い(大きくない)形の製品.〔名～〕名刺.〔卡 kǎ ~〕カード.〔名~〕名刺.〔明信~〕ハガキ.〔感 gǎn 光～〕感光紙(板).〔胶 jiāo ~〕〔软 ruǎn ~〕〔赛 sài 璐珞~〕〔胶卷(儿)juǎn(r)～〕フィルム.〔全 quán 色~〕パンクロフィルム.〔红 hóng 外线~〕赤外線フィルム.〔有色软~〕カラーフィルム.〔唱 chàng ～〕レコード. ③映画·テレビ作品.〔～商〕映画の買い付け業者.〔新闻~〕ニュース映画.〔五彩(影)～〕カラー映画.〔大～〕映画の

片 piàn

巨篇.大作.[～种 zhǒng]映画の種類.[～租 zū](映画館の)上映権料.④〔文〕切れ端の.わずかの.零細な.不完全な.→[片言][片言に切る(割る・削る・むく].[把豆腐干儿～～]乾豆腐を薄く切る.[～柿 shì 子皮]柿の皮をむく.→[切 qiē ①][削 xiāo ①].⑤〔旧〕(大きな地域から分けられた)小地域.区画.[分～包干]地域別にわけて,それぞれ責任を負う.⑦量詞.④平たく薄いものを数える.[三～面包]パン 3 枚.[四～(儿)药]薬 4 錠.⑤面積·範囲がかなり広いもの:[一～]の形で用いる.[一大～ piàn zhuāng 稼]一面の作物.[一～荷 hé 花]一面の蓮の花.[一～广阔的草原]一面の広々とした草原.[一～汪洋大海]一面の広々とした大海原.[那一～房子都是战后不久盖的]あの辺の家はみな戦後まもなく建った家だ.[连裤子都湿了一大～]ズボンまでいっぱいぬらしてしまった.⑥景色·事象·声·言葉·考え·心情などの広がりや充実を言うのに用いる:[一～]の形で用いる.[大学一～新气象]大学に新しい気風が満ちている.[一～欢乐的歌声]あたり一面の楽しそうな歌声.[一～胡言乱语]全くのでたらめ.[一～壮观的景色]壮大な景色.[一～好心]あふれるような親切心.[一～欣欣向荣的气象]張り切って発展に向かう気風.[他那～热心肠是难得的]彼のあの熱く人を思いやる心は得難いものだ.⑧〔姓〕片(ヘン)

→ piān

片帮 piànbāng 〖鉱〗坑道の両壁が崩れ落ちること.
片长 piàncháng 〔文〕わずかな(ちょっとした)長所.
片场 piànchǎng 〖映〗ロケーション現場.撮影現場.
片酬 piànchóu 〈口〉同前〖映〗(映画やテレビドラマの)ギャラ(ンティー).出演料.
片楮 piànchǔ 〔文〕(1枚の)紙切れ.書きつけ.
片锭 piàndìng 〖旧〗(銀塊)を切って支払う場合に生ずる切れ端.→[银 yín 锭]
片段 piànduàn (文章·小説·劇·生活·経歴などの)一区切り.一段.[生活的一～]生活のひとこま.[～的经验]ちょっとした経験.
片断 piànduàn こまぎれ(の).切れ端の.[～材料]断片的な資料.[～经验]断片的な経験.[片片断断]断片的なさま.ごくわずかなさま.→[断片①]
片函 piànhán 簡単な手紙.
片花 piànhuā (映画·テレビドラマの)予告編.スチール写真.
片簧 piànhuáng 〖機〗リーフスプリング.重ね板バネ.
片剂 piànjì 錠剤.トローチ.→[丸 wán 剂]
片甲不存 piànjiǎ bùcún [片甲不回][片甲不留][片甲无 wú 存]ともいう.〈成〉よろいひとかけもない:大敗し全滅する.[把侵略者杀个～]侵略者を跡形もなく打ち破る.
片札 piànzhá 簡単な手紙.書きつけ.→[片楮]
片胶 piànjiāo ⇒[虫 chóng 胶片]
片刻 piànkè ⇒[片时]
片流 piànliú 〖地〗薄層流.
片麻岩 piànmáyán 〖地〗片麻岩.
片面 piànmiàn ①片一方(だけ).片側(だけ).[轻信～之词]軽々しく一方の言い分だけを信ずる.②一面的である.一面的である.[～观点]一面に偏いた見解.[～地看问题]一面に偏して問題を取り上げる.[～强调]…についての不当に力説する.[一味の追求产量]生産量だけを追求する.[你这种～的说法是不正确的]おまえのそんな一方的ないいかたは正しくない.→[全 quán 面]
片面性 piànmiànxìng 一方性.一面性.[里面渗 shèn 进了～,只想到经济,没有想到政治]中に一方性がしみこんでしまって,ただ経済面のみを考えるだけで政治面まで考えていない.[避 bì 免～]一方的にならないようにする.
片目 piànmù ①映画·ビデオ作品(の名称).[～表 biǎo]同前のリスト.②図書整理カード.カード目録.
片片 piànpiàn ①一片一片.どの一片も.②ごくわずか(の).断片の.
片儿 piànr ①薄片.②薄片状のもの.③地域内の一区画.[～警]〖口〗[片警]区(都市の区)の派出所警察官.[～医 yī]町医者.地区の医者.
片儿饽饽 piànrbōbo [烤 kǎo 鸭(子)]を包んで食べるための皮.小麦粉をこねて薄く焼いたもの.→[薄 báo 饼]
片儿会 piànrhuì 小地域を単位として組に分けて開く臨時の会議.
片儿汤 piànrtāng 〖吃〗小麦粉をこね,薄くのばした小さくちぎって煮たすいとん.[别费 fèi 事!给我作碗～就行了!](老·四·惺15)手数をかけたりしないで,すいとんでも一杯作ってくださればけっこうです.→[拉 lā 片儿汤①]
片肉 piànròu 肉を薄く切る.(魚肉を)切り身にする.[片儿肉]同前の肉·切り身.
片霎 piànshà 〔文〕ほんのわずかな間.刹那(せつな).
片善 piànshàn 〔文〕ちょっとした善い事.わずかな良さ.
片响 piànshǎng 同下.
片时 piànshí =[片刻][片响]わずかな時.ちょっとの間.[稍 shāo 候～]少しの間待つ.[沉默～]しばらく沈黙する.→[少 shǎo 顷]
片头 piàntóu 〈口〉〖映〗(映画やテレビドラマの)オープニングタイトル.オープニングクレジット.
片瓦 piànwǎ 平瓦.→[筒 tǒng 瓦]
片瓦无存 piànwǎ wúcún 瓦のかけらも残らない.〈喩〉(家が壊れて)瓦のかけらも残っていない.家屋が完全に破壊される.
片尾 piànwěi 〈口〉〖映〗(映画やテレビドラマの)エンディングタイトル.エンディングクレジット.
片务契约 piànwù qìyuē 当事者の一方のみに義務を生ずる契約(例えば贈与契約のように)
片言 piànyán 二言三言(ふたことみこと).[～可决]一言で決定できる.[～小语][～只字]〈成〉わずかの言葉.言葉のはしばし.[一言 zhé 狱]〈成〉一言半句を聞いただけで裁くことができる:[～可以折狱者,其由也与](論語·顔淵)一言半句の訴えを聞いただけで判決を下し得るのは子路であろう.
片岩 piànyán 〖地〗片岩.結晶片岩.
片艳纸 piànyànzhǐ 片面光沢紙.
片源 piànyuán (映画やテレビ番組の)元のデータ.元版.[～下载]同前をダウンロードする.
片约 piànyuē 〈口〉〖映〗(映画やテレビドラマの)出演契約.
片纸只字 piànzhǐ zhīzì 〈成〉何か書かれた紙切れ,またその字句.
片追 piànzhuī 一面的·一方的に追求する:特に学校の進学率の追求を指す.
片子 piànzi ①平たくて薄いもの.[纸～]紙ぺら.②名刺.[名 míng 片(儿)]同前.③〖旧〗(旧劇で)女形の髪型を飾るもみあげ.④〈方〉豚の片身:豚をたち割ってできる左右の肉片の一方.→piānzi
片子 piànzidì 〈方〉開墾されていない荒地.

骗·騙(扁馬) piàn (I) [騙] ①だます.かたる.[哄 hǒng～]同前.[这种花招一不了 liǎo 人]だれもそんなごまかしに愚弄されない.[受～]だまされる.②だまし取る.[～人财物]人の財物をかたり取る.[被他～去十万块钱]彼に10万元かたり取って行かれた(かたり取られた).

(Ⅱ)[騙]〈口〉①(馬・自転車・オートバイなどに)またがる.またがり乗る.〔——腿儿上了车〕(脚をあげ)ひらりと自転車にとび乗った.②またぐ.またぎ越す.〔过道儿上摆满了东西,你从板凳上~过来吧〕通路に品物をいっぱい置いてあるから腰かけからとび越えて来たまえ.

骗案 piàn'àn 詐欺事件.
骗保 piànbǎo ①保険金詐欺(をする).〔~案〕保険金詐欺事件.②偽って生活保護を受ける:〔骗低保〕ともいう.
骗贷 piàndài だまして資金を貸りる.ローン詐欺を働く.
骗购 piàngòu (資格や条件を)詐称して買う.〔~外汇〕外貨を(限度要額)条件をごまかして購入する.
骗哄 piànhǒng だます.かたる.〔哄骗〕と同じ.
骗汇 piànhuì 〔骗购外汇〕の略.
骗婚 piànhūn 結婚詐欺(をする)
骗局 piànjú 人を欺く仕掛け(計略).〔设下~〕ペテンのわなを仕掛ける(ペテンにかける).〔揭jiē露~〕〔戳 chuò 穿~〕ペテンを暴く.
骗奸 piànjiān だまして強姦する.
骗赖 piànlài だまして罪をかぶせる.
骗马 piànmǎ (片足を上げ)馬にまたがり乗る.馬にひらりと乗る.
骗卖 piànmài だまして売る.
骗钱 piànqián 金をだまし取る.
骗取 piànqǔ 詐取する.かたり取る.だまし取る.〔~信任〕だまして信頼させる.〔~财物〕人の財物を詐取する.〔~同情〕だまして人の同情を買う.
骗人 piànrén 人をだます(欺く.かつぐ).〔~的鬼话〕人を欺くたわごと.全く偽りの言葉.〔~的勾 gòu 当〕人をだます策略.〔那是~的幌子〕それは人をだます見せかけだ.
骗上高楼拔短梯 piànshàng gāolóu bá duǎntī 〈成〉他人をおだてるような話に誘い込み,ばれそうな頃には,もう引き返せない手を打っておくこと.
骗赊 piànshē とり込み詐欺(をする):初めから代金を支払う意思がないのに掛け買いして商品を詐取する.
骗术 piànshù 詐術.
骗税 piànshuì 輸出による税の還付を詐取する.
骗腿儿 piàntuǐr 〈口〉体を傾けて片足をあげたまたぐ.
骗子(手) piànzi(shǒu) かたり.詐欺師.〔政治~〕政治ごろ.〔他觉得这个人是个不折不扣的~〕彼はこの人間は正真正銘のペテン師だと感じた.

piao ㄆㄧㄠ

[剽] piāo ①〈文〉かすめる.かすめ取る.②奪う.盗む.③=[慓]〈文〉身軽ですばやい.
剽剥 piāobō〈文〉①(文章や言葉で)人を攻撃する.→[抨 pēng 击]②剽窃する:[剽窃]に同じ.
剽悍 piāohàn〈文〉剽悍(ぴょうかん)である.すばやく荒々しい:〔慓悍〕とも書く.〔骠 piào 悍〕に同じ.〔~的民族〕剽悍な民族.
剽劫 piāojié 同下.
剽掠 piāolüè =[剽劫]〈文〉かすめ奪う.
剽窃 piāoqiè =[剽切]剽窃する:他人の書いた文章・詩歌などの内容を盗んで自作とすること.〔~者〕剽窃者.盗作者.
剽取 piāoqǔ 同上.
剽袭 piāoxí 剽窃する:[剽窃]に同じ.

[漂] piāo ①漂う.浮かびが流れる.〔在水面上~着〕水上に漂っている.〔河里~着许多花瓣儿〕川に花びらがたくさん漂っている.②流浪する.さすらう.→[漂泊②] ③川下りをする.④→[漂儿] → piāo piào

漂泊 piāobó 〔飘泊〕とも書いた.①波まかせに漂う.停泊する.②流浪する.さまよう.〔~他乡〕他郷をさすらう.〔老子晚年~江湖,不知道会是怎么死的〕老子は晩年に世間を流浪しており,どんな死に方をしたのかはわからない.
漂荡 piāodàng ①水面でゆれる.②⇒[飘荡②].
漂动 piāodòng 波のままに漂う.
漂泛 piāofàn〈文〉①舟に乗って行く.②水に漂う.
漂浮 piāofú ①(水上に)漂う.浮いて揺れ動く.②⇒[飘浮②] ③ドリフト.[~法]浮遊法.浮選法.
漂金 piāojīn 圖流れて砂礫層に堆積した砂金.
漂砾 piāolì 圖[漂礫]⇒.米礫:氷河の氷の移動・消融後堆積する大小の岩石.
漂零 piāolíng ⇒[飘零]
漂流 piāoliú 〔飘流〕とも書いた.①漂流する.水の流れに乗る.②Ⓢラフティング(する):カヌーやゴムボートによる川下り.[~旅 lǚ 游][漂游③]ラフティング.③さまよう.さすらう.〔游手好 hào 闲 各处~正业がなくぶらぶらと各地をさまよう.
漂沦 piāolún ⇒[飘零②]
漂没 piāomò 流されて沈む.
漂鸟 piāoniǎo 留鳥で一定範囲内を餌を求めて移動するもの.
漂漂 piāopiāo 浮き漂う.
漂瓶 piāopíng 海に流して海流の方向と速度を測定するのに用いる瓶.[~图 tú]同時測による海流の測定を基として作った海流図.
漂萍无定 piāopíng wúdìng〈成〉浮草のようにさすらう(って定住するところがない)
漂儿 piāor =[浮 fú 子](魚釣りの)浮き:[鱼 yú 漂]に同じ.〔~一往下沉了〕浮きが引かれて沈んだ.
漂然 piāorán ①高邁(ぎ)で立派なさま.②流れさすらうさま.
漂洋 piāoyáng =[飘洋]海上に漂う.②〈喩〉船に乗って海を渡る.〔~过海〕〈成〉遠く故郷を離れ海を渡って異国の地に行く.
漂摇 piāoyáo ゆらゆらとゆれ漂う.
漂移 piāoyí [飘移]浮いて動く.〔大陆~〕大陸移動.②[屋]偏移.ドリフト.
漂游 piāoyóu ①浮動する.漂う.〔天上~着几朵云彩〕空には雲がいくつか浮いている.②漂泊する.さすらう.流浪する.〔~四海〕あてどもなく放浪する.〔为了谋生,四处~〕生活のために四方をさすらう.③Ⓢラフティング.川下り:〔漂流旅游〕に同じ.

[慓] piāo ⇒[剽]③

[缥・縹] piāo → piǎo

缥缈 piāomiǎo [缥渺][飘逸][飘渺][缥眇][缥渺]〈成〉うす雲がかすかに見えて広がる.〔云烟~〕〈成〉うす雲がかすかに見えて広がる.〔虚 xū 无~〕あるかなきかでつかみ所がない.
缥缥 piāopiāo〈文〉ふんわりと上がるさま.

[飘・飄(飃)] piāo ①(風に)ひるがえる.はためく.ゆらめく.②(雪や木の葉など軽いものが)空に飛び散る.空に飛び舞う.舞い上がる.〔~在天空〕空に舞い散っている.〔雪花~〕雪片が同前.〔白云~~〕白雲が空に漂っている.〔~来~去〕ぶらりと来つ去りと去る.③足に力が入らないさま.〔腿 tuǐ 直发~〕足がずっとふわふわしていて力が入らない.④(学習や仕事の態度が)浮わついている.⑤〈姓〉飘(ᴾⁱᵃᵒ)

飘螵 piāo

飘摆 piāobǎi ふわっと揺れる.〔飞机出现〜、抖dǒu动〕飛行機はすべるような揺れと震えが始まった.

飘泊 piāobó ＝〔漂泊〕

飘薄 piāobó ⇒〔漂薄②〕

飘布 piāobù 旧秘密結社が入会者に与える布製の会員証.〔起义时党人都带上～以资辨识〕革命を決行したとき党員はみな布製のしるしをつけて目印にした.

飘尘 piāochén 浮遊塵.

飘带 piāodài(r) ①幟(のぼり)や帽子などにつけて美観を添えるための〕リボン.吹き流し.〔大旗上有两根～〕大旗の上に二たがれのリボンがついている.

飘荡 piāodàng ①翻る.漂う.空中に吹き動かされるさま.水にふわりと揺られるさま.〔彩旗迎风～〕彩色旗が風にはためく.〔小船在湖中〜〕小船が湖上で風に揺られている. ②流浪する.さまよう:〔漂荡〕とも書いた.

飘倒 piāodǎo 劇(京劇)で俳優が台詞を言う時に、字音の陰陽音の区別を誤るのを"飘"といい、尖団音を区別し得ないのを"倒"という. →〔音〕〔倒 dǎo字(儿)〕〔尖 jiān 团音〕

飘动 piāodòng ひらひらとゆれ動く.はためく.

飘飞 piāofēi 空中を飛び舞う.〔细 xì 雨〜〕こぬか雨が舞うように降る.

飘风 piāofēng 暴風.旋風.つむじ風.〔～暴雨〕〈成〉急激な暴風雨.〔〜不终朝, 骤 zhòu 雨不终日〕(老子·23章)旋風は朝のうちにやんでしまうものだし、大雨は終日降るようなことはない.〈喩〉険しい困難も時が過ぎればおさまる. →〔旋 xuán 风①〕

飘拂 piāofú 軽やかに舞い飛ぶ.たなびく.〔薄云～〕薄雲がたなびいている.

飘浮 piāofú ①漂泊する. ②＝〔漂浮②〕着実でない.浮わついている.

飘高(儿) piāogāo(r) ①高く舞い上がる. ②〈方〉職人が、高い所から落ちること.

飘红 piāohóng 商(相場が)騰貴する.上昇中である.〔全线～〕株価が全面高である. →〔飘绿〕

飘忽 piāohū ①(雲や風が)速やかに流れる. ②揺れ動く.〔～不定〕揺れて定まらない.〈転〉とらえどころがない.〔恨你Q太～〕(鲁·Q6)阿Qの同前であるのが恨めしい. ③たちまち.あっという間に.

飘花 piāohuā かすり傷.〔不要紧,〜.〕(队长忙说)"たいしたことはない、かすり傷だ"と隊長は急いで言った.

飘晃 piāohuàng はためく.揺れ動く.

飘疾 piāojí 〈文〉軽やかですばやい.

飘举 piāojǔ ①闊達(かったつ)超俗である. ②(風に乗って)高く飛揚する.

飘零 piāolíng ＝〔漂零〕①(花·木の葉などが)散る.〔黄叶～〕枯れ葉がひらひらと落ちてくる. ②〈喩〉さまよう.漂泊する.(家·人などに)見放される.落ちぶれる.零落する.〔飘薄〕〔飘沦〕〔漂沦〕ともいう.〔～在外〕他郷をさすらう.

飘流 piāoliú ⇒〔漂流〕

飘绿 piāolǜ 商(相場が)下落する.下げ足である. →〔飘红〕

飘沦 piāolún ⇒〔飘零〕

飘落 piāoluò 飛び散る.舞い落ちる.〔花瓣 bàn 随风～〕花びらが風に飛び散る.

飘渺 piāomiǎo ⇒〔缥缈〕

飘蓬断梗 piāopéng duàngěng 〈成〉風で飛びよもぎや水に流される草.〈喩〉流浪する旅人.

飘飘然 piāopiāorán ①ふわりふわりとする. ②有頂天になる(けなす意味). 〔夸 kuā 了他几句, 他就～了〕ちょっとほめてやったら、彼は有頂天になった.

飘飘欲仙 piāopiāo yùxiān 〈成〉ふわりと俗世を離れて仙人になりそうである.

飘球 piāoqiú 又(バレーボールなどで)大きく弧を描く回転のないフローターサーブ.スライダーサーブ: 〔重～〕〔轻～〕〔左右～〕〔上下～〕などの種類がある.

飘然 piāorán ①ひょうぜん(と).ぶらり(と).〔〜远袭 zhù〕〈成〉低俗な官界から身をひく. ②ふわりと(と).〔浮云一而过〕浮雲がふわりふわりと流れ去る. ③軽やかに.すばやく.

飘绕 piāorào 漂いめぐる.たなびき流れる.

飘洒 piāo·sǎ ①ひらひらと舞い落ちる.〔天空～着雪花〕空に雪がひらひら舞っている. ②(身のこなしが)自然である.あか抜けである.粋である.シックである.瀟洒(しゃれ)ている.〔字写得～〕字はとてもあかぬけしている.〔车开得～〕さっそうと車を運転する.

飘散 piāosàn ＝〔飘逸②〕広く飛び散る.漂い広がる.

飘逝 piāoshì (漂って(消えて)行く.さっと遠く流れ去る. ②(時の流れに)消え去る.

飘送 piāosòng (風に乗せて)漂い運ぶ.

飘舞 piāowǔ (風に)翻る.なびき揺れる.〔柳枝迎风～〕柳の枝が風に舞い揺れる.

飘香 piāoxiāng ①香ばしいにおいが漂う. ②〈喩〉人気.評判が広まる.〔青岛啤 pí 酒—海外〕青島ビールは海外でも評判が良い.

飘萧 piāoxiāo ①〈文〉おちぶれて寂しい. ②飄然として粋である.

飘扬 piāoyáng 風で(幕や旗などの軽いものが)はためき舞う.はためく.翻る.〔五星红旗迎风～〕五星紅旗が風にはためいている.

飘洋 piāoyáng ⇒〔漂洋〕

飘摇 piāoyáo ①翻り動く.ひらひらと揺れる:〔飘飖〕とも書いた.〔炊 chuī 烟一直上〕かまどの煙がすうっとまっすぐ舞いあがる. ②〈喩〉暮らす.流浪する.

飘曳 piāoyè 風に揺れなびく.

飘(一)族 piāo(yī)zú 一定の学歴·知識をもち、各都市で職場をかえながら上を目指してチャンスを待つ若者:〔飘一代〕ともいう.〔飘〕は〔漂〕とも書く.

飘移 piāoyí 漂いながら移動する.〔无数降落伞在空中～〕たくさんの落下傘が空にふわふわと漂っている.〔大陆—说〕大陸移動説.

飘溢 piāoyì 一面に漂う.(空中に)あふれるように広がる.〔屋里～着腊 là 梅花的香味〕部屋いっぱいに臘梅の香りが漂っている.

飘逸 piāoyì ①〈文〉飄逸である.〔神采～〕風采が洒脱である. ②⇒〔飘散〕

飘音 piāoyīn ＝〔飘字(儿)〕劇(京劇)の歌やせりふの中で(昨夜晚一梦大不祥〕の"祥"は次の句の節回しとの関連で特に陰平声(xiāng)で言うべき所を陽平声(xiáng)に言ってしまうようなミスをいう.〔飘倒〕〔倒 dǎo 字(儿)〕

飘悠 piāoyōu (空中または水上で)ゆったりと浮動している.〔小船在水面上慢慢地～着〕小舟が水面にゆったりと漂っている.〔几片树叶飘飘悠悠地落下来〕木の葉が数片ゆらりゆらりと落ちて来た.

飘游 piāoyóu さまよい暮らす.(あちこち)ぶらつき回る.

飘寓 piāoyù 〈文〉他人の所に身を寄せながら流浪する.

飘展 piāozhǎn はためく.〔国旗在天空中～〕国旗が空中にはためいている.

飘字(儿) piāozì(r) ⇒〔飘音〕

〔螵〕 piāo 〔〜蛸 xiāo〕カマキリの卵塊:薬用にする.〔桑 sāng〜蛸〕桑の枝についた同前.

1309

piáo〜piào   朴嫖瓢藻荸殍漂縹瞟票

〔朴〕 piáo 〈姓〉朴(ボク) → pō pò pǔ

〔嫖(闞)〕 piáo 女郎買いをする.〔~ 婊 biǎo 子〕同前.〔吃、喝、~、賭 là 喪 sàng 身之禍〕飲み、食い、買い、賭けごとは身を滅ぼす災いのもとである.

嫖娼 piáochāng 女郎買いをする.〔~宿 sù 宿〕廓遊びにふける.
嫖賭 piáodǔ 女郎買いと賭博(をする).〔吃、喝、~无所不为〕飲み、食い、買い、打つ、どれもしないことはない.
嫖价 piáojià 妓女の玉(ギョク)代.
嫖客 piáokè 妓楼の遊び客.遊客.
嫖宿 piáosù 妓楼に泊まる.妓女と一夜を過ごす.
嫖窑子 piáoyáozi 妓楼で遊ぶ.女郎買いをする.〔逛 guàng 窑子〕
嫖瘾 piáoyǐn 放蕩癖.
嫖友(儿) piáoyǒu(r) 女郎買いの連(レン)

〔瓢〕 piáo ①〔-儿〕匏(ひさご)を縦に二つに割って作ったひしゃく.〔转〕一般にひしゃく.〔水~〕水杓じ.〔饭~〕飯すくい.〔下了~倒 dào 似的大雨〕ひしゃくで水をまくような大雨が降った.〔大海买 jiǎ 不住~包〕諺》大海でもひしゃくで汲み続ければ持ちこたえられない;少しずつでも減っていけばいつかは無くなってしまう.→〔胡 hú 芦①〕〔匏 páo〕 〔舀 yǎo 子〕 量詞.〔他一声没出,喝了~水,走了出去〕(老·駱18)彼はウンともスンとも言わず、水をひしゃく飲んで出ていった. ③〔-儿〕〈方〉人の頭.〔开了~了〕頭をぶち割った(割られた)

瓢把子 piáobàzi 〈方〉首領.親分.頭目.〔瓢把儿〕ともいう.
瓢虫 piáochóng =〔〈方〉艾 ài 瓢儿〕〈方〉红 hóng 娘子〕〈方〉花 huā 大姐〕国 テントウムシ.〔七星~〕ナナホシテントウムシ.
瓢葫芦 piáohúlu ふくべ.→〔葫芦①〕〔匏 páo 瓜〕
瓢泼大雨 piáopō dàyǔ 〔喻〕どしゃ降り.→〔傾 qīng 盆〕
瓢泼瓦灌 piáopō wǎguàn 〈方〉ひしゃくや鉢で水を撒くように雨がひどく降る.〔雨下得~〕雨がどしゃぶりに降る.
瓢琴 piáoqín ⇒〔独 dú 弦琴〕
瓢儿菜 piáorcài ⇒〔塌 tā 棵菜〕
瓢子 piáozi 〈方〉①ひしゃく.→〔舀 yǎo 子〕 ②さじ.

〔藻〕 piáo 圖〈方〉ウキクサ:ふつう〔浮 fú 萍(草)〕という.

〔荸〕 piáo 或〔殍〕 → fú

〔殍〕 piǎo =〔莩〕〈文〉①餓死する.〔饿 è ~〕同前. ②餓死者.〔民有饥色,野有饿~〕(孟子·梁惠王)民は飢餓の様相を示し、野には餓死者がある.

〔漂〕 piǎo ①さらす.漂白する.〔~衣料〕生地をさらす.〔~白〕漂白する. ②(水)で洗い流す.すすぐ.〔~朱 zhū 砂〕辰砂を水で選別する. → piāo piào

漂白 piǎobái 漂白(する).晒 shài す.〔~布〕晒し木綿.〔~剂 jì〕漂白剤.〔~粉〕晒し粉.〔含 hán 氯石灰〕(クロルカルキ)の通称.〔精 jīng 度晒し粉〕〔次 cì 氯酸钙〕(次亜塩酸素酸化カルシウム)の通称.
漂布 piǎobù ①布を漂白する.晒し布.〔~剂〕漂白した布. ③晒し金巾(カネ).→〔水 shuǐ 淋布〕
漂母 piǎomǔ 〈文〉洗濯婆さん;韓信が貧しく淮陰で釣りをしていた時、洗濯婆さんから御飯を恵んでもらったことがあり、韓信が後に楚王になって、千金を与

えてこれに報いた.
漂染 piǎorǎn 漂白と染め.〔~厂 chǎng〕染め物屋.
漂洗 piǎoxǐ 洗い流す.すすぎ洗いをする.
漂儿 piǎoxiàor 回 細白布で縫った喪服で、軽い喪に服する者が着る.

〔縹·縹〕 piǎo 〈文〉①色 青白色(の).縹(はなだ)色(の). ②はなだ色の絹織物. → piāo

縹囊 piǎonáng ⇒〔縹帙〕
縹色 piǎosè 国 はなだ色(の)
縹瓦 piǎowǎ 〈文〉はなだ色の琉璃瓦(うわぐすりを施してある瓦)
縹緗 piǎoxiāng 〈文〉〔縹色〕(はなだ色)や〔緗色〕(浅黄色)の布で作った漢籍の帙(チツ).〔转〕書籍.→〔縹帙〕
縹帙 piǎozhì =〔縹囊〕〈文〉薄い藍色の布を厚紙に貼って作った漢籍の帙(チツ).〔转〕書籍.→〔縹緗〕

〔瞟〕 piǎo 流し目に見る.横目にちらと見る.〔~了他一眼〕彼を流し目に見た.
瞟眇 piǎomiǎo 〈擬 piāo 緲〉

〔票〕 piào ①証憑(ヒョウ)文書.有価証券.〔股 gǔ ~〕株券.〔汇 huì ~〕為替手形.送金手形.〔期 qī ~〕約束手形.〔支 zhī ~〕小切手.〔发 fā ~〕領収書. ⑤送り状.〔即 jí ~凭 píng 即付~据〕〔见~即付~据〕一覧払い約束手形.〔认~不认人〕人間よりも手形が大事. ②ａ切符.券.札.票.〔车 chē ~〕乗車券.〔月 yuè ~〕〔站 zhàn 台~〕(駅の)入場券.〔门~〕①入場券.〔戏~〕芝居の入場券.〔邮 yóu ~〕〈方〉切手と切符.〔投 tóu ~〕投票(する).〔当 dàng ~〕(儿)質札.⑥配給券.引き換え券:特に生活必需品を購入する際、必要な配給券は時代や場所·季節または品種など多種多様.〔粮 liáng ~②〕食糧配給券.〔烟 yān ~〕(高級)たばこ購入券.〔油 ~〕食料油購入券.〔棉 ~〕〔棉花 ~〕もめん綿購入券.〔凭 píng ~供应〕購入券と引き換えに提供する.→〔配 pèi 給〕 ③〔-儿〕紙幣.〔钞 chāo ~〕同前.〔钱 ~〕札.③ 紙幣.〔毛 máo ~〕〔毛钱 ~〕(10角单位的)小額紙幣. ④〔-儿〕〈转〉(人さらいがさらった)人質:身代金と交換されるところからこのようにいう.〔肉 ròu ~〕〈方〉同前.〔撕 sī ~〕〈方〉(身代金がとれなくて)人質を殺す.〔赎 shú ~〕(儿)身代金で人質をうけ出す.〔绑 bǎng ~〕(儿)的〔绑匪〕~匪〕人さらい.〔票友〕〔-儿〕素人が芝居をやる.〔名~〕アマチュア名優.〔玩儿 ~〕素人芝居をやる.〔~了一出戏〕素人芝居を一幕やる.→〔票友〕 ⑥量詞.一まとまりの取引、またその商品を数える.〔今天做成了一 ~(儿)买卖〕今日は一口の取引が成立した.〔当 dàng 了一 ~(儿)当 dàng〕質に一口入れた.→〔姓〕〈姓〉票(ヒョウ)

票霸 piàobà だふ屋(の元締め)
票背签字 piàobèi qiānzì ⇒〔背书①〕
票车 piàochē 〈方〉客車.
票存 piàocún 囲〔钱 qián 庄〕が発行する手形の支払準備金.→〔庄 zhuāng 票〕
票胆 piàodǎn 郵便切手の希少品.
票底(子) piàodǐ(zi) ⇒〔票根〕
票額 piào'é 額面金額.
票販(子) piàofàn(zi) だふ屋:〔〈口〉黄 huáng 牛④〕に同じ.
票房(儿) piàofáng(r) ①〔入場券·乗車券·乗船券などの〕発行所.切符売り場.→〔售 shòu 票处〕 ②興行成績.〔~价值〕同前.〔~收入〕チケットの売り上げ.興行収入. ③回〔票友〕の組織.また集まって練習する場所.
票匪 piàofěi =〔绑 bǎng 票(儿)的〕

piào~piē

票根 piàogēn ＝[票底(子)](手形などの)控え.(入場などの)半券.

票号 piàohào 旧金融機関の一種:[汇 huì 兑](為替).[存款](預金).[放款](貸付)を主たる業務とした.山西省の創始したもので,[山西票据]といわれ,全国各地また国外にも設けられた.→[公 gōng 单][钱 qián 庄]

票汇 piàohuì 送金為替手形で送金をする.

票活 piàohuó 公的な義務としての仕事.無報酬の仕事.

票夹子 piàojiāzi ①札入れ. ②定期券入れ.名刺入れ.→[皮 pí 夹儿][钱 qián 夹子]

票价 piàojià 切符(入場券・乗車券などの)価格.

票据 piàojù 回图手形・証券類:[本 běn 票][汇 huì 票][期 qī 票][庄 zhuāng 票]など.─[法]手形法.[~交换]手形交換.[~交换所]手形交換所.[~经 jīng 纪人]ビルブローカー.[见票后定期付]一覧後定期払い手形.[见票即付]=[即 jí 票]一覧払い手形.[拒 jù 付]不渡り手形.[空 kōng 头~]空手形.[清洁~]信用手形.[全贴]丸手形.[贴 tiē 现~][托 tuō 收~]手形を割り引く.[外汇~]外国為替手形.[应 yīng 付~]支払い手形.[应收~]受取手形.→[支 zhī 票]②受取伝票.受取書.→[收 shōu 据]

票据贴现 piàojù tiēxiàn 图手形割引.[~市场]手形割引市場.

票款 piàokuǎn ①チケット代金. ②伝票と金額.

票厘 piàolí [钱 qián 庄]が支払請求者から徴収した引換現銀運送手数料.

票面 piàomiàn 額面.券面.手形面:[额 é 面]に同じ.─[~价 jià 格](~金额)(~面价格)[面値]額面価格.[500元~的股票只值280元了]500元面額の株券がたった280元になった.

票瓢 piàopiao 回おたま.②おし.

票品 piàopǐn 郵便用の官製小型票類:切手や葉書など.

票签 piàoqiān ①付箋. ②旧函皇帝に出す上奏文に付けられた指示書などを書いた付箋. ③(商品などに貼る)ラベル.

票钱 piàoqián 切符代.

票券 piàoquàn ⇒[票证]

票贴 piàotiē 回手形振出手数料:[票号]が取引先の要求に応じて手形を発行するとき徴収する手数料.

票务 piàowù 切符の販売・出札(列車・バスなどの乗降関係).─[~员 yuán]回車掌.

票现 piàoxiàn 手形と現金.

票箱 piàoxiāng ①投票箱. ②入場券を入れる箱.

票款 piàoxuǎn 投票で選ぶ.

票爷 piàoyé 非合法のチケットや領収書を売る者.

票友 piàoyǒu [-儿]图素人俳優:[玩 wán 儿票的]ともいう.清代中期に満族八旗の子弟が[龙 lóng 票](朝廷の認可証)により劇場(儿)③で銭を取らずに余技として[子 zǐ 弟书](歌いもの芸能の一種)を演じたことから.[~入团]素人俳優から職業俳優になった人.[~科 kē 班(儿)][清 qīng 客③][下 xià 海③][走 zǒu 票]

票源 piàoyuán ①(選挙の)票田. ②各種配給切符の出所.

票证 piàozhèng [~票券]①配給切符. ②金券:各種有価証券・入場券・トラベラーズチェックなど.

票庄 piàozhuāng →[票号]

票子 piàozi ①紙幣.札. ②用紙. ③<白>召喚状.

【**僄**】piào <文>①敏捷である. ②軽薄である.

【**漂**】piào <方>お流れになる.だめになる.[~账 zhàng]借金を踏み倒す.[昨天说的事情ふいになった.[你放心去做吧,决~不了 liǎo]安心しておやり下さい,むだ骨折りはさせません.[我临时有事,~了,真对不起]至急に用事ができたので,あなたをすっぽかす(待ちぼうけをくわせて)大変失礼しました. → piāo piǎo

漂亮 piàoliang ①美しい.きれいである.あざやかである.[这件衣服很~]この服はとてもきれいです.[这个姑娘长 zhǎng 得~]この娘さんはとてもきれいですね.[这花色太~了,对中年人不合适]この柄ははとても派手で中年の人には合わない.[她打扮起来,虽然不能说很~,也还过得去]彼女は化粧すると,とてもきれいとはいえないが,まあ見られる. ②(言うことなすことが)きわだっている.生彩がある.あか抜けしている.あざやかである.立派である.[不~的话,千万不要做]立派でないことは決してしてはいけない.[他说一口~的普通话]彼はきれいな共通語をしゃべる.[一个~的射 shè 门](サッカーなどの)ナイスシュート. ②事情か得真~]物事を手際よく処理する.[打了一个~仗]見事な一戦をまじえた.<喩>手際のいい仕事ぶり(対応)をした.(大きな仕事の上ですばらしい成果を勝ち取った. ②道理に明るい.[~人]物のよくわかった人.→[俏 qiào 皮]

漂亮话 piàolianghuà (実行の伴わない)きれいごと.(口先だけの)うまい話.[光说~没有用,做出来才算]きれいごとばかり言ってもだめだ,実行しなければ話にならない.

【**嘌**】piào <文>速.

嘌呤 piàolìng [音訳]化プリン:[三羟 qiǎng 基~]トリヒドロキシプリン:[脲 niào 酸](尿酸)に同じ.

【**骠・驃**】piào <文>①馬が勇ましく疾駆するさま. ②勇猛である.[~勇 yǒng]同前. → biāo

骠悍 piàohàn =[剽 piāo 悍]

骠骑将军 piàoqí jiāngjūn 图将军の名号の一:漢から明にいたるまで用いられた.

pie ㄆㄧㄝ

【**氕**】piē 化プロチウム(軽水素):質数 1 の水素原子で,実在する水素の大部分をなすもの.記号H.→[氢 qīng]

【**撇**】piē ①捨てる.捨てて顧みない.[把老一套都~了]ありきたりなやり方をすっかりやめてしまう.[~了他一天了]彼を一日中ほったらかしておいた.[死后~下儿一女子一女を残して死んだ.→[抛 pāo ②] ②液体の表面からすくい上げる(泡・油など).[~沫 mò 子]泡をすくいとる. ③液体の表面をよく動かして上澄みをとる. ④<口>わざと口調をまねる.なまりをひけらかす.[~京腔] → piě

撇掉 piēdiào <方>棄て去る.棄ておく.[干这事不能~他]この事をやるには,彼を棄ておくことはできない.

撇荒 piēhuāng (長く放置し,あるいは遠ざかったために)技能・腕前がおちる.

撇舍舎业 piējiā shěyè <成>家を捨て財産を投げ出す.

撇京腔 piējīngqiāng (地方出身者が)都ことば(北京語)をひけらかす.[孩子们回到我家里说普通话,有些家长认为是~]子どもたちが家へ帰って共通語をしゃべると,一部の親は都ことばをひけらかすと思う

ている.〔他撒的是哪儿的腔〕あの男が得意そうにしゃべっているのはどこの言葉かね.→〔京腔〕

撒开 piē·kāi 捨ておく.放っておいてかまわない.

撇老腔儿 piē lǎoqiāngr 古めかしい(古くさい)ことを言う.〔你不用~,没人听你的教训〕古めかしいことを言うな,誰もお前の教訓を聞く者はない.

撇锚 piēmáo ⇒〔抛 pāo 锚〕

撇妻撂子 piēqī liàozǐ〔慣〕妻子を棄てる(おきざりにする)

撇弃 piēqì 棄てる(て顧みない).〔~家里〕家庭を捨てる.〔~不顾〕捨てて顧みない.

撇清 piēqīng ①きれいにすくいのける. ②〈方〉悪事とのかかわりをほおかぶりする.口をぬぐってきれいそうに取り繕う.〔他又~呢,谁还不知他的底〕あいつまたきれいごとを言っているが,お互いにお里(碁)は知れているのだ.〔又吃鱼又嫌 xián 腥,又养汉又~〕〈諺〉魚は食べるのに生臭いのは嫌い,間男(ぎ)を作っているとはきれいなように見せようとする:人間は勝手なものだ.

撒脱 piētuō ①〈方〉易しい.簡単である.手軽である.〔说起来倒一,办起来可不简单〕口で言うのはやさしいが,やって見るとなかなか容易ではない. ②〈方〉さっぱりしている.こだわらない.できげきしている.〔他这个人狠~,答应办马上就办〕この人はとてもさっぱりしたたちで,やるとひきうけたらすぐやる. ③〈文〉〈国画法で〉筆勢が渋滞することなく,すっきりと描くこと.

撇下 piēxià ①放り出す.〔~不管〕棄てて顧みない. ②〈方〉〈死んで〉遺族を残す.〔他把媳妇儿~走了,他媳妇儿也~两个孩子死了〕彼は妻を残し死に,妻君もまた二人の子を残して死んだ.

撇斜 piēxié〔撇斜〕とも書く.〈方〉そらしぬふり をする.そらとぼける.心にもないことを言う.そらをつかう.〔他饶拿着我,还直~好像不指着似的〕彼は受け取っておきながらそくそしらぬふりをして付けも思っていない(少しもありがっていない)様子だ. ②〈方〉ひけらかす.見せびらかす:自分ばかり優れていると思いあがり,見栄をはる.〔净说些个~话〕ひけらかすような話ばかりする.

撇油 piēyóu ①〔料理で〕油の表面に浮くあくをすくい捨てる. ②汁に浮いてくる余分な油をすくいって捨てる. ③〔-儿〕〈方〉うまいもうけをする.うまい汁を吸う.上前をはねる.

〔**瞥**〕 piē 一瞥(⑤)する.瞥見する.〔一~〕ちらりと見やる.〔只是一了一眼〕ただ一目見ただけだ.

瞥地 piēdì =〔瞥然〕

瞥见 piējiàn ちらっと見る.〔在街上无意间~了一个老朋友〕街で旧友をちらっと見かけた.

瞥然 piērán =〔瞥地〕.〈文〉突然.

瞥视 piēshì ちらりと見る.〔~了她一眼〕彼女を一瞥した.

〔**苤**〕 piě

苤蓝 piělán 圃 コールラビ.カブカンラン:〔球 qiú 茎甘蓝〕(カンラン)の塊茎を肥大させたもの.主に漬け物にする.また〔芫 wú 菁〕(カブラ)や〔大头菜〕(ネカラシナ)と混同して用いることもある.→〔甘 gān 蓝〕

〔**撇**〕 piě ①〈方〉投げる.放り投げる.〔~球 qiú (儿)〕ボールを投げる.〔把手榴弹向敌人~去〕手榴弾を敵に向かって投げつける. ②口をへの字にする.口もとをゆがめる.〔撇嘴一~〕口をきゅっとゆがめる. ③斜めに傾ける.傾斜する.〔走起路来向外~〕足先を外側に〔-儿〕漢字の筆画「丿」(はらい.左払).〔横~〕"丆".〔我姓朱 zhū,是"~,木"朱〕わたしの

姓は朱で,"丿""未"の朱.→〔笔 bǐ 画①〕 ⑤ 記号のダッシュ,"—".〔破 pò 折号〕 ⑥〔-儿〕量詞.ひげや眉毛などを数える.〔两~胡子〕2本のひげ.八字ひげ.〔他有两~儿漆黑的眉毛〕彼の両眉はとても濃い.→ piě

撇耻 piěchi〔撇嗤〕〔撇啧〕とも書く.〈口〉軽蔑する.ばかにする.〔你不必~我,以后轮到你,也是如此〕そんなに軽蔑するものではない,いつか君の番になった時は君だって同じことだよ.

撇囟拉嘴 piěchi lāzuǐ〔撇岔拉嘴〕とも書く.〈口〉思いあがった態度で人を見下げているさま:〔瞧他~的这股子劲儿〕彼の思いあがったあの態度はどうだ.

撇刀头(儿) piědāotóu(r) 圃 漢字部首の"勹":〔跪 guì 人儿(儿)〕ともいう.→〔付录1〕

撇拐子 piěguǎizi ⇒〔左 gǎ 古〕

撇拉 piěla 〈方〉横一文字にする.極端な外股(または内股)で歩く.〔两只八字脚~一地真难看〕外股の変な格好で歩いて見られたものではない.

撇兰 piělán あみだくじ:人数だけの蘭の葉を描き,根元に金額を書いてその部分は隠しておく.各人はどれか一つの葉を選ぶ.隠してあった金額を開けて負担額をきめ,金を出しあって飲食物を買って食べる.〔大家~吧,みんなであみだくじを引こう.→〔抓 zhuā 阄儿〕

撇捺 piěnà 圃 漢字の筆画の丿(はらい)と乀(右はらい)

撇儿 piěr →字解④

撇酥儿 piěsūr

撇外股子 piě wàigǔzi〈方〉他人行儀にする.〔这个人太不对,事事不向着自己人,老~〕この男はいけない,何事にせよ身内へよくしないでよその人に好い顔をする.

撇子 piězi〈方〉びんた.一発.〔打他一~〕彼にびんたを一つくらわす.→〔耳 ěr 刮子〕

撇嘴 piězuǐ 口もとをゆがめる:軽蔑・不信・不快などを示す.〔~摇 yáo 头〕口をゆがめて頭を振る.〔她一不高兴就~〕彼女は気に入らないとすぐ唇を歪める.〔你甭 béng ~,给你一手儿看看就佩服了〕君は変に人を見下げているが,一つぼくの腕を見せたら君も感心するだろう.

〔**锹・鐅**〕 piē ①塩を煮る大釜:多く地名に用いる.〔潘 pān 家~〕地江蘇省東台市東方にある. ②〈方〉鍬の刃.

〔**嫳**〕 piè〈文〉軽くて薄い.

嫳屑 pièxiè〈文〉裳(?)すそが開いてゆれ動く.

pīn ㄆㄧㄣ

〔**拚**〕 pīn〔拼〕に同じ. ①綴り合わせる.つなぎ合わせる. ②必死にやる.一切を顧みずやる.なにがなんでもやる. ——→ pàn

〔**拼**〕 pīn〔拚〕に同じ.(Ⅰ)つなぎ合わせる.綴り合わせる:〔把两块木板~起来〕2枚の板をつなぎ合わせる.〔七~八凑 còu〕あれこれと寄せ集める.〔东~西凑〕あちこちからかき集める.〔把六张~成一大张〕6枚をつなぎ合わせて広い1枚とする.〔拼音〕
(Ⅱ)一切を顧みずやる.なにがなんでもやる.必死になる.〔火~〕真っ向から全身でぶつかる.〔跟敌人~命〕敵と命がけでやり合う.〔跟他~了(よ)しあいうととことんまでやり合ってみよう.〔~刺 cì 刀〕銃剣で命がけでやりあう.〔身子不起这样的紧活儿〕こんな骨の折れる仕事では体がもたない.〔这样没日没夜的紧张劲儿,谁也~不起〕こんなに夜となく昼と

拼姘毗贫　　pīn～pín

なく緊張させられているのでは誰だってたまったものではいわ.〔我~着她一场责zé备,好减除我些痛苦〕(谢冰心·寄小读者)苦痛がいくらかでも軽くなるなら,彼女に叱られるのもいとわない.

拼板 pīnbǎn 〔-儿〕合板(ばん).プライウッド.ベニヤ板.→〔胶jiāo合板〕

拼版 pīnbǎn (印刷)本組みにする.出版する.

拼比 pībǐ 全力で競い合う.→〔比拼〕

拼搏 pīnbó 必死にがんばる.一生懸命に努力する.競争する.〔人生就是~〕人生は闘いだ.〔勇yǒng于~〕勇敢に戦う.

拼车 pīnchē 相乗りする.

拼刺 pīncì ①(銃剣術で)突きをする.②銃剣で格闘する.白兵戦をする.〔~刀〕同前.

拼凑 pīncòu かき集める.寄せ集める.〔我哪儿有这些闲xián钱呢,是好容易才~起来的〕ぼくにどうしてこれだけ遊んでいる金があるものか,全部苦心してかき集めてきたものだ.〔东拼西凑才凑足了数〕あっちこっちからかき集めてやっと額に満ちた.〔他的论文不过是七拼八凑的,一点儿独创的见解都没有〕彼の論文はあちこちからの寄せ集めで,独創的見解は少しもない.

拼读 pīndú 発音表記通りに読む.

拼夺 pīnduó 力を尽くして争う.

拼法 pīnfǎ ⇒〔拼(写)法〕

拼缝 pīnfèng 〔方〕(ブローカーが)コミッションを稼ぐ.

拼合 pīnhé 集め合わせる.

拼接 pīnjiē つなぎ合わせる.〔电线~起来了〕電線をつなぎ合わせた.

拼劲 pīnjìn〔儿〕(r) 懸命にやる意気込み.死力を尽くしてやる気力.

拼力 pīnlì 全力を尽くす.力一杯でやる.

拼拢 pīnlǒng つなぎ合わせる.〔把两张沙发一起来,算是一张双人床,二つのソファーを合わせれば,ダブルベッドになります.

拼命 pīnmìng =〔豁huō命〕命を賭する(て…する).懸命になる(になって…する).〔一人一万夫莫mò当〕一人が命賭けになれば万人でもかなわない.〔~用功〕一生懸命勉強する.〔~也拼不过他〕一生懸命にやっても彼の必死にはかなわない.〔要好好休息,不要太~〕よく休みなさい,あまり必死にならないようにね.〔和爸bà爸拼命争斗〕おやじと断固として争う.〔解放前就干起来就命干gàn也养活不了liǎo自己〕解放前わたしは命がけで働いても自分だけの生活さえできなかった.〔~主义〕不必要な危険を冒す政策:一般に無謀な軍事行動を指す.〔~精神〕一生懸命やる精神.必死の精神.

拼命三郎 pīnmìng sānláng 〈喩〉性格が豪快で無鉄砲な男.仕事人間:もと《水滸伝》に出てくる石秀のあだ名.

拼盘 pīnpán〔儿〕(r) 二種類以上の前菜(多くはつめたい料理)を一つの皿に盛ったもの.→〔冷lěng盘(儿)〕

拼抢 pīnqiǎng つばぜり合いをする.必死で取り合う(スポーツ活動や仕事など)

拼杀 pīnshā 命がけで戦う.〈喩〉全力で競い合う.

拼死 pīnsǐ 命がけでやる.〔为了人格的尊严,这件事总得~去争〕人格の尊厳のためにこの事は命をかけても争わねばならない.〔~抢qiǎng救〕必死で救助する.〔~拼活〈成〉死にもの狂いになる.力をふりしぼる.

拼图 pīntú ジグソーパズル.〔~玩wán具〕〔~游戏〕同前.→〔纵zòng横字谜〕

拼消耗 pīn xiāohào 消耗戦をする.

拼写 pīnxiě 音をつづって書く.表音文字で書く.

〔拼(写)法〕スペリング.綴字法.

拼音 pīnyīn 音素を示す文字をつづり合わせて音節を表記する(こと).またそのつづり.〔~文字〕(表意文字に対して)表音文字.〔~法〕中国語音のローマ字表記法.→〔汉hàn语拼音方案〕

拼音字母 pīnyīn zìmǔ 表音表記のために用いる文字:特に〔汉hàn语拼音方案〕で採用した26個のローマ字をいう.

拼战 pīnzhàn つばぜり合いをする.〔环huán绕着西欧共同市场的~〕西欧共同市場をめぐるつばぜり合い.〔全力~上海队〕全力を挙げて上海チームと勝負する.

拼争 pīnzhēng 必死でやり合う.

拼制 pīnzhì 集めて制作する.組み合わせて作る.

拼装 pīnzhuāng 組み立てる.

拼缀 pīnzhuì つづり合わせる.〔~复原〕同前で復原する.

〔**姘**〕 pīn 野合する.できる.くっつく:男女が正式な結婚をせずに関係すること.

姘夫 pīnfū 情夫.

姘妇 pīnfù 情婦.

姘居 pīnjū (正式の結婚によらず)なれあって同棲する.

姘头 pīntou 同棲中の男女.不倫の男女.愛人.情夫(情婦).〔搭dā~〕〔方〕扎gá~〕なれあう.私通する.くっつく.〔他有一个~〕彼には愛人がいる.〔王经理的~〕王社長の愛人.

〔**毗**(**蚍**)〕 pín 〈文〉カラスガイ,またそれから採れる真珠.→〔蚌bàng〕

〔**贫**・**貧**〕 pín （Ⅰ)①貧しい.貧困である.〔~穷qióng同前.↔〔富fù②〕→〔穷qióng①〕 ②乏しい.足りない.〔~水〕水不足.水資源不足.〈方〉けちくさい.みみっちい.〔大家公摊的路灯费,他都不肯拿出来,真~〕皆で負担する街灯費さえ彼は出そうとしない,実にけちだ.④〈姓〉貧(ひん)

（Ⅱ)〈口〉(言うことが)くどくどしい.煩わしい.くだらない:〔频③〕に同じ.〔他的嘴太~〕彼は言うことがくどすぎる(くだらない).

贫病 pínbìng 貧乏と病気.〔~交迫〕同前が重なる.

贫齿类 pínchǐlèi 貧歯(チシ)類:哺乳動物の一類.アリクイ・アルマジロ・ナマケモノなど.

贫道 píndào 道士の自称.

贫乏 pínfá ①貧しい.貧困である.②足りない.欠けている.乏しい.単調である.〔生活经验~〕生活経験が足りない.〔语言~〕単調な言葉(または話).〔课余生活~〕放課後の生活に無駄な生活である.

贫富悬殊 pínfù xuánshū 〈成〉貧富の差が甚だしいこと.

贫骨头 píngǔtou 〈方〉①貧乏性の人.気の小さい人.けちくさい人.みみっちい(けちった.下司っぽい)人間.②くどくどしい人.おしゃべり屋.

贫寒 pínhán 貧乏(する).貧乏である.〔他是个~人〕彼は素寒貧だ.〔~人家〕貧しい家庭.〔家境~〕暮らし向きが大変苦しい.

贫化铀 pínhuàyóu ⇒〔贫铀〕

贫瘠 pínjí (地味が)やせている.〔把~的土地变成良田〕やせ地を良田に変えた.

贫贱 pínjiàn 貧しくて身分が低い.〔~之交〉〈成〉貧賤であったころの交遊.〔~不移〉〈成〉貧賤にあっても志を変えない.〔~骄jiāo人〉〈成〉貧賤をもって誇り高い.

贫民闹市无人问 pínjú nàoshì wúrénwèn 〈諺〉貧乏していると,繁華な町に住んでいても訪ねてくる人もいない.〔~,富在深山有远亲〕〈諺〉同前で,富貴でありさえすれば山奥に住んでいても遠縁の者まで

訪ねてくる.
贫寠 pínjù〈文〉貧しい.
贫苦 pínkǔ ⇒〔贫困〕
贫矿 pínkuàng 鉱低品位鉱.貧鉱.
贫困 pínkùn =〔贫苦〕貧困(である).貧窮(している).〔~地区〕貧困地区.〔~人口〕貧困人口:年平均収入が一定レベル以下の人.〔~生 shēng〕苦学生.貧困学生.〔摆脱了 ~〕貧困から抜け出した.
贫困线 pínkùnxiàn ①最低生活保障ライン. ②貧困地帯の境界線.
贫民 pínmín 貧民.〔~窟 kū〕〔~街 jiē〕〔~区 qū〕貧民窟(くつ).スラム街.〔大城市有豪华的摩天楼,也有肮脏 āngzāng 不堪的 ~ 窟〕大都会には豪華な高層ビルもあるし,とても污い貧民窟もある.
贫衲 pínnà ⇒〔贫僧〕
贫农 pínnóng 貧農:土地・生産手段を全く持たない,ごく一部持つ農民.→〔下 xià 中农〕
贫婆 pínpó ①貧しい老婦. ②ぐずぐずと小言の多い老婦.
贫气 pínqì =〔贫相〕①〔人が〕貧乏性である.けちくさい(みみっちい.下司(げす)い).〔人家是爱惜物力,并不是 ~〕あの人は物を大事にしているのであって,けちくさいわけではない. ②くどくどしい.〔一句话说可八遍,真 ~〕同じ事を何遍もくり返し言って,ほんとにくどいね.
贫穷 pínqióng 貧しい.貧困である.貧窮する.
贫弱 pínruò 貧窮し衰微する:多く国家や民族についていう.
贫僧 pínsēng =〔贫衲〕〈謙〉僧侶の自称.拙僧.
贫水 pínshuǐ 水資源に乏しい.水不足である.
贫俗 pínsú 卑俗である.〔~客套〕卑俗な決まり文句.
贫下中农 pín xiàzhōngnóng 貧農及び下層中農.→〔贫农〕〔下中农〕
贫相 pínxiàng ⇒〔贫气〕②貧相なさま.
贫协 pínxié〔贫下中农协会〕(貧農・下層中農協会)の略.
贫血 pínxuè 医貧血を起こす.〔~症 zhèng〕貧血症.
贫油 pínyóu 石油資源が乏しくなる.
贫铀 pínyóu 劣化ウラン:〔贫化铀〕に同じ.〔~弹〕軍劣化ウラン弾.
贫字与贫字一样写 pínzì yǔ tānzì yīyàng xiě〈贫字という字と贫字という字は同じこと〉:貧すれば鈍する.→〔人 rén 贫智短〕
贫嘴 pínzuǐ おしゃべりである.むだ話が多い.冗談好きである.〔~薄 bó 舌〕〔~恶 è 舌〕〔~饿 è 舌〕〔~贱 jiàn 舌〕〈喩〉憎まれ口をきくこと.よく人にいやがられることをしゃべること.〔要 shuǎ ~〕ちゃちゃを入れる.冗談口をたたく.→字解义

〔**频・頻**〕 pín ①頻繁である.〔~生〕頻発する.〔尿 niào~〕医頻尿. ②しきりに.しばしば.たてつづけに何度も.〔~来询 xún 问〕しばしば問いただしに来る. ③=〔贫〕〈方〉(言うことがくどくどしい.くどい.〔好话说 ~,也就不大起作用了〕いいことでもあまりくどくど言うと,効果はなくなる. ④物周波数.振動数.〔高 ~〕電高周波.〔改 gǎi~〕テレビやラジオの周波数を変えて,つけかえる. ⑤〔~率〕頻度(率)で. ⑥〈文〉さし迫っている.〔国步斯 ~〕(詩経・大雅・桑柔)国運が急迫している.
频传 pínchuán〈文〉しきりに伝わる.〔捷 jié 报 ~〕勝利の知らせがたてつづけに(しきりに)伝わる.
频次 píncì 頻度:一定時間内に出現する回数.
频带 píndài 物周波数带.周波数带域.バンド.

频道 píndào 周波数チャンネル.〔~〕(テレビの)第1チャンネル.
频度 píndù 頻度.
频段 pínduàn 物周波数の(レベルの)種類:〔低频〕低周波〔中频〕〔高频〕〔超高频〕などがある.
频发 pínfā 頻発する.
频繁 pínfán〔频烦〕とも書いた.頻繁である.しげしげと.〔来往 ~〕往き来がひんぱんである.
频宽 pínkuān (テレビ放送の)周波数帯の幅.チャンネルの数.
频率 pínlù ①物周波数. ②頻度.〔~词典〕频度詞典.
频密 pínmì 頻繁である.
频年 pínnián〈文〉連年.多年.〔~累月〕長い年月を重ねる.
频频 pínpín〈文〉頻々と.しばしば.しきりに.〔~举杯〕しきりに杯をかわす.
频谱 pínpǔ 電周波数.スペクトラム.〔~仪 yí〕〔~器 qì〕周波数スペクトラムアナライザー.
频伽 pínqié〔迦陵頻〕(かりょうびんが)の略:仏教伝説中の極楽に住む声のよい鳥.
频仍 pínréng〈文〉頻発する.しきりに起こる.絶えず起こる.〔盗 dào 匪 ~〕盗賊がしきりに現れている.
频生 pínshēng 頻発する.
频数 pínshuò ひっきりなしに何度も.

〔**蘋・蘋**〕 pín〔~方〕破 pò 铜(钱)〕〔田 tián 字草〕植デンジソウ.タノジソウ.カタバミモ:水田・池・沼などに自生する多年生水草.葉は細長く,長さは4枚の小葉が輪生して"田"の字形をしている.→〔苹 píng〕

〔**嫔・嫔**〕 pín ⇒〔颦〕

〔**颦・顰**〕 pín =〔嫔〕〈文〉顔をしかめる.眉をよせる.〔一~一笑〕〈喩〉不機嫌や喜びの表情の変化.〔东施效 xiào~〕〈成〉猿まねをする:春秋時代,越の有名な美人の西施が病気で顔をしかめているのが何ともいえない風情があったので,東施という醜女がまねをしたところ一段と醜かった.
颦蹙 píncù〈文〉しかめっ面をする.眉をひそめる.
颦眉 pínméi〈文〉眉をしかめる.〔~蹙 cù 额〕〈成〉眉をひそめ額にしわを寄せる:憂えるさま.

〔**嫔・嬪**〕 pín ①〈文〉女性の(美称). ②田(夫につかえる)高位の女官:女御(にょうご).〔~嫱 qiáng〕同前.〔妃 fēi~〕(皇后以外の)妃(きさき)や女官.〔妃〕
嫔妃 pínfēi〈文〉皇妃と女官:〔妃嫔〕ともいう.

〔**品**〕 pín ①物.〔产 chǎn~〕〔制 zhì~〕〔出 chū~〕①製品.生産物.〔成 chéng~〕製品(完成品).〔货 huò~〕商品.〔上 ~〕〔上等品〕②作品.〔妙 miào~〕〈文〉絶妙な作品.〔神 shén~〕神技に近い作品.③種(類).〔~物〕〈文〉いろいろな種類(の品).④旧等級:正一品から従九品までの18階の官等級.〔~级〕①〔~秩〕同前.⑤品位.人品.〔这个人太没~了〕この男はあまりにも品がなさすぎる.よしあしを見わける.〔这个人为 wéi 人怎么样,慢慢就~出来了〕この人の人物がどうであるかはそのうち間もなくわかってくる.⑦〔转〕味をきく.味わいする.玩味する.〔你~~这个滋 zī 味〕きみこの味をみてくれたまえ.⑧(管楽器,とくに)籥を吹く.〔~箫 xiāo〕同前.〔~竹弹丝〕〈成〉管弦の合奏:〔~竹又あまた.さまざま.〔~庶 shù〕庶人.⑩〔姓〕品(ひん)

品保 pǐnbǎo 品質保証.
品茶 pǐnchá=〔品茗〕茶の味をみる.茶を賞味する.翻茶する.

品察 pǐnchá 〈文〉見分ける.品定めをする.
品尝 pǐncháng 味わってしばしを見る.〔~鉴 jiàn 定〕試食して品定めする.〔~当地名点〕地元の名菓を味わう.
品词 pǐncí 〖語〗品詞:〔词品〕ともいう.〔词类〕の旧称.
品德 pǐndé 人品と徳性.〔~教育〕道徳教育.
品第 pǐndì ①〈文〉優劣等級を評定する. ②〈文〉等級. ③⇒〔品脱〕
品定 pǐndìng 品定めをする.評価する.
品读 pǐndú 味わって読む.鑑賞する.
品端学美 pǐnduān xuéměi 〔成〕品行方正で学術優等である.
品服 pǐnfú 〖旧〗位階品級を表した官服.
品格 pǐngé ①品格.品位. ②文学·芸術作品の風格·質.→〔气 qì 格〕
品官 pǐnguān 〖旧〗官階を有する官吏:九品以内の階級にある役人.→〔品级①〕
品管 pǐnguǎn 品質管理.QC.
品红 pǐnhóng ①〖色〗ややうすい赤(の):〔大 dà 红〕より浅い. ②⇒〔一 yī 品红①〕
品级 pǐnjí ①=〔品秩〕〖旧〗官吏の等級:正一品から従九品まで18級に分かれていた.それ以下を明·清代には〔未 wèi 入流〕といった. ②製品や商品などの等級.
品级补子 pǐnjí bǔzi 〖史〗官吏が〔品级①〕すなわち位階を表示するため官服の胸と背につけた約30センチ角の刺繍飾り;文官は鳥類,武官は獣類を品級によりそれぞれ種類分けされていた.
品检 pǐnjiǎn 品質検査.
品节 pǐnjié 人品骨柄(こつがら).
品酒 pǐnjiǔ ①酒の味をききする. ②ちびちび酒を飲む.〔以把盏~为乐〕ちびちびやるのを楽しみにしている.
品兰 pǐnlán 〖色〗群青(ぐんじょう)色(の).〔盐基~〕〖略〗④ビクトリアブルー.⑤ロイヤルブルー.
品类 pǐnlèi (上等·下等などの)品の種類.
品绿 pǐnlǜ 〖色〗深緑色(の)
品貌 pǐnmào ①容貌. ②人品と容貌.〔~端 duān 方〕〈成〉②人品·風貌ともに整っている.⑤相貌が端正である.〔~双全〕気品も容貌もそろって申し分がない.
品名 pǐnmíng 品名.品物の名.
品茗 pǐnmíng ⇒〔品茶〕
品目 pǐnmù 品目.品名.アイテム.〔~、数量〕品目と数量.
品牌 pǐnpái 商品ブランド.銘柄.商品名.商標.商品マーク.〔~机 jī〕メーカー製パソコン.〔~价〕ブランド価値.〔~代言人〕ブランドのイメージキャラクター.〔~形象〕ブランドイメージ.
品判 pǐnpàn 品評して判別する.
品评 pǐnpíng =〔〈文〉品议〕品評(する)
品三苯 pǐnsānběn =〔菲 fēi 苯〕
品色 pǐnsè ①品物の種類(と模様·色). ②〖色〗〔品红〕〔品蓝〕〔品绿〕などの色.
品赏 pǐnshǎng 鑑賞する.品評して味わう.
品胎 pǐntāi 〈文〉三つ子:双子は〔双 shuāng 胞胎〕
品题 pǐntí 〈文〉(人物や作品を)論評する.
品头论足 pǐntóu lùnzú 〈成〉女性の美醜や容姿などをあれこれと批評する:些細なことで人や物事の揚げ足をとること.〔品头评足〕〔评 píng 头品足〕ともいう.
品脱 pǐntuō 〈音訳〉パイント:英米の体積の単位.英では20オンス(0.57リットル弱),米では16オンス(0.47リットル強).〔品第③〕〔派 pài 恩脱〕は旧音訳.→〔加 jiā 仑〕〔夸 kuā 脱〕

品玩 pǐnwán 味わいする.鑑賞する.
品望 pǐnwàng 〈文〉人品と声望.
品位 pǐnwèi ①〖鉱〗品位.品質.〔高~〕高品質. ③〖旧〗官吏の位階.
品味 pǐnwèi ①味をみる.味をきく.吟味する.〔他~了一杯,连连称赞好酒〕彼は1杯味わってみてしきりにいい酒だと褒めた. ②玩味する.〔~人生〕人生の苦楽をかみしめる. ③賞味する.
品物 pǐnwù 〈文〉(いろいろな種類の)物.
品系 pǐnxì 〖生〗生物学上の血統.系統.
品相 pǐnxiàng (品物の)外観.見栄(ば)え.見た目.〔~较差的〕同類がかなり劣る.
品行 pǐnxíng 品行.行い.身持ち.〔~端正〕品行が方正である.〔~不良〕素行がよくない.
品性 pǐnxìng 品性.
品学 pǐnxué 品行と学問.〔~兼优〕学問品行とも優れている.
品烟 pǐnyān タバコの味や品定めをする.タバコを吸って品質を判定する.
品议 pǐnyì ⇒〔品评〕
品月 pǐnyuè 〖色〗うす青(の):〔浅 qiān 蓝色〕に同じ.
品咂 pǐnzā 味わう.吟味する.
品藻 pǐnzǎo 〈文〉(人物の)差異品質を鑑別する.人物批評する.
品质 pǐnzhì ①(人の)本性.品性.人柄.〔道德~〕道德的品性.〔他具备崇高的~〕彼は気高い素質を備えている. ②品質.〔~均匀〕品質が均一である.〔~不好〕品質が悪い.→〔质量②〕
品秩 pǐnzhì ⇒〔品级①〕
品种 pǐnzhǒng ①品種. ②=〔复壮〕(退化した優良種を)回復させること.〔~权 quán 转让〕植物新品種特許権譲渡. ③品種.種類.
品族 pǐnzú 〖生〗種族:同一種の雌から出た群体.

〖榀〗 pǐn 量詞.一家屋分の骨組みを数える.

〖牝〗 pìn (鳥獣の)雌(めす).(一部植物の)雌株.〔~牛〕〔母牛〕雌牛.〔~鸡〕〔母 鸡〕めんどり.〔~牝〕雌雄.↔〔牡 mǔ〕〔雌 cí ①〕〔母 mǔ ③〕〔女 nǚ ⑤〕
牝朝 pìncháo 〈文〉女性が支配した朝廷:唐代の則天武后の治世.
牝户 pìnhù ⇒〔阴 yīn 户②〕
牝鸡司晨 pìnjī sīchén =〔雌 cí 鸡报晓〕〈成〉めんどりが刻(こく)を告げる:かかあ天下.女性上位.
牝牡骊黄 pìnmǔ líhuáng 〈成〉(雌であるか雄であるか,黒馬か赤馬かというような)見かけ.外観.〈喻〉物事を認識するには実質を捉えなければいけない.〔赏识于~之外〕物を見るに皮相な外観を問題にしない.
牝瓦 pìnwǎ =〔凹 āo 瓦〕凹面の瓦.↔〔牡 mǔ 瓦〕

〖聘〗 pìn ①招聘(しょうへい)する.=〔雇 gù〕雇用する:古くは賢者を招くことをいった.〔~了一个外语老师〕外国語の先生を一人招聘した.〔被~为教师〕招聘されて先生になる.〔~为顾 gù 问〕顾问に迎えられる.→〔请 qǐng ②〕〔延 yán ③〕〔邀 yāo ②〕 ②〖固〗(天子が諸侯に)礼物を携えた使者を訪問させる.→〔聘问〕 ③嫁ぐ.嫁がせる.=〔姑 gū 娘〕娘を嫁がせる.〔出~〕〔出嫁〕嫁にいく(嫁ぐ).〔她定婚了,快~出去了〕あの娘は婚約が決まって,もうすぐ嫁いでいく. ④婚約を結約わす.→〔聘礼〕
聘才 pìncái 人材を公募する.
聘定 pìndìng ①婚約を決める(が決まる). ②招聘が決まる.
聘借 pìnjiè ⇒〔借聘〕
聘金 pìnjīn =〔聘银〕結納金.→〔彩 cǎi 礼〕

pìn～píng

聘礼 pìnlǐ ①人を招聘する際,敬意を表するための贈り物.②男の方から女の方への結納の贈り物.→〔下 xià 茶〕

聘期 pìnqī 雇用期限.契約期間.

聘请 pìnqǐng 招聘する.→〔延 yán 聘〕〔邀 yāo 请〕

聘娶 pìnqǔ 嫁入りさせることと妻を迎えること.

聘任 pìnrèn ＝〔聘用〕招聘して任用する.〔~制 zhì〕任用制.→〔任命〕

聘书 pìnshū 招聘状.〔下~〕同前を出す.

聘问 pìnwèn 〈文〉使いの者をやって消息を尋ねる.

聘贤 pìnxián 〈文〉賢人を招聘する.

聘选 pìnxuǎn 募集して選ぶ.

聘银 pìnyín ⇒〔聘金〕

聘用 pìnyòng 招き任用する.〔~技术人员〕技術者を雇前.

聘约 pìnyuē 招聘の約束.招聘契約.〔解除~〕同前を解く.

ping ピン

〔乒〕 pīng ①〈擬〉かたいものがぶつかったような音.花火や火花がはじけた音など.〔话声还没落,远处~的一声枪 qiāng 响〕話し声がまだ消えやらぬうちに,遠いところからパーンと銃声が聞えた.②ピンポン.卓球.〔~坛〕球界.〔世~赛 sài〕世界卓球選手権大会.〔~协 xié〕卓球協会.〔~超 chāo〕〔~联 lián 赛〕卓球スーパーリーグ.〔~后 hòu〕卓球界の女王.→〔乒乓〕

乒令乒啷 pīnglìng pānglāng〈擬〉パラパラ.

乒乓 pīngpāng ①〈擬〉パンパン.〔鞭 biān 炮乒乒乓乓地响〕爆竹がバンバンパンパンと鳴る.②同前.

乒乓球 pīngpāngqiú 区卓球.ピンポン.またその球:〔乒乓②〕に同じ.〔台 tái 球②〕は方言.〔打~〕卓球をやる.〔赛 sài ~〕ピンポンの試合をやる.〔~球拍〕ピンポンラケット.〔~球台〕卓球台.

乒坛 pīngtán 卓球界.〔~老将〕卓球界のベテラン.

乒运 pīngyùn 卓球競技.

〔俜〕 pīng →〔伶 líng 俜〕

〔娉〕 pīng 〔~婷 tíng〕〈文〉(女性の)容姿が麗しい.

〔平〕 píng ①平らである.平坦である.〔像水面一样地~〕水面のように平らの.〔铺平~①〕平らに敷く(ひろがる).〔熨 yùn ~〕アイロンをかけて平らにする.〔把纸按~了〕紙を押さえて平らにした.〔用汽碾压~路面〕スチームローラーで路面を平らに固める.〔把买家店~了〕買家の店を(ぶち壊して)ぺしゃんこにした.等しい.平等である.〔公 gōng ~〕同前.〔持之论〕公平な議論.〔抱 bào ~〕不平.不公平であるという不満をもつ.〔~分土地〕土地を平等に分ける.〔物不得其~则鸣〕(唐·韩愈·送孟東野序)物は公平な取り扱いを受けなかったときに不平が起こってくる.〔不~则鸣〕同前.④同格である.同じくらいの.同等である.同じレベルにある.〔打个~手儿〕互角の勝負をする.〔放~槽 cáo 水〕ふちとすれすれくらいの水を入れる.〔雨下得~了河槽了〕雨が降って水位が両岸と同じくらいの高さになった.〔我今年~五十,过年五十一〕僕は今年ちょうど50歳で,来年は51だ.〔再~〕区ジュースアゲイン.〔打到二十二后,双方以多得两分者为胜方〕20本の後,先に 2 点とった方が勝ちとなる.〔~百米全国记录〕100メートル全国タイ記録.〔一胜 shèng 一~一负〕1勝1敗1引き分け.⑤平常である.ふつうである.平凡である.〔~无 wú 奇〕平平凡凡で変わったところはない.⑥平穏になる.無事になる.〔风~浪静〕風が穏やかで波も静かになる.⑤〈喩〉事が平静になること.平穏で何事もないこと.⑦静かにさせる.静める.〔~~气儿〕気を静める.〔一~口气〕口調をやわらげる.怒りを静める(かせる).〔~一~他的怒气再说〕彼の怒りを落ち着かせてからのことにしよう.→〔稳 wěn ③〕⑧平定する.鎮圧する.〔~匪 fěi〕匪賊を平らげる.〔~乱 luàn〕乱をとり鎮める.⑨区漢字字音の平(声).→〔平声〕〔平仄〕⑩北平(北京の旧称)の略.〔故宮文物南迁时曾将部分文物留~〕故宮文物は南へ送られる時,一部は北京に残された.⑪〈姓〉平(ピン).

平安 píng'ān 平穏無事(である).〔~无 wú 事〕同前.〔一路~〕〔祝 zhù 你一路~〕途中ご無事で.〔路上都~〕道中に御無事でしたか.〔他们一地回来了〕彼らは平穏無事に帰ってきた.〔~夜 yè〕〔圣 shèng 诞夜〕クリスマスイブ.〔~即是福〕〈諺〉平穏無事なのが何よりの幸福.〔平平安安地过日子〕平穏に日を過ごす.

平安险 píng'ānxiǎn 圖単独海損不担保.分損不担保.FPA.〔保了~〕同前をかけた.

平坝 píngbà 〈方〉平地.平坦な地域.平原.→〔坝③〕

平白 píngbái 〔凭白〕①わけなく.みすみす.〔~花了好些车钱,也没得出个结果〕たくさんの交通費をむだに使ってしまい,奔走の甲斐はない.②平易な.わかりやすい.

平白铁 píngbáitiě 薄鉄板.

平白无故 píngbái wúgù〈成〉何の理由もない:〔凭白无故〕とも書いた.〔无缘无故〕に同じ.〔你~跟我找茬儿是什么道理〕わけもなくわたしの揚げ足をとろうというのはどんな了見だ.

平班 píngbān 同地位の職務.同僚.

平板 píngbǎn ①平凡.単調である.〔~无奇〕平凡で珍しくもない. ②溶接する鉄〔铁 tiě 水〕を流し込み鋳鉄塊を鋳こむ鋳型. ③圜定盤(ぢゃう). ④⇒〔平版〕

平版 píngbǎn 平版:オフセット印刷,石版印刷などの類.〔~印刷〕平版印刷.〔~新闻纸〕並版新聞用紙.

平(板)玻璃 píng(bǎn) bōli (模様や凸凹·厚薄のない透明の)板ガラス.

平板车 píngbǎnchē ①荷物運搬用の三輪車:荷物をのせる部分が平らである.〔平板三轮〕〔平板④〕ともいう. ②⇒〔平车①〕 ③無側大型トラック.

平板电脑 píngbǎn diànnǎo タブレットパソコン.

平板磨轮 píngbǎn mólún 圜〔平板〕砂轮〕圜平面グラインダー.

平板三轮 píngbǎn sānlún ⇒〔平板车〕

平(板)砂轮 píng(bǎn) shālún ⇒〔平板磨轮〕

平板显示 píngbǎn xiǎnshì フラットパネルディスプレイ.〔~器〕同前.〔~电视〕パネルビジョン.

平板仪 píngbǎnyí 平板測量儀.

平暴 píngbào 暴動を鎮圧する.

平辈 píngbèi〔-儿〕(親族あるいは代々付き合いのある家庭間の)同輩(者).同世代(者).→〔同 tóng 辈〕

平本买卖 píngběn mǎimai 仕入れ(集荷)値段で売買する.〔国家卖蔬菜是~,不赚 zhuàn 钱〕国家が蔬菜を売るのは原価売買で,もうけはしない.

平布 píngbù 圖平織りの無地の綿布.

平步青云 píngbù qīngyún〔平步登天〕〔平地登云〕〔平地登天〕ともいう.〈成〉①一挙に高い地位に到達する.〔提拔干部要有一定的条件,决不能~〕役員の抜擢(ばってき)はある条件をそなえなければならず,

平 píng

一挙に高い地位に到達させるものではない. ②科挙に合格すること.

平仓 píngcāng 圖手じまい:(信用取引で)オーバードラフトで購入した株式などを売りに出す.

平仓费 píngcāng⸺ ⇒[平仓]. 荷繰り, 荷均(な)し. [〜费]貨物積み直しの費用. 荷均費. 荷繰費. トリミングチャージ.

平槽 píngcáo 水が槽のふち一杯(岸の高さ一杯)になっている(こと). [放〜水]水を縁すれすれに入れる. [雨下得平了槽]雨が降って川の水が岸の高さすれすれだ.

平产 píngchǎn ①生産量が同じぐらいである. 平年作. ②⇒[安 ān 产]

平常 píngcháng ①日常. 日頃. [〜心]平常心. [我们〜很少去电影院]私達は普段めったに映画館に行かない. ②ふつうである. 一般並みである. [〜]かんばしくない. [成绩〜]成績はかんばしくない. [(官吏などの)評判がかんばしくない. →[行 xíng 常] [中 zhōng 常] ③平日.

平潮 píngcháo ⇒[低 di 潮]

平车 píngchē ①=[平板车②]平台型貨車. 無側車. →[篷 péng 车①] ②普通の自転車:競技用の[跑 pǎo 车]に対していう. ③医療用ストレッチャー.

平畴 píngchóu 〈文〉平坦な耕地. 平らな田畑. [〜千里]広々とした田畑.

平出 píngchū →[平出阙字]

平出阙字 píngchū quēzì 旧文章の中で天子など敬うべき人の名前に行を改めて前行と同じ高さのところから書き出すことを[平出]といい,1,2字下げて書き出すのを[阙字]といった. →[空 kōng 格][抬 tái 头③]

平川 píngchuān 平坦な地. 平野. [〜地]ともいう. [这是一马〜的地方]ここはずっと平野続きのところである. [调 diào 查的地区不包括山区和〜]調査する地区には山区も平地も包括している. →[平野]

平喘 píngchuǎn 医ぜんそくの発作を抑える. [〜效 xiào 果]鎮咳効果.

平锤 píngchuí 鍛工が平面をたたくのに用いる槌(2),で,打撃面が広く四角になっている.

平锉 píngcuò 平やすり.

平旦 píngdàn 〈文〉明け方.

平淡 píngdàn 平凡である. [平平淡淡]可もなく不可もない. [〜无奇]平凡で何の変わったこともない. [〜无味]ありきたりでおもしろみがない. [故事情节很〜]物語の節が単調だ.

平道儿 píngdàor ①無理のない道. 平坦な道. ②道を平らにする. [转]事をやりよくする. 地ならしをしておく.

平等 píngděng ①平等. [〜无利,互通有无]平等互恵,有無相通ずる. [〜待人]人に平等に対する. ②対等である. [〜协商]対等の立場での交渉.

平籴 píngdí 旧役所が豊年の時に安値で穀物を買い入れること:凶年時に放出するため.

平底船 píngdǐchuán 平底船.

平底锅 píngdǐguō フライパン:[长 cháng 柄平锅][平底煎 jiān 锅]ともいう.

平底烧瓶 píngdǐ shāopíng 平底フラスコ.

平底鞋 píngdǐxié 平底の靴.

平地 píngdì ①土地をならす. 整地する. [〜机]グレーダー. 平土機械. ②平地.

平地登天 píngdì dēngtiān ⇒[平步青云]

平地风波 píngdì fēngbō 〈喩〉突然起こった事故やもめごと.

平地楼台 píngdì lóutái 〈喩〉無一物から築き上げた事業.

平地摔跟头 píngdì shuāi gēntou 〈喩〉何でもないことで気がゆるみ失敗する.

平地一声雷 píngdì yīshēngléi 〈喩〉突然人を元気づける重大な事が起こること.

平调 píngdiào ①浙江省宁海・象山・三门などに流行する劇:[宁 níng 海〜]ともいう. ②⇒[一 yī 平二调] ③同等の職位で転任すること. [他从中纪委处长位置志愿〜西北]彼は党中央紀律委員会の処長の地位から西北に転任を願い出た. ④語平らな声調:例えば[普通话]の第1声は[高〜]である.

平顶 píngdǐng ①平らな屋根. ②人間の背と同じ高さ. [〜的]书柜]背丈ぐらいある書棚.

平定 píngdìng ①穏やかである. 平静である. [他的情绪逐渐〜下来]彼の気分はだんだん落ち着いてきた. ②静める. 落ち着かせる. ③平定する.

平动 píngdòng 物並進運動. 平行運動.

平峒 píngdòng (採鉱で)横坑. よこあな. [矿 kuàng 井的〜]鉱坑の横坑. →[坑 kēng 道][立 lì 井]

平凡 píngfán 平凡である. ありふれている. [平平凡凡]同前のさま.

平反 píngfǎn (冤罪を被った者を再審理して)無罪にする. (過去の誤った扱いの)名誉を回復する. [〜昭雪][昭雪]同前. [〜冤假错案]冤罪案件・でっち上げ事件・誤った事件を同前.

平泛 píngfàn (文章などが)起伏がなく平板である.

平方 píngfāng [度]平方. [〜米][平米]平方メートル:俗に[〜方]ともいう. [公里]は旧称. 100[〜米]が1[公亩](アール). [〜公里][一万〜米]平方キロ:100[公顷](ヘクタール). [〜分米]平方デシメートル. [〜毫米]平方ミリメートル. [〜厘米]平方センチメートル. [〜根]平方根.

平房 píngfáng 平屋. 平屋建ての家. ↔[楼 lóu 房]

平放 píngfàng 平積みする.

平分 píngfēn ①[〜儿][区]ジュース:口語では[平]という. [[ヨ diāo 士]は旧訳]ゲームカウントのタイの時は[和 hé 局]という. [经过几次〜之后,他赢得一局]ジュースを数回くり返したのち,彼は1セット取った. →[再 zài 平②] ②等分する. 山分けする. [〜等 děng 分][均 jūn 分]に同じ. [〜天下]天下を二分する. [〜秋色]〈成〉両者で折半して分ける. 儲けは半々[〜]する.

平服 píngfú 気が静まる. 気持ちが落ち着く. 納得する. [听了你的劝告,我心里就〜了]あなたの忠告を聞いて,わたしは納得できた. [我这口气可〜了]わたしの怒った気持ちもおさまった.

平阜 píngfù 〈文〉丘の上の平地. 上が平らな高地.

平复 píngfù ①病気が治る. ②元の状態に復する. [这个乱事多咱〜哇]この騒乱はいつおさまるだろうか.

平高球 pínggāoqiú [区](バドミントンの)ドリブンクリアー. →[拉 lā 球]

平跟儿鞋 pínggēnrxié ローヒール(靴). →[高 gāo 跟儿鞋]

平菇 pínggū 圓ヒラタケ:食用きのこの一種. [食用〜]同前.

平刮刀 píngguādāo 機平面切削用の刀.

平光 píngguāng ①(レンズの)度が入っていない. 度なし. [〜镜 jìng]度なしめがね. [镜③] ②なめらかである.

平锅 píngguō (底の浅い)鍋. [长柄〜]フライパン: [平底锅]に同じ.

平巷 pínghàng 鉱水平坑道. 普通坑道. 通洞.

平和 pínghé ①穏やかである. [语气〜地说]穏やかな口調で話す. [他的态 tài 度又诚 chéng 恳又〜]

1317

彼の態度は誠実で穏やかだ．②=[和平②][薬の効果が]穏やかである．[药 yào 性~]薬の効果はゆっくり現れる．③安定している．平安である．④〈方〉[紛争が]やむ．おさまる．

平衡 pínghéng ①平均がとれている．つりあいがとれている．[~木]区体操の平均台．またその器具．[~点]分岐点．[失去~]バランスを失う．[保持~]均衡を保つ．②均衡をとる．バランスをとる．[~收支]収支のバランスをとる．③均衡．

平衡表 pínghéngbiǎo [收 shōu 支~][资 zī 产~]の略．経バランスシート．貸借対照表：[资 zī 产负债表]ともいう．

平衡锤 pínghéngchuí 機バランスウエイト．釣合錘

平衡(感)觉 pínghéng (gǎn)jué 生理平衡感覚．

平衡轮 pínghénglún 機バランスホイール（時計などの平衡輪）

平衡(溶)液 pínghéng (róng)yè ブドウ糖液．→[葡 pú 萄糖]

平厚呢 pínghòuní 励〈服地の〉メルトン．

平胡 pínghú ピンフ：マージャンで[顺 shùn 子]4組と[对 duì 子]1組であがる役．"副底"以外に点のないもので，また[两 liǎng 面听](両面待ち)でなければならない．

平滑 pínghuá 平らで滑らかである．

平滑肌 pínghuájī 生理平滑筋：[平 平 滑 筋 jīn][不 bù 随意肌]ともいった．→[横 héng 纹肌]．

平话 pínghuà 古くから民間で演じられた語りと歌で歴史を述べる芸能．宋代に最も流行した．五代史平話，三国志平話など．[讲 jiǎng 史]ともいう．[评话②]とも書いた．

平缓 pínghuǎn ①平坦である．平らである．[地势~]地勢が平坦だ．②[気持ちが]落ち着いている．[語気が]穏やかである．③[現象・変化・動きが]おだやかである．ゆるやかである．

平级 píngjí 同じランク（にする）．同等の地位（にする）．[~的干部]同格の幹部．[~医 yī 院]同前の病院．

平寂 píngjì 静かである．[一场风波才归于~]騒ぎがやっとおさまった．

平价 píngjià 経①[価格]上昇を抑える．②通常価格．常識的な価格．[~出售]公定価格の販売．[~米]公定価格米米．[~生]正規に合格し規定の入学金を払った学生．[~议 yì 价②]→[平银]．平价：一国の本位貨幣における金(銀)の含有量の比．また二国間で定められた本位貨幣における金(銀)の含有量の比．

平交 píngjiāo ①〈文〉対等な地位で交際する．②平素の交情．③平面交叉：[平面交叉]の略．[~道口](鉄道の)踏み切り：ふつう[道口②]という．→[立 lì 交]．

平角 píngjiǎo 数平角：二直角に等しい．→[补 bǔ 角]．

平角裤 píngjiǎokù ボクサーパンツ．

平结 píngjié ⇒[并 bìng 联②]

平金 píngjīn ①平たくたたいてのばした金糸．②=[并 bìng 金][压 yā 金线]絹織物に金糸を置いて糸でとめて模様を描く技術．[~绣 xiù 花]同前．[一缎 duàn 银]同前としてある絹織物．[平银]

平津 píngjīn 旧北平(北京)と天津：[京 jīng 津]に同じ．

平靖 píngjìng ①平穏である．[那时候,地方上很不~]あの頃，世間は平穏ではなかった．②騒乱を鎮圧する．

平静 píngjìng ①静かである．[湖水总是那么~]湖の水はいつもあんなに静かである．②[心などが]平静で

ある．[心里很不~]心がひどくゆれ動いた．[病人恢复了~]病人は平静をとり戻した．

平居 píngjū〈文〉平日．平常．

平局 píngjú ⇒[和 hé 局]

平剧 píngjù ⇒[京 jīng 剧]

平均 píngjūn ①平均的である．[軽重の]差がない．[~工资 zī]平均賃金．[~海水面]地平均海水面．[~数]数平均数．[~速度]平均速度．[~(期望)寿命]=[预期寿命]平均余命．[~主义]平均主義(悪平等主義)．[~分配]均等にする．②平均する．

平均地权 píngjūn dìquán ③孫文の民主主義を実施する方法の一：国家は土地法によって個人所有の土地は地主から地価を政府に報告させ、国はその申告価格に応じて徴税し，同時に必要な場合は報告価格によって買収することができ，地価の増加した部分は国家の所得になる．→[节 jié 制资本][三 sān 民主义]

平开 píngkāi [相場で]前日と同じ値で取引が始まる．[~高走]同前で値上がりに転じる．→[低 dī 开]

平空 píngkōng ⇒[凭空]

平口钳 píngkǒuqián 機平口箝．平やっとこ．

平拉开扣球 pínglākāi kòuqiú ヌ(バレーボールの)平行トスクイックスパイク：ネットすれすれの高さの平行トスを打つスパイク．→[扣球]

平列 píngliè 同等に並べる．同等に扱う．並列する．

平流层 píngliúcéng 天成層圏：[同 tóng 温层](等温層)ともいう．

平流缓进 píngliú huǎnjìn 水流に従って船を進める．〈喩〉穏歩前進．

平炉 pínglú =[开 kāi 炉②][马 mǎ 丁炉][西 xī 门子马丁炉]=[平炉：製鋼炉として最も広く用いられる耐火煉瓦製の平たい反射炉]．→[土 tǔ 炉]

平炉钢 pínglúgāng =[马 mǎ 丁钢]平平炉鋼：平炉法で精錬した鋼．

平脉 píngmài 生理平常の脈拍．健康人の脈．

平米 píngmǐ [平方メートル]．

平面 píngmiàn 数平面．[~表 biǎo]機ダイヤルゲージ．[~车床][落 luò 地车床]平正面旋盤．平削り旋盤：[厚 hòu 规 guī]機ダイヤルシックネスゲージ．[~波]平面波．[~几何]平面幾何．[~交叉][平交]=[平交](道路・鉄道の)平面交叉．[~角][平角]平面角．[~镜]平面鏡．[~螺丝 luósī]~牙]機スクロール．渦切旋盤．[~媒 méi 体](新聞・雑誌・書籍など)印刷メディア．[~磨床]機平面研削盤．[~儿]平らな面．[~人]〈喩〉考えの浅はかな人．中身のない人．[~三角法]平面三角法．

平面图 píngmiàntú ①工平面図．平面投影図．→[立 lì 体图(形)]．②平面に描いた図．

平面拖板 píngmiàn tuōbǎn ⇒[横 héng 刀架]

平面铣床 píngmiàn xǐchuáng ⇒[龙 lóng 门铣床]

平面铣刀 píngmiàn xǐdāo ⇒[圆 yuán 柱平面铣刀]

平民 píngmín 旧平民．庶民．一般人．

平民主义 píngmín zhǔyì →[民主主义]

平明 píngmíng〈文〉①夜明け．②公明正大．

平年 píngnián ①平年．↔[闰 rùn 年]②平年作の年．

平盘 píngpán 経(株式市場などの)持ち合い相場．

平叛 píngpàn 反乱を平定する．

平平 píngpíng 普通である．良くも悪くもない．[成绩~]成績が並である．[长 zhǎng 相~]人並みの顔立ちをしている．

平平当当 píngpíng dāngdāng (仕事が)順調に進

平 píng

むさま.はかどるさま.
平平(儿)的 píngpíng(r)de （多くも少なくもなく）ちょうど.〔本—一斤〕ちょうど1斤.
平铺直叙 píngpū zhíxù 〔成〕①作為や飾りなしに平明に述べる. ②重点や分析もなく直叙する.
平起平坐 píngqǐ píngzuò 〔喻〕同等にふるまう.〔现在仆人也和主人~了〕今では使用人も主人と対等にふるまうようになった.
平情 píngqíng 穏当に.感情的でない.冷静に.〔~而论〕冷静に論ずる.
平权 píngquán 平等な権利（権利を平等にする）.〔男女~〕男女同権（である）.
平壤 píngrǎng 地 ピョンヤン;〔朝 cháo 鲜民主主义人民共和国〕（北朝鮮）の首都.
平人 píngrén 〔文〕①普通の人. ②健康な人. ③無罪の人. ④平民.
平日 píngrì ①普通の日.平日. ②⇒〔平时〕
平绒 píngróng 紡ペッチン（別珍）.綿ビロード:添毛織の一種.綿の繻《[毛ビロード]〔绵 mián 剪绒〕〔绒天鹅绒〕（印 yìn 花丝~）（捺染~）》綿別珍.〔染 rǎn 色丝~〕浸染綿別珍.
平色 píngsè 旧（通貨として使われた）銀の重量と純分.→〔成 chéng 色〕
平砂轮 píngshālún ⇒〔平(板)砂轮〕
平上去入 píng shǎng qù rù 語平声・上声・去声・入声の四声.〔~四声〕〔平仄〕〔古 sì 声〕
平射炮 píngshèpào 軍平射砲:高射砲・曲射砲に対していう.
平身 píngshēn 旧跪拝（キ）してから立ちあがること.
平生 píngshēng ①日常.平素. ②一生涯.終生.
平声 píngshēng 言（古漢語声調の）平声（ヒョウ）:平らかな声調で,もっぱら詩の声調節奏のために〔仄〕と対応して用いられる.現代標準漢語の声調では〔阴 yīn 平〕すなわち〔第一声〕と〔阳 yáng 平〕すなわち〔第二声〕を含む.→〔四 sì 声〕
平时 píngshí ①平素.ふだん.〔平日〕に同じ.〔~不烧香,急时抱佛脚〕〔谚〕苦しい時の神頼み. ②平時.平常時.→〔战 zhàn 时〕
平实 píngshí ⇒〔朴 pǔ 实〕
平世 píngshì 〔文〕太平の世.
平视 píngshì （両目で）まっすぐ前を見る.
平手(儿) píngshǒu(r) ⇒〔和 hé 局〕
平水 píngshuǐ （川・海などの）平常の水かさ.〔~位〕（中水位）平常の水位.〔~期 qī〕（中水期）水かさが平常状態の時期.
平顺 píngshùn 平穏である.異常もなくなめらかである.順調である.
平素 píngsù 平素.日頃:〔平日①〕に同じ.
平速度 píngsùdù ⇒〔平均速度〕
平台 píngtái 建屋屋根:瓦をふかず石灰を塗っただけのもの.〔北京旧城内にある高台の名:明代,皇帝が群臣を謁見したところ〕 ③図跳び箱. ④⇒〔晒 shài 台〕 ⑤工（高低の調整も可能な）工作台.作業台.→〔工 gōng 作台〕 ⑥〔喻〕足場.土台.舞台. ⑦电算（ハード・ソフトの）作動環境プラットホーム.
平太阳 píngtàiyáng 天平均太陽.〔~日〕平均太陽日.〔~时〕平均太陽時.
平摊 píngtān 平等に割り当てる.割り勘にする.平等に分担する:〔均 jūn 摊〕に同じ.〔饭钱由参加者均~〕飯代は参加者で割り勘にする.→〔摊派〕
平坦 píngtǎn 平らである.平坦である.〔~的路〕平坦な道.
平添 píngtiān （今までなかった事態・感情などが）自然に増える.わけもなく增えてくる.
平天冠 píngtiānguān 旧天子の冠の俗称.

平天下 píngtiānxià →〔修 xiū 齐治平〕
平天转 píngtiānzhuàn 〔方〕①その日暮らしの生活をする. ②⇒〔凭天转〕
平珍 píngtiǎn 〔文〕鎮定する.平定する.
平粜 píngtiào 旧米価の高い時に政府が手持ち米を安く売り出す（こと）.〔平粜〕
平挺 píngtǐng 平らで張りがある.
平头 píngtóu 〔文〕〔数〕①十・百・千・万など端数のないこと.〔~数 shù〕きっかりの数.→〔齐 qí 头〕 ②一般の.尋常の.〔~百姓〕庶民.平民. ③角刈り.④男性の髪型の一.〔推 tuī ~〕角刈りにする. ⑤日オーバーキャプ型トラック. ⑥〔八 bā 病 ⑧〕
平头甲子 píngtóu jiǎzǐ 満60歳.還暦〔花 huā 甲〕に同じ.〔我明年就到~了〕わたしは来年満60歳になる.
平头小钉 píngtóu xiǎodīng （敷物などの）留めびょう.綴釘（テイ）.包釘.
平头正脸 píngtóu zhèngliǎn 端正な容貌.整った顔かたち.
平头钻 píngtóuzuàn 機穿孔機:すでにできている孔を広げるために用いる切削工具.
平土机 píngtǔjī ⇒〔推 tuī 土机〕
平推 píngtuī 商仕入れ値のまま売る.
平妥 píngtuǒ 妥当である.穏やかで当を得ている.
平纹 píngwén 紡①平織り:経（タ）糸,緯（イ）糸が1本ずつの最も普通の織り方. ②同前の布.〔~布 bù〕同前.
平稳 píngwěn ①平穏である. ②安定している.グラグラしない.〔平平稳稳〕同前のさま.→〔稳 wěn 定〕
平西 píngxī 日没間近になる.太陽が西に傾く.〔晒 shài 在外头的被 bèi 子,等到太阳~的时候,可想着收进来〕外に干してあるふとんは,夕方になったら忘れずにとりこみなさい.
平昔 píngxī 元来.平素.〔我们~对这个问题很少研究〕我々は元々この問題についてはほとんど研究していない.〔今日因为有事,所以比~回来得晚〕今日用事があったのでいつもより帰りが遅かった.
平息 píngxī ①平定する.〔~叛 pàn 乱〕反乱を平定する. ②平穏になる.おさまる.終息する.〔怒 nù 气~了〕憤りが静まった.〔由1932年起爆 bào 发全面战争到1935年才~下来〕1932年から全面戦争が勃発し1935年に至ってやっとおさまった.
平销 píngxiāo ①仕入れ価格もしくはそれより低い価格で販売する.〔平价销售〕ともいう. ②（売れ行きが）良くも悪くもない.まあまあである.→〔畅 chàng 销〕〔滞 zhì 销〕
平心 píngxīn ①公平な心.落ち着いた心. ②心を落ち着ける.〔平下去 去〕同前.〔~而论〕公平な気持ちで論ずる.心を落ち着かせて論ずる.〔~静 jìng 气〕気を落ち着ける.平静である.
平信 píngxìn 普通郵便.→〔平邮〕
平行 píngxíng ①並行する.同時に進める.〔~作业〕同時並行作業. ②上下関係のない.同等である.同格である.〔~机关〕同級の役所.→〔上 shàng 行〕〔下行③〕 ③数平行四辺形.〔~线 xiàn〕平行線.
平行(垫)铁 píngxíng (diàn)tiě 工工作の際,材料の下敷きにする長方形の鉄塊.
平行界尺 píngxíng jièchǐ 平行定規:製図用器具.ものさし二つを金具でとりつけてあり平行線をひくのに用いる.
平行铁 píngxíngtiě ⇒〔平行(垫)铁〕
平行线支票 píngxíngxiàn zhīpiào 商横（オウ）線小切手.線引き小切手:俗に〔划 huá 线支票〕という.→〔转 zhuǎn 账支票〕

1319

píng 平评

平胸 píngxiōng 〈口〉ぺちゃパイ.小さな乳房.→〔丰fēng胸〕
平野 píngyě 平野.→〔平川〕
平一 píngyī 〈文〉乱を平定して統一する.〔~字yǔ内〕秦始皇帝本紀〕字内を統一する.
平移 píngyí ①水平に移動する. ②数平行移動.
平议 píngyì 〈文〉①公平な議論(をする). ②評議(する).評論(する).
平抑 píngyì (価格などを)安定させる.(低く)押さえてつり合いをとる.〔~物价稳定市场〕物価を抑え市場を安定させる.〔商议~米价的办法〕米価の安定策を相談する.
平易 píngyì ①易しい.平易である. ②気さくで親しみやすい.〔这位客人~可亲〕このお客さんは人柄が温和で親しみやすい.〔~近人〕〈成〉(文章・人柄が)とっつきやすい.わかりやすい.易しい.〔~近民〕〈成〉人柄が穏やかで民が親しみやすい(史記・魯世家)
平银 píngyín 絹織物に銀糸を置き糸でとめて模様を描く技術.→〔平金〕
平英团 píngyīngtuán 史アヘン戦争中,広東三元里の住民の反英闘争組織.
平庸 píngyōng 平凡(である).凡庸(である).〔~无能〕平凡無能である.〔~无奇〕凡庸で変わったところがない.
平邮 píngyóu 通常郵便で送る.普通郵便で送る.→〔平信〕
平余 píngyú 清地方から上納する地租のうち,戸部(財政を扱う中央官庁)へ別に納める部分.2(はかりで重さを量る時の)余分の目方.〔贪tān图~〕余分の目方をはかり出してごまかす.
平鱼 píngyú ⇒〔鲳 chāng鱼〕
平原 píngyuán 平原.〔大~〕大平原.
平月 píngyuè 平年の2月.〔闰rùn月〕(29日ある2月)にいう.
平允 píngyǔn 〈文〉公平で穏当である.〔~的办法〕公平な方法.
平韵 píngyùn 平のみ.
平则门 píngzémén 旧北京阜城門の俗称.〔里lǐ九外七〕
平仄 píngzè 語平仄(ひょうそく):〔側側〕とも書く.古漢語の声調には平・上・去・入の四声があり,平と仄(上・去・入)に別ける.その使い分けは詩作上必須のものとされる.〔这句诗~不调tiáo〕この詩は平仄が合っていない.→〔四sì声〕
平展 píngzhǎn ①平坦で広い.〔平展展的柏油路面〕平らなアスファルト道路. ②平らに伸ばす.
平账 píngzhàng (帳簿上の)収支のバランスをとる.帳尻を合わせる.
平整 píngzhěng ①平らできちんとしている. ②低い所を埋めて平らにする.〔土地~了〕土地はならしてきちんとなった.
平正 píngzhèng ①端正である.公平で正しい. ②ぴんとしている.きちんとしている.しわやゆがみがない.〔平平正正〕同前のさま.〔被bèi 褥送得很~〕ふとんがきちんとたたんである.〔拿熨yùn斗别~了〕アイロンをかけてぴんとさせた.〔他垒màn的砖又~又密合〕彼の積んだ煉瓦はピンとそろっていましまた隙間なく丈夫だ.
平直 píngzhí ①平らでまっすぐである.凸凹がない.〔~球qiú又〕(野球の)ライナー.直球. ②〈文〉(文章が)平易で飾りけがない.平正で正直である.
平治 píngzhì ①太平. ②平定しておきめる.
平转桥 píngzhuǎnqiáo 建スイングブリッジ:可動橋の一種.→〔活huó动桥〕
平装 píngzhuāng (書物の)並装.〔~本〕同前の書籍.→〔精jīng装①〕
平足 píngzú 生理扁平足:〔扁biǎn平足〕に同じ.
平作 píngzuò 農あぜ・うねを作らぬ畑地で栽培する.〔两茬chá作物~〕同前で二毛作をする.

〔评・評〕 píng 〔我们小组会〕.論評する.〔批pī~①〕批評(する).〔得了好~〕好評を得た.〔曾céng经发表过一个短~〕先に短評を一つ発表したことがある.〔他是一个即~家〕彼は劇評家だ. ②判定する.審査・評価する.〔被~上了先进生产者〕(審査の結果)先進生産者として選ばれた.〔1953年,我们小组被~为"全国纺织工业模范小组"〕1953年にわたしたちは"全国紡織工業模範チーム"に選ばれた. ③〈姓〉評(ﾋﾖｳ)

评报 píngbào 新聞(記事)について意見や感想を提出する.〔~员〕新聞(社)のモニター.
评比 píngbǐ 比較して高低を定める.〔~工作态度〕勤務態度を評定する.
评标 píngbiāo 入札者を決める.
评残 píngcán 災害による障害を認定する.
评词 píngcí ⇒〔评书〕
评点 píngdiǎn ①(詩や文に)批評いや圏点を施す. ②論評する.
评定 píngdìng 評定(する):評議または審査によって評価を定める.〔~工资〕給料を査定する.〔~职称〕審査によって職位(職名)を決める.
评断 píngduàn 論断(する):評議によって判断を下す.〔~是非〕是非を判断する.
评发 píngfā 審査して賞を与える.〔~奖jiǎng品〕同前.
评分(儿) píngfēn(r) 採点(する).評点(をつける).〔各队在给队员~中有松有紧〕各チームによって選手の査定には甘いのもあれば辛いのもある.
评改 pínggǎi 批評し改める.〔~作文〕作文を添削する.
评干 pínggàn (大衆が)幹部を評定する.
评工 pínggōng (人民公社の生産隊において)仕事の軽重や成績の優劣などを評定する.〔~记分〕(労働の質を)評定して点数をつける.
评功 pínggōng 功績を評定する.〔~摆bǎi好〕プラスの方向から評定する.
评估 pínggū (価値の額を)評価する.〔~资产〕資産を評価する.
评核 pínghé 審査する.
评话 pínghuà ①民間の語り物芸能の一:各地方の方言で語られ,揚州評話,蘇州評話などがある.ふつう拍子木をたたいて三国志や水滸伝などを独演する.→〔说shuō书〕 ②⇒〔评话〕
评级 píngjí ①(幹部や職員の)等級を評定して決める. ②(生産品の品質によって)等級を評定する.〔~机jī构〕格付け機関.
评价 píngjià 評価(する).格付け(する).値踏み(する).〔给予很高的~〕高く評価する.
评鉴 píngjiàn 評定する.鑑定する.〔人材~〕人材の評価.
评讲 píngjiǎng 講評する.論評する:〔讲评〕に同じ.〔老师~学生们的试卷〕先生が生徒たちの答案を講評する.
评奖 píngjiǎng 成績を評価して表彰する.〔健全劳动检査和~的制度〕労働の点検と表彰制度を健全なものにする.〔~戏xì〕演劇コンクール参加作品.
评介 píngjiè 批評・紹介(する).〔伦lún敦时报刊载一篇~这次国际会晤的通讯〕ロンドンタイムズは今回の国際会談を批評・紹介する通信を載せている.
评剧 píngjù ①劇評(をする). ②=〔评戏〕劇清末,河北省滦県に起こった芝居の一種:農村で流行

していた.〔莲 lián 花落〕に当時の俗曲の曲調が加わって形成されたもの.初期には〔落 lào 子③〕あるいは〔蹦 bèng 蹦儿戏〕と呼ばれ,後北京に流入して〔皮 pí 黄戏〕〔大 dà 鼓(书)〕〔河 hé 北梆子〕〔京 jīng 剧〕などの歌調やしぐさをとり入れて発展した.代表作は〔白蛇传〕〔西厢记〕など.

评卷 píngjuàn 答案の採点(をする).〔由地(市)招生委员会组织~〕地区(市)の学生募集委員会によって答案の採点をまとめて行う.〔卷〕

评理 pínglǐ 道理(是非善悪)を論ずる.〔两口子吵 chǎo 架,不好~〕夫婦げんかはかれこれ批評がしにくい.〔请您评评这个理〕どうぞこの裁きをつけてください.

评劣 pínglie 劣った人・物を選ぶこと.→〔评优〕

评论 pínglùn 評論(する).〔~员 yuán 文章〕論説委員の書いた文章.〔社 shè 论〕に次ぐもの.

评脉 píngmài 脈を診る.診察する.

评模 píngmó 模範とすべきものを選出する.

评判 píngpàn 判定する.審査する.〔~公允〕判定が公平である.〔~员〕審査員.〔~员所评选的最佳女演员審査員が選出する最優秀女優.

评品 píngpǐn 品定めする.優劣を評定する.

评聘 píngpìn 審査して採用する.

评审 píngshěn 審査・評定する.〔~员〕審査員.

评书 píngshū =〔评词〕北方で流行する語り物芸能.歴史物や武俠物を〔醒 xīng 木〕(拍子木)をたたきながら語る.〔说~〕同前を語る.→〔说 shuō 书〕

评述 píngshù 評論・解説(する).論評(する)

评说 píngshuō 評論する.評価する.〔~功过〕功罪を論じる.

评弹 píngtán 〔苏 sū 州评书〕と〔苏州弹词〕:特にその二者が合同して演ずる形式のものをいう.

评头品足 píngtóu pǐnzú 〔慣〕女性の容姿を批評する.<転>あれこれとあらさがし(揚げ足取り)をする:〔评头论足〕〔品头论足〕ともいう.

评为 píngwéi …と評定する.〔~合格品〕合格品と評定する.

评委 píngwěi 選考委員.〔~会〕〔评选委员会〕選考委員会.

评析 píngxī 評論し分析する.〔~比赛 sài 结果〕試合の結果を評論・分析する.

评戏 píngxì ⇒〔评剧②〕

评先 píngxiān 審査し〔先进〕(進歩的・前衛的であるもの)の称号を与える.→〔评奖〕

评薪 píngxīn 給料の格付けをする.

评星 píngxīng ①優秀な人材を選び出す. ②スターのランク付けをする.

评选 píngxuǎn 審査し選ぶ.選定する.〔~会〕品評会.〔~优秀作品〕優秀作品を選定する.〔委员会〕〔评委会〕審査委員会.〔影 yǐng 片~〕映画コンクール.

评议 píngyì 評議する.〔民主~〕民主的に同前.

评优 píngyōu 優れた人・物を選ぶ.選評する.

评语 píngyǔ 〔=批 pī 语①〕評語.〔老师的~〕先生がつけた評語.

评阅 píngyuè (答案・レポートなどを)見て評定する.〔~试卷〕試験答案をしらべる.

评赞 píngzàn 論評してほめる.

评展 píngzhǎn 選評し展示する.〔~会〕コンクール.コンテスト.

评职 píngzhí 職称・職名を審査決定する.

评骘 píngzhì 〈文〉評定する.鑑定する.

评注 píngzhù 批評と注釈を加える.標注する.

评传 píngzhuàn 評伝.

〔**坪**〕 píng ①山間や丘陵地の平らな土地.〔~台〕〔~子〕〈方〉同前.〔草 cǎo ~〕草(芝)の生えている所.〔武家~〕〔地〕山西省昔陽県にある. ②平らな空き地.〔黄土~〕黄土高原.

坪坝 píngbà 山間・丘陵地の平らな土地.〔沙 shā ~〕〔地〕重慶にある.

〔**苹・蘋**〕 píng →〔蘋 pín〕

苹果 píngguǒ 〔植〕リンゴ,またその果実.〔~脯 fǔ〕〔食〕リンゴの砂糖漬け.〔~酱 jiàng〕リンゴジャム.→〔林 lín 檎〕〔柰 nài〕

苹果核儿 píngguǒhúr ①リンゴの芯. ②⇒〔喉 hóu 结〕

苹果绿 píngguǒlǜ ①〔色〕淡緑色(の). ②古磁器の一種.淡緑色をしている珍貴なもの.

苹果酸 píngguǒsuān 〔轻 qiǎng 基丁二酸〕〔化〕リンゴ酸.

苹婆 píngpó 〔植〕ピンポンノキ,またその種:アオギリ科.種は食用する.

〔**枰**〕 píng 〈文〉①碁盤.〔对 duì ~〕碁盤に向かう. ②碁.→〔棋 qí〕

〔**萍・蓱**〕 píng ①〔植〕ウキクサ(総称):〈方〉水~〕ともいう.〔浮 fú ~〕〔青 qīng ~〕コウキクサ.〔紫 zǐ ~〕シハウキクサ. ②浮き草のような(に).〔喩〕落ち着く先は決まらない.〔寄 jì 无定〕落ち着く先が決まらずあちらこちらを泊まり歩く.→〔水~萍〕

萍泊 píngbó ⇒〔萍漂〕

萍蓬草 píngpéngcǎo コウホネ.

萍漂 píngpiāo =〔萍泊〕〈文〉浮き草のように流浪する.〔~蓬 péng 转〕〔成〕同前.

萍水相逢 píngshuǐ xiāngféng 〔喩〕偶然知り合う:〔萍水之 zhī 人〕同前.

萍踪 píngzōng 〈文〉浮き草のように行く先が定まらぬこと.〔~靡 mí 定〕〔~浪 làng 迹〕〔~浪影〕〈喩〉落ち着く先が定まらない.

〔**鲆・鮃**〕 píng 〔魚〕ヒラメ(総称):〔~鱼 yú〕は通称.〔牙 yá ~〕ヒラメ.〔桂 guì 花~〕斑 bān ~〕ガンゾウビラメ.→〔比目鱼〕

〔**冯・馮**〕 píng 〈文〉①徒歩で川を渡る. ②よりかかる.頼とする:古くは〔凭〕に通じ用いられた. → féng

冯河 pínghé 〈文〉河を徒渉する.→〔暴 bào 虎冯河〕

冯夷 píngyí ⇒〔河 hé 伯〕

〔**凭・憑(凴)**〕 píng ①よりかかる.もたれる.〔~几 jǐ 托腮〕〈成〉机にもたれてほお杖をつく.〔~栏 lán 远望〕〈成〉欄干にもたれて遠方を眺める. ②頼る.頼みとする.笠に着る.〔劳动人民~着两只手创造世界〕労働者は両手で(によって)世界を創造する.〔我不懂得理论,不过~经验办事就是了〕わたしは理論はわからないが,ただ経験を頼りにやっていくだけだ.〔他走南闯 chuǎng 北就是~胆量大〕彼が方々駆け巡ってやっていけるのは,全くあの胆っ玉が太いからだ.〔~着私人之间的感情和关系来解决问题〕プライベートな感情と関係を頼にして問題を解決する. ③根拠とする.基づく.〔不能~自己的印象作出决定〕自分の印象に基づいて決定を下してはいけない.〔他~着自己那个独特的理论压倒一世〕彼はあの独特の理論で一世を圧倒した.〔~我两年多的经验来说~〕わたしこの二年余りの経験から言えば…〔你~什么要钱〕おまえはどんな理由で金を要求するのか.〔~这个,咱们也得上卫生捐!〕〔老舍・竜鬚溝〕こんなまだというのに,おいらは衛生税を

píng

納めなきゃならんのか.④証拠.〔不足为～〕証拠とするに足りない.〔口说无～〕〔空 kōng 口无～〕口で言うだけでは証拠がない.〔有一个有据 jù〕ちゃんと証拠がある.〔毕 bì 业文～〕卒業証書.⑤…にまかせて.…にしたがって.…のままに.〔～良心办事〕良心にしたがって事をなす.〔你去做 jǐ 你想 xiàng 做的吧 ba〕きみのしたいようにまかせる.⑥〈口〉よしんば(たとえ)…であっても:多く後に〔总〕〔也〕〔都〕などを置く.〔～我们怎么劝 quàn 告,他都不听〕私達がいくら忠告しても彼は耳を貸さない.〔～他来多少次,也不许他进来〕たとえ彼が何度来ても入ることは許さない.〔～你跑到哪儿,我都找得着〕おまえがどこまで逃げて行こうとも探しあてることができる.→〔任 rèn 凭〕.⑦〈姓〉憑(ﾋｮｳ).

凭白 píngbái ⇒〔平白〕
凭白无故 píngbái wúgù ⇒〔平白无故〕
凭单 píngdān ①証明書.(金銭や品物を引き出す用の)証書.〔存款 kuǎn ～〕預金証書.②証明書に基づいて.〔～提款〕証明書を証拠に現金を引き出す.
凭吊 píngdiào (墓地や遭難現場で)霊を弔う.慰霊祭を行う.〔～遇难同胞〕遭難した同胞の霊を弔う.
凭附 píngfù 乗り移る.とりつく.憑依する.
凭高 pínggāo 高い所による.〔～俯视,了 liǎo 如指掌〕高いところから見おろすので,手にとるようにはっきりと見える.
凭借 píngjiè …を頼りとする(として).…を拠りどころとする(として).…を盾にとる(とって).〔～某方势力,无恶不做〕某方面の勢力を頼りに,あらゆる悪いことをする.
凭据 píngjù 証拠.〔有什么～吗〕何か証拠があるか.
凭靠 píngkào 頼る.基づく.
凭空 píngkōng 何のよりどころもなく.理由なく.架空に.無根拠に〔平空〕とも書いた.〔～设想〕根も葉もないことを考える.〔～臆 yì 度〕根拠のない憶測をたてる.〔～捏 niē 造〕根拠なく捏造する.〔无中生有,～造谣〕ありもしないことをでっち上げて,事実無根のことを言いふらす.〔～杜 dù 撰〕根拠もなくでたらめに書きつづる.
凭栏 pínglán 手すりに寄り掛かる.
凭陵 pínglíng 〈文〉公憑して,笠に着て侵略する.
凭票 píngpiào 商証券と引き替えに.〔～即付〕一覧払いとする.〔付即付票据〕〔即 jí 票〕一覧払い約束手形.〔入场〕切符がなければ入場できない.〔～付款〕小切手・手形などの持参人払い.
凭啥 píngshá 同下.
凭什么 píngshénme なんで.どういうわけで:不満や非難・詰問する時に用いる.〈方〉凭啥〕に同じ.
凭天转 píngtiānzhuàn 旧ルーレットに似た一種の賭博用具:〈方〉平天转〕〔轮 lún 盘賭〕〔转盘②〕ともいう.
凭条 píngtiáo 証拠の書き付け.〔～付款〕書き付けにより金を支払う.
凭眺 píngtiào 〈文〉高い所から眺める.
凭险 píngxiǎn 〈文〉険要の地に拠る.
凭心 píngxīn 良心によって.良心に従って.良心か〔凭良 liáng 心〕同前.
凭信 píngxìn 信頼する.頼りとする.信用する.
凭虚公子 píngxū gōngzǐ ありもしない若様:"名なしの康衛"のように用いられる語.→〔吴 wú 是公〕〔梅 méi 有仁〕.
凭依 píngyī よりどころ(にする).頼り(にする).根拠(とする).
凭倚 píngyǐ 寄りかかる.もたれる.

凭仗 píngzhàng 頼みにする.よりどころとする.後ろ盾にする.笠に着る.〔～着坚强不屈的精神克服重重困难〕不屈の精神によって,重ね重ねの困難を克服した.
凭照 píngzhào 証明書.鑑札類.免許証.
凭折 píngzhé 通帳.
凭证 píngzhèng 証拠.証明書:〔证明书〕に同じ.
凭中 píngzhōng 〈文〉保証として仲介人をたてる.
凭准 píngzhǔn 信頼できる根拠.

[洴] píng 〔～澼 pì〕〈文〉(真綿を)水にさらす.

[帡] píng 〔～幪 méng〕〈文〉①周りに垂れる幕と上から覆う幕.②〈転〉幕舎.家屋.③庇護(する)

[屏] píng =[軿]〈文〉門の内側または外側の目隠し壁や衝立(ﾂｲﾀﾃ).〔画 huà ～〕絵屏風(ﾎﾞｳ).②衝立状のもの.〔荧 yíng ～(光)〕テレビの画面.〔孔 kǒng 雀开～〕孔雀が羽根を広げる.③〔～儿〕縦長の書や絵をガラス入りの額縁に入れ,または軸のように表装して壁にかけるもの:〔～条(儿)〕〔挂 guà ～〕4幅または8幅の組になっており,4幅のものなら〔四扇 shàn ～〕という.〔寿 shòu ～〕長寿の祝いの屏風.④覆い守る.遮り守る.→〔屏蔽①〕.〔屏蔽③〕.

屏保 píngbǎo 電算スクリーンセーバー.
屏蔽 píngbì ①(ついたての様に)遮る.〔～一方〕一地方を鎮めて国の護衛となる.②電シールド:電気装置または回路周辺に置かれ,外部の電磁場の影響を遮るもの.通例金属製の覆い.〔～线圈 quān〕シールドコイル.〔～罩 zhào〕シールドケース.〔～磁 cí 板〕磁極.シールド(遮蔽)
屏藩 píngfān 〈文〉=〔藩屏〕①つい立と垣根:〈喩〉領土・国の守りとなる辺疆地帯.②〔屏翰〕国家の重臣(皇室の守護者など).③守る.防衛する.
屏风 píngfēng 衝立(ﾂｲﾀﾃ).屏風.〔立起～〕屏風を立てる.〔围上～〕屏風で囲む.
屏门 píngfēngmén ⇒〔屏门〕
屏翰 píngfān ⇒〔屏藩〕
屏极 píngjí 電プレート.→〔电 diàn 子管〕
屏门 píngmén 表門を入ってすぐの二の門.また一つの〔院 yuàn 子〕から他の〔院子①〕への入りロなどに設けられる板門:左右各2枚(計4枚)の門扉からなり,左右の2枚がそれぞれ蝶つがいで連結されていて屏風を畳むように左右に開くことができる.〔屏风门〕ともいう.→〔屏门〕
屏幕 píngmù =〔银 yín 幕〕〔荧 yíng ～(光)屏〕電映像スクリーン.蛍光面.ディスプレイ.〔电视～〕テレビの画面(映像スクリーン).→〔银幕〕
屏条 píngtiáo(r)→字解④
屏障 píngzhàng ①障壁.〔燕 yān 山山地和西山山地是北京天然的～〕燕山と西山の山々は北京の天然の障壁である.〔心理～〕心理的障壁.②〈文〉遮り守る.〔～京都 dū〕都を遮り囲む.

[瓶(餅)] píng 〔～儿,～子〕瓶.〔花～①〕花瓶.〔酒～〕酒瓶.〔热 rè 水～魔法瓶.〔玻璃～〕ガラス瓶.〔药 yào ～〕薬瓶.〔电～〕ライデン瓶.〔细 xì 口～〕小口～〕細口瓶.〔大 dà 口～〕広口瓶.〔平底烧～〕平底フラスコ.〔～棒 bàng 子〕量詞.瓶につめてあるもの,瓶につめられるもの一瓶を単位として数える場合に用いる.〔一～药〕薬1瓶.〔一～酒〕酒1本.

瓶体 píngbǒ 液の入った食器.
瓶胆 píngdǎn 魔法瓶の中栓.
瓶尔小草 píng'ěrxiǎocǎo 植ヒロハハナヤスリ:ワラビの一種.〔狭 xiá 叶～〕ハマハナヤスリ.
瓶盖 pínggài 瓶のふた.

瓶颈 píngjǐng ①瓶の細い頸(くび). ②〈喩〉最も狭いところ.(ボトル)ネック.〔交通的~地带〕交通の隘路(あいろ)地帯.〔~一建 jiàn 筑〕拡張された道路に取り壊されず残存し道路を狭くしている家.〔~产 chǎn 业〕足を引っ張る産業.

瓶啤 píngpí 瓶ビール:〔瓶装啤酒〕の略.→〔听 tīng 啤〕

瓶瓶罐罐 píngpíng guànguàn 〈喩〉日用の什器など.〔~や家具.

瓶签 píngqiān ⇒〔瓶贴〕瓶のラベル.→〔标 biāo 签(儿)①〕

瓶塞 píngsāi(r) 瓶の栓(せん)

瓶笙 píngshēng 〈喩〉湯わかしの湯のわく音.

瓶贴 píngtiē ⇒〔瓶签〕

瓶装 píngzhuāng びん詰め.〔~酒〕瓶詰めの酒.〔我要~的〕びんのが欲しい.

瓶子 píngzi ①びん.ガラス・磁器・プラスチック製のなど. ②⟨図⟩ボウリングのピン.→〔保 bǎo 龄球〕

瓶嘴(儿) píngzuǐ(r) 瓶の口.

〔帡〕 píng ⇒〔屏〕

po ㄆㄛ

〔钋〕 pō 〔~刀 dāo〕旧式の武器.短い柄のついた刃身のせまくて長い刀.→〔了 liǎo 儿②〕 → piáo pò pǔ

〔钋・釙〕 pō ポロニウム:放射性金属元素.記号Po.

〔陂〕 pō 〔~陀 tuó〕〈文〉傾斜してでこぼこしている.〔~陀伏〕同前. → bēi pí

〔坡〕 pō ①〔~儿〕坂.傾斜地.傾斜しているもの.〔土~〕坂.〔山~〕山の.山の坂道.〔陡 dǒu ~〕険しい坂.〔高~〕高い坂.〔平~〕なだらかな坂.〔上~容易下~难〕〈諺〉坂を上るのは難しい.⟨転⟩楽なことだと思って油断してはいけない:〔上山容易下山难〕ともいう.〔房 fáng ~〕屋根の頂上の線で分けられた片面.〔前~〕屋根の前半分. ②坂になっている.斜めになっている.〔板子~着放〕板が斜めに置いてある.〔这条路很~〕この道は坂になっている.〔这条山道很~,不费力〕この山道は坂が折れない.→〔陡 dǒu ①〕

坡茬儿 pōchár 傾斜してでこぼこの多いところ.

坡道 pōdào ⇒〔坡路〕

坡地 pōdì ⇒〔坡田〕傾斜地の田畑.

坡度 pōdù 傾斜度:傾斜角.勾配.=〔斜 xié 度〕

坡改梯 pōgǎitī 傾斜地や山を段々畑や棚田に変える

坡跟 pōgēn ウェッジソール.〔~鞋 xié〕同前の靴.

坡耕地 pōgēngdì 傾斜地を開発して造成した農地:〔坡地〕に同じ.

坡脚 pōjiǎo ①〔傾斜地のふもと.坂のふもと. ②足払〔给~〕使~〕足払いをかける.〈喩〉人をあざむき失敗させる.

坡坎 pōkǎn 道の悪いところ:道にある傾斜や穴(くぼみ).〔一路上~很多〕途中に傾斜地やくぼみがたくさんある.

坡垒 pōlěi 【植】リュウノウコウ:ワタバガキ科.〔香 xiāng ~〕タキーン.

坡路 pōlù ⇒〔坡道〕坂道.坂.〔上~〕上り坂.〔下~〕下り坂.〔走下~〕坂道を下る.

坡鹿 pōlù 〔泽 zé 鹿〕【動】ターミンジカ(エルドジカ):海南島などに生息する.中国の国家一級保護動物.

坡坡 pōpo 〈方〉坂.〔下~〕坂を下る.

坡田 pōtián ⇒〔坡地〕

〔颇・頗〕 pō ①〈文〉なかなか.かなり.やや.ほぼ.〔~好〕なかなかよい.〔~感兴趣〕なかなか味がある.〔~欲 yù 往而视之〕行って見てみたいと強く希望する.〔~不以为然〕大いに不満である. ②〈文〉片寄っている.不公平である.〔偏 piān ~〕偏頗である.片寄っている. ③〈姓〉頗(は)

颇久 pōjiǔ かなりの時間(あいだ)

颇可 pōkě 〈文〉なかなか…する価値がある.

颇为 pōwéi すこぶる(…だ).甚だ(…である).〔~可惜〕たいへん惜しい.

颇有 pōyǒu とてもある.よくある.〔~区别〕区別がある.

〔泊〕 pō 湖.沼:〔泺〕に同じ.〔湖~〕湖.〔血 xuè ~〕血だまり.血の海.〔梁 liáng 山~〕【地】梁山泊.〔罗布~〕【地】ロブノール:新疆ウイグル自治区東部の湖.タリム盆地東部にある. → bó

〔泺・濼〕 pō 湖.沼沢:〔泊〕に同じ. → luò

〔泼・潑〕 pō （Ⅰ）(ザーッと)水をまく. →〔洒 sǎ ①〕
（Ⅱ）①常軌を逸している.道理をわきまえない.向こう見ずである.〔撒 sā ~〕④むちゃなことをする. ⑤ふてぶてしくかまえる. ②生き生きしている.活力がある.〔活 huó ~〕①同前.〔你瞧他干得这个~〕彼のあの仕事のやり方のてきぱきしていることはどうだね.

泼出去的水 pōchūqude shuǐ まいた水.〈喩〉もとに戻らないこと.〔~,收不回来〕〔~,说出去的话〕覆水盆に返らず.=〔覆 fù 水难收〕

泼醋 pōcù やきもちをやく.嫉妬心をぶちまける. →〔吃 chī 醋(捻酸)〕

泼风点雨 pōfēng diǎnyǔ 〈成〉波風をたてる.よくないうわさの種をまく.デマをとばす.〔这帮家伙到处~,闹 nào 得草木皆兵〕このろくでもない者たちがいたるところでデマをとばしたので,疑心暗鬼になってしまった.

泼妇 pōfù きつい女.たけだけしい女.きかん気の女.〔~骂 mà 街〕じゃじゃ馬のように街で大声を出して罵る.〈転〉恥も外聞もなく人前で罵りわめき散らす

泼悍 pōhàn 凶暴(である)

泼开 pōkāi (水を)遠くへほうり出すようにまく.〔不要这么泼,这么一倒 dào,~！〕こんなにぶちあけてはいけない,遠くへザーッとまくんだ.

泼剌 pōlā 〈擬〉バシャッ:魚のはねる音.〔跋 bá 剌①〕ともいう.〔泼刺刺〕同前.

泼剌(且) pōlā(dàn) →〔旦(Ⅱ)〕

泼辣 pōlà ①気性がはげしく乱暴である.がむしゃらで気が強い.向こう見ずである.〔~的手段〕あくどい手段. ②押しが強い.大胆である.気魄がある.〔泼泼辣辣〕同前のさま.〔她工作很~〕彼女は仕事のやり方が大胆で活発である.〔比男的还~能干〕男よりも度胸があり仕事ができる.〔干起活儿来真~,拿出起来,全くてきぱきしている. ③(文章が)辛らつである.力強い.〔文章写得很~〕この文章は大変辛らつに書いてある.

泼赖 pōlài あばずれである.きかん気である.おきゃんである.〔~货 huò〕同前の女性.

泼冷水 pōlěngshuǐ 〈喩〉(人の熱情に)水をさす.人の興をそぐ.

泼墨 pōmò 【美】①溌墨(はつぼく):山水画法の一. ②同前の手法で描く

pō～pò

波尼松 pōnísōng ⇒[脱 tuō 氢可的松]
波酹 pōpèi ⇒[酹酹]
波皮 pōpí 無頼の徒。[～撒起泼来]ごろつきが暴れる。
波洒 pōsǎ [泼撒]とも書く。①[液体や粒状のものを]まく。ふりまく。こぼす。②国絵の具はねを散らす画法の一。→[泼墨] ③<方>金をぱっぱっと使う。
波实 pōshí <方>きびきびしてしっかりしている。力を出し惜しまない。[这孩子还算很～]この子はなかなかきびきびしてしっかりしている。
波水 pōshuǐ (ザーッとほうり出すように)水をまく。[～节]傣族などの新年に当たる節句:傣暦6・7月(清明節後の十日間位)に互いに水をかけあって祝福しあう。→[洒 sǎ 水]
波天 pōtiān <方>たいへんな。ものすごい。[～大祸 huò]非常な災難。[～大胆]途方もなく大胆である。[～大难]とてつもない大災難。
波野 pōyě <方>やんちゃである。荒っぽい。乱暴である。

[铍・鏺] pō <方>①鎌の一種。②鎌で刈る(草や穀物を)。[～麦 mài]麦を刈る。

[酦・醱] pō <文>(酒を)醸造(する)。[～酷 pēi][泼酷]同前。→ fā

[婆] pó ①老婆。老女。[王～]王ばあさん。[老太～][老～子]老婆。ばば。ばばあ。[召使いの)ばあや。[老～儿]①老婦人。②家のばあさん(老夫婦の夫がいう)。②しゅうとめ。[～～①]同前。[公 gōng ～][公公～～]しゅうととしゅうとめ。→付録5 ③祖母(と同輩の婦人)。[外～][姥 lǎo 姥]外祖母:母方のおばあさん。[姑 gū ～][姑奶奶]夫の父の姉妹。→付録5 ④ある種の職業婦人。[卖 mài 花～]花売り女。[产 chǎn ～]産婆。
婆鸡 pójī ⇒[母 mǔ 鸡]
婆家 pójiā =[婆婆家]①婚家。嫁ぎ先。夫の家。[找 zhǎo 个～]嫁ぎ先を探す。↔[娘 niáng 家①] ②⟨喩⟩勤務先。受け入れ先。販売先。
婆罗门 póluómén バラモン:古代インドのカーストの四姓中の最高位。僧侶・学者をいう。[～教 jiào]バラモン教。→[种 zhǒng 姓(制度)]
婆罗洲岛 póluózhōudǎo 哋 ボルネオ。→[加 jiā 里曼丹岛]
婆妈 pómā <方>①祖母。また外祖母。②女。女の人。
婆母 pómǔ ⇒[婆婆①]
婆娘 póniáng <方>①既婚の若い女性。②妻。③女。女の人。
婆婆 pópo ①=[婆母]<文>[阿 ā 婆]しゅうとめ(夫の母)。[一身上有三根渗 shèn 人毛]姑の体には人を恐らしめる毛が3本あるという。⟨喩⟩姑は威厳があって畏るべきものである。→[姑 gū ①] ②⟨喩⟩敬意をこめて老婆を呼ぶ。③<方>(祖母・外祖母)おばあさん。④⟨喩⟩上部組織の指導部。管理部門。お目付け役。
婆婆车 pópochē ⇒[婴 yīng 儿车]
婆婆家 pópojiā ⇒[婆家]
婆婆妈妈 pópo māmā ぐずぐずする。やわである。煮えきらない。くどくどしい。てきぱきしない。[这么大一个男子汉何必～的呢]こんなに立派な大人の男がきっぱりできないのか。[军人想家太～了]軍人が家のことを心配するなんて実にめめしいことだ。[正经事都忙不完,没工夫和人～聊 liáo 家长里短]大事なことで忙しくて手が回らないのに,近所のうわさなどくだくだべっている暇なんかない。

婆嘴 pópozuǐ <喩>くどくど言う人。話しがしつこい人。
婆娑 pósuō <文>①(木の枝や葉が)繁って乱れ広がっているさま。[树影～]樹の影がゆらゆらと揺れる。②散らばり乱れているさま。③舞い踊るさま。ぐるぐる旋回するさま。[～起舞]軽やかに踊り出す。④よろめくさま。⑤涙の流れるさま。
婆媳 póxí 姑と嫁。[～之间感情很好]姑と嫁の間の折り合いはなかなかよい。[～不和]姑と嫁との仲が悪い。
婆心 póxīn ①慈悲心。優しい心。[发了一片～]慈悲の心を起こした。[狼心变成～]ひどい考えが優しい心に変わる。②=[苦 kǔ 口婆心]
婆姨 póyí <方>①既婚の若い女性。②妻。
婆子 pózi ①老婆。老女(見下す口調)。[老～]老婆。老女。②召使い(女の)。ばあや。

[鄱] pó ①地名用字。[～阳 yáng 湖]哋江西省にある中国最大の淡水湖。[彭 péng 湖]は古称。[～阳]哋江西省にある:現在は[波 bō 阳县]という。②<姓>鄱(12)。

[皤] pó <文>①(老人の髪が)白い。[～然一叟 sǒu]同前の一老人。②腹が非常に大きいさま。[～然大腹]大きなおなか。

[繁(緐)] pó ①地名用字。[～台 tái]哋河南省にある。②<姓>繁(13)。→ fán

[叵(叵)] pǒ <文>①…しがたい。…できない。[不 bù 可]に同じ。②そこで。それで。
叵测 pǒcè (得体・正体が)測り知れない。[人心～]人の心は測り知れない。[居 jū 心～][心怀～成]どういう考えなのか測りがたい。
叵耐 pǒnài [叵奈]とも書く。<白>どうにもこうにも(しようがない)。~にくたらしい。容認できない。
叵信 pǒxìn <文>信じがたい。

[钷・鉕] pǒ 但プロメチウム:放射性,希土類金属元素。記号 Pm。ランタノイドの一。[铱 yī](イリニウム)は旧名。

[笸] pǒ
笸箩 pǒlán かご形の[笸箩]
笸箩 pǒluo ざるつづら:穀物や針の道具などを入れるための竹や柳の枝で編んだ円形あるいは長方形のざる。[簸 bǒ 箩]ともいう。[～浅儿 qiánr]浅いざる。[打下来的豆子一～一地往家搬]打ち落とした豆はざるで家へ運ぶ。[把针线～往炕 kàng 上一撂 liào,扭 niǔ 头就跑出去了]お針道具入れをオンドルの上に置くとくるりと身を翻して外へ走り出した。→[筐 kuāng 子][箩 zhào 笸]

[朴] pò 佃 エノキ(近縁種)。[～树 shù]は通称。[厚 hòu ～]カラホオ。→ piáo pō pǔ
朴硝 pòxiāo 伯芒硝(䃼)の純度の低いもの。[皮 pí 硝]ともいう。[芒硝 máng 硝]

[迫(廹)] pò ①迫る。近づく。[先头部队～城郊]先鋒隊がすでに郊外の都市近郊まで近づいている。②さし迫る。事態が切迫する。[时机已～]時機はもうさし迫っている。[已～最后关头才作决定]最後どたんばになってやっと決定を下す。[你比 jǐ 寒交～成]飢えと寒さがこもごも襲ってくる。<喩>貧困なさま。③強制する(される)。強いる(られる)。余儀なくする(される)。④=[同前]。[压 yā ～]圧迫(する)。[被～逃走]強いられて逃げ出す。[～于形势情势的圧力のもとに]。→ pǎi
迫不得已 pò bùdéyǐ =[迫于不得已][迫于无奈]やむを得ない。やむを得ず…する。

pò

迫不及待 pò bùjídài〈成〉事態が切迫してぐずぐずしていられない.即刻の行動に迫られる.
迫从 pòcóng〈文〉服従を強制する.強迫して従わせる.
迫促 pòcù〈文〉①厳しく催促する.②さし迫る.急ぐ.
迫供 pògòng 強制的に自白させる.〔逼 bī 供〕に同じ.
迫害 pòhài 迫害(する).〔遭到〜〕迫害に遭う.〔加以〜〕迫害を加える.〔受人〜〕人から迫害される.
迫和 pòhé〈文〉追いついて引き分ける.〔逼 bī 和〕に同じ.
迫合座 pòhézuò ⇒〔牢 láo 配合〕
迫急 pòjí 急迫する.〔国際風云〜中…〕国際間の雲行きが急迫しつつある中で….
迫降 pòjiàng 強行着陸する.強制着陸させる:飛行機をやむなく不時着させること.→ pòxiáng
迫近 pòjìn 迫る.近づく.〔〜国庆国慶節が迫る.〔考试日期〜了〕試験日間が間近に迫った.
迫临 pòlín 近づく.近寄る.近づいて来る.迫る.切迫する.間近にさしかかる.
迫令 pòlìng 強制して…させる.〔〜缴 jiǎo 纳〕無理やりに(税などを)納めさせる.
迫迁 pòqiān 強制移転(させる).〔屋主〜〕家主が立ち退きを迫る.〔受到〜的处 chǔ 分〕強制移転処分を受けた.〔下〜令〕立ち退き令を下す.
迫切 pòqiè (必要が)切実である.さし迫っている.〔〜的要 yāo 求〕切実な要求.〔〜的心情〕せっぱつまった気持ち.〔〜性〕緊急性.〔世界人民的〜愿望〕世界人民の切実な願い.〔世界人民的切実な願いの実現こそ今や平和運動のさし迫った任務の一つとなっている.
迫人 pòrén〈文〉人に迫る.〔生活〜〕生活に苦しめられる.
迫使 pòshǐ 無理に…させる.(強い圧力をかけて)強いる.…の結果やむなく…する.余儀なくされる.〔〜工人牛马般地工作〕労働者に牛馬のような仕事を強要する.〔〜他们作了自我批评〕(その結果)彼らをしてやむなく自己批判を行わせることになった.
迫降 pòxiáng 敵に降服を迫る.→ pòjiàng
迫胁 pòxié ①脅迫する:〔迫挟〕とも書く.②狭苦しい.
迫于 pòyú …に迫られる.…に押される.…に余儀なくされる.〔〜压力〕圧力に押し切られる.
迫不得已 pòyú bùdéyǐ ⇒〔迫不得已〕
迫于无奈 pòyú wúnài ⇒〔迫不得已〕
迫在眉睫 pò zài méijié〈成〉目睫(しょう)の間に迫っている.目前に迫っている.
迫真 pòzhēn ⇒〔逼 bī 真〕

〔珀〕
pò〔琥 hǔ〜〕〔虎 hǔ〜〕🈶こはく.

〔粕〕
pò〈文〉(穀物の,特に酒をしぼった)かす.〔大豆〜〕大豆粕.〔糟 zāo〜〕〈喩〉残りかす.よいところをとってしまったかす:役に立たないもの.

〔魄〕
pò ①魂.霊.〔魂 hún〜〕霊魂.〔〜散 sàn 九霄〕びっくり仰天する.→〔魂①〕②精神.気迫.気力.〔气 qì〜〕〜力大胆.度胸.気迫.〔体〜健全〕心身とも健全.〔丢 diū 魂落〜〕〔少魂失〜〕〔失魂少〜〕〔驚き・恐怖あるいは考えごとがあって)ぼんやりする.③〈文〉月の欠けた面の暗い部分.→ bó tuò

〔破〕
pò ①壊れ壊れる(破り壊す).破れる(破る).割る.損傷を負う.〔纸〜了〕紙が破れた.〔玻 bō 璃〜了〕ガラスが割れた.〔撕 sī〜衣服〕服をひき破る.〔门而入〕ドアをパッと押し入る.ドアを破って入る.〔云〜月出〕雲が切れて月が出る.〔碰 pèng〜手了〕ぶつかって手に傷ができた(けがした).②破り敗る(下す).〔攻〜〕攻め破る.③破る.守らない.〔〜约〕〔失 shī 约〕破約する.約束を守らない.〔打〜了全国记录〕国内記録を破った.④〈口〉使う.費やす.〔〜出一日元钱去就买下来了〕100元出して買いとった.〔〜一天的工夫要把它整理清楚〕1日の工夫を費やしてそれをきちんと整理せねばならぬ.〔〜费〕〔破费〕お金をくずす.〔〜成零的〕〔〜成零钱〕小銭にくずす.〔五十元的票子能一开吗〕50元の札がくずれますか.〔一百块钱的票子用着不方便,你给一一吧〕100元の札では使うのに不便だ,くずしてくれ.⑥(隠れていたもの・よく見えないものを)はっきりさせる.〔说〜〕④〈よくあるように話してやる.⑤はっきり(露骨に)言ってしまう.〔这正是把他的心事一语道〜了〕これこそまさに彼の思いを一言で言い尽くしたものである.⑦惜しまない.顧みない.(命を)投げ出す.(貴重なものを)投げうつ.〔〜命〕命を投げ出す(して).〔出性命得 dé 来的〕命がけで手に入れたもの.〔为几个铜子儿得 dǒi 一出一条命去〕(老・骆 8)銅貨数枚のために命を投げ出さねばならない.〔舍着性命去救人〕命を投げ出して人を救う.⑧破れている.破れた.〔〜车〕おんぼろ車.〔〜衣服〕破れた服.⑨つまらぬ.くだらぬ.〔谁去看那个〜戏〕誰があんなつまらん芝居を見に行くものか.〔我并没意思做这个〜事情〕わたしは何もこんなつまらん事をするつもりはない.

破案 pò'àn〔刑事〕事件を解決する.〔银行被抢的事,侦查了一个多月还没〜呢〕銀行が強盗にやられた事件はひと月あまり捜査がまだ犯人をつきとめていない.
破败 pòbài ①崩れ落ちる.〔山上的小庙已经〜不堪〕山の上の小さな廟は朽ちはてて見る影もない.②衰退する.〔〜家庭〕落ちぶれた家庭.
破壁飞去 pòbì fēiqù〈喩〉平凡な人が急に成り上がる.
破冰 pòbīng 氷を粉砕する.〈喩〉冷たい扱いを打破する.〔原子〕〜船〕原子力砕氷船.〔中国户籍改革正在〜,将打破居民,农民的二元户籍结构〕中国では戸籍制度改革が進んでいて,都市住民と農民たちの二元的な仕組みを廃止する.
破布 pòbù 綿ぼろ.
破财 pòcái (思いがけないことで)財産がすり減る(損失する).金を損する.〔今天有点〜,刚才在电车上叫扒手把钱包搶了去了〕今日は大損してしまった,今さっき電車の中ですりに財布をすられてしまった.
破茬儿 pòchár〔破碴儿〕とも書く.①割れ目.②破綻.⑧仲たがい.
破产 pòchǎn ①破産(する).〔〜程 chéng 序〕破産手続き.〔〜管 guǎn 理人〕破産管財人.〔法〕破产法.〔只今年12月份就有两家大银行〜〕今年の12月だけで大手の銀行が2行倒産した.②失敗する.破綻(する).〔他的计划完全〜了〕彼の計画は完全に失敗した.
破钞 pòchāo ⇒〔破费①〕
破除 pòchú 打破する.排除する.〔〜迷信〕迷信を打破する.〔〜积习〕長い間の悪習をうち破る.〔〜情面〕情実を打破する.〔〜顾虑〕懸念を取り除く.
破船还有三千钉 pòchuán háiyǒu sānqiāndīng〈喩〉貧乏しても金持ちは金持ち.腐っても鯛.
破船偏遇打头风 pòchuán piānyù dǐngtóufēng〈喩〉困苦の上に困苦が加わる.ダメ押しの一撃をくらう.泣き面に蜂:〔破船偏遭 zāo 连阴雨〕ともいう.
破胆 pòdǎn 胆をつぶす.仰天する.

pò 破

破的 pòdì ①矢が的を射る. ②〈転〉言葉が要点を突く.〔一语～〕一言で要点を突く.

破订 pòdìng 非定期購読.

破读 pòdú 通常の声調や字音以外の音.〔～字 zì〕この読みの字. 異読の漢字. →〔读破〕

破帆遇顺风 pòfān yù shùnfēng〈喩〉才能の乏しい人が好運に巡りあう.

破费 pòfèi ①=〔破钞〕(人に)散財させる.〔叫您～了!〕〔～～!〕〈挨〉ごちそうさまでした. ご散財をかけました. ②金を使う. 時間をかける.〔要～好几千块钱〕何千元も使わねばならない.〔上次请客, 他～不少〕このたびの招待で彼はかなり金を使った.

破釜沉舟 pòfǔ chénzhōu〈成〉出陣にあたり飯釜を壊し,(帰りの)舟を沈める:決死の覚悟でやる. 絶対に後退しない決意(史記・項羽本紀)

破腹 pòfù〔白〕腹下しをする.

破格 pògé きまりや先例を破る.〔～提拔〕破格の抜擢(をする).〔～优 yōu 待〕破格の優待(をする).〔～录用〕破格の採用(をする).〔～晋 jìn 升〕破格の昇進(をする)

破鼓乱人捶 pògǔ luànrénchuí 破れ太鼓はやけくそにたたかれる.〈喩〉おちぶれた人をばかにして皆でいじめる.

破故纸 pògùzhǐ ⇒〔补 bǔ 骨脂〕

破瓜 pòguā〈文〉(瓜の字が八八に分けられることから)①〔女の〕16歳.〔年年～〕年は16. ②〈喩〉処女を失う. ③(男子の)64歳.〔功成当在～年〕成功をおさめるのは64歳のころであろう.

破关 pòguān ①難問を突破する.〔～斩 zhǎn 将〕同前. ②圖大台割に(になる)

破罐破摔 pòguàn pòshuāi〈成〉どうせだめだとやけになる.〔事到如今, 也只好～了〕事ここに至ったら破れかぶれでやるだけだ. →〔破釜沉舟〕

破罐子 pòguànzi 壊れたつぼ.〈喩〉@不貞な女. ⓑひびの入った(不健康な)体.

破坏 pòhuài ①破壊する. 壊す.〔～桥梁〕橋梁を壊す.〔～名誉〕名誉を毀損する.〔～性 xìng 极大. 〔两国友谊谁也～不了〕両国の友情は誰にも壊せない. ②(社会制度, 風俗習慣などを)打破する. 変革する.〔～旧的习惯〕古い慣習を打破する. ③(規則・規約・条約などに)背く. 違反する.〔～罢 bà 工〕ストを破り.〔～协议〕協定を破る. ④(物体の組織や組みたてを)損傷する. 壊す. 損なう.〔维生素C因受热而～〕ビタミンCは熱で破壊される.

破货 pòhuò ①古くてだめになった物. ②〈罵〉(女の)きずもの. あばずれ.

破获 pòhuò ①悪事をつきとめて犯人を逮捕する.〔昨天～了一个印制伪钞 chāo 的团伙〕昨日にせ札製造組織に手入れがあった. ②見破って秘密を知る.

破家 pòjiā ①身代をつぶす(落ちぶれる).〔～鬻 yù 子〕破産して子女を売りとばす.〔～子弟〕身代つぶしの子. ②ぼろ家.〔值万贯〕〈諺〉(自分の家は)ぼろ家でも万貫の値がある. ぼろのものでも大切にするべきだ.

破茧而出 pòjiǎn ér chū 繭を破って生まれる.〈喩〉産みの苦しみを経て産まれる.〔国庆节是一个国家诞生的日子, ～的日子〕国慶節は一つの国家が生まれた日, 産みの苦しみを経て産まれた日である.

破解 pòjiě ①かみくだいて言う. 解説する. ②祟りなどから抜け出す.

破戒 pòjiè ①戒律を破る. ②〔戒酒〕(禁酒),〔戒烟〕(禁煙)など自己の戒めを破る: またやり始めること.

破镜 pòjìng〈喩〉(夫婦が)離散(する). 離婚(する・

になる).〔～重 chóng 圆〕〈成〉(夫婦が)元の鞘におさまる.

破旧 pòjiù ①ぼろ(である).〔衣服很～了〕服がぼろになった.〔～的土房〕ぼろの土壁の家屋.〔～的帆船〕おんぼろの帆船. ②古いものを捨てる.

破旧立新 pòjiù lìxīn〈慣〉古い思想文化・風習を破壊・排除し, 新しいものを確立する.

破句 pòjù 文中の切れ目でない箇所で区切る.〔读 dú ～〕同前.

破军(星) pòjūn(xīng) 因北斗七星の7番目の星(柄の先端に当たる星)

破开 pòkāi 小銭にくずす. お金をこわす.〔这么大的票子破不开〕こんな大きな紙幣はくずせない. →〔换 huàn 钱〕

破空 pòkōng〈文〉空に長く線を引くようにして降りてくる.

破口 pòkǒu ①破れたところ. 壊れたところ. ②激しく口をついて出る.〔～大骂〕〈慣〉口ぎたなく罵倒する. がみがみ言う.〔他想～大骂, 而没敢骂出来〕(老・四・惶17)彼はどなりつけてやりたかったがそうはしなかった.

破烂 pòlàn ボロボロに破れている.〔～不堪 kān〕ひどくほろぼろに破れている.〔～货〕がらくた.〔～王〕〈罵〉ボロくず屋.

破烂儿 pòlànr ぼろ. ほろ着. がらくた. 廃品.

破浪 pòlàng〈文〉波を蹴立てる(て進む). 波を突き分け(って進む.

破例 pòlì 前例を破る.〔为了圆满地解决问题, 我公司～负担这项资用〕円満に解決するため, わが社は例を破ってこの費用を負担しますが, これは今回限りです.

破脸 pòliǎn ①面と向かって言い争う. がらりと変わった態度に出る. ②顔形を崩す.

破裂 pòliè ①割れ目ができる. はじけ割れる. 破れ裂ける. 分裂する.〔感情～〕仲違いをする.

破裂摩擦音 pòliè mócāyīn ⇒〔塞 sè 擦音〕

破裂音 pòlièyīn ⇒〔塞 sè 音〕

破陋 pòlòu 古くなって壊れている.

破落 pòluò ①落ちぶれる. ②ほろほろである.

破落户(儿) pòluòhù(r) ①落ちぶれた旧家(の家人).〔谁家姑娘肯嫁给我这～〕どこの家の娘がわたしのような落ちぶれものの所に来てくれるものか. ②同前の子弟の成れの果て. ごろつき. ならずもの.

破谜儿 pòmèir ①⇒〔猜 cāi 谜〕 ②謎をかける. 謎の題を出す.〔我破个谜儿你猜一猜〕わたしが謎を出すからあててごらん.

破门 pòmén ①押し開ける.〔～而入〕戸を押し開け入る. ずかずか入ってくる. ②叉(サッカーやハンドボールなど)ゴールイン(する). シュートイン(する). ③⇒〔出 chū 教〕

破蒙 pòméng ⇒〔启 qǐ 蒙〕

破米糟糠 pòmǐ zāokāng〈方〉いろいろな古い事.〔～你统统抖楼出来了〕何やかやと古い事を(話に)持ち出してきた.

破庙 pòmiào 荒れた寺廟.

破灭 pòmiè 無になる. 消えてなくなる.〔希望～了〕希望が水泡に帰した.〔幻想彻底～了〕幻想が徹底的に消え失せた.

破墨 pòmò 美中国画の技法の一. 墨の濃淡の組み合わせで効果を生むもの.

破磨配瘸驴 pòmò pèi quélǘ 壊れた磨り臼が足をくじいたロバには似合いだ.〈喩〉割れ鍋にとじ蓋.

破衲 pònà〈文〉破れ衣.

破盘 pòpán ①〈文〉供物のお下がりを分ける. ②暴露する.

破情面 pòqíngmiàn 情実をうち破る.→〔破脸①〕
破三铁 pòsāntiě 〔铁交椅 yǐ〕(役職),〔铁饭碗〕(仕事)を打ち破る.
破伤风 pòshāngfēng 医破傷風.
破身 pòshēn 童貞または処女を失う.
破说 pòshuō 〈方〉つぶさに(詳しく)説明する.〔掰 bāi 开揉碎地给他~了〕かんでふくめるように彼に説明した.
破私立公 pòsī lìgōng 私を捨て公を立てる:〔文化大革命〕の際唱えられたスローガン.
破碎 pòsuì 砕く(ける).粉々にする(なる).ぼろぼろになる.〔支离~〕支離滅裂.
破碎机 pòsuìjī ⇒〔轧 yà 碎机〕
破损 pòsǔn 破損する.
破题 pòtí ①回八股文の起首の二句:解題の部分.②詩・文の題意を説明する.
破题儿第一遭 pòtír dìyīzāo 皮切り.初体験.生まれて初めてのこと.
破体字 pòtǐzì 圖非正体字:〔破体书〕ともいう.→〔正 zhèng 字〕
破涕 pòtì 泣きやむ.〔~为笑〕泣いていたのが笑いだす.悲しみが喜びに変わる.
破天荒 pòtiānhuāng 破天荒.前代未聞:唐代,荆州から毎年挙人を送って進士の試験を受けさせたが,すべて合格しなかった.当時これを〔天荒〕(未開墾の荒地)といった.後に劉蜕が合格したのでこれを〔~〕(荒地を開いた)といった.〔这可是~头一遭的事,我以前从来没听说过〕これはどうも破天荒の事だ,以前にはきいたことがない.
破铜烂铁 pòtóng làntiě 〔慣〕銅・鉄のくず.鉄くず.
破铜钱 pòtóngqián ⇒〔蘋 pín〕
破土 pòtǔ 〔くわ入れ(する).〔~典礼〕起工式.くわ入れ式.〔~动工〕(家屋新築の)くわ入れ(をする).〔这个电视塔已经~动工了〕このテレビ塔はすでにくわ入れも済み,工事にとりかかった.②圖春一番のくわ入れをする.③(種子が)土から芽を出す.
破瓦寒窑 pòwǎ hányáo 〈喩〉貧窮な住まい.
破网 pòwǎng ①網を破る.またその破れた網.②囚(サッカーなどで)ゴールする.シュートが入る:〔破门②〕に同じ.
破位 pòwèi 圖(相場が)大台を突破する.大台を割る.
破五(儿) pòwǔ(r) 〔口〕旧暦正月五日:旧時,この日までは女性は〔忌 jì 门〕(人家を訪ねることを遠慮すること)しなければならないとされていた.また商店もこの日を過ぎてから営業を始めた.
破相 pòxiàng (けがまたはほかの原因で)人相が変わる.姿が変わる.〔还好,碰的地方稍微有点儿肿 zhǒng,还没~〕まあよかった,ぶつけたところが少し腫れただけで様⼦が変わりほどではない.
破晓 pòxiǎo ①夜が明ける.〈喩〉明るい未来になる.〔希望不久即将~〕まもなく夜の明けることを願う.②明け方.
破鞋 pòxié 破れ靴.〈喩〉身持ちの悪い女.貞操のない女.〔搞 gǎo~〕不倫行為をする.
破朽 pòxiǔ 朽ちはてる.
破絮 pòxù 屑わた.
破颜 pòyán 顔をほころばせる.笑う.
破衣服 pòyīfu ぼろ着.→〔褴 lán 褛〕
破译 pòyì ①(暗号などを)解読する.読み解く:〔解 jiě 码〕.②新発見である.解き明かす.
破约 pòyuē 契約(協定)に違反する.違約する.
破站 pòzhàn 宿場を変える.道程を変更する.
破绽 pòzhàn ①ほころび.②欠点.破綻.〔等有了~你再钉问他〕ぼろが現われた時

に詰問しなさい.〔叫别人看出~来了〕人に弱点を見つけ出された.〔露 lòu 出~〕馬脚を現わす.〔卖个~〕わざと隙を見せる.〔给他一个~〕相手に隙を与える(見せる)
破绽百出 pòzhàn bǎichū〈成〉至る所でほころびがでること.
破折号 pòzhéhào 圖句読符号のダッシュ."—".→〔标 biāo 点符号〕〔撇 piě ⑤〕
破着 pòzhe 〈方〉…という犠牲を払っても、…をかまわず.〔~死命地〕一生懸命に.必死に.〔我所以~没险,人家才不敢欺 qī 负〕(紅66)わたしが死ぬかいこことなんかかまわないのは,そうすると人は馬鹿にしようとしないんだ.
破阵 pòzhèn 〈文〉敵陣を破る.〔冲锋~〕突撃して敵陣を破る.
破竹 pòzhú〈喩〉勢いが激しく速いさま.きわめて順調なさま.〔势 shì 如~〕〔~之势〕破竹の勢い.
破子草 pòzǐcǎo 圖ヤブジラミ.→〔窃 qiè 衣〕
破字 pòzì〈文〉①圖(訓詁学で)仮借字を破棄し本字をあてて解釈すること.→〔假 jiǎ 借字〕 ②⇒〔測 cè 字〕
破字当头,立在其中 pòzì dāngtóu, lìzài qízhōng 〔立在破之中〕の略.古い物を打破すれば自然に新しいものが生まれてくる.→〔破私立公〕
破嘴 pòzuǐ (言うべきではない)言葉がぼろりと出る.口を滑らせる.

〔**桲**〕po →〔榲 wēn 桲〕

pou ㄆㄡ

〔**剖**〕 pōu ①切り開く.切り分ける.〔解 jiě~〕解剖(する).②区分けをする.区別をつける(てはっきりさせる).→〔析〕同前.
剖白 pōubái ①弁明する.申し開く.事を分けて言う.②分析して明らかにする.
剖辨 pōubiàn〈文〉区別をつけて説明する.弁別する.
剖陈 pōuchén〈文〉分析して陳述する.
剖断 pōuduàn〈文〉裁断する.事理をはっきりさせる.
剖分 pōufēn〈文〉分割する.
剖腹 pōufù 腹を切り開く.〔恨不得~明心〕腹をさいて心底を明示できないのが残念である.〔~自杀〕割腹自殺する.〔~藏 cáng 珠〕〈喩〉腹をさいて中に秘蔵していたものを隠す.わが身を愛する.
剖腹产 pōufùchǎn 同下.
剖宫产 pōugōngchǎn 圖帝王切開術:〔剖腹产〕は通称.→〔剖腹产术〕帝王切開術.
剖解 pōujiě 訳を探って事理を明かす.分析して理解する.〔这就有向他~的必要了〕これは本当に事を分けて細かに理解する必要がある.
剖决 pōujué〈文〉処する.裁断する.〔~如流〕迅速に解決する.
剖开 pōukāi 切り開く.割る.〔~手术〕医切開手術.〔把西瓜~〕西瓜を割る.
剖面 pōumiàn ==〔断 duàn 面〕〔截 jié 面〕〔切 qiē 面〕断面.〔~图 tú〕断面図.
剖明 pōumíng 説明し明らかにする.〔~事理〕理を明らかにする.〔~立场〕立場を明らかにする.
剖尸 pōushī 死体を解剖する.〔~验 yàn 看〕解剖して検視する.
剖析 pōuxī 分析して明らかにする.
剖视 pōushì 解剖し観察する.〈転〉細かく分析して観察する.〔~图〕断面図.

剖释 pōushì 分析し解釈する.

剖诉 pōusù 〈文〉いちいち分けて申し立てる.

剖析 pōuxī 分析する.〔这个作品～女主人公的心理非常透彻〕この作品は女性の主人公の心理についての分析がたいへん底まで切り込んでいる.

剖心 pōuxīn ①心臓を割く.〔～木〕[医]心臓切開手術.〔～剜 wān 眼〕心臓を割き目の玉をえぐる. ②〈喻〉誠意を表す.〔～析 xī 胆〕〈成〉心の底を披瀝する.

剖胸 pōuxiōng 胸部手術(をする).〔万一临床病状怀疑为肺癌,医生还可以进行一探查〕万一臨床の症状に肺癌の疑いがあれば,医師は胸部手術を行って調べることもできる.

[抔] póu ①〈文〉(両手で)すくう.〔～饮 yǐn〕両手ですくって飲む. ②[量詞].一つかみ.一にぎり.一すくい(両手で).〔一～土 tǔ〕一〔土〕一すくいの土.〈喻〉わずかの.

[掊] póu 〈文〉①とり立てる.収奪する.→ 聚 jù 敛 ②掘る. → pǒu

[裒] póu 〈文〉①寄せ集める(まる).〔～辑 jí〕資料を集めて編集する. ②減ずる.〔～多益寡 guǎ〕〈成〉多いものを減らして少ないものに足す.

裒敛 póuliǎn =[聚 jù 敛]

[掊] pǒu 〈文〉①攻撃する.撃つ.〔抨 pēng～〕〔～击 jī〕糾弾する.排撃する.たたく. ②切り分ける.二つに割る. → póu

pu ㄆㄨ

[仆] pū 〈文〉(人が)前に倒れ伏す.倒れ伏す.〔偃 yǎn～〕倒れ伏す.〔前一后继 jì〕〈成〉前の者が倒れても後から後からと続いて進む. → pú

仆地 pūdì ①地に倒れる.=〔扑地①〕に同じ. ②地に伏す.

[扑・撲] pū ①飛びかかる.飛び込む.突っ込む.〔～过去〕飛びかかっていく.〔孩子一头～到妈妈怀里〕子供が母親の懐へまっしぐらに飛び込んでいった.〔～捉 zhuō〕飛びかかって捕える.〔灯蛾～火〕〔飞蛾投火〕〈成〉火取り蛾が灯火に飛びよる.=飛んで火に入る夏の虫. ②(香気が)鼻を衝(つ)く.(風などが)顔にあたる.〔香气～鼻〕香気が鼻をつく.〔和风～面〕そよ風が顔にあたる. ③(仕事や事業などに)夢中である.打ち込む. ④打つ.殴る.攻めかかる.攻撃する.〔～灭 miè〕撲滅する.〔～蝇 yíng〕ハエをたたく.〔～蝴 hú 蝶〕蝶を捕らえる.〔～蚂 mà 蚱〕ばったを捕らえる.〔～鼠 shǔ〕ねずみを捕らえる.〔打退敌人的反～〕敵の反撃を打ち退ける.〔向敌人猛～过去〕敵に猛攻をかける. ⑤軽くたたく.はたく.〔小鸟在栖 qī 木上～着翅 chì 膀〕小鳥が止まりそ木上ではばたいている.〔～打衣服上的土〕服の上のほこりをたたく.〔～掸 dǎn〕 ⑥軽くたたく道具.はたくもの.〔粉～〕(おしろいの)パフ. ⑦〈方〉前かがみになる.伏す.腹ばいになる. ⑧〔姓〕扑(ぼ)

扑鼻 pūbí (においが)鼻をつく.

扑哧 pūchī 〈擬〉プッ.シュッ.プシュ:声や水,気体などが突然でる時の音.〔噗嗤〕〔噗嗤〕とも書いた.〔～一笑〕クスッと笑う.

扑打 pūdǎ 平たい物でぴしゃりと打つ.〔～虫子〕虫を叩いた.

扑打 pūda (ほこりなどを)たたく.はらう.〔～身上的雪花〕体の上の雪をはらう.

扑倒 pūdǎo 倒れる.のめる.

扑蹬 pūdeng 〈方〉①ばたばたばたつく.〔那只鸡在地上～了几下就不动了〕そのわとりは地面で何回かバタバタしたかと思うともう動かなくなった. ②どたばたする.〔了半天一点结果也没有〕やみくもに長い間やってみたが何の結果もなかった.

扑地 pūdì ①地に倒れる. ②〈転〉あたり一面.ざらに.

扑跌 pūdiē ①〔武術の〕取っ組み合い.相撲. ②前に倒れる.のめって転ぶ.〔小英脚下一绊,～在地上〕小英はつまずいたかと思うと前へのめって転んだ.

扑蝶舞 pūdiéwǔ 蝶々採りのいろいろな姿勢を織りこんだ舞踊.

扑粉 pūfěn ①粉白粉(おしろい).(化粧用)タルカムパウダー. ②白粉をつける.〔她今天脸上没～〕彼女は今日顔に白粉はつけていない. →〔抹 mǒ 粉〕

扑虎儿 pūhǔr 〈方〉ころんで倒れて両手をつくこと.〔摔 shuāi 了一个〕前のめりにばったり倒れた.

扑火 pūhuǒ ①灯火に飛び込んでいく.〔飞蛾～〕火取り蛾が同前. ②火をたたき消す.

扑交 pūjiāo 〈方〉相撲をとる.〔扑跤〕とも書く.→〔摔 shuāi 跤〕

扑救 pūjiù 消火する.〔救〕は危険や災難を差し止める意.〔～大火〕大火を消し止める.

扑克 pūkè トランプ.〔黑桃〕(スペード),〔梅花〕(クラブ),〔方块〕(ダイヤ),〔红桃〕(ハート),〔又 chā 儿②〕〔尖 jiān 儿③〕(エース),〔老 lǎo 开①〕〔老 K〕〔K kēi〕(キング),〔尨 gě 瘩〕〔后 hòu〕〔女 nǚ 王〕〔圈 quān 儿②〕(〈方〉皮 pí 蛋③〕(クイーン),〔钩 gōu 儿③〕〔戛 jiá 客〕(ジャック),〔王 wáng〕〔大王④〕〔大鬼②〕(カラーのジョーカー),〔小王〕〔小鬼④〕(白黒のジョーカー)などの札からなる.〔打～〕トランプをする.

扑空 pūkōng ①(留守に訪ねて)むだ足をふむ.空振りする.不成功に終わる.〔你先打个电话再去,免得～〕電話をかけてから行きなさい,留守を訪ねてはむだ骨折りだから. ②[スポーツ](サッカーでキーパーが)シュートされたボールを取り逃がす.

扑拉 pūlā 〈擬〉バタバタ.パタバタ:羽根をはばたく音.

扑拉 pūla (軽く)はたく.たたく.

扑棱 pūlēng 〈擬〉羽根のはばたく音.魚がとびはねる音など:〔扑愣〕とも書く.〔～一声飞起一只小鸟〕パタパタっと小鳥が一羽飛び立った.

扑棱 pūleng ばたばたする.ぶるぶる振り動かす.ばさっと広げる.〔～一～翅（chì 膀）羽ばたって.〔穗 suì 子～开像一把小伞〕穂がぼっと開いて小さな傘のようだ.

扑脸 pūliǎn ⇒[扑面]

扑噜 pūlū 〈擬〉①ゴロゴロ:物が転がる音. ②ゴクゴク:一口でたくさんの飲み物(食べ物)を飲み込む音.

扑落 pūluò ①散乱する. ②⇒〔插 chā 头〕 ③⇒〔火 huǒ 花袋〕

扑满 pūmǎn =〔闷 mèn 葫芦罐儿①〕(一杯になったら壊して金をとり出す式の)貯金つぼ.〔把钱攒 zǎn 在～里〕お金を同時に貯めている.

扑忙(子) pūmáng(zi) 〈方〉ばたばたとやたらに忙しくする.ばたばたする.〔什么也甩～了〕〔梁・红29〕どんなことがあってもあたふたしてはならない.

扑面 pūmiàn =〔扑脸〕(気体や液体が)真っ向からやってくる.顔に吹いてくる.〔清风～〕すがすがしい風が真正面から吹いてくる.

扑灭 pūmiè ①(火を)たたき消す. ②撲滅する.〔～蚊蝇〕蚊やハエを撲滅する.

扑明 pūmíng 〈方〉夜明け.〔第二天一～,严志和到南关庙了一辆骡车来〕〔梁・红4〕翌日夜が明けると厳志和は南関へいってラバの馬車を出した.

扑摸 pūmo 〈方〉①しゃしゃり出る.おせっかいをや

く.〔咱什么也别〜,低着脑袋过日子吧!〕〔梁・紅14〕わしは何事もしないでしぜんと,頭を低くくして暮らしていくべえ. ②手に入れる.

扑疟喹啉 pūnüèkuílín 薬パマキン;〔扑疟母星〕(ヒノラミン),〔帕pà马奎níng〕(プラスモヒン)は商品名:抗マラリア剤の一種.〔阿ā的平〕奎kuí宁)

扑疟特灵 pūnüètèlíng 〔氯lǜ苯胍〕

扑票 pūpiào (チケットなど)争って手に入れる.

扑扑 pūpū ①〈擬〉ドキンドキン.〔~地心直跳〕ドキンドキンと心が躍る. ②(顔色が)てかてかと赤いさま.

扑球 pūqiú ⊠(サッカーで,キーパーの)セービング.〔鱼跃~〕横へ飛び上がるセービング.

扑热 pūrè 解熱する.熱を下げる:〔清qīng热〕に同じ.〔~息 xī 痛〕解熱・鎮痛.〔~息痛片〕薬アセトアミノフェン;同組の錠剤.

扑扇 pūshān (足音を)バタバタ立てる.(目を)ぱちくりさせる.〔~翅chì膀〕羽根をばたつかせる.

扑闪 pūshǎn 〔~着一双美丽的大眼睛〕彼女は大きくて美しい目をまばたいている.

扑食 pūshí 餌食を捕らえる.

扑朔迷离 pūshuò mílí〔成〕雌雄(男女)の区別がはっきりしない.〔喩〕事がこんがらがってはっきりしない.〔这些传chuán说〕これらの伝説は複雑怪奇だ.〔雄兔脚扑朔,雌兔眼迷离.两兔傍地走,安能辨我是雄雌〕(木蘭辞)兎の雄雌の見分け方は,耳を持ち上げると脚をばたつかせるのが雄で,目つきが雌とされた.しかし走り出したら雌雄の区別はつかない.

扑簌 pūsù 涙がぽろぽろ落ちるさま.〔扑簌簌〕同前.〔~~地两眼落下泪来〕ぽろぽろと両眼から涙が落ちてきた.

扑腾 pūtēng〈擬〉①ドスン.ドボン.地面や水面に重い物が落ちる(ぶつかる)音.〔~~〕同前のさま. ②ストン.パシャ.軽い物の同前.〔扑腾扑下了河〕ザブザブと川へ入る.

扑腾 pūteng ①⊠(水泳で)足で水を打つ.〔打~〕同前. ②浪費する.〔把钱全~完了〕お金を全部使いはたしてしまった. ③(鼓動する様子)ピョンピョン躍る.ピチピチ跳ねる.〔心里直~〕心臓がしきりにドキドキ踊る. ④〈方〉活動する.動き回る.〔过去他挺能一的,现在不行了〕昔,彼はなかなかよくやったが,今は駄目になった.

扑天盖地 pūtiān gàidì 〔遮zhē天盖地〕

扑通 pūtōng〈擬〉ボトン.ドボン.ドサッ:水面または地面に重い物の落ちる音.〔扑嗵〕〔嘆咘〕〔朴pǔ通〕とも書いた.〔~一声,小孩掉进水里了〕ドボンと子供が水に落ちこんだ.

扑着 pūzhe 押しかけてする.熱心に是非に…しようとする.何とかして…ものにしようとする.〔~去买〕押しかけていって買う(手に入りたくて).〔赶着,~地交〕何とかして交際を持とうとする(とり入ろうとする)

扑撞 pūzhuàng 突進してぶつかる.

[**噗**] pū〈擬〉①ピュー.ブーッ:気体や液体が噴き出す音.〔~的一声把灯吹灭了〕フーッとあかりを吹き消した. ②パッ:(動作の)突然で瞬間的であるさま.〔小猫~地跳上床来〕小猫がパッとベッドへとび上がってくる.

噗哧 pūchī ⇒〔扑哧〕
噗嗤 pūchī ⇒〔扑哧〕
噗噜噜 pūlūlū 〈擬〉涙などがポタリと落ちる音.
噗嗵 pūtōng ⇒〔扑通〕

pū

[**铺・鋪(舖)**] pū ①敷く.〔~席 xí 子〕ござを敷く.〔~毯 tǎn 子〕毛布を広げる.〔~台 tái 布〕テーブルクロスをかける.〔~石子 zǐ〕砂利を敷く.〔~轨 guǐ〕レールをしく.〔为世界和平~平道路〕世界平和のための道を整える.〔平~直叙〕ありのままを素直に述べる.〔~不到头〕端まで敷き足りない(敷物が).〔~面粉〕小麦粉を敷く. ②量詞:オンドルなどを数える.〔一~炕kàng〕一つのオンドル.〔一~床chuáng〕一つの(一面の)ベッド. → pù

铺陈 pūchén ⇒〔铺陈①〕
铺草 pūcǎo ①草やわらを敷く. ②寝床に敷く草やわら.
铺陈 pūchén ①=〔铺排〕並べ配置する.陳列する. ②述べ連ねる.詳述する.説明する.〔~经过〕経過を詳しく述べる. ③布団や枕などの夜具.
铺衬 pūchèn あてる.
铺衬 pūchen 小切れ.端切れ.ぼろ布:あて布や中国靴の底などにする.
铺床 pūchuáng ①ベッドをしつらえる.夜具を敷く.〔~叠 dié 被〕床(を)を延べたりふとんをたたんだりする(仕事). ②⇒〔铺房〕
铺底 pūdǐ 床を(石やコンクリートで)固める. → pù-dǐ
铺地 pūdì 地面や床を覆い敷く.
铺柏 pūdibǎi 植ハイビャクシン:ヒノキ科の常緑樹.観賞用に植栽される.〔矮ǎi 桧〕は別称.
铺地锦 pūdìjǐn 数昔時の乗法の名.種ビジョザクラ.マツバボタン;〔地 dì 苍〕
铺垫 pūdiàn ①ベッドに寝具を敷く.ソファにクッションを置く.体(物)の下にあてる. ②〔~儿〕同前の物:敷物・あて物・クッション・じゅうたんなど. ③下地(を作る).伏線(を張る)
铺房 pūfáng =〔铺床②〕結婚の前日または当日に嫁の家から人をやってふとんを敷いたり室内調度品を飾ってやったりすること.
铺盖 pūgài 平らにかぶせて敷く.〔把草木灰~在苗床上〕ワラ灰を苗床に敷く.
铺盖 pūgai〈口〉ふとん.寝具.〔被 bèi 褥〕に同じ.〔租~〕夜具のレンタルをする.〔卷 juǎn ~〕〔打~〕ふとん包みを作る(にする).〈転〉出て行く(勤めを辞める)
铺盖卷儿 pūgaijuǎnr 〔行 xíng 李卷儿〕ふとん包み:ふとんを円筒状に巻いて持ち運びできるようにしたもの.〔卷~〕〔卷铺盖〕〔打~〕〔打铺盖〕同前を作る(にする).〔~外边儿再加一层油布〕同前の外側を更に防水布で包む.
铺轨 pūguǐ レールを敷く.
铺架 pūjià 建道路・線路を通し橋をかける.〔~工〕同前の作業員.
铺开 pūkāi ①敷き広げる.〔把毯 tǎn 子~〕毛布を同前. ②(事柄・制度・方法などを)展開する.普及する.
铺炕 pūkàng オンドルにふとんを敷く.
铺路 pūlù ①舗装する. ②〈喩〉道をつける.〔~搭 dā 桥〕環境を整える.力を貸して作り出す.〔~费 fèi〕賄賂.〔~石〕舗装用石ころ. ⑤〈喩〉他人の成長に貢献する人.〔他希望为wèi进一步洽谈判~〕彼はさらに突っ込んだ談判のための条件をつくりたいと望んでいる.
铺排 pūpái ①按配する.段取りをつける.配置する.〔~得停停当当〕きちんと按配にする.〔~太过〕派手にやりすぎる.
铺派 pūpài 言いつける.指図する.派遣する.〔这件事~谁去办呢〕この件は誰に言いつけてやらせたらよかろうか.

pū～pú

铺平 pūpíng ①平らに敷き延べる. ②道を開く.〔～道路③⑥铺装する.⑤<喩>道をつける.
铺砌 pūqì 建敷きつめる.舗装する.〔～石道〕石を敷いて敷石路を作る.
铺设 pūshè 敷設する.設ける.〔～铁轨〕レールを敷く.
铺首 pūshǒu〔门mén环(子)〕(門扉の握り輪)の吊り下げ金具.
铺摊子 pūtānzi ①露店・屋台を開く. ②<喩>仕事を展開する.
铺摊 pūtān <方>伸ばして広げる.
铺天盖地 pūtiān gàidì <成>至る所で猛烈な勢いで起こるさま.世の中じゅう.
铺铁路 pūtiělù ①鉄道を敷く. ②<喩>汽車賃をたくさん使う.
铺叙 pūxù 叙述する.詳述する.
铺展 pūzhǎn 敷き広げる.広げ伸ばす.〔～不开〕(場所が狭くて)敷けない.〔蔚wèi 蓝的天空～着一片片白云〕青空に白雲がほかりほかりと広がっている.
铺张 pūzhāng ①見栄(を)を立派にする.見栄を張って…する.〔～浪费〕事を派手にやって浪費する.〔扬厉lì〕仰々しく見栄を張る. ②大げさにする.誇張する.
铺植 pūzhí 広大な面積に栽培する:〔铺种 zhòng〕ともいう.
铺筑 pūzhù 敷いて築く.
铺砖 pūzhuān 煉瓦を道に敷きつめる.〔～道〕煉瓦を敷きつめた道路.

〔鲋・鯆〕 pū <文>①カワイルカ〔江 jiāng 豚〕の古称. ②エイ類の古称.

〔潽〕 pū <口>(湯などが)ふきこぼれる.

〔仆・僕〕 pú ①しもべ.使用人.〔～人〕同前.〔女〕女の使用人.下女.中女.お手伝い. ②<文>謙遜わたくし.男性の自称. ③→〔仆仆〕 ④〔姓〕僕(ぼ) → pū
仆婢 púbì =〔仆使〕召使い(下男下女)の総称.
仆臣 púchén <文>家臣.
仆从 púcóng ①従僕. ②<喩>自立できない人や集団.〔～国家〕従属国.
仆妇 púfù 下女.下婢.
仆固 púgù〔姓〕僕固(ぼく)
仆隶 púlì <文>官衙(が)の下僕.
仆仆 púpú 旅に疲れたさま.〔风尘～〕〔～道途〕<成>旅程の労苦でやつれ果てたさま.
仆人 púrén 使用人.下男.
仆射 púshè 臣大臣に次ぐ高官職.唐・宋代では宰相.
仆使 púshǐ ⇒〔仆婢〕
仆役 púyì 下男.使用人.

〔幞〕 pú fú の又音.

〔璞〕 pú <文>あら玉(玉の原石).〔～玉 yù〕同前. ②純朴である.
璞玉浑金 púyù húnjīn <成>あら玉と未精製の金.〔转〕自然の美しさ.飾り気のない美しさ.〔浑金璞玉〕ともいう.

〔襆(襆)〕 pú fú の又音.

〔濮〕 pú ①地名用字.〔～水〕古代の河の名(河南省にあった). ②〔姓〕濮(ぼく)
濮阳 púyáng ①臣河南省にある市. ②〔姓〕濮陽(ぼく)
濮越 púyuè ⇒〔布 bù 依族〕

〔镤・鏷〕 pú pú プロトアクチニウム:放射性・希土類金属元素.記号 Pa.

アクチノイドの一.

〔匍〕 pú
匍匐 púfú〔匍伏〕〔蒲伏〕〔蒲服〕とも書いた. ①匍匐(する.腹ばいになる.はう. ②〔前进〕して前進する. ②伏せる.(地面などに)ぴったりとくっつく.〔有些植物的茎～在地面上〕ある植物の茎は地面に張りついている.〔～茎〕臣匍匐茎:節間が長く地上をはい,節に葉・根を生ずる.

〔莆〕 pú ①地名用字.〔～田〕臣福建省にある. ②〔仙戏 xiānxì〕〔兴 xīng 化戏〕劇福建省の莆田,仙游一帯に流行する劇. ③〔姓〕莆(ぽ)

〔脯〕 pú 胸肉.胸部.〔挺 tǐng 着胸～〕〔儿〕胸をはる.
脯子 púzi〔食鸡・鸭の胸肉.〔鸡 jī ～〕鶏のささみ.

〔葡〕 pú ①→〔葡萄〕 ②→〔葡牙〕(ポルトガル)の略.〔中～友好〕中ポ友好.
葡糖 pútáng ⇒〔葡萄糖〕
葡萄 pú·táo 臣ブドウ:〔蒲陶〕とも書いた.〔～干(儿)〕干しぶどう.レーズン.〔～灰〕色薄い赤みを帯びた灰色(の).〔～酒〕ぶどう酒.〔红～酒〕赤ワイン.〔～色〕〔～紫〕色赤みを帯びた紫色(の).〔～架 jià〕ぶどう棚.〔～蔓 wàn 子〕ぶどうのつる.〔一嘟 dū 噜～〕〔一挂 guà ～〕〔一串儿～〕一ふさのぶどう.〔一架～〕ぶどう棚.
葡萄球菌 pú·táo qiújūn 医葡萄球菌.
葡萄胎 pú·táotāi 医胞状奇胎.
葡萄糖 pú·táotáng =〔葡糖〕医ぶどう糖.〔～酸钙 gài〕グルコン酸カルシウム.〔～液 yè〕〔平 píng 衡(溶)液〕ブドウ糖液.
葡萄牙 pú·táoyá ポルトガル:正式には〔～共和国〕.〔葡〕は略称.首都は〔里lǐ〕斯本〕(リスボン)
葡萄柚 pú·táoyòu 臣グレープフルーツ.

〔蒲〕 pú（Ⅰ）①〔香 xiāng〕臣ガマ(総称).〔草〕菖ショウブ.〔菖 chāng ～〕の通称.（Ⅱ）①〔～州 zhōu〕旧府名:現在の山西省運城市と永済市.→〔蒲剧〕 ②〔姓〕蒲(ぽ)
蒲棒(儿) púbàng(r) 臣ガマの穂.
蒲包(儿) púbāo(r) ①蒲の葉で編んだ袋:くだものや乾果・菓子などを包装するのに用いる. ②臣同同前で包んだ贈り物.〔点心～〕菓子折り.〔隔 gé 墙扔～,飞 fēi 礼〕〔歇〕塀ごしに贈り物を投げ込む:飛んでいく贈り物.すなわち〔非 fēi 礼〕(非礼・失礼である)
蒲鞭 púbiān <文>蒲のむち.〔<喩>ゆるやかな(寛大な)処罰.
蒲菜 púcài 柔らかな蒲の茎:食用にする.
蒲草 púcǎo ①蒲の茎や葉:むしろなどを編む材料.〔～席〕〔蒲席〕同前で編んだござ.〔～鞋 xié〕〔蒲鞋〕蒲の茎を編んで作った靴. ②⇒〔麦 mài 冬〕
蒲车 púchē 旧蒲で車輪を纏い包んだ車.
蒲垫 púdiàn〔儿,～子〕旧蒲製の敷物:神仏を拝礼するとき膝をつくのに用いる.→〔铺 pū 垫〕
蒲墩儿 púdūnr 蒲の葉・麦藁などで編んだ丸く厚い蒲団:農村では座ぶとんとして使う.
蒲伏 púfú ⇒〔匍匐〕
蒲服 púfú ⇒〔匍匐〕
蒲公英 púgōngyīng =〔<口>字 bó 字丁〕〔耳 ěr 瘢草〕〔<方>狗 gǒu 乳草〕〔黄 huáng 花地丁〕〔金 jīn 盏子〕臣タンポポ(総称)
蒲瓜 púguā ⇒〔瓠 hù 子〕
蒲黄 púhuáng 薬蒲の花粉:淡黄色でいろいろな薬効がある.
蒲剑 pújiàn 菖蒲の葉:古く端午の節句に門口にかけ厄除けにするもの.→〔蒲龙〕

pú～pǔ

蒲节 pújié ⇒ 〔端 duān 午(节)〕
蒲剧 pújù ＝〔蒲州梆子〕劇蒲劇:山西省の地方劇の一.
蒲葵 púkuí 植ビロウ:〔桄 bīng 榔〕(ビンロウ)に似た異種.
蒲葵扇 púkuíshàn ⇒〔葵扇〕
蒲柳 púliǔ ①＝〔青 qīng 杨 ②〕〈口〉水 shuǐ 杨①植カワヤナギ:若枝が帯紅紫色なので〔红 hóng 皮柳〕ともいう.②〈喩〉〈謙〉蒲柳の(虚弱な)体質:カワヤナギは落葉が非常に早いので,自己の体質衰弱や地位低下を謙遜していう.〔～之姿 zī〕ひよわな姿.
蒲龙 púlóng (端午の節句の)菖蒲の剣:〔艾 ài 虎〕ともいう.〔蒲剑〕
蒲棉包 púmiánbāo 囲包装綿花の一種:アンペラを木の内側に敷いて綿花をつめ足でふみ固め,アンペラの両端を合わせて包装し,わら縄で十字にしめつける.1包重量約50キログラム.
蒲芹 púqín ⇒〔芹菜〕
蒲绒 púróng 蒲の穂の白色の毛:〔蒲茸〕とも書く.枕のつめ物に用いる.
蒲扇 púshàn ⇒〔葵 kuí 扇〕
蒲觞 púshāng〈文〉端午の節句に飲む酒.
蒲式耳 púshì'ěr〈音訳〉ブッシェル:〔嘞 hú〕は旧訳名.(粒状物質を計る)ヤードポンド法の体積測定単位.1〔～〕は 4〔配 pèi 克〕(ペック)で 8〔加 jiā 仑〕(ガロン)にあたる.
蒲笋 púsǔn 蒲の新芽の茎の白く柔らかな部分(食用).
蒲桃 pútáo 植フトモモ.ホトウ:リンゴに似た南方産の果物の一種.
蒲陶 pú·táo ⇒〔葡萄〕
蒲桃酸 pútáosuān ⇒〔庚 gēng 二酸〕
蒲团 pútuán 蒲または麦わらで編んだ円座・円いござ:僧侶が座禅あるいは法事の時座るのに用いる.
蒲屋 púwū〈文〉蒲茸ぶきの家.
蒲月 púyuè 旧暦5月の別称.
蒲州梆子 púzhōu bāngzi ⇒〔蒲剧〕

〔**蒱**〕 pú ＝〔樗 chū 蒲〕

〔**酺**〕 pú〈文〉集まって酒を飲ん(で楽しむ).〔～饮 yǐn〕〔～宴 yàn〕同前.

〔**菩**〕 pú

菩萨 pú·sà 囯(仏教で)菩薩.〔观 guān 音～〕観音菩薩.〔求～〕菩薩に願をかける.〔供～〕菩薩を祀る.〔泥 ní～过江,自身难保〕歇後:泥で作った菩薩さまが川を渡る,自分自身の身が危ない:他人を救うどころか自分が危ない.〔多一位～,多一炉香〕菩薩さまが一人多けりゃそれだけ香も多くいる:お役人が一人増えると税金はそれだけ多くかかる(ばかりしいことだ).②広く仏や神を指す.③〈転〉⑥〔菩薩さまのような〕慈悲深い人.⑥神通力のある人.
菩提 pútí 囯(仏教の)菩提(ぼ).正覚.悟りの境地.またそこに至る道.〔～心〕仏果を得るように願う心.〔～达磨〕ダルマ大師.
菩提树 pútíshù 植⑥(インド)ボダイジュ(クワ科):〔梵 fàn 毕 bì 钵罗树〕(ピッパラ)ともいう.〔道 dào 树〕〔觉 jué 树〕〔圣 shèng 树〕〔思 sī 维树〕〔行 xíng 道树〕は別称.⑥ボダイジュ(シナノキ科):〔南京椴 duàn〕の別称.一般にいう菩提樹やリンデンバウムはこれに属する.
菩提子 pútízǐ ①⇒〔无 wú 患子〕 ②数珠の材料となる種子.⑥〔菩提树〕の種子:〔金 jīn 剛子〕ともいう.⑥〔川 chuān 谷〕(ジュズダマ)の種子.

〔**朴・樸**〕 pǔ 質朴である.飾り気がない.〔俭 jiǎn～〕つつましく飾り気がない.〔诚 chéng～〕誠実で質朴である.〔淳 chún～纯朴である. → piáo pō pò
朴钝 pǔdùn ①鈍い.なまくらである.②性質がおっとりしている.
朴厚 pǔhòu 実直で情が厚い.
朴陋 pǔlòu〈文〉質朴で飾り気がない.
朴实 pǔshí ①飾り気がなく真面目である.〔心眼儿～〕心根は飾り気がなく真面目だ.〔朴朴实的学生〕飾り気もなく真面目そのものの学生.②質素である.〔他穿 chuān 得很～的〕彼は大変質素な身なりをしている.〔生活～〕生活がつましい.〔～无华〈成〉質朴簡素.③真実である.地味に足がついている.〔～的工作作风〕地味で着実な仕事ぶり.
朴素 pǔsù ①質素である.飾り気がなく地味である.〔穿得～〕服装が質素で派手なところがない.〔作风～〕物事のやり方に飾り気がなく自然である.〔～的感情〕素朴で素直な気持ち.〔～大方〕地味でさっぱりしている.②(生活が)質素である.〔艰苦～是中国人民解放军的优良传统〕質素耐乏は中国人民解放军の優れた伝統である.
朴学 pǔxué ⇒〔汉 hàn 学①〕
朴雅 pǔyǎ 質朴で上品である.
朴野 pǔyě 飾り気がない.儀礼にかまわない.質朴である.
朴直 pǔzhí 飾り気がなく一本気である.
朴质 pǔzhì ＝〔平 píng 实〕〈文〉飾り気がない.〔～不华〕飾り気がなく地味である.
朴拙 pǔzhuō 朴訥(とつ)で世渡り下手である.

〔**蹼**〕 pǔ ①足の水かき(水鳥・蛙・カワウソなどの).〔鸭 zhǐ 的水かきのある足.〔鸭～〕アヒルの水かき.②同前状のもの.〔脚～〕Ⓩ足ひれ.フィン.〔潜水橡皮～〕ともいう.
蹼板 pǔbǎn (オールの)水かき板.ブレード:〔桨 jiǎng 叶〕に同じ.
蹼泳 pǔyǒng Ⓩフィンスイミング:足ひれ・水中眼鏡・シュノーケルを用いる水泳.

〔**浦**〕 pǔ ①水ぎわ.岸辺.〔～边 biān〕同前.②大きな川の河口近くで,海や湖水の入り込んだ地形のところ:多くは地名用字.〔乍 zhà～〕地浙江省にある.〔霞 xiá～〕地福建省にある.③〈姓〉浦(ほ).
浦东鸡 pǔdōngjī 上海黄浦江以東地区産の鶏:優良品種の一.

〔**埔**〕 pǔ 地名用字.〔黄 huáng～〕地広東省にある地区.〔黄～军官学校〕〔黄～军校〕同前の地にあった国共合作時期に設置された軍事学校. → bù

〔**圃**〕 pǔ 菜園.畑.〔菜～〕菜園.野菜畑.〔苗 miáo～〕苗床.苗圃(は³).〔花～〕花畑.〔畦 qí〕畑のあぜ.

〔**溥**〕 pǔ ①〈文〉あまねく(広い).〔～被 bèi〕あまねく覆われる.〔～满 mǎn〕あまねく満つる.〔～博 bó〕あまねく行き渡って広い.②〈文〉大きい.〔～兴 xìng 利益～〕利を得ることが(得る利益が)きわめて大きい.〔～原 yuán〕大平原.③〈姓〉溥(ほ).

〔**普**〕 pǔ あまねし(ねく).一般的である.全面的である.〔～请 qǐng〕あまねく(広範囲に)招待する.〔～施 shī〕広く施し与える.〔～降雪雨〕広い範囲に雨や雪が降る.〔～使～普(ほ)〕
普遍 pǔbiàn 広く行きわたる.普遍的である.〔～服 fú 务〕ユニバーサルサービス.〔～化〕普遍化(する).〔～流行〕あまねく流行している.〔～现象〕普遍的な現象.〔～性〕普遍的(な).普遍性(の).〔～意义〕

pǔ / 普谱

普遍的意義.〔～要求〕普遍的な要求.〔～真理〕普遍的な真理.〔这种反应～吗〕みんなこのような意見か.〔这种情况不是～的,但是也不是个别的〕どこでもこういう情況ではないのではないが,かといって個別のことでもない.〔～地开展了群众运动〕広く大衆運動を繰り広げた.

普测 pǔcè 一斉測定.一斉検査.

普查 pǔchá 一斉調査(する).全面調査(する).〔～工作〕一斉調査の仕事.〔今年煤田～的面积比去年扩大了一倍多〕今年の炭田一斉調査の面積は去年にくらべて倍以上拡大した.〔地质～工作有了迅速的发展,一年来发现了80多个有经济价值的矿产地〕地質の全面調査は迅速な発展があり,この1年間に経済価値のある鉱産地80余を発見した.

普度 pǔdù (仏教で)衆生を済度する.〔～众 zhòng 生〕同前.

普恩 pǔ'ēn〔文〕広く施された恩.

普洱茶 pǔ'ěrchá プーアル茶:雲南西南部の清代普洱府一帯に産した茶.

普法 pǔfǎ ①法(知識)の普及.②⑱プロイセン(ロシア)とフランス.〔～战争〕⑲普仏戦争.

普工 pǔgōng (特別な技術を必要としない)一般的な労働者・工員.

普惠制 pǔhuìzhì 一般特恵関税制度.GSP.〔普遍优惠制〕の略.

普及 pǔjí ①普及する.広く行き渡る.〔～率 lǜ〕普及率.〔～本〕普及本.普及版.〔这本小册子已经～全国了〕このパンフレットはすでに全国に行きわたっている.②一般人の常識にする.誰にでも身につけさせる.〔～卫 wèi 生常识〕衛生常識を普及させる.〔～文化〕ポップカルチャー.〔在～的基础上提高〕普及していることを基礎として向上させる.〔电脑知识现在更加～了〕コンピューターの知識は今では一層普及した.

普济 pǔjì〔文〕広く(もれなく)救済する.〔～穷 qióng 黎〕あまねく貧民を救済する.

普加因 pǔjiāyīn ⇒〔普鲁卡因〕

普降 pǔjiàng (雪や雨が)広範囲にわたって降る.〔(价格が)全面的に下落する.

普教 pǔjiào ①普通教育:〔普通教育〕の略.②教育を普及させる.〔普及教育〕の略.

普救 pǔjiù もれなく救う.あまねく救う.〔～济〕

普客 pǔkè ①〔列车・バスの〕普通車両:〔普通客车〕の略.②普通列車:各駅停車の列車.〔慢 màn 车〕に同じ.

普快 pǔkuài 普通快速列車:〔普通快速旅客列车〕の略.

普拉亚 pǔlāyà ⑱プライア.〔佛 fó 得角共和国〕(カーボベルデ共和国)の首都.〔普朗亚〕とも書く.

普蓝 pǔlán 〓〔普鲁士蓝〕⑱紺青(の)

普利昂 pǔlì'áng〈音訳〉プリオン:感染症のある蛋白粒子.

普利策奖 pǔlìcè jiǎng ピュリッツァー賞.

普利什蒂纳 pǔlìshídìnà ⑱プリシュティナ:〔科 kē 索沃共和国〕(コソボ共和国)の首都.

普林体 pǔlíntǐ 〓印刷プリン体.

普鲁卡因 pǔlǔkǎyīn 〓〔普加因〕⑲プロカイン:〔奴 nú 佛卡因〕(ノヴォカイン)ともいう.

普鲁士 pǔlǔshì ⑱⑳プロイセン.

普鲁士蓝 pǔlǔshìlán ⇒〔普蓝〕

普罗 pǔluó〈音訳〉プロレタリア.〔～列塔利亚(特)〕の略.〔～文学〕プロレタリア文学.〔～作家〕→〔无 wú 产阶级〕 ②⇒〔繁稞〕

普罗列塔利亚(特) pǔluólièt ǎlìyà(tè)〈音訳〉プロレタリア(ート).賃金労働者階級:〔普罗①〕は略称.↔〔布 bù 尔乔亚(齐)〕→〔工 gōng 人阶级〕〔无 wú 产阶级〕

普米族 pǔmǐzú プミ族:中国少数民族の一.多く雲南省に居住する.

普那卡 pǔnàkǎ ⑱ブナカ:〔巴 bā 那克〕とも書く.〔不 bù 丹王国〕(ブータン王国)のかつての冬の首都.現在の首都は〔廷 tíng 布〕(ティンプー)

普设 pǔshè 至る所に設立する.

普世 pǔshì ①普遍的なもの.②全世界(にわたる).全世界(の).〔～主义〕ユニバーサリズム.〔尊重人权是人类的一～价值感〕人権を尊重するというのは人類の全世界共通の価値観である.③〈文〉世の中.

普特 pǔtè〈音訳〉プード:ロシア重量の旧単位.1〔～〕は16.38キログラム.

普天 pǔtiān〈文〉天.全空体.〔～(之)下〕〔～底下〕〔～率 shuài 土〕天下.世界中.〔～同庆 qìng〕満天下ひとしく慶賀する.

普调 pǔtiáo 全般的に手直しする.→〔调整①〕

普通 pǔtōng 普通(の).〔～存款〕普通預金.〔～电报〕普通電報.〔～教育〕〔普教〕普通教育.〔～汽 qì 油〕レギュラーガソリン.〔～外科〕〔普外〕外科一般.〔～邮票〕普通切手.普通切手.〔～(的)人〕普通の人.一般の人.〔高级干部也是一个～劳动者〕高級幹部も普通の労働者だ.〔他的作风很不～〕彼のやり方は非常に変わっている.→〔一 yī 般〕

普通舱 pǔtōngcāng (飛行機の)エコノミークラス:〔经 jīng 济舱〕ともいう.〔～票〕同前の航空券.

普通话 pǔtōnghuà 〓共通語.標準語:北京語音を標準音とし,北方語を基礎方言とし,典型的な現代口語文による作品を語法の規範とする漢語標準語.→〔标 biāo 准语〕

普通名词 pǔtōng míngcí 普通名詞:〔公 gōng 名〕ともいった.

普通轴承 pǔtōng zhóuchéng ⇒〔滑 huá 动轴承〕

普陀山 pǔtuóshān ⑱浙江省にある.観世音菩薩の住所である普陀落に擬した佛教の名山.四大仏教名山の一.

普西 pǔxī〈音訳〉(ギリシア文字)ψプシー.→〔希 xī 腊字母〕

普希金 pǔxījīn ⑲プーシキン:ロシアの詩人・小説家(1799～1837)

普选 pǔxuǎn 普通選挙(を行う).総選挙(を行う).

普涨 pǔzhǎng (価格が)全面的に値上がりする.

普照 pǔzhào〔文〕あまねく照りわたる.〔佛光～〕仏の恵みがあまねく行きわたる.〔阳光～〕太陽の光が広く照らす.

普装 pǔzhuāng 並の包装.〔精 jīng 装〕

〔谱・譜(譜)〕pǔ

①系譜.系図:同系の人や物事を,順序を追って整理・記載したもの.〔宗 zōng ～〕〔家～〕家譜.家系図.〔族～〕族譜.〔年～〕年譜.〔食 shí ～①〕レシピ.料理献立集.〔棋 qí ～〕碁譜.〔花～〕花名を記載した本.〔钱 qián ～〕貨幣目録.〔光 guāng ～〕スペクトル.②〔-儿〕標準になるもの.大体の基準・決まり.およその程度.〔他做事有～〕彼は仕事をするにはちゃんとした考えを持っている.〔离 lí ～〕枠からはずれる.〔他简直没～〕彼はてんでめちゃだ.〔明天去不去没有准～〕明日行くかどうかちゃんとした計画がない.〔价钱大约在五千元上下的～〕値段はだいたい5千元そこそこです.〔心里有个～〕心の中ではちゃんと筋書きはできている.③楽譜.音符.〔歌 gē ～〕〔乐 yuè ～〕楽譜.〔～架〕譜面台.④歌詞に曲をつける.⑤〔-儿〕格好.勿体.体裁.〔摆 bǎi bǎi ～〕見栄を張る.〔加上他脸上的泥,身上的汗,大概也够个"煤黑子"的(一了)〕(老・骆)それに顔についた泥,体中の汗を加えたら大

体タドン屋といった格好には十分だったろう.
谱表 pǔbiǎo [音]譜表.[五线谱(表)]五線譜.
谱弟 pǔdì ⇒[盟 méng 弟]
谱牒 pǔdié 〈文〉家譜.家系図.
谱号 pǔhào [音]音部記号:五線譜の最初のところに付される符号.
谱籍 pǔjí ⇒[谱系]
谱录 pǔlù ①漢籍の子部の図譜の書.②⇒[谱系]
谱盲 pǔmáng 音譜の読めない人.
谱曲 pǔqǔ 歌詞に曲をつける(作曲する)
谱系 pǔxì ⇒[谱籍][谱录②]系図.家系図.
谱写 pǔxiě ①楽曲の作曲をする:[这支曲子是他~的]この曲は彼の作曲だ.②〈喩〉行動で表す:[革命先烈抛头颅,洒热血,一下可歌可泣的壮丽诗篇]革命烈士たちは生命を投げ出し,熱血を注いで悲しくもまた壮麗な詩篇を残した.
谱兄 pǔxiōng ⇒[盟 méng 兄]
谱兄弟 pǔxiōngdì ⇒[盟 méng 兄弟]
谱仪 pǔyí [物]スペクトル分光計.
谱子 pǔzi [音]楽譜.→[曲 qǔ 谱][乐 yuè 谱]

[氆] pǔ ⇒[氆 lu][普罗②] [紡]チベット産の厚い毛織物:帽子・衣服・敷物などに用いられる.チベット語の音訳.

[错・鐠] pǔ [化]プラセオジム:希土類金属元素.記号 Pr.ランタノイドの一.

[铺・鋪(舖)] pù (I)[~儿]小商店.[店diàn~]店.商店.[杂zá货~]雑貨店.
(II)[~を渡した寝台.[床 chuáng~]寝床.ベッド.[卧 wò~](車・船)の寝台.[临时支个~睡觉]臨時にベッドを組み立てて寝る.
(III)[古]宿駅:多くは地名用字.[山口~][地]湖南省にある.→ pū
铺板 pùbǎn 寝台用の板.またその板を掛け渡したベッド.
铺保 pùbǎo 旧店舗名義でする保証・身元引きうけ.→[人 rén 保]
铺底 pùdǐ ①工房や店内の道具一式.②旧店舗のもつ価値:店を借りた者の権利として譲渡できた.→ pūdǐ
铺递 pùdì 旧駅伝で逓送する.→[驿 yì 递]
铺东 pùdōng ≡[铺主]商店の資本主.
铺规 pùguī 旧商店規則.店の掟.
铺户 pù・hù ≡[方]铺家]商店.店屋(㉗)
铺伙 pùhuǒ ⇒[店 diàn 员]
铺家 pùjiā ⇒[铺户]
铺面 pùmiàn 店構え.店先.
铺面房 pùmiànfáng 道路に面した店屋.商店向きの家屋.[两边的~很多](その家屋の)両わきには店舗がたくさんある.
铺位 pùwèi 汽車・汽船・旅館などのベッド(の据えられた場所).
铺主 pùzhǔ ⇒[铺东]
铺子 pùzi 店.商店:多く個人経営の小さなもの.[要借钱得找个~给作个保]金を借りたいならどこか店を一つ探して保証しなくてはならぬ.→[商 shāng 店]

[堡] pù 地名用字.[十里~][地]安徽省にある.→[奥 ào 伦~][地]オレンブルグ:ロシアにある.→ bǎo bǔ

[暴] pù ⇒[曝] → bào

[瀑] pù 滝.[飞 fēi ~]〈文〉同前.→[匹 pǐ 练②]→ bào
瀑布 pùbù 滝.瀑布.[~灯]滝のようなイルミネーション.[~电影][水幕 mù 电影]人工的な滝(水のスクリーン)を作り映像を映し出す映画.

[曝] pù [暴]〈文〉陽にあてる.日にさらす.
[一~十寒][成]物事に対し熱心さが長続きしないこと.三日坊主:[一日~之,十日寒 hán 之]の略. → bào
曝背 pùbèi 〈文〉①背を日に当ててひなたぼっこをする.②⇒[曝日]
曝露 pùlù 〈文〉野ざらしにする.→[暴 bào 露①]
曝日 pùrì ≡[曝背]〈文〉炎天にさらされる(れて働く)
曝晒 pùshài 日光で乾かす.
曝尸 pùshī 〈文〉しかばねを野にさらす.
曝师 pùshī 〈文〉軍を野営させる.
曝书 pùshū ≡[晒 shài 书]書物の虫干し(をする).
曝衣 pùyī 〈文〉衣類の虫干し(をする)

Q

qi くl

[七] qī ⑦7.七つ:第4声の前に来た時は第2声に発音することもある.[柒]は大(㊙)字.[第一个人]7番目の人.②旧人の死後7日ごとに死者を弔うこと:計7回回して~[又]〈姓〉七(㊋)
七一八… qī・bā… 多いことまたは乱れていることを表す.[~穿一洞][~穿一口][~洞一穿][~孔一洞](衣類など)あちこち傷んでいるさま.[~东一西]乱雑なさま.[~断一续]ちりぢりばらばらで不揃いなさま.[~箩 luó 糠,~箩米]つまらぬ物や事の多いさま.[~支一搭]やたらに話をひろげる.おひれをつけてでたらめを言う.[~拧 nǐng 一歪][~扭 niǔ~歪]ねじれゆがんでいるさま.きちんとしていないさま.
七八成(儿) qībāchéng(r) 7,8割.7,8分どおり.
七包 qībāo [经]人民公社の全体の食事・衣服・住居・出産・教育・看病・結婚葬式の七つをすべて面倒をみること.
七宝 qībǎo ①7つの宝物:[金,銀,瑠璃,砗磲,玛瑙,琥珀,珊瑚] ②七つの宝物がそろいにしているもの.
七宝五味粥 qībǎo(wǔwèi)zhōu ⇒[腊 là 八粥]
七笔勾 qībǐgōu 一切の俗念を絶つこと:明の蓮池太師が世に勧める要点を詠んだ7首の歌.[五色金章一笔勾][鱼水夫妻一笔勾]というようにすべて[一笔勾](一切は空しい)で結んである.
七病八痛 qībìng bātòng [成]さまざまな病気.
七步成诗 qībù chéngshī [成]魏の文帝が弟の曹植を除こうとして7步歩く間に詩を作らねば処刑すると言い渡した.曹植はたちどころに[煮豆燃豆萁,豆在釜中泣.本是同根生,相煎何太急](豆を煮るに豆がらを用い,豆は釜の中で泣いている.同じ一つの根から生じたものであるのに,何ゆえに苛酷にせめ立てるのだろうか)と詠んだ故事:[七步成章][七步之才]ともいう.→[五 wǔ 步成诗]
七彩 qīcǎi 七色.[~片 piàn][五 wǔ 彩片]カラー映画の別称.
七扠八股 qīchā bāgǔ [成]もつれ乱れたさま:[七扠八扠][七股八扠][七头八扠]ともいう.
七长八短 qīcháng bāduǎn [成]長短不ぞろいのさま.[你把那片草剪得~的,多難看]あそこの草を長

qī

〈刈ったり短く刈ったりして,とても見苦しいじゃないか.

七吃喀叉 qīchī kāchā 〈方〉ごくやすく為し得ること:〔七吃咔嚓〕とも書く.〔这么点儿活儿,算得了什么,一下手就完了〕これくらいの仕事が何だ,ちょいと手を下したらすぐ終わる.

七尺之躯 qīchǐ zhī qū 〈文〉立派な男の身体:古尺の7尺は現今の5尺位にあたる.〔倾方寸以奉国,忘~以奉君〕心を傾け尽くし国に奉じ,命身を忘れて君に仕える.

七出 qīchū =〔七去〕妻を離別する七つの場合:子がないもの,淫奔なもの,舅や姑に仕えないもの,おしゃべりで災いを引き起こしたもの,盗みをしたもの,嫉妬心の強いもの,悪疾のあるもの.〔~之条 tiáo〕ともいう.→〔休 xiū 妻〕

七凑八凑 qīcòu bācòu ⇒〔七拼八凑〕

七大八小 qīdà bāxiǎo 〈成〉①大小不ぞろいのさま.〔有几张树根的坐具,却是~的不匀〕(老)木の根っ子で作った腰掛けがいくつかあったが,さても大小不ぞろいであった.②旧妻妾の多いさま.〔如今~的就剩了这几个〕多くいた妻妾は今ではわずかこの数人になってしまった.

七颠八倒 qīdiān bādǎo 混乱したありさま.〔他怎么了?这几天说话总是那么~的〕彼はいったいどうしたんだろう,この頃言うことがどうもつじつまがあわない.

七对子 qīduìzi マージャンで7組の〔对子〕を作ってあがる役:2個ずつ集めるので俗にニコニコという.

七分家伙,三分手艺 qīfēn jiāhuǒ, sānfēn shǒuyì 〈諺〉7分は道具,3分は技量:腕前も大切であるが,道具のよいことはなお重要である.

七佛 qīfó 囲 (仏教の)釈尊およぶ六代の仏.

七高八低 qīgāo bādī 〈成〉凸凹(さま.〔七高八矮 ǎi〕ともいう.

七个八个 qīge bāge 〈方〉①いさかい争うさま.うるさく屁理屈を言うさま.〔我怎好同他~的〕(儒54)どうしてわたしが彼なんかと争ったりしておれようか.〔说起来的没结没完〕話し出したら,何だかだと屁理屈を並べ出してきりがない.〔あれをやったりこれをやったりする(悪いことをすること)〕

七个不依,八个不饶 qīge bùyī, bāge bùráo 〈喩〉いかにむずかしくても聞かない.どうしても承知しない.〔七个不依,八个不答 dá 应〕ともいう.

七个巧 qīgeqiǎo ⇒〔划 huá 拳②〕

七垢 qīgòu 囲 (仏教の)七つの心の汚れ.

七姑八老姨 qīgū bālǎoyí ⇒〔七姨八姥姥〕

七古 qīgǔ〔七言古诗〕の略:〔古体(诗)〕の一種.

七股八扠 qīgǔ bāchā ⇒〔七扠八股〕

七国 qīguó ⇒〔七雄〕

七害 qīhài 七つの害:〔苍 cāng 蝇〕(はえ),〔蚊 wén 子〕(か),〔老 lǎo 鼠〕(ねずみ),〔麻 má 雀〕(すずめ)の〔四害〕と,〔蝉 zhān 螂〕(ゴキブリ),〔臭 chòu 虫〕(とこじらみ / なんきんむし),〔白 bái 蛉〕(白あり)または〔白蛉 líng 子〕(ちょうばえ)の〔三害④〕をあわせたもの.

七横八竖 qīhéng bāshù 〈慣〉ごたごたと乱雑なさま:〔横七竖八〕に同じ.

七级浮屠 qījí fútú 囲 (仏教の)7層の塔.→〔浮屠①⑤〕

七尖八团 qījiān bātuán 蟹(だ)の旬:蟹は雄(腹部の甲の形が尖っているもの)なら旧暦7月,雌(丸いもの)なら旧暦8月がおいしいという.

七件事 qījiànshì 七つの事柄.〔早 zǎo 晨起来~,柴米油盐酱醋茶〕〈諺〉家で毎日欠くことができない大切なもの,すなわち〔柴,米,油,盐,酱,醋,茶〕の七つ.〔开门~〕同訓.

七浆八蜡九回头 qījiāng bālà jiǔhuítóu 〈諺〉7日目に腋をもち,8日目にはかさぶたが張り,9日目に回復期に入る:痘瘡の症状を表す.

七焦痘 qījiāodòu 発病後7日で全治する痘瘡の一種.

七教 qījiào 〈文〉七教:父子・兄弟・夫婦・君臣・長幼・朋友・賓客に対する道.

七经 qījīng 七経:7部の儒教経典.漢代では〔论语,孝经,诗,书,礼,易,春秋〕を,清の康熙帝は〔易,书,诗,春秋,周礼,仪礼,礼记〕を七経とした.

七九河开 qījiǔ hékāi 冬至から63日目には川の氷が溶ける:季節の移り変わりを〔冬至〕に結びつけて表現する言葉の一つ.〔冬至〕から9日目を〔一九〕または〔属九〕,18日目を〔二九〕というように唱える.→〔九九消寒图〕

七绝 qījué 〔七言绝句〕の略:〔近 jìn 体(诗)〕の一種.→〔绝句〕

七开八得 qīkāi bādé 〈方〉何回となく繰り返すさま.〔他们为那件事争了个~,到如今还是相持不下〕彼らはあの件で何回となく争ったが,いまだにまだお互いに譲らないでいる.

七孔 qīkǒng ⇒〔七窍〕

七孔流血 qīkǒng liúxuè 七つの孔(目・耳・鼻・口)から血を流す(毒死のさま):〔七窍流血〕ともいう.

七孔冒烟 qīkǒng màoyān ⇒〔七窍生烟〕

七拉八扯 qīlābāchě 〈成〉話がめちゃくちゃであるさま.

七老八十 qīlǎo bāshí 7,80歳の老人.

七棱八瓣 qīléng bābàn 〈喩〉砕けてばらばらになるさま.

七林林 qīlínlín 〈白〉こっそりと.ひっそりと.

七零八落 qīlíng bāluò 〈成〉ちりぢりばらばらなさま〔七零八散〕:〔部队吃了败仗,被打得~〕部隊は敗戦を喫してちりぢりばらばらにやられてしまった.〔把收音机拆 chāi 得~〕ラジオをバラバラに分解した.

七零八碎 qīlíng bāsuì 〈成〉こまごましているさま.〔~的装在里头〕ごちゃごちゃと一杯入れてある.

七律 qīlǜ 〔七言律诗〕の略:〔近 jìn 体(诗)〕の一種.→〔律诗〕

七乱八糟 qīluàn bāzāo 〈成〉めちゃくちゃに乱れたさま:〔乱七八糟〕に同じ.

七萝糠,八箩米 qīluókāng, bāluómǐ ⇒〔七…八…〕

七米球 qīmǐqiú 囷 (ハンドボールの)7メートルスロー(ペナルティスロー).

七排 qīpái 〔七言排律〕の略:〔近体(诗)〕の一種.

七拼八凑 qīpīn bācòu ⇒〔七凑八凑〕(金などを)工面してかき集めるさま.〔一地各处去借钱〕あちらこちらと回り歩いて金を借り集める.〔他的话是~的〕彼の話は全く寄せ集めのまとまりのない話だ.

七品堂官 qīpǐn tángguān 囲〔知县〕の別称.〔七品芝 zhī 麻官〕同訓.

七魄 qīpò ⇒〔三 sān 魂七魄〕

七七 qīqī 囲人の死後49日目:〔尽七〕ともいう.→字解②;〔五 wǔ 七①〕

七七事变 qīqī shìbiàn 史 7日事変.日華事変:1937年7月7日に勃発した.〔卢 lú 沟桥事变〕ともいう.→〔抗 kàng 日战争〕

七巧 qīqiǎo ①⇒〔七夕〕②⇒〔划 huá 拳②〕

七巧板 qīqiǎobǎn 〔智 zhì 慧板〕タングラム:7枚の板片でできたパズル.〔音訳〕唐 táng 图〕ともいう.

七巧楼 qīqiǎolóu 囷七夕の日に飾る錦飾りのついた楼の模型.→〔乞 qǐ 巧棚〕

七窍 qīqiào =〔七孔〕〔上 shàng 窍〕目・耳および口あわせて七つの孔.→〔孔 kǒng 穴〕〔下 xià 窍〕

七　qī

七窍生烟 qīqiào shēngyān =〔七孔冒烟〕<喻>かんかんに怒ったさま.〔把他气得~〕彼をかんかんに怒らせた.

七擒七纵 qīqín qīzòng ⇒〔七纵七擒〕

七青八黄 qīqīngbāhuáng <喻>金銭.財産.

七情 qīqíng 七情.7種の感情〔喜,怒,哀,惧,爱,恶,欲〕または〔喜,怒,忧,思,悲,恐,惊〕など.

七情六欲 qīqíng liùyù 人のもろもろの情欲.→〔七情〕〔六欲〕

七去 qīqù ⇒〔七出〕

七日风 qīrìfēng =〔脐 qí 风〕

七鳃鳗 qīsāimán 魚貝 ヤツメウナギ.

七鳃鲨 qīsāishā ⇒〔扁扁 头哈那鲨〕

七色 qīsè 七色:〔红,橙,黄,绿,青,蓝,紫〕の七色.

七色板 qīsèbǎn 七色盤(板).→〔三 sān 棱镜〕

七煞 qīshà =〔金 jīn 神〕<文>〔阴 yīn 阳家〕のいう凶神の名.

七上八下 qīshàng bāxià 心が混乱するさま.あれこれと心迷うさま.〔十五个吊桶,~〕欲同前.〔头一次登台登演,总有点怯场,心里~的〕初めて舞台に出る事は,どうしてもあがってしまうので,心臓がドキドキする.

七声 qīshēng ⇒〔七音〕

七十二变 qīshí'èr biàn ①『西遊記』の孫悟空の魔法による72種類の変化(ゲ).②〈転〉無数の手段.手練手管.

七十二行 qīshí'èr háng もろもろの職業.あらゆる生業.〔~,行行出状 zhuàng 元〕あらゆる業種での業からも優秀な人物は出るものだ.

七十二候 qīshí'èr hòu 囯 暦法上の時季をいう名称:中国の暦法では1年を〔四季〕〔十二月〕〔二十四节气〕に分けた.三候は1节气よりなっているので1年は七十二候となる.例えば〔春季〕の2月は〔惊 jīng 蛰〕と〔春分〕の二節气に分かれ,さらに〔惊蛰〕は〔桃始华,仓更鸣,鹰化为鸠〕の三〔候应〕に,〔春分〕は〔玄鸟至,雷乃发声,始电〕の三〔候应〕に分かれる.

七十二疑冢 qīshí'èr yízhǒng 史 72のにせ塚:魏の曹操が死後墓を発掘されることを恐れて作ったと言われる一群の墳墓.

七十子 qīshízǐ 孔子の弟子たち:孔子の弟子で〔六艺〕に通じた者は72人あったといわれるが,それをまとめていう時には大まかな数で〔~〕という.

七手八脚 qīshǒu bājiǎo ①多人数が忙しく働くさま.〔孩子们~地一会儿就干完了子供たちはみな一緒にやって一寸の間に終えてしまった.〔许多人~地忙乱着〕大勢人が忙しく働いてざわついている.〔他们几个人,~地一会儿就把这屋子收拾干净了〕彼ら幾人かが協力してまもなくこの部屋をきちんと片づけてしまった.②何事にも手をだす.

七书 qīshū 七書:〔孙子,吴子,六韬,司马法,四略,尉缭子,李靖问对〕の7种の兵書.〔武経~〕ともいう.

七丝 qīsī ⇒〔七弦琴〕

七死八活 qīsǐ bāhuó 瀕死のさま.息も絶え絶えのさま.〔打得~〕息も絶え絶えになるまでたたいた(または,たたかれた)

七岁八岁讨狗嫌,九岁十岁嫌二年 qīsuì bāsuì tǎo gǒuxián, jiǔsuì shísuì ráo èrnián:〔谚〕七つ八つは憎まれ盛り(犬にさえ嫌われる)だし,九つ十にしても2年くらいはまだ暴れものだ.

七条袈裟 qītiáo jiāshā 僧の着る裂裟衣(ぞ)

七通八达 qītōng bādá <慣>よくわかっているさま.何事にもよく通じていること.

七通八达 qītōng yīpíng 電気・ガス・上水道・下水道・道路・通信(電話やネット)・暖房設備の7つが通っていることと整地されていること:インフラ整備の基準.

七头八扠 qītóu bāchā ⇒〔七扠八股〕

七歪八扭 qīwāi bāniǔ <方>曲りくねっているさま.〔这块木头~的不成材料〕この木材は曲がりくねっていて使いものにならない.

七纬 qīwěi ①〔日,月〕および〔金,木,水,火,土〕の五星.②〔七纬〕(か)〔诗,书,礼,乐,易,春秋,孝经〕の経書に対してそれぞれ作られた緯书.→〔纬书〕

七五成金 qīwǔchéng jīn 7割5分金.すなわち18金.→〔赤 chì 金①〕

七夕 qīxī =〔七巧〕〔七月七〕〔乞巧节〕〔巧节〕〔巧日〕〔巧夕〕たなばた祭り:旧暦7月7日の宵に行う.〔牛 niú 郎〕と〔牵牛星〕と〔织 zhī 女〕(織女星)が年に一度相会うのを祭るおまつり.〔乞巧〕は女性が裁縫の〔巧〕(上手になること)を〔乞〕(願う)意味でいわれる.

七侠五义 qīxiá wǔyì ⇒〔三 sān 侠五义〕

七贤 qīxián ①春秋時代の周の伯夷・叔斉・虞仲・虞逸・少连・朱张・柳下恵の7人. ②竹林の7賢:嵇康・阮籍・山涛・向秀・劉伶・阮咸・王戎の7人.→〔清 qīng 谈〕

七弦 qīxián 琴の7弦(の音の種類):〔宫,商,角,徵,徵,羽,少宫,少商〕.〔~琴 qín〕〔七丝〕七弦琴.

七项全能 qīxiàng quánnéng 図〈女子〉7種競技.

七星 qīxīng ①囯 北斗七星. ②〔钿 tián 子〕にちりばめた七つの宝石:〔钿子〕は昔時満族女性が儀式ばって用にあっぱりの冠のような髪飾り. ③→〔划华拳②〕

七星板 qīxīngbǎn 囯 死者を棺に入れるのに用いる板:杉板に北斗七星が彫りつけてある.

七星鱼 qīxīngyú ⇒〔月 yuè 鳢〕

七雄 qīxióng =〔七国〕戦国時代の七国:秦・楚・燕・趙・韓・魏・斉.

七言 qīyán ⇒〔七言诗〕

七言八语 qīyán bāyǔ <慣>大勢ががやがやしゃべるさま.

七言古诗 qīyán gǔshī 七言古詩:〔七古〕は略称.

七言绝句 qīyán juéjù 七言絶句:〔七絶〕は略称.

七言律诗 qīyán lǜshī 七言律詩:〔七律〕は略称.

七言诗 qīyánshī =〔七言〕7字を1句とする漢詩:〔七古〕〔七绝〕〔七律〕など.

七曜 qīyào <文>日・月・火・水・木・金・土:〔七耀〕とも書く.

七曜星 qīyàoxīng ⇒〔北 běi 斗(七)星〕

七叶树 qīyèshù 樹[植]トチノキ(総称).〔日本~〕トチノキ.〔欧洲~〕セイヨウトチノキ.マロニエ.

七叶衍祥 qīyè yǎnxiáng 旧 曾祖父母より玄孫にいたるまで7代にわたって同体で存命している一家(一族)に対しては天子より〔~〕の4字を賜わって表彰された.

七一 qīyī 中国共産党創立記念日:1921年7月1日中国共産党は上海において設立された.

七姨儿八姥姥 qīyír bālǎolao =〔七姑八老姨〕<喻>親戚の大勢集まるさま.〔我们明儿个办喜事,~都来了〕うちで明日は結婚式を挙げるので,親戚がみんな来る.

七音 qīyīn ①〔囯〕(中国音韻学で)〔唇音,舌音,牙音,齿音,喉音〕と〔半舌音,半齿音〕の7種の発音.②=〔七声〕圄古代,音律の根拠となる〔宫(II)〕〔商(I)〕〔角(I)〕〔变徵〕と〔变宫〕変徵〕の7音阶.音谱には〔合(I)①〕〔四②〕〔一〕〔上①〕〔尺〕〔五②〕〔凡⑤〕で示される.→〔五 wǔ 音〕

七月 qīyuè ⇒〔七夕〕

七月十五 qīyuè shíwǔ ⇒〔中 zhōng 元节〕

1335

qī 七沏柒妻凄郪萋栖

七札 qīzhá 〈文〉七重のよろい.〈喩〉極めて厚いこと.

七折八扣 qīzhé bākòu 7割引きし8掛けする.〈喩〉⓪割り引いた上にさらに割り引きする.大まけにける.〔别看表面上价码儿不小,实际上～的卖不上几个钱〕うわべの値段が安くないと思ってもらっては困ります,実際はさんざんまけていくらにも売れないものです.⑥種々の名義で支給額を差引く,(中に立って)ひどくピンはねをする.〔我的能剩 shèng 几个钱呢〕あれこれと差し引かれていくらも残りはしない.→〔打 dǎ 折扣①〕

七政仪 qīzhèngyí 固太陽系儀.

七秩 qīzhì 〈文〉70歳.→〔古 gǔ 稀〕

七中 qīzhōng 人の死後49日以内.→〔做 zuò 七〕

七抓八拿 qīzhuā bāná 〈慣〉手当たりしだいにつかむ.〔你别这么～的,全弄乱了〕そんなに手当たりしだいにひっつかんで,何もかもめちゃくちゃにしてはいけないよ.

七子八婿 qīzǐ bāxù 〈慣〉子供七人婿八人.〈喩〉子供がたくさんある一門が栄えること.

七子班 qīzǐbān ⇒〔梨 lí 园戏〕

七姊妹 qīzǐmèi ⇒〔十 shí 姊妹②〕

七姊妹星团 qīzǐmèi xīngtuán ⇒〔昴 mǎo〕

七字法 qīzìfǎ 関〔書道〕七つの運筆方法:〔厭 yè ③〕〔压 yā〕〔钩 gōu①〕〔揭 jiē⑤〕〔抵 dǐ①⑥〕〔导 dǎo〕〔送 sòng〕の7法.→〔永 yǒng 字八法〕

七纵七擒 qīzòng qīqín ⇒〔七擒七纵〕〈成〉七たび捕らえて八たび放つ:計略を巡らして相手を心服させること.三国時代蜀の諸葛亮が南夷の酋長孟獲を捕らえ,同前で,ついに心服せしめたという故事.

七嘴八舌 qīzuǐ bāshé 〈成〉大勢ががやがやしゃべるさま.〔报告一结束,大家就一地议论开了〕講演が終わったとたん,みんながやがやと議論し始めた.

〔沏〕 qī
(熱い湯)をかける.(茶などを)いれる.〔用开水把糖 táng ～开〕湯をついで砂糖を溶かす.

沏茶 qīchá ＝〔泡 pào 茶〕茶をいれる.〔～来!〕お茶をいれてきて.〔＝烹 pēng 茶〕

〔柒〕 qī
①"七"の大(だい)字:証書類の金額記載などに用いる.→〔大 dà 写①〕 ②〈姓〉柒(さい).

〔妻〕 qī
妻:〔〈文〉嫡 dí①〕〔妇 fù②〕に同じ.〔〈文〉房〕〔〈文〉室〕〔〈文〉大 dà 妇②〕〔〈文〉嫡配〕〔〈文〉嫡室〕〔寡 guǎ 妻〕〔〈文〉正 zhèng 房〕は 別称.〔大 太 太〕(奥 様),〔〈口〉老 lǎo 婆〕〔女人 nǚren〕(女房·かかあ),〔爱人〕(妻),〔贱 jiàn 内〕〔里 lǐ 头的人〕〔〈文〉乡 xiāng 里①〕(家内)などもいう. → qì

妻党 qīdǎng 妻方の一族.

妻弟 qīdì ⇒〔小 xiǎo 舅子〕

妻儿老小 qī ér lǎo xiǎo 家族全部.一家全員.〔我一家子～都到这儿来了〕一家をあげてこちらへやって来ました.〔一家靠他的工资养活]家族全員が彼の給料に頼って暮らしを立てている.

妻房 qīfáng →字解.

妻奸子不孝 qījiān zǐbùxiào 妻は淫乱であり子は親不孝者である:旧時,男子としての不幸を表す.

妻舅 qījiù 妻の兄弟.

妻离子散 qīlí zǐsàn 〈成〉一家が四散する.

妻孥 qīnú 〈文〉妻と子.

妻女 qīnǚ 妻と娘.

妻妾 qīqiè 妻と妾.〔娇妻美妾〕美しい妻妾.〔～同居〕妻妾同居.〔三妻四妾〕〈喩〉妻妾の多いさま.

妻室 qīshì →字解.

妻小 qīxiǎo 〈白〉①妻と子. ②妻.

妻兄 qīxiōng ⇒〔大 dà 舅子②〕

妻子 qīzǐ 〈文〉妻子.妻と子.

妻子不避 qīzǐ bùbì 旧妻と子にも会わせるほどの親しい間柄.

妻子 qīzi 妻.→字解.

妻子儿女 qīzi érnǚ 〈文〉妻と子:〔儿〕は男の子,〔女〕は女の子を指す.→〔妻子 zǐ〕

〔凄(凄·悽)〕 qī
(Ⅰ)〔凄〕①寒い.ひやりとする. ②もの寂しい.さびれている.〔～冷②〕〔～凉①〕同前.
(Ⅱ)〔悽〕悲しい.痛ましい.

凄惨 qīcǎn ＝〔〈文〉凄怆〕悲しい.痛ましい.悲痛である.むごたらしい.

凄沧 qīcāng 〈文〉ひどく寒い.厳寒のさま.

凄恻 qīcè 〈文〉悲しみに打たれるさま.悲しみに心痛むさま.

凄楚 qīchǔ 悲痛である.悲しみにたえない.

凄怆 qīchuàng ⇒〔凄惨〕

凄风苦雨 qīfēng kǔyǔ 〈成〉身にしみる寒風と降りつける雨:窮迫した悲惨なありさま.〔凄风冷雨〕ともいう.

凄寒 qīhán 〈文〉寒々としている.荒涼としている.

凄惶 qīhuáng 〈文〉悲しくて不安である.

凄苦 qīkǔ ひどく痛ましい.非常に苦しい.〔～生活〕惨めな暮らし.

凄冷 qīlěng ①冷え冷えとしている. ②もの寂しい.

凄厉 qīlì (声·音が)ものすごい.すさまじく刺すようである.〔～的喊 hǎn 叫声〕刺すように鋭い叫び声.〔风声～〕すさまじい風の音.

凄凉 qīliáng ①寂しい.味気ない.さびれすさんでいる.〔天天过着～的生活〕毎日もの寂しく味気ない生活を送っている. ②悲惨である.惨めである.

凄美 qīměi 悲しくも美しい.〔一个～的爱情故事〕一つの物悲しくも美しい愛情物語.

凄迷 qīmí 〈文〉①(景色など)寂しくまたとりとめのないありさま. ②悲しみ悼む.失意のあまり呆然とする.

凄切 qīqiè 悲しく身にしみる.

凄清 qīqīng ①寂しく悲しい.孤独で心慰めるものがない.〔度过～岁月〕寂しい歳月を送る. ②寂しく荒涼としている.〔～的月光〕寒々とした月の光.〔琴声～〕琴の音がうら寂しい.

凄然 qīrán 〈文〉悲しく心痛むさま.もの寂しい.悲しみに沈んでいる.〔～泪 lèi 下〕悲しんで涙をこぼす.

凄婉 qīwǎn ①(音が)やわらかで悲しい.〔～的笛声〕同前の笛の音(ね). ②悲しみで心痛むさま.

凄惘 qīwǎng 〈文〉悲しく意気落胆する.

凄壮 qīzhuàng 〈文〉凄愴(そう)である.悲壮である.

〔郪〕 qī
地名用字.〔～江〕四川省にある川.

〔萋〕 qī
①〔～～〕草の繁茂するさま.〔芳草～～〕いいにおいの草が茂っている. ②〈姓〉萋(せい).

〔栖(棲)〕 qī
①(鳥が)木にとまる.生息する.〔麻雀 què ～在檐下〕すずめは軒下にすんでいる.〔水陆两～动物〕水陸両生動物. ②(人が)とどまる.〔～身之处〕身をよせるところ. ③〈方〉そばに寄りそう.〔在他身旁坐下〕彼のそばに寄りそって腰を下ろした.
→ xī

栖居 qījū 住まう.身を寄せる.棲む:多く動物についていう.

栖身 qīshēn 身を寄せる.(しばらく)住む.

栖宿 qīsù 〈文〉居住する.寄寓する.寄宿する.

栖息 qīxī (鳥が)木にとまる.休息する.

栖止 qīzhǐ 〈文〉休む.休憩する.とどまる.

桤戚嘁敼欹踦娸蛢期　qī

〔桤·桤〕 qī 〔～木 mù〕[植]シナハンノキ:カバノキ科の落葉高木.

〔戚(慼·憾·鏚)〕 [戚]① 親戚.〔亲 qīn ～〕〔～友 yǒu〕〔亲友〕親戚·友人.→〔本 běn 家〕　②〈姓〉戚(П)　(II)〔慼·憾〕憂える.悲しむ.〔心～〕悲しむ.〔休 xiū ～〕喜びと憂え.　(III)〔鏚〕まさかり:古代の武器.〔斧 fǔ 钺〕の別称.

戚串 qīchuàn 親戚.

戚旧 qījiù 親戚や古いなじみ.

戚戚 qīqī 〈文〉①相親しむさま.　②憂えるさま.　③心動くさま.〔于我心有～焉 yān〕(孟子·梁惠王)わが心は大いに動かされるところがあった.

戚然 qīrán 〈文〉①憂うつなさま.　②親しむさま.　③警戒するさま.

戚属 qīshǔ （母方の）親族.

戚谊 qīyì 親戚のよしみ.

〔嘁〕 qī 〈擬〉小声でひそひそ話す音.〔～～低语〕ひそひそとつぶやく.

嘁哩喀喳 qīli kāchā 〔嘁里喀嚓〕とも書いた.(言うことまたは仕事ぶりが)はっきり,またしっかりしているさま.

嘁嘁喳喳 qīqī chāchā 〔嘁嘁嚓嚓〕とも書いた.〈擬〉ひそひそ.ぺちゃくちゃ.〔～地说私话〕ひそひそと内緒話をする.〔～地说谁呢〕ひそひそと誰の陰口を言っているのか.〔只听那亭里边～的有人说话〕(紅27)ふとそのあずまやの中でひそひそと誰かが話しているのが聞こえてきた.

〔敼〕 qī 〈文〉傾く.ゆがむ:〔欹〕に同じ.〔日影 yǐng 半～〕日あしが半ば傾く.

敼側 qīcè 〈文〉一方に傾く.

〔欹〕 qī 〈文〉傾く.ゆがむ:〔敼〕に同じ.　→ yī

〔踦〕 qī 〔踦跛 bǒ〕→ yǐ 足が不自由なこと.

〔娸〕 qī 〈文〉そしる.くさす.

〔蛢〕 qī

蛢蜣 qīqiāng ⇒〔蜣螂〕

〔期(朞)〕 qī　(I)[名]①あらかじめ定められた日.期限.期日.〔如～完成〕(予定の)期日どおり完成する.〔欠债到～了〕借金が(返済の)期日になった.〔借约书过～了〕借りた本は(返却の)期日が過ぎた.〔无～〕無期限(の).　②ある期間.ひとまとまりの時期.〔暂定三个月为一～〕暫定的に3か月を1期と定める.〔一学～〕1学期.〔潜 qián 伏～〕潜伏期.〔初～〕初期.〔假～〕休暇.休みの間.　③(日·時を)約束する.〔不～而遇〕期せずして出会う.　④期待する.希望する.待つ.〔不～然而然〕このようになろうとは予期しなかった.期せずして…である.〔…以～发展する〕発展を期する.発展させるために…する.　⑤量詞.定期刊行物·学年など一定期間を区切る事物に用いる.〔第二卷第一～〕第2巻第1号.〔咱们是同一～毕业的〕我々は同期の卒業だ.　(II)〔朞〕〈文〉まる1年(まるひと月).→〔期月〕→〔期朞〕

期报 qībào 定期的な新聞:〔日报〕〔周 zhōu 报〕〔半月报〕など.

期待 qīdài 期待(する).あて(にして待つ).〔我们一直～着这一天〕我々はずっとこの日を心待ちにしていた.〔～你早日成功〕一日も早く成功するようお待ちしております.→〔希 xī 望〕

期房 qīfáng ＝〔期楼〕建築中の分譲物件.先行分

讓物件.→〔现 xiàn 房〕

期服 qīfú 〈文〉1年間喪に服すること.

期股 qīgǔ [商]场外予定株.オプション株.→〔期货〕

期会 qīhuì 日を定めて会合する.　②定期的な会合.

期货 qīhuò [商]先物(商品·语)(取引の商品).〔美钞～〕アメリカドルの先物.〔～交易〕先物取引.〔～价格〕先物価格.〔下月月份船的～〕来月船積みの先物.〔～市场〕[市]先物市场.〔～指数〕[指数]先物取引指数.→〔现 xiàn 货〕

期冀 qījì 希望.期待.

期价 qījià [商]先物価格.

期间 qījiān あいだ.期間.〔农 nóng 忙～〕農繁期.〔在这～〕この間に.〔春节～,禁止鸣放鞭炮〕春節の間,爆竹を鳴らすことを禁止する.

期刊 qīkān (日刊を除く,週刊·月刊·季刊の)定期刊行(物):図書館学では〔报 bào 纸〕(日刊新聞)を含める.〔中文～折扣20%〕中国語の定期刊行物は2割引である.→〔杂 zá 志〕

期考 qīkǎo ⇒〔期终考试〕

期楼 qīlóu ⇒〔期房〕

期满 qīmǎn 〔届 jiè 满〕期限(任期)が満了する.満期となる.〔合同～,不再延长〕契約が満期になったら再延長はしない.

期末考试 qīmòkǎoshì ⇒〔期终考试〕

期盼 qīpàn 期待する.待ちこがれる.

期票 qīpiào [商]約束手形.商品渡し約束証書.〔承兑～〕引受手形.〔～贴 tiē 现〕手形の割引.→〔本 běn 票〕〔汇 huì 票〕〔票据〕

期票承兑行 qīpiào chéngduì háng [商]手形引受銀行.手形引受業者.

期票抵换 qīpiào tiěhuàn [商]約束手形の交換.

期票艾艾 qīqī ài'ài なめらかに話せないさま.〔他走到汤 tāng 氏面前,～说不出话来〕彼は湯氏の前に出ると,つかえて話ができなかった.→〔结 jié 巴〕

期求 qīqiú 請い求める.〔取得を）与えられるよう望む.〔～帮助〕助けを期待する.〔～支援〕支援を待ち望む.

期权 qīquán 将来与えると約束した権利·権益など.〔～交易〕オプション取引.

期日 qīrì 定められた日時.予期の時.

期市 qīshì ⇒〔期货市场〕

期思 qīsī 〈姓〉期思

期望 qīwàng 期待(する).望み(を掛ける).〔～值 zhí〕期待の程度.〔～值过高〕期待感が高すぎる.〔寄于很大的～〕非常に大きな期待をかけている.〔我决不辜负党的～〕わたしは決して党の期待を裏切らない.→〔期待〕〔希 xī 望〕

期限 qīxiàn 期限.〔给你一个月～〕君に1か月間の期限をやる.〔～过了〕期限が過ぎた.→字解(I)①

期许 qīxǔ 〈文〉(後輩の能力に対して)期待(する).嘱望(する).〔你对他不要～过重〕きみは彼に対してあまり嘱望してはならない.

期颐 qīyí 〈文〉百歳(の人)

期银 qīyín 約束の期限内に支払う金.支払期限を定めた売買.〔两个月～〕2か月払の代金.2か月払の売買.

期于 qīyú …に期待する.…をめざす.〔大家都动手,～早日完成任务〕みんなが～仕事に手を着けて,早く任務を完成することを望んでいる.

期远欠 qīyuǎnqiàn 長期の借金.

期月 qīyuè ①1以年.　②1か月.

期指 qīzhǐ ⇒〔期货指数〕

期中考试 qīzhōng kǎoshì 中間試験:〔期中测验〕ともいう.

期终考试 qīzhōng kǎoshì 学期末試験:略して〔期

qī

〔欺〕
qī ①だます.欺く.〔自~人~〕自らを欺き他人をも欺く.〔童 tóng 叟 sǒu 无~〕子どもや老人といえども決して欺かない(旧時の広告文) ②侮る.馬鹿にする.〔倚 yǐ 劳~人〕〔仗 zhàng 势~人〕勢力をかさに人を侮る.

欺蔽 qībì ＝〔欺罔〕だまして事実を隠す.
欺负 qīfu いじめる.馬鹿にする.つらくあたる.〔捡 jiǎn 老实的~〕おとなしい人を(選んで)いじめる.〔男人~夫をいびる.亭主を尻に敷く.〔被人~〕人にいじめられる.〔你是哥哥,不要~小弟弟〕おまえは兄ちゃんだから弟をいじめちゃいけないよ.〔就是穷 qióng 人,也不该~〕貧乏人だからとて馬鹿にしていけない.
欺行霸市 qīháng bàshì 不正手段や暴力で商売を独占する.同業者を痛めつけ市場を独占する.
欺哄 qīhǒng ＝〔欺诳〕欺き偽る.〔你别~我,我本来就不明白〕わたしは根っからわからないんですから,だまさないで下さいよ.
欺糊 qīhu 〔欺乎〕とも書く.〈方〉(適当な距離・間隔にあるべきものが)くっつきすぎている.〔鼻子、眼睛~到一块儿了〕鼻や目などがくっついているように見える.
欺诳 qīkuáng ⇒〔欺哄〕
欺凌 qīlíng いじめる.つらくあたる.
欺瞒 qīmán だましてまぎらす.
欺蒙 qīméng ごまかす.人の目をくらます.
欺弄 qīnòng ばかにしてからかう.だましてもてあそぶ.
欺骗 qīpiàn うそを言ってだます.〔~手段〕欺瞞手段.〔~性〕詐欺的.欺瞞的.
欺魄 qīpò 固雨乞い用の土人形.
欺人 qīrén 人を欺く.〔~之谈〕人だましい言い草.〔~太甚 shèn〕人を愚弄するも甚だしい.人をばかにするにもほどがある.
欺辱 qīrǔ 侮辱する.ばかにする.いじめる.
欺软怕硬 qīruǎn pàyìng ＝〔欺善怕恶〕〈喻〉弱い者いじめをする強い者にはぺこぺこすること.
欺善怕恶 qīshàn pà'è 同上.
欺上瞒下 qīshàng mánxià 上をだまし,下にはごまかす.上級いにうその報告をし,部下や大衆には事実を知らせない.
欺生 qīshēng ①素人を欺く.不案内の人をだます.新参または不慣れの人をいじめる.〔你初次买东西,留点儿神,这地方的人~〕きみは初めて買い物をするのだったら気をつけなさいよ,この辺の人間はよそ者をだましますからね. ②(ロバ・馬などがあまり扱いに慣れていない人間に)服従しない.手なつかない.
欺世盗名 qīshì dàomíng 〈成〉大衆を欺き名声を盗みとる.
欺世惑众 qīshì huòzhòng 〈成〉世をだまし人々を困らせる.
欺霜傲雪 qīshuāng àoxuě 〈喻〉不屈の精神.
欺天 qītiān 天を欺く.〔~大罪〕〈成〉天をも欺く大罪.〔~罔 wǎng 地〕〈成〉天地をないがしろにする.
欺罔 qīwǎng ⇒〔欺蔽〕
欺诬 qīwū だます.かたる.
欺侮 qīwǔ (弱者を)いじめる.侮る.横暴に取り扱う.
欺心 qīxīn ①自らを欺く.偽る.〔~有天知〕自らを欺いても天が知っている. ②よからぬ考えを起こす.
欺压 qīyā 〈喻〉(勢力をたのんで)人を押さえつけいじめる.〔~良善〕善良な者をむりじいて圧迫する.
欺隐 qīyǐn 欺き隠蔽する.
欺诈 qīzhà うそを言ってだます(し取る).狡猾な手段で人をだます.〔~取胜〕インチキをして勝つ.

〔颀・頎(魌)〕
qī ①固神に扮して悪疫を逐(お)う者がつける鬼面. ②〈文〉醜い.

〔缉・緝〕
qī 返し縫い(に縫う).返し針(で縫う.)縫い目を細かくつなげて縫うこと.縫うものの裏側では長めに針を運び,表面には裏側の長さの半分だけともどりして針を運ぶ方法など.〔袖口也~上吧〕そで口も返し縫いで縫い返しておきなさい.〔~鞋口〕靴の口まわりを返し縫いにしておく. → jī

〔蹊〕
qī → xī

蹊跷 qīqiāo 子細.隠されているわけ.怪しげなこと:〔跷蹊〕という.〔这件事有些~〕この事件には少しうさんくさい点がある.〔这总有些~在里面〕(鲁・Q 5)これにはきっと何か子細があるに違いない.

〔漆(柒)〕
qī ①うるし・ニス(ワニス)・ペンキ・ラッカーなど(総称).〔清 qīng ~〕ニス(ワニス).〔油~①〕ペンキ.〔真 zhēn ~〕ラッカー.〔搪瓷~〕ラッカーエナメル.〔~稀釈用溶剤〕ラッカーシンナー. ②回ウルシ(総称).〔野 yě ~〕ハゼノキ.〔漆树〕は通称. ③(うるし・ニス・ペンキ・ラッカーなどを)塗る.〔用清漆~一~〕ニス(ワニス)を塗る.〔把桌子~成黑色〕机を黒く塗る.〔~深了〕色塗りが濃すぎた.〔喷 pēn ~〕吹きつけ塗料(で塗装する). ④(うるしのように)黒い.暗い.〔~黑的头发〕真っ黒な髪.〔黑~的,不知是日是夜〕(鲁・狂 6)真っ暗で昼だか夜だかわからない. ⑤〈姓〉漆.

漆包线 qībāoxiàn ＝〔漆皮线〕電エナメル線:エナメルを塗って絶縁した金属線.
漆布 qībù ＝〔油 yóu 漆布〕
漆绸 qīchóu 〔拷 kǎo 绸〕
漆疮 qīchuāng 漆かぶれ.漆まけ.
漆店 qīdiàn 漆を売る店.漆屋.
漆雕 qīdiāo ①⇒〔雕漆〕 ②〈姓〉漆雕(ちょう).
漆毒疹 qīdúzhěn 医漆かぶれでできる発疹.
漆酚 qīfēn ウルシオール[生 shēng 漆]の主成分.漆を用いる時にはアルコールなどで[生漆]を溶かして塗るが,[~]は空気中の酸素と化合して丈夫な[干 gān 漆]に変化する.
漆工 qīgōng ①漆またはペンキを塗る仕事. ②＝〔漆匠〕〔油 yóu 漆工③〕同前の職人.
漆黑 qīhēi 真っ黒である.真っ暗である.〔~的头发〕真っ黒な髪.〔院子里~的,他不敢出去〕庭の中は真っ暗だったので,彼は外に出て行く勇気がなかった.〔~曲 qū 黑〕
漆黑一团 qīhēi yītuán ＝〔一团漆黑〕①真っ暗で一筋の光もない. ②不明で何もわからない.〔这个问题,在他心中还是~〕この問題について,彼はまだすっぱりわかっていない.
漆花绉纱 qīhuā zhòushā 勤漆捺染クレープ. →〔绉纱〕
漆画 qīhuà 漆絵(うるしえ).
漆匠 qījiàng ⇒〔漆工②〕
漆绿 qīlǜ 色暗緑色の.
漆皮 qīpí ①エナメル皮.〔~鞋 xié〕エナメル靴. ②レザークロス:布地に塗料を塗って作った模造皮.〔~包〕レザークロス製のカバン.〔~儿〕ラッカー・エナメル・ペンキ・漆などを塗った膜.
漆皮线 qīpíxiàn ⇒〔漆包线〕
漆片 qīpiàn ＝〔虫 chóng 胶片〕
漆器 qīqì 漆を塗った器.漆器.
漆柿 qīshì ⇒〔椑 bēi 柿〕
漆书 qīshū 漆書(しつしょ):古代,〔竹 zhú 简〕に漆で字を書きしるしたもの.

qī～qí

漆树 qīshù 植ウルシ(通称):樹皮から漆をとる。〔～科〕ウルシ科ウルシ属。

漆咬 qīyǎo 〈方〉漆にかぶれる。→〔漆疮〕

漆油 qīyóu ①=〔树shù 蜡〕植物性漆蠟。②ラッカー・ペンキの類。

[晒] qī ①生乾きである。〔雨过了,太阳一晒shài,路上渐渐渐~了〕雨が止み日がさしてくると道はだんだん乾いてきた。②土などの水分を吸い取る。〔地上有水,铺pū上点儿土~~〕道に水が残っているから土砂を少しまいて水をとる。

[亓] qí 〈姓〉亓(*)。〔～官 guān〕〈姓〉亓官(まん)

[齐・齊] qí（Ⅰ）①整っている。乱れやすがみがない。〔队伍的步伐很～〕隊列の步調がよくそろっている。〔衣服穿得很～整〕服をきちんと着ている。②(長さ・高さが)等しい。そろっている。〔长短不～〕長さが不ぞろいだ。〔十个手指头不一般~〕10本の指はそれぞれ長さが違う。〔水涨 zhǎng 得~岸了〕水が増して岸と同じ高さになった。〔蒿 hāo 子都~了房檐 yán 了〕よもぎが軒の高さと同じくらい伸びた。③同じ。同等である。一致している。〔心~〕心が同じである。同意している。〔这两个英雄~名〕この二人の英雄は同様に名声を得ている。〔等量 liàng ~观〕同等に見る。④河水深到川の水は膝ほどの深さがある。そろって、一斉に。〔百花～放〕百花が一斉に咲く。〔并驾～驱〕〈成〉くつわを並べて同じ速さで駈ける。〔喻〉互いに競争する。〔大家一声说好〕皆異口同音によいと言う。→〔一 yī 齐〕⑤全部がそろっている。完全である。〔东西都预备~了〕物が全部そろった。〔一概~全〕全部とりそろえてある。〔人还没来～〕人はまだそろっていない。⑥(…を基準として)切りそろえる。整える。〔~着根剪断〕根元から切る。〔～着边划一道线〕へりにそって線を引く。⑦合金:旧時、jì と読んだ。〔汞 gǒng〕〔汞合金〕アマルガム。

（Ⅱ）①山東北部・河北東南部にあった周代の国名。②北朝の一国。→〔北 běi 齐〕③南朝の一国。→〔南 nán 齐〕④唐末の農民一揆の指導者黄巢が建てた国。⑤山東省の別称。→〔鲁 lǔ 齐②〕⑥〈姓〉齐(せ)　└→jì zī

齐备 qíbèi ①完備する。完備している。そろう。〔一切都～了〕すっかり用意ができる。②すっかり用意ができる。

齐步 qíbù 步調をとる。〔～行进〕步調をとって行進する。〔～走〕(号令)前へ進め！

齐唱 qíchàng 音斉唱(する)

齐齿 qíchǐ ①〈文〉年齢が同じこと。②→〔四 sì 呼〕

齐齿呼 qíchǐhū →〔四 sì 呼〕

齐楚 qíchǔ 〈文〉よく整っている。整って立派である。〔衣冠 guān ~〕いでたちが整っている。②固齐と楚国。

齐大非偶 qídà fēi'ǒu 〈成〉縁談の釣り合いはなこと。齐侯が文姜を鄭の太子忽にめあわせようとしたが忽はこれを辞退した。ある人がそのわけを問うと忽は"齐は大きくわが耦にあらず"と答えたという(左伝)。自分の立場は低いと辞退する時にいう。(偶)は(耦)。

齐打夯儿 qídahāngr 〈方〉皆声を揃えて。どっと一斉に。〔观海众~喝彩〕観客がどっと一斉に喝采した。→〔打夯〕

齐打伙儿 qídahuǒr 〈白〉一斉に。皆そろって：〔打〕は〔大〕とも書く。〔明儿我们一告假去〕(紅99)明日皆そろって休みに行きます。

齐东野语 qídōng yěyǔ ①とるに足らない言説。

〈喩〉いいかげんな受け売り話。②画宋の周密の撰。

齐墩果 qídūnguǒ ⇒〔油 yóu 橄欖〕

齐耳短发 qí'ěr duǎnfā 耳の所で切りそろえて短くした髪。おかっぱ。→〔刘 liú 海儿②〕

齐放 qífàng ①一斉射撃する。→〔齐射〕②一斉に咲く。→〔百 bǎi 花齐放,百家争鸣〕

齐分 qífēn ⇒〔通 tōng 分〕

齐行 qíháng 固同業者の一斉行動。〔～罢 bà 市〕同盟罷業する。

齐集 qíjí 集まる。集合する。寄せ集める。〔一堂〕一堂に会す。〔北京人民大会堂〕代表達は北京の人民大会堂に集まった。

齐家 qíjiā 〈文〉家を整える。家の暮らし向きや秩序を整える。〔治 zhì 家〕〔修 xiū 齐治平〕

齐家文化 qíjiā wénhuà 史中国の銅器と石器が同時に使われた紀元前2000年の文化;1924年甘粛省和政県齐家坪で遺物が発掘された.

齐结 qíjié 同下。

齐截 qíjié =〔齐结〕〈方〉①整っている。きちんとしている。片づいている。〔齐 zhī 家〕〔拾好了？〕あなたの手荷物はすっかりきちんと整理できましたか。〔书籍,文具都要放得~的〕書籍や文具も皆きちんとしなければいけない。②完備している。出揃っている。〔东西都预备~了〕品物はみなちゃんと準備しました。→〔整 zhěng 齐〕

齐聚 qíjù 一斉に集まる。みんな集まる。

齐口 qíkǒu 口をそろえる。みんなが同じことを言う。

齐理 qílǐ 整頓する。片づける。〔把那箱子~一下〕もう一度箱を整理しなさい。

齐鲁 qílǔ 地山東省の別称:古代、齐と鲁の両国はいずれも現在の山東省の地にあった。また孔子・孟子の生地。

齐眉 qíméi ①夫婦が敬愛し仲睦まじいこと;後漢、梁鴻の妻の孟光の故事。〔举 jǔ 案~〕の略。②→〔齐眉穗(儿)〕

齐眉棍 qíméigùn 少林寺拳法で使う棍棒。〔少 shào 林棍〕ともいう。

齐眉穗(儿) qíméisuì(r) =〔齐眉②〕眉毛にそろえて切った前髪。

齐名 qímíng 共に有名である。〔香港是与新加坡~的〕香港はシンガポールと齐名である。

齐鸣 qímíng 一斉に鳴く。(汽笛やサイレンが)一斉に鳴る(鳴らす)。

齐年 qínián ⇒〔同 tóng 年③〕

齐年盖月 qínián gàiyuè 圆公文書の押印の規格：日付の年月に公印が重なり揃うように押すこと。〔骑年盖月〕ともいう。

齐平 qípíng 均一にする。横ならびにする。

齐巧 qíqiǎo 〈方〉ちょうどその時。折しも。運よく。あいにく。〔我正要找你去,你~就来了〕あなたを訪ねて行こうとしていたら、きみがちょうどやって来た。

齐驱 qíqū 〈文〉(能力や地位が)相等しい。→〔并 bìng 驱〕

齐全 qíquán 必要なものがみんなそろっている。完備している。〔设备~〕設備が完備した。〔功能~〕機能がそろっている。〔~人〕父母祖父母・夫が全ている(幸せな)女性。

齐射 qíshè 軍一斉発射。一斉射撃。→〔齐放①〕

齐声 qíshēng 声をそろえる(て)。〔～高唱〕声を高らかに歌う。→〔齐口〕

齐刷刷 qíshuāshuā 整然としているさま。きちんと揃ったさま。

齐天大圣 qítiān dàshèng ⇒〔孙 sūn 悟空〕

齐头 qítóu 〈白〉ちょうど;端数がない十・百・千など。〔平 píng 头①〕に同じ。〔～数 shù 年的数。〔老太太~六十岁〕御隠居はちょうど60歳です。

qí

齐头并进 qítóu bìngjìn 多方面のことを同時に進める。〔皆を要分秒重緩急、不能~〕任務は軽重緩急を区別すべきで、横並びに進めるわけにはいかない。

齐心 qíxīn 心を合わせる。団結する。〔同 tóng 心〕に同じ。〔~合鼓地做〕心を合わせ気をにてする。

齐心协力 qíxīn xiélì 〈成〉心を一つにして協力する。一体となって努力する。〔只要我们~,再大的困难也能克服〕我々が一致協力しさえすれば,困難がどんなに大きくても克服できる。

齐胸 qíxiōng 胸の高さと同じ。高さが胸ほどある。

齐一 qíyī ①斉一である。よくそろう。〔唱得非常~〕歌がよくそろう。②統一する。

齐臻臻 qízhēnzhēn 〈白いきちんとそろっているさま。

齐整 qízhěng ①よく整っている。整っていて立派である。〔这屋子收拾得多么~啊〕この部屋は大変よく片づいてるね。〔这条路的街道树长得很~〕この道の並木はよくそろって伸びている。②顔立の整っていること。〔这个人生得 shēngde 很~〕この人は顔だちが整っている。

齐奏 qízòu 〈音〉斉奏(する)

[荠・薺] qí →〔荠 bí 荠〕→ jì

[脐・臍] qí ①へそ。〔~眼儿〕〔肚 dù ~儿〕〔肚一眼儿〕へその(穴)。②〈動〉蟹の腹部甲殻。巻き貝の臍孔。〔尖 jiān ~(蟹 xiè)〕雄蟹。〔团 tuán ~(蟹 xiè)〕雌蟹。〈植〉〔胚珠〕のついている突起。

脐橙 qíchéng ネーブル。

脐带 qídài 〈生理〉臍帯(さい)。へその緒。〔剪 jiǎn ~〕へその緒を切る。

脐带血 qídàixuè 〈生理〉臍帯血。〔脐血〕ともいう。

脐风 qífēng 〈中医〉新生児破傷風。生後4~6日でかかるため〔四六风〕〔七 qī 日风〕ともいう。

脐血 qíxuè ⇒〔脐带血〕

脐眼儿 qíyǎnr →字解①

[蛴・蠐] qí

蛴螬 qícáo 〈国〉地虫。根切り虫。入道虫。すくも虫。〔金 jīn 龟子〕(コガネムシ)の幼虫。〈方〉地 dì 蚕②〈方〉核 hé 桃虫。〈方〉土 tǔ 蚕①〕ともいう。→〔地老虎〕

[祁] qí ①〈文〉盛大なるさま。〔~寒 hán〕非常に寒い。②地名用字。〔~县〕山西省にある。〔~门〕安徽省にある。③〈姓〉祁。

祁红 qíhóng 〔祁门红茶〕の略。安徽省祁门县産の高級紅茶。

祁剧 qíjù 〈劇〉湖南省祁阳県などで行われる地方劇。調子は高音を主とする。〔祁阳戏 xì〕ともいう。

祁连山 qíliánshān 〈地〉青海省と甘粛省の境界にある山脈(またはその主峰)

[圻] qí ①〈文〉土地の境。くぎり。②〈姓〉圻(がん)。

[祈] qí ①〔天や神仏に〕祈る。②願う。希求する。お願いする。〔务~指示〕〔謹〕どうぞ御指示を願います。③〈姓〉祈〔がん〕

祈报 qíbào 〔春祈秋报〕の略;旧時,春には雨水が十分にあるように祈り,秋にはそのお礼として祭礼を営んだことをいう。

祈赐 qícì 〔謹〕…を賜わらんことを請う。〔~哂 shěn 纳是幸〕ご笑納を賜われば幸甚に存じます。〔~回音〕ご返事をお待ち申し上げます。

祈祷 qídǎo 祈願する。祈る。〔~上帝〕神に願い事を祈る

祈福 qífú 幸福を祈る。

祈谷坛 qígǔtán →〔祈年殿〕

祈冀 qíjì 〈文〉祈る。

祈年 qínián 〈文〉豊作の年になるよう祈る。

祈年殿 qíniándiàn 北京の〔天坛〕内にある建造物の名;〔天神地祇〕を祭ったところで初めて〔祈谷坛〕と呼ばれた。

祈念 qíniàn 祈念する。祈る。

祈盼 qípàn 心から望む。待ち望む。

祈请 qíqǐng ①〔神・仏に〕祈願する。②求める。請い願う。懇願する。

祈求 qíqiú 乞い求める。請い願う。祈る。〔~医生帮助〕医師の助けを乞う。

祈禳 qíráng ⇒〔禳解〕

祈使句 qíshǐjù 〈語〉命令文;命令願望を表す文。

祈示旁 qíshìpáng 〈語〉しめすへん;漢字部首の一"礻"。→付录1

祈望 qíwàng 希望する。期待する。

祈向 qíxiàng 〈文〉念願とあこがれる。よい導きを希求する。

祈雨 qíyǔ =〔请 qǐng 雨〕〔求 qiú 雨〕雨乞いをする。

祈愿 qíyuàn 祈願する。祈る。

[颀・頎] qí 〈文〉背丈が高い。生長している。〔~长 cháng〕背丈が高い。

颀伟 qíwěi 〈文〉背が高く体格が立派である。

[蕲・蘄] qí ①〈文〉祈る。願い求める。〔祈①〕に同じ。②〈地〉旧州名。現在の湖北省蕲春县一帯。〔~艾 ài〕同県産のモグサ(高級品)。〔~竹 zhú〕同県産の竹;敷物・笛・杖などを作る。〔~州〕湖北省にある。③〈姓〉蕲〔がん〕。

蕲求 qíqiú 〈文〉祈り求める。

蕲蛇 qíshé →〔五 wǔ 步蛇〕

[芪] qí →〔黄 huáng 芪〕

[祇(祇・衹)] qí 〈文〉地の神。〔天神地~〕天地の神々。→〔只 zhǐ〕

[疧] qí 〈文〉病気。

[岐] qí ①地名用字。〔~山〕陝西省にある山,また県。〔~周 zhōu〕陝西省岐山县にある林;西周発祥の地。③〈姓〉岐〔がん〕。

岐伯 qíbó →〔岐黄〕

岐黄 qíhuáng 伝説上の医術の祖とされる〔岐伯〕と〔黄帝轩辕氏〕の二人。〔精于~〕〈文〉医術に精通している。

[枝] qí 〈文〉分かれる。〔~指 zhǐ〕手の親指のわきに生えた六本指。〔骈 pián ~,重複した無用のもの。→〔枝指〕〔骈拇枝指〕→ zhī

[歧] qí ①分かれ道。小道。②分かれる。同じでない。〔话分两~〕話が二つに分かれる。③〈文〉心に他意がない。〔临~之酒〕〈文〉送別の宴。

歧出 qíchū ①〔文章・書物などの内容が〕入り乱れている。不そろいである。〔~不合〕同前。②旁に出る。枝分かれする。

歧管 qíguǎn ミーホールド。多岐管

歧化反应 qíhuà fǎnyìng 〈化〉不均化。

歧见 qíjiàn 異なった意見・見解。〔与他产生~〕彼と意見の相違が生じる。

歧路 qílù =〔歧途①〕別れ道。横道。②誤った道。〔误 wù 入~〕誤って不正の道に入る。

歧路亡羊 qílù wángyáng =〔多 duō 歧亡羊〕〈成〉学問研究する場合にわき道に迷い込み真理がつかみにくいこと。情況が複雑で方向を失うこと:楊子の隣の羊が逃げたので多勢の人が追いかけたが別れ道が多かったのでついに見失ったという〔列子〕

歧跂其淇萁骐琪棋　qí

歧視 qíshì　白眼視(する).色めがね(で見る).偏見(をいだく).差別(する).〔~政策〕差別政策.〔取消~待遇〕差別待遇をとり消す.〔~女工,不关心女工的疾苦〕女子工員を色めがねで見て,彼女達の苦しみに関心をもたない.→〔白 bái 眼①〕

歧途 qítú　⇒〔歧路〕
歧誤 qíwù　誤り.誤る.
歧义 qíyì　多義(語義).〔~句〕圖多義文.〔~現象〕幾通りにも解釈できる現象.
歧異 qíyì　異なる.違いがある.
歧指 qízhǐ　〈文〉6本ある足指:〔跂指〕とも書く.

〔跂〕 qí　〈文〉①6本ある足指.〔~指 zhǐ〕〔歧指〕同前.→〔枝 qí 指〕　②虫がはうさま.〔~行 xíng〕〈~〉

〔其〕 qí　（Ⅰ）①人・事物を表す代名詞.⑧それ.それら.彼.彼ら.〔勸 quàn ~努力学習〕彼(ら)にしっかり学習するよう忠告する.⑤その.それらの.彼の.彼らの.〔~他〕その他.中に子ゆえん yuán 故〕その(事の)中にはちゃんとわけがある.〔各得~所〕おのおのそのところ(しかるべき地位)を得る.〔人尽~才,物尽~用〕人も物もその役目を十分にはたす.〔~快无比〕その速いことは比類がない.〔名副 fù ~实〕名称も内容(しかるべき地位)を得る.〔帝国主义~走狗〕帝国主義とその手先.②動詞の後に置き語調を整える.〔听~自然〕(事態を)自然のままに任せる.〔忘~所以〕〈慣〉得意になる.〔~实~〕"とりわけ,きわめて.いっそう"などの意の副詞の後に置き,語気を強める.〔尤 yóu ~好看〕とりわけきれいである.〔极 jí ~优 yōu 秀〕わけても優れている.〔更 gèng ~光彩〕いっそう光彩がある.〈姓〉其(き)
（Ⅱ）①〈文〉あに.何ぞ(…ではないか).〔不~大哉 zāi〕何と大きいではないか.〔君~忘之乎？〕何とあなたはそれをお忘れか.→〔豈 qǐ〕　②〈文〉…しようとする.〔将~如何？〕どうしようとするのか.〔百废 fèi ~兴 xīng〕いろいろの廃れていたことがこれから復興しようとしている.〔奈 nài 我何？〕いったいわたしをどうしようというのか.　③〈文〉きわめて.〔浓 nóng 云密布,~将雨乎！〕濃い雲が厚く広がってきた,あるいは雨が降るかもわからないぞ.〔知我者~天乎〕我を知るものはおそらく天であろうか.→〔或 huò〕　④〈文〉…して欲しい.…せよ.〔子~勉之〕どうか努力をされたい.〔汝 rǔ ~速往〕おまえはすぐに行くべきだ.　→ jī

其次 qícì　①その次.〔小李第一个发言,~是老张〕李さんが最初に発言し,次に張さんだった.　②二の次(一番重要でない).〔质量是主要的,价钱还在~〕質が第一で,値段は二の次だ.

其后 qíhòu　その後.〔他是去年秋天出国的,~一直没有消息〕彼は去年の秋に出国したが,その後ずっと何の便りもない.

其间 qíjiān　①③その間(かん)に.その中に.⑤その間(か)に.その経過の間に.　②ある一定の期間.〔学校只有三年,这~,他做了很多工作〕学校を離れてたった3年だが,彼はその期間中にたくさんの仕事をやった.

其乐融融 qílè róngróng　〈成〉なごやかに楽しむさま.
其乐无穷 qílè wúqióng　〈成〉その楽しみ限りなし.
其貌不扬 qímào bùyáng　〈成〉見ばえがしないこと.風采があがらないこと.〔别看他~,他可是个大学问家〕彼は見てくれこそあがらないが,大学者だ.
其内 qínèi　⇒〔其中〕
其曲弥高，其和弥寡 qí qǔ mígāo, qí hé míguǎ　⇒〔曲 qǔ 高和寡〕
其人 qírén　〈文〉その人.

其实 qíshí　その実は.実際は.〔看他表面忠厚,~是假 jiǎ 装的〕彼のうわべだけを見るとおとなしいようだが,その実は猫かぶりだ.
其时 qíshí　〈文〉その時.
其势汹汹 qíshì xiōngxiōng　〈成〉居丈高な勢い.猛烈な勢い(多くそしる意に用いる).
其说不一 qíshuō bùyī　〈成〉見解が分かれる.さまざまな見方である.
其他 qítā　その他.その他の:〔其它〕とも書く.
其一 qíyī　そのうちの一つ.その一部分.〔只知~不知其二〕その一を知ってその二を知らず.馬鹿の一覚え.
其余 qíyú　残り(の).あと(の).ほか(の).〔~的东西,你只要一块,~都还给他吧〕ぼくは一つしか要らないから残りは皆彼に返しなさい.
其中 qízhōng　＝〔其内〕その内.その中.〔饭钱也包括在~吗〕食事代もその中に含まれているか.

〔淇〕 qí　〈河〉圖河南省林県に発し,衛河に注ぐ.

〔萁〕 qí　〈文〉豆の茎.豆がら.〔豆 dòu ~〕同前.→〔煮 zhǔ 豆燃萁〕

〔骐・騏〕 qí　〈文〉①(まだらのある)青黒い毛の馬.②駿馬.

骐骥 qíjì　〈文〉駿馬.〔~骅 huá 骝,一日而千里〕名馬は1日に千里の道を駆ける.〔~一跃 yuè,不能十步〕〈喩〉どんな賢者でも学問は順序を追ってゆかねばならない.
骐麟 qílín　①⇒〔麒麟〕　②〈文〉駿馬.

〔祺〕 qí　①〈文〉幸福の兆し.安泰の兆し.　②〈牘〉書簡の末尾に添える先方の幸福を祈念する言葉:教師に対しては〔教~〕,商人に対しては〔財~〕,〔財安〕,学者・文人に対しては〔撰安〕〔文~〕と,相手の身分職業如何によって種々な表し方があり,あわせて貴殿の御幸福を祈念いたします.〔并祖任~〕同前(多く女性に対し).〔便询旅~〕同前(旅行中の人に対し).→〔安 ān (Ⅰ)⑤〕　③〈姓〉祺(き)

祺祥 qíxiáng　〈文〉めでたい.吉祥.
祺新集祜 qíxīn jíhù　〈成〉年改まってめでたいことが集まって来る:新年を祝う.

〔琪〕 qí　①〈文〉美しい玉.　②〈姓〉琪(き)

琪花瑶草 qíhuā yáocǎo　仙境に生える草花.
琪树 qíshù　珊瑚や玉で作った飾りものの木:〔玉 yù 树②〕に同じ.

〔棋(棊・碁)〕 qí　囲碁・将棋.軍隊将棋・ダイヤモンドゲームなど.〔下~〕同前をする.〔~王〕同前のチャンピオン.〔下围~〕〈文〉〔弈 yì ~〕碁を打つ.〔下象~〕将棋をさす.〔~龄 líng〕囲碁・将棋歴.〔一着 zhāo ~〕〔一步~〕(碁・将棋の)一手.〔这步~〕走得好〕この手はよろしい.→〔枰 píng〕〔着 zhāo〕
棋布 qíbù　＝〔棋列〕〈文〉碁石が盤上に並べられているように分布している.→〔星 xīng 罗棋布〕
棋风 qífēng　棋風.作戦が隠健だ.
棋逢敌手 qí féng díshǒu　〔棋逢对手〕ともいう.ちょうど自分に匹敵する碁相手に出会うこと.〈喩〉好敵手に出会うこと.〔~,将 jiāng 遇良才〕同前.
棋高一着 qígāo yīzhāo　一枚上手(うわて)である(碁・将棋以外の事についてもいう).〔张老比他~〕張さんの方が彼よりは技量が一つ上だ.
棋格纸 qígézhǐ　碁罫紙.
棋盒 qíhé　碁筒(ずつ).
棋后 qíhòu　(囲碁・将棋界の)女性トップ棋士.
棋家 qíjiā　囲碁の打ち手.将棋打ち.

qí

棋局 qíjú ①⇒〔棋盘〕 ②局面.
棋具 qíjù 碁・将棋セット:盤や石・駒など.
棋类 qílèi 碁・将棋(総称)
棋列 qíliè ⇒〔棋布〕
棋路 qílù 碁・将棋の手や読み.
棋迷 qímí 碁や将棋などの特に好きな人.囲碁・将棋マニア.
棋盘 qípán =〔〈文〉棋局①〕〈文〉棋枰〕碁盤・将棋盤.:また区別して〔围棋盘〕(碁盤),〔象棋盘〕(将棋盤)という場合もある.
棋品 qípǐn ①碁力の等級. ②(碁・将棋をする)風格・態度.
棋评 qípíng 囲碁・将棋評.
棋枰 qípíng ⇒〔棋盘〕
棋谱 qípǔ ①囲碁・将棋の法を図入りで記述した書.棋譜(ﾌ):碁盤勝負の経過を一手一手記したもの.
棋赛 qísài 碁・将棋の試合.
棋圣 qíshèng 囲碁の名人.
棋师 qíshī 〈文〉プロ棋士.
棋势 qíshì 碁(または将棋)の勝負の形勢.
棋手 qíshǒu 碁・将棋をする人.〔一流〕→一流の棋士.
棋坛 qítán 棋界(ﾋ).碁・将棋の世界.
棋艺 qíyì 碁・将棋の腕前.〔～精湛〕同前が優れている.
棋友 qíyǒu 碁・将棋の仲間,友人.
棋苑 qíyuàn 囲碁(将棋)界.〔～高手〕同前の達人.
棋战 qízhàn 碁・将棋の勝負.碁・将棋の手合わせ.
棋峙 qízhì 〈文〉(群雄が)対峙する.〔方今英雄～〕(三国志・吳志・陸遜伝)今や英雄が対峙している.
棋子(儿) qízǐ(r) ①碁石.将棋の駒. ②〔饣锛 bō bó〕の一種で丸くて小形のもの.

[旗(旂)] qí (Ⅰ)〔旗(旂)〕旗.〔国～〕国旗を掲げる.〔下半～〕〔下(半)旗 jiāng bàn ~〕吊旗(半旗)を掲げる.〔降～〕旗を下ろす.〔红～〕赤旗.
(Ⅱ)〔旗〕①標識. ②旧八旗の制度で:特に八旗に属する満族を指す.→〔旗袍(儿)〕〔旗人〕〔八 bā 旗〕 ③八旗が駐屯していた地帯:現在はそのまま地名として用いられている.〔正黄～旗〕内蒙古自治区烏蘭察布盟東南部にある;現在は〔察哈尔右翼前～〕と改称されている.〔内蒙古自治区,吉林省にある蒙古族居住区での行政区の名:〔县 xiàn〕)に相当する.かつては,蒙古族などの行政,軍事制度上の単位で,旗の色で区別した.→〔盟 méng ④〕 ⑤〔姓 xìng〕(ﾋ)
旗标 qíbiāo 旗で示した標識.
旗兵 qíbīng 旧八旗に属する兵.
旗杆 qígān 旗ざお.
旗鼓 qígǔ 旧陣中で用いた旗と太鼓.〔转〕陣容.〔重 chóng 整～〕再び陣容を整える.〔～相当 xiāng dàng〕〈喩〉互角の勢力である.
旗号 qíhào ①旧旗印.旗さしもの. ②〈喩〉名義.看板.名目:多く利用したり騙ったりする場合に用いる.〔你别打着我的～〕わたしの名義を使ってはいけないぞ.
旗花 qíhuā ⇒〔起火 qǐhuo〕
旗袍 qípáo 旗袍.
旗籍 qíjí 旧旗人としての戸籍.
旗舰 qíjiàn ①旗艦:艦隊司令官の乗っている軍艦を〔指 zhǐ 挥舰〕という. ②〈喩〉(企業など)主力・中心的存在のもの.〔～店〕旗艦店.フラッグシップショップ.
旗开得胜 qí kāi déshèng 緒戦で勝つ.〔～,马到成功〕〈喩〉手をつけるが早いか,すぐ成功する.〔中

日、罗三个种子队均告～〕中国・日本・ルーマニアの3シードチームはいずれも初戦で勝利を得た.
旗民 qímín 旧八旗に属する満族.→〔旗人①〕
旗牌 qípái ①旧命令の字を書いた旗と丸い札:天子の命令の印として総督や巡撫などに特権を与えたもの.〔王命～〕ともいう. ②同前を持つ役人:〔旗牌官〕の略.
旗袍(儿) qípáo(r) 旗ワンピースの中国服.チャイナドレス:もと満族の服装でのち広く一般の服装となる.〔～裙 qún〕(スリットの入った)タイトスカート.→〔长 cháng 袍〕
旗枪 qíqiāng 緑茶の名:若芽の先端と小葉1枚だけで製した上等の緑茶.〔一旗一枪〕ともいう.〔～龙 lóng 井〕同前で作られた龍井茶.
旗人 qírén ①旧満族・蒙古族および一部の漢族をそれぞれ色を異にした旗印の8個の旗籍に編入し,これらの人を旗人と呼んだ. ②旧満族:〔旗下人〕ともいう.
旗绳 qíshéng 旗などをさおに昇降させるためのひも.
旗手 qíshǒu 旗手:指導的人物をたとえる.〔鲁迅先生是新文化运动的～〕魯迅先生は新文化運動の旗手である.
旗亭 qítíng 〈文〉居酒屋(の建物):〔酒 jiǔ 楼〕に同じ.
旗头 qítóu 旧満族の女性の髪型.
旗望 qíwàng 旧居酒屋に掲げてある旗.→〔酒 jiǔ 望(子)〕
旗下 qíxià ①軍隊の下.旗下(ﾞ):〔麾 huī 下①〕に同じ. ②配下.傘下.〔全美第一名丰田～的企业〕リストをトヨタ傘下の企業に配る.
旗鱼 qíyú 〔魚貝〕カジキ(総称):〔箭 jiàn 鱼〕は別称.〔东方～〕バショウカジキ.→〔剑 jiàn 鱼〕〔枪 qiāng 鱼〕
旗语 qíyǔ 手旗信号.〔打～〕同前を送る.〔互相以～道贺〕同前で互いにお祝いを述べる.
旗云 qíyún 気旗雲.
旗帜 qízhì ①旗.〔五彩缤纷的～迎风飘扬〕色とりどりの旗が風を受けてはためいている. ②模範,模範となるもの.〔树立～〕集団の進む方向を示す. ③旗印.〔～鲜明〕〈喩〉観点や主張がはっきりしていること.
旗装 qízhuāng 服満族女性の服装.
旗子 qízi ①旗.〔挂一面～〕旗を1本掲げる. ②旗印:2本の旗の間に渡してスローガンなどを記した長方形の旗.デモなどの先頭に掲げて行進する. ③(細長い三角の)優勝旗.ペナント.

[蜞] qí →〔蟛 péng 蜞〕

[萋] qí ①〈文〉青黒色.〔～巾〕腰につけるもえぎ色の布. ②極めて.甚だ.〔希望一切～〕ての希望である. ③〔～江〕旧四川省重慶の南にある県.また川. ④〔姓〕萋(ﾞ)

[鲯・䲔] qí 〔～鳅 qiū〕〔魚貝〕シイラ.

[麒] qí ①→〔麒麟〕 ②〔姓〕麒(ﾞ)
麒麟 qílín 麒麟(ﾞ):〔骐骥①〕とも書く.想像上の動物.聖人が世に出ると現れる.略称は〔麟〕.鹿に似て頭に角が一本あり,牛の尻尾,馬の蹄を有し草を踏みつけたり生ものを食べたりしないので〔仁 rén 兽〕ともいう.吉凶を予知するとされる.〔长 cháng 颈鹿〕(ジラフ)では ない.
麒麟菜 qílíncài 圖キリンサイ:紅藻類の藻.
麒麟儿 qílín'ér 非常に優れた子供.神童.
麒麟竭 qílínjié →〔血 xuè 竭〕
麒麟送子 qílín sòngzǐ 〔麒麟〕が子供を乗せている

麒奇　　　　　　　　　　　　　　　　　　　　　　　　　　qí

図:子の生まれる祝いの意を表す.
麒麟座 qílínzuò 因一角獣(じゅう)座:双子座の南,オリオン座の西にある星座.

〔奇(奇)〕 qí ①普通ではない.おかしい.奇怪である.不思議である.〔～人〕奇人.変人.②珍しい.稀である.〔好 hào～心〕好奇心.〔新～〕珍しい.③思いもよらない.突飛である.〔忽发～想〕突然とてつもないことを考え出す.→〔奇兵〕④怪しむ.驚く.〔不足为～〕さとするに足りない.驚くほどのこともない.〔闻而～之〕聞いて不思議に思う.⑤非常に.大変.とても.〔～痒难忍〕たまらなくかゆい.かゆくてたまらない.⑥〔姓〕奇(⁸) → jī

奇案 qí'àn 珍しな事件.ざらにはない案件.
奇拔 qíbá (山が)特異な形でまっすぐにそびえているさま.
奇兵 qíbīng 敵の意表をつき奇襲する兵・部隊.〔贼众寡悬,必出～,方可取胜〕(三・1)賊は多数,我は無勢だから必ず奇襲に出てこそ勝利を制することができる.
奇才 qícái 珍しい才能(を持った人)
奇彩 qícǎi 不思議な輝き.
奇耻大辱 qíchǐ dàrǔ 〈成〉この上もない恥辱.
奇绌 qíchù 〈文〉大変窮乏する.非常に不足している.〔转〕財政困難である.
奇峰 qífēng 珍しい姿の峰.
奇功 qígōng 奇功.特別な勲功.殊勲.〔屡 lǚ 建～〕たびたび思いもよらぬ,すぐれた功績をあげる.
奇诡 qíguǐ ①奇怪である.不思議である.〔～的事〕不思議なこと.〔咦 yí,～呀〕あれ,おかしいぞ.〔可真～〕実に不思議だ.〔世界上什么奇奇怪怪的事都有〕世の中にはいかなる奇怪千万なことも有り得る.②不思議に思う.奇異に感じる.〔要是你早告诉我,我也就不～了〕君が早く言ってくれれば,ぼくだっておかしく思わなかったんだ.〔看你～的〕なんだ,そんなに不思議がって.
奇观 qíguān 奇観.奇異な眺め.奇異な現象.ひどく珍しい景観.
奇光异彩 qíguāng yìcǎi 〈慣〉奇妙な光彩.珍しい色どり.
奇瑰 qíguī 並ではない.極めて珍しい.
奇诡 qíguǐ 奇怪にしてはかり難いこと.〔这种～难测的事件,不必管它了〕こんな訳のわからぬ事は,かまわないことにしよう.
奇寒 qíhán =〔奇冷〕まれな寒気.非常な寒さ.
奇花异草 qíhuā yìcǎo 〈成〉奇異な(珍しい)草花.〔奇花异卉 huì〕の改まった言い方.〔～,万紫千红〕珍しい花がとりどりに咲き乱れている.〔～,争妍斗艳〕同前が妍(エン)を競う.
奇幻 qíhuàn 〈文〉奇異で幻想的である.現実離れしている.
奇货可居 qíhuò kějū 〈成〉珍しい品物を買いだめておいて値を吊り上げようとすること.〔喩〕得たり賢しとたまたま得た特殊な自分の有利さを利用しようとすること.→〔居 jū 奇〕
奇计 qíjì ⇒〔奇谋〕
奇迹 qíjì 奇跡.
奇技异能 qíjì yìnéng 〈慣〉特殊な技能.珍しく変わった才能.
奇景 qíjǐng 奇景.めったにない珍しい景色.
奇窘 qíjiǒng 〈文〉非常に窮迫する.
奇绝 qíjué (景観などが)大変珍しく絶妙である.
奇崛 qíjué 〈文〉①奇技で優れている.〔文笔～〕文筆が同前.②山が険しく変化に富んでいるさま.
奇峻 qíjùn 極めて険しい.峻険である.
奇冷 qílěng ⇒〔奇寒〕

奇丽 qílì 格別に珍しくて美しい.〔～的山石〕同前の.
奇美 qíměi 珍しくて美しい.
奇门 qímén 因十干の三奇(乙・丙・丁).また遁甲(甲)の八門(八つの変相)の合称:これにより吉凶を占った.→〔遁 dùn 甲〕
奇妙 qímiào 奇妙で珍しい(多くの人の気を引く事柄に用いる)
奇谋 qímóu =〔奇计〕奇謀.非凡な発想による計画・策略.
奇楠香 qínánxiāng 〔迦南楠香〕〔伽 qié 南香〕とも書いた.国キャラ(伽羅):ジンコウ(沈香)の中で香りが特に優れたもの.→〔沉 chén 香〕
奇男子 qínánzǐ 奇男子.英傑.豪傑.快男子.好漢.→〔顶天立地的～〕俯仰天地に恥じない英傑.→〔好 hǎo 汉〕
奇女子 qínǚzǐ ①女傑.男まさりの女性.②風変りの女性.
奇葩 qípā 〈文〉珍しい花.〔～异草〕珍しい花や草.
奇庞福艾 qípáng fú'ài 〈成〉顔が並と異なる福相であること.
奇巧 qíqiǎo 新奇で巧妙である.精巧である.〔巧妙〕に同じ.〔做得很～〕精巧に作ってある.〔构 gòu 思～〕構想が巧妙である.
奇趣 qíqù 奇妙な味わい.
奇缺 qíquē 非常に欠乏している.〔中坚人材～〕中堅どころの人材が非常に手薄である.
奇事 qíshì 不思議な事.
奇谈 qítán 珍しい話.〔～怪论〕あるはずのないことを言う議論.奇怪な論調.
奇特 qítè もの珍しい.珍奇である.奇妙である.〔～的印象〕きわだって目だった印象.〔他的性情很～〕彼の性気は非常に風変わりである.
奇通染料 qítōng rǎnliào ⇒〔三 sān 苯甲烷染料〕
奇童 qítóng 優れた異能な子ども.
奇突 qítū ①思いがけない.突然である.②普通ではない.特異である.
奇伟 qíwěi 非凡で雄大である.怪異である.〔琦玮〕に同じ.
奇文 qíwén 斬新な文章.〔～共赏 shǎng〕〈成〉珍しい文章を一緒に鑑賞する.〔喩〕大衆に弁別批判させるため反動的または誤った文章を公に供すること.〔作为反面教材,～共赏〕反面教材としてこの奇文を共に鑑賞してほしい.
奇闻 qíwén 珍しい話.奇聞(イ).〔千古～〕前代未聞の珍しい話.
奇袭 qíxí 奇襲する.→〔偷 tōu 袭〕
奇想 qíxiǎng 奇想.風変わりな考え方.
奇效 qíxiào 奇効.素晴らしい効き目.〔立见～〕ただちに効き目が表れる.
奇邪 qíxié 正しくない.
奇形怪状 qíxíng guàizhuàng 〈成〉奇妙な格好.グロテスクなかたち.
奇秀 qíxiù 並はずれてすばらしい.
奇勋 qíxūn 〈文〉大手柄.〔～伟 wěi 绩〕同前.〔屡 lǚ 建～〕しばしば殊勲をたてる.
奇验 qíyàn あらたかな効験.不思議な効きめ.
奇异 qíyì ①奇異である.風変わりである.〔海底是一个～的世界〕海底は驚異の世界だ.②驚く人.びっくりする.好奇心のある.〔他们都用～的眼光看着我〕彼らは皆奇奇の(物珍しい)目つきでわたしを見ている.
奇异果 qíyìguǒ ⇒〔猕 mí 猴桃〕
奇遇 qíyù 思いがけない遭遇.めぐり会い.奇遇.
奇冤 qíyuān 大冤罪.
奇缘 qíyuán 奇縁.意外な因縁.

qí 奇埼崎骑琦锜俟耆鳍鬃畦

奇招 qízhāo 奇抜な手・戦略.思いもよらない一手.
奇珍异宝 qízhēn yìbǎo 〈成〉珍宝.世にも珍しい宝.
奇志 qízhì 非凡な意向.偉大な志.高尚な抱負.〔少年～〕少年は志が多くある.
奇重 qízhòng （重量・症状・罪などが）非常に重い.〔灾情～〕被災状況がきわめてひどい.
奇装 qízhuāng 風変りな服装.〔身着 zhuó～〕一風変わった見なりをしている.〔～异 yì 服〕〈成〉変わったいでたち.奇妙な服装.多くは貶す意味を含む.

〔埼（碕）〕 qí 〈文〉曲がりくねった（海）岸.

〔崎〕 qí ①→〔崎岖〕 ②地名用字.〔高～〕地厦門市の北にある. ③〈女〉傾いている.

崎岖 qíqū 〔崎嶇〕とも書く.①山道がでこぼこで険しい.〔山路～不平〕同前.〔～之道〕険しい道. ②状況が困難なこと.〔前途～〕前途が困難である.

〔骑・騎〕 qí ①またがる.またがって乗る.〔～马〕馬に乗る.〔～自行车〕自転車に乗る.〔～在头上拉 lā 屎〕〈喩〉人をないがしろにすることがはなはだしいこと.→〔坐 zuò ③〕 ②二つの物にまたがって（かかって）接している.ふたまたをかける.〔骑缝〕 ③馬に乗った兵士.騎兵.〔铁～〕〈文〉〈喩〉強い騎兵.〔项羽率二十八～突围〕項羽は28騎を率いて囲みを突き破った. ④人がまたがり乗る馬（や他の動物）.〔坐～〕同前.

骑兵 qíbīng ＝〔马兵〕騎兵（隊）
骑车 qíchē 自転車やオートバイに乗る.〔～带人〕前の二人（または二人以上）乗り.
骑从 qícóng 〈文〉騎馬の従者.
骑缝 qífèng ①（2枚続きの用紙の）切り離す部分.切りとり線の部分.〔在～处盖印〕継ぎ目に判を押す. ②（新聞紙・書籍の）見開きのとじ目."のど".〔～广告〕同前の空白を利用した広告.
骑缝（图）章 qífèng (tú)zhāng 同下.
骑缝印 qífèngyìn ＝〔骑缝（图）章〕割印.〔打～〕〔盖上～〕割印を押す.→〔骑缝〕〔押 yā 缝〕
骑㨄 qígē 〈方〉決着がつかない.棚上げされている.
骑河楼 qíhélóu 橋の上に建てられている建物.
骑鹤上扬州 qí hè shàng yángzhōu 不可能なことをひとり妄想すること：鶴に乗って仙人になりたいとか,揚州の長官になりたいとか,大金持になりたいとか勝手な願いを古い小説から.〔腰缠十万贯,～〕大金を持って同前.
骑虎难下 qíhǔ nánxià 〈成〉虎にまたがったら下りるに下りられぬようにやめるにやめられないさま.乗りかかった船：〔骑虎之势〕ともいう.→〔进 jìn 退两难〕〔势 shì 成骑虎〕
骑警 qíjǐng 騎馬巡査：〔骑马警察〕の略.
骑楼 qílóu ①建物の2階以上にある外に突き出た部分：特に華南では〔骑楼底〕（下の歩道）の上に突き出て歩行者をまたぎ雨から守る役割をもつ. ②通路をまたいでいる建物.〔～亭 tíng〕同前.
骑路市场 qílù shìchǎng 〈口〉道路にはみ出して商品を並べる市場.
骑驴看唱本儿 qílǘ kàn chàngbĕnr →〔走 zǒu 着瞧〕
骑驴找驴 qílǘ zhǎolǘ ⇒〔骑马找马〕
骑马布 qímǎbù 〔月 yuè 经帯〕
骑马带子 qímǎdàizi 〔月经带〕
骑马裆 qímǎdāng ＝〔人 rén 字裆〕〔一儿〕股にあてぎれ（まち）を入れて,初めから太く裁ったもの.
骑马钉 qímǎdīng 錠（さ）.コの字形の釘.→〔扒 pā 钉〕
骑马蹲裆式 qímǎ dūndāngshì 中腰の姿勢：〔蹲裆骑马式〕ともいう.
骑马战 qímǎzhàn 騎馬戦.擬騎馬戦（遊戯の一種）.〔打～〕同前のする.→〔竹 zhú 马〕
骑马找马 qímǎ zhǎomǎ ＝〔马上找马〕馬に乗って馬を捜す.〈喩〉ⓐ現状を維持しながら,更に良い仕事を探すこと.ⓑ自己にあるものを忘れて,いたずらに他に求めること：〔骑驴找驴〕ともいう.〔找〕は〔觅 mì〕ともいう.
骑枪 qíqiāng 〔骑兵銃：〔马 mǎ 枪〕に同じ.
骑墙 qíqiáng 態度をあいまいにする.日和（ひよ）見をする.こうもりをかける.〔～汉〕二股膏薬の人.〔～态 tài 度〕両面的態度.どっちつかずの姿勢.〔～派 pài〕日和見派.〔～主 zhǔ 义〕日和見主義.→〔观 guān 潮派〕
骑人的马,架人的鹰 qí réndemǎ, jià rendeyīng 〈諺〉人の褌（ふんどし）で相撲をとる.人の太刀で功名をたてる.
骑射 qíshè 馬術と弓術.
骑师 qíshī 名騎手.〔冠军〕優勝馬.
骑士 qíshì 因騎士.ナイト：欧州中世の武士.
骑手 qíshǒu 騎手.乗馬のする人.
骑术 qíshù （骑）馬術.〔～比赛 sài〕囚馬術競技.
骑月 qíyuè 2か月にまたがる.〔～雨〕翌月にまたがる長雨.

〔琦〕 qí 〈文〉①美玉の一種. ②美しい.〔～珍〕珍宝ではなく美しい.

琦玮 qíwěi 〈文〉実に立派である.きわだっている.
琦行 qíxíng 〈文〉優れた人徳.高尚な行動.

〔锜・錡〕 qí 固①食物を煮る3本足のついている釜.→〔镬 huò ①〕 ②鑿（のみ）の類.

〔俟〕 qí 〔万 mò ～〕〈姓〉万俟（ぼくち）→ sì

〔耆〕 qí 〈文〉①60歳あるいはそれ以上（の人）→〔黄 huáng 耆〕

耆艾 qí'ài 〈文〉尊敬すべき老人.
耆旧 qíjiù 〈文〉高齢で世の尊敬を受けている人.
耆老 qílǎo 〈文〉高齢の高い老人.
耆那教 qínàjiào 因ジャイナ教：古代インドの宗教の一.〔释迦（牟尼）〕と同じころ大勇という人が興した宗教.〔耆那〕とは勝者を意味し一切の世俗的苦しみから解脱するという意.
耆年 qínián 〈文〉老人.高齢.
耆儒 qírú 〈文〉高齢の大儒者.
耆硕 qíshuò 〈文〉高齢で徳望のある人.
耆宿 qísù 〈文〉德望のある社会的に名声の高い老人.

〔鳍・鰭〕 qí 風魚（魚類・水生哺乳類の）ひれ.〔背 bèi ～〕〔脊 jǐ ～〕背びれ.〔尾 wěi ～〕尾びれ.〔胸 xiōng ～〕胸びれ.〔腹 fù ～〕腹びれ.

鳍刺 qícì 鳍〔条：魚のひれの中にあり,ひれの形を保持したひだりする作用をする.
鳍叶 qíyè ⇒〔羽 yǔ 状复叶〕
鳍柱骨 qízhùgǔ 担鳍（さ）骨：〔鳍刺〕を支えている骨.
鳍足目 qízúmù 園鳍〔脚亚目：ひれ足動物（アザラシ・セイウチなど）の総称.もと〔鳍脚类〕といった.

〔鬃〕 qí 〈文〉馬のたてがみ：〔马 mǎ 鬣〕〔马鬃 zōng〕に同じ.

〔畦〕 qí ①あぜで長方形に囲まれた一区切りの平たい田をなす.〔一 yí 亩 mǔ 地有 7 枚の田となる.〔菜～〕野菜畑.〔住了艤驴干了～〕灌水用のくろやとまると畑は乾いてしまう.〈喩〉生命のカギがだめになる.〔～垄 lǒng ①〕 ②量詞.畑の中の一区切りを数える.〔种一～菜〕野菜畑を1区画作る.

畦乞芑岂屺杞起 qí~qǐ

a
畦道 qídào あぜ道.
畦埂 qígěng あぜ.
畦沟 qígōu あぜ脇の水路.
畦灌 qíguàn 〔農〕広い田畑をあぜで区切って,脇に引いた水で灌漑すること.

b
畦田 qítián 〔農〕あぜで仕切って水を張ることのできる田畑の区画.
畦畛 qízhěn 〈文〉①田畑の境の区切り.〈転〉常法.普通の規格.[出于～之外]〈喩〉定法を脱している.②へだたり.みぞ.[无 wú ～](二人の)思いにへだたりはない.

c
〔乞〕 qǐ ①乞う.請う.求める.〈敬～指教〉〈謹〉敬んで御指教を請う.②〈姓〉乞(⁂).
乞哀告怜 qǐ'āi gàolián 憐憫(⁂)と援助を乞う.
乞贷 qǐdài 〈文〉借金を頼む.金を貸してくれと頼む.
乞恩 qǐ'ēn 憐憫を乞う.恵みを乞う.

d
乞儿马医 qǐ'ér mǎyī 旧物乞いと馬の医者:極めて卑しい者のたとえ.
乞伏 qǐfú 〈姓〉乞伏(⁂)

e
乞丐 qǐgài =〔方〕乞食②物乞い.ものもらい:俗に[叫化 jiàohuà 子][叫花子][讨tǎo饭的][要yào饭的]などともいう.[～包]端切れを綴り合わせて作ったバッグ.[～服 fú]～装 zhuāng]わざと中古に仕立てた服.
乞骸骨 qǐháigǔ =〔乞身〕〈文〉大臣・高官が辞職を願い出ること.

f
乞假 qǐjià =〔取qǔ告〕〈文〉休暇を願うこと.→〔请qǐng 假〕
乞怜 qǐlián 哀れみを乞う.[搖yáo尾～]尾を振って同前.

g
乞灵 qǐlíng 〈文〉神仏の霊顕に頼る.おすがりする.
乞盟 qǐméng 〈文〉①敵に和を求める.②盟を結んで神に照覧を請うこと.
乞免 qǐmiǎn 〈文〉①許しを請う.わびる.②辞職を願い出る.

h
乞命 qǐmìng 命乞いをする.
乞巧 qǐqiǎo 旧旧暦7月7日の[七夕](たなばた)の夜に女の子が織女星に針仕事が上達することを祈った風習.[～节 jié]七夕(祭り):[七夕]と同じ.[～棚 péng]七夕の日,錦や色絹の紐で家々に作る棚飾り.[～qí巧楼]

i
乞请 qǐqǐng 〈文〉自分にくれるよう懇願する.乞い願う.
乞求 qǐqiú 懇願する.[～宽 kuān 恕]大目にみてくれと頼み込む.→[恳 kěn 求][请qǐng 求]
乞身 qǐshēn ⇒[乞骸骨]
乞师 qǐshī 〈文〉援軍を求める.
乞食 qǐshí ①食物の施しを求める.②⇒[乞丐]
乞讨 qǐtǎo =[讨乞]金銭・食物の施しを求める.[沿街～]町中を物乞いして回る.[度日]人の施し物に頼って暮らしている.

k
乞头 qǐtóu 旧賭場で勝った者の上前をはねる銭.→[抽 chōu 头儿②]
乞降 qǐxiáng 降伏を申し入れる.
乞援 qǐyuán 救援を頼る.

l
〔芑(芑)〕 qǐ ①固茎の白いアワ.②固ヒガナに似た植物.③化シクロヘキサジエン:[环 huán 己间二烯]に同じ.

〔岂・豈〕 qǐ 〈文〉強い反問を表す疑問副詞.あに…ならんや.どうして…のことがあろうか.まさか…のはずはあるまい.[～能不管]どうして放っておけようか.[～可相比]どうして比較になろうか(とてもならない).②〈姓〉豈(⁂) → kǎi

m
岂不(是) qǐbù(shì) 何と…ではないか.[这件事这么一办,～坏了]そうしたらぶち壊してし

n
まうではないか.
岂不知 qǐbùzhī 〈文〉あに知らざらんや.[～你的本事比他大得多]きみの腕前が彼よりずっと勝っていることを知らないことがあろうか.
岂待 qǐdài 〈文〉あに待たんや.[～将来]どうして将来を待とうか(その必要はない).
岂但 qǐdàn =[岂只]〈文〉…のみならず.[～他一个人不愿意,连我们都不赞成]彼一人が希望しないのみならず,我々も不賛成である.→[不bù 但]
岂非 qǐfēi 〈文〉何と…ではないか:反問の形で強い肯定を表す.[这样解释～自相矛盾]このような解釈は自己矛盾ではないか.
岂敢 qǐgǎn ①どうして(…を)敢えてしようか(決してしない).[～～怠 dài 慢]どうしておろそかにしようか.②どういたしまして.[～～!][挨]同前.→[不bù 敢当][哪 nǎ 里]
岂可 qǐkě 〈文〉どうして…してよかろうか:後に置くと[不]と呼応して強い積極的な姿勢を表す.[既有命令,～不-去]命令があるから,行かなくていいだろうか(行かなくてはならない).
岂肯 qǐkěn どうして同意できようか.
岂料 qǐliào 〈文〉どうして思い及ぶことができようか.どうして予想できたであろうか.
岂奈 qǐnài 〈文〉いかんせん.残念でどうしようもない.[我虽然愿意帮你忙,～现在没有钱]わたしはきみの加勢をしたいのだが,いかんせん今金がないのだ.→[无 wú 奈]
岂能 qǐnéng どうして…できようか.[～跟小孩子一般见识]どうして子供の相手になることができようか.[～这样大的事～坐视不管]これだけ重大な事をどうして黙って見ていることができようか.
岂有此理 qǐ yǒu cǐlǐ 〈慣〉もってのほかだ.とんでもない.けしからん.そんな馬鹿な話はない.言語道断だ.何ということだ:理に合わない話または物事に対して憤慨不満を表す言葉.[这真是～]これは全くとんでもないことだ.[你也不说一声就走了,真是～]君,一言も言わずに行ってしまうなんて,本当にけしからん.
岂有他哉 qǐyǒu tā zāi 〈慣〉ほかにやりようがあろうか.[如此而已,～]こうするだけだ,ほかにどうようもできない.
岂知 qǐzhī 〈文〉いずくんぞ知らん.思いがけなくも.[～他今天就已作古了]彼が今日亡くなろうとは思いもかけなかった.
岂止 qǐzhǐ 〈文〉あに…に止まらんや.…のみにあらず.
岂只 qǐzhǐ ⇒[岂但]

〔屺(屺)〕 qǐ 〈文〉禿山.草木の生えていない山.

〔杞(杞)〕 qǐ ①=[枸 gǒu 杞] ②旧周の諸侯国の一.現在の河南省杞県一帯にあった.③〈姓〉杞(⁂)
杞柳 qǐliǔ =[紫 zǐ 柳]植コリヤナギ近縁種:この小枝で[柳条(儿)箱]を作る.
杞人忧天 qǐrén yōutiān =[杞忧]〈成〉杞憂.取り越し苦労.余計な心配:昔時,杞の国の人が天が落ちてきたらどうなるかと心配したという(列子).[杞人之忧]ともいう.
杞忧 qǐyōu 同上.
杞梓 qǐzǐ 杞や梓のような良材.〈転〉優秀な人材.

〔起(起)〕 qǐ (Ⅰ)①(座っていたのが)立ち上がる.(横になって寝ていたのが)起きる.起き上がる.[(不来)起きられない.[早睡早～]早寝早起き(をする).②上昇する.上がる.[行市又～了一点儿了]相場がまた少しあがった.[这个风筝不爱～]このたこはよくあがらない.

Q

1345

③元の場所から離れる.移動する.〔飞机～到半空〕飛行機が空中へ舞い上がる.④〔できものやあせもなどが〕できる.ふきでる.ふきあがる.〔～痱fèi子〕あせもができる.〔抽暑他肉皮上～了一道岗gǎng子〕たたかれて彼の肌にみみずばれが1本できた.〔因为起子加得少,～得不好〕ふくらし粉が少なかったのでふくれが悪い.〔～了一身鸡皮疙瘩gēda〕総身に鳥肌が立った.⑤発生する.生まれる.起こる.〔～风了〕風が出た.〔平地一风波〕平穏な所に騒ぎが持ち上がる.〔～了疑心〕疑心を起こした.疑念が生じた.〔了黑心〕不正な心,よくない心を起こした.よくない心が起きた.⑥(社会的行動を)起こす.発動する.⑦建設する.建てる.〔～一座楼房〕2階建ての家を1軒建てる.〔白手～家〕〈成〉裸一貫から家を興す.⑧(原稿などを)書く.(名前を)つける.〔～外号〕あだ名をつける.⑨(証明書や証書類を)受領する.もらい受ける.〔～护照〕パスポートをとる.〔行李〕手荷物を受け取る.⑩…から始める(始めて).〔由现在～〕今から(始めて).〔打星期一～戒烟〕月曜日から禁煙する.〔从明天～〕明日から始めて.⑪〈方〉…より.…から.…経由で:時間・場所などの起点や経由点を表す介詞.〔～哪儿来〕どこから来るか.〔～哪儿计算〕どこから計算するか.〔～小到大没见过〕子どもの時からずっと会ったことがない.〔～心里感谢〕心から感謝する.→〔从cóng(Ⅱ)〕〔打dǎ(Ⅱ)〕〔解jiě〕〔由yóu②〕〔自zì(Ⅱ)〕⑫取り外す.抜き取る.取り出す.臧(ず)品などを探し出す.〔～钉子〕釘を抜く.〔把墙上的画～下来〕壁にかけてある絵を取り外す.〔这件衣服得～油〕この服は油じみを抜かなければならない.〔把地下的银子～出来〕地下の銀を取り出す.⑬量詞.⑧事柄の件数・回数に用いる.〔喜报一天有好几~〕吉報が1日に何回もある.〔今天的案子,第一~是盗窃案〕今日の事件は最初の組が窃盗事件だ.〔一天出了两一事故〕1日に事故が2件起こった.〔一年要处chǔ理十多~〕1年に十数件を処理する.⑤組·群になったものを数える.〔来了一~客人〕(大勢の)お客さんが1組来られた.〔放在一~,一組にして置いておく.一緒に置いておく.〔我和他不是一~的〕わたしは彼と一緒の(組)ではない.⑭〈姓〉起(*)

(Ⅱ)①動詞の後に置いて,動作が下から上へ向かう姿勢を表す:多くと〔来〕と連用する.〔站～来〕立ち上がる.〔爬pá～来〕はい上がる.②動詞の後に置いて,その動作に力量条件のあることと,耐え得ることを表す:多く〔…得～〕〔…不～〕の形で表される.〔对不～〕顔向けができない.すまない.〔买不～〕(金がなくて)買えない.〔当得～〕当たる(担当する)ことができる.〔受不~〕受けこたえきれない.耐えられない.〔冻dòng不~〕寒さは耐えきれない.〔住不~〕(費用がかかって,家賃が高くて)住みきれない.〔票价太贵,我们学生看不~〕入場券が高くて我々学生には見られない.③動詞の後に置いて動作の結果が人や物に及ぶことを表す.〔他来信问~你〕彼は手紙で君のことを尋ねている.④…し始める.…になってくる〕多く動詞の後に置き〔来〕を伴う.〔打～仗来了〕戦争を始めた.〔从小学~〕初めから学ぶ.〔说～来〕話し出す.話し始める.〔说～来话长〕話せば長いことなる(が).〔提～来就生气〕(このことを)持ち出すとすぐに怒る.〔大家唱～来了〕皆は歌い始めた.

起岸 qǐ'àn 陸揚げする.荷揚げする.
起霸 qǐbà 劇旧劇で,武将が最初登場した時,出陣に先だってその武功や力量を誇示するようなよろいかぶとを整える一連の勇壮なしぐさ:これを終わってから劇の筋に入る.

起爆 qǐbào 起爆する.〔～药yào〕点火薬.起爆薬.〔准时~〕定刻に起爆する.
起笔 qǐbǐ ①(書道で)起筆する.②(検字表で)漢字の最初の一画.〔五~〕〝、〞〝一〞〝丨〞〝丿〞〝⺄〞をいう.③文章の冒頭.書き出し.
起兵 qǐbīng ①出兵する.②武装蜂起をする.→〔起义〕
起驳 qǐbó はしけ船から荷揚げする.
起搏器 qǐbóqì 医 (心臓の)ペースメーカー.〔心脏～〕同前.→〔搏动〕
起步 qǐbù 歩き出す.(車が)動き出す.〈喻〉(事が)始まる.始める.〔车子一了〕車が動き始めた.〔～费〕⑧(タクシー)初乗り料金.⑥運賃·光熱費など基本料金.最低料金.〔我们的研究刚刚~〕我々の研究はまだ始まったばかりだ.
起槽刀 qǐcáodāo 溝みぞビイト:物の平面や円の内面·外面に溝を切るための一種の〔单dān刃刀具〕
起草 qǐcǎo 起草する.草稿を書く.〔～法规〕法規を起草する.→〔打草稿〕
起场 qǐcháng 農(広場に干してある脱穀した穀物を)かき集める.
起程 qǐchéng ⇒〔启程〕
起承转合 qǐchéng zhuǎn hé 起承転結:もと詩文の作法上の用語.〔絶句〕の場合,第一句で詩意を起こし,第二句でそれを承け,第三句でこれを他に転じ,第四句で結ぶこと.〔起承转结jié〕〔起承转落luò〕ともいう.
起翅 qǐchì 〈方〉(鳥が)飛びたつ.(外を)出歩く.(外を)飛び回る.〔你刚这么早就~啊〕こんな朝早くからとび出てはいけないよ.
起初 qǐchū ⇒〔起头(儿)〕
起床 qǐchuáng 起床する.〔～铃〕起床ベル.
起刺 qǐcì 〈方〉あげ足をとる.あら探しをする.
起打 qǐdǎ 劇(旧劇の〔武wǔ戏〕で)立ち回りが始まること.
起单 qǐdān 函荷渡し指図書.
起点 qǐdiǎn ①起点(場所や時間).〔～站zhàn〕〔始shǐ发站〕始発駅.②区スタート地点.
起电 qǐdiàn 電充電する.帯電する.感電する.〔～盘pán〕電気盤.〔~机〕電起電器.
起吊 qǐdiào (クレーンなどで)つり揚げる.
起碇 qǐdìng ⇒〔启碇〕
起动 qǐdòng ①⇒〔启动〕②⇒〔劳动láodòng〕
起端 qǐduān ⇒〔开头端〕
起发 qǐfā ①出発する.②間に入ってだまし取る.
起飞 qǐfēi ①(飛行機が)離陸する.飛び立つ.〔飞机十一点四十分~〕飛行機は11時40分に離陸する.〔星期二清晨由香港~,于星期三下午抵达日内瓦〕火曜日早朝香港を離陸し,水曜日午後ジュネーブに到着.→〔降jiàng落①〕②(経済·事業などが)昇り調子になる.ぐんぐん発展する.〔～点〕同前の起点.
起粪 qǐfèn (牛馬などの小屋から)糞をかき出す.
起伏 qǐfú ①起伏する.高くなったり低くなったりする.〔连绵~的群山〕起伏のある山が続いている.②好転したり悪化したりして変化する.
起付 qǐfù 給付する.支給する.給付·支給を開始する.→〔付給〕
起复 qǐfù ①旧(官吏が)服喪中に起用されること.また喪が終わったのち起用されること.②(停職の人を)再起用する.
起杠 qǐgàng =〔出chū殯〕出棺(する).〔定在早晨八点钟~,朝八時に出棺することに定まった.
起稿 qǐgǎo 起稿する.原稿を書く.→〔起草〕〔拟nǐ〕

起 qǐ

稿(儿)

起根(儿) qǐgēn(r) 〈方〉①もともと.はじめから.根っから. ②ずっといつも.

起更 qǐgēng ⇒〔定 dìng 更〕

起工 qǐgōng 工事を始める.着工する.

起沟机 qǐgōujī 圃溝(みぞ)切り機.

起锅 qǐguō 鍋から(蒸した・茹でた食べ物)を取り出す.

起旱(路) qǐhànlù (歩いて)陸路を行く.〔我们要~走〕我々は陸路を行く.〔起三天旱(路)〕陸路を3日間行く.

起行 qǐháng 行(ぎょう)をかえる.改行する.〔另起一行〕同前. → qǐxíng

起航 qǐháng ⇒〔启航〕

起黑票 qǐhēipiào 〈方〉姿をくらます.ずらかる.〔他一声没言语,第二天就~了〕彼は何も言わずに次の日にはもうずらかった.

起哄 qǐhòng ①大勢集まって騒ぐ.〔那群人在那儿起什么哄呢〕あの群衆はあそこで何を騒いでいるのか.〔人家挺忙的,咱们别在这儿~了〕彼はとても忙しいのだからね,ここで騒がないようにしよう. ②(みんなで一人を)ひやかす.〔老王快订婚了,咱们找他起起哄去〕王君がもうすぐ婚約するそうだから,行ってからかってやろうじゃないか.

起花 qǐhuā (紋様を)浮きぼりにする.

起火 qǐhuǒ ⇒〔起火 huo〕

起会 qǐhuì 〔打 dǎ 会①〕回頼母子(たのもし)を作る:日本の頼母子と同様のしくみになっているものを〔搭 dā 连会〕という.また,金の入用な人のために一人が融通し,その人があん按分して毎月一定額ずつ返金していくものを〔单 dān 刀会〕という.

起火 qǐhuǒ ①=〔起伙〕(火を起こして)炊事をする.〔星期天你家~不~〕日曜日にお宅では炊事をしますか.〔在食堂吃饭比自己~方便多了〕食堂でご飯を食べる方が,自分で炊事するよりずっと便利だ. ②火事を出す(が起こる). ③怒る.立腹する.〔越说越~,就骂起来了〕語るにつれますます立腹し,ののしり始めた.

起伙 qǐhuǒ ⇒〔起火①〕

起货 qǐhuò 荷揚げする.貨物を降ろす.荷を引きとる.〔~单〕荷卸記載付図書/荷渡指図書.〔~详单〕荷揚明細書. 〔~报告〕荷揚報告.〔~费〕荷揚費. →〔裝 zhuāng 货〕

起获 qǐhuò (隠されていた不正な財物・禁制品などを)捜査し押収する. →〔起贓〕

起火 qǐhuo 〔起花 hua〕〔旗 qí 花〕ともいう.花火の一種;薬(玉)の尾がについていて,点火するとロケット花火を吹き出す反動で空に上昇するもの.〔放~〕同前を上げる. →〔花⑤〕〔烟火 yānhuo〕

起急 qǐjí 〈口〉焦る.気がせく.〔心里~〕同前. →〔发 fā 急〕

起脊 qǐjǐ 〈方〉高く瓦を積んだ屋根の棟:平屋根でなく棟瓦が高くあがっている.〔正房~,厢房平台〕母屋は棟があり東西(両わき)にある家は平屋根だ. →〔平 píng 台①〕

起家 qǐjiā ①家を興す.家名を掲げる.〔~发财〕家を興し財産家になる. ②事業を起こす.〔他一味苦干,因此起了家〕彼は非常に努力したので事業が立派になった.

起价 qǐjià ①最低価格.スタート値. ②(競売での)提示値段.

起驾 qǐjià (皇帝・皇后が)出御する.〈転〉(冗談や皮肉で)お出ましになる.お出かけになる.

…起见 qǐjiàn …の見地から.…の目的で.…するために;必ず 为 wèi じと相照応して用いられる.〔为安全~,必须系 jì 上安全带〕安全のためにシートをしなくてはならない.

起讲 qǐjiǎng →〔八 bā 股〕

起降 qǐjiàng (航空機が)発着する.離着陸する.

起轿 qǐjiào =〔发 fā 轿〕かごを担ぎ出す.〔什么时候~呢〕かごが出ますか:嫁入りのとき乗物が出る時間を尋ねる言葉.

起节 qǐjié ⇒〔启节〕

起解 qǐjiě 回(犯人が)押送される. →〔押 yā 送〕

起劲(儿) qǐjìn(r) 力を出す.気が乗る.張り切る.力が入る.力が出る.〔一听那话就~了〕その話を聞くなり冴やかる気になった.〔本来盼 pàn 着过年,现在可是一点不~了〕初めは正月を楽しみにしていたのだが,今では少しも興味が持てなくなった.〔干得很~〕精を出して働く.〔喝得~〕酒興が湧いてくる.〔念得~〕勉強に力が入ってくる.〔他无论做什么事,都显得不~,大概是心里不痛快吧〕彼は何をしても身が入らないようにみえるが,多分面白くないことがあるのだろう.〔发射卫星时他们可~了〕人工衛星を打ち上げた時,彼らはこぞって意気が揚がった.〔得得奖以后工作越来越~〕彼は受賞してからというのが,いよいよ張り切っている. →〔不 bù 起劲儿〕

起敬 qǐjìng 尊敬の念を起こす.〔不由得叫人~〕覚えず人をして尊敬の念を起こさせる.〔令人肃 sù 然~〕粛然として尊敬の念を起こさせる.

起居 qǐjū 起臥.立居振舞.平素の生活状態.〔~有恒〕〔~有规 guī 律〕日常生活が規律正しい.〔~室 shì〕居間.リビングルーム.

起句 qǐjù 起句.詩の第一句. →〔起承转合〕

起圈 qǐjuàn 家畜小屋の糞便や敷きわらなどを掻き出す(掻き出して厩(うまや)肥とする):〔出 chū 圈〕〔清 qīng 栏〕ともいう.

起开 qǐkāi 〈方〉離れる.よける.どく.〔请你~点让我过去〕そこをちょっとのいて,通せて下さい.

起炕 qǐkàng 〈方〉(オンドルから)起きる.起床する. ②病気が治る.床上げする.

起课 qǐkè ⇒〔卜 bǔ 课〕

起来 qǐlái ①起きる.起き上がる.〔我~让她坐下了〕僕は席を立って彼女を坐らせた. ②起床する.〔六点钟~〕6時に起床する.〔您~了〕(挨)お目覚めですか. ③立ち上がる.決起する.〔~!不愿做奴隷的人们〕起ち上がれ,奴隸となりたくない人々よ.

-起来 -qǐlái ①動詞の後に置き動作が上へ向かうことを表す.〔从前受压迫的民族,现在已经站~了〕以前,抑圧されていた民族は,今では立ち上がった.〔抬 tái 起头来一看,满天都是星星〕頭を上げて見ると,空一杯の星であった. ②動詞あるいは形容詞の後に置き動作や状態が始まり,且つ継続することを表す.〔他哭 kū ~了〕彼は泣き出した.〔她唱起歌来,令人听得出神〕彼女が歌が始めると,うっとりさせられる.〔想起当时的情景来真有点儿后怕〕当時の模様を思い出すと,実に恐ろしい. ③動詞の後に置き動作が収束・完成した,または目的が達成されたことを表す.〔居民都组 zǔ 织~了〕住民達は皆組織された.〔干完活,把工具都收~了〕仕事が終わって全ての道具を片付けてしまった. ④動詞の後に置き印象・考え方などの推量を表す.〔看~,今年是完不成任务了〕見たところ,今年は任務を達成できないだろう.

起雷 qǐléi 軍地雷や水雷を除去する.

起立 qǐlì ①起きる.起き上がる.②〔号令に用いる.〔全体~！〕全員起立！〔~敬礼〕起立して礼をする.起立して敬意を表す.

起灵 qǐlíng 出棺する.

起垄 qǐlǒng 濃畝(うね)を作る.

qǐ 起

起銮 qǐluán 〈文〉天子の車駕が発する.→〔銮驾 銮舆〕

起落 qǐluò 上がり下がりする.昇降する.〔物价~不定〕物価が上がり下がりして一定しない.〔大起大落〕大きく変動する.〔~架〕(航空機の)離着陸装置:ふつうは滑走車輛.→〔升 shēng 降〕

起码 qǐmǎ ①最低限度(の).ぎりぎりの.〔~的要求〕最低限度の要求.最低の条件.〔保障人民的~生活〕人民の最低生活を保障する. ②少なくとも.最小限の.〔一双皮鞋~能穿一年〕1足の皮靴は少なくとも1年はもつ.〔现在要建造这样的大厦~需要五亿元〕今こんなビルを建てようとすると少なくとも5億元はかかる.

起毛 qǐmáo ①(生地などが)けば立つ.〔这件衣料,毛点儿~了〕この服地は少しけば立っている.〔ぞっとする〕〔发 fā 毛〕に同じ.〔我一个人在这屋子里坐着,直~〕この部屋に一人でいると怖くてしかたがない. ③かびがはえる.

起锚 qǐmáo いかりを上げる.出航する.〔启碇〕に同じ.〔~机 jī〕〔锚车〕揚錨機.ウィンドラス.

起蒙 qǐméng 〈方〉(神経が)ぼんやりする.〔眼睛~〕(目が)かすむ.

起猛了 qǐměngle 〈方〉ぱっと起きる.〔刚才头发晕 yūn 是因为~了,不要紧〕いまさっきふらっとしたのは急に起きたからで大したことはない.

起面 qǐmiàn (生地などが)発酵する.

起名儿 qǐmíngr 名をつける.命名する:〔起名字〕ともいう.

起模 qǐmó 模型引き抜きする.型抜きする.

起腻 qǐnì 〈口〉しつこくする.うるさくつきまとう.〔他三天两头到我这儿来~〕彼は三日にあげずぼくのところに来てつきまとう.〔没完没了地~真令人不胜其烦,无边〕我們整天在一块儿~〕ぼくらは一日中一緒にいて何もせずにガヤガヤ騒いでいる.〔别~,出去活动活动〕閉じこもっていないで少し体を動かせよ.

起拍 qǐpāi ①オークションを始める.せりが始まる(める). 〔~价〕競売・せり市での始の値.→〔拍卖⑤〕 ②(映画のロケの)撮影開始(をする). ③(指揮者が)タクトを振る(振り始める)

起牌 qǐpái マージャンで最初に取って手元におく13個の牌:これを整理して並べることを〔理 lǐ 牌〕といい,この配られた手のうちの牌を〔手 shǒu 牌〕といく.〔壁 bì 牌〕

起跑 qǐpǎo 〈スポ〉(ランニングや陸上競技などのスタートする.〔~线 xiàn〕スタートライン:〔终 zhōng 点线〕(ゴールライン)に対していう.〔~后疾跑〕スタートダッシュ.〔~器 qì〕スターティングブロック.〔新世纪的~〕新しい世紀のスタートダッシュ.

起泡 qǐpào ①泡(が立つ).水泡(が生ずる).〈転〉(風呂屋の隠語で)石鹸.〔肥皂水儿~〕石鹸水が泡立つ. ②〔起疱〕水ぶくれができる.まめができる.〔脚上~〕足にまめができる.

起疱 qǐpào 同上②.

起皮 qǐpí (湿気で)ふやける.のびてしまう. ②かんしゃくを起こす.

起票 qǐpiào ①受領する.発給を受ける.〔起行李票〕(手荷物を預けて)手荷物引換券をもらう. ②〈方〉切符や入場券を買う.

起讫 qǐqì =〔起止〕初めと終わり.〔~点〕起点終点.〔一个阶段的~时间〕一段階の初めと終わりの時間.〔一年〕初めと終わりの年.

起墙 qǐqiáng ①建壁を築く. ②厚紙で作った紙袋の底の部分.

起球 qǐqiú (生地に)毛玉ができる.→〔起毛①〕

起色 qǐsè 活気づく.元気が出る.好転する.〔市面儿很有~〕市況が非常に景気よくなった.〔他的学问见识并没什么~〕彼の学識は一向に進歩がない.〔吃了几服药,病还是没~〕何服も薬を飲んだが,病気はまだよくならない.〔脉有点儿~〕脈が少しよくなった.〔这半年任何生意都没有~〕〔老,2・伦11〕この半年間,どんな商売もみな景気が悪い. ②〈文〉向上心がある.けなげである.〔那个孩子没有~〕あの子供にくじがない.〔这份儿的~,一丁点儿的事也争得脸红脖子粗〕この甲斐性のなさはどうじゃね,ちょっとしたことでもむきになって争っている.↔〔減 jiǎn 色〕

起沙 qǐshā 〈気〉砂嵐が発生する.黄砂が降る.

起晌 qǐshǎng 〈方〉①正午ごろ. ②昼休み(昼寝)がすんだ時分.

起身 qǐshēn ①出発する.〔动 dòng 身〕に同じ. ②立ち上がる. ③起床する.

起身炮 qǐshēnpào 旧官吏が辞める際に下役の者の中から抜擢して補充し,下の者に恩恵を与えると共に,外部の猟官運動者をあきらめさせるような効果をねらった人事を行うことを〔放 fàng ~〕といった.

起始 qǐshǐ ①始まる(める).開始する. ②はじめ.もと.〔~我也不相信〕はじめは僕も信じられなかった.

起事 qǐshì 武装蜂起をする.兵を挙げる.

起誓 qǐshì 誓いをたてる.誓約する:〔发 fā 誓〕に同じ.〔~赌咒地说〕天地神明に誓って言う.〔这东西不是我偷的,我敢~〕これはわたしに必ず盗んだものではありません,わたしは誓いますよ.→〔赌 dǔ 誓〕

起手 qǐshǒu ①(囲碁・将棋などで)手をくだす.手をつける.〔由三三~〕三三から始める. ②はじめ.最初.

起首 qǐshǒu はじめ.はじまり.もと.

起数 qǐshù (発生)件数.〔交通事故~比去年下降了〕交通事故件数は昨年より減った.

起水 qǐshuǐ 〈方〉金をもうける.成金になる.

起死回生 qǐsǐ huíshēng 〈成〉死んだものを生き返らせる. ⓐ医術の優れたさま. ⓑ絶望的な情況から路を作り出すこと.

起酥 qǐsū 小麦粉をこねたものを,洋菓子の"パイ"のように練ったものにすること.

起诉 qǐsù 〔法〕①起訴する.〔~书〕起訴状. 裁判所へ訴える.提訴する.〔~状 zhuàng〕诉状 sòng 状〕〔讼状起訴状と訴状(総称)

起酥 qǐsū 〈文〉鳥肌が立つ:〔起鸡皮疙瘩〕ともいう.

起跳 qǐtiào 〈スポ〉(走幅跳などで)踏み切る(り).〔~板〕踏み切り板.〔~线 xiàn〕踏み切り線.

起头(儿) qǐtóu(r) ①=〔起初〕初め.最初.最初のところ(ころ). ②初めから.〔万事开头~万事开头难〕何事も始めが難しい.〔~说了点儿别的〕初めにほかの事を言った.〔再~念一遍〕初めからもう一遍読む. ②始める.先端に.立ってやる.〔~的时候儿,~始めたばかりの時.〔我只想这么起个头儿,引起大家的兴趣〕わたしはこういうふうに先鞭をつけて,人々の興味を引き出そうとしようと考えている.

起土 qǐtǔ ①(農作物などをとるため)土を掘り起こす. ②ほこりをたてる.

起网 qǐwǎng (漁で)網を引く.

起卧 qǐwò 〈文〉起きることと寝ること.〈転〉日常生活.〔~要有定时〕起床・就寝は定まった時間があるべきである.

起舞 qǐwǔ ①踊り出す.〔翩 piān 翩~〕ひらひらと舞い出す. ②(歓喜して)小躍りする.

起五更 qǐwǔgēng 〈喩〉早起きする.〔他做事太蹭蹬老是~起晚集〕彼は仕事がたいへん遅く,いつも早起きするくせに遅い市にしか間にあわない.

起息 qǐxī 利息のつきだす日.

起席 qǐxí (宴会の)席から離れる.〔大家都~了,他

起企启 qǐ

还没有吃完呢]みなは席を立ったというのに、彼はまだ食べ終わっていない。
起先 qǐxiān 最初.初め.
起小儿 qǐxiǎor 小さい時から.子どもの時から.〔他～身体就结实〕この子は小さい時から体は丈夫だった.〔这孩子怪可怜的,~就没妈了〕この子はとても可哀そうで,幼い時に母親を亡くしました.
起效 qǐxiào 効果が発生する.ききめが現れる.
起卸 qǐxiè 積荷を(車·船から)おろす.〔~货物〕〔卸货〕同前.
起薪 qǐxīn 初任給.最低の給料.
起衅 qǐxìn ⇒〔启衅〕
起行 qǐxíng ⇒〔启行〕→ qǐháng
起兴 qǐxìng ①興味が湧く.②〈文〉他に託して思う所を述べる.→〔兴②〕
起性子 qǐxìngzi〈方〉腹を立てる.〔别一点儿小事就~〕小さなことで腹を立てるな.→〔生 shēng 气②〕
起锈 qǐxiù さびる.さびつく.→〔长 zhǎng 锈〕
起眼(儿) qǐyǎn(r)(见て)立派である.見ばえがする.目立つ.人目をひく:多く否定に用いる.〔你花了那么些钱,怎么买了这么个不~的东西呢?〕きみはこんな高いお金を使ってどうしてこんなぱっとしないものを買ったのかね.〔不~的东西谁要它!〕見ばえのしないものなんか誰が要るものか.〔别看他长得不~,人很能干〕彼は見かけがぱっとしないからとて馬鹿にしてはいけない,人物はとてもやり手なんだ.→〔抬 tái 眼〕
起夜 qǐyè 夜間,小便に起きる.
起疑 qǐyí 疑念を持つ.疑いをかける.〔令人~〕人に疑いを抱かせる.
起义 qǐyì 武装蜂起する.挙兵する.〔农民~〕農民一揆(き).農民暴動.〔~军〕蜂起軍.〔被剥削群众的、首先是奴隶的、彻底摧毁了罗马过去的威力撑阳されていた大众的奴隶的蜂起は,まず奴隷の蜂起がローマのかつての威力を徹底的にうち破った.→〔暴 bào 动〕〔举 jǔ 义〕
起意 qǐyì 考えを起こす.心が動く.考えが浮かぶ:多くよくない考えをいう.〔~不良〕思いつきがよくない.考えがよくない.〔当初的~倒不坏〕初めの思いつきは悪くないのだ.
起因 qǐyīn 起因.事の原因.→〔原 yuán 因〕
起用 qǐyòng ①(既に退職している者または免職された者を)起用する.再任命する.→〔启用〕②登用する.抜擢する.〔~中青年〕中年·青年幹部を抜擢する.
起源 qǐyuán ①起こる.源を発する.〔一切知识均~于劳动〕全ての知識は労働から生まれる.②起源.
起运 qǐyùn ⇒〔启运〕
起赃 qǐzāng 贓物を捜査して取り上げる.盗品を押収する.→〔起获〕
起早 qǐzǎo 朝早く起きる.〔~睡晚〕〔~搭黑〕〔~带黑〕〔~带晚〕〔~恋爱〕〔~摸黑〕〔~贪黑〕〔成~朝から晩まで精を出して働く.
起征 qǐzhēng 徴収する.〔这项税款几时~〕この税金はいつから徴収が開始になるのか.〔~点〕徴税基準.課税最低限度額.〔遗产税的~点提高为五万元〕遺産相続税の徴収基準は5万元に引き上げられた.
起止 qǐzhǐ ⇒〔起讫〕
起重 qǐzhòng 圖(機械で)重量のあるものを持ち上げる.〔~臂 bì〕ジブクレーンのひじ.〔~车〕クレーン車.重機のついてる車.〔~船〕〔浮吊〕クレーン船:起重機を備え起重作業をなし得る船.〔~机〕〔吊 diào 车〕重機.クレーン.〔~器〕〈方〉扛káng 重器.〔口〕千 qiān 斤顶〕ジャッキ.

起皱 qǐzhòu (皮膚·布などの)しわ.しわができる(になる).〔这料子~吗〕この生地はしわになりますか.
起庄 qǐzhuāng マージャンで,骰子(き)を振って決まったいちばん最初の〔庄家〕(親)をいう.勝負を始めて最初に親になる人のこと.
起子 qǐzi ①=〔开 kāi 瓶刀〕(瓶·罐などの)栓抜き.②=〔改 gǎi 锥〕〔口〕ねじ回し.スクリュードライバー.③〈方〉ふくらし粉:ふつう〔焙 bèi 粉〕という.④量詞.組.群.
起奏 qǐzòu 演奏を始める.
起租(子) qǐzū(zi)(家賃·地代などの)徴収を始める.〔~去了〕家賃とりたてに行った.
起作用 qǐzuòyòng 役に立つ.効きめが現れる.〔他的意见很~彼の意見は大変効果がある〕〔他的研究起不到任何改善人们生活的作用〕彼の研究は人々の生活を改善する働きを全くしない.

〔企〕qǐ ①つまさきで立つ.②待ち望む.待望する.

企祷 qǐdǎo ⇒〔盼 pàn 祷〕
企鹅 qǐ'é ペンギン.〔帝 dì ~〕皇帝ペンギン.
企改 qǐgǎi 企業改革.〔企业改革〕の略.
企管 qǐguǎn 企業管理.〔企业管理〕の略.
企候 qǐhòu〈文〉待ち望む.期待して待つ.〔~回音〕〔~赠〕お返事をいただきたくお待ちしております.
企划 qǐhuà 企画(する)
企及 qǐjí〈文〉何とか…しようとする.〔不敢~〕敢えて及ぶところではない.
企街女 qǐjiēnǚ〈方〉ストリートガール.街娼.
企口 qǐkǒu ①圖さねはぎ:片方の材の突起を他方の材のみぞに差し込む継ぎ目.〔~板〕さねつぎの板.②⇒〔契 qì 口〕
企慕 qǐmù〈文〉敬慕する.仰ぎ慕う.
企盼 qǐpàn ⇒〔企望〕
企佩 qǐpèi〈文〉敬服(する)
企求 qǐqiú 乞い求める.〔~有一个能安心读书的环境〕落ちついて勉強できる環境を希求する.
企事业 qǐshìyè 企業と事業.
企图 qǐtú ①企てる.たくらむ:多くけなす意味で用いる.〔~逃跑〕逃走を企てる.〔~复辟〕退位した君主が再び君位につくことを企てる.→〔意 yì 图〕②企図.企て.たくらみ.
企望 qǐwàng〔企盼〕待ちこがれる.待ち望む.〔~而又担心的表情〕待ち望んでいるが,しかし心配であるという表情.〔翘 qiáo 首〕首を長くして待ち望む.
企稳 qǐwěn 圖(市況が)安定に向かう.落ち着く.
企羨 qǐxiàn〈文〉望みうらやみ.
企业 qǐyè 企業.〔~标识〕コーポレートロゴマーク.〔~并购〕=〔购 gòu 併〕合併と買収.Ｍ&Ａ.〔~产权〕企业所有権.〔~法人〕企业法人.〔~孵化器〕インキュベーター.〔~改革〕〔企改〕企業改革.〔~管理〕〔企管〕企業管理.〔~集团〕〔~群体〕企業グループ.〔~家〕企業家.〔~界〕企業界.〔~识别〕コーポレートアイデンティティ.〔~所得税〕(企业)法人所得税.〔~形象〕企業イメージ.〔~债zhài 券〕事業債.社債.〔工矿~〕工鉱業.〔办~〕企業を経営する.
企业化 qǐyèhuà〔工業·商業·運輸業などの企業単位が独立採算する.〕事業単位に条件を与えて,国家に頼らない独立採算運営をさせる.
企业价格 qǐyè jiàgé =〔工 gōng 厂价格〕
企足而待 qǐ zú ér dài 爪先立って待つ.〈喩〉近い将来実現すること.

〔启·啓(啓·啟)〕 qǐ ①ひらく.あける.
〔自动开~〕自動的に開く.〔某 mǒu 某~〕だれそれ

が開く:封書で親展の意味.〔李明先生〜〕のごとく用いる.→〔台 tái 启〕 ②启発する.啓蒙する. ③始める. ④述べる. 〔回〕お礼のあいさつ. ⑤〔回〕書簡の文体:簡単な声明を内容とするもの.〔书〜〕書信. ⑥〈姓〉启.

启闭 qǐbì 〔回〕開けることと閉じること.開閉. → 〔开 kāi 关②〕

启禀 qǐbǐng 〈文〉(上司や先輩に対して)申し上げる.報告する.

启程 qǐchéng =〔起程〕出発する.出立する.

启齿 qǐchǐ 〈文〉①口を開く.口をきく.しゃべる:多く人に頼む意に用いられる.〔难以〜〕ちょっと口に出しにくい.〔不便〜〕言いかねる.→〔开 kāi 口①〕 ②笑う.

启迪 qǐdí 〈文〉啓発する.教え導く.→〔启发〕

启碇 qǐdìng =〔起碇〕出帆する.抜錨する:〔起 qǐ 锚〕に同じ.

启动 qǐdòng 〔起动〕とも書いた. ①(機械・設備などを)始動する.電源を入れる.〔〜马达〕モーターを回転させる.〔〜器〕スターター.〔〜盘 pán〕[軍]起動ディスク. ②(法令や事業が)発動する.立ち上げる.実施展開する.開拓し推進する.〔〜点〕起点.

启发 qǐfā 啓発(する).〔一式教学法〕発見的(自学自習的)教授法.〔〜学生的积极性〕学生の積極性を呼び起こす.〔有了很大的〜〕大いにヒントを受けた.〔给了我很多〜〕教えられる所が多かった.→〔启迪〕〔填 tián 鸭式教学〕

启封 qǐfēng ①手紙を開封する.→〔开 kāi 封①〕 ②封じ紙をはぐ.差し押さえを解く.→〔封条〕

起杆 qǐgān [×](ビリヤードなど)ゲームを始める(始まる)

启航 qǐháng =〔起航〕(船・飛行機が)出航する.〔船长,〜吧〕船長さん,出帆しなさいよ.〔飞 fēi 机〜〕飛行機が出る.〔〜地〕出航地.

启节 qǐjié 〔回〕官吏や使節の出達の日程.

启炉 qǐlú [工]火入れ(をする).〔主持熔炉〜式〕溶鉱炉の火入れ式を主宰する.

启蒙 qǐméng =〔发 fā 蒙〕〔开 kāi 蒙〕〔破 pò 蒙〕 ①蒙をひらく.初学者を教え導く.啓蒙する. ②文化的に遅れた方向を進歩的な方向へ導く.啓蒙する.〔〜运动〕啓蒙運動.〔〜思想〕啓蒙思想.

启民 qǐmín 民衆を啓発する.〔〜影片〕宣伝教育映画.

启明 qǐmíng 〈文〉明けの明星.暁の金星.→〔金 jīn 星①〕

启幕 qǐmù 〈文〉開幕(する).開始(する).〔全国乒 pīng 乓球锦标赛将在广州〜〕全国卓球選手権大会が近く広州で開始される.

启乞 qǐqǐ 〈文〉請求する.

启示 qǐshì ①啓示(する).示唆(する).啓発(する).〔〜学生自己解答问题〕学生は自身で問題に答えるよう教えている.这张统计表给了人们很大的〜〕この一枚の統計表は人々に大きな啓示を与えている.〔〜录 lù〕啓示録.

启事 qǐshì ①広告.掲示.公示.告示:広く衆知させたい事柄を街頭に貼り出したり新聞に掲載したりする文.〔征稿〜〕原稿募集のお知らせ.〔招工〜〕求人の掲示. → 〔公 gōng 告①〕〔通 tōng 告②〕 ②申し上げる.〔専诚拜会〜〕別事で訪問のために用い,申し上げることがある場合には別に手紙を差し上げます:名刺が悪用されることを防ぐため,その裏に用いる.

启悟 qǐwù 啓示を得る.〔他的话〜了我〕彼の話にはっと悟った.

启衅 qǐxìn =〔起衅〕①争いを始める. ②挑発する.扇動する.

启行 qǐxíng =〔起行〕出発する.出立する.

启颜 qǐyán 〈文〉笑う.

启用 qǐyòng 使用を開始する.人物を起用する:元来は(役所の印章などを)使用し始めることをいった.

启运 qǐyùn =〔起运〕積み出しする.発送する.〔货款在〜后廿天或一个月内付齐〕商品代金は積み出し後20日あるいは1か月内に全額を支払う.〔货物业已〜〕貨物についても運送途中にある.〔〜地点〕積み出し(船積み)場所.→〔装运〕

启辙 qǐzhé △〈惊宜垫〉

启者 qǐzhě =〔膀〕拜启陈者(㟛):書き始めに常用される用語.目下の者に対して用いる.目上の者に対しては〔敬 jìng〕と用いる.→〔径 jìng 启者〕

启智 qǐzhì 知能障害者を啓発する(教育する).〔〜学校〕知能障害者(のための)学校.

启奏 qǐzòu 〈文〉奏上する.

[棨] qǐ =〔棨①〕[围]①関所手形(木製の割符).→〔传 zhuàn④〕 ②高官の行列の先払い(前駆)の者が捧げ持つ覆いをかぶせたほこ.〔〜戟〕同前.

[腎] qǐ 〈文〉ふくらはぎの筋肉.

[綮] qǐ ①⇒〔棨〕 ②〈姓〉綮(㟛).→ qìng

[绮・綺] qǐ ①[织]〈文〉绫(㟛)絹. ②〈文〉美しい.あでやかである.〔〜思〕美しく優れた考え.〔〜语〕美辞麗句を用いた言葉. ③〈姓〉綺(㟛).

绮井 qǐjǐng 〈文〉彩色した天井板.

绮丽 qǐlì (風景などが)美しい.〔〜的景色〕美しい景色.

绮靡 qǐmǐ 〈文〉美しく華やかである.

绮年蕙质 qǐnián huìzhì 〈成〉女性が年若く美貌なこと.

绮情 qǐqíng 〈文〉美しい想い.

绮襦纨袴 qǐrú wánkù =〔锦 jǐn 衣纨袴〕〔喩〕上流家庭の子弟.

绮艳 qǐyàn 〈文〉綺麗である.艶麗である.

[稽] qǐ 〈文〉額を地につける.→ jī

稽颡 qǐsǎng [固]喪に服する者が会葬者に対して行う〔稽首〕の礼.また〔讣 fù 闻〕(死亡通知)の喪主の署名の下に書く語.

稽首 qǐshǒu ①[固]額を地につける礼.叩頭の礼:〔九 jiǔ 拜〕の最高礼.〔〜顿 dùn 首〕 ②[回]道士の行う礼.

[气・氣] qì ①気体.ガス(総称):〔瓦 wǎ 斯〕(ガス)は音訳.〔毒 dú 〜〕有毒ガス.〔氧 yǎng 〜〕酸素(ガス).〔煤 méi 〜①〕石炭ガス.〔氨 ān 〜〕アンモニア.〔潮 cháo 〜〕湿気.〔油 〜〕オイルガス.〔废 fèi 〜〕排気ガス.〔天然〔煤〕〜〕天然ガス. ②空気.空(ぐう)〔回〕:〔给自行车打〜〕自転車に空気を入れる.〔把窗 chuāng 户打开,透 tòu 透〜〕窓を開けて空気の流通を図る. ③自然界の気象現象.〔天〜〕天気.〔节 jié 〜〕節気.〔秋高〜爽 shuǎng〕秋空高く気さわやか. ④呼吸.息.〔上〜不接下〜〕息がきれる.あえぐ.〔咽 yàn 〜〕(息が)絶えた.死んだ.〔一股〜干 gàn 下去〕一気にやる. ⑤香り.におい.〔香 xiāng 〜〕同前.〔臭 chòu 〜〕同上.〔土腥 xīng 〜〕泥くさいにおい. ⑥精神の状態.精神の力.気分.〔正〜〕正しい気概.〔有生〜〕生気がある.〔朝 zhāo 〜〕いきいきした気分.〔勇 yǒng 〜〕勇気.〔优 yōu 柔寡断,没有丈夫〜〕でれでれしていて男らしさがない. ⑦

气 qì

气风. 气质.〔习 xí ～〕(惰性的な)気風.〔官(僚)～〕役人風. 官僚タイプ.〔满походить书～〕顔がいかにも読書人くさい.〔孩 hái 子～〕子供じみた態度. ⑧气魄. 意気. 勢い.〔盛 shèng ～凌人〕意気盛んで人を人とも思わない.〔非常文〕文雅な気品が満ちている. ⑨怒り(る).〔生～〕[有～]怒る.〔真～〕本気で怒る.〔～炸 zhà 了肺了〕肺 fèi 都～炸了〕かんかんに怒る.〔～不生的〕〈諺〉短気は損気. 〔不～不愁能活白关〕〈諺〉怒ったり悲しんだりしなければ長生きできる.〔他一听,就～了个倒 dào 仰儿〕彼は聞くなりかっとなった.〔～坏 huài 了〕腹が立ってたまらない.〔～大〕怒りが大きい.〔脸都～青了〕青くなって怒った. ⑩怒らせる. 〔怎么～他一下〕わざと怒らせてやった.〔别～我了〕僕を怒らせるな.〔拿话～人〕(へらず口をたたいて)人を怒らせる. 〔他说的话真～人〕彼の言うことは実にしゃくにさわる. ⑪いじめ. 虐待. 威圧.〔受～〕いじめられる. 〔地主的～〕地主に虐待される.〔新社会的妇女再也不受～了〕新社会の女性はもう虐待は受けない. ⑫〈方〉量詞. 動作の回数を表す. ひとしきり.〔胡说一～〕ひとしきりでたらめを言う.〔足吃一～〕いやというほど食べた.〔抡 lūn 铁锤打了一～〕げんのう(かなづち)を振り下ろしてひとしきり暴れた. →〔阵 zhèn ①〕 ⑬中医❶全身にみなぎる元気.(生命)エネルギー. 活動能力.〔脏腑機能の失調から起る病状.〔心～亏弱〕体質の虚弱なこと.〔湿 shī ～〕❷陰性の病邪(气):湿気の原因.〔脚～①〕かっけ. ⑭〈姓〉气(气)

气昂昂 qì'ángáng 意気揚揚とするさま. 精神が大いに奮い立つさま.〔他们总是那么雄 xióng 纠纠,～的〕いつも雄々しく意気揚揚としている.

气傲心高 qì'ào xīngāo〈成〉志気が高揚している.

气胞 qìbāo ①気胞. ②⇒[鱼 yú 鳔] ③生理肺臓内の気管支体の囊.

气包子 qìbāozi〈口〉癇癪持ち. 怒りっぽい人.

气泵 qìbèng 機①=[风 fēng 泵]空気ポンプ.〔抽机的〕.〔真 zhēn 空泵〕(真空ポンプ)ともいう. ②エアコンプレッサー. 空気圧縮機:〔压 yā 缩机的通称.

气表 qìbiǎo ガスのメーター. →[电 diàn 表][水 shuǐ 表②]

气不忿 qìbùfèn [气不愤]とも書く.〈口〉憤懣(ふん)るかたない. 憤慨にたえない. いまいましい.〔他看见不公道的事就～〕彼は不公平なことを目にして憤懣やるかたなかった.〔看见他那种小人得志的样子,真有点～〕悪人が成功して得意になっているようすを見ると,本当に業腹(ふく)だ.

气不过 qìbùguò (心中)腹が立ってたまらない.

气不平 qìbùpíng (不公平なことに対して)怒る.〔我看见他对你这样无礼,真有点儿～〕彼のきみに対するこのような無礼さを見るとまったくいささか憤慨するよ.

气层 qìcéng ①天然ガスを含有する地層. ②気気圈.〔大 dà ～〕の略.

气冲冲 qìchōngchōng 非常に腹をたてるさま.

气冲牛斗 qìchōng niúdǒu〈喩〉①勢いの激しいさま. ②非常に憤るさま.

气冲霄汉 qìchōng xiāohàn〈喩〉気概のあるさま. 意気天をつくさま.

气充志定 qìchōng zhìdìng〈成〉気力が充実し意気が高い.

气喘 qìchuǎn ①息切れがする. あえぐ.〔喘气①〕に同じ.〔～嘘〕〔～呼 xū 吁〕息をはずませるさま.〔～呼吁地跑来了〕息せききらしながら走って来た. ②医ぜんそく:[哮 xiāo 喘]に同じ.〔阵发性～〕間欠性の(間断的な)喘息. →[痰 tán 火]

气窗 qìchuāng 空気窓. 換気窓.

气锤 qìchuí ⇒[空气锤]

气粗 qìcū ①気質が粗野である. ②鼻息が荒い.〔～势壮〕同前.〔财大～〕財力があるから鼻息が荒い.

气挫神垂 qìcuò shénchuí〈成〉意気消沈する.〔你看他那～的样子〕彼のあの意気消沈したようすをごらんなさい.

气道 qìdào 生理気道.

气垫 qìdiàn 機エアークッション.〔～船〕ホバークラフト.〔腾 téng 空船〕に同じ.〔～床 chuàng〕エアーマット. ゴムボート.〔～鞋 xié〕エアソールシューズ. ②ホバークラフトが出す高圧空気.

气动 qìdòng 空気圧で動くこと. エア駆動.〔～钻〕空気ドリル. 气动ドリル.〔～千斤顶〕空気ジャッキ.

气度 qìdù 気魄. 心意気.〔～恢 huī 宏〕〈成〉風格が高い.

气短 qìduǎn ①失望する. 意気沮喪する. いくじがない.〔儿 ér 女情长,英雄～〕〈諺〉男女の愛情が勝っていると,英雄としてはいくじがない. 愛情のためいくじがなくなる. ②息切れする. 呼吸が困難になる.〔胸闷 mēn ～〕〈成〉胸がむかつき息が切れそうになる.

气阀 qìfá 機エアバルブ.〔～弹 tán 簧〕エアバルブスプリング.

气髪 qìfān ⇒[屁 pì 步甲]

气氛 qìfēn 雰囲気. 空気. 気分.〔充满热烈,团结的～〕熱気と団結の雰囲気がみなぎっている.〔紧张的～〕緊張した空気.〔招待会在和暖的～中结束了〕記者会見は和気あいあいの中に終わった.

气愤 qìfèn =[气恼]立腹(する). 憤慨(する):〔气忿〕.

气疯 qìfēng 怒って気がおかしくなるほどになる.

气腹 qìfù 医气腹症:胃腸の穿孔などにより腹腔部にガスがたまる症状.

气概 qìgài 気概. 心意気.〔英雄～〕英雄の気概. 〔不凡的～〕非凡な心意気.

气盖山河 qìgài shānhé〈成〉意気盛んであるさま.

气割 qìgē 工ガス溶接法で金属材料を切断する. ガスカッティング.

气格 qìgé ⇒[气骨]

气根 qìgēn 植気根.

气功 qìgōng 気功:中国古来の養生鍛練法の一種. 生命エネルギーを修錬する意. 大きく静功と動功に分け,静功は静立・静座・静臥の姿勢で大脳をやすめ,腹式呼吸を行い,精神を集中する. 動功はこれに柔軟体操・按摩などを加え,心身を鍛練する.〔～疗 liáo 法〕中医同前による治療法.

气骨 qìgǔ =[气格]〈文〉人物・诗・文章などの気品や気品.〔～不凡〕人物が優れている.

气臌 qìgǔ ⇒[臌胀]

气鼓鼓 qìgǔgǔ〈口〉ぷりぷり怒るさま.

气管 qìguǎn 气管:俗には:[文～嗓]ともいう. 〔～炎〕=医气管支炎:[支～炎]ともいう. ⓑ〈口〉恐妻. かかあ天下:[妻 qī 管严 yán]にかけたしゃれ. →[怕 pà 老婆]

气管炎 qìguǎnyán ⇒[支气管]

气罐 qìguàn ガスボンベ.

气贯长虹 qìguàn chánghóng〈文〉意気の盛んなさま.

气冠三军 qì guàn sānjūn ⇒[勇 yǒng 冠三军]

气锅 qìguō 雲南料理に使う磁器製のなべ:直接火にかけては使わない. 底の中央部に煙突のような筒になって開口しており,下から蒸気が通ってなべの中身を熱するようになっている. 筒の周りに大切りの鶏肉などを入れ,別の水を入れた鉄製のなべの中に入れて

1351

qì 气

火にかける.水蒸気は筒を通り材料を熱したのち鍋の中にたまる.〔~鸡 jī〕〔云南炖 dùn 鸡〕同前の鶏のスープ.

气海 qìhǎi 〔中医〕①臍下(ぱ)丹田:臍の下1寸5分のところをいう.人体の中で最も大切な部分の一.②経穴の名.臍下1寸5分のところにある.

气焊 qìhàn ガス溶接(する).→〔电 diàn 焊〕〔氧 yǎng 炔焊接〕

气哼哼 qìhēnghēng 〈口〉プンプン怒るさま.〔她这两天-地不张罗吃,也不张罗喝〕彼女はこの2,3日ぷんぷんして食べることも飲むこともほったらかしている.

气候 qìhòu ①気候.天候.〔~带 dài〕気候地帯.→〔天 tiān 气〕.②(転)動向.情勢.ありさま.雰囲気.〔政治~〕政治情勢.〔从对话中已经感到不对〕話しているうちにどうも様子の変なことが感じられた.③成果.結果.成功.〔半路出家,暗中摸索,没~〕(茅・霜2)中途から他の道に志したので,わからないことをこそこそやっているだけでは,ものにはならない.〔这点小事还犹犹豫豫的,真成不了~〕(周・上8)これしきのことにぐずぐずしているようではろくなことにはならない.④(相当な成果を出せる)力量.事業.〔你们能有多大~,动不动就933扯〕おまえたちは大した力量もないくせに,何かにつけてひけらかそうとする.〔这种文体"成了~"之后,逐渐蜕变,逐渐恢复,便自然而然的成为一种纯粹的白话文学〕(钱玄同・三国演義序)この種の文体が"劫を経て"くると,だんだん脱皮し,だんだん改良されて,おのずから一種の純粋な口語文学になる.

气呼呼 qìhūhū 怒って息をはずませるさま.

气化 qìhuà ①〈文〉気が化する.〔由一生万物〕気が化すことによって万物を生じる.②中医人体内の気の運行変化と昇降生滅をいう.③⇒〔汽化〕

气话 qìhuà 怒って言う言葉.〔他说的是~,你不要介意〕彼が言ったのは怒りにまかせてだから,気にするな.

气怀 qìhuái 〈方〉幼児が嫉妬する:幼児の母が他の子を抱いたりすると怒ること.

气机 qìjī ①⇒〔蒸 zhēng 汽机〕②中医人体内の気の正常な運行(経絡などを含む)

气积 qìjī 中医憂鬱の症.

气急 qìjí 息切れがする.せきこむ.息がつまる.〔~败bài坏〕慌てふためくさま.周章狼狽するさま.

气节 qìjié ①節操.気概.気節.気骨.〔民族~〕民族的な気概.②⇒〔节气〕

气结 qìjié ①気がふさぐ.〔忧 yōu 思过度则~〕心配がすぎると気がふさぐ.②中医憂うつ症.

气尽 qìjìn 〈文〉絶息する.②運気が尽きる.生気がない.

气井 qìjǐng 天然ガス井戸

气炬焊接 qìjù hànjiē 江ガス(火炎)溶接.

气绝 qìjué 〈文〉息が絶える.絶命する.死ぬ.〔~身亡〕絶命し身亡ぶ.

气孔 qìkǒng ①植気孔.②=〔气眼〕①工鋳造物内の気泡.吹かれ.鋳巣(す).ブローホール.③⇒〔气眼②〕

气口 qìkǒu ①機ガス口.②(旧劇・演芸の芸人が)(歌う時の)息継ぎ(の場所).③⇒〔寸 cùn 口〕

气浪 qìlàng 爆風.爆風圧.衝撃波.

气冷 qìlěng 工空冷.空気冷却.〔~发动机〕空冷機関.〔~汽缸〕空冷シリンダー.〔~硬化〕空気中で漸次冷却して硬化させること.〔~水 shuǐ 冷〕

气力 qìlì ①気力.努力.精力.②=〔力气〕

气量 qìliàng ①=〔器量〕〔度 dù 量〕度量.〔没~的人,对人刻薄我意のない人は,他人に対して冷酷である.〔~大〕度量が大きい.〔~狭小〕度量が狭である.

气流 qìliú ①気流.②呼吸による空気の流れ.

气笼 qìlóng 竹または柳の枝で編んだ円筒形の籠:穀物貯蔵の際これを穀物の中にたてて通気をはかり変質腐敗をふせぐ.

气楼 qìlóu 屋根に設けられた屋根つきの空気抜き(米倉庫などに多く見られる)

气轮机 qìlúnjī 機ガスタービン:〔燃 rán 气轮机〕の略.

气瘰 qìluǒ 中医瘰癧(るいれき)の一種:うなじの両側にできる.怒ると腫れる性質のもの.俗に〔气累(脖儿)〕ともいう.

气脉 qìmài ①血の流れと脈拍.気脈.②(詩文を一貫する)構想.筋道.

气貌 qìmào 〈文〉風貌.顔付き.

气煤 qìméi ガス用石炭:有煙炭の一種.コークスを作るのに用いられる.

气门 qìmén ①排気孔.通気孔.②⇒〔阀 fá 门〕③虫气門:昆虫の呼吸する口.体の両側についていて袋状または管状をなしている.〔气风④〕ともいう.④空気弁.エアバルブ.→〔气门芯①〕中医汗孔.

气门(防尘)帽 qìmén (fángchén)mào 虫ゴムのキャップ.→〔气门芯②〕

气门芯 qìménxīn 〔芯〕は〔心〕とも書く.①空気弁の中芯.自転車・自動車などのタイヤの空気入れバルブのむし.②同前のゴム管.虫ゴム.→〔气门〕

气闷 qìmèn ①息苦しい.②気分がふさぐ.悩みがある.

气密 qìmì 気密(の).〔~室〕気密室.〔~性试验〕化气密性テスト.

气囊 qìnáng ①(鳥の体内にある)空気嚢.②(飛行船や軽気球の)気囊.③→〔安 ān 全气囊〕

气恼 qìnǎo ⇒〔气愤〕

气馁 qìněi がっかりする.気落ちする.気力がなえる.

气逆 qìnì 中医気が逆上して起る症状:せき・痰づまり・しゃっくり・頭痛・めまいなど.

气凝胶 qìníngjiāo エアロゲル.

气派 qìpài ①気前.気概.きっぷ.〔他~很大〕彼はきっぷがいい(こせこせしていない).②(姿や風采が)立派である.堂々としている.意気が盛んである.〔长得很~〕(姿かたちが)立派だ.かっぷくがいい.〔恢复了他那年青时的~〕青年時代のあの意気をとり戻した.③(家や事業の)勢い.〔他家里很有~〕彼の家は羽振りがよい.

气泡 qìpào ①(液体中の)気泡.バブル.②工(鋳物などの)吹かれ.ブローホール.巣.

气魄 qìpò ①気迫.心意気.〔人要有~,才做得成事〕人にもし意気込みがあれば,それでこそ初めて事をなしとげうる.②勢い.迫力.〔~宏 hóng 伟〕気構えが壮大である.

气枪 qìqiāng ①=〔风 fēng 枪①〕〔鸟 niǎo 枪②〕空気銃.②エア・ドリル.

气球 qìqiú ①気球.バルーン.〔广告~〕アドバルーン.〔轻 qīng ~〕軽気球.〔探测~〕观観測気球.〔风船.ゴム風船.~吹玉をあげる.〔纸~〕紙風船.③〈喩〉观観測気球:相手や世間の反応を知るための故意に流す情報または見解.

气圈 qìquān 超高層大気圈.

气泉 qìquán 噴泉.

气炔焊接 qìquē hànjiē 工酸素アセチレン溶接.

气嗓 qìsǎng

气色 qìsè 顔色.血色.〔病刚好,脸上~还没复元〕病気が直ったばかりで,顔の色がまだ元どおりになっていない.

气杀钟馗 qìshā zhōngkuí 〈成〉顔つきが凶悪でみ

气 汽 qì

られないこと:唐代に鍾馗という男が科挙で状元(首席)で合格したが、その顔が醜かったため皇帝からうとまれた。このため遂に自死した。このため鍾馗は怒った顔で描かれる。→[钟馗]

气生根 qìshēnggēn 園[气根].

气盛 qìshèng ①血気盛んである。勢いが強い。②気が短い。怒りっぽい。

气势 qìshì 元気.意気.〔~雄伟〕気勢が雄壮である.〔~磅 páng 礴 bó的文章〕気迫みなぎる文章.

气势汹汹 qìshì xiōngxiōng 態度・語調がとげとげしいさま.〔你有意见可以好好地说,~是不能解决问题的,这样的态度让人感觉的气势很盛,鼻息が荒いだけでは問題は解決できない。

气手枪 qìshǒuqiāng エアピストル.

气数 qìshu 命運.〔~已尽 jìn〕命運が尽きた.

气死 qìsǐ ①憤慨やるかたない思いをさせる.〔情愿~个死,不愿打官司〕憤死までも裁判沙汰にすることは望まない.気をもませる.〔气得一人～来はいに忌々(渗)しい.〔～人不偿命〕人をやきもきさせたままにしておく.〔~猫〕〔蝿帐.蝿いらず.網戸棚.

气素 qìsuǒ 意気阻喪する.

气态 qìtài 园気相:気体である状態.

气体 qìtǐ ①気体.ガス.〔有 yǒu 毒〕有毒ガス.〔~燃 rán 料〕気体燃料.②〈文〉心身.

气田 qìtián ガス田.天然ガス坑.

气调 qìtiáo (温度など)ガスで調整する.〔~库 kù〕ガス冷凍・冷蔵倉庫.

气筒 qìtǒng (タイヤに空気を入れる)空気ポンプ.空気入れ.

气头上 qìtoushang 腹立ちのさなか。頭に来ている時.〔气头儿〕ともいう.〔他正在~〕彼は今ちょうどぶんぶん怒っているところだ.〔小心点,别碰在老爷的~〕だんなのごきげんの悪い時にぶつからないように気をつけなさいよ.

气团 qìtuán 园気団.気塊.〔冷~〕冷たい気団.

气吞虹霓 qì tūn hóngní 〈成〉気迫が天を呑む.

气吞山河 qì tūn shānhé 〈成〉気概、山河を呑む.〔要让高山低头,河水让路〕这种气魄和雄心真可谓~〕高山に頭をさげさせ、川に道を譲らせるというこの気迫と壮大な志は、まさに気山河を呑むといえる.

气味 qìwèi ①匂い(香り.悪臭).〔~芬芳〕匂いがかぐわしい.〔~难闻〕悪臭たえがたい.〔有点儿腐败了的~〕少し腐敗したようなにおいがする.②=[性 xìng 味]中医 薬の功能:薬物はそれぞれ〔四气③〕すなわち〔寒、热、温、凉〕と〔五味〕すなわち〔辛、酸、甘、苦、咸〕の別があり、各薬物の作用はこれらの〔气〕と〔味〕の組み合わせによって決まるとする.③気風.気質.〔~相投〕意気投合する.→[意 yì 气]

气温 qìwēn 気温.〔~上升〕気温が上がる.〔~的变化〕気温の変化.

气雾剂 qìwùjì 园噴霧剤.スプレー式薬剤.→[喷 pēn 雾器]

气息 qìxī ①息吹き.香り.雰囲気.〔城市里洋溢着青春的~〕都市には青春のにおいがあふれている.②(呼吸する時の)息.〔~奄 yān 奄〕〈成〉息もたえだえ.気息えんえん.

气象 qìxiàng ①気象.気模様.〔~预 yù 报〕気象予報.〔~雷达〕〈音義訳〉気象レーダー.〔~卫星〕気象衛星.〔~学〕気象学.〔~监测预警〕気象警報.〔~探 tàn 测〕気象探測.②おもむき.気風.〔那儿成了通商口岸之后,~和原先大不相同了〕あそこは開港地になってから気風が以前と大いに違ったんだ.〔改革开放以后农村出现了新~〕改革開放以後、農村に新しい気風が生じた。③勢いのある様子).気概.

气象台 qìxiàngtái 気象台.〔气象站〕気象哨 shào〕は小規模の測候所.→[观 guān 象台]

气象万千 qìxiàng wànqiān 〈成〉森羅万象が壮観である.〔从机窗向外看去,大地上的山河、田野、城镇,村庄,以及半空中的云彩,真是~,爽人心目〕飛行機の窓から外を見ると、大地の山河・田野・町・村および中空の雲などが見え、全くさまざまな優れた景色で、実に愉快だ.

气性 qìxìng ①気性.たち.性分.②怒りやすい性格.

气胸 qìxiōng 医気胸.②人工気胸術.

气汹汹 qìxiōngxiōng かっかと怒るさま.

气咻咻 qìxiūxiū 息をはずませて怒るさま.

气虚 qìxū 身体が虚弱(である症状).

气吁吁 qìxūxū 息をゼイゼイいわせるさま.息せきって声が出るさま.

气旋 qìxuán ①园大気の渦.②サイクロン.

气血 qìxuè ①中医気と血.〔~辨 biàn 证〕気と血の病証を中心にして診断する方法.②血気.元気.〔~不刚〕元気がまさに満ちみちている.

气压 qìyā 园気圧:ふつう〔大~〕(大気圧)をいう.〔低~〕低気圧.〔~表〕〔口晴雨表〕気圧計.〔~水瓶 píng〕〔~暖 nuǎn 瓶〕圧力式のポット.

气眼 qìyǎn ①⇒[气孔②] ②=[气孔③](家屋や帽子などの)通風孔.息抜き.→[气窗]

气焰 qìyàn 気炎.威勢.〔~嚣 xiāo 张〕思い上がる.鼻息が荒い.〔看他~万丈的,要不压一压往后还了得 liǎode〕どうぞ彼の気炎の大きさは、もし放っておいたら後で手のつけようがなくなる.

气阴 qìyīn 中医精力減退.

气油比 qìyóubǐ 油井から出る油とガスの比.

气宇 qìyǔ 気概.心意気.気位.人柄風格.〔~非凡〕〔气度不凡〕気字が非凡である.〔~轩 xuān 昂〕〈成〉意気軒昂.

气郁 qìyù 中医体内の気の運行が閉塞を生じる病理.②気がふさぐ.

气源 qìyuán ①ガスの発生源.ガス採掘の現場.②ガスの種類(例えば石炭ガス、プロパンガスなど)

气运 qìyùn 運勢.運.〔他们的~正旺呢〕彼らはちょうど運が向いている.

气韵 qìyùn (書・画・詩・文などの)気品.趣き.風格.〔~生动〕生き生きとした趣き.

气闸 qìzhá ⇒[风 fēng 轫]

气胀 qìzhàng 中医腹部の疾病.

气枕(头) qìzhěn(tou) =[汽枕]空気枕:〔胶 jiāo 皮枕头〕ともいう.

气质 qìzhì ①⇒[脾 pí 气] ②風格.気概.〔革命者的~〕革命者の気概.〔这个人很有~〕この人は、なかなか風格がある.

气滞 qìzhì 中医体内の気の運行が停滞を生じること.

气肿疽 qìzhǒngjū ⇒[黑 hēi 腿病]

气壮 qìzhuàng ①意気盛んである.勇気がある.〔理直~〉〈成〉道理が正しく,意気が盛んである.②気力が強い.〔~如牛〕牛のように力がある.

气壮山河 qìzhuàng shānhé 〈成〉高山や大河のように意気盛んなさま.気概が大きい.→[气吞山河]

气字头(儿) qìzìtóu(r) 園きがまえ.漢字部首の"气".→付録1

气嘴 qìzuǐ ⇒[空 kōng 气塞门]

[汽] qì ①蒸気.気化物.②特に水蒸気を指す.①蒸 zhēng ~〕[水蒸气]同前.

汽包 qìbāo ⇒[锅 guō 筒]

汽表 qìbiǎo (ボイラーについている)圧力計.

汽车 qìchē 自動車.〔~安全气囊 náng〕エアバッ

qì 汽讫汔迄弃

グ.〔~贷款〕〔车贷〕オートローン.カーローン.〔~驾jià驶xǐng学校〕自動車教習所.〔~库kù〕〔~房〕间〔车库〕自動車車庫.ガレージ.〔~拉lā力赛囚〕カーラリー.〔~旅馆〕モーテル.〔~轮渡〕〔汽渡〕カーフェリー.〔~美容〕カークリーニング.〔~牌pái照〕自動車のナンバープレート.〔~尾气〕自動車排気ガス.〔~卫星导航系统〕カーナビ(ゲーション)システム.〔~钥匙yàoshi〕自動車のキー.〔~炸zhà弹〕(爆薬を積んだ)自爆テロ用自動車.〔~站zhàn〕バスストップ.バス停留所.〔~召zhào回〕自動車のリコール.〔~制造厂〕自動車製造工場.〔长途~〕長距離バス.〔公共~〕バス.乗合自動車.〔~站〕〔私家车〕マイカー.〔运货〕〔载zài重~〕トラック.→〔车①〕

汽车(轮)胎 qìchē(lún)tāi 自動車のタイヤ.→〔轮胎〕
汽船 qìchuán ① (小型)蒸気船·汽船.→〔轮lún船〕 ②モーターボート.〔汽艇に同じ〕
汽锤 qìchuí =〔蒸zhēng汽锤〕國スチームハンマー.〔砧zhēn〕同前のアンビル(金敷)
汽灯 qìdēng ガス灯.〔〈方〉保bǎo险灯②〕〔煤méi气灯〕ともいう.
汽笛 qìdí 汽笛.⇒〔风fēng笛〕
汽吊 qìdiào 蒸気クレーン.
汽渡 qìdù カーフェリー.〔汽车轮渡〕の略に同じ.
汽房 qìfáng ボイラー室.〔锅guō炉房〕に同じ.
汽缸 qìgāng =〔气缸〕國シリンダー.気筒(g).〔~出chū水口〕シリンダー水出口.〔~塞sāi销杯〕國ピストンピンカップ.〔~油〕シリンダー油.マシン油.→〔油yóu 压泵〕
汽管(子) qìguǎn(zi) 蒸気パイプ.
汽锅 qìguō ボイラー:とくに缶の部分をいう.〔~板bǎn〕ボイラープレート.〔~套tào〕ボイラープロテクター.〔~管guǎn〕ボイラーチューブ.〔~室〕ボイラー室.→〔锅炉〕
汽化 qìhuà 物気化する.〔气化〕とも書いた.〔~器qì〕〔化油器〕〔〈方〉油yóu 壶子〕國気化器.キャブレター.〔~热〕気化熱.
汽机 qìjī ① 國スチームエンジン.蒸気機関:〔蒸zhēng汽机〕の略.〔~发动机〕同前.〔~唧jī筒〕蒸気ポンプ. ② ⇒〔汽轮机〕
汽酒 qìjiǔ (炭酸を含んだ)発泡性の酒.炭酸酒.〔葡萄~〕スパークリングワイン.
汽轮 qìlún 汽船.
汽轮发电机 qìlún fādiànjī 蒸気タービン(式)発電機.
汽轮(机) qìlún(jī) =〔汽机②〕蒸気タービン:〔蒸zhēng汽涡轮(机)〕に同じ.→〔涡wō轮(机)〕
汽门 qìmén ⇒〔阀fá门〕
汽门盖 qìméngài バルブキャップ.
汽门心子 qìmén xīnzi バルブコア.
汽碾(子) qìniǎn(zi) (路面などを平らにするために用いる)蒸気動力ローラー.〔压yā路机〕ともいう.→〔碾子②〕
汽暖 qìnuǎn スチーム式の暖房.
汽配 qìpèi 自動車の部品.付属品.自動車用品.〔汽车配件〕の略.〔~超市〕同前の大型販売店.
汽水共腾 qìshuǐ gòngténg 囗水立(た).プライミング:蒸気缶から発生する蒸気の中に水粒が混ざる現象.
汽水(儿) qìshuǐ(r) サイダー.炭酸(水).→〔荷hé兰水〕〔苏sū打水〕〔碳tàn酸水〕
汽艇 qìtǐng モーターボート.〔汽船②〕〔〈方〉电船〕〔摩托艇〕〔快艇〕ともいう.〔~游yóu 客旅馆〕ボーテル.
汽筒 qìtǒng ⇒〔汽缸〕

汽修 qìxiū 自動車の修理·保守.〔~厂〕自動車整備工場.〔~机jī 工〕
汽油 qìyóu 〔音訳〕戤gài可林〕〔挥huī 发油①〕ガソリン.揮発油.〔节省~〕ガソリン節約(をする).〔~箱〕(自動車の)ガソリンタンク.→〔石shí油精〕
汽油弹 qìyóudàn 〈口〉ナパーム爆弾:正式名称は〔凝níng固~〕という.
汽油发动机 qìyóu fādòngjī =〔汽油引擎〕:〔汽油发动机〕〔汽油引擎〕〔〈方〉电diàn油机〕ともいう.
汽油库 qìyóukù ガソリン貯蔵庫.
汽油桶 qìyóutǒng ガソリンのドラム缶.
汽油站 qìyóuzhàn ガソリンスタンド.〔加jiā油站〕に同じ.
汽运 qìyùn 自動車運送:〔汽车运输〕の略.
汽枕 qìzhěn ⇒〔气枕(头)〕

[讫·訖] qì

①完了する.やり終わる.〔收~〕受け取り済み.〔付~〕付清:支払い済み.〔验yàn ~〕検査済み. ② 止む.終わりになる.〔起~〕始めと終わり.

讫今 qìjīn ⇒〔迄今〕

[汔] qì

〈文〉① (水が)涸れる.干上る. ② ほとんど(…と同じだ)、〔庶shù 几〕

[迄] qì

〈文〉① (…)までとなる.(…に)至る.〔以~于今〕もって現在に至る. ② 以前も今も:多く否定に用いる.〔如不见~,请来一谈〕もしお見捨てでなければどうぞお話しにおいで下さい.〔~未实现〕ついにいまだ実現せず.〔~无答复〕ずっと回答なし.

迄今 qìjīn =〔讫今〕今に至るまで.〔~为wéi 止〕同前.〔~尚无效验〕今に至るもなお効果が現れない.

[弃(棄)] qì

①捨てる.〔舍shě ~〕同前.〔抛pāo ~〕投げ捨てる.放棄する.〔遗yí ~〕捨て去る(って顧みない).〔若不~嫌xián〕〈口〉もしおいやでなかったなら.〔如不见~,请来一谈〕もしお見捨てでなければどうぞお話しにおいで下さい.〔~之可惜〕捨てるには惜しい. ②〈姓〉棄.

弃暗投明 qì'àn tóumíng 〈成〉暗黒より光明に向かう.悪人が転向すること.反乱軍が投降すること.
弃笔 qìbǐ =〔弃翰〕〈文〉筆をすてる.文筆に携わることをやめる.
弃标 qìbiāo (競争などの)機会·資格を放棄する.
弃除 qìchú 廃棄する.〈限制〉制限を廃棄する.
弃地 qìdì ① 不用として捨てられている土地. ② 耕作の放棄された田畑.
弃儿 qì'ér =〔弃孩〕捨て子.捨てられた子供.
弃妇 qìfù =〔弃妻〕〈文〉捨てられた妻.
弃耕 qìgēng 耕作(を)放棄(する)
弃翰 qìgù ⇒〔弃笔〕
弃官 qìguān 役人生活をやめる.
弃孩 qìhái ⇒〔弃儿〕
弃甲曳兵 qìjiǎ yèbīng 〈成〉よろいを捨て,武器をひきずる.〈喩〉敗走する.〔敌人同我军一接触,就~,狼狈逃走〕敵はわが軍に接触するや否や,よろいを捨て武器をひきずり,慌てふためいて逃げ去った.
弃奖 qìjiǎng 奨金·奨品を放棄する.
弃井 qìjǐng ⇒〔前qián功尽弃〕
弃旧怜新 qìjiù liánxīn 〈成〉古い交わりを捨て打ち捨てて新しいものを可愛がる.
弃旧图新 qìjiù túxīn 〈成〉古いものを捨てて新しく出直す.間違った正しい方向に進む.
弃旧迎新 qìjiù yíngxīn 〈成〉古いものを打ち捨てて新しいを迎え入れる:多くは元の妻(夫)と離れて新しい妻(夫)を迎えることを指す.
弃捐 qìjuān 〈文〉不要とされる.〔~不顾〕捨てて顧

qì

弃泣妻炁亟契碶砌跂葺

みない.
弃绝 qìjué 棄却する.捨て去る.〔～武力〕武力絶対放棄.
弃农 qìnóng 農業を放棄する.〔～经商〕同前で商業に従事する.
弃妻 qìqī ⇒〔弃妇〕
弃取 qìqǔ 放棄と取得.
弃权 qìquán 權利を放棄する.棄権する.
弃如敝屣 qìrú bìxǐ 〈成〉弊履(ㄏ)のごとく捨てる.惜しげもなく捨てる.
弃舍 qìshě ⇒〔舍 shě 弃〕
弃市 qìshì 〖旧〗死刑に処し,その屍を市中にさらす.
弃世 qìshì ①＝〔倾 qīng 世〕死ぬ.逝去する. ②世を捨てる.世俗から離れる.〔～则无累 lèi〕(莊子・達生)世を捨つれば煩わしきことなし.
弃物 qìwù 役に立たぬ物.→〔废 fèi 物〕
弃邪归正 qìxié guīzhèng →〔改 gǎi 邪归正〕
弃学 qìxué 〈文〉学業をやめる.
弃养 qìyǎng 〈文〉(父母に)死なれる.→〔去 qù 世〕
弃业 qìyè (家・土地など不動産を)売り払う.〔～废 fèi 产〕財産を売り払う.
弃婴 qìyīng ①乳飲み子を捨てる:養育の義務を放棄する. ②捨て子.
弃掷 qìzhì 〈文〉捨てる.放り出す.
弃置 qìzhì 打ち捨て.〔～不用〕打ち捨てる.〔～不顾 gù〕〈成〉打ち捨てて顧みない.→〔废 fèi 置①〕
弃逐 qìzhú 〈文〉放逐する.

[泣] qì ①しのび泣く.さめざめと泣く.〔暗～〕ひ そかに泣く.〔涕 tì ～〕涙をこぼして泣く.〔～嚎 háo ②〕〔号 háo ②〕〔哭 kū ①〕 ②涙.〔～下如雨〕落涙すること雨のごとし.
泣不成声 qì bù chéngshēng 〈成〉(悲しみのあまり)声も出なくなるまで泣く.〔悲哀过度,～〕同前.
泣鬼神 qìguǐshén 鬼神をも泣かせる.
泣泪稽首 qìlèi qǐshǒu →〔泣血稽颡〕
泣诉 qìsù 泣いて訴える.
泣涕 qìtì 〈文〉鼻汁を出してむせび泣く.
泣血 qìxuè ①〖旧〗父または母が死んだ場合の3年間の喪に服することをいう. ②慟哭する.はげしく泣き悲しむ.〔～捶 chuí 膺〕〈成〉胸をたたいて激しく泣く. 〔～枕戈 gē〕〈成〉血の涙を出すほど泣き,武器を枕にして寝る.〔喩〕恨みをそそぐ決心をすること.
泣血稽颡 qìxuè qǐsǎng 〈文〉〔卜 fǔ 闻〕の末尾に添える慣例的文句.〔稽颡〕は親を亡くした時の喪礼.親の行うひたいを地に打ちつけて拝する最敬礼.親より一等低い肉親の場合には〔泣泪稽首〕を用いる.
泣血椎心 qìxuè zhuīxīn 〈成〉悲痛で胸を痛める.

[妻] qì 〈文〉(娘を)嫁がせる.めあわせる. → qī

[炁] qì 〈文〉気(道家の言葉). ②→〔坎 kǎn 气〕

[亟](亟) qì 〈文〉何度も.幾度となく.〔～来请教〕しばしば来たりて教えを請う.〔往来频～〕接触(交渉)が頻繁である. → jí

[契](栔) qì ①〈文〉刻む.彫る. ②〈文〉刻みつけた字や絵.〔书～〕ⓐ文字.ⓑ契約の文書. ③売買契約書.証書.証文.〔地～〕〔土地売買契約(書).(地)券〕〔买屋权利书.家屋の売買(賃貸)契約書.〔典～〕(土地・家屋の)抵当権設定認定証書.契約書.〔卖～〕売り渡し証書.〔红～〕ⓐ登記済みの不動産売買契約書.〔白～〕同前の未登記のもの.→〔合 hé 同〕〔券 quàn〕 ④気が合う.思いが一致する.〔投～〕意気投合する.〔默～〕①暗黙のうちに自然に一致する.②互いに心の中で承諾し合う. → xiè

契苾 qìbì 〖古〗新疆ウイグル自治区焉支県の西北一帯に居住した種族名.
契丹 qìdān 〖史〗契丹:古代中国の民族の一.遼河上流域で遊牧生活をしていた.10世紀初めに契丹国を建てた後に遼と改称し,宋代に至り金に亡された. →〔通 tōng 古斯〕
契刀 qìdāo 新(西暦9～20)の建国者である王莽が造らせた貨幣の一つ.
契弟 qìdì ⇒〔义 yì 弟〕
契父 qìfù ⇒〔义 yì 父〕
契合 qìhé ①意気投合する.心がよく通い合う. ②符合する.合致する.〔又与老子 lǎozǐ 的学说～〕また老子の学説とも合致する.
契机 qìjī ①きっかけ.動因.はずみとなる出来事. ②〖哲〗契機.
契交 qìjiāo 〈文〉親しい交わり.
契据 qìjù =〔契券〕〔契书〕〔契文①〕〔契纸〕契約書(総称)
契柯夫 qìkēfū 〔契河夫〕とも書く.〖人〗チェーホフ:ロシアの作家.
契口 qìkǒu ① =〔企 qǐ 口②〕〔子 zǐ 口〕插口(ㄏ):二つのものを固定するための凹凸の凹の部分.栓・コックまたは管と管をつなぐ場合,他の管の中にさしこまれる方の管のさしこまれる部分. ②同前の受け口とさし口の総称.
契阔 qìkuò 〈文〉①苦労に耐える. ②⇒〔久 jiǔ 阔〕
契母 qìmǔ ⇒〔义 yì 母〕
契券 qìquàn =〔契据〕
契书 qìshū =〔契据〕
契税 qìshuì 不動産登録税:不動産取得・譲渡・抵当・贈与税.
契尾(子) qìwěi(zi) 〖旧〗人民が〔契税〕を納めた時,官から給される証書の末尾に貼りつける紙:それに所有主,不動産の目録などを記入したもの.
契文 qìwén ①＝〔契据〕 ②⇒〔甲 jiǎ 骨文〕
契兄 qìxiōng ⇒〔义 yì 兄〕
契友 qìyǒu 親しい友人.意気投合した友人.
契约 qìyuē 契約書類.〔双方立有～〕双方の契約書を交わす.→〔合 hé 同〕
契纸 qìzhǐ ＝〔契据〕
契苾求剑 qìzhōu qiújiàn ⇒〔刻 kè 舟求剑〕
契字 qìzì ＝〔合 hé 同〕

[碶] qì ①地名用字.〔大～头〕〖地〗浙江省にある. ②〈方〉石を積み重ねた水門.〔～闸 zhá〕同前.

[砌] qì ①(セメントやしっくいで)石やレンガを積み重ね築く.〔～筑 zhù〕同前.〔长 cháng 城〕〔喻〕マージャンをする.〔～不直〕まっすぐに築かれない.〔～炕〕オンドルを築く.〔～烟 yān 囱〕(れんがを積み重ねて)煙突を立てる. ②〈文〉階段.石段.〔雕 diāo 栏玉～〕彫刻を施した欄干と大理石の石段.〔喻〕立派な御殿. → qiè
砌墙 qìqiáng (石・煉瓦で)塀を築く.〔～了一堵 dǔ 墙〕塀を一つ築いた.
砌砖 qìzhuān 煉瓦を積む.〔～工人〕煉瓦積工. →〔垛 duò 砖〕

[跂] qì 〈文〉踵(ㄏ)をあげて立つ.つま立つ.〔～踵 zhǒng〕同前.〔～而望之〕のびあがって待ち望む.〔无法～及〕どうしても及ぶところではない. → qí
跂望 qìwàng 〈文〉待ちわびる.
跂想 qìxiǎng 〈文〉待ちわびる.
跂訾 qìzī 〈文〉世俗に従わず,自ら高しとすること.

[葺] qì 〈文〉①茅(ㄆ)で屋根を葺(ㄏ)う. ②家屋を補修する.〔补 bǔ ～〕〔修 xiū ～②〕同前. ③重なる.

qì~qiā

〔葺〕 qì 〈文〉①茅で屋根をふく.②草屋.
- **葺屋** qìwū 〈文〉①茅で屋根をふく.②草屋.

〔愒〕 qì 〈文〉休息する.休む.〔憩〕に同じ.〔小~〕同前.— hè kài

〔碛・磧〕 qì ①〈文〉砂利が堆積した浅瀬.州.②砂漠.〔沙沙~〕同前.
- **碛砾** qìlì 砂利.小石.
- **碛卤** qìlǔ 〈文〉塩分を含んだ砂地:〔五谷〕の実らない不毛の地をいう.

〔槭〕 qì 植カエデ(総称):〔~树〕は通称.〔三角~〕三角楓〕トウカエデ.→〔枫 fēng ②〕
- **槭葵** qìkuí モミジアオイ.
- **槭树** qìshù 植カエデ(通称).〔~科〕カエデ科.〔鸡jī爪~〕タカオモミジ.

〔碶〕 qì 地名用字.〔小 xiǎo ~〕地江西省にある.〔~头 tóu〕地福建省にある.

〔器(噐・器)〕 qì ①器具.用具.容器.〔武~〕武器.〔容~〕容器.〔瓷~〕磁器.〔乐 yuè ~〕楽器.〔变压~〕変圧器.〔呼吸~〕呼吸器.〔生殖~〕生殖器.②人材.能力.才能.〔不成~的人〕人材とならない人間.つまらない人間.〔成不了 liǎo 大~〕大人物にはなれない.③重要視する.尊重する.重んじる.〔人皆~之〕人皆これを器とせり(尊重した).⑤度量.〔~小〕度量が狭い.
- **器材** qìcái 器具と材料.器材.〔照相~〕写真器材.
- **器官** qìguān 器官.〔~移 yí 植〕医器官移植.
- **器件** qìjiàn 器具.機械の部品.デバイス.パーツ.〔电子~〕電子素子.
- **器敬** qìjìng 重く見て尊敬する.
- **器局** qìjú 〈文〉器量.才能.
- **器具** qìjù 用具.道具.
- **器量** qìliàng ⇒〔气量〕
- **器皿** qìmǐn 日常の飯碗.皿・コップなどの器の総称.
- **器任** qìrèn 〈文〉才能を量って重用する.
- **器识** qìshí 〈文〉人物識見.
- **器物** qìwù 器物.什器(ジュウ).
- **器小易盈** qìxiǎo yìyíng 〔成〕器が小さくてすぐ一杯になる.〔喩〕人の器が小さい.
- **器械** qìxiè ①器具.器械.〔医疗~〕医療機器.〔~体操〕区体操:木馬・鉄棒・跳箱・平均台などを用いて行う体操.②武器.
- **器泳** qìyǒng 区(フィンスイミング)イマージョン.
- **器用** qìyòng ①〈文〉器具.道具.用具.〔~什物〕器物類.②〈文〉有用な人物.〔国家之~〕国家の有用な人物.
- **器宇** qìyǔ 〈文〉人の器(ウツワ).外観.容貌.風采.〔~不凡〕〔~轩昂〕風采が平凡でない.
- **器乐** qìyuè 音器楽.
- **器质** qìzhì ①才能と気質.資質.②医器質(的).身体の器官の機能・働き.〔~性疾病〕医器質性疾患.
- **器重** qìzhòng 重んずる(その人の才能を認めて尊重する).〔他做事又有干劲又肯负责,很受上司~〕彼は仕事の上で,才能もあるしまた責任感も強いので上司から非常に重宝がられている.

〔憩(憇)〕 qì 〈文〉休息する.憩う.〔休~〕同前.〔小~〕しばらく休む.〔同作同~〕一緒に仕事をし,一緒に休む.〔游 yóu ~〕遊びと休息(をとる).
- **憩室** qìshì 医胃や気管などの器官にできる袋状・帯状の突起.〔~炎〕医~の炎症.
- **憩息** qìxī 〈文〉休憩(する).休息(する)

〔蛪〕 qì 〔~螽 zhōng〕虫コメツキバッタ:〔蚱zhà 蜢〕の古称.

〔啐〕 qi 〈擬〉チェッ:軽蔑の意を表す.〔~!这个老梆 bāng 子〕チェッ.このおいぼれめ.〔~!何必怕他〕チェッ.何であんなやつを恐れることがあろうか.→〔呸 pēi〕→ cuì

qia　ㄑㄧㄚ

〔袷〕 qiā 〔~袢 pàn〕服ウイグル族・タジク族などの民族衣装:前合わせの長い服.→〔夹 jiá〕

〔掐〕 qiā ①(指の)爪をたてる.爪で押し切る.〔~破〕爪をたてて破る.〔~豆芽的根儿〕もやしの根を摘みとる.②(指先または爪で)つねる.つまむ.ひねる.〔~人〕人をつねる.〔该~的、该掉的,捡要紧的说吧〕捨てるべきものは捨てて,重要なことを話しなさい.→〔扑 qiá〕③(親指と他の四指の間で強く)押さえつける.しめつける.〔~着脖子〕彼の首根っこを押さえつけて.④(親指の先と人さし指,中指,薬指などの先を接触させて1,2,3または4,丑,寅と数え,次に親指の先と他の三指の腹を接触させて4,5,6または,卯,辰,巳というように数える数え方:旧時,十二支などを数える時に用いられた.〔~指算〕指折り数える.⑤量詞.〔一儿,子〕ひとつまみの分量を表す.〔买一~韭菜〕にらをひとつまみ買う.⑥争う.争いとなる.〔~架 jià〕同前.⑦〈口〉(線や管を)切る.
- **掐巴** qiāba 〈方〉①ぐいとつかむ.②意地悪く,つらくあたっていじめる.虐待する.
- **掐脖子** qiābózi →字解③
- **掐菜** qiācài 〈方〉緑豆でつくった"豆もやし":白いひげ根の摘みとられているもの.→〔豆 dòu 芽(儿)〕
- **掐断** qiāduàn ①爪で押し切る.②(転)遮断する.中断する.〔电话给~了〕電話を切られてしまった.
- **掐尖落钞** qiājiān luòchāo 〈喩〉われ先に利益を取り合って,うまく懐中に納めること.
- **掐尖儿** qiājiānr ①芯を止める.摘心する:(花卉や作物の)茎の頂芽を摘みとる.②〈喩〉人の足をひっぱる.出鼻をくじく.〔你可别~了〕出る杭を打つようなことをしてはいけないよ.③収穫の一部を取り上げる.頭をはねる.
- **掐诀** qiājué 旧僧侶・道士が親指を他の指に触れて呪文を唱えること.〔~念咒 zhòu〕印を結んで口中で呪文を唱える.
- **掐灭** qiāmiè ひねり消し.指先でつまみ消す.
- **掐念珠** qiāniànzhū 珠数をまさぐる.
- **掐弄(着)** qiānòng(zhe) 〈口〉(金銭を)倹約する.しっかりとつかまえておく.
- **掐虱子养虮子** qiā shīzi yǎng jǐzi 虱をつぶしてその卵を残す.〈喩〉やることの不徹底なこと.
- **掐丝** qiāsī (金・銀糸などの)線条細工.象眼.はめこみ細工.〔景泰蓝花瓶上的~〕七宝焼の壺に象眼された金銀糸.
- **掐死** qiāsǐ 手で首をつかんで殺す.絞め殺す.
- **掐算** qiāsuàn 指折り数える.〔掐指算〕同前.→字解④
- **掐头去尾** qiātóu qùwěi 〔成〕頭と尾をとりのぞく.不要な部分をとり去る.〔~简要地说〕不必要な部分を除いて簡潔に述べる.
- **掐心** qiāxīn 〔~儿〕苗の芽をつみ切る.摘心をする.芯止めをする.→〔掐尖儿①〕
- **掐指** qiāzhǐ 親指と他の指を接触させて数える(考える).〔~一算〕〔~算来〕指折り数える.考えてみる.
- **掐钟点(儿)** qiāzhōngdiǎn(r) 時間を予めきめてやる.

〔葜〕qiā →〔菝 bá 葜〕

〔蚵・蛪〕qiā ①かむ．かみつく．②〈喩〉互いに手を出して争う．〔~架 jià〕同前．

〔拤〕qiá 〈口〉両手で力をこめて締め付ける．〔一手把敌人的脖 bó 子~住〕ガーッと敵の首を両手でしめつけた．〔~招 qiā ③〕

〔卡〕qiǎ ①はさむ．はさまる．はさんでつかむ．〔~纸 zhǐ〕紙づまり(する)．②阻止する．阻む．〔车辆都被~住了〕車輌はすべて阻止された．③両手で首をしめる．しめつける．〔他们还妄想用石油~我们脖子〕彼らは石油をねたに我々の首根をしめがけようと企んだ．〔鱼刺 cì ~在嗓子里〕魚の骨がのどにひっかかっている．〔头上一上了一朵花~〕に花を一輪さしている．④ものを挟む道具．クリップ．〔发 fà ~〕髪どめ．ヘアピン．びんどめ．〔~夹 jiā ②〕 ⑤旧関所．検問所:交通の要衝に設けられる通行人や貨物の通行を検査し税を徴収する所．〔关 guān ~〕税関．〔税 shuì ~〕同前．〔边防哨 ~〕国境検問所．⑥〈姓〉卡〔~〕 → kǎ

卡脖旱 qiǎbóhàn〈方〉農作物の穂が出かかる頃の日照り．

卡脖子 qiǎbózi 首根をしめる．〈転〉死命を制する．窮地に追いこむ．〔招 qiā 脖子〕同じ．〔~工程〕工事全体に影響を与える重要な工事．

卡带 qiǎdài〔録音・録画〕テープがひっかかる．はさまる．→ kǎdài

卡箍 qiǎgū 胴周締め．→ kǎgū

卡具 qiǎjù 🔟チャック．固定具:〔夹 jiā 具〕に同じ．

卡壳 qiǎké ①薬莢（きょう）がひっかかる．〔子弹~了〕弾が引っかかって出てこない．②〈喩〉行き詰まる．停滞する．③話を中断する．話の接ぎ穂がなくなる．

卡口 qiǎkǒu（器具の）接ぎ口・受け口．〔~插 chā 座〕ソケット．〔~灯泡 pào〕ソケット用電球．〔~灯 dēng 头〕（電球の）差し込みソケット．

卡轮 qiǎlún 🔟がんぎ車:時計の歯車の末端にあってアンクルとかみあって秒を刻む歯車．

卡盘 qiǎpán =〔夹 jiā 盘〕〔夹 头 盘〕〈方〉軋 yà 头盘②:旋盤などに取り付けられた回転万力（りき）．繁盤．抱盤．〔复 fù 合~〕〔两用~〕組み合わせチャック．

卡住 qiǎzhù ①おさえる．止める．〔材料科~了水泥，不住下发〕資材課はセメントを押さえて出さない．②ひっかかる．はさまる．〔这个抽屉~了，拉不开了〕このひきだしはひっかかって，ひきだせない．〔~头发太短卡子卡不住〕髪の毛が短すぎてピンでとめられない．〔录音带~了〕録音テープがひっかかった．

卡子 qiǎzi ①交通検問所．→字解⑤ ②物をはさむ道具．締金．〔发 fà ~〕〔头 tóu 发~〕ヘアピン．→〔夹 jiā 子①〕 ③（時計の）脱進器．④⇒〔泥 ní 心撑〕

卡钻 qiǎzuàn 🔟ドリルが工作物にはさまって（食い込んで）動かなくなる．

〔洽〕qià ①和合する．仲が和む．ぴったり合う．〔宾主欢~〕〈成〉主客は打ち解けて和む．〔双方感情，素 sù 来融~〕双方の気持ちはもともと打ち解けたものであった．〔不~于心〕意にそぐわない．〔意有未~〕しっくりしない気持ちがある．②相談する．掛けあう．〔~谈〕〔~商〕交渉する．協議する．〔亲 qīn 自~〕自ら行って相談する．③〈文〉あまねく広範である．〔博 bó 学~闻〕〈成〉博学多聞．博学識．

洽办 qiàbàn〈文〉交渉する．交渉して処理する．

洽博 qiàbó〈文〉あまねくひろい．ひろく通じている．
洽购 qiàgòu〈文〉掛け合って〔話をして〕購入する．
洽和 qiàhé〈文〉間柄が和やかである．むつまじい．〔亲属~〕親族の間がむつまじい．
洽欢 qiàhuān〈文〉和合して喜ぶ．〔四夷皆~〕〈史記・孝文纪〉四方の異民族をもことごとく和合し喜んだ．
洽借 qiàjiè 相談して借りる．
洽然 qiàrán〈文〉あまねく．
洽商 qiàshāng 交渉する．掛けあう（多く商談すること）．
洽谈 qiàtán 談じあう．掛けあう．〔~务商〕商売について話し合う．〔~会〕商談会．
洽妥 qiàtuǒ 話がまとまる．商談が整う．
洽闻博见 qiàwén bójiàn〈成〉見聞が広い．見識がある．
洽闻强记 qiàwén qiángjì〈成〉博覧強記．
洽询 qiàxún〔牘〕問い合わせる．

〔恰〕qià ①適当である．ちょうどよい．〔在这个句子里，这个词用得不~〕このセンテンスの中でこの語の用い方は不適当だ．②ちょうど．まさに．〔跑到那里~~是八点钟〕そこへかけつけた時はちょうど8時だった．〔合时宜〕ちょうど時宜にかなっている．〔~要开始〕まさに始めようとしている．

恰便似 qiàbiànsì ⇒〔恰如〕
恰不道 qiàbudào〈白〉世に（このことを）よく言うのではないか…というのは知らぬわけがないだろう．
恰才 qiàcái =〔却 què 才〕〈白〉いましがた．
恰待 qiàdài〈白〉ちょうど…しようとしていると:〔恰待要〕〔恰怎 nèn 待〕ともいう．
恰当 qiàdàng =〔切 qiè 当〕ちょうどよい．適当である．〔这个办法不~〕このやり方は適当でない．〔说不~〕うまく言い表せない．〔采取了~的措施〕適切な措置をとった．〔这个字在这儿用，是很~的〕この字をここに用いるのはきわめて適切である．
恰到好处 qiàdào hǎochù〈慣〉ちょうどよい（ところに話が行き届く．点を突く）．〔他把大大小小的事情，都处理得那么公允，妥当，~〕彼は大小の仕事をみな公平に，妥当に，かゆいところに手が届くように処理している．〔他的话说得~，大家都很满意〕彼の話し方は適切で，皆満足している．
恰好 qiàhǎo ちょうどよく．ちょうど．〔~遇着 zháo 他了〕ちょうど折しく彼に会った．〔距离~（是）五十米〕距離はちょうど50メートル．〔我正要出去~老王来找我〕ちょうど出かけようとしているところに王くんが訪ねて来た．〔~说〕言い方が当を得ている．
恰恰 qiàqià ①まぎれもなく．ほかでもなく．後に〔（就）是〕を伴う．〔这不是什么根据，~是捏造的〕これは別に根拠ということでなく，明らかに捏造の)．〔~相反〕まさしく（全く）その逆:〔恰好〕に同じ．③〈音訳〉チャチャチャ:ラテン音楽・ダンスの一．
恰巧 qiàqiǎo =〔刚 gāng 巧〕〔巧值①〕ちょうどのところに．〔我刚回到家，~他也来了〕私が家に帰ったばかりのところにちょうど彼も来た．〔~让我碰到了〕あいにくも私にみられてしまった．〔~遇 yù 见他了〕折しく彼に出会った．→〔凑 còu 巧①〕〔恰好〕
恰如 qiàrú〈白〉あたかも…のように．まさに…のようである．〔恰便似〕〔恰似〕に同じ．〔我看到的，~你所说的〕わたしが見たのはちょうどきみが言ったのと同じようなものだ．→〔正 zhèng 如〕
恰如其分 qiàrú qí fèn〈成〉（やり方・程度が）ぴったり合っている．当を得ている．〔对一个作家或作品的赞扬或批评要~，不能随便抬高或贬 biǎn 低〕一人の作家あるいは作品に対する賞揚や批評はちゅ

うど適当なものでなければならない,勝手に持ち上げたり,けなしたりしてはいけない.

恰似 qiàsì ⇒[恰如]

恰正 qiàzhèng〈白〉①まさに…の時に.折しも.[~心头人们忙, 忽闻远处钟声响](王厢)あたかも心中無聊を覚えていた時ふと遠方に鐘の音が聞こえた.②折よく.ちょうどよい具合に.

恰值 qiàzhí 時あたかも…に際し.あたかも…の時にあたり.[~中秋月圆, 邀请好友痛饮几杯]あたかも中秋満月の時にあたって,親しい友人を招きいささか痛飲する.

恰中下怀 qià zhòng xiàhuái〈慣〉ちょうどわたしの考えと同じである.[恰中心意]ともいう.

[骼（骸）] ①~骨 gǔ 生理 腸骨.[肠 cháng 骨]ともいう.その下の[耻 chǐ 骨]及び[坐 zuò 骨]とともに[髋 kuān 骨]をなす.

qian くIㄢ

[千・韆] qiān (I)[千] ① 千.→[仟 qiān] ②数の多いこと.[百班 bān]や[万 wàn ①]に同じ.[春宵一刻値~金](宋・蘇軾詩)春宵の一刻は千金の値がある.③切に.必ず.決して.[~祈勿知]是非とも御承諾いただきたい.[~不该万不该]断じてよろしくない.④〈姓〉千(犭).
(II)[韆] [秋込~]ブランコ.[荡 dàng 秋~玩儿]ブランコをこぐ(こいで遊ぶ)

千百年 qiānbǎinián 何千何百年.永い年月.

千百万 qiānbǎiwàn 数の多くの.無数の.[计划生育是关系到~人的大事]計画出産は,無数の人に関係する大事だ.

千般 qiānbān〈白〉いろいろ.さまざま.[~易学,一窍 qiào 难通]〈諺〉何事でも学ぶのはやさしいが一つでも奥を究めることはなかなか難しい.

千变万化 qiānbiàn wànhuà〈成〉千変万化する.変化がきわまりない.[世界上事物的发展,虽然~, 但是都有它自己的客观发展规律]世界の事物の発展は千変万化であるが,しかしいずれもそれぞれの客観的発展の法則がある.

千兵易得, 一将难求 qiānbīng yìdé, yījiàng nánqiú =[千军易得,一将难求]〈諺〉雑兵はいくらでも得られるが,将となり得るものはなかなか得がたい.

千补百衲 qiānbǔ bǎizhuì [千补万衲]ともいう.〈慣〉つぎはぎだらけの.[~的破衣裳]つぎはぎだらけの破れ着物.

千补万衲 qiānbǔ wànnà 同上.

千部一腔, 千人一面 qiānbù yīqiāng, qiānrén yīmiàn〈諺〉(物語が)ありきたりで月並みなこと.

千层底(儿) qiáncéngdǐ(r) [布bù 鞋][鞋底]の一種.[鞋底]が[袼褙]を縫い合わせて厚くしてあるもの.

千疮百孔 qiānchuāng bǎikǒng 傷だらけ.破綻百出.[百孔千疮]ともいう.[把经济搞得~]経済をめちゃくちゃにする.

千锤百炼 qiānchuí bǎiliàn [千锤成利器,百炼变纯钢]の略.①激しい鍛錬と多くの経験を積むこと.②詩文を入念に推敲すること.→[百炼成钢]

千刀万剐 qiāndāo wànguǎ ①残虐な方法で殺害する.②〈罵〉八つ裂きにしても足りない(奴).[千刀万剁 duò]ともいう.

千电子伏 qiān diànzǐfú 電 キロ電子(エレクトロン)ボルト.

千叮咛万吩咐 qiān dīngníng wàn fēnfù〈慣〉くれぐれも念を入れて言いつけておくさま.[临走时他还把一切家事を~地都交代清楚了]出立の時間際に彼は一切の家のことをくれぐれも念には念を入れて言いつけちゃんと言いつけておいた.

千端万绪 qiānduān wànxù ⇒[千头万绪]

千朵桃花一树所生 qiānduǒ táohuā yīshù suǒ shēng〈諺〉無数の桃の花も元をただせば1本の樹から生れもの.〈喩〉母と子,子同志のつながり・情愛の深さを言う.

千恩万谢 qiān'ēn wànxiè〈成〉何度も礼を言う.非常に感謝する.[~地致谢]同前.

千方百计 qiānfāng bǎijì =[百计千方]〈成〉あらゆる方法・計略.あの手この手で.[~地完成任务]あらゆる手段をつくして任務を達成する.[我尽了~也是白搭]あの手この手とやってみたがむだだった.

千方易得, 一效难求 qiānfāng yìdé, yīxiào nánqiú〈諺〉処方は数多くあるが,本当に効くというものはなかなかない.

千分表 qiānfēnbiǎo =[分校 jiào 表]工 ダイヤルゲージ.ダイヤルインジケーター.

千分尺 qiānfēnchǐ =[千分仪] [百 bǎi 分尺] [测 cè 微表] [測微计] [分厘卡]マイクロメーター.[内测~] [内径~]内側マイクロメーター.[外測~] [外径~]外側マイクロメーター.

千分点 qiānfēndiǎn パーミリで表わす二つの数の差をいう単位.

千分数 qiānfēnshù パーミリ.

千分仪 qiānfēnyí ⇒[千分尺]

千佛洞 qiānfódòng ⇒[莫 mò 高窟]

千夫 qiānfū〈文〉①千人.②たくさんの人.[~所指]大衆の指弾を受けるの的.=[千人所指]

千伏 qiānfú 電 キロボルト.記号KV.[一千伏特安培]キロボルトアンペア.記号KVA.

千公升 qiāngōngshēng キロリットル.

千古 qiāngǔ ①大昔.②とこしえ.悠久の年月.[~美谈]千古不滅の美談.[~不磨mó][~不朽xiǔ][~不发]とこしえに変わらぬこと.[~罪人.大罪人][~绝伦lún]千古未曾有.→[千秋①] [千载] ③死を悼む語.[流芳~]芳名をとこしえに残す(死者を悼む言葉).[一朝 zhāo 成~]一朝にして永の別れとなる.

千赫 qiānhè 物 キロヘルツ.記号kHz.

千呼万唤 qiānhū wànhuàn =[千叫万唤]〈成〉しきりに催促する.[~, 他才答应]さんざん頼み込んで,やっと承知してくれた.

千户 qiānhù ①[千户(家)].多くの人々.②囮 古真などの軍事的編成の単位.清では辺境においた[土司]の小さいものを[土~]といった.

千回百转 qiānhuí bǎizhuǎn〈成〉紆余曲折の多いさま.[千回百折]ともいう.[~才得以实现]紆余曲折を経てやっと実現した.

千纪 qiānjì 千年紀.

千家万户 qiānjiā wànhù〈成〉多くの家々.

千桨万篙 qiānjiǎng wàngāo 千の櫓,万の棹(さお).[~, 也不得破篷撑膜]いくら力あっても風を受けた破れ帆にはかなわぬ.〈喩〉無理に努力するよりも自然に順応した方がよい.

千娇百媚 qiānjiāo bǎimèi =[百媚千娇]〈成〉さまざまの媚態.嬌態.[那个女人~, 多迷人啊]あの女は色気たっぷりでまったくたまらんよ.

千叫万唤 qiānjiào wànhuàn ⇒[千呼万唤]

千斤 qiānjīn 非常に重いことの形容.[~重担 zhòngdàn]千斤の(重い)荷物.重い責任.[我怎么能担得起这~担儿呢]わたしにどうしてこんなに重い物(重い負担)が担げ(負え)ましょう.

qiān

千金 qiānjīn ①大金.非常に値打ちのあるもの.〔~难买一片心〕〈諺〉千金といえども人の心を買うわけにはいかぬ(人の真心というものは貴いもの).〔~难买心头愿〕〈諺〉心の願いは金を積んでも叶うことがないものだ.②不名.百金不刑]旧時代の腐敗した裁判を形容した言葉:千金を出せば重罪人も死ななくてすむし,百金を出せば軽い罪人は罰せられずにすむ.〔一掷 zhì〕〔一擲〕大金を一挙に投ずる(投じて賭博をすること).〔~一诺〕千金の重みをもつ確かな承諾.〔~一笑〕千金にも値する(美人の)笑顔.〔~躯〕大切な体.〔~(之)子 zǐ〕金満家の子弟.②囘ご令嬢.お嬢さん:他人の令嬢に対する敬称.古代は男児をいった.〔~小姐〕〔令~〕〔令爱〕ともいう.⇒〔小 xiǎo 姐③〕

千金菜 qiānjīncài 〔苣〕:〔莴 wō 苣②〕の別称.

千斤担 qiānjīndàn〈方〉力石 (ちから).→〔杠 gàng 铃〕

千斤吊 qiānjīndiào〈方〉起重機.

千斤(顶) qiānjīn(dǐng)=[千斤 jin ①]①頂重器]〔扛 káng 重器〕ロジャッキの通称.

千斤杠 qiānjīngàng〔撬 qiào 棍〕挺子(て):〔杠杆〕に同じ.〔用~撬起来〕挺子でこじ上げる.

千斤买骨 qiānjīn mǎigǔ〈成〉熱心に人材を求めること;昔,ある王が〔千里马①〕を高い値段で探していて,近臣がやっと探しあてた時,その馬は死んでいた.彼はそれでも全金で購って王に差出し,"死馬でさえ五百金で買い上げられたということが天下に知れれば,きっとよい馬が集まってきます"と王を説いた.果たしてそのとおりで3頭の〔千里马①〕を手に入れることができたという.〔千金市骨〕ともいう.

千斤索 qiānjīnsuǒ =[上 shàng 张索]機トッピング・リフト.

千金藤 qiānjīnténg =[青 qīng 藤②]個ハスノハカズラ(イヌツヅラ,ヤキモチカズラ):ツヅラフジ科の常緑藤本.

千金子 qiānjīnzǐ ①金持ちの子弟.②個アゼガヤ.③個〔续 xù 随子〕(ホルトソウ)の別称.

千斤 qiānjin =[千斤(顶)] ②機歯どめ;歯車の逆転を止める部品.

千经万典 qiānjīng wàndiǎn〈成〉聖賢の著した数多くの教えの中.〔~,孝义为先〕どの同典でも孝と義とを最も大切なものとしている.

千钧 qiānjūn はなはだ重いこと.〔~棒〕重い金棒:『西遊記』の孫悟空の武器.〔~重负〕とても重い負担.〔~之力〕大変大きな力.

千军万马 qiānjūn wànmǎ〈成〉兵・馬の多いこと.隊伍の雄壮で,勢いの盛んなさま.〔全国人民正在以~之势,勇猛前进〕全国人民は今まさに千軍万馬の勢いで勇敢に前進している.

千钧一发 qiānjūn yīfà ⇒〔一发千钧〕

千军易得,一将难求 qiānjūn yìdé, yījiàng nánqiú ⇒〔千兵易得,一将难求〕

千卡(路里) qiānkǎ(lùlǐ)=[大 dà 卡]キロカロリー・大カロリー.→〔卡 kǎ 路里〕〔小 xiǎo 卡〕

千克 qiānkè ⇒〔公 gōng 斤〕

千里 qiānlǐ 千里.〈喩〉遠い距離:〔百里〕や〔万里〕と対比して用いられることもある.〔百里不同风,~不同俗〕〈諺〉百里隔り千里隔れば風俗も異なるもの.所変われば品変わる.〔~送鹅毛,礼轻情意重〕〔~鹅毛〕〈諺〉はるばる遠方から鵞毛のような軽微なものをくれても,その物はわずかでもその志は厚いものがある.金額より気持ち.〔~姻缘一线牵〕〔~姻缘着 zhuó 线牵〕〈諺〉姻縁(ネッ)があれば夫婦になる.合縁奇縁(あいれん).〔~搭长棚,没有不散 sàn 的宴席〕〈喩〉千里もの長い仮屋を建てて宴を張ったとしてもいつかは散会の時が来る.離合は

世のならいで,どんなよいこともいつかは終る.〔~做官只为 wèi 口,万里求財只为身〕〈諺〉遠方へ赴いて官職に就くのもあるいは商売をしに行くのも,結局は食わんがため身のためである.〔~之堤,溃于蚁穴〕〈諺〉千里の堤も蟻の穴から崩れる.〔~之行,始于足下〕〈諺〉千里の道も一歩から.

千里光 qiānlǐguāng 個タイキンギク (堆金菊)(総称).〔欧 ōu 洲~〕〔ノボロギク〕(キオン).〔麻 má 叶~〕ハンゴンソウ.〔紅轮~〕コウリンギク.

千里镜 qiānlǐjìng ⇒〔望 wàng 远镜〕

千里驹 qiānlǐjū 同下.

千里马 qiānlǐmǎ =〔〈文〉千里驹〕①日に千里を行く馬.〔~还得 děi (有)千里人 (骑)〕〈諺〉駿馬には上手な乗手が必要.宝も持つ人によって価値が出る.②〈転〉優れた人物.逸材.

千里鹅毛 qiānlǐ (sòng) émáo ⇒〔千里〕

千里挑一 qiānlǐ tiāoyī 千に一つ.ごくわずか.〔他像这么思维敏捷,意志坚定,又肯用功的学生真是~,太难得了〕彼のようにに思考がしっかりしていて,意志が強く,勉強もよくやる学生は全く千人に一人で,まことに得がたいものだ.

千里迢迢 qiānlǐ tiáotiáo〈慣〉路程の遠さま.〔~从新疆到了北京〕はるばる新疆から北京へ来た.

千里眼 qiānlǐyǎn ①洞察力のある人.識見の高い人.〔~顺 shùn 风耳①〕⇒〔望 wàng 远镜〕

千粒重 qiānlìzhòng 農千粒の種子の重さ.これによって農作物の品質と生産量を判断する.

千虑一得 qiānlǜ yìdé 〈成〉愚か者でも千回の考えの中に1回の成功がある;〔千虑之一得〕〔一得之愚〕ともいう.〔我的意见虽然很肤浅,但~,也许对你们今后的工作会有点帮助〕私の意見ははなはだ浅薄なものだが,しかし,千のうちーつくらいは諸君の今後の仕事に役に立つものがあるかも知れない.

千虑一失 qiānlǜ yīshī〈成〉千慮の一失:聡明な人の考えにも,時に誤りがあること.〔智者千虑,必有一失,愚者千虑,必有一得〕(史記)による.→〔千虑一得〕

千门 qiānmén〈文〉①宮殿(の門).〔宫 gōng 门〕に同じ.②多くの宮殿.〔~万户〕③宮殿の広くて建物の多いさま.⑤人家の稠密なさま.いらかの建ち並んださま.

千米 qiānmǐ 〈度〉キロメートル.ふつう〔公 gōng 里〕という.〔~赛跑〕又千メートル競走:〔一千米〕〔千公尺赛跑〕ともいう.

千难万难 qiānnán wànnán〈慣〉きわめて難しい.とても困難である.〔说着容易,做起来就~了〕言うのはやさしいがやってみるとなかなか難しい.

千难万险 qiānnán wànxiǎn〈慣〉ありとあらゆる困難と危険.

千年艾 qiānnián'ài 個モクビャクコウ(木白虹):野菊の一種.葉の乾かしたものは補血剤として薬用される.

千年柏 qiānniánbǎi ⇒〔玉 yù 柏〕

千年虫问题 qiānniánchóng wèntí 電算コンピュータの2000年問題.

千年房屋换百主 qiānnián fángwū huàn bǎizhǔ 千年もの間には家主は百人もかわる.〈喩〉長い時の流れに多くの盛衰があること;〔千年田八百主〕ともいう.

千年红 qiānniánhóng ⇒〔石 shí 竹〕

千年田八百主 qiānniántián bābǎizhǔ ⇒〔千年房屋换百主〕

千年王国 qiānnián wángguó 図(キリスト教の)千年王国:〔千禧(年)〕〔千福年〕に同じ.

千年蒀 qiānniányùn ⇒〔万 wàn 年青〕

qiān 千

千篇一律 qiānpiān yīlǜ〈成〉作品の形式が固定化し同じ調子で少しも変化がない.〔老是~,没什么变化〕いつも同じ調子で何ら変わったところがない.→〔千人一面〕

千奇百怪 qiānqí bǎiguài〔千奇百怪〕ともいう.〈成〉非常に多くの不思議がある.〔提起这件事来,真是~〕この件についてお話しするとなるとまったく不思議ばかりなんです.

千千万万 qiānqiān wànwàn 数の多いさま.〔~的灾民无家可归〕幾千何万の被災者は住むべき家がなくなってしまった.→〔成 chéng 千上万〕

千顷陂 qiānqǐngpí〈文〉人の気宇広大なこと.

千秋 qiānqiū ①=〔千岁〕千年.〈喻〉長い間.〔~功勋〕永遠に消えることのない功績と罪.→〔千古②〕〔千载〕②〈尊〉お誕生日.〔老伯大人的〕伯父様(あなたのお父上)のお誕生日.〔~永办〕いつまでもお達者で.②死ぬ.亡くなる.(婉語).〔~之后〕伯父様(あなたのお父上)がお亡くなりになってから.

千秋万代 qiānqiū wàndài 千年万年.長い歳月.世世代代.〔千秋万世〕ともいう.

千秋万岁 qiānqiū wànsuì〔万岁千秋〕ともいう.①千年万年.永久に.②〈婉〉君主の死(婉語).→〔千古〕

千屈菜 qiānqūcài 〔植〕(エゾ)ミソハギ:原野・山地などの湿地に生ずる多年生草木,高さ1メートル内外,仏花として人家に植栽される.

千儿 qiānr →〔打 dǎ 千(儿)〕

千儿八百 qiānrbābái 千から8百ぐらい.千そこそこ.→〔百儿八十〕〔万 wàn 儿八千〕

千人所指 qiānrén suǒ zhǐ〈成〉千人もの人に指される.人々の怒りを買う.〔~,无病而死〕同時に病気もなくとも参ってしまう(漢書·王嘉伝)

千人一面 qiānrén yīmiàn〔慣〕似たりよったり.代わり映えしない.〔虽然有种种名称,可都是~,没什么差别〕いろいろな名称があるけれども,どれも似たりよったりで別に違いはない.→〔千篇一律〕

千仞 qiānrèn〔千仞〕ともある:きわめて高い(深い)こと.→〔仞〕

千日打柴一日烧 qiānrì dǎ chái yīrì shāo〈諺〉①長年蓄えたものを一寸の間に使ってしまう.②成功の一瞬は長年の苦闘の積み重ねである.

千日红 qiānrìhóng 〔植〕センニチコウ(センニチソウ)

千山万壑 qiānshān wànhè〈成〉多くの山々と幾多の深い谷.

千山万水 qiānshān wànshuǐ〔万水千山〕に同じ.〈成〉〔千重山,万道水〕の略で,山また山,川また川と非常に隔たっていて険しい形容.幾山河.〔远隔~,遠く幾山河を隔てる.〔踏山涉河~才回到故乡〕幾山河を越え渡ってやっと故郷に帰りついた.

千山万岳 qiānshān wànyuè〈成〉①多くの山々.②重なり合った山々.

千升 qiānshēng〔度〕キロリットル:〔千公升〕ともいう.〔公 gōng 秉〕は旧称.

千乘 qiānshèng〈文〉①千台の兵車.②諸侯:封建時代列国の君主の別称.国家有事の際,兵車〔~〕(1千台)を繰出した.

千世 qiānshì →〔千古②〕

千丝万缕 qiānsī wànlǚ =〔千索万绪〕〈成〉関係が非常に複雑で,こんがらがっているさま.〔有着~的联系,复杂而入りくんだ関係がある.

千思万想 qiānsī wànxiǎng〈成〉あれこれ思いをこらす.考えを練る.〔~到底想不出好办法来〕あれこれ考えてもどうもよい考えが浮かばない.→〔左 zuǒ 思右想〕

千算万算 qiānsuàn wànsuàn〈成〉あれやこれやと考えを巡らす.〔~不如天一算〕〔~不如老天(爷)一算〕人間がいくら考えを巡らしてみたところでお天道(どう)さまの一算にも及ばない.

千岁 qiānsuì ①⇒〔千秋①〕②〔旧〕親王·王族·皇后に対する尊称:〔多く戯曲中で用いられる.〔娘 niáng 娘~〕皇后様.〔~爷 yé〕親王.王公様.→〔万 wàn 岁〕

千索万绪 qiānsuǒ wànxù ⇒〔千丝万缕〕

千头万绪 qiāntóu wànxù =〔千端万绪〕〈成〉様々な手がかりが複雑で事柄(事情)が入りくんでいる.〔~,真是难以下手〕まったく入りくんでいて手をつけにくい.

千瓦 qiānwǎ キロワット:〔匠〕は旧合成略字.〔基 jī 罗瓦特〕〔启 qǐ 罗瓦特〕は旧音訳.

千瓦时表 qiānwǎ shíbiǎo ⇒〔电 diàn 度表〕

千瓦小时 qiānwǎ xiǎoshí キロワットアワー:〔千瓦时〕ともいう.

千万 qiānwàn ①絶対に.決して.必ずどうぞ:強く要求する時の言葉.ねんごろに頼む時の要請の言葉.〔清您~不要说〕どうか絶対に言わないで下さい.〔届时务祈赏光,~~〕〔贖〕その際は何とぞご光臨願います.是非是非.②数の多い形容.

千~万~ qiān~wàn~ ①多くのことを表す.〔~差 chā ~别〕数えきれないほど差別·種類があること.千差万別.〔~紫~红〕色とりどりである.②強調を表す.〔~妥~当〕〔~妥~当慣〕どちらから見ても大丈夫である.〔~说一~说〕あれこれ言いたてる.

千禧(年) qiānxǐ(nián) ⇒〔千年王国〕

千祥 qiānxiáng〈文〉多幸.

千辛万苦 qiānxīn wànkǔ〈成〉ありとあらゆる苦労.〔历尽~,才有今天〕ありとあらゆる苦労をしてやっと今日があるのだ.

千言万语 qiānyán wànyǔ〈成〉千言万語.〔说了~也没表达出它的意思来〕千言万語を費やしてもその意味を表現していない.

千羊 qiānyáng 千頭の羊.〔~不能捍 hàn 独虎〕〈諺〉千頭の羊も1匹の虎を防ぐことができぬ(弱者の無力なるさま).〔~之皮,不如一狐之腋〕〈諺〉愚者が多勢かかっても一人の賢者に及ばない.

千叶 qiānyè ①八重(え).〔~牡丹〕八重咲きのぼたん.〔~蓮〕八重咲きのはすの花.②=〔千世〕〈文〉悠久の時.

千叶桃 qiānyètáo ⇒〔碧 bì 桃〕

千依百顺 qiānyī bǎishùn〔慣〕何でも人の言う通りに従う:〔百依百顺〕ともいう.〔他对领导~,对下级却相反〕彼は上司の言うことを何でもよく聞くが,部下に対してはその逆だ.

千载 qiānzǎi〈文〉千年もの長い間.→〔千古①〕〔千秋①〕

千载难逢 qiānzǎi nánféng〈成〉千載一遇(の).めったに会えない:〔千载一时〕〔千载一遇〕ともいう.〔~的绝好条件〕めったにない絶好の条件.

千张 qiānzhāng ①〔食〕豆腐を薄切りにして圧縮した食品:〔豆 dòu 腐干(儿)〕の一種.〔方〕百 bǎi 叶②〕〔豆筋〕ともいう.②〔千章〕とも書く.旧暦12月23日の〔祭 jì 灶〕の時,竈の神を祭って供える紙で作った車馬.また黄色の紙にはさみを入れ梯子形にしたものを〔芝麻紙(儿)〕(ごまがら)に貼りつけたもの:〔上天梯〕ともいう.→〔灶 zào 王爷〕

千兆 qiānzhào 10億(の).〔~周〕ギガサイクル.

千针底 qiānzhēndǐ〔旧〕〔布靴〕の手作り底.

千真万确 qiānzhēn wànquè〈成〉まちがいなく確かなことで.〔~的,我可以保证〕これはごく確かなことで,ぼくが保証する.

千周 qiānzhōu 〔电〕キロサイクル.〔频 pín 率6210~〕周波数6210キロサイクル.

qiān

千姿百态 qiānzī bǎitài 〈慣〉様子がさまざまで、それぞれ異なること.
千字节 qiānzìjié 電腦キロバイト.記号KB.
千字文 qiānzìwén 書〈千字文(ぜ):梁の周興嗣の撰.初学者の教科書とされた.「天地玄黃,宇宙洪荒…謂語助者,焉哉乎也」で終わる四言の古詩,計250句1千字より成っている.→〔小 xiǎo 书(儿)〕
千总 qiānzǒng 旧武官名.→〔把 bǎ 总〕

〔仟〕 qiān
①〔千①〕の大(黛)字:証書類の金額記載に多く用いる.→〔大 dà 写①〕 ②〈文〉千人のかしら.⑧⇒〔阡〕
仟伯 qiānbó 〈文〉千や百(の錢)
仟眠 qiānmián ⇒〔芊绵〕
仟仟 qiānqiān ⇒〔芊芊〕

〔阡〕 qiān
①〈文〉田畑の間を南北方向に走るあぜ道.→〔陌 mò〕 ②〈文〉墓所に通じる道.⑧⇒〔仟〕
阡表 qiānbiǎo 〔墓 mù 表〕
阡眠 qiānmián ⇒〔芊绵〕
阡陌 qiānmò 〈文〉田畑のあぜ道.〔~纵 zòng 横〕あぜ道が縦横に通っている.
阡阡 qiānqiān ⇒〔芊芊〕

〔迁・遷〕 qiān
①移転する.移居する.〔~坟 fén〕墓を移す.〔从城里~到城外〕市街地から郊外へ移転する.〔您打算乔 qiāo ~吗〕引っ越されるおつもりですか.〔孟母三~〕〈成〉孟子の母が,わが子の教育のために3度居を移したとの故事.→〔搬 bān ②〕〔挪 nuó ②〕 ②変化する.移り変わる.〔变~〕移り変わり(る).〔事は境~〕〈成〉事情が変わったり環境も移った. ③〈文〉官職・人事の異動.〔左~〕左遷する.〔超 chāo ~〕抜擢する.
迁爱 qiān'ài ⇒〔移 yí 宠〕
迁出 qiānchū 転出する.
迁除 qiānchú 〈文〉昇進と任官.→〔迁调〕
迁调 qiāndiào 転任(する).人事異動(する.させる)
迁鼎 qiāndǐng 〈文〉王朝の交代.
迁都 qiāndū 遷都する.
迁兑 qiānduì 〈方〉やりくりする.融通し合う.〔不够分配,大家~着用吧〕分けるには足りないが,みんなでしかるべく融通し合って使いなさい.
迁飞 qiānfēi (昆虫・鳥などが)移動する.渡る.
迁化 qiānhuà 〈文〉①〔移〕変わる. ②宗(仏教で)死去する.
迁建 qiānjiàn 移築する.引っ越して新築する.
迁进 qiānjìn ①転入する.〔迁入〕に同じ. ②昇進する.
迁就 qiānjiù =〔牵就〕ずれる.それる.〔作文章,要是只顾文字整齐,意思就不能不~了〕文章を書くのに,もし文字を整えることばかり気をとられていると,意味は(元来の意図から)それてしまわざるを得ない. ②(相手に)調子を合わせる.折合う.迎合する.〔~群众中落后分子的意见〕大衆中の遅れた人たちの意見と調子を合わせる.〔有些医 yī 生不对病人进 jìn 行解释,~病人的要求〕医者の中には病人に対してよく説明もせずに,病人の要求にひきずられていいかげんに受け入れるものがある.〔专家们批评政府不应 yīng 对他们过分 fèn ~〕專門家たちは,政府は彼らに対して必要以上に迎合すべきではないと批判している.〔用掩盖缺点和~姑息的办法,是不能帮助人们进步的欠点を隠してやったり,大目に見て問題を整えるようなことばかり気をとられていると,人々の前進を援助するゆえんのものではない. ③⇒〔俯 fǔ 就〕
迁居 qiānjū =〔〈方〉迁屋〕〔移yí 居〕移転する.引っ越す.→〔搬 bān 家〕

迁客 qiānkè 〈文〉降格され,地方に転勤を命じられた官吏.
迁离 qiānlí 移転する.立ち退く.
迁流 qiānliú 〈文〉(時が)流れ移り変わる.〔岁月~〕歳月が移り変わる.
迁怒 qiānnù 八つ当たりする.当たり散らす.→〔移 yí 怒〕
迁乔 qiānqiáo ⇒〔乔迁〕
迁逡 qiānqūn ⇒〔逡巡〕
迁染 qiānrǎn (風習が)しだいにしみこむ.〔为 wéi 恶è 习所~〕悪習に染まる.
迁任 qiānrèn 昇進する.官位が昇る.
迁人 qiānrù 転入する.引っ越す.〔~新居〕新居に引っ越す.
迁善 qiānshàn 改心する.過ちを改める.〔改过~〕同前.
迁往 qiānwǎng (…に)引っ越す.移って行く.
迁屋 qiānwū ⇒〔迁居〕
迁徙 qiānxǐ ⇒〔迁移①〕
迁延 qiānyán ぐずぐずする.引き延ばす.〔~时日不给办理〕時日を遷延して処理してくれない.〔~不决〕ぐずぐずして決まらない.→〔拖 tuō 延〕
迁移 qiānyí ①=〔迁徙〕〔迁址〕移転する.場所を動く.〔~费〕立ち退き料.〔~户口〕戸籍を他所に移す. ②時が移り変わる.〔~性〕動移動性.
迁葬 qiānzàng =〔移 yí 骨〕旧遺骨を別の場所に移す.→〔改 gǎi 葬〕
迁谪 qiānzhé =〔左 zuǒ 迁〕旧罪を得た官吏の降職左遷.
迁址 qiānzhǐ ⇒〔迁移①〕
迁装 qiānzhuāng (機器を)取りはずしてほかの所に設置する.
迁走 qiānzǒu 移って行く.引っ越して行く.

〔芊〕 qiān
=〔仟③〕〔阡③〕〈文〉草木の生い茂ったさま.
芊眠 qiānmián 同下.
芊绵 qiānmián =〔芊眠〕〔仟眠〕〔阡眠〕〈文〉草木が生い茂り伸び広がっているさま.
芊芊 qiānqiān =〔仟仟〕〔阡阡〕〈文〉草木の勢いよく生い茂っているさま.
芊蔚 qiānwèi 〈文〉草木が茂っている.

〔扦〕 qiān
①さす.さしこむ.〔~蜡烛〕ろうそくを(ろうそく立ての釘にさして)立てる.〔把花儿~在花瓶里花を花瓶にさす(元来の意味は剣山など釘様のものにさして)さす.〔把门儿儿~上〕戸のかんぬきをさしこむ:太いものは〔插上〕という.→〔插 chā ①〕〔~子①〕 ③〈方〉削る.むく.〔~梨子梨の皮をむく.
扦插 qiānchā 農さし木(する).〔最适宜~的季节は初冬〕さし木に最も適した季節は初冬である.
扦脚 qiānjiǎo ⇒〔修 xiū 脚〕
扦手 qiānshǒu ⇒〔扦子手〕
扦子 qiānzi ①細くとがった金属・木・竹片.またこれを主要部分とする道具.〔扦②〕ともいう.〔铁~〕鉄串.〔竹~〕竹串.〔蜡扦儿〕〔烛扦儿〕ろうそく立て. ②=(筒②)先の尖った細い金属の棒に溝がついており,これを米袋・小麦袋などに突きさしてサンプルを取り検査する道具.〔~手〕〔扦手〕=前用いて検査する係員.

〔钎・釺〕
钎头 qiāntóu →〔钎子①〕
钎子 qiānzi ①⽤鑿(②)岩たがね.中空ロッド(ハンマードリル):同前の刃先を〔钎头〕(ビット)という.→〔风 fēng 钻〕 ②金属製の焼き串.〔长 cháng ~〕旧炉のかき棒.

qiān

〔汧〕 qiān ①流水の深くたまる所. ②地名用字.〔~河〕陝西省にある川:現在は〔千河〕と書く.〔~阳 yáng〕陝西省にある県:現在は〔千阳〕と書く.

〔岍〕 qiān 〔~山〕陝西省にある山:現在は〔千山〕と書く.

〔佥・僉〕 qiān ①<文>みな.一同.〔~无异议〕一同みな異議なし.〔~望〕衆望. ②⇒〔签(I)〕

佥谋 qiānmóu <文>大勢で協議・計画する.〔~已定〕衆議すでに定まる.

佥事 qiānshì 旧(攻)事:官職名.中央各部局に置かれた中級事務官:参事の下.主事の上.

佥同 qiāntóng 一致して賛同する.

佥押 qiānyā ⇒〔签押〕

佥议 qiānyì <文>大勢で協議する.

〔签・簽・籤(籖)〕 qiān (I)〔签〕 =〔佥②〕①記名(署名)する.サインする.印をつける.〔契约〕〔合同〕〔条约〕契約書面の署名. ②〔簡単に要点・意見を〕書き付ける.〔~注意见〕意見を書き加える.

(II)〔簽・籤〕 ①〔-儿,-子〕記号・文字などを書き付けた竹片・木片・紙の札(な)など.〔抽~②〕くじをひく.〔求~问卜〕おみくじをひいて占う. ②標識として用いる細長く切った紙片.〔标~〕〔~②〕(商品につける)カード.ラベル.→〔书 shū 签(儿)①〕 ③〔-儿,-子〕細いとがった竹木片.〔牙~(儿)〕つま楊子.〔竹~〕先のとがった竹串.〔火~(儿)〕 ④旧役所から捕手役人に与える犯人逮捕状.〔火~〕緊急用の同前. ⑤粗く縫いつける.〔把衣领先~上〕えりを先に仮縫いする.

签报 qiānbào <公>迅速に処理するために当該機関の長の署名をつけて上級機関に送付して決済をあおぐ公文.

签呈(儿) qiānchéng(r) <公>上級機関の長に対して付箋に書いて報告する簡略な公文.

签传 qiānchuán ①署名した文書を伝達する. ②令状を出して拘引する.

签单 qiāndān つけで払う.サインで払う.

签到 qiāndào [通 huà 到]出勤・出席の署名(しるし)をする:または[到]と書く.〔~簿 bù〕出勤簿.出席簿.〔~处〕出勤または出席の受付所.

签订 qiāndìng (条約や契約書に)調印(する).締結(する).〔签定〕とも書いた.〔~贸 mào 易协定〕貿易協定を締結する.〔~条 tiáo 约〕条約に署名する.〔~一项为期十年的原子能合作协定〕期限10年の原子力提携協定を締結する.→〔签约〕

签发 qiānfā (文書・証明書に)署名して発給する.〔那个文件是由李部長~的〕その文書は李部長の認可により発送された.〔~护照〕パスポートを発行する.

签封 qiānfēng (内容保証の)シールをして封をする.

签揭 qiānjiē <文>(上奏文書に)付箋をつけ要点を書き出しておく.

签具 qiānjù 署名をする.

签领 qiānlǐng サインして受け取る.

签名 qiānmíng (記念の)サインをする.〔~盖印〕記名と捺印する.〔~运动〕署名運動.〔~设计〕サインの書体のデザイン.→〔签单〕〔签字①〕〔记 jì 名〕

签批 qiānpī 承認のサインをする.

签票 qiānpiào ①手形に署名する. ②(車の乗り換えなどのために)切符に署名または印をつける. ③拘引状.令状.

签儿 qiānr ⇒〔签子〕

签诗 qiānshī =〔签语〕おみくじの文句:詩で表されているのでこういう.

签收 qiānshōu (公文書・手紙などの受領の際)署名する.捺印する:しばしば〔收(到)〕と書きそえる.

签售 qiānshòu サイン即売(する)

签署 qiānshǔ (公共の重要文書.条約に)署名する.

签条 qiāntiáo 札(な).しおり.おみくじなど.

签筒 qiāntǒng ①くじの入った竹筒. ②⇒〔扦子②〕

签押 qiānyā =〔佥押〕旧署名する:署名した上に〔花押〕すなわち書き判にすること.→〔签名〕

签语 qiānyǔ =〔签诗〕

签约 qiānyuē 条約または契約書に調印する.→〔签订〕

签证 qiānzhèng ①査証する.ビザを与える. ②ビザ.査証.〔该国大使馆的~还没下来,所以不能定行期〕その国の大使館のビザが下りていないので,出発の日をはっきり決められない.〔入境〕入国査証.〔旅行〕観光ビザ.〔申请〕ビザを申請する.

签注 qiānzhù 注記(する):書類または文書・証明書に付箋を付け,注意・意見や関係事項などを書き込むこと.またその意見.

签字 qiānzì ①(責任を負う証として)署名(する).サイン(する).調印(する).〔分别代表双方在协 xié 定上~〕それぞれ双方を代表して協定に調印する.〔~人〕署名者.〔~国〕調印国.→〔签名〕 ②付箋して搭乗列車を指定すること.〔中转 zhuǎn ~〕乗換え時の同前.

签字笔 qiānzìbǐ サインペン.

签字盖章 qiānzì gàizhāng 記名捺印する.

签子 qiānzi =〔签儿〕⑧線装本の表紙に貼ってある書名を書きつけたもの:〔书 shū 签(儿)①〕ともいう.⑥旧封筒の中央に貼った細長い赤紙.⑥書物の中に挟んで"しおり"としたもの:〔书签(儿)②〕ともいう.⑥線装本に挟んで外に垂らして書名を書いた紙片:〔书签(儿)①〕ともいう. ②竹・木・骨などを細長く削り,点を刻してある賭具または数とり計算棒.→〔签 chóu 码(儿)〕 ③くじ.おみくじ. ④金属・竹・木の先のとがった細い棒.

签子手 qiānzishǒu 旧[計数係]:埠頭または倉庫などで荷役をするとき"数取り"をする者.〔签子は竹のへらのようなもの.仲仕が荷物を1個運べばそのへらを1本渡し,荷物を受け取る時にはその反対にへら1本返す].

〔牵・牽〕 qiān ①牽引する.引っ張る.〔~着一头牛〕1頭の牛を引っ張っている.〔~牛下地〕牛を引いて畑へ出る. ②連結する.つながる.かかりあう. ③影響が及ぶ.制約される. ④気にかかる(かける). ⑤縫い方の一種:袖口やすそなどに着物のへりを折りまげてかがる縫い方.→〔缭 liáo ②〕 ⑥<姓>牵(な)

牵碍 qiān'ài 差し障り.〔这么说并无~〕そう言ってもべつに差し障りはない.〔~妨 fáng 害〕

牵缠 qiānchán つきまとう.絡み合う.関係する.

牵肠挂肚 qiāncháng guàdù =〔悬 xuán 肠挂肚〕<喩>非常に気にかける.大変心配する:〔牵肠割(き)肚〕〔牵肠挂肺 fèi〕ともいう.

牵扯 qiānchě ①(かかわりに)引き入れる.〔又多了一番~〕またもやかような厄介ごとにかかわりができた. ②牽制する.

牵掣 qiānchè ①⇒〔牵聯〕 ②(かかわりから)影響を及ぼす(される).〔互相~〕互いに進展を妨げ合う.引っ張りあう.〔计划不周到,常常~到别的部门〕周到でない計画は往々にして他の部門にまで影響を及ぼすものだ.

牵动 qiāndòng ①(変動が)部分から全体に波及す

る. 影響を及ぼす.〔他的死～了全世界的时局〕彼の死は全世界の時局に影響を及ぼした.〔～大局〕(一部の動きが)大局を動かす. ②人の感情を刺激する. 人の思いを引き動かす.

牵动磁铁 qiāndòng cítiě テンションマグネット.

牵挂 qiānguà ＝〔牵记〕〔牵念〕気にかける. 気がかりになる.〔～在心上〕同前.〔≠牵肠挂肚〕

牵合 qiānhé ①〈文〉無理な問い合わせをする. ②手づるをたどって話を合わせる.〔～良緣〕良縁をとりもつ.

牵及 qiānjí ⇒〔牵连①〕
牵记 qiānjì ⇒〔牵挂〕
牵角板 qiānjiǎobǎn 〔口〕控鈑(ばん). おくみ鈑. 襟板(えり). 隅鈑.
牵就 qiānjiù ⇒〔迁就〕

牵累 qiānlěi ①(人に)厄介をかける. とばっちりをかける. 迷惑をかける.〔好汉做事好汉当, 何必～别人呢〕好漢がことをすすむに自分だけでやり遂げるもの, 何で他人にまで厄介をかけることがあろうか. →〔连 lián 累〕 ②(人を)かかわらせる. 制約する.〔受家务～〕家の仕事に拘束される.

牵力器 qiānlìqì ＝〔拉及紧器〕テンション緊張装置. 張力器.〔牵力箱盖〕テンションボックスカバー.〔拉紧夹尺〕テンションブラケット.〔牵力滚子〕テンションローラー(引っ張りローラー).

牵力弹簧 qiānlì tánhuáng ＝〈文〉拉 lā 簧〕〔機〕引っ張りばね.

牵连 qiānlián ①＝〔牵及〕(よくないことで)ひっかかりがある. つながりがある. 累を添えにする.〔牵联〕とも書いた.〔那件贪污案子恐怕～了很多人〕あの汚職事件は多数の人に波及することになるだろう. →〔牵累〕〔连累〕 ②かかわり合っている.

牵怜 qiānlian 〔旧〕目をかける. 思いやる.〔久仰, 您多～点儿〕〈挨〉初めてお目にかかります, どうぞよろしくお願いいたします.

牵萝补屋 qiānluó bǔwū 〈成〉つるを引っぱって雨漏りを繕う.〔転〕やりくり算段をする. 貧困に苦しむ.

牵念 qiānniàn ⇒〔牵挂〕

牵牛 qiānniú 〔天〕牵牛星.〔牛郎②〕に同じ.〔牵牛星〕〔牛郎星〕ともいう.〔牵牛女〕〔牛郎织女〕牵牛星と織女星.〈喩〉夫婦が別々の土地で生活または仕事をしていること. ②⇒〔牵牛花〕

牵牛鼻子 qiān niúbízi 牛の鼻を引っぱる.〈喩〉⓪〈事を解決するのに〉問題の要点をしっかりつかむ. ⓑ人を思うままに動かす.

牵牛花 qiānniúhuā 一〔狗 gǒu 耳草〕〔口〕喇叭花(儿)〔植〕アサガオ(の花): 単に〔牵牛②〕ともいう.

牵牛子 qiānniúzǐ 〔薬〕牵牛子(けん)〕: 乾燥したアサガオの種子. 生薬としても用いる.

牵强 qiānqiǎng むりやりこじつける.〔～附会〕〈成〉牵强附会する.〔他的论点有点儿～附会〕彼の論点は少しこじつけがある. →〔勉 miǎn 强〕

牵染 qiānrǎn 〈文〉厄介を人にまで及ぼす.

牵绕 qiānrào 人の心を引く. 心が引かれまつわる.

牵涉 qiānshè (問題が他の人や事に)ひっかかりを生ずる. 関連(する). 波及(する).〔～到很多人〕多数の人にひっかかりを生ずる. →〔牵累①〕〔波及 bō jí〕〔连 lián 累〕

牵手 qiānshǒu ①手をつなぐ. 手を携える. ②提携する. 連携する.

牵条螺栓 qiāntiáo luóshuān 〔機〕スティボルト. 控えボルト. 支柱ボルト.〔撑 chēng 柱螺栓〕ともいう.

牵头 qiāntóu 先頭に立って引っぱる. リーダーシップを取る.〔这项研究由张教授～〕この研究は張教授がリーダーシップを取ることになった.〔请你牵个头,

君が先頭に立ってください.

牵系 qiānxì 係わる. 関連する.〔～到国际情势〕国際情勢に係わっている.

牵线 qiānxiàn ①操り人形を操る.〈喩〉(陰で)糸をひく.〔这个集团的幕后～人是他〕このグループの陰で糸を引いているのは彼である. ②〔口〕(仲介する. 橋渡しをする.〔为某市～〕某市のために仲介する.〔～人〕仲介者. 介在者.

牵一发而动全身 qiān yīfā ér dòng quánshēn 〈諺〉髪の毛1本を引っ張れば全身(全体)に影響する.〔这件事虽不大, 但处理不当就会～〕このことは大したことではないが上手く処理しなければ後々大きく影響することになることもある.

牵引 qiānyǐn 牵引(する).〔～杆 gǎn〕〔工〕テンションバー.〔～棍子 gùnzi〕〔機〕牵引棒.〔撒粉机用～棍子〕散粉機用牵引棒.〔～力〕牵引力.〔～汽车〕トレーラー.

牵着鼻子走 qiānzhe bízi zǒu 〈喩〉振り回す. 振り回される.〔别叫人～〕人に引き回されるな.〔让洋教条～是不好的外国の教条に振り回されるのはよくないことだ.

牵制 qiānzhì ＝〔牵製①〕牵(けん)制する. ひきつけて動きを制約する. (主に軍事上に用いられる). ②牵制.

〔悭・慳〕 qiān 〈文〉①けち(である).〔～吝 lìn〕② 〔吝 lìn〕〔吝嗇 sè〕同前. ③欠けている.〔缘～一面〕顔を合わせる機会に恵まれない.

〔铅・鉛（鈆）〕 qiān ①〔化〕鉛（ぉん）: 金属元素. 記号 Pb. ②鉛筆の芯. →〔石 shí 墨〕 → yán

铅白 qiānbái ＝〔铅粉②〕〔铅华①〕〔白铅粉〕〔化〕鉛白(はく)〕: 塩基性炭酸鉛を成分とする顔料. 下塗用白色塗料. また昔は化粧にも用いた.

铅板 qiānbǎn ①鉛の板. ②⇒〔镀 dù 锌铁(皮)〕

铅版 qiānbǎn (印刷用語で) 印刷鉛版: 紙型に鉛・錫・アンチモニーの合金を流し込んだもの.

铅包线 qiānbāoxiàn 〔電〕鉛被線.

铅笔 qiānbǐ 鉛筆.〔～刨〕鉛筆削り(用のナイフ).〔～盒〕筆箱.〔～画〕鉛筆画.〔～套〕鉛筆のキャップ.〔～头儿〕ちび(た)鉛筆.〔～心(儿)〕〔～芯(儿)〕鉛筆の芯.〔带橡皮的～〕消しゴム付きの鉛筆.〔红～〕赤鉛筆.〔自动～〕〔活 huó 动～〕活心～〕シャープペンシル.〔六棱～〕六角の鉛筆.〔圆杆儿～〕丸い鉛筆.〔削～〕鉛筆を削る.

铅玻璃 qiānbōlí なまりガラス. フリントガラス.

铅锤 qiānchuí 〔建〕下げ振り. 垂重.

铅垂线 qiānchuíxiàn 鉛直線.〔～垂直线〕

铅黛 qiāndài 〈文〉白粉(はっぷん)と黛(まゆずみ). 化粧品. →〔粉 fěn 黛②〕

铅丹 qiāndān ＝〔铅黄〕〔方〕光 guāng 明丹〕〔红 hóng 丹〕〈方〉红铅 粉〕〔黄 huáng 丹〕铅丹. 光明丹: 四三酸化鉛を主成分として, 顔料や医薬品の材料となる.〔～(密 mì 陀僧)〕〔四 sì 氧化三鉛〕 ②〔道家の〕鉛で煉成した丹: 穀物の代用とする.

铅刀驽马 qiāndāo númǎ ＝〔铅鷺〕〈喩〉凡庸で役に立たない者.

铅刀一割 qiāndāo yīgē 〈喩〉〈謙〉微力ながらその任にあたる.

铅毒 qiāndú ＝〔中 zhōng ～〕鉛毒にやられる. →〔铅症〕

铅粉 qiānfěn ①⇒〔铅白〕 ②＝〔铅华②〕〔化粧用の鉛白粉（おしろい）〕

铅封 qiānfēng 鉛で密封する.

铅汞 qiāngǒng ①道家が鉛と水銀とを製錬して得たという長生の丹薬. ②＝〔炼 liàn 汞〕同前を鍊る.

qiān～qián

铅华 qiānhuá ①⇒[铅白] ②⇒[铅粉②]
铅黄 qiānhuáng ①〈文〉校正の仕事:旧時,校正には[铅白]と[雌 cí 黄②]を用いた. ②⇒[铅丹①]
铅灰 qiānhuī 色鉛色(の).灰色(の)
铅块 qiānkuài 工レッドインゴット.
铅矿 qiānkuàng 鉛を含んでいる鉱石.
铅模 qiānmú 鉛の鋳型.
铅驽 qiānnú 鉛刀駑馬
铅球 qiānqiú スポ砲丸投げ.②=[铁 tiě 球①]同前の砲丸.[推 tuī ～]砲丸を投げる.
铅丝 qiānsī ①電鉛線.②=[镀 dù 锌铁丝]の別称.
铅条 qiāntiáo ①[活字組版]の込めもの.クワタ.インテル.②鉛筆・シャープペンシルの芯=[铅芯②]同じ.③やや太い[铅丝②]=[铅金]
铅铁 qiāntiě =[镀 dù 锌铁(皮)]
铅桶 qiāntǒng [亜鉛メッキ鉄板の]バケツ.
铅丸(子) qiānwán(zi) ⇒[铅子(1)]
铅线 qiānxiàn ①鉛の針金.②[印刷の]罫.罫線
铅芯 qiānxīn 鉛筆・シャープペンシルの芯=[铅条②]ともいう.
铅印 qiānyìn 活版印刷(する).[～本]活版本.活字本.→[石 shí 印][油 yóu 印]
铅浴 qiānyù 冶[鉛の中で溶融した鉛.
铅症 qiānzhèng 医鉛毒症.→[铅毒]
铅直 qiānzhí 鉛直である.水平面に垂直である.
铅中毒 qiānzhòngdú 医鉛中毒.=[铅毒]
铅子(儿) qiānzǐ(r) =[铅丸(子)]囧鉄砲玉.→[枪 qiāng 子儿]
铅字 qiānzì 鉛活字.[～盒]活字ケース.=[铜模 mú]活字母型.[～合金]活字合金.[～字体]活字の書体.[～油墨]活版印刷用のインク.→[活 huó 字]

[谦・謙] qiān
①謙虚である.へりくだる.[您过～了]あまりにご謙遜です.[～遜過為る.[满招损,～受益]〈諺〉うぬぼれていると損を招き,控え目にしているとかえって益がある.②〈文〉謙(ㄎ):六十四卦の一.
谦卑 qiānbēi (目下の者が)謙遜する.へりくだる.
谦称 qiānchēng ①謙称.②(自分にかかわるものを指して)謙遜して言う.
谦词 qiāncí (＝辞①)謙譲語:[过奖],[不敢当]など.↔[敬 jìng 词]
谦辞 qiāncí ①同上.②謙遜して辞退する:[谦谢]ともいう.
谦恭 qiāngōng 謙虚で礼儀正しい.[他很～]彼はとても謙虚だ.[～和气]謙虚で穏やかである.[～下士]〈成〉自分より身分の低い(才能ある)者を丁重に扱うこと.
谦光 qiānguāng 謙譲の輝き:君子は自らへりくだってまわのがあるの徳は光り輝く.
谦和 qiānhé 控え目で穏やかである.
谦谦君子 qiānqiān jūnzǐ ①謙遜で控え目な君子.②〈転〉えせ君子人.見せかけの人格者.
谦让 qiānràng [退 tuì 让]へりくだり譲る.[～自制]へりくだり自制する.[别～了!老唐年纪大就请上吧]ご遠慮はなさらないで,唐さんが年上だからどうか上座にお着き下さい.
谦顺 qiānshùn 謙虚で素直である.
谦谢 qiānxiè =[谦辞②]
谦虚 qiānxū ①謙虚である.高ぶらず人の批判をまっすぐ受け容れる.[～谨慎]謙虚で慎み深い.↔[骄jiāo 傲①] ②〔謙譲した=一番,终于答应了我的请求]彼はしばらく謙遜していたが,ついにわたしの懇請を引き受けた.
谦逊 qiānxùn 〈文〉謙遜である.

[磏] qiān 〈大 dà～〉回貴州省にある.
→ lián

[愆(諐)] qiān 〈文〉①過失.過誤.[罪zuì～]とが.[前～]前の過ち.②時期にやり損う.誤って時期を過ごしてしまう.
愆伏 qiānfú 〈文〉気候不順(である).=[愆序]に同じ.
愆面 qiānmiàn =[渎]ご無沙汰.
愆期 qiānqī 〈文〉(期日を)過ぎてしまう.間に合わない.
愆忒 qiāntè =[愆尤]
愆序 qiānxù =[愆伏]
愆义 qiānyì 〈文〉正道を踏み外す.道を誤る.
愆尤 qiānyóu =[愆忒]〈文〉過失.とが.過ち.[～过错]とが.過ち.落度.
愆滞 qiānzhì 〈文〉遅滞する.遅れる.引き延ばす.

[騫・騫] qiān 〈文〉高く上がる.[～腾 téng]躍進する.出世する.②〈文〉損をする.そこなう.③⇒[搴①] ④〈姓〉骞(X)

[搴] qiān 〈文〉①=[骞③]抜きとる.[斩将～旗]将を斬り旗を奪う.②⇒[褰]

[褰] qiān 〈文〉〈文〉(衣や垂れ幕を)からげる.まくりあげる.[一裳涉水]衣をたくし上げて水を渡る.[～帷 wéi]とばりを上げる.→[抠kōu 衣]

[鹐・鵮] qiān (ロばしで)つつく.つついばむ.[乌 wū 鸡把瓜～了]からすが瓜をつついた.[成年打雁,反被雁～了眼]〈諺〉思いもしない反撃をくらう.

[前] qián
①前へ進む.[昨天枉驾～来,…]昨日はわざわざ御来光を頂きましたが….[勇往直～]勇躍前進する.[踌 chóu 踌不～]ためらって進まない.②(空間的に)前方.正面の方.前.[～有大河]前に大河がある.[向～看]前を見る.[眼～]目の前.[～不着 zháo 村,后不着店][～不巴村,后不巴店]前方に村もなく,後戻りしても泊る宿もない.[喩]旅に行き暮れる.=[后 hòu 口(1)] ③(時間的に)以前.昔.(今)より過去の.[从～]以前.[五年～]5 年前.[出发的一～一天]出発の前日.[战～]戦前.[向～两天],2,3日前.[几天]几天～]前.[一次～]先の1回.前回.[～不见古人,后不见来者](唐・陈子昂诗)昔の人に会うこともできないし,後世の人に会うこともできない.⑤〈喩〉空前絶後である.並ぶものの.ない.④現状に変わる前の.先の.元の.[～苏 sū 联]旧ソ連.[～政务院]以前の政務院:現在は[国务 wù 院].[(任)首相]前首相.元の首相.⑤その存在以前.[～科学]前科学(的).科学以前.⑥(順序の)前(から).前の方.先頭.[～三名上位の3名.[～招来の]..未来の).→[前程①][前景②] ⑧[-儿]〈口〉おととい.→[前天] ⑨前線.[支～]前線支援(をする).⑩〈姓〉前(X)

前半辈(子) qiánbànbèi(zi) ⇒[前半生]
前半年(儿) qiánbànnián(r) 一年の前半:[上 shàng 半年]に同じ.
前半晌 qiánbànshǎng(r) ⇒[前半天(儿)]
前半生 qiánbànshēng =[前半辈(子)]前半生.
前半天(儿) qiánbàntiān(r) =[方]前半晌(儿)][前晌]午前(中):昼前の半日.[〈口〉上半天(儿)]ともいう.
前半宿 qiánbànxiǔ 同下.
前半夜 qiánbànyè =[方]前半宿]日没から真夜中まで:[上 shàng 半夜]ともいう.
前半月 qiánbànyuè 月の前半.前の半月:[上shàng 半月]に同じ.

1364

前　qián

前辈 qiánbèi 年長のキャリアのある者.先輩.〔文艺界的～〕文芸界の先輩.〔老～〕大先輩.↔〔后 hòu 辈〕〔长 zhǎng 辈〕

前臂 qiánbì 生理前膊(はく).下(か)膊.前腕.腕のひじから手首までの部分.俗に〔小胳臂 gēbei〕という.↔〔上 shàng 臂〕

前边(儿) qiánbian(r) 前.前の方.

前部 qiánbù 前部.前の部分.

前不久 qiánbùjiǔ 先ごろ.少し以前に.

前叉(子) qiánchā(zi) (自転車の)フォーク.

前场 qiánchǎng ①この前.前回.〔多承您关照这前は あなたにたいへんお世話になりました.②スl(バスケットなどの)フロントコート.↔〔后 hòu 场〕

前朝 qiáncháo〔文〕①=〔前代〕〔前世②〕一つ前の朝代.②過去の朝代.

前车之鉴 qiánchē zhī jiàn〔成〕前の車の教訓:〔前车(之)覆,后车(之)诫〕前車の覆は後車の戒め前者の失敗から学ぶべきこと.〔覆车之鉴〕に同じ.

前尘 qiánchén〔文〕<宗>(仏教で)浮世の俗事.過去.往事.過ぎ去ったこと.〔回首～〕往事を振り返る.〔～影事〕〔～往事〕記憶に残っている往事.

前程 qiánchéng ①〔喻〕前途.将来.〔锦绣～〕〔～似锦〕<成>輝かしい前途.〔～万里〕〜远大方〔鹏 péng 程万里〕〔慣〕他人の前途が洋々としていることを祝う言葉.=〔前途①〕.②旧功名:読書人や官吏が求めた名誉や地位.

前冲弧圈球 qiánchōng húquānqiú スl(卓球の)ドライブロング.→〔弧圈球〕

前仇 qiánchóu 以前の恨み.〔不记～〕昔の恨みは記憶に止めない.

前此 qiáncǐ これより以前.〔～数年〕今から数年前.

前次 qiáncì 前回.先般.→〔上 shàng 次〕

前大灯 qiándàdēng (自動車の)ヘッドライト.

前代 qiándài ⇒〔前朝〕

前导 qiándǎo ①先導者.道案内人. ②先導(案内)する.〔～车〕先導車.

前道 qiándào (各種段階における)前段階の作業.

前灯 qiándēng (自動車の)ヘッドライト(総称).〔大dà 灯〕(ヘッドライト).〔方向灯〕(ターンライト・ウインカー)など.

前敌 qiándí ①前面の敵. ②最前線.〔～委员会〕〔前委〕国第2次国内革命戦争時に設けられた中国共産党前線委員会.

前殿 qiándiàn 表御殿.

前度刘郎 qiándù liúláng〔成〕1度去った者がまた戻ってきた者:劉禹錫の詩句〔～今又来〕による.

前端 qiánduān ①(物の)前の部分.電算フロントエンド.〔～机〕フロントエンドプロセッサ.

前额 qián'é 額(ひたい).前額.〔前頭部③〕〔额头〕ともいう.俗に〔脑 nǎo 门子〕という.↔〔后 hòu 脑勺(儿)〕

前番 qiánfān 前回.〔前次〕に同じ.

前方 qiánfāng ①前方.前の方.〔左～〕左前方. ②軍前線:〔前线①〕に同じ.〔身临(第一線に立つ.〔～指挥部〕前線指揮所.〔～部队〕前線部隊.↔〔后 hòu 方〕

前房 qiánfáng ①亡妻.死んだ妻:現在の妻に対していう.②父と門を全っの子のみいる建物.③〈方〉建上海式住宅建築で母屋を指す.→〔后 hòu 房①〕〔上 shàng 海式楼房〕

前锋 qiánfēng ①〔先 xiān 锋〕軍先鋒.先頭部隊. ②スl(球技の)フォワード.前衛.

前夫 qiánfū 前の夫:死別また離れた夫.

前赴后继 qiánfù hòujì〔成〕先の者に続いて次々と突き進む.

前功尽弃 qiángōng jìnqì〔成〕今までの苦労が水泡に帰すること.

前滚翻 qiángǔnfān スl(体操の)前方回転.前転.〔～转身〕(水泳の)クイックターン.→〔前空翻〕

前函 qiánhán〔文〕前便(びん).前の手紙:〔前书①〕〔前信〕に同じ.

前汉 qiánhàn ⇒〔西 xī 汉〕

前后 qiánhòu ①前と後.前方と後方.〔～共有三百零七张〕前後あわせて307枚ある.〔～不符 fú〕前後のつじつまが合わない. ②(ある時間の)前後.ころ.〔早上七点～下雨了〕朝7時ごろ雨が降った.〔校庆～〕開学記念日前後. ③〔左 zuǒ 右〕初めから終わりまでの間.〔～共八年〕前後して8年間.

…前…后… …qián …hòu… ①二つの事物や行為が空間または時間的に相前後していることを表す.〔～街～巷〕表通りや裏通り. ②前後交互の動作を表す.〔～紧～松〕初めは引きしめ後で緩める.

前后房 qiánhòufáng 前と後の建物.隣接する棟.

前后脚儿 qiánhòujiǎor〔口〕相前後して.相次いで.〔他是八点钟到的,您也～来了他は8時に着いたのですが,あなたもすぐ後を追って来られました.

前后院 qiánhòuyuàn 前と後の庭.隣接する住宅.

前呼后拥 qiánhū hòuyōng〔前护后拥〕ともいう.先払い(供揃い,(供まわり)にとりまかれる.つき従う者が多く,豪勢である:偉い人を形容する.

前胡 qiánhú 植セリ科カワラボウフウ属の植物.②同前を材料とする生薬.〔土 tǔ 当归〕ともいう.

前滑 qiánhuá スl(フィギュアスケートの)フォア.前進.→〔后 hòu 滑〕

前脚(儿) qiánjiǎo(r) ①前に踏み出している足:〔前腿(儿)〕ともいう. ②一足先に:〔～…后脚(儿)…〕の形をとる.〔我～进教室他们后脚(儿)就跟来了〕わたしが教室に入るやいなや,彼らも続いて入って来た.→〔后脚儿〕

前襟 qiánjīn 服(中国服の)前身頃:〔前身①〕ともいう.↔〔后 hòu 襟〕

前进 qiánjìn 前進する.発展する.〔中国正在向既定的目标～〕中国は定まった目標に向かって前進している.

前进帽 qiánjìnmào 旧鳥打帽型の帽子.→〔鸭 yā 舌帽〕

前景 qiánjǐng ①(絵画・劇・映画などの)前景. ②前途の様子.先行き.見通し.〔对公司～感到忧虑〕会社の先行きを憂える.〔改革的～〕改革の前途.〔～计划〕将来の計画.→〔远 yuǎn 景〕

前臼齿 qiánjiùchǐ 生理前臼歯.小臼歯.

前倨后卑 qiánjù hòubēi 初めは傲慢な態度で後では卑屈になる:〔権勢におもねって態度ががらっと変ること.〔前倨后恭〕ともいう.

前科 qiánkē 法前科.〔他有～〕彼には前科がある.②旧前回の科学の試験.

前空翻 qiánkōngfān (体操・武術などの)前方宙返り.→〔前滚翻〕

前来 qiánlái (話す相手の所へ)出向く.〔财政部派人～磋商〕財政部から係を派遣して協議した.→〔前往〕

前例 qiánlì 前例.先例.〔史无～〕歴史上かつてないこと.

前脸儿 qiánliǎnr〈方〉(建物の)前の部分.表.前面.〔大楼的～〕ビルの〜たんすの表.

前凉 qiánliáng 史前涼:晋代五胡十六国の一(301年~376年)

前列 qiánliè 最前列.先頭.〔走在时代的最～〕時代の最先端を行く.〔考在～的都有奖赏〕成績の上

qián 前

位の者は褒賞を受ける.→[前茅②]
前列腺 qiánlièxiàn [生理]前立腺:[摄 shè 护腺](摄護腺)は旧称.
前留海儿 qiánliúhǎir ⇒[刘 liú 海儿]
前轮 qiánlún [～儿](①(車両の)前輪. ②(反復する行動の)前回.[～谈判]前回の交渉.
前茅 qiánmáo ①先頭部隊:古代,行軍の先頭で斥候が茅を振って敵情を伝えたことから.②〈喩〉席次が上位にあること.[名列～]成〉同前.
前门 qiánmén ①表門.正門.→[后 hòu 门①] ②北京内城の正門,すなわち[正 zhèng 阳门]をいう.[～外][地區]同前の前の繁華街:旧時,特に[八 bā 大胡同]を指す.→[里 lǐ 九外七]
前门拒虎,后门进狼 qiánmén jù hǔ, hòumén jìn láng 〈喻〉一難去ってまた一難.あちらをふさげばこちらが崩れる:[前门去虎,后门进狼]ともいう.
前面(儿) qiánmiàn(r) ①向かいの正面(に).[主楼～有一棵松树]本館の真正面に松の木が一本ある. ②(空間的に)前面(に).前方(に).[～来了许多人]向こうに(前方に)大勢の人がやって来た. ③(順序の)先に.以上の.前に.[～提到的]先に述べた.上述の….
前视图 qiánmíng (清代の人から)明朝を指す.
前母 qiánmǔ (後妻の子から見て)父の前妻.→[后 hòu 妈]
前脑 qiánnǎo [生理]前脳(部)
前年 qiánnián =[文]前岁①]一昨年.おととし.
前怕狼,后怕虎 qián pà láng, hòu pà hǔ 〈喻〉とりこし苦労をして二の足を踏むこと:[前怕龙,后怕虎]ともいう.
前排 qiánpái ①前列(横隊)の. ②会場内の最前列ないし前方数列の座席.
前盘 qiánpán [图][前市]に同じ.→[盘⑥]
前仆后继 qiánpū hòujì 〈成〉(戦友の屍をのりこえて)後に続く.受け継ぐ:[前仆后起]ともいう.
前妻 qiánqī 前の妻.先妻:死別または離別した妻.
前期 qiánqī ①前期.[～滚结账目][图]前期繰越. ②事前.
前愆 qiánqiān 〈文〉以前の罪.以前に犯した過失
前前后后 qiánqiánhòuhòu ①(事柄や場所の)前や後:強調を表す.[这件事的～我一点也不知道]この事の一部始終はまったく知らない.[大楼的～都有树]ビルの前も後も樹木である. ②始めから終わりまで.全過程.
前墙 qiánqiáng ①前部の壁.正面の壁. ②〈スカッシュの)フロント・ウォール.
前桥 qiánqiáo [图](自動車の)前の車軸.
前秦 qiánqín [史]前秦:晋代の五胡十六国の一.[苻 fú 秦]ともいう.
前倾 qiánqīng 前に傾く.前傾する.
前清 qiánqīng (中華民国の人から)清朝を指す.
前情 qiánqíng 〈文〉①以前の事情(わけ).[～尾]事の経緯と結果. ②旧情.これまでの愛情.
前驱 qiánqū ①先駆け.先駆者. ②〈文〉騎馬で先導する.先払いをする.
前驱期 qiánqūqī [医](病気の)先駆期.
前去 qiánqù 進み行く.出向く.赴く.
前儿(个) qiánr(ge) ⇒[前天]
前人 qiánrén ①古人.先人.[～攘沙子迷了后人眼][～撒土,后人迷眼]〈諺〉前の人が砂をまけば後の人の眼がくらまされる.前の人のまちがいで後の人が迷惑する.[～种 zhǒng 树,后人乘凉][～栽 zāi 树,后人乘凉][～开路后人行][～种菜后人收][～掘井,后人吃水]〈諺〉前の人の努力(おかげ)で後の者が幸いを得る. ②[旧](文章中で)前述の人.

前人之失,后人之鉴 qiánrén zhī shī, hòurén zhī jiàn 〈諺〉前人の失敗は,後人の戒めになる.
前任 qiánrèn 前任(者).[～科长][前科长]前任の課長.前課長.→[原 yuán 任]
前日 qiánrì ⇒[前天]
前晌 qiánshǎng ⇒[前半天](儿)
前哨 qiánshào ①[軍]前哨.[～战]前哨戦.⑥初戦.小手調べ. ②最前線.第一線.
前身 qiánshēn 前身項([ǎo^])[前襟]ともいう. ②[仏教)前世の自分.〈転〉前身.[人民解放军的～是工农红军]人民解放軍の前身は工農赤軍だった.
前生 qiánshēng ⇒[前世①]
前盛 qiánshì 前(取引所)の前場(ばぁ)[前盘]ともいう.→[后 hòu 市][早 zǎo 市]
前世 qiánshì ①=[前生]前世.[～冤家]ⓐ前世からの深い仇敵関係.ⓑ前世からの腐れ縁.夫婦.ⓒ因縁]前世の因縁.ⓑ[～无冤,当世无仇]何のうらみもない. ②⇒[前朝①]
前事 qiánshì 前のこと.[～不忘,后事之师]〈諺〉前の経験を忘れず教訓とすれば,後の行動の導きとなる.→[覆 fù 车之鉴]
前视图 qiánshìtú [图]正面図.
前书 qiánshū ①前回の手紙:[前函]に同じ. ②前人の書.
前蜀 qiánshǔ [史]前蜀:五代の十国の一(891年〜925年).王建が四川地方に建てた.
前思后想 qiánsī hòuxiǎng 〈成〉後先の事を考える.あれこれを思いあぐねて熟考する.
前岁 qiánsuì ①⇒[前年] ②昨年.去年.
前所未料 qián suǒ wèiliào 〈成〉これまで予想したこともない.
前所未闻 qián suǒ wèiwén 〈成〉今まで聞いたことのない.
前所未有 qián suǒ wèiyǒu 〈成〉未曾有の.
前台 qiántái ①表舞台:舞台の前面.役者が演ずる所.[后 hòu 台①](舞台裏)に対している. ②〈転〉上演に関する事務. ③〈喩〉公開の場.公衆の面前:多くそしる意に用いる. ④(ホテル・旅館・ホールなどの)フロント.受付.帳場.
前提 qiántí ①前提.[学外语先学好发音是第一～]外国語をよく学ぶには発音を(しっかり)やることが第一の前提条件である. ②[图]前提.
前天 qiántiān =[方]前儿(个)][方]前日]おととい.
前厅 qiántīng 前の方にある広間.表座敷.ロビー.[～经理](ホテルの)フロントマネージャー.
前庭 qiántíng ①前庭:母屋の前の庭園. ②[生理](内耳の)前庭.[～蜗 wō 神经]内耳神経. ③⇒[前额]
前头 qiántou 前方(に).前の方(に)
前(头)有车,后(头)有辙 qián(tou) yǒuchē, hòu(tou) yǒuzhé 〈喩〉前例のとおりにやる. ②前人の経験・教訓を鑑とする.
前途 qiántú ①前途.〈喩〉将来の可能性.[很有～]見込みが大いにある.[～无量]前途は洋々たるものだ.→[前程] ②[旧]相手方.[请您直接跟～商量一下]どうぞじかに先方と御相談下さい.
前腿 qiántuǐ ①(動物の)前足. ②⇒[前脚](儿)
前晚 qiánwǎn ①一昨晩. ②(ある日の)前の晩.
前往 qiánwǎng 進み往く.赴く.出向く.[～上海]上海へ赴く.[～参加的不下五万人](そこへ)行って参加した人は5万人を下らなかった.→[前去]
前委 qiánwěi [前敌委员会][前线委员会]の略.
前卫 qiánwèi ①[軍]前衛.→[后 hòu 卫] ②[スポ](ラ

qián

前荨铃黔虔钱

ラグビー・ハンドボールなどの)ハーフバック．③前衛．〔~美术〕前衛美術．〔~派〕アバンギャルド．〔~职 zhí 业〕最先端の職業．〔~一族〕時流の先端を行くグループ．

前文 qiánwén 前述の部分．〔上 shàng 文〕に同じ．

前无古人 qián wú gǔrén ⟨成⟩これまでやった人がない．〔~，后无来者〕空前絶後である．〔~的壮挙〕前人未到の壮挙．

前夕 qiánxī ①前夜．〔呈 chéng 现出节日~的热闹景象〕祭日前夜のにぎやかな光景を呈する．②⟨喩⟩事の起きる直前．〔大革命~〕大革命の前夜．

前贤 qiánxián 〔前修〕⟨文⟩先賢．

前嫌 qiánxián ⟨文⟩以前の仲違い．以前の恨み．旧怨．〔不计~〕以前の恨みを念頭におかない．〔挑 tiǎo 动~〕古い恨みをほじくる．〔一尽释〕旧怨がすべて氷解する．

前线 qiánxiàn ①[军]前線．〔前方〕に同じ．②⟨喩⟩第一線．最前線．〔~委员会〕[军委][史]第3次国内革命戦争時の中国共産党前線委員会．

前项 qiánxiàng 前にあげた条項．②[数]前項．

前些天 qiánxiētiān この間．数日前．〔前些日子〕ともいう．

前信 qiánxìn ⇒〔前函〕

前行 qiánxíng ⟨文⟩前へ進む．

前胸 qiánxiōng むね．胸部．→〔后 hòu 背①〕

前修 qiánxiū ⇒〔前贤〕

前旋 qiánxuán [又](ゴルフの)オーバースピン．

前言 qiányán ①〔著書の〕緒言．前書き．簡単に紹介・評論した文．〔序 xù 言〕②前言．前に言った言葉．〔~不对后语〕〔~不应 yìng 后语〕~不搭后语〕話の前後で辻褄(つじつま)が合わない．

前沿 qiányán ①(物の)前面のへり．〔帽子の~〕帽子の前側のへり．②[军]敵前防御陣地の最前方．〔进~〕同前．③⟨喩⟩(科学研究の)最先端領域．〔~科学〕先端科学．フロンティアサイエンス．

前仰后合 qiányǎng hòuhé ⟨成⟩(大笑い・酔っ払いまた居眠りして)体が前後に揺れるさま〔后合前仰〕ともいう．〔笑得~笑いこける．腹をかかえて笑う．〔~地打盹儿〕こくりこくりと居眠りする．

前窑 qiányáo 〔窑洞〕(山西・陝西・甘粛にある人の住む洞窟)で、表側の部屋をいう．

前夜 qiányè ①前夜．②⟨喩⟩事の起きる前〔前夕②〕より長い時間．期間．〔大革命~〕大革命の前夜(数日～数か月前)．③⟨文⟩一昨晩．また，数日前の晩．

前一阵 qiányīzhèn 先日．数日前(に)．

前因 qiányīn (物事の)原因．〔事情的~〕事の原因．〔~后果〕⟨成⟩④因果応報．①原因と結果．一部始終．

前阴 qiányīn [中医]陰部．→〔下 xià 窍〕

前缘 qiányuán [俗](仏教で)前世の因縁．⟨喩⟩初めから決まっていた縁．

前院(儿) qiányuàn(r) ①母屋の前の庭．→〔院〕〔中 zhōng 层②〕②(屋敷内の)表側の建物．→付録6

前月 qiányuè ⇒〔上 shàng 月〕

前栽儿 qiánzāir 前向に転倒する(こと)．〔闹了个~〕前にのめった．

前瞻 qiánzhān ①前方を見る．→〔后 hòu 顾〕②将来を展望(する)．〔~性〕予測性．先見性．

前站 qiánzhàn ①[军]本隊より先行して宿営・駐屯などの準備をすすめる小部隊．先遣隊．→〔打 dǎ 前站〕②[军]宿営目的地．駐留予定地．③前方の停車駅．④一つ前の停車駅．

前爪 qiánzhǎo [動](爪を持つ動物の)前足．

前兆 qiánzhào 兆し．前ぶれ．

前哲 qiánzhé ⟨文⟩古(いにしえ)の賢人．

前者 qiánzhě ①(前述の中の)前者．前のもの．↔〔后 hòu 者〕②〔~膛〕過程．先殺．

前震 qiánzhèn [地]前震．予震．

前肢 qiánzhī [動](昆虫や動物の)前肢．

前缀 qiánzhuì =〔词 cí 头〕[語]接頭辞．

前走无路, 后退无门 qiánzǒu wúlù, hòutuì wúmén ⟨喩⟩進退窮まる．絶対絶命である．

前奏 qiánzòu ①[音]前奏．〔~曲 qǔ〕〔序 xù 曲①〕前奏曲．プレリュード．②⟨喩⟩前ぶれ．事の始まり．

前作 qiánzuò ①前作．以前に書いた本．②先人の著作．

[**荨・蕁(薺)**] qián → xún

荨麻 qiánmá ①[植]イラクサ・イタイタグサの類(総称)．②同前の茎皮の繊維．

[**铃・鈐**] qián ①[旧]下級官史の公印．印判．→〔铃記〕②⟨文⟩捺印する．〔~盖〕〔~印〕〔~章〕同前．③⟨文⟩車輪と車軸を固定するくさび．→〔叮錠前．〔~锁〕同前．〔~转〕束縛する．⑤〈姓〉铃(り)

铃记 qiánjì =〔图条 tiáo 记〕[旧]役所の公印：多くは長方形で、政府機関で共用された．→〔印 yìn 记①〕〔印信〕

铃键 qiánjiàn 鍵．⟨喩⟩核心．かなめ．

铃制 qiánzhì ⟨文⟩(くさびが脱輪を防ぐように)要所を押さえて支配する．

[**黔**] qián ①⟨文⟩黒い(色)．②貴州省の別称；〔滇 diān 黔〕は雲貴省．③〈姓〉黔(り)

黔剧 qiánjù [劇]地方劇の名：貴州の民間に流行した〔坐 zuò 唱曲艺〕すなわち〔贵 guì 州文琴〕を坐唱から舞台に移した後に、発展させたもの．

黔驴技穷 qiánlǘ jìqióng ⟨成⟩なけなしの技：昔, 貴州に〔驴〕(ロバ)がいなかった頃, 物好きな人がロバを移入して山に放ってみたところ, 土地の虎はロバの体格の優れているのとそのいななきにどんな猛獣かと恐れをなした．ところが何かの拍子で近づいた虎を蹴るだけだったので、虎の消えた虎に食べられてしまった(柳宗元の文)

黔驴之技 qiánlǘ zhī jì ⟨喩⟩つたない手の内．

黔首 qiánshǒu ⟨文⟩[民](古)庶民：昔の平民は黒布で頭を包んでいた．

[**虔**] qián ①⟨文⟩敬虔である．慎み深い．〔信心甚~〕信心深い．〔~叩福安〕⟨謄⟩謹んでお喜びを申し上げます．〔~申颂祝〕同前．②〈姓〉虔(り)

虔诚 qiánchéng (信仰が)敬虔で誠意がこもっている．(態度が)丁寧で誠意がこもっている．〔他是个~的佛教徒〕彼は敬虔な仏教徒だ．

虔敬 qiánjìng 敬虔である．〔~的态度〕同前の態度．

虔婆 qiánpó ①⟨白⟩(妓楼を)やりて婆．⟨転⟩⟨罵⟩因業〔这〕狡辣的~〕したたかな女．莫連女．②[旧]香の煙を見て病気を見, 運命を判断し, 死者と霊交する巫女．→〔看 kàn 香火〕

虔心 qiánxīn 真心．敬虔な気持ち．

虔信 qiánxìn 敬い信じる．

[**钱・錢**] qián ①青銅製の穴あき銭．〔制~〕[旧]官製の銅銭．穴あき銭．〔一个~〕銅銭1枚．②貨幣．③金銭．金額．〔花~〕〔买东西〕金(を)で物を買う．〔一笔~〕一口の金．〔费用．代金．〔车~〕車賃．汽車賃．〔饭~〕飯代．〔房~〕部屋代．家賃．⑥⟨度⟩重量の単位．⓪〔市钱〕の略．〔市两〕の10倍．〔市斤〕の100分の1. 約5グラムに当たる．ⓑ旧制では、〔斤 jīn

qián 钱钳乾墘

(Ⅱ))の160分の1．〔两(Ⅱ)⑤)の16分の1．ⓒ〔公gōng〜〕デカグラムの旧称．⑦銭の形をしたもの．〔烧纸〜(儿)〕紙銭を焼く(葬式の時に)．〔榆〜儿〕にれの実．⑧〔姓〕銭(笺)．

钱包(儿) qiánbāo(r) がま口．財布．
钱币 qiánbì 貨幣・金：主に硬貨を指す．
钱财 qiáncái 金(笺)や財物．〔浪费〜〕金品を無駄に使う．
钱串(子) qiánchuàn(zi) ①回銭さし．さし．〔制 zhì 钱(儿)〕などの穴あき銭をさし通しておくのに用いたひも．②銭さしに通した穴あき銭．③(喻)金に貪欲な人：〔守 shǒu 财奴〕に同じ．④=〔钱龙〕〔草 cǎo 鞋底〕〔入 rù 耳③〕〔蚰 yóu 蜒①〕(国)ゲジ(ゲジ)．⑤⇒〔海 hǎi 龙②〕
钱褡 qiándā ⇒〔搭褳(儿)①〕
钱褡子 qiándāzi 〔方〕銭入れ財布．
钱袋子 qiándàizi 回きんちゃく．〈喻〉資金の出所．資金源．
钱刀 qiándāo 回刀銭．
钱到归赎 qiándào guīshú 金の返済を受ければ質物(または抵当物)を返還する(預かり証に書く文句)：〔钱到回赎〕ともいう．
钱谷 qiángǔ ①貨幣と穀物．〈転〉課税．②回(地方官庁の)会計・税務．〔〜师爷〕同前の担当者．=〔幕 mù 友〕
钱罐儿 qiánguànr 貯金箱．
钱柜 qiánguì 銭櫃．旧式の金庫．
钱荷包 qiánhébāo ⇒〔钱(口)袋〕
钱幌 qiánhuǎngzi 回中国旧屋の看板：銅または木で銭をひもで通した形に作った実物模型．
钱货 qiánhuò 金(笺)と商品．〔〜两清〕現金取引(をする)．その場で代金を支払い商品を引き渡す．
钱夹子 qiánjiāzi 札入れ(布や皮などでできた大型のもの)．財布．→〔皮 pí 夹儿〕〔票 piào 夹子〕
钱价 qiánjià 回"制钱"を銀に換算した場合の価額．すなわち〔制钱(儿)〕の〔银〕に対する比価．
钱可通神 qián kě tōngshén 〈諺〉地獄の沙汰も金次第：〔钱可使鬼〕〔钱能通神〕〔有 yǒu 钱能使鬼推磨 mò〕ともいう．
钱(口)袋 qián(kǒu)dài =〔钱荷包〕回きんちゃく．財布：銅貨や銀貨などを入れる袋．
钱款 qiánkuǎn 金銭：高額で使途の決まっているもの．
钱粮 qiánliáng ①回田租：〔田 tián 赋〕に同じ．〔纳〜〕地租を納める．②俸禄．扶持(2)．③神仏を祭る時の〔千张②〕〔黄钱(儿)〕〔元宝〕などをいう．〔冥 míng 钱〕
钱龙 qiánlóng ①⇒〔钱串子④〕②回穴あき銭を赤い紐で結わいて竜の形にしたもの：床のわくや家の入口に掛けて魔よけとする．
钱落赌场，人落战场 qián luò dǔchǎng, rén luò zhànchǎng 銭は賭場に入った以上自分の所有であるとは保障できない，人は戦場へ行った以上生命は保障しがたい．
钱脉 qiánmài 財源．財路．
钱镘(儿) qiánmàn(r) 〔方〕硬貨の文字の刻んでない面：字のある裏の面を〔字 zì 儿〕という．
钱票 qiánpiào ①〔-儿〕〈口〉紙幣．札(た)．②古紙幣の一種：〔银 yín 票〕に同じ．
钱铺 qiánpù 回両替店．→〔钱庄〕〔汇 huì 兑庄〕
钱权交易 qiánquán jiāoyì 金銭と権力との取り引き．
钱色 qiánsè 金(笺)と女．〔〜诱惑〕同前の誘惑．
钱市 qiánshì 貨幣両替の市場，またその相場．
钱数 qiánshù 〈口〉金額．
钱树子 qiánshùzi ⇒〔揺 yáo 钱树①〕

钱塘潮 qiántángcháo 浙江省銭塘江の高潮．
钱物 qiánwù 金銭財物．
钱癣 qiánxuǎn =〔圆 quán 癣〕国銭瘡(螹)．たむし：〔钱儿癣〕ともいう．
钱眼(儿) qiányǎn(r) 青銅銭の四角の穴．〈転〉金銭．〔钻 zuān 〜〕〈喻〉金に目がくらむ．
钱业 qiányè 旧時の金融業．〔〜公所〕金融(銀行)業者同業会．
钱庄 qiánzhuāng 回銭荘：両替を本業として銀行業を兼ねた金融機関．→〔钱铺〕〔庄票〕〔汇 huì 兑庄〕〔票 piào 号〕

〔钳・鉗(箝・拑)〕 qián

〔钳(箝)〕①(物を)挟む道具．〔火〜〕火ばさみ．②圏工材を挟む工具：かなばさみ・やっとこ・万力・ペンチ・ニッパー・プライヤーの類．〔〜子〕は通称．〔老虎〜〕万力．バイス．⑤ペンチ．
(Ⅱ)〔钳(箝)〕①挟む．〔〜不住〕挟めない．②拘束する．制限する．束縛する．
钳工 qiángōng 回①(工具を手で使う)組立て・仕上げの仕事．〔〜技术〕同前の技術．②圏機械組立工．仕上げ工．→〔机 jī 工〕
钳击 qiánjī 挟み撃ちする．挟撃する．
钳噤 qiánjìn 〈文〉口をつぐんで語らない．
钳口 qiánkǒu 口をつぐむ．物を言わない．〔〜结舌〕〔〜挢 jiǎo 舌〕(驚き・恐れで)声も出ない．〔〜不言〕〔〜无言〕〔〜禁语〕〔〜吞舌〕沈黙を守る．
钳马衔枚 qiánmǎ xiánméi →〔衔枚〕
钳台 qiántái 〔方〕工作台：〔案 àn 子①〕に同じ．
钳徒 qiántú 回钳刑(首かせの刑)を受け引き回された罪人．
钳蝎 qiánxiē ⑤サソリ(総称)．→〔蝎〕
钳形 qiánxíng かなばさみ型．鉗形．
钳语 qiányǔ 弾圧してものを言わない．〔〜烧书〕言論を弾圧し書を焼く．
钳制 qiánzhì 押さえつける．締めつける．牽制する．〔〜言论〕言論を抑圧する．→〔管 guǎn 束〕
钳子 qiánzi ①やっとこ．万力．くぎ抜き．毛抜きなど．〔小〜〕ピンセット．〔鲜〜夹〕やっとこでほさむ．→〔撅 bān 手①〕〔镊 niè 子①〕②回鉗子(螹)．〔止血〕鉗子止血(する)．③⇒〔耳 ěr 环〕

〔乾〕 qián

〈文〉易の卦．〔8卦の一つで卦が三と出たもの．俗に〔〜三连〕という．↔坤 kūn ①〕→〔八 bā 卦〕〈転〉〔〜(坤)〕に対して男性・父・天・君などをいう．〔〜纲不振〕国王(あるいは夫)の威令が行われない．〔〜县 xiàn〕回陝西省咸陽市の西北にある．④〔姓〕乾(笺)．=〔干 gān(Ⅲ)〕
乾坤 qiánkūn 回〔乾〕と〔坤〕の卦(Ⅱ)．②〈転〉〔日 rì 月(Ⅱ)〕〔天地②〕〔阴阳②〕〔男女①〕〔夫妇〕などの意に用いられ，大局・総体を表す．〔定〜〕大局を決める．〔扭转〜〕天下の大勢を一変させる．
乾坤体义 qiánkūn tǐyì 圃乾坤体義：〔利玛窦〕(マテオリッチ)の著した西欧の暦数の学を初めて中国に紹介した書．
乾乾 qiánqián 〈文〉自強に努めるさま．〔君子終日〜〕(易経・乾)君子は終日自強に努める．
乾兔 qiántú 〈文〉天．〔大哉〜，万物资始〕(易経・乾)大なるかな天，万物ここに始まる．
乾元 qiányuán 〈文〉天．〔大哉〜，万物资始〕(易経・乾)大なるかな天，万物ここに始まる．
乾造 qiánzào 〈文〉婚姻における男子の方(")の生年月日．↔坤 kūn 造

乾宅 qiánzhái ⇒〔男 nán 家〕

〔墘〕 qián

〔方〕そば．近く．〔海〜〕海辺．〔车路〜〕回台湾にある．

[掮] qián 〈方〉肩で担ぐ.〔～起包裹来〕包みを担ぎあげる.
掮客 qiánkè 〈方〉仲買人.ブローカー.〔政治～〕政治ブローカー.
掮木梢 qiánmùshāo 〈方〉だまされて面倒をしょい込む.

[軒] qián 〔騅 lí ～〕地 漢代の県名:現在の甘粛省永昌県の南.

[潜(濳)] qián ①水中にもぐる.〔～海〕海に潜る. ②潜(ひそ)む.潜伏する.〔～入地下工作〕ひそかに地下工作をする. ③表面に現れない(力).潜在的(能力).〔挖 wā ～力〕潜在力を掘りおこす.〔～科学〕潜在の科学. ④ひそかに.こっそり.〔～返〕〔～回〕こっそり戻る. ⑤〔姓〕潜(せん).
潜步 qiánbù 〈文〉闇にまぎれて静かに歩く.
潜藏 qiáncáng ①隠れる.潜む. ②潜在する.埋蔵する.
潜沉 qiánchén 沈める.潜(ひそ)める.〔～海底〕海底に沈める.〔～于心〕心に秘めておく.
潜存 qiáncún 潜在する.潜む.
潜徳 qiándé 〈文〉隠れていて人に知られない美徳. → [阴 yīn 德]
潜遁 qiándùn 〈文〉こっそり逃げる.
潜伏 qiánfú 潜伏している.隠れて存在する.〔～着隐患〕弊害が伏在している.〔～期〕医 潜伏期.
潜航 qiánháng (潜水艦が)潜航する.
潜居 qiánjū 〈文〉世を避けて暮らす.〔隐 yǐn 居〕に同じ.
潜亏 qiánkuī 経 潜在の欠損.含み損.
潜力 qiánlì 隠れた力.底力.潜在能力.〔充分 fèn 发挥～〕十分に潜在能力を発揮する.〔这里的～大きな潜力がある.〔～股〕経 期待株.有望株.
潜流 qiánliú ①地下水流.伏流. ②〈喩〉心中の感情.
潜龙 qiánlóng 〈文〉世に知られないでいる優れた人.
潜能 qiánnéng 潜在するエネルギー.潜在能力.可能性としての力.ポテンシャル.
潜匿 qiánnì 潜み隠れる.
潜鸟 qiánniǎo 鳥 アビ科(アビ科):〔红 hóng 喉～〕ともいう.〔阿ā比〕は旧音訳.
潜热 qiánrè ①物 潜熱. ②〈喩〉秘めたエネルギー.
潜入 qiánrù ①水に潜る.〔～水中〕水中に潜る. ②ひそかに入る.〔～敌境〕敵地に潜入する.
潜势 qiánshì 〈文〉潜在している勢力.
潜水 qiánshuǐ 潜水する.水に潜る.ダイビング.〔～病〕潜水病.〔～泵 bèng〕水中ポンプ.地下水の汲上げポンプ.〔～吸气管〕シュノーケル.〔～员〕潜水夫.ダイバー.フロッグマン. ②(地質学で)上層地下水.
潜(水)艇 qián(shuǐ)tǐng 潜水艦.〔潜水艦 jiàn〕ともいう.〔核潜艇〕原子力潜水艦.
潜水衣 qiánshuǐyī 潜水服.ウェットスーツ.〔潜水服〕ともいう. → [水肺]
潜思 qiánsī 〈文〉沈(しず)思する.
潜台词 qiántáicí ①口に出さないせりふ:舞台で言葉以外で表現する意味. ②暗示的な言葉.言外の意.
潜逃 qiántáo ひそかに逃げる.高飛びする.
潜艇 qiántǐng ⇒[潜(水)艇]
潜望镜 qiánwàngjìng 潜望鏡.
潜效益 qiánxiàoyì 潜在的な効果と利益.
潜心 qiánxīn 心を打ち込む.〔～研究〕研究に没頭する. → [专 zhuān 心]
潜心静气 qiánxīn jìngqì 〈慣〉気をおさめて落ち着いてするさま.

潜行 qiánxíng ①水中を潜って進む.潜行する.〔～水中〕同前. ②潜行する.ひそかに赴く.
潜血 qiánxuè ⇒ [隐 yǐn 血]
潜移默化 qiányí mòhuà 〈成〉知らず知らずのうちに感化される.〔～起～的作用〕同前の作用をする.
潜意识 qiányìshí ＝[下 xià 意识]潜在意識.〔～广告〕サブリミナル広告.
潜因 qiányīn 潜在的な要因.
潜隐 qiányǐn ①隠れる.ひそむ. ②〈文〉隠棲する.
潜影 qiányǐng 感光フィルムに写っている現像前の画像.
潜泳 qiányǒng 潜水泳ぎする.潜り泳ぐ.
潜鱼 qiányú 魚貝 カクレウオ(亜科の魚)
潜在 qiánzài 潜在する.〔～力量〕潜在力.〔～意识复合体〕(精神分析の)コンプレックス.〔～的危险性很大〕潜在する危険性は大きい.〔～市场〕市场潜在市場.
潜质 qiánzhì 潜在の資質.ポテンシャル. →[潜能]
潜滋暗长 qiánzī ànzhǎng 〈成〉知らず知らずのうちに芽ばえる.
潜踪 qiánzōng 行方をくらます.〔～隐迹〕同前.〔蹑 niè 足〕こっそり行方をくらます

[濳] qián 古地名:現在の安徽省霍山の東北.

[犍] qián [～为 wéi 县] 地 四川省楽山市にある. → jiān

[浅・淺] qiǎn ①浅い.〔水～〕水が浅い.〔船舷～了〕船が座礁した. ↔ [深 shēn ①] ②(家屋・場所などの奥行が)浅い.〔屋子进深～〕部屋の奥行が浅い. ③程度が低い.わずかである.〔言人～〕人に害をなすことが軽微ではない. ④力量が乏しい.功夫～〕修業が足らない.研究練習が不十分だ.〔资格～〕資格が足りない.〔'd 硕学～〕〈成〉浅学非才. ⑤平易でわかりやすい.〔这篇文章很～〕この文章はたいへんわかりやすい.〔～近的文章〕わかりやすい文章.〔言～意深〕〈成〉言葉は簡単であるが意味は深い.↔ [深 ⑤] ⑥(獣毛の毛や草の丈が)短い.〔这块皮子毛茸 róng ～〕この毛皮は毛が短い.〔～草〕浅い草むら. ⑦日数が少ない.日が浅い.〔阅历～〕経歴が浅い.〔相処的日子～〕交際した期間が短い.〔工作的年数～〕勤務年数が短い. ⑧色が浅い.薄い.〔这幅画用～墨染云烟〕この絵は薄墨で雲と煙とを着色している. ⑨(感情・交情が)薄い.淡い.〔交情～〕交わりが浅い. → jiān
浅白 qiǎnbái 平易で分かりやすい.〔～通俗〕同前.〔～的道理〕分かりやすい道理.
浅表 qiǎnbiǎo ①表面. ②薄い.浅い.
浅薄 qiǎnbó ①(学識や教養が)浅い.浅い.〔知识～〕知識が浅薄だ. ②(人情・つき合い・縁が)薄い. ③(風俗が)軽薄である.浮わついている.
浅尝輒止 qiǎncháng zhézhǐ 〈成〉(学問など)深く追求しない.少しかじって投げ出す.
浅成岩 qiǎnchéngyán 地 半深成岩.
浅淡 qiǎndàn ①(色が)淡い.薄い.〔～的青色〕薄い青色.〔流露出一丝～忧伤的神情〕ほのかな憂い悲しみがただよっている.
浅短 qiǎnduǎn 浅はかである.
浅粉 qiǎnfěn 色 肌色(の)
浅耕 qiǎnggēng ①田畑の表面(浅い部分)を耕起する:整地や除草のため. ↔ [深 shēn 耕] ②耕作が大ざっぱである.〔～粗作]耕作が粗放である.
浅海 qiǎnhǎi 浅海:水深200メートル以内の海.
浅紅 qiǎnhóng 色 淡紅色(の).〔～色 sè〕同前. → [粉 fěn 红]

qiǎn~qiàn

浅灰 qiǎnhuī [色]薄鼠色(の).
浅见 qiǎnjiàn 浅薄な考え.〔~寡闻〕〈成〉見聞などが狭く浅く狭い.〔这是我个人的~〕これは私のつまらぬ考えだ.
浅近 qiǎnjìn たやすい.簡単である.〔内容~〕内容がごく平易である.〔~易懂〕やさしくわかりやすい.
浅蓝 qiǎnlán [色]ライトブルー(の).薄藍色(の)
浅陋 qiǎnlòu〈文〉①簡単で粗末である. ②(見聞などが)浅くて狭い.
浅露 qiǎnlù まわりくどくない.分かりやすく直接的である.〔词意~〕言葉ητ直截(ちょっせつ)的である.
浅门浅户 qiǎnmén qiǎnhù〈成〉奥行のない家:〔矮ǎi 墙浅屋〕に同じ.↔〔深 shēn 宅大院〕
浅明 qiǎnmíng 分かりやすい.
浅儿 qiǎnr ⇒〔浅子〕
浅人 qiǎnrén〈文〉深謀遠慮のない人.
浅色 qiǎnsè 薄い色.明るい色.
浅山 qiǎnshān 里山.→〔深 shēn 山〕
浅视 qiǎnshì 軽く見る.
浅释 qiǎnshì 簡単な解説:多く書名に用いる.
浅水池 qiǎnshuǐchí 浅いプール.
浅说 qiǎnshuō 平易に説く:多く書名に用いる.〔农业~〕わかりやすい農業.
浅滩 qiǎntān 浅瀬.砂州.
浅谈 qiǎntán わかりやすく話す:多く書名や章題とする.
浅驼 qiǎntuó [色]黄褐色(の).落葉(らくよう)色(の)
浅瓦灰 qiǎnwǎhuī [色]裹葉(うらば)色(の)
浅析 qiǎnxī 初歩的分析(をする)
浅显 qiǎnxiǎn 平明である.〔~的例子〕分かりやすい例.〔~易懂〕簡単で分かりやすい.
浅笑 qiǎnxiào 微笑する.
浅学 qiǎnxué〈文〉浅学である.学識が浅い.
浅易 qiǎnyì 平明で分かりやすい.
浅斟低唱 qiǎnzhēn dīchàng〈成〉軽く一杯傾けて歌を口ずさむ.
浅子 qiǎnzi =〔浅儿〕①(竹ひごや柳の枝で編んだ)円い浅底の容器:〔扁 biǎn 子〕ともいう. ②〈方〉素焼きの皿.

嗛

嗛 qiǎn〈文〉猿頬.ほおぶくろ:猿の口に入れた食物を一時貯えておくほおの袋.ふつう〔颊 jiá 囊〕という. → xián

胗(膁)

胗(膁) qiǎn ①(獣の)胴体の部分(肋(ろく)骨と寬骨との間).〔~窝 wō〕 ②(獣の)腹部と後脚の間のくぼんだ部分. ③(獣の)胸腹と腋の下の毛皮.〔狐 hú ~〕狐の同前.

遣

遣 qiǎn ①派遣する.遣わす.〔人采购原料〕人をやって原料を買い付けさせる. ②晴らす.散らす.発散する.〔消 xiāo ~〕同前.
遣兵调将 qiǎnbīng diàojiàng〈成〉部隊を編成して派遣する.
遣词 qiǎncí〔遣辞〕とも書く.言葉を操り使う.〔~造句〕文を組み立てる.
遣返 qiǎnfǎn 送り返す.〔~战俘〕捕虜を送還する.
遣俘 qiǎnfú ①捕虜を返し送る. ②送還される捕虜.
遣怀 qiǎnhuái ⇒〔遣兴〕
遣开 qiǎnkāi ①⇒〔解 jiě 开(儿)〕 ②〈方〉その場から追い出す.
遣闷 qiǎnmèn 憂さ晴らしをする.
遣派 qiǎnpài 派遣する.〔派遣〕に同じ.
遣散 qiǎnsàn ①捕虜などを解放して帰郷させる. ②(旧時,機関や軍隊などの再編・解散に伴い)解雇する.〔~费〕解散手当.解散郷郷費用.
遣使 qiǎnshǐ 使者を派遣する.また派遣された使者.

遣戍 qiǎnshù [旧]一種の刑罰で辺境の地に流して守備に当たらせること.
遣送 qiǎnsòng (居留条件違反者を)退去させる.送還する.〔~出境〕国外に追放する.
遣刑 qiǎnxíng 流刑(の刑に処する)
遣兴 qiǎnxìng =〔遣怀〕〔遣意②〕〈文〉(詩歌を作ったりして)思いを述べる.憂さを晴らす.気を紛らす.
遣意 qiǎnyì ①〈文〉(文章や話の)主題の構想や表現. ②同上.

〔谴・譴〕

谴 qiǎn ①叱る.譴責(けんせき)する. 非難する.〔严~其过〕過ちを厳重に責める.→〔诮 qiào〕 ②[旧]役人が罪を得て降格される.
谴呵 qiǎnhē〈文〉叱責する:〔谴何〕ともいう.
谴责 qiǎnzé 叱り責める(なじる).糾弾する.〔受到舆论的~〕世論の非難を受けた.〔~小说〕清末の社会や世相を批評した〔官场現形記〕などの〔白話小説〕
谴谪 qiǎnzhé [旧](役人が)罪を得て左遷される.

〔缱・繾〕 qiǎn

缱绻 qiǎnquǎn〈文〉気が合い愛着して離れがたい.〔~之意〕愛着の気持ち.

〔欠〕

欠 qiàn ①あくび(をする).〔打哈 hā ~〕あくびをする. ②伸び上がる.爪先立つ.〔你再~~脚儿,就够着 zháo 了〕もう少し背伸びしたら届くよ. ③(人から金銭・好意・世話を受けて)借りている;借りている(受け取りに〔~〕と書き手紙を表す.〔拖 tuō ~〕借金を滞らせる.〔我~他钱〕彼に金を借りている.〔我还~着他一笔钱〕わたしはまだ彼に金を一口借りている.〔我~着他的情зом,得 děi 想法子补上〕あの人から世話になりっぱなし(貰いっぱなし)になってて,何とお返しをしなくてはいけない. ④不足している.足りない.欠く.〔~思索〕思考が足りない.〔~工夫〕未熟である.〔~检点〕慎重を欠く.軽々しい.〔~讲究〕注意を払わない.重視しない.〔他皮得~洗得厉害〕彼は服装がやぼ臭い.〔这一屉 tì 馒头~火〕この蒸籠(せいろ)のマントーは蒸しかたが足りない.〔十点还~三分〕10時3分前.〔他的蛮不讲理原来因为~行了〕(老・四・惶30)彼が横車ばかり押すのは,もとはぶたれたかたが足りないからだ. ⑤〈方〉当然…すべきである.〔这样儿的人,敢~不给他看病こんな人間には見せてやらなけりばいい. ⑥〈方〉人のいやがることをわざとやる.〔嘴 zuǐ ~〕余計なことを言う.人の気に障ることを言う.
欠安 qiàn'ān ご病気(婉語).〔听说您~了,已经好了吗〕あなたはご病気だったとうかがいましたが,もうすっかりよくなられましたか.
欠产 qiànchǎn 生産高が目標値(規定量)を下まわる.→〔减 jiǎn 产〕
欠发 qiànfā 未供給である.未支給である.〔~工资〕未払いの給料.
欠候 qiànhòu〔牘〕ご無音(ぶいん)に打ち過ぎました.
欠火 qiànhuǒ 火の入れ方が足りない.〔这锅米饭还欠点儿火火〕このご飯は炊き方がちょっと足りない.
欠佳 qiànjiā あまりよくない.〔近来身体~〕最近は体の調子が悪い.〔成绩~〕成績が芳しくない.
欠交 qiànjiāo 同下.
欠缴 qiànjiǎo =〔欠交〕未納である.
欠脚儿 qiànjiǎor つまさきで立つ.背伸びする.〔欠着脚儿看〕伸び上がって見る.
欠教 qiànjiào 無教育である.
欠据 qiànjù 借金証書.→〔借 jiè 单〕
欠款 qiànkuǎn ①借金.債務. ②借金する(がある)

qiàn

欠钱 qiànqián ①借金する. ②金が足りない.
欠情 qiànqíng 義理を欠く.
欠缺 qiànquē ①欠乏する.〔经验还～〕経験がまだ足りない. ②欠けたところ.不備.
欠少 qiànshǎo 足りない.欠けている.
欠伸 qiànshēn あくびを伸びをする.
欠身 qiànshēn (腰掛けている姿勢から)腰をうかすして会釈をする).〔～打个招呼〕腰をうかしてあいさつをする.
欠收 qiànshōu 減収(する)
欠税 qiànshuì ①納税しない.滞納する:脱税は〔偷 tōu 税〕〔漏 lòu 税〕という.
欠条(儿) qiàntiáo(r) 借用証(書)〔借 jiè 单〕ともいう.〔写～〕借用書を書く.
欠通 qiàntōng (文章の)意味が通じていない.
欠妥 qiàntuǒ 妥当を欠く.〔这事～〕この事は妥当でない.〔有～之处,请指正〕妥当でないところがあれば,ご指摘ください.
欠息 qiànxī 元金のみを返し,利子が欠けている.またその利子.
欠薪 qiànxīn ①回給料未渡り.また未渡りの給料. ②遅配(する).支給が予定の期日より遅れる.
欠账 qiànzhài 同上.
欠账 qiànzhàng ＝〔欠债〕①借金する.負債がある.借りがある. ②借金.負債.借り.〔～要还 huán〕借金は返すべきだ.
欠资 qiànzī (郵便物の)料金不足(である).〔～邮 yóu 件〕料金不足の郵便物.
欠租 qiànzū 借り賃(家賃・小作料などの未払い.

[芡] qiàn ①＝〔鸡 jī 头〕①〔〈方〉老 lǎo 鸡头〕〔乌 wū 头〕【植】オニバス.ミズブキ. ②片栗粉・くず粉などの澱粉類.〔勾 gōu～(儿)〕"あんかけ"にする.とろみをつける.〔汤里加点～〕スープにくず粉を少し加える.
芡粉 qiànfěn ①オニバスの種子から製した澱粉〔菱 líng 粉〕〔团 tuán 粉〕や〔藕 ǒu 粉〕とほとんど同質. ②くず粉.
芡实 qiànshí オニバスの種子〔鸡 jī 头(米)〕〔雁 yàn 头〕ともいう.澱粉を作る.

[嵌] qiàn ①はめ込む.〔～入〕同前.〔镶 xiāng 嵌〕＝〔嵌镶(镶)〕①する.〔～上一立额〕門の上に縦額がはめ込んである. ②毛皮を接ぎ合わせたもの.〔狐 hú～〕きつねの毛皮の同前.
嵌金 qiànjīn 金象嵌:器物の表面に装飾のため金をはめ込んだ細工.
嵌入 qiànrù 挿入する.はめ込む.象嵌する.
嵌石 qiànshí 漆の地に石やガラスをはめ込んで模様を表す工芸.
嵌饰 qiànshì 飾りをはめこむ.
嵌镶 qiànxiāng 象嵌する.モザイク式にはめこむ:〔镶嵌〕ともいう.〔～地板〕寄木床板.〔～结构〕モザイク構造.
嵌银 qiànyín 銀象嵌.〔～匠〕飾り師.飾り職人.

[歉] qiàn ①遺憾な思い.すまない気持ち.〔抱 bào～〕すまないと思う.〔道 dào～〕〔～难考虑 lǜ〕〈文〉遺憾ながら考慮したしかねる. ②凶作である.不作である.
歉产 qiànchǎn 減収.不作.凶作.↔〔丰 fēng 产〕
歉忱 qiànchén 〈文〉遺憾の意.〔谨 jǐn 布～〕〔謹〕謹しんで遺憾の意を表します.
歉意 qiànyì すまない気持ち.後ろめたい〔～的心情〕やましい気持ち.〔感到～〕後ろめたい気がする.
歉咎 qiànjiù ⇒〔歉仄〕
歉年 qiànnián 不作年.凶作年:〔歉岁〕〔贱 jiàn 年〕に同じ.↔〔丰 fēng 年〕

歉歉 qiànqiàn ①不満である.〔～不自足〕残念ながら満足していない. ②同前.〔～失礼〕失礼を詫びざる言葉.〔日昨有失迎迓～〕昨日は不在つかまつり失礼の段お詫び申し上げます.
歉然 qiànrán すまなく思うさま.〔～不语〕同前で黙る.
歉甚 qiànshèn 〔歉〕遺憾千万である.〔因有要事不克赴约,～〕重要な用事出来のため約束どおり出席致し兼ね遺憾千万に存じます.
歉收 qiànshōu 凶作.不作.〔灾 zāi 区或～的地区〕災害地あるいは凶作地区.↔〔丰 fēng 收〕
歉岁 qiànsuì 凶作の年.不作の年:〔歉年〕〔饥 jī 岁〕に同じ.↔〔穰 ráng 岁〕
歉意 qiànyì 遺憾の意.遺憾.申し訳ない.恐縮の意を表する.〔表示深深的～〕深甚なお詫びの意を表します.→〔道 dào 歉〕
歉仄 qiànzè 〈文〉恐縮(する)

[纤·縴] qiàn ①舟の曳き綱.ロープ. 〔用～拉〕曳き綱で(舟を)曳く. ②〈轻〉同前.取り持ち.〔拉～〕周旋する.取り持つ. ③(举で)舟の綱を引く.〔拉～的〕周旋人. ④舟曳き.〔拉房〕家屋の周旋をする.〔拉官司～〕訴訟ごとの取り持ちをすること.→ xiān
纤夫 qiànfū 〔纤手〕〔拉 lā 纤的〕舟を曳く人夫.
纤歌 qiàngē 舟曳き歌.
纤户 qiànhù 舟曳き(綱曳き)を職業とする住民.
纤路 qiànlù 舟を曳いてできた小道.
纤绳 qiànshéng 曳き綱.
纤手 qiànshǒu ①⇒〔纤夫〕 ②回(不動産などの)仲買人.ブローカー.〔拉 lā 纤的〕ともいう.

[茜] qiàn ①〔蒨〕回〔茜草〕アカネ.〈～草〕は通称. ②色あかね色(の).〔～纱 shā〕同前の薄い織物. ③〈姓〉茜(氏) → xī
茜草 qiàncǎo 回アカネ(通称):〔染 rǎn 绯草〕ともいう.
茜红 qiànhóng 色あかね色(の)
茜素 qiànsù 化アリザリン:〔阿 ā 里沙林〕は音訳.〔～染 rǎn 料〕医アリザリン染料.

[倩] qiàn 〈文〉①(容姿が)麗しい.みめよい.〔～影〕(女性の)美しい姿(写真・画像).〔～～〕美しいさま. ②口元に笑みをたたえたさま. ③依頼する.〔～人代办〕人に代理を頼む. ④娘婿.むこ.〔妹～娘の婿.〔佳～〕めいの婿.
倩女 qiànnǚ きれいな娘.美しい若い女性.〔～离魂〕〈文〉うら若い女性が遂げられぬ恋のために死ぬこともと元雑劇の外題.
倩妆 qiànzhuāng 〈文〉麗しい装い.

[绮·綪] qiàn 〈文〉濃紅色の絹織物.

[蒨] qiàn ①⇒〔茜①〕 ②〈文〉草の生い茂るさま.

[堑·塹] qiàn ①空堀(塹).塹壕.切通し.〔古人以长江为天～〕古人は長江を天恵の堀と考えた.〔吃一～,长 zhǎng 一智〕塹壕に一度落ちたのが,それだけ賢くなる.困難につきあたるごとに賢くなる. ②〈喩〉障害.困難.
堑壕 qiànháo 军塹壕.掩(え)体壕.〔～战 zhàn〕塹壕戦.

[椠·槧] qiàn 〈文〉①版木用の大きな木の板.→〔牍 dú〕 ②版木で刷った書物.〔～本〕〔刻 kè 本〕同前.〔宋～〕〔宋版〕宋版の本.〔明～〕〔明版〕明(え)版の本. ③書簡.

[慊] qiàn 〈文〉不満である. → qiè

qiāng　くl尢

〔羌(羌・羗)〕 qiāng ①古代西方の部族.すなわち,西羌:〔五胡〕の一. ②→〔羌族〕 ③〔姓〕羌(きょう)
羌勃来 qiāngbólái 〈音訳〉〖紡〗シャンプレー:平織布地の一種.〔羊绒 róng〕カシミヤシャンプレー.〔～布〕ブロードシャンプレー.
羌笛 qiāngdí 〖音〗チャン族の管楽器:2管をまとめ各に6個の穴がある.たて笛の形のもの.
羌户 qiānghù チャン族の旧称.
羌活 qiānghuó 〖植〗シソウド.イヌウド.
羌桃 qiāngtáo ⇒〔核 hé 桃〕
羌族 qiāngzú チャン族:中国少数民族の一.四川省西部に居住する.

〔蜣〕
蜣螂 qiānglánɡ ①〖虫〗タマオシコガネ.センチコガネ:俗に〔〈口〉屎 shǐ 壳郎〕〔屎壳螂〕(フンコロガシ)という.〈方〉〖吃 ge 郎〕〔推 tuī 车客〕〔推丸〕は別称.〔金～〕〔金龟子〕コガネムシ.カナブン. ②〖中医〗蜣螂(きょうろう):乾燥した同前.その薬素は麻痺性をもつ.

〔抢・搶〕 qiāng ①〈文〉強く触れる.ぶつかる.〔～地呼 hū 天〕〈～地呼 yù 天〕〔呼天～地〕〈成〉地を打ち天に叫ぶ:悲嘆あるいは痛憤の情を表す. ②⇒〔呛①〕 → qiǎng
抢风 qiāngfēng ⇒〔戗风〕

〔呛・嗆〕 qiāng ①(食物や水などでむせる.〔吃～〕同前.〔喝毛水喝～了〕喝水～住了水を飲んでむせかえった. ②(むせて外に)勢いよく吹き出す.(由鼻子往外～血 xiě〕鼻から血を吹き出す.〔喝酒喝～了,差 chà 点儿没～出来〕酒を飲んだらもせて危うくブッと出すところだった. → qiàng
呛不吃顺不吃 qiāng bùchī shùn bùchī ⇒〔软 ruǎn 硬不吃〕
呛风冷气 qiāngfēng lěngqì 〈方〉体が冷えきった状態で物を食べること.
呛呛 qiāngqiāng ＝〔戗戗〕〈方〉大声でやりあう.わめきたてる.

〔玱・瑲〕 qiāng〈文〉玉の触れあう音. →〔锵〕

〔枪・槍(鎗)〕 qiāng (I)〔槍(鎗)〕①槍(やり):古代の武器.〔矛 máo〕の発達したもの. ②銃:口径20mm以下のもの.これ以上のものは〔炮 pào〕という.〔放～〕〔打～〕銃をぶっぱなす.〔～打出头鸟〕〈喻〉出る杭は打たれる.〔快～〕連発銃.〔六转儿〕〔～六轮〕リボルバー 6 連発銃.〔手～〕ピストル.〔棍 gùn 头～〕仕込み杖.〔气～〕空気銃.〔机(关)～〕機関銃.〔后膛～〕元込め銃.〔毛瑟～〕モーゼル銃.〔步～〕步兵銃.〔马～〕〔骑 qí ～〕騎兵銃. ③銃の形に似た工具.〔电焊～〕〔电焊机〕電気溶接機.〔铆mǎo 枪〕リベット打ち機.〔烟～〕〔烟〕アヘン吸飲用のキセル.〔滑脂～〕グリースガン. ④〔姓〕枪(そう)
(II)〔槍〕替え玉になる.替え玉を使う.〔打～②〕
枪笆 qiāngbā ＝〔〈方〉枪篱〕〈方〉竹や木を地に刺して作った垣.
枪靶(子) qiāngbǎ(zi)（射撃の）標的.
枪把(子) qiāngbà(zi)①槍の柄. ②銃把(じゅうは)
枪版 qiāngbǎn ＝〔枪片〕盗撮したビデオディスク.レーザーディスク:映画館で上映中の映画をビデオテープで盗撮して作ったもの.

枪崩 qiāngbēng 〈方〉銃殺する(多く悪人を)
枪毙 qiāngbì ①銃殺する. ②〈喻〉(作品などが)没(ぼつ)になる.
枪刺 qiāngcì 銃剣:〔刺刀①〕ともいう.
枪弹 qiāngdàn 弾丸:俗に〔枪子儿〕という.〔子儿弹〕に同じ.〔弹药包〕〔薬莢〕,〔底 dǐ 火②〕〔雷管〕,〔发 fā 射药〕(発射火薬),〔弹头〕(弹頭)からなる.
枪刀 qiāngdāo ①銃と剣.〔～入库〕〔刀枪入库〕〈喻〉世の平和なさま. ②銃剣.着剣した銃.
枪法 qiāngfǎ ＝〔枪术〕①射撃.銃の打ち方. ②〖旧〗槍法.
枪放下 qiāngfàngxià〖軍〗(号令)立て銃(つつ)
枪杆 qiāngɡǎn ①〔～儿,～子〕槍の柄. ②銃身.〈转〉武器.軍備.〔～子里面出政权〕政権は武力で取る.
枪管 qiāngguǎn 銃身:銃身の前半部で弾丸が射出されるとき通過する部分.
枪(后)膛 qiāng(hòu)táng （銃の）弹倉部.
枪护木 qiānghùmù 小銃の木製の部分.
枪花 qiānghuā〖旧〗長槍で槍先をあやつって相手を惑わせる術.
枪击 qiāngjī 銃撃する.〔～战〕銃撃戦.
枪机 qiāngjī 〔机子②〕銃の引き金:〔扳 bān 镞〕〔扳机①〕〔扳手〕ともいう.〔扳～〕〔搂 lōu ～〕引き金をひく.
枪架(子) qiāngjià(zi) 銃架.
枪尖(儿) qiāngjiān(r) 槍の穗先.
枪决 qiāngjué 銃殺刑(にする). →〔绞 jiǎo 决〕
枪口 qiāngkǒu 〔～帽 mào〕銃口蓋.
枪篱 qiānglí ＝〔枪笆〕
枪林弹雨 qiānglín dànyǔ 弾丸雨飛.〈喻〉激戦中の戦場.
枪榴弹 qiāngliúdàn〖軍〗小銃で発射する榴弾.
枪炮 qiāngpào 銃砲(総称).〔～声〕銃砲声.〔～手〕射撃手.
枪片 qiāngpiàn ①⇒〔枪版〕 ②おもちゃのピストル(台紙にのせたもの)
枪杀 qiāngshā 銃殺する.射殺する.
枪伤 qiāngshāng 弾丸によるけが.銃創.
枪上肩 qiāngshàngjiān〖軍〗(号令)担(にな)え銃(つつ). →〔枪放下〕
枪身 qiāngshēn 銃身:俗に〔〈口〉枪筒〕という.
枪声 qiāngshēng 銃声.
枪手 qiāngshǒu ①〖旧〗槍の使い手.槍を持った兵士. ②射撃手. ③(受験者の)替え玉.④ゴーストライター.
枪术 qiāngshù ⇒〔枪法〕
枪栓 qiāngshuān 銃の遊底:撃鉄・撃鉄ばね・引き金などの入れてある部分.
枪探子 qiāngtànzi 搠条(さくじょう):銃腔を掃除するのに用いる鉄製の細い棒.〔通 tōng 条②〕ともいう.
枪膛 qiāngtáng 銃腔.
枪替 qiāngtì 受験の替え玉になる.替え玉になって答案を書く:〔打 dǎ 枪②〕に同じ.
枪筒 qiāngtǒng 〔〈口〉銃身:枪身〕に同じ.
枪头 qiāngtóu 槍の穗.
枪托(子) qiāngtuō(zi) 銃床.
枪乌贼 qiāngwūzéi〖魚貝〗スルメイカ:俗に〔鱿 yóu 鱼〕という.
枪械 qiāngxiè 銃器・武器(総称).〔收缴～〕銃器を没収する.
枪眼 qiāngyǎn ①(壁にあけた)銃眼. ②銃弾の貫通した穴.弹痕.
枪衣 qiāngyī 銃砲のカバー.
枪鱼 qiāngyú〖魚貝〗カジキ(総称).〔黑～〕シロカジキ(シロカワ).〔金～〕クロマグロ.〔蓝 lán ～〕クロカジキ

枪戗 qiāngzhàn 銃撃(する).銃撃戦(をする).〔街 jiē 头~〕市街の銃撃戦.
枪支 qiāngzhī 銃器:〔枪枝〕とも書いた.〔~弹药〕銃器弾薬.
枪子儿 qiāngzǐr 〈口〉鉄砲玉.たま:〔子弹〕に同じ.→〔枪弹〕
枪座 qiāngzuò 銃座.

[戗・戧] qiāng ①逆らう:〔抢〕に同じ.〔~水〕水の流れに逆らう.〔~着走〕人と反対方向に進む.〔不好~着他的意思办〕彼の意思に逆らってするわけにもいかない.〔~着顺着?〕反対か賛成か.〔唉,你顺着到,要是~着刮,皮肤要皴 cūn 了〕おい,毛並みに沿って剃ってくれ,さか剃りすると皮膚が荒れる.〔你要~着他来,他就要发脾气〕彼に逆らうと,かんしゃくをおこすぞ.②〔口〕言い争う.言葉が衝突する.〔两个人说一下,打了起来〕二人は話がつかないでなぐりあいになった.→ qiàng

戗茬儿 qiāngchár 〈口〉逆らう.逆立つようにやる.盾つく.

戗风 qiāngfēng =〔顶 dǐng 风〕〈口〉逆風.向かい風.〔抢风〕とも書く.〔~而行〕風に逆らって進む.

戗呛 qiāngqiāng ⇒〔呛呛〕

[酜・酓] qiāng はだか麦の一種で作ったチベットの酒.

[戕] qiāng 〈文〉殺害する.傷つける.〔~毙 bì〕〔~杀 shā〕同前.〔自~〕自害する.

戕风 qiāngfēng
戕害 qiānghài 〈文〉害する.損なう.
戕身殒命 qiāngshēn yǔnmìng 〈文〉健康を害して命を落とす.
戕贼 qiāngzéi 〈文〉損なう.痛める.〔~身体〕体を壊す.

[斨] qiāng 〈文〉古代の斧の一種.

[将・將] qiāng 〈文〉請い願う.望む.→ jiāng jiàng

[锵・鏘] qiāng 〈擬〉金属や玉などの触れあって鳴る音.〔铿 kēng ~悦耳〕キンコンと音が耳に快い.〔~,~令~〕〔鲁.Q 7〕チャリン,チャリン.〔锣 luó 鼓~〕ドンチャンドンチャンと太鼓やどらの音.〔冬~~〕ドンチャンチャン

[蹡・蹌] qiāng → qiàng

蹡蹡 qiāngqiāng 〈文〉調子をとって歩くさま.

[腔] qiāng ①〔生理〕身体内部の空間.〔胸~〕胸腔.〔腹~〕腹腔.〔口~〕口腔.〔齿~〕歯髄腔.〔满~热忱〕心からの熱意.②物体内の中空部.〔炉~〕炉腔(儿)ストーブ・こんろなどの中空部.〔炮 pào ~〕砲身の内部.→〔膛 táng ①②〕③〔-儿〕歌曲の調子.〔昆 kūn ~〕崑(曲)の節回し.④〔-儿〕〔言葉の気や語調.〔土-儿〕土地なまり.〔京-儿〕北京なまり.⑤話.言葉.〔等了半天,他才开了个-儿〕長い間待ってやっと口を開いた.〔搭 dā ~〕〔-儿〕口を出す.相づちを打つ.⑥〈白〉量詞.屠殺した羊を数える.〔羊一~〕〔屠殺した〕羊1頭.

腔肠动物 qiāngcháng dòngwù 〔動〕腔腸動物.

腔调 qiāngdiào ①(音楽の)調子.曲調.節回し.〔这个歌儿的~很好听〕この歌のメロディーはたいへんよい.②語調.口調.論調.〔你的发音还不错,就是~差一点儿〕きみの発音はまあいいが,調子が少し悪い.〔听他说话的~大概是个四川人〕言葉のアクセントから判断すると,たぶん彼は四川省の人でし

ょう.→〔南 nán 腔北调〕
腔骨 qiānggǔ (食材としての)豚・牛・羊などの背骨(その近くの肉)
腔子 qiāngzi 〈口〉①胸腔.②(動物の)胴体.首のない身体.

[锖・錆] qiāng 〔~色 sè〕色さび(の)色(の).→〔锈 xiù ①〕

[镪・鏹] qiāng 〔~水〕強酸の俗称.→〔强 qiáng 酸〕→ qiǎng

[强(強・彊)] qiáng ①強い.富強.〔国家的富強.〔加~〕強化(する).〔身~力壮〕身体強壮.↔〔弱 ruò ①〕 ②〔感情または意志のめざすところが〕高ぶっている.強固である.〔要~〕負けずぎらいである.勝気である.〔责任心~〕責任感が強い.〔党性很~〕党派性が強い.③強くしようとする.立派にしようと努める.〔自~〕自ら努める.〔不要~的人〕向上心のない人.④強行する.強要する.〔~索财物〕金銭・物品を強要する.〔令执行〕執行を強制する.〔~干不~〕無理にやってはいけない.〔~上算〕まさっている.よりよい.まさっている.〔命不大~〕運があまりよくない.〔你比他~〕きみは彼よりまさっている(ましである).〔不过他〕どうしても彼にはかなわない.〔这两天~多了〕この2,3日(病気または生活が)かなりましになった.〔比亞 kōng 着手进~些〕手ぶらでいくよりましだ.〔火棍儿似手拨拉〕〈諺〉火かき棒は短くとも手でかくよりましだ.〔这本书并不比那本~〕この本はあのよりそれほど優れているわけではない.⑥〔中医〕こわばる.凝る.〔项 xiàng ~〕首や肩のこり.〔舌~〕舌の硬直.⑦(数的に)強(qr):分数や少数の後につける.〔百分之十二~〕12%強.〔零点儿 3~〕0.3強.⑧〈姓〉強(qiáng).
→ jiàng qiǎng

强半 qiángbàn 〈文〉大半.
强暴 qiángbào ①凶暴である.暴力的である.〔~的手段〕凶暴な手段.②強暴な勢力.〔铲 chǎn 除~〕強暴を一味に排除する.〔不畏~〕暴力を恐れない.③暴行する.レイプする(婉語).〔~妇女〕同前.
强臣 qiángchén 権力ある大臣.
强大 qiángdà 強大.〔~的力量〕強大な力.〔国力~〕国力が強大である.
强档 qiángdàng 高レベル(の).強力(な).〔~节目〕人気番組.
强盗 qiángdào 強盗.〔~行为〕強盗的行為.〔~逻辑 luó・ji〕〈喩〉勝手な理屈.
强敌 qiángdí 強敵.
强调 qiángdiào 強調する.〔~说〕強調して言う.〔~指出〕強く指摘する.〔~产品质量〕製品の質に重点を置く.
强度 qiángdù 強さ.強度.〔劳动~〕労働強度.〔~系数〕強度係数.〔抗震~〕耐震強度.
强渡 qiángdù 強行渡河する.
强风 qiángfēng ①強い風.大風.②〔気〕秒速10.8~13.8メートル.〔六级风〕〔風力6の風〕の通称.
强干 qiánggàn 有能である.実行力のある.〔精明~〕機敏で有能である.→〔能 néng 干〕
强攻 qiánggōng 強襲(する).〔~敌人阵地〕敵軍の陣地を強襲してとる.〔~下〕〈喩〉困難をものともせず事を推し進めること.
强固 qiánggù 強固である.堅固である.
强国 qiángguó ①強国.〔世界经济~〕世界の経済大国の一.②国を強くする.
强悍 qiánghàn 勇猛である.剽悍(ぴょう)である.
强横 qiánghèng 横暴である.〔态度~〕態度が横暴である.〔~无理〕横暴極まりない.〔这个人生来就

qiáng 强 墙

~,什么也不怕]この人は生まれつき横暴で,何ものをも恐れない.

强化 qiánghuà 強化する.堅固にする.[~国家机器]国家機構を強化する.[~食品]栄養強化食品.[维生素D~奶]ビタミンD強化ミルク.

强击 qiángjī (戦闘機などで)強襲する.[~机]軍戦闘爆撃機.攻撃機.

强记 qiángjì 記憶力の優れている.[博 bó 闻~][博览~]知識が広く記憶力が優れていること.→ qiǎngjì

强加 qiángjiā (自分の意見など)強引に押しつける.[~于人]無理強いする.

强奸 qiángjiān ①強姦(する).→[强暴③] ②〈喩〉踏みにじる.[~民意]民意を踏みにじる.

强碱 qiángjiǎn 化強塩基.強アルカリ.

强健 qiángjiàn 強健である.

强将 qiángjiàng 勇猛な大将.[~手下无弱兵]〈諺〉勇将のもと弱卒なし.[勇 yǒng 士门下无弱兵]ともいう.

强劲 qiángjìng 強力である.[~的海风]強い海風.→[jiàngjìn]

强劳 qiángláo 労働教育を科する.→[劳动教养]

强劳力 qiángláolì 強壮な労働力.

强力 qiánglì ①強力である.高い効果のある.[~胶]強力接着剤. ②強力. ③強制力.[~收收]強制力にのみよる.

强力霉素 qiánglì méisù 医ドキシサイクリン:テトラサイクリン系抗生物質.

强梁 qiángliáng ①〈文〉横暴である. ②勇猛である. ③強暴な勢力.

强烈 qiángliè ①強烈である.猛烈である.きわめて激しい.[~反驳]強烈に反駁する.[引起了~反响]強い反応を引きおこした. ②鮮明である.[~的对比]鮮明な対照.

强令 qiánglìng 強制的に命令する.[被依法~拆除]法に基づき強制撤去させられる.

强龙不压地头蛇 qiánglóng bùyā dìtóushé 〈諺〉外来の強い者も地回りには勝てぬ.[强龙斗不过地头蛇]ともいう.

强蛮 qiángmán 横暴である.

强扭的瓜不甜 qiáng niǔde guā bùtián 〈諺〉熟してない瓜を採っても瓜は甘くない.〈喩〉人の感情・物の環境に合わない.ある程度まで発達していないのに強引に事を行えば良い結果は得られない.

强弩之末 qiángnǔ zhī mò 〈成〉強弩(きょうど)の末.〈喩〉強く盛んであったものが衰え果てて無力となること.[力不能入鲁缟](漢書・韓安国伝)強い弓で射た矢でも最後は勢いが尽きて,魯の国で生産された薄絹でさえ射通すことができない.

强拍 qiángpāi 音強拍.

强强联合 qiángqiáng liánhé 強者同士の連合.[强强联手]ともいう.

强抢 qiángqiǎng 強奪する.[~硬夺]成同前.

强取豪夺 qiángqǔ háoduó 〈成〉力づくで奪いとる.[巧 qiǎo 取豪夺]

强权 qiángquán 力.権力.[民主战胜~]民主は強権に勝つ.[~政治]権力政治.

强热带风暴 qiáng rèdài fēngbào 気熱帯性低気圧の強風.[台风]になる前の10~11級の風力.

强人 qiángrén ①強い人.[女~]女傑.キャリアウーマン.男まさり.[~自有~收,还有~在后头]〈諺〉強人にはちゃんとそれに打ち勝つ強人がいるものだ. ②〈白〉強盗.

强韧 qiángrèn 強靱(じん)である.

强鞣剂 qiángróujì 化強鞣剤.

强如 qiángrú ⇒[强似]

强弱 qiángruò ①強弱.[~悬殊]強弱の差がたいへん大きい.[~搭配]強い者が弱い者と組む. ②強度.

强身 qiángshēn 体を強くする.[~健体]同前.

强盛 qiángshèng (国家・民族などが)勢いが盛んである.

强师 qiángshī 〈文〉①強い軍隊. ②強いチーム:[劲 jìng 旅]に同じ.

强势 qiángshì 強い勢い.優勢な傾向.[~群体]優位な集団.勝ち組.[~股]圏有望株.上昇株.[保持~]強含みを保っている.

强仕之年 qiángshì zhī nián 〈文〉40歳:40歳のころは体力・知力ともに盛んでちょうど官途に就くによい年配であるの(礼記).→[而 ér 立之年]

强手 qiángshǒu ①高い能力・技術力の持ち主(人や集団). ②強敵手.

强似 qiángsì ≡[强如][强于]勝る.しのぐ.…より強い.[他虽然没念过书,却一念过书的彼は勉強していないけれども勉強した者より勝っている.

强酸 qiángsuān 化強酸:電離度の大きい酸.俗に[镪 qiāng 水]ともいう.その反対のものを[弱 ruò 酸]という.

强险 qiángxiǎn [强制保险](強制保険)の略.[交~]自動車損害賠償責任保険.

强项 qiángxiàng ①〈文〉剛直で人に屈しない. ②得意種目.得意な分野.[乒乓球是中国的~]卓球は中国のおはこだ.→[弱 ruò 项] ③得意とする事業・プロジェクト.

强心剂 qiángxīnjì 医強心剤:[强心药 yào]ともいう.[强心针]は注射する同前.

强行 qiángxíng 強行する.[~登 dēng 陆]軍強行上陸(する).[~军]軍強行(を行う).[~通过一项议案]無理に一つの議案を押し通す.

强压 qiángyā 強制的に抑圧する.

强音 qiángyīn ①強い音.福音(ふくいん).→[福 fú 音] ②大きな声.[~喩]時代の息吹きを代表する文芸作品や潮流.

强硬 qiángyìng 強硬である.[态度~]態度が強硬である.[~对手]手ごわい相手.[~派 pài]強硬派.

强有力 qiángyǒulì 力強い.有力である.[~的支援]力強い支援.[~的证据]有力な動かせない証拠.

强于 qiángyú ⇒[强似]

强占 qiángzhàn ①力ずくで占拠する.暴力をもって占有する. ②(武力で)占領する.攻略する.

强者 qiángzhě 強者:困難や挫折を克服できる強い人.

强震 qiángzhèn 図強震:[震级7](マグニチュード7)以上の地震.

强直 qiángzhí ①医(筋肉・関節など)硬直(する). ②〈文〉剛直である.

强制 qiángzhì 強制(する).[~保险]强险]強制保険.[~结束]軍強制終了(させる).[~执行]強制執行する.[~处 chǔ 分]強制処分する.[~劳动]強制労働を行う.[~的]強制的(である)

强中自有强中手 qiángzhōng zì yǒu qiángzhōngshǒu 〈諺〉上には上がある.

强壮 qiángzhuàng ①強健である. ②強壮にする.[~剂]医強壮剤.

强子 qiángzǐ 物強粒子.ハドロン:[重 zhòng 子](ベリオン)と[介 jiè 子](中間子)に大別する.

[墙·墙(牆)] qiáng ①(土・石・れんが・木・竹などで築いた)塀.囲い.壁.[城~]城壁.[砖~]煉瓦塀.[板~]板塀.[山~]家屋の側壁.[~里开花墙外香

墙蔷嫱樯抢　　　　　　　　　　　　　　　qiáng～qiǎng

〈諺〉内部より外部で名声が高いこと.〔～高万丈,拦的是不本之人〕〈諺〉万丈も高い塀を築いたとて,防げるのは来るつもりのない人のみだ(来る気のある者はどうしても防げはしない).〔～上画马,单镫dèng(镫дэн)〕(ㄆ):壁に描いた馬(魚).目が片方しかない. ②(建物·器物内の)しきり.〔屋里～上挂着画儿〕室内の壁に絵が掛けてある.〔核 hé 桃～〕くるみの殻の中の隔壁. ③〈姓〉墙〔

墙报 qiángbào ⇒〔壁 bì 报〕

墙壁 qiángbì 外周の)壁.外壁.〔～文化〕大学キャンパス内の壁に描かれた絵·詩·文章など.〔～纸〕〔墙纸〕ⓐ(インテリア用の)壁紙. ⓑ電算(モニター用)壁紙.

墙倒众人推 qiáng dǎo zhòngrén tuī〈ㄆ〉落ち目になると周囲はいよいよ侮りいじめる.

墙垛 qiángduǒ〔-子〕塀の張り出し部分.壁の上部の凹凸部分.

墙缝儿 qiángfèngr 壁または塀のすき間(割れ目)

墙旮旯儿 qiánggālár →〔墙犄角儿〕

墙根(儿) qiánggēn(r) 塀の下部.壁や塀の根方:〔墙脚①〕に同じ. →〔城 chéng 根(儿)〕

墙花路柳 qiánghuā lùliǔ〈ㄆ〉街娼:〔墙花路草〕ともいう.

墙豁子 qiánghuōzi 土塀の崩れたところ.

墙基 qiángjī 塀や塀の基礎(地下の部分)

墙犄角儿 qiángjījiǎor =〔ㄈ〕墙旮旯儿〕壁(または塀)の角.

墙角 qiángjiǎo 塀や壁の隅.二面が接してできる角.

墙脚 qiángjiǎo ①壁(塀)の根方·下部:〔墙根(儿)〕ともいう. ②壁の基礎:〔墙基〕に同じ. ③〈喻〉基礎.根本.〔挖 wā ～〕〔拆～〕同前を崩す.

墙面 qiángmiàn 壁面

墙皮 qiángpí 壁に塗ったしっくい.

墙裙 qiángqún =〔护 hù 壁〕腰羽目(ㅎ):室内の床面から窓枠の下まで壁面の装飾や保護のために張った羽目板.〔木～〕同前.

墙体 qiángtǐ 壁や塀の(構造·造り).〔～薄,隔音差,保温差〕壁が薄くて防音能力は劣り,保温力も低い.

墙头 qiángtóu ①[-儿]塀の上部.〔～草〕〈喻〉日和見主義者.〔～草,两边倒〕〔～草,两面倒〕〔～草,随风倒〕〔～上的草,风吹四面倒〕〔～一棵草,风吹两边倒〕〈喻〉塀の上の草はどちらでもなびく.〔～上 zhòng 白菜,难浇 nánjiāo〕〈歌〉塀の上で白菜を育てる.水はかけにくい.すなわち〔难交 jiāo〕交際しにくい(つきあいにくい). ②〈ㄈ〉背の低い短い塀.

墙头诗 qiángtóushī ⇒〔街 jiē 头诗〕

墙网球 qiángwǎngqiú ⇒〔壁 bì 球〕

墙围(子) qiángwéi(zi)　腰板,または,室内の壁面の下半分に貼ってある紙.

墙有缝,壁有耳 qiáng yǒufèng, bì yǒu'ěr〈諺〉壁に耳あり,障子に目あり. →〔隔 gé 墙有耳〕

墙垣 qiángyuán〈文〉塀.壁.

墙纸 qiángzhǐ =〔壁 bì 纸〕〔墙壁纸〕①インテリア用の壁紙. ②電算(モニター用)壁紙.

〔**蔷 · 薔**〕qiáng

蔷薇 qiángwēi　バラ(総称):多くは学名に用いる.〔～科〕バラ科.〔多 duō 花～〕〔野 yě ～〕ノイバラ:果実を〔营 yíng 实〕といい薬用にする. →〔玫 méi 瑰〕〔月 yuè 季(花)〕

蔷薇石英 qiángwēi shíyīng 囮淡紅色を帯びた石英.紅水晶.

〔**嫱 · 嬙**〕qiáng 固高位の女官.〔～媛〕〔嫔 pín ～〕妃嫔.

〔**樯 · 檣(艢)**〕qiáng〈文〉帆柱.〔桅 wéi ～〕同前.〔～橹 lǔ〕帆柱と橹.〈转〉船.〔帆～如林〕帆柱が林立している.

〔**抢 · 搶**〕qiǎng (I)①奪う.強奪する.〔货都叫强盗～了去了〕商品は皆強盗に奪われた.〔昨天出了一件～案〕昨日は強盗事件が一つあった. ②争って…する.〔～着吃〕われ先に食べる.〔～着栽包〕先を争って申し込む.〔～饭碗〕〈喻〉働き口を人と争う.〔大家都没开口,他～过来就说〕一同誰も口を開かぬうちに,彼が横から口をだして言った.〔～到前头〕〔～到头里〕争って先頭に出る. ③緊急性する. →〔抢修〕
(II)①削り取る.こそげる.そぐ.〔把锅底～一～〕なべ(釜)の底をこそげる.〔磨 mó 剪子～菜刀〕はさみを研ぎ包丁を研ぐ. ②すりむく.すり傷をつくる.〔他在大街上摔 shuāi 倒,把脸给～破了〕彼は街で転んで顔をすりむいた.〔膝 xī 盖上～去了一块皮〕ひざ小僧をすりむいた. → qiāng

抢白 qiǎngbái けんつくを食わす.食ってかかる.〔不好意思当面～他)面と向かって嫌味を言うのも具合が悪い.〔反倒吃了他的～〕逆に彼からさかねじを食わされた.

抢班夺权 qiǎngbān duóquán 力ずくで権力を奪取する.

抢背 qiǎngbèi 劇(旧劇の立ち回りで)でんぐり返ってころがる技.

抢围圈 qiǎngbīwéi 囮(サッカー·バスケットボールなどで相手ボールを)奪い取り,圧力をかけ,取り囲むこと.

抢步 qiǎngbù 駆け出す.足を速める.〔抢上几步〕つかつかと歩み寄る.

抢答 qiǎngdá 先を争って答える.〔百科知识～比赛〕クイズコンクール.〔～题〕早押しクイズ.

抢道 qiǎngdào ①先に行こうとする.無理に追い越す. ②道路を白先する.

抢点 qiǎngdiǎn ①(時間の)遅れを取り戻すために急ぐ. ②良いポジションをとる.有利な位置を占める.

抢渡 qiǎngdù 軍先を争って渡河する.

抢断 qiǎngduàn 囮(サッカーなどの)インターセプト(する).ボールカット(する).

抢夺 qiǎngduó 強奪する.ひったくる.〔～財物〕財物を強奪する.

抢匪 qiǎngfēi 強盗.匪賊.

抢分 qiǎngfēn 点数をかせぐ.点を奪う.〔在第一场中抢得一分〕第1ゲームで1点を稼いだ.

抢分触击 qiǎngfēn chùjī 囮(野球の)スクイズ(バント). →〔触击〕

抢风 qiǎngfēng〈ㄈ〉真っ向うから風を受ける.

抢杠 qiǎnggàng(マージャンで)"ポン"をしてさらしてある刻子(明刻)があり,その刻子と同じ牌をひいてきて,これを〔明杠〕にしようとした場合,他の者がその牌を奪ってあがること.

抢工 qiǎnggōng 工事を急ぐ.〔通宵 xiāo ～〕徹夜で突貫工事をする.

抢攻 qiǎnggōng 真っ先に攻撃する.

抢购 qiǎnggòu 先を争って買う.〔～一空〕買いあさってなくなる.〔～风〕パニック買い.

抢跪 qiǎngguì 囮礼の一つ.身体をやや前に折ると同時に右足をやや前に引いて深く曲げ地面にまでもっていく〈半跪之礼〉(片膝をつく礼).〔打了～〕同前の挨拶をした.

抢红 qiǎnghóng 囮さいころとばくの一種.

qiǎng 抢羟强

抢红灯 qiǎnghóngdēng 赤信号を無視して突っ走る:〔闯 chuǎng 红灯〕に同じ.
抢回 qiǎnghuí 奪いかえす.〔为～市场〕市場を奪いかえすため.
抢婚 qiǎnghūn 略奪結婚(する).→〔抢亲〕
抢建 qiǎngjiàn 建物の完成を急ぐ.〔～体育館〕体育館を突貫工事で建てる.
抢劫 qiǎngjié 略奪する.強奪する.〔拦路～〕おいはぎをする.〔～案〕〔抢案〕強盗事件.〔～罪〕[法]強盗罪.
抢景 qiǎngjǐng 同下①.
抢镜头 qiǎngjìngtou ①シャッターチャンスを狙う:〔抢景〕に同じ.②人気を一身に集める.カメラの列に遭う.③カメラを遮る.〈喩〉じゃまになる.でしゃばる.
抢救 qiǎngjiù 急いで救う.緊急救助する.〔消防队员～了二楼的人〕消防士が2階の人を緊急救助した.
抢快 qiǎngkuài ①急いで事を運ぶ.②[旧]さいころ遊びの一種.
抢脸 qiǎngliǎn 〈方〉①顔をすりむく.②恥をかく.顔をつぶす.顔に泥を塗る.〔真是～〕まったくみっともない.→〔丢 diū 脸〕
抢掠 qiǎnglüè 略奪する.
抢帽子 qiǎngmàozi ①[商](相場の)利食い:〔抛 pāo 顶宫〕ともいう.②[旧]帽子どろぼう.
抢拍 qiǎngpāi シャッターチャンスをつかむ:〔抓 zhuā 拍〕に同じ.→〔摆 bǎi 拍〕
抢跑 qiǎngpǎo [又](陸上競技の)フライング(スタート).〔～道〕〈喻〉先頭を争う.
抢钱 qiǎngqián 〈方〉金銭をまきあげる.金をかすめる.
抢亲 qiǎngqīn ①[旧]女性を強奪して無理に妻にする.②略奪婚.→〔抢婚〕
抢球 qiǎngqiú [又](球技で)球を取り合う.ボールを奪う.
抢墒 qiǎngshāng [農]土に湿り気があるうちに大急ぎで耕し、種をまく(こと).→〔摘〕
抢时间 qiǎngshíjiān 時間を急ぐ.〔不～来不及啊〕大急ぎでやらないと間に合わない.
抢市 qiǎngshì ①売れ筋の商品を高値で売り出す.②⇒〔抢占市场〕③売れ行きがよい.
抢收 qiǎngshōu 急いで収穫する.
抢手 qiǎngshǒu (商品など)客が争って買う.売れ行きが良い.〔～货〕人気商品.〔我校的毕业生很～〕わが校の卒業生はとても歓迎されている.
抢滩 qiǎngtān ①(沈没を免れるため)船を浅瀬に乗りあげる.②[軍]上陸作戦を行う.③〈喻〉市場を制覇する.シェアを奪う.
抢跳 qiǎngtiào [又](水泳の)フライング.
抢位 qiǎngwèi ポジションを奪う.地位・職・居場所などを奪う.
抢先 qiǎngxiān 先を争う.〔什么事他都要～〕何事でも彼は先になろうとする.→〔争 zhēng 先〕
抢险 qiǎngxiǎn 緊急救助(する).応急修理(する).〔～队 duì〕緊急救助隊.応急チーム.
抢行 qiǎngxíng 強引に通る.他を排除しても進む.強行突破.
抢修 qiǎngxiū 緊急修理をする.〔隧 suì 道漏水已～〕トンネルの水漏れは緊急修理をした.
抢眼 qiǎngyǎn 人目をひく.目立つ.
抢运 qiǎngyùn 緊急輸送をする.急ぎ運送する.〔～伤员〕負傷者を緊急搬送する.
抢占 qiǎngzhàn ①機先を制して占領する.〔～高地〕高地を先行占領する.〔～市场〕[商]市場(市庁)のシェアを占拠する.②不法占有する.力づくで占める.
〔～公房〕公共の建物を不法占有する.
抢种 qiǎngzhòng [農]急ぎ種まきをする(植える).〔～晚稻〕急ぎでおくれての田植えをする.
抢注 qiǎngzhù ①商標登記を急ぐ.②他人の権利・特許・商標などを横取りして登記・登録する.→〔注册〕
抢嘴 qiǎngzuǐ 〈口〉人の話をひったくってものを言う.〔～夺 duó 舌〕人の話を遮って自分勝手にしゃべる.②奪いあって食べる.

〔**羟·羥**〕 qiǎng [化]水酸基の別称.
羟氨 qiǎng'ān =〔胺 hǎi〕ヒドロキシルアミン.
羟基 qiǎngjī [化]水酸基〔氢 qīng 氧基〕の別称.
羟基丁二酸 qiǎngjī dīng'èrsuān [化](苹 píng 果酸)
羟吲哚啶二甲醇 qiǎngjiǎ bǐdīng èrjiǎchún [化]塩酸ピリドキシン:〔盐 yán 酸吡哆醇〕に同じ.

〔**强(強·彊)**〕 qiǎng 無理に…する.無理である.〔勉 miǎn ～〕同前.〔～不知以为知〕知ったかぶりをする.〔您既有事,我不敢～留〕ご用がおありとのことでは,無理におひきとめはいたしません. → jiàng qiáng
强逼 qiǎngbī 無理にさせる.迫る.
强辩 qiǎngbiàn 強弁する.あくまで言い張る.〔这只不过是～〕それは屁理屈にすぎない.
强撑 qiǎngchēng 無理をして我慢する.〔～病体上班〕病気の体を無理して出勤する.
强词夺理 qiǎngcí duólǐ 〈成〉筋の通らぬことを理があると主張する.屁理屈をこねる:〔强辞夺理〕とも書いた.
强聒不舍 qiǎngguō bùshě 〈成〉くどくどといつまでも言い続ける.
强记 qiǎngjì 無理に詰め込んで覚える.〔～的东西忘得也快〕詰め込み暗記したものは忘れるのも早い.→ qiángjì
强拉硬拽 qiǎnglā yìngzhuài 〈慣〉無理に引っ張る.むやみに引き止める.
强留 qiǎngliú 無理に引き留める.
强买强卖 qiǎngmǎi qiǎngmài 〈慣〉無理に買ったり押し売りしたりする.
强努儿 qiǎngnǔr 〈方〉無理に努める.〔假如你办不了,不要～〕もしやり終えなかったら無理してする必要はないよ.
强迫 qiǎngpò 強制する.無理強いする.〔～交易罪〕[法]脅迫取引罪.〔～劳动〕労働を強いる.〔～症〕[医]強迫神経症.〔～他脱离关系〕関係を断つよう彼に迫る.〔不要～别人接受你的意见〕自分の意見を他人に無理強いするな.
强求 qiǎngqiú 何とかして…しようとする.〔～一律〕無理に一律であることを求める.
强人所难 qiǎngrén suǒnán 難しいこと(いやがること)を人に強いる.
强忍 qiǎngrěn 努めて我慢する.〔～久耐〕隠忍自重する.
强使 qiǎngshǐ 無理強いする.〔～服从〕無理に服従させる.
强文假醋 qiǎngwén jiǎcù 〈成〉学のあるふりをする.
强笑 qiǎngxiào 作り笑いをする.
强颜 qiǎngyán 作り笑いをする.〔～欢笑〕〈成〉強いて笑顔をつくる:〔～为笑〕ともいう.
强装 qiǎngzhuāng 無理に装うふりをする:〔强作〕に同じ.〔～笑脸〕無理に笑顔を作る.
强自振奋 qiǎngzì zhènfèn 〈慣〉空〈若〉元気を出す:〔强自振作〕ともいう.
强作 qiǎngzuò 〔强做〕とも書く無理に装う:〔强装〕

qiǎng～qiāo

に同じ．〔～解人〕知ったかぶりをする．

〔襁（繦）〕 qiǎng〈文〉嬰児を背負う帯．
襁褓 qiǎngbǎo 小児を背負う帯とおくるみ．〔在～中〕まだ乳飲み児である．〔=包bāo被(子)〕

襁負 qiǎngfù〈文〉背負い帯で背負うこと．〔～其子而至矣〕(論語·子路)その子を背負って来た．

〔镪・鏹〕 qiǎng 国銭差しでつないで輪にした銭．かね．〔白～〕〈文〉白銀．→ qiāng

〔呛・嗆〕 qiàng (煙やガス，香辛料などに)むせる．鼻につんとくる．ぴりっとくる．〔～得他直咳ké嗽〕彼はむせて，しきりにせきをする．〔～得慌〕ひどくむせる．〔辣lā味儿～嗓子〕辛味がのどにぴりっとする．〔你抽的烟大概不大好，烟味儿～人〕君のふかしているたばこは多分安物だろう，においが鼻につんとくる．〔街面的土～得慌〕通りのほこりがひどくて息がつまりそうだ． → qiāng

〔炝・熗〕 qiàng ①〔野菜·貝類·えびなどを〕熱湯で軽くゆで，醬油·酢·ごま油·しょうがのみじん切りなどであえること．〔～虾xiā〕国えびの同上．②⇒〔熗锅〕

炝锅 qiàngguō ニンニクやネギのみじん切りを油でさっと炒め(香り·うま味を出す)，その後，材料·調味料を加え炒める．または水を加えて煮る．〔～肉丝面〕国千切りにした肉入りの煮込み麵．

〔戗・戧〕 qiàng ①支える．つっかい棒をする．〔用棍子～〕丸太で門につっかいをする．〔用把椅子～在背后〕(老·駱10)椅子で背を支える．②建つっかい．つっぱり．③〈方〉耐える．〔不住〕耐えられない．〔这个天气够它～的〕この天気は身体にこたえる．〔忙得够～〕ひどく忙しい． → qiāng

戗面 qiàngmiàn ①小麦粉を発酵させた生地に粉を入れて練る．〔～馒头〕国同前で作ったマントー．②同前の生地．

戗木 qiàngmù 同上．
戗住 qiàngzhù =〔戗木〕支柱．つっかい棒．

〔跄・蹌〕 qiàng ①〔～跟liàng〕跟く：〔踉跄〕とも書いた．〔～～跟踉〕〔跟踉～～〕前のさま．②〔～～〕〈文〉調子をつけて歩くさま．

〔踏・蹡〕 qiàng → qiāng

踏踉 qiàngliàng ⇒〔跄跟〕

qiāo ㄑㄧㄠ

〔硗・墝〕 qiāo〈文〉土地が硬くてやせている．〔硗〕に同じ．〔~瘠jí〕〔~埆què〕同前．

〔硗・磽〕 qiāo 土地が硬くてやせている．〔地有肥～〕土地には肥沃なところとやせたところとがある．
硗薄 qiāobó =〈文〉硗瘠〕土地が硬くてやせている．
硗瘠 qiāojí〈文〉土地がやせて硬い．
硗确 qiāoquè ⇒〔硗薄〕

〔跷・蹺〕 qiāo〈文〉足どりが軽い．〔轻qīng～〕敏捷ですばしこい．

〔跷・蹺〕 qiāo ①(足·指を)上げる．立てる．〔~脚〕〔~腿tuǐ〕同前．〔~着腿坐〕足を組んで座る．〔~起大拇指称chēng赞〕親指を立ててほめる．〔~足以待〕つま先立って

待ち望む．②足どりが軽い．③高足踊り用の足につける棒．〔踩cǎi~〕高足踊り踊る．→〔高gāo跷〕④剧(旧劇の役者が)纏足(𘞭)した女性に扮する時に足にはめる高げたの状のもの：〔寸cùn子〕〔趾cǐ~〕同例をはく．⑤〈方〉足をひきずる．

跷工 qiāo·gōng〔跷功〕に同じ．剧(旧劇で)特殊な高げたをはいて演ずる技術．→字解④
跷捷 qiāojié 身が軽い．〔~若飞〕飛ぶように早い．
跷课 qiāokè 授業をさぼる．ずる休みをする：〔逃táo课〕に同じ．〔昨天又跷了一堂课〕昨日も1コマさぼった．

跷蹊 qiāoqi〔跷跷〕とも書く．奇怪である．いかがわしい．怪しいふしがある：〔蹊qi跷〕に同じ．〔~作怪〕くさうさんくさい．〔这事情很～〕この件は非常に奇怪である．〔这里面一定有什么～〕これにはきっといわく因縁がある．

跷跷板 qiāoqiāobǎn 遊具の一．シーソー．ぎったんばっこん．

〔绕・繞〕 qiāo ①⇒〔綟〕 ②〈文〉套tào裤〕(ズボンカバー)をつけるひも．

〔跻・蹻〕 qiāo〈文〉①足を上げる．②足どりが軽い：〔跷①②〕に通じ用いる． → juē

〔悄〕 qiāo → qiǎo

悄悄 qiāoqiāo ①〔~儿〕ひっそりと．こっそりと(声を立てずに．小声で)．〔~地di〕同前．②静かに(気付かれずに)．〔静~~〕同前．③親しげである． → qiāoqiāode

悄悄话 qiāoqiāohuà 内緒話．〔别说~〕ひそひそ話はするな．

〔雀〕 qiāo 〔~子zi〕〈口〉そばかす：〔雀què斑〕に同じ． → qiǎo què

〔敲〕 qiāo ①たたいて音を出す．コツコツとたたく．〔~锣〕〔打dǎ锣〕どらをたたく．②〈口〉言いがかりをつけて(だまして)金銭を巻き上げる．ゆすり取る．③〈文〉つきつめて考える．→〔推tuī敲〕

敲边鼓 qiāobiāngǔ =〔敲边儿〕〔打dǎ边鼓〕〈喻〉わきから加勢する．助勢する．〔有人～，他更生气了〕たきつける人があるので，彼はいっそう怒った．〔讨论来讨论去，谁也不正面说，净打～〕討論を散々重ねたが，誰も正面から物を言わず他人の話に半畳を入れてばかりいる．

敲边儿 qiāobiānr 同上．
敲打 qiāo·dǎ ①打つ．〔~锣luó鼓〕(どらや太鼓を)たたく．〔敲敲打打〕どんどこと打つさま．②(言葉で)注意する．〔我再这样用话一~，事情就更糟了〕わたしがもう一度こんなふうに口を出したら，事はいっそうまずいことになる．

敲点 qiāodiǎn〈文〉指摘する．指示し正す．
敲钉转脚 qiāodīng zhuǎnjiǎo〈方〉間違いっこない．
敲定 qiāodìng 結論を出す．決定を下す．〔这个计划还没有最后～〕この計画はまた最後のつめがなされていない．

敲鼓 qiāogǔ 太鼓を鳴らす：〔打dǎ鼓〕に同じ．
敲骨吸髓 qiāogǔ xīsuǐ〈喻〉骨の髄までしぼりとる．
敲击 qiāojī たたく．打つ．
敲键 qiāojiàn キーを打つ：〔击jī键〕に同じ．
敲开板壁说亮话 qiāokāi bǎnbì shuō liànghuà ⇒〔打开天窗说亮话〕

敲锣 qiāoluó 銅鑼(𘞲)をたたく：〔打dǎ锣〕に同じ．〔~打鼓〕〔~击鼓〕どらをたたいたり太鼓を鳴らしたりする．〔転〉大々的に．宣伝する．にぎにぎしくする．人目を引いて盛り上げる．

1377

qiāo〜qiáo　敲锹橇幨缲劁乔侨荞

敲锣边儿 qiāo luóbiānr〈方〉(わきから)煽る.そそのかす.たきつける.

敲门 qiāomén 〔打dǎ门〕〔拍pāi门〕①門(戸·ドア)をたたく. ②訪れる.

敲门砖 qiāoménzhuān 門や戸をたたくための煉瓦:用が済めば捨ててしまう物.〈喩〉出世のための手づる.人に取り入る手段.〔〜不值钱〕〈諺〉門をたたく煉瓦は値打ちがない.出世の手段としての学問は,出世したら棄てられてしまう.

敲木鱼 qiāomùyú 木魚をたたく.

敲儿撩儿 qiāorliāor 〔敲嘗撩着〕

敲山震虎 qiāoshān zhènhǔ 〔成〕大げさな行動をとって相手に警告する.威嚇する.目先だけではなく広い範囲を対象に思い知らせる.

敲诗 qiāoshī ⇒〔诗谜〕

敲鱼 qiāoyú 食黄魚などの鮮魚の切り身にかたくり粉をまぶして棒でたたいて薄くのばしたものを湯に通し,小幅に細長く切ってから千切りの豚肉や鶏肉と一緒に炒めた料理.〔温州〜〕〔三丝〜〕ともいい,温州の有名な料理.

敲诈 qiāozhà (金銭·財物を)ゆすり取る.おどし取る.〔〜大批钱财〕多額の金銭を巻き上げる.〔〜勒lè索〕成〕おどして財物をゆすり取る.

敲着撩着 qiāozhe liāozhe〈方〉あてこする.嫌味を言う:〔敲儿撩儿〕ともいう.

敲钟 qiāozhōng 鐘を鳴らす.〔敲警钟〕警鐘を鳴らす.

敲竹杠 qiāozhúgàng〈喩〉金品をゆする.ぼったくる.値をふっかける:旧時,竹筒の中に隠したアヘンを取締り役人がコツコツたたいて調べ,見つかったら賄賂をとって見のがした.

敲奏 qiāozòu (太鼓など)演奏する.

〔锹·鍬(鍫)〕 qiāo ①〔農具の〕スコップ.シャベル:鉄製で先のとがったもの.〔量詞.スコップなどに入っているものを数える.〔两〜煤〕スコップ2杯分の石炭.→〔铲chǎn(I)③〕〔锨xiān〕

〔橇〕 qiāo ①そり.〔雪xuě〜〕雪ぞり.〔冰bīng〜〕氷上を滑るそり. ②ぬかるんだ道を行くときのそり:田舟のような用具.

〔幨〕 qiāo 〔〜头tóu〕〔帩qiào头〕〈文〉古〕男子のまげをしばる巾.

〔缲·繰(緔)〕 qiāo ＝〔绗①〕くけ.くけ縫いをする.〔〜扮bàn〕縫い目を隠すやり方.〔〜边儿〕へりをくける.〔〜一根带子〕くけ縫いで帯をつくる. → sāo zǎo

〔劁〕 qiāo (家畜を)去勢する.〔〜猪zhū〕豚を去勢する.〔〜羊yáng〕羊を去勢する.→〔骟shàn〕〔阉yān〕

〔乔·喬〕 qiáo (Ⅰ)①高い.〔〜岳yuè〕高山. ②〈姓〉喬(ጷ)
(Ⅱ)①変る.似せる.〔〜扮bàn〕仮装する.変装する.格好をまねる. ②〈白〉くだらない.〔不晓事的〜男女〕何も分かっていない連中.

乔才 qiáocái〈白〉①無頼漢.〔无廉耻的〜〕恥を知らぬごろつき. ②ずる賢いこと.奸智.〔惯弄〜〕奸智を使い慣れている.

乔戈里峰 qiáogēlǐ fēng 地 K2(峰).チョゴリ:カラコラム山脈中の高山.

乔杰 qiáojié〈文〉優れて傑出している.

乔模乔样 qiáomú qiáoyàng〈白〉ごてごて化粧する.〔乔模样〕ともいう.

乔木 qiáomù 植高木.喬木.↔〔灌guàn木〕

乔其纱 qiáoqí shā 〔透tòu 中绉shā〕〔绉zhòu纱①〕〈音義訳〉紡クレープジョーゼット.

乔扦 qiáoqiān はざ:物をかけて干すために三脚にくくりあわせた竹や木.

乔迁 qiáoqiān ①他人の転居または栄転を祝っていう言葉.〔〜酒〕引っ越しの祝い酒.〔听说您要〜了〕お引っ越しをなさるそうですね. ②〔〜之喜〕転宅のお慶び(他人に対する引っ越し祝いの意味で.贈り物の包紙などに書く文句).→〔搬bān家①〕 ②昇進する.

乔文假醋 qiáowén jiǎcù〈白〉学問があるようなふりをする.

乔志 qiáozhì〈文〉志の高遠なこと.遠大な志.

乔治敦 qiáozhìdūn 地①ジョージタウン:〔圭guī亚那合作共和国〕(ガイアナ共和国)の首都. ②ジョージタウン:アメリカ北東部にある.

乔装 qiáozhuāng 変装する.〔〜打扮〕〔〜改扮〕同前.

乔梓 qiáozǐ〈喩〉父子.〔令〜〕〈尊〉他人の父子.

乔作衙 qiáozuòyá〈白〉お白州で取り調べる.〈喩〉から威張りする.

〔侨·僑〕 qiáo ①他国内に居住する.〔〜居于日本的中国人〕日本に居住する中国人. ②他国内に居住している国民.〔〜民〕同前.〔华〜〕外国に居住する中国人.在留中国人.〔日〜〕外国在留の日本人.〔外〜〕在留外国人. ③〈姓〉侨(ጷ)

侨办 qiáobàn〔侨务办公室〕の略.(帰国)華僑の事務を取り扱う政府部門.

侨胞 qiáobāo 在外同胞.〔海外〜〕同前.

侨产 qiáochǎn 在外居住人(国外にある)在外国人の資産.

侨汇 qiáohuì 在外居住生(海外への出稼ぎも含む)から国内への送金.

侨居 qiáojū ①外国に居留する. ②旧他郷に居住する.→〔留liú居〕

侨眷 qiáojuàn ＝〔侨属〕在外居住者の国内にいる家族.

侨联 qiáolián〔中华全国归国华侨联合会〕(中国帰国華僑連合会)の略.

侨领 qiáolǐng 在外同胞中の指導者.在外同胞組織の長.

侨民 qiáomín 在外居住本国民.外国に居住している本国人.〔外籍〜〕外国人.〔侨属〕の同前.

侨商 qiáoshāng 在外本国人の商人.

侨生 qiáoshēng 国内の学校で学ぶ在外本国人の学生.

侨属 qiáoshǔ ⇒〔侨眷〕

侨团 qiáotuán 在外本国人の組織している団体.

侨务 qiáowù 在外居留民関係の事務.〔〜侨办〕

侨乡 qiáoxiāng 在外本国人やその帰国者·親族が集中して住んでいる地区:〔侨区〕ともいう.

侨州郡县 qiáozhōuqúnxiàn 歴他地へ流入した者のために設けた名義上の行政区.東晋以降は実質的な戸籍となり,隋の統一まで続いた.

侨资 qiáozī 在外本国人資金·資本.

〔荞·蕎(荍)〕 qiáo (Ⅰ)〔蕎(荍)〜〕① →〔荞麦〕 ②〈姓〉荞(ጷ)
(Ⅱ)〔荍〕古書で〔锦儿葵〕(ゼニアオイ)を指す.

荞巴 qiáobā〈方〉圈そば粉をこねて焼いた食品.

荞麦 qiáomài 植〕ソバ,またその種子.〔花huā麦〕ともいう.備荒用の食物なので,〔五谷〕の中にふつう入れない.〔甜荞〕〔苦kǔ荞〕などの種類がある.〔〜面条(儿)〕ぞば〔〜皮(儿)〕そば殻.〔〜皮里挤油〕そばがらから油を搾る.〈喩〉並外れたけち,またはむごい取り立て.

荞面 qiáomiàn そば粉.

qiáo

〔峤・嶠〕 qiáo 〈文〉とがって高い(山).〔~屿 yǔ〕〈海~〕海中の切り立った小島. → jiào

〔桥・橋〕 qiáo ① 橋.〔木~〕木橋.〔铁木~〕丸木橋.〔浮 fú~〕浮き橋.〔船 chuán~〕船橋.〔拱 gǒng~〕アーチ橋.〔吊 diào~〕〔悬 xuán 索~〕つり橋.〔高架~〕高架橋.〔立交~〕立体交差橋.〔开启 qǐ~〕開閉式橋.〔架 jià~〕〔搭 dā~〕橋をかける.〔~是~,路是路〕〈喩〉極めて明白である.あたりまえである. ②〈姓〉橋(^{キ*ウ}).
桥翅(儿) qiáochì(r) 橋の両端(たもと)の幅の広い部分の両側の欄干.
桥吊 qiáodiào 園 コンテナ用の巨大クレーン.〔集 jí 装箱起重机〕ともいう.
桥洞(儿) qiáodòng(r) 〈口〉アーチ形の橋脚の間の空洞.〔桥孔〕に同じ.
桥墩 qiáodūn 石やコンクリート製の橋の土台.橋脚.橋脚台.〔黄河大拱桥二号~〕黄河大アーチ橋2号脚.
桥工绞刀 qiáogōng jiǎodāo〔铆 mǎo 钉孔绞刀〕園 鋲穴あけのリーマー.
桥供 qiáogōng 橋脚のアーチ型になったもの.
桥涵 qiáohán 橋梁と暗渠.→〔涵洞〕
桥基 qiáojī 橋頭または橋脚.
桥架 qiáojià 建 橋梁桁構架物.
桥孔 qiáokǒng =〔桥眼〕橋脚の間の空洞.
桥栏 qiáolán 橋の欄干.
桥梁 qiáoliáng ①橋梁. ②〈喩〉中に立って連絡する人や事.〔起~作用〕橋渡しの役割をする.
桥面 qiáomiàn 橋面.橋の上(道路の部分)
桥脑 qiáonǎo ⇒〔脑桥〕
桥牌 qiáopái ブリッジ:トランプの遊び方の一種.
桥畔 qiáopàn ⇒〔桥堍〕
桥身 qiáoshēn 橋の胴体.
桥式起重机 qiáoshì qǐzhòngjī ガントリークレーン.橋型起重機.〔桥式吊车〕ともいう.→〔天 tiān 车〕
桥砝 qiáoshí ⇒〔桥墩〕橋のたもと.
桥萃 qiáocuì =〔憔悴〕
桥台 qiáotái =〔桥砝〕〔桥墩〕橋台.
桥坛 qiáotán ブリッジ愛好者の世界:〔桥联〕世界ブリッジ連合会.〔桥协 xié〕中国ブリッジ協会.
桥头 qiáotóu 橋のたもと:橋の両端の岸と接する部分.
桥头堡 qiáotóubǎo ①橋頭堡. ②建 橋塔. ③军 敵方に突出している進攻拠点.〈喩〉拠点.
桥堍 qiáotù =〔桥畔〕〈文〉橋のたもと.橋のほとり.
桥墩 qiáowān ⇒〔桥孔〕
桥艺 qiáoyì ブリッジの技術・腕.
桥砧 qiáozhēn ⇒〔桥台〕
桥桩 qiáozhuāng 橋杭(^{ッィ}).橋脚.
桥座 qiáozuò ⇒〔桥台〕

〔硚・礄〕 qiáo ①地名用字.〔~头 tóu〕四川省にある.〔~口〕湖北省にある. ②〈姓〉礄(^{キ*ウ})

〔盉・盠〕 qiáo 固 盠(^{キ*ウ}):小鉢・碗に似た食器.

〔鞒・鞽〕 qiáo 馬の鞍(^{くら})の峰の部分.〔~的部位〕〔鞍 ān~〕同前.〔前~〕同前の前の部位.〔后~〕同前の尻の之部分.

〔翘・翹(翹）〕 qiáo ①〔頭を〕立てる.もちあげる.〔~首四望〕頭をもたげて周りを見る.〔~首仰望〕頭を上げて仰ぎ見る.〔~首以待 dài〕頭を長くして待つ.〔~足而观〕つま先立って見る. ②(平らなものが)反り返る.〔木板日晒 shài~了〕板が陽にあたって反り返った.→〔翘棱〕 ③傑出している.〔~材〕逸材.〔~~〕〈文〉④ぬきんでて高いさま.⒝はるか遠いさま. ④〈文〉鳥の尾羽.〔翠 cuì~〕緑の鳥の尾羽. → qiào

翘楚 qiáochǔ 〈文〉傑出した者(物).特に優秀なる者(物).〔个中~〕そのうちの卓抜なるもの.
翘待 qiáodài 〈文〉〔牘〕つま先を立てて待ち望む.鶴首して待つ.
翘关 qiáoguān 旧〔武 wǔ 举〕の一科目として課せられた力を試す試験:重量拳げに相当する.
翘棱 qiáoleng 〈方反(^{ッ})〕りかえる.反ってめくれ上がる.〔那块板子晒 shài~了〕あの(1枚の)板は陽にあたって反ってしまった.
翘盼 qiáopàn 切望する.
翘企 qiáoqǐ 〈文〉〔牘〕切に待ち望む.〔久疏清诲~良深〕久しくご教誨の機会を得ず尊顔を拝し度く切望しております.
翘首 qiáoshǒu →〔翘望〕
翘望 qiáowàng 〈文〉①頭をあげて遠くを見る. ②待望する.〔无任之至〕翘(^{キ*ウ})望の至りにたえぬ.
翘秀 qiáoxiù 才能が群を抜いている.
翘足 qiáozú 〈文〉つま先立つ.〔~引领〕切望するさま.〔~而待〕〔跷 qiāo 足而待〕〈成〉待ち望むさま.

〔谯・譙〕 qiáo ①〈文〉城門の上に設けられた物見櫓(^{ゃぐら}),または鼓楼など.〔~櫓 lǔ〕〔~楼 lóu〕同前.〔~门〕物見櫓のある城門. ②〈姓〉譙(^{キ*ウ}) → qiào

〔憔(顦・癄)〕 qiáo
憔悴 qiáocuì やつれる.憔悴する.〔蕉萃〕とも書いた.〔脸 liǎn 色~〕顔色がやつれている.〔~於虐 nüè 政〕(孟子・公孫丑上) 虐政にやつれ果てる.〔刮了一夜的秋风,花木都显得~了〕一晩の秋風で花も木も目に見えてやつれてしまった.
憔虑 qiáolǜ 思い悩む.苦慮する.〔毁 huǐ 身~〕骨身を削る思いをする.

〔蕉〕 qiáo → jiāo
蕉萃 qiáocuì =〔憔悴〕

〔樵〕 qiáo ①〈方〉たきぎ.まき.〔采~〕たきぎをとる.→〔柴 chái ①〕 ②〈文〉木を切る.たきぎを取る.〔~夫〕木こり.〔~歌〕木こり歌. ③〈姓〉樵(^{キ*ウ})
樵户 qiáohù 木こり(人・家)
樵客 qiáokè 柴刈りをする人.
樵苏 qiáosū 〈文〉古代,日常のなりわい:〔樵〕(木こり)と〔苏〕(草刈り)
樵隐 qiáoyǐn 〈文〉たきぎをとったりして浮世を逃避して暮らしている人.

〔瞧〕 qiáo ①〈口〉見る.見やる.眺める:〔看 kàn〕に同じ.〔什么也~不见〕何も見えない.〔让我~一~〕ちょっと見せて下さい.〔~热 rè 闹(儿)〕面白半分に見物する.〔够 gòu~的〕〈方〉だめだ.大変だ. ②診察する(参察する(してもらう).〔请大夫 daifu~一病〕〔看病〕医者を呼んでみてもらう. ③〈口〉訪問する.〔~朋 péng 友去〕〔看朋友去〕友だちを訪ねていく. ④〈姓〉瞧(^{キ*ウ})
瞧扁 qiáobiǎn 〈方〉軽蔑する.〔你别把我~了〕俺をばかにするな.
瞧不起 qiáobuqǐ ⇒〔看 kàn 不起〕
瞧不上眼儿 qiáobushàng yǎnr ⇒〔看 kàn 不上眼儿〕
瞧出个谱儿来 qiáochūge pǔrlái 〈口〉〔事柄の〕大体を察すること.事のあら筋を見てとると:〔瞧出个大概(其)〕ともいう.〔你们的眼睛都不成,我早~了〕きみたちの目はだめだよ,ぼくはとっくに大体のことはわかったよ.

qiáo~qiǎo　　　　　　　　　　　　　瞧巧悄

瞧得起 qiáodeqǐ ⇒[看 kàn 得起]
瞧哈哈儿(笑) qiáo hāhār(xiào) 他人の困難や災禍をおもしろがって傍観する.〔我碰 pèng 到这倒 dǎo 霉的事,你还在一边儿~,你够什么朋友〕ぼくがこんなに困っているのに,きみは傍らでおもしろがっているなんて,友だち甲斐がないじゃないか.
瞧见 qiáo‧jiàn ⟨白⟩⇒[看 kàn 见]
瞧科 qiáokē ⟨白⟩見てそれと悟る.
瞧门 qiáomén 門を叩く者が来た時に行って誰であるかを見ること.〔三更半夜的,谁敲门呢,你一去吧〕真夜中というのに誰が門をたたくのだろう,おまえ見に行きなさい.
瞧你 qiáoni ⟨口⟩お前ときたら:相手への不満・非難を表す:〔瞧瞧你〕ともいう.〔~,你这干的是什么事啊〕お前ときたら,なにをやっているんだ.〔~的说〕なに言ってんだよ.何という言いぐさだ.
瞧头儿 qiáotour ⟨口⟩見どころ.⇒[看 kàn 头儿]に同じ.〔没有~〕見せ場がない.
瞧香头 qiáoxiāngtóu ⇒[看 kàn 香头].

[巧] qiǎo ①技能.技術.〔技~〕技巧.②巧みである.優れている.〔~计〕巧みな計略.〔~嘴〕口がうまい.〔心灵手~〕⟨成⟩利口で手仕事が巧みである(手先が器用である).〔大~若拙〕⟨成⟩極めて巧みなものはかえって拙いかのごとく見えるものである(老子).③内実がない.うわべだけの話.〔花言~语〕⟨成⟩甘い言葉.結構ずくめの話.④おりしもちょうど(都合よく・わるく).〔正~〕〔恰~〕ちょうど.ちょうど(よく).〔您来得正~〕ちょうどよいところにおいでなすった.〔到了车站,正~车还没开〕駅に着いてくると,ちょうど都合よくまだ発車してなかった.〔可~〕ちょうど都合よく(ちょうど都合悪く).〔可~遇见了他,都合よく彼に出会った.〔不~〕おりしく.〔这件事很~〕このことは非常に偶然なこと(珍しいこと)だ.⑤⟨姓⟩巧(きょう).
巧辩 qiǎobiàn ①巧みな言葉で弁解する(議論する).②巧みな詭弁.
巧不可阶 qiǎo bùkějiē ⟨成⟩余人(他人)の及びもつかないくらいに優れて巧みなこと.
巧迟 qiǎochí 巧みであるが遅いこと.〔~不如拙速 zhuōsù〕巧遅は拙速に及ばない.
巧夺天工 qiǎoduó tiāngōng ⟨成⟩技工の巧みさが天然をしのぐほどである:細工・技術を賞する言葉.
巧发奇中 qiǎofā qízhòng ⟨成⟩巧みに的を射た発言.
巧妇 qiǎofù 器用な女性.仕事のよくできる女性.〔~难为无米之炊 chuī〕〔巧媳妇(儿)做不出没米的粥来〕⟨諺⟩器用な女(嫁)といえども米もなしでは炊事をすることはできない.弘法も筆が無ければ字は書けぬ.→[巧妻]
巧妇(鸟) qiǎofù(niǎo)〔鹪 jiāo 鹩〕(ミソサザイ)の古称:巣をかけるのがうまいのでこの名がある.
巧干 qiǎogàn ①上手にやる.②創意工夫してする.頭を働かせて仕事をする.
巧合 qiǎohé 二つがうまく合致する(こと).〔偶 ǒu 然的~〕偶然の合致(一致).
巧宦 qiǎohuàn ⟨文⟩世渡りのうまい(上役にとりいるのが上手な)役人.
巧活(儿) qiǎohuó(r) 手のこんでいる手芸品.
巧货 qiǎohuò ①精巧な品.②手に入れにくい品物.③安くて品質のいい品.④もうけになる品物.
巧计 qiǎojì 巧みな計略.奇策.巧妙なたくらみ.
巧匠 qiǎojiàng 腕の優れた職人.〔能工~〕腕の立つ職人.
巧节 qiǎojié ⇒[七 qī 夕]
巧劲儿 qiǎojìnr ⟨方⟩①巧妙な〔使~〕巧みな技を使う.〔枪打得准,是个~〕射撃がうまい,要領を得ている.②⟨喩⟩珍しい偶然)のできごと.③ちょうどうまい具合.〔我刚到,他就来了,这个~!〕わたしが着いたばかりのところに彼がやってきた,ちょうどよかった.
巧克力 qiǎokèlì ⟨音訳⟩(食)チョコレート.〔巧格力〕〔古力力〕〔查 chá 古律〕〔朱 zhū 古力〕〔朱口力〕ともいった.〔~糖〕⟨方⟩可 kě 可糖)ともいう.〔奶 nǎi 油~〕ミルクチョコレート.〔~花生米〕ピーナッツチョコレート.〔~饼干〕チョコレートビスケット.〔~冰淇淋〕チョコレートアイスクリーム.
巧立名目 qiǎolì míngmù ⟨成⟩かこつける.口実を設ける.〔~,搜 sōu 刮民财〕いろいろな口実を設けて人々の財産を巻き上げる.
巧妙 qiǎomiào =[奇 qí 巧]巧妙である.巧みである.上手である.〔~的方法〕巧妙な方法.〔设计得很~〕設計はなかなか巧妙だ.
巧譬善导 qiǎopì shàndǎo ⟨成⟩巧みに諭してうまく導く.
巧妻 qiǎoqī 賢い妻=〔贤 xián 妻〕に同じ.〔~常伴拙 zhuō 夫眠〕⟨諺⟩賢い妻は愚夫とつれ添っていることが多いもの.→[巧妇]
巧巧 qiǎoqiǎoqiāo →[划 huá 拳②]
巧取豪夺 qiǎoqǔ háoduó ⟨成⟩だましたり力ずくでごっそりと取る.〔巧偷豪夺〕ともいう.〔他那些财产多半是~来的〕彼のあの多くの財産は大半はだましたり力ずくでごっそりと取ったものだ.〔压迫人民~的恶霸地主,解放后受到人民的惩罚 chéngfá〕人民をだましたり脅したりして搾取したボスや地主は,解放後人民の懲罰を受けた.
巧人 qiǎorén 巧者.
巧日 qiǎorì ⇒[七 qī 夕]
巧舌 qiǎoshé 巧みな言葉.
巧舌如簧 qiǎoshé rú huáng 〔巧言如簧〕ともいう.⟨成⟩口がうまく本当のようなことを言う.〔事实胜于雄辩,任凭 píng 你~,也不能把不对的说成错的,错的说成对的〕事実は雄弁に勝る,きみがいかに口がうまくても,正しいものを誤りと言ったり誤りを正しとすることはできない.
巧手 qiǎoshǒu =[上手.器用.②腕達者.熟練者.
巧思 qiǎosī 巧妙な構想.巧みな発想.
巧夕 qiǎoxī ⇒[七 qī 夕]
巧媳妇(儿)做不出没米的粥来 qiǎoxífu(r) zuòbuchū méimǐde zhōulái ⇒[巧妇难为无米之炊].
巧笑 qiǎoxiào ⟨文⟩愛嬌のある笑い.美人の笑い.
巧言 qiǎoyán うわべだけでまことのない言葉.〔~令色〕言葉巧みで愛想がいい.〔~如簧〕巧舌如簧〕⟨成⟩口先がうまい.〔~不如直道〕口上手よりざっくばらんがよい.→[花 huā 言巧语]
巧语 qiǎoyǔ =[花 huā 言巧语]
巧遇 qiǎoyù 偶然に会う.ばったり会う.→[奇 qí 遇]
巧月 qiǎoyuè 旧暦7月の別称.→[乞 qǐ 巧]
巧诈 qiǎozhà うまくだます.〔宁诚减不~〕言葉巧みに人をだますよりはった真面目の方がよい.
巧值 qiǎozhí ①⇒[恰 qià 巧]②ちょうど…の日(時)に当たっている.〔那日~月圆〕その日はちょうど満月に当たっていた.
巧致 qiǎozhì 精緻である.
巧拙 qiǎozhuō ⇒[拙巧]
巧宗儿 qiǎozōngr ⟨白⟩めったにない機会.好機.
巧嘴 qiǎozuǐ 口がうまい.〔~巧舌〕言葉巧みである.

[悄] qiāo ①ひっそりしている.〔~然②〕同前.②ひっそりと.こっそりと.〔低声~语〕⟨慣〕

悄雀愀壳消俏峭鞘窍　　　　　　　　　qiǎo～qiào

小声でひそひそ話す．③〈文〉憂えるさま．→ qiāo
悄不声儿 qiǎobushēngr ⇒[悄没声儿]
悄促促 qiǎocùcù〈白〉ひっそり．[背bèi 巷里~没个行人]裏の路地の中はひっそりとして通行く人もない．
悄寂 qiǎojì ひっそりと物音をたてない．
悄静 qiǎojìng ひっそりしている．[~无声]同前．[~的山林]ひっそりしている山林．
悄窥 qiǎokuī〈文〉こっそりのぞき見る．
悄没声儿 qiǎomoshēngr =[悄不声儿]〈口〉声を出さずひっそりと：[悄莫声儿][悄默声儿]とも書く．[~叫人咿呀]人に聞かれないように．小声でね．[车一地过去了]車は音もなく通りすぎた．
悄悄 qiǎoqiāo 悄然たるさま．[忧yōu 心~]憂い悄たり．→ qiāoqiāo
悄然 qiǎorán〈文〉①悄然として．[~而去]肩を落として立ち去る．[~落泪]憂えて涙が出る．②ひっそりと．しんと．静かに．[~无声][~无语]ひっそりとして物音一つない．
悄声 qiǎoshēng 小声で．ひっそりと．[~细语]ひそひそと話すさま．
悄语低言 qiǎoyǔ dīyán〈白〉ひそひそと：[悄语低声]ともいう．[~地谈着心]ひそやかに打ち解け話をしている．

[雀] qiǎo què の口語音．[家 jiā 雀儿]すずめ：ふつう[麻雀 máquè]という．→[家 jiā què]
雀盲眼 qiǎomangyǎn[雀朦眼]とも書く．〈方〉鳥目．夜盲：ふつう[夜 yè 盲][夜盲症]という．
雀子 qiǎozi〈方〉除雀

[愀] qiǎo〈文〉心配や恐怖で顔色が青ざめること．[~然作色]表情を曇らせる．青ざめる．

[壳・殻（壳・殻）] qiào ①動植物のかたい外皮．殻．[躯 qū ~]有形の肉体．身体．[介 jiè ~]貝類の殻．[果~]果物の硬い殻．[甲~][えび・かに・亀などの]甲殻．[金蝉 chán 脱~]〈成〉もぬけのから．②物の外殻．[地~][地]地殻．→ ké
壳菜 qiàocài〈口〉[贻 yí 贝]（いがい）の肉：干したもの．[淡 dàn 菜]
壳斗 qiàodǒu 圓殻斗（がく）：[橡子 xiàngzǐ]（どんぐり）の実をのせている椀状の器官．[总 zǒng 苞]ともいう．[~科 kē][山 shān 毛榉科]ブナ科の植物：ブナ・カシ・ナラなど．
壳物 qiàowù =[介 jiè 物]〈文〉貝類．

[消・誚] qiào =[谯]〈文〉①人を責める．詰問する．[~让 ràng]責めとがめる．[背后议~]人を不対的に陰で人をそしるのはよくない．②皮肉る．[~骂 mà]皮肉って罵る．
诮呵 qiàohē〈文〉責めとがめる．
消责 qiàozé〈文〉叱責する．[当面~]面と向かって叱責する．

[俏] qiào ①[着衣・容貌・言葉・振る舞いなどが]美しい．粋である．気がきいている．しゃれている．[~立]すらりと立つ．[打扮得真~]粋に着飾っている．[老来~]〈口〉年寄りのおしゃれ．[这几句话说得真~]この文句はとても気がきいている．②商品の売れ行きがよい（相場が強い）．[紧~][行~]〈走〉同前．[~价]プレミア価格．人気価格．③〈文〉似る．[~似 rú]〈方〉〈料理の時に〉香味用の材料を足す．
俏摆春风 qiàobǎi chūnfēng〈喩〉女性の歩く姿をいう．
俏步儿 qiàobùr しゃなりしゃなりと気どった歩き方．粋な歩き方．[走~]粋な歩き方をする．
俏货 qiàohuò 売れ行きがよい品．はけぐちのある商品．
俏丽 qiàolì 粋で麗しい．秀麗である．[俏俐]とも書

いた．[又聪 cōng 明又~]賢くてきれいだ．
俏伶伶 qiàolínglíng すらりとして美しいさま．
俏卖 qiàomài 売れ行きがよい．
俏美 qiàoměi 清々しくて美しい．
俏媚 qiàomei〈音訳〉チャーミングである．
俏皮 qiàopi ①[姿かたちが]粋である．立派である．[模样儿长得很~]容貌が粋で立派だ．②[言うこと]が]気がきいている．③→[漂 piào 亮]
俏皮话 qiàopihuà ①〈気のきいた〉しゃれ．軽妙な皮肉．②⇒[歇 xiē 后语]
俏如 qiàorú [俏似]〈文〉…に似る．
俏色 qiàosè 流行色．はやっている色．
俏生生 qiàoshēngshēng〈白〉きれいで輝くようなさま．[~的眼]生き生きしたまなこ．
俏生意 qiàoshēngyi 商いのよい仕事．ぼろい商売．[昨天你可还弄到手一笔~][老舎・春華秋実]だが昨日きみは一口うまい仕事をものにしたじゃないか．
俏市 qiàoshì 圓（市場）の売れ行きがいい．
俏式 qiàoshi〈方〉粋である．あかぬけている．[打扮得很~]身なり（いでたち．着こなし）がなかなか立派．[挺 tǐng ~的小媳妇]とてもスマートな若奥さん．→[边 biān 式]
俏似 qiàosì ⇒[俏如]
俏头 qiàotou ①〈気のきいたしぐさやせりふ．さわり．[那出戏里面很有~,也很能叫座]あの劇にはたくさん見せ場があり，大いに人気を呼ぶだろう．[这件事情做得没有~]この件はばっとしたところがない．[形诸笔墨,谁都打算找~]文として表すにあたっては，誰もが気のきいたことを言い出そうとする．②料理の取り合わせ・色どりの香味用調料：味や色をよくするため加える．[青 qīng 蒜](ニンニクの若い葉)，[香 xiāng 菜](コウサイ)，[木 mù 耳](きくらげ)など．
俏销 qiàoxiāo よく売れる．売れ行きがいい：[畅 chàng 销]に同じ．

[哨] qiào
哨头 qiàotóu ⇒[鞘 qiào 头]

[峭（陗）] qiào ①〈山が険しい．傾斜がきつい．[山坡很~]山坂が非常に急である．②〈文〉厳格である．厳しい．[性情~直 zhí]〈成〉性格が厳しくまっすぐである．[春寒料~]〈成〉早春の寒さの厳しいこと．
峭拔 qiàobá ①高くぬき出たさま．[山势~]山の姿が高く険しい．②筆力が雄健なさま．[笔锋~]筆勢が雄健である．
峭壁 qiàobì 山が壁のごとくそそり立ったさま．[悬 xuán 崖~]懸崖絶壁．
峭薄 qiàobó〈文〉酷薄である．
峭法 qiàofǎ〈文〉苛酷な法律．
峭急 qiàojí〈文〉性格がきつくて怒りっぽい．
峭刻 qiàokè〈文〉①辛辣である．②厳しい．[执法~]〈成〉法の執行が厳しい．③文筆が鋭い．
峭立 qiàolì そびえる．[~的山峰]そそり立つ峰．
峭厉 qiàolì〈文〉①厳しく角がある．②険しい．
峭丽 qiàolì〈文〉(文章が)鋭くて美しいこと．

[鞘] qiào [刀 剣 の]さや．[刀鞘]〈文〉[剑 jiàn 鞘]→同前．[弓上弦,刀出~]矢はつがえられ，刀はさやを払われた．[把刀插在~里]刀をさやにおさめる．→ shāo
鞘翅 qiàochì 圓鞘翅（たまう）．さやばね：甲虫類の前翅．[翅鞘]ともいう．[~目]鞘翅目（動物分類上の）

[窍・竅] qiào ①孔（な）．[七~]人体にある目・耳・鼻・口の七つのあな．[开~（儿）]知恵がつく．悟る．物事がわかるようになる．②〈喩〉(物事の)かなめ．重要点．要領．つぼ．秘

訣.こつ.〔~要〕同前.〔一~(ㄦ)不通〕さっぱり要領(事情)がわからぬ.〔一~通,百~通〕〈諺〉一つ勘どころをつかめば,おのずと全てに通じる.〔转 zhuǎn 过~儿来了〕要領がわかってきた.〔懂得诀 jué ~〕秘訣を会得する.

窍门(ㄦ) qiàomén(r)　物事の大切なかんどころ.要処.要訣.最も有効な方法.こつ.〔找~.想办法〕勘どころを探し,方法を考える.→〔暗 àn 诀〕〔诀 jué 窍(ㄦ)〕

窍门四两拨千斤 qiàomén sìliǎng bō qiānjīn　〈諺〉小さくとも要諦をつかめればあとは大きいことができる.

[撬] qiào　〈文〉横からたたく.

[窃] qiào　〈文〉(家畜の)尻の穴.肛門.〔蹄 tí ~〕[固]家畜を数える単位.〔蹄~五〕家畜1頭(四つの蹄と一つの肛門)

[翘・翹(翹)] qiào　跳ね上がる.立てる.もちあげる(指・足・尻尾などを).〔猫~着尾巴〕猫が尻尾を立てている.〔~起大姆指〕親指を立てる:とてもいい,すばらしい,第一であることを表す.〔~起小指〕小指をたてる:だめである,よくないことを表す.〔这条板凳 dèng,两头都~起来了〕この長腰掛けは両端が浮きあがっている.〔板凳没放稳,这头一坐人,那头儿就往上~〕細長い腰掛けは安定よく据えてないので,この端に人が座った時あっちの端が跳ね上がってしまう.→ qiáo

翘鼻麻鸭 qiàobí máyā　[鳥]ツクシガモ.
翘辫子 qiàobiànzi　お陀仏になる:死ぬことをふざけていう.〔袁世凯刚刚登上皇帝的宝座就~了〕袁世凱は皇帝の玉座に上ったと思ったらすぐお陀仏になった.
翘脚 qiàojiǎo　つま先で立つ.
翘舌音 qiàoshéyīn　[国]舌尖後音(捲舌音):〔普通话〕で zh,ch,sh,r の各音.
翘尾巴 qiàowěiba　〈喩〉思い上がる.鼻を高くする.ひとりよがり.天狗(ひげ)になる.〔有一点儿成绩就~,那就完全错了〕少し成績があがったからとうぬぼれたら,とんでもない心得違いだ.〔尾巴翘到天上去了〕鼻高々になった.→〔乍 zhà 尾巴〕

[谯・譙] qiào　〔诮〕に同じ.〈文〉①叱る.とがめる.〔~呵 hē〕~责 zé〕責めとがめる.②皮肉を言う.

[撬] qiào　こじ開ける.(棒・バールで)こじ開ける.〔~起箱子盖〕箱のふたをこじ開ける.②〈方〉邪魔する.挑発する.人の物をとりあげる.③〈方〉(料理に)野菜を添える.

撬棒 qiàobàng　こじあけるのに用いる棒.
撬杠 qiàogàng　⇒[撬棍]
撬沟 qiàogōu　溝をさらう.うねあげする.
撬棍 qiàogùn　＝[撬杠][工]挺子(1).金挺(て).クローバー.
撬开 qiàokāi　こじ開ける.〔~门〕とびらをこじ開ける.〔把锁 suǒ ~〕錠前をこじ開ける.〔用汤匙 chí ~紧闭的牙关,把药灌下去〕スプーンでかたくとじた歯をこじ開け,薬を注ぎ込む.
撬门 qiàomén　とびらをこじ開ける.〔~进去〕とびらをこじ開け入り込む.
撬头儿 qiàotour　〈方〉(料理の)副材料.取り合わせもの.→字解③

qie　くlせ

[切] qiē　①刃物で切る.カットする.〔用刀~开〕刃物で切り離す.〔把肥肉~掉〕脂身を切り捨てる.〔~西瓜〕西瓜を切る.〔~不动〕切れない.〔~成两片〕二切れにする.〔~菜〕野菜を切る.〔~碎〕切り刻む.〔~换磁头〕シーンが替わる.②切断する.断つ.③[幾何学]接する.→〔切点〕→ qiè

切边 qiēbiān　[機]ふちぎり(をする)
切除 qiēchú　[医]切除する.〔外科~手术〕外科の摘出手術.〔~肿瘤〕腫瘍を切り取る.
切磋 qiēcuō　(学芸など)互いに磨きあげる:〔磋切〕に同じ.〔同学之间应该相互~〕同学の間で互いに学問を研鑽すべきだ.
切磋琢磨 qiēcuō zhuómó　〈成〉切磋琢磨(さ)する.互いに批判し合いながら学業(研究)に励む.
切刀 qiēdāo　=〔割 gē 刀〕①[機]旋盤・プレーナー・削り盤などの削り刀.②〈方〉幅広の包丁.→〔菜 cài 刀〕
切点 qiēdiǎn　[数]接点.切点.
切钉 qiēdīng　=[方 fāng 钉]金属板を切って作った角釘;引き抜き製の丸釘に対していう.
切断 qiēduàn　切断する.切り離す.〔~砂轮〕[機]切断グラインダー.〔先~电源,再取灯泡〕電源を切ってから電球をとりはずす.
切分 qiēfēn　切り分ける.〔~蛋 dàn 糕〕〈喩〉利益を分割する.
切糕 qiēgāo　[食]〔糯 nuò 米〕または〔黄 huáng 米〕の粉に,なつめ·あずきなどを入れまぜて蒸して作った大型の菓子;包丁で切って売る.
切割 qiēgē　=〔割切〕①切る.切り取る.②[工](機械,あるいはアセチレンなどで)切断する.
切工 qiēgōng　[鉱](宝石などの)カッティング.
切管刀 qiēguǎndāo　[機]パイプカッター.
切花 qiēhuā　切り花.〔鲜~〕生花.〔一束~〕一束の生花.
切换 qiēhuàn　①切り換え(る).②[劇](映画の)カットバック.
切汇 qiēhuì　闇で両替などをする時外貨をくすねること.
切口 qiēkǒu　①(書物の)④小口.特に前小口.⑤小口側の空白部分(総称).→〔地 dì 脚②〕〔书 shū 顶〕〔天 tiān 头①〕　②切り口.〔塑料袋のV型~〕ポリ袋のV字型の切り込み.〔芽接~〕接ぎ木の切り刻み口.→ qièkǒu
切块 qiēkuài　〔-儿〕(料理などで材料を)角切りにする.またそのーのもの.〔~承包〕責任範囲を区切って仕事を請け負うこと.
切面 qiēmiàn　①⇒〔剖 pōu 面〕　②手打ち麵:細く切った生麵.〔~机〕製麵機.〔押 chēn 面〕　③[数]接平面.
切片 qiēpiàn　〔-儿〕(物体を)薄片に切る.切片にする.〔~机〕
切肉不离皮 qiēròu bùlípí　〈喩〉肉親の情は断ちがたい.
切入 qiērù　①[スポ](ハンドボールなどで)カットイン.②(問題解決や事を進展するために)踏みこむ.手を染める.〔~点〕糸口.切り口.③[劇](映画撮影の)カットイン:[切出]:(カットアウト)に対して.
切碎机 qiēsuìjī　[機]チョッパー.
切线 qiēxiàn　[数]接線.切線.
切削 qiēxiāo　[工]切削(する):工作材料を切ったり削ったりする工程.〔~性〕切ったり削ったりできる性

1382

切伽茄且　　　　　　　　　　　　　　　　qiē~qiè

質.〔~液 yè〕〔~冷却剤〕切削剤:金属を切削する時,冷却と潤滑をよくするために用いる液.
切(削)工)具 qiē(xiāo gōng)jù 〔⇒刀 dāo 具〕
切削机床 qiēxiāo jīchuáng 旋盤:円筒·平面·勾配面などの表面切削·ねじ切り·孔あけ·研磨などを行う金属工作機械.
切屑 qiēxiè 切削のとき工作材料から削り落された金属.切り屑.削り屑.
切牙 qiēyá ⇒〔门 mén 牙〕
切应力 qiēyīnglì ⇒〔剪 jiǎn 应力〕
切展线 qiēzhǎnxiàn ⇒〔渐 jiàn 开线〕
切纸机 qiēzhǐjī スリッター.ペーパーカッター:〔切纸刀〕は簡単なタイプのもの.

〔伽〕 qié ①訳音字:梵語の"カ"·"ガ"に相当する.→〔僧 sēng 伽蓝(摩)〕　②〈姓〉伽(きゃ)
→ gā jiā
伽蓝 qiélán (仏教の)伽藍(らん).寺院.僧坊(総称).〔迦 jiā 蓝〕ともいう.
伽蓝鸟 qiélánniǎo ペリカン(がらん鳥):〔鹈 tí 鹕〕ともいう.
伽南(香) qiénán(xiāng) ⇒〔奇 qí 南香〕

〔茄〕 qié ①ナス:通称〔~子〕.〔炒~丝〕なすの千切りを炒めたもの.→〔番 fān 茄〕
②〈姓〉茄(きゃ)
茄袋 qiédài 〈白〉銀塊または銀粒を入れるのに用いた巾着.
茄酱 qiéjiàng →〔番 fān 茄酱〕
茄汁 qiézhī →〔番 fān 茄汁〕
茄子 qiézi 〔~又落 luò 苏〕ナス.〔喝!你在喇儿喝的酒啊,又像紫~似的〕おや,きみはどこで酒を飲んだんだい,真っ赤になってるよ.〔~黄瓜一齐数 shǔ〕なすもきゅうりも一緒くた:物事を一緒くたにする.
茄子茸 qiézíróng 頭部が丸くナス色をした〔鹿 lù 茸〕(ろくじょう)

〔且〕 qiě (Ⅰ)①しばし.しばらく.〔姑 gū ~〕〔暂 zàn ~〕同前.〔得 dé 过 ~过〕〔惯〕その場しのぎの.〔你~听着〕まあ話を聞いてください.〔肯不肯—由你〕承知不承知はひとまずきみに任せる.②〈口〉長い間.久しく.ずっと:後には〔呢〕を置く.〔我~不去呢〕わたしは当分行きません.〔买一双帆布鞋~穿呢〕ズック靴を一足買ってずいぶん長くはいていますよ.〔他一来就~不走呢〕彼はやって来るとなかなかコしをあげないんですよ.〔您听吧,他~有得唠呢〕どうぞ,彼は話はいくらでもあります.③〈姓〉且(しょ)
(Ⅱ)①〈文〉まして.いわんや.…でさえ.〔此路本甚 shèn 坎呵,~当大雨之后,必不可行矣〕この道路はもともと甚だしく歩きにくいのに,まして大雨の後のこととてかならずや通行できないことであろう.〔君 jūn ~如此,况他人乎〕貴方ですらこうであるから,いわんや他人をやです.→〔况 kuàng 且〕　②〈文〉そのうえ.しかも.〔不唯大内改,~加甚焉〕改まらざるのみならず,しかも甚だしさを加う.〔勇~智〕勇敢かつ聡明.〔既宽~长〕(広さが)広いうえに(長さも)長い.〔而 ér 且〕　③〈文〉なおかつ.また.なお.〔我~不辞〕死もなお辞せず.〔他~如此,你怎么反而不努力呢〕彼ですらこのとおりであるのに,お前は(逆に)どうして努力しないのか.→〔尚 shàng 且〕　④〈文〉まさに…せんとす.〔日~人,大风起〕日まさに沈まんとする,折しも大風起こりぬ.〔城~拔矣〕城はほどなく落ちるであろう.〔父 fù 母~不顾,~何言子与妻子〕父母さえも(不)…ならうとする.〔阁间阁后~山川〕建物の前後は,山川に近い.〔来者~千人〕来る者千人になんなんとす.→ jū
且等 qiěděng しばらく待つ.〔~他来再定规〕まず彼

が来るのを待ってその上で決めよう.
且夫 qiěfú 〈文〉さて又.その一方.
且复 qiěfù 〈文〉しばらくは.
且顾眼前 qiěgù yǎnqián 〈成〉まず目先のことのみを心配する:〔且顾一时〕ともいう.
且顾一时 qiěgù yīshí 同上.
且看 qiěkàn 〈白〉まあ(後を)ご覧下され.〔要知端底,~下回分解〕詳細を知らんとおぼさば,次回に申し上げますほどにご覧を願いまする:章回小説で常用する.
且慢 qiěmàn ①〈白〉しばし待たれよ.慌てなさるな.〔~,听他把话说完〕ちょっと待って,彼の言うことを最後まで聞きなさい.②ゆるりと,急がずに.〔这事~去做,咱们再想一个痛快的法子吧〕このことはゆるりとやってこととし,もっと胸のすくようなやり方を考えようではありませんか.
且莫 qiěmò 〈文〉しばらく…するなかれ.〔~着急〕まあそう慌てなくてもよい.〔~轻举妄 wàng 动〕しばらく軽挙妄動は避けられたし.
且…且… qiě…qiě… …しながら…する.〔~行~止〕歩いては止まったり.〔~走~战〕〔~战~退 tuì〕戦いながら退却する.→〔边 biān …边…〕
且如 qiěrú 〈文〉…のごときは.
且是 qiěshì 〈白〉①正に.ちょうど.②だがしかし.
且说 qiěshuō 〈白〉さて:言葉を発したり,話題を転じる言葉.章回小説で常用する.〔~关公在麦城计点兵马,只剩三百余人〕(三77)さて関羽が麦城で兵馬を点検したところ,たった三百あまりしか残っておりません.→〔却 què 说〕
且喜 qiěxǐ 〈文〉まずまず喜ばしきは.〔~人財损伤不多〕幸いなことに,人にも家財にも損傷が多くなかった.〔所 suǒ 幸〕
且则 qiězé 〈文〉とにかく.
且住 qiězhù 〈白〉しばし待て.しばらく待たれよ.〔~,我说与你〕(清平山堂話本)まあ待て,話してきかせよう.〔~嘴〕しばらく口をやめた方がいい.
且自 qiězì 〈文〉しばし.とりあえず.

〔切〕 qiè ①きれる.きし合.②切する.密接する.〔~邻〕近隣.〔咬牙~齿〕歯をくいしばる.歯ぎしりをする.→〔切肤〕　③ぴったりする.符合する.〔~の问题〕現実に密接した問題.〔这篇作品不~题〕この作品は標題に即していない.〔不~现实不合实用〕現実にそぐわず,実用には合致しない.④身近である.親しい.親しくの.大切である.〔恳 kěn ~〕懇切である.〔态 tài 度亲~〕態度に親しみがある.⑤切実である.しきりである.切迫している.〔求学的心很~〕求学心の切なるものがある.〔迫~需要〕必要がさし迫っている.〔急~里找不到了〕さし迫った時(大切な時)に見あたらなくった.⑥切に.決して.どうか.〔~不可放松警 jǐng 惕〕決して警戒をゆるめてはいけない.〔~勿挂念〕どうかご心配なさるまじく.〔~勿自误〕まちがいないよう注意されたい.ご用心されよ.〔~记一记〕ぜひ覚えておきなさい.⑦→〔反 fǎn 切〕⑧〈姓〉切(せっ) → qiē
切齿 qièchǐ 歯ぎしりをする.〔咬牙 ~〕同前.〔~之仇 chóu〕〈喩〉非常に深い憎悪.非常に憤慨し憎む.
切齿腐心 qièchǐ fǔxīn 〈喩〉日夜歯ぎしりして憤慨する.〔腐〕は〔拊〕とも書く.
切齿痛恨 qièchǐ tònghèn 〈喩〉歯ぎしりをして憎悪する.〔深受战争灾 zāi 难的人,对侵略者是~的〕ひどく戦災を受けた人は,侵略者に対しては歯ぎしりをして憎んでいる.
切当 qièdàng ⇒〔恰 qià 当〕
切肤 qièfū 〈文〉切実である.直接わが身と関係のあ

る.〔～之痛 tòng〕<喩>非常な苦しみ.骨身(ほね)にこたえる苦しみ.〔在这次战乱之中,他家破人亡了,颇 pō 感～之痛〕今度の戦乱で彼は家も家族もなくしてしまい,骨身にこたえる苦しみを感じた.

切骨 qiègǔ 恨み骨髄に徹する.骨にしむ.〔～之恨 hèn〕骨髄に徹する恨み.

切合 qièhé ちょうど適合している.〔～时宜〕まさに時宜に適う.〔～实际〕実際にぴったり合う.→〔符 fú 合〕

切己 qièjǐ 身近である.切実である.→〔切身①〕

切记 qièjì しかと記憶する.〔你要～〕よく覚えておけよ.

切忌 qièjì …を最も不可とする.…が最もよくない.〔～马虎〕決していいかげんにしてはいけない.〔产后上生冷的东西〕産後は生のものや冷たいものが最も悪い.

切结 qièjié (契約書などで)しかと約束する.またその文書.

切近 qièjìn ①真近である.身近である. ②(実際に)近い.〔这个注解比较～原作的意思〕この注釈は原作の内容に近い.

切口 qièkǒu 囮秘密結社や業界内の〔暗 àn 语〕〔隠語〕;業者間のものは〔行 háng 话〕,やくざ・盗賊などのものは〔黑 hēi 话〕という.〔打了一个～说〕隠語を使って話した.→ qiēkǒu

切脉 qièmài =〔指 zhǐ 脉〕〔脉诊 中医脈診〕:ふつう〔诊 zhěn 脉〕という.

切莫… qièmò… =〔切勿…〕<文>決して…するなかれ.〔～犹豫〕決して躊躇するなかれ.〔切切倒置〕天地無用.

切末 qièmò =〔砌末〕劇(旧劇)の背景セット.大道具・小道具.

切盼 qièpàn <文>切に待ち望む.切望する.

切切 qièqiè <文>①くれぐれも.必ず:旧時の〔告示〕の末尾などでよく用いる.〔～此布〕くれぐれも承知されたし,右告示す.〔～毋 wú 违〕くれぐれも違反することなきよう. ②決して.万が一にも〔切记〕の意にも用いる.〔手紙文に用いる.〔～不可忘记〕くれぐれもお忘れなく. ③(ひしひしと)胸に迫る.〔～而哀〕切々として哀しむ.〔～故乡情〕切々たる故郷の情(故郷を想う心切々たるものがある). ④もの寂しい.もの悲しい.〔凄 qī 凉～〕もの悲しいさま.〔～悲 bēi 悲〕悲しみの身に迫るさま. ⑤⇒〔窃窃①〕

切身 qièshēn ①密接である.切実である.身近である.〔从自己的～经验中知道〕自己の身近な経験から知っている.〔各国人民的～要求〕各国人民の切実な要求. ②自ら,身をもって.〔～体验〕身をもって体験する.

切实 qièshí ①実際に合致している.実際的である.〔～有效的方法〕現実的で有効な方法.〔他说的很～〕彼の論ずるところは地に足がついている. ②適切に,着実に.〔切切实实地完成任务〕適切に任務を全うする.

切题 qiètí (内容が)題目に合う.〔他写的这篇文章不大～〕彼の書いたこの文はあまり題にそぐわない.

切贴 qiètiē ⇒〔贴切〕

切望 qièwàng 切望する.

切勿… qièwù… ⇒〔切莫…〕

切要 qièyào 差し迫って必要である.きわめて大切である.〔十分～的问题〕きわめて大切な問題.

切音 qièyīn =〔切韵〕古"反切"の法で注音すること.また注音した字音.〔～新字〕同前の方法を応用した注音字.→〔反 fǎn 切〕

切韵 qièyùn ①同上. ②書隋の陸法言が著した音韻書.

切责 qièzé <文>厳しく責める.

切中 qièzhòng 急所を突く.的中する.〔～要害〕ずばり急所に当たる.〔今度的改革～了它的弊 bì 病〕今度の改革はちょうどその欠点(弊害)をついている.

切中时弊 qièzhòng shíbì <成>(言論・批評が)よく時代の病弊を衝いていること.〔这篇观点鲜明而又～的文章深受读者欢迎〕観点が鮮明でなおかつ時弊を衝いているこの文章は読者に非常に受けている.

切嘱 qièzhǔ <文>くれぐれも念を押して言いつける.

〔窃・竊〕 qiè ①盗む.〔行～〕盗みを働く.〔～而逃〕物を盗んで逃げる.〔～国大盗袁 yuán 世凯〕国を盗もうとした大泥棒の袁世凱.〔盗窃国家财富〕国家の財産を盗み取る.→〔偷 tōu (I)①〕 ②〔窃 dào〕同前.〔鼠～狗偷,何足置齿牙间〕(史記)こそ泥など何で歯牙にかける必要があろうか. ③自分のものにする.乗っ取る.〔窃国柄〕〔篡 cuàn 权～国〕<成>国家の政権を盗み取る. ④こっそり.ひそかに.〔～看机密文件〕こっそり秘密書類を見る. ⑤私見.愚見.〔～谓〕私見によれば.〔～为 wéi 足下不取也〕(司马相如・子虚賦)貴下がた(こういうやり方を)取らないほうがよいと考えています.〔～以为 wéi 应再讨议〕〔赜〕今一度考慮しなおすべきであるとひそかに考えます.

窃案 qiè'àn 窃盗事件.

窃查 qièchá ①ひそかに調べる. ②<公>上級官庁あてのものの発語の辞.

窃电 qièdiàn 盗電(する):〔偷 tōu 电〕ともいう.〔电耗子〕

窃夺 qièduó 窃取する.

窃钩窃国 qiègōu qièguó <成>大物はひどいことをして手柄になるし,小物はちょっとしたことでも罰せられる:〔彼窃钩者诛,窃国者为诸侯〕(庄子)腰の鉤(帯鉤)を盗んだ者は誅され,国を盗んだものは諸侯となる.

窃国大盗 qièguó dàdào <慣>国を乗っ取る大悪人.

窃号 qièhào <文>天子の尊号を僭(せん)称する.

窃据 qièjù <文>土地・職位を不法に占拠する.〔～高位〕不正な手段で高位を占める.〔～要津 jīn〕要所を占拠する.<喩>要職を乗っ取る.

窃窥 qièkuī <文>ひそかにのぞく.

窃密 qièmì 機密を盗む.

窃命 qièmìng <文>政権を横取りする.

窃念 qièniàn ひそかに思う.

窃窃 qièqiè <文>①ひそひそ声.小さな声で:〔切切⑤〕に同じ. <成>ひそひそ声で話す.〔小弦切切如私语〕(白居易・琵琶行)小弦切々として私語するごとくいう. ②ひそかに.こっそり.〔～私议〕<成>密議する.〔～自喜〕ほくそ笑む.〔～然知之〕(荘子・斉物論)ちゃんとこれを知っている.

窃取 qièqǔ <文>盗み取る.〔～情报〕情報を盗む.〔～别人的科研成果〕他人の科学研究の成果を盗み取る.

窃思 qièsī ひそかに思う.

窃听 qiètīng 盗み聞きする.〔～器 qì〕隠しマイク.盗聴装置.〔～电话〕電話を盗聴する.

窃位 qièwèi <文>才能をなくして地位を占める.職位を盗み取る.〔～素餐 cān〕高位にありながら何の功もなく禄を食している:〔尸 shī 位素餐〕に同じ.

窃闻 qièwén <文>ひそかに聞く.

窃喜 qièxǐ ひそかに喜ぶ.心中で喜ぶが表情に出さない.〔暗自～〕内心ほくそ笑む.

窃笑 qièxiào 陰で笑う.〔掩 yǎn 着嘴巴～〕口を隠して笑う.

qiè～qīn

窃衣 qièyī [破pò子草]（ヤブジラミ）など実が服によくつく植物の称.
窃玉偷香 qièyù tōuxiāng ＝[偷香窃玉]〈成〉女とひそかに情を通ずる.
窃贼 qièzéi こそ泥.泥棒:[窃盗]ともいう.

[砌] qiè → qì
砌末 qiè·mò ⇒[切末]

[怯] qiè ①気が弱い.肝が小さい.おどおどしている.[胆 dǎn～]臆病である.気が小さい.〔发 fā～〕おどおどする.②〈口〉気のきかない.田舎じみている.やぼである.〔露 lòu〔了〕～了〕田舎出しを丸出しにした.③〈方〉(北京の人からみて)なまりがある.〔他说话有点儿～〕彼の言葉には少しお国訛りがある.〔~胯 kuà〕④〈姓〉怯(きょう)

怯八义 qièbāyì〈方〉世間知らず.田舎っぺ.山出し.〔义〕は[邑][艺]とも書く.〔看他那个～,见得了生人说不上话来〕あの山出しを見ろ,初めての人に会うと話もできない.〔他真是～,连电影儿都没看过〕彼は本当に田舎者で映画一つ見たことがないんだ.〔~进城,看什么都新鲜〕田舎者が町へ出たと同じで,何を見ても珍しい.〔你别~了〕世間知らずなことをするな.

怯场 qièchǎng あがってしまう.気後れする.雰囲気にけおされる.〔他准备得很充分,可是临时~,结结巴巴地说不上来了〕彼は十分用意していたがその時になってあがってしまってしどろもどろで言えなくなった.〔这些票友、嗓子、扮相都好,可惜~〕この素人役者は歌もしぐさもよいのだが,ただ惜しいことに舞台負けしてしまう.

怯敌 qièdí 敵を恐れる.
怯夫 qièfū ⇒[懦 nuò 夫]
怯官 qièguān 役人に会うとおどおどする.〔乡下人～〕田舎の人は役人を恐れる.
怯红怕黑 qièhóng pàhēi〈慣〉おどおどするさま.びくびくするさま.
怯话 qièhuà 道違いな言葉.〔尽说～,怪不得人家说你土包子〕とんちんかんなことばかり言っているんだもの,皆に田舎っぺと言われても仕方がない.
怯惧 qièjù おびくくする.
怯口 qièkǒu 田舎なまり.
怯懦 qiènuò 臆病である.〔~无能〕〈成〉意気地なし(である)
怯怯 qièqiè おずおず(と).おびえて.はにかんで.〔~乔 qiáo 乔〕恐れておどおどするありさま.縮みあがるさま;懾れる.また,うやうやしい.〔怯怯侨侨〕とも書く.〔吓 xià 得他～〕(元)びっくりして彼は縮みあがってしまった.
怯弱 qièruò ①臆病で気弱い.②弱い.ひ弱である.
怯上 qièshàng 目上の人に会うとびくびくする.上の人に会うのをおくうがる.〔想你是～,我和周大娘送你去〕(红39)お前は上の人に会うのがいやなんだろう,わたしと周おばさんとがお前を送っていってあげるよ.
怯生 qièshēng ⇒[认 rèn 生]
怯声怯气 qièshēng qièqì〈慣〉態度や言葉がおどおどしている.
怯生生 qièshēngshēng (気後れして)びくびくするさま.おどおどするさま.
怯头怯脑 qiètóu qiènǎo〈慣〉無学または世間知らずで気後れする.〔他那个人真是～的〕あの男はまったく山出しだ.
怯阵 qièzhèn ①〔战いに臨んで〕ひるむ.〔初次出战有点～〕初めての戦いでちょっとひるんでいる.②おじける.あがってしまう.
怯症 qièzhèng 中医 血の働きの虚弱から起きる病気:肺病や陰萎など.

[妾] qiè ①回妾.そばめ.側室:[妻qī]に対していう.〔二 èr 房〕〈文〉側室 ①:〔文〉姬jī②〕.〔〈文〉偏 piān 房〕(小 妻)[偏 yí 太太 tài tài 香②]は別称.〔〈口〉小老婆〕(めかけ),〔姨 yí 太太〕(二号さん,おめかけさん),〔小夫人〕(第二夫人)などともいう.〔纳～〕妾を入れる.〔回おらわ.わたくし:女性の謙称.〔~身〕同前.③〈姓〉妾(しょう)

[唼] qiè 〔~佞 nìng〕〈文〉ざん言(する).中傷(する).→ shà
[蹀] qiè 〔~蹀 dié〕〈文〉小股で歩くさま.そぞろ歩きするさま;〔蹑 xiè 蹀〕〔蹀躞〕に同じ.
[郗] qiè 〈姓〉郗(きょう) → xì
[挈] qiè〈文〉①さげる.かかげる.→[挈領]②持つ.携える.〔~拿 ná〔〕③引き連れる.〔扶 fú 老～幼〕[扶老携 xié 幼〕〈成〉年寄りを助け支えながら子を引き連れる.〔～眷 juàn〕家族を引き連れる.また③.〔领 lǐng⑤〕
挈带 qièdài ①引き連れる.同伴する.②〔~家眷〕家族を同伴する.②携帯する.
挈贰 qiè'èr 介 ní (I)①
挈领 qièlǐng〈文〉綱領をかかげる.要領をかいつまむ.〔提纲～〕〈成〉同前.
挈挈 qièqiè〈文〉慌ただしいさま.

[锲・鍥] qiè〈文〉刻む.彫りつける.
锲而不舍 qiè ér bùshě〈成〉少しもゆるがせにしない（手をゆるめない）.〔~,金石可镂〕(荀子・勧学)同前.

[惬・愜(憾)] qiè ①〈文〉満足する.快い.〔深~人意〕深く人に満足を与える.②〈文〉適切である.③〈姓〉惬(きょう)
惬当 qièdàng〈文〉ちょうど適当である.
惬怀 qièhuái ＝[惬意]満足する.〔自己看了两遍,犹不~〕自分で2回見たがどうも意に満たなかった.
惬情 qièqíng 気持ちに適う.
惬心 qièxīn 満足する.〔～适意〕〈成〉心から満足して気に入る.
惬意 qièyì ⇒[惬怀]

[箧・篋] qiè〈文〉物を入れる小箱.〔~衍 yǎn〕竹・葦で編んだかご.

[趄] qiè 斜めである.傾いている.ゆがんでいる.〔~坡 pō〕〈方〉傾斜地.坂.〔~着身子〕身を斜めにする. → jū

[慊] qiè〈文〉満足する.〔~意〕満足する.〔不~〕不満のさま. → qiàn

[朅] qiè〈文〉①去る.往く.〔贫贱弗～〕〈成〉貧賤もいとわない.②勇猛である.勇ましい.③なぜ(…しないか);〔曷 hé〕に通じる.〔～来〕どうして来ないか.

qīn 〈l﹅〉

[亲・親] qīn ①親(おや).〔父～〕父(親).〔母~〕母(親).〔双~〕両親.②肉親の.直系の.〔~弟兄〕=[哥儿们]実の兄弟.〔~叔叔〕実の父のおじ(父の弟).③親族.親戚.〔远～不如近邻〕〈諺〉遠い親戚より近くの他人.〔沾～带故〕〈成〉親戚や友人などのつながりがある.→[六 liù 亲]④婚姻.縁組.〔提～〕仲人が話をする.結婚の仲立ちをする.〔求～〕結婚を申し込む(第三者が本人に代わって).〔定～〕[定婚]縁談を決める.婚約する.〔成～〕[结 jié～]縁組をする. →[婚 hūn]⑤新婦をいう.〔娶 qǔ~〕①嫁

qīn 亲

もらう. ⑥親しみがある. 親しい. 間柄が密である.〔相—相愛〕互いに親しみ愛しあう.〔～莫一于父子,近莫还于丈夫君〕諺父子ほど親しいものはない,夫婦ほど近いものはない.〔疏不间 jiān ～,后不僭老〕諺関係の遠い者は親しい者をじゃまをしてはいけないし、後輩は老人をさしおいて出しゃばってはいけない. ⑦口づけする. ほおずりする.〔让我～(个)一下〕ほおをくっつけさせて（キスさせて）.→〔吻 wěn ③〕. ⑧自ら. 自分で.〔～往迎接〕自ら迎えに行く. ⑨接近する. 身に近づける. 親しくする.〔～华〕親中国(の).〔他对烟酒,都不～〕彼は酒やたばこはどちらもたしなまない. → qīng

亲爱 qīn'ài 親愛なる.〔～的朋友们！〕親愛なる友人諸君.〔～的祖国〕親愛なる祖国.

亲傍 qīnbàng〈白〉近づく. 親しむ.

亲本 qīnběn 生命(交雑育種の)親. 母本. 親株(株).→〔亲体〕

亲笔 qīnbǐ 自筆の書(字). 直筆(^{ひつ}).〔～信〕親筆の手紙.

亲兵 qīnbīng 旧元首などの身辺を守る護衛兵. 近衛兵.〔亲军〕

亲不亲,故乡人 qīnbùqīn, gùxiāngrén 諺親しい人でもそうでない人も故郷の人は懐かしいものの.→〔美měi 不美,故乡水〕

亲拆 qīnchāi =〔亲展①〕親展:〔玉 yù 披〕玉展は飾った言い方.〔××先生～〕などのように封に書く.

亲传 qīnchuán 直伝する.〔～弟子〕弟子に直伝する. またその弟子.

亲代 qīndài 親の世代. ↔〔子 zǐ 代〕

亲的热的 qīnde rède 慣ごく内輪の親戚.

亲等 qīnděng 親等.〔一～〕一親等.

亲弟弟 qīndìdi =〔胞 bāo 弟〕実の弟.

亲爹 qīndiē 実の父.

亲丁 qīndīng ①親しく使う下僕. 忠僕. ②⇒〔亲兵〕

亲睹 qīndǔ〈文〉目撃する.

亲儿(子) qīn'ér(zi) =〔亲生儿子〕実の息子.

亲耳 qīn'ěr 自分の耳(で).〔～听〕自分の耳で聞く.

亲朋 qīnpéng 近親者. 身内の者.〔～亲支〕〔～近支〕慣同前.

亲赴 qīnfù 自ら行く.〔～灾区〕自ら被災地区へ行く.

亲父母 qīnfùmǔ 実の父母.

亲哥哥 qīngēge =〔胞 bāo 兄〕実の兄.

亲供 qīngòng ①自ら供述する. ②自供. 申し立て.

亲骨肉 qīngǔròu 肉親.

亲故 qīngù 親戚や旧友.〔遍访～〕親戚や旧友を訪ねる.

亲贵 qīnguì〈文〉天子の姻戚. または側近.

亲和 qīnhé ①親しく. 睦まじい. ②親和性がある.〔～色谱法〕化親和分離法.〔～力〕化化学親和力.

亲厚 qīnhòu〈文〉交情の厚い. 親しい.

亲姐姐 qīnjiějie =〔胞 bāo 姐〕実の姉.肉親の姉.

亲姐妹 qīnjiěmèi 肉親の姉妹. 実の姉妹.

亲近 qīnjìn ①親密である.〔～的人〕親しい人. ②親密のする. 親交を結ぶ.〔以后可以多～～〕今後ご昵懇(^{じっこん})に願います.

亲旧 qīnjiù〈文〉親戚や旧友.

亲眷 qīnjuàn ①⇒〔亲戚〕 ②⇒〔眷属〕

亲军 qīnjūn ⇒〔亲兵〕

亲口 qīnkǒu 本人の口(で). 自分の口(で).〔那是我听他～说的〕あれは彼自身の口から言うのを聞いたのです.→〔亲自〕

亲历 qīnlì 自ら体験する.〔躬身～〕同前.

亲苈 qīnlì ⇒〔亲临〕

亲邻 qīnlín 親戚や隣人.

亲临 qīnlín 〔亲苈〕〈文〉自ら臨場する.

亲聆 qīnlíng〔慣〕自ら拝聴する.〔～雅教〕自らご高説を拝聴する.

亲妹妹 qīnmèimei =〔胞 bāo 妹〕実の妹.

亲密 qīnmì 親密である.〔亲亲密密〕非常に親しいさま.〔～的战友〕親密な戦友.〔～无间 jiān〕親密で隔たりがない.〔～得像一家人〕家族同様に親しい. →〔亲近①〕

亲民 qīnmín〈文〉民に親しむ.〔～之官〕旧地方の長官をいう.

亲睦 qīnmù 仲が良い. 親しい.

亲昵 qīnnì 非常に親しい. むつまじい.

亲娘 qīnniáng =〔亲生母亲〕生みの母. 生母. 実の母.

亲娘舅 qīnniángjiù ⇒〔舅父〕

亲女儿 qīnnǚ'ér 実の娘.

亲朋 qīnpéng ⇒〔亲友〕

亲朋故旧 qīnpéng gùjiù〔慣〕親戚や知人.

亲戚 qīnqi =〔亲眷①〕親戚. 親類:多くは姻戚関係をいう.〔远房～〕遠縁の親戚.〔～远来香,街坊高打墙〕諺親戚は遠く離れているに限る,隣家とは塀を高く築いておくに限る(とかく付き合いは親密にしすぎるとかえって不和を生じやすい).〔～别交财,交财断往来〕諺親戚の間柄で金銭の貸し借りするな,なければつきあいがまずくなる.→〔亲属〕〔本běn 家〕

亲切 qīnqiè 親しみがわく. 親しみがもてる.〔像家乡一样～〕まるで故郷と同様親しみがもてる.〔～感〕親近感.〔这首诗使我们感到～〕この詩は一層我々に親しみを感じさせる.〔这虽是二十年前的事,我们听了仍然觉得非常～,新鲜〕これは20年前のことであるが,このことを聞くと非常に身近で新鮮に感ずる.〔佛教思想在中国人的心里是非常熟悉、非常～的〕仏教思想は中国人の心の中では熟知したものであり,極めて身近なものである.〔朴 pǔ 实～的诗句〕親しみのもてる詩句.〔～的声音〕やさしい声.〔～的目光〕やさしいまなざし. ②心がこもっている. ねんごろである.〔老师的～教导〕先生の懇切な教え.〔～地接待〕ねんごろにもてなす.〔～的慰问〕心からの慰問.〔这是党对广大干部的～关怀〕これは多数の幹部に対する党からの心こもる配慮である.〔～交谈〕うちとけて語りあう.

亲情 qīnqíng 肉親間の感情. 情愛.

亲权鉴定 qīnquán jiàndìng ⇒〔亲子鉴定〕

亲热 qīnrè 親しみがある. 仲がよい.〔亲亲热热〕親しみがあるさま.〔她每次见了我总是对我很～〕彼女は会うといつも親切にしてくれる.〔他们俩很～〕二人は非常に仲むつまじい.

亲人 qīnrén ①肉親. 身内の者.〔他老家除了継母以外,没有別的～〕彼の故郷には継母のほか肉親がいない. ②身内のように親しい人.〔～解放军保卫着祖国的边疆〕解放軍の兵隊さんが国境を守ってくれている.

亲如手足 qīn rú shǒuzú〔喩〕極めて親しいこと.

亲善 qīnshàn 親善. 親しい仲よくする.〔两国～〕両国の親善.

亲上亲 qīnshàngqīn 重縁(^{じゅうえん}):親戚同士の縁組.

亲上做亲 qīnshàng zuòqīn〔成〕親戚同士がさらに縁組すること.〔亲上加亲〕〔亲上加亲〕ともいう.

亲身 qīnshēn 自ら.〔～到日内瓦去参加会议〕自らジュネーブに赴いて会議する.〔～经历〕自身での経験. 自ら体験する.→〔亲自〕

亲生 qīnshēng ①自分で生んだ. 実の.〔～儿子〕〔～

親钦嵚侵 **qīn**

子〕〔親儿(子)〕実の息子. ②肉親の.実の.〔～母親〕〔親娘〕実の母.生みの母.〔～父母〕〔生身父母〕実の父母.

亲事 qīnshì 婚姻.〔儿女～〕息子や娘の結婚問題.

亲是亲，财是财 qīnshìqīn, cáishìcái 〔諺〕親子の中でも金銭は他人.

亲手 qīnshǒu 自分の手で.手ずから.〔～去做〕自分の手で〔～交付〕手ずから渡す.〔～一干一〕自分でやってみなさい.〔～办理〕自分で処理する. →亲自

亲疏 qīnshū 親疎:〔亲近〕と〔疏远〕の意.〔不分～、一律平等〕関係の親疎を問わず、一律平等である.〔那要看交情的～了〕それは交際が親しいかどうかによります.〔厚从薄之〕

亲属 qīnshǔ ＝〔亲丁〕②〔亲族〕親族.親類:もとは6世代以内の血のつながりのある者.→〔亲戚〕〔家jiā属〕

亲率 qīnshuài 自ら引き連れる.

亲随 qīnsuí 回側近(の者).お供.従者.

亲体 qīntǐ 生一物生物の親:次代の生物を生んだ雌または雄の個体.

亲痛仇快 qīntòng chóukuài 〈成〉味方を悲しませ、敵を喜ばせる.敵に利益があり味方に不利なことをあえてすること:〔亲者痛,仇者快〕ともいう.

亲王 qīnwáng ①親王:旧時、皇族で領地に封ぜられた者(⋯王の位を与えられた者.②漢最上級の爵位:主として皇子をあてた.

亲吻 qīnwěn 接吻する.→〔亲嘴①〕

亲狎 qīnxiá 〈文〉なれなれしい.

亲信 qīnxìn ①親しくし頼みにする.〔非常～他〕きわめて彼を頼みにしている. ②側近.腹心(多くけなす意味で用).

亲兄弟 qīnxiōng-dì ＝〔胞bāo兄弟〕実の兄弟.〔～明算账〕〔諺〕実の兄弟でも金銭は他人〔計算ははっきりすべきである〕.→〔亲是亲,财是财〕

亲眼 qīnyǎn 自分自身の目(で).〔～看〕自分の目で見る.〔我～看见的〕この目でしか見ていない.〔～目睹〕目撃する.→〔亲自〕

亲谊 qīnyì 親戚間のよしみ.

亲迎 qīnyíng 旧〔花婿が花嫁の家へ〕自ら出迎えに行くこと.

亲友 qīnyǒu ＝〔亲朋〕親戚や友人.

亲鱼 qīnyú 親魚.→〔成 chéng 鱼〕

亲缘 qīnyuán 〔遺伝学上の〕血縁関係.

亲展 qīnzhǎn ①〔亲拆〕 ②〈文〉面談する.

亲征 qīnzhēng 〈文〉天子自ら征討にでかける.

亲政 qīnzhèng 〈文〉天子が自ら政治をとる.

亲知 qīnzhī 自分で知る.理解する.身にしみて感じる.

亲支近派 qīnzhī jìnpài 〈慣〉近い親類や縁故者.

亲炙 qīnzhì 〈文〉自ら教えを受けること.

亲子 qīnzǐ ①自分の子供.実の子:多く男の子をいう.→〔亲儿(子)〕〔亲生①〕 ②親と子.〔～沟通〕親子間の感情や意見が通じ合うこと.〔～鉴jiàn 定〕〔亲权鉴定〕親子鑑定:主にDNA鑑定をいう.

亲自 qīnzì 自ら.自分で.〔～选择〕自ら選ぶ.〔我～拿去〕わたし自ら持って行く.〔～到火车站迎接〕自ら駅に迎えに行く.〔～出马〕自らまかり出る.→〔自己②〕

亲族 qīnzú ⇒〔亲属〕

亲嘴 qīnzuǐ 〔一儿〕口づけ(する).キス(する)：〔接jiē 吻〕に同じ. 〔～咬yǎo 乖乖〕 ②自分の口で:〔亲口〕に同じ.〔这是他～说的〕これは彼自身の口で言ったことだ.

〔**钦·欽**〕 **qīn** ①尊敬する.深い敬意を持つ.〔英勇可～〕勇武は敬すべきものがある.②〈文〉天子の.勅命または勅裁による.〔～使shǐ〕勅使.大公使(旧称). ③〈姓〉钦(キン)

钦差 qīnchāi 中国の国務を処理させるため勅命により派遣される大官〔钦差大臣〕ともいう.②〈転〉下部へ派遣された大権を持つ幹部(風刺していう)

钦迟 qīnchí 〈文〉敬仰する.

钦此 qīncǐ 〈文〉詔書の末尾に書き添えられた結尾語:これ遵守せよの意.

钦命 qīnmìng 〔钦赏〕〈文〉恩賜.

钦点 qīndiǎn 〈文〉勅命で指名(指定)する.

钦定 qīndìng 〈文〉勅裁する.〔～四库全书〕画钦定四库全书.

钦服 qīnfú ⇒〔钦敬〕

钦工 qīngōng 勅命により営造される工事.

钦敬 qīnjìng ⇒〔钦服〕敬服する.〔无任～〕敬服にたえない.

钦命 qīnmìng 〈文〉①勅命. ②皇帝が命を下す.

钦慕 qīnmù 敬慕する.〔我用异常～的眼光看着他〕私は格別な敬慕の目で彼を見ている.

钦派 qīnpài 〈文〉皇帝自らが派遣する. →〔钦差①〕

钦佩 qīnpèi 〔敬jìng 佩〕感服する.〔不胜～之至〕感服の至りにたえない.〔由衷～〕心から感心する.〔爱ài 佩〕〔倾qīng 佩〕

钦赏 qīnshǎng ⇒〔钦赐〕

钦天监 qīntiānjiàn 明清天文暦法に関することを司る官署名.

钦羡 qīnxiàn 敬慕する.

钦仰 qīnyǎng 〈文〉敬服し尊敬する.

钦挹 qīnyì 〈文〉敬服し崇拝する.

〔**嵚·嶔**〕 **qīn** 〈文〉山の高いさま.〔～鉴yín〕同前.

〔**侵**〕 **qīn** ①侵す.襲う.侵略する.〔人～〕侵入する. ②〈文〉次第にいきわたる.だんだん進む.〔～淫yín〕染み渡っていく.段々広がっていく. ③〈姓〉侵(シン)

侵财 qīncái 財物を奪う.〔～型案件〕窃盗・強盗・詐欺など金品目的の犯罪.

侵晨 qīnchén ＝〔侵早〕夜明け.払暁(ぎょう)

侵夺 qīnduó 〔勢力・勢権で〕横領する.横取りする.

侵犯 qīnfàn 侵入し犯す.侵犯する.〔～我国的边境〕我が国の国境地帯を侵犯した.〔互不～〕相互に不可侵.〔～商业秘密罪〕国商業秘密侵害罪.

侵分 qīnfēn ⇒〔侵入②〕

侵害 qīnhài 〔暴力や不法手段で〕侵害する. ②(細菌や害虫が)入ってきて害する.

侵肌砭骨 qīnjī biāngǔ 〈成〉(寒風が)骨身にとおる.

侵寇 qīnkòu 侵す.侵略する.

侵凌 qīnlíng 〈文〉勢いを頼んで他を侮り侵す.

侵漏 qīnlòu 〈文〉公金をごまかし着服する.→〔侵蚀〕

侵掠 qīnlüè 〈文〉侵略し奪い取る.

侵略 qīnlüè 侵略(する).〔～军〕侵略軍.〔～政策〕侵略政策.〔～成性〕侵略をその本性とする.

侵冒 qīnmào ⇒〔侵占①〕

侵权 qīnquán 権益を侵犯する.〔～行为〕権益侵犯行為.

侵染 qīnrǎn 感染する.〔很容易受坏思想～〕よくない思想に感染されやすい.

侵扰 qīnrǎo 侵入して騒がせる.〔～边境〕国境地帯を侵し騒擾(じょう)を起こす.

侵入 qīnrù ①侵入する.〔～岩〕国貫入岩.〔～波〕国来襲波. ②(囲碁で)打ち込み:〔侵分〕ともいう.

〔三六侵分〕三六の打ち込み.
侵蝕 qīnshí ①侵蝕する.〔病菌～人体〕病原菌が人体をむしばむ.〔防止坏思想的～〕悪い思想にむしばまれないようにする. ②少しずつ横領する.
**〈公款〉公金を使う.〔~蚕 cán shí〕
侵吞 qīntūn ①着服する.横領する.〔～账目〕帳簿面をごまかす(ごまかして使い込む).〔～公款〕公金を横領する(使い込む).〔～人己〕横領してわがものにする. ②侵略する.
侵袭 qīnxí （侵入して）襲う.〔台风～上海,损失很大〕台風が上海を襲い,大きな損害を出した.
侵晓 qīnxiǎo ⇒〔侵晨〕
侵寻 qīnxún 〔文〕だんだん進んでいく.次第に…に至る.〔是岁～于泰山〕この年（巡り巡って）泰山に達した.
侵渔 qīnyú 〔文〕(人民から)まきあげて利をむさぼる.〔～百姓〕(～小民)人民からまきあげる.
侵越 qīnyuè 権限を侵す.越権する.〔～权限〕同前.
侵早 qīnzǎo ⇒〔侵晨〕
侵占 qīnzhàn ①〔侵冒〕不法に占拠する.侵害する.〔～别人的产业〕他人の不動産を不法に占有する.〔～罪 zuì〕法不法占有罪. ②(他国の領土を)侵略し占有する.

〔**骎・駸**〕qīn
骎骎 qīnqīn 〈文〉馬が速く走るさま.〈喩〉物事の進行がきわめて速い.〔骏足～〕駿馬の足が速い.〔～数年矣〕またたく間に数年を経過した.

〔**衾**〕qīn ①〔文〕かけぶとん.〔～裯 chóu〕同前. ②(死者を棺におさめる時)遺体にかける覆い.〔~单〕同前.〔衣~棺椁〕経かたびらと棺.
衾影无愧 qīnyǐng wúcàn 〈成〉妻がおらず,心にやましいことがない.宋史に,〔独行不愧影,独寝不愧衾〕とあることに由来する.
衾枕 qīnzhěn 〈文〉夜具(布団と枕)

〔**芩**〕qín ①ヨシ・アシ(総称)=〔芦 lú 苇〕の古称. ②→〔黄 huáng 芩〕 ③〈姓〉芩（きん）.
〔**矜**〕qín 〈文〉矛（ぼう）の柄〔殣〕に同じ.→ guān jīn
〔**棽**〕qín chén の又音.

〔**琴（琹）**〕qín ①〔語〕〔司 sī 桐〕は古称.〔古～〕古琴. ②〔語〕ある種の楽器の総称.〔风～〕オルガン.〔电子～〕エレクトーン.〔胡～(儿)〕胡弓.〔竖 shù ~〕竖琴.ハープ.〔弹 tán 钢～〕ピアノを弾く.〔拉手风～〕アコーディオンを弾く.〔拉小提 tí ~〕バイオリンを弾く.〔吹口~〕ハーモニカを吹く. ③〈姓〉琴（きん）.
琴拨 qínbō 〔語〕(撥弦楽器用)ばち.つめ.
琴床 qínchuáng 〈文〉琴を置く台.
琴凳 qíndèng (ピアノ用の)腰掛け.
琴歌 qíngē ①=〔琴曲②〕楽府（がふ）の一.→〔乐 yuè 府〕 ②琴をひきながら歌う.
琴弓 qíngōng 〔語〕(バイオリンなどの)弓.
琴剑飘零 qínjiàn piāolíng 〈成〉文人が落ちぶれて各地を巡り歩く:〔琴〕と〔剑〕は古来文人の持ち物とされていた.
琴键 qínjiàn 〔語〕(鍵盤楽器の)キー.
琴柱 qínzhù 琴柱（ことじ）.駒.ブリッジ.
琴鸟 qínniǎo 〔動〕コトドリ.ライヤーバード.
琴谱 qínpǔ 〔語〕琴の曲譜.
琴棋书画 qín qí shū huà 琴・碁・書・画(などの素養).
琴曲 qínqǔ ①琴の曲. ②→〔琴歌①〕
琴瑟 qínsè 琴と瑟の(合奏).〈転〉夫婦間のよく和合しているさま.〔～和鸣〕〔～甚 篤〕〔～调 tiáo 和

〈成〉夫婦仲極めて円満である.〔～之乐〕夫婦としての楽しみ.〔～不调〕夫婦の仲が円満を欠く.
琴瑟钟鼓 qín sè zhōng gǔ 楽器類(総称)
琴声 qínshēng ①〔琴〕の音. ②楽器の音.
琴书 qínshū 〔京劇などの伴奏をする〕胡弓弾き.
琴书 qínshū 寄席演芸の一種:〔扬 yáng 琴〕で伴奏する唱い物.〔山东～〕〔北京～〕などがある.
琴台 qíntái 古琴などを置く台.ピアノの演奏台.
琴童 qíntóng ①〔語〕文人の側にいて琴の捧持（ほうじ）や身の回りの世話をした小童. ②ピアノを習う子供.
琴弦 qínxián 〔語〕(弦楽器の)弦.
琴心剑胆 qínxīn jiàndǎn 〈喩〉心にゆとりがあって胆力もあること.
琴樽 qínzūn 〈文〉琴と酒器:旧時,文人が宴席にそなえた品物.

〔**芹**〕qín 〔断〕①〔植〕セリ.〔水～〕は通称.〔药 yào ～〕は古称:古くは薬用された.〔文〕芹（きん）のようなつまらないもの:人にものを贈る際の謙辞.→〔芹献〕 ③〈姓〉芹（きん）.
芹菜 qíncài 〔植〕セロリ(キンリャオ.オランダミツバ):〔旱 hàn 芹（菜）〕〔蒲 pú 芹〕〔西 xī 芹〕〔药 yào 芹〕ともいう.→〔水 shuǐ 芹（菜）〕
芹敬 qínjìng 同下.
芹献 qínxiàn =〔芹敬〕〈謙〉粗品.→〔野 yě 人献芹〕
芹叶钩吻 qínyè gōuwěn ⇒〔毒 dú 芹〕
芹意 qínyì 同下.
芹衷 qínzhōng =〔芹意〕〈謙〉寸志.微意.

〔**秦**〕qín ①〔史〕周代中国,甘粛東部あたりにあった.現在の陝西中部. ②〔史〕朝代名.紀元前221年～206年.始皇帝が建てた中国最初の統一国家.③陝西省の別称. ④〈姓〉秦（しん）.
秦川 qínchuān 〔地〕陝西と甘粛の一部:〔秦岭〕より北の平野.
秦龟 qínguī ⇒〔草 cǎo 龟〕
秦淮 qínhuái 〔地〕南京城内を流れる小川.宋代にひらかれたのでこの名がある.旧時,この川一带には〔妓楼〕が多く歓楽地帯として有名であった.
秦吉了 qínjíliǎo 〔古〕九官鳥:秦(現在の陝西省)の原産の〔吉了②〕の意.文学作品などに出てくる.〔鹩 liáo 哥〕の別称.
秦艽 qínjiāo 〔植〕オオバリンドウ:〔秦胶〕とも書く.〔大 dà 叶龙胆〕ともいう. ②〔中医〕秦艽（きん～〕:同前の原料とする漢方薬.リウマチに効く.
秦椒 qínjiāo ①=〔蜀椒〕サンショウ.フユザンショウ:ふつう〔花 huā 椒〕という. ②〈方〉細長いトウガラシ.
秦晋 qínjìn 缘組:〔春秋〕のころ〔秦〕と〔晋〕両国の間で世々婚姻を重ねて親密であったという故事から:〔结～之好〕縁組する.
秦镜 qínjìng 秦の始皇帝の持っていた宝鏡:人の内臓や心中を見透かすことができたといわれる.〔～高悬〕〔明镜高悬〕〈転〉裁きの明快なこと.
秦岭 qínlǐng 〔地〕秦嶺山脈.
秦楼 qínlóu 〈文〉妓楼.〔~楚馆〕〔楚馆〕同前.
秦皮 qínpí 〔中医〕秦皮:トネリコの皮などを原料とする漢方薬.下痢止めに効く.
秦腔 qínqiāng 歌い（語り）もの戯曲の一:〔梆 bāng 子〕(柏子木）を入れて調子を高める独特な歌い方で,〔胡 hú 琴〕(胡弓)の一種の〔板 bǎn 胡〕や〔秦笛〕を伴奏楽器とする.陝西省でおこったのでこの名があり,〔陕西梆子〕ともいう.〔梆子（腔）〕の総称.→〔豫 yù 剧〕
秦琼 qínqióng 〔人〕外敵征討にしばしば手柄をたてた唐代の大将軍:〔秦叔宝〕とも呼ばれる.〔门 mén 神〕の二神像のうちの一方.

秦始皇 qínshǐhuáng 〚人〛秦の始皇帝.→〔秦俑〕
秦俑 qínyǒng 〚略〕秦始皇陵兵馬俑]の略:陕西省驪山にある秦の始皇帝陵墓の周りの地下から出土された兵馬俑.
秦砖汉瓦 qínzhuān hànwǎ 秦代の煉瓦と漢代の瓦.〈転〉古い時代の陶器・瓦などの焼き物.→〔古 gǔ 董①〕
秦篆 qínzhuàn ⇒〔小 xiǎo 篆〕

[溱] qín 地名用字.〔~潼 tóng 镇〕地江蘇省にある. → zhēn

[蓁] qín → zhēn
蓁椒 qínjiāo ⇒〔秦椒〕

[嗪] qín 化環式窒素化合物名の語尾に用いられる訳音字.〔嗒 dā~〕ピリタジン.〔吡 bǐ~〕ピラジン.〔哌 pài~〕ピペラジン.

[螓] qín 固小形のセミの一種.
螓首 qínshǒu 〈文〉四角で広い額.〔~蛾〕美人.

[覃] qín 〔姓〕覃(䟆·) → tán

[禽(禽)] qín 鳥類(総称).〔飞~走 ~〕〔家~〕成)鳥やけだもの(総称).〔家~〕家禽.飼い鳥.〔水~〕水鳥.〔猛~〕猛禽.〔仙~〕鶴の別称.〔五~戏〕固鍛練法の一:虎,鹿,熊,猿,鳥の動きを真似たもの. ②⇒〔擒〕③〈文〉鳥獣(総称). ④〔姓〕禽(䟆)
禽蛋 qíndàn 家禽の卵.
禽霍乱 qínhuòluàn 家禽コレラ.
禽流感 qínliúgǎn 図鳥インフルエンザ.〔禽流行性感冒〕の略.〔禽流〕ともいう.
禽龙 qínlóng 禽竜.イグアノドン(古生物)
禽兽 qínshòu ①禽獣.鳥獣.→〔鸟 niǎo 兽〕②〈喩〉行動の卑劣なこと.〔衣冠~〕衣冠をつけた鳥獣.〔~行为〕禽獣の如き行い.

[擒(捦)] qín =〔禽②〕手捕(䶕。)にする.生け捕る.〔~捉 zhuō〕つかまえる.〔~敌 dí〕敵を捕らえる.〔~贼(先)~王〕敵を捕らえるにはまずその頭を捕らえよ.〈喩〉事をなすにはまずそのポイントを捉えよ:〔射人先射马,~贼先~王〕(杜甫 詩)による.
擒获 qínhuò 手捕りにする.〔~贼首〕賊の頭目を捕らえる.
擒拿 qínná ①捕らえる. ②拳法の技で,関節など急所を打って身動きできなくすること.
擒纵 qínzòng 〈文〉①捕らえたり放したり. ②〈喩〉事が緊張することと緩むこと.厳しくなったりゆるやかになったりする.〔这件事情一擒一纵,莫测高深〕この事は緊張したかと思うとまた何でもなくなり,さっぱり見当がつかない.
擒纵机 qínzòngjī 逃げ止め.
擒纵轮 qínzònglún =〔放 fàng 力轮〕機 逃 車 (䕱)

[噙] qín 〔口に〕含む.〔嘴里~着一块糖〕口にあめ玉をしゃぶっている.〔他坐在椅子上,~着一杆短烟袋〕彼は椅子に腰をおろし,短いきせるをくわえている.〔眼里~着泪水〕目に涙をためている.

[檎] qín 〔林 lín〕〔花红③〕〔沙果(儿)〕植 ワリンゴ,またその実:小形で酸味がある. → 〔苹 píng 果〕

[勤(懃)] qín (Ⅰ)〔勤〕①熱心にする.いそしむ.根気よくやる.〔手~〕手まめである.〔~学〕熱心に勉強する.〔~为无价之宝〕〈諺〉勤勉は最も貴重な宝.↔〔惰 duò〕〔懒lǎn〕しげしげと(する).まめである.〔~洗衣〕まめに服を洗う.〔他到那里去得很~〕あそこへしげしげと行く.〔去~了反倒招人讨厌〕足しげく行くとかえって人から嫌われる.〔嘴~常问〕口まめにしばしば尋ねる.〔~打听〕しばしば問い合わせる.〔~搅 jiǎo 着点儿,别叫它糊 hú 了〕少しまめにかき回してこげつかせないようにしなさい.〔雨水~〕雨が多い.〔提意见〕しきりに意見を述べる.〔~洗衣服〕まめに服を洗う.〔值~〕当直する.〔执~〕勤務する.〔战~〕戦時勤務.〔后~〕後方勤務.〔考~〕出勤(出席)をとる. ④〈姓〉勤(䟆)
(Ⅱ)〔懃〕〔殷 yīn〕ねんごろ(である).丁寧(である).〔受到殷~接待〕行き届いたもてなしを受ける.〔献 xiàn 殷~〕媚びへつらって機嫌をとる.
勤奋 qínfèn 努め励む.勤勉である.〔~努力〕同前.
勤工俭学 qíngōng jiǎnxué 因〈成〉労働に励み学資を得て勉学に努める:1914年の第一次世界大戦の際,吴敬恒・蔡元培らの〔~会〕が提唱した,中国学生がフランスで労働しながら勉学に励む運動.→〔工读〕
勤工助学 qíngōng zhùxué 〔慣〕勤労に励み,その経験を学問に役立てる.
勤俭 qínjiǎn 勤倹.勤勉で倹約する.勤勉で倹約する.〔~起家〕勤倹倹約し家を興す.〔~建国~持家〕勤倹して国を建て勤倹して家を保持する.〔~办学〕倹約して学校を経営する.
勤谨 qínjǐn 〔口〕勤勉である.骨惜しみしない.〔他那个人很~〕あの人は非常に勤勉である.
勤恳 qínkěn 勤勉で手抜きをしない.〔勤勤恳恳地工作〕勤勉で忠実に働く.
勤苦 qínkǔ 苦労に耐えて努力する.
勤快 qínkuai 〔口〕まめまめしい.精を出す.仕事がまめ,勤勉快快りきびきびしているさま.〔做事~〕同前.〔他们家先生比太太~〕彼の家は奥さんより旦那さんの方がよく働く.
勤劳 qínláo 苦労をいとわずよく働く.〔妇女们也很~〕女性たちもよく働く.〔~勇敢,智慧的人民〕勤勉で,勇敢で,賢明な人民.〔~致富〕まめに働いて豊かになる.
勤勉 qínmiǎn 勤勉である.よく努める.〔人很~〕人物(人柄)が非常に勤勉である.
勤能补拙 qín néng bǔ zhuō 〈成〉勤勉は不才を補う.
勤亲 qínqīn 〈文〉ねんごろである.まめまめしい.
勤王 qínwáng 〈文〉王室のために尽くす.〔发兵~〕兵力で王室を救援する.
勤务 qínwù 勤務.公的業務.〔我们干部是人民的一员〕我々幹部達は人民の公僕です.→〔勤杂人员〕②軍隊で直接戦闘に関係ない雑務を行う者.〔~员 yuán〕雑役係.用務員.作業員.〔~兵〕回将校付きの当番兵.
勤学苦练 qínxué kǔliàn 〔慣〕苦労をいとわず学び練習する.
勤于 qínyú …にいそしむ.努めて…する.〔~思考〕よく頭を働かす.
勤杂 qínzá 雑務.〔~工作〕同前.
勤杂工 qínzágōng 用務員.雑役夫.
勤杂人员 qínzá rényuán 用務員.雑役係:機関や公共団体・軍隊で門番・受付・掃除・走り使いなどの単純な雑務を行う者の総称.
勤政 qínzhèng 政務にいそしむ.

[廑(厪)] qín 〈文〉①いそしむ.努める. ②ねんごろである.〔祈禱~注〕〈牘〉万々ご心配なきようお願い致します. → jǐn

[斳] qín ⇒〔芹〕

qín～qīng

[䕅] qín ⇒[芩]

[梫] qǐn 〈文〉肉桂.→[肉 ròu 桂]

梫木 qǐnmù ⇒[马 mǎ 醉木]

[锓・鋟] qǐn 〈文〉(金属を)彫刻する.彫り刻む.[～版 bǎn]版を彫る.

[寝・寢(寑)] qǐn ①寝る.眠る.[废～忘食]〈成〉寝食を忘れる.[食不甘味,～不安席]心が動揺し生活に落ち着きがない.②寝室:古代は皇帝の宮室をいった.[就～][入～]寝室する.床(とこ)につく.[寿终正～]永眠する:畳の上で死ぬこと.③皇帝の陵墓(上の正殿).[陵 líng ～]同前.④〈文〉取り止める.沙汰やみになる.[此事已～]この件はすでに沙汰やみになった.⑤〈文〉醜い.[貌 mào～]容貌が醜い.

寝车 qǐnchē ⇒[卧 wò 车①]
寝宫 qǐngōng 〈文〉①宮殿内の帝王・后妃などの居室.②帝王の陵墓の寝殿.
寝疾 qǐnjí 〈文〉病臥する.[～七日而没 mò]病に臥すること7日にして没せり.
寝荐 qǐnjiàn ⇒[家 jiā 荐]
寝具 qǐnjù 夜具.寝具.[准备家具,～](結婚のために)家具や寝具を調える.
寝陋 qǐnlòu 〈文〉容貌が醜い.
寝门 qǐnmén [内 nèi 室](寝室)の入り口.
寝庙 qǐnmiào [古]宗廟:天子の陵墓の前の部分すなわち霊を祭ったるところを[庙]といい,後部すなわち故人の生前の住居にかたどって造営した部分を[寝]といった.
寝苦枕块 qǐnshān zhěnkuài 〈成〉①父母の喪に服する.[苫](薦で編んだむしろ)の上に寝て,土くれに枕する.草の下,土の中に埋まっている亡き親を哀悼すること.②父母の死.
寝食 qǐnshí 寝食.[～(俱 jù)废]〈成〉寝食を忘れる.[～不安]〈喩〉非常に落ち着かないさま.心配でたまらない.
寝室 qǐnshì 寝室(宿舎などの)
寝衣 qǐnyī 〈文〉寝衣.→[睡 shuì 衣]
寝园 qǐnyuán 〈文〉陵(みささぎ).御陵.

[沁] qìn ①(香りや水などが)しみこむ.[～人肺腑][～人心腑 fǔ][～人心脾 pí]〈成〉深く人の心にしみこむ.人の心に清新な感動を与える.→[渗 shèn 入] ②〈文〉水中に置く.水につける.③〈文〉頭を垂れる.うつむく.④[～水]山西省沁源県に発する黄河下流の支流.⑤〈姓〉沁(ぎん)

[吣(唚・嘇)] qìn ①(犬や猫が食べ物を)戻す.[猫吃完食就～了]猫が飯を食べ終わるとすぐ吐いた.②〈口〉汚く罵る.悪言を吐く.[别听他的胡～]あいつが出まかせをぬかすのを聞いてはいけない.[满口乱～][满嘴胡～]下品なことをぺちゃくちゃしゃべる.

[揿・搇(撳)] qìn 〈方〉(手あるいは指で)押す.押さえつける.[～电铃]電鈴を押す.[拿摁 èn 钉儿～上]画鋲でとめる.[一只手～住了敌人的脖子]一方の手で敵の首を押さえつける.[～着头走]頭を押さえつけて歩かせる.

揿钉儿 qìndīngr ⇒[图 tú 钉(儿)]
揿钮 qìnniǔ ⇒[子 zǐ 母扣儿]

qīng ㄑㄧㄥ

[青(靑)] qīng ①⑧青色(の).浅藍色(の).[雨过天～][雨过天晴]〈成〉雨あがり空あおし.〈喩〉暗黒の時代が過ぎ去り光明が現れる.[青山][蓝 lán③] ②⑧青色(の).[铁～]鉄さび色.[发 fā～]青ざめる.[～布]黒い布.[～鞋]黒い(布で作った)靴.→[黑 hēi①] ③⑧緑色(の).④青草.青い作物(熟す以前の作物).[放～]春,家畜に青草を食わせるために放牧する.[踏 tà～]春,郊外に野遊びすること.[逛了一趟～儿]一度野遊びをした.[看 kān～]作物の番をする.[买～卖～]青田買い青田売り.⑤年若い.老いていない.→[青年] ⑥若者.青年.[老,中,～三结合]老年・壮年・青年の三結合.[青海省の略称.[～藏 zàng 公路]西寧(青海省)ーラサ(チベット)間自動車道路.⑧〈姓〉青

青帮 qīngbāng [清帮]清末,漕運業の労働者を中心に組織された秘密結社:長江一帯の都市で活動していた.後に娯楽・芸能・遊芸業に従事する者,一般の無頼の徒も入り,暴力団化した.民国に至り国民党などと結び[红 hóng 帮]と並ぶ反動的の特務組織となった.

青编 qīngbiān 〈文〉書籍.
青菜 qīngcài ①野菜(総称).[～季儿]野菜の豊富な時期.→[蔬 shū 菜] ②⇒[小 xiǎo 白菜] ③⇒[油 yóu 菜]
青菜头 qīngcàitóu ⇒[榨 zhà 菜]
青草 qīngcǎo 青草.緑色の草.→[干 gān 草]
青草瘟 qīngcǎowēn [瘴疠]
青茶 qīngchá ⇒[乌 wū 龙茶]
青虫 qīngchóng 虫①アオムシ:蝶類の幼虫.②ワタミムシ蛾.②[コナメイガ:イネの病害虫.
青椆 qīngchóu 植シラガシ.[青栲 kǎo]〈方〉[苦 kǔ 槠][小 xiǎo 叶青冈]ともいう.
青出于蓝 qīng chū yú lán 〈喩〉弟子の学問が師に勝っていることをいう.[～而胜于蓝]〈成〉出藍の誉れ.[青取之于蓝,而青于蓝:冰水为之,而寒于水]青は藍より出でて藍よりも青く,氷は水より生じて水より冷たい(荀子).[他的学问后来远胜过老师,真是～]彼の学問は後に師をはるかにしのぐようになった,これが出藍の誉れといったものである.
青春 qīngchūn ①青春.[～期]青春期.思春期.[把～献给教育事业]青春を教育事業に捧げる.[充满～活力]青春の活力に満ちている.[～焕发]若さがきらめく.[～族]若者たち.[～痘 dòu](口)にきび.②[白](若者の)年齢.[～几何]年はいくつか.
青词 qīngcí 道教の祭詞に用いられる文体またはその文章:青藤紙という青紙に朱字で書かれる.
青瓷 qīngcí 青瓷(ぢ):鉄分を含有した青緑色は淡黄色のうわぐすりをかけた磁器,唐代に作り出された.→[白 bái 瓷③]
青葱 qīngcōng (植物の)濃い緑.[～的草地]緑の草地.
青葱拌豆腐 qīngcōng bàn dòufu ⇒[小 xiǎo 葱拌豆腐]
青翠 qīngcuì 鮮やかな緑色.[～欲滴 dī]緑したたるさま.
青黛 qīngdài 藍がめの液の表面に浮かぶかすをすくいあげて乾燥させたもの:旧時,外用薬およびまゆずみとして用いられた.
青灯 qīngdēng ①〈文〉青く光る灯明.[～古佛]同前にうつる古い仏像.②〈喩〉孤独で清貧な生活.

青　qīng

青靛 qīngdiàn ⇒〔蓝 lán 靛①〕
青刀豆 qīngdāodòu →〔蚕 cán 豆〕
青豆 qīngdòu 植①アオダイズ．→〔大 dà 豆〕　②グリンピースの通称：青豌豆に同じ．
青豆茶 qīngdòuchá →〔熏 xūn 青豆〕
青缎(子) qīngduàn(zi) 〘旧〙黒繻子(しゅす)．
青娥 qīng'é ①⇒〔青女〕　②〈文〉美少女．③〈文〉眉の別称．
青蜂 qīngfēng 〘虫〙セイボウ．
青蚨 qīngfú 〔古〕想像上のカゲロウのような虫．〈転〉金銭．銅銭．〔～还 huán 钱〕〈成〉青蚨の母子の血を銭に塗っておけば、離れ離れになってもまた帰ってきて一緒になるとの故事．
青冈 qīnggāng 〔青枥〕とも書く．植コナラ属植物(総称)．〔～栎 lì〕ナラガシワ．
青蛤 qīnggé 魚介オキシジミ．
青梗菜 qīnggěngcài 植チンゲンサイ：アブラナ科の野菜．→〔油 yóu 菜②〕
青工 qīnggōng 青年労働者．若年労働者．→〔工(Ⅰ)①〕
青宫 qīnggōng ⇒〔东 dōng 宫①〕
青倌儿 qīngguānr →〔大 dà 先生(儿)〕
青光硫化蓝 qīngguāng liúhuàlán ⇒直接硫化黄青．
青光眼 qīngguāngyǎn 緑内障：〔医]緑 lǜ 内障の通称．〔青光瞎眼〕ともいう．
青果 qīngguǒ ⇒〔橄 gǎn 榄〕
青海苔 qīnghǎitái 青のり．
青蒿 qīnghāo 植カワラニンジン．〔草 cǎo 蒿〕〔香 xiāng 蒿〕ともいう．〔～素 sù〕化アルテミシニン：抗マラリア薬として使用されている．
青红皂白 qīnghóng zàobái 〈成〉黒白．善悪．物のけじめ．〔不～〕〔不问～〕善悪をわきまえず．物のけじめをわきまえなく．むちゃくちゃな(に)．〔三杯灵汤下了肚子，～就醒不清楚〕(茅・霜 5)醸造酒の 3杯も腹に入ると物のけじめがもうはっきりとつかなくなる．
青狐 qīnghú 動青色の狐：毛皮は珍重される．
青花 qīnghuā ①染付け：磁器の素地に呉須による絵付を施し、その上に釉薬をかけること．〔釉 yòu 下彩〕ともいう．②染付け(磁器)：白地に同前を施したもの．〔万历～〕明万暦年間に作られた同前．③端渓のすずり石の細かい点をもしたの模様．
青花菜 qīnghuācài →〔茎 jīng 椰菜〕
青黄不接 qīnghuáng bùjiē 前年の穀物がなくなり、新穀がまだ出ないこと．〈転〉推移の際、その境目に間断のあること．端境(はざかい)．〔青黄不交〕ともいう．〔技术人员～，技术工作也开展不起来〕技術能力の熟練者と新人とのつなぎがうまくいかず、技術部門の仕事がうまく進展しない．
青灰 qīnghuī ①灰などを混ぜたしっくい．②色同前の色．〔脸色～〕顔色が灰色だ．
青肌 qīngjī ⇒〔青皮⑤〕
青及 qīngjí ⇒〔清鉴〕
青记 qīngjì 同下．
青迹 qīngjì 〔青记〕①打撲のため皮に青く血がにじんだもの．②蒙古斑：主としてモンゴロイドの嬰児の尻などにある青いあざ状のもの．
青荚叶 qīngjiàyè 植ハナイカダ(ママッコ)：雌雄異株の落葉低木．初夏の頃、葉面の中央に淡緑色の花をつけ、花後緑色の核果となり、熟すれば黒色を呈する．若葉を食用する．
青简 qīngjiǎn ⇒〔竹 zhú 简〕
青鉴 qīngjiàn ⇒〔清鉴〕
青鳉 qīngjiāng 魚介メダカ：〔鳉〕〈方〉小 xiǎo 鱼〕ともいう．
青酱 qīngjiàng ⇒〔清酱〕

青椒 qīngjiāo 植緑色のとうがらし(総称)．⓪⇒〔柿 shì 子椒〕
青衿 qīngjīn 〔青襟〕とも書く．〈文〉読書人の着た黒襟の衣服．〈転〉読書人．書生．
青筋 qīngjīn ⓐ〈口〉～暴露〕〈裸大麦〕やせて青筋のふくれあがったさま．⓫怒って青筋が立つ．→〔静 jìng 脉〕
青稞(麦) qīngkē(mài) 植ハダカムギ、またその穀粒：〔裸麦〕は俗称．〔裸大麦〕〔稞麦〕〔元 yuán 麦〕ともいう．これを発酵させてつくった酒を〔青稞酒〕〔咂 zā 酒〕という．チベットではこれから〔糌 zān 粑〕をつくる．→〔稞〕
青睐 qīnglài 〔青盼〕〈文〉好意．おぼえ．〔博得读者～〕読者の好意を博す．
青览 qīnglǎn ⇒〔清鉴〕
青榄 qīnglǎn ⇒〔橄 gǎn 榄〕
青琅玕 qīnglánggān ⇒〔孔 kǒng 雀石〕
青篱竹 qīnglízhú 植メダケ(がらし)
青帘 qīnglián ⇒〔酒 jiǔ 望(子)〕
青莲 qīnglián ①色バイオレット(の)．すみれ色(の)．〔～色〕同前．②〔～居士〕唐の詩人李白の号．③仏(仏教で)仏眼にたとえる．
青鳞鱼 qīnglínyú 〔〈方〉柳 liǔ 叶 yè 鱼〕魚介サッパ：ニシン科．〔寿 shòu 南小沙丁鱼〕〔寿南～〕ともいう．
青龙 qīnglóng ①⇒〔苍 cāng 龙①〕　②宗(道教で)東方の神．→〔四 sì 神〕　③〈口〉陰毛のない男．→〔白 bái 虎〕
青龙刀 qīnglóngdāo ⇒〔青龙偃月刀〕青竜刀(幅の広い大刀)：〔大 dà 砍刀〕ともいう．
青龙节 qīnglóngjié ⇒〔龙抬头〕
青龙偃月刀 qīnglóng yǎnyuèdāo ⇒〔青龙刀〕
青楼 qīnglóu 〈文〉妓楼．
青绿 qīnglǜ 色深緑色(の)．
青螺 qīngluó 魚介アオガイ．青色のニシガイ．
青萝卜 qīngluóbo 植大根の一種：根皮・肉とも緑色をしており、もっぱら生食される．〔卫 wèi 青(萝卜)〕ともいう．中国青大根・ビタミン大根ともいう．
青麻 qīngmá ⇒〔苘 qǐng 麻〕
青盲 qīngmáng 中医視神経萎縮の一種：肝腎の不足・精血の欠損などから起こる慢性眼病．
青茅 qīngmáo カリヤス．
青梅 qīngméi ①青い梅．⇒〔酒〕梅酒．植バチカ・フタバガキ：フタバガキ科．
青霉素 qīngméisù 薬ペニシリン：〔盘 pán 尼西林〕〔配 pèi 尼西林〕は音訳．〔油 yóu 制～〕油性ペニシリン．〔油制～普鲁卡因注射液〕油性プロカインペニシリン注射液．〔～糖锭〕ペニシリントローチ．〔～软 ruǎn 膏〕ペニシリン軟膏．→〔霉①〕
青梅竹马 qīngméi zhúmǎ 〈成〉男女の子供が無邪気に仲よく遊ぶこと．〈転〉幼時．〔她早在～时期就认识小张〕彼女は小さい頃から張君を知っていた．
青面獠牙 qīngmiàn liáoyá 青黒い顔に大きな牙．〈喩〉ものすごく恐ろしい人相．
青苗 qīngmiáo 青田(ぁぉた)．まだ実らない作物：多くは食糧作物をさす．
青苗法 qīngmiáofǎ ⇒〔常 cháng 平法〕
青目 qīngmù ⇒〔青眼〕
青年 qīngnián 〔青年の時期：10代後半から20代の時期．〕〔～人〕若い人．〔～男女〕青年男女．青年．若者．〔优秀～〕優秀な青年．
青年宫 qīngniángōng →〔文 wén 化宫〕
青年会 qīngniánhuì YMCA：キリスト教青年会．
青年节 qīngniánjié 5月4日の五四運動記念日．〔五 wǔ 四运动〕
青年团 qīngniántuán →〔中 zhōng 国共产主义青年团〕

qīng 青

青娘子 qīngniángzi ⇒〔芫 yuán 青〕
青鸟 qīngniǎo ①〈文〉便りを届ける使者:漢の武帝のころ〔西王母〕が青い鳥を使者として遣わしたという故事による. ②[劇]青い鳥:メーテルリンクの童話劇.
青奴 qīngnú ⇒〔竹 zhú 夫人〕
青女 qīngnǚ =〔青娥①〕伝説中の霜・雪を司る神. ~素娥〉〈喩〉神仙界の美女.
青盼 qīngpàn ⇒〔青睐〕
青皮 qīngpí ①[中医]未熟みかんの果皮あるいは果実:薬用にする. ②ごろつき,遊び人.〔市井~〕同じ. ダニ. ③青二才.生意気なやつ.〔~后生子〕若い衆.若者. ④青い皮の魚や果物を指す:例えば〔青鳞鱼〕や〔西 xī 瓜〕など. ⑤=〔青肌〕[植]アオハダ(青膚)
青萍 qīngpíng ⇒〔浮 fú 萍〕
青漆 qīngqī ⇒〔清漆〕
青铅铁 qīngqiāntiě ⇒〔镀 dù 铅锡铁皮〕
青钱万选 qīngqián wànxuǎn〈成〉文辞が衆に秀でていること.
青青 qīngqīng〈文〉①青々と茂るさま. ②年の若いさま.〔年纪~〕同前.
青磬红鱼 qīngqìng hóngyú〈文〉出家すること:磬(①)や木魚をたたいて暮らすこと.〔觅一禅庵,~,了 liǎo 此残生〕一つの禅宗の庵を探しあてて出家の道に入り余生を送ろうとした.
青雀 qīngquè〈文〉①[鳥]イカル:〔桑 sāng 扈〕の古称. ②船:船首に同鳥を描いた.〈転〉豪華遊覧船.
青涩 qīngsè 未熟で渋い.〈喩〉青くさい.若い.
青纱帐 qīngshāzhàng〔青纱障〕とも書く.見渡す限り生い茂った〔高粱〕(コーリャン)や〔玉 yù 米〕(とうもろこし)の畑.⇒〔纱帐(子)③〕
青山 qīngshān 青山.樹木の青々と茂る山.〔~绿水〕〈喩〉麗しい山河.〈文〉隠遁の地.
青衫 qīngshān ⇒〔青衣②③〕
青山雀 qīngshānquè ⇒〔大 dà 山雀〕
青少年 qīngshàonián 青少年.若者.〔~越轨〕青少年(12歳~20歳,または14歳~25歳)の違法行為.
青石 qīngshí 黑い石.建築や碑に用いる石板.
青石英 qīngshíyīng ①[磁鉄鉱を含んでいる石英岩. ②[中医]石英の端が青くて,角が赤いもの,薬用にされる.
青史 qīngshǐ =歴史書.〔名传 chuán ~〕〔永垂~留名〕その名は歴史書に伝わっている. ②〈姓〉青史(せい).
青水脸(儿) qīngshuǐliǎn(r) ⇒〔净 jìng 脸儿〕
青丝 qīngsī ①青梅を糸状に刻にきれ切って砂糖や料の上にちりばめるもの.赤一色に染めたものを〔红hóng 丝①〕という. ②〈文〉黑髪:多く女性の髪を指す.〔~黑发〕同前.〔一绺~〕一筋の黑髪.
青饲料 qīngsìliào [農](野草などの)绿色饲料.
青饲作物 qīngsì zuòwù [農]青刈り作物:飼畜用に青刈りするための作物.
青松 qīngsōng 青々とした松.〈喩〉固い志と節操.
青酸 qīngsuān =〔衰 shuāi 酸〕[化]シアン化水素酸.〔~加重]シアン化水素酸カリウムの俗称.
青蒜 qīngsuàn =〔蒜苗(儿)②〕ニンニクの若い青葉,茎:食用にする.
青苔 qīngtái [植]コケ.
青檀 qīngtán [植]チンタン(プテロケルチス):ニレ科,落葉高木.葉は卵形.木材は建築や道具に使われ,樹皮は〔宣 xuān 纸〕などの原材料.
青堂瓦舍 qīngtáng wǎshè〈成〉青瓦の大建築物.
青藤 qīngténg ①⇒〔防 fáng 己〕 ②⇒〔千 qiān 金藤〕 ③⇒〔清风藤①〕
青天 qīngtiān 青い空.青空.〈喩〉希望.〔拔乌云见~〕闇を払いのけて希望が見えてきたことのたとえ. ②[旧]清廉な官吏.〔老百姓管包公叫包~〕庶衆は包公を"包青天"といった:包公は明代の小説"包公案"の主人公.宋の清廉な裁判官,包拯のこと.〔~清官〕:[在]新聞の見出しなど簡略として)青島と天津のこと.
青天白日 qīngtiān báirì ①〈成〉からりと晴れて太陽が輝いていること. ②〔政治が〕公明で清廉なこと. ③白昼.真っ昼間. ④中国国民党の〔党徽〕〔党旗〕.〔~旗〕中華民国国旗の別称.
青天霹雳 qīngtiān pīlì 青天の霹靂.青天の雷鳴.〈転〉突然の変化.突発事件.寝耳に水:〔晴 qíng 天霹雳〕とも書く.
青田石 qīngtiánshí 図青田石:浙江省青田県方山に産する葉蠟石の一種,印鑑および玩具の材料として名高い.青味を帯びたものが多い.特につやがあり半透明なものを〔青田冻〕という.〔~雕 diāo〕同前に彫刻したもの.→〔冻 dòng 石〕
青条鱼 qīngtiáoyú =〔鲱 fēi〕
青条子 qīngtiáozi ⇒〔燕 yàn 雀〕
青桐 qīngtóng ⇒〔梧 wú 桐〕
青铜 qīngtóng ブロンズ.青銅.唐銅(蠟).〔~管〕[楽]青铜管.〔~器 qì〕青銅器.〔~汽门〕[楽]砲金バルブ.〔~钱〕銅銭.
青铜时代 qīngtóng shídài [史]青銅器時代:〔青銅器时代〕ともいう.
青头菌 qīngtóujùn [植]ハツタケ(初茸)
青头潜鸭 qīngtóu qiányā [鳥]アカハジロ.
青蛙 qīngwā [動]トノサマガエル.⇒〔蛙〕
青豌豆 qīngwāndòu [植]グリーンピース:〔青豆②〕に同じ.
青乌 qīngwū〈姓〉青烏(せい).
青虾 qīngxiā ①⇒〔沼 zhǎo 虾〕 ②[貝]ニホンスマエビ.
青葙 qīngxiāng =〔野 yě 鸡冠(花)〕[植]ノゲイトウ:種子を〔~子 zǐ〕または〔草 cǎo 决明〕といい薬用する.→〔决 jué 明〕
青小豆 qīngxiǎodòu =〔豌 wān 豆〕の別称.
青盐 qīngyán 塩の一種:中国西南及び西北産の〔池 chí 盐〕(淡水湖の塩)
青眼 qīngyǎn 黑目:親しみや尊重をもってみるまなざしをいう.〈文〉青目〕に同じ.〔~看待 dài〕親しみをもって接する.↔〔白 bái 眼〕
青羊 qīngyáng =〔斑 bān 羚〕
青杨 qīngyáng [植]ナガバドロ:ハコヤナギ属植物の一種.→〔白 bái 杨〕 ②⇒〔蒲 pú 柳①〕
青猺 qīngyáo ⇒〔果 guǒ 子狸〕
青衣 qīngyī ①[固]賤者の服.〈転〉婢女. ②=〔青衫〕黑い衣服.普段着.粗末な着物.〔~小帽〕普段のみなり. ③=〔青衫〕青衣旦〕〔(方)衫子〕[劇]立(旦)女形:〔正 zhèng 旦〕に同じ.旧劇で良家の娘や貞節な婦人などを演ずる役柄.→〔旦 dàn(II)〕
青衣旦 qīngyīdàn 同上.
青蝇 qīngyíng [虫]キンバエ.アオバエ:〔绿 lǜ 豆蝇〕ともいう.〔~点素〕ハエの微少なことから〈喩〉小人が君子をはめる.〔~吊 diào 客〕死んでハエが弔問に来る.〈喩〉生前の孤独なさま.
青油 qīngyóu [油]菜油.
青鼬 qīngyòu [動]コウライイテン:〔黄 huáng 猺〕ともいう.
青鱼 qīngyú [貝]アオウオ:コイ科の魚:〔青鲵〕〔黑hēi 鲵〕.→〔四 sì 大家魚〕
青玉 qīngyù うす青緑色の軟玉.→〔蓝 lán 宝石〕
青云 qīngyún ①高空. ②〈喩〉高遠な志.〈転〉高位高志.〔~之士〕孤高の人物. ③〈喩〉高位高

官.〔致身～〕栄進して高位高官となる.〔平步～〕一挙に高官となる.〔～独步〕地位などが抜きんでている.〔～直上〕栄進する.

青藏铁路 qīngzàng tiělù 西寧(青海省)—ラサ(西藏)間の鉄道(2006年開通)

青枝绿叶 qīngzhī lǜyè〈成〉緑したたる樹木.

青肿 qīngzhǒng ①〔皮下出血した〕青あざ. ②黒く腫れる.→〔黑 hēi 痣〕

青冢 qīngzhǒng ①囫漢の王昭君の墓:内蒙古フフホト近郊にある. ②〈文〉墓.

青州从事 qīngzhōu cóngshì〈文〉美酒の別称.

青珠 qīngzhū ⇒〔孔 kǒng 雀石〕

青竹蛇 qīngzhúshé ⇒〔竹叶青③〕

青竹丝 qīngzhúsī ⇒〔竹叶青③〕

青贮 qīngzhù 青刈り飼料をサイロに入れて発酵貯蔵する.〔～窖 jiào〕地下のサイロ.〔～饲料〕サイレージ.青草発酵飼料.〔～室〕[筒 tǒng 仓]サイロ.

青砖 qīngzhuān 濃い灰色の煉瓦.

青壮年 qīngzhuàngnián 青壮年.

青紫 qīngzǐ ①色青紫色(の). ②〈文〉〈喩〉高官重臣.漢の制度で公侯の印綬は紫,九卿の印綬は青を用いたところから. ③同下.

青紫(症) qīngzǐ(zhèng) 医チアノーゼ:〔发 fā 绀〕に同じ.

[清] qīng

(I)①清い.澄みきっている.〔水～见底〕水が澄んでいて底が見える.↔〔浊 zhuó〕 ②さわやかである.すがすがしい.〔天朗气～〕〈成〉天気清朗. ③廉潔で潔白である.公正である.〔～官〕廉潔な官吏. ④明白である.はっきりしている.〔头脑不～〕頭がはっきりしない.〔说不～〕はっきり言えない.〔划一界限〕境界(政治的立場)をはっきりつける. ⑤まじりけのない.純一の.単一の.→〔清水②〕 ⑥清める.きれいにする.〔把坏分子～出去〕不良分子を追い払う.〔～创 chuāng〕傷口をきれいにふく. ⑦静かである.寂しい.〔冷～①〕同前. ⑧清算する.〔把账～了〕つけを清算した.→〔清理〕〔清算①〕 ⑨点検する.〔～一一行李的件数〕荷物の数を点検する. ⑩→〔清儿〕 ⑪〈姓〉清(f).

(II)清(f):朝代名(1616年~1911年).満州族の[爱新觉罗·努尔哈赤](アイシンギョロヌルハチ,太祖)が建てた.初め[后金 j]と称していた.辛亥革命により滅亡し,中華民国が成立した.

清白 qīngbái ①清い.潔白である.純潔無垢である.〔清清白白的人〕人格上何の曇りもない人.〔～良民〕罪のない良民. ②〈方〉はっきりする.〔他说了半天也没把这件事情说～〕彼はさんざん話してもこのことをはっきりさせられなかった.→〔易晓〕明白でわかりやすい.

清帮 qīngbāng ⇒〔青帮〕

清跸传道 qīngbì chuándào 旧天子の行幸の際に道路を清掃し通行を禁止すること.

清标 qīngbiāo〈文〉容姿が人並みすぐれて端麗なこと.

清补 qīngbǔ 中医体内の熱を冷ましむ血液を増加して体力を保つ.

清仓 qīngcāng ①倉庫内の物資を整理する(調る).〔～查库〕在庫品調べ.在庫品明細表を作る. ②〔倉庫内の〕在庫を一掃する.〔大用 shuǎi 卖〕在庫一掃大廉売.クリアランスセール.

清操 qīngcāo〈文〉廉潔な品徳.

清册 qīngcè 登記台帳.財産目録.在庫一覧表.

清查 qīngchá (不正・誤りの有無を)詳しく調べる.〔～仓库〕倉庫を徹底的に調査する.〔～户口〕戸籍をはっきり調べる.〔～资产〕資産勘定.

清茶 qīngchá ①緑茶(で出したお茶). ②お茶だけ.〔卖～〕茶館が酒や料理を供せずお茶だけを売りものにすること.〔～恭候〕〔～候教〕〔～赎〕お茶だけを用意しておいでをお待ちしております.〔～恭候干收分资〕お茶だけ用意して各人から合力の銭をもらう.

清拆 qīngchāi 完全に(きれいに)とり壊す.〔这地区的屋房将连遭～〕この地区の家屋はひき続ききれいにとり壊されることになっている.

清产 qīngchǎn 財産を整理する.財産目録を作成する.〔～核资〕(企業の)財務を整理・確認する.

清偿 qīngcháng 全額償還(する).完済(する).〔～债务〕債務償還.

清场 qīngchǎng (公共施設・場所の)清掃・整理を行う.〔报告结束后,再一打扫〕報告が終わってから掃除する.

清唱 qīngchàng ①扮装せずに芝居の一節だけを歌う(こと):"素谣"のようなもの.〔～剧〕音オラトリオ.〔京剧～〕京劇の素謡.→〔彩 cǎi 唱〕〔坐唱〕 ②音無伴奏で歌うこと.

清朝 qīngcháo 清(f)朝.→qīngzhāo

清炒 qīngchǎo 単一の材料を油で炒めること.〔～虾仁儿〕食えびのむきみの油炒め.

清澈 qīngchè〔清彻〕とも書いた.澄みきっている.〔湖水～见底〕湖水が澄みきって底まで見える.→〔清亮〕

清尘 qīngchén〈文〉尊貴な人に対する敬称.

清晨 qīngchén 夜明け.明け方.→〔清早〕

清除 qīngchú ①徹底的に取り除く.追放する.〔～封建残余〕徹底的な封建の残物を取り除く.〔～积弊〕積弊を一掃する.〔～出党〕変節者などを党から追放する. ②清掃する.掃除をする.〔～路上的积雪〕道路に積もった雪を取り除く.〔～垃圾和粪便〕ごみと糞便を清掃する.→〔清洗〕

清楚 qīngchu ①明白である.はっきりしている.〔口音～〕発音が明瞭である.〔字迹～〕字がはっきりしている.〔说得清清楚楚〕きれいに言明する. ②明晰(%)である.〔头脑～〕頭脳が明晰である.〔听得～〕はっきりと聞こえる. ③よく知っていてわかりやすい.〔这个问题你不～〕この問題はよく分かるか.〔弄～〕はっきりさせる.

清纯 qīngchún 清純である.〔～的少 shào 女〕清純な少女.〔水质～〕水質が清純である.

清醇 qīngchún (酒や匂いが)さわやかである.さっぱりして混じり気がない.

清词丽句 qīngcí lìjù〈慣〉清新で秀麗な文.

清脆 qīngcuì ①(声や音が)はっきりして歯切れがよい.耳ざわりがない.聞きよい.〔～的笛声〕澄んだ笛の音.〔口音～〕発音がはっきりして歯切れがよい. ②(食物が)歯ざわりが良く,香りが良い.さくさくしている.

清单 qīngdān 明細書.清算書.目録.チェックリスト.〔装货～〕積荷明細書.〔结算～〕決算明細書.〔开～〕明細書を書く.〔尊嘱另开折扣～,特此一并附奉〕〈赎〉割引勘定書を別に書けとのご依頼により特に添付申し上げます.

清淡 qīngdàn ①淡白である.あっさりしている.ほのかである.〔味道～〕味が淡白だ.〔颜色～〕色が淡い.〔～的荷花香气〕蓮の花のほのかな香り. ②(食物の)脂分が少ない.〔～的菜肴〕あっさりした料理. ③清新で上品である.清雅である. ④取り引きが少ない.不景気である.〔年初生意～〕年始は商売が暇だ.

清党 qīngdǎng 党内粛清(する).〔～运动〕同前の運動.→〔整 zhěng 党〕

清道 qīngdào 旧①道路掃除をする.〔～夫〕道路掃除人夫.②昔.先払いする.露払いする.

清地 qīngdì (不法占拠・目的外使用などの)土地を

qīng 清

調べて粛正する.
- **清点** qīngdiǎn 徹底的に点検する.数をあらためる.〔～仓库物资〕在庫品を点検する.〔～货物〕棚卸しをする.
- **清炖** qīngdùn 調理法の一.(肉類など)醤油を使わず,塩だけで味つけし長時間煮込む.〔～鸡〕同前の鶏料理.
- **清房** qīngfáng 違法住宅を調べて粛正する.
- **清匪** qīngfěi 匪賊を掃討する.→〔清乡〕
- **清肺** qīngfèi 中医肺・呼吸機関の中をきれいにする.
- **清风** qīngfēng 涼風.涼しい風.〔～徐来〕涼風が吹く.〔～明月〕清風と明月.〔～高谊〕友情が深く純粋である.②〈喩〉清廉である.〔～峻节〕〔～亮节〕人柄が清く高潔なこと.〔～两袖〕〔两袖～〕両袖にさわやかな風が通る:官吏が清廉であることを指す.
- **清风藤** qīngfēngténg 植①=〔青藤②〕アオカズラ.②〔防fáng 己〕(ツヅラフジ)の蔓茎.
- **清福** qīngfú 悩み事のない幸福.無病息災.〔享xiǎng～〕悠々自適する.
- **清高** qīnggāo ①高潔で世俗に流されない.②孤高であるとうぬぼれる.〔他自命～〕彼は孤高だと自任している.
- **清稿** qīnggǎo 清書した原稿.
- **清歌** qīnggē ①伴奏なしに歌う歌.②清らかにひびく歌声.
- **清鯁** qīnggěng〈文〉清廉で剛直である.
- **清公** qīnggōng ⇒〔清正〕
- **清宫** qīnggōng 清朝の宮廷.〔～戏〕ⓐ同前のドラマ.ⓑ清朝の宮中で上演された人形劇.②[医]子宫を治療する.
- **清共** qīnggòng 回(反動政府が)共産党(員)を粛清する.
- **清供** qīnggòng ①清らかな感じのする供え物:竹・松・梅・生花・線香など.②上品な飾り物:骨董・盆景など.
- **清官** qīngguān ①判断(さばき)の公正な役人.清廉な役人.〔～难断家务事〕〈諺〉仕事の公正な役人も家事を断じることは難しい.〔～无后,清水无鱼〕〈諺〉清廉な役人は子孫が苦労する,清い流れには魚は棲まない.〔铁面～〕鉄面無私の〔包公の〕別名.→〔青天②〕②高位高官でありながらたいして実権の伴わない役人.→〔清贵衙门〕③同下.
- **清倌(儿)** qīngguān(r) =〔清官①〕〔清倌人〕〔小xiǎo 先生②〕回半玉(ぎょく).一人前でない雛妓(ぎ).→〔大dà 先生(儿)〕
- **清倌人** qīngguānrén 同上.
- **清规** qīngguī 宗(仏教で)=〔清规(はい)〕禅門の宗規.唐の百丈禅師の作ったもの.〔百 bǎi 丈～〕唐の百丈山,懐海禅師の作った禅林規律.後の基準となった.②仏教徒の守るべき戒律.
- **清规戒律** qīngguī jièlù 宗(仏教の僧尼や道教の道士が)守るべき規律や戒律.〈転〉旧例.しきたり.しゃくし定規.〔打破～〕同前を打破する.
- **清贵衙门** qīngguì yámen 回〔翰 hàn 林院〕のように非常に格は高いが実際政治面にあまり関与しない閑な役所の別称:〔清贵〕は上品で高貴の意.→〔清官②〕
- **清锅冷灶** qīngguō lěngzào〈喩〉ひっそり閑としている.すっかりさびれている.〔点心铺因为缺乏面粉,也是～的(老・四・偷25)〕お菓子屋も小麦粉がなくなったので閑古鳥が鳴いた.
- **清寒** qīnghán ①貧しい.〔家境～〕家が貧しい.②澄みわたってひやりとしている.〔月色～〕月が澄みきって冷たく輝いている.
- **清和** qīnghé〈文〉①晴れて暖かである.天候がよい.〔天气～而温润〕天候がよく温暖でしっとりしている.②太平である.〔海内～〕天下(国内)が太平である.
- **清还** qīnghuán 全額清算する.完済する.
- **清诲** qīnghuì〈謙〉ご教示.ご垂示.〔久疏～〕久しくごぶさたしております.
- **清火** qīnghuǒ 中医体内の熱を取り去る.〔～败毒〕同前して毒を消す.〔败 bài 火〕
- **清寂** qīngjì 物寂しい.〔～的冬夜〕物寂しい冬の夜.
- **清俭** qīngjiǎn 清廉でつつましい.
- **清减** qīngjiǎn ⇒〔清瘦〕
- **清健** qīngjiàn ①健(!)やかである.②お達者である:老人が健康なのをほめる言葉.
- **清鉴** qīngjiàn〈謙〉〔清照〕〔青及〕〔青鉴〕〔青览〕澄 chéng 鉴〕〔澄照〕①明察.②〈牘〉ご覧ください:冒頭に宛名の下に書く.→〔垂 chuí 青〕
- **清酱** qīngjiàng =〔青酱〕回①何も入れていない味噌:〔炸 zhá 酱〕〔芝 zhī 麻酱〕などに対していう.→〔黄 huáng 酱〕②〈方〉醤油.
- **清剿** qīngjiǎo (匪賊や敵などを)掃討する.一掃する.
- **清缴** qīngjiǎo 全部引き渡す.引き渡しをすませる.〔～所得税〕所得税のうえ納める.
- **清校** qīngjiào 最終校正方.校了.
- **清教徒** qīngjiàotú 回清教徒.ピューリタン.
- **清洁** qīngjié ①清潔である.〔清洁〕清潔.〔～车〕清掃車.〔～工〕清掃の仕事に従事する人.〔～剂〕洗剤.〔～能 néng 源〕クリーンエネルギー.〔～燃 rán 料〕クリーン燃料.〔～生 shēng 产〕クリーン生産.〔～提 tí 单〕商無故障船荷証券.クリーン B/L.〔～箱 xiāng〕ごみ箱.②⇒〔廉 lián 洁〕
- **清结** qīngjié 清算して結末をつける.
- **清洁票据** qīngjié piàojù ⇒〔信 xìn 用票据②〕
- **清劲风** qīngjìnfēng 気風力8の風の旧称.→〔风级〕
- **清净** qīngjìng ①煩わされない.心静かである.〔耳根～〕不愉快なことが耳に入らない.雑事に煩わされない.〔我想过～的日子〕私は煩いのない暮らしをしたい.②澄みきっている.
- **清静** qīngjìng 静かである.〔地方很～,交通不大方便〕場所は静かであるが交通は便利でない.〔咱们找个～的地方好好儿聊聊吧〕どこか静かな所でじっくり話そう.〔～无为〕〈喩〉自然のままにすること.
- **清酒** qīngjiǔ ①〈文〉祭祀用の酒.②透明でさっぱりとした酒.〔～淡茶〕さっぱりした酒とうす茶.
- **清君侧** qīngjūncè〈文〉君側の奸を除く.
- **清俊** qīngjùn〈文〉美しくて賢い:〔清雋〕〔清隽〕とも書く.
- **清峻** qīngjùn (文章などが)簡潔で厳しい.
- **清客** qīngkè ①〔门 mén 客〕②〔梅 méi 花〕の別称.③〔票 piào 友(儿)〕〔芝居に出演する素人役者〕の別称.〔～串(儿)〕同前.〔～串戏〕素人俳優のやる芝居.
- **清科** qīngke〈方〉(人影がまばらで)静かである:〔清克〕とも書く.
- **清空** qīngkōng からにする(なる).からっぽにする(なる)
- **清口** qīngkǒu さっぱりとして口あたりがいい.
- **清苦** qīngkǔ ⇒〔清贫〕
- **清库** qīngkù ①倉庫内を整理する:〔清仓①〕に同じ.②在庫(商品)を一掃する:〔清仓②〕に同じ.③ダム・貯水池をさらう.
- **清栏** qīnglán ⇒〔起 qǐ 圈〕
- **清览** qīnglǎn ⇒〔清鉴〕
- **清朗** qīnglǎng ①すがすがしい.清明である.〔天气～〕すがすがしい天気だ.②はっきりしてよく響

清 qīng

く.③(目が)きれいで輝いている.④さわやかで明快である.
清冷 qīnglěng ①涼しく肌寒い.〔~的秋夜〕肌寒い秋の夜.②⇒〔冷清〕
清理 qīnglǐ きれいに整理する.徹底的に片付ける.〔~债务〕债務を清算する.〔~收盘〕(会社を)清算して解散する.〔~河道〕河床を浚渫(しゅんせつ)する.〔~装置〕清浄装置.
清丽 qīnglì 〈文〉清新で美しい.〔文章~〕文章が清新で美しい.〔~的景色〕すがすがしくて美しい景色.
清涟 qīnglián 〈文〉清らかで水面に細かな波紋を描いているさま.
清廉 qīnglián 清廉(である).〔~的官吏〕清廉な官吏.↔〔贪 tān 污〕
清凉 qīngliáng さっぱりしている.涼しくすがすがしい.さわやかである.〔~剂〕清涼剤.〔~油〕メントール軟膏.〔万 wàn 金油〕は俗称.〔~饮料〕清涼飲料水.
清亮 qīngliàng (声が)澄んでよく通る.〔歌声~〕歌声が同前.
清亮 qīngliang ①透きとおっている.澄んでいる.→〔清澈〕②明確である.はっきりしている.③〈方〉はっきりする.
清冽 qīngliè 清冽(せいれつ)である.澄んでひやりとする.
清凌凌 qīnglínglíng 水が澄み切っているさま.〔清泠泠〕とも書いた.
清流 qīngliú ①清らかな流れの水.②〈文〉高潔の士.
清路 qīnglù ①きれいな道路.②道路をきれいにする.道路の清掃をする.
清门 qīngmén ①清貧に安んずる家.②読書人の家柄.
清秘 qīngmì 〈文〉清らかで奥深い所:多く宮中をいう.
清棉 qīngmián 〔紡〕綿をたたいてほぐし繊維を取り出す.〔~机〕綿打機.
清明 qīngmíng ①澄んで明るい.〔~的月亮〕明るく澄んだ月.②(気分が)落ち着いてはっきりしている.〔神志~〕意識がはっきりしている.③政事が条理にもとづいて行われる.〔政治~〕政治が公明正大で暗いところがない.④〔二十四节气〕の一,春分後15日目の4月5日または6日.〔~节〕清明節:2008年から国の祝日.〔百六〕ともいう.墓参りや野遊をする.→〔鬼 guǐ 节〕
清明菜 qīngmíngcài 〔植〕ハハコグサ(ホオコグサ).〔鼠 shǔ 曲草〕に同じ.
清明上河图 qīngmíng shànghétú 清明上河:宋の張择端の描いた絵巻.北宋汴京(現在の開封)の栄華を描いた.
清盘 qīngpán ①棚卸し.〔货尾~〕残品の棚卸し.②(会社を)清算して解散する.
清贫 qīngpín 〔清苦〕清貧である.→〔清寒①〕
清平 qīngpíng 静かで平和である.〔~世界〕太平の世.
清漆 qīngqī =〔凡 fán 立水〕〔凡立司〕(假 jiǎ 漆〕〔青漆〕〔洋 yáng 漆〕ワニス.〔泡 pào 立水〕〔泡立司〕はアルコール類で溶けた速乾性のもの.
清讫 qīngqì 〈文〉清算する.清算済み.
清浅 qīngqiǎn (川水が)澄んで浅い.
清欠 qīngqiàn 〈文〉借金を完済する.未払い金を払う:口頭語の〔还 huán 清〕に同じ.
清切 qīngqiè ①明晰である.②物悲しい.
清秋 qīngqiū 深い秋の気配.秋冷の候.
清秋节 qīngqiūjié ⇒〔重 chóng 阳(节)〕
清癯 qīngqú 〈文〉やせている.〔面容~〕顔がやつれている.

清泉 qīngquán 清らかな泉.
清儿 qīngr ①うわずみ液.〔装在坛子里的老酒,澄 dèng 一点儿~再舀 yǎo 出来才好〕かめに入っている老酒は少しすましてから汲み出した方がよい.②〔蛋 dàn ~〕鶏卵の白身.〔蛋白〕に同じ.
清热 qīngrè 中医内熱症状を緩和する.〔~药〕解熱の薬.〔~解毒〕解熱解毒.
清润 qīngrùn ①(声が)澄みきっている.②(空気などが)さわやかである.③明るくてつやがある.
清扫 qīngsǎo 清掃する.きれいに掃除する.
清商乐 qīngshāngyuè =〔清乐②〕旧民間の俗曲(南北朝以降の称)
清赏 qīngshǎng ご観賞.
清神 qīngshén 〈敬〉〔~思虑.〔琐费~〕〔劳动~〕〔有劳~〕お心づかいを煩わす.
清时 qīngshí 〈文〉太平の時勢.
清士 qīngshì 〈文〉廉潔の士.
清世 qīngshì 〈文〉太平の世.
清收 qīngshōu 完全に回収する.
清瘦 qīngshòu =(清减〕やせている.面やつれしている:相手が瘦せたことを言う聞こえのよい表現.〔您~了〕お痩せになりましたね.→〔发 fā 福〕
清刷 qīngshuā (ブラシなどで)きれいに洗う.
清爽 qīngshuǎng ①さわやかである.すがすがしい.〔雨后空气~〕雨あがりは空気がすがすがしい.②気持ちがさっぱりする.〔任务完成了,心里很~〕任務が終わって気が晴ればれした.③はっきりしている.〔把话讲~〕はっきりと話す.④清潔である.きちんとしている.⑤(味が)あっさりしている.〔味道很~〕味がとてもあっさりしている.
清水 qīngshuǐ ①清水.澄んだ水.〔~明镜〕〈成〉心づかいの高潔なこと.②混じり物のない水.〔~瓦房〕総煉瓦作りの家屋.〔~墙〕上塗りしていない壁.〔~货〕混ぜ物のない品物.〔~脊 jǐ 屋顶〕棟に何の飾りもない屋根.
清水衙门 qīngshuǐ yámen ①旧役得や実入りの少ない役所.②〈喩〉権力が小さく待遇や条件が悪い役所・企業.
清算 qīngsuàn ①清算(する):〔清账〕に同じ.〔~结算〕同清算.②罪を償わせる.〔~他的罪行〕彼の罪を清算する.
清谈 qīngtán 閑談.清談.空理空論では:〔竹 zhú 林七贤〕など晋のころに行われた老荘学の一派が無為の説を尊び俗事から遠ざかり談論にふけったことから.
清汤 qīngtāng 具のないスープ.コンソメ.おすまし:〔高汤〕ともいう.〔~鸡〕塩味で調理した鶏肉スリープ.〔~干贝〕貝柱の煮物:貝柱を鶏のスープだけで煮た料理.〔~海参 shēn〕いりこの潮煮スープ.〔~寡水〕〈成〉スープが脂っ気がない(味がまずい)
清甜 qīngtián ①さっぱりしてうまい.②(音声が)甘い.耳に快い.
清通 qīngtōng (文章などが)簡潔でよく整っている.
清退 qīngtuì ①清算し返還する.〔清查退回〕〔清查退赔〕〔清理退还〕同前.②〈文〉清廉で控え目である.
清挖 qīngwā (汚泥を)かき除く.〔~河道〕河床を同前.
清玩 qīngwán ①文雅なもてあそびもの.〔某某先生~〕××様,ささやかなすさびの品ご受納ください:愛玩用のものなどを他人に贈る場合,その物または包み紙などに書く言葉.②賞玩される品.
清婉 qīngwǎn (声に)きれいで美しくうるおいがある.
清污 qīngwū 汚染を取り除く.
清晰 qīngxī はっきりしている.明晰である.〔头脑~〕頭脳明晰である.〔发音~〕発音がはっきりし

qīng

ている.[〜度]明瞭度.鮮明度.

清洗 qīngxǐ ①きれいに洗う.洗い清める.[炊具要经常~消毒]料理道具はいつも消毒してきれいにしておかなければならない.②取り除く.→[清除]

清闲 qīngxián 煩わしいことがなくてひまである.静かで心地よい.[过着~的日子]静かな日々を過ごしている.

清乡 qīngxiāng 旧地方の保安維持のために匪賊の根城を討伐したことをいう.→[清匪]

清香 qīngxiāng かぐわしい香り.芳香.あっさりした香り.すがすがしい香り.→[清раз]

清心 qīngxīn ①心を清らかに保つ.[〜寡欲]寡欲〉成〉心清らかに寡欲である.②中医熱邪が心嚢に入って起こる症状を治すこと:うわ言やいらいら・怒りなどの発作を鎮めること.

清新 qīngxīn さわやかで新鮮である.すがすがしい.[刚下过雨, 空气〜]今雨が降ったばかりで空気がさわやかだ.[语言〜]言葉が清新である.

清馨 qīngxīn 〈文〉すがすがしい香りがする.

清信女 qīngxìnnǚ →[清信士]

清信士 qīngxìnshì 仏(仏教で)男性の在家の仏教信者:[信士][善 shàn 宿 男][梵]优 yōu 婆 塞(らばそく)に同じ.[信女][善宿女]〈梵〉优婆夷は女性の同前.

清醒 qīngxǐng ①意識をとり戻す.意識がはっきりする.[那个卡车司机过了一天多才渐渐〜过来]そのトラック運転手は1日あまり経過してようやく意識をとり戻した.②(頭が)冴え(ている).明晰(めい)である.冷静である.[经过学习和思考, 许多同志〜过来了]学習と思考を通して多くの人は考えが明晰となった.

清醒剂 qīngxǐngjì 清涼剤.気つけ薬.

清秀 qīngxiù =[清妍]すっきりと美しい.[长zhǎng 得眉清目秀]眉目秀麗に生い育っている.面立(めだ)ち秀麗である.[山水〜][山清水秀]山水の風景が麗しい.

清选机 qīngxuǎnjī 精選機.

清雅 qīngyǎ ①高尚優雅である.②静かで趣がある.

清妍 qīngyán ⇒[清秀]

清样 qīngyàng ①清刷り.②最終稿.校了ゲラ.→[大 dà 样]

清恙 qīngyàng ⇒[贵 guì 恙]

清野 qīngyě (撤退の際, 敵に一物も利用させないよう)焦土化すること.

清夜 qīngyè 静かな夜.[〜扪 mén 心自问]夜来, 静かに自省する.

清一色 qīngyīsè ①(マージャンで)同じ種類の数牌だけであがる役.②〈转〉(混じり気がなく)一律.一色.すべて…,揃って….[〜全是苹果树]みなリンゴの木ばかりである.[他们研究室的人员全是〜的博士]彼等研究室のメンバーは全員博士だ.

清议 qīngyì 圖(名士の)政治に対する議論または政治人物に対する評論.

清逸 qīngyì 清新である.俗っぽくない.

清音 qīngyīn ①結婚や葬儀の時に吹奏する静かな音楽.②諧い物芸能の一:胡弓や琵琶などで伴奏する.[四川〜]四川で流行している同前.③圖清音.無声音:[不带音]に同じ.[〜由[普通话]の l,m,n,ng,r を除くすべての[辅fǔ音](子音)また伝統的には[全清]すなわち無声無気音[次 cā 音]と[次 cì 清]すなわち無声有気音の[塞音][塞擦音]とに分かれる.→[浊 zhuó 音] ④→[六 liù 音]

清吟小班 qīngyín xiǎobān =[大 dà 地方 ②][小班 ③]旧北京の[乐 yuè 户 ②](妓楼)の中で最も高

級なものをいう:[茶 chá 室 ③][下处 ②][小下处]と順次下等になる.

清莹 qīngyíng 清らかで透き通っている.

清幽 qīngyōu (風景が)清らかで静寂幽邃(ゆうすい)である.[清幽幽]ひっそりと静かである.

清悠悠 qīngyōuyōu (水が)澄みきっているさま.

清油 qīngyóu [青油]とも書く.植物性食用油として菜種油をいう.[素 sù 油]に同じ.

清游 qīngyóu 清遊する.

清淤 qīngyū (水底の)泥を取り除く.

清誉 qīngyù 〈尊〉汚れのないご名声.

清源 qīngyuán 根源を正す.発生源を粛正する.

清乐 qīngyuè 笙の笛の伴奏で歌う仏教の偈頌(げじゅ)の歌:[佛 fó 曲]をいう.⑤⇒[清商乐]

清越 qīngyuè 〈文〉①声が澄んでのびやかである.[其声〜]その音はよくとおって聞こえる.②(容貌・風采が)凡俗を超越して優れていること.[风采〜]同前.

清运 qīngyùn きれいに片付ける.(ごみ・障害物などを)取り除いて運び去る.

清早 qīngzǎo 早朝.朝.[每天〜, 年轻的工人从住宅走向工厂]毎朝, 若い工員たちは住宅から工場へ行く.→[大 dà 清早(儿)]

清湛 qīngzhàn 〈文〉澄み切っている.[〜的蓝天]澄み切った青空.

清丈 qīngzhàng 土地を測量する.検地をする.[〜地亩]同前.

清账 qīngzhàng ①帳簿を整理する.決算する:[清算 ①]に同じ.②(掛金を全部勘定して)支払う.③勘定書き.明細書.

清障 qīngzhàng (道路・水路の運行の)障害を除く.[〜车]レッカー車.[清拖车]ともいう.

清朝 qīngzhāo ⇒[清朝]

清朝 qīngzhāo 〈文〉早朝.→ qīngcháo

清真 qīngzhēn ①イスラム教(回教)の.[〜馆儿][〜菜馆]=[〜餐厅]=[〜食堂]イスラム教徒の経営する料理屋.イスラム教徒の為の食堂:豚を禁忌する.[〜席][教 jiào 口门席]回教徒席(イスラム料理).[〜寺 sì]イスラム教寺院.→[伊 yī 斯兰教] ②〈文〉質樸・純潔であること.

清真教 qīngzhēnjiào 圖イスラム教(回教)=[清真老教][伊 yī 斯兰教]ともいう.[回 huí (回)教]は旧称.

清蒸 qīngzhēng 醤油を入れないで蒸す.[〜鱼]蒸した魚.[〜甲 jiǎ 鱼]すっぽんの蒸し料理.

清整 qīngzhěng ①きちんと整える.[〜城市环境]都市の環境を整える.②きちんとできている.[字迹〜]文字がきれいで美しい.

清正 qīngzhèng =[清公]〈文〉清廉公正なこと.[〜持公]清廉公正に身を持する.

清种 qīngzhòng ⇒[单 dān 作]

清浊 qīngzhuó 清濁.[喩]③社会の光明と暗黒.⑤役人の廉潔と貪食(どんしょく).

[圊] qīng 〈文〉厠(かわや).[〜溷 hùn]同前.[〜土]堆(こえ)肥.[〜肥]〈方〉厩(うまや)肥:[厩 jiù 肥][圊 juàn 肥]に同じ.

[蜻] qīng

蜻蜓 qīngtíng 田トンボ(総称).[大〜]〈方〉老 lǎo 流利.[〈方〉老琉璃][〈口〉妈 mā 螂][桑 sāng 根]ヤンマ.[黄 huáng 绿棘腹蜓]ヤブヤンマ.→[蜓]

蜻蜓点水 qīngtíng diǎnshuǐ トンボが尾で水面をかすめる.〈喩〉上っつらだけで, 掘り下げの不十分なこと.表面だけで深入りしないこと.

蜻蜓吃尾巴 qīngtíng chī wěiba 〈歇〉トンボが尾を食う.[〜, 自吃自]自分で自分を食べる.

〔鯖・鯖〕 qīng 魚貝サバ(科の魚類):マサバ・グルクマなど.〔日本花〜〕マサバ.〔澳 ào 洲花〜〕コサバ.〔単色裸〜〕イソマグロ(サバ科).→〔鲐 tái〕→ zhēng

鲭鲨 qīngshā 魚貝アオザメ.

〔轻・輕(軽)〕 qīng ①(重量が)軽い.〔分 fēn 量比这个〜〕重さがこれより軽い.〔分量一个的东西显数儿比重いものは数が出る:同重量ならば重いものよりも数が多いの意.↔〔重 zhòng ①〕 ②(負担・装備が)たいしたことがない.手軽である.〔身〜如燕〕身軽なことつばめのごとくである. ③(価値が)重要でない.貴重でない.〔责任不〜〕責任は重大だ. ④(程度・数量が)軽微である.〔身上的疲劳也不〜〕疲れ方も並大抵ではない.〔他叫我骂得不〜〕彼はぼくにひどく叱られた.〔他的病不〕彼の病気は軽くない.〔罪〜〕罪は軽い.〔这(一)批货来的质量〜〕この手の商品は買い値が安い.〔〜寒〕薄ら寒い.〔年纪〜〕年が若い. ⑤気軽である.軽やかである.薄い.〔无病一身〜〕無病だと体中が気持ちいい.〔口〜〕味が薄い.味が甘い.→〔轻松〕 ⑥軽率である.軽はずみである.軽々しい.〔这是美德,不可〜废 fèi〕これは美徳であり,軽々しく捨ててはいけない.→〔轻易〕 ⑦軽んずる.問題にしない.→〔轻看〕 ⑧力を入れない.そっと静かである.〔〜〜推了他一下〕軽く彼を押した.

轻磅 qīngbàng 目方の軽いもの.〔〜纸〕軽量の紙.
轻便 qīngbiàn ①軽便である.宜于携 xié 带,非常〜〕携帯に適し,たいそう軽便である.〔〜式〕ポータブル式.〔〜摩托车〕スクーター. ②仕事が軽い.易い.〔〜活(儿)〕軽い仕事.
轻兵 qīngbīng 人数が少なく,装備の簡単な軍隊.〔出〜奇袭〕軽装の兵で奇襲する.→〔重 zhòng 兵〕
轻薄 qīngbó ①軽薄である.軽々しい.軽はずみである.〔举止〜〕この女人は軽々しい.〔这个女人过于〜〕この女はあまりにも軽はずみだ.↔〔敦 dūn 厚〕→〔轻浮〕 ②見下げる.侮辱する.多く〈女性に対して用いる.〔女孩子们〕彼が女性を馬鹿にする.
轻财 qīngcái 財を重視しない.〔〜好 hào 施〕金銭を広く施す.〔〜好 hào 义〕〔〜重义〕成〕財物を軽んじ義侠心を重んずる:古来〔好汉〕の美徳とされた.〔〜重士〕金銭ではなく人材を重視する.
轻车 qīngchē ①旧戦車. ②軽便な車.〔〜简从〕軽装随行〔身分の高い者が外出する時〕供回りを質素にする.〔〜熟路〕〔驾 jià 轻就熟〕〈成〉よく習熟していて,たやすくできること.
轻唇音 qīngchúnyīn 語唇唇音:息が歯と唇の間に流れて発する音.
轻脆 qīngcuì ①もろく壊れやすい.〔这个东西〜,拿着小心点儿〕この品はもろくて壊れやすいから持つ時には注意する. ②〈文〉軽薄で脆弱である.
轻淡 qīngdàn かすかである.〔〜的炊烟〕かすかな炊煙.〔〜的记忆〕かすかな記憶.〔昨天他只是〜地提起这件事〕昨日彼はあっさりとこれに触れただけだ.
轻敌 qīngdí 敵を軽く見る.〔〜者必败〕敵をあまり見る者は必ず敗れる.〔〜思想〕敵を軽く見る姿勢.〔麻痹〜〕油断して敵を軽んずる.
轻读 qīngdú 軽く読む(発音する).→〔轻声①〕
轻度 qīngdù 程度が軽いこと.軽度.軽い度合い.
轻吨 qīngdūn (船体と設備だけの)船のトン数.
轻而易举 qīng ér yìjǔ 〈成〉容易にやれる.楽である.〔〜的事情〕造作もない仕事.〔不要以为〜地就可以学会汉语〕何の苦労もなしに中国語を身につけられると思ったら大間違いだ.
轻纺 qīngfǎng 軽工業と紡績.〔轻工纺织〕の略.

〔〜产品〕同前の製品.
轻放 qīngfàng 静かに置く.そっと扱う.〔易碎物品,小心〜〕壊れ物,取り扱い注意.
轻风 qīngfēng ①そよ風. ②気秒速1.6〜3.3メートル,風力2の風.
轻浮 qīngfú =〔轻佻〕うわついている.軽薄である.移り気である.〔举止〜〕態度がうわついている.→〔轻薄〕
轻歌曼舞 qīnggē mànwǔ 〈成〉軽やかに歌い美しく踊る.
轻工业 qīnggōngyè 軽工業.〔轻工〕ともいう.〔〜机械〕軽工業機械.↔〔重 zhòng 工业〕
轻轨 qīngguǐ ①軽レール. ②同下.
轻轨铁路 qīngguǐ tiělù 軽便鉄道.〔轻轨②〕〔轻铁〕〔城铁〕ともいう.路面電車など都市交通機関(LRT:ライトレールトランジット)をいう.市内と近郊を結ぶのが.
轻忽 qīnghū 軽視する.うかつにする.気にかけない.〔不可〜职守〕職務をおろそかにしてはいけない.
轻缓 qīnghuǎn 軽やかでゆっくりしている.〔〜的步伐〕ゆっくり静かな足取り.
轻活儿 qīnghuór 軽い仕事.たやすい仕事.
轻货 qīnghuò 軽量貨物:体積は大きいが,軽い貨物.
轻机枪 qīngjīqiāng 軍軽機関銃.〔轻机关枪〕ともいう.
轻减 qīngjiǎn 軽減する.軽くなる.〔家兄的病已大见〜〕兄の病状がだいぶ軽くなった.
轻贱 qīngjiàn ①はしたない.げすである.下賤である. ②見下す.ばかにする.
轻健 qīngjiàn 軽くて力強い.〔〜的步履〕軽くてしっかりした足取り.
轻捷 qīngjié 身軽ですばやい.敏しょうである.〔动作〜〕動作が同前.
轻金属 qīngjīnshǔ 軽金属.
轻举妄动 qīngjǔ wàngdòng 〈成〉軽挙妄動する.〔切 qiè 不可〜〕決して同前してはいけない.
轻卡 qīngkǎ 軽トラック.〔〜车〕ともいう.
轻看 qīngkàn 軽んずる.見くびる.〔你可别〜〕見くびっちゃいけないよ.→〔轻视〕〔小 xiǎo 看〕
轻口薄舌 qīngkǒu bóshé ぺらぺら口をたたく.〔轻嘴薄舌〕ともいう.
轻快 qīngkuài ①軽快である.軽々しい.〔脚步〜〕足どりが軽やかである.〔〜的马步〕〔馬術の〕軽步(軽 装). ②(気持ちが)さっぱりする.晴れ晴れとする.〔〜的乐曲〕軽やかな曲.〔退院后,身体〜多了〕熱が下がって体がかなり軽快になった.
轻狂 qīngkuáng 軽はずみである.〔举止〜〕ふるまいが軽はずみだ.
轻量级 qīngliàngjí 軽量級.@(ボクシングの)ライト級.⑤(レスリングの)フェザー級.
轻灵 qīnglíng 軽やかである.〔动作〜〕動作がすばしこい.〔〜的笔调〕生き生きとした筆致.
轻慢 qīngmàn 侮る.軽蔑する.見下げる.〔谁敢〜他呢〕彼を侮る者がいましょうか.〔〜不得〕ばかにはできない.→〔敬 jìng 重〕
轻描淡写 qīngmiáo dànxiě 〈成〉①あっさりと描写する.おおざっぱに書く.大づかみに話す. ②漠然と言う.気軽に言う(する).造作なく〜する.〔他一地说"行行",但事情并不是那么简单〕彼は気軽に「よしよし」と言うが事はそんなに簡単ではない. ③表面だけで事柄が終結したことをする.
轻妙 qīngmiào 軽妙である.〔〜的歌声〕軽妙で美しい歌声.
轻蔑 qīngmiè 軽蔑する.見下げる.〔互相〜〕互いに軽蔑しあう.〔〜的口气〕軽蔑の口調.〔〜的眼光〕

qīng 轻

軽蔑のまなざし.

轻拿轻放 qīngná qīngfàng 〈慣〉取扱注意:〔搬运注意〕ともいう.

轻暖 qīngnuǎn ①ほのかに暖かい. ②〈服〉軽くて暖かい. 〔～羊绒衫〕同前のカシミヤのセーター.

轻诺寡信 qīngnuò guǎxìn 〈成〉安請け合いで信用がおけない.

轻炮 qīngpào 〖軍〗小口径砲. →〔重 zhòng 炮〕

轻飘 qīngpiāo ①軽やかである. ②落ち着いていない. しっかりしてない.〔作风～〕やりかた(仕事ぶり)が軽率だ.

轻飘飘 qīngpiāopiāo (物・心・動きが)軽やかであるさま.〔垂柳～地摇动〕しだれ柳が軽やかに揺れ動く.〔她高兴地走着,脚底下～的〕彼女はうきうきとして足どりも軽やかに歩いている.〔他病刚好,走起路来～的〕彼は病気が治ったばかりなので歩くとふらつく.〔一地检查〕上っ面の自己批判をする.

轻僄 qīngpiào 〈文〉軽薄である:〔轻剽〕とも書く.

轻骑 qīngqí ①軽装の騎兵.〈兵〉同前. ②〈口〉バイク.小型オートバイ.→〔摩 mó 托〕

轻倩 qīngqiàn 軽やかで美しい.〔～的身影〕軽やかで美しい姿.

轻趫 qīngqiāo 〈文〉軽捷である.

轻巧 qīng-qiǎo ①(物品が)軽やかで精巧である.〔这个小玩意儿做得可真～〕このおもちゃはほんとうに小さくよくできている. ②やさしく容易である(事柄を形容していう).〔他真滑头,专挑 tiāo ～活儿干〕あいつはまったくずるい,扱いやすい仕事ばかり選んでいる.〔她的日子还是过得不～〕彼女の生活は相変わらず容易ではない. ③(動作が)敏捷である.軽快である.→〔轻盈①〕

轻俏 qīngqiào ①動きが軽快で美しい. ②はすっぱである.軽々しい.

轻轻 qīngqīng 軽く.そっと.やすやすと.〔～地放下包儿〕カバンをそっと置いた.〔～地说话〕低い声で話す.〔把石头～地搬了起来〕石を軽々と持ち上げた.

轻裘肥马 qīngqiú féimǎ 〈成〉軽やかな皮衣に,肥えた馬. 立派ないでたちをしている貴顕をいう:〔轻肥〕〔裘肥〕ともいう.〔乘肥马,衣轻裘〕(論語・雍也).

轻裘缓带 qīngqiú huǎndài 上等の皮衣を着て帯を緩めている.〈転〉ゆったりと落ち着いているさま.

轻取 qīngqǔ 楽勝する.楽々と勝つ.

轻饶 qīngráo 重く罰せず,軽く許す.簡単に許してやる.〔一个也～不了〕一人として簡単に許してやれるやつはいない.

轻柔 qīngróu 軽やかで柔らかである.〔～的枝条〕軽くて柔らかな枝.〔声音～〕声が軽やかで柔らかい.

轻软 qīngruǎn 軽くて柔らかい.ふんわりとした織物.〔～稀纱〕〖紡〗綿織物の一種:平織で薄く柔軟なもの.

轻锐 qīngruì ①軽便で鋭利である. ②軽装で戦闘力が強い.軽装で精鋭である.

轻纱 qīngshā 〖紡〗細い糸で編んだ布.

轻伤 qīngshāng ①軽い傷.〔～不下火线〕軽傷では前線から立ち去らない. ②軽傷者.

轻身 qīngshēn ①身体を軽快にする. ②〈文〉自分を粗末に扱う.

轻生 qīngshēng 身を軽んずる:自ら生命を捨てる.〔～短见〕〔～自尽〕(生命を軽んじて)自害する.→〔自 zì 杀〕

轻声 qīngshēng ①〖語〗中国語の四つの〔声调〕すなわち,〔阴平,阳平,上 shǎng 声,去声〕(一声,二声,三声,四声)が意味のربط や前後の関係などにより軽く発音されて元来の声調が不明確になったものをいう.〔～字〕同前の字. ②小声(で).〔～哭〕小さな声で泣く.

轻省 qīngsheng 〈口〉①気楽で骨が折れない.(病状などが)すっと軽くなる.〔活儿很～〕仕事はたいへん楽で骨が折れない.〔这笔生意倒还～〕この商売はあまかり気楽な方でした.〔吃了一剂药之后就～多了〕薬を一服飲んだ後はずっと軽く(楽に)なりました.〔轻闲〕 ②軽くて扱いやすい.〔这个箱子挺～〕この箱はとても軽い.〔这个东西这么拿着～〕この品はこういうふうに持てば少し軽くなる.

轻石 qīngshí ⇒〔浮 fú 石〕

轻视 qīngshì 軽視する.→〔轻看〕

轻世傲物 qīngshì àowù 〈成〉世の中を軽視し驕り高ぶる.

轻手轻脚 qīngshǒu qīngjiǎo 〈成〉手足の動作を軽くして音を立てないようにするさま.抜き足差し足.

轻率 qīngshuài 軽率である.軽はずみである.〔～地作结论是不好的〕軽々しく結論を下すことはよくない.〔这样决定有点儿～吧〕このように決めれば,少し軽げずみだろう.↔〔谨 jǐn 慎〕

轻水 qīngshuǐ 普通の水:〔重 zhòng 水〕に対していう.〔～反应堆〕〖理〗軽水炉.

轻松 qīngsōng ①身軽である.気楽である.リラックスする.容易である.〔～活儿〕手軽な仕事.〔我的工作～〕わたしの仕事は楽です.〔～愉快〕気も軽くて楽しい.〔终于登上了山顶,他的心情～起来〕やっと頂上に登って気持ちがすっきりした.〔运送这样大量的建筑材料,并不是一件～的事〕こんな大量の建築器材を運送するのは,決してなまやさしいことではない.〔幸而拍拍的响了之后,于他倒似乎完结了一件事,反而觉得～些〕(魯・Q3)幸いにしてパタパタと音がしてからは,彼は一つのことを完結したようで,かえって気が軽くなった.

轻瘫 qīngtān 〖医〗軽度麻痺.局部的な運動麻痺.

轻佻 qīngtiāo ⇒〔轻浮〕

轻铁 qīngtiě ⇒〔轻轨铁路〕

轻婉 qīngwǎn 軽やかでなめらかである.〔～的乐曲〕軽快でなめらかな楽の調べ.

轻微 qīngwēi 軽微である.軽くてわずかである.〔～的惩罚〕軽い処罰.〔～的头痛〕軽い頭痛.〔～的损失〕軽微な損失.

轻侮 qīngwǔ 軽蔑する.〔～人〕人をばかにする.

轻武器 qīngwǔqì 〖軍〗軽火器.

轻下儿惹重下儿 qīngxiàr rě zhòngxiàr 〈方〉ひどいしっぺ返しを受ける.

轻闲 qīngxián (仕事がひとしきり済んで,またはもともと重たる仕事まで済んで,ひまである.暇である.〔这件事快完了,往后就～了〕この件はすぐに終わりますから,それから後は楽に(暇に)なります.〔活儿倒～〕仕事の方は楽です.〔轻省①〕

轻绡 qīngxiāo 薄絹.

轻心 qīngxīn 少しも気にとめない.うかつである.→〔掉 diào 以轻心〕

轻信 qīngxìn 軽々しく信ずる.〔～片面之词〕一方の言い分を軽信する.〔～谣言〕うわさを軽信する.

轻型 qīngxíng 軽量式.〔～载重车〕軽トラック.〔～汽车〕軽自動車.

轻言寡信 qīngyán guǎxìn 〈成〉言うことが軽薄で信用されない.

轻扬 qīngyáng 軽やかに舞い上がる:〔轻颺〕とも書く.

轻易 qīngyì たやすく.なかなか.うっかり.簡単に:否定の副詞と一緒に用いることが多い.〔轻轻易易〕たやすくは.〔他～不来〕彼はなかなか来ない.〔他不～动怒〕彼はめったに怒らない.〔不可～置信〕うっかり信ずるわけにはいかぬ.〔他既说出来了,～不肯改〕

彼は言い出したからにはなかなか改めない.
軽意 qīngyì 気軽な気持ち.
軽音 qīngyīn 弱音部.
軽音乐 qīngyīnyuè 軽音楽.
軽盈 qīngyíng ①なよなよとしている.しなやかである.軽くふい:女性についていう.〔体态～〕体つきがなよなよとしている.→〔軽巧③〕②軽楽である.〔～的笑声〕リラックスした笑い声.
軽悠悠 qīngyōuyōu ①ひらひらと漂うさま.〔雪花～地飞舞着〕雪がちらちらと舞っている.②軽くてゆったりした声.
軽油 qīngyóu タール軽油.→〔石 shí 油〕
軽于 qīngyú〈文〉①軽々しく…する.〔～前进〕軽々しく前へ進む.〔～赞同〕軽々しく賛成する.②…より軽い.〔～鸿 hóng 毛〕〈成〉鴻毛よりも軽い.〈喩〉(その死は)価値がない.→〔重 zhòng 于泰山〕
軽元素 qīngyuánsù 物原子量の小さい元素:水素など.
軽质氧化镁 qīngzhì yǎnghuàměi 酸化マグネシア.煆製マグネシア.煆マ.→〔氧化镁〕
軽重 qīngzhòng ①重さ.目方.〔～怎么样〕重さはどのくらいありますか.②(程度の)軽重.強弱.主従.〔根据病的～,分別処理〕病気の軽重によってそれぞれの処置をとる.③重要さ.〔不知～〕重要さをわきまえない.〔无足～〕重要とはいえない.
軽重倒置 qīngzhòng dàozhì〈成〉(事の)軽重を倒置する.本末転倒.
軽重缓急 qīngzhòng huǎnjí〈成〉軽重.緩急:事の区別・差異.〔工作应分～〕事の軽重を問わねばならない.
軽量级彼 qīng zhòngliàngjí 図ライトヘビー級.
軽舟 qīngzhōu〈文〉小舟.
軽装 qīngzhuāng ①軽装.〔～就道〕身軽に出発する.〔～简从人民人〕地位の高い者が随從も力なく身軽に出入りすること.②簡単な装備.〔～上阵〕簡単な装備で戦いに臨む.気楽に実際の事をする.
軽子 qīngzǐ 物レプトン.軽粒子.
軽嘴薄舌 qīngzuǐ bóshé ⇒〔軽口薄舌〕
軽罪 qīngzuì 因軽罪.微罪.→〔重 zhòng 罪〕

〔**氢・氫**〕qīng 化水素:气体元素.記号 H.俗に〔～气〕という.また質量数が1の水素元素を特にいう時は〔氕 piē〕(プロチウム),質量数が2のものを〔氘 dāo〕(デューテリウム)〔重 zhòng ～〕(重水素),同じく3のものを〔氚 chuān〕(トリチウム)〔超重 zhòng ～〕(三重水素)という.〔～武 wǔ 器〕水爆兵器.〔～氧化物〕水酸化物.
氢弹 qīngdàn 匣水素爆弾.水爆.〔热 rè 核武器〕ともいう.→〔原 yuán 子弹〕
氢氟酸 qīngfúsuān 化フッ化水素酸.フルオール水素酸.→〔氟化氢〕
氢化 qīnghuà 化水素添加.〔～物〕水素化物.
氢离子 qīnglízǐ 物水素イオン.〔～浓度指数〕水素イオン濃度指数.
氢硫基 qīngliújī ⇒〔巯 qiú 基〕
氢氯酸 qīnglùsuān ⇒〔盐 yán 酸〕
氢能 qīngnéng 水素エネルギー.
氢气 qīngqì 化水素.
氢溴酸后马托品 qīngxiùsuān hòumǎtuōpǐn 化臭化水素酸ホマトロピン.ブロム水素酸ホマトロピン.
氢焰 qīngyàn 水素炎.〔~吹 chuī 管〕酸水素溶接器.〔～焰〕酸水素炎.
氢氧根 qīngyǎnggēn ⇒〔氢氧基〕
氢氧化铵 qīngyǎnghuà ǎn 化水酸化アンモニウム.アンモニア水.
氢氧化钡 qīngyǎnghuà bèi 化水酸化バリウム.
氢氧化钙 qīngyǎnghuà gài ⇒〔石 shí 灰〕
氢氧化钾 qīngyǎnghuà jiǎ 化水酸化カリウム.苛性カリ.〔苛 kē 性钾〕に同じ.
氢氧化铝凝胶 qīngyǎnghuàlǚ níngjiāo 化水酸化アルミニウムゲル.
氢氧化钠 qīngyǎnghuà nà ⇒〔苛 kē 性钠〕
氢氧化铁 qīngyǎnghuà tiě 化水酸化鉄:天然に産するものを褐鉄鉱という.
氢氧基 qīngyǎngjī =〔氢氧根〕〔羟 qiǎng 基〕化水酸基.→〔基③〕

〔**傾・傾**〕qīng ①傾く.斜めになる.〔向左微～〕わずかに左へ傾く.②偏る.〔左～〕左傾(する).〔一边单朵听〕耳を傾けて聞く.〔多数意见～于彻底改革〕多数意见は徹底的に改革する方に傾いている.③倒れる.覆る.〔～颓 tuí〕傾き崩れる.崩壊する.④ぶちまける.さらけ出す.→〔倾盆〕⑤(力を)尽くす.使い尽くす.〔～家〕破産する.〔～全力把工作做好〕仕事を完遂するため全力を尽くす.⑥〈文〉圧倒する.〔权 quán～天下〕〈成〉天下を圧倒する(ほどの)権力(である).
倾侧 qīngcè 傾く.斜めになる.
倾巢 qīngcháo 総勢を繰り出す.全員出撃する.〔倾巢出动〕〔倾巢而出〕ともいう.
倾城倾国 qīngchéng qīngguó〈成〉国を傾け滅ぼすほどの女性の美貌.〔倾国倾城〕ともいう.
倾倒 qīngdǎo ①傾き倒れる.②傾倒する.〔～于主席的言论〕主席の言論に傾倒する.
倾倒 qīngdào ①(容器を傾けて)捨てる.あける.〔～秽土〕ごみを捨てる.〔～秽水〕汚い水をあける.②話し尽くす.思い切り言う.〔她把那一肚子的苦水都一股脑儿向大家～了〕心にたまったたまった苦しみを全部ぶちまけた.→〔倾吐〕
倾动 qīngdòng 人を感動させる.
倾耳 qīng'ěr 傾聴する.謹聴する.〔～静听〕同前.
倾服 qīngfú 敬服する.〔倾佩〕
倾覆 qīngfù ①(物が)倒れる.覆る.〔马车～〕馬車がひっくり返った.②覆す.転覆させる.〔～陷溺 nì〕人に危害を加え陥れる.〔～邦家〕国家を転覆させる.→〔倾陷〕
倾盖 qīnggài 付き合って日の浅いたとえ.〔～之交〕付き合って日は浅い(が,親しい)間柄である.
倾国倾城 qīngguó qīngchéng ⇒〔倾城倾国〕
倾家荡产 qīngjiā dàngchǎn〈成〉破産する.家産を傾ける.家の財産を使い果たす.破産する.〔这官司叫他～了〕この訴訟で彼は財産をつぶした.
倾角 qīngjiǎo ①〔磁 cí 倾角〕②俯角.③=〔倾斜角〕図伏角.倾角.④=〔倾斜角〕地倾斜角.
倾角线 qīngjiǎoxiàn =〔斜 xié 纹丝〕機左右交互に食いちがわせて取りつけた線.
倾尽 qīngjìn (力・心・考え・金など)すべてを出し尽くす.力のかぎり注ぐ.
倾筐倒篋 qīngkuāng dàoqiè =〔倾箱倒篋〕〈文〉ありったけを傾けつくす.洗いざらい出してしまう.〔倾篋倒筐〕〔翻 fān 箱倒柜〕
倾力 qīnglì 持っている全てを傾け尽くす.
倾慕 qīngmù 心から慕う.→〔倾倒 dǎo ②〕〔倾佩〕
倾囊 qīngnáng あり金をはたいて支払う.〔～相付〕あり金をはたいて支払う.→〔倾筐倒篋〕
倾佩 qīngpèi 心から感服する.→〔倾倒 dǎo ②〕〔倾慕〕〔倾服〕
倾盆 qīngpén たらい(の水)をひっくりかえす.〈喩〉大雨.〔～大雨〕バケツをひっくり返したような大雨.〔大雨～〕大雨が盆を傾けたかのごとく降った.〔似的下了一场大雨〕鉢の水をまいたように大

が降った.→〔瓢 piáo 泼大雨〕

傾圮 qīngpǐ 〔文〕倒壊する.→〔倒 dǎo 揚〕
傾敧 qīngqī 傾斜する.
傾其所有 qīng qí suǒyǒu ⇒〔尽 jìn 其所有〕
傾慕 qīngmù 感情を傾ける.
傾洒 qīngsǎ （雪・血・汗などが）そそぐ.ふりかかる.
傾世 qīngshì ⇒〔弃 qì 世①〕
傾訴 qīngsù 腹を割って話す.〔衷情〕心に思ったことをぶちまける.
傾塌 qīngtā 倒壊する.〔房屋〕家屋が同倒.
傾談 qīngtán 打ち解けて話し合う.
傾聴 qīngtīng 傾聴する.注意深く聞く.〔事前不征求群衆意見,事後只不～群衆呼声〕事前に大衆の意見を求めず,事後も大衆の叫びに耳を傾けない.
傾吐 qīngtǔ ①吐き出す.〔向大海～污水〕海へ污水をたれ流す.②ありったけ話す.腹蔵なく述べる.〔请容我～ ,让你心的内を打ち明けて話させてください〕.→〔倾心〕.
傾危 qīngwēi ①〔文〕險しくそばだっているさま.〔崖岩〕同前.②〔險 xiǎn 诈〕
傾陷 qīngxiàn 〔文〕他人を罪に陥れる.→〔傾覆②〕
傾羨 qīngxiàn 〔文〕心から慕う.
傾箱倒篋 qīngxiāng dàoqiè →〔傾篋倒篋〕
傾向 qīngxiàng ①傾向.趨勢.②傾く.味方する.〔他現在～于我們的意见〕彼は今では我々の意见に傾いている.
傾向性 qīngxiàngxìng ①傾向（性）:主に思想や政治的傾向を指す.〔他的发言是有～的〕彼の発言は政治的傾向を帯びている.②性向.
傾銷 qīngxiāo 投げ売り（する）.ダンピング（する）.〔～政 zhèng 策〕ダンピング政策.→〔抛 pāo 售〕
傾斜 qīngxié ①傾いている.〔～度〕傾斜度.〔～仪 yí〕クリノメーター.②（…に）重点を置く.力を入れる.
傾斜角 qīngxiéjiǎo ⇒〔傾角④〕
傾瀉 qīngxiè どっと流れる.急流をなして流れる.〔大雨之后,山水～下来〕大雨の後,山水がどっと流れ落ちてきた.
傾卸 qīngxiè 傾けて中のものを出す.〔～汽 qì 车〕〔～卡 kǎ 车〕〔翻 fān 底车〕〔翻斗卡车〕〔自 zì 卸汽车〕ダンプカー・ダンプトラック.
傾心 qīngxīn ①心をひかれる.慕う.〔～于琴姐〕（巴金・家）琴姐のことを好きになる.〔一见～〕見るなり気に入る.ひと目ぼれする.②心底を披瀝する.誠心誠意である.〔～吐 tǔ 胆〕心底を披瀝する.→〔向 xiàng 往〕
傾軋 qīngyà いがみ合う.仲間内で不和を生じる.→〔排 pái 挤〕
傾螺罐 qīngyíngguàn →〔坩 gān 堝〕
傾注 qīngzhù ①水が勢い流れ注ぐ.〔泉水～到池塘里〕泉の水は池に流れこむ.②傾注する.専心する.〔～心血〕心血をそそぐ.

〔**卿**（**卿**）〕 qīng ①〔旧〕高級官吏・大官.〔～相 xiàng〕大臣・宰相.〔国务～〕（アメリカの）国務長官.⑤官名の一.〔卿大士〕 ②旧主君の臣下に対する呼称.〔～家〕同前.③〔旧〕他人に対する敬称.④〔旧〕夫の妻に（妻の夫に）.⑤〔姓〕卿（qīng）

卿大夫士 qīng dàifū shì 〔旧〕國家臣の身分.卿・大夫・士:王の家臣のうち上大夫を特に卿と称した.
卿卿 qīngqīng 〔文〕男女がむつごとを交わすこと.〔～我我〕〔成〕ちんちんかもかも.蝶々喃々.〔～我我地谈了半天〕いちゃいちゃと愛情たっぷりあった.
卿士 qīngshì ①〔文〕卿・大夫・士の総称.②執政

者.
卿雲 qīngyún 〔文〕瑞雲:〔景 jǐng 云〕に同じ.〔卿〕は〔庆〕に通じる.〔～歌〕舜が群臣とともに太平の気を楽しんだというもの:〔～烂兮,纠缦缦兮,日月光华,旦月光华,旦旦兮〕といい,中華民国成立当時国歌としたことがある.
卿子 qīngzǐ 〔文〕貴公子.→〔公 gōng 子①〕

〔**劲**〕 qíng 〔文〕強い.強力である.〔～敌 dí〕強敵.

〔**黥**（**剠**）〕 qíng ①〔文〕顔に入れ墨をする刑.〔～ 面〕〔～ 刑〕〔刑 xíng〕同前.〔～首系 jì 跟〕〔文〕額に入れ墨して足を束縛する.→〔刺 cì 字〕〔墨 mò 刑〕②〔文〕入れ墨（をする）.③〔姓〕黥（qíng）

〔**情**〕 qíng ①感情.心情.心持ち.〔热 rè ～②〕
  熱情.〔无～①〕無情（である）.〔温～〕温情.〔不得已情やむをえず②〕好意.情味.よしみ.思いやり.〔说～〕（人のために）許しを請う.〔領～厚情を受けて感謝した.〔报答他冒险救命之才対〕彼が危険を冒して我々のために好意に報いなくてはならない.〔费力不讨好,没人知你的～〕むだ骨折りで,誰もきみの好意（気持ち）を知るものはいない.〔托人办事,还得捎一份～〕人に物事を頼んだら恩義を感じなければならない.③（男女間の）愛.愛情.〔谈～说爱〕恋を語らう.〔两个人有了～了〕は愛情を語しあった.〔夫妻～重く夫婦仲がいい.④条理.道理.〔不～之请〕ぶしつけな願い.⑤事情.実情.情勢.〔实～〕実情.〔病～〕病状.〔軍～〕軍事情勢.〔不知内～〕内情を知らない.〔事情緊迫〕情勢が急迫する.〔如再有积压等～,可急速反映〕もし更に積ままにしておくような事実があれば,速やかに報告しなくてはならない.⑥情欲.性欲.〔春～〕色情.〔发～期〕（生物の）発情期.⑦格調.おもしろみ.〔诗～画意〕〔成〕詩歌や絵画の境地.〈姓〉情

情愛 qíng'ài ①愛情.情愛.〔～甚笃〕〔文〕深く愛し合う.②情誼.
情報 qíngbào ①情報.インフォメーション.〔科技～〕科学技術に関する情報.②機密情報.〔～机关〕情報機関.〔～員〕諜報（要）員.→〔信 xìn 息②〕〔消 xiāo 息〕
情変 qíngbiàn （愛情に）亀裂が入る.破綻する.
情不可却 qíng bùkěquè 人情として断わるわけにはいかない.
情不自禁 qíng bù zìjīn 感情をどうすることもできない.思わず…する.
情操 qíngcāo 情操.
情腸 qíngcháng ①情愛.②気持ち.心根.
情长紙短 qíngcháng zhǐduǎn 〔慣〕申し述べたい心長くて書き尽くせない（書簡に用いられる）
情场 qíngchǎng 愛の世界.恋愛の場.色恋沙汰.
情痴 qíngchī 色事に憂き身をやつす者.→〔情种〕
情仇 qíngchóu ⇒〔情敌〕
情詞 qíngcí 感情と言葉:〔情辞〕とも書く.〔～恳切〕気持ちと言葉に誠意がある.
情敵 qíngdí =〔情仇〕恋がたき.（恋の）ライバル.
情調 qíngdiào 情調.情緒.ムード.気分.〔异乡～〕異国情趣.
情竇初开 qíngdòu chūkāi 〔成〕性に目覚める.思春期に入る〔初〕は〔顿 dùn〕,〔欲 yù〕ともいう.
情分 qíng.fèn よしみ.情け.義理.縁者と親しい人情.〔～之间～极深〕彼ら相互の間の交情はきわめて深い.〔天大的～〕無上の好意.〔待 dài 人没一点儿～〕人に接するに少しの親切心もない.〔不把話说得这样绝,免得伤了～〕話はとことんまでは言うもので

情　qíng

はない.情誼を傷つけるといけないから.
情夫 qíngfū 情夫.色男.
情妇 qíngfù 情婦.隠し女.
情甘 qínggān ⇒〔情愿〕
情感 qínggǎn 情感.感情.気持ち.〔～促销〕感情に訴える販売方法.〔～服务〕真心のこもったサービス.〔～商品〕癒し系グッズ.〔～效应 yìng〕感情効果.
情歌 qínggē 恋歌.
情海 qínghǎi 愛欲の世界.
情话 qínghuà ①〈文〉真心からの話. ②睦言(ごと).男女の語らい.〔～绵绵〕〈成〉睦言が綿々として絶えない.
情怀 qínghuái 気持ち.心情.心境.
情急 qíngjí 焦る.心が激する.かっとなる.〔他一时～骂了起来〕彼はかっとなって大声でわめきだした.〔～自尽了〕かっとなって自殺した.
情急了 qíngjíliǎo 九官鳥上〔秦 qín 吉了〕をもじった言葉.
情急智生 qíngjí zhìshēng =〔急中生智〕〈慣〉せっぱつまるといい考えが浮かぶ.窮すれば通ず.〔情急生智〕ともいう.
情交 qíngjiāo 交わり.交友.
情节 qíngjié ①事情.事の内容.〔～轻重〕情状の軽重.いきさつ. ②(作品の)筋.プロット.〔剧的～很生动〕劇の筋はとても生き生きしている.→〔穿 chuān 插〕
情结 qíngjié 心理的葛藤.コンプレックス.〔恋母～〕マザーコンプレックス.
情景 qíngjǐng (その場の)光景.ありさま.〔～喜剧〕公開録画の舞台コメディー. ②感情と風景.〔～交融〕(文学作品で)心理描写と風景描写がとけ合っていること.
情境 qíngjìng 情景.境地.〔悲惨的～〕悲惨な情景.〔～社会学〕環境社会学.
情况 qíngkuàng ①様子.状況:抽象的・概括的な状況をいう.〔汇 huì 报～〕状況を取りまとめて報告する.〔~紧张〕状況は緊迫している.〔向姐姐报告了家中的～〕姉は家の状況を報告した.→〔情形〕〔状 zhuàng 况〕 ②(軍事上の)変化・異変.敵情.〔一次～也没遇上〕一度も敵情に遭遇しなかった.
情郎 qíngláng 恋人(男性の).〔～哥〕間者.→〔情人①〕
情类 qínglèi 〈文〉情愛のほだし.
情理 qínglǐ 義理人情.道理.情理.〔不近～〕理不尽である.情理にもとる.〔你这说的不合乎～〕おまえの言うことは道理に合わている.〔尽情尽理〕情理を尽くす.〔～上是说不过去的〕道理からいって通らないことだ.→〔道 dào 理〕
情理难容 qínglǐ nánróng 〈成〉人情から見ても天理から見ても共に許しがたい.
情侣 qínglǚ 恋人同士.恋仲.〔～漫步〕カップルでぶらつく.〔～衫〕ペアルック.〔～表〕ペアウォッチ.〔～车〕タンデム自転車.
情貌 qíngmào ①表情.態度. ②圏アスペクト.相(ぎ).〔态 tài ③〕〔体 tǐ ⑧〕〔相 xiàng (I)⑤〕ともいう.
情面 qíngmiàn 情実.よしみ.相手の顔.〔打破～〕情実を打破する.情実を抜きにする.〔碍 ài 着～〕情実にほだされて.〔磨不开～〕情実を振り捨てきれない.情として忍びない.〔～难却〕面子をつぶさないようにする.〔顾～〕情実にほだされて.〔留～〕相手の顔をたてる.〔不讲～〕情実に左右されない.
情苗 qíngmiáo 愛情の芽.→〔心 xīn 苗〕
情倾 qíngqīng 情熱を傾ける.情愛を注ぐ.
情趣 qíngqù ①性格(気質)と興味(趣味).〔～商

品〕実用と趣味を兼ねた商品.〔二人～相投〕両人意気投合する.→〔兴 xìng 趣〕 ②風情.おもむき.情趣.趣向.〔很有～〕かなり風情がある.
情儿 qíngr 情け.義理.〔托～〕人情にすがってとりなしを頼む.
情人 qíngrén ①恋人.〔～座〕ペアシート(映画館の二人用座席).〔～节〕バレンタインデー:〔〈音譯〉圣 shèng 瓦伦丁节〕ともいう. ②愛人.情夫.情婦.
情人眼里出西施 qíngrén yǎnlǐ chū xīshī〈諺〉恋人の目には西施が現れる:惚れた目にはあばたもえくぼ.→〔西施〕
情色 qíngsè 〔白〕色欲.→〔色情〕
情杀 qíngshā 痴情による殺人.
情商 qíngshāng ①感情指数.EQ:〔情绪智商〕の略. ②頼み込んで相談する.
情深潭水 qíng shēn tánshuǐ〈成〉友情は深い淵よりも深い:書簡文に用いる常套語.李白の詩〔桃花潭水深千尺,不及汪伦送我情〕から出ている.
情诗 qíngshī 恋愛詩.
情实 qíngshí〈文〉①真相.実情. ②罪状が明白である.
情势 qíngshì 情勢.事態.ありさま:比較的狭く・短く・変化の早い範囲に用いる.
情事 qíngshì (事柄の)局面.形勢.〔确有那种～〕確かにそういう状況がある.
情书 qíngshū 恋文.〔写一封热烈的～〕熱烈なラブレターを書く.
情恕理遣 qíngshù lǐqiǎn〈成〉人や物に対し情篤く温厚なこと.
情思 qíngsī 情操.思い.感情.
情丝 qíngsī〈文〉愛情の糸.〔~万缕〕〈成〉いとしい気持ちがからみあう.
情死 qíngsǐ ①〈文〉(心の中で)死を考える. ②恋愛問題で悩んで自殺する.→〔自 zì 杀〕
情愫 qíngsù〔情素〕とも書いた.〈文〉①本心.真情. ②感情.よしみ.友情.
情随事迁 qíngsuí shìqiān〈成〉事情が変われば感情もそれにしたがって変化する.
情态 qíngtài ありさま.顔つき.表情と態度.〔～色彩〕感情的傾向:〈修辞 yán 色彩〉に同じ.
情同手足 qíng tóng shǒuzú〈慣〉情は兄弟のように親しい:〔手足〕は手と足,すなわち兄弟の意.〔他们本来～〕彼らはもともと兄弟同然だ.
情同水火 qíng tóng shuǐhuǒ〈慣〉①水と火の如く(性質が)相容れない.→〔水乳交融〕 ②急迫のさま.
情投意合 qíngtóu yìhé =〔心 xīn 投意合〕〈慣〉意気投合する.〔他们俩～〕あの二人は意気投合した.
情网 qíngwǎng 愛のしがらみ.〔陷入～〕恋の闇路に踏み迷う.ぬきさしならない恋に陥る.
情味 qíngwèi 情調.おもむき.味わい.
情文 qíngwén〈文〉情操と文章.〔～并茂〕〈成〉内容豊かで文章もまた優れている.
情见乎辞 qíng xiànhūcí〈成〉真心が言辞の間に表れている:〔情见乎言〕ともいう.
情见力屈 qíngxiàn lìqū〈慣〉軍情(内情)がばれて劣勢にたつ:〔情见势屈〕ともいう.
情形 qíngxing あり様.状態:目で見て分かる具体的な状態をいう.〔生产～〕生産状態.→〔情况①〕
情绪 qíngxù ①情緒.気分.気持ち.意欲.〔我感到他在工作中有宗派主义～〕彼は仕事の面でセクト主義の気分があると感じる.〔工人的～很高〕労働者の意欲が非常に高い(乗り気になっている).〔他这阵子～不好,有什么心事吗〕彼は近ごろ機嫌が悪いが何か心配事があるのか. ②不快感.嫌な感

情绪智商 qíngxù zhìshāng ⇒〔情商①〕

情义 qíngyì 人情と義理.信義.〔有情有义的态度〕人情もあり信義もある態度.

情谊 qíngyì よしみ.情誼.→〔交 jiāo 情〕

情意 qíngyì 情(ジョウ).気持ち.〔~深厚〕情が厚い.〔在~而不在东西〕情を重んずるのであって品物などは問題でない.〔你的~我领了〕ご好意ありがとうございました.

情由 qíngyóu 事の起こり.いわれ.〔~颇为离奇〕事件のいきさつはすこぶる怪奇である.

情有独钟 qíng yǒu dúzhōng 〈成〉一人(一つ)だけを愛する.

情有可原 qíng yǒu kěyuán 〈成〉情状酌量の余地がある.

情欲 qíngyù 愛欲.情欲.〔控制~〕禁欲する.

情缘 qíngyuán 男女間の因縁.男女の関係.

情愿 qíngyuàn ＝〔情甘〕①心から願う.本気で望む.〔心甘~〕心から願う.〔两相~〕どちらも納得づくである.〔~受罚〕甘んじて罰を受ける.〔我~把所有的力量献给国家〕喜んですべての力を国に捧げたいと思います.②むしろ…する.甘んじて…したい.〔~牺牲,也不向敌人低头〕敵に降伏するぐらいなら,むしろ死んだ方がいい.

情韵 qíngyùn 情趣.情緒.〔东方~〕オリエンタリズム.

情债 qíngzhài 感情の負い目(愛情についての).

情真意切 qíngzhēn yìqiè 〈成〉誠意がこもっていること.

情知 qíngzhī ⇒〔明 míng 知〕

情治 qíngzhì 情си報と治安.

情致 qíngzhì おもむき.風情.〔~缠 chán 绵〕余韻の尽きないこと.→〔情趣②〕

情至意尽 qíngzhì yìjìn 〈成〉情と理を尽くす.

情种 qíngzhǒng ①多情多感な人.→〔情痴〕 ②愛情の芽.

情状 qíngzhuàng 状况.事情.情勢.

〔晴〕 qíng 晴れている.〔天~了〕空が晴れた.〔雨过天~〕雨が降りやんで空が晴れる.〔放~〕(曇りや雨の後)晴れあがる.〔~好〕晴れになる.〔~转 zhuǎn 阴〕晴れのち曇り.〔~间多云〕晴れ時々曇り.↔〔阴 yīn ②〕

晴霭 qíng'ǎi 〈文〉青空の薄雲.

晴碧 qíngbì ①(空が)晴れ渡って青い.〔~的天空〕晴れて青い色の空.②〈文〉青空.

晴和 qínghé 晴れて穏やかである.〔天气~〕同前.

晴空 qíngkōng 晴れた空.〔~万里〕見渡す限り同前.

晴朗 qínglǎng 晴れ渡っている.〔天气~〕同前.〔~明同前のさま.〔晴天朗日〕晴れた空,すがすがしい陽光.

晴明 qíngmíng 晴れ渡っている.〔~的早晨〕快晴の朝.

晴儿 qíngr 晴れ.〔等天放了~再去〕空が晴れてから行く.

晴丝 qíngsī 〈文〉晴れた日に空中に浮かぶくもの糸.→〔游 yóu 丝〕

晴天 qíngtiān 晴れた日.晴れた空.青空.晴れ.

晴天亮晌 qíngtiān liàng shǎng 〈方〉いい天気:昼間のよく晴れて明るい天気.〔江涛！~的,不去上学,干什么哩〕江涛,紅15〕この,いい天気に学校へも行かずに何をしてるんだ.

晴天霹雳 qíngtiān pīlì ⇒〔青 qīng 天霹雳〕

晴雨表 qíngyǔbiǎo ①晴雨計:〔气 qì 压 压 yā 表〕の俗称.〔~转义〕バロメーター:前兆や変化を予測する基準.〔政治风云的~〕政治動向のバロメーター.

晴雨伞 qíngyǔsǎn 日傘を兼ねた雨傘.晴雨兼用傘.

〔赌・賭〕 qíng ①〈文〉恩賞を受ける.②(財産などを)相続する.もらい受ける.

赌等 qíngděng 〈方〉①(批評・処罰などを)じっと待つ.②座して何もせずに楽をする(人の労働成果を得る)

赌受 qíngshòu ＝〔擎受〕〈白〉受け継ぐ.〔财产归他~〕財産は彼に受け継がれた.→〔承 chéng 受②〕②享受する.じっとしていて…にありつく.〔竟等着~人家现成的〕じっと待っていて他の人のちゃとできあがったものにありつこうとする.

〔氰〕 qíng 化シアノーゲン:炭素と窒素の化合した猛毒ガス.〔衰 shuāi ~〕に同じ.〔氢 qīng ~酸〕シアン化水素酸.〔~基〕シアン基.

氰化 qínghuà 化青化法:鋼の窒化・炭化による表面硬化法.

氰化物 qínghuàwù ＝〔山 shān 奈〕化シアン化物.

氰化钾 qínghuàjiǎ ＝〔白 bái 山埃〕シアン化カリウム.青酸カリ.

氰化钠 qínghuànà ＝〈口〉钠质 白山埃〕〈口〉山 shān 奈〕シアン化ナトリウム.

氰尿酰胺 qíngniàoxiān'àn ＝〔蜜 mì 胺〕

氰酸 qíngsuān シアン酸.

氰乙烯 qíngyǐxī ＝〔丙 bǐng 烯氰〕

〔檠(橄)〕 qíng 〈文〉①燭台.灯火.②ゆめに〉弓を正しくそらせる道具.

〔擎〕 qíng ①ささげ持つ.持ち上げる.〔~起酒杯来庆祝〕酒杯をあげて祝った.〔众~易举〕〈成〉多勢で事に当たれば容易に成功しうる.→〔举 jǔ 擎〕

擎杯 qíngbēi 酒杯をあげる.

擎受 qíngshòu ⇒〔赌受〕

擎天柱 qíngtiānzhù 天を支える太い柱.〔転〕重任を担う人.国の柱石・大黒柱.

〔苘(商・檾・薴)〕 qǐng

苘麻 qǐngmá ＝〔白 bái 麻〕青 qīng 麻〕化イチビ:一種の白色の粗麻で麻縄に用いる.

〔顷・頃〕 qǐng 〈Ⅰ〉〈度〉〈市(用)制〕の地積の単位:〔市~〕の略称.〔市~〕は100〔市亩〕.すなわち約6.667ヘクタールに当たる.〔公~〕ヘクタール:100〔公亩〕(アール),すなわち1万平方メートル.15〔市亩〕にあたる.〔碧波万~〕広々とした湖水などの形容.〔亩 mǔ ①〕

〈Ⅱ〉〈文〉少し.〔~刻〕ちょっとの間.しばし.〔少~〕同前.〔有~〕しばらくして.〔俄~〕①たちまちの間.②さきごろ.今しがた.最近.このごろ.〔~闻〕近ごろ聞くところによれば.〔~接来书,已知一切 qiè〕只今御来簡に接し一切承知いたしました.③…ほど.ぐらい.…頃.〔光绪二十年~〕光緒20年の頃.

顷间 qǐngjiān ＝〔顷者〕

顷刻 qǐngkè たちまち.しばらくして.〔江面上~间起了巨浪〕川面にたちまち高い波が立った.〔~(之)间〕たちまちの間.

顷者 qǐngzhě ＝〔顷间〕〈文〉①このごろ.最近.今しがた.たった今.

〔庼・廎(高)〕 qǐng 〈文〉小さな広間.小講堂.

〔请・請〕 qǐng ①請う.お願いする.頼む.〔声~〕(事情を述べて)お願いする.〔聘 pìn ~〕いする.②呼ぶ.招待する.招聘する.

请 qǐng

招聘する.〔~大夫 dàifu〕医者を呼ぶ.〔~人讲演〕だれかを呼んで講演をしてもらう.〔~帖〕招待状.〔口~〕口頭で招待する(こと).〔下~帖〕招待状を出す.〔厂长~咱们〕工场长がお呼びです.〔新~了一位专家,就要到厂里来了〕新しく専門家を一人招聘し,もうすぐ工场へ来ることになっている.〔今天~的有多少位呀〕今日お招きしたのは何人ぐらいですか.〔~不起那么些客人〕そんなに多くのお客さんにはおごることができない.〔~到为 wéi 止〕必ず来ていただくようお願いする.ⓑ招請(知らせ)は一応するが,来るかどうかは別である.→〔聘①〕〔邀 yāo①〕③<謙>…するよう頼む.…してくれるよう言う.〔快~他进来〕早く入ってもらって下さい.〔我~他介绍介绍〕彼に説明してくれるよう頼んだ.〔是你亲自去吧,我们~不动他〕やはり君自身が行きなさいよ,僕たちでは彼をうんと言わせることはできないから.〔田书记~你去一趟〕田書記があなたに一度来てもらいたいとのことです.〔~谁?谁?なにとぞ:相手に頼み勧める.〔~坐〕どうぞおかけ下さい.〔您~〕〔~喝茶〕どうぞお茶をおあがり下さい.〔~不要客气〕どうぞご遠慮なさいませんように.〔~回,~回〕客が辞去する時,主人が門口まで見送ってくるのに対して,〔どうぞお引き下さい〕という意味に用いる.〔别送,别送〕や〔请留步〕と大体同じ.〔~里边坐〕どうぞお入り下さい.〔~多包涵〕〈挨〉④どうぞよろしく.ⓑどうもすみません.⑤神仏へ供える線香・ろうそく・紙銭などを買う.〔~供 gòng〕同前.〔~香蜡〕ろうそくを買う.〔~佛龛 kān〕仏壇を買う.〔~一堂苹果〕お供えのりんごを一盛り買う.⑥〈姓〉請〔

请安 qǐng'ān ①ご機嫌を伺う.安否(消息)を問う.あいさつする.〔我给您~来了〕ご機嫌伺いに参りました.②⇒〔打 dǎ 千(儿)〕

请便 qǐngbiàn どうぞご随意になさって下さい.どうかお楽にしてください.〔~吧〕请随您的便吧〕同前.

请茶 qǐngchá お茶を勧める.〔~让水〕同前.

请春客 qǐngchūnkè ⓤ旧正月后に親戚・友人や隣近所の人を招いて宴を張ること.

请辞 qǐngcí 辞任・辞退を申し出る.〔请退〕ともいう.

请调 qǐngdiào 人事異動を申し出る.

请份子 qǐngfènzi <方>喜びごとや弔祭に客を招待する.

请功 qǐnggōng 論功行賞を奏請する.

请会 qǐnghuì 無尽講(をつくる).〔会首〕〔会脚〕

请假 qǐngjià 休暇をもらう.休みをとる.〔三天假〕三日間休暇をとる.〔请病假〕病気欠勤をとる.〔请长假〕長期休暇を願い出る.〔~单〕〔~条〕休暇届.欠勤届.→〔放 fàng 假〕〔乞 qǐ 假〕〔缺 quē 勤〕

请柬 qǐngjiǎn ⇒〔请帖〕

请见 qǐngjiàn 面会を求める.〔门口来了一位客人~〕戸口に一人お客さんが見えて面会を求めておられます.→〔请谒〕〔求 qiú 见〕

请将不如激将 qǐngjiàng bùrú jījiàng <諺>頼み事は正面からやるより脇からやる方がよい.

请教 qǐngjiào 教えを請う.教わる.〔跟他~〕彼に教えてもらう.〔向群众~〕大衆に教えを請う.〔~您这究意是怎么回事我们是一体どうしたことになっているのだ,教えてもらいたいものだ.〔~一下,这一句是什么意思〕教え願います,この句はどんな意味ですか.→〔请问〕〔承 chéng 教〕

请酒 qǐngjiǔ 酒を勧める.→〔敬 jìng 酒〕

请君入瓮 qǐngjūn rùwèng <成>自分で定めた規則や禁条に自らひっかかること.相手の方法で相手をやっつけること:唐の则天武后から周興を取り調べ

るように命令をうけた来俊臣が,周を用事にかこつけて呼び,さりげなく犯人を白状させる良法を問うた.周は"易しいことで,〔大瓮〕(おおがめ)を炭火で火あぶりにしてその中に入らせればどんなことでも白状する"と答えた.そこで来はすかさずそのとおりに仕度をして"君を調べたいことがあるから入ってみてもらいたい"と言ったので周は恐れ入って罪に服した.〔将 jiāng 计就计〕〔自 zì 作自受〕

请客 qǐngkè ①客を招待する.②おごる.〔今天我~〕今日はわたしがおごります.〔~送礼〕ごちそうしたり,物を贈ったりすること.

请老 qǐnglǎo ⇒〔告 gào 老〕

请灵 qǐnglíng 霊柩を担ぐ.

请领 qǐnglǐng 下付(発給)を願い出る.〔~执照〕許可証(免状)の下付(発給)を申請する.

请脉 qǐngmài 脈を拝見:診察の際,医師が用いた敬語.

请命 qǐngmìng ①命ごいをする.助命や援助を頼む.②⇒〔请示〕

请期 qǐngqī ⓤ婿方から嫁方に対して〔婚期〕(婚礼の期日)を申し入れること.

请求 qǐngqiú ①申請する.お願いする.〔~贷款〕借款を頼む.〔~入国〕入国を申請する.〔我是为了~您一件事情来的〕あなたに一つお願いがあって参りました.②要求.要望.〔~权〕請求権.〔有什么~尽管说吧〕何か要望があれば遠慮なく言って下さい.→〔恳 kěn 求〕〔索 suǒ 要〕

请赏 qǐngshǎng 褒賞の授与を請う.

请神 qǐngshén 神降ろし(する).〔~容易送神难〕<諺>頼むのはやさしいが,やってもらった後が難しい.

请示 qǐngshì =〔请命②〕指示を請う.〔向上级~〕上級に指示を仰ぐ.〔向本国政府~〕本国政府に訓示する.〔她不曾~,未经批准〕彼女は指示を仰ぐこともなかったし,許可を得たこともない.〔事前~,事后报告〕あらかじめ指示を請い,終わった後に報告をする.〔~汇报制度〕同前の制度.〔~主人,这来晚了的怎么办呢〕ご主人(招待主という)のお指図をお願いします.この遅れて来た人はどうしますか.〔到校长那儿~去〕校長のところへ伺いをたてに行く.→〔批 pī 示〕

请受 qǐngshòu <白>①俸給.〔月支一分~〕(水12)月に一分の俸給を支払う.②受け取る.

请帖 qǐngtiě =〔请柬〕招待状·案内状.→〔知 zhī 单〕

请托 qǐngtuō (とりはからってくれるように)頼み込む.→〔托人情〕

请问 qǐngwèn お尋ねいたします.〔~,这个句子是什么意思〕ちょっとお聞きしますが,この文はどんな意味ですか.〔~谁来回答我提的问题〕私の質問にどなたがお答えくださるのでしょうか.

请勿 qǐngwù …をしないで下さい.〔~吸烟〕禁煙.〔~动手〕手を触れないでください.〔~张贴〕張り紙おことわり.

请降 qǐngxiáng 降服を願い出る.

请谒 qǐngyè 目上あるいは身分の高い人に面会をお願いする.→〔请见〕

请阴阳(生) qǐng yīnyáng(shēng) ⓤ人が死んだ時に陰陽師(おんようじ)に頼んで出棺の日をみてもらうこと.

请缨 qǐngyīng <文>進んで兵役に服する.従軍を志願する.→〔参 cān 军①〕〔投 tóu 军〕

请雨 qǐngyǔ 雨ごいをする.〔求 qí 雨〕

请援 qǐngyuán 援助を請う.

请愿 qǐngyuàn (大勢で)請願する.〔~书〕請願書.

请战 qǐngzhàn 戦い・任務に加わることを願い出る.〔~书〕同前の決意書.

请旨 qǐngzhǐ〈文〉勅命を奏請する.
请准 qǐngzhǔn 許可を求める.〔～豁免〕免除の許可を求める.
请罪 qǐngzuì ①自ら申し出て処罰を待つ.→〔负 fù 荆〔请荆〕②許しを請う.罪を詫びる.〔你向他～吧〕あの人に謝りなさい.→〔赔 péi 罪〕

〔謦〕 qǐng〈文〉咳ばらい.しわぶき.〈転〉人の談笑する声.
謦欬 qǐngkài〈文〉咳ばらいする.〔承～〕〈成〉親しく謦咳(がい)に接する.

〔庆・慶〕 qìng ①祝う.喜ぶ.慶賀する.〔～五十大寿〕50歳の誕生日を祝う.②喜び.おめでた.慶事.→〔国 guó 庆〕③〈文〉よろこばしい.〔吉～话〕おめでたい話.④〔姓〕慶(ケイ)
庆大霉素 qìngdà méisù〔薬〕ゲンタマイシン.
庆典 qìngdiǎn 祝典.祝賀の儀式.
庆吊 qìngdiào 慶弔(慶事と凶事)
庆父不死,鲁难未已 qìngfù bùsǐ, lǔnàn wèiyǐ〈成〉魯王の弟でしばしば内乱を企てた慶父が死なければ,魯国の難は尽きることがない.〈喩〉元凶が死ねば動乱も止む.
庆功 qìnggōng 事業の成功を祝う.功績をたたえる.〔～(大)会〕完成祝賀会.完成式.落成式.功績祝賀大会.〔～饭〕同前の宴会.
庆贺 qìnghè 祝う.祝いの言葉を述べる.
庆九 qìngjiǔ 59歳,69歳,79歳など9のつく歳の誕生祝い.→〔大 dà 寿〕
庆赏 qìngshǎng ①行賞する.賞を授ける.②観賞する.祝い愛でる.〔～中秋〕旧暦八月十五夜の月を観賞する.〔～花灯〕旧暦正月十五夜の〔花灯〕を観賞する.
庆寿 qìngshòu 誕生日を祝う.
庆幸 qìngxìng (思いの外の好結果に)喜び祝う.〔值得～的一件事情〕喜ばしい一つのこと.
庆宴 qìngyàn 祝宴.〔生日～〕誕生祝いの宴.〔婚～〕結婚披露宴.
庆祝 qìngzhù (皆が共に)慶祝する.祝賀する.〔～国庆〕国慶節を祝う.〔～大会〕祝賀大会.〔～活动〕慶祝行事.

〔亲・親〕 qìng → qīn
亲家 qìngjia ①子女の結婚によってできた姻戚関係.→〔姻 yīn 亲〕②配偶者双方の親同士の称呼.
亲家公 qìngjiagōng 息子または娘のしゅうとに対する称.
亲家母 qìngjiamǔ 息子または娘のしゅうとめに対する称.

〔清〕 qìng〈文〉寒い.

〔箐〕 qìng〈方〉①山間にある大きな竹林.〈転〉樹木の生い茂った谷間.②〔梅子～〕雲南省にある.

〔綮〕 qìng〔肯 kěn ～〕〈文〉骨と筋肉の接合する重要なところ.〈転〉要点.→qǐ

〔磬〕 qìng ①〈文〉〔圖〕磬:古代打楽器の一種.玉(ぎょく)あるいは石・金属を板状の曲玉形にして吊り下げたもの.〔石～〕石の同前.〔击～〕同前をたたく.〔吉庆〕(めでたい)に通じ用いられる.→〔编 biān 磬〕②〔佛〕(仏教寺院で用いる)④読経の際に叩く銅または鉄製の鉢状の楽器.⑥寺僧を集めるのに叩く雲板状のもの.③馬を疾走させる.

〔罄〕 qìng〈文〉①空にする.空になる.尽きる.〔用～〕使い尽くした.〔～其所有〕その所持

していたものを使い果たす.〔告～〕皆無を告げる.なくなる.②ことごとく.〔～空〕すっかりからにする.皆無.
罄尽 qìngjìn =〔罄净〕〔尽罄〕使い果たす.全然なくなる.
罄净 qìngjìng 同上.
罄情 qìngqíng 事情を打ち明ける.
罄身(儿) qìngshēn(r)〈白〉着のみ着のまま.無一物.
罄述 qìngshù〈文〉言い尽くす.すっかり述べてしまう.
罄竹难书 qìngzhú nánshū〈成〉竹簡を使い果たしても書けない:(罪状が多くて)筆紙に述べ尽くせない.〔百余年来他们的罪行〕百余年来彼らが犯した罪は筆紙に尽くしがたい.

qiong 〈ㄑㄩㄥ〉

〔邛〕 qióng ①〔～崃 lái〕〔地〕四川省にある.②〔姓〕邛(キョウ)
邛巨 qióngjù ⇒〔大 dà 戟〕
邛杖 qióngzhàng 四川省邛(ぎょう)崃に産する竹で作った杖.

〔笻〕 qióng 四川省邛崃産の竹:杖を作るのに適する.
笻竹 qióngzhú =〔扶 fú 竹①〕〔圖〕キョウチク:杖などに用いる竹.→〔邛杖〕

〔穷・窮〕 qióng ①窮する.貧乏である.窮迫している.貧乏である.〔家里很～〕家が非常に貧乏である.〔贫～〕貧窮している.〔～到骨头里去了〕貧乏の極みに達する.↔〔富 fù ②〕〔阔 kuò ②〕→〔贫 pín ①〕②尽きる.窮まる.行きづまる.〔～北〕北の果て.〔永世无～〕とこしえに無窮である.〔山～水尽〕〈成〉行きづまる.途方にくれる.〔日暮途～〕〈成〉日暮れて道遠し.途方に暮れる.〔～经〕経書を研究する.③窮める.つきとめる.追究する.〔追本～源〕〈成〉(事)の根源を明らかにする.〔～根究底〕〈成〉(事)の根源を徹底的に追求する.④使い果たす.→〔穷兵黩武〕⑤極端である.徹底している.〔～奢极欲〕豪奢受欲の限りをつくす.⑥辺鄙(ぴ)である.〔穷乡僻壤〕⑦〈方〉むやみに.やたらに.〔～聊 liáo〕しゃべりまくる.〔～奔〕むだな奔走をする.

穷白 qióngbái →〔一 yī 穷二白〕
穷棒子 qióngbàngzi 素寒貧(かん):もと貧乏人を軽蔑していった.現在は多く貧しいが気骨あるまを指す.〔～骨〕〔圖〕貧乏人(蔑称).〔～社〕貧しいが勤労意欲のある合作社.〔～精神〕たたき上げの精神.
穷兵黩武 qióngbīng dúwǔ〈成〉兵力を使い尽くしてみだりに戦争を起こす.
穷不跟富斗,富不跟官斗 qióng bù gēnfùdòu, fù bù gēnguāndòu〈諺〉貧乏人は金持ちとけんかせず,金持ちは官吏とけんかしない:長いものには巻かれろ式の処世術.
穷不离富,富不离官 qióng bù líguǎ, fù bù líyī =〔穷算命富吃药〕〈諺〉貧乏人は占いにのみ頼り金持ちは医者から離れられない:〔穷算命,富烧香〕ともいう.
穷愁 qióngchóu 貧しくて苦しむ.
穷蹙 qióngcù〈文〉困りきる.せっぱつまる.
穷措大 qióngcuòdà〈白〉貧乏書生.金のない読書人:〔穷醋大〕ともいう.
穷大方 qióngdàfang 貧乏のくせに派手に金を使うこと.
穷大手 qióngdàshǒu 貧乏のくせにぜいたくにふるまう

穷 / qióng

う人.〔又没多少钱,还~〕お金がいくらもないのにぜいたくにふるまう.→〔穷架子〕

穷大院(儿) qióngdàyuàn(r) 〔旧〕貧乏長屋.

穷当益坚 qióng dāng yìjiān 〈成〉苦境に立っては立つほど志を堅くする.

穷滴滴 qióngdīdī 〈白〉貧窮なさま.→〔穷光光〕

穷冬 qióngdōng 〈文〉真冬.冬のさなか.

穷而后工 qióng ér hòu gōng 〈成〉逆境にあるほど優れた作品ができる.

穷乏 qióngfá 物が極度に不足するさま.

穷发之地 qióng fā zhī dì 〈文〉極北不毛の地.

穷哥们 qiónggēmen 貧乏な友人に対する親しみをこめた呼称.

穷根 qiónggēn 窮乏の根源.貧乏の原因.〔挖~〕同前を究明する.

穷骨头 qiónggǔtou 〈喩〉貧乏もの.しみったれ.→〔穷鬼〕

穷光蛋 qióngguāngdàn 素寒貧(ぴん).文なし.

穷光光 qióngguāngguāng 素寒貧なさま.

穷逛 qióngguàng 貧乏旅行(をする).

穷鬼 qióngguǐ 〈罵〉貧乏神.貧乏人め.→〔穷骨头〕

穷汉 qiónghàn 貧乏人.〈~市〉貧民街の露店市.〔~暴富〕貧乏人が成金になる.〔~赶上闰月年〕貧乏人がうるう年(旧暦では1か月多い)に出くわす.〈喩〉泣き面に蜂.弱り目にたたり目.↔〔阔kuò 佬〕

穷欢乐 qiónghuānlè ⇒〔穷开心〕

穷极 qióngjí ①貧窮の極に達する.きわめて貧乏である.〔~思旧债〕困窮すれば古い貸しを思い出す.②きわめる.きわめ尽くす.〔~奢丽〕ぜいたく華美の極みである.〔~无聊〕まったくむなしい.退屈きわまるの意.もとは貧乏で頼るものがないの意.

穷家 qióngjiā ⇒〔穷人家(儿)②〕

穷家富路 qióngjiā fùlù 〈諺〉家にいる時は貧乏な暮らしをしていても、旅に出る時には路用をたっぷり持たなくてはならぬ.

穷架子 qióngjiàzi 貧乏なくせに張るくだらない見栄:〔穷脾气〕.〔摆~〕同前を張る.→〔穷大手〕〔拉 lā 硬架①〕

穷讲究 qióngjiǎngjiu 〈口〉やたらに求めすぎる.

穷嚼 qióngjiáo むだな事を論じる.

穷街陋巷 qióngjiē lòuxiàng 〈慣〉裏通り(の街):〔穷巷〕ともいう.

穷竭 qióngjié 〈文〉尽くす.使い果たす.

穷尽 qióngjìn ①尽きてなくなる.〔永不~的福利〕とこしえに尽きない福利.②きわまり.果て.限度.〔这样的事似乎没有~〕このような事には限度がないようである.

穷竟 qióngjìng ⇒〔穷究①〕

穷窘 qióngjiǒng 困窮する.

穷究 qióngjiū ①=〔穷竟〕深く研究して根源をつきとめる.②〈白〉世間話をする.〔共姐姐閒~〕(元)お嬢様とおしゃべりをする.

穷开心 qióngkāixīn =〔穷欢乐〕貧乏中のちょっとした楽しみ.貧乏ながらの風流.〔阔倒是説不上,到这儿来逛也不过是~罢咧〕ぜいたくなどと及びもつきませんが、こちらへ遊びに来たのも長屋の花見にすぎませんよ.

穷坑难满 qióngkēng nánmǎn ⇒〔贪 tān 心不足〕

穷空 qióngkōng 〈文〉貧しくみすぼらしい.貧窮である.〔丈夫~是其分〕(陸游詩)男子の貧窮なるはその分なり.

穷寇 qióngkòu 窮した賊.追いつめられた敵.〔归師勿追 è,圍師必闕 quē,~勿追〕(孫子)兵をじゃましてはいけない,包囲したら逃げ口をあけておけ,窮した賊を追うなかれ.

穷苦 qióngkǔ 窮乏して苦しい.

穷匮 qióngkuì 〈文〉窮乏になる.暮らしに事欠く.

穷困 qióngkùn 困窮している.窮乏している.〔~的生活〕貧しい暮らし.〔陥入~境地〕困窮した境遇に置かれる.

穷拉拉 qiónglālā 〈方〉貧しさま.→〔穷光光〕

穷理 qiónglǐ 事物の理をきわめる.

穷忙 qióngmáng ①貧乏のため忙しい.貧乏で衣食のため忙しい.②たまらなく忙しい.やたらに忙しい.→〔瞎 xiā 忙〕

穷民 qióngmín ①貧民.②〈文〉よるべのない人.

穷命鬼 qióngmìngguǐ 貧乏性の人.金の持てない人間.

穷目 qióngmù 〈文〉ひとみを凝らして遠方を眺めること.〔~远望〕同前.

穷年累月 qióngnián lěiyuè 〔穷年累世〕ともいう.〈成〉幾年も年月を重ねる:〔长 cháng 年累月〕〔経 jīng 年累月〕に同じ.〔~花工夫去钻研〕こつこつと時間をかけて研究する.

穷鸟入怀 qióngniǎorùhuái 窮鳥懐(ふところ)に入る.〈文〉窮迫のあげく人に頼る.

穷僻 qióngpì ①貧しく辺鄙である.②貧しく不遇である.〔~而寂しい.→〔穷僻壤〕

穷期 qióngqī 終わる時.〔战斗正未有~〕戦はまだ終わりを迎えていない.

穷气 qióngqì 貧乏たらしさ.貧乏人根性.

穷泉 qióngquán ⇒〔黄 huáng 泉〕

穷人 qióngrén 貧乏な人.

穷人家(儿) qióngrénjiā(r) ①貧乏人.②=〔穷家〕貧家.貧乏な家庭.

穷人美 qióngrénměi 〈方〉安物のまがい品.

穷日子 qióngrìzi 貧乏らし.〔不再过~了〕もう貧しい生活を送るようなことはなくなった.

穷山恶水 qióngshān èshuǐ 〈成〉自然環境に恵まれない所.

穷奢极侈 qióngshē jíchǐ 〈成〉贅沢の限りを尽くす:〔穷奢极欲 yù〕ともいう.

穷生 qióngshēng 劇〔旧劇で〕落ちぶれた読書人に扮する役者.→〔生(Ⅲ)④〕

穷鼠啮猫 qióngshǔ nièmāo 〈成〉窮鼠猫を噛む:追いつめられて予想外のことをする.〔穷鼠啮狸 lí〕ともいう.→〔困 kùn 兽犹斗〕

穷思极想 qióngsī jíxiǎng 〈成〉知恵をしぼり想を練る.→〔左 zuǒ 思右想〕

穷酸 qióngsuān 〔旧〕貧乏でうだつがあがらない:文人を風刺していった.〔~气〕同前の気質.〔~臭 chòu 美〕〈成〉貧乏で能なしの文人が物知り顔で鼻もちならないこと.

穷算命富吃药 qióng suànmìng fù chīyào ⇒〔穷不离卦,富不离药〕

穷索 qióngsuǒ どこまでも追求する.

穷通 qióngtōng 窮することと通ずること:貧窮と栄達.失敗と成功.

穷途 qióngtú どんづまり.道の果て.〔~末路〕〈喩〉行き詰まったさま.〔~潦倒〕行き詰まって意気消沈しているさま.

穷嫌,富不要 qióng xián, fù bùyào 〈諺〉貧乏人からは嫌われ、金持ちからも好かれない.何の値打ちもないものの形容:〔要〕は〔爱 ài〕ともいう.

穷乡 qióngxiāng 片田舎.〔~僻壤〕〈成〉へんぴな片田舎.

穷巷 qióngxiàng ⇒〔穷街陋巷〕

穷相 qióngxiàng 貧相.〔満面~〕いかにも貧相.

穷小子 qióngxiǎozi 貧乏な男.

穷形尽相 qióngxíng jìnxiàng 〈成〉細かに生き生きと描写すること.〈転〉醜態をさらけ出す.

qióng~qiū

穷凶极恶 qióngxiōng jí'è 〈慣〉悪辣極まる.極悪非道.

穷秀才 qióngxiùcai 囲貧乏書生.貧しい読書人.→〔秀才〕

穷义夫,富节妇 qióng yìfū, fù jiéfù 〈諺〉貧乏な夫は妻が死んでも再婚の資力がないから義を通すし,金持ちの妻は夫が死んでも生活に困らないから操を全うする.

穷阴 qióngyīn ⇒〔涸 hé 阴〕

穷于 qióngyú (…に)窮する・困る・手を焼く.〔~应付〕対応に手を焼く.

穷原竟委 qióngyuán jìngwěi 〈成〉事の委細を徹底的に究明する.〔任何事物都有它发生和发展的过程,我们应该~,把它搞清楚〕いかなることでもその発生・発達の過程があり,我々はその根源を究めてそれをはっきり理解すべきである.

穷源溯流 qióngyuán sùliú 〈成〉根源を究める.

穷则变,变则通 qióng zé biàn, biàn zé tōng 〈成〉物が窮極に達すれば変化がおこり,変化がおこれば道が開ける.

穷则思变 qióng zé sībiàn 〈成〉行きづまると現状を変えようとする.

穷治 qióngzhì 〈文〉根本的に処理すること.

穷追 qióngzhuī どこまでも追いかける.追いつめる.〔~苦克〈成〉容赦なく責める.〔~猛打〕〈成〉追いつめて手ひどい打撃をあたえる.

[茕・䓖] qióng →〔芎 xiōng 劳〕

[穹] qióng 〈文〉①天空.青空.大空. ②アーチ型のもの:中央が丸くて高いもの.〔~庐 lú〕〔百 bǎi 子帐〕テント張りの半球形の住い:蒙古人のゲル.包〔〕 ③深い.

穹苍 qióngcāng 〈文〉天.大空.〔穹冥〕〔苍穹〕に同じ.

穹顶 qióngdǐng (半球形の)丸屋根.丸天井.ドーム.

穹谷 qiónggǔ 〈文〉深い谷.

穹隆 qiónglóng〔穹窿〕とも書いた.①〈文〉空が半球形に高くひろく広がっているさま.②丸天井(形の).ドーム(状の).

穹庐 qiónglú →〔字解②〕

穹冥 qióngmíng ⇒〔穹苍〕

穹幕电影 qióngmù diànyǐng ⇒〔球 qiú 幕电影〕

穹穹 qióngqióng〔苍穹 穹〕

穹形 qióngxíng アーチ形,丸天井形.

[茕・煢] qióng =〔惸〕〈文〉①(兄弟がなく)孤独である. ②気がふさぐ.

茕独 qióngdú 〈文〉よるべない孤独(者).

茕嫠 qiónglí 〈文〉孤独で困窮している寡婦.

茕茕 qióngqióng ①〈文〉孤独なさま.〔~孑 jié 立〕〈成〉孤独で身寄りがないさま.②思い悩むさま.〔忧心~〕心配で気がふさぐ.

[惸] qióng ⇒〔茕〕

[琼・瓊] qióng =〔璚〕〈文〉①美しい玉:〔玛 mǎ 瑙〕(めのう)を指す. ②美しいものをたとえる.〔乱~碎玉〕〈喩〉雪や凍った氷.→〔琼瑤〕 ③海南島の別称.海南島の古称.〔~州〕海南省,また同省瓊山県. ④〈姓〉瓊(竹).

琼杯 qióngbēi 〈文〉玉杯.

琼瑰 qióngguī ⇒〔琼瑤〕

琼华 qiónghuā ①〈文〉美しい玉. ②同下①.

琼花 qiónghuā ①〔~琼瑤②〕高貴な花.珍しく貴重な花. ②⇒〔绣 xiù 球②〕

琼浆 qióngjiāng 〈喩〉美酒.〔~玉液〕〔玉液~〕同前.

琼胶 qióngjiāo ⇒〔琼脂〕

琼剧 qióngjù〔琼戏〕ともいう.圏海南省の地方劇:〔潮 cháo 剧〕〔梨 lí 園戏〕など広東や福建の地方劇の影響を受けたもの.

琼林 qiónglín ①珍しいものが集まったこと:多く書物を指していう. ②囲王家の庭園の名:汴京(現在の開封市)の西にあった.〔~宴 yàn〕皇帝が科挙の試験に合格した者に対して賜った宴.〔恩 ēn 荣宴〕ともいった.

琼楼玉宇 qiónglóu yùyǔ 〈成〉神仙の住む所や月の宮殿.〈喩〉壯麗な御殿.

琼楠 qióngnán 植アカハダクスノキ:クスノキ科.海南省に分布する.

琼雀 qióngquè 鳥コガラ.

琼筵 qióngyán 〈文〉華麗な宴席.

琼瑤 qióngyáo =〔琼瑰〕〈文〉①美しい玉. ②〈喩〉(人から送られる)贈り物・お礼の詩文や書簡.

琼英 qióngyīng 〈文〉美しい石.〔琼英〕

琼枝 qióngzhī 〈喩〉①帝王の子孫.→〔金 jīn 枝玉叶〕 ②賢才.美女.

琼脂 qióngzhī〔琼胶〕かんてん:俗に〔洋 yáng 菜〕という.また〔石花菜〕(てんぐさ)から作るので〔石花胶〕ともいう.〔~培养基〕(かんてんをベースにした)細菌培養基.〔~酸 suān〕化アガリシン酸.

琼姿 qióngzī 〈文〉麗しい姿.

[䓖] qióng 〔~茅 máo〕〈文〉古書にある草の名.

[蛩] qióng 〈文〉①〔蝗 huáng〕(バッタ)の古称. ②〔蟋 xī 蟀〕(コオロギ)の古称:〔吟 yín 蛩〕ともいう.

[跫] qióng 〈文〉歩く響音.〔~音〕同前.〔足音〕〔~然〕足音が響くさま.

[銎] qióng 〈文〉斧の柄をとりつけるための穴.

[璚] qióng ⇒〔琼〕

qiū ㄑㄧㄡ

[丘(坵・邱)] qiū ①丘.〔土~〕土の丘.〔沙~〕砂丘. ②仮の墓に埋葬する.〔把棺材~起来 zhe〕仮埋葬しておく.〔~在义地〕共同墓地に仮埋葬する.→〔厝 cuò②〕 ③〈文〉墓. ④量詞.水田のあぜで仕切られた一つひとつを数える.〔一~田〕1枚の田. ⑤〈姓〉丘(紮).→〔邱〕

丘八 qiūbā 囲兵隊:軽蔑した言い方.〔兵〕の字を〔丘〕と〔八〕にしたもの.〔~爷〕兵隊の旦那.

丘比特 qiūbǐtè キューピッド.→〔爱 ài 罗斯〕

丘壑 qiūhè 〈文〉①丘と谷.⑥山水の美しい所.隠者の住居. ⑥深い見識.〔胸有~〕〈成〉見識が深い:黃庭堅の詩〔胸中原自有~〕から出ている.〔对于时事分析,他确是一个有~的论家〕時事分析において,彼は確かに見識の高い政論家である.

丘吉尔 qiūjí'ěr 囚チャーチル:英国の政治家.第二次大戦中の首相 (1874~1965)

丘陵 qiūlíng〔冈 gāng 陵〕丘陵.

丘垄 qiūlǒng ①⇒〔丘墓〕 ②〈文〉田園. ③〈文〉荒野.

丘民 qiūmín 〈文〉庶民.

丘墓 qiūmù =〔丘垄①〕〈文〉墓.墳墓.

丘脑 qiūnǎo 生理視床.〔下~〕視床下部.

丘嫂 qiūsǎo ⇒〔长 zhǎng 嫂〕

丘山 qiūshān 〈文〉①山林.自然. ②〈喩〉多いこと.大きいこと.〔建～之功,享不訾之禄〕大功をたて相応の禄を受けた.
丘墟 qiūxū ①廃墟. ②荒廃したさま. ③山岳の地. ④陵墓.墳墓.
丘鷸 qiūyù 鳥ヤマシギ.
丘園 qiūyuán 〈文〉①隠居所. ②ご隠居.
丘疹 qiūzhěn 医丘疹(きゅう).
丘子 qiūzi 〈方〉(正式の埋葬をせず,棺を地上に据えてその四周と上方を土あるいは煉瓦で覆っただけの)仮の墓.

[邱] qiū 〈姓〉邱(きゅう)→[丘]

[虬] qiū 〈~蚓 cí〉虫ミミズ.[地 dì 龙]〔歌 gē 女③〕.〈文〉鳴 míng 砌[曲 qū 曲蟮〔蛐 qū 蟮〕ともいう.

[龟・龜(龜・亀・亀)] qiū 〔～茲 cí〕因亀茲(きじ):現在の新疆ウイグル自治区クチャ(庫車)県の地にあった国.
→ guī jūn

[秋・鞦(烁・穐)] qiū (Ⅰ) 〔穐〕①秋.ふつう〔～天①〕という.〔～空〕秋空. ②1年(文語的な表現).〔一日不見,如隔三～〕1日会わなければ3年も会わなかったような気がする.〔希望您千～万岁,永远健康〕どうかいつまでもお達者でありますように. ③時(文語的な表現).〔危急存亡之～〕危急存亡の時. ④多事之～〕多事多難の時. ④穀物の実る時節.〔麦～〕旧暦4・5月の麦の収穫の季節.〔大～〕出来秋(でき).秋の収穫のどき
(Ⅱ)〔鞦〕→〔秋千〕
秋安 qiū'ān 〔贖〕秋の平安:秋に書く書簡文の結語に用いる.→[安]⑤
秋波 qiūbō ①秋の河川の澄んだ水. ②女性の美しい澄んだ目.また若い女性の流し目.〔向他頻送～〕彼に頻繁に色目を使う.〔暗送～〕ひそかに秋波を送る.→〔传 chuán 情〕
秋播 qiūbō ①秋まき. ②秋に播種する.
秋菜 qiūcài 秋野菜.
秋操 qiūcāo 旧秋期の軍事演習.
秋蝉 qiūchán 秋の蝉.〔～落地〕〈喩〉発言する力を失うこと.
秋成 qiūchéng ⇒〔秋收〕
秋淡 qiūdàn 秋の野菜不足.
秋刀鱼 qiūdāoyú 魚サンマ.
秋分 qiūfēn 秋分:〔二十四节气〕の一. 9月22,23日または24日.この日には昼夜の長さが平均し,この後しだいに夜が長くなる.〔～点〕秋分点.
秋风 qiūfēng ①秋風. ②〔打～〕かこつけて金品をせびる.無心する:〔打 dǎ 抽丰〕に同じ.
秋风过耳 qiūfēng guò'ěr 〈喩〉無関心なさま.〔～置之不理〕無関心で気にとめない.
秋风扫落叶 qiūfēng sǎo luòyè 秋風が落ち葉を吹き払う.〈喩〉強大な力で衰えた勢力をたやすく一掃する.〔以～之势消灭了敌人残余部队〕秋風が落ち葉を吹くがごとく,敵の残存部隊をたやすく一掃してしまった.
秋高气爽 qiūgāo qìshuǎng 〈成〉秋の空が高く空気がすがすがしい.
秋耕 qiūgēng 秋の収穫後に土地を耕すこと.
秋贡 qiūgòng ⇒〔乡 xiāng 试〕
秋灌 qiūguàn 秋の灌漑.
秋光 qiūguāng ①秋の日ざし. ②秋.秋の気配.
秋海棠 qiūhǎitáng =〔断 duàn 肠花〕植シュウカイドウ(秋海棠):ベゴニアと同種.シュウカイドウ科草本(総称).〔四季(秋)海棠〕四季咲きベゴニア.センパフローレンス.
秋毫 qiūháo 〈文〉秋毫(しゅう):秋に抜け変わった鳥獣の細い毛.中国語でわずかな量.〔～之末〕〈喩〉極めて微細なもの.〔明察～〕きわめて小さなことまで明察する.〔～无犯〕〈成〉わずかとも犯すところなし.〔丝 sī 毫〕
秋后 qiūhòu ①立秋の後.〔～的蚂蚱〕〈歇〉晩秋のバッタ:〔没几天蹦跶了〕〔蹦跶不了几天了〕(長くは跳ね回れない.結末が迫っている.). ②秋の収穫の後.〔～算账〕〈成〉秋のとりいれ後に清算する.〈喩〉結論を出す段階を待って改めて是非を決める(多く報復をする意味に用いる)
秋胡戏 qiūhúxì 〈白〉妻:元曲の〔～妻〕という題名の最後の一字を略した〔歇后语〕(しゃれ言葉).
秋季 qiūjì 秋季.秋の季節:一般に立秋から立冬までの3か月をいう.
秋交会 qiūjiāohuì 〔秋季商品交易会〕の略.
秋节 qiūjié ⇒〔中 zhōng 秋(节)〕
秋景 qiūjǐng ①秋の景色. ②秋の作柄.
秋裤 qiūkù 方防寒用のズボン下.
秋葵 qiūkuí ①=〔黄 huáng 蜀葵〕 ②植オクラ.〔黄 huáng ～〕同前.
秋葵绿 qiūkuílǜ =〔鵞茶(がちゃ)〕(の)
秋兰 qiūlán 〔建 jiàn 兰〕
秋老虎 qiūlǎohǔ 〈喩〉残暑.秋の初めの暑熱の日.
秋梨膏 qiūlígāo 〔梨膏〕
秋凉 qiūliáng 秋のすがすがしい天気.
秋粮 qiūliáng 秋に収穫する穀物.
秋凉虫 qiūliángchóng 〔方〕蝉.
秋霖 qiūlín 秋の長雨.
秋令 qiūlìng ①秋の季節. ②秋の気候.
秋罗 qiūluó 紹:薄手の軽い絹織物で,条紋がある.
秋麻 qiūmá 〔大 dà 麻①〕
秋杪 qiūmiǎo 〈文〉晩秋.秋の暮れ.
秋牡丹 qiūmǔdān 植シュウメイギク:キンポウゲ科の花草.
秋娘 qiūniáng 〈文〉①旧歌妓や女役者(通称). ②色香(しゅう)のあせた女性. ③蝉.
秋气 qiūqì 〈文〉①秋の寒々とした空気(天気). ②興ざめした思い.
秋千 qiūqiān ぶらんこ.〔～架〕ぶらんこ台.〔打～〕〔荡 dàng ～〕ぶらんこに乗る.〔～戏〕〔半 xià 仙戏〕ぶらんこ遊び.
秋日 qiūrì ①秋の日差し. ②秋.
秋色 qiūsè ①秋の景色.秋の気配.〔～宜 yí 人〕秋の気配が心地よい.
秋扇 qiūshàn 〈喩〉色香のあせて棄てられた女:〔扇子〕は秋になると用済みになってしまうことにたとえたもの.〔妾身似～,君恩绝履纂〕わたしはたとえてみれば秋の扇,男の心はあの靴のひものようにすぐ切れてしまう.→〔秋娘②〕
秋社 qiūshè 旧立秋後第5回目の戊の日に土地神に感謝をする祭.
秋审 qiūshěn 旧清秋季再審:毎年秋に各省の死刑執行を再審査し皇帝の決裁を仰いだ制度.
秋声 qiūshēng 秋の気配を告げる自然の音.
秋士 qiūshì 〈文〉身に迫る老衰を悲しむ文人.〔春女思,～悲〕乙女は思い,老人は悲しむ.
秋试 qiūshì ⇒〔乡 xiāng 试〕
秋收 qiūshōu =〔秋成〕秋の収穫.〔～的时候农民虽然很忙,可是很愉快〕秋のとり入れには農民は忙しいが,しかし非常に楽しい.→〔收获〕
秋收起义 qiūshōu qǐyì 史秋収起義:1927年9月

湖南・江西一帯で起こった蜂起.〔八 bā 一南昌起义〕と共に労農赤軍を生み出す出発点となった.
秋熟 qiūshú 秋の実り.→〔作物〕秋に熟れる農作物.
秋霜 qiūshuāng ①秋の霜.②〈文〉厳しい.〔怒如～〕怒ること秋霜のごとし.〔～烈 liè 日〕非常に厳しいこと.③〈文〉白くなった髪.〔不知明镜里,何处得～〕(李白詩)年ありりて鏡に映ったのはどこでもらった白髪であろうか.
秋水 qiūshuǐ ①秋の川や湖の澄みきった水.〔～伊 yī 人〕〈成〉風景を見て人を思う.②〔喩〕若い女性の流し目.また女性の美しい目.〔望穿～〕〔白〕待ちこがれて(欲しくて)穴があくほどじっと見つめること.③〈文〉剣気,刀のきらめき.
秋水仙 qiūshuǐxiān 圖イヌサフラン.〔～碱 jiǎn〕化コルヒチン.
秋思 qiūsī 〈文〉秋のもの寂しい思い.
秋桃 qiūtáo 立秋後につけた綿の実.
秋天 qiūtiān ①秋.②秋の空.
秋闱 qiūwéi ⇒〔乡 xiāng 试〕
秋行夏令 qiūxíng xiàlìng 〈成〉秋なのに夏のように暑いこと.
秋汛 qiūxùn ①(黄河など)秋の増水.→〔三 sān 汛〕②魚の秋の出漁り.
秋阳 qiūyáng 灼熱の太陽:古代,秋は旧暦で5月,6月をいった.
秋衣 qiūyī 圈長袖のメリヤス下着.
秋意 qiūyì 秋の気配.秋らしいこと.
秋英 qiūyīng 圈コスモス.
秋游 qiūyóu 秋の遠足.
秋雨 qiūyǔ 秋雨.秋の雨.〔一场～一场寒〕〔谚〕一雨ごとに寒くなる.〔～初霁 jì〕〈文〉秋雨がやんだばかり.
秋月 qiūyuè 〈文〉秋の月.
秋燥 qiūzào 圈秋の空気の乾燥.
秋征 qiūzhēng 秋の取り入れ後,政府が農民から徴収する現物農業税.→〔公 gōng 粮〕
秋种 qiūzhòng 圈秋の種まき.
秋庄稼 qiūzhuāngjia 秋作物.秋に収穫する農作物.

〔**湫**〕 qiū 池.多く地名用字.〔大龙～〕浙江省雁荡山にある瀑布.→〔jiǎo

〔**萩**〕 qiū ①カワラニンジンに似た植物.→〔青 qīng 蒿〕②〔楸〕①に通用した.

〔**楸**〕 qiū 圈①トウキササゲ:①は古称.落葉高木.蒴果は腎臓病薬の材料.木材で器具を作る.→〔梓 zǐ〕①②アカメガシワ.
楸枰 qiūpíng 〈文〉碁盤:古くキササゲの木で作った.〔棋 qí 盘〕に同じ.

〔**鹙**・**鶖**〕 qiū 圈水鳥の一種.〔秃 tū～〕

〔**鳅**・**鰍(鰌)**〕 qiū 魚圈①ドジョウ:(総称).〔泥 ní～〕はー通称.〔蝛 xí〕は古称.〔花～〕シマドジョウ.②〔鱏 qí～〕シイラ.→〔鳝 qiū〕

〔**鞦**〕 qiū ①(牛馬の)しりがい:馬具.〔后 hòu ～〕〔马尾 mǎwěi ～〕同前.②〔方〕縮む.〔～着眉毛]眉をよせる.

〔**仇**〕 qiú ①〈文〉つれあい.〔~偶 ǒu〕配偶者.②〈姓=仇(渠)〉→chóu
仇由 qiúyóu 〔仇猶〕〔丘由]とも書く.固戦国時代,今の山西省孟县一帯にあった北狄の一派の建てた国.

〔**厹**〕 qiú 〈文〉三股の矛(呂).〔～矛 máo〕同前.→ róu
厹由 qiúyóu ⇒〔仇由〕

〔**犰**〕 qiú 〔~狳 yú〕動ヨロイネズミ.アルマジロ. 犰狳(🐾)

〔**朹**〕 qiú ⇒〔山 shān 楂〕

〔**訄**〕 qiú 〈文〉逼迫する.

〔**虬**〕 qiú 〈文〉鼻炎.鼻づまり.〔~鼻 bí〕鼻がつまる.

〔**囚**〕 qiú ①拘禁する.〔被～在监狱里〕監獄に入れられている.〔~他两天再说〕2,3日押し込んでおいてからのことにしよう.②罪人.受刑者.〔死～〕死刑囚.〔~房〕監房.③俘虜.
囚车 qiúchē 犯人を護送する車.
囚犯 qiúfàn 囚人.
囚服 qiúfú ⇒〔囚衣〕
囚羁 qiújī 〈文〉拘禁する.幽閉する.〔~狱中〕監獄などに同前.
囚系 qiújì 監禁する.収監する.
囚禁 qiújìn 拘禁する.
囚牢 qiúláo ⇒〔牢狱〕
囚粮 qiúliáng 受刑者用の食糧.
囚笼 qiúlóng 圃重罪人を〔囚车〕で護送するとき車の上にのせた木製の檻(お).唐丸(ま)籠.〔转〕獄舎.〔坐～的重犯〕入獄中の重罪人.
囚房 qiúfáng ⇒〔俘 fú 房②〕
囚室 qiúshì 監房.
囚首垢面 qiúshǒu gòumiàn 〈成〉囚人のようにぼさぼさした髪,長く洗ったことのない顔.尾羽うち枯らしてみすぼらしいさま:〔囚首垢面〕ともいう.
囚徒 qiútú 囚人.受刑者.
囚衣 qiúyī =〔囚服〕囚人服.

〔**泅**〕 qiú 泳ぐ.〔~浮 fú〕同前.〔~渡 dù〕泳いで渡る.
泅水 qiúshuǐ 泳ぐ=〔洑 fú 水〕に同じ.〔~而过〕泳いで河を渡る.→〔游 yóu 泳〕
泅泳 qiúyǒng 泳ぐ.
泅游 qiúyóu (魚が)回遊する.〔~路线]魚の回遊路.

〔**求**〕 qiú ①請う.頼む.〔~饶 ráo〕〔告饶〕許してもらう.〔~不下〕頼んでも許されない.〔开口~人〕人に助力を求める.頼む.〔~邻居照看门户〕隣へ頼んで留守の見張りをしてもらう.②求める.望む.〔不可急于~成〕成功を急いではいけない.〔极力~好〕極力うまくやろうとする.③追究する.探し求める.〔不可以安于小成,还要深~才好〕小成に安んじてはいけない,さらに深く追究しなければならない.〔精益~精〕〈成〉ますます精巧を追求する.念には念を入れる.〔吹毛~疵 cī〕〈成〉あらを探す.④需要.〔供 gōng 过于～〕供給が需要を上回る.〔供不应 yīng ～〕供給が需要に応じきれない.〔需～相适应〕需要供給が均衡する.⑤〈姓〉求(🐾)
求爱 qiú'ài 求愛する.
求(大)同存(小)异 qiú(dà)tóng cún(xiǎo)yì 〈成〉小異を残して大同につく:見解の一致したものについてだけ妥協し,不一致のものは各自保留すること.
求代 qiúdài 〈文〉人に代理を頼む.
求得 qiúdé 求めて得る.〔~他的同意〕彼の同意を求める〔得る〕.
求恩 qiú'ēn 恩情を求める.情をかけてもらいたいと願う.
求福 qiúfú 神仏に幸福を祈る.
求告 qiúgào 助力や許しを懇願する.
求根 qiúgēn 圏(方程式の)根(ね)を求める.
求购 qiúgòu 購入を希望する.
求过于供 qiú guòyú gōng 〈成〉需要が供給を超え

る.需要過多.

求和 qiúhé ①和(和解)を求める.戦争を終結させるために和議を求める. ②囚引き分けにもちこむ. ③数和を求める.

求欢 qiúhuān 肉体関係を求める.

求凰 qiúhuáng 〈文〉妻を求める:〔凰〕は雌.→〔求牡〕

求婚 qiúhūn 求婚する:多く男性から女性に対して.〔他向她～了〕彼は彼女にプロポーズした.→〔求亲〕

求见 qiújiàn 面会を申し入れる.→〔请 qǐng 见〕

求浆得酒 qiújiāng déjiǔ 〈成〉予期以上の利得にありつく.予想以上の結果を収める.

求教 qiújiào 教えを請う.

求解 qiújiě ①数解(ᵏᵃⁱ)を求める.方程式を解く. ②解明を求める.

求借 qiújiè 借りに行く.

求救 qiújiù 救助を求める.〔～无门〕救いを求めるにも頼り(よるべ)がない.八方ふさがり.〔向他～〕彼に救いを求める.〔发出紧急～信号〕SOS(信号)を出す.

求决 qiújué 問題解決を求める.

求靠 qiúkào 〈方〉世話を頼む:多くは生活をみてもらうよう頼むことを指す.

求马唐肆 qiúmǎ tángsì 〈成〉馬のいないところで馬を求める(荘子).求めても得られないところに求める:〔唐肆〕は〔空 kōng 肆〕で,馬を扱わない道端の市.→〔缘 yuán 木求鱼〕

求名 qiúmíng 名誉や名声を求める.

求牡 qiúmǔ 〈文〉夫を求めること:〔雉鸣求其牡〕(詩経)雉鳴きてその牡を求む.→〔求凰〕

求偶 qiú'ǒu 結婚相手を探す(新聞やテレビの広告)

求聘 qiúpìn ①雇用を求める. ②募集する.

求乞 qiúqǐ 乞食(ᶜʲᵏⁱ)をして回る.

求签 qiúqiān おみくじをひいて吉凶を占う.〔～问卜〕同前.

求亲 qiúqīn (家から相手の家へ)縁談を申し込む:多く男性の家から女性の家に対して.→〔求婚〕

求亲告友 qiúqīn gàoyǒu 〈成〉親戚·友人に懇願する.手当たりしだいに頼み込む.→〔求爷爷告奶奶〕

求情 qiúqíng 人情に訴える.詫びる.泣きつく.〔求人情〕同前.

求取 qiúqǔ 求める.

求全 qiúquán ①完全を求める.〔～责 zé 备〕〈成〉完全無欠を求める.注文が理想的すぎる.〔～之毁 huǐ〕〈成〉完璧を期し,かえって悪い結果になること. ②どうにかして事を丸くおさめる.〔苟 gǒu 延～〕〈成〉何とか命ながらえて完全を求める.〔委曲～〕譲歩や損失を覚悟して事を丸くおさめようとする.→〔苟延残喘〕

求饶 qiúráo ⇒〔告 gào 饶〕

求人 qiúrén 人に頼む.〔～帮忙〕手助けを頼む.〔～不如求己〕人をあてにするより自分でやる方がよい.

求仁得仁 qiúrén dérén 〈成〉欲しいものが手に入る.願いどおりになる.

求荣 qiúróng 栄達を求める.栄耀を求める〔～反辱〕〈成〉栄達を求めかえって恥辱を蒙る.

求神 qiúshén 神頼みする.〔～拜佛〕〈成〉神仏にすがる.〔～祷 dǎo 鬼〕〈成〉いたるところへ行って頼み回る.むやみに頼み回る.〔～问卜〕〈成〉神に頼ったり占(ᵘʳᵃⁿᵃ)い見てもらったりする.

求生 qiúshēng ①生活の途を求める. ②生きようとする.〔～不得〕〈成〉生きようにも生きられない.

求胜 qiúshèng 勝利を求める.〔～心切〕勝利を求める気持ちが切である.

求师 qiúshī 師を求める.〔～学艺〕師匠を探し求めて芸を習う.

求实 qiúshí 現実を重んじる.〔～精神〕実際を重視する態度.実事求是の精神.

求是 qiúshì 真理を探究する.〔实事～〕〈成〉事実から出発して同前.

求售 qiúshòu 買い手を望む.〔低价～〕安値で買い手を求める.〔登报～〕新聞広告で買い手を求める.

求恕 qiúshù 許しを請う.

求索 qiúsuǒ ①追求する.探し求める. ②請求する.要求する.→〔索求〕

求田问舍 qiútián wènshè 〈成〉個人の財産を殖やすことばかり考えて遠大な志がないこと.

求同存异 qiútóng cúnyì ⇒〔求(大)同存(小)异〕

求稳怕乱 qiú wěn pà luàn 〈喩〉事なかれ主義.

求仙 qiúxiān 仙人(仙術)を尋ね求める.

求贤若渴 qiú xián ruò kě 〈成〉切に賢才を求めること.

求降 qiúxiáng 投降を申し出る.

求新 qiúxīn 新鮮さや新奇を求める.

求心矩尺 qiúxīn jǔchǐ ＝〔〈方〉中 zhōng 心角尺〕工センタースクエア:円の中心を求める定規.

求心力 qiúxīnlì 物求心力:〔向 xiàng 心力〕に同じ.

求心神经 qiúxīn shénjīng 生理求心(性)神経.

求学 qiúxué ①学問を探求する. ②学校で学ぶ.

求爷爷告奶奶 qiú yéye gào nǎinai 〈喩〉手あたりしだいに頼み込む.〔筹款实在不容易,～才借到这么俩钱儿〕資金集めはまったく難しいもので,あちこちに頼み回ってやっとこれっぱかしの金が借りられた.→〔求亲告友〕

求医 qiúyī 医者に治療してもらう.〔登门～〕医者を訪ねて治療を頼む.〔～问药〕〈成〉あらゆる方法を尽くして病気を治そうとする.

求异 qiúyì 独自性を求める.

求益反损 qiúyì fǎnsǔn 〈慣〉もうけようとしてかえって損をする.

求雨 qiúyǔ ＝〔祈 qí 雨〕雨乞いをする.

求援 qiúyuán 援助を頼む.助け舟を求める.

求战 qiúzhàn ①戦闘を求める. ②戦闘に参加したいと望む.〔～心切〕戦いに勇み立つ.

求真务实 qiúzhēn wùshí 〈成〉真理を追究し実務につとめる.

求诊 qiúzhěn 医者にかかる:〔求治〕に同じ.

求证 qiúzhèng 証明を求める.証拠を探す.

求知 qiúzhī 知識を求める.

求之不得 qiú zhī bùdé 〈成〉求めても得られない.願ってもない.この上もない好都合(幸せ).〔这实在是～的好机会〕これはまったく願ってもないよい機会だ.

求知欲 qiúzhīyù 探究欲.知識欲.

求职 qiúzhí 求職(する).〔～登记〕求職登録.

求治 qiúzhì ⇒〔求诊〕

求助 qiúzhù 援助を求める.

求子 qiúzǐ 子を授かりたいと神仏に祈る.

求租 qiúzū 賃貸を頼む.

〔俅〕 qiú ①〈文〉恭順なさま.〔～～〕同前. ②〔～人〕トールン族:〔独 dú 龙族〕の旧称.

〔逑〕 qiú 〈文〉配偶者.〔窈 yǎo 窕淑女,君子好～〕(詩経·国風)しとやかな淑女は君子のよい配偶者である.

〔屎〕 qiú 〈方〉ちんぽ.ペニス.〔驴 lǘ ～〕〈方〉ロバの同前.→〔鸡 jī 巴〕

〔球(毬)〕 qiú (Ⅰ)〔球(毬)〕①丸い玉.まり.〔～儿〕同前. ②球.ボール:スポーツの用具の一.〔足～〕サッカーボール.〔乒乓～〕ピンポン(玉).〔皮～〕ゴムまり. ③球技.〔打～①〕ボール遊びをする.球技をする.〔打棒～〕野球

をする.〔打排～〕バレーボールをやる.〔打篮～〕バスケットボールをやる.〔踢 tī 足～〕サッカーをやる.〔打网 wǎng ～〕テニスをやる.〔打高尔夫～〕ゴルフをやる.〔开～〕サッカーのキックオフ.
(Ⅱ)〔球〕① 数球. ②球形.またそれに近いもの.〔气～〕⑧気球.アドバルーン.⑥風船.〔煤～〕など.③特に地球を指す.〔东半～〕東半球.〔全～〕全世界.④〈方〉縮る.〔咱这一辈子就算～了〕おれたちは一生うだつがあがらない.

球吧 qiúbā スポーツカフェ.スポーツバー.
球板 qiúbǎn 〈方〉卓球のラケット.→〔球拍〕
球半径 qiúbànjìng 〔球径〕
球棒 qiúbàng 文(野球などの)バット.(体操などの)スティック.〔曲 qū 棍～〕(ホッケーの)スティック.→〔球棍〕
球操 qiúcāo 文(新体操の)ボール演技.
球场 qiúchǎng 球場.コート.ピッチ:野球・テニス・サッカーなどの球技をする場所.〔网～〕テニスコート.〔～暴力〕同前でファンの乱闘・騒ぎ.
球虫症 qiúchóngzhèng 医コクシジウム症:家禽などの伝染病.
球带 qiúdài 数球帯.
球胆 qiúdǎn (スポーツ用のボールの内側の)空気を入れる薄いゴム袋・チューブ.
球蛋白 qiúdànbái グロブリン.〔丙种～〕ガンマーグロブリン.
球刀 qiúdāo 文(アイスホッケーの)スケート靴のエッジ.
球道 qiúdào 文(ボウリングの)レーン.
球队 qiúduì 文(球技の)チーム.〔排～〕バレーボールチーム.
球阀 qiúfá ＝〔球形凡而〕機グローブバルブ.→〔阀(Ⅱ)〕
球房 qiúfáng 玉突き場.撞球場.ビリヤード場.
球风 qiúfēng (球技で)試合ぶり.戦いぶり.
球竿 qiúgān 文①きゅうかん:木製の長竿の両端に球のついたもの.②同下①.
球杆 qiúgǎn 文①ゴルフクラブ.〔球竿②〕に同じ.②ビリヤードのキュー.〔球杖①〕に同じ.
球根 qiúgēn ⇒〔球茎〕
球罐 qiúguàn 球形タンク.
球棍 qiúgùn 文(体操などの)スティック.〔球棒〕ともいう.
球果 qiúguǒ 植球果:松・杉・ひのきなどの果実のように鱗片で種子を覆っているもの.
球技 qiújì 球技のテクニック.
球茎 qiújīng 植球茎:俗に〔球根〕という.〔～甘蓝〕〔苤 piě 蓝〕コールラビ.
球径 qiújìng 球の直径.〔球半径〕球の半径.
球菌 qiújūn 生細菌.〔葡萄〕ブドウ球菌.
球裤 qiúkù 文トレーニングパンツ.運動パンツ.
球篮 qiúlán (バスケットボールの)バスケット.
球类 qiúlèi 球技.〔～运动〕同前.
球龄 qiúlíng 球歴:球技選手の選手歴.
球路 qiúlù 球技の戦術.作戦:球すじ.パスの出し方など.
球门 qiúmén 文(ラグビー・サッカーなどの)ゴール.〔～柱〕ゴールポスト.〔～区〕ゴールエリア.〔～区线〕ゴールエリアのライン.〔～员〕(サッカーの)ゴールキーパー.〔～横木〕クロスバー.〔～手〕(サッカーの)ゴールキーパー:〔守 shǒu 门员〕に同じ.
球迷 qiúmí 球技のファン.〔～协会〕ファンクラブ.サポータークラブ.
球面 qiúmiàn 数球面.〔～度〕ステラジアン.sr.立体角の単位の一.〔～角〕球面角.三角形の球面三角形.〔～镜 jìng〕球面鏡.
球墨铸铁 qiúmò zhùtiě グラファイト.黒鉛鋳鉄:鋼に近い性能をもつ高強度の鋳鉄.〈口〉球铁〕〔球状石墨铸铁〕ともいう.
球幕电影 qiúmù diànyǐng ＝〔穹 qióng 幕电影〕アイマックス映画.
球拍 qiúpāi 〔-儿、-子〕文ラケット.〔网～〕テニスラケット.〔乒乓 pīngpāng ～〕卓球のラケット.〔羽毛～〕バドミントンのラケット.
球赛 qiúsài 球技の試合.〔棒球比赛〕野球の試合.
球衫 qiúshān スポーツシャツ.
球市 qiúshì 球技の試合のチケット市場.
球手 qiúshǒu 球技選手.
球台 qiútái ①卓球台.②ビリヤード台.
球坛 qiútán 球技界.
球体 qiútǐ 数球体.
球童 qiútóng 文(ゴルフの)キャディー:〈方〉杆 gǎn 弟〕ともいう.
球王 qiúwáng 球技の名選手.球技の大スター.
球网 qiúwǎng (テニス・卓球などの)ネット.
球鞋 qiúxié 運動用シューズ.運動靴.
球心 qiúxīn ボールの中心.球心.
球星 qiúxīng 球技のアイドル選手.球技のスター選手.〔～卡 kǎ〕同前の写真などが印刷されたカード.
球形 qiúxíng 球形(の)
球形凡而 qiúxíng fán'ér ⇒〔球阀〕
球衣 qiúyī トレーニングシャツ.運動シャツ.
球艺 qiúyì 球技の技.
球员 qiúyuán 球技選手.
球员席 qiúyuánxí (野球の)ベンチ.
球藻 qiúzǎo 植球状の藻類.
球杖 qiúzhàng 文①(ビリヤードの)キュー:〔球杆②〕ともいう.②〔台 tái 球〕②(ゴルフの)クラブ.
球轴承 qiúzhóuchéng 機玉軸受.ボールベアリング:〔滚 gǔn 珠轴承〕ともいう.→〔滚动轴承〕
球状 qiúzhuàng 球状(の).〔～蛋 dàn 白质〕球状タンパク質.

〔赇・賕〕 qiú 〈文〉賄賂.〔受～〕賄賂を受ける.

〔铼・銶〕 qiú 古代の鑿(⑧).

〔裘〕 qiú 〈文〉かわごろも:毛皮で作った衣服.〔羔 gāo ～〕小羊の毛皮で作った衣服.〔狐～〕狐の毛皮で作った衣服.〔轻～〕軽やかなかわごろも.〔轻～肥马〕〔～马〕軽やかな皮衣に太った馬.〈喩〉富貴な人の生活.②〈姓〉(⑨)
裘弊金尽 qiúbì jīnjìn 〈成〉皮衣もやぶれ金も尽きてしまった.落ちぶれ果てたさま:蘇秦が秦王を説きふせようと10度書を奉って大いに努めたがとうとう容れられず,そして間に困窮してしまった.(戦国策)
裘葛 qiúgé 〈文〉季節の移り変わり:〔裘〕は〔冬裘〕(冬の皮衣),〔葛〕は〔夏葛〕(夏の衣服)であり,冬の服装から夏の服装まで.〔履更 gēng ～〕何年かが過ぎ去った.
裘褐 qiúhè 〈文〉①質素な衣服.②皮衣.
裘马 qiúmǎ ⇒字解①
裘皮 qiúpí 毛皮.〔～大衣〕同前のオーバーコート.

〔虯(虬)〕 qiú ①古虯竜(⑧).みずち:竜の一種で角のある小さなもの.〔～龙 lóng〕同前.→〔蜩 chī〕〔蛟 jiāo ①〕〔龙 lóng ①〕②〈文〉湾曲しているさま.
虬蟠 qiúpán 〈文〉ねじ曲がったさま.
虬髯 qiúrán 〈文〉縮れたほおひげ.
虬须 qiúxū 〈文〉縮れたあごひげ.
虬枝 qiúzhī 〈文〉曲がりくねった枝.

qiú~qū

〔酋(酋)〕 qiú ①かしら.頭目:もともと未開人の酋長の意.〈轻〉賊や侵略者の頭目.〔~长〕蛮人の(未開人の)かしら.〔酋~〕敵のかしら.〔贼 zéi ~〕賊のかしら.〔阿拉伯联合~长国〕アラブ首長国連邦.③〈姓〉酋(ﾊ゙)

〔遒〕 qiú ①尽きる.〔岁忽忽而~尽兮〕〔楚辞〕慌ただしくも年暮れむ.②健やかである.強い.〔风~霜冷〕風強く霜寒し.〔诗兴 xìng 方~〕詩興まさに頂点に達す.
遒健 qiújiàn〈文〉強健である.
遒劲 qiújìng〈文〉力強い.〔笔力~〕筆さばきが雄健である.〔~的古松〕枝ぶりのたくましい,古い松の木.
遒练 qiúliàn〈文〉力強く鍛えられている.
遒美 qiúměi〈文〉〔書法〕がしっかりしていて美しい.
遒媚 qiúmèi〈文〉力強く美しい.

〔蝤〕 qiú〔~蛴 qí〕〈文〉〔天 tiān 牛〕(カミキリムシ)の幼虫.〔口~锯 jù 树脚〕ともいう.
→ yóu

〔鳍・鰌〕 qiú〈文〉①踏みつける.②差し迫る.→〔鳅 qiū〕

〔巯・巰〕 qiú (氢 qīng)(水素)と(硫(硫黄))の合成で〔~基 jī〕(氢硫基)水硫基.〔~醋 cù 酸〕メルカプト酢酸.

〔璆〕 qiú〈文〉①美玉(き).〔~琳 lín〕同前.②玉の触れあう音.〔~然 rán〕同前のさま.

〔糗〕 qiǔ ①(固)干飯(ﾎﾞ)〔口干 gān 粮①〕のり状または塊状のもの.〔面煮得~不吃一会儿就~了〕麺類は煮上がってからすぐ食べないと,しばらくするとのびてしまう.③〈方〉ひきこもって何もしない.〔你别竟~着,出去活动一下吧〕そんなに家にひきこもってふさぎこんでばかりいないで,少し外に出て運動してみたい.〈~粮〉
糗粮 qiǔliáng ①いり米.②干飯(ﾎﾞ)
糗糟了 qiǔzāole ①食べ物がすえる.②食べ物が水気を吸いぼろぼろになってしまう.

qu くu

〔区・區〕 qū ①区分する.区別する.〔~別〕同前.②区域.地域.地带.〔解放~〕解放された区域.〔非军事~〕非武装地帯.③行政区画の一.〔民族自治~〕民族自治区.〔特別行政~〕特別行政区.〔经济特区〕经济特区.〔市辖 xiá ~〕市直轄区.〔~徽 huī〕区の徽章.〔~旗 qí〕区の旗.④〈文〉小さい.わずかである.区々たる.→ ōu
区别 qūbié ①区別.相違.差別.けじめ.〔这个和那个有什么~〕これとあれはどんな相違があるか.②区別する.分ける.〔~不出来又区別もない.〔以~开来〕区別する方法がない.〔~词〕区別詞:〔非 fēi 谓语形容词句〕など.→〔分 fēn 別〕
区处 qūchǔ〈白〉①処理する.〔怎生~〕どうしようか.②方法.手段.〔那倒有个~〕それは何とか方法はある.③進退をきめる.分別をつける.
区段 qūduàn〔交通機関の運航〕区間.
区队 qūduì (軍隊や警察の)小隊に相当する編制単位.
区分 qūfēn 区別する.〔能~善恶〕善悪を見分けることができる.→〔划 huà 分〕
区公所 qūgōngsuǒ 区の役所.
区划 qūhuà 区画.区画.〔行政~〕行政区分.
区际赛 qūjìsài 地区対抗試合.

区间 qūjiān 区間.〔~车〕路線の一部分だけ運転する列車またはバス.②数の変動幅.
区截法(铁道)qūjiéfǎ(铁道の)閉そく器方法:閉そく区間の列車の有無を表示し,列車運転の安全運行をはかる方式.
区码 qūmǎ →〔区位码〕
区区 qūqū ①些細である.つまらない.〔~小物〕些細なもの.〔~微意〕寸志.②〈谦〉わたくしめ.〔~之心〕私の心.〔此人非他,就是~〕それは他でもない,わたくしです.
区委 qūwěi 区③の(党)委員会.
区位 qūwèi ①地域性.②〔情勢〕地理的優位に立つ.③〔区位码〕における位置.
区位码 qūwèimǎ 漢字区点コード:4 桁の数字で表わされ,前の 2 桁を(区码),後の 2 桁を(位码)という.例えば〔中〕は 5448,"%"は 0305.→〔汉 hàn 字编码〕
区域 qūyù 区域.地区.〔~性〕地域性.地方性.〔~经济〕地域経済.〔~码 mǎ〕地域コード.リージョンコード.
区域联防 qūyù liánfáng〔球〕(バスケットボールの)ゾーンディフェンス.→〔人 rén 盯人〕

〔坵〕 qū 地名用字.〔邹 zōu ~〕〔地〕江蘇省にある.〔地〕山西省にある.

〔岖・嶇〕 qū →〔崎 qí 岖〕

〔驱・驅(駈・敺)〕 qū ①駆ける.〔先~〕先駆け.〔长~直入〕長駆けしてまっすぐに攻め入る.②駆(ﾙ)る.走らせる.〔~马〕馬を走らす.③追い払う.〔~羊〕羊を追い払う.〔~杀 shā〕一掃する.〔为 wèi 渊~鱼〕淵にも魚を追いこむ.〔喻〕当然引き留めておくべき人々を(人心をつかむことができないために)逃してしまう.④…するように迫る.無理に…させる.
驱策 qūcè ①==〔驱驾〕馬に鞭打つ.②⇒〔驱使〕
驱车 qūchē 車を走らす.車を駆る.
驱驰 qūchí (人または国事のために)奔走する.〔由是感激,遂许先帝以~〕〔三国志〕これより感激してついて先君のために奔走することとなった.
驱虫 qūchóng 駆虫する.寄生虫や害虫を駆除する.〔~药〕〔~剂〕駆虫薬.
驱出 qūchū 追い出す.
驱除 qūchú 駆除する.〔~障 zhàng 碍〕障害を取り除く.
驱动 qūdòng ①推進する.駆動する.作動させる:〔传 chuán 动①〕に同じ.②〔~轮 lún〕駆動輪.〔~齿轮〕駆動ギア.②駆け立てる.〔電算〕ドライブ.〔~器〕ドライバー.
驱风 qūfēng ⇒〔祛风〕
驱赶 qūgǎn ①追いたてる.追いはらう.〔~蚊蝇〕蚊や蝿を追い払う.②(車・馬を)走らせる.
驱鬼 qūguǐ〈文〉鬼遣(ﾋﾞ)らい(ついな).悪鬼をはらう(こと)
驱寒 qūhán 寒さを取り除く.
驱灵 qūhuílíng〔薬〕ピペラジン.
驱蛔素 qūhuísù ①〔薬〕アスカリドール:〔土 tǔ 荆芥油〕(ヘノポジ油)から抽出した駆虫成分.〔驱蛔脑 nǎo〕ともいう.②〔山 shān 道年〕
驱驾 qūjià〈文〉①馬を駆る.馬を走らす.②⇒〔驱策〕
驱离 qūlí 追い払う.
驱迫 qūpò 駆使する.強制する.駆り立てる.
驱潜艇 qūqiántǐng〔軍〕駆潜艇:〔猎 liè 潜艇〕は旧称.
驱遣 qūqiǎn ①〈文〉追い立てる.②⇒〔驱使①〕

qū 驱躯曲岖蛐

③取り除く.払いのける.〔~别情〕離別の情を払いのける.

驱散 qūsàn 追い散らす.〔~丧 sàng 气〕縁起が悪いのを払いのける.

驱使 qūshǐ =〔驱策①〕①=〔驱遣〕無理強いする.駆り立てる.〔~青年走上战争道路〕若者を戦争へ駆り立てる.②駆り立てる.促す.〔为好奇心所~〕好奇心に駆られる.

驱邪 qūxié 邪気を払う(こと)

驱逐 qūzhú 駆逐する.追い払う.〔~出境〕国外追放.〔~机〕軍戦闘機=〔歼 jiān 击机〕の旧称.〔~舰〕軍駆逐艦=〔猎 liè 舰〕は旧称.〔~令〕追放令.

驱走 qūzǒu 追い払う.〔~寒气〕寒さを追い払う.

〔躯・軀(躯)〕 qū ①身体.からだ.〔为国捐~〕国のために命を捨てる.②量詞.彫刻した像や死体などに用いる.〔佛像一~〕仏像一体.

躯干 qūgàn ①胴体=〔胴 dòng ①〕に同じ.②⇒〔躯体〕

躯壳 qūqiào 肉体:精神に対していう.

躯体 qūtǐ =〔躯干②〕〈文〉身体.体軀.

〔曲・麯(麴・粬)〕 qū(Ⅰ)①湾曲する(している).曲がっている.〔~线〕曲線.〔~尺〕曲尺(饶).↔〔直 zhí ①〕②湾曲(部).〔河~〕川の湾曲.〔山~〕山の同前.③曲がる.〔~肱而枕〕肘まくらをする.④不道理(に).不正(に).〔~解〕曲解する.〔分清是非~直〕よしあしをはっきりさせる.⑤〈姓〉姓.

(Ⅱ)〔麯(麴・粬)〕①こうじ.〔麦 mài ~〕麦こうじ.〔酒 jiǔ ~〕〔酒母 mǔ〕酒こうじ.〔~院 yuàn〕〈文〉醸造場.②〈姓〉姓.→qǔ

曲笔 qūbǐ ①〈文〉曲筆する.事実を曲げて書く.②法を曲げた裁きをする.③婉曲に書く.

曲别针 qūbiézhēn (渦巻形的)ペーパークリップ.ゼムクリップ(商標名)=〔回 huí 纹针〕〔回形针〕ともいう.

曲柄 qūbǐng 機クランク=〔~臂 bì〕(クランク腕)と〔~销 xiāo〕(クランクピン)を合わせていう.〔~杆〕クランクレバー.〔~轮〕クランク輪.〔~轴 zhóu〕クランク軸.〔~转动装置〕クランクギア.

曲簿 qūbù ⇒〔蚕 cán 箔〕

曲尘 qūchén ①酒麯に生じる細菌.②同前の色(淡黄色)

曲成 qūchéng 〈文〉なんとか折り合いをつけて成就する.

曲尺 qūchǐ 曲尺(饶).さしがね=〔矩 jǔ 尺〕に同じ.

曲川(儿) qūchuān(r) ⇒〔三 sān 拐(儿)〕

曲从 qūcóng 意を曲げて相手の意見に従う.

曲道士 qūdàoshì ⇒〔曲秀才①〕

曲拱 qūgǒng 建アーチ.せりもち.〔~石桥〕アーチ型石橋.

曲古霉素 qūgǔméisù 薬トリコマイシン:ポリエン系抗生物質.

曲拐轴 qūguǎizhóu ⇒〔机 jī 轴①〕

曲棍球 qūgùnqiú 区スホッケー.③ホッケーの球.

曲解 qūjiě 曲解する.〔~别人的话〕人の言葉をゆがめる.〔~法律〕法律をこじつけて解釈する.

曲尽其妙 qū jìn qímiào 〈成〉くどく微妙なところを表し尽くしていること.〔这篇小说描写青年的心理变化,真可算是~〕この小説は青年の心理の変化を描写してあますところがない.

曲颈琵琶 qūjǐng pípa 音柄部が湾曲している琵琶:古代楽器の一.

曲颈甑 qūjǐngzèng レトルト:蒸留用のガラスびん.〔蒸 zhēng 馏甑〕に同じ.

曲径 qūjìng 〈文〉曲がりくねった小道.〔~通幽 yōu〕〈成〉くねくねった小道から静寂な場所へ通じる.

曲酒 qūjiǔ 〔大 dà ~〕の略:四川省で産する〔白酒〕(蒸留酒)の一種.

曲君 qūjūn ⇒〔曲秀才①〕

曲菌 qūjūn ⇒〔曲霉〕

曲廊 qūláng 曲がり廊下.

曲里拐弯 qūlǐ guǎiwān ⇒〔曲曲弯弯〕

曲谅 qūliàng 〈文〉己を曲げて人を許す.曲げて他人の心を汲みとる.

曲溜儿 qūliūr 〔方〕①湾曲しているさま.②紋様のあと.痕跡.〔水牛儿爬 pá 过,留下好些~〕かたつむりがいって,たくさんの跡を残した.

曲流 qūliú 蛇行する川.曲がりくねった流れ.

曲率 qūlǜ 数曲率.

曲霉 qūméi =〔曲菌〕〔曲子〕こうじかび.麴(ぅ).

曲面 qūmiàn 数曲面.

曲蘖 qūniè 〈文〉酒麹.

曲奇饼 qūqíbǐng 〈音義訳〉食クッキー(菓子)=〔酥 sū ③〕

曲曲弯弯 qūqū wānwān 〈慣〉くねくね曲がるさま:=〔曲里拐弯〕〔弯弯曲曲〕ともいう.

曲蟮 qū·shàn 虫ミミズ:=〔曲蟺〕〔蚯蟮〕とも書いた.〔蚯 qiū 蚓〕の通称.

曲射炮 qūshèpào 軍曲射砲.

曲士 qūshì 〈文〉片田舎の人で,学識が浅く見聞の狭い人.

曲恕 qūshù 〈文宥〉〔曲原〕〔牘〕まげてご寛恕賜りたくの意.〔尚祈~〕あわせてお許しを願いたい.

曲水流觞 qūshuǐ liúshāng ⇒〔流觞(曲水)〕

曲说 qūshuō 〈文〉片寄った言説.正しくない言論.

曲突徙薪 qūtū xǐxīn 〈成〉煙突を外へ曲げ,薪を安全な場所へ移す.〔災害(災い)を未然に防ぐ.予防策を講じる.→〔防 fáng 患〕

曲线 qūxiàn ①曲線.カーブ.〔~美〕曲線美.〔~球〕(野球の)変化球.〔内~球〕内角球.インコース(ボール).〔下~球〕ドロップボール.〔~板〕雲形定規.〔~运动〕物曲線運動.〔~图(解)〕折れ線グラフ.

曲秀才 qūxiùcái ①=〔曲道士〕〔曲君〕学識の浅い知識人.②酒の別称.

曲学阿世 qūxué ēshì 〈成〉真理に背いた学問をして,世の中にこびへらう.

曲意 qūyì 〈文〉遠まわしに気をつかう.〔~逢迎~承 chéng 欢〕自己の意志を曲げて他人に迎合する.〔~相从〕不本意ながら承服する.

曲隐 qūyǐn 〈文〉曲面したり隠れたりしている場所.

曲宥 qūyòu ⇒〔曲恕〕

曲原 qūyuán ⇒〔曲恕〕

曲折 qūzhé ①折れ曲がる.曲がりくねっている.②曲折.いきさつ.こみ入った事情.子細.〔内中颇有~〕その中にはこみ入ったいきさつがある.

曲直 qūzhí 〈文〉是非.善悪.=〔是 shì 非〕

曲种 qūzhǒng 酒こうじの種類.→〔酒 jiǔ 曲〕

曲轴 qūzhóu ⇒〔机 jī 轴①〕

曲嘴钳子 qūzuǐ qiánzi 機ベントノーズプライヤー.

曲子 qūzi 麴=〔曲霉〕に同じ.→qǔzi

〔岖〕 qū →〔崎 qí 岖〕

〔蛐〕 qū

蛐蛐儿 qūqur 〔方〕虫コオロギ:〔趋趋〕とも書く.ふつう〔蟋 xī 蟀〕という.〔~罩 zhào 子〕同前を捕らえる網.〔~罐 guàn〕同前を飼う壺.〔~葫芦 húlu〕同前を飼うのに用いる瓢簞(宓̆).

蛐蟮 qū·shàn ⇒〔曲蟮〕

佉呿袪胠袪诎屈蓲 **qū**

〔佉〕qū〈文〉駆逐する.

〔呿〕qū〈文〉口を開けるさま.〔～吟 yín〕呼吸する.

〔袪〕qū =〔祛〕払いのける.駆逐する.〔～散 sàn 疼痛〕疼痛を消散させる.〔～煞 shà〕邪気をはらう.〔～热〕熱をとる.
- **袪病** qūbìng 病気を払う.〔～延年〕病を払い,寿命を延べる.
- **袪除** qūchú （疾病・疑念・邪気などを）取り除く.払いのける.
- **袪风** qūfēng 中医風邪(ぶ):〔风湿病〕(リウマチ)の苦痛をやわらげる.〔驱风〕とも書く.
- **袪寒法** qūhánfǎ 中医温熱薬で温めて寒邪を除くこと.〔温 wēn 法〕に同じ.
- **袪痰** qūtán 痰をなくす.〔～剂 jì〕去痰剤.
- **袪痛** qūtòng 痛みを取る.〔～药〕鎮痛剤.
- **袪疑** qūyí〈文〉疑惑を晴らす.疑念を晴らす.
- **袪淤** qūyū 中医死血（出血やうっ血）を取り去る.〔～活血〕同前で血液循環を促進する.

袪灾清祸 qūzāi qīnghuò〈成〉災難を追い払う.

〔胠〕qū〈文〉①脇をあける.横合いからひらく.〔～篋 qiè〕〈喩〉物を盗む. ②腋(な)の下の部位.

〔袪〕qū ①〈文〉そで口.→〔袖 xiù 口〈儿〉〕 ② ⇒〔祛〕

〔诎·詘〕qū〈文〉縮め.曲がる.〔～伸 shēn〕伸び縮み.〔笔 bǐ 画诘 jié～〕〈成〉筆づかいが曲がりくねっている.→〔屈伸〕 ②屈服する（させる）.〔屈②③〕に同じ. ③〈姓〉诎(ぶ)

〔屈〕qū ①曲げる.〔把铁丝一过来〕針金を曲げる. ②屈服する.人に頭を下げる.〔宁 nìng 死不～〕〈成〉死んでもうんと言わない.〔～不挠 náo〕〈成〉不撓(か)不屈.絶対にくじけないこと. ③伏させる.〔～人〕他人を屈服させる.〔屈服させられた人〕〔他是个威武不（能）～的人〕彼は権勢でも屈することのない圧迫を受ける.〔委～〕不平不満・恨みを持つ.〔下僚自尊心を捨てて下僚になる.〔受～〕無実の罪を受ける.つらい思いをする.〔情～命不～〕〈成〉情からいえば気の毒ではあるが,運命からいえばそうなるのが当然だ.〔心～命不～〕〈成〉残念ながら運命に.〔这个恶霸死得真不～〕このボスが死ぬのは当然だった.〔叫～〕無実の罪を訴える.不平を訴える.→〔冤 yuān〕 ⑤筋が通らぬ.良心に悖(ぼ)る. ⑥〈姓〉屈(ぶ)

屈才 qūcái 才能に相当しない低い仕事や低い地位に就く.〔从前她有点觉得初中毕业当售货员〕以前彼女は,中学を卒業した者が売り子になるのは役不足だと思っていた.

屈从 qūcóng ⇒〔屈服〕

屈打成招 qūdǎ chéngzhāo〈成〉拷問に耐えきれずに言いなりの自白をすること.

屈服 qūfú =〔屈从〕屈服する;〔屈伏〕とも書いた.〔～于敌人〕敵に屈服する.

屈服点 qūfúdiǎn =〔委 wěi 点〕〔降 xiáng 伏点〕工耐力.降伏点.

屈光 qūguāng ⑦光が屈折する.〔～度〕物ジオプトリ:レンズの屈折率.〔～正常〕医正視眼.〔～不正〕医非正視.屈折異常(症). ②（眼鏡の）度が合わない

屈侯 qūhóu〈姓〉屈侯(ぶ)

屈己 qūjǐ 我(が)を折る.〔～从人〕己を卑下して人に従う.→〔屈身〕

屈驾 qūjià〈尊〉まげてご足労を頂く.〔承您～光临

敝舍,实在感谢不尽〕拙宅にご来駕を頂きましてことに感謝のいたりです.→〔光 guāng 临〕

屈节 qūjié ①節操を曲げる. ②身分を低くする.
屈就 qūjiù ⇒〔俯 fǔ 就〕
屈居 qūjū 甘んじて低く身を置く.現在に甘んじる.〔～下风〕下風に立つ.遅れをとる.
屈量 qūliàng 酒を控え目にする.〔千万可别～啊〕決してご遠慮なさいませんように〔十分お酒を召しあがって下さい〕
屈轮 qūlún 美各色の漆を塗り重ねたものを彫刻して,内部の各色の漆を外に現す漆工法.
屈挠 qūnáo ①屈し曲がる. ②〈文〉恐れひるむ.屈服する.
屈蟠 qūpán うねり曲がる.からまり合う.
屈情 qūqíng ①冤罪(ぶ)の無念さ.〔这一份儿～实在是一言难尽〕このぬれぎぬの悔しさはまことに一言では語り尽くせない. ②感情を押さえる（曲げる）.〔～招认了〕無実であるのに自白してしまった.
屈曲 qūqū 屈曲(する)
屈戌儿 qūqur =〔文〕屈膝③〕戸ぼそ.かけがねのうけつぼ.つぼがね. 〔～钉 liào 锡儿〕
屈辱 qūrǔ 侮辱（を受ける）.屈辱（を受ける）.〔受人家的～〕人から侮りを受ける.
屈伸 qūshēn 伸び縮み（する）.→〔诎伸〕
屈身 qūshēn 身をかがめる.身を屈する.〔～下气〕〈成〉下手(ぶ)に出る.我を折ってへりくだる.→〔屈己〕
屈伸虫 qūshēnchóng ⇒〔尺 chǐ 蠖〕
屈氏体 qūshìtǐ 図トルースタイト
屈死 qūsǐ 無実のことで横死する.無念の死を遂げる.〔不告状,饿死不做贼〕〈諺〉横死するようなことがあっても泣き事は言わぬ,餓死するようなことがあろうとも賊を働くようなことはせぬ.〔～鬼〕無念の思いで死んだ者の亡霊.
屈体 qūtǐ 区（体操などの）屈身.〔～旋〕（体操の）屈身ひねり.〔～姿势〕（水泳の飛び込みの）屈身（えび型）
屈突 qūtū〈姓〉屈突(ぶ)
屈枉 qūwǎng ⇒〔冤 yuān 枉①〕
屈膝 qūxī ①〈文〉ひざまずく.屈服する. ②〈白〉ひざまで.〔护 hù 膝〕に同じ. ③⇒〔屈戌儿〕
屈心 qūxīn〈口〉良心にもとる.後ろめたい.〔不～,我们三个够棒的,谁没出汗？〕〔老·骆16〕やましくないぞ,おれたち三人は頑丈な方だが,それでもみんな汗をかいているじゃないか.〔亏 kuī 心〕
屈佚 qūyì ⇒〔含 hán 羞草〕
屈轶 qūyì ⇒〔含 hán 羞草〕
屈原暴 qūyuánbào 旧暦5月5日に吹く暴風の称.
屈折 qūzhé 屈折する.曲がりくねる.
屈折语 qūzhéyǔ 語屈折語.
屈指 qūzhǐ 指折り数える.〔～而算〕〔～算计〕〔～算来〕〔～（一）算〕〔～头 tou 算〕同前.〔～可数〕〈成〉指折り数えるほどわずかである.
屈尊 qūzūn =〔袭 xiè 尊〕〈尊〉我慢していただく.〔务请～就职〕まげてこの職にお就き下さいますようお願いします. ②〔俯尊就职〕〔纡 yū 尊降贵〕〈成〉我慢し身をおとして低い地位に就く.〔昨天承您～光临敝舍,感谢得很〕昨日はまげて拙宅にご光来頂きましてありがとうございました.〔请再～一会儿吧〕どうもうしばらくお待ちください.
屈座 qūzuò〈挨〉申し訳ありませんが,下座で我慢していただきます:宴会の時,主人が下座の人に対して述べる言葉.

〔蓲〕qū 化クリセン（ベンゾフェナントレン）:〔苯 běn 并菲〕に同じ.

qū～qú

〔蛆〕 qū 国ウジ.〔～虫 chóng〕⑤同前.⑥〈喩〉うじ虫野郎.〔他是个小～〕あいつはうじだ.

〔焌〕 qū 〈口〉（かすかに燃えている）火を他の物にくっつけて消す. ②燻っている火で焦げ穴をつくる. ③④熟した鍋に油を入れ,すぐ〔葱〕や〔姜〕(shōng)が入って炒めること.〔葱花～锅〕前同の料理. ⑤調味料を鍋で軽く炒めてから材料を入れ手早く炒めること.〔～豆芽〕もやし炒め.
→ jùn

〔黢〕 qū 〈～黑 hēi〕真っ暗である.どす黒い.真っ黒い.〔黑～～〕黒々としたさま.→〔漆 qī 黑〕

〔趋・趨(趋)〕 qū ①〈文〉走る.急行する.〔疾～而过〕急ぎ通過する. ②ある人のもとに赴く.行って人につく.→〔趋奉〕 ③ある方向に向かう.変化して行く....となる.〔渐～平静〕しだいに平静に向かう.〔天气日～寒冷〕天候はしだいに寒冷に向かいつつある.〔大势所～〕大勢の赴くところ. ④〈方〉（動物や鳥などが）首を伸ばして咬む. ⑤〈文〉促す.〔督 dū ～〕督促する.

趋拜 qūbài ⇒〔趋谒〕
趋避 qūbì 急ぎ避ける.
趋承 qūchéng ⇒〔趋奉〕
趋风 qūfēng 〈文〉急いで風下に行く.参上する：うやうやしさを表す.
趋奉 qūfèng =〔白〕趋承〕迎合する.へつらう.
趋附 qūfù 権勢におもねる.権力者にとり入る.〔阿ē 附〕に同じ.
趋赴 qūfù =〔趋诣〕〈文〉急ぎ参上する.〔～贵府〕〈牍〉お宅へ急ぎ参上いたします.
趋光 qūguāng 向光.走光.〔～性〕〔幕 mù 光性〕〔向 xiàng 光性〕に同じ.走光性.
趋贺 qūhè 〈牍〉お祝いに参上する.
趋候 qūhòu 〈牍〉参上しご高説を承りたし.〔～台教〕同前.→〔趋谒〕
趋化性 qūhuàxìng 生命走化性.〔趋药性〕ともいう.
趋缓 qūhuǎn 緩慢化する.ペースが落ちる.
趋紧 qūjǐn 緊張状態になっていく.
趋冷 qūlěng しだいに冷える.〔熱潮～〕ブームが下火になる.
趋利 qūlì 〈文〉利に走る.〔～避害〕有利な方向へ行く.害の方向は避ける.
趋前退后 qūqián tuìhòu 〔慣〕前へ行きたいがこわくておどおどするさま.
趋趋 qūqū ⇒〔蛐蛐儿〕
趋热 qūrè しだいに盛んになる.〔～性〕生命走热性.
趋时 qūshí ①時勢に順応する.〔～而变化〕時代とともに変化する. ②時流に合わせる.〔外观～〕外観は今風である.
趋势 qūshì =趋勢.傾向. ②〈文〉時勢に順応する.
趋同 qūtóng 同じものをめざす.同一化に向かう.
趋向 qūxiàng ①...に傾く,...に向かう,...に期待する.〔～于亲美〕親米に傾く. ②傾向.趨勢.方向.〔～补 bǔ 语〕國方向補語.〔～动词〕方向動詞.
趋新 qūxīn 新しさを追う.
趋炎附势 qūyán fùshì 〈成〉権勢に迎合し頼る.〔趋火附热〕〔趋炎奉势〕ともいう.
趋谒 qūyè =〔趋拜〕〈牍〉参上しお目にかかります.→〔趋候〕
趋诣 qūyì ⇒〔趋赴〕
趋于 qūyú ...となる,...に向かう.〔～平稳〕平穏となる.
趋之若鹜 qū zhī ruòwù あひるが先を争ってはし

る.〈喩〉大勢の者が先を争っていく.〔当行情低落之时,买家～〕相場が下落した時,バイヤーがこれに殺到した.
趋重 qūzhòng （程度が）ひどい方向に向かう.きびしくなる.

〔觑・覷(覰・覷)〕 qū 〈口〉目を細める.じっと見る.〔～着眼看〕同前.→ qù
觑忽 qūhu 〈方〉目を凝らす.目を細めて注視する.〔～着眼晴看了半天〕目を細めてしばしの間眺めた.
觑觑眼 qūquyǎn 〈方〉近視.

〔嶇〕 qū 〈擬〉①呼び子の音. ②コオロギの鳴く声.

〔劬〕 qú 〈文〉ひどい苦労をする.苦労して励む.
劬劳 qúláo 〈文〉苦労（する）
劬劬 qúqú 〈文〉苦労するさま.

〔朐〕 qú 〔临 lín ～〕跑山東省にある.

〔鸲・鴝(鸜)〕 qú ①跑尾の長く羽毛の美しい小型の鳥（総称）.〔红尾～〕ジョウビタキ. ②〈姓〉鸲(クー).
鸲鹆 qúyù 跑ハッカチョウ（カアレン）〔通称〕〔八 bā 哥(儿)〕.ムクドリ科の鳥で,人語や物音をよくまねる.→〔鹩 liáo 哥〕

〔䶄〕 qú 〔䶄鼱〕ともいう.〔灰 huī ～䶄〕ジャコウジネズミ.〔麝 shè ～〕コジネズミ.〔大䶄〕チョウセンジネズミ.〔臭 chòu ～〕〔香 xiāng ～〕ジャコウネズミ.

〔渠(佢)〕 qú (I)〔渠〕①用水路.溝.〔沟 gōu ～〕〔～沟〕溝.〔水 shuǐ 到～成〕〈成〉条件が整えば,事はおのずと成る. ②〈文〉大きい.〔～魁 kuí〕〔～率 shuài〕〔～帅 shuài〕（敵方や盗賊の）頭目. ③〈姓〉渠(ク).
(II)〔佢〕〈文〉彼(𐐺).あの人.〔～等〕彼ら.〔～们〕彼ら.〔不知～为何人〕彼の何人(𐐺) なるかを知らず.
渠道 qúdào ①（人工の）水路.用水路. ②ルート.筋.〔通过各种～把图书发到农村去〕各種のルートを通じて書籍を農村まで送る.〔大力疏通城乡流通～〕農村との流通の道を大いに開く.→〔管 guǎn 道〕
渠灌 qúguàn 农用水路によるかんがい.
渠略 qúlüè ⇒〔蚍 fú 蜉〕
渠侬 qúnóng 〈方〉彼(𐐺)〔～我 wǒ 侬〕
渠水 qúshuǐ 用水路の水.

〔蕖〕 qú →〔芙 fú 蕖〕

〔砗〕 qú 〔砗 chē ～〕鱼贝シャコガイ（アサガ～）.大型の二枚貝.古代から七宝中に列せられ,清代には〔帽 mào 珠〕に用いられた.〔车砗〕とも書く.

〔璩〕 qú ①〈文〉玉製の環(𐐺). ②〈姓〉璩(ク).

〔蘧〕 qú ①驚き喜ぶさま.〔～～〕同前. ②〈姓〉蘧(ク).
蘧麦 qúmài ⇒〔瞿麦〕

〔籧〕 qú 〔～篨 chú〕古竹あるいは葦(𐐺) で編んだむしろ.

〔瞿〕 qú ①〈文〉驚いて見る.驚いて周囲を見回す. ②〔～塘 táng 峡〕跑四川省の〔长 cháng 江〕三峡の一. ③〈姓〉瞿(𐐺)
瞿麦 qúmài =〔蘧麦〕ナデシコ（セキチク）
瞿然 qúrán 驚く.〔俏如～抬起头来,连忙笑应道 "正是!"〕(茅・霜6)俏如はギョッとして頭を上げ,慌てて笑いながら,"そのとおり"と答えた.

瞿视 qúshì〔文〕驚き見る.

[欋] qú 甴4本歯のまぐわ(農具)

[氍(毹)] qú〔～毹 shū〕〔文〕⓪毛織りのじゅうたん,〈転〉舞台:緋(ひ)毛氍(氈)を舞台に敷いたので〔紅～氈〕ともいった.

[臞] qú〔文〕やせている.〔癯〕に同じ.

[癯] qú〔文〕やせている.〔面貌清～〕容貌はひきしまっている.

[蠼(蠷)] qú〔～螋sōu〕〔口〉搜sōu夹子〕曱ハサミムシ.

[衢] qú ①〔文〕四方に通じる大通り.街道.〔通～大道〕同前. ②〔～州市〕浙江省にある.

衢道 qúdào ＝〔衢路〕〔文〕分かれ道.→〔歧 qí 路〕

衢路 qúlù〔文〕①四方八方に通じている街道. ②同上.

[鸜] qú →〔鸜 kuò 鹆〕

[曲] qǔ ①韻文形式の文学:元来,漢大曲など決まった楽曲によって唱われた.元明時代に盛行し南曲の琵琶記や北曲の西廂記は有名.〔词 cí 余〕ともいう.→〔散 sǎn 曲〕〔戏 xi 曲〕 ②〔－儿〕歌.歌曲.〔唱～〕同前を歌う.〔歌 gē ～〕同前.〔小～〕〔小调〕小唄.俗謡. ③曲(ふ)(リ)この支歌は他作のだ〕この歌は彼が作曲したのだ.〔田汉作词,聂niè 耳作～〕田漢作词,聶耳作曲.

曲本 qǔběn 語り物や謡(ふう)物芸能の冊子.

曲不离口 qǔ bù líkǒu →〔拳 quán ③〕

曲词 qǔcí 語り物・謡物芸能の歌詞.

曲笛 qǔdí 崑曲や地方劇の伴奏に使う笛.

曲调 qǔdiào 曱〔戯曲・歌曲の〕ふし.曲.メロディー.

曲高和寡 qǔ qí gāo hèguǎ ＝〔其 qí 曲弥高,其和弥寡〕格調が高いと唱和する人が少ない.〈喩〉高尚すぎて一般の人に歓迎されない.俗受けしない.〔他把文章写得晦涩,叫人看不懂,他反而嫌人家の〕彼は文章を難しく書き,他人が見て意味が通じないようにしていながら,逆に,俗受けがしないなどとぼやく.→〔怀 huái 才不遇〕

曲剧 qǔjù ①謡物芸能から発展した新しい劇:〔曲艺剧〕ともいう. ②特に北京曲劇を指す.

曲目 qǔmù 歌曲・楽曲または戯曲の名称.

曲牌 qǔpái 各種各様の曲調(総称):古く曲調は牌に五線譜のように書かれた.元曲などは若干の小曲を連結して合成し,その小曲につけた"一枝花""醉花蔭"などの名を〔～〕という.小曲一くさりを〔一阕què〕または〔一支〕という.→〔牌子③〕

曲谱 qǔpǔ ①〔楽譜. ②〈文〉各種曲調の雛型を集めた作曲用参考書.

曲儿 qǔr ⇒〔曲子〕

曲式 qǔshì 曱楽曲の構成様式.

曲坛 qǔtán〔曲艺〕の演芸界.

曲协 qǔxié〔曲芸家協会〕の略.

曲艺 qǔyì 民間芸能.各種の語り物・謡物芸能:〔说唱芸术〕ともいう.〔许多专业剧团为他们演出了杂技、～和魔术〕多くの本職の劇団は彼らのために曲芸・語り物や謡物芸能・手品をやった.〔首届中国民間芸能祭〕第1回中国民間芸能祭.〔～家协会〕〔曲协〕間芸能家協会.→〔大 dà 鼓书〕〔鼓(儿)gǔ(r)词〕落 lào 子②〕

曲艺剧 qǔyìjù ⇒〔曲剧①〕

曲终人散 qǔzhōng rénsàn〈成〉催し物などがすんでじゃりとなる:事が落着して静かになる.

曲终奏雅 qǔzhōng zòuyǎ〈成〉有终の美をなす.掉尾を飾る.

曲种 qǔzhǒng〔曲艺〕の種類・形式:語り物と謡物に大別する.〔评 píng 话〕〔相 xiàng 声〕などは前者,〔大鼓〕〔琴书〕などは後者.

曲子 qǔzi＝〔曲儿〕歌曲.曲.→ qūzi

[苣] qǔ ＝〔荬 mǎi 菜〕〔～荬菜〕曱ハチジョウナ:〔苣 pú 荬苦菜〕ともいう. → jù

[取] qǔ ①取る.手に取る. ②〈来〉取って来る. 〔从银行～出钱来〕銀行からお金を引き出す.〔回家～东西〕家に帰った品物を取る.〔您别布菜,我自～吧〕そんなに料理を取りわけて下さいませんように,わたくし自分でいただきますから. ②選びとる.取り入れる.〔录～〕採用(する).〔今年～了三百名新生〕今年は三百名の新入生を採った.〔他没～〕彼は採用されなかった.〔～其精华,去其糟粕〕その精華をとり,その雑物を捨てる.〔考～五名〕(試験して) 5名を採る.〔去～必须慎重〕採拾は慎重にしなければならない.〔如盲目进行,当为贤者所不～〕盲目的な実行は賢者のとらざるところである.〔大有可～之处〕大いに取るべき点がある. ③得る.手に入れる:結果として自分のものにする.〔败中～胜〕敗け戦に勝利を得る.〔听～意见〕意見を聴取する.〔采～新方式〕新しい方式を採用する. ④わが身に招く.遭う.〔自～灭 miè 亡〕自ら滅亡を招く.〔自～之祸〕自ら招いた災い. ⑤〈白〉召す.呼びつける.招く. ⑥古書で〔娶〕(めとる)に通用した. ⑦〔姓〕取(り).

取保 qǔbǎo 法保証人をたてる.〔～开释〕〔～释放〕同前で保釈する.〔～候审〕保釈を認める.

取便 qǔbiàn ①便利なようにする.都合をつける.〔将标语印成小册,～宣传〕標語を小冊に印刷して,宣伝に便利なようにする. → 〔以 yǐ 便〕 ②〈白〉自由気ままにする.〔凤丫头在外头他们还有个惧怕,如今他们又该～了〕(紅55)鳳姐が外の方にいると,彼らはびくびくしているのだが,今は(その心配がなく)また自由気ままに振舞うことだろう.

取材 qǔcái ①取材する.題材として使う.〔就地～〕現地取材する. ②(物を作ったり加工する)材料を選ぶ.

取财 qǔcái 金(ぜ)を手に入れる.

取偿 qǔcháng〈文〉賠償を求める.補償をとる.〔～于保人〕保証人に賠償を求める.

取长补短 qǔcháng bǔduǎn〈成〉長所をとって短所を補う. →〔取人之长,补己之短〕

取称 qǔchēng〈文〉名声を得る.

取宠 qǔchǒng 寵愛を得ようとする.歓心を買う.

取次 qǔcì ①〈文〉順次に.〔醉把花枝～吟〕(白居易诗)酔って花の枝をとって順番に歌う. ②⇒〔造 zào 次①〕

取存 qǔcún 預金の引き出しと預け入れ.

取代 qǔdài ①取って代わる.〔国产货正在～进口货〕国産品が輸入品に取って代わりつつある.〔许多职员被计算机～了,职员の多くがコンピューターに取って代わられた. ②化置換する.〔～基 ji〕置換基.

取道 qǔdào (…を)経て行く.〔～天津〕天津経由の道をとる. → 〔经 jīng 过①〕

取得 qǔdé 取得する.獲得する.〔～了一致的意见〕意見の一致をみた.〔～基本的に一致した意見が得られる.〔～时效〕時効が成立する.〔～了辉煌的成就〕輝かしい成果を収めた.

取灯儿 qǔdēngr ⇒〔火 huǒ 柴〕

取缔 qǔdì 取り締まり.〔非法经营者,一律予以～〕不法な商売人は一律に取り締まる.

取而代之 qǔ ér dàizhī〈成〉取って代わる:〔取代①〕に同じ.

qǔ / 取娶

取法 qǔfǎ （…に）倣う（模倣する）．（…に）方法を求める．（…を）手本とする．〔～于欧美的方式〕欧米諸国のやり方に倣う．〔～乎中,不免为 wéi 下〕中程度を求めれば下の結果しか得られない．

取告 qǔgào ⇒〔乞 qǐ 假〕

取和儿 qǔhér 〈白〉仲直りする.

取环 qǔhuán 医避妊リングを取り出す：〔取避孕环〕ともいう．→〔避 bì 孕〕

取黄 qǔhuáng 牛の胆嚢の中から結石を取り出す．→〔牛 niú 黄〕

取回 qǔhuí ①取り返す．②手に入れて帰る．

取火 qǔhuǒ 火種をとる．火をおこす．〔～镜〕(太陽から)火をおこすレンズ．〔～器〕ライターなどをいう．→〔打 dǎ 火〕

取货 qǔhuò 画货物倉出し．〔～单〕〔～条〕画货物引换证.仓荷証券．

取吉利儿 qǔjílìr 縁起をかつぐ．〔吃个苹果,平平安安的,就算～吧〕リンゴを食べて,無事平穏なように縁起をかついでおきましょう．

取给 qǔjǐ 供給してもらう．〔军装,～于后勤部〕軍服は後方勤務部に供給してもらう．

取经 qǔjīng 〈喩〉(先進的な)経験を学びとること：唐の玄奘がインドへ行って仏教経典を中国へ持ち帰ったことから．〔到那个小厂去~〕その小さい工場に経験を学びとりに行く．〔向她~〕彼女から経験を学びとる．

取精用宏 qǔjīng yònghóng 〈成〉大量の材料から精華を取り入れる．〔宏〕は〔弘〕とも書く．

取景 qǔjǐng (撮影又は写生で)構図を決める．背景を選ぶ．〔～镜〕〔～框 kuàng〕〔～器〕(カメラの)ファインダー：〔对 duì 光镜〕〔探 tàn 象镜〕ともいう．

取决 qǔjué 決定する．決定される．…を伴って用いられる．〔效率的高低～于集成电路如何〕能率のいい悪いは集積回路の如何によって決まる．

取款 qǔkuǎn (銀行から)金を引き出す．〔～密码〕(キャッシュカード)暗証番号．

取乐(儿) qǔlè(r) ①楽しみを求める．楽しむ．〔饮 yǐn 酒～〕酒を飲んで楽しむ．②気晴らしをする．おもしろがる．〔拿别人～〕人をからかう．

取利 qǔlì 利益を得る．うまい汁を吸う．

取戾 qǔlì 〈文〉罪を受ける．

取凉 qǔliáng ⇒〔乘 chéng 凉〕

取媚 qǔmèi 人に媚びる．媚びを売る．

取名 qǔmíng 名前をつける：〔命 mìng 名〕〔起 qǐ 名儿〕ともいう．→〔定 dìng 名〕

取闹 qǔnào 騒ぎたてる．〔他常来~实在讨厌〕彼はしょっちゅうやって来て騒ぎたてて,まったくいやなやつだ．〔无理~〕理由もなく騒ぎたてる．

取暖 qǔnuǎn 暖をとる．〔～期〕(施設などに)暖房が供給される期間．〔供 gōng fèi 用]暖房费．〔～设 shè 备]暖房設備．〔电热～器〕电炉電気ストーブ．→〔抗 kàng 寒〕〔烤 kǎo 火〕

取譬 qǔpì 〈文〉たとえる．

取平 qǔpíng 平らに揃うようにする．公平にするよう求める．

取齐 qǔqí ①みんな集まる．②(長さや数量・高低などを)揃える．あわせる．〔买东西多少,要拿钱～〕品物をどれだけ買うかは,有り金次第だ．→〔看 kàn 齐〕

取枪 qǔqiāng ①銃を取る．②軍（号令）解(と)け銃(3)!

取巧 qǔqiǎo =〔〈方〉偷 tōu 巧〕うまく立ち回る．うまいことをする．ずる賢く身をかわす．やさしいことをやる．〔大家都很忙,只有他一个人~〕人はみな非常に忙しいのだが,彼一人だけがうまいことをしている．〔投机～〕成〕機会に乗じて不当利益を得

る．〔～图便〕〔成〕うまく事を運び利益をはかる．要領よく立ち回る．⇒〔占 zhàn 便 biàn①〕

取扰 qǔrǎo 騒がせる．⇒〔打 dǎ 扰〕

取人之长,补己之短 qǔ rén zhī cháng, bǔ jǐ zhī duǎn 〈成〉人のふり見てわがふり直す．

取容 qǔróng 人のごきげんをとって身のはかる．

取舍 qǔshě 取捨．

取胜 qǔshèng ⇒〔获 huò 胜〕

取食 qǔshí (手にとって)食べる．

取士 qǔshì 〈文〉人材を選んで採用する．

取赎 qǔshú (質物を)金を払って請け出す．〔赎回〕に同じ．

取水口 qǔshuǐkǒu 取水口．

取送 qǔsòng (他人が必要とする金や物を)受けとって送り届ける．

取土场 qǔtǔchǎng 土砂採取場．

取问 qǔwèn 〈白〉(被告や容疑者を)取り調べる．

取物 qǔwù 荷物を受け取る．〔～牌〕(預り所などの)荷物預り札．〔寄 jì 存〕

取现 qǔxiàn 現金に換える．現金で受け取る．

取向 qǔxiàng 方向づけ．位置づけ．〔价值~〕価値傾向．

取消 qǔxiāo 〔取销〕とも書いた．①取り消す．解消する．やめる．〔～资格〕資格を取り消す．②電電キャンセル．

取笑 qǔxiào 冗談を言う．からかう．〔拿他～〕彼をからかう．〔被人～〕人に笑い者にされる．→〔贻 yí 笑大方〕

取信 qǔxìn 信用を得る．〔如果常常自食其言,何以～于人〕いつも食言していては,どうして人に信用されることができよう．〔～于民〕〈成〉民衆に信用される．

取穴 qǔxué 中医 (鍼灸の)つぼを選ぶ．→〔穴道①〕

取样 qǔyàng (検査のために)見本を採取する．サンプリング：〔抽 chōu 样〕ともいう．

取药 qǔyào 薬を受け取る．〔～处〕(病院の)薬受け取り窓口．

取义 qǔyì (身を捨てて)義に就く．正義を行う．〔舍生而～〕身を捨てて義に就く．

取用 qǔyòng 受けとって使用する．手に入れて使う．

取悦 qǔyuè 人に喜ばれようと努める．迎合する．機嫌を取り結ぶ．へつらう．〔～于人〕同前．

取阅 qǔyuè 〈文〉取り寄せて読む．取り出して読む．

取证 qǔzhèng 証拠を入手する．〔广泛～〕広く証拠を手に入れる．

取之不尽 qǔ zhī bùjìn 〈成〉いくら取っても尽きない．〔～,用之不竭 jié〕いくら取ってもどれだけ使っても尽きることはない．〈喩〉非常に豊富なこと．

取直 qǔzhí (曲がっているものを)まっすぐにする．方向をまっすぐにする．〔裁弯～〕削りとってまっすぐにする．

取自 qǔzì …から取る．〔～论语〕論語からの引用．

取子 qǔzi ⇒〔扳 bān 子①〕

[娶] qǔ 妻をめとる．〔～妻 qī〕同前．〔～媳 xí 妇儿〕嫁をもらう．〔明娶正～〕〈成〉嫁を正しく立てて正式にめとる．〔一错门一家,坏了十辈人〕〈諺〉嫁をもらいそこなえば十代(十世)の不作．〔～在苏 sū 州〕嫁にするなら蘇州の女：蘇州は昔から美人の産地として有名．〔～了媳妇儿满堂红,聘了女儿满屋穷〕〈諺〉嫁をとれば道具や財宝が一時に家に運びこまれてパッと景気よくなるが,嫁にやる方はすっからかんになる．⇔〔嫁 jià①〕

娶聘 qǔpìn 婚家 (ぶ)：〔娶〕はめとること,〔聘〕は〔聘姑娘〕,すなわち嫁にやること．

娶妾 qǔqiè =〔娶小〕旧妾(ぽ)をもつ．

娶亲 qǔqīn ①妻をめとる.〔他去年〜了〕彼は去年結婚した.②花嫁のお迎え:結婚の当日,婿(む)方から乗り物を用意して花嫁の家に迎えに行くこと.

娶小 qǔxiǎo ⇒〔娶妾〕

娶孝服 qǔxiàofú ⇒〔乘 chéng 凶〕

〔齲・齲〕 qǔ 〔～齿 chǐ〕医齲(ウ)歯:歯の病気,またその歯.俗に〔虫 chóng 牙〕〔蛀 zhù 齿〕(虫歯)という.

〔去〕 qù （I）①行く.出かける.〔上哪儿〜〕どこへ行くか.〔到北京〜〕北京に行く.〔你ー东北吗〕きみは東北へ行くのか.〔你还不〜？〕きみはまだ出かけないの.〔明天〜〕あすに行く.↔〔来 lái①〕②離れる.離れ去る.③行かせる.遣わす.送る.〔给他一信〕彼に手紙をやる.④〈文〉隔たる.隔たっている.〔此地〜北京三百里〕ここは北京を去ること300里である.〔相〜不远〕遠く隔たっている.〔〜古已远〕古からはすでに遠く隔たっている.⑤過ぎ去った.昨年の.〔〜春〕去年の春.⑥取り除く.（長いものを）つめる.（数を）引き去る.減らす.〔把它〜掉〕それを取り除く.〔人的嗜好,明知是害,总是〜不了〕人の（よくない）たしなみは害になると知っていても,どうしてもやめられない.〔〜角质角質除去.〔〜污力强〕汚れを取り除く力がすばらしい.〔把这条线再〜一寸〕この糸をもう一寸切りつめなさい.〔四十八〜二十三,剩下二十五〕48ひく23は残り25.⑦失う.なくす.〔大势已〜〕大勢はすでに去った.⑧亡くなる.世を去る.（婉詞）.〔死 sǐ ⑨〕⑨〈方〉程度が甚だしいことを表す:一部の形容詞の後に置いて〔了〕を伴う.〔这座楼可大了〜了〕この建物は実に大きい.〔这条路可远了〜了〕この道は実に遠い.〔瞧热闹的人可多了〜了〕野次馬が実に多い.〔车多了〜了,何必单买这一辆〕車はいくらでもある,よりによってこれを買う必要があろうか.⑩動詞の前後に置いて,以下の意味を添える.ⓐ動作の主体が話し手（あるいは行為者）の位置から離れ遠ざかる感じを表す.〔就手儿给他带〜吧〕ついでに彼に持って行ってやりなさい.〔黑板上的字,你把它擦〜吧〕黒板の字を消しなさい.〔拍〜身上的尘土〕体のほこりをはたく.〔已经用〜了两千斤水泥〕もう2000斤のセメントを使った.ⓑ現在の動作がさらに将来へ持続して行く感じを表す.〔放开眼界看〜〕視野を広げて見る.〔他们笑,就叫他们笑〜〕彼らが笑うのなら笑わせておく.〔随他说〜,别理她〕彼女に勝手にしゃべらせておけ,ほっとけ去れ.ⓒ動作の趨勢を表す:行って…する.…しに行く.〔给他帮忙〜〕彼の手伝いに行く.〔上街买东西〜〕街へ買い物に行く.ⓓ二つの動作を対比して接続する.〔牺牲了荣誉,〜换爱情〕栄光を犠牲にして,愛情に換える.ⓔ二つの動作を接続する:前者は方法など,後者はその目的を表す.〔没法儿 kòngr〜做〕する暇がない.〔用机器〜生产〕機械を用いて生産する.①〔得 de〕〔不 bu〕と連用して動詞の後につき,可能・不可能を表す.〔就手儿给他带得〜〕ついでに彼に持っていってやる.〔来 lái (I) ⑦〕⑪→〔去声〕(Ⅱ)（芝居で）役を演じる.〔〜刘备〕劉備を演じる.

去斑 qùbān しみ・そばかすを除去する.〔〜膏 gāo〕しみとりクリーム.

去病 qùbìng 病気を取り除く.健康にいい.〔常吃水果能〜〕始終果物を食べていると体にいい.

去程 qùchéng 往路.行き.↔〔回 huí 程①〕

去除 qùchú 除き去る.取り除く.〔〜障 zhàng 碍〕障害物を取り除く.

去处 qùchù ①場所.ところ.〔这儿风景不错,是个好〜〕ここは景色もよく,いいところだ.②行き場所.行き先.〔我知道他的〜〕彼の行き先を知っている.

去磁 qùcí ⇒〔消 xiāo 磁〕

去粗取精 qùcū qǔjīng〔成〕滓を捨てて精髄をとる.

去到了是礼 qùdàole shì lǐ〈慣〉人の家に行きさえすれば礼にかなっている.足を運ぶのが礼儀である.〔〜,不必即即行行きさえすれば必ずしも先方の人に会えなくてもよい（失礼にはならない）

去电 qùdiàn 電報を発信する:〔发 fā 电②〕に同じ.②発送電報.→〔来 lái 电②〕

去高垫洼 qùgāo diànwā〔成〕高いところを削って低いところを埋める.長をもって短を補う.

去根（儿） qùgēn(r) 根を取り去る.病気を根治する.〔老病,不是一朝一夕能〜的持病になるので,一朝一夕には根治できるものではない.

去垢剂 qùgòujì（各種）洗剤.

去官 qùguān 官を去る（役人を辞める）.→〔辞 cí 官〕

去国 qùguó ①本国を離れ去る.→〔出 chū 国〕②古里を離れる.

去火 qùhuǒ 中医のぼせをさげる.→〔上 shàng 火①〕

去疾 qùjí ①〈文〉疾病を治す.②〈姓〉去疾(キツ)

去件 qùjiàn 送付した物品・文書.

去就 qùjiù 進退.身のふり方.〔事情我给你找好了,〜全凭你〕仕事はぼくが探してあげた,その仕事をするかしないかはきみの考え一つだ.

去旧布新 qùjiù bùxīn ⇒〔除 chú 旧布新〕

去来今 qùláijīn 仏（仏教の）過去・未来・現在の三世.

去留 qùliú 〔去住〕去ることと留まること.進退.

去路 qùlù 行く先.

去你的 qùnǐde〈口〉①あっちへ行ってくれ.世話をやくな.もうほっとけ.〔去你一边儿的〕のこと.うるさい時や干渉してもらいたくない時に用いる.〔〜!人家有正经事要跟你说〕もうやかましいよ,まじめな話をしようとしているのに.②勝手にしろ:自分の思うとおりにせよの意.③ほざくな.ばかを言え.だましー〔去他的〕

去年 qùnián ⇒〈方〉旧 jiù 年③〕去年.昨年.→〔今 jīn 年〕

去皮 qùpí 皮をむく.

去妻 qùqī ⇒〔净 jìng 妻〕

去壳粮 qùqiàoliáng, 〜ké〜 ⇒〔贸 mào 易单位粮〕脱穀した穀物:玄米.→〔商 shāng 品粮〕

去取 qùqǔ 取捨する.捨てることと取ること.〔我这么一说,决定了他的〜〕わたしがこう言ったので,彼がどれを選ぶか決心がついた.

去任 qùrèn 官を辞する.→〔上 shàng 任〕

去日 qùrì〈文〉過ぎ去った歳月.〔〜苦多〕(曹操・短歌行)同前が多い.

去声 qùshēng 語去声(な).ⓐ古漢語声調の一:尻さがりの調子.〔上声〕〔入声〕とともに〔仄 zè 声〕に属する.ⓑ〔普通话〕の第四声:音節の急激な尻さがりの発音.

去湿机 qùshījī 除湿器.

去世 qùshì ⇒〔故 gù 去①〕〔故世〕〔过 guò 去③〕〔过世①〕〔即世〕〈文〉逝 shì 世①〕〔作 zuò 古〕亡くなる.逝去する.みまかる.ふつう成人の場合に用いる.→〔辞 cí 世〕〔归 guī 天〕〔弃 qì 养〕〔死 sǐ ①〕〔下 xià 世①〕

去势 qùshì ⇒〔割 gē 势〕

去暑 qùshǔ 暑気を除く.

去水 qùshuǐ ①脱水する.水分を抜き取る.②⇒〔毛 máo 水〕③⇒〔贴 tiē 水①〕

去思碑 qùsībēi 回役人が任地を離れるとき住民がその役人を記念するために建てた一種の頌徳碑.

去岁 qùsuì =〔昔 xī 岁〕〈文〉去年.昨年.→〔去年〕
去他的 qùtāde 〈口〉かまわないで行かせろ.好きなようにさせろ.放っておけ:第三者についていう.→〔去你的〕
去题万里 qùtí wànlǐ ⇒〔离 lí 题万里〕
去痛 qùtòng 痛みを止める.〔~片〕〔止 zhǐ 痛片〕圈镇痛剂.
去伪存真 qùwěi cúnzhēn〈成〉偽りを棄てて,本物を残す.〔这一大堆材料,真伪混杂,必须经过一番~的工夫,才有参考价值〕この一山の材料は真贋が入り混じっているから,選別しないと参考価値がない.
去文 qùwén〈文〉①文書を送付する. ②発送する(した)文書.→〔来 lái 文〕
去污粉 qùwūfěn クレンザー.磨き砂.
去芜存菁 qùwú cúnjīng〈成〉蕪雑なものを除き精華のみをとどめる.
去向 qùxiàng 行方(ゑ).〔不知~〕行方不明.
去项(儿) qùxiàng(r) ⇒〔开 kāi 销①〕
去邪归正 qùxié guīzhèng〈成〉邪を去り正に帰す.悪を捨てて善にたち戻る.
去屑 qùxiè 頭のふけをとる.〔~止 zhǐ 痒〕ふけをとってかゆみをなくす.
去信 qùxìn ①手紙を出す(やる). ②発信.発送する手紙.→〔来 lái 信〕
去雄 qùxióng 圃去葯(ホッ)する:植物交配時に雌株の雄しべを取り去ること.
去意 qùyì 去りたい気持ち.離れたい気持ち.
去职 qùzhí 職を去る.辞める.→〔罢 bà 官〕〔辞 cí 职〕
去住 qùzhù ⇒〔去留〕
去籽 qùzǐ (果物などの)種を取り除く.

〔阒・阒〕 qù〈文〉静かである.ひっそりしている.〔~寂 jì〕同前.〔~然无人〕ひっそり閑として人がいない.

〔趣〕 qù 〔一·儿〕興味.おもしろみ.〔有~〕おもしろい.〔打~〕冗談を言う.冷やかす.〔说笑话凑 còu ~〕笑い話をしたらおもしろみを添える.冗談で笑い話をする.〔没~〕興ざめ.おもしろみがない.〔自找没~〕自分から気まずい結果を招く. ②おもしろい.③言動や有する気持ち.意のあるところ.〔旨 zhǐ ~〕趣旨. ④〈姓〉趣(き).
趣话 qùhuà =〔文〕趣语〕①おもしろい(興味のある)話.滑稽な話.笑い話. ②冗談話.
趣剧 qùjù ⇒〔闹 nào 剧①〕
趣事 qùshì 滑稽なこと.面白いこと.おかしいこと.
趣谈 qùtán おもしろ味のある話;多く文章の題名に用いる.
趣味 qùwèi ①面白さ.興味をそそる感じ.興趣.〔很有~〕とても興味をそそられる. ②好み.興味の傾向.〔低级~的人〕低級な好みの人.〔~无穷〕興味が尽きない.〔教材的~性〕教材としての面白さ.→〔兴 xīng 趣〕
趣闻 qùwén 珍談.おもしろい話.おもしろいうわさ.
趣向 qùxiàng〈文〉意向.
趣语 qùyǔ ⇒〔趣话〕
趣旨 qùzhǐ 主旨.趣旨.意向:〔旨趣〕に同じ.

〔觑・觑(覰・覷)〕 qù〈文〉①見る.〔~视〕同前.〔面面相~〕〈成〉顔を見合わせる.〔冷眼相~〕〈成〉冷たい目で見る. ②探り見る.うかがい見る.〔~视 tàn〕同前.〔~步〕歩きながうかがい見る. → qū
觑空 qùkòng 機をうかがう.すきをみる.〔经常~开会〕いつもひまさえみては会を開く.

〔戌〕 qu →〔屈 qū 戌儿〕 → xū

quan くㄩㄢ

〔弮〕 quān ⇒〔弩 nǔ〕

〔悛〕 quān〈文〉過ちを改める.悔い改める.〔怙 hù 恶不~〕〈成〉悪を押し通して改悛(ネ)するところがない.
悛改 quāngǎi〈文〉改悛する.前非を悔い改める.
悛容 quānróng〈文〉改悛の情.過ちを悔いる様子.
悛心 quānxīn〈文〉改悛の情.

〔圈〕 quān ①〔一儿〕輪(タ).輪状のもの.円.丸.円周.圆点.〔圆~(儿)〕〔~~①〕まる.丸い輪.〔画圆~作记号〕丸い輪を書いて印にする.〔锅~儿〕①丸いなべ敷き.〔线~~①〕コイル.〔黑眼~儿〕目の周りの黒いくま.〔一~子人〕丸い輪を作ってとり囲んだ群衆.〔兜 dōu 了一个大~子〕大きくぐるっと一回りして戻る. ②〔一儿〕範囲.領域.〔电视~〕テレビ.〔娱 yú 乐~〕芸能界.〔出~儿 ①〕常軌を逸する.圏外に出る.〔~(儿)外〕範囲の外.〔这个地方是我们的~儿〕このあたりはわれらの縄張りだ.〔包围~〕包囲圏. ③丸印をつける.圏点をつける:正しい解答に用いるのは〔钩 gōu ③〕("ン"など)で〔~〕ではない.〔~改〕圏点をつけた所を手直しする.〔在材料单上~出几种来〕材料一覧に丸印をつけて数種類を選ぶ.〔~出四十个人来〕40名を選んで採る.〔又 chā ③〕囲い込む.囲って限定する.〔用栅栏把这块地~起来〕柵でこの土地を囲ってしまう. ⑤国絵を描く時の技法の一種.色をぬる前に輪郭を線書きすることをいう. ⑥量詞. ⓐ輪状になったものを数える.〔沿着湖边跑了一~〕湖岸にそって一回り走った. ⓑマージャンの一勝負:たとえば東風戦をやること.〔打四~〕1荘(ザ)やる. → juàn juàn
圈闭 quānbì ①⼀⺼⽯油トラップ:石油などを貯留する地質構造.〔地层~〕層位トラップ.
圈操 quāncāo ⼀⺼(新体操の)輪(フープ)の演技.→〔艺 yì 术体操〕
圈地 quāndì ⼀⺼功臣が賜わって所有していた土地. ②土地を買って縄張りする.土地を囲い込む.
圈点 quāndiǎn 圏点(ぷっ):詩や文の句読点として,また注意する所の印として○や·をつけること.〔圈圈点点〕同前.
圈定 quāndìng ①囲んで範囲を決める. ②(人選や選択事項を)丸印をつけて決める.
圈海 quānhǎi →〔圈河〕
圈河 quānhé (水资源确保のため)河川の権利を買う;海岸線の場合は〔圈海〕という.→〔圈地②〕
圈禁 quānjìn =〔圈闭①〕拘禁する.閉じ込める.
口(儿) quānkǒu(r) 輪の(形になったものの)直径.口径.〔这镯子的~小点儿〕このブレスレットの直径は少し小さい.
圈里 quānlǐ 仲間.グループ.集团.〔~人〕〔圈内人〕〔圈中人〕⒜同じ仲間,同じ社会の人間. ⒝当事者.
圈拢 quān-lǒng〈方〉①寄り集まる.一つにまとめる. ②丸める.抱え込む.
圈内人 quānnèirén ⇒〔圈里人〕
圈弄 quānnòng〈方〉人をはめる.かつぐ.丸め込む.人をぺてんにかける.〔那件事全叫他~了〕あの事はまったく彼にはめられた.
圈旁 quānpáng ⼀⺼(ボクシングの)リングサイド.
圈签 quānqiān ⼀⺼円形合釘.
圈圈(儿) quānquān(r) 丸印をつける.〇をつける.

圈棬鄻权 quān～quán

圈圈 quānquan ①丸.輪:単に〔圈①〕ともいう.〔小～〕圈点.〔～範囲.
圈儿 quānr ①輪.円.丸. ②→〔扑 pū 克〕
圈儿锁 quānrsuǒ サークルロック.
圈水 quānshuǐ 水資源を囲い込む.→〔圈占〕
圈套 quāntào 罠(わな).策略.〔落 luò 在他的～里〕落入他的～/彼の罠にひっかかる.〔你不用和我使～おれに策略を使ってもだめだ.〔埋设经济援助的～〕経済援助の罠をかける.
圈外 quānwài 圈外.〔～人〕部外者.
圈围 quānwéi 取り囲む.
圈选 quānxuǎn 丸印をつけて選び出す.〔在年会上用一办法推定执委三名〕年次大会の席上で名前に丸印をつける方法により3名の執行委員を推薦決定する.
圈癣 quānxuǎn →〔钱 qián 癣〕
圈椅 quānyǐ 背もたれ上部の縁(へり)と肘かけがつながって半円形になっている椅子.〔罗 luó 圈椅〕に同じ.
圈阅 quānyuè 自分が見たしるしの丸印を.
圈占 quānzhàn 囲い込む.縄張りする.境界をつけて独占する.
圈中人 quānzhōngrén ⇒〔圈里人〕
圈子 quānzi ①輪.丸.円.〔圈儿①〕に同じ. ②範囲.縄張り.圏.〔生活～〕生活圏. ③〈喩〉きまり.しばり.伝統の枠.

〔**桊**〕 quān 〈文〉口の大きい缶(かん)物:薄い材を円形に曲げて作った器.〔杯 bēi 〕同前のさかずき.

〔**鄻**〕 quān 地名用字.〔柳江树～〕河北省豊南市にある.

〔**权・權**〕 quán ①〈文〉はかりのおもり. ②〈文〉軽重を量る.〔～然后知轻重〕量ってのち軽重を知る. ③権力.〔决定～〕決定権.〔政～〕政権.〔职权～〕職権. ④権利.〔劳动～〕労働の権利.〔选举～〕選挙権.〔有～(…の)権をもっている. ⑤情況を制する力.〔主动～〕主動権.〔临机応変にする.変化に応じての融通をきかす.〔一时～宜之策〕臨機の策.〔通达变～成〕臨機応変(にする). ⑥〈文〉しばし.仮に.仮に.〔一代〕暫時交代する.〔姑且当做软玩头〕石をしばらくの枕とする.→〔暂 zàn ①〕 ⑧〔姓〕権(ごん)
权变 quánbiàn 臨機応変にする.〔～锋出〕成機敏で才能・鋭気が現れてくる.→〔通 tōng 权达变〕
权便 quánbiàn ⇒〔权宜〕
权标 quánbiāo 旧中央に斧を入れた棒の束.〈喩〉権力の象徴:古代ローマで権力の所在を示した.→〔法芻 西斯〕
权柄 quánbǐng 権力.権柄.〔有～好办事〕権力があればやりよい.→〔权力〕
权柄单 quánbǐngdān 旧保証として寄託された土地売買契約書や有価証券類の自由処分権をあたえる旨を明記した証書.
权臣 quánchén 権勢を有する臣.〔～用事〕権臣が勢威をふるう.
权充 quánchōng 臨時に…の役をする(させる)
权当 quándāng さしあたり…ということにする.仮にいにする.〔卧车～临时旅馆〕列車の寝台車を臨時の旅館にする.
权度 quándù 〈文〉①はかりとものさし. ②ものを測る標準とする.規則.
权股 quángǔ 囹権股株.
权骨 quángǔ ⇒〔颧骨〕
权贵 quánguì 〔权要①〕権勢があって高貴な(人)
权豪 quánháo 権勢をほこる者.〔～要〕成権勢

をほこる豪族や貴族.
权衡 quánhéng ①はかり.〈転〉はかる.比べる:〔权重に同じ.〔～利害〕利害をはかり比べる. ②考量する.〔政事之～〕まつりごとの判断.〔定他什么罪过审判员自有~〕彼をどういう罪に定めるかは裁判官の匙加減だ.
权奸 quánjiān 奸悪な権力者.
权教 quánjiào 囫
权力 quánlì ①政治権力.〔人～股 gǔ〕〈喩〉権力グループの一員になる. ②職権.権限.〔～下放〕権限を下におろす.
权利 quánlì 権利.〔～能力〕権利能力.〔～跌落〕囿権利落ち:〔除 chú 权〕に同じ.↔〔义 yì 务①〕
权量 quánliáng 〈文〉比べる.比較する.〔～利害〕利害を比べる.
权略 quánlüè ⇒〔权谋〕
权门 quánmén 旧権門.権力ある家柄.
权谋 quánmóu =〔权略〕権謀術数.臨機応変の手だて.
权能 quánnéng 権力と職能.権能.権限.
权奇 quánqí 〈文〉すぐれた知謀.権謀奇策.
权且 quánqiě しばし.しばらく.まずは:〔暂 zàn 且〕に同じ.〔好,您~吃点儿饼干充饥吧〕とりあえず一時しのぎにビスケットでもあがって下さい.〔老身~收下〕〈白〉この年寄りがしばらく受け取っておきましょう.〔～由他去做〕しばらく彼がやるのに任せておく.
权倾 quánqīng 権力・権勢で他を圧倒する.〔～朝 cháo 野〕その勢力は政府や民間にも影響力を及ぼす.
权时 quánshí 暫時.一時.
权实 quánshí 囫(仏教の)〔权教〕と〔实教〕:〔权教〕は権宜を用いるもので,法理も簡単でわかりやすく,〔实教〕は仏理の真髄を説くもので法理も深奥である.
权势 quánshì 権力と勢力.
权属 quánshǔ 権利の所属.〔专利～纠纷〕特許所有権の帰属にかかわる争い.
权术 quánshù 策略.〔玩弄～〕手練手管を弄する.→〔权谋〕
权威 quánwēi ①権威(のある).〔～性〕権威性. ②権威者.権威あるもの.オーソリティー.
权位 quánwèi 権力と地位.権威ある地位.
权限 quánxiàn 権限.
权阉 quányān 〈文〉権勢のある宦官.
权要 quányào ①⇒〔权贵〕 ②⇒〔机 jī 要〕
权宜 quányí 一時のまにあわせ(である).臨機の措置(をとる).〔中日关系不是一种一时～的关系,而是天长地久的关系〕中国と日本の関係は一時の便宜的な関係ではなくて,永遠のものである.〔～之计〕成便宜的な(一時の間にあわせの)やり方.↔〔百 bǎi 年大计〕
权益 quányì 権益.〔劳工～〕労働者の権益.〔～均等〕権利と利益の平等.
权舆 quányú 〈文〉①物事のはじめ.事のおこり(となる). ②(草木が)芽を出す.
权欲 quányù 権力欲.〔～熏心〕権勢欲に目がくむ.
权责 quánzé 権力と責任.〔～利〕同前と利益.
权诈 quánzhà 頭がよく働き悪賢い.
权争 quánzhēng 権力闘争:〔权力斗争〕の略.〔～进入了你死我活阶段〕権力闘争は食うか食われるかの段階に入った.
权重 quánzhòng ①⇒〔权衡①〕 ②⇒〔加 jiā 权〕
权轴 quánzhóu 〈文〉権力の中枢(の職)

quán

〔顴・顎〕 quán 〔～骨 gǔ〕[生理] 顴骨(ぜんこつ).ほおぼね.〔权骨〕とも書いた.→〔顋 lú 骨〕

〔全〕 quán ①完全である.完成している.そろっている.〔商品齐〕商品はすべて揃っている.〔健～〕健全である(にする).〔智勇双～〕知勇兼備. ②全部の.全ての.〔～世界〕全世界.〔集中～力〕全力を集中する.〔～书十五卷〕全部で15巻. ③全く.あらゆる.すべて.〔程度や範囲に於ける.完全に:例外なくの意を表す.〕〔～来了〕全部(みな)来た.〔～不在乎〕まるで気にかけない.へっちゃらである.〔不～是〕すべてがそうであるとは限らない.〔人人～劳动〕誰もみな働く.〔你别不放心,～交给我吧〕心配するには及ばない,何もかもわたしに任せなさい.〔没说～〕全部言い終わらない.〔～不济事〕全然役にたたない. ④完全にする.まっとうする.そろえる.全部…し終える.〔这部机器的零件已经一了〕この機械の部品は全部そろった.〔苟～性命〕どうにか命をまっとうする.〔顾 gù ～面子〕顔をたてる. ⑤〈姓〉全.

全案 quán'àn 事件の全容.事件の一部始終.〔～告破〕事件の全容が解明され告発される.
全班 quánbān (交替勤務制の)全勤務(時間)
全般 quánbān 全部.すべて.全面.
全包 quánbāo 全部引き受ける.全部保証する.
全豹 quánbào 全般.〔管 guǎn 中窥(kuī)豹〕
全本 quánběn ①〔-儿〕[劇] 全幕通し:長い出物(きぬ)の初めから終わりまで全部を上演すること.〔～戏 xì〕〔本戏〕同前の芝居.〔～西游记〕西游記通し狂言. ②完本:〔足 zú 本〕に同じ.
全波 quánbō [電] オールウェーブ.
全部 quánbù 全部.すべて.ふつう事物についていう.人については〔全体〕を用いる.〔～活动〕全活動.〔～力量〕すべての力.全力.〔～的〕全部の.〔问题已经～解决了〕問題はすべて解決した.〔被洪水～冲走了〕洪水ですべて流された.→ [部分]
全才 quáncái 万能の才.何でもできる人物.〔文武～〕文武ともに才能のある人物.→ [全能]
全残 quáncán 身体の部分の機能の全損.重度の身体障害者(になる).→ [残废]
全长 quáncháng 全長.〔～十公里〕全長10km.
全场 quánchǎng 場内全て.〔～观众〕同前の観衆.
全称 quánchēng 全称.→ [简 jiǎn 称]
全程 quánchéng 全コース.全行程.〔～服务〕フルコースサービス.〔～陪同〕〔全陪〕旅行の全日程に同行する添乗員.→ [地 dì 陪同]
全带幺 quándàiyāo (マージャンで)どの組み合わせも1と9の数牌および字牌が含まれているもの:〔顺 shùn 子〕も1,2,3とか7,8,9など〔老 lǎo 头牌〕が含まれる.〔短 duǎn 幺九〕とは正反対の役.
全倒户 quándǎohù (災害による)家屋全壊の世帯.
全德 quándé 完全無欠の徳.
全等 quánděng [数] 合同.〔～形〕合同の図形.〔～号〕合同を示す符号"≡".
全都 quándōu みな.すべて.すっかり.〔明天的大会～准备好了〕明日の大会はすっかり準備ができた.
全额 quán'é 全額.
全反射 quánfǎnshè [物] 全反射.
全方位 quánfāngwèi 全方位 (の・で).〔～服务〕あらゆる面のサービス.
全份(儿) quánfèn(r) 一そろい.一式.全部.〔～妆奁〕嫁入り道具一式.〔～头面〕[旧] 一式そろった髪飾り.
全福 quánfú 〈文〉①完全なる幸福. 〈口〉②全部そろっている.〔～人〕〔全乎人(儿)〕〔全乎人儿〕父母・夫婦・子女の全部そろっている縁起のよい人(女性):旧式結婚の場合の〔婆亲太太〕などには,このような人でなければ資格がないとされている.
全福寿 quánfúshòu → [划 huá 拳②]
全副 quánfù 全部そろった.すべての.〔～盔(kuī)甲〕揃いのよろいかぶと.〔～武装〕全副武装.
全功 quángōng ①全ての任務.〔未竟之～〕同前は達成していない. ②全ての努力.〔～尽弃〕〔成〕同前が無に帰す.
全国 quánguó 全国.〔～性〕全国的(な).〔～一盘 pán 棋〕〈喻〉国民経済の諸活動を相互に結びつけること.
全国妇联 quánguó fùlián ⇒〔中 zhōng 华全国妇女联合会〕
全国农业发展纲要 quánguó nóngyè fāzhǎn gāngyào [史] 1960年4月に決定された中国農業を発展させるための計画:規定されている穀物の標準年産量は,1〔亩 mǔ〕(ムー)当たり華北(黄河・秦嶺・白竜江以北地区)400キログラム,華中(黄河以南淮河以北地区)500キログラム,華南(淮河・秦嶺・白竜江以南地区)800キログラムで,この指標を突破したことを〔过长江〕〔跨 kuà 长江〕,〔过黄河〕などという.〔超纲要〕同前の生産指標を突破すること.
全国青联 quánguó qīnglián ⇒〔中 zhōng 华全国青年联合会〕
全国人民代表大会 quánguó rénmín dàibiǎo dàhuì → [人民代表大会]
全国文联 quánguó wénlián ⇒〔中 zhōng 华全国文学艺术界联合会〕
全国文学艺术工作者大会 quánguó wénxué yìshù gōngzuòzhě dàhuì 全国文学艺术工作者大会:1945年9月第1回大会.
全国学联 quánguó xuélián ⇒〔中 zhōng 华全国学生联合会〕
全乎(儿) quánhu(r) 〈口〉全部そろっている:〔全合〕とも書く.〔这商店虽小,货物倒很～〕この商店は小さいけれども,商品は一通りそろっている.
全会 quánhuì 〔全体会议〕の略.〔十三届三中～〕第13期第3回中央委員会総会.
全活 quánhuó 多くの工程に分かれている仕事の全部:例えば理髪で,〔剪发〕(散髪),〔洗发〕(洗髪),〔刮脸〕(ひげ剃り)など全部をひっくるめていう.
全集 quánjí 全集.
全家 quánjiā 全家族.一家全部:〔合 hé 家〕に同じ.
全跏趺坐 quánjiā fūzuò [宗] (仏教の)全跏趺坐(ざ):両足を交差して両膝の上に置く座り方.片足を曲げて置くものが半跏趺坐.
全家福 quánjiāfú ①家全体の安全幸福. ②家族全員の記念写真:〔合 hé 家欢〕ともいう. ③[食] 肉だんご・〔鸡蛋饺〕(薄焼き卵で餃子のようにつんだもの)・鶏肉・はるさめ・白菜などを入れた寄せ鍋.
全甲 quánjiǎ 〈文〉全軍の将兵.
全价 quánjià 〈文〉(〔割引料金〕に対して)正価.全額.→ [折 zhé 价②] ②全栄養価.〔～饲料〕完全栄養飼料.
全歼 quánjiān 殲(せん)滅する.
全景 quánjǐng ①全景.〔～电影〕(映画の)ワイドスクリーン.〔宽银幕电影〕シネパノラミック.〔～画〕パノラマ.〔～照相机〕パノラマカメラ.〔～式〕パノラマ式. ②全貌.〔历史～〕歴史の全貌.
全境 quánjìng (地域内の)全範囲.〔亚 yà 洲～〕アジア全域.
全局 quánjú 全体の局面.〔影响～〕全体の局面に影響する.〔胸怀～〕全体の局面を考えに入れる.〔～观念.〕全体の利益を中心に考える考え方.全体観念.〔～性影响〕全局的影響.

全 quán

全军 quánjūn 全軍.〔～指战员〕全軍の将兵.〔～覆没 fùmò〕全軍総崩れ.完全失敗.〔～尽黑〕(競技などの)選手全員黒星.
全开 quánkāi 全紙.全判.〔～宣传画〕全紙大のポスター.→〔对开〕
全科医生 quánkē yīshēng 総合科医師.全科を診る医師.
全可 quánkě 〈方〉全てそろっている:〔全科〕とも書く.〔全乎〕(儿)に同じ.〔要什么有什么,预备的真～〕いるものは皆ある,実によくそろえてある.
全劳动力 quán láodònglì ①(年齢·体力から見て)一人前の労働ができる人:主に農業労働についていう.〔全劳力〕〔全劳〕〔整 zhěng 劳力〕ともいう. ②フルタイム労働力.
全力 quánlì 全力.〔～支持〕全力で支持する〔竭 jié 尽～〕全力を尽くす.〔～爬 pá 升〕全力登攀(だ).〔～以赴〕〈成〉全力の停戦.
全麻 quánmá 医全身麻酔:〔全身麻酔〕の略.→〔局 jú 麻〕
全貌 quánmào 全貌.全景.〔弄清问题的～〕問題の全貌を明らかにする.〔城市的～〕市の全景.
全美 quánměi ①完璧である.→〔十 shí 全十美〕②オールアメリカ.
全面 quánmiàn 全面的である(に).行き届いている.〔～关心儿童的成长 zhǎng〕児童の成長に行き届いた関心を払う.〔～停战〕全面的停戦.〔不够～〕全体的性格(全面的な見方)が不足している.全面的配慮に欠ける.〔这些规则是很不～的〕これらの規則はまだ全面的ではない.〔片 piàn 面〕
全面包干(儿) quánmiàn bāogàn(r) 全面請負い.→〔层 céng 层包干(儿)〕
全苗 quánmiáo 農発芽率100パーセント
全民 quánmín 全人民(の).〔～福利〕国民全体の福祉.〔～公决〕〔～公投〕〔～投票〕国民投票.〔～皆兵〕国民皆兵.〔～政治〕全人民による政治.〔～植树日〕全国民植樹日.
全民所有制 quánmín suǒyǒuzhì 経 全人民所有制.〔集 jí 体所有制〕
全名 quánmíng 全称.フルネーム.→〔全称〕
全能 quánnéng 全能.万能.〔～的人〕何でもできる人.〔～运动〕リレー·五種競技·十種競技などを組み合わせたもの.〔～世界记录〕同一競技大会の種目総合世界記録.〔～冠军〕総合優勝.〔～选手〕运动员〕オールラウンドプレーヤー.〔～成绩〕総合成績.〔～银行〕ユニバーサルバンク.〔～才〕
全年 quánnián まる1年間.〔～计划〕年間計画.〔～所要的经费〕年間に要する経費.〔预约～〕1年分を予約する.〔～失业〕年間失業.
全牛 quánniú →〔目 mù 无全牛〕
全盘 quánpán 全面的に.すっかり.〔～集 jí 体化〕全面的集団化.〔～西化〕全面西洋化(欧化).〔～否定〕全面的に否定する.〔～托出〕すっかりさらけだす〔全盘ぶちまける〕.全局.
全陪 quánpéi 全行程添乗(員).〔全程陪同〕の略.→〔地 dì 陪〕
全篇 quánpiān 全編.
全票 quánpiào ①大人用切符.〔半 bàn 票〕②(選挙時の)満票.
全勤 quánqín 皆勤(である).〔～奖〕皆勤賞.
全情 quánqíng すべての感情.
全球 quánqiú 全世界.地球全体.〔～性〕世界的.地球的.〔～战略〕世界戦略.〔～定位系统〕全地球測位システム.GPS.〔～网〕電算 WWW(World Wide Web).ウェブ.
全躯 quánqū =〔文〕全身②〕〈文〉身の安全を守る.

quán

全权 quánquán 全権.〔～代表〕全権代表.〔～大使〕全権大使.〔～证书〕(国家)全権代表証明書.
全然 quánrán 全然.まったく.否定を強調する副詞として用いられる.〔～不懂〕全く通じない(わからない).〔～不知〕全く知らない.
全人 quánrén 〈文〉①完全な人.聖人.→〔完 wán 人〕②肢体健全な人.③民を保全する.
全日 quánrì 全日.〔～工作〕フルタイム労働.〔～制〕全日制.
全色 quánsè (撮影の)パンクロマチック.〔～片〕〔～胶片〕パンクロフィルム.パンクロマチックフィルム.
全身 quánshēn ①全身.〔～像〕全身像.〔～美容〕全身エステ.→〔半 bàn 身〕②⇒〔全躯〕③団結する事物の全部.
全身心 quánshēnxīn 全身全霊.身心の全て.
全神贯注 quánshén guànzhù 〈成〉全神経を注ぐ.〔要是～地干,成绩一定会好〕全神経を傾注していれば成績はきっとよくなる.
全胜 quánshèng 完勝.〔大获～〕完勝する.
全盛 quánshèng 全盛(である).〔～时代〕最盛期.
全食 quánshí 天(太陽·月の)皆既食.〔全蚀〕とも書く.〔皆 jiē(既)蚀〕は旧称.〔日～〕皆既日食.〔月～〕皆既月食.→〔食相〕
全始全终 quánshǐ quánzhōng 〈成〉終始一貫する.終始その責任をまっとうする.
全数 quánshù 全額.全部(数えられるものについていう):〔悉 xī 数〕に同じ.
全双工 quánshuānggōng 電 全二重:同時に送受信を行いうる電信方式という.
全速 quánsù 全速力.〔～开往某地〕全速力で車である地へ行く.
全塑 quánsù オールプラスチック製(の).〔～产品〕同前の製品.
全套 quántào そろいのもの全部.フルセット.〔～工具〕道具一式.〔～设备〕設備一揃い.〔正式提単一般以三分为一～〕正式の貨物引換証は普通3枚が一揃いになっている.
全体 quántǐ 全体.全要素.〔要看到～〕全体に目を配らなければならない.〔～学生〕全学生.〔～会议〕〔全会〕総会.全体会議.〔～成员〕全メンバー.〔～出席〕全員出席.〔～利益〕全体の利益.〔辞职〕総辞職.〔～主义〕全体主義.→〔全部〕
全天 quántiān 一日.まる一日.
全天候 quántiānhòu 全天候(の).〔～飞机〕全天候機.②四六時中〔～,无假日〕昼夜を問わず,年中休まず.
全帖 quántiě 旧交際用の赤紙の名刺:5枚に折った折本になっていた.
全退 quántuì 完全に引退する.
全托 quántuō =〔整 zhěng 托〕託児所で月曜日から金曜日まで夜間も預かる制度.→〔半 bàn 托①〕〔日 rì 托〕
全维作战 quánwéi zuòzhàn 軍陸海空ミサイル一体作戦:〔空地一体作战〕空陸一体作戦を発展させたもの.
全文 quánwén 全文.
全无心肝 quán wú xīngān 〈成〉①厚顔無恥.②無関心である.
全武行 quánwǔháng 劇大勢の立ち回り.②乱闘騒ぎ.
全息 quánxī ホログラフィー.〔～照相术〕ホログラム:全息とも)ともいう.
全席 quánxí =〔全桌〕各種の会席料理が全部そろっているもの.正式の会席料理.フルコースディナー.
全线 quánxiàn ①全線.〔鉄道·道路などの〕全線.全面.〔～通车〕全線開通.〔～飘红〕(株

quán

の)全面高.→〔鶏 jī 犬升天〕
全蝎 quánxiē 中医全蝎(蠍)〔马 mǎ 氏蚶蝎〕(トクササソリ)を乾燥したもの.小児のひきつけ,中風などに効がある.
全新 quánxīn 真新しい.〔～的方法〕全く新しいやり方.〔～安装〕電脳クリーンインストール(する)
全心全意 quánxīn quányì 〈成〉一意専心.一生懸命.〔得 dé 全零〕一にも二にも.〔～为人民服务〕誠心誠意人民に奉仕する.
全休 quánxiū 〔仕事を〕休む.〔大夫建议～一星期〕医者は仕事を一週間休むようにすすめた.→〔半 bàn 休〕
全须全尾(儿) quánxū quányǐ(r) 蟋蟀(蟋)はよく喧嘩をしたがり,めったに無傷なものはいないところから,その無傷なものを珍重する言葉.壊れ易く貴重なものの無傷なさま:〔須〕は旧字〔鬚〕すなわち,ひげ.
全音 quányīn 音全音.〔～符〕全音符.→〔半 bàn 音〕
全优 quányōu ①全面的に優れている. ②全科目で優れている.オール優.
全员 quányuán 全構成員.メンバー全員.〔教师～〕教師全員.
全运(会) quányùn(huì) 全国体育大会:〔全国运动会〕の略.
全责 quánzé 全責任(を負う)
全真 quánzhēn ⇒〔道 dào 士①〕
全脂 quánzhī 脂肪分を除去していない.〔～牛奶〕無調整牛乳.〔～奶粉〕全脂粉乳. ↔〔脱 tuō 脂〕
全知全能 quánzhī quánnéng 〈成〉全知全能.
全职 quánzhí 専任(の).〔～工作〕常勤の仕事.〔～妈妈〕〔～太太〕専業主婦. ↔〔兼 jiān 职〕
全制式 quánzhìshì マルチ方式の.〔～手机〕同前の携帯電話.
全传 quánzhuàn ①全伝.〔水浒 hǔ ～〕水滸全伝. ②個人の完全な伝記.
全桌 quánzhuō ⇒〔全席〕
全浊 quánzhuó →〔浊音〕
全资 quánzī 全額出資.〔～子企业〕同前の子会社.
全自动 quánzìdòng 全自動式(の)
全总 quánzǒng 〔中 zhōng 华全国总工会〕の略.

〔**诠·詮**〕 quán 〈文〉①事柄・道理を説明かす.事理を明確にする. ②道理.真理. ③選ぶ.
诠次 quáncì 〈文〉①順序(排列)を定める. ②〔文章の〕筋.順序.〔辞无～〕むやみやたらなことを言う.
诠释 quánshì 説き明かす.
诠证 quánzhèng 〈文〉事実に基づいて詳細に立証(解明)する.
诠注 quánzhù 注釈し説明する.

〔**佺**〕 quán 人名用字.〔偓 wò ～〕因伝説上の仙人の名.

〔**荃**〕 quán ①回香りの強い草.〔荪 sūn 〕に同じ. ②人君主にたとえる. ②〈喩〉相手の行為に対して用いる.〔～察 chá〕〔～鉴 jiàn〕〔～照 zhào〕〔～尊〕ご了察.ご明察.

〔**绘·絟**〕 quán 因一種の細布.

〔**轻·輇**〕 quán 〈文〉①輻(ʻ)のない車輪. ②あさはかである.〔～才〕同前の才気.才気(才能)の不足.

〔**痊**〕 quán 病が癒える.治る.
痊可 quánkě 同下.
痊愈 quányù =〔痊可〕病気が治る.〔他左足受伤不能走路,经医师诊治后已～〕彼は左足をけがしていたが、医者に治療してもらってすっかり治っ

た.→〔康 kāng 复〕

〔**铨·銓**〕 quán 〈文〉①衡(ʻ)にかける. ②人才を評量する.人材を選び出す.
铨叙 quánxù 因役人を選考して任用する.
铨选 quánxuǎn 〈文〉選考する.

〔**筌**〕 quán 川で魚を捕るのに用いる竹製の"うけ".〔得 dé 鱼忘～〕〈成〉魚を捕ったらうけのことは忘れてしまう:成功した場合に成功に至った条件や手段を忘れてしまう.

〔**醛**〕 quán 化アルデヒド:〔阿 ā 勒弟海特〕〔亚 yà 尔浠海特〕は音訳.〔～基 jī〕(アルデヒド基)を有する有機化合物の総称.〔～糖 táng〕アルドース.〔甲 jiǎ～〕〔蚁 yǐ～〕ホルムアルデヒド.〔甲～(溶 róng)液〕〔甲～水〕〔蚁～溶液〕〔福尔马林(水)〕〔福 fú 美林〕ホルマリン(ホルムアルデヒド液).〔醋 cù ～〕〔乙 yǐ ～〕アセトアルデヒド.〔丙烯 bǐngxī ～〕アクリルアルデヒド.

〔**惓**〕 quán
惓惓 quánquán ⇒〔拳拳〕

〔**蜷(踡)**〕 quán 身体を丸める.曲げ縮める.ちちこまる:〔拳〕とも書いた.〔～着腿睡在床上〕足をちちこめてベッドで寝ている.〔花猫一作一团睡觉呢〕三毛猫が丸くなって寝ている.
蜷伏 quánfú ちちこまって伏せる.
蜷局 quánjú 〈文〉身体を丸める.うずくまる.縮まって伸びない.
蜷曲 quánqū =〔拳曲〕(人や動物の)体を曲げる.丸める.〔两腿一起来〕足をちちこめる.〔草丛里有一条～来的蛇〕草むらにトグロをまいた蛇がいる.
蜷缩 quánsuō 丸く縮まる.〔～成为小圆球的形状〕丸く縮まり小さな球となる.
蜷卧 quánwò 体を丸めて横たわる.〔宛如一条～的巨龙〕まるで竜が横たわっているようだ.
蜷坐 quánzuò 体をすくめて座る.縮めて座る.

〔**鬈**〕 quán ①頭髪が縮れている.〔～发 fà〕巻毛.〔此种菊花,瓣细长,如发之～〕この菊は,花弁が細長く,髪の縮れ毛のようだ. ②〈文〉頭髪の美しいさま.

〔**泉**〕 quán ①泉.〔活～〕水の湧いている泉.〔死～〕涸(ʻ)れた泉. ②泉水の流れ出る穴.→〔泉眼〕 ③〈文〉回銭. ④〈姓〉泉(ʻ)
泉币 quánbì 因貨幣.
泉布 quánbù 因銭と布.貨幣.
泉城 quánchéng 済南市の別称.
泉井 quánjǐng 泉の湧き出る井戸.
泉流 quánliú 泉から湧く水の流れ.
泉路 quánlù ⇒〔黄 huáng 泉〕
泉脉 quánmài 地下の水脈.
泉瀑 quánpù 泉から流れ落ちる滝.
泉壤 quánrǎng ⇒〔黄 huáng 泉〕
泉石 quánshí 〈文〉山水.山水の景色.〔～膏肓 gāo huāng〕旅行好き.探勝癖:山水の景勝に遊ぶことがやみつきになること.→〔山 shān 水②〕
泉世 quánshì ⇒〔黄 huáng 泉〕
泉水 quánshuǐ 泉から湧き出る水.
泉台 quántái 〈文〉墳墓.あの世.冥土.
泉下 quánxià 〈文〉あの世.〔黄 huáng 泉之下〕の略.
泉眼 quányǎn 泉水の湧き出る穴.〔泉②〕に同じ.〔水 shuǐ 眼〕ともいう.
泉涌 quányǒng 泉のように湧き出る.〔文思～〕〈成〉(文章の)構想が湧き出る.
泉源 quányuán ①泉水の水源. ②〈喩〉源泉:知識

·感情·生涯などの源.〔智慧的〜〕知恵の源.

〔鯦·鲩〕 quán 〔魚貝〕ヒガイ(総称):コイ科の淡水魚.〔华 huá 〜〕カラヒガイ.

〔拳〕 quán ①こぶし.げんこつ.〔双手握〜〕両のこぶしを固める. ②〔划 huá 拳〕の拳(儿).〔〜高量 liàng 海〕〜高量雅〕拳もうまいし酒も強い. ③拳術:拳術の一種.〔练 liàn〜〕拳術を修練する.〔赛 sài〜〕拳術の技量を競う.〔打一套〜〕拳術のひととおりの型をやる.〔不离手,曲 qǔ 不离口〕(諺)常に練習を怠らないこと. ④量詞.げんこつを食わらす回数を数える.〔打了一〜〕げんこつを一発食らわしてやった. ⑤〔文〕力(ぢゃ).〔无〜无勇〕力も勇気もない.〈⇨蜷〉

拳棒 quánbàng ＝〔拳脚①〕武芸:拳法と棒術,あるいは足を使う技.〔使一手好〜〕武芸に秀でている.すごい技を使う.

拳菜 quáncài ワラビ.〔蕨 jué 菜〕に同じ.

拳打脚踢 quándǎ jiǎotī〈成〉殴ったり蹴とばしたりぶちのめすさま.

拳法 quánfǎ ⇒〔拳术〕

拳匪 quánfěi ⇒〔义 yì 和团〕

拳击 quánjī ①〔口〕拳闘.ボクシング.〔〜家〕〔〜手〕〜选手〕〔拳手〕ボクサー.〔〜台 tái〕〔拳台〕ボクシングのリング.〔〜手套 tào〕ボクシンググローブ. ②こぶしで打つ.

拳脚 quánjiǎo ①⇒〔拳棒〕 ②段ったり蹴ったりすること.

拳路 quánlù 拳法.拳術.

拳迷 quánmí ボクシングファン.

拳派 quánpài 拳法の流派.

拳谱 quánpǔ 拳法の図譜.

拳曲 quánqū ⇒〔蜷曲〕

拳拳 quánquán〔文〕懇勤なさま.ねんごろなさま:〔惓惓〕とも書いた.〔〜服膺 yīng〕〈成〉しっかりと胸にきざむ.〔情意〜〕〈成〉真心がこもっている.

拳赛台 quánsàitái (ボクシングを行う)リング.

拳参 quánshēn〔植〕イブキトラノオ:タデ科.

拳师 quánshī 拳法の師匠.

拳手 quánshǒu ボクサー:〔拳击手〕の略.

拳术 quánshù 拳を用いる武術.拳法.

拳坛 quántán 拳法界.ボクシング界.

拳套 quántào 拳法の技と型.

拳头 quántou こぶし.げんこつ.〔把〜握手紧紧的〕こぶしをしっかり握りしめる.〔拿〜打〕げんこつでなぐる.〔〜产品〕〜商品〕強力商品.有力商品.〔一项目〕有力項目. ②(じゃんけんの)グー.石:〔锤 chuí 子②〕〔拳〕〔石 shí 头②〕に同じ.〔喻〕強い事物.他を寄せつけない物.

拳王 quánwáng ①〔口〕(ボクシングの)チャンピオン. ②拳法の達人. ③じゃんけんの上手な人.→〔拳击①〕〔拳术〕〔划 huá 拳〕

拳协 quánxié 〔拳击运动协会〕(ボクシング協会)の略.

〔犬〕 quǎn 犬:〔狗 gǒu〕は通称.〔守 shǒu 门使〕は別称.〔警〜〕警察犬.〔猎 liè〜〕猎狗〕猎犬.〔守 shǒu〜〕番犬.〔缉 jī 毒〜〕麻薬犬.〔观赏〜〕観賞犬.〔养 yǎng〜管理条例〕犬飼育条例.〔驯 xùn 〜员〕犬のトレーナー.〔不夜吠 fèi〕〈喻〉社会の治安がよいこと.〔丧 sāng 家之〜〕〔丧家之狗〕飼主をなくした犬.〈喻〉落ちぶれてよるべのない人.

犬齿 quǎnchǐ ①〔犬牙①〕〔压理 犬齿(ゃっ)〕:〔尖 jiān 牙〕〔糸切り齿〕ともいう. ②〔牙 yá 口①〕

犬马 quǎnmǎ〈文〉犬馬:自己の労力を謙遜していう時に用いる.〔当尽〜之劳〕必ず犬馬の労を尽くします.

犬戎 quǎnróng 〔春秋〕西夷の一支派:〔畎戎〕〔昆 kūn 夷〕ともいう.

犬儒 quǎnrú 〔西〕犬儒:ギリシアの哲学の一派.〔〜学派〕犬儒学派.キュニコス学派.〔〜主义〕犬儒主義.シニシズム.

犬瘟热 quǎnwēnrè ジステンパー:犬の急性伝染病.〔犬瘟病〕

犬牙 quǎnyá ①⇒〔犬齿〕 ②⇒〔狼 láng 牙②〕 ③犬の歯.

犬牙交错 quǎnyá jiāo cuò〈成〉(境界面が)犬の歯のように凸凹していること.(形勢が)互いに交錯していること:〔犬牙相制〕ともいう.

犬狄(儿) quǎnyóu(r) ⇒〔狄 yóu 犬(儿)〕
犬于(儿) quǎnyú(r) ⇒〔反 fǎn 犬(儿)〕

犬子 quǎnzǐ〔謙〕愚息.豚児(ﾄﾝ):他人に対し自分の子をいう.〔小 xiǎo 犬〕〔豚 tún 儿〕〔豚犬〕ともいう.

〔畎〕 quǎn〈文〉①田の間の溝. ②たんぼ.農園.田野.〔舜发于〜之中〕舜は百姓から立身した.

畎亩 quǎnmǔ〈文〉たんぼ.田野.
畎戎 quǎnróng ⇒〔犬戎〕

〔绻·綣〕 quǎn →〔缱 qiǎn 绻〕

〔劝·勸〕 quàn ①いさめる.説得する.忠告する.〔两个人打架呢,你给〜一〜去〕二人は喧嘩しているからきみが行って仲裁してくれ.〔大家好容易把他〜开了〕皆でやっとのことで彼をなだめた.〔妈想〜你几句话〕母さんはあなたに少し忠告したいことがある.〔我〜他休息一下〕わたしは彼に休むように言った.〔我〜你还是好好想想〕やはりよく考えることを勧めるね. ②励ます.奨励する.〔姓〕勧(ｶﾝ).

劝杯 quànbēi ⇒〔劝酒〕
劝辞 quàncí 辞職.辞任勧告(をする).
劝导 quàndǎo 教え諭す.補導する.
劝道 quàndào ⇒〔劝说〕
劝返 quànfǎn もとの場所に戻るよう説得する.
劝服 quànfú なだめて従わせる.〔〜离家出走的女孩立即回家〕すぐ家へ帰るように家出の女の子を説得する.
劝告 quàngào ①勧告(する). ②忠告(する)
劝和 quànhé 仲裁して和解させる.
劝化 quànhuà ①教化する. ②⇒〔化缘〕
劝诲 quànhuì〈文〉諭し教える.
劝驾 quànjià 誘い出す.出陣を勧める.慫慂(ｼｮｳﾖｳ)する.〔我们面子不够请不到,还是您去〜吧〕わたくしどもでは顔が立たなくて来ていただけないので,やはりあなたが行ってお出ましを願ってきて下さい.
劝架 quànjià ＝〔拉架 lā 架〕喧嘩を仲裁する.
劝谏 quànjiàn 〔旧〕(主君や上司へ)忠告する.諌言する.
劝教 quànjiào 戒め諭く.
劝解 quànjiě ①なだめる.慰める. ②喧嘩を仲裁する.
劝诫 quànjiè〔劝戒〕とも書いた.忠告して戒める.
劝进 quànjìn〔旧〕(臣下が)主君の徳をたたえて帝位に即くよう要請すること.〔〜表〕即位請願書.
劝酒 quànjiǔ ＝〔劝杯〕酒を勧める.
劝勉 quànmiǎn 勧め励ます.
劝募 quànmù〔寄付などを〕勧め募る.
劝让 quànràng 勧める.
劝善 quànshàn 善行を勧める.〔〜惩恶〕〈成〉勧善懲悪.
劝世 quànshì 世人を教え導く.〔〜文〕警世の文書.

劝说 quànshuō =〔文〕劝道〕説得する.勧める.〔好不容易オ~他同意了〕やっとのことで彼に同意させた.

劝退 quàntuì 退職・引退・退学などを勧告する.

劝慰 quànwèi なだめる.慰める.

劝降 quànxiáng 降服勧告(をする)

劝学 quànxué 勉学を勧める.

劝业场 quànyèchǎng 旧式百貨店.物産館:〔劝工场〕〔劝商场〕ともいう.

劝业会 quànyèhuì 旧博覧会.→〔博 bó 览会〕

劝诱 quànyòu 勧誘する.

劝谕 quànyù 〈文〉おだやかに説得する.諭し忠告する.

劝止 quànzhǐ 思い止まらせる.

劝阻 quànzǔ 忠告して止めさせる.しないように言う.

〔券（券・券）〕 quàn 証明・証拠の記載のある紙片:昔時,契約書の文言を木札に記したものを真ん中から半分に割って,契約当事者がそれぞれ一半を自分の証として保管することが行われ,その場合,左半分を〔左~〕〔左契 qì〕,右半分を〔右~〕〔右契〕と呼んだ.〔入场~〕入場券.〔公债~〕公債証書.〔借~〕〔借单〕借用書. → xuàn

券面 quàn·miàn 額面.

券据 quànjù 証劵書類.証劵類:〔券契〕ともいう.

券商 quànshāng 証券会社(業者):〔证 zhèng 券商〕ともいう.

券种 quànzhǒng 債権の種類.

que くロせ

〔炔〕 quē 化不飽和鎖式炭化水素で,炭素の三重結合を有するもの.〔乙 yǐ ~〕[电 diàn 石气]アセチレン.〔乙一基 jī〕エチニル基.〔丙~〕アリレン. → guì

炔烃 quētīng 化アセチレン系炭化水素(アルキン)

〔缺〕 quē ①欠乏する.欠ける.…に不自由する.〔~力气〕力が足りない.〔不~吃〕食うには事欠かぬ.〔~东西〕あれこれ物が足りない.〔这家~牛,那家短马〕牛がない家や馬がない家があった.〔田里~水〕畑に水が足りない.〔今年的饲草本来很~〕今年の飼い葉がもともと足りなかった.〔阙②〕②欠点がある.きずがある.弱点がある.〔器具などの一部分が壊れた)欠ける.〔刀刀~了一个口儿〕刀が1か所刃こぼれした.〔完满无~〕完全無欠. ③欠席(する).→〔缺勤〕 ④欠員.ポスト:旧時,定員のある官職の空席.〔肥 féi ~〕〔美~〕余徳の多い(別収入の多い)ポスト.〔开~〕旧~〕空席ができる.〔补~〕欠員を補充する.

缺编 quēbiān 定員割れ(する).欠員(がある).↔〔超 chāo 编〕

缺吃缺穿 quēchī quēchuān〔成〕衣食に事欠く:〔缺吃少穿〕ともいう.

缺档 quēdàng ①(商品が)品切れになる. ②募集定員に満たない:〔档〕は願書.

缺德 quēdé ①不道徳である.良心に反している:自制心のない行動をとがめる意味に用いる.〔~带冒烟儿〕恥知らずで,本当にいやらしい.〔~话〕下劣な話.〔不要做~的事情〕良心に反したことはしないけない.〔这样害人的事,始作俑者也不知是谁,好~了〕こんな人の害になるようなことを誰が最初に始めたのか知らぬが,まったくけしからぬことだ. ②〔骂〕いやらしい:多く女性が男性に対して用いる.〔这个~鬼〕このろくでなし.

缺点 quēdiǎn 欠点.短所.物足らぬ点.〔克服自己的~〕自分の短所を克服する.〔有花无酒算是的~〕花があっても酒がないのはやや物足らぬところだ. ↔〔优 yōu 点〕

缺额 quē'é 不足額.不足人員.不足数量.

缺乏 quēfá 不足する.欠乏する.足りない.乏しい.〔~经验〕経験が足りない.〔~正确的理解〕正しい理解が欠けている.〔~劳动力〕労働力が足りない.〔材料~〕材料が欠乏している.

缺分 quēfēn 旧欠員の官職.空席.

缺岗 quēgǎng ①職場を留守にする.仕事をさぼる. ②空席ポスト.欠員の職務.

缺憾 quēhàn 遺憾な点.不十分な点.〔这对我来说,不能不说是个~〕これは私にとって遺憾なことであると言わざるを得ない.

缺毁 quēhuǐ 欠損・破損する.

缺货 quēhuò 品切れ(になる)

缺觉 quējiào 睡眠(が)不足(する).→〔睡 shuì 觉〕

缺斤短两 quējīn duǎnliǎng =〔短斤缺两〕〔成〕目方が足りないこと:〔短〕は〔少〕ともいう.

缺考 quēkǎo テストに欠席する.受験を放棄する.

缺刻 quēkè 植葉の縁のぎざぎざ・切りこみ.〔~叶〕縁にぎざぎざの切りこみのある葉.

缺课 quēkè 欠課(する).→〔旷 kuàng 课〕

缺口 quēkǒu ①〔~儿〕欠損部分.間隙.〔喩〕突破口.〔刀刀缺了一个小口儿〕刀の刃が少し欠けた.〔~镊子〕歇〕口の欠けた毛抜き,すなわち〔一毛不拔〕1本の毛も抜かない:非常にけち.〔打开~〕突破口を開く.〔敌军的阵线暴露 bàolù 了~〕敵の戦線は破れ口をさらけ出した.→〔豁 huō 口(儿)〕 ②(経費・材料・人手などの)不足分.〔人材~〕人材不足. ③〔喩〕~效应〕切り欠き効果.

缺亏 quēkuī〈文〉欠点・不足の部分.

缺粮 quēliáng 食糧不足(になる).〔~户〕食糧不足世帯.〔二五~〕食糧不足地区.↔〔余 yú 粮〕

缺漏 quēlòu (欠陥による)遺漏.手抜かり.〔弥缝~〕手落ちを取り繕う.

缺略 quēlüè 不足する.欠乏する.

缺门(儿) quēmén(r) 不足・空白の部分・分野.〔填补~〕ブランクを埋める.

缺苗 quēmiáo 農苗がそろっていない.苗が欠けている.

缺陌 quēmò ⇒〔短 duǎn 陌〕

缺盆 quēpén 中医人体の急所の一つで,鎖骨上部のへこんでいる部分,またその中心の点(鍼灸のつぼ)

缺欠 quēqiàn ①欠陥.欠点.〔检查自己的~〕自分の欠点を点検する.→〔缺点〕〔缺陷〕 ②少ない.乏しい.

缺俏 quēqiào 不足している.〔~的商品〕品薄の商品.

缺勤 quēqín 欠勤(する).〔~率〕欠勤率.→〔请 qǐng 假〕

缺情短礼 quēqíng duǎnlǐ〈成〉礼を失する.失礼にあたる.〔要有~之处,请指点指点〕もしも失礼にあたるような点がありましたら,どうぞ指摘して教えて下さい.

缺球 quēqiú =〔截 jié 球球〕競平面で球を切って二つにしたものの一つ.

缺缺腕儿 quēquēwànr〈方〉弱味.痛いところ.泣きどころ:〔腕〕は〔蔓〕とも書く.〔我把他的~攥 zuàn 住了ねは奴の痛い所をおさえているよ.

缺三短四 quē sān duǎn sì〈成〉あれこれ欠けている.不完全である.

缺少 quēshǎo =〔短缺.少〕(人や物の数量が)足りない.欠けている.少ない.乏しい.〔~干部〕幹部が不足している.〔~零件〕部品が足りない.〔盖房子

~砖头)家を建てるのに煉瓦が足りない.
- **缺失** quēshī ①欠陥.欠点.欠如.欠失.[弥补~]欠点を補う. ②失う.不足をきたす.
- **缺食** quēshí 食料不足(家畜の). →[缺嘴①]
- **缺市** quēshì 〔市場に〕品物がない.不足する.
- **缺数** quēshù 不足数.
- **缺水** quēshuǐ 水不足(である).[这块地~]この田は水が足りていない.
- **缺损** quēsǔn ①破損(する). ②〔身体の〕欠損.発育不全.
- **缺铁** quētiě ①鉄(が)不足(する). ②体内の鉄分が欠乏する.
- **缺位** quēwèi ①欠員(が出る).空席(になる). ②欠けている部分.盲点になっている部分.
- **缺席** quēxí 欠席(する).[~判决]図欠席裁判.
- **缺陷** quēxiàn きず.欠陥.[~商品]欠陥品. →[缺点]
- **缺心少肺** quēxīn shǎofèi 〈成〉分別に欠ける.思慮が足りない.
- **缺心眼儿** quēxīnyǎnr ぼんやりしている.少し足らないのろまである.[这个人有点儿~,不该说的也说]この男は少し足らんわい,言ってはいけないことでもしゃべってしまう.
- **缺氧** quēyǎng 酸素が少ない.酸欠になる.[屋子~]室内が酸欠だ.
- **缺页** quēyè 書籍の落丁.
- **缺一不可** quē yī bùkě 〈慣〉一つとして欠かす事ができない.
- **缺银** quēyín ①銀が欠乏している. ②お金が足らない. ③圓「钱庄」の貸付金.
- **缺雨** quēyǔ 雨が足りない.[~区]雨量不足地域.
- **缺员** quēyuán ①欠員がある. ②人手不足である.
- **缺月再圆** quēyuè zàiyuán 〈喩〉離婚した後でまた元の鞘にもどる.
- **缺者为贵** quēzhě wéiguì 〈諺〉希少なものは値打が高い. →[此 cǐ 地无朱砂,红土子为贵]
- **缺阵** quēzhèn 試合に欠場する.
- **缺支(儿)** quēzhī(r) 圓ぼくにょう:漢字部首の「攵」. →付録1
- **缺嘴** quēzuǐ 〈方〉①食べ物が足りない.[这个孩子~,看见什么都要吃]この子は腹ぺこで何を見ても食べようとする.[缺食] ②⇒[唇 chún 裂]

[阙・闕] quē 〈文〉過ち.過失. ②古く[缺①]に通用した. ③〈姓〉

闕(²) → què

- **阙笔** quēbǐ 旧諱(²)の字の一画を欠いて書くこと. →[阙字②]
- **阙画** quēhuà 旧帝王・聖賢・祖先の諱(²)を文字に記すのを避けること. →[避 bì 讳]
- **阙如** quērú 〈文〉欠如している.
- **阙文** quēwén 〈文〉文章中の文字あるいは文章の一部分が脱落していること.
- **阙疑** quēyí 〈文〉疑わしいことを保留して慎重を期すること.
- **阙字** quēzì ①圓文中に皇帝または貴人の称号・姓名などに関係のある字を用いる場合,敬意を表するためにその字の上を一字あけて書くこと. →[平 píng 出字]〔空 kòng 格〕 ②文章中の脱字.

[瘸] qué 足をひきずる.[腿~了]足をひきずるようになった.[~腿不能走远路]不自由な足では遠道は歩けない. →[跛 bǒ][拐 guǎi(Ⅱ)②]

- **瘸瘩瘸瘩** quéda quéda 足を引きずりながら歩く.[~地走]ひょこひょこ歩く.
- **瘸驴配破磨** qélǘ pèi pòmò 足の悪いロバに壊れたひき臼.[~两枚殷]眼前で,破れ鞄にとじ蓋だ.[我担任这个正是~]これを担任するのを担任するのにとになったのはちょうどお似合いというものです.
- **瘸子** quézi 足の不自由な人:[跛 bǒ 子]に同じ. →[拐 guǎi 子①]

[却(卻・郤)] què ①後戻りする.[退~]退却する.

②〈文〉退ける.退却させる. →[却敌] ③断る.[~不过面子]人の顔をつぶしてまで断りきれない.[推~]推して断る.辞退する. ④〈文〉反転する.振り返る.[~顾旧路]もとの道を振り返る.[~忆儿时之事,已恍惚矣]子どもの時のことを振り返ってみると,もうぼんやりとした記憶しかない. ⑤一部の単音節の動詞・形容詞の後に置き,ⓐその結果を強調する.[了 liǎo]片付く(liǎo).ⓑ失う.関係を失う.[抛~][旧袍]古い思想を捨て去れ. ⓒ比較を表す.[谁道太山高,下~鲁连节](李白詩)太山(泰山)が高いといっても,魯連の節操よりは低い. ⑥逆接的な語調を示す.ⓐ反対に.かえって.[本来心中顾虑很多,到时候~不怕了]もともと心の中ではたいへん心配していたのだから,その時になったらかえって平気だった.[我~不信]ところがぼくは信じないのだ.[重到故乡交旧刃,凄凉~恐他乡胜故乡](陸游詩)再び故郷へ帰ってみたが,旧友も少なくて寂しい,やはり他郷の方が故郷よりもおそらくいいということになろう.ⓑしかし[虽然]などを含む譲歩文の後に用いられる.[他虽然身体不大好,~爱喝酒]彼は体があまり丈夫ではないが,しかし酒が好きだ.[春天到了,~还有点冷]春は来たが,しかしまだ少し寒い. → [可 kě 是①] ⓒむしろ.まさか:意外を表す.[再细数一下,不想,~差了两张]もう一度丁寧に数えてみたら,なんと2枚不足していた.ⓓ〈白〉同じ動詞・形容詞の間に置かれて譲歩の意味を表す.[好~好,可是…]いいことはいいが,しかし…. ⑦〈白〉…してからその上で.あとで.[等到天晚,~做这处 chǔ]もっと遅くなってから始末しよう. ⑧〈姓〉却(ℵ).
- **却病** quèbìng =[祛 qū 病]〈文〉病気を払う(追い払う).[~延年]〈成〉病を払い・長生きする.
- **却步** quèbù (恐れてまたは嫌悪して)後ずさりする. [~不前]同前.[望而~]見て後ずさりする.[不要因为困难而~]困難だからといって引き下がってはいけない.
- **却不道** quèbùdào 〈白〉①…とは思わなかった.思いもよらず(…だ). ②…とよく言うではないか.[~一马不鞴 bèi 两鞍 ān](王庙)一匹の馬に二つの鞍を置くと言うではないか.
- **却才** quècái 〈恰 qià 才〉
- **却待** quèdài 〈白〉ちょうど…しようとしている時.
- **却敌** quèdí 〈文〉敵を退ける.
- **却好** quèhǎo 〈白〉ちょうど.まさに.
- **却来** quèlái 〈白〉かえって.逆に.[他~问我]彼の方が逆にわたしに問いかけてきた.
- **却是** quèshì 〈白〉②どちらかといえば.
- **却说** quèshuō 〈白〉さて当話を申しますでは…:章回小説などに用いられる発語の言葉.また前に述べた事柄を再度もち出す場合に用いる. →[且 qiě 说]
- **却又** quèyòu 〈白〉(…してから)その上で.[这也是宿世冤业,且得他量轻发落,~理会](京本通俗小説)これも前世の業(ℵ)で,まず軽く処罰してもらった上でのことだ.
- **却又来** quèyòulái 〈白〉そうばかな….[既然如此~]と対応して用いられる.[~,既然如此,你慌着回部屋子去作什么](儒)そんなことを,だったら,慌てて部屋に帰ってどうするのだ.
- **却月** quèyuè 〈文〉半月(形)
- **却之不恭** quèzhī bùgōng 〈挨〉お断りするのは失礼

què

だ.〔～,受之有愧〕同前だが,と言っていただくのは申しわけない.〔只好領受〕(ありがたく)お受け致します)の意.人からの贈呈や招待を受けるときの言葉.

〔**悫・愨(慤)**〕 què 〈文〉誠実なこと.

〔**雀**〕 què ①[鳥]スズメ:ふつう〔麻 má～①〕という.〔家～儿 qiǎor〕〔麻～儿 qiǎor〕〔老lǎo家子〕[老家賊]は別称. ②(雀のように)小さい.〔燕 yàn～①〕[鳥]アトリ.〔锡 xī嘴～〕[鳥]シメ.〔～鲷 diāo〕[魚]スズメダイ.〔～稗 bài〕[植]シマスズメノヒエ.ダリスグラス(牧草). ③〈姓〉雀(ジャク) → qiāo qiǎo

雀斑 quèbān そばかす.
雀角鼠牙 quèjiǎo shǔyá ＝〔鼠牙雀角〕〈文〉争い.訴訟.
雀罗 quèluó 〈文〉雀とり網.かすみ網.
雀麦 quèmài ＝〔野 yě 麦〕[植]スズメノチャヒキ:花穂は〔野燕麦②〕(チャヒキグサ)に似る.
雀盲 quèmáng ⇒〔雀 qiǎo 盲眼〕
雀目障 quèmùzhàng ⇒〔雀 qiǎo 盲眼〕
雀屏中选 quèpíng zhòngxuǎn 〈成〉婿選びで選ばれる:隋の窦毅が娘の婿を選ぶのに,孔雀を屏風に描き,これを射させ目を射あてた者に娘をやると決め,李淵がこれを獲得した故事による.
雀翘 quèqiáo [植]ウナギズル:田の側溝などに生える草.
雀榕 quèróng [植]アコウ(アコギ):暖地の海辺に自生する高木.
雀舌 quèshé 茶の若芽で作る〔芽 yá 茶〕の一:〔一旗一枪〕〔一心一叶〕などの上等の茶.〔～龙 lóng 井〕同前で作った龍井茶.→〔旗 qí 枪〕
雀鼠耗 quèshǔhào [旧]每年貢米の割り増し分:〔田賦〕として大運河を経て北京へ運送された米は,途中で雀や鼠の害のために減る分として1石につき2升を割り増し納付させられた.→〔漕 cáo 粮〕
雀瓮蛾 quèwèng'é ⇒〔刺 cì 蛾〕
雀息 quèxī 〈文〉(恐れて)物を言わないさま.〔～不敢动〕気をひそめて動こうとはしない.
雀鹞 quèyào 同下.
雀鹰 quèyīng [鳥]ハイタカ:〔雀鹞〕〔鹞 yào 鹰〕〔鹞(子)〕〔方〕〔老 lǎo 鹰〕〔方〕〔摩 mó 鹰〕は別称.
雀跃 quèyuè 〈文〉小躍りする.躍りあがる.〔欣欣～〕〈成〉欣喜雀躍する.大喜びで小躍りする.→〔欣 xīn 跃〕
雀噪 quèzào 名を売る:多く悪名が広まること.
雀贼 quèzéi ⇒〔松 sōng 雀鹰〕
雀爪 quèzhǎo [美]水墨画で,竹を描く場合に小枝が3本に分かれている部分.→〔丁 dīng 香爪〕

〔**埆(塙)**〕 què やせ地.石ころの多い土地.〔～瘠 jí〕〔磽 qiāo～〕〔墝 qiāo～〕同前.

〔**确・確(碻・塙)**〕 què ①確かである.真実である.〔千真万～的事实〕ごく確かな事実.〔这话～吗〕この話は本当か.〔正～〕正確である. ②確かに.非常に:肯定・同意を強調する.〔～有其事〕確かにそういう事がある. ③ゆるぎない.堅固である.〔～信〕固く信ずる.

确保 quèbǎo ①確実に保証する. ②確保する.
确当 quèdàng 適切である.
确定 quèdìng ①確定する.はっきり決める.確認する.〔不能～是他的还是我的〕彼のともわたしのともはっきり決められない. ②確かである.間違いない.
确定出价 quèdìng chūjià [商]ファームオファー:〔确定书〕ともいう.〔出价〕〔实 shí 价〕
确耗 quèhào ⇒〔确讯〕

确乎 quèhū ＝〔确然〕確かに.〔～不拔 bá〕〈成〉確固としてゆるぎない.〔～不错〕確かにそのとおり.
确据 quèjù ⇒〔明 míng 证〕
确立 quèlì 確立する.〔～制度〕制度を確立する.〔～了自己的地位〕自分自身の地位を確立する.
确论 quèlùn 正確で当を得た論調.
确盘 quèpán [商]確約提供価格.
确期 quèqī はっきりした期日.〔～以后宣布〕確かな期日はいずれ発表する.
确切 quèqiè 正確で適切である.確実である.〔～不移〕〔确whisky不移〕ゆるぎない.〔～证据〕確かな証拠.〔说～些〕もう少し正確に言う.
确青 quèqīng 濃緑(の)
确情 quèqíng 確かな事情・実情.
确权 quèquán 使用権(権利)を確認する.
确然 quèrán ⇒〔确乎〕
确认 quèrèn ①明確に認める.〔～键 jiàn〕[電算]エンターキー. ②[商]コンファームする.
确实 quèshí ①確実である.確かである.〔～的消息〕確かな消息.〔这件事他亲眼所见,说得确确实实〕その事は彼自ら目擊したことだから,話しぶりはきわめて確かだ. ②確かに.まちがいなく.〔他最近～有些进步〕彼は近頃確かに進歩した.
确守 quèshǒu 堅く守る.厳守する.〔～信义〕信義を堅く守る.
确信 quèxìn ①確信する. ②[-儿]確かな消息.
确讯 quèxùn ＝〔确耗〕確かな消息.
确凿 quèzáo 確実(である).明確(である).〔言之～〕言うところが明確である.〔证据～〕証拠が確実である.→〔确切〕
确诊 quèzhěn 確かな診察をする.はっきりした診断を下す.
确证 quèzhèng ①確実に証明する. ②⇒〔明 míng 证〕
确知 quèzhī 確実に知る.

〔**碻**〕 què 〔石～〕[人]春秋時代の人.

〔**鹊・鵲**〕 què [鳥]カササギ:ふつう〔喜 xǐ ～〕という.

鹊报 quèbào かささぎの知らせ.〈喻〉吉報:古来,かささぎが鳴くのはよい事の縁起がよいとされる.
鹊巢鸠占 quècháo jiūzhàn 〈成〉かささぎの巢に鳩が巢くう:他人の地位・家・土地などを横取りする.
鹊豆 quèdòu ⇒〔扁 biǎn 豆〕
鹊镜 quèjìng 裏面にかささぎの姿を鋳込んだ古鏡.
鹊鸣 quèmíng ⇒〔鹊噪〕
鹊起 quèqǐ 〈文〉①時勢に乗じて奮起する. ②名声が上がる.
鹊桥 quèqiáo 伝説で〔七 qī 夕〕の日に織女が牽牛に会いに渡る天の川に架かるかささぎの橋:〔乌 wū～〕ともいう.〔～相会〕〈成〉(夫婦や恋人が)久しぶりに会うこと.〔～会〕③お見合いパーティー. ⑤結婚紹介(相談)所.〔搭～〕男女の仲をとりもつ.
鹊喜 quèxǐ →〔鹊噪〕
鹊笑鸠舞 quèxiào jiūwǔ 〈成〉非常にめでたくにぎやかさせま.
鹊鸭 quèyā ＝〔金 jīn 眼鸭〕〔喜 xǐ 鹊鸭〕[鳥]ホオジロガモ:〔白 bái 颊鸭〕ともいう.
鹊语 quèyǔ 同下.
鹊噪 quèzào ＝〔鹊鸣〕〔鹊语〕吉兆.喜びの前兆:かささぎが鳴くことは縁起がよいとされる.〔～则喜生〕〔鹊喜〕かささぎが鳴けば喜びごとあり.

〔**阕・闋**〕 què ①〈文〉門を閉じる. ②〈文〉終止する.終わる.尽きる.〔服～〕[旧](3年の)服喪期間がすむ. ③〈文〉空しい.空虚である. ④〈文〉量詞.歌曲を数える.〔歌

数～〕唱うこと数曲なり.⑤〔词 cí ③〕を数える:〔首 shǒu ③〕同下.〔一～半〕词一首.前后に分かれている〔词③〕の前半を〔上～〕,后半を〔下～〕という.⑤〈姓〉闕(ケッ).

〔阙・闕〕què ①宮門外の左右両側にある望楼.〔宫门两～〕同前.②〈転〉宮城.〔宫 gōng ～〕.〈文〉同前.③(古)墓道の外に立てた石碑の類.左右 2 部飾にして,死者の姓名・官職を刻む.④〈姓〉闕(ケッ) → què

阙下 quèxià 〈文〉宮城.宮廷.〈転〉天子.〔上书～〕天子に上書する.

〔榷(権・推)〕què (Ⅰ)〈文〉①政府が行った重要物資の専売.〔酒～〕酒の専売.〔官～〕政府専売.〔～利〕専売利益.〔～税〕専売税.②重要物資に税金をかけること.〔~盐〕塩税徴収.〔～茶〕茶税の徴収.③丸木橋(まるきばし).(Ⅱ)論究する.〔商 shāng ～〕討議する.相談する.〔扬～古今〕〈成〉古今の大要を論ずる.

qun くユん

〔囷〕qūn (古)円形の(米ギ)倉.

〔逡〕qūn 〈文〉逡巡(しゅん)する.ためらう.退く.行ったり来たりする.

逡巡 qūnxún ＝〔迁 qiān 逡〕〈文〉逡巡する:〔逡循〕とも書く.

〔麇〕qún 〈文〉①群居する.②精華の集まる所.

〔裙(帬・裠)〕qún ①スカート.:古くは男女とも用いた.〔连衣～〕ワンピース.〔百折～〕プリーツスカート.②スカートのようなもの.〔围 wéi ～〕前かけ.〔围 zuǒ～〕〈方〉仕事をする時にはくスカートのようなもの.〔墙 qiáng ～〕腰羽目.壁の腰板.

裙摆 qúnbǎi スカートのすそ.→〔底 dǐ 摆〕〔下 xià 摆〕

裙布钗荆 qúnbù chāijīng 〈成〉スカートは木綿,かんざしは小枝:女性の衣服や頭飾りが質素な形容.〔裙布荆钗〕ともいう.

裙钗 qúnchāi 女性の用いる〔裙〕と〔钗〕(かんざし).〔転〉婦女子.〔～之流〕ご婦人連.

裙带 qúndài 〈文〉①袴のひも.②〈喩〉妻の実家の関係.〔～官〕同前で得た官職.〔～关系〕閨閥関係.〔～亲〕〔内亲〕妻の親類.妻の身内.〔～风〕同下.

裙带菜 qúndàicài ＝〔嫩 nèn 海带〕(植)ワカメ:〔裙带③〕ともいう.→〔海带 dài〕

裙带豆 qúndàidòu ⇒〔豇 jiāng 豆〕

裙房 qúnfáng →〔裙楼〕

裙服 qúnfú (服)スカートファッション:〔裙装 zhuāng〕ともいう.

裙屐少年 qúnjī shàonián 〈慣〉貴顕の子弟.

裙裤 qúnkù (服)キュロットスカート.②蒙古僧のはく一種のはかま.

裙楼 qúnlóu 主要な建物の左右に付属する建物:それが平屋の場合は〔裙房〕と呼ぶ.

裙帽 qúnmào (古)縁の周りに薄布をたらした帽子.

裙褶 qúnzhě スカートのひだ.

裙子 qúnzi (服)スカート.

〔群(羣)〕qún ①群れ.一群の物.〔一大～人〕大群をなしている人.〔羊～〕羊の群れ.②群れをなして.〔～居〕群れて住む.〔～噪 zào〕集まり騒ぐ.〔～而不党〕〈成〉群れ

るが仲間は作らない.〔～疑满腹〕〈成〉衆人みな疑いをいだく.③量詞.人や動物の群れを数える.〔一～马〕一群の馬.〔一～孩子〕子供の群れ.→〔麇〕

群策群力 qúncè qúnlì 〈成〉衆知を集め大勢の力を合わせる.

群唱 qúnchàng (音)群唱.
群臣 qúnchén 群臣.並みいる家来たち.
群岛 qúndǎo 群島.諸島.
群弟 qúndì ⇒〔群季〕
群雕 qúndiāo 群像彫塑.
群芳 qúnfāng 美しく芳しい花花.〈喩〉多数の美女.〔～争艳〕〈成〉いずれがあやめか,かきつばた.〔大～会〕ミスコンテスト.
群防 qúnfáng 大衆の力によって防止する.〔～群治〕住民が力をあわせて犯罪や火事を防ぐ.〔～站〕防疫治療ステーション:〔群众防病治病服务站〕の略.
群分类聚 qúnfēn lèijù 群が分かれて同類のものの集まりとなる.→〔分门別类〕
群峰 qúnfēng 連峰.〔～笏 hù 立〕〈成〉連山屹立するさま.
群化 qúnhuà ①社会化する.②他の社会をこちらの社会に同化させること.
群婚 qúnhūn 集団婚.群婚.
群活(儿) qúnhuó(r) →〔相 xiāng 声〕
群集 qúnjí 大勢集まる.群がって集まる.〔群聚〕
群季 qúnjì 〔群弟〕〈文〉弟たち.
群架 qúnjià 大勢で喧嘩すること.〔打～〕大勢で喧嘩する.出入りがある.
群经 qúnjīng 経書(総称)
群居 qúnjū 群がって暮らす.〔～穴处 xuéchǔ〕〈喩〉粗野で知知蒙昧(もう)である.〔～闭口,独坐防心〕〈諺〉大勢いるところでは口をきくな,一人でいる時は邪心がおこらぬようにせよ.
群聚 qúnjù かたまる.→〔群集〕
群口词 qúnkǒucí →〔对 duì 口词〕
群口相声 qúnkǒu xiāngsheng →〔相声〕
群黎 qúnlí 〈文〉人民.民衆.
群龙无首 qúnlóng wúshǒu 〈成〉一群の中に頭(指導者)となる者のいないこと.
群伦 qúnlún 多くの人.同じ領域の人々.
群论 qúnlùn (数)群論.
群落 qúnluò ①(植)群落.②集合体(景観や建築物などの).集団.
群氓 qúnméng 草莽(そう).民草.下々の者(支配者の立場から)
群魔乱舞 qúmó luànwǔ 〈成〉百鬼夜行.
群殴 qún'ōu 乱闘する.〔惨遭無頼～〕よた者に袋だたきにされた.
群栖 qúnqī (鳥獣が)群居する.
群起 qúnqǐ 一斉に立ち上がる.〔～响応〕一斉に立ち上がって呼びかけに答える.〔～而攻之〕大勢の人が群起して力を合わせて攻撃する.
群青 qúnqīng (色)紺青(ジョウ)(の).群青色(の):〔佛fó(头)青〕〔云 yún 青〕ともいう.
群轻折轴 qúnqīng zhézhóu 〈喩〉軽いものでも多く載せると車軸をへし折る.〈喩〉ちょっとした悪い事でもそれをなおざりにすると非常に悪い結果を招く.
群情 qúnqíng 〔群心〕民意.〔～隔 gé 膜〕大勢の人の間で意思の疏通を欠くこと.〔～鼎 dǐng 沸〕民衆の感情が沸き立つ.
群山 qúnshān 群山.山々.
群宿 qúnsù ごろ寝をする.
群塑 qúnsù 彫像の一群.〔五百罗汉～〕五百羅漢の仏像群.
群体 qúntǐ ①(生)群体.複合体.②(植)群体.コロ

ニー. ③社会集団.グループ.〔~性事件〕社会集団の矛盾による事件.社会騒動.〔弱势~〕マイノリティー.社会的弱者. ④一般人の体育(活動):〔群众体育〕の略.

群威群胆 qúnwēi qúndǎn 〈成〉集団の威力と気魄.

群舞 qúnwǔ 群舞.

群贤 qúnxián 多くの賢人.〔压 yā 倒~〕並みいる賢人たちを圧倒した.〔~毕 bì 至〕〈成〉総知を結集すること.〔荟 huì 萃〕オールスターキャスト.

群像 qúnxiàng 群像.

群小 qúnxiǎo 多くの小人たち.とるにたらない者ども.

群心 qúnxīn ⇒〔群情〕

群星 qúnxīng ①多数の星. ②〈喩〉傑出した人々

群雄 qúnxióng ①各地の覇者.群雄.〔~割据〕群雄割拠. ②多くの英雄.

群言堂 qúnyántáng 大衆に発言の場を与えるやり方.〔提倡~, 反对一言堂〕みんなが意見を出し合うことを主張し、独りだけの考えで物事を決めることに反対する.

群蚁附膻 qúnyǐ fùshān 〈成〉蟻が羊肉のにおいのする方へ群がりたがる:衆人が利に走るさま.

群艺 qúnyì 大衆芸能・芸術.

群英 qúnyīng 多くの英雄・英才.

群英会 qúnyīnghuì ①労働英雄・労働模範・先進人物など一堂に集めた会議. ②〈転〉一流の人物や選手が集う会議・競技・催事. ③劇〔京剧〕をはじめ多くの戯曲にある.

群有 qúnyǒu 囻(仏教で)万物.

群治 qúnzhì 大衆の力によって(よくないことを)追放する.防除する.→〔群防〕

群众 qúnzhòng ①大衆.民衆.〔~性〕大衆性.大衆的.〔~运动〕大衆運動.〔~化〕大衆化.〔~组织〕民衆組織.〔~团体〕大衆団体.〔~监督〕大衆の監督の下に置く.〔~呼声〕大衆の要求.〔~观点〕大衆についての正確な認識・態度.〔~基础〕大衆基盤. ②非共産党員.〔~演员〕一般構成員. ④劇エキストラ:〔~演员〕の略. →〔临 lín 时演员〕

群众关系 qúnzhòng guānxì (個人の)周囲の人々との関係.対人関係.人間関係.

群众路线 qúnzhòng lùxiàn 大衆路線:中国共産党の最も基本的な路線とされる.〔走~〕同前に歩む.

群蛀 qúnzhù 〈喩〉組織の贈収賄.〔~同前〕同前と組織の腐敗堕落.

群子弹 qúnzǐdàn ⇒〔榴 liú 霰弹〕

[麇(麕)] qún 〈文〉群がる.群をなす.
→〔群〕 → jūn

麇集 qúnjí 〈文〉ぞくぞく集まる.〔各国军舰~贝鲁特〕各国軍艦がベイルートへぞくぞく集まってくる.

麇至 qúnzhì 〈文〉群がり集まってくる.

R

ran ㄖㄢ

[蚺(蚦)] rán

蚺蛇 ránshé ⇒〔蟒 mǎng 蛇〕

[髯(髥)] rán ほおひげ、または口ひげ・あごひげ.〔长 cháng ~〕長いひげ.

〔美~公〕関羽のあだ名.〔白发苍~〕白髪頭にごましおひげ.〔胡 hú 皿〕〔须 xū 皿①〕

髯口(儿) ránkou(r) 劇つけひげ:京劇で〔须 xū 生〕〔老 lǎo 生①〕などが用いる.針金に毛を巻きつけたものでほおひげ・あごひげがのような形になっており,両耳の前のところへ掛けて下げる.

[然] rán ①〈文〉しかり.そうである.そのとおり(である).〔不尽~〕必ずしもそうとは限らない.〔到处皆~〕どこに行ってもそのとおりである.〔知其当 dāng ~, 而不知其所以~〕〈成〉当然そうなることはわかっているわけがわからない.〔理当~〕道理として当然だ. ②〈文〉しかしながら.そうであるがしかし.〔此儿虽幼,~脚力甚健〕この子は幼少であるが脚力はなかなかしっかりしている. ③正しい.正確である.〔不以为~〕そうとは思わない.〔不知~否〕そうであるかどうか知らない.〔大谬 miù 不~〕〈成〉大まちがい. ④…的ような.〔突 tū ~〕突然.〔仍 réng ~〕依然として.〔偶 ǒu ~〕偶然.〔悚 sǒng ~〕ぞっとする(して).〔似 sì 不相识者~〕互いに知り合っていないかのごとき様子. ⑤囲〔燃〕に通じ用いられた. ⑥〈姓〉然(र)

然而 rán'ér しかしながら.しかし.〔我以为他很骄傲,~并不是这样〕彼はうぬぼれ屋だと思っていたが,しかしそうではない.〔他受到很大的压力,~他的态度始终没有改变〕彼はいろいろなプレッシャーを受けたが,しかし態度はすこしも変わらなかった.〔这件事虽很要紧,~去起来却 què 不容易〕この件は非常に重要であるが,やってみると容易である.

然而不然 rán'ér bùrán 〈文〉しかり而に(ぅ)してしからず:そのとおりだが,やはりちがう.

然否 ránfǒu 〈文〉しかるかいなか(そうであるかどうか).〔不加~〕そうであるともないとも口出しない.

然后 ránhòu しかる後.その後.〔学~知不足〕(礼记)学問をしてみて初めて自分の力の足りないことがわかる.〔最好先通知一下, ~再开始行动〕いちばんいいことは,まず一度通知しておいてしかる後に行動を始めることだ.

然诺 ránnuò 〈文〉請け合う.承諾する.〔重 zhòng ~〕同前のことを重く考える.〔不轻~〕軽々しくは請け合わない.〔不负 fù ~〕ひとたび請け合ったことには背かない.

然疑 rányí 〈文〉半信半疑.

然则 ránzé 〈文〉しからばすなわち…とすれば.〔此说是 shèn 有科学根据, ~前次试验之失败, 必有其他原因〕この説はすこぶる科学的な根拠があるが,そうだとしたら前回のテストの失敗はきっとその他の原因があったのであろう.〔~如之何而可〕それではいったいどうしたらよいか.

[燃] rán ①燃やす(える).〔自~〕囻自然発火.〔氧 yǎng 气能助~〕酸素は燃焼を助ける.〔煤是可~性的矿物〕石炭は可燃性を持った鉱物である. ②火をつける(ともす).点火する.〔~灯〕明かりをつける(ともす).〔~香〕香をたく.〔把柴~zháo 了〕たきぎに火をつけた.

燃爆 ránbào 燃焼して爆発する.

燃炽 ránchì 激しく燃える.

燃点 rándiǎn ①点火する.〔~灯火〕灯をともす.明かりをつける. ②発火点:俗に〔发 fā 火点〕〔着 zháo 火点〕ともいう. →〔引 yǐn 火点〕

燃放 ránfàng 花火に火をつける(打ちあげる).〔~鞭炮〕爆竹を鳴らす.

燃耗 ránhào 燃料消費(する)〔液化・液体燃料〕.〔~量〕燃料消費量.〔最低~〕最低燃費.

燃火塔 ránhuǒtǎ 明かりをともす灯台.灯台.

燃具 ránjù ガス用調理器具(総称):ガスコンロ・ガス

レンジなど.
燃料 ránliào 燃料(総称).〔~电池〕燃料電池.
燃眉 ránméi 〈喩〉差し迫る.〔~之急〕〈成〉尻に火がつく:緊迫したさま.〔事在~〕事は差し迫っている.
燃煤 ránméi(燃料としての)石炭.〔~火 huǒ 炉〕石炭ストーブ.
燃起 ránqǐ (火が)燃えあがる.引き起こす.〔~了反抗的怒火〕反抗の怒りの火をつけた.
燃气 ránqì 燃焼ガス(総称).〔~发动机〕〔煤气内燃机〕ガスエンジン.〔~轮机〕〔~涡轮(机)〕ガスタービン.〔~灶具〕ガスを使う各種調理器具.〔~热水器〕ガス湯沸かし器.
燃烧 ránshāo ①燃焼(する).〔~瓶〕火炎瓶.〔~弹〕(纵 zòng 火弹)焼夷弾.〔~热〕燃焼熱.〔~值〕燃焼値.②(感情·欲望が)激しく起こる.〔怒火~〕怒りが燃え立つ.
燃油 rányóu 燃料油:食用油に対して.〔~火炉〕石油ストーブ.
燃脂 ránzhī 体脂肪を燃やす(とる)

[冉(冄)] rǎn ①→[冉冉] ②〈姓〉冉(じ)
冉冉 rǎnrǎn 〈文〉①ゆっくりと.〔月亮~而上〕月がゆっくり上る.〔白云~飘动〕白雲がゆっくりと動いて行く.②しなやかに垂れている.〔垂 chuí 杨~〕しだれ柳がゆらりゆらりと垂れている.

[苒(荏)] rǎn
苒苒 rǎnrǎn 〈文〉草木の生い茂るさま.〔草木~〕同前.
苒荏 rǎnrěn =[荏苒]〈文〉年月がしだいに移りゆく(過ぎる)こと.〔光阴~,眼看就三年了〕歳月が移り変わって,はやもう3年になった.

[姌(姌)] rǎn <叕 niǎo>[~ 嫋 niǎo]〈文〉かぼそくてしなやかである.〔妩 wǔ 媚~叕〕なよなよとしてほっそりしている.

[染] rǎn ①染める(まる).〔~布〕ⓐ布を染める.ⓑ染色布.〔印 yìn ~〕捺染布.〔~样本〕色柄カタログ.②伝染する.感染する.〔传 chuán ~〕伝染(する).③悪習に染まる.よくない影響を受ける.〔~上恶 è 习〕悪習に染まる.〔~上毒瘾 yǐn〕アヘン中毒になる.〔~转〕男女関係.〔他的夫人和賭棍有~〕彼の夫人は博徒と関係がある.④〈姓〉染(せ)
染笔 rǎnbǐ 〈文〉筆を揮(ふる)う.染筆す.
染病 rǎnbìng =[染疾]病気に感染する(かかる).〔身染重病〕重い病気にかかる.
染草 rǎncǎo 染色に用いる草.
染逮 rǎndài 〈文〉連累する.かかわりあいになる.〔及党事大起,天下名贤多见~〕(後漢書)党の争いが起こるにおよんで,天下の有名人や賢人たちが多数連累した.
染毒 rǎndú ①麻薬中毒になる.②軍(放射能など)汚染する.〔~地域〕汚染地域.③電算コンピューターウイルスに感染する.
染发 rǎnfà 毛染め(をする).カラーリング.〔~剂〕毛染め薬.
染坊 rǎnfáng 染め物作業場.
染绯草 rǎnfēicǎo 〔茜 qiàn 草〕
染缸 rǎngāng ①染め物用の甕(かめ).②〈喩〉人に悪影響を与える環境.悪のつぼ.
染工 rǎngōng =[染匠]染工.染色職人.
染翰 rǎnhàn 〈文〉①筆に墨をつける.②書画を筆で描く.③文章を書く.
染户 rǎnhù 染物屋.紺屋.
染化 rǎnhuà 〈文〉感化する(される)

染患 rǎnhuàn 〈文〉病気にかかる.患う.
染疾 rǎnjí ⇒[染病]
染匠 rǎnjiàng ⇒[染工]
染疴 rǎnkē 〈文〉病気になる:[染病][染疾]に同じ.
染料 rǎnliào 染料.〔颜色 yánshǎi ②〕ともいう.〔安尼林~〕[煤 méi 膏]アニリン染料.
染人 rǎnrén ①圓染色をつかさどる役人.②染色職人.
染色 rǎnsè 染色する.〔~市布〕副染め金巾(きん).〔~质〕染色質.クロマチン.〔~体〕生理染色体.
染纱织 rǎnshāzhī 先染め織物.
染污 rǎnwū 汚れに染まる.汚れる.
染习 rǎnxí 〈文〉習慣に染む.習慣となる.
染印 rǎnyìn 染色印画法.〔~法〕染色印画法:カラープリントの手法の一.
染沾 rǎnzhān 伝染する.感染する.
染织 rǎnzhī 染色と紡織.
染指 rǎnzhǐ 〈喩〉①手を染める.〔~垂 chuí 涎〕〔~于鼎 dǐng〕成分を越えて利益を得る.②おせっかいをする.介入する.割り込む:[插 chā 手]に同じ.
染指草 rǎnzhǐcǎo ⇒[凤 fèng 仙花]
染指甲 rǎnzhǐjiǎ マニキュア(する).〔~油〕マニキュア(液).→[修 xiū 指甲]

rang 日ㄤ

[嚷] rǎng 〔~~ rǎngrang〕ⓐ(大声で)わめく.声をたてる.〔外头~~什么〕外でワイワイ言ってるのは何か.〔别~,还有人没起来呢〕大声を立ててはいけない,まだ寝てる人がいるんだぞ.ⓑ人に言いふらす.〔这件事要保密,别~~出去〕このことは秘密にしておかねばならない,人に言いふらすでないぞ.→ rǎng

[儴] ráng →[劻 kuāng 勷]
[勷] ráng →[劻 kuāng 勷] → xiāng
[瀼] ráng ①〔~~〕〈文〉露深いさま.②〔~河〕河南省にある.→ ràng
[蘘] ráng ①〔荷 hé〕圖ミョウガ.〔阳 yáng 藿〕ともいう.
[禳] ráng 〈文〉お祓(はらい)をする.〔~祸 huò〕〔~灾 zāi〕厄除けする.
禳解 rángjiě 厄ばらいをする.〔祈 qí ~〕神仏に祈って同前.
[穰] ráng 〈白〉汚い.汚れている.〔衣服~了〕服が汚れた.
[穣] ráng ①稲わら.麦わら.②〈文〉豊作(である).〔丰 fēng ~〕〔丰黍〕同前.〔岁 suì ~〕豊年である.③⇒[瓤] ④〈姓〉穣(じょう)
穰年 rángnián 〈文〉豊年.
穰穰 rángráng 〈文〉豊作のさま.
穰岁 rángsuì =[穰年]〈文〉豊年.↔[歉 qiàn 岁]〔丰 fēng ~〕
[瓤] ráng =[穰③]①〔-儿,-子〕瓜類などの果肉.〔黒子儿黄~的西瓜〕黒い種で黄色い果肉の西瓜.〔橘 jú 子~〕ミカンのふくろ.〔核 hé 桃~〕くるみの実.〔榛 zhēn ~〕はしばみの実.②〔-儿,-子〕(外皮に包まれた)中身·内容物.〔茶包儿~〕時計の内部の機械.〔信 xìn ~儿〕手紙の中身.〔~儿里头的事谁晓得〕内幕のことなど誰が知るものか.③〈口〉ふわふわして柔らかい.しっかりしていない.〔身子真不~儿〕体はたいへん丈夫だ.

ráng~ràng

瓤口儿 rángkǒur〈口〉西瓜のできぐあい。〔这个西瓜~不错〕この西瓜はいい味がいい。

[壤] rǎng
① 土壌。柔らかい土。〔土 tǔ ~〕土壌・土。〔沃 wò ~〕〔沃土〕沃土。② 地。〔天~之别〕〔霄 xiāo ~之别〕〈喩〉天と地ほどの違い。雲泥の差。〔相去霄~〕隔たること(異なること)天と地のごとし。③ 地区。地域。〔接 jiē ~〕〔界①〕接壌地続きである。境を接している。④ 古代の遊具の一。〔击 jī ~〕木鞋状の〔~〕を地にたてて、少し離れたところから、別の〔~〕をあてて遊ぶ。→〔击壌鼓腹〕

壤地 rǎngdì〈文〉① 土地。耕地。② 国土。
壤隔 rǎnggé〈文〉〈喩〉(天地ほどの)大きな隔たり。=〔霄 xiāo 壤②〕
壤壤 rǎngrǎng〈文〉乱れるさま。〔攘攘〕に同じ。〔天下~〕天下が混乱する。
壤室 rǎngshì〈文〉土室(½)
壤駟 rǎngsì〈姓〉壤駟(½ょう)
壤土 rǎngtǔ ① 農耕に適する黒い土。② 〈文〉土地。国土。

[攘(攘)] rǎng
(Ⅰ)〔攘〕① 〈文〉除く。排斥する。② 奪う。盗む。〔~鸡 jī〕にわとりを盗む。③ 〈文〉乱れる(す)。〔扰 rǎo ~〕同前。〔纷 fēn 纭扰~〕ごたごたして乱れる。④ 〈方〉まき散らす。払いのける。〔前人人~沙子迷了后头人的眼〕(前を行く人が砂を払いのければ、後の人の目に砂が入る)後の人に迷惑をかける。
(Ⅱ)〔攘〕〈文〉袖をまくる。→〔攘臂〕

攘臂 rǎngbì =〔攘袖〕〈文〉腕をまくる。〈喩〉奮起する。大いに怒る。〔~而起〕奮起して行動する。
攘場 rǎngcháng 〈農〉穀粒を風選する:収穫された穀粒を空中にはね上げ軽い雑物を風で除くこと。
攘斥 rǎngchì 排斥する。
攘除 rǎngchú〈文〉払い除ける。
攘夺 rǎngduó〈文〉奪い取る。
攘诟 rǎnggòu〈文〉恥辱を耐え忍ぶ。
攘袂扼腕 rǎngmèi è wàn〈喩〉怒り·奮起するさま。
攘攘 rǎngrǎng〈文〉大混乱するさま。〔天下~〕天下大いに乱れる。
攘窃 rǎngqiè〈文〉盗みを働く。
攘却 rǎngquè 追い払う。退ける。
攘外安内 rǎngwài ānnèi〈成〉外敵の侵略をしりぞけ、国内を安定させる。
攘往熙来 rǎngwǎng xīlái ⇒〔熙来攘往〕
攘袖 rǎngxiù ⇒〔攘臂〕
攘羊 rǎngyáng〈文〉羊を盗む。〈喩〉親の誤ちを他人に告げること。〔其父~而子证之〕(父が羊を盗んだのをその子が証人として申し立てる)ことから(論語·子路)
攘夷 rǎngyí〈文〉外敵を打ち払う。
攘灾 rǎngzāi〈文〉災難を排除する。〔~转 zhuǎn 祸〕〈成〉災難を排除し禍を転じる。

[嚷] rǎng
① どなる。叫ぶ。わめく。〔别~了、大家都睡觉呢〕大声を出すな、皆ちょうど寝ているところだ。〔~了一声〕一声"こらっ"とどなる。② 騒ぐ。〔吵 chǎo ~〕騒がしい。〔跟他一个不通〕彼と一わたり騒いだ。〔醒了孩子~〕騒いで子の目を覚まさせた。③〈方〉しかる。責める。→ ràng
嚷道 rǎngdào どなって言う。
嚷叫 rǎngjiào 叫ぶ。

[让·讓(譲)] ràng
① へりくだって受けたい。遠慮して辞退する。〔逊 xùn ~〕謙遜しへりくだる。〔不~不~〕別へ別へ~〕どうやこ遠慮なく。② 譲る。かえて他に譲る。人に及ばない。〔谁也不~谁〕誰も譲ろうとはしない(負けてはいない)。〔你~他一步也不算你吃亏 kuī〕きみが彼に一歩譲っても損をすることにはならない。〔你事事得děi~着他〕きみは何事も彼に譲っておかなくちゃいけない。〔一俩子 zǐ 儿〕(碁で)2目おく。③ 譲り与える。譲り渡す。〔把房子~给别人〕家を他人に譲ってやる。〔新建别墅出~〕新築の別荘を譲ります。④ わきへよる。さがる。やり過ごす。〔~出一条路来〕道をあけてやる。〔一闪 shǎn 身、把这一刀~过去了〕ひらりと体をかわしてこの刀をやりすごした。⑤〈客〉受けてもらう。勧める。〔您实在吃饱了、我也不再~您了〕本当に十分召し上がったのでしたら、もうお勧めはしません。〔把他~进来吧〕彼を通しなさい。〔~他坐上座吧〕あの方を上座へご案内しなさい。〔到客厅里坐吧〕客間へご案内しなさい。⑥ (値段や条件を)まける。〔~多少〕いくらまけるか。〔你可以再一点儿(价)吧〕きみもっと値段をまけられるだろう。〔~不了、那些可实在办不到〕そんなにおまけすることは実際できません。〔~一点儿分量〕少し量をおまけする。〔~一缝 féng 头儿〕値段を少し分をまける。⑦〈使〉~させる。~させておく。〔不~去〕行かせない。〔我不能~你这么做〕きみにそんなことをさせることはできない。〔~我让去〕(わたしを)通してください。〔首先~我向同志们问好〕まずわたくしから皆さんにごあいさつを述べさせていただきます。〔~他一个人负责吗〕彼一人に責任を負わせるのか。〔~他自己想想〕彼に自分でよく考えさせる。〔~他哭 kū 吧〕(彼が泣きたいのだったら)泣かせておきなさい。〔他要去就~他去吧〕彼が行きたがるのなら行かせてあげよう。〔这个小包儿他~我交给你〕彼からこの包みをあなたに渡してくれと言われました。〔站住!我~你站住!〕止まれ!止まれと言ってるんだ!⑧〈…に〉~される:〔~〕の行為者は省略できない。〔一碗茶~他碰pèng 洒了〕いっぱい入っていたお茶を彼にひっくり返された。〔~人笑话 hua〕人に笑われる。〔丢的包裹~一个小学生拾到、交给警察了〕落とした小包みは一人の小学生に拾われて警察に届けられた。⑨〈文〉責める。〔诮 qiào ~〕なじり責める。⑩〈姓〉譲(ǎょう)

让步 ràngbù 譲歩(する)
让菜 ràngcài〈方〉(主人が客に)料理を勧める。→〔布 bù 菜〕
让茶 ràngchá (客に)茶を勧める。
让电 ràngdiàn 電力を融通しあう。〔~轮休〕同前に工場が順次操業休止すること。
让渡 ràngdù 譲渡(する)
让分量 ràngfènliang 〈商〉おまけをする。
让份儿 ràngfènr〈方〉(目上に対し)控え目にする。遠慮する。
让高山低头、叫河水让路 ràng gāoshān dītóu, jiào héshuǐ rànglù 高山に頭を下げさせ、河水に道を譲らせる:自然を改造する意気込みを指す。
让价(儿) ràngjià(r) 売り値をまける。
让酒 ràngjiǔ 酒を勧める。
让开 ràngkāi 通路をあける。どく。〔~!〕〔闪 shǎn 开!〕どけ!
让客 ràngkè 客にもてなしを受けるようお願いする。
让梨 ràngli〈文〉兄弟仲よく長上に譲る:後漢の孔融が幼少のころ、兄たちと梨を食べる時いつも小さいのをとったという故事から。
让利 rànglì 利益を譲る。〔~酬宾〕利益還元謝恩セール。
让零 rànglíng 端数は切り捨てる:〔~头儿〕ともいう。貨幣ではふつう元の単位をいう。
让路 rànglù =〔让道〕道をあける。

ràng～rào

让球 ràngqiú 〈スポ〉(球技で)ハンディキャップを与える.
让权 ràngquán 権利を譲渡する.
让受 ràngshòu 〈法〉譲り受ける.
让台 ràngtái 出演チャンスを譲る.
让头 ràngtóu ⇒[扣 kòu 头]
让位 ràngwèi ①位を譲る. ②席を譲る.
让先 ràngxiān =[饶 ráo 先](碁で)相手に先番を(黒を)持たせる.
让贤 ràngxián (ポストを)有能な人に譲る.
让行 ràngxíng 道を譲る.先に行ってもらう.
让烟 ràngyān (客に)タバコを勧める.
让与 ràngyǔ 〈法〉譲与(する).
让枣推梨 ràngzǎo tuīlí =[推梨让枣]〈成〉兄弟同士仲よく目上に譲ること. →[让梨]
让座(儿) ràngzuò(r) ①席を譲る.〔他给一位抱孩子的妇女～〕彼は子供を抱いた女性に席を譲った. ②(客に)席を勧める.

[瀼] ràng 地名用字.〔～水〕〔地〕四川省・陝西省にある. → ráng

rao ㄖㄠ

[荛・蕘] ráo ①〈文〉たきぎ.柴草. ②→[刍 chú 荛] ③[芜 wú 菁](カブラ)の古名.
荛花 ráohuā 〈植〉ガンピ.雁皮(総称)
荛竖 ráoshù =[荛子]
荛童 ráotóng 〈文〉柴刈りの子.
荛子 ráozǐ =[荛竖]〈文〉柴刈り人.

[饶・饒] ráo ①(満ち足りて)多い.豊富である.〔丰 fēng ～〕[富 fù ～]同前.〔～有风趣〕趣に富む.面白味が多い. ②譲ってよく．許す(して罰しない).〔他说话不～人〕彼は口では人に負けていない.〔～了他这一次吧〕今回のところは彼を許してやってください.〔告gào～〕〔讨 tǎo～〕許しを請う. ③おまけする.余分に…する.〔～给你一个〕一つおまけしときます.〔你要是买得多,可再～上两个〕もしあんたがたくさん買うならもう少しおまけしましょう.〔买一打 dá,～一个〕１ダース買えば一つおまけする. ④〈口〉ずいぶん…しても.できるだけ…しても.さんざん…したくせにまだ…．〔～这么细心检查,还有遗漏呢〕こんなに気をつけて検査していながら,まだ手ぬかりがある.〔～这么着,还有人说闲话〕(紅31)このくらいにしてもまだ陰口をたたく人がいる. ⑤〈姓〉饒(ジョウ)

饶富 ráofù 〈文〉豊富である.満ち足りる.
饶过 ráoguò 過失を許す.大目にみる.
饶命 ráomìng 命を許す.助命する.〔求您饶了我的命吧〕どうぞ命をお助け下さい.
饶让 ráoràng〈白〉大目にみる.譲って許す.〔因此满县人都～他些个〕(水24)こんなわけで県内の人すべてが少し彼を大目に見てくれるようになった.
饶人 ráorén 人を許す(寛容にする).〔得～处且～〕譲れるだけは譲っておく.勘弁できる所は勘弁しておく. ②人に譲る.
饶舌 ráoshé 余計なことを言う. ②くどくど言う.
饶市街 ráoshìjiē〔饶世界〕とも書く.〈方〉街中にたるところ.〔整天不着 zháo 家～转 zhuàn 去, 真不像话〕一日中家には居つかずに街中うろつきまわっている,まったくないわ.
饶恕 ráoshù 許す.勘弁する.とがめだてしない.〔请～我这一回吧〕今回のところは許しください.〔犯了不可～的错误〕許すべからざる誤りを犯した.

饶头 ráotou 〈口〉おまけ.〔这盒火柴是刚才买烟的～〕このマッチは今さっきたばこを買った時のおまけだ.→[扣 kòu 头]
饶沃 ráowò〈文〉肥沃(ヒヨク)である.
饶先 ráoxiān ⇒[让 ràng 先]
饶有 ráoyǒu かなり多い.〔～情趣〕情趣が多い.
饶裕 ráoyù〈文〉豊かである.豊富である.〔识～〕才能と識見が豊富である.
饶着 ráozhe 〈方〉…だけでなく(その上に更に).〔～请人吃饭,还落个话把儿上 bàr〕人にごちそうした上に物笑いの種となる.〔～他干不了 liǎo 还不让别人干〕彼ができないにもかかわらず,その上ほかの人にもやらせない.

[娆・嬈] ráo 〔娇 jiāo ～〕〈文〉なよなよとして美しい.なまめかしい.→ rǎo

[桡・橈] ráo〈文〉①(舟の)櫂(カイ). 〔転〕舟.〔停 tíng ～〕舟をとめる. 〔归guī～〕舟を帰す. 〔桨 jiǎng〕 ②曲がっている.
桡动脉 ráodòngmài 〈生理〉橈骨動脈.
桡骨 ráogǔ〈生理〉橈(トウ)骨；前腕の親指側の長い骨.→[尺 chǐ 骨]
桡足类 ráozúlèi〈魚〉橈脚(トウキャク)類(えび類)

[扰・擾] rǎo ①〈文〉乱れる.〔纷 fēn ～〕混乱する. ②紛紛わさがおこる.乱れる.攪乱する.かき乱す.〔敌寇～边〕敵軍が辺境を乱す.〔～市]市場(の秩序)をかき乱す. ③〈挨〉歓待を受ける.ご馳走になる.接待を受け接拶する.〔叨 tāo ～〕同前.〔有～,有～〕ご馳走になりました.〔奉 fèng ～〕(おおせに従って)ご馳走になります.〔厚hòu～〕大変ご馳走になりました.〔叨～了他一顿饭〕わたしは彼のところでご馳走になった. ④(動物を)飼いならす.

扰动 rǎodòng 騒ぎを起こす.〔农民纷纷起义,～及于全国〕農民が次々と蜂起し,動乱は全国に及んだ. ②騒がせる.
扰害 rǎohài 騒がせ迷惑をかける.かき乱す.〔～治安〕治安を害する.
扰乱 rǎoluàn かき乱する.かき乱す.邪魔する.妨げる.妨害する.〔被～了思路〕考えの筋道をかき乱された.〔～睡眠〕安眠を妨害する.〔～秩 zhì 序〕秩序をかき乱す.
扰码 rǎomǎ〈電算〉スクランブルをかける.
扰民 rǎomín 庶民(の生活)に迷惑を与える.〔爱民不～〕人民を愛し人民に迷惑をかけない.
扰攘 rǎorǎng〈文〉混乱している.騒乱となっている.
扰扰 rǎorǎo〈文〉ごたごた混乱するさま.
扰袭 rǎoxí かき乱し襲いかかる.〔～敌人〕敵に不意打ちをかける.

[娆・嬈] rǎo〈文〉面倒をかける.乱す.→ráo

[绕・繞(遶)] rào（Ⅰ）〔绕〕①ぐるぐる巻きつく(つける).まつわる.絡る.〔把棉绳儿～在线板儿上〕木綿糸を糸巻に巻きつける.〔绳～在腿上［绳]にからまりつく. ②（頭）がこんがらがって考えがからみつく.わけがわからなくなる.ごまかされる.〔叫他给～在里头了〕彼のために頭が混乱させられた.彼の口車にのせられた.〔一时～住,把钱算错了〕こんがらがって金を計算しそえた.〔拿话～人〕人を口車にかける(てだます). ⑧〈姓〉繞(ジョウ)
（Ⅱ）〔遶〕①(周りを)ぐるぐる回る.〔鸟儿～着树飞〕鳥が木の周りを飛んでいる.〔宇 yǔ 宙飞船一天～了地球十七圈〕宇宙船が１日に地球を17回ま

わった.〔~月卫星〕月周回衛星. ②回り道をする. 迂回する.〔故意~着这儿走,避免和别人见面〕わざと回り道をして人と顔を合わせるのを避ける.〔~攻敌后〕迂回して敌の背後をつく.〔~过暗礁,暗礁を避けて通る.〔改革过程中的一个~不过的难题〕改革の过程中で避けて通ることのできない社会的难题.〔~开棘手的问题〕厄介な問題を避けて通る.

绕脖子 ràobózi 〈喻〉①遠回しに言う.〔~的话〕遠回しの話.〔绕着脖子骂人〕遠回しに悪口を言う.〔你说话不要~了彼はそう遠回しなことを〔这话说得真~,我好半天才明白过来〕その話が実に遠回しなので,わたしはしばらくたってやっとわかってきた.②込み入る.ややこしい.解決困難である.わかりにくい.〔这道题真~〕この問題はとてもややこしい.

绕场 ràochǎng グラウンドをぐるっと回る.
绕城 ràochéng 都市を一周する.〔环 huán 城〕に同じ.〔~高速公路〕環状高速道路.
绕搭 ràoda 〈方〉ごまかす.〔~过来〕どうにかこうにかごまかして切り抜ける.〔把东西全让他~去了〕彼にごまかされて物を全部持って行かれちゃった.
绕兑(儿) ràoduì(r) =〔绕路〕回り道をする.〔~香港〕香港回り.〔~而过〕回り道をして通る.〔~走〕①よけて通る.②回避する.→〔走 zǒu 弯路〕①
绕兑 ràoduì〈方〉人をべんにかける.〔我说这话是故意~人,心里不定又算计什么呢〕彼がそんなことを言うのはわざと人をけなに巻こうとしているのだ,腹で何をたくらんでいるのではない.
绕脚 ràojiǎo 〔~儿〕〈方〉回り道をする.〔这条路~,可是安全〕この道は回り道になるが安全だ.
绕口令(儿) ràokǒulìng(r) =〔拗 ào 口令〕〈方〉急 jí 口令〕早口ことば.例えば〔喇嘛端汤上塔,塔滑汤洒汤烫塔〕など.〈転〉回りくどい言葉.〔我可不懂得你这~〕きみのその回りくどい話はわたしにはわからないよ.
绕梁 ràoliáng ①圏古代楽器の一:箜篌(くご・くだら琴)に似た琴.②〈喻〉音楽の余韻が長く続いて優美に響くこと.〔~三日〕〔~之音〕〈成〉歌の音色がしばし余韻を残していること.
绕路 ràolù ⇒〔绕道〕(儿)
绕麽 ràomo 〈方〉①ごまかす(してだます).②うるさくまといつく.
绕圈子 ràoquānzi ①回りくどくする.回りくどく言う.〔你说话别和我~〕わたしと話すのに回りくどく言うな.②同じ道を行き来する.〔~走冤 yuān 枉路〕遠回りをしてむだ足を踏む.
绕射 ràoshè ⇒〔衍 yǎn 射〕
绕世界 ràoshìjiè 〈方〉いたるところ.そこら中.〔这是个秘 mì 密,可别~嚷去〕これは秘密だから,そこら中に言いふらしてはいけない.→〔饶 ráo 市街〕
绕手 ràoshǒu やりにくい.持て余る.
绕腾 ràoteng (話やふるまいが)回りくどい.きっぱりしない.
绕弯儿 ràowānr ①遠回しに言う.〔绕弯子〕ともいう.〔绕着弯儿骂人〕遠回しに人を罵る.②〈方〉散歩する.
绕弯子 ràowānzi 同上①
绕膝 ràoxī ひざにまつわりつく.慕ってきてそばを離れない.
绕袭 ràoxí 敵の後方に迂回して襲撃する.
绕线 ràoxiàn ①糸を巻く(巻きつける).→〔桄 guàng〕②③〔~圏〕巻き取り.巻き上げ.〔~机〕巻き上げ機.〔~电阻器〕卷绕抵抗器.
绕行 ràoxíng 回り道をする.迂回して行く.〔道路施工,车辆~〕道路工事中,車は回り道をして下さい.

绕远儿 ràoyuǎnr 遠回りである.〔这么走就~了〕こう行けば遠回りになる.
绕组 ràozǔ 〔電〕卷线(辞).コイル.
绕嘴 ràozuǐ すらすら言えない.口がもつれる.語呂が悪い.

re ㄖㄜ

〔**若**〕 rě →〔般 bō 若〕〔兰 lán 若〕 → ruò
〔**喏**〕 rě 圏男性が〔作 zuò 揖〕(両手を握り胸元へ挙げおじぎをする礼)するとき発する声.〔唱 chàng 个~〕〈白〉"喏"をとなえる(えながら敬礼する). → nuò
〔**惹**〕 rě ①(よくない結果・事態を)ひき起こす.〔~出来〕事件をひき起こす.〔~出一个乱子〕ひと騒動起こす.〔~人注目〕〔~目〕人の注目をひく.〔他这一句话,~得大家议论起来了〕彼のこのひと言で,皆はああだこうだと論じ始めた.②(相手の感情を)かきたてる.気持にさせる.〔~得大家哈哈大笑〕皆をどっと笑わせた.〔这孩子挺~人喜欢〕この子はとてもかわいらしい.③気に障ることをかる.かまう.相手になる.逆らう.悩ませる.怒らせる.〔~得他大发雷霆〕彼を烈火のように怒らせた.〔他不是好~的〕彼はうっかり手出しはできないこれ.〔别~他〕彼の相手になるな(逆らうな).〔没人敢~他〕彼に手出しをしようという者はいない.〔你不~他,他不犯你,最好敬而远之〕おまえが彼に手を出さなければ,彼もおまえに手を出さない,触らぬ神にたたりなしだ.〔一句话~恼了他〕このひと言で彼を怒らせてしまった.

惹不起 rěbuqǐ ①手出しはできない.一筋縄ではいかない.〔他的势力大,我实在~〕彼の勢力は大きいから,わたしとても手出しできない.②(事を)ひき起こすことができない(ひき起こしこない)
惹草拈花 rěcǎo niānhuā 〈喻〉女性をひっかける.女性を誘惑する.〔拈 zhāo 花惹草〕ともいう.
惹火 rěhuǒ ①火を引く.引火する.②怒らせる.〔这种故意~的话,你说它干什么〕そんなわざと人を怒らせるようなことを言ってどうするんだ.〔~引火 火〕③肉感的である.〔~的身材〕セクシーなボディー.
惹火烧身 rěhuǒ shāoshēn 〈成〉自ら求めて災厄を招く:〔引 yǐn 火烧身〕ともいう.
惹祸 rěhuò 災いを招く.
惹娄子 rělóuzi 騒ぎ(厄介なこと)をひき起こす.
惹乱子 rěluànzi 騒動をひき起こす.災いを招く.
惹麻烦 rěmáfán ⇒〔打 dǎ 麻烦〕
惹恼 rěnǎo 怒らせる.怒りを買う:〔惹怒 nù〕ともいう.
惹起 rěqǐ ⇒〔引 yǐn 起〕
惹气 rěqì 気にする.腹をたてる.〔他不讲理就少搭理他,何必~呢〕彼が道理に外れたことをするならあまりとりあわないことだ,何で怒らせる必要があろうか.〔犯不上为这点儿事情~〕こんなつまらぬ事で癇癪を起こすことはない.
惹人 rěrén ①人の感情を損なう.②その気にさせる.感情をかきたてる.〔~耻笑〕〈成〉人の物笑いになる.〔~生厌〕人に嫌われる.〔~喜欢〕人に好かれる.
惹事 rěshì =〔招 zhāo 事〕面倒をひき起こす.問題をひき起こす.〔~分子〕いざこざを起こす人.トラブルメーカー.
惹是非 rěshìfēi 同下.
惹是生非 rěshì shēngfēi =〔惹是非〕悶着を起こ

す. 物議をかもす:〔惹是弄非〕〔惹是招非〕ともいう.
惹眼 rěyǎn 注目をひく. 目立つ.
惹怨 rěyuàn 恨みを買う.

[热・熱] rè

①(気候・温度が)あつい.〔天~〕(天候が)暑い.〔弄~〕熱くする.〔受~了〕暑さにあたった. ↔〔冷 lěng ①〕 ②熱くする(なる). 温める.〔把菜~一~〕料理を温めなさい.〔这碗粥还用~吗〕このおかゆはまだ温める必要があるか. ③熱烈である. 熱い思いがある.〔亲~〕親密である.〔跟女人~上来了〕女とあつあつになった. ④欲しくてたまらない. うらやましく思う.〔眼~起来了〕(欲しくなって)のぼせてきた. ⑤人気がある. 多くの人に歓迎される.〔~货〕〔~门货〕よく売れる商品.〔消费一项 xiàng〕の人気のある品目.〔消费~〕人気のある部門・方面・領域など. ⑥〔物〕熱.〔潜 qián ~〕潜熱.〔比~〕比熱.〔辐射~〕輻射熱.〔汽 qì 化~〕気化熱. ⑦〔医〕熱. 高い体温.〔发 fā ~〕〔发烧〕熱が出る. 発熱する.〔退 tuì ~〕〔退烧〕熱が下がる. ⑧…熱. ブーム.〔足球~〕サッカーブーム.〔在美国也兴起了算盘~〕米国でもそろばん熱が盛り上がってきた. ⑨〔物〕高放射性(の).〔~原子〕熱原子. ⑩〔中医〕熱邪: 六淫の一.⑪〔姓〕熱(じ).

热爱 rè'ài 心から愛する. 強く愛する: 個人に対しては用いない.〔对人民的~〕人民に対する熱烈な愛.〔只有一部分的人才能~生活!仕事に情熱を燃やす人こそ生活を大切にすることができる.
热病 rèbìng 〔中医〕熱病. →〔伤 shāng 寒②〕
热播 rèbō 人気番組を競って放送する.
热补 rèbǔ 加熱して補修する(方法).〔~轮胎〕タイヤを加熱して補修する.
热菜 rècài ①温かい料理. ②料理を温める.
热层 rècéng 〔気〕熱圏.
热肠 rècháng ①熱情. ②心根の温かいさ. 親切心.
热潮 rècháo 盛んな風潮. 高まり. 盛り上がり.〔热流③〕に同じ.〔掀起了建设的~〕建設の高まりを巻き起こした.
热炒 rèchǎo 誇大宣伝(をする). 過熱報道(をする).〔~热卖〕同েを大いに売る.
热忱 rèchén 熱意(がある. がこもっている).〔应该以极大的~欢迎新干部〕大きな熱意で新しい幹部を歓迎せばならない.〔受到你们~的款待〕みなさんの温かいおもてなしを受けることができました.
热诚 rèchéng 熱誠ある.〔~爱国〕熱い真心をもって国を愛する.〔~欢迎〕心から歓迎する.
热赤道 rèchìdào 〔気〕熱赤道.
热处理 rèchǔlǐ ①〔机〕熱処理(する). →〔淬 cuì 火 huǒ 火〕 ②〔喻〕強引に一気にやる.
热传导 rèchuándǎo 〔物〕熱伝導. →〔传热〕
热脆性 rècuìxìng 赤熱脆性.
热带 rèdài =〔回 huí 归带〕〔地〕熱帯.〔~低压〕〔気〕熱帯低気圧.〔~鱼〕熱帯魚.〔~植物〕熱帯植物.〔~雨林〕熱帯雨林.〔~风暴〕熱帯暴風雨.〔~气旋〕〔気〕サイクロン・台風などの熱帯低気圧.
热带鸟 rèdàiniǎo 〔鳥〕ネッタイチョウ:〔鹲 méng〕の通称.
热岛 rèdǎo 〔気〕ヒートアイランド.〔~现象〕ヒートアイランド現象.〔~效应〕ヒートアイランド効果.
热导率 rèdǎolǜ 〔物〕熱伝導率.
热地 rèdì 〔文〕枢要な地位.
热点 rèdiǎn ①焦点.〔社会~问题〕社会のホットな問題.〔人気のある場所. 名所.〔旅游(的)~〕観光スポット. ↔〔冰 bīng 点〕
热电 rèdiàn 〔電〕熱電気.〔~厂〕〔~站〕(火力发电站)火力発電所.〔~堆 duī〕〔温 wēn 差电堆〕温度差電堆.〔~偶〕〔~偶电流〕熱電流. サーモパイル.〔~流〕熱電流.〔~偶〕熱

対. 熱電池.〔~效应〕熱電効果.
热定型 rèdìngxíng 〔機〕熱型いれ. 熱成形.
热洞子 rèdòngzi 〔温 wēn 室〕
热毒 rèdú ①(太陽が)やけつくように照りつける.〔~的太阳〕やけつくような太陽. ②〔中医〕発熱性病毒, またこれによって起きる病. ⑤火傷後におこる感染症. ⓒあせものただれ.
热度 rèdù ①熱さ(暑さ). ②平熱より高い体温. →〔温 wēn 度〕 ③熱意. 情熱.
热对流 rèduìliú 〔物〕熱対流.
热饭 rèfàn ①熱い飯.〔~饭〕飯を温める.
热风 rèfēng ①熱風.〔~炉〕〔機〕熱風炉.〔~取暖〕〔~加温〕温風暖房. ②盛り上がり.
热敷(法) rèfū(fǎ) 〔医〕温湿療法. 温罨(えん)法:〔热罨法〕〔温 wēn 罨法〕ともいう.
热辐射 rèfúshè 〔物〕熱輻射. 熱放射.
热功 règōng 熱の仕事.〔~当 dāng 量〕熱の仕事当量.
热狗 règǒu 〔食〕ホットドッグ:〔红 hóng 肠面包〕〔腊là 肠面包〕ともいう.
热购 règòu 争って買う:〔热买〕に同じ.
热固 règù 〔化〕熱硬化性(の).〔~塑料〕熱硬化性プラスチック.〔~性〕熱硬化性.
热管 règuǎn 〔機〕ヒートパイプ.
热滚滚 règǔngǔn (湯や涙が)こんこんと流れるさま.
热锅上(的)蚂蚁 règuōshang(de) mǎyǐ 〈成〉熱い鍋の中のあり(のようにあわてふためく).〔你这~似的来回跑干什么〕きみ, そんなにあわててあっちこっちへ駆けずり回って何をしているのだ.
热函 rèhán〔热含〕とも書く.〔物〕エンタルピー:〔焓hán〕の旧称.
热合 rèhé 熱した後に冷えて固まる(プラスチック・ゴムなど)
热核 rèhé 熱核.〔~弹头〕〔軍〕熱核弾頭.〔~武器〕〔軍〕熱核兵器.〔~反应〕〔聚 jù 变反应〕〔物〕(原子)核反応. 核融合.
热烘烘 rèhōnghōng 温かいさま. 熱いさま.
热乎乎 rèhūhū 温かいさま(気候・食物・心情・関係などが):〔热呼呼〕とも書いた.
热乎 rèhu ①熱い. 温かい:〔热呼〕〔热忽〕とも書いた.〔菜~着哪, 正好吃〕料理が熱いから, ちょうど食べごろだ.〔再喝点姜汤~~身子吧〕もっとしょうが湯を飲んで体を温めなさい.〔热热乎乎(儿)〕同前のさま. ②仲がよい. 親密である.〔瞧他们俩那两个~劲儿〕あの二人の仲のよいことといったら.
热化 rèhuà ①熱エネルギー化: 発電所で電気のほか, 蒸気や熱水を供給するなど. ②〔物〕熱運動化. ③熱くなる. 盛り上がる.
热火朝天 rèhuǒ cháotiān 〈成〉熱気にあふれている.〔大家~地工作着〕みんな意気込んで仕事をしている.
热货 rèhuò 売れ行きの良い品物. 人気商品. 売れ筋:〔热销〕に同じ. ↔〔冷 lěng 货〕
热火 rèhuo ①白熱化する. 熱烈である. にぎやかである.〔他一参加讨论就~了〕彼が加わると討論が白熱化した. ②同上.
热和 rèhuo ①〔热火②〕熱い. 温かい.〔今天的饭菜不太~〕今日の食事はあまり温かくない. ②(気持ちが)親しい. 熱い気持ちを表す. こんなに温かく人に接する.〔他们俩近来很~〕彼ら二人は近ごろなかなか親密だ.
热机 rèjī 〔机〕〔热机機〕〔力力发动机〕に同じ.
热剂 rèjì →〔凉 liáng 药〕
热加工 rèjiāgōng 〔工〕熱間加工(金属加工). →〔冷lěng 加工〕
热键 rèjiàn 〔電算〕ホットキー. ショートカットキー:〔快

rè 热

kuài 捷键)に同じ.

热解 rèjiě 〔物〕熱分解.熱離.

热敷(法) rèjìn(fǎ) 〔中医〕湯水に手や足をひたす療法.→[热敷(法)]

热劲儿 rèjìnr ①熱さ.暑さ.②熱中度.〔过了～再说吧〕熱が冷めてからのことにしよう.

热卡 rèkǎ 〈音義訳〉熱量.カロリー.→[热量①][卡路里]

热炕 rèkàng ⇒[火 huǒ 炕]

热客 rèkè ①権勢に迎合する人.②いつも来る客人.③[儿](妓女の)なじみ客.

热辣 rèlà ①熱くてひりひりする.②燃え上がるように熱烈である.

热辣辣 rèlàlà 焼けるような感じ:[热剌剌]とも書く.〔～的有些痛〕ひりひりする.〔心里～的〕胸がカッと熱くなってきた.〔～的目光〕焼きつくようなまなざし.

热浪 rèlàng ①酷暑.〔～未退〕猛暑はまだおさまらない.②[风]熱波.③〈喩〉気分の高まり.熱気.

热泪 rèlèi 感激の涙.熱涙.〔～盈 yíng 眶〕熱涙を目にたたえる.

热力 rèlì 熱力.火力.〔～发动机〕[热机]熱機関.

热力学 rèlìxué 〔物〕熱力学.〔～温度〕絶対温度:[开 kāi 氏温度](ケルビン温度)ともいう.〔～温标〕絶対温度目盛り.

热恋 rèliàn ①熱烈な恋.②深い思い.

热量 rèliàng ①[物]熱量:[热能②]に同じ.〔～计〕熱量計:[量熱器][卡计]ともいう.→[卡 kǎ 路里]②(人々の)活力.影響力.

热烈 rèliè 熱烈である.熱っぽい.〔～欢 huān 迎〕心から歓迎する.〔小组会上发言很～〕グループ会議での発言はなかなか熱かった.

热流 rèliú ①[物]熱流(量).②感情の温かい流れ.〔我感到一股热流一传遍全身〕温かい思いが全身に伝わった.③⇒[热潮]

热络 rèluò 〔热落〕とも書く.①(関係が)親しい.心温通である.②活発である.盛んである.

热码 rèmǎ くじのよく当たる番号.

热买 rèmǎi ⇒[热购]

热卖 rèmài ⇒[热购]

热门 rèmén 〔一儿〕人気がよい.売れ行きがよい.(試験などの)競争率の高い.注目を引く物事.〔～话题〕人気の話題.〔～股〕人気株.〔～货〕〔～货〕売れ行きの良い品.ひっぱりだこの品物.〔～消息〕ホットニュース.↔[冷 lěng 门①]

热敏 rèmǐn [阻]感熱.〔～电阻〕[电]サーミスター.〔～(感)性〕感熱性.⑥熱過敏性.⑥熱感受性.〔～纸〕感熱紙.〔～元件〕[电]サーモエレメント.

热闹 rènao =〔火闹 nào 热〕①繁華である.にぎやかである.〔街上很～〕街は非常ににぎやかである.〔～戏〕ドタバタ喜劇.②にぎやかにする.(楽しく)騒ぐ.〔～眼睛〕目を楽しませる.目の正月をする.〔～耳朵〕耳を楽しませる.〔约 yuē 几个朋友～～〕何人か友だちを誘ってにぎやかにやろう.〔[儿]にぎやかさ.にぎわい.にぎやかな営み(楽しみ).〔来～〕見物する.やじ馬になる.〔咱们大家凑个～吧〕皆でにぎやかにやろうじゃないか(集まってにぎやかにやろう).〔他家办一股生日,一没有我彼のうちで誕生日をやるそうだが,何か余興の催しでもあるのかね.

热能 rènéng ①[物]熱エネルギー.〔～转换〕熱エネルギー転換.〔～中子〕中性子.②→[热量①]

热配合 rèpèihé シュリンクフィット.冷し嵌(はめ).〔冷 lěng 缩配合〕〔口红 hóng 套〕などともいう.→[配合③]

热膨胀 rèpéngzhàng 〔物〕熱膨張.

热平衡 rèpínghéng 〔物〕熱平衡.

热气 rèqì ①熱気.湯気.〔身上冒着～〕体から湯気が立ちのぼっている.〔一工〕蒸気機関・内燃機関などの仕事に従事する工具.〔～球〕熱気球.②〈喩〉熱意.熱気.〔～高,干劲大〕熱気があれ,意気込みが高い.〔五分钟～〕一時の熱意.〔～腾 téng 腾〕熱気あふれるさま.③温かみ.〔身上还有一丝～〕体にまだ温かみが残っている.

热俏 rèqiào 人気がある.

热切 rèqiè 熱烈で切実である.〔～地希望〕熱烈に希望する.

热情 rèqíng ①(態度が)温かい.心がこもっている.熱情あふれる.親切である.〔他对我很～〕彼はほくにとても親切だ.②熱情.情熱.熱意.〔～洋溢的讲话〕熱情あふれる話.〔劳 láo dòng ～〕労働意欲.

热泉 rèquán 熱泉.

热儿 rèr ①熱さ.暑さ.〔趁～吃〕熱いうちに食べる.②〈転〉ホヤホヤの状態.はしり.気分の湧きあがった状態.〔货刚出厂,趁～销了不少〕品が工場から来たばかりで,できたてのうちにかなり売った.

热容量 rèróngliàng 〔物〕熱容量.

热丧 rèsāng 〔旧〕父母を亡くしたばかりの喪.

热射病 rèshèbìng 〔医〕→[日 rì 射病]

热身 rèshēn 〔又〕体をあたためる.〈転〉ウォーミングアップ.準備運動.〔～赛 sài〕練習試合.

热水 rèshuǐ 湯.熱湯.〔～杯〕④耐熱コップ.⑥保温カップ.〔～袋〕ゴム製湯たんぽ.〔～店〕〔方〕湯を専門に売る店.〔～瓶〕〔一壶〕魔法瓶.ポット.〔～器〕湯沸かし器.〔～田〕地下に熱水を埋蔵している地帯.→[开 kāi 水]

热丝糊拉 rèsī hūlā 〔热飐呼喇〕とも書く.〔方〕①ひどく熱い.②頭に血がのぼっている.のぼせあがっている.

热塑 rèsù 〔化〕熱処理成型.〔～塑料〕熱可塑性プラスチック.〔～树脂〕熱可塑性樹脂.〔～性〕〔热硬化性〕熱可塑性.

热态 rètài 人気の状態.

热汤面 rètāngmiàn →[汤面]

热腾腾 rèténgténg ①湯気が立つさま.〔新出屉儿的肉包子～的蒸籠から出たての肉まんほかほかだ.②熱気を帯びるさま.〔～的劳动场面〕熱気あふれる労働のシーン.〔太阳落了山,地上还是～的〕太陽は西に傾いたが,地面はまだムッとするほど暑い.

热天 rètiān 暑い日.炎天:〔暑头 tóu 天〕ともいう.

热头 rètou ⇒[太 tài 阳]

热土 rètǔ ①住み慣れて愛着のある土地.〔～难离〕〔惯〕住みなれた土地は離れがたい.住めば都.〔故乡～〕[老家～]〔生地～〕生まれた故郷.②人気の地.話題の地.

热瓦普 rèwǎpǔ 〔音〕ウイグル族など少数民族の弦楽器.

热望 rèwàng 熱望(する).〔～老师出席〕先生のご出席を熱望する.

热污染 rèwūrǎn 排熱汚染.

热舞 rèwǔ 熱狂的な踊り.②激しく踊る.

热线 rèxiàn ①⇒[红 hóng 外线]②ホットライン.緊急直接通信.〔～电话〕同前.③運輸・交通の激しい路線.人気のコース.

热箱 rèxiāng 太陽熱を利用して温水や温風を作る装置.

热项 rèxiàng 人気分野.ホットな事項.

热销 rèxiāo =〔热卖〕よく売れている.〔～品〕〔～货〕売れ筋の品.↔[冷 lěng 销]

热孝 rèxiào 〔旧〕父母が亡くなったばかりの喪に着る喪服.〔～在身〕親を亡くしてまだ間もない身の上.

热人

热效率 rèxiàolù 熱効率.
热效应 rèxiàoyìng 熱効果.
热心 rèxīn 熱心である.〔~求学〕熱心に学問に励む.②情熱をうち込む.情熱を傾ける.〔~于公益事业工作〕公益事業に情熱を傾ける.③思いやりがあって親切である.〔~人〕思いやりがある人.心温かい人.〔帮助〕心から援助する.
热心肠(儿) rèxīncháng(r) 真心.親切心.熱意.
热学 rèxué ①物熱学.②懸命に学ぶ.〔~英语〕英語を猛勉強する.
热血 rèxuè 熱血.熱情.〔~沸腾〕熱血あふれる.〔满腔~〕胸いっぱいの熱情.
热血动物 rèxuè dòngwù 恒温動物.定温動物:〔恒héng温动物〕の通称.
热压 rèyā 物熱圧.〔~釜〕加圧釜.高圧釜.〔~木〕圧縮木材.
热罨法 rèyǎnfǎ →〔温wēn罨法〕
热药 rèyào →〔凉liáng药〕
热议 rèyì 熱のこもった討論(をする)
热饮 rèyǐn 熱い飲みもの:茶・コーヒーなど.↔〔冷lěng饮〕
热映 rèyìng (映画が)繰り返し上映される.絶賛上映する.
热郁 rèyù 中医熱が体内にたまる疾患:いらいら・視力減退・血尿などの症状が出る.
热源 rèyuán 熱源.
热在三伏 rè zài sānfú〔慣〕夏の暑さのピークは三伏にある:〔热在中伏〕ともいう.多く前か後に〔冷在三九.〕と呼応する.→〔三伏 (天)〕
热灶 rèzào〔熱間たがね.→〔冷lěng凿〕
热轧 rèzhá〔熱間圧延.〔~带钢机〕ホットストリップミル.
热战 rèzhàn 熱い戦争.→〔冷lěng战〕
热障 rèzhàng 物熱障壁.
热胀冷缩 rèzhàng lěngsuō 熱膨張と冷収縮.
热着 rèzháo〔白〕暑気あたりする.
热证 rèzhèng 中医熱証(しょう):熱邪のため陽気が亢進して現れる諸症状.
热症 rèzhèng 中医熱証を呈する疾患.有熱性疾患.↔〔寒hán症〕
热值 rèzhí 熱量.
热衷 rèzhōng〔熱中〕とも書いた.①熱をあげる.気を奪われる.憂き身をやつす.〔~于个人名利〕個人の名利に憂き身をやつす.②熱中する(になる).凝る.〔~于滑雪〕スキーに凝る.
热中子 rèzhōngzǐ〔物熱中性子.
热作 rèzuō〔金属を加熱軟化させ弾力性がなくなってから施す仕事.↔〔冷lěng作〕

ren ㄖㄣ

〔人〕 rén ①ヒト.人.人間.〔原始~〕原始人.〔法~〕法人.〔打扮得不像个~〕人ともつかぬ格好をしている.〔真拿咱们不当~〕まったくおれたちを人間とも思っていない.②他人.人.〔帮bāng~做事〕仕事を手伝う.人に加勢をして仕事をする.〔向~学习〕他人に学ぶ.〔她嫁~了〕彼女は嫁いだ.〔搞gǎo工作不让~〕仕事をかけては他人には負けない.〔己所不欲,勿施于~〕(論語顔淵)自分の欲しないことを人に対しておこなってはいけない.③(一般の)人々.皆(~).〔此乃~所周知的事实〕これすなわち人々みな知っている事実である.〔~都希望和平〕人はみな平和を希望している.〔受~尊敬〕人の尊敬を受ける.④大人.成人.〔长大成~〕一人前の人間に成長する.⑤職業・立場・身分などの類別に属する人.〔广告~〕広告マン.〔数学~〕数学をやっている人.⑥人手.人材.〔~真不好找〕人手(人材)は実に探しにくい.〔这个工厂正缺~〕この工場はちょうど人手が足りないところだ.〔不得其~〕その任に適当な人材が得られない.⑦人の体.姿.〔我今天~不大舒服〕今日はちょっと体の調子が悪い.〔~老心不老〕〔慣〕年はとっても心は若い.〔在这儿心不在这儿〕体はここに居ても心はここにない.〔~铁花,吃饭了.噢,~呢〕鉄花,ご飯だよ.あれ,居ないの.〔送到医院~已经昏迷过去了〕病院に担ぎ込んだ時は,もう意識はなかった.⑧人柄.人物.気質.〈転〉面目.顔.〔他~怎么样〕彼の人物はどうですか.〔我们部长~非常好〕私たちの部長は人柄が大変よい.〔丢diū~〕面目をなくする.顔がつぶれる.⑨⇒〔仁(I)③〕⑩〔姓〕人(じ)

人保 rénbǎo ①個人の資格でする保証人.→〔铺pù保〕②〔法〕人的担保.③〔中zhōng国人民保险公司〕の略.
人本主义 rénběn zhǔyì ⇒〔人文主义〕
人比人,气死人 rén bǐ rén, qì sǐ rén〔諺〕人と比べたら腹が立ってしようがない:上を見て暮らさず,下を見て暮らす.
人表 rénbiǎo〔文〕人の模範.
人不犯我,我不犯人 rén bùfàn wǒ, wǒ bùfàn rén〔諺〕相手が侵してこない限り,こちらも侵さない.〔~,人若犯我,我必犯人〕同前で相手が侵してくれば,こちらも必ず侵す.
人不可貌相 rén bùkě màoxiàng 人は外見だけでは推し量れぬ.人は見かけによらぬもの.〔~,海水不可斗量〕〔諺〕同前で,海水は升で量れない.
人不留人,天留人 rén bùliú rén, tiān liú rén〔諺〕やらずの雨:人が引きとめなくても,天が引きとめる.
人求人,一般大 rén bùqiú rén, yībān dà〔諺〕人は他人の援助さえ求めないなら,誰にもひけ目を感じることはない.
人不人,鬼不鬼 rén bùrén, guǐ bùguǐ〔慣〕人間ともつかず,化け物ともつかない.
人不说不知,木不钻不透 rén bùshuō bùzhī, mù bùzuān bùtòu〔諺〕説明しなければ了解できない.
人不为己,天诛地灭 rén bù wèijǐ, tiānzhū dìmiè〔諺〕人が己れに利するようにしなければ,天帝と地獄の閻魔が破滅させる:利己主義者の自己弁護の理由.→〔各gè人自扫门前雪〕
人不知,鬼不觉 rén bùzhī, guǐ bùjué〔慣〕誰にも知られない:極秘で事を運ぶこと.
人不知死,车不知翻 rén bùzhī sǐ, chē bùzhī fān〔諺〕災厄は測りがたい.一寸先は闇.
人不自安 rén bù zì'ān〈成〉怖れ不安である.
人才 réncái〔人材〕とも書く.①人材.〔~济jǐ济〕〈成〉人材が揃っている.〔~辈出〕人材が次々と出る.〔市场〕人材市場.〔~库kù〕人材バンク.〔~高地〕人材が集まる場所.〔~流失〕〔~外流〕人材流失.②人品.器量.顔立ち.〔有几分~〕いささか人品がある.
人财两空 réncái liǎngkōng〈慣〉人も金銭もなくしてしまう:〔人財两失〕ともいう.
人财两旺 réncái liǎngwàng〈慣〉子宝も金運も恵まれる.
人潮 rénchāo 人の波.人の群れ.
人臣 rénchén〈文〉家来.
人称 rénchēng 語人称(にんしょう).〔~代词〕人称代詞.
人次 réncì 延べ人員.延べ人数.〔一百~〕延べ人員100人.〔出动了一万七千多~〕延べ人員1万7千余を動員した.

rén 人

人丛 réncóng 人の群れ.群集.
人大 réndà ①〔人民代表大会の略〕〔全国～〕全人代.〔省～〕省人代.〔县～〕県人代.〔～常委会〕人民代表大会常務委員会の略. ②〔中国人民大学〕
人丹 réndān 中医人丹(漢方薬):薄荷脳・竜脳香・丁子などの成分を粒にしたもの.
人单力薄 réndān lìbáo〈慣〉人数が少なく力が足りない.〔人单势弧〕ともいう.
人道 réndào ①〔人道.〔不讲～〕人の守るべき道を重んじない.〔～教育〕人道教育.〔～主义〕人道主義. ②男女(夫婦)の交わり(をする).〔人事⑦〕に同じ.〔不能～〕性交不能. ③宗(仏教の)人間世界.
人道报 réndàobào ユマニテ:フランス共産党機関紙の名.
人道鲨 réndàoshā ⇒〔皱 zhòu 唇鲨〕
人的名儿,树的影儿 réndemíngr, shùdeyǐngr〈諺〉樹に影のあるように人には名声がある.
人灯 réndēng〈喩〉骨と皮:痩せて肉のない状態.〔这一场病把他瘦得像～似的了〕この度の病気で彼はすっかり痩せ細ってしまった.→〔皮 pí 包骨〕
人地 réndì ①人と土地.〈喩〉その地や人との因縁(関係).〔～不宜〕同前がうまくいっていない.〔～相宜〕同前がうまくいっている.〔～生疏〕〔～两生〕〔人生地疏〕〈成〉人とも土地ともなじみが薄い.土地不案内な.〔～关系〕人(人間問題)と土地の関係. ②人品や家柄.〔～兼美〕人品も家柄も立派なる.
人丁 réndīng〈文〉①回成年者(の男性). ②人口.〔～兴旺〕人口が増える.
人钉人 réndīngrén スマンツーマン:〔人町人〕とも書く.
人定胜天 réndìng shèngtiān〈成〉人間の知恵と能力は自然に打ち勝つ.
人堆(儿) réndūi(r) 群衆.人の群れ.
人多出韩信 rénduō chū hánxìn〈諺〉人が多く集まればその中にはきっと(韓信のような)知謀の士が出てくる.
人多好办事 rénduō hǎobànshì〈慣〉人数が多ければ仕事もやりやすい.
人多好干活,人少不够吃饭 rénduō hǎogànhuó, rénshǎo hǎochī fàn〈谚〉人(手)が多いと仕事ははかどるし,人(数)が少ないと生活が楽だに活〔事〕ともいう.
人多(就)乱,龙多(就)旱 rénduō (jiù) luàn, lóng duō (jiù) hàn〈諺〉船頭多くして船山にのぼる.
人多口杂 rénduō kǒuzá ⇒〔人多嘴杂〕
人多势众 rénduō shìzhòng〈成〉多勢であれば勢いも大きい.
人多手杂 rénduō shǒuzá〈慣〉①人が多いとやることが雑になる(責任を負ってやる人がいなくなる). ②人の出入りが多いと物の紛失が多くなる.
人多智谋高 rénduō zhìmóugāo〈諺〉三人寄れば文殊の知恵.
人多嘴杂 rénduō zuǐzá =〔人多口杂〕〈慣〉①人が多ければ意見もまちまちである. ②人が多ければ秘密が守れない.
人犯 rénfàn〔犯罪事件の〕被疑者.〔收押～〕同前を逮捕拘禁する.
人贩子 rénfànzi =〈文〉人牙子〕人身売買業者.人買い.人さらい.
人防 rénfáng 〔民間防空〕:〔人民防空〕の略.〔～工程〕民間防衛プロジェクト.〔人身事故防止.〔～(人)の警護・警備.またその任にあたる人(ガードマン)
人非木石,孰能无情 rén fēi mùshí, shú néng wúqíng〈諺〉人は木石でない,誰が無情でいられるか.

人非圣贤,孰能无过 rén fēi shèngxián, shú néng wú guò〈諺〉人は聖人でも賢人でもない,誰にでも過ちはあるものだ.
人份 rénfèn 量詞.…人分.…人前.
人逢喜事精神爽 rén féng xǐshì jīngshen shuǎng〈諺〉喜び事にあうと爽快になる.〔～,闷上火来瞌 kē 睡来〕同前で,退屈するとよく居眠りする.〔～,月到中秋分外明〕同前で,月は中秋になると格別明るい.
人缝(儿) rénfèng(r) 人ごみの中のちょっとした隙間.人と人との間の隙間.
人夫 rénfū 回人夫.〔人伕〕とも書いた.
人浮于事 rén fú yú shì〈成〉仕事の割に人が多すぎる.
人干(儿) réngān(r)〈方〉〈喩〉人間の干物.痩せっぽち.
人高马大 réngāo mǎdà〈喩〉身長が高く体格ががっしりしている.
人格 réngé ①人格.〔～化〕人格化.〔～权 quán〕人格権.〔～化〕品格・品位.〔～〕権利・義務の主体となる人の資格.
人各有志 rén gè yǒuzhì〈成〉人はみな志をもつ.
人工 réngōng ①人工.人為(的).人造(の).〔～呼吸〕人工呼吸.〔～孵 fū 化〕人工孵化.〔～湖〕人造湖.〔～降雨〕①人工降雨.人工雨.①〔洒 să 水器〕人工降雨器(スプリンクラー).〔～流产〕医人工流産.妊娠中絶.堕胎.〔～免疫〕人工免疫.〔～气胸〕医人工気胸.〔～授精〕人工授精.〔～心肺机〕医人工心肺.〔～智能〕人工頭脳.〔～岛〕人造島.〔～林〕人工林.←〔天 tiān 然〕〔自 zì 然〕 ②人力.人の手.〔这种活儿全靠～〕この種の仕事はすべて手作業だ.〔用～运石头〕人力で石を運ぶ.〔人工(゜)〕一人一日分の仕事.〔修这所房需要多少～〕この家を修理するには何人手間がかかるか(何人分ぐらいの仕事があるか). ④〈方〉工賃.〔～低 dī 廉〕工賃が安い.
人公里 réngōnglǐ〈度〉旅客運輸の仕事量を数える単位:旅客一人を1キロメートル輸送するのを1〔～〕とする.
人工语言 réngōng yǔyán ⇒〔人造语言〕
人股 réngǔ =〔人力 股(儿)〕〔空 kōng 股〕〔力〕股:労力出資株.功労株.
人海 rénhǎi ①人の海.〔整条街上人～〕街中の人でいっぱいである.〔～战术〕人海戦術. ②〈喩〉人間社会.〔～浮沈〕同前での浮き沈み.
人海里 rénhǎilǐ〈度〉海運業の旅客輸送量を数える単位:旅客一人を1海里運ぶのを1〔～〕とする.
人和 rénhé 人の和.〔地利不如～〕〈成〉地の利は人の和にしかず.
人户 rénhù ①民家.〈方〉人の家.友人の家.親戚の家.〔走～〕人の家に出かけて行く.〈方〉嫁入り先.〔媒人给他介绍了一个～〕仲人が彼女に嫁入り先を紹介してくれた.
人话 rénhuà 人間らしい話.人間の言葉.人並みな言葉.〔他说的只有这两句还是～,其余的都是胡说〕彼のこのひと言だけと言うた言はまあ人間らしい話だが,ほかはみなでたらめだ.
人欢马叫 rénhuān mǎjiào〈成〉人は歓呼の声を上げ,馬はいななく:活気に満ち,喜びにわきかえること.〔工地上红旗招展,～〕工事現場は赤旗がはためき,活気にわきかえっている.
人寰 rénhuán〈文〉世間.世の中.浮世.〔惨 cǎn 绝～〕〔天 tiān 绝～〕この世に絶する悲惨さ.
人祸 rénhuò 人為的災難.人災.〔天灾～〕天災と人災.
人机对话 rénjī duìhuà 人間とコンピューターとの

1436

人　rén

対話.
人机界面 rénjī jièmiàn　マンマシンインターフェイス.〔用 yòng 户界面〕ともいう.
人机系统 rénjī xìtǒng　（電子工学の）マンマシンシステム.
人急计生 rénjí jìshēng　⇒〔人急智生〕
人急造反，狗急跳墙 rénjí zàofǎn, gǒují tiàoqiáng　〔諺〕人は切羽詰まれば謀反をなし，犬は切羽詰まれば塀を飛び越える.→〔穷 qióng 鼠啮猫〕
人急智生 rénjí zhìshēng　〔人急计生〕〈成〉切羽詰まれば知恵が湧いてくる.窮すれば通ず.
人迹 rénjì　人の足跡．人跡．〔～罕至〕〈成〉人跡稀である．めったに行く人がいない．
人际 rénjì　人と人との間．〔～关系〕人間関係．〔～交往〕ヒューマンコミュニケーション．
人家 rénjiā　①〔-儿〕住家：〔住 zhù 户〕に同じ．〔那儿有多少～〕あそこにはどれくらい世帯があるか．戸数はどれほどあるか．　②〔-儿〕家柄．家庭．〔清白～〕身分の正しい家柄．〔富贵～〕富貴の家．〔务农～〕農業をやっている．〔做苦工的～〕苦しい労働をやっている家庭．→〔身 shēn 家清白〕　③〔-儿〕嫁入り先．〔她已经有了一了〕彼女はもう嫁入り先が決まっている．〔那个姑娘还没有～〕あの娘はまだお婿さんが決まっていない．　④〈白〉妻．〔妻 qī〕
人家 rénjia　①＝〔别人 biéren〕他人．よその人．〔～的事你不用管〕他人のことはお前に構わないでいい．　②あの人（たち）：特定の人を指す．〔～说的好话，你怎么不听呢〕あの人（たち）が親切なことを言っているのに，何で聞かないのかね．〔你不可能像你那么胡说〕向こうはおまえみたいにでたらめを言ったりはしない．　③私：多く相手に対して自分のことをいう．親密さとともに不満な気持ちを表わす．〔这话我气我，只顾你心里痛快，不问一心里怎么难过〕きみは一日中その話でわたしを怒らせて自分だけ痛快がっているが，私の気持ちがどんなにつらいかはかまわないんだな．④…の身分．…の身の上．…の分際．〔姑娘一哪儿能这样子娘の身分としてどうしてできようか〕.〔妇道～〕ご婦人たるもの．
人间 rénjiān　人の世．この世．現世．浮世．俗世間．〔～味 wèi〕この世を生きる味わい．〔～苦〕この世の苦しみ．〔～的天地〕この世上の楽園．〔天上～天界と下界．〔～正道是沧桑〕移り変わりこそ人の世の常．〔～私语，天阁若雷〕〈諺〉世のどんな隠し事でも天にはよくわかる．→〔世 shì 间〕〔下 xià 方②〕
人尖子 rénjiānzi　ずばぬけた人物．〔他样样出色，真是个～〕彼は何でもみな優れており，まったくずばぬけた人物だ．
人见人… rénjiànrén…　見た人はみな．会った人はみな…する．〔～爱的新产品〕誰にでも人気のある新製品．〔～怕〕みんなに恐れられる．
人杰 rénjié　〈文〉傑物．優れた人．〔～地灵〕〈成〉優れた人の出生地．また秀麗な地には傑出した人物が生まれる．
人尽其才 rén jìn qícái　〈成〉人それぞれの才能を尽くす．
人精 rénjīng　①非常に賢い子ども．〔小～儿〕同前．　②世故にたけた人．老獪な人物．
人境 rénjìng　人の住む所．俗世．俗世間．
人敬我高 rénjìng régāo　〈諺〉ⓐ人を敬えば自分もその人に敬われるようになる．ⓑ人を敬えばその人も敬うに値する人物となる．
人居 rénjū　住居．住み家．
人均 rénjūn　＝〔人平〕1人当たり：〔每人平均〕の略．〔～国民收入〕1人当たりの国民所得．〔～国民生产总值〕1人当たりのGNP．〔～国内生产总值〕

1人当たりのGDP.
人君 rénjūn　〈文〉人の君たる者．君主．
人客 rénkè　〈方〉客：多く行き来のよくある者を指す．
人孔 rénkǒng　＝〔进 jìn 人孔〕マンホール：〔检 jiǎn 修孔〕ともいう.
人口 rénkǒu　①人口．〔～密度〕人口密度．〔～论〕人口論．〔～调查〕人口調査．国勢調査．〔～学〕人口学．〔～爆 bào 炸〕人口の急激な増加．〔～（综合）质素〕〔～质量〕人口の素質．〔本市～有多少〕当市の人口はどれほどですか．　②人身．〔买卖～是法律所严禁的〕人身売買は法律の厳にに禁ずるところである．　③〈文〉人の口の端（ば）．〔脍 kuài 炙～〕人口に膾（かい）炙（しゃ）する（よく人の口にのぼる）．　④〔-儿〕家族の人数．〔～多挣钱少〕家族は多いし，稼ぎは少ない．〔～税〕人頭税．回人頭税．
人困马乏 rénkùn mǎfá　〈成〉人も馬もともに疲れる．軍馬が疲労困憊（ぱい）する．〔～转〕へとへとになる（疲れれる）さま．
人来疯 rénláifēng　子どもが，来客があると馬鹿のようにしゃいだり，わざとだだをこねたりするようなこと．〔你这孩子又犯了～了，不怕人笑话吗〕この子はお客さんが見えたのではしゃいでいる，笑われてもいいの．〔夜 yè 来欢〕
人来客往 rénlái kèwǎng　〈成〉ⓐ互いに行き来する．ⓑ人の出入りが多い．
人浪 rénlàng　区ウェーブ：スタンドの観客が起こす波のような動作．
人老珠黄 rénlǎo zhūhuáng　〈成〉（真珠が古くなって黄ばむと値打ちが下がるように）女性が年をとり容色が衰えて軽んじられる．
人类 rénlèi　人類．〔～学〕人類学．〔～工程学〕人間工学．〔～基 jī 因组〕生命ヒトの遺伝子．〔～白细胞抗原〕生命組織適合抗原．HAL．〔～免疫缺陷病毒〕生命HIV ウイルス．
人力 rénlì　人力．労力．〔～资源〕労力資源．マンパワー．〔这不是～所能办得到的〕これは人力でなしとげ得るものでない．
人力车 rénlìchē　①⇒〔洋 yáng 车〕　②人間が引いたり押したりする車．→〔机 jī 动车〕〔兽 shòu 力车〕
人力股（儿） rénlìgǔ(r)　＝〔顶身股〕．
人流 rénliú　①人波．〔高峰～〕ラッシュアワーの人波．　②人の流動・移動．〔物 wù 流〕　③〔人工流产〕の略．人工流産．〔～同意书〕同意書をする．
人龙 rénlóng　〈喩〉長蛇の列．〔门前出现了一条～〕門前に同前ができた．
人伦 rénlún　人倫．人と人との関係．人の行うべき道．
人马 rénmǎ　①人と馬．ⓐ馬丁と馬．〔～不齐〕同前が揃った．ⓑ旅を行く人と馬．〔～平安〕人馬ともに無事．ⓒ兵と馬．〈転〉軍隊．〔宁今夜早带一百～去劫曹操〕（三68）それがし甘寧は今晩ただ百騎をひきいて曹操の陣を奇襲いたす．　②〈転〉人員．顔ぶれ．仕事仲間．〔我们编辑部的～比较整齐〕我々編集部のスタッフは比較的粒ぞろいだ．→〔老 lǎo 人马〕
人马座 rénmǎzuò　区①射手座．　②人馬宮：黄道の12星座の一つ．
人脉 rénmài　人脈．〔丰沛 pèi 的～〕豊富な人脈．
人满为患 rénmǎn wéihuàn　〈慣〉人が多すぎて問題が生じる．
人们 rénmen　人々．多くの人たち．〔～都在谈论这件事〕これはみんなこの事を話しあっている．〔起来，不愿做奴隶的～〕立て，奴隷となりたくない人々よ．
人面兽心 rénmiàn shòuxīn　〈成〉人の顔をしたけだものだ．
人面桃 rénmiàntáo　⇒〔美 měi 人桃〕

rén

人面桃花 rénmiàn táohuā 〈成〉一度見染めた女性に再び会うことがかなわぬこと(唐・孟棨の詩)

人民 rénmín 人民:勤労大衆を主体とする社会の基本構成員.〔～服〕人民服.〔～功臣〕人民のために功労のあった人.〔～群众〕人民大衆.〔～团体〕大衆団体.人民団体:党・政府に属さない民間の大衆組織.〔～性〕人民性.大衆性.〔～中国〕ⓐ〔中华人民共和国〕の別称.ⓑ1953年6月創刊の日本語誌の名称.→〔公 gōng 民〕〔国 guó 民〕

人民币 rénmínbì 人民元:中国人民銀行発行の法定貨幣.〔圆 yuán〕を基本単位とする.〔仑〕は俗字で rénmínbì と読んだ.→〔法 fǎ 币〕

人民代表 rénmín dàibiǎo 人民代表大会代表:全国人民代表大会代表は省・自治区・直轄市・人民代表大会および軍隊から選出され,任期5年.省級の代表は一級下の人民代表大会から選出され,任期5年.県級の代表は選挙民から直接選挙され,任期は3年.〔人大代表〕ともいう.〔～大会〕〔人大①〕人民が国家権力を行使する機関.〔全国～大会〕と〔地方各级～大会〕.〔～大会制〕中華人民共和国の基本的政治制度で,人民が権力を行使する全国人民代表大会と地方各级人民代表大会とによって構成される.〔～会议〕因人民解放戦争期,解放区で実施された人民の権力行使機関.各級の人民代表会議が各級の政府を選出した.

人民法庭 rénmín fǎtíng ①〔基层人民法院〕の支部:1954年および79年の〔中华人民共和国人民法院组织法〕による.地区・人口および案件の状況などにより,〔基层人民法院〕によって設立された.②因革命政権が臨時に設立した裁判機構の通称.〔反革命镇压运动〕〔土地改革运动〕〔三反五反运动〕の時などに設けられた.

人民法院 rénmín fǎyuàn 国家の裁判機関で,〔最高～〕,〔地方各级～〕,〔专门～〕がある.刑事・民事事件ともに扱い,4級2審終審制をとる.

人民公社 rénmín gōngshè 〔农 nóng 村〕の略.〔高 gāo 级社〕を統合して1958年農村に設けられた.組織の〔人民公社〕,〔生产大队〕,〔生产队〕からなる〔三 sān 级所有制〕をとっている.〔生产大队〕の所有権が基本的なもので,〔生产队〕が基本計算単位である.社員の〔自留地・家庭副業・自由市場取引き〕を認められている.〔～〕は単に農業経営の主体であるばかりでなく,郷・鎮の行政事務を合わせ管理する〔政社合一〕という.82年憲法により正式に廃止がきまり,やがて旧来の郷村制が復活した.

人民检察院 rénmín jiǎncháyuàn 国家の法律監督機関で,検察権を行使する.〔最高～〕,〔地方各级～〕および〔专门～〕がある.

人民解放军 rénmín jiěfàngjūn ⇒〔中 zhōng 国人民解放军〕

人民解放战争 rénmín jiěfàng zhànzhēng 史1946年7月から49年末まで3年半にわたる国内戦争.→〔中 zhōng 国人民解放军〕

人民警察 rénmín jǐngchá 警官.巡査:略して〔民警〕という.

人民民主统一战线 rénmín mínzhǔ tǒngyī zhànxiàn ファシズムおよび戦争に反対するあらゆる政党・団体の共同戦線:〔人民战线〕ともいう.→〔中 zhōng 国人民政治协商会议〕

人民民主主义 rénmín mínzhǔ zhǔyì 東欧の新しい国家形態の特徴が人民民主主義といわれてから,中国でも〔新民主主义〕のほう名としく〔人民民主主义〕.しかし両者は完全に同じという意味ではなく真に人民大衆の利益を代表する民主主義があることを表現したのである.→〔新 xīn 民主主义学〕

人民民主专政 rénmín mínzhǔ zhuānzhèng 人民民主主義独裁:人民内部における民主主義の面と反動派に対する独裁の面が結びついたもの.

人民内部矛盾 rénmín nèibù máodùn 人民内部の矛盾:社会主義革命と建設に賛同し,擁護して,参加する人民の間の矛盾.決定的な対抗性はなく,"团结—批判—团结"という民主的な方法で解決する.→〔敌 dí 我矛盾〕〔非 fēi 对抗性矛盾〕

人民陪审员 rénmín péishěnyuán 因人民陪審員:〔人民法院〕の第1審において職業的〔审判员〕〔判事〕と同等に審理および評決に民間から選ばれて参加する.

人民日报 rénmín rìbào 中国共産党中央の機関紙:最初,中共中央晋冀魯豫局の機関紙として河北省邯鄲で発行され華北局機関紙となり,1949年4月北京に移り中共中央機関紙となる.

人民胜利折实公债 rénmín shènglì zhéshí gōngzhài 1950年1月5日政府発行の公債:額面は金額によって表示されず,上海・天津・漢口・広州・重慶・西安の6大都市の米6斤・小麦1.5斤・白綿布4尺・石炭16斤の平均卸売価額の総和を1分とし,利率年5分で55年3月31日までには元利を償還することとなっていた.財的好転により以降は発行されなかった.

人民调解委员会 rénmín tiáojiě wěiyuánhuì 人民調停委員会:民事事件および軽微な刑事事件を,裁判以外の方法により住民自治で解決する組織で,強制力はない.

人民网 rénmínwǎng 〔人民日报〕のオンライン版.

人民文学 rénmín wénxué 〔中国作家协会〕編集の月刊雑誌:新中国の代表的な文学雑誌で1949年創刊.〔文化大革命〕中停刊,1977年より復刊した.

人民武装 rénmín wǔzhuāng 主として民兵などの大衆の武装組織.

人民武装警察 rénmín wǔzhuāng jǐngchá ⇒〔武警〕

人民英雄纪念碑 rénmín yīngxióng jìniànbēi 北京天安門広場にある革命犠牲者を記念する碑.1958年建設.

人民战线 rénmín zhànxiàn ⇒〔人民民主统一战线〕

人民政府 rénmín zhèngfǔ 中国の国家機関と行政機関.

人名 rénmíng 人名.

人命 rénmìng ①人命.人の生命.〔～司官〕殺人沙汰.〔～关天〕人命は非常に重大なものである.②殺人事件.〔～案〕同前.〔出～了〕殺人事件が起った.

人莫予毒 rén mò yúdú 〈成〉何ものも眼中になく指一本差せない.

人模狗样(儿) rénmú gǒuyàng(r) 〈慣〉分不相応な(不似合いな)格好をする.〔你也～地充起老爷来了〕お前なんかがもったいぶった格好(旦那気取り)しやがって.〔你看这才几岁呀,就这么～的了〕ごらん,やっと四つ五つというのに,もうこんなにこましゃくれてるよ.

人年 rénnián 〈度〉1人の1年間の作業量.〔三～〕ⓐ3人の1年間の作業量.ⓑ1人の3年間の作業量.

人挪活,树挪死 rén nuó huó, shù nuó sǐ 〈諺〉人は環境が変わればまた新生面がひらけてくるが,樹は他へ移されると枯れてする.

人偶 rén'ǒu (石膏などで作った)人形.フィギュア.

人怕出猪怕肥 rén pà chūmíng zhū pà féi 〈諺〉人は有名になるのを恐れる(災いのもととなるので),豚は太るのを恐れる(屠殺されるので).出る杭は打たれる.〔树 shù 大招风〕ともいう.

人贫智短 rénpín zhìduǎn 〈成〉貧すれば鈍する:

人

rén

〔人穷 qióng 智短〕ともいう.〔~,马瘦毛长〕同前.〔~,福至心灵〕同前で,運がむくと頭の働きもよくなる.→〔贫户贪字一样写〕

人品 rénpǐn ①人品.人柄. ②外観.風采.

人平 rénpíng ⇒〔人均〕

人气 rénqì ①心情.人心.気持ち. ②人(気)気.〔股市~恢复〕証券市場の人気は回復した.

人弃我取 rénqì wǒqǔ〈成〉人が捨てれば私はそれを拾う:着眼が普通人とは違un,他人のやらない事をやる.→〔人取我与〕

人枪 rénqiāng 兵力と銃.〈喩〉軍の統率者.

人墙 rénqiáng ①人垣. ②〈区〉(サッカーで,フリーキックからゴールを守る)人の壁.

人强马壮 rénqiáng mǎzhuàng 人も馬も丈夫である.〈喩〉軍隊が精鋭である.〔人马⑥〕

人琴俱亡 rénqín jù wáng〈成〉人と琴がともになくなる:亡くなった人を哀悼する言葉.晋の王献之が亡くなった時,徽之が故人の愛用の琴を弾いてみたところかなわぬ調子を合わせることができず,人も琴も一緒に逝ってしまったかと嘆いたという.

人情 rénqíng ①人情.人間の情理.〔~薄 báo 如纸〕人情は紙のように薄い.〔~味儿〕人情味.〔不在~以内的事〕人情に外れたこと.〔~是~,买卖是买卖〕人情は人情,商売は商売だ.〔~感~〕人の心を動かすのはやはり人の心だ.〔送良马~〕人情上の交際なら良馬を贈っても惜しくない.〔~做到底〕人情をかけるならとことんまでやってやれ.〔~世故〕義理人情.人情と世故. ②〔~儿〕私情.縁故.縁故.〔托 tuō~〕私情や縁故に頼る(頼って…しようとする). ②〔~贷款〕情実による金貸し出し. 〔~车〕私的に利用する公用車. ③好意.恩情.〔做~〕他人に好意的にしてやる.情実で職務を務める.人情にふるまいをする.〔~钱〕 @〔區官吏の離任・着任の時にご機嫌とりに贈った金. ⑩慶弔事.見舞などの親戚・友人間の付き合いに使うお金.〔~费〕ともいう.〔空头~〕実の伴わない好意.うわべだけの親切.〔慶弔事の〕つき合い.義理.〔~往来〕交際.〔~债 zhài〕慶弔事の支出.〔多才多少今~〕何人ぐらい挨拶に来たか.〔明儿我有~〕あす挨拶に行くところがある. ⑤(金品の)贈り物.進物.〔送~〕贈り物をする.

人情大似债 rénqíng dà sì zhài〈諺〉交際はのっぴきならぬものだ.義理は欠かせぬ.〔累 léi 债不如疏亲〕

人穷呼天 rénqióng hūtiān〈成〉苦しい時の神頼み.→〔急 jí 时抱佛脚〕

人穷志短 rénqióng zhǐduǎn〈成〉困窮すれば志すを失う.〔~,马瘦毛长〕〔不怕高就怕脚软,不怕人穷就怕志短〕同前.

人取我与 rénqǔ wǒyǔ 他人が取ればわたしはそれを与える.→〔人弃我取〕

人权 rénquán 人権.〔~宣言〕人権宣言.〔~外交〕人権外交.

人群 rénqún ①人の群れ.〔往~里扎 zhā〕群衆の中に潜り込む.〔挤在~里看热闹儿〕人垣にはさまって見物する. ②〈文〉人類.

人儿 rénr ①〔~人形.〔泥~〕泥人形. ②〈方〉風采.振る舞い.

人人 rénrén 一人ひとり.誰もかれも.めいめい.〔~皆知〕誰でも知っている.〔~喜欢这种颜色〕誰しもこの色が好きだ.

人人自危 rénrén zìwēi〈成〉皆が危機感を覚える.

人日 rénrì ①=〔唐人胜节〕旧暦正月7日. ②⇒〔工 gōng 日〕

人乳 rénrǔ 母乳.

人瑞 rénruì 人に現れている瑞祥:徳行ある人や特別の長寿者.〔百岁~〕百歳の長寿者.

人山人海 rénshān rénhǎi〈喩〉黒山のような人だかり.

人上人 rénshàngrén〈喩〉格上の人.

人上有人,天上有天 rénshàng yǒurén, tiānshàng yǒutiān =〔人外有人,天外有天〕〈諺〉上には上がある.〔人外有人,山外有山〕ともいう.→〔能 néng 人〕

人蛇 rénshé〈喩〉不法渡航者.密出入国者.→〔蛇头②〕

人身 rénshēn ①人の身体.人身=身体・生命・健康・名誉など.〔~保险〕〔人险〕生命傷害保険.〔~攻击〕人身攻撃.〔~事故〕人身事故.〔~自由〕人身の自由.〔~权〕人身権.〔財 cái 产权〕に対している. ②圝(仏教の)人身(の姿).〔~投生〕〈文〉人の姿に生まれること. ③〈文〉人品.

人参 rénshēn ①〈方〉棒 bàng 槌 ②圈チョウセンニンジン(朝鮮人参):単に〔参(I)〕ともいう.〔吉 jí 林~〕吉林産の同前.〔辽 liáo 参〕遼東産の同前.〔高麗参〕朝鮮産の同前.〔野山参〕野生の同前.〔~露〕人参のエキス.→〔参膏〕〔胡 hú 萝卜〕

人参果 rénshēnguǒ ①園〔萎 wěi 陵菜〕(カワラサイコ)近縁の野生植物:〔蕨 jué 麻〕に同じ.その塊根には穀粉のほか,糖分が多く,チベット族が好んで食用する. ②(伝説上の)天界の不老長寿の果実.仙果.〔猪八戒~〕~,不知其味(不知贵贱)〕猪八戒が同前を食う.〔歇〕ありがた味を知らない,または価値が分からない:八戒は大食漢で一万七千歳まで生きられるという天界の"人参果"を一口でのみこんでしまう(西遊記)

人生 rénshēng 人生.〔~观〕人生観.〔~七十古来稀〕〈成〉人生七十(まで長生きするのは)古来稀ない.〔~如寄〕〈成〉この世の生は暫時の寄寓にすぎない.〔~五福寿为先〕〈諺〉人生長命に勝る福なし.命あっての物種だ.〔~朝露〕〈成〉人生ははかないものである.

人声 rénshēng 人の声.〔~鼎沸〕人の声がわきたつ.人が多くやかましい.

人生地疏 rénshēng dìshū =〔人地生疏〕〈成〉土地不案内.人も土地もよく知らない:〔人生地不熟〕〔人生路不熟〕ともいう.

人生面不熟 rénshēng miànbùshú〈成〉互いに面識がない.土地不案内.

人胜节 rénshèngjié =〔人日①〕

人师 rénshī 師表(模範)たる人.

人时 rénshí (公~):一人の1時間の労働量.〔工 gōng 时〕に同じ.

人士 rénshì 人士.社会的影響力のある人.〔爱国~〕愛国人士.〔党外~〕共産党外の人.〔各界~〕各界の人々.〔消息灵通~〕消息通・筋.〔有关~〕関係筋.

人氏 rénshì〈白〉本籍に関していう.〔你是那里~〕(儒)お前はどこの出かね.

人市 rénshì ①〈方〉圈日雇いの仕事を斡旋する市場. ②生業の多い繁華なところ.

人世 rénshì この世.浮世.〔~间〕同前.

人事 rénshì ①人事.人間としてなし得ること.〔尽~以听 tīng 天命〕〈成〉人事を尽くして天命を待つ. ②知覚.意識.〔昏 hūn 迷过去,不知~〕気が遠くなって人事不省になる. ③人事.人事関係.〔~变更 gèng〕〔~调 diào 动〕人事異動(する).〔~科 kē〕人事課. ④世間のこと.義理人情.事の道理.〔孩子太小,还不懂~〕子供はまだ小さくて義理人情がわからない. ⑤人間関係.〔他们公司~很复杂〕彼らの会社は人間関係

rén

が複雑だ．⑥贈り物．〔置办〜〕贈り物を買い調える．⑦男女（夫婦）の交わり．情交：〔人道②〕に同じ．

人是铁，饭是钢 rén shì tiě, fàn shì gāng〈諺〉人が鉄ならめしは鋼である如くなければどうにもならない．腹がへってはいくさはできぬ．〔～，一顿不吃饿得慌〕同前．

人是衣裳，马是鞍 rén shì yīshang, mǎ shì ān〈諺〉人は衣裳しだいで立派に見え，馬は鞍しだいで引き立つ：馬子にも衣裳．

人手 rénshǒu ①人の手．〔～控制〕手動制御．②人手．働く人．〔～不够〕人手が足りない．〔～有限〕人手に限りがある．③〈方〉連れあい．妻．〔大伯，你也该寻个…，〕（梁・紅27）おじさん，奥さんを探さなくちゃ….

人手一册 rénshǒu yīcè〈慣〉誰もが一冊は手にしている：読者の多いこと．

人寿保险 rénshòu bǎoxiǎn ＝〔寿险〕〔生 shēng 命保险〕生命保険．

人寿年丰 rénshòu niánfēng〈慣〉人は長寿，年は豊年．〔地肥水足，～〕地は肥え水もあり，同前である．

人熟是一宝 rénshú shì yībǎo〈諺〉交際が広いということは一つの宝だ．

人数 rénshù 人数．

人丝 rénsī ⇒〔人造丝〕

人死留名 rénsǐ liúmíng〈成〉人は死して名を残す．〔～，豹死留皮〕同前で，豹は死して皮を残す．

人所共知 rén suǒ gòngzhī〈成〉誰でも知っている．誰にでもわかる．

人梯 réntī ①人ばしご．②〈喩〉他人（若い世代）のために犠牲になることを厭わない人．縁の下の力持ち．

人体 réntǐ 人体．〔～模型〕（医学用）人体模型．〔～科学〕超能力科学．〔～特异功能〕人体の超能力．〔～艺术〕ヌード画・写真．〔～美〕肉体美．〔～彩绘〕ボディー・ペインティング．〔～炸 zhà 弹〕自爆テロ．人間爆弾．〔～活动广告〕サンドイッチマン・キャンペーンガールなど．

人天 réntiān〈文〉①人と天．②人心と天意．③食料．

人同此心 rén tóng cǐxīn〈成〉この気持はみな同じである．〔～，心同此理〕同前で，心に同じ考え方がある．

人头 réntóu ①人間の頭．〔～落地〕首を切られる．〔～畜 chù 鸣〕〈成〉姿かたちは人であるが，言うことは畜生に等しい．②人数．頭数．〔按～分配〕人数によって分ける．〔～份儿〕頭割りによる数・量．一人分．〔～费〕人数分の費用．③〔～儿〕人の関係．交際．〔～熟〕人をよく知っている．交際が広い．〔～儿〕人物．人柄．品行．〔～次〕人柄が悪い．たちが悪い．〔看～行事〕相手の人物しだいでやり方を変える．〔不济 jì〕人物がよくない．

人头税 réntóushuì ＝人頭税：〔人口税〕ともいう．→〔丁 dīng 钱〕

人外有人，天外有天 rénwài yǒurén, tiānwài yǒutiān ⇒〔人上有人，天上有天〕

人往高处走，水往低处流 rén wǎng gāochù zǒu, shuǐ wǎng dīchù liú〈諺〉人は高い所へ行き，水は低い所へ流れる：人は向上心がある．

人望 rénwàng ①人望．衆望．〔～所归〕多くの人の．

人旺财旺 rénwàng cáiwàng〈成〉家族も多くなり財産も増加する：一家が栄える．

人微权轻 rénwēi quánqīng〈成〉地位が低く権限も小さい．

人微言轻 rénwēi yánqīng〈成〉地位の低い者の言は重んぜられない．

人为 rénwéi ①人為（の）．人のしわざ（の）．〔～淘 táo 汰〕人為淘汰．②人がする．人がなす．〔事非～〕〈成〉事柄は人のしわざではない．〔事在～〕〈成〉事は人がなしたものだ．

人为刀俎，我为鱼肉 rén wéi dāozǔ, wǒ wéi yúròu〈諺〉人は刀とまな板，自分は魚や肉．まな板の鯉．

人为财死，鸟为食亡 rén wèi cái sǐ, niǎo wèi shí wáng〈諺〉人は財のために命を失い，鳥は食うもののために失う：欲は身を滅ぼす．

人味（儿） rénwèi(r) ①人間らしさ．人間味．人柄．人格．〔没有～〕人間味がない．②人生の意義．〔活着没～生きていない．

人文 rénwén ①人文．人類の文化．〔～地理〕人文地理．〔～景观〕文化的景観：〔自然景観〕に対して．〔～科学〕人文科学．文化科学．②（～主义〕〔人本主义〕ヒューマニズム．人本主義．〔～精神〕人間を尊重する精神．③世間のこと．人の世のこと．

人无千日好，花无百日红 rén wú qiānrì hǎo, huā wú bǎirì hóng〈諺〉すべて物事はいつまでも栄えているはずはない．

人无我有 rénwú wǒyǒu 他人が持たないものを自分は持つ．〈転〉自分独自の信念・見識・才能をもっている．

人无远虑，必有近忧 rén wú yuǎn lù, bì yǒu jìn yōu〈諺〉長い見通しのないものは目前に心配ごとがおこる：遠い将来のことを考えに入れておかないと必ず間近に憂いがおきる．

人五人六（儿） rénwǔ rénliù(r)〈方〉格好をつける．気取る．

人物 rénwù ①人物．〔重要～〕重要人物．要人．VIP．〔历史～〕歴史的人物．〔他是个～〕彼はなかなかの人物だ．〔数 shǔ 一数二的～〕一二を争う人物．②（絵画・文芸作品中の）人物．〔～画〕人物画．〔～十八描〕中国の人物画で，衣(ˇ)紋の各種の描写法．〔～画儿〕中国の人物画．

人物头 rénwùtóu〈方〉一頭地を抜く人．人の上に立つ人．率先する人．〔他真是个办事的〕彼は本当に物事を処理するのに抜けた出た人だ．

人相 rénxiàng 人相．顔つき．

人像 rénxiàng 肖像．ポートレート．彫像．〔～摄 shè 影〕人物撮影．

人心 rénxīn 人心．人々の心．世の人の気持ち．〔～大变〕〈慣〉人の心が大いに（悪く）変わってしまう．〔～不齐 qí〕人々の気持ちがまちまちである．〔～不同如其面〕〈如面〉〈諺〉人の心はその容貌が違うくらいそれぞれに異なっている．〔～不足蛇吞象〕〈～不足，得陇望蜀〕〈成〉人の心は飽くことを知らない．〔～隔 gé 肚皮，知人知面不知心〕〈諺〉人の心は腹の皮を隔てているから，知り難い．人を知り顔を知っていても心まではわからない．〔～惶 huáng 惶〕〈成〉人心が不安におののく．〔～叵 pǒ 测〕〈成〉人の心は測り知れない．〔～日下〕〈慣〉人の心が日増しに悪くなる．〔～齐，泰山移〕〈諺〉人々の心が揃えば泰山も動く．〔～曲曲弯弯水，世事重重迭迭山〕〈諺〉人の心は曲がりくねって流れる川のように複雑であり，世間のことは重なっている山のようにさまざまである．〔～是肉长的〕誰の心も生(shēng)身でできている：誰しも心を打たれることはある．〔～似铁，官法如炉〕〈諺〉人の心が鉄のようなものであるとしても，法律はそれを炉のように溶かしてしまう：人に悪事をさせないようにする．〔～所向，大势所趋 qū〕人の心の向かうところ，大勢の赴くところ．〔～大快〕〈慣〉人々の心が快哉(kuài)を叫ぶ．〔～振奋

1440

~〕人心を奮いたたせる.〔这年月~都坏了〕当節は人の心がすっかり悪くなってしまった. ②人間らしい心.良心.〔~换~〕〈諺〉人に人間らしい心で対すれば,相手もそれに応えてくれる.〔这小子还有~〕いつにもまだ良心はある.〔他要有~才怪呢〕彼に良心があったら,それこそおかしい.

人心不古 rénxīn bùgǔ 〈慣〉人情が昔ほどではなくなる.

人心果 rénxīnguǒ サポジラ,またその果実.

人行道 rénxíngdào ⇒〔便biàn道①〕〔便路〕步道.步行者用道路.↔〔车chē道〕

人行横道 rénxíng héngdào 横断歩道.〔人行横线〕〔斑bān马线〕(ゼブラゾーン)ともいう.

人形(儿) rénxíng(r) 人の形.人間らしい形.

人行天桥 rénxíng tiānqiáo 步道橋.

人性 rénxìng 人間性.ヒューマニティー.〔~论〕人間性論.

人性 rénxing 人間らしさ.人間味.〔要是有~就干不出这样的下流事〕人間らしさがあればこんな下劣なことはしでかさない.〔这份~!〕〔何てひどいこと.〔他的~不好〕彼は性(tɑ́)が悪い.〔这个人不通~〕この人には人間味が通じない.

人熊 rénxióng ⇒〔棕zōng熊〕

人选 rénxuǎn 人選.候補者.〔物色适当的~〕適当な候補者を物色する.

人学 rénxué 人間学.

人牙子 rényázi ⇒〔人贩子〕

人烟 rényān かまどの煙.〈喩〉人家.〔没有~的地方〕人家のない(人の住まない)地方.〔~稠chóu密〕人家が建て込んでいる.

人言 rényán ①人の言.②批評・うわさ.〔~可畏wèi〕〈成〉人の噂は怖いものだ.〔~不可信〕人のうわさは信用できない.〔~啧zé啧〕〈成〉人が不満を述べたて議論する.③〔砒pī霜〕すなわち〔信xìn石〕(砒霜)の別称:信石の"信"をくずした(人と言)符丁語.〔仁研〕とも書く.

人仰马翻 rényǎng mǎfān 〔马翻人仰〕(马仰人翻)〈成〉馬も人もひっくりかえる:上を下への大騒動になる.収拾のつかない状態になる.〔今天这个会议叫他闹得~的〕今日の会議は彼にかきまわされてめちゃくちゃになる.

人样(儿) rényàng(r) ①人の姿.人間らしい様子.〔逃难nàn的都不成~了〕難を避けて来た人たちはまるで人間らしい姿ではなかった.〔他连个~都没有〕彼は人間らしいのですらない(ひどいやつだ). ②みどころがあること.〔混出个~〕ひとかどの者になる. ③〔口〕行儀.〔把小孩子惯得一点~都没有〕子供を甘やかしてすっかり行儀悪くしてしまう.

人妖 rényāo ①化け物のような人.②〔転〕⑧ニューハーフ.⑥したなり.〔阴yīn阳人〕に同じ.ⓒ化け物みたいにかしてている者.

人一己百 rényī jǐbǎi 〈成〉他人が一の努力でなしとげるなら,自分は百の努力でこれに当たる.

人(一)走茶(就)凉 rén(yī)zǒu chá(jiù)liáng 〈喩〉人あっての人情.

人以类聚,鸟以群飞 rén yǐlèi jù, niǎo yǐqún fēi 〈諺〉人は類をもって集まり,鳥は群れをなして飛ぶ:類は友を呼ぶ.→〔物 wù 以类聚,人以群分〕

人意 rényì 人の考え.人の気持ち.人の意志.

人义水甜 rényì shuǐtián 〈喩〉民風・人情がいい.互いの関係がうまく調和して,万事好都合にいく.

人影儿 rényǐngr ①人の影.〔憧 chōng 憧〕人の影がゆらゆらしている.②人の姿形.人の影.〔连个~都没看见〕人の跡形も見えなかった.

人有旦夕祸福 rén yǒu dànxī huòfú 〈諺〉人生の禍福は測り難い.→〔天tiān有不测风云〕

人有脸,树有皮 rén yǒu liǎn, shù yǒu pí 〈諺〉人は皆羞恥心を持っている.人は体面を重んじるものである.

人有十年旺,鬼神不敢谤 rén yǒu shínián wàng, guǐshén bùgǎn bàng 〈諺〉人には一生のうち10年くらいは運勢の強い時があって,その時には鬼神でさえ悪口が言えない(手出しができない)くらいである.

人鱼 rényú 〔動〕ジュゴン.〔儒 rú 艮〕の俗称.

人欲 rényù 人間の欲.欲望.

人员 rényuán ①人員.〔~编制〕人員編制.定員.〔~配备〕人員配備.〔~消耗〕人員損耗. ②要員.職勢担当者.〔教学~〕教員.〔机关工作~〕公务員.〔管理~〕管理職員.〔技术~〕技术者.〔医疗务~〕(医師・看護師その他の)医療従事者.〔值班~〕当直員.当番.〔熟练~〕熟練者.〔勤杂~〕雑役夫. ③成員.メンバー.〔全体~〕全メンバー.全体の構成員.

人猿 rényuán 類人猿.〔类lèi人猿〕の俗称.

人缘儿 rényuánr 人づきあい.人間関係.〔~好〕〔有~〕人づきあいがよい.人好がする.→〔难 nán 说话〕(儿)

人云亦云 rényún yìyún 〈成〉人が言うから自分も言う.付和雷同する.

人在人情在 rén zài rénqíng zài 〈諺〉人が生きている間は義理合いというものがあるが,亡くなってしまえば人らの情もなくなる.

人赃 rénzāng 犯人と贓物(wù).〔~俱获〕犯人も盗品も押さえられた.

人造 rénzào 人造(の).人工(の).〔~冰〕人造氷.〔~磁铁〕人工磁石.〔~花〕造花.〔~革〕人工革.構造革.〔~靛〕人造藍.〔~蜡〕人工ワックス.〔~金刚石〕人造ダイヤ.〔~棉〕スフ綿.人造棉花.〔~棉纱〕〔~线〕スフ糸.〔~绒纱〕人造毛糸.〔~石〕人造石.〔~石油〕人造石油.〔~土〕人工土壤.〔~细丝〕人造真綿.〔~象牙〕セルロイド.〔~行星〕人工惑星.〔~羊毛〕人造ウール.〔~云母片〕合成雲母.〔~美女〕整形美人.〔~器官〕人造器官. ↔〔天 tiān 然〕

人造黄油 rénzào huángyóu ⇒〔人造奶油〕

人造角 rénzàojiǎo ガラリット:カゼインとホルムアルデヒドを作用させてできる角状の物質で,容易に引火せず,絶縁材料として用いられる.

人造毛 rénzàomáo 人造ウール.〔毛型短纤维〕の俗称.

人造煤 rénzàoméi 人造石炭:池の泥土に麦ぬか・食塩などを少し混ぜて作ったどん.

人造奶油 rénzào nǎiyóu 〔人造黄油〕〔假jiǎ奶油〕〈音訳〉麦mài淇淋〕マーガリン.→〔黄油①〕

人造丝 rénzàosī 〔人丝〕レーヨン.人造絹糸〔粘nián胶丝〕〔粘液丝〕ビスコースレーヨン.〔铜tóng铵丝〕〔偏piān 铨尔〕銅アンモニアレーヨン.ベンベルグレーヨン.〔醋cù酸丝〕〔醋纤丝〕〔醋酸纤维〕アセテート人絹.酢酸人絹など.〔人丝斜纹绸〕綾織りレーヨン.

人造卫星 rénzào wèixīng 人工衛星:〔人造地球卫星〕とういう.

人造纤维 rénzào xiānwéi 〔合hé成纤维〕(合成繊維)を除く人造纤维(化学繊維):再生繊維と半合成繊維.

人造橡胶 rénzào xiàngjiāo 人造ゴム.〔含hán硫橡皮〕〔假jiǎ橡皮〕ともいう.

人造语言 rénzào yǔyán 〔人工语言〕人造語.

人择 rénzé 人為淘汰.

人渣 rénzhā ろくでなし.人間のくず.〔黑社会~〕裏社会の同胞.

人证 rénzhèng 〔法〕人的証拠.人証.〔~物证都在,

人之常情 rén zhī cháng qíng〈成〉人情の常.
人质 rénzhì 人質.〔释放～〕人質を釈放する.
人治 rénzhì ①法律によらず個人の能力や権威に頼って行う政治.↔〔法fǎ治〕②〈文〉徳治.
人彘 rénzhì 漢の高祖の死後,妻の呂后が戚夫人（高祖の寵姫）の手足を切断し,目と耳をつぶして厠に置いて人豚とした:古く〔彘〕（豚）が人糞を処理した.
人至察,则无徒 rén zhìchá, zé wútú〈諺〉人は考え方が切れすぎると仲間はできないものだ.
人中 rénzhōng =〔立lì人儿〕中国〔水shuǐ沟〕人中(グ):鼻の下,上唇の真ん中の溝.〔～穴xué〕鍼灸のつぼの一:〔救jiù命cǐ〕という.
人中白 rénzhōngbái 中医人尿中の沈澱物からとった黄白色固型のもの:止血,鎮静,解熱の効がある.
人中黄 rénzhōnghuáng 中医竹筒の中に甘草末を詰めて両端を塞ぎ,これを糞壺内に漬けて作ったもの:熱病の薬とする.
人中龙 rénzhōnglóng〈喩〉衆に卓越した人.
人中骐骥 rénzhōng qíjì〈喩〉才能が傑出した人.
人种 rénzhǒng 人種:〔种族〕に同じ.〔尼ní格gé罗～〕〔黑hēi（色人）种〕(ネグロイド.黒色人種),〔蒙měng古～〕〔黄huáng（色人）种〕(モンゴロイド.黄色人種),〔欧ōu罗罗～〕〔白bái（色人）种〕(コーカソイド.ヨーロッパ人種),〔澳ào大dà利lì亚～〕〔棕zōng（色人）种〕(オーストラロイド.褐色人種)などに分ける.
人众 rénzhòng 衆人.多くの人.人々.
人主 rénzhǔ 君主.
人子 rénzǐ 人の子(たるもの).〔孝敬父母是～应分yīngfēn的〕父母によく仕えるということは人の子たるものとして当然なことである.〔尽～的本分〕人の子たるものの本分を尽くす.
人字 rénzì 人という字(の形).〔～齿轮〕〈方〉→〔牙轮〕.〔～牙轮〕〈方〉波bō罗罗牙」圏山形.〔～呢〕＝〔哔叽〕ヘリンボーン:山形紋織のサージ.
人字边(儿) rénzìbiān(r)⇒〔单dān立lì人(儿)〕
人字挡 rénzìdǎng ⇒〔骑qí马dǎng〕
人自为战 rén zì wéi zhàn〈成〉それぞれが自分の意生で懸命に奮闘する.それぞれが独立して仕事をする.
人字形 rénzìxíng ①ヘリンボーン式.→〔人字呢〕②(鉄道の)スイッチバック.〔～线路〕同前の線路.
人走时运,马走膘 rén zǒu shíyùn, mǎ zǒu biāo〈諺〉人は運がついている時は馬も肥える:万事トントン拍子にいく.
人嘴两片皮 rénzuǐ liǎngpiànpí 口は2枚の皮.〈喩〉口は便利なもの.〔一片〕とも.〔～,舌头底下压死人〕〈諺〉口は重宝なもので舌先一つで人を押しつぶしてしまう.

〔壬〕 rén ①みずのえ:十干の第9位.②順序の9番目.〔六liù壬〕 ③→〔甲jiǎ(I)④〕④〈文〉奸佞(ネン).〔～人〕佞人.⑤〈姓〉壬(ジン).
壬醇 rénchún 化ノニルアルコール.
壬二酸 rén'èrsuān 化アゼライン酸.
壬基 rénjī 化ノニル.
壬酸 rénsuān 化ペラルゴン酸.
壬烷 rénwán 化ノナン.→〔烷〕

〔任〕 rén ①地名用字.〔～县〕地河北省にある.②〈姓〉任(ジン) →rèn

〔仁〕 rén (I)①仁愛:孔子の教えを一貫している政治理念・倫理上の理想で,一切の諸徳を統べる主徳.〔～义礼智信〕仁義礼智信(の五徳).〔残忍不～〕残酷横暴で情けがない.②相手への尊称に用いる.〔~仁兄〕③古くに通用された.〔同～〕同人.④(感覚)が鋭い.〔麻má木不～〕ⓐしびれて感覚がない.ⓑ思想的に無神経である.⑤〈姓〉仁(ジン).
(II)〔～儿〕(果物)の種や殻の中身:多く食べられるものを指す.〔果guǒ～〕同前.〔杏xìng～〕あんずの同前.〔核hé桃～〕くるみの同前.〔瓜子～〕西瓜や南瓜の種の同前.〔花生～〕〔花生米〕殻をむいた落花生の実.〔虾xiā～〕えびのむき身.→〔核hú子zǐ(I)〕
仁爱 rén'ài 仁愛.
仁慈 réncí ①仁慈.②慈悲深い.
仁道 réndào 固(儒家のいう)仁愛の道.
仁德 réndé 仁徳.
仁弟 réndì〔仁棣〕とも書く.〈文〉①年長者が年下の友人に対する称呼.②師が教え子に対する称呼(多く書信に用いられる)
仁果 rénguǒ 植花托が大きくなって果肉となっている果実:リンゴやナシの類.〔～花huā生〕
仁厚 rénhòu 思いやりが厚く広い.
仁浆义粟 rénjiāng yìsù〈成〉被災者に支給する金銭や食糧.
仁鸟 rénniǎo ⇒〔凤fèng凰〕
仁频 rénpín ⇒〔槟bīng榔〕
仁人 rénrén 仁愛のある人.〔～君子〕同前の立派な人.〔～志士〕情深く高い志を持った人.
仁兽 rénshòu ⇒〔麒qí麟〕
仁叔 rénshū〈尊〉父の友人で父よりも年少者に対する敬称.
仁恕 rénshù 仁恕(ジョ).情け深く思いやりが厚い.
仁台 réntái〈文〉貴下.足下.
仁兄 rénxiōng〈尊〉同輩の友人に対する敬称.
仁言利溥 rényán lìpǔ〈成〉仁徳ある人の言動は利益が広大である.〔仁言利博bó〕同前.
仁义 rényì 仁義.仁愛と正義.〔～道德〕〈成〉仁義と道徳.〔～之师〕正義の軍.
仁义 rényi〈口〉温順である.おとなしい.〔这个小孩儿很～,不淘气〕この子どもはとてもおとなしく,やんちゃでない.
仁丈 rénzhàng〈尊〉長上に対する敬語.
仁者见仁,智者见智 rénzhě jiànrén, zhìzhě jiànzhì〈諺〉人によって問題の見方はいろいろと異なるものだ.
仁者无敌,暴政必败 rénzhě wúdí, bàozhèng bìbài 仁者は敵なく,暴政は必ず敗れる.
仁政 rénzhèng 仁政.〔施行～〕思いやりのある政治を行う.
仁至义尽 rénzhì yìjìn〈成〉この上ない善意と助力.

〔忍〕 rěn ①忍ぶ.耐える.我慢する.こらえる.抑える.〔难nán～〕忍びがたい.〔～住笑〕笑い出しそうになるのをこらえる.〔叫我～不下去〕わたしとしては(もう)耐えられない.〔不可容～〕容認しがたい.〔～着痛向敌人冲chōng过去〕痛みをこらえて敵に突撃していく.〔~着一肚子的委屈gi腹いっぱいの不平不満をこらえて.〔得一时之气,免得百日之忧〕〈諺〉一時の腹立ちを抑えれば,後々までの心配を免れる.〔你既～得做这个,还有什么不～得做的〕きみはこれが我慢してやれるくらいに,どんなことだって我慢してやれないことはない.②…するにはしのばない.平然として…する.残忍である.〔～得下手〕平然として手を下す.

rěn〜rèn

〔于心不〜〕心に忍びない．〔惨不〜闻〕<成>むごたらしくて聞くに忍びない．〔方〕まどろむ．〔小觉 jiào〕ちょっと居眠りをする．〔太疲倦了,坐着一了会儿〕ひどく疲れたので,座ったまま少しまどろんだ．〔姓〕忍〔欽〕

忍不住 rěnbuzhù 我慢できない．耐え得ない．〔〜笑起来了〕こらえきれずに笑いだした．
忍耻 rěnchǐ 恥を忍ぶ．
忍从 rěncóng 我慢して従う．
忍冬 rěndōng ①＝〔金 jīn 钗股①〕〔鹭 lù 鸶藤〕〔通 tōng 灵草〕〔鸳 yuān 鸯藤〕スイカズラ:スイカズラ科多年生草本.花蕾を〔〜花〕〔金银 yín 花〕,茎葉を〔〜藤〕といい,解熱・利尿・净血,特に腫れ物の消失・解毒に用いる．②＝〔麦 mài 冬〕
忍垢 rěngòu 〔忍诟〕とも書く．<文>恥を忍ぶ．〔〜贪 tān 生〕恥を忍んで生きながらえる．
忍饥 rěnjī 飢えを忍ぶ．〔〜挨 ái 饿〕〔〜受冻〕〔〜受寒 hán〕飢えと寒さに悩まされる．〔〜受渴〕飢えと渇きに苦しむ．
忍俊 rěnjùn 笑いをかみ殺す(こらえる)．〔〜不禁 jīn〕笑いをこらえきれない．〔这位先生最会逗趣,只要一张嘴就让大家〜不禁〕この人は面白いことを言うのがとても上手で,ちょっと口を開けばもうみんな吹き出したくなる．
忍凌 rěnlíng ⇒〔麦 mài 冬〕
忍奈 rěnnài 同下．
忍耐 rěnnài ＝〔白〕忍奈〕忍耐(する)．耐え忍ぶ．我慢する．〔〜一下〕ひとまず我慢しておく．〔〜不住〕我慢できない．〔〜性〕我慢強さ．
忍气 rěnqì 怒りを抑える．腹の虫を抑える．〔〜吞 tūn 声〕<慣>黙って怒りをこらえる．
忍让 rěnràng ①我慢をして譲る．身を引いて耐える．②忍耐.譲歩．
忍辱 rěnrǔ 恥を忍ぶ．屈辱に耐える．〔〜负重〕悪口を言われるのに耐えて重責をになわされる．〔〜报冤〕じっと我慢をして恨みをはらす(時機を待つ)．〔〜含垢〕<成>恥辱に耐える．〔〜偷 tōu 生〕恥を忍んで生き長らえる．
忍受 rěnshòu 我慢して耐える．〔他要是能〜,就不会叫人来拿药〕彼がもし我慢できるなら,人に薬を取りに来させるようなことはしない．
忍涕 rěntì <文>涙をのむ(んで耐える)
忍痛 rěntòng 痛みに耐える．<転>心の苦しみを忍ぶ.つらい思いをする．〔牺 xī 牲个人利益〕つらい思いをして個人の利益を犠牲にする．
忍无可忍 rěn wú kě rěn<成>堪忍袋の緒が切れる．〔他们差不多已经到了〜的地步〕彼らはほとんどもうこれ以上我慢しきれない段階でいる．
忍心 rěnxīn 心を鬼にする．無慈悲になる．〔〜害理〕残酷で道理を顧みない．〔我不〜拒绝他的要求〕彼の要求を拒絶するのは忍びがたい．

〔**荏**〕 rěn ①[植エゴマ,またその種子．〔白 bái 苏〕の古称．〔〜油〕〔紫 zǐ 苏子油〕エのあぶら．②<文>軟弱である．柔弱である．〔色厉内〜〕<喻>表面は強そうに見えるが内実は弱い:見かけだおし．
荏苒 rěnrǎn <文>年月がむだしいに経過するさま:〔再荏〕ともいう．<光陰〜,眼看距三年了〕時が経って,みるみるもう３年になる．〔离违清挹 yì,〜至今〕<牘>一別以来長い間ごぶさたしております．
荏弱 rěnruò <文>弱々しい．

〔**稔**〕 rěn <文>①(穀物が)実る．〔丰〜之年〕豊作の年．②〔〜年〕＝〔〜岁〕現在までずっと10年経っている．③知る.熟知する．知り尽くす．〔〜知〕〔〜悉 xī〕同前．〔相〜〕よく知り合っている．〔接送来函,借〜近状〕<牘>御来函を拝見し,あなたの

況がよくわかりました．④長く鬱積する．〔恶 è〜贯盈 yíng〕<成>悪が重なり,罪が深まる:〔贯〕は銭刺し.〔恶〜罪盈〕ともいう．
稔谷 rěngǔ <文>よく実った作物．
稔乱 rěnluàn <文>乱をひき起こす．
稔年 rěnnián ＝〔稔岁〕
稔熟 rěnshú ①よく知っている．②熟す.成熟する．
稔岁 rěnsuì ＝〔稔年〕<文>豊年．

〔**刃**(**刃・叒**)〕 rèn ①[一儿]刃[(4)]:〔刀 dāo〜〕〔儿〕ともいう．〔这把刀没有〜〕この刀には刃がない．〔这把刀还没开〜〕この刀はまだ刃をつけてない．〔迎缕解〕〔迎〜而解〕<成>〔刃が当たるままに切り裂かれていくように〕一刀両断に(容易に)解決する．②<文>刀.刃物．〔手持利〜〕手に鋭利な刃物を持つ．③<文>(切り)殺す．〔自〜〕自刃(じん)する．〔手之〜〕自らこれを切り殺す．

刃带 rèndài ⇒〔刀棱(面)〕
刃具 rènjù 切削工具．→〔刀 dāo 具〕
刃口 rènkǒu 刃．
刃口角 rènkǒujiǎo ＝〔偏 piān 角②〕①切削縁の角度．
刃棱(面) rènléng(miàn) ＝〔刃带〕〔白 bái 刃②〕①ドリルやリーマーなどで鋼材を削る時に掘り残されている原鋼材の表面の部分．

〔**讱・訒**〕 rèn <文>口が重い.口ごもってうまく言えない．〔仁者其言也〜〕(論語・顏淵)仁のある人はあまり多くを語ろうとはしないものである．

〔**仞**〕 rèn ①〔轫③〕度量衡単位．８尺(一説には７尺)．〔万〜高峰〕<喻>きわめて高い山．〔为山九〜,功亏一篑〕九仞(じん)の功を一簣(き)に虧(か)く．<喻>多年の努力がわずかな事でむだになること．〔掘井九〜,而不及泉〕(孟子・尽心上)九仞の深さまで井戸を掘っても水の湧くところまで達しない．

〔**纫・紉**(**紖**)〕 rèn ①針に糸を通す．〔〜针 zhēn〕〔穿 chuān 针〕同前．②縫う．〔缝 féng 〜机〕ミシン．③<文>つなぎ合わせる．くくりつける．④〔牘〕心にとどめて忘れない．〔至〜高谊〕厚情にあずかり感謝の至りです．
纫荷 rènhè 〔牘〕心から深く感謝する．
纫佩 rènpèi 〔牘〕心に銘記する．
纫谢 rènxiè 〔牘〕心に銘記して感謝する．

〔**韧・韌**(**靭・靱・靫**)〕 rèn 弾力があり(伸縮性があり)丈夫(である)．〔坚 jiān〜〕<文>堅くて弾力性がある．↔〔脆 cuì①〕
韧带 rèndài 生理靭帯．
韧度 rèndù 強靭さ．
韧化 rènhuà ⇒〔回 huí 火①〕
韧劲(儿) rènjìn(r) 粘り強さ．
韧力 rènlì 堅持していこうとする意志.やり続けていく意志．
韧泥 rènní ⇒〔黏 nián 土〕
韧皮 rènpí 植靭皮.〔〜纤维〕靭皮繊維．〔〜部〕靭皮部．
韧铁 rèntiě ⇒〔韧性铸铁〕
韧性 rènxìng ①可鍛性:〔可 kě 鍛性〕ともいう．〔〜铸 zhù 铁〕〔韧铁〕〔韧铸铁〕〔妈 mā 钢〕〔麻 má 铁〕〔马 mǎ 铁〕〔玛铁〕①可鍛鋳鉄．②(人の)強靭な精神．

〔**牣**〕 rèn <文>満ちている．〔充 chōng 〜〕同前．

rèn

〔轫・軔(軔)〕 rèn ①〔車輪の回転〕をとめて車を停止(させる)とめ木.〔发 fā ~〕とめ木をはずして車を動かす.〈転〉物事が発足する(始まる).〔轮 lún ~〕〔轫掣 chè〕車輪ブレーキ.制動片;〔闸 zhá 皮〕ともいう.→〔闸④〕〔刹 shā 车〕 ②〈文〉阻み止める. ③ ⇒〔切〕

〔认・認〕 rèn ①見分ける.見覚える(ている).見知る(っている).〔这孩子已经~了很多字了〕この子はもうたくさんの字を覚えている.〔这条路,你~得吗〕この道はよく知っているか.〔我知道他,可是不~得〕彼の名は知っているが,知り合いではない.〔换个地方我简直不敢~你〕よそで会ったら君だとは全くわからないよ.〔简直~不出来哪个是你的哪个是他的〕どれが君のでどれが彼のか全く見分けがつかない.肯定する.承 chéng ~] 〔公 gōng ~〕公認する.〔否 fǒu ~〕否認(する).〔他的主张,我~为是对的〕わたしは彼の主張は正しいと認める.〔这儿有凭实据,你还不~吗〕確かな証拠があるのに,おまえはまだ白状しないのか.〔糊 hú 涂人~假不~真〕ばかな人間は虚偽に重きを置き,真実をなおざりにする. ③(…の)関係を結ぶ.〔和他~了一个老乡〕彼と同郷人としての挨拶を交わした.〔~干 gān 娘〕義母になってもらう.〔しかたなく〕我慢する.あきらめる.観念する:後に〔了 le〕を伴う.〔吃多大亏我都~了〕どんなに損しようと(ばかをみようと)わたしはあきらめる.受ける.負担に応じる.〔捐助多少一概自~了〕どれくらい寄付するかすべて自弁とする.

认保 rènbǎo 保証人を承諾する.
认背 rènbèi 不運とあきらめる.〔损 sǔn 失了这么些东西,让谁赔谁就~吧〕こんなに多くの物を損したが,誰かが弁償させられたら不運とあきらめよう.
认辨 rènbiàn 識別する.弁別する.〔仔细~〕こと細かに見分ける.
认不是 rènbùshì ⇒〔认错②〕
认储 rènchǔ 貯金の申し込みに応じる.
认错 rèncuò ①見違える.〔你~人了〕君は人を見違えたんだ.〔~儿〕過ちによく左右された) 認める.②:〔认不是〕ともいう.〔只要~就行了〕よくなかったことを認めさえすればそれでよいのだ.
认打 rèndǎ 打たれてもしかたがないと覚悟する.あきらめて打たれる.〔你要是输 shū 了,~还是认罚?〕きみが負けたら打たれるつもりか,それとも罰を受ける気か.
认大小 rèndàxiǎo 〔分 fēn 大小〔儿〕〕〈文〉大家族の家に嫁いできた嫁が,夫の家族全員に対面し長幼尊卑の別を見知り,のみ込むこと.→〔见 jiàn 礼〕
认得 rènde (主として人や道や字を)見知っている:〔认识②〕より俗な言いかた.〔你~他吗〕きみは彼を知っているか.〔这个字我不~〕この字はわたしは知らない.〔到那儿去的路,你~不~?〕あそこへ行く道はきみは知っているか.
认镫 rèndèng 足をあぶみにかける.〈転〉馬に乗る.
认敌为友 rèndí wéiyǒu 〈成〉敵を友とみなす.
认定 rèndìng ①認定する. ②はっきり請け合う. ③思い込む.
认罚 rènfá おとなしく処罰を受ける.処罰に異議を唱えない.
认付 rènfù ①支払い承認(をする).〔~支票〕支払承認手形. ②手形の引き受け(をする).〔~拒 jù 绝〕手形の引き受け拒絶.
认负 rènfù 負けをみとめる.〔迫使对方~〕相手に負けを認めさせるよう迫る.

认购 rèngòu (公債などを)引き受ける.購入申し込みをする.〔~公债〕公債引受.〔~者〕購入申込人.〔~权〕新株引受権.
认股 rèngǔ =〔认购②〕株式を購入する.株式引受をする.〔~书〕株式申込書.〔~人〕株式引受人.
认脚 rènjiǎo 〈方〉靴の左右で形が違い,逆にしては履けない.〔~鞋 xié〕同前の靴:左右の形が同じサンダルや子供靴を認める.
认缴 rènjiǎo 金銭の支払いを認める.
认捐 rènjuān 寄付を承諾する.〔~了很多日用品〕多くの日用品の寄付を承諾した.〔他提出的~十元活动,已经有很多人响 xiǎng 应了〕彼が提唱した10元寄付活動は,すでにたくさんの人の共鳴を得た.
认可 rènkě ①認可する.許可する. ②承諾する.〔他在背地里已经~了〕彼はもう暗々裏に承諾している.
认亏 rènkuī 損を認める(引き受ける)
认领 rènlǐng ①確認して受け取る.〔~失物〕遺失物を確かめて受け取る.〔所打捞的尸体已由家人~〕引き揚げた死体はすでに家人が確認して引き取った. ②他人の子を引き取って育てる.
认明 rènmíng 見分ける.〔~假 jiǎ 冒〕にせ物を見分ける.
认命 rènmìng 運命とあきらめる.〔事已至此,只好~吧〕事ここに至っては,運命とあきらめるほかない.〔成了呢,赚一笔钱,不成呢,~〕うまくいけば,ちょっとした金が儲かる,まずければそれまでだ.
认赔 rènpéi 弁償を承諾する.〔他们~了吗〕彼らは弁償を承諾したか.
认票 rènpiào ①手形を認める.〔~不认人〕本券持参の者に支払う:手形などの証票に印刷してある断り書きの文句.② 〈俗〉切符を認める.
认钱 rènqián 金(だけ)を重視する.金と引き換えに同意する.
认亲 rènqīn ①肉親関係を認める.〔做 DNA 鉴定~〕DNA 鑑定をして,血のつながりを確認する. ②親戚付き合いをする.親戚と認め合う.→〔双 shuāng 九〕
认清 rènqīng はっきり見分ける(見極める).〔认不清〕見分けられない.
认人 rènrén 人(顔かたち,声)を見分ける.
认人支票 rènrén zhīpiào 画指名払い小切手.
认生 rènshēng =〔怕 pà 生〕〔怯 qiè 生〕人見知りをする.〔这孩子不~〕この子は人見知りをしない. →〔奔 bèn 人儿〕〔怕人①〕
认识 rènshi ①認識(する).〔~论〕認識論.〔理性~〕理性的な認識. ②見知っている.知り合う.見分ける.〔我们一年前就~了〕わたしたちは1年前に知り合ったんです.〔~你很高兴〕あなたと知り合えてとてもうれしいです.〔咱们先做自我介绍,互相~一下〕まず自己紹介をして顔を覚えるようにしましょう.〔你怎么跟他~的〕あなたは彼とどのようにして知り合ったのですか.〔~他〕彼はあなたと近づきになりたがっている. →〔认得〕〔知 zhī 道①〕
认输 rènshū 敗北を認める.かぶとを脱ぐ.降参する:〔服 fú 输〕に同じ.〔他不肯~〕彼は負けを認めようとしない.
认死理〔儿〕 rènsǐlǐ(r) 自分の理屈を押し通す.〔朱老忠知道严志和有个~的脾气〕(梁・红20)朱老忠は厳志和が強情な気性だということを知っている.
认同 rèntóng ①同じものと認める.〔~体〕アイデンティティー. ②賛同する.同意する.
认头 rèntóu 〔口〕いやいやながら認める.あきらめる.観念する.〔只好~受苦〕観念して苦労するよりほかない.〔一作个车夫的老婆〕(老・骆)あきらめて車夫の女房になる.〔挤对得他现在也只好~了〕追い込

认任　　　　　　　　　　　　　　　　　　　　　　　　　　　　rèn

まれて彼も今ではやむなく観念している．〔我～这次算子胜了〕こんどはおまえが勝ったことを認めるよ．〔这件事情你得～〕この事はきみがかぶとを脱がなくちゃいけないよ．

认为 rènwéi …と認める．…と考える：ある見方からの判断を表す．〔他被～是我国第一流的人物〕彼はわが国第一流の人物と認められている．〔我～他还够不上资格〕わたしは，彼はまだ資格が足りないと思う．→〔以 yǐ 为〕

认养 rènyǎng ①(ボランティアで)責任をもって養育・育成する．②養子にして育てる．

认栽 rènzāi 失敗を認める．負けを認める．

认贼作父 rènzéi zuòfù 〈喩〉敵を味方とみなす：〔认贼作子〕〔认贼为子〕にもいう．

认账 rènzhàng ①借り勘定(負債)を認める．②〈転〉非を認める．白状する．〔没有证据，他哪肯～〕つき合わせて確かめなかったら，あいつ白状なんかするものか．

认真 rènzhēn ① = 〔方〕顶 dǐng 真 ①〔方〕叫 jiào 真 ①〔方〕较 jiào 真 ①〕真面目にとる．真に受ける．〔我这是闹着玩儿，你怎么认起真来了〕わたしは冗談のつもりでいるのに，きみはどうして本気になるのか．〔你别～了，他跟你开玩笑呢〕真に受けてはいけないよ，彼はきみに冗談を言っているのだ．②真面目である．〔人很～〕人物はなかなか真面目だ．〔～工作〕真剣に仕事をする．〔～办事〕真面目に事をする．

认证 rènzhèng 認証(する).確認証明(する).査証．

认知 rènzhī (心理学上の)認知(する).〔～障碍〕認知障害．〔～科学〕認知科学．

认准 rènzhǔn 見極める．正確に認める．

认字 rènzì 字を覚える(ている).字が読める．

认罪 rènzuì 罪を認める．白状する．〔～辩诉协议〕(司法取引.有罪答弁取引．

认作 rènzuò …と見なす．〔～无效〕無効と見なす．

[任] rèn (Ⅰ)①任命する．任に当たる．〔～为秘书〕秘書に任ずる．②(職務)に任ずる．当たる．〔担 dān 〕担任(する).〔～职 zhí 已十年〕職に任ずることすでに10年になる．〔曾 céng ～校长〕かつて校長を務めたことがある．〔前～〕前任(者).③以前…を担任した．〔现～〕現職(の).④現在…を担任している．③任務．務め．〔就 jiù ～就任する．〔～胜 shèng〕任にたえる．〔卸 xiè ～〕辞任(する).〔身负重～〕重い任務を帯びる．④担う．堪える．〔无～感感〕〈成〉感服・感謝にたえない．→〔任劳任怨〕⑤量詞.職務の回数に用いる．〔过去几～校长〕過去数代の校長．〔做了一～县长〕県長を1回務めた．

(Ⅱ)①なりゆきにまかせる．ほうっておく．〔放～(する).〔～人出入〕人の出入りに任せる．自由に出入りさせる．〔听之～之〕なりゆきにしておく．〔～其摆 bǎi 布〕相手の言いなりにする(なる).→〔叫 jiào (Ⅱ)②〕〔听 tīng (Ⅰ)③〕〔由 yóu〕②(どんな)…でも．いかなる．〔无 wú 论 lùn〕〔～人皆知〕皆知っている．〔～事不懂〕何もわからない(理解できない).〔～哪儿都不去〕どこにも行かない．〔～你是谁也不准犯规矩〕お前が誰であろうときまりを犯すことは許さない．→ rén

任便 rènbiàn 都合のよいように任せる．任意にさせる．

任从 rèncóng …の自由に任せる．〔既 jì 是如此, ～壮士〕(水23)そういうことになっているのなら壮士のご自由に任せる．

任达 rèndá 〈文〉闊達でこだわらない．

任诞 rèndàn 〈文〉放縦である．

任尔 rèn'ěr 〈文〉たとい…でも．…だとしても．

任管 rènguǎn ⇒〔任凭②〕

任何 rènhé いかなる(…でも).どのような(…でも).〔～人都…〕いかなる人にも．〔～地方都…〕どんなところでも．〔～场合都…〕どんな場合でも．〔这是我们区别于～其他政党的一个显 xiǎn 著的标志〕これは我々が他のいかなる政党とも区別される一つのはっきりした標識である．

任教 rènjiào 教職に就く．教員を務める．

任咎 rènjiù ⇒〈文〉責任をとる．

任可 rènkě ⇒〔宁 nìng 可〕

任课 rènkè 授業を担当する．〔～老师〕教科担任の先生．

任劳任怨 rènláo rènyuàn 〈成〉労苦をいとわず非難を意としない．

任嘛儿 rènmár 〈方〉どんなことでも：〔任吗儿〕〔任么儿〕とも書く．〔～都行〕どんなことでもいい．〔～都不会干 gàn〕何もやれない(できない)

任脉 rènmài 中国鍼灸奇経八脈の一：会陰部から腹部・胸部・咽喉の中心を経て口にいたる想像上の線をいい，この間に多くの経穴が並んでいる．

任满 rènmǎn 任期が満了する．

任免 rènmiǎn 任免(する)

任命 rènmìng 任命(する).〔～状 zhuàng〕任命書．

任内 rènnèi 任期中．在任中．

任凭 rènpíng ①=〔但 dàn 凭〕…に任せる．…の自由にさせる．…次第である．〔～你随便挑 tiāo〕きみが思うとおりに選んでよい．②=〔任管〕たとえ…も(でも).〔～是谁我也不给开门〕たとえ誰であってもわたしは門を開けてやらない．〔～风浪起, 稳坐钓鱼船〕〈諺〉風波が起きても落ち着いて釣り船に乗っている．〈喩〉どんな紛糾があっても泰然としている．→〔凭⑥〕

任期 rènqī 任期．〔～届 jiè 满〕任期が満了する．〔～制 zhì〕任期制．

任其自流 rènqí zìliú 〈成〉自然の勢いにまかせる．

任其自然 rènqí zìrán 〈成〉成り行きに任せる．〔事已至此,只好～了〕こうなったからには，もう成り行きに任せるほかはない．

任情 rènqíng 心ゆくまで．思う存分に．→〔尽 jìn 情〕〔纵 zòng 情〕

任人 rènrén ①人の思うとおりに任せる(…させる).〔～摆布〕人の言うままにさせる．〔～参 cān 观〕人に参観させる．〔～不如天〕〈諺〉人に任せるより運命に任せる方がまし．②人を任用する．〔～唯亲 qīn〕人任用は縁故者の者をあてる．〔～唯贤 xián〕〈成〉任用は賢者のみとする．

任事 rènshì ①〈文〉仕事を命ずる．②〈文〉仕事に当たる(担当する).勤める．③→〔字解(Ⅱ)②〕

任是 rènshì たとえ…でも．どんな…でも．〔～他一等聪明的人…〕彼がたとえとびきり利口な人間でも…．

任谁 rènshuí 〈方〉誰であろうと．誰しも．

任随 rènsuí …のままにさせる．自由にさせる．〔～你决定了君の決定にまかせる．

任所 rènsuǒ 勤務場所．

任所欲为 rèn suǒ yù wéi 〈成〉したいようにさせる(する)

任听 rèntīng 自由にさせる．よいようにさせる．

任务 rènwu 任務．責務．課題．任された仕事．〔赶 gǎn ～〕気をひきしめて任務に当たる．〔完成 ～〕任務を果たす．〔～观点〕任務だからやるという積極性を欠く考え方．〔执行～〕任務を遂行する．〔～栏电視〕タスクバー．〔本校今年招生～是三百名〕本校の今年度の学生募集責任数は300名だ．

1445

rèn～rì

任侠 rènxiá 〈文〉①侠気があること。〔为～有名〕侠気があるということで有名である。②任侠。男だて。侠気。

任性 rènxìng 気ままである。わがままである。〔～妄wàng 为〕気ままにでたらめなことをする。〔不可~〕気ままに行動してはいけない。

任选 rènxuǎn 思いのまま選ぶ。自由に選択する。

任意 rènyì ①気ままに。思うとおりに。随意に。〔～的〕恣意的の。〔～性〕恣意的の。〔～挥 huī 霍〕気ままに金を使う。〔～饕 tāo 餮〕食いたい放題に食う。②任意の。〔～三角形〕任意の三角形。〔～球⊠〕(サッカーの)フリーキック。〔直接～球〕直接フリーキック。⑤(ハンドボール・水球の)フリースロー。

任用 rènyòng 任用(する)。〔～非人〕その任でない人を任用してしまう。〔～免〕

任由 rènyóu 〈文〉任意にさせる。随意にさせる。任せる。

任怨 rènyuàn →〔任劳任怨〕

任职 rènzhí 職に就く。在職する。〔在外交部～〕外交部に勤める。〔～期间〕在職期間。

任重道远 rènzhòng dàoyuǎn 〈成〉任務は重く(それを達成するまでの)道はまだまだ遠い。

〔饪・飪(飪)〕 rèn 調理する。食事の用意をする。〔烹 pēng~〕調理(する)

〔妊(姙)〕 rèn はらむ。みごもる。〔～妇 fù〕妊婦。

妊娠 rènshēn 妊娠する。〔怀 huái 孕〕に同じ。〔～期〕妊娠期間。〔～反应〕妊娠反应。

妊娠素 rènshēnsù ①⇒〔孕 yùn 酮〕②エチステロン：合成黄体ホルモン性物質。

妊娠心烦 rènshēn xīnfán ⇒〔子 zǐ 烦〕

〔纴・紝(紉)〕 rèn 〈文〉①機(はた)にかける糸。②織る。〔织 zhī～〕同ని。

〔衽(袵)〕 rèn 〈文〉①(着物の)おくみ。〔披 pī 发左～〕〈成〉髪を束ねず、おくみを左前にする：野蛮なさま。→〔敛 liǎn 衽〕②(寝具としての)むしろ。しとね。〈転〉安楽な地位。

衽席 rènxí 〈文〉①しとね。〔～之上,饮食之间〕坐臥飲食の間(にも)。〔～之爱〕情人の愛。〔登斯民于～之上〕民を安楽に暮らせるようにしてやる。〔～之安〕安楽な地位に納まっていること。②宴席の席順。

〔葚(椹)〕 rèn 〔桑 sāng～儿〕桑～子 zǐ〕桑の実。→ shèn

reng ㄖㄥ

〔扔〕 rēng ①投げる。ほうる。〔～球(儿) qiú(r)〕ボールを投げる。〔往上一~〕上の方へポイと投げる。〔～在箱子里〕箱の中に投げ込む(んでおく)。→〔甩 shuǎi 之③〕②投げ捨てる。捨てる。ほったらかす。〔不准瓜～瓜果皮核〕果物の皮・芯をむやみに投げ捨てるな(街頭の標語)。〔这个没用,~吧〕これはいらない,捨ててしまおう。〔这些废 fèi 料还有用处,不得~〕これらの廃品はまだ使い道があるから捨ててはならない。〔那些行李还在书房～着呢〕それらの手荷物はまだ書斎にほうってある。〔你一下走一走,可就坑 kēng 了我了〕わたしを捨てて行ってしまえばわたしに苦しい目をさせることになる。〔他把英文一本扔了〕彼は英語を投げた(放棄した)。→〔抛 pāo ①②〕③〈姓〉扔(ほう).

扔崩 rēngbēng 〈方〉さっと(逃げる)。ぱっと(去る)

扔掉 rēngdiào 投げ捨てる。〔把烟头～〕タバコの吸い殻を投げ捨てる。

扔货 rēnghuò (不良で)捨てられる品。廃物。〈転〉役にたたない人間。

扔开 rēngkāi 放棄する。やめる。中止する。

扔弃 rēngqì 投げ捨てる。捨て去る。〔～功名回乡下去了〕官職を投げ捨てて郷里へ帰っていた。

扔下 rēngxia 投げ捨てる。捨ててしまう。〔～孩子不管〕子供を放ってかまわない。

扔在脖子后头 rēngzài bózi hòutou 頭の後ろの方に置き忘れてしまう。〈転〉すっかり忘れてしまう：〔扔在脑 nǎo (勺子)后(头)〕ともいう。

扔在九泉之外 rēngzài jiǔquán zhī wài 〈喩〉かまわない。問題にしない。

〔仍〕 réng ①〈文〉旧に従う。〔一～其旧〕一切前の通りに従ってやる。②〈文〉重なる。頻繁である。③〈文〉元どおり。以前どおり。〔～旧没有改变〕元どおりで変わっていない。〔～前〕前のとおり。〔一须如此〕やはりこのとおりにしなければならない。④〈文〉よって。それで。〔本厂事故频 pín 生,~希领导方面多加注意〕当工場で事故がしきりに起こるので、指導者の方でよく注意されたい。⑤〈姓〉仍(ほう).

仍旧 réngjiù ①元どおり(に)。〔～放在原来的位置〕元どおり初めの位置に置いておく。②依然として。やはりまだ。他虽然遇到许多困难,可是意志～那样坚强〕彼は多くの困難にあったけれども、あいかわらず意志は強固である。

仍然 réngrán ①以前のとおりにもどして。〔伤 shāng 愈出院之后,他～担任车间主任〕彼は傷が治り退院した後,元どおり職場主任をしている。②なおも。依然として：状況が持続して変わっていないこと。〔商场里一像往常一样热闹〕マーケットの中は相も変わらぬにぎやかさだ。〔～不改恶长习〕依然として悪習を改めない。→〔还 hái 是〕

仍仍 réngréng 〈文〉①頻繁なさま。多いさま。②失意のさま。

仍孙 réngsūn =〔耳 ěr 孙〕仍孫(じょうそん)：自分から数えて8代目の孫。→〔孙①〕

仍在… réngzài… 〈文〉なお…中である。〔政府当局～考虑中〕政府当局はなお考慮中である。

〔礽〕 réng 〈文〉福.

rì ㄖˋ

〔日〕 rì ①太陽。〔红 hóng～东升〕赤い太陽が東からさし上る。→〔阳 yáng ①〕②昼。〔白～〕〔白天〕昼間。白昼。↔〔夜 yè ①〕③日。1日。〔纪 jì 念～〕記念日。〔节 jié ～〕祝祭日。〔假 jià ～〕休 日。〔工作～〕作業日。営業日。〔昨 zuó ～〕〔昨天〕昨日。〔七月～〕〔七月一号〕7月1日。→〔号 hào ⑦〕④量詞。日数を数える。〔八十～环游世界〕八十日間世界一周(ヴェルヌ作)。→〔天 tiān ④〕⑤毎日。毎日。〔～昂 áng〕日々に値上がりする。〔～有进展〕毎日進展している。〔友好关系～趋紧密〕友好関係が日増しに深くなっていく。〔吾～三省 xǐng 吾身〕(論語・学而)われ日に三たびわが身を省みる。⑥時期。〔他～〕他日。他の時期。〔往～〕往時。昔。〔来日方ずして,〔夏 xià～〕夏(の季節)。〔冬～〕冬(の季節)。〔来～方长〕〈成〉来るべき日はまだ長い。先は長い。⑦〈方〉〔黑〕性交の：男性側のセックスの用語で,〔白入〕とも書いた。〔他亲娘的！〕くそったれ！〔狗 gǒu～的〕ろくでなし！⑤→〔日弄〕〔日塌〕⑧〔～本〕の略。〔中～两国〕中日両国。〔～语〕日本語。〔～剧 jù ～〕日本のドラマ。⑨〈姓〉日(ほう).

日 rì

日安 rì'ān 〈牍〉末尾に添える決まり文句の一種で,"あなたの今日のご幸福を祈ります"の意:〔日佳〕〔日祺〕〔日祉〕ともいう.〔专zhuān此,顺请〜〕まずは要用のみ,末尾ながら日々のご平安を祈る.→〔安⑥〕

日班 rìbān 日勤.昼間勤務:〔白bái班(儿)〕に同じ.〔暂时让她上〜〕彼女にしばらく昼間勤務をやらせる.

日斑 rìbān ⇒〔太tài阳黑子〕

日报 rìbào ①日報.日刊紙:ふつう朝刊を指す.〔人民〜〕中国共产党中央機関紙の名.→〔晚wǎn报〕 ②日本の新聞.

日本 rìběn 日本:正式には〔〜国〕.首都は東京.〔东dōng瀛〕〔扶fú桑②〕〔倭wō〕は古称.〔东洋〕は俗称.〔〜人〕〔〜语〕〔日文〕日本語.〔〜菜〕日本料理.〔〜工业标准规格〕ジス.JIS.〔小〜〕〔小鬼子〕〔东洋鬼(子)〕日本人を軽度していう語.

日币 rìbì 日本の通貨.→〔日元〕

日薄西山 rìbó xīshān 〈成〉日が西に沈む.〈喩〉余命いくばくもない.また滅亡寸前の状態.〔〜,气息奄yǎn奄〕〈…,奄奄一息,同时の句,气息奄奄(㐬)〕.

日晡 rìbū 〈文〉申(㪞)の刻(午後4時ごろ).→〔晡〕

日不暇给 rì bù xiájǐ 〈成〉用事が多くて手が回りきらない.

日差 rìchā (時計の)時間の日々の違い.

日拆 rìchāi 〔日利圇日拆〕〔同业〜〕コール日歩.〔存款〜〕預金日歩.〔放款〜〕貸付日歩.

日躔 rìchán 圀太陽が黄道上を運行経過する各点.

日产 rìchǎn ①日産.〔〜量〕日産量.②日本産(の)

日常 rìcháng 日常(の).〔〜用语〕日常用語.〔〜间〕平素.

日长如岁 rì cháng rúsuì 〈成〉1日が1年ほどにも長く感じられる.

日长一线 rìcháng yīxiàn 〈文〉①(冬至のあと)しだいに日が長くなる.②〈転〉冬至後.

日长至 rìchángzhì 夏至(になる)

日场 rìchǎng (芝居・映画などの)昼の部.昼席.マチネー.↔〔晚wǎn场〕〔夜yè场〕

日钞 rìchāo 日本の紙幣.→〔日元〕

日车 rìchē 〈文〉太陽.月.

日辰 rìchén ①日月星辰.②〔天tiān干〕と〔地dì支〕

日程 rìchéng 日程.スケジュール.〔〜表biǎo〕行事予定表.日程表.

日出 rìchū ①日の出.②日が出る.〔〜而作,日入而息 xī〕日が出ては働き,日が沈めば休息をとる.〔击jī壤歌〕 ③〈文〉日に生産する.〔〜万疋,衣被天下〕日に一万匹の反(㪞)物を出産し,天下に恩恵を与える.

日闯 rìchuǎng 白昼(他人の家へ)押し込む.

日戳 rìchuō 日付印.

日地 rìdì 太陽と地球.〔〜空间〕同前の間の空間.

日短至 rìduǎnzhì =〔日南至〕冬至(になる)

日珥 rì'ěr 圀プロミネンス.紅炎.→〔日冕〕

日耳曼人 rì'ěrmàn rén 〔音義訳〕ゲルマン人.→〔德dé④〕

日分 rìfèn 日数.日にち.

日复一日 rì fù yīrì 〈成〉日〜日と過ぎていく.

日旰 rìgàn 〈文〉日暮れ.

日高三丈 rì gāo sānzhàng ⇒〔日上三竿〕

日工 rìgōng ①日雇い仕事.②日雇い工.③昼間の勤務.

日工资 rìgōngzī 日給:〔日薪〕ともいう.

日怪 rìguài 〈方〉尋常ではない.怪しい.

日官 rìguān 固暦をつかさどった官.

日冠 rìguān 太陽に半分かかった日暈(㪞).→〔日晕〕

日光 rìguāng 日光:ふつう〔阳yáng光〕という.〔〜经济时〕夏時間.サマータイム.〔〜裙〕圀サンドレス.〔〜浴yù〕日光浴.〔〜晒shài太阳〕

日光灯 rìguāngdēng ⇒〔荧yíng光灯〕

日晷 rìguǐ 固日時計:〔日主〕〔日规〕とも書く.

日后 rìhòu 今後.後日.他日.将来.〔〜再说〕後日のことにしよう.

日华 rìhuá 太陽の周りの雲の輪.→〔日冕〕

日化 rìhuà 〔日用化学〕の略.〔〜工业〕日用化学工業.

日环食 rìhuánshí 囡金環食.→〔日食〕

日货 rìhuò 日本商品.〔抵dǐ制〜〕日本品をボイコット(する)

日积月累 rìjī yuèlěi 〈成〉長い間しだいに積み重ねっていく.〔一天存一元,〜就是一笔钱〕毎日1元ずつ金を貯めれば,積もり積もって大きな金になる.→〔积少成多〕

日及 rìjí ①⇒〔木mù槿〕 ②⇒〔朱zhū槿〕

日籍 rìjí 日本の国籍.

日计 rìjì 毎日計算する(こと).日割り計算する.〔〜表〕圖日計表.

日记 rìjì 日記.日誌.〔记〜〕日記(日誌)をつける.〔〜本(儿)běn(r)〕〔〜簿bù〕日記帳.

日记账 rìjìzhàng (簿記帳簿の)日記帳:〔序xù时账〕ともいう.

日佳 rìjiā ⇒〔日安〕

日间 rìjiān ①昼間.〔〜劳动〕昼間労働. ②近ごろ.このごろ.

日见 rìjiàn 日がたつにつれて.日一日と.〔〜好转〕日増しによくなる.〔〜陵夷〕〈成〉日増しに劣っていくのがわかる.

日渐 rìjiàn 日を追って.日ごとに.〔〜进步〕日に日に進歩する.

日脚 rìjiǎo ①⇒〔日景〕 ②⇒〔日子②〕

日角偃月 rìjiǎo yǎnyuè 〈喩〉富貴の相:〔日角〕は人相見の言葉で額の右の部分.

日角珠庭 rìjiǎo zhūtíng 〈喩〉非凡な相:額が広くまるい.

日较差 rìjiàochā =〔日温差〕囡日較差:気象の一日の最高値と最低値のひらき.

日界线 rìjièxiàn 囲日付変更線:〔国际日期变更线〕ともいう.

日进… rìjìn… 一日で…を手に入れる.〔〜斗dǒu金〕〈成〉毎日たくさんの売り上げ(収入)がある.〔〜三金〕一日で三つの金メダルを取った.

日景 rìjǐng ①=〔日脚①〕〈文〉日の光(日ざし).②=〔日影①〕日の光が遮られてできる影.

日久 rìjiǔ 日が経つ.〔〜见人心〕〈諺〉日が経つうちには人の本心がわかってくる.〔〜玩生〕〈諺〉日が経つにつれて怠ける心が生ずる.〔〜天长〕〈成〉長い年月が経つ.

日就月将 rìjiù yuèjiāng 〈成〉着々と成績が上がること.

日居月诸 rìjū yuèzhū 〈文〉日月.〈転〉歳月が流れること.

日均 rìjūn 1日平均.〔〜成交量〕1日平均成約高.

日喀则 rìkāzé 囲シガツェ:チベット第二の都市.

日刊 rìkān 日刊(の)新聞雑誌などの刊行物).→〔季jì刊〕〔月yuè刊〕〔周zhōu刊〕

日课 rìkè ①日課.②昼間の課業.

日寇 rìkòu 日本の侵略者.〔接收〜投降 xiáng〕日本侵略者の投降を受け入れる.

日来 rìlái 近ごろ.このところ.

rì

日烂红 rìlànhóng ⇒〔天 tiān 竺葵〕
日理万机 rì lǐ wànjī 〈成〉毎日多くの重要な政務を処理すること.〔喩〕仕事が繁忙であること.
日历 rìlì ①暦(総称). ②日めくり.カレンダー.〔撕 sī 下一张~〕同前を一枚めくる.→〔年 nián 历〕〔月 yuè 份牌〕
日利 rìlì ⇒〔日拆〕
日流 rìliú 日本ブーム.→〔韩 hán ②ⓑ〕
日轮 rìlún 〈文〉①太陽. ②日本の汽船.
日落 rìluò 日が沈む.〔~西山〕日が西の山に沈む,〔风生〕日が沈んで風が出てくる. ②日に日に下落する.
日迈月征 rìmài yuèzhēng 〈成〉歳月が流れること.
日冕 rìmiǎn =〔太 tài 阳白光⑧〕コロナ.〔~、地磁 cí 气和宇宙表〕コロナ.地磁気・宇宙線.〔~仪〕コロナ観測機.→〔日珥〕〔光 guāng 环①〕
日没 rìmò 日が没する.日入.〔~胭 yān 脂红〕〔諺〕日没に夕焼け:翌日は雨か風.
日暮 rìmù 日が暮れる.〔~归来〕たそがれになって帰ってくる.〔~途穷 qióng〕〈成〉日が暮れて道行きづまる.〔喩〕窮地に陥ってなすすべがなくなる.〔~途穷,一筹 chóu 莫展〕没落の一路をたどり,全く窮地に陥る.〔~途 tú 远〕〈成〉日が暮れて道遠し.力も策もない.
日南至 rìnánzhì ⇒〔日短至〕
日内 rìnèi 数日中に.〔大会将于~举行〕大会は近日中に挙行される.
日内瓦 rìnèiwǎ 囲 ジュネーブ.〔~条 tiáo 约〕〔红 hóng 十字条约〕ジュネーブ条約.
日弄 rìnòng 〈方〉でたらめをする.〔你别~〕でたらめをするな.
日偏食 rìpiānshí →〔日食〕
日平西 rìpíngxī 日が西に傾く.たそがれる.
日期 rìqī 期日.日取り.日付.〔已经定好了日取りはちゃんと決まった〕.〔~界线〕〔国际~变更线〕囲 日付変更線=〔日界线〕に同じ.
日祺 rìqí ⇒〔日安〕
日前 rìqián 先日.過日.
日侨 rìqiáo 在外日本人居留民.
日趋 rìqū 日に日に…となる.〔~崩 bēng 溃〕日増しに崩壊する.
日全食 rìquánshí →〔日食〕
日日 rìrì 毎日毎日.〔~夜夜〕毎夜毎夜.毎晩毎晩.
日色 rìsè 日の光.〔今天~发暗〕今日は日の光がどんよりしている.
日晒雨淋 rìshài yǔlín 〈喩〉環境が劣悪なこと.
上三竿 rì shàng sāngān 日が竹竿を3本つぎ合わせたほどの高さに上る.日が上がる午前8,9時ごろをいう.〈喩〉寝坊して起きるのが遅いこと:〔日高三丈〕ともいう.
日射 rìshè 日射.〔~病〕囲 日射病.〔~计〕日射計.光量計.〔~角〕囲 地面を照らす太陽光線の照射角.〔~能量〕囲 インソレーション.
日甚一日 rìshèn yīrì 〈成〉事柄が日増しにひどくなる.
日升月恒 rìshēng yuèhéng 〈喩〉どんどん発展する(盛んになる)こと.
日食 rìshí 囚 日食:〔日蚀〕とも書いた.〔日环食〕〔口环食〕金環食.〔日全食〕皆既日食.〔日偏食〕部分日食.→〔食桓〕
日塌 rìtā 〈方〉だめになる.〔都给闹 nào 了〕みなだめだ.
日坛 rìtán 北京朝陽門外にあり,明・清代に皇帝が日を祭った高台.→〔天 tiān 坛〕
日天 rìtiān 〈方〉①昼の長さ. ②量詞.日数を数える.

日头 rìtou ⇒〔太 tài 阳①〕
日头地儿 rìtoudìr →〔太 tài 阳地儿〕
日托 rìtuō (託児所に)日中依託する.→〔半 bàn 托①〕〔全 quán 托〕
日温差 rìwēnchā →〔日较差〕
日文 rìwén 日本文.日本語:〔日语〕〔日本话〕ともいう.
日夕 rìxī 朝晩.昼夜.
日息 rìxī 貸付日歩(ぶ).〔~二十元〕(1万元につき)日歩20元.
日系 rìxì 日系の.〔~企业〕日本資本の企業.
日下 rìxià ①〈文〉日が落ちる. ②〈文〉皇帝の所在地.都. ③〈白〉このところ.目下.〔~天色且是凉〕(清平山堂話本)このところ天候はひとまず涼しいようである.
日薪 rìxīn ⇒〔日工资〕
日心说 rìxīnshuō 囚 大陽中心宇宙説.→〔地 dì 心说〕
日新月盛 rìxīn yuèshèng 〈成〉日に日に盛んになっていく.
日新月异 rìxīn yuèyì 〈成〉日進月歩.〔祖国面貌~〕祖国の様子は日に日に新しく変化している.
日行千里 rìxíng qiānlǐ 日に千里を行く.〈喩〉スピードの非常に速いこと.
日削月朘 rìxuē yuèjuān 〈成〉搾られどおしでやせ細る.重税に苦しめられる.
日曛 rìxūn 〈文〉夕暮れ.たそがれ.
日阳(儿) rìyáng(r) 〈白〉太陽.日光.
日要 rìyào 〈文〉日々の勘定の締め.
日夜 rìyè ①日夜.②昼となく夜となく.〔~不停 tíng〕昼も夜もぶっ続ける.〔~工〕昼夜交替労働(者).〔~商店〕24時間営業をしている商店.
日以继夜 rì yǐ jì yè ⇒〔夜以继日〕
日益 rìyì 増しに.〔~壮大〕日に日に強大になる.〔深入人心〕次第に人心を掌握している.〔矛盾~尖锐〕矛盾は日増しに鋭くなる.
日影 rìyǐng ①太陽. ②⇒〔日景〕
日用 rìyòng 日用(の).〔~品〕日用品.〔~家伙〕日用の道具.〔~花费〕日用雑費. ②毎日の支出.〔要多少~〕毎日の支出はどれくらいいるか.〔~帐 zhàng〕家計簿.
日游神 rìyóushén 囲 歩き神:家々を訪ねて人の善悪を調べるといわれる凶神.〔游奕 yì〕ともいう.→〔夜 yè 游神①〕
日语 rìyǔ ⇒〔日文〕
日元 rìyuán 日本円:〔日圆〕とも書く.〔~升值〕円高.〔这 biǎn 值]〕日元面值.日元面.
日月 rìyuè ①日と月.〔~星辰 chén〕太陽・月・星.→〔乾 qián 坤②〕 ②時.時間.〔什么~了,还不节省点儿过日子〕どういう時世だと思っているのか,つましく暮らさなくちゃ. ③日々の暮らし.〔婆 pó 家的~不如娘家〕夫の家の暮らしは嫁の実家ほど良くはない.
日月经天 rìyuè jīngtiān 太陽と月が天をいく.〈喩〉永久に変わらない.〔~,江河行地〕同前.
日月如梭 rìyuè rúsuō 〈喩〉時は織機の杼(ひ)のように経つのが速い.→〔光 guāng 阴似箭〕
日晕 rìyùn 囚 日暈(ぐま).ハロー.→〔风 fēng 圈〕
日杂 rìzá 日用雑貨.〔~商店〕日用品を売る店.
日增 rìzēng 〈文〉日増しに増加する.〔~月盛〕〈成〉時と共に大きく盛んになる.
日照 rìzhào 囮 日照.〔长~植物〕長日植物.〔~计〕日照計.〔~时间〕〔可 kě 照时数〕日照時間.〔~补偿〕日照権に対する補償.
日者 rìzhě 〈文〉①過日.いつぞや. ②占い師.
日臻 rìzhēn 〈文〉日に日に…になる.〔~完善〕日ご

rì～róng

日支 rìzhī 〈文〉毎日の支出.
日祉 rìzhǐ ⇒[日安]
日至 rìzhì 夏至と冬至.
日志 rìzhì 日誌.[教室～]教室日誌.
日制 rìzhì 日本製(の).[进口～轿车]日本製の乗用車を輸入する.
日中 rìzhōng ①正午. ②春分と秋分.
日逐 rìzhú 毎日.
日妆 rìzhuāng 日中にふさわしい化粧.[晚 wǎn 妆〜]に対していう.
日字链 rìzìliàn 圈日字形くさり.
日子 rìzi ①期日.日取り.日(ᵖ).[特定的日.[今天什么～]今日は何か用のある日か.[〜都 méden た日.[〜已经定好了吗]日はちゃんと決まったかね.[还没有准 zhǔn 〜]まだはっきりした日が決まらない.[往前改〜]国取りを繰り上げる.[早に.〜]日取りを後の方へ動かす(繰り延べる).[择 zé 定〜]日取りを選んで決める.[今天是他结婚的〜]今日は彼が結婚する日だ. ②=[日子]日数.[〜过得真快]日の経つのは実に速い.[〜已经不多了]もうあまり日がない(もうすぐだ).[我去的〜不多]わたしが行った日数は多くない(長くは行っていなかった).[他走了有些〜了]彼が出発してからかなりの日数になる. ③境遇.暮らし.生計.[过〜]生活する.日を過ごす.[〜紧 jǐn 巴]暮らし向きが窮屈である.[〜过得很好][过着好〜]なかなか良い暮らしをしている.[近来他家的〜很不好过]近ごろ彼の家の暮らしはなかなか楽ではない.[近来他家的〜似乎很好]近ごろ彼の境遇はなかなかよいようだ.

日子口ㄦ rìzikǒur 〈方〉日.時.[口 ㄦ]は[关 guān 口]しすなわち関所.重要な所の意.[谁叫正赶上这〜了呢]ちょうどこの大切な日と一緒になるなんて,何てことだ.

日昨 rìzuó 〈文〉昨日.

[驲・馹] rì 固宿駅で使われた馬車.つぎうま.→[驿 yì 站]

[铒・鉺] rì 化[锗 zhě](ゲルマニウム)の旧名.

rong ㄖㄨㄥ

[戎] róng (I)〈文〉武器.兵器.〈転〉軍隊.[从 cóng〜]従軍する.

(II)固①西方の異民族(総称).[西 xī〜]史西戎. ②〈姓〉戎(ᵍ)

戎车 róngchē 固兵車.
戎狄 róngdí [戎翟]とも書く.〈喩〉蛮族: 古く西方異民族を[戎],北方異民族を[狄]といった.
戎服 róngfú ⇒[戎衣]
戎功 rónggōng 〈文〉大きな手柄.
戎行 róngháng 〈文〉軍の隊伍.軍隊.[久历〜]長く軍隊生活をしていた.
戎机 róngjī 〈文〉①軍機.戦機.[屡 lǚ 误〜]しばしば戦機を誤る. ②軍事.戦争.
戎葵 róngkuí ⇒[蜀 shǔ 葵]
戎卢 rónglú 圈西域の国名.
戎马 róngmǎ 〈文〉軍馬.〈転〉軍事.従軍.[〜生涯 yá]軍隊生活.[〜倥偬 kǒngzǒng]〈成〉軍務多忙.[〜生郊]〈成〉戦乱が身近で起こる.
戎蛮 róngmán 春秋現在の河南省境に居住した西戎の一支派:[戎曼]ともいう.
戎器 róngqì 〈文〉兵器.武器.
戎士 róngshì 〈文〉兵卒.兵士.
戎事 róngshì 〈文〉軍事.

戎首 róngshǒu 〈文〉①戦争の首謀者.火つけ役.[甘为〜]甘んじて火つけ役になる. ②軍の総帥.
戎菽 róngshū ⇒[豌 wān 豆]
戎伍 róngwǔ 〈文〉隊伍.
戎盐 róngyán [岩 yán 盐]
戎衣 róngyī [戎服]〈文〉軍服.
戎政 róngzhèng 〈文〉軍政.軍事業務.
戎装 róngzhuāng 〈文〉軍装.

[狨] róng ①動マーモセット(総称):[绢 juàn 毛猴](キヌザル)は通称.[狮 shī 毛〜]ともいう.[普 pǔ 通〜]コモンマーモセット.[倭 wō〜]ピグミーマーモセット. ②古く[绒]に通用した.

[绒・絨(羢・毧)] róng ①〈ず毛毛:特に羊の細毛.[山羊〜]やぎの同前.→[底 dǐ 绒] ②団けば仕上げの織物.[法 fǎ 兰〜]フランネル.[长 cháng 毛〜]絹綿ビロード.フラシ天.モヘア.[天鹅 é〜]ビロード.ベルベット.[丝 sī〜]シルクビロード.→[绒②][剪 jiǎn 绒] ③团繊維の糸目.[这棉花不错,棉一根长にとてもよい,糸目が長い. ④团刺繍の練り糸.[〜绣 xiù]同前を用いた刺繍.

绒蚁 róngbié 国ビロードムシ.ビロードコガネ:[金 jīn 龟子](コガネムシ)の一種.
绒布 róngbù ②綿ネル.[〜娃娃]同前の縫いぐるみの人形.[〜熊 xióng 猫]同前のパンダの縫いぐるみ. →[法 fǎ (兰) 绒][毛 máo 布][毯 tǎn 子]
绒花布 rónghuābù 団さらし木綿.
绒花(ㄦ) rónghuā(r) ビロードで作った造花.→[丝 sī 绒]
绒花树 rónghuāshù ⇒[合 hé 欢①]
绒货 rónghuò フラノ·フランネルなどの衣服(総称) →[料纲]
绒裤 róngkù 图ビロードのズボン.
绒料 róngliào フラノ·フランネルなどの布地.→[绒货]
绒毛 róngmáo ①生理絨(ᵈ)毛.柔毛起. ②動物の毛で細く短いもの.わたげ. ③団けば.
绒帽 róngmào 图ビロードの帽子.
绒面革 róngmiàngé スエード革.
绒呢 róngní ⇒[呢绒]
绒绳(ㄦ) róngshéng(r) 太い毛糸.→[毛 máo 线]
绒鼠 róngshǔ 動①ビロードネズミ(総称). ②チンチラ:[长 cháng 尾龙猫]の俗称.
绒绣 róngxiù (子) ①じゅうたん. ②毛布.
绒头绳(ㄦ) róngtóushéng(r) ①髪をくくるひも. ②〈方〉毛糸.
绒线 róngxiàn 〈方〉毛糸: ふつう[毛 máo 线]という.[〜衫]〈方〉セーター.ジャケット.[〜儿铺 pù]糸屋.小間物店.
绒绣 róngxiù 毛糸の刺繍.
绒衣 róngyī 厚手のメリヤスシャツ:[〈方〉卫 wèi 生衣]ともいう.
绒毡子 róngzhānzi 毛織りの敷物.

[肜] róng ①〈文〉古代の一種の祭祀: 祭りの翌日に行う祭り. ②〈姓〉肜(ᵍ)

[荣・榮] róng ①繁る.〈喩〉繁栄(す)る.栄える(る).[春〜冬枯]春に茂り冬に枯れる.[市面繁〜]商売が繁盛する.[欣 xīn 欣向〜]〈成〉生き生きとして栄えるさま. ②[〈光〉〜]光栄(である).栄誉(ある).[〜立二等功]光栄にも第2級の勲功を立てる.↔[辱 rǔ ①] ③地名用字.[〜县]四川省にある. ④〈姓〉荣(ᵍ)

荣哀录 róng'āilù 追悼録.
荣便 róngbiàn 〈文〉幸便.
荣耻 róngchǐ ⇒[荣辱]

1449

róng 荣嵘蝾茸容

荣宠 róngchǒng 〈文〉恩寵.〔甚欲避～,以病上书乞身〕(後漢書·李通伝)恩寵を受けることを強く辞退しようとし,病気を理由として辞職願いを出した.

荣达 róngdá 〔贬〕栄達する:高い身分·地位を得る.

荣登 róngdēng 光栄ある位置に立つ.〔～全国冠军宝座〕めでたく全国優勝の座につく.

荣典 róngdiǎn 栄典.

荣光 róngguāng ①〈文〉五色の雲. ②栄光.栄耀.

荣归 róngguī =〔荣旋〕光栄ある帰郷をする.

荣华 rónghuá 草木の花が開くこと.〈喩〉栄華.〔～富贵〕〈貶〉世に時めきぜいたく栄華をきわめる.

荣获 rónghuò 光栄にも…を獲得する:多く競技会で入賞すること.

荣纪 róngjì 光栄にも記録される.

荣军 róngjūn =〔荣誉军人〕

荣枯 róngkū 〈文〉繁栄と没落.栄枯盛衰.

荣兰 rónglán ⇒〔露 lù 兜树〕

荣利 rónglì =〔贬〕栄華と利益.〔不慕～〕栄華や利益に心をうごかさない.

荣禄 rónglù 〈文〉名誉と褒章.

荣民 róngmín 〈方〉栄誉国民:退役軍人への称.

荣名 róngmíng 〈文〉誉れ.よい評判.〔死有遗业,生有～〕(淮南子)死しても後に立派な業績を残し,生きている間は誉れが高い.

荣迁 róngqiān 〈尊〉栄転(する)

荣儿 róngr 〈方〉卵の黄身の部.〔鸡子儿～〕同前.

荣任 róngrèn 〈尊〉ご就任(になる).光栄にも…に任ぜられる.〔～何处〕御勤務地はどちらですか.〔过什么地方〕どういうところを歴任されましたか.

荣辱 róngrǔ =〔荣耻〕〈文〉光栄と恥辱.〔～与共〕苦楽を共にする.喜びも悲しみもわかち合う.

荣升 róngshēng〈尊〉栄達する.〔祝贺你～科长〕課長ご昇任おめでとうございます.

荣桐 róngtóng 〔桐①〕(キリ)の古称.

荣退 róngtuì 誉れ高く退職する.

荣衔 róngxián 光栄ある肩書

荣显 róngxiǎn 〈文〉立身出世する.

荣行 róngxíng 〈尊〉出発(する).〔几时～〕いつご出発になりますか.

荣幸 róngxìng 光栄(である).〔曷 hé 胜～〕身に余る光栄である.〔非常～〕非常に光栄に思う.〔我～地收到您的来电〕御来電をいただき光栄に存じます.

荣旋 róngxuán ⇒〔荣归〕

荣耀 róngyào 光栄.栄耀.

荣膺 róngyīng 〈文〉光栄にも…を担当する.…の栄を受ける.〔～司令部的要职〕司令部の要職にご就任になる.〔～新命〕新しい任務の栄誉を受ける.

荣誉 róngyù 栄誉.〔～称 chēng 号〕名誉称号.〔～市民〕名誉市民.〔～学位〕名誉学位.〔～主席〕名誉主席.〔～感〕栄誉に対する感じ方.〔～归于党〕栄誉は党のものである.

荣誉军人 róngyù jūnrén =〔荣军〕傷痍軍人.〔荣军证〕戦功証明書.

荣誉券 róngyùquàn 贊助券:入場券の規定価格に,義援金額を付加したもの.

荣原 róngyuán ⇒〔蝾②〕

荣字头(儿) róngzìtóu(r) 漢字部首の"艹":〔劳 láo 字头(儿)〕ともいう.→付録1

荣宗耀祖 róngzōng yàozǔ 〈成〉祖先の名を輝かせる:〔光 guāng 宗耀祖〕に同じ.

〔嵘·嶸〕 róng →〔峥 zhēng 嵘〕

〔蝾·蠑〕 róng ①〔～ 螺 luó〕拳 quán yuán〕〔荣原〕 イモリ. ②〔～ 螈 yuán〕〔荣原〕 イモリ.

〔茸〕 róng ①(芽吹いた葉や毛髪の)細く柔らかなさま.〔春草茸 xiān ～〕春の草の細く柔らかい葉.〔绿 lù ～～的草地〕緑の柔らかな草地. ②鹿茸(zhǒng).鹿の袋角:雄鹿の生えかかってまだ細い毛がついて血の通っている角をとって乾燥したもの.強壮の薬材として用いられる.〔鹿 lù ～〕は通称.〔关东三宝〕の一.〔参 shēn ～〕人参と鹿茸.〔～片〕鹿茸を薄く削ったもの.〔蒲 pú ～〕蒲の穂(の白い毛).→〔香 xiāng 蒲〕

茸客 róngkè 鹿の別称.

茸毛 róngmáo 細く柔らかい毛.綿毛.

茸母 róngmǔ ⇒〔鼠 shǔ 曲草〕

茸茸 róngróng (草·毛が)短く密で柔らかいこと.〔～的头发〕ふさふさとした柔らかい髪.

〔容〕 róng (Ⅰ)①容(い)れる.収容する.〔内～〕内容.〔能～三十人〕30人収容できる.〔这屋子～不下这么些人〕この部屋はこんなに多くの人は容れられない. ②大目に見る.許す.〔彼此不能相～〕お互いに相手を受け容れることができない.〔大量~人〕度量が大きくて人を許す.〔不~人说话〕人が話をするのを許さない.〔不~他分辩〕彼に有無を言わせない.〔决不~狡 jiǎo 赖〕決してずるさを許さない.〔又不~辞〕成〉大義名分上断わることが許されない. ③猶予する.余裕を与える.期日(期限)を延ばす(ゆるめる).〔～他一天工夫〕彼に1日の余裕を与える. ④…を待って.いずれ(後で).〔～再商量〕いずれまた相談する.〔余一面陈〕〔贬〕後はいずれお会いの節に詳しく申し上げます. ⑤〈文〉あるいは.ひょっとすると.〔～有可〕あるいは採るべき点があるかもしれない.〔招待～有未周〕もてなしの行き届かない点があるかもしれない. ⑥地名用字.〔～县〕広西チワン族自治区. (7)〈姓〉容(é)
(Ⅱ)①表情.気配.〔笑 xiào ~〕笑顔.〔怒 nù ~〕怒った顔.→〔脸 liǎn ①〕 ②容貌.姿かたち.顔立ち.〔仪 yí ~〕容姿. ③様子.状況.〔市 shì ~〕街の状況.〔军 jūn ~〕軍隊の装備·規律や軍人の服装など.〔阵 zhèn ~〕陣容.

容表 róngbiǎo 〈文〉容貌.風采.

容长脸儿 róngchángliǎnr ⇒〔长方脸(儿)〕

容成 róngchéng ①人黄帝の時,暦法を作ったといわれる史官. ②〔容成公〕

容盛 róngchéng 受容し盛り込む.採り入れる.〔容不～〕採り入れないものはない.

容错 róngcuò ①誤りを容認する. ②電電フォールトトレラント.

容待 róngdài =〔容俟〕〈文〉待つ.いずれ(そのうち)に).〔~一面晤 qià〕いずれ(そのうち)にて面談する.

容当 róngdāng 当然…すべきである.

容当面谢 róngdāng miànxiè ⇒〔容图面谢〕

容电器 róngdiànqì ⇒〔电容器〕

容范 róngfàn 〈文〉容貌と人品.

容共 rónggòng 共産党·共産主義を許容する.

容光 róngguāng ①人の面貌. 〔~焕 huàn 发〕容貌が輝くばかりである. ②かすかに光が入る.〈喩〉ちょっとのすき間.

容后 rónghòu ①後日(に). ②後に譲る.

容华 rónghuá ①〈文〉美しい容貌. ②人漢代の有名な女官.

容缓 rónghuǎn 期日を延ばす.猶予する.〔刻 kè 不～〕一刻も猶予できない.

容或 rónghuò =〔容许②〕あるいは…かもしれない:〔或 huò 许〕に同じ.〔这类事情,旧中国～有之〕この種の事件は古い中国ならばあったかもしれない.

容积 róngjī 容積.〔～率〕容積率.

容谅 róngliàng 〈文〉諒とする.諒察(chá)する.

容量 róngliàng 容量.〔～瓶〕〔量 liáng 瓶〕化 メス

容溶蓉熔   róng

フラスコ.
容留 róngliú 収容してやる.収容する.留めおく.
容貌 róngmào =〔容像〕容貌.容姿→〔相 xiàng 貌〕
容纳 róngnà ①収容する.入れる.〔这个宿舍改建后可以~三百个学生〕この宿舍は建てかえ後には300人の学生を収容できる.〔~不开〕置き(並べ)きれない.〔~不下〕入りきれない.②受けいれる(入れ許す).包容する.
容乞 róngqǐ 〈白〉許しを請う.〔~暂请公荪先生下山〕(水53)公孙先生にしばらく山から下りてくださることの許しを請う.
容器 róngqì 容器.入れ物.
容情 róngqíng 大目に見る.お情けで許す;多く否定に用いる.〔从严法办,决不~〕法律によって厳重に処罰し,情実で許すことは決してしない.
容让 róngràng 譲歩する.我慢して譲る.〔你是他的哥哥,要~他一些〕おまえは兄なんだから,少しは譲ってやらねばならない.
容人 róngrén 許容する.寛容である.〔~之量〕同前の度量.〔忍事〕物事を我慢し人を許してやる.
容忍 róngrěn 我慢(辛抱)して許す.耐え忍ぶ.〔已经到了不可~的地步〕すでに耐えがたいところまできている.
容日 róngrì 〈文〉いずれ.後日.〔~申謝〕後日お礼を申し述べます.〔~趨 qū 谭〕〔牘〕他日お訪ねして申し上げます.
容色 róngsè 表情.顔色.顔かたち.容貌.容姿.
容身 róngshēn 身を置く.身をいれる.〔~之地〕身を落ち着ける場所.
容受 róngshòu 受け入れる.容れる.
容恕 róngshù 〈文〉容赦する.勘弁する.
容俟 róngsì ⇒〔容待〕
容态 róngtài 〈文〉容貌と態度.
容头过身 róngtóu guòshēn 〈成〉頭がもぐり込めば身体まで通す:とにかくできればそれで済ませる.→〔得 dé 过且过〕
容图面谢 róngtú miànxiè =〔容当面谢〕〔牘〕いずれお目にかかってお礼申し上げたく存じます.
容膝 róngxī 膝を入れるだけしかない.〈喩〉場所が狭い.〔不过~〕体を容れるくらいの広さしかない.
容限 róngxiàn 公差.許し代(しろ)
容像 róngxiàng ⇒〔容待〕
容心 róngxīn 心に留める.関心をもつ;多く否定に用いる.〔无所~〕心に留めることがない.〔全不~〕まったく関心をもたない.
容许 róngxǔ ①許容する.〔这是不能~的〕これは許せないことだ.②⇒〔容或〕
容颜 róngyán 容貌.
容仪 róngyí 容姿と風采.
容易 róngyì ①容易である.たやすい.〔说着~,做着难〕言うのはやさしいが,やるのは難しい.〔好~〕〔好不~〕やっとのことで.②簡単にできる.〔~实行〕.〔很不~实行〕なかなか実行しにくい.③起こりやすい.…しがちである.〔他还年轻,很~得罪人〕彼はまだ年が若くて,よく人の感情を害しがちだ.
容悦 róngyuè 〈文〉機嫌をとる.不問是非,但求~于人,总不是正路〕善悪にかかわらずだれの機嫌をとるだけというのは,何といってもまともなやり方じゃない.
容载 róngzǎi 包容する.
容止 róngzhǐ 物腰.態度.
容质 róngzhì 〈文〉容貌と気質.〔~甚 shèn 美〕容貌も気質も非常に優れている.
容重 róngzhòng 〔物〕単位容重.
容注 róngzhù ⇒〔溶注〕

容装科 róngzhuāngkē 〔劇〕(旧劇の)扮装・衣装係.
容姿 róngzī 容姿.〔~秀美〕容姿秀麗.

[溶] róng
①溶ける.〔盐 yán 放在水里,~成咸 xián 水〕塩を水の中に入れると,溶けてしょっぱい水になる.②〔溶溶〕
溶洞 róngdòng =〔吊 diào 洞〕鐘乳洞.石灰洞.
溶化 rónghuà ①固体が溶ける.溶解する.〔盐在水里~〕塩は水の中で溶ける.②〔融化〕
溶汇 rónghuì ⇒〔融汇〕
溶剂 róngjì 〔化〕溶媒;〔溶媒〕は旧称.
溶剂汽油 róngjì qìyóu 〔化〕ナフサ.②石油ベンジン.
溶胶 róngjiāo =〔液 yè 胶〕〔化〕ゾル.コロイド溶液.→〔凝 níng 胶〕
溶解 róngjiě 〔化〕溶解(する).〔~度 dù〕溶解度.〔~热 rè〕溶解熱.
溶菌素 róngjūnsù 〔医〕溶菌素.
溶媒 róngméi ⇒〔溶剂〕
溶溶 róngróng 〈文〉①水勢の盛んなさま.②広大なさま.③明るく白いさま.〔~月色〕同前の月光.
溶蚀 róngshí 侵食する.
溶体 róngtǐ 〔化〕溶液.
溶田 róngtián 〔農〕(代搔(がき)のため)田に水を引く.
溶性油 róngxìngyóu 〔化〕可溶油.
溶穴 róngxué 〔地〕同前.
溶漾 róngyàng 波打つ:波がきらきら揺れ動くさま.
溶液 róngyè 溶液.
溶胀 róngzhàng 汲水膨張.
溶质 róngzhì 〔化〕溶質.→〔溶剂〕
溶注 róngzhù 傾注する:〔容注〕〔融注〕とも書く.〔~心血,心血を注ぐ.

[蓉] róng
①〔芙 fú ~〕フヨウ(芙蓉).②〔食〕豆や果実をこし餡(あん)状にしたもの:月餅などに入れる.〔豆 dòu ~〕豆の同前.〔莲 lián ~〕蓮の実の同前.③〔地〕四川省成都市の別称.〔~城 chéng〕同前.④〈姓〉蓉.

[熔(鎔)] róng
(熱を加えて金属あるいは鉱物を)溶かす.溶解する.
熔池 róngchí 〔冶金〕溶融池.
熔弹 róngdàn 〔地〕火山弹:火山噴出物の一.
熔点 róngdiǎn 同下.
熔度 róngdù =〔熔点〕溶解度.
熔断 róngduàn 溶解切断する.〔~器〕ヒューズボックス.
熔合 rónghé 融合する.
熔化 rónghuà (金属が)融解(する).溶解(する).溶かす;〔熔解〕〔熔融〕ともいう.〔~点〕〔熔(融)点〕〔物〕融点.〔~物〕熔成物.〔~热〕融解熱.
熔剂 róngjì 〔冶〕〔助 zhù 熔剂〕
熔解 róngjiě ⇒〔熔化〕
熔块 róngkuài 〔化〕①クリンカー.燒塊(よう):セメント製造の過程で,粘土石灰などを焼成して作られた塊.②金くそ:溶鉱炉の中にできる不容解物の塊.
熔蜡铸造法 róngjì zhùzàofǎ 〔工〕蠟で作った模型によって溶解する方法で,その後に融解を熔かして,〔铁水(溶解した銑鉄)〕を流し込む鋳造法.
熔炼 róngliàn ①=〔熔冶〕(金属)を溶かす(して精練する).②〈喩〉人を鍛錬する.
熔炉 rónglú ①金属を溶かす炉.〔熔铁炉〕溶鉱炉.②〈転〉思想・人格の鍛錬の場.〔革命的~〕革命の厳しい試練.
熔融 róngróng ⇒〔熔化〕
熔(融)点 róng(róng)diǎn =〔熔化点〕〔物〕融点.〔~表〕融点一覧表.
熔体 róngtǐ ヒューズ.→〔熔断器〕

熔岩 róngyán 図溶岩.〔～(细)流 liú〕溶岩流.火砕流.

熔冶 róngyě ⇒〔熔炼①〕

熔渣 róngzhā =《方》垃 lā 圾②〕スラグ:冶金(ホャン)などで生ずる金属の残渣(ダ゙)

熔铸 róngzhù 溶かして鋳る.鋳込む.〔～生铁〕銑鉄で鋳造する.

熔锥 róngzhuī 囗ゼーゲル錐.

[瑢] róng →〔玜 cōng 瑢〕

[榕] róng ①〔～树 shù〕図ガジマル.ガジュマル.榕樹.〔～厦 shà〕同前の広い林.〔～须 xū〕榕樹の垂れさがった気根. ②福建省福州市の別称.〔～城〕〔～海〕同前.〔～腔 qiāng〕福州なまり.

[镕·鎔] ①〈文〉(鋳造用の)型. ②〈喩〉規範.見本. ③古矛に似た武器.→〔熔〕

[融(螎)] róng ①(熱にあって)溶ける.〔一见太阳,雪就～了〕太陽にちょっとあたると雪はすぐ溶けた.〔蜡 là 烛因天热～化〕ローソクが暑さで柔らかくなる. ②流通(融通)する.〔金～〕金融. ③うちとけて和らぐ.〔~洽 qià ~〕水と乳が一つに溶け合う.〈喩〉よく調和し関係がうまくいく. ④地名用字.〔～县〕図広西チワン族自治区にある. ⑤〈姓〉姓(ミ゙)

融畅 róngchàng 〈文〉のびのびとしている.滞るところがない.

融风 róngfēng 立春のころに吹く東北風.

融贯 róngguàn ⇒〔融会贯通〕

融埚 róngguō ⇒〔坩 gān 埚〕

融合 rónghé =〔融和②〕融和する.

融和 rónghé ①(天气が)暖かい.のどかである. ②同上. ③うちとける.〔~无间 jiàn〕うちとけて、隔てがない.

融化 rónghuà =〔融解〕〔化②〕(氷・雪などが)融解する.溶解する.溶ける.〔雪完全～了〕雪がすっかり溶けてしまった.

融汇 rónghuì =〔溶汇〕融然として一つに集まる.とけて集まる.

融会 rónghuì 融合する.溶け合う.

融会贯通 rónghuì guàntōng 〈成〉あらゆる点から勘案して全面的理解を得る.〔融贯〕ともいう.

融解 róngjiě =〔融化〕

融洽 róngqià 融和する.うちとける.〔夫妇间的感情不～〕夫婦間の気持ちが溶け合っていない.

融融 róngróng ①〔赡 〕むつまじく楽しげなありさま.うち溶け合っているさま.

融融 róngróng 〈文〉①なごみ楽しむさま. ②のどかである.〔春光～〕春の日がうららかである.

融蚀 róngshí 図水に溶けて侵食される(こと)

融调 róngtiáo 溶けて混じり合う(わせる).〔双方意见～,所有问题均顺利解决〕双方の意見を融合させれば、どんな問題でもうまく解決する.

融通 róngtōng ①融通する.滞りなく通じる.(金銭などを)都合する.〈~票据〉図融通手形. ②整合させる.〔这是一了几种原则研究出来的办法〕これはいくつかの原則を整合させ研究してできた方法である. ③気持ちを通じ合わせなごませる.

融雪剂 róngxuějì 融雪剤.〔洒～〕同前をまく.

融液 róngyè 固体の溶融液.

融资 róngzī 〔～款〕ファイナンスリース.〔～路踏〕資金調達ルート.

融注 róngzhù ⇒〔溶注〕

[冗(宂)] rǒng ①むだ(である).よけい(である). ②〔删汰泛~的词句〕まとまりのないよけいな字句を削る.→〔冗词赘句〕 ②煩わしい.繁雑である.〔~繁 fán〕〈文〉同前. ③多忙.繁忙.〔拔~参加〕多忙の中から参加する.〔事务繁~〕事務が繁忙である.

冗笔 rǒngbǐ むだな筆つかい.むだな言葉.

冗长 rǒngcháng くどくどしく長い.冗長である.〔～的讲话〕長ったらしい発言.

冗词赘句 rǒngcí zhuìjù 〈成〉余計な文句.

冗费 rǒngfèi 〈文〉むだな出費.

冗官 rǒngguān 囗無用の役人.

冗末 rǒngmò 〈文〉下品で雑駁である.〔人品~〕人品が同前.

冗冗 rǒngrǒng 〈文〉①煩わしく多いさま. ②人が多いさま.

冗弱 rǒngruò 〈文〉(文章が)冗長で勢いがない.

冗散 rǒngsǎn 〈文〉①閑散としている. ②散漫である.

冗务 rǒngwù 繁雑な事務.〔~缠身〕繁雑な事務に追われる.

冗余 rǒngyú 余分である.余計である.

冗员 rǒngyuán 冗員(イン).〔裁 cái 汰~〕余剰人員を削減する.

冗杂 rǒngzá 繁雑である.

冗职 rǒngzhí 無用の官職(ポスト)

冗赘 rǒngzhuì (文句などが)冗長である.

[毧(毦·毧)] rǒng (毛が)細くて柔らかい.〔~毛〕同前の毛.綿毛.→〔茸 róng 毛〕

rou ㄖㄡ

[厹] róu 〈文〉野獣の足あと. → qiú

[柔] róu ①柔らかい.↔〔刚 gāng (I)①〕 ②柔らかくする.→〔柔麻〕 ③優しい.穏やか(である).〔性情温～〕性質が柔和である.〔性情～弱〕気性が柔弱である.〔~能克刚〕〔~能制刚〈成〉柔よく剛を制す. ④懐柔する.安撫する.〔怀 huái ~〕同前. ⑤〈音訳〉(ギリシア文字)ρ ロー.→〔希 xī 腊字母〕 ⑥〈姓〉姓(ξ゙)

柔板 róubǎn 図アダージョ.

柔肠 róucháng 〈文〉思いやりのある心根.〔~一寸断〕〈喩〉優しくてはらわたがちぎれる.〔~百结〕〈喩〉種々の悲しみや苦しみが胸中にわだかまる.

柔道 róudào 図柔道.

柔佛 róufó 図ジョホールバル:マレー半島南端の都市.〔新 xīn 山〕ともいう.

柔翰 róuhàn 〈文〉筆.

柔和 róuhé ①(気候などが)温和である.〔热得~〕暑さが穏やかである. ②(感じが)柔らかである.〔啤 pí 酒~〕ビールが口あたりがいい.〔手感~〕手ざわりが柔らかい.

柔滑 róuhuá すべすべして柔らかい.

柔化 róuhuà 柔らかになる.軟化する.

柔静 róujìng 穏やかで落ちついている.〔~的气氛〕平静な気分.

柔吕 róulǚ 図古音韻学で、〔撮 cuō 口呼〕をいう.→〔四 sì 呼〕

柔律 róulǜ 図古音韻学で、〔合 hé 口呼〕をいう.→〔四 sì 呼〕

柔麻 róumá 麻を水に浸して柔らかくする.

柔曼 róumàn 〈文〉①柔らかで光沢がある. ②柔かく感じられる.

柔毛 róumáo ①柔らかい毛. ②羊の古称.

柔美 róuměi 穏やかで美しい.〔~的乐曲〕柔らかく

美しい楽の調べ.
柔媚 róumèi ①柔らかで穏やかである.〔~的晚霞〕美しい夕焼け. ②しとやかで愛嬌がある.〔~的少女〕同前の乙女.
柔摩 róumó 〔文〕柔弱で振るわない.
柔密 róumì 柔らかで密である.〔~的长发 chángfà〕柔らかでふさふさしたロングヘア.
柔嫩 róunèn 生えたてのように柔らかい.〔~的幼苗〕柔らかい若芽.〔~的柳条〕柔らかな柳の枝.
柔腻 róunì 柔らかく脂がのっている.
柔懦 róunuò 〔文〕軟弱(である)
柔情 róuqíng 優しい心情.〔~媚 mèi 骨〕にこにこして媚びへつらうこと.〔~蜜 mì 意〕甘美な恋ごころ.
柔然 róurán 因古代種族名で,〔北狄〕の一:〔東胡〕の別種族で,内外蒙古を統一したこともあったが,のち〔突 tū 厥〕に滅ぼされた.
柔韧 róurèn 柔軟で強い.
柔日 róurì 〔文〕十干のうちの乙·丁·己·辛·癸の日.〔对于读书,中国的前人本有一套讲究,他们定出了刚日读经,~读史的办法,借以调剂读书的兴趣〕読書に対し,中国の昔の人はもともとあるしきたりがあって,甲·丙·戊·庚·壬の日には経書を読み,乙·丁·己·辛·癸の日には史書を読み,読書の興味を調節することにしていた. ↔〔刚 gāng 日〕
柔茹 róurú 〔文〕軟弱である.〔~刚吐 tǔ〕〔成〕弱きをくじき強きを避ける.〔据柔茹之,刚则吐之〕〔詩経·大蕩巻〕柔ならば之を食い剛ならば之を吐く.〔~寡 guǎ 断〕〔成〕軟弱で果断に乏しい.
柔软 róuruǎn しなやかである.〔穿着~的衣裳,好舒服〕柔らかな服を着ると,とても気持ちが良い.〔~体 tǐ 操〕柔軟体操.
柔润 róurùn ふっくらとしてみずみずしい.
柔弱 róuruò 柔弱(である).軟弱(である).〔身体~〕体が弱い.〔~的幼苗〕柔らかい若芽.
柔色 róusè 〔文〕優しくなごやかな顔つき.〔~以温父母〕優しく父母に仕える.
柔声 róushēng 穏やかな(優しい)声.
柔术 róushù 囚柔術.柔道.
柔顺 róushùn 柔順である.素直でおとなしい.〔~剂〕柔軟剤.
柔坛 róután 囚柔道界.
柔汤 róutāng 中医薬性の温和な煎じ薬.
柔荑 róutí 植ツバナ(茅花).〔~花序〕ツバナの花序.〔~似的~手〕女性の柔らかい手.
柔婉 róuwǎn ①音調がやわらかい. ②温和でしとやかである.
柔细 róuxì 柔かく細い.〔~的柳条〕しなやかで細い柳の枝.
柔性 róuxìng ①囮柔性.↔〔刚 gāng 性①〕 ②柔軟性.〔~流动〕都市の戸籍や身分ではなく,西部の未発達地域で就業するやり方.〔~宪 xiàn 法〕囚軟性憲法.
柔质 róuzhì 旧(女性の)従順の美徳.
柔枝嫩叶 róuzhī nènyè 若枝と若葉.〔喩〕しなやかな妙齢の少女.

[**揉**] **róu** ①(手のひらで)こする.揉む.〔把纸~成球儿〕紙をもんで丸める.〔~红了〕こすって赤くなった.〔~法〕中医(按摩で)つぼを揉んでする療法.〔扭 niǔ 了筋,赶快好了〕筋を違えたら,ちょっと揉めばよくなる.〔砂 shā 子进到眼里可别~〕砂が眼に入ってもこすってはいけない. ②手でこねる.〔~一面 miàn〕小麦粉をこねる. ③〔文〕曲げる.→〔揉搓②〕 ④〔文〕矯正にさせる.
揉搓 róucuo ①(手で)揉む.〔把筱纸~成一团〕屑紙を揉んで丸める.→〔揉 ruó 搓〕 ②〔口〕なぶりにする.踏みつける.いじめる.〔~人〕人をいじ

める.〔在新社会里谁也不敢~谁了〕新しい社会では誰も他人をあえて踏みつけにしようなどとはしない.〔累得浑身痛,还经得住你这么~〕疲れてあちこち痛いのに,そのうえおまえからそんなになぶりものにされてたまるものか.→〔揉磨〕
揉合 róuhé こね合わせる.こねて混ぜ合わせる.
揉和 róuhé ①おとなしい.控え目である.〔光线~〕光線がやわらかい. ②柔らかである.
揉开 róukāi こね散らす.
揉蓝 róulán 〔文〕タデアイから採った濃い藍色の染料.〔转〕色藍色(の).
揉轮 róulún 〔文〕木を曲げて車輪を作る.〔鞣轮〕とも書く.〔朝~而夕欲乗车〕(管子·七法)朝に車を作って夕には乗ろうなどと(管子·七法)考える.
揉磨 róumo 〔方〕なぶる.〔把人~得起急〕人をなぶりものにしてカッとならせる. →〔揉搓②〕
揉球 róuqiú 小円球で指を揉む:健康法の一.
揉儿铺 róurpù 〔白〕貴金属·宝石などを買い入れる店.
揉洗 róuxǐ 揉み洗いをする.
揉心 róuxīn 気を揉む.
揉杂 róuzá 〔文〕乱雑である.〔皆粲然成章,不相~〕(世説新語·上)すべて燦(さん)として立派な文章にあり乱雑な文句は混じっていない.

[**鞣·輮**] **róu** 〔文〕①車輪の外輪. ②火であぶって木を曲げる;〔揉〕に同じ.〔~木为轮〕〔~轮〕〔揉轮〕木を曲げて車輪を作る.

[**糅**] **róu** 混じり合う.ごちゃまぜになる(する).〔杂 zá ~〕〔~杂〕混じり合う.混在する.〔~杂难分〕ごちゃ混ぜになって分けにくい.〔~杂不纯〕ごちゃ混ぜになって不純である.〔真偽~杂〕本物と偽物がごちゃごちゃになっている.
糅合 róuhé ごちゃまぜにする.〔~为一〕混じり合って一つになる(する):多く一緒になるのが具合悪い時に用いる.

[**蹂**] **róu** 〔文〕(足で)踏みつける.
蹂践 róujiàn ①踏みつける. ②〈喩〉人を害する.いじめる.〔你别把人家的孩子~坏了〕あの人の子どもをひどくいじめるな.
蹂躏 róulìn 蹂躏(じゅうりん)する.踏みつける.踏みにじる.〔惨 cǎn 遭~〕無残に蹂躏される.〔不许侵 qīn 略主义者再来~〕侵略主義者が再び蹂躏すること を許さない.

[**鞣**] **róu** ①なめす.〔~皮(子)〕皮をなめす.〔这块皮子已经~过了〕この皮はもうなめしてある.〔这皮子~得不够熟〕この皮はなめしがじゅうぶんできていない. ②なめし革.〔熟 shú 皮〕ともいう.〔~硝 xiāo〕
鞣膏 róugāo 皮なめし用タンニンエキス.
鞣革 róugé 皮をなめす.
鞣剂 róujì なめし剤:皮なめし用タンニン剤·クロム鞣剤·魚油など.
鞣酸 róusuān =〔丹 dān 宁酸〕囮タンニン酸.〔~蛋 dàn 白〕〔白蛋丹宁〕囮タンニン酸アルブミン(タンナルビン).
鞣制 róuzhì なめす.〔把~皮张的手艺传给徒弟〕獣皮をなめす技術を弟子にさげける.

[**煣**] **róu** ⇒〔鞣②〕

[**肉**] **ròu** ①肉.食肉:豚·牛·羊などの獣肉.単に〔~〕といえば,多く豚肉を指す.〔买一块~(豚)〕豚肉を買う.〔猪 zhū ~〕豚肉.〔羊 yáng ~〕羊肉.〔牛 niú ~〕牛肉.〔不爱吃~,吃点儿鱼吧〕肉が嫌いなら魚でも食べなさい.〔不但有~,还有

鶏、魚〕(豚)肉のほか鶏肉や魚肉もある.〔~鴿 gē〕食用鳩.〔~丁兒〕(骨格に対する)肉体.〔肌 jī~〕筋肉.〔身体胖了,又长 zhǎng ~了〕体が太ってまた肉がついてきた.〔由我身上掉下来的〕(老舍·龍須溝)わたしの腹を痛めた子. ⑧果実類の実.果 肉.〔果 guǒ~〕同 前.〔桂 guì 圆 ~〕〔龙 lóng 眼~〕竜眼の果肉.〔冬瓜~厚〕冬瓜は肉が厚い.〔口 ~ぐにゃっとしている.〔这西瓜瓤儿 rángr 太~〕この西瓜は歯ざわりが悪い.↔〔脆 cuì ②〕⑤〈口〉ぐずである.はきはきしない.〔做事~〕仕事がのろい.〔~脾 pí 气〕〔~性儿ぐずな質(な).〔手练 ~〕武芸の腕が鈍い.〔到这时候儿还没收拾完,怎么这么~哇〕今になってもまだ片付けが終わらないとは,どうしてそんなに~なんだ.〔他是个~性的人〕彼ははきはきしない性の人間だ.〔那个人真~,踢不出个屁来〕彼は一向にはきはきせず,ウンともスンとも反応がない.↔〔脆 cuì ②〕

肉案(子) ròu'àn(zi) ①肉切り台. ②〈転〉肉屋.
肉包儿 ròubāor 同下.
肉包子 ròubāozi =〔包儿〕食肉まんじゅう.〔~打狗,一去不回头〕肉まんじゅうで犬を打つ.〈歇〉行きっぱなし.鉄砲玉.〔他是~打狗〕彼は鉄砲玉だ:肉まんじゅうで犬を打つみたいなもので,飛んで行ったが最後帰って来ない.
肉饼 ròubǐng 食①肉入りパイ:豚などのひき肉の餡(父)を包み込んだもの. ②⇒〔肉酱〕
肉搏 ròubó とっくみ合う.格闘する.〔~战 zhàn〕〔白 bái 刃战〕白兵戦.→〔搏〕
肉畜 ròuchù 肉用種の家畜.
肉垂 ròuchuí (シチメンチョウなどの)肉垂.
肉刺 ròucì うおのめ.
肉苁蓉 ròucōngróng 植ホンオニク:ハマウツボ科の全寄生植物.砂漠地帯の灌木の(梭 suō 梭)(ササボク)の根に寄生する.乾燥肉質茎を〔肉苁蓉〕また〔大芸苁蓉〕といい強壮·強精薬とする.〔地 dì 精 ③〕は別称. →〔草 cǎo 苁蓉〕
肉店 ròudiàn 肉屋.
肉疔 ròudīng 中医粒状の腫れ物.
肉丁(儿) ròudīng(r) さいの目に切った肉.〔肉钉(儿)〕とも書く.〔~炸 zhá 酱〕同前とみそを油で炒めたもの:麺にかけて食べる.
肉冻(儿) ròudòng(r) 肉の煮こごり:肉を皮あるいは筋とば長時間煮て柔らかくした食品で,皮や筋の中の膠(にう)質分がゼラチン化する.
肉豆蔻 ròudòukòu 植ニクズク.ナツメグ.またその種子:種子を漢方薬とする.〔肉果②〕は別称. →〔豆蔻〕
肉豆蔻酸 ròudòukòu suān 化ミリスチン酸.〔蔻酸〕〔十 shí 四酸〕の別称.
肉墩墩 ròudūndūn 固太りのさま.肉づきがましまって太っているさま.
肉墩(子) ròudūn(zi) 〈方〉肉切り用の中国式まないた:大木を輪切りにしたもの.
肉肥,汤也肥 ròu féi, tāng yě féi 〈喩〉羽振りが良い者の周囲におこぼれが生じること.
肉粉 ròufěn 肉用粉.
肉脯(儿) ròufǔ(r) ①=〔肉干(儿)〕食味付けした干し肉.〔牛~〕牛肉の同前.〔猪~〕豚肉の同前. ②〈口〉太っちょ.
肉干(儿) ròugān(r) 同上①.
肉感 ròugǎn 肉感的(である):女性に対していう.〔那个女人真~,而且あの女性はなかなか肉感的である.〕〔富 fù 于~〕色気たっぷりである.セクシーである. →〔性 xìng 感〕
肉杠 ròugàng 〈方〉肉屋:大きな豚肉を店頭にぶらさげて売るのにこのようにいう.

肉冠 ròuguān (鳥の)とさか.
肉桂 ròuguì 植ニッケイ:単に〔桂①〕ともいう.〔檍 qín〕は古名.樹皮は〔桂皮①〕と称し薬材·香料とする.〔蜜 jùn 桂〕〔牡 mǔ 桂〕は漢方薬材名.
肉桂油 ròuguìyóu ⇒〔桂油〕
肉果 ròuguǒ 植①多肉果.液果.〔多 duō 汁果〕ともいう.ぶどう·みかん·ももなど. ②〔肉豆蔻〕(ニクズク)の別称.
肉盒 ròuhé 食小麦粉をこねて作った皮の中に味つけをした豚肉の餡を包み,火であぶりあるいは揚げて作る食品:外の皮はパサパサに仕上る.
肉红 ròuhóng ①色薄赤い色(の).ピンク色(の). ②⇒〔紫 zǐ 荊皮〕
肉乎乎 ròuhūhū 肥え太っているさま:〔肉呼呼〕ともいう.
肉鸡 ròujī 肉用種のニワトリ.ブロイラー. →〔肉用鸡〕
肉架子 ròujiàzi 肉の吊り下げ台.〈転〉肉店.
肉检 ròujiǎn 食肉食品検査.
肉酱 ròujiàng =〔肉饼②〕ペースト状にした肉.潰した肉.
肉紧 ròujǐn 〈方〉緊張する.身内が引き締まる.〔这种恐怖片看得令人~〕こういう恐ろしい映画を見ると体がきゅっと引き締まる.
肉阄儿 ròujiūr 小さい瘤(は).
肉块 ròukuài 〔~〕肉の塊.
肉类 ròulèi 肉類.〔~罐头〕食肉かんづめ.〔~加工厂〕精肉加工工場.
肉瘤 ròuliú ①こぶ. ②医肉腫.〔淋巴~〕リンパ節腫.〔骨~〕骨肉腫.
肉麻 ròumá ①いやらしい.くすぐったい.〔听着~〕聞いてでもうもむずがゆい感じがする.〔~话〕歯が浮くような話.〔把~当 dàng 有趣〕いやらしいことをおもしろいと考える. ②皮膚が麻痺する.しびれる.
肉脈 ròumài
肉末(儿) ròumò(r) =〔肉糜〕挽き肉. ②肉のそぼろ.ミンチミート:肉を細かく刻んで味付けしたもの.
肉泥 ròuní ひきつぶした肉.
肉牛 ròuniú 食肉用のウシ:〔菜 cài 牛〕ともいう. →〔奶 nǎi 牛〕
肉排 ròupái 食(牛肉または豚肉の)ステーキ.〔炸 zhá ~〕カツレツ.
肉泡眼 ròupāoyǎn はれぼったい目.
肉朋酒友 ròupéng jiǔyǒu 遊び友達.飲み食い仲間:〔酒肉朋友〕ともいう.
肉皮 ròupí 豚肉の皮.
肉皮儿 ròupír 〈方〉皮膚.肌.〔小孩旳~很细〕子どもの肌は非常にきめ細かい.
肉片(儿) ròupiàn(r) 薄切りの肉.肉片.
肉票(儿) ròupiào(r) 回①肉類配給券. ②(匪賊に拉致された)人質.〔撕 sī ~〕〔撕票(儿)〕同前を殺してしまう. →〔绑 bǎng 票(儿)的〕
肉铺 ròupù 肉屋.
肉鳍 ròuqí イカ·タコなどのヒレ状の部分.
肉禽 ròuqín 食用の鳥.
肉色 ròusè 色肉色(の).肌色(の)
肉山脯林 ròushān fǔlín 肉の山,乾肉の林.〈喩〉ぜいたくを極めた宴:〔肉山酒海〕〔肉山酒海〕ともいう.〔夏桀为~〕(史記·帝王世紀)夏の桀王はぜいを尽くした酒宴を張った. →〔酒 jiǔ 池肉林〕
肉身 ròushēn 肉体:もとは仏教で父母が生んでくれた身体をいった.
肉参 ròushēn ①動シナブサ:海棲棘皮動物の一種. ②〈方〉人質.
肉食 ròushí ①肉食(する).〔~动物〕肉食動物.

ròu～rú

[～者 zhě]〈文〉厚禄の大官. ②食肉類. 肉製品. ～店]同義を売る店.
肉市 ròushì 肉の市.
肉丝(儿) ròusī(r) 豚肉の細切り. [炒 chǎo ～]同म前入りの麺. [～翅 chì]同前.
[青椒～]ピーマンと肉の細切り炒め.
肉松 ròusōng 食肉のでんぶ. →[鸡 jī 松][鱼 yú 松]
肉穗花序 ròusuì huāxù 植肉穗花序:トウモロコシ・ミズバショウ・パイナップルなどの花序.
肉弹 ròután 〈喩〉(人身御供の)女性の肉体.
肉袒 ròután 肌脱ぎをする(をして服従・降伏・謝罪の意を表す). [～负荆]肌を脱ぎ荊の杖を負って謝罪の意を表す.
肉汤 ròutāng ①肉のスープ. 肉汁. ②物ブイヨン:細菌培養基の一種.
肉体 ròutǐ 肉体. [～凡胎]〈喩〉凡俗な人間. 俗物. →[肉眼③]
肉跳心惊 ròutiào xīnjīng ⇒[心惊肉战]
肉痛 ròutòng 〈方〉惜しい. 割愛しがたい. 手放したくない.
肉头 ròutóu 〈口〉①能がない. お人よしである. ぐずである. 間が抜けている. [～汉 hàn]〈罵〉ぐず. [你怎么这么～,他们你怎么样你就怎么样?]おまえはどうしてこんなにお人よしなんだ,彼の言うままじゃないか. [～事情]はっきりしない事. 長びいて片付かない事. [做得～]やりかたがはっきりしない. [你别看他一脸的老实,欺负他呢!]彼を人がいいからと思っていじめてはいけない. →[寃 yuān 大头] ②引っ込み思案である. ③ばかである. ばかげている. [～事]ばかげた事.
肉头 ròutou 〈口〉①ふんわりしている. ふっくらとしている. [这米真好,煮出饭来挺 tǐng ～]この米は,炊いてご飯にするとなかなかふんわりして柔らかだ. [这孩子的手真～]この子の手はとてもぽちゃっとしている. ②のろのろしている. ぐずぐずしている.
肉丸(子) ròuwán(zi) =〈方〉肉圆(子)肉だんご. →[狮 shī 子头]
肉痿 ròuwěi 中医肌の感覚がないこと.
肉馅(儿) ròuxiàn(r) 豚のひき肉を用いたあん.
肉香 ròuxiāng 禍を避け福を求める一種の迷信行為で,腕に針を刺し,その針に香炉をさげて香をたく術. [烧 shāo ～]同前をする.
肉星儿 ròuxīngr 肉のかけら. [菜里连个～都没有]おかずの中に肉のかけらすら入っていない.
肉刑 ròuxíng 固体刑:[墨 mò 刑](入れ墨の刑), [劓 yì 刑](鼻をそぐ刑), [剕 fèi 刑](足を断ち切る刑), [宫 gōng 刑](去勢の刑)などをいう.
肉薰 ròuxūn 白いきのこ.
肉芽 ròuyá 医肉芽.
肉眼 ròuyǎn 医①肉眼. [这种小虫～看不见,要用显微镜]この種の虫は肉眼で見えないので顕微鏡を用いねばならない. ②凡人の目. 〈喩〉俗物. [～不识泰山]〈成〉人を見る目がない. (仏教の)凡識の目. [～凡夫][～凡胎]眼力のない凡俗な人間. 凡骨. つまらぬ奴. [～无珠]〈喩〉眼識がない.
肉燕 ròuyàn 豚の脂肪の少ない肉をすりつぶして[菱 líng 粉](ひしの実のでんぶん)を加えて薄くのばし6センチ角くらいに切ったもの(福州名産)
肉蝇 ròuyíng 虫[大 dà 麻蝇]
肉用鸡 ròuyòngjī 食用鶏:[九斤 jīn 黄](コーチン)など. →[卵 luǎn 用鸡]
肉欲 ròuyù 肉欲. →[性 xìng 欲]
肉圆(子) ròuyuán(zi) ⇒[肉丸(子)]

肉月儿 ròuyuèr 書にくづき:漢字部首の"月". [～旁]ともいう. →付録1
肉枣 ròuzǎo ①⇒[山 shān 茱萸] ②同下.
肉枣(儿) ròuzǎo(r) 脂(ぁぶら)肉の(中にできる)楕円形の結節. [肥肉中的～要剔除]脂肉の中の結節はえぐって取らなければならない. ②〈罵〉ぐず.
肉燥子 ròuzàozi 〈方〉肉のこまぎれ. またひき肉.
肉长的 ròuzhǎngde 人間のものも. 人情的なもの. [肉做的]ともいう. [谁的心不是～][人心都是～]〈諺〉人情は皆同じだ. 血も涙もある. あれも人の子.
肉汁 ròuzhī 肉汁.
肉质 ròuzhì 肉質. [～植物]多肉植物.
肉制品 ròuzhìpǐn 肉製品.
肉中刺 ròuzhōngcì 〈慣〉体の中に刺さったとげ. 〈喩〉目の上のたんこぶ. [眼中钉,～]同前.
肉猪 ròuzhū (去勢した)食用豚.
肉赘 ròuzhuì [疣 yóu][疣目]に同じ. 俗に[瘊 hóu 子]という.
肉孜节 ròuzījié 宗(イスラム教の)断食あけの祭日. →[开 kāi 斋节]

ru ロメ

[如] rú (Ⅰ)①…の如く(である). …のよう(である). [恰 qià ～以前所说的那样]ちょうど以前に言ったその通りである. [坚强～钢]はがねのように強い. [整旧～新]〈成〉古いのに手入れをして新品同様になる. [肥肉中的要剔除]脂肉の中の結節はえぐって取らなければならない. [正～上所述]以上述べたとおりであります. ②…どおり(にする). 正しく…に沿って(する). [非要这样做才～他的意]こうしてこそ彼の意にかなう. [～命 mìng]命令どおり(にする). ③もし…ならば. [假 jiǎ ～][假使]仮にもし. [～不能来,请先通知]もし来られない時は,あらかじめ知らせてください. [～有急事请打电话]急用ができたら,電話して下さい. [～无妨 fáng 碍可以参加]もし支障がなければ参加してよろしい. ④例えば…である. [譬 pì ～][比 bǐ ～][方～]同前. 唐朝有许多大诗人,～李白、杜甫、白居易等]唐朝は多くの優れた詩人を産み出した,例えば李白・杜甫・白居易などである. ⑤匹敵する. 如(く). 及ぶ. 勝る. 否定の表現で用いる. [事情并不～他们所想的那样简単]こと は決して彼らが考えているようには簡単ではない. [你的成绩远不～他]きみの成績ははるかに彼に及ばない. [走不～]行くより待った方がましだ. [如蒙允许,何幸～之]〈文〉もしお許しいただけたら,これ以上の幸いはありません. ⑥上回る. 越える:形容詞の後に置き比較を表す. [日子一年强～一年]暮らしが1年ごとによくなる. ⑦〈文〉往く. 赴く. [舟之所～]舟の往くところ. [纵 zòng 意所～]心の欲するところをほしいままにする. ⑧〈姓〉如(ぼ).

(Ⅱ)〈文〉形容詞の接尾字として状況を表す. [突～其来]突然やって来る. [海内晏 yàn ～](漢書)天下は平安である. [～与人言,侃 kǎn 侃～也]人と話すのに,ズバズバと勢いがよい.

如臂使指 rú bìshǐzhǐ 〈成〉意のままに人を動かすこと. 〈喩〉指揮・命令がすみやかに及ぶこと.
如厕 rúcè 〈文〉便所に行く.
如常 rúcháng 常のごとく(のとおりである)
如痴如醉 rúchī rúzuì =[如醉如痴](物事に熱中し)われを忘れて行動するさま. 無我夢中になるさま.
如初 rúchū 〈文〉初めどおり(である). [余皆～]その他はすべてもとどおりである.

如出一口 rú chūyīkǒu 〈成〉申し合わせたように言うことが同じである.

如出一轍 rú chūyīzhé 〈喩〉(二つの事柄が)ぴったり合う:〔同 tóng 出一轍〕ともいう.〔他们的话都~, 还不可信吗〕彼らの話はすべて一致しているのに, それでも信じられないというのか.

如椽之笔 rú chuánzhībǐ 〈喩〉大文章. 重厚な文章.

如此 rúcǐ このようである. そのようである.〔~~〕かくかくしかじか.〔~观之〕このように考えれば.〔非~不可〕こうするようにほかに手はない.〔啊! 原来~〕ああ, そうだったのか.〔他的意见也不过~〕彼の意見といってもこれくらいのものである.〔~等等〕(並べあげて, その後に置く)などなど. あとそれら.〔~而已〕それだけのことだ.〔~岂有他哉〕それだけのことで, どうすることもできない.〔~如夜地嘱咐了一番〕あれやこれやとひとわたり言いつけた.〔~这般说了一遍〕かくかくのしだいと一通り話した.→〔如是〕

如次 rúcì 次の通りである.〔理由~〕理由は次の通りである.

如弟 rúdì ⇒〔义 yì 弟〕

如堕五里雾中 rú duò wǔlǐwù zhōng 〈成〉濃霧の中に陥ったようである:心が当惑して見通しの立たないこと.

如堕烟海 rú duò yānhǎi 〈成〉もやに巻かれたように皆目見当がつかなくなる.〔结果~, 找不到中心〕(毛·矛)結果は五里霧中の状態に陥って中心がわからなくなる.

如法 rúfǎ 型の通り(にする). 決まりどおり(にする).〔~炮 páo 制〕〈成〉処方どおりに薬を調合する:型どおりに処理する.

如风过耳 rú fēngguò'ěr 〈成〉風が耳もとを吹くほどにしか考えない:われ関せずと人の言うことに耳を貸さない.→〔耳旁风〕

如夫人 rúfūrén ⇒〔小 xiǎo 夫人〕

如鲠在喉 rú gěngzàihóu 〈成〉魚の骨がのどにささったようである.〈喩〉言いたいことが十分に言えずもどかしく思うさま.

如故 rúgù ①=〔如旧〕以前どおり(である). ②古くからの友人のように親しくする.〔一见~〕初対面ですぐ親しくなる.

如果 rúguǒ もし. もしも. 仮に:〔诚 chéng 若〕〔假 jiǎ 如〕〔假使〕〔倘 tǎng 若〕は文語.〔~他不答应, 我有办法〕もし彼が承諾しないならば私に考えがある.〔~你现在有事, 我明天再来〕いまご用事があれば, また明日来ます.〔~来得及的话, 我想先去一趟上海〕もし間に合ったら, 先に上海に行ってみたい.

如何 rúhé =〔文〕何如①〕①どのようであるか. どのようにするか.〔你感觉~〕いかがお考えですか.〔不知~是好〕どのようにしたらよいかわからない.〔无论~〕どうであろうと. ②…してはいかがか.〔否 fǒu 则您一个人参加~〕さもなくば, あなただけ一人で参加してはいかがですか.→〔云 yún 何〕

如虎添翼 rú hǔtiānyì 〈成〉虎に翼. 鬼に金棒:凶悪なものが外から力を得てますます強くなること.

如花 rúhuā 〈文〉花のよう(にきれい)である.〔~似玉〕美女の形容.〔~似锦 jǐn〕〈成〉風景や前途が美しいこと.

如簧之舌 rú huángzhīshé 〈喩〉止まることを知らぬ弁舌.

如火如荼 rúhuǒ rútú =〔如荼似火〕〈成〉火のように赤く, つばなの穂のように真っ白である.〈喩〉非常な勢いである.〔工作~地进行着〕仕事は猛烈な勢いで進行している.〔~茶火〕

如获至宝 rú huòzhìbǎo 〈成〉貴重な宝物を手に入れたようである.

如饥似渴 rújī sìkě 〈成〉むさぼるように渇望するさま:〔如饥如渴〕ともいう.〔学习技术的愿望~〕技術を覚えたい願いは切なるものがある.

如假包换 rú jiǎ bāohuàn もし偽物ならば必ず取り替える.〔転〕正真正銘の(の).〔生得一脸横肉, 是~的杀人魔王〕生まれながらの凶悪な人相で, 正真正銘の殺人鬼である.

如箭在弦 rú jiànzàixián ⇒〔箭在弦上〕

如胶似漆 rújiāo sìqī =〔似漆如胶〕〈成〉①友情が厚く親密である. ②男女の仲がきわめて深い.

如解倒悬 rú jiě dàoxuán 〈成〉逆さ吊りから救われる:困苦·危難から助けられること.

如今 rújīn 現今. 今の世中.〔~他待 dài 我很好〕彼は今ではわたしによくしてくれる.〔事到~没法子了〕事が今のようになってしまってはどうにもならない.→〔现 xiàn 在〕

如今晚儿 rújīnwǎnr 今どき. 今では.

如旧 rújiù ⇒〔如故①〕

如君 rújūn 〈文〉他人の妾の別称.

如来 rúlái ①仏〕(仏教の)如来 (にょらい):〔~佛 f6〕ともいう. ②〈喩〉実力者. 権力者.

如狼牧羊 rú lángmùyáng 〈喩〉狼が羊を飼うようなもの:悪役人が人民を駆り立てて苦しめること.

如狼似虎 rúláng sìhǔ 〈成〉凶暴あるいは勇猛なさま.

如雷贯耳 rú léiguàn'ěr 〈成〉評判は遠近に鳴り響いている:〔贯〕は〔灌〕とも書いた.〔久闻大名~〕おうわさはかねがねよくうかがっておりました〈聞いています〉.

如临大敌 rú lín dàdí 〈成〉あたかも大敵に立ち向かうようである.

如临深渊, 如履薄冰 rú lín shēnyuān, rú lǚ bóbīng 〈成〉薄氷を踏む. ⓐ危険この上もない. ⓑおっかなびっくり(こわごわ)である:〔如履如临〕〔如临深渊〕〔如履薄冰〕〔深渊薄冰〕などともいう.

如履平地 rú lǚpíngdì 〈成〉極めてたやすいこと.

如律令 rúlǜlìng 圕法律·命令どおりに行うべし:詔書·布告の末尾に添えられた決まり文句.のち, 道家のお札などにもよく用いられた.

如芒在背 rú mángzàibèi 〈成〉とげが背にささったかのようにいてもたってもいられない.

如梦初醒 rú mèngchūxǐng 〈成〉夢から覚めたようである:誤ちや不明にやっと気付くこと.〔如梦方fāng 醒〕ともいう.

如面 rúmiàn ⇒〔如晤〕

如泥 rúní 泥のように砕いた肉.

如鸟兽散 rú niǎoshòu sàn 〈成〉総崩れになり, くもの子を散らしたようである.

如牛负重 rú niú fùzhòng 〈成〉重い負担を負っていること.

如期 rúqī 期日どおり.〔代表大会会业已~于本月廿二日举行〕代表大会は期日どおりすでに本月22日に挙行された.〔~完成了任务〕期日どおりに任務を完了した.

如其 rúqí 〔文〕もしも.〔~不然〕もしそうでなければ.〔~不成, 再想办法〕もしだめならまた改めて方法を考える.

如泣如诉 rúqì rúsù 〈喩〉声が哀切なさま.

如日方升 rú rì fāngshēng 〈成〉さしのぼる太陽のよう:前途洋々たるさま.

如日中天 rú rì zhōngtiān 〈成〉まっただなか. 真っ盛り:事物の勢いが最盛期にあるさま.

如入无人之境 rú rù wúrénzhījìng 〈成〉無人の郷に入るがごとし:敵を蹴散らすさま.

如若 rúruò もし…ならば. =〔假 jiǎ 使〕

如丧考妣 rú sàng kǎobǐ 〈成〉あたかも両親に死なれ

如茹铷儒 **rú**

れたようだ:悲しみ取り乱すさま.
如嫂 rúsǎo 〈白〉他人の妾に対する尊称.
如上 rúshàng 以上のとおり.〔～所言〕以上言ったとおり.
如失一臂 rú shī yībì 〔成〕片腕を失ったようである:頼みとする大切な人を失う.
如实 rúshí 事実に基づいて.如実に.〔～汇报〕ありのままに報告する.
如是 rúshì 〈文〉かくのとおり(である).〔～观〕このように考える.〔～我闻〕⑥(仏教の)如是我聞(芬茳):このようにわたし(阿難)はお釈迦さまのおっしゃるのを聞いた.〈転〉見聞を語る話の前置きに用いられる言葉.→〔如此〕
如释重负 rú shì zhòngfù =〔若 ruò 释重负〕〈成〉重荷を下ろしたようにほっとする.
如数家珍 rú shǔ jiāzhēn =〔若 ruò 数家宝〕〈成〉家宝を数えるように,よく知りぬいている.
如数 rúshù 数のとおり.数をそろえて.〔～还 huán 清〕〔～归还〕耳をそろえて返却する.
如斯 rúsī 〈文〉このようである.〔～而已〕ただこのようなことにすぎない.
如梭 rúsuō 機械の"ひ"が動くようである.〔日月～〕月日の経つのが早いさま.〔行人～〕通行人がひっきりなしに行きかう.
如所周知 rú suǒ zhōuzhī 〈成〉広く知られていることである.周知の如くする.
如汤沃雪 rú tāngwòxuě 湯を雪に注ぐがごとし:〔如汤泼 pō 雪〕ともいう.〈喩〉④事が容易に解決する.⑤一挙に.
如同 rútóng あたかも(ちょうど)….同様に.〔照得～白昼〕真昼のように照らす.〔待我们～亲人〕私たちをまるで身内のようにもてなす.
如荼似火 rútú rúhuǒ ⇒〔如火如荼〕
如闻其声,如见其容 rú wén qíshēng, rú jiàn qíróng〈成〉その声が聞こえ,その顔が見えるようである.
如晤 rúwù =〔如面〕膾お会いしているようである.〔某某先生足下～,适奉手书○〕××様,ただいま お手紙をたしかに同封.
如下 rúxià 下記のとおり.次のとおり.
如像 rúxiàng あたかも…のようである.
如心 rúxīn 思いどおりになる.〔事事都不～〕なにもかもに思いどおりにならない.〔～如愿〕願ったりかなったり(になる)
如兄 rúxiōng ⇒〔义 yì 兄〕
如兄弟 rúxiōngdì ⇒〔义 yì 兄弟〕
如兄如弟 rúxiōng rúdì ⑭(情が厚く)兄弟同然である.⑤姻異性.
如许 rúxǔ 〈文〉⑭若干.そばく.②これほどの.このように多く.〔耗费～物力〕こんなに多くの物力を費やす.③このように.かくのごとく.〔水清～〕水の清いことはかくのごとくである.
如埙如篪 rúxūn rúchí 〈喩〉互いに相応し協調するさま.〔埙〕も〔篪〕も古楽器の名.
如一 rúyī 同じである.変化がない.〔始终～〕終始変わらない.
如蚁附膻 rú yǐ fùshān 〈成〉蟻が生臭いものにたかるごとくである:さもしい心を持って権勢に頼ること.〔如蝇 yíng 附膻〕〔如蝇遂 suì 臭〕ともいう.
如意 rúyì ④思いのままになる.思いのとおりになる.〔事事～〕何事も思いどおりになる.〔称心～〕心にかない,意のままになる.〔要是～,他就留下〕気に入れば彼は手元にとどめる.〔如愿(芬)～〕:吉祥を象徴とする室内の置き物の一種.
如意草 rúyìcǎo ⇒〔堇 jǐn 菜〕
如意算盘 rúyì suàn·pán 〈成〉手前勝手な思わく.虫のいい計算.とらぬタヌキの皮算用.〔这不是～

吗〕これはあまりにも身勝手な思わくじゃないか.〔最好不要打～〕とらぬタヌキの皮算用はよした方がよい.
如影随形 rú yǐngsuíxíng〔成〕影の形に添うが如し:関係が非常に密接である.
如有所失 rú yǒu suǒ shī ⇒〔若 ruò 有所失〕
如鱼得水 rú yú déshuǐ =〔犹 yóu 鱼 得 水〕〈成〉魚が水を得たよう:自分に合った人や場所を得ること.
如鱼似水 rú yú sìshuǐ 〈成〉意気相投じ互いに気持ちがしっくりいくさま.
如愿 rúyuàn 願いどおりになる.〔～以偿 cháng〕〈成〉願いどおりに希望を達する.〔那么办就如了我的愿了〕そうすればわたしは願いどおりにしなります.
如约 rúyuē 〔～赴席〕約束どおりに宴会に出席する.
如月 rúyuè 旧暦2月の別称.
如云 rúyún 〈文〉⑭雲のよう.②美しい髪.
如运诸掌 rú yùnzhūzhǎng 〈成〉たなごころの内にある.
如之何 rúzhīhé 〈文〉どのようにするか.〔将 jiāng～〕さてこれからどうしようか.〔如之奈何〕〈成〉これを如何せん.
如字 rúzì ⑭漢字で二つ以上の読みがある場合の通常の音:例えば〔美好〕の〔好〕を第3声に読むこと.→〔读 dú 破〕
如醉如痴 rúzuì rúchī ⇒〔如痴如醉〕
如左右手 rú zuǒyòushǒu〈喩〉①頼もしい助手.②両者の関係が親密である.
如坐春风 rú zuòchūnfēng〈喩〉良師のよい教導を受けること.
如坐针毡 rú zuò zhēnzhān 〈成〉針のむしろに座っているよう:一刻も気が安まらないこと.

〔茹〕 rú ⑭〈文〉食べる.②〈文〉耐え忍ぶ.③〈姓〉茹(⑪)

茹草 rúcǎo ⇒〔南 nán 柴胡〕
茹荤 rúhūn 〈文〉肉食する.生ぐさものを食べる.
茹苦 rúkǔ 苦しみをなめる.苦しい目にあう:口頭語の〔吃 chī 苦〕〔受 shòu 苦〕に同じ.〔含 hán 辛～〕〈成〉苦労して努力する.
茹苦含辛 rúkǔ hánxīn ⇒〔含辛茹苦〕
茹毛饮血 rúmáo yǐnxuè 〈成〉鳥・獣を毛のついたまま血のしたたるままで食べる.〔刘连仁过了十几年一的悲惨生活〕劉連仁は十数年も原始人的なひどい生活を過した.
茹茹 rúrú ⇒〔柔 róu 然〕
茹素 rúsù 〈文〉精進をする.→〔吃 chī 斋①〕

〔铷・鉫〕 rú ⑫ルビジウム:アルカリ金属元素.記号 Rb.→〔碱 jiǎn 金属〕

〔儒(伃)〕 rú ①儒学(者).〔大～〕大(儒)学者.〔通 tōng～〕博識の学者.→〔儒家〕〔儒教〕 ②⑭読書人.知識人.③〈姓〉儒(芠)

儒典 rúdiǎn 儒書.儒教の典籍.〔潜 qián 心～〕儒書の研究に没頭する.
儒法 rúfǎ 儒家と法家.
儒风 rúfēng 儒学者らしい気風.
儒艮 rúgèn =〔口〕人鱼 rén yú〕⑭ジュゴン
儒家 rújiā =〔儒门〕⑭儒家:孔子・孟子の学派.〔～学说〕儒家の学説:仁を理想とする道徳主義を説いて,徳治政治を強調する.→〔九 jiǔ 流〕 ②=〔儒者〕儒学者.
儒将 rújiàng 学者の風格のある武将.
儒教 rújiào 儒教:南北朝以後,仏教や道教と並べて〔～〕と呼ぶようになった.

儒巾 rújīn 图儒学修行者・科挙志望者のかぶった帽子.
儒经 rújīng 儒学書.
儒林 rúlín ①儒学者仲間. ②知識人社会.
儒略历 rúlüèlì 天ユリウス暦.
儒门 rúmén 〔儒家〕
儒商 rúshāng 学問や教養のある商人.〈転〉大学や研究所が経営する会社.
儒生 rúshēng 孔孟の道を奉ずる文人.〈転〉読書人.
儒士 rúshì 儒学を学ぶ人. 儒者.
儒术 rúshù 儒家の学術.
儒玄 rúxuán 儒学と老荘学.
儒学 rúxué ①儒学. ②元明清州・府・県の科挙受験者のための学校.
儒雅 rúyǎ 〈文〉①深い学問がある. ②学者風でおっとりしている.
儒医 rúyī 圓知識人出身の医者. 漢方医.
儒者 rúzhě ⇒〔儒家②〕
儒宗 rúzōng〈喩〉儒学の大家.

[**濡**] rú ①〈文〉ぬらす(ぬれる). 浸す(浸る). 湿らす(湿る).〔~笔 bǐ〕筆に墨をふくめる(つける).〔耳~目染 rǎn〕〈成〉見慣れ聞き慣れる(てる). ②滞る.
濡毫 rúháo 筆先を濡らす.〈喩〉揮毫する.
濡沫 rúmò〈文〉苦境の中で互いに助け合うこと. → 相濡以沫 濡以沫〕
濡染 rúrǎn ①染める. 染まる.〔他了欧美的习气〕彼は欧米の風習になじんでいる. ②浸す. 潤す.
濡忍 rúrěn おとなしく耐え忍ぶ.
濡润 rúrùn 湿って潤いがある. 湿潤である.
濡湿 rúshī ぬらす. ぬれる.〔夜露~了衣服〕夜露が服をぬらした.
濡滞 rúzhì〈文〉滞る.

[**薷**] rú →〔香 xiāng 薷〕

[**嚅**] rú
嚅动 rúdòng (何か話そうとして)唇がかすかに動く.
嚅呃 rú'ér〔嚅喁〕とも書く.〈文〉無理に笑う. 作り笑いをする.
嚅嗫 rúniè 口ごもる.
嚅嚅 rúrú 言いよどむさま. 口ごもる. 言いしぶる.

[**孺**] rú ①幼児. 子供.〔妇 fù ~〕女と子供. ②〈姓〉孺.
孺齿 rúchǐ =〔孺弱〕〈文〉幼年者. 幼な子.
孺孩 rúhái ⇒〔孺童〕
孺慕 rúmù〈又〉(子が父母を慕うように)慕う.
孺人 rúrén ①古代は(大 dà 夫)の妻,明・清代では七品に封ぜられた者の母(妻)の称. ②〈転〉婦人の尊称.
孺弱 rúruò ⇒〔孺齿〕
孺童 rútóng =〔孺孩〕〈文〉子供.
孺子 rúzǐ〈文〉子供. 若者.〔~可教〕孺子(ぞ)教うべし. 若者は教えがいがある.
孺子牛 rúzǐniú〈又〉孺子の牛:斉の景公がその子のために縄をくわえて牛のまねをし歯を折った故事.〈喩〉親が子を深くかわいがること. ②公僕として人々のために尽くすこと.〔俯 fǔ 首甘为~(鲁迅诗)首うなだれて甘んじて孺子のウシにならん, ⇒同前のように人民のために働く者になりたい.

[**襦**] rú〈文〉①短い上着.〔~衫 shān〕肌着. じゅばん.〔~裤 kù〕上着とズボン. ②(小児の)よだれかけ. ③目の細かい網.

[**颥・顬**] rú →〔颞 niè 颥〕

[**蠕(蝡)**] rú (虫などが)這いずる. くねって動く.〔~动 dòng〕うごめく.〔~虫类〕(みみずなどの)蠕(虫)虫類の旧称.〔大肠~动〕大腸が蠕動する.
蠕变 rúbiàn ①ゆるやかに変化する. ②物(外力・熱などに)物体が変形する.〔~变形〕緩慢な応力変形.
蠕虫病毒 rúchóng bìngdú 電算(コンピューターウイルスの)ワーム.
蠕蠕 rúrú ゆっくりと移動するさま.〔~而动〕もぞもぞとうごめく.

[**女**] rǔ〈文〉汝(なんじ) → nǚ nù

[**汝**] rǔ ①〈文〉なんじ(の). おまえ(の):〔若 ruò (II)〕に同じ. 多く同輩や目下に対していう.〔~将何往?〕どこへ行こうとするのか.〔吾愿助~等〕きみたちを助けたい.〔~父〕なんじの父.〔尔 ěr ①〕 ②地名用字.〔~水〕〔~河〕河南省にある. ③〈姓〉汝.
汝辈 rǔbèi〔汝曹〕〈文〉なんじら. おまえたち.〔愿~效之〕おまえたちがこれを見習うよう希望する.
汝曹 rǔcáo 同上.
汝窑 rǔyáo 北宋(現在の河南省)汝州産の磁器.

[**乳**] rǔ ①〈文〉しだいに繁殖して多くなる.〔孳 zī ~①〕同前. ②乳房.〔~疮 chuāng〕乳房にできる腫れ物. ③乳汁状のもの.〔人~〕〔~液 yè〕(植物の)乳液.〔哺 bǔ ~〕哺(する).〔牛~〕牛奶 nǎi〕牛乳.〔代~粉〕粉乳代用品.〔豆~〕〔豆奶〕豆乳.〔~品~③〕 ④乳首(状のもの).〔钟 zhōng ~〕乳(ち):梵鐘の表面に鋳出してあるいぼ状の突起.〔钟~石〕=〔钟乳石〕. ⑤乳歯の. →〔乳齿〕
乳白 rǔbái 色乳白色(の).〔~色〕同前.〔~玻璃〕〔乳色玻璃〕〔玻璃瓷〕オパールガラス.〔~蛋白〕生ラクトアルブミン.
乳钵 rǔbō =〔研 yán 钵〕乳鉢.〔~药 yào 船〕
乳齿 rǔchǐ =〔乳牙〕生理乳歯. →〔奶 nǎi 牙〕
乳畜 rǔchù 搾乳家畜.〔~业〕酪農.
乳蛾 rǔ'é =〔喉 hóu 蛾〕
乳儿 rǔ'ér 乳飲み子. 乳児.
乳房 rǔfáng 生理乳房;俗に〔奶 nǎi 膀子〕〔奶子②〕という.〔~炎〕乳房炎.
乳粉 rǔfěn ⇒〔奶 nǎi 粉〕
乳峰 rǔfēng 豊満な乳房. 張りのある乳房.
乳腐 rǔfǔ ⇒〔豆 dòu 腐乳〕
乳柑 rǔgān 圓ミカンの一種. 浙江省産.
乳沟 rǔgōu 乳房の谷間.
乳核 rǔhé =〔乳栗〕中医乳核:乳房にしこりのできる病気.
乳虎 rǔhǔ ①哺乳期の母トラ. ②トラの子.
乳化 rǔhuà 化乳化(する).〔~剂 jì〕乳化剤.
乳化油 rǔhuàyóu =〔肥 féi 皂油〕乳化性油:金属切削などの際に用いる.
乳黄 rǔhuáng 色クリーム色(の).〔~色〕同前.
乳黄素 rǔhuángsù =〔核 hé 黄素〕
乳剂 rǔjì =〔乳油〕化乳剤. 乳濁液.
乳浆 rǔjiāng〔浆足乳白〕真っ白な乳.
乳胶 rǔjiāo 合成接着剤.〔~漆 qī〕合成水性塗料.
乳疽 rǔjū 中医乳房にできる悪性の腫れもの.
乳橘 rǔjú 圓ミカンの一種:〔乳柑〕に似た形で,皮が堅く香りが高くて酸味が強い.
乳酪 rǔlào ①⇒〔奶 nǎi 酪〕 ②⇒〔黄 huáng 油〕
乳梨 rǔlí ⇒〔雪 xuě 梨〕

乳辱鄏擩入　　　　　rǔ～rù

乳栗 rǔlì ⇒〔乳核〕
乳糜 rǔmí 〔生理学〕：食物が消化され乳糜管内に吸収された乳状のリンパ液.〔～管 guǎn〕乳糜管.〔～尿 niào〕乳糜尿(ﾆｮｳ)
乳名 rǔmíng 幼時の名前.幼名.〔～奶 nǎi 名(儿)〕〔小 xiǎo 名(儿)〕に同じ.〔学 xué 名②〕
乳母 rǔmǔ =〔乳娘〕〔乳姆〕乳母(ば):俗に〔奶 nǎi 妈〕という.
乳娘 rǔniáng 同上.
乳牛 rǔniú 乳牛:〔奶 nǎi 牛〕ともいう.
乳品 rǔpǐn =〔乳制品〕乳製品.〔～厂〕乳製品工場.
乳气 rǔqì ⇒〔乳臭〕
乳色玻璃 rǔsè bōli ⇒〔乳白玻璃〕
乳熟 rǔshú 圆青熟.乳熟.
乳树 rǔshù 国チノキ:南米、南アフリカに産する常緑樹,乳白色の液汁は飲用できる.
乳水 rǔshuǐ ⇒〔乳汁〕
乳酸 rǔsuān 化乳酸.〔～钙 gài〕乳酸カルシウム.乳酸石灰.〔～菌〕乳酸菌.〔～饮 yǐn 料〕乳酸飲料.→〔酸 suān 奶〕
乳糖 rǔtáng 化乳糖.ラクトース.〔～酶 méi〕ラクターゼ.〔水 shuǐ 解〕→ガラクトース.
乳头 rǔtóu ①生理〕乳頭.乳首:俗に〔奶 nǎi 头〕ともいう. ②乳様突起.
乳腺 rǔxiàn 乳腺.〔～炎 yán〕医乳腺炎:〔奶 nǎi 疮〕は通称.〔～癌 ái〕医乳癌.
乳香 rǔxiāng 囲ⓐニュウコウジュ（乳香樹）:カンラン科.〔齿 chǐ 木〕ともいう.ⓑニュウコウ（乳香）:ウルシ科:ともに樹脂を〔～树胶〕馬め尾香という.
〈文〉薰 xūn **陆香**〔洋 yáng 乳香〕と称し薬用・薫香料にする.〔阿ā拉伯乳香〕
乳臭 rǔxiù =〔乳气〕乳臭い.〈喩〉年若く幼稚である.〔～未干〕〈成〉乳臭さがまだ抜けない.〔～小儿〕青二才.若僧.
乳悬 rǔxuán 中医出産後,乳房が下腹のあたりまで細長く垂れて非常に痛む病気.
乳牙 rǔyá ⇒〔乳齿〕
乳燕 rǔyàn つばめの雛(ﾋﾅ)
乳婴 rǔyīng 乳児.乳飲み子.
乳痈 rǔyōng 医化膿性乳腺炎.
乳油 rǔyóu ①⇒〔奶 nǎi 油①〕 ②⇒〔乳剂〕
乳娚 rǔyù =〔乳母〕
乳晕 rǔyùn 生理学乳輪(ﾘﾝ).乳量(ﾘｮｳ).→〔晕①〕
乳罩 rǔzhào ブラジャー:〔奶 nǎi 罩〕に同じ.〔胸 xiōng 罩〕〔文 wén 胸〕は別称.
乳汁 rǔzhī =〔乳水〕=〔奶 nǎi 汁②〕は通称.
乳脂 rǔzhī 乳脂:牛乳中の脂肪.〔～糖〕タフィー:砂糖・バターなどを煮固めた菓子.
乳脂酸 rǔzhīsuān ⇒〔丁 dīng 酸〕
乳制品 rǔzhìpǐn ⇒〔乳品〕
乳猪 rǔzhū ①(哺乳期の)子豚. ②同前を育てる母豚.
乳状液 rǔzhuàngyè 同下.
乳浊液 rǔzhuóyè =〔乳状液〕化乳濁液.エマルジョン.→〔乳化〕

〔辱〕 rǔ ①恥.恥辱.〔奇耻大～〕〈成〉非常な恥辱.〔受～〕侮りを受ける.〔不以为～〕恥と考えない.〔丧 sàng 权～国〕〈成〉主権を失い国を辱められる.〔侮 wǔ ～〕侮辱(する).〔当众～之〕公衆の面前でこれを辱めた. ③名誉を汚す.〔玷 diàn ～〕辱める. ②命〕使命を達成できない. ④〈謙〉〈かたじけなくも〉…をいただく.〔～承指教〕かたじけなくもご指教をい

辱承 rǔchéng =〔辱荷〕〔辱蒙〕〈謙〉かたじけなくも

…をいただく.〔～隆情〕〔～云谊〕かたじけなくもご厚情を賜る.〔～惠函〕お手紙を賜る.
辱国丧师 rǔguó sàngshī 〈成〉国を辱め軍勢を失う.
辱荷 rǔhè ⇒〔辱承〕
辱骂 rǔmà 辱め罵る.口汚く罵る.
辱蒙 rǔméng ⇒〔辱承〕
辱命 rǔmìng 命を達成できない.〔出征入辅,幸лл～〕出征しても、中央にあって補佐しても、幸いにして命に背くようなことはなかった. ②〈尊〉ご下命を達成できない.
辱没 rǔmò ひどく辱める.恥ずかしい思いをさせる.〔～我们学校的光荣称号〕我が校の光栄ある称号をけがす.〔他有那样儿的学问做这样儿的小事情真是～了他〕彼があれ程の学問があるのにつまらない仕事をしているのは彼を辱めるというものだ.
辱身败名 rǔshēn bàimíng 〈成〉辱められ名誉を傷つけられる.

〔鄏〕 rǔ ①地名用字.〔郏 jiá ～〕地周代の古山名:現在の河南省洛陽の西北. ②〈姓〉鄏.

〔擩〕 rǔ 〈口〉①差し込む.押し込む.突っ込む.踏み込む.はまり込む.〔一脚～到泥里了〕プリと泥の中に片足を踏み込んでしまった.〔把棍子～到草堆里〕棒をわらやまに差し込む. ②うっかりして(何気なく)差し込んでしまう.〔那个文件,不知～到哪里了〕あの書類はどこにはさみ込んでしまったのかしら. ③人にこっそり物を渡す.〔～给他一些钱〕彼になにがしかの金をこっそり握らせてやる.

〔入〕 rù 入る.〔进～〕入り込む.〔闲 xián 人莫～〕無用の者入るべからず.↔〔出 chū（I）①〕→〔进 jìn ②〕 ②入れる.納める.〔～棺 guān〕棺に納める.納棺する. ③収入.〔量 liàng ～为出〕〈成〉収入を考えて支出をする.〔出～相抵〕収支がつりあう. ④(組織に)入る.加わる. ⑤…にかなう.適合する. ⑥(…に)達する.…ほどになる.〔出神～化〕入神の境に達する. ⑦→〔入声〕
入保 rùbǎo ⇒〔参 cān 保〕
入不敷出 rù bùfū chū 〈成〉収支つりあわない.〔～的生活〕赤字の生活.
入仓 rùcāng ⇒〔入库①〕
入场 rùchǎng 入場(する).〔～券 quàn〕ⓐ入場券:俗に〔门 mén 票〕という.ⓑ大会などの参加資格.〔～式〕入場式.
入超 rùchāo 輸入超過:〔贸 mào 易逆差〕ともいう.↔〔出 chū 超〕
入朝 rùcháo ①〈文〉朝廷に入る(って仕える). ②〈文〉使節が入国し皇帝に謁見する. ③朝鮮に入る(出かける).
入春 rùchūn 春に入る.春になる.
入党 rùdǎng (共産党に)入党する.〔～做官论〕役員として立身出世するために入党するという考え.
入档 rùdàng 個人の履歴などをファイルする.→〔档案〕
入道 rùdào ①佛(仏教で)仏門に入り修行する. ②〈転〉業界に入り通暁する.
入地 rùdì 〈文〉①地に潜り込む.〔～三尺〕地に３尺も潜り込む. ②土葬する.〈喩〉死ぬこと.
入地无门 rùdì wúmén →〔上 shàng 天无路〕
入调 rùdiào ①(歌の)調子がよく合う. ②〈方〉常識に合う.
入定 rùdìng ⇒〔安 ān 禅〕
入冬 rùdōng 冬に入る.冬になる.
入伍 rùwǔ 隊員になる.特に〔少 shào 先队〕に入る.
入耳 rù'ěr ①聞こえる.〔～着 zhuó 心〕〈喩〉一度聞

rù 入

いた事は忘れない. ②聞いて快い. 快く聞ける. 聞き入れる. →[順 shùn 耳]　③⇒[钱 qián 串子④]

入犯 rùfàn（敵軍が）国境を侵す. 侵入する.

入房 rùfáng =[行 xíng 房 亊]

入伏 rùfú 土用に入る：夏至のあとの3回目の[庚 gēng 日]（かのえの日）からあとをいう. →[伏天]

入港 rùgǎng ①入港する. ②〈白〉(話をして)意気投合する.[说得～]話がはずむ. 話に身が入る.

入阁 rùgé ①[旧]内閣大学士が政務に参与すること. ②入閣する. 閣僚となる.

入宫 rùgōng〈文〉宮中に入る.

入彀 rùgòu〈文〉①人に思うようにあやつられる.[那些流氓集团,往往先引人～然后再驱使利用.]それらのならず者グループは往々にして人をグループ内に引き入れて,それを操って利用する. ②方式に合う. 規格に合う.[今天的考场～今日の試験は山が当たった. ③うっとりとなる. 魅せられる. 気をそれに)奪われる.[他弹 tán 得好,听得～]彼は(ピアノを弾くのが上手で聞いていると引き込まれる(聞きほれてうっとりした)

入股 rùgǔ ①株式に加入する. 株主になる.[～申请人]株式応募者. →[退 tuì 股] ②出資する.[按～土地分配]合作社(協同組合)に出資された土地の持ち分に応じて分配する.

入骨 rùgǔ ①骨に達する(まで届く).[贼 zéi 咬一口,～三分]賊に一口かみつかれると三分も骨にとおる.〈喩〉悪いやつにににらまれるとひどい目に遭う. ②深く染みしみる. 骨身にしみる.[恨之～]恨み骨髄に徹する.[叫人恨得～]人からひどく恨まれる.

入关 rùguān ①関中の地に入る. ②山海関内に入る：東北から中国中央部に入る.[进 jìn 关]ともいう. ③⇒[入世②]

入官 rùguān ①⇒[充 chōng 公]②〈文〉官吏となる.[学古～][书经]古を学んで官途につく.

入关栈 rùguānzhàn [旧]保税倉庫入庫.[～报单]同前の申告書.[～准单]同前の許可証.

入轨 rùguǐ 軌道に乗る.

入国问禁 rùguó wènjìn =[入乡问俗][成]他国に入ればその禁忌をよく守る.

入海口 rùhǎikǒu (河川が海に入る)河口：[河 hé 口]は海に限らず,湖沼や他の河川に入る所.

入行 rùháng 業界に入る. 商売を始める.

入号 rùhào 買入れする：はばかっていう言葉. →[当 dàng⑪]

入黑 rùhēi 日が暮れる. 夕暮れになる.

入户 rùhù ①他家に入る.[～抢 qiǎng 劫]押し込み強盗をする. ②戸籍簿に載る：正式に住民となる.[入户籍]ともいう.

入话 rùhuà ①話を通ずる. あらましの話をしておく.[看他胸有成竹的样子,一定是有人先人～了]彼にちゃんと成算がありそうな点をみれば,きっと誰かが先に話を通じていたのだろう. ②⇒[垫 diàn 话] ③→[词 cí 话①]

入画 rùhuà 絵になる. 絵にして表現する：景色の美しいこと[上 shàng 画儿]ともいう.[足以～]絵にかけるほど見事(な景色)である.

入潢 rùhuáng 黄蘗(きはだ)の樹皮で紙を染める：虫除けに用いる.

入会 rùhuì 入会する.

入伙 rùhuǒ ①仲間に入る.[～分赃][成]盗賊の仲間に入り盗品の分け前をもらう. ②集団給食・共同炊事に加わる.

入籍 rùjí ①籍に入る. 戸籍台帳に登録する. ②他国籍に入る.

入己 rùjǐ 〈文〉私腹に入れる. 自分のものとする.

入寂 rùjì = [入灭][旧](仏教の)入寂(にゅうじゃく)：僧尼が死ぬこと.

入监 rùjiān 入獄(する)

入监 rùjiàn〈文〉[国子监]に入ること.

入教 rùjiào〈キリスト教・イスラム教などに)入信する. 信者になる.

入觐 rùjìn〈文〉宮中に入り拝謁する.

入静 rùjìng [旧](道教で)静座して無念無想の境に入ること.

入境 rùjìng 入国(する).[～签 qiān 证]入国査証.[～手续]入国手続き. ↔[出 chū 境]

入镜 rùjìng (撮影で)画面に入れる. レンズに入れる

入境问俗 rùjìng wènsú ⇒[入乡问俗]

入局 rùjú 賭博に加わる. 一緒に賭博する.

入卷 rùjuàn 書類・文書・調書などに記入する.

入龛 rùkān (仏教で)入棺する.

入口 rùkǒu ①口の中に入る. 口に入れる. ②入港する：[进 jìn 口①]に同じ.[～船期预告]入港船舶予告. ③輸入(する)：[进口①]に同じ.[～捐 juān][～税]輸入税.[～准 zhǔn 单]輸入許可証. →[输 shū 入①] ④[一儿]入り口：[进口④]に同じ.[体育馆的～]体育館の入り口. ↔[出 chū 口①②③④]

入寇 rùkòu〈文〉外敵が侵入する.

入库 rùkù ①=[入仓]倉庫に入る(入れる). ②国庫に入る(のものになる).[赃 zāng 物～]盗品が同前. ③[電算](データへ)入れる. 登録する.

入款 rùkuǎn =[进 jìn 项]収入. 入金.[～数目]収入金額.

入理 rùlǐ 理にかなっている. 理がある.[说话很～]言うことは理にかなっている. →[在 zài 理]

入殓 rùliàn 納棺する.

入列 rùliè 隊列に加わる. 列に戻る.

入流 rùliú ①[旧]九品以上の官位に昇進すること.[未～]まだ九品官ではなくていない. →[九 jiǔ 流] ②ある等級・レベルに達している. 堂に入る.[认识中草药,我还不～](漢方薬の)薬草については,わたしはまだよく知らない.

入垄 rùlǒng〈方〉(話し合って)気が合う. 意気投合する.

入洛 rùluò〈文〉洛陽に入る.〈転〉都に入る.

入马 rùmǎ〈白〉(男女の)仲が進行していく. 深い仲になる.

入梅 rùméi [入霉]とも書く. 入梅. 梅雨に入る.

入寐 rùmèi 寝入る. 寝付く.

入门 rùmén ①[一儿]弟子入りする. 初歩を学ぶ.[能研究得人了门儿,时间总算没白费]研究して一通りのことがわかるようになったら,時間がむだだったということにはならないわけだ. ②入門. 初歩. 手引き：多く書名に用いる.[经 jīng 济学～]経済学入門.

入门问讳 rùmén wènhuì [成]他人の家を訪問したらその一族の諱(いみな)を尋ねて失礼のないようにする. →[入国问禁]

入盟 rùméng 組織に加入する.

入梦 rùmèng 寝付く.[翻来复去,不能～]寝返りを打つばかりで寝付かれない.

入迷 rùmí 夢中になる. 魅せられる. 熱を上げる. …ファンになる.[人(了)…的迷了]…のとりこになってしまった.[对电影入(了)迷]映画ファンになる.

入眠 rùmián ①眠りにつく. 寝付く. ②(カイコの)休眠.

入灭 rùmiè ⇒[入寂]

入魔 rùmó ①やみつきになる. ②邪道に陥る.

入目 rùmù 目に入れる. 見る.[不堪～]見るにたえな

入 rù

入幕 rùmù 〈文〉幕僚となる.〔~之宾〕④近しい幕僚.気のおけない客.→[幕友] ⑤〈転〉女の部屋に入り込める客.情夫.

入暮 rùmù 夕方になる.夕暮れになる.〔~时分〕火ともしごろ.

入木三分 rùmù sānfēn 〈成〉筆力が勇健である:王羲之の書が版木に深さ三分も染みとおっていたという故事による.〔~,虽胃亦荣〕〈諺〉木版に刻み込まれたら(書物に自分の事が書かれれば),悪口ても光栄である. ②〈転〉問題を分析するのが鋭いこと.

入脑 rùnǎo 印象に残る.〔~入心〕しっかりと心に刻み込ま(れる)

入泮 rùpàn ＝[入庠]进jìn学② 〈文〉科挙で[秀才]の資格を得たものが,[泮官](府県の学校)に入って学生になること.→[科 kē 举]

入聘 rùpìn 聘用(ﾋﾝﾖｳ)される.

入破 rùpò 圇曲が終わりに近くなって全楽器の合奏に移ること.

入侵 rùqīn ①(敵が)国境を侵犯する. ②入り込む.侵入する.

入寝 rùqǐn ⇒[就 jiù 寝]

入情入理 rùqíng rùlǐ 〈成〉人情や道理にかなう.

入秋 rùqiū 秋に入る.秋になる.

入球 rùqiú Ⓢ(サッカー・水球・ハンドボールなどで)ゴールする.

入山 rùshān ①入山する. ②〈転〉隠棲する.役所仕えをやめる.〔~出 [出 chū 山]①②〕

入社 rùshè 囚①合作社に加入する. ②合作社に投資する.

入舍 rùshè ⇒[入赘]

入射 rùshè 物入射する.〔~点〕入射点.〔~角〕入射角.〔~线〕入射光線.

入神 rùshén ①陶酔i境に入る.一心不乱になる.〔看入了神〕見とれてしまう.〔听得特别~儿〕聞きほれている. ②技が絶妙である.〔小篆写得非常~〕小篆は神に入ったものであった.〔~之作〕入神の作.

入声 rùshēng 入声(ﾆｯｼｮｳ):圖古漢語の声調の一.内破音で終わる調子.〔上声〕〔去声〕とともに〔仄 zè 声〕に属する.→[四 sì 声]

入圣超凡 rùshèng chāofán ⇒[超凡入圣]

入胜 rùshèng 佳境に入る.〔引人~〕〈成〉人をうっとりさせる.

入时 rùshí 時世に適合する.時流に合っている.〔装饰~〕装飾が流行に合っている.

入仕 rùshì 〈文〉官吏になる.官職につく.

入市 rùshì ①市場経済に参入する. ②(株式市場で)買売をはじめる.

入世 rùshì ①実社会に入る.〔~不深〕世慣れていない. ② WTOに加盟する:〔加入世界贸易组织〕の略.〔加入世贸〕[入关③]ともいう.

入室 rùshì ①屋内に入る.〔弟子〕内弟子.〔~操戈 gē〕喩.人の主張を逆手にとり攻撃すること.〔~盗窃〕(窃)盗(を働く).こそ泥(を働く).〔~抢劫〕押し込み強盗(を働く). ②〈転〉深遠な境地に達する.〔~升堂〕升堂ﾄ同前.

入手 rùshǒu ①手をつける.着手する.〔从哪儿~〕どこから手をつける〔下 xià 手〕が使われる:〔到 dào 手〕に同じ.〔不容易~〕手に入りにくい.

入水 rùshuǐ ①＝[下 xià 水④]潜水する.ダイビングする. ②Ⓢ(競泳の)スタート.

入睡 rùshuì 眠りにつく.寝入る.→[睡着 zháo][成 chéng 眠]

入塔 rùtǎ 囚(仏教で)僧侶の遺骨(遺体)を塔内に納めること.

入头 rùtóu ①始める.入門する. ②劇胡弓を入れる(が入る).〔拍 pāi 板〕(カスタネットに類する楽器)と〔单 dān 皮鼓〕(一枚皮の太鼓)のリズムがある一定のところまで達したところで胡弓を弾き始めること.→[板 bǎn 眼]

入土 rùtǔ 土葬する.〈転〉死ぬ.〔~为安〕土に葬られ瞑目する.〔这政权的接生婆早就~了.这世の産婆役はとっくに死んでしまった.→[火 huǒ 化]

入团 rùtuán 入団する.団員になる:とくに中国共産主義青年団に入団する.

入托 rùtuō 託児所に入る.

入网 rùwǎng ①電算インターネットに加入する. ②携帯電話に加入する. ③Ⓢ(サッカーなど)ゴールする.

入微 rùwēi 非常に細かいところまで行き届く.〔体贴~〕〈成〉心づかいが細かい.かゆい所に手が届く.

入闱 rùwéi 〈文〉科挙の受験者または試験監督者が試験場に入る(こと)

入围 rùwéi 圈内に入る.候補として残る.〔最后~的四位教授〕最終候補に残った教授4名.

入味(儿) rùwèi(r) ①味がでる(のってくる).〔再多腌 yān 腌,让它~〕もっと長くつけて味がのってくるようにしなさい. ②面白味がある.興味がのってくる.〔这是什么书啊,你看得这么~〕それはどんな本だね,おもしろそうに読んでいるじゃないか.

入伍 rùwǔ 入隊(する).入営(する)

入席 rùxí (会議や宴席で)席につく.着席する:〔入座〕[就 jiù 席]に同じ.

入戏 rùxì ①役柄になりきる. ②〈転〉芝居を始める.撮影を開始する.

入夏 rùxià 夏に入る.夏になる.

入乡问忌 rùxiāng wènjì ⇒[入国问禁]

入乡问俗 rùxiāng wènsú 〈成〉郷に入っては郷に従え:〔入乡随俗〕[入乡随乡〕[入境问俗]ともいう.

入庠 rùxiáng ⇒[入泮]

入邪 rùxié よこしまな道に入る.邪道に落ちる.

入绪 rùxù 糸口がつく.目鼻がつく.端緒がつく.

入选 rùxuǎn ①入選する. ②当選する.

入学 rùxué ①入学する. ②就学する.〔刚~的儿童〕就学したばかりの児童

入汛 rùxùn 河が増水期に入る.

入眼 rùyǎn ①目に入る.見る. ②(見て)気に入る.〔东西虽多,只是没有一个~的〕品物は多いが,一つとして気に入るのがない.

入药 rùyào 薬用になる.〔白芷 zhǐ 根可~〕ビャクシは根が薬になる.

入夜 rùyè 夜になる.夜のとばりがおりる.

入狱 rùyù 監獄に入れられる.〔被捕~〕逮捕されて入獄する.

入园 rùyuán 幼稚園・保育園に入る.

入院 rùyuàn ①入院する:〔住 zhù 院〕に同じ.〔办理~手续〕入院手続をする.→[出 chū 院] ②囚(仏教で)(出家して)寺に入る.

入栈 rùzhàn 倉庫に入る(れる).〔~凭 píng 单〕倉庫の預かり証.

入账 rùzhàng 記帳する.帳簿に記入する.

入蛰 rùzhé (虫類が)冬眠に入る.

入值 rùzhí 〔入值〕=当直勤務につく.

入职 rùzhí 職に就く.就職する.

入主 rùzhǔ 〈文〉侵入し統治する.〔~中原〕中原に入り統治する.

入主出奴 rùzhǔ chūnú 〈成〉自己の主義・主張にとらわれ他の考え方を無視すること.学術思想上のセクト主義.→[先 xiān 入为主]

入住 rùzhù 入居(する).投宿(する).〔~手续〕入

居手続き.〔～率〕入居率.〔～新居〕新居に入る.
人赘 rùzhuì ≡〔入舍〕婿入りする.〔～之婿 xù〕〔人舍女婿〕入り婿.→〔赘婿〕〔招 zhāo 女婿〕
人罪 rùzuì 罪(人)となる(にする).罪をおしつける.
人座 rùzuò 〔入坐〕とも書いた.席に着く:〔入席〕に同じ.

〔洳〕 rù ①〈文〉湿っぽい.〔沮 jù ～〕腐蝕した植物の堆積した低湿地帯. ②地名用字.〔～河〕河北省にある.

〔溽〕 rù 〈文〉①じめじめする.湿っぽい.〔～蒸 zhēng〕 ②味が濃い.
溽热 rùrè じめじめして蒸し暑い.
溽暑 rùshǔ 溽(ヂ)暑.夏の蒸し暑さ.

〔蓐〕 rù え.しとね.むしろ.〈転〉産婦の敷物.〔～席 xí〕同前.〔坐～〕〔坐月子〕産褥(ヂ)についている(1ヵ月間).
蓐疮 rùchuāng ⇒〔褥疮〕
蓐母 rùmǔ 〈文〉産婆.

〔缛・縟〕 rù 飾りが込み入っている(手がこんでいる).〈転〉煩雑.煩わしい.〔礼⒤〕煩わしい礼儀・作法.〔～节 jié〕煩わしいきたり.〔繁 fán ～礼〕煩文・節〈成〉煩わしい決まりや礼節.

〔褥〕 rù ①〔～子〕敷布団.〔坐 zuò ～〕〔坐垫〕座布団.〔马 mǎ ～〕鞍の上に置く敷物.〔被 bèi ～〕〔铺 pū 盖〕かけ布団と敷布団夜具.〔产 chǎn ～〕産褥:〔产蓐〕とも書いた. ②〈姓〉褥.
褥草 rùcǎo （厩舎の中の)家畜の敷草.
褥疮 rùchuāng =〔蓐疮〕回褥瘡〔蓐疮〕.床ずれ.〔自発病時如,对于～即应注意預防〕発病の時から床ずれの予防に注意しなければならない.
褥单 rùdān 〔～儿,一子〕シーツ・敷布.
褥垫(子) rùdiàn(zi) ①座布団. ②シート.〔司机席～〕運転席シート.
褥套 rùtào ①敷布団のカバー. ②布団綿.

rua　ㄖㄨㄚ

〔挼〕 ruá 〈方〉①(紙・布が)しわがよる.しわになる.〔把信纸～成团〕便箋用紙をしわくちゃにまるめた. ②(布が)すり切れる.穴があく.〔衫衫穿～了〕シャツが着すぎて穴があきそうだ. → ruó

ruan　ㄖㄨㄢ

〔堧(壖)〕 ruán 〈文〉①水のほとりの柔らかい空地.〔河～〕川岸.〔海～〕海辺. ②城郭の周りまたは河川のふちの空地.〔～地〕同前.

〔阮〕 ruǎn ①→〔阮咸〕 ②甘粛省泾川県地方にあった古国名. ③〈姓〉阮.
阮囊羞涩 ruǎnnáng xiūsè 〈成〉懐具合が寂しい:晋の阮孚は黒い袋を携えて会稽に遊んだ.ある人が袋の中のものは何かと聞いた時,袋の中に何かが入ってないと恥ずかしいから一銭入れてあると言った.
阮咸 ruǎnxián 国民族楽器の一種:竹林七賢の一人であった阮咸が作ったといわれる.〔月 yuè 琴〕に似た円形扁平の胴をもつ4弦の楽器.3弦のものもある.さおの長さはやや長い.〔阮①〕は略称.

〔朊〕 ruǎn 回タン白質.〔蛋 dàn 白质(朊)〕の旧称.〔白～〕〔アルブミン.〔酪 lào ～〕カゼイン:〔酪蛋白〕の旧称.〔血 xuè 红～〕ヘモグロビン:〔血红蛋白〕の旧称.〔黏 nián ～〕ムチン:〔黏蛋白〕の旧称.〔谷 gǔ ～〕グルテン.〔谷蛋白〕の旧称.

朊酶 ruǎnméi 回プロテアーゼ:〔蛋 dàn 白酶〕の旧称.

〔软・軟(輭・耎)〕 ruǎn ①柔らかい.柔軟性がある.〔指标比较〕目標はわりと柔軟性がある.〔绸 chóu 子比布～〕絹物は綿布より柔らかい.↔〔硬 yìng ～〕 ②(態度や言葉が)穏やかである.おとなしい.弱々しくある.〔话口越来越～〕話しぶりがますます穏やかになってくる. ③気が弱い.動揺しやすい.臆病である.〔心～〕気が弱い.情にもろい.〔耳～〕人の言うことを軽信する.〔欺 qī ～怕硬〕〔～的欺硬的怕〕弱い者いじめをして強い者にはぺこぺこする. ④(身体に)力がない.くたくた(になる).〔手～〕〔～手〕手がだるい.〔累 lèi 得脚酸腿～〕疲れて足がくたくただ.〔病后身子发～〕病後で体に力がない.〔吓 xià 得浑 hún 身都～了〕びっくりして全身の力が抜けた.〔腿 tuǐ ～得迈 mài 不开步儿〕足がふらふらして前に踏み出せない.〔手一～刀子脱手了〕ふと手の力が抜けて刀を落とした. ⑤ばっとしない.質が劣る.精彩がない.〔这货色～〕この品質は劣る.〔这一桌菜～〕(一テーブルの)料理はあまり感心しない(おいしくない). ⑥〈姓〉软(軟).
软班子 ruǎnbānzi ぐうたらなグループ.
软包装 ruǎnbāozhuāng ①ソフトパッキング. ②ソフトパック.レトルトパック.紙パックなどの包装材料または包装された製品:〔软包〕ともいう.
软笔 ruǎnbǐ 筆ペン.→〔硬 yìng 笔〕
软币 ruǎnbì ①紙幣. ②〔货 huò 币〕 ②経弱い通貨:為替レートが不安定な通貨.〔软通货〕〔软货币〕という. ③外貨に兑換できない通貨.
软玻璃 ruǎnbōli ⇒〔软 nà 钙玻璃〕
软不吃,硬不吃 ruǎn bùchī, yìng bùchī ⇒〔软硬不吃〕
软不唧 ruǎnbujī 〈方〉①たいへん柔らかいさま. ②ずる賢いさま.〔～地笑了笑〕せらら笑う.
软材 ruǎncái 軟材(針葉樹材)
软柴 ruǎnchái 〈方〉(藁や干し草のような柔らかな)焚(*)き物.焚き付け.〔一捆 kǔn 得住硬的〕柔らかな焚き物は固い焚き物をくくることができる.〈諺〉柔よく剛を制す.
软缠 ruǎnchán ⇒〔软磨〕
软产品 ruǎnchǎnpǐn サービスや情報などの知識型産品.
软产业 ruǎnchǎnyè 商業・金融・保険・運輸・通信・サービスなどの産業:第三次産業.
软尺 ruǎnchǐ (巻き尺のような)柔らかい物差し.→〔卷 juǎn 尺〕
软床 ruǎnchuáng ①柔かいベッド:スプリングやウレタンなどの入ったもの. ②ズックを張った担架.
软处理 ruǎnchǔlǐ 柔軟な処理.〈喩〉放置しっぱなしのやり方.
软磁盘 ruǎncípán ⇒〔软盘〕
软搭拉 ruǎndālā (力なく)ぐんにゃりと垂れるさま:〔软答剌〕とも書く.
软蛋 ruǎndàn ①殻の軟らかい卵. ②〈喩〉弱虫.軟弱な奴.
软刀子 ruǎndāozi 〈喩〉気づかれぬやり方で痛めつける.〔～杀人不见血〕じわじわと痛めつける.〔不见血不(软杀死)〕ともいう.〔～扎 zhā ～〕〔锯 jù 〕柔らかい刀で刺す(切る).〈喩〉真綿で首を絞める.
软垫 ruǎndiàn 柔らかいクッション:座ぶとんなど. →〔靠 kào 垫〕〔坐 zuò 垫(儿)〕 ②運施工の進捗に従って経費を受け取る方法:完成後に一括して受け取る〔硬 yìng 垫〕に対していう.〔～垫资〕
软钉子 ruǎndīngzi 〈喩〉婉曲に断ること.

软缎 ruǎnduàn [紡]柔らかで光沢のある絹織物:刺繡用の生地や装飾用.→[绸 chóu 子]
软腭 ruǎn'è [生理]軟口蓋(がい).→[颌 hé][硬 yìng 腭]
软耳朵 ruǎn'ěrduo ①人の言葉を考えもなく信じる人. ②[語]おおざと:漢字部首の"阝".→付録1
软法 ruǎnfǎ 柔軟なやり方.
软风 ruǎnfēng ①そよ風.穏やかな風. ②[気]軟風:秒速0.3～1.5メートル,1級の風.
软钢 ruǎngāng [口]軟鋼:炭素含有量の低い鋼.低炭素鋼.一般にいう鉄材.[～板]軟鋼板.[～条]軟鋼棒.→[钢]
软膏 ruǎngāo [薬]軟膏.[单 dān ～]単軟膏.[硼 péng 酸～]ホウ酸軟膏.[氨 lǜ化氨基汞～]白降汞(gǒng)軟膏.[蓝 lán 色～]水銀軟膏.
软骨 ruǎngǔ [生理]軟骨.[～鱼]軟骨魚(サメなど).[脆 cuì 骨]
软骨病 ruǎngǔbìng ①=[佝 gōu 偻病] ②[医]骨軟化症.
软骨素 ruǎngǔsù [薬]コンドロイチン.
软骨头 ruǎngǔtou [喩]骨なし.気骨のない人.気概に乏しい人.
软古囊囊 ruǎngu nāngnāng [方]ぶよぶよして柔らかい.
软管 ruǎnguǎn ホース.蛇管.[～搬子][機]ホースレンチ.[～接头]ホース連結器.[～橡 xiàng 皮管]
软罐头 ruǎnguàntóu レトルト食品.真空パックの食品.→[软包装]
软广告 ruǎnguǎnggào 広告記事.間接広告.→[有 yǒu 偿新闻]
软焊 ruǎnhàn [機]軟質はんだ.
软乎乎 ruǎnhūhū 柔らかいさま:[软软乎乎]に同じ.
软化 ruǎnhuà ①(物が)軟化する.[～病](カイコの軟化病.[～栽培]軟化栽培:野菜を太陽にあてずに育てること. ②(態度などが)柔軟になる.[你们千万别被敌人～了]お前たちは決して敵にまるめこまれてはならない. ③熱toものが軟化させる.[～血管]血管を同前.[～版面](新聞などの)紙面のソフト化(読みやすくすること).[使硬 yìng 水～]硬水を軟化させる.
软话 ruǎnhuà [軟語]へりくだった言葉.[用～劝 quàn]穏やかな言葉で忠告する(なだめる)
软环境 ruǎnhuánjìng 非物的環境:政策·管理·効率や人的環境.
软货币 ruǎnhuòbì ⇒[软币②]
软和 ruǎnhuo [口]①柔らかい.しなやかである.[肠 cháng 胃不好,吃点～的吧]胃腸が悪いのだったら,ちょっと柔らかいものを食べなさい. ②(性質や言葉が)柔らかい.[～话儿]柔らかな言葉.
软技术 ruǎnjìshù ソフトテクノロジー.
软煎蛋卷 ruǎn jiāndànjuǎn [食]オムレツ:[蛋卷]に同じ.
软件 ruǎnjiàn ①=[⟨方⟩软体][電算]ソフトウエア.[～包]ソフトパッケージ.[～程序]ソフトウエア·プログラム.[～工程]ソフトウエアエンジニアリング.[～服务]ソフトウエアメンテナンス. ②=[软设备]ソフトウエア:人間の質·管理能力·サービスの質など.→[硬 yìng 件]
软集 ruǎnjíjiāo (撮影の)ソフトフォーカス.[～滤光片]ソフトフォーカスフィルター.
软脚病 ruǎnjiǎobìng →[軟脚气①]
软筋 ruǎn·jīn [面 miàn 筋②]
软禁 ruǎnjìn 軟禁(する)
软拷贝 ruǎnkǎobèi [電算]ソフトコピー.
软靠 ruǎnkào [劇](京劇で)武将がよろいだけをつけ,

旗指物(さしもの)はつけないこと:前腰部に身を守る鏡をさげているので[玻 bō 璃肚子]ともいう.→[扎 zā 靠]
软科学 ruǎnkēxué ソフトサイエンス.
软肋 ruǎnlèi [生理]肋軟骨. ②⟨喩⟩弱点.ウィークポイント.
软领 ruǎnlǐng [服]ソフトカラー.
软溜溜 ruǎnliūliū (大変)柔らかいさま.しなやかなさま.
软媚 ruǎnmèi 素直で人から好かれる.
软锰矿 ruǎnměngkuàng [鉱]軟マンガン鉱.
软绵绵 ruǎnmiánmián ①ふんわりと柔らかいさま.[～的新褥 rù 子]同前の新しい敷布団. ②ぐったりと弱々しいさま.[她病是好了,但身子还是～的]彼女は病気は治ったがまだ弱々しい. ③感情が長く続くさま.[～的话语]同前の言葉.
软磨 ruǎnmó ⟨方⟩おとなしく頼み込む.やんわりと(じわじわと)からむ.[他父母本来不答应的,经不住他～,最后同意了]彼の両親は初めは承知しなかったのだが,何とかかんとか頼まれて断わりきれずにとうとう許した.[～硬 yìng 抗]⟨慣⟩やんわりと頼み込んだり,強く拒んだりする.[～硬泡 pào]⟨慣⟩嘆のかんとのしつこくからみ付く.
软木 ruǎnmù =[栓 shuān 皮]コルク.[～纸]コルク紙.[～帽 mào]コルクハット.[～画]コルク材の彫刻品.[～塞 sāi]コルク栓.[软皮塞]⟨方⟩水 shuǐ 松枳]コルク栓.[～树]コルクの木.[樫]コルク樫(がし).コルクの木.
软囊囊 ruǎnnāngnāng ぶよぶよして柔らかいさま.
软泥 ruǎnní 軟泥.
软脓包 ruǎnnóngbāo [罵]臆病者.
软盘 ruǎnpán [電算]フロッピーディスク.[～驱动器][软驱]フロッピーディスクドライブ.[～系统]フロッピーディスクシステム.
软匹儿 ruǎnpīr 手触りの柔らかい絹布に:[绸 chóu 子]など.
软片 ruǎnpiàn ①(感光用の)フィルム:[胶 jiāo 片][胶卷]ともいう.[～倒卷机]フィルム巻き戻し機. ②刺繡とした敷物,戸口の掛け幕,机の回りの垂れ幕,椅子カバーなどの称.
软气 ruǎnqì ⟨方⟩弱気である.気概に欠ける.気骨がない. ②うっぷん.積もった怒り:[窝 wō 囊气]ともいう.
软求 ruǎnqiú やんわりと請求する(頼む)
软驱 ruǎnqū [電算]フロッピーディスクドライブ:[软盘驱动器]の略.
软人才 ruǎnréncái 管理·指導にすぐれた人材.
软任务 ruǎnrènwu (やってもやらなくてもいいような)融通性のある任務.↔[硬 yìng 任务]
软软(儿) ruǎnruǎn(r) ふんわりと.[米饭做得～的]ごはんがふっくらと炊けた.
软弱 ruǎnruò 軟弱である.弱々しい.[～可欺]弱々しく馬鹿にされる.[～无能]軟弱で無能である.[～无力]弱々しくて力がない.
软杀伤 ruǎnshāshāng [軍]ソフトキル.
软设备 ruǎnshèbèi ⇒[软件②]
软声 ruǎnshēng 穏やかな声.
软绳 ruǎnshéng 綱渡りの綱.[踩 cǎi ～]綱渡りをする.
软食 ruǎnshí 柔らかく消化しやすい食物:カステラ.ケーキの類.
软实力 ruǎnshílì ソフトパワー:その国の文化·言語·生活様式が持つ政治·外交能力や諜報能力を背景とした対外的影響力.
软式网球 ruǎnshì wǎngqiú [又]軟式テニス.またそのボール.

软收入 ruǎnshōurù 副収入.
软水 ruǎnshuǐ 軟水.〔~剂〕硬水を軟水化させる薬品.↔〔硬 yìng 水〕→〔甜 tián 水〕
软水砂 ruǎnshuǐshā 硬水の軟化剤.パームチット(商標名):〈交 jiāo 替砂〉ともいう.
软酥酥 ruǎnsūsū ぐったりとしたさま.ふんわりとしたさま.
软塌塌 ruǎntātā ぐにゃりと柔らかいさま.
软瘫 ruǎntān (身体が)ぐにゃりとなる.へなへなになる.
软糖 ruǎntáng ゼリー菓子.ソフトキャンディー.→〔果 guǒ 冻〕
软梯 ruǎntī ⇒〔绳 shéng 梯〕
软体 ruǎntǐ ⇒〔软件①〕
软体动物 ruǎntǐ dòngwù 軟体動物.
软体家具 ruǎntǐ jiājù スプリングやウレタンフォームなどのソファーやベッドなど.
软条件 ruǎntiáojiàn 物資・環境の他の条件:政策・制度・管理・指導方法などの条件.
软铁 ruǎntiě 軟鉄.
软通货 ruǎntōnghuò ⇒〔软币②〕
软投资 ruǎntóuzī 非物的投資.〔软投入〕ともいう.
软卧 ruǎnwò =〔软卧铺〕=〔软席卧铺〕の略称.
软武器 ruǎnwǔqì 電子型武器.
软稀纱 ruǎnxīshā ジャコネット.
软席 ruǎnxí =〔软座〕(列車の)软らかくソファーのような座席.〔~车〕1等車.グリーン車.〔~卧铺〕1等寝台(〔软卧〕は略称.→〔硬 yìng 席〕
软下疳 ruǎnxiàgān 軟性下疳.〔~性 xìng 病〕
软线 ruǎnxiàn ①コード.可撓紐(ひも).たわみ線.②=〔建 jiàn 筑久线〕(建築用)軟鉄導線.
软心肠 ruǎnxīncháng 慈悲心.同情心.
软性 ruǎnxìng ①柔らかい.気楽で軽い.〔~文字〕軟文字.〔~新闻〕(新聞の)社会記事.三面記事.〔~性〕②〔~洗涤剂〕ソフト洗剤.生物分解性洗剤.〔~饮料〕〔软饮料〕ソフトドリンク.ノンアルコール飲料.
软性电影 ruǎnxìng diànyǐng 芸術映画また純粋娯楽映画:30年代の左翼芸術派からの言葉.
软言 ruǎnyán 穏やかな(当たり障りのない)言葉.
软银 ruǎnyín 地方で流通していた銀:正規の銀に対していった.
软饮料 ruǎnyǐnliào ソフトドリンク.清涼飲料.ノンアルコールの飲み物.
软硬 ruǎnyìng ①柔らかいことと堅いこと.硬軟.〔~兼施〕〈成〉硬軟両様の手段をあわせ用いる:〔兼〕は〔并〕ともいう.〔~不吃〕〔~也不吃,硬也不吃〕〔横 héng 不吃竖不吃〕〔哙 qiāng 不吃,顺不吃〕箸にも棒にもかからない.煮ても焼いても食えない.どうにも手がつけられない.②柔らかさ.堅さ.
软语 ruǎnyǔ ⇒〔软话〕
软玉 ruǎnyù 軟玉:玉石の一種.白色・乳白色・淡緑色などのものがある.〔和田玉〕は有名.〔~温香〕〈喩〉女性のやさしいさま.
软枣 ruǎnzǎo ⇒〔君 jūn 迁子〕
软皂 ruǎnzào カリ石鹸.軟石鹸.
软炸 ruǎnzhá 衣揚げ:料理法の一.衣をつけて揚げるてんぷら風のもの.から揚げのような揚げ方に対していう.〔~鸡 jī〕鶏の同前.
软脂 ruǎnzhī パルミチン.
软脂酸 ruǎnzhīsuān ⇒〔棕 zōng 桐酸〕
软指标 ruǎnzhǐbiāo 柔軟な指標.可変的な指標.
软着陆 ruǎnzhuólù 軟着陸.ソフトランディング.
软专家 ruǎnzhuānjiā 管理能力にすぐれた専門家.
软资源 ruǎnzīyuán 学術技術や情報.
软子 ruǎnzi 〈方〉目方を量るときものを入れる"かご"

や"ざる"の類.〔刨 páo 同前の風袋を差し引く.
软走之(儿) ruǎnzǒuzhī(r) ⇒〔走之(儿)〕
软组织 ruǎnzǔzhī 生理軟組織:筋肉や軟(k)帯など.
软座 ruǎnzuò ⇒〔软席〕

rui ㄖㄨㄟ

〔緌・緌〕 ruí 固かぶり物のひもを顎で結び,垂れ下がった部分をいう.
〔蕤〕 ruí ①〈文〉草木の花が垂れさがるさま.〔葳 wēi ~〕枝葉が繁るさま. ②固冠や旗の垂れた飾り.
蕤宾 ruíbīn →〔十 shí 二律〕
蕤核 ruíhé 植ヘンカクボク(扁核木).〔白 bái 桜〕に同じ.〔桜 ruí〕〔楲 yù〕は古名.眼病薬とする.
〔桵〕 ruí ⇒〔蕤 ruí 核〕
〔蕊(蕋・橤・蘂)〕 ruǐ 〔蕊・橤・蘂〕①植しべ.ずい.〔花~〕ともいう.〔雌 cí ~〕めしべ.雌(り)ずい.〔雄 xióng ~〕おしべ.雄ずい.〔~头〕つぼみ.花.〔嫩 nèn ~〕柔らかいつぼみ.②〈文〉草木がむらがり茂るさま.
蕊珠宫 ruǐzhūgōng 宗(道教)神仙が住む宮殿:〔蕊宫〕ともいう.
蕊珠经 ruǐzhūjīng 宗(道教)のお経.
〔繠(蘂)〕 ruǐ 〈文〉垂れ下がるさま.
〔汭〕 ruì 〈文〉河流が集まる又は湾曲するところ.〔~河〕甘粛省にある.
〔芮〕 ruì ①〈文〉小さいさま. ②史周代諸侯国の一:現在の陕西省(一説に甘粛省)にあった.〔~城 chéng 县〕山西省にある. ③地名用字. ④〈姓〉芮(さ)
〔枘〕 ruì 〈文〉ほぞ.→〔榫 sǔn〕
枘方 ruìfāng 同下.
枘凿方圆 ruìzáo fāngyuán 〈成〉円いほぞと四角いほぞ穴.〈転〉しっくりしない.うまく適合しない:〔枘方〕〔凿枘②〕〔枘凿不(相)入〕〔方枘圆凿〕に同じ.
〔蜹(蚋)〕 ruì 固ブユ.ブヨ.ブト.→〔白 bái 蛉〕
〔锐・銳〕 ruì ①鋭い.〔尖~〕同前.〔其锋如锥之~〕その切っ先は錐のように鋭い.〔~猛等〕猛烈である.↔〔钝 dùn ①〕→〔尖 jiān〕〔快 kuài〕②〔利 lì 也〕〔~敏〕鋭敏である.〔敏 mǐn ~〕同前.〔目力甚 shèn ~〕目が非常にすばしこい.↔〔钝 dùn〕③生気にあふれている.〔精 jīng ~部队〕精鋭な軍隊. ④〈文〉急速に.→〔锐减〕⑤鋭気.〔养 yǎng 精蓄~〕鋭い英気を養い力を鋭くする. ⑥〈姓〉锐(さ)
锐兵 ruìbīng 〈文〉精鋭な軍隊.
锐不可当 ruì bùkědāng 〈成〉気がこもっていて立ち向かえない.
锐减 ruìjiǎn 激減する.
锐降 ruìjiàng 急落する.
锐角 ruìjiǎo =〔凸 tū 角〕鋭角.〔~三角形〕鋭角三角形.↔〔钝 dùn 角〕
锐进 ruìjìn 〈文〉①急行軍する.②功名にはやる.
锐利 ruìlì ①〔刀剣の刃が〕鋭い.〔~的武 wǔ 器〕鋭利な武器. ②〔眼光・言論・筆法などが〕鋭い.〔眼光~〕目が鋭い.
锐敏 ruìmǐn 鋭敏である.鋭い.
锐骑 ruìqí 精鋭な騎兵.〔轻 qīng 车~〕軽快な兵車

と精鋭な騎兵.
锐气 ruìqì 意気の強さ.鋭い気性.[挫 cuò 了他的~]彼の鼻っ柱をへし折ってしまった.
锐师 ruìshī 精鋭な軍隊.
锐眼 ruìyǎn 鋭い眼光(眼識).[~识 shí 人]眼識が鋭く人物をよく知る.
锐意 ruìyì =[锐志]〈文〉鋭意.[~进取]鋭意進歩を求める.
锐增 ruìzēng 激増する.
锐志 ruìzhì ⇒[锐意]

[睿(叡)] ruì 〈文〉①聡明である.深く見通す.②〈尊〉天子などにかかわることを表す.→[御 yù(I)③]
睿才 ruìcái 〈文〉英才.
睿感 ruìgǎn 〈文〉天子が感服されること.
睿虑 ruìlǜ 〈文〉天子の御心.
睿略 ruìlüè 〈文〉優れた計略.
睿算 ruìsuàn 〈文〉天子の御年.
睿哲 ruìzhé 〈文〉英明(である).
睿智 ruìzhì 〈文〉英知.優れた知性:[睿知]とも書いた.

[瑞] ruì ①めでたい兆し.[祥 xiáng ~]同前.②めでたい.[~相 xiàng]めでたい相.③[古]天子が諸侯に与えた一種の玉器.④〈姓〉瑞.
瑞草 ruìcǎo [植]瑞草:出現するとめでたいことがあるとされている草.[瑞芝](マンネンタケ)など.
瑞典 ruìdiǎn スウェーデン:正式名称は[~王国].首都は[斯 sī 德哥尔摩](ストックホルム).[~体 tǐ 操]スウェーデン体操.
瑞禾 ruìhé 1本の茎に二つの穂がついている稲穂:めでたい前兆.
瑞(龙)脑 ruì(lóng)nǎo ⇒[冰 bīng 片]
瑞气 ruìqì 〈文〉めでたい兆候.
瑞日 ruìrì 〈文〉①吉日.②よい日和(ễ°).
瑞士 ruìshì スイス:正式名称は[~联 lián 邦].首都は[伯 bó 尔尼](ベルン).[~法郎]スイスフラン.
瑞香 ruìxiāng [植]ジンチョウゲ(沈丁花).
瑞像 ruìxiàng [仏](仏教の)釈迦の像.
瑞雪 ruìxuě めでたい雪:豊作の兆しとされる.[~兆 zhào 丰年].[諺]瑞雪は豊年の前兆.→[葫 guā 楼]の根.→[天 tiān 花粉]
瑞兆 ruìzhào ⇒[喜 xǐ 兆]
瑞芝 ruìzhī [植]マンネンタケ:[灵 líng 芝①]ともいう.

run ロメㄣ

[瞤・瞩] rún 〈文〉①まぶたがびくびく動く.②筋肉がひきつる.

[闰・閏] rùn ①閏(ҙᵘᵘ):暦の日数や月数がふつうの年より多いこと.②〈文〉副次的である.[正～十二卷]正閏12卷.→[正 zhèng ⑩].③〈姓〉閏(ҙᵘᵘ)
闰宫 rùngōng ⇒[变 biàn 宫]
闰年 rùnnián うるう年.↔[平 píng 年]
闰日 rùnrì うるう日(太陽暦の2月29日)
闰统 rùntǒng 〈文〉帝位を奪って位についた天子の皇統:[正 zhèng 统①]に対していう.
闰位 rùnwèi 正統でない帝位.
闰月 rùnyuè うるう月.
闰徴 rùnzhǐ ⇒[变臨 徴]

[润・潤] rùn ①つやつやしている.[脸上~]顔につやがある.[墨 mò 色很~]墨の色に非常につやがある.[光~]つやつやしている.[滑 huá ~]なめらかでつやがある.②しっ

とりとしている.[滋 zī ~①]同前.[土~苔青]土がしっとりとして苔が青々としている.[雨后空气湿 shī ~]雨の後の空気は湿っぽい.③湿らす.潤す.[~嗓 sǎng 子][~喉]のどを潤す.[~了儿盅 zhōng 酒]酒を数杯飲んでのどを潤した.④飾る.修飾する.[删 shān ~]削除したり筆を加えたりする.⑤利益.[利 lì ~]利潤.[分 fēn ~]利益を分配すること.[先~后墨]〈成〉執筆料をもらってから書くこと.
润笔 rùnbǐ =[润毫][润资][笔润][旧]揮毫料.②⇒[稿 gǎo 费]
润肠 rùncháng [中医]胃腸に栄養をつけてのぼせを下げる.[~药 yào]同前の薬.
润唇膏 rùnchúngāo リップクリーム.
润发油 rùnfàyóu ヘアクリーム.→[发 fà 油]
润肤 rùnfū 皮膚を滑らかにする.[~膏]スキンクリーム.[~液]スキンローション.
润格 rùngé =[润例][旧]揮毫料の規格.
润毫 rùnháo ⇒[润笔①]
润喉片 rùnhóupiàn のど飴:[润喉糖]ともいう.
润滑 rùnhuá 潤滑(にする).[~表][機]潤滑ゲージ.[~油](滑(机)油]潤滑油.[~脂 zhī]グリース:[~膏]・[~油 脂](黄 huáng 油②](滑 脂][〈方〉牛 niú 油②](脂膏①]は別称.[~剂 jì][工]潤滑剤.
润例 rùnlì ⇒[润格]
润面霜 rùnmiànshuāng モイスチャークリーム.
润色 rùnsè =[润饰]潤飾(する).言葉を飾り整える.[~先生]硯之の別称.
润湿 rùnshī 潤す.ぬらす.[用热 rè 水把毛巾~]湯でタオルを湿らす.
润饰 rùnshì ⇒[润色]
润手霜 rùnshǒushuāng ハンドクリーム:[防 fáng 裂膏]ともいう.
润丝 rùnsī 〈音訳〉リンス:[护 hù 发素]ともいう.
润下 rùnxià 〈文〉①水の流れ物を潤す性質.②〈転〉水.③[中医]腸内を潤す薬を用いて各種の便秘を治すこと.
润燥 rùnzào [中医]滲出液の枯渇を潤すこと.
润泽 rùnzé ①潤いがある.[~光滑]潤いがあってつやつやしている.②潤す.滑らかにする.湿らす.
润资 rùnzī ⇒[润笔]

ruo ロメご

[挼(捼)] ruó 〈文〉手でこする.なでる.もてあそぶ.[把纸~成团]紙をくしゃくしゃにして丸めてしまう.[~之使碎]〈文〉もてあそんでみじんにくちゃにしてしまう.→ ruá
挼搓 ruócuo 手でこする.もてあそぶ.[别把鲜 xiān 花~坏了]花をもみくちゃにするな.→[揉 róu 搓①]

[若] ruò (I)①…のごとし.…のようである.[相~]〈文〉相似ている.似たよったりである.[安如磐 pán 石,危~朝露]〈成〉安全なことは大きな岩のようであるし,(ひとたび)危うくなると朝露のようである.②及ぶ.同じ程度である.[不~].…に及ばない.[倘 tǎng~]同前.[~不早做准备,一定要误事]早く準備をしないときっと事を誤ることになる.[~不努力,定然失败]努力しないと,きっと失敗する.[~不然]もしそうでなければ.[~不是他来我就去了]もし彼が来るのでなければわたしが行く.④〈文〉および.[其子~孙]皆得其传授]その子と孫はみなその伝授をうけている.⑤〈姓〉若(ړᵘᵒ·)

（Ⅱ）〈文〉なんじ(の):〔汝 rǔ ①〕に同じ. → rě

若敖 ruò'áo〈姓〉若敖(ぢゃう).

若輩 ruòbèi ①=〔若曹〕〔若属〕〈文〉なんじ(おまえ)ら. ②この人たち.

若曹 ruòcáo 同上①.

若虫 ruòchóng 囲 (イナゴなどの)幼虫.→〔蝗huáng〕

若丹明 ruòdānmíng ⇒〔碱 jiǎn 性蕊香红〕

若非… ruòfēi… 〈文〉もし…でなければ.〔~日落都门闭,良夜追欢尚未休〕(清平山堂話本)もし日が沈んで都の門を閉じるというのでなければ,このよき夜にもっと歓楽を求めてやまないであろうに.

若夫 ruòfú〈文〉もしそれ.それまた:文頭におき話しのはじまりを転換を表す.

若干 ruògān ①若干(の).いくらか(の).どれだけ(の):不定量を指したり数量を問う.〔经历了一万年的原始公社的生活〕幾万年もの原始共産社会の生活を経た. ②〈姓〉若干(ぢゃう)

若个 ruògè〈白〉①それ.あれ. ②どこ.

若何 ruòhé〈文〉いかが.どのように.〔以逞寡 guǎ 君之志~〕(左伝)(貴方は)わが君の志のとおりにしてたらいかがか.〔并无~寓 yù 意焉〕いかなる他意もない.

若合符节 ruò hé fújié〈成〉割り符を合わせたように完全に一致する.

若即若离 ruòjí ruòlí〈成〉つかず離れず:一定の距離を保って人や物事に対すること.どちらともつかないこと.中間であいまいな態度にあること.〔~的态度〕どっちつかずの態度.→〔不 bù 即不离〕

若明若暗 ruòmíng ruò'àn〈成〉①明るいようでもあり暗いようでもある. ②知っているようでもあり知らないようでもある:〔暗〕は〔昧 mèi〕ともいう.

若其 ruòqí〈文〉もしも.

若然 ruòrán〈文〉もししからば.

若使 ruòshǐ〈文〉もし…ならば.

若是 ruòshì もし…なら.〔我~你,我就去〕私が君だったら行くだろう.

释释重负 ruò shì fùzhòngfù ⇒〔如 rú 释重负〕

若属 ruòshǔ ⇒〔若辈①〕

若数家宝 ruò shǔ jiābǎo ⇒〔如 rú 数家珍〕

若无其事 ruò wú qíshì 〔若无事然〕〈成〉何事もなかったように(で).平気である.蛙の面に水.〔他们~地亲热地谈了起来〕彼らは何もなかったのよう親しげに語り始めた.〔~地霸占 bà zhàn 别人的地〕平気で他人の土地を占領する.

若无事然 ruò wú shìrán 同上.

若许 ruòxǔ 若干の.多く(の).→〔许多〕

若要… ruòyào… もし…がいるなら.もし…したいなら.〔~好,大作小〕〈諺〉人とうまくやって行こうと思うなら,謙遜が肝要だ.〔~人不知,除非已莫为〕〈成〉人に知られたくなければ自分でやらないことだ:秘密は必ず人に知られてしまう.

若英 ruòyīng 囲〔杜 dù 若②〕(アオノクマタケラン)の花.

若隐若现 ruòyǐn ruòxiàn〈成〉見え隠れする:はっきりと見えないさま.

若有若无 ruòyǒu ruòwú あるようでもあり,ないようでもある:漠として雲をつかむようなさま.

若有所失 ruò yǒu suǒshī 〔如 rú 有所失〕〈成〉何かを失ったのよう:茫然とするさま.気が抜けたさま.〔若有所丧 sàng〕ともいう.

若有所思 ruò yǒu suǒsī〈成〉何かを考えている様子である.

若芝 ruòzhī ⇒〔杜 dù 若①〕

[偌] ruò こんなに.そんな(に).〔~多〕こんなに多い(くの).〔~大〕こんなに大きい.〔~大年纪〕こんなにいい歳(をしながら).〔你~远到这里来〕おまえはこんな遠いところまでやって来た.

[郚] ruò 春秋 楚国の首都:現在の湖北省宜城県東南一帯.

[婼] ruò〔~羌 qiāng〕地 新疆にある県名.漢代の西域三十六国の一.最も陽関に近い:現在は〔若羌〕と書く.

[箬(篛)] ruò 囲 オオチマキザサまた同前の葉.〔~竹 zhú〕は通称.

箬笠 ruòlì =〔箬帽〕竹の皮や葉で作った笠.〔~芒 máng 鞋〕同前とすすきで編んだぞうり.〔~翁〕隠棲している人.

箬帽 ruòmào 同上.

箬鳎鱼 ruòtǎyú ⇒〔鞋 xié 底鱼〕

[弱] ruò ①弱い.虚弱である.〔体~多病〕体が弱く多くの病気にかかっている状態.〔兵力~〕兵力が弱い.〔不甘示~〕弱味を見せるのを快しとしない.〔虚 xū ~〕虚弱である.〔软 ruǎn ~〕軟弱である.〔脆 cuì ~〕もろく弱い. ↔〔强 qiáng ~〕 ②弱くなる.〈転〉弱って死ぬ. ③…弱(じゃく):分数や小数の後につける.〔零点几五~〕0.5弱.〔百分之五~〕5パーセント弱. ④年少(である).年年(である).〔老~〕年寄りと年少者. ⑤劣る.及ばない.〔他的本领不~于那些人〕彼の能力はあの人達に劣らない.

弱不好弄 ruò bù hàonòng〈成〉(子供が)幼くて遊び戯れるのを好まない.〔弱〕は〔幼〕ともいう.

弱不禁风 ruò bù jīnfēng〈成〉風にも耐えないような弱々しいさま.

弱不胜衣 ruò bù shèngyī〈成〉衣服の重さに耐えられない又弱なさま.

弱弟 ruòdì〈文〉幼い弟:兄に対する弟の自称.

弱点 ruòdiǎn 弱点.弱み.

弱冠 ruòguàn 〔弱冠〕20歳前後の青年:(礼記)20歳を弱といい元服して冠をかぶったことから.

弱化 ruòhuà 弱体化(する)

弱碱 ruòjiǎn 囮 弱アルカリ.

弱科 ruòkē 成績の悪い科目.

弱累 ruòlěi〈文〉子供の係累.

弱龄 ruòlíng =〔弱岁〕〈文〉年少(者).弱年(者)

弱旅 ruòlǚ〈文〉①弱い軍隊. ②区実力のないチーム. ↔〔劲 jìng 旅〕

弱能 ruònéng 障害のある.〔~儿童〕身体障害児童.

弱女 ruònǚ〈文〉①少女.娘. ②弱い女.

弱肉强食 ruòròu qiángshí〈成〉弱肉強食.弱の肉は強の食(である)

弱视 ruòshì ①弱視.視力が弱い. ②軽視する.〔经济~〕経済面にくらい(疎い)

弱势 ruòshì ①弱含み.弱気で. ②弱い勢力.〔~群 qún 体〕社会的弱者層.

弱手 ruòshǒu 能力の劣る人.レベルの低い相手.

弱酸 ruòsuān 囮 弱酸.→〔强 qiáng 酸〕

弱岁 ruòsuì ⇒〔弱龄〕

弱听 ruòtīng 難聴.

弱项 ruòxiàng 苦手な部門.弱点.苦手な種目. ↔〔强 qiáng 项〕

弱小 ruòxiǎo 弱小.弱くて小さい.〔~民族〕弱小民族.

弱者 ruòzhě 弱者.弱いもの.

弱质 ruòzhì〈文〉虚弱な体質.

弱智 ruòzhì 知的障害.〔~儿 ér(童)〕知的障害児.

〔蒻〕ruò ①〔香 xiāng 蒲〕(ガマ)の若芽.またそれを編んで作ったむしろ.〔~苴 lì〕同前の作った笠. ②→〔魔 mó 芋〕

〔爇(焫)〕ruò〈文〉焼ける.燃える.燃やす.ともす.〔石棉 mián 能入火不~〕石綿は火の中に入れても燃えない.〔~烛 zhú〕ろうそくをともす.

S

sa ㄙㄚ

〔仨〕sā 三つ.3個:〔三 sān 个〕と同じ.量詞を置かない.〔~人〕3人.〔~月〕3か月.〔哥 gē 儿~〕兄弟3人.〔~子儿一包〕銅貨3枚で1包み.〔~瓜俩儿枣 zǎo〕〈喩〉わずかな.はしたの.ちょっとやそっと.

仨子儿油俩子儿醋 sāzǐr yóu liǎzǐr cù〔喩〕小さいこと.些細なこと.〔大事要请示领导、~的自己根据原则自己处理〕大きいことは上級の指示を受けねばならないが、小さいことは原則どおりに自分の考えで処理すべきだ.

〔挲(抄)〕sā→〔摩 mā 挲〕→ shā suō

〔撒〕sā ①放す.開放する.〔把笼 lóng 子里的鸟~了〕かごの中の鳥を放した.〔~~线、风筝 zhēng 就上去了〕糸を放すと凧はたちまち上がっていった.②放出する.ばらまく.〔~气〕思いのままに)表面に表す.ふるまう.〔~开了花钱〕使い放題に金を使う.→ sǎ

撒把 sābǎ 〔骑 qí 自行车千万别~〕自転車に乗る時は決してハンドルを放してはだめだ.

撒村 sācūn〈方〉野卑なことを言う.〔这么大的姑娘,怎么~呢〕こんな大きな娘が、どうして下品なことを言うのか.

撒旦 sādàn〈音訳〉サタン.悪魔.〔撒但〕とも書いた.

撒刁 sādiāo 〈喩〉ずる賢る.だだをこねる.暴れる.〔那个小孩儿又~了〕あの子はまたやんちゃをしている.

撒丁鱼 sādīngyú ⇒〔沙 shā 丁鱼〕

撒尔维亚 sā'ěrwéiyà ⇒〔一 yī 串红〕

撒疯 sāfēng ①おかしなことをする.狂態を演ずる.②怒りをぶちまける.

撒哈拉沙漠 sāhālā shāmò 地サハラ砂漠.

撒豪 sāháo〈方〉権勢を笠に着て横暴にふるまう.〔~称霸〕横車を押して人を威圧する.

撒欢儿 sāhuānr ①(興奮して)はね回って遊ぶ.〔孩子们在操场上~〕子供たちが運動場ではね回って遊んでいる.②(動物が)じゃれる.〔一只小猫儿在那儿~〕一匹の子猫がそこで楽しげにじゃれ回っている.

撒谎 sāhuǎng →〔扯 chě 谎〕〈方〉〔掉 diào 谎〕うそを言う.〔我决不~〕わたしは決してうそは言いません.→〔说 shuō 谎〕

撒娇 sājiāo 甘える.だだをこねる.〔孩子~〕子供が甘える.〔~撒痴〕あまったれたことをする.〔~卖俏〕甘えてしなをつくる.→〔娇生惯养〕

撒脚 sājiǎo ⇒〔撒腿〕〔散 sǎn 放 fàng 足〕

撒节帖子 sā jiétiězi →〔撒帖子②〕〔旧〕商店が(年に3度の)勘定書を配る.→〔撒账帖子〕

撒酒疯(儿) sājiǔfēng(r) 酔って暴れる.〔喝 hē 酒倒不要紧,可千万别~〕酒を飲むのはかまわないが、決して酔狂してはいけない.

撒科 sākē 劇わざとおもしろおかしいせりふを言う.〔转〕冗談を言う.〔~打诨 hùn〕同前.〔干娘休要~,你作成我则个〕(水24)かあさんそんなに冗談言わないで、わたしの思いを遂げさせてください.

撒克逊人 sākèxùn rén →〔盎 àng 格鲁撒克逊人〕

撒裤脚 sā kùjiǎo ⇒〔散 sǎn 裤脚〕

撒拉族 sālāzú サラ族:中国少数民族の一,主として青海省と甘粛省に居住する.宗教はイスラム教.

撒赖 sālài ふてぶてしく構える.大っぴらに怠ける.ずるく立ち回る.平気でうそを言う.ぬけぬけと責任逃れをする.居直って言いがかりをつける.〔有理说理,为什么要~呢〕理屈があれば納得がいくまで話せ、なぜふてぶてしく構えるのか.

撒马尔罕 sāmǎ'ěrhǎn 地サマルカンド:ウズベキスタン南東部にある都市.

撒蒙鱼 sāméngyú〈方〉〈音楽訳〉サーモン:〔三 sān 文鱼〕〔沙 shā 门鱼〕とも書く.〔大 dà 马哈鱼〕(サケ)の別称.

撒尿 sāniào〈口〉小便する.〔~了一泡尿〕ジャージャーと小便をした.→〔拉 lā 尿〕

撒泼 sāpō やたらに騒ぎたてる.だだをこねる.〔~打滚 gǔn 地哭起来〕腹いせに床をころげ回ったりして泣きだした.→〔发 fā 泼〕

撒气 sāqì ①うっ憤を晴らす.やつ当たりする.〔不好意思拿朋友~〕友だちを相手にしてうっ憤を晴らすわけにもいかない.②(タイヤやボールなどの)空気が漏れる.

撒请帖 sāqǐngtiě ⇒〔撒帖子①〕

撒手 sāshǒu ①手を放す(ゆるめる).〔撒开手〕同前.〔拉住不~〕力強く引っぱって手を放さない.〔孩子大了出外做事、有的~不由人了吗〕子供が大きくなって外に出て仕事をするようになったり、親の手から放れて思うにはからなくなるではないか.〔~老就不开手〕この子供は仕事が身に離せない.〔~不干 gàn〕見切りをつけてやめる.②手をひく.〔他~不管〕彼は手をひいて一切かかりあわない.

撒手尘寰 sāshǒu chénhuán 〈喩〉この世と別れる.死ぬ:〔撒手长辞〕〔撒手人世〕〔撒手西归〕ともいう:〔当她父亲~之时,她只有十三岁〕父親が死んだ時、彼女はわずか13歳であった.

撒手锏 sāshǒujiǎn ⇒〔杀 shā 手锏〕

撒帖子 sātiězi ①招待状をあちこちにくばる:〔撒请帖〕〔打 dǎ 网 wǎng〕〔撒网②〕名目をつけて祝いごとをやり大勢招待して祝儀かぜをもくろむ.→〔打 dǎ 秋风〕〔干 gān 撒网〕②⇒〔撒节帖子〕

撒腿 sātuǐ →〔撒脚〕〔〈方〉撒丫子〕ぱっと駆け出す.大股に(走り出す).〔撒开腿〕同前.〔他一见我~就跑了〕彼はわたしを見るなりぱっと駆け出して逃げた.

撒网 sāwǎng ①網を打つ.〔~捕 bǔ 鱼〕網を打って魚を捕る.②⇒〔撒帖子打网〕

撒窝 sāwō (鳥・虫などが)鳥を散す.

撒无赖 sāwúlài ならずものの本性を現す.ごろつきのような言動をとる:ふつう〔要 shuǎ 无赖〕という.〔他借了还是不想还:逼 bī 急了他可以~〕(老骆23)彼は借金しても返そうとは思っていない、催促がひどければ尻をまくるくらいのことはやりかねない.

撒锌法 sāxīnfǎ 工亜鉛粉の中で鉄製品にメッキをする方法.

撒丫子 sāyāzi ⇒〔撒腿〕

撒野 sāyě 野蛮な振る舞いをする.わがまま勝手な(する).〔是哪个在这里~〕誰がこんなところで無作法なことをしているんだろう.〔急了就~可不行〕怒って乱暴するというのはよくない.

撒呓挣 sāyìzheng〈口〉寝言を言ったり寝ぼけたり

sā～sà

る.〈転〉でたらめを言う.〔撒夜仗〕〔撒呓症〕とも書く.〔你怎么说得好好儿地,又撒起呓挣来了]まっとうなことを言っていると思ったら,また寝言のようなことを言い出した.〔这孩子又～了]この子寝言を言っている.

撒账帖子 sā zhàngtiězi つけ(勘定書)を配る.→〔撒节帖子〕

撒嘴 sāzuǐ (咬みついた)口を放す.〈喩〉けんかをやめる.〔不容易～]なかなか口を放さない.〔两个人互相争,谁也不肯～]二人は互いに争ってどちらもやめようとはしない.

〔洒・灑〕 sǎ
①(水などを)まく(まき散らす).注ぐ.〔～上些水扫 sǎo 地]少し水をまいて掃く.→〔撒①〕 〔撒①〕 ②散らばる.こぼす.〔黄豆～了一地]大豆があたり一面に散らばった. ③自然でこだわりがない.〔潇 xiāo ～]あか抜けしている.瀟洒(しゃ)である.→〔洒脱〕 ④〈姓〉洒(ぱっ)

洒尔佛散 sǎ'ěrfósǎn ⇒〔六 liù ○六〕
洒狗血 sǎgǒuxiě 圓役者が観客の受けを気にして演技過剰に陥ること.外連(かん).
洒家 sǎjiā 〈白おれ(たち).おいら:男性の自称.
洒泪 sǎlèi 涙を流す.落涙する.〔～而别]涙を流して別れる.
洒泪雨 sǎlèiyǔ 旧暦7月7日の雨.
洒利 sǎlì〈方〉(動作ちなどが)てきぱきしている.
洒漏 sǎlòu 漏れ散る.〔粮食一在地上]穀物が地上に漏れ落ちる.
洒落 sǎluò ①まく.こぼれる.落ちる.〔一串 chuàn 串汗珠～在地上]流れるような汗が地面に落ちた. ②超然としてゆったりしているさま.〔子显风神～,雍容闲雅]〈南史〉顔子顕は風采が超然として落ち着きがあり,おっとりと雅やかなところがあった. ③(きつい言葉に)冷たく扱う.邪険にする. ④⇒〔洒脱〕
洒派 sǎpài ①囧自分の田地を分け他人の名義にして脱税をはかる. ②(費用を)分担する.割り当てる.
洒洒 sǎsǎ ①注ぎ落ちるさま. ②〈転〉長々と続いて絶えないさま.非常に多いさま.〔～万言]長々しい文章.→〔洋 yáng 洋洒洒〕
洒扫 sǎsǎo 水をまいて掃く.
洒水 sǎshuǐ 水をまく.〔～壶]じょうろ.〔～车 chē 〕撒水車(さっすいしゃ).〔～器]散水器.スプリンクラー.
洒汤 sǎtāng〈方〉しくじる.へまをする.〔那件事他办得～了]あの件は彼はやり損ねた.
洒土攘烟 sǎtǔ rǎngyān ⇒〔撒土攘烟〕
洒脱 sǎ·tuō ⇒〔洒落④〕〔洒脱(た)〕である.さっぱりしている.こだわりがない.こせこせしていない.〔～人儿]同前の人.〔她～地和人打招呼]彼女はこだわりなく人にあいさつする.〔他为人～,小事总不挂在心上]彼はこだわらない性質で,小さいことは気にかけない.〔拘束]彼らに〔他慌 huāng 忙说声"我没有工夫"一身便走]〔茅・霜]彼は忙しく一声"暇がない"と言ってぬけ出して行ってしまった.
洒鞋 sǎxié ⇒〔靸鞋⑪〕

〔靸〕 sǎ
靴のかかとを踏みつぶしてる(スリッパのように)つっかけて履く.〔～拉 la 〕同前.〔靸 tā 拉]に同じ.〔宝玉～了鞋便迎出来](紅63)宝玉は靴をひっかけて出迎えた.→〔靸 tā 〕
靸鞋 sǎxié 靸⑪ ①一種の丈夫な布製:針目をこまかに縫い,爪先が深く他に二本の〔鞘梁]の三角布の皮がたててある.肉体労働者・武術家・和尚などの履き物.〔洒鞋〕〔撒鞋〕とも書く. ②⑩つっかけ式の草履.

〔漱〕 sǎ
地名用字.〔～河]河北省にある.

〔撒〕 sǎ
①まき散らす.〔～豆]同前. 〔～化〕肥料を同前.〔～传布]ちらしを配る.〔在上面～了一层白糖]表面に白砂糖を薄く散らしてある.→〔洒①〕 ②こぼす.こぼれる. ③〈咦〉撒(ざ)り.
撒播 sǎbō (広い耕地に)むらなく種子をまく.〔～机]播種機.
撒布 sǎbù まき散らす.散布する.
撒胡椒面 sǎ hújiāomiàn 胡椒の粉をばらまく.〈喩〉ばらまき行政や福祉.
撒落 sǎluò まき散らす.降りまく.
撒漫 sǎmàn ①気前がよい.ぱっぱと使う.〔襄 xí 人又本是个手中一的](紅62)襄人だってももともと気前はぱあな女である. ②〈ぃ〉にする. ③これは一句戏 xì 言一个一个美官](京本通俗小説)これてきたー言の冗談で実入りの多い役をふいにしたということになる.
撒眸 sǎmóu 〈方〉見わたす.見まわす.
撒钱 sǎqián 金をばらまく.目的達成のため金を使って工作する.散財する.
撒然 sǎrán〈白〉驚いて目覚めるさま.〔～突来,却是南柯一梦](水65)驚いて目が覚めてみると,また一場の夢だった.
撒施 sǎshī 偂〔耕地全体に)むらなく肥料をまく.
撒水车 sǎshuǐchē ⇒〔洒水车〕
撒土攘烟 sǎtǔ rǎngyān〈喻〉(子供が戱れに)土ぼこりを飛ばす.〈喩〉ならずものなどがこそこそよからぬことをする.〔他是～的人]あいつはこそこそとよからぬことばかりやる人間だ. 〔他们和我来这个～的]〔挣,わたしにそんなこそこそ小細工するのはよせよ.
撒鞋 sǎxié ⇒〔靸鞋〕
撒熏香 sǎxūnxiāng〈方〉(人のことを)くさす.悪口を言って回る.〔他总好给人～]彼はとかく人のことをくさしてばかりいる.
撒账 sǎzhàng 囲共寝の儀式をする:はじめての床入りの時,新婚夫婦が寝台に座り,他の女性が金銭や色のついた菓子などをばらまく儀式.
撒种 sǎzhǒng 種をまく.〔播 bō 种〕に同じ.

〔卅〕 sà
三十の別称:二十を〔廿 niàn 〕,四十を〔冊 xì 〕という.〔五～运动]囧五三十運動:1925年5月30日,上海の日系紡績工場を中心に発生した反帝労働運動.

〔挱・掇〕 sà
〈文〉側面から攻める. →〔挼 shā〕

〔脎〕 sà
⑪オサゾン:〔糖 táng 二腙]ともいう.〔葡 pú 萄]グルコサゾン.

〔飒・颯（颭）〕 sà
①〈擬〉風の音.〔秋 qiū 风 ～～]秋風がサラサラと吹く. ②→〔飒爽〕 ③〈口〉スマート(である)
飒刺刺 sàlàlà 〈擬〉サーッ(風の音)
飒然 sàrán ①〈文〉(風が)サーッと吹くさま.〔～而至](風が)突然やってくる. ②〈転〉突然にやってくるさま.
飒飒 sàsà〈擬〉風の吹く音,雨の降る音.〔那时正是将近仲秋天气,金风～,玉露泠泠 líng lěng](児4)時あたかも中秋も間近いところで,秋風がサーッと吹き渡り,結んだ露は冷え冷えとしておりました.
飒爽 sàshuǎng〈文〉颯(そ)としている.〔～英姿 zī〕英姿～.〔成]英姿颯爽たり.

〔萨・薩〕 sà 〈姓〉薩(さっ)
萨巴 sàbā ⑪〔北 běi 婆罗州]
萨当 sàdāng サタン:タイの補助貨幣単位.〔沙 shā 当]とも書いた.100〔～]が1〔铢 zhū 〕(バーツ)
萨尔瓦多 sà'ěrwǎduō エルサルバドル:正式国名は

〔～共和国〕.中部アメリカにある.首都は〔圣 shèng～〕(サンサルバドル)

萨嘎达娃节 sàgādáwá jié サガダワ祭:チベット族の釈迦誕生を記念する祭り.チベット暦の3月3日から4月15日の間に行われる.

萨格勒布 sàgélèbù 地ザグレブ:〔克 kè 罗地亚共和国〕(クロアチア共和国)の首都.

萨哈林岛 sàhālín dǎo =〔库 kù 页岛〕地サハリン=〔桦太〕島をいう.

萨迦派 sàjiāpài =〔喇lǎ嘛教〕

萨克管 sàkèguǎn 音サキソホン.サックス:〔萨克斯管〕〔萨克斯风〕ともいう.〔中音〕〔アルトサックス.〔次 cì 中音〕テナーサックス.

萨克森人 sàkèsēnrén →〔盎 àng 格鲁撒克逊人〕

萨克斯管 sàkèsīguǎn ⇒〔萨克管〕

萨拉热窝 sàlàrèwō 地サラエボ:〔波 bō 斯尼亚和黑塞herzvinaー那〕(波黑)(ボスニア・ヘルツェゴビナ)の首都.

萨拉瓦克 sàlàwǎkè 地サラワク:ボルネオ島西北部の地.1963年以後マレーシア連邦に加入.

萨满 sàmǎn シャマン(シャーマン).巫师:神懸り状態になり神霊と交流する霊的職能者.〔～教 jiào〕シャマニズム.巫(ふ)術:中国では東北部・内蒙古に伝わる.→〔跳 tiào 神〕

萨摩亚 sàmóyà 地サモア:正式国名は〔～独立国〕.南太平洋の島嶼国家.もと〔西 xī ～〕(西サモア)といった.〔西 xī 萨皮亚〕(アピア)

萨那 sànà 地サヌア:〔也 yě 门共和国〕(イエメン共和国)の首都.

萨其马 sàqímǎ 食〔萨齐玛〕とも書く.〈方〉満洲風の点心の一種:卵・砂糖を加えた小麦粉をこね,細幅に切ったものを油で揚げ,これを水飴で固めて大きな塊にしたものを方形5センチ・幅10センチほどの長方形に切り分け,〔青 qīng 丝〕〔红 hóng 丝〕〔葡萄干(儿)〕などを表面に散らした甘い菓子.

萨斯 sàsī ⇒〔非 fēi 典型肺炎〕

sai ㄙㄞ

〔思(恩)〕 sāi〔于 yú ～〕〈文〉ひげがもじゃもじゃのさま.〔于～满 mǎn 面〕顔中ひげだらけ(もじゃもじゃ)である. → sī

〔揌(攓)〕 sāi ⇒〔塞③〕

〔腮(顋)〕 sāi ①ほおの下部(あごまで)〔～颊 jiá〕〈口〉～帮 bāng子〕ともいう.〔鼓 gǔ 起～〕ほおをふくらませる.→〔颊〕.〔下 xià 巴颏儿〕〔颐 yí ①〕. ②⇒〔鳃〕

腮红 sāihóng 颊红.チークカラー:〔胭 yān 脂〕ともいう.

腮脚 sāijiǎo 動節足動物の口のわきにある3対の足のようなもの.短毛が密生していて触覚および食物の弁別を司る.〔颚 è 脚〕ともいう.→〔步 bù 脚〕

腮托 sāituō (バイオリンなどの)あごのせ.

腮腺 sāixiàn 生理耳下腺:〔耳ěr 下腺〕ともいう.〔流行性～〕～炎〕〔疔 zhà 腮〕耳下腺炎.おたふくかぜ.

腮须 sāixū 虫触角.

〔毸〕 sāi →〔毵 péi 毸〕

〔鰓・鳃〕 sāi =〔腮 ②〕(魚の)えら:〔～～际 jì〕ともいう.

鳃蚕 sāicán 虫エラコ:海岸の岩に棲む環形動物の一種.釣り餌に用いられる.

鳃盖 sāigài (魚の)えらぶた.

鳃弓 sāigōng 同下.

鳃骨 sāigǔ =〔鳃弓〕〔鳃(さい)瓶〕:(魚の)えらを支持している骨.

〔塞〕 sāi ①(すきまや穴を)ふさぐ.〔把窟 kū 窿～住〕穴をふさぐ. ②栓をする.〔把瓶子(～严)〕瓶にしっかり栓をする. ③〔揌〕詰める.入れる.ほうり込む.〔～满 mǎn〕ぎっしり詰る.〔用手绢包好,～在裤子底下〕ハンカチをきちんと包んで敷ぶとんの下に押し込んだ.〔把钱～在口袋里〕お金を袋の中(ポケットの中)に押し込む. ④〔-儿,-子〕蓋(ふた).栓(せん).〔用～子塞上〕〔塞上～子瓶のふたをする.〔瓶 píng ～〕瓶の栓.〔软 ruǎn 木～〕コルク栓.〔火 huǒ 花～〕スパークプラグ.点火プラグ.〔活 huó ～〕機ピストン.
→ sài se

塞包袱 sāibāofu 〈方〉賄賂を使う.贈賄する.

塞车 sāichē 〈方〉(車が)渋滞(する).車が混みあって進むない:〔堵 dǔ 车〕に同じ.

塞尺 sāichǐ =〔厚 hòu 薄规〕

塞狗洞 sāigǒudòng ⇒〔填 tián 黑窿〕

塞规 sāiguī 機プラグゲージ.雄ゲージ.透見ゲージ.絞りプラグ.→〔规①〕〔界 jiè 限量规〕

塞头 sāitóu 〈方〉栓.

塞牙 sāiyá ①歯に物がはさまる.〔～缝 fèng〕同前.〔吃东西～〕物を食べて同前.〔喝里凉水都～〕水を飲んでも歯にさわる.〈喩〉まったくついていない.運が悪くなる. ②〈喩〉意表にとげがある.

塞药 sāiyào ⇒〔栓 shuān 剂〕

塞钻 sāizuàn 〔开 kāi 塞钻〕

〔噻〕 sāi 訳音字.〔～吩 fēn〕〔硫 liú 茂〕化チオフェン.〔～唑 zuò〕化チアゾール.

〔嗯・噻〕 sāi〈白〉つめ込む:口に押し込むように食べる.〔好酒好肉へ～一頓〕(元)うまい酒や料理をひとしきり詰め込んだ.

〔塞〕 sài 辺境の地(主として北方を指す).〔要 yào ～〕要塞.国境防衛の地. → sāi sè

塞班岛 sàibāndǎo 地サイパン島:北マリアナ諸島の中心.アメリカ自治領.

塞北 sàiběi 回万里の長城以北:〔塞外〕ともいう.狭義では内蒙古と東三省(遼寧・吉林・黒竜江の3省)をいう.→〔边 biān 外〕

塞得港 sàidégǎng 地ポートサイド:スエズ河口の港市.

塞尔维亚 sài'ěrwéiyà セルビア:正式国名は〔～共和国〕.首都は〔贝 bèi 尔格莱德〕(ベオグラード).〔～和黑山〕(セルビア・モンテネグロ)から2006年モンテネグロが分離し解体した.

塞拉利昂 sàilālì'áng シエラレオネ:正式国名は〔～共和国〕.首都は〔弗 fú 里敦〕(フリータウン)

塞纳河 sàinàhé 地セーヌ川(フランスにある)

塞内加尔 sàinèijiā'ěr セネガル:正式国名は〔～共和国〕.首都は〔达 dá 喀尔〕(ダカール)

塞内加树胶 sàinèijiā shùjiāo ⇒〔阿 ā 拉伯胶〕

塞浦路斯 sàipǔlùsī キプロス:正式国名は〔～共和国〕.首都は〔尼 ní 科西亚〕(ニコシア)

塞上 sàishàng 辺境の地:主に万里の長城あたりを指す.

塞舌尔 sàishé'ěr セーシェル:正式国名は〔～共和国〕.首都は〔维 wéi 多利亚〕(ビクトリア)

塞外 sàiwài ⇒〔塞北〕

塞翁失马 sàiwēng shī mǎ〈成〉人間万事塞翁が馬:禍福は予測できない.幸か不幸かは簡単には決めがたい(淮南子(えなんじ)にある故事).〔～,安知非福〕同前.

sài

〔赛・賽(壶)〕 sài (I) ①優劣を比べる.競う.競争する.〔竞 jìng ～〕競争(する).〔足球～〕サッカー試合.〔田径～〕陸上競技.〔田～〕フィールド競技.〔径 jìng～〕トラック競技.我和你～水平〔本领〕彼と腕比べをしよう.〔俩人比了一次～〕二人は試合をしてみた.→〔比 bǐ 赛〕 ②匹敵する.劣らない.勝つ.〔～真的本物に劣らない.〔力气～水牛〕力は水牛に匹敵する.〔这一组的成绩一个～一个〕このグループの成績はいずれ劣らぬ成績だ. ③〈姓〉賽(さ) (II)回神にお礼の供えをして祭る.→〔赛社〕

赛滨螺 sàibīnluó 〔魚貝〕タマキビモドキ(ゴマフニナ)
赛场 sàichǎng 競技場.試合場.
赛车 sàichē ①〔車〕(自転車・オートバイ・自動車など)競技.カーレース.〔～女郎〕レースクイーン.〔～场竞赛〕〔～场比赛〕(自転車の)ピスト競技. ②競技用自転車・オートバイ・自動車(レーシングカー,スポーツカー):競技用自転車は〔跑 pǎo 车①〕ともいう.
赛程 sàichéng ①試合日程. ②試合コース.
赛船 sàichuán 競漕(をする).→〔赛龙舟〕
赛点 sàidiǎn 〔ス〕マッチポイント.
赛风 sàifēng スポーツ(選手)のマナー.試合の態度.
赛过 sàiguò …に勝る.…以上である.〔苦得～黄连〕苦さが(生薬の)黄連(おう)以上である.
赛会 sàihuì ①回祭りの山車行列:神像を廟から担ぎだし,どらや太鼓ではやしたてながら町をねり歩くこと.〔迎神～〕同前をする. ②〔博览会〕の旧称.〔万国～〕万国博覧会. ③〔ス〕競技大会.〔～制〕各地巡業して試合をすること.
赛季 sàijì 〔ス〕競技シーズン.
赛绩 sàijì 試合成績.
赛况 sàikuàng 試合状況.模様
赛力散 sàilìsǎn 〈音訳〉セレサン(石灰):稲・麦の病害駆除に用いる水銀粉剤.
赛龙舟 sàilóngzhōu 〔端午节〕に行われる競漕.→〔龙船〕
赛璐玢(纸) sàilùfēn(zhǐ) 〔透 tòu 明 纸〕〈方〉威 wēi 化纸①〕ともいう.〈音訳〉セロハン(紙):〔玻 bō 璃纸①〕の旧称.→〔包 bāo 装纸〕〔胶 jiāo 片〕
赛璐珞 sàilùluò =〔化 huà 学②〕〔假 jiǎ 象牙〕〈音訳〉セルロイド.〔～片 piàn〕セルロイドシート.
赛马 sàimǎ ①=〔跑 pǎo 马〕競馬(をする).〔～场 chǎng〕馬場コース.競馬場. ②競走馬.
赛牡丹 sàimǔdān ⇒〔虞 yú 美人①〕
赛跑 sàipǎo 競走(する).かけっこ(する).はしりっこ(する).〔～场 chǎng〕レースコース.〔长途～〕〔长 cháng 跑〕長距離競走.〔马 mǎ 拉松(～)〕マラソン.〔接 jiē 力～〕リレー競走.〔百米～〕百メートル(競走).
赛期 sàiqī 試合日程.
赛球 sàiqiú 球技を競う.
赛区 sàiqū 試合・組み合せのゾーン.〔东北～决赛〕東北ゾーン決勝戦.
赛拳 sàiquán 素手の技量を競う.
赛社 sàishè 〔赛神〕農家で取り入れが済んでから,供物を供えて神を祭ること.〔这是未庄赛神的晚上〕(鲁・Q 2)それは未荘のお祭りの晩のことである.
赛神 sàishén 同上.
赛事 sàishì 〔ス〕競技場・試合に関する事柄.
赛输 sàishū 試合や競争に負ける.
赛似 sàisì 勝る.比べられる.〔～亲兄弟〕本当の兄弟のようである.
赛艇 sàitǐng 〔ス〕ボート競技(をする):〔八人单桨有舵手〕(エイト),〔四人单桨有舵手〕(かじ付きフォア),〔四人单桨无舵手〕(かじなしフォア),〔双人单桨有舵手〕(かじ付きペア),〔双人单桨无舵手〕(かじなしペア),〔双人双桨〕(ダブルスカル),〔单人双桨〕(シングルスカル)など.〔～比赛〕ヨット競技(をする)レース. ③(ギャンブルの)競艇.ボートレース. ④同前の船.ボート.
赛文 sàiwén 神に豊作を感謝する祭文.
赛先生 sàixiānshēng ⇒〔赛因斯〕
赛项 sàixiàng 競技種目.〔奥 ào 运会正式～〕オリンピック正式種目.
赛序 sàixù 試合順序.スケジュール.〔乒乓单打决赛,全部～编定公布〕卓球のシングルス決勝の全試合順序が発表になる.
赛讯 sàixùn 試合の報道.
赛因斯 sàiyīnsī 〈音訳〉サイエンス:〔赛恩思〕とも書いた.〔赛先生〕ともいう.〔德 dé 谟克拉西〕
赛赢 sàiyíng 試合や競争に勝つ.
赛珍珠 sàizhēnzhū 〔人〕パール・バック:アメリカの女流小説家の中国名.小説『大地』(1938年ノーベル文学賞受賞)などを発表した(1892～1973)
赛制 sàizhì 試合規則.競技実施規定.

sān ㄙㄢ

〔三〕 sān ① 3.三つ:〔叁〕は大字. ②三たび.〈転〉多数を表す.〔～思〕〈喩〉よくよく考える.〔屡次~番〕〈成〉たびたび.しきりに. ③〈姓〉三(え)

三八步枪 sānbā bùqiāng =〔〈口〉三八大盖(儿)〕〔三八式②〕三八式(明治38年)歩兵銃.
三八大盖(儿) sānbā dàgài(r) 同上.
三八(国际劳动)妇女节 sānbā (guójì láodòng) fùnǚjié =〔国际(劳动)妇女节〕
三八红旗手 sānbā hóngqíshǒu 模範女性.
三八式 sānbāshì ①〔～党员(干部)〕の略.抗日戦争時期の1938年前後に革命に参加した党員や幹部. ②⇒〔三八步枪〕
三八线 sānbāxiàn (朝鲜の)38度線.
三八制 sānbāzhì ①〔～制〕1日のうち,8時間働き,8時間休息し,8時間娯楽と教養に充てる制度.〔三八主义〕同前の主義. ②職場での3交替8時間勤務制:〔白班〕(日勤),〔中班〕(夕方からの勤務),〔夜班〕(徹夜勤務)の3班.
三八作风 sānbā zuòfēng 中国人民解放军の行動基準:1.確固とした正しい政治方向. 2.苦しいに耐え質素な仕事の態度. 3.敏活で機動的な戦略戦術.以上三項目および団結・緊張・厳粛・活発八文字で表わされる精神.
三把刀 sānbǎdāo 理髪業者の〔剃 tì 刀〕(かみそり),料理人の〔菜 cài 刀〕(包丁),仕立屋の〔剪 jiǎn 刀〕(はさみ)の三つの職業:旧時,多くの華僑が従事していた.
三白 sānbái ①皮・果肉・種子がみな白い品種の西瓜.〔三 xī 瓜〕 ②大根・塩・飯. ③瑞雪など 3 度降る雪.
三白草 sānbáicǎo 〔植〕ハンゲショウ(カタシログサ)
三百代言 sānbǎi dàiyán =〔代言人〕
三百六十行 sānbǎiliùshí háng =〔三十六行〕〈喩〉各種職業の総称.〔～,行行出状元〕〈諺〉どの職業にも優れた人がいる.いずれの職業でも成功者となれる.
三百篇 sānbǎipiān『詩経』の別称.
三百千千 sānbǎi qiān qiān 圖三字経・百家姓・千字文・千家詩の四書:旧時,初学者の用いる書

三 sān

三拜九叩 sānbài jiǔkòu ⇒〔三跪九叩〕

三斑鹑 sānbānchún 〔鸟〕ミフウズラ.

三班倒 sānbāndǎo 三交替(する).〔三班制〕ともいう.〔这个厂很多工人都是~〕この工場では労働者は三交替している.→〔三八制〕

三瓣儿嘴 sānbànrzuǐ ⇒〔唇 chún 裂〕

三包 sānbāo ①不良品の修理・返品・交換をすること. ②〔门前~〕道路沿いの事務所・商店・住民が道路の衛生・緑化・社会秩序の維持について責任を持つこと. ③孫請け.

三胞 sānbāo 台湾, 香港・マカオ, およびその他海外同胞.

三包一奖 sānbāo yījiǎng 〔包产・包工・包成本・超产奖励〕の略称. 高級農業生産協同組合と人民公社で実施された一種の生産責任制度. 1979年以来〔农 nóng 业生产责任制〕に転換した. →〔三级所有制〕

三宝 sānbǎo ①三つの宝物. ②⇒〔佛 fó 法僧①〕③→〔关 guān 东三宝〕

三宝殿 sānbǎodiàn 仏殿.〈喩〉求めるもののある場所.〔无事不登~〕〈諺〉用があったから訪ねて来たのだ[用事がなければお邪魔はしません]

三宝鸟 sānbǎoniǎo 〔佛 fó 法僧②〕

三保田 sānbǎotián 悪条件の土地を改良してできた水・土・肥料を保ち得る良い畑. →〔三跑田〕

三北 sānběi 東北・西北・華北の3地方.

三倍体 sānbèitǐ 〔生理〕三倍体.

三苯甲烷染料 sānběnjiǎwán rǎnliào 〔化〕トリフェニルメタン染料:〔奇 qí 画染料〕〔キトン染料〕ともいう. →〔孔 kǒng 雀染料〕

三鞭酒 sānbiānjiǔ ①3種類の動物のペニスを漬けこんだ強壮滋養酒.〔香 xiāng 槟酒〕

三边形 sānbiānxíng ⇒〔三角形〕

三表 sānbiǎo 水温・電気・ガスのメーター. →〔水 shuǐ 表〕〔电 diàn 表〕〔气 qì 表〕

三病四痛 sānbìng sìtòng 〈喩〉多病.〔人有个~, 精神总是提不起来〕誰にせよ病気があると気持ちが引き立たない.

三不管(儿) sānbùguǎn(r) ①衣・食・住の三つのことをかまわない怠け者. ②どこの管轄にも属さない土地:旧時, 天津市の南方を指す. ③だれもかまわない事柄.

三不惑 sānbùhuò 酒・色・財に惑わないこと.

三部曲 sānbùqǔ ①三部曲. 三部作. ②〈喩〉事柄の三つの発展段階.

三步上篮 sānbù shànglán 〔スポ〕(バスケットで)ランニングシュート:〔三步跑篮〕〔三大步跑上篮〕ともいう. →〔上篮〕

三不通 sānbùtōng 〔路〕(道路),〔电〕(電気),〔邮〕(郵便物)が通じていない. または〔水,电,路〕(水道・電気・道路)や〔电,路,通讯〕(電気・道路・郵便電信)が通じていないことを指す.〔~的村〕同前の村.

三步五步 sānbù wǔbù 近い.〔~就跑到〕2,3歩で到着する(ほど近い).〔三步两步〕ともいう.

三不知 sānbùzhī 始まり・経過・結果を知らない.〈転〉④いきなり. 思いかけず. ⑧何もわからない.〔一问~〕〔饱 bǎo 食终日, 无所用心〕

三不主义 sānbù zhǔyì 〔不抓辫子〕(揚げ足をとらない),〔不扣帽子〕(レッテルを貼らない),〔不打棍子〕(棍棒(腕力)をふるわない)〔文化大革命〕期に用いられた.

三部作 sānbùzuò 三部作.

三步做两步走 sānbù zuò liǎngbù zǒu 急いで歩く. 急ぎ足で歩く:〔三步并作两步(走)〕ともいう.

三彩 sāncǎi 三色の陶器.〔唐~〕唐三彩.

三餐 sāncān 朝・昼・夕の3食. 3度の食事.

三槽钻头 sāncáozuàntóu 〔機〕三つ溝錐〔鉱〕:〔三槽扩孔钻〕ともいう.

三叉 sānchā (~儿)①〔一耳 ěr 蕨〕〔植〕ジュウモンジシダ. ②〔蕨 jué〕〔植〕ミガワリシダ.〔~神经〕〔生理〕三叉神経.

三插花 sānchāhuā 〔劇〕(旧劇で)登場人物3人がぐるぐる歩いて回る動作.

三叉戟 sānchājǐ ①三叉戟(ほこ). ②トライデント. ⓐ潜水艦発射弾道ミサイルの名. ⓑ旅客機の名.

三差两错 sānchā liǎngcuò 〈喩〉誤解. →〔三 长 cháng 两短〕

三茬 sānchá 〔農〕3番作. また3番収穫:〔三熟〕ともいう.

三查 sānchá 〔史〕1947年冬から48年秋にかけて,土地改革を実施するにあたり, 党・軍・政治機関内で展開された整党・整軍運動:階級・思想・作風の三つの点検と組織・思想・作風の三つの整頓.

三茶六饭 sānchāliùfàn お客が3度にご飯が6度.〈喩〉非常に手厚くもてなすこと.

三岔口 sānchàkǒu ①→〔三岔路口〕三つ角口. 三叉路の入り口. ②〔劇〕京劇の有名な一:立ち回りの妙技を演ずる場面が多いので有名.

三岔路 sānchàlù 三叉路. →〔三岔口①〕

三岔路口 sānchàlùkǒu 三叉路. →〔三岔口①〕

三产 sānchǎn 第三次産業.

三长两短 sāncháng liǎngduǎn 〔成〕思わぬ出来事. 不慮の災難・事故:特に人の死をいう.〔万一有个不得了的~就不得了〕万一思わぬ出来事があったら大変だ. →〔山 shān 高水低〕

三场 sānchǎng ①〔旧〕〔科 kē 举〕の試験で必ず受けねばならなかった〔初场〕〔二场〕〔三场〕の3回の試験. ②同前の第三場の試験.

三厂一卫 sānchǎng yīwèi 〔囲〕宮廷内にあった一種の秘密警察組織:東廠・西廠・内行廠・錦衣衛.

三朝元老 sānchāo yuánlǎo 三代の王朝(または君主)に仕えた重臣.〈喩〉経歴の古い人.

三辰 sānchén 〈文〉日・月・星.

三乘 sānchéng ①〔仏〕(仏教で)解脱の程度の深さを声聞乗・縁覚乗・菩薩乗の3種に分けること. ②〔数〕3乗(する).

三尺 sānchǐ ①(長さ)三尺:約1メートル.〔~水〕〔~雪〕〈喩〉剣.〔~剑 jiàn〕〈喩〉刀. ②〈喩〉子供.〔~童子〕同前.

三虫 sānchóng ⇒〔三尸(神)〕

三重 sānchóng ①〈喩〉圧迫. 三重の圧迫.〔~唱〕〔楽〕三重唱. トリオ.〔~奏〕〔楽器の〕三重奏. トリオ.

三串柳 sānchuànliǔ 〔桱 chēng 柳〕

三春 sānchūn ①〈文〉①旧暦の春の3か月. ②〔季 jì 春〕(旧暦の3月)をいう.〔~之季〕同前. ③3度の春. ⓒ3年.

三春柳 sānchūnliǔ ⇒〔桱 chēng 柳〕

三次 sāncì ①三次.〔~采油〕(油田・ガス田からの)三次採取. 三次採油.〔~方程式〕〔数〕三次方程式. ②3回. 3度.

三刺(河)鲀 sāncì(hé)tún 〔海 hǎi 儿鱼〕〔魚貝〕ギマ:俗に〔炮 páo 台鱼〕ともいう.

三从 sāncóng 〔旧〕女性に求められた三つの服従:〔未嫁从父, 既嫁从夫, 夫死从子〕(儀礼)嫁する前は父に従い, 嫁しては夫に従い, 夫が死しては子に従う.〔~四德〕〈成〉同前と四つの美徳, すなわち婦徳・婦言・婦容・婦功(礼記)

三寸 sāncùn 三寸.〈喩〉長さの短いこと.〔~舌〕〔~不烂 làn 之舌〕弁舌がさわやかなこと. 舌先三寸.

sān 三

〔～金莲〕旧時の女性の纏(てん)足した小さい足.

三大差别 sāndà chābié 三大差.三大格差:工業と農業,都市と農村,頭脳労働と肉体労働.

三大敌人 sāndà dírén 新民主主義革命時期でいう三つの大敵:帝国主義・封建主義・官僚資本主義を指す.

三大殿 sāndàdiàn 故宮の〔太和殿〕,〔中和殿〕,〔保和殿〕の〔外 wài 朝〕.

三大法宝 sāndà fǎbǎo ⇒〔三个法宝〕統一戦争・武装闘争・党建設:中国共産党の革命遂行に不可欠とされた.⇒〔三面红旗〕

三大革命运动 sāndà gémìng yùndòng 階級闘争・生産闘争・科学実験:1963年5月,毛沢東が提起.

三大火炉 sāndà huǒlú 三大かまど.〔喩〕酷暑となる重慶・武漢・南京.

三大纪律 sāndà jìlǜ 解放軍の基本をなす三つの規律:1.一切の行動は指揮に従う.2.一切の捕獲品は公のものとする.1928年,毛沢東が提起.1947年,軍本部が再度規定し,公布.→〔八 bā 项注意〕

三大件 sāndàjiàn ①3種の神器:@5,60年代における3つの家庭用耐久商品.〔手表〕[腕時計],〔缝纫机〕(ミシン),〔自行车〕(自転車)が挙げられ.時代とともに変化し,⑥7,80年代では〔冰箱〕(冷蔵庫),〔彩电〕(カラーテレビ),〔收录机〕(ラジカセ)または〔洗衣机〕(洗濯機).ⓒ90年代以降は〔商品房〕(マイホーム),〔私人汽车〕(マイカー),〔电脑〕(パソコン)または〔手机〕(携帯電話),〔空调〕(エアコン)などの三つ(様々な説がある).〔新〕いわゆる〔新三(大)件〕に,以前のものを〔老三(大)件〕と呼ぶ.②固〔刑具〕の手かせ・足かせ・首かせ.③宴席で出る3種類の上等な料理.

三大节 sāndàjié ⇒〔三节〕

三大经济纲领 sāndà jīngjì gānglǐng 1949年の人民政治協商会議の共同綱領の中に決められた経済基本方針:1.封建的地主階級の土地を没収して農民のものとする.2.蔣介石・宋子文・孔祥熙・陳立夫など四大家族の官僚資本を国家のものにする.3.民族資本商工業の保護.

三大民主 sāndà mínzhǔ 中国人民解放軍内部の政治的分野,経済的分野,軍事的分野における民主主義.

三大球 sāndàqiú 又〔足球〕(サッカー),〔篮 lán 球〕(バスケットボール),〔排球〕(バレーボール)の三つの球技.→〔小 xiǎo 球〕

三大文献 sāndà wénxiàn 1949年,〔中国人民政治协商会议〕が採択した三つの重要な法案:〔中国人民政治协商会议共同纲领〕〔人民政协组织法〕〔人民政府组织法〕

三大元帅 sāndà yuánshuài 三大主要目標:食糧生産・鉄鋼と機械工業の発展をたとえていう.1958年11月,毛沢東が提起.

三大战役 sāndà zhànyì ①国解放戦争中の〔辽 liáo 沈战役〕〔淮 huái 海战役〕〔平 píng 津战役〕を指す.②〔喩〕3つのプロジェクト.3つの任務.

三大作风 sāndà zuòfēng (中国共産党の)三つの活動上のあるべき態度:1.理論と実践の結合.2.人民大衆との緊密な連携.3.批判と自己批判.

三代 sāndài ①夏・商・周の3代.②父・祖父・曾祖父の3代.③父・己・子の3代.〔～同堂〕家に3世代が揃っていること.

三代果 sāndàiguǒ ⇒〔椎 féi 子〕

三党 sāndǎng ⇒〔三族①〕

三岛 sāndǎo 伝説上の三島(蓬莱・方丈・瀛洲):〔三神山〕ともいう.

三道(头) sāndào(tóu) 〈方〉旧上海租界の警官.

三德 sāndé ⇒〔圣 shèng 代〕

三等九格 sānděng jiǔgé 旧身分の差.いろいろな等級:〔三六九等〕に同じ.

三点会 sāndiǎnhuì ⇒〔天 tiān 地会〕

三碘甲烷 sāndiǎnjiǎwán 〔碘仿〕

三点式 sāndiǎnshì (女性水着の)ビキニ:〔比 bǐ 基尼〕は音訳.〔～游泳衣〕ともいう.

三点水(儿) sāndiǎnshuǐ(r) 園さんずい:漢字部首の"氵".→付録1

三叠纪 sāndiéjì 地三畳紀:この時代に形成された地層を〔三叠系〕という.

三丁 sāndīng 图3種類の食材を賽(さい)の目に切って作った料理.→〔三鲜〕〔丁⑩〕

三鼎甲 sāndǐngjiǎ 固科挙の〔殿 diàn 试〕での〔一甲三名〕(首席の3名),すなわち,〔状 zhuàng 元〕〔榜 bǎng 眼〕〔探 tàn 花〕に選ばれた者.

三冬 sāndōng 〈文〉①旧暦の冬の3か月.〔季 jì 冬〕(旧暦の12月)をいう.③3度の冬.〔喩〕3年.

三冬两夏 sāndōng liǎngxià 三冬二夏:〔三冬二夏〕ともいう.子供は育てるには2,3年間は苦労せねばならない.

三段论(法) sānduàn lùn(fǎ) 三段論法:〔三段论式〕ともいう.

三对六面 sānduì liùmiàn 契約(引き渡し)にあたって,当事者双方と証人合わせて3組(6人)の人が立ち会って処理する.型の如くきちんと事を取り運ぶ.〔三六对面〕ともいう.

三多 sānduō ①〔多福〕〔多寿 shòu〕〔多男子〕の三つ幸福.②人生産業・生産額の増加.

三恶道 sān'èdào 固(仏教で)地獄道・餓鬼道・畜生道.

三法司 sānfǎsī 〈文〉中央政府の三種の司法官(司法組織).明清では〔刑 xíng 部〕〔都 dū 察院〕〔大 dà 理院〕という.

三藩 sānfān 史明の降将で呉三桂・耿精忠・尚可喜の3人が藩王に封ぜられたのをいう.〔～之乱〕同前が起こした反乱.

三番两次 sānfān liǎngcì 〔三番五次〕に同じ.しばしば.何度も.→〔再 zài 三再四〕

三番四复 sānfān sìfù 〈慣〉態度が再三変わって一定しないこと.

三反双减 sānfǎn shuāngjiǎn 反乱,賦役制度,人身従属に反対することと小作料および利息を減らす運動.1959年チベットで行われた.

三反五反运动 sǎnfǎn wǔfǎn yùndòng 1951年末から52年10月にかけて全国で行われた政治運動:政府・国営企業などでの汚職,浪費,官僚主義に反対すること及び商工業者の贈賄・脱税・国家資料の盗用・原料のごまかし・国家経済情報の漏洩に反対すること.

三方 sānfāng 関係三者(間)の.〔～会谈〕同前の会談.

三防 sānfáng ①核・化学・生物兵器の攻撃に備えること.②森林の火災・病虫害・乱伐を防止すること.

三废 sānfèi 〔废气〕(廃ガス),〔废液〕(工場廃水),〔废渣 zhā〕(廃棄物)の三つ.〔治理～保护环境〕3種の廃出物を処理し,環境を保護しよう.→〔公 gōng 害〕〔污 wū 染〕

三分鼎足 sānfēn dǐngzú 〈成〉三者鼎立する:〔鼎足三分〕ともいう.

三分球 sānfēnqiú 又バスケットボールのスリーポイントシュート.

三分人材,七分打扮 sānfēn réncái, qīfēn dǎbàn 〈諺〉三分の容貌七分の服装:馬子にも衣裳.

三分钟热气 sānfēnzhōng rèqì 〈喩〉三日坊主.

三 sān

三坟五典 sānfén wǔdiǎn 〈文〉三皇・五帝の書

三风 sānfēng ①〔党风〕(党としての組織と党員のあるべき態度),〔学风〕(理論認識や研究上の態度),〔文风〕(文章表現のあり方)の三つ.〔~整顿〕同上を整えること:1941年から42年にかけて,毛沢東の呼びかけで取り組まれた整風運動のスローガン. ②〔官僚主義,セクト主義,主観主義の三つの思想上の傾向や態度・やり方.〔~五气〕同上と〔官气〕(官僚気風),〔骄气〕(傲慢の気風),〔娇气〕(甘えの気風),〔阔气〕(ぜいたくな気風),〔暮气〕(無気力の気風)の五つ:1957年より実施された整風運動のスローガン.

三伏(天) sānfú (tiān) ①真夏の酷暑の30～40日間:夏至から数えて3度目の庚(かのえ)の日から10日間を〔初 chū 伏〕,第4の庚の日から10～20日間を〔中 zhōng 伏〕,立秋後の最初の庚の日から10日間を〔末 mò 伏〕. ②同前の最後の10日間:〔末伏〕〔下 xià 伏〕〔终 zhōng 伏〕ともいう.→〔伏天〕〔庚 gēng 伏〕

三副 sānfù 三等航海士.→〔大 dà 副〕

三竿 sāngān 竹竿3本を継ぎ合わせたほどの高さ:太陽がすでに高く昇ること.〔日上~〕〈成〉日が高々と上がる.

三纲 sāngāng 君臣(忠臣)・父子(孝子)・夫婦(烈婦)の道.〔~五常〕同前と仁・義・礼・智・信.

三个臭皮匠,赛过诸葛亮 sānge chòupíjiàng, sàiguò zhūgéliàng 〈諺〉三人寄れば文殊の知恵:〔赛过〕は〔凑成一个〕〔顶个〕〔合成一个〕ともいう.

三个代表 sānge dàibiǎo 江沢民の提唱で2000年に発表した,共産党は〔代表先进生产力发展要求〕(先進生産力の発展を求める代表となること),〔代表先进文化的前进方向〕(先進文化で国の前進方向をめざす代表となること),〔代表最广大人民的根本利益〕(多くの人民の根本利益を代表すること)の三つを堅持すること.

三个法宝 sānge fǎbǎo ⇒〔三大法宝〕

三个面向 sānge miànxiàng (教育事業の)近代化・世界・未来の方向へ向かうこと:1983年ある学校への鄧小平の題辞による.

三个世界 sānge shìjiè 三つの世界:第一世界(米・ソ超大国),第二世界(それ以外の先進国),第三世界(発展途上国):1974年毛沢東が提起.

三更 sāngēng =〔文〕丙 bǐng 夜〕ここのつどき.子の刻:午後11時から午前1時頃.〔三鼓〕〔子 zǐ 夜〕ともいう.〔半 bàn 夜~〕~半夜 jiāng 夜中.→〔五 wǔ 更(时)〕

三公 sāngōng ①〔周〕も司馬・司徒・司空.〔太師・太傅・太保. ②〔漢〕⑧丞相(大司徒)・太尉大司馬御史大夫(大司空). ⑥大鴻・司徒・司空:〔三司〕ともいう. ②公正.公平.公開.

三宫六院 sāngōng liùyuàn 圀 天子の後宮.

三勾的两勾儿 sānggōurde liǎnggōur 〔方〕三 分の二:〔三分之二〕に同じ.

三孤 sāngū 圀 〔少 shào 师〕〔少傅〕〔少保〕をいう:〔三少〕に同じ.→〔三公〕

三姑六婆 sāngū liùpó 圀 〔尼 ní 姑〕(尼(あま)),〔道 dào 姑〕(女道士),〔卦 guà 姑〕(女八卦 り 見),および〔牙 yá 婆〕(人身売買の世話を職業とし口銭を得る女),〔媒 méi 婆〕(縁談のとりもちを職業とする女),〔师 shī 婆〕(みこ),〔虔 qián 婆〕(女郎屋のおかみ),〔药 yào 婆〕(女しろうと医者),〔稳 wěn 婆〕(取り上げ婆):また広くは正業に務めない女,または口達でよくないことをする女をいう.

三顾茅庐 sāngù máolú 〈成〉⑧劉備が隆中に隠れしていた諸葛孔明の茅廬に三たびも足を運び礼をつくして招聘したこと.⑥〈転〉三顧の礼.

三拐(儿) sānguǎi(r) 圀 まがりかわ:漢字部首の"巛".〔曲 qū 川(儿)〕ともいう.→付録1

三关 sānguān 〈文〉三つの関所.⑨口・耳・目.

三观 sānguān 世界観・人生観・価値観の三つ.

三官 sānguān (道教で)天官(福を賜う),地官(罪を許す),水官(厄を解く)

三光 sānguāng ①〈文〉日・月・星. ②圀 田畑を〔铲 chǎn 光〕(よくすきおこす),〔烧 shāo 光〕(雑草を焼き払う),〔갇 shā 光〕(側溝をきれいにはく)こと. ③〔烧 shāo 光,杀 shā 光,抢 qiǎng 光〕(焼き尽くし,皆殺し,奪い尽くす)の残虐な戦術.

三归(依) sānguī(yī) 圀 (仏教で)仏・法・僧に対する帰依.

三跪九叩 sānguì jiǔkòu =〔三拜九叩〕①両膝でひざまずいて三拝し,いったん立ち上がってまた前の動作を繰り返し,合計三度ひざまずき九回拝する礼:旧時,天子や高官に会う時,あるいは孔子の霊位を拝する時などの最高の敬礼. ②〈転〉哀願する.→〔跪〕

三国 sānguó 圀 〔魏 wèi〕〔蜀 shǔ 汉〕〔吴 wú〕の三国並立の(時代)

三国演义 sānguóyǎnyì 圀 〔三国志通俗演義〕の略.明代の長編歴史小説.明末の羅貫中の作.清の毛宗崗の修訂.魏の曹操,呉の孫権,蜀の劉備の3人が覇を争い,諸葛孔明,関羽,張飛らが活躍する.〔四大奇书〕の一つ.→〔说 shuō 三分〕

三害 sānhài ①汚職・浪費・官僚主義. ②主観主義・セクト主義・官僚主義.→〔三风②〕 ③干害・水害・アルカリ土壌の害.④〔蟑 zhāng 螂〕(ごきぶり),〔臭 chòu 虫〕(とこじらみ),〔白 bái 蚁〕(しろあり)または〔白蛉子〕(ちょうばえ)の3害虫.→〔四 sì 害〕

三寒四温 sānhán sìwēn 〈成〉三寒四温:三日は寒い日が続き,四日は暖かい日が続く.大陸の冬の気候の表現.

三好 sānhǎo 三つの面に優れていること.〔~学生〕〔~生〕⑧〔身体好,学习好,工作好〕の学生. ⑥〔思想品德好,学习好,身体好〕の学生.→〔五 wǔ 好〕

三好两歉 sānhǎo liǎngqiàn 〈成〉①3年間は豊作で2年は凶作. ②病気がち.〔他本是~的〕彼はもともと病気がちの身だ.

三合板 sānhébǎn (3枚張り合わせた)ベニヤ板.〔~用回转刀〕圀 ベニヤロータリーナイフ.→〔胶jiāo 合板〕

三合灰 sānhéhuī 建 (セメント・石灰・砂を混ぜた)モルタル.

三合会 sānhéhuì ⇒〔天 tiān 地会〕

三合(儿)房 sānhé(r)fáng →〔四 sì 合房(儿)〕

三合土 sānhétǔ 建 たたきつち.たたき:石灰・煉瓦の細片・砂利などににがりを混ぜ水を加えて練り土間などに塗る:〔三和土〕とも書く.

三合油(儿) sānhéyóu(r) 〔方〕醬油・酢・ごま油を混ぜたもの.

三合院(儿) sānhéyuàn(r) →〔四 sì 合院(儿)〕

三后 sānhòu 圀 3人の君主や諸侯.→〔后(I)①〕

三呼万岁 sānhū wànsuì 万歳三唱(する)

三花脸 sānhuāliǎn 〔脸谱〕

三化 sānhuà ①科学技術の専門化・商品化・近代化. ②環境の緑化・美化・浄化. ③指導者の思想の硬直化・生活の特権化・活動スタイルの官僚化.

三化螟(虫) sānhuàmíng(chóng) 圀 サンカメイチュウ.

三环套月 sānhuán tàoyuè 月の周囲に三つの環が現れること:豊年または太平の前兆といわれる.

三浣 sānhuàn ⇒〔三旬①〕

三皇 sānhuáng 圀 伝説上の三皇帝.⑧天皇・地皇・

sān　　　　　　　　　　　　　　　　　　　　　　　三

人皇.ⓑ伏羲・女媧・神農.ⓒ燧人・伏羲・神農.なおこの他の組み合わせもある.→〔五 wǔ 帝〕

三皇五帝 sānhuáng wǔdì 〔三皇〕と〔五帝〕:〔三五③〕ともいう.

三魂七魄 sānhún qīpò （道教で）胎元・爽霊・幽精の三魂と,屍狗・伏矢・雀陰・吞賊・非害・除穢・臭肺の七魄.

三簊龍 sānjīlóng 動トリケラトプス：草食恐竜の〔蜥 xī 龙类〕(竜盤類)の恐竜.

三级干部会 sānjí gànbùhuì 県・区・郷の幹部の合同幹部会：〔三干会〕ともいう.〔县里召开~〕県で同時を召集して開いた.

三极管 sānjíguǎn 電三極管.〔半导体~〕トランジスタ：〔发射极〕(エミッタ),〔基极〕(ベース),〔集电极〕(コレクタ)からなる.

三级火箭 sānjí huǒjiàn 三段式ロケット.

三级军区制 sānjí jūnqūzhì 中国人民解放軍の指揮系統で大軍区(数省にわたって数個の軍区を統轄),軍区(一省内の数個の軍分区を統轄),軍分区の三級区分.

三级片 sānjípiàn 〈方〉①三流映画(エロ・グロ・バイオレンスなど).②ポルノ映画.エロ映画.

三级所有制 sānjí suǒyǒuzhì 旧人民公社〔生产大队〕〔生产队〕の3級の単位からなる人民公社の集団所有制.

三级跳 sānjítiào ⇒〔三级跳远〕:〔三级跳远〕の略.〈喩〉とんとん拍子に進むこと.

三级跳远 sānjí tiàoyuǎn 又三段跳び.トリプルジャンプ:〔三级跳①〕ともいう.〔单 dān 足跳〕(ホップ),〔跨 kuà 步跳〕(ステップ),〔跳跃 yuè〕(ジャンプ)

三几个 sānjǐge 〈方〉三つ四つ.

三季稲 sānjìdào 農三期作の稲.→〔双 shuāng 季稻〕

三家村 sānjiācūn ①〈喩〉人口の少ない小村.寒村.②1961年から64年に北京市党委機関紙『前線』に連載された随筆『三家村札記』の筆者の呉南星(呉晗,鄧拓,廖沫沙の3人の筆名)を指す.：この随筆が文化大革命のきっかけとなった.

三甲 sānjiǎ 〔第 dì 三甲〕

三假 sānjiǎ 三つのにせ物.ⓐ(農業で)にせの種子・化学肥料・農薬.ⓑ(経済で)にせの許可書・契約書・印章.ⓒ(教育で)にせの学歴・卒業証書・肩書き.

三甲胺 sānjiǎ'àn 化トリメチルアミン.

三驾马车 sānjià mǎchē ⇒〔三套马车〕トロイカ.〔~方式〕トロイカ方式.

三尖瓣 sānjiānbàn 生理三尖弁.

三缄其口 sānjiān qíkǒu 成口をつぐむ.物を言わない.

三键 sānjiàn 化3重結合の手.

三江 sānjiāng 三つの河川.〔~源〕長江・黄河・瀾滄江の水源.

三江四省 sānjiāng sìshěng 旧黒竜江・松花江・嫩江の三江および黒竜江省・吉林省・遼寧省(旧〕熱河省の四省を指し,〔东 dōng 北〕全体を意味する.→〔东 dōng 三省〕

三焦 sānjiāo 中医胃の噴門までを〔上焦〕,幽門までを〔中焦〕,臍の下までを〔下焦〕といい,消化・吸収・輸送・排泄をつかさどる.

三角 sānjiǎo ①三角.三角形状のもの.〔~板〕〔~规〕〔~尺〕三角定規.〔~锉 cuò〕三棱鎚.圖三角やすり.〔~带〕〔~皮带〕V形ベルト.〔~枫〕械 qì〔~刚〕〔~钢〕山型鋼,角鋼.〔~刮刀〕三角削り.〔~皮带轮〕〔~槽 cáo 轮〕V形ベルト用滑車.〔~藻 piǎo〕圖オオアカウキクサ.〔~旗〕圖ペナント.〔~头巾〕スカーフ.〔~推土机〕圖レーキドーザー.ブルドーザーの一種.〔~

形〕〔三边形〕三角形.〔~眼〕三角まなこ.〔~翼 yì〕(航空機の)三角翼.デルタウイング.〔~洲〕地デルタ.②三角法の略.〔~表〕三角関数表.〔~方程〕〔~函数〕三角関数.〔~级数〕三角級数.〔~法〕〔~学〕三角学.三角法:〔~术〕は旧称.③関係が三角の.〔~恋爱〕(男女の)三角関係.

三脚 sānjiǎo 三脚(の).〔~凳〕三脚椅子.〔~架〕(カメラなどの)三脚.三脚架.〔~台〕(道具など)三つの脚(腕)のあるもの.機器の台をのせた三脚.〔~桌〕三脚テーブル.

三角短裤 sānjiǎo duǎnkù ビキニパンティ.

三角对抗赛 sānjiǎo duìkàngsài 三者対抗試合.

三角枫 sānjiǎofēng 圖トウカエデ.〔三角槭〕ともいう.

三脚蛤蟆 sānjiǎo háma (月に住むといわれる)3本足のかえる.〔~没处寻〕〈喩〉どこにも捜しあてることができない.

三角火烧 sānjiǎo huǒshāo →〔火烧〕

三角肌 sānjiǎojī 生理三角筋：肩の筋肉.

三脚两步 sānjiǎo liǎngbù 〈喩〉急いで行くさま.〔这有多远儿啊,～不就到了吗〕たいして遠くないじゃないか,急いで行けばすぐ行きつくじゃないか.

三脚猫 sānjiǎomāo 〈喩〉①半可通.生かじり.②中見がなく,役に立たないこと.

三角皮带轮 sānjiǎo pídàilún ⇒〔槽 cáo 轮〕

三角儿 sānjiǎor ①〈口〉三角形(状のもの).②あんを入れた三角の食べ物.③旧タバコの箱を折りたたんで作った"めんこ"に似て遊ぶ.

三角儿车 sānjiǎorchē 一輪三角形の手押し車.

三角(儿)饅头 sānjiǎo(r)mántou ⇒〔糖 táng 三角(儿)〕

三角酸 sānjiǎosuān ⇒〔酢 cù 浆草〕

三角铁 sānjiǎotiě ①〔角(山型)鉄.L(型)鉄〕：〔角钢〕の通称.②圖トライアングル.

三角头(儿) sānjiǎotóu(r) 〔私 sī 字(儿)〕

三脚轧头 sānjiǎo yàtóu ⇒〔自 zì 动卡盘〕

三角债 sānjiǎozhài 債務のつけ回し：複数の企業相互間の焦げ付き債務.

三角钻 sānjiǎozuàn ⇒〔扁 biǎn 钻〕

三教 sānjiào 〔儒 rú 教〕〔佛 fó 教〕〔道 dào 教〕の三教.〔~九流〕〔九流〕と〔九流〕.ⓑ〈喩〉もろもろの学派.〔~,无所不晓〕もろもろの学術にすべて通暁している.〔~九流〕〈喩〉いろいろな職業の人.

三街六巷 sānjiē liùxiàng (市内の)街々.町内:〔三街六市〕〔三街两巷〕ともいう.

三节 sānjié 〔端 duān 午(节)〕〔中秋(节)〕〔年节〕(お正月)の三つの大きな節季：〔三大节〕に同じ.〔~算账〕年3度の支払い.〔~两寿〕回年3度の大きな節季と孔子と先生の誕生日：家塾の先生には毎年の5回はひと月分ずつ余計に謝礼を渡すのがならわしであった.

三杰 sānjié ①漢の張良・蕭何・韓信.②蜀漢の諸葛亮(孔明)・関羽・張飛.

三节棍 sānjiégùn 〔三截棍〕とも書く.棒の先端に,くさりで短い棒を2段つないだ昔時の武器:盾を持った敵を倒すためのもの.

三结合 sānjiéhé ①(企業管理面での)労働者・幹部・技術者の結合.②(文化大革命期)革命大衆・革命幹部・革命軍人の結合.③老年・壮年・青年三つの年代の結合.

三节炉 sānjiélú 工炉身が3段になっている銑鉄を溶かす溶鉱炉.

三洁四无 sānjié sìwú 50年代の衛生改革のスローガン：家の中と庭,門口を清潔にし,室内の蠅と鼠便所の蛆・庭のぼうふら・屋外の蚊を駆除すること.

三 sān

三戒 sānjiè 三つの戒め:青年期には色欲を戒め,壮年期には争いを戒め,老年期には貪ることを戒める(論語).
三金 sānjīn ①金・銀・銅.→〔五 wǔ 金〕 ②⇒〔三密〕 ③養老保険金・医療保険金・失業保険金(住宅積立金)
三金工程 sānjīn gōngchéng 中国の情報ハイウェー網の建設計画:1993年5月からの〔金桥,金关,金卡〕(国家経済情報化・国際貿易情報化・金融電子化と商業流通化)計画.
三晋 sānjìn 戦国時代の趙・魏・韓の三国:周代の晋から分かれた,また現在の山西省(別称は晋)にあったことから.
三進宮 sānjìngōng 〈口〉3回も刑務所に入る.〈転〉犯罪をくり返す.犯罪の常習者になる.→〔二 èr 宮②〕
三進三間 sānjìn sānjiān 中国の家屋の概略の規模は一つの〔院 yuàn 子①〕に南面して〔正 zhèng 房①〕があり,その前両側に〔厢 xiāng 房〕があり"正房"と相対して南側に〔倒 dào 座〕がある.〔三进①〕とはこのような1区画を1単位とするものが奥に向かって三段あるのをいう.〔三间〕とは"正房"が三間に仕切られているの意,"一间"とは2本の柱の間をいう.→付録6
三九 sānjiǔ 冬至後3番目の9日間:〔~天〕ともいう.この間は寒さがもっとも厳しいとされる.〔~四九伸不出手〕〈諺〉冬至から3番目と4番目の9日間(合わせて18日間)は手も伸ばせないくらい寒い.→〔九九消寒歌〕
三居室 sānjūshì 〔建〕3LDK(の家)
三惧 sānjù ⇒〔三怕〕
三句(话)不离本行 sānjù(huà) bùlí běnháng 〈諺〉人間だれしも三言もしゃべれば,自分の職業関係の話が得意なことの話になるものだ.
三聚氰胺 sānjùqíng'àn 〔化〕メラミン:〈音訳〉蜜米胺〕ともいう.〔~树 shù 脂〕メラミン樹脂.
三军 sānjūn ①圓天子は六軍を有し,諸侯の大なるは三軍,次ぐものは二軍,小なるは一軍とする(当時の一軍は12,500人).〈転〉古代の軍隊(総称).②現在の陸・海・空軍.
三靠 sānkào 生活一切に必要なものを国などからの援助に頼ること:〔吃粮靠返销,用钱靠救济,生产靠贷款〕(食糧は国の配給,お金は国家の救済,生産は国家の借款)という.
三K党 sānkèidǎng クー・クラックス・クラン.KKK:白人優越を唱えるアメリカの秘密結社.
三窟 sānkū 三つ(三段がまえ)の逃げ道.〈喩〉多くの避難や安全確保の方法.〔狡 jiǎo 兔(有)~〕〈諺〉ずるい兔は逃げ込む穴を三つも持っている.〔为一人谋~,自入之矣に三つの逃げ道を考える.
三匡栏(儿) sānkuānglán(r) =〔左 zuǒ 匡栏(儿)〕圖はこがまえ:漢字部首の"匚".〔三匡(儿)〕〔三堵墙(儿)〕〔立 lì 匡(儿)〕〔匠 jiàng 字匡(儿)〕ともいう.〔匡〕〔框〕とも書く.→付録1
三来一补 sānlái yībǔ 改革・開放初期に奨励された貿易方式:〔来料加工〕(原材料を輸入して加工する),〔来件装配〕(部品を輸入して組立てる),〔来样加工〕(設計やデザインを輸入して作る),〔补偿贸易〕(設備などを輸入し,生産品で代金を償還する貿易方式)
三老四严 sānlǎo sìyán 三つの誠実と四つの厳しさ:〔当老实人,说老实话,办老实事〕(真面目な人間になり,誠実な話をし,堅実な仕事をすること),及び〔严格的要求,严密的组织,严肃的态度,严明的纪律〕(厳格な要求,厳密な組織,厳粛な態度,厳格で明確な規律)を堅持すること.1960年代

初期提起されたスローガン.
三类 sānlèi ①3種類(の).②第3類(の).〔~商品〕匯第3類商品:地方の政府または企業が管理する商品.〔~物资〕〔地方管理物资〕匯第3類物資:地方の行政機関が分配を実行している物資.③〈転〉下級(の).〔~苗〕③級苗.〔~食堂〕3流食堂.
三棱(草) sānléng(cǎo) ⇒〔荆 jīng 三棱〕
三棱锉 sānléngcuò 三角やすり:〔三棱锉〕ともいう.
三棱镜 sānléngjìng (三角)プリズム.→〔棱镜〕
三礼 sānlǐ 周礼・儀礼・礼記の三書.
三里头文化 sānlǐtóu wénhuà 園河南省西部,山西省南部一帯の夏代の遺跡.
三联单 sānlián chuàndān 同上.
三联单 sānliándān =〔三联串票〕①3枚続きの証書:2枚は切り取って各自が所持し,1枚は証拠に残しておく.②回中国内地の貨物を購入輸出する時,税関から交付された通関許可書.
三联缸 sānliángāng 國三气筒.〔卧型~高速変動力喷雾机〕横型三气筒高速動力噴霧機.→〔二 èr 连缸〕
三连冠 sānliánguān 3連覇:〔三连负fù〕は3連敗.
三联汇票 sānlián huìpiào 本券・通知書・控えの三つが続いている為替.
三两 sānliǎng 二つ三つ.少し:〔两三〕に同じ.〔~步〕2,3歩.〔~个人〕2,3個.〔~天〕2,3日.
三...两... sān...liǎng... 数が多少あるいは多いことを表す.〔~婆 pó~嫂〕圓多くの妻妾.〔~男~女〕何人かの男女.〔~拳 quán~脚〕打つやら蹴るやら.ぶったり蹴ったり.〔~转 zhuàn~绕 rào〕二三回まがる(って).
三令五申 sānlìng wǔshēn 〈成〉幾度もくり返し命令を下して戒める.〔虽然政府~地禁止,犯法的人还是未能绝迹〕政府はしばしば禁令を出しているが,犯罪者はやはり後を絶たない.
三六 sānliù ①18.②⇒〔梅 méi 花三弄②〕
三六对面 sānliù duìmiàn ⇒〔三对六面〕
三六九等 sānliù jiǔ děng 各種さまざまな差.いろいろな等級.〔人都是分~的〕人はみなさまざまな等級に分かれている:〔三六九〕は多数を表す.
三香肉 sānxiāngròu 豚肉・犬・羊の肉.
三氯 sānlǜ 〔化〕三氯.〔~醋 cù 酸〕トリクロル酢酸.〔~化锑 tì〕塩化アンチモン.〔~甲烷〕〔氯仿〕匯クロロホルム.〔~叔丁醇 chún〕アセトンクロロホルム.〔~乙醛 quán〕クロラール.〔~乙烯 xī〕トリクロレン(トリクロルエチレン)
三乱 sānluàn 〔乱收 shōu 费〕〔乱罚 fá 款〕〔乱摊 tān 派〕の三つ.
三轮 sānlún 三輪(の).〔~侧 cè 车〕サイドカー.〔~车〕三輪車.〔~脚 jiǎo 踏车〕三輪自転車.〔~卡车〕オート三輪.〔~载 zài 货汽车〕ともいう.〔~摩 mó 托(车)〕オート三輪.三輪バイク.〔~机动车〕ともいう.
三轮草 sānlúncǎo 匯ウシクグ:カヤツリグサ近縁種.
三落 sānluò ⇒〔梅 méi 花三弄②〕
三麦 sānmài 大麦・小麦・裸麦.
三盲 sānmáng 〔文盲〕〔科盲〕〔法盲〕の三つ.
三毛 sānmáo 回〈上海の〉浮浪児:もと映画・漫画の〔流浪记〕の主人公の名.
三媒六证 sānméi liùzhèng 〈喩〉きちんとした順序をふんだ結婚.
三昧 sānmèi 圀(仏教で)三昧(ざ).〈転〉奥義.最も肝心な点.〔深得其中の~〕深くその中の奥義を会得する.
三门干部 sānmén gànbù 三つの門(家庭の門・学校の門・職場の門)を無難に通過してきただけの(革

sān 三

命の試練を経ていない)幹部(文化大革命期にいわれた).

三门四户 sānmén sìhù 〖大dà门〗〖二èr门〗〖房fáng门〗の三つの門と四方の入り口:全部の出入口.

三门峡 sānménxiá 〖地〗三门峡:河南省にある市.黄河本流の大型ダムがある.

三密 sānmì 〖仏教〗(仏教の)身密・語密・意密.〖三金②〗ともいう.

三眠 sānmián 〖農〗三眠:蚕の第3回目の脱皮(脱皮時にエサをとらず動かないことから)

三面 sānmiàn ①三面(の).三面体(の).〖~体〗図三面体.②関係する三者:各当事者.〖~议yì定〗~议定〖说tuō〗三者で取り決める.③三方向.

三面红旗 sānmiàn hóngqí 社会主義建設の三つの旗じるし:〖总zǒng路线〗〖大dà跃进〗〖人rén民公社〗1958年5月,提起された.

三秒违例 sānmiǎo wéilì 〖又〗(バスケットボールの)3秒ルール.違反.

三民主义 sānmín zhǔyì 〖史〗孙文(中山)が提唱した民族主義・民権主義・民生主義の三つの主義.

三明两暗 sānmíng liǎng'àn 〖外wài间〗が3间(*),〖里lǐ间〗が2间(*)の5室続いて建物の親戚・知人はあるよ.〖正zhèng房〗は普通このようになっている.→〖暗间儿〗〖明间〗

三明治 sānmíngzhì 〈音訳〉食サンドイッチ.〈方〉三味治〗〈方〉三文治〗ともいう.

三拇指 sānmǔzhǐ ⇒〖中 zhōng 指〗

三木 sānmù 〖古〗刑具.拷問に使う道具.

三奶 sānnǎi 二人目の愛人.→〖二 èr 奶〗

三奈 sānnài ⇒〖山 shān 奈①〗

三年 sānnián 3年.〖~丧〉3年間の喪:父母の喪.〖~五载〗⑧3,4年(で).4,5年(で).⑤3,4年ぐらいでは.〖~自然灾害〗〔特に〕1959年から3年間の自然災害.〖~有成〗〈成〉辛抱強くすれば成功する.〖~(之)艾〗〈成〉3年間蓄えた艾(きょう):何事も平素からの備えが必要なことのたとえ.〖~不鸣,一鸣驚人〗〈諺〉長い間隠忍自重の末,人が驚くような事をやる.〖~河东,~河西〗〈諺〉3年間は河の東にあったが,後の3年間は河の西にある:栄枯盛衰は変わりやすいもの.

三鸟 sānniǎo 特に鶏・がちょう・あひるの3種の鳥.

三农 sānnóng ①農民・農業・農村.〖~服务〗同前のためのサービス.〖~问题〗同前の問題.②農業の管理・研究・教育.

三怕 sānpà 〖三惧〗誤りを犯すことを恐れ,軽率を恐れ,機嫌を損うことを恐れること.

三盘 sānpán ①〖商〗(市場の立ち合いで)(第二節後の)第三節.第三場.中寄り.→〖开kāi盘①〗 ②〖又〗三番目の勝負.第3セット.

三跑田 sānpǎotián 大雨が降れると水・土・肥料などが押し流されてしまう田畑.→〖三保田〗

三陪 sānpéi ①〖陪歌〗〖陪数〗〖陪酒〗の三つ.〈小姐〉同前をする風俗店のホステス.②〖陪会〗〖陪宴〗〖陪玩〗の三つ.〖~干部〗同前のぐうたら幹部.

三朋四友 sānpéng sìyǒu 幾人かの友人.〖谁都有~〗誰でも3人や4人の友だちはいる.

三撇(儿) sānpiě(r) 〖印〗さんづくり:漢字部首の"彡".〖héng~〗ともいう.→付録A.

三品 sānpǐn ①金・銀・銅. ②〖中医〗薬の上品・中品・下品. ③〈文〉書画で神品・妙品・能品. ④爆発物・麻薬・銃器類の三つ.劇毒物・可燃性品.

三圃制 sānpǔzhì 〖農〗三圃(*)農法.三順耕作法:1年は冬作,その翌年は夏作で,3年目は休ませる方法を繰り返し進す行法.

三七 sānqī ①〖植〗サンシチニンジン(三七人参):ウコギ科植物.根を〖~〗〖田tián七〗〖金jīn不换③〗と呼んで強壮・止血薬とする.〖~粉〗同前の粉末.⑧→〖五wǔ七①〗

三七二十一 sānqī èrshíyī →〖不bù管三七二十一〗

三七开 sānqīkāi 功績と誤りを7と3に分けること.〖对老李要~〗李さんのやった仕事は功績が主で誤りは二次的であると評価されるべきだ.

三妻四妾 sānqī sìqiè 〖旧〗妻妾が多いこと.

三七土 sānqītǔ ⇒〖灰 huī 土②〗

三棋一牌 sānqí yīpái 〖围棋〗〖象棋〗〖国际象棋〗(チェス)〖桥牌〗(ブリッジ)

三起三落 sānqǐ sānluò 昇降の変化の頻繁なさま.

三气 sānqì ①〖天・地・人の气.②〖道教で〗〖太阴〗〖太阳〗〖中和〗の气.③(幹部教育で)〖骨气〗(気骨),〖才气〗(才能),〖大气〗(包容力)

三迁 sānqiān ⇒〖孟 mèng 母三迁〗

三千(大千)世界 sānqiān(dàqiān)shìjiè →〖大千世界〗

三羟基哌嗪 sānqiāngjī piàolíng ⇒〖尿niào酸〗

三亲 sānqīn ①夫婦・父子・兄弟.〖~六故〗〖~六眷〗〖~四友〗親戚・知人の総称.〖谁家没有个~啊哩ロロ
ロロロロロロ.②(嬰児の)両親と代理出産の女性(また精子・卵子提供者).〖~嬰yīng儿〗同前で産まれた嬰児.

三秦 sānqín ①〖項羽が項羽の陝西省に封じた秦の降将3人の建てた雍(yōng)・塞(sāi)・翟(zhái)の三国.②陝西省の別称.③〖十六国時代の前秦・後秦・西秦.

三清 sānqīng 〖道教の三天神:〖玉清元始天尊〗(天宝君),〖上清灵宝天尊〗(太上道君),〖太清道德天尊〗(太上老君)

三青子 sānqīngzi 〈方〉非道なことを言ったりすること.情理を無視した言動.〖他又和我犯起~来了〗彼はまたわたしにひどい態度をとってきた.②ひどい人間.ごろつき.〖一张嘴贴带脏zāng字儿,回头就打人个嘴巴,这不是~吗〗口を開けば口汚いことを言って人を罵り,後ろをふりむけば人のほっぺを張るなんて,全くひどい野郎だ.

三秋 sānqiū ①〈文〉秋の3か月.②同前の最後のひと月.③〈文〉3度の秋.〈転〉3年.〖一日不见,如~兮〗1日会わなければ,まるで3年も会っていないみたいだ.④〖秋收〗(秋の取入れ)〖秋耕〗(耕すこと),〖秋种〗(植付け).〖~工作〗同前の仕事.

三拳两胜 sānquán liǎngshèng 〖划huá拳②〗(宴席で打つ拳で),3回拳を打って2回負けた者が1杯飲むというやりかた.

三拳难敌四手 sānquán nándí sìshǒu 〈喩〉多勢に無勢.衆寡敵せず.〖~,好汉架不住人多〗多勢に無勢で,いくら多人数はお相手できない.

三全其美 sānquán qíměi 〈成〉三つとも何もかもうまくゆく.→〖两 liǎng 全其美〗

三儿 sānr ①3番目の子.〈転〉(3番目の)腕白者:〖猴 hóu 三儿〗ともいう.〖排 pái 行〗②〈転〉猿の別称.→〖猴①〗

三热爱 sānrè'ài 祖国を熱愛し,社会主義を熱愛し,党を熱愛すること:1981年に始められた教育活動のスローガン.

三人成虎 sānrén chéng hǔ 〈成〉3人の口から出れば,いない虎がいるということになってしまう:デマは恐るべきものである.

三人行必有我师 sānrén xíng bì yǒu wǒshī 〈成〉3人の者が同行すれば,その中には必ず学ぶべき人がいる:〖三人行,必有我师焉〗(論語・述而)による.

三人一条心,黄土变成金 sānrén yītiáoxīn, huángtǔ biànchéng jīn 〈諺〉皆が力を合わせればどんな

三 sān

ことでもできる.

三日两头 sānrì liǎngtóu ⇒〔三天两头〕

三日赛 sānrìsài 〔⃞馬〕馬術の3日競技(総合馬術競技),〔盛 shèng 装舞步赛〕(馬場馬術競技),〔越野耐力赛〕(野外跋渉耐久競技),〔超越障碍赛〕(障害飛越競技)を1日ずつ行うもの.

三日香 sānrìxiāng ①香りが長い間消えない. ②いい香りも長持ちしない.〈喩〉珍しいのもちょっとの間だけ.

三三见九 sānsān jiànjiǔ 〔数〕三三が九.

三三两两 sānsān liǎngliǎng 二つ三つずつ,2,3人ずつ.〔学生们~地出去散步〕学生たちが2,3人ずつ連れだって外に出て散歩する.

三三五五 sānsān wǔwǔ 三々五々と. 3人また5人というようにぱらぱらと.

三三制 sānsānzhì ①高級中学3年・初級中学3年の学制. ②抗日戦時期,解放区でとった一種の政治制度:共産党員が3分の1,その他各党派が3分の1,無党派の進歩的人士が3分の1の割合で政権を構成すること. ③幹部の労働参加の制度で,3分の1は機関の日常業務に従事し,3分の1は調査研究に従事し,3分の1は現場労働に従事すること.

三色版 sānsèbǎn (印刷の)三色版.

三色堇 sānsèjǐn 〔植〕三色スミレ. パンジー.〔蝴 hú 蝶花〕ともいう.

三色农业 sānsè nóngyè 従来型農業(緑色)・工場型農業(白色)・海水養殖(藍色)

三善根 sānshàngēn 〔仏教で〕布施・慈心・知恵.

三上 sānshàng 〈成〉文章を練るのに最も適しているという〔马 mǎ 上〕(馬の上),〔枕 zhěn 上〕(寝台の上),〔厕 cè 上〕(便所の中)の三の場所.

三少 sānshào ⇒〔三孤〕

三舍 sānshè 三舍(⃞筆).@〔古〕90里:日に30里行軍しては宿営することをいう.⇒〔退 tuì 避三舍〕. ⃝困大学(の宿舎):外舎・内舎・上舎の3段階があり,秀才から入学した者がしだいに上へと移るようになった.

三参 sānshēn 〔人 rén 参〕〔党 dǎng 参〕〔太 tài 子参〕の三つ:漢方薬の原料.

三神山 sānshénshān 仙人が住むと述べられている〔蓬 péng 莱〕〔方 fāng 壶②〕〔瀛 yíng 洲〕の三山(史記).〔三岛〕ともいう.

三生 sānshēng 〔⃞仏〕(仏教で)前世・現世・来世:〔三世①〕に同じ.〔转〕三たびの生まれかわり,この世の前後の人生.〔~有幸〕〈成〉この上ない幸せ,幸運の極みであること.〔一愿〕三世夫婦三世の契り.〔~债〕④三世にわたる係累.⑥〈喩〉ぜひ返さねばならない借り(恩義)

三牲 sānshēng 〈文〉(祭祀(り)の時に供える)牛・羊・豚.→〔太 tài 牢〕

三圣 sānshèng 三聖人.④伏羲・文王・孔子. ⃝堯・舜・禹. ⃝周公・孔子. ⃝文王・武王・周公.

三师 sānshī 〈文〉①太師・太傅・太保:周では〔三公①⃞〕という. ②三軍.〔~上阵 zhèn〕全軍が出陣する.〈喩〉総動員をかけること.

三尸(神) sānshī(shén) ≡〔三虫〕道教で,人の体内に宿って害をする三神:上尸を青姑,中尸を白姑,下尸を血尸という.それぞれ脳,五臓,胃を害する. 庚申の夜に体内から抜け出して人の秘事を天帝に告げるといわれる.

三时 sānshí 〔⃞農〕春・夏・秋の三季. ②夏至後の15日間:最初の5日を〔头 tóu 时〕,次の5日を〔中时〕,終わりの7日を〔~〕ということもある.

三十二开 sānshí'èr kāi ⇒〔开本〕

三十六行 sānshíliù háng ⇒〔三百六十行〕

三十六计,走为上计 sānshíliù jì, zǒu wéi shàngjì 〔諺〕三十六計逃げるにしかず.〔三十六策 cè, 走是上策〕〔三十六着 zhāo,走为上着〕ともいう.→〔溜 liū 之大吉〕

三十儿 sānshír ≡〔除 chú 夕〕

三十(烷)酸 sānshí(wán)suān ⇒〔蜂 fēng 花酸〕

三史 sānshǐ 〔書〕①(六朝で)史記・漢書・東観漢記. ②(唐以後で)史記・漢書・後漢書.

三始 sānshǐ ≡〔三朔〕〔三朝 zhāo〕①〈文〉元旦の別称:年・月・日の始め(朝)であることから.

三世 sānshì ①〔⃞仏〕(仏教で)前世・現世・来世:〔三生〕ともいう. ②三代:祖父・父・子. ③〔⃞古〕〔所见世〕(己と父の代)・〔所闻世〕(祖父の代)・〔所传闻世〕(祖父の代). ④太平世・昇平世・乱世(康有為の説)

三式儿 sānshìr 〔⃞旧〕着物のえりもとにアクセサリーのようにさげた〔耳 ěr 挖子〕(耳かき)・〔毛 máo 扫〕(羽製のちりはらい)・〔牙 yá 签〕(つまようじ)の3品.

三手病 sānshǒubìng 〔鼠 shǔ 标〕(パソコンのマウス),〔手机〕(携帯電話),〔游 yóu 戏〕(ゲーム機)の使い過ぎによる手の病気.

三熟 sānshú ⇒〔三茬〕

三族 sānzú ⇒〔三族①〕

三朔 sānshuò ⇒〔三始〕

三丝 sānsī 千切りにしたハムまたは豚肉と鶏肉・竹の子:料理の材料.

三司 sānsī ①⇒〔三公②⃞〕 ②〔⃞画〕御史大夫・中書・門下. ③⃞困塩鉄・戸部・度支.

三思 sānsī〔~而(后)行〕〈文〉熟考してから行う.

…三…四 sān...sì ①混乱していることを表す.〔横~竖~〕めちゃくちゃである. ②くり返しすることを表す.〔推~阻~〕いろいろと言い逃れをする.

三苏 sānsū 〔⃞困〕蘇洵とその息子の蘇軾・蘇轍の3人.

三岁看大, 七岁看老 sānsuì kàndà, qīsuì kànlǎo〈諺〉三つ子の魂百まで:幼少時に成長した後のことを予見できる.

三孙子 sānsūnzi 〈方〉意気地なし. 弱虫.

三态 sāntài 〔⃞化〕固体・液体・気体の三態.

三汤两割 sāntāng liǎnggē 〈喩〉(幾通りかの)料理.〔三汤五割〕ともいう.

三唐 sāntáng 〔⃞史〕初唐・盛唐・晩唐.

三套马车 sāntào mǎchē ⇒〔三驾马车〕

三体 sāntǐ 〔书〕楷(真)・行・草の三種の書体.

三替 sāntì (苦しい・きつい・汚いこと)他人のために代行する(こと):家庭教師,家事手伝い,引越し手伝い,掃除,子守りなど.

三屉桌 sāntìzhuō 引き出しの三つある机.

三天打鱼, 两天晒网 sāntiān dǎyú, liǎngtiān shài wǎng 〈諺〉三日坊主:日に魚を捕り二日は網を干すというように,あきっぽく事物を続けてやらないこと.〔三日打鱼, 两日晒网〕ともいう.

三天两头 sāntiān liǎngtóu ≡〔三头两日〕日に2回. 三日にあげず. 足しげく.〔他~地来〕彼は三日にあげずやって来る.

三铁 sāntiě ①〔⃞区〕〔铁饼〕(円盤投げ)・〔投标枪〕(槍(⃞的)投げ)・〔推铅球〕(砲丸投げ). ②企業経営の発展を妨げる三つの障害. 三の親方日の丸の考え方:〔铁交椅, 铁饭碗, 铁工资〕(保証されたポスト・仕事・賃金)の略.

三停 sāntíng 〔骨相学で〕〔上停〕(上体),〔中停〕(腰部),〔下停〕(足部):また面部だけについて,〔天 tiān 中〕から〔印 yìn 堂〕の間を〔上停〕,〔山 shān 根〕から〔准 zhǔn 头〕の間を〔中停〕,〔人 rén 中〕から〔地 dì 阁〕の間を〔下停〕ともいう.

三通 sāntōng ①〔⃞書〕唐の杜佑の『通典』,宋の鄭樵の

sān 三

『通志』,元の馬端臨の『文献通考』. ②=〔丁ding形冒〕〔〈方〉天tiān字弯〕圈 T字形の通水管:〔水shuǐ喉汉〕〔T字管〕ともいう.→〔管guǎn接头〕 ③通商・通信・通航:1981年9月,中国がよびかけた台湾に対する政策.④〔通häng・通电〕・〔通邮〕または〔通水〕の三つ:外資導入の設備条件.

三同 sāntóng 幹部が大衆と〔同吃,同住,同劳动〕(食・住・労働をともにする)こと.〔〜医生〕農村に定着した医者.

三同时 sāntóngshí 工場建設の際には公害防止装置を〔同时设计〕〔同时施工〕〔同时投产使用する〕ことを指す:中華人民共和国環境保護法の規定.

三同字 sāntóngzì 園筆数,筆画,筆順が同じ字:例えば〔元〕〔无〕など.

三头对案 sāntóu duì'àn (両当事者と仲介者の)三者で対質する.

三头两面 sāntóu liǎngmiàn 〈喩〉さまざまなおべっか:〔三头二面〕ともいう.〔〜趋qū奉人〕手をかえ品をかえて人のごきげんをとる.

三头两日 sāntóu liǎngrì ⇒〔三天两头〕

三头两绪 sāntóu liǎngxù 〈喩〉ややこしく(煩わしく)こんがらがる.〔外面未有一事时,里面已有〜〕(朱子文集)表にはまだなにごともないといったことがない時でも中ではもうややこしくなっているのである.

三头六臂 sāntóu liùbì 3個の頭と6本の腕を持っているもの.〈喩〉神通力のある者.超人的能力のある者.並はずれた腕の持ち主.〔客人最多的時候,售货员就是一也顾不过来〕客の多い盛りには,手を6本持っている売り子でも手が回りかねる.

三头螺纹 sāntóu luówén =〔〈方〉三头牙〕〔三线螺纹〕圏 三つ螺条(条)

三头牙 sāntóuyá 同上.

三推六问 sāntuī liùwèn 〔慣〕何度も尋問(取り調べ)すること.→〔六问三推〕

三瓦两舍 sānwǎ liǎngshè 困妓楼などの娯楽場(総称).→〔瓦子②〕

三弯九转 sānwān jiǔzhuǎn 〔慣〕事が紆余曲折すること.

三王 sānwáng 囚夏の禹,商(殷)の湯,周の文の三王.

三围 sānwéi スリーサイズ:バスト・ウエスト・ヒップの寸法.

三维 sānwéi 3次元.〔〜空间〕〔三渡空间〕3次元空間.→〔〜动画〕3Dアニメ.

三味 sānwèi 〈文〉経書・史書・諸子百家の書を読む醍醐(ご)味.

三位一体 sānwèi yītǐ 〈成〉三位一体:元来はキリスト教の三位一体をいう.

三文鱼 sānwényú ⇒〔撒sā蒙鱼〕

三窝两块 sānwō liǎngkuài 〈成〉(側室を何人も持って腹違いの子など人数の多いこと.〔膝下又没有〜,只有一男一女〕(醒世姻縁伝)腹違いの子などもなく,ただ一男一女があるだけ.→〔隔gé个品〕

三无 sānwú 3点が無いこと.〔〜产品〕⑧(無料修理・返品の自由・無料交換)保証がない品.→〔三包①〕⑥企業名・住所・商標の明記ない品.©〔〜企业〕事務所・資金・社員がいない会社.ペーパーカンパニー.幽霊会社:〔皮pí包公司〕に同じ.〔〜人员〕身分証・労労许可证・滞在許可证がない:都市流入者.

三吴 sānwú 围蘇州・常州.湖州.

三五 sānwǔ ⓐ3ないし5人の数.〔这是才晴的天,〜天之内,决不至于闹天气〕晴れたばかりの天気だから,3日や5日のうちには天気が崩れることはありません.ⓑ〈文〉十五日.〔〜明月満〕十五夜月が満月である.②⇒〔三皇五帝〕

三…五… sān…wǔ… ①回数が多いことを表す.〔〜番〜次〕再三再四.②あまり大きくはない数.〔〜头〜块〕3,4或は4,5の.

三五成群 sānwǔ chéngqún 〈成〉三々五々と連れ立つ.3,4人または4,5人ずつ群をなしている.

三西 sānxī ①石炭の有力産地の山西省・陝西省・内蒙古自治区西部.②代表的な乾燥地帯である甘粛省の河西地区・定西地区・寧夏回族自治区の旧西海地区.③⇒〔矮ǎi 壮素〕

三峡工程 sānxiá gōngchéng 三峡プロジェクト:〔中国长江水利枢纽工程〕(中国長江水利中枢プロジェクト)をいう.

三侠五义 sānxiá wǔyì 圁明の〔龙图公案〕をもとに清代に作られた男侠小説の名:原名は〔忠烈侠义传〕,俞樾が修訂してから〔七qī侠五义〕と改名.

三夏 sānxià 〈文〉①旧暦の夏の3か月.②〔季jì夏〕(旧暦の6月)をいう.③3度目の夏.⑭〜3年.〔夏收〕(夏作物の取り入れ),〔夏种〕(秋作物の種子まき),〔夏管〕(畑の手入れ)をいう.

三下里 sānxiàli 関係三者.三方共々.〔〜商量〕3者で相談する.→〔八 bā 下里〕〔两 liǎng 下里〕〔四 sì 下里〕

三下两下 sānxià liǎngxià 〈成〉ちょっとの手間で.さっさと.

三下五除二 sān xiàwǔ chú'èr ①(珠算の)足し算の九九:(3,4などに)3を足すには5の珠をおろして(加えて),下の珠を2個除く.②〈転〉てきぱきと.造作もなく.〔〜,把买卖倒出去了〕さっさと商売をした人に渡した.

三下乡 sānxiàxiāng 文化・科学技術・衛生の三つを農村に普及させる運動:90年代後半に行われた.

三鲜 sānxiān なまこ・えび・いか・竹の子・しいたけ・鶏肉などのうち任意の3種の材料で調理したもの.〔〜汤〕同前の汁物.〔〜馅(饺子)〕同前のあんを入れたギョーザ.

三仙丹 sānxiāndān ⇒〔红 hóng 氧化汞〕

三鲜果 sānxiānguǒ お供えに用いる3種のくだもの:の例えば,りんご・桃・ぞくろのとりあわせ.

三弦(儿) sānxián(r) 囼蛇皮胴で三弦の弦楽器:〔弦子〕ともいう.〔大〜〕〔大鼓〕は〔大鼓(书)〕の伴奏に,〔小〜〕〔曲弦〕は〔昆曲〕の伴奏に用いられる.→〔弾 tán 词〕

三险 sānxiǎn 年金・医療・雇用の3保険.

三线 sānxiàn ①第3線:西南地区を指す.1960年代初期,戦略上,全国を一線(沿海),二線(平原)に加えて〔〜地区〕(西南)を戦略的大後方とした.〔〜企业〕同前,西南・西北・西北地区に建設された企業.②第一線を退いた老幹部の地位:顧問や相談員などの肩書.③围三路.三線.〔〜电度表〕三線式計器.〔〜发电机〕三線式発電機.〔〜制〕围三線式.

三线蝶 sānxiàndié 囲ミスジチョウ.

三线螺纹 sānxiàn luówén ⇒〔三头螺纹〕

三香 sānxiāng 梅・水仙・蘭.

三湘 sānxiāng 围湖南省の別称:〔湘西〕〔湘中〕〔湘东〕に分けた時の全体をいう.

三项全能 sānxiàng quánnéng 囜トライアスロン:〔三项传动〕〔铁 tiě 人三项〕ともいう.

三消 sānxiāo 中医口が渇き排尿回数が多い症状:〔上消〕(水分を多くとり尿が多いもの),〔中消〕(食べても空腹感を覚え体がやせるもの),〔下消〕(尿が多量でなっとりが多いもの)の総称.→〔消渇〕

三硝基苯酚 sānxiāojī běnfēn 化トリニトロフェノール.

三硝基甲苯 sānxiāojī jiǎběn 化トリニトロトルエン:火薬の成分.〔梯 tī 恩梯〕(TNT)ともいう.→

三 sān

[黄 huáng 色炸药①]

三笑 sānxiào 劇 (京劇で)笑いの表情の初めから終わりまでの3段階. ②旧劇の外題:〔~姻縁〕〔一点秋香〕の略.唐伯虎が秋香という娘を所望したという故事にまつわるもの.

三心二意 sānxīn èryì ⟨成⟩あれこれと心が迷う.二の足を踏む.〔三心両意〕ともいう.〔你不要~,就这么决定吧〕あれこれ迷わずに,こう決めなさい.

三星 sānxīng ①オリオンの三つ星:オリオン座の中央部に直列する3個の恒星の総称.〔~那么高,明儿去吧〕三つ星があんなに高くなった(時間が遅い)から,明日にしなさい.〔~高了〕(周・暴)⟨方⟩三つ星が真上へ来た(夜半すぎた).→〔午 wǔ 夜〕 ②福・禄・寿の3福神.〔~在户家〕家に福・禄・寿がいらっしゃる.⟨喩⟩家庭が幸福である.

三星堆遺址 sānxīngduī yízhǐ 因紀元前2000~2800年ごろ,殷商時代のものとされる四川省三星堆で発見された遺跡.

三星(高)照 sānxīng (gāo)zhào 〔划 huá 拳②〕

三省 sānxīng ①1日に3回反省する.⟨転⟩たびたび反省する. ②3つの反省点.

三旬 sānxún ①〔三浣〕上旬・中旬・下旬の三旬. ②30日.〔~九食〕30日で9回しか食事ができないこと.⟨喩⟩貧窮のさま. ③30歳.

三汛 sānxùn (黄河などの)河川の年3回の氾濫警戒期.〔清明〕後20日前後の第1回目を〔春汛〕〔桃花汛〕〔桃花水〕といい,〔立秋〕前の第2回目を〔伏汛〕といい,〔霜降〕前の第3回目を〔秋汛〕という.

三言二拍 sānyán èrpāi 書明代の短編小説集〔醒世恒言〕〔警世通言〕〔喻世明言〕〔拍案惊奇〕(初刻及び二刻).

三言两语 sānyán liǎngyǔ ⟨成⟩二こと三こと(言う).〔三言两句〕ともいう.〔你真有本事,~就把他说服了〕きみの腕も大したものだ,あっというまに彼を説得してしまったもの.〔这件事~就能了 liǎo 结〕この事は二こと三こと話せばすぐけりがつく.

三眼板 sānyǎnbǎn ⇒〔一 yī 板三眼〕

三眼井 sānyǎnjǐng ⇒〔眼⑤〕

三阳开泰 sānyáng kāitài ⟨文⟩新年を祝う言葉.謹賀新年:旧暦11月の冬至に最初の陽が生じ,12月に二陽,正月に三陽が生じて泰平をもたらす.

三氧化二砷 sānyǎnghuà èrshēn 〔亚 yà 砷酸酐〕

三样 sānyàng 3種類.3とおり.

三要三不要 sānyào sānbùyào 三つのなすべきことと三つのしてはならないこと:マルクス主義をやり,修正主義をしてはならない.団結し,分裂してはならない.公明正大であり,陰謀詭計をやってはならない:1971年に毛沢東が提起した.

三业 sānyè ①(仏教での)身業(身体動作),口業(话)(言語表現),意業(意識行為). ②第一次産業・第二次産業・第三次産業の総称.

三叶 sānyè 三枚の葉.三枚の葉.〔~菜 cài〕囮ミツバ.〔~草 cǎo〕ᐸクローバー.〔白 bái 皮〕ともいう.〔~虫 chóng〕サンヨウチュウ(三葉虫).〔~轮 lún〕機三つ羽根車.

三一 sānyī ①伝説上の三神:天一・地一・泰一. ②道家の精・神・気の三者が一体となった道. ③キリスト教の三位一体.

三一三十一 sān yī sānshí yī ①(算盤の)3で1を割る九九:もとは〔三一三剩 shèng 一〕.1を3に直し,その1けた下に1と置く(分が3とあまり1の意).次にこの1に対してこのように処理され,これを繰り返す. ②⟨転⟩3等分する.三つに分ける.〔我们大家得~〕我々はどうしても均等に三つに分けなくちゃいけない.

sān

三阴交 sānyīnjiāo 中医針灸のつぼの一:内くるぶしの上10センチくらいの所.

三盈三虚 sānyíng sānxū ⟨成⟩満と空はくり返される:"三"は数の多いこと.

三用播种机 sānyòng bōzhǒngjī 種まき・施肥・水まきのできる農機具.

三友 sānyǒu ①三種の友人.ⓐ琴・酒・詩. ⓑ松・竹・梅.〔岁 suì 寒~〕同前.〔松.竹.石. ②⟨文⟩三種の交友の方法.〔益者~〕直・谅・多聞.〔损者~〕便辟・善柔・便佞〔論語・李氏〕

三酉 sānyǒu 酒の隠語:酒という字は,さんずいに酉.

三元 sānyuán ①⟨文⟩天・地・人. ②(道教で)天・地・水. ③⟨文⟩元旦.〔三始〕 ④〔上 shàng 元(节)〕〔中 zhōng 元(节)〕〔下 xià 元(节)〕をいう.それぞれ旧暦の1月・7月・10月の15日にあたる. ⑤科挙の試験の三つの試験〔会 huì 试〕〔殿 diàn 试〕の首席〔解 jiè 元〕〔会 huì 元〕〔状 zhuàng 元①〕をいう.〔连中 zhòng ~〕同前の試験で続けて首席をとる.明代には(殿试)の首席から第3位まで〔(状元①)〔榜 bǎng 眼〕〔探 tàn 花〕をいう. ⑥→〔大 dà 三元〕

三园 sānyuán 〔菜 cài 园〕〔果 guǒ 园〕〔粮 liáng 园〕の三つ.⟨転⟩あらゆる種類の畑.

三元牌 sānyuánpái 〔大 dà 三元〕

三原色 sānyuánsè 三原色(物理):適当に混ぜればすべての色を表わせる基になる色.

三月街 sānyuèjiē 雲南省ペー族居住地区で旧暦の3月15日から20日にかけて開かれる市.

三月三 sānyuèsān 旧暦3月3日の壮族の節句.踊りや歌が行われる.

三灾 sānzāi ①(仏教で)三災:飢饉・疫病・戦乱を〔小~〕,火・風・水を〔大~〕という.

三灾八难 sānzāi bānàn ⟨成⟩いろいろな災難. ②思いがけない災難や病苦.

三藏 sānzàng ①囮(仏教の)三蔵:仏教経典の経・律・論. ②同前に通じた僧への尊称.〔~法师〕ⓐ同前.ⓑ囚唐の玄奘(奘).→〔唐 táng 僧〕

三造 sānzào 事件の当事者双方と証人の三者.→〔两 liǎng 造〕

三朝 sānzhāo ①⇒〔三始〕 ②旧三日目.ⓐ結婚式の三日目,花嫁の里帰りする日.ⓑ〔洗 xǐ 三〕(三日目のうぶ湯)を行う日.ⓒ〔接 jiē 三〕(死後三日目の儀式)を行う日. ③三日間.〔~五日〕4,5日.

三爪盘 sānzhǎopán ⇒〔自 zì 动卡盘〕

三爪(卡)盘 sānzhǎo(qiǎ)pán ⇒〔自 zì 动卡盘〕

三折肱为良医 sānzhégōng wéiliángyī ⟨成⟩老練で深い知識があれば良医になる.

三者险 sānzhěxiǎn 自賠責保険.

三针松 sānzhēnsōng 〔白 bái 皮松〕

三枝九叶草 sānzhī jiǔyècǎo ⇒〔淫 yín 羊藿〕

三支两军 sānzhī liǎngjūn 因左派を支持し,工業を支援し,農業を支援すること軍事管制・軍事訓練を行うこと:1967~72年全国の混乱を治めるため毛沢東の指示によって中国人民解放軍のとった措置.

三只手 sānzhīshǒu ⟨方⟩手練の悪い奴.すり.〔扒 pá 手〕に同じ.

三指 sānzhǐ ⇒〔中 zhōng 指〕

三种人 sānzhǒngrén 文化大革命期にのさばった三種類の者:造反してのし上った者・派閥思想のひどい者・暴力を振るった者,破壊・略奪をやった者.1983年の〔整党〕で徹底的に調査の対象となった.

三柱门 sānzhùmén 区(クリケット競技に使う)木製の小さな三脚門.→〔板 bǎn 球〕

三传 sānzhuàn 春秋の左氏伝・公羊伝・穀梁伝.

三转一响 sànzhuàn yīxiǎng →[四 sì 大件]
三资 sānzī [独资](外国資本、外国人経営)・[合资](双方の資本、共同経営)・[引(进)资(本)](外国資本で中国人経営)の三つ. [～企 qǐ yè]同前の企業.
三自爱国运动 sānzì àiguó yùndòng [自治、自养、自传 chuán](自立した、自給による、自力の伝道)を内容とする1950年7月愛国運動の一つとしてくり広げられたキリスト教革新運動. [三自革新运动]ともいう.
三字经 sānzìjīng [书][旧]初学の児童に文字を覚えさせるために用いた本. [人之初,性本善]から始まり[戒之哉,宜勉力]で終わる千字余りを三字句にしたもの.宋の王応麟の著にかかる. →[小 xiǎo 书(儿)] ②後世,同前の形式をまねた書物:例えば1930年江西省興国県ソビエト政府文化部発行の[工农～]は[天地间,人最り,创造者,工农兵…]、また1947年晋察冀軍区政治部発行の[人民军队～]は[中国 我中国,历史大,地面大,物产博….工农 创造者,是工农,大小事,靠劳动…]と主題別になっている.
三自一包 sānzì yībāo [史]自留地を多くし,自由市場を盛んにし,自負損益に責任を負い,農業生産の任務を各戸に請け負わせること:劉少奇の主張によって1962年から執行された農村政策. 1964年2月毛沢東の批判によって終る.
三族 sānzú ①=[三党][三属]父・母・妻の一族. ②父・子・孫. ③父の兄弟,自分の兄弟,子の兄弟. ④父母・兄弟・妻子.
三足鼎立 sānzú dǐnglì 〈成〉三つの勢力が並立していること.
三座大山 sānzuò dàshān [喩]帝国主義・封建主義・官僚資本主義:旧中国を支配した勢力で,新民主主義革命の[三大敌人]とされた.

[弎] sān 三の古体. [弌 yī]は一の古体. [弎 èr]は二の古体.

[叁] sān 〈文〉三の大(だい)字:俗に[参 cān]とも書いた. 証書類の金額表示などに用いる. →[大 dà 写]

[毿・毶] sān

毵毵 sānsān 〈文〉(毛・枝が)のびて長いさま. [白毛如雪,～下垂]白い毛が雪のようで,ふさふさと垂れている. [杨柳～]楊柳の枝が細長く垂れている.

[伞・傘（傘・繖）] sǎn ①かさ. [雨～][旱 hàn ～][凉 liáng ～][洋～①]こうもり傘. [纸～]からかさ. [布～]布を張った日傘. [折叠～]折畳式傘. [打～]傘をさす. [雨后送～]〈喩〉後の祭り. [降 jiàng 落～]下降傘. [跳 tiào ～]落下傘降下する. ③[姓]傘.

伞兵 sǎnbīng =[空 kōng 降兵] [軍]落下傘兵. [抗 kàng ～]落下傘狙撃兵.

伞齿轮 sǎnchǐlún =[方]菊 jú 花牙 yá 轮] [方]盆 pén 子牙] [圆 yuán 锥(形)齿轮] [機]ベベルギヤー. 斜輪連動機.

伞房花序 sǎnfáng huāxù [植]散房花序.
伞盖 sǎngài [葬式]・婚礼の行列または王公の鹵簿(ぼ)に用いる天蓋.
伞骨 sǎngǔ 傘の骨.
伞降 sǎnjiàng [军]落下傘降下. [～部队]降下部隊.
伞塔 sǎntǎ 落下傘降下訓練塔.
伞形 sǎnxíng 傘形. [～公司]グループ企業. [～花 xù]散形花序.
伞翼 sǎnyì [又]パラグライダー. ハングライダー. [滑

huá 翔伞]ともいう.

[散（散）] sǎn ①ばらばらになっている. まとまっていない. [～股 gǔ][商]端株. [～住]ばらばらに分れて住む. [～装的饼干]ばら売りのビスケット. [松 sōng ～]ゆるんでいる. ばらばらである. [～着头发髪を(ばらばらに)ふり乱して. ②ばらばらになる(する). 解体する(される). [椅子～了]いすがばらばらになっている. [队伍前后靠拢,不要走～了]隊列の前後からつめて,歩いて行くうちにばらばらにならないように. [一套书四本,被人拿～了]4冊ひとそろいだったのが人に持って行かれてばらばら(ふぞろい)になった. [这个戏班怎么～了]この一座はどうして解散になったのか. ③[漢方薬の]粉末状のもの. [胃 wèi ～]胃散. ④[姓]散(さん). → sàn

散板 sǎnbǎn 旧劇の節回しの一つで,ゆっくりした調子. →[板眼①]
散兵 sǎnbīng ①(正式に編入されていない)臨時兵. ②(逃亡して)散り散りになった兵. [～游勇]統率を失ったばらばらの兵隊. [喩]一匹狼:多くけなして言う. ③[軍]散兵. 散開した兵. [～壕 háo][～坑]塹壕. [～线]散兵線.
散草 sǎncǎo なぐり書きの草書. [飞 fēi 草]ともいう.
散茶 sǎnchá ばら(売りの)茶. [～专用袋]はかり売り容専用袋.
散处 sǎnchǔ 〈文〉分散して居住する. [～各地]各地に分散している.
散打 sǎndǎ [体]散打. 格闘技.
散带衡门 sǎn dài héngmén [喩]隠退してのんびり過ごす.
散单 sǎndān (料理材料の)牛や羊の胃(幽門の部分). [散丹]とも書く. →[下水 xiàshui]
散诞 sǎndàn [散诞][散淡]とも書く. 〈文〉のんびりしている. ゆったりとしている.
散放 sǎnfàng ①放牧する. [～在田野上]野外に同前. ②ばらばらに置く(放置する). → sànfàng
散工 sǎngōng ①臨時工. [短 duǎn 工][临 lín 时工]に同じ. →[零 líng 工] ②きまっていない仕事. 半端な仕事. 臨時の仕事. アルバイト. → sàngōng
散官 sǎnguān [旧]名目だけで実際の職務のない役人.
散光 sǎnguāng ①不規則な射光. ②乱視. [luàn 视(眼)]に同じ. [～眼镜]乱視用めがね. [右眼～]右眼が乱視である.
散逛 sǎnguàng 〈文〉ぶらつく. 散策する.
散行 sǎnháng 散文体の文章.
散户 sǎnhù ①ばらばらになっている家. ②定職を持たない人. 定住していない人. ③個人投資家・小口投資家:機関投資家に対していう.
散活 sǎnhuó [～儿]こまごました仕事.
散记 sǎnjì 雑記. 雑文. 散記:多く書名や文章の題名.
散剂 sǎnjì 散薬. 粉薬. [粉 fěn 剂]に同じ. 多く漢方薬でいう.
散架 sǎnjià 骨組みがばらばらになる(崩れる). 屋体骨が崩れる. [～转](組織などが)解体する. 崩壊する.
散见 sǎnjiàn あちこちに見える. 散見する.
散件 sǎnjiàn (ばらばらの)パーツ. 組み立てられていない部品.
散居 sǎnjū 分散して居住する. [～职工]官舎・社宅などに住まない職員・従業員.
散客 sǎnkè 個人客:団体客に対していう.
散裤脚 sǎnkùjiǎo =[散裤腿][服]裾の広いズボン.
散矿 sǎnkuàng 沖積鉱物.

散滥 sǎnlàn 多すぎて雑然としている.

散粒 sǎnlì ショット.散弾(の一粒).〔~效应〕散弾効果.〔~噪音〕ショットノイズ.

散乱 sǎnluàn ①散乱する.②乱雑である.ごちゃごちゃしている.〔桌子上~地放着很多杂志〕机の上にたくさんの雑誌が雑然と置かれている.

散落 sǎnluò 散らばる.〔草原上~着很多羊〕草原にはたくさんの羊が散らばっている.

散漫 sǎnmàn ①散漫である.ルーズである.〔生活~〕生活に締まりがない.〔自由~〕気ままでだらしがない.②まとまりがない.分散している.

散票 sǎnpiào ⇒〔零 líng 票〕①1 普通席入場券.②バラ売りの券.

散曲 sǎnqǔ 〔词 cí 〕の後を受け"胡夷の曲"と北方民謡と結合したもの.南方の"里巷の曲"の成分を主成分として発達した歌曲に乗る詩体の総称.〔套qǔ〕と〔小 xiǎo 令①〕の2種ある.元・明・清三代に盛行した.

散人 sǎnrén 〈文〉①役にたたない人.②世捨て人.正業についてない人.

散散的 sǎnsànde 〈白〉きまりがない.一定していない.

散沙 sǎnshā ばらばらの砂.〔转〕団結していないさま.〔新中国的人民再不是一盘~了〕新中国の人民はもうこれ以上一皿のばらばらの砂のようにまとまりのないものではない.

散射 sǎnshè 物 ①散乱.②=〔乱 luàn 反射〕乱反射.

散声 sǎnshēng 国開放音:弦楽器の,弦を押さえない(開放弦)で出る音.

散生日 sǎnshēngrì ⇒〔小 xiǎo 生日〕

散碎 sǎnsuì ばらばらの.こまごましている.〔这篇文章写得比较~〕この文章はわりにまとまりがない.〔~银两〕=〔银子①〕小粒銀.

散套 sǎntào ①〔散曲〕の一種:同一の〔宫 gōng 调〕の若干の曲を組み合わせた組曲.②〔武術〕の自由組み手.

散体 sǎntǐ 散文体.→〔骈 pián 体〕

散文 sǎnwén ①〔韵 yùn 文〕に対して〕散文.〔~诗 shī〕同前の詩.②詩歌・戏曲・小説以外の文学作品:〔杂 zá 文〕(随筆)や〔随 suí 笔〕(エッセイ.随筆)や〔特 tè 写②〕(ルポルタージュ風の文章)など.

散席舱 sǎnxícāng 自由席船室:最下等級の船室.

散养 sǎnyǎng (家畜などを)分散飼育または放し飼いにする.

散药 sǎnyào 〈文〉〔五石散〕を飲んで身体を動かし薬効を出すこと.→〔行 xíng 散〕

散语 sǎnyǔ 断片的な文.

散载 sǎnzài (船荷を)ばら積みする.

散职 sǎnzhí 閑職.

散帙 sǎnzhì 〈文〉書籍を開く.

散置 sǎnzhì ばらばらに置く.

散装 sǎnzhuāng ばら積み(の).ばら荷(の).ばら売り(の).〔~水果糖〕ばらのドロップ.〔~高粱酒〕(びん詰めでない)量り売りのコーリャン酒.〔~硝 xiāo 基苯〕ばら積みニトロベンゼン.

散卒 sǎnzú 〈文〉敗残の兵.

散座(儿) sǎnzuò(r) ①(劇場などで)一般の座席.自由席.〔包 bāo 厢〕(2階の特別席)に対していう.②(料理屋などで)広間・ホールに並べられている席:〔雅 yǎ 座〕(個室の席)に対していう.③(一時的な)ふりの客.〔拉包月或~没没多大关系〕(老・駱)月ぎめの客を引こうと(乗せようと)ふりの客を乗せようとそんなことは大した関係はない.

sǎn〜sàn

〔糁・糝〕 sǎn 〔~子 zi〕食 こねた小麦粉を延ばしてひも状にしたものをぐるぐる巻きにして油で揚げた食べ物.

〔糁・糁(籸)〕 sǎn ごはん粒.→ shēn

〔散(散)〕 sàn ①散る.ちらばる.分散する.〔云 yún 彩~了,天快晴了〕雲が散って,空はもうすぐ晴れる.②解散する.ちりぢりになる.〔人都~了〕人々は皆散って行った.〔电影刚~〕映画がはねた今はねた.〔四~奔 bēn 走〕ちりぢりばらばらに逃げ去る.〔他们夫妻俩不对劲儿,已经~了〕彼ら夫婦は気がおかしくてもう別れた.③散らす.まく(き散らす).〔把书面发言~发给大家〕書面による発言を皆に配る.→〔发 fā 〕 ④払う(いのける).晴らす.→〔散心〕 ⑤〈方〉人(の職)をやめさせる.くびにする.〔~工人〕労働者をやめさせる.〔我把他~了〕わたしは彼をやめさせた.⑥〈方〉牛を使う(になる).だめにする(なる).→ sǎn

散播 sànbō まき散らす.〔~谣 yáo 言〕デマをとばす.〔~种子〕種をばらまく.

散布 sànbù ①分散する.②散布する.まき散らす.〔~谣言〕デマをとばす.〔~杀虫粉〕殺虫剤をまく.

散步 sànbù 散歩する.〔到公园散步〕公園を散歩する.

散策 sàncè 〈文〉散策する.散歩する.

散场 sànchǎng ①(芝居や寄席などが)はねる.(試合などが)終わる.②〈喩〉終結.(一生の)終わり.

散朝 sàncháo 旧天子が執政殿から退出すること.

散发 sànfā ①発散する.〔~芬香〕いい香りをまき散らす.②配布する.〔~传 chuán 单〕〔散传单〕ビラをまく.

散发 sànfà ざんばら髪(にする).〔披 pī 头~〕髪をふり乱す.②〈文〉冠をはずす隠居する.

散放 sànfàng 配り与える.〔~棉衣〕綿入れの服を支給する.→ sǎnfàng

散福 sànfú 〔打散 dǎsàn〕旧供物を下げて食べる.おさがりを分ける.〔待我还了愿,请老爷~〕(西18)願(がん)のお礼をしてから,おさがりの供物をいただきましょう.

散工 sàngōng 仕事がひける.→ sǎngōng

散寒 sànhán 中医体内から寒けを取り除くこと.

散花 sànhuā ①花を散らす.②花びらを(まき散らして)仏に供える.〔~供 gōng 佛〕同前.

散涣 sànhuàn 〈文〉分散する.

散会 sànhuì 散会(する)

散伙 sànhuǒ (団体・組織などを)解散する.〔散摊子〕に同じ.〔踢完那场球便散了伙〕その(サッカーの)試合が済むとチームを解散した.

散结 sànjié 中医 うっ滞を消し散らすこと.

散开 sànkāi ①散り広がる.分散する.散り失せる.〔云 yún 彩都~了〕雲がすっかり失せた.②軍散開(する).③移す.どかす.

散落 sànluò ①ちりぢりになる.散逸する.②まばらに散る.ちらちら落ちる.〔花瓣儿 bànr ~了一地〕花びらがあたり一面に散っている.→ sǎnluò

散闷(儿) sànmèn(r) ⇒〔解 jiě 闷(儿)〕

散气 sànqì 気晴らしをする.ガス抜きをする.

散热 sànrè 放熱.熱放散.〔~管〕冷却管.〔~片〕冷却翼.冷却用ひれ.〔~器〕ラジエター.放熱器.冷却器.

散失 sànshī ①散逸する(させる).②(水分などが)なくなる.ぬける.

散水 sànshuǐ 建犬走り:雨水がたまらぬように傾斜をつけた部分.→〔护 hù 坡〕

散摊子 sàntānzi 解散する.仲間割れする.〔散摊儿〕

ともいう.〔散伙〕に同じ.

散瞳 sàntóng 医散瞳〈5〉

散亡 sànwáng 〈文〉①(書籍などが)散逸する. ② 逃げ去る.

散席 sànxí 宴が終わる.

散戏 sànxì (芝居が)はねる.打ち出しになる.→〔散场〕

散心 sànxīn 憂さを晴らす.気晴らしをする.→〔解jiě 闷(儿)〕

散学 sànxué ⇒〔放 fàng 学〕

散养 sànyǎng 放し飼いにする.

散佚 sànyì 〈文〉散逸する:〔散逸〕〔散轶〕とも書いた.〔古籍〜〕古籍が散逸する.

散溢 sànyì 十分に放つ.〔院子里〜着梅花的芳香〕庭には梅の香りが満ちている.

散坐 sànzuò 宴会が終わり席を離れること.

sang ㄙㄤ

〔丧・喪(喪)〕 sāng 喪.死人に関する事柄.〔报bào〜〕死亡を通知する.〔吊 diào〜〕弔問する.〔治 zhì〜〕葬儀を営む. → sàng

丧榜 sāngbǎng ⇒〔殃 yāng 书〕

丧棒 sāngbàng ⇒〔哭 kū 丧棒〕

丧费 sāngfèi 葬儀の費用.

丧服 sāngfú =〈文〉哀 āi 衣〕〈文〉喪服:古代,染色していない粗織りの木綿や麻布などで作った.→〔五 wǔ 服〕〔孝 xiào 服〕

丧祭 sāngjì 埋葬後に行う儀式.

丧家 sāngjiā 忌中の家.〔见者〜得说两句吊慰话〕同前の人に会ったら少しはお悔やみの言葉を言わねばいけない. → sàngjiā

丧家头 sāngjiātóu ⇒〔丧头〕

丧假 sāngjià 忌引休暇.服喪休暇.

丧居 sāngjū ①服喪の暮らしを(する).〔〜家中,日以读书为消遣)喪に服して家にこもり,毎日読書で閑をつぶす. ②服喪の住居.〔〜上海成都路111号〕服喪中の住居は上海成都路111号.

丧具 sāngjù ⇒〔丧器〕

丧礼 sānglǐ 葬儀の礼式.

丧乱 sāngluàn ①〈文〉家に死人があってごったがえすこと.〔他家里有〜,不好去打搅〕彼の家には不幸があってごたごたしているから,行ってじゃまするのは具合が悪い. ②(国などが)乱れる.

丧盆儿 sāngpénr 出棺の時,喪主が割る素焼きの鉢.〔丧主儿没儿子时,得从族里找个捧 shuāi〜的故人に息子がない時は,一族の誰かが同前を地面に投げて割る役を引き受けねばれない.

丧棚 sāngpéng 葬式の小屋がけ.〔办喜事得搭喜棚,办丧事得搭〜〕お祝いごとをする時は〔喜 xǐ 棚〕(祝い事の小屋がけ)を,葬式の時は同前をたてなければならない.

丧器 sāngqì =〔丧具〕葬具.葬儀に用いる器物.〔大夫说不行了〜吧〕医者が駄目だと言ったんだ,葬式道具を用意しよう.

丧声嚎气 sāngshēng háoqì 〔喻〕大げさにわめく.〔好好的,成天〜〕(紅69)なにもないのに一日中泣き声をはりあげていた.

丧事 sāngshì 葬式.〔办 bàn〜〕葬式を営む.〔他家里有〜,我其得帮忙去〕彼の家に葬儀があるから,明日は手伝いに行かねばならない.

丧条子 sāngtiáozi 旧出棺の日時などを書いて門口に貼る札.

丧帖 sāngtiě 旧死去の通知状.〔送〜〕同前を届け

る.〔你快挨 āi 家把〜送出去吧〕お前早く葬儀通知を一軒一軒届けなさい.

丧头 sāngtóu =〔丧家头〕〔孝 xiào 头〕旧喪に服している者が弔問者に対する拝礼:〔叩 kòu 头①〕より簡便なもの.〔丧家头满丧流〕〈諺〉父母や夫に死なれると,いっぱい頭を下げなくちゃならない.

丧仪 sāngyí 葬儀.

丧葬 sāngzàng 喪儀と埋葬.〔〜费〕同前の費用.

丧钟 sāngzhōng 弔いの鐘.弔鐘.〈転〉死亡・滅亡の知らせ.

丧主 sāngzhǔ 喪主.

〔桑(桒)〕 sāng ①植クワ(総称).〔采〜〕〈文〉桑の葉をつむ. ②〈姓〉桑(そう)

桑巴 sāngbā 〈音訳〉サンバ:ブラジルの代表的なダンス音楽とそのリズム.

桑白皮 sāngbáipí 桑の白い根皮:〔桑根白皮〕の略.薬用される.

桑棒 sāngbàng 〔方〕①こわばっている.ごつごつしている.②かたくなである.つっけんどんである.〔你怎么这么〜,有什么不顺心的事吗〕今日はどうしてぶりぶりしているのだ,何か気にくわぬことでもあるのか.

桑比 sāngbǐ 雲南の景頗族の〕竹笛.

桑蚕 sāngcán 虫蚕:〔家 jiā 蚕〕に同じ.

桑草 sāngcǎo 植クワクサ.

桑(尺)蠖 sāng(chǐ)huò =〔桑搭〕〈口〉造 zào 桥虫)虫エダシャクトリ.シャクトリムシ.

桑畴 sāngchóu 〔桑畑〕

桑搭 sāngdā ⇒〔桑(尺)蠖〕

桑耳 sāng'ěr 桑の木にできる〔木 mù 耳〕(キクラゲ)

桑飞 sāngfēi ⇒〔鹪 jiāo 鹩〕

桑干河 sānggānhé 〔地〕〔永定河〕の別称:俗に北京より上流の部分.〔太阳照在〜上〕太陽は桑乾河を照らす:丁玲の小説名.

桑根 sānggēn ⇒〔蜻 qīng 蜓〕

桑弧蓬矢 sānghú péngshǐ 〔成〕桑の木の弓でよもぎの矢を天地四方へ射つ:男児の出産を祝うこと:後には人が大志を抱くことを指す.

桑虎 sānghǔ 虫カサハラムシ.

桑鳸 sānghù 〔文〕青 qīng 雀〕鳥イカル.イカルガ.

桑黄 sānghuáng ⇒〔胡 hú 孙眼〕

桑给巴尔 sāngjǐbā'ěr 地ザンジバル.→〔坦 tǎn 桑尼亚〕

桑寄生 sāngjìshēng =〔桑上寄生〕植ヤドリギ:ツバキ科・ブナ科・クワ科などの木に寄生する.枝葉を薬用する.〔槲 hú 寄生〕〔寄生〕

桑间濮上 sāngjiān púshàng 〔成〕みだらな土地柄:〔濮上〕は今の河南省に流れていた川のほとりし,〔桑间〕は濮水のほとりの地名.略して〔桑濮〕ともいう.〔〜之音,亡国之音也〕(礼記)みだらな音楽は亡国の音楽である.

桑鸠 sāngjiū ⇒〔布 bù 谷(鸟)〕

桑毛虫 sāngmáochóng 桑につく毛虫.

桑螟 sāngmíng 虫ノメイガ.

桑拿天 sāngnátiān 〈口〉サウナの(高温高湿の)ような天気.

桑拿(浴) sāngná(yù) 〈音訳〉サウナ:〔桑那(浴)〕〔三 sān 温暖〕ともいう.

桑牛 sāngniú ⇒〔天 tiān 牛〕

桑农 sāngnóng 蚕桑培養家.

桑皮 sāngpí 桑の樹皮.〔〜纸〕同前を原料とした紙.

桑螵蛸 sāngpiāoxiāo 中医カマキリ類の卵:〔螳 táng 螂子〕ともいう.遺尿・頻尿の薬とする.

桑濮 sāngpú ⇒〔桑間濮上〕

桑丘 sāngqiū ①〔地〕河北省徐水県西南にある古地名.②〔姓〕桑丘(sāng).

桑葚儿 sāngrènr ⇒〔桑葚 shèn〕

桑上寄生 sāngshàng jìshēng ⇒〔桑寄生〕

桑葚 sāngshèn =〔口〕桑葚儿 rènr〕桑の実:〔桑椹①〕とも書いた.

桑椹 sāngshèn ①同上.②〔中医〕桑の実を干したもの:滋養や耳鳴り・目くらみなどに用いる.

桑树 sāngshù 〔植〕桑の木.

桑田 sāngtián 〔史〕口分(fèn)田.〔転〕田畑.〔~沧cāng海〕〔~碧bì海〕〔沧海〕〔成〕世の変遷の激しいさま.

桑象虫 sāngxiàngchóng 〔虫〕クワゾウムシ.

桑叶 sāngyè 桑の葉.

桑蝇 sāngyíng ⇒〔蚕 cán 蛆(蝇)〕

桑榆 sāngyú ①〈文〉桑と楡(fén).②〈喻〉晚年:古代,日没の余光が桑と楡の末端を照す描写があった.〔~暮景〕〔~晚景〕〈成〉晚年になって余命いくばくもないさま.

桑园 sāngyuán 桑畑.

桑枝 sāngzhī 〔中医〕桑の枝:リューマチの痛み止めなどに用いる.

桑中 sāngzhōng 桑中:詩経の篇名.衛国の王室の淫乱を風刺したもの.〔~喜〕〈喻〉男女の不義の快楽.〔~之约〕〈喻〉男女の密会.

桑梓 sāngzǐ 父母が故郷に植えた桑と梓.〈喻〉郷里.故郷.〔~情殷〕〈成〉故郷を思う情が厚い.

[搡] sǎng 力をこめて押す.つきとばす.〔~出去〕外へ押し出す(つき出す).〔推搡~~〕〔连推带~〕押したりついたりする.〔他被~了个跟头〕彼は押しとばされて転んだ.〔这么点事还用得上一来一去的吗〕こんな事なら互いに押しつけ合うほどのことでもない.〔他把一大堆破报纸全~给我了〕かれは古新聞の山を僕に押しつけてきた.〔架子要倒 dǎo 了,上一根柱子~棚が倒れそうになっているので支柱をたてて支かいをする.→〔推 tuī〕

[嗓] sǎng のど.咽(yān)喉.〔尖 jiān ~(儿)〕金切り声.〔本~(儿)〕地声.→〔嗓子〕

嗓门(儿) sǎngmén(r) 〔转〕声.〔~大〕声が大きい.声量がある.〔他~一天比一天太,越说~越大,渐渐地就嚷起来了〕話すうちにますます声が大きくなってしだいにどなるみたいになってきた.

嗓音 sǎngyīn 声.〔~洪亮〕声が張りがある.〔~沙哑〕声がかすれる.

嗓子 sǎngzi ①のど.〔~冒 mào 烟儿〕のどから煙が出る.〈喻〉のどがからからだ.〔~干了〕〔口渴了〕口がかわく.〔有点儿干 gān〕のどがかわきっぽい.〔~喊 hǎn 干了〕声を出しすぎてのどがかれる.〔害~了〕のどを痛めた.〔润 rùn 润~〕のどを潤す.②〔転〕声.〔~好〕声がよい.〔沙 shā~〕〔哑 yǎ~〕しわがれ声.〔左 zuǒ~〕悪声(の人).〔赛叫驴~〕〔尖 jiān 着~骂〕甲高い声でののしる.→〔喉 hóu 咙〕

嗓子眼(儿) sǎngzi yǎn(r) 〔口〕のど.のど笛.〔~通屁股眼儿的人〕のどの穴から尻の穴まで通った人.〈喻〉さっぱりして隠しだてなどできない人.〔心跳到~了〕〈喻〉心臓が飛び出しそうなほどドキドキした.

[磉] sǎng 〔建〕柱石.〔~磴 dūn〕〔石 shí~〕同前.

[颡・顙] sǎng 〈文〉額(é).〔广~〕広い額.→〔脑 nǎo 门子〕〔稽 qǐ 颡〕

[丧・喪(喪)] sàng ①失うこと.②喪失する.〔~

阶级立场〕階級的立場を喪失する.〔~了命〕命をなくした.〔~良心的钱〕不正な金.②气が萎(wěi)える.意気消沈する.〔颓 tuí~〕がっかりする.〔今天真~,谁也找不着〕きょうはどうも間が悪い,だれを訪ねても居ない.→ sāng

丧梆 sàngbang 〈方〉①(言葉遣いなどが)ぶっきらぼうである.つっけんどんである.〔凭 píng 他怎么~,还是温存和气〕(紅35)彼の方がどんなに偏屈であろうと,(こちらの方は)やはり穏やかな態度を失わずにおく.②逆ねじをくわす.言い返す.〔別拿气话~人〕人の怒りを買う言葉で逆らってはならない.

丧胆 sàngdǎn 肝をつぶす.たじろぐ.〔铁道游击队威震山东,使敌军闻风~〕鉄道遊撃隊は山東省に猛威をふるい,敵のど肝をぬいた.〔你碰了这么一个小钉子,怎么就~失志了呢〕きみ,これくらいのことで,どうして力を落とすんだ.

丧胆游魂 sàngdǎn yóuhún 〈成〉恐れおののいて魂がぬける:〔丧胆失 shī 魂〕ともいう.〔大家只是那么默默的,~的,慢慢的走〕(老・四・惨25)皆はただ黙って魂がぬけたようにのろのろと歩いている.

丧德 sàngdé 人の道にもとる.道徳に背く.

丧掉 sàngdiào なくす.失う.〔为了打这场官司,~了不少房产田地〕この訴訟のために少なからず屋敷や田地を失った.

丧魂落魄 sànghún luòpò 〈成〉恐怖のあまり魂がぬける.肝をつぶす.

丧家 sàngjiā 破産する.〔这件事可真不小,闹得他~败产〕この事件は実際大きくて,おかげで彼は家産をすっかりなくした.→ sāngjiā

丧家(之)犬 sàngjiā (zhī) quǎn 飼主をなくした犬.〈喻〉頼るものを失ってよるべのない(悪)人:嘲笑する言葉.〔丧家(之)狗 gǒu〕ともいう.

丧尽天良 sàngjìn tiānliáng 〈成〉良心を全く失う.〔他是丧尽了天良的人,还找他干吗 má〕彼は全く良心をなくした人間なのに,あれを訪ねてどうするのか.

丧门 sàngmén 凶神.縁起の悪い(不吉)ことをもたらす神.〔~星 xīng〕〈罵〉疫病神.貧乏神:〔~鬼 guǐ〕〔~神 shén〕ともいう.

丧明 sàngmíng 失明する.〔他~多年了〕彼は失明してから長年になる.

丧命 sàngmìng ≡〔丧生〕命を落とす.死ぬ.

丧偶 sàng'ǒu 配偶者を失う.つれあいに死なれる.

丧气 sàngqì 意気消沈する.〔垂 chuí 头~〕気を落とす.〔灰 huī 心~〕失望落胆する.〔失败了也别~,重新再做就行了〕失敗しても気を落とさぬようにすればよい.

丧气 sàngqi ①縁起が悪い.〔一出门儿就摔个跟头,今天太~〕門を出るとすぐつまづいてころんだ,今日はひどく縁起が悪い.〔別说~话〕不吉なこと(話)を言うな.②けちをつける.〔拿话~他〕縁起の悪いことを言って彼にけちをつけてやる.

丧权辱国 sàngquán rǔguó 〈成〉主権を失い,国を辱められる.

丧身 sàngshēn 身を滅ぼす.〔~赌 dǔ 窟〕ばくちで命を亡くす.〔因为~〕金銭のために身を滅ぼす.

丧生 sàngshēng ⇒〔丧命〕

丧声歪气 sàngshēng wāiqì 〈慣〉つっけんどんである(に).〔干什么大清早晨起这么~的?是没做好梦吗〕何を朝っぱらからいらいらしているんだ,いい夢が見られなかったとでもいうのか.〔必是丫头们懒动的,~的,也我的了(紅28)きっと召使いたちが体を動かすのが嫌でつっけんどんに言っているんだ,ありそうなことだよ.

丧失 sàngshī 喪失(する).〔~信心〕自信を失う.

丧亡 sàngwáng (天灾・戦乱などで)命をなくす.滅

亡する.〔这一次天灾,人畜可真～了不少〕今度の天災では人畜の死亡が実際大変なものだった.

丧心 sàngxīn 本心を失う.判断力をなくする.自失する.〔～病狂〕〈成〉理性を失って狂気じみ(常軌を逸し)てくる.

丧志 sàngzhì 意気込みをなくす.〔玩物～〕〈成〉玩物喪志:好きなこと(もの)に心をとられて志をなくしてしまう.

sao ㄙㄠ

〔**搔**〕 sāo ① 搔(か)く.〔～爬 pá〕同前.〔～背 bèi〕背中をかく.〔～着 zháo 痒処〕〈～到痒处〕かゆいところに手が届く.すっきりする.痛快だ.〔～夫弄 nòng 虎须〕〈喩〉大胆きわまることをする.→〔挠 náo〕⇒〔騷(I)〕

搔扰 sāorǎo ⇒〔骚扰〕

搔首 sāoshǒu〈文〉頭をかく.思案する.〔～踟 chí 蹰〕〔詩経〕頭をかいて思案しぐずぐずする.〔～寻 xún 思〕頭をひねって知恵をしぼる.

搔首弄姿 sāoshǒu nòngzī しなを作る.媚態を示す.

搔首抓腮 sāoshǒu zhuāsāi=[搔头摸耳]頭をかいたり,あごに手をやったりする.〈喩〉思い惑う.当惑する.〔抓耳挠腮〕

搔头 sāotóu ① 頭をかく.〔～皮〕同前.〈転〉思案する.→〔搔首〕 ② 〈転〉〔簪 zān〕(かんざし)の別称.

搔头摸耳 sāotóu mō'ěr ⇒〔搔头抓腮〕

搔痒 sāoyǎng かゆいのをかく.〔隔 gé 靴〔～〕〈成〉靴を隔ててかゆきをかく.〈喩〉要点からはずれていてもどかしいこと.〔～处〕肝要なところ.〔老虎头上～〕〈喩〉危険きわまりないことをする.

〔**骚・騷**〕 sāo (I)=[搔②]騒ぎ乱れる.不穏である.

(Ⅱ) ① 楚の屈原の代表作である〔楚 chǔ 辞〕の最初の篇名〔离 lí ～〕の略.②〈文〉詩文.→〔骚人〕 ③〈転〉憂憤しためる.不平.うさ.〔～劳 láo 骚〕 ④ (ふるまいが)しまりがない.みだらである:多く女性についていう. ⑤ ⇒〔臊〕 ⑥〈方〉(馬やロバの)雄.おす.〔～马〕おす馬.〔～驴〕おすロバ.→〔公 gōng (Ⅱ)④〕

骚婊子 sāobiǎozi ⇒〔骚货〕

骚动 sāodòng ① 騒動を(おこす).騒ぎ(立てる).② 動揺する.不安に陥る.〔由于统制物资,市场起了一阵～〕物資統制から市場に恐慌が起こった.

骚话 sāohuà みだらな言葉.

骚货 sāohuò=〔骚婊子〕〈罵〉みだらな女.尻軽女.

骚客 sāokè ⇒〔骚人〕

骚乱 sāoluàn 騒ぐ.騒いでいる.乱れる.② 騒ぎ.騒乱.〔一阵～过后,人们开始安静下来〕ひとしきりの騒ぎが過ぎさって,人々は静まってきた.

骚闹 sāonào (声や音が)やかましい.騒々しい.かまびすしい.

骚然 sāorán〈文〉騒がしい.騒然としている.〔四海～〕〈成〉天下が騒然としている.

骚扰 sāorǎo=[搔扰] ① 騒ぎを起こす.騒ぎみだす.[性～]セクシャルハラスメント.[～电话]いたずら電話.迷惑電話.② 〔～国の内外が騒然となる.③〈挨〉お騒がせを(おじゃま)する.[我一来就～您]わたしは何かというとおじゃまばかりします.

骚人 sāorén=〔骚客〕〈文〉詩人.〔～墨士〕文人墨客.

骚骚 sāosāo〈文〉① 慌ただしいさま.② 愁うさま.③〈擬〉風の音.

骚体 sāotǐ〈文〉離騒体(の詩文):〔楚 chǔ 辞体〕に同じ.

〔**缫・繅**〕 sāo=[缫](ゆでたまゆから)糸を繰(く)る.〔～丝 sī〕=〔茧 jiǎn 同前.〔～车 chē〕糸繰り車.〔～丝厂〕製糸工場. → zǎo

〔**缫・繅**〕 sāo ⇒ [缲] = qiāo

〔**臊**〕 sāo=〔臊(Ⅱ)⑤〕(においがする).獣くさい.生臭い.〔腥 xīng ～〕① 生臭い.〔马尿～〕味難聞〕馬の小便はむっとするにおいがきつくていやだ. → sào

臊臭 sāochòu 小便臭い.むっとするにおいがする.

臊鞑子 sāodázi 蒙古人に対する蔑称.

臊气 sāoqì 小便臭いにおい.むっとするにおい.〔尿 niào ～〕同前.〔尿布～很大〕おしめのにおいが強い. → sàoqì

臊声 sāoshēng = [臊闻]〈文〉悪評.醜聞.

臊闻 sāowén 同上.

〔**扫・掃**〕 sǎo ① 掃く.掃除する.〔～地①地面(ゆか)を掃く.〔～净〕きれいに掃く.〔打 dǎ ～①〕掃除する.② 除去する.一掃する.〔一～而空 kōng〕〔一～而光〕〈成〉一掃する(される).③ (対象ひとわたりさっと波及する.素早く届かせる:さっと見渡す,なぎ倒すなど.[用眼睛一～]さっと見回す.[～射 shè]掃射する.[手中拿着木剣左右～了一下]手に木剣をもって左右になぎはらった. → sào

扫边(儿) sǎobiān(r) 〔劇〕下っ端役者.端役:〔扫边角儿 jué〕ともいう.

扫愁帚 sǎochóuzhǒu〈文〉心のうさの玉箒(${}^{たま}_{ばばき}$):酒の別称.

扫除 sǎochú ① 掃除(する).〔大～〕大掃除(する).② 除く.一掃する.〔～障 zhàng 碍〕障害を除く.〔～文 wén 盲〕〔扫盲〕字を知らぬ者をなくす.③ ⇒〔肃 sù 清①〕

扫搭 sǎoda〈方〉横目にじろりと見る.〔拿眼緊～着我〕じろじろ私を見ていた.

扫荡 sǎodàng ① (武力で)一掃する.平定する.〔～匪徒〕匪賊を掃討する.② (全部を)きれいに始末する.

扫荡圆筒 sǎodàng yuántǒng〔機〕転がり函.摇函:金剛砂などを詰めた回転装置の函,金属製の物品をこれに入れて研磨する. → 〔滚 gǔn 子①〕

扫倒 sǎodǎo ① なぎ倒す.② 連続発射で撃ち倒す. → 〔扫射〕

扫地 sǎodì ① 地を掃く.②〈転〉皆無になる.〔信用〕～用〕地が落ちる.〔～以尽〕(信用・名誉などが)すっかりなくなる.地をはらって失われる.

扫地出门 sǎodì chūmén〈喩〉一物も持たせず家から追い出す.〔土改の時候,许多地主被～了〕土地改革の時に多くの地主が身体一つで追い出された.

扫毒 sǎodú (麻薬などの)有毒物を撲滅する.

扫房 sǎofáng 家屋の大掃除(をする).

扫非 sǎofēi 非合法・違法な事物を取り締まる.

扫坟 sǎofén ⇒〔扫墓〕

扫轨 sǎoguǐ 車のわだちのあとをとりのぞく.〈喩〉世間とのかかわりを断つ.

扫黑 sǎohēi 暴力団を一掃する:〔打 dǎ 黑〕に同じ. → 〔黑社会〕

扫黄 sǎohuáng ポルノを一掃する.

扫祭 sǎoji 墓に参る.

扫雷 sǎoléi〔軍〕地雷や水雷を取り除く(こと).〔～舰 jiàn〕〔～艇 tǐng〕〔灭 miè 雷艇〕掃海艇.

扫亮子 sǎoliàngzi〈方〉(泥棒が)夜明け時をねらう.〔大门要是不锁好,万一有～的小贼呢〕もし表門に

錠をかけてなくて万一夜明け時をねらうこそ泥でも入ったらどうする．
扫楼 sǎolóu ビルの大掃除をする．⟨喩⟩(販売や調査のため)たんねんに戸別訪問する．
扫路机 sǎolùjī 路面清掃車．
扫盲 sǎománg 字を知らぬ者をなくす：〔扫除文盲〕の略．〔～班〕识 shí 字班〕識字班．〔～运动〕教育を施して非識字者をなくそうという運動．
扫眉 sǎoméi 眉を描く：〔画 huà 眉〕に同じ．
扫描 sǎomiáo ①電走査する．スキャン．〔～雷达〕走査式レーダー．〔～盘〕走査(円)板．〔～透射电子显微镜〕走査型電子顕微鏡．〔～线〕走査線．〔～仪 yí〕〔～器 qì〕@スキャナー．⑤CT装置．コンピューター断層撮影装置．②ざっと見渡す．
扫灭 sǎomiè 消滅させる．〔残余的敌人尚待我们～〕残敵にはなお今後掃討を要する．
扫墓 sǎomù 〔=扫坟〕墓参りをする．〔清明～〕清明節に同前．→〔墓祭〕〔上 shàng 坟〕
扫平 sǎopíng 討ち平らげる．
扫清 sǎoqīng 一掃する．きれいに掃除する．〔～道路〕道路を掃き清める．〔～前进道路上的障碍〕前進途上にある障害物を取り払う．
扫晴娘 sǎoqíngniáng 〔-儿〕箒を持った女の形に紙を切り抜いたもの：てるてる坊主のように軒下にさげて天候がよくなるように祈るもの．〔扫晴妇 fù〕ともいう．
扫射 sǎoshè 掃射する．
扫视 sǎoshì ぐるりと見回す．〔～了一圈〕さっとひとわたり見回す．
扫数 sǎoshù 数だけ全部．全数．〔～还 huán 清〕全額返済してしまう．
扫榻 sǎotà 〔文〕寝所のほこりを払う(って歓迎する)．〔～以待 dài〕同前．
扫堂腿 sǎotángtuǐ (武術で)回し蹴り．足ばらい：〔扫腿②〕に同じ．
扫堂子 sǎotángzi ①〔口〕巫子(さん)をよんで家のたたりをはらうこと．②地主やボスなどの勢力を一掃すること．
扫听 sǎo•tīng 〔方〕問い合わせる．(あちこちに)探りをいれる．〔别净信一个人的话，还是四下里再一～〕一人の話で全面的に信用してはいけない，やはりもう一度あちこちに探りをいれてみよう．
扫腿 sǎotuǐ ①劇(旧劇)で立ち回りの基本の所作の一．かがんで回し蹴りのような所作をする．〔～旋 xuán 子〕かがんだ片足を水平に伸ばし片方の足を軸にして身体を旋回すること．②⇒〔扫堂腿〕
扫头 sǎotou 劇(京劇で)場面を盛りあげるため歌詞の終わりの部分を省略して，かわりに所作で補う時の伴奏：その所作を〔作扫〕という．
扫尾 sǎowěi ⟨喩⟩(仕事の)最後の仕上げをする．後始末をする．〔～工作〕後始末の仕事．〔这项工作还需要扫～〕この仕事は後始末をする必要がある．
扫兴 sǎoxìng 興ざめる．気分をぶちこわす．〔～的事〕興ざめなこと．
扫雪 sǎoxuě 雪をはらい除く．〔～机〕除雪機．
扫眼 sǎoyǎn 目を走らす．〔扫了一眼〕ちらと目を走らす．
扫营儿 sǎoyíngr 〔方〕あらいざらい．すっかり．〔昨天扔了两件棉袄，今天索性一连被褥都扔光了〕きのうは綿入れを2枚捨てたが，きょうはいっそうのことで夜具まであらいざらい捨ててしまった．

〔嫂(嫂・娞・娭)〕 sǎo ①あによめ．〔大～〕兄上の兄嫁．長兄の嫁．〔大～如母〕⟨成⟩長兄の嫁は母同然である．〔二～〕次兄のよめ．②自分と同年輩の既婚女性に対する呼称．〔张大～〕

張おねえさん．〔空～〕キャビンアテンダントの同前．〔军 jūn ～〕軍人の同前．〔警 jǐng ～〕警察の同前．
嫂夫人 sǎofūrén 旧奥さん：友人に対しその妻のことをいう尊称．
嫂嫂 sǎosao 同下．
嫂子 sǎozi 〔嫂嫂〕〔口〕あによめ．

〔**薁**〕 sǎo →〔花 huā 蔺〕

〔**扫・掃**〕 sào → sǎo

扫把 sàobǎ 〔方〕ほうき．
扫帚 sàozhou ①竹ぼうき．②⇒〔地 dì 肤〕
扫帚菜 sàozhoucài ⇒〔地 dì 肤〕
扫帚草 sàozhoucǎo ⇒〔地 dì 肤〕
扫帚菇 sàozhougū 菌ホウキタケ．
扫帚星 sàozhouxīng 〔彗 huì 星〕

〔**埽**〕 sào そだかご．〔護岸用で，高粱(たか)がら・竹・木の枝などを固く縛った円柱形のもの．②水はき：堤防の水あたりの特にひどいところを石・煉瓦や同前の資材などで補強した部分．あるいはその臨時の堤防．

〔**梢**〕 sào ①円錐形のような形．②機テーパー：〔锥 zhuī 度〕に同じ．〔有儿～〕テーパー度である．〔一再大点儿〕テーパー度をも少し大きくせよ．→ shāo

〔**瘙**〕 sào 〔文〕疥癬(かいせん)．〔～痒 yǎng〕かゆくなる．→〔疥 jiè 疮〕

〔**髾**〕 sào →〔髦 mào 髾〕

〔**臊**〕 sào ①恥ずかしがる．〔害 hài〕同前．〔你别引害～〕からかって彼女を赤くした．〔～得 tōng 红〕恥ずかしくて彼は顔を赤くした．〔～得慌 huang〕何とも恥ずかしい．②恥ずかしがらせる．〔你别一人了〕人に恥ずかしい思いをさせるなんて：引っ込みがつかないようなことをさせるな．→ sāo
臊眉搭眼 sàoméi dāyǎn 〔方〕ばつが悪いさま．〔他自知没理，～地走开了〕彼は自分の言い分が立たないことを知ってばつが悪そうに行ってしまった．
臊皮 sàopí 恥をかかせる．
臊气 sàoqì 〔方運が悪い．間が悪い．→ sāoqì
臊人 sàorén 〔方〕人をだます．
臊子 sàozi 〔白〕肉のみじん切り．また，さいの目切り．〔要十斤精肉，切做～〕(水3)肉10斤をみじんに切れ．〔～面 miàn〕〔方〕同前入りの麺．

se　ムさ

〔**色**〕 sè ①色．〔颜 yán ～〕①同前．〔原 yuán ～〕原色．〔红 hóng ～〕〔红颜〕赤色．〔淡 dàn ～〕薄い色．〔深 shēn ～〕濃い色．〔脸 liǎn ～〕①顔色．②顔色．表情．和顔悦~にこやかな顔容．〔愧 kuì ～〕恥じ入っている様子．〔面有喜～〕顔に喜びの表情が表れている．〔义形于～〕⟨成⟩義心が面に表れる．〔正顔厉～〕顔色を正す．きびしい顔つきをする．③ありさま．様子．〔天～已晩〕はや夕暮れの模様となった．④いろいろ(種類)．〔各～いろいろ(の)，各種(の)．〔一同一〕マージャンの役の名，手持ちがすべて同一種類の牌であること．⑤(転)一色(にそろえる)．〔货 huò ～〕@商品の品質・種類．⑤代(も)物．たぐい．〔四～礼物〕四種類の贈り物．〔品物の〕質．〔上～〕①上等品．〔成 chéng ～〕@(金・銀などの)品位．成分．純度．⑤品質．品位．格式．〔正～〕@規定の色味(をもった)．⑥情欲．〔～案 àn〕性犯罪．〔酒不醉人人自醉，～不迷人人自迷〕⟨諺⟩酒に酔うのも色

色氨酸 sè'ānsuān 化トリプトファン.
色斑 sèbān（皮膚の）しみ.〔脸上出现了皱文和～〕顔に皺としみができた.
色笔 sèbǐ ⇒色铅筆:〔彩 cǎi（色）笔〕に同じ.
色变 sèbiàn 色が変わる.顔をくもらせる.
色布 sèbù 染色布地.
色彩 sècǎi ①色どり.色彩.②〔～缤纷 bīn fēn〕色彩が入り乱れている.②〈喩〉傾向.特色.様子.〔～浓〕思想の傾向.〔地方～〕地方色.〔感情～〕ニュアンス.語感.〔色采〕とも書いた.
色层 cècéng 色譜.〔～分离法〕〔色谱 pǔ 法〕クロマトグラフィー.〔～分离用滤纸〕クロマト用濾紙.
色差 sèchā ①色の違い.②助色むら.③＝〔色收差〕〔色象差〕.
色带 sèdài インクリボン.〔墨 mò 带〕ともいう.
色胆 sèdǎn 色ごとにかけての勇気.〔常言道～包天〕ことわざに色ごとにかけての勇気は天ほどにも大きいという.
色淀 sèdiàn 化レーキ.〔～颜 yán 料〕媒染性顔料.
色调 sèdiào（絵画・文芸作品などの）色あい.トーン.色調.
色度 sèdù 彩度.色度.〔～常数〕比色定数.〔～计〕比色計.〔～信号〕色度信号.
色光 sèguāng 物カラードライト.色のついた光.
色鬼 sèguǐ ＝〔色迷〕〔罵〕（男の）色情狂:〔花 huā 疯〕に同じ.
色贿 sèhuì 色仕掛け:〔性 xìng 贿赂〕に同じ.
色觉 sèjué 色感覚.
色块 sèkuài 美色塊.
色拉 sèlā〔音訳〕サラダ:〔沙 shā 拉〕ともいう.〔～油〕〔生菜油〕〔清 qīng（净）豆油〕サラダオイル.サラダ油.〔～酱 jiàng〕サラダドレッシング：マヨネーズなど.
色狼 sèláng ＝〔淫 yín 棍〕（男の）色魔.色狂に:〔色魔〕ともいう.
色厉内荏 sèlì nèirěn〔成〕外見はきびしそうだが、内実はもろい.見かけ倒し.
色料 sèliào 顔料.絵の具.
色盲 sèmáng 医色覚異常.
色眯眯 sèmīmī 女色をむさぼるさま.
色迷 sèmí ⇒〔色鬼〕.
色魔 sèmó ⇒〔色狼〕.
色目人 sèmùrén 元（蒙古人から見た）中国に入って来た外国人・西域民族・西夏人（総称）:〔色目七十二种〕と称せられた.→〔汉 hàn 人〕.
色品 sèpǐn 彩度.色の鮮やかさ.
色谱 sèpǔ 色譜.〔～法〕〔色层分离法〕クロマトグラフィー.
色情 sèqíng 色情.〔～电影〕ポルノ映画.〔～狂〕色情狂.〔～服务性的サービス.〕〔～小说〕官能小説.
色球 sèqiú 灵彩層.〔～石〕ダトライト.ダト石.
色然 sèrán〈文〉〔驚いて〕顔色が変わるさま.〔～骇 hài〕〈成〉顔色を変えて驚いた.
色弱 sèruò 医色弱.軽い色覚異常.
色散 sèsàn 物光の分散.
色色 sèsè 種々.いろいろ.〔～俱 jù 全〕〈成〉どれもこれもみなそろっている.
色收差 sèshōuchā ⇒〔色差③〕.
色授魂与 sèshòu húnyǔ〈成〉互いに心の通い合うこと.
色水 sèshuǐ 旧打ち歩.超過差額:通貨交換などの際に生じる割り増し金.
色素 sèsù 色素.顔色.〔～沉着〕生理色素沈着.

色相 sèxiàng ①図（仏教の）（いっさいの物の）形.②（主として女性の）姿かたち.容色.〔牺 xī 牲～〕容色を犠牲にする.色相.色調.色あい.
色象差 sèxiàngchā ⇒〔色差③〕
色笑 sèxiào〈文〉温容.〔亲承～〕〈喩〉父母によくつかえること.
色养 sèyǎng〈文〉笑顔で親に孝養を尽くす.
色艺 sèyì〈文〉色香と技芸.〔～俱绝〕容姿・技芸ともに比べるものがない.
色釉 sèyòu 色色ぐすり:着色料を混ぜたうわぐすり.
色欲 sèyù 性欲.情欲.
色泽 sèzé 色つやや.色つや.いろあい.〔～鲜明〕いろあいが鮮やかである.
色泽儿 sèzér〈方〉よけいなこと（話）.〔旧式办喜事～太多,都是妈妈论］旧式の結婚式はよけいなことが多すぎて、みなつまらないしきたりばかりだった.〔说话别带～,直接了当地说有多好〕もののよけいなあやをつけるものじゃない、あっさり言う方がよっぽどいいじゃないか.
色纸 sèzhǐ 色紙.
色中饿鬼 sèzhōng èguǐ〈文〉色狂い.色情狂.

[铯・銫] sè 化セシウム:アルカリ金属元素.記号Cs.

[涩・澀（澁・濇）] sè ①渋い.②〔～味〕渋い味.渋い味.渋味.〔馒头里碱 jiǎn 放多了有点儿～〕マントーにソーダを入れすぎて（たので）渋味がある.〔～柿 shì 子〕渋柿.②滑らかでない.すべりが悪い.〔轮 lún 轴～了得上润油シャフトのすべりが悪くなったので（なったら）油を塗らねばならない.③しぶる.とどこおる.〔滞 zhì ～〕しぶり滞る.うまく進まない.④読みとりにくい.わかりにくい.〔晦 huì ～〕文意がはっきりしない.
涩带 sèdài〈方〉（自動車のバンドブレーキの）バンド.
涩剂 sèjì 中医下痢止め薬.
涩脉 sèmài 中医脉が結滞（する）
涩呐 sènè〈文〉口下手である.
涩皮 sèpí 国渋皮.
涩缩 sèsuō ぐずぐずする.きっぱりしない.
涩账 sèzhàng ⇒〔啬账〕

[啬・嗇] sè ①けち（である）.〔吝 lìn～夫〕〈文〉倹約家.しまつや.②けちる.節約する.〔～稽〕

啬刻 sèkè〈方〉けち（である）:ふつう〔吝 lìn 啬〕という.〔那个人～得厉害,从没见他帮过谁的忙〕あの人はとてもけちで、いまだかつて誰かの援助をしたのを見たことがない.〔～子〕ちちんぼ:〔啬克子〕〔啬壳子〕とも書く.
啬皮 sèpí〈方〉けちである.しわい.
啬账 sèzhàng ＝〔涩账〕〈方〉借金を返ししぶること.〔他这么～,下回没人肯借给他了〕彼がこんなに借金を返ししぶるんでは、この次はだれも貸す人はないだろう.

[穑・穡] sè ①〔啬③〕〈文〉（穀物の）収穫.取り入れ.〔稼 jià ～〕植えつけ取り入れ.〈転〉農事.農作.〔一事〕農事.農業.〔～夫〕農夫.

[塞] sè.⇒fū ふさぐ：sāi の文語音.成語などに用いく.〔茅 máo 一顿开〕〈成〉はっと合点がいく.〔闭 bì ～〕閉じふさがっている.→ sāi sài

塞擦音 sècāyīn 語破裂音:〔普通话〕の子音j,q,zh,ch,z,c.〔破 pò 擦摩擦音〕は旧称.
塞音 sèyīn 語破裂音:〔塞声 shēng〕ともいう.〔普通话〕でb,p,d,t,g,k の音.〔爆 bào 发音〕〔破 pò 裂音〕は旧称.

sè～shā

塞渊 sèyuān〈文〉誠実で思慮深い：[渊塞]ともい.
塞责 sèzé〈文〉責任をふさぐ.当座を間に合わせる：多く謙遜した表現.[敷 fū 衍~]いい加減につじつまを合わせて責めを逃れる.
塞职 sèzhí〈文〉職にかなう.適任である.

[瑟] sè 音瑟(しつ)：琴に似た(25弦(げん)あるいは16弦)の古楽器.
瑟瑟 sèsè〈文〉①〈擬〉風の吹く音.[秋风~]秋風が吹きわたる.②小さく震えるさま.[~地抖 dǒu]ぶるぶると震える.
瑟缩 sèsuō〈文〉(寒さやおびえで)縮こまる.[~于寒风之中]寒風の中に縮こまる.[在寒风中瑟瑟缩缩地蜷 quán 伏着]寒風の中に縮こまって体を丸くして伏せている.[~不安]縮こまって気が落ち着かない.
瑟索 sèsuǒ〈文〉(寒さで)体がふるえる.

[璱] sè ①〈文〉玉(ぎょく)に瑟(しつ)のような横縞模様のあるもの.②玉の色あいの鮮やかできれいなさま.

sen ムㄣ

[森] sēn ①樹木の多いさま.②〈文〉(森の立ち木のように)びっしりと立つさま(非常に多いさま).[毛发~竖 shù]〈慣〉身の毛が逆立つ.[楼台~耸 sǒng]高楼が連なってそびえる.[刀枪~列]刀やまがびっしりと立ち並ぶ.③暗くてひっそりしている.薄暗くてぞっとする.④〈姓〉森.
森警 sēnjǐng[森林警察]の略.
森冷 sēnlěng〈文〉無気味で冷たいさま.[~的目光]冷ややかな眼差し.
森林 sēnlín 森林.[~警察][森警]森林警官.[~浴 yù][绿 lǜ 色浴]森林浴.[只见树木不见~]〈成〉木を見ず森を見ず：局部にとらわれて全般的な判断がないこと.
森罗 sēnluó〈文〉すきまなく並んでいるさま.[~万象 xiàng][万象~]〈成〉森羅万象：宇宙・天地間のありとあらゆる事象.②閻魔大王の住処.[~殿 diàn][阎 yán 罗殿]閻魔の殿.
森然 sēnrán〈文〉①びっしりと並ぶさま.[~布列]びっしりと列をしく.②薄暗くて無気味である.[~无声]うっそうとして暗く音がしない.③厳重でいかめしいさま.
森森 sēnsēn ①樹木がよく茂っているさま.[绿 lǜ~]青々と茂っている.[松柏~]松柏がよく茂っている.②身にしみて冷たいさま.[冷~]しんしんと冷たい.③ぞっとするさま.[阴 yīn~]薄暗くてぞっとする.[~鬼气]ぞっとする気味の悪さ.
森严 sēnyán いかめしい.厳重である.[戒 jiè 备极其~]警備がきわめて厳重である.[法度~]おきてが厳しい.
森郁 sēnyù 繁茂している.密生している.[林木~]樹木が生い茂っている.

seng ムㄥ

[僧] sēng ①僧.僧侶：[〈梵〉~伽 qié]の略.[小~][谦]拙僧.→[头 tóu 陀]②〈姓〉僧(ぞう).
僧刹 sēngchà〈文〉仏寺.
僧尘 sēngchén 旧(仏教の)払子(ほっす).
僧雏 sēngchú ⇒[僧徒]
僧道 sēngdào 僧侶と道士.[~无缘 yuán]僧侶道士への喜捨布施は謝絶いたします.
僧多粥少 sēngduō zhōushǎo〈成〉ものが少ないのに分配を願う人は多い.
僧行 sēngháng ⇒[僧徒]
僧家 sēngjiā 僧侶.出家.
僧腊 sēnglà 僧歴.
僧蓝 sēnglán ⇒[僧伽蓝(摩)]
僧寮 sēngliáo ⇒[僧房]
僧录司 sēnglùsī 旧僧尼に関する事務を扱った官名.
僧侣 sēnglǚ 僧侶.
僧侣主义 sēnglǚ zhǔyǐ ⇒[信 xìn 仰主义]
僧律 sēnglǜ 僧侶の戒律.
僧门 sēngmén 仏門.
僧尼 sēngní 僧尼.僧侶と尼僧.
僧祇 sēngqí[梵]大衆.
僧伽蓝(摩) sēngqiélán(mó) 旧(仏教の)僧徒の住居する区画.〈転〉寺院：寺廟.略して[伽蓝][僧蓝]という.
僧伽罗语 sēngqiéluóyǔ 旧シンハリ語：[斯 sī 里兰卡](スリランカ)の公用語.
僧磬 sēngqìng 寺院で僧侶を集める時鳴らす銅鉢.
僧人 sēngrén 僧.僧侶.
僧俗 sēngsú 出家と俗人.
僧童 sēngtóng =[僧雏]小僧.
僧徒 sēngtú =[僧行][僧众]僧徒.僧衆.僧たち.[普集~]広く僧徒を集める.
僧鞋 sēngxié 僧侶が履く浅い布靴.
僧鞍袜 sēngyàowà 僧侶がはく靴下.
僧衣 sēngyī 僧衣.
僧院 sēngyuàn 寺院.
僧众 sēngzhòng ⇒[僧徒]

[鬙] sēng →[鬅 péng 松]

sha ㄕㄚ

[杀・殺] shā ①殺す.命をうばう.[~死]同時,殺す.[了个鸡犬不留]一人残らず皆殺しにした.[刺 cì~①]刺し殺し.②闘う.攻める.[~在一处]敵味方一団となって乱闘する.[~出重围]重囲をつき破って脱出する.[~奔 bēn~]…に突進する(進撃する).[~上疆场]戦場へ突入する.[~！]ワーッ！：突撃の時の叫び声.③勢いを弱めさせる(が弱くなる).おさえる.[~~他的威风](威勢)をくじく信じきる.[死 sǐ 9]⑦ひりひりする.しみる.[这药上在疮口有点~]得疼]この薬を傷口に塗ると少しヒリッと痛い. → shài
杀才 shācái =[杀坯][白]死にそこない.くたばりぞこない.
杀场 shāchǎng 旧刑場.
杀虫 shāchóng 害虫を殺すこと.[~剂 jì]~药 yào]殺虫剤.[脒 mǐ]スパノン農薬の一種.

shā

杀敌 shādí 敵をやっつける.〔奋 fèn 勇～〕勇敢に敵と戦う.〔～致 zhì 果〕〈文〉敵を討ちほろぼして戦功をたてる.

杀跌 shādiē 商〈株式で〉損切りする.投げ売りする.

杀毒 shādú ①消毒する.②電উイルスを除去する.〔～软件〕同前のソフト.

杀伐 shāfá〈文〉①討伐する.②果断である.

杀风景 shāfēngjǐng ⇒〔煞风景〕

杀富济贫 shāfù jìpín〈成〉金持をやっつけて,その金で貧乏人を救う.

杀害 shāhài 殺害する.謀殺する.

杀红 shāhóng 真っ赤にする(なる).〔～了脸〕(怒ったり恥じたり照れたりして)顔が真っ赤になる.

杀狐球 shāhúqiú ⊠シャッフルボード.また,その円盤(ディスク)

杀回马枪 shā huí mǎqiāng〈慣〉ふいに反撃する.〔杀他们一个回马枪〕彼らに向かって同前.

杀机 shājī 殺意.〔动了～〕殺意を起こす.〔面露～〕顔に殺意を出している.

杀脖 shājǐ chěbó〈喻〉せっぱつまって.必死になって:〔杀鸡抹 mǒ 脖子〕ともいう.

杀鸡给猴看 shājī gěi hóu kàn〈喻〉見せしめにする.〔杀鸡吓 xià 猴〕〔杀鸡骇 hài 猴〕ともいう.

杀鸡取卵 shājī qǔluǎn〈喻〉目先の利益に目がくらみ,将来のことを忘れる.〔杀鸡求蛋 dàn〕〔杀鸡取蛋〕ともいう.

杀鸡问客 shājī wènkè〈成〉鶏を殺すかどうかを客に尋ねる:相手が遠慮するのを予期して故意に尋ねる.〔杀鸡问客─有什么就拿来得了,有什么都吃呀！〕わざわざ尋ねなくてもいいじゃないか,何でもあるものを持って来たらよい,何でも食べるよ.

杀鸡焉用牛刀 shājī yān yòng niúdāo ⇒〔割鸡焉用牛刀〕

杀价 shājià ひどく値ぎる.値をたたく.

杀戒 shājiè ⊠(仏教の)殺生戒.〔大开～〕〈喻〉死刑を執行する.

杀进 shājìn 突進(する).突入(する)

杀菌 shājūn 殺菌する.〔～剂 jì〕殺菌剤.〔低温～〕低温殺菌.

杀口甜 shākǒutián〈方〉ものすごく甘い.甘くて頰がおちるほど〔杀〕はじけるようなような感じ.〔这西瓜真是～〕このすいかはものすごく甘い.

杀戮 shālù (大量に)殺害する.殺戮(?)する.

杀掠 shālüè 殺戮し,略奪する.〔任意～〕殺戮・略奪をほしいままにする.

杀灭 shāmiè (病原菌・害虫などを)駆除する.

杀内 shānèi 禁欲する.

杀坯 shāpī ⇒〔杀才〕

杀妻求将 shāqī qiújiàng〈喻〉立身出世のためならどんなことでもすること.

杀气 shāqì ①〈文〉寒気.②殺伐の気.〔～腾 téng 腾〕殺気がみなぎっているさま.③うっぷんを晴らす.あたりちらす.〔拿嫁 xí 妇儿～〕嫁にあたりちらす.〔向部下～〕部下にかんしゃくをおこす.

杀千刀 shāqiāndāo〈方〉〈罵〉死んでしまえ.くたばっちまえ.

杀青 shāqīng ①(著作が)完成する.脱稿する.(映画・テレビドラマなどの製作が)終了する.〔煞青〕とも書いた.紙がなかった時代,著書する場合,まず"竹簡"の青い皮に書き,添削した後,その青い皮を削りとったことから.〔原稿已全部～〕原稿は全部脱稿した.〔～有待〕もうすぐ脱稿する.→〔汗 hàn 青〕②摘みとった茶の若葉に高温を加え発酵しないように緑色を維持する製作法.製茶工程の一つ.

杀人 shārén 人を殺す.〔～犯〕殺人犯.〔～不过头点地〕人を殺すと言ったって首に穴が空くだけのことだ.とで行き過ぎをいましめるたとえ.〔～不见血 xiě〕人を殺して何の血痕も残さない.〈喻〉手段が陰険怪辣なこと.〔～不眨 zhǎ 眼〕人を殺してもまばたき一つしない.〈喻〉非常に残忍であるさま.〔～灭 miè 口〕〈慣〉口封じに人を殺す.〔～如麻〕殺した数が非常に多いさま.〔～越货〕〈成〉人を殺し物を奪う.

杀入 shārù 突入する.どっと入る.

杀伤 shāshāng 殺傷する.殺したり傷つけたりすること.〔～力〕殺傷力.

杀身成仁 shāshēn chéngrén〈成〉身を殺して仁をなす.

杀身之祸 shāshēn zhī huò〈喻〉死を招く災い.

杀生 shāshēng 旧殺生(する).生き物を殺す.〔～害命〕殺生する.生命をとる.

杀声 shāshēng 突撃の喊声.→〔冲 chōng 杀〕

杀熟 shāshú (商売で)お得意さんを食い物にする:信用につけ込んでいう.

杀手 shāshǒu ①暗殺者.刺客.〔职 zhí 业～〕殺し屋.②〈喻〉人の生命を害するもの.〔～铜 jiǎn〕〔撒 sā 手铜〕切り札.奥の手.③⊠〈喻〉卓越した技をもった選手.エース.

杀头 shātóu 首を斬る.

杀退 shātuì うち退ける.

杀威 shāwēi 威勢を圧倒する.気勢をそぐ.神妙にさせる.毒気をぬく.〔～棒 bàng〕固罪人を神妙にさせるために棒でひっぱたくこと.

杀尾 shāwěi ⇒〔煞尾①〕

杀性子 shāxìngzi 腹立ちをぶちまける.八つ当たりする.

杀一儆百 shāyī jǐngbǎi〔以一儆百〕〈成〉一人を殺して(血祭りにあげて)他の見せしめにする:〔～以 yǐ 一儆百 yī 罚百戒〕とも書いた.

[刹] shā (車・機械などに)制動をかける.〔急忙把车一～住,才没碰上〕あわててブレーキをかけたので,やっとのことでぶつからずにすんだ.→ chà

刹把 shābǎ ブレーキの柄.

刹车 shāchē =〔煞车②〕①ブレーキをかける.(エンジンを切って)とめる.〔急～〕急ブレーキをかける.〔没来得及～〕ブレーキをかける余裕がなかった.〔刹不住车〕ブレーキがきかない.〔～离 距离〕制動距離.②〈喻〉すぐやめる.急にとめる.〔改革会～〕改革にブレーキがかかる.③=〔制 zhì 动器〕ブレーキ.制動器:〈方〉〔白 bái 来～〕は音訳.〔～油〕ブレーキオイル.

刹风 shāfēng 悪い風調に歯止めをかける.

[捼・挱] shā〈文〉入り混じる.錯雑する.→ sà

[铩・鎩] shā ①〈文〉破り損なう.傷つける(鳥).〈喻〉失意する(の者).②古代の長矛.

③化 サマリウム.〔钐 shān〕の旧名.

[沙] shā (Ⅰ)①〈一子①〕同前.〔防 fáng ～林〕防砂林.〔风 fēng ～〕風砂.〔一盘散 sǎn ～〕〔一盘〕のばらばらの砂.〈喻〉結束のない群衆.〔～走石〕砂を吹き飛ばし石を巻き飛ばす:風が強く吹くさま.〔眼睛里不藏 cáng ～〕〈喻〉目は節穴ではない.②砂のようなもの.〔～糖 táng〕〔砂糖〕ざらめ糖.〔古巴～糖〕キューバ糖.〔澄 dèng ～〕あずき餡.さらし餡.〔豆 dòu ～〕つぶし餡.③固万万分の1の位の数.→〔纤 xiān③〕④〈姓〉沙(シャ).(Ⅱ)声がしわがれている.〔嗓 sǎng 子有点儿～〕声が少ししわがれている.(Ⅲ)→〔沙皇〕→ shà

沙坝 shābà 海岸や河口にできる堆積砂礫(礫(lè)).

沙板子 shābǎnzi ⇒〔沙钱〕

沙   shā

沙包 shābāo〔砂包〕とも書く.①⇒〔沙袋〕 ②お手玉:子供の玩具.
沙煲 shābāo〔方〕土鍋.
沙暴 shābào 図砂あらし.サンドストーム:〔沙尘暴〕ともいう.
沙布 shābù ⇒〔砂布〕
沙布隆 shābùlóng 固チベットラマ教の高僧の称号.→〔呼 hū 图克图〕
沙蚕 shācán =〔海 hǎi 蚣蜈〕固ゴカイ:釣り餌に用いる.→〔禾 hé 虫〕〔礁 jiāo 沙蚕〕〔礁芽〕
沙茶酱 shāchájiàng サテソース風の辛みのある調味料.
沙(产)业 shā(chǎn)yè 砂漠を開発し利用する事業.
沙场 shāchǎng 砂原.〈転〉戦場.
沙尘 shāchén 砂ぼこり.砂塵.〔大风一起,～飞扬〕ひとたび大風が吹くと,砂ぼこりが舞い上がる.〔～暴 bào〕〔沙暴〕図砂あらし.サンドストーム.
沙虫 shāchóng ⇒〔星 xīng 虫〕
沙船 shāchuán ジャンク:河川用の底の平たい浅瀬むきの帆船.
沙葱 shācōng 植(砂地に生える)ギョウジャニンニク.→〔茖 gé 葱〕
沙打旺 shādǎwàng 植ムラサキモメンズル(牧草)
沙袋 shādài =〔沙包①〕〔沙囊〕土嚢.砂袋:軍事用・堤防用・身体訓練用など.
沙堤 shādī 砂石で築いた堤防.
沙地 shādì 砂地.
沙甸鱼 shādiànyú ⇒〔沙丁鱼〕
沙雕 shādiāo 砂の彫刻.
沙吊儿 shādiàor〔沙铫儿〕とも書く.素焼きの湯わかし.
沙丁布 shādīngbù 綿じゅず・毛じゅずの類.
沙丁鱼 shādīngyú〔沙汀鱼〕〔沙甸鱼〕〔撒 sā 丁鱼〕とも書く.〔鱼 dǐ 俄〕音義訳語.〔黄泽小～〕〔鳁 wēn 鱼〕サッパ(ハラカタ).〔远东沙瑙 nǎo 鱼〕マイワシ.
沙俄 shā'é ⇒〔沙 dǐ 俄〕
沙发 shāfā〈音訳〉ソファー(ル).〔莎法〕〔梳 shū 化〕〔娑 suō 发〕とも書いた.〔坐在～上听收音机〕ソファーでラジオを聞く.〔卧式～〕〔～床 chuáng〕ソファーベッド.→〔安 ān 乐椅〕
沙方 shāfāng〈度〉1立方メートルの砂.
沙斐仪派 shāfěiyí pài →〔逊 xùn 尼派〕
沙蜂 shāfēng 固ツチスガリ:蜂の一種.
沙阜 shāfù 砂土の小山.
沙肝儿 shāgānr〈方〉(料理用の)牛・羊・豚などの脾臓.→〔下水 xiàshuǐ〕
沙葛 shāgé ⇒〔豆 dòu 薯〕
沙狗 shāgǒu 魚〔黑龙江松花江に産する小蟹の一種:酒粕に漬けて食する.
沙谷米 shāgǔmǐ ⇒〔西 xī 谷〕
沙罐子 shāguànzi ⇒〔砂罐〕
沙锅 shāguō ⇒〔砂锅〕
沙果(儿) shāguǒ(r) ⇒〔花 huā 红③〕
沙果儿梨 shāguǒrlí 植〈方〉中国の小形の梨:形は〔沙果(儿)〕(小形のリンゴ)に似ている.
沙害 shāhài 砂による災害.
沙蒿 shāhāo 植サバクオトコヨモギ.
沙和尚 shāhéshàng 〔沙僧〕
沙狐 shāhú 動コサックキツネ:砂狐の一種.その腹部の皮を〔天马皮〕,あごの下の皮を〔乌 wū 云豹〕と呼び貴重なものとされる.
沙壶 shāhú ⇒〔砂壶〕
沙狐球 shāhúqiú〔沙壶球〕とも書く.(卓上型の)カーリングゲーム.→〔冰 bīng 壶〕

沙化 shāhuà 砂地化(する).砂漠化(する)
沙獾 shāhuān 動ブタアナグマ.〔獾〕
沙患 shāhuàn 砂漠化・砂あらしによる被害.
沙荒 shāhuāng 砂漠化した荒れ地.
沙皇 shāhuáng 固ツァーリ(ル):帝政時代のロシア皇帝の称号.〔老～〕同前.〔～俄 é 罗斯〕帝政ロシア.
沙鸡 shājī =〔突 tū 厥雀(儿)〕鳥サケイ(沙鶏)
沙基惨案 shājī cǎn'àn 固香港・広州の大ストライキ中の1925年6月23日,広東の沙基で労働者・学生がデモを行い英・仏駐屯兵と衝突して数百名が死傷した事件:〔六 liù 二三惨案〕ともいう.
沙棘 shājí 植サネブトナツメの一種:果実は漢方薬になる.耐乾燥性が強く砂漠緑化のための人工造林に用いられている.
沙浆 shājiāng ⇒〔砂浆〕
沙礁 shājiāo 浅瀬.〔船在～上搁浅了〕船が浅瀬にのりあげた.
沙角 shājiǎo 柔らかな菱の実.→〔菱 líng 角〕
沙金 shājīn 砂金.
沙克(疫)苗 shākè (yì)miáo 医ソークワクチン.
沙坑 shākēng ①(子供の遊ぶ)砂場. ②又(陸上競技の)サンドピット.跳躍用砂場. ③又(ゴルフ場の)バンカー.
沙矿 shākuàng (砂金・砂鉄など)砂状の鉱物.
沙拉 shālā ⇒〔色 sè 拉〕
沙朗(儿) shālāng(r) ⇒〔沙瓤(儿)〕
沙梨 shālí 植ヤマナシ:梨の一種.
沙厘酒 shālíjiǔ ⇒〔雪 xuě 利酒〕
沙栗 shālì 栗色の.〔～马〕栗毛の馬
沙砾 shālì 砂利.砂と小石:〔砂砾〕とも書く.〔～路〕砂利道.
沙粒 shālì 砂粒:〔砂粒〕とも書く.
沙里淘金 shālǐ táojīn 砂中から金を採取する.〈喩〉ⓐ労多くして功の少ないこと.ⓑ大量の中から精華を取り出すこと.
沙疗 shāliáo 医砂風呂療法.
沙林毒气 shālín dúqì 化サリン(ガス):猛毒の神経ガス.〔甲 jiǎ 氟磷酸异丙酯〕(イソプロピルメチルホスホン酸フルオリダート)の俗称.
沙淋 shālín〔石 shí 淋〕中医尿道結石で,尿中にその細粒が排出されて痛む病気.
沙柳 shāliǔ 植ユウコヤナギ:灌木で,砂防植物.
沙龙 shālóng〈音訳〉ⓐサロン.客間.応接間. ⓑ芸術・学問などの小さな集会.〔文芸〕文芸サロン.〔语言学～会〕言語学談話会. ⓒ美術展覧会.
沙笼 shālóng ⇒〔纱笼〕
沙漏 shālòu ①砂時計. ②⇒〔沙滤器〕
沙鹭 shālù ⇒〔池 chí 鹭〕
沙滤器 shālùqì ⇒〔沙漏〕濾水器.
沙轮 shālún ⇒〔砂轮〕
沙门 shāmén 固(仏教の)僧侶.出家.
沙门(氏)菌 shāmén(shì) jūn 医サルモネラ菌.
沙蒙豫 shāményù ⇒〔撒 sā 蒙豫〕
沙弥 shāmí 固(仏教の)出家したての僧.年若い僧:〔口)小 xiǎo 和尚〕ともいう.〔～尼 ní〕同前の尼.
沙漠 shāmò 砂漠.〔～化 huà〕砂漠化する.→〔戈 gē 壁〕
沙木 shāmù ⇒〔杉木〕
沙囊 shānáng ⇒〔沙袋〕
沙牛 shāniú ⇒〔母 mǔ 牛〕
沙授子 shāoùzi 動アリジゴク:ウスバカゲロウの幼虫.→〔蛟 jiāo 蜻蛉〕
沙鸥 shā'ōu 砂州にすむ鷗の類:文学上に描かれる水鳥の名.
沙排 shāpái ⇒〔沙滩排球〕

shā 沙纱

沙盘 shāpán ①砂を盛った平たい盆:字を書くためのもの.②軍砂盤:砂を固めて作った地形の模型.〔~作业〕砂盤演習.
沙盘画 shāpánhuà 砂画.盤景(ぼん).
沙蓬 shāpéng 植サバクソウ:砂丘地に生育するアカザ科植物.
沙皮 shāpí ⇒〔星 xīng 鲨〕
沙皮子 shāpízi ⇒〔沙钱〕
沙琪玛 shāqímǎ ⇒〔萨 sà 其马〕
沙碛 shāqì〈文〉砂漠.
沙钱 shāqián =〔沙板子〕〔沙皮子〕固薄く粗悪な小銅銭.
沙丘 shāqiū ①砂丘.②河北省にある古地名:秦の始皇帝の死んだところ.
沙区 shāqū 砂漠地帯.
沙泉 shāquán 砂漠の中の泉.→〔绿 lǜ 洲〕
沙瓤(儿) shāráng(r) =〔沙阳(儿)〕〔西瓜などが〕よく熟してサクサクと口あたりよいこと.
沙壤 shārǎng 砂地:砂粒の多い農耕に適した土地.〔~土 tǔ〕同前の畑.
沙僧 shāsēng 人沙悟浄の別称:『西遊記』中の人物の一.〔沙和尚〕ともいう.→〔西 xī 游记〕
沙沙 shāshā〈擬〉ザクザク.ザラザラ.ザアザア.〔風吹动树叶,一作間〕風が木の葉を吹き動かして,サラサラと音を立てる.
沙参 shāshēn 植=〔铃 líng 儿草〕ツリガネニンジン:キキョウ科植物.〔口钓 diào 钟草①〕〔ツリガネソウ〕.〔南 nán 沙参〕羊 yáng 婆奶〕は別称.根をシャジン(沙参)と称し漢方薬とする.②〔北 běi ~〕ハマボウフウ.→〔珊 shān 瑚菜〕
沙生植物 shāshēng zhíwù 植砂漠や砂土に生える植物.
沙石 shāshí 砂と石の混じったもの.砂石.
沙士 shāshì ⇒〔沙司〕
沙手 shāshǒu 拳法の修行の一:箱の中に盛られた鉄丸の中に手を突っ込める程度にまで修行すること.〔铁 tiě 沙掌 zhǎng〕ともいう.
沙司 shāsī〈音訳〉ソース=〔沙士〕〔少 shǎo 司〕ともいう.〔调 tiáo 味汁)に同じ.
沙汰 shātài〈文〉淘汰する.〔~冗 rǒng 员〕冗員を淘汰する.
沙滩 shātān 砂浜.〔~排球〕〔沙排〕又ビーチバレー(ボール).またその球.
沙糖 shātáng ⇒〔砂糖〕
沙特阿拉伯 shātè ālābó サウジアラビア:〔骚 sāo 提阿拉伯)とも書いた.正式には〔~王国〕.首都は〔利 lì 雅得〕(リヤド)
沙田 shātián 回①海や川の州(す)に土砂が堆積してできた田地.②広東地方の塩田.
沙汀鱼 shātīngyú ⇒〔沙丁鱼〕
沙土 shātǔ =〔砂土〕①砂質の土.〔~泥〕砂質の泥土.②黄土.
沙坨子 shātuózi ①砂の土堤.②砂を積んだもの.→〔坨子〕
沙文主义 shāwén zhǔyì〈音訳〉ショービニズム:偏狭な民族主義.排外的な愛国主義.
沙窝门 shāwōmén 回北京旧城門の一つである広渠門の俗称.=〔里 lǐ 九外七〕
沙窝子 shāwōzi 砂地.
沙线 shāxiàn (航路上の)浅瀬:地図に点線で示される水面上に現れない岩礁や砂地.
沙旋 shāxuán 図砂旋風.
沙蝱 shāxùn ⇒〔刺 cì 参〕
沙哑 shāyǎ 〔声が〕しゃがれる.かすれる.〔嗓 sǎng 音~〕〔喉 hóu 咙~〕同前.
沙岩 shāyán ⇒〔砂岩〕

沙眼 shāyǎn 医トラコーマ.トラホーム.
沙雁 shāyàn 雁の別称.
沙燕儿 shāyànr〈方〉凧:ツバメが飛ぶ形をしている一般的なもの.→〔风 fēng 筝〕
沙音 shāyīn 雑音.きしる音.
沙鱼 shāyú ⇒〔鲨鱼〕
沙浴 shāyù ①砂浴.砂風呂.②鳥の砂浴び.③化金属製の皿に砂を入れ,その砂の中に対象物を置いて熟する加熱法.
沙灾 shāzāi 砂の害.砂じん災害.
沙枣 shāzǎo 植セナギヤグミ:グミ科の低木.〔桂 guì 香柳〕〔香 xiāng 柳〕〔银 yín 柳〕ともいう.
沙蚤 shāzǎo 虫スナノミ.
沙咤 shāzhà〈姓〉沙咤(さ).
沙障 shāzhàng 砂防用防護物.砂どめ.
沙纸 shāzhǐ ⇒〔砂纸〕
沙洲 shāzhōu 砂州(す).
沙蠋 shāzhú 虫タマシキゴカイ.
沙柱 shāzhù 砂漠の旋風でできる砂柱.
沙锥鸟 shāzhuīniǎo 鳥シギ(鷸).
沙子 shāzi =〔砂子〕①砂.②砂のようなもの.〔铁 tiě ~〕散弾.
沙子灯 shāzidēng 回灯籠形(円籠状)をしたおもちゃの一種:外側に人物の姿を描きこれに紙を切り抜いた手足や頭をとりつけ,中に盛った砂を少しずつ流出させるとそれにつれて人形が動き続ける.
沙钻(鱼) shāzuàn(yú) ①⇒〔玉 yù 筋鱼〕②⇒〔鳕 xǐ〕
沙嘴 shāzuǐ 地砂嘴:海岸や川の砂州が長く突き出た地形.

【纱・紗】 shā ①糸:綿や麻から紡いだ糸.〔线 xiàn 坯子〕,すなわち,よりをかけて糸に仕上げる前の粗紡糸.〔60支②〕60番手の綿糸.〔棉~〕綿糸.〔纺~〕糸を紡ぐ.→〔线①〕②紗:同前で織った透かし目の粗い織物(総称).〔窗 chuāng ~〕④窓にはる寒冷紗.⑥同前を張った窓.〔乔 qiáo 其~〕ジョーゼット.〔羽 yǔ ~〕絹の交織り.③紗の形状のもの.〔铁 tiě ~〕細い金網.〔~泡 pào 泡)

纱包(软)线 shābāo(ruǎn)xiàn 電綿巻コード.〔双 shuāng ~〕二重綿巻コード.
纱布 shābù 医ガーゼ.②薄地の織物.
纱厂 shāchǎng 紡績工場.
纱橱 shāchú 網張りの食物棚.蠅帳.
纱窗(儿) shāchuāng(r) ①寒冷紗張りの窓.②=〈方〉凉 liáng 窗(儿)〕同前:紗や網を張った窓.
纱灯 shādēng 紗張りの提灯(灯籠)
纱锭 shādìng =〔锭子〕〔纺 fǎng 锭〕紡錘.スピンドル.〔~と织布机都是自己制造的)紡錘や織機はすべて国産品である.
纱褂 shāguà 回旧〔长 cháng 衫 儿①〕の上に着る紗で作った短い上衣.
纱管 shāguǎn 紡糸巻木管.ボビン.
纱巾 shājīn 服スカーフ.
纱笼 shālóng〈音訳〉服サロン=〔沙笼〕とも書いた.東南アジア一帯で着用される巻スカート.
纱帽 shāmào 回紗の帽子:〔乌 wū 纱帽〕ともいう.官吏(文官)の礼装用に用いた.〔~头儿〕紗で作った夏用の〔瓜 guā 皮帽(儿)〕
纱门 shāmén 網戸.
纱线 shāxiàn (総称的な織物用)糸.ヤーン.
纱业 shāyè 紡績業.紡績業者.
纱帐(子) shāzhàng(zi) ①紗のカーテン.②蚊帳(か).〔蚊 wén 帐〕ともいう.③〈方)高梁・とうもろこしなどが茂ってできる隠れ場所.〔青 qīng 帐〕

shā

纱罩(儿) shāzhào(r) ①(食物などの上にかぶせる)蝿帳.②(ガス灯の)マントル.〔~灯〕マントルを用いたガス灯.

〔砂〕 shā 砂:細かい砕石.〔沙(I)①〕に同じ.多く工業用語として用いられる.

砂包 shābāo ⇒〔沙包〕
砂泵 shābèng 土砂すい上げポンプ.
砂布 shābù =〔钢 gāng 砂布〕金剛砂布.布ペーパー.布やすり.エメリークロス.〔沙布〕とも書いた.
砂汞 shāgǒng 丹砂と水銀:道家が丹薬を作るのに用いる材料.
砂罐 shāguàn 素焼きのかめ.
砂锅 shāguō =〔沙锅〕土鍋.〔他家穷得连~都卖了〕彼の家は貧しくて土鍋までを売ってしまった.〔抱 bào ~〕〔喻〕物乞いになる.〔打破~,问到底〕〔歇〕とことんまで聞きだす(問いつめる).〔墨 wèn 到底〕(とことんまで割れてしまう)にかけたしゃれ言葉.
砂锅捣蒜 shāguō dǎosuàn =〔砂锅捣蒜〕土鍋でにんにくをつぶす.〈喻〉一ぺんきり.最後の手.〔~,一捶 chuí 子买卖〉歌〕一ぺんきりの商売.〔蒙 mēng 人的事是~,下回谁还照顾他呢〕人をだますようなことは一ぺんきりだ,次にはだれも相手にしない.
砂(锅)浅儿 shā(guō)qiǎnr 丸く浅い素焼きの平鍋.
砂锅砸蒜 shāguō zásuàn ⇒〔砂锅捣蒜〕
砂棘 shājí 〘植〙マルバグミの一種.
砂壶 shāhú 素焼きの瓶.〔沙壶〕とも書いた.
砂姜 shājiāng 〘鉱〙岩石状炭酸石灰結塊:〔姜石〕ともいう.〔砂姜〕とも書く.水を通さない性質の鉱石で塊状または顆粒状,建築材料とする.
砂浆 shājiāng =〔灰 huī 浆〕〔建〕モルタル.しっくい:〔沙浆〕とも書く.〔水泥~〕セメントモルタル.
砂砾 shālì ⇒〔沙砾〕
砂粒 shālì ⇒〔沙粒〕
砂轮 shālún =〔磨 mó 轮〕〘機〙回転砥(ˊ)石.砥石車.グラインディングホイール.〔~机〕〘機〙研磨機.グラインダー.〔沙轮〕とも書いた.
砂模 shāmú ⇒〔砂型〕
砂浅儿 shāqiǎnr ⇒〔砂(锅)浅儿〕
砂囊 shānáng ①鳥砂嚢(真胃).②みみずの胃.
砂仁(儿) shārén(r) =〔缩 suō 砂密〕
砂糖 shātáng ざらめ.(粒の大き目な)砂糖:〔沙糖〕とも書いた.〔白~①〕白砂糖.精製糖.〔细 xì ~〕〔绵白~〕粉砂糖.〔黄~〕粗製糖.〔红糖〕〔赤 chì ~〕〔方〕黑糖〕〈方〉黑砂糖.赤砂糖.
砂田 shātián 〘農〙砂地.
砂土 shātǔ ⇒〔沙土〕
砂洗 shāxǐ 〔紡〕ジャージー:軽くて伸縮性のある羊毛や錦糸の生地.〔~机〕〘機〙ストーンウォッシュ加工用の機械.
砂箱 shāxiāng 〘機〙(金属鋳造用)砂鋳型の枠.
砂心 shāxīn 〔鋳〕砂鋳型の心.
砂心盒 shāxīnhé ⇒〔泥 ní 心盒〕
砂型 shāxíng =〔砂模〕〔铸 zhù 模〕〘機〙砂鋳型(g ~〕⇒〔砂型〕.
砂岩 shāyán サンドストーン.砂岩:〔沙岩〕とも書いた.
砂眼 shāyǎn 〔工〕鋳鉄などの内部に生ずる気泡.
砂样 shāyàng (ボーリングで採取した)岩質分析用のサンプル.
砂油毡 shāyóuzhān 〔工〕砂付ルーフィング.
砂纸 shāzhǐ =〔钢 gāng 砂纸〕〔玻 bō 璃纸③〕サンドペーパー:〔沙纸〕とも書いた.〔用~蹭一蹭〕同前で磨く.
砂子 shāzi ⇒〔沙子〕

S

〔莎〕 shā ①訳音字.〔~士 shì 比亚〕〘人〙シェークスピア:英国の文豪(1564～1616).〔~氏全集〕同前の全集.②地名用字.〔~车 chē〕新疆ウイグル自治区にある.③〈姓〉莎(ˊ) → suō
莎发 shāfā ⇒〔沙发〕
莎鸡 shājī ⇒〔纺 fǎng 织娘〕

〔挲(挱)〕 shā →〔挓 zhā 挲〕 → sā suō

〔唦〕 shā 〈白〉語気助詞の一.〔啊 a〕〔吧 ba〕に当たる.

〔痧〕 shā 〘中医〙急性症の病気(総称).〔发 fā ~〕同前の症状がでる.〔瘪 biě 螺~〕〔绞 jiǎo 肠~〕〔子 zǐ 午~〕コレラ:ふつう〔霍 huò 乱〕という.②〈方〉はしか.〔麻 má 疹〕に同じ.〔出~子〕はしかになる.〔~神娘娘〕はしかの神様.
痧药水 shāyàoshuǐ 〘中医〙急性症状を治療するのに用いられる水薬:大黄・黄蓮・木香・丁子・生姜・樟脳などの水浸液.

〔裟〕 shā →〔袈 jiā 裟〕

〔鲨・鯊〕 shā 〘魚貝〙サメ.フカ(総称):〔~鱼〕は通称.〔鲛 jiāo〕は古称.〔鼠 shǔ ~〕ネズミザメ.〔脣~〕ギンザメ.〔ネコザメ.〔蛤 lǎo ~〕ウバザメ.〔星~〕〔星鲛〕ホシザメ.〔角~〕ツノザメ.〔真~〕メジロザメ.〔双髻 jì ~〕シュモクザメ.〔人~〕人食いザメ.〔防~网〕サメ防御網.②〘古〙ハゼの類.〔吹~〕同前. → 〔鰕 xiā 虎鱼〕
鲨翅 shāchì フカのひれ. →〔鱼 yú 翅〕
鲨皮布 shāpíbù ⇒〔鲨鱼皮绸〕
鲨鱼 shāyú 〘魚貝〙サメ:〔沙鱼〕とも書いた.凶悪なため〔海中悪ち霸〕(海の悪者)・〔海里老虎〕(海の虎)ともいう.〔海~〕同前.〔~皮 pí〕さめ皮.〔~泳 yǒng 装〕〔スポ〕競技用の鮫肌水着.〔~皮绸 chóu〕〔鲨皮布〕〔紡〕シャークスキン.

〔杉〕 shā 〘植〙コウヨウザン(広葉杉).〔日本柳~liǔ〕スギ(杉). → shān
杉篙 shāgāo コウヨウザンの丸太:舟のさお,建築の足場などに用いる.〔~〕の一種.
杉木 shāmù コウヨウザンの材木:〔沙木〕とも書く.

〔煞〕 shā ①〈文〉くくりつける.固くむすぶ.〔杀①〕に同じ.〔~在车上〕車にくくりつける.〔把腰带一~〕帯をグッとしめる.〔先用绳子拽上用力勒,还不行的活就两个人~まずひもでしばり,ぎゅっと結わえ,まだだめなら二人がかりできつくしばりあげなさい.②結末をつける.しめくくる.終わる:〔杀⑤〕に同じ.〔收 shōu ~〕同前.〔~好账了帐面をきちんとしめくくった.③そぐ.へらす.おさえる:〔杀③〕に同じ. →〔煞风景〕 ④〈白〉動詞・形容詞の後に置き程度のはなはだしいことを表す:〔杀⑥〕に同じ.〔笑 xiào ~〕笑いこける(こけさす).⑤〈白〉〔啊 a〕と同じく用いられる. → shà
煞笔 shābǐ ①筆をとめる.筆をおく.②文章の結び(の語)
煞车 shāchē ①積み荷を縄で車の荷台にくくりつける.②⇒〔刹车〕
煞风景 shāfēngjǐng 〔杀风景〕とも書く.殺風景(である).〈喻〉気分を白けさす.がっかりさせる.
煞弓扣弦 shāgōng kòuxián 〈喻〉最後に.結局.
煞紧 shājǐn きつしめる.
煞青 shāqīng ⇒〔杀青〕
煞绳 shāshéng 荷物を荷台にくくりつける縄.
煞尾 shāwěi ①結末(をつける).結び(をつける):〔杀尾〕とも書いた.〔文章的〕文章の末尾.②〔北曲〕最後の部分.
煞性子 shāxìngzi 〈白〉怒り(うっぷん)を他人あるい

は事にかこつけて晴らす.〔两口子生气,都拿着平儿～〕(紅44)夫婦は腹を立てて,どちらも平児に腹いせをしてきた.

煞账 shāzhàng 勘定をしめくくる.

煞着步儿 shāzhebùr わざとゆっくり歩く.〔～走〕歩みをおくらせる.

煞住 shāzhù 止(と)める.〔～引擎 qíng〕エンジンを止める.〔～脚〕歩みを止める.〈転〉行き悩む.立往生する.中止になる.〔把车～〕車を停止する.

〔啥(傻)〕 shá なに.どんな.〔～人家〕だれ.〔你干～〕おまえ何をするんだ〔赤贫如洗,家里～都没有〕赤貧洗うがごとく,家の中には何もない.〔过去工长说～就是～,现在可自由了,再不由他管了〕今までは職工頭の言うことはこうだと言えばそうだったが,今はまったく自由になった,もう彼の指図はうけない.〔你那二小子～活不干〕(周・暴)おまえのあの次男坊は仕事は何もしやしない.

啥子 shází 〈方〉なに.〔～哟 yo〕同前.

〔傻(傻)〕 shǎ ①愚かである.ばかである.〔装 zhuāng 疯卖～〕わざと異常なふりをする.〔你太～了〕おまえはずいぶんばかだ.〔～干 gàn〕めちゃくちゃ(無分別に)やる.→〔痴 chī ①〕②頭が働かない.馬鹿である.〔吓 xià ～了愣〕びっくりしてばかんとする.③〈方〉たいへん.とても.〔～好〕とてもよい.

傻不棱登 shǎbuléngdēng 〈方〉ぽかんとしている・ぼんやりしている・ぼけっとしているさま.〔傻巴眵瞪〕とも書く.

傻吃傻喝 shǎchī shǎhē めちゃくちゃ(無分別)に飲み食いする.

傻大黑粗 shǎdà hēicū 〈慣〉体が大きく,のっそりして薄汚ないさま.

傻蛋 shǎdàn ばかもの.→〔傻瓜〕

傻等 shǎděng ぼんやり待つ.待ちぼうけをくう.〔别叫人～着〕僕に待ちぼうけをくわせちゃいけない.

傻瓜 shǎguā〈喩〉①ばかもの.②簡単で誰にでもできる.〔～技术〕簡単な技術.〔～相机〕全自動カメラの俗称.

傻孩儿 shǎháir ①ばかな子.②〈転〉おばかさん:いとおしんでしかるような場合にいう.

傻呵呵 shǎhēhē 〔傻乎 hū 乎〕ともいう.ちょっとぬけているさま.〔看他～的就知道是老实人〕彼のぼけっとしているところを見れば,おとなしい人間だということがわかる.

傻话 shǎhuà ばかな話.たわけた話.

傻劲儿 shǎjìnr ①ばかさ加減.間が抜けた感じ.②〈転〉一本気.

傻角 shǎjué ①ばか.愚か者.②道化役.〔这出戏配个～可以热闹一点儿〕この劇には道化役を一人配すると少しにぎやかになる.

傻拉瓜唧 shǎla guājī 〈方〉ばかであるさま.愚かであるさま:〔傻里吧叽〕〔傻里瓜唧〕ともいう.

傻老 shǎlǎo 〈方〉朴訥(とつ)な取.

傻老婆等呆汉子 shǎlǎopo děng dāihànzi〈慣〉待ちぼうけをくう.

傻老爷们儿 shǎ lǎoyémenr おばかさん:きまじめな男性のことを冷やかしかげんにいう:〔傻老爷儿们〕ともいう.

傻乐 shǎlè〈方〉ばか笑いする.

傻愣愣 shǎlènglèng 間が抜けているさま.

傻里吧叽 shǎli bājī ⇒〔傻拉瓜唧〕

傻里瓜唧 shǎli guājī ⇒〔傻拉瓜唧〕

傻里傻气 shǎli shǎqì 間が抜けているさま.〔他说话有点儿～的〕彼の言うことは少しばかりばかげている.

傻脸 shǎliǎn ①(驚いて)うろたえる.狼狽する.②面目をつぶす.体面を汚す.

傻帽儿 shǎmàor〈口〉おばか(である).間抜け(ている).ばか(げている).世間知らず(である):〔傻冒儿〕とも書く.

傻模瞪眼 shǎmo dēngyǎn〈慣〉薄のろでぽかんとした目つき.

傻气 shǎqì 愚かさ.ばかげている.〔冒 mào ～〕ばかげていることをする.→〔土气 tǔ·qì〕

傻人 shǎrén 愚直な人.〔～有傻命〕〈諺〉正直のこうべに神宿る:〔命〕〔造化〕ともいう.

傻乎乎 shǎshǎ hānhān いかにもばかのような(愚かしい)さま.

傻乎乎 shǎshǎ hūhū 抜けているさま.しまりのないさま:〔傻愣忽忽〕ともいう.〔每逢遇上地,他都会～地一笑〕彼女に会うたびに,彼はしまりなくにやにやする.

傻睡 shǎshuì 深く眠り込む.眠りこける.

傻头傻脑 shǎtóu shǎnǎo〈慣〉間が抜けているさま.

傻小子 shǎxiǎozi ①ばか息子.②〈転〉おばかさん:若い者を冗談気味に親しみをこめて呼ぶ言葉.

傻笑 shǎxiào ばか笑いする.

傻丫头 shǎyātou ①ばか娘.②〈転〉おばかさん:若い娘を冗談気味に親しみをこめて呼ぶ言葉.

傻眼 shǎyǎn あきれかえる.狼狽する.〔他们输了,～了〕彼らは負けて,うろたえた.〔他拿到试卷一看,就傻了眼〕彼はテスト用紙を受け取り一目見てあっけにとられた.

傻柱子 shǎzhùzi 〈方〉田舎者.ものわかりの悪い不作法な小僧.

傻壮 shǎzhuàng 阿呆(ほう).〔他饰演傻傻壮壮的少爷〕彼はばかな坊っちゃんに扮する.

傻子 shǎzi ばか.あほう.愚か者:〔呆子 dāizi〕に同じ.

〔沙〕 shà 揺すぶってより分ける.〔把沙 shā 子～一～〕砂をふるってより分ける(分けて残す).〔～之汰之,惟存精华〕〈文〉よくふるいにかけて,優れたもののみを残す. → shā

〔唼〕 shà 〈文〉水鳥や魚がついばむ.②〈方〉(虫が)かじる.虫穴があく.〔这棵树根被蚂 mǎ 蚁～了〕この木の根はありにかじられている.〔这个轮胎慢～气〕このタイヤはしだいに空気が抜けた. → qiè

唼气 shàqì〈方〉(小さい穴から)空気もれがする:タイヤなどについていう.

唼眼儿 shàyǎnr〈方〉什器・器物の小さい穴:虫などにかじられたものをいう.

唼喋 shàzhá〈文〉魚や水鳥が集って餌をついばむ音:〔唼呷 xiā〕ともいう.〔～争 zhēng 食〕魚や水鳥がザワザワと餌を食べる.

〔翣〕 shà 圉出棺の際の棺の飾り.

〔霎〕 shà 瞬時.しばし.〔一～〕ほんのちょっとの間(に).〔过了一～〕ちょっとの時間がたって.〔～时起了狂风〕たちまちのうちに狂風が起こった.

霎那间 shànàjiān〈文〉にわかに.すぐに.

霎霎 shàshà 〔擬〕パラパラ:雨や寒風の音.〔～的雨声〕パラパラと雨の音.

霎时(间) shàshí(jiān) ちょっとの間(に):〔煞时(间)〕とも書いた.

〔厦(廈)〕 shà ①大きな家.〔大～〕ビルディング.〔高楼大～〕〈慣〉高い建物や大きい館.②ひさし.軒(のき).〔前廊后～〕家の南側の廊下と北側の軒下. → xià

厦屋 shàwū〈文〉大きな家.

[嘎] shà <文>しわがれ声(になる) → á

[歃(啑)] shà <文>すする.〔~血 xuè〕盟約を結ぶ時,牛・馬・にわとり・犬などのどれを用いるかは事の重大さにより異なる)を屠(ほふ)りその血を口に塗りつけて誓いのしるしとしたこと.〔~血为盟〕血をすすって盟約を結ぶ.

[煞] shà ①凶ælæ神.厄病神.〔关 guān ~〕关口 ③〔~口坎 kǎn 儿〕②〔~口坷 kě 儿〕厄.障り.〔他今年是个关~年〕彼は今年が厄年だ.〔坐 ~〕厄にあたる.〔迷信で,死後その亡霊が戻って来ることをいう.②すこぶる.大いに. → shā
煞白 shàbái（驚きや病気のために顔色が）蒼白である.〔气得脸~〕怒って顔色がまっ青だ.
煞费 shàfèi 大いに費やす.〔~苦心〕大変苦心する.〔~心机／~成〕大いに頭を悩ませる／無い知恵をしぼること.
煞后(儿) shàhòu(r) <方>①あとずさりする.ためらう.〔一说花钱他就~〕お金を使うこととなると彼は消極的になる.②(わざと)遅らす〔每次去上课她都~〕彼女は授業に出るたびに遅れていく.
煞气 shàqì ①不吉の気.邪(じゃ)の気.〔~腾 téng 腾〕不吉の気がひどく表れているさま.②凶悪の相.〔满脸~〕顔に凶悪の相がすっかり表れている.③(器物に穴があり)空気が漏れる.〔咳气〕に同じ.〔车带~了〕タイヤの空気が漏れた.
煞神 shàshén <口>凶神.不吉の(をもたらす)神.
煞时(间) shàshí(jiān) <雰时(间)>
煞是 shàshì <白>非常に…だ.〔~好看〕すこぶる立派である.
煞死(个) shàsǐ(ge) <方>むやみに.一途に.
煞有介事 shàyǒu jièshì いかにももっともらしい.〔像 xiàng ~〕同前.〔~地举出了这样一个例子〕いかにももっともらしいことを例をあげた.

[嗳] shà <白>すこぶる.非常に.〔詞や曲に用いられる.〔水已无情,风更无情／~水(の流れ)〕ばかりか,風もまたひどく無情に吹く.→〔煞②〕 → shài

[筆] shà <文>竹製の扇.

shai ㄕㄞ

[筛・篩] shāi (Ⅰ) ①篩(ふる):粉・粒状のものをふるい分ける道具.〔~子〕という.〔~眼 yǎn〕篩の目(穴).②ふるう.〔把米一一~〕篩で米をふるって下さい.〔~土〕土をふるう.〔~煤 méi〕石炭をふるって)選り分ける.〔把糠~出去〕糠をふるいのける.→〔罗 luó 儿⑥〕 ③<白>酒を(器へ)くみとる.酒をつぐ.〔~酒来〕酒を持って来い.〔~烫热了,把将过来~做三碗〕熱燗にして持って来て,三つの碗についだ.(Ⅱ) <口>どらを叩く.→〔筛锣〕
筛巴 shāiba ざっとふるう.〔~~土就行〕ざっとふるいのけたらそれでいい.
筛除 shāichú ふるい分ける.選別する.
筛分 shāifēn ふるい分ける.〔~机〕ふるい分け機.篩別機.
筛骨 shāigǔ 〔生理〕篩骨(こつ).→〔头 tóu 骨〕
筛管 shāiguǎn〔植〕(絹糸や合成繊維,細い針金などで編んだ)篩に用いる細かい網目状のもの.
筛糠 shāikāng ①ぬかをふるう.②〈喩〉(恐怖などは寒さのために)身震いする.〔吓 xià 得直~〕怖くて
筛孔 shāikǒng 篩の網目.ふるい目.
筛箩 shāiluó ⇒〔筛子〕
筛锣 shāiluó ①<口>銅鑼を鳴らす:〔打 dǎ 锣〕に同じ.〔筛了三下锣〕どらを3回打った(3時を知らせた).→〔敲 qiāo 锣打鼓〕②吹聴する.言いふらす.
筛析 shāixī 段階に分けて選別する.
筛洗 shāixǐ ふるい分けし,きれいに洗う.
筛选 shāixuǎn ①ふるい分ける.選り分ける.選別する.②(淘汰することにより)選択する.選りぐるむ.〔~出优质高产的新品种〕優良品質の多収穫新品種を選別する.
筛子 shāizi ふるい.〔筛箩〕〔箩 luó 头〕ともいう.〔~底儿 dǐr〕〈喩〉考えすぎの人.気をまわす人.

[酾・釃] shāi shī の又音.

[色] shǎi 〔~儿〕色.〔颜 ~yánshai〕同前.〔上~〕色をつける.色を塗る.〔配 pèi ~〕配色〔套 tào ~〕(印刷で)色をかぶせる.多色刷りする.〔掉 diào ~／揩 shào ~〕色が落ちる.色があせる.〔退 tuì ~〕色があせる.色がさめる. → sè
色酒 shǎijiǔ 色のついた酒.果実酒.
色子 shǎizi さいころ:〔<文>投 tóu 子〕〈方〉骰 tóu 子〕ともいう.〔掷 zhì ~／摇 yáo ~〕さいころをふる.

[杀・殺] shài <文>衰える.減ずる. → shā

[晒・曬] shài ①照りつける.日がさす.〔太阳地里~得厉害〕ひなたは照りつけがひどい.→〔曝 pù〕②干す.日光にあてる(あたる).〔晾 liàng ③〕〔~衣裳〕服を干す.③<方>放ってある.すっぽかす.〔他把我~了〕彼はわたしに待ちぼうけをくわした.
晒场 shàichǎng 穀物を日にあてて干す平坦な空地.→〔场院〕
晒地 shàidì 更地(ぢ)(にして放置しておく)
晒簟 shàidiàn 〔農〕竹で編んだ蓆(むしろ):穀物を干すのに使う.
晒垡 shàifá すき返した土を日にあてる.
晒干 shàigān 日干しする.干して乾かす.→〔阴 yīn 干〕
晒黑 shàihēi 日焼けする(して黒くなる)
晒粮 shàiliáng 穀物を干す
晒晾 shàiliàng 干す.乾かす.
晒棚 shàipéng ⇒〔晒台〕
晒坪 shàipíng 〈方〉穀物を干す平坦な空地.
晒翘 shàiqiáo 日に照らされて反り返る.〔木板~了〕板が同前.
晒青 shàiqīng 〔農〕茶葉を日に晒すこと.
晒伤 shàishāng 〔医〕日焼けによる皮膚の炎症.
晒书 shàishū ⇒〔曝 pù 书〕
晒台 shàitái =〔晒晾〕〔<方>露 lù 台②〕〔平 píng 台〕②物干し台(建て物の上に作ってある).→〔凉 liáng 台〕〔阳 yáng 台②〕
晒太阳 shàitàiyáng 日なたぼっこをする:〔晒老爷儿〕〔<方>晒暖(儿)〕〔<文>负 fù 喧〕ともいう.〔这墙根底下可是个~的好地方〕この塀の根元はひなたぼっこにとてもよいところだ.
晒田 shàitián =〔烤 kǎo 田〕〔農〕稲田の水を切り,地表を日にあてる.
晒图 shàitú 青写真にとる.青焼きする.〔晒蓝图〕同前.〔~纸 zhǐ〕青写真(感光)紙.
晒烟 shàiyān たばこの葉を日にさらして乾燥させる.
晒盐 shàiyán 海水を蒸発させて塩をとる.
晒衣竿 shàiyīgān 物干し竿:〔晒衣竹 zhú〕ともい

晒印 shàiyìn〈口〉(写真の)焼き付け.プリンティング:〔印相〕ともいう.→〔冲 chōng 洗〕

晒种 shàizhǒng 種子を日にさらす.

〔晒〕 shài〈文〉干す.日にあてる:〔晒②〕と同じく用いられた. → shà

shan ㄕㄢ

〔山〕 shān ①山.〔高 gāo～〕高い山. ②山のような形状をしたもの.〔房～〕家屋側面の山形の壁. ③大きい音(声)の形容. ④蚕のまぶし.〔蚕上～了〕蚕がまぶしに上った. ⑤〈姓〉山(さん)

山坳 shān'ào 山のくぼみ.山あいの平地:〔方〕〔山岙〕とも書く.

山霸 shānbà 旧悪徳山林地主.

山白竹 shānbáizhú クマザサ.チマキザサ.

山斑鸠 shānbānjiū (雄 zhí 鸡)キジバト.

山包 shānbāo ①〈方〉丘.小さな山. ②山の隆起したところ.〔一个～连着一个～〕山また山と連なっている. ③〈方〉山.

山背 shānbèi ①山の背. ②やませた.

山崩 shānbēng 山崩れ.〔～地裂〕山が崩れ地が裂ける.〈喩〉天変地異が起こる(こと)

山扁豆 shānbiǎndòu センナ.カワラケツメイ近縁種.

山菜 shāncài ⇒〔柴 chái 胡〕

山蚕 shāncán 野生の蚕.

山苍子 shāncāngzǐ ⇒〔山鸡椒〕

山茶 shānchá ツバキ:〔海仙石榴〕は古称.〔～花〕椿の花(儿)ともいう.サザンカは〔茶梅〕. →〔椿 chūn①〕

山岔 shānchà 山脈の分かれ目(切れ目)

山产 shānchǎn 山野生動植物の産物.

山车 shānchē トリモチノキ.ヤマグルマ.

山城 shānchéng ①山地にある都市. ②重慶市の別称.〔～火锅〕重慶風鍋料理.

山赤杨 shānchìyáng ヤマハンノキ.

山冲 shānchōng〈方〉山間地帯の平地.

山重水复 shānchóng shuǐfù〈喩〉風光明媚なさま.

山川 shānchuān 山と川.山河.

山慈姑 shāncígū ①〔金 jīn 灯〕アマナ.ムギクワイ. ②中国産ラン科植物の球茎.

山葱 shāncōng ①ギョウジャニンニク(行者葫):〔茖 gé 葱〕に同じ.食用する. ②⇒〔藠 lí 芦〕

山丛 shāncóng 山々.

山酢浆草 shān cùjiāngcǎo ヤマカタバミ.→〔酢浆草〕

山村 shāncūn 山村.

山达脂 shāndázhī〈音訳〉サンダラックゴム.

山大黄 shāndàihuáng ⇒〔酸 suān 模〕

山大王 shāndàiwáng 山城の首領.→〔大 dà 王〕

山丹 shāndān ①=〔川 chuān 强瞿〕〔连 lián 珠④〕ヒメユリ.またその鱗茎:食用する. ②甘粛省にある県名.

山道年 shāndàonián〔驱 qū 蛔素〕〈音訳〉サントニン.

山地 shāndì ①山地.〔～车〕マウンテンバイク. ②山地にある耕地.

山地栗 shāndìlì ⇒〔土 tǔ 茯苓〕

山颠 shāndiān ⇒〔山顶〕

山靛 shāndiàn =〔山蓝〕ヤマアイ(山藍)

山顶 shāndǐng〔山头〕〔山头①〕山頂,山の頂上.

山顶洞人 shāndǐng dòngrén 旧石器時代の末期の

古代人類:1933年,北京西南の周口店竜骨山の山頂の洞穴で化石が発見された.

山东 shāndōng ①古代,〔华 huà 山〕あるいは〔崤 xiáo 山〕の東の地.のち〔太行山〕以東をいい,現在の〔一省 shěng〕にほぼ当たる. ②山東省の略:〔鲁 lǔ 菜〕に同じ.〔～菜〕〔鲁菜〕山東料理.〔～快书〕寄席芸の一種:山東・華北・東北の各地に広く流行する. ③〔～大汉身高八尺,面若黑炭〕山東人男性のいかついさま.

山东梆子 shāndōng bāngzǐ →〔梆子腔②〕

山东大鼓 shāndōng dàgǔ ⇒〔梨 lí 花大鼓〕

山东府绸 shāndōng fǔchóu →〔府绸〕

山东琴书 shāndōng qínshū 揚琴を主とする伴奏でうたう寄席芸の一種.

山东柞丝绸 shāndōng zuòsīchóu →〔茧 jiǎn 绸〕

山洞 shāndòng ①山の洞穴. ②⇒〔涵 hán 洞〕 ③=〔隧 suì 道〕

山斗 shāndǒu〔泰 tài 山北斗〕の略:人々が仰ぎ尊ぶ第一人者.〔斗山〕に同じ.〔人人仰 yǎng 如～〕人々は泰山北斗のように仰ぎ尊ぶ.

山豆根 shāndòugēn ①ミヤマテンペラ近縁種. ②中国産クララ属植物. ③コウモリカズラ.

山豆子 shāndòuzǐ →〔山櫻桃〕

山都 shāndū カクマ:狒々(ひひ)の一種.

山阿 shān'ē 山の隈(くま)

山额主义 shān'é zhǔyì サンガーの産児制限論:アメリカの婦人運動家マーガレット・サンガーの提唱.

山风 shānfēng 山風:山の頂上から吹きおろす風. →〔谷 gǔ 风〕

山峰 shānfēng 山の峰.

山蜂 shānfēng ヤマバチ.

山旮旯儿 shāngālár〈方〉辺鄙(へんぴ)な山の中:〔山旮旯〕ともいう.

山冈 shāngāng 丘.低い山.小山.

山岗子 shāngāngzǐ ⇒〔丘.低い山〕

山高皇帝远 shāngāo huángdì yuǎn〈喩〉地方は中央の威令が届かない:〔天 tiān 高皇帝远〕ともいう.

山高水长 shāngāo shuǐcháng〈喩〉長く世に伝えられ仰がれる.また友情・恩恵の長く続くこと.〔先生之风,～〕先生の御高風は山高く水長し.

山高水低 shāngāo shuǐdī〈喩〉不測の出来事.死.〔万一有个～,…〕万一生命にかかわるというようなことがあると,….

山歌 shāngē ①民謡の一種:南の農山村で広く歌われる. ②民間の小唄・俗曲の類:28字4句からなる.〔鲁讯の馮夢竜の編.

山根 shāngēn ①山の麓. ②〈口〉後頸部. ③〈方〉鼻筋.

山梗菜 shāngěngcài サワギキョウ.

山沟 shāngōu ①谷川.峡谷. ②山あい.谷間. ③へんぴな山の中.山奥.

山谷 shāngǔ 谷.〔～水库〕谷間を利用して作られたダム.

山谷风 shāngǔfēng 山風と谷風.

山光 shānguāng 山の景色.〔～水色〕山も水もある美しい景色.

山龟 shānguī →〔草 cǎo 龟〕

山桂 shānguì ⇒〔天 tiān 竺桂〕

山国 shānguó 山国.山の多い地区.

山果 shānguǒ 山間地の果物.

山海关 shānhǎiguān 河北省の旧臨榆县にある万里の長城の起点:〔楡 yú 关〕〔渝 yú 关〕は別称.これより東を〔関東〕〔関外〕という.

山海经 shānhǎijīng 〔山海経(さんかいきょう)〕:古代中国の神話と地理の本.

山 shān

山河 shānhé ＝〔河山〕山河.〈喩〉国土.郷土.〔锦 jǐn 绣～〕美しい国土.〔国破〈～在〉(杜甫詩) 国破れて山河在り.〔～好改,秉 bǐng 性难移〕江山易改,秉 bǐng 性难移〕〈諺〉三つ子の魂百まで.→〔江 jiāng 山〕

山和尚 shānhéshang ⇒〔戴 dài 胜〕

山核桃 shānhétao 植 オニグルミ.〔〈方〉小 xiǎo 核桃〕〔〈方〉小胡桃〕ともいう.

山壑 shānhè ①山あい.谷間. ②谷川.

山黑豆 shānhēidòu 植 ノササゲ (キツネササゲ) 近縁種.

山洪 shānhóng 山津波.〔～暴发像万马奔腾滚滚而下〕鉄砲水がすさまじい勢いでとうとうと流れた.

山呼 shānhū ⇒〔嵩 sōng 呼〕

山呼海啸 shānhū hǎixiào 〈成〉山が呼び,海がうそぶく: 大きな声や音があたり一面に響き渡るさま.

山胡椒 shānhújiāo ＝〔牛 niú 筋树〕植 ヤマサンショウ.ヤマコウバシ.

山花 shānhuā ①山野に咲く花.野の花. ②⇒〔山墙〕

山环 shānhuán 山あいの平地.山間の窪地:〔山坳〕に同じ.

山荒 shānhuāng 山の荒地.

山回路转 shānhuí lùzhuǎn 〈慣〉山道がくねくねと折れ曲がっていること.

山火 shānhuǒ 山火事.〔护林人骑马在森林中巡逻,监视～和虫害的发生〕森林監視員が山火事や虫害をおこさないように騎馬で森の中を巡察する.

山货 shānhuò ①山間地の産物: くり,くるみなど. ②荒物: 竹・木や土などを原料とする産物.ほうき・竿・縄・木製品・土鉢など.〔海货〕に対する語.→〔杂 zá 货〕

山鸡 shānjī ⇒〔锦 jǐn 鸡〕

山积 shānjī 〈文〉山積する.〔垃 lā 圾～〕ごみが非常に多い.

山鸡椒 shānjījiāo ＝〔山苍子〕植 クベバ,またその実.〔荜 bì 澄茄②〕(ヒッチョウカ) は主に漢方薬名に用いる.

山鸡米 shānjīmǐ ⇒〔淡 dàn 竹叶〕

山脊 shānjǐ ＝〔山梁〕山の脊(せ).尾根.

山蓟 shānjì ⇒〔苍 cāng 术〕

山涧 shānjiàn 谷.谷川.

山椒鸟 shānjiāoniǎo 鳥 ヤマキレイ (シロモズ)

山椒鱼 shānjiāoyú 〔娃 ní〕

山脚 shānjiǎo ふもと.山のすそ:〔山麓〕に同じ.

山轿 shānjiào 山かご:〈口〉爬 pá 山虎〕とは別称.

山结 shānjié (異なる方向にのびる複数の)山脈が結合する所.〔帕 pà 米尔～〕地 パミール山脈.

山芥(菜) shānjiè(cài) 植 ヤマガラシ (ミヤマガラシ)

山金 shānjīn 鉱 (石英鉱脈中に含まれる) 砂状の金.

山精 shānjīng ①⇒〔苍 cāng 术〕 ②(伝説中の) 山中の怪獣.

山景 shānjǐng 山の景色.

山径 shānjìng 山道.

山居 shānjū 〈文〉山住まい (する).〈転〉隐栖(す る).またその居宅.

山君 shānjūn ①⇒〔山神〕 ②虎の別称. →〔老 lǎo 虎〕

山口 shānkǒu ①山の尾根の低くなっている所.峠 (人の通り道になる). ②鞍部.コル.→〔垭 yā 口〕 ③ 固 弦楽器の上端の弦をかけるところ.

山寇 shānkòu 〈文〉山賊.

山苦荬 shānkǔmǎi 植①ムラサキニガナ. ②タカサゴソウ.

山兰 shānlán ⇒〔泽 zé 兰〕

山岚 shānlán 〈文〉山の雲霧.

山蓝 shānlán ⇒〔山菳〕

山佬儿 shānlǎor (お人よしの) 田舎者:〔〈方〉山愣子〕ともいう.

山烙铁头 shān làotiětóu 動 ヤマハブ.

山鹨豆 shānlídòu 植 レンリソウ (連理草). エゾノレンリソウ: マメ科の多年生草本.

山里红 shānlǐhóng ⇒〔山楂②〕

山梁 shānliáng ⇒〔山脊〕

山林 shānlín ①山林.山と林. ②〈文〉隠者の居所.

山陵 shānlíng 〈文〉①山岳.〈喩〉天子.〔～崩 bēng〕天子の死. ②(天子の) 墳墓.

山岭 shānlǐng ①山の表門. ②連峰.

山路 shānlù 山道.山路.

山麓 shānlù 山麓(?):〔山脚〕ともいう.

山峦 shānluán 山なみ.連山.

山马蝗 shānmǎhuáng 植 ヌスビトハギ.

山脉 shānmài 山脈.山並み.

山猫 shānmāo ⇒〔豹 bào 猫〕

山毛榉 shānmáojǔ 植 ブナ (属植物の総称):〔水 shuǐ 青冈〕ともいう.〔木 mù 馏油(酚)〕(クレオソート)をとる.

山毛桃 shānmáotáo ⇒〔山桃〕

山莓 shānméi ⇒〔悬 xuán 钩子①〕

山门 shānmén ①寺の表門. ②仏教.

山盟海誓 shānméng hǎishì ⇒〔海誓山盟〕

山冕 shānmiǎn 固 天子の冠.

山民 shānmín ①山民.山住まいの人. ②〈転〉山に隱棲している人の自称.

山鸣谷应 shānmíng gǔyìng 〈喩〉山鳴りのように思潮の影響が巨大なこと.

山明水秀 shānmíng shuǐxiù ＝〔山清水秀〕〈成〉山紫水明: 山水の景色が優れていること.

山姆大叔 shānmǔ dàshū 〈音義訳〉アンクルサム: 旧時,アメリカ政府またはアメリカ人に対する俗称.

山奈 shānnài〔山萘〕とも書く. ①＝〔三 sān 萘〕植 ⓐ バンウコン中国産. ⓑ サンナ: インド産ショウガ科植物. ②〔氰 qíng 化物〕 ③⇒〔氰化钠〕

山南海北 shānnán hǎiběi 〈喩〉〔～津々浦々.〔～都去过〕津々浦々すみずみまで行った.〔～〕はるかかなた.

山难 shānnàn 登山での遭難事故.〔海 hǎi 难〕

山牛蒡 shānniúbàng キク科ヤマボクチ近縁種.

山女郎 shānnǚláng 動 ミヤマシジミ蝶.

山炮 shānpào 軍〔山炮〕〔过 guò 山炮〕は旧称.

山皮 shānpí 山の表面を覆っている土.〔扒开～,搞露天开采〕山の土を掘り出させる露天採掘をする.

山坪 shānpíng 山地の平らな地.山間の盆地.

山坡(儿) shānpō(r) 山坂.→〔斜 xié 坡〕

山妻 shānqī 荆妻.愚妻.家内.〔～出山〕山出し女.

山漆 shānqī 植①ヤマウルシ. ②ウルシ.

山栖谷饮 shānqī gǔyǐn 〈喩〉隱遁生活 (をする).

山气 shānqì 山の空気.山の霧気.

山墙 shānqiáng ＝〔〈方〉山花②〕切り妻: 家屋の両側にある山形の壁.〔房 fáng 山〕〔金 jīn 字墙〕ともいう.

山樵 shānqiáo 木こり:〔樵夫〕に同じ.

山茄子 shānqiézi 植 クロキソウ: ムラサキ科の植物.

山芹 shānqín 植 ヤマゼリ.

山清水秀 shānqīng shuǐxiù ⇒〔山明水秀〕

山穷水尽 shānqióng shuǐjìn 〈喩〉行きづまる.にっちもさっちもいかなくなる.途方にくれる.〔现在可谓是～了〕今の状態にはにっちもさっちもいかなくなったというところだ.

山丘 shānqiū ①丘.土を小高く盛り上げてあるところ. ②墳墓.

shān 山

山区 shānqū 山岳地帯.山地.
山曲 shānqū〈文〉山の湾曲したところ.
山泉 shānquán 山の泉.
山雀 shānquè〔鳥〕シジュウカラ(科総称).〔大～〕〔白脸 liǎn～〕シジュウカラ.〔杂 zá 色～〕ヤマガラ.
山鹊 shānquè〔鳥〕ウソ.
山人 shānrén〈文〉①隠士.世捨て人. ②学者・文人の雅号に用いる.〔渔 yú 洋～〕〔圃〕王士禎(詩人)の別号.
山色 shānsè 山の景色.山の姿.
山上 shānshàng ①山の上. ②〈口〉監獄.
山上无老虎, 猴子称大王 shānshàng wú lǎohǔ, hóuzi chēng dàwáng〈諺〉鳥なき里のこうもり:〔山上に〕
山哨 shānshào〈方〉大風呂敷をひろげる.大口をたたく.
山参 shānshēn ①野生の朝鮮人参. ②⇒〔丹 dān 参〕
山神 shānshén ＝〔山君〕①山の神.〔～爷 yé〕〈方〉虎(愛称)
山石 shānshí 山石.
山势 shānshì 山の地勢.
山鼠 shānshǔ ＝〔睡 shuì 鼠〕〔動〕ヤマネズミ.
山水 shānshuǐ ①山と水.〔～相连〕〈成〉地続きで国境を接する隣国との密接な関係.→〔一 yī 衣带水〕 ②山から流れ落ちる水. ③〈転〉山や水の景色.〔～画〕山水画.→〔泉 quán 石〕
山鲐鱼 shāntáiyú ⇒〔竹 zhú 笼鱼〕
山塘 shāntáng 山中の池.
山桃 shāntáo ＝〔山毛桃〕〔圃〕サントウ.ノモモ:台木として用いられる.
山体 shāntǐ 山.〔～滑 huá 坡〕地滑り.
山庭 shāntíng ①山林式庭園. ②〔旧〕(人相学上の)鼻.
山桐子 shāntóngzǐ ＝〔椅 yī 桐〕イイギリ.
山头 shāntóu ①⇒〔山顶〕 ②とりでのある山.〈喩〉縄張り.分派.セクト.〔拉～〕派閥をつくる.〔～主义〕縄張り主義.〔另 lìng 立～〕別に一派をつくる.
山颓木坏 shāntuí mùhuài〈成〉偉人の逝去.
山洼 shānwā 谷.谷間.
山王 shānwáng ①〔人〕(仏教で)最高の山. ②〔人〕山濤と王戎(竹林七賢中の二人).→〔七 qī 贤②〕
山窝 shānwō 辺鄙な山間地区:〔山窝窝〕ともいう.
山莴苣 shānwōjù〔圃〕アキノゲシ.→〔莴苣〕
山乌 shānwū〔鳥〕ミヤマガラス.
山坞 shānwù 山あいの平地:〔山坳〕に同じ.
山西 shānxī ①古代,〔华 huà 山〕あるいは〔殽 xiáo 山〕の西の地.のち〔太行山〕以西をいい,現在の〔山西省〕にほぼ相当する. ②山西省の略:〔晋 jìn (Ⅱ) ③〕ともいう.
山西梆子 shānxī bāngzi ＝〔晋 jìn 剧〕
山系 shānxì〔地〕山系.
山峡 shānxiá 山あい.
山险 shānxiǎn 山の地勢の険しいところ.
山苋菜 shānxiàncài ＝〔牛 niú 膝〕イノコズチ.
山乡 shānxiāng 山村.〔～人家〕山村の民家.〔～僻壤〕山村の片田舎.
山响 shānxiǎng 音が鳴り響く.大きな音が出る.〔把门拍得～〕扉をドンドンと叩いて大きな音をたてた.
山向 shānxiàng (風水でいう)墓の方位.
山魈 shānxiāo ①〔動〕マンドリル. ②(伝説上の)山中の一本足の怪物.
山小菜 shānxiǎocài〔圃〕ホタルブクロ〔钓 diào 钟草②〕(ツリガネソウ)は俗称.
山薤 shānxiè〔圃〕ヤマラッキョウ(ムラサキヒル)

山杏 shānxìng〔圃〕アンズ.またその実.
山崖 shānyá 断崖.絶壁.
山岩 shānyán ①岩山. ②山の岩石.
山羊 shānyáng ①〔動〕ヤギ(属の総称).〔家养～〕家畜のヤギ.〔野～〕ノヤギ.パサン.〔北～〕アイベックス.〔～胡 hú 子〕あごひげ.〔羚 líng 羊〕跳馬の「馬」.〔跳 tiào ～〕跳馬をする.
山杨 shānyáng〔圃〕チョウセンヤマナラシ.→〔白 bái 杨〕
山阳 shānyáng 山の日のあたる側.山の南側.
山羊绒 shānyángróng ⇒〔羊绒〕
山羊蹄 shānyángtí ⇒〔酸 suān 模〕
山腰 shānyāo 山腹.山の中腹.
山摇地动 shānyáo dìdòng 山が揺れ,地が動く:威勢がよい.気勢があがるさま.
山肴野薮 shānyáo yěsù〈成〉山野からとった鳥獣の肉や野菜.
山药 shānyào ＝〔山蓣〕〔圃〕ヤマノイモ.ジネンジョウ:〔薯 shǔ 蓣〕の通称.〔野 yě ～〕野生の同前.〔～豆儿〕むかご:同前の葉のつけ根にできる珠芽.〔糖 táng 葫芦(儿)〕にして食べる.
山药蛋 shānyàodàn ⇒〔马 mǎ 铃薯〕
山野 shānyě ①山と原野.山野. ②〈喩〉民間.在野.
山阴道 shānyīndào〔地〕現在の浙江紹興市の西南一帯で頂角の美しい地区.〔～上,应 yìng 接不暇〕〈成〉同前は山あり川あり景色の変化が応接に暇がない.〈喩〉変化が目まぐるしくて応接に暇がない.
山樱桃 shānyīngtáo〔毛 máo 樱桃〕(ユスラウメ)の通称:〔山豆子〕〔李 lǐ 桃①〕は別称.→〔樱桃〕
山友 shānyǒu 登山仲間.
山右 shānyòu 山西省の旧称:太行山脈の右(西)にあたる.→〔山左〕
山榆 shānyú ニレ(属の高木)
山嵛菜 shānyúcài〔圃〕ワサビ.〔～的辣味冲鼻子〕ワサビが鼻をつく.
山嵛酸 shānyúsuān ＝〔二 èr 十二酸〕〔化〕ベヘン酸(ドコサン酸)
山雨欲来风满楼 shānyǔ yùlái fēng mǎnlóu 山雨来たらんと欲して風楼に満つ.(唐·許渾·咸陽城東楼)〈喩〉重大事が起こる前兆があたりに満ちていること.
山芋 shānyù ⇒〔甘 gān 薯〕
山蓣 shānyù ⇒〔山药〕
山鹬 shānyù〔鳥〕ヤマシギ.
山岳 shānyuè そびえたつ山.山岳.
山越 shānyuè〔史〕南中国東南部の山区に散在する少数民族:昔時の百越の後裔.→〔畲 shē〕
山晕 shānyùn ＝〔高 gāo 山病〕
山楂 shānzhā〔山查〕とも書いた.〔圃〕①サンザシ(総称).またその実.〔杭 qiū〕は古称.〔野 yě ～〕サンザシ.〔毛 máo 楂〕オオバサンザシ. ②オオミサンザシ.キレバサンザシ.またその実:〔山里红〕〔红 hóng 果(儿)〕ともいう.〔大～〕ヒロハサンザシ.
山楂糕 shānzhāgāo〔食〕サンザシの実をつぶし砂糖を入れてゼリー状にした赤い色の甘酸っぱい菓子:その上等を〔金 jīn 糕〕〔晶 jīng 糕〕〔蜜 mì 糕〕などという.
山查螺蛳 shānzhā luósī →〔八 bā 件儿〕
山楂片 shānzhāpiàn ①サンザシの実を種を除いて乾かしたもの(製菓原料). ②〔食〕サンザシの果肉を甘くきて固形の丸い棒状に作ってコイン状の薄片に切り,適量を円筒形に紙に包んだ菓子.
山寨 shānzhài ①山のとりで. ②とりでのある部落.村.
山珍 shānzhēn 山の珍味.〔～海味〕〔～海错〕〈成〉

山舢芟杉衫钐删姍珊栅跚苫痁扇搧煽 shān

山海の珍味.
山芝 shānzhī 植 ⇒〔待dài 霄草〕
山芝麻 shānzhīma ⇒〔待dài 霄草〕
山梔子 shānzhīzǐ 植クチナシ(梔子)
山躑躅 shānzhízhú 植ツツジの別称.→〔杜dù 鵑②〕
山蛭 shānzhì ⇒〔草cǎo 蛭〕
山猪粪 shānzhūfèn ⇒〔土tǔ 茯苓〕
山茱萸 shānzhūyú =〔〈口〉肉 ròu 枣①〕植 サンシュユ.
山庄 shānzhuāng ①山荘.別荘. ②山村.山の村落.
山字头(儿) shānzìtóu(r) 画山かんむり:漢字部首の"⼭".→付錄1
山子 shānzi 〈口〉築山:〔假jiǎ 山〕に同じ.〔山子石〕ともいう.
山隩 shānzòu 〈文〉山奥.
山嘴(儿) shānzuǐ(r) ①山すその端. ②岬(みさき)
山左 shānzuǒ 山東省の旧称:太行山脈の左(東)にあたる.→〔山右〕

【舢】shān 〔~板 bǎn〕サンパン.はしけ:〔~舨〕〔三 sān 板〕とも書いた.

【芟】shān ①〈文〉草を刈りとる.〔~刀 dāo〕大鎌. ②除去する.
芟除 shānchú 〈文〉①除草する. ②(余計な文字を)削除する.
芟秋 shānqiū 〈文〉立秋の後に畑草をすき除き雑草の茂るのを防ぐこと:〔删秋〕とも書いた.
芟夷 shānyí 〔芟荑〕〔荑夷〕とも書いた.〈文〉①除草する. ②取り除く.〔~反動勢力〕反動勢力を消滅させる.

【杉】shān ①植スギ(科植物総称).〔~科〕スギ科.〔柳 liǔ ~〕スギ(属).〔日本柳~〕スギ.〔冷 lěng ~〕モミ.〔油~〕アブラスギ.〔铁 tiě ~〕ツガ.〔水 shuǐ ~〕メタセコイア.〔紫 zǐ ~〕イチイ(アララギ).〔红~〕紅杉.〔~〕ホクシカラマツ. ②〈姓〉杉(さ) → shā
杉树 shānshù 杉の木.
杉松 shānsōng 植スギ(科)とマツ(科)(総称)

【衫】shān ①ひとえの上着.〔汗 hàn ~〕肌着.〔衬 chèn ~〕ワイシャツ・ブラウス.〔袄 ǎo〕 ②衣服.衣料.〔衣~〕〔长 cháng ~〕袖や裾の長い衣服.〔毛线~〕〔毛衣~〕毛糸の衣服.
杉子 shānzi 〔青 qīng 衫③〕

【钐・鈒】shān ①化サマリウム:希土類金属元素.記号 Sm.ランタノイドの一.〔鑱 shā〕は旧称. ②〈姓〉钐(さん) → shàn

【删(刪)】shān (文字や文句を)削る.削とのくだりから幾字か削る.〔把后一段~几个字〕あ
删除 shānchú 削除する.〔~键 jiàn〕電算削除キー.デリートキー.
删掉 shāndiào (字句・文章などを)削る.削除する.
删定 shāndìng 添削し,定稿とする.〔~文稿〕文案を定める.
删繁就简 shānfán jiùjiǎn 〈成〉複雑なところを削除して文章を簡潔にする.
删改 shāngǎi 削り改める.添削する.
删减 shānjiǎn 削減する.削り簡単にする.
删节 shānjié 削除し約(つづ)める.〔~本〕ダイジェスト版.→〔摘 zhāi 要〕
删节号 shānjiéhào ⇒〔省 shěng 略号〕
删略 shānlüè (文章を)削り省略する.
删秋 shānqiū ⇒〔芟秋〕
删去 shānqù 削除する.消し去る.

删润 shānrùn (文章を)削ったり潤色したりする.
删汰 shāntài 削除して不要なものを取り残す.
删削 shānxuē (文章を)削って簡潔にする.
删夷 shānyí ⇒〔芟夷〕

【姍(姗)】shān
姍姍 shānshān 〈文〉ゆっくりとやってくるさま.〔~来迟 chí〕のんびりと遅れて来る.〔~远近〕だんだん遠ざかっていく.

【珊(珊)】shān
珊瑚 shānhú サンゴ.〔白~〕しろさんご.〔海 hǎi 柳〕〔越 yuè 王余算〕ともいう.
珊瑚菜 shānhúcài 植ハマボウフウ.
珊瑚虫 shānhúchóng 動サンゴチュウ.
珊瑚島 shānhúdǎo さんご島.
珊瑚顶子 shānhúdǐngzi 清一品官の帽子につける〔顶子〕(玉かざり).〈転〉一品官.
珊瑚花 shānhúhuā 植サンゴバナ:キツネノマゴ科植物.
珊瑚礁 shānhújiāo さんご礁.
珊瑚樹 shānhúshù 植サンゴジュ(キサンゴ)

【栅(栅)】shān 〔~(真空管の)グリッド:ふつう〔~极〕という.〔控 kòng 制~〕制御グリッド.〔帘 lián ~〕遮蔽(しゃへい)グリッド.〔抑 yì 制~〕抑制グリッド.〔~偏 piān 压〕グリッドバイアス. → zhà
栅极 shānjí 電グリッド.〔~电路〕グリッドサーキット(ラジオ真空管の一部)

【跚(跚)】shān →〔蹒 pán 跚〕

【苫】shān ①ござ.むしろ.〔草~子〕同前. ②〈文〉草の敷き物.〔寝 qǐn ~枕块〕〈成〉草の敷き物の上に土の塊を枕にして寝る:古代,親を亡くした人が親の喪に服す.〔喻〕親の喪に服す.〔~块〕~次 cì〕同前. ③〈姓〉苫(せん) → shàn

【痁】shān 〈文〉マラリア(おこり).〔~鬼 guǐ〕マラリア病みの人(間)

【扇(扇)】shān ①(うちわなどで)扇(あお)ぐ.〔拿扇 shān 子~〕〔~扇子〕うちわ(扇子)であおぐ.〈~shānshan 就涼快了〕少しあおげば涼しくなる.〔~煽②〕〔~搧〕 → shàn
扇動 shāndòng (うちわ・羽などを)揺らす.動かす.〔~翅 chì 膀〕羽ばたく.→〔煽动〕
扇风耳(朵) shānfēng'ěr(duo) 横に張り出した(前にかぶさった)耳.
扇枕温被 shānzhěn wēnbèi 〈成〉親に孝養をつくす:晋の王延は親孝行で,親の寝具を夏はあおいで冷まし,冬は自分の体で温めた.

【搧】shān 手のひら・手の甲で打つ:〔扇③〕とも書いた.〔动手~人〕暴力をふるって人を打つ.〔警察用手猛~我耳光〕警官は手のひらで私のほっぺたをひっぱたいた.
搧搭 shānda 〈方〉しなをつくって歩くさま.〔两只脚~~的,像个娘们走路〕両足をくねくねさせてまるで女が歩くようだ.
搧忽 shānhu 〈方〉①(うちわなどで)あおぐ.〔再~两下儿,火就着 zháo 上来了〕もう2,3回あおげば火がつく.〔小鸟~~两下翅 chì 膀就飞走了〕小鳥は羽を2,3回羽ばたいて飛んで行った. ②そそのかす.扇動する.〔他本来并没怎么生气,被你们一~的彼〕はもともとあまり怒ってはいなかったんだが,そそのかされたんだ.→〔呼 hū 扇〕

【煽】shān ①あおいで火を強くする. ②扇動する.あおりたてる.〔扇②〕とも書いた.

煽动 shāndòng あおる.扇動する.→[扇动]

煽风 shānfēng そばからそそのかす.[他已经气得了不得了,还支得住你~！]彼はもうかんかんに怒ってしまっている,それをお前からそそのかしたりしちゃ,たまったもんじゃない.

煽风点火 shānfēng diǎnhuǒ [成]扇動して事を起こさせる.火つけ役をする.[煽阴风,点鬼火]同前.

煽惑 shānhuò おだて惑わす.→[煽诱]

煽情 shānqíng 感情をあおる(刺激する).気持ちをゆさぶる.

煽阴风,点鬼火 shān yīnfēng, diǎn guǐhuǒ ⇒ [煽风点火]

煽诱 shānyòu ⇒[煽惑]

[**埏**] shān 〈文〉泥をこねる.土を水でこねる. → yán

[**潸（澘）**] shān 〈文〉涙を流すさま.[~~] さめざめと泣くさま.

潸然 shānrán 〈文〉涙を流すさま.[涕 tì 下~]涙をとめどなく流す.

[**膻（羶・羴）**] shān (羊肉が)臭い.[羊尾巴油可~,好些人吃不来]羊のしっぽの脂はどうも臭くてなかなか人は食べられない.[~味儿 wèir~][~气 qì]羊肉の臭み.

[**闪・閃**] shǎn ①よける.避ける.[躲 duǒ~]身をかわす.[灵巧地把身子一~]すばしっこく身をかわす.[~在一边]かたわらにさっとよける.[一~就躲开了]すばやくよけた.②突然出現する.ひらめくように現れる.[山后一出一条小路来]山の後うに突然小道が現れた.③稲妻.[打~]①稲妻が光る.④きらりと光る.きらきらする光が.[灯光一~]あかりがパッと光る.[~得人眼花]きらきら光って目がくらむ.⑤(体が突然)ふらつく.[他脚下一滑,一了~,差点跌倒]彼は足もとを滑らせて体がふらつき,もう少しでひっくり返るところだった.⑥(体の)筋を違える.ひきつらせる.[~了方]ほうりだす.置き去りにする.[吃了~~]置いてきぼりをくらった.⑧[姓]闪[x]

闪避 shǎnbì ⇒[闪开]

闪长岩 shǎnchángyán [鉱]緑(かっ)岩.

闪存 shǎncún [電]フラッシュメモリー.[~卡 kǎ]フラッシュメモリーカード.[~盘 pán][闪盘]フラッシュディスク.

闪错 shǎncuò ⇒[闪失]

闪道 shǎndào 体をかわして道を譲る(あける).[~~！]どいたどいた.

闪点 shǎndiǎn [化]引火点:液体燃料の引火する最低温度.

闪电 shǎndiàn 電光.稲妻.いなびかり.[~娘娘]雷の神.[~战]電撃作戦.[~战 zhàn][闪击战][电击战]電撃戦.

闪动 shǎndòng ひらめく.きらめく.

闪缎 shǎnduàn [紡]縞子の一種:縦糸と横糸に異なる色が使用され,非常に光沢がある.

闪躲 shǎnduǒ 身をかわす.よける.[躲闪]に同じ.[~不开]よけきれない.

闪光 shǎnguāng ①閃光.[一道耀眼的~]一筋のまぶしい閃光.②きらめく.[闪现亮光]光が~的行動.[~点][喩]特別すぐれた点.誇るに足る点.

闪光灯 shǎnguāngdēng ①(写真用の)フラッシュ.ストロボ.②点滅式の灯火標識.回旋灯.

闪回 shǎnhuí はっきりとよみがえる.フラッシュバックする.

闪击 shǎnjī 電撃する.[~战][闪电战]電撃戦.

闪镜 shǎnjìng 手鏡.[打~](理髪店で)客に頭の後う側を見せる.

闪开 shǎnkāi =[闪避][闪身②]よける.とびのく.[快~][让 ràng 开]どけ！

闪亮 shǎnliàng ①(火・光など)きらめかす.パッと照らす.[~登场]さっそうと登場する.②明るさが出る.[天刚~就出发了]空が白らむとすぐ出発した.

闪露 shǎnlù ⇒[闪现]

闪米特人 shǎnmǐtè rén ①セム族.[闪 含 hán](セム・ハム)語系の[闪语](セム語)を話す人.[闪族]は旧称.②とくに[犹 yóu 太人](ユダヤ人)をいう.[反闪米特主义][反犹太主义]反ユダヤ主義.

闪念 shǎnniàn 心のひらめき.ふと思いつく.

闪盘 shǎnpán ⇒[闪存]

闪让 shǎnràng すばやく避ける.さっとよける.

闪色 shǎnsè [色]玉虫色(の).

闪闪 shǎnshǎn きらきら(と).[~发光]きらきら光る.[白~]白くきらきら光る.[~的灯光]輝く明かり.

闪射 shǎnshè ①光を放つ.きらめき輝く.②現れる.様相を見せる.

闪身 shǎnshēn ①身をかがめる.②⇒[闪开]

闪失 shǎnshī =[闪错](意外な)損失.まちがい.事故.[多加小心,免得有~]うまくいかないようによくよく注意しなさい.[寄挂号信如果有~,邮局负责]書留にしておけば,もし事故があった場合郵便局が責任をおもう.

闪石 shǎnshí =[角 jiǎo 闪石]角閃(ネ)石.

闪烁 shǎnshuò ①明滅して光る.きらめく.[繁星~]群星がきらめいている.②[喩](ほのめかすだけで)はっきりさせない.本筋をはずす.[~其词][~其辞]〈成〉言葉をはぐらかす.[供 gòng 词][~~]申し立てがはっきりしない.[他闪闪烁烁,不做明确答复]彼は言葉をにごして,はっきり答えなかった.

闪下 shǎnxià 置きざりにする.放棄する.[想不到他竟~妻子儿女丢手走了]彼がこともあろうに妻子を置きざりにして行ってしまうとは思いもよらなかった.

闪现 shǎnxiàn =[闪露]パッと現れる.ひらめく.[英雄的形象~在我的眼前]英雄像が突然わたしの目の前に現れる.

闪锌矿 shǎnxīnkuàng [鉱]閃亜鉛鉱.

闪腰 shǎnyāo 腰の筋を違える.[昨天我把腰闪了]昨日ぎっくり腰になった.

闪耀 shǎnyào きらめき輝く.ピカッと光る.[放出~的光芒]きらめきと輝く光を放射する.

闪族 shǎnzú =[闪米特人①]

[**陕・陝**] shǎn ①[地]陕西(省).[~西]の略.[~北]陕西北部.[~梆子][劇]陕西地方の劇:[秦 qín 腔]の別称.②[姓]陕[x]

陕甘宁边区 shǎngānníng biānqū [史]抗日戦争期に陕西・甘粛・寧夏3省区にまたがる中国共産党の根拠地:[陕甘苏 sū 区]から発展したもの.新中国成立により解消した.

[**睒**] shǎn =[眨②]まばたきする.[一~眼]一瞬間.[那下机飞得很快,一~眼就不见了]あの飛行機は速くて,ちょっとの間で見えなくなった.

[**掺・掺**] shǎn 〈文〉持つ.握る.[~手] 手を握る. → càn chān

[**睒**] shǎn ①〈文〉きらりと光る.[~~]光り輝くさま.②⇒[睒]

[**讪・訕**] shàn ①あざける.からかう.[讥 jī~]あざわらう.②照れくさい(気まずい)そうなさま.きまり悪く感じるさま.恥ずかしそうなさま.[脸上发~]照れくさそうな表情をする.[搭 dā ~着劝酒]きまり悪そうに酒を勧めた.

shàn

汕 shàn
- 汕谤 shànbàng 〈方〉誹謗する.中傷する.そしる.
- 讪不搭 shànbudā ⇒〔讪讪〕
- 讪脸 shànliǎn 〈方〉(子供が)やんちゃを言う.ふざける.甘えてねだる.〔再不许你和他～〕二度と彼にふざけてしい態度をしちゃいけないぞ.
- 讪骂 shànmà 侮り罵る.
- 讪讪 shànshàn =〔讪ゝ讪不搭〕照れくさそうに.気まずそうに.〔自己便～的,红了脸〕(红36)自分から気まり悪そうに顔を赤らめた.
- 讪笑 shànxiào あざけり笑う.〔还是自我检点的好,何必让人～〕やはり自分で気をつける方がいい,何も人にあざ笑われることはない.

[汕] shàn ①竹で編んだ漁具. ②〔～～〕〈文〉魚の泳ぐさま. ③〔～头 tóu〕団スワトウ(汕頭):広東省にある港市.

[疝] shàn ①中医腹腔内の臓器が外に突き出る病症.下腹部の痛みを主症とする.特に生殖器の病症をいう.〔～痛 tòng〕〔绞 jiǎo 痛〕同前による痛み.〔医〕ヘルニア.〔突 tū 出④〕ともいう.〔腹 fù 股沟～〕鼠(*)径ヘルニア.〔推 tuī 间盘突出〕椎間板ヘルニア.
- 疝气 shànqì =〔口〕串 chuàn 气①〕〔小 xiǎo 肠(疝)气〕〔小肠(串)气〕医脱腸.ヘルニア.〔～带～〕ルニアバンド.脱腸帯など.

[赸] shàn 〈文〉離れる.去る.→〔搭 dā 讪〕

[苫] shàn (覆いを)かける.(覆いで)包む.〔要下雨了,快把场 cháng 上的麦子～上〕雨がきそうだから,早く干し場の麦を覆いなさい.〔把货堆～好了〕野積みの荷物には覆いをした.〜垛 duò〕穀物の野積みしたものに葦で編んだ蓆をかける. → shān
- 苫背 shànbèi 建草の纖維やこもに石灰や泥を塗り屋根の下地とすること.
- 苫布 shànbù (積み荷にかける)覆い.防水布.防水シート.
- 苫盖 shàngài (蓆や防水布で)かける.

[单・單] shàn ①〔～县 xiàn〕団山東省にある. ②〈姓〉单〔*〕→ chán dān

[墠・墠] shàn 固祭祀を行った平地.〔北～〕団山東省にある.

[掸・撣] shàn ①シャン族:ミャンマーの〔～邦 bāng〕(シャン州)に居住するビルマ諸族の一.〔～族 zú〕〔～人〕ともいう. ②中国少数民族の〔傣 dǎi 族〕に対する旧称. → dǎn

[禅・禪] shàn =〔嬗〕②①固帝王が地を祭ること〔封③〕といい,泰山の南にある梁父山で地を祭ることを〔～〕といった.〔封 fēng ～〕同前. ②皇帝が位を譲ること.〔受～〕譲位を受ける. → chán
- 禅让 shànràng 史天子が位を有德者に譲る.〔尧 yáo 舜～〕尭・舜は禅譲で位を譲った.
- 禅位 shànwèi 史天子が位を譲る.

[钐・釤(鐥・鐥)] shàn (大鎌・サイズで)刈る.〔～麦〕〔割 gē 麦〕〔〈方〉铍 pō 麦]麦を刈る.〔～刀〕〔～镰 lián〕大鎌.サイズ. → shān

[剡] shàn 〔～溪 xī〕団浙江省にある.〔～纸 zhǐ〕同前産の紙. → yǎn

[掞] shàn 〈文〉発揮する.ふるう.〔～藻 zǎo〕文才を発揮する.

[扇(扇)] shàn ①〔-子〕うちわ.扇子(総称).〔团 tuán ～〕うちわ.〔羽 yǔ ～〕羽うちわ.〔绢 juàn ～〕絹張りのうちわ.〔折 zhé ～〕扇子.〔蒲 pú ～〕〔芭 bā 蕉～〕蒲葵(ダ)の葉製のうちわ.芭蕉扇.〔电 diàn (风)～〕扇風機.〔秋后～〕嘸棄てられた妻. ②(門や戸の)とびら.〔门(户)同前.〔隔～〕(部屋の)仕切り板. ③量詞.⑥戸・窓・びょうぶなどを数える.〔一～门〕1枚の戸.〔单 dān ～门〕一枚戸.〔两～门〕2枚の戸.〔四～屏儿 píng〕4枚続きの小さい書画の掛け物.前後にはめた同前.〔一～玻 bō 璃门〕一枚のガラス戸.〔两～窗户〕窓2枚. ⑤石臼の石を数える.〔下～磨 mò〕石臼の下方の石.⑥豚の片身:左右対称に切り割ったどちらか一方の枝肉. → shān
- 扇贝 shànbèi 〔海 hǎi 扇〕〔海贝〕ホタテガイ.
- 扇车 shànchē 唐箕(ダ)〔风 fēng 车②〕ともいう.
- 扇袋 shàndài ⇒〔扇络子〕
- 扇对 shànduì 詩の第1句が第3句と,第2句が第4句と対になっているものをいう.〔扇面对〕ともいう.
- 扇骨 shàngǔ [-儿,-子]扇子の骨.扇骨(詒').〔扇股〕とも書く.
- 扇骨木 shàngǔmù 桓オオカナメモチ.〔石 shí 楠〕の別称.
- 扇络子 shànlàozi =〔扇袋〕扇を入れて腰にさげる袋.
- 扇马 shànmǎ ⇒〔骟马〕
- 扇面儿 shànmiàn 扇の面.→〔扇骨〕
- 扇区 shànqū 電算セクター:〔区段〕ともいう.
- 扇形 shànxíng ①扇形. ②機セクター.〔～齿轮〕セクター齿车.
- 扇轴儿 shànzhóur 扇のかなめ.
- 扇坠(儿) shànzhuì(r) 扇子の柄に下げる飾り.
- 扇子 shànzi うちわ.扇子(総称):〔凉 liáng 友〕は別称.〔扇 shān ～〕うちわ(扇子)であおぐ.〔～铺〕うちわ を売る店.〔一 (旧劇)で〔小生〕(二枚目役の若者)の一種で,いつも扇子を持っている上品な役.

[骟・騸] shàn (馬を)去勢する.〔～马 mǎ〕〔骟马〕[阉 yān 马]⒜馬を去勢する. ⒝去勢した馬.〔这马是～过的〕この馬は去勢した馬だ.→〔劁 qiāo〕〔攥 qiào〕

[善] shàn ①よい.優れている.〔～策〕良策.〔莫 mò 不称～〕誰も皆よいと言う.〔这病来势不～〕この病気は病状がおもわしくない.〔～始者实繁,克终者盖寡〕始めをよくするものは実に多いが,終わりをよくするものはけだし少ない. ②善良である.〔慈 cí ～〕慈善.〔和 hé ～〕穏やかで善良である.〔心怀～〕悪心を抱く.↔〔恶è〕 ③善行.よい行い.〔行～〕善事をなす.〔劝 quàn ～规过〕善を勧め過ちを正す.〔親善.仲がよい.〔友～〕仲がよい.〔友好关系よりも固い言い方.〔相～〕〔相好〕親しい. ⑤よく知っている.〔面～②〕よく見知っている. ⑥うまやる.きちんとやる.〔～其后〕その後事をうまくやる.〔工欲～其事,必先利其器〕仕事を立派に仕上げたければ,どうしてもまずその用いる道具を鋭利にしなくてはならない. ⑦長じている.上手である.〔～辩 biàn ～说〕口が上手である.〔～谋 móu〕謀り事がうまい.〔～射 shè〕射撃がうまい.〔观风色〕風の吹く方向を見ることが上手である.〔擅③〕 ⑧～やすい.…しがちである.〔～变 biàn〕変わりやすい.〔～疑 yí〕疑い深い.⑨よく.うまく.とかく.〔自保重〕お大事に. ⇒〔～为 wéi 说辞〕言葉づかいをうまくする.⑩〈姓〉善〔*〕

- 善罢甘休 shànbà gānxiū 〔成〕そのままで(事なく)済ませる:〔善罢干休〕とも書いた.〔他决不肯～〕彼は絶対にただでは引きさがらない.〔他受了你这一场

shàn 善部

侮辱,怎能～呢]きみからこんな侮辱をうけては,彼がどうしてこのまま済ませられるものか.

善报 shànbào 善い報い.果報.↔[恶è报]

善輩 shànbèi ⇒[善类]

善本 shànběn 善本.版の優れた古書籍.

善处 shànchǔ 適切に処置する(こと).うまく処理する(こと)

善待 shàndài 大事に取り扱う.[～历史遗产]歴史遺産を大切に取り扱う.

善刀而藏 shàndāo ér cáng〈成〉刀をよく手入れしてしまい込む:手腕・才能を適切に用いる(やたらに振り回さない)

善断 shànduàn 優れた判断(力)

善恶 shàn'è [～到头终有报]〈成〉因果応報:[善恶有报][善有善报,恶有恶报]ともいう.

善法 shànfǎ 良い方法.

善感 shàngǎn 多感である.[多愁～]憂いが多くて多感である.センチメンタルである.

善根 shàngēn 圆(仏教で)善行の根本(根性)

善贾 shànjiǎ〈文〉①商売がうまい.[多钱～](史記)金があれば商売がうまくいく. ②上手な商売人.

善棍 shàngùn 慈善事業に名をかりて私利をはかる者.

善果 shànguǒ 圆(仏教で)善いことをして実ったよい結果.

善后 shànhòu 善後策(を講じる).後始末(をつける).[～办法]同前.[办理～事宜]事後を適切に措置する.一局]太平天国の乱後,流民を綏撫(ぶ)し官公署を営造するため各省に設けた役所.

善后大借款 shànhòu dàjièkuǎn 史1914年中国政府が英・独・露・仏・日の5か国銀行団から借りた2,500万ポンドの借款.

善会 shànhuì 寺院で法会(ぇ)を行うこと.[～戏 xì]奉納芝居.

善价 shànjià〈文〉高い値段.よい値段.[求～而沽 gū]よい値段で売ろうとする.

善静 shànjìng〈方〉美しくあって穏やかである.[这老头儿长得多～呀!]この老人は何と善良で穏やかな人なんだろう.

善举 shànjǔ〈文〉慈善行為.[共襄 xiāng ～]慈善行為に皆で力をそえる.

善款 shànkuǎn 慈善(寄付)金.

善类 shànlèi =[善辈]善良な人.善人:[多く否定する.[此人行迹诡秘,定非～]あの人は行動がこそこそしているから,まっとうな人でないに決まっている.

善良 shànliáng 善良である;[良善]ともいう.

善邻 shànlín〈文〉隣国(隣家)と仲よくする.

善门 shànmén〈文〉①[喻]慈善家. ②慈善事業.[～难开,～难开]〈諺〉慈善事業は始めるのもやめるのも難しい.

善男信女 shànnán xìnnǚ 圆(仏教の)善男善女:[善男善女]ともいう.

善能 shànnéng …がうまい(上手である).[～吹弹歌舞]歌舞音曲などの芸事が同前.

善念 shànniàn〈文〉善を行おうとする心.

善扑营 shànpūyíng 圆相撲・弓・馬術などに秀でたものを選りすぐって集めた一種の特殊部隊.

善气 shànqì 穏やかな表情.[～迎 yíng 人]穏やかな表情で人に接する.

善人 shànrén ①善人. ②善行を行う人.

善弱 shànruò 善良で懦弱(㐱ゃ)である.[武大又是个～的人,哪里会管待人](水24)それに武大ときたら人はいいが意気地がなくてとても人のお相手はできしない.

善善恶恶 shànshàn wù'è〈成〉善事をほめ,悪事を憎む:愛憎がはっきりしているさま.

善始善终 shànshǐ shànzhōng〈成〉終始をよく全うする.[善始不易,善终更难]〈成〉上手に始めるのも難しいが,よく終わるのは更に難しい.

善士 shànshì〈文〉立派な人物.[以友天下之～为未足](孟子・万章下)天下の立派な人物を友としてまだ足りないとする. ②慈善家.

善事 shànshì 慈善事業.[广行～]広く慈善事業を行う.

善收 shànshōu〈文〉豊収.

善书 shànshū ①良書.よい本. ②書をよくる.字がうまい.[～者不择笔]字のうまい人は筆を選ばない.[喻]弘法筆を選ばず. ③回善行を勧める書;[阴骘 yīnzhì 文]や[太上感応篇](いずれも道教の経典)など.

善死 shànsǐ ⇒[善终①]

善颂善祷 shànsòng shàndǎo〈成〉ほめたたえる中に戒告・風刺の意をうまく隠すこと.

善堂 shàntáng 回(各地の)慈善組織.

善忘 shànwàng ⇒[健 jiàn 忘]

善心 shànxīn よい心根.善良な心.[发～]やさしい気持ちを起こす.

善行 shànxíng〈文〉慈善を施すこと.

善言 shànyán〈文〉①善言.[～细语](好意のある)行き届いた話. ②言葉たくみである.[以～辞谢]ほどよく言って断る.[～相劝]うまく言いきかせて勧める.

善意 shànyì 善意.好意.[～的忠告]善意の忠告.[～第三人]善意の第三者.[出于～]善意から出ている.[～好 hǎo 意]

善弈者谋势 shànyìzhě móushì〈成〉上手な棋士は先を見通すことにたける.

善有善报 shàn yǒu shànbào〈成〉善をなせば必ず果報がある.[修 xiū 好得好]に同じ.[～,恶有恶报]同前切,善をなせば必ず悪いむくいがある.

善诱 shànyòu 善導する.[循 xún 循～]〈成〉きちんと順序だてて導く.

善于 shànyú …(が)上手である.(…に)たけている.(…に)習熟する.適切に(巧みに)…する.[～应 yìng 酬]応待がうまい.[～辞 cí 令]人との応待がうまい.[～辞令]しゃばにでよく分を守る. [～把理论和实际结合起来]理論と実際を結びつけることが巧みである.→[擅长][长 cháng 于]

善月 shànyuè →[斋 zhāi 月①]

善哉 shànzāi〈文〉いかなる:共感・賛意の言葉.[一问]いい質問だ.[～,～,如汝所言]よいかな,よいかな,汝の言うとおりである.

善战 shànzhàn 戦いにたける.[英勇～]勇敢で同前.[～不如善守]〈諺〉善く戦うよりは善く守った方がよい.

善政 shànzhèng よい政治.善政.

善之不如急 shàn zhī bùrú jí〈諺〉善は急ぎ.

善知鸟 shànzhīniǎo 圆ウトウ(烏頭).ゼンチョウ.

善知识 shànzhīshì 圆(仏教で)徳の高い僧.

善终 shànzhōng ①=[善死]天寿を全うする.[～服务]ターミナルケア.末期医療. ②有終の美を飾る.→[善始善终]

善种学 shànzhǒngxué ⇒[优 yōu 生学]

善庄 shànzhuāng 良心的で大きな業者・商店:主として株や金融関係の業者について用いる.[很难说它是～]あの会社は良心的な業者とは言えない.↔[恶è庄]

善自为谋 shàn zì wéimóu〈成〉個人的打算にたけている.

[鄯]

shàn 地名用字.[～善]地⑧西域にあった国名.⑥新疆ウイグル自治区にある県

1500

shàn〜shāng

[墡]
shàn 〈文〉(壁塗りなどに用いる)白土.〔白〜〕同前.

[缮・繕]
shàn ①ひき写す.写して書く.〔一份清稿〕原稿の清書を1部作成する.〔〜录 lù〕ひき写して記録(記入)する.②繕う.修理する.〔修 xiū 〜〕修理①)修繕する.
- **缮本** shànběn 謄本.写本.
- **缮发** shànfā 清書して出す.写しを作って出す.
- **缮就** shànjiù ⇒〔缮发〕
- **缮生** shànshēng 〈文〉養生する.英気を養う.
- **缮妥** shàntuǒ ＝〔缮就〕写し終わる.
- **缮写** shànxiě 净書する.清書する.

[膳(饍)]
shàn 食事.〔早 zǎo 〜〕〔早餐 cān〕〔早饭〕朝食.〔午〜〕〔午餐〕〔午饭〕昼食.〔晚 wǎn 〜〕〔晚餐〕〔晚饭〕夕食.〔用〜〕食事をとる.→〔饭 fàn ①〕
- **膳房** shànfáng ⇒〔御 yù 膳房〕
- **膳费** shànfèi 食費.賄(まかな)い料.→〔饭 fàn 钱〕
- **膳夫** shànfū ①→〔膳宰〕②〈文〉料理人.
- **膳食** shànshí 食事:日常のご飯とおかず.〔〜纤维 食物纖維.
- **膳宿** shànsù 食事と宿泊.〔〜费 fèi〕食費と宿泊費.〔〜俱 jù 备〕食事・宿舎いずれも備わっている.〔〜自理〕食事と宿泊は自分で手配する.〔料理〜〕膳食と宿泊の手配をする.
- **膳堂** shàntáng 食堂.
- **膳宰** shànzǎi ＝〔膳夫〕〈文〉宫廷で食事を司る者.

[蟮]
shàn 〔曲 qū 〜〕虫ミミズ:〔蛐 qū 〜〕とも書く.〔蚯 qiū 蚓〕の通称.

[鳝・鱔(鰱)]
shàn 〔〜鱼 yú〕〔鳝鱼〕〔黄 huáng 〜〕魚貝 タウナギ.またカワヘビ:うなぎに似た魚で食用する.胸びれ腹びれがなく背は褐色で腹側は黃色.→〔鳗 mán 鲡〕

[擅]
shàn ①ほしいままにする.やりたいようにやる.〔专 zhuān 〜〕独占する.②勝手に.意のままに.〔〜进〕勝手に入り込む.〔〜杀 shā〕勝手に殺す.③(…を)よくする.(…に)長じている.(…が)得意である.〔〜绘 huì 画〕絵画をよくする.〔不〜言谈〕弁舌はうまくない.→〔善⑦〕
- **擅便** shànbiàn 〈文〉勝手に処理する.気ままに振るまう.〔例该免职,未敢〜决まりとしては免職にすべきであるが,勝手には処理できない.
- **擅长** shàncháng …を得意とする.〔他最〜于防务和处理对外关系〕彼は国防と対外関係方面に最も長じている.〔他〜作曲〕彼は作曲が得意である.→〔善于〕
- **擅场** shànchǎng 独り舞台である.独擅場(どくせんじょう)である.
- **擅断** shànduàn 專断する.独断でやる.〔〜孤 行〕成〕独断専行.
- **擅国** shànguó 〈文〉国政を総攬する:〔擅朝 cháo〕ともいう.
- **擅离** shànlí 勝手に離れる.〔〜部队〕軍部隊離脱.〔〜职守〕勝手に職務を離れる.
- **擅美** shànměi 〈文〉名声をほしいままにする.
- **擅名** shànmíng 声望が高い.有名である.
- **擅权** shànquán 権力を一手に握る.
- **擅入** shànrù 勝手に入りこむ.
- **擅演** shànyǎn〔芝居など〕の演技に長じている.
- **擅专** shànzhuān 思う通りにする.独断専行する.〔这件事情我一个人不敢〜〕この事は僕一人で勝手にできない.
- **擅自** shànzì 勝手に.ほしいままに.〔〜作主〕ほしい

ままに取り仕切る.

[嬗]
shàn 〈文〉①入れ代わる.移り変わる.変遷する.②⇒〔禅〕
- **嬗变** shànbiàn ①移り変わる.変遷する.②物変換.〔人为〜〕人工変換.
- **嬗替** shàntì 交替・推移する.〔科学是通过不断〜,而发展的〕科学は絶え間ない交替・変遷によって発展する.

[壇]
shàn →〔曲 qū 蟮〕

[鳣・鱣]
shàn → zhān
- **鳣鱼** shànyú ⇒〔鳝鱼〕

[赡・贍]
shàn ①施し.助け養う.〔顾 gù 〜〕暮らしをみる.面倒をみる.〔〜家之用〕家計費.〔〜赈 zhèn〕〔〜恤 xù〕惠み救済する.〔扶 fú 养〕②〈文〉豊富である.十分である.〔充 chōng 〜〕〔丰 fēng 〜〕同前.〔力不〜也〕(孟子・公孫醜上)力が十分でないのだ.〔周 zhōu 〜〕いきわたっていて(いきとどいて)十分である.〔详 xiáng 〜〕詳細で十分である.
- **赡部洲** shànbùzhōu 図(仏教で)世界を作る四大洲の一.须弥山の南にある人間の住む世界:〔南赡部洲〕〔梵〕阎 yán 浮提〕ともいう.→〔四 sì 大洲〕
- **赡养** shànyǎng 扶養する.〔〜费〕扶養費.扶助料.〔〜父母〕親を扶養する.

shang ㄕㄤ

[汤・湯]
shāng 〔〜〜〕〈文〉水流の大きく速いこと.〔河水〜〜〕川水が滔々と流れている. → tāng

[伤・傷]
shāng ①傷.〔受 shòu 〜〕負傷する.〔刀 dāo 〜〕切り傷.〔枪 qiāng 〜〕銃創.〔重 zhòng 〜〕重傷.〔养 yǎng 〜〕傷の養生をする.〔〜疼厉 lì 害〕傷がひどく痛む.②傷つける.〔了骨 gǔ 头〕骨を折った.〔你〜着了没有〕けがはないか.〔留神不要碰〜了〕ぶつけて傷つけないように.〔烟酒〜身〕酒やたばこは体を害する.〔〜感情〕感情を害する.気まずくなる.〔这句话可把于二婶〜了〕この一言は于おばさんを怒らせた.③悼み悲しむ.憂える.→〔伤悲〕④(…が原因で)病気になる.〔〜风〕⑤(…し過ぎて)いやになる.〔〜饱きる.〔吃螃 páng 蟹吃〜了〕カニを食べ過ぎて飽きてしまった.〔那件事别提了,我一透了〕あの事は話題にするな,おれには作つくづくいやになっているのだ.〔雇 gù 〜了〕(長く雇っで)使いにくくなる.⑥妨げになる.差し支える.〔姑试言之,何〜!〕〈文〉まあ試しに言ってみるがよい,何の差し支えがあろうか.〔无〜大局〕成〕大局に関係することはない.
- **伤疤** shāngbā ①傷跡.ケロイド.②〈喻〉(過去の)過ち.心の傷.秘事.〔揭 jié 〜〕過去の傷を暴く.
- **伤悲** shāngbēi〈文〉悲しむ(む).〔请你不要〜〕お悲しみなさいませんように.〔少 shào 壯不努力,老大徒〜〕諺〕若い時に努力しておかないと老いてただらに悲しむ.→〔悲伤〕
- **伤兵** shāngbīng 負傷兵.
- **伤病员** shāngbìngyuán 傷病者・傷病兵.
- **伤财** shāngcái 財産をすり減らす.損をする.〔赌钱的事又耗精神又〜〕賭けごとは精神をすり減らし財産を損なう.
- **伤财惹气** shāngcái rěqì →〔丢 diū 财惹气〕
- **伤残** shāngcán けがついて身体に障害が残る.〔〜抚恤金〕障害者補償金.〔〜人〕身体障害者.〔国际

shāng

~人运动会]囡パラリンピック. ②傷つける.〔~人命〕人命を害する. ③きず. 破損箇所.〔~残度〕

伤春 shāngchūn 春を感じ心をいためる.〔~的情绪〕春の感傷にひたる気分.

伤悼 shāngdào 〈文〉哀悼する.

伤风 shāngfēng ①風邪(ぎ)をひく:〔<口>着 zháo 凉〕ともいう.〔这两天我有点儿~〕この2,3日わたしは少し風邪をひいている.→〔感 gǎn 冒②〕〔凉 liáng 着〕 ②中医風邪.感冒.

伤风败俗 shāngfēng bàisú 〈成〉風俗を害する:多く不道徳な行為を非難していう.〔这种黄色图片真有点儿~〕この種の扇情的絵や写真は実に風俗を害する.

伤风化 shāngfēnghuà 風俗を害する.

伤俘 shāngfú ①負傷者と捕虜. ②負傷した捕虜.

伤感 shānggǎn 感傷(的になる).〔甄 zhēn 家娘子听了,不觉~〕甄家の奥さんはそれを聞いてもの悲しくなった.→〔感伤〕

伤弓之鸟 shānggōng zhī niǎo 〈喩〉前の災難に懲りてびくびくしている人:〔惊 jīng 弓之鸟〕に同じ.

伤害 shānghài (体を)傷つける. 損なう.〔他无意~人〕彼は思いがけなく人に危害を加えてしまった.〔不要~人的自尊心や人の自尊心を傷つけてはならない.〔~群众的积极性〕民衆の積極性を損なう.〔~保险〕傷害保険:〔意 yì 外保险〕〔险险〕ともいう.

伤寒 shānghán ①=〔肠 cháng 伤寒〕〔肠窒扶斯〕〔肠热症〕〔窒 zhì 扶斯〕医腸チフス.〔~杆菌〕チフス桿菌(な).チフス菌.〔~菌 jūn 苗〕腸チフスワクチン.〔~副伤寒混合菌苗〕腸チフスパラチフス混合ワクチン.〔~沙门氏菌〕サルモネラ菌の一種(チフスを起こすのでチフス菌ともいわれる).〔肠 bàn 疹~〕〔发 fā 疹室扶斯〕発疹チフス. ②中医外感発熱病(総称).

伤寒论 shānghánlùn 图後漢の名医である張機(仲景)が著し, 晋の王叔和が整理・校訂した医学書.

伤号 shānghào 負傷者:軍隊など番号づけがされているような職域でいう.→〔病 bìng 号(儿)〕

伤耗 shānghao ①損なう. 損耗する. だめにする.〔精神~得太厉害了〕精神をひどく損耗した. ②→〔打 dǎ 伤耗〕

伤和气 shānghéqi 感情を損なう. 感情上おもしろくなくなる. 気まずくなる.

伤痕 shānghén 傷跡.〔~文学〕文革の悲劇や傷跡を描いた文学作品.

伤怀 shānghuái ⇒〔伤心〕

伤筋动骨 shāngjīn dònggǔ 筋骨を傷める.〈喩〉ぶっ壊しになる.

伤酒 shāngjiǔ 悪酔いする. 二日酔いする.〔喝伤了酒〕悪酔いした.→〔宿 sù 酒〕

伤嗟 shāngjuē 〈文〉悲しみ嘆く.

伤科 shāngkē 中医主として打撲傷を扱う医学部門.→〔外 wài 科〕

伤口 shāngkǒu 傷口.

伤脸 shāngliǎn ①面目を失う. 顔を汚す.〔我简直不愿意做这种~的事〕わたしはこの種の顔のつぶれるようなことは全くやりたくない. ②顔に傷をする.

伤面子 shāngmiànzi 面目をつぶす. 体面を傷つける.

伤脑筋 shāngnǎojīn 頭を痛める.てこずる.〈喩〉困る.〔这个事件怎么处理好,我有点~〕この事件はどう処理したらよいか,頭を悩ましている.

伤气 shāngqì 〈方〉気力をなくする. ②中医体力の衰弱.

伤情 shāngqíng ①負傷の状況. ②⇒〔伤心〕

伤情害理 shāngqíng hàilǐ 情理に背く.〔他竟做出这种~的事〕彼はこともあろうにこんな理に背いたことをしでかした.

伤热 shāngrè (野菜や果物などが)暑さでいたむ. 損害を受ける.

伤人 shāngrén ①人(の感情など)を傷つける.〔出口~〕口を滑らせて人を傷つける. ②人に傷を負わせる.

伤神 shāngshén ①精神を損耗する. 神経をすり減らす.②⇒〔伤心〕

伤生 shāngshēng 生命を傷つける.生命を損なう.〔~害命〕生き物を殺す. 殺生する.

伤食 shāngshí 中医食べ過ぎや胃もたれ.

伤势 shāngshì 負傷の程度・状況.〔~很重〕傷が重い.

伤逝 shāngshì 〈文〉死者を悼む.

伤暑 shāngshǔ 暑気あたり(になる)

伤水 shāngshuǐ (飲みすぎて)水にあたる.

伤损 shāngsǔn (体や器物を)傷つける. 傷つけ損なう.〔筋骨~〕体が傷って.〔器物~〕器物が傷つく.

伤天害理 shāngtiān hàilǐ 〈成〉天理に反する(背く).→〔残 cán 人害理〕

伤痛 shāngtòng ①つらい. 苦しい. ②(傷や心)の痛み. 苦痛.〔他感到被別人抢去冠军的~〕彼は他人に優勝をさらわれた心の痛みを感じた.

伤亡 shāngwáng ①死傷(する).〔~惨重〕死傷が甚大である.〔~事 shì 故〕傷害死亡事故.〔~人数〕死傷者数.〔因执行公务而致~〕公務遂行のために傷害を受け,あるいは死亡した. ②死傷者.

伤心 shāngxīn =〔伤怀〕〔伤情②〕〔伤神②〕心を痛める. 悲しむ.〈文〉〔~事〕悲しい事.〔~的人请勿入内〕(そんな)悲しい人は入らないで.

伤夷 shāngyí 〔伤夷〕とも書く.〈文〉①武器による傷. ②戦闘による負傷者.〔遍地~满目〕あたり一面見渡す限り負傷者が横たわっている.

伤愈 shāngyù 傷が治る.〔~归队 duì〕同前で復帰する.

伤员 shāngyuán 負傷兵. 負傷者.

[殇・殤] shāng

〈文〉①若死にする:昔は未成年(20歳)のうちに死ぬとき墓に葬られのあったことから,他地で死んで故郷に葬られないことをもいう.〔夭 yāo ~〕〔夭折①〕同前.〔幼 yòu 子殇~〕幼子は早死にした.→〔下 xià 殇〕②戦死者.〔国~〕〈文〉殉国の士.

[觞・觴] shāng

〈文〉①酒杯.〔称 chēng ~〕杯を挙げ祝う.〔举~相庆〕同前.

觞豆 shāngdòu 〈文〉酒杯と食器.〈転〉飲食.

觞令 shānglìng ⇒〔酒 jiǔ 令〕

觞咏 shāngyǒng 〈文〉酒を酌みながら詩を作る.

觞政 shāngzhèng ⇒〔酒 jiǔ 令〕

[商] shāng

(Ⅰ)①商売(する).〔~都 dū〕商業都市.〔经 jīng ~〕商業を営む.〔通 tōng ~〕国と国との間で取り引きを行う. ②商人. 商売人. あきんど. ③相談する.〔相 xiāng ~〕同前.〔面 miàn ~〕会って相談する. ④数〔除法除(割り算)〕で得た数値. また商を出すこと.〔二十被五除~是四〕〔二十除以五=四〕20割る5は4. →〔除 chú ④〕

(Ⅱ)=印音符で〔五音②〕の一:すさまじくかん高い音.〔二十八宿〕のうちの一:〔心 xīn ⑤〕に同じ.

(Ⅲ)①朝代名.紀元前17世紀初めから11世紀,湯から紂までおよそ30代600年. 盤庚の代に遷都し〔殷 yīn〕と改めた. ②〈姓〉商(?)

商办 shāngbàn ①回民間経営. 私営.〔~工业〕民営工業. ②相談の上で取り扱う.

商标 shāngbiāo 商標. ブランド.〔注 zhù 册~〕登録商標.〔~权〕商標権.〔~法〕回商標法.〔~冒 mào 用〕商標権侵害.→〔牌 pái 子〕

商墒熵 shāng

商埠 shāngbù 〔回〕外国との商取り引きの都市.開港場.→〔水 shuǐ 旱码头〕〔通 tōng 商口岸〕

商场 shāngchǎng ①マーケット.ショッピングプラザ.ショッピングアーケード.②百货店.大型商店.〔百货~〕同前.〔菜 cài 市〕〔市 shì 场〕③商業界.

商潮 shāngcháo 商ビジネスの波:〔经商热潮〕の略.

商城 shāngchéng ⇒〔商业城〕

商船 shāngchuán 〔商轮〕商船.

商德 shāngdé 商道徳.ビジネス倫理.

商店 shāngdiàn 商店.〔日夜~〕〔通宵~〕24時間営業の商店.→〔铺 pù 子〕

商调 shāngdiào 協議し配属を動かす:組織間の協議による人事異動.

商定 shāngdìng 協議して決める.

商队 shāngduì 隊商.

商兑 shāngduì ⇒〔商酌〕

商法 shāngfǎ 〔法〕商法.

商贩 shāngfàn (現金仕入れの)小商人.行商人.

商房 shāngfáng ⇒〔商品房〕

商港 shānggǎng 商港.貿易港.

商股 shānggǔ 〔回〕(官民合弁企業の)民間の持ち株:〔官 guān 股〕に対していう.

商界 shāngjiè 〔文〕商売人.商人.

商海 shānghǎi ビジネス界.実業界.

商行 shāngháng ①(比較的大きな)商社.商店.〔大~〕大手商社.大手筋.②〔商业银行〕の略.

商号 shānghào ①〔字 zì 号①〕②商店.

商会 shānghuì 商業会議所.

商机 shāngjī 商機:ビジネスチャンス.〔~无限〕金もうけのチャンスはいくらでもある.

商计 shāngjì 相談する.協議する.

商家 shāngjiā 商店.〔有信用的~〕信用ある商店.〔~对客户〕企業対消費者取引.

商检 shāngjiǎn 〔回〕商品検査:〔商品检验〕の略.〔~局〕商品検査局.〔~工作〕商品検査業務.

商界 shāngjiè 実業界.商業界.経済界.

商借 shāngjiè 相談して借りる.借用の相談をする.〔我想跟你~一笔款子〕あなたにお願いしてお金を一口拝借したいんですが.

商科 shāngkē 商科.

商恳 shāngkěn 願い出る.頼み込む.

商赖体 shānglàitǐ ⇒〔十 shí 四行诗〕

商量 shāngliang 相談する.協議する.〔~一件事情〕一つのことを相談する.→〔商榷〕

商流 shāngliú 〔商品流通〕の略.

商陆 shānglù =〔口〕马 mǎ 尾②〕〔苋 xiàn 陆〕〔植〕ヤマゴボウ.

商路 shānglù 取り引きの経路.

商旅 shānglǚ 旅商人.行商人:商品を売買するために各地へ出かける旅の商人.

商略 shāngluè 〔文〕①討議する.②推量する.

商轮 shānglún ⇒〔商船〕

商贸 shāngmào 商業と貿易.

商谜 shāngmí 〔回〕なぞ掛け漫才芸.

商拟 shāngnǐ 協議して定める.

商女 shāngnǚ 〔文〕歌い女〕

商品 shāngpǐn 〔回〕商品.〔~拜物教〕商品の物神化.〔~陈 chén 列所〕商品陳列所.〔~房〕〔商房〕分譲住宅.〔~肥料〕商品化肥料.金(J)肥:化学肥料など.〔农 nóng 家肥〕(農家の自家肥料:糞尿・堆肥など)に対していう.〔~化〕商品化(する).〔~检查〕〔商检〕商品検査.〔~交易〕商取引.〔~交易所〕商品取引所.〔~经济〕商品経済.〔~粮〕商品穀物.〔~流通〕〔商流〕商品流通.〔~率〕商品化率:生産の市場に出る率.〔~券〕〔礼 lǐ 儿 券〕商品券.〔~生产〕商品生産.〔~市场〕商品市場.〔~条码〕

バーコード.→〔货 huò ①〕

商聘 shāngpìn (職員を)協議のうえ採用する.

商气 shāngqì ビジネスムード.

商洽 shāngqià 相談する.意見を交わす:〔洽商〕に同じ.

商情 shāngqíng 経済市況.商況.相場.

商请 shāngqǐng 相談をもちかけてお願いする.

商丘 shāngqiū 〈姓〉商丘〉.

商秋 shāngqiū 〈文〉秋の別称.

商圏 shāngquān ①ビジネス地区.オフィス街.②商業圏.

商榷 shāngquè 〈文〉検討する.論議する.討議する.

商人 shāngrén 商人.商売人.

商儒 shāngrú ビジネス経験のある学者.

商厦 shāngshà ①商業ビル.②ショッピングビル.

商社 shāngshè 商社.

商数 shāngshù 〔数〕.→〔积 jī 数〕

商肆 shāngsì 〈文〉商店.

商谈 shāngtán 相談する.打ち合わせる.〔~了经济合作问题〕経済協力について話し合った.

商讨 shāngtǎo 相談し検討する.協議する.

商亭 shāngtíng 小売りスタンド.売店.

商务 shāngwù 商業業務.商業事務.〔~参赞〕(大使館の)商務参事官.〔~舱 cāng〕(飛行機の)ビジネスクラスの座席.〔~策 cè 划师〕ビジネスプランナー.〔~机构〕商務機構.通商機構.〔~旅 lǚ 游〕出張(旅行).〔~模 mó 式〕ビジネスモデル.〔~中心〕ビジネスセンター.

商行为 shāngxíngwéi 〔法〕商行為.

商演 shāngyǎn 営利を目的とする公演:〔商业演出〕の略.〔慈 cí 善演出〕(慈善公演),〔纪 jì 念演出〕(記念公演)に対していう.

商业 shāngyè 商業.〔~差价〕〔回〕商品付加額.〔~城〕〔商城〕ショッピングモール.〔~贷款〕〔回〕商業貸付(金).〔~放款〕商業貸付.〔~街〕繁華街.商店街.〔~片〕〔电影〕商業映画.〔~票据〕〔回〕商業手形.〔~区位〕商業地域.〔~网 wǎng〕商業網.〔~信函〕ダイレクトメール.〔~信息〕ビジネスニュース.〔~银行〕〔商行②〕商業銀行.〔~英语〕ビジネス英語.〔~折扣〕ディスカウント.〔~注册〕商業登記.〔~资本〕商業資本.

商议 shāngyì 協議する.共に検討する.

商用 shāngyòng 商用(の).ビジネス(の).〔~飞 fēi 机〕商用ジェット機.

商誉 shāngyù 商品や企業に対する信用.

商约 shāngyuē ①通商条約.②申し合わせ.取り決め.

商展 shāngzhǎn 商品展示活動.

商战 shāngzhàn 商戦.販売合戦.シェア争い.

商住楼 shāngzhùlóu 低階層と商業用,中高層階を住宅用とした中・高層マンション.

商准 shāngzhǔn 相談のうえ許可する.

商酌 shāngzhuó =〔商兑〕人にはかる.相談する.〔这件事,我要跟你~以后再办〕この件は,きみと相談した上でのことにしたい.

〔墒(墑)〕 shāng (植物の発芽に適する)土の湿度.〔保~〕土の湿度を(乾燥してしまわないように)保つ(こと).〔抢 qiǎng ~〕土の湿っている間に早く種をまく(こと).〔够 gòu ~〕土中の温度が発芽成育に十分であること.〔情 qíng〕耕地の湿度保持状況.〔跑 pǎo ~〕〔失~〕〔走~〕(土壌)中の水分を失う.

〔熵〕 shāng ①〔物〕(熱力学で)エントロピー.→〔焓 hán〕②〈転〉(情報理論で)体系内の状態の量.またあり得る程度.〔汉字的极限~〕漢字に含まれている情報量の極限値.

S

1503

shǎng～shàng　　　上垧晌赏

〔上〕 **shǎng** 圖上声:四声の一.〔平、～、去、入〕の第2声.
上声 **shǎngshēng** 圖〔普pǔ通话〕の第3声:〔上声〕とも書いた.〔上shàng声〕ともいう. → shàng

〔垧〕 **shǎng** 圖旧時の土地面積の単位:〔晌〕とも書く.標準は地方により異なる.〔市用制〕では10〔亩〕を1〔垧〕とし,東北の多くの地方では15〔亩〕,西北では3〔亩〕あるいは5〔亩〕にそれぞれ1〔垧〕とする.〔新xīn～〕メートル法の〔公顷〕(ヘクタール)をいう.

〔晌〕 **shǎng** ①昼.正午.〔歇xiē～〕昼休み.〔早zǎo半～(儿)〕〔上半～(儿)〕上半天(儿)〔前qián半～(儿)〕〔前半天(儿)〕〈口〉午前.前の半日.〔晚wǎn半～(儿)〕〔下半～(儿)〕〔下xià半天(儿)〕〔后hòu半～(儿)〕后半天(儿)〈口〉午後.後の半日. ②〔-儿〕短時間.しばらく.〔半～(儿)〕同前.〔半～无言〕しばらくはものも言わない.〔徘pái徊一～〕しばらく歩き回る.
晌饭 **shǎngfàn** ①昼飯:〔晌午饭〕に同じ.②〈方〉農繁期の午前あるいは午後に食べる1,2度の食事.
晌觉(儿) **shǎngjiào(r)** 昼寝.午睡.〔晌午觉〕同前.〔睡shuì～〕午睡をとる.昼寝する.
晌午 **shǎngwu** 昼.正午:〔中zhōng午〕に同じ.〔小～〕午前.〔头tóu～〕昼前.〔～歪wāi〕〈方〉昼すぎ.〔～饭〕〔晌饭〕昼飯.

〔墒〕 **shǎng** ⇒〔垧〕

〔赏・賞〕 **shǎng** ①ほうび(として与える).賞与(として与える).褒賞(する).〔年～〕回年末賞与.〔节jié～〕〔节钱〕回端午の節句と中秋節の賞与.〔～东西〕ほうびに物をやる.〔～酒钱〕酒手をやる.〔～奨励〕奨励のほうび(として与える).〔悬xuán～〕賞金をかける.〔幸福是人民自己争取来的,不是由谁一的〕幸福は人民が自分で勝ちとるべきもので,誰かから与えられるものではない.〔论功行xíng～〕論功行賞(をする).〔重zhòng～之下必有勇夫〕〔諺〕ほうびを手厚くすれば必ず勇者が現れる.〔赏有功,罚yǒu罪〕賞すべき時には賞し,罰すべき時には罰する.↔〔罚fá①〕→〔津jīn贴〕 ②褒める.〔赞zàn～〕称賛(する).〔贊tàn～〕ほめそやす.感嘆する.〔～鉴jiàn～〕鑑賞(する).〔鉴jiàn～〕鑑別してめでる.〔雅y俗共～成〕風雅な人にも俗人にもめでられる.〔尊～〕ほめそやす.〔请您不要见外,～食shí才好〕どうぞ遠慮なさらず,召し上がってくださいませ.〔请您～收〕どうぞ収めてください.〔请您早～个信儿,留个お便りをください〕〔您先～给我一封信〕あらかじめ私にお手紙をください. ⑤〔姓〕賞(シ♭).
赏赐 **shǎngcì** =〈文〉②賞賜〕①回上の者が下の者に,金や品物などを贈る.②同前の財物.
赏罚 **shǎngfá** 賞罰(を下す).〔～分明〕〔～严明〕賞罰がはっきりしている.〔～无章〕賞罰に決まりがない.
赏饭 **shǎngfàn** 〔謙〕(食事に招待されて)ごちそうをいただく.〔～吃〕同前.
赏封(儿) **shǎngfēng(r)** 回心付け.祝儀:訪問先の使用人に与えたもので,紅色の封筒に入れて渡すならわしであった.〔红 hóng 包〕
赏格 **shǎnggé** 回懸賞金の額.〔寻xún人～〕尋ね人の懸賞.〔～声明〕懸賞で人や物を搜す広告.
赏光 **shǎngguāng** 〔敬〕〔場合qì光臨〕おいでを.〔请您务必～〕〔挨〕どうぞおいでください.
赏花 **shǎnghuā** 花見をする.〔赏荷hé〕〔赏菊jú〕同前.〔～饮yǐn酒〕花をめでて酒を飲む.
赏鉴 **shǎngjiàn** 〈文〉鑑賞する.
赏金 **shǎngjīn** 賞金.褒賞金.
赏景 **shǎngjǐng** 景色をめでる.
赏赉 **shǎnglài** ⇒〔赏赐〕
赏脸 **shǎngliǎn** 〔挨〕顔をたてる.花をもたせる.〔请您赏我个脸,不要推辞〕わたくしの顔をたててそうしご辞退なさらないよう願います.〔请您务必～光临〕どうぞ御光臨願います.→〔给gěi脸①〕
赏钱 **shǎngqián** 〔挨〕心付け.祝儀.チップ:下の者に与える小額の金.〔大伙卖力气,回头老爷多给～〕みんな一生懸命働くと,後でご主人が祝儀をはずんでくれる.〔小xiǎo账(儿)〕
赏识 **shǎngshí** 良さを知る.いいところを買う.めがねにかなう.〔这个人又有能力又有经验,领导很～他〕この人物は手腕も経験も優れているので,上役も非常にそのいいところを買っている.〔受他的～〕彼のめがねにかなう.
赏玩 **shǎngwán** 賞玩する.めでる.〔花园里花开得正好,很可以一下〕花壇の花が真っ盛りで,一度賞玩するだけのことは十分にある.
赏析 **shǎngxī** (詩文などの)鑑賞分析:多く書名に用いる.
赏心 **shǎngxīn** 心を喜ばせる.心を楽しませる.〔～悦目〕目を楽しませ.心を楽しませる.
赏月 **shǎngyuè** =〔玩wán月〕月をめでる.月見をする.
赏阅 **shǎngyuè** (詩文などを)味わいながら読む.鑑賞する.

〔上〕 **shàng** (Ⅰ)①上(え).かみ.〔～有天堂,下有苏 sū 杭〕〈諺〉上には天国,下には蘇州杭州.↔〔下xià〕 ②(時間・順序の)前の.先の(の).以前(の).〔往～说八年前〕過去にさかのぼって8年前の. ③(品質・等級の)勝れている.質のよい. ④(地位・間柄の)上位(の).地位の高い.〔～将大将.〔长zhǎng～①〕長上.目上.→〔上级③〕 ⑤皇帝.君主.〔圣 shèng ～〕回在位の皇帝の称. ⑥上がる.登る.乗りこむ.〔那座山很险峻 jùn ～不去〕あの山はとても険しいので登れない.〔～楼 lóu〕2階(階上)～上がる.〔～舰 jiàn〕軍艦に乗船する.〔～飞机〕飛行機に搭乗する.〔逆 nì 流而～〕流れにさかのぼる.〔～蹦 bèng〕とび上がる.〈喩〉昇進する. ⑦進む.前へ出る.〔一拥 yōng ～前〕どっと前へおしよせる. ⑧…に(…へ)行く.〔你～哪儿(去)〕きみどこへ行くの.〔～北京〕北京へ行く.⑨(数・程度)…に至る.…に達する.〔成千～万〕〈成〉何千何万という数に上る.〔需要～万个灯泡〕万というほど多くの電球が必要だ.〔把声音传送～万公里〕声を何万キロも伝える. ⑩(時間)従って仕事・授業を行う.出席する.とりかかる.⑪たてまつる.上呈する.〔～书给領導机関〕指導機関へ上書する.〔謹 jǐn ～〕〔謹〕謹んでさしあげます:手紙の末尾に書く語.⑫記入する.掲載する.報道される.〔～标 biāo〕(目印・符号などを)つける.〔～名(儿)〕名を登録する.名が載る.⑬入場する.登場する.〔戏院正～座儿〕劇場でちょうど(観衆が)入場しているところだ.⑭料理を運ぶ.〔每～一道菜,主人应当请大家先喝一杯〕料理が一品出てくるごとに主人はお客に一杯勧めねばならない.⑮とりつける.配置する.〔这件衣服还没～领子〕この服にはまだ襟がついていない.⑯(ねじを)巻く.しめる.〔～螺丝〕ねじ釘を打ち込む.〔～钟〕時計のねじを巻く.⑰加える.足す.増す.〔火车～水〕機関車に水を補給する.⑱塗る.〔～颜色 shai〕顔料を塗る.〔～漆 qī〕うるしを塗る.⑲陥る.かかる.〔～了仙人跳 tiào 了〕美人局(ワメ)にひっかかった.⑳身につける.袖を通す.〔没～身儿的衣裳〕袖を通したことのない服.〔刚～脚儿的鞋〕履いたばかりの靴.

上 shàng

上 (Ⅱ) ①名詞の後に置く. ⓐ物の上や表面を表す. [桌子〜]テーブルの上. [信〜说…]手紙で…と言っている. [我八岁〜]僕は8歳のとき. ⓑ一定の範囲を表す. [领导〜]指導側. [事实〜]事実上. [原则〜同意了]原則的に同意した. ⓒ分野・方面を表す. [他在这个问题〜失败了]彼はこの点で失敗したのだ. ②動詞の後に置いて,以下の意味を添える. ⓐ高所に移動したことを表す. [登〜高峰]高峰に登る. ⓑ実現したこと・成就したことを表す. [看〜了](見て)気に入る. [记〜账了]ちゃんと帳簿につけた. [想读书,读〜了]勉強をしたい,その願いが実現した. [过〜了好日子]楽しい暮らしを送ることができるようになった. [人太多,票买不〜]人が込んでいて切符は買えない. [这话说不〜]とても申し上げられない. [我得在那儿住〜十来天]わたしはあそこに十日ほど泊まらなければならない. [拿不〜冠军]チャンピオンがとれない. ⓒ動作が開始し,あるものに到達し,まさに進行していることを表す. [刚煮〜饭]今ちょうどご飯が炊いているところ. [刚回家又看〜书了]今帰ったばかりなのに,また本を読み始めた. [你来得正好,我们刚喝〜酒]きみはちょうどいいところへ来た,我々はちょうど飲み始めたところだ. [不打麻将还可以,一打〜就得通宵了]マージャンをしなければまあいいが,やり出したとなると夜通しだ. [唉,我这又说〜了！]まあ,わたしはまた例のとおりおしゃべりを始めちゃった. [这时候我才注意〜他]この時やっと彼のことに注意が及んだ. (Ⅲ) →[工 gōng 尺] → shǎng

上岸 shàng'àn 上陸する. 陸揚げする:[上陆]に同じ. [〜证明书]陸揚げ証明書. →[登 dēng 陆]

上百 shàngbǎi 百に上る(⑬). [山上全复盖着〜米厚的冰雪]山上は全て100メートルを越す厚さの氷雪に覆われている.

上班 shàngbān ①[〜儿]出勤(する). [〜族 zú]サラリーマン族. →[出 chū 工] ②当番勤務につく. ↔[下 xià 班①]

上板儿 shàngbǎnr 〈方〉店の戸板を閉める. 閉店する. 看板にする:[收 shōu 市]に同じ. [两个陌生人一见如故,直谈到酒吧~还舍 shě 不得离去]見知らぬ二人が会うなり旧知のように親しくなり,バーが閉店になるまでずっと話し続けまだ名残惜しそうにしていた. →[插 chā 板儿]

上半场 shàngbànchǎng [文]前半:[上半时]に同じ. サッカー,ラグビーなどの球技で[下 xià 半场]に対していう.

上半截(儿) shàngbànjié(r) 上半分.

上半年 shàngbànnián 上半期:1年の前半分. [前 qián 半年(儿)]に同じ.

上半晌(儿) shàngbànshǎng(r) ⇒[上午]

上半身 shàngbànshēn 上半身. 上体.

上半时 shàngbànshí ⇒[上半场]

上半天(儿) shàngbàntiān(r) =[早 zǎo 半天(儿)]午前:ふつう[上半天(儿)]という. [前 qián 半天(儿)]は別称.

上半夜 shàngbànyè 夜12時まで:[前 qián 半夜]ともいう.

上半月 shàngbànyuè 月の前半:[前 qián 半月]ともいう.

上榜 shàngbǎng 掲示する. 〈喩〉ランク入りする. [〜歌 gē 曲]ランク入りした歌.

上报 shàngbào ①(上级へ)報告する. [〜省委批准]省委員会への報告し,承認を求める. ②新聞に載せる. 新聞に載る. [这条新闻上了报了]このニュースは新聞に載った.

上辈 shàngbèi ①[〜儿]家族の中で一つ上の世代. 先代. ②祖先. 先祖:[上辈子②]ともいう. ↔[下 xià 辈] →[辈①]

上辈子 shàngbèizi ①前世. ②同上②.

上币 shàngbì →[下 xià 币]

上臂 shàngbì [生理]上腕(⑭). 二の腕:俗に[大胳臂 gēbei]という. →[前 qián 臂]

上边(儿) shàngbian(r) ①上. 上の方. [〜列举的事实]以上列挙した事実. ②表面. 表. [这把扇子〜的画儿挺好看]この扇子の絵はなかなかきれいだ. ③上の人. 上級. 上長. [〜来了通知]上からの通知が来た. ↔[下 xià 边(儿)]

上膘 shàngbiāo (家畜が)肥え太る:[长 zhǎng 膘]ともいう. ↔[落 luò 膘]

上表 shàngbiǎo ⇒[上奏]

上宾 shàngbīn ①=[上客]貴賓. 大切な賓客. ②〈文〉天帝の賓客:帝王の死(婉語)

上兵 shàngbīng 〈文〉戦略の上策.

上膊 shàngbó [生理]上膊部. [〜骨]上膊骨. [〜筋 jīn]上膊筋.

上部 shàngbù ①上部. ②上体.

上不着天,下不着地 shàng bù zháo tiān, xià bù zháo dì 〈喩〉どっちつかずである. 中途半端である.

上不得下不得 shàngbude xiàbude 〈慣〉にっちもさっちも行かない. 進み引くも自由にすることもできない.

上不上下不下 shàngbushàng xiàbuxià 〈喩〉①高くも低くもない. ②区別ができない.

上彩 shàngcǎi ①[劇]舞台化粧(の仕方の一つ)をする. ②(陶磁器などに)色を焼き付ける.

上菜 shàngcài 料理を出す. [客人都到齐了,〜吧]お客さんは皆そろったので料理を出しなさい.

上苍 shàngcāng 〈文〉上天. 青空. →[苍天①]

上操 shàngcāo ①[軍]操練をする. 教練に出る. [民兵们天天清早去~]民兵たちは毎日朝早く出かけて操練をやる. ②体操をしに出る. →[下 xià 操]

上策 shàngcè 上策. 最上の方案:[上计]ともいう. [三十六策走为~]三十六計逃ぐるにしかず. ↔[下 xià 策] →[高 gāo 着(儿)]

上层 shàngcéng 上層:多くは機構・組織・階層をさす. [〜领导]上の方の指導者. [精简~,加强下层]上の方の機構を簡素化し,下の方を強化する. [〜建筑 zhù][哲]上部構造:[经 jīng 济基础](下部構造)に対していう.

上场 shàngcháng (穀物を田畑から農家の)[场院](庭先の広場)に運ぶこと. [庄 zhuāng 稼还没〜]収穫物はまだ庭先までとり入れていない.

上场 shàngchǎng ①[劇]登場する. [〜门(儿)](舞台正面向かって左手にある役者の)登場口. [〜诗 shī]役者がその芝居で初めて登場した時,自分の身分(身の上)やその芝居の筋書きと自分との関係などを詩のかたちで唱えるもの. ②(役者や選手が)出演する. 出場する. ③[旧](科挙の受験生が)試験場に入る. →[下 xià 场] ④上がる. [市场价~]市場価格が上がる.

上朝 shàngcháo ①[旧]役人が毎朝宮中に参内し王子に謁して政務を奏上し裁可を仰ぐこと. ②天子が宮中に出,政務を執ること.

上潮 shàngcháo 上げ潮. ↔[退 tuì 潮]

上车 shàngchē 車に乗る. [上火车]汽車に乗り込む.

上成 shàngchéng 〈姓〉上成(じょうせい).

上乘 shàngchéng ①[仏](仏教の)上乗. 大乘. ↔[下 xià 乘] ②極上である. 最上である.

上齿龈 shàngchǐyín =[上牙床]

上传 shàngchuán ⇒[上载]

上船 shàngchuán 船に乗る. [上轮船]汽船に乗り込む. →[下 xià 船]

上床 shàngchuáng ①ベッドに入る. [他一〜马上就

shàng 上

睡 shuì 着了〕彼はベッドに入るとすぐに寝入った. ②〔転〕セックスする. ③〔旧〕臨終間近の病人を葬儀屋から借りた別のベッドへ移すこと. ④二段ベッドの上段.

上春 shàngchūn 〔文〕旧暦の１月.

上唇 shàngchún =〔上嘴唇〕[生理] 上唇.

上次 shàngcì 前回:〔上回〕〔前 qián 次〕に同じ.

上刺刀 shàngcìdāo [軍]銃に付け剣をする. 銃剣を付ける.〔〜！〕(号令)付け剣！

上蔟 shàngcù =〔上山②〕[農] 上蔟(ぞく)する:蚕がまゆを作るため"まぶし"に上ること.→〔蔟〕

上蹿下跳 shàngcuān xiàtiào ①〈動物が〉そこら中にもぐり込む. ②〈喩〉〈悪人が〉いたる所でわるさを働く.

上达 shàngdá 〔文〕①徳義をきわめようとする.〔君子〜〕(論語・憲問)君子は同前. ②上へ申し上げる.〔下情可〜〕下情を上層に反映させるべきである.→〔反 fǎn 映〕 ③〔牘〕申し上げる.〔飞 fēi 函〜〕ただちに書面をもって申し上げます.

上大号 shàngdàhào 〈口〉大(便)の用を足す:〔上小号〕は小(便)用を足す.

上大人 shàngdàrén 旧子供が字を習うのに用いた〔红 hóng 模子〕(赤色に字を印刷した毛筆習字帖)のはじめの文句:〔〜,孔乙己,化三千,七十四…〕と続く.

上代 shàngdài =〔上世〕①先祖:家族・民族の一代から数代前の世代. ②[史]上代:周以前をいう.→〔上古〕

上党梆子 shàngdǎng bāngzi [劇]山西省東南部に広く伝わる地方劇.

上当 shàngdàng だまされる. ペテンにかかる.〔小心別上了他的当〕彼にだまされないよう注意しなさい.〔〜学乖 guāi〕〈成〉だまされて利口になる.

上档次 shàngdàngcì 等級を引き上げる. レベルアップする.〔〜的衣服〕上等な衣服.

上刀山,下火海 shàng dāoshān, xià huǒhǎi 〈諺〉火の海に飛び込み,針の山に登る:非常な苦難・試練にあうこと.

上灯 shàngdēng 灯をつける(ともす):〔亮 liàng 灯〕〔掌 zhǎng 灯②〕ともいう.〔〜时 shí 灯ともしごろ.〔时候儿不早,该〜了〕もう遅く(暗く)なった,灯をつけなけりゃいけない.

上等 shàngděng 上等(の).上質の.〔〜货 huò〕高級品.〔〜婚姻〕(相性という点から)最上の結婚.

上等兵 shàngděngbīng →〔军 jūn 衔〕

上地 shàngdì ①上等の田畑.〔纳的是〜粮〕(赵・李)納めたのは上等の畑としての税だった. ②野良に出る. 耕作に行く. ③畑に肥料を与える.

上帝 shàngdì ①固天帝.万事を主宰する神. ②固帝王. ③园〔基 jī 督教〕(キリスト教)の神.造物主:〔天主教〕(カトリック)では〔天主〕という. ④〈喩〉消費者.お客様.

上帝教 shàngdìjiào 史清の道光年間洪秀全の唱道した一種の宗教:キリスト教の流れをくむもので,上帝を〔天父〕,キリストを〔天兄〕,洪自身をその弟と称した.

上吊 shàngdiào 首を縊(く)くる. 首をつる.→〔吊死〕

上调 shàngdiào ①昇格し異動する. 栄転する. ②(上級が)調達し使用する.〔这是〜的物资〕これは上級が調達した物資である.

上丁 shàngdīng ①〔旧暦(毎月)上旬の〔丁〕(ひのと)の日. ②２月と８月の同前:旧時,孔子を祭った日.

上冬 shàngdōng ①初冬:旧暦の１０月.〔孟 mèng 冬〕に同じ. ②〈方〉冬になる:〔入 rù 冬〕に同じ.

上冻 shàngdòng (川や地面が)凍る.結氷する.〔离〜不到一个月〕ひと月もしないうちに凍りつく.

上兜 shàngdōu (衣服の)上のポケット.

上都 shàngdū 田都(と)

上端 shàngduān 上部.上の端.

上颚 shàng'è ①=〔上颌〕[生理]上あご.上顎.〔〜骨 gǔ〕〔上颌骨〕上顎骨:〔上牙床骨〕ともいった.〔颚〕は〔腭〕とも. ②=〔上腮〕〔大 dà 颚〕(昆虫の)上あご.→〔腭〕〔颌 hàn〕

上方 shàngfāng ①上の方.上方. ②天上:〔天 tiān 上〕に同じ. ③陽気の生ずるところ:北および東方をいう. ④〈姓〉上方(ほう)

上方宝剑 shàngfāng bǎojiàn ⇒〔尚方宝剑〕

上房 shàngfáng ①⇒〔正 zhèng 房①〕 ②家の屋根に登る.

上访 shàngfǎng (人民大衆が上級機関に)直訴する. 請願する.〔〜接待站〕同前の受付所.→〔信 xìn 访〕

上肥 shàngféi 肥料をかける. 施肥する.

上坟 shàngfén 展墓する. 墓参する.→〔扫 sǎo 墓〕

上粪 shàngfèn (肥料として)下肥をかける.

上风 shàngfēng ①風上(ぎ).〔火势虽然很猛,但是我们这儿是〜,你们不要紧〕火勢は非常に激しいが,わたしたちのところは風上だから多分だいじょうぶだろう. ②〈転〉優勢.有利な地位.〔他和人家斗气,回回都是他占〜〕彼は人とやり合うと,いつも彼が優勢をしめる.

上峰 shàngfēng 旧上官.上役の長官.〔〜器 qì 重他〕上官は彼を信任している.

上浮 shàngfú (価格・利率・給料などが)アップする. 上がる.↔〔下 xià 浮〕

上复 shàngfù 〈謙〉〔上に対し〕返答する. お伝えする.〔〜你们先生,说我谢谢他〕わたしがお礼を申し上げていると,ご主人にお伝えして下さい.

上盖 shànggài ①〈白〉上っぱり. 上衣. ②〔−儿〕〈方〉屋根や箱のふた.

上感 shànggǎn 〔上呼吸道感染〕の略.

上赶子 shànggǎnzi 〈方〉積極的に. 強引に.〔这件事我不是求他,是他〜跟我说出来的〕この件はわたしの方から彼に頼んだのでなくて彼の方から積極的に言いだしたのだ.〔〜叫老伯〕すすんでおじさんと呼んだ.

上纲 shànggāng ①政治綱領・路線または原則の問題として判断する(処理する). 〔上线〕原理原則上の問題として扱う(判断する).〔这个问题不上纲〕この問題は原則にふれるほどのものではない. ②大げさにとがめだてする. 大上段に振りかざす.

上岗 shànggǎng ①(警戒・見張りの)任務に当たる. ②持ち場につく.仕事につく.勤務につく. ③在職する.就職する.〔上岗位〕〔他在〜上一坐,也不知自己有多大身分了〕彼はちょっと上座に座ると自分がどれくらいの身分であるかをわきまえなくなる.

上告 shànggào ①[法]上告(する).上訴(する). ②上級機関に報告する.

上工 shànggōng 就業開始(する).始業(する). 就労開始(する).〔早−,晚收工〕早くは仕事にとりかかり,遅く仕事をきり上げる.↔〔下 xià 工①〕 ②旧(使用人が雇主の家で初めて)仕事に出る. ③〈文〉技術の優れた職人. ④田医良医.

上公 shànggōng 旧三公と二王.

上供 shànggòng ①神仏に供える.供え物をする. ②〈喩〉鼻薬をかがせる. 賄賂を贈る. そのスジを使う.

上钩 shànggōu ①(魚が)釣り針にかかる. ②〈転〉わなにかかる.人に陥れられる.→〔上〔圈〕套(儿)〕

上古 shànggǔ [史](時代区分上の)上古:商・周・秦・

上 shàng

漢までをいう.

上官 shàngguān ①〈文〉上官.上級の官吏. ②〈姓〉上官(ぼう)

上馆 shàngguǎn 回 私塾の教師となって教える.

上馆子 shàngguǎnzi 外食する.レストランで食べる.〔下 xià 馆子〕ともいう.→〔吃 chī 馆子〕

上光 shàngguāng つや出し.つやつけ.〔~剂 jì〕つや出し剂.〔~蜡 là〕みがき剂.つや出しワックス.

上轨道 shàngguǐdào 軌道に乗る.〔生产已经上了轨道〕生産はすでに軌道に乗った.

上柜 shàngguì ①(店員などがある程度の訓練を積んで)売り場に出る. ②(新しい商品が)店頭に出される.

上国 shàngguó 〈文〉①春秋斉・晋などで中原諸国の称. ②主国:従属国が宗主国に対して. ③国都.

上海合作组织 shànghǎi hézuò zǔzhī 上海協力機構.

上海式楼房 shànghǎishì lóufáng 建 上海式2,3階建住宅建築:門を入るとすぐ〔方〕天 tiān 井〕(中庭)があり,これを囲んで左右に〔厢 xiāng 房〕,正面に〔前 qián 楼〕があり,その後ろに〔后 hòu 楼〕が連なる.さらにその後ろには小さな〔方〕灶 zào 披间〕と〔后院子〕が並ぶ.その裏は塀を隔てて街路があり裏門から出入りできる.各階が同じ構造で,ただ台所の上の中2階は〔亭 tíng 子间〕と呼ばれる小部屋になっている.〔三 sān 楼三底两夹厢〕ともいう.→〔四 sì 合院(儿)〕;付録6

上好 shànghǎo 極上(の).〔~的茶叶〕最高級のお茶.〔~的棉布〕最高級の綿布.

上合 shànghé 医外合.→〔合(I)⑦〕

上颌 shànghé ⇒〔上颚①〕

上和下睦 shànghé xiàmù 〈慣〉上とも下とも親しくする.

上呼吸道 shàng hūxīdào 生理 上部呼吸器:鼻腔(き)・咽喉(?)・気管を含む.〔~感 gǎn 染〕〔上感〕医 上部呼吸器感染症.

上户 shànghù ①〈文〉富裕家. ↔〔下 xià 户①〕 ②(戸籍・所有者・名義などを)登記する. →〔报 bào 户口〕

上环 shànghuán 医 避妊リングを着用する.

上浣 shànghuàn ⇒〔上旬〕

上皇 shànghuáng ①旧 皇帝. ②〈文〉上皇:天子の父の称.ふつう〔太 tài ~〕という.

上回 shànghuí 前回:〔上次〕に同じ.

上会 shànghuì ①頼母子(?)の会に加わる.〔~钱〕頼母子の掛け金.→〔使 shǐ 会〕〔抓 zhuā 钱会〕 ②会議にかける.会議で審議を行う.

上讳 shànghuì 名前の初めの1字を忌み憚る:昔時,臣下の名に天子の名と同一の字がある場合,その臣下が自分の名を述べるときにはかわりに〔讳〕と言った.第2字の場合は〔下讳〕という.

上火 shànghuǒ ①中医 のぼせ:とくに顔面部にでる.〔~下寒〕顔面のがのぼせと手足の冷え.→〔去 qù 火〕 ②〔-儿〕怒る.かんしゃくをおこす.〔无论怎样调 fěng 刺他,他从来不~〕どんなに彼をあてこすっても彼は一向に怒ったことがない. ③〈方〉灯をともす.

上货 shànghuò ①(商品を)仕入れる.商品を店に並べる. ②商品を車や船に積む. ③上等品:〔〈方〉上料〕ともいう.→〔脚 jiǎo 货〕

上机 shàngjī ①飛行機に乗る.〔上飞机〕同前. ②器機を扱う.コンピューターを扱う.

上级 shàngjí ①上級(の). ②上級機関.〔~通知我们停止收购〕上級機關は我々に購入を停止する上司.〔他是我的~〕彼は私の上役です.↔〔下 xià 级〕

shàng

上集 shàngjí ①(定期市へ)集まる(出かける). ②前編.〔这个电视剧的~〕このテレビドラマの前編.

上计 shàngjì 〔上策〕

上祭 shàngjì 祭礼を行う.

上佳 shàngjiā 立派である.上等である.〔风景~〕風景がたいへん美しい.→〔上好〕

上家(儿) shàngjiā(r) ①=〔上手⑥〕上(?)手の人.前の番の人.〔打 dǎ 牌〕〔行 xíng 酒令(儿)〕〔掷 zhì 骰子〕などの時の〕の左隣の者. →〔下 xià 家(儿)①〕 ②(商品の)納入先.

上架 shàngjià 棚に物を入れる(並べる).陳列する. →〔下 xià 架〕

上尖儿 shàngjiānr 〈口〉山盛りである.〔这碗饭盛 chéng 得都~了〕このご飯は山盛り.

上睑 shàngjiǎn 生理 まぶた:俗に〔上眼皮(儿)〕という.〔~下垂〕医 眼睑(?) 下垂症.→〔眼 yǎn 睑〕

上江 shàngjiāng 地 ①長江上流地区. ②旧 安徽省:〔下 xià 江〕は江蘇省を指した. ③珠江の本流である西江の別称.

上浆 shàngjiāng 〈方〉①洗い張りする. ②(料理に)とろみをつける.

上将 shàngjiàng →〔军 jūn 衔〕

上交 shàngjiāo ①上納する.→〔上缴〕 ②〈文〉自分より身分の高い人と交際する.↔〔下 xià 交〕

上焦 shàngjiāo →〔三 sān 焦〕

上脚 shàngjiǎo 足につける.履く.〔这双鞋才~就坏了〕この靴は履いたばかりでもう破れた.

上缴 shàngjiǎo 払い込み(む).納入(する).〔~款 kuǎn 项〕上納金.

上轿 shàngjiào 轿(?)に乗り込む.〔~才扎 zhā 耳朵眼〕嫁入り間際にピアスの孔を開ける.〔~,临 lín 时(?)〈歇〉同前で,その時になってあわてる.泥縄式.

上接 shàngjiē …続く.→〔下 xià 转〕

上街 shàngjiē 街へ出る.買い物に行く.

上届 shàngjiè 前回(の).〔~会 huì 议〕前回の会議.

上界 shàngjiè 天上界.仙界.

上紧 shàngjǐn ①(ネジなどを)しっかりねじる. ②〈方〉馬力をかける.頑張る.

上进 shàngjìn 向上する.進歩する.〔~心强 qiáng〕向上心が強い.〔力求~〕努めて上達を図る.〔他现在懂得自己~了〕彼はもう今では自分で進歩することを知った.〔好好〕向上に進む.

上劲(儿) shàngjìn(r) 力が入る.勢いが出る.夢中になる.〔他近来对于围 wéi 棋很~〕彼はこのごろ碁に熱中している.〔风越刮越~〕風はますます強くなった.→〔下 xià 劲(儿)〕

上京 shàngjīng 〈文〉①上京する.〔~求 qiú 名〕上京して名を挙げようとする. ②都(?)

上镜 shàngjìng ①カメラに映る.(映画やテレビに)出演する. ②カメラ映りがいい.

上九 shàngjiǔ ①旧 月の29日をいう:19日を〔下九〕,9日を〔中九〕と称した. ②〔重 chóng 阳(节)〕(旧暦9月9日)の別称.

上捐 shàngjuān 税を納める.

上客 shàngkè ⇒〔上宾①〕

上课 shàngkè =〔〈方〉上堂②〕①授業をする.〔张老师给我们上汉语课〕張先生はわたしたちに中国語の授業をしてくれる. ②授業に出る.〔我今天就上一节课,以后就没事了〕僕は今日は1時間授業があるだけであとは用事はない.〔你今天怎么不来~呢〕きみは今日どうして授業に出ないのか. ↔〔下 xià 课①〕

上空 shàngkōng 上空.→〔天 tiān 空〕

上口 shàngkǒu ①よくおぼえて,すらすら口に出る.

shàng 上

〔琅 láng 琅〜〕朗々と読みあげることができる.〔四句老腔,教了多时还不能〜〕四句の決まりきった調子なのに,長い間かかって教えても歌えるようにはならなかった. ②〔詩文が〕流暢(ちょう)ですらすら読める.〔读起来很〜〕読んでみると(読ませてみると)なかなかすらすらと読める.〔很不〜,也不顺耳〕読むのもひっかかるし,聞いても耳障りなものだ. →〔入 rù 口〕 ③〈方〉味わう.

上口字 shàngkǒuzì 圏(京劇の)せりふや歌詞の中で,北京音によらず古い音で読まなければならないとされている若干の字.

上款(儿) shàngkuǎn(r) 為め書き:人に書・画・物を贈る時,その上部よりのところに書き込んだ受贈者の名や号. →〔落 luò 款(儿)②〕〔下 xià 款(儿)〕

上匡栏(儿) shàngkuānglán(r) ⇒〔上 tóng 字匡(儿)〕

上蜡 shànglà ろう引き(する).〔〜纸〕ろう引き紙.

上来 shànglái ①上がって来る.〔你〜吧〕上がって来なさいよ.〔月亮〜了〕月がのぼってきている. ②〔下の方から〕上がって来る.〔下面的意见都已经〜〕下からの意見はもう上部にあがってきた.〔他是刚从乡下〜的〕彼は田舎から出て来たばかりだ.〔气儿〜要打人〕気が立って人を殴ろうとする. ③始める.〔一〜就有劲〕初めから元気だ. ④〈文〉言ったことをまとめる.以上述べたことをまとめれば:〔上述〕に同じ. →〔所言〕同前.

-上来 -shànglai ①動詞の後に置き,動作が下から上へ向かって行われて来る,話し手の方へ近づいて来る,成就・完成することを表す.動詞と〔了〕の間に〔得〕〔不〕を入れる可能・不可能を表す.〔嚝 huō,他一个人扛 káng 了〕はぁ,彼一人で担ぎ上げてた.〔客人的菜端 duān 〜了〕お客さんの料理は運ばれてきた.〔差不多的话都说〜了〕たいていのことは話せるようになった. ②形容詞の後に置き,程度がだんだん広がることを表す.〔天气慢慢凉〜了〕天気がだんだん涼しくなってきた.

上篮 shànglán Ⅹ (バスケットボールの)レイアップショット:ランニングしてジャンプしたままバスケットに入れるショット. →〔投 tóu 篮〕

上垒 shànglěi Ⅹ (野球など)出塁(する).〔安全〜〕セーフ.〔〜触击〕セーフティーバント. →〔触 chù 击〕

上联(儿) shànglián(r) 〔对 duì 联(儿)②〕の初め(向かって右の)一幅. →〔下 xià 联(儿)〕

上脸 shàngliǎn ①(酔い)が顔に出る.〔喝多了就〜〕酒を過ごすと顔に出る.〔不〜〕顔に出ない. ②(ほめられて)得意になる.調子にのる.

上梁 shàngliáng ①棟上げ(をする).〔〜文〕棟上げの祝文. ②上の梁.〔〜不正,下梁歪〕諺から:上の梁がゆがんでいれば下の梁も歪む:人の上に立つ者が正しくないと下の者も悪くなってしまう.〔下〕は〔底 dǐ〕ともいう.

上料 shàngliào ⇒〔上货〕

上列 shàngliè 上述の.上記の.右にあげた.〔〜事实不容抵赖〕上述の事実は否認を許さない. ↔〔下 xià 列〕

上流 shàngliú ①=〔上水 shuǐ〕〔上游①〕(川の)川上.上流(地方). ②上流.〔〜社 shè 会〕上流社会.

上陆 shànglù 上陸する:〔上岸〕に同じ.

上路 shànglù ①旅立つ.出発する. ②軌道にのる.〈喩〉(あるきめられた方向へ)向かう.何か新しいことを始める.〔工作还没有〜〕仕事はまだ軌道にのっていない.

上略 shànglüè 〈文〉上策.

上马 shàngmǎ ①馬に乗る. ↔〔下 xià 马①〕 ②企画を始める.着手する.発足する.〔〜风〕企業の設立・拡充の風潮.〔这项工程明年〜〕この建築工事は来年から着手する予定だ.〔土法〜〕,也很有效:在来の方法で仕事をやってもたいへん効果がある.〔这个已经〜了〕これはすでにスタートした. ③〔任に就く.〔他一〜,就发动群众〕彼は任に就くやいなや大衆を動員した.

上马石 shàngmǎshí =〈文〉乘 chéng 石〕〔跌 jiàn 石〕囮 (貴賓の門前に設けられていた)乗馬の際踏み台にする石:門の土台の前に2段あるいは3段にして置かれた大石.〔上马台〕ともいう.

上门 shàngmén ①〔~门〕門を閉じる:〔关 guān 门〕②に同じ.〔各商店每天晚上九点钟〜〕各商店は毎日夜9時に店を閉める. ②門に入る.人の家に行く.〔〜维修服务〕出張修理サービス.〔〜推 tuī 销员〕訪問販売員.〔〜拜访 yè〕訪ねてお目にかかる.〔不见土地,〈喩〉訪問して主人が不在で会えない〕土地〕は〔土地爷〕(土地を司る神). ③〈方〉入り婿になる.〔〜女婿〕婿養子.

上门牙 shàngményá 上の前歯. →〔门牙〕

上面 shàngmian ①[~儿]上 (に).〔这个意思,我写在〜了〕その意味は書いておきました.〔没在〜吗〕上に(置かれていない)のか. ②〔順序の)前に(の).〔~说的话,不要重提了〕前に述べたことはくし返すな. ③(物の)表面.表.〔墙 qiáng〜贴着标语〕壁にスローガンを貼っている. ④上級機関.上司.〔到〜又乱说,蒙混上级〕上級機関へ行ってたでたらめを言い上司をごまかす. ⑤方面.分野.〔他在音乐〜造诣很深〕あの人は音楽方面に造詣が深い. ⑥(一族の)目上の世代.

上脑 shàngnǎo ⇒〔上头①〕

上年 shàngnián 去年.昨年.

上年纪 shàngniánjì 年をとる.老いる.

上牌 shàngpái ①(マージャンなどで)自分の必要とする牌が手に入る.〔不〜〕同前の逆. ②(許可証の)プレート札を取る.

上盘 shàngpán ①囮上盘(款). ②囲(相場で)前場の出来値. ↔〔下盘〕

上皮 shàngpí 生理 上皮.表皮.〔〜组 zǔ 织〕上皮組織.

上篇上论 shàngpiān shànglùn 〈喩〉ちゃんと根拠(出典)のある(こと).〔说句话儿都是〜的〕ひとつ言うにしてもちゃんと出どころのある話をする.

上品 shàngpǐn ①上等である:〔上等〕に同じ. ②上等品.優良品.

上平 shàngpíng ⇒〔阴 yīn 平①〕

上坡 shàngpō ①〔~儿〕坂を上る.〔〜路〕上り坂.〔为革命条拉〜车〕〈喩〉革命のためには少しも労苦をいとわない. ②〈喩〉上り調子.上げ潮.

上铺 shàngpù (2 (3)段式ベッドの)上段.〔睡 shuì〜〕上段に寝る. ↔〔下 xià 铺〕→〔双 shuāng 层床〕

上气(儿) shàngqì(r) ①むっとする.かっとなる.〔他们骂 mà 我,我一〜就跟他们打起来了〕あいつらがわたしを罵ったので,かっとなって殴り合いを始めた. →〔生 shēng 气〕 ②反をはく.湯気を吹き出す.〔傻头已经〜了,就要得了〕マントーはもう湯気が上がった,すぐにできる. ③中医 心臟病喘息.気管支喘息.

上气不接下气 shàngqì bùjiē xiàqì 息が切れる.〔跑得〜〕走って息がきれる.

上千上万 shàngqiān shàngwàn ⇒〔成 chéng 千上万〕

上欠 shàngqiàn 上納(金)が滞る.〔上不欠〕上納(金)を欠かさない(こと)

上墙 shàngqiáng 壁に張り出す.〈転〉公示する.公開発表する.

1508

上 shàng

上窍 shàngqiào ⇒ [七 qī 窍]
上清 shàngqīng ①→ [三 sān 清] ②〈文〉召使い(女)
上情 shàngqíng 上級の意向.上級の状況.
上去 shàngqu 上がっていく.のぼっていく.〔登着梯 tī 子〕〕はしごを踏んでのぼる.〔一个人看看一人を上げて見させる.〔累 lèi 得上不去炕 kàng 了〕疲れ切ってオンドルに上がれなくなった.
-上去 -shàngqu 動詞の後に置き、①低い所から高い所へ、近くから遠くへ、主体から対象物への移動を示す.〔大家连忙迎一〕みな大急ぎで迎えに出ていった.〔你把这个搬一吧〕これを運び上げてくれ.⑥つけ加えたり、合わせたりすることを表す.〔把所有的力量都使一〕持てる力のすべてをつぎ込んだ.〔螺 luó 丝拧一了〕ねじが締まった.
上(圈)套(儿) shàng(quān)tào(r) わなにかかる(陥れられる).〔他又一了〕彼はまた人にはめられた.→ [上钩][圈套]
上人 shàngrén ①〔仏〕(仏教の)上人. ②〔方〕主人. ③年長者. ④〈方〉父母または祖父母. ⑤召使いを雇い入れる.〔我们这儿上几个人〕ここでは召使いは何人入れますか. ⑥(車などに)人を乗せる.〔这部车he上能人〕この車は人を乗せることができる.
上人(儿) shàngrén(r) 〈方〉客などが続々とやって来ること.〔电影快开演了,怎么还不一〕映画がもう始まるというのにどうしてまだ入場した客がこんなに少ないのか.
上任 shàngrèn ①赴任する. ②前任者:〔前 qián 任〕に同じ.
上腮 shàngsāi ⇒ [上颚②]
上三旗 shàngsānqí → [八 bā 旗]
上色 shàngsè ①〈文〉よい色.〈喩〉美女. ②上等である.〔一好酒〕上等の酒. ③〈徒弟〉立派な弟子. — shàngshǎi 着色する. → shàngsè
上山 shàngshān ①山に入る.登山する.〔一容易下山难〕〈諺〉始める時は容易であるが、結末をつけるのは難しい. 〔一擒 qín 虎易,开口告人难〕〈諺〉山に入って虎を捕らえるのはやさしいが、人にものを頼むのは難しい. ②⇒ [上族] ③〈方〉野辺の送りをする.
上山下乡 shàngshān xiàxiāng 農山村に定住する:文革期、青年知識人・学生が農山村に行き、定住する.
上善 shàngshàn 極上(の).最優秀(の).〔一茶叶〕極上茶.
上扇磨 shàngshànmò (ひき臼)の上の石.
上上 shàngshàng ①一番いい.最上である.〔一策 cè〕最上の策. ②(時期について)前の前.先々〔〔.〔一星期〕〕先々週.〔一礼拜〕先々週.〔一月〕先々月.〔一回〕前々回. ↔ [下 xià 下]
上上下下 shàngshàng xiàxià ①上の人も下の人も全部.〔一都很齐心〕上の人も下の人も心を合わせている. ②上から下まで.〔队长一地打量着他〕隊長は彼を頭のてっぺんから足の爪先まで観察していた.
上身 shàngshēn ①上半身:〈文〉上体〕に同じ. ②初めて着る.〔我做了一件衬衫,今儿刚一〕ブラウスを作ったので今日着てみたところです. ③[一儿]上衣(ズボンに対して)
上升 shàngshēng =〔文〉腾 téng 达〕①のぼる.あがる.立ちのぼる.〔一缕炊烟袅袅〜〕炊煙が一筋ゆらゆらと立ちのぼっている. ②(数量・程度・等級などが)上昇する.増える.増加する.高まる.高揚する.〔气温〜〕気温が上がる.〔生产大幅度〜〕生産が大幅に増加する.
上声 shàngshēng ⇒ [上 shǎng 声]

shàng

上士 shàngshì ①〈文〉賢人. ②→ [军 jūn 衔]
上市 shàngshì ①(物が)市場に出る(出回る).〔这两天栗 lì 子已经一了〕この2,3日栗がもう市場に出た. ②〔商〕(株式など)上場(する).〔一股 gǔ 票〕上場株.〔一公司〕株式上場会社.
上世 shàngshì ⇒ [上代]
上手 shàngshǒu ①手をつける.手を触れる.〔一就坏了〕ちょっと手を触れたら壊れた. ②始める.〔一一就干 gàn 得挺好〕しょっぱなからでもうまくやった. ③⇒ [上首儿] ④⇒ [上家儿①] ⑤〈方〉以前. ⑥〈方〉前任者.前にいた使用人.〔〜人〕同前.
上手球 shàngshǒuqiú 〔スポ〕(バドミントンの)オーバーヘッドストローク.〔上手传 chuán 球〕(バレーボールの)オーバーハンドパス.
上首(儿) shàngshǒu(r) =[上手③]上(上)座:室内の場合は奥の方.また(内から入り口に対して)左手. ↔ [下 xià 首]
上寿 shàngshòu ①(老人の)誕生祝いをする.〔举酒一杯をあげて長寿を祝する. ②〈文〉④百歳の老人. ⑥120歳の老人.
上书 shàngshū ①〔旧〕新しい課を教える. ②上書(する).意見書を上呈する.〔〜中央〕中央に同前. ③本に載る(載せる).
上疏 shàngshū 上奏する.
上述 shàngshù 上述の.前に述べた.〔情况属实一〕上述の状況は事実である(間違いない).
上树拔梯 shàngshù bátī 〈成〉木に登らせて、はしごをはずす:〔上楼去梯〕ともいう.
上水 shàngshuǐ ①⇒ [上流①] ②=[上行②]流れを上る.〔〜(的)船〕上行船船川を上る船. ↔ [下水 xiàshuǐ①] ③(作物に)水を補給する.灌水する. ④(エンジンやボイラーに)水を補給する. ⑤上水:〔自 zì 来水〕に同じ.〔〜道〕上水道. → [中 zhōng 水]〔下水 xiàshuǐ⑦〕
上税 shàngshuì 税を納める.
上水 shàngshui 〈方〉もつ.臓物:食品としての豚・牛・羊などの心臓・肝臓・肺.〔猪 zhū 〜〕豚の内臓. → [下水 xiàshui]
上驷 shàngsì 〈文〉良馬.〈喩〉才能が豊かで責任を負える人.
上巳(日) shàngsì(rì) 古代には、3月上旬の巳(sì)の日をいい、のち旧暦の3月3日をいった:〔上巳节〕〔桃 táo 花节〕ともいう.
上司 shàngsi 上司.上役.上官.〔顶头〜〕直属上司.
上送 shàngsòng 上部に提出する.差し出す.
上诉 shàngsù 〔法〕上訴(する).控訴(する).〔驳 bó 回〜〕上訴却下(となる).〔〜审 shěn〕〔二 èr 审〕上诉审. → [抗 kàng 诉]
上溯 shàngsù ①(上流へ)さかのぼる.〔沿江〜〕川に沿ってさかのぼる. ②(過去へ)さかのぼる.〔〜到公元前一世纪〕紀元前1世紀までさかのぼる.
上算 shàngsuàn ⇒ [合 hé 算]
上岁数(儿) shàngsuìshù(r) 年をとる:〔上年纪〕に同じ.
上锁 shàngsuǒ 錠をおろす.鍵をかける.
上台 shàngtái ①舞台(壇上)に出る.〔他唱得很好,可是还没上过台〕彼は(芝居の)歌う方はうまかいだが、まだ舞台に上がったことはない. ②役人になる.権力を得る(そしっていう).〔这次改组,老王有可能性がある. 〔他还想〜〕彼はもっと立身出世したがっている. ↔ [下 xià 台①②]
上台阶 shàngtáijiē 階段を上がる.〈喩〉レベルアップする.〔上新台阶〕新たな段階に達する.

shàng 上

上台面 shàngtáimiàn 晴れの場に出る.相当の地位を占める.〔可是十多年前,他家还上不得台面〕(茅·霜1)十何年前は彼の家はまだたいしたことはなかった.〔他那乡乡下人实shí在上下来台面的〕あの田舎者は人前に出るような柄ではない.

上汤 shàngtāng ①(肉やがらなどでとった)上等のスープ.②回〔宴席の終わりに〕料理人からの志として供したスープ.これに対し客側から祝儀を与える.

上堂 shàngtáng ①回役所,特に法廷に出る.〔~受审法廷〕法廷に出て裁きを受ける.②⇒〔上课〕

上膛 shàngtáng ①(銃に弾を)こめる.(弾薬を)装塡する.②⇒〔腭è〕

上套 shàngtào ⇒〔上〕(圈)套(儿)

上体 shàngtǐ 〈文〉上体.身体の上部.上半身:〔上体①〕に同じ.〔下 xià 体〕に対していう.

上天 shàngtiān ①天空.②〈文〉天(F).天帝.〔~乎 fú 佑下民〕(书经·汤诰)天が下々の民をしっかり守ってくれる.〔~不生无禄的人〕(諺)天は無禄の人を生まず;天は人を絶体絶命に陥れることはない.③空に昇る.〔人造卫星~〕人工衛星が天に昇る.④〈喩〉昇天する.死ぬ.

上天入地 shàngtiān rùdì 〈喩〉大変な腕前.

上天梯 shàngtiāntī 天に昇るはしご.〈喩〉目的を達成する方法.

上天无路 shàngtiān wúlù 〈成〉追いつめられて逃げようがない.〔~入地无门〕と続けて用いることが多い.〔转〕活路を見出せない.〔入地无门〕

上条 shàngtiáo 〔发fā条〕(ねじ)を巻く.〔上满了条的钟〕まきを巻ききった時計.

上调 shàngtiáo (価格・給料など)上方修整する.引き上げる.

上停 shàngtíng ⇒〔三 sān 停〕

上挺 shàngtǐng 圖(相場が)上向く.

上头 shàngtóu ①=〔上脑〕酒で頭痛がする.頭に来る.〔喝 lā 酒消愁,最易~〕うさばらしについ酒を飲ると,すぐ頭にくる.②回(女子が15歳に達して)笄(ぷ)をさすこと.〔转〕年頃の娘が結婚前におさげをやめて髪を結うこと.〔她还没~呢〕彼女はまだ結婚していない.③圖男子が成年に達して冠をかぶる(元服)こと.④〈文〉初めの間.

上头上脸 shàngtóu shàngliǎn 〈慣〉いい気になる.得意になる.つけあがる.

上头 shàngtou ①上.上の方.→〔高gāo头〕②以上の.この点で.〔中国商人が事下卖,由这~也可以看出来〕中国商人が商売上手なのはこの点からも知ることができる.④(使用人に対する)主人側.〔你们~有人没有|誰かお家の人はいるかね.〔回一声〕ご主人に取りつぐ.

上吐下泻 shàngtù xiàxiè 〈慣〉吐くやら下すやら.

上跪 shàngbèn ⇒〔贲bēn门〕

上网 shàngwǎng ①網にかかる.〔鱼~〕魚が同前.②电算インターネットに接続する.アクセスする.〔~卡 kǎ〕プリペイド式アクセスカード.→〔因yīn特网〕

上尾 shàngwěi →〔八bā病〕

上位 shàngwèi ①高位.高官.②上席.上座(ぎわ).③席につく.④世に出る.名前が売れる.

上尉 shàngwèi 〔军jūn衔〕

上文 shàngwén 上述の文.前文.〔前qián文〕に同じ.〔~所说的〕上文に述べたところ.

上沃尔特 shàngwò'ěrtè 〔布bù基纳法索〕

上屋 shàngwū ⇒〔正zhèng房①〕

上午 shàngwǔ 午前.〔上半天(儿)〕ともいう.〔上半晌(儿)〕〔头 tóu 半晌(儿)〕〔头晌(儿)〕〔午前(早zǎo半晌(儿)〕は同.

上戊 shàngwù (旧暦)上旬の戊(ぽ)の日.

上西天 shàngxītiān 〈喩〉あの世にいく.死ぬ.

上席 shàngxí ①〔上座①〕〔上座③〕に同じ.②宴席につく.〔入 rù 席〕に同じ.

上下 shàngxià ①(地位・等級・長幼などの)上下.上と下.〔~级〕君臣.上司と部下.〔~齐 qí 心〕上下心を合わせる.〔~一股劲〕上下一つの力になる.②(数詞の後について)内外.前後.そこそこ.〔相差一二元〕1,2元そこそこの違いがある.〔25岁~]25歳前後.③(道路・階段などの)のぼりくだり.乗り降り.〔山上修了公路,汽车~很方便〕山に道路ができて,車はのぼりおりが便利だ.〔他年纪大了,~楼都气喘〕彼は年だから,階段ののぼりおりに息をきっている.〔一站又一站,上上下下人不断〕一駅また一駅,上り下りする人の絶え間がない.④(程度の)高低.よしあし.優劣.〔不相~〕互いに優劣がない.〔难分~〕いい勝負である.⑤上から下まで.〔摩天岭~有十五里〕摩天嶺は麓から頂上まで15里ある.⑥〈自〉官庁の使用人に対する尊称.〔~请坐〕(水22)旦那さお掛けなさい.⑦回長上の名前を指す.〔请教~的名前は何とおっしゃいます.

上…下… shàng…xià… 上からは…下からは…上からも下からも….〔~传 chuán ~达〕部下の意見を上司へ伝え,上司の意図を部下へ通達する.〔~推~卸 xiè〕上司も部下も自分が負うべき責任を押しつける.〔~漏 lòu ~湿 shī〕上は漏れ下は湿る:家屋の劣悪・荒廃ぶり.

上下班 shàngxiàbān 出退勤.〔~时间〕@同前の時間.⑥ラッシュアワー.

上下床 shàngxiàchuáng ①二段式ベッド.②ベッドへ上がったり,ベットから降りたりする.③〈喩〉高い低いの隔たり.

上下古今 shàngxià gǔjīn 〈慣〉天地と古今:世の中のあらゆること.

上下级 shàngxiàjí 上級(指導部)と下級(被指導部)

上下平 shàngxiàpíng 圖(声調の)上平と下平.→〔四 sì 声〕

上下其手 shàngxià qíshǒu 〈成〉勝手に(自分の都合のよいように)法や決まりを曲げる.手段を弄してひそかに悪事を働く.

上下水 shàngxiàshuǐ 上下水(道)

上下文 shàngxiàwén 文脈.文の前後関係.〔一看~就明白了〕前後の文を見ればすぐわかる.〔~菜单〕电算コンテキストメニュー.

上弦 shàngxián ①(月の)上弦.↔〔下 xià 弦〕②(時計などの)ねじを巻く.〔这钟该~了〕この時計はねじを巻かなければならない.〔自动~〕自動巻き.

上线 shàngxiàn ①ある基準ラインに達する.〔~的考生〕合格ラインの受験生.→〔上纲〕②生産ラインにのる.③(車両や航空機が)運行を始める.④上り線.⑤〈喩〉(組織内の)上位の者.親会員.↔〔下 xià 线〕

上限 shàngxiàn 上限.

上限尺寸 shàngxiàn chǐcùn →〔极 jí 限尺寸〕

上香 shàngxiāng 線香をあげる.焼香する.〔~奠 diàn 酒〕線香をあげ酒を供える.

上相 shàngxiàng ①〈文〉宰相(尊称).②=〔方〕〔上照②〕写真の映りがいい.写真よくとれる.〔他很~〕彼は写真の映りがいい.

上消 shàngxiāo →〔三 sān 消〕

上校 shàngxiào →〔军 jūn 衔〕

上鞋 shàngxié (中国靴の)(鞋帮(儿)bāng(r))(靴の本体から底だけ除いた部分)に〔鞋底〕を縫い付ける.〔绱鞋〕とも書く.

上心 shàngxīn 気をつける.心がける.〔他对什么事都肯kěn~,所以一学就会〕彼は何事につい

上尚　shàng

てもよく気をつけるので,教わればすぐできるようになる.
上星 shàngxīng 人工衛星にのせる(接続する).〔～電視〕衛星テレビ.→〔上网〕
上星期 shàngxīngqī 先週:〔上礼拜〕ともいう.〔～天〕〔～日〕先週の日曜日.
上行 shàngxíng ①（電車・汽車の）上り:本線では首都に向かうもの,支線では本線に接続する駅に向かうもので,偶数の列車番号をつける.〔～列车〕上り列車. ②⇒〔上水②〕 ③下級から上級あての.〔～(公)文〕下級官庁から上級官庁にあてた公文.→〔平píng 行〕〔下 xià 行③〕
上刑 shàngxíng ①（拷問するために）刑具を用いる. ②＜文＞極刑.重刑.
上行下效 shàngxíng xiàxiào ＜諺＞上がやれば,下もまねをする:多くけなして言う.→〔上梁②〕
上学 shàngxué ①入学する. ②学校へ行く:〔上课〕に同じ.〔二儿子～〕次男は在学中.
上旬 shàngxún ＝〔上浣〕上旬.
上牙床 shàngyáchuáng ＝〔上齿龈〕生理 上歯茎.〔～骨 gǔ〕上顎骨の旧称.→〔上颚①〕
上演 shàngyǎn 上演する.〔～税〕（劇作家の）著作権料.
上眼皮 shàngyǎnpí ＜口＞上まぶた:〔上睑〕ともいう.→〔眼皮〕
上扬 shàngyáng （数値・価格が）上がる.〔物价～〕物価が上がる.
上药 shàngyào ①薬をつける.〔给他～吧〕薬をつけてやりなさい.〔手忙了,得 děi ать急,上药〕怪我した,薬をつけなくちゃならない.〔上医药〕②目薬をさす. ⑤＜喩＞中傷する. ④＜文＞仙薬.＜喩＞高貴薬.
上夜 shàngyè ①前夜.昨夜. ②宿直する.→〔守shǒu 夜②〕
上谒 shàngyè ＜文＞謁見する.お目にかかる(目上の人に）
上衣 shàngyī ①＜文＞外に着る服. ②（上半身に着る）上着.〔西装～〕ジャケット.
一一号 shàngyīhào ＜口＞トイレに行く.
上(议)院 shàng(yì)yuàn （二院制の）上院.→〔下xià (议)院〕
上瘾 shàngyǐn 癖になってやめられない.中毒する.＜転＞凝る.〔抽一了就不了了〕〔アヘンの類を〕吸って中毒になったら大変だ.〔他看棒 bàng 球上了瘾了〕彼は野球を始めてやみつきになってしまった.
上映 shàngyìng 上映する.〔～亚洲各国影片〕アジア各国の映画を上映する.
上油 shàngyóu ①油を引く.ペンキを塗る. ③（皮革製品に）クリームを塗り付ける.
上游 shàngyóu ①（河の）上流:〔上流〕に同じ. ②＜転＞先進.先頭.トップ.高い目標.〔力争～〕〈成〉努めて高い目標をめざす.
上有政策,下有对策 shàng yǒu zhèngcè, xià yǒu duìcè 上が政策を決定すれば,下はそれをあしらう対策がある.
上釉 shàngyòu ＝〔施 shī 釉〕うわぐすりをかける.
上谕 shàngyù 詔書.詔勅.勅命.
上元 shàngyuán ①上元:旧暦1月15日. ②⇒〔元宵节〕
上源 shàngyuán 河川の源流.水源に近い流れ.
上元(节) shàngyuán(jié) →〔元宵节〕
上苑 shàngyuàn 御苑.宮中の庭.
上院 shàngyuàn ⇒寺院の意味. ②⇒〔上(议)院〕
上月 shàngyuè 先月:〔＜文＞前 qián 月〕ともいう.
上载 shàngzài ＝〔上传〕〔上装③〕電算 アップロードする）↔〔下 xià 载〕
上贼船 shàngzéichuán ＜喩＞悪党の仲間入りする.

上张索 shàngzhāngsuǒ ⇒〔千 qiān 斤索〕
上涨 shàngzhǎng （水位・物価・相場）が上がる.高くなる.〔河水～〕川の水位が上がる.
上账 shàngzhàng ＝〔登 dēng 账〕〔写 xiě 账②〕記帳する.帳簿につける:〔记 jì 账〕〔落 luò 账〕に同じ.
上着 shàngzhāo （碁で）好手.＜喩＞うまい方法.
上照 shàngzhào （鑑札・免許証・許可証など）登録申請する. ②⇒〔上相②〕
上折 shàngzhé ①＜文＞上奏文を出す. ②＜転＞権力者に意見書などを出す.
上阵 shàngzhèn ①出陣する.＜転＞参加する.のりだす:〔＜文＞出 chū 阵①〕に同じ. ②＜喩＞(試合や仕事に)出場する(参加する)
上证 shàngzhèng 証明書や許可証などを発行する(交付する)
上证指数 shàngzhèng zhǐshù ＝〔上海证券取引所平均株価指数〕:〔上证综合指数〕は総合株価指数.
上知 shàngzhī ＜文＞聖哲:〔上智 zhì〕ともいう.
上肢 shàngzhī 生理 上肢.腕.
上旨 shàngzhǐ ＜文＞天子の御意.
上中农 shàngzhōngnóng 上層中農:農村における小資産階級.〔富 fù 裕 中农〕ともいう.→〔中农〕〔富 fù 农〕
上装 shàngzhuāng ①上着(上半身に着るもの). ②俳優がメーキャップをする. ③⇒〔上妆〕
上追 shàngzhuī 上役や上部組織の責任・問題点などを追究する(糾明する)
上梓 shàngzǐ ＜文＞上梓（じょうし）する.出版する:〔付fù 梓〕〔上梓〕ともいう.古く〔梓〕(キササゲ)を版木にした.
上奏 shàngzòu ＝〔上表〕上奏する.
上足 shàngzú ＜文＞優れた弟子:〔高 gāo 足〕〔高弟〕ともいう. ②良馬.
上祖 shàngzǔ ＜文＞祖先.
上嘴唇 shàngzuǐchún ⇒〔上唇〕
上座 shàngzuò ①上（かみ）座. ② 仏 (仏教の)座長.貫主.
上座儿 shàngzuòr （劇場・料理店などで）客が入る.〔～率 lǜ〕入場率.〔已经上了8成座儿〕もう8分(ぶ)の客入りだ.

〔尚〕

shàng （Ⅰ）①＜文＞崇高である.〔高 gāo ～〕気高い. ②尊ぶ.重んずる.〔崇 chóng ～〕尊び重んずる.〔为时所～〕当代に重んぜらるところとなる.〔风尚〕〔风～〕同前.〔时～〕時代の好み. ④〈姓〉尚（しょう）
（Ⅱ）①なお.まだ.〔～未到期〕まだ期日に達していない.〔～有疑问〕なおまだ疑問がある.〔年岁～小〕年齢がまだ若い. ②…さえ…すら.→〔尚且〕

尚齿 shàngchǐ ＝〔尚年〕＜文＞年寄りを尊ぶ(大切にする)
尚待 shàngdài 今後に待つ.〔～调 diào 査〕今後の調査に待つ.
尚方宝剑 shàngfāng bǎojiàn ＝〔上方宝剑〕〈成〉天子の宝剣:これを授かった者は自由裁量（切り捨て御免）の特権をもつ.旧小説によく出る.
尚可 shàngkě まずまずである.〔成绩 jì ～〕成績はまあまあよい.
尚年 shàngnián ⇒〔尚齿〕
尚且 shàngqiě （なおかつ）…すら.…さえ.〔说话句句留心,～不免有错,何况 kuàng 信口开河〕ひとことひとこと気をつけて話してさえなおかつまちがいは免れないのに,まして出まかせにしゃべればなおさらだ.〔躯 qū 売既灭了,精神～存在〕身体は滅びても,精神は依然として存在する.
尚书 shàngshū ① 旧 〔六 liù 部〕(省にあたる)の長官. ②⇒〔书 shū 经〕

shàng～shāo　尚绱裳烧

尚未 shàngwèi いまだなお…せず.〔革命～成功〕革命はまだ成功していない.
尚武 shàngwǔ 武を尊ぶ.〔～精神〕同前の精神.
尚兀 shàngwù ⇒〔尚犹〕
尚希 shàngxī 〔牍〕なお…をお願いする.〔～时赐 cì 教导〕この上とも折に触れてご指導をお願いします.
尚衣 shàngyī ①[古]天子の衣服をつかさどる役の名. ②[濁]俗に,衣服を織って作ること.
尚犹 shàngyóu〈白〉依然.やはり.〔尚兀〕に同じ.
尚主 shàngzhǔ〈文〉皇帝の娘をめとる.
尚自 shàngzì〈白〉…さえ.なおかつ.〔他～输 shū 了,你如何拼得他过〕(水2)彼でさえ負けたのに,おまえがどうして彼を負かせるものか.

〔绱・縐(鞝)〕shàng

绱鞋 shàngxié ⇒〔上鞋〕

〔裳〕 shang 〔衣yī～〕〈口〉服.衣服. → cháng

shao ㄕㄠ

〔烧・燒〕 shāo
①焼く(ける).燃やす(える).〔房子(被)～了〕建物が燃えた.家が焼けた.〔～火〕火を焚く.〔～炕 kàng〕オンドルをたく.火をおこす.〔燃 rán ～烧 (する).〔被火～了〕火に焼かれた.②(加熱や化学薬品などで)変化させる.④煮る.たく.〔～汤 tāng〕スープを作る.〔洗澡水～得了〕風呂(ふろ).⑥焼く.〔硫 liú 酸～坏了裤子〕硫酸でズボンがぼろぼろになった.ⓒ枯らす.しおれさす.〔施 shī 肥过多花苗就～死了〕肥料をやりすぎて花の苗が枯れた.③料理法の一種.④遠火であぶって焼く.〔烤 kǎo〕⑥油で炒めてから煮込む.〔红 hóng ～〕同前で作るの料理.〔～茄 qié 子〕なすを油で炒めて煮る料理.ⓒ煮てから油で炒める.〔～羊肉〕羊肉の同前. ④(病気で)発熱する.体がほてる.〔发 fā ～〕①熱が出る.〔退 tuì ～〕熱が下がる.〔他今天～得厉 lì 害〕彼は今日はひどく熱がある.〔脸～得通红〕顔がほてって赤くなった.⑤〈口〉(得た財物や条件の良さに)頭に血が上り,有頂天になる.〔瞧他～得那个样儿〕彼の有頂天な様子を見ろ.
烧包儿 shāobāor〈方〉豪気をみせる.〔得了这点儿外财就～了〕これっぱかしの思わぬ収入があったかと思うと,気前よく使ってしまった.
烧杯 shāobēi [化]ビーカー. →〔烧瓶〕
烧饼 shāobing〈方:大 dà 饼之〉こねて発酵させた小麦粉にごまみそ,または油・塩などを練り込み円形にしてごまを振りかけて焼きあげた食品;〔葱 cōng 花(烧)饼〕同前に刻みねぎを加えたもの.〔马 mǎ 蹄儿～〕"油条"をはさんで食べる薄いもの.〔吊 diào 炉～〕上火式の焼きがまで焼いたもの.
烧菜 shāocài 料理を作る.おかずを作る：焼く・炒める・煮るなどして作る. →〔做 zuò 菜〕
烧柴 shāochái ①たきつけ.柴草. ②たきぎを焚く.
烧成 shāochéng〔化:烧成(ょう)〕〈技〉焼成炉.
烧成灰烬 shāochéng huījìn 焼き尽きて灰になる.
烧刀子 shāodāozi ⇒〔烧酒〕
烧点 shāodiǎn ①事柄の注目点. ②⇒〔主 zhǔ 焦点〕
烧儿媳妇 shāo érxífu →〔扒 pá 灰〕
烧饭 shāofàn 飯を炊く.〔自己不烧火,怪锅 guō 不好〕〈喩〉自分が無能のくせに道具・条件が悪いように言う.
烧高香 shāogāoxiāng〈口〉(願)ほどきのお礼で;長い線香をたてる.〔只要儿子没病没灾地回来,

做娘的就算烧了高香〕子供が病気にもならず災難にも遇わずに帰って来さえすれば母にとっては大満足だ.
烧锅 shāoguō ほうろう鍋.
烧锅 shāoguo 旧焼酎釀造所.〔～税〕〔烧缸银〕旧酒造税.
烧焊 shāohàn ⇒〔焊接〕
烧化 shāohuà（死骸や紙など焼いて）灰にする(な る).〔烧钱化纸〕〔烧纸〕（死人の冥福を祈るために）紙銭や紙製の冥器などを焼く. →〔遺体〕遺骸を火葬する. →〔纸 zhǐ 钱(儿)〕
烧荒 shāohuāng 野焼きする.焼き畑する.
烧灰 shāohuī [中医]薬物を焼いて灰にして調製する(した薬物)
烧毁 shāohuǐ =〔焚 fén 毁〕焼却する.
烧活(儿) shāohuó(r)〈方〉葬儀の時焼くのに用いる紙製の楼・库・箱・車・馬・船・橋・人形などの細工もの(総称).〔白 bái 活儿〕ともいう. →〔烧纸〕
烧火 shāohuǒ ①火をたく.〔他～煮饭〕彼は火をつけてご飯を炊いた.〔～棍 gùn〕火かき棒.〔～小铳〕〈方〉めし炊き.炊事員.〈転〉女房.妻.〔～棍(子)一头热〕〈歇〉火かき棒,片方(火の側)だけ熱い：片思い. →〔点 diǎn 火〕〔生 shēng 火〕 ②たいて火にする.燃やしてしまう.〔那些报纸都～了〕あの新聞は全部燃やした.
烧机 shāojī ①[電]バーンイン. ②携帯電話の情報を盗まれる.
烧鸡 shāojī [食]ニワトリの丸焼き.
烧碱 shāojiǎn [化]苛性ソーダ〔苛 kē 性钠〕の通称.
烧焦 shāojiāo 焼け焦げる. →〔煳 hú〕
烧角文书 shāojiǎo wénshū [旧]緊急文書.手配書：片隅を焼き急の意を表した. →〔飞 fēi 签火票〕
烧接 shāojiē ⇒〔焊 hàn 接〕
烧结 shāojié 〔粉 fěn 末冶金〕
烧酒 shāojiǔ =〔方:烧刀子〕焼酎：ふつう〔白 bái 酒〕という.
烧烤 shāokǎo 焼肉類(総称). →〔烤肉〕
烧炕 shāokàng 焼き畑をする.
烧蓝 shāolán ⇒〔发 fā 蓝②〕
烧冷灶 shāolěngzào〈方〉〈喩〉有望な人や事に対して将来都合がよいように前もってわたりをつけて取り入っておく.
烧料 shāoliào 色のついたガラス：多く不透明で器物や飾り物を作るのに用いられる.
烧埋 shāomái 埋葬する.〔～钱〕〔～银〕⑤死者を埋葬する金.⑥[法旧]殺人犯から追徴する被害者埋葬用の金.
烧卖 shāomai〔烧麦〕〔稍麦〕とも書く.[食]シューマイ.
烧眉之急 shāoméi zhī jí〈喩〉事が急迫していること：〔燃 rán 眉之急〕に同じ.
烧明矾 shāomíngfán ⇒〔干 gān 燥明矾〕
烧盘儿 shāopánr〈方〉顔を赤くする.
烧瓶 shāopíng [化]フラスコ.〔长 cháng 颈瓶〕は首の長い同前.〔平 píng 底～〕平底フラスコ. →〔烧杯〕
烧钱化纸 shāoqián huàzhǐ →〔烧化〕
烧伤 shāoshāng やけど(する).〔～皮肤〕皮膚をやけどする. →〔烧灼〕
烧石膏 shāoshígāo 焼石膏.
烧水 shāoshuǐ 湯(をわかす)
烧炭 shāotàn ①木炭を焼いて作る. ②炭を燃やす(たく)
烧土 shāotǔ 赤土：石炭粉を固め,たどんを作る赤土.
烧香 shāoxiāng ①香をたく. ②(神仏に)線香を立てる：〔炷 zhù 香〕に同じ.〔～还 huán 愿〕お参りし

shāo～sháo

て願ほどきをする.〔～失了火〕〈喩〉せっかくの事がかえって仇になる.〔平时不～,急时抱佛脚〕〈諺〉苦しい時の神頼み.〔～賄賂路を贈る.〔～磕头〕〈喩〉有力者に袖の下を使って頼み込む.

烧香引鬼 shāoxiāng yǐnguǐ ⇒〔烧纸引鬼〕

烧心 shāoxīn ①気が気でない,やきもきする.〔我有一件～的事〕わたしには気が気でないことが一つある.②医胸やけ(する).〔作 zuò 酸〕ともいう.③〈方〉(キャベツなどの)芯が病害虫のために黄(黒)くなる.

烧心壶 shāoxīnhú ⇒〔茶 chá 炊〕
烧烟 shāoyān ⇒〔抽 chōu 烟〕
烧窑 shāoyáo ①陶磁器の焼がま.②焼がまで陶磁器・煉瓦などを焼く.〔～匠〕陶工.
烧夷弹 shāoyídàn ⇒〔燃 rán 烧弹〕
烧针 shāozhēn (鍼灸に用いる)焼き針:〔火 huǒ 针〕に同じ.
烧纸 shāozhǐ ①葬祭または墓参の際に紙銭を焼いて霊を祀る.〔～引鬼〕〔烧香引鬼〕〈成〉紙銭を焼いて冥福を祈ったりしたばかりに亡霊を引き寄せることになる:親切が仇になる.→〔烧化〕②その紙銭.〔方〕火 huǒ 纸〕〔冥 míng 纸〕に同じ.
烧制 shāozhì 焼き物を焼く.窯で焼く.
烧砖 shāozhuān 煉瓦を焼く.
烧灼 shāozhuó 焼けどをする.→〔烧伤〕

〔**捎**〕shāo 付帯して(ついでに)持って行く(行って届ける).ことづける.〔～一封信〕手紙を届ける.〔是给我们～来的友达〕に持って行ってくれたのだ.〔你把我的东西～家去〕ついでにわたしの物を家まで届けてくれ.〔我跟他是同乡,这次我回家,还替他～了点儿钱呢〕わたしは彼と同郷なので,今回帰郷した時にお金を少しことづかって届けてやった.
→ shào
捎搭 shāodā 〔方〕ついでに(する).〔捎带〕に同じ.
捎带 shāodài ついでに(する).片手間に(する).〔～着办 bàn〕ついでにする.〔夏秋两季～看 kān 守村里的庄 zhuāng 稼〕(赵・李)夏と秋は片手間に部落の作物の見張りをする.
捎带脚儿 shāodàijiǎor 〈口〉ついでに.〔今天上朋友家去道喜,～逛了一趟公园〕今日は友人の家へお祝いに行ったついでに,ちょっと公園へ寄ってきた.→〔顺 shùn 便〕
捎话 shāohuà 伝言する:話を持って行って伝える.
捎脚 shāojiǎo 運送中に客や荷物をついでにのせる.〔回去是空 kōng 车,捎个脚吧〕帰りは空車だから,ついでにのせよう.
捎口信(儿) shāokǒuxìn(r) 〔人に〕ことづを頼む.(人のために)ことづけを言い伝える.
捎信 shāoxìn 手紙を携えて(届ける).〔捎书带信〕同前.
捎信儿 shāoxìnr 伝言する.ことづける.〔你顺便替我给王先生捎个信儿〕きみついでに(わたしのために)王さんにことづけをしてくれたまえ.

〔**弰**〕shāo 〈文〉弓の両端.〔弭 mǐ ①〕

〔**梢**〕shāo ①〔～儿〕こずえ.細い枝先.〔树 shù ～〕同前.〔根不动～不摇 yáo〕〈喩〉いささかも動かない.②先端.末.〔鞭 biān ～〕むちの先.〔辫 biàn ～儿〕おさげのしっぽ.〔春～〕春の末.〔没有～〕結果(成果)がない. → sào
梢棒 shāobàng ⇒〔哨 shào 棒〕
梢长 shāocháng のっぽである.背が高い.〔～大汉 hàn〕大男.
梢公 shāogōng ⇒〔艄公〕
梢瓜 shāoguā ⇒〔菜 cài 瓜〕
梢门 shāomén 大通りに面した門.表門.

梢末 shāomò ①木のこずえ.②(物の)先端.③〈転〉些細なこと.〔～的事〕同前.
梢婆 shāopó 女船頭.
梢柴 shāochái 木の枝(たきぎ用).
梢头 shāotóu ①こずえ.〔树 shù ～〕木のこずえ.②端〔儿〕.〔行到市镇～〕(水浒32)町はずれまで行く.
梢尾 shāowěi すえ.終わり.
梢子棍 shāozigùn 固武器の一種:棒の先に鎖で短い棒をつないだもの.

〔**稍**〕shāo ①少し.やや.いささか.しばらく.〔～有不同〕少し違う点がある.〔～觉寒冷〕やや寒さを感ずる.〔价钱～贵〕値段が少し高い.〔～坐片刻〕ほんのわずかの間座る.〔请～候 hòu〕どうぞしばらくお待ちください.②〈姓〉稍(セウ).→ sào

稍安勿躁 shāo'ān wùzào ⇒〔少 shǎo 安毋躁〕
稍房 shāofáng 奥の部屋から離れたところにある(端にある)部屋.
稍瓜 shāoguā ⇒〔菜 cài 瓜〕
稍后 shāohòu 少しあと.少々うしろ.
稍候 shāohòu 網でくくる.〔斗 dǒu ～〕
稍加 shāojiā (加え方が)やや.少し.
稍麦 shāomai ⇒〔烧卖〕
稍顷 shāoqǐng 〈文〉しばしの間.
稍稍 shāoshāo ①ほんのわずか.ちょっぴり.〔～吃了一点儿〕ほんのちょっぴり食べた.②〈文〉しだいに.
稍胜一筹 shāoshèng yīchóu ⇒〔略 luè 胜一筹〕
稍事 shāoshì 〈文〉しばし…する.〔～休息〕ちょっと休息する.
稍微 shāowēi =〔稍为〕〔少 shǎo 微〕少し.わずか.〔老师!请～慢点儿念念〕先生,もう少しゆっくり読んで下さい.→〔略 luè 微〕〔些 xiē 微〕
稍为 shāowéi ⇒〔稍微〕
稍尾 shāowěi 同前.
稍许 shāoxǔ わずか.少し(ばかり).〔～给家寄几个钱去〕家に少し送金する.〔稍微〕
稍逊一筹 shāoxùn yīchóu 〈成〉一歩及ばない.
稍逊 shāoxùn 〈文〉少し劣る.
稍有 shāoyǒu 少しある.〔～误 wù 会〕少し誤解がある.
稍纵即逝 shāozòng jíshì 〈喩〉(時間や機会が)あっという間に去ること.〔～的机会〕つかの間の機会.

〔**蛸**〕shāo 〔蠨 xiāo ～〕国アシダカグモ.〔喜 xǐ 子〕〔喜蛛 zhū〕は通称. → xiāo

〔**筲(簎)**〕shāo ①固竹かご:1斗 2 升(または 5 升)入り.〔斗 dǒu ～〕〈喩〉(人の)器量が小さい.〔一箕 jī 米とぎ・野菜洗い用のざる.②木や竹で作った水桶.〔水～〕同前.

〔**艄**〕shāo 〔箱〕〈文〉船尾.とも.〈文〉艖 wěi〕に同じ.②かじ.〔掌 zhǎng ～〕かじをとる.〔～公 gōng〕〔梢公〕船頭.かじ取り.

〔**鞘**〕shāo 〔鞭 biān ～儿〕むちの先についている細い麻ひもまたは皮ひも.②地名用字.〔乌 wū ～岭〕甘粛省にある.→ qiào

〔**箱**〕shāo ⇒〔艄〕

〔**勺(杓)**〕sháo ①〔～儿〕ひしゃく・杓子・しゃもじ・れんげの類.〔杓〕とも書いた.〔炒 chǎo ～〕ⓐフライがえし.ⓑ柄のついた中華なべ.〔铜 tóng ～〕網じゃくし.〔铁 tiě ～〕鉄びしゃく.②半球状のもの.〔后脑 nǎo ～〕〈方〉頭のうしろ.③〈度〉勺(シ):容量の単位.ⓐ〔市～〕の略称.〔市 shěng 制〕の 0.01 の 1,〔市 撮 cuō〕の 10 倍,〔厘 lí 升〕(センチリットル)に当たる.ⓑ〔公 gōng ～〕センチリットル:〔厘升〕の旧称.④量詞:玉じゃくし・れんげ・スプーンに入っているものを数える.〔一～水〕少量の水.

sháo～shǎo

勺叨 sháodao〔方〕みさかいなくよくしゃべる：〔韶刀〕とも書く.〔吃了两钟酒,～上来了〕酒を少し飲んだらもうラにしまりがなくなった(ぺらぺらしゃべりだした)

勺乎 sháohu〔口〕なぐる.ぶつ.

勺口 sháokour〈方〉料理の腕前(味).〔新厨 chú 子的～〕新しいコックの腕.

勺球 sháoqiú ⇒〔高 gāo 尔夫球〕

勺儿 sháor ⇒〔勺子〕

勺状软骨 sháozhuàng ruǎngǔ 生理甲状軟骨.

勺子 sháozi ①〔勺儿〕ひしゃく.しゃもじ.しゃくし.②後頭部の俗称.〔脑 nǎo 勺〕頭のうしろ.

[芍] sháo 〔～药 yao〕圃シャクヤク,またその花：〔婪 lán 尾春〕ともいう.〔白～〕〔赤 chì ～〕同この根：いずれも薬用ほる.

[杓] sháo 古く〔勺儿〕に通用した. → biāo

[苕] sháo →〔红 hóng 苕〕→ tiáo

[韶] sháo ①固虞舜の時代の楽曲.②〈文〉美しい.〔韶 cōng 韶〕〈成〉賢く,みめ麗しい.③〔姓〕韶(ʃá)

韶刀 sháodao ⇒〔勺刀〕

韶光 sháoguāng =〔韶华〕〈文〉①〔春〕の美しい景色.②〔喩〕青春時代のよい時期.③〔転〕光陰.

韶华 sháohuá 同前.

韶景 sháojǐng〈文〉美しい景色.春色.

韶子 sháozi ⇒〔榴 liú 莲〕

[少] shǎo ①少ない.〔我认识的字比他～得多〕わたしの知っている字は彼よりずっと少ない.〔15比18－3〕15は18より3少ない.〔～花钱,多办事〕少しの金で沢山のことをやる.〔～扣多多～〕差し引くのを少なくして分配するのをより多くする.〔他很～出去〕彼はめったに外出しない.〔你～插 chā me！〕余計な事を言うな.ごちゃごちゃ言うな.↔〔多 duō〕②乏しい.欠乏する.不足する.足りない.〔米,面是一天都不可～的〕米や小麦粉は1日も欠かせないのである.〔没 méi 数钱,～不～〕金が少なくて(足りなく)はないか数えてみなさい.③〔金を〕借りている.〔我还～老李三十块钱呢！〕まだ李さんに30元借りている.〔该 gāi 人家,～人的,到时候儿还得还 huán 人家〕借りた金は,期日が来たらすぐに返さねばならない.④なくなる.紛失する.〔我屋里的东西～了几件〕わたしの部屋の品物がいくつかなくなった.⑤〈文〉しばらく.少々.〔～等 děng〕しばらく待っ. → shào

少安毋躁 shǎo'ān wúzào〈成〉少し落ち着いてばたばたするな：〔少安勿 wù 躁〕〔稍 shāo 安勿躁〕ともいう.

少半儿 shǎobàn(r) 半分足らず.半分より少ない：〔小 xiǎo 半(儿)〕に同じ. →〔少一半(儿)〕〔多 duō 半(儿)〕

少不得 shǎobudé 欠かせない.なくてはすまない.しないわけにはいかない.〔丑 chǒu 媳妇～见公婆〕〈諺〉醜い嫁でもしゅうと姑にあいさつは欠かせない.〔いつまでも預し通せるわけがない.〕〔一天三顿饭是～的〕日に3度の食事は欠かせない.〔他病得这样,～也要问问〕彼がそんなに病んでいるのなら,行って見舞ってやらなければならない.〔～安排什么款 kuǎn 待他〕何か支度して歓待してやらなくてはならない.

少不了 shǎobuliǎo 少なくなりっこない.欠けるようなことはない.なにはさておき.〔该你的钱,将来还 huán 你,绝～〕きみに借りている金はいつか返すず,決して(約束の返済額より)欠けることはしない.〔这事～您〕〔这事还少得了怎〕この事はあなたをおかけはすまない.〔～要麻烦您〕どのみちご厄介をおかけします(せずにはすみません).〔要开大公司,用的人可～〕大きな会社を開くとなると使う人間も少なくはない.

少秤 shǎochèng 目方不足である.

少吃无着 shǎochī wúzhuó〈成〉衣食に窮する.

少待 shǎodài〈文〉しばらく待つ.〔～一片 piàn 刻〕同前.

少得了 shǎodeliǎo 欠けてもよい.なくてもよい. ⇒〔少不了〕

少而精 shǎo'érjīng 量は少ないが質・内容は高い.

少管闲事 shǎoguǎn xiánshì〈成〉よけいなことにかかりかわりない.よけいなおせっかいをするな.

少广 shǎoguǎng 古代算法の開方. →〔九 jiǔ 章算术〕

少会 shǎohuì〈挨〉ごぶさたしてます.

少间 shǎojiān〈白〉しばらくの間.

少见 shǎojiàn ①あまり見かけない.〔这种装饰物很～〕この種の飾り物は非常に珍しい.②久しく会わない.〔～！～！〕〈挨〉ごぶさたしております.〔久 jiǔ 违〕

少见多怪 shǎojiàn duōguài =〔少所见,多所怪〕〈成〉見聞が狭く,あたりまえのことでもやたらに不思議がる.世間知らず.

少刻 shǎokè ⇒〔少时〕

少来 shǎolái ①来るのを控える.②手控える.〔菜里可以放些辣椒,可是要～〕料理に少し唐がらしを入れるのはよいが控えめにしなさい.〔你～一套！〕その手は食わぬ(きかぬ)よ.

少礼 shǎolǐ〈挨〉①失礼します.②同前.〔上次令堂正寿,我也～,没得去拜寿〕このあいだお母上の(10年毎の)お誕生日には失礼してしまって,お祝いにも行けませんでした.②どうぞお楽に.どうぞ礼儀ぬきにして下さい.

少量 shǎoliàng 少量(の)

少慢差费 shǎo màn chà fèi 少なく,遅く,劣り,不経済である.↔〔多 duō 快好省〕

少陪 shǎopéi〈挨〉お先に失礼します：先に座を立つ時に用いる.〔～了！〕ではお先に.

少气无力 shǎoqì wúlì〈成〉すっかり元気がない.

少顷 shǎoqǐng ⇒〔少时〕

少生优生 shǎoshēng yōushēng 少なく生み,いい子を生む：一人っ子政策のスローガンの一.

少时 shǎoshí =〔少刻〕〔少顷〕〈文〉しばし.しばらく(して)

少食 shǎoshí 小食.食事の量が少ないこと.〔～多餐〕(少吃多餐)小食にして回数を多くする.

少数 shǎoshù 少数.少.〔持反対意见的还不在～〕反対意見を持っている者は少なくなかった.〔可也不免有～例外〕しかし少数の例外はある.

少数民族 shǎoshù mínzú 少数民族：中国では〔汉 hàn 族〕を除く各民族をいう.〔蒙 méng 古族〕〔回 huí 族〕〔藏 zàng 族〕〔维 wéi 吾尔族〕〔苗 miáo 族〕〔壮 zhuàng 族〕など55の少数民族に分類する. →付録 3

少说 shǎoshuō ①控え目に話す.〔～为佳〕あまりしゃべらない方がよい.〔少 shào 道 少 shǎo 说に言う.②少なくとも.〔～也有九十垧 shǎng 地〕少なくとも90垧の土地を持っている.

少所见,多所怪 shǎo suǒjiàn, duō suǒguài ⇒〔少见多怪〕

少调失教 shǎotiáo shījiào〈成〉しつけ(訓練)が足りない.〔该东乍到,就这么～的〕ぼっと出てのでこんなにしつけができていないのだ.

少停 shǎotíng〈白〉しばらく停止する(やめる).〈転〉しばらく時間がたつ.〔现在先不用打听,～你就知道了〕今はまず問い合わせるには及ばない,しばらく

少邵邵劭紹　　　　　　　　　　　　　　shǎo〜shào

すればすぐわかる.
- **少头缺尾** shǎotóu quēwěi 〈成〉物事の始めと終わりが欠けている.不完全である:〔少头无尾〕ともいう.
- **少微** shǎowēi ⇒〔稍 shāo 微〕
- **少息** shǎoxī ①〈文〉しばらく休息する. ②軍休め！(号令):〔稍 shào 息〕ともいう.
- **少许** shǎoxǔ 〈文〉少しばかり.〔~的钱〕わずかな金.
- **少一半**(儿) shǎoyībàn(r) (二つに分けた)少ない方の半分.→〔少半(儿)〕
- **少一缺二** shǎoyī quē'èr 〈慣〉足らないところがある:〔少一无 wú 二〕ともいう.
- **少有** shǎoyǒu まれにある.めったにない.〔真是~的事情〕本当に稀である.→〔稀 xī 有〕

〔少〕 shào ①若い.〔年~〕年が若い.〔~年男女〕〔男~女~〕老若男女.↔〔老 lǎo ①〕 ②若い者.〔男女老~〕老若男女.若旦那.御子息.〔大~〕〈方〉坊ちゃん.若且那.〔阔 kuò ~〕お金持ちの坊ちゃん.〔恶 è ~〕a不良息子.b不良少年. ③〔军 jūn 官〕(将校)の各階級の最低位.〔~将 jiàng〕少将.〔~校 xiào〕少佐.〔~尉 wèi〕少尉.→〔军 jūn 衔〕 ⑤〔姓〕少(ショウ)
→ shǎo

- **少艾** shào'ài 〈文〉若くて美しい人(女性)
- **少白头** shàobáitóu 若白髪(の人)
- **少保** shàobǎo 周〔三 sān 公①⑥〕の補佐役:〔三孤〕の一.
- **少不更事** shào bùgēngshì ≡〔少不经事〕〈成〉年少で経験が浅い.
- **少不经事** shào bùjīngshì 同上.
- **少东家** shàodōngjia 主人の息子.若だんな:〔少东〕ともいう.
- **少儿** shào'ér 少年少女.〔~不宜影片〕成人向け映画.
- **少房** shàofáng ⇒〔妾 qiè ①〕
- **少妇** shàofù 若妻.
- **少傅** shàofù 周〔三 sān 公①⑥〕の補佐役.→〔三孤〕
- **少腹** shàofù ⇒〔小 xiǎo 肚子〕
- **少姑爷** shàogūyé →〔姑爷〕
- **少管所** shàoguǎnsuǒ →〔少年犯管教所〕
- **少将** shàojiàng →〔军 jūn 衔〕
- **少君** shàojūn ①周諸侯の夫人の称. ②〈尊〉ご令息.
- **少牢** shàoláo 〈文〉祭祀のいけにえとして供える羊と豚:〔中 zhōng 牢〕ともいう.→〔太 tài 牢〕
- **少吏** shàolì 〈文〉小役人:〔小 xiǎo 吏〕に同じ.
- **少林棍** shàolíngùn →〔齐 qí 眉棍〕
- **少林拳** shàolínquán 河南省嵩山にある少林寺に伝わる拳法:〔外 wài 家(拳)〕ともいう.→〔太 tài 极拳〕〔武 wǔ 当拳〕
- **少奶奶** shàonǎinai 〔尊〕a回若奥さん.⑥主人の息子の妻.b他家の娘.
- **少男** shàonán 未婚の若い男性.〔~少女〕〔少年男女〕の青年男女.
- **少年** shàonián 少年.⑧14歳から18歳.〔~犯〕少年犯.〔~法庭 tíng〕少年審判所.〔~业 yè 主〕未成年の財産相続人.〔10歳前後から15,6歳.〔~运 yùn 动员〕ジュニア選手.〔~队 duì〕ジュニアチーム.〔~儿童读物〕少年・児童むけ推薦図書.〔~之家〕少年の家:課外活動センターの小規模なもの. ②老神. ③青年.〔~老成〈贬〉a若いのに老成している.b若いくせに年寄りじみている. ④〈文〉青年男子.
- **少年班** shàoniánbān (大学の)飛び級入学生のクラス:〔神 shén 童班〕ともいう.
- **少年儿童队** shàonián értóngduì →〔少年先锋队〕
- **少年犯管教所** shàoniánfàn guǎnjiàosuǒ 少年院:〔少管所〕は略称.
- **少年宫** shàoniángōng 小・中学生の課外活動センター:〔少年之家〕は小規模の同前.→〔文 wén 化宫〕
- **少年先锋队** shàonián xiānfēngduì 1949年に成立,初め〔少年儿童队〕と称したが53年〔~〕と改称.学習や各種の活動を通じ少年を団結させ組織して〔五爱〕の精神を養うことを目的とする.〔少先队〕は略称.→〔红 hóng 领巾〕
- **少女** shàonǚ 乙女.少女.〔~课堂〕女子生徒のための性教育教室.
- **少女草** shàonǚcǎo 植オトメソウ(ヤハズハタソウ)
- **少妻** shàoqī ①⇒〔妾 qiè ①〕 ②若妻.幼妻.
- **少日** shàorì 〈文〉新い頃.
- **少师** shàoshī 周〔三 sān 公①⑥〕の補佐役.→〔三孤〕
- **少时** shàoshí 若い時.少年時代.
- **少帅** shàoshuài 若年の総司令官.〈転〉若手コーチ・監督.
- **少尉** shàowèi →〔军衔〕
- **少先队** shàoxiānduì ⇒〔少年先锋队〕
- **少相** shàoxiang 〈口〉若く見える:〔少像〕〔少兴〕〔少形〕とも書いた.〔你别看他长得~,其实岁数不小了〕彼は体つきは若く見えますけれど,実際は年がいっているんですよ.〔他都五六十,看起来倒挺~〕彼は60近くになるが,見たところなかなか若い.
- **少小** shàoxiǎo 〈文〉若い.〔~爱文词〕年若くして文や詞を好んだ.
- **少校** shàoxiào →〔军衔〕
- **少辛** shàoxīn →〔细 xì 辛〕
- **少阳** shàoyáng ①中医少陽:太陽と陽明の中間にある経脈. ②〈文〉東の方. ③〈文〉皇太子の住居.→〔东 dōng 宫〕 ④易で七の数.
- **少爷** shàoye 〈尊〉①大家(ｱ)のの御子息.坊ちゃん.〔~气〕坊ちゃんかたぎ. ②回(主家の)坊ちゃん.若だんな:〔方〕大 dà 少〕ともいう. ③(あなたの)息子さん.御子息. ④回使用人に対して自分の息子のことをいう. ④〔老爷 lǎoye〕 ⑤〈口〉ホスト.
- **少阴** shàoyīn ①中医少陰:太陰と厥陰の中間にある経脈. ②〈文〉西の方. ③〈文〉易で六の数.
- **少长** shàozhǎng 年下と年上.〔~咸 xián 集〕老いも若きもことごとく集まる.
- **少掌柜** shàozhǎngguì 商店主の息子.若主人.
- **少正** shàozhèng 〈姓〉少正(ｼｮｳｾｲ)
- **少壮** shàozhuàng 若い盛りである.〔~派〕少壮派.〔~不努力,老大徒伤悲〕〈成〉若いうちに努力しないと年をとってから悲嘆にくれる.

〔邵〕(劭) shào 〈文〉人品が優れている:〔劭③〕に同じ.〔年高德~〕〈成〉高齢で品性が高い.

〔邵〕 shào ①地名用字.〔~阳市〕囲湖南省にある. b〔伯湖〕囲江蘇省江都市の北にあり高邮湖に通ずる. ②〈姓〉邵(ｼｮｳ)

〔劭〕 shào 〈文〉①自ら努める. ②励ます.〔先帝~农 nóng〕先帝は農業を奨励なされた. ③人品が優れている:〔邵〕に同じ.〔~美〕高潔である.

〔绍・紹〕 shào ①〈文〉受け継ぐ.〔~承 chéng〕同前.〔~先烈之精神〕亡くなった忠烈の志士たちの精神を受け継ぐ. ②推薦する.〔~介 jiè〕紹介する.〔~介紹〕紹介. ③浙江省紹興の略称.〔~纺 fǎng〕囲紹興産絹織物. ④〈姓〉紹(ｼｮｳ)

- **绍菜** shàocài 植シャオツァイ.タケノコハクサイ.
- **绍酒** shàojiǔ ⇒〔绍兴酒〕

shào~shē

绍剧 shàojù 圓浙江・上海一带の地方劇.〔绍兴大班〕〔绍兴戏①〕〔绍兴乱luàn 弹〕は totaled.

绍述 shàoshù 〈文〉前人の事業を継承する.

绍兴酒 shàoxīngjiǔ 绍興酒.〔绍酒〕ともいう.〔黄 huáng 酒〕の代表的なもの.〔鉴 jiàn 湖〕の水で仕込むため〔鉴湖~〕〔鉴湖名酒〕の名がある.原料配分などの違いから〔元红(酒)〕,〔加饭(酒)〕,〔善酿(酒)〕,〔香雪(酒)〕などがある.原料は〔糯 nuò 米〕または〔黄米〕.醸造後10~20年経過したものがよいとされている.→〔陈 chén 酒〕〔花 huā 雕〕〔老 lǎo 酒〕

绍兴师爷 shàoxīng shīyé 旧地方官の個人的な幕僚(顧問).特に刑事裁判を扱う辣腕の〔刑 xíng 名师爷〕(法廷の書記)には紹興出身の者が多い.

绍兴戏 shàoxīngxì ①⇒〔绍剧〕 ②⇒〔越 yuè 剧〕

[捎] shào 〈口〉(馬・ロバや馬車が)後ずさりする.〔把马车往后~~〕馬車を後へ下がらせる. ②(色が)あせる(落ちる). ③それとなく見る.
→ shāo

捎马子 shàomǎzi 〈方〉(馬の背で運ぶ)振り分け荷袋:長方形で両端に物を入れて馬の背に振り分けにして運ぶ.

捎色 shàoshǎi 色が落ちる(あせる).〔退 tuì 色〕に同じ.〔这布不~〕この布は色は落ちませんか.

[哨] shào (I) ①警戒して見回る.〔巡 xún ~〕巡邏する. ②歩哨.見回り. 〔~ 兵〕哨兵.〔放~〕步哨を立てる. ③古军の編成単位の一:清末は陸兵100人または80人,海兵80人または20人と.〔姓〕哨〔一〕(一). (II) ①(鸟が)さえずる.〔这只百灵~得很好听〕このヒバリはとてもよくさえずる. ②〔~儿〕呼び子・口笛の類.〔吹 chuī 口~〕口笛を吹く.〔猫 dū 嘟儿地一声~响了〕ピーッと呼び子が一つ鳴った. ③〈方〉しゃべる.〔他~了半天〕あいつペラペラとしゃべりまくった.

哨棒 shàobàng 〈白〉(道中護身用の)棒.〔梢 shāo 棒〕ともいう.〔武松打了包裹,拴了一要行〕(水23)武松はもう荷をくくり,道中用の棒を結わえ付けて出かけようとした.

哨船 shàochuán ⇒見張り船.⇒巡邏(ﾙｫ)船.

哨房 shàofáng ⇒〔岗 gǎng 房〕

哨岗 shàogǎng 前哨地点.〔占领军占据了所有的~〕占領军はあらゆる前哨地点を占拠した.

哨官 shàoguān 淸〔一哨〕の統率官.〔千 qiān 总〕を見よ.

哨箭 shàojiàn かぶら矢.

哨马 shàomǎ 〈白〉哨騎.騎馬の哨兵.〔銮 luán 铃响处,约有三十余骑~〕(水109)くつわの鈴の鳴るかたに,三十余騎とおぼしき騎馬の哨兵が現れた.

哨棚 shàopéng 見張り小屋.步哨小屋.

哨卡 shàoqiǎ 国境や要所の步哨所.

哨声 shàoshēng ①ホイッスルの音. ②同前に似た通信音.

哨所 shàosuǒ 哨兵詰め所.前哨所.

哨子 shàozi ①呼び子.ホイッスル.〔哨儿〕ともいう.〔吹 chuī ~〕〔打~〕口笛を吹く.〔~响 xiǎng 了〕ホイッスルが鳴った. ②喩戦闘や競技が始まった. ③〈白〉ごろつき.よたもの.

[睄] shào 〈文〉軽くみる.

[稍] shào 〔~息 xī〕囯休め!(号令).〔少 shǎo 息〕ともいう.〔立 lì 正〕 → shāo

[潲] shào ①(雨が風を受けて)斜めに降る. ②〈口〉(水を)ザーっとまく.〔往马路上一些水〕道路に水をまく. ③〈方〉豚の飼料・米のとぎ汁やぬか,野菜などを煮たものにする.〔~水〕

同前.〔~桶 tǒng〕同前を入れる桶.→〔泔 gān 水〕a

she ㄕㄜ

[奓] shē ⇒〔奢①〕 → zhā zhà b

[奢] shē ①〔一奓〕ぜいたく(である).〔豪 háo ~〕豪奢(である).〔穷 qióng ~极侈〕〔穷~极欲〕成ぜいたくと欲望の限りを尽くす.〔~办婚礼〕結婚式を派手にする.〔↔〔俭 jiǎn ~〕 ②過分である.過ぎる.〔所望不~〕その望みは過分ではない.〔~念 niàn〕高望み. ④〈姓〉奢(ｼｬ). c

奢侈 shēchǐ ぜいたく(である).〔~品 pǐn〕贅沢品.

奢费 shēfèi 浪費する.

奢华 shēhuá ぜいたくで派手(である) d

奢丽 shēlì ぜいたくできらびやかである.

奢咧 shēlie 〈方〉だらしない.しまりがない.〔快把风纪扣扣上,~着领子不好看〕ホックを掛けなさい,〔一嘴嘴,一脸的傻气〕口をぽかんと開けてばかみたいだ. e

奢靡 shēmí 〈文〉ぜいたくでむだに使いする.〔奢糜〕とも書いた.

奢求 shēqiú 高望み(する).法外な要求(をする)

奢汰 shētài ⇒〔汰侈〕

奢泰 shē tài ⇒〔汰侈〕 f

奢谈 shētán 大口をたたく.大言壮語する.〔奢言 yán〕ともいう.

奢望 shēwàng =〔奢想〕過分の望み(をする)

奢想 shēxiǎng 同上.

奢因 shēyīn 〈音訳〉チェーン.測鎖,またこれで測った単位:66フィートまたは100フィートに当たる. g

奢遮 shēzhē 〈白〉出色である.すぐれている.

[赊・賒] shē ①掛けで売る(買う).〔~了20斤煤 méi〕20斤の石炭を掛け売り(買い)した.〔现钱不~〕〈慣〉現金でお願いします掛け売りはお断り.〔一概 gài 不~〕〈慣〉掛け売りは一切お断りします. ②〈文〉遠い.〔路~〕道のりが遠い. ③〈文〉久しい.〔虽 suī 五日犹觉其~〕わずか五日でも長い時間のように感じる. h

赊贷 shēdài 掛け貸し(する) i

赊购 shēgòu =〔赊买〕掛けで買う.

赊借 shējiè 掛け借り(する)

赊买 shēmǎi ⇒〔赊购〕

赊卖 shēmài ⇒〔赊售〕

赊欠 shēqiàn 代金を後払いする.〔催收~的账 zhàng 款〕掛け金を取り立てる.〔~免 miǎn 言〕掛け買いお断り.〔一概不~〕〈慣〉掛け売り一切お断り. j

赊售 shēshòu 同下.

赊销 shēxiāo =〔赊卖〕〔赊售〕掛け売りする.〔~价格〕掛け売り値段. k

赊账 shēzhàng ①勘定をつけにする.掛け売りする. ②掛け勘定.

赊主 shēzhǔ 圆(掛け取引の)借り主.

[畲] shē 〔~族 zú〕シェー族:中国少数民族の一.福建・浙江・江西・広東の各省に居住している.古代の〔山越〕の後裔. l

[畬・畭] shē 火田を:〔畲〕に同じ.〔大~坳 ào〕圖広東による.

[猞] shē 〔~猁(猁) lì(sūn)〕〔林 lín 㹳〕圖オオヤマネコ.東北産のものは上等の毛皮となる. m

[畬] shē 〈文〉火田する:焼き畑農業の一.〔~田〕同前の耕地. → yú

[樣] shē 〈方〉マンゴー.〔杧 máng 果〕の別称. n

[舌] shé

① 舌.〔伸 shēn 出～头,缩 suō 不进去〕(びっくりして,あきれて)舌を出したまま引っこめることができない.〔口～之争 zhēng〕言い争い.〔～为利害本,口是祸福门〕〔諺〕舌は利害の元,口は禍福の門.〔～祸 huò 事件〕舌禍事件. ② 舌の形をしたもの.〔笔 bǐ～〕万年筆のペン先.〔帽 mào～〕帽子のつば.〔火～〕炎. ③ 鈴や鐸の舌.〔铃 líng～〕鈴の舌.

舌癌 shé'ái [中医]舌癌.
舌敝唇焦 shébì chúnjiāo =[唇焦舌敝]舌が破れ唇が焦げる.〈喻〉口をすっぱくして言う.〔～调 tiáo 解家庭纠纷〕言葉を尽くして(人の)家庭内のもめごとを調停する.
舌端 shéduān 舌の先.口先.
舌锋 shéfēng 〈喻〉鋭い弁舌.舌鋒(ぜっぽう).
舌根 shégēn 舌の根.
舌根音 shégēnyīn →[舌面音]
舌耕 shégēng 〈文〉生徒に教授して生活を立てる.〔以～为业〕同前.
舌管 shéguǎn [音]吹奏楽器のリード:〔簧 huáng ①〕ともいう.
舌簧 shéhuáng [机]トング.リード.〔～式扬声器〕〔電磁式扬声器〕マグネチックスピーカー.
舌尖 shéjiān 舌の先.〔～杀人不见血〕〈成〉舌先三寸で人を殺す.
舌尖音 shéjiānyīn [语]舌尖(ぜっ)音:〔普通话〕の z·c·s,〔舌尖前音〕は d·t·n·l,〔舌尖后音〕は zh·ch·sh·r の音.
舌剑 shéjiàn 〈喻〉鋭い弁舌.〔～唇枪〕〔唇枪~〕同前.
舌接法 shéjiēfǎ [植]舌つぎ法:接ぎ木法の一種.
舌蜜腹剑 shémì fùjiàn 〈喻〉=〔口 kǒu 蜜腹剑〕
舌面音 shémiànyīn [语]舌面音:〔舌面后音〕〔舌根音〕〔舌根音〕は〔普通话〕の g·k·h·ng,〔舌前音〕(前舌面音)は j·q·x など.
舌衄 shénǜ [中医]舌から出血する病気.
舌人 shérén 〈喻〉通訳者.
舌乳头 shérǔtóu [生理]舌面にある小さな粒状突起.
舌伤 shéshāng 誹謗・中傷による心の傷.世論で受けた精神的な痛手.
舌鳎 shétǎ [魚]ウシノシタ(総称).〔～鱼 yú〕鞋 xié 底鱼〕シタビラメ.〔半滑～〕〔牛 niú 舌~〕ウシノシタ.〔宽体~〕イヌノシタ.
舌苔 shétāi [生理]舌のこけ.〔～发白〕舌苔が(病気のため)白くなる.
舌头 shétou ① 舌.舌べら.〔大～〕大きい舌. ⓑ 舌が大きい.〔转~〕舌が回らない.〔吐 tǔ～〕〔伸 shēn ～〕舌を出す.〔～根 gēn 子〕舌の根.〔~尖儿 jiānr〕舌の先.〔～精〕〈喻〉おしゃべり屋.ロうるさい人.〔不利 lì 落言が回らない.〔～底下压死人〕舌の先で人を殺すことができる.〔说话没准～〕話があてにならない. ② 敵情を聞き出すために捕まえてきた捕虜.〔为了了 liǎo 解敌情需要抓一个~〕回来敌情を知るために敵を一人捕まえる必要がある.
舌下腺 shéxiàxiàn [生理]舌下腺.〔～唾 tuò 液腺〕
舌音 shéyīn [语](音韻学で)舌音.→[七 qī 音 ①]〔五 wǔ 音〕
舌蝇 shéyíng =[采 cǎi 采蝇]〔萃 cuì 蝇~〕[虫]ツェツェバエ:エバエ科の吸血性のハエ(総称).
舌痈 shéyōng [中医]舌の赤く腫れる病気.
舌战 shézhàn 〈喻〉論戦(する)
舌诊 shézhěn [中医]舌診.
舌状花 shézhuànghuā [植]舌状花.

[折] shé

① (折れて)切れる.ちぎれる.〔棍 gùn 子～了〕捧が折れた.〔拧 nǐng～〕ねじ切る.〔绳 shéng 子～了〕ひもが切れた.〔宁 nìng ~不弯〕〈成〉失敗するようなことがあろうと志は曲げない. ② 損をする(欠損をする).赤字を出す. ③〈姓〉折(せっ). → zhē zhé

折本(儿) shéběn(r) 元手をする.損をする:〔亏 kuī 本(儿)〕に同じ.
折秤 shéchèng (商品が)目減りする.
折耗 shéhào 欠損.損耗.目減り.

[佘] shé 〈姓〉佘(しゃ)

[闍]·[闇] shé

〔阿 ē～梨〕〈梵〉阿闍梨(あじゃり):僧侶,また師範たるべき高僧の称.〔～梨〕は略称. → dū

闍梨 shélí →[字条]
闍婆国 shépóguó [地]ジャワ・スマトラの古称.

[蛇(虵)] shé

① [动]ヘビ:俗に〔长 cháng 虫〕という.〔一条毒 dú～〕一匹の～毒蛇.〔海～〕海蛇.〔蝮 fù ～〕まむし(毒蛇).〔眼 yǎn 镜 ～〕アジアコブラ.〔～入竹筒,曲 qū 性难改〕〈諺〉蛇が竹筒の中に入ってもくねくねするのが直らないように,人の性癖もなかなか直らない. ②〈方〉大陸から香港・日本への密航者.〔～客〕〔～人〕同前.〔～船 chuán〕密航船. → yí

蛇床 shéchuáng =[蛇米]〔野 yě 茴香〕[植]オカゼリ.
蛇胆 shédǎn [中医]まむしの胆.
蛇豆 shédòu →[蛇瓜]
蛇毒 shédú 蛇の毒:漢方薬の材料.
蛇符 shéfú →[蛇蜕]
蛇根草 shégēncǎo →[萝 luó 芙木]
蛇瓜 shéguā [植]ヘビウリ(ケカラスウリ),またその果実:〔蛇豆〕〔蛇丝瓜〕〔长 cháng 桔楼〕ともいう.
蛇管 shéguǎn [工]コイラー.コイル管.〔～冷却器〕コイル冷却器. ② ホース.
蛇含 shéhán =[蛇衔]〔小 xiǎo 龙牙〕[植]オヘビイチゴ:蛇衔草に同じ.
蛇含石 shéhánshí [鉱]内部に放射状紋のある褐鉄鉱:漢方薬の材料とする.古くは〔蛇黄〕と称して蛇の体内に生ずる結石の一種と考えられた.
蛇舅母 shéjiùmǔ ⇒[蜥 xī 蜴]
蛇麻(草) shémá(cǎo) ⇒[忽 hū 布(花)]
蛇矛 shémáo 古代兵器,矛の一種.
蛇莓 shéméi 〔地 dì 莓〕[植]ヤブヘビイチゴ.
蛇米 shémǐ ⇒[蛇床]
蛇漠 shémò [中医]マムシの口から出る有毒の粘液.〔～疮 chuāng〕同前による皮膚潰瘍.
蛇皮 shépí ① ヘビの皮.〔一线 xiàn〕[音]蛇皮線(ざぴせん):胴に蛇の皮を張った三弦の弦楽器. ② 〔~巢 (cháo) 织〕表面に細かい方形の凹凸のある織物. ③〈方〉焼餅.
蛇皮癣 shépíxuǎn [中医]蛇のうろこ状のかさ.→[鱼 yú 鳞癣]
蛇婆 shépó [动]エラブウミヘビ:〔扁 biǎn 尾蛇〕ともいう.
蛇蜻蛉 shéqīnglíng [虫]ヘビトンボ.
蛇拳 shéquán 拳法の一種.
蛇头 shétóu ① ヘビの頭.〔～疔 dīng〕[中医]手の指の化膿性炎症.〔～鼠 shǔ 眼〕〈喻〉狡猾(こうか)なさま.〔～蝎 xiē 尾〕ヘビとサソリの毒.〈喻〉人を害するもの. ②〈喻〉密航を差配する人. ③〈喻〉こじきの親方.元締め.
蛇头疔 shétóudīng ⇒[指 zhǐ 疔]
蛇退 shétuì [蛇蜕]に同じ.
蛇蜕 shétuì [蛇退]とも書く.[中医]蛇の抜け殻:〔蛇符〕に同じ.
蛇吞象 shétūnxiàng 〈喻〉貪欲で飽くことを知らぬ:〔人心不足～〕〈諺〉同前.

蛇纹石 shéwénshí 国蛇(じゃ)紋石(総称):〔温 wēn 石〕は古名.

蛇无头(而)不行 shé wútóu (ér) bùxíng 〈喩〉リーダーがいなくては事は成らない.〔～,鸟无翅而不飞〕同前.

蛇蜥 shéxī ヘビガタタカゲ.

蛇衔 shéxián ⇒〔蛇含〕

蛇蝎 shéxiē 蛇とさそり.〈喩〉悪辣(らつ)な人.ひどく嫌われる人.

蛇行 shéxíng ①蛇(じゃ)行する.〔～示威游行〕ジグザグにデモ行進する. ②匍匐(ふく)前進する.

蛇形 shéxíng 蛇行する形.

蛇眼草 shéyǎncǎo 国イワガネソウ近縁種.

蛇眼蝶 shéyǎndié 国ジャノメチョウ.

蛇医 shéyī ①⇒〔壁 bì 虎〕 ②ヘビの咬傷の治療にあたる医者;〔蛇郎中〕ともいう.

蛇影杯弓 shé yǐng bēi gōng ⇒〔杯弓蛇影〕

蛇癀 shézhāng ⇒〔獴 biāo 疽〕

蛇足 shézú 〈喩〉よけいなこと.→〔画 huà 蛇添足〕

〔揲〕 shé 〈文〉(たくさんのものをいくつかに)取り分ける. → dié

〔舍・捨〕 shě ①捨てる.放棄する.〔四~难分 fēn〕〈成〉五人に捨てがたく別れがたい. ②喜捨する.ほどこす.〔施 shī ~〕お布施をする.〔~药 yào〕施薬する.薬を恵み与える. → shè

舍本求末 shěběn qiúmò 〔舍本从 cóng 末〕〔舍本逐 zhú 末〕ともいう.根本となるものを捨てて,末節を求める.〈成〉本末転倒.

舍不得 shěbude ①手放すに忍びない.捨てがたい.〔~给〕やってしまうに忍びない.〔~孩子,套 tào 不着狼〕〔舍不了 liǎo 孩子,套不着狼〕〈諺〉子を捨てしむようでは狼をわなにかけることはできない;身を捨ててこそ浮かぶ瀬もあれ.〔孩〕は〔鞋 xié〕,〔套〕は〔打〕ともいう.〔~千吨地,打不了万石 dàn 粮〕に同じ. ②惜しくて…したがらない.〔~花钱〕金を使いたがらない.

舍财 shěcái ①銭財を捨てる. ②銭財を喜捨する.

舍此 shěcǐ 〈文〉これをおいて,これ以外に.〔~其谁〕これ以外にはあるもんか.

舍德主义 shědé zhǔyì ⇒〔施 shī 虐症〕

舍得 shěde ①惜しくない.いとわず…する.〔你~把这张画给我吗〕この絵をわたしにくれて惜しくないか.

舍短取长 shěduǎn qǔcháng 〈成〉短所を捨てて長所をとる.〔舍短从长〕〔舍短用长〕ともいう.

舍己 shějǐ 己を顧みない.〔~为 wéi 公〕〈成〉同じく公のために尽くす.〔~为 wèi 人〕同前で人を助ける.〔~救人〕同前で人を救う.

舍近求远 shějìn qiúyuǎn 〈成〉近きを捨てて遠きに就く;まだるっこしいことをする.〔舍近图远〕〔舍近就远〕ともいう.

舍车保帅 shějū bǎoshuài 〈成〉飛車を捨てて,王将を守る:小の虫を殺して大の虫を助ける.

舍脸 shěliǎn 〈方〉面子(ヅ)を捨てる.頭を下げる.

舍命 shěmìng ①命を捨てる.〔~不舍财〕命は捨てても金は捨てない.命より金. ②命をかける.必死になる.

舍难就易 shěnán jiùyì 〈成〉難きを捨てて易きに就く.↔〔舍易就难〕

舍弃 shěqì 〔弃舍〕捨てる.放棄する.〔~温暖的家庭:揺るぎ無い家族愛は捨てられない〕〔那几块钱是不能~的〕あの何元のお金はどうしてもいる金だ.

舍却 shěquè 捨て去る.

舍身 shěshēn 身を捨てる.〔~为国〕〈成〉国のために一身をささげる.

舍身求法 shěshēn qiúfǎ 〈成〉仏法を求めるために身を顧みないこと.〈喩〉真理の追求に身をささげる.

舍生 shěshēng 命を捨てる.〔~取义〕身を捨てて大義に生きる:正義のために生命を犠牲にすること.〔~忘死〕命を顧みない.

舍死忘生 shěsǐ wàngshēng 〈成〉生命を顧みない.

舍我其谁 shěwǒ qíshuí 〈成〉自分をおいて誰ができるか.我に及ぶものはない.

舍业 shěyè 仕事をやめる.廃業する.〔搬家~〕店をたたみ仕事も捨てる.

舍易就难 shěyì jiùnán 〈成〉易きを捨てて難きに就く.↔〔舍难就易〕

舍正从邪 shězhèng cóngxié 〈成〉正義を捨てて悪に就く.

〔设・設〕 shè ①置く.設ける.〔~有专柜 guì〕専門コーナーが設けてある.〔~座 zuò〕〈文〉宴席を設ける.〔~一个座位,请大家一つこしらえる.〔~宴招待〕酒宴を開いてもてなす.〔陈 chén ~①〕陳列する. ②開設する.設立する.〔总局之下~分局〕総局の下に分局を設立する.〔开~一个营业处〕営業所を1ヶ所開く. ③計画する.企てる. →〔设计〕 ④仮定する.〔~长方形的宽是X米,长方形的幅をXメートルとして. ⑤〈文〉もし(仮に)…ならば.〔~有不测〕もし万一のことがあれば.〔~能单边结汇,我方则可确认〕もし片道決済が可能たら当方はコンファームする.

设备 shèbèi 設備(する).装備(する).〔新建的电影院~很不错〕新しく建てた映画館は設備がよい.〔尿素~〕尿素プラント.〔自来水~〕水道設備.

设辞 shècí 口実にする.かこつける.〔前日不过是我的~〕(紅28)先日は言い逃れをしただけのことだ.

设点 shèdiǎn 拠点を設ける.

设奠 shèdiàn 供物を陳列する.

设定 shèdìng ①設定する.〔~目标〕目標を同前. ②規定する.

设法 shèfǎ 方法を講ずる(じて).何とかする(して).〔他们正在多方~筹集资金〕彼らはいま八方手を尽くして資金を調達している.

设防 shèfáng ①防衛の措置をとる.〔这个城市就成为沿边~的中心〕この都市は辺境防衛の中心となった.〔不~〕警戒心がない.

设伏 shèfú 伏兵を置く.

设岗 shègǎng ①監視哨を置く.歩哨所を置く. ②〔~转〕部署・ポストを設ける.

设弧 shèhú 〈文〉男子の誕生日.→〔设悦〕

设或 shèhuò ⇒〔设若〕

设计 shèjì ①設計する.デザイン(する).〔封面~〕表紙デザイン.〔商品商标的文字〕商品商標のレタリング.〔~图〕設計図.〔~师〕デザイナー.〔~人〕プランナー.〔广告~师〕コマーシャル設計者. ②立案する.計略を巡らす.〔课程~〕カリキュラム計画.コースデザイン. ③設定.設計.構成.

设阱 shèjǐng 落とし穴を作る.〔~转〕計略をめぐらせて人を陥れる.

设酒 shèjiǔ 〈文〉酒宴の支度をする.

设局 shèjú 人をペテンにかける.仕掛けを作る.〔~诓 kuāng 骗〕うそを仕組んで人をだます.〔设恋 liàn 局〕色仕掛けでだます.

设立 shèlì 設立する.設置する.〔~学校〕学校を設立する.

设令 shèlìng ⇒〔设若〕

设卡 shèqiǎ ①検問所(関所)を設置する. ②〔~转〕障害・差し障りをつくる.

设如 shèrú 同下.

设若 shèruò 〈文〉もし(仮に)…なら:〔设或〕〔设令〕〔设如〕〔设使〕ともいう.→〔倘 tǎng 或〕

设色 shèsè（絵画に）色をつける.〔这幅画～柔和〕この絵は着色が柔らかい.
设身处地 shèshēn chǔdì〈成〉その身になって考える.〔我们还要～为他们着想〕我々はなお立場を替え,彼らの立場になって考えてみる必要がある.
设施 shèshī ①施設:目的遂行のため設けられた建築・設備・組織・機構・系統など.〔军事～〕軍事施設.〔～园 yuán 芝〕ハウス園芸.施設園芸. ②〈文〉施策(をする)
设使 shèshǐ ⇒〔设若〕
设悦 shèshuì〈文〉女子の誕生日.→〔设弧〕
设摊 shètān 販売箇所(を設置する)
设问 shèwèn 自問自答式の修辞法.
设席 shèxí 酒宴(の席)を準備する.
设限 shèxiàn 制限(を設ける).制約(する)
设想 shèxiǎng ①想像(する).構想(する).想定(する).〔不堪 kān ～〕想像するに耐えない(考えることさえ恐ろしくてできない).〔他的～很好〕彼の考えはとてもよい.〔～一个宏伟的目标〕雄大な目標を思い描く. ②考慮(する).着想(する)
设筵 shèyán 宴席を張る:〔设宴 yàn〕ともいう.
设言托意 shèyán tuōyì〈成〉気持ちを言葉に託す.
设障 shèzhàng 障害を設ける.
设置 shèzhì ①設立する.開設する.発足させる.設ける.置く(建物・設備・器具・方式などを).〔～专业课程进行教学〕専門コースを設け授業を行う. ②取り付ける.設置する.〔会场里～了扩音器〕会場にスピーカーを取り付けた. ③[電]設定.セットアップ.〔～程序〕セットアッププログラム.

〔厍・庫〕 shè ①〈方〉村落.〔北～镇〕江蘇省県江市にある. ②〈姓〉庫(氏)

〔社〕 shè ①[古]土地の神,後にはそれを祭るところ,またの祭り.〔春～〕〈文〉春の土地を祭る祭り. ②[古]地域の基礎的な行政単位:25戸(左位注). ③団体.組合.〔集会～〕集会結社.〔合作～〕協同組合.〔人民公～〕人民公社. ④通信・旅行・サービスなどの業務組織.〔通讯～〕通信社.〔报～〕新聞社.〔旅～〕旅館.〔旅行～〕旅行代理店.〔茶～〕茶屋. ⑤〈姓〉社(氏)
社办 shèbàn 人民公社が経営する.〔～工厂〕同前の工場.
社保 shèbǎo〔社会保険〕または〔社会保障〕の略.
社队 shèduì 人民公社と生産大隊〔または集団〕の略.〔～企业〕公社と大隊の経営する集団所有制企業.のち〔乡 xiāng 镇企业〕に発展.
社工 shègōng ①〔社会工作〕の略. ②地域社会の役員・世話役:〔社区工作干部〕の略.
社公 shègōng ①[旧]うぶすな神:〔土ʻ地庙〕〔里 lǐ 社〕の神. ②〈方〉〔蜘山 shù 蛛〕(クモ)の古称.
社会 shèhuì 社会.〔～保险 xiǎn〕[社会保険]社会保険.〔～保障〕[社会]保障.〔国による)社会の保障.〔～弊 bì 病〕社会的病弊.〔～的必要労動〕社会的必要労働.〔～病态 tài〕社会病理.〔～存在〕社会の存在.〔～福利〕社会の福利. ～公众 zhòng 股〕[経]公開株式.〔社工班〕社会奉仕.ボランティア活動.ケースワーク.〔～化〕社会化(する).〔～活动〕党・団活動,組合活動等の職務外の活動.〔～教育〕同前の青少年教育.〔～科学〕[社科]社会科学.〔～名流〕名士.セレブ.〔～青年〕就学・就業していない青年.ニート.〔～热 rè 点〕ホットな問題.〔～上〕学校を卒業し実社会に入った人. ⑤リストラされ失業状態にある人.〔～效应〕社会の影響.〔～效益 yì〕社会的利益.社会的効果.〔～情势〕社会情勢.〔～形态〕社会形態.〔～性〕社会

性.公益性.〔～性别〕ジェンダー.〔～医院〕地域医療病院.〔～意识的意義.〔～运 yùn 动〕[社运]社会運動.〔～制 zhì 度〕社会の制度.
社会关系 shèhuì guān·xì ①社会関係. ②〔親戚・友人等の〕交際関係,友人関係.
社会集资 shèhuì jízī 株式・債券発行による資金調達(する)
社会团体 shèhuì tuántǐ ⇒〔社団〕
社会主义 shèhuì zhǔyì 社会主義.〔～改造〕社会主義の改造.〔～革命〕社会主義革命.〔～竞 jìng 赛〕社会主義的生産競争.〔～所有制〕社会主義の所有制.〔～现实主义〕(文芸上の)社会主義リアリズム.
社会主义教育运动 shèhuì zhǔyì jiàoyù yùndòng 社会主義教育運動.→〔四 sì 清〕
社会总产值 shèhuì zǒngchǎnzhí [経]社会総生産額.
社火 shèhuǒ 祭りの時の演芸出し物:〔狮 shī 子舞〕や〔耍 shuǎ 龙灯〕など.
社祭 shèjì〔土 tǔ 地庙〕(うぶすな神)の祭り.鎮守の社の祭り.→〔秋 qiū 社〕
社稷 shèjì ①[古]土地の神と五穀の神.〔～坛 tán〕[旧]皇帝が同前の祭りをとり行った場所. ②〈転〉国.〔～之臣 chén〕国家の重臣.
社交 shèjiāo 社交.社会での交際.〔～场合〕交際の場.〔～恐 kǒng 惧症〕〔～焦 jiāo 虑症〕引きこもり.〔～活动〕社交活動.
社教 shèjiào 社会教育.〔～片〕社会教育映画(テレビ)
社科 shèkē〔社会科学〕の略.
社来社去 shèlái shèqù 人民公社から進学し,卒業後は人民公社へ戻る(文革期の標語).→〔厂 chǎng 来厂去〕
社论 shèlùn 社説:〔社评〕は旧称.
社评 shèpíng 同上.
社情 shèqíng 社会の実情.〔～民意〕世情と民意.
社区 shèqū コミュニティー.地域社会.〔～服务〕コミュニティーサービス.〔～工作干部〕[社工]地域社会の役員・世話役.〔～组织〕コミュニティー組織:町内や住民委員会等の末端居住組織を指す.〔～学院〕コミュニティーカレッジ.
社群 shèqún 社会集団:〔社会群体〕の略.
社日 shèrì [旧]〔土 tǔ 地神〕を祭る日:立春後5回目のつちのえ(戊)の日を〔春社〕,立秋後5回目の戊の日を〔秋社〕という.
社鼠城狐 shèshǔ chénghú〈喩〉後ろ盾を持っている悪人.君側の奸:〔城狐社鼠〕ともいう.
社团 shètuán (公認された)大衆団体(総称):労働組合・婦人連合会・学生会・学生の各種のサークルなど.〔社会団体〕の略.
社戏 shèxì [旧]村芝居.祭りの奉納芝居.
社学 shèxué ①[明]府・州・県立の学校. ②[清]村立の学校.
社员 shèyuán ①人民公社・合作社の社員.〔～代表大会〕同前の代表者大会. ②"社"という名称のつく組織の成員.
社长 shèzhǎng ①合作社・人民公社の長. ②(旅行社・通信社・出版社などの)社長.〔～助理〕社長補佐.→〔经 jīng 理〕

〔舍〕 shè ①家屋.〔宿 sù ～〕宿舎.〔客 kè ～〕〈文〉邸宅内の,客を泊める建物. ②(家畜・家禽の)小屋.〔牛 niú ～〕牛小屋.〔鸡 jī ～〕にわとり小屋.→〔棚 péng ②〕.〔谦〕私の家.〔敝 bì ～〕〔寒 hán ～〕拙宅. ④〈謙〉自分の家族・親戚のうち,自分より目下のものを指す:目上の者には〔家 jiā ⑧〕を付す.〔～亲

shè

qīn〕私の親戚. ⑤〔文〕泊まる.逗留する.〔～于其家〕その家に滞在した. ⑥旧1日の行軍の道のり(30里).〔退避三～〕〈成〉(遠慮あるいは敬遠して)遠くへ身を避ける. ⑦〈姓〉舍(ㄕㄜˋ) → shé

舍弟 shèdì 〈謙〉愚弟.
舍馆 shèguǎn 〈文〉旅舎.客舎.
舍间 shèjiān ⇒〔舍下〕
舍监 shèjiān 旧舎監.
舍利 shèlì 〈梵〉仏舎利.〔舎利子〕ともいう.
舍利子 shèlìzi ①同上. ②仏弟子の名.
舍妹 shèmèi 〈謙〉(水xiǎo妹②)〈謙〉愚妹.
舍饲 shèsì 畜舎飼育で.〔牧mù 养〕(放牧)に対していう.
舍下 shèxià 〔文〕舎間〕〔小xiǎo 舍〕〈謙〉拙宅.
舍友 shèyǒu 自分より年齢が下の友人.
舍侄 shèzhí 〈謙〉私の甥(ㄕㄥ).〔～女〕私の姪(ㄓˊ)

〔拾〕 shè 〈文〉一段一段上がる.〔级而升〕山には道が開かれており、一段一段と上がっていくようになっている. → shí

〔涉〕 shè ①〔水の中を〕歩いて渡る.〔～水〕〔～江jiāng〕川を歩いて渡る.〔跋bá～〕山を越えて、川を渡って行く.〈喩〉行路の困難なこと. ②世を渡る.経験する.〔～身shēn〕同前.〔～世不深〕世渡りの経験が浅い.〔～险前进〕危険を冒して進む. ③関係する.関連する.〔牵qiān～〕かかりあい(がある、になる).〔干gān～〕〔干涉〕(する).〔交～〕交渉(する).〔涉猎する.〔博bó～〕広く読みあさる.

涉案 shè'àn 立件事案に関連する.
涉笔 shèbǐ 〈文〉筆を動かす(して書く)
涉毒 shèdú 麻薬犯罪に関与する.
涉渡 shèdù 徒渉する.
涉及 shèjí 及ぶ.波及する.〔～性命的问题〕生命に関わる問題.〔～面很广〕多方面に関連する.
涉黑 shèhēi 暴力団がらみ.〔黑社会〕
涉黄 shèhuáng ポルノ・わいせつ犯罪に関与する. →〔黄毒〕
涉老 shèlǎo 老人がらみ(の).〔～纠jiū 纷〕高齢者に関するいざこざ.
涉猎 shèliè 〈喻〉①読みあさる.ざっと研究する:〔猎涉〕ともいう. ②かかわっていく.
涉略 shèlüè 読みあさる:〔涉猎①〕に同じ.
涉密 shèmì 機密にかかわる.〔～岗位〕秘密事項を取り扱う職場.〔～人员〕セキュリティー担当者.
涉黾 shèmǐn 虫モンキメゲンゴロウ.
涉禽 shèqín 鳥涉禽類:〔涉水鸟〕ともいう.
涉讼 shèsòng 訴訟の関係者となる.
涉外 shèwài 外国(香港・台湾や華僑などを含む)に関連する.〔～宾bīn 馆〕外国人賓客用のホテル.〔～婚姻〕国際結婚.〔～案件〕外国人がらみの訴訟事案.〔～侵qīn 权行为〕内政干渉の行為.
涉嫌 shèxián 嫌疑を受ける.〔他们因～运毒而不能离境〕彼らは麻薬持ち運びの嫌疑で出国できない.
涉险 shèxiǎn 危険を冒す.
涉想 shèxiǎng 想像する.想いにふける.
涉血 shèxuè 〈文〉血の海.
涉足 shèzú 〈文〉足を踏み入れる.〔～其qí 间〕同前.〔～文坛tán〕文壇に足を入れる.

〔射(躲)〕 shè ①〔矢を〕射る.〔善～的人能～天上的飞鸟〕弓のうまい人は空飛ぶ鳥を射ることができる.〔这张弓～得远〕この弓は遠くまで射ることができる. ②勢いよく飛ばす.〔发fā～〕発射する.〔扫sǎo～〕掃射する. ③(光・熱・電波など)射出する.噴出させる.放射する.〔注zhù～〕注射する.〔噴pēn～〕噴射する.〔光芒四～〕光が四方へさす.〔日光从窗外～进来〕日光

が窓から差し込む. ④暗に指し示す.〔暗 àn～〕ほのめかす.〔影yǐng～〕人をあてこすり言う.あてこする.〔麻屋子,红帐子,里头住着白胖子.——～花生〕麻の家に赤のとばり,中には色白の太っちょが住んでいるものなあに.——答えは落花生.→〔猜 cāi ①〕 ⑤〈文〉推し測る. ⑥〈姓〉射(ㄕㄜˋ)

射程 shèchéng 軍射程(距離)
射灯 shèdēng スポットライト.
射电 shèdiàn 電電波(の).〔～波道〕無線チャンネル.〔～波束〕電波ビーム.〔～窗chuāng(口)〕電磁窓.〔～天文学〕電波天文学.〔～望wàng远镜〕電波望遠鏡.〔～源〕電波源.
射雕手 shèdiāoshǒu 〈文〉弓のうまい人.〈転〉技術が卓越している人.
射覆 shèfù 〈文〉酒興で行うなぞかけ遊びの一種. →〔酒jiǔ 令〕
射工 shègōng ⇒〔蜮yù(I)〕
射击 shèjī ①射撃する.〔～场〕射撃場.〔～竞技.〔～滑huá 雪赛〕バイアスロン.
射箭 shèjiàn ①〔矢を射る.弓を引く.→〔搭dā 箭〕 ②スアーチェリー.
射界 shèjiè 着弾区域(範囲)
射精 shèjīng 射精する.
射口 shèkǒu （トーチカなどの）銃眼.
射篮 shèlán スバスケットのシュート(する)
射利 shèlì 〈文〉利益を得ようとする.
射猎 shèliè 狩猟(する)
射流 shèliú ジェット水流.〔～技术〕物流体工学.
射门 shèmén スサッカーなどで〕シュート(する).〔凌líng 空倒勾～〕(サッカーの)オーバーヘッドキックによるシュート.〔超手～〕(ハンドボールの)ジャンプシュート.〔小角度～〕サイドシュート.
射频 shèpín 電無線周波数.〔～采暖〕電子加熱.〔～治疗〕放放射線療法.
射球 shèqiú スホッケーやアイスホッケーで）スティックでボール(パック)を打つ.
射人先射马 shèrén xiān shèmǎ 〈諺〉人を射るには先ず馬を射よ.〔～擒 qín 贼先擒王〕同前で、賊を捕らえるには先ずその頭を捕らえよ(杜甫詩)
射入 shèrù 目標に射ち込む.
射杀 shèshā 射殺する.
射失 shèshī スサッカーやホッケーで)ミスシュート(する)
射手 shèshǒu ①射手.〔机枪～〕機関銃の射手. ②スサッカーなどで〕ストライカー.
射水器 shèshuǐqì 軍注水器.インジェクター. →〔噴pēn 雾器〕
射踏子 shètàzǐ ⇒〔章zhāng 鱼〕
射罔 shèwǎng 中药〔乌wū 头〕(トリカブト)の根の水性エキス:腫れものの治療や、るいれきの治療に用いられ、また毒矢としても用いられた.
射线 shèxiàn ①物放射線. 〔～病〕放射線病. 〔～化学〕放(线)化学. 〔～疗法〕放射線療法. 〔～照片〕放射線写真.ラジオグラフ. 〔～照相〕X線撮影(法). ラジオグラフィー. 〔甲jiǎ 种～〕アルファ線. →〔爱 ài 克斯射线〕
射影 shèyǐng ①⇒〔蜮yù(I)〕 ②投影.
射御 shèyù 〈文〉弓術と馬術.

〔麝〕 shè 動ジャコウジカ(総称)〔香xiāng 獐(子)〕は通称.〔香鹿〕〔香～〕ともいう.囊(ㄋㄤˊ)から麝香をとる.〔林～〕コビトジャコウジカ.〔原yuán～〕シベリアジャコウジカ.〔喜xǐ 马拉雅～〕ヒマラヤジャコウジカ.〔～香〕の略.

麝蝶 shèdié ＝〔山shān 女郎〕虫ジャコウアゲハ.
麝牛 shèniú 動ジャコウウシ.
麝鼩 shèqú 動コジネズミ.〔大～〕ウスリージネズミ.

麝鼠 shèshǔ 動ニオイネズミ.マスクラット：〔水 shuǐ 耗子〕は俗称.
麝香 shèxiāng 麝香(ジャ).：単に〔麝②〕ともいう.
麝香草酚 shèxiāng cǎofēn ⇒〔百 bǎi 里（香）酚〕
麝香猫 shèxiāngmāo ＝〔灵 líng 猫〕〔香 狸〕動（インド）ジャコウネコ.

〔赦〕 shè ①罪を赦(ゆる)す.〔～过宥 yòu 罪〕同前.〔特 tè ～〕特赦(する).〔大～〕大赦(を与える).②〈姓〉赦(姓)
赦令 shèlìng 赦免の命令.
赦免 shèmiǎn ＝〔赦宥〕(罪を)赦免する.
赦书 shèshū 赦免状.
赦宥 shèyòu ⇒〔赦免〕
赦罪 shèzuì 罪を許す.

〔滠・灄〕 shè 地名用字.〔～水〕地 湖北省にある.

〔慑・慴(慴)〕 shè 〈文〉恐れをなす.おびえる.おびえさせる.〔～～〕同前のさま.〔忠大伯～着眼睛看了看她〕(梁・紅10)忠大伯はおびえたような目つきで彼女を見た.
慑服 shèfú 〔慑伏〕とも書く.①恐れて服従する.②おびえさせ,服従させる.
慑息 shèxī 〈文〉(恐れて)はっと息をのむ.
慑于 shèyú …に恐れをなす.〔～人民群众的力量〕人民大衆の力に恐れをなす(して)

〔摄・攝〕 shè （Ⅰ）取り込む.吸収する.〔～取养分〕養分を取る.②撮影する.〔合一影〕一緒に写真を撮る.〔近～〕接写する.
（Ⅱ）〈文〉摂生する.〔～生〕〔～卫〕養生する.〔惟望珍～〕ご自愛下さいご摂生を祈ります.
（Ⅲ）代理(代行)する.〔～行 xíng〕同前.
摄动 shèdòng 因摂動.〔～理论〕摂動論.
摄护 shèhù 〈文〉摂住して身を守る.
摄护腺 shèhùxiàn ⇒〔前 qián 列腺〕
摄魂 shèhún 亡魂を招きよせる.
摄魂板 shèhúnbǎn 動（映画撮影の）カチンコ：場面番号等を書いた小さな黒板付きの柏子木.
摄理 shèlǐ 〈文〉代理する.
摄录 shèlù （同時録音で）撮影する.〔～机〕ビデオカメラ.
摄谱仪 shèpǔyí 物分光器.スペクトログラフ.→〔分 fēn 光计〕
摄取 shèqǔ ①摂取する.吸い取る.②撮影する.〔～几个镜头〕(映画の)何シーンかを撮影する.
摄入 shèrù (栄養などを)摂取する.吸収する:〔摄取①〕に同じ.
摄生 shèshēng ＝〔摄卫〕〈文〉摂生する.養生する.
摄食 shèshí 摂食する.
摄氏(度) shèshì(dù) 物セ氏(温度)：〔摂氏温度〕(摂氏温度)ともいう.〔摄氏温标〕セ氏温度測定標示.記号℃.〔摄氏温度计〕セ氏寒暖計.→〔华 huá 氏(度)〕〔列 liè 氏(度)〕
摄威擅势 shèwēi shànshì〈成〉権力を握り独裁する.
摄卫 shèwèi ⇒〔摄生〕
摄位 shèwèi 君主の職位を代行する.摂政の位につく.
摄像 shèxiàng ビデオカメラで撮影する.〔～管 guǎn〕撮像管.〔～机〕ビデオカメラ.〔～头〕モニターカメラ.監視カメラ.〔～手机〕カメラ付き携帯電話.
摄行 shèxíng 〈文〉代行する.
摄养 shèyǎng 〈文〉養生する.
摄影 shèyǐng ①〈机〉⑧カメラ.⑤映画術〕写真芸術.〔～记者〕カメラ記者.〔～角度〕カメラアングル.〔～棚〕(撮影所内の)ステージ.
摄政 shèzhèng 摂政(になる).〔～王〕摂政王.
摄制 shèzhì （映画を）撮影・制作する.〔～影片〕同.〔～组〕制作班.

〔歙〕 shè 地名用字.〔～县〕地安徽省にある.

〔歙〕 shè 〔砚 yàn〕安徽省歙州に産する硯.歙硯(ゲン)：竜尾山の石から作るので〔龙 lóng 尾砚〕もいう.〔端 duān 砚〕と並び称せられる. → xī

shei ㄕㄟ

〔谁〕 shéi 〈又音〉shuí 古詩文では shuí と読む.①誰：通常,単複に関係なく用いられる.〔～呼〕誰ですか.〔你们是～〕きみらは誰か.〔这是～的〕これは誰のか.〔你找～呢〕きみは誰を探しているのか.〔这个给～好〕これは誰にやったらいいのか.〔你们的学习成绩数 shǔ ～好〕きみたちの成績は誰がよかったか.②誰か：不特定(任意)の人を表す.〔在院子里你没碰 pèng 见～吗〕中庭で誰かに出くわさなかったか.③名を知らない・知っているがあえて言わない・思い出せない人を表す：〔某 mǒu〕にあたる.〔我记得～写的小说里有这么一段话〕誰だったかの書いた小説の中にこういうくだりがあったと覚えている.〔大家都称赞是我们学校～～写的字,你看那有多么光荣〕誰もかれもみな,これは我が校の誰々が書いた字だと賞めたたえたが,何と光栄なことではないか.④誰か.いずれか.反語を表す.〔～不愿意？〕そう願わない人はいない（誰でもそうありたいと願う）.〔～说不是呢〕そうきまっている.それはもっともだ.〔～能无过〕誰だって過ちはある.⑤誰でも：多く前に〔不论〕〔无 wú 论〕〔不管〕を,後に〔也〕〔都〕などを置き,例外のない事を表す.〔不管～都不许出门〕誰であろうとも外出はまかりならぬ.〔～也不让～〕誰も人に譲ろうとしない.〔两个人～都不理～〕双方互いにかまおうとしない（相手にしない）.⑥前後に〔谁〕を置く人または別の人の人を指す.〔～先来,～先吃〕先に来た人から食べる.〔～不愿意,～不用参加〕（誰でも）参加したくない人は参加しなくてよい.〔～的女儿～不疼〕誰だって自分の娘はかわいい.〔～胜～负〕どちらが勝ち,どちらが負けるか.〔～他别说〕相手を責めずに互いに反省すれば.→ shuí
谁边 shéibiān 〈文〉どこ.どちら.
谁个 shéigè 〈方〉だれ.どなた.どの人.
谁家 shéijiā ①誰の家.〔～的小孩儿〕誰の家の子供か.②〈白〉誰.何人(ぴと)
谁叫 shéijiào 何の因果で.因果なことに.〔大下雨天儿的,～你跑到这儿来的〕ひどい雨降りの日に,何の因果でここへ駆けつけて来たのかわね.
谁料 shéiliào 誰が予想しようか.全く意外にも.
谁们 shéimén 〈方〉誰と誰.〈多く文芸作品などに見える〉.〔是～在那儿唱呢〕あそこで歌っているのはいったい誰らだい.
谁某 shéimǒu 誰それ.何のなにがし：〔某某〕と同じ.
谁人 shéirén 誰.どんな人.〔～不知,哪个不晓〕誰知らぬものとてない.
谁谁 shéishéi 誰それ.誰(や誰)
谁是谁非 shéishì shéifēi 〈慣〉誰が正しく誰がまちがっているか.〔～自然有个水落石出了〕誰がよいか悪いかおのずとわかってくる.
谁想 shéixiǎng 思いがけない.考えもしない.〔～到他会死了〕彼が死ぬなんて誰も考えもしなかった.
谁知 shéizhī 思いもよらず.はからずも.〔～道〕ともいう.〔～好事多要变〕意外にもうまくいっていること

とは(途中で)変化が起こりやすい.〔我以为他去过长城呢,一道并没去过〕彼は長城へは行ったことがあるとばかり思っていたら,何とまだ行ってはいなかった.

shen ㄕㄣ

〔申〕**shēn**（Ⅰ）①伸ばす.〔屈 qū 而不～〕曲がって伸びない. ②申し述べる.説明する.〔～博 bó〕〈～办世界博览会〉万博招致(する).〔～遗 yí〕世界遺産の申請をする.〔重 chóng～前意〕前に述べた意味のことを重ねて述べる.〔三令五～〕〈成〉くり返し命令したり申し伝えたりする. ③弁明する.→〔申雪〕
（Ⅱ）①さる:十二支の第9位.〔～猴 hóu〕同前.→〔干 gān 支〕 ②順序の9番目. ③回時刻で,午後3時～5時まで.〔～时〕同前.
（Ⅲ）①上海の別称:ふつう〔沪 hù ①〕という.〔～曲 qǔ〕沪〔～剧〕の別称.〈姓〉申(と)

申奥 shēn'ào 〔申(请奥)办奥林匹克运动会〕の略.オリンピック招致申請(する)
申办 shēnbàn（企画・実施などを）申請する.申し出る.〔申请办理〕同前.〔～城市〕立候補都市.
申报 shēnbào ①届け出る.申告する.上申する.〔～单 dān 申报单〕、(税関)申告用紙.〔上星期～失业的人数有50多万人〕先週失業を届けた人員は50万人余りである. ②→〔申报纸〕
申报纸 shēnbàozhǐ 回新聞紙.〔申报〕は1872年～1949年まで上海にあった代表的な大新聞.→〔报纸〕
申辩 shēnbiàn 申し開きをする.弁明する.釈明する.
申陈 shēnchén〈文〉申し述べる.陳述する.
申斥 shēnchì ＝〔申饬②〕（上の者が下の者を）叱責する.しかりつける.どなりつける.
申饬 shēnchì ①＝〔申敕〕〔申诫〕〈文〉戒告(する).譴責(する).②同上.
申敕 shēnchì 同上①.
申旦 shēndàn〈文〉夜から朝に至る.〔谈话～〕朝まで語り合う.
申告 shēngào 申告(する)
申购 shēngòu（公募売り出しの株式・土地・物品などの購入を申し込む.〔～股票〕株式の同前.
申诫 shēnjiè ⇒〔申饬①〕
申理 shēnlǐ 無実を晴らしてやる.
申领 shēnlǐng 申請して受け取る.〔～护照〕パスポートを申請して受領する.
申令 shēnlìng 命令を下す:多く公用文に用いる.〔宜 yí 速～全国〕すみやかに全国に命令を下す.
申论 shēnlùn 申し述べる.〔～考 kǎo 试〕口述試験:公務員試験科目の一.
申明 shēnmíng 丁重に（重ね重ね）説明する.
申请 shēnqǐng 申請する.申し込む.〔～入党〕入党を申請する.〔～书〕申請書.〔～付款〕請求書払い.
申申 shēnshēn〈文〉ゆったりくつろいださま.〔～如〕同前. ②たび重なる.繰り返す.
申叔 shēnshū〈姓〉申叔(とゃく)
申述 shēnshù 詳しく述べる.話す.〔～来意〕来意を申し述べる.
申水 shēnshuǐ ⇒〔升 shēng 水①〕
申说 shēnshuō〈文〉（理由を）詳しく述べる.重ねて説明する.
申诉 shēnsù ①（事情や無実を）訴える.申し立てる.〔哪儿去～〕どこへ行って訴えたらよいのか. ②区上訴する.上申する.不服申し立てをする.

申讨 shēntǎo 糾弾する.公開で非難する.→〔声 shēng 讨〕
申屠 shēntú〈姓〉申屠(しんとも^)
申文 shēnwén 回（長官への）上呈書.
申宪 shēnxiàn〈文法〉に照らして処する.
申详 shēnxiáng〈公〉上級官庁に文書で詳細説明する.
申谢 shēnxiè お礼を申し述べる.
申雪 shēnxuě ＝〔伸雪〕弁明して冤罪を晴らす.
申言 shēnyán 言明する.公然と述べたてる.
申冤 shēnyuān ＝〔伸冤〕①無実の罪を晴らす.冤罪をすすぐ. ②自分が無実であることを訴える.
申状 shēnzhuàng 上申書.
申奏 shēnzòu〈文〉天子に奏上する.

〔伸〕**shēn** ①伸ばす.〔～出手来〕右手を伸ばしてくる. ②申し開く.明らかにする:〔申(Ⅰ)③〕に同じ.〔～冤〕⇒〔申①〕
伸长 shēncháng ①長く伸ばす(びる). ②伸長.引き伸ばし. 〔～计〕機伸び計.伸長計. 〔～率〕機伸び率. 〔～器〕機伸長機.〈～性〉伸び性.伸び性.
伸大拇指 shēn dàmǔzhǐ 親指を立てる.〔転〕親指を立ててほめる:〔＜方＞伸大拇哥〕ともいう.
伸开 shēnkāi 広げる.〔把手～〕手指を広げる.⇔〔收 shōu 紧〕
伸懒腰 shēnlǎnyāo（仕事に疲れて）背伸びをする.→〔打 dǎ 哈 欠〕
伸眉 shēnméi〈喩〉晴れ晴れとしたさま.〔仰首～〕顔をもたげて得意気である.
伸舌头 shēnshétou〈驚き,またあきれて〉舌を出す.
伸舌咂嘴 shēnshé zézuǐ〈成〉舌を出したり舌打ちをしたりする(して賞める,あるいはあきれる)
伸手 shēnshǒu ①手を伸ばす.〔～就够 gòu 得着 zháo〕手を伸ばせば届く.〔～不见掌 zhǎng〕〔～不见五指 zhǐ〕〈喩〉真っ暗闇. ②手出しをする.おせっかいをやく. ③ねだる.もらおうとする.〔～(大)将军〕〈方〉物乞い.〔自力更生,不当一派〕自力更生でやるべきで,他力本願主義にはならない.
伸缩 shēnsuō ①伸縮する.〔～自如〕伸縮自在.〔～尼龙线〕ウーリーナイロン.〔～杆〕機加減リンク.〔～接头〕機伸縮継手.〔～栓〕開きボルト.〔～缝 fèng〕田連結部のすき間. ②融通がきく.手加減の余地がある.〈～性 xìng〉融通性.〔这件事弄得一点～的余地都没有了〕この件は全く手加減の余地がないほどに(まずく)なってしまった.
伸头探脑 shēntóu tànnǎo〈慣〉しきりに頭を出して様子をうかがう.
伸腿 shēntuǐ ①足を伸ばす.〔転〕加わろうと（割り込もう）する.足を突っ込む.〔要往那里头～〕中にもぐり込もうとする. ②〔～儿〕〈口〉死ぬ.〔～瞪 dèng 眼〕同前.
伸雪 shēnxuě ⇒〔申雪〕
伸延 shēnyán 延びる.延ばす.
伸腰 shēnyāo ①体をしゃんと伸ばす. ②〈喩〉人からばかにされない立場を得る.〔不想今日咱们也～了〕今日わたしたちが手足を伸ばせる(して落ち着いた気持ちになれる)とは思わなかったなあ.
伸冤 shēnyuān ⇒〔申冤〕
伸展 shēnzhǎn 伸びる.広がる.〔～运 yùn 动〕ストレッチ運動.〔花园一直～到山脚下〕花園はずっと山まで広がっている.
伸张 shēnzhāng 推し広める.発揚する.〔～真理〕真理を広める.
伸直 shēnzhí まっすぐ伸ばす.
伸志 shēnzhì〈文〉志を伸ばす(実現させる)

〔呻〕**shēn** ①呻吟(ぎん)する.うめく.〔周身疼痛,～吟不止〕体中が痛くてしきりにうめく.

呻 shēn ②〈文〉吟味する.
呻呼 shēnhū =[呻唤]〈文〉うめく.
呻唤 shēnhuàn 〖同上〗
呻吟 shēnyín うめく.

[绅・紳] shēn ①固士大夫が衣服の上にしめた幅広い絹帯(の下の垂れ).②〈転〉旧主として地方の有力者:多く地主か退職した役人.〔乡 xiāng ～〕地方の名士.〔土豪劣～〕旧土地の勢力家やたちの悪い名士(ボス)
绅董 shēndǒng 郷紳.
绅衿 shēnjīn ⇒[绅]
绅粮 shēnliáng 〈方〉勢力のある大地主.
绅民 shēnmín 〈文〉名士と平民.
绅耆 shēnqí 〈文〉名士と長老.
绅商 shēnshāng 名士と商人.
绅士 shēnshì =[绅衿]旧地方の名士.紳士.〔～协定.君 jūn 子协定〕(国際間の)紳士協定.

[珅] shēn 〈文〉一種の玉(ぎょく).

[砷] shēn ①化元素:非金属元素.記号 As.〔砒 pī〕は旧名.〔～化氢 qīng〕砒化水素.〔～酸钠 nà〕砒酸ソーダ.〔～酸钙 gài〕砒酸石灰.〔～酸铅 qiān〕砒酸鉛.〔～酸亚铁〕砒酸第一鉄.〔～红〕硫化砒素.〔～黄铁矿〕硫砒鉄鉱:〔毒 dú 砂〕に同じ.ヒ素の原料となる.→[钟 shén][胂 shèn] ②〈姓〉砷(し).

[峷] shēn 〈文〉山が並立する.

[身] shēn ①からだ.身体.〔～容 róng〕体と顔.〔～高五尺〕身の丈5尺.〔这衣服正可～ル〕この服はぴったり体に合う.〔满～土〕(全身が)ほこりだらけ.〔～一劲〕(全身に)力がみなぎっている.⑵(物の)主要部分.基幹.〔车～〕車体.ボディ.〔机～〕機体.〔船 chuán ～〕船体.③自身.自ら.〔以～作则〕身をもって範を垂れる.〔体～〕それ自体.自分自身.④生命.命.〔以～殉 xùn 职〕殉職する.〔终 zhōng ～〕終身.⑤品格.〔修 xiū ～〕身を修める.〔洁 jié ～自好 hào〕〈成〉世俗に染まらず,孤高を持する.〔立～处 chǔ 世〕身を立て世に処する:世渡り.人との交わり.⑥身分.地位.〔为 wéi 主体〕主体の地位にある.〔～为革命干部,应有高度自觉〕革命の幹部たるものは高い自覚があるべきだ.⑦[-子]〈口〉妊娠.〔有了～〕妊娠している.⑧〖量〗量詞.服を数える.〔一～ル〕衣服)一着(一そろい)の服. → yuán

身败名裂 shēnbài mínglià〈成〉失敗して地位も名誉もなくなる.
身板(ル) shēnbǎn(r) 〈口〉体格.体力.〔我～不好,经常不能下地〕体が悪いので,いつも畑へは出られない.
身边 shēnbiān ①身.体.〔他很用功,～总是带着书本〕彼はよく勉強する,手元にいつでも本を持っている.②身の回り.身の回り.〔他～需 xū 要伺奉的人〕彼の身の回りには世話する人が要る.〔～人〕〈文〉そばめ.〔讨几个～人在家里〕(水24)何人かそばめを手に入れて家にいる.
身不由己 shēn bù yóujǐ 〈成〉体が思う通りにならない.〈転〉思わず:〔身不由主〕ともいう.
身材 shēncái 体格.体つき.〔我～大〕体が大きい.〔我非常羡慕她有个好～〕彼女はスタイルがいいのでうらやましい.
身残 shēncán 身体障害(がある)
身长 shēncháng ①身長.②(衣服の)身の丈.着丈.
身段 shēnduàn ①(女性の)体つき.〔她～长 zhǎng 得好〕彼女は体つきがすらっとしている(スタイルがいい).②剧(役者の)身振り.所作.〔扮相好,～也

身法 shēnfǎ (武術の)身のこなし.さばき.
身份 shēn·fèn 〔身分〕とも書く.①地位.身分.〔他很有～〕〔他～很高〕彼の身分は立派だ.〔～证 zhèng〕身分証明書.②尊敬される地位.体面.貫録.沽券(こけん).〔有失～〕沽券にかかわる.〔～权 quán〕法身分権.
身高 shēngāo 身長.身の丈.〔～两米〕身長2メートル.
身故 shēngù 死ぬ.死亡する.
身后 shēnhòu 身のうしろ.②(人の)死後.〔～的事〕死んだ後のこと.〔～萧 xiāo 条〕〈成〉死後,家が窮迫すること.
身怀 shēnhuái 身に隠す.身に持つ.〔～的现款〕所持している現金.〔～六甲〕〈成〉妊娠する.
身火 shēnhuǒ 仏(仏教で)人の欲望.
身己 shēnjǐ 〈文〉自分の身.
身家 shēnjiā 〈文〉①身元.家柄.〔～清白〕家柄がしっかりしている.②一家全員.〔～性命〕一家全員の生命.
身价 shēnjià ①旧(妓女・妾・下女などの)人身売買の身代金の額.②身分.社会的地位.〔自抬～〕お高くとまる.〔～百倍〕〈成〉(人・物の)価値が急にあがる.
身教 shēnjiào 身をもって手本とする.〔～胜 shèng 于言教〕口で言うより身をもって手本を示すほうがよい.
身经百战 shēn jīng bǎizhàn〈慣〉百戦錬磨.
身居 shēnjū 立場にある.〔～要职〕要職にいる.
身历 shēnlì 経験する.体験する.
身量(ル) shēnliàng(r) 背丈.→[个 gè 儿①]
身临其境 shēn lín qíjìng 〈成〉自らその地に臨む.
身旁 shēnpáng 身辺(に).身の回り(に):〔身畔 pàn〕ともいう.
身强力健 shēn qiáng lì jiàn〈成〉体が丈夫なこと:〔身强力壮〕ともいう.〔祝您～多福多寿!〕お健やかで御多幸御長寿を祈ります.
身轻言微 shēnqīng yánwēi〈成〉身分が低くて意見が採り上げられない:〔人 rén 微言轻〕に同じ.
身躯 shēnqū =[体 tǐ 躯]体躯(たいく).
身热 shēnrè 医全身の発熱症状.
身上 shēn·shàng ①体.〔～不快〕体が不快である(気分が悪い).〔责任在你～〕責任はきみ自身にある.②身(に).〔我～没带钱〕わたしは金を持ちあわせていない.
身世 shēnshì 身の上.我が身の境遇(不遇).〔～凄凉〕さみしい身の上.
身手 shēnshǒu 腕前.手腕.才能.〔～不凡 fán〕〔大显 xiǎn ～〕大いに腕前を発揮する.
身首异处 shēnshǒu yìchù〔身首异地〕ともいう.〈成〉胴体と首が場所を異にする:斬首される.
身受 shēnshòu 身をもって体験する(おかげをこうむる).〔～其苦〕わが身で苦しみをなめる.〔感同～〕人ごとながらありがたく思う.
身态 shēntài 姿.格好.
身体 shēntǐ 身体.体.〔我妈～不好〕母は体がよくない.〔～有点儿不舒服〕少し体の調子が悪い.〔～素质〕身体能力.
身体力行 shēntǐ lìxíng 〈成〉自ら体験し,できるだけ実行する.
身量儿 shēntiáor 〈口〉体つき.背丈.
身外之物 shēnwài zhī wù 命の次のもの:地位・名誉・財産などが至上のものではない気持ちでいう.
身亡 shēnwáng 〈文〉命を落とす.死亡する.みまか

shēn 身诜侁駪牲参糁鯵莘娠深

身无长物 shēn wú chángwù 〈成〉身一つである.素寒貧.裸一貫.

身无分文 shēnwú fēnwén 〈成〉びた一文持たない.

身先士卒 shēn xiān shìzú 〈成〉自ら兵士の先頭に立つ.指導者が先頭に立つ.

身心 shēnxīn 体と心.〔~病〕医心身症.

身形 shēnxíng 体の形.姿.

身影 shēnyǐng 人の姿.影.

身孕 shēnyùn 妊娠.身ごもること.〔腹中已有~,但不能预知男女〕(紅69)もう身ごもっているが,男か女か前もってはわからない.→〔怀 huái 孕〕

身在曹营心在汉 shēn zài cáoyíng xīn zài hàn 〈成〉関羽は敵の曹操のもとに身を寄せたが,依然として主君の劉備への忠誠心を持っていた.〈喩〉節操を堅持する.

身重 shēnzhòng 中医体が重く不快に感じる症状.

身段 shēnduàn 体つき.姿格好.

身子 shēnzi ①体.〔~不快〕体の具合が悪い.〔车~〕車体.ボディー.②〈口〉妊娠.〔~不便〕〔不方便〕体が不自由である.妊娠している.〔她有了~了〕彼女は妊娠している.

身子骨儿 shēnzigǔr 〈口〉体(のつくり).〔~结 jiē 实〕体が丈夫である.〔~软 ruǎn 弱〕体が弱い.

〔诜・詵〕 shēn 〔~~〕〈文〉数の多いさま.

〔侁〕 shēn 〔~~〕〈文〉多いさま.

〔駪・駪〕 shēn 〔~~〕〈文〉多いさま.

〔牲〕 shēn 〔~~〕〈文〉多いさま.〔万 wàn ~园〕動物園の旧称.

〔参・參(叅・葠・蓡)〕 shēn (Ⅰ)〔参(叅・葠・蓡)〕①朝鮮人参の総称:ふつう〔人 rén ~〕という.〔人~汤〕医人参湯(s):同前を煎じたもの.〔党 dǎng ~〕植ヒカゲツルニンジン.②動ナマコ:〔海 hǎi ~〕は通称.〔~花酱〕食同前の生殖腺の塩辛.〔刺 cì ~〕マナマコ.(Ⅱ)〔参(叅)〕参(s):〔二 èr 十八宿〕の一.三つ星.からす星.オリオン座の中心部.→ cān cēn

参膏 shēngāo 朝鮮人参のひげをつけずに煮出し汁を煮つめて膏にしたもの.朝鮮人参エキス.

参茸 shēnróng 〔人 rén 参〕と〔鹿 lù 茸〕をいう.〔~店 diàn〕同前の販売店.

参商 shēnshāng 常に相見ることのない二つの星の名:西方の参星と東方の商星.〈喩〉④会えないこと.②仲の悪いこと.

参宿 shēnxiù →〔二 èr 十八宿〕

〔糁・糝(籸)〕 shēn 〔-儿〕穀物の粒をひき割ったもの.→〔玉 yù 米糁儿〕→ sǎn

糁盆 shēnpén 旧大晦日に神をお送りするため庭に松薪を積み上げて焼く行事.

〔鯵・鰺〕 shēn 〔魚貝〕アジ(総称).〔蓝 lán ~〕マルアジ.〔竹 zhú 笑鱼〕マアジ.〔大带~〕ギンガメアジ.→〔鲟 chūn〕

〔莘〕 shēn ①〈文〉多いさま.〔~~学子〕多数の学生.②〔~县〕地山東省西部にある.③〈姓〉莘(s).→ xīn

〔娠〕 shēn 〈文〉はらむ.〔妊 rèn ~〕妊娠(する).

〔深(滚)〕 shēn ①深い.〔~处 chù〕とても深い所.〔这口井很~〕この井戸は大変深い.↔〔浅 qiǎn〕①.②深さ.〔下了二指~的雪〕指2本分ほどの雪が降った.〔奥行き・場所が〕奥深い.〔~巷〕奥深い路地.〔~宅大院〕〈喩〉奥まった屋敷.④程度が深い.深刻である.〔~谈〕突っ込んだ話をする.〔想得很~〕深く考えている.〔~交①〕深い交わり.⑤親密である.親しい.〔~交①〕深い交わり.⑥考えや文章の道理が深い.深奥である.〔不要讲太~的道理〕あまり難しい道理は言わないことだ.〔这本书很~〕この本は難しい.〔了 liǎo 解得不~〕理解のしかたが深くない(深くわかっていない).⑦(色が)濃い.〔~绿 lù 色〕濃緑色.⑧(時間の経過が)長い.〔~夜〕深夜.〔夜已~了〕夜がすっかりふけた.〔年~月久〕〈成〉月日がたつ.⑨たいへん.十分に.〔~有同感〕まったく同感だ.⑩〈姓〉深(s).

深谙 shēn'ān 通暁している.熟知している.

深奥 shēn'ào 〈学問・理論など〉奥深い.難解な.

深闭固拒 shēnbì gùjù 〈成〉がんとして新しい物事や人の意見を受け入れない.

深薄 shēnbó ⇒〔如 rú 临深渊,如履薄冰〕

深不可测 shēn bùkěcè 〈成〉押し量ることができないほど深い.かぎりなく深い.

深藏若虚 shēncáng ruòxū 〈成〉人前で自分の知識や才能を少しもてらうことのないこと.

深层 shēncéng ①深層.②深く突っこんでいる.〔~理论〕同前の理論.

深长 shēncháng 深長である.〔意味~〕意味深長である.〔用意~〕意図は深い.

深彻 shēnchè 深く透徹している.

深沉 shēnchén ①(程度が)深い.奥深い.〔暮色~〕夕暮れの景色.〔~的夜〕しーんとした闇夜.〔~哀悼 dào〕深い哀悼(をする).②顔に出さない,表に動じない.沈着である.〔这个人很~,难以捉摸〕この人はちっとも顔色に出さないので,なかなか本心が分からない.③(音が)深く低く重い.〔铁锚着冻硬的土地,发出~的声响〕つるはしが凍てついた土にあたって,重く鈍い音を立てる.

深成岩 shēnchéngyán 鉱深成岩.

深仇 shēnchóu 深い恨み.〔~大恨 hèn〕同前.

深春 shēnchūn 晩春.暮春.

深冬 shēndōng 冬のさなか.

深度 shēndù ①深さ.深み.〔测量河水的~〕川の水の深さを測る.〔~计〕深度計.デプスゲージ.②(仕事,認識に対して)本当に達する深さ.〔对这个问题大家理解的~不一致〕この問題に対し,みな理解が一様でない.③(事物が更に発展する)程度.〔向生产的~和广度迈进〕生産の深さや広さを高める.④度の強いこと.〔~近视度〕強い近眼.

深恩 shēn'ēn 〈文〉深い恩.

深翻 shēnfān (田畑を)深く耕す.(土などを)深く掘り返す.

深分 shēnfèn 〈白〉つきつめて.深く.〔别的话更不用~讲了〕(儿40)ほかの話はなおのことつきつめて話す必要はない.

深感 shēngǎn 深く感ずる.〔~荣幸〕光栄至極に存じます.

深港 shēngǎng 地深圳と香港.

深根固柢 shēngēn gùdǐ ⇒〔根深蒂固〕

深耕 shēngēng 農深く耕す.〔~细 xì 作〕〈成〉深く耕して手まめに農作する.↔〔浅 qiǎn 耕①〕

深更半夜 shēngēng bànyè 〈慣〉深夜夜.真夜中.

深宫 shēngōng 〈文〉禁宮.

深沟高垒 shēngōu gāolěi 〈喩〉堅固な防御(を巡らす):〔高垒深沟〕ともいう.

深谷 shēngǔ 幽谷.

深股 shēngǔ 商深圳株.

深广 shēnguǎng ①深さと広さ.②深くて広い.

深闺 shēnguī 〈文〉(身分の高い人や金持ちの)婦女の居室.

shēn～shén

深海 shēnhǎi 深海:水深200メートル以上の海.
深壑 shēnhè 深い窪み.
深红(色) shēnhóng(sè) 〖色〗赤紅色(の)
深厚 shēnhòu ①(感情が)深い.〔～的感情〕深い(厚い)感情.②(基礎が)しっかりしている.堅実である.〔他的外语基础相当～〕彼の外国語の基礎は相当しっかりしている.
深呼吸 shēnhūxī 深呼吸(する)
深化 shēnhuà (矛盾・認識などが)深化する.深める(まる)
深晦 shēnhuì 晦渋(じゅう)である.〔哲理～〕哲理が難解である.
深加工 shēnjiāgōng 加工品を更に加工する.
深涧 shēnjiàn 谷あいの深い流れ.
深交 shēnjiāo ①深い交わり.親交.②深く交際する.
深景电影 shēnjǐng diànyǐng 〖影〗ビスタビジョン:〔宽 kuān 银幕电影〕(ワイドスクリーン)の一種.
深究 shēnjiū 深く追究する.〔对这些小事不必～〕このような些細なことをいちいち深く追究する必要はない.
深居简出 shēnjū jiǎnchū〈成〉家(の奥深く)にばかりひっ込んでめったには(軽々しくは)外出しない.
深刻 shēnkè 深く本質に触れている.〔～的洞察力〕深い洞察力.〔进行～的分析〕掘り下げた分析を行う.〔对这个问题缺乏～认识〕この問題に対しては深い認識はまだない.〔～的影响〕深い影響.②(心に感じる状態が)深刻である.〔～的印象〕深い印象.〔～的体会〕深く心に残る体験.〔意味～〕奥深い意味をもつ.③〈文〉厳しすぎる.苛烈である.
深恐 shēnkǒng ひどく心配する.
深蓝 shēnlán 〖色〗濃い藍色(の).〔直接～〗〖染〗ダイレクトブルー.
深垒 shēnlěi〈文〉深い塁を築く.守りを固くする.
深妙 shēnmiào (学問や道理など)詳しく深い.奥遠である.
深明大义 shēnmíng dàyì〈成〉大きな道理を深く理解していること.
深谋 shēnmóu 周到なはかりごと.深謀.〔～远 yuǎn 虑〕〈成〉深慮遠謀.
深浅 shēnqiǎn ①深さ.〔那儿有一条五、六米の～的河〕あそこには5,6メートルの深さの川がある.②色の濃さ.〔～计〕濃度計.③ほどあい.程度.〔说话不知道～〕口のきき方のよしあしをわきまえない.
深切 shēnqiè ①真心がこもっている.情に厚い.〔～的关怀〕心からの思いやり.②深くて的確である.〔～地了解〕深く的確に理解する.
深情 shēnqíng 深い情愛(がこもっている).〔～厚谊〕深い友誼の情.
深秋 shēnqiū 秋の暮れ.〔老 lǎo 秋〕に同じ.
深入 shēnrù ①深く入り込む.深く掘り下げる.〔～生活、～实际〕生活に根を下ろし、深く実際に入り込む.②深い.深くしみ込んでいる.〔～调查〕深く調査する.
深入浅出 shēnrù qiǎnchū〈成〉内容は深いが表現はやさしいこと.〔他的文章和讲话从来都是～的〕彼の文章や講話は従来からいつも内容は深いが表現はやさしい.
深色 shēnsè 色の濃い.
深山 shēnshān 奥山.深山.〔～老林〕〈成〉人跡まれな深山.
深深 shēnshēn 深々と.〔～作下揖去〕(儒)深々と頭を下げる.〔～体会到〕しっかりと体得する.
深受 shēnshòu 強く受ける.〔～影 yǐng 响〕影響を大きく受ける.〔～其害 hài〕〈成〉被害が甚大である.
深水炸弹 shēnshuǐ zhàdàn 〖軍〗水中爆弾.爆雷.

深思 shēnsī 深く考える.〔～熟虑〕深思熟慮する.
深邃 shēnsuì ①深い.奥深い.〔～的山谷〕奥深い山谷.②深奥である.〔～的哲理〕哲理が深奥である.
深谈 shēntán 深く話を交わす.〔～细论〕〈成〉細部にわたって深く議論を交わす.
深通 shēntōng 〈文〉精通する.
深透 shēntòu 透徹している.徹底している.〔理解得很～〕理解が徹底している.
深望 shēnwàng 深く希望する.切望する.
深为 shēnwéi きわめて.たいへん.深く.〔～感动〕深く感動する.
深文 shēnwén 〈文〉深遠な文句.〈転〉法文が苛酷である.〔～大义〕〔～奥 ào 义〕深遠な文句と意味あい.〔～周纳〕〔～巧诋 dǐ〕〈成〉事実を枉(ま)げて人に罪を著せる.
深恶痛绝 shēnwù tòngjué〈成〉ひどく嫌がり憎む.
深陷 shēnxiàn はまり込む.落ち込む.
深宵 shēnxiāo〈文〉深夜.
深信 shēnxìn 深く信ずる.〔～不疑〕〈成〉深く信じて疑わない.
深省 shēnxǐng〈文〉深い悟り(をする).〔醒〕とも書く.〔令人～〕人を深く覚醒させる.
深夜 shēnyè 深夜.
深一脚、浅一脚 shēn yījiǎo, qiǎn yījiǎo〈喩〉道がひどく悪くて歩きにくい.〔深一步、浅一步〕〔高一步、低一步〕〔高一脚、低一脚〕ともいう.
深意 shēnyì 深い意味.
深忧 shēnyōu 深い憂慮.
深幽 shēnyōu 奥深い.
深渊 shēnyuān ①深い淵.〔万丈～〕万丈の深い淵.②〈喩〉危険.
深远 shēnyuǎn (影響・意義が)深くて長きにわたる.
深造 shēnzào 造詣(ぎ)を深める.〔～求精〕〈成〉目前の精緻(ち)の域にまで達する.
深宅大院 shēnzhái dàyuàn〈喩〉奥まった広大な邸宅.↔〔浅 qiǎn 门浅户〕
深湛 shēnzhàn 深くて詳しい.〔～的著作〕内容が深くて詳細をきわめた著作.〔功夫～〕芸境が奥深く豊かである.
深知 shēnzhī 十分に知っている.〔～灼 zhuó 见〕深く透徹した見識.
深挚 shēnzhì きまじめである.誠実である.
深重 shēnzhòng 深刻である.容易ならぬ.甚大である.〔～的经济危机〕深刻な経済危機.

【棽】 shēn〈文〉①繁茂するさま.〔～丽 lì〕盛んで美しい.

【燊】 shēn〈文〉燃え盛るさま.

【什】 shén → shí

什么 shénme〔甚麼〕とも書いた.①何.〔这是～〕これは何か.〔做 zuò ～〕〔干～〕⑧何をするか.⑥何のために.なぜ.〔为 wèi ～〕何のために.なぜ.〔你跑～呀〕きみは何を(何のために)奔走しているのか.〔你笑～〕何がおかしい.②どんな.〔～人〕どんな人.〔～东西〕どんなもの.〔～玩意儿〕どんなやつ.〔～时 shí 候(儿)〕いつ.〔～地方(儿)〕どこ.〔哎、～风把你吹来了〕へえ、どういう風のふきまわしで来たのか.→〔啥 shá〕〔怎 zěn 么〕⑤どれも.どんなものでも:条件に合うあらゆるもの.こと.④〔什么〕を並列させる.〔想～、说～〕何でも思いたったことを言う(思ったとおりのことを言う).〔也〕〔都〕を置く.〔我～都行〕わたしは何でもいい.〔他没说～〕彼は何も言わなかった.④何らかの(何か).〔你还有～要问的吗〕きみはまだ何か尋ねることがあるか.〔他是不是受了～委屈〕彼は何かつらい目にあっ

shén 什神

たのではないか。⑤なに！なんだと！何を！：驚き・不満・反対などを表す。〔~、那可不行！〕なに！？それはいけない。〔~！你还不听我的话吗？〕何だとて、お前はまだ言うことを聞かないのか。⑥…とか…とか：列挙して、いくらでもあることを表す。〔~游泳啦，溜冰啦，我样样儿都会〕水泳やらスケートやら何でもございね。⑦何になる：強い不同意・否定を表す。〔挤jǐ ~，按次序来！〕押し合ってもむだだ、順番通り来い。〔好~呀，没一点新意〕なにがよいものか、全く古くさい。〔~走啊，简直是跑〕歩くなどといったものか、まるでつっ走っているんだ。

什么…不…的 shénme…bù…de …であってもなくても：わずらわしい意を表す。…に同一の名詞・動詞・形容詞を入れる。〔下雨~下雨~，你明儿天一定来〕雨に関係なく明日は来るよだ。〔~钱~钱~，你拿去用吧〕金なんかいらんよ、持ってってくれ.

…什么的 …shénmede …など。〔课本儿，笔记簿~〕教科書やノートなど。→〔等 děng (Ⅲ①)〕

什么东西 shénme dōngxi なんて奴だ。なんというし物だ：軽蔑を表す。〔什么玩 wán 意儿〕

…什么似的 …shénmeshìde まったく。すっかり。〔乐lè 得~〕すっかり悦に入っている。〔他相信得~〕彼は信じきっている.

什么…呀的 shénme…ya…de なんのかのと言わずに：相手の言い分を問題にしないことを表す。〔~贵~贵，值段が高い安いのと言わずに，気に入ったら買いなよ.

什么样(儿) shénmeyàng(r) どのような：名詞を修飾する。〔你买~的鞋？〕あなたはどんなくつを買いますか。

[神] shén ①神：天地万物の創造主。また神話伝説中の超人や死後の霊。〔鬼~〕鬼神：霊魂と神霊。〔无 wú ~论〕無神論。〔多~教〕多神教。〔供 gòng 的什么~〕どんな神を祭ってあるか。〔我对于~鬼儿的都不信〕わたしは神々とか幽霊とかは一切信じない。②精神。神経。注意力。〔聚 jù 精会~〕成 精神を集中する。〔贯 fèi ~〕気遣う。〔耗 hào ~〕〔伤 shāng ~〕神経をすり減らす。〔劳 láo ~〕心をつかう。気疲れする。〔留 liú ~〕注意する。〔出~〕（ひどく気をとられて）ぼうっとする。うっとりする。放心する。技術など巧妙である。非凡である。神業(ざ)である。〔我听了觉得真~，还想练习什程度呀，君はもうすばらしく熟練している、いったいどこまで練習しようというのか。〔你说的简直~，哪有人能飞的！〕きみの言うことはまったく奇想天外だ、人が飛べるなんてことがあるものか。〔这一打得真~！〕この一戦はまったくすばらしい。〔~说~吃〕上手に話し大いに食う。④表情に出た気持ち・感情。〔你看他那~儿，就不像发财的〕彼のあの様子を見ろ、儲かった人のようじゃないぜ。〔说话带~〕話しぶりが生き生きとしている。〔这张相片照得有~〕この写真は生き生きとする。⑤<方>賢い。〔那孩子真~〕あの子は本当に利口だ。⑥<姓>神(水)

神奥 shén'ào 神秘的である。深奥である.
神笔 shénbǐ 神業のような筆法.
神不守舍 shén bù shǒushè <成>気持ちが落ちつかないさま.
神不知,鬼不觉 shén bùzhī, guǐ bùjué <喩>だれにも知られ（覚えられ）ない。〔~地〕だれにも知られないように。こっそりと.
神采 shéncǎi 顔つき。〔神彩〕とも書いた。〔~奕yì奕〕元気一杯で顔つきが生き生きしている.
神草 shéncǎo （薬用）人参の別称。→〔人 rén 参〕
神叉子 shénchāzi <方>頭のよく働く人。勘のよい

人：〔神又棍子〕ともいう。〔他那个~上不了当 dàng〕彼のような頭のよく働く人はペテンにはかからない.

神差鬼使 shénchāi guǐshǐ ⇒〔鬼使神差〕
神驰 shénchí <文>思いを馳せる。〔无日不~左右〕〔牘〕あなたのことに思いを馳せない日とてありません.
神出鬼没 shénchū guǐmò =〔鬼出电入〕<成>神出鬼没。変幻自在.
神厨 shénchú 厨子(ず)の下に置かれる扉つきの物入れ。→〔神龛〕
神吹海聊 shén chuī hǎiliáo <方>とりとめない話をする.
神道 shéndào ①墓前に通ずる道。〔~碑 bēi〕⑧墓前に立ててある石碑。〔碑文〕②神のおはから。道理。③<口>神様。〔我说这~最灵〕言っとくがこの神様はとても霊験あらたかなんだ.
神道 shéndào <方>(子どもの)元気のよいこと。〔这么点儿的孩子，见看人又蹦又笑的多~！〕こんなちっちゃな子どもでも人を見ると飛んだりはねたりしたりしてほんとに元気がよい.
神殿 shéndiàn 神殿.
神方 shénfāng ①非常によく効く薬の処方。②旧 神秘的な法術。加持祈祷(う).
神佛 shénfó 神仏(の像)
神福 shénfú 旧 神の像を描いた紙(神を祭るのに用いる)。〔烧 shāo ~〕同前を焚(や)いて神を祭る.
神父 shénfu 宗 神父。〔神甫〕とも書く。〔天主教〕(カトリック教)などでいう。→〔牧 mù 师〕〔司 sī 铎②〕
神功 shéngōng 旧 神業(ざ)：多く帝王の功績などをたたえていう.
神工鬼斧 shéngōng guǐfǔ =〔神画鬼刻〕〔鬼斧神工〕<喩>技術が神業のように精巧である。入神の技.
神怪 shénguài =〔神异②〕神仙や妖怪。〔~小说〕同前の登場する小説.
神汉 shénhàn 男のみこ。おかんなぎ。→〔巫 wū ①〕
神乎其神 shénhū qíshén <成>不可思議きわまる.
神乎 shénhū 非常に不思議である。奇妙である。風変わりである.
神化 shénhuà 神格化する.
神话 shénhuà ①神話。②作り話。でたらめな話.
神画鬼刻 shénhuà guǐkè ⇒〔神工鬼斧〕
神魂 shénhún 気。心：多く正気を失った精神。〔定一定~〕気を落ち着かせる。〔~颠 diān 倒〕(魅せられて)気が転倒する.
神机妙算 shénjī miàosuàn <成>驚くべき機知と絶妙な計画.
神机营 shénjīyíng 旧 新編陸軍部隊の名.
神奸 shénjiān <喩>悪事の非常に巧みな者.
神鉴 shénjiàn
神交 shénjiāo ①<文>意気投合した間柄。②会ったことはないが深く知り合う仲.
神经 shénjīng ①生理 神経。〔~病〕②医 神経病。精神病。〔精神病〕の通称。〔~错乱〕精神病になる。〔~过敏〕④医 神経過敏。⑤疑い深い。〔~末梢〕神経末梢。〔~衰 shuāi 弱〕精神衰弱〕精神衰弱。〔~痛 tòng〕神経痛。〔~兮 xī 兮〕<文>神経が異常にたかぶるさま。〔~细胞〕神経細胞。〔~系统〕神経系統。〔~性皮炎〕医 神経性皮膚炎。〔~抑 yì 郁症〕抑うつ症。〔~元〕神経元。神経細胞。〔~战术〕神経戦術。〔~症 zhèng〕〔~官能症〕医 ノイローゼ。神経症。〔~质〕精神の異常状態。〔发 fā ~〕(犯~)気の触れる。常規を逸する.
神驹 shénjū <喩>名馬。駿馬.
神龛 shénkān 先祖の位牌や神様の像をおさめる厨子(ず)。→〔佛 fó (爷)龛〕

shén

神侃 shénkǎn ⇒〔神聊〕

神来之笔 shénlái zhī bǐ 〔喻〕絶妙な文.語り口.

神力 shénlì 神の(ような不思議な)力.

神聊 shénliáo =〔神侃〕途方もないでまかせを言う.

神灵 shénlíng 神霊.神仙.

神龙见首不见尾 shénlóng jiànshǒu bùjiànwěi 〔喻〕ちらりと姿を見せるだけで実体がとらえがたいこと.〔他照了一个面儿就走了,实在是～〕彼はちょっと顔を出しただけで行ってしまった,得体の知れぬ人だ.

神马儿 shénmǎr ⇒〔纸zhǐ 马(儿)〕

神秘 shénmì 神秘的である.〔~地说〕意味ありげに言う.〔~的口气〕意味ありげな口ぶり.〔故意做出～的样子〕わざとらしくありげな格好をした.〔~感〕神秘感.〔~主义〕神秘主義.

神妙 shénmiào ずば抜けて巧みである.〔~莫测〕はかり知れない程妙を極めている.〔笔法~〕筆法がすばらしい.

神明 shénmíng ①神明.神.〔拜～〕神を拝する.〔奉若～〕神の如く尊ぶ. ②(人の)精神.

神鸟 shénniǎo〈文〉鳳凰の別称.→〔凤 fèng 凰〕

神农(氏) shénnóng (shì) 農業・医薬・交易の始祖とされる伝説上の皇帝:〔炎 yán 帝〕ともいう.〔三 sān 皇〕

神女 shénnǚ ①女神. ②旧淫売婦.売春婦. ③⇒〔喜 xǐ 鹊〕

神牌 shénpái ⇒〔神主〕

神炮手 shénpàoshǒu 名炮手.

神品 shénpǐn (書画などの)最上品.神品.絶品.→〔妙 miào 品〕〔能 néng 品〕

神婆 shénpó 巫子(?):〔女 nǚ 巫〕ともいう.

神祇 shénqí〈文〉天神地祇の略.

神奇 shénqí たいへん珍しい.非常に不思議である.〔古代传说都被人们渲染上一层～的色彩〕古代の伝説は往々にして神秘的色彩をつけられている.〔还有许许多多动人心弦的故事~ 〕,又迷人〕それらたくさんの人の心を打つ物語があり(それらに)は怪しく,人を酔いしれさせる.

神器 shénqì〈文〉①〔喻〕帝位.政権. ②珍奇な器物.

神气 shén·qì ①顔つき.表情.態度.〔不屑 xiè 置辩的~〕弁解するのもばかばかしいといった顔つき. ②元気がある.生き生きしている.〔他模 mú 样儿很～〕彼の様子はとても元気そうだ. ③愚かぶった様子(ぶったような),偉そうな)様子をする.生意気である.〔你不要太~〕あまり威張るな.〔~什么〕何を偉そうにするのか.

神气活现 shénqì huóxiàn〈成〉意気揚々たるさま.得意満面なさま.

神气十足 shénqì shízú〈成〉①偉そうにして鼻もちならなさ. ②意気揚々としている.

神枪手 shénqiāngshǒu 名射手.

神清气爽 shénqīng qìshuǎng〈成〉心がすっきりしてあるさま.

神情 shénqíng 顔色.顔つき.顔に表れた気持ち.

神曲 shénqū 中医神麯(kp) :食欲増進と健胃・整腸などの効果があるとされる麹状の薬.小麦粉・杏仁の漬けたのに〔青 qīng 蒿〕(かわらにんじん)〔苍 cāng 耳(子)〕(おなもみ)〔野 yě 蓼〕(たで)の汁を加えて混合したものを麻の葉に包んで固く縛り発酵させたもの.〔六 liù 曲〕〔六神曲〕ともいう.

神权 shénquán 中医神權:人間の運命を支配する鬼神の権力.神の権威. ③カトリック教の)神権.〔~政治〕神権政治.

神人 shénrén〈文〉① 神仙.仙人. ②〔真 zhēn 人①〕 ②非凡な人.超人. ③風采の立派な人.

神色 shénsè 顔色.態度.様子.〔~自若 ruò〕落ち着きはらっている.〔~不好,一定有心事〕顔色がよくない,きっと心配ごとがあるのだろう.

神伤 shénshāng〈文〉精神がなえる.意気阻喪する.心をいためる.→〔伤神〕〔伤心〕

神神道道 shénshen dàodào〔神神叨叨〕とも書く.気がふれたさま.

神神气气 shénshen qìqì 精神が異常なさま.〔这几天,他又～的,不知道又犯什么毛病!〕(老舍・骆驼祥子 2の2)この数日,彼はまたおかしな様子に見えるが,また何か病気が出たんじゃないか.

神圣 shénshèng 神聖(である).〔~的任 rèn 务〕神聖な任務.〔~同盟〕回神聖同盟.

神术 shénshù 神業.

神思 shénsī 精神状態.気分.〔~不定〕気分が落ち着かない.

神似 shénsì ①精神の実質が似ている.↔〔形 xíng 似〕 ②きわめてよく似ている.

神速 shénsù 神速.神のように迅速なこと.〔兵贵~〕〈文〉用兵は神速を貴ぶ.〔收效~〕効きめがてきめんである.

神算 shénsuàn ①非常に確かな見通し(予測). ②絶妙な計略.

神髓 shénsuǐ〈文〉精華.神髄.

神态 shéntài 表情や態度.〔~端庄〕同前が立派で落ち着いている.〔~各异 yì〕同前が様々である.

神探 shéntàn 敏腕刑事.名探偵.

神通 shéntōng ①宗(仏教の)神通力. ②すぐれた腕前.〔~广大〕腕前は大したものである(風刺を込めていう).〔施展~〕本領を発揮する.〔大显~〕大いに腕前を振るう.

神童 shéntóng 神童.

神头鬼脸 shéntóu guǐliǎn〔神头鬼面 miàn〕ともいう.〔喻〕奇妙な格好.変な顔つき.

神荼郁垒 shéntú yùlěi 回度明山の鬼門にいて,人を害する悪い鬼が出入りするのをひっとらえて虎に食わせるとされる伝説上の二神:旧正月に家々の門扉に貼りつけられる〔门 mén 神〕の神像の左が〔神荼〕,右が〔郁垒〕といわれる.

神往 shénwǎng 恍惚とする.気に入る.憧れる.思いを馳せる.〔真是令人~〕本当にうっとりさせる.

神威 shénwēi 神威.〔大显~〕大いに神威を振るう.

神位 shénwèi ⇒〔神主〕

神武 shénwǔ〈文〉非常に優れた武勇.

神悟 shénwù〈文〉はっと悟る.

神物 shénwù〈文〉①まれに見る珍しいもの. ②同下①

神仙 shén·xiān ① =〔神物〕神仙.〔~会〕60年代,知識人を集めて中共中央統一戦線工作部が主催した意見交換会.放談会.〔~一把抓 zhuā〕〈喻〉一挙に成功する. ②〈喻〉事を見通す力を持った人. ③〈喻〉無欲で世間離れした人.

神像 shénxiàng ①神・仏の画像.②神・仏の彫像. ③故人の像.遺影.

神效 shénxiào すぐれた効能.卓効.

神学 shénxué〔~家〕神学者.

神医 shényī〈喻〉名医.

神异 shényì ①不可思議で変わった(こと).〔所以也算得一件~〕(鲁・Q 6)だからちょっと不思議なこともいえるのだ. ②⇒〔神怪〕

神鹰 shényīng タカの美称.

神颖 shényǐng〈文〉すばぬけて聡明である.

神勇 shényǒng ①神のような勇猛.超人の勇気. ②非常に勇ましい.

神游 shényóu 思いが諸所を巡(%)る.〔~天外〕天外に思いをはせる.〔~症 zhèng〕(精神医学の)遁

走.
神佑 shényòu〈文〉天佑(ﾃﾝﾕｳ).神助:〔神助〕に同じ.
神余 shényú 供物のおさがり.
神舆 shényú みこし.
神宇 shényǔ〈文〉表情と風采.
神韵 shényùn〈文〉①(文章や書·画などの)気品.持ち味.趣.②(人の)雰囲気.
神职 shénzhí 宗(カトリック教·ギリシャ正教会などで)聖職.〔~人员〕聖職者.
神志 shénzhì 知覚と意識.〔~不正常的人〕精神状態の正常な人.〔他~不清,迷迷糊糊的〕彼は意識がはっきりせず,ぼんやりしている.〔~完全清醒了〕意識を完全に取り戻した.
神智 shénzhì ①精神と知恵.②優れた知恵.
神舟 shénzhōu〔嘘〕非凡な船:中国の宇宙船の名.〔~七号〕[神七]など.
神州 shénzhōu〈文〉神州.ⓐ中国の美称:戦国時代に〔赤 chì 县~〕といったことから.ⓑ京畿.都の所在州.
神主 shénzhǔ =[神牌][神位](<口>版 bǎn 位)[木 mù 主]旧位牌.→[点 diǎn 主]
神助 shénzhù 神助(ｼﾞﾝｼﾞｮ).天の助け.

[钟·鍾]
shēn 化 アーソニウム,記号 As:ヒ素化合物の一.→[砷 shēn]

[沈·瀋]
shěn (Ⅰ)[沈](Ⅱ)[瀋]〈姓〉沈(ｼﾝ)
(Ⅱ)[瀋]①〈文〉汁.しずく.〔墨 mò ~〕墨汁(ﾎﾞｸｼﾞｭｳ).〔汗出如~〕<成>ボトボトと落ちるほど汗をかく.②地名用字.〔~阳〕瀋陽(ﾎｳﾃﾝ)·奉天は旧称.〔~水〕地 瀋陽市の南にある:[五里河]ともいう.→ chén

[审·審]
shěn (Ⅰ)①(事件を)調べただす.〔公 gōng ~〕ⓐ公判を開く.ⓑ大衆裁判をする.〔受 shòu ~〕取り調べを受ける.②詳しく(つまびらかに)調べる:〔谙〕〔谂〕に通用する.〔不~近况何如〕近況はいかがですか.④詳しい.つまびらかである.〔精~〕<姓>審(ｼﾝ)
(Ⅱ)〈文〉果たして.たしかに.〔~如君言〕やはりきみの言うとおりだった.
审案 shěn'àn 事件を審理する.
审办 shěnbàn 審査し処理する.
审查 shěnchá =[审察②](計画·提案·著作などや特に個人の経歴·傾向を)審査(する).〔~来历 lì〕来歴を同前.
审察 shěnchá ①細かく観察する.②同上.
审处 shěnchǔ ①[法]審理し,公判に付して処理する.〔送法院~〕裁判所に引き渡して処理する.②審査して処理する.〔报请上级机关~〕上級機関に上告して処理する.
审订 shěndìng 審査して修訂する.〔~百科全书〕百科全書を修訂する.
审定 shěndìng 審査して決める.〔~计划〕計画を同前.
审读 shěndú ⇒[审阅]
审夺 shěnduó〈文〉審査の上決定する.
审度 shěnduó〈文〉観察し考慮する.
审改 shěngǎi 審査し改正する.〔~文稿〕原稿を審査し手を加える.
审干 shěngàn 幹部の審査(をする).〔~工作〕同前の仕事.
审稿 shěngǎo 原稿を審査する.
审核 shěnhé =[核审](書類や数字など)つき合わせる.チェックする.〔~批 pī 准〕審准 zhǔn〕審准し許可する.
审计 shěnjì 会计検査(監査)をする.〔国家~署〕会

計検査院.〔~师团〕会計検査師.
审结 shěnjiào 校閲する.
审结 shěnjié 結審し裁決する.〔~案件〕事件は結審した.
审决 shěnjué 審理して判決を下す.
审看 shěnkàn 念入りに見る.詳細に調べる.
审理 shěnlǐ [法](案件を)審理する.→[检 jiǎn 察]
审美 shěnměi 美醜を見分ける.〔~能力〕審美眼.
审判 shěnpàn 裁判(する):審理し判決する.〔~cái 判④〕は旧称.〔受~〕裁判を受ける.〔进行~〕裁判を行う.〔~员〕判事.〔~长 zhǎng〕裁判長.→[检 jiǎn 察]
审批 shěnpī 審査して指示する.
审评 shěnpíng 審査し評定する.
审慎 shěnshèn 周到かつ慎重に(やる).〔从 cóng 事〕慎重に事をなす.
审实 shěnshí 審理して事実と認める.事実を明らかにする.
审时度势 shěnshí duóshì〈成〉よく時勢を見る.
审时观变 shěnshí guānbiàn〈成〉時勢の移り変わりをよく観察する.
审视 shěnshì〈文〉細かに(念入りに)見る.
审题 shěntí 題の意味や意図を十分理解する.
审问 shěnwèn 同下.
审讯 shěnxùn =[审问](讯 xùn 问)尋問する:審問する.問いただす.〔~室〕取り調べ室.〔取 qǔ 问〕
审验 shěnyàn 点検し確認する.〔~身份〕身分を照合する.
审议 shěnyì 審議(する)
审音 shěnyīn 国漢字の読み方を調べて決める:異読詞の発音を審査し決定すること.〔~表〕[普 yī 读词~表]同前の表:1957年10月,1959年7月,1962年12月の3回にわたり発表され,総計千余りの語をのせたもの.1985年12月若干の語を追加訂正した.
审阅 shěnyuè =[审读]閲覧審査する.

[谂·諗]
shěn〈文〉知る:〔审(Ⅰ)③〕に通用する.〔~知〕同前.〔~悉 xī〕詳細に知る.

[婶·嬸]
shěn ①[~儿]叔母:叔父(父の弟)の妻.〔~娘 niáng〕ともいう.②自分の母親と同年輩,あるいは若い既婚の女性.〔大~儿〕おばさん.③〈白〉夫の弟の妻.〔孙立下马来,进得门便问道:兄弟~子害什么病〕(水49)孫立は馬を降りて門を入り,弟嫁は何の病気になったのかと尋ねた.
婶婆 shěnpó 夫の叔父(父の弟)の妻

[哂]
shěn〈文〉①笑う.〔微 wēi ~不语〕微笑するだけで黙っている.〔祈勿~其拙陋〕その拙劣さを笑わないでください.〔不值一~〕一笑にも値しない.②あざけり笑う.
哂纳 shěnnà〈文〉笑納する:[笑 xiào 纳]に同じ.〔望~是幸〕ご笑納くだされば幸です.
哂笑 shěnxiào〈文〉嘲笑する.
哂正 shěnzhèng〔謙〕叱(ﾀ)り正する.〔敬请~〕ご叱正賜りますよう.

[矧]
shěn〈文〉いわんや.まして.〔十日犹嫌其迟,~一月乎〕十日でさえ待ちどおしいのに,まして1か月ならなおのことである.→[况 kuàng (Ⅱ)]

[谂·諗]
shěn〈文〉①知る:〔审(Ⅰ)③〕に通用する.〔素~先生于此道颇有研究〕<牘>先生がこの道について深いご研究があることはかねね存じております.②諌(ｶﾝ)め忠告する.

shěn～shèn

〔瞫〕 shěn 〈文〉(深い所を)見下ろす.

〔肾・腎〕 shèn
① [生理] 腎(ξ). 腎臓：俗に〔腰 yāo 子〕という. 通称〔腎脏〕. ② [中医] 人の睾丸. 〔外 wài ～〕ともいう. 〔补 bǔ ～〕精力を増強する. →〔睾 gāo 丸〕

肾(变)病 shèn(biàn)bìng 医ネフローゼ：〔腎变性病〕ともいう.
肾绞痛 shènjiǎotòng 医腎仙痛.
肾结石 shènjiéshí 医腎石症. 腎臓結石.
肾亏 shènkuī 〈文〉〔腎精亏虚〕の略.
肾囊 shènnáng [中医]陰嚢：〔阴 yīn 嚢〕に同じ.
肾气 shènqì [中医]腎の精気.
肾上腺 shènshàngxiàn [生理]副腎. 副腎. アドレナル. 〔～素 sù〕アドレナリン. エピネフリン. 〔～皮质激素〕腎皮質ホルモン. 〔～髄质激素〕副腎髄質ホルモン.
肾图 shèntú 医レノグラム：〔放 fàng 射性同位素腎図〕の略.
肾病 shènxián =〔genita zhù〕[中医]腎臓病から起こるてんかん.
肾炎 shènyán 医腎炎.
肾盂 shènyú [生理]腎盂. 〔～腎炎〕腎盂炎. 〔～炎〕腎盂炎.
肾脏 shènzàng [生理]腎臓.

〔甚〕 shèn
(Ⅰ) ①〈文〉大きい. ②甚だしい. 激しい. 〔欺 qī 人太～〕人を欺くことがひどすぎる. 〔过 guò ～〕あまりに甚だしい. ③ひどく. 甚だしく：程度のひどいことを表す. 〔～大〕甚だしく大きい. 〔～好〕非常によい. 〔其言～是〕その言はまことにもっともである. 〔～觉无味〕甚だおもしろくない. ④上回る. 勝る. 〔日一日〕成〕日一日と甚だしくなる. ⑤姓(笑). (姓)
(Ⅱ) 〈白〉なに. 〔姓～名谁〕姓はなに名はにか. 〔～时 shí〕いつ. 〔～事〕なに. 〔～人〕だれ. 〔～么 mo〕なに. 〔什 shén 么〕に通用. 〔～一般 bān 情绪〕どんな有り様か. 〔说～一底 di〕何を言っているか.

甚低频 shèndīpín 電超低周波.
甚而(至于) shèn'ér(zhìyú) =〔甚至(于)〕
甚高频 shèngāopín 電超短波. VHF.
甚或 shènhuò =〔甚至(于)〕
甚为 shènwéi なはなだ. たいへん. 〔～亲密〕極めて仲が良い.
甚嚣尘上 shènxiāo chénshàng 〈成〉世間でやかましく論ずられる. あやふやな事で騒ぎたてている.
甚于 shènyú …より勝る. …を上回る.
甚至(于) shènzhì(yú) =〔甚而(至于)〕〈文〉甚或. …さえ. 〔連〕ひどいときには. 〔她～连"再见"都没说就走了〕彼女はさよならさえ言わずに行ってしまった. ②そのうえ：並列する語の後の語の前に置き, 強調を表す. 〔不但骗人, ～栏路抢劫他都敢做〕人をたぶらかしだますのみならず, ひどいことに追いはぎ強盗でも食ならやる.

〔葚〕 shèn 〔葚儿〕桑の実：ふつう〔桑 sāng ～〕〔口～桑～儿 rènr〕という. → rèn

〔椹〕 shèn 桑の実：〔葚〕に同じ. 〔桑 sāng ～〕

〔鹹〕 [中医]干した同前. → zhēn

〔矧〕 shèn ⇒〔矧〕. → tǎn

〔胂〕 shèn [化]アルシン類：有機砒素化合物の一. 〔砷 shēn 化氢〕(化化水素)の水素が〔烃 tīng 基〕(アルキル基)に置換されたもの. 〔～凡納明〕サースフィトマイン：〔六 liù 〇六〕(サルバルサン)に同じ. →〔砷 shēn〕

〔渗・滲〕 shèn
①しむ. 〔～进去〕しみとおる. 〔～下去〕しみ込んでいく. 〔水～到地里去了〕水は土中にしみ込んでしまった.

〔～渠 qú〕水路にしみこむ. 〈喩〉賄賂をつかう. →〔沁 qìn〕 ②にじむ(み出る). もれ出て滴る. 〔那茶壶有点儿～水〕あの急須(é^{u})は少し漏る. 〔雨水由房顶～下来〕雨水が屋根からしみ込んで滴ってくる. ③⇒〔瘆〕

渗出 shènchū 滲出(する). にじみ出る.
渗氮 shèndàn ⇒〔氮化〕
渗沟 shèngōu 暗渠(穎). 地下排水溝. →〔下 xià 水道〕
渗井 shènjǐng →〔渗坑〕
渗坑 shènkēng 汚水や雨水の排水穴：その深いものを〔渗井〕という.
渗凉儿 shènliángr 〈方〉底冷えする.
渗流 shènliú 水が土や岩の隙間を流れる.
渗漏 shènlòu (気体・液体が)漏れ出る.
渗铝 shènlǚ [工]カロライジング.
渗滤器 shènlǜqì =〔滤器〕濾過(ぁ)器. パーコレーター.
渗入 shènrù ①しみ込む. ②〈喩〉すきをねらってもぐり込む(侵入する).
渗水 shènshuǐ 水がしみ込む. 〔这块地不～〕この土地は水がしみ込まない.
渗碳 shèntàn =〔碳化〕[工]浸炭. 〔～钢 gāng〕浸炭鋼. 〔～体〕碳化(三)铁〕セメンタイト. 炭化鉄.
渗透 shèntòu ①しみ込む. しみとおる. 混じり合う. 〔雨水～了泥土]雨水がすっかり泥にしみ込んだ. 〔文理～的选修课〕文系と理系が混じった選択科目. ② [化]浸透(する). 〔～性〕浸透性. 透過性. 〔～压〕浸透圧. ③侵入する. 潜入する. 〔经济～〕経済的浸透.
渗析 shènxī ⇒〔透 tòu 析②〕
渗液 shènyè しみ出した液体.

〔瘆・瘮〕 shèn 〈文〉ぞっとする. 怖い：〔渗③〕に同じ. 〔～人〕同前. 〔深更半夜, 外面一声长嗥 háo, 真～得慌〕夜中に外でけだものの遠吠えを聞くと本当にぞっとする.

〔慎(愼・昚・昚)〕 shèn
①慎む. 気をつける. 〔谨 jǐn ～〕同前. 〔口出不～〕うっかりしたことを言う. 〔开车失～〕車を運転していてうっかりする(して事故を起こす). ②くれぐれも. ぜひとも. 〔此墙危险, 勿～勿 wù 靠近〕この塀危険につき, くれぐれも近寄るなかれ. ③〔姓〕(㐬)

慎独 shèndú 〈文〉ひとりを慎む：修養法の一. 人のいない所でもゆるがせにしないこと.
慎密 shènmì 細心で緻密である.
慎始 shènshǐ 〈文〉(ものごとの)最初を慎重にやる. 〔～慎终〕終始慎重にやる.
慎思 shènsī 〈文〉慎重に考える.
慎行 shènxíng 注意深く行う. 〔谨言～〕言動に気をつける.
慎言 shènyán 言葉を慎む. 慎重に述べる.
慎之又慎 shènzhī yòushèn 〔慣〕慎重な上にも慎重にやる.
慎终 shènzhōng 〈文〉①後々のことまで考えて行う. 〔～如始〕同前. ②葬祭を丁重にする. 〔～思远〕同前.
慎重 shènzhòng 慎重である. まじめで丁寧である. 〔凡事总要～〕何事も慎重にやらなければならない. 〔～考虑〕慎重に考慮する.

〔蜃〕 shèn 〈文〉① [魚貝]オオハマグリ. ② [古]祭器の一種.

蜃景 shènjǐng [気]蜃(し)気楼. ミラージュ：蜃気楼現象は〔蜃①〕の吐く気で起こると考えられていた. 〔蜃楼〕〔海 hǎi 市蜃楼〕ともいう. 〔下 xià 层～〕逃げ水：〔迷 mí 水〕は俗称.

shèn~shēng 屓升

屓楼 shènlóu 同上.

sheng ㄕㄥ

〔升(昇・陞)〕 shēng (I)[升]① 〈度〉容量の単位.ⓐリットル.1：[公 gōng 升][立升][市升]ともいう.〈音訳〉[立 lì 突]は旧称.[千~]キロリットル.[百~]ヘクトリットル：[市石 dàn]ともいう.[十~]デカリットル：[市合 gě]ともいう.[厘 lí~]センチリットル：[市勺 sháo]ともいう.[毫 háo~]ミリリットル：[西 xī 西](cc),[市撮 cuō]ともいう.[分~]デシリットル：[市斗 dǒu]ともいう.[微 wēi~]ミクロリットル(100万分の1リットル).ⓑ[市]の略称：1[(市)]は10[(市)合],1[(市)斗]の10分の1,リットルに当たる.→[市 shì (用)制] ②[升]ます.一升ます.③〈文〉升(ｼ)：六十四卦の一.④〈姓〉升(ｼ)
(II)[昇・陞]①昇る(らせる).登る.上がる(らせる).[上~]上昇する.上に上がる.[直~飞机]ヘリコプター.[提 tí~]引き立てる.②レベルが上がる.↔[降 jiàng 级②]

升班 shēngbān 〈口〉学年が上がる.クラスが上がる：[升级②]に同じ.[~马] 〖囿〗昇格チーム.↔[降 jiàng 班]
升半音号 shēngbànyīn hào ⇒[升号]
升舱 shēngcāng (旅客機で)座席をランクアップする.
升档 shēngdàng 等級が上がる.ランクアップする.
升殿 shēngdiàn 御殿に登る.参内する.
升调 shēngdiào [市升]の声調.→ shēngtiáo
升跌 shēngdiē 上げ下げ.騰落.
升斗 shēngdǒu 〈文〉1升と1斗.〈喩〉わずかな量.[~民] 貧民.人間の一日暮らしの住民.
升发 shēngfā 〈方〉偉くなる.[一旦~了,你可要给咱受苦人当主心骨儿!](梁・紅20)偉くなったら,わしら苦労してる人間の心棒になってくれよ.
升幅 shēngfú (価格・数値の)上げ幅.
升高 shēnggāo 高く昇る(上がる)
升格 shēnggé 資格を上げる(させる).[将外交关系由公使级~为大使级]外交関係を公使級から大使級に昇格させる.
升合 shēnggě 〈文〉1升と1合.〈喩〉ごく少量.
升工 shēnggōng ①[回]見習い工から正式の職工へ昇格する(こと).②出勤率の良好な者に対する賃金割増し(をする)
升汞 shēnggǒng ＝[二 èr 氯化汞][氯化汞][猛 měng 汞][化]昇汞(ｺｳ).塩化第二水銀.過クロル汞.猛汞.
升官 shēngguān 官位が上がる.[~发财]〈成〉官位が昇って金持ちになる.[~图 tú] 回出世双六(ｽｺﾞ):さいころ遊びの一種.[捻 niǎn 捻 捻 转 儿 zhuànr](ひねりずる)を振って行う.[选 xuǎn 官图]ともいう.
升冠 shēngguān 〈尊〉帽子を脱ぐ：来客にくつろぐように勧めるのに用いた言葉.[今天太热,请您升升冠,宽 kuān 宽衣吧!]今日は大変暑いですから(帽子や上着をとっておくつろぎください.
升号 shēnghào 回シャープ.嬰記号."♯"：[升半音号]は別称.→[升记号][降 jiàng 号]
升华 shēnghuá ①[物](理)[~热名]昇華熱.[~硫 liú][硫华]〖化〗昇華イオウ(硫黄剤).②物事が更に高い状態へ一段と進むこと.[艺术不光是现实生活,而是现实生活~的结果]芸術は現実生活そのものではなく,むしろその昇華である.

升火 shēnghuǒ ⇒[生火①]
升级 shēngjí ①昇級する.[~换代](製品のグレードアップとモデルチェンジをする).②＝[升班]学年が上がる.[升了二年级了]2年級になった.↔[降 jiàng 级②].④[電]アップグレード.バージョンアップ.④(戦争が)激化する.[战争~了]戦争はエスカレートした.
升记号 shēngjìhào 回シャープとダブルシャープの総称.→[降 jiàng 记号]
升降 shēngjiàng 上がり下がり.[升高]と[降低].[~机 jī]エレベーター.[~(电)梯口]とい う.[~舵]昇降舵.[~台]工作機械の受け膝.[~梯 tī] 〖囿〗昇降機.リフト.→[起 qǐ 落]
升结肠 shēngjiéchàng [医理]上行結腸.
升井 shēngjǐng (鉱(山)内作業や井戸掘り作業を終え地上に上がる(出る)
升空 shēngkōng (航空機などが)空に昇る.[飞机~]飛行機が空に昇る.
升力 shēnglì 〖囿〗揚力.リフト.
升麻 shēngmá [植](サラシナ)ショウマ.薬用する.
升幂 shēngmì 〖数〗昇冪(ﾍﾞｷ).
升平 shēngpíng 〈文〉天下泰平.[~盛世]太平で降盛な世.
升旗 shēngqí 旗を掲げる.[~仪式]掲揚式.
升迁 shēngqiān ＝[升转]①昇進と転任(する).②栄転(する)
升任 shēngrèn 昇進して(させて)任命される(する)
升荣 shēngróng 〈文〉栄華の地位まで昇進する.
升势 shēngshì 上昇の勢い.上昇傾向.
升水 shēngshuǐ ①＝[加 jiā 水②][申 shēn 水] [経]回国内為替や銀貨兌換の際に貨幣価値や純分の高い銀の割り増しを受けること.[加色](加色)②同前の割り増し.プレミアム.打ち歩(ｹﾞ).↔[贴 tiē 水]
升堂 shēngtáng 回上級官吏(または裁判官)が登庁(出廷)すること.
升堂入室 shēngtáng rùshì ＝[登 dēng 堂入室]〈成〉学問・研究などが高い水準に達したこと.[由也升堂矣,未入于室也](論語・先進)由は堂にも昇れるも,末だ室に入らざるなり.
升调 shēngtiáo 値上がりする.値上げする.→ shēngdiào
升腾 shēngténg ①立ち昇る.上昇する.②(事業や職業などが)発展する.発達する.盛んになる.出世する.
升天 shēngtiān ①天に昇る.宇宙へ上がる.②〈喩〉死ぬ.
升位 shēngwèi ①位(ポスト)が上がる.②番号の桁が増える.
升温 shēngwēn ①温度が上がる.②〈喩〉白熱化する.活発化する.
升息 shēngxī 利率を上げる.利上げする.
升限 shēngxiàn 上昇限度.[理论~]理論上の上昇限度.[实用~]実用上昇限度.
升学 shēngxué 進学する.[升读 dú]ともいう.[~率]進学率.[毕 bì 业~问题]卒業と進学の問題.[~考试](中学・高校の)入学試験.
升压 shēngyā ①圧力を上げる.[~器][電]昇圧器.ブースター.②電圧を上げる.
升用 shēngyòng 登用する.抜擢(ﾊﾞﾂ)する.
升涨 shēngzhǎng ①高まる.②騰貴する.
升帐 shēngzhàng 〈白〉元帥が陣幕の中で軍議をしたり命令を発する.
升值 shēngzhí [経]①平価を切り上げる.②価値を高める.→[増 zēng 值]
升转 shēngzhuǎn ⇒[升迁]

shēng

升擢 shēngzhuó 抜擢(ばってき)して昇進させる.
升座 shēngzuò ①座にのぼる(つく). ②位につく.

[侎] shēng jiālún とも読んだ. 現在は〔加 jiā 仑〕(ガロン)を用いる.

[姅] shēng gōngshēng とも読んだ. 現在は〔公 gōng 升〕(リットル)を用いる.

[生] shēng (Ⅰ)①生える. 発生する. 育つ.〔老树~了新芽〕老木に新芽が出た.〔米里~了虫子〕米に虫がわいた.〔这孩子~得非常壮实〕この子はとても丈夫に育っている. ②生む. 生まれる.〔~子 zǐ〕子を生む.〔母鸡~蛋〕めんどりが卵を生む.〔你是哪年~的〕きみは何年生まれか.〔~了一个男孩子〕男の子が生まれた.〔他是公元1979年~的〕彼は1979年生まれである. ③起こる. 発生する. こしらえる.〔借 jiè 端~事〕〈成〉事をかまえて騒動を起こす.〔~病〕人が病気になる(を出す).〔疮 chuāng〕腫(は)れものができる. ④火をおこす.〔~炉 lú 子〕ストーブ(こんろ)に火をつける. ⑤生きる.〔贪 tān ~怕死〕〈成〉命を惜しみ, 死を恐れる. ⑥生. 生命.〔舍 shě ~〕生命を捨てる.〔丧 sàng ~〕生命を失う.〔轻 qīng ~〕生命を軽んずる. ⑦生命力のある. 生き生きとしている. →〔生龙活虎〕 ⑧生涯.〔今~〕この世.〔诗人的一~〕詩人としての一生. ⑨生きもの.〔众 zhòng ~〕囲(仏教的な)生きとし生けるもの.〔群 qún ~〕多くの生きもの(多くの人). ⑩生計. 生きていく道. 謀 móu ~〕生計を立てる.〔无以为~〕〈成〉生計を立てるすべがない.〔以此以此为~〕ずっとこれで生計を立ててきた. ⑪生(な)である. 未熟である.〔~米〕生米. 半~不熟〕半煮え. この西瓜(すいか)は~的〕この西瓜は熟れていない.〔~(着)吃〕生で食べる. →〔生 shú ①〕 ⑫加工してない. 天然のままである. →〔鲜 xiān (Ⅰ)④〕 ⑬不慣れである. 見慣れない. 初めてである. 覚えていない.〔这字得有点儿~了〕この字の書き方が未熟である.〔~马〕よく慣れていない馬.〔手~〕手先が慣れていない. ↔〔熟〕 ⑭むりやり. 強引に.〔好好儿的东西~给毁 huǐ 坏了〕ちゃんとした立派なものをむりやりに壊してしまった.〔~要办这个事情,怎么能成？〕このことをむりやりにやろうというのか？ →〔生不〕 ⑮非常に. ひどく;感覚を表す一部の形容詞の前に置く.〔~疼 téng〕ひどく痛む. ⑯〈姓〉生(せい)

(Ⅱ)①勉学途上にあるものの称.〔学~①〕学生.〔实习~〕実習生.〔师 shī ~〕教師と学生(生徒).〔招 zhāo ~〕学生(生徒)募集(をする). ②一部の職業の人.〔医 yī ~〕医師.〔阴 yīn 阳~〕陰陽師や祈禱(き)師. ③旧読書人.〔书~①〕同前.〔儒 rú ~〕儒学生. 読書人.〔张 zhāng ~〕張という(姓)の書生. ④劇(旧劇)の男役.〔小~〕若者役.〔武 wǔ ~〕武人役.〔老~〕〔须 xū 生〕宰相・忠臣・学者などの役. →〔戏 xì 子〕

(Ⅲ)〈白〉宋·元の"詞·曲"で, 副詞接尾字として用いられる.〔你好~干誦〕おまえうやまえ.〔怎~是好〕どうしたらよかろうか.〔怎~得了 déliǎo〕どうしよう(これで)ゆかれるか.

生搬硬套 shēngbān yìngtào 〈成〉強引にあてはめる. 機械的適用をする.
生搬硬造 shēngbiān yìngzào 〈成〉むりやりでっち上げる.
生变 shēngbiàn 異変が起こる.
生病 shēngbìng 病気になる.〔得 dé 病〕〔受 shòu 病〕ともいう.
生不逢时 shēng bù féngshí 〈成〉運が悪い. 時勢に合わない.〔生不逢 chén〕ともいう.
生财 shēngcái 金を儲ける.〔~有道〕金儲けが上手

生菜 shēngcài ①レタス;〔叶 yè 莴苣〕の俗称. また, サラダナ・チシャなどを含める. →〔莴 wō 苣〕 ②生の野菜;〔鲜 xiān 菜〕ともいう.

生产 shēngchǎn ①生産する;〔出 chū 产②〕に同じ.〔~操〕職場体操.〔~成本〕生産コスト.〔~定额〕責任作業量. 責任生産額. ノルマ.〔~方式〕生産様式.〔~工具〕生産用具.〔~关系〕生産関係.〔~过剩〕生産過剰.〔~合作社〕生産協同組合.〔~基金〕生産基金.〔~竞 jìng 赛〕労 láo 动竞赛〕労働競争. 生産競争.〔~能力〕生産能力.〔~线 xiàn〕生産ライン.〔~要素〕生産要素.〔~指标〕生産目標.〔~者〕生産者.〔~资本〕生産資本.〔提高~率〕生産性を高める. ②→〔生育〕

生产大队 shēngchǎn dàduì →〔人 rén 民公社〕
生产队 shēngchǎndul →〔人 rén 民公社〕
生产建设兵团 shēngchǎn jiànshè bīngtuán 軍人民解放軍に所属し, 辺境の開発に従事する屯田(もん)兵的な組織.
生产资料 shēngchǎn zīliào 経生産手段;〔生产手段〕〔生资③〕ともいう.〔劳动资料〕と〔劳动对象〕の総称. →〔消 xiāo 费资料〕

生辰 shēngchén 〈文〉誕生日.〔~八字〕生まれた年・月・日・時を表す干支(え).〔~运命. 身のほど. →〔庚 gēng 帖〕

生成 shēngchéng ①生成する. 発生する.〔~热〕生成熱.〔台风的~〕台風の発生. ②〔~语法〕 冒生成(変形)文法. →〔转换生成语法〕

生吃 shēngchī 生で食べる;〔生食〕に同じ.
生齿 shēngchǐ 〈文〉乳歯が生える.〈転〉人口.
生词 shēngcí 新しい単語. 知らない単語.
生祠 shēngcí 〈文〉生きている人を祭った社.
生凑 shēngcòu 無理やりかき集める(数をそろえる)
生存 shēngcún 生存する. 生き延びる.〔~竞 jìng 争〕生存競争.〔~训练〕サバイバル訓練.〔~权 quán〕生存権. ↔〔死 sǐ 亡〕

生旦净末丑 shēng dàn jìng mò chǒu 劇(旧劇で)俳優の役の種類:男役・女形・敵役・端役・道化役. →〔戏 xì 子〕

生地 shēngdì ①国医〔地黄〕(じおう)の半加工品;〔干 gān 生地〕ともいう. これを細かく刻んだものを〔生地黄〕という. →〔熟 shú 地②〕 ②→〔生荒(地)〕

生地母 shēngdìmǔ 〈音訳〉センタボス:グアテマラなどの補助通貨単位名.
生地西母 shēngdìxīmǔ 〈音訳〉センテシモ:パナマなどの補助通貨単位名.
生丁 shēngdīng 〈音訳〉サンチーム:スイスなどの補助通貨単位名.
生动 shēngdòng 生き生きしている.〔~活泼〕生き生きして活発である.〔~的描写〕生き生きした描写.〔这样的成就~地证明我们的政策是正确的〕このような成功は如実に我々の政策の正しかったことを証明している.

生端 shēngduān →〔生事①〕
生儿育女 shēng'ér yùnǚ 〈成〉子を生み育てる.
生而知之 shēng ér zhī zhī 〈成〉生まれながらにして知っている.
生发 shēngfā ①盛んである. 発展する.〔这买卖眼前是不错, 就是没有~〕この商売は目前の景気はよいが, しかし発展性はない.〔他的文笔比以前更加~起来〕彼の作品は以前よりずっと立派になった. ②生み出す. 生じる.〔那一笔钱可以~多少利息〕あの金でどのくらいの利子を生み出せるか.

生法 shēngfǎ 〈方〉何とかかんとかして. できるだけ.

shēng 生

生发 shēngfà 毛が生える.〔～蜡là〕チック:〔发蜡〕に同じ.〔～药yào〕毛生え薬.〔～油〕ヘアーオイル.〔～灵líng〕ヘアートニック.

生番 shēngfān ①回生蕃(蕃).野蛮人. ②〈喩〉性行の粗野な人間.

生矾 shēngfán 未精製の明礬(礬).

生防 shēngfáng 農生物的防除.天敵による駆除:〔生物防治〕の略.

生分 shēngfen 感情に溝ができる.疎遠になる.〔犯fàn ～〕〔闹nào ～〕仲違いをする.〔好久没来往,显着～了〕長いこと行き来させずすっかり疎遠になった.

生风 shēngfēng ①風が立つ.風勢が生じる. ②波紋が広がる.問題が起こる(を起こす)

生佛 shēngfó 回(仏教の)①生き仏. ②衆生と仏陀.

生俘 shēngfú 俘虜(虜)にする.生け捕る.

生父 shēngfù 生みの父.実(の)父. ↔〔养yǎng 父〕

生钢 shēnggāng 鋳鋼.

生根 shēnggēn 根を生やす.〈喩〉定着する.〔～开花〈成〉根を生やし花を咲かせる.〔在群众中～〕大衆の中に根をおろす.

生光 shēngguāng →〔食shí 相〕

生虎子 shēnghǔzi 〔方〕若くて経験の乏しい人:〔生手〕に同じ.

生花之笔 shēnghuā zhī bǐ〈成〉傑出した文才.→〔梦mèng 笔生花〕〔妙 miào 笔生花〕

生化 shēnghuà 生(物)化学.〔～武wǔ 器〕軍生物化学兵器.〔～需氧yǎng 量〕生物化学的酸素要求量. BOD.

生还 shēnghuán 生還する.

生荒(地) shēnghuāng(dì) ＝〔生地②〕未開墾の(手の加わっていない)土地.

生灰 shēnghuī 生石灰.

生活 shēnghuó ①生存する.生きる.〔～下去〕生きていく. ②生活.暮らし.生計.〔～方式〕生活様式.〔～费fèi〕生活費.〔～关〈喩〉厳しい生活条件の試練.〔～津jīn 贴〕生活手当.〔～力〕バイタリティー.〔～秘mì 书〕生活の世話をする担当する秘書.〔～模mó 式〕生活モデル.〔～水píng 平〕生活水準.〔～噪zào 音〕生活騒音.〔～资料〕消費資料.圏消費財. ③〔方〕仕事:〔作zuò 活～〕に同じ.

生火 shēnghuǒ ①火をおこす.(ストーブなどを)燃やす.起こす.〔(作zuò 火)～〕などともいう.〔升火〕とも書いた.〔生着zháo 了火〕火をたきつけた.→〔点diǎn 火〕 ②回(汽船の)ボイラーマン.

生货 shēnghuò ⇒〔生料〕

生机 shēngjī ①生存の機会.〔还有一线～〕まだ一縷(る)の生きる望みがある. ②生命力.活力.〔春风吹过,大地上充满了无限的～〕春風が吹いてきて,大地の上には限りない生気が満ちている.〔～勃bó 勃〕(自然の)生気が満ちている.

生计 shēngjì 生計.暮らしの手段.〔我因为～关系,不得不一早在路上走了(鲁迅.一件小事)〕暮らしむきのことで,朝から出歩かざるを得なかった.

生忌 shēngjì 死者の誕生日.

生寄死归 shēngjì sǐguī〈成〉人生は旅で,死は帰することである:達観した死生観.

生间 shēngjiàn〈文〉(孙子兵法の)生きて帰り敵情を探ってくる間者.

生监 shēngjiān →〔生员〕〔监生〕

生姜 shēngjiāng 回ショウガ:〔姜〕の通称.

生胶 shēngjiāo 生(ゴム).〔～(橡)胶〕

生金 shēngjīn ①精錬していない金. ②金(き)を生む.

生津 shēngjīn 中医唾液または分泌を促進する.

る.〔～止喝〕同前して渇きを癒す.

生境 shēngjìng 圏(動植物の)生息環境.

生就 shēngjiù ＝〔生成②〕生まれつき.天性.〔～的骨头,长zhǎng 就的肉〕〈諺〉生まれつきの骨と肉:生まれついてどうにもならない.生まれついての性格は変わらない.

生绢 shēngjuàn 生絹.

生角 shēngjué 劇旧劇の男役→字解(II)④

生克 shēngkè 〔五行〕の生と克:〔金,木,水,火,土〕が,例えば,〔木生火〕(木は火を生ずる),〔火克金〕(火は金を剋する)というようにそれぞれの性質によって作用しあうこと.

生客 shēngkè 初対面の客.一面識もない客.↔〔熟shú 客〕

生恐 shēngkǒng 深く恐れる.ひたすら恐れる.

生口 shēngkǒu〈文〉俘虜.

生圹 shēngkuàng ⇒〔寿shòu 穴〕

生拉硬拽 shēnglā yìngzhuài むりやりに引っぱり自分の意に従わせる.〈喩〉強引にこじつける.

生来 shēnglái ①的性情,不容易改生まれつきの性情はなかなか改まらない.〔～身体虚弱〕生まれつき体が弱い.

生老病死 shēng lǎo bìng sǐ 生・老・病・死:もと仏教の人生の四苦.現在では出産・養老・治療・葬式.

生冷 shēnglěng (食物の)生ものや冷たいもの.〔忌jì ～〕生ものや冷たいものを避ける(食べない)

生离 shēnglí 生き別れ.〔～死別〕生き別れと死別.

生理 shēnglǐ ①生理.〔～学〕生理学.〔～氯lǜ 化钠溶液〕〔～盐yán 水〕食塩水.リンゲル液. ②〔白〕生活(する).商売(する).〔料无～〕たぶん生活もできまい.〔不慣～〕商売に慣れない.〔做些什么～〕どんな商売をやっているか.

生利 shēnglì ①利益を生む. ②利子がつく.

生力军 shēnglìjūn 軍新鋭部隊.〈喩〉新手の強力な人員.

生怜 shēnglián 哀れみの心を起こす.

生脸(儿) shēngliǎn(r) 見知らぬ顔(人).〔你去见他,是个～,什么话して以公开说〕きみ,彼に会ったら知り合いじゃないんだから,どんなことでも大っぴらに言ったらいいよ.

生料 shēngliào ＝〔生货〕第1次産品.原材料.

生灵 shēnglíng ①〈文〉人民.〔～涂tú 炭〕〈成〉人民が悲惨な境遇に陥る. ②生命を持つもの.生きているもの.

生龙活虎 shēnglóng huóhǔ〈喩〉きびきびしているさま.元気いっぱいであるさま.〔他虽然快六十了,可是是～似的〕彼はもうすぐ60歳だがまだとても元気だ.

生路 shēnglù ①生きていく道.生活の方法.〔另谋～〕ほかに生きていく道を求める. ②活路.〔为他开一线～〕彼のために一縷の活路を開いてやる.

生猛 shēngměng〔方〕生き生きしている.はつらつとしている.〔～海鲜xiān〕ピチピチの新鮮な魚介類.

生米煮成熟饭 shēngmǐ zhǔchéng shúfàn〈諺〉米が煮えてごはんになった:できてしまった事は後で悔やんでも致しかたない.〔煮〕は〔做〕ともいう.→〔木mù 已成舟〕

生面 shēngmiàn ①生面.新しい形式.〔別开～〕新生面を開く. ②回生麺.

生民 shēngmín〈文〉人民.

生命 shēngmìng 生命.〔宝贵的～〕貴い命.〔～保险〕〔～寿shòu 险〕生命保険.〔～科学〕生命科学.〔～周期〕ライフサイクル.〔～力〕生命力.〔～线xiàn〕生命線.〔～现象〕生命現象.→〔性xìng 命〕

生母 shēngmǔ 生母.生みの母.実(の)母. ↔〔养

生 shēng

行]
yǎng 母①〕
生怕 shēngpà たいへん恐れる.〔~他不来〕彼が来ないのじゃないかとそればかり心配する.
生牌 shēngpái マージャンで〔河 hé ④〕(四角に囲んだ牌の①に同種のものがまだ捨てられていない初めての牌.
生坯 shēngpī 白地(ぢ).陶磁器の焼成前の無釉のもの.
生皮 shēngpí 生皮(銈).〔生牛皮〕牛の生皮.↔〔熟 shú 皮〕
生啤(酒) shēngpí(jiǔ) 生ビール.〔鮮 xiān 啤(酒)〕に同じ.
生僻 shēngpì (字・名称・書籍など)まれにしか使わない.〔冷 lěng 僻②〕に同じ.〔~字〕〔冷 lěng 僻字〕あまり見慣れない字.単に〔僻字〕ともいう.
生平 shēngpíng ①一生.生涯.〔~最大的荣幸〕生涯における最高の光栄.②生まれてこのかたの一生.〔黄红同志~简介〕黄紅同志の生涯の略歴.
生漆 shēngqī =〔大 dà 漆〕きうるし.→〔漆酚〕
生气 shēngqì ①生気.活気.〔~勃 bó 勃〕(人)の生気が満ちあふれている.②腹をたてる.怒る.〔别~腹をたてるな.〔你在生谁的气呀〕おまえはだれに腹を立てているのか.〔生闷 mèn 气〕むっとする.むかむかする.
生前 shēngqián 生前.
生擒 shēngqín 生け捕りにする.生け捕る.
生趣 shēngqù 生活上のおもしろみ.生活の楽しみ.〔~盎然〕生活の楽しみが満ちあふれる.
生人 shēngrén ①面識のない(見知らぬ)人.↔〔熟 shú 人①〕②(人)の出生.〔他是1949年~〕彼は1949年生まれだ.
生日 shēng·rì 誕生日.〔<文>寿 shòu 辰〕に同じ.〔祝你~快乐〕〔挨〕お誕生日おめでとう.〔~派对〕<方><音訳>バースデーパーティー.〔过~〕誕生祝いをする.〔~卡 kǎ〕バースデーカード.〔刚看两~的孩子〕もうじき満2歳の子.〔诞 dàn 辰〕
生荣死哀 shēngróng sǐ'āi <成>生前は敬われ,死後は悼まれる.人から尊敬された故人をたたえる言葉.
生色 shēngsè 光彩を増す.華やぐ.
生涩 shēngsè 不慣れで ぎこちない.
生色精 shēngsèjīng ⇒〔苯 běn 胺〕
生杀予夺 shēngshā yǔduó <成>生殺与奪.〔~之权〕同前の権.
生身 shēngshēn 生みの.〔~父母 fù mǔ〕実の両親.自分を生んだ(実の)父母.〔亲 qīn 生父母〕に同じ.
生生 shēngshēng ①むざむざと.みすみす.惜しいことに.〔~(儿地)把个孩子逼出病来〕みすみす子供に病気をさせてしまう.②一部の形容詞・名詞の後に置き,強調を表す.〔~地〕生き生きした.きびきびした.〔白~〕とても白い.
生生不息 shēngshēng bùxī <成>次から次へと起こって(生じて)やまない.
生生世世 shēngshēng shìshì <成>世世代代.仏教の輪廻(姛)の説による毎回の生まれかわりのこと.
生生死死 shēngshēng sǐsǐ 〔惯〕未来永劫な(に)
生食 shēngshí 生で食べる.または生の食べ物.↔〔熟 shú 食①〕
生石膏 shēngshígāo ⇒〔石膏〕
生石灰 shēngshíhuī ⇒〔石灰〕
生事 shēngshì ①=〔生端〕騒動(問題)を起こす.〔造谣~〕デマを飛ばして騒ぎを起こす.②<文>生計.
生手 shēngshǒu 〔-儿〕未熟な者.〔新 xīn 手〕に同じ.〔他是个~,一切都不熟悉〕彼は未熟者で何もよくわからない.↔〔熟 shú 手〕→〔外 wài

生受 shēngshòu ①<文>苦しい目にあう.②<白>お手をわずらわせる:感謝の言葉.〔时常~您,实在过意不去〕いつもご無理おかけして誠にすみません.
生疏 shēngshū ①よく知らない.〔人地~〕人地生地疏〕知人もなく土地の状況も知らない.土地不案内(である).→〔阳 mò 生〕②疎遠である.親しくない.昵(ぢ)懇でない.〔近几年我跟他很~〕わたしは近ごろ彼にはたいへんごぶさたしています.③熟練度が衰えている.〔他对这种技术很~〕彼はこの種の技術に対して腕がにぶくなっている.
生水 shēngshuǐ 生(숀)水.→〔开 kāi 水〕
生丝 shēngsī まゆから繰りとったままの生糸.→〔熟 shú 丝〕
生死 shēngsǐ 生死.生きるか死ぬかということ.〔~与共〕生死を共にする.〔~攸 yōu 关〕生きるか死ぬかの瀬戸際.〔~关头〕生死の関頭(に立つ).〔~搏 bó 斗〕生死をかけた格闘(をやる).〔~簿 bù〕(迷信で閻魔の持つ)人の寿命を定めた帳簿.〔~肉骨〕<喩>深いご恩.〔~由命,富贵在天〕<諺>寿命と栄達は定められたこと.〔~之交〕<成>生死をともにする交わり.
生死存亡 shēngsǐ cúnwáng <成>生死存亡(の).〔~的问题〕生死存亡のかかる問題.
生态 shēngtài 生態.〔~标志〕生態指標.〔~城市〕生態保全都市.〔~工程〕生態環境改善のプロジェクト.〔~环境〕生態環境.〔~建筑〕生態保全建築.〔~学〕エコロジー.〔~(旅)游〕エコツアー.〔~农业〕バイオ農業.〔~平衡/生态系统バランス.〔~圈 quān〕生態圏.〔~系统〕生態系.〔~学〕生態学.
生体 shēngtǐ 生体.
生填硬灌 shēngtián yìngguàn むりやりに詰め込む.〔教学方法仍旧是~〕教授法は相も変わらずの詰め込み主義だ.→〔填鸭式教学法〕
生铁 shēngtiě 鈁銑铁.生铁.ずく(铁).〔铸 zhù 造〕~〔炼 liàn 钢〕(合金)などに分ける.
生铜 shēngtóng 未精錬の銅.〔~器 qì〕銅製の器.
生土 shēngtǔ 農未熟土.
生吞活剥 shēngtūn huóbō 鵜呑みにする.<転>人の意見や文章をそっくりまねる.〔活剥生吞〕ともいう.
生外 shēngwài <方>疎遠である.よそよそしい.
生物 shēngwù 生物.〔~安全〕バイオセーフティ.〔~电〕生物電気.〔~防治〕生防圈生物学的防除:天敵などによる防除法.〔~工艺学〕〔~技 jì 术〕〔~工程〕バイオテクノロジー.〔~固醇〕ステロール.ステリン.〔~光〕生命生物発光.〔~化学〕生化学.〔~碱 jiǎn〕化アルカロイド.〔~链〕食物連鎖.〔~多样性〕生物バイオスフェア.〔~识别〕生体認証.バイオメトリクス.〔~素〕促 cù 生素〕〔维 wéi 生素H〕ビオチン.ビタミンH.〔~危害〕バイオハザード.〔~污染〕生物(細菌など)汚染.〔~武器〕[旧细 xi 菌武器]生物兵器.〔~芯片〕バイオチップ.生物化学素子.〔~学〕生物学.〔~战剂〕[旧细菌战剂]生物戦剤.〔~质能〕バイオマスエネルギー.〔~制品〕ワクチン.血清など微生物を利用した薬品.〔~钟〕〔~节律〕生命生物時計.体内時計.
生息 shēngxī ①繁殖する.②生活する.生存する.③利息を生ずる.〔~资本〕利子をもたらす資本.
生相 shēngxiàng 容貌.顔つき.
生(橡)胶 shēng(xiàng)jiāo 生ゴム.〔橡胶〕に同じ.
生消 shēngxiāo (自然現象の)発生と消失.
生肖 shēngxiào ⇒〔属 shǔ 相〕
生效 shēngxiào 効力を発生する.〔条约自签 qiān

shēng 生狌牲笙甥湦鼪声

订之日起〜〕条約は調印の日より効力を生ずる.
生衅 shēngxìn 〈文〉争いのもとを起こす.事をかまえる.
生性 shēngxìng 生まれつきの性格.〔〜活泼〕生まれながら性格が活発だ.
生锈 shēngxiù さびが出る(生ずる):〔上 shàng 锈〕に同じ.
生宣 shēngxuān 明礬(みょうばん)をひいてない画仙紙.→〔宣纸〕
生涯 shēngyá (活動・職業に従事している)生活.生涯.〔教而〜〕教師生活.〔舞台〜〕舞台生活.
生衍 shēngyǎn 〈文〉生長繁殖する.
生养 shēngyǎng 生み育てる.〔結婚多年未曾〜〕結婚して長年なかなかおまだ子ができない.
生药 shēngyào 中医生(ちゅういしゃ)薬.↔〔熟 shú 药〕→〔成 chéng 药〕〔煎 jiān 药〕
生业 shēngyè 生活のための職.生業.〔各安〜〕おのおの生業に安んじる.
生疑 shēngyí 疑念を抱く.
生意 shēngyì 生気.生命力.〔百花盛开,大地一片勃勃的〜〕百花咲き乱れ,大地ははつらつたる生気に満ちあふれている.
生意 shēngyi ①商売.営業.〔他做什么〜〕彼は何の商売をやっているか.〔谈 tán 〜〕商談する.〔〜口〕商売用のうまい言葉.〔〜不成,言语未到〕商売が成り立たないうちは,まず言葉が足りなかった.〔〜人〕商売人.〔〜眼〕ビジネスの見方.→〔买 mǎi 卖②〕 ②方〕職業.
生意经 shēngyijīng 商売のこつ(モットー).〔有人也许会说,这是这家商店的〕それはこの商店の家訓だと言う人がいるかもしれない.
生硬 shēngyìng ①ぎこちない.こなれていない.不自然である.〔用〜的蒙 mēng 语说〕ぎこちない蒙古語で話す.〔这个字用得很〜〕この字の用い方がどうもぎこちない. ②ぶっきらぼうである.ごつごつしている.〔态 tài 度〜〕態度がぶっきらぼうだ.〔作风〜〕やり方が硬い.
生油 shēngyóu ①熱処理をしてない,しぼったままの油. ②方〕落花生油.→〔花 huā 生〕
生油气 shēngyóuqì ⇒〔乙 yǐ 烯〕
生于 shēngyú (ある時間・場所)に生まれる.〔〜1932年〕1932年の生まれ.〔〜山村〕山村の生まれ.
生鱼片 shēngyúpiàn 日刺身.
生育 shēngyù 〔生产®〕出産(する).〔她从来没有〜过〕彼女はまだ子供を生んだことがない.〔生儿育女〕子供を生む.〔计划〜〕計画出産.〔〜高峰〕出産ピーク.ベビーブーム.〔节制〜〕〔节 jié 育〕産児制限.
生育酚 shēngyùfēn 化〕ビタミンE:〔维 wéi 生素E〕の別称.
生员 shēngyuán 旧潤〕(科挙で)地方で行う院考に合格して秀才の資格を得て県学(府学,州学)に入学した者の総称.〔秀 xiù 才①〕は通称.→〔附 fù 生〕〔科 kē 举〕〔廩 lǐn 生〕
生源 shēngyuán 新入生の供給源.入学志望者層.
生造 shēngzào (新語・新字を)勝手に作る(用いる).〔〜词〕同前の語.〔这是〜出来的字〕これは勝手に作った字だ.
生长 shēngzhǎng ①成長(する).伸び(る).〔小麦〜良好〕小麦はよく成長している.〔〜点〕成長点.〔〜期 qī〕成長期.〔〜素 sù〕オーキシン:植物成長ホルモンの一種.〔刺 cì 激素〕は旧称.〔激 jī 素〕激も素〕成長ホルモン.→〔激素〕 ②出生して成長する.生まれ育つ.伸びていく.〔他〜在北京〕彼は北京で生まれ育った.
生殖 shēngzhí 生殖(する).〔〜器 qì〕生殖器.〔〜

洄 huí 游〕生殖回遊(移動).〔〜期〕生殖周期.〔〜腺 xiàn〕生殖腺.
生纸 shēngzhǐ ①漉〕できあがったばかりで,表面加工をしてない紙. ②普通の紙.
生猪 shēngzhū (商品としての)生きている豚.
生资 shēngzī ①〈文〉生活費. ②日用品.生活物資. ③〔生产资料〕の略.
生字 shēngzì 知らない字.初めての字.〔〜表 biǎo〕新しい字(しく習う字)の表.↔〔熟 shú 字〕
生卒 shēngzú 〈文〉生死.出生と死亡.

〔**狌**〕 shēng ⇒〔鼪〕 → xīng

〔**牲**〕 shēng ①家畜. ②いけにえ.〔〜醴 lǐ〕〈文〉(祭祀用の)肉と酒.〔牺 xī 〜〕ⓐいけにえ. ⓑ犠牲(になる.にする).〔献 xiàn 〜〕いけにえを献げる.〔宰 zǎi 〜〕いけにえを屠(ほふ)る.
牲畜 shēngchù 家畜.〔〜肥 féi〕家畜の糞尿で作った肥料.
牲粉 shēngfěn ⇒〔糖 táng 原〕
牲口 shēngkou 〈方〉头 tóu 口〕役畜(総称):農耕・運搬用の動物.〔野 yě 〜〕飼い慣らされていない役畜.〈転〉がさつ者.〔〜棚〕家畜小屋.〔骑 qí 〜〕家畜(馬・ロバなど)に乗る.

〔**笙**〕 shēng 固笙(しょう):楽器の一種.中空の基底に長短十数本のたて笛をとりつけた形をし,前面に1個の吹き口が突き出ている.
笙歌 shēnggē 〈文〉楽器をひいて歌う.またその音.〔〜管笛〕回管楽器.
笙簧 shēnghuáng 笙の舌(リード).
笙磬同音 shēngqìng tóngyīn 〈成〉笙と磬(けい)の音が相和する:人の心がぴったり合うこと.
笙箫 shēngxiāo 〈文〉笙と簫(しょう)(総称).

〔**甥**〕 shēng =〔甥〕:姉妹の息子.夫の姉妹の息子.義理の甥.〔外 wài 〜〕は通称.〔舅 jiù 表外〜〕母の兄弟の息子の子にあたる甥.〔重 chóng 〜〕〔孙 sūn 甥〕甥の子. ②古くは娘の息子,すなわち〔外孙〕をいった. ③〈贈〉甥のおじ・おばに対する自称.→〔侄 zhí〕
甥馆 shēngguǎn 〈文〉入り婿の居室.〈転〉婿.
甥女 shēngnǚ 姪(めい):姉妹の娘.夫の姉妹の娘.義理の姪.〔外甥女(儿)〕は通称.

〔**湦**〕 shēng 人名用字.

〔**鼪**〕 shēng =〔狌〕〈文〉動〕イタチ:〔鼬 yòu〕に同じ.

〔**声・聲**〕 shēng ①〔〜儿〕ⓐ音. ⓑ声.〔大〜〕大声で言う.〔回 huí 〜①〕こだま.反響.〔留〜机〕蓄音機.〔雨〜〕雨音.〔脚步〜〕足音.〔噪 zào 〜〕〔噪音〕ノイズ.騒音. ②量詞.声をあげる回数に用いる.〔叫了几〜,没有回答〕何回か呼んだが返答がない.〔问一〜〕ひと言(ひと声)声をかける. ③固〕(中国音韻学で)頭子音.〔〜母〕固〕(中国語の)字音の高低のアクセント.声調.〔普通話有阴平,阳平,上 shǎng 〜,去〜四个〜调〕(中国語の)標準語には陰平・陽平・上声・去声の四つの声調がある. ⑤名声.〔名〜〕同前.〔有〜于时〕世に評判が高い. ⑥ものを言う.述べる.〔不〜不响 xiǎng〕ウンともスンとも言わない.〔〜张〕声(こわ)張り.
声辩 shēngbiàn 弁解する.言い訳する.
声波 shēngbō 物〕音波:〔音 yīn 波〕に同じ.〔声浪④〕は旧称.〔〜纹 wén〕声紋.
声部 shēngbù 楽〕声部.パート.
声场 shēngchǎng 物〕音場.サウンドフィールド.
声称 shēngchēng 声明する.公言する.〔工人〜如果不满足他们的要求,还要罢工〕労働者側は,もし

彼らの要求を満足させないなら,またストを行うと言明している.→〔宜 xuān 称〕

声带 shēngdài ①[生理]声帯. ②サウンドトラック:映画テレビフィルムの縁(ﾍﾘ)の録音部分.→〔伴 bàn 音〕

声调 shēngdiào ①=〔音 yīn 调②〕言葉・音声の調子.〔她说话的～多好听!〕彼女の話し声の何とよいこと!〔胡琴的～较为低沉〕胡弓の音が非常に低く聞こえる. ②=〔字 zì 调②〕声調.特に〔四 sì 声〕をいう.

声东击西 shēngdōng jīxī 〈成〉東を撃つように言って,西を打つ:陽動作戦で虚を衝く.〔指 zhǐ 东打西〕〔指东击西〕に同じ.

声符 shēngfú ⇒〔声旁〕

声光 shēngguāng 世間での評判と栄誉.声望と栄光.

声价 shēngjià 名声.評判.〔～很高〕評判がたいへん高い.

声卡 shēngkǎ [電算]サウンドカード.

声控 shēngkòng =〔音 yīn 控②〕音声制御.〔～功能〕音声制御機能.

声浪 shēngláng ①どよめき. ②風説.世評.〔～很高〕風説がかなり高い. ③風潮. ④→〔声调〕

声泪俱下 shēnglèi jù xià 〈成〉声涙ともに下る:非常に悲しみ嘆くこと.

声律 shēnglǜ (詩・文の用字上の字音の)調子と格律.

声门 shēngmén [生理]声門.

声名 shēngmíng 世評.評判.〔～远震 zhèn〕名声が遠くまで響きわたる.〔～狼 láng 藉〕評判がたいへん悪い.〔～鹊 què 起〕名声がぐっと上がる.

声明 shēngmíng ①声明する. ②声明.コミュニケ.〔发表联同～〕共同コミュニケを発表する.

声母 shēngmǔ [言]声母.頭子音:〔声纽〕は旧称.↔〔韵 yùn 母〕→〔辅 fǔ 音〕

声呐 shēngnà 〈音訳〉ソナー:水中音波探知器.〔声纳〕とも書いた.

声囊 shēngnáng [動](カエルの)声嚢.

声能 shēngnéng 音響エネルギー.〔～学〕音波学.

声纽 shēngniǔ ⇒〔声母〕

声旁 shēngpáng 〔声符〕[語]声符.声傍:形声字で発音を表す部分.→〔形 xíng 声〕

声频 shēngpín 可聴振動数.

声谱 shēngpǔ [物]音響スペクトル.

声气 shēngqì ①気配.消息.情報.〔通～〕気脈を通ずる.〔～相通 消息が相通ずる.〔～相投〕意気相投ずる. ②〔方〕(話す時の)声と口調.

声腔 shēngqiāng [劇](旧劇の)節回し.

声强(度) shēngqiáng(dù) [物]音の強さ.

声情 shēngqíng 声と感情.〔～并茂〕〈成〉声もこめられた感情もともにすばらしい.

声请 shēngqǐng 申し立てる.願い出る.

声喏 shēngrě [古]あいさつの声をかける(かけて拱手をする):〔某某先生请了!〕などと声をかける.〔古人～鞠 jū 躬,中外礼仪术平了〕昔の人はあいさつを呼びかけりにし,今ではおじぎをする.国内と外国とでは礼儀作法も異なっている.→〔唱 chàng 喏〕

声容 shēngróng 〈文〉声や態度.

声色 shēngsè ①顔色と声.〔不动～〕表情や声に表さない.〔～俱 jù 厉〕顔色も声も厳しい. ②〈文〉歌舞と女色.〔～犬马〕同前と犬を飼い,馬に乗る.〈喩〉快楽にふける生活のさま. ③(作品の)格調.味わい. ④生気.活力.

声势 shēngshì ①〈文〉声威力と勢力(勢い). ②威勢.気勢.〔～浩大〕威勢がよい.〔虚张～〕虚勢を張る.〔～波 bō 澜壮大〕

声述 shēngshù 〈文〉声明する.

声说 shēngshuō 〈文〉①説明する.述べる. ②うわさ.風潮.

声嘶 shēngsī 〈文〉声がかれる.〔～力竭 jié〕[力竭～]〈成〉声をからし力を使い果たす.〔奔走呼号,～力竭〕声がかれ,へとへとに疲れる.奔走疾呼する.

声速 shēngsù [物]音速:〔音 yīn 速〕は旧称.〔超 chāo ～〕超音速.

声讨 shēngtǎo 世論でたたく.公に非難する.糾弾する.〔～会〕(悪人の罪を)公然と痛罵する集会.〔引起全国人民～〕世論の攻撃をあびる.〔愤怒～侵略者的暴行〕侵略者の残虐な行為を激しく糾弾する.

声望 shēngwàng 声望.名声と人望.〔很有～〕非常に声望が高い.〔～价格〕プレステージ価格.

声威 shēngwēi 〈文〉名声と威光:〔威声〕に同じ.〔～大振〕声威天下にとどろく.

声纹 shēngwén 声紋.〔～分析仪 yí〕声紋分析機.

声闻 shēngwén 名声.評判.〔～过情〕名声が実情よりも高い.

声息 shēngxī ①物音:多く否定に用いる.〔没有一点儿～〕ことりともしない(静かで). ②消息.情報. ③声と息:特に声.

声线 shēngxiàn 声.

声响 shēngxiǎng 音.響き.声.〔发出～〕音を出す.

声像 shēngxiàng 音声と画像.音像:〔音 yīn 像〕ともいう.〔～带 dài〕同前のテープ.

声销迹匿 shēngxiāo jìnì =〔销声匿迹〕〔销声敛迹〕〈成〉①影も形もなくなる. ②じっとひそんでいる.

声学 shēngxué =〔音 yīn 学①〕[物]音声学.

声讯 shēngxùn 電話で問い合わせる.〔～服务(台)〕テレフォンサービス(センター).〔～台〕コールセンター(サービス会社)

声言 shēngyán 言明する.公言する.〔他～要上诉〕彼は告訴すると言明した.

声扬 shēngyáng 言いふらす.人に漏らす.〔那件事你不要～〕あの件は人に言いふらしてはいけないぞ.

声音 shēngyīn ①音.声.〔～识 shí 别〕音声認識(をする).〔远远地听见隆隆的～〕遠くの方でドーン(ゴロゴロ)という音がきこえる.〔～洪 hóng 亮〕声が大きく明るい. ②〈喩〉人々の意見.

声应气求 shēngyìng qìqiú ⇒〔同 tóng 声相应〕

声誉 shēngyù 声望.名声.〔～卓 zhuó 著〕〈成〉名声が高い.〔～鹊 què 起〕〈成〉名声が急激に高くなること.

声援 shēngyuán (公に)声援する.〔～被侵 qīn 略者〕被侵略者を声援する.→〔助 zhù 威〕

声源 shēngyuán 音源.

声乐 shēngyuè [音]声楽.

声韵 shēngyùn ①子音と母音.〔～学〕音韻論:〔音 yīn 韵学〕の別称. ②(詩文の)リズム.

声张 shēngzhāng 言いふらす.騒ぎたてる.〔这件事现在还要保守秘 mì 密,你可千万别～〕このことは今のところ秘密にしておく必要がある,決して言いふらしてはいけない.

声障 shēngzhàng 音の壁:〔音 yīn 障〕ともいう.

声震 shēngzhèn 名が知れわたる.〔～八方〕名声があたりに響く.

〔**渑・澠**〕 **shéng** 〔～水 shuǐ〕[古]古川名:現在の山東省臨淄県一帯にあった. → miǎn

〔**绳・繩**〕 **shéng** ①〔～儿〕ひも・縄・細引き・ロープ:もっとも細いものを〔线 xiàn ①〕(糸),細いひもを〔细 xì 绳〕,やや太い

shéng～shèng 绳省眚圣

ひもを〔粗 cū 绳〕，綱・縄に当たるものを〔索 suǒ (I)①〕〔绳索〕といい，最も太いのを〔缆 lán②〕〔缆绳〕（ロープ）という．〔打 dǎ ～子〕縄をなう．〔拧 níng 成～〕より合わせてひもにする．〔麻 má ～〕麻ひも．〔草 cǎo ～〕わらひも．〔钢丝 ～〕〔钢丝绳〕ワイヤロープ．〔头 tóu ～ (儿)〕髪をくくるひも．〔单 dān 股儿 ～子〕一重縄．〔双股儿 ～子〕二重縄． ②〈文〉墨縄．〔绳墨〕 ③〈文〉規準に従わせる．正す． ④〈文〉はかる．〔不能以普通标准～之〕普通の標準でこれをはかる（判断する）ことはできない． ⑤〈文〉拘束する．〔不～之以法律で拘束される． ⑥〈文〉継続する． ⑦〈姓〉縄（ジョウ）．

绳操 shéngcāo 〔又〕（新体操の）縄演技．
绳尺 shéngchǐ ①（木工用具の）墨縄と物差し． ②〈喻〉（物事をはかる）標準．準則．
绳床瓦灶 shéngchuáng wǎzào 〈喻〉貧乏な暮らし．
绳伎 shéngjì ⇒〔绳戏〕
绳锯木断 shéngjù mùduàn 〈成〉力は小さいが，たゆむことなくやりぬくことにより達成することができる．
绳捆索绑 shéngkǔn suǒbǎng 〈成〉（犯人などが）がんじがらめに縛る．
绳缆 shénglǎn 縄・ロープ類の総称．
绳轮 shénglún 〔机〕（滑車の）綱車(こうしゃ)．ロープブーリ．シーブ．
绳墨 shéngmò ①（大工が使う）墨縄． ⇒〔墨斗〕 ②〈喻〉（物事をはかる）標準．準則．〔不中～〕規則に合わない．〔拘守～〕しきたりにこだわる．
绳其祖武 shéng qí zǔwǔ 〈成〉祖先の残した事業を継いでいく．
绳愆 shéngqiān 〈文〉過失や誤りを正す．〔～纠谬 jiūmiù〕同前．〔谬〕は〔缪〕とも書く．
绳桥 shéngqiáo 縄の吊り橋．
绳趋尺步 shéngqū chǐbù 〈成〉言動がきまりや作法にかなっている．
绳索 shéngsuǒ 綱．太縄．〔～传 chuán 动〕〔工〕ロープ駆動．
绳套 shéngtào ①手縄（馬の）とくつわ． ②縄を結んだ輪．
绳梯 shéngtī 縄梯子．ジャコブ．〔软 ruǎn 梯〕〔口〕蜈 wú 蚣梯〕ともいう．
绳戏 shéngxì ＝〔绳伎〕綱渡り．
绳正 shéngzhèng 〈文〉正しく直す．
绳子 shéngzi 縄．紐．綱．→字解〕

〔省〕 shěng (I)①〈省：国家行政区域の単位．〔～花〕省を代表する花．〔～优 yōu〕省認定の優良品．→〔县 xiàn〕〔乡 xiāng ③〕 ②省城の略．〔拉到～里去，能卖两千〕省城まで引っぱって行けば2000元で売れる．→〔省会〕 ③〈姓〉省(ショウ) (Ⅱ)①省く（けす）．減らす．〔～时间〕時間を省く（が省ける）．②節約する．倹約する．〔～着用意節約して使う．〔一个窍 qiào 门儿给国家～了不少资金〕ちょっとしたこつが国家のためにかなりの資金を節約することができた．〔～不下几个钱〕節約してもいくらも金は残らない．↔〔费 fèi 之〕 ③略．略語．〔佛是佛陀之～〕仏というのは仏陀の略である．→xíng

省便 shěngbiàn 簡便である．手間をかけない．
省称 shěngchēng ⇒〔简 jiǎn 称〕
省城 shěngchéng 省都．
省吃俭用 shěngchī jiǎnyòng 〈成〉倹約な生活をする．節約する．
省道 shěngdào 省一級道路．
省得 shěngde …しないですむ．〔你也常去看看，～人家老说你架子大〕きみもしょっちゅう会いに行くんだね，（そうすれば）人から偉そうにしているなどと言われずにすむ．→〔免 miǎn 得〕

省份 shěngfèn 〔省分〕とも書く．省：省名を付けて用いない．地名として〔×～省〕という．〔内陆～〕内陸部の省．→〔县 xiàn 份〕
省府 shěngfǔ 省政府．
省港大罢工 shěnggǎng dà bàgōng 〔史〕1925年，香港と広州の海員のストライキ．→〔沙 shā 基惨案〕
省工减料 shěnggōng jiǎnliào 手間を省き材料（費や質）を落とすこと．→〔偷 tōu 工减料〕
省会 shěnghuì ＝〔省城〕〈文〉省目〕〔旧〕省治〕省都．省の行政機関所在地．
省级 shěngjí 省〔自治区・直轄市〕のレベル．
省际 shěngjì 各省間（の）．
省俭 shěngjiǎn 節約に努める．〔俭省〕に同じ．
省界 shěngjiè 省の境界．省境．
省劲(儿) shěngjìn(r) ＝〔省力〕力を省く．手数をかけない．
省力 shěnglì 同上．
省料 shěngliào 材料を省く．
省略 shěnglüè 省略（する）．〔～号 hào〕〔语〕省略符号．リーダー．〔…〕：〔略号〕〔删 shān 节号〕は旧称．→〔标 biāo 点(符号)〕
省免 shěngmiǎn 不用とする．やめにする．
省陌 shěngmò ⇒〔短 duǎn 陌〕
省钱 shěngqián 金を節約する．↔〔费 fèi 钱〕
省区 shěngqū 省と自治区．
省却 shěngquè ①省く．節約する．〔～劳力〕人手を省く．〔～麻 má 烦〕面倒を省く． ②とり除く．〔～烦恼〕悩みをとり除く．
省时 shěngshí 時間がかからない．↔〔费 fèi 时〕
省事 shěngshì ①手数を省く．〔这么办很～〕こうすればとても手間が省ける． ②便利である．てっとり早い．面倒くさくない．〔在食堂里吃饭既～又经济〕食堂で食事すれば便利であり経済的でもある．↔〔费 fèi 事〕
省藤 shěngténg ⇒〔白 bái 藤〕
省委 shěngwěi 中国共産党省委員会の略．
省辖市 shěngxiáshì 省の直轄市．
省心 shěngxīn 気づかいしなくてすむ．気にかけなくてよい．心配がいらない．〔从此你算～了〕これからはきみも気づかいが省けることになるね．
省油灯 shěngyóudēng 油の節約できるランプ．〈喻〉安心できる（世話のやけない）人物：多く否定に用いる．〔他真让人淘 táo 神,不是个～〕彼はまったく人をやきもきさせる，世話をやかせる奴だ．
省垣 shěngyuán ⇒〔省会〕
省长 shěngzhǎng 省長．省の長官．
省直 shěngzhí 省委員会・省政府直属（の）．〔～单位〕同前の機関．
省志 shěngzhì 省誌．〔地 dì 方志〕の一種．

〔眚〕 shěng 〈文〉①眼に星（白い斑点）ができる． ②災い．〔无 wú ～〕災害が無い． ③過ち．〔不以～掩大德〕（左伝）人の些細な過失でその大きな功績を無にしない． ④苦しみ．

〔圣・聖〕 shèng ①聖なる．崇高の極みである．②聖人．→〔圣人〕 ③（一芸一能の）最高峰に達した人の称．〔诗～〕詩聖：杜甫を指す．〔书～〕書聖：王羲之を指す．〔画～〕画聖：顧愷之を指す．④聖なる：宗教の開祖などに関する事物を示す語．〔神～〕同前． ⑤〔旧〕天子に関する事物を示す語． ⑥〈姓〉聖(ショウ)．

圣裁 shèngcái 〈文〉天子みずからの裁決．
圣餐 shèngcān 〔宗〕（キリスト教の）聖餐式．聖体拝領．→〔弥 mí 撒〕
圣朝 shèngcháo 〈文〉自分が恩恵を浴している朝廷．

圣 胜

圣代 shèngdài 〈音訳〉[食]サンデー:[三 sān 德]ともいう.[巧 qiǎo 克力～]チョコレートサンデー.

圣旦 shèngdàn 〈文〉天子の誕生日.

圣诞 shèngdàn ①[旧]孔子の誕生(日). ②キリストの降誕(日). [～花](猩 xīng 狸木)[植]ポインセチア.[～树 shù]クリスマスツリー.[～节 jié](耶 yē 稣～)クリスマス.キリスト降誕祭.[～卡 kǎ]クリスマスカード.[～老人]サンタクロース.

圣德 shèngdé 〈文〉聖徳.ⓐ天子の徳.ⓑ最高の徳.聖人の徳.

圣地 shèngdì 聖地.ⓐ神・仏・聖人に重大な関係をもつ地.ⓑ重要な歴史的役割や意義をもつ所.[延安是中国人民革命的～]延安は中国人民の革命の聖地である.

圣地亚哥 shèngdìyàgē [地]サンティアゴ:[智 zhì 利共和国](チリ共和国)の首都.[圣迭戈][圣地牙 yá 哥](桑 sāng 地牙哥)とも書いた.

圣断 shèngduàn 〈文〉聖断.天子のご裁断.

圣多美和普林西比 shèngduōměi hé pǔlínxībǐ サントメ・プリンシペ正式名称は[～民主共和国].アフリカの西大西洋上の島国.首都は[圣多美](サントメ).

圣多明各 shèngduōmínggè [地]サントドミンゴ:[多米尼克共和国](ドミニカ共和国)の首都.[三 sān 多明各]とも書いた.

圣弗兰西斯科 shèngfúlánxīsīkē [地]サンフランシスコ:[桑 sāng 港][旧 jiù 金山]は別称.[三 sān 藩市]ともいった.

圣歌 shènggē 聖歌.讃美歌.

圣躬 shènggōng 〈文〉天子の御身体.

圣公会 shènggōnghuì [宗](キリスト教の)英国国教会.

圣观音 shèngguānyīn [宗](仏教の)(千手観音など でない)ふつうの姿の観音菩薩:[正 zhèng 观音]ともいう.

圣果 shèngguǒ ⇒[正 zhèng 果①]

圣何塞 shènghésāi [地]サンホセ:[哥 gē 斯达黎加共和国](コスタリカ共和国)の首都.[圣约瑟]とも書いた.

圣赫勒拿 shènghèlèná [地]セントヘレナ:大西洋南部,アフリカ西海岸沖にある火山島.

圣后皇太后 shènghòu huángtàihòu [明清]生母でない皇太后の称:生母である場合は[圣母][国 guó 皇太后]と呼ぶ.

圣讳 shènghuì 〈文〉聖人や皇帝などの諱(いみな).→[庙 miào 讳]

圣火 shènghuǒ 聖火.[奥 ào 运～]オリンピック聖火.→[火炬]

圣基茨和尼维斯联邦 shèngjīcí hé níwéisī liánbāng セントクリストファー(セントキッツ)・ネーヴィス:首都は[巴 bā 斯特尔](バセテール)

圣迹 shèngjì 聖なる遺跡.

圣洁 shèngjié 神聖で純潔である.

圣经 shèngjīng ①聖人の書.[～贤传 xiánzhuàn] 〈文〉(儒教の)経典の合集.②[宗]聖書.バイブル:[旧约全书]と[新约全书].[～纸 zhǐ][字 zì 典纸]インディアペーパー. ③ユダヤ教の経典.

圣览 shènglǎn 〈文〉天覧.

圣灵节 shènglíngjié [宗](キリスト教の)聖霊降臨祭:[圣灵降临节]の略称.復活祭後の第 7 曜日.

圣卢西亚 shènglúxīyà セントルシア:首都は[卡 kǎ 斯特里](カストリーズ)

圣虑 shènglǜ 〈文〉天子のお心遣い.

圣马力诺 shèngmǎlìnuò サンマリノ:正式国名は[～共和国].イタリア中北部にある.首都は[～].

圣门 shèngmén 〈文〉聖門.ⓐ聖道に入る門.ⓑ孔子の門下.

圣庙 shèngmiào ⇒[孔 kǒng(子)庙]

圣明 shèngmíng ①賢明である.見識が高い. ②〈文〉帝王に対する讃辞.

圣母 shèngmǔ ①[旧]武后の尊称. ②[明清]皇帝の生母の称.→[圣后皇太后] ③[宗](キリスト教で)女神:イエスの母マリアの称.(神話・伝説中の)女神→[天 tiān 妃]

圣女 shèngnǚ ①神聖な女性. ②[宗](カトリック教で)聖人に列せられた女性.

圣女果 shèngnǚguǒ ミニトマト:[小 xiǎo 西红柿]に同じ.

圣乔治 shèngqiáozhì [地]セントジョージズ:[格 gé 林纳达](グレナダ)の首都.

圣人 shèng·rén 〈文〉①聖人:理想的なあり方を示した人物,例えば漢以後の帝王の孔子への尊称.[～也有三分错](諺)聖人も三分の誤り.[～门前卖孝经][～门前卖字画](諺)釈迦に説法. ②臣下の君主に対する尊称. ③[宗](仏教・道教で)祖先・上仙への尊称. ④清酒の隠語:濁り酒のことを[贤 xián 人]といった.

圣容 shèngróng 〈文〉天子のお姿.

圣萨尔瓦多 shèngsà'ěrwǎduō [地]サンサルバドル:[萨尔瓦多共和国](エルサルバドル共和国)の首都.

圣上 shèngshàng 〈文〉お上(現在の天子さま)

圣手 shèngshǒu 非常な名手.名人.[网球～]テニスの名人.[儿科～]小児科の名医.

圣水 shèngshuǐ 聖水.

圣文森特和格林纳丁斯 shèngwénsēntè hé gélínnàdīngsī セントビンセントおよびグレナディーン(諸島):首都は[金 jīn 斯敦](キングスタウン)

圣贤 shèngxián 聖賢.[人非～,孰能无过]人間は聖賢ではない,だれが過ちを免れることができようか.

圣像 shèngxiàng 聖像.ⓐ孔子の画像.ⓑキリストの画像.

圣雄 shèngxióng 〈文〉[甘 gān 地](マハトマガンジー)に対する尊称.

圣训 shèngxùn ①〈文〉皇帝のご訓示. ②〈文〉聖人の訓戒. ③[宗](イスラム教で)マホメットの訓示.

圣药 shèngyào [宗](迷信で)霊薬.

圣谕 shèngyù 〈文〉勅諭.

圣约翰 shèngyuēhàn [地]セントジョンズ:[安 ān 提瓜和巴布达](アンティグア・バーブーダ)の首都.

圣诏 shèngzhào 〈文〉詔勅.

圣旨 shèngzhǐ ①〈文〉皇帝のご命令. ②〈喩〉(そむくことができない)ご命令.

圣主 shèngzhǔ ①[宗](仏教の)仏の尊称. ②〈文〉聖主.英明な君主.

[胜・勝] shèng

①勝つ.勝利する.[得 dé ～][获 huò ～][取 qǔ ～]勝利を収める.[百战 百胜～]百戦百勝する.[不可战～的力量]打ち勝つことのできない力.↔[负 fù ⑧] ②打ち負かす.[A队大～B队]チームはBチームに大勝する.↔[败 bài ②] ③優れる.勝る.[～过几倍]数倍勝っている.[～他一筹 chóu]彼より一段優れている.→[赢 yíng ③] ④〈文〉優れている(美しい景色).[名～][胜地] ⑤ことごとく(…しつくす).[不可～用]ことごとく用いることはできない.[不～枚举]枚挙にいとまがない.(挙げ尽くせない).[不可～数]数えあげられない. ⑥[旧]女性の髪飾り.[金 jīn ～]金の前飾り.[罗 luó ～]羅製の同前. ⑦…に堪える.できて…も感じない.たえない.[悲不自～]悲しくてたまらない. ⑧[姓]勝(すぐる).

胜败 shèngbài =[胜负]勝敗.勝ち負け.[不分～]

shèng

勝敗がつかない.〔～(乃)兵家(之)常事〕〈諺〉勝敗は兵家(武人)の常.

胜不骄,败不馁 shèng bùjiāo, bài bùněi〔成〕勝っておごらず,負けてくじけず.

胜朝 shèngcháo〈文〉(滅ぼされた)前王朝.→〔前 qián 朝〕

胜出 shèngchū 区 勝ち抜く.

胜春 shèngchūn ①⇒〔月 yuè 季(花)〕 ②〈文〉春に勝る.

胜地 shèngdì 景勝地.〔避暑～〕避暑地.

胜负 shèngfù ⇒〔胜败〕

胜概 shèngài〈文〉①優れた景色. ②優雅な生活.

胜果 shèngguǒ 勝利の果実(成果)

胜过 shèngguò …に勝る.…より優れる.〔胜于〕に同じ.

胜会 shènghuì ⇒〔盛会〕

胜机 shèngjī 勝機.勝利の機会.

胜迹 shèngjì〈文〉名所旧跡.

胜绩 shèngjì (試合の)勝ち星.

胜家(儿) shèngjiā(r) (かけごとで)勝った方の人.

胜景 shèngjǐng〈文〉優れた景色.

胜境 shèngjìng ①景勝の地. ②佳境.

胜局 shèngjú 勝利を決定づける局面.↔〔败 bài 局〕

胜利 shènglì ①勝利する.〔～果实〕勝利の成果.〔～前进〕意気揚々と前進する.〔～冲昏头脑〕勝利して頭がぼうっとする.〔～品〕戦利品. ②成功する.〔～完成五年计划〕5ヶ年計画を成功裏に完成した.↔〔失 shī 败〕

胜率 shènglǜ ①勝率. ②勝てる見込み.勝つ確率:〔胜面〕ともいう.

胜面 shèngmiàn 同上②.

胜券 shèngquàn〈喩〉勝利への確信.勝算.〔稳操 cāo ～〕勝算を持つ.

胜任 shèngrèn 任に堪える.適任である.〔不胜其任〕その任に堪えない.〔～愉 yú 快〕〈成〉十分適任で楽しくなしとげられる.

胜如 shèngrú …より勝っている.〔胜似〕に同じ.〔～亲兄弟〕実の兄弟にも勝る.

胜事 shèngshì〈文〉盛事.立派なこと.

胜似 shèngsì …より勝っている.〔一个～一个〕どれもこれも優れている.

胜诉 shèngsù 国勝訴(する):〔〈文〉告 gào 赢〕に同じ.↔〔败 bài 诉〕

胜算 shèngsuàn 勝算.〔操～,用妙计〕勝算あり,妙計を用いる.

胜言 shèngyán 言うに堪える.言う気力がある.〔不可～〕〔苦 kǔ 不～〕苦しくて言うに堪えない.

胜友 shèngyǒu〈文〉優れた友人.

胜于 shèngyú …に勝る:〔胜过〕に同じ.〔事実～雄辩〕事実は雄弁に勝る.

胜仗 shèngzhàng 勝ち戦.〔打 dǎ～〕勝ち戦をする.戦いに勝つ.↔〔败 bài 仗〕

〔晟〕 shèng〈文〉①輝いている. ②盛んである.旺盛である. → chéng

〔盛〕 shèng ①盛ん(である)〔士气很～〕士気が旺盛である.〔花开得很～〕花がちょうど満開である.〔回家的心～〕家に帰りたいという気が強い. ②豊かである.〔丰 fēng ～〕同前. ③盛大(である).④心のこもった.手厚い. ⑤大きい.盛んに.〔学习外语的风气很～〕外国語を勉強する気風が大いにはやっている. ⑥大いに,盛んに.〔～夸 kuā〕大いに褒めそやす.〔～心以盛(裘)〕 → chéng

盛编 shèngbiān〈尊〉御著作.

盛餐 shèngcān 盛宴.

盛产 shèngchǎn 盛んに産出する.〔这里～茶和橘子〕当地は茶と蜜柑がたくさん採れる.

盛传 shèngchuán 広く知られている.広くうわさされている.

盛大 shèngdà 盛大(である・に).〔～的欢迎会〕盛大な歓迎会.

盛德 shèngdé 崇高な品性.立派な徳性.

盛典 shèngdiǎn 盛大な式.盛典.

盛冬 shèngdōng 冬の盛り.真冬.

盛服 shèngfú〈文〉立派な服装.盛服.

盛果期 shèngguǒqī 圃盛果期.→〔结 jiē 果〕

盛会 shènghuì ≡〔胜会〕盛会.

盛极而衰 shèngjí érshuāi〔成〕盛きわまって衰える.(经历了一个～的过程)頂上から下り坂へのコースをたどった.

盛极一时 shèngjí yīshí〔成〕一時期大いに羽振りをきかす.一時大流行である.

盛纪 shèngjì ⇒〔盛仆〕

盛鬋 shèngjiǎn〈文〉女性の豊かな髪.

盛价 shèngjiè ⇒〔盛仆〕

盛举 shèngjǔ 盛大なる企て(事業・行事).

盛开 shèngkāi 満開(になる).〔现在正是桃花～的时候〕いまちょうど桃の花が満開の時です.

盛况 shèngkuàng 盛況.〔～空前〕空前のにぎわい.盛況である.

盛名 shèngmíng ≡〔盛誉〕〈文〉広く知れわたっている名声.〔久负～〕〈成〉昔から名が知れている.〔～之下,其实〕难副〕〈成〉評判は盛んであるが実際はそれほどでない.

盛年 shèngnián〈文〉壮年.

盛怒 shèngnù 激怒(する)

盛评 shèngpíng 高い評価.

盛仆 shèngpú ≡〔盛纪〕〔盛价〕〈文〉(あなたの)使い者.使用人.〔〈文〉尊 zūn 纪〕に同じ.〔令～收过去吧〕使用人の方からもお受けくださるよう.

盛期 shèngqī 盛期.盛んな時期.〔进入开花～〕開花のシーズンに入る.

盛气凌人 shèngqì língrén〔成〕居丈高で人を威圧する.傲慢な態度で人を押さえつける.→〔气 qì 势汹汹〕

盛情 shèngqíng 厚情.親切.〔多谢您的～〕ご親切ありがとうございます.〔～难却〕ご厚意辞退しがたい.〔受到一款待〕厚いもてなしを受けました.

盛秋 shèngqiū 盛秋.秋のたけなわ:旧暦8,9月.

盛世 shèngshì 盛んな世.盛世.

盛事 shèngshì 盛んな事柄.盛事.

盛暑 shèngshǔ 真夏.暑中.〔～祁 qí 寒〕盛夏と厳冬.

盛衰 shèngshuāi 盛衰.繁栄と衰退.興隆と没落.〔～荣辱〕(人生の)浮き沈み.栄枯盛衰.

盛胎 shèngtāi 医妊娠後も月経があること.

盛夏 shèngxià 夏の盛り.盛夏.

盛行 shèngxíng 盛んに行われる.流行する.

盛筵 shèngyán〈文〉盛大な宴席:〔盛宴〕ともいう.〔～必散 sàn〕〈諺〉盛大な宴席もいつかは散会する時がある.〔～难再〕〈喩〉またとない機会.

盛意 shèngyì 厚情.芳志:〔盛谊〕とも書く.

盛誉 shèngyù ⇒〔盛名〕

盛运 shèngyùn〈文〉盛んな運勢.

盛赞 shèngzàn 口を極めて称賛する.

盛馔 shèngzhuàn 立派なごちそう.

盛装 shèngzhuāng 盛装.豪華な服装.〔～舞步赛〕(馬術の)馬場馬術競技.→ chéngzhuāng

盛状 shèngzhuàng 活況.盛況.

〔乘(乘・椉)〕 shèng ①〈文〉馬4頭立ての戦車.〔万～

之国]兵車1万台を有する大国. ②〈文〉乗り物. [车～]車. [一马]馬を引く馬. ③〈文〉春秋時代の晋の史書の名. 〈転〉史書. [史～]同前. [野～]民間私撰の史書. → chéng

[剩(賸)] **shèng** 残る. 残す. 余る. [～一半]半分残る. [饭菜都吃光了, 没～什么]ごはんもおかずも食べてしまい, ほとんど何も残っていない. [大家都去了, 只～下他一个人]みんな行ってしまい, 彼一人しか残っていない. ②残り(の). [～饭 fàn]残飯. [～菜]おかずの残り. ③〈文〉もうけ. 利益. [创 páo 除净～]純利を差し引く. ④〈姓〉剰(じょう).

剩磁 shèngcí 〔物〕残留磁気. 残磁性.
剩货 shènghuò 〔1〕売れ残り品. 〔2〕〈転〉売れ残りの人. [谁要娶那样儿的姑娘, ～嘛!]だれがあんな娘をもらうものか, 売れ残りだもの.
剩魄残魂 shèngpò cánhún 〔喩〕生き残った命.
剩水 shèngshuǐ 使い残した水. [你别用人家的～洗脸]人の使い残しの水で顔を洗うな.
剩水残山 shèngshuǐ cánshān 〔成〕変乱後破壊され, 荒れ果てた山河.
剩汤腊水(儿) shèngtāng làshuǐ(r) 料理の残りもの. → [荤 hūn 汤腊水(儿)]
剩下 shèngxia 残る. 残す. 残りがでる. 余る. [～了几个钱]少しばかりの金が残った. [剩不下什么钱]いくらも金は残らない.
剩余 shèngyú ①余りがでる. [还～多少]どれだけ余るか. ②剰余. [～产品]経剰余生産物: [必 bì 要产品]に対していう. [～价值]経剰余価値. [～劳动]経剰余労働: [必要労働]に対していう. [～物资]剰余物資. [收支相抵, 略有～]収支相償うばかりになる多少の残りがある.

[嵊] **shèng** 地名用字. [～县 xiàn]地浙江省にある. [～回列岛]地舟山列島の北にある.

shi ㄕ

[尸(屍)] **shī** (I)[屍]しかばね. 死体. [死 sǐ]～]同前. [干～]ミイラ状の死体. [验 yàn ～]検死(する). [僵 jiāng ～]硬直したしかばね.
(II)[尸]かたしろ: 古代, 死者を祭る時その子孫をその人に見立て祭りを受けてもらった, その身代わり. 〈転〉後世かたしろのかわりに用いられた神の像. ②〈文〉(その位に)いる. 任ずる. [当局应～其咎也]当局はその責に任ずべきである. → [尸位]

尸斑 shībān 死斑.
尸变 shībiàn (迷信で)死体が急に立ちあがる現象: [诈 zhà 尸①]ともいう.
尸骨 shīgǔ ①遺骨. 白骨. ②〈喩〉死体. 遺体.
尸骸 shīhái 〔残 cán 骸〕①ともいう.
尸横遍野 shī héng biànyě 〔成〕死体が野原のいたるところに散らばっている.
尸检 shījiǎn 医検屍. 検視: [尸体检查]の略.
尸碱 shījiǎn 化プトマイン. 死毒.
尸谏 shījiàn 〈文〉死をもって諫める.
尸解 shījiě 尸体解剖する. ～[解 jiě 剖] ②(道教で)道士を修めた者が身体を残して魂魄だけぬけ去る術.
尸居余气 shī jū yúqì 〔成〕死体から, 残されたわずかな生気を保っている: あるかなしかの存在を保つ.
尸蜡 shīlà 屍蠟(しろう).
尸亲 shīqīn 〈文〉死者の家族.
尸身 shīshēn 死骸. 死体.

尸首 shīshǒu 人の死体.
尸素 shīsù ⇒ [尸位素餐]
尸体 shītǐ 死体. 死骸: 人や動物の死んだ体. → [僵 jiāng 尸]
尸陀林 shītuólín ⇒ [寒 hán 林②]
尸位 shīwèi 〈文〉職にはついているが, 責任を果たさない. [～误 wù 国]〈成〉同前で国を誤まる. [～素餐 cān][尸素]実力もないたずらに俸禄を食む(¹²). 禄盗人: 時に自分が何もしていない事を謙遜していう.
尸逐 shīzhú 〈姓〉尸逐(しちく).
尸主 shīzhǔ 変死者の引き取り人(親類縁者)
尸祝 shīzhù 〈文〉①祭司. ②祭る.

[失] **shī** ①失う. なくす. なくなる. [丧 sàng ～]喪失(する). ②逸する. 失う. 逃す. [～良机]〈成〉じっとしていてよいチャンスを逃す. ③探し当たらぬ. みつからぬ. [走～](人や家畜が)はぐれる. 迷い子になる. 見失う. ↔ [得 dé (I)①] ④(望みを)とげられぬ. 果たせぬ. ⑤常態を失う(でなくなる). 我を忘れる. [～声而哭]思わず声を出して泣く. [～容 変一色]驚き慌てて色を失う. ⑥うっかりしくじる. …し損なう. [～手摔 shuāi 了一个碗]手をすべらせて茶碗を割った. ⑦…に背く. …に合わない. ⑧過ち(する). 失敗(する). [智 zhì 者千虑, 必有一～][諺]頭の良い人の考える多くのことにも中には誤りがある. [惟恐有～]過ちがありはしないかとひたすら恐れる. [过／]過失. 過誤. [～成][成]しゃべりすぎるととかく言いまちがいを起こす(つまらぬことを言う). [患 huàn 得患～][成]一得一失によくよくは言う. [此书～之过简]この本は簡単すぎるがよくない.

失败 shībài ①失敗(する). [～为(是)成功之母]〈者〉失敗は成功の母(をでよく). → [成 chéng 功①] ②負け(る). 敗北(する). [比赛～了]試合は負けた. [遭到～]敗北する. [～主义]敗北主義. ↔ [胜 shèng 利]
失策 shīcè 失策(する)
失察 shīchá 監督が行き届かない.
失常 shīcháng 常態を失する. [神经～]神経が異常を起こす.
失宠 shīchǒng 寵愛を失う.
失出 shīchū 〈文〉不当に軽い刑を課したり, 刑を課すべき者を無罪にすること. ↔ [失入]
失传 shīchuán 伝承が絶える. 伝わらなくなる.
失聪 shīcōng 聴覚を失う. [双耳～]両耳とも聞こえない. → [聋 lóng]
失措 shīcuò (驚きや狼狽から)常態を失う. どうしていかわからなる. [茫 máng 然～]呆然自失する. [～仓惶]慌てふためく.
失单 shīdān 〔＝丢 diū 单〕紛失届. 盗難届.
失当 shīdàng 適当を欠く. 不適切である.
失盗 shīdào 盗難に遭う. [失窃]に同じ.
失道 shīdào → [得 dé 道②]
失地 shīdì ①国土を失う. [丧权～]主権と国土を失う. ②失地. [收复～]失った国土を回復する.
失掉 shīdiào ①なくす. 失う. [～理智]理性を失う. ②とり逃す. [～机会]チャンスを逃す.
失度 shīdù 〈文〉度を失する.
失范 shīfàn 原来の規範を失う. あるべき姿がない.
失防 shīfáng 防備を欠く. すっかり油断をする.
失分 shīfēn 区失点(する). → [得 dé 分]
失格 shīgé 〈文〉①形をなさない. さまになっていない. ②体面を汚す. 顔がつぶれる. ③範囲を出ていない. 並はずれている.
失和 shīhé 不和になる. 仲たがいする. [失和气]同前.
失衡 shīhéng バランスがとれない. 釣り合いにな

shī 失

失候 shīhòu ①適当な時期をとり逃す.②なすべき待遇をし損なう:不在をする,うかがい損なうなど.
失怙 shīhù〈文〉父に死なれる.↔〔失恃〕
失欢 shīhuān 人に喜ばれなくなる.
失悔 shīhuǐ 後悔する:〔后 hòu 悔〕に同じ.
失婚 shīhūn (配偶者と離婚または死別後)再婚していない(こと)
失魂 shīhún 大いに驚きあわてる.びっくり仰天する:〔掉 diào 魂(儿)〕に同じ.〔～落魄〕〔丢 diū 魂落魄〕魂や気が動転する.
失火 shīhuǒ 失火する.火事を起こす:〈文〉失慎 ②〕に同じ.→〔走 zǒu 水〕
失计 shījì 策を誤る.誤算する.
失记 shījì〈文〉忘れる.失念する.〔年远～〕長い年月が経ったために記憶がない.
失检 shījiǎn〈文〉(言動に)注意を欠く.〔言语～〕言うことが軽率だ.
失脚 shījiǎo ①足を踏みはずす:〔失足 ①〕に同じ.②失脚する.
失教 shījiào しつけが悪い.〔少调 tiáo ～〕同前.
失节 shījié ①節操を失う.②旧(女性が)貞節を失う.
失禁 shījīn 失禁(する).〔小便～〕小便をもらす.
失惊 shījīng びっくりする.〔～打怪〕驚き怪しむ.
失敬 shījìng〈挨〉失礼(する).〔您是王先生啊?～～！〕あなたが王さんですか,どうも失礼しました.
失据 shījù よりどころを失う.
失控 shīkòng 制御が失われる.〔通货膨胀～〕インフレがコントロールできなくなる.
失口 shīkǒu ⇒〔失言〕
失礼 shīlǐ ①礼を失する.礼に反する.②〈挨〉失礼する.〔～了〕〔～～!〕どうも失礼しました.
失利 shīlì ①敗れる.負ける.②〈文〉財利を失する.不利となる.
失恋 shīliàn 失恋(する)
失灵 shīlíng (部品や器官などが)だめになる.動かなくなる.機能・効力などが低下すること.〔马达～〕モーターが故障する.〔机器～了〕機械が動かなくなった.〔听觉～〕耳が遠くなる.
失路 shīlù ①道に迷う.②志を得ない.
失律 shīlǜ〈文〉軍規を守らない.
失伦 shīlún 順序が乱れる.
失落 shīluò ①失う.なくする.②気持ちが空虚である.〔～感 gǎn〕喪失感.無力感.
失迷 shīmí 方向をまちがえる.〔～的孩子〕迷子.〔～路途〕道をとり違える.道に迷う.
失密 shīmì 機密を漏らす.
失眠 shīmián 眠れない.不眠.〔他常常头疼,～〕彼はしばしば頭痛やや不眠に悩む.〔～症〕不眠症.
失明 shīmíng 失明する.視力を失う.
失能武器 shīnéng wǔqì 軍非致死傷性兵器.非殺傷兵器
失黏 shīnián〈文〉(詩の)平仄(ひょうそく)が合わない.
失偶 shīǒu〈文〉配偶者を失う.→〔失婚〕
失陪 shīpéi〈挨〉お先に失礼します:お相手できないことをわびる語.〔我(先)～了〕同前.お先にご免.ではこれで.
失期 shīqī〈文〉期日に遅れる.
失窃 shīqiè 盗まれる.盗難にあう.
失球 shīqiú 区(球技で)失点する.サーブ権を失う.
失去 shīqù 失う.なくしてしまう.〔～信心〕自信を失う.〔～时效〕もはや有効でない(効力を失う)
失权 shīquán 失権(する)
失却 shīquè〈文〉消失する.〔～効用〕効能を失う.
失群 shīqún (人や動物が)仲間から去れる.

〔那只羊～了〕あの羊は群れからはぐれてしまった.
失人 shīrén〈文〉人の才能を見る目がなくて不適な人を用いる.
失容 shīróng〈文〉①威儀に欠ける.②顔色を失う.
失入 shīrù〈文〉不当に課刑したり,課刑が重すぎたりすること.→〔失出〕
失散 shīsàn 散り散りになる.離散する.〔和我的同伴～了〕同行者とはぐれてしまった.
失色 shīsè ①色が落ちる.色があせる.②顔色が変わる(青くなる).〔大惊～〕びっくりして同時.
失闪 shīshǎn 意外な事故.まちがい.〔倘 tǎng 有～,谁来负责〕もし事故でもあった時,だれが責任を負うのか.→〔闪失〕
失墒 shīshāng 農(土壌の)水分がなくなる:〔跑 pǎo 墒〕〔走 zǒu 墒〕ともいう.
失少 shīshǎo 不足する.欠ける.
失身 shīshēn 女性が貞操を失う.〔失贞〕に同じ.
失神 shīshén ①不注意である.油断する.〔一时～〕うっかり油断する(して).〔稍一～就会中 zhòng 敌人的暗算〕ちょっとでも油断すると敵の思うつぼにはまる.②精神が萎える.自失する.
失慎 shīshèn ①不注意である.うっかりである.慎重でない.〔发言～〕言葉が粗忽である.②⇒〔失火〕
失声 shīshēng ①思わず声を出す.〔他～笑了起来〕彼は思わず声を出して笑いだした.②声を詰らす.〔痛哭～〕泣けども声が出ない.③医(声帯など生理的原因で)声が出ない:〔失音〕に同じ.
失时 shīshí 時機を失する.
失实 shīshí 真実を欠く.事実と合わない.
失事 shīshì (船舶・飛行機の)事故が起こる(を起こす).〔飞机～〕飛行機が事故を起こす.
失势 shīshì 権勢を失う.
失恃 shīshì〈文〉母に死なれる.↔〔失怙〕
失收 shīshōu ①(災害などで農作物の)収穫がない.②未収録である.
失手 shīshǒu ①手をすべらす.手元が狂う.→〔脱 tuō 手①〕②(試合で)うっかりミスする.
失守 shīshǒu ①守るべき本分を失う.節操を失う.②攻略される.陥落する.
失水 shīshuǐ ①水から離れる:皇帝が権力を失うこと.②脱水.(体内の)水分を失う.〔因严重～,进入休克状态〕ひどい脱水症状により,ショック状態に陥った.
失溲 shīsōu 中医小便の失禁.
失速 shīsù 機失速.ストール.
失算 shīsuàn 失算する.見込み違いをする.〔这一着～得很〕この一手は大変な計算違いだった.
失态 shītài 失態を演じる.〔酒后～〕酒の上で失態を演じる.
失体 shītǐ ①礼儀にもとる.体裁をなさない.②標準に合わない.形式がくずれる.
失调 shītiáo ①調和を欠く.〔供求～〕需要と供給の均衡が破れる.②保養(養生)が足りない.〔产后～〕産後の養生が悪い.〔营 yíng 养～〕栄養失調.
失望 shīwàng ①失望して自信を失う.期待がはずれる.②落胆している.がっかりしている.〔令人～〕気落ちさせる.〔大失所望〕大いに失望する.
失稳 shīwěn バランスを崩す.安定を失う.
失物 shīwù 遺失物.忘れ物.〔～招领处〕遺失物取扱所.〔寻 xún 找～〕遺失物を探し求める.
失误 shīwù まちがえる誤り(過ち).うっかりミス.〔发球～〕区サーブミス.〔判断～〕判断の失策.
失陷 shīxiàn (都市・要塞などが)陥落する.攻め落とされる.
失笑 shīxiào 思わず笑う.吹き出す.失笑する.

失师　　　　　　　　　　　　　　　　　　　　shī

失效 shīxiào 失効になる.効力がなくなる.〔此药经过好多年了,已经~了〕この薬は長年たったのでもう効力がなくなっている.〔~提 tí 单〕过 guò 期提単〕団期経過船荷証券.

失谐 shīxié 調和を欠く.安定性に欠ける.

失心疯 shīxīnfēng〈白〉頭の弱い人.

失信 shīxìn 約束を破る.信用を失くす.信頼に背く.〔和人约定了就不要~〕人と約束したら違約してはいけない.

失修 shīxiū 修理を怠る.〔这房年久~,屋檐 yán 都下垂了〕この家は久しく修理を怠ったので軒が垂下っていて.

失序 shīxù 秩序を失う.無秩序になる.

失学 shīxué（貧困や病気などで）学校に入る機会を失う.学業を中断する.〔~率 lǜ〕（義務教育での）不就学率.

失血 shīxuè 失血する:出血多量で血を失うこと.→〔出 chū 血〕

失言 shīyán 失言する.〔失口〕ともいう.〔一时~〕うっかり口をすべらす.

失业 shīyè 失業する.〔~人员〕失業者.〔~保险〕失業保険.〔~率 lǜ〕失業率.→〔待 dài 业〕

失仪 shīyí〈文〉礼儀を欠く.醜態をさらす.不体裁を演ずる.

失宜 shīyí〈文〉妥当を欠く.適当でない.

失意 shīyì 意を得ない(こと)

失音 shīyīn ⇒〔失声③〕

失迎 shīyíng〈挨〉①お出迎えせず失礼致しました.②不在で失礼致しました.〔昨天~了〕昨日は同前.

失语 shīyǔ 医失語.〔~症 zhèng〕失語症.

失约 shīyuē 約束を破る.違約する.〔爽 shuǎng 约〕同じ.

失责 shīzé 責任を果たさない.〔严重~〕重大な責任逃れ.

失身 shīshēn ⇒〔失身〕

失着 shīzhāo ①（囲碁・将棋で）手を誤る.失着する.②失策する.〔这一次是我~了〕今回はわたしがミスをやった.

失真 shīzhēn ①（音声・画像・言葉など）真実とずれる.〔传写~〕転写の誤りがある.②电ひずみ.〔畸 jī 变〕ともいう.〔~度 dù〕ひずみ度.→〔应 yìng 变〕

失政 shīzhèng〈文〉まつりごとを誤る.

失之东隅,收之桑榆 shī zhī dōngyú, shōu zhī sāngyú〈成〉一方では失っても他方では取り返す:〔东隅〕は東の日の出る所,〔桑榆〕は夕日が照らす桑や楡の木のこと.

失之毫厘,谬以千里 shī zhī háolí, miù yǐ qiānlǐ〈成〉初めはわずかな誤りでも重大な誤った結果をもたらす:〔失之毫厘,差以千里〕ともいう.

失之交臂 shī zhī jiāo bì＝〔交臂失之〕〈成〉目前の機会を逃してしまう.〔这太难得了,请勿~〕これはあまりにも得がたいことです,この機会を逃さないで下さい.

失职 shīzhí 職責を尽くさない.〔李市长~的事太多,所以被免除职务了〕李市長は職責失当の行為が多かったので罷免された.→〔失业〕

失重 shīzhòng ①物無重力(になる).〔乘客不会有~的感觉〕乗客は無重力を感じない.〔~状 zhuàng 态〕無重力状態.②〈喻〉足が宙に浮く状態.

失主 shīzhǔ ①遺失者,落とし主.②団誘拐・詐欺・窃盗事件の被害者.〔一事 shì 主①〕

失准 shīzhǔn ①正確さに欠ける.基準に合わない.②又（ゴルフで）オーバーパー（になる）

失踪 shīzōng 失踪(する).行方不明になる.

失足 shīzú ①＝〔失脚①〕足を踏みはずす.〔~落 luò 水〕〈成〉足を踏みはずして水中に落ちる.②〈喻〉堕落する.重大な過ちを犯す.〔一~成千古恨,再回头是百年身〕〈谚〉一度しくじると永久に後悔することになる,ふり返るとずいぶん時間が経っている.〔~青少年〕非行青少年.

〔师・師〕

shī（Ⅰ）①〔师匠:师匠.先生.〔老师兄〕同前.〔教 jiào ~〕教師.②師弟関係から生じた間柄.〔师兄〕．③宗（道教や仏教で）指導者.〔法 fǎ ~〕法師.〔禅 chán ~〕禅師.④〈転〉高度の学術・技術を持つ専門家.〔会 kuài 计~〕会計士.〔工程~〕技師.〔医~〕医師.〔画~〕画家.⑤模範（とする）.手本（とする）.〔其人可~〕その人となりは模範とすべきものがある.〔勿~古而不察今〕いにしえを手本とするだけで現在を認識しないようなことではいけない.⑥〈文〉師（く）:六十四卦の一.⑦〈姓〉師（し）

（Ⅱ）①〈文〉多くの人.②军師団:〔军 jūn ②〕と〔旅 lǚ ①〕〔团 tuán（Ⅱ)⑦〕の間にあたる.〔一个~的民兵〕民兵一個団体.〔军 jūn ②〕③軍（t）.〔~长①〕出兵する.〔班 bān ~〕軍を帰還させる.

师保 shībǎo 固貴族の子弟の養育係.

师表 shībiǎo〈文〉（人柄や学問上の）模範.〔为 wéi 人~〕人の手本となる.

师伯 shībó ⇒〔师大爷〕

师部 shībù 军師団司令部.

师承 shīchéng 師伝（する）.〔~泰西〕西洋から教えを受ける.

师出无名 shīchū wúmíng〈成〉名分のない出兵をする.正当な理由のないことをする:〔师出有名〕〈成〉出兵するには足る立派な名目がある.事を起こすには正当な理由が必要である.

师传 shīchuán 〔师门〕からの伝授.

师从 shīcóng 師事する.

师大 shīdà〔师范大学〕の略.

师大爷 shīdàyé＝〔师伯〕①師の兄.②師の兄弟子.

师道尊严 shīdào zūnyán 教師の尊厳.

师德 shīdé 師たる人としての行動規範.

师弟 shīdì ①師と門弟.→〔师生〕②弟弟子.③師の子あるいは父の弟子で自分より年少の者.

师法 shīfǎ〈文〉①手本.②師伝（とする）.模範（とする）.師法から伝授された学問や技術.

师范 shīfàn〈文〉手本.模範.②先生.師匠.③師範学校:〔师范学校〕の略.〔~学院〕〔师院〕〔师院〕（单科）大学.〔~大学〕〔师大〕師範大学.〔~院校〕各種の師範学校（総称）

师父 shīfù ①〔师傅〕②僧・尼・道士に対する敬称.②同下.③弟子のその師匠に対する敬称.

师傅 shīfu ①〔师父②〕師.師匠.親方.〔~领进门,修行在各人〕先生は入門の手引きをするだけで,後の修行は各人がするのである.②熟練工・熟練職人に対する敬称.〔~带徒弟〕師匠が徒弟に必要な知識・技能を伝授する.〔厨 chú ~〕コックさん.シェフ.〔木匠~〕棟梁（ﾘｮｳ）.③敬意のある一般的な呼びかけ.〔陈~〕陳さん.＝〔同 tóng 志③〕④古（太师の）〔太师〕の総称.

师姑 shīgū 尼僧:〔妮 ní 僧〕に同じ.

师姐 shījiě ①姉弟子.②師の娘または父の女弟子で自分より年上の人.

师老兵疲 shīlǎo bīngpí〈成〉戦いが長びき,兵が疲れきっている.

师旅 shīlǚ〈文〉师団旅団.〈転〉軍隊.

师妹 shīmèi ①妹弟子.②師の娘または父の女弟子で自分より年下の人.

师门 shīmén ①師の家門.②師.師の伝授.

师母 shīmǔ 先生・師匠・親方の奥さん:〈口〉师娘

shī

①]に同じ.
师娘 shīniáng ①同上. ②巫女(ぞ):〔巫 wū 女〕に同じ.
师生 shīshēng 先生と学生(生徒).〔～员工〕教员・生徒・事务员・用务员.→〔师员也〕
师事 shīshì 〈文〉先生(師匠)として仕える(教えてもらう). 师事する.
师叔 shīshū ①師の弟. ②師の〔师弟〕(弟弟子)
师徒 shītú ①親方と弟子.〔～合同〕徒弟契約. ②〈文〉士卒.
师团 shītuán 軍師団.
师心自用 shīxīn zìyòng〈成〉自分の意見に固執する. 独りよがりである. 気ままにふるまう.
师兄 shīxiōng ①兄弟子.〔大 dà ～〕一番目の同門. ②師の子あるいは父の弟子で自分より年長の人.→〔师大爷〕
师兄弟 shīxiōngdì〔师兄①〕と〔师弟②③〕. 兄弟子. 同門の者.〔咱们都是～,我绝不偏袒着谁〕わたしたちは皆兄弟弟子同士だから,決して誰にもひいきはしない.
师训 shīxùn 師の教え.〔遵从～〕師の導きに従う.
师爷 shīyé ①師の父. ②師の師.
师爷 shīye〔幕 mù 友〕
师夷 shīyí〈文〉外国(人)を手本とする.〔～长 cháng 技以制 zhì 夷〕外国の得意な技芸を身につけて外国人に勝つ.
师宜 shīyí〈姓〉师宜(名)
师友 shīyǒu 先生と友人.
师院 shīyuàn〔师范学院〕の略. 師範(単科)大学.
师约 shīyuē 徒弟契約書.
师长 shīzhǎng ①軍師団長. ②教师に対する尊称.
师直为壮 shīzhí wéizhuàng〈成〉大義名分のために戦う軍隊の士気は大いにあがる.
师专 shīzhuān〔师范专科学校〕の略. 師範専門学校.
师资 shīzī ①教師たる人材. 教師. ②〈文〉模範とすべき人.

〔**狮・獅**〕 shī 地名用字.〔～河〕河南省南部を流れ〔淮 huái 河〕に注ぐ.

〔**㠭・㠭**〕 shī〔～草 cǎo〕植 コウボウギ:〔海 hǎi 米の〕に同じ.

〔**狮・獅**〕 shī 動狮子. ライオン:〔～子〕は通称.
狮猴 shīhóu 動シシザル.
狮毛犹 shīmáoróng 動〔狨①〕
狮身人面像 shīshēn rénmiànxiàng スフィンクス:〔音訳〕斯 sī 芬克斯〕ともいう.
狮子 shīzi 動ライオン. 狮子:古くは〔师子〕とも書いた.〔～大开口〕〈喩〉法外な値段をふっかけること.〔～搏 bó 兔〕〈喩〉小さなことにも全力を注ぎ, ゆるがせにしないこと.〔～会〕ライオンズクラブ:国際的な社会奉仕団体.〔～鞋 xié〕前部が狮子の顔をした小児用の中国靴.
狮子城 shīzichéng ⇒〔新 xīn 加坡〕
狮子狗 shīzigǒu ⇒〔西 xī 施犬〕
狮(子)吼 shī(zi)hǒu〈文〉①狮子吼(ひ).邪説をしかり払いのける説法. ②〈喩〉猛妻のどなる声.
狮子头 shīzitóu 食〔肉 ròu 丸(子)〕(肉団子)のボール大のものを油で軽く揚げた後, しょうゆなどで煮こんだ料理.〔沙锅～〕同前を土鍋で白菜などと一緒に煮こんだ料理.
狮子舞 shīziwǔ 獅子舞:ぬいぐるみの獅子で戯わざを行うもの.〔杂 zá 戏〕
狮子座 shīzizuò ⇒〔猊 ní 座〕

〔**䲝・鴟**〕 shī 鳥ゴジュウカラ(五十雀)(総称).〔普 pǔ 通～〕ゴジュウカラ:〔穿 chuān 树皮〕〔松 sōng 枝儿〕は別称.〔丽 lì ～〕ビナンゴジュウカラ.

〔**鰤・鰤**〕 shī 魚アジ科の魚.〔黄 huáng 条～〕ヒラマサ.〔高 gāo 体～〕カンパチ.〔五条～〕ブリ.

〔**诗・詩**〕 shī ①詩.〔作～〕詩を作る.〔古～〕①〔古体诗〕古体詩.〔白话～〕口語詩. ②〔诗经〕の略称. ③〈姓〉诗(し)
诗宝 shībǎo 詩の文字で遊び:詩の文句の1字を空白にしておき,別の紙片にその字に似かよった4字を書き出してその中から選ばせ,当てた者に賞品を与える.→〔打 dǎ 诗宝〕
诗才 shīcái 作詩の才能.
诗抄 shīchāo 詞華集. アンソロジー.
诗词 shīcí 詩と詞.
诗风 shīfēng 詩の風格.
诗歌 shīgē 詩歌. 詩(総称).〔～朗诵〕詩を朗吟する.
诗格 shīgé ①〈文〉詩の法則. ②詩の風格.
诗豪 shīháo 詩人のなかの英雄.
诗话 shīhuà ①〔评 píng 话〕の一種で, 文中に詩あり話ありのものをいう:宋初の『大唐三蔵取経詩話』など. ②詩と詩人を論評した随筆・本.→〔词 cí 话〕
诗画 shīhuà 詩と画.
诗集 shījí 詩集.
诗笺 shījiān 詩を書く紙.
诗经 shījīng =〔毛 máo 诗〕書詩経:経書の中の一種.〈文〉〔葩 pā 经〕.→〔五 wǔ 经〕
诗境 shījìng 詩に表現されている境地.
诗句 shījù 詩句. 詩の作品.
诗剧 shījù 詩劇:詩の形で書かれている劇.
诗刊 shīkān 詩の雑誌.
诗礼 shīlǐ 書詩経と礼(ぶ)記.〔～之家〕〔～人家〕回儒家の家柄.
诗料 shīliào 作詩の資料.
诗律 shīlǜ 詩の韻律.
诗谜 shīmí 詩の型式になっている謎.
诗魔 shīmó ①作詩の異常な愛好. ②作詩上の奇癖.
诗派 shīpài 詩人の流派.
诗篇 shīpiān =〔诗章〕①詩. 詩集.〔这些～充满革命豪情〕これらの詩は革命の熱情にあふれている. ②史詩. 叙事詩.〔我们时代的壮丽～〕我々の時代の壮麗なエピック.
诗情 shīqíng 詩の情趣. 詩情.〔充满～画意〕詩情があふれている.
诗人 shīrén 詩人.
诗社 shīshè 詩人の集まり. 詩の同好組織.
诗圣 shīshèng ①非常に優れた詩人. ②唐の杜甫の別称.→〔诗仙〕
诗史 shīshǐ ①詩の歴史. ②歴史的意義を写し出している詩.
诗书 shīshū ①書詩経と書経. ②〈転〉経書. 書籍.〔～门第〕回代々の読書人の家柄.
诗思 shīsī 作詩に向かう思い・情感.
诗坛 shītán 詩壇.
诗体 shītǐ 詩の体裁・風格.
诗文 shīwén 詩歌と文章(総称).
诗仙 shīxiān ①非常に優れた詩人. ②唐の李白の別称.→〔诗圣〕
诗兴 shīxìng 詩興(ぶ)
诗选 shīxuǎn 選び出した詩を編集した本:多く書名

诗郆鸤虱鯓绝施菔湿

とする.
诗眼 shīyǎn 〈文〉①詩人としての眼識. ②詩の中の眼目となる一字(表現). (作詩上で)特に工夫をこらす中心の一字.
诗意 shīyì ①詩意.詩のもっている意義・味わい. ②詩情.〔富于~〕詩情溢れる.
诗友 shīyǒu 詩友.
诗余 shīyú ⇒〔词 cí 余〕
诗云子曰 shīyún zǐyuē 『詩経』や『論語』の言葉を引く.〈喩〉学者ぶった口ぶり:〔子曰诗云〕ともいう.〔他说的话都是~那一类的〕彼の言葉は全く漢学者風だ.
诗韵 shīyùn ①詩の韻.〔~目表〕同韻の表. ②韻書:ふつう『平水韻』をいう.
诗章 shīzhāng ⇒〔诗篇〕
诗中有画 shīzhōng yǒuhuà〈成〉詩中に画あり.〔~,画中有诗〕詩中に画あり,画中に詩あり:王維の詩と画をたたえた言葉.〈転〉詩境の幽美なさま.
诗作 shīzuò 詩歌の作品.

[郆] shī 周代の古国名:現在の山東省済寧市東南にあった.

[鸤・鳲] shī〔~鸠 jiū〕〈文〉郭公(ホホナシ): 〔布谷 gǔ(鸟)〕の古称.

[虱(蝨)] shī 国 シラミ:〔~子〕は通称. 〔人~〕ヒトジラミ.〔阴 yīn ~〕ジラミ.
虱处裈中 shī chǔ kūnzhōng〈喩〉俗世間であくせく生きるさま.
虱目鱼 shīmùyú ⇒〔遮 zhē 目鱼〕
虱蝇 shīyíng ⇒〔马 mǎ 虱蝇〕
虱子 shīzi 国 シラミ(通称).〔~衩儿 ǎor〕〈方〉しらみのついた裏皮つきの上着.〈喩〉髪のうすい.

[鯓・鰤] shī 国 金魚蝨(アラマ) (総称):多く淡水魚の皮膚に寄生し血を吸う虫.〔~病〕同前による魚類の病気.

[绝・絁] shī 国 粗い絹の紬の一種.

[施] shī ①とり行う.〔~妙手〕うまい手をうつ.〔~实〕実施する.〔无计可~〕〈成〉施すべがない.処置なし.〔倒 dào 行逆~〕〈成〉無理を押し通す.〔紧急措~〕緊急措置.〔枪炮齐~〕銃砲を一斉に発射する. ②(人に)行う.〔~药〕施薬をする.〔~谋 móu 用智〕〈成〉智謀を用いる. ③(物の上に)加える.与える.〔~粉 fěn〕おしろいをつける.〔少~一点儿肥〕肥料を少な目にやる.〔~了二十挑 tiāo 粪〕20荷の糞を施肥した. ④施しをする.恵む.〔博 bó ~予他人〕広く民に施しをする.〔~粥 zhōu〕(貧民に)粥の施しをする. ⑤〔姓〕(he)
施暴 shībào ①暴力を振るう.〔狂风~而过〕狂風は猛威を振るって過ぎ去った. ②強姦する.
施布 shībù 散布する.広める.
施不望报 shī bù wàng bào〈成〉恩恵を施して報いを望まない.
施恩 shī'ēn 恩恵を施す.
施法 shīfǎ ①〈文〉法令を施行する. ②(道士が)方術を使う.
施放 shīfàng 放つ.〔~烟幕〕煙幕をはる.〔~毒气〕毒ガスを放つ.
施肥 shīféi 肥料を施す.〔~机〕施肥機.
施工 shīgōng 工事をする.施工する.〔~队 duì〕工事チーム(組).〔前方~〕前方工事中:道路掲示の用語.〔~图 tú〕施工図.
施加 shījiā 施す.加える.与える.〔~压力〕[压]圧力を加える.〔~影响〕影響を及ぼす.
施教 shījiào〈文〉教育を施す.布教する.
施礼 shīlǐ 会釈する.お辞儀をする.

施虐症 shīnüèzhèng 医 サディズム:〔虐待症〕〔淫 yín 虐症〕〈字義訳〉含 shě 德主义〕ともいう.→〔受 shòu 虐狂〕
施其所长 shī qí suǒcháng〈成〉長所を発揮する.
施舍 shīshě 施し(をする).喜捨(をする)
施施 shīshī〈文〉ゆっくり行くさま.
施食 shīshí 宗(仏教で)施餓鬼(をする).→〔放 fàng 焰口〕
施事 shīshì 国 (文における)動作の主体:〔作家写文章〕の〔作家〕,〔花姐叫弟弟打了〕の〔弟弟〕.→〔受 shòu 事〕
施威 shīwēi 威を振るう.
施行 shīxíng ①(法律などを)施行する.〔~新刑法〕新刑法を施行する. ②とり行う.実行する.〔~手术〕手術をする.
施压 shīyā 圧力を加える.〔施加压力〕の略.
施医 shīyī〔施诊〕
施用 shīyòng 使用する.〔~化肥〕化学肥料を使用する.
施釉 shīyòu ⇒〔上 shàng 釉〕
施与 shīyǔ 施しをする.喜捨する.
施斋 shīzhāi 僧侶に食を施す.
施展 shīzhǎn 腕前(才能・手腕)を発揮する.〔~大才〕手腕をふるう.〔~不出来〕(才能・手腕)を発揮できない.〔~自己的本领〕自分の本領を発揮する.
施诊 shīzhěn 〔施医〕施療(する).無料で治療する.〔~院〕医療院.
施赈 shīzhèn〈文〉施し救済する.施与する.
施政 shīzhèng 政治を行う.
施主 shīzhǔ (仏教の)施主(ஜஷ்).お布施の主.
施助 shīzhù (金や物で)援助する.

[菔] shī 植〔苍 cāng 耳(子)〕(オナモミ)の古称.

[湿・濕(溼)] shī ①湿り(っている).〔防 fáng ~潮①〕防湿(する).〔衣裳~了〕服がぬれた.〔洗了还~着呢〕洗ってまだ湿っています.〔一阵小雨把地下~了〕サーッと小雨が降って地面が湿った.〔全身~透了〕全身がびしょぬれになった.↔〔干 gān (V)①〕→〔潮 cháo ③〕 ②中医 六淫の一:湿気から起きる病気.〔~邪 xié〕ともいう.
湿痹 shībì 中医〔湿②〕からくる痛みを感じる関節炎.
湿答答 shīdādā (湿気で)じとじとしたさま.
湿地 shīdì ①湿地.湿原. ②湿田.
湿电池 shīdiànchí 湿電池.→〔干 gān 电池〕
湿度 shīdù ①(空気,状態の)湿度.〔潮 cháo 度〕ともいう.〔~计 jì〕湿度計. ②物の湿り具合.含水量.
湿乎乎 shīhūhū 湿っているさま.
湿季 shījì 雨季.
湿巾 shījīn ⇒〔湿毛巾〕濡れたタオル.おしぼり.
湿津津 shījīnjīn じっとり水気を含んださま:〔湿浸浸〕とも書く.
湿冷 shīlěng 湿っぽく寒い.
湿淋淋 shīlínlín,〈口〉~ līnlīn ぬれて(液体が)したたるさま.〔衣服~的〕服がびしょぬれになっている.
湿漉漉 shīlùlù,〈口〉~ lūlū じっとり湿ったさま.〔湿渌渌〕とも書く.
湿毛巾 shīmáojīn ⇒〔湿巾〕
湿濛濛 shīméngméng 湿気の立ちこめているさま.〔~的田野〕あたり一面湿気のこもった野良.
湿气 shīqì ①湿気.〔潮 cháo 气〕に同じ. ②中医 皮膚病:水虫・湿疹・疥癬(炗\)など.
湿热 shīrè ①蒸し暑い. ②中医 急性の熱病の一種.

湿润 shīrùn 湿り気がある.潤いがある.〔空气～〕空気が湿っぽい.〔她眼睛～了〕彼女は涙ぐんだ.

湿货 shīhuò 水ぬれ荷.

湿透 shītòu ずぶぬれになる.〔你看,衣服都～了〕まあまあ,服がびしょぬれじゃないの.〔露水～了他们的衣服〕露で彼らの服がびしょぬれになった.

湿疹 shīzhěn 医湿疹.

湿纸巾 shīzhǐjīn ウェットティッシュ.

湿租 shīzū 経ウエットリース:人員つきリース.→〔干 gān 租〕

[蓍] shī 植ノコギリソウ:〔～草 cǎo〕は通称.〔～龟 guī〕筮竹と亀の甲.〔转〕占い.〔不待 dài～龟〕成～占ってみるまでもない.疑いの余地がない.

蓍草 shīcǎo 植ノコギリソウ(ハゴロモソウ):〔锯齿草〕〔蚰 qū 蜒草〕〔羽 yǔ 衣草〕は通称.漢方では古代この茎で筮竹を作り,占いに用いた.

[嘘] shī 〈擬〉"シーッ、シーッ":制止や追い払う意を表す.〔上台刚说了几句,听众就发出了～的声音〕台上に上って二、三言いったら聴衆はシーッ、シーッという声を出した.→xū

[酾・釃] shī〈又音〉shāi 〔文〕①〈酒を〉濾(こ)す.②〈酒を〉つぐ.③〔文〉河流を導き入れる.

[十] shí ①10.とお:上の位の数がある時,またきちんという時〔一 yī～〕ということがある.〔拾(Ⅱ)〕は大字.〔～7.17.(二)～)23.〔～个 shí zhǐ 头〕の十の指.〔第一课]第10課.〔～号车〕10号車.〔～死莫赎〕成~度死んでも償えない.②完全無欠である.かんぺきである.→〔十足〕③〈姓〉十(じゅっ)

十八般武艺 shíbābān wǔyì 武芸十八般:〔弓,枪,弩,刀,剑,矛,盾,斧,钺,戟,鞭,锏,挝,殳,叉,耙,头,绵绳套索,白打〕または〔枪,戟,棍,钺,叉,矛,槊,戈,刀,剑,铲,鞭,斧,棒,钯,锤,铜,镜〕など18種の兵器を使う芸.〈喩〉もろもろの技芸.

十八变 shíbābiàn〈喩〉幾度も変化する.〔女大～〕〈成〉女は成長するにつれて幾度も容姿が変わる.

十八层地狱 shíbācéng dìyù 仏教18層の地獄:〔层〕は〔重 chóng〕ともいう.

十八罗汉 shíbā luóhàn 十八羅漢:仏弟子16人と降竜・伏虎の2尊者.

十八(碳)酸 shíbā (tàn)suān ⇨〔司 sī 的 林 酸〕〔硬 yìng 脂酸〕化ステアリン酸.

十八烯酸 shíbā xīsuān ⇨〔油 yóu 酸〕

十八姨 shíbāyí 固風の神.〔转〕風.

十八子儿 shíbāzǐr ⇨〔手 shǒu 串 (儿)〕

十边地 shíbiāndì 耕作に最も条件の悪い狭い地面:〔田边〕〔畑の傍〕,〔场 cháng 边〕〔穀物を入れる前庭の傍〕,〔路边〕〔路の傍〕,〔沟边〕〔溝の傍〕,〔圩边〕〔堤下〕,〔岩边〕〔岩の傍〕,〔屋边〕〔家屋の傍〕,〔坟边〕〔墓の傍〕,〔篱边〕〔垣根の傍〕

十步芳草 shíbù fāngcǎo〈転〉いたるところに人材がいる:〔十步之内必有芳草〕〔十步之内自有芳草〕ともいう.

十步九回头 shíbù jiǔhuítóu〈喩〉名残惜しさ表す.

十不闲儿 shíbùxiánr ⇨〔什不閑儿〕

十成九稳 shíchéng jiǔwěn ⇨〔十拿九稳〕

十成 shíchéngshí 十二分.〔收成够～了〕収穫は十二分にあった.〔吃的足够～了〕食うには十二分に足りる.

十功劳 shídàgōngláo 植ホソバヒイラギナンテン.

十大关系 shídàguān·xì 1956年4月,毛沢東が論述した革命と建設についての10項の関係:1.工業と農業および重工業と軽工業,2.沿岸工業と奥地工業,3.経済建設と国防建設,4.国家および生産単位と生産者個人,5.中央と地方,6.漢民族と少数民族,7.党と党外,8.革命と反革命,9.正しいことと正しくないこと,10.中国と外国.

十大名花 shídàmínghuā 百合,〔大丽花〕(ダリア),菊,蘭,月季,芍薬,桂花,〔月季〕(こうしんばら),〔山茶〕(椿),〔桂〕(もくせい),梅など.

十滴水 shídīshuǐ 中医樟脳,薄荷,桂皮,茴香(ういきょう)などから作った水薬:めまい・吐き気・腹痛などに用いる常備薬.

十殿阎罗 shídiàn yánluó 十の地獄を支配している十人の閻魔:〔阎罗(王)〕はその中の代表的なもの.

十冬腊月 shídōng làyuè 旧暦の10,11,12月の寒い季節.〔転〕年の瀬の寒空.→〔九 jiǔ 冬〕

十恶 shí'è 〔Ⅰ〕(仏教の)殺生・偸盗・邪淫・妄語・両舌・悪口・綺語・貪欲・瞋恚・邪見の十悪. ②固刑法でいう謀反・謀大逆・謀叛・悪逆・不道・大不敬・不孝・不睦・不義・内乱の十悪.

十恶不赦 shí'èbùshè〈成〉十悪を犯した者は許されない:罪業が大きいこと.

十二辰 shí'èrchén ⇨〔地 dì 支〕

十二分 shí'èrfēn 十二分(に).十分以上(に).〔十分〕より強調した言いかた.〔我对这件事感到～的满意〕このことについては大満足だ.

十二级风 shí'èrjífēng 風力12の風:最大風力の一.→〔风级〕

十二律 shí'èrlǜ 国(古楽)の12の音律:黄鐘・大呂・太簇・夾鐘・姑洗・仲呂・蕤賓・林鐘・夷則・南呂・無射・応鐘をいう.→〔律呂〕

十二棋 shí'èrqí ⇨〔双 shuāng 陆〕

十二生肖 shí'èr shēngxiào ⇨〔属 shǔ 相〕

十二时 shí'èrshí 十二時(じ). ④固一日を夜半・鶏鳴・平旦・日出・食時・日中・日昳・晡時・日入・黄昏・人定に分けた. ⑤まる1日.

十二时虫 shí'èrshí chóng ⇨〔变 biàn 色龙①〕

十二属(相) shí'èr shǔ(xiàng) ⇨〔属相〕

十二酸 shí'èrsuān ⇨〔月 yuè 桂酸〕

十二烷 shí'èrwán 化ドデカン.→〔烷〕

十二万分 shí'èrwànfēn 十二分(の).この上ない.〔会议决定党要以～的革命干劲,打破常规,重新修訂各项生产计划〕会議は党全体が十二分の革命意欲をもってこれまでのしかたりを打破し,新たに生産計画を練り直すことを決めた.

十二肖 shí'èrxiào ⇨〔属 shǔ 相〕

十二哲 shí'èrzhé〈専〉孔子門下の十二人のすぐれた弟子:〔十哲〕に有若と朱子の二人を加えたもの.

十二支 shí'èrzhī ⇨〔地 dì 支〕

十二指肠 shí'èrzhǐ cháng 生理十二指腸.〔～虫〕十二指腸虫.

十二子 shí'èrzǐ ⇨〔地 dì 支〕

十番(乐) shífān(yuè) 笛・管・箫・弦・提琴・雲鑼・湯鑼・木魚・檀板・大鼓の10種の楽器による合奏:〔十番锣 luó 鼓〕ともいう.

十方 shífāng (仏教で)東・西・南・北・東南・西南・東北・西北・上・下の十の方角.〔～常住〕(僧侶が)四方に托鉢して回ること.

十分 shífēn 十分(に).大変.〔～欢喜〕非常に喜ぶ.〔不～好〕あまり良くない.→〔非 fēi 常②〕

十风五雨 shífēng wǔyǔ 十日ごとの風,五日ごとの雨.〈喩〉気候が順調であること.〔五风十雨〕ともいう.

十干 shígān ⇨〔天 tiān 干〕

十个麻子九个俏 shíge mázi jiǔge qiào〔諺〕あばたのある女は,十中八九までは器量がよい.

十个胖子九个富 shíge pàngzi jiǔge fù =〔十胖

shí

九富 〈諺〉肥えた人は十中八九まで金持ちだ.
十个手指头有长短 shíge shǒuzhǐtou yǒu cháng-duǎn 10本の指にも長い短いがある.〈喩〉人の能力にはそれぞれ違いがある.同じ兄弟でもいろいろある：[十个手指头,伸出有长短][十个手指头不能一般儿齐]という.
十官九胖 shíguān jiǔpàng 〈諺〉お役人は十中八九までは太っている.
十国 shíguó 史五代時代の呉・南唐・前蜀・後蜀・南漢・北漢・呉越・楚・南平の10国.
十行俱下 shíháng jù xià 〈喩〉十行もいちどに読み下す:読書が非常に速い.[一目十行]ともいう.
十级风 shíjífēng 気風力10の風:全強風.風速24.5〜28.4m/秒の風.
十家 shíjiā 儒家・道家・陰陽家・法家・名家・墨家・縦横家・雑家・農家・小説家の諸学派をいう.
十佳 shíjiā ベストテン.
十戒 shíjiè 仏(仏教の)十戒.
十锦 shíjǐn ⇒[什锦]
十进 shíjìn 数十進法で単位を一つ進む.[〜对数]常用对数.[〜制 zhì][〜位制]十进法.
十景橱 shíjǐngchú →[多 duō 宝橱(儿)]
十九 shíjiǔ ①19. ②十のうち九まで.[〜是遭難 nàn 了]十中八九は遭難したのだろう.→[十之八九]
十里洋场 shílǐ yángchǎng 旧上海租界の別称.〈転〉旧上海市街.
十六开 shíliùkāi 16折り判(の紙).[〜本]同前の本.
十六酸 shíliùsuān →[棕 zōng 榈酸]
十六烷 shíliùwán 化ヘキサデカン.→[烷]
十六字诀 shíliùzì jué 毛沢東の遊撃戦の基本戦略を表した16字:[敌进我退,敌驻我扰,敌疲我打,敌退我追](敵進には我退き,留まればかく乱,疲労すれば攻撃し,退ければ追う)をいう.
十米 shímǐ 度デカメートル:旧称[公 gōng 大]
十面埋伏 shímiàn máifú 園漢の劉邦と楚の項羽の垓下の戦にちなんだ琵琶曲の古典.
十母 shímǔ 〈文〉①[亲 qīn 母](生みの母),[出 chū 母](離縁になった母),[嫁 jià 母](父の死後,他に嫁した母),[庶 shù 母](父である生母),[嫡 dí 母](妾の子にとって父の正妻),[继 jì 母](まま母),[慈 cí 母②](母の死後,自分を育ててくれた父の妾),[养 yǎng 母①](もらい子にとっての育ての母),[乳 rǔ 母](うば),[诸 zhū 母](父の姉妹にあたるおばたち)をいう.②⇒[天 tiān 干]
十目所视,十手所指 shímù suǒshì, shíshǒu suǒzhǐ 〈成〉多くの人に見られ指される:[十目十手]ともいう.
十拿九稳 shíná jiǔwěn 〈喩〉確実である:[十拿九准 zhǔn]、[十成九稳]ともいう.
十年窗下(无人问) shínián chuāngxià (wúrén wèn) ⇒[十年寒窗]
十年动乱 shínián dòngluàn [文 wén 化大革命]をいう:[十年浩劫][十年内乱]ともいう.
十年寒窗 shínián hánchuāng 〈喩〉長い間勉学に刻苦する:[十年窗下(无人问)][十载寒窗]ともいう.
十年九不遇 shínián jiǔ bùyù めったにないチャンス(できごと).
十年九旱 shínián jiǔhàn ほとんど毎年の干ばつ.
十年磨一剑 shínián mó yījiàn 〈喩〉一意専心一事に励む.
十年树木,百年树人 shínián shùmù, bǎinián shùrén 〈諺〉木を植えるのに10年間,人材を育てるのに100年.〈喩〉人材を育てることの容易でないこと.

十年制学制 shíniánzhì xuézhì 小学校5年,中学校3年,高校2年10の10年制教育制度.
十胖九富 shípáng jiǔfù ⇒[十个胖子九个富]
十七帖 shíqītiè 王羲之の草書の手本:十七日という文句で始まる.
十全 shíquán ①〈喩〉完全無欠である.[〜其美][〜十美]〈成〉同前.②→[划 huá 拳②]
十三点 shísāndiǎn 〈方〉[/\十].
十三经 shísānjīng 書十三種の経書:易書・詩・周礼・儀礼・礼記・左伝・公羊・穀梁・論語・孝経・爾雅・孟子.[正 zhèng 经]は別称.[〜经]〈成〉[经书]
十三陵 shísānlíng (明の)十三陵:北京市昌平区天寿山にある.
十三烷 shísānwán 化トリデカン.→[烷]
十三幺(九) shísānyāo(jiǔ) ⇒[国 guó 士无双②]
十三张 shísānzhāng →[麻 má 将]
十三辙 shísānzhé [皮 pí 黄戏]など北方の戯曲の押韻の13の韻:中东・人辰・衣期・言前・怀来・江阳・梭波・遥迢・麻沙・由求・姑蔵・灰堆・乜邪.
十室九空 shíshì jiǔkōng 〈喩〉戦乱や災害などで,人家の大部分が空家となる悲惨なさま.
十水合硫酸钠 shíshuǐhé liúsuānnà ⇒[芒 máng 硝]
十四行诗 shísìháng shī 十四行诗.ソネット:[〈音义myˊ〉商 shāng 籁体]ともいう.
十四酸 shísìsuān ⇒[肉 ròu 豆蔻酸]
十四烷 shísìwán 化テトラデカン.→[烷]
十体诗 shítǐshī 〈文〉古風・楽章・古詞・新題楽府・五言と七言の律詩・律讽・悼亡・古体と今体の艶詩.
十体书 shítǐshū 〈文〉①古文・大篆・籀文・小篆・隶书・章草・行書・八分・飞白・草書.②古文・大篆・八分・小篆・飞白・倒薤・俶厦・鹳头・鳥書・垂露.
十天半(个)月 shítiān bàn(ge)yuè 十日か半月ほど.
十万八千里 shíwàn bāqiānlǐ 〈喩〉非常に遠く離れていること.[这半天半,离正題还差〜]長々としゃべったが,本筋からはまだ遠くかけ離れている.
十万火急 shíwàn huǒjí 〈喩〉緊急なさま.さし迫ったさま:公文・電報などに多く用いた.
十位 shíwèi 10の位.
十五烷 shíwǔwán 化ペンタデカン.→[烷]
十项全能运动 shíxiàng quánnéng yùndòng 区十種競技:[十项运动]ともいう.→[五 wǔ 项全能运动]
十羊九牧 shíyáng jiǔmù 〈成〉10匹の羊に9人の羊飼い.〈喩〉役人の多いこと.また命令などが一つでなくばらばらで,どれに従っていいかわからないこと.
十一 shíyī 10月1日:中華人民共和国の国慶節をさす.
十一号(汽车) shíyīhào (qìchē) 11号車.〈転〉タクシー:11すなわち二本の足の車の意.[我用〜回家]僕はタクシーで帰る.
十一级风 shíyījí fēng 気風力11の風.暴風:風速28.5〜32.6m/秒の風.
十一烷 shíyīwán 化ウンデカン.→[烷]
十叶派 shíyèpài ⇒[什叶派]
十有八九 shíyǒu bājiǔ ⇒[十之八九]
十月革命 shíyuè gémìng 史十月革命:1917年11月7日(ロシア暦の10月25日)のロシア革命.
十载寒窗 shízǎi hánchuāng ⇒[十年寒窗]
十哲 shízhé 孔子門下の傑出した十人:顔淵・閔子骞・冉伯牛・仲弓・宰我・子贡・冉有・季路・子游・子夏.→[七二哲]
十之八九 shízhī bājiǔ 十中八九.大半:[十有八九][十中八九]などともいう.[他今天〜不会来]彼はきょうは十中八九来ないだろう.
十指连心 shízhǐ lián xīn 〈喩〉関係や関心が極め

shí 十什石

十中八九 shízhōng bājiǔ ⇒〔十之八九〕
十姊妹 shízǐmèi ①〔鳥〕ジュウシマツ. ②〔植〕サクラバラ(バラツイバラ)：〔七 qī 姊妹〕ともいう.
十字布 shízìbù クロスステッチ用の地布.
十字镐 shízìgǎo =〔丁 dīng 字镐〕
十字花科 shízìhuā kē 〔植〕アブラナ科：アブラナは〔油 yóu 菜〕
十字架 shízìjià 〔宗〕(キリスト教の)十字架.
十字街头 shízì jiētóu 十字路.繁華な十字路.→〔十字路口(儿)〕
十字接头 shízì jiētóu ⇒〔万 wàn 向接头〕
十字蕨 shízìjué 〔植〕ジュウモンジシダ(シュモクシダ)：〔三 sān 叉羊歯〕の古称.
十字军 shízìjūn 〔史〕十字軍.
十字路口(儿) shízì lùkǒu(r) ①十字路.交差点.四つ辻.②〈喩〉(重大な問題の)岐路.分かれ道.
十字(儿) shízì(r) 十字(の形)
十字天 shízìtiān ⇒〔四 sì 通②〕
十字头 shízìtóu 〔機〕丁形鋼桿.
十字绣 shízìxiù クロスステッチ.
十足 shízú ①十分に.たっぷり(の).文字通りの.〔劲头〜〕張り切っている.やる気十分.〔～儿别拉满〕〈諺〉何事もぎりぎりいっぱいまで無理をしてはいけない.〔这才是〜的唯心论〕これこそ観念論そのものだ.〔实 shí 足〕②含有量が十分(である).〔成色〜〕純分百パーセント.①〔～纹 wén 银〕回銀の純分が申し分ない馬蹄銀.③正味(で).〔按照票額〜支取〕額面どおり割り引きして授受する.

〔什〕 shí ①〈文〉十：多く分数・倍数に用いられる.〔～一〕十(分)に一つ.十分の一.〔～百〕十倍百倍.〔～长 zhǎng〕十人一組の長.〔篇 piān ～〕詩篇：古詩は十篇にまとまったものが多かった.②〈転〉いろいろさまざまな(もの).〔家～ jiāshi〕家具.什(び)器.→〔什锦〕 ③〈姓〉什(び) → **shén**

什不闲儿 shíbùxiánr =〔十不闲儿〕雑芸の一種：〔锣 luó〕(どら),〔鼓 gǔ〕(太鼓),〔铙 náo〕〔钹 bó〕(シンバルの類)などを台にのせ,これらを一人で鳴らしながら語り歌う.
什刹海 shíchàhǎi 〔地〕北京城内にある湖.
什件(儿) shíjiàn(r) ①(箱・たんす・車・刀剣などの)飾り金具. ②(料理の材料としてのニワトリ・アヒルの)臓物(総称).〔炒～〕 〔食〕トリの臓物の炒めもの.→〔下水 xiàshui〕
什锦 shíjǐn (いろいろなものの)取り合わせ.詰め合わせ：〔十锦〕とも書いた.〔～酱菜〕みそ漬けの取り合わせ.〔～饼干〕詰め合わせのビスケット.〔～太妃糖〕詰め合わせのタフィー.〔～炒饭〕五目チャーハン.〔～面〕五目ラーメン.〔～果酱〕ミックスジャム.〔～南糖〕〔南糖〕〈方〉駄菓子店で売っている南方風の飴.②同前の食品・料理.五目.〔素～〕精進料理の盛り合わせ.
什锦锉(刀) shíjǐn cuò(dāo) =〔组 zǔ 锉〕〔機〕共柄鑢(ぜ)
什锦角尺 shíjǐn jiǎochǐ =〔组 zǔ 组尺〕
什啤 shípí 回ラングーンルピー：旧ビルマの通貨単位.〔缅 miǎn (甸)元〕(チャット)の旧形.
什器 shíqì 日用器具.什(び)器.
什物 shíwù 日用の衣服や什器.日用品.
什袭 shíxí 〈文〉幾重にも包み込んで(大切に)蔵する.〔～而藏 cáng〕同前.
什闲儿 shíxiánr =〔拾闲儿〕
什叶派 shíyèpài 〔宗〕(イスラム教の)シーア派：〔伊 yī 斯兰教〕(イスラム教)の非主流派の一.〔十叶派〕とも書いた.

〔石〕 shí ①石：ふつう〔～头 tou ①〕という.〔～台石(儿)〕石 段.〔岩 yán ～〕岩 石.〔长 cháng ～〕長石.〔大理～〕大理石.〔宝 bǎo ～〕宝石.②石の彫刻(品).③中医砭(ぜ)：治療用の石の針.〔药 yào ～〕漢法薬と同前.〈転〉医薬.④〈姓〉石(ぜ) → **dàn**

石坝 shíbà 石を積んだダム.
石斑猫 shíbānmāo ⇒〔云 yún 猫〕
石斑鱼 shíbānyú 〔魚〕マハタ(総称)：日本における鯛のように珍重される.〔赤点～〕アカハタ.〔青～〕アオハタ.
石板 shíbǎn ①板石.敷石：建築用の板状に切った石材.〔～路〕石だたみの道.〔花岗〜〕花崗岩の同前.〔～瓦〕スレート.②回(小学校初学年生徒教育用に用いられた)石板：〔石笔〕で文字や絵を書き,消して,繰り返し使用できる.
石版 shíbǎn (石版印刷用の)石版.(石印用の)石板.
石碑 shíbēi 石碑.いしぶみ.
石背 shíbèi 〔虫〕〔荔 lì 枝〕(レイシ)につく害虫：その甲が堅いのでこの名がある.〔石贝〕とも書く.
石笔 shíbǐ 石筆：蠟石などを小さな棒状に作ったもの.→〔石版②〕
石壁 shíbì ①(山肌の)壁状の岩. ②石の壁.
石鳖 shíbiē 〔魚貝〕ヒザラガイ.ジジガセ.
石材 shícái 石材.
石蚕 shícán ①〔魚貝〕ミドリイシ(緑石)：サンゴ虫類の一種. ②回ツマグロトビケラ. ③〔植〕ニガクサ(イヌチョロギ)
石槽 shícáo 石材を彫って作った水槽.
石菖蒲 shíchāngpú 〔植〕セキショウ(石菖).→〔菖蒲②〕
石长生 shíchángshēng 〔植〕ハコネソウ(イチョウシノブ)近縁種.⇒〔凤 fèng 尾蕨〕
石场 shíchǎng ⇒〔采 cǎi 石场〕
石沉大海 shí chén dàhǎi 〈喩〉梨のつぶて.反応がない.消息がない.〔打听了多少日子,依然〜〕ずいぶん長い間尋ね回ったがまだ音沙汰なしのままだ.
石川图 shíchuāntú ⇒〔树 shù 图〕
石莼 shíchún 〔植〕アオサ：海藻の一種.通称〔海 hǎi 白菜〕
石苁蓉 shícōngróng 〔植〕イソマツ.
石胆 shídǎn ①⇒〔胆 矾〕 ②恐竜 の 卵：〔石蛋 dàn〕ともいう.
石担 shídàn (棒の両端に石を付けた)力石.
石弹 shídàn ①石の弾. ②遊戯用マーブル.
石刀柏 shídāobǎi =〔露 lù 笋〕
石雕 shídiāo ①石から像などを作ること.いしぼり. ②石の彫刻品.〔～佛像〕石刻の仏像.
石刁柏 shídiāobǎi =〔露 lù 笋〕〔植〕オランダキジカクシ.マツバウド：ユリ科.アスパラガスはこの若い茎.〔芦 lú 笋②〕〔龙 lóng 须菜②〕といい食用する.→〔文 wén 竹〕
石碓 shíduì 石うす.
石墩 shídūn →〔墩②〕
石耳 shí'ěr 〔灵 líng 芝②〕〔植〕イワタケ(イワゴケ)
石发 shífà ①⇒〔海 hǎi 苔①〕 ②⇒〔乌 wū 韭①〕
石方 shífāng ①〈度〉石材の採掘・埋め・積み重ね・運輸の際の計測単位：1立方メートルの石を1〔石方〕という.→〔方⑨〕〔土 tǔ 方〕 ②石材採掘・石積み・石工事など.
石坊 shífāng 石組みのアーチ型の門.
石防风 shífángfēng 〔植〕ヤマニンジン(カワラボウフウ)
石舫 shífǎng 〔建〕湖畔に建てる石船に型どった建物.
石敢当 shígǎndāng ⇒〔泰 tài 山石〕

石 shí

石膏 shígāo 石膏.〔~像〕石膏像.〔~背bèi心〕医 ギプスコルセット.〔~锯jù〕ギプスのこ.→〔硫liú酸钙〕
石工 shígōng ①石細工. ②⇒〔石匠〕
石拱桥 shígǒngqiáo アーチ型の石橋.
石鼓文 shígǔwén 鼓形の石に刻した銘文で現存する最古のもの.字体は〔籀zhòu文〕.北京の旧国子監に置かれた.
石磙 shígǔn ⇒〔碌liù碡〕
石河 shíhé 土石流.
石斛 shíhú 植 セキコク(石斛):漢方薬として解熱・消化に用いる.〔本~〕〔铁tiě皮~〕植 ホンセッコク.〔人rén参〕(薬用ニンジン)より強力な強壮剤とされる.〔长cháng生草③〕は別称.→〔金jīn钗fú斛〕
石胡荽 shíhúsuī 植 トキンソウ(ハナヒリグサ)
石花菜 shíhuācài 植①テングサ.トコロテングサ.→〔鸡jī脚菜〕②キリンサイ(麒麟菜)近縁種:中国南部の沿岸に産する海藻.
石花胶 shíhuājiāo かんてん:俗には〔洋yáng菜〕ともいう.〔琼qióng脂〕は学名.〔石花菜〕(テングサ)から作る.→〔大dà丝丝〕
石化 shíhuà ①(古生物が)化石化する. ②石油化学工業:〔石油化工〕の略.
石獾 shíhuān ⇒〔食蟹獴〕
石黄 shíhuáng 〔雄xióng黄〕
石磺 shíhuáng 魚貝 イソアワモチ.
石灰 shíhuī 化 石灰.@生(shēng)石灰:〔<口>白bái灰〕〔煅duàn石灰〕〔活huó石灰〕〔生shēng石灰〕ともいう.ⓑ消(xiāo)石灰:〔<口>大dà白②〕〔化 氢qīng氧化钙〕〔熟shú石灰〕〔消xiāo石灰〕に同じ.〔含hán氯~〕〔漂piǎo白~〕サラシ粉.クロル石灰.カルキ.〔~水〕石灰水.〔~乳〕鉱 石灰乳.〔~岩〕鉱 石灰岩.〔~质〕石灰質.
石灰氮 shíhuīdàn 〔氮石灰〕化 石灰窒素.
石火 shíhuǒ →〔电diàn光石火〕
石级 shíjí 石段.
石鲫 shíjì 魚貝 コロダイ.
石匠 shíjiàng =〔石工②〕石工(ちょう)
石阶 shíjiē 石段.〔通到洞底的~〕ほら穴の底に通ずる石段.
石蛣 shíjié ⇒〔龟guī足〕
石经 shíjīng 石に刻まれた経典.
石臼 shíjiù 石臼.
石拒 shíjù ⇒〔章zhāng鱼〕
石决明 shíjuémíng 〔鲍bào鱼①〕
石柯 shíkē 植 マテバシイ.シイノキ.〔柯①〕の通称.
石刻 shíkè 石刻.石の彫刻.
石窟 shíkū 石窟.石窟寺.
石门门 shíkùnmén 園外観は洋風で内部は江南風の集合住宅:1870年代上海の建築物.
石块 shíkuài ①石.小石. ②岩塊.石材.
石砬子 shílázi 〈方〉地面から突き出た巨石.〔~地〕石の多い土地:〔石粒子〕ともいう.
石蜡 shílà パラフィン.固形パラフィン.パラフィン蜡:〔巴拉芬〕は音訳.〔~纸〕(蜡纸)パラフィン紙.→〔烧wán烃〕
石蜡红 shílàhóng ⇒〔天tiān竺葵〕
石辣红 shílàhóng ⇒〔新xīn加坡〕
石蜡油 shílàyóu ⇒〔液yè状石蜡〕
石兰 shílán ①→〔羽yǔ蝶兰〕植 セキラン. ②⇒〔石韦〕
石栏 shílán 石の欄干.
石叨 shídāo 〔新xīn加坡〕
石栗 shílì 植 ククイノキ(トウダイグサ科)
石料 shíliào 石材.

石林 shílín 石林:林立する柱状の巨石.雲南省などにある.
石淋 shílín ⇒〔沙shā淋〕
石榴 shíliu 植 ザクロ(石榴).〔~裙qún〕赤いスカート.〈转〉(若い)女性.〔~红〕植 ざくろ石.
石龙 shílóng オオケタデ.→〔当chú〕コヒゲ.〔~芮ruì〕タガラシ.
石龙子 shílóngzǐ 動 トカゲの一種:〔蜥xī蜴目石龙子科〕トカゲ目スキンク科(動物学)
石驴 shílǘ 魚貝 ホシミゾイサキ.→〔矶jī驴〕
石芒 shímáng 植 ススキ(カヤ)の一種.
石煤 shíméi 低品質の石炭:〔石板煤〕ともいう.
石棉 shímián 石綿.アスベスト.〔~滤lǜ板〕石綿濾過板.〔~纱〕アスベストヤーン.〔~绳shéng〕アスベストコード.〔~水泥瓦〕〔~瓦〕建 石綿セメントタイル.〔~软垫〕〔~填料〕機 石綿パッキング.〔~织片〕石綿織物.〔~锅炉涂料〕石綿ボイラー塗料.
石磨 shímó 石油などで金属などを磨くこと.
石抹 shímǒ <姓>石抹(まつ)
石漠 shímò 岩砂漠.
石墨 shímò 〔黑hēi铅〕〔铅qiān粉〕③〕石墨.グラファイト.〔~膏gāo〕グラファイトグリース.〔~碳tàn〕〔自由碳〕グラファイトカーボン.〔~炸zhà弹〕グラファイト爆弾.
石磨 shímò 石臼.
石楠 shínán =〔千qiān年红〕〔扇shàn骨木〕植 オオカナメモチ(バラ科)〔石南〕とも書く.シャクナゲとは別種.
石脑油 shínǎoyóu ナフサ.ナフタ:〔粗cū挥发油〕〔粗汽油〕ともいう.→〔溶róng剂汽油〕
石鸳 shínǎo 〔氮石灰〕
石女 shínǚ うまずめ:〔实女〕とも書く.
石皮 shípí 〔石韦〕
石癖 shípǐ 石の収集癖.
石破天惊 shípò tiānjīng <成>〔筌kōng篌〕(古楽器)の高く大きな音が,石をくだき,天を驚かす.<転>(文章・言論の)奇想天外で世間を驚かす.
石器 shíqì 石器.〔~时代〕石器時代.
石桥 shíqiáo 石橋.
石青 shíqīng =〔扁biǎn青〕扁青(ちょう):青藍色の鉱物質の絵の具(藍铜矿)
石磬 shíqìng →〔磬①〕
石人 shírén 石人像.→〔雪xuě人〕
石乳 shírǔ 〔钟zhōng乳石〕
石蕊 shíruǐ =〔云yún茶〕植 ハナゴケ:アルカリ性で発酵すると藍色になった汁で紙を染め,化学実験の試験紙に用いる.〔~试纸〕化 リトマス試験紙.〔~色素〕リトマス色素.
石山 shíshān 岩山.→〔石头①〕
石狮 shíshī 〔子石像の獅子.こまいぬ.
石首鱼 shíshǒuyú kē ニベ科:魚類分類学の一科.〔白姑鱼〕(イシモチ),〔大黄鱼〕(フウセイ),〔黄姑鱼〕(コイチ),〔鮸鱼〕(ニベ),〔小黄鱼〕(キグチ)などが属する.
石松 shísōng 植 ヒカゲノカズラ.〔~子zǐ〕同前の胞子.
石蒜 shísuàn 植 ヒガンバナ.マンジュシャゲまたその球根:〔蒜头草〕〔老lǎo鸦蒜〕〔龙lóng爪花〕〔蟑zhāng螂虫〕は俗称.
石笋 shísǔn 石笋:鐘乳石の下から上を向いてたけのこのように生じているもの.
石锁 shísuǒ 錠前形の力石:身体の鍛練に用いる.
石炭 shítàn 〔煤méi〕(石炭)の古称.〔~纪〕石炭紀.〔~系〕石炭系.
石炭酸 shítànsuān ⇒〔酚fēn〕

shí

石头 shítou ①石.岩.〔～渣 zhā〕〈口〉アルカリ性鉱滓(さ).〔～子儿 zǐr〕①小石.石ころ.砂利.玉石.〔小～〕小石.〔心里好像一块～落了地〕心のおもしが取れたようだ.→〔岩 yán 石〕 ②(じゃんけんの)いし.グ-:〔锤 chuí 子②〕〔拳 quán 头②〕に同じ.〔铸 bèn 铰裹〕

石头记 shítoujì ⇒〔红 hóng 楼梦〕

石韦 shíwéi ⇒〔石兰②〕〔石皮 囲 ヒトツバ、またその近緣種.

石硪 shíwò ⇒〔硪〕

石像 shíxiàng 石像.

石蟹 shíxiè ①〔魚貝〕イバラガニ. ②⇒〔溪 xī 蟹〕

石盐 shíyán ⇒〔岩 yán 盐〕

石羊 shíyáng ⇒〔岩 yán 羊〕

石窑 shíyáo 岩穴.

石印 shíyìn 石版刷り(の).→〔铅 qiān 印〕〔油 yóu 印〕

石英 shíyīng 囲石英.〔～钟〕水晶時計.〔～表〕水晶腕時計.

石英岩 shíyīngyán ⇒〔硅 guī 岩〕

石油 shíyóu ①石油:その製品として〔汽 qì 油〕(ガソリン),〔煤 méi 油〕(灯油),〔润 rùn 滑油〕(潤滑油),〔柴 chái 油〕(ディーゼル油)などがある.〔～工人〕石油労働者.〔～化工〕石化〔石油化学工業.〔～机〕石油発動機.〔～焦 jiāo〕オイルコークス.石油コークス.〔～脚〕石油工業の残渣.〔～沥 lì 青〕石油ピッチ.〔～美元〕オイルダラー.〔～砂〕オイルサンド.〔～脂 zhī〕マルセン.〔轻质～〕軽油.〔～油〕〔灯油〕を指す.

石尤风 shíyóufēng 〈文〉向かい風.逆風.→〔顶 dǐng 风①〕

石油精 shíyóujīng 同下.

石油醚 shíyóumí 囮石油ペンジン.〔石油精〕〔轻 qīng 油精〕は通称.〔苯 běn〕〔汽 qì 油〕

石油气 shíyóuqì 天然ガス.〔含 hán 油天然气〕ともいう.〔液化～〕液化石油ガス.LPG.

石油输出国组织 shíyóu shūchūguó zǔzhī 石油輸出国機構:〔欧 ōu 佩克〕(オペック.OPEC)は音訳.

石陨星 shíyǔnxīng 囿陨石:〔陨石〕〈文〉雨 yǔ 石〕に同じ.

石钟乳 shízhōngrǔ ⇒〔钟乳石〕

石竹 shízhú 〔～云 yún 竹〕囲 セキチク.〔落 luò 阳花〕ともいう.〔麝 shè 香～〕カーネーション.

石柱 shízhù ①建石柱. ②〔鐘乳洞の中の〕石柱.

石桩 shízhuāng 路傍または境界に立てる石標.

石子(儿) shízǐ 〈口〉小石.石ころ:〔石头子儿〕に同じ.〔碎 suì ～〕砂利.

石瑰 shíguī 石のやじり.

石作 shízuò 〈姓〉石作(いしづくり).

〔炻〕
shí 〔～器 qì〕炻器(せっき):陶器と磁器の中間の製品.耐水性があり水がめなどにする.

〔祏〕
shí 因宗廟で位牌を納める石室.

〔鼫〕
shí 囿野鼠の類.〔～鼠 shǔ〕ムササビの類:飛ぶ・よじ登る・泳ぐ・走る・もぐることができるので〔五 wǔ 技鼠〕ともいう.→〔鼯 wú 鼠〕

〔识・識〕
shí ①知る.知っておぼえる.②見知る.見分けがつく.〔素不相～〕平素(もともと)知り合っていない.一面識もない.〔有ान～泰山〕〈成〉お目にかかったことがない.③識見.知識.〔有～之士〕有識者.〔知～②〕知識(のある).〔常～〕常識.〔学～〕学識.〔卓 zhuō ～〕優れた識.→ zhì

识辨 shíbiàn 識別する.〔～风向〕風向きを見分ける.

识别 shíbié 見分ける.〔～真伪〕真偽を見分ける.〔～优劣〕優劣を弁別する.〔～力〕識別力.

识大体 shídàtǐ 〈慣〉大切なことをわきまえる.〔～顾 gù 大局〕同前で大局に注意する.

识丁 shídīng 一丁.識字.〔目 mù 不识丁〕

识韩 shíhán ⇒〔识荆〕

识货 shíhuò 品物を見分ける.

识家 shíjiā 鑑識力のある人.目きき.〔～明公〕見識ある人.

识见 shíjiàn 〈文〉識見.見識.

识荆 shíjīng 〔～识韩〕〈尊〉初めて面識を得る.:李白と荆州の長史であった韩朝宗の故事による.〔生前未遂～愿〕待望の人と生前に会えなかった.

识力 shílì 識別する能力.

识面 shímiàn 〈文〉面識がある.

识破 shípò 見破る.〔他的意思早已叫我(给)～了〕彼の意向はとっくにわたしに見抜かれている.

识窍 shíqiào 要点がわかる.

识趣 shíqù 察しがいい.話がわかる.〔他要～早就知难而退了(如果もし気が利いておれば、とっくに難しいと悟って引き下がっているところだ.

识时务 shíshíwù 〈文〉時務をわきまえている.〔～者为俊杰〕当面の時勢を知る者は俊傑である.

识途老马 shítú lǎomǎ 〈喩〉熟練者.経験の豊富な人.→〔老马识途〕

识文断字 shíwén duànzì 〈成〉字が読めて意味もわかる.〈喩〉知識がある.

识相 shíxiàng 気をきかせる.〔～地说〕機転をきかせて言う.

识羞 shíxiū 恥を知る:多くは否定に用いる.〔真不～〕本当に恥知らずだ.

识字 shízì 〈文〉字が読める.字を知っている.〔识了多少字了〕字はどれくらい読めるようになったか.〔～教育〕识字教育.〔～班〕文字の読み書きを習うクラス.〔～课本〕読み書き入門書.〔～运动〕扫 sǎo 盲运动〕识字運動.

〔时・時(旹)〕
shí ①時代.-くぎりの時間.〔古 gǔ ～〕古い時代.古代.昔.〔现～〕現在.〔平～〕平時.〔战 zhàn ～〕戦時.〔当～〕当時.そのころ.〔彼ー～,此ー～〕〈成〉あれもひととき,これもひととき.今の時と今では事情が違う. ②時(時間).〔用表计～〕時計で時間を計る.〔历且～二十分钟〕時間の経過することが20分間に及んだ.〔不过是一～侥 jiǎo 幸〕一時の僥倖にしかすぎない.〔ー～回不来〕しばらく(ちょっと)では帰って来れない.〔ー～回答不了〕即座には答えられない. ③季節.〔四～〕四季.〔农 nóng ～〕農作の時期. ④一定の時.決まった時間.〔几～〕いつ.〔年～①〕年には.時としては.〔按～上课〕定刻に出勤する.〔列车准～到站〕汽車は時間通りに駅へ着く. ⑤時刻:古くは,一昼夜を〔子,丑,寅,卯,辰,巳,午,未,申,西,戌,亥〕の〔十二时〕に分け,現在は〔24小时〕に分ける.〔报～〕時刻を知らせる.〔子ź～〕〔子夜子(zǐ)〕の刻:夜11前から1時までに当たる. ⑥機会.潮時.〔～不我与〕〈成〉潮時を逃してはならない.〔不失其～〕〈成〉その機会をとり逃さない.〔～来铁成金〕〈喩〉時がくれば鉄でも値うちが出る.〔一时价〕〔时事〕 ⑦現在の,その時の.〔～价〕〔时事〕 ⑧時に適った.時流の.→〔时装〕 ⑨時おり.時には多く〔～……～……〕また〔～而……而……〕の形をとる.前者は単音節字が入るが後者にその制限はない.〔～来～去〕時々行ったり来たりする.〔银根～紧～松〕金融市場は時に逼迫し時に緩慢である.〔～有～无〕間欠的に起きること. ⑩〔～作～辍 chuò〕発作的にやること.⑩いつも.しばしば.〔～有错误〕いつも誤りをしでかす.

shí

〔学而～习之〕(論語)学びて時にこれを習う. ⑪[書]時制.時称.〔过去～〕過去時.〔将来～〕未来時.〔三～〕現在.過去.将来. ⑫[物]アワー. h:〔小 xiǎo 时②〕に同じ. ⑬〈姓〉時(じ).

时安 shí'ān 〈牘〉書簡の末尾に添えて,先方の現在の安泰を祈る決まり文句:〔时佳〕〔时祺〕〔时祉〕に同じ.〔~安⑥〕.

时报 shíbào 時報:多く新聞名に用いる.

时弊 shíbì 〈文〉その時代の悪弊.

时不常儿 shíbùchángr 同下.

时不时儿 shíbùshír 〈方〉しばしば.いつも:〔时不时儿〕ともいう.

时不我待 shí bùwǒdài 〈成〉時は人を待たない:〔时不待人〕ともいう.

时不再来 shí bùzàilái 〈成〉チャンスは2度と来ない.〔~,机不可失〕同前で,逃がしてはいけない.

时菜 shícài 旬の野菜.

时差 shíchā ①均時差. ②時差.

时长 shícháng 時の長さ.

时常 shícháng しばしば.

时辰 shíchen ①旧時間の単位:1日は〔12个时辰〕であった.〔等了足有一个~〕たっぷり2時間は待った.〔~香〕旧時間を計るための線香. ②旧時刻.〔~未到〕まだ(予定)の時刻にならない.〔~钟〕時計.

时代 shídài 時代(の).〔~错 cuò 误〕時代錯誤.アナクロニズム.〔~洪流〕時代の奔流.〔~感〕現代的感覚.〔~精神〕現代の精神.〔~曲 qǔ〕ナツメロ. ②人生の一時期.〔青年~〕青年時代.

时点 shídiǎn 時点.

时调 shídiào ={时曲}その地方で一時的に流行する民間俗曲芸能:〔天津时调〕(天津地方の同前)はその代表的なもの.〔~小曲(儿)qǔr〕流行の端唄.

时毒 shídú 中医季節的に流行する疫病.

时段 shíduàn 時間帯.一くぎりの時期.〔黄金~〕ゴールデンタイム.

时断时续 shíduàn shíxù 断続的である.〔~的歌声〕とぎれては続く歌声.

时而 shí'ér ①時をおいて(何度も).時おり. ②〔时而…时而…〕…ときに….…したり…したりする:異なった状況が一定時間内にくり返し現れることを表す.〔这些天～刮风～下雨〕この頃は風が吹いたり雨が降ったりしている.→字解⑦

时方 shífāng 中医〔古 gǔ 方〕(古代の処方)に対して,宋·元代の処方をいう.→〔方⑦〕

时分 shífēn ころおい.時分.〔到了那儿,已经是薄暮~〕到着したのはもう夕暮れ時分だった.

时乖运蹇 shíguāi yùnjiǎn 〔时乖命 mìng 蹇〕ともいう.〈成〉運に見放された.

时光 shíguāng ①月日.年月.時間.〔~可贵〕時間は貴重である.〔浪费~〕時間を浪費する.〔一年一年地过去了〕月日は1年1年と過ぎていった.〔已经不早了时间がもう遅い. ②時期.とき.〔那～,还没有电灯呢〕あの時はまだ電灯もなかった.〔青春,这是多么美妙的～啊〕青春とは何と麗しい時期だろう. ③暮らし.暮らし向き.〔现在我们的~比以前好过多了〕今のわたし達の暮らしは以前よりずっとよくなった.

时过境迁 shíguò jìngqiān 〈成〉時がたち状況が変わる:〔事过境迁〕に同じ.〔如今一切~,只有我对你的思念不变〕時がたち,すべてが変わってしまった.ただあなたへの思いだけは変わらない.

时好 shíhào その時代の好み.当世風.

时候 shíhou ①時.時刻.時期.〔什么～〕いつごろ.〔去年这～〕去年の今ごろ.〔现在正是～〕今がちょうど潮時だ.〔到～我来也〕その時になったら僕も来る.〔你是什么～到的〕君はいつごろ着いたのか. ②時間.〔你写这篇文章用了多少～〕君これを書くのにどのくらいかかったか.

时机 shíjī 時機.チャンス.

时计 shíjì 旧時計.→〔钟 zhōng 表〕

时季 shíjì 季節.時期.〔割早稻的~〕わせを刈り取る季節.

时佳 shíjiā ⇒〔时安〕

时价 shíjià 時価.〔~发行〕[経]時価発行.

时间 shíjiān ①年.月.時間.〔~表 biǎo〕時間表.〔~差〕時間差.〔~戳 chuō〕(印 yìn 时戳)[電算]タイムスタンプ.〔~词〕[語]時を表す名詞.〔~定额〕時間ノルマ.〔~机器〕(时光机器)タイムマシン.〔~旅行〕タイムトラベル.〔~长〕長い間.〔晚上有～吗〕晩はお暇ですか.〔没有～学习〕勉強する時間がない.〔~紧,任务重大〕時間が差し迫っており,任務は重大だ.〔需要几十年的～〕数十年の年月が必要だ. ②時点:時間の流れ上の一点.〔现在的～是三点十五分〕ただいまの時刻は3時15分です. ③[物]時間.

时节 shíjié ①時節.季節.〔农忙～〕農繁期. ②とき.ころ.〔那～他还还不小〕そのころ彼はまだ幼かった.

时局 shíjú 時局.政局.

时刻 shíkè ①時刻.〔~表〕時刻表.〔严守～〕時刻を厳守する. ②絶えず.いつも.〔时时刻刻〕同前.〔~注意〕絶えず注意する.〔~准备着迎击敌人〕いつも敵を迎えうつ準備をしている.〔~牢记恩师的教导〕いつも恩師の教えを忘れない.

时空 shíkōng 時間と空間.〔~变幻〕時が過ぎ世の中がはげしく変わること.〔~连续区体(四次元)〕[物]時空連続体.〔~隧 suì 道〕タイムトンネル.

时款 shíkuǎn 流行のモード.新式のデザイン.〔~的衣着〕流行のみなり.

时来运转 shílái yùnzhuǎn 〈成〉つきが回ってくる.

时令 shí·lìng ①時候.季節.〔～不正〕時候が不順である.〔～风〕[季 jì (候) hòu]〔図〕季節風.〔～河〕季節河川.〔～病〕中医季節あたり.季節の変わりめの病気.〔～症〕季節のはやり病.〔他的病是惊吓兼着点儿～〕彼の病気はびっくりしたためと少し季節あたりの気味がある.

时论 shílùn 時の世論.

时髦 shímáo モダンである.流行している.〔这位小姐穿着很～〕このお嬢さんは服装がなかなかモダンだ.〔赶～〕流行を追う.〔这是最～的颜色和式样〕これは最も流行の色と柄式です.→〔入 rù 时〕

时鸟 shíniǎo ⇒〔候 hòu 鸟〕

时牌 shípái [旧]時報のために掲げた札:"明け六つ"に当たる〔卯 mǎo 时〕から"暮れ六つ"に当たる〔酉 yǒu 时〕に至る7種的掲げた.例えば,正午に〔午 wǔ 牌〕が掲げられて〔午牌时分〕といわれた.

时评 shípíng 時事評論.時評.〔～家〕時事評論家.

时期 shíqī 時期.

时祺 shíqí ⇒〔时安〕

时起时伏 shíqǐ shífú 〈喩〉事物の変化不定なさま.

时气 shí·qì 〈方〉①時の運.〔碰～〕幸運に巡り合う.〔走～〕運が向く. ②季節の変わり目の流行病.

时区 shíqū 標準時間帯.→〔标 biāo 准时〕

时曲 shíqǔ ⇒〔时调〕

时人 shírén 〈文〉①同時代の人.当代の人.〔～有诗为证〕当時の人のものした詩が証明となる. ②旧時の人.今をときめく人.

时日 shírì ①時日.時間(の余裕).〔假 jiǎ 以～,定能奏效〕時間の余裕が与えられれば,きっと効果をあげることができる. ②時間と日にち.〔～转〕ちょうどよい日時.吉日.

1549

shí 时坶莳鲥实

时尚 shíshàng 時の流行.時代の好み.〔~性〕現代的.モダン.〔~人物〕当世風の人物.〔~杂志〕ファッション雑誌.

时时 shíshí 常に.いつも.〔~刻刻〕時々刻々.いつも.〔~依靠群众,事事请教群众〕常々大衆に頼り,事々に大衆に教えを請う.

时世 shíshì ①時世.時代. ②当世.〔~装 zhuāng〕当世風の装い.いま風のファッション.

时式 shíshì（ファッションの)現代風(の).いま風(の)

时事 shíshì 時事.〔~述 shù 评〕時事解説.〔~报告〕時事講演(報告)

时势 shíshì 時勢.時代の趨勢.〔~造英雄〕時勢が英雄を生み出す.

时蔬 shíshū 旬の野菜.

时殊风异 shíshū fēngyì ⇒〔时移俗易〕

时俗 shísú 当時の習俗.

时速 shísù 時速.

时态 shítài [語]時制.テンス.〔~助词〕同前の助詞：动态助词)ともいう.

时文 shíwén〈文〉①[旧]科挙の試験の答案に用いられた文体:特に明·清代の〔八股文〕を〔(古 gǔ 文)に対して〕いう.唐代には〔律 lǜ 赋〕をいった. ②その時代の文体·文章.

时务 shíwù ①当今の時勢.〔不识~〕時勢を知らない. ②季節ゆきの事物.

时下 shíxià 今.現今.目下.当今.

时鲜 shíxiān〈文〉旬の(出盛りの)野菜·果物·魚類など.

时贤 shíxián〈文〉時の賢人.当代の名士.

时限 shíxiàn 時限.期限.

时宪历 shíxiànlì [旧]陰陽暦の一種.〔~书〕[宪书]同前:清の高宗の諱(丿ﾞ)"弘曆"を避けて言った.→〔历书〕

时相 shíxiàng その時現在での様子·様相·状況·姿.

时效 shíxiào ①[法]時効.〔取得~〕時効になる. ②[工]時効:金属などが時間の経過とともに変化していく現象.→〔经 jīng 久硬化〕 ③一定時間内に有効に働く機能.

时新 shíxīn 新しくてはやりの.〔~式样〕最新流行のスタイル.〔凡~物品,无不常备〕およそ新しいはやりの品物はいつでもなく取り揃えている.

时兴 shíxīng 一時流行する(の).今さおいにはやる(りの).〔~货 huò〕はやりの品.〔目前倒很~带領花〕今はかえって蝶ネクタイをつけるのがはやっている.〔赶 gǎn ~〕流行を追う.〔流 liú 行①〕

时行 shíxíng ①〈文〉時に応じて行われる(起きる).〔大雨~〕大雨が折しも降る. ②同"时兴"に同じ.〔~病〕季節の流行病.〔~品〕流行品.

时馐 shíxiū〈文〉季節の美味な食べ物.

时序 shíxù 四季の移り変わりの順序.

时恤 shíxù 流行のTシャツ.

时样(儿) shíyàng(r) 流行のスタイル.〔按着~做〕流行スタイルで作る.〔这种尖头的皮鞋是~的〕この種の先の尖った靴は流行の型だ.

时宜 shíyí 時宜.時代の必要.〔不合~〕時宜に合わない.

时移俗易 shíyí súyì ＝〔时殊风异〕〈成〉時代が変われば風俗も変わる.

时疫 shíyì 〔时症〕〈文〉流行病.

时隐时现 shíyǐn shíxiàn〈成〉時に隠れ時に現れる.見えかくれする.

时雨 shíyǔ〈文〉適時に降る雨.恵みの雨.よいおしめり.

时运 shíyùn〈文〉時運.〔~不济 jì〕運がむいてこない.〔~多艰〕〈文〉時運が多難である.〔~亨 hēng 通〕万事順調である.

时针 shízhēn ①時計の針:〔长 cháng 针〕〔分 fēn 针〕ともいう〔短 duǎn 针〕〔秒 miǎo 针〕の総称.〔~方向〕時計の針の進む方向(に).右回り(に). ②(時計の)短針.〔短针〕ともいう.→〔刻 kè 针〕

时症 shízhèng ⇒〔时疫〕

时政 shízhèng〈文〉時代の政治状況.

时值 shízhí〈文〉①時価. ②…の時に当たる(当たって).〔~春令,疫疠流行〕時は春の季節に当たって,疫病が流行した.

时祉 shízhǐ ⇒〔时安〕

时钟 shízhōng ①(建物などに設置した大型の)時を知らせる時計. ②[電算]クロック.〔~频 pín 率〕クロック周波数.

时装 shízhuāng ①流行の服装.ファッション.〔~表演〕〔~秀 xiù〕ファッションショー.〔~设计师〕ファッションデザイナー.〔~模特儿〕ファッションモデル.〔~城〕〔~大厦 shà〕ファッションビル.→〔古 gǔ 装〕 ②その時代の服装.

〔**坶·塒**〕shí [固](土壁に穴をあけて作った)鶏の巣.とや.〔鸡栖 qī 于~〕(詩経)鶏はとやにやどる.

〔**莳·蒔**〕shí〔~萝 luó〕[固]イノンド：〔土 tǔ 茴香〕は通称.〔~子〕[中医]ジラシ(蒔蘿子）：同前の果実で薬用する. ＝ shì

〔**鲥·鰣**〕shí〔~鱼 yú〕[魚貝]ヒラコノシロ：中国料理の高級魚.

〔**实·實**〕shí ＝[笼](旧)①充実している.満ちている.中身がつまっている.〔丰 fēng ~〕十分にある.〔这根铁柱子是~心儿的,不是空腔儿 tángr の〕この鉄柱は中まで詰まったもので,中空のではない.↔〔空 kōng ~〕 ②真実である.偽りなし.誠実である.〔这是当时的~事〕これは当時の実際にあったことである.↔〔虚 xū ⑤〕 ③実際に.確かに.〔~有其人〕実際にそのような人がいるのである.〔~对你说…〕ほんとうのことを申しますて….〔~心眼儿〕根が正直である.〔~话~说〕嘘いつわりなく申しますと. ④事実.現実.実際.〔史〕史実.〔现~〕現実. ⑤中に物を満たす.詰める(まる).〔荷ヘ枪~弹〕実弾を込めた銃を持つ.〔结 jiē ~〕実を結ぶ.〔業务(具体的な).→〔务 wù 実①〕 ⑥〈姓〉実(⑤)

实报实销 shíbào shíxiāo 実費をありのままに報告して清算する.実費をもらう.〔差 chāi 旅費是~〕旅費は実費が支給される.

实不相瞒 shí bù xiāngmán〈成〉つつみ隠さずありていに.

实测 shícè 実測(する)

实诚 shíchéng 誠実(である).〔他为人很~,让他办事错不了 liǎo〕彼は非常に誠実だから,仕事を任せてもまちがいはない.

实处 shíchù 必要とされる場所.

实词 shící [語]実詞:比較的具体的な意味·概念を持った単語.名詞·動詞·形容詞·数詞·助数詞·代名詞など.→〔虚 xū 词①〕

实打实 shídǎshí 十分実際的に.まじり気がない.〔~的硬工夫〕筋金入りの腕前.〔~地说吧〕ありのままに話しなさい.

实弹 shídàn ①実弾.〔~射击〕実弾射撃.→〔空 kōng 包弹〕 ②実弾をこめる.

实底 shídǐ 実状.内実.

实地 shídì ①実質的に.〔脚踏~地去做〕着実にやってみる. ②実地に.現場で.〔~考察〕実地に調査する.

实 / shí

实繁有徒 shífán yǒutú〈成〉その種の人間がきわめて多い:〔繁〕も〔蕃〕とも書く.〔趋炎附势者~〕勢力のあるものにおべっかを使うものがきわめて多い.

实感 shígǎn 実感(する).

实干 shígàn 着実に仕事をする.〔~家〕実行家.

实话 shíhuà ほんとうの話.正直な話.〔~说〕〈成〉ありのままに話す.〔告诉你〕ざっくばらんに話す.

实惠 shíhuì 実際に役立つ(もの).実利的(である).〔论~呢,还是送钱好〕実利的という点では,やはりお金をあげる方がよい.〔又便宜又~〕安いし実利的だ.

实绩 shíjì 実績.〔考察工作~〕仕事の実績を考察する.

实际 shíjì ①実際.〔符 fú 合~〕実情に合致する.〔不切 qiè ~〕実情に即さない.〔联系~〕現実に結びつける.〔脱离~〕現実から遊離する.②実際の.事実としての.〔~产量〕実際の生産高.〔~锻炼〕現実による鍛え.〔~工资〕實質賃金.〔名 míng 义工资〕に対して.〔~利率〕實質利率.〔~(的)情况〕実際の状況.〔~生活〕実際の(ありのままの)生活.〔~说,…〕実を言うと,….〔~行动〕具体的な行動.〔~上没什么影响〕実際上に何も影響はない.③実際的である.現実に合う.〔你们说的都不~〕君たちの言うことはみな現実的でない.〔不够~〕あまり実際的でない.

实迹 shíjì〈文〉実際の事跡.

实寄封 shíjìfēng 投函され消印の押された封書(切手コレクション).

实价 shíjià 圈① = 〔实盘〕ファームオファー.確認された出し値.〔急速电报~〕至急電報でファームオファーを提出されたい.→〔出 chū 价〕②正価:〔净 jìng 价①〕に同じ.

实践 shíjiàn ①実践.〔~出真知〕正しい認識は実践から生まれる.〔~检验真理〕実践は真理を検証する.②実行する.実施する.〔~诺言〕約束を果す.〔~性〕実際的なこと.

实景 shíjǐng 圖実際の背景.→〔布 bù 景〕

实据 shíjù 実際の証拠.実証.〔真 zhēn 凭~〕〈成〉動かせない証拠.

实况 shíkuàng 実況.〔~报道〕実況の報道.〔~录音〕実況録音.〔~转 zhuǎn 播〕実況中継.ライブ中継.〔作~〕実況放送する.

实牢 shíláo〈方〉実である.〔要是~价儿,我就买几个〕もしそそや偽りのない値段なら幾つか買いましょう.〔~人儿〕確かな人.

实力 shílì 実力.〔~派〕実力派.〔~雄厚〕実力が強大である.〔~政策〕の政策.〔没有~〕実力がない.

实利 shílì 実利.〔~主义〕実利主義.

实例 shílì 実例.

实录 shílù ①真実の記録.②実録:多く書名に用いる.実況録音・録画を作る.

实落 shíluo〈方〉①確実である.②安心である.

实脉 shímài 中国力強い脈搏.

实棉 shímián (繰綿する前の)種子の入ったままの綿花.〔子 zǐ 棉〕〔籽 zǐ 棉〕に同じ.

实名 shímíng 実名.〔~制〕実名制.

实木 shímù 木製のの.〔~地板〕建フローリング.

实女 shínǚ ⇒〔石女〕

实拍 shípāi 圖実際に撮影する.〔~现场〕本番中の現場.

实盘 shípán ⇒〔实价①〕

实情 shíqíng 実情.〔问不出来~〕実情を尋ね出すことができない.

实权 shíquán 実権.

实缺 shíquē 圈正式に任命され在任している定員のある官職.

实生 shíshēng 実生(ﾐｼｮｳ)(の).〔~苗〕実生の苗木.

实施 shíshī 実施する.実行する.

实时 shíshí リアルタイム.即時:〔即 jí 时〕に同じ.〔~达 dá 账〕即時決済.

实实 shíshí 実に.確かに.〔至于这件事,~可办不来了〕この件になると,ほんとうにやれない.

实事 shíshì ①事実.②実際的なこと.

实事求是 shíshì qiúshì〈成〉事実に基づいて問題を処理する.現実の中で真理を追求する.〔~地正视事实〕思い込みを排して事実を正視する.

实属 shíshǔ 全くその通りである.〔~万幸〕まことに幸せである.

实数 shíshù ①数(虚数に対する)実数:有理数・無理数の総称.②実際の数.〔开会的人有多少,报个~来〕参加者の実数を報告して下さい.

实说 shíshuō ありのままに話す.〔实话〕同前.

实体 shítǐ ①圖実体.〔~法〕〔主(体)法〕実体法.〔~经济〕実体経済.②実際に活動している者や組織.

实物 shíwù ①実物.現物.〔~贷款〕現物貸付.〔~地租〕图生産現地代.〔~工资〕現物給与.〔~交易〕〔以 yǐ 货交易〕現物取引.実物引合に.〔~担保〕物上担保.〔~教学〕実物教育.〔~征 zhēng 收〕現物徵収.②実際に用いる物.

实习 shíxí 実習(する).見習い(をする).〔~生〕実習生.〔~医生〕医学実習研修生.インターン.〔~记者〕見習い記者.→〔见 jiàn 习〕

实现 shíxiàn 実現する.

实线 shíxiàn 実線.

实相 shíxiàng ①実相.実際のありさま.②圈(仏教で)万物の本質的な本来の姿.

实像 shíxiàng 実像.

实效 shíxiào 実効.実際の効きめ.〔讲究~〕実効をむねとする.

实心 shíxīn ①正直(である).誠実(である).〔以~行实事〕〈文〉誠実をもって真実のことを行う.〔~意〕誠心誠意.〔任 rèn 事〕まじめに事に当たる.②〔~儿〕中空でない.つまった.〔~的塔〕同前の塔.〔~轮胎〕ソリッドタイヤ.〔~球〕囝メディシンボール.

实心眼儿 shíxīnyǎnr 実直である.〔你怎么这么~呀〕お前はどうしてそんなに生まじめなんだ.

实行 shíxíng 実行する.実際に行なう.〔~民主集中制〕民主集中制を実行する.〔~教育改革〕教育改革をおこなう.

实学 shíxué 地に足のついた学問.〔真オ~〕本当の才能と着実な学問.

实言相告 shíyán xiānggào〈成〉ありのままに話をする.

实验 shíyàn 実験(する).〔~室 shì〕実験室.〔做~〕実験する.〔~式〕囮実験式:〔最 zuì 简式〕ともいう.

实业 shíyè 実業.商工業.〔~家〕実業家.〔~界 jiè〕商工業界.→〔产 chǎn 业③〕〔企 qǐ 业〕

实意 shíyì 実意.真心.〔实心〕誠心誠意.

实益 shíyì 実益.

实用 shíyòng ①実際に使用する.〔~钱数〕実際使用した金高.②実用(の価値がある).〔不~〕実用的でない.〔~性〕実用性.〔~软 ruǎn 件〕電算ユーティリティーソフト.〔~主义〕④圈プラグマティズム.⑤(政治上の)実際主義.現実主義.

实有 shíyǒu 実際にある.〔~其人〕実在の人物.

实在 shízài ①実在.〔~论〕〔唯 wéi 实论〕圈実在

shí

论.〔~法〕法实定法.②いつわりがない.〔为人~〕人となりが誠実である.③ほんとうに.まことに.〔这小孩儿~聪 cōng 明〕この子は実に賢い.④実は.その実.〔名义上是大学生,~只是中学程度〕名目は大学生でも実際は中学程度にしかすぎない.

实在 shízai しっかりしている.まじめである.〔这张桌子做得很~〕このテーブルはとてもしっかりできている.〔他们干活儿~〕彼らは仕事ぶりが着実だ.

实则 shízé 実は.→〔却 què 来②〕

实战 shízhàn 実戦.〔从~需要出发〕実際の戦闘の必要に応じてやる.

实证 shízhèng 実証(する).〔~主义〕哲実証主義.

实症 shízhèng 中医(病気にかかった時の)高熱または鬱血・便秘などの病状をさす.→〔虚 xū 症〕

实职 shízhí 名目だけでない現任の官職.→〔虚 xū 职〕

实质 shízhì 実質.〔~上〕本質上.事実上.〔~问题〕実質的問題.

实至名归 shízhì mínɡɡuī〈成〉実力があれば名声が自ずとついてやる.

实字 shízì 旧字实字:旧文法用語で具体的な意味をもつ字.ほぼ〔实词〕と重なる.→〔虚 xū 字〕

实足 shízú 充実している.(かさや数量が)十分にある.100パーセントである.〔我~等了两个钟头〕わたしはたっぷり2時間は待ちました.〔~的亏 kuī 损〕真実質的な損失.〔~年龄〕満年齢.→〔周 zhōu 岁〕

〔拾〕 shí(Ⅰ)①拾う.〔~麦穗〕麦の落ち穂を拾う.〔把东西~起来〕物を拾い上げる.②片づける.整理する.→〔拾掇〕

(Ⅱ)〔十〕の大字.〔大 dà 写①〕→ shè

拾掇 shíduo ①片付ける.整理する.〔客人快到了,还不快点儿~〕お客さんがもうすぐ着くぞ,早いとこ片付けないか.〔~干 ɡān 净〕きれいに掃除する.②修繕する.〔收音机~好了〕ラジオが修繕できた.③〈転〉こらしめてやる.やっつける.始末をつけてやる.〔非~他不可〕あいつをこらしめてやらなくちゃいかん.〔手 shǒu 收〕

拾翻 shífan〈方〉ひっくり返す.かき回す.〔把一抽屉的东西都~乱了〕引き出しの中の物を全部引っかき回してしまった.

拾花 shíhuā ①落ち穂拾いをする.②綿(棉)花を摘む.

拾荒 shíhuāng くず拾いをする.

拾金不昧 shíjīn bùmèi〈成〉金を拾ってもねこばばしない.

拾零 shílínɡ こまごましたものを拾う.〈転〉とっておきのニュース:多く標題に用いる.

拾取 shíqǔ 拾う.拾い上げる.

拾趣 shíqù 面白い話題を拾う.〈転〉話のくずかご:多く標題に用いる.

拾人牙慧 shí rén yáhuì〈成〉他人の主張・見解のうけ売りをする.〔拾人涕唾 tìtuò〕〔拾人唾余 yú〕ともいう.〔不屑拾他的牙慧〕彼の受け売りをよしとしない.

拾物 shíwù ①ものを拾う ②拾い物.拾得物.〔~招领处〕拾得物取扱所.

拾闲儿 shíxiánr =〔什闲儿〕〈口〉じっとしている.おとなしくしている.落ち着いている.〔小孩儿老不~〕子供が少しもじっとしていない.〔忙得手脚不~〕忙しくて手足(体)がいっときも休まらない.

拾遗 shíyí ①人の遺失物を拾う.〔自分のものにしてしまう〕.〔夜不闭户,路不~〕〈成〉〔善政が布かれて〕夜も戸締りを必要とせず,道に落ちた物を拾って自分のものとする者もない.②他人の著述で書き漏らしてある事項を拾い上げる〔で編述した書物〕.〔~补缺 quē〕〔~补阙 quē〕遺漏や欠如を

補う.③唐諌官:皇帝に諌言する官職.

拾音器 shíyīnqì =〔唱 chànɡ 头〕〔电 diàn 唱头〕(電蓄・プレーヤーなどの)ピックアップ.

〔食〕 shí ①食べる.食事をとる.〔~多~青菜〕野菜をよけいに食べる.〔进~〕食事をとる.〔废 fèi 寝忘~〕〈成〉寝食を忘れる(れて従事する).→〔吃 chī (Ⅰ)①〕 ②食物.食品.〔衣~不缺〕衣食には事欠かない.〔丰衣足~,有余〕衣食はたっぷりと余裕がある(さま).〔肉 ròu ~〕肉食.〔面~〕小麦粉食品.〔主~〕主食.〔副 fù ~〕副食.③食用の.〔~盐 yán〕食塩.〔~儿〕えさ.飼料.〔鸟儿出来找~〕鳥が出てきてえさをさがす.〔鸡 jī ~〕にわとりの飼料.〔猪 zhū ~〕豚の飼料.⑤頼る.もととする.〔自~其力〕〈成〉自分の力で暮らしをたてる.⑥=〔蚀〕天体光が他の天体によって隠される現象.〔~分〕天食分.〔日~〕日食.〔月~〕月食.〔日环~〕金環食.〔全~〕皆既食.〔偏 piān ~〕部分食.→〔食相〕 → sì yì

食变星 shíbiànxīnɡ 天食変光星.

食补 shíbǔ (食べ物によって)栄養を補給する.滋養食をとる.

食不甘味 shí bù ɡānwèi〈成〉(悩みや不安で)食べ物がおいしくない.

食不果腹 shí bù ɡuǒfù〈成〉腹いっぱい食べられない.腹ペコの生活をする.

食虫植物 shíchónɡ zhíwù 食虫植物.

食道 shídào ①〈文〉糧道.〔绝 jué ~〕糧道を絶つ(が絶たれる).②⇒〔食管〕

食雕 shídiāo 彫刻した食材(を使った料理)

食而不化 shí ér bùhuà ①食べても消化しない.②(本の内容や授業を)理解できない.

食饵 shí'ěr(魚やエビをとる)えさ.

食粉 shífěn ⇒〔焙 bèi 粉〕

食俸 shífènɡ =〔食禄〕〈文〉俸禄〔俸禄〕に同じ.②俸禄を食む.

食复 shífù 中医食事に気をつけないために病気が再発すること.

食古不化 shí ɡǔ bùhuà〈喻〉古いことを学んだだけで,現実に応用しきれない.〔书念多了不能运用,就会~〕書物はたくさん読んでも運用することができなければ,かえって消化不良をおこす.

食管 shíɡuǎn =〔食道〕②生理食道.〔~癌 ái〕食道癌.

食盒 shíhé ①食物を入れて運ぶ器具:重箱.②弁当箱.③おかもちなど:〔路 lù 菜盒子〕ともいう.④〈方〉(旧式の結婚で)嫁方に贈る品を納めた長持.→〔大 dà 定(儿)〕

食火鸡 shíhuǒjī ⇒〔鹤 hè 鸵〕

食积 shíjī 中医食滞.

食既 shíjì 天皆既食状態になったこと(その時刻).→〔食相〕

食碱 shíjiǎn →〔碱③〕

食酒 shíjiǔ〈文〉⇒〔酒〕酒を飲む.

食具 shíjù 食器.

食客 shíkè ①⇒〔门 mén 客〕 ②飲食店の客:〔吃 chī 客〕に同じ.

食口 shíkǒu ①家の飯を食べる家族.②(家畜の)食いぶり.

食力 shílì〈文〉①自分自身の労力で生活する.〔自其其力〕〈成〉同前.②人民の租税に頼る(を食い物にする)

食粮 shíliánɡ 食料.〔精神~〕精神の糧(飞).→〔粮食〕

食量 shíliànɡ ⇒〔饭 fàn 量(儿)〕

食疗 shíliáo 医食事療法:〔食物治疗〕の略.

食料 shíliào 食事の材料.食料品.

食蚀湜寔史使　shí~shǐ

食禄 shílù ⇒〔食俸〕
食毛践土 shímáo jiàntǔ〈成〉その国の産物を食し,その国に住む;君恩を身に受けること.
食品 shípǐn 食品.食料品:加工された食物.〔~厂〕食品製造所.〔~公司〕食品会社.〔~商店〕食料品店.〔罐 guàn 头~〕かん詰め食品.〔~街〕食品街.〔~袋〕食品袋.
食谱 shípǔ =〔菜 cài 谱〕①献立集.レシピ. ②献立.メニュー.→〔菜 cài 单〕
食器 shíqì 食器.〔~玻璃〕食器用ガラス.
食前方丈 shíqián fāngzhàng〈成〉一丈四方に料理を並べる:非常にぜいたくな食事をすること.
食亲财黑 shíqīn cáihēi〈方〉私利私欲をはかり,うまい汁を吸いたがるような人のこと.
食顷 shíqǐng〈文〉食事をすませるくらいの時間.ちょっとの時間.
食肉寝皮 shíròu qǐnpí〈成〉その肉を食らい,その皮を敷いて寝てかじるくらいに恨みに思う.
食甚 shíshèn 図食尽.→〔食相〕
食俗 shísú 飲食の習慣.
食宿 shísù 食事と宿泊.
食堂 shítáng ①食堂:機関や団体内の構成員を対象とするもの. ②料理屋.レストラン.〔饭 fàn 馆〕に同じ.
食糖 shítáng 砂糖.→〔糖(I)①〕
食物 shíwù 食物.〔~中毒〕食中毒.〔~链 liàn〕食物連鎖.
食相 shíxiàng 図日食・月食の際の太陽・月の欠ける様相:〔全食〕(皆既食)の場合,〔初 chū 亏〕(太陽・月の欠け始め),〔食既〕(皆既食の始まり),〔食甚〕(食のまん中),〔生光〕(皆既食の終わり),〔复 fù 圆〕(食の終わり)の5段階がある.〔偏 piān 食〕(部分食)の場合は〔初亏〕〔食甚〕〔复圆〕である.
食蟹獴 shíxièměng 動カニクイマングース.〔蟹獴〕〔泥 ní 鳅猫〕〔山 shān 獾〕〔石 shí 獾〕は別称.
食心虫 shíxīnchóng 虫シンクイムシ.
食性 shíxìng ①食性:動物の食物に対する習性. ②味覚上の好み.
食血动物 shíxuè dòngwù 吸血動物(蚤・蚊など)
食言 shíyán 約束を破る.食言する.〔决不~〕決して食言しない.〔~而肥〕〈成〉自分の欲得で約束を破る.
食盐 shíyán =〔白 bái 盐〕食塩.→〔盐①〕
食蚁兽 shíyǐshòu 動アリクイ.
食用 shíyòng ①食用(の).〔~植物〕食用植物.〔~植物油〕食用植物油.〔~菌 jūn〕食用菌:しいたけ・木くらげなど. ②生活費.〔每月的~〕毎月の生活費.
食油 shíyóu 食用油.〔食用油〕ともいう.
食欲 shíyù 食欲.〔~不振〕食が進まない.〔促进~〕食欲を促す.
食玉炊桂 shíyù chuīguì〈成〉玉を食い,桂を炊く.〈喩〉諸物価が非常に上がる.
食郁 shíyù 中医食物が滞る病症.食もたれ.
食杂 shízá 食品雑貨.〔~店〕〔~铺〕食料雑貨店.
食在广州 shí zài guǎngzhōu〈成〉食は広州にあり:広東(菸)料理が美味であることから.〔吃在广州〕ともいう.
食指 shízhǐ ①人さし指:〔示 shì 指〕(じし)の通称.〔二 èr 拇指〕に同じ. ②〈文〉一家の人数.〔~繁〕家族の人数が多い.
食茱萸 shízhūyú 植カラスノサンショウ:実は薬用する.→〔艾 ài 子②〕

〔**蚀・蝕**〕　shí ①虫が食う.むしばむ.〔蛀 zhù ~〕同前.〔毡 zhān 帽让虫子了〕ラシャ帽が虫に食われてしまった. ②損う.損耗(する).〔亏 kuī ~②〕図欠損する.〔侵 qīn ~〕侵食する.〔~财 cái〕財物を失う. ③⇒〔食⑥〕
蚀本 shíběn(r) 赤字を出す.元手をする:〔亏 kuī 本(儿)〕に同じ.
蚀刻 shíkè ①エッチング(作品). ②エッチング式食刻法.腐食銅版術.

〔**湜**〕　shí〔~~〕〈文〉水が清く透き通っているさま.

〔**寔**〕　shí ①〈文〉置く. ②⇒〔实〕 ③〈文〉これ.この.

〔**史(叓)**〕　shǐ ①歴史.〔历 lì~①〕同前.〔通 tōng~〕同前.〔革命~〕革命史.→〔史部〕 ②古歴史を記載する官名.→〔史官〕 ③〈姓〉史(し)
史笔 shǐbǐ 回史官が事を曲げずに事実を書く筆法.
史部 shǐbù 漢籍の伝統的分類法〔经史子集〕の一:〔乙 yǐ 部〕ともいう.→〔四 sì 部〕
史册 shǐcè 歴史記録:〔史策〕とも書く.
史抄 shǐchāo 抜粋した略史:〔史钞〕とも書いた.
史臣 shǐchén 同下.
史官 shǐguān 古史実の記録を司る官.〔史臣〕に同じ.
史馆 shǐguǎn 回国史編纂所.
史汉 shǐhàn 史記と漢書.
史话 shǐhuà 史話.
史籍 shǐjí ⇒〔史书〕
史记 shǐjì ①書史記:漢の司馬遷の作による中国最古の史書名.内容は黄帝から漢武帝にまで及ぶ.→〔纪 jì 传体〕 ②⇒〔史书〕
史迹 shǐjì 歴史上の遺跡.
史家 shǐjiā 歴史家.
史剧 shǐjù 歴史劇.
史料 shǐliào 史料.
史略 shǐlüè 史略.
史论 shǐlùn 歴史を批評したり論じた著作.
史沫特莱 shǐmòtèlái 人スメドレー(1892~1950):〔斯 sī 美特莱〕とも書いた.アメリカ女流作家・ジャーナリスト.作品に〔大地的女儿〕(女一人大地をいく),〔伟大的道路〕(偉大なる道)などがある.
史评 shǐpíng ①歴史評論. ②史書の論評.
史前 shǐqián 先史.有史以前の.〔~时代〕先史時代.
史乘 shǐshèng ⇒〔史书〕
史诗 shǐshī 叙事詩.
史实 shǐshí 史実.歴史的事実.
史事 shǐshì 歴史上の事柄.
史书 shǐshū =〔史籍〕〔史记②〕〈文〉史乘.〔名垂~〕史書に名を残す.
史体 shǐtǐ 歴史の記述様式:伝統的に〔编年〕〔纪传〕〔纪事〕の3種がある.
史无前例 shǐ wú qiánlì〈成〉歴史に前例がない.古今未曾有.
史学 shǐxué 史学.歴史学:〔历 lì 史学〕に同じ.〔~家〕史学者.修史家.
史传 shǐzhuàn 歴史と伝記.

〔**使**〕　shǐ ①派遣する.使いにやる.差し向ける.〔~人送去〕人をやって送って行く. ②使う.使用する.費す.〔想出几个方法却都~不上〕いくつか方法を考えたが使えない.〔这枝笔好~〕この筆は使いやすい.〔这东西不受~〕この品は役に立たない.〔~尽力气〕力を出し切る.〔手~的东西〕手回りの品.〔会~新式农具了〕新式の農機具を使えるようになった.〔有多大劲儿~多大劲儿〕精一杯の力を使う.〔~口不如自走〕人に言うより自分で行ってみよ. ③…させる.…するようにする.〔~人振奋〕人

shǐ 使驶矢

奋いたたせる.〔～人困惑〕人をほとほと困らせる.〔迫～叛 pàn 军停止抵抗〕反乱軍に迫って抵抗をやめさせる.→〔叫 jiào(Ⅱ)①〕〔令 lìng(Ⅰ)③〕〔让 ràng⑦〕 ④〈文〉もし…であれば(あっても).〔～有事故,请速来告我〕もし事故があったらすぐ来てわたしに知らせよ.〔即～不成,尚无大碍〕よしんばうまくいかなくとも,まずまず大した支障はない. ⑤使い.使者.〔大～〕大使.〔公～〕公使.〔～馆〕大・公使館. ⑥使いとなって外地(他地)へ出る.〔出～〕同前.〔出～外国〕外国に使いする.〔～于四方〕方々へ出使する.

使绊儿 shǐbànr 足をかける(かけて倒す).〈喩〉人をひそかに陥れる.〔使了个绊儿把他撺倒 liáodǎo 了〕足をかけて彼を倒した.〔嘴里说得话,脚下～〕口でうまいことを言いながら,ひそかに人を陥れる:〔使绊子〕ともいう.

使臂使指 shǐbì shǐzhǐ〈喩〉使いこなす.自在にさばく.

使不得 shǐbude ①使えない.使ってはいけない.〔这枝笔～了,笔尖都秃了〕この筆は使えなくなった.筆先がすっかりちびてしまっている.〔这是假 jiǎ 票子,～〕これは偽札だ,使っちゃいけない. ②いけない.〔那可～,他们是晚辈,您请上座吧〕それはいけません,彼らは後輩です,あなたが上座におつき下さい.

使臣 shǐchén 外交使臣.

使得 shǐde ①使える.〔这张桌子凑合着还可以～〕このテーブルはどうにかまだ使える. ②よろしい.不都合はない.〔那也～〕それもよろしい. ③…のために…となってしまう.〔因而～他们在社会方面前前缩手缩脚,〕そのために社会的の矛盾に出会うとおずおずして….

使馆 shǐguǎn 大・公使館.〔～工作人员〕大・公使館員.

使坏 shǐhuài わるさをする(してだめにする).〔他向来得手都忍忍心给他～吗〕彼は今まではんとの恩恵には浴していないのか,きみはそれでも彼をだめにしてそれで気がすむのか.

使唤 shǐhuàn ①言いつける.使う.〔使奴婢卑〕下男や下女を使う.〔～人〕使用人.〔～小子〕〔小 xiǎo 厮〕①回使い走り.男の召使.〔丫头〕女の召使.女中.〔两条腿不听～〕両足が言うことをきかない. ②道具・家畜を使う.〔新式农具～起来很得劲儿〕新しい農具はとても使いごこちがよい.

使会 shǐhuì 頼母子(貯)をおとす.→〔上 shàng 会①〕〔抓 zhuā 钱会〕

使假 shǐjiǎ まがい物を混ぜて間に合わせる.

使节 shǐjié 使節.〔各国驻华～〕中国駐在の各国外交使節.

使劲(儿) shǐjìn(r) ＝〔使力〕〔用 yòng 力〕力を入れる.いきむ.力む:〔用 yòng 力(儿)〕に同じ.〔～拉〕力をこめて引っぱる.〔使老牛劲〕〔使老抽劲〕馬鹿力を出す.〔～敲 qiāo 打〕力をこめて打ち鳴らす.〔使巧劲儿〕要領よく力を使う.

使君 shǐjūn ①回州・郡の長官の尊称:漢代では〔刺史〕(州の長官)の尊称で,〔太守①〕(郡の長官)の〔府君②〕といった. ②人に対する尊称.

使君子 shǐjūnzǐ ＝〔留 liú 求子〕シクンシ:蔓生常緑樹,花は黄緑色,実は薬用する.

使力 shǐlì ⇒〔使劲(儿)〕

使领馆 shǐlǐngguǎn 大・公使館と領事館.

使令 shǐlìng〈文〉①使役する. ②使用人. ③…せしめる.

使命 shǐmìng 使命.〈喩〉重大なる責任.〔历史～〕歴史的な任務.

使女 shǐnǚ〈文〉女中.下女.

使气 shǐqì 気分にまかせてやる(事をしでかす).〔任性～〕勝手気ままに振るまう.

使钱 shǐqián 賄賂を使う.

使巧弄乖 shǐqiǎo nòngguāi あれこれと小才を働かす.

使然 shǐrán〈文〉しからしめる.…の結果を招く.

使徒 shǐtú回(キリスト教の)使徒:〔宗 zōng 徒〕ともいう.

使团 shǐtuán ①外交団. ②使節団.〔荷兰～人员〕オランダ使節団団員.

使心用腹 shǐxīn yòngfù〈成〉腹黒いはかりごと.

使性子 shǐxìngzi 癇癪(꽢)を起こす.わがまま勝手にふる.

使眼色 shǐyǎnsè 眼くばせする.眼で知らせる:〔(方)使眼神(儿)〕ともいう.

使羊将狼 shǐ yáng jiànglàng〈成〉弱い者に強い者を率いらせる:〈喩〉下の者を統率できないこと.

使役 shǐyì (役畜を)使役する.使う.〔牲口的～〕役畜の使役.

使用 shǐyòng 使う.使用する.用いる.〔～费〕使用料.〔～价值〕国使用価値.〔～年限〕〔～寿命〕折 zhé 旧年限〕耐用年数.〔～期限〕使用期限.〔～权〕使用権.用益権.〔～者〕ユーザー.〔他会～人〕彼は人を使うのがうまい.〔～干部〕幹部の使い方がうまい.〔～离间计〕離間策を用いる.〔这头牛～了三年〕この牛は3年使った.〔不敷 fū ～〕〈成〉金がかかるのに足りない.

使招儿 shǐzhāor〔使着儿〕とも書く.〈方〉手段を弄する.

使者 shǐzhě 使者.〔绿lù衣～〕国郵便配達人の別称.

使智使勇 shǐzhì shǐyǒng〈成〉長所を利用して目的を達成する.

[驶・駛] shǐ
①(車馬が)疾走する.〔行～〕通行する.〔～赴 fù〕〔～往 wǎng〕(…へ)急いで行く.〔轮船～入港口〕汽船が港口へ入る. ②疾走させる.走らせる.〈転〉運転する.〔驾 jià～〕運転する.〔～船 chuán〕船を走らせる(進める).

驶出 shǐchū (船・列車などを操縦して)出発する.〔火车～车站〕汽車が駅から出る.

驶河 shǐhé〈文〉急流.

驶离 shǐlí (車や船が)動く.離れる.

驶入 shǐrù (運転して)入る.〔～港口〕(船が)入港する.〔～车站〕駅に着く.

驶向 shǐxiàng …に向けて出航する.(列車・車などが)…に向けて運行する.

驶行 shǐxíng〈文〉航行する.走る.

[矢] shǐ
(Ⅰ)矢:〔箭 jiàn①〕に同じ.〔弓 gōng～〕弓と矢.〔无的 dì 放～〕〈成〉ⓐはっきりした目標なしに事を実行に移す.ⓑ事実無根の批判・攻撃.
(Ⅱ)誓う.固く約束する.〔～志不移〕〈成〉志を立てて変えない.〔～捐灵魂之身命身命を捨ててもる尽くすことを誓う.〔～以天日〕〈成〉天や太陽を指さして誓う.
(Ⅲ)屎(꽢):〔屎①〕に通用した.〔遗 yí～〕〈文〉糞をする.

矢车草 shǐchēcǎo ＝〔鬼 guǐ 灯檠〕ヤグルマソウ.

矢车菊 shǐchējú 国ヤグルマギク.

矢口 shǐkǒu 口をきわめて.頑として.〔～抵 dǐ 赖〕〔～狡 jiǎo 赖〕真実を隠し偽り,がんとして主張を押し通す.〔～否认〕絶対に認めようとしない.〔～不移〕言ったことを決して変えない.

矢量 shǐliàng 数ベクトル〔向 xiàng 量〕ともいう.→〔标 biāo 量〕

矢石 shǐshí 国(戦争で用いた)矢と石弓の石.〈転〉

戦争.
矢無虚発 shǐ wú xūfā 〈成〉矢を放てば的をはずれない.
矢言 shǐyán 〈文〉直言.
矢志 shǐzhì 〈文〉志を立てる.志.〔~不二〕〔~不渝 yú〕〈成〉志を立てて変えない.
矢忠 shǐzhōng 〈文〉かたく忠義を尽くす.〔~于祖国祖国に誓って忠誠を尽くす.

[**豕(豕)**] shǐ 〈文〉ブタ.〔豨 xī〕ともいう.〔豚 tún〕は特に小豚をさす.ふつう〔猪 zhū〕という.
豕喙 shǐhuì 〈文〉豚のようにとがった口.〈喩〉欲深そうな相.〔虎目而~〕(国語)どんぐり眼にとがった口.
豕交兽畜 shǐjiāo shòuxù 〈成〉人を遇するに礼をもってしない.人を人間扱いしない.
豕牢 shǐláo 〈文〉①豚舎.②便所.
豕零 shǐlíng ⇒〔猪 zhū 苓〕
豕首 shǐshǒu ①⇒〔天 tiān 名精〕 ②⇒〔马 mǎ 蔺〕
豕突 shǐtū 〈文〉猪突する.〔狼 láng 奔~〕〔~狼奔〕〈成〉(賊が)あちこちと荒らし回る.
豕心 shǐxīn 〈文〉貪欲な心.

[**始**] shǐ ①初め.始まり.〔开~〕②同前.⑥始める.開始する.〔自~至终〕初めから終わりまで.〔有~有有尾〕〈成〉初めもあれば終わりもある.初めも終わりも立派である.〔~而哭 kū,继而喊〕初めのうちは泣いていたが,次にはわめき始めた.〔~终 zhōng ①〕③始まる(める).開始する.〔不知~于何时〕いつ始まるかわからない. ③〈文〉やっと.〔促 cù 之~来〕催促してやっと来る.〔经此失败, ~知改进〕この失敗を経てやっと改良しなくてはならぬことを知った.→〔才 cái (II)③〕 ④〈姓〉始(シ)
始创 shǐchuàng 創始する.最初に作る.
始发 shǐfā ①始発する.〔~站 zhàn〕始発駅.〔起 qǐ 点站〕ともいう.②初売りする.③初発行する.
始料 shǐliào 〈文〉初めのうちは…と予想していた.〔~不及〕まさか思ってもみなかった.〔~所及〕初めから予想したとおりだ.
始乱终弃 shǐluàn zhōngqì 〈成〉男女が軽々しく関係をもち,後で相手をすてることに.使いすてにする(多くは男性についていう)
始末 shǐmò 事の初めから終わりまで.顛末.〔把事情的~弄清楚〕一部始終をはっきりさせる.〔~缘 yuán 由〕事の次第.
始新世 shǐxīnshì (地質学の)始新世.
始业 shǐyè 学年・学期の始め.〔秋季~〕秋の学年始め(始業)
始终 shǐzhōng ①終始.②終始一貫して.初めから終わりまで.〔~如一〕〔终始如一〕初めから終わりまでずっと変わらない.〔~没有变化〕終始変化がない.〔~不渝〕終始一貫.ぐらつかない.〔~不懈〕〈成〉初めから終わりまで怠けない.〔作~不懈的努力〕絶え間ない努力をする.〔他~没来〕彼はとうとう来なかった.
始祖 shǐzǔ 開祖.始祖.〔~鸟〕(古生物)始祖鳥.
始作俑者 shǐ zuòyǒngzhě 初めて俑(ヨウ)を作った人(孟子).悪例を初めて開いた人.悪習を初めて作り出した人.

[**屎**] shǐ ①糞.くそ:〔粪 fèn 〕に同じ.〔拉 lā くそ.〔耳~〕耳垢耳くそ.耳あか.③くだらない.劣悪である.〔~棋〕へぼ将棋.ざる碁.
屎甲虫 shǐjiǎchóng ⇒〔屎壳郎〕
屎壳郎 shǐkelàng 〔屎蚵螂〕とも書く.〈口〉クソムシ.フンコロガシ:〔蜣 qiāng 螂〕(タマオシコガネ)の通称.〔屎甲虫〕ともいう.〔一带花儿,臭美〈歇〉〕クソムシが花をつけている:うぬぼれて鼻もちならない.
屎坑(子) shǐkēng(zi) ①糞壺.②便所.
屎尿 shǐniào 大・小便(をする).
屎盆子 shǐpénzi 便器.おまる.〈喩〉汚名.悪事.〔把~往脑袋上扣〕汚名を負わせる.
屎棋 shǐqí 〔臭 chòu 棋〕
屎蜣螂 shǐqiānglàng ⇒〔蜣螂〕

[**缌・緦**] shǐ 〈文〉髪を束ねる布.→lí

[**士**] shì ①回結婚年齢に達した男性.また未婚の男性.②古士=卿(ケイ)・大夫(タイフ)と庶民の間に位置する貴族階層.の最低位の貴族階層.③読書人.知識人.④団士農工商の一.⑤人に対する美称.〔斗 dòu 〜〕闘士.〔勇 yǒng 〜〕勇士.〔烈 liè 〜〕忠烈の士.〔女〜〕女史.〔战〜〕戦士.〔骑 qí 〜〕騎士.⑦ある種の技術・資格を身につけた者の職業名称に用いる.〔护 hù 〜〕看護師.〔助 zhù 产〜〕助産師.⑧軍下士官の階級:〔上〜〕〔中〜〕〔下〜〕に分かれる.→〔军 jūn 衔〕 ⑨⇒〔象 xiàng 棋〕 ⑩〈姓〉士(シ)
士巴拿 shìbānǎ ⇒〔扳 bān 手〕
士兵 shìbīng 軍下士官と兵卒.兵士.→〔军 jūn 衔〕
士大夫 shìdàfū 〈文〉①官僚階層:〔士族〕に同じ.②将校.士官.
士的年 shìdìnián 〔番 fān 木鳖碱〕
士官 shìguān 軍準駢士官.士官.〔军 jūn 衔〕
士可杀,不可辱 shì kěshā, bù kěrǔ 士は辱めを受けるよりは死を選ぶ.
士林 shìlín 〈文〉学者階層.読書人階級.
士林布 shìlínbù インドレンス染料で染色した布:〔阴 yīn 丹士林布〕の略.
士民 shìmín 〈文〉①士(士農工商)の士に属する人.②士大夫と庶民.人民.
士敏土 shìmǐntǔ 〈水 shuǐ 泥〉
士女 shìnǚ 〈文〉①紳士淑女:古代では未婚の男女を指す.②⇒〔仕女〕
士气 shìqì 〈文〉①士気.〔~不振〕士気が振わぬ.②読書人の気概.
士人 shìrén 回読書人.
士绅 shìshēn 〈文〉名士.→〔绅士〕
士庶 shìshù 〈文〉士族(豪族)と庶民.
士孙 shìsūn 〈姓〉士孫(シソン)
士为知己者死 shì wèi zhījǐzhě sǐ 〈成〉士は己を知る者の為に死す.
士子 shìzǐ 〈文〉①士大夫.②団科挙試験に応ずる人.
士卒 shìzú 〈文〉⇒〔士卒〕
士族 shìzú 〈文〉豪族.官僚階層:〔世族〕〔士大夫①〕に同じ.

[**仕**] shì 回役人になる.仕官する.〔出~〕同前.〔致 zhì 〜〕役人をやめる.②将棋のこまの一種:〔士〕とも書く.③〈姓〉仕(シ)
仕版 shìbǎn 〈文〉官吏名簿.〔始登~〕初めて職員録の中に名を列する.
仕宦 shìhuàn 〈文〉仕官する(役人になる).〔~之家〕〔人家〕役人の家柄.
仕进 shìjìn 〈文〉役人勤めをする(して身を立てる)
仕历 shìlì 〈文〉歴任する.
仕女 shìnǚ =〔士女②〕〈文〉①高官の家の女性.②回同前の描いた美人画.
仕途 shìtú 〈文〉官途.仕官の道.

[**氏(氏)**] shì ①氏.うじ:古くは家柄の尊卑や職業を表すものとして,血統

shì

を表す〔姓 xìng ①〕の分支を示すものであったが、漢以後はともに同姓（の一族）を表わす．②…家〔~〕：家系を示す．〔张~兄弟〕張家の兄弟．〔李~子 zǐ〕李家の子．〔~谱 pǔ〕（同族の）家系譜．③既婚女性の夫家の姓：姓のあとにつけて本人を指す語とする．〔张~〕張家から嫁いで来ている人．〔王~〕〔王门李~〕李家から王家に嫁いで来ている女性．④（目上の親属関係の語につけて尊敬の意を表わす）〔母 mǔ ~〕（私の）母．母上．⑤〈文〉名士に対する敬称．〔孙中山~〕孫中山氏．⑥回伝説中の国名またはある朝代氏に添えて人を表す．〔神农~〕神農氏．⑦回官名に添えてその人を表わす：〔太史~〕〔职方~〕など．⑧〔姓〕氏（`）．→ zhī

氏族 shìzú 氏族（制度）．〔~公社〕同前．→〔家 jiā 族〕

〔舐（舓）〕 shì 〈文〉なめる．ねぶる（って食べる）．→〔而食之〕〈文〉舌でなめてから食べる．→〔舔 tiǎn〕

舐唇 shìchún 〈文〉唇をなめる．舌なめずりする．
舐犊 shìdú 親牛が小牛をなめる．〈喩〉親が子をかわいがる．〔老牛~〕同前．〔~情深〕親が子をかわいがって目がないさま．
舐糠及米 shìkāng jímǐ〔成〕ぬか（米の外皮）をなめて中身にまで及ぶ：しだいに内部にまで及ぶ（侵す）
舐痔吮痈 shìzhì shǔnyōng 〈成〉恥も外聞もなくこびへつらうこと．〔吮痈舐痔〕ともいう．

〔市〕 shì ①市（`）．市場．集合売場．〔在京日~〕，在外日集 jí〔都では"市"といい、田舎では"集"という．〔菜 cài ~〕食料品の市．〔牲 shēng 口~〕家畜市．②市場．マーケット：社会経済での取引．需要供給関係．〔金融~〕金融市場．〔商品~〕商品市場．〔行 háng ~〕同前．〔前~〕〔前盘 pán〕前場．〔后~〕〔后盘〕後場．③市街地．まち．〔城~〕都 dū ~〕都市．⑤市（行政区域の）．〔直 zhí 辖~〕直轄市．④営業している．〔沽 gū 酒~脯 fǔ〕酒や干し肉を商う．⑥市用制の単位を表す．→〔市制〕⑧〔姓〕市（`）

市标 shìbiāo 市章．
市舶司 shìbósī 回元唐外国貿易を管理するため広州・泉州などに置かれた役所名．
市布 shìbù 回木綿のシャツ地．キャラコ．
市曹 shìcáo 〈文〉①市街地．商店街．②同前に設けられる刑場．仕置き場．〔斩 zhǎn 于~〕街頭で斬首される．
市廛 shìchán 〈文〉市街．商店街．〔山居良有异乎~〕（謝霊運・山居賦）山の住まいはまるで市街地と違った点がある．
市场 shìchǎng ①回市場．マーケット．商品の取引（関係）．また、その範囲．〔~份额〕〔~占有率〕マーケットシェア．〔~机制〕市場メカニズム．〔~价（格）〕市場価格．〔~经济〕市場経済．〔计 jì 划经济〕に対していう．〔~竞争〕市場競争．〔~体系〕市場システム．〔~调节〕市場調節．〔国内~〕国内市場．〔国外~〕国外市場．〔扩大~〕販路を拡張する．②市（`）場．マーケット：具体的な取引の場所・施設．〔逛 guàng ~〕マーケットをぶらつく．〔夜~〕③（言論・活動などの）場．影響範囲．〔这种错误理论在群众中的~越来越小〕このような誤った理論は大衆の支持されなくなっている．〔~销 xiāo 路〕
市秤 shìchèng〔市制〕のはかり：1〔市斤〕が約500グラムのもの．
市尺 shìchǐ〈度〉〔（市制）の〕長さの単位：〔（市）丈〕の10分の1．1〔~〕は〔1米 m͡〕（1メートル）の3分の1つまり33.3センチメートルに当たる．〔尺①④〕
市寸 shìcùn 〈度〉〔（市制）の〕長さの単位：〔（市）

尺〕の10分の1．〔市分①〕の10倍．〔分米〕（デシメートル）の3分の1に当たる．〔寸①④〕は通称．
市撮 shìcuō 〈度〉〔（市制）の〕容量の単位：〔（市）勺〕の10分の1．1〔~〕は〔1毫 háo 升〕（1ミリリットル）に当たる．〔撮⑦④〕は通称．
市石 shìdàn〈度〉〔（市制）の〕容量の単位：〔（市）升〕の100倍．〔石Ⅰ④〕は通称．
市担 shìdàn〈度〉〔（市制）の〕重量の単位：100〔（市）斤〕に同じ．50〔公斤〕（キログラム）に当たる．〔担②④〕は通称．
市道 shìdào ①〈文〉商売道徳．②相場．市場価格の状況．
市电 shìdiàn 都市住宅用の電気．家庭電力：一般に220ボルト．
市斗 shìdǒu〈度〉〔（市制）の〕容量の単位：10〔（市）升〕に同じ．〔斗①⑥〕は通称．
市恩 shì'ēn ＝〔市惠〕〈文〉人に恩を売って関心・好意を買う．
市房 shìfáng〔方〕店屋．店舗向きに作られた家屋：〔铺 pù 面房〕に同じ．
市分 shìfēn〈度〉〔（市制）の〕①長さの単位：〔（市）尺〕の100分の1．1〔~〕は〔1 毫米〕（1センチメートル）の3分の1に当たる．〔分③④〕は通称．②重量の単位：〔克 kè（Ⅳ）②〕（グラム）の2分の1に当たる．〔分③⑥〕は通称．③面積の単位：〔（市）亩〕の10分の1．〔分⑧⑥〕は通称．
市府 shìfǔ 市政府．〔市政府〕同前．
市合 shìgě〈度〉〔（市制）の〕容量の単位：〔（市）升〕の10分の1．〔合①〕は通称．
市毫 shìháo〈度〉〔（市制）の〕①長さの単位：〔（市）尺〕の1万分の1．1〔~〕は〔1丝 sī 米〕（1デシミリメートル）の3分の1に当たる．〔毫⑥④〕は通称．②重量の単位：〔（市）厘〕の10分の1．〔毫⑥⑥〕は通称．
市虎 shìhǔ 〈喩〉①人を害する流言．うわさ：言う人が多いためうそも真実として受け取られること．②街のチンピラやごろつき．また暴走オートバイや車．
市花 shìhuā 市のシンボルとされる花．
市话 shìhuà ①世評や風説．②卑しい俗語．③市内電話：〔市内电话〕の略．→〔长 cháng 话〕
市徽 shìhuī 市のシンボルマーク．市章．
市惠 shìhuì ⇒〔市恩〕
市集 shìjí ①市（`）：一定の時期一定の場所で開く市場．②まち．小都市．
市价 shìjià 相場．値段．市価．マーケットプライス．〔~委托〕回成り行き注文．
市郊 shìjiāo 郊外：市の行政区画内にある近郊．
市街 shìjiē 市街．街路．
市斤 shìjīn〈度〉〔（市制）の〕重量の単位：〔公 gōng 斤〕（キログラム）の2分の1にあたる．1〔~〕は10〔（市）两〕、約500グラムに当たる．〔斤（Ⅱ）①④〕は通称．
市井 shìjǐng〈文〉町中．盛り場．〔~之人〕庶民．〔~之徒 tú〕盛り場にたむろする者たち．〔~无赖〕町に住むごろつき．
市景 shìjǐng 都市的景観．街の姿．
市侩 shìkuài ①回仲買人：〔牙 yá 子①〕に同じ．②もうけ本位の商売人．我利我利亡者．〔~习气〕欲張り商売人の習性．〔~哲学〕拝金主義．私利私欲の哲学．
市况 shìkuàng ①⇒〔市容〕②市場の状況．市況．
市厘 shìlí〈度〉〔（市制）の〕①長さの単位：〔（市）尺〕の1000分の1．〔厘（Ⅰ）①④〕は通称．②重量の単位：〔（市）斤〕の1万分の1．〔厘（Ⅰ）①⑥〕は通称．
市里 shìlǐ〈度〉〔（市制）の〕長さの単位：1500〔（市）尺〕．1〔~〕は〔1公里〕（1キロメートル）の2分の

市柿铈示 shì

市立 shìlì 市立.〔~学校〕市立学校.
市两 shìliǎng〈度〉〔(市)制〕の重量の単位:〔(市)斤〕の10分の1.〔两(II)ⓐ〕は通称.
市貌 shìmào 都市の相貌.街のたたずまい.
市面 shìmiàn ①街の商売の情況.当地の商業活動の様子.②市況.〔~灵 líng 活〕市場が活気づいている.〔~挺死〕商いが全く動かない.〔~很紧 jǐn〕商売がきゅうくつだ.→〔街 jiē 面儿上③〕
市民 shìmín 市民.都市の住民.→〔小 xiǎo 市民〕
市亩 shìmǔ〈度〉〔(市)制〕の面積の単位:60〔平方(市)丈〕は10〔(市)分③〕(約6.667アール)に当たる.〔亩①ⓐ〕は通称.ただし,東北では90〔平方(市)丈〕(10アール).〔一公顷等于十五~〕1ヘクタールは15〔~〕に等しい.〔公 gōng 顷〕
市盘 shìpán 商相場.→〔盘⑥〕
市平 shìpíng ①市場物価が安定していること.②市場の標準価格.③旧一般の商取引きに用いられた銀を計る基準:各地で異なった.→〔官 guān 平〕
市钱 shìqián〈度〉〔(市)制〕の重量の単位:〔(市)两〕の10分の1.〔(市)斤〕の100分の1.約5グラムに当たる.〔钱⑤ⓐ〕は通称.②旧上海で通用した銅銭:非官鋳で小商人の取引きに用いた.1两につき1205文内外に交換される.
市情 shìqíng ①都市の状況.②取引きの状況.市況.〔考虑~接纳订单〕市況を考慮して,注文を引き受ける.
市顷 shìqǐng〈度〉〔(市)制〕の面積の単位:1〔~〕は100〔(市)亩〕で約6.667ヘクタールに当たる.〔顷(I)①〕は通称.
市区 shìqū 市街区域.→〔郊 jiāo 区〕
市日 shìrì 市の開かれる日.
市容 shìróng〔市况①〕都市の外観.〔整顿~〕同前を整える.
市勺 shìsháo〈度〉〔(市)制〕の容量の単位:〔(市)升〕の100分の1.〔勺③〕は通称.
市升 shìshēng〈度〉〔(市)制〕の容量の単位:1〔~〕は1リットル.〔(市)合〕の10倍.〔(市)斗〕の10分の1に当たる.〔升(I)①ⓑ〕は通称.
市声 shìshēng〈文〉町中(*)の騒がしさ.〔~嘈杂〕同前がひどい.
市势 shìshì 市場の景気.市況の動向.
市树 shìshù 市の(シンボルとされる)木.
市丝 shìsī〈度〉〔(市)制〕①長さの単位:〔(市)尺〕の10分の1.〔(市)尺〕の10万分の1.〔丝③ⓐ〕は通称.②重量の単位:〔(市)毫〕の10分の1.〔(市)两〕の100万分の1.〔丝③ⓑ〕は通称.
市肆 shìsì〈文〉町中(*)の商店.
市态 shìtài 市況.取引の状況.
市委 shìwěi (中国共産党の)市党委員会の略称.〔~委员〕同前の委員.
市辖区 shìxiáqū (直轄市及び大都市の)市直轄区.
市易法 shìyìfǎ 宋の王安石の新法の一:安い時,官で買い上げ,高くなればそれを売り出して物価の安定を図り,之れを商人に資金を貸し付ける法.
市银 shìyín 各地の市場で通貨としての一般に使用された銀:純銀に対する差は各地まちまちであった.
市寸 shìyìng〈度〉〔(市)制〕の長さの単位:1〔~〕は10〔(市)丈〕.100〔米 mǐ〕(メートル)の3分の1に当たる.〔引⑪〕は通称.
市盈率 shìyínglù =〔本 běn 益比〕株価収益率.PER.〔股 gǔ 价市盈率〕の略.
市用制 shìyòngzhì ⇒〔市制〕
市长 shìzhǎng 市長.〔~热线〕市長ホットライン.
市丈 shìzhàng〈度〉〔(市)制〕の長さの単位:1〔~〕は10〔(市)尺〕.10〔米〕(メートル)の3分の1に当たる.〔丈(I)①〕は通称.
市招 shìzhāo (商店の)看板.→〔招牌①〕
市镇 shìzhèn やや大きい町.小さな地方都市.
市政 shìzhèng 市の行政.〔~工程〕都市のインフラ建設.都市公共事業.
市值 shìzhí 時価.資産の時価総額.
市制 shìzhì =〔市用制〕中国古来の度量衡制.メートル法に旧来の計量法を合わせた慣行的な制.1〔(市)升〕が1リットル,1〔(市)斤〕が2分の1キログラム,1〔(市)両〕が1メートルとなっており俗に〔一 yī 二三制〕という.民国18年(1929年)に採用されその後法定の再整理があったが,現在も多くが行なわれている.
市中心 shìzhōngxīn 都市の中心地域.

〔柿(柹)〕 shì 植 カキ:通称〔~树 shù〕という.〔~子①〕.柿の実は〔~子②〕という.〔~酒〕柿酒.〔~漆 qī〕柿渋.

柿饼 shìbǐng 食干し柿.〔柿饼子〕ともいう.
柿蒂 shìdì 柿のへた.中医しゃっくりの薬にする.
柿霜 shìshuāng 干し柿の表面に吹き出す白い粉:中医薬にする.〔~饼〕食同前を集めて作った菓子.
柿子 shìzi ①柿の木:〔柿树〕〔柿子树〕に同じ.②柿.柿の実.
柿子椒 shìzijiāo =〔大 dà(辣)椒〕〔灯 dēng 笼椒〕〔青 qīng 椒ⓐ〕〔圆 yuán 辣椒〕植ピーマン:〔(とうがらし)〕の丸くてからくない一種.〔绿~〕同前.〔红~〕赤ピーマン.

〔铈・鈰〕 shì 化セリウム:希土類金属元素.記号 Ce.ラタノイドの一.

〔示〕 shì ①示す.表す.表示する.〔表~〕ⓐ表示(する).ⓑ態度を表明(する).〔以~坚决〕それによって堅い決意を示す.②教え示す.告げる(知らせる).〔指 zhǐ~〕指示(する).〔告 gào~〕①告示(を出す).〔暗 àn~〕暗示(する).〔请~〕請訓(する).〔乞~〕〔敬〕〔~以时日〕〔贐〕ご返事,日時をお知らせ下さるよう願います.〔伏祈~知〕〔贐〕ぜひお指図を賜りたく存じます.③見せる.〔出图~之〕図をとり出して見せる.

示爱 shì'ài 愛情を示す.愛する気持ちを伝える.
示波管 shìbōguǎn 物オシロスコープの陰極線管.
示波器 shìbōqì 物オシロスコープ.オシログラフ:〔浪浪纪计〕は別称.
示补(儿) shìbǔ(r) 図しめすへん:漢字の部首"衤".〔示朴旁(儿)páng(r)〕〔示字旁(儿)〕ともいう.→付録1
示范 shìfàn 模範を示す.〔~赛〕模範試合.〔~单位〕先進的な職場.モデルの部門.〔~作用〕模範となる働き.
示复 shìfù〔贐〕ご返事.〔恭候~〕謹んでご返事をお待ちします.〔请即~〕〔希即~〕急ぎご返事を下さるようお待ちします.
示功器 shìgōngqì ⇒〔指 zhǐ 示器〕
示功图 shìgōngtú インジケート用紙.インジケータ線図.
示寂 shìjì 図(仏教で)示寂(じゃく).
示警 shìjǐng 警報を発する.〔鸣钟~〕鐘を鳴らして同前.
示例 shìlì 例示する.見本を示す.
示人 shìrén (物を取り出して)人に見せる.
示弱 shìruò 弱味を見せる.しりごみする.〔谁都不甘~〕誰も弱味を見せようとはしない.
示亡号 shìwánghào 故人の名を囲む符号.〔顾问 王力〕顧問,王力(故人)
示威 shìwēi 威力を示す.示威する.〔~队伍〕デモの隊列.〔~游行〕デモ行進.
示悉 shìxī〔贐〕ご来示の趣は承知いたしました.

示性式 shìxìngshì 〔化〕示性式.
示以颜色 shì yǐ yánsè 〈慣〉表情で意を示す.
示意 shìyì ①意思を表明する. ②意味を表す(説明する).〔~图〕(説明用の)略図.見取り図.イメージ図.案内図.
示知 shìzhī ①告知する(知らせる). ②〈牘〉返答(回答する).〔即祈~〕折り返しご返事願います.
示指 shìzhǐ 示(り指(学名):ふつう〔食 shí 指〕(しょく指)という.〔二 èr 拇指〕は通称.
示众 shìzhòng (罪人などを)衆目にさらす.見せしめにする.〔他不知道这是游街,在~〕(鲁・Q)彼はこれが引き回しであり,さらし者だとは知らなかった.
示踪 shìzōng 〔物〕トレース(する).追跡.〔~元素〕〔物〕同位元素トレーサー.(放射性)同位体追跡子.

〔**脎**〕 shì 〔化〕アルブモース(プロテオース):胃液消化蛋白糖.〔初 chū ~〕プロテオーゼ・蛋白糖.

〔**世**（卋・丗）〕 shì ①生涯.〔没 mò ~不忘〕生涯忘れない. ②世代.代.〔四~同堂,五~不分财〕(旧)四代の家族が一つの家に住み,五代までも財産分けをしない:旧時,大家族主義家庭の麗しい目標とされていた言葉.〔拿破仑三~〕ナポレオン三世. ③代々(の).→〔世医〕 ④世.①時代.〔近~〕近世.〔当~〕当世.〔一~之盛〕〈成〉その当時における盛大さ. ⑤回〔世交〕の関係にあることを示す.→〔世兄〕 ⑥世界.社会.世間.〔公之于~〕世間に公にする. ⑦回〔地質〕の年代を表す単位の一.〔中新~〕〔中新世.或〈牍〉〈世〉(ぜ)

世弊 shìbì 時代の弊害.社会の病弊.
世变 shìbiàn 時代の変化・変遷.
世表 shìbiǎo ①史記の夏・殷・周三代にわたる系譜表:〔三代世表〕ともいう. ②〈文〉世の横紙.
世伯 shìbó 自分の父と交誼があり父より年長の人に対する敬称.→〔世父〕
世博会 shìbóhuì〔世界博览会〕(万国博覧会)の略.〔上海~〕上海万博.
世仇 shìchóu 代々の仇.
世传 shìchuán 代々伝わる.祖先伝来(の)
世代 shìdài ①世代.〔第一~〕第一世代. ②代々.〔~书香〕〈喩〉代々学者的に伝わる. ③〔~相传〕代々伝わる.〔祝中日两国人民~友好〕中日両国人民の代々の友好を祈る.
世代交替 shìdài jiāotì 生命世代交替.
世道 shìdào 世の中のありさま.〔~人心〕世間の状況と人情.
世风 shìfēng 〈文〉世間の気風.〔~日下〕世の気風がだんだん悪くなる.〔~不古〕世の気風が昔のように純朴でない.
世故 shìgù 世間の事柄.処世の経験.世事(の処し方).〔老于~〕世故に長(た)けている.〔人情~〕義理人情.〔这人很知~〕この人はよく故世に長けている.
世故 shìgu 世故がない.世ずれがない.〔他有丰富的社会经验,但很~〕彼は社会経験が豊富だが世間ずれしている.
世行 shìháng 〔世界银行〕の略.
世好 shìhǎo ⇒〔世交〕
世纪 shìjì ①世紀.(キリスト誕生を紀元とする)各100年間.〔二十~〕20世紀.→〔年 nián 代②〕 ②〈転〉時代.年代.
世纪末 shìjìmò ①世紀末. ②〔転〕(社会の)没落の段階.
世家 shìjiā ①围諸侯などある特典を持ち,これを世襲した家. ②史記で諸侯など世襲の家柄の記録.→〔本 běn 纪〕〔列 liè 传〕 ③特技家業を相伝する家柄.〔教育~〕教育者の家系.

世间 shìjiān 世の中.〔人是~第一宝贵的因素〕人間がこの世で一番大事な要素だ.〔~人 rén 间〕
世交 shìjiāo =〔世好〕〔世谊〕代々(二世代以上)の両家の交際.〔我们是~〕我々は父の代からの交際です.
世界 shìjiè ①世界.〔~杯 bēi〕囚ワールドカップ.〔~博 bó 览会〕〔世博会〕万国博覧会.〔~观〕〔宇宙观〕世界観.〔~锦 jǐn 标赛〕〔世锦赛〕世界選手権大会.〔~贸易组织〕〔世贸(组织)〕世界貿易機関.WTO.〔~卫 wèi 生组织〕世界保健機関.WHO.〔~小姐〕〔世姐〕ミスユニバース.〔~遗 yí 产〕世界遺産.〔~银行〕〔世行〕世界銀行.〔~最记录的世界一.〔~主义〕コスモポリタニズム.〔~之大,无奇不有世界は広いからどんな不思議なことだってある. ②〔仏教で〕同じ日・月の照らす空間と時間.〔极乐~〕極楽世界. ③世の中:社会の気風・人情を指す.〔现在是本~,这允许你不讲理〕今はどんな世の中だと思ってるんだ,そんな理不尽が通ると思うか.〔花花~〕人の世. ④領域.活動範囲.〔主观~〕主観の世界.〔儿童~〕子どもの世界.
世界和平理事会 shìjiè hépíng lǐshìhuì 世界平和評議会:〔和平会〕とは略称.中国内では〔中国人民保卫世界和平委员会〕が設けられた.
世界红卍字会 shìjiè hóngwànzìhuì ⇒〔卍字会〕
世界时 shìjièshí 世界時:〔格 gé 林威治时〕(グリニッジ時)に同じ.
世界语 shìjièyǔ エスペラント:ポーランドの〔柴 chái 门霍夫〕(ザメンホフ)が創案した人工語.〔爱 ài 世语〕(エス語)は旧称.
世界 shìjie 〈口〉あたり中(一面).いたるところ.〔一~〕〔满 mǎn ~〕同前.〔满~跑〕ところかまわず走り回る.
世局 shìjú 世界情勢.
世爵 shìjué 囚世襲の爵位:清朝では,公・侯・伯・子・男の五等爵の下に一・二・三等の軽車都尉・骑都尉・云騎尉・恩騎尉などがあった.
世论 shìlùn 〈文〉当代の論説.
世贸(**组织**) shìmào (zǔzhī) ⇒〔世界贸易组织〕
世面 shìmiàn 世間.世の有様.〔乡下佬儿没见过~〕田舎のおっさんは世間が狭い(世間をあまり見ていない)
世亲 shìqīn 代々の親戚関係.
世情 shìqíng 世間の様子.世情.〔不懂~〕世情をわきまえない.
世人 shìrén 世間の人.一般の人.
世上 shìshàng =〔人世間的人〕.〔~无难 nán 事,只怕有心人〕〈諺〉心掛け次第で何事もやれる.なせばなる,なさねばならぬ何事も,ならぬは人のなさぬなりけり.〔世上无难事,只怕心不专〕〔世上无难事,只要肯登攀〕ともいう.→〔天 tiān 下〕
世世 shìshì 代々.累代.〔~代代〕同前.→〔子 zǐ 孙〕
世事 shìshì 世の中の事柄.〔不问~〕世事をかまわない.
世叔 shìshū 父の友人で父より年少の人に対する敬称.→〔世伯〕
世俗 shìsú 〈文〉①世の中.世の習い.俗世間(の).〔~之见〕俗世間の見解. ②非宗教的.世俗.
世态 shìtài 回世態.世間の対人関係の状態.〔人情~〕〈成〉世情人心.〔~炎 yán 凉〕〈成〉人情の変わりやすさ.〔炎凉〕
世外桃源 shìwài táoyuán 〈成〉①俗世間外の桃源境.→〔桃源〕 ②〈喩〉隠居所.
世网 shìwǎng 〈文〉世間のしがらみ.
世味 shìwèi この世の味(苦楽).〔饱 bǎo 尝~〕浮

shì

世贳式试

a 世の味をいやというほどなめる.
世务 shìwù〈文〉当面なすべきこと.時局の任務.
世襲 shìxí 代々受け継ぐ.世襲する.〔～領地〕世襲領土.
世系 shìxì 代々伝わっている家系.
b **世相** shìxiàng 世情.世態.世相.
世兄 shìxiōng ①代々交わりのある者同士で,同世代の男子が互いに呼び合う称.また下の世代の男子をいう敬称.〔大～〕ご長男.〔～们都多大了？〕坊ちゃんたちはいくつになられましたか.②師の子,また父の弟子の称.
c **世医** shìyī 代々中国医学を業とする者.
世议 shìyì〈文〉世論.世間の議論.
世谊 shìyì ⇒〔世交〕
世泽 shìzé〈文〉父祖の遺産による恩恵.
d **世族** shìzú 封建社会における代々高官の家柄.旧家.名門.〔～子 zǐ 弟〕家柄のよい子弟.
世尊 shìzūn ⇒〔釋尊〕

〔贳·貰〕 shì ①〈文〉貸し出す. ②〈文〉掛け買いする.〔常～酒〕いつも
e 酒を掛け買いする.③〔～赦 shè〕同前.〔～其罪〕その罪を許す. ④〔姓〕貰(せ).

〔式〕 shì ①標準·規格(になる式).〔公文程 chéng ～〕公文書の書式.〔法～〕法式.〔格～〕きまりの様式.②(方法·設備などの)様式.〔新
f ～农具〕新式の農機具.〔中国～〕中国式. ③儀式.礼式.〔毕业～〕〔毕业典礼〕卒業式.〔阅 yuè bīng～〕閲兵式.④(数学·化学などの)式.規則性を示す記号表現.〔公 gōng ～〕公式.〔方程～〕方程式.〔分 fēn 子～〕分子式. ⑤圖法.〔命令～〕命令
g 法.
式量 shìliàng 圖化学式量.
式微 shìwēi〈文〉(国家または名門·豪族などが)衰微する.
式样 shìyàng ⇒〔花 huā 样(儿)〕
h **式子** shìzi ①姿勢.構え.型. ②数式の総称.

〔试·試〕 shì ①試す.試みる.〔我来～
(一)～〕どれ,わたしが試してみよう.〔～一～(看)〕ちょっと試してみる.〔～鞋 xié 靴を試しにはく.〔把热水～着往里
i 灌〕湯を試しに内部へ注ぎ込んでみる.〔尝 cháng ～〕(どんなものか)試してみる.〔兄～往观 ～〕〈文〉試みに(そこへ)行って見られるがよい.②試験する.〔考 kǎo ～〕〔考 wù ～〕試験事務.〔笔 bǐ ～〕筆記試験.〔口～〕口述試験.
j **试办** shìbàn ①試し(にやっ)てみる. ②試しに創立経営する.
试笔 shìbǐ 試しに書く.試筆する.
试表 shìbiǎo 体温を測る.〔给患者～〕患者の体温を測る.
k **试播** shìbō ①テスト放送する.→〔开 kāi 播〕 ②圖播種テストする.
试产 shìchǎn ①試験的に生産する(試作品). ②試験の生産操業をする(鉱山や工場).
试场 shìchǎng 試験場.〔考 kǎo 场〕に同じ.
l **试车** shìchē (機械設備や自動車の)試運転(をする)
试灯 shìdēng →〔元 yuán 宵①〕
试点 shìdiǎn (ある問題点について)試してみる.〔～项目〕実験プロジェクト.〔先～,再推广〕まず試
m 験的にやってみてから,推し広める.〔～班〕実験クラス.②モデルケース(として試みる場).実験地点.
试电笔 shìdiànbǐ 圕テスター:〔电笔〕ともいう.
试读 shìdú 仮進級·仮入学させる.〔～生〕仮入学生.
n **试儿** shì'ér ⇒〔抓 zhuā 周(儿)〕

试法 shìfǎ〈文〉法に抵触する.〔以身～〕命がけで網をくぐる.
试飞 shìfēi 試験飛行する.〔首次～〕初試験飛行.〔～员〕テストパイロット.
试岗 shìgǎng (職場で)試験採用する.試用する.
试工 shìgōng 試験的に働く.〔试三天工〕3日間試験的に使ってみる.〔等试过工再决定雇不雇吧〕試しに働いてもらってみてから雇うかどうかを決めよう.
试管 shìguǎn 圕試験管.〔～婴儿 ying'ér〕試験管ベビー.
试航 shìháng 試験航海(する).試験飛行(する)
试机 shìjī 機械の試運転をする.
试剂 shìjì 圕試薬.〔试药①〕ともいう.
试件 shìjiàn サンプル.テスト見本資料.
试讲 shìjiǎng 実演講義をする.デモンストレーション授業をする.
试金 shìjīn 圕試金.〔～法〕試金法.〔～石〕試金石.試料.〈転〉正確に見きわめる方法と根拠となる事柄.
试镜 shìjìng 圖カメラテスト(をする).〔这个模特儿～真不错〕このモデルはカメラテストがいい.
试举 shìjǔ 区(重量挙げの)トライアル.
试卷 shìjuàn =〔答 dá 卷 ②〕〔考 kǎo 卷〕答案用紙.試験答案.〔～上只写报名号〕答案用紙には出願番号だけを書きなさい.→〔卷子〕
试掘 shìjué (鉱脈·遺跡などを)試掘する.
试开 shìkāi ①試運転する. ②(事業·施設などを)試験的に行う·公開する.試行する.
试刊 shìkān テスト刊行(物を出す)
试看 shìkàn 見たええ.見なさい:〔请 qǐng 看〕に同じ.〔试～〕同前.
试论 shìlùn 試論:多く論文のタイトルに使う.
试拟 shìnǐ ①試案を作る.〔～一个规则〕規則の案を試みに作ってみる. ②試しにやる.
试水 shìshuǐ ①試験的に流水する. ②〈転〉試行する.
试探 shìtàn (問題など)探究する.探究する.
试探 shìtan 相手の考え方を探る.〔我去～～〕一つ探りを入れてみよう.
试题 shìtí 試験問題:〔考 kǎo 题〕に同じ.
试投 shìtóu ①ためしに投函する. ②区投擲の試技(をする)
试图 shìtú たくらむ.企図する.
试问 shìwèn =〔借 jiè 问②〕試みに尋ねる(が).〔～没有船怎么过江呢〕考えてもみよ,船がなくてどうして川を渡れる.
试想 shìxiǎng 考えてごらんなさい.考えてみたまえ.
试销 shìxiāo 試売する.〔～商品〕試売品.
试新 shìxīn ①新品(新製品)を試してみる. ②新穀を試食する.
试行 shìxíng 試しに行ってみる.〔～法〕試行法.〔先～,后推广〕まず試行してみて,それから推し広める.
试训 shìxùn 区試験訓練(キャンプ)
试演 shìyǎn 区試演する〕リハーサル(する)
试验 shìyàn 試験(をする).テスト(をする).〔～杆〕圖テストバー.〔～田〕試験田.〈転〉試験のなことを行う場.テストの場.
试养 shìyǎng 試験的に養殖する.
试样 shìyàng ①区テストサンプル.試料. ②圖(仮縫いして)試着する.〔定了以后一个礼拜就可以～子了〕注文してから1週間で仮縫いができます.
试药 shìyào ①圕試薬.=試剂.〈転〉新薬の(動物·人体)実験(をする).〔～人〕受試者.同前検査を受ける人.
试营业 shìyíngyè 試験営業(運行)する.
试映 shìyìng (映画などの)試写.〔～会〕試写会.〔看～〕試写を見る.

shì　试拭栻轼弑似视事

试用 shìyòng 試しに使ってみる.〔～本〕試用本.〔～品〕試用品.〔～期〕試用期.
试院 shìyuàn 旧科挙の試験場.
试纸 shǐzhǐ 電試験紙.〔石蕊 ruǐ ～〕リトマス試験紙.〔姜黄 ～〕ターメリック(クルクマ)試験紙.
试制 shìzhì 試作(する).〔～品〕開発品.〔巨型变压器成功〕大型変圧器の試作に成功した.→〔研 yán 制〕
试种 shìzhòng 農試験的に栽培する.〔～水稻〕水稲を試験栽培する.
试钻 shìzuān ＝〔钻验〕試掘(する)

[拭] shì 拭(ˇ)く.ぬぐう.〔揩 kāi ～〕同義.→〔擦 cā ～〕〔抹 mǒ ③〕
拭除 shìchú 拭き取る.取り除く.
拭泪 shìlèi 〈文〉涙を拭う.〔抆 wěn 泪〕
拭目以待 shìmù yǐdài 〈喩〉期待の眼で見る.また事態の発展を注目している;〔拭目而待〕ともいう.→〔刮 guā 目相看〕

[栻] shì 固占いに用いた器具.

[轼・軾] shì 固車の前部に横に取り付けられた木の手すり.

[弑] shì 固下の者が上の者を(下臣が主君を,子が親を)殺す.〔～亲〕親殺し事件.

[似(佀)] shì →sì
似的 shìde ……のようである;〔是的〕とも書いた.多く〔像 xiàng〕〔好像〕〔仿 fǎng 佛〕などを前に置く.〔我看他好像有什么心事～的〕見たところ彼は何かにかかることがあるようだ.

[视・視(眡・眎)] shì ①見る.よく見る.〔近～眼〕近視(眼).〔乱～眼〕乱視え.〔远～(眼)〕遠視.遠視眼.〔老～眼〕老花眼〕老眼.〔注～〕注目する.〔俯 fǔ 而～之〕<文>身をかがめて見る.〔～具体要求另定〕具体的な要求により別に定める.②見回る.視察する.〔～导 dǎo〕見回って指導する.〔监 jiān～〕監視する.〔巡 xún～〕巡視する.③評価姿勢を態度に示す.見なす.〔轻 qīng～〕軽く見る軽視する.〔无 wú～〕無視する.〔重 zhòng～〕重く〈文〉(について)見る.〔就职～事〕着任し事務を執る.④<姓>視.
视差 shìchā ①因視差.②生(視覚における)視差:両眼視差など.③目で測定する時の誤差.
视察 shìchá ①視察する.②観察する.③視察員.
视场 shìchǎng 視野.視界.
视唱 shìchàng 回楽譜を見て歌う.
视窗 shìchuāng 電ウィンドウ.
视点 shìdiǎn 視点.着眼点.
视而不见 shì ér bùjiàn <成>見ておりながら気がつかない.〔神魂颠倒〕精神が動転して同前.〔心不在焉～,听而不闻〕心ここにあらざれば,見れども見えず,聞けども聞こえず.
视感 shìgǎn 視覚印象.見た感じ.
视官 shìguān 生理視覚器官;〔视觉器官〕の略.
视角 shìjiǎo ①生理視角.②(カメラレンズの)視野角.③視覚.視点.観点.
视界 shìjiè 視界.
视景 shìjǐng 視野に入る光景.
视距 shìjù ①視力の及ぶ距離.②視覚による距離測定.〔～测量〕スタジア測量.
视觉 shìjué 視覚.〔～器官〕視官生理視覚器官.〔～系 xì〕ビジュアル系.〔～污染〕視覚公害.
视力 shìlì 視力.〔～表〕[目力表]視力表.〔保护视力〕視力を保護する.

视亮度 shìliàngdù 因视等级.天体の見た目の明るさ.→〔光 guāng 度〕
视频 shìpín ビデオ周波数.映像周波数.〔～显示〕ビデオディスプレイ.〔～光盘〕[视盘 pán]ビデオディスク.〔～(捕捉)卡〕〔～(采集)卡〕電ビデオキャプチャカード.〔～点播〕ビデオオンデマンド.〔～电话〕テレビ電話.〔～会议〕テレビ会議.
视屏 shìpíng 画面·画像(を見る)
视如敝屣 shì rú bìxǐ はき古した靴のように取り扱う.〔～掉〕まったく問題にしない.ほったらかす.
视若无睹 shì ruò wúdǔ <成>目に入っているのに見えていないのと同じである.全く無関心である.
视神经 shìshénjīng 生理視神経.
视事 shìshì <文>(役人が)執務する.〔照常〕平常どおり執務する.〔就任～〕就任して執務する.→〔办 bàn 公〕
视死如归 shì sǐ rúguī <喩>平然として死に対する.死を全く恐れないこと.
视听 shìtīng =视聴.見ること聞くこと.〔～生〕放送教育受講生.〔～时代〕オーディオビジュアル時代.②見聞.〔以～〕それによって見聞を広める.
视同 shìtóng <文>……と同じに見る(みなす.考える).〔～路人〕路傍の人と同一視する.〔～儿 ér 戏〕児戯に等しいもの(とるに足らないこと)と考える.
视图 shìtú 製投影図.〔主～〕〔正～〕正面図.〔侧～〕[侧面图]側面図.〔俯～〕〔顶～〕平面図.上面図.
视网膜 shìwǎngmó 生理網膜.〔～炎〕医網膜炎.
视为 shìwéi <文>……と見る(みなす.考える).〔～当然〕当然のこととする.〔～畏途〕剣呑(な)(危ない)行き方だと考える.〔～知己〕親友とみなす.〔～至宝〕貴重品とみなす.〔~ kàn 作〕
视险如夷 shìxiǎn rúyí <成>艱難を恐れない.
视线 shìxiàn ①視線.〔～以内の東西〕見える範囲内のもの.②注意.関心.(心の向くところ)
视象 shìxiàng 視覚のイメージ.
视像 shìxiàng テレビ画像.
视野 shìyě ①[视域②] <喩>見識の範囲.〔学术～〕学術の対象範囲.
视域 shìyù ①生理視覚閾(ˇ).光覚閾.〔视阈〕ともいう.②同上②.
视在 shìzài 見掛け.アパレント.〔～功率〕電皮相電力.
视障 shìzhàng 視覚障害.

[事] shì ①〔－儿〕(人のする)事.事柄.用事.〔一件～〕一つの出来事.〔闲 xián～〕暇ごと.〔公～公办〕公務は公務.それはそれこれはこれ.〔有什么～〕どんな用事ですか.〔省 shěng～〕手数が省ける.〔费 fèi～〕手数がかかる.〔没～找～〕必要がないのに任せつくることを言う.〔别理他,他那个人～儿多〕彼を相手にするな,彼は余計な事ばかりする.②仕事.職務.〔找 zhǎo～〕①仕事を探す.〔办 bàn～〕仕事をする(処理する).〔你父亲做什么～〕きみのお父さんは(仕事は)何をしているか.③かかわり.責任.〔没有医生的～〕医者なんかのかかわりのあることではない.〔不知道的～〕知ったことではない.〔不是我的～〕わたしの責任ではない.④事件.事故.災難.〔出(了)～了〕事故を起こした.〔平安无～〕平穏無事(である).〔无～〕<文>仕事がない.営む.行う.〔不～生产〕生産に従事しない.〔不～家务〕家事に務めない.〔稍～休息〕仕事を軽くして休息をとる.⑤～に仕える.〔事奉〕うやうやしく仕える.〔一女不～二夫一婦は二夫に仕えない.⑦<文>量詞.器物などを数える.〔炉瓶三～〕香をたく香炉の一揃(香炉,香盒と瓶)

事半功倍 shìbàn gōngbèi <成>手間では半分で倍

事势　　　　　　　　　　　　　　　　　　　　　　　　shì

効果がある.
事倍功半 shìbèi gōngbàn〈成〉倍の骨折りをして半分の効果しかない.
事必躬亲 shì bì gōngqīn〈成〉仕事は必ず自分から手を下している.
事变 shìbiàn ①変乱.騒動.事件.②〔軍事政治面の〕重大な変化.③一般的物事の変化.〔找出周围～的内部联系〕周りの変化の内部との関連を探し出す.
事不关己 shì bù guānjǐ〈成〉自分には関係ない.〔～,高高挂起〕自分にかかわりのないことはほうっておく.〔～休开口〕〈谚〉自分に関係ないことには口を出すな.
事不过三 shì bù guòsān〈成〉同じ事は3回は起きない.3回以上の(失败)は許されない.
事不宜迟 shì bù yíchí〈成〉事は遅くならない方がよい.
事出有因 shìchū yǒuyīn〈成〉(この)事の起こったのにはわけがある.
事到临头 shìdào líntóu〈成〉事に直面する.いよいよという瀬戸際になる.
事到如今 shìdào rújīn〈惯〉こうなってしまった.〔～,也只好…〕こうなったからにはやむなく….
事典 shìdiǎn 事典.〈文〉(礼制に関する)先例集.
事端 shìduān 騒動.もめごと.紛争.出来事.〔挑起~事件〕事件を挑発する.〔制造~〕騒ぎを起こす.
事功 shìgōng〈文〉事業と功績.〔急于～〕功を急ぐ.
事故 shì・gù ①事故.故障.〔交通～〕交通事故.〔出～〕〔发生～〕事故が起こる.〔责任~〕責任の問われる事故.〔虽没造成～,可也算得上是一苗子〕事故にまではならなかったとはいえ,ごたごたの種ということにはなる.②(思わぬ)事柄.意外な出来事.〔自去年来多～〕(白居易诗)昨年このかた意外なことが多い.
事过境迁 shìguò jìngqiān〈成〉事はすでに過ぎ去り周囲の状況も変わっている.〔时过境迁〕ともいう.
事后 shìhòu 事後(の).〔～诸葛亮 zhū Gě liàng〕〈喻〉事件が終わってから偉そうなことを言う人(こと)
事机 shìjī ①事の筋.②機密を守るべき事項.③(事をなす)情勢.
事迹 shìjì ①人の生涯になしとげた事柄.業績.〔英雄~〕英雄的な業績.②事柄の跡形.事跡
事假 shìjià (私事での)休暇.〔请~〕同前をとる.
事件 shìjiàn ①事件.〔历史～〕歴史的な事件.②事柄.事項.
事款则圆 shì kuǎn zé yuán〈成〉じっくり急がずにやれば円満な結果が得られる.〔事宽 kuān 则圆〕とも.[**忙** máng **中有错**]
事理 shìlǐ 事の道理.
事例 shìlì (代表性のある)事例.
事略 shìlüè 人の事跡のあらまし.②人の事跡の大略を述べる文体.またまれによる文章.〔名臣～〕名臣の同前.
事企 shìqǐ 事業と企業.〔～分离〕同前を分離する:組織や機関の事業と営利企業部門の活動を分離すること.〔改企改〕事業から企画への転換.→〔事业〕
事前 shìqián ⇒〔事先〕
事情 shìqíng ①事.事柄.〔人家～头上过,自己～穿心过〕他人の事は一向に平気だが,自分の事となると気にかかる.②仕事.〔~找到了吗?〕仕事が見つかりましたか.③用事.事情.〔我有点儿～〕わたくしは用事があります.④(婚礼・葬式などの)事.〔前次令弟一事,我也帮着上您的忙〕

弟さんのおめでたの時には,ご加勢もしませんで(失礼しました).⑤事故.間違った事.〔出～〕事故が生じる.間違いがおこる.
事实 shìshí 事実.〔~上 shang〕事実上.〔~告诉我们〕事実が我々に告げる.〔~俱在〕事実がそろっている.
事事 shìshì ①〈文〉事をなす.〔无所~〕〈成〉何もしないで遊び暮らす.②ことごと.すべてのこと.〔~他作主〕何事も彼が指図する.
事态 shìtài 事態.局面(多く悪い場合を指す).〔~严重〕事態が重大である.
事体 shìtǐ ①事情.事の様子.②体裁.面目.〔体统〕に同じ.
事无巨细 shì wú jùxì〈成〉事の大小を問わない.大小すべての事に.〔事无大小〕ともいう.
事务 shìwù ①日常の勤め.仕事.〔～繁忙〕業務が多忙である.〔～主义〕ひたすら眼前の仕事をこなせばよいとする作業(指導)姿勢.〔～性工作〕日常業務.②総務.〔～科〕総務課.〔～员〕同前の職員.③専門業務.〔会 kuài 计～所〕会計事務所.
事物 shìwù 事物.〔新生～〕新しく生まれた事物.
事先 shìxiān =〔事前〕事前(に):〔预 yù 先〕に同じ.〔要～通知一声儿〕あらかじめひとこと知らせる必要がある.〔～策划的暗杀〕前もって計画した謀殺.〔~磋商〕事前の相談.
事项 shìxiàng 事項.事柄.
事业 shìyè ①事業.〔中日友好~〕中日友好の事業.〔～心强〕(公共のための大事を)やる気が大いにある.〔有~心的人〕事業心に燃える人.②(営業収入などを国家の下におかれる)事業.〔企 qǐ 业〕と区別している.〔～费〕経営費.〔～单位〕事業単位.③計画.全て.
事宜 shìyí 取り扱い(事項).処置:多く公文・法令の中で用いる.〔商谈呈递国书～〕国書捧呈の件について打ち合わせる.
事已至此 shì yǐ zhìcǐ〈成〉事すでにここに至る.〔～不可挽 wǎn 回〕こうなったからにはもう挽回はできない.
事由 shìyóu ①[-儿]事由.事のおこり.②〈公〉公文本件の主な内容.③[-儿]〈方〉職.仕事.〔给她找个~〕彼女に職を探してやる.
事与愿违 shì yǔyuàn wéi〈成〉事が希望どおりにいかない.〔生老病死～〕人の生死老病のことは思うとおりにはならない.
事在人为 shì zài rénwéi〈成〉(事の成否は)人のやり方しだいである.
事主 shìzhǔ ①〔刑事事件的〕被害者.〔强盗离开～房屋之后,就能够自称不是强盗了吗〕強盗が被害者の家を出るとすぐおれは強盗じゃないんだと言えるものか.②回婚礼・葬式などをとり行う人.

〔势・勢〕 shì ①势い.势力.〔倚 yǐ～欺人〕〔仗 zhàng～欺人〕〈成〉势力をかさにきて人をいじめる.〔得～〕势いを得る.〔权 quán～〕権势.〔失～〕势力を失う.〔火 huǒ～很猛〕火の势いが非常にひどい.〔趁 chèn～〕〔乘 chéng～〕势いに乗じる(て).②(自然界に現われた)状態.形势.〔地～〕地势.③(社会や事物の)発展状況.動向.趋势 (qū).〔大~〕大势.④(人の)姿势.体の構え.様子.〔姿 zī～〕姿势.⑤ゼスチャー.〔手~〕手まね(手の動かし具合).〔作 zuò～〕ふりをする.⑤〈文〉雄性生殖器(睾丸).〔去～〕〔割 gē～〕〔去势割其~〕(晋書・志20)姦淫せるものは去势の罰を課する.
势必 shìbì 势い.きっと.必然的に.
势不可当 shì bù kědāng〈成〉势いが猛烈で,阻むことができない:〔势不可挡 dǎng〕ともいう.

shì 势饰侍恃峙室

势不两立 shì bù liǎnglì 〈成〉双方の矛盾が激しくて、両立はできない.→［誓不两立］

势成骑虎 shì chéng qíhǔ 〈成〉騎虎の勢いになる：情勢が厳しくて、引くに引かれない立場に陥る.→［骑虎难下］

势单力薄 shìdān lìbó 〈成〉力不足である.力量が弱い.→［单薄③］

势均力敌 shìjūn lìdí 〈成〉力が相匹敵している.

势利 shìlì 〈文〉①権勢と利益. ②形勢が有利である.→ shìli

势力 shì·lì 勢力.威圧する力.〔～范 fàn 围〕勢力範囲.

势利 shìli 権勢や利益に走る(を重く見すぎる).〔你也别太～了〕お前もあまり権勢や利益にばかり走ろうとするなよ.〔这个人是最～不过的〕この人物は全く金と力に弱い.〔～小人〕権勢や利益に走る小人(ばら).〔～眼〕〈喩〉④権勢に弱い.⑤相手によってへいこらしたり威張りかえったりする人物.→ shìlì

势能 shìnéng ①〔物〕ポテンシャルエネルギー.位置のエネルギー.②〈喩〉可能性(を秘めた力).潜在力.→［动 dòng 能］

势派儿 shìpàir 〈方〉①気張り・威勢.見栄.体裁.〔讲～〕見栄を張る.〔他家里好大～〕彼の家は大した羽振りだ.②形勢.〔看这～不大好〕形勢はあまりよくないぞ.

势穷力竭 shìqióng lìjié 〈成〉打開の道なく力も尽きる：〔势穷力极 jí〕ともいう.

势如破竹 shì rú pòzhú 〈成〉破竹の勢い.〔～,所向无敌〕破竹の勢いで、向かうところ敵なし.

势所必然 shì suǒ bìrán 〈成〉必然の勢い.ほかに道のない情勢.

势所难免 shì suǒ nánmiǎn 〈成〉免れることは難しい.

势态 shìtài 情勢.事の勢い.

势头(儿) shìtóu(r) 形勢.勢い.〔看～〕形勢を観望して、〔见～不好就跑了〕形勢がよくないのを見てって、逃げ出した.

势焰 shìyàn 権勢と気炎.気勢.〔～万丈〕〈成〉大いに気炎をあげる.〔～熏 xūn 天〕〈成〉(のさばる)勢いが天を焦がすほどである.

势要 shìyào 〈文〉権勢のある要路につくこと.またその人.

势在必行 shì zài bìxíng 〈成〉勢いからみて必ずやらねばならない.

势子 shìzi 姿勢.姿態.格好.

〔**饰・飾**〕 shì ①飾る.美しくする.〔装～〕①装飾する.〔油 yóu ～一新〕ペンキを塗ってすっかりきれいにする.〔材〕装建材.〔雕 diāo ～〕彫刻して飾る.〔四周～以花边〕周りをレースで飾る.〔盛～而入〕盛装して入って来る. ②美しい言葉で表現する.言葉を飾る.〔夸 kuā ～〕大げさに形容する. ③装飾品.〔首 shǒu ～〕装身具.アクセサリー.〔衣～〕着衣と装身具.〔窗 chuāng ～〕窓飾り.④うわべを飾る.飾りごまかす.〔掩 yǎn ～〕隠しごまかす. ⑤扮する.〔他在空城计里～诸葛亮〕彼は"空城计"の劇の中では孔明を演ずる.

饰词 shìcí〔饰辞〕とも書く.①言葉を飾る. ②ごまかしの言葉.口実.

饰非 shìfēi 過ちを(きれいな言葉で)覆い隠す.〔文过～〕〈成〉(自分の)過ちをごまかし飾る.

饰柜 shìguì ①飾り棚.カップボード. ②⇒〔橱 chú 窗①〕

饰扣 shìkòu 飾りのある留め金・ホック.→〔饰针〕

饰品 shìpǐn 装身具.アクセサリー：〔首 shǒu 饰〕に同じ.

饰物 shìwù ①装身具. ②装飾品.飾り.

饰演 shìyǎn 役を演ずる.

饰针 shìzhēn 飾りのある針・ピン.

饰智 shìzhì 〈文〉知ったかぶりをする.知恵者を装う.

饰终 shìzhōng 〈文〉死者の栄誉をたたえる(儀式).

〔**侍**〕 shì ①そばに付き添う.従って仕える.〔～立〕そばに付き添って立つ.〔～亲 qīn〕〈文〉親に仕える.〔服～病人〕病人に付き添って世話をする. ②〈姓〉侍(はべ).

侍婢 shìbì ⇒〔侍女〕

侍侧 shìcè ⇒〔侍前〕

侍从 shìcóng 〈文〉天子や高官の側近に侍(はべ)り護衛する(人)：〔御 yù 者②〕に同じ.

侍儿 shì'ér ⇒〔侍女〕

侍奉 shìfèng 〈文〉①父母に仕える(孝養を尽くす).〔～不周〕孝養がいき届かない.〔～汤药〕〈喩〉父母の看病をする. ②(目上の人に)仕える.お世話をする.〔～老人〕老人に仕え世話する.

侍候 shìhòu かしづく.仕える.〔上岁数了,身体又不好,没人～不行〕年もとったし丈夫でないので、誰かの世話にならないとだめだ.→〔服 fú 侍〕

侍其 shìqí 〈姓〉侍其(ぼ).

侍郎 shìláng ⑱⑲〔六 liù 部〕(省に当たる)の次官に相当する職名.

侍弄 shìnòng 〈方〉①(家畜や作物を)手配し世話する.〔～牲口〕家畜の世話をする. ②修理する.いじって直す.

侍女 shìnǚ ＝〔侍婢〕〔侍儿〕〈文〉侍女.腰元.

侍前 shìqián ＝〔侍侧〕〔侍下〕〔侍右〕⑱冒頭,相手の名前の後に添える言葉：例えば、〔××先生～〕のように用いる.

侍妾 shìqiè ⑱そばめ、召使い.→〔妾①〕

侍生 shìshēng 〈文〉①後輩が先輩に対する自称. ②同輩あるいは後輩の女性に対する自称.

侍僮 shìtóng 〈文〉お側付きの小姓(ぞ)：〔小 xiǎo 史③〕ともいう.

侍卫 shìwèi ①天子の身辺を護衛する武官. ②護衛する.守る.

侍下 shìxià ⇒〔侍前〕

侍养 shìyǎng 仕え世話する.孝養を尽くす.

侍役 shìyì 召使い.下男.ボーイ.

侍应生 shìyìngshēng ⑱給仕：企業に勤める年若い雑役夫.

侍右 shìyòu ⇒〔侍前〕

侍御 shìyù →〔御史〕

侍者 shìzhě 〈文〉側近.侍者.

〔**恃**〕 shì ①恃(たの)む.頼りにする.〔有～无恐〕〈成〉頼りにするものがあって(あれば)恐れるものはない. ②〈文〉母.〔失～〕母を亡くす.〔怙 hù ～〕父母.

恃爱 shì'ài 〈牘〉ご寵愛に頼る.〔～奉晨 kěn〕ご厚意に甘えるお願いします.

恃才傲物 shìcái àowù 〈成〉自分の才能を頼んで人を見下す.

恃强 shìqiáng 力を頼みにする.〔～顽抗〕〈成〉力を頼み頑固に抵抗する.〔～凌 líng 弱〕〈成〉権勢をかさに着て弱い者をいじめる.〔～仗势〕〈成〉強い勢力を後ろ盾にする.

〔**峙**〕 shì 地名用字.〔繁 fán ～县〕⑱山西省にある. → zhì

〔**室**〕 shì ①部屋.〔教 jiào ～〕教室.〔办公～〕事務室. ②(組織や機関の内部の)部署の一.室.〔计划～主任〕計画室主任.〔科～〕(企業や機関の)科と室.→〔室①：室②：室③：室其～家〕(詩経周南・桃夭)花嫁が嫁ぎ先の家庭に

しっくり合うこと.④妻子.妻.〔家～〕家族.〔妻 qī～〕妻.⑤室状の空洞.〔心～〕[生理]心室.→〔室顫〕⑥室(ら)〔二 èr 十八宿〕の一.〔营 yíng 室〕ともいう.

室颤 shìchàn 医心室颤(动)〔心室颤动〕ともいう.

室迩人远 shì'ěr rényuǎn〈成〉住居は近いがは人は遠い.〈喩〉非常にあこがれながら,なかなか会えない:〔其室则迩,其人甚远〕(詩経)同例.

室家 shìjiā〈喩〉家庭.〔～不睦 mù〕家庭不和.

室内 shìnèi 屋内.室内.〔～剧 jù〕[劇]テレビのホームドラマ.〔～污 wū 染〕[医]シックハウス.〔～乐 yuè〕[音]室内楽.

室怒市色 shìnù shìsè〈成〉家庭のことで怒って,世間の人にまで怒色を表す.八つあたりする.

室女 shìnǚ〈文〉未婚の女子.〔～座 zuò〕[処女座][天]おとめ座(星座).→〔闺 guī 女〕

室人 shìrén〈文〉①妻.室内;〔妻 qī〕に同じ.②夫の姉妹.③家人.

室如悬磬 shì rú xuán qìng〈喩〉赤貧洗うがごとし.〔悬〕〔县〕とも書く.→〔悬磬〕

室外 shìwài 屋外.

室韦 shìwéi 图契丹民族の一種族:現在の蒙古東部から黒竜江の北部一帯に住んでいた.〔失 shī 韦〕とも書く.

室温 shìwēn 室内温度.

室宿 shìxiù →〔二 èr 十八宿〕

室友 shìyǒu ルームメイト.〔同 tóng 屋〕に同じ.

室中 shìzhōng〈姓〉室中(ちゅう)

〔是(昰)〕 shì ①〔…は〕…である.…だ:二つの事柄をつなぎ,ⓐ同一であることを表す.ⓑ種類・属性を表す.ふつう軽声に読まれる.否定は常に〔不 bù 是〕となる.〔你～谁〕きみはだれだ.〔那不～书〕あれは本ではない.〔我～工人〕わたしは労働者だ.②(場所)に存在することを表す.〔房子前面～花坛〕家の前は花壇である.〔浑身～土〕体中ほこりだらけである.〔满地都～小石头子儿〕地面一帯小石だらけである.③〔～…的〕の形で,種類・材質を表す(強調する).〔这张桌子～石头的〕この机は石の机である.〔这笔尖儿～十四开金的〕このペン先は14金のだ.④…は…であって,…~である.二つのものが全く別のものであることを表す.〔去年～去年,今年～今年,你当年不一样啊〕去年は去年であって,今年は今年である,きみは毎年同じだと思っているのか.⑤…か…それとも…か:選択・是非の疑問または反語を表す.〔你～吃饭,～吃面？〕きみはご飯を食べるか,それとも麵を食べるか.⑥〔真的,～假的]本物か,偽物か.⑥…であるけれども…である:〔～〕の前後に同じ名詞・形容詞または動詞を用い,譲歩を表す.〔这首诗好～好,就是长了一点〕この詩はいい詩だけれども,ちょっと長い.〔有～有,可不多]あることはあるが多くない.⑦確かに…である:強い肯定を表す.〔～〕は強く発音し後ろに形容詞(的語)が来る.〔这本书～好,你得看一看〕この本は確かにいい本だ,きみ一度読んでみたまえ.⑧ちょうどよい.かなっている.〔～时候了〕時間ですよ.〔你来得正～时候儿〕きみちょうどよいところに来た.⑨…ささえあげすべて.すべて:文頭に置き後ろに来る名詞について言う.〔～父母都爱自己的儿女〕すべての父母は自分の子女を愛する.〔～书都过了〕本ですべてみな読んだ.〔～电影就看〕映画ならば見る.⑩ただ…をのみ…する:多く〔唯 wéi(惟)〕…～〕の形をとる強調文.一種の倒置表現で,焦点を集中させる.〔唯利～图〕〈成〉ただ利のみを追求する.〔唯命～从〕〈成〉ただ命これのみに従

う.〔马首～瞻 zhān〕〈成〉ひたすら指導者のあとについて行く.⑪接続詞・副詞の語尾として用いられる:常に軽声となる.〔要～〕もしも.〔倘 tǎng ～〕なかなか.〔可～〕①しかし.〔却 què ～〕かえって.〔老～〕いつも.〔还 hái ～〕やっぱり.〔总 zǒng ～〕どうしても.⑫応諾の語:はい.そうです.さよう.しかり.〔～～！〕はい,はい,ごもっともです.〔～,我明白了〕はい,わかりました.〔～,我这就去〕はい,これから参ります.〔～,吗,他也不来的ですか,彼も来ないのですね.⑬正しい.〔你说的很～〕きみの言うことは非常に正しい.〔到底谁～谁非？〕いったい誰が正しく誰がまちがっているのか.〔我觉得我不～,他～的〕わたしが悪かった.〔自以为～〕〈成〉自ら正しいと思う.〔各行其～〕〈成〉それぞれ正しいと思ったことをやる.〔好好念书吧～〕よく勉強すればそれでよい.↔〔非 fēi(I)③〕⑭正しいとする.〔～古非今〕⑮〈文〉これ.この.〔非～之谓也〕そういうわけではない.〔～年〕この年.〔～日也,天朗气清〕(王羲之・蘭亭集序)当日は天気晴朗であった.〔由～而知〕この点から知ることができる.〔何畏怯如～〕何ゆえそのようにびくびくするのか.〔于～〕ここにおいて.⑯〈姓〉是(し)

是不是 shìbúshide ①事のある是非は別として、いずれにしても.〔～就能和大总统规 guī 面说话〕とにかく大統領と会って話ができるということだ.②何かにつけて,とかく.〔他有脾气,～就骂人〕彼は癖があってとかく人を罵る.→〔动 dòng 不动〕

是的 shìde ①そうである.そのとおりだ.②→〔似的〕

是凡 shìfán〔方〕およそ.一般的に言って.〔凡是〕に同じ.

是非 shìfēi ①是非.よしあし.善悪.〔～颠倒 diāndǎo〕よしあしが転倒する.〔明辨～〕是非を明らかにする.〔～自有公论〕〈諺〉是非・善悪は衆人の間でおのずと妥当した世論ができるものだ.〔一问句〕議論でき疑問じ.②悶着.争い.口論.〔惹 rě ～〕悶着をひき起こす.〔搬 bān 弄～〕そそのかして争いを起こさせる.〔一个不留神就难免闹～〕ちょっと気をつけないと争いをひき起こしかねない.〔～只为多开口,烦恼皆因强出头〕〈諺〉人からとかくの批評を受けるのはすべて口が多すぎるからであり,むしゃくしゃするのはいつも自分がやたらに出しゃばるからである.〔～窝 wō〕〔～之地〕問題をかかえている場所.問題のまと.〔～人〕〔～兜儿〕〔～篓 lǒu 子〕よく問題を起こす人.

是非曲直 shìfēi qūzhí〈成〉理非曲直:〔是非好歹 dǎi〕〔是皂 zào 白〕ともいう.〔不问～〕是非・善悪を問わない.有無を言わさず.

是否 shìfǒu …であるかないか.…かどうか.〔～合乎广大人民群众的最大利益〕広範な人民大衆の最大利益に合するや否や.〔～有当 dàng〕妥当なりや否や.〔～能实际取得出口许可,尚希示〕実際に輸出の許可が得られるかどうか,なお示しくお知らせありたし.〔～已检收〕(こちらが送ったものを)受け取られたかどうか.〔希研究～可用〕使用できるかどうか研究ありたし.

是福不是祸 shìfú búshìhuò〈慣〉福なら福で禍ではない.〔～是祸躲不过〕どうせ運命は決まっている.当たって砕けろだ.〔～,今儿个就是今儿个啦〕(老・駱)一か八か当たって砕けろだ.今日のことのように日にしかならない.

是感 shìgǎn ⇒〔是宿〕

是个儿 shìgèr〔口〕相手として力量が匹敵する.相手になれる.〔这场比赛没问题,咱们一定赢,对方不～〕この試合は問題にならない,おれたちがきっと勝つ,向こうはとても相手にゃならない.〔鸡蛋怎么

shì 是适逝誓

能跟石头碰,他哪是你的个儿〉卵がとうてい石には勝てないようなものさ,彼なんかがどうしてお前の相手になれるものか.

是古非今 shìgǔ fēijīn 〈成〉昔のことをすべて正しいとし,今のことはすべて間違っているとする.

是故 shìgù 〈文〉これのゆえに….

是荷 shìhé =[是感]〈牘〉(…していただけたら)感謝です.ありがたい.[是为至荷][是为至感]同前.[即请示知〜]さっそくお知らせいただければ幸いです.→[为 wéi 荷]

是可忍,孰不可忍 shì kěrěn, shú bùkěrěn〈成〉これが辛抱できるなら,何が辛抱できないことがあろう.〈転〉絶対に辛抱できない.

是盼 shìpàn 〈牘〉(…してくださるよう)お願いする.[伏请示知〜]なにとぞお知らせ下さるようお願いします.

是是非非 shìshì fēifēi 〈成〉是(ぜ)を是とし,非を非とする(荀子・修身)

是味儿 shìwèir 〈口〉①味がいい.正真正銘の味である.[这菜做得〜]この料理はうまくできている. ②非常に満足する.心にかなう.気持ちがいい.[是了 le 味儿(了)]ともいう.[你是了味儿啦,教我一个人背黑锅](老・骆)おまえだけいい目にあって,あとは知らぬ顔をしてわたし一人に重荷を負わせた.

是问 shìwèn (…の)責任である.[惟你〜]お前だけの責任だ.[倘有不测,惟阿Q〜](鲁・Q4)もしものことがあったら,阿Qの責任だ―字賠⑩

是幸 shìxìng 〈牘〉(…していただけたら)幸いです.[是为至幸]同前.

是样儿 shìyàngr 格好がよい.形がきまっている.[这鞋很〜]その靴はたいへん格好がいい.[不〜]ぶかっこうだ.みっともない.→[像 xiàng 样(儿)]

是要 shìyào 〈牘〉(…することが)重要である:是非…していただきたい.[是为至要]同前.

是以 shìyǐ 〈文〉是(ここ)をもって.そこで.[计划欠妥,〜遭遇困难]計画が妥当を欠いていたから,それで困難に遭遇したのである.→[所 suǒ 以]

是正 shìzhèng 〈文〉是正する.訂正する.

[适・適] shì

(Ⅰ)①適する.かなう.あてはまる.[他不〜于干这种工作]彼はこの種の仕事には適しない. ②快適である.気持ちよい.[舒 shū 〜]同前.[身体不〜]体の具合が悪い. ③折よく.ちょうど.[〜值开会期间]ちょうど開会期間に当たっている. ④〈文〉いましがた.[〜从何处来?]さきほどはいずこから来られたか.(Ⅱ)〈文〉①行く.赴く.[君将何〜?]きみはいずこに行こうとするのか.[何〜何从?]何につき従おうとするのか. ②嫁ぐ.嫁に行く.[已〜张家]もう張家に嫁いでいる. → kuò

适才 shìcái ⇒[刚 gāng 才]

适从 shìcóng 〈文〉付き従う.従う.[何所〜]何に付き従うがよいか.[无所〜]付き従うべきものがない.どうすればいいのかわからない.

适当 shìdàng =[恰 qià 当]適当である.

适得其反 shì dé qífǎn〈成〉ちょうどその反対になっている:結果と願望が相反すること.[结 jié 果是〜]結果はまさにその反対になった.

适度 shìdù 適度である.[繁简〜]繁簡よろしきを得ている.

适逢其会 shì féng qíhuì 〈成〉たまたま(折よく)その機会に出くわす.

适合 shìhé 適合する(している)

适婚 shìhūn 結婚適齢期である.[〜青年]同前の青年.

适间 shìjiān いましがた.さきほど.

适可而止 shì kě ér zhǐ〈成〉適度でやめる.[喝酒也要〜]酒も適度のところでやめるべきである.

适口 shìkǒu 口に合う.[〜充肠]口に合ったものを腹一杯食べる.〈喩〉生活が安定している.→[合 hé 口味]

适量 shìliàng 適量(である)

适龄 shìlíng 適齢(である).[〜儿童](入学)適齢児.

适路 shìlù 需要に見合う.

适巧 shìqiǎo ちょうどよく.都合よく.[〜他回来了]折よく彼が帰ってきた.→[恰 qià 巧]

适切 shìqiè 適切である.

适人 shìrén 〈文〉嫁に行く.嫁ぐ.[尚未〜]まだ嫁いでいない.

适时 shìshí 時宜に適合している.タイミングがよい.

适体 shìtǐ (サイズが)ぴったり体に合う.

适销 shìxiāo (商品が)販売に適している.ニーズに合っている.[〜商品]売れ筋商品.

适宜 shìyí ①適宜(である). ②適する.適合している.[〜于出口的物资]輸出に適した物資.

适意 shìyì ①気に入る.意に適(かな)う. ②快適である.気持ちがよい.

适应 shìyìng 適応する.[〜时代的要 yào 求]時代の要求に適応する.[〜环境]環境に適応する.[〜性]適応性.[适 zhèng 应]圝適応症.

适用 shìyòng 適用する.適用できる.使い道に合う.[已经不〜了]もう使う条件に合わなくなった.

适于 shìyú 適する.[〜学外语]外国語を学ぶのに適している.

适值 shìzhí たまたま…の時に(あたる).[〜国庆]ちょうど国慶節にあたる.

适中 shìzhōng ①ちょうどよく.ころあいである.[雨量〜]雨量がちょうどよい.[规模〜]規模は適当である. ②位置が偏りでない.[地点〜,交通方便]場所がちょうどよく,交通の便利がよい.[华中是气候〜的地方]華中では気候がちょうどころあいの地方.

[逝] shì

①過ぎ去る.流れ消える.[时光已〜]時はもう過ぎてしまった.[光阴易〜]時は過ぎ去りやすい. ②死去する.[〜世][〜没 mò]同前:ふつう[去 qù 世]という.[病〜]病死する.[长 cháng 〜][永〜]とこしえにこの世から去る(永眠する).[伤 shāng 〜]死を悼む.

逝波 shìbō 同下.

逝川 shìchuān =[逝波]〈文〉流れ行く河.〈喩〉過去の年月.

逝水 shìshuǐ 〈文〉流れる水.[〜年华]〈成〉流れる水のように過ぎ行く(去った)年月.

逝者 shìzhě 〈文〉①亡くなった人.故人. ②流れ消えゆくもの.

逝止 shìzhǐ 〈文〉行くこととどまること.[〜无常]行くかとどまるか無常である(定めがない).

[誓] shì

①誓う.[〜死不屈]〈成〉死を誓って(どんなことがあっても)屈しない. ②誓い(の言葉).[宣 xuān 〜]宣誓(する).[发 fā 〜][起 qǐ 〜]誓いをたてる.

誓不罢休 shì bù bàxiū〈成〉絶対に後には引かない(途中でやめない).

誓不两立 shì bù liǎnglì〈成〉自分が倒されない限り必ず相手を倒すと誓う(共存はありえない).→[势不两立]

誓词 shìcí [誓辞]とも書く.宣誓の言葉.

誓师 shìshī 出陣に当たって誓いを立てる.〈転〉事の完遂・達成に誓いを立てる.[〜大会]決起大会.

誓死 shìsǐ 死を誓う(って).命をかける(かけて).[〜反对]死を決して反対する.[〜不二]どんなことがあっても二心は抱かない.

誓言 shìyán 誓言.誓いの言葉.

shì～shōu

誓願 shìyuàn ①心に誓って願いをたてる. ②同前の願い. 誓願.
誓約 shìyuē 誓約.

[莳・蒔] shì ①(苗を)移植する.〔~秧 yāng〕〔分秧〕同前.〔~田〕田植えをする. ②〔文〕植える.〔~花艺 yì 草〕草花を植えて庭を美しく飾る. ③〈姓〉蒔〔.〕 → shí

[释・釋] shì（Ⅰ）①解釈し説明する.〔~解选〕同前.〔注 zhù ~〕〔注解〕注釈(する).〔浅 qiǎn ~〕簡単な解釈を示す). ②(疑いや恨みを)解く.取り除く.〔涣 huàn 然冰~〕さっぱりとあとかたもなく消え失せる. ③釈放する.〔~俘 fú 捕虜を釈放する.〔无罪开~〕無罪放免(になる・する).〔假 jiǎ ~〕仮釈放(にする・する). ④放す(して置く).→〔釈巻〕 ⑤ゆるめほどく.
（Ⅱ）①〔释迦牟尼〕の略.〈転〉仏教. ②〈姓〉釈〔(ぎん)〕

释道 shìdào 仏教と道教.〔~儒 rú〕同前と儒教.
释典 shìdiǎn 仏典.〔佛 fó 经〕に同じ.
释奠 shìdiàn〔文〕①供物を古聖賢の神前に供えて祭ること. ②孔子を祭る大典:旧暦2月と8月の上の丁(てい)の日に行う.
释读 shìdú〔文〕古代の文字や言葉を考証し解釈すること.
释放 shìfàng ①釈放(する). ②〔物〕放出.解放.〔~能量〕エネルギーを放出する.
释褐 shìhè〔文〕⑩進士に合格した者が庶民の衣を脱いで官職につくこと.〈喩〉新たに仕官する.
释怀 shìhuái〔文〕釈然とする.わだかまりを解く:多く否定に用いる.〔当年离别的情景使我久久不能~〕当時の別れの状況は長らく心にわだかまっていた.〔难以~〕釈然としがたい.
释家 shìjiā〔文〕仏家.仏教徒.
释迦牟尼 shìjiāmóuní ゴータマ・シッダールタ.釈迦:釈迦族の聖者の名.仏教の開祖.
释教 shìjiào 仏教.〔佛 fó 教〕に同じ.
释卷 shìjuàn〔文〕書物を手から放す.〔手不~成〕書物を手放さない.〈喩〉懸命に読みふける.
释老 shìlǎo ①⑷釈迦と老子. ②仏家と道家.
释例 shìlì〔文〕経文の解釈説明の仕方の凡例.
释门 shìmén〔文〕①仏門. ②僧侶.
释闷 shìmèn〔文〕鬱を散ずる.→〔解 jiě 闷(儿)〕
释明 shìmíng〈文〉釈明.
释念 shìniàn〔文〕心配を解く.安心する.〔请~〕〈牘〉どうぞご安心下さい.
释然 shìrán〔文〕釈然と.さっぱりと.
释手 shìshǒu〔文〕手を放す:多く否定に用いる.〔爱不~〕好きになって手放せない.
释文 shìwén〔文〕①文字の発音と意味を解釈する:多く書名に用いる. ②同前の注釈の言葉.
释疑 shìyí 疑問を解消する.疑いを解く.
释义 shìyì〔文〕(字.語・文章の意)を解釈する. ②解釈した言葉.釈義.
释藏 shìzàng 仏典(総称)
释子 shìzǐ〈文〉僧.和尚.
释罪 shìzuì〔文〕罪を赦(ゆる)す.
释尊 shìzūn ＝〔世尊〕お釈迦さま.

[谥・諡(謚)] shì ①囬〔君主・貴族・高官などの〕死後の贈り名(追号).〔~名〕同前.〔武帝是刘彻的~号〕(漢の)武帝というのは劉徹に対する贈り名である. ②同前を贈る(られる).〔~法〕同前を贈る規則.〔岳飞~武穆〕岳飛は贈り名を武穆という. ③…と称する….という.〔~之为保守主义〕保守主義という.

嗜 shì ①特に好む(親しむ).極度に愛好する.〔~酒成癖 pǐ〕酒が大好きで癖になる.〔~读书〕読書を心から好む. ②道楽.悪習慣(麻薬の吸飲などの)
嗜赌 shìdǔ 賭博を好む.ギャンブルにのめり込む.
嗜好 shìhào 道楽.好み.趣味:多く悪癖のたぐい.〔~误人〕よくない好みが人を過つ.〔他染 rǎn 上~了〕彼は悪習に染まってしまった.〔他有~〕彼はよくない趣味を持っている.
嗜痂 shìjiā〔文〕かさぶたを食う.〈喩〉いかもの食いである.〔~之癖〕〔~成癖〕〈成〉下手(げ)物食い.
嗜睡 shìshuì 嗜眠(きん).むさぼるように眠ること.意識をなくしたように眠ること.
嗜血 shìxuè（人の)血を好む.〔~成性〕〈喩〉人をゆすりたかりすることが癖になっている.〔~杆菌 生命〕好血杆菌.
嗜欲 shìyù 官能を刺激するとめどない欲望.〔节制~〕同前をコントロールする.

[筮] shì 囬蓍(し)の茎50本を用いて吉凶を占う方法:現在は竹製の〔~竹〕(ぜいちく)を用いる.〔卜 bǔ ~〕同前で占う.〔蓍筮〕
筮验 shìyàn〈文〉占いによって現れたしるし.

[澨] shì〔文〕水のほとり.〔山隈 zōu 海~〕〈成〉僻遠の地.

[噬] shì〈文〉嗡(か)む.〔猛虎~人〕猛虎が人をかむ.〔吞 tūn ~〕むさぼり喰う.一口にのみこむ.併吞(か)する.〔反~〕逆にかみつく.
噬菌体 shìjūntǐ 生命 バクテリオファージ:細菌(寄生)ウイルス.細菌を殺す作用のあるウイルス.
噬嗑 shìkè〈文〉噬嗑(がい):六十四卦の一つ.
噬人鲨 shìrénshā 魚貝 ホホジロザメ(人食いザメ).→〔鲨鱼〕
噬脐莫及 shìqí mòjí〈成〉後悔のほぞをかむ.後悔しても間にあわない:〔噬脐何及〕〔噬脐无及〕ともいう.

[奭] shì ①〈文〉盛んである. ②〈文〉怒る. ③〈姓〉奭(せき)
[襫] shì →〔袯 bó 襫〕
[螫] shì〈文〉(蜂・さそりなどが)刺す:zhē は口語音. ②毒殺する. ③放つ. → zhē
螫针 shìzhēn 動(昆虫の尾部の)毒針.

[匙] shi〔钥 yào ~〕かぎ.〔用钥~开锁〕かぎで錠前をあける. → chí

[殖(殖)] shi〔骨 gǔ ~〕遺骨.骨. → zhí

---

shou   ㄕㄡ

[收(収)] shōu ①収める.集めて(中に)しまう.しまいこむ.〔把东西~在柜里〕品物を戸棚の中に収める.〔这纪念品好好~起来〕この記念品はしっかりしまっておきなさい. ②領収する.受け取る.受け入れる.〔货款已经~齐了〕品代金はもう全部受け取った.〔请您赏~〕どうぞお納め下さい.→〔接 jiē ⑤〕 ③収穫(する).取り入れ(る).〔秋~〕秋の収穫(物).〔~庄 zhuāng 稼〕農作物をとり入れる.〔~夏〕夏作作. ④取り立てる.徴収する.→〔收归〕〔收税〕 ⑤利益を得る.収益がある.→〔收入〕〔收支〕 ⑥しめくくる.結末をつける.収める.〔买卖~了〕店(商売)はたたんだ.〔~摊儿 tān〕露店をしまう.〔~棒 bàng〕(野球などの試合を)終える.やめる.〔~杆 gān〕(ゴルフなどを)終える.〔~拍〕(テニスなどを)終える. ⑦感情を抑える.気持ちにおさまりをつける.→〔收神〕〔收心〕

⑧人を捕らえる.収監する.
收报 shōubào ①電報を受信する.〔~机 jī〕電報受信機.〔~人〕電報の受信人. ②⇒[报go]
收笔 shōubǐ ①(文章などの)最後のしめくくり. ②筆を置く.
收编 shōubiān (軍)(兵員を)収容して編制替えする.
收兵 shōubīng ①軍隊を引き上げて戦いをやめる.〔鸣金~〕どらを鳴らして同前.〔转〕休戦する. ②〔喩〕(進行中の仕事などを)打ち切る.終結させる.
收不抵支 shōu bù dǐzhī 〈成〉収支がつりあわない.収入が支出より少ない.→〔入 rù 不敷出〕
收藏 shōucáng 収集(保存する).〔~家〕収集家.
收操 shōucāo 操練や体操を終結する.
收场 shōuchǎng ①結末を告げる.終わる.〔草草~〕〈慣〉いいかげんにうち上げる. ②結末.末路.〔没有好~〕結末がよくない.〔少 shǎo 小不努力,胡作非为,将来是怎么一个人,可想而知〕若いうちに努力もせず,でたらめばかりやっていっては,将来どんな末路かは,考えればわかることである.
收场白 shōuchǎngbái 芝居・講釈などの結びの科白(ぜりふ).また,エピローグ.小説・詩・講演などの結び文句. ↔〔开 kāi 场白〕
收车 shōuchē 車を車庫に納める.運転の仕事を終える.
收成 shōucheng 収穫(の成績).作柄.〔今年的~怎么样〕今年の収穫はどうですか.
收存 shōucún (受け取り)しまっておく.収集保存する.
收到 shōudào 受け取る.手にする.〔~来信〕手紙を受け取る.〔他的信~了吗〕彼からの手紙は受け取りましたか.
收订 shōudìng (新聞・雑誌などの)予約・申し込みを受け付ける.
收兑 shōuduì (持ち込まれた銀や通貨を)受け入れ兌換する.〔~金银牌价〕金銀買上げ公定相場.
收发 shōufā ①公文書類の受け入れと発送(をする).〔~室〕文書受納発送担当室. ②受け入れ発送係.〔~无线电信・电报)送信する.〔~报机〕〔(无线电)~两用机〕トランシーバー.→〔步bù 谈机〕
收方 shōufāng (簿記)(勘定)借方.借方残高.〔借贷方〕に同じ. ↔〔付 fù 方〕
收房 shōufáng 〔旧〕(下女を)妾にする(こと)
收费 shōufèi 費用を取る.〔不另~〕別に費用は取らない,追加料金なし.〔~电话〕有料電話.⑤電話による有料の情報サービス.〔~表〕(タクシーの)料金メーター.〔~公路〕有料道路.〔~处〕(病院などの)会計窓口.〔~生〕割り増し学納金を納める学生.
收服 shōufú 〈文〉服従させる.帰順させる.〔收伏〕とも書いた.
收抚 shōufú 〈文〉(難民などを)受け入れ安心して生活させる.
收付 shōufù 収入と支出.
收复 shōufù 回収する.〔~失地〕失った国土を取り戻す.
收港 shōugǎng (作業をやめて)船を港に入れる.
收割 shōugē 刈り入れ(する).収穫(する).〔开始~〕刈り入れを始める.〔~机〕刈り取り機.
收工 shōugōng (その日の畑仕事や現場工事の)仕事をきりあげる.仕事を終える.→〔下 xià 工〕
收购 shōugòu ①=[收买]買い上げ(する).買い付け(する).〔~兼并〕M&A.買収合併. ②調達(する).国家が私人の生産品を買い上げる.〔~价格〕調達価格.〔~站 zhàn〕調達所.
收官 shōuguān ⇒〔官子〕

收归 shōuguī 回収し所属させる.接収する.〔那些企业都要~国有〕それらの企業は全部回収して国有とする.
收红 shōuhóng (商)(相場が)高値で引ける.
收回 shōuhuí ①回収する.〔~贷款〕貸し金を回収する. ②撤回する.取り消す.〔~成命〕すでに出していた命令を取り消す.
收活(儿) shōuhuó(r) 〈方〉(修理・加工の仕事などを)受け付ける.その日の仕事を終える.
收货 shōuhuò ①商品を受け取る.〔~单〕商品受取証.〔~人〕商品受取人.〔~账〕仕入れ帳. ↔〔发 fā 货〕 ②商品をかたづける.
收获 shōuhuò ①農作物を取り入れる.〔收庄稼〕ともいう.〔春天播种,秋天~,冬种をまき,秋に取り入れる. ②成果.収穫.〔开了这几天会,~可大啦〕この数日間会議をして,成果は非常に大きい.
收集 shōují =[采 cǎi 集]採集(する).収集(する).〔~标本〕標本を収集する.〔~废品〕廃品を集める.
收监 shōujiān 投獄する.収監する.
收件 shōujiàn ①(郵便物などを)受け取る.〔~人〕(郵便物などの)受け取り人.〔~箱〕(軍)受信箱.
收缰 shōujiāng (馬などの)たづなを引きしめる.
收交 shōujiāo
收缴 shōujiǎo ①接収する.没収する.押収する. ②徴収して(国庫に)納める.
收紧 shōujǐn ①(きつく)締める. ↔〔伸 shēn 开〕 ②引き締める.管理を強化する.
收惊(儿) shōujīng(r) 〔旧〕魂を呼び返す:迷信で幼児が急病・急変した時,母親がその子の着衣を持って名前を呼んだり,また他の方法で幼児の魂を呼び返すこと.
收旧利废 shōujiù lìfèi 〈慣〉中古・廃品を回収・再利用する.
收据 shōujù 受取証.領収証.レシート.〔开 kāi ~〕同前を作成する(書く).→〔收条(儿)①〕〔收执②〕〔票 piào 据〕
收看 shōukàn テレビを見る.→〔收听〕〔收视〕
收科(儿) shōukē(r) 〈方〉(女性の)最後のお客. ②終結.結末.
收口(儿) shōukǒu(r) ①傷口がふさがる.〔伤 shāng ~了〕傷がふさがった.→〔愈 yù 合〕 ②(編み物で開いている部分を)とじる.
收款 shōukuǎn 金を領収する.代金を受け取る.〔~人〕受取人.〔~单〕受取書.〔~员〕払い込み所.〔~台〕〔收银台〕レジ.支払いカウンター.〔~机〕〔收银机〕レジスター.
收揽 shōulǎn ①引き込む.手なづける.〔~人心〕民心を収攬する. ②注文を取る.引き受ける.
收礼 shōulǐ 進物を受ける.
收镰 shōulián 刈り取りを終える. ↔〔开 kāi 镰〕
收敛 shōuliǎn ①①税金を取り立てる. ②農作物を取り入れる. ③しめる.おさまり消える.〔~笑容〕笑いを顔にあらわめる.〔行动上~多了〕行動がずっと慎重になった. ④(数)収束. ⑤収斂(れん).〔~剂 jì〕(医)収斂剤.〔敛(涩)剂〕ともいう.
收殓 shōuliàn 納棺する.
收留 shōuliú 引き取って世話をする.収容する.〔他很喜欢~流离无靠的人们〕彼は好んで離散してあてのない人たちをうちに置いて面倒を見る.
收拢 shōulǒng ①かき集める.集めて一まとめにする.〔把废纸~一堆儿〕古紙を集めて一山にする. ②理solidに手なづける.籠絡する.〔~人心〕人心をまるめこむ. ③合わせてくっつける.
收录 shōulù ①(人を)採用する.〔这个学期不~新生〕今学期は新入生は採らない. ②(詩文などを作品集に)収録する. ③受信することと録音すること.

収 shōu

〔～机〕ラジカセ：〔～両用机〕ともいう．

收录 shōulù 圖(相場が)安値で引ける．
收罗 shōuluó あまねく集める．広く収集する．
收锣 shōuluó 〈喩〉打ち上げる．終わる．〔～罢鼓〕〈成〉同前．〔巴黎会议今天～〕パリ会議が本日閉幕する．
收买 shōumǎi ①⇒〔收购①〕②買収する．手なづける．〔费尽心机～的杨老疙疸又完蛋了〕(周・暴)精いっぱいの骨折りで手なづけた楊じいさんも全くしくじってしまった．
收门生 shōuménshēng 門弟をおく．弟子をとる．
收纳 shōunà 受領する．受け取る．
收盘 shōupán ①圖(相場が)大引け(となる)．〔～价〕大引け値段．→〔开kāi 盘②〕②(囲碁や将棋で)終局となる．
收篷 shōupéng 〈方〉①帆を下ろす．②〈転〉やめる．終りにする．
收破烂儿的 shōu pòlànrde ⇒〔打 dǎ (小)鼓儿的〕
收讫 shōuqì 領収済みである：スタンプで〔～〕の二字を押し領収印とする．
收清 shōuqīng 全額受け取り済みである．
收秋 shōuqiū 秋の取り入れをする．→〔秋收〕
收取 shōuqǔ 支払いを受け取る．納付を受領する．
收容 shōuróng 収容する．受け入れる．〔～队〕軍傷兵などを収容する部隊．〔～伤员〕負傷者を収容する．〔～站〕〔～所〕(捕虜・浮浪者などの)収容所．〔～审查〕法容疑者の身柄を留置して尋問する．
收容遣送站 shōuróng qiǎnsòngzhàn ⇒〔救jiù助(管理)站〕
收入 shōurù ①受け取る．受け入れる．収入がある．②収入．所得．↔〔支zhī 出①〕→〔进jìn款〕
收涩 shōusè 中医薬で寝汗・遺精・こしけなどを治す．
收杀 shōushā 〔收煞〕とも書く．〈白〉①終える．②結末．
收梢 shōushāo 〈方〉結末(をつける)．結着(がつく)
收摄 shōushè 抑え整える．気を静める．〔～心神〕気持ちを静める．
收神 shōushén 気持ちを落ち着かせる．→〔收心〕
收审 shōushěn 法拘留し審査する．〔～所〕拘留場．
收生 shōushēng 子どもを取り上げる(助産をする)ともいう．〔～婆pó〕〔接jiē生婆〕産婆(助産師)
收声 shōushēng 圖(中国音韻学で)漢字(音節)の韻母を〔发fā母〕という．
收尸 shōushī 死体を収容する．
收市 shōushì (市や店で)商いを終る．看板にする．
收视 shōushì テレビを視聴する．〔～率〕視聴率．→〔收看〕
收拾 shōushi ①始末をつける．片づける．整頓する．〔～心情〕気持ちをととのえる．〔～残局〕(仕事や局面の)後始末をする．→〔整zhěng 顿〕②とりそろえる．用意する．〔奶奶开始给红雨～要带的东西〕おばあさんは紅雨が持って行くものをとりそろえ始めた．③修理する．〔这座钟出毛病了，要～了〕この時計は壊れた，修理しなけりゃ．④こらしめる．とっちめる．⑤消滅する．殺す．〔把敌人全部～了〕敵を全滅させた．〔拾 shí 掇〕
收手 shōushǒu 手を引く．止める．
收受 shōushòu 受け取る．
收束 shōushù ①けりをつける．終りとする(になる)．②⇒〔官 guān 子〕③検束する．〔～心神〕同前．〔把心思～一下〕気持ちを集中する．しゃんとする(しなさい)⑤(荷物を)くるむ．まとめる．→〔收拾〕
收税 shōushuì 税金を徴収する．
收缩 shōusuō ①縮まる．収縮する．〔铁遇冷就～〕鉄は冷却すれば収縮する．〔～率〕収縮率．〔～性〕収縮性．〔～压〕医収縮期血圧：俗に〔高 gāo 压〕(最高血压)という．②縮小する．〔～战线〕戦線を縮小する．

收摊儿 shōutānr 露店を片付ける．〈喩〉仕事を終える．事業をやめる．
收汤 shōutāng 煮物の汁を(煮つめて)少なくする．〔做这菜得 děi ～〕この料理は汁を煮つめなければならない．
收条(儿) shōutiáo(r) ①受取証．受領証．→〔收据〕②メモをとる．
收听 shōutīng (ラジオを)聴取する．〔～北京广播〕北京放送を聞く．→〔收看〕
收托 shōutuō 頼まれて預かる．〔～几十个儿童〕数十人の児童を預かっている．
收尾 shōuwěi ①最後のしめくくり(をつける)．〔～工程〕仕上げの工事．②文章の末尾．→〔结jié 尾①〕
收文 shōuwén ①(公)文書を受け取る．②受け取り(公)文書．〔～簿〕同前の登録簿．
收悉 shōuxī 〈牘〉(手紙を)受け取り承知した．拝誦する．〔承寄尊函已～〕貴簡拝見いたしました．
收夏 shōuxià 夏の農作物を取り入れる．→〔夏收〕
收项 shōuxiàng ⇒〔借jiè 项〕
收小的 shōuxiǎode ⇒〔收生〕
收效 shōuxiào ①効果を収める．効き目がある．②効果．効き目．
收歇 shōuxiē ①停止する．とまる．〔喧闹的人声渐渐～了〕騒々しい人の声が次第におさまった．②〈方〉廃業する．店を畳む．〔工厂～〕工場を閉鎖する．
收心 shōuxīn 心を(元の)平静な状態に戻す．雑念を払う．→〔收神〕
收信 shōuxìn (手紙・公文書・電報などを)受け取る．〔～人〕受取人．↔〔发fā 信〕
收讯 shōuxùn 受信する．〔～真空管〕受信用真空管．
收押 shōuyā 拘禁する．
收阳 shōuyáng 圖(相場が)値上がりで終わる．↔〔收阴〕
收养 shōuyǎng (他人の子を)引き取って養育する．
收益 shōuyì 収益．利得．〔～表〕〔损 sǔn 益表〕圖損益計算書．〔这次参观，不小～〕こんどの見学はたいへんためになった．
收阴 shōuyīn 圖(相場が)値下がりで終わる．↔〔收阳〕
收音 shōuyīn ①音を(分散しないように)集める．音響効果をよくする．〔这剧场盖得不～〕この劇場の建て方は，音が散らばる．②受信する．聴取する．〔～机〕〔无 wú 线电～机〕ラジオ(受信機)．〔全波オールウェーブラジオ．〔～网〕ラジオ聴取網．
收银 shōuyín 代金を受け取る．〔～机〕(収款机)レジスター．〔～台〕〔收款台〕レジ．支払いカウンター．〔～员〕現金出納係．レジ係．
收用 shōuyòng ①雇って使用する．②囮下女に手をつける(妾にする)
收载 shōuzǎi 収録する．記載する．〔书中～了许多民间验方〕本には数多く民間のよく効く処方が収録されている．
收闸 shōuzhá ブレーキをかける．〔～不及〕ブレーキをかけたが間に合わない．
收摘 shōuzhāi 摘み取る(収穫する)．〔～棉花〕綿を摘み取る．
收债 shōuzhài 借金を取り立てる．
收账 shōuzhàng ①収入・支出を帳簿に記入する．②借金を取り立てる．
收针 shōuzhēn (編み物で)針を減らして編み口を狭

shōu~shǒu　　　　　　　　　　　　　　　　　　　　　　　　　　　　　　收熟手

くする.
收诊 shōuzhěn 患者を(受け入れ)診察する.
收支 shōuzhī 金銭の出納.収入と支出.〔～相抵 dǐ〕収入と支出とがつりあう.〔～平衡表〕资产负债表(バランスシート).
收执 shōuzhí ①〈公〉受領し保管する. ②(公用の)受け取り.領収書.→〔收据〕〈条儿〉①
收治 shōuzhì 患者を(受け入れ)治療する.〔这个医院增加床位,～病人〕この病院は増床して病人を入院させ治療する.
收听 shōuzhuǎn ①(気付郵便物を)受け取り(宛先へ)回す. ②(キー局から)放送を受けて流す.
收租 shōuzū (家賃・地代などを)領収する.

〖熟〗 shóu shú の口語音. → shú

〖手〗 shǒu ①手:手首から指先までの部分.腕(手首から肩まで)は〔胳 gē 膊 bei〕〔臂 bì〕という.〔一只~〕一方の手.片手.〔双 shuāng ~〕両手.〔摆 bǎi ~儿〕〔摇 yáo ~〕①手を振る.〔放 fàng ~〕〔撒 sā ~〕手を放す.〔松 sōng ~〕手をゆるめる.〔握 wò ~〕握手する.〔背 bèi ~儿〕後ろ手を組む.〔搋 chuāi ~儿〕〔揣 chuāi ~〕手を両袖の中にもぐりこませる(寒い時などに). ②腕.手.手にする.〔人一册 ~〕みなが手に1冊もっている. ③手の動作・働き.〔动 dòng ~〕④手をふれる. ⓑ手を下す.ⓒ手を出す(腕力をふるう).〔着 zhuó ~〕〔入 rù ~〕着手する.〔扶 fú ~〕手すり.腕前.技術.才能.手立て.手段.〔高 ~〕立派な腕(の).上手(な). ⑤手ずから行う.手で(書いた).〔~ 植 ~ 栽〕手ずから植える.〔~ 稿 gǎo〕自分で書いた原稿. ⑥手軽である.軽便である.身近である.〔~ 快儿〕〔手下⑧〕⑦特定のことをする人.〔旗 qí ~〕旗手.〔炮 pào ~〕砲手.〔水 ~〕水夫.〔人 ~ 不足〕人手不足.〔凶 xiōng ~〕下手人.優れた技能を持つ人〔能手〕.〔选 xuǎn ~〕選手(選ばれた人).〔国 ~〕国中きっての名手:多くは医者・碁の名人・ナショナルチームの選手についていう. ⑧〔~ 儿〕量詞.手段・手段などに用いる.〔一 ~ 好字〕よい手(字,筆跡). 〔露一两 ~〕一つ二つ腕前を示す. ⑤人の手を経ること. 〔二 ~ 货〕中古品.

手巴掌〈儿〉 shǒubāzhang(r) ⇒〔手掌〕
手把手 shǒubǎshǒu 手取り足取り.〔~ 地教 jiāo〕自ら手をとって教える.
手把子 shǒubǎzi 〈方〉腕.
手把 shǒubà 取っ手.柄(ǎ)
手白 shǒubái =〔手启〕〔牍〕(自分で筆をとって)一筆したためました:結びの言葉.
手板 shǒubǎn ①手のひら.〔手掌〕に同じ. ②同下①.⑧回教師が生徒をしつけるため打つのに用いた板:〔戒 jiè 尺〕ともいう.
手板 shǒubǎn ①=〔手板②〕②笏(ぶ):〔笏 hù〕の通称. ②⇒〔手版〕
手膀 shǒubǎng 〈方〉腕:〔手膀子〕ともいう.
手包 shǒubāo ハンドバッグ.ポーチ(バッグ).ブリーフケース.
手背 shǒubèi ①手の甲.〔~ 朝下〕手の甲を下に向ける.⟨喻⟩物ごしらえ. ②(マージャンの場合など)運がよくない.手が悪い・ついていない.
手本 shǒuběn ①⑧役人が上官に(〔門生が師に〕)面会を請う時・目下の人を通じて差し出す折本形の名刺:〔手版〕ともいう.〔递 dì ~〕同前を差し出す.〔转 ~〕風下に立つ.屈服する. ②手帳.
手笔 shǒubǐ ①自筆⑧(文章・字・絵画).〔这篇杂文像是鲁迅先生的 ~〕この雑文は鲁迅直筆の物のようだ. ②〔文笔や

書画の)技能の高さ.〔~ 不凡〕造詣が非凡である. ⑧気前.気張り.〔~ 阔 kuò〕金ばなれがいい.〔他向来 ~ 大,少了就拿不出手去〕彼はもともと見栄っ張りだから,少なくては持って行けないだろう.
手臂 shǒubì ①腕. ②〔胳 gē 膊〕⟨喻⟩助手.
手边〈儿〉 shǒubiān(r) 手の中.手元.〔~ 紧 jǐn〕手元が逼迫している.→〔手下④〕
手表 shǒubiǎo 腕時計.〔~ 带儿〕〔表带〕腕時計のバンド.
手柄 shǒubǐng 圈取っ手.ハンドル.
手搏 shǒubó 徒手(素手)で戦う.
手脖子 shǒubózi 手首:〔手腕子〕に同じ.
手不能提,肩不能挑 shǒu bùnéng tí, jiān bùnéng tiāo 物をさげて持つことも肩にかつぐこともできない.⟨喻⟩ひ弱な学生やインテリ(嘲笑する意)
手不释卷 shǒu bù shìjuàn 〈成〉書物を手から離さないたえず勉学に励む.
手不沾面,面不沾盆 shǒu bù zhānmiàn, miàn bù zhānpén (小麦粉をこねて)手にくっつかず,鉢にもくっつかない.⟨喻⟩仕事の手際が水際立っている(いて後にとやかくの問題が残らない)
手册 shǒucè ハンドブック.便覧.総覧.〔时事 ~〕時事ハンドブック. ②(記録用の)手帳.ノートブック.〔劳动 ~〕作業記録手帳.
手铲 shǒuchǎn (片手用の小さな)スコップ.ハンドシャベル.
手长 shǒucháng 〈方〉①手くせが悪い. ②手づるをつける.裏から手を廻す.
手抄 shǒuchāo 手書き(をする).〔~ 本〕手書きの本(ノート).写本.
手潮 shǒucháo 〈口〉腕がにぶい.下手である.
手车 shǒuchē =〔手推车〕
手持 shǒuchí 手で持つ.〔~ 钢枪〕銃を手に持つ.
手迟脚慢 shǒuchí jiǎomàn ⟨喻⟩動作がのろい. ↔〔手疾眼快〕
手揣子 shǒuchuāizi ⇒〔手笼(子)〕
手钏 shǒuchuàn ⇒〔手镯〕
手串〈儿〉 shǒuchuàn(r) ①手首にかける数珠:18個の玉を連ねたものです〔十 shí 八子儿〕ともいう. ②ブレスレット(くさり状の).
手创 shǒuchuàng (自分の手で)初めて作る.創建する.
手锤 shǒuchuí (小ぶりの)ハンマー.かなづち.
手戳〈儿〉 shǒuchuō(r) 〈口〉判(⻊):姓名の刻印されたもの.〔盖 gài 个 ~〕はんこを押す. →〔图 tú 章〕
手此 shǒucǐ ⟨烦⟩手ずからこの手紙をしたためました.〔~ 布悉〕同前で右お願い致します.
手大 shǒudà ①手が大きい.〔~ 捂 wǔ 不过天来〕〔~ 遮 zhē 不过天去〕⟨谚⟩どんなにできる人でも人の力には限りがある.ⓑどんなにできる人でも大事業は一人ではできない. ②手くらいの大きさ. ⑧金ばなれがいい.〔给十块钱小费表示 ~〕10元のチップをやって気前のいいところを見せる.
手袋 shǒudài ハンドバッグ.
手到病除 shǒudào bìngchú ひとたび手がけると病気はたちまち治る.⟨喻⟩⑧医術が素晴らしい.ⓑ有能で問題を素早く解決する.
手倒立 shǒudàolì ⇒〔倒立〕
手到擒来 shǒudào qínlái 手を下せばすぐに(敵を)捕らえる.⟨喻⟩把握が適確でやればすぐ成功する:〔手到拿来〕〔手到擒拿〕ともいう.
手底下 shǒudǐxia ⇒〔手下〕
手电筒 shǒudiàntǒng =〈口〉电棒儿〕〔电筒〕懐中電灯:〔手电〕〔手电棒〕ともいう.〔打 ~〕同前を点ける.
手订 shǒudìng 自ら制定する.

手 shǒu

手动 shǒudòng 手動(の).〔~(排)挡 dǎng〕〔~波〕[手排]〔~〕のハンドギア.〔~挡车〕マニュアル車.〔~倒链〕圈手動チェーンブロック.

手段 shǒuduàn ①手段.〔高压~〕高圧的な手段.〔强硬~〕強硬手段.〔~儿〕②手管〈ぢ〉.〔小細工.〔耍 shuǎ~骗人〕手練手管を使って人をだます. ③〈転〉手並み.手腕.〔卖弄~〕手並みを見せびらかす.〔用~〕(うまい)手を用いる.〔他很有~〕彼はなかなか腕がある.

手法(儿) shǒufǎ(r) ①(芸術作品・文学作品の)方法.やり方.技巧.〔有人对这种~打不太くみである.〔一个人一个~〕人にはそれぞれの(違った)やり方がある. ②手管.計略：〔手段②〕と同じ.〔两面~〕表裏のあるやり方.二股かけた手段.両面的な計略.

手风琴 shǒufēngqín 圕アコーディオン.手風琴.〔拉lā~〕同前を弾く.→〔风琴〕〔木 mù 琴〕

手缝儿 shǒufèngr 指の間.〔~里漏出来的钱〕指の間からもれたお金.〈喩〉けちんぼが使った金.

手扶拖拉机 shǒufú tuōlājī 圜ハンドトラクター.歩行用トラクター.

手复 shǒufù 〔牘〕手から返事する.〔专 zhuān 此~〕まずは自筆にてご返事まで.

手感 shǒugǎn 手ざわり.〔~细腻〕同前同じ.

手高手低 shǒugāo shǒudī〈成〉(計器でなく)手や器で量る.少し多い少ないがあるのは免れない.

手镐 shǒugǎo ピッケル.(アイス)ピック.

手稿 shǒugǎo 手書き草稿(著名な作家などの).→〔底 dǐ 稿〕〔儿〕

手工 shǒugōng ①手で操る.手作業をする.〔~织的布〕手織りの布. ②手作り(の品).手先の仕事.〔~很好〕手仕事が非常によくやってある. ③手間賃.〔~钱〕同前.〔多少钱的~〕〔~多少钱〕手間賃はいくらか.

手工业 shǒugōngyè 手工業.〔~者〕手工業者.

手工艺 shǒugōngyì 手芸.〔~品〕手芸品.

手鼓 shǒugǔ ①圕タンバリン. ②ダブ:タンバリンに似たウイグル族の民族楽器.〔《音訳》达 dá 布〕〔《音訳》达卜〕〔~舞 xiǎo 手鼓〕ともいう.

手函 shǒuhán ⇒〔手书②〕

手翰 shǒuhàn ⇒〔手书②〕

手黑 shǒuhēi ①手段が悪辣である.〔你可得留点儿神,他~极了〕彼はひどく汚い手を使うから気をつけろ. ②ごうつくばりである.

手狠 shǒuhěn〈贬〉(やり方が)悪い.〔~心黑〕〔心黑~〕悪辣で腹黑い.

手护 shǒuhù 手のスキンケア.〔蜡 là 疗~〕パラフィンハンドケア.

手机 shǒujī 携帯電話〔手持移动电话机〕の略.〔口大 dà 哥大〕ともいった.〔打~〕同前をかける.〔~电视〕同前のテレビ受信機能.〔上网〕同前によるインターネット利用.→〔手提卷 yí 动电话〕

手疾眼快 shǒují yǎnkuài〈喩〉動作がすばしこい.機敏である:〔眼疾手快〕ともいう.↔〔手迟脚慢〕

手记 shǒujì ①自分で書き記す. ②手記.

手技 shǒujì 手芸.手先の仕事. ②手の早業芸.→〔杂 zá 技〕

手迹 shǒujì 筆跡.筆致.

手简 shǒujiǎn〈文〉書簡.手紙.〔~纸〕(手紙用の)卷紙.

手脚 shǒujiǎo 手足.〈転〉④動作.行動.〔~灵 líng 巧〕手足が器用である.〔~麻利〕同前がすばしこい.〔~利落〕動作がてきぱきしている.〔~忙乱〕〔手忙脚乱〕てんてこまい(する).⑤手数.〔费了两番~〕同前がかかった.⑥小細工.不正行為.〔从中弄~〕間で小細工を弄する.〔奶奶说他~不干净呢,"~不干净"就是偷东西〕おばあちゃんはあの子は手くせが悪いっていうてた,手くせが悪いってのは物を盗むことだ.〔做~〕ずる(不正手段)をして目的を達する.→〔手足①〕

手绞刀 shǒujiǎodāo ⇒圕(手(用)绞刀〕

手教 shǒujiào ⇒〔手书②〕

手巾 shǒu·jīn ①タオル.手ぬぐい.〔~儿 bǎr〕おしぼり.→〔毛 máo 巾〕 ②手帕.

手紧 shǒujǐn (金銭・品物・贈り物などに)控え目である.倹約している.始末屋である.↔〔手松〕 ②手元不如意だ.懷具合が窮屈だ:〔手头儿紧〕ともいう.

手劲(儿) shǒujìn(r) 腕の力.手の力.

手锯 shǒujù 手のこ.柄つきの小形のこぎり.

手卷 shǒujuàn 二〔行 xíng 看子〕(手で広げて見る)巻物.

手绢(儿) shǒujuàn(r) ⇒〔手帕〕

手铐 shǒukào 手かせ.手錠.〔~脚镣〕〔手銬脚铐〕手かせ足かせ.〔戴 dài 上~〕手錠をかける.〔他被加上~押到营地〕彼を左右から先きで手かせをかけられて屯所に連行された.→〔桎 gù〕

手快 shǒukuài ①仕事がすばやい. ②動作がすばやい.〔眼明~〕〈成〉眼力がするどく動作がすばしこい.→〔手疾眼快〕

手辣 shǒulà (やり方が)悪どい.悪辣である.

手雷 shǒuléi 圛(対戦車用の)手榴弾.→〔手榴弹〕

手链 shǒuliàn (くさり状の)ブレスレット：〔手鐲〕は輪状のもの.

手镣 shǒuliào 手かせ.手錠.〔手铐〕に同じ.

手令 shǒulìng〈文〉自ら命令を下す(命令書を書く).自ら下した命令.

手榴弹 shǒuliúdàn ①圛手榴弾. ②囚手榴弾投擲〈ぎ〉競技用の柄の長い手榴弾.

手笼(子) shǒulóng(zi) =〔手揣子〕〔手筒〕〔手焐子〕手ぬくめ:両手を左右から差し入れて手を温める綿入れ製または毛皮製の筒状のもの.

手炉 shǒulú 囯(携帯できる)手あぶり.

手轮 shǒulún 圜ハンドホイール.手回し輪(操縦桿・離合器など)

手锣 shǒuluó 圕小型の銅鑼〈ら〉:〔小 xiǎo 锣(儿)〕ともいう.多く旧劇の伴奏に用いる.

手码 shǒumǎ 手指で伝える数・値段.〔捏 niē 弄了一会儿~〕(二人はふところに手を入れて)手探りでしばらく値段のかけ引きをした.

手脉 shǒumài 中医手の脈:手首の脈どころに人さし指・中指・薬指の3本を当てて測る.このそれぞれの部位を〔寸 cùn (口)〕〔关 guān (上)〕〔尺 chǐ (中)〕といい,またその脈を〔寸脉〕〔关脉〕〔尺脉〕という.

手慢 shǒumàn 仕事・動作がのろい.

手忙脚乱 shǒumáng jiǎoluàn〈成〉てんてこまい(する).大忙しで取り乱している.

手闷子 shǒumènzi〈方〉(防寒用の)二股手袋.ミトン.

手面 shǒumiàn ①〈白〉手の内.腕.〔我倒也便点~给他瞧,看我到底是饭桶不是饭桶〕(官27)おれもちょいと腕のあるところをあいつに見せるようだって,ろくでなしであるかどうか見ってんだ. ②〈方〉金使い.〔你~太阔〕君,金使いが荒すぎるよ.

手民 shǒumín〈文〉版下工や植字工.〔~之误〕印刷上のまちがい.→〔排 pái 字〕

手模 shǒumó ⇒〔手印②〕

手脑 shǒunǎo 手と頭.〈喩〉身体を使うこと(力)と思考(力).〔动~〕手と頭を動かす.

手偶 shǒu'ǒu 指人形.ギニョル.→〔木 mù 偶〕

手帕 shǒupà =〔手帕①〕〔手绢(儿)〕ハンカチーフ.〔~姊妹〕囯妓女同士で約束を交わした義姉

shǒu

妹.→〔悦 shuì〕

手旗 shǒuqí 〔~通信〕手旗信号.

手启 shǒuqǐ ⇒〔手白〕

手气 shǒuqì ＝〔牌 pái 运〕(かけごとやくじの)運.〔~不好〕〔~背 bèi〕手気が悪い.ついていない.〔你的~真好〕きみはまったくついているよ.

手钳 shǒuqián やっとこ.プライヤー

手欠 shǒuqiàn 〔方〕物をいじくりまわして壊してしまう.〔这人真~〕この人は物をいじくりまわすくせがある.

手枪 shǒuqiāng＝〔短 duǎn 枪〕ピストル.〔~式管〕⑱ピストルノズル.〔标准~〕スタンダードピストル.〔转 zhuàn 轮~〕リボルバー.〔音訳:勃 bó 郎宁〕ブローニング拳銃.〔~速射比赛〕⑤ラピッドファイアーピストル競技.〔打 dǎ ~〕⑧ピストルを打つ.⑥~⇒〔络 luò 管儿〕

手巧 shǒuqiǎo 手先が器用である.手さばきが巧みである.

手切面 shǒuqiēmiàn ⑱手製の麵.手打ち麵:〔手擀 gǎn 面〕ともいう.

手勤 shǒuqín 手まめである.

手轻 shǒuqīng やんわりとやる(手を下(á)す時).〔~着点儿〕やんわりとりおし.↔〔手重〕

手球 shǒuqiú ⑤①ハンドボール,またそのボール.②(サッカーで)ハンド(反則)

手刃 shǒurèn 〈文〉手打ちにする.手ずから斬り殺す.〔~仇敌〕手ずからかたきを殺す.

手软 shǒuruǎn ①手に力が入らない.②手がにぶる.手成らない.仏心がでる.〔拿了人家的~〕他人から恩を受けていると(その人に対する)手がにぶる.→〔嘴 zuǐ 软〕

手刹车 shǒushāchē 手ブレーキ.ハンドブレーキ:〔手闸①〕に同じ.

手生 shǒushēng 腕が熟練していない.

手使 shǒushǐ 手回りに使う.〔~的东西〕手回り品.

手示 shǒushì ⇒〔手字〕

手势 shǒushì 手まね.手ぶり.〔做~〕〔打~〕手まねをする.

手势语 shǒushìyǔ →〔手语〕

手书 shǒushū ①手書きする.②＝〔手函〕〔手翰〕〔手教〕〔手札〕:手ずから書いた手紙.〔顷奉 ~ 〕ただいま貴翰拝誦しました.

手术 shǒushù ⑱手術(する).〔~刀〕メス.〔~室〕手術室.〔~台〕手術台.〔做 zuò ~〕〔动 dòng ~〕〔施 shī ~〕手術する.→〔开 kāi 刀①〕

手松 shǒusōng (金銭・品物・贈り物などに)派手である.金ばなれがよい.気前がよい.〔~的人〕同前の人.↔〔手紧①〕

手谈 shǒután ①〈文〉〔围 wéi 棋〕(囲碁)の別称.②〈口〉チャットをする.

手套 shǒutào 手袋(総称).ⓐ〔~儿〕手袋.〔连指~〕ミトン.ⓑ⑤グローブ(グラブ).〔棒球~〕野球の同前.〔棒球分 fēn 指~〕野球のグローブ.〔连 lián 指~〕⑥野球のミット.〔拳 quán 击~〕ボクシンググローブ.

手提 shǒutí 手で提げる.〔~包〕ハンドバッグ.手提げカバン.〔~式〕〔便 biàn 携式〕〔轻 qīng 便式〕ポータブル.〔~移动电话〕通信衛星移動電話.〔~(皮 pí)箱〕〔提箱〕スーツケース.〔~电脑〕ノートパソコン.

手筒 shǒutǒng ⇒〔手笔子〕

手头(儿) shǒutóu(r) ①身近なところ.身辺.手元:〔手底下〕〔手下③〕に同じ.〔东西不在~〕品物は手元にない.〔再有一个玉龙笔架,也是这个匠人一手做的,却不在手头(水 2)〕それに玉竜の筆置きもあって,それも職人が一手に作ったものだが,それは手近なところにはない.②(一時的な)懐具合,金回り:〔手底下〕〔手下④〕に同じ.〔~紧 jǐn〕〔~不宽裕〕懐具合が苦しい.③手先.腕前.物を書いたり処理する能力.〔~巧 qiǎo〕手先が器用である.〔~快〕手が早い.仕事がさばける.〔猎户~很准〕猟師は腕前が正確だ.〔~俐落〕事務処理がてきぱきしている.

手头字 shǒutóuzì ①日常よく用いる字.②手書きの字.略字:日常軽い意味で用いる我流の略字.③〔简 jiǎn 体字〕の俗称.

手推车 shǒutuīchē ＝〔手车〕手押し車.→〔小 xiǎo 车①〕

手推犁 shǒutuīlí ⑱手押し唐すき.ハンドプラウ.

手腕(儿) shǒuwàn(r) ①手腕.手くだ.腕前.術策.〔要 shuǎ ~〕手管を弄する.〔外交~〕外交的手腕.〔政治~〕政治的策略.〔很有~〕なかなか手腕がある.＝〔手腕子〕②手首.

手腕子 shǒuwànzi 腕首.手首:〔手脖子〕ともいう.手首から先の部分は〔手①〕,腕は〔胳 gē 膊〕〔胳臂〕という.

手纹 shǒuwén 手のひらの筋.手紋:〔掌 zhǎng 纹〕に同じ.

手无寸铁 shǒu wú cùntiě 〈成〉身に寸鉄の武器も帯びない.→〔赤 chì 手空拳〕

手无缚鸡之力 shǒu wú fùjī zhī lì 手にニワトリを縛りつける力もない.〈喩〉非力なこと.

手舞足蹈 shǒuwǔ zúdǎo 〈喩〉踊り上がって喜ぶ.

手梧子 shǒuwǔzi ⇒〔手笔子〕

手下 shǒuxià ①統率下.管轄下.〔他在我~,就得听我使唤〕彼はわたしの配下にいるから,指図はきく(きかねばならない立場だ).②部下.手下.③身近なところ.手元:〔手头(儿)①〕に同じ.〔~没留神〕手元が不注意になった.〔他是~有什么拿出来什么〕彼は手元にありさえすれば何でも提供する気だ.④当座の懐具合:〔手头(儿)②〕に同じ.〔~紧〕懐具合が寂しい.金に不自由する.〔~宽绰〕手元が豊かである.〔~不方便〕手元不如意である.⑤着手する時.事をする際.〔请你~留情〕どうか手加減に情をとどめてください.お手やわらかにお願いします.⑥〈白〉自ら.〔~败将〕自ら手を下して負かした敵(相手)

手相 shǒuxiàng 手.手相.〔~术 shù〕手相術:〔相手术〕ともいう.

手携手 shǒuxiéshǒu 手に手をつなぐ.〈転〉一致団結する.

手写 shǒuxiě 手書きする.自分で書く.〔~笔〕⑱電算電子ペン.〔~输入〕手書き入力する.〔~体〕⑱筆記体.スクリプト体.↔〔印 yìn 刷体〕

手心(儿) shǒuxīn(r) ①手のひらの中央.たなごころ.②〈転〉制御される範囲.手の内.〔逃不出他的~去〕彼の掌握から逃れられない.

手性(的) shǒuxìng(de) ⑱キラル(の):〔手性式〕ともいう.〔~手性高分子〕キラル高分子.

手续 shǒuxù 手続き.〔办 bàn ~〕同前をする.〔~费〕手続料.

手癣 shǒuxuǎn ⑱手のひらと指に感染した白癬.

手压泵 shǒuyābèng 手押しポンプ.

手眼 shǒuyǎn 〈喩〉①腕前.技(伎).〔~活灵〕手立てが機敏である.②計略.〈転〉通天.権勢に取り入る手管にたけている.〔一定是他使用的~〕きっと彼のしわざだ.→〔手段〕③眼力.見抜く目.〔~大〕同前のたくましい.

手痒 shǒuyǎng ①手がかゆい.②試したくてむずむずする.…したくてたまらない.

手摇 shǒuyáo 〔~泵〕手押しポンプ.〔~发电机〕ハンドダイナモ.手回し発電機.〔~车床〕

手守 shǒu

圈手ぐり旋盤.〔~式喷 pēn 雾机〕手動式噴霧器.〔~钻 zuàn〕手回しドリル.ハンドドリル.

手艺 shǒuyì （職人の）技量.腕前.手芸.手職.〔~人〕要 shuǎ ~的〕職人.〔~精 jīng 腕が精巧である.〔~ cháo〕腕が鈍い.→〔手技〕

手淫 shǒuyín　手淫〔〈文〉自 zì 渎〕に同じ.→〔络 luò 管儿〕

手印 shǒuyìn　①〔-儿〕手の跡.残した指紋.　②〔-儿〕拇（ṃ）印〔手模〕拇 mǔ 印〕に同じ.親指に限らない.　③回手形.　④手で印刷する.〔~本〕同前の書物.

手(用)绞刀 shǒu(yòng) jiǎodāo　手回し拡孔器.ハンドリーマー.

手(用)螺丝攻 shǒu(yòng) luósīgōng　圈手動雌螺子（ẓ）切り.ハンドタップ.

手语 shǒuyǔ　手話〔指 zhǐ 语〕〔手指字母〕(指文字)〔手势语〕(手振り語)による方法がある.〔手指语〕〔口哑 yǎ 语〕ともいう.〔打~〕同前で話す.→〔盲 máng 字〕

手谕 shǒuyù　〈文〉(上級または目上の人が)親筆で書いた指示.

手栽 shǒuzāi　＝〔手植〕手植え(する).自ら植える.

手泽 shǒuzé　〈文〉手垢による黑光り：先人の残した物または筆跡など.

手札 shǒuzhá　⇒〔手书②〕

手闸 shǒuzhá　①(自動車の)ハンドブレーキ：〔手刹车〕に同じ.　②(自転車の)ブレーキハンドル.

手掌 shǒuzhǎng　〔〈方〉手已掌（儿）〕〔〈方〉手巴掌〕①手のひら.〔~心〕同前.

手杖 shǒuzhàng　ステッキ.つえ.〔拄 zhǔ 着~走路〕ステッキをついて歩く.→〔拐 guǎi 杖〕

手诏 shǒuzhào　回皇帝親筆の詔書.

手照 shǒuzhào　〔手燭〕〔打~〕手とぼしをつける.

手折 shǒuzhé　〔手摺〕とも書く.①回役人が長官に意見を具申するために用いた折本式の用紙.　②商家で,取引や価格の手控えに用いる折本形の控え帳.

手植 shǒuzhí　⇒〔手栽〕

手纸 shǒuzhǐ　落とし紙・トイレットペーパー：〔卫 wèi 生(用)纸〕に同じ.

手指 shǒuzhǐ　手の指.

手指甲 shǒuzhǐjiǎ　手指の爪.

手指头 shǒuzhǐtou〔口〕手の指.〔~缝儿 fèngr〕手の指の股.〔~肚儿 dùr〕指の腹.

手指语 shǒuzhǐyǔ　⇒〔手语〕

手指字母 shǒuzhǐ zìmǔ　→〔手语〕

手重 shǒuzhòng　ぐっと力を入れる(手を下(ⁿ)す時).↔〔手轻〕

手镯 shǒuzhuó　〔〈方〉手钏〕〔镯(子)〕腕輪.ブレスレット.→〔手串(儿)〕〔手链〕

手足 shǒuzú　①手と足.〔转〕動作.〔~并行〕よつんばいになって進む.〔~重 chóng 茧〕〔~胼 pián 胝〕〈喻〉非常に苦労を重ねる.〔~无措 cuò〕〔~失措〕〔成〕手足の置くところを知らず.どうしてよいかわからない.何とも手の下しようがない.→〔手脚④〕　②〔转〕兄弟.姉妹.〔~之情〕他们俩情同~〕あの二人は兄弟同然の仲だ.〔结 jié 为异姓的~〕約束を交わして姓の違う兄弟(義兄弟)になる.

手足异地 shǒuzú yìchù　⇒〔首足异处〕

手钻 shǒuzuàn　ジレット.取っ手付きの錐.

m [**守**] shǒu　①守り(る).守備(する).守護(する).〔~城〕城を堅く守る.〔失 shī ~②〕守りを失う(陥落する).↔〔攻 gōng ①〕　②遵守する.従い守る.〔~纪律〕規律を守る.　③保持する.保守する.〔~信用〕信用を守る.　④〔~着本来的面目〕本来の面目を保っている.

〔保~秘 mì 密〕秘密を守る.〔保~思想〕保守的な思想.　⑤見守る.番をする.見張る.　⑥近寄る.傍らにいる(ある).〔~着水的地方,要多种稻子の水のあるところでは稲作をするのがよい.〔~在电视机旁〕テレビのかじりついている.　⑥操守する.貞節を守る.〔有为有~〕才能もあり,操守もある人(しっかりしている).〔~不住,嫁 jià 了〕後家が通せずに嫁した.〔~姓〕守(女)

守备 shǒubèi　守備する.防禦する.〔加强~〕防備を固める.

守本分 shǒuběnfèn　分際を守る.自分の身分や環境に安んじる.

守兵 shǒubīng　守備兵.守備隊.

守财奴 shǒucáinú　＝〔守钱奴〕〔看 kān 財奴〕〔钱 qián 串子②〕守銭奴.けちんぼ.〔~没多大量,给他点儿好处就行了〕守銭奴はたいした腹はない,少しばかり利を食らわせればそれでいい.〔他是个不舍 shě 命不舍财的~〕あいつは命より金が大事という銭おしみだ.→〔啬 sè 刻〕

守场员 shǒuchǎngyuán　区(野球の)野手.

守车 shǒuchē　車掌乗務車：貨物列車最後尾の乗務員専用車.

守成 shǒuchéng　〈文〉既成の家業(事業)をもりたてていく.

守敌 shǒudí　敵の守備兵力.

守法 shǒufǎ　法律を遵守する.〔~奉公〕〔奉公~〕法を守り公事に励む.

守分 shǒufèn　本分を守る：〔守本分〕に同じ.〔~安常(心)分を守って,元のままに安んずる.

守服 shǒufú　⇒〔守孝〕

守更 shǒugēng　夜番(をする).夜警(をする)

守庚申 shǒugēngshēn　道士か庚申（ṇ）の日に座禅して終夜眠らず修道する.

守宫 shǒugōng　⇒〔壁 bì 虎〕

守瓜 shǒuguā　⇒〔黃 huáng 瓜〕

守寡 shǒuguǎ　＝〔居 jū 孀〕寡婦暮らしをする.後家を通す.〔守活寡〕(夫が失踪し)妻が操を立ておとすこと.→〔守节〕〔孀 shuāng〕

守和 shǒuhé　区同点を守る.引き分けに持ち込む.→〔和局〕

守恒 shǒuhéng　物不滅.〔能量~定律〕エネルギー不滅(保存)の法測.〔質量~定律〕質量不変の法則.

守候 shǒuhòu　①待ち受ける.〔他~着家乡的信息〕彼は家からの便りを待っている.　②看護する.〔护 hù 士日夜~着伤员〕看護師は昼夜を分かたず負傷者を看護している.

守护 shǒuhù　見張り守る.見守る.〔~病人〕病人を看護する.

守活寡 shǒuhuóguǎ　→〔守寡〕

守己 shǒujǐ　己の本分を守る.〔安分 fèn ~〕〔成〕分に安んじて己の本分を守る.

守将 shǒujiàng　守備隊の指揮官.守備隊長.

守节 shǒujié　〈文〉①節操を守る.　②後家を通す.〔过门〕〔守女儿 ér 寡〕許嫁の死後,婚家に入り同祠.→〔守寡〕〔节妇〕

守经达权 shǒujīng dáquán　〔成〕正しい道理を持するが,かたくなではない.

守旧 shǒujiù　①旧習を守る.〔~派〕守旧派.　②劇(京劇の)舞台背景の幕：〔台 tái 幔〕〔堂 táng 幕〕ともいう.

守军 shǒujūn　守備隊.

守空房 shǒukōngfáng　(夫が出稼ぎなどした)留守家庭を守る.

守口 shǒukǒu　〈文〉言を慎む.〔~如瓶〕〈喻〉固く口を慎む.

shǒu

守垒员 shǒulěiyuán 図(野球などの)ベースを守る野手.
守擂 shǒulèi ①(試合などで)選手権者の地位を守る.タイトルを保持する. ②挑戦を受ける.→[擂台]
守灵 shǒulíng =[守丧]霊柩(れいきゅう)を守る.通夜をする.
守漏 shǒulòu 圖水時計の見張りをする.
守门 shǒumén ①門番をする.[~的]門番.[~使 shǐ]犬の別称. ②因(サッカーなどの)ゴールを守る.[~员][门将 ゴールキーパー.[~球 qiú 门]
守墓 shǒumù 墓を守る.墓守りをする.
守诺 shǒunuò 約束を守る.公約を守る.言明を守る.[~承 chéng 诺][违 wéi 诺]
守七 shǒuqī ⇒[做 zuò 七]
守钱奴 shǒuqiánnú ⇒[守财奴]
守区 shǒuqū 因(アイスホッケーで)ディフェンシングゾーン.↔[攻 gōng 区]
守丧 shǒusāng ⇒[守灵]
守身 shǒushēn〈文〉(よくないことをしないように)身を守る.[~如玉]成〕節操を持して汚れがない.
守时(间) shǒushí(jiān) 時間を守る.
守势 shǒushì 守勢.防御.[采取~]守勢を取る.
守岁 shǒusuì 旧暦の大晦日(おおみそか)の夜に、寝ないで新年を迎える.
守摊子 shǒutānzi 店を守る.[喩]現状を維持する:消極的な姿勢をいう.
守田 shǒutián ⇒[半 bàn 夏]
守土 shǒutǔ〈文〉領土を守る(もの).[~有责]国土を守ることについては責任がある.
守望 shǒuwàng (高みから)見張りをする.[~所]見張所.[~相助]成〕協力して見張り,事あらば助け合う.
守卫 shǒuwèi 守衛(する).守備(する)
守孝 shǒuxiào =[守服]圖親の喪に服する.
守信 shǒuxìn 約束を守る.[准时~]時間が正確で約束を守る.
守业 shǒuyè〈文〉伝来の家業を守る.先人の事業を守る.
守夜 shǒuyè ①徹夜する.夜通し起きている.[收生婆连着守了她三天三夜][老·骆19]産婆は徹夜に三日三晩付き添っていた. ②夜警(をする).夜回り(する).[~的兵]夜警兵.[~犬]夜警の犬. ③お通夜をする.
守一 shǒuyī〈文〉一事に専心する.一つのやり方だけを守る.[~主义]マンネリズム.
守约 shǒuyuē 約束を守る.
守则 shǒuzé (共に守るべき)規則.規定.[工作~]執務の規定.[小学生~]小学生規則.小学生心得.
守贞 shǒuzhēn (女性が)貞操を守る.貞節を通す.再婚しない.
守正不阿 shǒuzhèng bù'ē〈成〉正しさを持して、人におもねらない:[守正不挠 náo]ともいう.
守职 shǒuzhí 持ち場を固守する.職務に忠実である.
守制 shǒuzhì 圖父母または父母がなくて祖父母の喪に服する:27か月を満期とし、人との面会を避け,官職また職を休むなどひきこもってすごした.→[持 chí 服]
守株待兔 shǒuzhū dàitù〈成〉木の株に兎がぶつかって倒れるのを待つ.⑥努力しないで,思いがけない幸運を期待すること.⑥経験や主観にしがみつき融通がきかないこと.
守拙 shǒuzhuō〈文〉愚直を守って名利を求めない.

〔寿〕 shǒu 〔~烧 wán〕⑫ツジャン.

〔首〕 shǒu ①首.頭.(人体の)首より上.[昂 áng~]頭をもたげる.[搔 sāo~]寻 xún 思]頭をかいて考えにふける.[头 tóu 匕]①かしら.指導者.統御者.[以他为~的代表团]彼を長とする代表団. ③最高の.第一の. ④最初(の.に).始めの.[~创 chuàng]創始する. ⑤出頭して罪を自白する、または他人の罪を告発する.[自~]自首(する). ⑥量词.詩·詞·歌などを数える.[古诗十九~]古詩十九首.[两~歌曲]2曲の歌.→[阕 què ⑥]⑦〈姓〉首(しゅ)

首(班)车 shǒu(bān)chē 始発バス.始発列車:[头 tóu 班车]ともいう.[末 mò 班车]
首播 shǒubō 初放送(する).[今天、后天重播]今日は初放送で,明後日が再放送だ.
首场 shǒuchǎng (競技や公演の)初回.初演.
首倡 shǒuchàng (新しいことを)初めて唱える(言い出す).唱え始める.
首车 shǒuchē ⇒[首(班)车]
首创 shǒuchuàng 創始する.最初に作る.[~精神]創意性.創造力.
首春 shǒuchūn =[孟 mèng 春]
首次 shǒucì 第一回の.初めの.[~航行]処女航海.処女飛行.[~上演]初日上演.
首从 shǒucóng 圆正犯と従犯.
首当其冲 shǒu dāng qí chōng〈成〉①真っ先にその矢おもてに立つ. ②真っ先に災難などに遭う.
首都 shǒudū 首都.[中国的~]北京は中国の首都だ.→[国 guó 都][京 jīng 师]
首度 shǒudù 第一回目
首夺 shǒuduó ①(他に先がけて)初めて得る.[~锦标]初めて優勝旗を獲得する. ②真っ先に得る.
首恶 shǒu'è〈文〉(悪事の)首謀者.元凶.[~必办,胁从不问]張本人は必ず処罰するが,脅かされて参加した者はその罪を問わない.
首尔 shǒu'ěr 圖ソウル:[韩 hán 国](韓国)の首都:[汉 hàn 城]は旧称.
首发 shǒufā ①(鉄道やバスが)始発する. ②(書籍や切手などはじめて)刊行する.発刊する.[~式]発売セレモニー. ③因(試合の)スターティングメンバー
首犯 shǒufàn 圄 主犯.正犯.→[从 cóng 犯][正 zhèng 犯]
首访 shǒufǎng 初めて訪問する.最初の訪問をする.
首飞 shǒufēi ①初飛行. ②因(スキーなどの)1番目のジャンプ.
首府 shǒufǔ ①圖省の首府. ②中国自治区または自治州の政府所在地. ③属国·植民地の首府.
首付 shǒufù (分割払いの)頭金.→[首期]
首富 shǒufù ⇒[首户]
首告 shǒugào〈文〉(出頭して)密告する.告発する.
首功 shǒugōng〈文〉①敵の首を取った手柄. ②第一の手柄.
首航 shǒuháng 船·飛行機が就航する.初航路につく.[~典礼]就航式典.
首户 shǒuhù =[首富](その土地で)一番の金持ち.[他家是这个村的~]彼の家はこの村一番の金持ちだ.
首级 shǒují〈文〉首級.討ち取った敵の首.
首季 shǒujì 第1期.第1四半期.[今年~]今年の第1四半期.
首届 shǒujiè 第1回.第1期.[~全运会]第1回全国運動会.[~毕业生]第1期卒業生.
首肯 shǒukěn 承知する.うなずく.[和谁说谁不~]誰に話しても誰も承知しない.

首揆 shǒukuí〈文〉首相.総理大臣:〔阁 gé 揆〕〔揆 席〕に同じ.
首例 shǒulì 初めての事例.
首领 shǒulǐng ①〈文〉頭と首. ②〈喩〉首領.かしら.大将.〔梁山泊的~〕梁山泊のかしら.→〔头 tóu 领〕〔头目〕
首轮 shǒulún (映画の)封切り(の).〔~映期〕封切り上映期間.→〔首映〕
首脑 shǒunǎo 首脳.〔~会议〕首脳会議.〔政府~〕政府の最高責任者.〔~人物〕重要人物.
首批 shǒupī 第1回分.第1陣.→〔批⑩③〕
首七 shǒuqī 回初七日.
首期 shǒuqī 第1期.〔~款 kuǎn〕頭金.
首秋 shǒuqiū =〔孟秋 Mèng Qiū〕
首屈一指 shǒu qū yīzhǐ〈喩〉ナンバーワン.〔~的大商埠〕第一の大商都.
首任 shǒurèn 初めて任ぜられる.第1代目就任(の).〔~校长〕初代校長.
首日封 shǒurìfēng 初日スタンプ封筒:郵便切手発行日のスタンプの押してある封筒.
首善 shǒushàn〈文〉最上.〔~之区〕最良の地.首都.
首身分离 shǒushēn fēnlí〈成〉頭と体を切断される.
首施两端 shǒushī liǎngduān ⇒〔首鼠两端〕
首事 shǒushì ①最重要事. ②〈文〉発起する.〔~人〕発起人.
首饰 shǒushi アクセサリー.装身具(総称):首・頭・耳・指・胸などにつける.
首鼠两端 shǒushǔ liǎngduān =〔首施两端〕〈成〉どっちつかずである.蹰躇し迷うさま.
首途 shǒutú〈文〉門出(をする).出発(する).〔定九日~〕九日にたつことに決める.
首推 shǒutuī (対象の中から)真っ先に推選する.
首陀罗 shǒutuóluó =〔陀罗〕〈音訳〉史シュードラ.→〔种 zhǒng 姓(制度)〕
首尾 shǒuwěi ①始めと終わり.始めから終わりまで.〔这次旅行~.经过了一个多月〕今度の旅行は始めから終わりまでに1カ月余りかかった. ②首尾.頭としっぽ.〔~不能相応〕前衛と後衛が呼応できない.出だしと末尾が照応しない. ③〈白〉よからぬ関係.結託.
首位 shǒuwèi 首位(の).第1位(の).〔产量居全国~〕生産高は全国1位にある.
首乌 shǒuwū 回ツルドクダミ.〔何 hé 首乌〕ともいう.〔~藤 téng〕中医ツルドクダミの茎.
首席 shǒuxí ①首席.第1位. ②筆頭席次(の).最高ポスト(の).〔~坐~〕首席につく.名誉席に着席する.〔~代表〕首席代表.〔~执 zhí 行官〕経最高経営責任者.CEO.
首夏 shǒuxià ⇒〔孟 mèng 夏〕
首先 shǒuxiān まず最初に.まず第一に.〔~做家长的要负起这个责任〕真っ先に,家のあるじたる者がこの責任を負う必要がある.
首县 shǒuxiàn 旧省あるいは府の筆頭の県.
首相 shǒuxiàng 首相.→〔总 zǒng 理〕
首选 shǒuxuǎn ①〈文〉第1位で合格する. ②まず最初に選ぶ(選ばれる).
首演 shǒuyǎn 初演(する)
首要 shǒuyào ①第一に重要な.主要な.〔这是革命的~问题〕これは革命にとって最も重要な問題である. ②首脳.最要人. ③〈文〉首謀者.
首页 shǒuyè 電算ホームページ.トップページ.
首义 shǒuyì〈文〉真っ先に義兵を挙げる.
首映 shǒuyìng 封切り上映(する).〔举行~招待会〕映画封切り招待会を催す.〔~式〕(映画の)プレミアショー.→〔首轮〕

首战告捷 shǒuzhàn gàojié 第一戦に勝つ.〈喩〉事業の着手に成功する.
首长 shǒuzhǎng (政府や軍隊の)最高指導層にある人.高級幹部.首長.〔~负责制〕〔~长制〕首長責任制度.〔中央~〕中央の指導者.
首字母 shǒuzìmǔ イニシアル.〔刻~〕イニシアルを彫る.英訳〔字母②〕
首足异处 shǒuzú yìchù〈喩〉殺害されたこと:〔手足异处〕とも書く.
首祚 shǒuzuò〈文〉年の初め.
首座 shǒuzuò 〔首坐〕とも書いた.①最上席に座る者. ②寺院の最高位僧.

〔艏〕 shǒu〈文〉へさき.船首.〔〈文〉舻 lú〕に同じ.〔船 chuán 首〕〔船头〕は口語語. 〔艦~〕〔鹢 yì 首〕〈文〉艦艏().船首.→〔艇 wěi〕

〔寿・壽(夀)〕 shòu ①年齢.寿命.〔长~〕長寿.〔您高~〕(老人に対し)お年はおいくつですか. ②長生き.〔福~〕幸福と長生き.〔仁~〕〈文〉仁徳があり命が長い.〔福如东海(长流水),~比南山(不老松)〕〔寿山福海〕〈成〉福は東海(に入る長流)の如く,寿は南山の(不老の松)に比すべく:長寿の祝いに用いられる文句.〔君~而康〕あなたの長寿と健康を祝う. ③(年とった人の)誕生日.誕生祝い.〔做~〕办 bàn~〕誕生祝いをする.〔拜 bài~〕(老人の)誕生日のお祝いを述べる.→〔生 shēng 日〕 ④〈文〉酒を勧めて祝福する.〔奉巨觥 gōng 为~〕大杯を勧めて祝福する. ⑤死ぬ前に用意する.葬儀用の(婉語):棺・死装束・葬具など. ⑥〈姓〉寿(s)

寿斑 shòubān (老齢に伴う)皮膚のしみ:〔老 lǎo 年斑〕ともいう.
寿板 shòubǎn 棺桶用の板.〈転〉棺桶.
寿比南山 shòu bǐ nánshān →字解②
寿材 shòucái =〔寿木①〕(生前から作って備えてある)棺桶.〈転〉棺.
寿辰 shòuchén =〔寿诞〕〈文〉(老人の)誕生日.→〔拜 bài 寿〕〔生 shēng 日〕
寿诞 shòudàn 同上.
寿盒 shòuhé 骨壺:〔骨 gǔ 灰盒〕に同じ.
寿酒 shòujiǔ (老人の)誕生祝いの酒(宴)
寿考 shòukǎo〈文〉長寿.高齢.
寿蜡 shòulà =〔寿烛〕誕生祝いにたてる赤いローソク.
寿礼 shòulǐ =〔寿仪〕誕生祝いの贈り物.
寿联 shòulián 誕生日のお祝いの対句(を書いたもの)
寿眉 shòuméi (老人の)眉毛のうち特に長くのびたもの.
寿面 shòumiàn 誕生祝いに食べる麵.
寿命 shòumìng ①寿命. ②耐用期間.有効期間.〔机器的使用~〕機械の耐用年限.
寿木 shòumù ①⇒〔寿材〕 ②棺桶用の材木.
寿屏 shòupíng 誕生祝いの字句や絵を書いた四幅または六幅の掛け軸.
寿山福海 shòushān fúhǎi →字解②
寿山石 shòushānshí 回福建省闽侯县寿山産の石:美しく上等な印章や置物などに用いられる.
寿数 shòushù 回〔天命〕(運命で定められた)寿命.〔~未尽 jìn〕寿命がまだ尽きない.〔~到了〕もう寿命がきた.
寿算 shòusuàn 同上.
寿堂 shòutáng ①誕生祝いの式場. ②⇒〔寿穴〕 ③柩を置いて祭祀を行なう堂.
寿桃 shòutáo (老人の)誕生祝いの桃:しんこ細工のものや生の桃,揚げて桃そっくりの色に着色したもの

shòu 寿受

寿头 shòutóu ①⇒[冤 yuān 大头] ②<方>世事にうとく、ぼんやりしていて人にだまされやすい人.

寿文 shòuwén =[寿序]誕生祝いの字句.

寿险 shòuxiǎn 生命保険[人 rén 寿保险]の略.[保 bǎo ~]同様にかける.→[火 huǒ(灾 zāi)险][水 shuǐ 险]

寿星 shòuxing =[老 lǎo 人星][老寿星]①<文>寿星.老人星:長寿者のシンボルとされる.[南 nán 极老人星]ともいう.竜骨座の首星カノープス.②<喩>寿老人.長寿,白いひげの老人(男)で杖をつき,仙桃を持ち鹿と鶴を伴にしている.[八 bā 仙]の一.[~老儿][南极老人]ともいう.③<喩>長寿者.(寿の祝いで)寿を祝われる当人.[百岁老~]100歳の長寿者.[~上哪儿去了,我们等着拜寿呢]長寿祝いのご本人はどこへ行かれた,お祝いを述べたいと思って待ってるんだが.

寿序 shòuxù ⇒[寿文]

寿靴 shòuxuē 死者にはかせる靴.

寿穴 shòuxué =[寿堂]②[寿藏]回生前から準備しておく墓穴:[生 shēng 圹]ともいう.

寿筵 shòuyán 誕生祝いの宴.

寿衣 shòuyī 死装束.経帷子(きょうかたびら).[~铺][~店]葬儀用品店.

寿仪 shòuyí ⇒[寿礼]

寿域 shòuyù ①<文>太平で盛んな世.②⇒[寿穴]

寿元 shòuyuán <文>寿命.[祝吴王~无量](元)わが王のご寿命の限りないことを祈る.

寿藏 shòuzàng ⇒[寿穴]

寿幛 shòuzhàng 誕生祝いに贈る真紅の絹地に祝いの金文字を貼りつけた掛けもの.→[喜 xǐ 幛]

寿祉 shòuzhǐ <文>長寿で幸福なこと.

寿终 shòuzhōng <文>(老いて)寿命が終わる.安らかに死ぬ.[~正寝 qǐn]②同前.⑥<転>物事が自然に終わりを迎える.

寿轴 shòuzhóu 誕生祝いに贈る対聯や掛け軸.

寿烛 shòuzhú ⇒[寿蜡]

[受] shòu ①受ける.受け取る.[~到优 yōu 待]優待を受けた.[接 jiē ~]受け入れる.[~人之托]人の依頼を受ける.[自作 zuō 自~]<winding>自業自得.②(損害・苦痛・災難・不運などを)受ける.被る.[~批 pī 评]批評(批判)される.[~人欺负]人からばかにされる.→[受冻][受苦①]③耐え忍ぶ.耐える.我慢する.[再有也不能~了]わたしはこれ以上は耐えられない(我慢できない).[实在够~的]まったくやりきれない.[没日没夜地~]昼夜の別なく我慢を続ける.[~不了了] ④<口>(…するに)耐える.適(かな)う.[~吃 chī]口にあう.おいしい.→[受喝]

受案 shòu'àn 事件を受理する.

受瘪 shòubiě ⇒[受窘]

受病 shòubìng 病気になる:[生 shēng 病]に同じ.

受不了 shòubuliǎo たまらない.耐えられない.[疼 téng 得~]痛くてたまらない.[他一点儿苦也~]彼はわずかの苦しみにも耐えられない.

受财 shòucái <文>(筋の通らない)財物を受ける.[~枉 wǎng 法]人から物をもらって法を曲げる.

受茶 shòuchá 回結納を受ける.→[代 dài 茶]

受潮 shòucháo 湿気る.湿気を帯びる.

受宠 shòuchǒng 寵愛を受ける.かわいがってもらう.[~若 ruò 惊]<成>身にあまる寵愛(優遇)を受けて非常に恐れる:[被 bèi 宠若惊]ともいう.

受创 shòuchuāng 痛手を受ける.負傷する:[受伤]に同じ.

受挫 shòucuò 挫折させられる.敗れる.くじかれる.[A 队以一比五~B 队]Aチームは1対5でBチームに敗れた.[~而气不馁 něi]敗れはしたが弱気にならない.

受到 shòudào …を受ける(た).[~ 帮 bāng 助]協力を得た.

受等 shòuděng <挨>お待たせしました.[~~][叫您~]同前.

受敌 shòudí 敵の攻撃を受ける.[四面~]四方から同前.

受冻 shòudòng ①寒さに苦しめられる.②冷害を受ける.

受二茬罪 shòu èrchá zuì →[吃 chī 二遍苦]

受罚 shòufá [挨 ái 罚]罰せられる.

受粉 shòufěn 植受粉する.→[授粉]

受风 shòufēng ①風を受ける.風にあたる.②風の寒気が体に入る.③⇒[中 zhòng 风]

受雇 shòugù 雇われる.[~于某公司]某社に雇われている.

受过 shòuguò 過失の責任を負う:多くは他人の,また不当な責任追及.

受害 shòuhài 害を受ける.[~者]被害者.犠牲者.被災者.遭難者.

受寒 shòuhán ①寒い目にあう.②体が冷える.寒さで病気になる.

受旱 shòuhàn 干ばつを被る.

受喝 shòuhē (飲んで)おいしい.→字解④

受话器 shòuhuàqì 受話器:[耳 ěr 机①][听 tīng 筒①]という.→[发 fā 话器]

受话人 shòuhuàrén (電話の)受け手:掛け手は[发话人]という.[~付款]コレクトコール.

受贿 shòuhuì 賄賂を受ける:[纳 nà 贿①]に同じ.↔[行 xíng 贿]

受惠 shòuhuì 恩恵を受ける.ありがたいことがある.

受检 shòujiǎn 検査を受ける.[开箱~]トランクを開けて同前.

受奖 shòujiǎng =[受赏]賞を受ける.

受教 shòujiào 教えられる.諭される.[~于专家]専門家に教わる.

受劫 shòujié 災難を受ける.強奪に遭う.

受戒 shòujiè 回(仏教で)受戒する.仏戒を受け僧になる.

受尽 shòujìn (辛酸を)つぶさになめる.[~旧社会的苦]旧社会の苦難をなめ尽くした.

受惊 shòujīng 驚く.びくびくさせられる.びっくりさせられる.驚かされる.

受精 shòujīng 受精(する).[~卵]生理受精卵.接合子.

受窘 shòujiǒng =[受瘪]さんざんな目にあう.苦境に陥る.[出门没带钱,受了窘]外出するのにお金を持っていなかったので,ひどい目にあった.

受看 shòukàn 見よい.見た目がよい.→字解④

受苦 shòukǔ ①苦しめられる.苦しみを忍受する.[~受难]苦難に遭う.→[吃 chī 苦] ②<方>野良仕事をする.つらい労働をする.[~人]農民.貧農.

受困 shòukùn ①困苦にあう.②とり囲まれる.とじこめられる.

受累 shòulěi 累を被る.巻き添えになる.

受累 shòulèi 苦労をさせられる(する・かける).[叫您~了]ご苦労かけました.[不能叫你白~]きみにただ働きさせられない.

受礼 shòulǐ ①敬礼を受ける.②贈り物を受ける.

受理 shòulǐ ①法受理する.受け付ける.②取り扱う.受付ける.[信用卡~商店]クレジットカードで買物ができる店.

受凉 shòuliáng ⇒[着 zháo 凉]

受领 shòulǐng 受け取る.受け入れる.[~任务]任務を受ける.

shòu

受命 shòumìng ①命令または任務を受ける.②〈文〉天命を受ける.
受难 shòunàn 被災する.難儀な目にあう.〔~者〕罹(り)災者.遭難者.
受虐狂 shòunüèkuáng 医マゾヒズム.〔色情〕同前.→〔施 shī 虐症〕
受盘 shòupán 店(の経営・資産)をまるごと譲り受ける.↔〔推 tuī 盘〕→〔顶 dǐng 盘(儿)〕
受骗 shòupiàn だまされる.ぺてんにかかる.
受聘 shòupìn ①回結納の品を受ける.②招聘を受ける.〔他~当了技术顾问〕彼は招かれて技術顧問になった.
受气 shòuqì いじめられる.酷い扱いをされる.〔他们已经受够了老板的气〕彼らはもういやというほど経営者からひどい目にあっている.〔~包(儿)〕〈喩〉八つ当たりを受ける人.憂さ晴らしのなぐさみものとされる人.
受穷 shòuqióng 貧困にみまわれている.貧窮している.
受屈 shòuqū 無実の罪を受ける.訳もなくいじめられる.→〔委 wěi 屈〕
受权 shòuquán 権限を受ける.〔~发表声明〕その筋の命令によって声明を発表する.
受让 shòuràng 譲り受ける.もらう.〔他的财产我有优先への权利〕彼の財産は私が優先的に譲り受ける権利を持っている.
受热 shòurè =〔受暑〕①暑気あたり(にかかる).〔中 zhòng 暑〕に同じ.②高熱の影響を受ける.〔绝大部分物体~则膨胀〕多くの物体は熱を受けると膨張する.
受辱 shòurǔ 侮辱される.恥をかかされる.面目を失わされる.
受禅 shòushàn 禅譲を受ける.→〔禅让〕
受伤 shòushāng 負傷する.〔负 fù 伤〕に同じ.→〔带 dài 伤〕
受赏 shòushǎng ⇒〔受奖〕
受审 shòushěn 裁判(審判)を受ける.
受使 shòushǐ 使いやすい.〔这支钢笔挺~〕このペンはとても使いやすい.
受事 shòushì 回(文における)動作の対象,動作の支配を受ける人・事物・例えば〔我看报的〕〔报〕、〔这个问题已经解决了〕の〔这个问题〕など.→〔施 shī 事〕
受暑 shòushǔ ⇒〔受热〕
受损 shòusǔn 損失を受ける.損をする.
受胎 shòutāi 受胎する.〔受孕〕に同じ.
受听 shòutīng 聞いて気に入る.聞こえがよい.〔这话说得不~〕その話は聞くに耐えない.→〔好 hǎo 听〕〔悦 yuè 耳〕
受托 shòutuō 頼みを受ける.
受洗 shòuxǐ 回(キリスト教で)洗礼を受ける.→〔洗礼①〕
受限 shòuxiàn 制限される.規制を受ける.
受降 shòuxiáng 敵の降伏を受諾する.
受刑 shòuxíng (身体に)刑罰を受ける.
受训 shòuxùn 訓練を受ける.
受邀 shòuyāo 招待される.〔~参加大会〕大会に招かれ参加する.
受业 shòuyè 〈文〉①生徒が師に対しての自称.②課業を受ける.
受益 shòuyì 受益する.利益を受ける.〔~人〕受益者.〔~匪 fěi 浅〕得るところ多大である.
受用 shòuyòng ①(その働きによる)利益を受ける.〔~一生〕〔终生~〕一生その利益が受ける.②活用する.使って利益が得られる.
受用 shòuyong 楽である.心地よい:多く否定に用いる.〔心里有点儿不~〕つらい思いをする.

受冤 shòuyuān 無実の罪を受ける.
受援 shòuyuán 援助を受ける.〔~国〕被援助国.
受阅 shòuyuè 観閲を受ける.
受孕 shòuyùn 妊娠する.はらむ:〔受胎〕に同じ.
受灾 shòuzāi 災害を受ける.
受知 shòuzhī 〈文〉知遇を受ける.〔~师〕回科挙の試験で及第した時の試験官.
受之无愧 shòu zhī wúkuì 〈慣〉受け取っても恥ずかしいとは思わない.
受之有愧 shòu zhī yǒukuì 〈慣〉受け取るには恥ずかしいと思う.〔却 què 之不恭,~〕お断りするのは失礼だし,と言って受け取るのも心苦しい(頂き物を受け取る時の言葉)
受制 shòuzhì ①制圧される.抑圧される.〔~于人〕他人に制約される.②害を受ける.苦しめられる.
受众 shòuzhòng (メディアの)受ける側.受け手.〔电视~〕テレビ視聴者.
受主 shòuzhǔ 譲り受け人.買い手.
受阻 shòuzǔ 妨げられる.阻害される.〔因交通~,不能按时到达〕交通が阻害されて,時間どおりに着くことができない.
受罪 shòuzuì ①罪を受ける.②苦しい目にあう.難儀する.〔这个罪我受不了 liǎo〕ぼくにはそんな辛抱はできない.〔受洋罪〕〈方〉ひどい目にあう.〔受了一辈子罪〕一生苦労してきた.

[授]

[授] shòu ①授ける.授け与える:〔交 jiāo ①〕〔给 gěi〕より重々しい感じがある.②教える.〔教 jiào ~〕@教える.⑥教授.〔传 chuán ~技术〕技術を伝え教える.

授粉 shòufěn 回授粉する.〔人工~〕人工授粉する.→〔受粉〕
授计 shòujì 計略を授ける.
授奖 shòujiǎng 賞を授ける.〔~大会〕授賞式.表彰式.
授课 shòukè 授業する.〔他在夜校每周~六小时〕彼は夜学で週6時間教える.
授命 shòumìng ①〈文〉生命をささげる(捨てる).〔见危~〕(論語・憲問)命を投げ出して危急に当たる.②(多く国家元首が)命令を下す.
授旗 shòuqí (象徴・標識として)旗を授与する.
授权 shòuquán 権限を授ける.権限を委託する.
授让 shòuràng (物や権利を)譲り渡す.〔~商标使用权〕ブランド使用権を譲渡する.
授人以柄 shòu rén yǐ bǐng 〈喩〉①権力を譲る.②人に自分を害する隙を与える.
授时 shòushí ①天文台が毎日一定の時間に正確な時刻を知らせる.②回農耕の時節を教える.〈転〉暦を頒布する.
授首 shòushǒu 〈文〉首をはねられる.殺される.
授受 shòushòu 授受する.やりとりする.
授田 shòutián ①固(朝廷が)成年になった者に田地を授ける.②同前の田地.
授衔 shòuxián (軍人に)位階・称号を授ける.
授信 shòuxìn 回(銀行の)与信.
授勋 shòuxūn 敵位または勲章を授ける.
授业 shòuyè 〈文〉学問を授ける.技芸を伝授する.
授艺 shòuyì 技能を伝える.芸を授ける.
授意 shòuyì 意を授ける.意中を言い含める.(暗に)意を伝えやらせる.
授予 shòuyǔ (勲章・奖状・栄誉などを)与える.授ける.〔授与〕とも書いた.〔~李明劳动英雄称号〕李明に労働英雄の称号を授与する.→〔给 jǐ 予〕
授职 shòuzhí 〈文〉官職を授ける.〔~典礼〕任命式.

shòu～shū

[绶・綬] shòu 〈文〉印章や玉に通す絹の組紐.綬(じゅ).→[绶带]
绶贝 shòubèi [鱼贝]タカラガイ・タカラガイ.
绶草 shòucǎo [植]ネジバナ(モジズリ.ヒダリマキ)
绶带 shòudài ①印章(デ)に通す絹のひも.②勲章を下げるリボン状のひも.③たすき:デパートの案内嬢などが掛ける.
绶鸟 shòuniǎo ⇒[吐绶鸡]

[狩] shòu 〈文〉①猟をする:特に冬の猟を指す.〔猎 liè 〕同前.②天子が国内を巡遊する.〔巡 xún 〕同前.

[兽・獸(獸)] shòu ①けだもの.けもの.〔飞禽 qín 走〜〕〈禽〉鳥やけもの.〔野〜〕野獣.〔〜聚鸟散〕〈成〉けもののように集まり,鳥のように散る:離合集散が激しい.②〈野獣のように〉野蛮である.下品である.下劣である.〔兽心〕〔兽行〕
兽环 shòuhuán (けものの頭部とその口にくわえた輪の形の)ドアノッカー.→[门 mén 环]
兽类 shòulèi 獣類.
兽力车 shòulìchē 畜力で引く車.↔〔人 rén 力车②〕
兽炭 shòutàn ⇒[骨 gǔ 炭]
兽头 shòutóu ①同下.②獣の頭形の装飾.〔〜大门〕獣の頭の形などの飾りを横ばりに取り付けた表門.
兽瓦 shòuwǎ =[兽头①]軒丸瓦:宮殿や大邸宅などにある動物の頭の形の軒丸瓦.
兽王 shòuwáng 獣王:獅子または虎.
兽心 shòuxīn 〈喩〉凶悪な心.人道にはずれた心.
兽行 shòuxíng 〈喩〉①凶悪な恥知らずの行為.②獣欲にふける行為.
兽性 shòuxìng 残忍な性質.獣性.
兽药 shòuyào 家畜の疾病治療薬.
兽医 shòuyī =[兽医院]:〔柱子〕はくい(?),家畜をつなぐ設備.
兽疫 shòuyì 獣疫.動物(家畜)の伝染病.
兽欲 shòuyù 獣欲.むきだしの性欲.
兽脂 shòuzhī 獣脂.

[售] shòu ①売る.〔出〜〕売り出す.販売する.〔公开发〜〕広く発売する.〔零 líng 〜〕小売り(する).〔无人〜书处〕無人書籍販売所.〔〜武 wǔ 器売却.②〈文〉(はかりごとなどを)実際にやる:多く悪だくみをいう.〔其计得〕そのはかりごとがうまくいく.
售后 shòuhòu 販売後(の).〔〜服务〕アフターサービス.
售货 shòuhuò 物を売る.物品販売.〔〜机〕自動販売機.〔〜车〕物売り車・ワゴン.〔〜亭 tíng〕小さな売店.スタンド.〔〜员〕売り子.店員.販売員.
售价 shòujià 売価.〔〜特别低廉〕売り値が特別に安い.
售卡处 shòukǎchù (各種)カード売り場.
售卖 shòumài 販売する.〔〜条 tiáo 件〕販売条件.
售票 shòupiào 切符を売る.〔〜处〕キップ売り場.出札所.〔〜口〕キップの口.出札係.バスの車掌.
售罄 shòuqìng 〈文〉売り切れる.
售缺 shòuquē 売れて品切れする.
售主 shòuzhǔ 売り主.売り方:〔卖 mài 主〕に同じ.

[瘦] shòu ①やせる(ている).〔他〜了点儿了〕彼は少しやせた.〔他比你〜〕彼はきみよりやせている.〔骨〜如柴〕骨と皮のようにやせている.〔〜身操 cāo〕ダイエット体操.↔〔胖 pàng〕②(衣服や履き物が)小さくて窮屈である.〔这件衣裳太〜〕この服は小さすぎる.↔〔肥 féi ②③④〕③(肉に)脂肪が少ない.〔燉 dùn 牛肉,肥的〜的都好吃〕牛肉の煮込みは脂身でも赤身でもおいしい.④(土地が)やせている.〔这块地太〜〕この土地はひどくやせている.⑤筆跡が細く力強い.⑥〈姓〉瘦(ショウ)
瘦巴 shòuba 非常にやせたさま:〔瘦巴巴 bāba〕ともいう.〔〜得就剩皮包骨了〕ひどくやせて骨と皮だけになっている.
瘦瘪 shòubiě やせこけている.〔〜的嘴〕やせてくぼんだ口.
瘦长 shòucháng ひょろ長い.やせている.細く長い.〔〜个 tiáo 子〕のっぽ(の人).〔〜细 xì 高挑儿〕
瘦高挑儿 shòugāotiáor ⇒〔细 xì 高挑儿〕
瘦骨嶙峋 shòugǔ línxún 〔瘦骨嶙嶙〕ともいう.〈成〉非常にやせている様子.
瘦骨伶仃 shòugǔlíngdīng 〈成〉やせてひょろりとしている.
瘦果 shòuguǒ [植]瘦果(そう):乾果の一種.固い果皮の中に一粒だけ種子がある.
瘦猴儿 shòuhóur 〈喩〉やせぽち.
瘦瘠 shòují ①やせてひ弱である.②(土地が)やせている.
瘦减 shòujiǎn やせて小さくなる(やつれる).〔花容〜〕花のかんばせがやせて縮む.
瘦筋巴骨 shòujīn bāgǔ やせて筋張り,ごつごつしてさま.
瘦金体 shòujīntǐ 漢字書体の一.宋の徽宗の書風に基づくもの.
瘦精精 shòujīngjīng やせさらばえているさま:〔瘦筋筋〕ともいう.
瘦劲 shòujìng 細くて力強い.〔书法〜〕筆の運びがしまって力強い.
瘦客 shòukè ⇒〔月 yuè 季(花)〕
瘦俏 shòuqiào ほっそりとして美しい.〔身条〜〕体つきがすらりと美しい.
瘦怯怯 shòuqièqie 〈白〉やせて弱々しい.〔一个〜的书生〕やせて弱々しい一人の書生.
瘦缺 shòuquē [旧]実入りのよくない官職.↔[肥 féi 缺]
瘦肉 shòuròu 赤身の肉:〔红 hóng 肉〕〔精 jīng 肉①〕に同じ.〔〜精〕〈口〉豚に与えて赤身の肉を増量させる薬物(禁止品)
瘦弱 shòuruò やせて弱々しい.
瘦死的骆驼比马大 shòusǐde luòtuo bǐ mǎ dà =[大船破了还有三颗钉]〈諺〉やせて死んだらくだでも馬よりは大きい:腐っても鯛.
瘦小 shòuxiǎo (体が)やせて小さい.〔〜枯干〕体つきが小さくて干からびたようである.↔[肥 féi 大①]
瘦削 shòuxuē やせこけている.
瘦硬 shòuyìng 書体が細くて力強い.〔书贵〜〕書は書体が細く力強いのを尊ぶ.→[瘦劲]
瘦子 shòuzi やせぽち.がりがりの人.

shu ㄕㄨ

[殳] shū ①=[殳 duì ①]古代兵器の一種:長さ一丈二尺の竹や木をとがらせた長槍.〔铁 tiě 〜〕鉄製の同前.②〈姓〉殳(シュ)
殳书 shūshū [旧]殳(シュ)书:秦代の〔八体(书)〕の一.武器などに刻まれた書体.

[书・書] shū ①書く.〔大〜特〜〕特筆する.〔书法〕〔书写〕②書籍.本.〔念 niàn 〜〕本を音読する.⑤勉学する.〔读 dú 〜〕読書(する).⑥勉学する.〔教科〜〕〔课本〕教科書.〔三本小〜〕初学者の学んだ〔三字经〕〔千字文〕〔百家姓〕の3種の

shū

书.→[书本(儿)] ③書いたもの.書きつけ.文書.〚文〛[~信][证~]証書.[说明~]説明書.〈~手紙.〚家〛[家~][家信]家からの手紙.⑤家への手紙.[情~]ラブレター.→[信 xìn ⑥] ⑤書体.[隶 lì ~]隶(ﾚｲ)書.[篆 zhuàn ~]てん書.[草 cǎo ~]草書.[楷 kǎi ~]楷書.⑥画書経(尚書).⑦〈姓〉書(ｼｮ)

书案 shū'àn 〈文〉(長方形の)机.→[书桌(儿)]
书吧 shūbā ブックバー.ブックカフェ.→[吧]
书包 shūbāo ①書物の包み.②〈転〉(学生の)カバン.[掴下~][下~]おろす.[~带]ブックバンド.
书报 shūbào 書籍や新聞.出版物.
书背 shūbèi ＝[书脊]書物の背:閉じてある側.↔[书口]
书本(儿) shūběn(r) 書物(総称).[~知识]〈喩〉机の上の学問.
书辨儿 shūbiànr ＝[书签带]書物のはさみ紐(読みかけのページにはさんでおくための).
书不尽言 shū bù jìnyán ①〈成〉文字でも言葉でも十分に表すことができない:[~，言不尽意]の略. ②〈牍〉書面では意を尽すことができません.[~，容再面洽 qià]書面では意を尽せませんので,いずれお会いした上で相談しましょう.
书册 shūcè ⇒[书籍]
书茶馆 shūcháguǎn ⇒[书馆②]
书场 shūchǎng 講釈場.寄席(ﾖｾ):[说 shuō ~]ともいう.→[书馆②]
书呈 shūchéng (身分の上の人に出す)手紙.
书城 shūchéng ①大型書店.ブックセンター.②〈喩〉周りに積み重ねたたくさんの本.
书痴 shūchī 本好き.本の虫.
书虫 shūchóng ⇒[书蠹①]
书橱 shūchú ①本箱.(扉のある)書棚:[书厨]とも書いた.②〈喩〉本の虫:博学ではあるが実際には役に立たない人.
书春 shūchūn [春联(儿)]を書く.
书呆子 shūdāizi 書物ばか:本ばかり読みふけっていて実情や世間に疎い人.[咬~]→
书带草 shūdàicǎo ⇒[麦 mài (门)冬]
书丹 shūdān 〈文〉朱筆で碑文(刻字のもと)を書く.碑文の字を書く.
书单(子) shūdānzi 図書目録:冊子やカードでなく1枚の紙に書き出したリスト.→[书录][书目]
书挡 shūdǎng ブックエンド.本立て.
书底儿 shūdǐr 〚口〛学問の造詣:[书底子]ともいう.[~深 shēn]同前が深い.
书店 shūdiàn ＝〚文〛[书肆]書店.本屋:[书铺][书局①]は古いいい方.→[街]本屋街.
书顶 shūdǐng 書物の天(あたま):[上 shàng 切口](上の小口)ともいう.→[书根][天 tiān 头①]
书牍 shūdú 〈文〉手紙.書面.
书蠹 shūdù ①＝[书虫][书虱][书鱼]虫シミ.＝[蠹鱼(子)]紙魚(ｼﾐ):[蛀 zhù 虫]②〈転〉本の虫:書物にしがみついてばかりいる人.
书法 shūfǎ ①書道(の筆法).[~家]書家.→[临 lín 池] ②(史家の)歴史を書きしるす筆法.編纂原則.
书坊 shūfāng 旧本屋:書物を刊行して売る店.
书房 shūfáng ①⇒[文 wén 房①] ②家塾.
书痱 shūfěi 書物のとびら.
书稿 shūgǎo 著作の原稿.
书格 shūgé 書きとる時の肘(ﾋｼﾞ)のせ.
书橘子 shūgézi ⇒[书架(子)]
书根 shūgēn 書物の地(けた):[下 xià 切口](下の小口)ともいう.→[书顶][地 dì 脚②]
书贾 shūgǔ ＝[书客①]〈文〉書籍商.

书馆 shūguǎn ①囯私塾.→[馆④] ②[-儿]〈方〉講釈場を設けてある茶館:お茶を飲みながら,[评 píng 书][说 shuō 书]を聞く[茶馆(儿)]の一種.[书茶馆]ともいう.→[书场]
书归正传 shū guī zhèngzhuàn 〈成〉話は本題に戻る:講釈師のよく用いる言葉で,[章 zhāng 回小说]によく見られる.[言 yán 归正传]ともいう.
书柜 shūguì 本箱:[书橱①]に同じ.
书函 shūhán 〈文〉①書籍の帙(ﾁﾂ):[书套]と同じ. ②⇒[书信]
书号 shūhào 書籍コード:書籍出版許可番号.
书后 shūhòu (本の)あとがき.後記:著者ではない人による解説や評論.[~记]〈~语]同前.→[跋 bá (II)]
书画 shūhuà 書画.書と絵.
书籍 shūjí ＝〈文〉书册]書籍(総称)
书脊 shūjǐ ⇒[书背]
书记 shūjì ①書記:文書の記録などの事務をする者.[~员]法廷書記. ②共産党や共産主義青年団(の各級組織における)責任者.[支部~][支书]支部書記.
书家 shūjiā 書家.
书架(子) shūjià(zi) ＝[书橱子]書棚.[一~书]本棚一杯の本.
书简 shūjiǎn 書簡:[书束]とも書いた.[书信]ともいう.
书经 shūjīng ＝[尚 shàng 书]画書経:儒家の経典の一.単に[书⑥]ともいう.→[五 wǔ 经]
书局 shūjú ①⇒[书店] 旧官庁の書庫. ③旧官立の書籍刊行所.
书卷 shūjuàn 書籍.書物.[~气]〚方 fāng 中气〛学者らしさ.インテリ気質.
书刊 shūkān 書籍と(定期)刊行物.出版物.
书壳 shūké 本のカバー.
书客 shūkè ①⇒[书贾] ②文人.
书空 shūkōng 〈文〉指で空に字を書く.
书口 shūkǒu 書物の前小口:めくってあける側.↔[书背]→[中 zhōng 缝]
书扣子 shūkòuzi (講談で)話の山場.クライマックス:ちょっと間をおいて興味をかきたてる場面.
书库 shūkù ①書庫.②〈喩〉博学の人.
书侩 shūkuài 旧書籍売買の仲介業者.
书吏 shūlì 旧書記.文書係の役人.
书例 shūlì ①揮毫料.潤筆料のきまり. ②書式.
书娄子 shūlǒuzi 〈喩〉博覧強記の人.
书录 shūlù 特定の書籍の解題目録.
书簏 shūlù 〈文〉竹製の書籍.〈転〉博学であっても役にたたない者.
书帽 shūmào (語り物演芸の)語りの前ぶれ.まくら.
书眉 shūméi 書物のページ上部の空白.→[天 tiān 头①]
书迷 shūmí 書物好き.本好き.②[评 píng 书][评坛]の愛好家.
书面 shūmiàn ①書物の表. ②書面.[~回答]書面で回答する.[~报告]書面による報告(をする).[~发言]書面で発言する.↔[口 kǒu 头]
书面语 shūmiànyǔ 書面語.文章語.書き言葉.↔[口 kǒu 语]→[文 wén 言]
书名 shūmíng 書名.[~号]山かぎ.ギュメ:句読符号の一.〈 〉は[单~号],《 》は[双~号]という.書名・篇名などに用いられる.
书目 shūmù 図書目録.本のリスト.
书脑 shūnǎo (線装本の)綴じ合わせの部分の通称.
书皮(儿) shūpí(r) ①(個人でつける)ブックカバー.[包~]同前をつける. ②書物の表紙:[封 fēng 面①]〈方〉封皮③]ともいう.[~纸板]表紙用厚紙.

S

shū

书评 shūpíng 書評.
书铺 shūpù ①⇒〔书店〕 ②旧代書屋.
书契 shūqì 旧①文字. ②契約文書.証拠の書きつけ.
书签(儿) shūqiān(r) ①題簽(ぜん).外題貼り:線装本の表に貼ったり,挟んで外に垂らしたりする書紙. ②書物のページの間にはさんでおくしおり.〔书签带〕〔书辫儿〕書物のはさみ紐. ③電算ブックマーク.
书券 shūquàn 図書券.
书社 shūshè ①旧文人の文学上の結社. ②書物印刷組織.出版社.
书生 shūshēng 読書人.書生.〔~之见〕〈喩〉未熟な見解.〔~气〕〈文〉学者ふう.インテリ臭.⑤書生かたぎ.〔白面~〕白面の書生.
书虱 shūshī ⇒〔书蠹①〕
书市 shūshì 書籍市.本の見本市.
书塾 shūshú 私塾.
书肆 shūsì ⇒〔书店〕
书摊 shūtān〔-儿,-子〕露店の本屋.
书套 shūtào =〔书函①〕〔书帙〕書物の帙(ちつ).ブックケース.(本の)外箱.
书体 shūtǐ ①〈文字の〉書体. ②〈書道流派特有の〉書体.
书亭 shūtíng (ボックス式の小さな)本屋.→〔书店〕
书童 shūtóng 旧富家の書斎などで雑役をする少年の召使い:〔书僮〕とも書いた.
书屋 shūwū ①〈文〉書斎. ②書屋:本屋の名前として使われる.
书系 shūxì 一系列の図書.
书香 shūxiāng 旧学者の家風.読書人の家柄.〔世代~〕代々読書人である家風.〔~人家〕学者風の家庭.〔~门第〕代々学者の家柄.
书箱 shūxiāng 本箱.本棚.
书写 shūxiě 書く.〔~自己的姓名〕自分の姓名を書く.
书心 shūxīn〔书芯〕とも書く.(表紙などを除いた)本の内容の書かれた部分.→〔版 bǎn 心①〕
书信 shūxìn =〔书函②〕〔书札〕〈文〉書簡.書面:〔书简〕〔书柬〕ともいう.〔~一体〕書簡体.
书讯 shūxùn 図書出版情報.
书业 shūyè ①〈文〉著述の仕事. ②書籍業.出版業.書籍販売業.
书页 shūyè 書籍のページ.
书仪 shūyí 旧(私家版の)文書書簡.規範書.
书影 shūyǐng 原書の版式と内容の代表的な部分を示した印刷物:旧時は原書のままに木刻または石印が,今では多く写真版で別組ページとして組み込むが,それだけをまとめて冊子にするものもある.
书友 shūyǒu ①〈文〉同級生.同窓生. ②読書の友.図書の友.〔~卡 kǎ〕書店の優待カード.
书鱼 shūyú ⇒〔书蠹①〕
书院 shūyuàn 旧学問教授所.講学所.
书札 shūzhá ⇒〔书信〕
书斋 shūzhāi 書斎.読書室.
书展 shūzhǎn ①図書展.ブックフェア. ②書道作品展覧会.
书证 shūzhèng ①(著作・注釈中の語句の)出典を示す.例証. ②法証拠書類.
书轶 shūzhì ⇒〔书函①〕
书桌(儿) shūzhuō(r) 文机.勉強机.→〔书案〕

〔抒〕

shū 表し述べる.表面に出す.〔发~感情〕感情を表す.〔~其所抱〕自分の抱いている考えを述べる.
抒发 shūfā 述べ表す.〔~感情〕感情を述べ表す.
抒怀 shūhuái 気持ちを述べ表す.
抒情 shūqíng 感情を述べる.〔~诗 shī〕抒情詩.
抒写 shūxiě 描写し述べる(表す)
抒意 shūyì〈文〉考えを述べる.

〔纾・紓〕

shū〈文〉①ゆるめる.〔~宽民力〕民力にゆとりを持たせる. ②とり除く.取り除く.〔可以~忧〕憂いを晴らすことができる.〔~解 jiě 压力〕プレッシャーを取り除く.〔~祸 huò〕災厄を払い除く.〔毁 huǐ 家~难 nàn〕〈成〉家財をなげうって難を救う. ③(生活に)余裕がある.

〔舒〕

shū ①心地よくのばす.くつろげる:窮屈・退屈・拘束から脱すること. ②のびやかで(ある).ゆったり(している). ③愉快である. ④〈姓〉舒(ほ).
舒畅 shūchàng のびのびと心地よい.
舒服 shūfu =〔舒坦〕気持ち(気分)がよい.心地よい.快適である.気楽(である).〔身体不~〕体の具合が悪い.〔坐轮船比坐火车~〕汽船に乗る方が汽車より楽である.〔这话让人心里~〕この話は人の気持ちを楽にする.〔过一日子〕気楽な日を暮らす.〔您这么一周旋反倒吃着不~了,心里头老不怎么样儿地不愿意,要想再一~的时候儿,当着您这么多的人面儿,我哪里肯那样儿的,我倒没有什么,倒是您这位先生真正叫我不过意了,要是蒙您这么作个东儿,就算是您不见外了,这顿便饭我来吃,下回再请您,就算是为报答您的盛意,这么我就放胆给您搅扰了〕このようにおもてなしをかえって受けるのがそんなに心持ちになると,わたしはいただいていながらどうも具合が悪いです.→〔得 dé 劲(儿)①〕〔受用 shòuyong〕
舒怀 shūhuái〈文〉心をのびのびと開く.
舒缓 shūhuǎn ①ゆるやかである.ゆっくりしている.〔放着~的音乐〕同前の音楽を流す.〔~的步子〕ゆったりした足どり. ②のどかである. ③傾斜がゆるい. ④ゆるめる.〔~压力〕プレッシャーを同前.
舒筋活络 shūjīn huóluò 中医筋の張りをゆるめ代謝をよくする.
舒筋活血 shūjīn huóxuè 中医筋肉をくつろげて血の循環をよくする:〔舒筋和血〕とも言った.
舒卷 shūjuǎn〈文〉伸び広がったり巻き縮んだりする(多く雲や煙をいう).〈転〉進退.〔~自如〕出処進退が思いのままである.
舒眉 shūméi 眉を開く.表情が明るい.〔~展眼〕〈成〉憂いがないさま.
舒气 shūqì ①(ほっと)息をつく.気持ちをくつろげる.〔舒了一口气~〕ほっと一息つく. ②気を晴らす.
舒散 shūsǎn ①(筋肉などを)ゆるめ動かす.のびをする.伸ばす. ②(気分などを)のびやかにする.ときほぐす.
舒声 shūshēng 旧古漢語声調の〔平声〕〔上声〕〔去声〕を一括したい方:〔促 cù 声〕に対していう.→〔四 sì 声〕
舒适 shūshì =〔服 fú 帖③〕気持ちがよい.快適である.〔这双鞋很~〕この靴ははき心地がよい.→〔合 hé 适〕
舒爽 shūshuǎng すこやかである.さっぱりしている.すっきりしている.
舒松 shūsōng のんびりしている.気が楽である.
舒坦 shūtan ⇒〔舒服〕
舒帖 shūtiē 気持がよい.快適である.〔浑身~〕体中心地よい.
舒心 shūxīn 心地よい.のんびりしている(する).〔~的事〕気がのんびりするようなこと.
舒徐 shūxú〈文〉ゆったりとしている.悠々としている.
舒展 shūzhǎn ①ぴんと伸ばす.広げる(折り目がついたり,巻いたり,しわがよったりしたものを).〔这张纸有绉纹,用手~一开〕この紙は皺(しわ)がよっているから,手でぴんとのばしなさい.〔祖父心里很高兴,脸上的皱纹也~了〕おじいさんは,心からうれしくて,顔のしわまでのびたかのように晴れやかだ. ②ぴんとしている(折り目やしわがなく).〔我拿一点儿的纸包上〕ぴんとした紙で包みなさい. ③気持ちがのびのびする.ゆったりして気持がいい.

书抒纾舒

抒写 shūxiě 描写し述べる(表す)
抒意 shūyì〈文〉考えを述べる.

舒叔淑菽枢姝殊　　　　　　　　　shū

舒张 shūzhāng 生理(心臓などの)拡張.弛緩.〔~压〕低 dī 压③)拡張期血圧.

[叔] shū ①叔父.父の弟.〔二~〕2番目の(次男である)叔父(さん).→[李大~]李おじさん.→①　②父と同年代で年齢が父より少し若い人に対しての呼称.③〈文〉兄弟の順序の3番目を表す.→[伯 bó (I)③]　④夫の弟.義弟.⑤田 第三(級)の.〔~胺 ān〕第三アミン.〔~醇 chún〕第三アルコール.⑥〈姓〉叔.

叔伯 shūbai 同じ祖父(または曾祖父)の兄弟姉妹関係の親類,特にその子(つまりいとこ・またいとこ)に冠して用いる:〔堂 táng …〕と同じになることが多い.〔~兄〕〔堂兄〕従兄.〔~兄〕〔~弟〕〔堂兄〕〔哥哥〕〔堂兄〕従兄.〔~姐妹〕従姉妹.〔~姐姐 jiějie〕〔堂姐〕従姉.〔~妹〕〔堂妹〕従妹.〔~嫂 sǎo 子〕従兄の妻.〔~侄 zhí 儿〕従兄弟の男の子.〔~侄女〕従兄弟の娘.〔~大爷〕父の従兄.〔~叔〕父の従弟.→〔从 cóng 表兄弟〕〔堂兄弟〕⑦〕

叔父 shūfù ①=〔叔叔〕〔〈方〉阿 ā 叔〕叔父:父の弟.→〔伯 bó (I)〕　②固天子が同姓の諸侯に対する称.

叔公 shūgōng ①⇒〔叔祖〕　②夫の叔父.

叔舅 shūjiù 叔父:母の弟.

叔妹 shūmèi 夫の妹:〔小 xiǎo 姑(儿)①〕に同じ.

叔母 shūmǔ 〈文〉父の弟の妻.〔婶 shěn 母〕

叔婆 shūpó ①夫の叔母(叔父の妻).②〈方〉父の叔母.

叔嫂 shūsǎo 〔小叔(子)〕(夫の弟)と兄嫁(の間柄).〔~的关系〕同前の関係.

叔坤 shūshēn ①叔父とその妻.②〈文〉叔母.

叔叔 shūshu ①父の弟.②子どもが成人男子を呼ぶ時の呼称.〔解放军~〕解放軍のおじさん.〔工人~〕労働者のおじさん.→〔阿 ā 姨〕③夫の弟.〔小 xiǎo 叔(子)〕に同じ.

叔孙 shūsūn 〈姓〉叔孫(ミミズ)

叔翁 shūwēng ⇒〔叔祖〕

叔岳 shūyuè 妻の叔父(尊称).

叔丈(人) shūzhàng(ren) 妻の叔父.

叔侄 shūzhí 〔叔父①〕と〔侄儿〕〔侄女(儿)〕たち(との間柄).

叔子 shūzi 夫の弟:〔小 xiǎo 叔(子)〕に同じ.

叔祖 shūzǔ =〔方〕叔公〕〔叔翁〕祖父の弟:〔~叔祖母〕shūzǔmǔ 父の叔母(叔祖の妻)

[淑] shū ①しとやかである(で麗しい).〈文〉~姿 zī〕しとやかで麗しい姿態.②善良である.好い人である.〔~性〕善良な性質.〔~行〕善行.③美しい.〔~景〕美景.④(自分で)良いと見る.→〔私 sī 淑〕

淑安 shū'ān 〔牍〕ご安寧を祈る:女性に出す手紙の末尾に書き添える常套語.→〔安(I)⑤〕

淑德 shūdé 〈文〉淑徳.美徳.

淑静 shūjìng (女性が)しとやかである.

淑女 shūnǚ =〔〈文〉淑媛〕淑女.

淑人 shūrén ①善良な人.②囲圏〔三品〕の封号を受けている官吏の母または妻の称.

淑胤 shūyìn 〈文〉良き子孫.

淑媛 shūyuàn 〈文〉淑女.

淑质 shūzhì 〈文〉しとやかな気分.

[菽(未)] shū 豆類(総称).〔不辨 biàn ~麦〕(菽)と麦が見分けがつかない:ごくたやすい弁別ができない.愚かである.

菽水 shūshuǐ 豆と水.〈喩〉貧乏な生活.〈転〉年寄りを養う.〔~承欢〕(成)親孝行をする.

菽粟 shūsù 〈文〉豆類と穀類.〈転〉食糧.

[枢・樞] shū ①とまら.とぼそ:開き戸の回転軸.また受け穴.〔户~〕同前.②中心.鍵となる所.〔中~〕中枢.→〔天 tiān 枢〕

枢奥 shū'ào ⇒〔枢密〕

枢机 shūjī 〔文〕①とぼそと弩(ゆはず)の発射装置.②重要なところ.かなめ.③政権内の中枢機構,また重職ある官吏.

枢机主教 shūjī zhǔjiào (ローマカトリック教で)枢機卿(=〔红 hóng 衣主教〕ともいう.

枢路 shūlù 〈文〉要路.主要な道筋.

枢密 shūmì =〔枢奥〕〈文〉国家の機密.

枢纽 shūniǔ 中枢.〈喩〉重要なカギ.重要点.かなめ.〔水利~〕水利上の要衝.〔~车站〕ターミナルステーション.〔水利~工程〕基幹の水利工事.〔~机场〕ハブ空港.

枢要 shūyào 〈文〉①重要な(こと).肝心かなめ(のところ).②中央行政機構.

枢椎 shūzhuī 生理第二頚椎の別称.→〔颈 jǐng 椎〕

[姝] shū 〈文〉①美女.〔彼 bǐ ~〕かの美女.②美貌である.〔容色~丽 lì〕見目麗しい.〔~艳 yàn〕なまめかしい.

[殊] shū ①異なる.〔二者相~〕二者は異なっている.〔~恒〕常と異なる.〔悬 xuán ~〕かけ離れて異る.②思いのほか.〔照相製印,与原画無~〕写真で複写印刷すれば,原画と異なるところはない.③特別である.優れている.〔~力〕特に優れた功労.〔~能〕特殊能力.〔~量 liàng〕比類のない度量.③〈文〉特にきわめて.〔~佳 jiā〕特に良好である.〔凉爽~甚〕ことのほか涼しくさわやかである.〔~有未妥〕大いに妥当でない点がある.〔此间~乐〕当地は非常に楽しい.〔本会~为欢迎〕本会は大いに歓迎する.④〈文〉断つ.生命を絶つ.〔自刎不~〕自ら首をはねようと試みたが死には至らなかった.⑤〈姓〉殊(ばゞ)

殊不知 shūbùzhī ①実は…をご存知ない.何と…を知らない.②思いのほか.〔我以为他还在日本,~上月他就回国了〕彼がまだ日本にいると思っていたが,なんと先月帰国してしまっていた.

殊恩 shū'ēn 〈文〉特別の恩恵.

殊方 shūfāng 〈文〉①=〔殊域〕異域.他地.②異なる方向.別の方法.

殊功 shūgōng =〔殊绩〕殊勲.

殊绩 shūjì 同上.

殊绝 shūjué 〈文〉遠くかけ離れる.〔~凡庸〕平凡な者と遠くかけ離れる.

殊类 shūlèi 〈文〉異類.

殊礼 shūlǐ ①〈文〉特別の礼遇.②異なった礼法.

殊难… shūnán… 〈文〉とても…し難い.〔~照准〕とうてい申請どおり認可し難い.〔~相信〕ことのほか信じ難い.

殊荣 shūróng 特別の光栄.別格の栄誉.

殊色 shūsè 〈文〉特に際立って見える色(器量).優れた容色.

殊死 shūsǐ ①命をかける.死力を尽くす.〔作~的斗争〕決死の闘争をする.〔~战〕決死の戦闘.②斬首の刑.

殊俗 shūsú 〈文〉①凡俗と異なる.〔志操~〕志操が凡俗と異なっている.②風俗の異なる他郷.

殊途同归 shūtú tóngguī 〔成〕道は違うが帰着するところは同じ.手段は異なっても目的は同じ:〔异 yì 路同归〕に同じ.

殊未… shūwèi… 〈文〉ついにまだ….何としたことかまだ….〔佳人~来〕(江淹詩)佳人が何とまだやって来ない.

殊行 shūxíng〈文〉格別に立派な行為.〔表其~〕その立派な行為を表彰する.
殊选 shūxuǎn〈文〉破格の抜擢.
殊勋 shūxūn 殊勲.
殊异 shūyì〈文〉特に異なる.特異である.
殊尤 shūyóu〈文〉①特に秀でる.〔~之材 cái〕特に秀でた才能(の人).②はなはだ奇異である.
殊遇 shūyù〔殊方⑤〕
殊遇 shūyù〈文〉特別の知遇.破格の恩寵.
殊誉 shūyù 特別な栄誉.
殊致 shūzhì〈文〉①特異の風情(ふぜい).②食い違いがある.一致しない.

〔倏（儵・儵・儵）〕 shū ①
〈文〉またたく間.たちまち.〔~尔 ěr〕同前.〔~而不见〕たちまち見えなくなる.〔~闪 shǎn〕〔~烁 shuò〕(光が)きらめく.②〈姓〉倏(しゅく).〔~箫 xiāo〕

倏地 shūdì、~de またたく間に.
倏忽 shūhū〈文〉たちまち.急速(に).〔来去~〕倏来忽往〕来たり行ったりするのが(めまぐるしく)速い.たちまちのうちに行ったり来たりする.
倏然 shūrán〈文〉①突然に.忽(こつ)然と.②すばやい.

〔梳〕 shū ①
髪をくしけずる.とく.とかす.〔把头~一~〕頭をくしけずる.〔~光〕きれいに(くし)水梳きをとかす.〔~子〕(目の粗い)くし.〔木 mù ~〕木ぐし.くし.〔胡~〕ひげをすくくし.〔角 jiǎo ~〕〔牛角~子〕角製のくし.→〔篦 bì 子②〕〔拢 lǒng 子〕

梳篦 shūbì くし.すきぐし.歯の粗いくしと細かいくし.
梳辫子 shūbiànzi ①髪をとかしておさげに編む.〔一个~的女生〕おさげに結った女学生.②〔喻〕(複雑にからみ合ったことを)解きほぐす.
梳齿 shūchǐ くしの歯.
梳打 shūdǎ ⇒[苏 sū 打]
梳理 shūlǐ ①くしですく.〔~头发〕髪をとく.すいて整える.②解きほぐし整理する.〔把复杂的问题~一下〕複雑な問題を整理する.③[紡]梳綿機ですく.
梳拢 shūlǒng くしけずる.髪をすいて結う.
梳毛 shūmáo［紡］梳毛(そう)~.〔~机〕梳毛機.
梳棉 shūmián［紡］綿打ち.〔~机〕梳綿機.
梳头 shūtóu 頭髪をくしけずる(って結う).とかしつける.〔~妈子〕〔~老妈儿〕髪結い女.↔〔~酒〕娘が嫁いだ後初めて里親が訪れて来る時の酒宴.
梳洗 shūxǐ 髪を結い顔を洗う.身じまいをする.
梳妆 shūzhuāng 化粧する.〔~室〕化粧室.〔~盒〕手提げ化粧道具入れ.〔~台〕〔镜 jìng 台〕(鏡つきの)化粧台.
梳子 shūzi くし.→〔篦 bì 子〕〔拢 lǒng 子①〕

〔疏（疎）〕 shū（Ⅰ）〔疏〕
塞いでいるものをさらえて(水を)通す.〔~湖水以灌田〕湖水に水路をさらえて田を灌漑する.→〔疏浚〕疏通①〕②分散させる.まばらにする.〔~散 sàn 人口〕人口を分散させる.疏開する.〔把羊群~散 sàn 开〕羊の群を分散させる.③まばらな.〔这种布似~实密〕この布は目が粗いようでは密である.〔~密不均〕密度が一様でない.〔~星淡月〕(~成)まばらな星と淡い月.↔〔密 mì ①〕④疎遠である.親しまない.〔不分亲~〕親疎の隔てが(なにない).〔~亲爱友〕〈成〉親戚を疎んじたり友人をないがしろにしたりする.↔〔亲 qīn ⑥〕⑤空虚である.乏しい.〔志大才~〕大望を抱いているが才能が乏しい.〔才~学浅〕〈成〉才能が乏しく学が浅い.もよく知らない.不案内である.〔生~〕疎い.不案内である.〔疏忽である(にする).うっかり

する.〔~一点儿神就要出岔子〕ちょっとうっかりすると事故が起こる.〔于防范〕守りを固めるのに油断がある.⑧〈姓〉疏(~).
（Ⅱ）〔疏〕〈文〉①天子に対する上奏文.〔上~〕同前と上呈する.②古書の内容を小部分に分け箇条別に解釈を施したもの.〔注 zhù 疏〕本文を詳しく説明したもの.〔毛诗草木鸟兽虫鱼~〕毛詩の草木鳥獣虫魚の注解.〔十三经注~〕［画］十三経の注疏を合刻したもの.

疏不间亲 shū bù jiànqīn〈成〉疎遠な者が親密な者の仲に水をさすようなことをしてはならない.〔~,后不僭 jiàn 老〕同前で,若輩は老人をさしおいて出しゃばってはならぬ.
疏财仗义 shūcái zhàngyì〈成〉義を重んじ金銭のことは気にかけない.〔疏财重义〕〔仗义疏财〕ともいう.
疏斥 shūchì〈文〉疎んじ退ける.
疏宕不拘 shūdàng bùjū 奔放でこせつかない.
疏导 shūdǎo ①河川を浚渫(しゅんせつ)する.〔~水渠 qú〕水渠をさらう.②〔喩〕流れをよくする.〔~交通〕交通の流れをよくする.
疏放 shūfàng〈文〉気ままである.奔放である.〔~不羁 jī〕同前.
疏果 shūguǒ 摘果(する).〔间 jiàn 果〕ともいう.
疏忽 shūhu 粗忽である.うっかりする.おろそかにする.
疏花 shūhuā［農]（果実の)花を間引く.摘花する.
疏剪 shūjiǎn［農]（果樹の)剪定をする.
疏解 shūjiě ①調停する.とりなす.②流れをよくする.渋滞を解消する.
疏浚 shūjùn 浚(さら)う.〔~河道〕河道をさらう.〔~机〕[挖 wā 泥机]浚渫機.
疏狂 shūkuáng〈文〉勝手放題である.生意気で勝手である.
疏阔 shūkuò〈文〉①粗雑である.大ざっぱである.②疎遠である.
疏懒 shūlǎn だらしがない.横着でけじめがない.〔~性成〕〔~成〕だらしがなく怠けぐせがついてしまう.
疏朗 shūlǎng〈文〉①すっきりしている.②こだわりがなくさわやかである.③まばらで明るい.
疏冷 shūlěng〈文〉①まばらで閑散としている.②疎遠でよそよそしい.③淡白である.あっさりしている.
疏离 shūlí 疎遠になる(する).遠ざかる(ける).→〔疏远〕
疏理 shūlǐ〈文〉むだを除いて整理する.
疏漏 shūlòu 手ぬかりがある.粗相がある.〔工作中有~〕仕事に手落ちがある.
疏略 shūlüè〈文〉①おろそかにする.②大ざっぱで簡略である.
疏落 shūluò まばらで(である).ちらほら(している)
疏慢 shūmàn おろそかにして侮る.〔~于防备敌军的入侵〕敵侵入への防備をおろそかにして侮る.
疏密 shūmì 疎と密.密度.〔花木栽得~有致〕花木が間を取って植えてある.〔~相间 jiàn〕疎密がまじり合う.
疏苗 shūmiáo［農]苗を間引く.
疏浅 shūqiǎn 隙があり浅い.〔思虑~〕思慮が足らない.〔关系~〕関係が深くない.
疏散 shūsǎn ひまでのんびりしている.
疏散 shūsàn ①疎開する(させる).分散する(させる).〔救助那些因洪水而从家里~出来的人们〕洪水によって疎開して人々を救済する.②散らばっている.まばらである.〔~的人家〕散在する家々.
疏神 shūshén 不注意(である).〔疏不得神〕気を散らしてはいけない.〔不敢~〕不注意などいたしません

shū～shú

疏ん.
疏失 shūshī うっかりした間違い.失策.
疏松 shūsōng ①ふんわりとして柔らかい.〔土质~干燥〕土壌がふっくらとして乾いている. ②ふかふかにする.
疏通 shūtōng ①(さらえて)流れをよくする. ②調停する.疎通をはかる.〔僵持下去也不是办法,还是请出人来给~吧〕双方がこんなに張り合っていたのではしかたがない,やはり誰かに頼んろ調停してもらったほうがいい. ③〈文〉文章を分析・解釈する.
疏懈 shūxiè 〈文〉怠慢(にする).怠け(る).〔灌~〕
疏于 shūyú 〈文〉…をおろそかである.〔~管理〕管理を怠る.
疏虞 shūyú 〈文〉おろそかにする.なおざりにする.〔倘有~,干系不小〕もしおろそかにするようなことがあれば,響くところが少なくない.
疏远 shūyuǎn 疎遠(にする・である).〔~他〕彼を遠ざける.
疏运 shūyùn 運送の流れをよくする.

[蔬] shū 蔬菜.野菜.〔菜 cài~〕同前.
蔬菜 shūcài 野菜.蔬菜.
蔬果 shūguǒ 野菜と果物.
蔬食 shūshí ①菜食.〔~主义〕菜食主義. ②〈転〉粗食.〔布衣~〕〈成〉粗衣粗食.

[邾] shū 古県名.現在の山東省にあった.

[输・輸(輸)] shū ①輸送する.送り移す.〔~灌 guàn~〕注入する. ②〈文〉納める.さし出す.〔捐 juān~〕献納する. ③〈文〉寄付する.〔乐 lè~〕喜んで寄付する. ④(勝負事・賭け事に)負ける.〔A队会~给B队〕AチームはBチームに負けるのだ.〔要是不对,你~给我什么呢〕もしそうでなかったら君は何をおごるか.〔年年亏损~在哪里〕毎年の赤字はどこで損をしているのか. ↔ 赢 yíng ②→〔败 bài 北〕
输诚 shūchéng 〈文〉①真心を示す. ②投降する.
输出 shūchū ①輸出(する):〔出口 ③〕に同じ.〔~入〕輸出入(する). ②〔~额〕輸出数量.輸出額. ↔〔输入①〕. ②(内から外へ)送る.送り出す.〔~功率〕動力出力する. ③〈電算〉アウトプット(する).〔~数据〕データアウト.アウトプットデータ.
输电 shūdiàn 送電(する).給電(する).〔~量〕送電量.〔~网〕送電網.〔~塔〕送電塔.〔高压~线〕高圧送電線. →〔供 gōng 电〕
输光 shūguāng (賭銭などを)全部まきあげられる.(戦い,試合などに)完敗する.
输家 shū・jiā 賭け事や争い事で負けた者.
输将 shūjiāng 〈文〉財物をつぎ込む.寄付する.〔踊跃~〕喜び勇んで寄贈する.〔慷 kāng 慨~〕気前よく寄付する.
输交 shūjiāo ⇒〔输纳〕
输精管 shūjīngguǎn 〈生理〉輸精管.
输捐 shūjuān ①税金を納付する. ②寄付金(義援金)を出す.
输理 shūlǐ 理の上で負ける.
输卵管 shūluǎnguǎn 〈生理〉輸卵管.ラッパ管.
输纳 shūnà =〔输交〕渡して納める.納付する.
输尿管 shūniàoguǎn 〈生理〉輸尿管.輸尿管.
输气管 shūqìguǎn ガスの輸送管.〔~道〕〔~线〕ガスのパイプライン.
输球 shūqiú 〈スポ〉(球技で)負ける.
输入 shūrù ①輸入(する):〔进 jìn 口 ②〕に同じ. ↔〔输出①〕. ②(外から内へ)送る.送り入れる. ③〈電算〉インプット(する).入力(する).〔~输出设备〕出入力装置.〔~输出通道〕出入力チャンネル.

输送 shūsòng ①輸送(する).運び移す.〔~带〕ベルトコンベャー(のベルト).搬送带.〔~机〕コンベヤー. ②送り出す.〔~毕业生〕卒業生を送り出す.
输血 shūxuè ①輸血(する). ②〈喩〉外から導入する.〔~打气〕喝ァてこ入れする.〔~补 bǔ 血〕
输眼(儿) shūyǎn(lì) 〈方〉商品を見損なう.眼鏡違いをする:〔打 dǎ 眼儿〕に同じ.〔我输眼了,出的价钱太大了〕わたしの目違いで値段をつけすぎた.
输氧 shūyǎng 〈医〉酸素吸入(をする)
输液 shūyè 点滴(をする):〔补 bǔ 液〕に同じ.俗に〔挂 guà 水〕という.
输赢 shūyíng ①勝ち負け.〔咱们赌个~〕勝ち負けを賭けようじゃないか.〔~未分〕勝負がつかない. ②賭けの金額.〔十万块钱的~〕十万元の賭け金.
输油管 shūyóuguǎn 送油パイプ.〔~线〕送油パイプライン.

[毹(毹・毺)] shū →〔氍 qú 毹〕

[摅・攄] shū 〈文〉発表する.述べる.〔~怀〕〔~意 yì〕思いを同前.〔各~所见〕それぞれその考えを述べる.
摅诚 shūchéng 〈文〉誠意を披瀝する.

[秫] shú 〔~楯〕コーリャン.もろこし;特に〔黏 nián 高粱〕(モチコーリャン)の実を指す.多く焼酎を作るのに用いる.〔~米 mǐ〕〔高 gāo 粱米〕精白した同前. →〔黍 shǔ〕
秫秸 shú・jiē きびがら.コーリャンがら:〔~秆儿〕〔~棍儿〕〔高 gāo 粱秆儿〕〔高粱挺儿〕ともいう.組んで天井や部屋の仕切りなどに用いる同前を〔隔 gé 挡儿〕という.〔~留当 dàng 柴烧〕きびがらはとっておいて焚き物がわりに燃やす.
秫米 shúmǐ 一字同解.
秫秫 shúshú 〈方〉コーリャン.

[孰] shú ①〈文〉誰(が).〔~是~非,暂 zàn 且不论〕誰が正しいかいかんかは,しばらく論じない. 〔~能无情〕誰が無情でありえようか. ②〈文〉何(が).〔是可忍,~不可忍〕これをも大目に見なければならないとすれば(いったい)何が大目に見られないというのであろうか.〔~文〕いずれ.どちら.どれ.〔~取~舍〕どれを取りどれを捨てたものか. ④〈姓〉孰(しゅく).
孰料 shúliào 誰が予想したであろう.…とは思わなかった.
孰若 shúruò 〈文〉どうして及びつこうか.及びもつかぬ.
孰与 shúyǔ 〈文〉(比べて)どのようであるか.いずれか(…であろうか).
孰知 shúzhī 〈文〉いずくんぞ知らん.

[塾] shú 旧私設の学舎.塾.〔私 sī~〕同前.〔家~〕〔家学〕家庭に設けられた勉学所.〔~师 shī〕同前の先生.〔~生〕同前で教えを受ける生徒.

[熟] shú ①(作物や果実が)熟している.熟れている.〔麦 mài 子~了〕麦が実った.〔~透 tòu 了的西瓜〕すっかり熟した西瓜.〔~生 shēng ⑪〕 ②(調理食材に)火が通る.〔饭~了〕ごはんが炊けた.〔煮 zhǔ~了〕よく煮えた. ③精製してあ加工してある.〔~铜〕〔~铁〕 ④熟知している.慣れている.熟練している.〔听耳耳~〕耳に聞き慣れている(声に覚えがある).〔看着眼~〕見慣れている.見覚えがある.〔这地方我不~〕この辺はあまりよく知らない.〔走~了的道儿〕通い慣れた道. ⑤程度が深い.十分な程度である.〔深思~虑〕〈成〉深思熟考する.〔~眠〕→ shóu
熟谙 shú·ān 〈文〉事情によく通じている.
熟菜 shúcài 調理済みの副食品:多くは店で売って

いる総菜類.
熟道(ル) shúdào(r) ⇒[熟路]
熟地 shúdì ①耕地.熟田:長く耕作されている土地.②[中医][地黄](ジオウ)の根に[黄酒]と水を加え蒸したもの:[～瓜].
熟读 shúdú よく読む.熟読する.
熟饭 shúfàn よく煮えた飯.[生米做成～]<口>取り返しがつかない,後の祭り.
熟行 shúháng 慣れた商売.[生 shēng 行莫人,～莫出]<諺>慣れない商売はやるな,慣れた商売はやめる.
熟化 shúhuà ①(開墾·施肥·灌溉を経て)耕地化する.②ねんごろになる.親しくなる.
熟荒 shúhuāng 荒れはてた耕作地.[～地]同前.
熟记 shújì しっかり暗記する.完全に記憶する.
熟绢 shújuàn 練り絹.書画用の絹布.
熟客 shúkè なじみの客.常連客.↔[生 shēng 客]
熟烂 shúlàn 熟しきる(果実などが)
熟练 shúliàn 熟練(する·している).[～工(人)]熟練工.→[工 gōng](1)
熟料 shúliào 加工した原料:特に煆焼(ぎょう)した粘土.
熟路 shúlù =[熟道(ル)]通い慣れた(いつも通る)道.[病走～]病気はいつもの部位から起こる.
熟虑 shúlǜ [熟思]熟慮(する).[～审处 chǔ]熟慮し慎重に処置する.
熟门熟路 shúmén shúlù <成>よくよく知っている土地柄.<転>よく知っている事物.
熟能生巧 shú néng shēng qiǎo <成>熟練すれば上手になってくる:習うより慣れよ.
熟年 shúnián 大豊作の年.稔りのよい年.
熟皮 shúpí [子皮]なめし皮:[鞣 róu ②]ともいう.[生 shēng 皮]
熟漆 shúqī 精製した漆.↔[生漆]
熟人 shúrén ①顔見知り.知りあい.↔[生 shēng 人 ①] ②なじみ客.
熟稔 shúrěn よく知っている.熟知している.
熟肉 shúròu 調理した肉.加工肉.[～铺]同前を売る店.
熟食 shúshí 調理済みの副食品.
熟石膏 shúshígāo 焼き石膏.
熟石灰 shúshíhuī ⇒[石灰]
熟视无睹 shúshì wúdǔ <成>いつも目にしているようで,実はよく見ていない.慣れっこになってしまって見過ごしている.[却对那个问题～]だのに,あの問題についてはよく注意を払っているようで実はよくわかっていない.
熟识 shúshi 熟知して(よく知って)いる.[彼此很～]互いによく知っている.[这批学员～水性]これらの学生は泳ぎをよく会得している.
熟手 shúshǒu 熟練者.エキスパート:[老 lǎo 手(儿)]に同じ.↔[生 shēng 手]
熟睡 shúshuì 熟睡(する)
熟丝 shúsī 練り絹.精製生糸.→[生 shēng 丝]
熟思 shúsī ⇒[熟虑]
熟烫 shútang (野菜や果物などの)鮮度が落ちる.色や味が悪くなる.[这个西瓜～了]この西瓜はいたんでいる.
熟套子 shútàozi 昔からのやり方.いつものやり方.
熟铁 shútiě =[锻 duàn 铁]錬鉄.
熟土 shútǔ 成熟土.耕作土.耕作土壌.[海屺绵土]
熟悉 shú-xī よく知っている.詳しくわかる.[我～他]わたしは彼をよく知っている.
熟习 shúxí ①よく習っている.②熟練している.熟知している.
熟橡胶 shúxiàngjiāo 加硫ゴム.硫化ゴム.

熟药 shúyào [中医]精製した薬.↔[生 shēng 药]
熟语 shúyǔ [语言学].慣用句.[成 chéng 语][格 gé 言][惯 guàn 用语][歇 xiē 后语][谚 yàn 语]などを含む.
熟知 shúzhī 熟知している.
熟字 shúzì よく知っている字.↔[生 shēng 字]

[赎·贖] shú

①財物と引き換えに抵当を解消する.質草を請け出す.[～回质 zhì 物]抵当物件を取り戻す.[把房出去的房子～回来]抵当にしていた家を請け出す.→[当 dàng ①] ②(罪を)あがなう.→[赎罪] ③<白>買う.[～一帖心疼的药来](水25)胸痛みの薬を一服買って来る.
赎单 shúdān (金を払って)手形を引き取る.
赎当 shúdàng 質物を請け出す.[～顶贝]質草の入れかえをする.↔[当 dàng 当]
赎典 shúdiǎn <文>質物を請け出す.
赎金 shújīn 買い戻し金.身代金.
赎买 shúmǎi ①金を払って抵当物を取り戻す.②補償として生産手段を国有化する.[～政策]同前の政策.
赎命 shúmìng 財物で命をあがなう(処刑を免れる)
赎票 shúpiào 身代金を払う(って人質を取り返す)
赎身 shúshēn 身請けをする.
赎刑 shúxíng 刑罰を金であがなう.
赎罪 shúzuì 罪をあがなう.罪滅ぼしをする.[立功～][将 jiāng 功～][将功折 zhé 罪]<成>手柄をたてつぐなう.

[暑(暑)] shǔ

①暑い.暑さ.[中zhòng～][受shòu～]暑気にあたる.[消 xiāo ～]暑さをしのぐ.[去 qù ～]暑気を払う.→[热 rè ①] ②暑い季節.炎夏の候.↔[寒 hán ②] ③[中医]六浮の一.[～邪 xié]同前.
暑安 shǔ'ān <簡>[暑さの折からご安心を祈ります:手紙の結びに添えられる言葉.
暑伏 shǔfú <文>夏の炎暑の時期(30～40日間).→[三 sān 伏(天)]
暑假 shǔjià 夏期休暇.夏休み.[快放～了]もうすぐ夏休みになる.[～作业]夏休みの宿題.
暑凉绸 shǔliángchóu ⇒[拷 kǎo 绸]
暑期 shǔqī ①夏期の期間.[～学校]夏期補習学校.[～训练班]夏期講習会.②夏期.
暑气 shǔqì 暑さ.暑気.[～人]暑気にあたる.
暑热 shǔrè 夏のきびしい暑さ.炎熱.
暑暑 shǔshǔ <文>蒸し暑い.
暑天 shǔtiān 酷暑の季節.夏の暑い日.
暑运 shǔyùn 夏期の旅客輸送(体制).→[春 chūn 运]

[署] shǔ

(Ⅰ) ①役所.[公 gōng ～]同前.[官～]官署.②(人員の)配置.[战争部bù～]戦時配置.[部～已年 bì]人員配備はすでに終わった.③職務を代理する.→[署理](Ⅱ)署名する.[签 qiān ～]同前.→[签]
署理 shǔlǐ =[署事][日]職務を代行する.[～人]同前の人.
署名 shǔmíng 署名(する).[～权]署名権.
署事 shǔshì =事務取扱いをする.②⇒[署理]
署书 shǔshū 秦代の八書体の一:額などに用いられる.→[八 bā 体(书)]
署篆 shǔzhuàn <文>署名捺印する.

[薯(藷)] shǔ

(農作物の)いも類(総称).[甘 gān ～][白 ～]さつまいも.[马 mǎ 铃～][山药]
薯莨 shǔliáng =[茨 cí 莨][植]ソメモノイモ:ヤマノイモ科の蔓草.塊茎を煮出した汁で魚網や布を染め

薯曙黍属蜀数

薯
- る。〔~膏〕同前エキス。→〔拷 kǎo 绸〕
- 薯莨绸 shǔliángchóu ⇒〔拷 kǎo 绸〕
- 薯条 shǔtiáo ①食フライドポテト。②(まるごとの)さつまいも。〔一根~〕さつまいも1個。
- 薯蓣 shǔyù さんかいもナガイモ; 単に〔蓣〕ともいう。〔山 shān 药〕は通称。〔玉 yù 延〕は別称。〔日本~〕ヤマノイモ(ジネンジョウ)
- 薯蔗 shǔzhè 植〔甘 gān 蔗〕(サトウキビ)の別称.

〔曙〕 shǔ あけぼの。夜明け。〔~光〕あけぼのの陽光。<転>光明。
- 曙红 shǔhóng 化エオシン.
- 曙后星孤 shǔhòu xīnggū〈成〉夜明けの空にひとつまたたいている星;<転>身寄りのない娘一人.
- 曙色 shǔsè 夜明けの空色。

〔黍〕 shǔ 植モチキビ;〔~子〕は通称.〔稷 jì〕(キビ)の一種。実がねばり気のあるもの.〔~稷〕穀物。〔秫 shú〕〔蜀 shǔ 黍〕〔玉 yù 蜀黍〕
- 黍谷生春 shǔgǔ shēngchūn〈成〉苦しい状態に転機が訪れる.
- 黍酷 shǔpēi〈文〉もちきびから醸造した酒(原酒)
- 黍鸡 shǔwū 鳥ハタオホジロ.
- 黍子 shǔzi 植モチキビ;実を搗いて殻を取ったものを〔黄 huáng 米〕〔方〕黏 nián 米〕という.

〔属・屬〕 shǔ ①類。同類のもの.〔金 jīn ~〕金属。②(生物分類学などの)属。〔猫科 ~〕ネコ科トラ属。〔种 zhǒng ~〕③親族。血族。〔家族。〔烈 liè ~〕戦死者遺族.〔军 jūn ~〕現役軍人の家族.〔亲~〕親族。④管轄である;管轄下にある(する)。〔附 fù ~〕付属する.〔中央直~〕中央に直属の(する)。〔他管〕彼の管轄に属する。〔~员〕従属する下役。⑤…に属する。帰属する。〔猿猴~于灵 líng 长类动物〕猿は霊長類動物に属する。⑥(…に)~である。〔实~万幸〕まことに幸いである.〔查明~实〕事実であることが判明した。〔干支〕⑦…年生まれである。〔他是~牛的,今年十七了〕彼は丑年生まれで,今年17歳になる。→〔属相〕⑧〈文〉連ねる。続く.〔连~〕連続する。連接する。→ zhǔ
- 属…的 shǔ…de 十二支の動物やその他の物を入れて比喩的に人の性質などを述べる.〔~耗子 hàozi ~〕ねずみ年生まれ!〔偷 tōu 吃偷喝〕こそこそ食いまわる.〔~螃 páng 蟹 ~〕蟹年生まれ!〔横 héng 着走〕横車を押す
- 属地 shǔdì ①属領。②法属地。〔~主义〕属地主義。〔~法〕属地法.
- 属国 shǔguó 属国.
- 属吏 shǔlì ⇒〔属员〕
- 属僚 shǔliáo ⇒〔属员〕
- 属实 shǔshí 事実に属する.事実である.〔调查~〕調査したところ事実と一致する.→字解⑥
- 属辖 shǔxiá 管轄に属する.
- 属下 shǔxià ①管轄下(に)。②配下(に)。〔局长~有署名〕局長の下に署名がある。
- 属相 shǔxiang =〔十 shí 二(生)肖〕〔十二属(相)〕人の生まれた年の干支という12種の動物を配したもの.〔鼠(子)・牛(丑)・虎(寅)・兔(卯)・竜(辰)・蛇(巳)・马(午)・羊(未)・猿(申)・鶏(酉)・犬(戌)・豚(亥)〕。生 shēng 肖〕に同じ.〔他们俩不合〕あの二人は相性が悪い。→字解⑦〔犯 fàn 相〕〔忌 jì 属相〕
- 属性 shǔxìng ①属性.〔~词〕語属性を示す語。②電算プロパティー.
- 属于 shǔyú …に…のものである.〔这些问题

sh ǔ
~哲学范围〕これらの問題は哲学の範囲に属する.〔不~个人财产〕個人財産に属さない.
- 属员 shǔyuán =〔属吏〕〔属僚〕〈文〉属吏.下役.

〔蜀〕 shǔ ①朝代名.@→〔蜀汉〕⑥〔前~〕〔后~〕ともに五代十国の一。②周代の諸侯国名:現在の四川省成都一帯。③四川省の別称;〔川 chuān〕ともいう。→〔蜀椒〕
- 蜀汉 shǔhàn 朝代名.三国の一.221年~263年.劉備が漢の皇統を継いで魏・呉と鼎立して建てた.現在の四川の地を中心とした;〔蜀①④〕〔季 jì 汉〕ともいう.
- 蜀椒 shǔjiāo 四川省産の山椒;〔川 chuān 椒〕ともいう。→〔花 huā 椒〕
- 蜀锦 shǔjǐn 四川省産の錦織物。
- 蜀葵 shǔkuí =〔戎 róng 葵〕植タチアオイ(花アオイ)
- 蜀犬吠日 shǔquǎn fèirì〈成〉蜀は山高く霧が深いため、太陽を見る日が稀であるので、たまに日が出ると犬が怪しんで吠える;〔少(所)見、多(所)怪〕(見識の狭いは何でもうたぐりたがる)をたとえる.
- 蜀黍 shǔshǔ〔高粱〕(コーリャン)の別称。
- 蜀绣 shǔxiù 四川省産の刺繍;〔川 chuān 绣〕に同じ
- 蜀羊泉 shǔyángquán 植ナス科の草本.@ヒヨドリジョウゴ(ホロシ);〔白 bái 英〕ともいう.⑥ヤマホロシの近縁種.②ナデシコ科〔漆姑 qīgū 草〕(ワギクサ)の別称.

〔数・數〕 shǔ ①数える.〔~数 儿 shùr〕数を数える.〔~钱 qián〕金を数える.〔~一~有多少人〕何人いるか数えてみなさい。②いちいち数えあげる.〔面~其罪〕その罪の数々を面と向かって責める.〔数落〕〔数说〕③数の中で最も顕著な一つである.他と比べて~が一番だ.〔全班~他好〕クラスでは彼が一番だ.〔我们家就~他身体弱〕我が家では彼は体がもっとも弱い.→ shù shuō
- 数板 shǔbǎn 劇(旧劇)で調子をとって述べられるせりふ:楽器の伴奏なしで、〔板〕に合わせて語られる.
- 数不过来 shǔbuguòlái (多くて)数えきれない.
- 数不清 shǔbuqīng 数えきれないほど多い.〔来参观的人多得~〕見学に来た人は数えきれないほどだった.〔~的零件,都堆在仓库里〕数えきれない多くの部分品が、みな倉庫の中に積んである。
- 数不上 shǔbushàng ~には数えられない(値しない).特に…と言う訳ではない.〔说是学者吧,他又~〕学者であるかと言えば,彼はその内にも入らない.
- 数不胜数 shǔ bù shèngshǔ (数えようにも)数えきれない.
- 数不着 shǔbuzháo ⇒〔数不上〕
- 数叨 shǔdao〔方〕あげつらう.くどくど責める.
- 数得上 shǔdeshàng〔~得着〕…のうちに数えられる.指折りである.著名である.
- 数得着 shǔdezháo 同上.
- 典典忘祖 shǔdiǎn wàngzǔ〈成〉きまりだけを数えあげてそのもとを忘れる.<喩>事物の根源を忘れおろそかにする.
- 数伏 shǔfú 夏の酷暑の季節に入る.→〔伏天〕
- 数黑论黄 shǔhēi lùnhuáng =〔论黄数黑〕〈成〉①でまかせを言う.②くどくどしく言う.
- 数九 shǔjiǔ 冬の81日間をいう.〔~隆 lóng 冬〕ともいう.冬至の後の81日間をいう.最初の9日を〔一九〕,次の9日を〔二九〕というように呼び,最後の9日を〔九九〕になり,これを過ぎ81日間がすむことを〔出 chū 九〕という.
- 数来宝 shǔláibǎo ①旧門づけ(万(歳)):一人ある

いは二人が鈴のついた[板 bǎn (儿)](カスタネットの類)を鳴らしながら門つけをして回る。お客や看板などをうまく詠みこんで縁起のよい文句を御詠歌のようにのべて銭をもらう。②同前が舞台芸化した音曲芸能。

数落 shǔluo ①=[数说②]〈口〉他人の欠点を数えあげる。責める。説教する。[自己爹妈〜几句没有关系]自分の父母に少しばかり説教されたことはない。[他不检讨自己,一味地〜别人]彼は自分を反省せず,ただ他人のことばかり非難する。②一つひとつ数えあげる。ぶつくさ言う。くどくど言う[那个老大娘〜着村里的新鲜事]そのおばあさんは村の新しい出来事を一つ一つ数えあげている。

数骂 shǔmà 数えて責め罵る。[以杖摇 chuí 地,〜太祖](三国志)杖で地を叩いて太祖を責め罵った。

数米而炊 shǔmǐ ér chuī 米粒を数えてから炊く。〈喩〉@無用な細かい詮索をする。〈喩〉⑥生活が困窮している。[秤 chèng 薪而爨 cuàn,〜]薪を計ってから燃やし, 米粒を数えてから炊く。

数秒 shǔmiǎo 秒読みする。カウントダウンする。

数说 shǔshuō ①一つ一つ述べる。一部始終を述べる。②=[数落①]

数一数二 shǔyī shǔ'èr 〈成〉一,二を争う。[要论学问他是〜的大学者]学問からいえば彼は一,二を争う大学者だ。

[鼠(鼠)] shǔ ①動ネズミ。[老 lǎo 〜]は通称。〈方〉耗 hào 子]ともいう。[家 〜][イエネズミ。[大 dà 家 〜][沟 gōu 〜][沟耗子]褐 hè (家) 〜]ドブネズミ。[黑 hēi (家) 〜]クマネズミ。[爬 pá 山 〜][田 tián 〜][野 yě 〜]ノネズミ。[小 xiǎo 家 〜]ハツカネズミ。②=[鼠窜]

鼠辈 shǔbèi =[鼠子][骂]雑魚(ざこ)ども。こわっぱども。取るに足らない奴ら。

鼠标 shǔbiāo 電算マウス。[〜器 qì]ともいう。[〜垫 diàn]マウスパッド。

鼠疮 shǔchuāng 中医[瘰 luǒ 疬](るいれき)の別称。[鼠瘘]に同じ。

鼠窜 shǔcuàn こそこそと逃げ去る。[抱头〜而去]頭を抱えてこそこそと逃げて行ってしまう。

鼠疫 shǔdàn 〈喩〉臆病である。

鼠肚鸡肠 shǔdù jīcháng 〈喩〉度量が小さい。こせこせしている。[小 xiǎo 肚鸡肠]ともいう。

鼠耳蝠 shǔ'ěrfú 動オオヒゲコウモリ(総称)。→[蝠]

鼠妇 shǔfù =[鼠姑][潮 cháo 虫]ダンゴムシ。

鼠姑 shǔgū ①同上。②[牡 mǔ 丹(花)](ボタン)の別称。

鼠海豚 shǔhǎitún 動ネズミイルカ。クジラ目の海獣。

鼠害 shǔhài 鼠の害。

鼠耗 shǔhào 鼠による穀物の被害。

鼠夹 shǔjiā 鼠捕り。ばね仕掛けで鼠を挟みつけて捕らえる器具。

鼠狼 shǔláng ⇒[黄 huáng 鼠狼]

鼠类 shǔlèi 鼠類。

鼠李 shǔlǐ 植①クロツバラ近縁植物。②クロウメモドキ科の植物。

鼠瘘 shǔlòu ⇒[鼠疮]

鼠目 shǔmù =[鼠眼]①小さく突き出ている目。②〈喩〉見識が狭いこと。[〜寸光]〈喩〉見解が浅い。視野が狭い。

鼠窃 shǔqiè =[鼠贼][小 xiǎo 窃]〈文〉鼠(*)賊。こそどろ。[〜狗偷](儿)に同じ。[〜狗盗]・[狗偷]⑥同前。⑥こそこそ人目をはばかれた不良行為。

鼠曲草 shǔqūcǎo =[清 qīng 明菜][茸 róng 母][香 xiāng 茅④]ハハコグサ(ホオオグサ)

鼠尾草 shǔwěicǎo 植セージ。ヤクヨウサルビア。

→[一 yī 串红]

鼠蹊 shǔxī 〈解〉[腹 fù 股沟]

鼠牙雀角 shǔyá quèjiǎo ⇒[雀角鼠牙]

鼠眼 shǔyǎn ⇒[鼠目]

鼠咬症 shǔyǎozhèng 医鼠咬(しょう)症(鼠毒症)

鼠疫 shǔyì 医ペスト。[〈音訳〉百 bǎi 斯笃][黑 hēi 死病]ともいう。

鼠贼 shǔzéi ⇒[鼠窃]

鼠子 shǔzǐ ⇒[鼠辈]

[瘛] shǔ 〈文〉気鬱症になる。[〜忧 yōu]ふさぐ

[术・術] shù ①技芸・学術。[技 〜]技能・技術。[艺 yì 〜]芸術。[美 měi 〜]美術。[学 xué 〜]学術。[医 yī 〜]医術。[算 suàn 〜]算術。[武 wǔ 〜]武術。[不学无 〜]〈成〉学問もなく技芸も心得ていない。②手段。策略。[讲防御之 〜]防御の手段を講ずる。[权 quán 〜][权谋]権謀術数。[战 〜]戦術。③〈姓〉術(じゅつ)
→ zhú

术后 shùhòu 手術の後(の身体.健康)

术科 shùkē 軍術科目:軍事・体育育訓練の中の実技。[学 xué 科②]

术士 shùshì ①医術・魔術・卜筮(ぼく)・神仙の術に通じている人。②儒者。[焚诗书,坑〜](史記・儒林伝叙)詩書を焼き, 儒者を生き埋めにした。

术数 shùshù 〈文〉①陰陽・五行の理に基づいて吉凶を占う法。占術。②〈喩〉陰陽師。占術師。③計略。謀略。

术业 shùyè 〈文〉学術・技芸。

术语 shùyǔ 術語。専門用語。

[沭] shù 地名用字。[〜河]山東に発し江蘇へ流れ入る。

[述] shù 述べる。[〜怀 huái]心に思うところを述べる。[口 〜]口述(する)。[重 chóng 〜一遍]もう一遍くり返して述べる。[叙 xù 〜]叙述する。[记 〜]記述する。[陈 chén 〜]陳述する。[〜而不作](論語・述而)他人の言述を伝え説明を加えるのみで,自分で新しい説をたてたりはしない。

述廉 shùlián 役人や党員が職務でどれだけ廉潔かを上級機関に報告する(こと)。→[述廉][廉洁奉公]

述评 shùpíng 解説と評論(を行う)。[以上是今天的时事〜,现在播送完毕]以上で今日の時事解説放送を終わります。

述说 shùshuō 述べる。話す。

述语 shùyǔ ⇒[谓 wèi 语]

述职 shùzhí 所管事項(職務)の報告をする:特に外交官の帰国報告をいう。[驻我国的大使回国〜]わが国駐在の大使が帰国し報告する。

[鉥・鉥] shù ①〈文〉長い針。②〈文〉刺す。③〈文〉導く。④〈姓〉鉥(じゅつ)

[戍] shù ①兵力で守る。[卫 wèi 〜]辺国境警備(をする)。②〈姓〉戍(じゅつ)

戍楼 shùlóu 〈文〉辺境に設けられた守備の望楼。

戍人 shùrén 〈文〉辺境の守備兵。

戍守 shùshǒu 〈文〉(駐兵して)守備(する)

[束] shù ①束(たば)ねる。たばねる。くくる。[〜禾 hé 机]バインダー。②束にする。[电子 〜]電子ビーム。[花 〜]花束。③量詞。束にしたものを数える。[一 〜鲜花]一束の生花。[竹签 〜](儿)の細棒(細ヘラ)一束。→[捆 kǔn ②]④束縛する(される)。[自分の態度を)戒める。[约 yuē 〜]制限(する)。[无拘 jū 无 〜]〈成〉とらわれない。全く気ままである。⑤〈姓〉束(じゅつ)

束帛 shùbó 古5匹(布の大きさ)の絹を一束にした

shù

束 もの.

束发 shùfā 〔文〕(ばらばらにしていた)髪を束ねる(結う).〈転〉学齢に達して髪を結う(って学問をする).〔~修学〕同前.

束缚 shùfù 束縛(する).拘束(する).

束金 shùjīn ⇒〔束脩②〕

束马悬车 shùmǎ xuánchē 〈成〉馬も車もしっかりつなぐ:険しい道路の形容.

束身 shùshēn 〔文〕①自身を戒める.自愛自制する.〔~自修〕後漢書・卓茂伝〕自分自身を戒め修養する.〔~自爱〕わが身を戒めて大切にする. ②自分の体を縛る:謝罪・帰順を態度で示す.〔~就绑〕〈成〉進んで捕われの身となる.

束手 shùshǒu 手を束(つか)ねる.〈喩〉手の施しようがない.〔~无策 cè〕=〔~无措 cuò〕〈成〉なすすべを知らない.〔~待 dài 毙〕=〔~待亡〕〈成〉手をこまねいて(なすところなく)死を待つ.〔~就擒 qín〕〈成〉戦わずに捕らわれの身となる.

束脩 shùxiū ①〔文〕束にした干し肉:古代は普通の進物とされた. ②=〔束金〕〔束仪〕⑥家塾の先生に対する謝礼. ⑥(個人教授などに対する)月謝.

束腰 shùyāo ①腰を(細く)しばる. ②腰のくびれ〔~花瓶〕同前の花瓶.

束仪 shùyí ⇒〔束脩②〕

束之高阁 shù zhī gāogé〈成〉ほったらかしておく.しまい込んで使わない.棚上げにしておく.

束装 shùzhuāng〔文〕旅支度をする.〔~就道〕同前をして出発する.〔~待 dài 发〕支度して待機する.

[树・樹(樹)] shù

①立ち木.木〔松~〕松の木.→〔木 mù ①〕 ②植える.〔~木②〕木を植える.〔~谷 gǔ〕穀類を植える.〔十年~木,百年~人〕〈諺〉木を育てるには10年を要し,人を養成するにはさらに長い年月を要する. ③うちたてる.〔~教〕教義を立てる.〔独~一帜 zhì〕〈成〉独立して一家(一派)をなす.④〈文〉量詞.立ち木を教える.〔一~梅花〕梅の木一本. ⑤〔姓〕樹(きゅう).

树碑 shùbēi 石碑を立てる:〔立 lì 碑〕に同じ.〔~立传 zhuàn〕〈喩〉⑥前世で生涯をたたえる.⑥個人の威信や名誉を高めようとするもくろみ.

树菠萝 shùbōluó ⇒〔木 mù 菠萝〕

树杈 shùchà [-儿,-子] 樹の分枝.木(のまた):〔〈口〉树丫〕に同じ.

树串儿 shùchuànr →〔柳 liǔ 莺〕

树丛 shùcóng 密集する樹木.

树大根深 shùdà gēnshēn〈喩〉勢力が大きく基盤が確かな.

树大招风 shùdà zhāofēng〈喩〉名声や権力を持った人は災いも招きやすい.〔官 guān 大有危险,~〕同前.

树袋熊 shùdàixióng 動コアラ:〔树熊〕〔袋熊〕〔〈音訳〉考 kǎo 拉〕ともいう.

树倒猢狲散 shùdǎo húsūn sàn〈諺〉有力者が没落すると,従っていた者も散らばってしまう.

树敌 shùdí 敵を作る.〔我们此时不宜~太多〕(茅・霜 7)我々はこの際はあまり敵を多く作ってはいけない.

树墩 shùdūn [-子] 木の切り株.

树蜂 shùfēng 囲キバチ(総称).〔冷杉大~〕オオキバチ.

树干 shùgàn 木の幹.

树高千丈,叶落归根 shùgāo qiānzhàng, yèluò guīgēn〈諺〉千丈もの樹木でも,木の葉は根元へ落ちる.〈転〉遠い異郷にあっても,最後は故郷へ戻る.

树疙瘩 shùgēda 木の節.

树根 shùgēn [-儿,-子] 木の根.木の根本(きゅうと).

树挂 shùguà 樹氷.霧氷:〔雾 wù 凇〕の通称.〔木 mù 冰〕は旧称.

树冠 shùguān 樹冠.

树海 shùhǎi 樹海.

树行子 shùhàngzi =〔树趟子〕木立.小樹林.

树鸡 shùjī →〔木 mù 耳〕

树胶 shùjiāo ①生ゴム.〔阿 ā 拉伯~〕アラビアガム.〔黄 huáng 蓍~〕トラガント(ゴム).〔草~〕アクロイドゴム.〔糖 táng 胶~〕トラガカントゴム.→〔橡 xiàng 胶〕 ②木のやに.〔桃~〕桃の木のやに.

树棵子 shùkēzi 小さな灌木.低木.

树蜡 shùlà ⇒〔漆 qī 油〕

树兰 shùlán ⇒〔鱼 yú 子兰〕

树懒 shùlǎn 動ナマケモノ.

树篱 shùlí 生け垣.

树立 shùlì 樹立する.打ち立てる.〔~良好的风尚〕良い気風を打ち立てる.〔~必胜的信心〕必ず勝つという信念を確立する.〔~榜样〕手本をしっかり示す.

树凉儿 shùliángr 木陰の涼しい所:〔树阴凉儿〕ともいう.

树林 shùlín [-儿,-子] 林.樹林.〔~里放风筝〕林の中で凧を揚げる.〈喩〉物事がこんがらがる.→〔森 sēn 林〕

树龄 shùlíng 樹齢.

树鹨 shùliù 鳥ビンズイ:タヒバリ属の鳥.

树莓 shùméi 植キイチゴ(の総称).

树棉 shùmián 植インドワタ・キダチワタ〔印 yìn 度棉〕

树苗 shùmiáo 苗木:〔树秧(儿)〕ともいう.

树木 shùmù ①樹木(の総称).②〈文〉木を植える.

树皮 shùpí 樹皮.

树鼩 shùqú 動ツパイ(リスモドキ)(総称)

树人 shùrén 人材を養成する.

树上开花 shùshàng kāihuā〈成〉①元手をかけて(予期とは別の)利益を得る. ②軍勢を誇大に見せようとする.

树梢(儿) shùshāo(r) ①木のこずえ. ②枝先.

树身 shùshēn 木の幹:〔树干〕に同じ.

树熟儿 shùshóur〔方〕樹についたままで熟した果実.

树鼠 shùshǔ ⇒〔爪 zhǎo 哇獴〕

树薯 shùshǔ 植キャッサバ.タピオカ.

树趟子 shùtàngzi →〔树行子〕

树图 shùtú =〔树形图〕〔树枝图〕樹形図.枝分かれ図:〔石 shí 川图〕〔因 yīn 果图〕〔鱼 yú 刺图〕ともいう.→〔系 xì 统树〕

树蛙 shùwā 動アオガエル(総称).〔大~〕デニスアオガエル.

树心 shùxīn (木材の)木の芯.

树形图 shùxíngtú ⇒〔树图〕

树熊 shùxióng ⇒〔树袋熊〕

树勋 shùxūn〈文〉勲功を立てる.

树丫 shùyā〔口〕樹の分枝.木のまた:〔树杈〕に同じ.〔~枒子〕同前.

树秧(儿) shùyāng(r) ⇒〔树苗〕

树叶 shùyè [-儿,-子] 木の葉.〔~化石〕植 木の葉石.

树阴 shùyīn 樹の陰.木陰:〔树荫〕とも書いた.〔~凉儿〕〔树凉儿〕木陰の涼しい所.

树欲静而风不止 shù yùjìng ér fēng bùzhǐ〈喩〉物事は人の意のままにならないこと.

树葬 shùzàng 遺灰や遺骨を樹木の下に埋める葬り方.→〔天 tiān 葬〕

树枝 shùzhī [-儿,-子] 木の枝.〔~图 tú〕〔树图〕樹形図.

shù 树澍竖恕庶褚数

树脂 shùzhī レジン.(天然)樹脂.→[合 hé 成树脂]

树种 shùzhǒng ①樹木の種類.②樹木の種子.

树桩 shùzhuāng ①[-子](やや高い)木の切り株.→[树墩] ②太い幹で盆栽仕立てにした木.

树籽(儿) shùzǐ(r) 木の種子.

[澍] shù ①〈文〉適時に降る雨.慈雨:[〈口〉及 jí 时雨)に同じ.②〈文〉(雨が)潤す.〈転〉恩沢を恵む.

[竖・竪(豎)] shù (Ⅰ)①立てる.縦にする.[把旗子~起来]旗を立てる.②地面に垂直である.堅(た)である.→[横 héng①②] ③たて(向きである).[横 héng~] したてよこ.[~线 xiàn]縦線.[是横着写縱に書くのか,それとも横に書くのか,④[-儿]漢字の筆画"|"(たて):[竖 gǔ(Ⅰ)③][直 zhí④] ともいう.[一横(儿)一~就成了"十"字]よこ棒にたて棒で"十"という字ができる.[笔 bǐ 画](Ⅱ)〈文〉童僕.

竖臣 shùchén 〈文〉微賤な家臣.

竖大拇指 shù dàmǔzhǐ 親指を立てる:称賛・感心する意を表す.[竖大拇哥 gē]ともいう.

竖焊 shùhàn 国垂直はんだ接合.バーチカルウエルド.

竖井 shùjǐng =[立 lì 井]竖坑(きう).→[平 píng 峒][斜 xié 井]

竖箜篌 shùkōnghóu =[擘 bò 箜篌][胡 hú 箜篌]国竖箜篌(ざう):古代の竖琴.→[箜篌]

竖立 shùlì 直(垂直に)立つ(立てる).

竖排 shùpái ①縦に並べる(ぶる).②(活字の)縱組み.文字の縦書き.↔[横 héng 排]

竖起脊梁 shùqǐ jǐliáng [喻]元気を振い立たす.

竖琴 shùqín ハープ.

竖蜻蜓 shùqīngtíng ⇒[拿 ná 顶]

竖心旁儿 shùxīnpángr 国りっしんべん:漢字部首の"忄".[竖心儿]ともいう.[卧 wò 心儿]に対している.→付録 1

竖旋桥 shùxuánqiáo 国跳開橋.はね橋.[开 kāi 启桥]に同じ.

竖直 shùzhí ①まっすぐ上向きである.②垂直にす

竖柱 shùzhù 柱を立てる.[~上梁]柱を立てはりを上げる.

竖子 shùzǐ 〈文〉①童僕.②[罵]小僧.青二才:[小 xiǎo 儿]に同じ.大人に対していう.

[恕] shù ①思いやりがある.[忠 zhōng ~]真心があり思いやりがある.②許す.大目に見る.[宽 kuān ~][饶 ráo ~]同前.③許しを請う.…をお許し下さい.[~难从命]お言いつけには従えないのでしたからず.[三尺以下幼童,~不招待]身長 3 尺以下の幼児は入場できません.[~不另简]〈牘〉あらためて通知しませんことをお許し下さい.[~不作复]ご返事いたしませんのでよろしく.

恕道 shùdào 思いやりがある.[祖父一生~厚 hòu 人]祖父は一生達人をいたわり丁寧な態度に接じた.

恕速 shùsù 〈牘〉急のご招待をお許し下さい:当日急に出す招待状の末尾に書き添える言葉.→[知 zhī 单]

恕邀 shùyāo 〈牘〉お迎えには参上しませんがお許し下さい:招待状の末尾に書き添える言葉.

恕宥 shùyòu 〈文〉(思いやって)許す.

恕罪 shùzuì ①罪(過ち)を許す.②[挨]お許し下さい.[~~!]どうも申し訳ありません.

[庶(庻)] shù ①あまたの.もろもろの.数々の.[~官]百官.[~物]万

物.[富 fù ~](人口が多く)物産が豊かである.②〈文〉庶民.[~黎 lí][~众 zhòng]同前.③妾腹.非嫡出.[~兄]異母兄.妾腹の兄.→[嫡 dí]<文〉おおむね….の望みがある.まずできるだろう.[双方协议,~可解决]双方で相談すれば,だいたい解決できよう.[~不致误]誤りをするようなことにはなるまい.⑤<姓〉庶(じ)

庶出 shùchū =[庶 jī 出] 妾腹(の子)

庶几 shùjī [庶乎haō][庶几乎]ともいう.〈文〉①ひたすら願う(わくは).望む(ところを).何とぞ.②ほぼ.だいたい….に近い.[堂,弟~的话だいたいそんなところであろう.③それで(こそ)…だろう.望みがある.[必须有一笔账,以便检查,两不合糊]検査にも合良いように帳面をつけておかなければいけない.そして双方共にはっきりする.[而今而后,~无愧 kuì]今後においてはまず恥じるところがないであろう.

庶吉士 shùjíshì [翰 hàn 林院]の官名の一:清代,科挙の進士となったもののうち,優秀な者がこれに任ぜられた.

庶民 shùmín =[庶人]〈文〉庶民.平民.→[老 lǎo 百姓]

庶母 shùmǔ 国父の妾.嫡出者からいう.

庶人 shùrén =[庶民]

庶孙 shùsūn 庶子の子:[嫡 dí 孙]と区別していう.

庶务 shùwù 国庶務(係).→[总 zǒng 务]

庶子 shùzǐ 庶子.妾腹の子.→[嫡 dí 子]

[褚] shù =[~褐 hè]〈文〉粗末な衣服.

[数・數] shù ①[-儿]かず.数.[人~]人数.[岁 ~(儿)suìshu(r)]年齢.[无~的人]無数の人.[先把东西过过~]先に品物の数をあたる.[~以百计]数百もの数ほどで数えるほどである.②[数](整数・有理数・無理数・実数・虚数など).③国(文法上の)数.④いくつかの.若干の.[次 cì]数.[~十年]数十年.[十一年来第交往]十数年来の際.→[几 jī②]⑤ほど.くらい:一部の数詞や量詞の後につけて概数を示す.[千~万]約1000 戸.[不过三~人而已]3,4 人だけである.[寸~来长]1 寸くらい.[个~月]ひと月くらい.⑥定まった運命.さだめ.[气 qì ~]運勢.[在~难逃]定まった運命から逃れ難い.[~不可逃]定まった運命は逃れがたい.⑦〈文〉策略.[权谋术~]権謀術数.→shǔ shuò

数表 shùbiǎo 数表.

数词 shùcí 数詞.

数额 shù'é 一定の数.数字.額.

奇奇命蹇 shùjī mìngjiǎn [成]不運な目に遭うことが多い.

数家 shùjiā ⇒[数术家]

数据 shùjù データ.[~处理]データ処理.[~处理机]データトロン.データプロセッサー.[~传输]データ伝送.[~库]電算データベース.[~资 zī 料②]

数控 shùkòng デジタル制御.数値制御(の.する).[数字控制]の略.[~机床]=[~母机] NC 工作機械.

数理 shùlǐ ①数学の理論.[~逻辑]数理論理学.記号論理学.[~统计]数理統計.②数学と物理.

数量 shùliàng 数の多さ.数量.[~有限]数に限りあり.[~达到数からその10倍までの範囲].桁(た).[要保证质量,也要保证~]質と量ともに保証しなければならない.[~质 zhì 量]

数量词 shùliàngcí 国数詞と量詞を合わせた語:例えば[三本书]の[三本],[一群人]の[一群]など.

数列 shùliè 国数列.

数论 shùlùn 国数论.整数论.

数码(儿) shùmǎ(r) ①⇒[数字] ②⇒[数目]

shù~shuǎ

数码相机 shùmǎ xiàngjī デジタルカメラ.デジカメ:〔数码照相机〕〔数字相机〕ともいう.

数目 shùmù ＝〔<口>数码(儿)〕数(多さ).額.〔～字〕〔数字①〕数字.〔～可观〕〔～成〕驚くべき数字である.〔在十万上下〕額は10万内外である.

数牌 shùpái （マージャンで）〔字 zì 牌〕に対し1～9の数の牌.〔万 wàn 子〕〔筒 tǒng 子〕〔饼 bǐng 子〕ともいう.〔索 suǒ 子〕の3種類あり,うち1と9のものを〔老 lǎo 头牌〕,2～8のものを〔中 zhōng 张牌〕という.

数术 shùshù 陰陽五行の説.〔天文・暦法・占卜の〕方術.〔～家〕〔数家〕陰陽師.方術家.

数位 shùwèi 圏数の位.けた.

数学 shùxué 数学.〔～分析〕圏解析.〔～竞赛〕数学コンテスト.〔～模型〕数学モデル.

数旬 shùxún 〈文〉数十日間.

数值 shùzhí 圏数値.

数制 shùzhì (位どり)記数法:10進法・2進法・16進法などの一定の数で位を作る数え方.

数中 shùzhōng 〈文〉そのうち:〔内 nèi 中①〕に同

数轴 shùzhóu 圏座標軸.

数珠(儿) shùzhū(r) ＝〔百 bǎi 八年尼〕〔百 bǎi 九〕〔念 niàn 珠(儿)〕〔诵 sòng 珠〕(仏教の)数珠(ﾉｽﾞ):〔盘 pán 诵珠儿〕に同じ.

数字 shùzì ＝〔<口>数码(儿)〕〔数目字〕〔<口>字码儿〕数字.数.〔阿拉伯～〕アラビア数字. ②デジタル(計数)の.〔～程控〕デジタルプロセス制御.〔～电话〕〔数电〕デジタル電話.〔～电视〕デジタルテレビ.〔～化〕デジタル化(する).〔～计算机〕〔～计算机〕デジタル電算機.〔～控制〕〔数控〕数値制御.デジタル制御.〔～视频光盘〕〔视 shì 盘〕〔光盘〕DVD.〔～通信〕デジタル通信.〔～图书馆〕デジタル図書館.〔～相 xiàng 机〕〔数码相机〕デジカメ.〔～信号〕デジタル信号.〔～移动电话〕デジタル携帯電話.〔～音频光盘〕CD.デジタルオーディオディスク.

数罪并罚 shùzuì bìngfá 圏数罪併罰.

〔腧〕 shù 囲人体の経絡・臓腑の気が体表に出て集まっているところ:〔腧穴 xué〕ともいう.いわゆる灸点の"つぼ".古くは〔俞 yù ②〕といった. →〔经 jīng 络⑤〕

〔漱（潄）〕 shù ①(口を)すすぎ洗う.〔～洗 xǐ〕口をすすぎ顔を洗う. ②水が浸食し洗う.

漱口 shùkǒu 口をすすぎ.うがいをする.〔～刷 shuā 牙〕口をすすぎ歯をみがく.〔～水〕口すすぎ水.うがい水.〔～药水〕うがい薬.〔～杯〕＝〔盂 yú〕うがい用のコップ.

漱石 shùshí →〔枕 zhěn 流漱石〕

〔墅〕 shù 〈文〉①田圃(た)の中の家. ②〔別 bié →〕別荘.

shua ㄕㄨㄚ

〔刷（唰）〕 shuā （Ⅰ）〔刷〕①〔-子〕ブラシ.はけ.〔一把 bǎ ～子〕1本のブラシ.〔鞋 xié ～〕靴ブラシ.〔洗 xǐ 瓶～〕びん洗いブラシ.〔把上 bàr～〕〔雨～〕(車の)ワイパー. ②ブラシをかける.はけで塗る.〔～鞋 xié〕靴にブラシをかける.〔拿刷子一～～〕ブラシをかける.〔墙用石灰一律刷白〕壁が石灰で真っ白くぬられた.〔上一层油〕ペンキを一塗りする. ③こすって洗う.ごしごし洗う.〔吃完饭,～家伙〕食事がすんで器(食器)を洗う.〔桌子擦不干净,要用水～〕テーブルが(拭いても)きれいにならない.水でごしごし洗

わねばならない. ④<口>とり除く.追い出す.ふるい落とす.〔他被～了〕彼は放逐された.〔把他～下去〕彼を追い出す.〔这次考试一下来不少人〕今度の試験でだいぶ振り落とされた.

（Ⅱ）〔唰〕〈擬〉サッ.ザッ.ザワザワ.ザザーッ:物がすばやく擦れたり,こすったりする時の音.〔风刮得高粱叶子～～地响 xiǎng〕コーリャンの葉が風に吹かれてザワザワと鳴る.〔小雨～～地下起来了〕小雨がサーッと降ってきた.〔他一下子就跑到敌人背后去了〕サーッと敵の背後にかけよっていった. →〔刷拉〕
→ shuā

刷卡 shuākǎ カードを差し込む.カードで決済する:〔拉 lā 卡〕ともいう.〔～族 zú〕カード族.

刷拉 shuālā 〈擬〉サーッ.スーッ.〔～～地写〕サーッと書く.

刷轮 shuālún ⇒〔击 jī 轮〕

刷色(儿) shuāshǎir 色塗り(をする). →〔本 běn 色(儿)〕

刷洗 shuāxǐ ①はけ(ブラシ)を使って洗う. ②<白>あらいざらいかき集める.〔要～村坊,着科敛白粮五石石〕(水115)村里からあらいざらい奪い去るべく,米5万石の召し上げを命じた.

刷写 shuāxiě はけでぺたぺたと書く.〔街上满墙～着标语〕街のいたる所に標語が書きなぐてある.

刷新 shuāxīn 刷新する.(記録を)ぬりかえる.〔～记录〕記録を更新する.〔～门面〕店先を塗り直す.

刷牙 shuāyá 歯を磨く.〔～漱口洗脸〕歯を磨き口をすすぎ顔を洗う.〔～子〕<方>歯ブラシ. →〔牙粉〕〔牙膏〕

刷子 shuāzi ブラシ.はけ.〔拿～刷一刷〕ブラシではけをかける.〔～匠 jiàng〕ブラシ職人.〔漆 qī ～〕うるしばけ.〔鞋 xié ～〕靴ばけ. →〔鞋～〕〔鞋刷(子)〕歯ブラシ.〔衣 yī ～〕洋服ばけ.〔电～〕電気ブラシ.

〔耍〕 shuǎ

①遊ぶ.〔戏 xì ～〕戯れる.〔玩 wán ～〕ふざける.〔～货(儿)〕おもちゃ.〔～一会儿去〕ちょっと遊んでいらっしゃい.〔不是～的〕〔不是玩儿的〕冗談(いいかげんなこと)じゃない. ②もてあそぶ.思うままに扱う.〔被人～了〕人にばかされた. ③道具などを使う.振り回す.演じる.〔～棒 bàng〕〔～棍 gùn〕棒を使う.〔～着执政权表演丑 chǒu 剧〕いわゆる政権を操って見苦しい芝居をうつ. ④(悪いくせや態度を)あらわにする.ほしいままにふるまう.〔这种卑劣手段现在可不～用了〕このような卑劣な手段は今では振り回せなくなった. →〔搞 gǎo〕〔弄 nòng〕 ⑤<姓>耍(ｼｭﾜ).

耍把戏 shuǎbǎxì 〔<口>曲芸〕曲芸を演ずる. ②<喩>詭計を弄する.インチキを働く.

耍巴 shuǎba <方>(手または手にしたものを)振る.振り回す:〔耍把〕とも書く.

耍笔杆(儿) shuǎbǐgǎn(r) 文筆(文墨)を弄する.

耍叉 shuǎchā <方>騒動を起こす.問題(ごたごた)を起こす.

耍刺儿 shuǎcìr <方>いやがらせをする.言いがかりをつける.〔不～就不是刺儿头了〕いやがらせをしなければ無頼漢ではない.

耍大牌 shuǎdàpái (芸能人などが)大物ぶる.

耍逗 shuǎdòu からかう.誘う.誘惑する.

耍狗熊 shuǎgǒuxióng ①熊に芸をさせる. ②<喩>人を馬鹿にする.人をさらす.恥をさらす.

耍骨头 shuǎgǔtou <方>冷やかす.からかう.〔没人敢跟他～〕誰も彼をからかう者はいない.〔别耍这么～,说正经的吧〕そんなことばかりいないで,まじめなことをしゃべりましょう.

耍光棍 shuǎguānggùn ①むやみなことをする.〔不要耍光棍,我不怕他～〕かまわない,彼がむちゃくちゃして怖

耍 ……くない. ②強がる. 強がりを示す.〔三九天游泳,这光棍可是耍不得的〕寒中に水泳するなんて,そんな強がりなことはしちゃいけない.

耍横 shuǎhèng 〈方〉横暴な振る舞いをする. おごりたかぶる.

耍猴儿 shuǎhóur ①猿使いをする. 猿回しをする. ②〈喩〉人をからかう.〔你别竟这么～,好好儿干吧〕そんなにふざけてばかりせずに,ちゃんとやりたまえ.

耍花枪 shuǎhuāqiāng 手練で敵の目を惑わす.〈喩〉術策を弄する.→〔花枪②〕

耍花腔 shuǎhuāqiāng うまいことを言って人をだます.

耍花舌子 shuǎ huāshézi 口先上手だ.〔我是老实人,向来不～〕わたしはまじめな人間で,昔からおじょうずは言えない.

耍花招(儿) shuǎ huāzhāo(r)〔耍花着(儿)〕とも書く. ①うまい技をみせる(使う). ②こみ入った手を使う. からくりをやる. ずるい手段をとる.〔他们现在耍的花招,只不过是搬起石头砸自己的脚〕彼らが現在とっている手段は,石を運んで来て自分の足をつぶしているようなものだ.〔不论谁要什么花招,我们都要进行坚决斗争〕誰がどのような手段を弄するにしても我々はあくまで闘争しなければならん.

耍滑 shuǎhuá ＝〔耍尖〕狡滑に立ち回る. こすいことをする.〔耍滑头〕ともいう.〔他给自己人办事这一套,可恶极了〕彼は仲間の人の仕事をしてやるのにずるいことをすることを,いやな奴だ.〔做人还是实诚的好,要是处处一个人,人家就不愿搭理了〕人間たるものはやはり誠実なのがよく,もしことごとにこすからいことをすれば人が相手にしなくなる.

耍奸 shuǎjiān 同上.

耍尖头 shuǎjiāntou 〈方〉うまく立ち回って甘い汁を吸う.〔必须大家不～,才能把社办好〕みなが損得だけで行動しなければ,組合はうまくいく.

耍傀儡 shuǎkuǐlěi 人形を操る. 人形芝居.〔～的〕人形使い.

耍阔 shuǎkuò 見栄を張る.

耍赖 shuǎlài ＝〔耍无赖〕〈方〉〔放 fàng 赖〕①とぼける. 言い逃れる. しらばくれる. ②卑劣なふるまいをする. ごねる. ふてくされる.

耍赖皮 shuǎlàipí 厚かましくする

耍乐 shuǎlè ふざける. 遊ぶ.〔禁止游客进入佛像肚内～〕見物人が仏像の腹内に入ってふざけるのを禁止する.

耍脸子 shuǎliǎnzi 怒った顔をする. 仏頂面をする.〔今天不知道怎么回事,他竟和我～〕今日はどうしたことか彼はわたしに仏頂面ばかり見せる.

耍两面派 shuǎ liǎngmiànpài 二股をかける. 二心を抱く.

耍流氓 shuǎliúmáng ごねる. 言いがかりをつける. 無理難題をふっかける. ゆすりたかりをする.

耍龙灯 shuǎlóngdēng（旧暦正月15日の）竜灯踊りをする.→〔元 yuán 宵节〕

耍马前刀(儿) shuǎ mǎqiándāo(r)〈喩〉人の前では（見ているところでは）懸命になってつとめる.〔净当对人～,背后就偷懒〕人の前でだけは一生懸命やるが陰ではずるける.

耍蛮 shuǎmán 乱暴する. むちゃをする.

耍闹 shuǎnào ふざけて騒ぐ.

耍弄 shuǎnòng ①もてあそぶ. ②ばかにする. 翻弄する.

耍排场 shuǎpáichǎng 見栄を張る. 派手にふるまう.

耍派头 shuǎpàitou 偉そうにする. 横柄にかまえる.

耍盘子 shuǎpánzi 皿回し(をする).

耍脾气 shuǎpíqi かんしゃくを起こす. 怒る.

耍飘儿 shuǎpiāor 〈方〉ひけらかす. 体裁ぶる. 格好をつける.

耍贫嘴 shuǎpínzuǐ ⇒〔练 liàn 贫〕

耍钱 shuǎqián ばくちを打つ.

耍枪弄棒 shuǎqiāng nòngbàng 槍や棒を使う.〈喩〉手練手管をもてあそぶ.

耍俏 shuǎqiào 〈方〉①格好をつける. ②人をからかう.

耍人 shuǎrén ①人をばかにする. 人をからかう. ②旧身をたてる手段を持たないで(人に頼って)暮すこと.〔～的〕同前の人.

耍狮子 shuǎshīzi 獅子舞をする.

耍手彩 shuǎshǒucǎi 小細工を弄する.

耍手段shuǎshǒuduàn（不正な）手段を弄する：〔耍手腕(儿)〕ともいう.

耍手艺 shuǎshǒuyì 手仕事をする. 手に職をつけて生活する.〔～的〕職人.

耍死狗 shuǎsǐgǒu ふてくされて何もしない. ふてぶてしく動かない.〔整天～什么都不干,真讨人嫌〕一日中ふてくされていてなにもしない, まったく嫌な感じだ.

耍态度 shuǎtàidù 威張る.〔在他们当中～的还很多〕彼らの中には人に当り散らす者が相当多い.

耍坛子 shuǎtánzi 水がめの曲乗り(をする)

耍威风 shuǎwēifēng 尊大に構える. 威張り散らす.〔你跟孩子干嘛～〕お前はこの子どもに対して威張るのか.

耍无赖 shuǎwúlài ⇒〔要赖〕

耍戏 shuǎxì 〈方〉ふざける. からかう.

耍线儿 shuǎxiànr（人形劇の）操り糸.

耍小聪明 shuǎ xiǎocōngmíng 利口ぶる.

耍笑 shuǎxiào ①ふざける. たわむれる.〔不要～人玩儿〕人とふざけて遊んではいけない.〔你别～我,说实话吧〕人をからかったりしないで本当のことを言えよ. ②しゃべってばかりいる. がやがや騒ぐ.

耍心眼(儿) shuǎ xīnyǎn(r) 悪賢く立ち回る. 抜け目なくふるまう.

耍嘴皮子 shuǎ zuǐpízi〔耍嘴片 piàn 子〕ともいう. ①口先だけうまいことを言う. ②無駄口をたたく. へらず口をたたく.

[刷] shuā 〈方〉選ぶ.〔～选 xuǎn〕同前.→

刷白 shuàbái 青白い. 蒼白(である).〔听到这个不幸的消息,他脸色一下子变得～〕この不幸な知らせで彼の顔は真っ青になった.〔月亮把麦地照得～〕月が麦畑を青白く照らしている.

shuai ㄕㄨㄞ

[衰] shuāi ①衰え(る).〔盛 shèng ～〕盛衰.〔风势渐～〕風の勢いがしだいに衰える. ②→〔鬓 qíng〕→ cuī

衰败 shuāibài 衰えすたれる. 衰微する.〔企业～〕企業が同前.

衰惫 shuāibèi 〈文〉衰え疲れきる.

衰弱 shuāibì 〈文〉衰える. 衰弱する.〔国力～〕国力が衰退する.

衰变 shuāibiàn 物壊変. 崩壊：放射性元素が放射能を放出してしだいに他の物質に変化する.

衰残 shuāicán ①衰えしおれる. ②老いて体が利かない.

衰草 shuāicǎo 枯れ草.〔～败叶〕枯れ草や枯れ葉.

衰减 shuāijiǎn 減退する.〔～器〕電減衰器.

衰竭 shuāijié 疲弊する. 衰弱する.〔心力～〕医心臟機能不全. 心不全.

衰老 shuāilǎo 老衰している.年老いている.
衰落 shuāiluò (勢いが)衰える.衰微する.〔贸易愈见～〕貿易はますます衰えるわくなってきた.
衰迈 shuāimài〈文〉年をとって役に立たない.
衰疲 shuāipí 衰弱して疲れる.〔～的神情〕同前の表情.
衰弱 shuāiruò ①衰弱(する).〔身体～〕体が衰弱する.②衰える.〔攻势已经～〕攻勢が衰えてきた.
衰世 shuāishì 衰退した時代.
衰瘦 shuāishòu やせ衰えている.〔身体～〕体がやせ衰えている.
衰酸 shuāisuān ⇒〔青 qīng 酸〕
衰损 shuāisǔn 傷つき衰える.〔筋肉的～〕筋肉の衰弱.
衰替 shuāitì〈文〉衰微する.
衰颓 shuāituí (身心が)衰退する.退廃する.
衰退 shuāituì 衰弱し減退する.〔气力～〕気力が衰える.
衰亡 shuāiwáng 衰亡する.
衰微 shuāiwēi〈文〉(国家・民族などが)衰えさびれる.
衰萎 shuāiwěi〈文〉衰えている.衰えなえる.
衰歇 shuāixiē 〈文〉衰えて終わりになる.終わりを告げる.〔其影响至今仍未～〕その影響は今なお残っている.
衰谢 shuāixiè 衰えて落ちる.〔百花～〕花々がしおれる.
衰朽 shuāixiǔ〈文〉衰え朽ちる.〔～残年〕老衰して余命いくばくもない.
衰仔 shuāizǐ〈方〉悪党.〔恥知らずな者.

〔摔(跶)〕 **shuāi**（Ⅰ）〔跶〕(つまずいて)転ぶ.倒れる.〔～了一个跟头 gēntou〕つまずいてもんどりうって転んだ.（Ⅱ）〔摔〕①落ちる(落とす).落ちて…する.〔他是骑马～下来的〕彼は馬に乗っていて落ちたのだ.〔他从梯 tī 子上～下来的〕彼ははしごの上から落ちた.②落として壊す.〔把碗～了〕碗を落として壊した.③投げ捨てる.投げつける.〔他狠狠地把书往桌上一～〕本をいまいましそうにテーブルの上に投げつけた.④たたきつける.たたき落とす.
摔挞花 shuāidǎhuā〈方〉〔武 wǔ 净〕
摔打砸拉 shuāi dǎ zá lā 投げる・打つ・ぶっ壊す・引っぱる.〈転〉手荒なこと・力仕事(をする).〔他是个一个的,什么下三烂的事也全都干〕
摔打 shuāida〔摔搭〕とも書く.①(パタパタと)はたく.たたき落とす.②〈喩〉世間にもまれる.苦労する.鍛練する.〔在外头～一过〕世間で苦労をなめていた.〔人是～出来的〕人間というものは苦労をなめて鍛え上げられねばならないものだ.→〔抢 lūn 打〕
摔倒 shuāidǎo ①ころげ倒れる.転倒する.〔看 kān 着孩子,别叫他～了〕子どもをよく見てなさい,つまずいて倒れたりしないように.②投げ倒す.
摔跟头 shuāigēntou ①もんどり打って倒れる.つまずいて倒れる.②失敗する.つまずく.〔工作中听不进群众意见就容易～〕大衆の意見を取り入れることを拒むならば,仕事の中でへまをやりがちだ.③圖とんぼを切る.
摔坏 shuāihuài ①転んで怪我をする.②ぶち壊す.
摔簧 shuāihuáng〈方〉あてこすりを言う.〔老李得罪你了,你找他说去,甭在这儿～〕李さんがきみの気に障ったのなら彼のところに言いに行きたまえ,ここであてこするのはやめなさい.
摔跤 shuāijiāo〔摔交〕とも書いた.①＝〔搋 guāi 跤〕㊀相撲(をとる).レスリング(をする).〔蒙古～〕蒙古相撲.→〔角 jué 抵〕②転ぶ.倒れる.〔摔了一跤〕ステンと転んだ.

摔颗子 shuāikēzi 圖後ろ向きとんぼがえり;武芸を演ずる役者の動作の一種.
摔脸子 shuāiliǎnzi 不機嫌な顔をする.仏頂面をする.
摔门 shuāimén バタッと戸をしめる.
摔耙子 shuāipázi 熊手を投げ出す.〈喩〉腹を立てて仕事を投げ出す.
摔牌 shuāipái 〈喩〉名誉を失墜させる.〔不能给前辈～现眼〕先輩の名誉を失墜させ顔をつぶさせるようなことはできない.→〔砸 zá 牌子〕
摔炮(儿) shuāipào(r)(ぶつけて爆発させる)かんしゃく玉.
摔盆儿 shuāipénr 旧出棺の時,喪主が〔丧 sāng 盆儿〕(素焼の鉢)を割譲る儀式:〔摔丧盆儿〕ともいう.
摔死 shuāisǐ ①投げ殺す.②ふり落とされて死ぬ.
摔碎 shuāisuì 落ちて割れて砕ける.

〔甩〕 **shuǎi** ①(力を入れて)振る.振り回る.〔～尾 wěi 巴〕尻尾を振る.〔把烟袋油子～出去〕キセルのやにを振って出す.〔开胳 gē 臂走〕腕を振って歩く.→〔抡 lūn ①〕②投げる.振り放す.振り離す.〔～手榴弹〕手榴弾を投げる.〔～线 xiàn〕釣り糸を投げこむ.〔把鞋～出挺远〕靴を遠くに投げやる.〔～了他一身水〕彼にぱっと水をかけた.③〈転〉捨てる.ほったらかす.まく.〔俩人原先很好,后来她把他～了〕二人は以前は大変(仲が)よかったが,後に彼女が彼を振ってしまった.〔我们等等他吧,别把他一个人～在后面〕彼をおいてきぼりにしないで待ってやりましょう.→〔抛 pāo ①②〕〔扔 rēng ①②〕
甩包袱 shuǎibāofu 重荷を振り捨てる.
甩车 shuǎichē 列車から車両を切り離す.
甩大鞋 shuǎidàxié〈方〉①高慢である.〔他逢人总～,一点不和气〕彼は人に対していつも高慢で,少しも穏やかなところがない.②大ざっぱで不注意である.〔做事不能～〕仕事は大ざっぱにやってはいけない.
甩搭 shuǎida〔甩打〕とも書く.振る.振り回す.
甩掉 shuǎidiào 捨てる.〔～包袱〕心の重荷または課せられた仕事を脱する.
甩发 shuǎifà 圖(京劇の)男役の乱れ髪:斬り合いの猛烈さなさ,敗将のうらみがましさ,困惑などを表す.
甩干机 shuǎigānjī 脱水機;〔脱 tuō 水机〕に同じ.
甩货 shuǎihuò ①投げ売りする.②見切り品.投げ売り品.
甩开 shuǎikāi ①振り切る.〔把敵人～开〕敵をまいてしまう.②大いに張り切る.〔～劲干大搞科学研究工作〕張り切って科学研究の仕事をする.〔～腮 sāi 帮子〕〈方〉思う存分食べる.
甩客 shuǎikè (バス・タクシーなどが)客を乗せずに素通りする.
甩脸子 shuǎiliǎnzi〈方〉いやな顔をする.〔问你一句话,你就和我～〕一言尋ねると,おまえは(それだけで)もうふくれっつらをする.
甩轮 shuǎilún ⇒〔飞 fēi 轮〕
甩卖 shuǎimài 見切り売り(投げ売り)する.大安売りする.
甩腔 shuǎiqiāng 歌詞の語尾を長く引っぱって歌う.
甩手 shuǎishǒu ①手を前後に振り回す.〔～无边〕〈喩〉果てしなく広い.②〈転〉ほったらかす.〔一概不管,～走了〕一切かまわずに,ほったらかして去った.〔～干部〕〈喩〉〔掌 zhǎng 柜〕人の口を出すだけで自分は何もしない管理職やトップ.
甩脱 shuǎituō 投げ捨てる.振り切る.うっちゃる.
甩闲话 shuǎixiánhuà〈方〉ぶつぶつ言う.不満そうな口ぶりをもらす.〔您有什么不满意,直接说出来,

甬 béng 冷言冷语地〜]何か不満なことがありましたら直接に言って下さい、嫌味たっぷりにぶつくさ言わないでください.

甩袖子 shuǎixiùzi 袖をふりはらう.〔喩〕うっちゃらかす:不満の気持ちを表す.〔一〜出来了〕ほったらかしてさっさと出て来た.

甩站 shuǎizhàn (止まるべき駅や停留所などを)停車せずに通り越す.

甩子儿 shuǎizǐr (魚や虫が)産卵する.→〔下 xià 子儿①〕

甩子 shuǎizi 〈方〉ハエたたき.→〔拍 pāi 子〕

[帅・帥] shuài

(Ⅰ)①最高指揮官.総司令官.〔将 jiàng 〜〕同前.〔元 yuán 〜〕元帥.〔一〜才 cái〕指導者・リーダーの才能ある器(うつわ).②〔统 tǒng 〜〕統帥.③〈象 xiàng 棋〉(中国将棋)の赤い駒の王将.〔将 jiàng 〜〕 ④〈文〉統べ率いる.〔率(Ⅰ)①〕に通用される.〔统 tǒng 〜〕统率.④〈姓〉帅(さい)〜
(Ⅱ)〈口〉しゃれている.垢ぬけている.スマートである.かっこいい.〔一〜呆 dāi〕とも書く.〔〜呆 dāi 了〕すごくかっこいい.〔打扮得真〜呀〕いでたちが粋だなあ.〔这身装束配上他那修长、匀称的身材,使他显得很〜〕そのスタイルは彼の背が高く均整のとれた体躯にぴったりと合って,彼をとてもスマートに見せた.〔这字写得真〜〕この字は実にすばらしい.

帅哥 shuàigē 〈口〉ハンサム.イケメン.

帅旗 shuàiqí 軍旗:"帅"の文字を大きく縫いつけた司令旗.〔帅字旗〕ともいう.

帅气 shuàiqì 格好がよい.センスがある.きれいだ:多く男性についていう.

帅印 shuàiyìn 最高司令官・リーダーの印.〔接〜〕同前の地位に任命される.

[率] shuài

(Ⅰ)①率いる.統率する.〔帅(Ⅰ)③〕に同じ.〔〜队〕隊を率いる.〔教练〜队前往参赛〕コーチがチームを率いて試合に参加する.②〈文〉従い守る.→〔率由〕③手本.模範.④〈姓〉率(りつ)
(Ⅱ)①軽々しい.不注意である.〔草 cǎo 〜〕そそっかしい.〔轻 qīng 〜〕軽率である.〔粗 cū 〜〕雑である.②率直である.〔直 zhí 〜〕同前.③〈文〉おおむね.たいてい.〔一~皆如此,就仅这仅仅仅此一例とする.④⇒〔帅(Ⅱ)〕 → lù

率部 shuàibù 軍の一部を率いる.〔〜突围〕部下を率いて包囲を突破する.

率尔 shuài'ěr 〈文〉軽率に.むこうみずに.〔不可・应战〕軽々しく応戦すべからず.〔〜而对〕よく考えないで(うっかり)返事する.

率领 shuàilǐng 率いる.引き連れる.〔领率〕に同じ.

率然 shuàirán 〈文〉軽率である.軽々しい.〔切不可〜从事〕決して軽々しく事に当たってはならない.

率任 shuàirèn 〈文〉勝手放題である.

率师 shuàishī 〈文〉軍隊を率いる.

率同 shuàitóng 〈文〉一同を引き連れ共に.

率土 shuàitǔ 〈文〉領土内.国土全体.

率先 shuàixiān 真っ先に.率先して.

率性 shuàixìng ①どうせなら.いっそのこと.ままよと.→〔索 suǒ 性〕 ②気ままに.思い通りに.〔〜行事〕気ままに事をすすめる.③〈文〉天の定めた本性に従う.

率意 shuàiyì 〈文〉①意のままに(する).②意を尽くす.

率由 shuàiyóu 〈文〉従い守る.依る.〔〜旧章〕〔成〕すべて旧の仕来たり(きまり)通りにする.

率真 shuàizhēn 率直でうそがない.〔说话〜〕ざっくばらんに話す.〔为人〜〕人となりがまっすぐで飾り気

がない.→〔直 zhí 率〕

率直 shuàizhí 率直である.飾り気がない.

[蟀] shuài →〔蟋 xī 蟀〕

shuan ㄕㄨㄢ

[闩・門(檳)] shuān

①(門の)かんぬき(をかける).〔门〜〕かんぬき.〔上〜门〕〔上〜〕にかんぬきをかける.〔下〜〕かんぬきをはずす.②〈姓〉門(もん)

[拴] shuān

繋ぐ.結ぶ.縛る.〔〜在一块儿〕一緒にくくり合わせる.〔〜上〕くくりつける.〔〜结 jié 实〕しっかりつなぐ.〔〜住〕つなぎとめる.〔让这件事给〜住了〕この件で縛られてしまった(束縛されてしまった).〔有事比没事强,暂且、一着身子吧〕仕事があるのはないよりましだ,当分腰掛けにやるさ.

拴绑 shuānbǎng (縄で)縛る.くくる.

拴插 shuānchā =〔拴捎〕〈方〉子どもの世話をする.扶養する.〔由小〜你那么大,容易吗〕小さい時から,こんなに大きくなるまでおまえを養うのは,並大ていなことではなかった.

拴车 shuānchē 〈方〉①(馬車や荷車などの)車を買い入れる.②車を貸し出す.〔〜的〕旧車宿:車夫に車を貸し出す元締め.

拴持 shuānchí ⇒〔拴插〕

拴对儿 shuānduìr =〔拴扣儿②〕〈口〉間に入ってあおり立てる.②〔拴捎〕②(男女の仲を)取り持つ.仲人をする.

拴扣儿 shuānkòur ①結び目を作る.〔拴活扣儿〕花結びに結ぶ.②⇒〔拴对儿①〕

拴马 shuānmǎ 馬をつなぐ.手綱をつなぐ.〔〜桩 zhuāng〕馬をつなぐ杭.

拴牌子 shuānpáizi 荷物に荷札をつける(おく)

拴事 shuānshì 告げ口をして他人の間に問題を起こさせる.→〔拴对儿①〕

拴娃娃 shuānwáwa 旧〔娘 niáng 娘 niáng 庙〕(子授けの神様のやしろ)に願かけのお参りをしてそこにあるたくさんの〔泥 ní 娃娃〕(泥人形)の中から気に入ったものを持ち帰ること:子供が授かったら,翌年の元旦にお礼参りをして,その人形を返す.

[栓] shuān

①機栓・器具の開閉部(品).〔活 huó 〜〕蛇口.コック.〔消 xiāo 火 〜〕消火栓.②挿し込むもの.栓(せん).〔木 〜〕①木の栓.②楔(くさび).〔瓶〜〕瓶の栓.〔血 xuè 〜〕血栓.〔栓子〕塞 sāi ④.③銃の遊底.〔枪 qiāng 〜〕同前.④医座剤.〔肛 gāng 门 〜〕肛門座剤.〔阴 yīn 道〜〕膣座剤.〔尿 niào 道 〜〕尿道座剤.〔甘 gān 油明膠〜〕グリセロゼラチン座剤.〔柯 kē 柯 kē 巴油〜〕カカオ脂座剤.

栓剂 shuānjì =〔塞 sāi 药〕〔坐 zuò 药〕医座剤.座薬.

栓皮 shuānpí コルク:〔软 ruǎn 木〕〔软硬木〕ともいう.

栓皮栎 shuānpílì 植アベマキ:ブナ科の落葉高木.この樹の表皮下のコルク組織からコルクを作る.〔欧州〜〕〔栓皮槠 qī〕コルクガシ.

栓塞 shuānsè 医塞(ふさ)栓(する).塞栓症(になる).〔血管〜〕血管塞栓症.血栓症.

栓酸 shuānsuān ⇒〔辛 xīn 二酸〕

栓子 shuānzǐ 医塞栓物.

[涮] shuàn

①ざっと洗う.ゆすぎ洗いする.すすぐ.〔〜一下就干净了〕一度ざっと洗えばすぐきれいになる.〔〜茶壶〕きゅうすをゆすぐ.〔〜〜瓶

涮双

a 子)びんをひとゆすぎ洗う. ②ゆがく. →〔涮锅子〕③〈方〉人にうそをついたりからかう. 〔开~〕同前. 〔别净拿话~人〕口先ばかりで人をなぶってはいかん.

涮锅子 shuànguōzi 〖食〗しゃぶしゃぶ料理(水炊き):〔涮羊肉〕を指すことが多い.

b 涮金 shuànjīn 金メッキする. 〔~作 zuō〕鍍金屋. →〔镀 dù 金①〕

涮人 shuànrén 〈方〉うそをついてからかう. 人をだまして喜ぶ. 〔我在车站等你, 不见不散 sàn, 你可别

c ~〕駅で待っているよ, 会うまでは帰らないことにするからね, すっぽかしちゃいけないよ.

涮肉 shuànròu 水炊きする:〔火 huǒ 锅〕で湯をわかしその中で薄く切った肉をゆがく. 〔涮羊肉〕〖食〗羊肉のしゃぶしゃぶ.

d 涮洗 shuànxǐ ゆすぎ洗う.

shuang ㄕㄨㄤ

e 〔双・雙(雙)〕 shuāng ①ふたつ(の).両方(の).双方(の):対をなす一組. 〔~翅〕左右の翼. 〔名利~收〕名誉と金銭の両方を得る. 〔举~手赞成〕諸手をあげて賛成する.↔〔单 dān ①〕 ②偶数の. 〔~数

f (偶 ǒu 数)〕同前. 〔偶日③〕 ③2倍(の). 〔~工钱〕2倍の賃金. ④量詞. 二つが(左右)対をなしているもの:特に身体の部位を数える. 〔一~手〕両手. 〔一~袜 wà 子 ! 1足の靴下. 〔一~筷子〕1膳. 〔对 duì ⑧〕〔只 zhi 7〕 ⑤〈姓〉雙(くゝ)

g 双百 shuāngbǎi 〔百花齐放〕〔百家争鸣〕のスローガン.〔方针〕同前の方針.

双棒儿 shuāngbàngr ⇒〔双生子〕

双胞胎 shuāngbāotāi 双子:〔双生子〕に同じ. 〔品 pǐn 胎〕三つ子.

h 双倍 shuāngbèi 2倍(の). 〔~精密度〕二倍精度. 〔~赔偿〕倍額補償.

双璧 shuāngbì 〈喩〉並び立って優れた二つのもの(人)

双边 shuāngbiān 二者間の. 二国間の. 〔~会议〕二

i 国間会議. 〔~条约〕二国間条約. 〔~军事协定〕双務軍事協定. 〔~关系〕二国間関係.

双宾语 shuāngbīnyǔ 〖語〗二重目的語: またこれをもつ文構造を〔双宾结构〕という.

双层 shuāngcéng 二層. 二重. 〔~玻 bō 璃〕二重ガ

j ラス. 〔~列车〕2階建て列車. 〔~床〕2段式ベッド. 〔~桥〕2段式の橋. 〔~大巴〕2階建てバス.

双叉犀金龟 shuāngchā xījīnguī ⇒〔独 dú 角仙〕

双岔道 shuāngchàdào (鉄道の)分岐点.

双差生 shuāngchàshēng 学業も素行も悪い生徒. →〔差生〕

k 双重 shuāngchóng 二重(の). 〔~标 biāo 准〕ダブルスタンダード. 〔~国籍〕二国籍. 〔~领导〕二本立ての指導. 〔~人格〕二重人格. 〔~系统〕〖電算〗デュープレックスシステム. 〔受~打击〕二重の打撃を受

l ける.

双抽丝 shuāngchōusī 〖紡〗二子(ごゝ)糸.

双唇音 shuāngchúnyīn 〖語〗両唇音:〔普 pǔ 通话〕でb・p・m の音. 〔重 chóng 唇音〕ともいった.

双打 shuāngdǎ 〖ス〗(テニスなどで)ダブルス. ↔〔单

m dān 打〕 ②乱取り(武術練習だて)

双底 shuāngdǐ 二重底. 底が二重になっている.

双独家庭 shuāngdú jiātíng 一人っ子同士が結婚した家庭.

双端扳子 shuāngduān bānzi ⇒〔双头扳子〕

n 双耳刀 (儿) shuāng'ěrdāo(r) 〖書〗おおざと・こざと

(総称):漢字部首の"阝". 〔双耳朵〕〔双耳旁 páng (儿)〕ともいう. おおざとは〔右 yòu 耳刀(儿)〕, こざとは〔左 zuǒ 耳刀(儿)〕. →〔耳刀(儿)〕;付録1

双方 shuāngfāng 双方(とも). 〔对~都有益 yì 处〕双方とも益あるところがある. 〔~同意〕両者が同意する.

双飞 shuāngfēi ①鳥の雄・雌が並んで飛ぶ. 〈喩〉夫婦仲がよい. 〔~双宿〕〈成〉同前. ②往復とも飛行機を利用する.

双份 shuāngfèn 二倍(の). ふた口. 2人前. 〔吃个~也不为过〕2人前食べても多すぎることはしない.

双峰驼 shuāngfēngtuó 〖動〗フタコブラクダ. →〔独 dú 峰驼〕

双幅 shuāngfú 〔一儿〕2倍の幅. 〔~毛料〕ダブル幅の毛織物(地). 〔~路〕対向車線をもつ道路. →〔单 dān 幅〕

双缸 shuānggāng 〖機〗①ツーシリンダー. 〔~摩托〕2シリンダーバイク. ②二つの槽. 〔~洗衣机〕2槽式洗濯機.

双杠 shuānggàng 〖ス〗平行棒, またその演技. →〔单 dān 杠〕〔高 gāo 低杠〕

双宫 shuānggōng 玉繭. 〔~丝〕玉糸. →〔单 dān 宫〕

双钩 shuānggōu ①かぎ字. 白抜き文字の筆画に細い線で輪郭をつけたもの. ②〖旧〗纏足(ぎゝ)の別称. →〔小 xiǎo 脚(儿)〕

双股 shuānggǔ 2本より. 2枚重ね(の). 2本巻き(の). 〔~电缆〕ペアケーブル.

双股剑 shuānggǔjiàn →〔雌 cí 雄剑〕

双挂号 shuāngguàhào 配達証明つき書留郵便(にする). ↔〔单 dān 挂号〕

双拐 shuāngguǎi (対になった)松葉杖. 〔架~〕両脇に松葉杖をつく. →〔拐杖〕

双关 shuāngguān 一つの言葉に二つの語義を含ませること. 〔~语〕かけ言葉. →〔一 yī 语双关〕

双管齐下 shuāngguǎn qíxià 2本の絵筆を同時におろす(して描く). 〈喩〉事柄が同時に両面から進行すること. また同時に二つの事をやること:〔几管齐下〕いくつかの事を同時に行うこと.

双规 shuāngguī (検察部門で)規定の時・所における問題の説明:〔两 liǎng 规〕に同じ.

双轨 shuāngguǐ ①=〔双线〕複線(の鉄道):〔复 fù 线〕ともいう. →〔单 dān 轨①〕 ②二本の軌道(レール):モノレールに対していう. →〔单 dān 轨②〕 ③二つの方式・制度が並立すること. 〔~制〕二重構造.

双行 shuāngháng (縦の)2列.

双号 shuānghào 〔一儿〕偶数番号. →〔单 dān 号〕

双铧犁 shuānghuálí 二段鋲犂. 〔马拉~〕畜力二段耕犂.

双簧 shuānghuáng 〔双锁〕とも書いた. 二人羽織:雑技の一種. 表に見える者が無言で動作を演じ, 後方の影に隠れた者が同時にセリフや歌をつける. 〔演~〕③同前を演ずる. ⑤〈喩〉双方があいずする. 表裏がぐるになってやる. 〔~丑 chǒu 剧〕猿芝居をやる.

双磺胺 shuānghuáng'àn 〖薬〗ジスルファン. →〔磺胺〕

双簧管 shuānghuángguǎn 〖樂〗オーボエ:〔单 dān 簧管〕ともいう.

双击 shuāngjī 〖電算〗ダブルクリック. →〔单 dān 击〕

双机身飞机 shuāngjīshēn fēijī 双胴機.

双机系统 shuāngjī xìtǒng 〖電算〗デュアルシステム.

双季稻 shuāngjìdào =〔双作稻〕〖農〗二期作の稲:〔前稻〕〔后稻〕をいう. →〔单 dān 季稻〕

双髻鲨 shuāngjìshā 〖魚〗シュモクザメ:〔丁 dīng 字鲨〕〔官 guān 鲨〕〔相 xiàng 公帽〕などともいう.

shuāng

双

双髻丫 shuāngjìyā ⇒〔丫髻〕

双肩 shuāngjiān 両方の肩.〔～挑〕ⓐ双肩で担ぐ.ⓑ〔喩〕行政と業務を兼比する.

双键 shuāngjiàn 化二重共有結合(二重結合).

双九 shuāngjiǔ 旧結婚後,18日目に嫁方と婿方が共に宴を催して,今後の親戚づきあいを約すること.→〔单 dān 九〕

双绝 shuāngjué 比類ない二つのこと.第一級の二つのもの.〔色 sè 艺～〕容姿・芸ともに第一級である.

双开 shuāngkāi 党籍と公職を取り上げられる.

双壳类 shuāngkélèi 魚貝二枚貝類.

双款(儿) shuāngkuǎn(r) 書画に上款と下款の両方ともに書き入れてあること.→〔单 dān 款〕

双括弧 shuāngkuòhú 二重丸かっこ."《 》".

双鲤 shuānglǐ 〈文〉書簡.

双立人(儿) shuānglìrén(r) =〔双人(旁儿)〕餌ぎょう人偏(ᅟ):漢字部首の"亻".→〔单 dān 立人(儿)〕;付録1

双联 shuānglián 〔双联票〕ともいう.2 連式領収書.

双联式 shuāngliánshì 工ダブル型.

双脸儿鞋 shuāngliǎnrxié 布靴のつま先に縦に二条の組紐の縫いつけがあるもの.→〔单 dān 脸儿鞋〕〔皮 pí 脸儿〕〔鞋梁〕

双料(儿) shuāngliào(r) 材料が2倍(の).〔喩〕特製(の).〔～冠军 二品家〕〔他的儿子更是～的不是东西〕あいつの息子は二重にもかけたわるだ.

双六 shuāngliù ⇒〔双陆〕

双炉胆锅炉 shuānglúdǎn guōlú ⇒〔兰 lán 夏开夏锅炉〕

双陆 shuānglù =〔双六〕すごろく(古代の遊戯):駒を進め合う盤の行数が12であったので〔十 shí 二棋〕ともいう.〔～板〕すごろく盤.〔打～〕同副をする.

双轮 shuānglún ①工ダブルラウンド.〔五十米～射箭〕50メートルダブルラウンド弓箭競技.②農両輪.〔～犁 lí〕農双輪鋤.双輪プラウ.〔～铧 huá 犁〕農二つの輪と二つの鋤のついた耕転機.

双螺旋 shuāngluóxuán 医命二重螺旋:生物遺伝子の構造についている.〔DNA ～〕生物遺伝子の二重螺旋構造.

双满月 shuāngmǎnyuè 生後満2か月の祝い(1か月目の祝いをしなかった場合の).〔办～〕同前の祝いをする.→〔满月②〕

双面 shuāngmiàn 両面(の).二面(のある).表も裏も(使える).〔～刀片〕両刃のかみそりの刃.〔～织物〕リバーシブル.表も裏も使える織物.〔～胶 jiāo〕両面テープ.〔～彩 cǎi 印〕両面カラー印刷.〔～绣 xiù〕両面刺繡.

双名 shuāngmíng 2字の人名.〔姓柳,～霁卿〕姓は柳,(名前は)2字名で霁卿という.→〔单 dān 名〕

双眸 shuāngmóu 〈文〉両のひとみ.

双目 shuāngmù 両目.〔～镜〕双眼鏡.〔～显微镜〕双眼顕微鏡.

双排 shuāngpái 二列に並んだ.ダブルの.〔～扣的男西服〕ダブルの男性用スーツ.

双栖 shuāngqī ①〈文〉つがいの鳥が並んで巣に宿る.②〔喩〕二つの分野で活躍している.〔影视～〕映画界でもテレビドラマでも活躍している.

双歧杆菌 shuāngqí gǎnjūn 生命ビフィズス菌.

双抢 shuāngqiǎng 農収穫を急ぎ,種まきを急ぐ.

双亲 shuāngqīn 両親.父母.〔～在堂〕〔成〕両親がまだ健在である.〔父 fù 母〕

双球菌 shuāngqiújūn 生命双球菌.

双曲线 shuāngqūxiàn 双曲線(型の).〔～拱桥〕建眼鏡橋.〔～面〕数双曲面.〔～线〕数双曲線.

双全 shuāngquán 双方(とも)にそなわってい

る.〔富 fù 贵～〕富も名誉ともに申し分ない.

双拳 shuāngquán 双手.〔喩〕無援(我が所手のみ).〔～难敌四手〕〔谚〕多勢に無勢で勝ち目がない.→〔双手〕〔寡 guǎ 不敌众〕

双人 shuāngrén 二人(の).〔～床〕ダブルベッド.〔～房〕ツインルーム.〔～舞〕ペアで演ずる踊り.〔～滑〕区ペアスケーティング.〔～单桨无舵手〕区(ボート競技の)かじなしペア.〔～双桨〕区(ボート競技の)ダブルスカル.

双人(旁儿) shuāngrén(pángr) ⇒〔双立人(儿)〕

双刃刀 shuāngrèndāo もろ刃の剣.

双日 shuāngrì 偶数日.→〔单 dān 日〕

双纱 shuāngshā 区(野球の)ダブルプレー.ゲッツー.併殺.→〔出 chū 局①〕

双身子 shuāngshēnzi 身重の体.〔～人〕妊婦.→〔孕 yùn 妇〕

双生 shuāngshēng 双生(の).〔～子 zǐ〕ふたご〔双棒儿〕〔双胞胎〕〔李 luán 生子〕〈文〉〔李子〕に同じ.

双声 shuāngshēng 語二つの字からなる語が共通の声母をもつこと.〔～词同韵の語:例えば〔仿佛 fǎngfú〕〔参差 cēncī〕などの語.→〔叠 dié 韵〕

双声道 shuāngshēngdào ダブルトラック:録音技術の一.

双十二事变 shuāngshí'èr shìbiàn ⇒〔西xī安事变〕

双十节 shuāngshíjié 〔辛 xīn 亥革命〕

双十协定 shuāngshí xiédìng ⇒〔重 chóng 庆谈判〕

双手 shuāngshǒu 両の手.〔～合十〕両手を合わせる.合掌する.〔～举枪〕両手で銃を持つ.〔～投篮〕区(バスケットボールの)ツーハンドショット.→〔双拳〕

双输 shuāngshū 両方負け(になる).共倒れ.

双书名号 shuāngshū míngháo 二重書名号.ダブルギュメ."《 》".

双数 shuāngshù 正の偶数.→〔偶 ǒu 数〕

双双 shuāngshuāng 二者そろって.両者共に.〔男女排球队～获得冠军〕男女バレーボールチームがともに優勝を飾にた.〔～对对〕二人ずつ.二つずつ.

双宿双飞 shuāngsù shuāngfēi 〔喩〕夫唱婦随.夫婦中がよい.〔双飞双宿〕ともいう.

双糖 shuāngtáng 化二糖類:蔗糖・乳糖など.

双淘汰赛 shuāng táotàisài 敗者復活戦のチャンスのあるトーナメント戦.→〔淘汰赛〕

双体船 shuāngtǐchuán 双胴船.カタマラン.

双筒望远镜 shuāngtǒng wàngyuǎnjìng 双眼鏡.

双偷垒 shuāngtōulěi 区(野球の)ダブルスチール.→〔偷垒〕

双头 shuāngtóu 両頭.両端.〔～扳 bān 子〕〔双端扳子〕両口スパナ.〔～镐盘〕〔丁字镐〕丁字形のつるはし.〔～螺 luó 栓〕〔方〕〔司 sī 搭子〕〔裁 zāi 丝〕〔柱 zhù 螺栓〕工植え込みボルト.両端相付きボルト.〔～螺纹〕〔~牙〕〔图〕二条ねじ山(ねじすじ).

双纹蛙 shuāngwénxuē 複目やすり,両切りやすり.

双文明 shuāngwénmíng 精神文明と物質文明:〔两 liǎng 个文明〕ともいう.

双误 shuāngwù 区(テニスなどの)ダブルフォールト.

双膝 shuāngxī 両ひざ.〔～下跪 guì〕両ひざを曲げひざまずける.礼を尽くす.

双喜 shuāngxǐ 二重のおめでた.〔～临门〕〔成〕盆と正月が一緒に来る.重ね重ねのおめでた.〔～字(儿)〕"喜"の字を二つ並べて一字にしたもの."囍".

双下巴 shuāngxiàba 二重あご.

双先 shuāngxiān 思想も行動も先進的である.思想,行動共に抜きんでいる.

双线 shuāngxiàn ①2本線.二重線.複線.→〔单 dān 线②〕②⇒〔双轨①〕

双响(儿) shuāngxiǎng(r) →〔爆 bào 竹〕

双向 shuāngxiàng 二方向の.双方向の.〔～开关〕

ツーウェイスイッチ.〔～选择〕〔双选〕双方向による選択:例えば卒業者と雇用主が各自の立場から相手を選ぼうと.〔～贸易〕互恵交易.〔～通信〕双方向通信.

双薪 shuāngxīn 倍の賃金.〔发～〕同前を支給する

双星 shuāngxīng ①[天]二重星.〔光学～〕光学二重星.〔喻〕物理二重星. ②牽牛・織女の二星.〔喻〕夫婦.

双姓 shuāngxìng ⇒〔复 fù 姓〕

双休日 shuāngxiūrì 週休2日制の休日となる2日間:一般的に土・日曜日である.

双学位 shuāngxuéwèi 二学位取得.ダブルディグリー

双眼皮(儿) shuāngyǎnpí(r) 二重まぶた.→〔单 dān 眼皮(儿)〕

双氧水 shuāngyǎngshuǐ [薬]オキシドール:〔过 guò 氧化氢溶液〕(過酸化水素水)の通称.

双氧铀 shuāngyǎngyóu [化]ウラニル基.

双翼(飞)机 shuāngyì (fēi) jī 複葉飛行機.→〔单dān 翼(飞)机〕

双音词 shuāngyīncí [语]2音節語.→〔复 fù 音词〕

双音节 shuāngyīnjié [语]2音節.

双引号 shuāngyǐnhào ダブルクォーテーションマーク二重かぎ括弧:(标 biāo 点符号)の" "と『 』符号.→〔单 dān 引号〕

双赢 shuāngyíng 双方勝ち(になる).ウィンウィン.〔～局面〕同前の局面.

双拥 shuāngyōng 〔拥军优属,拥政爱民〕をいう:軍民関係についての政策.

双鱼座 shuāngyúzuò [天]魚座.双魚宮.

双语 shuāngyǔ バイリンガル.2か国語.〔～词典〕対訳辞典.〔～教育〕⒜少数民族語と漢語の教育.ⓑ漢語と外国語の教育.ⓒバイリンガル教育.

双元音 shuāngyuányīn [語]二重母音.

双月 shuāngyuè 二月(ホミルカ).二つの月間.〔～刊〕隔月刊.〔～历〕2か月めくりのカレンダー.

双职工 shuāngzhígōng 共働き(夫婦)

双周刊 shuāngzhōukān 隔週刊行(物)

双周日 shuāngzhōurì 毎月第2,第4週の日曜日.→〔双休日〕

双绉 shuāngzhòu [紡]ちりめん.クレープデシン.→〔法 fǎ 国绉纱〕

双子叶植物 shuāngzǐyè zhíwù [植]双子葉植物.→〔单 dān 子叶植物〕

双子座 shuāngzǐzuò [天]双子座.双子宮.

双作稻 shuāngzuòdào ⇒〔双季稻〕

〔笈・簹〕 shuāng 〈文〉帆.〔桦 xiáng ～〕竹むしろ製の同前.

〔泷・瀧〕 shuāng 地名用字.〔～水〕広東にある:現在は〔双水〕と書く.〔～冈〕[地]江西省にある山. → lóng

〔骦・驦〕 shuāng →〔骕 sù 骦〕

〔霜〕 shuāng ①[気]霜(ホミ).〔下 xià ～〕霜がおりる.〔一儿〕霜状のもの.〔白 bái ～〕白い粉.〔柿 shì ～〕干し柿の白く吹いた粉.〔护 hù 肤～〕スキンクリーム.〔护手～〕ハンドクリーム. ③〔喻〕白色(の).〔～刃 rèn〕白刃.

霜鬓 shuāngbìn 〈文〉白髪になった鬓(ビン)

霜晨 shuāngchén 霜の朝.

霜冻 shuāngdòng [気]霜害を起こす寒冷.〔遭了～〕霜害を受けた.

霜锋 shuāngfēng 〈喻〉冷たく光る鋭利な刀.

霜害 shuānghài [農]霜害.

霜花 shuānghuā ①[気]霜. ②(窓ガラスなどに生ずる)霜模様.③霜模様細工.④⇒〔雾 wù 凇〕

霜降 shuāngjiàng〔二十四节气〕の一:10月23日(あるいは24日)に当たる.

霜霉病 shuāngméibìng [農](植物の)ベト病:〔露 lù 菌病〕ともいう.

霜期 shuāngqī [気]降霜期.

霜天 shuāngtiān 寒空.寒冷な天気.

霜雪 shuāngxuě ①霜と雪. ②〔喻〕(髪の)真っ白い. ③〔喻〕高潔な心根. ④〔喻〕苛酷な境遇.

霜叶 shuāngyè 霜をうけた木の葉:とくにもみじ.紅葉.〔～红于二月花〕(杜牧:山行)霜葉は春先の花より紅い.→〔红 hóng 叶〕

霜月 shuāngyuè 旧暦7月の別称.

霜灾 shuāngzāi 降霜による災害.

〔孀〕 shuāng ①夫を亡くした女性.寡婦.〔～闺 guī〕やもめの住まい.→〔寡 guǎ 妇〕〔守 shǒu 寡〕②やもめ暮らしをする.後家を立てる.

孀妇 shuāngfù 〈文〉やもめ:〔孤 gū 孀〕〔遗 yí 孀〕ともいう.

孀居 shuāngjū 〈文〉寡婦で暮らす:〔居孀〕に同じ.

〔骦・驦〕 shuāng →〔骕 sù 骦〕

〔礵〕 shuāng 地名用字.〔南 nán ～岛〕[地]福建省にある.

〔鹴・鸘(鶔)〕 shuāng →〔鹔 sù 鹴〕

〔爽〕 shuāng (Ⅰ)①(空気・天候が)明るくさわやかである.〔秋 qiū 高气～〕〔神 shén 清目～〕⒜秋は天高く空気がさわやかである.⒝静かに落ち着いていて目もすずしい. ②心地よい.気分がさっぱりしている.〔身不～〕体がすっきりしない(不快である). ③(言動が)きびきびしている.こだわりがなくさっぱりしている.〔豪 háo ～〕快活でさっぱりしている.〔直 zhí ～〕率直で朗らかである.
(Ⅱ)(約束などを)違える.〔毫 háo 厘不～〕⒜少しも違えない.〔屡 lǚ 试不～〕何回試してみても結果が違わない.

爽脆 shuǎngcuì ①てきぱきしている.手際がよい.〔他办事老是不～〕彼は仕事のやりかたがどうもてきぱきしない. ②(性格が)さっぱりしている.〔性 xìng 子～〕気性があっさりしている. ③(食物の)さっぱりして,口当たりがよい.

爽德 shuǎngdé 〈文〉道徳に外れたことをする.

爽肤水 shuǎngfūshuǐ トーニングローション.収れん化粧水.

爽捷 shuǎngjié 敏捷である.きびきびしている.

爽鸠 shuǎngjiū ⇒〔鹩 lái 鸠〕

爽口 shuǎngkǒu 口当たりがよい(さっぱりしている).〔吃着很～〕同前.

爽快 shuǎngkuài ①爽快である.さわやかである.気持ちがよい.〔身上不～〕(体が)気分が悪い.→〔不 bù 爽〕 ②ぐずぐずしない.きびきびしている.〔办事要办得～〕仕事はきびきびとやらねばならない. ③(言行が)さっぱりしている.率直である.真っ正直である.〔为人～〕人となりが朗らかで率直である.〔～人(儿)〕さっぱりした人.

爽朗 shuǎnglǎng ①さわやかである.気持ちがいい.〔～的海风〕すがすがしく気持ちのいい海風. ②朗らかである.〔性 xìng 格～〕性格が明るい.〔～的笑声〕朗らかな笑い声.

爽利 shuǎnglì てきぱきしている.〔办 bàn 事～〕仕事のやり方がてきぱきしている.

爽亮 shuǎngliàng ①(声などが)澄んで鳴り響く.〔～的声音〕澄んでよく響く声. ②朗らかである.

爽目 shuǎngmù 目にさわやかである.鮮やかで美しい.

爽气 shuǎngqì ①さわやかな空気(気分).②さっぱりしてこだわりがない.〔不～〕ぐずぐずする.

爽然 shuǎngrán 〔文〕(あてがはずれて)がっかりしたさま.〔～自失〕〔～若 ruò 失〕〔成〕がっかりして茫然とする(ぼんやりする).

爽身粉 shuǎngshēnfěn =〔滑 huá 石粉〕(化粧品の)タルカムパウダー.

爽声 shuǎngshēng 声が朗らかである.〔～大笑〕からからと笑う.

爽失 shuǎngshī 間違える.背く.

爽手 shuǎngshǒu 〔方〕やりやすい.〔～的事〕たやすい仕事.

爽心 shuǎngxīn 心がさわやかである.〔～悦 yuè 目〕心を楽しませ目をよろこばせる.

爽信 shuǎngxìn 約束を違える(えて信用をなくす).〔失 shī 信に同じ.

爽性 shuǎngxìng いっそ(のこと).どうせなら思い切って.〔既然晚了,～不去吧〕どうせ遅くなったんだから,いっそ行かずにおこう.〔～再来一次吧〕いっそもう一度来ましょう(来ない).→〔素 suǒ 性〕

爽约 shuǎngyuē 違約する.〔失 shī 约〕に同じ.〔他爽了约了〕彼は約束を違えた.

爽直 shuǎngzhí (性格が)率直である:〔直爽〕に同じ.

〔塽〕 shuǎng 〔文〕日当たりのよい小高い土地.

shui ㄕㄨㄟ

〔谁・誰〕 shuí shéiの又音.

〔水〕 shuǐ ①水.〔海～〕海水.〔井 jǐng ～不犯河～〕〔諺〕互いの縄張りを荒らさないこと.〔甜 tián ～〕苦みのない,飲用に適する水.〔苦～〕苦くて飲用不適の水.〔软 ruǎn ～〕軟水.〔硬 yìng ～〕〔涩 sè ～〕硬水.〔死～〕はけ口のない溜まり水.〔滚 gǔn ～〕〔滚开的～〕沸騰した湯.〔开～〕沸いた水.〔热 rè ～〕湯.〔凉 liáng 开～〕湯ざまし.〔温 wēn 和の～〕ぬるま湯.〔凉～〕(冷たい)水.〔打～〕水をくむ.〔挑 tiāo ～〕水を水桶に入れ天秤棒で担ぐ.水汲みに行く.〔喝,歇 xiē 会儿,喝口～〕ひと休みしてお茶でも飲んで.〔喝杯～不喝？〕お茶でも飲まんか.②河川の流れ(を示す名).〔汉～〕漢水.〔湘 xiāng～〕湘水.③水のある場所.〔水陆 lù ①〕に対していう.〔～旱两路〕水と陸のふたつの交通路.〔～陆两用汽车〕水陸両用自動車.④洪水.大水.⑤〔-儿〕汁(↓).液.水のように溶けたもの.〔～豆腐〕(水分の多い)豆腐.〔药 yào ～〕薬液.水薬.〔铁～〕(鋳造の時の)鉄の溶けたもの.〔血xuè ～〕薄い血液.⑥〈口〉泳ぐ.⑦〈方〉(賭博の)寺銭.〔抽 chōu ～〕〔抽头 (儿)②〕寺銭(をとる).〔一天能抽十万元的～〕一日で10万元の寺銭があがる.〔今儿抽的～有多少〕今日あがった寺銭はいくらあるか.⑧付加して取る(払う)金(額).お足し前.あぶく銭.〔汇 huì ～〕為替料.〔外～〕臨時収入.〔贴 tiē ～〕⑨〈喩〉ようすが悪い.いかがわしい場.〔不染这个～〕そんなよくないことには手を出さない.〔不趟 tāng 这混～〕そんなよからぬことには足を踏み入れない.⑩回通貨として用いられた銀の品位.貨幣の品位.〔申 shēn ～〕〔貼 tiē ～〕(同前の相違を補う)打歩(ご).⑪商品の品質の等差.〔头～货〕1等品.〔二～货〕2等品.⑫量詞.水で洗う回数をかぞえる.〔这衣裳洗过一～,颜色就差 chà 了〕この服は1回洗ったら色が悪くなった.⑬→〔水族②〕⑭〔姓〕水(:)

水案(儿) shuǐ'àn(r) 食材を洗う・切る・浸すなどの仕事.→〔白 bái 案(儿)〕〔红 hóng 案(儿)〕

水吧 shuǐbā ウォーターバー.ウォーターカフェ.

水坝 shuǐbà ダム(の堰堤):〔拦 lán 河坝〕に同じ.

水板 shuǐbǎn ⇒〔水牌〕

水半球 shuǐbànqiú 地水半球.

水保 shuǐbǎo 〔水土保持〕の略.水分と土壌の保全.

水饱儿 shuǐbǎor 〈方〉水腹.

水杯 shuǐbēi コップ.湯のみ.

水泵 shuǐbèng ポンプ.〔开～上水〕ポンプを動かして水を入れる.

水笔 shuǐbǐ ①(細字楷書用または水彩画用の)毛筆.②〈方〉〔自 zì 来水笔〕(万年筆)の略称.

水边 shuǐbiān =〔水滨〕〔水畔〕水際.汀(ジ).水辺.

水标 shuǐbiāo 水深を測る標尺.

水膘(儿) shuǐbiāo(r) 〈方〉ぜい肉.水分を含んだ肉づき:特に新生児についていう.

水表 shuǐbiǎo ①(河湖などの)水位指示計.(ボイラーの)水量計.②水道メーター.③⇒〔水簋②〕

水鳖 shuǐbiē =〔马 mǎ 尿花①〕

水鳖子 shuǐbiēzi ⇒〔䗪 hòu 虫〕

水滨 shuǐbīn ⇒〔水边〕

水兵 shuǐbīng 水兵.

水波 shuǐbō 波.

水玻璃 shuǐbōli =〔泡 pào 花碱〕〔泡化碱〕〈口〉水ガラス.ケイ酸ナトリウム:〔硅 guī 酸钠〕に同じ.

水伯 shuǐbó 〈文〉水神.→〔河 hé 伯〕

水䴗鸪 shuǐbógū ⇒〔鹁鸪〕

水簸箕 shuǐbòji ①河川の底に設けられた幾筋かのうね状土石建築物.②人力車の蹴込み(乗客が足を置くところ)

水彩 shuǐcǎi 美①水彩絵の具.②水彩画.〔～画〕同前.〔画～〕同前を描く.

水仓 shuǐcāng 鉱坑底の水だめ.

水槽 shuǐcáo 回通水渠道.樋(ご)

水草 shuǐcǎo ①水草類.②〈文〉水と草(のある所)

水层 shuǐcéng 水の層.〔深～〕深水層.〔浅～〕浅水層.

水汊 shuǐchà (流入する支流の)小さな河流.〔深港～〕深い入江や川のある処.

水虿 shuǐchài 田ヤゴ:トンボの幼虫.〔水马②〕ともいう.

水产 shuǐchǎn 水産物.水産品.〔～业〕水産業.漁業.

水菖蒲 shuǐchāngpú ⇒〔菖蒲〕

水车 shuǐchē ①水車:揚水・灌漑用の装置.→〔戽 hù 水机〕②水車:水流から水力を取り出す装置.③水運び車.

水车前 shuǐchēqián =〔龙 lóng 舌草〕ミズオオバコ(ミズアサガオ)

水沉 shuǐchén ⇒〔沉香〕

水丞 shuǐchéng =〔水盂②〕〔水盂〕〔水注〕〈文〉すずりの水入れ:〔水中丞〕ともいう.→〔砚 yàn 滴〕

水城 shuǐchéng ①水の都.川の多い都市.②回水辺に築いた城.

水程 shuǐchéng 航行.船での行程.

水成岩 shuǐchéngyán ⇒〔沉 chén 积岩〕

水池(子) shuǐchí(zi) ①池.貯水池:〔池塘①〕〔池子〕に同じ.②(台所の)流し.シンク.〔～斗〕

水尺 shuǐchǐ 量水計.水位計.

水呎 shuǐchǐ ⇒〔吃 chī 水④〕

水揣子 shuǐchuāizi プランジャー:下水管などがつま

水　shuǐ

った時に用いる碗状のゴムのついた道具.〔皮 pí 搋子〕ともいう.
水床 shuǐchuáng　ウォーターベッド.
水锤 shuǐchuí　ウォーターハンマー.水撃作用:管内の水の振動で管壁が受ける打撃.
水葱 shuǐcōng　匽①水辺に生える〔苦 gé 葱〕(ギョウジャニンニク).②=〔莞 guān ①〕フトイ(トウイ).
水丹 shuǐdān　⇒〔油 yóu 灰①〕
水单 shuǐdān　圄①船荷送り状.②計算(うちわけ)メモ:〔方〕水表③〕ともいう.〔外汇兑换〜〕外国為替兌(ᵈ)換計算書.
水刀 shuǐdāo　工ウォータージェット切断.
水道 shuǐdào　①水流の通る道:人工・自然・大小を問わない.〔上〜〕上水道.〔下〜〕下水道.〔长江的〜〕長江の川筋.②船の水路.③プールのコース.
水稻 shuǐdào　水稲.→〔旱 hàn 稻〕
水到渠成 shuǐdào qúchéng　〈成〉水が来れば溝はできる.時機が熟せば事は自然に成就する.
水滴 shuǐdī　①水滴.〔〜石穿〉〈成〉雨だれ石を穿(ᵘᵍ)つ:何事も根気よく努力すれば必ず成功する.〔滴水穿石〕ともいう.②⇒〔水丞〕
水底 shuǐdǐ　水底(の).海底(の).水中(の).〔〜电缆 lǎn〕海底ケーブル.〔〜电视照相机〕水中テレビカメラ.
水底捞月 shuǐdǐ lāo yuè　⇒〔水中捞月〕
水地 shuǐdì　①灌漑(ñ)地:〔水浇地〕ともいう.②水田:〔水田〕に同じ.
水点 shuǐdiǎn　[〜儿]水滴.
水电 shuǐdiàn　①水道(水利)と電気(電力).〔〜气〕同前とガス.〔〜费〕水道・電気料.〔〜部〕水利電力省.②水力発電(の電気).〔〜站〕水力発電所.
水貂 shuǐdiāo　=〔方〕黄 huáng 狼〕②動ミンク.
水吊子 shuǐdiàozi　やかん・鉄瓶の類:〔铫 diào 子〕に同じ.
水斗 shuǐdǒu　(炊事場などでの)漏斗状の流し.→〔水池(子)②〕
水痘 shuǐdòu　[水花③]医水痘.水疱瘡(ᵖ⁰).→〔天 tiān 疱疮〕
水碓 shuǐduì　水力利用の米搗(ˀ)き臼.
水炖儿 shuǐdùnr　→〔水确〕
水发 shuǐfā　(乾燥した食材を)水や湯で戻す.
水阀 shuǐfá　水道管バルブ.
水法 shuǐfǎ　①〔中华人民共和国水法〕の略称:水利に関する法律.②[〜儿]噴水.
水饭 shuǐfàn　①飯に水や湯を加えて,炊き直した飯.〔粥 zhōu〕
水房 shuǐfáng　①給湯室.湯沸かし場.②給水所.取水所.
水飞蓟 shuǐfēijì　匽オオアザミ(マリアアザミ)
水肥 shuǐféi　水肥.
水肺 shuǐfèi　スキューバー:〔水中呼吸器〕ともいう.→〔潜 qián 水衣〕
水费 shuǐfèi　水道料金.
水粉 shuǐfěn　①〔方〕水に浸した春雨.→〔粉条儿〕.②水白粉(ミョ).
水粉画 shuǐfěnhuà　美ガッシュ:水・アラビアゴム・蜜などで溶解した濃厚で不透明な水彩画用絵の具で描いた水彩画.
水粉皮 shuǐfěnpí　食澱粉を原料とした白色半透明の寒天状の食品.
水分 shuǐfèn　〔水份〕とも書いた.①水分.→〔湿 shī〕②水増し分.〔加〜〕水増しする.〔这个数字有〜〕この数字は水増しがある.
水夫 shuǐfū　①水汲み人夫.②水夫.→〔水手〕〔船 chuán 夫〕

水浮莲 shuǐfúlián　匽ボタンウキクサ.
水府 shuǐfǔ　①水の深いところ.水神の居所.②水神.
水斧虫 shuǐfǔchóng　虫ミズカマキリ.
水甘草 shuǐgāncǎo　匽チョウジソウ(丁字草)
水感 shuǐgǎn　(泳ぐ時の)水の感触.手ごたえ.
水缸 shuǐgāng　水がめ.
水饹哒 shuǐgēda　食かぶの塩漬け:みそ漬けは〔酱 jiàng 咯哒〕という.→〔芒 wú 菁〕
水阁 shuǐgé　圄水辺の楼閣.〔〜凉亭〕水辺にある納涼亭.
水工 shuǐgōng　〔水利工程〕の略:〔〜建筑物〕ダム・堰・魚道などの構築物.
水沟 shuǐgōu　排水溝.溝.下水溝.どぶ.
水狗 shuǐgǒu　①⇒〔水獭〕②⇒〔翡 fěi 翠②〕
水垢 shuǐgòu　⇒〔水锈①〕
水姑顶 shuǐgūdǐng　⇒〔骨 gǔ 顶鸡〕
水鸪鸪 shuǐgūgū　⇒〔鹁 bó 鸪〕
水臌 shuǐgǔ　中医腹水.
水怪 shuǐguài　水中に住む怪物.
水管 shuǐguǎn　①導水管.水を通すパイプ.②〔水利(设施)管理〕の略.
水罐 shuǐguàn　[〜儿]水さし.〔〜车〕給水車:〔给 jǐ 水车〕ともいう.
水龟 shuǐguī　動イシガメ(総称)〔黄喉〜〕ミナミイシガメ.
水鬼 shuǐguǐ　①水泳の達人.カッパ.②〔淹 yān 死鬼〕水中の化け物.溺死者.
水果 shuǐguǒ　果物.〔〜干〕ドライフルーツ.〔〜盘 pán〕果物鉢.〔摘点儿〜〕果物をもぐ.〔〜糖 táng〕ドロップ.〔〜罐 guàn 头〕果物の缶詰.〔〜软糖〕フルーツソフトキャンディー.〔〜行〕〔〜铺〕果物屋.〔干 gān 果〕〔瓜 guā 果〕
水害 shuǐhài　水禍.水害.
水旱 shuǐhàn　①水と陸.〔〜码头〕水陸の交通の便利な商業都市.→〔水陆①〕②水害と干害.③水田と畑.
水蕹菜 shuǐhàncài　⇒〔豆 dòu 瓣菜〕
水旱烟 shuǐhànyān　水煙草とふつうの煙草.
水蒿 shuǐhāo　⇒〔蒌 lóu 蒿〕
水耗子 shuǐhàozi　①〔方〕田に住む野ねずみ.②〈喩〉水泥棒.
水合 shuǐhé　化水化.水和.〔〜物〕水和物.水化物.〔〜氯醛〕⇒〔三氯代亡醛〕抱水クロラール.
水鹤 shuǐhè　圄機関車に高い位置でタンクから給水するむず首形の給水管.
水红 shuǐhóng　色とき色(の).淡紅色(の)
水喉 shuǐhóu　水管の先端.蛇口.〔〜汊 chà〕T字形通水管.〔〜梳结〕工承口(ⁿᵘ).〔〜通〕通水管.
水壶 shuǐhú　①やかん.湯わかし.〔开〜〕同前.②水筒.③如露(ᵝᵘ)
水葫芦 shuǐhúlu　〔凤 fèng 眼莲〕
水浒传 shuǐhǔzhuàn　圄水滸伝:明代に書かれた長篇小説.宋の徽宗の世に,108人の豪傑が〔梁 liáng 山泊〕に集まり,宋江らを首領にいただき天下を横行する物語.〔四大奇书〕の一.同書から繁衍して〔金 jīn 瓶梅〕ができた.〔后〜〕明の青蓮室主人の著.〔水浒后传〕清末の陳忱の著.
水庑 shuǐhù　水車にかける水くみ桶.
水花 shuǐhuā　①軽石.②[〜儿]水しぶき.③⇒〔水痘〕④=〔水华〕
水花魁 shuǐhuākuí　蓮(の花)の別称:ふつう〔荷 hé 花(儿)〕という.
水华 shuǐhuá　アオコ(藻類)の大量発生に.〔水花④〕〔藻 zǎo 花〕ともいう.
水滑石 shuǐhuáshí　圄ハイドロタルク石.ハイドロタ

shuǐ 水

ルサイト.
水化 shuǐhuà 化水和.水化.
水患 shuǐhuàn 水害:〔水灾〕に同じ.
水荒 shuǐhuāng 水飢饉.
水黄芹 shuǐhuángqín ⇒〔羊 yáng 蹄〕
水会 shuǐhuì 旧民間の消防組合.
水火 shuǐhuǒ ①水と火.〔~烫伤〕やけど.②〈喩〉性質が逆で相容れない二つのもの.〔~难容〕犬猿の仲.〔~无交〕成〕何のかかわりもない.③〈喩〉災難:〔水深火热〕の略.〔~不留情〕〔~不饶 ráo 人〕〔~无情〕〈諺〉水害や火災は容赦なくやってくるもの.④〔白〕大小便をすること.
水火壶 shuǐhuǒhú 茶館で茶の湯を注ぐ大土瓶.
水货 shuǐhuò (水上で動く)密輸品.〈転〉模造品.にせもの.〔~公司〕いんちき会社.〔~法律〕でっちあげの法律.〔~文凭〕偽卒業証明書.
水鸡子 shuǐjīzi 〔方〕ぬれねずみになった人.
水剂 shuǐjì 液剤.
水笕 shuǐjiǎn ⇒〔檐 yán 沟〕
水碱 shuǐjiǎn 水垢.湯の花.湯垢.〔水锈①〕ともいう.
水浆 shuǐjiāng ①スープや汁.流動性の食べ物.飲み物.②液体.
水胶 shuǐjiāo ゼラチン.にかわ.〔~绒 róng〕紡モルトン:工業用綿布の一種.
水浇地 shuǐjiāodì 灌漑地.
水脚 shuǐjiǎo 〔~船 chuán 脚〕
水饺(儿) shuǐjiǎo(r) 食ゆでギョウザ:〔煮 zhǔ 饺子〕〔煮饽饽 bō cbo〕ともいう.→〔饺子〕
水结 shuǐjié 〔丝 sī 白〕生糸くず類.〔长吐〕機械生糸くずの一種.
水解 shuǐjiě 化加水分解.〔~产物〕水解物.〔~作用〕加水分解.
水解乳糖 shuǐjiě rǔtáng 化ガラクトース:〔半 bàn 乳糖〕の別称.
水芥 shuǐjiè ⇒〔大 dà 头菜〕
水尽鹅飞 shuǐjìn éfēi 〈喩〉金づるも人づきあいも一一に失う.頼みの綱になる.
水晶 shuǐjīng 水晶.〔~石〕同前.〔~体〕〔晶状体〕水晶体.〔~包〕ラードと白砂糖を混ぜて作った餡(あん)入りの中华.〔~宫〕竜宮:〔龙 lóng 宫〕の別称.⑥〈喩〉水中.〔~肘 zhǒu 子〕食豚の脚(骨つき)を長時間水煮にした夏の料理:長く煮ると肉が透き通ってくるのでこういう.〔~饺子〕天然の結晶塩.〔~心肝,玻璃人儿〕〈喩〉きわめて聡明な人.
水晶花 shuǐjīnghuā 植①センリョウ科ヒトリシズカ近縁種.②⇒〔酢 cù 浆草〕
水精帘 shuǐjīnglián ⇒〔珠 zhū 帘〕
水井 shuǐjǐng 井戸.
水景 shuǐjǐng 水のある眺め.〔~公园〕水上公園.
水警 shuǐjǐng ①水上警察.②水上警備.〔~区 qū〕同前の区域.警戒水域.
水镜 shuǐjìng 〈文〉①澄みきった明月.②〈喩〉洞察力.
水韭 shuǐjiǔ 植ミズニラ.
水酒 shuǐjiǔ 〈謙〉粗酒.〔请喝杯~〕粗酒ですが,どうぞ一杯.〔略备~,恭候光临〕粗酒一献(ごん)差し上げたく,おいでをお待ちしております(招待状用語).②⇒〔米 mǐ 酒〕
水具 shuǐjù 水を入れる食器:コップや茶碗のみ.
水蕨 shuǐjué 植ミズワラビ(ミズニンジン.ミズボウフウ)
水军 shuǐjūn ⇒〔水师〕
水客 shuǐkè ①旧運び屋:飛脚業を兼ねる水路を利用し物資を売買した商人.②旧舟人(ふなびと).漁夫.③密輸業者.
水坑 shuǐkēng 〔-儿,-子〕水たまり.〔臭 chòu ~〕

腐れ水のたまり.
水口 shuǐkǒu ①水口(みなくち).取水(排水)口.②水門.③⇒〔冒 mào 口〕
水苦荬 shuǐkǔmǎi =〔谢 xiè 婆菜〕植カワヂシャ.
水库 shuǐkù 貯水池.ダム.〔~拦 lán 河坝〕
水葵 shuǐkuí ⇒〔莼 chún 菜〕
水蜡虫 shuǐlàchóng 虫イボタロウムシ:〔白 bái 蜡虫〕に同じ.
水蜡树 shuǐlàshù 〔蜡树①〕イボタノキ:枝に寄生したイボタロウムシがいぼた蠟を分泌する.
水刺巴哔 shuǐlà bājī 〔水啦吧唧〕とも書く.〈方〉水っぽい.みずみずしい.
水来伸手,饭来张口 shuǐ lái shēnshǒu, fàn lái zhāngkǒu 〔饭来张口〕
水牢 shuǐláo 旧水牢(ろう).
水老鸹 shuǐlǎoguā ⇒〔鸬 lú 鹚〕
水老鸦 shuǐlǎoyā ⇒〔鸬 lú 鹚〕
水涝 shuǐlào 冠水する.〔~地〕冠水地.
水雷 shuǐléi 軍水雷.魚雷.機雷.〔~艇 tǐng〕水雷艇.
水冷 shuǐlěng 水冷.〔~式发动机〕水冷機関.→〔气 qì 冷〕
水梨子 shuǐlízi 〔珙 gǒng 桐〕
水礼 shuǐlǐ 贈り物:金銭や高価な物に対して酒類・果物・お菓子などをいう.→〔干 gān 礼〕
水力 shuǐlì 水力.水エネルギー.〔~发电站〕水力発電所.〔~开采〕水力採鉱.〔~涡 wō 轮(机)〕〔水轮(机)〕水(力)タービン.〔~机〕水圧エンジン.〔~喷 pēn 射器〕水力削岩機.〔~试验〕圧力容器(ボイラーなどの)に対する圧力試験.
水利 shuǐlì ①水利事業.〔~化〕農地の水利整備(をする).〔~枢 shū 纽〕水利センター.大型水利施設(例えばダム).〔~设施〕〔水管〕水利施設管理.②水利工事.〔~工程〕〔水工〕同前.
水栗 shuǐlì 〔荸 bí 荠〕
水量 shuǐliàng ①水量.②〈方〉水泳の腕前.
水疗 shuǐliáo 医水治療法:温泉入浴や流水マッサージなど.
水蓼 shuǐliǎo 〔辣 là 蓼〕植ヤナギタデ(ミズタデ.カワタデ)
水淋布 shuǐlínbù 〈口〉さらし木綿.〔漂 piǎo 布〕
水淋淋 shuǐlínlín 〈口〉~ linlin ぬれた水がしたたるさま.〔马路两旁的树,被雨水一浇,~的〕通りの両側の木々は雨にぬれてしずくがしたたり落ちる.
水灵灵 shuǐlínglíng ①みずみずしいさま.〔~的眼睛〕すずやかな目もと.②さわやかなさま.
水灵 shuǐlíng 〔水零〕〔水浚〕とも書く.①(果物・野菜などが)みずみずしい(くて,口当たりがさわやかだ).〔这甜 tián 瓜很~〕このメロンは非常にみずみずしい.〔这刚下树的梨,有多么~〕このもぎたての梨はとてもみずみずしい.②(容貌が)さわやかである.〔到了二十岁左右,长 zhǎng 得更~了〕20歳ぐらいになったら容姿がいっそう水もしたたるようになった.
水流 shuǐliú ①河川.②水の流れ.水流.〔~湍 tuān 急〕奔流.速瀬.〔(曲芸)水を入れた碗をひもでつるし回転させる出し物.
水溜 shuǐliù ⇒〔檐 yán 沟〕
水溜儿 shuǐliùr ①堰(せき)などにできる小さい滝.②速い流れの盛り上がって流れる部分.
水龙 shuǐlóng ①消防ホース:つないだ全体.〔~带〕〔~软 ruǎn 管〕消防ホース.〔消 xiāo 防水带〕の俗称.〔~喵 miáo 手〕消火放水係(筒先係).②植ミズキンバイ(ヌマメグリ):アカバナ科の水生多年生草本植物.
水龙布 shuǐlóngbù 厚地の帆布.

水 shuǐ

水龙骨 shuǐlónggǔ 〔植〕アオネカズラ:地下茎は薬用する.
水龙卷 shuǐ lóngjuǎn 〔気〕海上におこる竜巻.→〔龙卷〕
水龙头 shuǐlóngtóu ①〔水道〕の蛇口:〔<方>水嘴儿〕ともいう.→〔龙头①〕 ②消火用ホースの放水口.
水漏 shuǐlòu 〔旧〕水時計.漏刻.
水陆 shuǐlù ①水陆.海陆.〔～交通〕水路と陆路とによる交通.〔～坦克〕水陸両用戦車.〔～平安〕道中無事.=〔水旱①〕 ②海山の幸(ﾐ).〔～俱陈〕〔～杂陈〕〈成〉山海の珍味を並べる.
水鹿 shuǐlù 〔動〕スイロク:〔黑 hēi 鹿〕ともいう.大形の鹿.
水路 shuǐlù 海路.水路.↔〔旱 hàn 路〕〔陆 lù 路〕
水陆道场 shuǐlù dàochǎng 〔宗〕(仏教で)すべての亡霊を供養するための施餓鬼:〔水陆斋 zhāi (仪)〕ともいう.
水漉漉 shuǐlùlù びしょ濡れのさま:〔水渌渌〕とも書く.
水绿 shuǐlǜ 〔色〕浅绿色(の)
水轮 shuǐlún 水(力)タービン:〔力涡轮(机)〕に同じ.〔～机〕同前.〔～发电机〕水力タービン発電機.〔～泵 bèng〕水力ポンプ.
水萝卜 shuǐluóbo ⇒〔小 xiǎo 萝卜〕
水落 shuǐluò 〔檐 yán 沟〕
水落管 shuǐluòguǎn =〔落水管〕〔雨 yǔ 水管〕堅樋(ﾋｻﾞ)
水落石出 shuǐluò shíchū 〈喩〉真相が明らかになる.〔这件事得 děi 弄个～才好呢〕この件は真相をはっきりさせなくちゃならない.
水骆驼 shuǐluòtuo 〔鳥〕オオヨシゴイ:〔紫 zǐ 苇苇鳽〕の通称.〔大～〕サンカノゴイ.
水麻 shuǐmá ①長く水に浸けて得る麻繊維. ②⇒〔石 shí 蒜〕 ③〔植〕ヤギキイチゴ:イラクサ科.
水马 shuǐmǎ ①〔水電〕 ②〔水蚤〕 ③⇒〔海 hǎi 马①〕
水马齿 shuǐmǎchǐ 〔植〕ミズハコベ.
水脉 shuǐmài 〔地〕水脈.
水猫 shuǐmāo ⇒〔水獭〕
水煤气 shuǐméiqì 〔化〕水性ガス.
水门 shuǐmén ①弁.バルブ. ②〔方〕水門:〔水闸〕に同じ.
水门汀 shuǐméntīng ⇒〔水泥〕
水米 shuǐmǐ 水と米.〈喩〉(最低限度の)飲食.〔～不沾牙〕〔～不沾 zhān 牙〕〔～不沾唇〕〈成〉食物が口に入らない.何も食べないでいる.〔～无 wú 交〕官吏が清廉で民と金銭的にかかわりがないこと.〈喩〉何の関係もない.
水密 shuǐmì 〔機〕水密.〔～门〕艦船の水密扉.
水蜜桃 shuǐmìtáo 〔植〕水蜜桃:〔蜜桃〕ともいう.
水绵 shuǐmián 〔植〕アオミドロ.
水面 shuǐmiàn ①〔面〕の水面.〔<方>水皮儿〕.〔～蹼 pǔ 泳〕(フィン競泳の)水面泳.サーフィス. ②水域の面積.
水黾 shuǐmǐn =〔水马②〕〔虫〕ミズスマシ.
水磨 shuǐmó 水磨き:水を加えて丹念に磨くこと.〔～工夫〕〈喩〉綿密で根気のいる仕事.〔～石〕〔建〕テラゾー.〔～砖 zhuān〕水磨きれんが.
水磨 shuǐmò 水力で回すひき臼:〔水打磨〕ともいう.
水墨画 shuǐmòhuà 水墨画.
水沫(子) shuǐmò(zi) 水泡.
水母 shuǐmǔ ①〔動〕クラゲ(類).〔钵 bō ～〕真正クラゲ.〔水螅〕ヒドラ.ヒドロ虫類(総称).〔青色多管～〕オワンクラゲ.〔银币～〕ギンカクラゲ.

〔海月～〕ミズクラゲ.→〔海 hǎi 蜇〕 ②⇒〔水神〕
水幕电影 shuǐmù diànyǐng ウォータースクリーン映画.
水木作 shuǐmùzuò 左官と大工.〔水木两作〕同前.
水难 shuǐnán 水船の水難.海難.
水脑 shuǐnǎo ⇒〔脑积水〕
水能 shuǐnéng 水のエネルギー.水力エネルギー.
水能载舟,亦能覆舟 shuǐ néng zàizhōu, yì néng fùzhōu 〈諺〉水(人民)は舟(君主)を載せることも,ひっくり返すこともできる.
水泥 shuǐní セメント:〔洋 yáng 灰〕は旧称.〔<方>水门汀〕〔<方>士 shì 敏土〕は音訳.〔红 hóng 毛坭〕は方言.〔～厂〕セメント工場.〔～船〕コンクリート製の船.〔～钉〕コンクリート釘.〔～管〕セメントパイプ.〔～砂浆〕セメントモルタル.〔～瓦〕〔建〕セメント瓦.〔～(纸)袋〕セメント用紙袋.〔～砖〕セメントブロック.
水碾 shuǐniǎn 水力を利用するローラー:穀物を砕いて粉にする.
水鸟 shuǐniǎo =〔水禽〕水鳥.
水牛 shuǐniú 〔動〕スイギュウ.
水牛儿 shuǐniúr ⇒〔蜗 wō 牛〕
水暖 shuǐnuǎn ①〔スチーム暖房.=〔锅 guō 炉〕スチームボイラー. ②水道と暖房設備.〔～工〕配管工.〔～设备〕水道管・スチーム管設備.
水牌 shuǐpái 白または黒に塗った札:一時記録したものを拭きとって繰り返し使用する.〔水板〕ともいう.→〔粉 fěn 牌〕
水畔 shuǐpàn ⇒〔水边〕
水泡 shuǐpào ①水の泡. ②水ぶくれ.
水疱(儿) shuǐpào(r) 〔医〕(皮膚の)水ぶくれ.水疱.
水培 shuǐpéi =〔水耕 -〕〔法〕水耕法.
水盆 shuǐpén 〔-儿〕たらい.
水漂(儿) shuǐpiāo(r) 水きり:平たい石を投げて水面上に何回かはねさせる遊び.〔打～〕同前をする.〈喩〉お金をむだに使う.
水瓢 shuǐpiáo (ひさごのからを二つに割って作った)ひしゃく.
水平 shuǐpíng ①=〔水准〕水準.レベル.〔生活～〕生活水準.〔提高思想～和业务～〕思想と業務の水準を引き上げる.〔已经达到前所未有的～〕すでに今までにないレベルに達した. ②水平.〔～基面〕基準水平面.〔～面〕水准面.水平面.〔～线〕水平線.〔～仪 yí〕水准儀.レベル.水準器.〔～梯 tī 田〕水平段丘.水平棚田.
水萍 shuǐpíng 〔植〕ウキクサ(総称)
水皮儿 shuǐpír ⇒〔水面①〕
水泼不进,针插不进 shuǐ pōbùjìn, zhēn chābùjìn 水一滴,針一本も通らない.〈喩〉上級の指示と批評を全然聞かないこと.
水旗 shuǐqí 〔劇〕(旧劇で)海上(水上)を表す波形の示した旗.
水气 shuǐqì 水気.しめり気.湯気.
水汽 shuǐqì 水蒸気.
水钱 shuǐqián 〔旧〕①水代:水汲み人夫の運搬費.また水売り人から水を買う代金. ②湯代:店で湯を買う代金. ③賭博の寺銭.→〔水⑦〕
水枪 shuǐqiāng ①水鉄砲(玩具). ②〔機〕モニター:高水圧掘削機械の一.③消火用具.
水橇 shuǐqiāo 〔又〕水上スキー.
水禽 shuǐqín ⇒〔水鸟〕
水芹(菜) shuǐqín(cài) 〔植〕セリ:〔芹①〕の通称.〔楚 chǔ 葵〕は古名.
水青冈 shuǐqīnggāng ⇒〔山 shān 毛榉〕
水清无鱼 shuǐqīng wúyú 〈諺〉水清ければ則ち魚棲まず:〔水至清则无鱼〕ともいう.

shuǐ 水

水情 shuǐqíng 水位や流量などの状態.
水球 shuǐqiú ⊠[水球]ウォーターポロ,またそのボール.〔~门〕(同前の)ゴール.
水曲柳 shuǐqūliǔ 植ヤチダモ.
水渠 shuǐqú 水路.
水圈 shuǐquān 地水圏.水界.
水溶性 shuǐróngxìng 水溶性.
水乳交融 shuǐrǔ jiāoróng 水と乳のようによく融け合う.〈喩〉心が一つになる間柄;〔水乳相融〕〔水乳相投〕ともいう.→〔情 qíng 同水火①〕
水色 shuǐsè ①水辺の景色. ②水の色. ③図水色(の)
水杉 shuǐshān 植アケボノスギ.メタセコイア.
水上 shuǐshàng 水上(の).〔~飞机〕水上飛行機.〔~运动〕⊠水上競技(総称)〔~项 xiàng 目〕同前の種目.〔~居民〕広東・福建・広西沿海一帯や江上に住み漁業・水上運輸などを業としている人;〔蛋 dàn 民〕は旧称.
水上芭蕾 shuǐshàng bālěi ⊠シンクロナイズドスイミング;〔花 huā 样游泳〕ともいう.
水筲 shuǐshāo〈方〉水桶.
水蛇 shuǐshé ①動ミズヘビ;〔中 zhōng 华~〕〔泥 ní 蛇〕ともいう.毒蛇の一種. ②水辺に住むヘビ(総称)
水蛇腰 shuǐshéyāo (女性の)腰が細くやや折れた体つき.やなぎ腰.〔相貌还好,可惜弄了个~,要不就真是个美人了.〕見た目はいい方だが,惜しいことに曲がった体つきになっている.→〔驼 tuó 背〕
水深火热 shuǐshēn huǒrè〈喩〉(庶民の生活の)非常な苦難.〔人民生活陷于~之中〕人民の生活は塗炭の苦しみをなめている.→〔水火③〕
水神 shuǐshén =〔水母〕水の神.
水生 shuǐshēng 水生(の).〔~动物〕水生動物.〔~植物〕水生植物.
水声 shuǐshēng ①物水中音響. ②水の流れる音.
水师 shuǐshī =〔水军〕旧海軍.水軍.〔~提 tí 督〕圏水軍の司令長官.
水虱 shuǐshī 虫キクイムシ.
水蚀 shuǐshí 地水の浸蝕.
水势 shuǐshì 水の勢い.水勢.
水手 shuǐshǒu 船乗り.一般船員.〔~帽 mào〕水兵帽.〔~服〕=〔装 zhuāng 服〕セーラー服.→〔水夫②〕
水鼠 shuǐshǔ ⇒〔沟 gōu 鼠〕
水刷石 shuǐshuāshí 人造花崗岩石:セメントと小石をかきまぜて,完全に固まる前に小石による凹凸を研ぎ出したもの.
水松 shuǐsōng 植①スイショウ(ミズマツ). ②ミル.
水苏 shuǐsū〔香 xiāng 苏〕植イヌゴマ(チョロギダマシ)
水塔 shuǐtǎ 給水塔.
水獭 shuǐtǎ =〔水狗〕①〔水猫〕動カワウソ.→〔江 jiāng 獭〕
水苔 shuǐtái 植①=〔陟 zhì 厘①〕イシカミ(石髪):石の表面などに生える苔藻類. ②ミズゴケ(総称)
水潭 shuǐtán 淵.
水塘 shuǐtáng 池.貯水池.〔~养鱼〕養魚池養魚.
水体 shuǐtǐ (自然界にある)水の総体.〔~污染〕水質汚染.
水天后 shuǐtiānhòu ⇒〔天妃〕
水田 shuǐtián 水田.〔~拖拉机〕水田用トラクター.↔〔旱 hàn 田〕
水田芥 shuǐtiánjiè 植オランダガラシ.クレソン;〔豆 dòu 瓣菜〕の別称.〔水芹(菜)〕
水桶 shuǐtǒng バケツ.水桶.〔太平~〕非常用水桶.

水头 shuǐtóu ①(河川の)増水ピーク. ②水が(出て)来る勢い.
水头儿 shuǐtour〈方〉①(果物などの)水気. ②玉(ぎょく)のつや.
水土 shuǐtǔ ①(地表の)水と土.〔~流失〕土壤流失.〔~保持〕水分と土壤の保全. ②気候風土.〔~不服 fú〕〔不服~〕気候風土に合わない.(新しい土地で)水が合わない.
水团 shuǐtuán 水塊:水温や塩分などが一様な海水塊.
水团花 shuǐtuánhuā 植タニワタリノキ.
水豚 shuǐtún ①⇒〔鱥 guì 鱼〕②動カピバラ:げっ歯類動物の一.
水洼子 shuǐwāzi ①水たまり. ②⇒〔夜 yè 鹭〕
水湾 shuǐwān 入り江.海湾.
水碗 shuǐwǎn 上下一組碗で,上の碗に食物を盛り,下の碗に湯を入れて温めておくもの.下の碗を〔水炖儿〕という.
水汪汪 shuǐwāngwāng ①水がいっぱいあるさま. ②(目が)ぱっちりしているさま.〔~的一双眼〕ぱっちりした両の目.
水网 shuǐwǎng ①河川網. ②同下.
水网藻 shuǐwǎngzǎo =〔水网〕植緑藻類の一種.
水位 shuǐwèi 水位.④〔江〕〔河〕〔湖〕〔海洋〕〔水库〕などの水位:普通は,基準とする水位との差で示す. ⑤地表と地下水までの距離.
水温 shuǐwēn 水温.
水文 shuǐwén 水文.〔~学〕水文学.〔~地理学〕水路学.〔~站〕河川(湖沼)観測所・測候所.〔专为地质・~和工程等部门服务〕もっぱら地質・水利および工事などの部門のために服務する.
水纹 shuǐwén ①細かな波. ②波紋(状の模様).
水瓮 shuǐwèng〈文〉水がめ.
水污染 shuǐwūrǎn 水汚染.
水乌他 shuǐwūtā →〔奶 nǎi 乌他〕
水蜈蚣 shuǐwúgōng 植ヒメクグ:カヤツリグサ科の植物.〔金 jīn 纽草〕ともいう.
水务 shuǐwù 水処理に関する仕事(総称)
水雾 shuǐwù 水煙.水面に立つ霧.
水螅 shuǐxī 動ヒドラ.ヒドロ虫類(総称);〔~母〕に同じ.
水洗 shuǐxǐ ①(クリーニングの)水洗い.↔〔干 gān 洗〕②動水洗いする.〔~布〕中古がり風に加工した布.
水系 shuǐxì 地水系.
水下 shuǐxià 水面下(の).水中(の).〔~导 dǎo 弹〕軍水中ミサイル.〔~气瓶〕⊠潜函.
水仙 shuǐxiān 植スイセン(水仙).〔~花〕同前の花.〔~疙 gē 瘩〕水仙の球根.
水险 shuǐxiǎn ①海上保険.〔水上保险〕の略.〔保了~〕同前をかけた.→〔火 huǒ (灾)险〕〔寿 shòu 险〕 ②水の危険.
水藓 shuǐxiǎn 植クロゴケ.
水线 shuǐxiàn ①(船の)喫水線.→〔吃 chī 水④〕 ②海底電線. ③(プールの)コースを分けるロープ. ④洪水地帯の最前線. ⑤波紋.波(状)線.
水乡 shuǐxiāng 水郷.
水箱 shuǐxiāng (機械・構築物の装置としての)水タンク・水槽.
水泻 shuǐxiè =〔腹 fù 泻〕医下痢.腹くだし.
水榭 shuǐxiè 水際のあずま屋.休憩所.
水泄不通 shuǐ xiè bùtōng 水も漏らさない.〈喩〉ⓐ厳重に包囲している. ⓑぎっしり詰まっている.
水星 shuǐxīng 図水星;〔辰 chén 星②〕ともいう.
水性 shuǐxìng ①(河・湖・海の)水の性質:深さ・流

水说悦

速などの特徴. ②泳ぎの心得(たしなみ). 〔不识~〕同performance がない. 〔~好〕很有~〔泳ぎがうまい. ③〔-儿〕心変わりしやすい. 無定見である. 〔~人〕同前の人.

水杏儿 shuǐxìngr 圃杏の一種:実が甘く水分が多い.

水性杨花 shuǐxìng yánghuā〈喩〉女性が浮気っぽいさま. 尻が軽いさま.

水袖 shuǐxiù 劇(旧劇で)衣装の袖の端についている白く長い薄地の絹:大きく打ち振ることにより、効果的な表現ができる.〔抖 dǒu 袖〕

水锈 shuǐxiù ①=〔水垢〕〔水碱〕〔锅 guō 垢〕(ボイラー・やかんなどの)湯垢(を). 缶石.〔锅炉里的~〕ボイラー内の湯垢. ②器物に長く水を入れておいて出来た痕跡.

水选 shuǐxuǎn 水による選鉱・選種.

水靴 shuǐxuē レインブーツ. 雨靴.〔长筒~〕ゴム長靴.

水循环 shuǐxúnhuán 図水の(海洋・陸地・大気間の)循環.

水压 shuǐyā 水压. 動水压.〔~机〕@水力機械. ⑥水压プレス. → 〔液 yè 压机〕

水鸭 shuǐyā ⇒〔野 yě 鸭〕

水烟 shuǐyān 水ギセル用のきざみ煙草. →〔旱 hàn 烟〕

水烟袋 shuǐyāndài 水ギセル:〔水烟筒〕〔水烟斗〕ともいう.

水眼 shuǐyǎn 泉の湧出口:〔泉 quán 眼〕に同じ.

水杨 shuǐyáng ①⇒〔蒲 pú 杨①〕 ②⇒〔垂 chuí(杨)柳〕

水杨梅 shuǐyángméi =〔地 dì 椒①〕圃 オオダイコンソウ.

水杨酸 shuǐyángsuān =〔邻 lín 羟 基 苯 (甲) 酸〕〔柳 liǔ 酸〕化サリチル酸.〔~钠 nà〕〔柳酸钠〕〔杨曹 cáo〕サリチル酸ナトリウム(サリチル酸ソーダ. ザルソ). 〔~汞 gǒng〕サリチル酸水銀.〔~铋 bì〕サリチル酸ビスマス.〔~苯 běn 酯〕〔萨 sà 罗(尔)〕薬サリチル酸フェニル(ザローレ).〔~甲酯〕薬サリチル酸メチル:〔冬 dōng 青油〕〔冬绿油〕(冬绿油)に同じ. 〔~钠 nà 柯柯豆碱〕〔利 lì 尿素〕薬サリチル酸ナトリウムテオブロミン(通称ジウレチン)

水样 shuǐyàng 水のサンプル.

水舀子 shuǐyǎozi ひしゃく.

水翼艇 shuǐyìtǐng 水中翼船:〔水面飞艇〕〔水翼船〕ともいう.

水银 shuǐyín 化水银(〔汞 gǒng〕)の通称.〔~灯〕水银灯.〔~浆 jiāng 子〕水银アマルガム:〔汞 齐〕の通称.〔~柱〕水银柱.〔~浸 jìn〕古副葬品としての金や玉についた水银の斑点.

水印 shuǐyìn ①中国の伝統的な木刻画印刷:顔料を溶くのに水を使う. 〔~木刻 kè〕〔木刻〕同前. 〔~艺 yì 术〕同前で印刷した作品. →〔胶 jiāo 印〕〔-儿〕紙の透かし模様. ③〔-儿〕浸みた水が乾いて物体に残った跡. ④〔-儿〕〈方〉圃商店の実印.

水有源,树有根 shuǐ yǒuyuán, shù yǒugēn〈諺〉どの川も皆その水源があり、あらゆる木も根がある: 万事はそれの起源があること.

水盂 shuǐyú ⇒〔水丞〕

水鱼 shuǐyú ⇒〔鳖 biē〕

水玉 shuǐyù =〔半夏〕

水域 shuǐyù 水域.〔领 lǐng 海~〕領海の水域.

水源 shuǐyuán ①(河川の)水源. ②(用水の)取水源.

水月镜花 shuǐyuè jìnghuā ⇒〔镜花水月〕

水运 shuǐyùn 水運.水上運送.

水灾 shuǐzāi 水害.〔~保险〕水害保険.

水葬 shuǐzàng 水葬(にする)

水蚤 shuǐzǎo ⇒〔鱼 yú 虫(儿)〕

水藻 shuǐzǎo 圃水生藻類(総称)

水泽 shuǐzé 沼沢. 沼沢地.

水闸 shuǐzhá 水門. →〔闸①〕

水栅 shuǐzhà 船舶の通行を阻むために設ける柵.

水战 shuǐzhàn 海戦. 水上の戦闘.

水涨船高 shuǐzhǎng chuángāo〔水长船高〕とも書いた.〈成〉水位が高くなれば船の高さもあがってくる:身を寄せている環境がよくなれば、自分もそれにつれてよくなっていく. →〔泥 ní 多佛大〕

水胀 shuǐzhàng 中医腸腐.

水蔗 shuǐzhè =〔甘 gān 蔗〕

水针疗法 shuǐzhēn liáofǎ 中医注射と共に針を打つ治療法.

水蒸气 shuǐzhēngqì 水蒸気:〔蒸汽〕に同じ.

水芝 shuǐzhī ①〔荷 hé 花(儿)〕(ハスの花)の別称. ②〔冬 dōng 瓜〕(とうが. とうがん)の別称.

水蜘蛛 shuǐzhīzhū 圃 ミズグモ.

水治 shuǐzhì 砂漠を緑化する(こと):〔以水治沙〕の略.

水质 shuǐzhì 水質. →〔水性①〕

水蛭 shuǐzhì =〔马 mǎ 蟞〕〔蚂 mǎ 蟥〕動チスイヒル:〔医 yī 蛭〕ともいう.〔大~〕〔马 mǎ 蛭〕ウマビル. →〔蛭〕

水至清则无鱼 shuǐzhìqīng zéwúyú ⇒〔水清无鱼〕

水中 shuǐzhōng 水中.〔~服〕ウエットスーツ.〔~呼吸器〕スキューバ.〔~肺〕アクアラング.〔~运动疗法〕水中運動療法.〔~栽 zāi 植〕水栽培. 水耕栽培.

水中捞月 shuǐzhōng lāoyuè =〔水底捞月〕〔海 hǎi 中捞月〕〔海底捞月〕〈成〉全く望みのない(むだな)ことをする. 〔一场空 kòng〕〈歇〉むだ骨折り. →〔镜 jìng 里观花〕

水肿 shuǐzhǒng 生理むくみ. 浮腫:〔浮 fú 肿〕は通称.

水珠 shuǐzhū 水玉. 水滴.

水竹 shuǐzhú 圃ミズタケ.

水竹叶 shuǐzhúyè 圃イボクサ(近緣種)

水注 shuǐzhù ⇒〔水丞〕

水柱 shuǐzhù 水柱.

水准 shuǐzhǔn ①水平面. 海平面.〔~标尺〕標尺. 水準測量ざお:箱尺・折りたたみ型がある.〔~点〕水準点.〔~器 qì〕〔~仪 yí〕レベル. 水準器. ②水準. レベル:〔水平①〕に同じ.〔业务~〕業務のレベル.

水渍 shuǐzì ①(貨物的)水に浸かる.〔~货〕水に浸かった貨物.〔~险 xiǎn〕単独海損担保. 分損担保. W.A. ②水たまり.

水族 shuǐzú ①水棲動物.〔~馆〕水族館. ②スイ族:中国少数民族の一. 貴州省内に散居する.

水钻(儿) shuǐzuàn(r) 人造ダイヤモンド. →〔金 jīn 刚钻②〕

水嘴(儿) shuǐzuǐ(r)〈方〉蛇口:〔水龙头①〕に同じ.

水作坊 shuǐzuōfang =〔豆 dòu 腐坊〕

水座儿 shuǐzuòr 岸辺から水の上に張り出して作られた茶館. →〔水樹〕

〔说・説〕

shuì〈文〉説得する. 弁舌で説き伏せる.〔游 yóu ~〕遊説(ぜい)する. → shuō yuè

说客 shuìkè 遊説家.〔特来叙 xù 旧兄,奈 nài 何疑我做~也〕(三45)懐かしくしてわざわざ来にわたしを説客かと疑うのか. → shuōkè

〔帨〕

shuì 古腰につけた小さな手ふき・ハンカチーフの類. →〔手 shǒu 帕〕

〔税〕shuì ①税.〔关～〕関税.〔上～〕税をかける(られる).〔上了十块钱～〕税が10元かかった.〔交了～〕税が10元かかっている.〔纳 nà～〕税を納める.〔抽 chōu～〕税を取る.〔印 yìn 花～〕印紙税.〔营 yíng 业～〕営業税. ②税を納める(かける).〔这张房契 qì 已然～过了〕この家屋登記書はもう税が払ってある. ③<姓>税(ぜい).

税案 shuì'àn 脱税事件.
税仓库 shuìcāngkù ⇒〔关 guān 栈〕
税单 shuìdān =〔税票〕納税証明書.
税额 shuì'é 税額.
税法 shuìfǎ 法税法.
税费 shuìfèi 各種の税金・経費(総称)
税负 shuìfù 税負担.〔减轻〕税負担を軽減する.
税关 shuìguān 旧税の取り立てをする役所・税関.
税后 shuìhòu 納税後(の).〔～利润〕税引き利益.
税基 shuìjī 税金計算の根拠.課税基準.
税检 shuìjiǎn 税務検査.
税金 shuìjīn =〔税捐〕税金.〔交纳～〕税金を納める.
税捐 shuìjuān 同上.
税课 shuìkè 旧(部門)の課税額.
税款 shuìkuǎn 税金.〔～收入〕税収入.
税吏 shuìlì 旧税吏.
税利 shuìlì 税金と利潤.〔上缴～〕税金と利潤を納付する.
税率 shuìlǜ 税率.
税目 shuìmù 税の名目.
税票 shuìpiào =〔税单〕
税契 shuìqì (不動産の)納税証明書:権利書の意味を持った.
税卡 shuìqiǎ 旧通過税を徴収する検問所.
税收 shuìshōu 税収.
税务 shuìwù 税務.〔～局〕税務署.〔～员〕税吏.〔～司〕中国中国各貿易港にあたった税関の外国人高級官吏.→〔海 hǎi 关〕
税印 shuìyìn 税務検査済みの印.
税源 shuìyuán 税源.
税则 shuìzé 徴税に関する規則.租税法.
税制 shuìzhì 租税制度.
税种 shuìzhǒng 税目.

〔睡〕shuì ①眠る.目を閉じて休む.〔我想～〕わたしは眠りたい(眠い).〔早点儿～〕早く寝なさい.〔沉 chén～〕熟睡する.〔似 sì～非～的时候〕うつらうつらとしている時(に).〔早起早～〕早寝早起き.〔～不好〕眠れない.〔～不下〕(窮屈で)寝られない.〔～过头〕寝すごしてしまう.〔～不够〕寝足りない.〔～得香香的〕〔～得甜甜 tián〕気持ちよさそうに眠る(っている).〔昨天晚上九点钟的时候,我已经～下了〕昨晚 9 時には,もう横になっていた.→〔睡觉〕 ②横になる.〔～在床上看书〕ベッドの上に寝て本を読む.〔我先～了〕お先に休ませてもらいます.

睡病虫 shuìbìngchóng 医トリパノゾーマ:〔锥 zhuī 虫〕の俗称.
睡菜 shuìcài 植ミツガシワ.
睡虫儿 shuìchóngr ⇒〔睡虎子〕
睡袋 shuìdài 寝袋.〔鸭 yā 绒～〕ダウンの寝袋.
睡虎子 shuìhǔzi =〔方>睡虫儿〕<方>寝坊(の人):〔瞌 kē 睡虫〕に同じ.→〔夜 yè 来欢〕
睡回龙觉 shuì huílóngjiào =〔睡五更觉〕二度寝(眠り)する.〔(回龙)は(回龙觉)〕(蒸しかえす)の意.〔最养人〕朝方をまた一寝入りできるとき,健康に非常によい.
睡觉 shuìjiào 眠る寝る.〔睡了一觉〕一眠りした.〔睡不着 zháo (觉)〕眠れない.寝つけない.〔和衣(而)～〕着たまま眠る.〔睡大觉〕ぐっすり眠る.〔睡惯早觉了〕朝寝の癖がついた.
睡裤 shuìkù パジャマのズボン.→〔睡衣〕
睡懒觉 shuìlǎnjiào 眠りを貪る.寝坊する.
睡莲 shuìlián =〔子 zǐ 午莲〕植スイレン.ヒツジグサ.
睡帽 shuìmào ナイトキャップ.
睡梦 shuìmèng <喩>眠り.深い眠り.〔～中〕〔～里〕眠り(夢)の中に.〔从～中惊 jīng 醒〕(眠りから)驚いて目がさめる.〔醒 xǐng 世人的～〕世間の人の夢をさます.
睡眠 shuìmián 睡眠(する).〔～不足〕睡眠不足.〔～疗 liáo 法〕医(生理学の)睡眠療法.〔～病〕眠り病.〔～状态〕休止状態.
睡魔 shuìmó <喩>(がまんできない強い)睡気.
睡袍 shuìpáo 服寝巻き.睡眠用ガウン.
睡婆婆觉(儿) shuìpópojiào(r) <方>(赤ん坊が)睡中に笑い顔をする.
睡铺 shuìpù 寝床.寝台.
睡裙 shuìqún 服ネグリジェの一種.
睡容 shuìróng 眠たげな表情.眠気の残る様子.
睡衫 shuìshān 服ネグリジェ.
睡晌觉 shuìshǎngjiào 昼寝する.
睡狮 shuìshī 眠れる獅子.<喩>振るわない大国.
睡鼠 shuìshǔ =〔山 shān 鼠〕動ヤマネズミ.
睡态 shuìtài 眠っている様子.
睡五更觉 shuì wǔgēngjiào ⇒〔睡回龙觉〕
睡午觉 shuìwǔjiào ⇒〔睡晌觉〕
睡乡 shuìxiāng 眠りの世界.〔进入～〕眠りにつく.
睡相 shuìxiàng 寝姿.寝相.〔他～太不好〕彼は寝相が非常に悪い.
睡醒 shuìxǐng 眠りからさめる.寝覚める.〔看样子,他刚～,两只眼睛红红的〕彼は今目をさましたばかりのようで目が真っ赤だ.
睡鸭 shuìyā 〔香 xiāng 炉〕の一種.
睡眼 shuìyǎn 眠そうな眼.寝ぼけまなこ.〔～迷离〕〔～惺 xīng 忪〕寝ぼけて目がぼんやりしている.
睡衣 shuìyī 服寝巻き・パジャマ・ネグリジェ:〔<方>困 kùn 衫〕〔<文>寝 qǐn 衣〕に同じ.〔<方>～裤〕同前.
睡椅 shuìyǐ 寝いす.
睡意 shuìyì 眠気.
睡着 shuìzháo 寝つく.寝入る:〔<文>成 chéng 眠〕〔入 rù 睡〕ともいう.〔～了〕寝ついた.
睡姿 shuìzī 寝姿:〔睡相〕に同じ.

shǔn アメㄣ

〔吮〕shǔn (口で)吸いとる.吸って飲む.〔～乳 rǔ〕乳を吸う.
吮笔 shǔnbǐ 筆をなめる(構想を練る):〔吮墨〕ともいう.
吮吸 shǔnxī 吸いとる.〔剥 bō 削阶级长期残酷地～着劳动人民的血汗〕搾取階級は長い間労働人民の血と汗を吸い取ってきた.
吮痈舐痔 shǔnyōng shìzhì <喩>こびへつらうためにはどんないやなことでもする.
吮唑 shǔnzā 吸いとる.

〔楯〕shǔn <文>①欄干. ②棺を載せる車.
楯 → dùn

〔順・顺〕shùn ①同方向に向かう.逆らわない.沿う.〔～着潮流走〕時代の流れと同方向に進む.〔坐～水船〕下流へ行く船に乗る.〔来时～风,去时逆风〕<諺>行きはよいよい帰りは怖い.〔～墙边放着一条板凳 dèng〕壁ぎわ

顺 shùn

に(沿って)木の長椅子が置いてある.↔[逆 nì ②]→[沿 yán ②] ②從順である.素直である.言う通りにする.[~良]〈文〉温良(な民),[孝 xiào ~](親に)孝行で従順.[归~]帰順(する).[百依百~]何でも言う通りに従う.[这管笔用着~手]この筆は使い具合がよい.[叫~了嘴了]言い(呼び)やすくなってきた.⑤順序をつける.整えそろえる.向きをそろえる.[~着数 shǔ 下去]順番にずっと数える.[不用写写,把原稿~~就行了]書き換えるには及ばない,原稿を通りよく整理すればよい.[~~头发]頭髪をちょっと直す.[快把小孩子的腿 tuǐ ~过来,别窝了]早く子どもの脚をまっすぐにしてやりなさい,曲げさせといてはいけない.[~过船来]船の向きを直す.[他实在是冤 yuān 枉,您替他说好话把事情~~吧]彼はまったく濡れぎぬです,あなたから彼の有利になることを話してやって,事態を正しい方向に向けてやってください.⑥…に合わせて,…まかせになって.…のままで.…を好都合として.[~着几儿 gèr]~つずつ.[您~着我的手臂 qiáo]わたしの手の方向に沿ってごらんなさい.[~着河边走下去]河岸に沿って歩いて行く.[你别~着我的嘴儿说呀]おれの口まねばかりするな(口をあわせたようなことばかり言って).⑦[姓]姓(せい)

顺变 shùnbiàn (変化や非常のできごとなどに)順応する.
顺便(儿) shùnbiàn(r) (ことの)ついでに.便宜上.[我可以~带 dài 来]わたしがついでに持って来ましょう.→[得 dé 便(儿)][就 jiù 势②]
顺差 shùnchā 経 貿易収支の黒字.輸出超過.↔[逆 nì 差]
顺产 shùnchǎn 医正常分娩する.→[安 ān 产]
顺畅 shùnchàng すらすらと運ぶ.順調である.[工作进行得很~]仕事がなめらかにはかどる.[行文~]文の流れがよい.
顺磁 shùncí 物常磁性(の).[~共振]常磁性共振.
顺次 shùncì 順次(に).決まった順に従って.[~排 pái 列]順次に並べる.
顺从 shùncóng [順服]おとなしく従う.従順である.[表现得太~]行動が非常に従順である.
顺带 shùndài ついでに(持っていく)
顺袋 shùndài 回[护 hù 身符]に[朱 zhū 砂]などを入れて腰にさげる小袋:華麗な刺しゅうを施す.
顺当 shùndang 順(順調)である.調子がよい.うまくいく.支障がない.[顺顺当当地]順調に.すらすらと.[事儿进行得很~]事の進行はなかなか順調だ.[办事~]事の調子がよい.[心里不~]気分(機嫌)が悪い.
顺导 shùndǎo (いい方向に)導く.手引きする.
顺道 shùndào ①〈文〉道理に従う. ②⇒[顺路(儿)]
顺丁烯二酸 shùndīngxī'èr suān ⇒[马 mǎ 来酸]
顺丁橡胶 shùndīng xiàngjiāo ブタジエンゴム.
顺耳 shùn'ěr 耳障りはしない.(聞いて)気に入る.[他说的话听着真~]彼の言うことは聞いていてとても心地いい.→[刺 cì 耳]
顺访 shùnfǎng ついでに訪ねる.
顺风 shùnfēng 順風(が吹く).追い風(を受ける).[~扯 chě 旗]〈成〉順風に旗をなびかせる.順風に帆を広げる.[~吹 chuī 火]やさしく手間いらずで容易に運ぶ.[顺水]順風満帆.〈喩〉物事が順調に進むこと.[~人情]人の歓心を買う.[~转 zhuǎn 舵][看 kàn 风使舵][随 suí 风转 zhuǎn 舵]〈成〉状勢を見て行動する.日和見をする.→[顶 dǐng 风]

顺风耳 shùnfēng'ěr ①早耳(はや).地獄耳.[孙悟空具有通天的本领,也就是千里眼与~]孫悟空はすばらしい腕前をもっている,それは千里眼と地獄耳である.→[千 qiān 里眼①] ②回メガフォン.
顺服 shùnfú ⇒[顺从].
顺竿儿爬 shùngānrpá 〈口〉これ幸いと(渡りに舟と)迎合する.[顺杆儿爬]とも書く.[人家刚 gāng 一说这么,他马上说也好,真能~啊]人がこうしようと言うと,すぐにそれもよかろうと言うところなんまったく上手に人のご機嫌取りをするわい.
顺和 shùnhé (言葉·態度などが)温順である.
顺候 shùnhòu =[顺请][顺]ついでながら…をおうかがいいたします:手紙の末尾に添えるあいさつ言葉.[~起居]ついでながらご近況をおうかがいします.→[顺颂]
顺乎 shùnhū 適応する.
顺怀 shùnhuái ⇒[顺心].
顺价 shùnjià 仕入れ値を上回る売り値.妥当な価格.↔[逆 nì 价]
顺脚儿 shùnjiǎor ①便乗する(荷物などをついでに運んでもらう). ②⇒[顺路(儿)].
顺境 shùnjìng 順調な(よい)境遇.
顺口 shùnkǒu ①語呂がよい.口調がよい.[~溜 liū](练 liàn 子嘴)語呂あわせの話芸:話し言葉による韻文で,覚えやすい.大変口調がよいのが特徴. ②[~儿]〈方〉(食べて)口あたりがよい.[这个粥喝着实在~]このおかゆはまことに口あたりがよい. ③(口から)出まかせを言う.[~说出来]同時に言い出す.[~胡说]出まかせでたらめを言う.→[信 xìn 口]
顺理 shùnlǐ 道理にかなう(っている).[~成章]〈成〉道理にかなようまくできている.筋が通って好結果につながっている.
顺利 shùnlì 順調(に).
顺流 shùnliú 流れに従う.[一个~而下,一个逆 nì 流而上]一方は流れに従って下り,一方は流れに逆らって上る.
顺溜 shùnliu 〈口〉①滑らかに.順調に.事が順序よくすらすらと進む.[念得这么~]こんなにすらすらと読む.[好东西,吃着~]いいものならうまく食べられる. ②温順である.[这孩子脾气~]この子は性質がおとなしい. ③よく整っていて見よい.[顺眼]に同じ.[一看真不~,看惯了就~了]初めて見た時は格好がよくないが,見慣れると見よくなる.[他的脑 nǎo 袋还没有石头~]あいつの頭かっこうは,石よりも醜い.
顺路(儿) shùnlù(r) =[顺道②][顺脚儿②]①(道の)ついでに.道すがら.[我是~来拜访的]わたしは道ついでにお訪ねいたしました.=[顺便(儿)] ②順路.よい道筋.[这么走太绕 rào 远儿,不~]こっちは随分遠回りで道順が悪い.
顺蔓摸瓜 shùnmàn mōguā =[顺藤摸瓜]つるをたぐって探し当てる.一つのきっかけからその元を探し出す.
顺毛驴 shùnmáolǘ 〈喩〉意を迎えるようにしてやりさえすれば,こちらの思いどおりにできる人.
顺民 shùnmín 〈文〉①(志を貫かず)帰順した民. ②天命のままに行動する人.
顺其自然 shùn qí zìrán 成り行きに任せる.
顺气 shùnqì ①気に入る.思いどおりになる. ②中医体の気を平静にする.
顺契 shùnqì 回家屋証書·土地証書などの所有権を示す証書.
顺情 shùnqíng 情誼に従う.人情に従う.=[顺理]情理に従う.[自古道,~说好话,干直惹人嫌]昔か

1601

順请 shùnqǐng ⇒[順候]
順时针 shùnshízhēn 時計回り(の).[～方向]同前の方向.
順市 shùnshì 園市場の成り行きにそった値動き.↔[逆 nì 市]
順势 shùnshì ①勢いのおもむくまま.流れにのって. ②ことのはずみを活かして.よい折と.
順适 shùnshì 落ち着きはらっているさま.
順式(异构体) shùnshì (yìgòutǐ) 囮シス形.シス異形体
順手牵 shùnshǒunián 圜右撚り.[～反 fǎn 手拈]
順手(儿) shùnshǒu(r) ①物事が順調に運ぶ.都合がよい.[这件事情要这么办就～了]この件はこうすれば都合がよい. ②使いにい.手ごろである.[这把菜刀使着～]この包丁は使いよい. ③⇒[就 jiù 手(儿)] ④手に触れる(が届く)ままに.ついでに.すぐあとで.手あたりしだいに.[～牽〈喩〉その場にあったものを持ち去る:そこにあるのをいいことに失敬する.行き掛けの駄賃.
順受 shùnshòu 素直に受け入れる.すんなり受ける. [～无阻 zǔ]支障なく受け入れられる.
順水 shùnshuǐ 流れに従う.[～推船][～推舟][～行 xíng 船]川の流れに沿って舟を進める.[～成]情勢の成り行きに合わせる(せて)事を進める. ↔[逆 nì 水]
順水人情 shùnshuǐ rénqíng 〈成〉お安いご用.好都合で骨の折れない世話をする.[这是～,他乐 lè 意做]これはお安い御用だから,彼は喜んでする.
順说 shùnshuō 穏やかに話す.順序にそって話す.
順颂 shùnsòng 〈牘〉ついでながら～をお喜び申し上げます:手紙の末尾のあいさつ言葉.[～台安]ついでながら御平安を申し上げます.→[順候]
順遂 shùnsuì 〈文〉思うがままにうまくいく.
順藤摸瓜 shùnténg mōguā ⇒[順蔓摸瓜]
順天 shùntiān 〈文〉天の理に従う.[～应 yìng 人]天理人心に従う.[～者昌]天理に従うものは栄え.[～者存,逆天者亡]道に従うものは栄え,道に反するものは亡ぶ.
順天游 shùntiānyóu ⇒[信 xìn 天游]
順心 shùnxīn ＝[順怀]思いどおりにいく.心にかなう.[诸事～]万事思いどおりにいく.[他一不～就发作]彼はちょっと思いどおりにいかないとすぐ癇癪を起こす.
順星 shùnxīng 旧暦正月8日に星辰を祭る行事.
順行 shùnxíng 囮順行運動.
順序 shùnxù ①順序.次第.②順に.順番に.[～参观了五个工厂]順々に5工場を参観した.
順叙 shùnxù 時間を追って叙述する(手法).↔[倒 dào 叙]
順序 shùnxu 〈方〉心安らかである.気安い.縁起がいい.[順续]とも書く.[在这儿住着挺 tǐng ～]ここに住んでいるととても安気です.
順延 shùnyán 順延する.順.順繰り延べる.[遇雨 ～]雨天の際は順延する.
順眼 shùnyǎn 見る目に心地よい.[順順③]に同じ. [看着这地方的风俗习惯样样儿不～]この地方の風俗やしきたりを見るとどれもこれも気に入らない. [不～的人]気に入らない人.[模 mú 样儿长 zhǎng 得順～]器量がなかなかいい.[碍 ài 眼]
順意 shùnyì 思いどおりにいく.意にかなう.[順心]に同じ.
順应 shùnyìng 順応(する).うまく適応する.
順辙(儿) shùnzhé(r) 〈喩〉しきたりである.[我

们想法子叫他～了才好办啊]何とか工夫して彼に世の常法をやらせたらやりよくなる.
順证 shùnzhèng 回園快方に向かう徴候·症状.
順之者昌,逆之者亡 shùnzhīzhě chāng, nìzhīzhě wáng 〈諺〉これに従えば栄え,逆えば亡ぶ.
順子 shùnzi マージャンで,[数 shù 牌]の1,2,3や6,7,8など,数字を3個並べて作る組み合わせ.→[刻 kè 子]
順嘴(儿) shùnzuǐ(r) ①口調がよい.すらすらとしゃべれる. ②出まかせにしゃべる.[说～了]④同前. ③言い慣れ(らされ)てくる.→[順口]

[舜] shùn ①囚有虞氏:伝説上の虞の天子. [虞yú～][帝 dì～]ともいう.[五帝]の一.また[三圣]の一. ②〈文〉木槿.[葬]に通用する. ③〈姓〉舜(シ)
舜日尧年 shùnrì yáonián 〈成〉太平の世.
舜尧 shùnyáo 囚虞舜と唐堯.[～]〈喩〉聖人.

[蕣] shùn 囚[舜②]ムクゲ:[木 mù 槿花]の古称.

[瞬] shùn まばたきをする.[一～間]一瞬の間に.[目不暇 xiá ～]〈成〉まばたきする余裕もない(なく見つめる).[转～已成过去]ちょっとの間にもう過去のことになってしまった.
瞬间 shùnjiān 〈文〉瞬間.またたく間.
瞬刻 shùnkè 〈文〉瞬時.瞬く間.
瞬时 shùnshí 〈文〉瞬時.ちょっとの間.[～速度]瞬間速度.
瞬息 shùnxī 一度のまばたきと呼吸.〈喩〉ほんのわずかな瞬の間.[～万变]極めて短い時間に目まぐるしく変化する.[～之間]たちまちのうちに(に).→[转 zhuǎn 瞬]

shuo ㄕㄨㄛ

[说·說] shuō ①言う.話す.語る.[～～日语]日本語を話す.[我有话跟你～]あなたに話したいことがあります.[他～马上就来]彼はすぐ来ると言っていました.[你告诉他就～我不去了]彼に,ぼくはもう行かないと言って下さい.[没有人～你落后]誰も君のことを遅れているって言わないよ.[不瞒 mán 您,～]実のところを申しますと,….[～心里话][～实话]実を言えば. [怎么～…]何と言ったらいいか….[～的是啊]そのとおりだよ.そうなんですよ.[那可～呢]そりゃそうだよ.[你～到哪儿去了]なにをおっしゃる.とんでもない.[说～不是呢]それはそうですとも.[想什么～什么]なんでも思っているとおりのことを言う.[～走就走]行くと言えばすぐ行く.[～到哪儿是哪儿]話し合いのついたところまでで打ち切りになる.ある程度話し合いがつけばそれでよしとする.[～到哪儿,做到哪儿]言っただけのことはやる.[听～…]聞くところによれば.[虽～是…]…とは言うものの.→[讲 jiǎng①][谈 tán①] ②(話者と相手の間で)…と思う.…と考えて(そのことを)表明する.[你～是谁]きみ,これは誰だと思う]誰も君のことを遅れているって思う.[你～可气不可气]何と腹がたつじゃないか,そうだろ.[心里～]心の中で考える.[我～呢]道理で(どうもそうだと思っていたよ).[你～呢]え,どうだい. ③説明する.説き明かす.[一～他就明白了]ちょっと説明したら彼はすぐ理解した.[～理]事の道理を説く.説いて曲直を言う. ④指す.…のことを言う.[你们~谁呢]あなたがたは誰のことを言っているのですか.[我们正在～你呢]我々は今ちょうどあなたのことを話しているところです. ⑤(仲立をして)世話をする.口を利く.取り持つ.[～媳 xí 妇

说 shuō

(儿)]嫁さんの世話をする.⑥叱る.意見をする.说教する.〔非~,他不可〕彼を叱ってやらなくちゃならない.〔挨 ái ~〕叱られる.⑦说〔学~〕学説.〔著 zhù 书立~〕本を著して説を立てる.〔新~〕新説.⑧〈文〉文体の一種:〔杂 zá ~〕ともいう.→ shuì yuè

说白 shuōbái ①⇒〔道 dào 白〕 ②やさしく言う.〔~了,就…〕くだいて言えば…だ.

说白道绿 shuōbái dàolù 〈喩〉何だかんだと口やかましく言う.

说部 shuōbù 旧書籍の分類で,小説・随筆・記録など.

说不出 shuōbuchū 言い表せない.〔说得出〕は可能を表す.〔~不〕〔一口~])同զ回.〔~,道不出〕④(苦しさなどを)口に出せない.⑤口下手.

说不到 shuōbudào ①…に話が及ばない.〔有时候一句话~也能引起误 wù 会〕ひとこと話が必要な点に触れないだけでも誤解を引きおこすことがある.②話が合わない.〔~一块儿〕意見が一つにまとまらない.

说不得 shuōbu dé ①言ってはいけない.言うべきでない.〔下流话~〕みだらな話はしてはいけない.②口に出して言えない(ほどひどい).〔他干的那些事~〕彼の行為は口に出して言えないほどひどい.

说不定 shuōbudìng …かもしれない.でないとは言い切れない.〔~他真的有病〕彼は本当に病気かもしれない.

说不过 shuōbuguò 言い負かせない.〔他的嘴厉 lì 害,谁也~他]彼はひじょうにすごく達者で,誰も言い負かすことはできない(かなわない)

说不过去 shuōbuguòqù 申し開きができない.話の筋道が立たない.〔这样办太~〕こんなことをしてはあまりに筋道が立たない.↔〔说得过去①〕

说不来 shuōbulái ①(双方の)意見が合わない.話が合わない.〔他们俩见头一面儿就~〕彼ら二人は初対面から話が合わなかった.②言えない.話せない.↔〔说得来〕

说不上 shuōbushàng …というほどではない.〔~有研究,可我看了不少这方面的书〕研究したというほどではないが,この方面の本はかなり読んでいる.↔〔说得上〕

说不上来 shuōbushànglái (どう言ってよいかわから)ず)言えない.〔说得上来〕は可能を表す.〔我~,给你画个画儿看看吧〕口では言えないので絵に描いて見せよう.

说不下去 shuōbuxiàqù ①続けて(終わりまで)言えない.〔说得下去〕は可能を表す.〔才说了一半就~了〕途中まで話すのがやっとで,終わりまでは言えなくなった.②道理上,言いにくい.申し訳がない.

说不着 shuōbuzháo 言う筋合いがない.〔这个话和我~〕この話は私に対して言う筋合いのものではない(関知するところではない).↔〔说得着〕

说不准 shuōbuzhǔn 断言できない.たぶん….

说曹操,曹操就到 shuō cáocāo, cáocāo jiù dào 〈諺〉噂をすれば影:〔说准谁就来〕〔说着风,风就来〕〔说者起脑的,关公就来了〕〔曹操〕は三国時代,魏の始祖,〔关公〕は蜀の関羽,旧劇では〔红脸〕(赤のくまどり)をする.

说岔 shuōchà ①意見がくい違う.②話が筋からはずれる.

说长道短 shuōcháng dàoduǎn ⇒〔说短论长〕〔说好说歹〕〈喩〉あれこれと批評する.〔你看那个人呀,就会~,自己不肯出一点力气〕彼という男はああだこうだと言うだけで,自分は何もしようとしない.

说场 shuōchǎng 劇 (旧劇で)口上を述べるところ(場面).せりふの入るところ.

说唱 shuōchàng 語りや歌で行われる伝統芸能:〔相 xiāng 声〕や〔弹 tán 词〕など.〔~ 文学〕讲唱文学]韻文と散文からなり,語ったり歌ったりするさまざまな形式の民間文芸.包括的には〔曲 qǔ 艺〕に含まれる.〔~ 音乐〕音 ラップ.ラップミュージック:〔拉 lā 普〕は音訳.

说穿 shuōchuān 何もかも残さず言う.〔给你~了吧〕すっぱぬいてやるぞ.〔~,他就是在收买人心〕ずばり言ってしまえば,彼は人の歓心を買っているのだ.→〔揭 jiē 穿〕

说辞 shuōcí 言い分.弁解.言い開き:〔说词〕とも書いた.〔也许有别的~〕何かほかの言い分があるかもしれない.

说大话 shuōdàhuà ほらをふく.〔~使小钱儿〕口では大きなことを言いながら金づかいはけち.

说倒 shuōdǎo 言い負かす.〔我被他~了〕彼に言いこめられた.

说到 shuōdào 話し及ぶ.〔~这件事,我得先申明两点〕この件にいたっては,まず二点断わらなければならない.

说道 shuōdào …と言う.〔他沉默了一会儿,~:"我去"〕彼はしばらく黙ってから,自分が行くと言った.

说…道… shuō…dào… あれやこれや言う:相対するまたは類似する名詞・形容詞・数詞などを入れて慣用句を作る.〔~黑~白〕なんだかんだと批評する.〔~东~西〕あれこれわ言う.〔~亲~热〕親しく話す.

说道 shuōdao 〈口〉①言う.言い表す.〔你把刚才的在会上~,让大家讨论讨论〕君がさっき言ったことを会議でもう一度話して,みんなに討論してもらいましょう.②相談する.〔这件事我们~再决定〕わたしは彼とちょっと相談してから決めましょう.③わけ.理由.名分.〔有~〕言い分がある.

说到底 shuōdàodǐ とことんまで話す.つきつめて言う.〈転〉つまるところ.結局は.本質的には.

说到做到 shuōdào zuòdào 〈成〕言ったことは実行する.〔说到哪里,做到哪里〕〔说得到,做得到〕の略.

说得过去 shuōdeguòqù ①筋道が立つ.話の筋が通る.〔只要在理论上~就可以〕理論上筋道が立っていさえすればそれでよいのである.②まあいける.〔穿上这件衣裳,总~了〕この服は着てみると,どうにか格好というところだ.↔〔说不过去〕

说得来 shuōdelái ①話が合う.気が合う.②〈方〉話せる.↔〔说不来〕

说得上 shuōdeshàng 言える.断言できる.…と言って世に通る.↔〔说不上〕

说得着 shuōdezháo ①言うだけのことがある.言える.〔这些话都是~的〕この話はいうだけすべて言うだけのことはあることだ(见当违いではない).↔〔说不着〕 ②言うだけの資格がある.〔我~才说你呢〕わたしにはお前に言うだけの資格があればこそ小言を言ってやってのだぞ.③話が合う.〔两个人还~〕二人はまあまあ話が合っている.

说地谈天 shuōdì tántiān 〈喩〉①話題が非常に広い.②弁舌が巧みである.

说定 shuōdìng 話して決める.〔好,~了〕よし,(これで)きました.

说短论长 shuōduǎn lùncháng ⇒〔说长道短〕

说法 shuōfǎ (仏教で)说法(する)

说法(儿) shuōfǎ(r) 〔~〕〔讲 jiǎng 法〕言い方.話し方.〔改换一个~〕言い方をかえる.②意见.见解.〔~不一〕见方はいろいろある.③(世に通用する)根拠地.理由.

说风凉话 shuō fēngliánghuà 〈惯〉皮肉って言う.

shuō 说

あてこする.〔这是大家的事,谁也别站在一边～〕これは皆さんの事なんだから,誰もわきから冷やかして皮肉ってはいけない.

说服 shuōfú 説得(する).話して納得させる.〔～教育〕説得教育.〔～力〕説得力.

说好 shuōhǎo 話し合ってちゃんと決める.〔那件事我已经和他～了〕あの件は彼と話をつけておきました.

说好话 shuōhǎohuà ①相手の喜ぶような話をする.②(人・第三者を)とりなすような話をする.

说好歹 shuōhǎodǎi ①〈喩〉あれこれと説得する.②⇒〔说长道短〕

说合 shuōhe ①中に立って話をまとめる.仲介して合意させる.〔给人家～〕人のために仲を取り持つ.〔～亲 qīn 事〕結婚の仲人をする.③相談する.③同下.

说和 shuōhe =〔说合③〕仲直りさせる.仲裁する.〔叫我去～〕わたしに仲裁をやらせようとする.

说话 shuōhuà ①話す.ものを言う.〔～算 suàn 话〕言ったことはやる.〔～不算话〕言ったことの責任を負わない.②〈文〉話.言辞.③ひとしきりしたら.ほどなく.〔他～就来〕彼は間もなく来る.〔～就得 dé〕ちょっとしたうちに.〔～中间加油〕そうこうしているうちに.④〔～儿〕雑談(する).よもやま話(をする).〔找他～儿去〕あの人の所へ行っておしゃべりをしてこよう.〔打了半天话儿〕長いこと雑談した.⑤責める.非難する.〔要把事情做好,否则人家要～了〕事をきちんとしなければ人に非難される.⑥唐国講談に似たロ誦文芸の一種.〔～〕〔混 hùn 词小说〕ともいわれる.いろいろの物語をロ頭語で記述したもの.その講釈者のことを〔～人〕といい,語り物の底本のことを〔话本〕という.種目は〔小说〕(いわゆる講談),〔说经〕(说教の類),〔讲 jiǎng 史〕(いわゆる軍談で後の〔说书〕に相当する),〔合 hé 生〕(二人以上のかけ合い万才),〔灵 líng 怪〕(怪談の類)などがあった.特に〔讲史〕は後世の〔演 yǎn 义〕(演義体小説)の祖となり,〔小说〕は世話物の先駆となり,それぞれ後世の白話小説に重大な影響を与えた.

说谎 shuōhuǎng うそを言う.〔～话〕〔说假话〕同前.→〔撒 sā 谎〕〔说空 kōng 话②〕

说教 shuōjiào 説教(する).〔～的〕堅苦しい教訓的な話.形ばかりの道理.

说经 shuōjīng ⇒〔说话⑥〕

说开 shuōkāi ①説明してはっきりさせる.話して訳を明らかにする.②口を切る.言い始める.③(言葉が)言いならされる.言い広まる.通用する.〔这个词儿已经～了,大家也都懂得了〕この語はもうよく言い広まったので誰でもわかるようになってきている.〔新名词现在都～了〕新語が今ではすっかり広まった.

说客 shuōkè ①〈文〉遊説(ぜ)家;ふつう shuìkè という.②代弁人.口利きをする人. → shuìkè

说空话 shuōkōnghuà 空言を吐く.

说口 shuōkou 〔二 èr 人转〕(漫才の一種)などでしゃべる枕のせりふ.

说来好笑 shuōlái hǎoxiào 〈慣〉とんだお笑い草だ.

说来话长 shuōlái huàcháng 〈慣〉話せば長いこと.

说来说去 shuōlái shuōqù 〈慣〉長々としゃべる.

说来也巧 shuōlái yě qiǎo 〈慣〉ちょうど折よく.

说老实话 shuō lǎoshíhuà ①正直に言う.真面目な話をする.〔～,干老实事,做老实人〕実直な話をし,正直に行動し,誠実な人となる.②⇒〔说真的〕

说了归齐 shuōle guīqí 〈方〉とことんまで話す.結局.つまるところ.

说了算 shuōlesuàn 言ったことに責任を持つ.言ったらそれで決まる.〔不能个 gè 人人～〕一人で勝手に決める訳にはいかない.〔你说了不算可不行〕言ったことは守ってもらわないと困る.〔是谁~〕誰が言えば決まるんだ.

说理 shuōlǐ ①道理を説明する.是非を論ずる.〔～斗争〕理論闘争(主として口頭での).〔你不认,我也没法子,咱们上主任那儿~去吧〕おまえが認めないのならわたしもしかたがない,主任のところへ黒白をはっきりさせに行こうじゃないか. ②⇒〔讲 jiǎng 理〕

说漏 shuōlòu ①話を漏らす.②言い落とす.

说媒 shuōméi =〔保 bǎo 媒〕〔做 zuò 媒〕(結婚の)仲立ちをする.〔～的〕仲人.縁談の取り持ち人. →〔说亲〕

说梦话 shuōmènghuà ①寝言を言う.②夢のような(ろくでもない)ことを言う.

说明 shuōmíng ①説明(する).解釈(する).〔加以~〕説明を加える.〔接～使用说明书从って使う〕(文)説明書.(技術の)手引き.(劇または映画の)粗筋.解説.〔～书〕解説文.説明書. ②説明となる.証明としての意味を持つ.〔事実～我做的完全対〕僕がしたことは完全に正しかったと事実が証明している.

说票儿 shuōpiàor (人さらいが被害者側と)身代金の交渉をする.〔～的〕(绑 bǎng 票儿)(的)

说婆婆家 shuō pópojiā =〔说人家儿〕嫁入り口を世話する.嫁ぎ先を紹介する.

说破 shuōpò ①打ち明ける.真相を言葉にする.〔你别瞒 mán 着,要～了〕隠してないで,打ち明けなさい. →〔道 dào 破〕 ②口をすっぱくして言う.〔你跟他把嘴～也没用〕どんなに口をすっぱくなまで話してもだめだ.〔～了嘴唇子也是白说〕口をすっぱくして言ってもむだである.

说起来 shuōqǐlái ①語り始める. ②話してみれば.言うてみれば.〔～我们还是亲戚呢〕言ってみればわたしたちはやはり親戚なんだ.

说戗 shuōqiàng 話がくい違う.意見の相違ができる.〔两个人～了,吵了起来〕二人は意見がくい違ってけんかになった.

说悄悄话 shuō qiāo·qiāohuà こそこそ話をする.

说亲 shuōqīn 縁談話をする.仲人口をきく.〔提 tí 亲〕に同じ. →〔说媒〕

说情(儿) shuōqíng(r) (人のために)情を求める.詫びを入れる.とりなす.〔讲 jiǎng 情〕に同じ.〔说人情〕同前. →〔求 qiú 情〕

说人家儿 shuō rénjiār ⇒〔说婆婆家〕

说三道四 shuōsān dàosì 勝手きままに論ずる.とやかく言う.

说三分 shuōsānfēn 困三国志語り:三国志の講談.宋代の〔评 hùn 词小说〕の一種.魏・呉・蜀に分かれ天下を三分して争ったことからいわれる.三国志演義は この〔～〕の語ったもので〔三国志平話〕が集大成された小説と見なされる. →〔说话⑥〕

说啥 shuōshá 〔口〕どうあろうとも.〔～也不去〕どう言われても行かない.

说山 shuōshān 人目をひくような作り事を言う.〔这简直地是～吗,一点儿都不可靠〕それは全く話を面白くしようとしただけで,まったく信用できない.

说舌 shuōshé あれこれ言ってもめごとを起こす.へらず口をたたく.

说什么 shuōshénme ①…などと言うが. ②どうしても;常に〔～也〕として用いられる.〔怎么也〕に同じ.〔今天～也要把这本书看完〕今日はどうしてもこの本を読み終えてしまうぞ.

说时迟,那时快 shuōshí chí, nàshí kuài 言う間も

说妁烁铄朔　　　　　　　　　　　　　　　shuō～shuò

なく.そのとたんに.

说实话 shuōshíhuà ⇒[说真的]

说实在的 shuō shízàide ⇒[说真的]

说事 shuōshì 〈方〉①まことしやかに語る.ありもしないことを言い立てる.[别听他说得那么可怜,据我看,靠不住,也许就是～]あんなに哀れっぽく言っているが,わたしの見るところでは信用はできない,まことしやかに言っているのかもしれない.[他又来～来了,你不用听他]また彼がもっともらしい話を吹きに来たぞ,相手にするなよ. ②口実を作って吹聴する. ③中に立って紹介する.話をまとめる.[～人]仲立ち人.

说是 shuōshì …ということである.[～大学毕业]大学卒業だとか,その実は正宗的中国料理とはいうが,本場のではない.

说书 shuōshū 講釈を語る・講談·講釈·なにわ節にあたる.音曲などを使い,時代物·歴史物などをみせる.[大 dà 鼓][评 píng 话][弹 tán 词]など.北方では多く語り物をいった.[～人][～的][讲 jiǎng 书的]②講釈師.[～场 chǎng]講釈場:[书场]ともいう.

说谁谁就来 shuō shuí shuí jiù lái ⇒[说曹操,曹操就到]

说说笑笑 shuōshuō xiàoxiào 話したり笑ったりする(して).[～,不知不觉就到了半夜了]話したり笑ったりしているうちにいつの間にか夜半になってしまった.

说死 shuōsǐ ①言いきる.[这回～了,三点在那儿见,不见不散 sàn]今度は断言するよ,3時にあちらで会おうという約束は帰らない.[～又何を言おうと.どんなことがあっても.[～我也不去]どんなことがあってもわたしは行かない.

说死说活 shuōsǐ shuōhuó いろいろとある限りのことを言ってみても.[～他嫌败兴 xìng,死不赞 zàn 成]あらゆる言い方をしてみたが,彼は興ざめがしたと言って,がんとして賛成しない.

说他胖,他就喘 shuō tā pàng, tā jiù chuǎn 〈成〉太っていらっしゃいますね,とお上手を言うと,相手はいっそう得意そうにゼーゼー言ってみせる:ほめられていっそう得意になる.

说帖 shuōtiě 旧①書き付け.メモ. ②意見書.口上書.

说通 shuōtōng 話して理解させる.

说头儿 shuōtour ①言うだけの値打ち.話し甲斐.[没有什么大～]これといって大した話し甲斐はない. ②弁解のたね.言いわけ.[不管怎样,你总有你的～]どうあれ君には君の訳があるのだろう.

说妥 shuōtuǒ きちんと話をまとめる.

说媳妇(儿) shuōxífu(r) (男性に対して)縁談話をする.[说婆婆]は女性に対していう.

说戏 shuōxì 劇 (動作解釈を含め)演技指導をする.振り付けをして教える.

说瞎话 shuōxiāhuà うそを言う.[他是个～不脸红的无赖 lài]奴はぬけぬけとでたらめを言う与太者だ.

说闲话 shuōxiánhuà ①皮肉を言う.不満をもらす.陰口をたたく.当てこする.[他有点儿不满意就～]彼はちょっと不満なことがあるとすぐ不平がましいことを言う. ②[-儿]むだ話(世間話)をする.

说项 shuōxiàng 〈文〉人の良い点を吹聴する.とりなす.弁護する.肩を持つ.

说笑 shuōxiào 談笑する.[都聚 jù 在那里～]皆そこに集まり談笑している.

说笑话(儿) shuōxiàohua(r) ①笑い話をする. ②冗談を言う.

说心里话 shuō xīnlihuà ⇒[说真的]

说一不二 shuōyī bù'èr ①言ったことはやる.ゆるがせにしない:[说一是一]ともいう. ②自分の言うことだけを通し,他の考えを許さない.独断専行である.[～地惯 guàn 着]言いなり放題に甘やかしている(されている)

说一千,道一万 shuō yīqiān, dào yīwàn 〈喻〉繰り返し何度も言う.口を酸っぱくして言う.

说一套,做一套 shuō yītào, zuò yītào 〈谚〉言うこととすることは別.=[言 yán 行不一]

说远 shuōyuǎn ①話が本筋からそれる.脱線する. ②水臭いことを言う.[您这话～了]@ずいぶん脱線しましたね.⑤水臭いことを言うね.

说章儿 shuōzhāngr 〈方〉①何か意味のあるわけ.縁起かつぎの決まり.意味あい.言いぐさ.[他抓 zhuā 那样东西有什么～呢]彼はあんなつまらんものをつかんじゃっているが何かわけがあるのかね.[他家里～太多]彼のうちには縁起かつぎのきまりがとても多い. ②条件についての約束.取り決め.[这桩买卖咱们俩人得有个～]この取引については,わたしたち二人の間で何らかの取り決めをしておかねばならん.

说着 shuōzháo いいところを突く.痛いところを突く.[～你真～了]きみ実にいいところを突いてきたのね.

说着玩儿 shuōzhewánr (本気でなく)冗談を言う.冗談に言う.

说真的 shuōzhēnde 本当のことを言う(と).実は.ぶちまけた話…:[说老实话②][说实话][说实在的][说心里话]ともいう.

说真方卖假药 shuō zhēnfāng mài jiǎyào =[挂羊头卖狗肉]

说中的矛盾 shuōzhòngde máodùn この言葉は社会の矛盾を言っている.

说准 shuōzhǔn 正確に言う.正しく見通して言う.

说走(了)嘴 shuōzǒu(le)zuǐ うっかり口を滑らせてしまう.うっかり余計なことを言ってしまう.

说嘴 shuōzuǐ ①大きなことを言う:[夸 kuā 嘴]に同じ.[～打嘴]〈成〉@ほらばかり吹いていると,反対の事実が現れてきた時に恥をかく.⑤人を悪くそういあざけったことが自分の身におこる. ②〈方〉言い争う.論議する.[他好 hào 和人～]彼はよく人と口論する.

[妁] shuò 〈文〉媒妁人.[媒 méi ～]同前.

[烁・爍] shuò 光り輝く:[烁③]に同じ.[闪 shǎn ～]同前.[目光～～]目がきらきらと輝く.

烁亮 shuòliàng あかあかと明るい.[点得～]灯をあかあかとともす.

烁烁 shuòshuò =[铄铄]きらきら.ぎらぎら:光がきらめくさま.

[铄・鑠] shuò 〈文〉①金属を熱で溶かす.[销 xiāo ～][熔 róng ～]同前.→[众 zhòng 口铄金] ②弱める.すり減らす. ③[烁]に通用する.

铄石流金 shuòshí liújīn 〈成〉非常に暑い:[流金铄石]ともいう.

铄铄 shuòshuò ⇒[烁烁]

[朔] shuò ①朔月(さく):完全に欠けて見えない状態の月.新月. ②(旧暦の)ついたち.[五月～]5月0ついたち. ③北方(の地).[～北][～边]〈方〉北方の辺境(の地)

朔风 shuòfēng 北風.朔風.

朔漠 shuòmò 〈文〉北方の砂漠.

朔日 shuòrì =[吉 jí 日0]ついたち.

朔望 shuòwàng 〈文〉旧暦のついたちと15日.[～月]因朔望月.

朔月 shuòyuè ⇒[新 xīn 月⑤]

1605

[蒴] shuò
蒴藋 shuòdiào 園 ソクズ.クサニワトコ.〔接 jiē 骨草〕は別名.漢方で全草を薬用する.
蒴果 shuòguǒ 園 蒴果 (ぼう)：乾果の種で，果実が熟すると自然にはじけて種子が散らばるようになっているもの．例えば，〔牵 qiān 牛〕（アサガオ）や〔罂 yīng 粟〕（ケシ）など．〔开～〕蒴果が熟して裂けた．

[搠] shuò 〈白〉突き刺す.〔将敌人一枪～死于马下〕敌を一刺しして馬から突き落とした.

[槊] shuò ＝〔矟〕長矛：古代の兵器．→〔矛 máo〕

[硕・碩] shuò ① 大きい．〔～大〕同前．〔丰 fēng ～〕多大である．〔～长 cháng〕大きく長い． ② 〔姓〕碩(セキ).
硕大无朋 shuòdà wúpéng 〈喻〉そのおおきいこと（立派なこと）は並ぶものがない．
硕导 shuòdǎo〔硕士导师〕の略.
硕栽粉 shuò'éfěn サゴ椰子の基幹に含まれた澱粉を乾燥したもの：食用・菓子用・糊用．→〔西 xī 谷〕
硕果 shuòguǒ 大きな果実．〈喻〉ⓐ 大きな成績・成果．〔～累累〕すばらしい成績をたくさんあげた．ⓑ わずかに残存している物．〔～仅 jǐn 存〕〈成〉わずかに残っている貴重な人や事物．
硕儒 shuòrú 〈文〉大学者.
硕士 shuòshì 〈文〉賢士． ② 修士．マスター．〔获得～学位〕マスターの学位をとる．〔～导 dǎo 师〕〔硕导〕修士指導教授．〔～点〕修士学位を授与できる教育・研究機関．→〔博 bó 士〕〔学 xué 位〕
硕鼠 shuòshǔ 〈喻〉私腹を肥やす役人．→〔蠹 dù 虫 ②〕
硕学 shuòxué 〈文〉非常に学問があること.

[矟] shuò ⇒〔槊〕

[数・數] shuò 〈文〉しばしば．たびたび．〔频 pín ～〕頻繁である．〔言之～～〕しばしば口にする（言う）． → shǔ shù
数见不鲜 shuòjiàn bùxiān 〈成〉見慣れて珍しくない事新しくない．〔洗却村庄的骇 hài 人罪行，也已～〕村落をことごとく略奪するような驚くべき犯行もすでに事新しいことではない．〔屡 lǚ 见不鲜〕
数脉 shuòmài 中医 脈が早いこと．→〔弦 xián 脉〕

sī ム

[厶（ム）] sī〔私〕の本字． → mǒu

[私] sī ①（〔公 gōng (I)①〕に対して）国家的・公共的でない．個人的である（こと）．私の（こと，もの）．〔公～两方面〕公私両方面（とも）．〔～立〕私立（の）．〔～营企业〕私営企業．〔～事〕私事．〔～生活〕私生活．〔家～〕家の財産．〔～身〕身勝手で不公正（である）．〔自 zì ～〕利己的である．〔大公无～〕〈成〉公明正大で私心がない． ③ 不正（である）．非合法（である）．〔营 yíng ～舞弊〕〈成〉私腹ばやし汚職をする．〔有～〕② 不正なことがある（をする）．ⓑ 密通する． ④ 密輸品．〔贩 fàn ～〕密輸品を売る．〔闸～〕〔闸私（闇私）取り引き〕をする．〔放～〕密輸を見逃す． ⑤ こっそりと．秘密裏（の，に）．〔～通 tōng〕ⓐ 密通（する）．ⓑ ひそかに連絡をとる． ⑥〈文〉私(や)の．〔非少数人所得而～〕少数の人だけが獲得してわがものにすべきものではない．→〔人 ～〕
私奔 sībēn 旧〔女性が〕駆け落ちする.
私弊 sībì 不正．私益をはかる.
私财 sīcái 私財.

私彩 sīcǎi 非合法の宝くじ.
私藏 sīcáng ① 隠匿する．かくまう．〔～军火〕武器を隠匿する．〔～歹 dǎi 人〕悪人をかくまう． ② 個人所蔵（品）．私産.
私查 sīchá 秘密に調査する．〔～暗访〕密偵する.
私产 sīchǎn 私有財産.
私娼 sīchāng 私娼：〔暗 àn 娼〕に同じ.
私车 sīchē 個人用車．マイカー．〔私家车〕ともいう.
私仇 sīchóu 個人的な恨み．私怨.
私处 sīchù ① 秘密の場所． ② ⇒〔阴 yīn 部〕
私党 sīdǎng 私党.
私德 sīdé 個人的な道徳.
私邸 sīdǐ ＝〔私宅〕私邸.
私底下 sīdǐxia ＝〔私下〕
私地 sīdì ⇒〔私下〕
私第 sīdì 〈文〉私邸．私宅.
私法 sīfǎ 法 私法．↔〔公 gōng 法〕
私贩 sīfàn ① 密売（する）．闇で売る． ② 同前をする者.
私方 sīfāng 個人側：〔公方①〕（政府・行政機関側）に対していう．〔～代表〕（公私合営における）個人側の代表．資本家側の代表.
私房 sīfáng 持ち家．マイホーム.
私访 sīfǎng お忍びで民情を探る.
私房 sīfáng ① ＝〔私蓄〕へそくり：〔私房钱〕ともいう．〔手里很有点～呢〕手元にはかなりのへそくりがあるんだ． ② 内々の．内輪の．〔～话〕（夫婦間などの）内緒話．ひそひそ話.
私分 sīfēn 私かに山分けする．ひそかに分配する.
私愤 sīfèn 個人的な恨み．〔泄～〕私憤を晴らす.
私股 sīgǔ 公私合営企業の個人所有の株.
私和 sīhé 示談（にする）．内々で手打ちをする→〔官 guān 罢〕
私话 sīhuà 〔～儿〕内輪話．内々の話．〔咱们说句～，你可不许告诉别人〕少し内々の話があるんだが，他の人には話してはいけないよ.
私讳 sīhuì ＝〔家 jiā 讳〕祖父・父の名前の文字．② 同前を孙・子の名前に使用しないこと．→〔公 gōng 讳〕
私活（儿）sīhuó(r) （公務員などの）副業．アルバイト.
私货 sīhuò ① 密輸品． ② 禁制品． ③〈喻〉立派な名分の裏にひそませた邪悪な考え.
私家 sījiā 個人（の）．自家用（の）．〔～车〕〔私车〕自家用車．個人の家．自宅.
私艰 sījiān 〈文〉父母の死．〔丁 dīng 忧〕
私见 sījiàn ① 個人の意見．個人的見解． ② 自分に都合のよい考え．偏見.
私交 sījiāo 個人的な交際．個人間のつきあい.
私款 sīkuǎn 個人の金.
私累 sīlěi 〈文〉個人的な係累．家庭面の負担.
私立 sīlì 私立（の）．個人による創設（の）．〔～学校〕私立学校.
私利 sīlì 私利．私益．〔谋～〕私利を求める.
私了 sīliǎo （法律・手続などに頼らずに）ひそかにけりをつける．〔是官了 liǎo 还是～〕裁判にかけるかそれとも示談で済ますか．↔〔公了〕
私路 sīlù ① 私用道路．私道． ② 秘密のぬけ道.
私门子 sīménzi 〈白〉私娼．〔私门头〕ともいう.
私密 sīmì 個人の秘密．プライバシー．〔尊重～〕プライバシーを尊重する．→〔隐 yǐn 私〕
私名号 sīmínghào ＝〔专 zhuān 名号〕
私囊 sīnáng 自分の財布．個人のふところ．私腹．〔中饱 bǎo ～〕〈成〉私腹を肥やす.
私昵 sīnì 〈文〉個人的な最負(ひい)．寵愛（の対象となる人）

私司

私念 sīniàn 利己的な考え.利己心.〔克制～〕私心を抑える.

私挪 sīnuó 私(ひそ)かに流用・横領する.〔～税款〕税金をひそかに流用する.

私企 sīqǐ 私営企業.個人企業:〔私営企業〕の略.→〔私商〕

私钱 sīqián ①〔旧〕民間で鋳造した正規でない貨幣.②私財.

私情 sīqíng ①私情.〔不徇 xùn ～〕情実にとらわれない.②(男女間の)表に出せない愛情.

私曲 sīqū〈文〉①不公正.私利のために曲げること.②個人の真情〔私衷〕に同じ.

私人 sīrén ①個人.私人(間の):〔公 gōng 家〕〔集 jí 体〕に対して.〔～关系〕個人的関係.〔～投资〕民間投資.〔～(汽)车〕私(家)車.マイカー.〔～医 yī 生〕ⓐホームドクター.ⓑ開業医.〔～老板〕個人企業主.経営者.②自分の縁故者.〔滥 làn 用～〕自分の縁故者をむやみに採用する.

私商 sīshāng 私営の商店または商人.

私生活 sīshēnghuó 私生活.

私生子 sīshēngzǐ 私生児.

私史 sīshǐ〈文〉正史以外の史書.→〔正 zhèng 史〕

私事 sīshì ①私用.〔～私了 liǎo〕個人のことは個人のこととして処理する.→〔公 gōng 事①〕②私事.プライバシー.

私谥 sīshì〈文〉学者などが亡くなった時,親属・門人などから贈るおくり名.

私售 sīshòu 密売する.

私书 sīshū ⇒〔私信〕

私淑 sīshū〈文〉私淑する.〔～弟子 zǐ〕同前の弟子.公式に弟子入りしていない弟子.

私塾 sīshú〔旧〕私塾.

私帑 sītǎng〈文〉天子の私有財物.

私田 sītián〔歴〕井田制における中央の〔公 gōng 田②〕を除くあとの8区画.

私通 sītōng ①密通(する):〔通奸 jiān〕に同じ.②ひそかに外部と連絡をとる.〔～外国〕ひそかに外国と同前.

私图 sītú (自分の為に)画策する.個人的に企てる.

私吞 sītūn 横領する.自分のふところに入れる.

私窝子 sīwōzǐ〈方〉私娼;〔私地〕に同じ.

私下 sīxià =〔私底下〕〔私地〕こっそりと.非公式に.個人で(勝手に).〔～和解了 liǎo 事〕内々に和解して結末をつける.〔～交易〕個人的取引.

私相授受 sīxiāng shòushòu〈成〉ひそかに受けたり渡しをする.闇取引をする.

私枭 sīxiāo ①〔旧〕密塩塩の売人.②毒物の売人.

私心 sīxīn ①私心.〔～太重〕私心が強い.〔～杂念〕私心や雑念.②〈文〉心中.内心.〔～话〕腹を割った話.

私信 sīxìn =〔私书〕私信.〔不能随便看人家的～〕勝手に人の私信を見てはいけない.→〔公 gōng 函〕

私行 sīxíng〈文〉①私事で出かける・出国する.②独り決め〔独断〕で行う.勝手に行う.〔～释 shì 放〕独断で釈放する.

私刑 sīxíng リンチ.私刑.

私蓄 sīxù〔私房 fang ①〕

私学 sīxué 私学:〔官 guān 学〕に対していう.

私盐 sīyán 密造〔密売〕の塩:〔官 guān 盐〕(専売塩)に対していう.〔～包〕〈喩〉大っぴらにはできない人(物)

私益 sīyì〈文〉個人的な利益.↔〔公 gōng 益〕

私印 sīyìn 個人名の印鑑:〔私章〕に同じ.〔印信〕

私营 sīyíng 私営.個人経営.〔私人经营〕同前.〔～企业〕〔私企〕個人経営企業.〔工商业〕経営の工・商業企業.〔～经济〕個人経営経済.→〔个 gè 体〕

私用 sīyòng ①私用する.②不正に使用する.〔～公款〕公金を同前.

私有 sīyǒu 私有(の).〔～财产〕私有財産.〔～制〕(生产手段の)私有制度.〔～观念〕私有観念.

私语 sīyǔ 私語(する).〔一男一女窃 qiè 窃～〕男女二人がこそこそと話をする.

私欲 sīyù 私欲.

私怨 sīyuàn 個人的な恨み.〔报～〕私怨をはらす.

私运 sīyùn ひそかに運送する.密輸送(する).→〔走 zǒu 私〕

私造 sīzào 偽造する.私造する.

私宅 sīzhái ⇒〔私邸〕

私章 sīzhāng 個人名の印鑑:〔私印〕ともいう.

私招 sīzhāo (正規のルートを通さず)もぐりで人を募集する・雇う.

私衷 sīzhōng =〔私曲②〕〈文〉胸の内.真情.

私自 sīzì (組織や関係者の意向・尺度にそむいて)個人の考えで.勝手に.こっそりと.ひそかに.〔她～和人订婚了〕彼女は自分の意で婚約をした.〔～运动〕ひそかに働きかける.

私字(儿) sīzì(r)〔書〕むかんむり:漢字部首の"ム".〔私字头 tóu〕〔三 sān 角头(儿)〕ともいう.→付録1

〔司〕 sī ①司る.運営の中心となる.あやつる.〔各～其事〕〈成〉それぞれの職務を司る.②中央官庁(の部 bù ⑤ⓐ)の下にある部門:〔局 jú (I)②〕と同格.〔外交部亚州～〕外務省アジア局.③〈姓〉司(つ)

司曹 sīcáo (チベットで)ダライラマの行政補佐官.

司晨 sīchén〈文〉①夜明けを告げる.〔牝 pìn 鸡～〕雌鶏が時を知らせる.〈喩〉女性が権力をふるうこと.〈転〉雄鶏.③官職名:時刻をつかさどる.

司城 sīchéng〈姓〉司城(じょう)

司乘人员 sīchéng rényuán (バスなどの)運転手と車掌:〔司售人员〕ともいう.

司秤 sīchèng ①計量係員.②⇒〔司马秤〕

司的克 sīdìkè〔音訳〕ステッキ.杖.

司的林酸 sīdìlínsuān〔十 shí 八(碳)酸〕

司铎 sīduó〈文〉文教をあずかる人.②宣教師の尊称.

司法 sīfǎ 司法.〔～官〕司法官.〔～权 quán〕司法権.〔～部门〕司法部門.〔～机关〕司法機関.〔～鉴定〕(裁判などにおける)専門家の鑑定.〔～解释〕〔法〕(最高裁判所としての)司法解釈.〔～拘留〕司法勾留.〔～援助〕法的手続についての援助支援.

司官 sīguān〔歴〕各省の〔郎 láng 中〕,〔员 yuán 外郎〕,〔主事〕などの総称.

司号员 sīhàoyuán〔軍〕ラッパ手.ラッパ信号兵.

司阍 sīhūn〈文〉門衛.

司机 sījī ①機械を扱う(管理する).②(汽车・自動車・バスなどの)運転手:〔驾 jià 驶员]操縦士.〔开 kāi 车的〕(運ちゃん)は別称.〔～台〕運転台.ⓑ〔機〕ドライビングボックス:〔主 zhǔ 动轴箱〕に同じ.

司考 sīkǎo 司法試験:〔国 guó 家司法考试〕の略.

司空 sīkōng ①古官名で,周の〔六卿〕の一,漢の〔三公②〕の一.成帝の時〔御史大夫〕をいい,その後,工部尚書の別称.②〈姓〉司空(ぞう)

司空见惯 sīkōng jiànguàn〈成〉司空は見慣れて珍しがらない:ありふれてとりたてて珍しくない.

司寇 sīkòu ①古官名で,周の〔六卿〕の一.刑獄・警察を司った.後に刑部尚書の〔大～〕といった.②〈姓〉司寇(ぞう)

司库 sīkù ①会計を扱う.②金庫係.〔～员〕同前.

司垒裁判员 sīlěi cáipànyuán〔スポ〕(野球・ソフトボールの)塁審.→〔主 zhǔ 任〕

司令 sīlìng 司令.〔~部〕司令部.〔~塔〕司令塔.〔~员〕司令官.指挥官.

司炉 sīlú 火夫(ﾌｳ).ボイラー係.かまたき.

司马 sīmǎ ①古官名で,周の〔六卿〕の一,漢の〔三公①〕の一.軍政を司る.武帝の時〔大尉②〕を〔大~〕と改めた.後代,兵部尚書の別称. ②〈姓〉司馬(ﾊﾞ).

司马秤 sīmǎchèng〔司码秤〕とも書いた.旧上海・広東などの綿業地で用いられた秤;1司馬斤は0.61584キロ(1.23168市斤)に当たる.略して〔司秤②〕ともいう.

司马昭之心,路人皆知 sīmǎzhāo zhī xīn, lùrén jiēzhī〈歇〉はっきりわかっている.誰でも知っている (陰謀・野心).〔司马昭之心,昭然若揭〕ともいう.司馬昭は三国時代,魏の大将軍.のち晋王となる.

司幕 sīmù 劇幕係.

司南 sīnán 中国古代の羅針盤:磁石をしゃくしの形に彫り,目盛りをつけてある皿に乗せ,磁石の指南の作用を利用して方向を決める.〔~车〕指zhǐ南车〕古代の,磁石を備えた戦車.

司农仰屋 sīnóng yǎngwū〔司农〕は古代〔九卿〕の一で財政を司った役人. →〔仰屋窃叹〕

司陪人员 sīpéi rényuán (バスの)運転手とガイド.

司听神经 sītīng shénjīng 生理聴神経.

司徒 sītú ①古官名で,周の〔六卿〕の一,漢の〔三公②〕の一.土地と人民を司った.哀帝の時〔大~〕といい,その後,戸部尚書の別称. ②〈姓〉司徒(ﾄ).

司务 sīwù ①明清公文書の発受を司る役.〔~厅 tīng〕同前の役所. ②職人.技術者.〔厨 chú~〕コック.料理番. →〔师 shī 傅②〕

司务长 sīwùzhǎng 軍連隊(から中隊)の主計将校.

司线员 sīxiànyuán 〔巡 xún 边员〕

司药 sīyào (病院薬局の)薬剤師.薬剤係.薬剤官.

司仪 sīyí 式典の進行係.司会者.典礼式.〔婚礼的~〕結婚式の進行係. →〔纠 jiū 仪〕〔赞 zàn 礼〕

司长 sīzhǎng 局長.〔亚 yà 洲司~〕アジア局長. →字解②

司账员 sīzhàngyuán 会計係.〔会 kuài 计员〕に同じ.

司职 sīzhí〈文〉役割を受け持つ.職務を担当する.

〔铜・銅〕〔钪 kàng〕(スカンジウム)の旧名.

〔丝・絲(絲)〕 sī ①生糸.絹(糸).〔蚕 cán~〕同前.〔人造~〕人絹(糸).〔绸 chóu 子是一种~织品〕どんすは一種の絹製品である. ②〔~儿〕糸状の細いもの.(料理の)千切り.糸切り.〔~状 zhuàng〕糸状(の).〔把肉切成~儿〕肉を糸切りにする.〔铁 tiě~〕針金.鉄線.〔铁~网 wǎng〕鉄条網.〔保险~〕ヒューズ.〔铁 zhū~〕くもの糸.〔雨 yǔ~〕〔喩〕細い雨.〔藕 ǒu~〕蓮根の糸. ③〈度〉〈衡〉(ﾊ):小数の単位.〔毫 háo~〕の10分の1,〔忽 hū③〕の10倍:ただし俗には同じとする.〔(市)~〕④長さの単位:〔(市)尺〕の10万分の1.⑤重さの単位:〔(市)斤〕の百万分の1.④度デシミリ.〔(公制)メートル法〕で基準単位の1万分の1を表す.〔~米 mǐ〕デシミリメートル.⑤ごく微細なこと(もの).〔露出一~笑容〕ごくわずかな笑みを見せる.〔纹丝儿不动(成)少しも動か(ゆるが)ない.〔~毫不差 chà~〕いささかも違わない. ⑥固弦楽器.

丝包(软)线 sībāo(ruǎn)xiàn 絹巻線.

丝厂 sīchǎng 製糸工場.

丝虫 sīchóng 虫フィラリア.糸状虫.〔~病 bìng〕〔口〕粗 cū 腿病〕〔〈口〉象 xiàng 皮病〕フィラリア病:〔血 xuè~病〕.

丝绸 sīchóu 紡シルク.絹.絹織物.〔~之路〕古丝路〕シルクロード.

丝椿象 sīchūnxiàng 虫イトカメムシ.

丝带 sīdài 絹組.絹製のリボン・テープなど.

丝带螺丝攻 sīdài luósīgōng 機控え棒雌ねじ切り.

丝恩发怨 sī ēn fà yuàn〈成〉些細な恩恵や恨み.

丝杠 sīgàng ⇒〔导 dǎo 丝杠〕

丝糕 sīgāo 食トウモロコシ粉や粟粉をこね発酵させ蒸したもの:砂糖をまぜたりなつめの実を入れたりすることもある.

丝公 sīgōng ⇒〔螺 luó 纹攻〕

丝攻 sīgōng ⇒〔螺 luó 纹攻〕

丝瓜 sīguā 植ヘチマ:〔天 tiān~〕ともいう.〔~络 luò〕(たわしやあかすり用の)ヘチマ(スポンジ状の繊維)

丝挂子 sīguàzi ⇒〔丝网①〕

丝光 sīguāng 紡シルケット加工.マーセル法つや出し.〔~不褪色不其〕同前の色あせないカーキ布地.〔~布〕シルケット織物.〔~纱线〕〔~线〕マーセル糸.〔~纱地纱〕つや出しクリンプ生地.

丝毫 sīháo ごくわずかであること:多く否定の強調に用いられる.〔~不错〕いささかも違わない.〔~不爽 shuǎng〕毛頭うそいつわりがない. →〔秋 qiū 毫〕

丝极 sījí 〔灯 dēng 丝〕

丝巾 sījīn ⇒〔丝帕〕

丝兰 sīlán 植イトラン.

丝柳 sīliǔ しだれ柳の枝:〔柳丝〕に同じ.

丝路 sīlù 〔丝绸之路〕

丝缕 sīlǚ 絹糸.細い糸.

丝罗 sīluó 本絹の絽(ﾛ).

丝萝 sīluó〔菟 tù 丝子〕(ハマナシカズラ)と〔松 sōng 萝〕の別称.〔喩〕婚姻:いずれも他の樹木にからまって生ずることから.

丝茅 sīmáo ⇒〔白 bái 茅①〕

丝毛绸 sīmáochóu 紡絹毛交織どんす.

丝毛鸡 sīmáojī →〔乌 wū 骨鸡〕

丝绵 sīmián 真綿〔子〕に同じ.〔~饼 bǐng〕真綿を丸く鏡餅のようにまるめたもの.

丝棉木 sīmiánmù ⇒〔白 bái 杜〕

丝母 sīmǔ ⇒〔螺 luó 母〕

丝帕 sīpà 〔=丝巾〕絹のハンカチ.

丝绒 sīróng 紡絹ビロード(ベルベット).〔柳 liǔ 条~〕線入りベルベット.〔长毛~〕プラッシュベルベット. →〔剪 jiǎn 绒〕

丝绳 sīshéng ①絹糸のひも. ②ワイヤロープ.

丝丝 sīsī ①〈喩〉こく細かい.〔春雨下~〕春雨が細く降る. ②かすかに.〔~作痛〕わずかに一筋の痛みがある.

丝丝拉拉 sīsī lālā〈方〉とぎれとぎれに続くさま.〔闹了一个多月的病气だらだらとひと月余りも病気をした.〔小雨~下个没完〕小雨がしとしとと降る.

丝丝入扣 sīsī rùkòu〈喩〉(文芸・芸能の出来栄)がすみまでぴったり定まっていること.堂に入っていること.〔舞~切台上表演得~〕舞台での演技がすみずみまで正確である.

丝素 sīsù 絹糸素(絹素).フィブロイン.

丝桐 sītóng ①〈文〉〔琴 qín①〕の別称. ②琴を作る桐(ﾂ)目の称.

丝吐 sītǔ ⇒〔冰 bīng 水结〕

丝袜 sīwà 絹の靴下. →〔毛 máo 袜(子)〕

丝网 sīwǎng ①絹糸で編んだ魚網.〔〈方〉丝挂子〕ともいう. ②シルクスクリーン.〔~印刷〕シルクスクリーン印刷

丝弦 sīxián ①絹糸を縒ってできた弦(弦楽器用). ②〔一儿〕劇河北省石家荘一帯の地方劇.

丝线 sīxiàn ①絹糸. ②絹の縫い糸.

丝咝鸶思偲缌榹飔罳锶虒斯

丝雨 sīyǔ 糸のように細い雨.
丝藻 sīzǎo 〘植〙ヒビミドロ：緑藻類の一種.
丝织 sīzhī 絹織物(人絹製を含む). 〔～厂 chǎng〕絹織物工場. 〔～品〕絹織物：〔～物〕ともいう. ⓑ絹編物.
丝竹 sīzhú 〘音〙①楽器の総称：弦楽器と管楽器. 〔～合奏 zòu〕管弦合奏. ②〈転〉同前を主とする民間の音楽. 〔江南～乐 yuè〕江南地方の同前の音楽.
丝锥(子) sīzhuī(zi) 〘機〙タップ：〔螺 luó 纹攻〕に同じ.

〔咝・噝〕 sī 〈擬〉シュッ.ヒュッ：〔嘶③〕に同じ.〔子zǐ弹～～地从身边飞过〕弾丸がシュッシュッとそばを飛んでいった.

〔鸶・鷥〕 sī →〔鹭 lù 鸶〕

〔思(恖)〕 sī ①思う.思考する.〔寻 xún～〕思い巡らす.〔请君三～〕君よくよく考慮しなさい.②慕い(しのび)思う.望み思う.気にかける.〔～乡〕故郷を思う.〔～亲 qīn〕親の構想.④〈姓〉思.⑤思い.考.念念.〔文～〕文章の構想.④〈姓〉思.⑤ → sāi

思辨 sībiàn 〔思辩〕とも書いた. ①思考して弁別する.弁別し分析する. ②〘哲〙思弁(する)
思不出位 sī bù chūwèi 〈喩〉分を守って行き過ぎをしない.
思潮 sīcháo ①思潮.〔文艺～〕文芸思潮. ②絶え間ない思い.〔～起伏〕心が千々に乱れる.
思春 sīchūn 〈文〉(少女が)性にめざめる.思春期になる.〔～病〕同前.
思忖 sīcǔn 〈文〉考えを巡らす.思考する.
思凡 sīfán 出家した者が俗界に心を動かす.仙人が下界に色気を出す.
思古 sīgǔ 〈文〉昔を思う.
思归鸟 sīguīniǎo ⇒〔杜 dù 鹃①〕
思过 sīguò 自己の過失を反省する.〔闭门～〕家に閉じこもって過ちを反省する.→〔过失〕
思旧 sījiù 〈文〉往事に思いをはせる.〔～之情〕懐旧の情.
思考 sīkǎo 思考する.〔～事物的本质〕事物の本質を深く考える.〔独立～〕一人でじっくり考える.〔～题〕思考力を養成する練習問題.
思力 sīlì 思考力.〔～衰退〕思考力が衰える.
思恋 sīliàn 思いこがれる.恋しく思う.
思量 sīliáng ①思案する.〔他暗自～〕彼は内心あれこれ思った. ②心にかける.〔大家正～你呢〕みんな君のことを気にかけているよ.
思鲈 sīlú 〈文〉(秋風が吹いて)故郷で食べた鲈(lú)魚の味を思い出す：郷里に隠退しようという気が起こる.〔～莼 chún〕ともいう.
思路 sīlù 考えの筋道.考えの方向.思考上の筋道.〔打断～〕考えを中断する.〔一顿 dùn 开〕考の筋道がいっぺんにわかってくる.〔无论做什么事,先得有个～〕何事をやるにも,前もって考え方の方向を決めなくてはならない.
思虑 sīlǜ 慮(おもんぱか)る. 顧慮する.
思摸 sīmo 〈方〉考えてみる.あれこれ考える.
思谋 sīmóu 考えをめぐらす.深く考える.〔我～着这里边有名堂〕この中にはからくりがあると見ている.
思慕 sīmù 慕う.恩慕する.
思念 sīniàn 偲んで思う.〔～家乡〕故郷を懐かしむ.
思前想后 sīqián xiǎnghòu 〔思前算后〕ともいう.〈成〉来(し)し方行く末を考える.
思索 sīsuǒ 思索する.筋を追って考える.〔你别轻举妄动,总得～～〕軽挙妄動してはいけない,よくよく考慮しなくては.
思维 sīwéi 〔思惟〕とも書いた. ①〘哲〙思惟(する).

②熟考する.思考する.
思维树 sīwéishù ⇒〔菩 pú 提树①〕
思乡 sīxiāng 故郷を恋しく思う.郷愁にかられる.〔～情绪〕ホームシック.
思想 sīxiǎng ①思想.〔～包袱〕思想上の重荷.〔～负担〕精神的負担.〔～改造〕思想改造.〔～感情〕思想と感情.〔～回潮〕旧思想の復活.〔～家〕思想家.〔～僵化〕思想上の停滞.〔～交锋〕イデオロギーの戦い.〔～解放〕思想の束縛からの解放.〔～境地〕イデオロギーのレベル.〔～水平〕思想水準.〔～体系〕思想体系.〔～性〕思想性.(文芸における)政治傾向.〔～战线〕イデオロギー戦線.〔～障碍〕イデオロギー認識上の障害.〔毛泽东～〕毛沢東思想.〔～意 yì 识②〕 ②考え.見解.〔僵 jiāng 硬〕融通のきかない考え.〔～转不过弯来〕考えをまだ正しい方向に変えることができない.〔～混乱〕考えが混乱する.〔～准 zhǔn 备〕気持ちの準備.気がまえ.覚悟.〔～不对〕心がけが悪い.③考える.思い巡らす.〔千思万想〕千々(ちぢ)に思いを巡らす.〔胡思乱想〕あれこれとくだらないことを思い巡らす.〔人又不是石头,哪有不～的道理〕人間は石とは違うから,あれこれ考えないわけがなかろう.
思想库 sīxiǎngkù シンクタンク：〔智 zhì 囊团〕ともいう.
思绪 sīxù ①考えの筋道.考え.〔～纷 fēn 乱〕考えが乱れている. ②気分.心持ち.〔～不宁 níng〕気分が落ち着かない.
思议 sīyì 思いはかる：多く否定に用いる.〔不可～〕どうにも理解しがたい.

〔偲〕 sī 〔～～〕〈文〉互いに評しあって励まし合う.〔朋友切 qiè 切～～〕友人同士で切磋し励まし合う. → cāi

〔缌・緦〕 sī 〈文〉目の細かい麻布.
缌麻 sīmá 麻の細糸で織った衣服：旧時,〔五服①〕の中で最も程度の軽い(最も縁の浅い故人の場合の)喪服.また喪の形式.

〔榹〕 sī
榹仔 sīzǐ ⇒〔淋 lín 漓桐〕

〔飔・颸〕 sī 〈文〉①涼風. ②風の音の形容.〔～～来风〕サーッと風が吹いてくる.

〔罳〕 sī 〔罘 fú～〕透かし彫りの板をはめこんだ(住居と外部を仕切るための)ついたて.〔～顶 dǐng〕天井板.

〔锶・鍶〕 sī 〘化〙ストロンチウム：アルカリ土類金属元素.記号 Sr.〔硝 xiāo 酸～〕硝酸ストロンチウム.

〔虒〕 sī ①古伝説の野獣の名：虎に似て角があり水中を行くことができる. ②地名用字.〔～亭 tíng〕山西省にある.

〔斯〕 sī ①〈文〉これ.この.ここ.このような.〔～人〕この人.〔～时〕この時.〔～道〕この道.〔如～之不幸〕このような不幸.〔歌于～〕哭 kū 于～〕この間で泣いたり笑ったりする.〔如～则(乃)〕ならば,すなわち)則(乃).〔敢何如何～可以免于过 yǐ 矣〕どのようにすれば(すなわち)過ちを犯すことから免れるかを,あえて問う. ②〈文〉割る.切り裂く.〔斧以～之〕〔詩経·陳風〕おので切り割る. ③〈文〉離れ隔てる.〔华胥 xū 氏之国…不知～齐国几千万里〕[列子·黄帝]華胥氏の国は斉国から幾千万里離れたかわからない. ④〈文〉文末の語気詞.〔彼何人～〕彼は何者であるか. ⑤〈文〉…なり.…となす(繫辞).〔彼路～何〕あの路の上にある(もの)は何か. ⑦〔～托克斯〕 ⑧〈姓〉斯(し)

斯大林 sīdàlín 〚人〛スターリン:ソ連の政治家でマルクス主義理論家.〔～奖金〕スターリン賞.

斯德哥尔摩 sīdégē'ěrmó 〚地〛ストックホルム:〔瑞ruì典王国〕(スウェーデン王国)の首都.

斯蒂林 sīdìlín 〚化〛ステアリン:〔硬yìng脂〕に同じ.

斯多葛派 sīduōgě pài〈音義訳〉①ストア学派.②禁欲主義者.

斯芬克斯 sīfēnkèsī〈音訳〉スフィンクス:〔狮shī身人面像〕に同じ.

斯科普里 sīkēpǔlǐ 〚地〛スコピエ:〔马mǎ其顿共和国〕(マケドニア旧ユーゴスラビア共和国)の首都.

斯拉夫人 sīlāfū rén スラブ:ヨーロッパ東部·中部などに住むアリアン系民族の総称.

斯里巴加湾市 sīlǐbājiāwān shì 〚地〛バンダルスリブガワン:〔文 wén 莱达鲁萨兰国〕(ブルネイ·ダルサラーム国)の首都.

斯里贾亚瓦德纳普拉科提 sīlǐ jiǎyàwǎdénàpǔlā kētí 〚地〛スリ·ジャヤワルダナプラ·コッテ:〔斯里兰卡〕(スリランカ)の首都.

斯里兰卡 sīlǐlánkǎ スリランカ:もと〔锡xī兰〕(セイロン)といった.正式国名は〔～民主社会主义共和国〕.首都は〔斯里贾亚瓦德纳普拉科提〕(スリ·ジャヤワルダナプラ·コッテ).〔科kē伦坡〕(コロンボ)は旧首都.

斯洛伐克 sīluòfákè スロバキア:正式国名は〔～共和国〕.首都は〔布bù拉迪斯拉发〕(プラチスラバ)

斯洛文尼亚 sīluòwénníyà スロベニア:正式国名は〔～共和国〕.首都は〔卢lú布尔雅那〕(リュブリャナ)

斯诺 sīnuò 〚人〛エドガー·スノー:アメリカの記者.〔西行漫记〕(中国の赤い星)など中国革命の闘争を描いた作品がある(1905~1972)

斯托克斯 sītuōkèsī 〚物〛ストークス:動粘度のCGS単位.記号 St.单に〔斯⑦〕ともいう.

斯瓦希里语 sīwǎxīlǐ yǔ 〚言〛スワヒリ語.

斯威士兰王国 sīwēishìlán スワジランド:正式国名は〔～王国〕.首都は〔姆mǔ巴比内〕(ムババーネ)

斯文 sīwén 〈名〉①文化.文人.〔儒学者.败类〕学者でありながら行動のよくない者.〔～扫地〕@学者がすっかり堕落する.⑥文化が全くすたれる.文化や文人が重んじられない.

斯文 sīwen〈転〉優雅である.〔斯文文〕優雅で品があるさま.〔说话～点儿,别这么大嚷 rǎng 大叫わたしたちにわきまえてなさい,穏やかに話しなさい.〔表面上斯文文〕外見は上品に構えている.

斯须 sīxū〈文〉しばしの間:〔须臾 yú〕に同じ.

〔澌〕 sī〈文〉①氷がとけて流れる.②流水.

〔厮〕(廝) sī(Ⅰ)①古下男.下僕.②奴(さ).〔小～无礼!〕小僧め,無礼であるぞ.〔那～〕あいつ.
(Ⅱ)〈白〉互いに.〔他们俩渐渐～熟 shú 了〕彼ら二人はしだいに知り合いになった.

厮并 sībìng〈白〉渡り合う.果たし合いをする.

厮缠 sīchán つきまとう.からみつく.

厮打 sīdǎ なぐりあう.→〔斯打〕

厮混 sīhùn ①くっつき合って過ごす.②ごちゃまぜになる.混ざり合う.

厮杀 sīshā 殺し合いの勝負をする.

厮杀 sīshā 殺し合う.戦う.〔常言道:～无 wú 如父子兵〕ことわざにも,戦うのには,父·子が力を合わせた兵力に優るものはないという.

厮守 sīshǒu 互いに頼る.〔母女俩～在一起过日子〕母娘二人は寄り添って一緒に暮らす.

〔澌〕 sī〈文〉尽きる.〔～灭 miè〕消え失せる.消滅する.

澌澌 sīsī〈擬〉雨·風·雪などの音.〔雪～〕雪がサーッと降る.〔冻得～的抖〕寒くてブルッとふるえる.

〔撕〕 sī ①〔布·紙などを〕引き裂く.裂く(ける).引きはがす.〔把布～成两块〕布を2枚に裂く.〔～了个粉碎〕こなごなに裂く(ちぎる).②〔少量の〕布類を買う.〔～半匹绸 chóu 子来〕絹を半匹買ってくる.

撕扯 sīchě 引き裂く.かきむしる.〔把来信～成碎片〕手紙をびりびりに引き裂いた.

撕打 sīdǎ つかみあう(ってけんかする).→〔斯打〕

撕肝裂肺 sīgān lièfèi〈慣〉はらわたがちぎれるほど悲痛する.

撕毁 sīhuǐ ①引き裂く.破り捨てる.②〔条約などを〕反古(ほご)にする.破棄する.〔～凡尔赛和约〕ベルサイユ平和条約を破棄する.

撕掳 sīlu 〔撕罗〕ともいう.〈方〉①始末をつける.片付ける.処理する.〔事情都～完了〕用事は全部片付いた.②じゃれつく.たわむれる.〔这孩子净~我〕この子はわたしにじゃれついてばかりいる.③引っ張る

撕旁岔儿 sī pángchàr〈方〉話を横道にそらす.

撕皮掳肉 sīpí lǔròu (けんかなどして)体中なま傷だらけ.

撕票(儿) sīpiào(r)=〔扯 chě 票(儿)〕賊が,身代金を得られない場合に〔肉 ròu 票(儿)〕(人質)を殺すこと.

撕破脸 sīpòliǎn 仲たがいする.相手に気づかいをしなくなる.〔抓 zhuā 破脸〕に同じ.

撕下 sīxià はぎとる.ひきはがす.〔～遮羞布〕ぼろかくしを同前.

〔嘶〕 sī〈文〉①(牛馬が)いななく.〔人喊马～〕人がさけびを あげ馬がいななく.②〈文〉声がしわがれる(かすれる).〔声～力竭〕〔力竭 jié 声～〕〈成〉力が尽き声もかれる.③⇒〔咝〕

嘶哑 sīhǎn 大声で叫ぶ.続けざまに叫ぶ.

嘶叫 sījiào 大声で叫ぶ.声高に鳴く.〔尖声～〕きいきい声で叫ぶ.〔战马的～声〕戦馬のいななきの声.

嘶鸣 sīmíng いななく.大声で鳴く.〔战马~〕戦馬がいななく.

嘶哑 sīshà 声がかれる.声がかすれる.

嘶嘶 sīsī 鋭く長い叫びをあげる.〔风声～〕風の音がヒューヒューと鳴る.

嘶哑 sīyǎ 声がかれる.〔那陈旧的,～的话匣子〕あの古くなり,音のかすれた蓄音器.

〔蛳·螄〕 sī〔螺~luó·si〕〚魚貝〛タニシ(総称)

〔死〕 sǐ ①〈生命が〉尽きる(絶える).死ぬ.枯れる:人間の場合は,無造作な言い方.ふつう成人の場合は〔去 qù 世〕という.〔不怕~〕死を恐れない.〔烧 shāo ~〕焼け死ぬ.〔溺 yān ~〕溺れ死ぬ.〔吊 diào ~〕縊(くび)れ死する.〔寻 xún ~〕自殺をはかる.〔这棵树～了〕この樹は枯れている.〔打~〕打ち殺す(される).〔勒 lēi ~〕くびり(絞め)殺す(される).〔轧 yà ~〕ひき殺す(される).〔七岁上～了父亲〕7歳の時父を亡くした(父に死なれた).〔人~不能复生〕人は死ねば二度と生れる事はない.〔生的伟大,～的光荣〕世の中では立派な生き方をし,死ぬ時は名誉な死に方をする.〔好~不如赖 lài 活着〕諺がよい死に方をするよりどうにか生きている方がよい.死んで花実は咲かぬ.↔〔活 huó~〕①〈生 shēng(Ⅰ)②〕②必死にする.懸命にする.〔一～儿地〕〔战 zhàn 斗~〕必死で戦う.〔~干 gàn〕がむしゃらにやる.③消滅する(させる).放棄する.断ち切る.〔～了这个念头了〕その考えを断ち切った.④活動がなくなる.死ぬ.〔釘 dīng~〕釘を〔用砖头砌 qì~〕レンガを積んで閉じる.

死 sǐ

〔水泵淤 yū ~了〕ポンプがつまった.〔这个领子是~的〕この襟は縫いつけてある.〔定 dìng ~〕変更の余地はないと決めてしまう.〔我那套西装已经当 dàng 了〕わたしのあの洋服はもう質流れになった. ⑤固定化している.融通のきかない.〔脑筋~〕⑥融通がきかない.⑦頭が鈍い.〔别在这里~等〕こでいつまでも待つな.〔这人多~呀〕いついつなんという融通のきかないやつだ.〔把念念~了〕書物の表面だけを読む(内容の深いところを吸収して知識を生かせるような読み方をしない). ⑨通り抜けられない.行きづまりである.〔把窟窿堵 dǔ ~〕穴をふさぐこむ.〔~胡 hú 同(儿)〕袋小路.〔~涧 jiàn 头〕谷の行きづまり. ⑦調停不能である.対立が絶対的である.〔不对劲儿〕ひどく仲が悪い.〔~敌 dí 〕和解の余地のない人.かんとして.死にでも.一途に:

死巴 sǐbā 〔方〕①融通がきかない. ②のろい.はきはしない.

死巴巴 sǐbābā 〔方〕じっと見つめるさま.

死板 sǐbǎn ①融通がきかない.〔这种说法是很~的〕このような言い方ははなはだ公式的だ.〔他们是机械地、一地运用这些原则〕彼らはこれらの原則を機械的にしゃくし定規に運用するのだ.〔板板六十四〕②活気がない.生気がない.〔这幅画上的人物太、没有表情〕この絵に描かれている人物は少しも動きがなくし表情が乏しい.〔死板我〕変化がないさま.活気がないさま.生気がないさま.

死别 sǐbié 死に別れ(る).〔生离~〕生き別れや死に別れ.

死不… sǐbù… どうしても…しない.死んでも…しない.〔~放手〕しがみついて離れない.〔~认错〕強情を張って過ちを認めない.

死不改悔 sǐ bù gǎihuǐ 〈成〉死んでも改めない.〔死不回头〕ともいう.

死不瞑目 sǐ bù míngmù 〈慣〉死んでも死にきれない:目的達成に強い執念がある.

死不要脸 sǐ bù yàoliǎn 〈罵〉恥知らず.破廉恥.

死硬硬 sǐchén yìngmó まつわりついて離れない.

死缠活缠 sǐchán huóchán 〈成〉執拗にからみつく.

死产 sǐchǎn 医死産(する).

死沉 sǐchén ずっしりと重いさま.〔这个箱子~〕〔这个箱子~~的〕このトランクはどっしり重い. → 〔死气沉沉〕

死吃 sǐchī 稼ぎをしないで食ってばかり食う.

死党 sǐdǎng ①決死の徒党.一味(そしる意味で用いる). ②頑迷な反動集団.

死得其所 sǐ dé qísuǒ 〈成〉死してそのところを得る.価値ある死である.死に甲斐がある〔他的死是~,重于泰山的〕彼の死は死んでそのところを得たものであり,その死は泰山より重い.

死等 sǐděng かたくなに待つ.いつまでも待ち続ける.〔咱们在门外来个~儿〕おれたちは今日は門の外でいつまでも待つとしよう.

死敌 sǐdí 不倶戴天の敵.〔和平的~〕平和のための妥協のできない敵.

死地 sǐdì ①逃れられない場所(立場).〔置之~〕死地に追い込む.〔~中求生〕絶体絶命の場から生きる途を求める. ②地相のよくない土地.不吉の地.

死点 sǐdiǎn 機死点.思案点.

死店活人开 sǐdiàn huórén kāi 倒産した店でも手腕のある人がやれば立て直る.〈喩〉何事も運営する人の能力次第だ.

死钉坑儿 sǐdīngkēngr 〈喩〉①一ヵ所に釘づけになる.〔事情很忙不能离身儿,非~不可〕仕事が忙しくて抜けられない,釘づけになってるほかない. ②一つのことを握り下げて追究する.

死读书 sǐdúshū ①ひたすらに勉強する. ②機械的に本を丸暗記する.〔~,读死书〕同前.

死对头 sǐduìtou 食うか食われるかの仇敵.和解することのありえない相手.〔这号人跟咱们是~〕この連中と俺たちは宿敵だ.

死而复生 sǐ ér fùshēng 〈成〉一旦死んでまた生き返る.

死而后已 sǐ ér hòu yǐ 〈成〉死してのち已(や)む.死ぬまでがんばる.

死而无憾 sǐ ér wúhàn 〈慣〉安心して死ねる.〔死无遗憾〕ともいう.

死告活央 sǐgào huóyāng 〈慣〉一生懸命に頼みこむ.

死疙瘩 sǐgēda(r) ⇒〔死结①〕

死工夫 sǐgōngfū 〈喩〉懸命の研鑽.〔下 xià ~〕懸命に研鑽する.

死工资 sǐgōngzī 〔口〕基本給.固定給.

死狗 sǐgǒu 〔罵〕こん畜生.

死规矩 sǐguīju 〈喩〉しゃくし定規の決まり.がちがちの規則.

死鬼 sǐguǐ ①死人.亡者.故人.〔~某人我倒认识他〕故人の某はわたしは知っている.〔~当家(儿)的〕亡くなった亭主. ②死者の霊. ③〔罵〕あほう.ばか.

死过去 sǐguòqu 意識を失う.気が遠くなるほど…する.〔被吊打!~五次)宙吊りにしてたたかれ5度も意識を失った.〔差点儿让我哭~〕意識がぼんやりするまでひどく泣かされた.

死海 sǐhǎi 地死海:俗に〔大 dà 咸湖〕ともいう.

死耗 sǐhào 死の知らせ.訃報.

死胡芦头(儿) sǐhúlutóu(r) 行きづまりの道(事がら).〔你老是一死人儿地~走〕きみはいつもしゃにむにどうにもならない方へ行ってしまう.

死胡同(儿) sǐhútòng(r) 袋小路.行きづまりの道.〈喩〉打開の道がない.

死话(儿) sǐhuà(r) 望みのない話.捨て鉢な話.〔你别说~,总得留个活话儿才好〕捨て鉢なことを言ってはいけない,とにかく望みにつながる話をしなくてはだめだ.

死缓 sǐhuǎn 法執行猶予付き死刑判決:〔判处死刑,缓期执行〕の略.

死灰 sǐhuī 死灰.火の気のなくなった灰.〔~复燃 rán 〕<成>息を吹き返す:多く悪人についていう.

死活 sǐhuó ①生死.死ぬか生きるか.〔哥哥被抓走了,至今不知道~〕兄さんはつれて行かれ,今も生死がわからない.〔他们根本不管我们工人的~〕彼らは我々労働者が死のうが生きようがてんであかまいなしだ. ②どうしても.〔他~不答应〕彼はどうしても承知しない.〔~拉了他来〕何がなんでも彼を引っぱってきた.

死火 sǐhuǒ 〔口〕エンストをおこす.〈転〉動かなくなる.停止する.閉鎖する. → 〔熄 xī 火〕

死火山 sǐhuǒshān 死火山.

死货 sǐhuò 引き取り手のない商品.

死机 sǐjī 電算フリーズ.ハングアップ:動かなくなる.

死记 sǐjì ①丸暗記(する).棒暗記(する). ②〔~硬背〕同前. ③書きかえない.〔底分~〕(計算上の)基本額の固定.

死忌 sǐjì 死んだ日.命日:〔忌日〕に同じ.

死寂 sǐjì 静まり返る.しんとしている.〔夜深了,村子

sǐ / 死

里一片~]夜がふけて村はしんと静まり返っている.

死记硬背 sǐjì yìngbèi ⇒[死记①]

死谏 sǐjiàn 〈文〉死をもって諫(いさ)める.

死角 sǐjiǎo ①〈軍〉死角. ②〈喩〉影響の及ばないところ.盲点.

死搅蛮缠 sǐ jiǎo mán chán ⇒[胡 hú 搅 jiǎo 蛮缠]

死校 sǐjiào ひたすら原稿どおりに校正する.→[活 huó 校]

死节 sǐjié 〈文〉節操をたてるために死ぬ.

死结 sǐjié ①本結び.結びきり.解けない結び目;[死纥繨(儿)][死扣儿]ともいう.→[活 huó 结]②〈喩〉解決がむずかしい矛盾・問題.[多年的~]多年にわたる難題.

死劲(儿) sǐjìn(r) ①ありたけの力.ぱか力.[下~]ぱか力を出す. ②一生懸命に.一心不乱に.[~往下压]一生懸命押さえつける.[~盯住他]一刻も彼から目を離さない.

死井 sǐjǐng 涸(か)れ井戸.

死就 sǐjiù 絶命する.完全に息を絶える.[这个虫子还没~,腿还在动呢]この虫はまだ完全に死にきっていない,肢がまだ動いている.

死局 sǐjú 〈囲碁で〉挽回不能な局面.死命を制せられた対局.

死啃 sǐkěn ①むだ飯を食う.座食する. ②しゃにむにみつく.[~书本儿]本にかじりつく.

死抠 sǐkōu(r) ①きかぬ気.一徹(である).馬鹿正直(である).[他那~脾气,谁也说听不动他]彼のあの一徹な気性では,誰が言っても気持ちを動かすことはできない. ②一途(である).のめりこんでいる. ③けち(る・である).[他真是~啊,一个钱也舍不得花]彼はまったくけちだ,少しの金も使うのを惜しがる.

死扣儿 sǐkòur ①本結び.結びきり.解けない結び目;[死结①]に同じ.↔[活 huó 扣(儿)] ②心のしこり.わだかまり.

死库容 sǐkùróng ダムが機能する最低水位を下回る貯水量.

死拉活拽 sǐlā huózhuài [死拉活扯][死拖活拉][死拖活拽]ともいう.むりやりに引っぱる.〈喩〉強引に押し進める.[~地非去不可]強引でも何でも行かなければだめだ.

死牢 sǐláo 死刑囚を収監する獄房.

死劳动 sǐláodòng [物 wù 化劳动]

死老虎 sǐlǎohǔ 〈喩〉勢力を失った人.抵抗する力のなくなった人.

死理 sǐlǐ [-儿]屁理屈.杓子定規な考え方.[认~]融通が利かない.

死里逃生 sǐlǐ táoshēng 〈成〉九死に一生を得る.命からがら逃げだす.[好容易才能~]やっとのことで死中に活を得た.

死力 sǐlì ありったけの力.死力.[~抵抗]全力を尽くして抵抗する.

死路 sǐlù ①行き止まりの道.袋小路. ②〈喩〉絶望的な方向.自滅の道.[~一条]救いのない一本道.

死驴 sǐlǘ ①死んだロバ. ②〈罵〉ろくでなし.

死马当活马医 sǐmǎ dàng huómǎ yī 〈諺〉見込みはなくても最後の努力をしてみよう;[死马当活马治 zhì]ともいう.

死脉 sǐmài ①〈中医〉死の兆候を示す脈拍. ②鉱脈の途絶え(掘りつくし)たところ.

死眉瞪眼 sǐméi dèngyǎn 〈成〉(表情などの)生気がない.にぶい.死んだような顔の.[这张画有点儿~的]この絵は生き生きしていない.[这馒头怎么蒸得~的]このマントーはふっくらしていない.

死门儿 sǐménr 旧娘を妾として人に売って,親との縁を断ってしまうこと;[死门口]ともいう.→[活 huó 门儿]

死面(儿) sǐmiàn(r) 水でこねた(だけで発酵させていない)小麦粉.[~饼 bǐng]発酵させないで作った"饼". ②〈喩〉こちこち融通のきかない奴.→[发 fā 面②]

死灭 sǐmiè 死滅する.滅亡する.

死命 sǐmìng ①死ぬべき運命. ②必死に.[~抵抗]必死に抵抗する.

死难 sǐnàn (正義のための)犠牲となる.

死脑筋 sǐnǎojīn 石頭で融通がきかない人.

死皮赖脸 sǐpí làiliǎn 〈成〉ひどくずうずうしい.厚顔無恥である.[~地要钱]厚かましくも金をねだる.

死期 sǐqī 死期.

死棋 sǐqí 勝ち目のない碁.〈喩〉行きづまった局面.

死契 sǐqì 不動産売買契約に買い戻せないことを明記したもの.

死气沉沉 sǐqì chénchén 活気がないさま.沈滞しきっているさま.

死乞白赖 sǐqi báilài [死乞白咧 liē][死气白赖][死求白赖]とも書いた.〈口〉しつこく.執拗に.[他本来不肯,经不住同事们一地拉地拉~]彼はもともとうんと言わなかったのだが,同僚たちにしゃにむに引っぱっていかれたのでした(断られ)ないでした.

死钱(儿) sǐqián(r) ①利益(利息)を生み出さない金. ②定期的に入る定まった額の収入.

死囚 sǐqiú ①死刑囚. ②[一牢]死刑囚の監房.

死球 sǐqiú 又〈野球で〉①デッドボール. ②ボールデッド・プレイ中断の状態.

死去活来 sǐqù huólái 〈喩〉生きるか死ぬかというほどに(苦しい目にあう).[苦痛,悲しみが]ひどくありさま.[疼 téng 得~]死なんばかりに痛い.[被打得~]ひどくひっぱたかれた.[哭得~]身も世もなく泣いた.

死人 sǐrén ①死人.[~翻白 fān bái 身]死人も体を動かす,〈喩〉とんでもに達者なさま.[~了!]人が死んでいるぞ. ②死体.遺体.↔[活 huó 人]

死伤 sǐshāng 死傷(者).[这次战斗~惨重]今度の戦いでは死傷者を多数出した.

死神 sǐshén 死に神.

死生 sǐshēng 生き死に.[~有命,富贵在天]生きるも死ぬも運命であり,富貴も天命だ.

死尸 sǐshī 死体.

死士 sǐshì 〈文〉決死の人.

死事 sǐshì 〈文〉(国事のために)殉職する.

死手 sǐshǒu 秘訣.絶妙な手段.奥の手.

死守 sǐshǒu ①死守する. ②〈喩〉頑固に守る.墨守する.[~老规矩]昔からの決まりにしがみついている.

死水 sǐshuǐ ①流れない水.よどみ.[~坑 kēng 子]水たまり. ②〈喩〉無感動,無表情な膠着状況のさま.[一潭~]〈成〉同前. ③[-儿]増えることがない財産.

死说活说 sǐshuō huóshuō 言葉を尽くして言うな.だめすかす.[~地劝了他好几次,他总不肯答应]手をかえ品をかえて何度も説得したが,彼は承知しようとしない.

死绥 sǐsuí 〈文〉陣没する.

死胎 sǐtāi 死産児.

死膛儿 sǐtángr 中空でない(もの).[这根铁柱是~的]この鉄柱は中が詰まっている.

死套子 sǐtàozi ①決まりきった型. ②〈喩〉古くさいやり方.月並みで融通のきかないやり方.

死拖 sǐtuō ①〈喩〉むやみに引き延ばす.どうにかこうにかし続ける. ②必死に引っ張る.引いて離さない.[~活拉][~活拽]〈喩〉強引にする.

死顽固 sǐwángù 頑固一徹(の人)

死巳汜祀四

死亡 sǐwáng 死亡(する).〔～保险〕生命保険.〔～边缘 yuán〕死の瀬戸際.〔～率 lǜ〕死亡率.〔～线〕生死の境.〔～之海〕囲新疆ウイグル自治区タリム盆地の別称.〔～证〕死亡証明書.⇒〖生 shēng 存〗

死无对证 sǐ wú duìzhèng〈慣〉死人に口なし.

死无遗憾 sǐ wú yíhàn ⇒〖死而无憾〗

死物 sǐwù(r) ①生命のない(死せる)物. ②〈喩〉活用法のない物. ③〈喩〉ずしりと重い物.

死相 sǐxiàng ①死相.死に顔.〈喩〉死にそうな表情.死んだような顔つき. ②〈罵〉ばか.あほ.

死心 sǐxīn あきらめる.断念する.〔你死了心吧,丢了的钱再回不来了〕きみあきらめたまえ、なくなった金はもう返りっこないよ.〔在这件事上他始终不～〕この件については,彼はついに一向に気をゆるしていないである.〔他们还没有々,大着胆子干了一下〕彼らはまだあきらめず思いきってやってみた. ⇒〖不 bù 死心〗

死心塌地 sǐxīn tādì〖死心搭地〗〖死心路地〗とも书いた.しゃにむに.なにがなんでも(こうと决めたら押し通すこと):多くけなしていう场合に用いる.

死心眼儿 sǐxīnyǎnr ①〈喩〉頑固である.融通がきかない.〔想开点儿吧,别～〕少し広く考えろよ,一途に思い込んではいけない.〔他也太～了〕彼もあまりに一徹だ. ②頑固者.石頭の人.

死信 sǐxìn ①配达不能の邮便物. ②[-儿]死んだという知らせ.死亡通知.〔死讯〕に同じ.

死刑 sǐxíng 法死刑.〔判处 chǔ ～〕死刑の判决を下す(される).

死性 sǐxìng 一徹である.融通がきかない.〔他太～〕彼は实に頑固だ.

死讯 sǐxùn ⇒〖死信②〗

死殃 sǐyang〈方〉意固地である.偏屈である.〔我这人向来很～,不会应酬〕わたしという人間は元来気がきかず,交際などはまるでだめです.

死要面子 sǐ yào miànzi 命をかけてよいほどメンツを重んずる.どんな犠牲を払っても面目を保つ.

死因 sǐyīn 死亡原因.〔查明～〕死因を明らかにする.

死硬 sǐyìng ①頑迷である.かたくなである.〔我们都不满意他们的～态度〕われわれは彼らの意固地で强硬な態度に不满である.〔～派〕徹底した頑固な一派. ②机転がきかない.融通がきかない.弹力的でない.

死友 sǐyǒu〈文〉交情の死ぬまで变わらない亲友.

死有余辜 sǐ yǒu yúgū〈成〉死んでもなお偿いきれない:罪が极めて深い.〔真是罪有应得,～啊〕本当に当然の报いで,死んでもつぐないきれぬ.

死于非命 sǐ yú fēimìng〈成〉非命の死をとげる.横死する.

死凿儿 sǐzáor〈方〉一徹である.頑固である.〔你别犯～,什么事也要看宽一点〕そうマジメにしなさんな,何ごとも広く见なければいけない.

死战 sǐzhàn ①必死の战い(をする). ②存亡を分ける战いをする.

死仗 sǐzhàng ⇒〖硬 yìng 仗〗

死账 sǐzhàng〔口〕不良债権.不良贷付.

死者 sǐzhě 死んだ人.死者.

死症 sǐzhèng ①不治の病:〔绝 jué 症〕に同じ. ②〈喩〉克服不能な困難.

死中求活 sǐzhōng qiúhuó〈成〉死中に活を求める:〔死中求生〕ともいう.〔～,正在今日〕〈文〉死中に活を求めるのは今がその时だ.

死重泰山 sǐ zhòng tàishān →〖重于泰山〗

死猪不怕开水烫 sǐzhū bùpà kāishuǐ tàng〈谚〉死んだ豚は熱湯を浴びても平気だし以上悪くはならないと腹をくくる.〔烫〕は〔浇 jiāo〕ともいう.

死子 sǐzǐ [-儿]〈碁で〉死んだ石.

死租 sǐzū →〖活 huó 租〗

死罪 sǐzuì ①死に相当する罪. ②〈文〉罪は死に値する.〔～～!〕まことに申しわけありません.

〖巳〗 sì
①ôみ:十二支の第6位.〔～蛇 shé〕同前. ②〔干 gān 支〕順序の6番目. ③囲时刻で,午前9时～11时まで.〔～牌 pái 时分〕巳の刻のころあい. ④囲方位で,南東. ⑤〈姓〉巳

巳刻 sìkè 同下.

巳时 sìshí 巳の刻:〔巳刻〕に同じ.→字解③

〖汜〗 sì
地名用字.〔～河〕〔～水〕囲河南省にある.

〖祀(禩)〗 sì
①〈文〉祭る.〔祭 jì ～〕同前.〔～神〕神を祭る.〔～祖 zǔ〕祖先を祭る. ②年.〔十有三～〕十有三年.

祀奉 sìfèng 囲〈神〉祭る.

祀孔 sìkǒng〈文〉孔子を祭る.

祀天 sìtiān 囲天を祭る仪式:〔囚郊 jiāo 祭〕に同じ.

祀物 sìwù〈文〉祭祀のお供え物.

祀灶日 sìzàorì 旧暦12月23日のかまど祭りの日.

〖四〗 sì
(I) ①4.四つ:〔肆 ③〕は大字. ②〈姓〉四.〔个〕

(II) →〖工 gōng 尺〗

四…八… sì… bā… 同類の語を前後に置き,各方面に広くの意を表す.〔～停～当〕〈喻〉全てに穏当·適切である.ちょうど妥当なところに落ち着く.

四宝 sìbǎo 4种の宝.〔文房～〕書斎の四つの宝:〔纸,墨,笔,砚 yàn〕.

四倍体 sìbèitǐ 生理四倍体〔染色体〕

四壁萧条 sìbì xiāotiáo 四方の壁だけでがらんとしている.〈喩〉非常に貧乏である.

四边 sìbiān ① [-儿]四方.周囲. ②囲四辺.〔～形〕四角形.四辺形.〔平行～形〕平行四辺形.

四部 sìbù 漢籍の伝统的分類〔经 jīng 部〕〔史 shǐ 部〕〔子 zǐ 部〕〔集 jí 部〕の総称.

四部合唱 sìbù héchàng 囲四部合唱.

四步违例 sìbù wéilì〈ハンドボールで〉オーバーステップ:ボールを持って4歩以上步く反則.

四不像 sìbùxiàng ①何だとも言えない.得体の知れない.形容のしようがない.〔～,八不归〕何にも似ていず,またこれだというものもない.〔说的是～的英语〕しゃべるのは怪しげな英語である. ②固シゾウ〔四不像〕:〔麋 mí 鹿 〕の別称.角は鹿に,ひざの先は牛に,尾(体)はロバに,首はラクダ(馬)に似ていながら全体的にはどれにも似ていない. ③〔驯 xùn 鹿〕(トナカイ)の通称.

四菜一汤 sìcài yītāng 4种类の料理とスープ1种类:公的宴席の基準.

四尘 sìchén〔四衬〕〔四趁〕とも书く.〈方〉ぴったりとして似合う.様になっている.しっくりして隙がない.

四重唱 sìchóngchàng 囲四重唱.カルテット.

四重奏 sìchóngzòu 囲四重奏.カルテット.

四出 sìchū 四方に出向く.〔～活动〕各地に赴いて活動する.

四处 sìchù 四方.各所.〔～八方〕四方八方.〔～都找遍了〕どこもかしこもみな捜した.〔～串 chuàn 伏〕転々と身を隐す.

四次环球 sìcì huánqiú ⇒〖四环球〗

四大 sìdà ①1960～70年代ごろの〔大鸣,大放,大辩论,大字报〕:〔大民主〕ともいう. ②道教で,"道·天·地·人". ③仏教で"地·水·火·風"をいい,また その性能"坚·湿·暖·動"をいう.〔转〕人の身体.〔～

sì

皆空〕世の一切は空虚であること.
四大家儿 sìdà jiār ⇒〔四大门儿〕
四大家鱼 sìdà jiāyú〔青鱼,草鱼,鲢鱼,鳙鱼〕:料理用の魚.
四大家族 sìdà jiāzú〔史〕蒋介石·宋子文·孔祥熙お よび陳兄弟(果夫·立夫)を中心とする四つの家族: 国民党統治下では中央·中国·交通および中国農民の四大銀行を支配し国民党政権の政治的·経済的実権を握っていた.
四件 sìdàjiàn 4種の神器(四つの家庭用耐久商品のたとえ).ⓐ 5,60年代における〔三大件〕〔腕時計,ミシン,自転車〕に〔收音机〕(ラジオ)を加えた〔三转一响〕(3つの回転するものと1つの鳴るもの)ともいわれる.時代とともに変化し,ⓑ 7,80年代以降は〔彩电〕(カラーテレビ),〔电风扇〕(扇風機),〔冰箱〕(冷蔵庫),〔洗衣机〕(洗濯機).ⓒ 90年代以降は〔手机〕(携帯電話),〔电脑〕(パソコン),〔空调〕(エアコン),〔私人汽车〕(マイカー)など一説あり.新しいものを〔新四(大)件〕,以前のものを〔老四(大)件〕と呼ぶ.
四大金刚 sìdà jīngāng ⇒〔四大天王〕〔四金刚〕〔四天王〕山門の四天王像:手に剣を持つ南方の増長天を"風(鋒)",琵琶を持つ東方の持国天を"調(音調)",傘を持つ北方の多聞天を"雨",手に竜が巻く西方の広目天を"順(順鱗)",あわせて〔风,调,雨,顺〕(気候が順調である)にあてる.
四大门儿 sìdà ménr ⇒〔四大家儿〕迷信上,人に祟(たた)りをしたり恵みを与えたりされる〔狐 hú〕〔鼬 yòu〕〔猬 wèi〕〔蛇 shé〕の四つの動物.
四大名旦 sìdà míngdàn〈旧劇〉近世の四大名女形:梅蘭芳·程硯秋·尚小雲·荀慧生.
四大奇书 sìdà qíshū 〔圖〕ⓐ〔水浒传〕〔三国(志)演义〕〔西厢记〕〔琵琶记〕.ⓑ〔水浒传〕〔三国(志)演义〕〔西游记〕〔金瓶梅(词话)〕.
四大天王 sìdà tiānwáng ⇒〔四大金刚〕
四大洲 sìdàzhōu 〔圖〕(仏教で)〔东胜身洲,南瞻部洲,西牛货洲,北俱卢洲〕
四德 sìdé 〔圖〕ⓐ〔妇德·妇言·妇容·妇功〕(周礼).ⓑ〔孝·悌·忠·信〕(大戴礼).ⓒ〔元·亨·利·贞〕(易)
四地 sìdì〔方〕足らないというところがない.
四点底 sìdiǎndǐ 同下.
四点火(儿) sìdiǎnhuǒ(r) 〔圖〕れんが.れっか:漢字部首の"灬".〔四点底〕〔火点(儿)〕.〔连 lián 点(儿)〕ともいう.→付録1
四叠体 sìdiétǐ 〔生理〕四畳体.
四堵墙(儿) sìdǔqiáng(r) ⇒〔方 fāng 匡(儿)〕
四二一综合症 sì'èryī zōnghézhèng〔口〕一人っ子政策症候群:祖父母と外祖父母·両親と一人っ子:〔一〕を yāo という.
四方 sìfāng ①〔東南西北の〕四方.②正方形.また立方体.〔~形〕直角の四辺形:〔正方形〕と〔长方形〕.〔~步(儿)〕ゆったりと·おおような気どった歩調.〔~脸儿 liǎnr〕四角な顔.〔~人〕方正な(人).〔~脑 nǎo 袋〕〈喩〉頑固でこちこちの頭(の人).〔~联(儿) lián(r)〕田の字形の 4 枚の切手シート.
四方竹 sìfāngzhú ⇒〔方竹〕
四废 sìfèi〔废液〕〔废气〕〔废物〕〔废渣 zhā〕など公害をおこす廃棄物:前三者を〔三 sān 废〕という.
四分五裂 sìfēn wǔliè 散り散りばらばら(になる).〔天下~〕天下が四分五裂となる.〔内部~〕一点一点団結して内部が散り散りばらばらで少しも団結していない.
四伏 sìfú〔危機〕いたるところにひそんでいる.〔危机~〕いたるところに危機をはらんでいる.
四干 sìgān →〔乓乒桌①〕
四个坏球 sìge huàiqiú ⇒〔四坏球〕

四个现代化 sìge xiàndàihuà 農業·工業·国防·科学技術を近代化する:略して〔四化②〕という.
四更 sìgēng =〔丁 dīng 夜〕深夜ハッ.丑の刻:午前 1 時から 3 時頃.〔四鼓〕〔丑 chǒu 时〕ともいう.→〔五 wǔ 更〕
四顾 sìgù あたりを見回す.〔~无人〕あたりには人の姿が見当たらない.
四海 sìhǎi〈喩〉天下.全世界:古く中国は周りを海が囲んでいると考えられた.〔~之内皆兄弟也〕世界全体みな兄弟である.〔放之~而皆准〕全世界にあまねく通用する.〔~为 wéi 家〕全国を統治する.ⓑ至る所へ行き住みつく.〔五湖~〕〔~五洲~〕全世界.
四害 sìhài ①〔苍 cāng 蝇〕(はえ),〔蚊 wén 子〕(か),〔老鼠 lǎo〕(ねずみ),〔麻雀 máquè ①〕(すずめ).〔除 chú ~〕同前を退治する運動:のち〔麻雀①〕にかわって〔臭 chòu 虫〕(とこじらみ,俗になんきんむし)が入った.②党幹部や高官の公費による飲食費,携帯電話使用料,公用車の私的利用,出張名目の個人旅行の乱用.
四海 sìhai〈方〉①太っ腹である.②顔が広い.
四合房(儿) sìhéfáng(r) 同下.
四合院(儿) sìhéyuàn(r) =〔四合房(儿)〕〔圖〕北京地方の標準的住宅(建て方):四角形の〔院 yuàn 子①〕〔庭〕を囲んで北側に南面する〔正 zhèng 房①〕あるいは〔上 shàng 房〕といわれる母屋,東側に西面して〔东 dōng 厢房〕,西側に東面して〔西 xī 厢房〕,南側に母屋に向かいあって〔倒 dào 座儿①〕と呼ばれる以上 4 棟の建物で構成されている住宅.なおこのうち〔倒座儿①〕だけがないものを〔三合(儿)房〕〔三合院儿〕という.→〔上 shàng 海式洋房〕;付録 6
四呼 sìhū 〔圖〕(中国音韻学で)〔呼〕とは呼気の意味.韻母あるいは韻頭の介音の母音の種類によって分類した〔开 kāi 口呼〕,〔齐 qí 齿呼〕,〔合 hé 口呼〕,〔撮 cuō 口呼〕のこと:韻母あるいは韻頭の介音がピンイン表記で"i"となるものが斉歯呼,"u"となるものが合口呼,"ü"となるものが撮口呼,"a"などそれ以外であるものが開口呼.具体例は以下のようになる.開口呼 — da 大,ke 可,lan 蓝.斉歯呼 — xian 先,bi 必.合口呼 — guang 光,gu 古.撮口呼 — xue 学,yu 鱼.
四胡 sìhú 〔圖〕弦が 4 本の胡弓.
四化 sìhuà 〔圖〕①の略称.例えば農業の機械化·水利化·化学肥料化·電化(1960年)など.②⇒〔四个现代化〕
四坏球 sìhuàiqiú =〔四次球〕〔四个坏球〕〈スl〉〔野球などの〕フォアボール.
四环素 sìhuánsù 〔薬〕テトラサイクリン.
四极管 sìjíguǎn 〔圖〕四極管.
四季 sìjì 四季.〔~豆〕〔圖〕インゲンマメ.ゴガツササゲ:〔菜豆〕の別称.〔~海棠〕〔圖〕ベゴニアセンパフロレンス.冬季咲きベゴニア.〔~花儿〕ほたん·ぼたん·菊·梅の花を組み合わせた絵柄.〔~如春〕常〈比〉春.〔~树〕〔圖〕常緑(樹)木.〔~报 bào 春〕〔圖〕四季咲きプリムラ.
四季发财 sìjì fācái →〔划 huá 拳②〕
四件 sìjiàn 豚や羊の頭·蹄·肝·肺.→〔上水 shàngshuǐ〕〔下水 xiàshuǐ〕
四溅 sìjiàn あたりに飛散する.
四郊 sìjiāo (都市の)周辺.近郊.
四角 sìjiǎo〔圖〕①四つの隅.四角形.四辺形.
四脚八叉 sìjiǎo bāchā〈方〉あおむけに横たわる.大の字になる.〔又〕四仰八叉〕ともいう.
四脚哈天 sìjiǎo hātiān〈喩〉両足をあげて仰向けに倒れる.〔四脚朝 cháo 天〕ともいう.〔~地睡着

四 sì

了〕大の字になり眠ってしまった(っている)

四角号码检字法 sìjiǎo hàomǎ jiǎnzìfǎ 〔国〕四角号码：漢字の筆形を10種に分け，0～9の4桁の数字で代表させる検字法：漢字の筆画の左上，右上，左下，右下の部分の画の形から，それぞれに4個の数字(〔四角号码〕という)を得たのち，末尾に〔附号〕として，右下の部分の画の部分を数字で表す。例えば〔汉〕は3714₀の5桁の数となる。王雲五の発明したもの．

四脚蛇 sìjiǎoshé 〔動〕〔蜥 xī 蜴〕(トカゲ)や〔石龙子〕(トカゲ近縁種)の俗称．

四金刚 sìjīngāng ⇒〔四大金刚〕

四近 sìjìn 囲り．周り．あたり．

四九 sìjiǔ 冬至から数えて28日目から36日目までの9日間．→〔九九消寒图〕

四旧 sìjiù (文化大革命初期に)革命の対象とされた四つの古いもの：古い思想・古い文化・古い風俗・古い習慣．

四句推子 sìjù tuīzi 〔劇〕安徽の鳳台・懷遠などの地方劇の名：4句をとり返す．演目には〔游春〕が有名．

四君子 sìjūnzǐ 画材としての梅・菊・蘭・竹(4種の高雅な樹木)の総称．

四开 sìkāi 〔国〕(新聞・印刷製本用語で)四つ折り．〔～本〕四つ折り判(の本)．クオート判．→〔八310开〕〔对 duì 开②〕〈方〉〔国〕2角(20セント)の小洋銀貨の俗称．

四苦 sìkǔ 〔国〕(仏教で)生・老・病・死の四苦．

四库全书 sìkù quánshū 〔書〕清の乾隆期に編纂された叢書の名：経史子集の4部に分けたのでこの名がある．全7万9337卷で7セット作り，文淵・文源・文津・文宗・文匯・文溯・文瀾の七閣に蔵した．

四匡栏(儿) sìkuānglán(r) ⇒〔方 fāng 匡儿〕

四类分子 sìlèi fènzǐ プロレタリア独裁の対象とされた〔地，富，反，坏 huài〕(地主，富農，反革命分子，悪質分子)の総称．

四棱 sìléng ①〔-儿，-子〕〔口〕角形のもの．直方体のもの．②〈文〉すみずみ．まわり．

四冷荤 sìlěnghūn 〔国〕(中国料理で)盛り合わせて作る4種類の冷たい魚・肉の料理：例えば〔松 sōng 花(蛋)〕〔酱 jiàng 肉〕〔酥 sū 鱼〕〔卤 lǔ 什件〕など．〔冷盘〕〔酒 jiǔ 席②〕

四愣子 sìlèngzi 〔四棱子〕とも書く．〈方〉①気性が荒くて偏屈である．②(言うことが)不遜である．けんか口調である．

四立 sìlì 立春・立夏・立秋・立冬．

四联单 sìliándān 切り取り線付きの4枚続きの伝票．→〔三 sān 联单〕

四梁八柱 sìliáng bāzhù 〔喩〕家屋の骨組み．

四两 sìliǎng 〔旧〕40匁(タメ)．〈方〉極く小さなもの：旧制では16両が1斤．〔～拨 bō 千斤〕〈喩〉小よく大を制する．〔～棉 mián 花〕〔歌〕40匁(タメ)の綿：少量で〔弹 tán 棉〕(わた打ち)ができない．〔谈 tán 不上～〕(話にならない)に通じる．

四邻 sìlín ①〔四方の隣国．②隣近所(の人)．〔～八舍〕同前のどこも．〔～皆知〕隣近所の人は皆知っている．

四灵 sìlíng 古代神話上の〔麒 qí〕〔凤 fèng〕〔龟 guī〕〔龙 lóng〕の吉祥とされる神獣．

四六步儿 sìliùbùr ゆっくりと落ち着いた歩調．

四六风 sìliùfēng ⇒〔脐 qí 风〕

四六句子 sìliù jùzi 〈方〉皮肉・あてこすり・いやがらせ．

四六体 sìliùtǐ 四六体．騈儷(ホャン)体：〔骈 pián 四俪六〕〔骈(体)文〕に同じ．六朝より流行した一種の韻文で，4字・6字の句を交互させ数を対偶にし，同前の文体で書いた文を

〔四六文〕〔骈(体)文〕という．

四氯化碳 sìlǜhuà tàn 〔化〕四塩化炭素．〔～灭 miè 火机〕四塩化炭素消火器．

四氯乙烯 sìlǜ yǐxī 〔化〕四塩化エチレン．

四轮滑冰 sìlún huábīng 〔又〕ローラースケート：〔旱 hàn 冰〕に同じ．

四马攒蹄 sìmǎ cuántí 〈喩〉手足を一つにひっくくる．〔把手脚～，捆缚做一块〕(水65)手と足を一つにひっくくる．

四马分肥 sìmǎ fēnféi 1953年から56年にかけて，民族資本企業でおこなわれた利益分配方式：国家の税金，企業積立金，労働者の福利基金，資本家の配当の四つに分けること．

四门六亲 sìmén liùqīn 親戚の総称．

四孟 sìmèng 旧暦で〔孟春〕〔孟夏〕〔孟秋〕〔孟冬〕の四つの月．

四面 sìmiàn 〔-儿〕四面．(東西南北の)四方．〔～八方〕四方八方．〔～楚 chǔ 歌〕〈成〉四面楚歌．〈喩〉敵に取り囲まれて孤立していること．八方ふさがり．〔～光〕④四面体がぴかぴかに光る．⑥〈喩〉だれからも悪く思われないように如才なくふるまう人．〔～体 tǐ〕四面体．〔～围 wéi 住〕周囲をとり囲む．〔～见光〕何ひとつ得るところがない．

四面八方政策 sìmiàn bāfāng zhèngcè 人民政治協商会議共同綱領第26条に規定されている経済建設の根本方針なる(公私,兼顧,労資両利,城乡互助,内外交流)の政策：四面とは公私・労資・都市農村・内外を指し，八方とは公・私・労・資・都市・農村・内・外の八つを指す．→〔城 chéng 乡互助〕〔公 gōng 私兼顾〕〔劳 láo 资两利〕

四(拇)指 sì (mu)zhǐ 〔口〕薬指：〔无 wú 名指〕の別称．→〔指头〕

四旁 sìpáng (前後左右の)身近な所．周囲．〔～绿化〕環境の緑化．

四配 sìpèi 孔子廟で孔子の左右に配して祭られている四賢人(顔淵・曾子・孟子・子思)

四平八稳 sìpíng bāwěn 〈喩〉八方平穏無事：ことなかれ主義の態度．→〔不bù洒汤,不漏水〕

四起 sìqǐ 方々に起こる．〔群雄～〕群雄が四方に並び起(タ)つ．〔掌 zhǎng 声～〕方々から拍手がおこる．

四气 sìqì ①喜・怒・哀・楽の四気．②春温・夏熱・秋冷・冬寒の四気．③〔中医〕"寒・熟・温・凉"をいう．→〔气味〕

四清 sìqīng 1962年から66年にかけて展開された社会主義教育運動：文革前,1963年からは，帳簿・財政・在庫・労働点数の4点検からなり,1965年からは政治・思想・組織・経済を点検すること．

四穷 sìqióng 〔鳏 guān〕(男やもめ),〔寡 guǎ〕(やもめ),〔孤 gū〕(みなし児),〔独 dú〕(独りぼっち)の四つの困窮．

四驱车 sìqūchē 四輪駆動車．4WD.

四人帮 sìrénbāng 四人組：文化大革命当時の江青・張春橋・姚文元・王洪文(のグループ)

四人单桨无舵手 sìrén dānjiǎng wúduòshǒu 〔又〕かじなしフォアかじ付けフォアは〔四人单桨有舵手〕という．→〔赛 sài 艇〕

四鳃鲈 sìsāilú 〔魚貝〕ヤマノカミ：江蘇省松江に産するカジカ科の淡水魚．〔松 sōng 江鲈〕に同じ．美味で，蘇東坡・赤壁賦に〔巨口细鳞,状如松江之鲈〕とある．

四散 sìsàn 散り散りばらばらになる(逃げる)．四散する．〔～奔 bēn 逃〕同前．

四山五岳 sìshān wǔyuè 〈喩〉方々．あちこち．〔为了这个零件儿,我～地找,好容易才配到了〕この部品のために方々へ探してやっと合うのを探しあて

sì 四泗

た.
四扇屏 sìshànpíng 四幅対になった掛け軸(の書画).→〔八 bā 扇屏〕
四舍五入 sìshě wǔrù 四捨五入(する)
四射 sìshè 四方に放射する.〔光芒～〕光芒が同前.
四神 sìshén 〈文〉青龍・白虎・朱雀・玄武.
四声 sìshēng 圖(中国語の)四種の声調.ⓐ歴史的には〔平 píng 仄〕(ひょうそく),すなわち,漢字字音の〔平,上(賞) shǎng,去,入〕をいう.ⓑ現代中国語の〔第一声〕,〔第二声〕,〔第三声〕,〔第四声〕.ⓒ(広く)字の声調.
四时 sìshí ①〈文〉1日のうちの朝・夕・昼・夜. ②四季.〔～鲜果〕四季の果物.〔～八节〕四季と立春・夏至・立秋・立冬・立春分・夏至・秋分・冬至の八節.ⓑ一年中.
四史 sìshǐ ①圖史記・漢書・後漢書・三国志.②〔家史〕,〔村 cūn 史〕,〔社史〕,〔人民公社史〕,〔工chǎng 史〕(工場の歴史).〔～运动〕大躍進から文革にかけて行われた同前を書き語り聞かせる運動.
四世同堂 sìshì tóngtáng 四世代の者が揃って一家族として同居していること.→〔九 jiǔ 世同居〕
四书 sìshū 圖〔大学〕〔中庸〕〔论 lún 语〕〔孟子〕:〔二丁教 yán〕→〔五经 jīng〕同前と五経,すなわち〔诗〕〔书〕〔礼〕〔易〕〔春秋〕
四术 sìshù =〔四业①〕〈文〉詩・書・礼・楽の四経学.
四体 sìtǐ ①〈文〉手足.体の各部分.〔～不勤,五谷不分〕体を少しも動かさず,五穀の見分けもつかない少しも労働せず生産の実体を知らない. ②漢字の四つの体.ⓐ〔真(正),草,隶,篆〕,ⓑ〔古文,篆zhuàn,隶,草〕.ⓒ〔隶,章草草,隶 lì,散隶〕
四天王 sìtiānwáng ⇒〔四大金剛〕
四条腿 sìtiáotuǐ 四本足.〔～鱼〕や豚など動物の肉.〔一条腿〕はキノコ類,〔两条腿〕は鶏肉,〔没有腿〕は魚の比喩.
四通 sìtōng ①四方に通じる.〔～八达〕成〕四方八方に通じている. ②圖十字管(継手).→〔管 guǎn 接头〕
四同 sìtóng 〔下 xià 放〕における〔同吃,同住,同学习,同劳动〕(ともに食事をし,寝起きし,学習し,労働する)の運動.
四头肌 sìtóujī 生理(大腿部)の四頭筋:〔股 gǔ ～〕に同じ.
四外 sìwài 周囲(のどこも).あたり一面.〔～八向〕各所.各方面.
四弯腰 sìwānyāo 腰を曲げてする四つの農作業:〔拔秧 báyāng〕(苗とり),〔插 chā 秧〕(田植え),〔收 shōu 割〕(刈り入れ),〔耘 yún 稻〕(田の草取り)
四望 sìwàng 四方を見渡す.〔放眼～〕目をむけて周りを見渡す.〔～无人〕周囲を眺めても人がいない.
四围 sìwéi 周囲.周り.
四维方式 sìwéi fāngshì 4次元の方式.
四维空间 sìwéi kōngjiān 4次元空間.
四五运动 sìwǔ yùndòng ⇒〔天 tiān 安门事件①〕
四喜 sìxǐ ①〈文〉四つの喜び:〔久旱 hàn 逢甘雨〕(長日照りののち慈雨にあう),〔他乡遇故知〕(他郷で昔の知人にあう),〔洞房花烛夜〕(新婚初夜),〔金榜挂名时〕(科挙試験の合格発表の中に名が載っている時). ②〔划 huá 拳②〕
四喜和 sìxǐhé マージャンで,東・西・南・北の〔四风牌〕をそろえたあがりのこと:〔大四喜〕と〔小四喜〕がある.役満貫の中.
四下里 sìxiàlǐ 四方のどこも.あたり一面.〔～都找遍了〕そこら中で探した.
四鲜 sìxiān ⇒〔压 yā 桌①〕
四仙桌(儿) sìxiānzhuō(r) 4人掛けの小型の方形のテーブル.→〔八 bā 仙桌(儿)〕
四弦琴 sìxiánqín 圖 4本線の弦楽器:〔小 xiǎo 提琴〕など.
四乡 sìxiāng (都市の)四方の近郷.〔～八镇〕〔～八村〕近郷近在.
四项(基本)原则 sìxiàng (jīběn) yuánzé 鄧小平以来の共産党の政治路線の原則:社会主義の道,人民民主専政(プロレタリア独裁),共産党の指導,マルクスレーニン主義,毛沢東思想の四原則.〔坚持～〕同前を堅持する.
四小龙 sìxiǎolóng (20世紀末の)韓国・台湾・香港・シンガポールを指す:〔亚 yà 洲～〕ともいう.
四言诗 sìyánshī 一句が4字からなる古体詩(詩経など)
四眼人 sìyǎnrén 〈方〉①眼鏡をかけた人. ②妊婦.みごもっている女性.
四仰八叉 sìyǎng bāchā ⇒〔四脚八叉〕
四氧化三铅 sìyǎnghuà sānqiān ⇒〔铅丹〕
四野 sìyě ①四方に広がる原野.〔～茫茫〕周りの原野は広々として見わたす限りもてない. ②軍中国人民解放軍第四野戦軍の略称.
四业 sìyè ①⇒〔四术〕 ②〔士,农,工,商〕をいう.
四一二政变 sìyī'èr zhèngbiàn 史1927年4月12日上海における反革命クーデター.
四夷 sìyí 古中国の周囲に隣接する異民族の東夷・西戎・南蛮・北狄.
四乙(基)铅 sìyǐ(jī) qiān 化四エチル鉛.
四裔 sìyì 〈文〉四方の辺境の地.
四隅 sìyú 四隅(四)
四岳 sìyuè 四方の大山:東岳は泰山,西岳は華山,南岳は衡山,北岳は恒山.→〔五 wǔ 岳〕
四则 sìzé ①四つの規則. ②数加・减・乘・除の四法.
四照花 sìzhàohuā 植ヤマボウシ:ミズキ科の落葉高木.実は食用される.
四折 sìzhé →〔折(1)⑩〕
四诊 sìzhěn 中医容態をみるための〔望 wàng〕(見る),〔闻〕(声を聴き,臭いをかぐ),〔问〕(尋ねる),〔切 qiè〕(脈をとる)の四つの診断法.
四肢 sìzhī 四肢:両手と両足.〔～文 zhī 支〕に同じ.〔～发达〕身体的が発達している.
四指 sìzhǐ ⇒〔四(拇)指〕
四指雨 sìzhǐyǔ 農雨4本幅くらい土にしみる降雨.
四至 sìzhì ①土地の四方の境界:〔四致〕とも書く.〔凡契〕(土地売買契約書)には〔东至某处,西至某处…〕と記入する.〔～界址〕四方の境界.〔～分明〕四方の境界がはっきりしている.
四至 sìshì 〔四致〕とも書く.〈方〉①行き届いてる. ②心おだやかである.
四至儿 sìzhìr 〔四致儿〕とも書く.〈方〉①大体の規模.輪郭. ②考え.主張.
四周 sìzhōu 四周.〔环顾～〕四方をぐるりと見る.〔～噢 wéi〕(～~遭儿).四方の空間.
四柱 sìzhù 星占いで,人の生まれた年・月・日・時.
四柱册 sìzhùcè 旧官庁の会計帳簿文書のうち,以前からの繰越し・収入・支出・現在高の四つの主要な台帳.
四子书 sìzǐshū ⇒〔四书〕
四字格 sìzìgé 事柄や物事を説明するのに四つの漢字で熟語とする表現法.
四总部 sìzǒngbù 軍人民解放軍総政治部,総参謀部,総後勤部,総装備部の四つの総部.
四座 sìzuò 同座の人々:〔四坐〕とも書く.〔～哗huá 然〕一同が騒然となる.

〔**泗**〕 sì ①〈文〉鼻汁.鼻水.〔涕 tì ～ 滂 páng 沱〕(涕～横流).〔涕～交流〕〈慣〉涙と鼻水

泗驷寺似佀兕伺饲觇笥嗣俟涘食梩耜

が激しく流れる.〈喩〉ひどく泣く. ②地名用字.〔~县〕围安徽省にある.〔~河〕围山东省にある.

泗州戏 sìzhōuxì 围安徽省で行われる地方劇の一:〔拉 lā 魂腔〕ともいう.

〔驷・駟〕

sì ①〈文〉(一つの馬車を引く)4 頭の馬.またその馬車.〔有马千~〕4頭立ての車1000台分もの馬を持っている.〔策 cè ~〕4頭立ての馬車を乗り回す.〈喩〉高位に就く. ②〈文〉馬.〔良~〕良馬. ③〈姓〉驷(し).

驷不及舌 sì bù jíshé〈成〉言った後では 4 頭立ての馬車で追いかけても取り返しがつかない:〔一言既出驷马难追〕ともいう.

驷马 sìmǎ〈文〉4 頭立て.〔~高车〕〈喩〉豪勢な乗り物.〔一言既出~难追〕同上.

驷之过隙 sì zhī guò xì あっという間.きわめてわずかな時間.

〔寺〕

sì ①固ⓐ(仏教の)寺院.ⓑ(イスラム教の)モスク.礼拝堂. ②古代の官署名に用いられた.〔太常~〕宗廟の儀式を司る官署. ③固宮中の雑用係.〔閹 yān ~〕去勢された宮人.宦官.→〔宦 huàn 官〕 ④〈姓〉寺(じ).

寺观 sìguàn 仏教の寺と道教の寺.
寺庙 sìmiào 廟.寺廟.やしろ.
寺人 sìrén 宮中の雑用係.
寺舍 sìshè 固官舍. ②僧房.
寺院 sìyuàn〈文〉寺.寺院.仏寺.

〔似(佀)〕

sì (I) ①似る(ている).〔类~〕類似する.〔两个人面貌相~〕二人は容貌が似かよっている.〔鲇鱼大略~蛇〕なまずはほぼ蛇に似ている.〔形~物不同〕形は似ているが物は違う. ②…のようである.…らしい.〔~对不对〕正しいようで正しくない.〔~睡~不睡〕眠っているようないないような様子(をする).〔~笑非笑〕笑っているようで(実は)そうではない.〔~痴 chī 非痴〕馬鹿のようでもあり、ないようでもある.〔~有研究的必要〕研究する必要があるようである. ③…に比して(以上である).〔一个比一个高~一个~一个〕一つごとに高くなる.〔生活一天好~一天〕生活が日ごとによくなる.

(II) 〔佀〕〈姓〉佀 → shì

似曾相识 sìcéng xiāngshí〈成〉以前からの知りあいであるかのようだ.〔我心中有一种~的感觉〕以前に会ったことがあるような感じがする.

似…非… sì…fēi…①似ているようで似ていない.あいまいであることを表す:単音節の同じ動詞を入れる.〔~懂~懂〕わかったようなわからないような. ②似ているようでもあり、似ていないようでもある.あいまいであることを表す:単音節の同じ名詞を入れる.〔~马~马〕馬のようでも、馬でないような.〔~绸~绸〕絹織物のような絹織物でないような.

似乎 sìhū …のようである.…らしい.〔~可以不必〕それには及ばないようである.〔说得~有理〕言うことは理にかなっているようだ.〔~有那个可能〕その可能性があるようだ. →〔比 bǐ 方〕

似漆如胶 sìqī rújiāo〈成〉〔如胶似漆〕

似是而非 sìshì érfēi〈成〉似ているようで非なる.正しいようだが、実は正しくない.〔~的慈 cí 善家〕えせ慈善家.〔实际上是~〕実際は似て非なるものだ.

似属 sìshǔ …ならずや、…であるようである.〔~势 shì 不可免〕勢い免れられないかのようだ.

〔姒〕

sì ①固姉. ②固兄嫁(夫の兄の妻).〔娣~〕姉妹~兄弟の嫁同士.〔娣 dì ~〕②〔妯 zhóu 娌〕 ③〈姓〉姒(じ).

〔兕〕

sì ①固角を持つ野獣.〔~觥 gōng〕同上同前に角の形で作った酒器.

→〔犀 xī〕

〔伺〕

sì ①うかがい見る.さぐり見る.〔窥 kuī ~〕同前. ②待つ.(機会を)うかがう(ねらう).〔~有便人,即可送上〕ついでの人があったら、すぐお送りします. → cì

伺便 sìbiàn〈文〉機をうかがう.時機を待つ.
伺察 sìchá〈文〉様子をうかがう.〔内外〕内外を偵察する.
伺服 sìfú 围サーボ機構の.自動制御系の.
伺机 sìjī 機(チャンス)をうかがう.
伺窥 sìkuī〈文〉ひそかに様子を見る.注意深くすきをうかがう.
伺探 sìtàn〈文〉うかがい探る.
伺隙 sìxì〈文〉すきをうかがう. → cì

〔饲・飼(飤)〕

sì ①飼う.飼育する.〔家中~肥猪 3 口〕家では太った豚 3 匹を飼っている.〔桑叶可以~蚕〕桑の葉でかいこが飼える. →〔喂 wèi(I)①〕 ②飼料.

饲槽 sìcáo かいば桶.
饲草 sìcǎo かいば.牧草.
饲料 sìliào 飼料.えさ.〔喂 wèi 料〕ともいう.〔~作物〕飼料作物.
饲养 sìyǎng (家畜を)飼育(する).〔~员〕飼育係.〔~场〕飼育場.
饲育 sìyù〈文〉飼育する.飼い育てる.

〔觇・覗〕

sì〈文〉うかがう.のぞき見る.

〔笥〕

sì〈文〉竹または葦で編んだ方形の籠:飯を盛る、または衣類などを入れるもの.〔巾 jīn ~而藏 cáng 之〕〈文〉同前に入れ布をかぶせてしまい込む.〈喩〉大切に蔵する.〔匮 kuì 囊空~〕〈喩〉貧乏する.

〔嗣〕

sì ①継ぐ.受け継ぐ.〔子~其父〕子が父のあとを継ぐ. ②あと継ぎ.子孫.〔无~〕子孫がない.〔后~人选〕後継者の人選.〔子~〕あと継ぎの子.〈文〉…した後に、…してそれから.〔先到天津,~即赴京〕まず天津に行き、それから直ちに北京へ行く. ④〈姓〉嗣(し).

嗣承 sìchéng〈文〉継ぐ.相続する. →〔继 jì 承〕
嗣父母 sìfùmǔ〈文〉義父母.
嗣后 sìhòu〈文〉その後.以後.
嗣位 sìwèi〈文〉(君主の)位を継ぐ.
嗣续 sìxù〈文〉①血統を継ぐ. ②あと継ぎ.子孫.
嗣业 sìyè〈文〉事業・家業を受け継ぐ.
嗣子 sìzǐ ①嫡子.あと継ぎ. ②養嗣子.

〔俟(竢)〕

sì ①〈文〉待つ.〔~候 hòu〕同前.〔~命〕天命を待つ.〔~时〕時機を待つ.〔~机而动〕チャンスを待って行動する.〔~一版出版,当即奉送~本〕出版になりしだい、すぐに1冊進呈します.〔~于门外〕門外で待ち受ける.〔立~回音〕〈牘〉折返しお返事いただきたく.〔~有需要,当即联系〕需要ありしだい、すぐ連絡申し上げます. ②〈姓〉俟(し). → qí

〔涘〕

sì〈文〉岸.水辺.〔在河之~〕川のほとりにいる(ある)

〔食〕

sì〈文〉①飯.〔箪 dān ~壶浆〕〈成〉竹の器に詰めた飯と汁を入れた壺.同前もって軍隊を歓迎する(される). ②食わせる.食べさせる.〔以食 shí ~之〕食べ物を与える(食べさせる). → shí yì

〔梩〕

sì lí の又音.

〔耜〕

sì〈文〉①古代の鋤(すき)の木製の刃.〔耒 lěi ~〕農具(総称). ②古代のくわに似た農具.

〔肆〕 sì ①ほしいまま(である).勝手放題(である).〔恣 zì ～〕同前.〔二人举止,一压一～〕両人の行動は,一方はまじめで,一方は勝手放題である.〔大~报复〕思う存分報復をする. ②〈文〉店.〔小～〕小さな店.売店.〔酒～〕居酒屋. ③〔四〕の大(㏒)字.→〔大 dà 写①〕

肆虐 sìchán ⇒〔虐肆〕
肆德 sìdé 〈文〉德を顯(あ)わす.
肆口 sìkǒu 口をきわめて.口にまかせて.〔~大骂〕口をきわめて罵る.〔~妄 wàng 言〕口にまかせて言いたい放題のことを言う.
肆力 sìlì 〈文〉全力でやる.最善を尽くす.〔~于农事〕農事に努める.
肆虐 sìnüè 残虐なことを勝手ままにする.容赦なく破壊する.
肆扰 sìrǎo みだりに騒がす.ほしいままにかき乱す.
肆无忌惮 sì wú jìdàn 〈成〉勝手気ままにふるまう.したい放題で目にあまること.
肆行 sìxíng したい放題に行動する.〔~劫 jié 掠〕略奪をほしいままにし,際限がない.〔~无忌〕勝手なことをして,はばかるところがない.
肆意 sìyì 意のまま(に).思う存分.〔~攻击〕遠慮会釈なく,攻撃する.
肆应 sìyìng 〈喩〉何でもたくみに処理する.何事にも対応できる才能.〔~材〕同前の人.〔~之才〕あまねく善処できる才能.

sōng ㄙㄨㄥ

〔忪〕 sōng →〔惺 xīng 忪〕→ zhōng

〔松・鬆〕 sōng (Ⅰ)〔松〕①[植]マツ(総称).〔~林〕松林.〔黑~〕クロマツ.〔马尾 wěi ~〕アカマツ. ②〈姓〉松(しょう)
(Ⅱ)〔鬆〕①ゆるい.〔带子系 jì ~了〕帯の結び方がゆるかった.〔捆 kǔn 得太~〕くくり方がゆるすぎる.〔先~后紧〕初めゆるくしておいて後できつする(しめる).〔~一着点儿量 liáng〕ゆったりめに寸法をはかる.↔紧 ②厳しくない.ゆるやかである.〔检查太~,好些半废品都混 hùn 过去了〕検査がゆるすぎて,たくさんのお釈迦すらいいかげんにごまかされて通る.〔规矩 ju 太~〕あまりにもゆるすぎる.〔教导学生太~〕学生を教え導くのがゆるすぎる. ③(経済的に)ゆとりがある.金回りがよい.〔他手头比过去~多了〕彼は金の面で以前よりだいぶ楽になった. ④もろい.サクサクしている.〔土质~〕土質がもろい.〔这种饼干~脆可口〕このビスケットは(口あたりが)サクサクしておいしい. ⑤ゆるめる(む).柔らかくする(なる).〔~一~手,气球就飞了〕ちょっと手をゆるめたら風船は飛んでしまった.〔把鞋带儿~一~〕靴ひもをゆるめる. ⑥ほどく(ける).放す.〔~开〕解き放す. ⑦気持ちが和らぐ.緊張がほぐれる.〔心里觉得~一点儿了〕気持ちが少し和らいだのを感じる少々ゆるやかで心にゆとりができた.〔他的口气~了,你再和他磨 mó 对磨吧〕彼の口ぶりが少し穏やかになってまた相談してみたら. ⑧[食]肉のでんぶ.〔肉 ròu ~〕肉のでんぶ.〔鸡 jī ~〕鶏肉のでんぶ.

松柏 sōngbǎi [植]松と柏(コノテガシワ).〔~常青〕松柏の類は年中緑だ.〔~一样的气节〕松と柏のような気概.〔~枝儿〕(旧正月に門の上に飾る)松とこの枝.
松绑 sōngbǎng ①人を縛った縄を解く.〔~喩〕規制をゆるめる.〔给企业~,搞活经济〕企业への规制を緩和し,経済を活性化する.
松包 sōngbāo ⇒〔松蛋包〕
松饼 sōngbǐng [食]〔油 yóu 面条〕(小麦粉を食用油でこねた皮)であんを包み焼き揚げたもろく柔らかい皮の食品.→〔八 bā 角儿〕
松弛 sōngchí ①ゆるむ.たるむ.〔肌肉~〕筋肉がたるむ. ②(制度・规律が)ゆるむ.弛緩する.〔纪律~〕规律がゆるむ.
松脆 sōngcuì サクサクとして柔らかい.
松蛋包 sōngdànbāo =〔松包〕〈喻〉弱虫.意気地なし.
松动 sōngdòng ①ゆとりがある.余裕がある.〔你手里也可以~一点儿〕きみの懐具合も少し楽になる. ②混んでいない.すいている.〔车厢里~多了〕车内はだいぶすいた. ③(齿・ネジなどが)ゆるむ.〔门牙~了〕前歯がぐらぐらする. ④(措置・態度・関係など)、軟らかが出る.動きのとれる点が生じる.〔她的口气有点~了〕彼女の口ぶりは少しおだやかになった.
松(动) 配合 sōng(dòng) pèihé [機]ルーズフィット.あそびばめ.〔松转合座〕ともいう.→〔配合③〕
松泛 sōngfàn ゆったりする.快適である.気持ちがよい.〔吃了这药,身上~一点儿了〕この薬を飲んだら体がいくらか楽になった.〔还是穿中国衣裳~一些〕やはり中国服を着るほうがゆったりする.
松肪 sōngfáng 松やに.〔松脂〕に同じ.
松风草 sōngfēngcǎo [植]マツカゼソウ.
松膏 sōnggāo ⇒〔松香①〕
松糕鞋 sōnggāoxié 厚底の靴.ウェッジソール.
松根石 sōnggēnshí 〔琥 hǔ 珀〕の別称.
松狗 sōnggǒu 〔松鼠①〕
松果 sōngguǒ 松かさ.〔松球〕に同じ.〔~体 tǐ〕[脑](生理]松果体(しょうかたい):第三脑室後方上方の小器官.体内時計を司る.〔骺 tuǐ 黑(激)素〕メラトニンをが分泌する.
松鹤 sōnghè 松と鶴.〈喩〉長寿.〔~同长 cháng〕〔~避bì 龄〕〔~遐 xiá 龄〕〔~延年〕〈成〉老人の長寿を祝う語.
松花饼 sōnghuābǐng [食]松の花粉と蜜を入れて作った餅.
松花(蛋) sōnghuā(dàn) =〔变 biàn 蛋〕〔彩 cǎi 蛋①〕〔皮 pí 蛋①〕[食]ピータン:あひるの卵にわら灰・もみがら・粘土・塩・水などを混合した泥状のものを厚くまぶしつけて貯蔵して作る食品.前菜に用いられる.→〔糟 zāo 蛋〕
松花江 sōnghuājiāng [地]松花(しょう)江:〔松阿里乌喇〕(スンガリー川)は満洲語.
松缓 sōnghuǎn ①ゆるやかである.〔紧张的空气顿时~下来〕張りつめた雰囲気がたちまちに緩んだ. ②やわらげる.ゆるめる.
松黄 sōnghuáng 松の花粉.
松鸡 sōngjī [鳥]ライチョウ(総称).〔细 xì 嘴~〕オオライチョウ.〔~科鸣鸟属〕動物分類学上のライチョウ科ライチョウ属.〔雷 léi 鸟〕
松江鲈 sōngjiānglú ⇒〔四 sì 鳃鲈〕
松胶 sōngjiāo 松やに.〔松脂〕に同じ.
松焦油 sōngjiāoyóu パインタール.松根タール:松材を乾留して得る.
松节油 sōngjiéyóu テレビン油:松やにを蒸留して得られる油.
松解 sōngjiě ①はずす.〔~衣扣〕ボタンをはずす. ②ゆるむ.
松紧 sōngjǐn ゆるさ.きつさ.〔~正合适〕ゆるさがちょうどよい.〔~带 dài〕〔宽 kuān 紧带〕ゴム紐.ゴムテープ.〔~橡 xiàng 皮筋(儿)〕
松紧螺旋扣 sōngjǐn luóxuánkòu =〔方〕花 huā

sōng

籃螺丝 圏リギングスクリュー.
松劲(儿) sōngjìn(r) 力を抜く.手をゆるめる.気をゆるめる.〔你揪 jiū 住了绳子,可别~〕縄をしっかり握ってろ,ゆるめるな.〔~情绪〕たるんだ気分.
松菌 sōngjùn ⇒〔松蘑〕
松口 sōngkǒu ①=〔松嘴〕口をゆるめる:ゆめくわえている物を離す.〔狗叼 diāo 着一块骨头,怎么也不~〕犬が骨をくわえてどうしても離さない.→〔撒 sā 嘴〕 ②妥協する.固執しない.〔他不~〕彼は折れてこない.〔卖主松口了〕売り主が折れて来
松口气 sōngkǒuqì ほっとする.気がゆるむ.〔~,撒 sǎ 撒手〕一息つき手をゆるめる.→〔松气〕
松快 sōngkuai ①=〔松爽〕せいせい(さっぱり)する.②すいていて楽である.ゆったりしている.〔松松快快(儿)〕同前の重量形.
松籁 sōnglài 〈文〉松風(の音)
松露 sōnglù 〔麦 mài 菌〕植ショウロ(松露)
松萝 sōngluó 植サルオガセ〔松上寄生〕ともいう.〔女 nǚ 萝〕は古名.
松毛 sōngmáo ⇒〔松针〕
松毛虫 sōngmáochóng =〔毛火虫〕虫マツケムシ.
松明 sōngmíng たいまつ.
松蘑 sōngmó =〔松菌〕〔松茸〕〔松蕈〕植マツタケ.
松配合 sōngpèihé 〔松(动)配合〕
松气 sōngqì ①気を休める.気をゆるめる.リラックスする.〔你们别~〕みんな気を抜くなよ.〔松了一口气〕ほっと一息ついた.
松墙 sōngqiáng ①植え込みの生垣.②密植して列になる松.
松球 sōngqiú =〔方〕松塔(儿)〕松かさ.松ぼっくり.
松球鱼 sōngqiúyú 魚貝マツカサウオ.
松雀鷹 sōngquèyīng 〔松子鹰〕〔雀鷂〕〔雀賊〕〔摆 bǎi 胸〕鳥ミナミツミ.
松仁(儿) sōngrén(r) =〔方〕松子(儿)〕松の種子の仁(ʑ).〔殻を除いた〕松の実.〔~糕 gāo〕食松の実のはいった菓子の一種.〔~海〕チョウセンマツの種子でその仁を薬用にする.
松茸 sōngróng ⇒〔松蘑〕
松软 sōngruǎn =〔方〕暄 xuān (Ⅱ)①〕ふんわりと柔らかい.〔~的沙土〕同前の砂土.〔这面包真~〕このパンはほんとに柔らかい.②(身体がだるくて)力がはいらない.
松蕊 sōngruǐ 松の花.
松散 sōngsǎn ①ばさばさしている.ふわふわしている.締まりがない.〔这篇文章结构显得~〕この文章の構成はいかにも締まりがない.②ゆるんでいる.たるんでいる.だらしがない.〔他一向~惯了〕彼はいつもだらしなくて,もう習慣になっている.緊張をときほぐす.〔房间太闷,出来~~〕部屋の中はあまりにもうっとうしいから,外へ出てちょっと気を晴らそう.
松手 sōngshǒu 手をゆるめる.〔绷 bēng 紧时,光彩绚 xuàn 烂,但稍一~,就破锭百出了〕ぴんと引っ張っている時には,きらびやかであるが少しでも手をゆるめるとぼろがいっぱい出る.
松鼠 sōngshǔ ①=〔文〕栗 lì 鼠〕〔松 狗〕動リス(総称).②=〔灰 huī 鼠②〕キタリス.エゾリス.
松树 sōngshù 松の木.
松爽 sōngshuǎng ⇒〔松快①〕
松松垮垮 sōngsōng kuǎkuǎ ①(構造物が)ゆるんでぐらぐらするさま.②(動作が)だらだらしているさま.
松塔(儿) sōngtǎ(r) ⇒〔松球〕
松涛 sōngtāo 松の(き)波.松風.

松腾 sōngteng 〈方〉ゆったりしている.余裕がある:〔这所小房儿,一家子住挺~〕この小さな家に一家で住んでもなかゆったりしている.〔他近来手头不~〕彼は近頃手もとが苦しい.
松头 sōngtóu rìnǎo 〈方〉弱虫.いくじなし.〔没有像你这样~的人〕お前のような弱虫でない.
松土 sōngtǔ ①柔らかい土.②土を掘り起こし柔らかくすること.〔马上~补种 zhòng〕すぐに土を耕やして種子を追いまきする.
松闲 sōngxián 暇でのんびりしている.〔工作也不~〕仕事の方ものんびりとはしていない.
松香 sōngxiāng ①=〔松膏〕ロジン.コロホニウム:松やにを蒸留して残る固体の物質.〔~油〕ロジン油.レチノール.②松やに:〔松脂〕の通称.〔毛~〕変色して固まった同前.
松香水 sōngxiāngshuǐ ホワイトスピリット:〔松节油〕(テレピン油)の代替物.〔白 bái 醇〕ともいう.
松懈 sōngxiè ①(精神が)たるんでいる.(規律が)ゆるんでいる.〔工作~〕仕事がたるんでいる.〔~现象〕弛緩現象.②怠ける.〔~斗 dòu 志〕闘志をゆるめる.③関係が密接でない.
松心 sōngxīn ほっとする.のんびりした気持ちになる.〔两个孩子学习都不行,我一点也不~〕子供は二人とも勉強ができないので,少しも安心できない.
松蕈 sōngxùn ⇒〔松蘑〕
松鸦 sōngyā =〔文〕鸫 zhī 鹊〕鳥カケス(総称):カラス科の鳥.
松烟墨 sōngyānmò 松煙墨.
松杨 sōngyáng ①⇒〔厚 hòu 壳树〕②⇒〔糙 cāo 叶树〕
松叶菊 sōngyèjú 植バクヤギク(莫邪菊)
松叶蕨 sōngyèjué 植マツバラン〔松叶兰 lán〕ともいう.
松叶毛茛 sōngyè máogèn 植イトキンポウゲ.
松叶油 sōngyèyóu =〔松针油〕
松腴 sōngyú 〔茯 fú 苓〕
松筠 sōngyún 〈文〉松と竹.〔~之节〕〈喩〉堅い節操.
松藻虫 sōngzǎochóng 虫マツモムシ.バッテラムシ.
松针 sōngzhēn 松葉.〔口〕松毛〕ともいう.〔~油〕松葉油.〔~*냉* 杉油〕と〔松叶油〕があり共に消毒薬や香料の原料となる.
松脂 sōngzhī 松やに:〔松香〕は通称.
松子(儿) sōngzǐ(r) 〔松子 实.②⇒〔松仁(儿)〕
松子鹰 sōngzǐyīng ⇒〔松雀鹰〕
松嘴 sōngzuǐ ⇒〔松口①〕

[凇] sōng 〈文〉霜や樹氷.→〔雾 wù 凇〕〔雨 yǔ 凇〕

[淞] sōng 地名用字.〔~江〕地江蘇省の太湖に発し上海で黄浦江と合し長江に注ぐ.また〔吴~江〕〔松陵江〕〔吴江〕ともいい,俗に〔苏州河〕ともいう.〔~镇〕地同前にある地名.

[菘] sōng 〈文〉ハクサイ・タイナの古名.→〔白 bái 菜〕
菘菜 sōngcài ⇒〔白 bái 菜①〕
菘蓝 sōnglán 植エゾタイセイ:アブラナ科植物.葉から藍(ら)をとる.また葉は〔大 dà 青叶〕(ダイセウヨウ).根は〔板 bǎn 蓝根〕といい,共に薬用する.→〔大 dà 青叶〕

[娀] sōng 古代の国名:有娀氏の建てた国で,現在の山西省運城一帯の地.

[嵩(崧)] sōng ①〈文〉山が大きく高い.②〈文〉高い.③地名用字.〔~明〕地雲南省にある県.④〔姓〕嵩(𝔰)
嵩呼 sōnghū 〈文〉天子の長寿を祈って〔万 wàn 岁,万万岁!〕と称えること:〔呼嵩〕〔山 shān 呼〕とも

嵩 sōngshān ＝[中 zhōng 岳]嵩山[旧]嵩山(%):河南省登封県の北にある.[五 wǔ 岳]の一.

〔厏・𡺵〕 sóng ①〈口〉精液=[精 jing 液]の俗称で. ②人の軟弱なことを風刺していう.[～包]弱虫.

〔扨・搜〕 sǒng ①〈文〉まっすぐに立つ.まっすぐに伸ばす.[苍 cāng 鹰～身欲飞]鷹が身をもたげて飛び立とうとしている. ②〈方〉押しやる.[～出去]外へ押し出す.[你给他往外一～]彼を外へ突きとばしてやれ.

〔怂・慫〕 sǒng 〈文〉恐れる.

怂恿 sǒngyǒng けしかけそそのかす.励まし勧める.[他做这样儿的事,全是受了别人的～]彼がこんなことをするのは,まったく他の者がそそのかしたせいだ.[经我再三～,他才答应去了]わたしが再三勧めたので,彼はやっと行くことを承知した.

〔耸・聳〕 sǒng ①そびえる(そそり)立つ:[高～]高くそびえる. ②持ち上げる.[～一～肩膀]肩をそびやかす. ③注意を引く.驚かす.びっくりさせる.[危言～听]きわだったことを言って人を驚かせる.

耸动 sǒngdòng ①(肩などを)いからす.そびやかす. ②驚かせる.
耸肩 sǒngjiān ①肩をいからす. ②肩をすくめる:困惑・驚き・軽蔑の態度を示す.
耸立 sǒnglì 高くそびえ立つ.[巍 wēi 峨～]〈成〉険しくそびえ立つ.[群山～]山々が高くそびえ立つ.→[屹 yì 立]
耸人听闻 sǒng rén tīngwén [成]人の耳目をそばだたせる=[耸人耳目]ともいう.[故作惊言,～]わざと人を驚かすようなことを言って人の耳目を集める.→[危 wēi 言耸听]
耸入云霄 sǒng rù yúnxiāo 〈成〉高く空にそびえる.[～的高山]空にそびえる高い山.
耸身 sǒngshēn 身をおどらせる.
耸峙 sǒngzhì 〈文〉そびえ立つ.

〔悚〕 sǒng 〈文〉恐れる.怖がる=[竦③]に同じ.[惶 huáng ～不安]びくびくする.怖がって落ち着かない.

悚惧 sǒngjù 怖おれ恐れる=[竦惧]ともいう.
悚栗 sǒnglì 〈文〉恐れおのく=[悚慄]ともいう.
悚然 sǒngrán [竦然]恐れてぞっとする(さま).[毛骨～]髪の毛がよだつ.[～起敬]恐れ慎しんで尊敬の念を表する.
悚息 sǒngxī 〈文〉ぞっとして息をひそめる.

〔竦〕 sǒng 〈文〉①かしこまる. ②爪先立つ.[～而望归]爪先立って帰りを待ち望む. ③恐れる.怖がる.[悚]に通じる. ④高くそびえる.[耸①]に通じる.

竦敬 sǒngjìng 〈文〉恐れ入って敬意を表する.
竦惧 sǒngjù ⇒[悚惧]
竦慕 sǒngmù 〈文〉敬慕する.
竦然 sǒngrán ⇒[悚然]

〔樱〕 sǒng [植]シナサルナシ:ウコギ科の落葉高木.[樱木]は通称.[鹀 xī 不踏]は別称.

〔讼・訟〕 sòng ①〈文〉是非曲直を言い争う.[争 zhēng ～]同 前.[聚 jù ～纷纭]がやがやと是非曲直を論じあう. ②(法廷で)弁論する.(裁判で)争う.[诉 sù ～]訴訟(をする).(裁判沙汰)になる. ③訴訟=[诉讼]. ④〈文〉自分を責める. ⑤〈文〉讼(%):易で六十四卦の一.

讼案 sòng'àn [法]訴訟事件.
讼词 sòngcí [法]訴状の内容.

讼费 sòngfèi 訴訟費用.
讼棍 sònggùn 訴訟ごろ.悪徳代言人.
讼师 sòngshī [旧]代言人.代書屋.→[律 lù 师]
讼事 sòngshì 訴訟(事件)

〔颂・頌〕 sòng ①(詩文で)褒めそやす(称(%)する). ②〈敬〉歌い称える. ③功績を褒め称える詩文.[屈原～]屈原を褒め称える詩前. ④祝う.祈る.多く書信の末尾に用いる.[敬 jìng ～大安]ご無事をお祈りします.[即 jí ～学安](自分の学生に対して)同前. ④〈文〉颂.祝い歌:詩の[六义]の一,宗廟祭祀の楽歌. ⑤〈姓〉颂(%)

颂忱 sòngchén [贖]賀意.祝賀の情.
颂词 sòngcí [颂辞]とも書く. ①賛辞. ②祝いの言葉.
颂德 sòngdé 徳を称える.[～碑 bēi]頌徳碑.
颂歌 sònggē 颂(%)歌.賛歌.
颂美 sòngměi 〈文〉人の徳を称揚賛美する.
颂诗 sòngshī 颂(%)詩.褒め称える詩.
颂扬 sòngyáng 褒め称える.[～一语]恭 gōng 维话⑤]手紙の前文に用いた相手方の徳行を褒め称える言葉.
颂赞 sòngzàn 〈文〉①称賛する. ②[旧]称賛する文体.

〔宋〕 sòng (Ⅰ) ①周代の国名:現在の河南省商丘市一帯にあった. ②南朝の劉裕の建てた国.420年～479年. ③趙匡胤(太祖)の建てた国名.960年～1127年まで,汴京(現在の開封)に都した.1127年,臨安(現在の杭州)に移り,1279年に[元]に滅ぼされた.前者を[北～],後者を[南～]という. ④〈姓〉宋(%)
(Ⅱ)〈度〉ソーン.音響の単位.[呎]は旧訳名.

宋版 sòngbǎn 宋代に刊刻された書物=[宋板]とも書く.[宋刻][宋椠 qiàn]ともいう.→[補 bǔ 白本]
宋词 sòngcí 宋代の詞.→[词③]
宋瓷 sòngcí 宋代の磁器=[宋磁]とも書く.
宋江起义 sòngjiāng qǐyì [史]北宋末に宋江をリーダーとして起こった一揆.[水浒传]のモデルとされる.
宋儒 sòngrú 宋代の儒学者.
宋体字 sòngtǐzì 明朝体:一般に広く用いられている漢字活字体=[印 yìn 刷通用漢字字形表]にも一覧されている.[仿 fǎng 宋(体)]と区別する意味で,[老 lǎo 宋体]という.
宋学 sòngxué 宋代(明代)儒者の性理の学=[道 dào 学①][理 lǐ 学②][义 yì 理之学]ともいう.→[汉 hàn 学]

〔呎〕 sòng 〈度〉ソーン的旧音訳名:現在は[宋(Ⅱ)]を用いる.

〔送〕 sòng ①(配達品などを)送り届ける.[～文件]文書を届ける.[～到家里]家まで届ける. ②送って行く.付き添って送る.見送りをする:古く花嫁に付き添って新夫宅へ行くことをいった.[把孩子～回家去吧]子供を家まで送りましょう.[护 hù ～病人]病人に付き添って運ぶ.[～到门口]門口まで見送る.[别～,别～!][不～,不～]挨拶ぬきでなさらないでください.ここでお失礼します. ③運ぶ.輸送する.[传 chuán ～带](ベルト)コンベヤー.[～话]話を伝える.話の種になる. ④(金品を)贈る.[～奉 fèng ～]差し上げる.[白～]ただでやる.[～东西]物を贈る.[这不是买的,是人家～给我的]これは買ったんじゃなくて人がわたしにくださったのだ.[这～你作作个纪念]この記念にあなたにあげます. ⑤だめにする.むざむざ失う.[断 duàn ～]棒に振る. ⑥[運筆法で]筆画の終りをよく伸ばすように書くこと.→[七 qī 字法] ⑦〈姓〉送(%)

sòng

送报 sòngbào 新聞を配達する.〔~的〕新聞配達人:〔报差 chāi〕ともいった.
送别 sòngbié ①送別する.見送る. ②送別の宴を催す.→〔饯 jiàn 行〕
送殡 sòngbìn →〔送丧〕会葬する.野辺の送りをする.〔~的〕会葬者.〔把~的埋在坟里〕〈諺〉恩を仇で返す.→〔送葬〕
送餐 sòngcān 出前をする.料理を配達する.
送呈 sòngchéng 奉呈する.差し上げる.
送存 sòngcún ①〈公〉文書を送付して保存させる. ②回(銀行で)現金の預け入れをする.
送达 sòngdá ①配達する.送り届ける. ②回(訴訟文書を当事者に)交付する.送付する.
送电 sòngdiàn 電(発電所から)送電する:〔输 shū 电〕に同じ.
送发 sòngfā 送る.発送する.
送饭 sòngfàn ①食事を届ける:家族や友人に届ける. ②出前をする.〔~的〕弁当屋.出前持ち. ③=〔下 xià 饭②〕食が進む.〔我爱吃你们的酸菜,它酸酸的,很~〕わたしはあんたたちの漬物が好きなの,すっぱくて食が進みます.
送粪 sòngfèn 下肥を運ぶ.
送风 sòngfēng 送風する.〔~管 guǎn〕送風管.〔~机〕送風機.〔~马达〕回ブロワーモーター.
送佛送到西天 sòng fó sòngdào xītiān 仏を西方極楽浄土に送る〈転〉人助けはやりかかったら徹底してやる.乗りかかった船.
送股 sònggǔ 回株式を無償交付する.新株を配当する
送故迎新 sònggù yíngxīn ⇒〔送旧迎新〕
送官 sòngguān 回役所に引き渡す.〔~问罪〕役所に引き渡して処断する.
送鬼 sòngguǐ →〔送祟〕回厄払いをすること.
送寒衣 sònghányī 回死者に冬着を送る行事:墓前で紙で作った冬着を焼くこと.〔鬼 guǐ 节〕
送话器 sònghuàqì 送話器.
送还 sònghuán (主として物を)送り返す.返す.
送回 sònghuí 送り帰す.〔把妻子~娘家去〕妻を実家に送り帰す.
送货 sònghuò ①発送する.〔~单〕发 fā(货)单 商品送り状. ②配達する.〔~簿 bù〕判取り帳.〔~上门〕宅配する.
送检 sòngjiǎn (資料やサンプルを)検査に送る.
送交 sòngjiāo 〈文〉①送付して引き渡す.手渡す.〔~尊府〕お宅にお届けいたします. ②⇒〔店 diàn 头交(货)〕
送节 sòngjié 節季(正月・端午・中秋)の贈り物をする.
送酒安席 sòngjiǔ ānxí 宴会で,客人に酒をすすめながら着席してもらうこと:〔安席〕ともいう.〔座儿齐了,主人就~〕お客が来そろうと,主人が酒を注いで回って客を一人一人席につけていく.
送旧迎新 sòngjiù yíngxīn →〔送故迎新〕〈成〉古きを送り出して,新しきを迎える.
送客 sòngkè 客を送り出す.帰る客を送る.
送客戏 sòngkèxì →〔压 yā 轴戏〕
送老 sònglǎo ①親の臨終をとる.〔~的衣裳〕親が亡くなった時に着せる服.→〔送终①〕 ②〈文〉老(?)の日々を送る.
送礼 sònglǐ 贈り物をする.〔~物〕同前.
送殓 sòngliàn 遺族に付き添い納棺する.
送路 sònglù ①見送りをする.〔送行①〕に同じ. ②⇒〔送三〕
送命 sòngmìng 命を落とす.命を失うことをする.〔为这么点儿小事~,太不值得了〕こんなつまらないことで命を落とすとはまったくくだらないことだ.

送暖偷寒 sòngnuǎn tōuhán ⇒〔偷寒送暖〕
送气 sòngqì ①=〔吐 tǔ 气〕子音の発音の際に強い気流を伴うこと.〔普通話〕のp・t・k・q・c・chなど.〔不~〕無気:b・d・g・j・z・zh.〔~音〕有気音. ②スチームで暖房する.〔送暖 nuǎn 气〕〔供 gōng 暖气〕ともいう.
送钱 sòngqián ①金を贈る.〔~,送东西都有〕現金をあげても品物をあげてもよい. ②〈喩〉むだ金を使う.
送亲 sòngqīn 付き添って花嫁を婿家まで送り届ける.〔~的〕同前の人:その男性の方を〔老爷〕〔官客〕,女性の方を〔~太太〕〔~娘子〕という.
送情 sòngqíng ①(男女間で)好意を持っていることを知らせる.〔眉 méi 目~〕目顔で気持ちを知らせる. ②⇒〔送人情〕
送穷 sòngqióng 回厄払い(する):旧暦の正月29日に,掃除をし酒をまいて清め貧乏神を送り出す.
送秋波 sòngqiūbō 好きな人に目顔で伝える.〈喩〉ウインク.親しくしたいというサイン.
送人 sòngrén ①〔飞机场~〕空港に見送りに行く. ②人に贈る.〔这是~的〕これは人にあげるのです.
送人情 sòngrénqíng →〔送情①〕(人に便宜を計って)歓心を買う.恩を売る.ありがたく思わせる. ②〈方〉贈り物をする.
送三 sòngsān →〔送路②〕回人の死後三日目に〔接 jiē 三〕の仏事を行い,その夕暮れに門口で紙銭などを焚いて亡霊を送ること.
送丧 sòngsāng ⇒〔送殡〕
送神 sòngshén 神様をお送りする(送り出す).〔请神容易,~难〕〈諺〉神をお迎えするのは易しいが首尾よく送り出すのは難しい:大したことはないと思って始めたところ厄介な問題が次々と起こる.
送审 sòngshěn 審査・検閲に送る(上申する).〔~本〕同前の書籍.
送生娘娘 sòngshēng niángniang 子授けの神:〔送子娘娘〕に同じ.→〔娘娘庙〕
送水 sòngshuǐ ①〔~管〕圈(水・蒸気)送り管. ②(現場に)湯茶を届ける.
送死 sòngsǐ 死路を求める.命を捨てる.
送祟 sòngsuì ⇒〔送鬼〕
送往事居 sòngwǎng shìjū 〈成〉(親が)亡くなったら丁重に葬り,在世中はよく仕える:子としての義務を尽くす.
送往迎来 sòngwǎng yínglái 〈成〉来客を送ったり迎えたりする.来客の応待に努める.
送鲜 sòngxiān 旬の食品を贈る.
送信 sòngxìn ①〔~儿〕情報を知らせる.〔明儿我给他~去〕明日わたしが彼に知らせを持って行ってやろう. ②手紙を送り届ける.〔~的〕郵便配達人:〔邮 yóu 递员〕〔投 tóu 递员〕の通称.→〔寄 jì 信〕
送行 sòngxíng ①見送りをする.〔到火车站~去〕駅まで見送りに行く. ②置きの送別する:〔饯 jiàn 行〕に同じ.〔~饺子,接风面〕上马饺子下马面〈諺〉歓送にはギョーザ,歓迎には麵:ギョーザはお金に丸く長く留まり願うの意.
送医 sòngyī ①医者を派遣する.〔~上门〕往診する. ②(患者を)病院へ運ぶ.
送一程 sòngyīchéng ある道のりの見送りをする.〈喩〉しばらくの間の補佐をする.
送葬 sòngzàng 遺体を送って葬る.野辺送りをする.→〔送殡〕
送灶 sòngzào 回かまどの神を天に送る(祭り):旧暦12月23日かまどの神がその家の一年間のことを玉皇大帝に報告に行くのに際し,よく報告してもらうため〔关 guān 东糖〕や玉皇の愛馬の飼料の〔料 liào 豆

(儿)]などを供えて祭る.→〔年 nián 货〕
送展 sòngzhǎn 展覧会・コンクールに出品する.
送站 sòngzhàn 人を駅まで送る.
送终 sòngzhōng ①(親の)死に水を取る.〔养 yǎng 老~〕老後を養ってやり見取ってやる.②年長者の葬儀をとりしきる.
送妆 sòngzhuāng (新婦側から新郎側へ)嫁入道具を届ける.→〔妆奁〕
送子 sòngzǐ (神様が)子を授ける.〔~娘娘〕〔送生娘娘〕子授けの神.

〔**诵・誦**〕 sòng ①声をあげて読む.〔朗 lǎng ~〕朗読する.〔背 bèi ~〕〔记~〕そらんじて朗唱する.〔熟 shú 读成~〕よく読んで,朗唱できるまでになる.②そらで言う.暗唱する.③述べる.詳述する.
诵读 sòngdú ①誦讀する.声を出して読む.②(牍)手紙を読む(見る)
诵经 sòngjīng ①⇒〔唱 chàng 经〕②経書を読む.
诵悉 sòngxī 〔牍〕貴信拝誦しました.
诵珠 sòngzhū ⇒〔数 shù 珠(儿)〕

sou ムヌ

〔**溲**〕 sōu 〈文〉①(糞便を)排泄する.小便を排泄する.〔~溺 niào〕〔~便 biàn〕同前.〔~器 qì〕しびん.〔一日数~〕日に数回小便をする.〔~血 xuè 中国〕血尿症.②米・麦を水でとぐ.③水に浸す.

〔**廀(廋)**〕 sōu 〈文〉①隠す.〔~伏 fú〕伏兵をおく.〔~语 yǔ〕〔~辞 cí〕隠語.②捜し求める:〔搜(Ⅱ)〕に通用した.〔~求〕〔~索 suǒ〕同前.③隅:〔隈 wēi〕に同じ.〔山~〕山の隅.

〔**搜(蒐)**〕 sōu (Ⅰ)捜査する.検査する.〔从身上~出了一包海洛英〕体から一包のヘロインを捜し出した.
(Ⅱ)〔蒐〕①捜す(し求める):〔搜②〕に同じ.②〈文〉(春の)猟.〔春~〕同前.③〔茜 qiàn 草〕(アカネソウ)の古称.
搜捕 sōubǔ ＝〔搜捕〕搜索して逮捕する.
搜查 sōuchá (团)(犯罪者や禁制品などを)搜索(する).〔~证〕搜查令状.
搜肠刮肚 sōucháng guādù 〈成〉あれこれと考えを出す.〔他~地想办法〕彼は知恵を絞って策をねった.
搜根剔齿 sōugēn tīchǐ 〈成〉徹底的に調べあげる.根ほり葉ほり(人の間違いを)聞き出す.
搜刮 sōuguā ＝〔搜括〕財物をしぼり取る.誅求する.〔~民財〕〔~民脂民膏〕人民の財物を収奪する.
搜获 sōuhuò 搜查し押収する.
搜缉 sōují ⇒〔搜辑〕
搜集 sōují 搜し集める.〔~材 cái 料〕材料を同前.〔~意见〕広く意見を集める.
搜检 sōujiǎn そをのがれて調べ出す.〔被警察~出去〕警察に搜索され調べ出される.
搜剿 sōujiǎo 〈文〉搜索して討伐する.
搜缴 sōujiǎo 〔搜索〕押収する.
搜劫 sōujié 探して略奪する.
搜救 sōujiù 搜索して救出する.
搜括 sōukuò ⇒〔搜刮〕
搜罗 sōuluó 捜し集める(求める).広く収集する.〔~各种人材〕いろんな人材を集める.
搜求 sōuqiú 尋ね探す.捜し求める.〔~50年前的邮票〕50年前の切手を同前.

搜身 sōushēn (物の所持を取り調べるために)身体検査(する)
搜索 sōusuǒ 搜索する.〔~证〕搜查令状.〔~枯肠〕〈成〉詩や文の文句を苦心して考え出す.〔~引擎〕電算検索エンジン.〔~网站〕電算検索サイト.
搜寻 sōuxún 搜し求める.搜して尋ね回る.〔~不着 zháo〕搜しあたらない(手に入らない)
搜腰包 sōuyāobāo 所持品を検査する.懐を探る.

〔**嗖**〕 sōu 〈擬〉物がサッとかすめる音.→〔飕①〕

〔**馊・餿**〕 sōu ①すえる:食物が腐敗して酸っぱくなる.〔~味(儿)〕同前.〔~臭〕同前.〔这碗剩 shèng 饭~了〕この(碗の)残飯はすえている.〔身上都~了,还不洗洗〕からだ中が臭くなっているというのにまだ洗わないのか.②〈口〉つまらない.くだらない.
馊臭 sōuchòu すえた臭い(がする)
馊点子 sōudiǎnzi 〈口〉ばかな考え.
馊酸 sōusuān 〔口〕まぬけである.〔悭 qiān 吝~〕けちでどじ.
馊主意 sōuzhǔyi 〈口〉つまらぬ(くだらぬ)考え(思いつき).〔出~〕くだらぬことを思いつく.

〔**飕・颼**〕 sōu 〈擬〉風の音.風を切る音.〔凉风~~〕涼しい風がサーッと吹く.〔~的一声投这一个球来〕ヒュッとひとつのボールを投げて来た.②風が吹く(に吹かれる).〔被风~干 gān 了〕風に吹かれて乾いた.
飕(儿)飕(儿) sōu(r)sōu(r) 〈擬〉サーサー.ビュービュー.〔邻 lín ~的风声〕近所のあるいは,〔童 tóng ~无欺〕旧子どもや老人相手でも商売にインチキはいたしません:商店のうたい文句の一種.〔~的一阵秋风〕サーッと吹く一陣の秋風.〔他们享受那飕飕的鞭声与老人的怒吼〕〔老・四・惶34〕彼らはあのビュービューいう鞭音と老人の怒号とを楽しんでいる.

〔**锼・鎪**〕 sōu 〈方〉木彫(をする).〔雕diāo ~〕同前.〔镜框上的玲珑花纹是~出来的〕鏡の縁の枠の細かく立派な模様は彫りつけたものである.〔~弓子〕(曲線切りをする)糸鋸:〔钢 gāng 丝锯〕に同じ.

〔**螋**〕 sōu →〔蠼 qú 螋〕

〔**艘**〕 sōu 量詞.船を数える.〔十~军舰〕10隻の軍艦.〔新造客轮五~〕新しい客船5隻を造船する.→〔只 zhī ②〕
艘次 sōucì 量詞.延べ隻数.〔五~〕延べ隻数5.

〔**叟(叜・叜)**〕 sōu 〈文〉(男 の)老人.年寄り.〔老~〕同前.

〔**瞍**〕 sōu 〈文〉①(目は開いているがひとみがなくて)ものが見えない.②盲人.

〔**嗾**〕 sōu ①〈擬〉犬をけしかける時の声.②〔~犬〕けしかける.〔~犬 quǎn〕~狗追兔 tù〕犬をけしかけて兎を追わせる.③そそのかす.〔调 tiáo ~〕同前.
嗾使 sōushǐ そそのかしてやらせる.〔~家人不睦 mù〕家の者を使唆(して)不仲にさせる.

〔**薮・藪**〕 sōu 〈文〉①草の生い茂った沼地・湖沼.②人や物の多く集まるところ.〔渊 yuān ~〕〔喩〕人材の多く集まるところ.

〔**擞・擻**〕 sōu 〔抖 dǒu ~〕振るい起こす.〔抖~精神〕精神を同前.→ sǒu

〔**嗽(嗽)**〕 sòu せき(をする).〔咳 ~ ké-sou〕同前.〔咳~了一声〕ゴホンとせきをした.〔干 gān ~〕からせき(をする).〔~血

xuè〔中医〕をして血の混じった痰を吐く.〔～子 sǎngzi〕のどをゴホゴホさせる.

〔**撒・擻**〕 sǒu（火かきや火箸でこんろ・ストーブなどの灰を）ゆすり落とす.〔～火〕同前.〔把炉子一一～〕こんろの灰をゆすり落とす. → sǒu

su ㄙㄨ

〔**苏・蘇（蘓・甦）・囌**〕 sū（Ⅰ）〔蘇(蘓)〕植物名用字.〔紫zǐ～〕囲シソ.〔～子 zi〕〔白～(子)〕同前.（Ⅱ）〔蘇〕ふさのように垂れている飾り.〔流 liú～〕同前.（Ⅲ）〔蘇(蘓・甦)〕よみがえる.生き返る.（意識がはっきりして）目をさます:〔稣①〕に通じる.〔死而复～〕一度死んで生き返る.（Ⅳ）〔蘇(蘓)〕囲①蘇州の略称. ②江蘇の略称.〔～北〕江蘇省の北部. ③〈姓〉蘇(ˇ)（Ⅴ）〔蘇(蘓)〕①〔～维埃〕（ソビエト）の略. ②〔～联〕(旧)ソ連.〔中(中)～友好〕中ソ友好.（Ⅵ）〔囌〕〔嗜～ lū・sū〕うるさい. うるさくしゃべる.

苏白 sūbái ①蘇州ことば. ②劇蘇州ことばによるせりふ. →〔昆 kūn 曲〕

苏菜 sūcài 江蘇料理.

苏打 sūdá ①〔曹 cáo 达〕〔梳 shū 打〕〈音訳〉ソーダ.炭酸ソーダ:学名は〔碳 tàn 酸钠〕,通称〔碱 jiǎn〕③〔纯 chún 碱〕.〔～灰 huī〕ソーダ灰.〔～洗 xǐ 粉〕洗濯ソーダ.〔～饼 bǐng 干〕クラッカー.〔～(～)口ふくらし粉〕〔碳酸氢钠〕（炭酸水素ナトリウム）に同じ.〔～水〕〔汽 qì 水(儿)〕ソーダ水.

苏丹 sūdān 〔スーダン:正式国名は:〔～共和国〕.アフリカの東部, エジプト南部に位置する.首都は〔喀 kà 土穆〕(ハルツーム).〔～红 hóng〕困スーダンレッド:工業用赤色染料. ②〈音訳〉スルタン:イスラム王朝の君主の称号.

苏俄 sū'é ソビエトロシア:〔俄罗斯社会主义联邦苏维埃共和国〕の略称.〔俄罗斯联邦〕

苏方 sūfāng ⇒〔苏木①〕

苏格拉底 sūgélādǐ 〔ソクラテス:古代ギリシアの哲学者. 紀元前469～399.

苏格兰 sūgélán 囲スコットランド:〔苏克兰〕とも書いた.〔～威 wēi 士忌酒〕スコッチウイスキー.〔～(花)呢 ní〕紡粗毛料紋織.服地の一種.〔～(警)场〕〈音義訳〉スコットランドヤード.ロンドン警視庁.

苏梗 sūgěng〔中医〕しその茎:薬用する.

苏瓜 sūguā 囲アオウリ.

苏杭 sūháng 囲蘇州と杭州.〔上有天堂, 下有～〕〈諺〉天上に極楽浄土があるように, 地上には蘇州・杭州がある:蘇州・杭州は有名な景勝の地.

苏合香 sūhéxiāng 囲ソゴウコウ:マンサク科落葉高木.樹脂をこの油〔苏合油〕(蘇合香)と称し, 香料・去痰剤・疥癬治療剤として用いる.

苏髻 sūjì ⇒〔苏州髻(儿)〕

苏剧 sūjù 囲中国劇の名:〔苏戏 xì〕ともいう.〔苏滩〕から発展してきたもので, 蘇州・上海一帯で行われる.

苏克雷 sūkèléi 囲スクレ:〔玻 bō 利维亚共和国〕(ボリビア共和国)の首都.

苏空头 sūkōngtou〔蘇州人の見かけだおし.→〔京 jīng 油子〕

苏拉 sūlā 囲(古満洲語で)下男.〈転〉宮中の雑役夫.

苏里南 sūlǐnán スリナム:正式名称は〔～共和国〕.首都は〔帕 pà 拉马里博〕(パラマリボ)

苏联 sūlián ソ連:〔苏维埃社会主义共和国联盟〕（ソビエト社会主義共和国連邦)の略.首都は〔莫 mò 斯科〕(モスクワ).1991年末解体. のち〔独dú立国家联合体〕となる.

苏门答腊岛 sūméndálà dǎo 囲スマトラ島:マレー諸島の一.

苏门羚 sūménlíng ⇒〔鬣 liè 羚〕

苏木 sūmù ①＝〔苏方〕囲スオウ.蘇方.〔～红〕染同前を原料とする赤色染料.すおう.〔～精〕染方エキス. ②ソム:〈蒙古語で〉ラマ廟.〈転〉部落.郷鎮にあたる行政単位. ③満八旗制度の末端組織.

苏区 sūqū ソビエト区:第二次国内革命戦争期における革命根拠地. →〔根 gēn 据地〕〔解 jiě 放区〕〔中 zhōng 央苏区〕

萨ార斯大号 sūsà dàhào〈音義訳〉囲スーザフォーン:肩にかけるヘリコン.スーザはアメリカの音楽家. →〔黑 hēi 里康大号〕

苏生 sūshēng 蘇生する.生き返る.〔万木～〕多くの草木がよみがえる.

苏滩 sūtān 〔蘇州滩簧〕の略.清の乾隆年間につくられた〔曲 qǔ 芸〕の一.蘇州・杭州・上海などに流行した.昆曲の影響を受け, 代表作〔桃花扇〕など昆曲中の芸題がほとんどである. のち〔苏剧〕となった. →〔滩簧〕

苏铁 sūtiě 囲ソテツ:ふつう〔铁树〕という.〔苏铁〕は学名.〔铁蕉〕〔凤 fèng 尾蕉〕〔凤尾松〕〔番 fān 蕉〕は別称.

苏瓦 sūwǎ 囲スバ:〔斐 fěi 济〕(フィジー)の首都.

苏维埃 sūwéi'āi〈音訳〉ソビエト:〈労働者・農民の〉評議会の意.中国では第二次国内革命戦争の革命根拠地政権.〔中华～共和国临时中央工农民主政府〕瑞金にあった同前. →〔苏联〕

苏息 sūxī〔文〕①休息をとる.息をつく. ②息をふき返す.生き返る.

苏醒 sūxǐng 意識を回復する.蘇生する.〔做了人工呼吸又～过来了〕人工呼吸でまた生き返った.

苏修 sūxiū ソ連修正主義:〔苏联修正主义〕の略.

苏绣 sūxiù 蘇州産の刺繍. →〔顾 gù 绣〕

苏叶 sūyè〔中医〕シソウ(蘇葉):しその葉.薬用する.

苏伊士运河 sūyīshì yùnhé スエズ運河. →〔巴 bā 拿马运河〕

苏州髻(儿) sūzhōu jì(r) 蘇州まげ:〔苏髻〕〔苏州扁儿 biānr〕ともいう.髪を後頭部にまるく束ねて簪(ˇ)をさげて結い方.

苏州码子 sūzhōu mǎzi 蘇州地方に始まり広く使われている金額・数量などを表す記号. 1 から 10 を | Ⅱ Ⅲ X 𠃜 ⊥ 〒 ㇉ 文 十（Ⅰ Ⅱ Ⅲ は横に〔一二三〕と書いてもよい)で表示する:〔苏州码儿〕〔草 cǎo 码〕ともいう.例えば〔〇Ⅲ文〕で329を表わす.

苏子 sūzǐ ①〔白 bái 苏〕囲. ②しその実.

苏子油 sūzǐyóu ⇒〔荏 rěn 油①〕

〔**酥**〕 sū ①牛・羊の乳の脂肪を凝固させて作ったバター. ②〔酥油〕の古称. ②ふわふわ(ぼろ)と柔らかい.柔らかくてもろい.〔那家的杏仁酥非常～〕あの店の〔杏仁酥〕はとてもサクサクしている(おいしい).〔酥〕囲小麦粉に油脂や砂糖をまぜて作った柔らかい菓子.〔(核 hé)桃～〕くるみ入りの同前. ④(体の力がぬけて)なえる.〔吓得浑身都～了〕びっくりして体の力がぬけてぐったりした.

酥饼 sūbǐng 囲小麦粉に油・砂糖を加えてこね, 中に餡を入れ焼いた菓子.

酥脆 sūcuì 柔らかくてもろい.サクサクしている.

酥灯 sūdēng 回〔酥油〕を用いた灯明.
酥盒子 sūhézi 柔らかく,ぽろぽろとした菓子の詰め合わせ.→〔大 dà 八件儿〕
酥麻 sūmá 力が抜けてしびれたようになる.(手足が)
酥皮(儿) sūpí(r) 菓子のぽろぽろと壊れやすい皮.〔~点心〕同前を皮にした菓子.
酥软 sūruǎn ①柔らかくぐったりする. ②ふわっと柔らかい.〔~的点心〕同前の菓子.
酥松 sūsōng (土壌などが)ふかふかしている.ぱさぱさしている.
酥糖 sūtáng 食①柔らかい飴を平たく延ばし,すりごまをまぶしてロール状に巻き,小口に切って一つずつ紙に包んだ菓子. ②水飴を加えにとり,きな粉または すりごまの中にくぐらせながら飴を繰り返し引きのばしてできる,粉をいっぱい含んだふさのような菓子.
酥胸 sūxiōng 白くふっくらした胸.
酥油 sūyóu 牛·羊の乳から作ったバター.〔~茶〕バター茶:蒙古族·チベット族が愛飲する同時に塩を入れたお茶.〔~灯〕同前を用いてともす灯明.〔~花〕同前に各種の艶やかな顔料を入れて作った雕塑:チベット族特有の芸術品.→字解①
酥鱼 sūyú 骨まで柔らかく調理した魚.
酥炸 sūzhá 食ころもの中にラードやバターを入れ,揚げること.または揚げたもの.

〔**稣·穌**〕 sū ①⇒〔苏㈣〕 ②→〔耶 yē 稣〕

〔**窣**〕 sū →〔窸 xī 窣〕

〔**俗**〕 sú ①風俗.風習.〔风〕同前.〔习 xí~〕風俗習慣.〔土~〕その土地の風俗.〔民~〕民俗.〔良风美~〕良風美俗. ②通俗的な.世間一般の.↔〔雅 yǎ①②〕 ③俗っぽい.低級である.下品である.〔庸 yōng~〕凡庸で俗っぽい.〔画得不~〕(絵の描きぐあいが)俗っぽくない.〔~不可医 yī〕俗っぽくて(下品で)救いようがない.〔~不伤雅〕俗っぽいようであるが,雅趣を損なうほどではない. ④ありふれている.新味がない.〔渐 jiàn 渐地~了〕しだいにありふれたものになってきた.〔这句话都听~了〕その話はもう聞きあきたぐらいだ. ⑤俗人.一般人.世俗の者:僧尼に対していう.〔僧~〕僧侶と俗人.
俗不可耐 sú bù kěnài 慣 低俗(下品)でやりきれない:〔俗不堪 kān 耐〕ともいう.
俗尘 súchén 喩 俗世間.人間世界.
俗称 súchēng ①俗に…という. ②俗称.
俗传 súchuán 世人の言い伝え.
俗谛 súdì 〈文〉世間の俗事.
俗父 súfù 仏(仏教で)出家した者がその実父をいう:〔师 shī 父〕(教えを受ける師)に対していう.
俗骨 súgǔ 俗でいやしい気質.〔浑 hún 身~〕骨の髄まで俗物である.
俗话 súhuà ⇒〔俗语〕
俗忌 sújì 世俗の禁忌.タブー.
俗家 sújiā ①在家(ヶ).俗人:出家しない者. ②(出家した人にとって,その)生家.
俗间 sújiān 俗世間:〔红 hóng 尘〕に同じ.
俗讲 sújiǎng 仏(仏教で)唐代,寺院で行われた説経.
俗礼 súlǐ ①世俗の儀礼. ②俗な贈り物.
俗吏 súlì 世俗的な官吏.
俗例 súlì 世間のしきたり.世の慣礼.
俗流 súliú 〈文〉俗物.俗人.
俗虑 súlǜ 世俗的な考え.
俗论 súlùn 世間話的議論.
俗名 súmíng ①仏(仏教で)俗名:出家する前の名前. ②俗称.通称.〔在北方,老鼠~叫耗 hào 子〕北方ではねずみのことを俗に"耗子"という.
俗气 súqi 俗っぽい.〔~不过〕どぎつい.〔他一派~〕彼はすべてがやぼったい.〔不~〕俗っぽくない.
俗曲 súqǔ 回通俗的な民間歌曲:〔俚 lǐ 曲〕に同じ.
俗人 súrén ①凡人.俗人. 仏(仏教で)(出家に対して)俗人.世俗の人.
俗尚 súshàng 〈文〉世間一般の好み.
俗事(儿) súshì(r) 俗事.世間間のこと.
俗态 sútài ①俗っぽさ. ②世間の様子.世の人の気風.
俗套 sútào 〔-子〕①世間のならわし.つまらないしきたり.〔你不必拘这些~〕そのようなつまらないしきたりにこだわるには及ばない.〔~话〕慣用的な言葉.〔讲~〕きまり文句を言う.〔走~〕しきたりに従っていく. ②月並み.常套.〔练的都是些~〕習い覚えたのはすべて紋切り型ばかりである.〔又说一段~〕またひとくだりきまりきった話をした.
俗体(字) sútǐ(zì) ⇒〔俗字〕
俗文学 súwénxué ①俗文学:古代民間の歌謡·語り物·戯曲など. ②通俗文学:〔通 tōng 俗文学〕に同じ.〔纯 chún 文学〕に対していう.
俗务 súwù 俗務.世俗の雑事.
俗物 súwù ①俗物.俗っぽい人物. ②がらくた.
俗习 súxí 俗習.
俗言 súyán ⇒〔俗语〕
俗眼 súyǎn 浅薄な見方.
俗谚 súyàn 俗諺.通俗的なことわざ:〔俚 lǐ 谚〕に同じ.
俗语 súyǔ 通俗的な熟語:〔俗话〕〔俗言〕ともいう.〔~说,人怕出名,猪怕壮 zhuàng〕ことわざにいう"人は名声が高まると(きがあり)怖いし,豚は太るのが(屠殺されるおそれがあるから)怖い"というようなものだ.→〔熟 shú 语〕
俗缘 súyuán 浮世の縁.俗縁.
俗子 súzǐ 〈文〉俗人.俗物.〔~村夫〕田夫野人.
俗字 súzì 俗字:〔正 zhèng 字②〕に対していう.〔俗体字〕ともいう.→〔别 bié 字②〕

〔**夙**〕 sù ①〈文〉朝早く(から).あさまだき.→〔夙兴夜寐〕 ②平素の.つとにある.→〔素⑤〕〔宿②〕
夙仇 sùchóu ⇒〔宿仇〕
夙敌 sùdí ⇒〔宿敌〕
夙好 sùhǎo 〈文〉①前からのよしみ.旧交. ②もとからの好み.
夙来 sùlái ⇒〔素来〕
夙孽 sùniè 〈文〉前世からの悪業(の報い)
夙诺 sùnuò ⇒〔宿诺〕
夙日 sùrì ⇒〔素日〕
夙世 sùshì 〈文〉①前世.前世.〔~冤 yuān 家〕前世からの仇同士.〔~姻缘〕前世からの結ばれた縁.
夙素 sùsù 〈文〉平素からの願い.
夙望 sùwàng ⇒〔宿望〕
夙昔 sùxī 〈文〉以前.昔.
夙嫌 sùxián かねてからの怨み:〔宿嫌〕とも書く.
夙兴夜寐 sùxīng yèmèi 成早く起きて夜遅く寝る.朝から夜までつとめる.
夙恙 sùyàng 〈文〉持病.宿痾:〔宿疾〕に同じ.
夙夜 sùyè 〈文〉①朝夕.日夜たゆみなく.〔~匪 fěi 懈〕〔~勤 qín 励〕成 日夜怠らない. ②未明.夜明け方.
夙谊 sùyì 〈文〉年来の交誼.ずっと前からの交友.
夙因 sùyīn 〈文〉前世からの因縁.
夙缘 sùyuán ⇒〔宿缘〕
夙愿 sùyuàn ⇒〔宿愿〕
夙愿 sùyuàn ⇒〔素愿〕〔宿愿〕宿願.かねての願い.

夙诉肃骕鹔涑速　　　　　　　　　　　　　sù

[～得償]宿望がかなう.
夙志 sùzhì ＝[素志][宿志]〈文〉平素からの志.

[诉・訴(愬)] sù ①（不平や恨み言）を訴える.（知ってもらおうとして）述べたてる.[申～]申したてる.[～了半天委屈 wěiqu]長々と苦しい立場を訴えた. ②（裁判所）に訴える.[上～]上訴（する）.[控 kòng ～]告訴（する）. ③〈文〉(…の)手段を用いる.[～诸]

诉呈 sùchéng　訴状.[递 dì ～]同前を出す.
诉告 sùgào〈白〉訴える.告げる.
诉苦 sùkǔ　[吐 u 苦水]苦しみを訴える.[向人～]人に同前. ②苦情を言う.[损坏］園損傷クレーム.
诉请 sùqǐng ⇒[呼 hū 吁]
诉求 sùqiú　①要求を提出する.申し立てる. ②請願.要求.
诉冤 無実を訴える.→[诉冤]
诉权 sùquán　提訴や不服申し立てをする権利.
诉说 sùshuō（思いを込めて）述べる.
诉讼 sùsòng 　国訴訟（を行う）.[提起～]告訴する.[～法]訴訟法.[～费]用訴訟費用.[～代理人]訴訟代理人.[～师] 囲代言人.公事（公師.[～离 lí 婚]裁判離婚.
诉状 sùsòngzhuàng ＝[诉讼状]訴状.
诉冤 sùyuān　冤罪を訴える.ぬれぎぬだと訴える.
诉愿 sùyuàn （上級機関に）不当を訴える.不服を申し立てる.陳情する.
诉诸 sùzhū〈文〉(…に）訴える.手段をとる.[～战争]戦争に訴える.[～武力]武力に訴える.
诉状 sùzhuàng ＝[诉讼]訴状(総称).[～起 qǐ 诉状]
诉追 sùzhuī ⇒[追诉]

[肃・肅(粛)] sù ①慎み深い. ②恭しい.[严 yán ～]厳しくおごそかである. ③粛正する.整える.[整 zhěng ～军纪]軍紀を粛正する. ④粛清する.一掃する. ⑤〈姓〉肃（シュ）

肃拜 sùbài 固 ひざまずいて手を上げ下げして拝する礼法.[九拜の一.～转 ③ 恭しく拝礼する.
肃此 sùcǐ〈牘〉謹んで（～布忱）謹布忱の謹布忱謹んでお願いいたします.[～奉复 ①.～布复]謹復 謹んでお返事申しあげます.[～敬白]謹んで申しあげます.[～奉贺]謹んでお祝い申しあげます.
肃毒 sùdú　麻薬・薬物を粛清する.
肃反 sùfǎn　反革命分子を粛清する：[肃清反革命分子]の略.[～运动] 固（1955～57年末まで行われた）反革命分子粛清運動.
肃函 sùhán　〈牘〉謹んで手紙を差しあげる.[～以贺] 〈～致贺〉謹んで書面でお祝い申しあげます.[～奉复]謹んでお返事申しあげます.
肃贿 sùhuì　賄賂を一掃する.[反贪 tán ～]汚職・賄賂を一掃する.
肃静 sùjìng　ひっそり静かである.[～无声]静かで声一つ聞かれない.[院子里没个人影儿似～]庭に人影ひとつ見えずひっそりしている.[～牌 pái] 固 葬列の先頭にかついで立てる "肃"と"静"と書かれた柄のついた札.[～高 gāo 脚牌]仝[执 zhí 肃]
肃立 sùlì　かしこまって立つ.[～致哀]恭しく起立して哀悼の意を表する.
肃穆 sùmù　静かで恭しい. ②厳粛で恭しい.
肃清 sùqīng　①粛清する.一掃する.残らず追放(パージ)する.[～反对派]反対派をすべて粛清する.[～反革命分子]（肃反）反革命分子を粛清する.[～流毒]害毒を一掃する. ②〈文〉寂しい.[冬夜～]冬の夜が同前.

肃然 sùrán （居ずまいを改めて）粛然と.[个个都～起敬]〈成〉だれもが尊敬の念にうたれた（粛然と襟を正した）
肃杀 sùshā〈文〉①厳粛ですご味がある.[～的气象]同前の様子. ②（秋や冬の）寒々として身を切るようなもの寂しさ.[秋气～]秋の気配が深く身にしみる.
肃贪 sùtān　汚職行為を一掃する.
肃修 sùxiū〈牘〉謹んで(手紙)を書く.[～寸柬 jiǎn]謹んで(この)簡単な手紙をしたためます.

[骕・驌] sù [～骦 shuāng]〈文〉（古書に見える）良馬の名.[～骦]とも書いた.

[鹔・鷫] sù [～鹴 shuāng]〈文〉（古書に見える）雁に似た緑色の水鳥.[～鹴]とも書いた.

[涑] sù 地名用字.[～水(河)] 囲 山西省にある.

[速] sù (Ⅰ)①速い.[迅 xùn ～]非常に速い.[飞行甚 shèn ～]飛行が非常に速い.非常に速く飛ぶ.[～赐复] 〈牘〉至急ご回答ください.[快～切削法] 囯高速切削法.[他来信叫我～回]彼から手紙でわたしにはやく帰って来いと言っていた.→[快 kuài ①] ②速さ.[风～]風速.超音～飞机]超音速航空機.→[速度] ③〈姓〉速（ソ）(Ⅱ)〈文〉招く.招待する.迎える.[不～之客]招かれざる客.押しかけた客.[～祸 huò]災いを招く.
速成 sùchéng　速成クラス.[～班]同前クラス.[～识 shí 字法]速習識字法.
速递 sùdì ①（郵便物など）特別に速達する.[～业]宅配業.急便業.[～公司]急便会社.[邮 yóu 政～] EMS.[～速递便.エクスプレス便.
速冻 sùdòng　急速冷凍する.[～食品]同前の食品.[～蔬 shū 菜]同前の野菜.
速度 sùdù　スピード.速度.速力.[～表][～计]速度計.スピードメーター.[～滑 huá 冰]〈速滑〉[快 kuài 速滑溜冰]困スピードスケート.[～滑雪] 囯（スキーの）滑降競技.困テンポ.→[节 jié 拍]
速汇 sùhuì　至急送金（する）.→[汇寄]
速滑 sùhuá　速（速度）滑冰
速即 sùjí〈文〉早速.直ちに.[～赐 cì 复] 〈牘〉すぐにご返事をください.
速记 sùjì　速記（する）.[～术 shù]速記術.[～员]速記者.[～符号]速記記号.
速决 sùjué　速決（する）.[～战]速決戦.
速率 sùlǜ　スピード.速度.
速凝剂 sùníngjì　急速凝固剤.
速遣费 sùqiǎnfèi　囯 早出料金.デスパッチ.
速溶 sùróng　速溶性の.早く溶ける.[～奶粉]スキムミルク.[～咖 kā 啡](即 jí 冲咖啡)インスタントコーヒー.[～饮片] 囯医（速溶性を高めた）細片の煎じ薬.
速射 sùshè　速射.[～炮 pào] 囲速射砲.
速生 sùshēng　生長が早い.[～林]同前の樹林.[～面]〈方〉インスタントラーメン:[方 fāng 便面]に同じ.
速速 sùsù〈文〉大急ぎのさま.[～为感]大至急お願いします.
速算 sùsuàn　速算（する）.[～法]速算法.
速喜 sùxǐ ①慶事を迎える. ②→[小 xiǎo 六壬]
速效 sùxiào　速効性の.即効(の).[～肥料]速効(性)肥料.→[迟 chí 效肥料]
速写 sùxiě ①スケッチ. ②スケッチ風の文.[街 jiē 上～]街頭スケッチ.[岁 suì 暮～]歳末スケッチ.
速战速决 sùzhàn sùjué〈成〉速戦即決.

〔餗・餗〕 sù〈文〉鼎(𝑡𝑒𝑖)の中の食物.〈転〉美味なごちそう.〔鼎折足,覆公~〕(易・鼎)鼎の足が折れて中の食物がこぼれ出る.〈喩〉力が不足で(政)事をこわしてしまうこと.

〔觫〕 sù →〔觳 hú sù〕

〔素〕 sù ①〈文〉白絹.〔尺 chǐ ~〕手紙:もとは白絹に書いた.②白の.無地の.色のついていない.飾りのない.〔~丝〕白の絹糸.〔本色~〕漂白してない白絹.〔漂 piǎo 白~〕漂白済みの無地.③(色が)単純である.地味である.〔还有一点儿人的吗〕もう少し地味でないのか.④もともとの.本来の.朴 pǔ ~.④地味だ.⑤質素だ.⑤平素の.ふだんの.いつもの.〔平~〕平素.→〔宿〕〔夙②〕⑥かねてから.もともと.〔~无来往〕以前から交際がない.〔~不相识〕〔~不识荆〕〈成〉かねがね面識がない.〔~有研究〕かねがねよく研究を積んでいる.〔~负众望〕平素から多くの人から望みをかけられている.⑦精進料理の.〔吃~〕同前を食べる.精進をする.〔~荤 hūn〕基本となる要素.本質的な物.素(そ).〔元~〕元素.〔色~〕色素.〔毒 dú ~〕毒素.〔维 wéi 生~〕ビタミン.〔青霉 méi ~〕ペニシリン.因〔~〕要素.⑨〈姓〉素(そ)

素白 sùbái 純白である.〔~手绢〕真っ白なハンカチ.
素材 sùcái (文学や芸術の)素材.〔搜 sōu 集~〕素材を集める.
素菜 sùcài 精進料理.菜食.〔素餐②〕〔素食①〕ともいう.〔~馆(儿)〕精進料理屋.↔〔荤 hūn 菜〕
素餐 sùcān ①→〔尸 shī 位素餐〕②精進料理:〔素菜〕に同じ.③精進する:〔吃 chī 斋〕に同じ.
素常 sùcháng ふだん.平素.〔夙②〕.
素车白马 sùchē báimǎ 葬儀の車馬.
素称 sùchēng (…という呼び方で)よく知られている.元々…と称される.
素淡 sùdàn ①(色彩や模様が)地味である.けばけばしくない.②(料理が)淡白(である).あっさりとしている.
素缎 sùduàn 勔無地の緞子(𝑠)
素娥 sù'é ①⇒〔嫦 cháng 娥〕②〈文〉白衣の美女である.
素方花 sùfānghuā 圖ソケイ:ジャスミンの一種.〔素馨 xīn 花〕は変種.→〔茉 mò 莉〕
素封 sùfēng 〈文〉素封家:爵禄をもたぬ大資産家.
素服 sùfú 素服.〈転〉喪服:白色に作る.
素和 sùhé 〈姓〉素和(𝑠)
素怀 sùhuái 〈文〉素から抱いている考え.
素婚 sùhūn 地味な結婚式.
素火腿 sùhuǒtuǐ 食〔豆腐皮(儿)〕(ゆば)を重ね合わせ,ハムに似せて作った精進食品.
素鸡 sùjī 食〔豆腐皮(儿)〕(ゆば)で作った円筒状・円柱状の食品.
素交 sùjiāo 〈文〉古くからの交際(友人):〔旧 jiù 交〕に同じ.
素洁 sùjié 白くてさっぱりしている.
素净 sùjìng ①(色が)地味である.落ち着いている.〔穿着一身~的衣裳〕地味な服を着る.②(味が)あっさりしている.→〔油 yóu 腻①〕
素酒 sùjiǔ ①精進料理に供する酒.②〈方〉精進料理の宴席.
素来 sùlái =〔夙来〕平素から.かねがね.〔他的人品,是我~佩服的〕彼の人柄はわたしがかねて敬服するところだ.
素练 sùliàn 白絹.
素缕 sùlǚ 〈文〉似せて作った白色の綸子(𝑠)
素昧平生 sùmèi píngshēng 〈成〉平素知り合っていない.一面識もない:〔素不相识〕〔素昧生平〕〔素未谋识〕ともいう.〔~的人〕一面識の人.

素面 sùmiàn ①肉類を入れない麺.②素顔.
素描 sùmiáo ①素描.デッサン.②(文学上の)スケッチ.簡潔な描写.→〔白 bái 描〕
素女 sùnǚ 伝説上,音楽を善くし,陰陽の術や房中の術に長じていたといわれる仙女.
素朴 sùpǔ ①素朴である.飾りがない.②未成熟の.初期の.未発展の.〔~实在论〕圀素朴実在論.
素日 sùrì =〔夙日〕平素.ふだん.
素三彩 sùsāncǎi (陶磁器の)緑・黄・紫紺の三色のうわ薬.
素色 sùsè ①白色.〔~布〕白布.②無地.〔~布〕無地の布.
素烧 sùshāo (陶磁器の)素焼き:うわぐすりをかけて仕上げ焼きをする前の半焼き.〔~坯 pī〕同前の半加工品.
素食 sùshí ①菜食.精進料理.②菜食する.〔~者〕菜食主義者.③平素の食物.
素什锦 sùshíjǐn 食(精進料理で)いろいろな材料をとり合わせて作ったもの.
素事 sùshì 弔い.葬儀:〔白 bái 事〕に同じ.
素手 sùshǒu ①〈文〉(女性の)白くきれいな手.②手ぶら.手ぶら.
素数 sùshù ⇒〔质 zhì 数〕
素王 sùwáng 〈文〉①王位に居なくても,王者としての徳を持っている人.②転)孔子.
素望 sùwàng 〈文〉平素からの声望(人望)
素未谋面 sùwèi móumiàn ⇒〔素昧平生〕
素昔 sùxī 〈文〉平素から.
素悉 sùxī =〔素知〕〈文〉かねがね承知している(知っている)
素席 sùxí =〔素筵〕精進料理の宴席.
素心 sùxīn 〈文〉①純朴な心.②本心.〔~正如此〕正にこのようにといつも願っている.
素馨花 sùxīnhuā →〔素方花〕
素心兰 sùxīnlán 圖〔建 jiàn 兰〕(スルガラン)の一種:香気のある白い花をつける.花を薬用にする.
素行 sùxíng 〈文〉素行.平素の行状.
素性 sùxìng 天性.生まれつき.もとからの性質.
素雅 sùyǎ さっぱりして上品である.〔颜色〕色がさっぱりしていて品がある.
素筵 sùyán ⇒〔素席〕
素仰 sùyǎng 〈文〉かねがねお名前をうかがい敬服しています:〔久 jiǔ 仰〕に同じ.
素养 sùyǎng 素養(𝑠)
素油 sùyóu 精進油.植物性食用油:〔清 qīng 油〕に同じ.↔〔荤 hūn 油〕
素有 sùyǒu かねて持っている.〔~大志〕かねてより大志を抱いている.
素愿 sùyuàn ⇒〔夙愿〕
素知 sùzhī ⇒〔素悉〕
素志 sùzhì ⇒〔夙志〕
素质 sùzhì ①(神経系統や感覚器の)素質.②(物事の)本来の性質.本質.③素養.素地.〔~高〕素養が高い.④全人格.〔~教育〕全人教育.
素珠 sùzhū 数珠.
素妆 sùzhuāng 〈文〉(女性の)簡素な身なり.〈転〉白の衣服.地味で清楚な身なり.

〔愫〕 sù 〈文〉真情.真心.〔情 qíng ~〕同前.〔一倾 qīng 积~〕積つもる想いを一気に述べ尽くす〕

〔嗉(膆)〕 sù ①嗉嚢:鳥類の食道の後端にある嚢.〔~嚢 náng〕は学名.通称〔~子〕.②〔~子〕(酒の)とっくり.銚子:形が嗉嚢に似る.〔酒~〕同前.〔烫 tàng 一~酒〕酒

sù

嗉宿缩蹜谡粟僳溯塑薂楤簌簌

〔宿（宿）〕 sù
①宿る.〔住～〕宿泊する.〔露 lù ～〕野宿（する）.②〈文〉平素の.前からの.→〔夙②〕〔素⑤〕③〈文〉老年（老練）の.〔耆 qí ～〕斯道（斯界）の大先達.老大家.〔名～〕声望の高い大家.④〈姓〉宿（しゅく）→xiǔ xiù

宿弊 sùbì 〈文〉宿弊.〔～一清〕積年の弊害を一掃する.

宿便 sùbiàn 生理宿便（しゅく）.

宿娼 sùchāng 女郎買いをする.〔～嫖 piáo 妓〕同前.

宿耻 sùchǐ 〈文〉積年の恥辱.

宿仇 sùchóu 〔夙仇〕宿怨.年来のうらみ.

宿敌 sùdí 〔夙敌〕宿敵.

宿疴 sù'ē ⇒〔宿疾〕

宿费 sùfèi 宿泊費.寮費.

宿根 sùgēn ①植宿根.②仏（仏教で）前世の修行で作られた基.

宿疾 sùjí ＝〔宿疴〕持病.宿痾（しゅくあ）：〔夙恙〕に同じ.→〔老 lǎo 病①〕

宿将 sùjiàng 〈文〉老将.老練な将軍.宿将.

宿酒 sùjiǔ 二日酔い.〔～未醒〕二日酔いがまだとれない.→〔伤 shāng 酒〕

宿老 sùlǎo （德望のある）古老.

宿命 sùmìng 宿命.〔～论〕宿命論.運命論.

宿诺 sùnuò 〔夙诺〕〈文〉前からの約束.

宿儒 sùrú 〈文〉老儒者.大学者:〔宿闻〕とも書いた.

宿舍 sùshè 宿舍.寮.〔中途 tú ～〕(家出青少年の一時）保護施設.

宿世 sùshì 前世.〔～因缘〕前世の因緣.

宿土 sùtǔ 植物が元来育った所の土.

宿望 sùwàng ＝〔夙望〕平素からの人望.以前からの声望.

宿夕 sùxī 〈文〉朝と夕.〔喩〕短い時間.

宿昔 sùxī 〈文〉①以前（から）.②長い間.

宿隙 sùxì 〈文〉従来からの感情の隔たり.宿怨.

宿闲 sùxián ⇒〔夙闲〕

宿心 sùxīn かねてからの気持ち.宿望.

宿业 sùyè 仏（仏教で）前世の罪業.宿業（しゅく）

宿因 sùyīn 仏〔宿因〕

宿营 sùyíng ①宿営する.②露営する.〔～地〕宿営地.〔～车〕⑥キャンピングカー.⑥（列車の乗務員の）休憩用車輌.

宿雨 sùyǔ 〈文〉夜来の雨.

宿缘 sùyuán ＝〔宿因〕〔夙缘〕前世の因緣.

宿怨 sùyuàn 〔夙怨〕積年の恨み.

宿愿 sùyuàn ⇒〔夙愿〕

宿债 sùzhài 〈文〉①古い借金.②〔喩〕前世の悪業.

宿账 sùzhàng 〈文〉滞っている掛買い代金.

宿志 sùzhì 〔夙志〕

宿主 sùzhǔ 宿主:寄生生物に寄生される生物.〔寄主〕ともいう.〔终 zhōng ～〕最終宿主.〔中间 jiān ～〕中間宿主.

宿罪 sùzuì 仏（仏教で）前世で犯した罪.

宿醉 sùzuì 二日酔い.→〔宿酒〕

〔缩・縮〕 sù
〔～密 shāmì〕植シュクシャ:ショウガ科シュクシャ属の植物.〔缩砂蜜〕缩砂蜜〕とも書く.その種子の仁を〔砂仁(儿)〕といい薬用される. → suō

〔蹜〕 sù
〔～～〕〈文〉小股で急いで歩くさま.

〔谡・謖〕 sù
〈文〉①立つ.起ちあがる.〔～尔〕すくっと立つさま.〔长 cháng 松~〕亭々たる松.②身なりを整える.を1本かんをつける.

〔粟〕 sù
①植アワ.ふつう〔谷 gǔ 子〕という.脱毂した実を〔小 xiǎo 米(儿)①〕という.→〔梁 liáng①〕〔起 qǐ 粟〕②〈文〉穀類の総称.〔重农贵～〕農業を重んじ穀物を大切にする.③〈文〉禄.〔不食周～〕周の禄を食まず.④〈姓〉粟（ぞく）

粟红贯朽 sùhóng guànxiǔ 〈成〉穀物が豊作で腐るほどにとれ、銭さしが朽ち果てるくらいに経済が豊かである.

粟米 sùmǐ ①粟.②⇒〔玉 yù 米〕

粟菽 sùshú 〈文〉穀類と豆類の総称.

粟子 sùzi 〔方〕アワ.→字解①

〔僳〕 sù
①→〔僳 lì 僳族〕②〈姓〉僳（そく）

〔溯（遡・泝）〕 sù
①〈文〉(流れを)さかのぼる.〔上～〕同前.〔流而上.さかのぼって行く.②過去をふり返る.もとを尋ねる.〔追 zhuī ～〕同前.〔回～〕もとを顧みる.由来をただす.〔～自…〕〈文〉…以来である.過去の…を起点として.

溯源 sùyuán もとの起こりを求めて尋ねる.〔推本~〕〔追本~〕〔追根~〕同前.〔～性〕遡及可能性.

〔塑〕 sù
①塑像を作る.〔～一座佛爷像〕仏様の像を（土で）作る.〔木雕泥～〕木彫りの像と泥で作った像.〔喩うごくさま〕.②プラスチック.ビニール.〔全～家具〕プラスチック製家具.

塑粉 sùfěn ⇒〔塑料粉〕

塑封 sùfēng ①プラスチック（ビニール）コーティング処理をする(人).〔～卡 kǎ 片〕プラスチックコーティングカード.②ビニール製の表皮やカバー.

塑钢 sùgāng プラスチック鋼.プラスチック被覆スチール.

塑建 sùjiàn 彫塑（ちょう）する.〔～纪念像〕記念の像を同形.

塑胶 sùjiāo プラスチック.合成樹脂.〔～制品〕プラスチック製品.

塑炼 sùliàn 可塑性を持たせる.可塑化する.

塑料 sùliào （口）プラスチック.ビニール:特にビニール系の〔合 hé 成树脂〕.〔～布〕ビニールシート.〔～袋〕ビニール袋.〔～粉〕成形粉.〔～工业〕プラスチック工業.〔～购 gòu 物袋〕レジ袋.〔～花〕プラスチックやビニール製の花.〔～棚温室〕ビニールハウス温室.〔乙 yǐ 烯基～〕ビニール.

塑身 sùshēn 〈口〉シェイプアップ(する)

塑套本 sùtàoběn ビニールカバー付きの書籍.

塑像 sùxiàng ①（可塑材で）人の像を造型する.②(人)の塑像.

塑性 sùxìng 物可塑性.可塑性.〔～记忆〕塑性復原.

塑造 sùzào ①（粘土・石膏・プラスチックなど）可塑性のあるもので人や物の像を作る.〔～石膏像〕石膏塑像を作る.②（芸術上で）創作する.造形する.〔～英雄形象〕英雄人物のイメージを描く（形を作る）

〔薂〕 sù
①〈文〉野菜類（総称）.〔山肴野～〕②〈成〉田舎料理.②→〔薂地〕

〔楤（楤）〕 sù
古書で木の名.

〔簌〕 sù
→〔簏 lù 簌〕

〔簌〕 sù

簌地 sùde 〔白〕はらはらと涙が落ちるさま:〔簌地〕とも書く.

簌簌 sùsù ①〈擬〉さらさら.ざわざわ:葉擦れの音.〔秋风～〕秋風がさーっと吹く.②はらはらと涙など

sù～suān

がこぼれ落ちるさま:〔簌地〕に同じ.〔泪珠～掉 diào 下来〕涙がはらはらと落ちる. ③ぶるぶると体が震えるさま.〔嘴 zuǐ 唇～地抖〕唇がわなわなと震える.

suan ㄙㄨㄢ

〔狻〕 suān 〔～猊 ní〕〔～麑 ní〕(古) 獅子の別称.

〔痠〕 suān (疲れがあるいは病気で)だるい. だるくて痛む;多く〔酸②〕と書く.〔～懒 lǎn〕同前.〔～软 ruǎn〕けだるくて力がない.〔～疼 téng〕〔～痛 tòng〕(体が)だるくて痛い.

〔酸〕 suān ①酸っぱい.〔这个杏儿 xìngr 比醋 cù 还～〕このあんずは酢よりも酸っぱい.〔馒 mán 头碱 jiǎn 少了,发～〕マントーにソーダの量が少なくて酸っぱい味がする.〔菜搁久了,都～了〕料理を長くおいたので悪くなってすっかりすえてしまった. ②(体が)だるい. だるくて鈍痛がある;〔痠〕に同じ.〔走得太远了,腿有点儿发～〕遠くまで歩いたら,足が少し痛くだるくなってきた.〔腰～腿疼〕足腰が痛む.〔招手招得手都～了〕手が疲れるほど振り続けた. ③辛い思いをする. 悲しい. せつない.〔辛 xīn ～〕辛い悲しい(こと).〔令人一怀〕人の心を痛ましめる.〔叫人心～〕せつなくさせる.〔鼻子发～〕悲しくて胸にじんとくる. ④貧乏くさい;多く文人にういていう.〔寒 hán ～〕〔穷 qióng ～〕同前.〔～秀才〕へっぽこ書生.→〔迂 yū 腐〕 ⑤(化)酸性(の).〔～性〕〔～味〕〔矿 kuàng ～〕〔无 wú 机～〕無機酸.〔羧 suō ～〕〔有机～〕有機酸.〔氨 ān ～〕アミノ酸.〔醋 cù ～〕〔败 bài 酸～〕アクリル酸.〔醋～〕〔乙 yǐ ～〕酢酸.〔丁 dīng 二～〕琥珀酸.〔琥珀 (tàn)～〕〔丁～〕酪酸.〔丁烯～〕〔巴豆 ～〕クロトン酸.〔泛 fàn ～〕〔本 běn 多～〕パントテン酸.〔甲 jiǎ ～〕〔蚁 yǐ ～〕蟻(ギ)酸.〔酒 jiǔ 石～〕酒石酸.〔枸 jǔ 橼 ～〕〔柠檬 níngméng ～〕クエン酸.〔苦 kǔ 味～〕ピクリン酸.〔磷 lín ～〕燐酸.〔硫 liú ～〕硫酸.〔硼 péng ～〕ホウ酸.〔苹 píng 果～〕〔羟 qiǎng 基丁二 ～〕リンゴ酸.〔氢 qíng ～〕シアン酸.〔鞣 róu ～〕タンニン酸.〔乳 rǔ ～〕乳酸.〔石炭 tàn ～〕〔酚 fēn 石炭酸〕(フェノール).〔水 shuǐ 杨～〕〔柳～〕〔邻苯基羧酸~〕サリチル酸.〔碳 tàn 酸〕〔戊 wù 二～〕〔胶 jiāo ～〕グルタル酸.〔硝 xiāo ～〕〔氮 dàn ～〕硝酸.〔亚 yà 硝～〕亜硝酸.〔烟 yān ～〕〔氮 dàn 苯～〕〔尼 ní 古丁～〕ニコチン酸(ナイアシン).〔盐 yán ～〕〔氢 qīng 氯～〕塩酸.〔乙二 ～〕〔蓿 xiū ～〕〔草 cǎo ～〕シュウ酸.

酸白菜 suānbáicài →〔酸菜〕
酸败 suānbài (魚肉や脂肪などが)腐敗する(して酸っぱくなる)
酸不唧儿 suānbujīr〔酸得溜儿的〕ともいう.〈口〉 ①すこし酸っぱい味がある.〔～的很好吃〕少し酸味があってとてもおいしい. ②体がだるい.〔走得两条腿有点儿～的〕歩き疲れて両足が少しだるくなる.
酸不拉唧 suānbulājī〈口〉①酸っぱくて(いやになる). ②愚にもつかない. 酸っぱくてたまらない. 古くさい.
酸不溜丢 suānbuliūdiū〈口〉①くだらない. 愚にもつかない. ②ねたましい. やける.
酸菜 suāncài 食白菜などを発酵させて酸味をきかせた漬物;炒めたり煮たりして食べる.〔火锅〕の野菜としても賞用される.〔酸白菜〕白菜のピクルス.→〔腌 yān 菜〕
酸沉降 suānchénjiàng 酸性沈着(する)
酸橙 suānchéng 植 ダイダイ(橙).〔回 huí 青橙〕は別称.〔代 dài 代花〕はその変種.→〔橙 chéng ①〕
酸臭 suānchòu 酸(っ)ぱい嫌なにおいがする. 饐(す)えたにおいがする.
酸楚 suānchǔ ⇒〔酸辛〕
酸醋 suāncù 酢;〔醋〕に同じ.
酸豆 suāndòu ＝〔酸果树〕植 タマリンド:マメ科の高木. 木材は建築用,さやは食用または清凉飲料用とする.
酸度 suāndù 化 酸度.
酸腐 suānfǔ (考え方や言動が)古くさくまだるっこい. 古臭い. 陳腐である.
酸酐 suāngān ⇒〔酐〕
酸根 suāngēn ＝〔酸基〕化 酸基.〔～离子〕酸基イオン
酸哽 suāngěng〈文〉悲しくて胸が塞がる(しゃくりあげる):〔酸梗〕とも書く.
酸果树 suānguǒshù ⇒〔酸豆〕
酸黄瓜 suānhuángguā 食 ①キュウリのピクルス. ②キュウリの酢の物.
酸鸡 suānjī 〔纺母织娘〕
酸基 suānjī ⇒〔酸根〕
酸浆 suānjiāng 〔酢 cù 浆草〕
酸碱 suānjiǎn 酸とアルカリ.〔～度〕〔～值 zhí〕水素イオン指数. 酸・アルカリ度;〔PH 值〕(ペーハー值)ともいう.
酸浆 suānjiāng ①＝〔灯 dēng 笼草〕〔挂 guà 金灯〕〔红 hóng 姑娘〕③〔金 jīn 灯 笼〕〔苦 kǔ 蒇〕〔王 wáng 母珠〕植 ホオズキ:〔文〕醋 cù 浆〕ともいう. ②⇒〔酢 cù 浆草〕
酸刻 suānkè 意地悪く酷薄である.
酸苦 suānkǔ ①酸っぱくて苦い. ②⇒〔酸辛〕
酸款 suānkuǎn〔-儿〕気取った態度で. もったいぶった様子.〔好 hào 体面,爱 ài 闹〔～儿〕体面を大切にし,やたらと気取りたがる.
酸困 suānkùn だるい. 疲れておっくうである.
酸辣 suānlà 酸っぱくて辛い.〔～汤 tāng〕食 酸辣湯(スアンラータン):酸味と辛味のあるスープ.
酸懒 suānlǎn (体が)けだるい.
酸梨 suānlí 植梨の一種:小形扁円形で酸っぱい.
酸溜溜 suānliūliū ①酸っぱい. 酸味がある. ②(少し)だるい. けだるい. ③やける. 嫉妬心が起きる. ねたましい.〔她看到自己的男朋友跟另一个女同学要好,心里感到～的〕彼女は自分のボーイフレンドがほかの女学生と親しいのを見て妬いている. ④悲しい. せつない.〔要和老师离别,学生们心里都～的〕先生と別れることになって,生徒たちはみな悲しがっている. ⑤(古くさい知識をひけらかす)話がうとましいさま.
酸麻 suānmá だるくてしびれる.
酸马奶 suānmǎnǎi 食 馬の乳を発酵させて作る飲料.
酸梅 suānméi 食 梅の実を乾燥しいぶしたもの;〔乌 wū 梅〕に同じ.〔～汤 tāng〕同前を煮出したものに砂糖ともくせいの花で味をつけた甘酸っぱい夏の飲み物.
酸迷迷草 suānmímícǎo ⇒〔酢 cù 浆草〕
酸模 suānmó ＝〔山 shān 大黄〕〔山羊蹄〕植 スカンポ(スイバ):タデ科.
酸母草 suānmǔcǎo ⇒〔酢 cù 浆草〕
酸奶 suānnǎi ＝〔酸牛奶〕〔酸乳〕食 ヨーグルト.
酸牛奶 suānniúnǎi 同上.
酸气 suānqì〈白〉貧乏書生の融通のきかなさ.〔乎之者也不离嘴,听者真～〕之・乎・者・也などと学者口調の言葉をしょっちゅう口にしてまったく世間知らずだ.〔寒 hán 酸〕同上.
酸乳 suānrǔ ⇒〔酸奶〕

酸软 suānruǎn けだるくて力がない.〔手脚仍然感到～〕手足が相変わらずけだるさを覚える.
酸涩 suānsè 酸っぱくて渋い.
酸笋 suānsǔn 〔方〕〔食〕ゆで竹の子に酢を加えて煮たもの.
酸疼 suānténg =〔酸痛〕(体)がだるくて痛い.
酸甜 suāntián 甘酸っぱい.
酸甜苦辣 suān tián kǔ là 酸い・甘い・苦い・辛い.いろいろな味.〔喩〕世の中の艱難辛苦.〔他没受过～〕彼は世を渡る上でのもろもろの味をまだなめていない.
酸桶 suāntǒng ⇒〔盐 yán 肤子〕
酸痛 suāntòng ⇒〔酸疼〕
酸头儿 suāntóur 〔方〕かすかな酸っぱ味.
酸味 suānwèi 酸っぱい味・におい.
酸味草 suānwèicǎo ⇒〔酢 cù 浆草〕
酸文假醋 suānwén jiǎcù 〈喩〉ひけらかすさま.〔你别那么～的〕そんなにかっこをつけるなよ.
酸雾 suānwù 〔冶〕硫酸ミスト.酸性霧.
酸相 suānxiàng みっともない格好.貧乏たらしい格好.〔寒 hán 酸相〕ともいう.
酸心 suānxīn ①心痛する.悲しむ. ②胸やけ(がする).
酸辛 suānxīn =〔酸楚〕〔酸苦②〕辛苦.辛酸.
酸性 suānxìng 〔化〕酸性(の).〔～反应 yìng〕酸性反応.〔～染料〕酸性染料.〔～大红〕酸性スカーレット.〔～玫瑰〕酸性ローダミン.〔～藏 zàng 青〕酸性ブルーブラック.〔～渣 zhā〕〔口〕玻 bō 璃渣酸性鉱滓.〔～体质〕酸性体質.〔～雨〕〔酸雨〕〔冶〕酸性雨.↔〔碱 jiǎn 性〕
酸雨 suānyǔ =〔口〕空 kōng 中鬼〕〔冶〕酸性雨〕.〔酸性雨〕に同じ.
酸枣 suānzǎo 〔植〕サネブトナツメ,またその実.小さく酸味の強い棗の一種.〔～儿〕同前の実.〔～仁 rén〕〔中医〕酸枣仁(さんそうにん)〕漢方薬としての同前の種子の仁.〔～面(儿)〕〔食〕乾燥させたサネブトナツメの実をすりつぶした細かい粉.→〔棘 jí ①〕
酸胀 suānzhàng だるくて痛み,腫れる(こと)
酸赭 suānzhě ⇒〔地 dì 榆〕
酸值 suānzhí 〔化〕酸価.

[蒜] suàn ニンニク:〔大～〕ともいう.〔紫皮～〕〔火 huǒ ～〕外皮が紫色をおびたにんにく.〔白～〕外皮の鳞片の白い(ふつうの)にんにく.〔独 dú 〔头〕卵 luǎn 蒜〕

蒜瓣(儿) suànbàn(r) にんにくの一かけら:鳞茎を作る一片.
蒜辫子 suànbiànzi にんにくを茎の部分で三つ編みのようにして束ねたもの.
蒜肠(儿) suàncháng(r) 〔食〕ニンニクで味つけした香 xiāng 肠〕(ソーセージ)
蒜槌子 suànchuízi にんにくをつぶすのに用いる棒.→〔蒜罐子〕
蒜罐子 suànguànzi =〔蒜臼(子)〕にんにくをつぶすのに用いるすり鉢.
蒜薹(儿) suànháo(r) =〔蒜薹〕
蒜黄 suànhuáng ニンニクの芽(もやし):日陰で育てた黄色の茎状の葉.食用する.
蒜臼(子) suànjiù(zi) =〔蒜罐子〕
蒜苗(儿) suànmiáo(r) 〔方〕①〔にんにくのとう(若芽)〕:食用される. ②⇒〔青 qīng 蒜〕
蒜泥 suànní すりつぶしたにんにく.
蒜皮 suànpí 〔[-儿]にんにくの皮. ②〈喩〉とるに足らないもの(事).〔鸡 jī 毛～〕同前.
蒜茸 suànróng よくすりつぶしたにんにく.
蒜素 suànsù ニンニクエキス.アリシン.
蒜薹 suàntái =〔蒜毫(儿)〕にんにくの茎(花軸):食用する.

蒜头草 suàntóucǎo ⇒〔石 shí 蒜〕
蒜头(儿) suàntóu(r) にんにく(の球).〔～鼻 bí 子〕〈喩〉ししばな.

[筹] suàn 〈文〉①〔固〕計算に用いる数とり棒.勘定. ②⇒〔算〕
[算(祘)] suàn =〔筹②〕①計算(する).勘定(する).〔～错〕計算(して)損する.計算を誤る.〔～起来差不多〕計算してみて大体同じくらいである.〔能与会〕文字が書けて計算ができる.〔～在一块儿〕一緒に計算する.合算する.〔清～〕清算(する).〔上～〕採算が取れている.勘定にあう.〔笔～〕筆算.〔珠 zhū ～〕珠算. ②計算に加える.数の中に含める.〔不～我还有十人儿〕わたしを計算に入れないでも10人いる.〔把他也一上吧〕彼も数の中に入れよう.〔这回不～〕今回は計算に入れない.〔今天请客也～〕今日の招待には彼も数に入っている. ③もくろむ(む).心づもり(する).〔失 shī ～〕もくろみを誤る.〔暗 àn ～〕ひそかにたくらむ.〔～无遗策〕成つ計画・計略ぬかりはない.〔盘 pán ～〕胸算用する.〔千・万～不如老天爷一～〕〈諺〉いくら思案してみても,お天道さまの一思案にかなわせはぬ. ④推測する.…だと思う.〔我～看你该来了〕きみが来るころだと思っていたよ. ⑤〈転〉意義を認める(られる).有効である.〔教员说的不～,还得校长说说〕(ひらの)教員が言ったではなにもならない,校長の声がかりが必要だ.〔如今大伙儿说了～〕今では皆がこうだと言えばその通りになる.〔他说的オ～,我说的～〕彼の意見こそ役立つのであって,わたしの意見はだめだ.〔～什么呀〕物の数でもない.〔他～什么歌星呀〕彼が大歌手だなんて. ⑥～ということになる.〔他这～不错〕彼はまあまあいい方である.〔不～一回事〕問題のうちに入らない.〔这不能～完〕これはひどく高価だとは言えない.〔暗 péi 了我～我的〕私の損が出たら僕が負うということになる.〔还～好〕まだましだ.まだ良い方である.〔你～说对了〕君の言うことが正しいと思う. ⑦やめにする.おしまいにする.よしとする.それでよい.それ以上とやかく言うのをやめて用いる.〔了吧,别吵了〕もうやめとこう,騒ぐな.〔您不愿意去,那就～了〕あなたが行きたくなければ,それまでのことだ.〔了吧,我才不信呢〕まさか!信じられない. ⑧とにかく…だとする.結局のところ…だ.〔问题～解决了〕一応,問題は解決したわけだ.→〔总 zǒng 算〕 ⑨〈姓〉算(さん)

算不得 suànbu・dé (…に)数えられない.〔你打了人家一下,也～什么英 yīng 雄〕おまえが人を一度なぐったからとて,何も英雄ということにはならないんだぞ.

算不了 suànbuliǎo ①計算できない:〔算得了〕は可能を表す.〔这道算术题,我可～〕この算術問題は,わたしにはどうもできない. ②…というほどではない.〔～什么〕何でもない.大したことはない:〔算得了什么〕に同じ.〔～一回事,何必介意了〕とりあげて言うほどのことではない,気にかける必要があるものか.

算不上 suànbushàng …だとはいえない.〔这一点不顺利～是打击〕このくらいうまくいかなくても,打撃というほどのことはない.

算草(儿) suàncǎo(r) 筆算.補助的な計算式.〔～要写在另一张纸上〕筆算は別の紙に書くこと.→〔算式〕

算尺 suànchǐ ⇒〔计 jì 算尺〕
算筹 suànchóu 〔旧〕竹・木・紙などの小片に数字を記したもので計数用に用いられた.→〔筹(儿)②〕
算大账 suàndàzhàng 〈喩〉大局に立って損得を考え

算得 suànde …とみなされる.…とだとする.〔他俩真～一对好夫妇〕あの二人は全くおしどり夫婦といってよい.

算法 suànfǎ ①算術.〔算术〕に同じ. ②計算法.〔你这种～是不对的〕きみのそういう計算のしかたは間違っている.

算卦 suànguà 八卦を占う.〔～的〕〔～先生〕易者.八卦見.

算话 suànhuà 話のとおりになる.〔政府说话有时候也不～〕政府の言うことでも時にはそのとおりにならないこともある.〔说话～〕言った言葉に責任を持つ.

算计 suànji ①数を数える.計算する.〔～着也就够了〕数えてみて、大体足りる. ②計算に入れる.考慮する.〔～不到的事〕計算(考慮)の及ばないこと. ③他人への危害をひそかに謀る.人を陥れようとする.〔他这是～你〕彼はきみを陥れようとしているのだ. ④推しはかる.推測する.見積もる.〔我～他今天回不来〕彼は今日帰れないと思う. ⑤〔一儿〕〈方〉心づもり.考え.

算就 suànjiù 〈方〉はっきり見通す.断定する.〔～了你要来〕きみは来るものと思っていた.〔～敌人灭亡的命运〕敵が滅亡する運命にあることを見通す.〔早给他～了〕ちゃんと早くから彼のことを見ぬいていた.

算来 suànlái 数えてみると(と).〔～还有两个月呢〕数えてみるとあと2か月だ.〔算去〕④くり返し数える.〔あれこれと考えを巡らす.

算老几 suànlǎojǐ 物の数に入らない.物の数でない:自ら謙遜して、また、人を軽蔑して言う.

算老账 suànlǎozhàng 古い貸し・借りを清算する.〈転〉昔の恩義や憎しみに決着をつける.〔算旧账〕ともいう.→〔算账〕

算了 suànle やめにする.よしとする.〔要不干gàn就～,要干就要干好〕やらないのならそれまでのことだが、やるからには立派にやらねばならない.→字解⑦

算命 suànmìng 運勢を占う.〔生 shēng 辰八字〕〔阴 yīn 阳五行〕によって古凶禍福を予想する.〔～的〕〔～先生〕卜者.易者.

算盘 suànpán ①そろばん:ふつう5玉(上1下4).〔算子〕ともいう.〔打～〕そろばんをはじく.損得を考える.〔一纥 gē 瘩〕中国服のボタンや帽子の頭のつまみに用いる組ひもで作った丸い玉.〔一珠 zhū〕〔一子儿 zǐr〕〔算珠〕@そろばん玉. ⓑ〈喩〉主体性が無い者.あやつり人形.ロボット. ②〈喩〉打算.つもり.〔他打了这个～,定好主意了〕彼はそういうつもりをたてて考えをしっかり決めた.→盘算

算式 suànshì 算式.数式.〔一草儿〕

算是 suànshì どうにか(…だ).どうやら(…といえた.〕〔这回才一明白了〕これでどうやらはっきりした.〔不能～我的错误〕これは私の誤りだとはいえない.〔现在～实现了我的希望〕いまようやく希望が叶った.→字解⑥

算术 suànshù 算術.〔算学〕に同じ.〔～题tí〕算術の問題.〔一级题〕算術級数.〔一根〕圖開法根. → 数 shù 学

算数 suànshù ①数を数える.〔以前的不～,从现在算起〕これまでのは数えない、これからは勘定する. ②〔一儿〕後先を考える.心底に見通しがある.〔怎么说话不～〕どうして言ったことに責任をとらないのか. ③終わりとする.それでよいことにする.〔然后把这个拐掉了～〕そしてこれを捨ててしまえばそれでそれでよしとする.〔说了～〕言ったらそれで終わりにする.

算题 suàntí 計算問題.

算小账 suànxiǎozhàng 目前の小さな損得を考える.↔〔算大账〕

算学 suànxué ①数学.②算術:〔算术〕に同じ.

算账 suànzhàng ①勘定する.清算する. ②〈転〉(損失・恨み・責任などに)けりをつける.〔我去和他～わたしは彼と話のかたをつけてやる.〔那个厨 chú 子简直不行,待会儿跟他～〕あのコックはまるでいけない、いずれ黒白をつけてやる.

算珠 suànzhū ⇒〔算盘珠〕

算子 suànzi ①⇒〔算盘珠〕 ②圖演算子.〔微 wēi 分～〕微分演算子.

算作 suànzuò …とする.…に当てる.〔把别人的梦想姑且～自己的〕他人の夢をしばらく自分のだとする.

sui   ㄙㄨㄟ

〔尿〕 suī 〈口〉小便.〔孩 hái 子又尿 niào 了一泡～〕子供がまたおしっこした. → niào

尿泡 suī-pāo ①〔膀胱 páng〕〔膀胱〕の俗称.〔猪 zhū～〕豚の同前.〔猫咬～,空 kōng 欢喜〕〈歇〉猫が肉かと思って同～になる. 〔空〕は〔膣 xiā〕ともいう.

〔虽・雖(虽・雖)〕 suī ①…であるが.…とはいうものの.〔山～高,雪～深,却挡不住英雄的意志〕山は高く雪は深いが、英雄の意志を遮ることはできない.〔文章～好,立意不正也是白搭〕文章は良くても,意向が正しくなければやはりだめだ. ②たとえ(…でも).〔～死犹 yóu 生〕たとえ死んでも正義は生きる.〔～败犹荣〕たとえ敗れても名誉である.

虽然 suīrán …とはいえ.…とはいえ:多く後句の〔可是〕〔但是〕〔却〕などと呼応する.また、倒置して後句の文頭に置くこともある.〔工作～忙,可是学习决不能放松〕仕事は忙しいが、学習は決して手を抜けない.〔那里还有很多值得看的地方,～我们已去游览了三次〕あそこにはまだ見るべき所がある、もう3回も旅行しているのだが.

虽说 suīshuō 〈口〉…ではあるが、…とはいっても.〔～天气热,但究竟好些了〕天候は暑いとはいえ、すがにしのぎやすくなった.

虽则 suīzé 〈文〉…とはいえ.〔过程～不同,结果却是一样〕過程は違っているとはいっても、結果はしかし同じである.

〔荽〕 suī 〔胡 hú～〕〔芫 yán～〕圖コエンドロ.コリアンダー:ふつう〔香 xiāng 菜〕という.

〔眭〕 suī ①〈文〉みつめる. ②〈姓〉眭(く)

〔睢〕 suī ①〈文〉眼をみはる(って見る).〔～盱 xū 同前〕眼をみはるさま. ②〈文〉ほしいままにでたらめをする.〔恣 zì 同前〕 ③地名用字.〔～县〕圖河南省にある. ④〈姓〉睢(く) → jū

〔濉〕 suī 地名用字.〔～溪县〕圖安徽省にある.

〔隋〕 suī ①朝代名.581年～618年.楊堅(文帝)が建てた. ②〈姓〉隋(く)

隋和 suíhé 〈成〉隋侯の珠と和氏の璧:共に天下の至宝と称されたもの.〔随和〕とも書く.→〔和氏璧〕

隋珠 suízhū 隋珠(く):古代、隋の君主が助けた蛇からもらったとされる大きな玉.〔随珠〕とも書く.〔～弹 tán 雀〕〈成〉同前ですずめを打つ.⑥損得が合わない.⑥使い方を間違える.

〔随・随〕 suí ①後に…つき従う.すぐそばに伴う.〔～着人走〕人について行く.〔菜来了,饭也～着来〕おかずは来た、飯もすぐ出

随 / suí

ます.〔跟 gēn～〕つき従う. ②任せる.思うままにさせる.〔你怎么想吧〕君が思うとおりにしたまえ.〔还是不说好,～他想象去吧〕やはり言わない方がよい,彼の想像に任せよう.〔我也管 guǎn 不了 liǎo 了,～他去吧〕僕もお手上げだ,彼の勝手にさせろよ. ③従う.言うことを聞く.〔只要你们做得对,我都～着〕あなた達のやり方が正しくありさえすれば,私は言うとおりにします(せで). ④…に応じる(じて).〔你弹 tán 钢琴,我～着唱〕君がピアノを弾き私が合わせて歌う.〔封建时代的女人总是一夫贵一夫贱,一夫贫一夫富,命运也有她们自己的身价了〕封建時代の女はどうしても夫しだいで貴くも賤しくもなったが,現在は彼女たち自身の価値もあるようになった. ⑤…のついでに.〔～手关灯〕ついでに電灯を消せ. ⑥…とすぐ.〔～…～…〕の形をとり,二つの事が同時にあることを表す.〔～说～哭〕語りながら泣く.〔～来～花〕〈一来は下にしから(金)を使ってしまう.〔～挣～花〕稼いだだけ使ってしまう.〔～到～销〕商品が着くはしから売れていく.〔～说～忘〕言うはしから忘れる.〔～时～地〕いつどこでも. ⑦〈口〉(親)に似ている.〔他的脸 liǎn 庞～他父亲,说话的神气～他母亲〕彼は顔つきは父親に似ており,話しぶりは母親に似ている. ⑧〈文〉随(ㄨ):六十四卦の一. ⑨〈姓〉随(ㄨ)

随笔 suíbǐ ①随筆.エッセイ.〔散 sǎn 文②〕の一. ②〔讲演・绍介・记录〕のノート.記録. →〔笔记〕

随便 suíbiàn ①随意(である).都合しだい(である).自由(である).制限がない.〔去不去～〕行くも行かぬも都合のよいようにしなさい. →〔稳 wěn 便②〕 ②気ままである.のんき(である).わがままである.〔～瞎 xiā 说〕勝手にでたらめを言う.〔你别在客人面前太～〕客の前ではあまり無作法しちゃいけない. ③…にかかわりなく.何でも.〔～什么〕何でも.何であろうとも.

随波逐流 suíbō zhúliú 〔随波漂 piāo 流〕ともいう.波のまにまに流れる.〈喩〉定見がない.ただ世間の流れに合わせて行く.

随菜便饭 suícài biànfàn 特別のご馳走を作らず,ありあわせの食事で客をもてなす.

随常 suícháng 平生.ふつう.日頃.〔不要特别好的,～用的就行了〕特によいものはいらない,ふだんに使うのでよろしい.

随处 suíchù 随所(に).〔春郊～尽 jìn 花草〕春の郊外はどこまでも花や草ばかりである.〔～可见〕どこでも見られる.

随从 suícóng ①供をする.つき従う.〔～人〕同行者. ②従者.随員.

随大溜(儿) suídàliù(r) 大きい流れ(大勢)に従っておく:〔随大流 liú〕とも書く.

随带 suídài ①一緒に届ける.添えて届ける.〔文件之外～书籍一包〕公文書のほか本を一包み届ける. ②携帯する.〔行李〕手荷物を携帯する. ⓑ携帯手荷物.

随地 suídì ところかまわず.どこでも.〔不准～吐 tǔ 痰〕みだりに痰を吐くことを禁ず.

随调 suídiào (主人や上司の転勤に伴ない)家族や部下も一緒に転勤する.〔走 zǒu 读官〕

随方就圆 suífāng jiùyuán =〔随高就低〕〈喩〉事情の変化により,随機応変に型どおりに固執せず円,一生衣食你安全〕〈諺〉うまく周りに合わせて世を渡っていけたら,一生暮らしは安泰です.

随访 suífǎng ①随行訪問する.〔～记者〕同行訪問記者 ②追跡訪問する.

随分 suífèn ①本分を守る. ②(分相応に)力を出す.

随份子 suífènzi ⇒〔出 chū 份子〕

随风倒 suífēngdǎo 〈喩〉風見鶏(ゕざみどり):風向き次第でどちらにもなびく.勢いの強い方に味方する.

随风转舵 suífēng zhuǎnduò 〈喩〉形勢を見て行動する:〔随风使舵〕〔顺 shùn 风转舵〕ともいう.

随感 suígǎn 随感.随想する.多く書名・題名に用いる.〔～录 lù〕随想録. →〔随笔①〕

随高就低 suígāo jiùdī ⇒〔随方就圆〕

随函 suíhán 同封にて.〔～附上该货之规格一纸〕その商品の規格表を同封してご送付申し上げます.

随行就市 suíháng jiùshì 〈成〉価格が市況によって変動すること.

随和 suíhé ①〈文〉皆の考えに従う. ②⇒〔隋和〕

随和 suíhe 人付合いがいい.気さくである.〔～近人〕人とうまく合わせていく.〔他脾 pí 气真～,很容易和人合わせていく方だ.〔～的人到处受欢迎〕気さくな人はどこでも歓迎される.

随后 suíhòu すぐ後で.後ほどすぐ.多く〔就〕と連用される.〔您先走,我～到到〕お先に行ってください,わたくしは後からすぐ参ります.

随机 suíjī ①機に応じて.情況に対応して. ②ランダムな.無作為の.〔～采访〕ランダム取材(する).〔～(存取)存储 chǔ 器〕〔電算〕ランダムアクセスメモリー.RAM.

随机应变 suíjī yìngbiàn 〈成〉臨機応変.新しい境遇に順応する.〔办外交的人都得有～的才智〕外交をやるものは臨機応変の才知がなくてはならない. →〔高 gāo 下art.低〕〔通 tōng 权达变〕

随即 suíjí すぐさま.ただちに.

随记 suíjì ①メモをとる. ②メモの記録:多く書名に用いる.

随驾 suíjià 皇帝の車馬につき従う.皇帝に随行する.

随军 suíjūn 従軍(する).〔～记者〕従軍記者.

随口 suíkǒu 口から出まかせ(に).〔～说〕出まかせにしゃべる.〔～骂人〕口から出まかせに人を罵る. →〔趁 chèn 口〕

随礼 suílǐ 祝儀をする(出す)

随娘改嫁 suíniáng gǎijià 母の再婚に従って,継父の姓を名のる.

随迁 suíqiān つき従って(家族や)引っ越す.

随墙门(儿) suíqiángmén(r) 壁に作りつけの(門楼をもたない)門.

随群(儿) suíqún(r) 皆に合わせる.世間の人と同じようにする.〔穿着几不～〕服装が皆と違っている.

随任 suírèn 旧任地について行く.〔宝眷也～吗〕ご家族も一緒に赴任されますか.

随身 suíshēn 身につける.携帯する.〔～带去〕携行する.〔～带着救急的药〕救急薬を携えている.〔～的东西〕身の回りの品.〔～灯〕死者の霊前にともす灯明.〔～听〕ポータブルオーディオプレーヤー.〔～看〕ポータブルDVDプレーヤー. ②随行する.つき従う.

随声附和 suíshēng fùhè 〈喩〉他人の言いなりに同調する.付和雷同する.〔他嘴上～,心里却在反对〕彼は口先では人の言うなりに調子を合わせているが,心の中では反対している.

随时 suíshí ①随時(に).その時その時(に).〔你们有什么意见～告诉我〕きみたち意見があったらいつでも知らせてほしい. →〔偿 cháng 还〕〔随时偿还〕〔制宜〕〔因 yīn 时制宜〕その時その時の情勢に応じて適切な措置をとる. ②常に.常時.時々刻々.〔各部队要～做好战斗准备,各部队は常時戦闘準備を整えておかねばならない.

随手(儿) suíshǒu(r) ①ついでに.すぐその後で.〔～把茶壶递 dì 过来吧〕ついでに急須をとってくれよ.〔～关门〕開放厳禁:掲示用語.〔～上账〕すぐ

記帳する. ②手が出るままに.手あたりしだいに.〔~打人〕手あたりしだいに人を殴る.〔~花〕金をぱっぱっと使う.〔~来~去〕(金が)造作なく入ってくるが,すぐに出ていってしまう.〔~的行季〕手回りの荷物.〔~零用的东西〕手元でこまごましたことに使うもの.→〔顺 shùn 手(儿)〕

随顺 suíshùn おとなしく従う.〔只得~〕しかたなし に,おとなしく従う.

随俗 suísú 世間のならわしに従う.〔入乡~〕成〉郷 に入らば郷に従え.

随同 suítóng 同行する.連れ立って行く.〔记者也~前往〕記者も連れ立って出向く.

随喜 suíxǐ ①〔寺院へ〕参詣する.〔到庙里去~〕廟 へ参詣する. ②閉(仏教で)随喜する. ③〔集団活 動のレクレーションやチャリティーに)参加する.同調する.

随乡入乡 suíxiāng rùxiāng 〈成〉郷に入らば郷に 従え.〔入乡随乡〕に同じ.

随想 suíxiǎng 随想.〔~曲 qǔ〕音〕奇想曲.カプリッチオ.〔意大利~〕イタリア奇想曲(チャイコフスキー).→〔狂 kuáng 想曲〕

随心 suíxīn 意のごとく(にする).思いのままに(する).〔~所愿〕思いのままにする.わがままに振る舞う.〔事事都~随意〕何事も望みのとおりになる.〔~草儿〕喩好き好(ず゚)き.

随行 suíxíng 随行する.ついて行く.〔~人员〕随行員.

随后儿 suíyìr 〈方〉すぐ後から.

随意 suíyì 随意に(する).意う とおりに(する).〔由 你~选择〕きみが思いどおり選びなさい.〔请~(喝酒)!〕どうぞご自由に(酒を)おやり下さい.〔~画〕 自由画.〔~契 qì 约〕随意契約.〔~贴 tiē〕付箋.付け紙.

随意肌 suíyìjī 生理随意筋.横紋筋〔~筋 jīn〕 〔横 héng 纹肌〕ともいう.

随遇而安 suíyù ér ān 〈成〉境遇に安んずる.〔随处 而安〕ともいい,〔随寓而安〕とも書く.

随遇平衡 suíyù pínghéng 物〕中立の平衡.

随员 suíyuán ①随行員. ②随員:在外使館の最下 級の外交官.→〔专 zhuān 员〕

随缘 suíyuán 圀(仏教で)自然な成り行きにまかせる.〔~乐助〕〈成〉場合に応じて施しをする.

随葬 suízàng 副葬する.〔~物〕〔~品〕副葬品.

随着 suízhe ……につれて,……にそって.……の方対の意 に相手の意向に従って.〔那时银盘一涨各样材料 ~涨〕そのころは銀相場があがると各種材料もそれにつれてあがった.〔跟 gēn 着〕

随珠 suízhū ⇒〔隋珠〕

随嘴 suízuǐ 口から出まかせ(に言う).〔~乱说〕出 まかせにでたらめを言う.

〔**绥・綏**〕suí 〈文〉①安らかにする.安ん ずる.〔顺颂台~〕〈牍〉あわせて ご平安をお喜び申し上げます. ②慰撫する. ③車 にとりつけたロープ:車に乗り込む時に持つ.

绥边 suíbiān 〈文〉辺境を安んずる.

绥抚 suífǔ 〈文〉取り鎮めておとなしくさせる.

绥靖 suíjìng 鎮圧する.安撫する.取り鎮める.〔~ 四方〕四方を平定する.〔~政策〕宥和政策.〔~主义〕宥和主義.

绥慰 suíwèi 〈文〉慰撫する.

〔**遂**〕suí 意のままになる.〔半身不~〕〈慣〉半身 不随. → suì

〔**巂（嶲）**〕suǐ xī の文語音. → xī

〔**瀡**〕suǐ →〔滫 xiǔ 瀡〕

〔**髓（髓）**〕suǐ ①(動・植物の)髄.〔脊 jǐ~〕 脊髄.〔骨 gǔ~〕生理〕骨髄.〔敲 骨吸~的封建剥削〕骨を叩いて髄まで吸うという封 建的な搾取. ②〈転〉精髄.エッセンス.〔精 jīng ~〕 精髄.〔神~〕神髄.

髓腔 suǐqiāng 生理〕骨髄腔.

〔**岁・歲（嵗・歳）**〕suì ①年 (ﾄｼ).〔去 ~〕昨年.こぞ.〔辞旧~,迎新年〕過ぎた一年に別れ を告げ新しい年を迎える. ②年齢.歳(ﾄｼ).〔同~〕 同年齢. ③〈文〉(その年の)収穫.作柄.〔~凶 xiōng〕凶年である.〔~大熟〕大豊作.〔歉 qiàn ~〕 凶作年. ④量詞.…歳:年齢を数える.〔三~上死 了父亲〕3歳の時に父親に死なれた.〔你几~了〕き み,いくつ.〔~数(儿)〕 ⑤〈文〉時間.とき. ⑥ 〈文〉古く木星をいう.→〔岁星〕 ⑦〈姓〉歳(ｻｲ).

岁币 suìbì 〈文〉(属国に与えた)年貢. ②旧〕(地方 から国家への毎年の)上貢財物.

岁差 suìchā 天〕歳差.

岁出 suìchū 歳出.国の総支出.→〔岁入〕

岁初 suìchū 年の始め.〔年 nián 初〕に同じ.

岁除 suìchú 〈文〉大みそか.→〔除夕〕

岁次 suìcì 〈文〉年度.→〔龙 lóng 集〕

岁费 suìfèi 〈文〉1年の費用.

岁俸 suìfèng 〈文〉年俸.〔年 nián 薪〕に同じ.

岁贡 suìgòng 〈文〉(属国からの)毎年の貢物. ② 明清科挙に応じる〔生员〕,国子監で修業させる もの.→〔科 kē 举〕

岁寒三友 suìhán sānyǒu 歳寒三友:①松・竹・梅. または松・竹・菊.〈喩〉苦難に耐える気骨. ②山水・松竹・琴酒.

岁寒松柏 suìhán sōngbǎi 〈成〉乱世(逆境)にあっ ても節操を守りとおす意志堅固な人.

岁华 suìhuá 〈喩〉歳月.時の流れ.

岁计 suìjì ①1年間の収支計算. ②旧〕(国家の)年 度収支計算.

岁进士 suìjìnshì →〔贡 gòng 生〕

岁君 suìjūn →〔太 tài 岁〕

岁考 suìkǎo →〔岁试〕

岁口 suìkǒu 〈方〉役畜の年齢.〔三~的马〕3歳馬.

岁阑 suìlán →〔岁暮〕

岁杪 suìmiǎo →〔岁暮①〕

岁末 suìmò 年の暮.〔年 nián 底〕に同じ.

岁暮 suìmù ①〈文〉歳末.〔年阑〕〔岁杪〕〔岁晚〕〔岁 终〕ともいう. ②〈喩〉老年.

岁祺 suìqí 〔牍〕新年のご幸福.〔顺颂~〕あわせて 新年のご幸福をお喜び申し上げます.

岁入 suìrù 歳入.国の総収入.〔~枯 kū 竭〕国家収 入が枯渇する.→〔岁出〕

岁时 suìshí 〈文〉①一年.四季. ②一年のある季節.

岁事 suìshì 〈文〉①一年の農事. ②一年の行事.

岁试 suìshì →〔岁考〕科挙時代,〔生员〕が郷試 に応じる資格を得るために毎年受けた定期的試験.

岁首 suìshǒu 〈文〉年頭.年の初め(の1か月)

岁数(儿) suìshu(r) 年齢.〔您多大~〕年齢はいく つですか.〔~不饶 ráo 人〕〈諺〉年齢は争えないものだ. →〔年 nián 纪〕

岁晚 suìwǎn ⇒〔岁暮①〕

岁星 suìxīng 固〕木星.〔太 tài 岁①〕の別称.

岁修 suìxiū 年々の修理.

岁序 suìxù 〈文〉日月の運行.年の改まる順序.〔~ 更новый〕年が改まる.

岁月 suìyuè 歳月.年月.〔~不待人〕〈不饶 ráo 人〕〈諺〉歳月は人を待たず.〔~下江船〕〈諺〉歳月 は川を下る舟のようだ(速く過ぎ去る)

岁崇谇碎遂隧燧邃襚穟穗

岁朝 suìzhāo 〈文〉元旦.〔～春〕元旦と立春が重なっている日.
岁终 suìzhōng ⇒〔岁暮①〕

〔崇〕 suì
①たたり(る).〔鬼怪作～〕化けものがたたりをする. ②〈転〉陰で行う.よからざること.不正.〔奸商作～〕悪徳商人がよからざることをする.〔行动鬼～〕行動がいかがわしい.〔鬼 guǐ 鬼～～〕こそこそする. ③〈姓〉祟(ネ)
祟书 suìshū 旧どの日にどの鬼神が祟りをするかということを記した書.

〔谇・誶〕 suì
〈文〉①責め罵る.なじる.〔～语 yǔ〕〔～骂 mà〕同前.〔诟 gòu ～〕辱め罵る. ②いさめる. ③告げる.

〔碎〕 suì
①砕ける.割れ壊れる.破砕する.〔粉 fěn ～〕粉々に砕く(ける).〔破 pò ～〕破って(壊して)粉々にする(される).〔碰～了一块玻璃〕1枚のガラスをぶっつけて割った.〔急得心都～了〕いらだって心も砕けるほどである. ②粉々である.ばらばらである.〔零 líng ～〕こまごました(もの).〔～参 shēn 朝鮮人参の小くず.〔八角～〕(料理に使う)くず八角茴香〔～片〕. ③話がくどい.こまごましい.〔嘴 zuǐ ～〕同前. ④〈姓〉碎(ホ)
碎布 suìbù 布の切れ端.布切れ.
碎步跑 suìbùpǎo ⇒〔快 kuài 跑〕
碎步儿 suìbùr ちょこちょこ歩き.小きざみで速い足なみ.
碎催 suìcuī〈方〉小者.走り使い(の)
碎谷机 suìgǔjī 穀穀物粉砕機.
碎骨子 suìgǔzi〔淡 dàn 竹叶～〕(ササクサ)の根:薬用する.
碎花儿 suìhuār 小さい花模様.
碎金 suìjīn ①〈喩〉短くて美しい詩文. ②黄色い菊の花弁.
碎块儿 suìkuàir かけら.
碎料 suìliào 砕片の材料.
碎裂 suìliè 砕く(ける).割り砕く.〔酒坛 tán ～〕酒がめが壊れる.
碎煤 suìméi 粉炭.→〔煤末〕
碎米 suìmǐ ①小米(b).砕け米.〔～粥 zhōu〕同前のかゆ. ②〈喩〉話のこまごましいこと.
碎米荠 suìmǐjì 植タネツケバナ近縁種.
碎末儿 suìmòr かけら.くず.粉:〔方碎 末 儿〕〔碎末子〕ともいう.〔饼干早吃完了,盒子里就剩了点几～〕ビスケットはもう食べてしまった,箱の中には少し粉くずが残っているだけだ.
碎片 suìpiàn かけら.
碎尸 suìshī 死体をバラバラにする.またバラバラ死体.
碎石 suìshí 割り栗石.砕石.〔～路〕マカダム舗装道路.〔～机〕砕石機.
碎炭 suìtàn 小さい塊の石炭.→〔煤 méi〕
碎铁 suìtiě くず鉄.
碎土机 suìtǔjī 砕土機.
碎务 suìwù〈文〉こまごました用事.雑務.
碎小 suìxiǎo〈白〉息子や娘たち.
碎屑 suìxiè 砕けくず.スクラップ.〔～岩〕砕砕屑岩.
碎银 suìyín 旧銀塊を通貨として使っていたころの銀の小片.つぶ銀.
碎语 suìyǔ →〔闲 xián 言碎语〕
碎雨云 suìyǔyún 気乱層雲.乱雲.
碎纸机 suìzhǐjī シュレッダー.〔切 qiē 纸机〕
碎嘴子 suìzuǐzi ①くどくだしい.しゃべしゃべる.〔～唠 láo 叨〕同前.〔怎么这么～〕何でそんなにくどくどく言うのか. ②同前の人.

〔遂〕 suì
①思いのままになる.意にかなう.〔诸事～〕心にいろいろなことが思いのままになる. ②成し遂げる.成功する.〔所求不～〕望みが遂げられない.〔杀人未～〕殺人未遂(をする). ③〈文〉すると.そこで.〔服药后腹痛～止〕服薬後腹痛はすぐ止まった. ④〈文〉ついに.とうとう.意外にも.〔屡上书,～不纳〕しばしば意見書を上申したが,ついに採り上げられなかった.〔～不为世所favored〕とうとう世間からもてはやされるようにはならなかった. ⑤〈姓〉遂(ス)
→ suí
遂初 suìchū〈文〉職を辞す:引退の初志を遂げる.
遂古 suìgǔ〈文〉太古.〔～之初〕太古の初めのころ.
遂过 suìguò〈文〉過失を作り出す.
遂事 suìshì ①すでに過ぎた事や途中で止められない事. ②独断専行する.
遂心 suìxīn 心にかなう.意のままである.〔～的事〕心にかなったこと.〔～如意〕思いどおりになる.〔事不～〕事が思うままにならない.〔那件衣裳很～〕あの服は大変気に入った.
遂行 suìxíng 遂行する.実行する.〔无形中～着这种意见〕いつのまにかそういう意見を遂行している.
遂意 suìyì 意にかなう:〔遂心〕に同じ.
遂愿 suìyuàn 願いを遂げる(がかなう)

〔隧〕 suì
〈文〉地下道.
隧道 suìdào 隧道では:人工的に作られた地下道や鉄道のトンネルなど.〔山 shān 洞③〕は通称.〔隧洞〕ともいう.〔铁路～〕鉄道のトンネル.〔海底～〕海底トンネル.〔窑 yáo〕トンネル窯.〔涵 hán 洞〕
隧洞 suìdòng 同上.
隧蜂 suìfēng 虫アナバチ(穴蜂)

〔燧〕 suì
①〈文〉火うち:古代の火きりの道具.〔～火〕同前で火をおこす.〔阳 yáng ～〕太陽の光から火をとること.〔木～〕火きり棒で火をとること.〔金～〕たいまつ. ③固(夜間用の火の)のろし.〔烽 fēng ～〕のろし:〔烽〕は昼間用の煙.
燧木 suìmù 火きり用の棒(で火をおこす)
燧人 suìrén(shì) 初めて火を利用したとされる伝説上の人.
燧石 suìshí 鉱燧石:石英の一種.〔火 huǒ 石①〕(火打ち石)は通称.〔～玻 bō 璃〕〔音義訳〕弗 fú 林玻璃 フリントガラス.

〔邃〕 suì
〈文〉①奥深い.〈～古〉遠い昔.太古. ②深遠で詳しい.〔研究精～〕研究の深い.
邃密 suìmì ①奥深い.〔屋宇～〕家屋が深く広い. ②緻密で深い.〔～的理论〕深遠な理論.
邃宇 suìyǔ〈文〉奥深い大きな邸宅.

〔襚〕 suì
〈文〉①死者に贈る衣服. ②人に贈る衣服.

〔穟〕 suì
〈文〉〔植物の〕穂:〔穗⑴①〕に同じ.

〔穗(穟)〕 suì
（Ⅰ）〔穗〕①[-儿](禾本科の)穀類の穂.〔麦 mài ～〕麦の穂.〔高粱 ～〕コウリャンの穂.〔谷～〕粟の穂.〔吐 tǔ～〕穂を出す(が出る).〔秀 xiù ～了〕穂が(葉の上に)出た. ②広州市の別称.〔～港〕広州港. ③〈姓〉穗(ス)
（Ⅱ）〔穟〕[-儿]房(お).〔旗 qí ～〕旗のふさ.
穗选 suìxuǎn 種子用の良穂を選んで選ぶ.
穗轴 suìzhóu とうもろこしの芯:飼料や酒の材料になる.
穗状花序 suìzhuàng huāxù 植穂状花序.
穗子 suìzi ①穂. ②ふさ.

sun ㄙㄨㄣ

〔孙・孫〕 sūn ①孫:息子の子ども(息子).またそれ以降の世代もいう.〔长 zhǎng ～〕一番上の孫.〔祖～三代〕祖父から孫まで3代にわたって.〔四世～〕4代目の子孫.〔曾 zēng ～〕曾孫(ﾋﾏｺ):孫の子.〔玄 xuán ～〕玄孫(ﾔｼｬｺﾞ):曾孫の子.〔来 lái ～〕来孫(ﾗｲｿﾝ):玄孫の子.〔昆 kūn ～〕昆孫(ｺﾝｿﾝ):来孫の子.〔耳 ěr ～〕仍孫(ｼﾞｮｳｿﾝ):耳孫(ｼﾞｿﾞﾝ)の子.〔云 yún ～〕雲孫(ｳﾝｿﾝ):自分から数えて9代目の孫.仍孫の子,すなわち祖父から10代目.〔外～〕外孫.②孫と同世代の者.〔侄 zhí ～〕兄弟の孫.③ひこばえ.〔稻 dào ～〕稻のひこばえ.〔竹～〕竹の地下茎の端から派生した竹.→〔蘖 niè 〕④〈姓〉孫(ｿﾝ)

孙儿 sūn'ér 〈文〉孫.内孫.→〔孙子 zi ①〕
孙妇 sūnfù 〈文〉孫の妻.
孙络 sūnluò 中医经络:末梢血管.
孙女(儿) sūnnǚ(r) (父方の)孫娘.
孙女婿 sūnnǚxu 孫娘のむこ.
孙山 sūnshān 〈名 míng 落孙山〉
孙头(儿) sūntóu(r) 囯孙文の肖像のついた1円銀貨.→〔袁 yuán 大头〕
孙悟空 sūnwùkōng 孫悟空:小説『西遊記』の主人公である猿の名.〔孙大圣〕〔孙猴儿〕〔孙行 xíng 者〕〔美猴 hóu 王〕〔齐 qí 天大圣〕は別称.孙猴儿愛八戒(ｻﾝｺｳｼﾞｭ・愛ﾊﾞｯｶｲ):諺ﾂｳ割れ鍋にとじ蓋.
孙媳妇(儿) sūnxífu(r) 孫の嫁.
孙枝 sūnzhī ①樹木の若枝.②〈文〉嗬孫.
孙中山 sūnzhōngshān 囚孙文(1866~1925):中山は号.字は逸仙,広東省出身.〔中国国民党〕の創始者.辛亥革命を成功させ1912年〔中华民国〕を設立,臨時大統領となる.〔三民主义〕を唱えた.〔国guó 父〕と称される.
孙子 sūnzǐ ①〈文〉子孫.②囗春秋末,呉の孫武の撰になる中国の最初の兵書の名.〔兵 bīng 经〕ともいう.また孫武をいう.〔吴 wú 子〕
孙子 sūnzi ①孫.〔外～〕外孫.→〔孙儿〕②〈口〉人を軽蔑して罵る言葉.〔～！快给我滚出去！〕くそ野郎,はやく出ていけ.〔我是个～,好吧！〕おれはろくでなしだよ,勘弁してくれよ.〔装～〕しらばくれる.とぼける.

〔荪・蓀〕 sūn ①〈文〉古書に見える香草の一種:〔荃 quán 〕に同じ.〔溪 xī ～〕〔菖 chāng 蒲〕囯しょうぶ.②→〔竹 zhú 荪〕

〔扪・捪〕 sūn 〔扪 mén 〕手探りする.

〔狲・猻〕 sūn →〔猢 hú 狲〕

〔飧(飱)〕 sūn 〈文〉夕食(を取る)

〔损・損〕 sǔn ①減失する.失う.〔減～〕同源.〔増～〕增減(する).〔～气力〕元気を失う.②損なう.害する.ためにする.損傷する.〔无～于友情〕友情に害は与えない.〔破坏～壊〕壊し傷つける.③損害を与える.人に損失を起こす.〔有～无益〕損ぁって益なし.〔海～〕商海損.④〈口〉当てこする.皮肉を言う.言葉で刺す.〔我一了几句话ちょっぴり皮肉を言った.〔嘴～〕口が辛辣である,口が悪い.〔说话太～〕言うことがひどく辛辣である.⑤〈口〉えげつない.どぎつい.〔这一招儿真～〕このやりくちは実にえげつない.⑥〈文〉損(ｿﾝ):六十四卦の一.

损兵折将 sǔnbīng zhéjiàng 〈成〉将兵を失う.敗戦する.
损德 sǔndé 徳を損なう.人徳にかかわる.〔～的事〕人徳にかかわるようなこと.→〔缺 quē 德〕
损公肥私 sǔngōng féisī 〈成〉公益を損ない,私腹を肥やす.
损害 sǔnhài 損なう.害する.損失を及ぼす.〔～健康〕健康を損なう.〔～集体财产〕集团の財産に損害を与える.
损耗 sǔnhào 損ない消滅させる(こと).損失・欠損(が出る).消耗(する).
损坏 sǔnhuài 破損させる.〔～船只〕船を同損.
损毁 sǔnhuǐ 壊す.破損する.
损脉 sǔnmài 中医(病気の機転を示す)衰えた脈.
损人 sǔnrén ①人を(言葉で)傷つける.②人に損を与える.〔～利己〕〈成〉人に損を与え己を利する.〔以～不成始以告终〕人を傷つけることから始まって自らを損なうことに終わる.
损伤 sǔnshāng ①損傷を与える.いためる.〔其他各部分毫无～〕その他の各部分には少しも損傷がない.〔～元气〕健康を損なう.②損失する.
损失 sǔnshī 損失(する).〔热～〕熱の損失.〔铁～〕鉄の損失.〔排吸～〕ポンプ損失.〔机械～〕機械損失.〔无偿～〕無償載損失.〔～补足偿〕損失補填.〔造成～〕〔带来～〕損失をもたらす.〔遭到～〕〔遭受～〕損害にあう.
损寿(数) sǔnshòu(shu) 寿命を縮める.〔损寿折福〕〈成〉(悪の報いで)寿命を縮め幸福を失う.
损益 sǔnyì 〈損益.〔～计算书〕收益表囯損益計算書.〔～平衡 héng 点〕保本点囯益分岐点.②〈文〉增減.〔不能一字〕一字も增減できない.
损阴骘 sǔnyīnzhì 〈文〉陰徳を損なう.
损友 sǔnyǒu 悪友:害になる友人.↔〔益 yì 友〕

〔笋(筍)〕 sǔn ①竹の子.〔竹～〕同来.〔～丝 sī〕細切りにした竹の子.〔干～〕干し竹の子.〔鲜～〕生の竹の子.②竹の子の形に似たものの名.〔冥 wō ～〕囯チシャ(クキチシャ).③幼く柔らかい.→〔笋鸡(儿)〕④⇒〔榫〕
笋鞭 sǔnbiān 竹の根鞭(ﾈﾑﾁ).
笋干儿 sǔngānr ①干し竹の子.②メンマ:〔笋丝 sī 干〕ともいう.
笋瓜 sǔnguā 囯セイヨウカボチャ.
笋鸡(儿) sǔnjī(r) 若鶏(調理の材料).→〔童 tóng 子鸡〕
笋尖 sǔnjiān 竹の子の柔らかい先の部分.
笋皮 sǔnpí =〔笋衣〕竹の子の皮.→〔箨 tuò〕
笋头 sǔntóu ⇒〔榫头〕
笋鞋 sǔnxié 竹べらや竹の子の皮で作った履き物.
笋鸭 sǔnyā あひるの若鳥(調理の材料)
笋衣 sǔnyī ⇒〔笋皮〕
笋舆 sǔnyú =〔编 biān 輿〕竹製のかご(乗り物)

〔隼〕 sǔn 囯ハヤブサ(総称):〔鹘 hú 〕は旧称.〔游 yóu ～〕ハヤブサ.
隼形目 sǔnxíngmù (分類上の)ワシタカ目(ﾓｸ)

〔榫(搎)〕 sǔn =〔笋 ③〕栒(ｿﾝ)とも書いた.通称〔～头〕.〔栒 ruì〕は文語.木材・石材・金属などを接合する時,一方に凸起部を作り一方にそれに対応した凹部を作って合わせるやり方.とくに凸起部を いい,凹部を〔卯 mǎo〕という.凹凸両部をあわせて〔～卯〕〔卯～〕という.〔接～〕ほぞをほぞ穴にはめ込む.〔拔～〕ほぞを外す.〔脱 tuō ～〕ほぞが外れる.
榫合 sǔnhé ほぞ(による接合)
榫卯 sǔnmǎo ほぞほぞ穴:〔～卯眼〕の略.
榫头 sǔntóu =〔笋头〕〔榫子〕ほぞ.

榫眼 sǔnyǎn ＝〔卯 mǎo 眼〕ほぞ穴.
榫子 sǔnzi ⇒〔榫头〕

〔簨〕 sǔn 固鐘や鼓を懸ける台の横木.

suo　ㄙㄨㄛ

〔莎〕 suō 〔～草 cǎo〕⑭ハマスゲ.クグ.〔雷 léi 公头〕〔铁 xù 根草〕〔香 xiāng 附子〕ともいう.ⓑカヤツリグサ:〔碎 suì 米莎草〕ともいう.〔～草科〕(カヤツリグサ科)の植物.塊茎は〔香附子〕(こうぶし)と称し,薬用される. → shā

〔娑〕 suō →〔婆 pó 娑〕
娑罗林 suōluólín 釈迦の涅槃の地.
娑罗双 suōluóshuāng 囲サラノキ.サラジュ(総称)〔～树〕〔娑罗树〕ともいう.〔具 jù 鳞～〕ラワン:通称〔柳 liǔ 安〔木〕
娑罗双树 suōluó shuāngshù 沙羅双樹:釈迦が入滅した場所の四方に2本ずつ植えられたと伝えられるサラノキ.
娑婆(世界) suōpó (shìjiè) 图(仏教で)しゃば.忍界:人が住むこの世界.

〔挲(挱)〕 suō →〔摩 mó 挲〕→ sā shā

〔桫〕 suō 〔～椤 luó〕囲ヘゴ:木生シダの一種.〔树 shù 蕨〕ともいう.

〔唆〕 suō そそのかす.けしかける.〔调 tiáo～〕同前.〔受人调～〕人からそそのかされる.〔教 jiào～〕教唆する.そそのかす.
唆哄 suōhǒng だましすそのかす.
唆弄 suōnòng けしかける.たきつける.
唆使 suōshǐ そそのかす.けしかけてやらせる.〔受人～〕人にそそのかされる.

〔梭〕 suō ①〔-子〕(織機の)杼(ひ).〔人来人往如同穿～〕人の往来が頻繁である.〔日月如～〈成〉〕月日のたつのが早い.〔香 xiāng～鱼〕魚貝アカカマス. ②→〔多 duō 来米〕
梭镖 suōbiāo 両刃の刀を先につけたなぎなた:〔梭标〕とも書く.日中戦,農民蜂起の際よく用いられた.
梭布 suōbù 手織りの布.〔蓝～〕藍色の同前.
梭罗树 suōluóshù 囲ウスゲチャセンギリ:青桐科.枝の皮の繊維で網をつくる.
梭枪 suōqiāng ＝〔飞 fēi 枪〕もろ刃の投げ槍.
梭(儿)胡 suō(r)hú 〔纸 zhǐ 牌〕(花札の類)を用いる賭博の一種.
梭梭 suōsuō ①〈喩〉絶えず行き来する. ②囲アカザ(科の植物):砂漠地区に生える灌木の一種.〔琐琐树〕〔盐 yán 木〕ともいう.
梭尾螺 suōwěiluó ⇒〔海 hǎi 螺〕
梭巡 suōxún 〈文〉往来し巡視する.
梭鴬 suōyīng 圖シオサザイ:鴬の一種.
梭鱼 suōyú 魚貝メナダ:ボラ科の魚.俗に〔赤 chì 眼梭〕〔红 hóng 眼鱼⑤〕ともいう.
梭子 suōzi ①〔梭(ひ)〕. ②挿(そ)弹子:機関銃など銃火器の弾倉.〔机枪～〕同前. ③量詞.弾倉で銃弾を数える.〔打了一～子弹〕一弹倉打った.
梭子葡萄 suōzi pútao 囲ブドウの一種:小粒で甘く種がない.干しぶどうにされる.
梭子蟹 suōzixiè 魚貝ガザミ:〔蝤 yóu 蜂〕ともいう.

〔睃〕 suō 〈方〉横目に見る.斜めに見る.

〔羧〕 suō 〔～基〕化カルボニル基(カーボン基). 〔～酸 suān〕カルボン酸(カーボン酸).

〔蓑(簑)〕 suō みの.〔～衣 yī〕同前.
蓑草 suōcǎo ⇒〔蓑衣草〕
蓑虫 suōchóng ⇒〔结 jié 草虫〕
蓑笠 suōlì みのとかさ.
蓑衣草 suōyīcǎo ＝〔蓑草〕囲ミノゴメ:チガヤに似たイネ科の多年生草本.製紙の原料などにする.〔龙 lóng 须(草)〕

〔嗍〕 suō 口をすぼめて吸う.しゃぶる.〔小孩子总喜欢～手指头〕子どもはどうも指をしゃぶるのが好きだ.

〔嗦〕 suō ①→〔哆 duō 嗦①〕 ②→〔啰 luō 嗦〕

〔缩・縮〕 suō ①縮む.収縮する.〔紧 jǐn～〕緊縮する.〔伸～自如〕伸縮自在.→〔抽 chōu(I)⑤〕 ②引っ込める.縮める.〔把胳 gē 臂～一〕腕をひっこめる(ひっこめる).〔刚说了一句话又～回去了〕言ったばかりの話をまた引っこめた. ③あとずさりする.後退する.〔退 tuì～〕同前.〔畏 wèi～〕怖れははばかってしりごみする. ④節約する.(支出を)ひきしめる. → sù
缩本 suōběn 縮刷本.
缩编 suōbiān ①機構と定員を縮小する. ②(文章などを)ダイジェスト編集する.
缩脖子 suōbózi ①首をひっこめる. ②おじけづく.
缩尺 suōchǐ 〔比 bǐ 例尺〕
缩短 suōduǎn 短縮する.縮める.〔会期已经～得不能再短了〕会期はもうこれ以上短くできないほど短縮されている.
缩合 suōhé 化合(する)
缩回 suōhuí ひっこめる.〔魔爪～〕魔手をひっこめる
缩肩 suōjiān 肩をすくめる(すぼめる)
缩减 suōjiǎn 縮減する.縮小する.〔～开支〕支出を減らす.
缩脚语 suōjiǎoyǔ ①一句の終わりの字をわざと言わないでしかもその字に強い意味を含ませる洒落ことば:例えば,〔万两黄金〕(黄金1万両)を略して〔万两黄〕というなど. ②〔歇后语〕の別称.
缩聚 suōjù 化重縮合.縮(合)重合.〔～物〕縮合ポリマー.
缩孔 suōkǒng 工鋳造物が凝固した後,鋳造物内にできる空洞.
缩量 suōliàng ①量が減る.規模を縮小する. ②商取引量が減る.
缩略 suōlüè 省略・縮約する.〔～语〕省略語.〔～图 tú〕图サムネイル.
缩身 suōshēn ①身を縮める.〔～如丸〕同前で丸くなる. ②圧縮する.〔关于企业的～问题〕企業の圧縮問題について.
缩手 suōshǒu 手を引っ込める.(恐れて)手を引く.
缩手缩脚 suōshǒu suōjiǎo 〈成〉①(寒さに)体を縮こめる.〔他拿了一盏灯,～地进来了〕彼が灯を持って,体を縮こめながらやって来た. ②(恐れて)萎縮している.〔～办不成大事〕自信がなくてびくびくしていては大きなことはできない.
缩水 suōshuǐ ①＝〔抽 chōu 水②〕(織物が)水につかって縮む.〔～率 lǜ〕纺同前の率.〔这种布不褪色也～〕この種の布は色があせないし,かつも縮まない.〈喩〉目減りする.実質が減る.〔退休金逐渐～〕退職金がだんだんと同前.〔～房〕〔～楼〕設計より坪が実際減少した建築物.
缩头 suōtóu 首をひっこめる.〔～乌 wū 龟〕〔～鳖 biē〕〈喩〉臆病もの.卑怯もの.〔拱肩〕頭を縮め肩をすくめる.縮こまる.〔～缩脑 nǎo〕〈喩〉おっかなびっくりなさま.おじおじする.おそるおそる.

缩图器 suōtúqì 縮図器.
缩微 suōwēi マイクロ(化する).〔~景观〕ジオラマ.ミニチュアの景観.〔~胶卷〕マイクロフィルム.〔~胶片 piàn〕〔显 xiǎn 微胶片〕マイクロフィッシュ.〔~照 zhào 片〕〔显微影片〕マイクロフィルム(の一こま):〔小 xiǎo 型影片〕ともいう.
缩位拨号 suōwèi bōhào 短縮ダイヤル.
缩小 suōxiǎo 小さくする.縮小する.〔~范围〕範囲をちぢめる.〔~货币面值单位〕匯デノミネーション.↔〔放 fàng 大①〕
缩写 suōxiě ①匯(表音文字の語で)短縮語形.〔~词〕短縮語.略語:〔略 luè 语〕に同じ. ②(小説などを)短く書き改める.ダイジェストする.〔~本〕ダイジェスト版.
缩衣节食 suōyī jiéshí〈成〉衣食を節約する:〔节衣缩食〕に同じ.
缩印 suōyìn 縮刷(する).〔~本〕縮刷版.
缩影 suōyǐng 縮図.生き写し.〔家庭是社会的~〕家庭は社会の縮図である.

[唢・嗩] suǒ 地名用字.〔~乃亥〕匯青海省の〔泽zé库县〕をいう.

[唢・嗩] suǒ 〔~呐 nà〕〔锁呐〕匯チャルメラ.唢吶(ふ):〔海 hǎi 笛(小型の同前)〕を含めていう場合もある.もと回族の楽器.

[琐・瑣(璅・璅)] suǒ ①こまごましい.些細である.〔繁 fán ~〕煩わしくこまごましている. ②(人が)卑しい.また,みすぼらしい.〔猥 wěi ~〕下品で見苦しい. ③(装飾が)くさり状(の).〔~窗 chuāng〕粋を連環模様に作った窗. 〔~闱 wéi〕連環模様を刻んだ門:宮門.
琐记 suǒjì〈文〉雑事の記録.雑記.
琐罗亚斯德教 suǒluóyàsīdé jiào ⇒〔拜 bài 火教〕
琐事 suǒshì こまごました事.〔各种各样的生活~〕生活上のいろいろこまごましたこと.
琐碎 suǒsuì こまごましている(して煩わしい).〔原来有许多一事情为何才ずいぶんこまごまと煩わしいことがあるのだろう.
琐琐 suǒsuǒ〈文〉卑しくおろおろしているさま.〔~一气〕こせこせしている.
琐琐树 suǒsuǒshù ⇒〔梭 suō 梭②〕
琐闻 suǒwén こまごましたニュース.ちょっとしたうわさ話.余話.〔偶 ǒu 有今,究竟不明真相 xiàng〕ときた断片的なニュースが伝わるのみで結局真相はわからない.
琐务 suǒwù〈文〉雑務.
琐细 suǒxì →〔琐屑〕つまらない(物事).些細(である)
琐屑 suǒxiè 同上.
琐议 suǒyì 些細な意見:自説を謙遜していう.また文章の題名・書名に用いる.
琐杂 suǒzá こまごまとして煩わしい.

[锁・鎖(鎖・鏁)] suǒ ①錠.錠前.〔门~〕戸(ドア)の錠.〔挂 guà ~〕〔铜 tóng ~〕錠前(掛金にぶらさげる式の).南京錠.〔弹 tán 簧~〕ばね錠.〔用钥 yào 匙开~〕鍵で錠をあける.〔把门关严,~上〕ドアをしっかりしめて錠をかけた.〔把门钥匙 yàoshi 开一把~〕〈諺〉それぞれの問題・人に対してそれぞれの対処の仕方がある. ②錠前の形をしたもの.〔长 cháng 命~〕〔金〕~が〕幼児の魔除けのお守り. ③(鍵)をかける.〔把锁~上〕施錠する.〔~车〕車を~上車をロックする.〔加~〕ロックする.〔~门〕〔把门~上〕〔把门~上门(戸・ドア)に鍵をかける.〔门上~着把大锁〕入口には

大きな錠前で戸締まりがしてある. ④鎖.〔拉 lā ~〕ファスナー.〔拉链〕〔把狗用链条~起来〕犬を鎖でつなぐ. ⑤閉じ込める.幽閉する.〔封~〕封鎖(する). ⑥(縫い方で)かがる.チェーンステッチ(する).〔边儿上~一条一道狗牙儿〕縁に玉ぶちを鎖縫いでとりつける.〔袜子上还~有黑花〕くつ下には黒い模様が鎖縫い刺繍してある. ⑦〈姓〉鎖(*).
锁边 suǒbiān(裁縫で)辺をかがる.またそのかがり.〔~机〕同前用目のミシン.
锁匙 suǒchí ⇒〔钥匙 yàoshi〕
锁定 suǒdìng ①(目標・範囲などを)定める.しぼり込む. ②固定する.確定する.
锁骨 suǒgǔ ⇒〔锁(子)骨〕生理鎖骨.
锁国 suǒguó 鎖国(する).〔~主义〕鎖国主義.
锁簧 suǒhuáng 錠前の中のぜんまい(バネ).〔柏是~锈 xiù 了〕たぶん錠のぜんまいがさびついていたのだろう.
锁匠 suǒjiàng 錠前屋.鍵師.
锁紧 suǒjǐn きつく締める.ゆるみ止め.〔~螺 luó 母〕〔防 fáng 松螺母〕匯止めナット.
锁禁 suǒjìn(錠をかけて)監禁する.
锁孔 suǒkǒng ⇒〔锁眼〕
锁口 suǒkǒu 衣服の穴(ほころび)をかがる.
锁扣眼 suǒkòuyǎn ボタン穴をかがる:略して〔锁眼②〕ともいう.
锁链 suǒliàn ①[-儿,-子]鎖. ②〈喩〉(人や物の)束縛.〔封建的~〕封建制の封建鎖.
锁镣 suǒliào 足鐐:鎖のついた足かせ.
锁呐 suǒnà ⇒〔唢呐〕
锁片 suǒpiàn →字解②
锁头 suǒtou 錠前.
锁押 suǒyā 手錠をかけて護送する.
锁眼 suǒyǎn ①錠穴.錠(ど)の穴:〔锁孔〕ともいう. ②ボタン穴をかがる:〔锁扣眼〕の略.
锁阳 suǒyáng ①匯オシャクジタケ:キノモリウム科の寄生植物. ②中医鎖陽(ほ):同前の肉質の茎を薬用する.〔~肉 ròu 苁蓉〕
锁阴 suǒyīn 医鎖陰(ぢん)
锁院 suǒyuàn 科挙などの試験場.
锁钥 suǒyuè ①錠と鍵.②問題を解く鍵.〈喩〉かぎ. →〔钥匙 yàoshi〕③軍事上の要地.
锁(子)骨 suǒ(zi)gǔ ⇒〔锁骨〕

[所(処)] suǒ ①ところ.場所.〔场 chǎng ~〕〔处 chù ~〕同前.〔住~〕住居.〔安身之~〕身を落ち着けるところ.〔各得其~〕それぞれ然るべき位置を得る. ②官庁・公共団体などの名称に用いる.〔研究~〕研究所.〔派出~〕(警察の)派出所. ③[-儿]量詞.建築物(家,学校,病院など)を数える.〔三~住宅〕三軒の住宅.〔一~学校〕一つの学校. ④〈文〉…ぐらい(ほど.ばかり).〔去二里~而还 huán〕2里ほど行って帰る.〔高四尺~哥4尺あまりある.〔~许 xǔ②〕 ⑤~するところの.…するところのもの:〔~+動詞+的〕の形で名詞句を作る.〔我~喜爱的书只是这几本〕わたしが好きな本はこの数冊だけだ.〔这是人~共知的事实〕これは人が皆知っている事実だ.〔他~说的未必确实〕彼が言ったことは必ずしも確実ではない.〔~需的费用〕必要な費用.〔~考虑的正是这一点〕考慮しているのは正にこの点だ. ⑥〈文〉動詞の前に用いて名詞句をつくる.〔各述~见〕それぞれ考える(思っている)ことを述べる.〔各尽~能〕それぞれ自分のできるところを発揮する.〔此乃机器~制,非手工艺品〕これは機械で作ったもので,手工芸品ではない.〔见~未见,闻~未闻〕見聞したことのないところを見聞する.〔~答非~问〕答えるところ

所索 / suǒ

は問うところのものではない.答えがとんちんかんだ. ⑦[为 wéi〜〜+動詞][叫〜〜+動詞]の形で受動を表す.[不大为人〜知]あまり人に知られていない.[好人为坏人〜累lěi]善人が悪人に煩わされた. ⑧[方]すっかり.まったく. ⑨[元][明]駐屯地.大きいものを[千户〜]小さいものを[百户〜]といった.現在,地名として残っている.[海阳〜][地]山东省にある. ⑩[姓]所(し)

所部 suǒbù [軍]率いている部隊.[统 tǒng 率〜]部下を率いする.

所长 suǒcháng 得意とするところ.[取〜,舍 shě 所短]長所を取り短所を捨てる.→ suǒzhǎng

所得 suǒdé ①得るところ.[计其〜,反不如所丧sàng者之多](墨子·非攻中)その得るところをよく計算してみると,かえって失うところが多い. ②所得.[〜税]所得税.[〜收益][経]インカムゲイン.

所见 suǒjiàn 見るところ.考え.[英雄〜略同]〈諺〉優れた人の考えは大体似かよっているものだ.[〜所闻]〈成〉見聞.

所罗门群岛 suǒluómén qúndǎo ソロモン諸島:首都は[霍 huò 尼亚拉](ホニアラ).→[美 měi 拉尼西亚]

所能 suǒnéng [文]①できること. ②才能.

所剩无几 suǒshèng wújǐ 〈成〉残りはいくばくもない.

所属 suǒshǔ ①配下の.部下の.[命令〜部队一齐出动]一斉に出動するよう指揮下の各部隊に命令する. ②所属の.[向〜派出所填报户口]所属する派出所に申告をする.

所为 suǒwéi [文]なすところ.[〜何事]いったい何をなそうとしているのであるか.[所作〜]すことなすこと.

所为 suǒwèi [文]わけ.理由.[〜何来]そのわけはどこに由来しているのか.

所谓 suǒwèi ①…というのは.…とは.言うところの.[〜民主,只是一种手段,不是目的]民主というのは,手段であって,目的ではない. ②ある人が言うところの.いわゆる.承認しない意味を含む.[他们的〜和平是什么]彼らのいわゆる平和とは何か.→[无wú 所谓]

所向披靡 suǒxiàng pīmǐ 〈成〉(軍隊などが)向かうところあらゆる障害が一掃される.向かうところ草木なびく.

所向无敌 suǒxiàng wúdí 〈成〉向かうところ敵なし.[所向无前]ともいう.

所行所为 suǒxíng suǒwéi ⇒[所作所为]

所幸 suǒxìng 〈文〉幸いにも.→[且 qiě 喜]

所以 suǒyǐ ①だから.それで:前文が理由であることをはっきりさせるため[因 yīn 为][由 yóu 于]などを前に置くこともある.[正赶上下雨,〜去的人少]ちょうど雨降りになって,行く人は少なかった. [因为这儿气候凉爽,风景美,〜夏天游人很多]ここは気候が涼しく,風景が美しいので,夏には遊びに来る人が多い. ②(…の)理由.わけ. ⓐ理由や原因は後文に示される.[我们〜赞成,是因为它反映了群众的迫切愿望]我々が賛成するのは,このことに人々の切実な願望が反映されているからである.[其〜迟迟不来者亦由此故]〈文〉その遅々としてやってこないわけもこのためである. ⓑ前文の叙述が後述の理由や原因であることを表す.[我和他一起工作过,这就是我〜对他比较熟悉的原因]私は彼と一緒に仕事をしたことがあり,それで彼のことをよく知っているのです. ③そこで.だからこそ:会話の流れで焦点の有りかを強調する.[在[呀 ya][嘛ma]などを置く.[〜呀,人要是不存好心,哪儿能有好结果]だからです,人間もし心がけがよくなければ,どうしてよい結果がありえましょうか. ④[文]理由.ことのあとさき.なすべき分別.[忘其〜]我を忘れる.[不知〜]どうしたらよいかが分からない.

所以然 suǒyǐrán その原因·理由.そうであるわけ.[只知其然不知其〜]そうなっていることがわかっているだけで,なぜそうなっているかはわかっていない.[看不出〜来]そのわけがわからない.

所有 suǒyǒu ①あらゆる.すべての.[〜的东西都包了]あらゆる物が壊れた.[〜的行动都要受他的拘束]あらゆる行動が彼からの拘束を受けずにはすまない.[这些全是他一个人的贡献]これらすべてが彼ひとりの貢献によるものだ.→[一 yī 切] ②所有(している).[〜制]所有制度.[〜权 quán]所有権.[〜者 zhě]所有者.[这些资源都属于中国〜]これらの資源は全て中国の所有である. ③所有物.[尽其〜]持っているもの全てを出す.

所在 suǒzài ①ありか.[〜地]所在地.[弄清病因]病気の原因がどこにあるかを明らかにする.[力量〜]力のありか. ②場所.[出入很方便的〜]出入りに非常に便利な場所.[该公司〜就是交通が极其方便]当会社の場所は交通がきわめて便利である.

所长 suǒzhǎng 所長.→ suǒcháng

所致 suǒzhì 〈文〉…のためにそうなった.[材料不良〜]材料が良くないためにこうなったのである.

所作所为 suǒzuò suǒwéi =[所行所为]〈慣〉すること.あらゆる行為.

[索] suǒ（Ⅰ)①太い縄.綱.ロープ.鎖.[麻má〜]麻ロープ.[船〜]船のロープ.[铁〜桥]ワイヤロープで支える吊り橋.→[绳 shéng ①] ②[姓]索(さ)
(Ⅱ)①捜す(し求める).探求する.[搜 sōu〜]捜索する.[遍 biàn〜]いたる所捜し求める.[探〜]探索する. ②(自分に渡すよう)要求する.催促し求める.[催 cuī〜]同前.[〜钱]金をゆする.[函〜即寄]手紙で求めればすぐ送る.
(Ⅲ)①[文]孤独である.[离群〜居]群れから離れて独居する. ②〈文〉わびしい.寂寞としている.[〜然无味][〜无意味]単調無味でつまらない. ③〈白〉…すべきである.[〜拜做师父]師匠と仰がねばならない.

索逼 suǒbī 催促する.

索偿 suǒcháng 賠償要求する.保険金の支払いを求める.[〜无着 zhuó]賠償を求めたが,らちがあかない.

索酬 suǒchóu 報酬を請求する.

索道 suǒdào 索道(どう).ケーブルウェー.ロープウェー.[〜运输]ケーブル運輸.[空中〜][跨 kuà 海〜]空中ケーブル.→[缆 lǎn 车]

索尔 suǒ'ěr [音訳]ソル:ペルーの通貨単位名.正式には[新〜](ヌエボ·ソル).1991年に変更.一般的には"ソル"と呼ばれる.

索非亚 suǒfēiyà [地]ソフィア.[保 bǎo 加利亚共和国](ブルガリア共和国)の首都.

索费 suǒfèi 費用をとる.

索粉 suǒfěn ⇒[粉条(儿)]

索佛那 suǒfónà =[二 èr 乙眠砜][薬]スルホナール.

索沟 suǒgōu [医]索状溝.

索还 suǒhuán 返還(返済)を求める.

索汇 suǒhuì [画]性向為替.

索贿 suǒhuì 賄賂を求める.

索价 suǒjià ①代金を要求する. ②要求価格:[要yào 价(儿)]に同じ.

索解 suǒjiě 〈文〉解釈を尋ね求める.

索借 suǒjiè 貸借を催促する.

索卢 suǒlú [姓]索盧(ろ)

索伦 suǒlún →[鄂 è 温克族]

索落 suǒluò ⟨白⟩あらを(探して)叱る.とがめる.文句を言う.

索马里 suǒmǎlǐ ソマリア:正式国名は[～民主共和国].アフリカ東北端にある.首都は[摩 mó 加迪沙](モガディシュ)

索寞 suǒmò ⟨文⟩①意気消沈している.[～乏气]同前. ②さびれ荒れている.

索盘 suǒpán 圖引き合いを出す.[去电欧洲厂方～,但尚未接获复电]欧州のメーカーに電報を打って引き合いを出したが、まだ返事を受けとっていない.→[询 xún 价]

索赔 suǒpéi ①弁償を求める. ②圖クレーム(を出す).損害賠償(を求める).[～权 quán]損害賠償請求権.

索欠 suǒqiàn 貸し金(の返済)を求める.

索桥 suǒqiáo 綱の吊り橋.

索求 suǒqiú ⟨文⟩尋ね求める.手に入れようと探す.

索取 suǒqǔ 自分に渡すよう求める.

索然 suǒrán ⟨文⟩①離散してなくなるさま.[～已尽]すっかり散ってしまったことをいう. ②興ざめするさま.[无味]⟨成⟩無味干燥で索漠としている.[兴 xìng 致～]味気ない. ③涙の落ちるさま.[～出涕]はらはらと涙を流す.

索索 suǒsuǒ ①恐れ震えるさま.[脚～地抖 dǒu]脚がぶるぶると震える. ②⟨擬⟩サラサラ.[树叶～作响 xiǎng]木の葉がサラサラ音を立てる. ③⟨擬⟩しとしと.[雨～地下着]雨がしとしとと降っている. ④もの寂しいさま.[～无人]同前で人影がない.

索讨 suǒtǎo 取り立てる.請求する.出すよう求める.

索套 suǒtào 動物捕獲用投縄:[套索]に同じ.

索性 suǒxìng どうせならむしろきっぱりと.いっそのこと.思いきり:[索兴]とも書いた.[～吃了饭再去]いっそのこと飯を食ってから行く.[～放声大哭起来了]思いきり大声で泣きだした.

索要 suǒyào 強要する.[～回扣]リベートを同前.

索银 suǒyín ⟨白⟩勘定を請求する.

索引 suǒyǐn 索引.[～卡 kǎ 片][～纸片]索引カード.→[引得]

索隐 suǒyǐn ⟨文⟩隠された道理を探求する.[探迹～]⟨成⟩跡を捜し同前.

索诈 suǒzhà ⟨白⟩脅し取る.巻き上げる.

索债 suǒzhài 借金を催促する(とりたてる)

索战 suǒzhàn ⇒[挑 tiǎo 战]

索账 suǒzhàng 勘定を請求する(し取り立てる)

索子 suǒzi ①⟨方⟩太い縄(綱)・鎖. ②ソーズ:マージャン牌の種類の一.→[饼 bǐng 子③][万 wàn 子]

[溹] suǒ 地名用字.[～水]地河南省にある:現在は[索河]という.

T

ta ㄊㄚ

[它(牠)] tā ①それ.そのもの.そのこと:人以外を指示する代詞.以前は[牠]が用いられたこともある.[～们 men]それら.あれら.→[他①][她①] ②⇒[他] ③⟨姓⟩它(它)

[铊・鉈] tā 化タリウム:金属元素.記号 Tl. 一 tuó

[他] tā ①彼.あの男:三人称代名詞.女性には[她](の)が用いられる.[它]にも用いる.五四運動期以前は男性・女性その他一切のもの・ことを指したが、現在は男性のみを指す.ただし性別の区別が明らかでない時、または不必要な時にも[～]を用いる.→[俚 lǐ]ほかの(の).よその(の).[～人]他人.[～乡]他郷.[其～]その他. ②[你……～]の形で、大勢の人が一緒に、または交互にすることを表す.[你来～不来,一次也没到齐过]この人が来たらあの人が来ない,一度もそろったことがない. ④単音節動詞と数量詞との間に用いて単に口調をとのえる:[它②]とも書く.[睡～一觉]ひと眠りしよう.[盖～三间瓦房]3部屋がある瓦葺きの家を建てる. ⑤⟨姓⟩他

他动词 tādòngcí ⇒[及 jí 物动词]

他端 tāduān ⟨文⟩他の策.別案.他の計画.

他故 tāgù ⟨文⟩他の原因.別の事情:[别 bié 故]ともいう.

他家 tājiā ①他人の家. ②⟨白⟩彼.彼女.あの人.

他荐 tājiàn 他薦(する).[自荐与～]自薦と他薦.

他加禄语 tājiālùyǔ ⟨音義訳⟩圖タガログ語:[菲 fēi 律宾语](フィリピン語)に同じ.

他力 tālì ほかのものの助力.

他律 tālǜ 他律.

他妈 tāmā ⟨罵⟩ある語につけて,それを罵る.[你～怎么老回来得晚]お前はいったいなぜいつも帰りが遅いのだ.

他妈的 tāmāde ⟨罵⟩こん畜生.くそっ.馬鹿.ちぇっ:強い怒りを言う場合もある.[妈的]ともいう.[这～是什么事]こいつ,ちくしょうめ,何事だ.[这个天,连着下了三天雨还一不够吗！]この天気は続けざまに三日も降ったのに,くそおもしろくもない,まだ降り足らないのか.

他们 tāmen 彼ら.あの人たち:男性のみでも,男女混合の時にも用いる.[～两个人]彼ら二人.[区长～]区長たち:区長とほかの者を込みていう.[老王～]王さんら.

他年 tānián ①(将来の)ある年.ある時.いつか. ②(過去の)ある年.

他迁 tāqiān ⟨文⟩他所へ転居する.[即将～]まもなく転居する.

他人 tārén 人.他人.よそさま.[为了您和～的幸福,请注意交通安全]自分と他人の幸せのために交通安全にご注意下さい:交通標語.

他日 tārì ⟨文⟩(将来,過去の)別の日.他日.後日.

他杀 tāshā 法他殺.→[自 zì 杀]

他山攻错 tāshān gōngcuò ⟨成⟩よその山から出る石を用いてわが玉を磨くに足ること:他人の言行で自分の戒めになるものをいう.[他山之石, 可以攻错]の略.[攻错]は[攻玉][为错]ともいう.[攻]は玉や金属を加工すること.[错]は砥石をいう.

他伤 tāshāng 危害を受けて生じた傷(法医学用語).

他事 tāshì 他人事(ごと).→[己 jǐ 事]

他往 tāwǎng ⟨文⟩他出する.

他乡 tāxiāng ⟨文⟩他郷.異郷.[却恐～胜故乡]他郷の方がかえって故郷よりもいいかもしれない.

他意 tāyì 他意.別の考え.

他用 tāyòng 別の用途.

他指 tāzhǐ 別に示すもの.

他助 tāzhù 他人の助け.

[她] tā ①彼女.あの女:三人称代詞.[～是我妹妹]彼女は妹です.[～世纪]女性の時代.→[他①][它①] ②敬愛するものへの尊称:祖国・国旗など.

〔跢〕 tā

跢拉 tāla 靴をひっかけて履く∶〔踏拉〕とも書いた.〔提上鞋,別～着〕靴をちゃんと履きなさい(かかとのところを踏みつぶさないで),ひきずって歩いてはいけない.〔～着鞋走〕靴をきちんと履かず,かかとを踏んで歩く.

跢拉板儿 tālabǎnr 〈口〉サンダル.つっかけ∶〔呱 guā 哒板儿②〕ともいう.→〔木 mù 履②〕

跢拉儿 tālar =〈方〉鞋 xié 跢拉儿〈方〉スリッパ∶ふつう〔拖 tuō 鞋〕という.

〔漯〕 tā

〈口〉汗でぬれる.汗がしみ透る.〔天太热,我的衣服都～了〕あまり暑くて洋服にすっかり汗がしみ透った.

〔邋〕 tā →〔邋 lā 遢〕

〔塌〕 tā

①崩れ落ちる.崩壊する.〔坍 tān～〕同前.〔房子～了〕家がつぶれた.〔天～了有个汉顶着〕天が崩れ落ちても大男が支えてくれる.〈喩〉しっかりした保証がある. ②陷没する.へこむ. ③落ち込む.〔房顶～了〕屋根が落ち込んだ. ④垂れる.〔垂头～翼〕〈成〉頭を垂れ羽根をおとして元気がない. ④〈気〉を静める.落ち着ける.〔～不下心〕心が落ち着かない. ⑤〈姓〉塌(タ)

塌鼻梁儿 tābíliángr 同下.

塌鼻子 tābízi =〔塌鼻梁儿〕〔瘪 biě 鼻梁子〕ぺっちゃんこの鼻.鼻ぺちゃ∶〔鞍 ān 鼻〕〔獅子鼻〕ともいう.

塌菜 tācài →〔塌棵菜〕

塌方 tāfāng =〔坍 tān 方〕土砂崩れ·地滑り·崩落·落盤がおこる.〔这回是最大的～〕今回のは最も大きい土砂崩れの.→〔方⑨〕

塌毁 tāhuǐ 倒壊する.

塌架 tājià ①〈家屋が〉倒壊する.〈喩〉立場を失う.没落する.失敗する〈事業が〉.失脚する.

塌窖 tājiào ①穴倉(の天井)が崩れ落ちる. ②欠損を出し事業が失敗する.〔那家铺子因亏空～了〕あの店は欠損を出してつぶれた.

塌棵菜 tākēcài =〔塌菜〕〈方〉黒 hēi 白菜 ①〈方〉瓢 piáo 儿菜〈方〉太 tài 古菜〈方〉乌 wū 白菜〕〔乌塌菜〕{圖}タアサイ(キサラギナ)

塌落 tāluò 崩壊する.崩れ落ちる.〔天花板突然～了〕天井板が突然落ちた.

塌曩 tāniǎn 志を得ない.望みどおりにいかない.

塌沙鱼 tāshāyú 魚图ウシノシタ(牛の舌).→〔鰨 tǎ〕

塌实 tāshi ⇒〔踏实〕

塌塌儿 tātar 〈方〉①ところ・場所. ②小屋.あばら.

塌台 tātái ①=〔垮 kuǎ 台〕(事業など)失敗に終わる(らせる). ②顔がつぶれる.面目がない.〔说出来～得很〕お話のもまことに面目ないことです.〔不至于想塌我的台〕彼はわたしの面目をつぶそうとするまでのことはしない.

塌天 tātiān 〈喩〉天が崩れ落ちるほど重大である.〔～大祸 huò〕大きな災い.

塌陷 tāxiàn 落ち込む.陷没する.〔地基～〕地盤が沈下する.〔眼眶～下去了〕目(のふち)が落ちこんでしまった.

塌秧儿 tāyāngr 〈方〉①(草花などが)しおれる.〔这棵花晒得～了〕この花は日に照らされてしおれた. ②〈転〉事業に失敗して意気消沈する.

塌中 tāzhōng 劇(旧劇の俳優が中年期になって)声がつぶれ歌えなくなる.

〔绺・縚〕 tā 〈文〉(縄を)縛る.くくる.

〔煻〕 tā →〔锅 guō 煻〕

〔褟〕 tā

①(服のへりにひもやレースを)縫い付ける.〔～縁 tāo 子〕レースを同前. ②汗とり.〔汗～儿〕肌着.じゅばん.→〔小 xiǎo 褂(儿)〕 ③〈姓〉褟(タ)

〔踏〕 tā → tà

踏实 tāshi ①(態度などが)落ち着いている.着実である.しっかりしている.〔塌实〕とも書いた.〔勤 qín 勤恳恳地工作,踏踏实实地学习〕こつこつ働きじっくり学ぶ.〔踏踏实实地展着着实地进行中. ②(気持ち・感情が)安定する.安心する.ほっとする.〔心里～了〕気持ちが落ち着いた.〔事情办完致,了仕事が済んでほっとした.〔您呢,着呢,他一回来,家里全乱了〕彼がいないと気持ちが落ち着いているのに,彼が帰ってきたら家中おかしくなった.〔翻来复去睡不～〕寝返りばかりうってぐっすり眠れない.〔他有点手忙脚乱,但一看到队长出现了,心里就～了〕彼は少し慌てていたが,隊長の姿を見ると心が落ち着いた.

〔嗒〕 tā 〈文〉噛まずに飲み込む.

〔溚〕 tǎ

タール∶〔焦 jiāo 油〕の旧称.〔～酸 suān〕タール酸.〔～油〕タールオイル.

〔塔(墖)〕 tǎ

①仏塔.〔佛 fó～〕同前.〔五层～〕五重の塔. ②塔形の建造物.タワー.〔水～〕給水塔.〔灯～〕灯台. ③〈方〉機械などの長さの単位.1インチの32分の1.〔三个～〕32分の3インチ.→〔角 jiǎo ②⓪〕 ④〈姓〉塔(タ) → da

塔吊 tǎdiào →〔塔机〕塔形クレーン.

塔夫绸 tǎfūchóu 〈音義訳〉紡タフタ.薄琥珀織∶蚕糸と人造絹との交織.〔波 bō 纹绸〕〔线 xiàn 绸〕

塔灰 tǎhuī 〈方〉(天井から垂れ下がる)すす.

塔机 tǎjī ⇒〔塔吊〕

塔吉克斯坦 tǎjíkèsītǎn タジキスタン∶〔达 dá 辑克〕とも書いた.〔～共和国〕は正式名称.首都は〔杜 dù 尚别〕(ドゥシャンベ)

塔吉克族 tǎjíkè zú タジク族∶中国少数民族の一.主として新疆南部タシクルカンタジック族自治県に居住する.宗教はイスラム教.

塔尖 tǎjiān 塔の先端(てっぺん).

塔拉瓦 tǎlāwǎ 地タラワ∶大洋州の〔基 jī 里巴斯共和国〕(キリバス共和国)の首都.

塔林 tǎlín ①〔僧侣の墓の群. ②塔林∶〔爱 ài 沙尼亚共和国〕(エストニア共和国)の首都.

塔楼 tǎlóu 建①タワービル. ②屋上の塔状部分.

塔轮 tǎlún 機円すいベルト車.

塔那那利佛 tǎnànàlìfó 地アンタナナリボ∶〔马 mǎ 达加斯加共和国〕(マダガスカル共和国)の首都.

塔什干 tǎshígān 地タシケント∶〔乌 wū 兹别克斯坦共和国〕(ウズベキスタン共和国)の首都.〔塔士垦〕とも書いた.

塔斯社 tǎsīshè イタルタス通信社∶前身は旧ソ連のタス通信社.

塔塔尔族 tǎtǎ'ěr zú タタール族∶中国少数民族の一.新疆イリ地区に分布している.宗教はイスラム教.→〔鞑 dá 靼〕

塔台 tǎtái (空港の)管制塔.コントロールタワー.

塔希提岛 tǎxītí dǎo 地タヒチ島∶〔大 dà 赫的岛〕〔大溪地岛〕とも書いた.

塔葬 tǎzàng チベット族の最高の葬儀∶防腐処理を施した死体とともに経典や仏像などを金銀の塔に納める.

塔钟 tǎzhōng タワークロック.時計台.

[獭・獺] tǎ イタチ科動物の総称:ふつう〈水 shuǐ ～〉(カワウソ)をいう.〈海 hǎi ～〉ラッコ.〔旱 hàn ～〕マーモット.

獭祭 tǎjì 〈文〉かわうそが魚を多く捕って供物のように並べること:〔祭鱼 yú〕ともいう.②〈喩〉多くの典故を並べ綴り合わせて文章を作ること.

獭绒 tǎróng かわうその毛皮.〔～帽 mào〕同綿で作った帽子.〔～領〕同綿で作ったえり.

獭疫 tǎyì 〔旱 hàn 獭〕(マーモット)の体に寄生する蚤(のみ)により伝播される肺疫・腺疫.

[鳎・鰨] tǎ 〔魚〕ウシノシタ(総称):〔～目鱼〕〈口〉牛 niú 舌 ②〔塌 tā 沙鱼〕ともいう.〔舌 shé ～科〕ウシノシタ科.〔条 tiáo ～〕シマウシノシタ.ツルマキ.〔箬 ruò ～〕アマミウシノシタ.〔须 xū ～〕クロウシノシタ.〔眼斑豹～〕ミナミウシノシタ.

[侂・億] tà → 〔佻 tiāo 侂〕

[达・澾] tà 〈文〉①なめらかである.②しめっている.

[挞・撻] tà 〈文〉①(鞭や棒で)打つ.〔鞭 biān ～〕むち打つ.②征討する.

挞斗 tàdǒu 〔農〕脱穀に使まず形の農具.

挞伐 tàfá 〈文〉①討伐する.②〈喩〉糾弾する.〔大张～〕鳴り物入りで糾弾する.

挞谷 tàgǔ 〈方〉(稲束をたたきつけて)脱穀する.

挞账 tàzhàng ⇒ 〔呆 dāi 账〕

[跶・躂] tà よろけてころぶ.つまずいて倒れる. → da

[闼・闥] tà 〈文〉门.小门.〔排～直入〕門を押しあけてずかずかと入る.

[拓(搨)] tà ①(古碑・銅器などの字や模様を)石摺(いず)にする.拓本をとる.〔～了一份帖 tiè〕拓本を1帖とった.〔石～〕石摺.〔木～〕木版刷.〔原～〕原本の石摺.②〈方〉塗りつける.〔～药〕薬を塗る. → tuò

拓本 tàběn = 〔拓帖〕石碑などを石摺(いず)して写した本.拓本.

拓工 tàgōng 石摺師.石刷工.

拓蓝纸 tàlánzhǐ ⇒ 〔复 fù 写纸〕

拓片 tàpiàn (文字や図を)石摺にした紙片.

拓帖 tàtiè ⇒ 〔拓本〕

拓印 tàyìn 石摺にする.

[沓] tà ①(多くのものが)重なり合う.重複する.〔重 chóng ～〕積み重なる.〔杂～〕(人が多くて)雑踏(ぶ)する.②だらけまける.〔疲～pí-ta〕だれている. → dá

沓潮 tàcháo 〔気〕引潮と満潮がぶつかり合うこと.

沓合 tàhé 重なり合う.

沓沓 tàtà 〈文〉①言葉が多いさま.②足早に行くさま.

沓杂 tàzá 〈文〉雑踏する.

沓至 tàzhì 〈文〉あとからあとから続いて来る:〔纷 fēn 至杳来〕同前.

[踏] tà ①足で踏む.地を踏んで行く.〔脚～実地〕〈喩〉着実である.〔就是～破了铁鞋也找不到的わらじで捜しまわっても捜しあたらない〕.〔～破铁鞋无觅处, 得来全不费工夫あんぼう捜したってあたらなかったが,偶然にそれを見つけた.〔脚～车〕自行车〕自転車.②仕事に就く.③実地に踏査する.〔～看〕同前. → tā

踏八字脚 tà bāzìjiǎo 気どって歩く.→ 〔迈 mài 方步(儿)〕

踏板 tàbǎn ① = 〔跳 tiào 板〕① 踏み板:岸から船に渡して人が乗り降りの時に渡る板.②(机の下や寝台の前に置く)足置き台.〔〈方〉踏凳〕ともいう.③(ピアノや自転車の)ペダル.④ ⇒ 〔脚 jiǎo 蹬板(儿)〕⑤〔又〕(跳躍競技の)踏み切り板.

踏步 tàbù ①〔体～!〕足踏み進め(号令).〔原地～!〕(そのまま)足踏みはじめ.〔～不前〕足踏みしていて進まない.〔大～前进〕大股に前進する.②〈方〉階段.

踏查 táchá 実地調査する.〔～地形〕地形を実地踏査する.

踏春 tàchūn 春のピクニックに行く.

踏凳 tàdèng ⇒ 〔踏板②〕

踏点 tàdiǎn 実地検分する.

踏碓 tàduì 唐臼(カラ)で米をつく.

踏访 tàfǎng 現地取材する.聞き込み調査する.

踏歌 tàgē 足で拍子をとって歌い舞うら古代の民俗歌舞の一種.現在も〔苗 miáo 族〕などに残っている.

踏缉 tàjī 〈文〉(隠れ家に)踏み込んで逮捕する.

踏肩 tàjiān 次から次の.続けざまの:〔挨 āi 肩(儿)〕に同じ.

踏脚裤 tàjiǎokù 〔圆〕足掛け式のスパッツ.

踏进 tàjìn 踏み入る.〔～历史的新页〕歴史の新しい段階に踏み出す.

踏勘 tàkān ①(事前の)実地調査する.実地測量する.②〔圆〕(事件などの)現場調査を行う.

踏看 tàkàn 現地で調べる.〔～地形〕地形を同前.

踏空 tàkōng ①足をふみ外して落ちる.②〔商〕値下がりを見越して売ったものが,逆に値上がりして当てがはずれること.

踏破门槛 tàpò ménkǎn (多数の人が訪れて)門の敷居が磨り減るほどである.〈喩〉訪問者・陳情者などが多いこと.〔踢 tī 破门槛〕ともいう.

踏跷 tàqiāo ⇒ 〔高 gāo 跷〕

踏青 tàqīng 郊外に若草を踏んで出掛ける.春のピクニックに出掛ける.〔挂 guà 青〕ともいう.→〔清 qīng 明(节)〕

踏实 tàshi ①(走り高とびなどの)踏み切り.

踏线 tàxiàn ①線を踏む.一線を越える.② = 〔过 guò 线〕〔又〕(バスケットボールなどの)ラインクロス.

踏雪 tàxuě ①〈文〉(走り高とびなどの)雪景色を眺め梅の花を探す.〈喩〉文人が眼前の景色から詩想を求める.

踏足 tàzú 足を踏み入れる.〔～社会〕社会に入る.

[遝] tà 〈文〉混み合う.→〔杂 zá 沓〕

[嗒] tà 〈文〉意気阻喪する. → dā

嗒然 tàrán 〈文〉意気阻喪するさま.〔～若失〕〈成〉同前.

嗒丧 tàsāng 〈文〉気落ちする.

[鞳] tà → 〔鞺 tāng 鞳〕

[阘・闒] tà 〈文〉①楼上の小門.②卑しい. → dá

阘懦 tànuò 〈文〉地位が低く無能である.

阘茸 tàróng 〈文〉卑賤低劣である.

[榻] tà 狭く低い寝台.ベッド.〔竹～〕竹の同前.〔籐 téng ～〕籐椅子.〔下～〕宿泊する.〔病～〕病床. → 〔床 chuáng ～〕

榻垫 tàdiàn 寝台に敷く(棕櫚(しゅろ)毛で作った)敷物.

[艚(艡)] tà 〈文〉大船.

[蹋] tà 〈文〉①踏む.踏みつける.②蹴る.〔～鞠 jū〕②(蹴鞠(の)):革製のまりを蹴る遊び.

→[糟 zāo 蹋]

[漯] tà [～河]㊐山東省にあった古水名.→ luò

tai ㄊㄞ

[台] tāi [天～山][～州 zhōu 市]㊐ともに浙江省にある.→ tái

[苔] tāi 中医舌苔(なり):[舌 shé ～]は通称.[白～]白舌苔.→ tái

[胎] tāi (Ⅰ)①胎児.[杯～]みごもる.はらむ.[有了～了]同義.②母胎.[娘 niáng ～]同前.[投 tóu 胎]③[一儿]事のはじめ.もと.[祸～]禍根.④[一儿]物の芯.骨組み.(内部の)詰め物.[帽子～]帽子の芯.[铜～镀金]銅の台に金のメッキ.⑤粗型.素地·成型されているが未完成(焼結)のもの.[泥～]泥人形の原形.[搪瓷的～]琺瑯(ハン)引き器物の粗型.[景泰蓝的～]七宝焼の素地.[坯 pī]⑥量詞.妊娠·お産の回数に用いる.[这是她的第二～]今度は彼女の二回目の妊娠です.
(Ⅱ)〈音訳〉(車輪の)タイヤ.[车～]同前.[内～](タイヤの)チューブ.[外～]タイヤ.

胎斑 tāibān (妊娠·出産による妊婦の顔のしみ.
胎饱 tāibǎo 赤ん坊に食欲がない状態:出生前妊婦が多量に水を飲んだためとされる.
胎传 tāichuán 医胎児感染(する)
胎动 tāidòng 胎動(する)
胎毒 tāidú 中医胎毒(ホウ)
胎儿 tāi'ér 胎児.[～教育]胎教.
胎发 tāifà 生毛.
胎粪 tāifèn 医胎便.
胎羔皮 tāigāopí アストラカン:〈音義訳〉阿ā斯特拉罕皮〕
胎骸 tāihai 〈方〉〈罵〉げす.ろくでなし.
胎环 tāihuán タイヤのリム.[一扳 bān 子]リムレンチ.
胎记 tāijì 医母斑.[记⑥]
胎教 tāijiào 胎教.
胎具 tāijù =[胎模]模型:製品と同じ形のもの.→[土 tǔ 模]
胎里 tāili 母の胎内.[喩]生来の.[～带来的]先天的の.[富 fù]生まれながらの金持ち.[～红]生まれながらの富貴の家柄.[～坏]根っからの悪党.[～穷 qióng]根っからの貧乏.[～素 sù]生来なまぐさもの(魚·肉類)の嫌いな人.
胎毛 tāimáo =[胎发]うぶ毛.[～未 wèi 干][喩]子供っぽい:嘲笑の言葉.[一笔 bǐ]同前similar作った筆:記念品.
胎膜 tāimó 生胎膜.胚膜.
胎模 tāimú ⇒[胎具]
胎盘 tāipán 生理胎盤:[衣 yī 胞(儿)](えな).[胞 bāo 衣]ともいう.
胎气 tāiqì 中医①妊娠中の母体にあらわれる症状.②胎児が母体内で受ける精気.
胎生 tāishēng 動胎生.[卵 luǎn 生]
胎生植物 tāishēng zhíwù 植胎生植物:マングローブなど.
胎死腹中 tāi sǐ fùzhōng 子宮内胎児死亡.[喩]計画や案が現実にならないで終わる.お蔵入りになる.
胎位 tāiwèi 医胎位.[～异 yì 常]異常胎位.
胎息 tāixī 気功で非常にゆっくりと深呼吸すること.
胎衣 tāiyī 中医胎盤と胎膜(総称):[胞 bāo 衣]に同じ.→[紫 zǐ 河车]

胎子 tāizi ①⇒[坯 pī 子①]②生来の素地.

[台·臺·檯(枱)·颱]

tái (Ⅰ)[台]①回他人に対し敬意を表すため,他人のものまたは行動を示す語につける接辞.[兄～]貴兄.→[台湾]②〈姓〉台(タイ).
(Ⅱ)[臺]①台状に高く作った建物.[楼～]高殿.[凉～]高いあずまや.②ラジオ局·テレビ局.[广 guǎng 播电～][电diàn 视～]の略.[电～]無線電信局.[我被～里妙了]私は局を首になった.[～里和我签订了劳动合同]局は私と労働契約した.③演台.プラットホーム.ステージ.スタンド.[月～][站～]プラットホーム.[观览台.スタンド.[讲～]演壇.[戏～]舞台.④台座.物を置く(乗せる)台.[蜡 là～]燭台.[锅～]かまど.[[～儿]台のようなもの.[井～]井戸の周りの高くなった所.井戸べり.[窗～儿]窓がまち.⑥量詞.機械·車両·設備などを数える.[一～机车]機関車一台.[五百～织布机]織機500台.⑥芝居の上演回数を数える.[一～戏]芝居を一つ演ずる.⑦[台湾の略.[港 gǎng～]香港と台湾.[～胞 bāo]台湾同胞.[～商]台湾実業家(商人).[～独分子]台湾独立分子.[～生]台湾からの中国大陸留学生.⑧〈姓〉臺(タイ).
(Ⅲ)[檯(枱)][-子]机.テーブル.仕事台.[梳shū 妆～]化粧台.姿見.[八仙~]大食卓.[写字～]事務机.[球～]玉突台.→[桌 zhuō 子]
(Ⅳ)[颱][～风]回台風.→ tāi

台安 tái'ān =[台祺][牘]末尾に書く常套語の一.[敬 jìng 请～]終わりにご健勝を祈念いたします.[顺 shùn 颂～]あわせて貴殿のご幸福を祈ります.[安](Ⅰ)⑤][文 wén 安]

台办 táibàn [台湾事务办公室]の略:国務院·各省市における台湾との関係の事務を処理する部門.

台本 táiběn 劇台本.脚本.シナリオ.
台笔 táibǐ ペン立てつきのペン.
台币 táibì 台湾ドル.台湾の通貨:[圆]を基本単位とする.
台标 táibiāo テレビ局·ラジオ局のローマ字略称·マーク.[北京电视台的～是BTV]北京テレビ局の略称はBTVです.→[呼 hū 号]②]
台布 táibù テーブル掛.テーブルクロス:[桌 zhuō 布]ともいう.
台步 táibù (儿) táibù(r) 劇舞台上での歩き方.
台车 táichē ①⇒[转 zhuǎn 向架]②トロッコ.
台秤 táichèng 台秤(誰):[磅 bàng 秤](ポンド秤)は旧称.
台词 táicí 劇せりふ.[念～]せりふをしゃべる.→[科 kē 白]

台岛 táidǎo 台湾の別称.
台灯 táidēng =[桌 zhuō 灯]電気スタンド.
台地 táidì 台地.
台度 táidù 地理羽目.
台端 táiduān =[尊 zūn 驾]〈牘〉貴下.[敬聘～为教导主任]謹んで貴方を教導主任として招聘する.
台费 táifèi (放送の)視聴料.②電話の基本料金.〈転〉売春宿の初場(いっ)代.
台风 táifēng ①[颱]台風の目.→[风级]②[-儿]役者の舞台での風格.
台甫 táifǔ 〈尊〉尊姓名:旧時,雅号をいった.[台篆]ともいう.[尊 zūn 姓～]貴名は何といわれますか.
台阁 táigé 漢尚書台の称:のち中央政府機関をいう.
台光 táiguāng 〈牘〉ご光臨.
台海 táihǎi 台湾海峡の略.

tái

台函 táihán〈牘〉お手紙.
台虎钳 táihǔqián ⇒[台钳]
台基 táijī 基礎.土台.〔就看他的~倒也好办〕彼の基礎を利用すればやりよい.
台驾 táijià〈尊〉貴下の乗り物.〈転〉貴下.〔我虽未会、而小女多蒙照应〕まだ貴方にお目にかかっていませんが、娘がたいへんお世話になっております.
台鉴 táijiàn =[台览]〈牘〉ご高覧を請う:例えば〔××公司〕〔××会社御中〕などを宛名につけて用いる.
台阶(儿) táijiē(r) ①圃〔玄関へ通じる〕階段.石段:一般の家屋では奇数の段.〔正房间前有两三磴 dèng 儿〕正房の前には2,3段の石段がある.〔走下~〕石段をおりる.→〔礓 jiāng 儿〕〔楼 lóu 梯〕 ②〔格段の進展による〕新たなレベル・ランク.〔明年的生产再上一个新~〕来年の生産はさらに新しい段階に上る. ③〔窮情からの〕逃げ道.ひっこみ場.〔下不来~〕〈喩〉ひっこみがつかない.〔见了~就下〕機会をとらえて引っ込む.〔给他一个~,自然容易和解了〕〔窮情からの〕妥協の機会を与えれば、もちろんたやすく和解できる.〔还是给他个~,别太让他难堪了〕やはり引っ込み場を与えてやらなくちゃ、あまりつらい思いをさせてはいけない.→〔后 hòu 殿③〕
台览 táilǎn ⇒[台鉴]
台历 táilì 卓上カレンダー.
台帘(儿) táilián(r) 〔俳優が出入りする舞台の出入り口にかけた〕幕.あげ幕.
台门 táimén 高貴な家柄.
台盟 táiméng [台湾民主自治同盟]
台面 táimiàn ①[-儿]〔宴席の〕テーブルの上.〈転〉注目の場.衆目の集まる所.〔~上的人〕主だった人.立て役者. ②〔博場で〕台上における賭銭総額.
台命 táimìng〈尊〉ご命令.お言つけ.
台盘 táipán〈方〉①表立った場所.晴れの場.〔那个穷 qióng 酸,哪儿上得了这么~〕あんなきざな方が、表立った所へ出られるものか. ②会席の場.
台棋 táiqí ⇒[台安]
台启 táiqǐ =[大 dà 启]〈牘〉…殿:宛名の下に書く.開封ご覧を請うの意.〔××先生〕と書く.→〔拆 chāi 阅②〕
台钳 táiqián =[台虎钳][虎 hǔ 钳][老 lǎo 虎钳]圃バイス.万力.
台情 táiqíng 台湾事情(情勢)
台庆 táiqìng テレビ局・ラジオ局の創立記念日.
台球 táiqiú ①圃玉突き.ビリヤード(の球):〈方〉弹 dàn 子② 〈方〉桌 zhuō 球〕は別称.〔打~〕玉突きする.〔~房〕撞球場.〔~热 rè 〕ビリヤードブーム.〔~棍 gùn 子〕(同前)のキュー.〔球杆②〕〔球杖①〕ともいう. ②→〔兵 pīng 乓(球)〕
台容 táiróng 俳優の舞台姿.〔~还不错〕同前はかなりだ.
台扇 táishàn 〔台式电扇〕の略.
台式 táishì =[大 dà 型].〔~电脑〕デスクトップパソコン.〔~电扇〕=[台扇]卓上型扇風機.
台属 táishǔ 台湾に住んでいる人の大陸にいる親人.
台毯 táitǎn (毛織りの)テーブルクロス.
台特 táitè 台湾のスパイ.〔台湾特务〕の略.→〔敌 dí 特〕
台田 táitián 土盛りをして周囲に排出溝を設けた田畑.
台湾 táiwān 台湾.〔~岛〕(島としての)同前.〔~海峡〕=[台湾海峡].〔~猴 hóu〕タイワンザル.〔~闽 mǐn 南语罗马字拼音方案〕2006年台湾で制定されたローマ字表記法:〔白话字〕と呼ばれる教会ローマ字を修正したもの.
台湾民主自治同盟 táiwān mínzhǔ zìzhì tóngméng 民主党派の一つ.1947年11月創.略称〔台盟〕
台湾相思 táiwān xiāngsī =[相思树]
台衔 táixián 人の学位・官職など肩書きに対する敬称.
台榭 táixiè〈文〉楼閣.
台盏 táizhǎn〈文〉①大杯. ②足つきの杯.
台站 táizhàn 圃(観測・中継・監視などの)ステーション.
台柱(子) táizhù(zi) 舞台などを支える柱.〈転〉(劇団の)中心となる俳優.(組織の)中心人物.大黒柱.主要人物.〔她们俩是这个班子里的两个~〕彼女ら二人はこの一座の立て役者です.〔他是我们学校里的~〕彼はわが校の大黒柱だ.
台篆 táizhuàn =[台甫]
台资 táizī 台湾資本.
台子 táizi ①(卓球やビリヤードの)台. ②〈方〉テーブル.机. ③(物を載せる)台.台状のもの.
台钻 táizuàn 圃卓上ボール盤.

[邰] tái ①古国名.現在の陕西省武功県の西南にあった. ②〈姓〉邰(たい)

[苔] tái こけ.〔青 qīng ~〕同前. → tāi

苔笺 táijiān 〔青苔〕で作った書簡用笺.
苔砌 táiqì こけむした石の階段.
苔藓 táixiǎn 植藓苔(せんたい)類.〔~植 zhí 物〕苔植物.
苔癣 táixuǎn 中医〔苔藓(せん)〕:皮膚病の一種.
苔衣 táiyī 苔の総称.
苔原 táiyuán 地凍土帯.ツンドラ:〔冻 dòng 原〕に同じ.
苔纸 táizhǐ ⇒[侧 cè 理纸]

[抬(擡)] tái ①上げる.持ち上げる.〔~起头来〕頭を上げる.〔~一一脚足〕をあげる.〔把手~起来〕手を持ち上げる.〔二人以上で〕物を持つ(担ぐ).〔钢琴太重,得叫几个人来~〕ピアノは重いから何人か呼んで来て(皆で)持たなければならない.〔两个人~一桶 tǒng 水〕二人で一桶の水を運ぶ.→〔扛 káng ①〕 ③〔值钱を引き上げる. 〔严禁环商人哄 hǒng ~价格〕悪徳商人が値段をつり上げることを厳禁する. ④〈口〉口論する.言い争う.〔因为不要紧的两句话就~起来了〕つまらないことから口論を始めた. ⑤量詞.一担ぎ.一肩.一荷.〔嫁妆是四十八~〕嫁入荷物は48荷ある.

抬爱 tái'ài 愛戴する.引きたてる.〔承蒙您的~〕あなたのお引きたてにあずかる.
抬秤 táichèng 大型のさお秤:二人で支える秤.
抬杠 táigàng ①=[扛 bān 杠]言い合う.口論する.争って譲らない.意地を張り合う.〔~拌嘴〕同前.〔一定抬这个杠〕きっとこのことで意地を張り合う. ②圃棺を担いで運ぶ.
抬高 táigāo 高める.高く引き上げる.〔~价格〕値段を引き上げる.〔~身价〕自分を高く宣伝する.〔打击别人,~自己〕人に打撃を与えて、自分を持ち上げる.
抬阁 táigē 祭りの出し物の一種で、神話・歴史故事の中の人物に扮した子供を木製の屋台に載せて担ぎ回る.
抬盒 táihé 旧贈答に用いる大型の木製の箱:重箱のように2層から3層になっていて二人で担ぐ.
抬价(儿) táijià(r) 値段をつり上げる.
抬肩 tái·jiān =〈方〉抬裉〕衣服の袖つけの寸法:肩からわきの下までの寸法.
抬轿子 táijiàozi ①かごを担ぐ. ②〈喩〉おべっかをつかう.へつらう:〔吹 chuī 捧〕に同じ.〔吹喇叭,~〕同前.〔~的人〕かごを担ぐ人達=権力者の取り巻き. ③(麻雀などの賭博で)ぐるになって、一人を負

かして金を巻き上げる.
抬举 táijǔ 持ち上げる.引き立てる.推挙する.〔既蒙~,安敢推故〕お引き立てくださいましたうえ,どうして受けずに逃げずにしましょうか.〔不识~〕せっかく取り立ててやったのに,こっちの好意を無にする.④育てる.養成する.
抬根 táikèn ⇒〔抬肩〕
抬筐 táikuāng (二人で担ぐ)大型の笊(ざる)・籠.
抬枪 táiqiāng 回先込め式の火縄銃.
抬升 táishēng ①持ち上げる.高く上げる.②(地形や気流などが)上昇する.隆起する.
抬手 táishǒu ①手をあげる.〔一动脚一挙一動.②大目に見る.勘弁する.〔高抬贵手〕どうぞ大目に見てください.
抬头 táitóu ①頭をもたげる.顔を上げる.〔~细看〕頭をもたげてよく見る.〔低头不见~见〕<喩>しょっちゅう顔を合わせること.②<喩>(押さえられていたものが)台頭する.勢いを得る.〔生意抬起头来了〕商売が景気よくなってきた.〔没想到那股势力又~了〕あの連中がまた勢いを得るとは思ってもみなかった.一見喜回新年に門前の壁に貼る吉祥語の一.③=〔跳 tiào 行①〕台頭(だい)：旧書簡文で相手の称呼や行為を表す語は敬意を表すため改行して次の行頭に書くこと.④(小切手・証書などの)宛先.振り出し先.〔你公司〔~保函〕貴社あての保証書.〔空白~〕(小切手などの)無指図の.⑤(証書・票票・伝票などに宛てる人)署名欄.〔~人(~人支票)記名小切手.
抬头纹 táitóuwén ひたいの皺(しわ).〔一道~〕一筋の同前.
抬腿 táituǐ →〔高 gāo 抬腿〕
抬眼 táiyǎn ①目を引く.引き立つ.見事である.〔她穿那件衣裳会很~〕彼女はあの服を着たらたいへん引き立つ.→〔起 qǐ 眼(儿)〕 ②目をこらす.見つ

〔骀・駘〕 tái 〔文〕駑(ど)馬.おそい馬.〔驽 nú ~〕貧弱な馬.<喩>凡庸な人.→ dài

〔炱〕 tái すす.油煙.〔煤 méi ~〕石炭のすす.〔松~〕マツのすす.

〔跆〕 tái 〔文〕足で踏みつける.〔~藉 jí〕踏みつけにする.やっつける.
跆拳道 táiquándào ストテコンドー：空手に似た格技で韓国の国技.

〔鲐・鮐〕 tái [魚貝] サバ(総称).〔~鱼〕は通称.〔羽 yǔ 鲳~〕グルクマ.→〔鲭 qīng〕
鲐背 táibèi 〔文〕斑紋のような(しみのある)背.<喩>長寿の老人.

〔儓〕 tái 回官庁の奴僕.

〔薹〕 tái ①困スゲ(総称).〔莎 suō 草科〕(カヤツリグサ科)の多年生草本.〔~笠 lì〕同前で作った笠. ②(蔬菜類の)花茎.花軸.とう：柔らかいうちに食用する.〔韭 jiǔ(菜)〕にらの芽.〔(青)菜〕菜っ葉の伸びた芽.〔蒜 suàn ~〕にんにくの芽.→〔桯 tīng〕
薹菜 táicài ⇒〔菜心〕
薹草 táicǎo 圃カサスゲ.〔莱 lái 菅〕〔莎 suō 草〕
薹油菜 táiyóucài →〔油菜④〕

〔呔(噲)〕 tāi ①回<方>言葉に一種のまりがある.〔老~儿〕なまりのひどい人. → dāi

〔奤〕 tǎi ⇒〔呔〕 → hǎ

tái〜tài

〔太〕 tài ①最高の.最大の.〔~空〕大気圏外.宇宙(空間). ②きわめて遠い(古い).〔~古〕太古.大昔.家,家族の中で最も目上,または世代の順で一代上のもの.〔~老师師の父上.父の師(尊称). ③④(程度が一定限度を越えて)ひどく.はなはだしく.…すぎる.〔~大あまりにも大きい.〔我~相信他了〕あまりにも彼を信じすぎた.〔水~热,烫手〕お湯が熱すぎて手がやけどしそうだ.⑤(きわめて程度が高いことを表し,称賛を強調するといても最高である.〔这花儿~美了〕この花はたいそう美しい.→〔很 hěn〕〔极 jí①〕 ⑥(否定の程度を強め,または弱めるに)あまり…でない.〔不~懂事了〕あまりにも,さすが.〔不~好〕あまりよくない:〔不好〕より語気は軽い.⑤〈方〉ひどい.〔农民喜欢得~〕農民の喜びかたは大変である.⑥→〔太拉〕 ⑦<姓>太.
太白星 tàibáixīng 〔金 jīn 星①〕の旧称.
太半 tàibàn 大半.おおかた.
太保 tàibǎo ①回天子を補佐する官.〔三公〕)の一.<方>不良(非行)少年.→〔太妹〕
太仓一粟 tàicāng yīsù 倉庫の中の一粒のいぬびえ.<喩>物の数でもない小さいもの.〔太仓稀 tí 米〕ともいう.→〔沧 cāng 海一粟〕
太初 tàichū 〔文〕太古.
太阿 tài'ē 宝剣の名.〔~在握〕<文>権力を手中にする.
太阿倒持 tài'ē dàochí ⇒〔倒持泰阿〕
太妃糖 tàifēitáng 〈音義訳〉食タフィー：キャラメルの様な菓子.
夫人 tàifūrén ①諸侯,のちに高官の母(敬称). ②大奥様：他人の母親に対する敬称.
太傅 tàifù ①太傅(ふ)：〔三 sān 公①〕の一,天子を補佐する役.②<姓>太傅.
太羹 tàigēng 食味のついていない肉のスープ.
太公 tàigōng ①回祖父.②老人に対する尊称.
太公钓鱼,愿者上钩 tàigōng diàoyú, yuànzhě shànggōu →〔姜 jiāng 太公钓鱼,愿者上钩〕
太公望 tàigōngwàng 〔人〕呂尚：周の文王を助けて仁政を行った.〔姜 jiāng 太公〕は通称.
太公在此 tàigōng zàicǐ ⇒〔姜 jiāng 太公在此〕
太古 tàigǔ 太古.大昔.〔远 yuǎn 古〕に同じ.
太古宙 tàigǔzhòu 塌丹棵菜
太古代 tàigǔdài 始生代：最古の地質年代の時期.
太古界 tàigǔjiè 〔无 wú 生界〕
太古油 tàigǔyóu ⇒〔土 tǔ 耳其红油〕
太后 tàihòu 皇太后：天子の母親.〔皇 huáng ~〕に同じ.〔西~〕清の咸豊帝の皇后.慈禧太后:慈安皇后が〔东太后〕と呼ばれたのに対していう.
太湖石 tàihúshí 中国式庭園の築山に用いられる石材:〔湖石〕ともいう.江蘇省太湖に産する.石は細く皺(しわ)があるのがよいとされ,形は奇形怪状百種百様である.
太皇太后 tài huángtàihòu 皇帝の祖母.
太极 tàijí 〔太初〕太極=:天地が分かれる以前の万物生成の源.宇宙構成の根本原理.
太极拳 tàijíquán 太極拳:中国拳法の一種.現在では健康体操として流行している.〔打~〕④面前をする.⑤何かかこつけて責任逃れをする.→〔少 shào 林拳〕〔推 tuī 三托四〕
太极图 tàijítú 古代中国の宇宙の根元を示す図:円の中に描かれた"二つの巴"の形で,陰陽交互の意を示すもの.
太监 tàijiān 〔宦 huàn 官①〕(かんがん)の通称:〔老公 lǎogong〕ともいう.→〔阉 yān ②〕
太君 tàijūn 回官員の母親への称号.〔転〕他人の母

tài 太

に対する敬称.ご母堂.

太空 tàikōng 宇宙空間.〔~被 bèi〕ポリエステル掛けぶとん.〔~步〕ムーンウォーク:ダンスの一種.〔~舱 cāng〕ロケットカプセル.〔~城〕〔~站〕宇宙ステーション.〔~船〕〔宇 yǔ 宙飞船〕宇宙飛行船.〔~服〕〔~衣〕宇宙服.〔~拉圾〕宇宙ごみ.〔~棉 mián〕ポリエステル綿.〔~人〕⑧宇宙飛行士.⑨宇宙人.〔~梭 suō〕〔航 háng 天飞机〕スペースシャトル.〔~行走〕宇宙遊泳.〔~葬 zàng〕宇宙葬.〔~战 zhàn〕宇宙戦争.→〔航 háng 天〕〔宇 yǔ 宙②〕

太拉 tàilā〈音訳〉テラ:10¹²を表わす.記号T.略して〔太⑥〕とも言う.〔~赫 hè〕テラヘルツ.

太牢 tàiláo =〔三 sān 牲〕祭祀の際、牛・羊・豚3種のいけにえの供わったもの.後には牛だけを〔~〕といった.〔少 shǎo 牢〕

太老师 tàilǎoshī →字解③
太老爷 tàilǎoyé 人の父に対する尊称.
太令 tàilìng →〔打 dǎ 令〕
太妹 tàimèi 〈方〉不良(非行)少女.→〔太保②〕
太庙 tàimiào 天子の祖廟.
太平 tàipíng ①太平である.平和である.〔~官〕〈喩〉無気力な官僚.〔~间〕(病院等の)霊安室.〔~盛世〕太平の世.〔过~日子〕平和な暮らしをする.〔~车〕四輪の大きな荷車.〔~话〕穏やかな話.穏当な話.〔~觉 jiào〕穏やかな眠り.②(非常時の)安全のための.〔~斧 fǔ〕消防用のおの.ⓐ船に備えるロープ切断用のおの.ⓑ〔龙头〕消防用水道の非常栓をいう.〔~门〕〔安 ān 全门〕非常口.〔~(水)缸〕消防用水がめ.〔~水桶〕天水桶.消防用貯水桶.〔~梯〕ⓐ非常階段.避難階段.ⓑ消防用の縄ばしご.

太平歌词 tàipíng gēcí ⇒〔莲 lián 花落〕
太平鼓 tàipínggǔ ①面柄のついたタンバリン状の小さな太鼓.〔单 dān 鼓〕〔羊 yáng 皮鼓〕ともいう.②民間に伝わる舞踏の一種.→〔手 shǒu 鼓〕
太平花 tàipínghuā ①種バイカウツギ近縁種.ユキノシタ科の落葉低木.②花火の一種.爆音を出さず、美しい火花を噴出するもの.→〔花⑤〕
太平鸟 tàipíngniǎo ⇒〔连 lián 雀〕
太平天国 tàipíngtiānguó 因太平天国:1851年、洪秀全・楊秀清などが広西省桂平県金田村で蜂起し、1853年に南京に建てた農民革命政権.→〔长 cháng 发贼〕〔天 tiān 地会〕

太平洋 tàipíngyáng 太平洋.
太婆 tàipó 〔古〕祖母.〈方〉曽祖母.
太公 tàigōng 〈方〉①婿の祖父:俗に〔亲 qīn 爷爷〕という.②父方のおばのしゅうと.③母方のおばのしゅうと.
太公母 tàigōngmǔ 〈方〉婿の祖母:俗に〔亲 qīn 奶奶〕という.
太清 tàiqīng ①(道教で)天空.上空.②=〔三 sān 清〕
太上 tàishàng ①最上.最高.②大昔.古.③同下.
太上皇 tàishànghuáng ①=〔太上③〕皇帝の父君(尊称):特に、子供に皇位を譲った者.②(後ろで糸をひき実権を握っている)黒幕.〔以~自居〕陰の実権者をもって自任する.
太上老君 tàishàng lǎojūn (道教で)老子の尊称.
太甚 tàishèn ひどく度を越している.〔欺 qī 人~〕〈成〉人をばかにするにも程がある.
太师 tàishī 〔古〕①=〔三 sān 公③〕の最上位の官,天子を補佐する役.②楽官の長.
太师母 tàishīmǔ 教師の母に対する尊称.→〔师母〕
太师椅 tàishīyǐ =〔大 dà 圈椅(quānr)〕曲彔(lù):よりか

かりと腕掛けが半円形になっている旧式の木製椅子.旧時、尊位の者が使った.→〔交 jiāo 椅①〕〔罗 luó 汉椅子〕

太史 tàishǐ〈姓〉太史(しき)
太史饼 tàishǐbǐng →〔八 bā 件儿〕
太史氏 tàishǐshì 〔古〕記録をつかさどる史官.
太守 tàishǒu ①〔古〕郡の長官.=〔郡 jùn 守②〕②〔旧〕〔清〕知府.→〔知 zhī 府〕
太岁 tàisuì 〔古〕①〔星〕①太歳(さい):木星に相当する古代の星.12年で天を1周する.また同前に対応する地上の神.その進む方角を凶方とし、避けないと遭難にあうとされる.〔~头上动土〕強いものにたてつく.〈喩〉身のほど知らずの行為をすることにことをかいて.こともあろうに.②〈喩〉疫病神.人から嫌われる凶悪な庸.

太太 tàitai ①奥様.奥さん.②〔旧〕官吏や地主の妻に対して用いた.→〔大 dà 太太〕③既婚女性に対する敬称.その夫の姓を冠して用いる.〔王~〕〔李~の奥さん.〔老~〕④人の母に対する尊称.一般に老婦人に対する尊称.〔姨 yí ~〕〔旧〕二号さん.⑤〔旧〕奥様の尊称:下僕か女主人をいう.⑥他人または自分の妻をいう.〔我~跟你~原来是同学〕ぼくの妻と君の奥さんとはもともと同級生だ.〔爱 ài 人①〕〔妻 qī〕→〔太 qī 曽祖母,あるいは曽祖母.

太尉 tàiwèi 〔古〕武官の最高で、〔丞 chéng 相〕に等しい官位.後漢以後〔三 sān 公〕の一.
太息 tàixī 〔文〕嘆息する.〔叹⑧〕
太先生 tàixiānsheng ①父の先生.②先生の先生.
太虚 tàixū〔文〕①大空.②空虚で寂寞な奥深い境地.〔神游~〈成〉夢幻の境にいること.ぼんやりとしていること.

太学 tàixué 〔古〕都に設置された最高学府(国学):その学生を〔~生〕と称した.〔国 guó 子监〕
太阳 tàiyáng ①〔天〕太陽.〔金 jīn 乌〕〔乌 wū 轮〕〔炎 yán 精〕は別称.〔老 lǎo 爷儿〕〔热 rè 头〕〔日 rì 头〕は方言.〔~白〕コロナ.〔~风〕太陽大気.〔~风〕太陽風.〔~风暴〕太陽の磁気嵐.〔~峰年〕太陽活動のピークの年.〔~黑子〕〔日 rì 斑〕太陽黒点.〔~红焰〕太陽紅炎.プロミネンス.〔~活動太陽活動.〔~年〕〔~鸟〕〔動〕タイヨウドリ.〔~日〕太陽日.〔~神〕〈音訳〉阿ぽ波罗〕アポロ.〔~时〕太陽時.〔~系〕〔天②〕太陽系.②陽光.太陽の光.〔~灯〕太陽灯.〔~地儿〕〈方〉老 lǎo 爷儿地(儿)〕〔日头地儿〕日なた.〔~电池〕太陽電池.〔~房〕ソーラーハウス.〔~镜〕〔墨 mò 镜〕サングラス.〔~帽〕日よけ帽子.〔~能〕太陽エネルギー.〔~能汽车〕ソーラーカー.〔~伞〕日除けの大型の傘.ビーチパラソル.〔~灶〕太陽炉.〔今天~很好〕今日は日差しが明るい.⑧〔~穴 xué〕(こめかみ)の略.〔~膏 gāo〕こめかみに貼る頭痛薬.④〔中医〕太陽:経脈の名称の一.身体の陽気が盛んの意で、病邪が最表層にあるもの.〔~病〕同前の病気.

太阳历 tàiyánglì ⇒〔阳历①〕
太阳落 tàiyángluò 〈方〉太陽が沈む.夕暮れ(夕方)に=〔太阳平西〕〔太阳压山儿〕ともいう.〔天天儿~的时候才回家〕毎日同前のころようやく家に帰る.
太阳裙 tàiyángqún ⇒〔喇 lǎ 叭裙〕
太爷 tàiyé 〈方〉祖父.②〔旧〕知県の尊称.③曽祖父.
太一 tàiyī〔文〕①天地万物の生育の根元.②(高貴な)天神.
太医 tàiyī ①皇室の侍医(秦漢以後).②〈方〉医者.
太阴 tàiyīn〔文〕①月の別称.〔~历月〕〔阴历〕太陰暦.②⇒〔太岁〕③冬.④〔中医〕太陰:経脈の名称の一.陰気が盛んの意で、病邪が表にあるもの.

1644

太汰汰态肽钛酞泰坍贪　　　　　　　　　　　　**tài～tān**

太宰　tàizǎi　⇒〔冢 zhǒng 宰〕
太子　tàizǐ　＝〔皇 huáng 太子〕皇太子：〔东 dōng 朝①〕〔东储〕〔东宫②〕〔东驾〕は別称.〔～党 dǎng〕共産党の高級幹部の2世で,政界界で高い地位にある者.
太子港　tàizǐgǎng　[地]ポルトープランス：〔海 hǎi 地共和国〕(ハイチ共和国)の首都.
太子参　tàizǐshēn　[植]ワダソウ.ヨツバハコベ：極上の朝鮮人参.漢方薬に用いる.〔孩 hái 儿参〕ともいう.
　→〔人 rén 参〕
太字节　tàizǐjié　[電算]テラバイト：情報保存量の単位.TB.
太祖　tàizǔ　①太祖（なゐ）：王朝を起した初代帝王の死後の号.②始祖（ゐ）.家の初代の人.創始者.

〔**汰**〕tài　①不要なものを除く.淘汰する.〔淘 táo～〕同前.〔裁 cái～冗员〕冗員を整理削減する.②〈文〉分に過ぎたぜいたくをする.豪勢である.〔奢 shē～〕同前.
汰侈　tàichǐ　⇒〔侈多〕〈文〉ぜいたくすぎる.〔纨 wán 绔子弟生活〕大家の若様の生活はぜいたくだ.
汰除　tàichú　〈文〉選り捨てる.
汰石子　tàishízǐ　⇒〔水 shuǐ 刷石〕

〔**纨・紎**〕tài　旧composite字.テクスの音訳：現在は〔忒①〕を用いる.

〔**态・態**〕tài　①態度.身ぶり.姿.物腰.〔作～〕見せかけの態度をとる.なをつくる.〔神～〕そぶり.身の構え.〔失～〕失態を演じる.②かたち.状態.形.形態.形態.〔形～〕状態.〔姿～〕姿.ありきま.〔常～〕平常の状態.〔液～〕液体の状態.③[語]態（な）.ボイス.〔被 bèi 动～〕受動態.〔主～〕〔姿～态〕
态度　tàidù　①態度.身ぶり.素振り.様子.〔你这是什么～〕何て態度だ.〔发～〕〔要～〕腹を立てる.かんしゃくを起こす.②(物事に対する)見方.立場.立場.
姿势　②対任何问题都应该采取分析～〕いかなる問題に対しても分析的な態度をとらなくてはいけない.〔坚决的～〕きっぱりとした態度.
态势　tàishì　状態と趨（ぬ）勢.形勢.〔军事～〕軍事態勢.

〔**肽**〕tài　[化]ペプチド.〔胜 shèng〕ともいった.

〔**钛・鈦**〕tài　[化]チタン.チタニウム.
钛白　tàibái　[化]チタン白.
钛合金　tàihéjīn　チタン合金.

〔**酞**〕tài　[化]フタール.フタレイン.〔～酸 suān〕フタール酸.〔酚 fēn～〕フェノールフタレイン.〔～酰 xiān〕フタリル(基)

〔**泰**〕tài　①安らかである.平安である.落ち着いている.〔国～民安〕〔成〕国は穏やかで民は安らかである.〔否 pǐ 极～来〕〔成〕運の悪いどん底に来ると,今度は幸運が回って来る.〔富～〕〈文〉…すぎる.〔富贵～盛〕〔成〕富貴が分を越す.③極めて.最も.〔～古〕太古.→〔泰西〕　④タイ：〔～国〕の略.〔中～关系〕中国とタイの関係.⑤〈文〉易（∫）：〔～〕：六十四卦の一.→〔否 pǐ③〕　⑥〈姓〉泰（∫）.
泰半　tàibàn　〈文〉大半.おおかた.
泰昌　tàichī　⇒〔汰侈〕
泰斗　tàidǒu　〔喻〕人に仰ぎ尊ばれる権威者.第一人者：〔泰山北斗〕の略.〔文界～〕学界の権威.
泰然倒持　tài'ē dàochí　⇒〔倒持泰阿〕
泰国　tàiguó　タイ：正式国名は〔泰王国〕(タイ王国),旧名は〔暹 xiān 罗〕(シャム).首都は〔曼 màn 谷〕(バンコク).
泰米尔语　tàimǐ'ěr yǔ　[語]タミール語.

泰平　tàipíng　太平である.〔太平①〕に同じ.
泰然　tàirán　泰然としているさま.〔～处之〕泰然と構える.平然としている.〔～自若〕泰然自若.落ち着いてゆったりしている.
泰瑞　tàiruì　安全無事でおめでたい.〔～的元旦〕おだやかでめでたい正月.
泰山　tàishān　①＝〔东 dōng 岳〕[地]泰山（ホォ）：山東省西部にある.〔五 wǔ 岳〕の第一.古くは〔岱 dài 宗〕〔岱山〕といった.〈喻〉敬服する人.大きな価値のあるもの.〔～归来不见山〕〔諺〕泰山から帰ってくると小さな山など目にとまらない.〔～北斗 dǒu〕〈喻〉斯界の権威.〔～府君〕泰山の神.⑤岳父（妻の父）の雅称.〔～鸿 hóng 毛〕〔成〕非常に重いものと非常に軽いもの.〔～隔的甚だしいもの.〔～压顶〕〔成〕圧力がきわめて大きいこと.〔～压卵 luǎn〕〈喻〉抗しようのないこと.→〔观 guān 于海者难为水〕〔成〕〈喻〉〔～山〕は岳母,妻の母.⑧[人]ターザン：アメリカの冒険小説（映画）の主人公でジャングルの王者.
泰山石　tàishānshí　[回]紙·板·石に〔～〕と書き,または刻した魔除けのお守り：当初は泰山(太山)の石を持ってきて魔除けにした.また〔～敢当〕[石敢当]ともいう：〔百 bǎi 无禁忌〕〔姜 jiāng 太公在此〕
泰水　tàishuǐ　→〔泰山②〕
泰晤士河　tàiwùshì hé　[地]テムズ川：英国の川.
泰西　tàixī　[旧]西洋,特にヨーロッパを指す.
泰西缎　tàixīduàn　[紡]ベネシャン.洋（あや）繻子（ω）：〔直 zhí 贡呢〕ともいう.
泰铢　tàizhū　⇒〔铢 ω〕
泰族　tàizú　タイ族：タイ国の主要民族で,中国にも少数民族の〔傣 dǎi 族〕(タイ族)として西南部（主に雲南省）に居住する.

tan　ㄊㄢ

〔**坍（坩）**〕tān　崩れる.崩れ落ちる.〔土墙 qiáng 被雨淋大～了〕土塀が雨で崩れた.〔把桩 zhuāng 打結实,大水来了也～不了〕くいをしっかり打っておけば,大水が出ても崩れることはない.
坍倒　tāndǎo　崩れ倒れる.〔房子～了〕家がつぶれ壊れた.
坍方　tānfāng　⇒〔塌 tā 方〕
坍毁　tānhuǐ　壊れ崩れる.
坍缩　tānsuō　[天](天体が)崩壊する.〔～星 xīng〕最終末期の星：〔黑 hēi 洞〕(ブラックホール)に同じ.
坍塌　tāntā　崩れ倒れる.〔～倒 dǎo 坏〕崩壊する.
坍台　tāntái　〈方〉①顔をつぶす.面目を失う.〔说出来实在不～得很〕お話をすれば,実に恥ずかしいです.②(事業)維持し得ない.→〔塌 tā 台〕
坍陷　tānxiàn　陥没する.〔地层～〕地盤が陥没する.

〔**贪・貪**〕tān　①財物に欲を抱く.欲しがる.ふける.〔～利〕利をむさぼる.②きりなしに求める.追求して他を顧みない.〔～杯〕大酒飲み.〔～看热闹,不得走〕見る物にひとつをぬかし,そこから立ち去れない.〔～快〕スピードを追求する.〔～多求快〕数量とスピードだけ求めて品質を度外視すること.〔～小失大〕⑤収賄する.〔～污〕同前.汚職をする.
贪安　tān'ān　〈文〉安逸にふける.
贪财　tāncái　財物をむさぼる.〔～害命〕〔成〕金欲しさに人を殺す.
贪吃　tānchī　むさぼり食べる.〔～懒 lǎn 做〕食いしん坊でなまけもの.
贪大求洋　tāndà qiúyáng　〔慣〕(企業などの)拡大と

tān

近代化の志向.
贪得无厌 tāndé wúyàn 〈成〉飽くことなくむさぼり求める.
贪黩 tāndú 〈文〉汚職を働く.賄賂をむさぼる:〔贪渎〕.→〔贪污〕
贪多嚼不烂 tānduō jiáobulàn 〈喩〉欲深くたくさん取り込んでもこなしきれない.
贪腐 tānfǔ 〔贪污腐化〕の略.
贪官 tānguān 収賄官吏.〔～污 wū 吏〕賄賂をむさぼる腐敗官吏.
贪黑 tānhēi 暗くなるまで欲張ってやる.
贪狠 tānhěn 強欲で残忍である.〔～的野心家〕同前の野心家.
贪贿 tānhuì 賄賂をむさぼる.
贪贿无艺 tānhuì wúyì ⇒〔贪贿无艺〕
贪贱买老牛 tānjiàn mǎi lǎoniú 〈諺〉安物買いの銭失い.
贪婪 tānlán ①貪欲である.〔～不厌 yàn〕むさぼって飽くことを知らぬ.②追求してやまない.〔～地阅读]むさぼり読む.
贪懒 tānlǎn 怠惰をむさぼる.怠けたがる.
贪恋 tānliàn 強く執着する.〔～女色〕女色におぼれる.〔～风景的幽奥,不忍离去〕風景の美しさに恋々として去るに忍びなかった.
贪冒 tānmào 同下.
贪墨 tānmò =〔贪冒〕〈文〉汚職をする.賄賂を受け取る.
贪慕 tānmù ひどく欲しがる.
贪便宜 tānpiányi ①虫のよいことを考える.②小さな利益をむさぼる.
贪青 tānqīng 圃作物が収穫期に至っても,葉が青く,実らないこと.
贪求 tānqiú むさぼり求める.〔～无度〕限りなくむさぼる.〔～富贵〕貪欲に富貴を求める.
贪权 tānquán 権力をむさぼり求める.〔～好 hào 利〕権力や利益をむさぼり求める.
贪忍 tānrěn 〈文〉貪欲にして残忍である.
贪色 tānsè ひどく女好きである.
贪生怕死 tānshēng pàsǐ 〈成〉命を惜しみ死を恐れる.
贪食 tānshí 食い意地をはる.〔～症 zhèng〕過食症:〔暴 bào 食症〕に同じ.
贪睡 tānshuì むさぼり眠る.
贪天之功 tān tiānzhīgōng 〈喩〉人の手柄を横取りする.
贪图 tāntú 手に入れようと欲張る.〔～小便宜〕わずかなことに欲を出す.〔～享乐〕貪欲に享楽を求める.〔～享受〕奢侈逸楽にふける.
贪玩(儿) tānwán(r) 遊びほうける.遊びにふける.〔别～,要误事的〕遊びに夢中になってしくじっちゃいけないよ.
贪污 tānwū 汚職を働く.賄賂を受け取る.横領する.私腹を肥やす.〔～公款〕公金横領.〔～盗窃(行为)〕→〔罪 zuì〕汚職罪.〔～腐化〕〔贪腐〕汚職腐敗.↔〔清 qīng 廉〕
贪小 tānxiǎo 小さな得を求めて大損する.一文得して百失う.〔～失大〕〈成〉小利に欲を出して大利を失う.→〔因 yīn 小失大〕
贪心 tānxīn ①強欲.貪欲.〔～不足〕穷 qióng 坑难满〈喩〉貪欲できりがないこと.②〔贪婪〕で欲しがる.
贪欲 tānyù 食欲さ.〔～无艺〕〔贪贿无艺〕〈成〉貪欲で極まりない.〔艺〕は限界をいう.
贪赃 tānzāng 賄賂を受け取る.〔～枉 wǎng 法〕(役人が)賄賂を受け取り法を曲げる.
贪占 tānzhàn 横領する.
贪嘴 tānzuǐ ①むさぼり食う.②食いしんぼう.

〔**㑳**〕 tān 〈方〉あの方:〔他 tā ①〕の敬称.〔～今年高考?〕あの方(相手の尊族などを指しては)おいくつにおなりですか.→〔您 nín〕

〔**啴・嘽**〕 tān 〔～～〕〈文〉家畜があえぐさま.→chǎn

〔**滩・灘**〕 tān ①〔砂滩.砂浜.砂利浜.(砂)州.〔海～〕海岸の州.浜辺.〔河～〕川の州.〔沙～〕砂州.〔盐 yán ～〕(海辺の)塩田.②浅瀬.早瀬.〔急流险 xiǎn ～〕流れの急な早瀬.
滩船 tānchuán 帆のない船.
滩地 tāndì 海・川・湖の中の州.または岸辺の平地.
滩簧 tānhuáng =〔摊簧〕民間芸能の一.物語や時事などを簡単な伴奏をつけて韻文で述べるもの:清の中期頃,上海・蘇州・杭州で流行し,のち発展して地方劇となった.→〔常 cháng 锡滩簧〕〔苏 sū 滩〕
滩区 tānqū 河川・湖・海沿いの地域.
滩师 tānshī 〔急流を通過する際の〕水先案内人.
滩头 tāntóu 河・湖・海などの岸辺の砂地.〔～堡 bǎo〕甌上陸拠点.橋頭堡.
滩涂 tāntú ⇒〔海 hǎi 涂〕
滩盐 tānyán 塩田で製した塩.→〔井 jǐng 盐〕
滩羊 tānyáng 圃灘羊綿羊の一種.寧夏回族自治区に分布する.良質の毛皮をとる.
滩子 tānzi 〔早潮を過ぎる時,船を引いたり,積み荷の上げ下ろしをする〕人夫.→〔纤 qiàn 夫①〕

〔**摊・攤**〕 tān ①広げる.広げ敷く.伸ばし広げる.〔他乱七八糟地一下子摊了一桌子,也不收拾就走了〕彼はごちゃごちゃとテーブルいっぱいに広げて,片づけしないで行ってしまった.〔把地图一条条摊在桌子上〕地図をテーブルの上に広げた.〔～膏药〕膏薬(₅)を広げる(貼る).〔他为难地把手一～说〕彼は困ったように手を広げて言った.②割り当てる.分配する.〔～均～〕平均に分担する.割り勘にする.〔～劳工〕労働奉仕を割り当てる.〔有好事情也～不上我,老资格的多着呢〕いい事があっても,いくらでも～割り当てられるのは,資格のある人が沢山いるから.〔昨天的饭一个人～多少钱〕昨日の食事は一人あたりいくら分担になりますか.③出合う.ぶつかる.身にふりかかる.〔想不到～上这么一档 dàng 子事〕こんなことにぶつかるなどとは夢にも思わなかった.④[-儿,-子]屋台.〔摆 bǎi ～〕露店を出す.〔黑～〕無許認可の屋台.〔水果～〕果物を売る露店.〔骨董～〕骨董(₅)を売る露店.⑤料理法の一.どろりとしたものを薄くのばし焼くこと.〔～煎 jiān 饼〕"煎餅"をつくる.⑥量詞.どろりと広がった液体・液状のものを数える.〔一～水〕一たまりの水.〔一～泥〕一たまりの泥.〔一～屎 shǐ〕一たまりの糞.
摊薄 tānbáo 経負担が軽くなる.〔成本就～了〕コストがならされて負担が軽減するようになる.
摊场 tāncháng 〔场 cháng 院〕(穀物干し場)に収穫した穀物を広げて太陽にさらすこと.
摊床 tānchuáng 臨時の屋台・露店.
摊档 tāndàng 〔方〕露店.屋台店.
摊点 tāndiǎn 露店式商店街の個々の売り場.
摊贩 tānfàn =〔摊户〕露店商人:俗に〔摆 bǎi 摊儿的〕〔摆摊子的〕という.〔～市场〕露店市場.
摊饭 tānfàn 酒造法の一:米を蒸煮してから放冷し発酵させて酒こうじを作る(〔淋 lín 饭〕という).これをもとに新たに醸造した~という.〔~酒〕はこの酒の総称.紹興酒の代表である〔元 yuán 红酒〕と同一に扱われることが多い.→〔绍 shào 兴酒〕
摊放 tānfàng (物を)無雑作にひろげ並べる.
摊户 tānhù ⇒〔摊贩〕

tān～tán

摊还 tānhuán 分割で償還する.〔分三个月～〕3 か月の月賦で償還する.
摊簧 tānhuáng ⇒〔滩簧〕
摊黄菜 tānhuángcài 同下.
摊鸡蛋 tānjīdàn ＝〔摊黄菜〕[食]薄焼き卵.→〔炒 chǎo 鸡蛋〕[木 mù 樨②]
摊开 tānkāi ①並べ広げる.ならして広げる.〔～巴掌〕手のひらを広げる.〔把米～晒晒〕米をならして広げて干しなさい.②さらけ出す.〔把问题～〕問題をさらけ出す.
摊款 tānkuǎn ＝〔摊钱〕割り前を出す.金を分担する.
摊牌 tānpái (トランプ遊びで,自分の)持ち札をさらけ出して見せる.〈転〉手の内を見せて勝負を決する.〔迫 pò 使对方～〕相手に勝負を迫る.〔斗争已经到了决一死战的～阶段〕闘争はすでに命がけで対決しようとする段階に入った.
摊派 tānpài ①(平均に)割り当てる.分担させる.〔按户～〕世帯毎に分担させる.〔向企业～〕企業に負担させる.②割り当て分.〔给大家的～〕皆の分担分.
摊铺 tānpú =〔摊钱〕旧賭博の一種:器の中に銭を入れ適宜にこれを取り出し 4 枚ずつ一組に分け,残余の数が偶数か奇数かによって勝負を決める.
摊钱 tānqián ⇒〔摊款〕
摊群 tānqún たくさん集まっている露店.
摊认 tānrèn 分担を承諾する.
摊商 tānshāng 露店商.
摊手 tānshǒu 手を放す.ゆるめる.〔摊开双手〕両手を放す.両手のひらを広げる.
摊售 tānshòu 露店で売る.
摊提 tāntí 函投下資本を計画的に帳簿上分割回収(償還)する.〔～折 zhé 旧〕
摊位 tānwèi ①露店の位置・場所.②各露店の区画.売り場の小間.ブース.
摊戏 tānxì ⇒〔摊簧〕
摊销 tānxiāo ローンを組んで清算する.
摊主 tānzhǔ 露店主.
摊子 tānzi ①露店.〔摆 bǎi ～的〕露店商人.〔～上买的〕露店で買ったもの.〔烂 làn ～〕傾いた屋台.〈喩〉収拾困難な局面.〈転〉規模・範囲・局面.〔对外贸易～大,情况复杂〕対外貿易は間口が広く情況は複雑である.③量詞.たくさんまとまったものを数える.〔一事一一事〕家の中の仕事.〔好几～事〕山のような仕事.

[瘫・癱]

tān ①(身体が)不随になる.麻痺する.〔面～〕顔面麻痺である.→〔瘫痪①②〕(力が入らず)動けない.〔吓 xià ～了〕驚いて腰を抜かした.
瘫倒 tāndǎo 体を支えきれずに倒れる.
瘫痪 tānhuàn ①(神経機能障害による)不随になる.中風になる:〔风 fēng 瘫〕は通称.〔疯瘫〕とも書く.〔两腿～〕両足がしびれて動かない.②〈転〉機構や交通などが機能不全となる.麻痺する.〔生产～〕生産が麻痺する.〔这段铁路,由于设计标准低,逐渐～不能使用]この鉄道は設計がよくなかったので,機能不全となり運行できなくなってきた.
瘫软 tānruǎn (体が)ぐにゃくたくなる.〔累得浑身～〕疲れて全身がぐったりする.〔四肢～〕体がぐんなりする.
瘫子 tānzi 〈口〉手足が不自由な人.〔那个人的腿不能走路,已经成了～〕あの人は道が歩けない,もう足がなえてしまった.

[坛・壇・罎(罈・壜・罈)]

tán (Ⅰ)[壇]①土や石で築造した台.壇:古くは祭祀に用いた.〔天～〕天壇(殿):北京外城永定門内にある.昔時,皇帝が天を祭った壇.〔地～〕地壇(殿):北京北郊安定門外にあり,昔時,皇帝が毎年夏至に地を祭ったところ.②土を盛って一段と高くしたところ.〔花～〕花壇.③他より一段高くして大勢が見やすくした場所.〔讲 jiǎng ～〕演壇.④(芸能・体育などの)社会的分野.〔文～〕文壇.〔诗 shī ～〕詩壇.〔影～〕映画界.〔球 qiú ～〕=〔球界〕.〔棋 qí ～〕囲碁界.〔～界 jiè ③〕⑤宗教結社.宗教行為の場.仏堂.〔～主〕一貫道の指導的教徒.〔乩 jī ～〕神おろし(祈祷)を行う講堂.
(Ⅱ)[罎(罈・壜・罈)] ①[～儿,～子]かめ.つぼ:口の比較的小さなもの.〔酒～〕酒がめ.〔醋 cù ～〕酢を入れるかめ.→〔缸 gāng〕〔瓮 wèng 〕②量詞.つぼ入りの液体などを数える.〔一～酒〕酒一つぼ.〔一～硫酸 suān〕硫酸一つぼ.
坛场 tánchǎng 壇を設けた広場(祭場,式場)
坛坫 tándiàn 〈文〉諸侯がそこで盟約を結ぶ壇.
坛社 tánshè 社壇.祭壇.
坛罎罎 tántán guànguàn かめやつぼ:生活上の器具.〔不怕打烂～〕(戦争の時に)家財道具をぶち壊されることを恐れない.
坛子 tánzi (粗陶製の)つぼ.(口の細い)かめ.〔～肉〕[食]肉を壺に入れとろ火にかけてゆっくり煮た料理.

[昙・曇]

tán (Ⅰ)〈文〉雲が多い(こと).〔彩 cǎi ～〕たれこめた五色の雲.②〈姓〉曇(殿).
(Ⅱ) 訳音字:多く仏教典に用いる.〔～摩 mó〕仏法.
昙花 tánhuā ① [植] ゲッカビジン(月下美人).②〈文〉うどんげ(の花)=〔优 yōu 昙华①〕に同じ.
昙花一现 tánhuā yīxiàn 〈諺〉人物・事柄が人目を驚かしてほどなく消える.朝顔の花一時:うどんげの花は咲くとすぐにしぼむことから.〔一现昙花〕〔昙现〕ともいう.〔这种事只不过是～〕こんなことは一時のことにすぎない.

[谈・談]

tán ①話す.語る.談ずる.〔会上～到了这个问题〕会議でこの話が出た(この問題に触れた).〔请你一一一经过〕経過を話してください.〔～了两个钟头〕2 時間も話し込んだ.〔他很能～〕彼は話がうまい.〔话说了很多,实际问题～的却很少]話はたくさんしたが実際問題にふれたものは少ない.〔讲 jiǎng ～〕〔说 shuō ～〕②言論.談話.物語.〔奇～〕奇談.〔美～〕美談.〔无稽之～〕荒唐無稽の話.③〈姓〉談(殿).
谈柄 tánbǐng ①話の材料.話題.②固(講論をする時手にした)払子(ほっす).
谈不到 tánbudào そこまでは言えない.話題に上げない.〔我在书上看过一点儿,至于高深的理论,那还～〕書物では少し見たことはあるが,深い理論ということになると,まだ問題にならない.話が合わない.〔他们俩老～一块儿〕彼ら二人はいつも気が合わない.
谈不拢 tánbulǒng 話がまとまらない.〔谈得拢〕は可能を表す.〔开了几次协商会,双方仍旧～〕何回も協商会を開いたが,やはり話がまとまらない.
谈不上 tánbushàng 話にならない.(…でないのは)言うまでもない.問題とし得ない.〔谈得上〕は可能を表す.
谈得来 tándelái うまが合う.話ができる.〔谈不来〕は不可能を表す.〔他们俩一老一少,却很～〕彼ら二人は老人と若者なのにとてもうまが合っている.
谈锋 tánfēng 話の勢い.談論の矛先.〔～甚 shèn 健〕意気軒高の話しぶりだ.

tán 谈俲郯痰銛弹

谈何容易 tán hé róngyì 〈成〉話すほど容易ではない.〔一般人〕一般人には決して容易にできない.また顔色が変わる.

谈虎色变 tánhǔ sèbiàn 虎のことを話しただけで顔色が青ざめる.〈喩〉恐れているものであれば,うわさだけで顔色が変わる.

谈话 tánhuà ①話す.会話する.話し合う.〔~节目〕(ラジオ・テレビの)トーク番組.②談話.意見提示.〔代表团团长发表了重要~〕代表団団長が重要談話を発表した.

谈及 tánjí 言及する.〔谈到〕ともいう.

谈家常 tánjiācháng 日常のありふれた話をする.世間話(むだ話)に引き込む.おしゃべりする.

谈开 tánkāi ①説明する.②話しはじめる.

谈客 tánkè 〈文〉①遊説家.②話好き.話上手な人.

谈恋爱 tánliàn'ài 恋愛する.〔谈朋 péng 友〕ともいう.

谈论 tánlùn ①談論する.議論する.②取り沙汰する.〔他这么刻薄也不怕别人一吗〕彼はこんなに無情なことをして人からあれこれ言わされることなど気にしていないのだろうか.

谈判 tánpàn かけ合う.折衝する.〔~代表〕交渉代表.〔~筹 chóu 码〕交渉の切り札.→〔接 jiē 洽〕

谈情说爱 tánqíng shuō'ài 〈成〉恋を語り合う.

谈山海经 tán shānhǎijīng 〈喩〉どこまでも広げてよもやま話をする.〔山海经〕(せんがいきょう)は中国古代の神話と地理の書.→〔谈天(儿)〕

谈薮 tánsǒu 〈文〉談話集.

谈天(儿) tántiān(r) 閑談する.漫談する.よもやま話をする.世間話をする.〔聊 liáo 天儿〕〔闲 xián 谈〕に同じ.

谈天说地 tántiān shuōdì 〈成〉よもやま話をする.

谈吐 tántǔ 〔吐属〕〈文〉言葉遣いと態度.〔~不俗〕言葉遣いが上品だ.→〔辞 cí 吐〕

谈笑 tánxiào 談笑する.楽しく語り合う.〔~封 fēng 侯〕〈喩〉功名を得ることのたやすいこと.〔~风生〕〔~生春〕〈喩〉和やかに談笑する.〔~自若 ruò〕〈喩〉異常な中でもいつもどおりに談笑する.

谈心 tánxīn 腹を割って話す.打ち解けて話す.

谈兴 tánxìng 話のおもしろみ.〔~正浓 nóng〕話が興に乗っている.

谈言微中 tányán wēizhòng 〈成〉言葉は婉曲だが要所に触れること.

谈助 tánzhù 話の材料.話題.

谈资 tánzī 話の種.〔茶余酒后的~〕茶飲み話の種.

〔**俲**〕 tán 〈文〉静かである.

〔**郯**〕 tán ①固周代の国名:山東省临沂一带にあった.〔~城〕固山東省にある.②〈姓〉郯(tán).

〔**痰**〕 tán 痰(たん).〔不要随地吐 tǔ ~〕みだりに痰を吐かないでください.〔~堵 dǔ 住嗓子了〕痰がのどにつまった.

痰罐儿 tánguànr 同下.

痰盒 tánhé =〔痰罐儿〕痰吐き.ふたのある痰壺.→〔痰盂〕

痰火 tánhuǒ 中医痰が肺内に貯蔵される病症:ぜんそくに似た症状を呈す.→〔气 qì 喘②〕

痰厥 tánjué 中医痰がのどに詰まって起きる人事不省.

痰迷心窍 tánmí xīnqiào 中医意識不明・混濁.〔痰阻 zǔ 心窍〕ともいう.

痰桶 tántǒng →〔痰盂(儿)〕

痰饮 tányǐn 中医体内水液が胃腸のほか体腔・四肢にとき,生ずる病症.

痰盂(儿) tányú(r) 痰壺.〔痰桶〕は比較的大きいものの.→〔痰盒〕

〔**銛・鐵**〕 tán 固長い矛.→ xiān

〔**弹・彈**〕 tán ①弾力で発射する.はじき飛ばす.〔~球儿 qiúr〕玉をはじいて飛ばす.〔~玻璃弹 dàn 子〕ビー玉遊びをする.おはじき(をする).②(指で)はじく.すくい落す.拭う.〔小儿儿有泪不轻~〕〈諺〉男子たるもの軽く涙を拭いはせぬ.③(楽器の弦または鍵盤を)弾く(演奏する).〔~三弦〕三味線を弾く.→〔拨 bō ①〕〔拉 lā ④〕④(官吏の不正を)あばく.糾弾する.⑤たたいて物を柔らかくする.綿打ちする.⑥弾性(がある).→ dàn

弹拨 tánbō (弦を指やばちなどで)弾く.はじく.〔~乐器〕弾奏楽器.→〔拨奏〕

弹唱 tánchàng 弾きながら歌う.

弹床 tánchuáng ⇒〔蹦 bèng 床〕

弹词 táncí 中南部各地に行われる民間の歌い物芸能の一種.またその種本:三絃・琵琶・月琴などを伴奏に唄い,物語りをする.〔苏州〕〔扬州〕〔四日月南词〕などがある.→〔讲 jiǎng 唱文学〕〔评 píng 弹〕

弹钢琴 tángāngqín ピアノを弾く.〈喩〉全体を見通して核心をつかんで仕事をすること.

弹冠相庆 tánguān xiāngqìng 〈成〉同僚の昇進を喜ぶ:自分にもその望みがあると喜ぶ.多くそしる意味で用いる.

弹劾 tánhé (役人の不正を暴いて)糾弾する.弾劾する.

弹花 tánhuā 綿を打つ.〔~厂 chǎng〕綿打ち屋(工場).〔~弓〕固綿打ち弓.〔~机〕機綿打ち機.

弹簧 tánhuáng 〔蹦 bèng 簧〕バネ.スプリング.〔~秤 chèng〕バネ秤.ゼンマイ秤.〔~刀〕機バネきの切削具.とび出しナイフ.〔~阀 fá〕機スプリングバルブ.〔~夹 jiā 头〕機筒夹〕〈方〉扎头〕機バネつき抱鑷(かぎ).〔~门〕(バネつき)自動ドア.スプリングドア.〔~卡 qiǎ 钳〕バネつき调节器.〔~枪〕スプリングガン.〔~褥 rù 子〕スプリングマット(ベッド).〔~套 tào〕機スプリングポケット.〔~小人儿〕(ピョンピョン跳ねるような)バネ仕掛けの人形.〔~卷 juǎn 尺〕バネ付き巻尺.〔~发 fā 条〕钢 gāng 板③〕

弹簧垫圈 tánhuáng diànquān →〔垫圈〕

弹簧钢尺 tánhuáng gāngchǐ ⇒〔钢尺〕

弹簧锁 tánhuángsuǒ =〔弹 dàn 子锁〕バネ仕掛け錠.スプリングロック(自動錠の一種).〔撞 zhuàng 锁〕〔碰 pèng(簧)锁〕に同じ.

弹纠 tánjiū 〈文〉糾弾(する)

弹老调 tánlǎodiào 〈喩〉いつもの調子でやる.

弹泪 tánlèi 涙を拭う.〔挥 huī 泪〕に同じ.→字解②

弹力 tánlì 物弾力.〔~丝 sī〕〔~纱 shā〕弾力糸.ストレッチヤーン.〔~袜 wà〕エラスチックソックス.〔~尼龙〕弾力性のあるナイロン.〔~裤 kù〕ストレッチパンツ.

弹棉弓 tánmiángōng 綿打ち弓.

弹棉花 tánmiánhuā 綿打ちする.

弹墨 tánmò ①(大工が)墨をうつ.②墨をはじき散らしたような模様.しもふり模様.

弹脑绷儿 tán nǎobēngr 〈方〉額をパチッと指ではじく:ゲームに勝った者が負けた者に対して行う.

弹琴 tánqín 琴を弾く.(弓を使わない)弦楽器・鍵盤楽器などを演奏する:〔操 cāo 琴〕〔奏 zòu 琴〕ともいう.

弹三下 tánsānxià (チベット・蒙古などで)祝い酒を飲むとき,杯に薬指の先をひたしてから,親指と薬指をはじくようにする動作を3回くりかえすこと.

弹射 tánshè ①〔弹力・压力を利用して〕発(射)する.〔~器 qì〕⑨射出装置.カタパルト.〔~座舱〕脱出コックピット.〔~座椅〕脱出座席. ②事物の伸縮性のあること. ③〈文〉指摘する.非難する.〔~利病〕欠点や間違いを指摘する.

弹升 tánshēng （価格などが）反発する.〔小幅~〕小幅に同値.

弹丝品竹 tánsī pǐnzhú 〈成〉琴や笛などを鳴らす：音楽に精通し,楽器の演奏に熟達している.

弹跳 tántiào 跳躍する.ジャンプする.〔~力〕跳躍力.

弹涂鱼 tántúyú ＝〔泥ní 猴②〕〔跳 tiào 跳鱼〕魚⑨トビハゼ：普通のハゼは〔虾 xiā 虎鱼〕という.〔大~〕ムツゴロウ.

弹弦子 tánxiánzi （弓を使わない）弦楽器を弾く.〔~的〕三味線弾き.

弹性 tánxìng ①⑳ 弹性. ②〈限 xiàn 度〉弹性界. ②弹力的である.〔~工作制〕〔~上班制〕フレックスタイム制.〔~就业〕非固定就業・臨時工や期間工. ②〔市场〕匿売買の当事者間交渉で値段の決まる交易.

弹性模数 tánxìng móshù 物弹性率.弹性の割合：〔弹性模量〕弹性系数〕ともいう.

弹性纤维 tánxìng xiānwéi 紡エラスティックファイバー.スパンテックス繊維.

弹压 tányā ①圧する.→〔镇 zhèn 压〕

弹章 tánzhāng 〈文〉弹劾の上奏書.

弹指 tánzhǐ ①〈喩〉一瞬.瞬時.〔~(之)间〕同前. ②⑳（仏教で）指を弹く：許諾・欣喜・戒告などの表現.

弹治 tánzhì 〈文〉①人の不正・罪悪を暴いて追及する. ②弹圧して処置する.

弹子儿 tánzǐr とりをする子供の遊戲.

弹奏 tánzòu ①（弦楽器を）かきならす.弹奏する.〔~钢琴〕ピアノを演奏する. ②〈文〉弹劾（hé）して上奏する.

[覃] tán ①〈文〉深い.〔~思〕深く思う. ②〈姓〉覃（t）→ qín

覃第 tándì ⇒〔潭第〕

覃恩 tán'ēn ⇒〔潭恩〕

[谭・譚] tán ①語る(り).物語る：古〔~谈〕に通用した. ②〈姓〉譚（t）

[潭] tán ①深い淵.よどみ.→〔龙 lóng 潭〕 ②〈転〉深い.〔~府〕〈文〉奥深い邸宅.〈転〉お宅. ③〈方〉穴. ④〈姓〉潭（t）

潭第 tándì〈文〉文お宅.

潭恩 tán'ēn ＝〔潭恩〕〈文〉鸿恩.

[燂] tán 〈方〉火にかけ熱する.

[磹] tán 地名用字.〔~口〕地福建省にある.

[镡・鐔] tán 〈姓〉鐔（t）→ xín

[醰] tán 〈文〉（酒の味や香りが）濃い.こくがある.

[澹] tán 〔~台 tái〕〈姓〉澹臺（t）→ dàn

[罾] tán 〈方〉池.〔~宾 bīn〕〔~濮 pú〕いずれも広東省にある.

[檀] tán ①⑳檀の類（総称）：〔~树 shù〕は通称.とくに〔青檀〕が有名な〔オウダン〕の類.〔紫 zǐ~〕インドシタン.〔青 qīng~〕ムクノキモドキ（属植物）:ニレ科.→〔檀香〕〔乌 wū 木〕 ②〈姓〉檀（t）

檀板 tánbǎn 檀の木で作った拍子木.

檀那 tánnuó ＝〔檀越〕〈梵〉①布施(する). ②施主.

檀香 tánxiāng ⑳ ビャクダン：〔旃 zhān 檀〕①は古称.〔~木〕同前の材木（香木）.〔~木器〕同前で作った器具.〔~皂 zào〕ビャクダン石けん.〔~扇 shàn〕ビャクダン扇子.〔~油〕白檀油.

檀香梅 tánxiāngméi ⑳トウロウバイ.ダンコウバイ：〔腊 là 梅〕（ロウバイ）の一種.

檀香山 tánxiāngshān 地ホノルル：〔火 huǒ 奴鲁鲁〕の別称.

檀越 tányuè ⇒〔檀那〕

[忐] tǎn 〔~忑 tè〕気持ちが落ち着かない.おろおろする.びくびくする.〔心中~忑〕同前.〔~忑不安〕同前.〔~忑不安的さま〕〔他这时确也有些~忑了〕（鲁・Q 4）彼もこの時確かに少し心臓がどきどきした.

[坦] tǎn ①平らである.〔平 píng~〕（道などが）平らな（である）. ②平直である.隠しだてがない. ③心が落ち着いて平静である.〔舒 shū~〕心地よい.→〔坦然〕 ④〈文〉婿.〔令~〕お宅の婿さん. ⑤〈姓〉坦（t）

坦白 tǎnbái ①正直である.率直である.私心や秘密がない.〔~地说〕率直に話す.〔襟 jīn 怀~〕率直でさっぱりしている. ②〔自分の誤りや罪を正直に告白する.率直に打ち明ける.〔~交代〕（罪状を）白状する.〔他虽然~了,但是还不够彻 chè 底〕彼は白状したが,まだ充分でない.〔~从宽 kuān,抗拒从严〕自白したものは寛大に処置し,あくまで反抗するものは厳重に処分する.

坦陈 tǎnchén 率直に述べる.

坦称 tǎnchēng 率直に公言する.

坦诚 tǎnchéng ありのままで誠実である.〔~相待〕〈成〉誠実に対応する.〔~地告诉了我〕率直に誠意をもってわたしに話した.

坦承 tǎnchéng 率直に認める.〔~不讳 huì〕率直にずばりと言う.

坦荡 tǎndàng ①平らで広々としている. ②心がこだわりなくのびのびとしている.〔心怀~〕〔襟 jīn 怀~〕同前.

坦地 tǎndì 平坦な地.

坦腹 tǎnfù〈白〉腹を出して寝そべる.

坦腹东床 tǎnfù dōngchuáng ⇒〔东床快婿〕

坦噶尼喀 tǎngánikā タンガニーカ.→〔坦桑尼亚〕

坦怀 tǎnhuái〈文〉偽りな気なく示す.〔~心迹 jì〕気持を素直に語る.

坦缓 tǎnhuǎn 地勢が平坦でなだらかである.

坦克 tǎnkè 軍タンク.戦車.〔~车〕ともいう.〔~履 lǚ 带〕タンクのキャタピラ（無限軌道）.〔~炮 pào 车〕自走砲.〔~手〕〔~兵〕戦車兵.〔反~炮〕〔防~炮〕対戦車砲.

坦露 tǎnlù 飾りなく示す.〔~心迹 jì〕気持を素直に語る.

坦然 tǎnrán 平然たるさま.落ち着いているさま.〔~无愧〕平然として恥じない.〔~自若〕泰然自若.

坦桑尼亚 tǎnsāngníyà タンザニア：正式国名は〔~联合共和国〕.1964年10月タンガニーカ・ザンジバル連合共和国より改称.首都は〔多 duō 多马〕（ドドマ）.〔达 dá 累斯萨拉姆〕（ダルエスサラーム）は旧首都.

坦实 tǎnshí 誠実である.

坦率 tǎnshuài 率直である.正直である.腹蔵がない.〔这是我们应该首先~承认的〕これは私たちの一率直に承認せねばならないものである.〔~地交换意见〕率直に意見を交換する.

坦坦 tǎntǎn 平らに広々としたさま.

坦途 tǎntú 平坦な道.〈喩〉順調な境遇.

坦言 tǎnyán ①率直な言葉.歯に衣着せぬ意見. ②

率直に言う.
坦 tǎnzhí ①正直である.[他为人热情～]彼は人に親切で率直である.②平坦でまっすぐである.[～的柏油路]まっすぐなアスファルト道路.

[袒(襢)] tǎn ①肌ぬぎになる.体の一部を露出する.[～其右臂][左～]〈文〉左の腕を露出する.〈転〉加勢する.②かばう.庇護する.[偏～][左～]一方に味方する.えこひいきする.
袒膊 tǎnbó 〈文〉肌をぬぐ.
袒护 tǎnhù かばう.えこひいきする.肩を持つ.
袒露 tǎnlù ①肌脱ぎになる.肌をあらわす.[～双肩]両肩をあらわにしている.②飾ることなく表現する.[～情之所感及也]感じたところを率直に言う.
袒裼裸裎 tǎnxī luǒchéng 〈成〉(人前で)肌ぬぎする.非礼のさま.

[钽・鉭] tǎn 化 タンタル:金属元素.記号 Ta.

[菼] tǎn 〈文〉生えたばかりの荻(キネン)

[毯] tǎn 略 毛布.絨毯(ジュウ).[毛máo～]同前.[地～]カーペット.絨毯.[线xiàn～(子)]木綿で織った敷物・段通(ダンツウ)の類.[壁bì～]壁かけ絨毯.
毯子 tǎnzi 毛布.絨毯.

[黮] tǎn 〈文〉黒い.暗い. → shèn

[叹・嘆(歎)] tàn ①嘆(タン)く.長く息をつく.嘆ずる.[～了一口气]ため息をついた.[可发一～]嘆かわしい.[咳hāi 声一气]〈成〉気をもんで嘆息する.[～一道…]と嘆いて言う.②賛嘆の声を上げる.ほめたたえる.[赞zàn～]賛嘆する.[～为奇迹]奇跡だと賛嘆する.③吟詠する.[咏yǒng～]詠嘆する.
叹词 tàncí 感嘆詞.感動詞.間投詞.
叹服 tànfú 〈文〉賛美し敬服する.感嘆する.
叹观止矣 tàn guānzhǐ yǐ ⇒[叹为观止]
叹号 tànhào 語 感嘆符.[感gǎn 叹号]は旧称.
叹绝 tànjué 絶賛する.
叹美 tànměi 賛美(する).[～喝hè 采]やんやとほめそやす.→[赞zàn 美]
叹气 tànqì 嘆息する.ため息をつく.うめく.[唤声～]青息吐息.
叹赏 tànshǎng 褒めたたえる.[～不绝]褒めそやす.
叹声 tànshēng ため息.
叹惋 tànwǎn ため息ついて惜しむ.
叹为观止 tàn wéi guānzhǐ =[叹观止矣]〈成〉この上ない優れたものを見たと賛嘆する.賛嘆してやまない:多くは芸術品や演芸などについていう.[精采表演达到了～的地步]優れた演技は全くこの上ないものだった.
叹息 tànxī ①=[太tài息]〈文〉嘆息する.②賛嘆.称賛する.
叹惜 tànxī 嘆き惜しむ.非常に惜しむ.
叹羡 tànxiàn 〈文〉賛嘆してあこがれる.

[炭] tàn ①木炭.[木mù～]の通称.[白～]堅(ヶン)炭.[浮fú～]消し炭.②[方]石炭.[煤méi～]同前.[阳泉～](山西省)陽泉産の石炭.[焦jiāo～]コークス.[～(煤)] ③炭化している.炭のようなもの.黒こげのもの.[山楂～] 中医 サンザシの実の黒こがし炭.[活~]活性炭.[汽车被烧成黑～]車が黒こげになる.
炭笔 tànbǐ [素描用の]木炭筆.[～画huà]炭画[～擦 cā 笔画]木炭画.
炭厂 tànchǎng ①石炭屋.②練炭製造工場.
炭黑 tànhēi ⇒[碳黑]

炭化 tànhuà =[煤méi 化]炭化(する)
炭画 tànhuà ⇒[炭笔画]
炭火 tànhuǒ 炭火.
炭基 tànjī 練炭:[蜂fēng 窝煤]ともいう.→[煤méi 球(儿)]
炭精 tànjīng ①カーボン.[～棒 bàng]エ カーボン棒.炭素棒.②[～灯][碳(极)弧(光)灯]炭素アーク灯.[～纸](カーボン)紙.③⇒[碳黑]
炭精刷 tànjīngshuā ⇒[电diàn 刷]
炭敬 tànjìng →[冰bīng 敬]
炭疽 tànjū 炭疽(ヘン)病.[～病][〈方〉癀 huáng 病]ともいう.[～杆gǎn 菌]炭疽菌.
炭库 tànkù ⇒[煤méi 仓]
炭篓子 tànlǒuzi =[煤 dài 炭篓子]
炭盆 tànpén 火鉢.[升shēng ～]同前に火をおこす.
炭田 tàntián [煤méi 田]
炭窑 tànyáo 炭焼きがま.
炭圆 tànyuán [煤méi 球(儿)]
炭渣 tànzhā [〈方〉石炭がら.
炭纸 tànzhǐ カーボン紙.[炭精纸]ともいう.

[碳] tàn 化 炭素:非金属元素.記号 C.[一氧yǎng 化～(气)]一酸化炭素.[四sì 氧化～]四塩化炭素.
碳当量 tàndāngliàng 炭素当量:[碳等děng 量]ともいう.
碳电极 tàndiànjí 炭素電極.[碳电阻]電 カーボン抵抗器.グラファイト抵抗器.
碳钢 tàngāng ⇒[碳素钢]
碳黑 tànhēi =[炭黑][炭精②][黑烟灰][乌wū烟]油煙.カーボンブラック.
碳化 tànhuà 炭化(の).炭素化合物(の).[～钙gài](カルシウム)カーバイド.[～硅guī]化 炭化ケイ素.カーボランダム.シリコンカーバイド.[～氢qīng]炭素水素化合物.[～三铁]炭化鉄.[～钨wū]炭化タングステン.[～物wù]炭化物.
碳(极)弧(光)灯 tàn(jí) hú(guāng)dēng ⇒[炭精灯]
碳纳米管 tànnàmǐguǎn カーボンナノチューブ.
碳氢化合物 tànqīng huàhéwù 化 炭化水素:[碳化氢]ともいう.[链 liàn 式～]鎖式炭化水素.[环 huán 式～][环烃]環式炭化水素.
碳水化合物 tànshuǐ huàhéwù 炭水化物:[糖 táng 类]に同じ.→[糖 táng (II)]
碳丝 tànsī カーボンフィラメント.[～灯]炭素電球.
碳素 tànsù [〈方〉渔 yú 笋]カーボン竿.[～钢]炭素鋼.カーボンスチール.[～薄皮]カーボンフィルム.
碳酸 tànsuān 化 炭酸(化合物).[～铵ǎn]炭酸アンモニウム.炭酸アンモン.炭安.[～钙gài]炭酸カルシウム.[～钾jiǎ][钾碱][老lǎo 碱]炭酸カリ(ウム).[～镁měi]炭酸マグネシウム.[～钠nà]炭酸ナトリウム.[苏sū打](炭酸ソーダ.ソーダ)に同じ.[～气 qì]炭酸ガス.[二 èr 氧化碳]の旧称.[～氢qīng 钠][重zhòng 曹][三～钠][食shí 粉][焙shū打食粉][小xiǎo 苏打]炭酸水素ナトリウム.重炭酸ソーダ.重曹.ビカル.ソーダ.タンサン.[～水]炭酸水.[～乙yǐ 酯奎宁][优yōu 奎宁]エチル炭酸キニーネ.
碳酰氯 tànxiānlǜ =[光guāng 气]化 塩化カルボニル.ホスゲン.
碳纤维 tànxiānwéi 炭素繊維.カーボンファイバー.
碳渣 tànzhā 化 残留炭素分.→[煤méi 渣]

[探] tàn ①手さぐりする.探る.探す.[～源yuán]→[原yuán]源を探る.[用竿子～～井的深浅]

探

tàn

竿で井戸の深さを探る.②(内情を)探る.聞き出す.〔～消息〕様子を探る.〔试～〕探りを入れる.〔侦 zhēn～〕③探り調べる.④探偵.⑤捜査する.〔～密〕密偵.〔～星〕タレントのスカウトマン.〔敌～〕敵のスパイ.③たずねる.訪問する.〔～病号〕病室に見舞う.〔四郎～母〕京劇の外題の一.⑤(細いもので)中を通す.突きとおす.〔用铁丝～～烟囱儿〕針金でパイプを掃除する.→〔探子②〕〔通 tōng②〕〔捅 tǒng②〕⑥(体を)前へのり出す.首を伸ばす(などしてのぞき見る).手を伸ばして探る.〔把头～出窗外〕窓の外へ顔を出す.〔身子往前～着〕体を前のめりにしている.⑦〈方〉口出しする.何かと聞く.

探案 tàn'àn 事件を探り調べる.〔～小说〕推理小説.探偵小説.

探报 tànbào〈文〉探りを入れて報告する.

探本穷源 tànběn qióngyuán〈成〉根源を追究する.〔穷〕は〔溯〕ともいう.

探病 tànbìng 病気を見舞う.

探测 tàncè〔地雷～器〕地雷探査測定器.〔～土星〕土星探査する.〔～器〕図検出器.

探查 tànchá (踏み込んで)調査する.〔～敌情〕敵情を偵察する.

探察 tànchá 観察する.〔～地形〕地形を偵察する.

探春 tànchūn 春の日に効外で遊ぶこと.

探底 tàndǐ ①〔地质(海底)〕海底を探る.②図底値を探る.事件の根源を追及する.

探方 tànfāng トレンチ:〔探沟〕ともいう.〔开控～〕試掘して確かめる.

探访 tànfǎng ①訪問する.〔～亲友〕親友を訪ねる.②探し求める.〔记者～新闻〕記者がニュースの取材に行く.

探风 tànfēng 動静を調べる.

探戈 tàngē〈音訳〉タンゴ(ダンス・音楽).〔跳 tiào～舞〕タンゴを踊る.

探购 tàngòu 図引き合い.〔国产皮鞋,目前除了内销外,外客来～的也渐告增多〕国産の皮靴は国内販売のほか,外国商人の引き合いも次第に増えてきた.

探海灯 tànhǎidēng ⇒〔探照灯〕

探花 tànhuā〔旧科挙の〔殿 diàn 试〕に,第3位の成績で合格して〔进 jìn 士〕となった者.〔状 zhuàng 元①〕

探家 tànjiā (我が家に)家族を訪ねる.

探监 tànjiān 監獄へ行って(多くは親戚や友人である)囚人と面会する.

探井 tànjǐng 試掘(ボーリング)した井坑.→〔钻 zuān 井〕

探究 tànjiū 探究する.究める.

探勘 tànkān ⇒〔勘探〕

探空 tànkōng 図サウンディング観測:上空の探測をすること.〔～气 qì 球〕気象観測用気球.〔无线电～仪〕ラジオゾンデ.

探口气 tànkǒuqì 口振りを探る:〔探口风〕ともいう.〔探探他的口气〕物言いから彼の気持を探ってみる.

探矿 tànkuàng 埋蔵資源調査をする.同前のボーリングをする.

探雷 tànléi 地雷の探査をする.

探骊得珠 tànlí dézhū〈成〉文章が要点をつかんで上手に書けていること.

探路 tànlù あらかじめ道を探る:道路の情況を事前に実地調査する.

探马 tànmǎ〔白〕物見の騎馬.→〔探子①〕

探秘 tànmì 秘密を探求する.

探明 tànmíng ①探って明らかにする.〔～敌 dí 人的动向〕敵の動向を探り出す.②調査して明らかにする.〔～矿藏〕地下資源を調査し明らかにする.

探囊 tànnáng ①袋の中のものを探る.〔～取 qǔ 物〕〈喩〉袋の中のものを探って取り出す:きわめて容易である.造作なくできる.②窃盗.

探盘 tànpán 図取引の条件を探ぐる)

探亲 tànqīn 身内を訪問する:多く父母や配偶者を指す.〔～假 jià〕(家族から離れて暮らす者の)帰省休暇.

探求 tànqiú 捜し求める.〔～真理〕真理を探求する.

探区 tànqū 試掘区域.

探丧 tànsāng 喪家を見舞う.お悔みに行く:〔吊 diào 丧〕に同じ.〔～道恼〕同前.

探伤 tànshāng 工(超音波などによる)金属材料内部の)欠陥を検出する.〔～仪 yí〕同前の機械.

探身 tànshēn 身をのり出す.

探胜 tànshèng〈文〉探勝.

探视 tànshì ①見舞い(する).〔亲自到病人家去～〕自ら病人のところへ見舞いにゆく.②見張る.

探试 tànshì (方法を)探る.

探索 tànsuǒ 捜し求める.探求する.〔～人生的真正价值〕人生の真の価値を同前.

探讨 tàntǎo 検討する.考察研究する.

探条 tàntiáo 図ブジー.またゾンデ:医療器具の一種.〔～扩张术〕ブジー法.〔导 dǎo 尿管〕

探听 tàntīng〔打 dǎ 探〕探りを入れる.内偵する.〔～消 xiāo 息〕〔刺 cì 探〕

探头 tàntóu ①首をのばして(様子をうかがう).〔～缩 suō 脑〕〔～探脑〕〈成〉あたりに気を配り見回す.こそこそしたさま.②プローブ.センサー:探査器具の先端につける部品.

探望 tànwàng ①うかがい見る.〔四处～〕四方を見回した.②(遠路を)見舞う.〔～权 quán〕法訪問権:離婚後に子供と面会する権利.〔我路过上海时,顺便～了几个老朋友〕わたしは上海に立ち寄った時,ついでに旧友を何人か訪れた.

探问 tànwèn ①尋ねる.聞きただす.〔始终没有～出确实消息〕ついに確かな消息を聞き出すことができなかった.②見舞う.訪ねる.〔～病情〕病気を見舞う.

探析 tànxī 研究分析する.

探悉 tànxī 聞き入れ.聞いてわかる.〔从有关方面～〕関係方面から聞き出す.

探先 tànxiān =〔预 yù 先〕あらかじめ.前もって.〔～防备〕あらかじめ防御する.

探险 tànxiǎn 探険する.〔～队〕探険隊.

探象镜 tànxiàngjìng ⇒〔取 qǔ 景镜〕

探信(儿) tànxìn(r) 消息を探ぐる.

探寻 tànxún 探し求める.尋ねる.〔～科学的奥秘〕科学の神秘を探求する.

探询 tànxún 尋ねる.聞く.聞き出す.〔～情况〕様子をうかがう.

探幽 tànyōu ①奥深い道理を探求する.②秘境を探る.

探月 tànyuè 月面探査.〔～火箭〕月ロケット.〔～车〕月面探査車.

探赜索隐 tànzè suǒyǐn〈成〉奥深い哲理を探求し,うずもれた事跡を探る.

探长 tànzhǎng (警察内の)潜行捜査係長.

探照灯 tànzhàodēng =〔探海灯〕探照灯.サーチライト.

探针 tànzhēn 図ゾンデ.プローブ.→〔探头②〕

探子 tànzi ①〔旧〕斥候.偵察員.〔细 xì 作〕②管の内側を掃除するために用いる道具.〔枪 qiāng～〕〔通 tōng 条②〕銃身を掃除するに用いる搠条(さく)〔烟筒～〕煙突掃除ブラシ.③ものを探ぐるために用いる棒または管状の用具.〔蛐 qū 蛐儿～〕こお

1651

ろぎの穴につっ込んでそれを追い出すための棒.〔粮 liáng食~〕刺し.穀〔~〕刺し:竹筒の先端を斜めに そいだもの,また同形の金属製のもの.穀物の袋に刺 し込んで,見本として少量をとり出すための道具. ④探り針:ゾンデ・プローブなどの通称.

tang ㄊㄤ

〔汤・湯〕tāng ①湯.熱湯:ふつう〔开 kāi水〕〔热rè水〕という.〔温~ 浸种zhǒng〕種子の温湯消毒.〔赴~蹈火〕〈成〉水 火も辞せず:危険を恐れず勇敢に行動する. ②〈古〉 温泉:現代では多く地名.③煮出し汁.煮汁.〈米 ~〕おも湯.〔姜jiāng~〕しょうが湯.〔换不换 药〕水だけとりかえて薬はとりかえない.〈喩〉外観だ け変わったが,中身は変わらない. ④おつゆ.吸物. スープ.〔两菜一~〕一汁二菜.〔白菜豆腐~〕白菜 ととうふの吸物.〔肉~〕肉のスープ.〔清~〕すまし 汁.コンソメ.〔中医煎じ薬.〔煎jiān~服用〕薬 に)煎じて服用する. ⑤〈白>ぶつかる.触る. ⑦ 〈姓〉湯(タ) → shāng

汤包(儿)tāngbāo(r)〔~〕スープ入りの肉まんじゅ う:蒸しあげたあと,中の肉ゼリーの餡が溶けてスープ のようになるもの.〔灌guàn~子〕ともいう.
汤饼tāngbǐng 回〈書画〉麺.〈書面〉の古称.〔~筵 yán〕〔~宴〕〔~会〕子どもが生まれて三日目に〔面 miàn〕〔麵〕を食べる出生祝いの宴会.麺が福寿綿 mián長に通ずる縁起をとったもので,またこのお祝 いに贈る金を〔汤仪〕という. →〔洗xǐ三〕
汤菜tāngcài ①汁.スープ. ②スープ料理.
汤池tāngchí ①熱湯の湧く池.〈喩〉容易に近づくこ とのできない場所.堅固な城. →〔金jīn城汤池〕 ②温泉. ③〈風呂の〉湯舟.浴槽.
汤匙tāngchí ちりれんげ:〔羹gēng匙〕〔调tiáo羹〕 に同じ.
汤夫人tāngfūrén ⇒〔汤壺〕
汤罐tāngguàn 旧〈中国式かまどの作り付け〉湯沸 かし槽.
汤锅tāngguō ①スープ鍋. ②回屠殺した動物の毛 などを入れる湯.〔转〕豚を屠殺して売る店.
汤壺tānghú 湯たんぽ:〔方〕〔汤婆(子)〕〔汤夫人〕 〔锡xī奴〕などともいう.
汤火tānghuǒ ①煮え湯と烈火. ②〈転〉人を死傷 させる危険なもの.
汤镬tānghuò〈文〉煮えたぎった湯を入れた大釜.ま たこれに罪人を投げ込む刑:〔沸fèi鼎〕ともいう.
汤剂tāngjì ⇒〔汤药〕
汤加tāngjiā トンガ:正式国名は〔~王国〕.首都は 〔努nǔ库阿洛法〕〔ヌクアロファ〕
汤料tāngliào スープの素.つゆの素.〔粉末~〕粉末 状のスープの素.
汤面tāngmiàn ⇒〔面汤②〕〔热rè汤面〕タンメン. ラーメン.スープ麺.汁そば:古く〔汤饼〕といった.→ 〔炒chǎo面①〕
汤泡饭tāngpàofàn 汁をかけた飯.→〔泡饭①〕
汤皮儿tāngpír 汁の表面の部分.
汤瓶tāngpíng ①〈磁器あるいは鉄・金・鉱製の広口 で片側に取っ手のついている〉茶を煮出す器. ②〈イ スラム教徒が身を清めるのに用いる〉水入れ.
汤婆(子)tāngpó(zi) ⇒〔汤壶〕
汤泉tāngquán 〈温wēn泉〕
汤儿事tāngrshì 〈方〉①形ばかりの事.〔他说的都 是~的话〕彼の言うことはみんな形だけのことだ.② いいかげんにやる.〔不能~〕ごまかして済ませられ ない.

汤若望 tāngruòwàng 人アダムシャール:ドイツのイ エズス会士で,清初に天監事の官位に就いた(1591 ~1666)
汤色tāngsè (入れた)茶湯の色あい:品質を示す.
汤勺tāngsháo 汁を注ぐ大さじ.玉じゃくし.
汤水tāngshuǐ〔-儿〕①スープ・汁(のある食物).〔~ 不沾zhān〕おつゆのどを通らない. ②〔方〕湯.熱 湯.③〔方〕飯.食べ物. ④〔方〕利益.うまい汁.
汤头tāngtóu 〔中医煎じ薬の薬種の配合.〔~歌 诀〕薬種の処方の仕方を覚えやすい歌にしたもの.ま たその内容とする清代の書. ②〔方〕手くだ.手 段.〔换一个~〕ほかの手を使う.
汤团tāngtuán ⇒〔汤圆〕
汤碗tāngwǎn 汁碗.
汤药tāngyào ⇒〔汤剂〕中医煎じ薬.→〔丸wán 药〕
汤仪tāngyí ⇒〔汤饼〕
汤圆tāngyuán =〔方〕汤团〕图もち米のだんご:多 く中に餡が入っており,ゆで汁と一緒に食する. → 〔元yuán宵②〕

〔鎲(鎲)〕tāng dàngの又音.

〔锣・錫〕tāng 〔=锣luó〕回小鑼:小型 の銅鑼(シ)

〔嘡〕tāng =〔锣〕〈擬〉ドラ・時計などの音.〔~ 啷lāng〕〔~啷啷〕〈擬〉ガランガラン.ドンド ン.

〔镗・鏜〕tāng ⇒〔嘡〕 → táng

〔鞺〕tāng トン:太鼓の音.〔~鞳tà〕〈文〉同 前.

〔羰〕tāng〔~基jī〕カルボニル基.〔~基化 (合)物〕カルボニル化合物.

〔耥〕tāng (水田においてまぐわで土を細かく する.または除草する.〔~耙bà〕水田用まぐ わ.〔~稻dào〕〈方〉田を除草する.

〔趟(蹚・跦・跭)〕tāng ①
歩いて渡る.〔~水〕川を徒渉する.歩いて渡る.〔~ 了一脚泥〕ぬかるみを歩いて泥だらけになった.〔水 很浅,~过去吧〕浅いから歩いて渡る. ②〔草む ら或いは荒地を踏みつけて通る.〔马把麦苗~了〕馬が麦を 踏み荒らした. ③〔方〕間に合わせのことで食いつ なぐ.〔别跟他们胡~〕ああだこうだぐずになってやって はいけない. ④〔犁(リ)で土を起こす.〔~地lì〕同前. → tàng

趟道tāngdào 道の行く手を探る.〈喩〉情況を探る.
趟地tāngdì 一字解④
趟浑水tānghúnshuǐ〈喩〉悪事の仲間に入る.
趟露水儿tānglùshuǐr〈方〉探りを入れて様子を見 る.
趟土tāngtǔ〈方〉土の道の上にたまった柔らかい土.

〔饧・餳〕táng ⇒〔糖(I)〕 → xíng

〔唐〕táng (I)①朝代名.618年~907年.隋 末に李淵の建てた国.長安(現在の西安)に 建都した.中国史上で漢と共に最も強大であった. 〔~明皇〕〔明皇〕明皇(タ):唐の玄宗皇帝のこと. 〔~诗〕唐诗. ②〔后知章〕②伝説上の古国 名:尧(タ)帝が建てたといわれる. ④〈姓〉唐(タ)
(II)〈文〉①大げさである.〔~大无验〕大げさに吹 聴するだけで証(ア)し立てられない.〔荒huāng~〕で ある. ②虚(タ)しい.むだである.徒(タ)に.〔功不 ~捐juān〕努力はむだにはならない.

唐菖蒲 tángchāngpú 〔菖兰〕〔剑jiàn兰〕圖グラ ジオラス.

唐郿溏塘搪瑭糖　　　　　　　　　　　　　　　　　　　táng

唐朝 tángcháo　唐朝:唐の天子は李姓なので〔李 lǐ 朝〕ともいう.→〔字解(I)〕
唐棣 tángdì　[植]ザイフリボク(ハンノキバノザイフリボク.シデザクラ):バラ科.〔堂棣〕〔棠棣〕は古称.
唐古特 tánggǔtè　タングート(族):古種族名.〔唐古忒〕とも書いた.〔西 xī 夏〕
唐花 tánghuā　=〔堂花〕温室で栽培した生花.ハウスものの花.〔~坞 wù〕ハウスの花畑.
唐皇 tánghuáng　威風堂々としている.
唐吉诃德 táng jíhēdé　[人]ドン・キホーテ:スペインのセルバンテスの小説の主人公.〔唐〕は〔堂〕とも書く.
唐巾 tángjīn　[旧]古代の帝王の普段着の帽子.後代の読書人が好んで用いた.また旧劇で用いる.
唐卡 tángkǎ　タンカ:チベット仏教特有の装飾用絵巻.
唐老鸭 tánglǎoyā　ドナルドダック.〔迪斯尼〕(ディズニー)映画のキャラクター.
唐蒙 tángméng　[植]ねなしかずら〔菟 tù 丝子〕
唐人街 tángrénjiē　チャイナタウン.中華街.
唐三彩 tángsāncǎi　唐三彩:陶器・陶ип俑にかけたうわ薬,またその陶器・陶俑.〔三彩釉 yòu〕(三色のうわ薬)とはいっても実際は三色に限らない.
唐僧 tángsēng　①[田]外地における中国の僧侶に対する称.②[人]唐代の玄奘(zàng)三蔵:〔唐三藏 zàng〕ともいう.また〔西 xī 游记〕の登場人物の名.
唐山 tángshān　①〔華僑〕の祖国に対する称呼.②[地]河北省東北部にある.
唐宋八大家 tángsòng bādàjiā　⇒〔八大家〕
唐突 tángtū　①〔文〕礼を欠く,逆らう.〔~待人〕人の気にさわることをする.②闖(chuǎng)入する.やみくもにやる.
唐图 tángtú　⇒〔七 qī 巧板〕
唐尧 tángyáo　[人]中国の伝説上の古代帝王:〔帝〕の一.
唐装 tángzhuāng　[服]①唐代の服装.古代の服装.②伝統的な中国の服装.中国服.チャイナドレス(華僑が用いる用語)

[郿] táng　地名用字.〔~郚 wú〕[地]山東省にある.
[溏] táng　泥水.〈転〉どろどろした.半流動体
溏便 tángbiàn　[中医]軟便.
溏心(儿) tángxīn(r)　卵黄が完全に固まっていないこと.〔~蛋〕~鸡蛋〕半熟卵.温泉卵.〔~松 sōng 花〕同前のピータン.〔~皮 pí 蛋〕

[塘] táng　①つつみ.堤防.〔海~〕海岸の堤防.〔河~〕河の堤.②池.〔荷~〕蓮池.〔苇 wěi ~〕あしが多く生えている池.〔鱼~〕いけす.⑤養魚場.〔挖 wā 了一个~,保证全村土地的灌漑 guànɡài〕池を一つ掘ったので,全村の土地の灌漑が保証された.③〔浴場〕の浴槽.湯沸.〔澡 zǎo ~〕風呂屋.銭湯.④〔室内の〕炉.いろり.→〔火 huǒ ~〕〔姓〕塘[]

塘坳 táng'ào　くぼ地.
塘坝 tángbà　⇒〔塘堰〕
塘鹅 táng'é　[鳥][鹈 tí 鹕]
塘肥 tángféi　(肥料にする)池の泥土.
塘基 tángjī　土手(ど).堤防.またその土台.
塘鳢 tánglǐ　[魚]ハゼ.
塘泥 tángní　池の底の泥土.→〔塘肥〕
塘堰 tángyàn　=〔塘坝〕〔方〕坝 bà 塘〕(丘陵地帯で谷川をせきとめたり)貯水池.ため池.
塘鱼 tángyú　養魚池で飼育している魚.池の養魚.

[搪] táng　(I)ふさぐ.防ぐ.遮る.はね返す.〔~风冒 mào 雨〕風雨に逆らい,雨を冒す.〔那衣服~不住雨〕あの服は雨を通す.〔水来土~〕水が来たら土で防ぐ.〔~他几天〕彼に幾日か猶予させる(要求や催促を)
(II)①塗って表面を平らにする.〔~炉子〕へっついを塗る.→〔搪瓷〕②支える.持ちこたえる.〔~上一块板子就塌 tā 不下来〕板1枚で支えれば倒れて来ることはない.③責任逃れをする.間に合わせで済ます.〔先~过这一阵儿再说〕まず今のところをごまかして切り抜けてからの話だ.→〔搪塞〕④〔白〕求める.要求する.〔~酒吃〕酒を出してもらって飲む.
(III)⇒〔镗〕

搪布 tángbù　(ふきんなどに使う)粗織りの布.
搪差事 tángchāishì　責任逃れだけの仕事をする.仕事をいい加減にごまかす.お義理だけにやる.→〔敷 fū 衍了事〕
搪床 tángchuáng　⇒〔镗床〕
搪瓷 tángcí　ほうろう引き.エナメル.〔~锅 guō〕ほうろう引きの鍋.〔~亮 liàng 漆〕ラッカーエナメル.
搪寒 tánghán　寒気に抵抗される.寒さを防ぐ.〔皮袄旧了不~〕毛皮の服でも古くなれば寒さを防がない.
搪饥 tángjī　空腹の一時しのぎにちょっと物を食べる.空腹の際一時おさえをする.
搪塞 tángsè　言い逃れをする.一時しのぎをする.間に合わせる.〔~话〕言い逃れ.〔你给他~吧〕またお茶をにごされたろう.〔我不大明白就~过去了〕よくわからないので,ごまかしておいた.

[瑭] táng　〔文〕玉の一種.

[糖(餹・醣)] táng　(I)〔糖(餹)〕古くは〔饧〕と書いた.
①砂糖.〔食 shí ~〕〔砂 shā ~〕〔沙 shā ~〕同前:ふつう単に〔~〕という.〔白砂(~)〕〔白~〕白砂糖.〔粗 cū 粒白~〕〔粗砂(~)〕〔绵 mián 白(~)〕〔细砂(~)〕極上の白砂糖.〔红 hóng ~〕〔赤 chì 砂(~)〕〔赤~〕〔方〕黑 hēi ~〕〔方〕黄~〕黒砂糖また赤砂糖.〔冰~〕氷砂糖.〔菜 cài ~〕甜菜糖.〔加~〕〔放~〕〔搁 gē ~〕砂糖を入れる.〔撒 sǎ 上~〕砂糖をかける.②〔食〕あめ.あめ菓子.キャンディー.ドロップ.〔水果~〕同前.〔软 ruǎn ~〕ソフトキャンディー.グミ.〔棉 mián 花~〕綿菓子.⑤マシュマロ.〔我给你钱,你买~吃吧〕お金をあげるから,あめでも買って食べなさい.
(II)〔醣〕炭水化物.(広義の)糖類:〔碳 tàn 水化合物〕ともいう.炭素原子の数によって名称を付す.例えば炭素原子1のものを〔甲 jiǎ ~〕,3のものを〔丙 bǐng ~〕というように称する.また,炭素原子の数が6あるいは6の倍数になっているものには特に〔葡 pú 萄~〕や〔果 guǒ ~〕などの名称がつけられている.〔单 dān ~〕単糖.〔多 duō ~ 类〕多糖類.〔戊 wù ~〕ペントース.五炭糖.〔己 jǐ ~〕ヘキソース.六炭糖.〔菊 jú ~〕〔菊淀 diàn 粉〕イヌリン.〔醛 quán ~〕アルドース.〔酮 tóng ~〕ケトース.〔蔗 zhè ~〕蔗糖.

糖包(儿) tángbāo(r)　[食]砂糖あん入りのまんじゅう.
糖饼 tángbǐng　[食]①水あめの入ったビスケット.②いろいろな材料に水あめで甘味をつけた菓子.
糖菜 tángcài　[藕 ǒu 等~]
糖厂 tángchǎng　製糖工場.→〔糖房〕
糖炒栗子 tángchǎo lìzi　[食]焼き甘栗.〔炒栗子〕ともいう.材料として〔良乡栗子〕(北京市房山区良郷産の栗)が有名.〈天津甘栗〉の名で通る.
糖醋 tángcù　甘酢あんかけ:料理法の一.〔~鲤 lǐ 鱼〕酢鯉の同前.〔~排骨〕酢豚の同前.
糖酰酶 tángdàiméi　[化]グリコシダーゼ.
糖弹 tángdàn　⇒〔糖衣砲弾〕
糖地树胶 tángdì shùjiāo　=〔糖胶樹脂〕
糖锭 tángdìng　[薬]トローチ.〔青 qīng 毒素~〕ペニシ

1653

táng 糖螗糖醣堂

リントローチ．

糖冬瓜 tángdōngguā 〔食〕とうがんを砂糖漬けしたあと煮込んだもの．

糖耳朵 táng'ěrduo 〈方〉〔食〕小麦粉を糖蜜でこねて油であげた菓子；形が耳に似ている．

糖二鬃 táng'èrzōng 〔化〕オサゾン；〔糖脎(sà)〕ともいう．

糖房 tángfáng 旧製糖作業場．

糖粉 tángfěn 粉砂糖．

糖分 tángfèn 糖分．

糖枫 tángfēng ⇒〔糖槭〕

糖瓜(儿) tángguā(r) 瓜形に作られた〔关(guān)东糖〕(東北産のあめ)：〔祭(jì)灶〕の日の食べ物．

糖罐子 tángguànzi 砂糖入れ．

糖果 tángguǒ 〔食〕あめ菓子．ドロップ類．〔～店〕キャンディー小売店．菓子屋．〔～瓶(píng)〕菓子鉢．

糖行 tángháng 砂糖問屋．

糖葫芦(儿) tánghúlu(r) 〔食〕サンザシ・カイドウ・ムカゴなどを竹串に刺し、煮てとかした砂糖をまぶし固めた菓子；秋から冬の季節の食品．〔冰(bīng)～〕ともいう．

糖化 tánghuà 糖化．〔～酶(méi)〕〔～淀(diàn)粉酶〕糖化酵素．~〔血红蛋(dàn)白(bái)生(shēng)〕グリコヘモグロビン：血液中の血糖レベルを示すもの．

糖姜 tángjiāng しょうがの砂糖漬．

糖浆 tángjiāng ＝〔蜜(mì)浆〕．〔薬〕舎利別(シロップ)．シロップ．〔姜汁兇ョウキョウシロップ．〔橙(chéng)皮．〕〔橙(chéng)皮〕シロップ．

糖胶树胶 tángjiāo shùjiāo チクルゴム：〔糖地樹胶〕ともいう．

糖浸 tángjìn 砂糖漬け．→〔蜜(mì)饯〕

糖精 tángjīng サッカリン：〔邻(lín)磺酰苯酰亚胺〕は学名．〔～钠(nà)〕溶性サッカリン．〔～甘(gān)素〕

糖酒 tángjiǔ ⇒〔朗(lǎng)姆酒〕

糖块(儿) tángkuài(r) あめ玉．

糖类 tánglèi 〔化糖類：〔碳(tàn)水化合物〕(炭水化物)に同じ．

糖莲子 tángliánzǐ 〔食蓮〕の実の砂糖煮．

糖料作物 tángliào zuòwù 製糖原料作物．

糖萝卜 tángluóbo 〔植〕ビート．〔～菜〕〔甜(tián)菜〕(テンサイ)の通称．②砂糖漬けにしたにんじん．

糖锣(儿) tángluó(r) 〔旧〕あめ・菓子の行商人のたたく小っさい〕ドラ．〔打～的〕同前の行商人．

糖蜜 tángmì 糖蜜．

糖(蜜)酒 táng(mì)jiǔ ⇒〔朗(lǎng)姆酒〕

糖尿病 tángniàobìng 〔医〕糖尿病．→〔消(xiāo)渴〕

糖皮 tángpí ⇒〔糖衣〕

糖槭 tángqī 〔糖枫〕〔植〕サトウカエデ：樹脂から出る液から砂糖を作り，木材は器具を作る．

糖球儿 tángqiúr (丸い)あめ玉．

糖人(儿) tángrén(r) あめ細工の人形や鳥獣．〔吹～的〕あめ細工工屋．

糖三角(儿) tángsānjiǎo(r) ＝〔三角(儿)馒头〕〔食〕砂糖餡を入れ三角形に包んで蒸したマントー．→〔包(bāo)子〕

糖色 tángshǎi 油で炒めた砂糖に醤油を加えて煮たもの：これを用いて煮た料理には〔红烧鯉魚〕〔红烧肉〕．

糖食 tángshí 砂糖で作った食品類．

糖霜 tángshuāng ①パウダーシュガー：ごく細かい粉砂糖．ドーナツなどにかける．②〈方〉白砂糖．

糖水 tángshuǐ 砂糖水．シロップ．

糖蒜 tángsuàn 〔食〕砂糖と酢でつけたにんにく．

糖肽 tángtài 〔化〕グリコペプチド．糖ペプチド．

糖丸 tángwán 糖衣をかぶせた丸薬．

糖稀 tángxī 水あめ．

糖馅 tángxiàn 砂糖餡．

糖业 tángyè 製糖業．また砂糖・飴などの販売業．

糖衣 tángyī 〔糖皮〕糖衣：砂糖をかぶせた錠剤の外皮．〔～炮(pào)弾〕〔糖弾〕〔喩〕賄賂．

糖饴 tángyí 〔饴糖〕

糖原 tángyuán グリコーゲン：〔肝(gān)淀粉〕〔牲(shēng)粉〕ともいう．

糖杂面 tángzámiàn 〔食〕水あめできた粉をこねて作った菓子．

糖蔗 tángzhè 〔甘(gān)蔗〕

糖脂 tángzhī 〔化〕糖脂質．

糖纸 tángzhǐ あめ・菓子類を包む紙．

糖子儿 tángzǐr 〔食〕あめ菓子．ボンボン．

〔螗〕 táng 古書に見える小型の蟬．〔～蜩(tiáo)〕同前．→〔蜩〕

〔赯〕 táng 〔色〕赤色(の)：多くの人の顔色をいう．〔紫紅～脸儿〕暗赤色の顔．〔枣(zǎo)～色(shǎi)儿〕なつめ色．暗赤色．

〔醣〕 táng 〔碳(tàn)水化合物〕の旧称．→〔糖②〕

〔堂〕 táng ①母屋．広間．座敷．〔欢(huān)聚一～〕一同に楽しく集う．②旧官庁の事件の審問したところ．法廷．執務室．〔坐～〕裁判官が法廷に出る．⑤官吏が役所に出る．〔坐早～问案〕午前の開廷をする．〔过～〕審理する．〔退(tuì)～〕退廷する．③(公共的な)行事行動をする広い部屋．〔礼～〕儀式堂．講堂．〔讲～〕寺院の仏法を講義するところ．(学校の)教室．〔课～〕教室．〔澡～(子)〕風呂屋．湯殿．〔食～〕食堂．④(広い)建物の名称：旧時、一戸を構えた家や家族を指す．⑤旧商店の屋号に用いた．〔同仁～〕同仁堂：北京の薬店の名．⑥量詞．⑦授業時間を数える．〔今天有两一课〕今日は授業が2時限ある．⑤旧法廷の開廷の回数を数える．〔审过一～〕1回開廷した．〔过了好几～、还没有结审问何回も開廷されたが、まだ結審にならない．ⓒ一そろいになっている道具を数える．〔一～供器〕供物用具一そろい．〔一～执事〕供ぞろい(結婚式や葬式の)一組．〔成～家具〕セットになった家具．⑦父の兄弟、すなわち伯叔父方の親戚(同姓の親戚)に対する称呼．父また祖父の姉妹の子、または母や祖母の兄弟姉妹たちの姻戚関係は〔表bīao⑥〕という．〔～兄弟〕伯叔父の子．→付録5 ⑧奥の部屋．〈転〉母親．〔北姑～〕⑨家の北側にある堂．⑤ご母堂．〔令～〕ご母堂様．⑨堂々たる．大きく立派である．〔～～进军〕堂々と進軍する．→〔堂皇〕 ⑩〈姓〉堂(①)

堂奥 táng'ào 〈文〉①〔堂屋①〕の奥．②深遠なる道理・境地．③内地．

堂表兄弟 tángbiǎo xiōngdì 〔堂姑〕(祖父の兄弟の娘)の息子：自分とは同輩で、遠縁のいとこ．

堂伯(父) tángbó(fù) 父の父方のいとこで父より年長の者．

堂伯叔 tángbóshū ＝〔堂叔伯〕父の〔堂兄弟〕

堂彩 tángcǎi 料理屋の使用人に与える心付け．→〔小(xiǎo)账①〕

堂弟 tángdì いとこ：父の兄弟の息子、自分より年下の者．字解⑦

堂棣 tángdì 〔唐棣〕

堂而皇之 táng ér huáng zhī 〈慣〉①堂々としているさま．〔不能一地跑在马路上〕おおっぴらに大通りが歩けない．②立派な見かけのさま．威風堂々としたさま．→〔堂皇〕

堂房 tángfáng 同じ祖父・曾祖父の親戚関係．〔～兄弟、～姐妹〕同前のいとこ．〔～侄(zhí)子〕父方のおい．〔～侄女〕父方のめい．

táng〜tǎng

堂费 tángfèi 旧訴訟費用.

堂幅 tángfú 〔正堂①〕にかける大きい掛軸.〔中zhōng 堂①〕に同じ.

堂姑 tánggū (遠縁の)おば:祖父の兄弟の娘.

堂鼓 tánggǔ ①旧(役所の公堂にかけた)太鼓:これを打って集散の合図とした. ②(旧劇の)伴奏用太鼓.

堂官 tángguān 旧各官庁の長官.

堂倌 tángguān 旧(料理店·飲食店の)給仕.ボーイ:〔跑 pǎo 堂儿②〕という.

堂花 tánghuā ⇒〔唐花〕

堂皇 tánghuáng 堂々として立派なさま.〔冠冕 miǎn ~〕同前.

堂会戏 tánghuìxì 旧多く慶事の時,個人の家へ役者を招いて演じさせる.→〔带 dài 灯堂会〕

堂吉诃德 táng jíhēdé ⇒〔唐吉诃德〕

堂姐 tángjiě いとこ:父の兄弟の娘で自分より年上の者.

堂姐妹 tángjiěmèi 〔堂姊妹〕(父方の)従姉妹.同姓のいとこ.

堂舅(父) tángjiù(fù) おじ:母の母と同姓の従兄弟(どち).→〔堂舅母〕

堂舅母 tángjiùmǔ おば:母の母と同姓の従兄弟(どち)の妻.→〔堂舅(父)〕

堂客 tángkè ①旧女性の客人. ②〈方〉女性.ご婦人.↔〔官 guān 客〕 ③〈方〉妻.

堂口 tángkǒu 〈方〉旧小規模の同業·同郷の(秘密)結社.組.

堂帘 tánglián 〔正房①〕(入口にかけた)カーテン,または〈簾〉.

堂妹 tángmèi いとこ:父の兄弟の娘で自分より年下の者.

堂名 tángmíng 旧①一戸を構えた家につける名称.また部屋·広間·建物などにつける名称.→字解④ ②芝居一座の囃子(ばやし)連.楽隊.

堂上 tángshàng ①広間.〔~受礼〕広間で挨拶を受ける. ②旧法廷. ③旧(法廷の)裁判長. ④父母.〔等都安置好了,我有空再向大娘~请安〕落ち着きましたら,家内を伴ってご両親様のごきげん伺いに参ります.

堂叔 tángshū おじ:父のいとこで父より年少の者.

堂叔伯 tángshūbó ⇒〔堂伯叔〕

堂堂 tángtáng ①容貌の立派なさま.〔相貌 ~〕押し出しが立派だ. ②陣容の立派なさま.〔~之军〕堂々たる陣営. ③意気軒昂なさま.〔~男子〕意気盛んな男子.

堂堂正正 tángtáng zhèngzhèng 〈成〉① 正 々 堂 々.公明正大. ②威容堂々.

堂外祖父 tángwài zǔfù 母の伯叔父.

堂外祖母 tángwài zǔmǔ 母の伯叔母.

堂屋 tángwū 旧①〔正 zhèng 房①〕の真ん中の部屋. ②〔正房①〕全体をいう.

堂戏 tángxì 劇湖北省の巴東や五峰地方の劇.

堂兄 tángxiōng いとこ:父の兄弟の息子で自分より年上の者.

堂兄弟 tángxiōngdì 父方の(同姓の)いとこ.→〔表biǎo 兄弟〕

堂萱 tángxuān ⇒〔萱堂〕

堂姨 tángyí 母の同姓の従姉妹(どち).〔~母〕同前.〔~姐妹〕同前の娘.〔~兄弟〕同前の息子.

堂侄 tángzhí 〔堂兄弟〕の息子.

堂姊妹 tángzǐmèi ⇒〔堂姐妹〕

堂子 tángzi ①旧帝室が土穀の神を祭った所. ②〈方〉旧時の妓楼.

[樘] **táng** ①〔門や窓の〕枠.〔窗~〕窓枠. ②量詞.枠や扉を数える.〔一~玻璃门〕ガラスの扉一枚.

[膛] **táng** ①胸:胸骨·肋骨で囲まれた内部.〔胸 xiōng ~〕同前. ②〔-儿〕物の中空になっているところ.〈方〉~子〕同前.〔柜~〕たんすの物を入れる空間の部分.引き出しの中. ③〈方〉こんろ(七輪)の火を燃す胴.〔后~枪〕元込め銃.〔上shàng ~〕(弾倉に)弾を込める.→〔腔 qiāng ①②〕

膛线 tángxiàn 腔線.ライフル:銃身内壁の螺旋溝.もと〔来 lái 复线〕といった.

膛音(儿) tángyīn(r) 〈方〉腹(の部分)から出るよく響く声や音.

[镗·鏜] **táng** =〔搪(膛)〕機ボーリングをする:すでにできている穴の内面を切削して拡大し形を正しくすること.〔~制汽缸gāng 内壁的机器叫~缸机〕汽筒の内壁を削る機械を中ぐり盤という. → tāng

镗床 tángchuáng =〔搪床〕機ボーリングマシーン.中ぐり盤.〔立式~〕立中ぐり盤.〔卧 wò 式~〕横中ぐり盤.〔~工作台〕中ぐり台.

镗刀 tángdāo 中ぐりバイト:〔音義訳>拔 bō 刀〕〔钩 gōu 刀〕〔挖 wā 眼刀〕は方言.

镗杆 tánggǎn =〔方〕镗排〕機中ぐり棒.ボーリングバー.

镗缸机 tánggāngjī シリンダーボーリングマシン.汽筒中ぐり盤.→字解

镗工 tánggōng ボーリング工.

镗孔 tángkǒng 旧中ぐり.

镗排 tángpái =〔镗杆〕

镗头 tángtóu 機中ぐり機頭.ボーリングヘッド:旋盤の頭部.

[螳] **táng**

螳臂当车 tángbì dāngchē 螳螂(かまきり)がその腕を振って車を遮る.〈喩〉気力だけあって実力のないこと.無謀な企図は必ず失敗すること:〔螳臂挡 dǎng 车〕とも書いた.

螳螂 tángláng =〔口 dāo 螂〕カマキリ:〔天tiān 马〕は雅称,〔~子〕同前の卵:〔桑 sāng 螵蛸〕と称し漢方薬とする.〔~捕 qiāng 的俗称.〔~捕蝉,黄雀在后〕〈喩〉眼前の利欲をむさぼって背後に迫る危険を知らないこと.

[棠] **táng** 植①ヤマカイドウ,またその実:〔杜dù 梨〕の古称.赤と白の 2 種類がある. ②〈姓〉棠(とう)

棠棣 tángdì ①〔唐棣〕② ⇒〔常 cháng 棣〕

棠梨 tánglí 植ヤマカイドウ:〔杜 dù 梨〕の別称.

棠杭子 tángqiúzǐ 植サンザシの一種.→〔山 shān 楂〕

[帑] **tǎng** 〈文〉①財貨を納めるところ. ②公金.〔国 guó ~〕〔公~〕国庫金.国帑(こくど).〔~银〕公金.

[倘] **tǎng** =〔倘③〕もしも.仮に.〔敌人~敢来犯,一定叫他头破血流〕敵がもし大胆に侵犯して来るならば,必ずひどい目にあわせてやる. → cháng

倘或 tǎnghuò ⇒〔倘若〕

倘来之物 tǎnglái zhī wù =〔傥来之物〕ころがり込んできた金.思いがけない獲物.

倘能 tǎngnéng もしも~ができるなら.〔~如愿,必当厚谢〕もし希望をかなえていただけたら,必ず厚くお礼を申し上げます.

倘其 tǎngqí ⇒〔倘若〕

倘然 tǎngrán ⇒〔倘若〕

倘如 tǎngrú 同上.

倘若 tǎngruò =〔倘或〕〔倘其〕〔倘然〕〔倘如〕〔倘使〕〈文〉もし…ならば.〔~不能来,请先期通知〕も

倘使 tǎngshǐ 同上.

〔淌〕 tǎng 流れ落ちる.したたる.〔流～〕流れる.〔鼻 bí 涕眼泪直～〕鼻汁と涙がしきりに流れる.〔～水△水が流れる.〔汗珠往下～〕汗水が流れ落ちる.〔～汗〕汗が流れる.

淌白 tǎngbái 〈方〉回①詐欺·脅迫などを働く女.②私娼.

淌口水 tǎngkǒushuǐ よだれをたらす.よだれを流す.

淌血 tǎngxiě 血が流れる.〔伤口还在～〕傷口からまだ出血している.

淌眼泪 tǎngyǎnlèi 涙を流す.涙が流れる.

淌眼抹泪 tǎngyǎn mǒlèi 涙をぬぐいながら泣く.

〔惝〕 tǎng chǎng の又音.

〔躺(躺)〕 tǎng ①横になる.横臥する.寝ころぶ.〔～在床上〕ベッドに横臥する.〔～下休息一会儿〕横になってしばらく休む.②<喻>働かずにいる.〔他有家当几可以～着吃〕彼は財産があるから働かずに食べられる.〔～着花一辈子〕一生のほほんと暮らす.③(…して)倒れる.横倒しになる.〔打～下〕たたいて転ばす.〔砸～下〕ぶつかって倒す.〔拿袖子把墨水瓶子给拐 guǎi ～下了〕袖でインク瓶をひっかけて倒した.〔叫风刮～下了〕風に吹き倒された.

躺船 tǎngchuán 一種の屋形舟:中に寝台があるもの.

躺倒 tǎngdǎo ①横になる.〔～不干〕寝台に寝ころんだままでいる.<転>責任を負うことを拒む.②病気になる.

躺柜 tǎngguì 長持ち.〔卧 wò 柜〕に同じ.

躺井 tǎngjǐng ①空(だ)井戸.空油井.②油量が少なくなって操業できない油井.

躺箱 tǎngxiāng 大型つづら.長持ち.

躺椅 tǎngyǐ ①寝椅子,デッキチェア.②リクライニングシート.

〔傥·儻〕 tǎng ①洒脱である.こだわりがない.→〔倜 tì 傥〕②だしぬけである.予期しない.③⇒〔倘〕④〈姓〉儻(§)

傥荡 tǎngdàng 〈文〉放縦である.だらしない.

傥来之物 tǎngláizhī wù ⇒〔倘来之物〕

〔镋·钂〕 tǎng さすまたに似た兵器.

〔烫·燙〕 tàng ①(熱くて)やけどする.〔这碗粥 zhōu 喝着～嘴〕この粥は熱くて、すすると口をやけどする.〔烫得～手的包子〕手をやけどするほど熱い"包子".〔叫开水～了〕お湯でやけどした.②温める.熱くする.〔～酒〕酒のかんをする.〔把酒～一～〕酒を温めなさい.〔～一壶花雕吧〕"花雕"を1本つけてくれ.③こてをあてる.アイロンをかける.パーマをかける.〔衣裳～平了〕服にアイロンをかけてしわを伸ばした.〔～发 fà ～头 tóu〕パーマをかける.〔冷～〕コールドパーマ(をかける).〔～上了一行金字〕金文字を一行焼きつけた.④(過度に)熱い.〔开水太～〕お湯が熱すぎる.

烫斗 tàngdǒu ⇒〔熨 yùn 斗〕

烫饭 tàngfàn 〈方〉回卵や野菜を入れたスープをかけて温めたご飯.

烫花 tànghuā ⇒〔烙 lào 花〕

烫金 tàngjīn 金泥を焼き付ける.金づけする:〔烫印 yìn〕ともいう.〔～一字〕同上.

烫卷(儿) tàngjuǎn(r) 髪をカールする.ウェーブを出す.

烫蜡 tànglà ろう引きする.インキ止めをする(紙の裏面に).②木器具の表面にろう引きにして光沢を出す.

烫面 tàngmiàn 熱湯でこねた小麦粉.〔～饺 jiǎo 子〕回同前で包んだギョーザ.→〔饺子〕

烫热 tàngrè ①火で暖める.②焼けつくように熱い.

烫伤 tàngshāng ①やけどする.〔指头～了〕指をやけどした.②やけど.熱傷.

烫手 tàngshǒu ①(手をやけどするほど)熱い.〔～地热〕同前の地熱.↔〔冰 bīng 手〕②手をやけどする.〔叫开水烫坏手了〕お湯で手をやけどした.③手をやく.手こずる.〔棘 jí 手〕に同じ.

烫样 tàngyàng 紙パルプで溶かして模型を作る.

烫药 tàngyào 生薬を砂とともに高温に熱する:薬材調製法の一.

烫澡 tàngzǎo 〈方〉(熱い湯に)入浴する.→〔洗 xǐ 澡〕

〔趟〕 tàng ①行進する隊列.行列.〔跟 gēn 不上～儿〕隊列についていけない.②量詞.以下のような数量を表わす.③列をなしたもの.〔写了几～字〕字を数行書いた.〔一大～火车〕長い列車.〔这一～街房子特别整齐〕この通りは建物がひどけいけ整然としている.⑤人や車の往来の回数.〔去一～〕1度行く.〔这一～没白来〕この1回はむだ足ではなかった.⑥〔拳法の一連の動作の回数.〔～一拳〕拳法をひとわたり練習する.④定期運行する交通機関の便の順序.〔这～车〕今度の電車·バス.〔下～船〕次の船.→〔班 bīng〕

趟马 tàngmǎ ①(旧劇で)〔马趟子〕各種の(騎馬のしぐさ)をすること.〔单人～〕一人で同前.

趟子 tàngzi 一定地区の間を往復すること.〔～车〕同前の車.乗合馬車.〔～马〕回道中往来車駅馬.

tao ㄊㄠ

〔叨〕 tāo ①おかげを被る.恩恵を受ける.〔～在知己〕かたじけなくも知己の間柄にある.②〈文〉むさぼる.→ dāo dáo

叨庇 tāobì ⇒〔叨光〕

叨恩 tāo'ēn 〈文〉恩を受ける.

叨光 tāoguāng =〔叨庇〕①おかげを被る.ご厚情をいただく.〔～现金)現金を頂戴する.〔叨您的光了〕〈挨〉おかげさまでありがとうございます.②悪しからず(他人の了承を得る時)

叨教 tāojiào ご教示をいただく.〔～了〕〈挨〉ご教示ありがとうございました.→〔领 lǐng 教〕

叨冒 tāomào 〈文〉①欲張る.貪る.②賜物を頂く.

叨扰 tāorǎo =〔讨 tǎo 扰〕(招待を受けた際に)お邪魔しました.たいへんごちそうになりました.〔实在～您了〕〈挨〉すっかりお邪魔してしまいました.→〔打dǎ 搅〕

〔涛·濤〕 tāo ①大波.〔波～〕同前.〔海～〕海の波.〔风～〕波風.〔惊～骇 hài 浪〕〈成〉恐ろしい波.②波濤のような音.〔松～〕松風の音.〔林～〕林の音.

〔焘〕 tāo dào の又音.

〔绦·縧(條·绦)〕 tāo うちひも.さなだひも.組ひも.絹糸で平たく編んだひも.〔丝 sī ～〕絹の同前.

绦虫 tāochóng =〔寸 cùn 白虫〕由ジョウチュウ.サナダムシ.

绦带 tāodài 組みひも.

绦纶 tāolún 劦ダクロン.

绦子 tāozi うちひも.組みひも.〔那件衣服边上还镶 xiāng 着～,是老样子了〕あの服のへりには縁飾りが

を(縫い)つけてあるが,あれは流行遅れだ.

[掏(搯)] tāo
①(手探りで物を)取り出し探り出す.[小孩子~麻雀窝 wō]子どもが雀の巣を手探りする. ②掘る.掘り出す.ほじる:[挖 wā ①]に同じ.[~一个洞 dòng]穴を一つ掘る.[~炭]〈方〉石炭を掘り出す.[~茅厕]便所を汲みとる.→[掏窟窿]

掏槽 tāocáo ①[甌]切り通し.開鑿(きき)路. ②運(基礎工事)の溝を掘ること.

掏底 tāodǐ ①内情を探る. ②包み隠さず打ち明ける.

掏耳朵 tāo'ěrduo 耳掃除(をする)

掏粪 tāofèn 肥(こ)を汲みとる.[~工人][~的][掏茅厠的]おわい屋.便所汲取人.

掏坏 tāohuài 〈口〉悪いことをする.よからぬ考えを起こす.[我往外一的时候,还没有你呢]われが世間で悪の道に入ったころは,お前などまだ生まれてもいやしない(悪にかけてはお前などよりずっと先輩だ)

掏换 tāohuàn ⇒[淘 táo 换]

掏火把 tāohuǒpá 灰をかき寄せる道具.

掏窟窿 tāokūlong 穴をあける.〈転〉借金を作る.[~搗 dǎo 洞]あちこちで同前.

掏亏空 tāokuīkong ⇒[拉 lā 饥荒]

掏摸 tāomō ①つかみ出す.ひき出す. ②盗む.[夜间出来一些东西]夜半出てきて物を盗む.

掏钱 tāoqián (財布などから)銭を取り出す.

掏心 tāoxīn 内心をさらけ出す.[~窝子]同前.[~的话.本心からの話.本音(ね)]

掏腰包 tāoyāobāo ①自腹を切る.[会 kuài 计帐目不合,结果是自己掏了腰包]会計の帳簿が合わないので,結局自腹を切った. ②(人の財布から)金をくすねる.

[滔] tāo
水の盛んに流れるさま.あふれる水が高い立つさま.

滔滔 tāotāo ①=[滔 táo 淘]〈水の盛んに流れるさま.[~不尽 jìn]あふれるように流れて尽きない. ②弁舌のよどみないさま.[~不绝 jué]滔々とまくしたてる.

滔天 tāotiān ①(波が)山のように高い.[波 bō 浪~]波が天にまで上るようにばかりである. ②〈喩〉(罪悪·災難などが)はなはだ大きいこと.[惹 rě 下了~大祸]非常に大きな災いを引き起こした.[罪 zuì 恶~]〈成〉罪悪がはなはだ大きい.

[慆] tāo
〈文〉よろこぶ.

[韜·韜(弢)] tāo
〈文〉①弓や剣の袋. ②〈喩〉隠す.包む.→[韜光] ③戦術.兵法.権謀.

韜藏 tāocáng ⇒[韜晦]

韜光 tāoguāng 〈文〉光彩を隠す.韜晦(クネ)する.[~养 yǎng 晦,有所作为]〈成〉才を隠して現さずに実績をあげる.

韜晦 tāohuì =[韜藏]〈文〉才知や学問などを包み隠して人に知らせない.

韜略 tāolüè ①[圖]六韜と三略:古代の兵法書. ②〈喩〉兵法.策略.

[饕] tāo
〈文〉(財利や食を)むさぼる.[老~]食いしんぼう.

饕餮 tāotiè ①饕餮(きき):古代伝説の悪獣.鐘・鼎・酒器などに鋳たり刻したりしてある. ②〈喩〉凶悪で食婪(おん)な人. ③貪食の人.食いしんぼう:[老 lǎo ~]ともいう.

[匋] táo
〈文〉陶品.[陶(I)①]に同じ.

[陶] táo
(Ⅰ)①陶器.瀬戸物.[白~]肌の白い陶器. ②陶器を作る.〈喩〉人間を訓育する.[~冶 yě 情操]情操養成する. ③〈音訳〉〈ギリシア文字〉τ タウ.→[希 xī 腊字母] ④〈姓〉陶(5)

(Ⅱ)楽しみ幸せなさま.[~然一醉]陶然と酔う.
→ yáo

陶吧 táobā 陶器の手作り工房.

陶车 táochē ろくろ台.→[钧陶①]

陶瓷 táocí 陶磁器.セラミックス.

陶笛 táodí 　オカリナ.

陶雕 táodiāo 陶芸(彫刻)

陶工 táogōng ⇒[陶匠]

陶管 táoguǎn 土管:ふつう[缸 gāng 管]という.

陶匠 táojiàng =[陶工]陶器製造職人.

陶钧 táojūn 〈文〉①陶器を作るろくろ.〈転〉天下を経営すること. ②〈喩〉人材を育てる.

陶器 táoqì ①土器. ②(粗くうわぐすりを塗った)陶器.瀬戸物.→[瓷 cí 器]

陶情 táoqíng 〈文〉くつろぐ.心を楽しませる(て英気を養う)

陶犬瓦鸡 táoquǎn wǎjī 焼物の犬と瓦の鶏.〈喩〉名前ばかりで無用の物.

陶然 táorán 〈文〉うっとり心やわらぐさま.

陶塑 táosù 陶像.

陶陶 táotáo 〈文〉くつろいで楽しむさま.[其乐~]〈成〉同前.

陶土 táotǔ 陶土.白土.カオリン.→[瓷 cí 土]

陶文 táowén 古陶器の文字.

陶写 táoxiě 〈文〉のんびりして気を晴らす.

陶垠 táoxūn =[埙]

陶砚 táoyàn 陶器製の硯.

陶冶 táoyě ①陶器や鋳物を製する. ②〈喩〉人を薫育する.陶冶(ポ)する.

陶猗 táoyī 〈文〉陶朱公(范蠡)と猗(ド)頓:古代の富者.〈転〉大金持ち.

陶艺 táoyì 陶芸.

陶俑 táoyǒng 固(殉死者のかわりに埋めた)陶器の人形.[殉葬用的~]副葬用の同前.→[俑]

陶鑄 táozhù 〈文〉①陶器や鋳物を作る. ②陶冶する.人材を作る.

陶醉 táozuì うっとりする.陶酔する.

[淘] táo
①〈文〉雑物を洗い流す.→[淘米] ②さらう.くみ取る.[~井 jǐng]井戸さらいをする. ③いたずらである.腕白である. ④すり減らす.気をつかう.→[淘神] ⑤〈方〉(古物市で)買い求める.買いあさる. ⑥〈姓〉淘(5)

淘澄 táodèng [白水で溶く.水で溶いて澄ます.

淘沟 táogōu 溝をさらう.

淘河 táohé ⇒[鹈 tí 鹕]

淘换 táohuan [掏 tāo 换]とも書く.〈方〉①物色する.搜し出す.[不定从哪儿一来的破坛烂罐子也当作古董]どこからはじくり出したかわからぬながらの大がめ小がめを骨董品と思っている. ②(相手から知識などを)引き出して学ぶ.[常跟着老前辈,总能一点冗意]いつも年寄りのそばにいれば,いつでも何かとものを覚えられる.

淘金 táojīn ①(金を含む土砂を水洗いして)砂金をより分ける:[泻 xiè 金]に同じ. ②〈転〉手段を講じてひと稼ぎする.[出外~]遠くに出て金もうけする.

淘渌 táolù 〈文〉(色欲で)身体をこわす.

淘箩 táoluó ⇒[筲 tí 箕]

淘米 táomǐ 米をとぐ.[~(泔 gān)水](泔水)米のとぎ水.

淘气 táoqì いたずらである.おてんばである.腕白である.[~的孩子]いたずらな子ども.[~鬼][~包

tāo

腕白小僧. おてんば. →〔贼 jiàn 骨头〕 ②=〔惹 rě 气〕<方>怒らせる. 癩にさわる.〔门风不正的人家的女儿,讨了过来总怕~〕家風のよくない家の娘をとると、よくごたごたを起こす.

淘沙 táoshā 砂をふるいにかける.〔~见金〕〔~金〕成砂を水中でふるい砂金を得る.〔转〕努力して末よい結果を得る.

淘神 táoshén <口>気を遣う. 心配する. 頭を悩ます.

淘书 táoshū 古本あさりをする.

淘汰 táotài =〔<文>洮汰〕雑物を洗い流して、良い物を選別する. 淘汰する.〔~赛 sài〕 <図>トーナメント(戦). 勝ち抜き(戦). ↔〔联 lián 赛〕

淘淘 táotáo ①⇒〔滔 tāo 滔〕 ②<文>より分ける.

淘洗 táoxǐ 水洗して取る (採取する).〔~沙金〕砂金を取る.

淘鱼 táoyú 掻い掘り(する)

〔萄〕 táo 〔葡~pútao〕⚫︎ブドウ.〔葡~酒 jiǔ〕〔~酒〕ブドウ酒.

〔啕〕 táo =〔咷〕(大声で)泣く. 泣き叫ぶ.〔号 háo~〕〔号哭〕号泣する.

〔绹・綯〕 táo <文>縄. 太い縄.

〔酶〕 táo →〔酕 máo 酶〕

〔洮〕 táo 地名用字.〔~河〕⚫︎甘粛省にある.

洮汰 táotài ⇒〔淘汰〕

洮砚 táoyàn 洮河下流の地から出る緑石で作った硯

〔逃(迯)〕 táo ①逃げ去る. 逃げ走る.〔潜 qián~〕ひそかに逃げる. ②避ける. 逃げ隠れる.

逃奔 táobèn 出奔する. 逃げ落ちる.

逃避 táobì 逃げ避ける.〔~现实〕現実から逃避する.〔~检査〕検査を逃れる.

逃兵 táobīng 逃亡兵. <文><喻>(職場などからの)離脱者.

逃禅 táochán ①禅の戒律に背く. ②浮世を捨てて禅道に入る.

逃窜 táocuàn 逃げまどう. 逃げ隠れる.〔他们在某地弃船上岸向括苍山区~〕彼らは某地で船を捨て上陸して括蒼山区へ逃げ隠れた.

逃敌 táodí 逃亡した敵兵.

逃遁 táodùn <文>逃亡する.〔仓皇~〕慌てて逃走する.

逃反 táofǎn <方>兵禍を避けて他所に行く.

逃犯 táofàn 逃亡犯人. 脱走犯.

逃荒 táohuāng 飢饉 (きん) のため他地へ生きるすべを求める(こと)

逃汇 táohuì 不法に外貨を国外に持ち出す.

逃婚 táohūn 意にそわない結婚を避けるため、家を出てよそへ逃げ出す.

逃监 táojiān 脱獄(する).〔因为有人通风,~的计划全部败露了〕密告する者があって脱獄の計画はすっかり失敗に終わった.

逃课 táokè 授業をさぼる(ずる休みする)

逃离 táolí 逃げ去る.〔~现场〕現場から同前.

逃漏 táolòu 税金逃がれ・故意の税金漏れをする.

逃命 táomìng 生命の危険から逃れる. 命からがら逃げる. →〔逃生〕

逃难 táonàn 災難を避けて逃げる. 避難する.

逃匿 táonì <文>逃げて行方をくらます.〔~深山〕山奥に隠れる.

逃跑 táopǎo 逃走する.〔~主义〕逃亡主義. 敗北主義.

逃票 táopiào 無賃乗車をする. 乗り逃げをする.

逃散 táosàn 逃げ散る. 逃亡して散り散りになる.

逃生 táoshēng 逃げて命を守る.〔从被行刺的阴谋中死里~〕暗殺の陰謀から逃れ命拾いする. →〔逃命〕

逃税 táoshuì 脱税する.

逃脱 táotuō ①逃げる. 脱出する.〔~了危险〕危険から脱出した. ②逃れる. 免れる.〔~责任〕責任を逃れる.

逃亡 táowáng 逃亡する. 出奔する.〔~者〕逃亡者.〔畏罪~〕罪を恐れて逃げる.

逃席 táoxí 宴席からこっそり逃げ出す. 宴会を無断で抜け出す.

逃刑 táoxíng 逃亡して刑罰を逃れる.

逃学 táoxué =〔<方>滑 huá 学〕〔<方>赖 lài 学〕授業をさぼる. 学校をずる休みする. エスケープする. 登校拒否をする.

逃夜 táoyè (青少年が)無断外泊する.

逃逸 táoyì <文>逃れ去る.〔~无踪〕逃げ去って行方がわからない.

逃债 táozhài 借金取りから逃げる. 債務を逃げる:〔避 bì 债〕に同じ.

逃之夭夭 táo zhī yāoyāo <喻>さっさと逃げて影も形もない. 詩経の〔桃之夭夭〕にひっかけたしゃれ.

逃走 táozǒu 逃走する.

逃罪 táozuì 罪を逃れる.

〔咷〕 táo ⇒〔啕〕

〔桃〕 táo ①⚫︎モモ. またその果実.〔水蜜 mì~〕水蜜桃.〔~花(儿)〕桃の花.〔~儿〕桃に似たもの.〔棉花~儿〕綿の花のまだ十分に開いていないもの. ③くるみ.〔核 hé 桃〕に同じ.〔~酥 sū〕⚫︎くるみの入ったクッキー. ④<姓>桃 (tiáo).

桃板 táobǎn 同下②

桃符 táofú ①⇒〔春 chūn 联(儿)〕 ②=〔桃板〕正月に2枚の桃の木の板を門の両側にかけ、それに門神の像を描いて魔よけにした. →〔门 mén 神〕

桃脯 táofǔ ⚫︎桃の砂糖漬け. ②緑豆の粉に桃の蜜漬けの煮汁を加えてゼリーのようにした食品.

桃红 táohóng <文>桃の花が赤い.〔~柳緑〕<喻>春の美しい景色.〔色〕ピンク(の). 桃色(の)

桃花节 táohuājié =〔上 shàng 巳(日)〕

桃花脸 táohuāliǎn 桃の花のような美人の顔:〔桃花面〕ともいう.

桃花马 táohuāmǎ 白毛に紅斑点のある馬.

桃花扇 táohuāshàn 桃の花の図柄の(女性用)扇子.

桃花石 táohuāshí ⚫︎①広東省韶州産の桃色の石; 器具に用いる. ②山東省掖県産の緑の桃花の模様のある石.

桃花水 táohuāshuǐ ⇒〔桃花汛①〕

桃花心木 táohuāxīnmù ⚫︎マホガニー:センダン科常緑高木. 家具の良材となる.

桃花癣 táohuāxuǎn <医>はたけ:単純性粃糠 (ひこう) 疹. 皮膚病の一種.

桃花雪 táohuāxuě 春の雪:〔春 chūn 雪〕に同じ.

桃花汛 táohuāxùn ①=〔桃花水〕〔桃汛〕〔春 chūn 汛〕春の雪解けによる河川の増水. =〔三 sān 汛〕②春の漁期.

桃花眼 táohuāyǎn 色っぽい目つき.

桃花鱼 táohuāyú ①=〔鳢 liè〕 ②⇒〔马 mǎ 口鱼〕

桃花源 táohuāyuán ⇒〔桃源〕

桃花运 táohuāyùn (男性にとっての)女運.〔走~〕女性運がいい.

桃花妆 táohuāzhuāng ⚫︎厚化粧.

桃胶 táojiāo 桃の木に出るやに:漢方薬や工業などに

桃李 táolǐ 〈文〉①桃(花)と李(花).〔～不言,下自成蹊 xī〕〈諺〉桃と李はものを言わないが,その下には自ら道ができる.〈喩〉徳のある人はだまっていてもおのずと人望を慕って集まる. ②〈喩〉門人.門下生.〔～満門〕〔～盈門〕〈成〉俊秀の士が門下に満つ.〔～満天下〕門下生が天下に満ちている.〔一門～之教〕師の教え.

桃儿 táor 桃(の実).

桃仁(儿) táorén(r) ①桃仁(にん):桃の種の仁,堅い内果皮の中の実.漢方薬として用いる. ②くるみの実の中身;〔核 hé 桃仁〕に同じ.

桃腮 táosāi 〈文〉赤いほほ.〔～杏 xìng 眼〕〈喩〉女子の美しく可愛らしい容姿.

桃色 táosè ①〔色 桃色(の).ピンク色(の). ②〈喩〉不正常な男女関係.〔～案 àn〕色恋ざた.〔～新闻 艶聞(ﾀﾞﾝ)〕[黄 huáng 色]

桃树 táoshù 桃の木.

桃酥 táosū ⇒〔核 hé 桃酥〕

桃汛 táoxùn ⇒〔桃花汛①〕

桃蚜 táoyá =〔烟 yān 蚜〕虫 モモアカアブラムシ;〔桃赤蚜〕ともいう.

桃夭 táoyāo 〈喩〉女性が嫁ぐこと(を祝う):詩経の篇名.女子の婚姻宜しきを得たことを詠ったもの.

桃叶珊瑚 táoyè shānhú 植 アオキ:常緑低木.

桃仪 táoyí 誕生祝いに贈る進物.

桃雨 táoyǔ 春の雨;[桃花雨]ともいう.

桃园 táoyuán 桃園.桃畑.〔～结义〕〈成〉桃園に義を結ぶ:劉備·関羽·張飛が桃園で兄弟の契りを結んだこと.三国志演義に見える.

桃源 táoyuán =〔桃花源〕桃源郷.世外の楽園:陶淵明の「桃花源記」の故事.

桃之夭夭 táo zhī yāoyāo 〈成〉桃の花の美しいさまを婚期の女性にたとえていう.→〔逃之夭夭〕

桃子 táozi 桃(の実果).〔～酒〕ピーチブランデー.

[栿] táo

栿黍 táoshǔ ⇒〔稻 dào 黍〕

[鼗(鞀・鞉)] táo

〈文〉振りつづみ;〔拨 bō 浪鼓〕(でんでん太鼓)の古称.

[梼・檮] táo

梼昧 táomèi 〈謙〉愚昧である.〔自惭 cán ～〕自らの愚かさを恥じる.

梼杌 táowù 固 伝説中の凶暴な獣.〈喩〉悪人.

[讨・討] tǎo

①征伐する.討伐する.〔南征北～〕南北を平定する. ②探究する.〔研 yán ～〕検討する.〔探 tàn ～〕探究する. ③求める.要求する.催促する.〔～饶 ráo〕ねだる. ④(自らに)招く.受ける.〔自～没趣 qù〕〈成〉自分から不興を買う. ⑤娶(ﾒﾄ)る.連れ合いを持つ.〔～老公〕夫を持つ.〔～老婆〕妻を娶る.

讨保 tǎobǎo 保証人になってもらう.身元保証人を探す.〔～开释 shì〕保証人を立てさせ釈放する.

讨底 tǎodǐ 委細を尋ねる.内情を聞き出す.

讨伐 tǎofá 討伐する.→〔征 zhēng 讨〕

讨饭 tǎofàn 物乞いをする.〔要 yào 饭〕〔～的〕〔要饭的〕物乞い.ものもらい.→〔乞 qǐ 丐〕

讨好 tǎohǎo ①ごきげんをとる.人に気に入られるようにする.〔要討各方面的好〕各方面にうまく取り入らねばならない.〔讨不出好来〕気に入られない.ごきげんを結べない.〔讨他的好儿〕彼に気に入られる. ②結果を得る・多く否定に用いる.〔费力不～〕労力のわりに大した結果が得られない.

讨还 tǎohuán 返還を要求する.返済を求める:〔讨回〕ともいう.〔～血债〕血の償いを求める.

讨价 tǎojià 売手値をつける.〔～还 huán 价〕〈慣〉値段をかけあう.

讨教 tǎojiào 教えを請う:〔请 qǐng 教〕に同じ.〔向他～〕彼に同感.

讨究 tǎojiū 探究する.

讨口风 tǎokǒufēng 〈方〉口振りから人の気持ちを見る.腹のうちを探る.

讨愧 tǎokuì 恥じ入る.恥じる.〔脸上। 透〕非常な恥じらいを顔に出している.

讨论 tǎolùn 討論(する).〔～会〕討論会.シンポジウム.〔～式〕討論方式.ゼミ方式.

讨没趣(儿) tǎoméiqù(r) (せっかく苦労しながらかえって)まずいことになる.

讨命鬼 tǎomìngguǐ 〈喩〉故意に人を苦しめるもの.

讨便宜 tǎopiányi うまい汁を吸う.むしのいいことをする.〔精明人会讨别人的便宜〕頭のいいやつは人の得をうまく自分のものにする.

讨平 tǎopíng 平定する.鎮める.〔～贼巢〕賊徒の巣窟を平らげる.

讨乞 tǎoqǐ ⇒〔乞讨〕

讨气 tǎoqì 〈方〉人の気にさわる.怒りを買う.

讨巧 tǎoqiǎo うまい汁を吸う.楽をして得をする.

讨俏 tǎoqiào 人の喝采を博す.自分を格好よく見せる.気の利いたことをする.〔卖好～〕うまいことアピールする.

讨亲 tǎoqīn 〈方〉妻を娶る.

讨情 tǎoqíng 人に許しを願う.情けをかけてくれと頼む.

讨饶 tǎoráo 許しを請う.寛恕(ｶﾝ)を請う:〔告 gào 饶〕に同じ.

讨扰 tǎorǎo ⇒〔叨 tāo 扰〕

讨人欢心 tǎo rén huānxīn 他人の歓心を買う.他人に気に入られようとする.

讨人嫌 tǎorénxián 人にいやがられる.他人に嫌われる:〔讨嫌〕に同じ.〔他净爱说～的话〕彼は憎まれ口ばかりきいている.

讨生活 tǎoshēnghuó 生活の道を求める.暮らしを立てる.

讨寿 tǎoshòu 〈方〉長寿の人の徳のおこぼれにあずかる.

讨索 tǎosuǒ 請求する.催促する.

讨嫌 tǎoxián ⇒〔讨人嫌〕

讨厌 tǎoyàn ①わずらわしい.うっとうしい.〔～!你们少说话!〕やかましい,話をやめろ. ②嫌む.いやがる.困る.〔我最～这样儿的人〕ぼくはこういう人がいちばん嫌いだ. ③いやらしい.感じが悪い:特に女性が用いる.〔～鬼 guǐ〕いじわる!いやらしい!〔他这样态度最～〕彼のこのような態度はほんとにいやらしい.

讨要 tǎoyào くれるよう要求する.返還を求める.

讨债 tǎozhài =〔讨账①〕返済を請求する.借金を催促する.〔～公司〕借金取り立て会社.〔～专业户〕借金取り立て業.〔～鬼〕㋐⑧借金取り:〔逼 bī 命鬼〕ともいう.㋑若死にした子女.㋒無心をくりかえす家族.→〔欠 qiàn 債〕

讨账 tǎozhàng ①同上. ②〈方〉買物の代金を請求する.

[稻] táo

〔～黍 shǔ〕〈方〉桃 táo 黍〕〈方〉コーリャン(高粱):ふつう〔高 gāo 粱〕という.

[套] tào

〔～儿,～子〕①カバー.覆い.〔书～〕本のカバー.〔手～〕手袋.〔暖 nuǎn 壺～〕魔法瓶の保温用カバー.〔外～〕(儿)外套(ｶﾞｲ).オーバー. ②かぶせる.覆う.上にはめる.〔～上笔帽儿〕筆のキャップをかぶせる. ③幾重にもつなげる(訳)る.重ね合せる.〔亲 qīn 上～亲〕親戚同士で結婚す

tào / 套

る. ④組み合わさったもの.〔成〜家具〕ユニット家具.⑤〔-儿〕量詞.一揃い.一組になったものを数える.〔一〜制服〕制服一揃い.〔一〜測量仪器〕一組の測量器械.〔一〜拳 quán〕拳法の一連の技.〔第二〜房子〕セカンドハウス.〔说了一大〜废话〕長々とむだな話をした.⑥鞍(⟨ら⟩)馬に馬具をつける.またその馬具.⑦縄を結えだ輪(で捕らえる).〔〜狗〕同前で犬を捕らえる.〔拴 shuān 个〜儿〕(縄で)輪を結ぶ.⑧かまをかけて話を聞き出す.〔拿话〜他〕彼に同前.⑨わな.謀略.〔別上他的〜儿〕彼のわなにひっかかる.⑩ふとんや衣服に綿をつめて縫いつける.またそのつめ綿.⑪〔-儿,-子〕古いしきたり.〔俗〜〕俗なしきたり.〔客〜〕紋切り型のあいさつ.〔老一〜〕陳腐なしきたり.⑫模倣される.襲用する.〔他这几句话是由别人的文章里一下来的〕彼のこの数句は他人の文章から襲用したものだ.⑬用公式ざ往下〜〕公式通りにあてはめる.⑭(多く不正な方法で)買う.→〔套购①〕⑮〔ねじ材の外側に)ねじみぞを切る.⑯川や山の曲がりくねったところ:多く地名に用いる.→〔河 hé 套〕

套白狼 tàobáiláng 〈方〉①旧土匪が後ろから首を締め金品を強奪すること.②元手なしで仕事を始めること.

套版 tàobǎn ①〔印刷の〕組み付け.②多色刷りの版.→〔套印〕

套包(子) tàobāo(zi) 馬やラバの首にかける肩当て:馬具の一種.中にぬかなどを詰めた革製や布製の輪.

套杯 tàobēi 組杯.

套播 tàobō ⇒〔套作〕

套裁 tàocái (生地を節約するために)組み合わせて裁断する.

套餐 tàocān 定食.セットメニュー.〈転〉セットプラン:セットになった製品やサービスなど.

套车 tàochē 車に牛馬をつける.〔套好车了〕車は馬の仕立てが済んだ.

套瓷 tàocí 〈方〉取り入って親しいふりをする:〔套磁〕とも書く.

套房 tàofáng ①⇒〔套间(儿)①〕②⇒〔套间(儿)②〕③(マンションの)寝室・応接間・キッチン・トイレなどの部屋がついた住居.〔三室一厅的〜〕3LDKの同前.⑤(ホテルの)スイートルーム.

套服 tàofú ⇒スーツ.〔套装①〕に同じ.〔西装〜〕〔西服套装〕同前.

套改 tàogǎi 一連の政策・法規をまとめて改革すること.

套耕 tàogēng =〔套犁〕濃〕2丁のすきを同時に使い,同じ所をより深く耕すこと.

套供 tàogòng 鎌をかけて白状させる.誘導尋問をする.〔用话〜〕同前.

套购 tàogòu ①闇相場などで購入する.不正購入する.〔大肆 sì 〜〕不正購入をほしいままにする.②まとめて買う.一括購入する.

套管 tàoguǎn ①圏ケーシング.スリーブ.入れ子.②油井鋼管.ジャケット.〔〜活栓〕ジャケットコック.

套规 tàoguī ⇒〔环 huán 规〕

套红 tàohóng (紙面の一部を)赤で重ね刷りする.

套壶 tàohú 湯を入れて,酒を温める構造にできている一種の銚子(⟨ちょうし⟩).

套话 tàohuà ①=〔套语〕あいさつ言葉.②=〔套语〕きまり文句.常套語.〔他又说一了〕彼はまた例の文句を始めた.③かまをかける.

套换 tàohuàn (外貨などを)闇で交換する.〔〜外汇〕非合法に外貨両替をする.

套汇 tàohuì ①外貨を闇で買う.②圏為替相場で利ざやを稼ぐ.〔〜交易〕裁定取引.

套间(儿) tàojiān(r) ①=〔套房①〕"正房"の両脇に付属した脇の小室.隣りの部屋からでないと外へ出られない.洋間では控えの間.→〔单 dān 间(儿)①〕〔耳 ěr 房〕②⇒〔套房②〕

套交情 tàojiāoqing 手なずけて交際する.

套近乎 tàojìnhu =〔套拉拢〕知らない者が親しそうに話しかける.なれなれしくする.〔少〜！〕そう気安く近づくな.

套裤 tàokù 裾ズボンの上に履くカバー:左右別々で上部は三角で股の前まであり,紐でベルトに結んで吊っておく.農作業用のズボン風防護用.

套拉拢 tàolālong ⇒〔套近乎〕

套牢 tàoláo ①厄介な目にあっても逃げられない.②圏塩漬けか値下がりした株を長く持ち続けること.

套犁 tàolí ⇒〔套耕〕

套利 tàolì 圏利ざやを稼ぐ.

套楼 tàolóu 濃種まきした後にもう一度種まきをすること.

套路 tàolù ①武術の一連の型.〔少林武术〕少林寺武术の型.②〈喻〉一連の方式.〔改革的新〜〕〈喻〉改革の新方式.

套马 tàomǎ ①馬に馬具をとりつける.↔〔卸 xiè 马〕②縄を結んだ輪で馬を捕らえる.〔〜杆 gān (子)〕柄の先に皮ひもの輪をつけた馬を捕らえる道具.

套买 tàomǎi 圏買いつなぎ.つなぎ買い:〔套卖 mài〕はつなぎ売り.

套毛 tàomáo 羊の冬毛.

套牌 tàopái 他人の車両ナンバーをコピーし取り付ける.〔〜车〕偽造ナンバー車.

套票 tàopiào ①セット切符.②切符シート.

套曲 tàoqǔ 圀①ディベルティメント.嬉遊曲.組曲.②=〔套数①〕

套取 tàoqǔ (外貨などを)不法に取得する.

套圈 tàoquān ①(管の)口輪(⟨ふち⟩).はめ輪:〔箍 gū〕ともいう.②〔-儿〕輪投げ.

套裙 tàoqún (女性用)スーツ:上着とスカートのセット.

套儿 tàor ①縄を輪に結んだもの.②わな.陷罪 (⟨かん⟩).

套色 tàoshǎi 多色重ね刷りをする.〔〜版 bǎn〕かぶせ版.〔一印刷〕多色刷り印刷.

套衫 tàoshān =〔套头衫〕プルオーバー.

套绳 tàoshéng ①(家畜の)引き綱.②馬を捕らえる投げ縄輪.

套书 tàoshū シリーズ本.

套数 tàoshù ①=〔套曲②〕戯曲・散曲の続きもので組曲となっているもの.②〔宾 bīn 白〕〈喻〉系統的な技巧や手法.③〈喻〉挨拶のきまり文句.

套丝(扣) tàosī(kòu) 攻 gōng 螺丝.

套丝钻头 tàosī zuàntóu 攻 gōng 丝钻头.

套索 tàosuǒ 牛馬などを捕まえる輪縄.

套套 tàotao 〈方〉やり方.方法.手.考え.

套题 tàotí 試験対策問題集.

套筒 tàotǒng 套管(⟨ちょ⟩):入れ子型の管や軸.〔〜扳 bān 手〕箱型スパナ.きせるレンチ.ソケットレンチ.〔〜炮 pào 身〕被筒砲身.

套头 tàotóu 圏ヘッジ.〔〜交易〕〔套期交易〕保険つなぎ.かけつなぎ取引.〔〜债券〕ヘッジボンド.

套头裹脑 tàotóu guǒnǎo 〈慣〉こんがらがってどこが始めも終わりかわからない.

套头帽子 tàotóu màozi 目出し帽:俗に〔猴 hóu 儿帽〕という.

套头衫 tàotóushān ⇒〔套衫〕

套问 tàowèn 遠回しに聞き出す.
套现 tàoxiàn （証券などを売って）現金を回収する.
套鞋 tàoxié 旧オーバーシューズ：雨天の時に普通の靴の上にかぶせて履く靴.現在は［雨 yǔ 鞋］をいう.
套袖 tàoxiù 袖カバー.
套叙 tàoxù 〈文〉きまり文句を交わす.
套印 tàoyìn 重ね刷りにする.
套用 tàoyòng 踏襲 (tàxí) する.そのまま転用する.〔不应当将上面所说的公式～在一切事物上〕上に述べた公式を一切の事物にあてはめてはいけない.
套语 tàoyǔ ＝〔套话①②〕
套种 tàozhòng ⇒〔套作〕
套装 tàozhuāng ①⇒〔套服〕②セット包装（の）.パッケージ.〔软件～〕パッケージソフト.
套子 tàozi ①覆い.カバー.サック.ケース.〔伞～〕こうもり傘の袋.②（縄や籐で編んだ）輪.③〈喩〉わな.計略.〔落入他的～〕彼の思うつぼに入る.④しきたり.〔俗 sú ～〕俗例.⑤〈方〉つめ綿.綿入れ.
套作 tàozuò ＝〔套播〕〔套种〕間（かん）作する.→〔单 dān 作〕〔间 jiàn 作〕

te ㄊㄜ

[忑] tè →〔忐 tǎn 忑〕
[忒] tè 〈文〉まちがい.〔差 chā ～〕同前.→ tēi tuī
[铽・鋱] tè 化テルビウム：希土類金属元素.記号 Tb.ランタノイドの一.
[慝] tè 〈文〉①邪悪.罪悪.邪心.〔以除邦国之～〕国の邪悪を除く.〔奸 jiān ～〕奸悪.〔隐 yǐn ～〕人の知らない罪悪.②災害.
[特] tè （Ⅰ）①〈文〉一個（の）.一つだけ（の）.②特別である（に）.特殊である（に）.普通でない.〔奇 qí ～〕奇異である.③特別に.わざわざ.〔～来看他〕わざわざ彼に会いに来た.〔为你预备了这间屋子〕わざわざきみのためにこの部屋を準備した.④特に.ひどく.非常に.〔实力～强 qiáng〕実力がきわだって強い.→〔特别〕⑤特殊工作人員.〔匪 fěi ～〕匪賊の特務工作員.〔防～〕敵の特務工作を防御する.〔反～〕もっぱら～のため.右…まで：書簡や公文の結尾語に多い.〔～复 fù〕右ご返事まで.→〔特此〕⑥〈文〉ただ…のみ.〔不～〕ただ…ばかりでない.〔以所见，我最小者耳〕汝の見るところは、ただその最も小さなものみ.⑧〈姓〉特(tè).（Ⅱ）①→〔特克斯〕②→〔特斯拉〕
特奥会 tè'àohuì ⇒〔残 cán 奥会〕
特别 tèbié ①特別である.普通でない.〔～的式样〕他にない型.〔～放题〕特別大売り出し.〔～特別法.〔～犯〕特別犯.〔～处 chǔ 理〕（株式市場の）特別処理.〔～行政区〕〔特区〕特別行政区.〔～小组〕〔机 jī 动小组〕特別作業チーム.②特に.〔～费〕特別経費.〔～快车〕〔特快〕特別急行列車.〔～存款〕別段預金.〔我没有什么～的事情〕特別用事があるわけではない.〔他近来对我的态度有点儿～〕彼は近ごろわたしに対する態度がどうも変だ.
非常に.とても.〔～好〕とてもいい.〔我～爱吃肉〕わたしは肉がとても好きだ.③特に.とりわけ.中でも特に.〔我～爱看功夫片〕僕はなんでもカンフー映画がすきだ.
特菜 tècài ①新種野菜：〔特种蔬菜〕の略.②（レストランでの～的日の）特別メニュー.

tào～tè

特差 tèchāi 特使.
特产 tèchǎn 特産物.
特长 tècháng 特長.特に優れた点.〔也便于发挥职员的～〕職員の特長を発揮するにも便利である.〔～生〕（文芸やスポーツでの）一芸入学者.一芸に秀でた抜けた人材.
特出 tèchū 特に傑出した.人目を引く.〔～的人材〕ずば抜けた人材.
特此 tècǐ 〔牍〕以上を特に記す.〔布复〕まずはご返事まで.〔奉悉〕右よりおいまで.〔通知〕右ご通知まで.→字解⑥
特大 tèdà 特大（の）.〔～号〕特大サイズ.〔～城市〕特大都市：人口100万以上の大都市.
特等 tèděng 最高等級（の）.
特地 tèdì 特に.わざわざ.〔政府～派他到美国…〕政府は特に彼を米国に派遣して….
特点 tèdiǎn 特徴.
特定 tèdìng ①特に指定した.〔～的人选〕指定された人選.②ある一つの（人・時期・ところ）.特定の.〔在～的条件下〕ある特定の条件のもとで.
特氟隆 tèfúlóng〈音訳〉テフロン（商標）：〔特富龙〕とも書く.〔聚 jù 四氟乙烯〕（ポリ四弗化エチレン）は化学名.
特钢 tègāng 特殊鋼.
特工 tègōng ①特殊工作.②⇒〔特务 wu〕
特供 tègōng 特別提供（する）.〔～商店〕特定の客のための商店.
特古西加尔巴 tègǔxījiā'ěrbā 地テグシガルパ：〔洪hóng 都拉斯共和国〕（ホンジュラス）の首都.
特故 tègù ことさらに.故意に.
特行 tèháng 特殊業種：ホテル業・印刷業など, 公安部門の特別な認可可監督をうけ る業種.
特护 tèhù ①特別看護する.〔～病房〕集中治療病棟.②特別看護師.
特化 tèhuà 压缩特殊化（する）.分化（する）
特惠 tèhuì 特惠.〔特殊优惠〕の略.〔～待遇〕最恵待遇.〔～关税〕特恵関税.
特级 tèjí 特級（の）.〔～教师〕特級教師：小中学校の優秀な教師に政府から授与される称号.
特急 tèjí 特急（の）.〔～电报〕至急電報.
特辑 tèjí 特集.特集号.
特技 tèjì ①特技.特殊技能.→〔绝 jué 活（儿）〕②映特殊撮影.〔～镜头〕トリックシーン.〔～演员〕スタントマン.
特价 tèjià 特価.〔～出售〕特売する.〔～机票〕特価航空券.
特警 tèjǐng 特殊任務警察（官）.〔～部队〕特种警察部队〕同前の部隊.
特刊 tèkān 特集号.記念特集ページ.
特克斯 tèkèsī〈音訳〉〈度〉紡テックス.tex：繊度の単位.単に〔特(Ⅱ①)〕ともいう.
特快 tèkuài ①特急（の）.〔～列车〕特急列車.〔～邮件〕至急配達便.〔～专 zhuān 递〕〔快递②〕〔速 sù 递〕国際エクスプレスメール.EMS.②〔特別快车〕の略.→〔直 zhí 快〕
特困 tèkùn 極貧（の）.〔～户〕生活保護家庭.〔～生〕特別貧困学生.
特拉维夫 tèlāwéifū 地テルアビブ：〔雅 yǎ 法〕（テルアビブヤッファ）の略称.〔以色列国〕（イスラエル）最大の都市で旧首都.現首都は〔耶 yē 路撒冷〕（エルサレム）.
特立 tèlì ①独り立つ.②自分の志操を守る.〔～独行〕独自の意見を持ち世に流されない.
特例 tèlì 特例.特殊な事例.↔〔通 tōng 例〕
特利可得 tèlìkědé〈音訳〉紡トリコット,メリヤス織.〔尼龙～〕ナイロントリコット.

tè～téng

特立尼达和多巴哥 tèlìnídá hé duōbāgē トリニダードトバゴ：正式名称は〔～共和国〕.西インド諸島南部のトリニダード島・トバゴ島よりなる.首都は〔西 xī〕班牙港(ポートオブスペイン)

特鲁西尔阿曼 tèlǔxī'ěr ēmàn トルシャルオーマン：〔阿 ā 拉伯联合首长国〕(アラブ首長国連邦)の旧称.

特洛伊木马 tèluòyī mùmǎ →〔木马计④〕

特卖 tèmài バーゲンセール(をする).〔～场〕特売場.

特命 tèmìng 特命の.〔～全权大使〕特命全権大使.〔～全权公使〕特命全権公使.

特派 tèpài 特に派遣する.〔～员〕特派員：特定の案件の調査や処理のため中央から派遣される役人.

特批 tèpī 特別に許可する(こと).例外で認める(こと).

特聘 tèpìn 特別に招聘する.

特遣部队 tèqiǎn bùduì 〔軍〕機動部隊.

特勤 tèqín (重大行事警備などの)特別勤務(者).特別業務(担当者)

特区 tèqū 特别行政区：〔特别行政区〕の略.⑧～〔经 jīng 济特区〕⑥香港・マカオ特别行政区.〔～长官〕〔首〕同前の首長.

特权 tèquán 特権.〔～阶层〕特権階層〔～地位〕特権的な地位.

特任 tèrèn 〔民〕文官の階級の一：〔特任〕〔简 jiǎn 任〕〔荐 jiàn 任〕〔委 wěi 任②〕があり,以前の親任・勅任・奏任・判任に相当した.〔～官〕同前の官吏.

特色 tèsè 特色(ある).特徴(ある).〔～店〕個性的な店.〔～旅游〕テーマ旅行.

特设 tèshè 特設(の).〔～委员〕特設委員.

特赦 tèshè 〔法〕特赦.

特使 tèshǐ 特使.

特首 tèshǒu (香港とマカオの)特区行政長官：〔特区长官〕に同じ.

特殊 tèshū 特殊である.特别である.〔～规律〕特殊な法則.〔～待遇〕特别待遇.〔～照顾〕特别配慮.〔～优惠〕特惠.特恵.〔～教育〕特殊教育.〔～化〕特殊化する.〔～性〕特殊性.〔搞～〕特别扱いする.〔不能～,也不能放过〕特别扱いもできないが,放っておくわけにもいかない.

特爽 tèshuǎng (人柄・口あたりなどが)さっぱりしている.さわやかである.

特斯拉 tèsīlā 〈音訳〉〈度〉〔物〕テスラ：磁束密度の単位.記号 T. 単に〔特②〕ともいう.

特体 tètǐ 特殊な体型：〔特殊体型〕の略.〔～衣服〕特別サイズの衣服.

特为 tèwèi 特に.わざわざ.→〔特地〕

特务 tèwù 〔軍〕(警備・通信・輸送などの)特殊業務(任務).〔～连〕特务中隊.

特工 tèwū ＝〔特工②〕スパイ：破壊・かく乱・テロなどの特殊工作員.〔～分子〕同前.〔便衣～〕私服の同前.〔～头子 tóuzi〕同前のボス・元締.〔～工作〕スパイ・破壊・かく乱・テロ活動.→〔字解⑤〕

特嫌 tèxián スパイ容疑(者)

特效 tèxiào 特効.〔～药〕特効薬.

特写 tèxiě ①〔映〕(映画のクローズアップ.〔～镜 jìng 头〕クローズアップシーン. ②ルポルタージュ風の文章また文学作品.〔散 sǎn 文②〕の一.→〔报 bào 告文学〕

特型 tèxíng ①特殊規格. ②特殊タイプ.〔～演员〕〔影〕特定人物を専門に演じる俳優・(そっくりさん)役者.

特刑庭 tèxíngtíng 〔旧〕〔特别刑事法庭〕の略：思想犯に対して設けられていた法廷.

特性 tèxìng 特性.〔民族～〕民族の特性.〔～要素图〕〔树 shù 枝图〕特性要因図.魚骨図.

特需 tèxū 特需.特別な必要.〔～物资〕特需物資.

特许 tèxǔ 特に許可する.〔～经营〕〔经〕フランチャイズチェーン式経営.

特讯 tèxùn ①特别通信. ②新聞の特だね.

特邀 tèyāo 特别に招待する.〔～代表〕特別招請代表.〔～嘉 jiā 宾〕スペシャルゲスト.

特异 tèyì ①特别(である).独特(である).〔他们都画花卉,但各有一份的风格〕皆花卉(*)ながが,それぞれ独特の風格がある.〔人体～功能〕人体の特異な能力.〔～功能者〕超能力者.〔～性〕図特異体質. ②特異である.ずば抜けている.〔成绩～〕成績がずば抜けていて.

特意 tèyì 特に.わざわざ.ほかではなく.〔听说您昨天回来了,～过来望看您〕あなたが昨日お帰りになったとうかがったものですから,早速おうかがいいたしました.→〔专 zhuān 诚〕

特应性皮炎 tèyìngxìng píyán 〔医〕アトピー(性皮膚炎).〔异 yì 位性皮炎〕ともいう.

特优 tèyōu 特别すぐれている.〔～产品〕秀逸産品.

特约 tèyuē 特约(する).特别に招請する.〔～记者〕特约記者.〔～经销处〕特约販売店.〔～演员〕客演俳優.〔～评论员〕特别解説者.

特诊 tèzhěn 特別診療する.

特征 tèzhēng 特徴.〔中国人的～〕中国人の特徴.〔艺术～〕芸術的特徴.

特指 tèzhǐ 特に～を指す.

特制 tèzhì 特製(の).そのために作った.〔～品〕特製品.

特质 tèzhì 特質.〔朴实的～〕質朴な人柄.

特种 tèzhǒng 特殊な.特別な.〔～部队〕特殊部隊.〔～工艺(品)〕特殊工芸(品).〔～蔬 shū 菜〕〔特菜〕新種野菜.〔～合金钢〕合金鋼)特殊合金鋼.〔～邮票〕特别切手.〔～兵 bīng〕〔軍〕特殊兵.〔～战争〕〔軍〕非通常型戦争：金・武器・軍事顧問を与えて,他国の政府軍にゲリラ戦をやらせるもの.

特准 tèzhǔn 特别許可を与える.

〔**蟘・蟘**〕 tè 〔古〕苗や葉を害する青虫：〔蟘〕に同じ.

〔**䗴**〕 tè 同上. → téng

〔**䐿**〕 te 〈又音〉de →〔肋 lē 䐿〕

tei ㄊㄟ

〔**忑**〕 tēi → tè tuī

忒 tēi 〈擬〉〈方〉ぱたっ：鳥が飛び立つ音.〔麻雀～一声就飞了〕すずめがぱたっと飛び立っていった.

teng ㄊㄥ

〔**熥**〕 tēng (冷えた食物を蒸したり焼いたりして)再加熱する.〔～馒 mán 头〕マントーを温めなおす.

〔**鼟**〕 tēng 〈擬〉ドン：太鼓などの音.〔鼓 gǔ 声～〕太鼓がドンと鳴る.

〔**疼**〕 téng ①痛い.痛む.〔脑 nǎo 袋~〕頭が痛い.〔肚 dù 子~〕腹が痛む.〔不～不痒〕痛くもかゆくもない.痛痒を感じない.→〔痛 tòng ①〕 ②かわいがる.〔夫妻俩～得宝贝似的〕夫婦が(子供を)宝のようにかわいがる.

疼爱 téng'ài かわいがる.〔父母～儿女〕親が子供をかわいがる.

疼痛 téngtòng 痛む(み).
疼惜 téngxī 大事にする.

[誊・謄] téng
書き写す.浄書する.〔这稿子太乱,得 děi ～一遍〕この原稿はあまり乱雑だから清書しなければならない.

誊录 ténglù 書き写す.〔～生〕⇒浄書係.
誊清 téngqīng 浄書する.
誊写 téngxiě ①書き写す.〔～笔记〕ノートを書き写す.②ガリ版を切る.〔～版 bǎn〕謄写版.ガリ版.〔～版纸〕〔蜡 là 纸〕謄写版原紙.〔～钢版〕(ガリ版切りの)やすり板.
誊印 téngyìn 油印する.謄写・印刷する.
誊真 téngzhēn 楷書で清書する.

[腾・騰] téng
①跳ぶ.跳びあがる.踊り上がる.〔奔〕ととぶように走る.〔～身而过〕身を踊らしてすばやく通り抜けた.②のぼる.たちのぼる.上昇する.〔气球～空而起〕気球が空高く舞い上がった.③(中に入っているものや時間を)あける.空にする.〔～地 dì〕さら地にする.〔～出一只箱子来〕箱をひとつあける.〔那所房子还没有～出来〕あの家はまだあいていない.〔～不开身子〕手が離せない.〔～不出工夫几来〕時間の融通がつかない.〔～出手来〕手をあける.④一部の動詞の後に置いて動作の繰り返しや連続を表す.〔倒 dǎo ～〕⑧ひっくり回す.〔転売する.〔翻 fān ～〕ひっかき回す.〔闹 nào ～〕ひっきりなしに騒ぐ.⑤〈姓〉騰(ξ).

腾冲 téngchōng 勢いよく突き進む.〔洪水向市区～〕洪水は市街地に猛烈な勢いで押し寄せた.
腾达 téngdá ①⇒[上 shàng 升] ②〈文〉栄達する.出世する.
腾房 téngfáng 家を明け渡す.立ちのく.
腾飞 téngfēi ①高く飛ぶ.②急速に発展する.〔经济～〕経済が飛躍的に発展する.
腾岗 ténggǎng ポストをあける.〔给能干的人～〕有能な者に地位をあける.
腾贵 téngguì 物価がはねあがる.〔物价～〕同前.→[上 shàng 涨]
腾欢 ténghuān 踊りあがって喜ぶ.
腾蛟起凤 téngjiāo qǐfèng 〈喩〉才能が豊かな人.
腾空 téngkōng 天空に上る.空中に舞い上がる.〔五彩缤纷的礼花～而起〕色彩に富んだ花火が空中に打ち上げられた.〔～球〕⇒(野球の)フライボール.飛球.
腾龙 ténglóng 昇竜(ち᠈).〔～图 tú〕昇竜の絵:吉祥図の一.
腾挪 téngnuó ①流用する.〔～款项〕金を流用する.②(物の置いてある)場所をかえる.〔把仓库里的东西～下好放水泥〕倉庫の中の物を片づけてセメントを入れるように場所をあけておきたい.
腾让 téngràng (使っている物や家などを)あけて譲る.
腾蛇 téngshé ⇒[螣蛇]
腾身 téngshēn 跳ぶ.ジャンプする.〔～越过了池塘〕ジャンプして池を跳び越えた.
腾升 téngshēng (相場などが)急速に上がる.〔春节节性用品不断～〕春の季節用品の値はどんどん上がっている.
腾腾 téngténg ①盛んなさま(熱気・空気・殺気など).〔热气～〕熱気が盛んに立ちのぼる.〔杀气～〕殺気がみなぎる.〔雾～的〕霧が深くたちこめている.②〈文〉ぼんやりするさま.〔半酔～〕酒がきいてもうろうとする.〔困 kùn ～〕眠いさま.〔慢～〕ゆったりしたさま.
腾笑 téngxiào 人の笑いものになる.〔～国际〕世界の笑いになる.

腾涌 téngyǒng 水の流れが勢いよい.〔水势～〕同前.
腾跃 téngyuè ①〈文〉物価が騰貴する.②跳びはねる.〔～奔 bēn 驰〕飛ぶように走る.
腾越 téngyuè 飛び越す.〔～战壕〕塹壕(ざう)を同.
腾云驾雾 téngyún jiàwù 雲や霧に乗って自由に去来する.〈喩〉⓪飛ぶように速いさま.②頭がぼーっとなる.ふわふわする.

[滕] téng
①周代の諸侯国の名.現在の山東省滕州一帯.②〈姓〉滕(ら).

[螣] téng
〔～蛇 shé〕[腾蛇]古代伝説の空を飛ぶ蛇.→tè

[縢] téng
〈文〉①封鎖する.②拘束する.制約する.③縄.

[藤(籐)] téng
①[-子]つる:植物の巻きひげ.〔瓜 guā〕瓜のつる.〔葡 pú 萄〕ぶどうのつる.②囲トウ:ヤシ科トウ属植物の総称.〔白～〕トウ.→[藤萝] ③〈姓〉藤(ξ)

藤包 téngbāo 籐製の入れ物.
藤本 téngběn 囲藤本.蔓植物.〔草质〕草本の同前.〔木质〕木本の同前.〔植 zhí 物〕つる植物:〈蔓 màn 生植物〉.→[茎 mànn 生植物]
藤编 téngbiān ①つるで編む.②籐製品.籐細工.
藤菜 téngcài ⇒[落 luò 葵]
藤床 téngchuáng ⇒[藤床]
藤黄 ténghuáng ①囲トウウウ.〔～胶 jiāo〕ガンボージゴム:同前の樹脂から採取される.②雌黄(ちぅ).草雌黄:同前の樹脂からできる顔料.
藤盔 téngkuī 籐で編んだヘルメット.→[钢 gāng 盔]
藤葵 téngkuí ⇒[落 luò 葵]
藤篮子 ténglánzi 籐製のかご.
藤轮 ténglún 籐製の円形クッション.
藤萝 téngluó 囲フジ:(紫 zǐ 藤)の通称.〔～花〕藤の花.〔～包〕③藤の花を入れた餡のまんじゅう.〔～架子〕藤棚.
藤牌 téngpái 籐の丸い盾:古代の武器.〈転〉盾.
藤器 téngqì 籐製の器具.
藤球 téngqiú ⇒セパタクロー.
藤圈 téngquān 籐で作った輪.
藤榻 téngtà →[藤床]籐で編んだベッド.
藤条 téngtiáo 籐のつる.
藤蔓 téngwàn つる.〈喩〉ひろがりはびこるもの.
藤箱 téngxiāng 籐製のトランク.
藤椅 téngyǐ 籐椅子.
藤子 téngzi つる.巻きひげ.

[䲢・鰧] téng
魚貝ミシマオコゼ(科の魚).〔网 wǎng 纹～〕〈口〉铜 tóng 锣植〕ミシマオコゼ.→[鲉 yóu]

tī ㄊㄧ

[体・體(躰)] tī →tǐ

体己 tījǐ =[梯己]①ごく親しい.身内の.内緒の.〔～人〕親しい内輪の人.〔～话〕内々の話.内緒事.〔～茶〕内輪の者で飲む茶.〔茶 zī 酒〕内輪の者で酒を飲む.②へそくり.内密の貯金.〔～钱 qián〕同前.〔那个老婆子还有点儿～〕あの婆さんはまだ少しへそくりを持っている.〔压 yā 箱底(儿)(的)钱〕③〔白〕人知れず.自分で.

[剔] tī
①(すき間を)ほじくる.ほじくり出す.〔用牙 yá 签儿～牙〕爪楊枝で歯をほじくる.〔～指 zhǐ 甲〕爪のあかをほじくる.〔～木梳〕櫛

の汚れを取り去る.〔挑 tiāo～〕〔抉 jué〕他人の過失をことさらほじくり出す.②(夾雑物・不良品を)取りのける.はね出す.〔～出来〕選び出す.〔～灯〕〔挑 tiǎo 灯〕灯心の燃えさしをかきたてる.〔～花样儿〕型紙を重ねて模様を切りぬく.③(みぞを)刻む.彫る.④⇒〔提 tí ⑦〕

剔除 tīchú (不良物を)除去する.摘出する.
剔骨 tīgǔ 骨を削る.〔～肉〕骨からそぎ取った肉.〔～拔 bá 刺〕骨をほじくり小骨を抜く.〈喩〉重箱の隅をつつく.
剔红 tīhóng →〔雕 diāo 红漆〕
剔花缎 tīhuāduàn 紡花紋の浮き出た緞子(どん).
剔尖 tījiān 食山西省の名物の麺の名:〔拨 bō 鱼儿〕に似るがやや細長い.
剔抉 tījué (過失を)ほじくり出す.
剔牛(儿) tīniú(r) ⇒〔提 tí 牛(儿)〕
剔手旁(儿) tīshǒupáng(r) ⇒〔提 tí 手旁(儿)〕
剔腾 tīténg〈白〉使いはたす.だめにする.
剔透 tītòu 透き通るようである.〔晶 jīng 莹～〕きらきらと透き通っている.
剔土旁(儿) tītǔpáng(r) ⇒〔提 tí 土旁(儿)〕
剔选 tīxuǎn 選び出す.
剔庄 tīzhuāng 蔵ざらい(する).〔～货〕売りつくし品.特品品.→〔门 mén 庄货〕〔择 zhái 手货〕

[踢] tī 蹴(っ)る.蹴とばす.〔～平〕(サッカーの試合が)引き分けになる.
踢跶 tīda バタバタ音を立てて歩く(足音):〔踢达〕とも書いた.〔～舞 wǔ〕タップダンス.〔这孩子两只脚总是～～的〕この子はいつもバタバタ足音をたてて歩く.
踢蹬 tīdeng〔踢腾〕①浪費する.蕩尽する.財産や資本をすってしまう:〔折 zhē 腾③〕に同じ.〔把家产～光了〕財産をすっかりはたいてしまった.〔他又喝大酒,又逛道儿,家当都～光了〕彼は大酒を飲んだり,女遊びをしたりして財産をなくしてしまった.②踏んだり蹴ったりする.〔小孩儿爱活动,一天到晚老～〕子供はいたずら盛りで一日中とんだりはねたりしている.③始末をつける.〔用了一个晚上才把这些琐碎事一完一晩かかってやっとこまごました事を片づけてしまった.
踢飞脚 tīfēijiǎo (武術で)両足を交互に続けて頭の高さまで蹴り上げる動作.
踢毽子 tījiànzi 羽根蹴りをする.→〔毽〕
踢脚板 tījiǎobǎn 脚幅木(はばき).〔踢脚线 xiàn〕ともいう.
踢开 tīkāi ①蹴とばしよける.〔～绊脚石〕つまずかせるものを蹴とばしよける.②蹴って開かせる.〔一脚把门～〕一蹴りで門を開けた.
踢拉場拉 tīla tāla〈擬〉バタバタ:靴を引きずる音.
踢皮球 tīpíqiú ボールを蹴る.〈転〉(責任を)まわしにする.たらい回しにする.〔～的办法〕同前のやり方.
踢球 tīqiú ス①サッカー(フットボール)をやる.②(サッカーなどの)キック(する).〔他的一脚～贯中了门〕彼のひとキックはゴールを貫いた.→〔皮 pí 球〕〔足 zú 球〕
踢踏 tītà〈擬〉バタバタ.〔～～的声音〕バタバタという足音.
踢踏舞 tītàwǔ タップダンス:〔踢跶舞〕ともいう.
踢腾 tīténg ⇒〔踢蹬〕

[梯] tī ①〔～子〕はしご.階段.〔楼 lóu ～〕(建物内の)同前.〔避火～〕〔太平～〕非常用はしご,または階段.〔云 yún ～〕古代の攻城用の長いはしご.②はしごの機能をするもの.〔电～〕エレベーター.〔电动扶 fú ～〕エスカレーター.〔软 ruǎn ～〕縄ばしご.③はしご状のもの.→〔梯田〕

梯次 tīcì ①段階的に.順をおって.②(物事の)段階.ランク.
梯度 tīdù ①傾斜度.勾配.②(温度・速度などの)傾度.変化度.〔～风〕傾度風.③順次(に).段階的(に).
梯队 tīduì ①軍梯団(段):〔梯队队形〕ともいう.②(幹部などの)継承世代グループ.〔第一～〕現役世代.〔第二～〕後継第二世代.
梯恩梯 tī'ēntī TNT火薬:成分は〔三 sān 硝基甲苯〕(トリニトロトルエン).〔黄 huáng 色炸药①〕に同じ.
梯河 tīhé 多くのダムによって階段型となった川.
梯级 tījí ①階段の一段.ステップ.②(水利工事で)段々状にした築造.〔～电站〕階段式発電所.
梯己 tīji ⇒〔体己〕
梯山 tīshān 険しい山によじ登る.〔～越 yuè 海〕遠く険しい山や川・海を越えて行く.
梯台 tītái ステージ.〔～秀〕〔音義訳〕ステージショー.
梯田 tītián 段々畑.棚田.
梯形 tīxíng 台形.梯形(だ).〔～螺 luó 纹〕〔〈方〉～牙 yá〕園梯形ねじ山.
梯子 tīzi ①〔～镫儿 dèngr〕〔～档儿 dàngr〕梯子の横木(段).②木のはしご.〔竹～〕竹ばしご.〔金属～〕金属製はしご.〔上～〕〔爬 pá ～〕登 dēng ～〕はしごに登る.→〔步 bù 步高①〕

[锑・銻] tī 化アンチモン〔安 ān 质母尼〕は音訳.金属元素.記号 Sb.〔生～〕粗製アンチモン.〔纯 chún ～〕標準アンチモン.〔～有机制剂〕アンチモン有機化合物.〈口〉轻 qīng ～〕〔铝 lǚ ～〕アルミニウム.
锑电极 tīdiànjí アンチモン電極.
锑华 tīhuá アンチモン華.バレンチン鉱.
锑朱 tīzhū アンチモン朱(赤).

[䴘・鷉] tī →〔䴙 pì 䴘〕

[擿] tī〈文〉摘出する.えぐり出す.摘発する.あばく.〔发 fā 奸～伏〕〔～成〕隠れた悪を摘発する.→ zhì

擿抉细微 tījué xìwēi〈成〉あら探しをする.

[䅟] tī =〔穄 tí〕〈文〉①草木の新芽.〔新～〕同前.②囿イヌヒエ.〔太仓 cāng ～米〕倉庫の中の一粒のひえ.〈喩〉微細なもの. → yí

䅟稗 tíbài イヌヒエとたひえ.〈喩〉味は悪いが食用し得る.〔苟为不熟,不如～〕〈喩〉高尚な学問といえども成熟するところがなければ一技一能の有用なのに及ばない.

[绨・綈] tí〈文〉厚い絹織物.つむぎ.〔～袍 páo 之赠〕〔～袍恋恋〕〈喩〉旧情を忘れないこと. → tì

[䌽] tí ⇒〔䅟〕

[鹈・鵜] tí 鳥ペリカン:ふつう〔鹈鹕〕という.〔～形目〕(動物学の)ペリカン目(もく).→〔鸬 lú 鹈〕

鹈鹕 tíhú〔塘 táng 鹅〕〔淘 táo 河〕鳥ペリカン.〔伽 qié 蓝〕ともいう.
鹈鴂 tíjué ⇒〔鹈鹕〕

[提] tí ①(手に)ひっさげる.ぶら提げる.さげ持つ.〔～着包裹〕包みを下げている.〔我去～一壶水来〕やかんに水を入れて持ってくる.②(下から上へ)引っぱりあげる.高める.〔～不动〕(さげようとしても)持ち上げられない.〔～高生产情绪〕生産意欲を高める.③前倒しする.時間を早めることりあげる.〔～前举行〕期日をくりあげて挙行する.〔大会～到九月开〕大会は9月にくりあげて開く.

提　　　　　　　　　　　　　　　　　　　　　　　　　　　　　tí

④(中に隠れているものを)取り出す.喚起する.〔~精神〕元気を出す.〔要~起你们注意的是…〕諸君の注意を喚起したいのは….〔~上地下水,浇灌千亩田〕地下水を取って1000ムーの畑を灌漑する.⑤(保存した所から)引き出す.〔从仓库~货〕倉庫から商品を引き出す.→〔提单〕⑥話にする.言い出する.もち出す.〔~意见〕意見を出す.〔~了一个新问题〕新しい問題を提出した.〔旧话重 chóng ~〕古い話をむし返す.〔知己的朋友不用~感谢〕親友だから,感謝を言う必要がない.〔我的孩子简直~不得〕うちの子どもは全くお話になりません.→〔题④〕⑦圕漢字の筆画"㇀".はね.〔剔 tī ④〕〔趯 tì ②〕〔挑 tiǎo ⑤〕ともいう.→〔笔 bǐ 画〕⑧〔犯人を拘禁場所から引き出して)取り出す.⑨(酒や油をくむ)ひしゃく.〔折れまがった柄がついている.〔油~〕油ひしゃく.⑩量詞.手提げのついたものを数える.〔一~手纸〕1パックのトイレットペーパー.⑪〈姓〉提.(三)→ dī

提案 tí'àn　提案(する).

提拔 tí·bá　=〔拉 lā 拔①〕ひきたてる.抜擢する.〔只有本地干部大批地成长并~起来,根据地才能巩固〕現地の幹部が大量に成長し且つ抜擢されて初めて根拠地が強くなりうる.→〔提升①〕

提包 tíbāo　①手提げカバン.〔~儿〕ハンドバッグ.→〔皮 pí 包〕

提笔 tíbǐ　筆を取る.執筆する.

提兵 tíbīng　兵を連れて出動する.〔~上阵〕兵を率いて出陣する.

提拨 tíbo　〈方〉気づかせる.注意を促す.〔提扑〕ともいう.〔要是我忘了,请您~我一声儿〕もしわたしが忘れましたら,どうぞちょっと一言注意してください.

提倡 tíchàng　唱導し提唱する.呼びかける.

提成(儿) tíchéng(r)　(全額から)一定割合の金をぬき出す.またその金.〔~费〕控除金.

提出 tíchū　①提出する.申し出る.提議する.うち出す.〔~抗议〕抗議を申し込む.〔~意见〕意見(批評)を述べる.②(預けたり保管してある金や品物を)引き出す.〔他凭着这些假证件~了公款〕彼はこれらの偽の書類を使って公金を持ち出した.

提纯 tíchún　純化する.精製する.精練する.〔~复壮〕圕作物の選別によって純系を育成すること.

提词 tící　(俳優に陰から)せりふ付け(をする).〔~的人〕プロンプター.

提存 tícún　①⇒〔提款〕　②供託する.寄託する.

提袋 tídài　ビニール・紙・布などの)手さげ袋.

提单 tídān　=〔提 货 单〕〔货 huò 单②〕〔货 票①〕〔运 yùn 货证书〕〔载 zài 货证券〕引き換え証書.(船荷証券など送貨物の)運送契約書.貨物引渡指図書.貨物引渡書.貨物受取証券(B/L).〔提~is引き出して,すなわち証書引き換えに貨物を引き出す意.清 qīng 洁~〕〔无疵~〕〔完全~〕無故障船荷証券.クリーンB/L.

提到 tídào　①〔提及〕〔说 shuō 到〕話し及ぶ.言及する.触れる.〔他~她了吗？〕彼は彼女のことを言ったか.

提灯 tídēng　(手に提げる)ちょうちん.ランタン.〔~游行〕ちょうちん行列(をする).

提点 tídiǎn　問題点を指摘する.注意を与える.

提调 tídiào　①指図する.取り仕切る.〔有的工人不听他~〕工具には彼の指図に従わない者もある.②調達し使用する.

提兜 tídōu　手提げ袋.

提督 tídū　①回提督:官名.一省中の最高級武官.②〈白〉指図する.処理する.

提掇 tíduō　①助ける.協力する.②話に出す.③指図をする.

提法 tífǎ　提起の仕方.出し方.言い方.〔这种~不对〕こういう提起の仕方は正しくない.

提干 tígàn　①干部を昇格させる.②幹部に抜擢する.

提纲 tígāng　①大綱.提要.要旨.〔~挈 qiè 领〕〔~振领〕〔~举纲\成~〕大綱をつかめる.要点をつかむ.②→〔剧 jù 本〕

提高 tígāo　一段と上げる.引き上げる.程度を上げる.〔~师 shī 资〕教員の素質を向上させる.〔~质量〕質を高める.〔~工作效率〕能率を高める.〔~认识〕認識を高める.〔~政治水平〕政治の水準を高める.→〔拔 bá 高〕

提供 tígōng　提供する.便宜を用意する(して与える).〔~给读者〕読者に提供する.

提灌 tíguàn　揚水灌漑(いう)〔提水灌漑〕の略.

提行 tíháng　行(ぎょう)を改める.〔换 hàn 行①〕に同じ.〔~抬 tái 头③〕

提盒 tíhé　手提げ容器類:重ねて段にし〔提梁(儿)〕(柄)でぶら提げるようにできている.

提花 tíhuā　町織り出し模様.ジャカード織.〔~布〕紋織物.〔~缎 duàn〕織り出し模様入りの繻子(サ).〔~机〕①綿繰機械.⑤=〔花布织机〕ジャカード紋織機.

提环儿 tíhuánr　(道具をさげ持つ)取っ手の輪.

提婚 tíhūn　⇒〔提亲〕

提货 tíhuò　⇒〔出货③〕

提货单 tíhuòdān　⇒〔提单〕

提及 tíjí　話が及ぶ.言及する.〔提到〕に同じ.

提级 tíjí　クラスを上げる.階級を上げる.

提价 tíjià　値上げする.

提交 tíjiāo　(検討の場に)差し出す.(討議の)たたき台に乗せる.〔申请中请書を差し出す.〔将方案~大会讨论〕方案を大会の討論に回す.

提劲 tíjìn　〈方〉元気を出す.手を握りしめる.頑張る.〔~起劲儿丸儿来〕元気が出る.

提究 tíjiū　聞きただす.詰問する.〔当局对那件事要~哪〕当局はあのことに対して尋問追究しようとしている.

提举 tíjǔ　①ある問題を言い出す.〔我把那件事当堂~出来了〕わたしはその件をその場所で持ち出し言った.②推挙する.③主管する.管理する.

提控 tíkòng　〔文〕①抑える.支配する.②管掌する.管理する.③圕回官吏に対する敬称.

提款 tíkuǎn　＝〔提存①〕預金を引き出し(する).〔特别~权〕SDR.特別引出権.〔~卡 kǎ〕キャッシュカード:〔现 xiàn 金卡〕ともいう.

提篮(儿) tílán(r)　手提げかご.バスケット.

提炼 tíliàn　①＝〔精 jīng 炼①〕圕精錬(する).抽出(する).精製(する).〔~石油〕石油を精製する.〔从矿石中~金属〕鉱石の中から金属を取り出す.〔~厂〕精製(精練)所.精油所.⑤⇓喩加工して精華を取り出す.

提梁(儿) tíliáng(r)　(土瓶・薬罐・かごなどの)手.つる.持ち手.〔茶壶~〕急須の同耳.→〔把 bà ①〕

提另 tílìng　〈方〉ほかにも.別に:〔营 tí 另〕とも書く.〔咱们~说吧〕別にお話ししましょう.〔又写了~〕別にまた書いた.

提溜心 tíliūxīn　〈方〉びくびくする.はらはらする.〔提溜着不起如はらしている.〔看着叫人~〕見ていてはらはらする.→〔提心吊胆〕

提留 tíliú　(財物の)一部を留保する.

提笼架鸟 tílóng jiànniǎo　鳥籠を提げたり,鳥を腕や指にとまらせたりする:終日ぶらぶら遊んでいること.

提篓 tílou　〈方〉(かめから酒などを汲み出す)ひしゃく.

提媒 tíméi　⇒〔提亲〕

tí

提名 tímíng （候補者として）指名する.ノミネートする.〔根据主席的~、决定委员的人选〕主席の指名に基づいて委员の人選を決定する.

提牛(儿) tíniú(r) 〖図〗牛偏(𠂉):漢字部首の"牜".〔提 tí 牛(儿)〕牛字旁(儿)]ともいう.→付録1

提偶戏 tí'ǒuxì 操り人形を使った劇.人形劇.

提起 tíqǐ ①言い出す.話に持ち出す.〔每当~辛酸的往事,她总是落下伤心的泪〕辛い昔の事を言い出すと,きまって彼女は傷心の涙を落すのだった. ②奮い起こす.〔~精神〕元気を奮い起こす. ③提訴訟に同前. ④取り上げる.

提气 tíqì 〈方〉負けん気を出す.

提前 tíqián （期限・時間 などを）早める.〔~偿 cháng 还〕任意償還.〔~退 tuì 休〕早期退職する.〔第四节课~在第二节为〕第4限の授業は第2時限にくり上げる.〔原来的计划~了〕初めの計画が前倒しになった.〔这个月完成了全部工程〕予定より2か月早く全部の工事を終わった.

提挈 tíqiè 〈文〉①帯同する.〔~全军〕全軍を率いる. ②取り立てる.〔~后人〕後人を引き立てる. ③養い導く.扶助する.〔这个小孩是他一起来的〕この子は彼が育てたのだ.

提亲 tíqīn =〔提婚〕〔提媒〕〔说 shuō 亲〕(相手方に)縁談を持ち出す.〔提亲事〕ともいう.

提琴 tíqín 〖図〗バイオリン類の楽器(総称).〔小~〕バイオリン.〔~〕ビオラ.〔大~〕チェロ.〔低 dī 音大~〕コントラバス.〔~手〕バイオリン奏者.

提请 tíqǐng 提出してお願いする.申請する.〔~大会讨论和批准〕大会へ提出して討論と批准とを願う.

提取 tíqǔ ①（預けた金または物品を）引き出す,また取り戻す.〔~存款〕預金を引き出す. 〔~提奖金〕②〖図〗とり崩し(する).〔~公积金〕法定積立金をとり崩す. ③抽出する.〔海藻~物〕海藻エキス.

提任 tírèn 抜擢して任用する.〔~为厂长〕工場長に同前.

提神 tíshén 気を引き立てる.〔喝杯咖啡提~〕コーヒーを飲んで元気をつける.

提审 tíshěn 〔法〕①尋問する.取り調べる. ②（上級裁判所が）再審理をする.→〔再 zài 审〕

提升 tíshēng ①昇進させる.〔他~为股长了〕彼は連隊長に昇進した.〔我被~为经理啦〕社長に抜擢された.→〔提拔〕 ②（クレーンなどで物を引き上げる.〔~设备〕昇降設備.〔~机〕運搬用エレベーター. ③向上させる.高める.

提示 tíshì ①提示する.示唆する.注意を促す.示して見せる.〔向学生~课文要点〕学生に本文の要点を教える. ②〔~语〕指示語.〔電算〕メッセージ.〔~符〕プロンプト.

提手 tíshǒu （器物の）取っ手.柄.

提手旁(儿) tíshǒupáng(r) =〔剔 tī 手 旁(儿)〕〔挑 tiǎo 手(儿)〕〖図〗手へん:漢字部首の"扌".→付録1

提水 tíshuǐ 水を汲み上げる(こと).〔~灌 guàn 溉〕〔提灌〕水を汲み上げて灌漑する.〔~工程〕揚 yáng 水工程.揚水式工事.

提速 tísù スピードアップする.速度を上げる.

提桶 títǒng 手桶.バケツ.

提头儿 títóur 話をきり出す.

提土旁(儿) títǔpáng(r) =〔剔 tī 土旁(儿)〕〔挑 tiǎo 土(儿)〕〖図〗土へん:漢字部首の"土".〔斜 xié 土(儿)〕〔基〕"土"は〔土堆〕(つち)という.→付録1

提腕 tíwàn 運筆法の一.肘(ひじ)を机に托して手首を持ち上げする.〔~悬 xuán 腕〕〔枕 zhěn 腕〕

提味(儿) tíwèi(r) 味をひきたてる.〔搁 gē 点儿香油~〕ちょっとゴマ油を入れて味をひきたてる.→〔拢 lǒng 味儿〕

提问 tíwèn 質問する.〔举 jǔ 手~〕挙手して同前.

提辖 tíxiá 〔困〕軍官名.各州・郡におかれた軍・警察の長官.

提现 tíxiàn （金融機関から）現金を引き出す.〔不能透支~〕貸し越しで引き出しはできない.

提线木偶(戏) tíxiàn mù'ǒu(xì) =〔木偶戏〕

提线儿 tí·xiànr 〈方〉凧(たこ)に張った糸.また人形を操る糸.

提箱 tíxiāng =〔手 shǒu 提(箱)〕スーツケース.

提携 tíxié ①子供を連れて歩く.〔~喩〕後進を導き育成する.〔多拳~〕何かとお引き立てにあずかる. ②〈文〉助け合う.協力する.〔互相~〕互いに提携する.

提鞋 tíxié ①靴のうしろをひっぱってきちんと履くしぐさ. ②〈喩〉役に立たない者がする微賤な仕事.

提心吊胆 tíxīn diàodǎn 〈成〉非常に恐れる.びくびくする.

提醒 tíxǐng （傍らから）注意を与える.思い出させる.悟らせる.〔~服务〕(商品の)消費者への注意義務.〔要是我忘了,你~我一声儿吧〕もしぼくが忘れたら一言声をかけてくれ.

提讯 tíxùn 訊問する.

提要 tíyào ①要点をまとめる.要約する. ②（書物などの）要点.大要.摘要.提要.

提药罐子 tí yàoguànzi 〈喩〉病弱の人.→〔病 bìng 包儿〕

提议 tíyì 提議(する).→〔建 jiàn 议〕

提引号 tíyǐnhào ⇒〔引号〕

提早 tízǎo （予定を）繰り上げる.時間を早める.〔这个任务,我们一十五天完成了〕この仕事は予定より15日早く仕上げた.→〔提前〕

提振 tízhèn 向上・発展させる.

提职 tízhí 職位が上がる.昇進する.〔提升职务〕の略.

提制 tízhì 精製する.〔用麻黄~麻黄素〕麻黄(あ)からエフェドリンを精製する.

提子(儿) tízǐ(r) （囲碁で）石をあげる(とる)

提子 tízi ①長い柄のひしゃく.→字解⑨ ②〖図〗ぶどう.

[媞] tí 〈文〉〔~~〕ⓐ容貌の美しいさま.ⓑ安らかで気持ちよいさま.

[騠・騠] tí →〔駃 jué 騠〕

[緹・緹] tí ①〈文〉赤みがかった黄色. ②同前の絹(き).

[禔] tí 〈文〉幸福.

[鵜・鵜] tí 〔~鵊 jué〕〔鵊鶘〕ホトトギス.〔杜 dù 鹃〕の古称.

[題・題] tí ①題.題目.〔问~〕問題.〔标~〕標題. ②試験の問題.〔试 shì ~〕〔考 kǎo ~〕試験問題. ③（人の見える所に）書く(もの).署名する.〔~写了书名〕書名を書いた.〔~名〕姓名を書く.〔~字〕サイン.〔~诗〕詩を書き出す.〔~词〕題辞(する). ④〈文〉言い出す.持ち出す.〔休~旧事〕古いことは言うな.〔提⑥〕 ⑤〔姓〕题(ディ)

题跋 tíbá （書物の）題辞と跋(ばつ)文.

题本 tíběn =〔本章〕〖困〗（皇帝へ取り次ぐ）上奏書.

题壁 tíbì ①壁に字を書く. ②壁に書いた文字や詩文.

题匾 tíbiǎn ①額に字を書く. ②題字の扁額.

题材 tícái 題材.

题词 tící 〔題辞〕とも書く.①（記念または励ましの

ための)題辞を書き記す.またその題辞. ②書物の初めの文.序文.
題額 tí'é 扁額に字を書く.またその字.
題海 tíhǎi 〈喩〉山のような問題や宿題.〔～战术〕同前をこなす方法.
題花 tíhuā (出版物の)標題のカット・図案.
題記 tíjì 巻頭の語.前書き.
題解 tíjiě ①解題. ②(数学・物理・化学などの)問題解答.詳解.
題刻 tíkè 題刻(だい).文字・文章・物の形などを彫刻する(こと).またその彫刻された石と板.
題庫 tíkù 試験問題のデータベース.
題名 tímíng ①名を題する.名を掲げる.〔金榜～〕試験合格者発表の掲示に名が書かれる.〔同年に進士に及第した人の名を刻んだ記念碑:北京国子監にある. ②題名. ③(記念のために書いた)名前.署名.サイン.
題目 tímù ①題目.標題.テーマ.タイトル. ②問題.〔考试～〕〔试题〕試験問題.〔第二道～〕第2問.〔供练习用的～叫习题〕練習用の問題を〔习题〕という.
題評 típíng 〈文〉優劣を論評する.
題签 tíqiān ①題笺(だ).線装書の表紙に書名を書いて貼ってある小紙片.〈転〉(書いてある)書名. ②(書・画の)題字.
題詩 tíshī 詩を題材物または絵の上に書き入れる.
題外 tíwài 話題の外.
題写 tíxiě (表題や扁額などを)書く.〔～书名〕書名を書く.
題型 tíxíng テーマの類型.
題意 tíyì 題の含意.
題贈 tízèng (書画・書籍などに保存される物に)字を書いて贈ること.
題旨 tízhǐ ①文章の主旨.テーマ. ②文芸作品の主題.
題主 tízhǔ 喪家が人に頼んで位牌に死者の官名・職名などを書いてもらうこと.
題字 tízì (記念のために書物の巻頭や絵・碑・芳名録などに)字を題する.またはその字.〔主人拿出记念册来请宾～〕主人は芳名録を持ち出して客に字を書いてもらった.

〔醍〕 tí
醍醐 tíhú 〈文〉①醍醐(ぎ).乳酪から精製した最上の飲み物.仏教では最上の正法にたとえる.〔如饮～〕醍醐味を味わうが如し. ②〈喩〉美酒. ③〈喩〉優れた人物.
醍醐灌頂 tíhú guàndǐng 〈文〉醍醐を人の頂に注ぐ.〈喩〉知恵をつぎ込んで悟らせる.

〔鯷・鯷〕 tí 〔魚叙〕カタクチイワシ(総称).〔～鱼 yú〕カタクチイワシ.アンチョビー:〔〈方〉鮧 bā 鱼食〕〔柚 yòu 条〕ともいう.干物を〔海鲐 hǎi 蜓〕という.

〔遆〕 tí 〈姓〉遆(ざい).

〔啼(嗁)〕 tí ①声を出して泣く.〔儿～〕子供が泣く. ②(鳥やけものが)鳴く.〔鸡～〕にわとりが鳴く.〔虎啸 xiāo 猿～〕虎がうそぶき猿が鳴く.〔月落烏 wū ～〕月落ちて烏鳴く.→〔鸡 jī 叫〕 ③〈姓〉啼(ざい).
啼饥号寒 tíjī háohán 〈成〉飢えに泣き寒さに叫ぶ:生活が困窮したさま.
啼叫 tíjiào 鳴く.鳴き声を上げる.悲鳴を上げる.
啼哭 tíkū 大声をあげて泣く.
啼鳴 tímíng (鳥が)鳴く.
啼声 tíshēng 泣き声.

題～tǐ

啼笑皆非 tíxiào jiē fēi 〈成〉泣くに泣けず笑うに笑えない.ひどく困って笑いたいぐらいだ.
啼血 tíxuè 〈文〉鳥の鳴き声が悲痛なさま:ホトトギスの鳴き声.

〔蹄(蹏)〕 tí 動物の蹄(ざい).
蹄涔 tícén 〈文〉牛馬の蹄の跡にたまった水.〔～(不容)尺鯉〕〈喩〉小さなところでは大人物を容れることはできないこと.
蹄筋(儿) tíjīn(r) 豚・牛・羊の四肢の靱(ぎ)帯・腱(を干したもの):食材用.〔红烧～〕同前の煮込み.
蹄臂 típáng ⇒〔肘 zhǒu 子〕
蹄儿 tír 蹄.
蹄洼 tíwā ①牛馬の足跡のくぼみ. ②〈転〉狭い土地.
蹄形磁石 tíxíng císhí 馬蹄形の磁石.
蹄子 tízi ①蹄. ②〔牛～〕牛の同前. ③〔旧〕女性を罵る語.〔小～！〕めす豚め. ④⇒〔肘 zhǒu 子②〕

〔体・體(躰)〕 tǐ ①身体(の一部).〔身～〕同前.〔四肢.〔身强～壮〕身体強壮.〔五～〕全身. ②物体.〔物～〕物体.〔个～〕個体.〔液 yè ～〕液体.〔气～〕気体.〔有机～〕有機体. ③体制.きまり.格式.〔易无～〕易の陰陽変化には一定の形体はない. ④(文章や作品の)形式.スタイル.〔文～〕文体.〔草～〕草書体. ⑤かたち.形体.(幾何学で)立体.〔圆锥～〕錐体. ⑥思いやる.親身になって考えてやる.同情する.〔深～其意〕深く思いやる. ⑦実際に行う.自分の体で経験する.〔体会〕 ⑧相(ぎ).アスペクト.〔完成～〕完了相.→〔情 qíng 貌〕 ⑨〈姓〉体(ざい).
体壁 tǐbì 生理(動物の)体壁.
体表 tǐbiǎo ①体の表面. ②体温計〔体温表〕の略. ③風采.容貌.〔～端庄〕〈成〉同前に威厳がある.
体裁 tǐcái =〔〈文〉体式②〕(詩文の)法式.表現形式.種類.
体彩 tǐcǎi スポーツくじ:〔体育彩票〕の略.
体操 tǐcāo 区①体操.〔做～〕体操をする.〔广播～〕ラジオ体操. ②体操競技.〔自由～〕床運動.
体測 tǐcè 運動能力検査.
体察 tǐchá 自身で考察する.親しく観察する.〔我们的上司得能～下情〕我々の上役はなかなかよく部下のことを考えてくれます.
体长 tǐcháng ⇒〔身 shēn 长①〕
体尝 tǐcháng 身をもって試す.体験する.
体詞 tǐcí 語言体言.名詞相当語句:名詞あるいは主に代名詞・数詞・助数詞.→〔谓 wèi 词〕
体大思精 tǐdà sījīng 〈成〉(作品や計画が)構想雄大で思慮周密なこと.
体罰 tǐfá 体罰.
体改 tǐgǎi 体制改革:〔体制改革〕の略.
体高 tǐgāo ⇒〔身 shēn 长①〕
体格 tǐgé ①体格(と健康状態).〔～检查〕体格検査(をする).〔～检查表〕体格検査表. ②(人や動物の)体型.
体会 tǐhuì 体験して理解する(こと).体得(する).〔～不到这一步〕そこまで体得できない.〔～不深得るところが大きくない.
体絵 tǐhuì ボディーペインティング:〔人 rén 体彩绘〕ともいう.
体積 tǐjī 体積.容積.〔～吨 dūn〕容積トン.
体検 tǐjiǎn 健康診断.身体検査.
体節 tǐjié 動体節.
体究 tǐjiū 観察し考究する.

体力 tǐlì 体力.〔～不支〕体力がもたない.〔～劳动〕肉体労働〔脑 nǎo 力劳动〕に対して.→〔力气〕

体例 tǐlì 〔文章の〕格式.体裁.

体谅 tǐliàng （その身になって）同情する.〔您也得～别人的苦衷呀〕他人の苦労を自分のことと思ってやらねばなりません.

体疗 tǐliáo スポーツ療法:〔体育疗法〕の略.

体貌 tǐmào 体つきとスタイルと容貌.

体面 tǐ·miàn ①体裁がいい.立派である.〔送这个东西很～〕これを贈れば体裁がいい.〔劳动英雄多么～！〕労働英雄とは何と名誉なことではないか.②面目.体面.名誉.〔他们穷得顾不得～了〕彼らは貧乏で,体面などかまっていられないのだ.③見た目が立派である.顔かたちがきれいである.〔长得～〕顔かたちがきれいである.

体脑倒挂 tǐnǎo dàoguà 肉体労働収入が頭脳労働収入を上回る〔社会現象〕.〔脑体倒挂〕に同じ.

体能 tǐnéng 運動能力.〔～测 cè 试〕同前のテスト.〔磨练～〕同前を鍛練する.

体念 tǐniàn 思いやりがふかう.（その身になって）同情する.

体膨胀 tǐpéngzhàng 物 体膨張.

体魄 tǐpò 身体と気力.〔锻炼强健的～〕強健な身体と気力を鍛練する.

体腔 tǐqiāng 生 体腔.

体躯 tǐqū ⇒〔身 shēn 躯〕

体认 tǐrèn 体験して認識する.

体弱多病 tǐruò duōbìng 〈慣〉体が弱く病気がちである,または多病である.

体商 tǐshāng 身体能力指数.ボディ指数.BQ.→〔智 zhì 力商数〕〔情 qíng 商〕

体虱 tǐshī 虫 コロモジラミ.

体式 tǐshì ①〔文字の〕形式.活字体.〔拼音字母有手写体和印刷体两种～〕表音字母には筆記体と印刷体の2種の字体がある.②⇒〔体裁〕

体势 tǐshì 形状.形.

体视 tǐshì 物 ステレオ（の）.立体（の）.〔～显微镜〕立体顕微鏡.ステレオマイクロスコープ.〔～镜 jìng〕〔立 lì 体视镜〕ステレオスコープ.

体衰 tǐshuāi 身体が衰えている.

体态 tǐtài 体の格好.姿.〔～潇洒〕姿がすっきりしている.〔～轻盈〕姿態がほっそりとして軽やかである.

体坛 tǐtán 体育界.スポーツ界.

体贴 tǐtiē 人の心を酌みとる.思いやる.〔～人家〕同前.〔真是～〕本当に思いやりがある.〔～话〕思いやりのある言葉.

体贴入微 tǐtiē rùwēi 〈成〉至れり尽くせりの世話をする.痒い所に手が届く.

体统 tǐtǒng 格式.体面.品位.決まった形式.〔不成～様〕にならない形式.体面にかなっていない.〔有失～〕体裁が悪い.みっともない.〔这是怎样的大失の事呵！〕(鲁・Q3)これは何と面目まるつぶれのことよ.〔既不合～,还不提什么吉祥不吉祥〕格式にも合っていない,めでたいのどうという のは論外だ.

体外受精 tǐwài shòujīng 医 体外受精.

体外循环 tǐwài xúnhuán 医 体外循環.

体位 tǐwèi 体位.姿勢.

体味 tǐwèi ①体得する.体でよく知る.②体から発する匂い.〔异 yì 性〕異性の匂い.

体温 tǐwēn 体温.〔～表〕〔体表〕〔旧 检 jiǎn 温表〕〔旧 验 yàn 温表〕体温計.

体无完肤 tǐ wú wánfū 〈成〉全身傷だらけである.〔转〕さんざんにやられた:批判・添削に用いる.〔他这种理论让人批得～〕彼のこの理論は完膚なきまでに批判を受けた.

体悟 tǐwù 体得する.〔亲身～〕自ら会得する.

体恤 tǐxī 思いやる.同情して大切に思う.

体系 tǐxì 体制.体系.システム.〔他们俩虽然各自为政,但却是一个～〕彼ら双方は別々に政治を行っているが,しかし一つの体系でつながっている.〔哲学～〕哲学体系.〔工业～〕工業のシステム.→〔系统①〕

体现 tǐxiàn 具体的に表現する（こと）.〔这种援助～了国际主义精神〕この援助は国際主義精神を体現している.

体校 tǐxiào スポーツ学校:〔体育运动学校〕の略.

体行 tǐxíng 〈文〉身をもって実践する.

体形 tǐxíng ①〔人間・動物〕体の形.体つき.②〔機械などの〕形状.

体型 tǐxíng ①人の体型.〔肥胖的～〕肥満体.〔～瘦削〕体つきがやせている.

体恤 tǐxù その身になって考えてやる（同情する）.〔他为戒人很好,很能～我〕彼はとてもいい人間でよく私の身になって考えてくれる.

体癣 tǐxuǎn 医 ぜにたむし;俗に〔钱 qián 儿癣〕ともいう.

体循环 tǐxúnhuán 生理 体循環.大循環.

体验 tǐyàn 自ら経験する.体験（する）.〔～农村的生活〕農村の生活を同前.

体液 tǐyè 生理 体液.

体用 tǐyòng 〈文〉本体と作用.〔中学为体,西学为用〕中国の学問を体とし,西洋の学問を用とする.

体语 tǐyǔ ⇒〔徽 huī 宗语〕

体育 tǐyù 区 体育.スポーツ.〔～彩 cǎi 票〕〔体彩〕スポーツくじ.〔～场〕スポーツ運動場グラウンド.運動場.〔～道德〕スポーツマンシップ.〔～馆〕体育館.〔～疗 liáo 法〕〔体疗〕スポーツ療法.〔～舞蹈〕競技ダンス.〔～学院〕体育学院〔大学〕.〔～运动〕スポーツ.〔～运动学校〕〔体校〕スポーツ学校.

体院 tǐyuàn ⇒〔体育学院〕

体针 tǐzhēn 中医 鍼（はり）を体幹に打つこと.

体征 tǐzhēng 医 徴候.〔感冒的～〕風邪の症状.→〔病 bìng 征〕

体质 tǐzhì 体質.〔他～弱〕彼は体質が弱い.

体制 tǐzhì ①体制.（組織の）体様.〔领导～〕指導体制.〔～改革〕〔体改〕体制改革.②（文章の）スタイル.体様.形式.スタイル.

体重 tǐzhòng 体重.〔～七十五公斤〕体重75キロ.〔～分级〕区 体重別クラス:現在は〔公 gōng 斤级〕（キロ級）を採る.

〔弟〕 tì 〈文〉兄を敬う:〔悌①〕に同じ. →dì

〔剃（髟・鬀・薙）〕 tì (I)〔剃（髟・鬀・薙）〕〔髪やひげを〕剃る. (II)〔薙〕除草する.

剃齿 tìchǐ 機 ギヤシェービング.〔～刀〕シェービングカッター.〔～床 chuáng〕歯車型削り器.

剃刀 tìdāo かみそり.〔安全～〕安全かみそり.〔～嘴 zuǐ〕〔喻〕毒舌（をふるう口）

剃刀鲸 tìdāojīng ⇒〔蓝 lán 鲸〕

剃度 tìdù 宗（仏教で）得度する（させる）.

剃光头 tìguāngtóu つるつる坊主に剃る.丸坊主にする.〈喩〉〔試験や試合で〕1点も取れない.

剃头 tìtóu 頭をそる.散髪する.〔～的〕〔～匠 jiàng〕〔～挑 tiāo 子〕大道床屋.

剃须刀 tìxūdāo かみそり.〔电动～〕電気かみそり.

剃枝虫 tìzhīchóng ⇒〔黏 nián 虫〕

〔涕〕 tì ①涙;〔洟〕に同じ.〔～下〕涙流れる.〔痛 tòng 哭流～〕ひどく泣いて涙を流す. ②鼻水.〔鼻 bí ～〕同前.

涕泪 tìlèi ①涙と鼻水.②涙.→〔眼 yǎn 泪〕

tì～tiān

涕零 tìlíng 涙を流す.〔感激〕感激のあまり涙をこぼす.
涕泣 tìqì 〈文〉悲しんで泣く.→〔哭 kū〕
涕泗 tìsì 涙と鼻水.〔～滂沱〕(泣いて)涙がひどく流れるさま.

[悌] tì ①=〔弟〕〈文〉兄を敬う.〔孝 xiào ～〕親や兄によく仕えること.②→〔恺 kǎi 悌〕

[绨・綈] tì 絹と綿を混紡した厚手の布地.〔线 xiàn ～〕綿サージの一種.→tí

[睇] tì 化①スティビン:アンチモン化水素 SbH₃.②SbH₃型有機アンチモン化合物.

[屉(屜)] tì ①〔～子〕せいろ:何段か積み重ね式のもの.〔笼 lóng ～〕蒸しせいろ.〔～帽〕せいろの蓋.②ひき出し:ふつう〔抽 chōu 屉〕という.〈方〉〔～子〕同前.〔三～桌 zhuō〕ひき出し三つの机.③(ベッド・椅子などの)敷物.マット:しゅろ・籐・スチール線などで編んだ取りはずしができるもの.〔～儿〕同前.〔床～(子)〕ベッドの同前.〔椅子～(儿)〕椅子の同前.

屉子 tìzi →字解①②

[涕] tì 〈文〉涙:〔涕①〕に同じ.

[俶] tì → chù

[倜傥] tìtǎng ⇒〔倜傥〕

[倜]
倜傥 tìtǎng =〔俶傥〕〈文〉こだわりがない.世間に縛られない.〔～不羁 jī〕豪放でこだわらない.〔～不群 qún〕〈成〉超然として抜きんでている.〔风流～〕才気あふれ洒脱である.
倜然 tìrán 〈文〉①抜きんでているさま.②よそよそしいさま.

[逖(逷)] tì 〈文〉遠い.
逖听下风 tìtīng xiàfēng →〔甘 gān 拜下风〕

[惕] tì 気をつける.恐れて油断しない.〔提高警 jǐng ～〕警戒心を高める.
惕厉 tìlì 警戒するには〔惕励〕とも書いた.

[禇] tì 〈文〉嬰児を包むおくるみ. → xī

[替] tì (I)①代わる.交替する.〔接 jiē ～〕引き継ぐ.交替する.〔他没来,你～他吧〕彼は来ない,きみが代わりをしなさい.〔你～我给他送去〕ぼくの代わりにきみが届けてくれ. ②…のために.〔同学们～他送行〕クラスメート達は彼を見送って行く.〔您～我问王先生好〕王さんによろしくおっしゃってください.
(II)〈文〉衰える.衰微する.〔衰 shuāi ～〕同前.〔兴 xīng ～〕興廃.盛衰.

替班 tìbān 代わって出勤する(仕事をする)
替办 tìbàn 代わって処理する.=〔代 dài 办①〕
替比昂 tìbǐ'áng =〔抗 kàng 结核苯〕薬 チビオン.→〔对⑬〕
替补 tìbǔ 代わって補をする.〔～队 duì 员〕補欠.控えの選手.
替代 tìdài 代替する.代用する.〔～物 wù〕因代替用.
替工 tìgōng ①人に代わって仕事をする. ②代わりの人.代わりの労働者:〔打 dǎ 替的〕ともいう.
替古人担忧 tì gǔrén dānyōu 〈喩〉人の疝(さん)気を気に病む.〔看三国掉眼泪,～〕三国志の講談を聞いて涙を流す.〈歇〉いらぬ心配をする.
替换 tìhuàn ①代わる.交替する.〔您累了,咱们～着干吧〕疲れたでしょう,代わる代わるやりまし

ょう. ②とりかえる.置きかえる.〔～下来的衣服〕着がえた(汚れた)衣服.
替角儿 tìjuér 劇代役.
替考 tìkǎo 替え玉(身代わり)受験(をする).〔～者 zhě〕同前の人.
替另 tìlìng ⇒〔提 tí 另〕
替身(儿) tìshēn(r) 身代わり.代理人.〔总得找到一才离得开呢〕身代わりが見つからないと離れられない.〔～演 yǎn 员〕スタントマン.
替手(儿) tìshǒu(r) 代わりの人.〔找不着～就不准请假〕代わりの人が見つからなければ暇をやらない.
替死鬼 tìsǐguǐ (人に代わって)罰や害を受ける者.身代わり.
替天行道 tìtiān xíngdào 〈慣〉天に代わって道を行う.
替头儿 tìtour 〈方〉(死者の亡霊)が生まれかわるための)身代わり.〔找 zhǎo ～〕〔拉 lā ～〕身代わりを探す.
替罪羊 tìzuìyáng 贖(しょく)罪の山羊.〈喩〉スケープゴート.

[殢] tì 〈文〉①まつわりつく. ②とどまる. → zhì

[嚏] tì 〈文〉くしゃみをする.〔喷 pēn ～〕〔嚏喷 pen〕は口頭語.

[趯] tì ①〈文〉踊り上がる.跳ねる.②書漢字の筆画「乁」:〔提 tí ⑦〕に同じ.→〔笔 bǐ 画①〕

tian 去1ㄢ

[天] tiān ①天空.空.〔～上有星星〕空には星がある.〔～亮了〕夜が明けた.空が明るくなった. ②一昼夜.〔今～〕きょう.〔明～〕あす. ③日.昼間.〔忙 máng 了一～〕1日中忙しかった.〔休 xiū 了半～假〕半日休んだ.〔冬天～短〕冬は日が短い. ④1日のうちのある時刻.〔～还早呢〕時間はまだ早いですよ.〔～已晚午了〕もう昼です. ⑤季節.〔春～〕春.〔秋～〕秋. ⑥気候.天候.空模様.〔～冷〕天候が寒い.〔好～〕良い天気.〔下雨～〕雨天.〔～不好,要下雨〕空模様がよくない,雨が降りそうだ.〔北边～黑下来了〕北の方に雨雲が出てきた. ⑦自然.天然.人力ではいかんともしがたいもの.〔～灾〕天災.〔～道〕自然の理.天の理. ⑧生まれつきの.天賦の.〔～オ①〕生まれつき持っている優れた才能.天才. ⑨神.造物主.天帝.〔～哪！〕ああ神様.〈転じて〉しまった！〔這是～所使的〕これは神様のおぼしめしだ.〔這是～人所不容的〕これは神も人も許さないことだ. ⑩天国.楽園.〔归～〕天に召される.死ぬ. ⑪〈文〉〔天子〕君王.〔～颜〕皇帝の顔色.皇帝のごきげん. ⑫物の上部(頂部)にあるもの.→〔天棚〕〔天桥〕 ⑬とびきりの.きわめて大きい.〔说得～好不做出来也不行だ〕どんなにうまいことを言っても,実際にやらなければやはりだめだ.→〔天大(的)〕 ⑭量詞.日数を数える.〔一～二十四小时〕1日24時間.〔一周七～〕1週7日. ⑮〈不可欠のもの.頼るとするもの.〔民以食为～〕民は食物を頼みとしている. ⑯〈姓〉天(ﾃﾝ)

天安门 tiān'ānmén 北京旧皇城(故 gù 宫)の正門.〔～广场〕天安門の前にある広場.
天安门事件 tiān'ānmén shìjiàn ①=〔四 sì 五运动〕1976年4月5日,周恩来総理の死を悼み天安門前に集まった大衆が弾圧された事件. ②=〔六 liù 四运动〕1989年6月4日未明の天安門事件:当初は〔反革命暴乱〕とされ,のち〔政治动乱〕(騒乱),〔政治风波〕(紛争)とされる.

1669

tiān 天

天保 tiānbǎo 天然林の保護.
天崩地裂 tiānbēng dìliè 天が落ち,地が砕ける.〈喩〉非常に大きな音または大事変・大変動.
天边(儿) tiānbiān(r) ①空のはて.地のはて.〈喩〉僻遠の地.〔远在〜,近在眼前〕遠いと言えば空のはてにあるとも言えるし,近いと言えば目の前にあるとも言える.②⇒〔天际〕
天变 tiānbiàn 天象に現れる異変:日食など.
天表 tiānbiǎo〈文〉①天外.②帝王の儀容.
天兵 tiānbīng ①回皇帝の軍.王師.②天の神の軍隊.〔〜与神将〕〈喩〉無敵の軍隊.③史太平天国の軍隊.
天禀 tiānbǐng〈文〉生まれつきの資質.
天波 tiānbō =〔空 kōng 间波〕物空中電波.空間波.
天步 tiānbù〈文〉天の運行.時の運.
天不绝人 tiān bùjuérén〈諺〉天は人(の道)を絶つことはない.窮すれば通ずる.
天不怕,地不怕 tiān bùpà, dì bùpà〈成〉向こう見ず.怖いもの知らず.
天不作美 tiān bùzuòměi →〔天公不作美〕
天才 tiāncái ①先天的な優れた才能.②同例の人.天才.→〔天分〕〔天资〕
天蚕 tiāncán 虫ヤママユ.ヤママユガ.〔〜蛾 é〕同前.→〔蓖 bì 麻蚕〕〔野 yě 蚕〕〔柞 zuò 蚕〕
天差地远 tiānchā dìyuǎn〈慣〉天地雲泥の差:〔天悬地隔〕〔天远地隔〕ともいう.
天产 tiānchǎn〈文〉天然の産物.
天长地久 tiāncháng dìjiǔ =〔地久天长〕〈慣〉天地が永久に存在する.情誼が久しく変わらないこと.
天长日久 tiāncháng rìjiǔ〈成〉長い期間を経る.長い日が経ってつのる.
天朝 tiāncháo ①朝廷に対する尊称.②封建王朝の対外的名称.
天车 tiānchē =〔方〕行 háng 车〕工天井走行起重機.走行起重機〔桥 qiáo 式起重机〕.
天成 tiānchéng 天の成せる.天性の.自然にできた.
天秤座 tiānchèngzuò〈文〉天秤座:黄道12宮の一.
天窗 tiānchuāng 天窓.天井の明かり窓.〔打开〜说亮话〕〈喩〉ざっくばらんに話をする.
天垂线 tiānchuíxiàn 垂直線.
天从人愿 tiān cóng rényuàn〈成〉願いどおりになっていく:〔天随人愿〕ともいう.
天打雷轰 tiāndǎ léihōng〈喩〉天罰を受ける:呪いや誓いの言葉.〔麦〕〔击 jī〕〔霹 pī〕ともいう.
天大(的) tiāndà(de) 天ほど大きい.非常に大きい.〔〜谎 huǎng〕〔〜事〕何か事情,我也来承担:途方もないことでもわたしが引きうける.
天道 tiāndào ①天地自然の道理.摂理.②回自然現象の表す吉凶・禍福の兆し.③〈方〉天気.
天敌 tiāndí 天敵.
天底下 tiāndǐxia〈口〉この世.天下.世界:〔天下〕同じに.〔〜竟有这样的事〕世の中にこんなことがあろうとは.
天地 tiāndì ①天地.天と地.〔〜不容〕〈喩〉天地の神が許さない.②人が生きる世界.この世.世の中.→〔乾 qián 坤②〕③状態.地位.場合.〔既到这步〜,挽回是不能的〕こういう状態に立ち至ったからには,挽回は不可能だ.〔别有〜〕変わった境地.→〔田 tián 地②〕
天帝 tiāndì ⇒〔上 shàng 帝①〕
天地会 tiāndìhuì 面民間秘密結社の一.〔三 sān 点会〕〔三合会〕とも称し,支派には〔哥 gē 老会〕〔红 hóng 钱会〕〔小 xiǎo 刀会〕など称されたものもある.〔反清复明〕を宗旨とした.
天地头 tiāndìtóu (書物の)ページの天地.上の空

白部分.→〔天头①〕〔地头〕
天地线 tiāndìxiàn アンテナとアース.→〔天线〕〔地线〕
天地桌 tiāndìzhuō 回天地の神を祭るための供物台:大晦日の晩や元日に庭に設ける.
天电 tiāndiàn 図雷によって発生する電波.空電.
天顶 tiāndǐng 図天頂.頂点.ゼニス.
天端地倪 tiānduān dìní〈成〉天地の境.
天蛾 tiān'é 虫スズメガ.
天鹅 tiān'é 鳥白鳥(総称):〈文〉鹄 hú〕ともいう.〔小〜〕〔短嘴〜〕アメリカハクチョウ.〔大〜〕〔黄 huáng 嘴〜〕オオハクチョウ.〔疣 yóu 鼻〜〕コブハクチョウ.〔〜湖〕白鳥の湖:チャイコフスキー作の曲名.
天鹅绒 tiān'éróng 繊ビロード.ベルベット.〔鹅绒〕〔毛 máo 圈绒〕ともいう.〔丝 sī 绒〕の一種.〔棉〜〕絹ビロード.〔假 jiǎ〜〕〔棉〕〔棉剪绒〕〔棉ビロード.〔薄纱〜〕シフォンベルベット.
天翻地覆 tiānfān dìfù →〔翻天覆地〕
天方 tiānfāng〔阿 ā 拉伯〕(アラビア)の古称:明代,メッカを指した.〔〜教〕イスラム教の古称.〔〜夜 yè 谭〕〔一千零一夜〕アラビアンナイト.〔转〕荒唐無稽な話.
天妃 tiānfēi =〔天后(娘娘)〕航海の女神.船王:俗信で海の神.〔天上圣母〕〔水 shuǐ 天后〕ともいう.〔妈 mā 祖〕の別称.〔〜宫〕〔妈祖廟〕同前を祭る廟.
天分 tiānfèn 先天的な才能.天分.〔〜高〕生まれつき才能が優れている.
天府 tiānfǔ〈文〉天然資源の豊富な地域.〔〜之国〕天然資源の豊富な地:四川省を指す.
天赋 tiānfù〈文〉天から与えられた性質.生来.生まれつきのもの.天賦のもの.→〔天分〕〔天资〕
天干 tiāngān =〔十 shí 干〕〔十母②〕(えと の)十干:すなわち〔甲 jiǎ,乙 yǐ,丙 bǐng,丁 dīng,戊 wù,己 jǐ,庚 gēng,辛 xīn,壬 rén,癸 guǐ〕.→〔地 dì 支〕〔干支〕
天罡 tiāngāng 固天罡星.ⓐ北斗星.ⓑ北斗七星の柄の部分の星.→〔地 dì 煞①〕
天高地厚 tiāngāo dìhòu〈成〉①温情の厚いこと.〔〜之恩〕忘れてはならないこと.②物事の実態の奥深さ.〔不知道天多高地多厚〕奥がどれくらいあるかわからない.
天高皇帝远 tiāngāo huángdì yuǎn〈成〉帝王の力も遠方には及ばないこと:〔山 shān 高皇帝远〕ともいう.
天高气爽 tiāngāo qìshuǎng〈成〉(秋は)天高くさわやかである.
天各一方 tiān gè yīfāng〈成〉(親しい者が)遠く離れ離れになること.
天工 tiāngōng〈文〉天のたくみ.造物主のわざ.
天公 tiāngōng 天.天帝.〔〜不作美,一连下了好几天雨〕お天道さまが意地悪くて,何日も雨が降り続いた:〔〜不做美,…〕ともいう.
天宫 tiāngōng 天帝の宮殿.天宮.
天公地道 tiāngōng dìdào〈成〉極めて公平である.〔生老病死之事〜〕生・老・病・死ということは当たりまえだ.
天沟 tiāngōu 建とい.樋(ヒ)
天狗 tiāngǒu〈文〉①固星の名.②凶神の名.③怪獣の名.
天狗螺 tiāngǒuluó 貝テングニシ.
天鼓 tiāngǔ〈文〉雷鳴.
天光 tiānguāng ①⇒〔天色②〕②日光.天からの日ざし.
天癸 tiānguǐ ①中医生殖機能を促進する一種の物質.②⇒〔月 yuè 经〕

天　　　　　　　　　　　　　　　　　　　　　　　　　　　　　　　　　　tiān

天国 tiānguó ①⇒〔天堂①〕　②〈喩〉理想の世界.
天寒地冻 tiānhán dìdòng 〈喩〉寒さが極めて厳しい.
天汉 tiānhàn ⇒〔天河〕
天旱 tiānhàn 日照り(になる)
天河 tiānhé ＝〔旧 天 汉〕〔长 cháng 汉〕〔长 河 ①〕〔明 míng 河〕〔斜 xié 汉〕〔星 xīng 汉〕〔星 河〕〈文〉银 yín 汉〕〔银 河〕〔云 yún 汉〕天の川.銀河.
天黑 tiānhēi 日暮れ.たそがれ.
天候 tiānhòu 天候.気候.天気.
天后(娘娘) tiānhòu (niángniang) ⇒〔天妃〕
天胡荽 tiānhúsuī 植チドメグサ.
天花 tiānhuā ①〈文〉天の降らす花.〔～乱坠 zhuì〕〈喩〉ありもしない事をもっともらしくしゃべること.②医天然痘:〔白 bái 痘 dòu 疮〕ともいう.〔～接种 zhòng〕種痘.③とうもろこしの雄花の穂.
天花板 tiānhuābǎn ＝〔文 承 chéng 尘〕〔建 天 井 板〕:〔吊 diào 顶〕〔方 仰 yǎng 板〕〔方 仰 棚〕ともいう.→〔顶 dǐng 棚〕〔望 wàng 板〕
天花粉 tiānhuāfěn 中医てんかふん.〔栝 楼〕(トウカラスウリ)の根をつき砕いて製した粉末.単に〔花粉 ②〕ともいう.薬用される.
天荒地老 tiānhuāng dìlǎo〈成〉長い年月を経ていること:〔地老天荒〕ともいう.
天皇 tiānhuáng 〈文〉①三皇の一.②〈転〉天子.
天昏地暗 tiānhūn dì'àn〈成〉天地が暗くなる.〈喩〉政治が腐敗し、社会が混乱するさま:〔天昏地黑〕ともいう.
天火 tiānhuǒ ①〔(落雷など自然に起こった)〕火災.②〔原因不明の〕失火.
天机 tiānjī 〈文〉①天意.②(国家の)重要機密.〔～不可泄漏 xièlòu〕〈成〉天機漏らすべからず.
天极 tiānjí ①＝〔天 边 (儿)〕②天天極〕天球の南北両極.③〈文〉天地のはて.
天际 tiānjì 〔天边〕〔地 pín 线〕天の接する所.〔～线〕地平線:〔地 dì 平线〕に同じ.
天价 tiānjià 最高の価格.破格の高値.
天骄 tiānjiāo 〈文〉北方の少数民族の君主:漢代、匈奴の君主を天の騙子(天のおご高ぶる子)と称したことから.〔天之骄子〕の略.
天尽头 tiānjìntóu 天の端.極めて遠い地方.
天经地义 tiānjīng dìyì 〈成〉天地の大義:不変の道理.〔犯了罪吃官司,这是～的〕罪を犯して訴えられることは、当然のだ〕.
天井 tiānjǐng ①中庭:〔正房 ①〕と〔厢房〕に囲まれた方形の空地.→〔院 yuàn 子〕①〕②建天井の格子状の枠.＝〔天花板〕③〈方〉天窓.明かりとり:吹き抜け(の空間).④⇒〔地 dì 坑院〕
天九(牌) tiānjiǔ (pái) ＝〔牌 九〕〔牛 niú (儿)牌〕数字合わせのカルタ.32枚の牌を4人で遊ぶ.各人8枚ずつ付り牌を出しながら勝負を進める.牌は文・武に分かれ、文牌は天牌が一番強く、武牌は9点が一番強い.故にこの名がある.〔打～〕〔押～〕同前をする.
天咎 tiānjiù 〈文〉天帝のとがめ.天変地異.
天克地冲 tiānkè dìchōng 〈喩〉干支(ぇ)が相剋し衝突する:星回りが非常に悪い.
天空 tiānkōng 大空.天空.〔～实验室〕宇宙実験室.〔海阔 kuò〕(空)〕大空や海のように広々としている.〈転〉(文章や考えの)自在で伸びやかなこと.→〔太 tài 空〕
天籁 tiānlài 〈文〉自然の音.
天蓝 tiānlán 色空色(の).
天狼星 tiānlángxīng 天シリウス.天狼(ぅ)星.〈喩〉残虐な侵略者.
天朗气清 tiānlǎng qìqīng〈成〉天気清朗.

天老爷 tiānlǎoye 〈口〉お天道様.天の神様:〔老天爷〕に同じ.
天老儿 tiānlaor 白子(どう):〔天 255 儿〕とも書いた.〔白 bái 化病 ②〕(アルビノ)の俗称.
天理 tiānlǐ ①〈文〉自然の定まった理.〔～报应〕自然の理である.因果応報.②(宋代の理学で)客観的道德規範.
天理教 tiānlǐjiào 宗〔白 莲 教〕の一派で〔八 bā 卦教〕ともいう.清の嘉慶年間に全中国に広がり、同18年反乱を起こして滅ぼされた.
天良 tiānliáng 〈文〉(生まれつき持っている)良心.〔丧尽～〕良心のかけらまで失う.
天亮 tiānliàng 夜明け(になる).〔快～了〕もうすぐ夜が明ける.
天量 tiānliàng 圏(株式市場で)最高額.巨額.
天灵盖 tiānlínggài 頭頂骨の俗称:〔头 tóu 顶骨〕に同じ.
天鹨 tiānliù ⇒〔云 yún 雀〕
天聋地哑 tiānlóng dìyǎ 〈成〉極めて愚かな二人が対をなすこと.
天禄 tiānlù 〈文〉天から授かった福禄.〔～大夫〕酒の別称.
天伦 tiānlún 〈文〉①自然に定まった人と人とのつながり.秩序.②家族間の絆(き).〔共聚～之乐 lè〕楽しく一家団欒(んく)する.③自然の摂理.
天罗地网 tiānluó dìwǎng〈成〉天地四方に覆いかぶさった網.〈喩〉包囲が厳重で逃れることのできない状態.
天麻 tiānmá ①植オニノヤガラ.②中医天麻(え).同前より製し頭痛・中風に効がある.〔仙 xiān 人脚〕ともいう.
天马 tiānmǎ ①圏(大宛国に産出する)良馬.駿馬:〔汗 hàn 血②〕.〔～行 xíng 空〕〈成〉天馬空(ぅ)を行く.④自由奔放なこと.⑤軽佻浮薄なことや現実離れの話をすること.②⇒〔螳螂 táng 螂〕③ペガサス.
天马皮 tiānmǎpí →〔沙 shā 狐〕
天门 tiānmén 〈文〉①天宮の門.②宮殿の門.③生理額の中央.眉間(さ).＝〔盖 gài〕ひよめき.→〔凶 xìn 门〕④宗(道教で)心.
天门冬 tiānméndōng 植クサスギカズラ.テンモンドウ:ユリ科.〔天冬草〕は別称.根は〔天冬〕と称し強壮剤となる.
天门精 tiānménjīng ⇒〔天名精〕
天明 tiānmíng ＝〔天亮〕
天名精 tiānmíngjīng ＝〔天 门 精〕〔地 di 菘〕〔豕 shǐ 首〕〔文〉玉 yù 门精〕ヤブタバコ:果実を〔鹤 hè 虱〕といい、駆虫剤とする.
天命 tiānmìng〈文〉①天然の法則.②天の意志.〈転〉天命.
天幕 tiānmù ①大空.蒼穹(きう).②劇(舞台後方の空色の)垂れ幕:空のように見える.
天南地北 tiānnán dìběi ＝〔天南海北 ①〕〈成〉①距離が遠く隔たっていること.②あちらこちら.〔一地聊 liáo〕とめどないよもやま話をする.
天南海北 tiānnán hǎiběi ①同上.②地天津・南京・上海・北京.
天南星 tiānnánxīng〔虎 hǔ 掌〕植テンナンショウ(総称):塊茎は薬用され、毒性がある.→〔斑 bān 杖①〕
天年 tiānnián ①天然自然の寿命.天寿.〔尽其～〕寿命をまっとうする.②その年の運勢.
天牛 tiānniú ＝〔桑 sāng 牛〕圏カミキリムシ:幼虫は〔蛴 qiú 螬〕、〔锯 jù 树郎〕といい樹木の害虫.
天怒人怨 tiānnù rényuàn〈喩〉極悪非道のしわざが天・人ともに恨まれること.

tiān 天

天女木兰 tiānnǚ mùlán 植 オオヤマレンゲ.ミヤマレンゲ:〔天女花〕ともいう.

天女散花 tiānnǚ sànhuā 〈喩〉雪や花びらが降りしきるさま.

天疱疮 tiānpàochuāng 医天疱瘡:皮膚または粘膜に水疱を生ずる病気(総称).→〔水 shuǐ 痘〕

天棚 tiānpéng ①=〔凉 liáng 棚①〕〔木 mù 天①〕日除け棚:中庭から屋根まですっぽり覆ってしまう大がかりなものもある.→〔白 bái 棚〕 ②⇒〔顶 dǐng 棚〕

天平 tiānpíng 天秤(びん).〔调 tiáo 剂〜〕調剤用天秤.〔杆 gǎn 秤〕

天气 tiānqì ①天気.〔〜图 tú〕天気図.〔〜预 yù 报〕天気予報. ②〈方〉一日のある時刻.〔〜不早了〕もうおそい時間になった.

天堑 tiānqiàn 天険.天然の塹壕.〔长 cháng 江〜〕長江という天険.

天桥 tiānqiáo ①陸橋かけばしご:攻城の具. ②架空橋.梁木:体操具の一種. ③陸橋.跨線橋.歩道橋.〔人行〜〕同前.

天琴座 tiānqínzuò 因琴座.

天青 tiānqīng 色紺色(の):〔绀 gàn〕に同じ.〔〜石〕鉱天青石.セレスタイト.

天穹 tiānqióng 穹窿(半球型に大地を覆う)天空.

天球 tiānqiú 天球.

天球仪 tiānqiúyí 因天球儀:日月星辰を円球の上に表示した天体儀.→〔浑 hún 象〕〔浑仪〕

天衢 tiānqú 〈文〉京師の大通り.京師.京都.

天趣 tiānqù 〈文〉天然の風趣.自然の趣.

天阙 tiānquè 〈文〉①天上の宮殿. ②天子の居.京師.

天然 tiānrán 天然(の).自然にある.〔〜屏障〕天然の障害.〔〜痘 dòu〕医天然痘.〔〜果实〕因天然に生ずる果実:〔法定果实〕に対していう.〔〜林〕自然林.〔〜免 miǎn 役〕医自然免疫.〔〜气〕天然ガス.〔〜气井〕天然ガス坑井.〔〜食品〕無農薬食品.〔〜丝 sī〕天然生糸.〔〜橡 xiàng 胶〕天然ゴム.↔〔人 rén 工①〕〔人造〕

天壤 tiānrǎng 〈文〉①天と地.〔〜之间〕〈成〉天と地との間. ②天上と地下.〈喩〉差の極めて大きなこと.〔〜之别〕〈成〉雲泥の差.月とすっぽん.→〔天渊〕

天人 tiānrén 〈文〉天と人.〔〜合一〕〈成〉天人合一.

天日 tiānrì ①天と太陽.陽の光.光明.〔不见〜〕〔〜无光〕天日暗し:太陽が光を失って世が闇になる.〔重 chóng 见〜〕再び天日を見る.〔〜可质 zhì〕〈成〉天に誓ってやましい所はない. ②一定の時間.

天色 tiānsè ①空の色合い.様子.空模様.〔看〜怕要下雨〕この空模様ではひと雨来そうだ. ②=〔方〕天光①〕ころあい.時間.〔〜已晚〕時間はもう遅い.〔〜尚早〕時間はまだ早い.

天杀的 tiānshāde 〈罵〉死に損ないめ.

天上 tiānshàng 天上.空.〔〜不掉馅儿饼〕〈諺〉天からぼたもちは落ちてこない.〔〜人间〕〈成〉天上と人間界.〔〜一句地下一句〕話が一貫しない.それで要領を得ない.〔〜无云不下雨〕〈喩〉何事も成就するには条件がいる.〔〜无路无人走〕〈諺〉宝の持ちぐされ.

天上圣母 tiānshàng shèngmǔ ⇒〔天妃〕

天神 tiānshén 神話中の神:〔神天〕に同じ.〔〜地祇 qí〕天地の神々.

天生 tiānshēng 天然の.自然に生じた.生まれつきの.〔〜地长 zhǎng〕同前.

天师 tiānshī 〈文〉道術を心得た人. ②漢の張道陵に対する尊称.〔张〜〕同前.→〔五 wǔ 斗米道〕

天时 tiānshí ①〈文〉天から与えられた好機.時機.〔〜不如地利,地利不如人和〕天の時は地の利にしかず,地の利は人の和にしかず. ②気候.天候.③時刻.ころあい.

天使 tiānshǐ ①天使.エンゼル.〔白衣〜〕〈喩〉白衣の天使.〔小〜〕〈喩〉可愛い子供. ②〈文〉天子の派遣した使者.

天寿 tiānshòu 天寿.→〔天年①〕

天书 tiānshū ①神仙が書いたとされる書物や手紙. ②〈喩〉難解な文字または文章. ③固皇帝の書いた詔書.

天枢 tiānshū ①固璇(せん)星.北斗七星の第一星. ⑤北極星. ②〈文〉国の中央(政権). ③中医経穴の一.

天鼠屎 tiānshǔshǐ ⇒〔夜 yè 明砂〕

天数 tiānshù 天の定めた運命.

天塌 tiāntā 天が崩れ落ちる.〈喩〉大事件が起こる.〔〜地陷 xiàn〕〈喩〉天地も崩れるほどの大災難・大事件が起こること.〔〜砸 zá 众人〕天が落ちて来れば皆のものが打ち砕かれる.〈喩〉一たび事が起これば利害は一つだ.〔〜了有大汉顶着〕天の落ちるような大事件があっても,それを支える大男がいる.〈喩〉いたずらに心配するな.

天台乌药 tiāntái wūyào 植ウヤク:〔乌药〕ともいう.

天坛 tiāntán 天壇(だん):明・清代に皇帝が天を祀り豊年を祈るため北京の永定門内に建造された建造物.〔圜 yuán 丘〕〔祈 qí 年 殿〕〔皇 huáng 穹〕から成る.→〔地 dì 坛〕〔日 rì 坛〕

天堂 tiāntáng ①=〔天国①〕因天国.〔〜地獄〕极楽と地獄.↔〔地 dì 狱①〕 ②〈喩〉パラダイス.楽園.〔上有〜,下有苏杭〕天には極楽浄土があり,地には蘇州・杭州がある:蘇州と杭州の美しさをいう. ③(骨相学で)額から上.〔天中②〕

天梯 tiāntī ①〈文〉天に昇るはしご:山道の険しさの形容. ②高い建物・設備に設置されたはしご.

天体 tiāntǐ 因天体.

天天 tiāntiān 〔一儿〕毎日:〔每 měi 天〕に同じ.〔好好学习,〜向上〕よく学び日に日に向上しよう.

天田星 tiāntiánxīng ⇒〔灵 líng 星〕

天条 tiāntiáo 天の定めた法.天上の法律. ②因太平天国の禁令.

天庭 tiāntíng ①(人相学上で)眉と眉の間.眉間.〔〜饱满〕額が広々とした貴人の相.→〔地 dì 阁〕 ②(神話で)天の神の宮廷. ③帝王の朝廷.

天头 tiāntóu ①書物の上部余白:〔顶 dǐng 眉〕ともいう.〔〜地脚〕〔天地头〕書籍の上下の余白.→〔书 shū 顶〕 ②〈方〉天気.気候.〔他不怕〜凉〕彼は寒がりではない. ③〈方〉大空.

天外 tiānwài 天外.〔神游〜〕〈喩〉天上で遊ぶ心地.〔〜有天〕上には上がある:人の想像を超えたレベルや境地があること.

天王 tiānwáng ①天子. ②因太平天国の領袖洪秀全の称号. ③神話中の天の神.〔〜老子 lǎozi〕天の神の父王:至尊至上の権威.

天王星 tiānwángxīng 因天王星.

天网 tiānwǎng 〈喩〉天罰.〔〜恢 huī 恢,疏而不漏 lòu〕(老子)天網は大にして疎ではあるが罪悪は必ずこれを罰して漏らすことはない.

天威 tiānwēi 〈文〉①天帝の威厳. ②君主の威厳.

天文 tiānwén ①=表\[天文時計.〔〜单位〕因天文単位:地球と太陽との距離をいい,これを太陽内の距離単位に用いる.〔〜馆〕天文科学館.〔〜数字〕天文学的数字.〔〜算法〕天文算法.〔〜台〕天文台.〔〜学〕天文学.〔〜远望镜〕天体望遠

天 tiān

天物 tiānwù 〈喩〉天の与えたあらゆる物.〔暴殄 bào tiǎn 〜〕〔成〕もったいないことをする.天から与えられたものをみだりに損なう.

天下 tiānxià 世界(全体).国中(の統治権).世の中.〔打 dǎ 〜〕天下をとる.〔扫灭群雄,得了〜〕群雄をなぎ倒して天下をとった.〔〜大乱〕天下大いに乱れる.〔〜奇闻〕前代未聞のばかげたもの(こと).〔〜太平〕天下泰平.〔〜本无事,庸人自扰之〕〈諺〉世の中はもともと無事なのだが凡人が自らこれを乱す.〔〜为公〕天下は公のもの.〔〜乌鸦一般黑〕〈諺〉悪いやつはどこでも同じように悪い:〔乌鸦〕は〔老 lǎo 鸹〕ともいう.〔〜无难事,只怕有心人〕〈諺〉〜無難事,只要肯登攀 pān〕〈諺〉やろうと決心すれば世の中には難しいことはない.〔〜无双 shuāng〕天下に二つとない.

天仙 tiānxiān 〈喩〉美女.
天仙子 tiānxiānzi ⇒〔莨 làng 菪〕
天险 tiānxiǎn 天然の要害.
天线 tiānxiàn アンテナ.空中線.〔抛物面〜〕〔抛 pāo 物线形среди〕パラボラアンテナ.〔铁塔〕鉄塔アンテナ.→〔地 dì 线〕

天香 tiānxiāng ①〈文〉①(天からの)香気. ②香(^う).〔烧〕香をたいて天を祭ること. ③天生の美貌.〔〜国色〕〔国色〜〕同前.④牡丹(ば)の別称.
天象 tiānxiàng ①〔乾 qián 象图〕天象の現象. 〔〜仪 yí〕プラネタリウム.〔〜厅〕同前の施設.②天の模様.空もよう.
天晓得 tiānxiǎode ⇒〔天知道〕
天蝎座 tiānxiēzuò 〈文〉さそり座:黄道十二宫の一.
天心 tiānxīn ①〈文〉天帝の心. ②〈文〉天の中央.③〔摆 bǎi 轴①〕
天幸 tiānxìng 〈文〉意外な幸運.天の助け.
天性 tiānxìng 生まれつきの性格.天性.本性.
天雄 tiānxióng ⇒〔乌 wū 头①〕
天悬地隔 tiānxuán dìgé ⇒〔天差地远〕
天旋地转 tiānxuán dìzhuàn 〈喩〉①(局面の)重大な変化. ②天がぐるぐる回る(目まい). ③大騒ぎをする.
天涯 tiānyá 天地のはて.〔〜地角〕〔〜海角〕海角互いに遥か遠くへだたっていること.
天涯咫尺 tiānyá zhǐchǐ ⇒〔咫尺天涯〕
天阉 tiānyān (男子の)生殖器の発育不全.
天眼 tiānyǎn 〔阁〕(仏教で)天眼:遠近・前後・内外・上下・昼夜などすべてを見通し得る目.肉眼に対していう.〔通〕〔千 qiān 里眼〕同前の目を持っているもの. ②〈文〉月や太陽:天の目.
天演 tiānyǎn 〔旧〕(万物自然の)進化.〔〜论〕進化論.
天爷 tiānyé ⇒〔老 lǎo 天爷〕
天衣 tiānyī 〈文〉①天子の御衣. ②仙人の衣服.〔〜无缝 fèng〕〈成〉天衣無縫:技巧が完璧で一点のすきもないこと.
天意 tiānyì ①天の意志.造化の心. ②自然の法則.
天鹰座 dàyīngzuò 〔阁〕わし座:牵牛星を含む星座.
天有不测风云 tiān yǒu bùcè fēngyún 〔諺〕天には不測の風雲が起こる:すべて物事には不測の事態があるものだ.〔〜,人有旦夕祸福〕同前で,人には思い掛けない禍福がある.
天宇 tiānyǔ ①〈文〉天下. ②帝都. ③天空.〔歌声响彻〜〕歌声が空に響きわたる.
天与人归 tiān yǔ rén guī 〈成〉天意も人心も皆そう.
天渊 tiānyuān 〈文〉天と深淵.〔〜之别〕〔判 pàn 若〜〕〔相去〜〕天地の差.→〔天壤②〕

天缘 tiānyuán 天然の機縁.〔〜巧 qiǎo 合〕神の引き合わせ.
天远地隔 tiānyuǎn dìgé ⇒〔天差地远〕
天运 tiānyùn ①運命. ②天体の運行.
天灾 tiānzāi 天災.自然災害.〔〜人祸〕天災人災.〔〜病业〕〈方〉天災と病気:どうにもしかたのないもの.
天葬 tiānzàng 鸟葬〔鸟 niǎo 葬〕に同じ.
天造地设 tiānzào dìshè 天然自然にできている.〈喩〉少しも無理なく自然に成就すること.〔〜的好地方〕自然条件の理想的なところ.
天真 tiānzhēn ①無邪気である.あどけない.〔〜无邪〕〔〜烂 làn 漫〕天真爛漫. ②単純である.お人よしである.幼稚である.浅はかである.〔你要以为你去跟他一谈,他就会赞成,也许有些过于〜了吧〕もし彼に話せば彼はすぐ賛成するだろうと思ったら,それは考えがあまりにも甘すぎるようだぞ.
天知道 tiānzhīdao 〔天晓得〕神のみぞ知る.誰も知らない.〔〜他在那儿待了多久〕彼がそこにどれほど留まったか,誰もわからない.
天之骄子 tiān zhī jiāozǐ ①神の寵児.〈喩〉並みはずれた幸運児.②〔天骄〕
天职 tiānzhí 天職.
天中 tiānzhōng ①〈文〉天の中央. ②(骨相学で)額の上部.→〔天堂③〕
天轴 tiānzhóu ①〔工〕原軸(^じ)回り.伝動軸系.→〔单 dān 独马达传动〕②〔阁〕地軸を両方に伸ばしてできる直線)
天诛地灭 tiānzhū dìmiè 〈成〉天地の誅伐を受ける.天地と相容れない:呪いや誓いの時言う.〔人不为己,〜〕人は自分のために為さないならば同前:利己的人生観のたとえ.
天竹 tiānzhú →〔南 nán 天竹〕
天竺 tiānzhú =天竺(^じ)〔身 yuán 毒〕は漢代におけるインドの古称.→〔印 yìn 度〕
天竺桂 tiānzhúguì =〔山 shān 桂〕〔月 yuè 桂②〕〔阁〕ヤブニッケイ:薬用される.
天竺葵 tiānzhúkuí 〔阁〕テンジクアオイ:ゼラニウムの一種.〔日 rì 红〕〔石 shí 蜡 红〕〔石 辣 红〕〔洋 yáng 葵〕〔洋绣球〕ともいう.
天竺鼠 tiānzhúshǔ =〔荷 hé 兰 猪〕〔豚 tún 鼠〕テンジクネズミ:愛玩用また実験用のいわゆるモルモット.→〔土 tǔ 拨鼠〕
天主 tiānzhǔ 〔阁〕(カトリック教の)神.天主.〔〜堂〕(カトリック教の)教会堂.聖堂.→〔上 shàng 帝③〕
天主教 tiānzhǔjiào =〔加 jiā 特力教〕〔罗 luó 马公教〕カトリック教:〔旧 jiù 教〕に同じ.→〔基 jī 督教〕
天姿 tiānzī 〈文〉①天生の姿態.生まれながらの美しい姿.〔〜国色〕絶世の美人. ②生まれながらの素質.
天资 tiānzī 生まれつき.素質.天賦の性質.
天子 tiānzǐ =〔官 guān 家〕〔万 wàn 乘〕天子.皇帝.
天字第一号 tiānzì dìyīhào ①の一番:千字文の冒頭が〔天地玄黄〕で始まっているところから. ②〈转〉最上である.天下一.〔他是会长面前〜的彼は会長の一番のお気に入りだ.
天字弯 tiānzìwān ⇒〔三 sān 通②〕
天足 tiānzú 〔旧〕缠足(^ち)に対する,自然の足.〔汉 hàn 装②〕とも.〔〜大 dà 脚②〕
天尊 tiānzūn 〔阁〕①(道教の)神の尊称. ②(仏教で)仏.
天作之合 tiān zuòzhīhé 〈成〉天意による結合:良縁.婚姻.

tiān~tián 添贴田

[添] tiān
①加える.添える.足す.〔不够再~上吧〕足りなければ足しましょう.〔~购 gòu〕追加購入する.〔再~三十台机器〕機械をもう30台増やす.②子供を生む.〔他家里~了一个孩子〕彼の家では子供が生まれた.③〈姓〉添(ẋ).

添办 tiānbàn 商品を仕入れる.

添膘儿 tiānbiāor =〔贴 tiē 膘〕〈方〉肉づきがよくなる.

添补 tiān·bǔ ①補充(する).〔~点儿衣裳〕服を少し買い足す.②金銭で助力する.〔我每月得~他点儿〕わたしは毎月彼にいくらか補助してやらねばならない.

添彩 tiāncǎi 光彩を添える.輝きを加える.

添仓 tiāncāng ⇒〔填 tián 仓〕

添丁 tiāndīng 〈旧〉〈男の〉子供が生まれる.

添堵 tiāndǔ ①ふさぐ程度を強める.②〈口〉不愉快になる(にさせる).(気分が)むかむかする(させる)

添房 tiānfáng ⇒〔箱〕

添坟 tiānfén =〔填 tián 坟〕墓の土饅頭の頭に土をかけ墓参のしるしとする.〔清明节家家都要上坟地~〕清明節にはどの家でも皆同前.

添火 tiānhuǒ ①部屋に火を入れる.暖房する.②ストーブに燃料を入れる.→〔生 shēng 火①〕

添加 tiānjiā 増やす.添加する.〔人工~剂 jì〕人工添加物.

添乱 tiānluàn 〈口〉面倒を増やす.世話を焼かせる.〔不要叫他,他光会给我们~〕彼を呼ぶな,彼は足手まといになるだけだ.

添麻烦 tiānmáfan 面倒をかける.〔给她们添了很多麻烦〕彼女たちに大変面倒をかけた.

添盆 tiānpén 〈旧〉〈子供が生まれて三日目の〔洗 xǐ 三〕の祝いの時,親戚や友人がその子の前途を祝福して〉たらいの中へ銅銭などを投げ込んで贈ると.

添色 tiānsè 色どりを添える.

添设 tiānshè 増設する.

添箱 tiānxiāng =〔添房〕〔填 tián 箱〕〈旧〉花嫁に親戚・友人などが贈り物をすること.またその贈り物.→〔箱底(儿)①〕

添油加醋 tiānyóu jiācù 〈成〉話にあることないこと加えて話を大きくする.〔他本来就在发火,你还在旁边~〕彼はもともと腹を立てているのに,君は脇からたきつけている.→〔添枝加叶〕

添枝加叶 tiānzhī jiāyè =〔加 jiā 枝添叶〕〔有 yǒu 枝(儿)加(儿)〕〈成〉尾鰭をつける.〔他向来是爱~地夸大其词〕彼はもとから尾ひれをつけて大げさに言いたがる.〔屁大的事也会~地给传出来〕何でもないことでも尾ひれをつけて言いふらされる.

添置 tiānzhì 買い入れる.〔~家具〕家具を増やす.

添砖加瓦 tiānzhuān jiāwǎ 〈成〉れんがや瓦を加える.大きな仕事を完成させるのに,ささやかな貢献をする.〔为国家的经济建设~〕国の経済建設のために微力を尽くす.

添作 tiānzuò …をとって…にする.〔用昨夜的两颗星星,~今晨的一双眼睛〕昨夜の二つの星をとって今朝の目にする.〔二一~五〕二一添作の五:旧式珠算の割り算の九九.二一をはらって桁の上に五を置くこと.→〔小 xiǎo 九九①〕

[貼] tiān
〔~鹿 lù〕〈動〉ファロージカ:黄褐色で普通の鹿より小さく,角の上半は手のひら状である.

[田] tián
①田.畑.耕地.〔水~〕水田.〔旱 hàn ~〕畑.〔耕 gēng ~〕〔种 zhòng ~〕田を耕作する.〔耕者有其~〕耕す者が田畑を所有する.②地下資源の埋蔵地域.〔煤 méi ~〕炭田.〔油~〕油田.〔气~〕天然ガス田.③〈文〉狩猟をする.〔败〕に同じ.〔以~以渔〕狩りをしたり魚を捕ったりする.④〈姓〉田(ẋ).

田岸 tián'àn 〈方〉田畑のあぜ.

田边 tiánbiān =〔地 dì 边〕田畑のへり.〔~地角〕田畑の隅.

田鳖 tiánbiē 〈虫〉タガメ:水田や池・沼に棲む水生昆虫.

田产 tiánchǎn (不動産としての)田畑.

田塍 tiánchéng =〔埂〕〈方〉田畑のあぜ.田のくろ.

田畴 tiánchóu 〈文〉田地.田畑.

田地 tiándì ①田畑.耕作地.②〈転〉物事の段階.状態.立場.〔既闹到这步~,就不可挽回了〕この段階に来てしまったからには,とても挽回は不可能だ.→〔地步〕〔天 tiān 地③〕 ③〈白〉道のり.距離.

田赋 tiánfù =〔钱 qián 粮〕〈旧〉田畑の税.土地税.

田埂 tiángěng =〔田坎〕田のあぜ.〔塍〕に同じ.

田黄 tiánhuáng 福建省寿山郷に出る濃黄色で半透明体の美石:印章に用いる.→〔寿 shòu 山石〕

田鸡 tiánjī ①食用の〔青 qīng 蛙〕(トノサマガエル)の通称.また〔虎 hǔ 蚊蛙〕(トラフガエル),〔金线蛙〕(ブランシーガエル)などを含めていう場合もある.→〔蛙 wā〕 ②=〔秧 yāng 鸡〕

田鸡炮 tiánjīpào ⇒〔臼 jiù 炮〕

田家 tiánjiā 農家.

田假 tiánjià 〈旧〉農繁期の休暇.

田间 tiánjiān ①田畑.耕作地.〔~工作〕農耕作業.〔~管理〕耕地の手入れ.②〔~劳动〕野良仕事.②農村.

田径 tiánjìng 〈又〉陆上競技:〔田〕はフィールド,〔径〕はトラック.〔~运动〕トラックアンドフィールド.〔~跑道自行车场〕自転車のトラックレース.〔~队〕陸上競技チーム.〔~赛 sài〕陸上競技試合(総称):〔长,短距离赛跑〕(長・短距離競争),〔高栏〕(ハイハードル),〔低栏〕(ハードル)などを〔径赛〕という.〔跳高〕(走り高とび),〔跳远〕(幅とび),〔掷铅球〕(ハンマー投げ),〔掷铁饼〕(円盤投げ)などを〔田赛〕という.

田坎 tiánkǎn ⇒〔田埂〕

田连阡陌 tiánlián qiānmò 〈文〉田畑が南北の道に連なって広がる:広々した農地の展開するさま.多くは富裕な地主が広い土地を持っていること.

田猎 tiánliè 〈文〉猟をする.

田鹨 tiánliù 〈鳥〉タヒバリ.

田垄 tiánlǒng 田のあぜ.①畑のうね.

田螺 tiánluó 〈魚〉タニシ:〔田青〕は別称.

田亩 tiánmǔ 田畑.

田七 tiánqī ⇒〔三 sān 七①〕

田契 tiánqì 地券状.土地所有証書.土地売買契約書.

田青 tiánqīng ⇒〔螺〕

田缺 tiánquē 〈方〉田畑の水路の出し口.〔开~〕田畑の灌漑水を通す.

田赛 tiánsài 〈又〉フィールド競技.→〔田径赛〕

田舍 tiánshè 〈文〉①田地と建物.②農村.①農家.村の家.

田鼠 tiánshǔ 〈動〉ノネズミ.ハタネズミ:〔野 yě 鼠〕ともいう.

田头 tiántóu ①田畑.野良.②田畑のそば.

田野 tiányě 田野.野外.〔列车穿过~,奔向远方〕列車は田野をつきぬけて遠方へ走り去る.〔~考古〕考古学のフィールドワーク.〔~工作〕野外の仕事.

田园 tiányuán 田園.田舎.〔~风光〕田園風景.〔~诗〕田園詩.〔~化〕田園化.

田月桑时 tiányuè sāngshí 〈文〉農繁期.

田主 tiánzhǔ 田畑の所有者.地主.

田佃畋钿恬甜湉菾填 **tián**

田庄 tiánzhuāng ①旧(官僚や地主の所有する)農園.荘園. ②農村.村落. ③〈方〉農家.
田字草 tiánzìcǎo 囶デンジソウ:〔蘋 pín〕に同じ.
田租 tiánzū 田畑の租税.小作料.年貢.〔佃 diàn 户给地主缴 jiǎo ~〕小作人が地主に年貢を納めた.

〔**佃**〕 tián 〈文〉①農作(をする).〔~作 zuò〕同前. ②狩猟(をする):〔畋〕に同じ.
→ diàn

〔**畋**〕 tián 〈文〉狩猟する:〔佃〕②〔田〕③に同じ.〔~猎 liè〕田猟同前.

〔**钿・鈿**〕 tián 〈方〉①硬貨.〔铜 tóng ~〕銅貨.金銭.〔洋 ~〕銀貨. ②現金.金額.費用.〔几 ~〕いくらですか.〔车 ~〕乗車賃. → diàn

〔**恬**〕 tián 〈文〉①安らかである.静かである. ②平然としている.全く気にかけない.〔不为怪〕平気でおかしいとも思わない. ③淡泊である.無欲である.

恬不知耻 tián bùzhīchǐ 〈成〉厚かましい.恥を知らない.〔那个人脸皮太厚,真是~〕彼の面の皮はひどく厚い,まったく恥知らずだ.
恬淡 tiándàn ①〈文〉あっさりして私欲のないこと.〔~寡欲〕同義. ②平和で静かである.
恬静 tiánjìng 静かで落ち着いている.
恬然 tiánrán 〈文〉全く気にかけないさま.〔处之~〕平然としている.
恬适 tiánshì 静かで心地よい.
恬退 tiántuì 〈文〉さっぱり人に譲ること.

〔**甜**〕 tián ①甘い.甘い味がする.〔这个~瓜不很~〕このまくわ瓜はあまり甘くない. ②楽しい.心地よい.〔我们的日子现在可~多了〕我々の生活は今はずっと幸せになった.〔话说得很~〕話がなかなかうまい.〔睡得真~〕心地よく眠る.

甜不丝儿 tián bùsīr 〈方〉甘くてうまい:〔方〕甜不唧儿〕ともいう.
甜菜 tiáncài ①囶サトウダイコン.テンサイ.またその根:〔糖 táng 萝卜〕は通称.〔菾菜〕とも書いた.〔~糖〕甜菜糖.ビート糖. ②甘い味つけの軽い料理.→〔酒 jiǔ 席②〕
甜橙 tiánchéng 囶スイートオレンジ:〔广 guǎng 柑〕〔广橘〕は別称.
甜点 tiándiǎn 甘い菓子.甘いデザート.
甜甘草 tiángāncǎo 薬材の〔甘草〕の通称.
甜秆 tiángǎn 〔一儿〕〈方〉サトウキビ.甘いトウモロコシの茎.
甜甘 tiángān 〈方〉人あたりがいい.
甜高粱 tiángāoliáng ⇒〔芦 lú 粟〕
甜歌 tiángē 〈喩〉甘美な歌(声)
甜瓜 tiánguā 〔香 xiāng 瓜〔儿〕〕〔蜜 mì 瓜〕囶①マクワウリ. ②(マスクメロン)
甜活儿 tiánhuór 楽でうまい稼ぎのある仕事.
甜酱 tiánjiàng ⇒〔甜面酱〕
甜椒 tiánjiāo 辛みの弱い品種のとうがらし:〔柿 shì 子椒〕(ピーマン)や〔青 qīng 椒⑤〕(シシトウガラシ)
甜津津 tiánjīnjīn ⇒〔甜丝丝〕
甜酒 tiánjiǔ 甘酒.また甘味の強い酒類.
甜美 tiánměi ①甘くておいしい.甘美である.〔这种苹果水気が多くて甘い.〕このリンゴは水気が多くて甘い. ②心地よい.楽しい.〔睡了一个上午觉,心地よい昼寝をした.〔她朝我一地一笑,我的心都要醉了〕彼女は悩ましげにわたしに笑いかけたのでぼーっとなってしまった.
甜蜜 tiánmì 心地よい.楽しい.〔~的回忆〕甘い思い出.〔~蜜地睡了一觉〕ぐっすり一眠りした.
甜面酱 tiánmiànjiàng ⇒〈方〉甜酱〕〔面酱〕囶甘そ:小麦粉を発酵させ蒸しあげてつくる.
甜腻 tiánnì 甘くてくどい.
甜食 tiánshí 甘い食品.デザート.
甜润 tiánrùn 甘くてうるおいがある.〔~的歌声〕甘い歌声.
甜食 tiánshí 甘い菓子.
甜爽 tiánshuǎng 甘くさわやかである.〔~的味道〕甘くさっぱりした味.
甜水 tiánshuǐ 飲料に適した水.〔~井〕よい水の井戸.飲料水用の井戸.↔〔苦 kǔ 水①〕
甜睡 tiánshuì 熟睡(する)
甜丝丝 tiánsīsī 〔甜津津〕〔甜滋滋〕①甘みがある.〔这种饼干~的,倒不难吃〕このビスケットは薄甘い味で,まあまずくもない. ②幸福なさま.〔心里~的〕(幸せで)心が温かい.
甜头(儿) tiántou(r) ①(かすかな)甘味.おいしさ. ②(物事の)妙味.味.うまみ.うまい汁.〔尝 cháng 出~来了,还想要呢〕味をしめてきてもっとほしいと言うんだ.〔这是苦买卖没一点~〕これは苦しい商売で,少しもうまみがない.
甜味剂 tiánwèijì 甘味料:特にサッカリンを指す.
甜香 tiánxiāng 甘くて芳しい香り.〔~酒〕〔利 lì 久酒〕リキュール.
甜心 tiánxīn 旧恋人:スイートハートの訳.
甜馨 tiánxīn 甘くていい香りがする.甘くて味がよい.
甜言 tiányán 甘言.〔~蜜 mì 语〕〔~美 měi 语〕〔甜嘴蜜舌〕〈成〉甘い言葉.
甜叶菊 tiányèjú 囶ステビア(菊科植物).〔~甘 gān〕ステビオサイド.
甜玉米 tiányùmǐ 囶スイートコーン.
甜滋滋 tiánzīzī ⇒〔甜丝丝〕
甜嘴蜜舌 tiánzuǐ mìshé ⇒〔甜言蜜语〕

〔**湉**〕 tián 〔~~〕〈文〉水の流れの安らかなさま.

〔**菾**(**菾**)〕 tián

菾菜 tiáncài ⇒〔甜菜〕

〔**填**〕 tián ①(穴やくぼみなどを)詰める.うずめる.ふさぐ.〔坑即~上土〕穴に土を詰める.②(空欄に)記入する.〔头一栏要~姓名〕最初の欄には姓名を記入する.〔漏 lòu ~了年月〕年月を書き落とした. ③(空席や欠損などを)補充する.埋める.

填报 tiánbào 文書に必要事項を記入して報告する.
填表 tiánbiǎo 表に記入する.
填补 tiánbǔ うずめ補う.〔~缺额〕欠員を補充する.〔~空白〕空白をうめる.
填仓 tiáncāng ＝〔添 tiān 仓〕旧旧歴正月の25日を〔~节〕と言い,その日に倉に少し食糧を足して当年の豊作を祝う習わし.
填充 tiánchōng ①＝〔装 zhuāng 填〕詰める.詰めてふさぐ.〔~物〕 ②＝〔填空②〕〔填空〕穴埋め(式問題).一句の中の空白欄を埋めるやり方.
填词 tiáncí 楽府(樂)から変化した一種の詞曲.一定の譜に基づきそれに合致した〔词韵平仄の字を填入して譜文を作ること.その韻文を〔词〕〔长 cháng 短句〕〔诗 shī 余〕などという.
填塞 tiánsāi ⇒〔填塞〕
填发 tiánfā (免状や証券などの用紙の空白に必要事項を書き込んで)交付する.〔~毕业文凭 píng〕卒業証書を同時に,〔~汇票〕為替手形の発行する.〔~支票〕小切手を発行する.
填方 tiánfāng (土砂・砂利・石などで)埋めもどし土盛りをする.またその材料.
填房 tiánfáng 旧後妻(となる):〔续 xù 弦〕に同じ.

tián～tiāo

〔~娘 niáng〕継母.〔继 jì 母〕の別称.
填坟 tiánfén ①埋葬の時,肉親や親戚・友人が土塊を棺の上に投げ入れること. ②⇒〔添 tiān 坟〕
填海区 tiánhǎiqū 海岸埋立地区.
填函盖 tiánhángài 圆パッキン押さえ.グランド.→〔填料函〕
填黑窟窿 tián hēikūlong →〔填窟窿〕
填空 tiánkòng ①(人の抜けた)穴をうめる.〔~补缺〕欠員を補充する. ②⇒〔填充②〕
填窟窿 tiánkūlong 穴をうめる.〈喩〉欠損を補う.赤字の穴をうめる.〔填黑窟窿〕ⓐ無駄金を使う.ⓑ使い込みの穴をうめる.
填料 tiánliào ①=〔填充物〕〔填密〕パッキング.〔预备~〕予備パッキング.〔~函 hán〕〔填箱〕填料箱.詰箱. ②充填材:コンクリート・ゴム・プラスチックなどへ混入する粒状・粉末状または繊維状の材料.
填埋 tiánmái 埋め立て(る).〔垃 lā 圾~场〕ごみ埋め立て場.
填密 tiánmì ⇒〔填料①〕
填平 tiánpíng 埋めて平らにする(低い所を).〔~补齐〕空所を埋め,不足の分を補足する.
填漆 tiánqī 漆器の一種.彫刻の上に漆をかぶせる工芸.
填情 tiánqíng =〔还 huán 情〕義理を返す.埋め合わせをする.
填权 tiánquán 圖株価の実勢が計算上の配当落ち(権利落ち)価格を上回ること.
填塞 tiánsè ①(一杯にして・詰め入れて)ふさぐ.〔看热闹的人填街塞巷〕見物人が町中をうめる.〔~塘堰 tángyàn 造田〕池をうめて田にする.
填塘 tiántáng 圏堤防(を)補強(する).
填隙 tiánxì 隙間をうめる.〔~钉 dīng〕圈コーキングネイル.かしめ釘.〔~片〕〔垫 diàn 片〕パッキング材.
填馅 tiánxiàn〔填限〕とも書く.〔-儿〕①(人のために)むだな犠牲になる.そば枕をくう. ②〈方〉土塀を築く時,石や砂でうずめる小石.
填箱 tiánxiāng ⇒〔添 tiān 箱〕
填写 tiánxiě (空欄に)書き込む.記入する.
填鸭 tiányā ①アヒルを暗室に入れ,飼料を口から詰め込んで早く太らせること.〔~式教学〕〈喩〉詰め込み教育. ②同前の方法で太らせたアヒル.→〔烤 kǎo 鸭〕
填债 tiánzhài 〈方〉負債を埋める(にあてる).借金を返す.
填筑 tiánzhù 圏(埋め立て,埋め戻し,土盛りの方式で)修築する:人工島や道路基盤の築造法.
填篆 tiánzhuàn 書体の一:字画を太く空間をごく狭く密に書かれた字.印章などに用いる.
填字 tiánzì 文字を書き入れる.〔(纵 zòng 横)~迷 mí〕〔(纵 zòng 横)~游 yóu 戏〕〔纵横字迷〕クロスワードパズル.

〔**阗・闐**〕 tián ①〈文〉充満する.満ちあふれる.〔喧 xuān ~〕押し合いへし合いする. ②地名用字.〔和~〕〔于~〕かつて新疆ウイグル自治区にあり,現在は〔和田〕〔于田〕と書く.

〔**忝（忝**〕 tiǎn ①〈文〉〈謙〉かたじけない.〔~在至交〕かたじけなくもごく親しい間柄にある.〔~列门墙〕かたじけなくも門下の席につらなる.〔~居官第〕かたじけなくも首席を汚している.〔~在爱末〕かたじけなくも貴下のご愛顧を受けている人々の末席を汚している.
忝眷 tiǎnjuàn 〈文〉〈謙〉新郎・新婦の身内たるもの:主として双方の家長が相互に謙遜しているう.
忝窃微名 tiǎn qiè wēimíng〈成〉かたじけなくも僅かばかりの名誉を得た:いささか名前を知られてきた.
忝私 tiǎnsī〈謙〉もったいなくも私的な交際を願っている(交際をしている)

〔**舔**〕 tiǎn 舌先でなめる.〔~伤 shāng 口〕傷口をなめる.〔~了一下嘴 zuǐ 唇〕くちびるをぺろりとなめた.→〔舐 shì〕
舔屁股 tiǎnpìgu〔舔眼子〕ともいう〈喩〉こびへつらう.恥知らずに人の機嫌をとる.

〔**殄**〕 tiǎn 尽きる.絶滅する.〔~灭 miè〕滅亡する.消滅する.〔~绝 jué〕絶滅する.〔暴 bào ~天物〕〈成〉物をもったいなくむだにしてしまう.

〔**餂・餂**〕 tiǎn〈文〉取る.さぐり取る.

〔**淟**〕 tiǎn〈文〉濁る.汚れる.

〔**悿**〕 tiǎn〈文〉恥じる.恥ずかしい.

〔**觍・覥**〕 tiǎn ①〈文〉恥じらうさま. ②〈口〉厚かましい.〔他还~着脸向我借钱〕彼はなおも面の皮を厚くして,わたしから金を借りようとしている. ③→〔腼 miǎn 腆〕
觍颜 tiǎnyán〈文〉①顔に恥じらいを浮かべる. ②厚顔である.〔~天壤〕〈成〉厚かましく世間にさばる.

〔**腆**〕 tiǎn ①〈文〉豊かである.厚い.〔不~之仪〕軽少な贈り物.粗品. ②〈口〉(腹・胸が)突き出ている.外へふくらむ.〔~着大肚 dù 子〕太鼓腹を突き出す.厚かましくする. ③→〔腼 miǎn 腆〕
腆默 tiǎnmò〈文〉心に恥じて黙っている.
腆仪 tiǎnyí =〔腆赠〕〈文〉手厚い贈り物.
腆赠 tiǎnzèng 同上.

〔**靦・靦**〕 tiǎn〈文〉①恥じる:〔觍①〕に同じ.〔有一面目〕面目を汚す. ②人の顔つきの形容. → miǎn
靦冒 tiǎnmào〈文〉恥知らずぬけぬけとしている.
靦然 tiǎnrán〈文〉厚顔(にも).厚かましい(くも).〔~拜求先生〕厚かましくもお願い申しあげる.〔~一面人〕ぬけぬけと人間らしい顔をしている.

〔**掭**〕 tiàn ①墨をつけた筆先をすずりの上でそろえる.〔~笔儿〕同前.〔把笔尖儿在砚 yàn 台上~~〕〔把笔~一下再写〕筆先をそろえてから書く. ②〈方〉押さえて(突いて)動かす.〔~灯心〕灯心を動かす.

〔**瑱**〕 tiàn 囶冕冕(於)の両端に垂れる(耳をふさぐ)玉飾り.→〔冠 guān 冕①〕

tiāo ㄊㄧㄠ

〔**佻**〕 tiāo ①軽佻である.軽薄である.〔轻qīng ~〕軽々しい. ②〈文〉盗む.
佻薄 tiāobó〈文〉軽佻浮薄である.
佻巧 tiāoqiǎo 〈文〉軽佻で調子がよい.
佻侂 tiāotà〈文〉(行動が)軽々しい.軽はずみである.

〔**挑**〕 tiāo (Ⅰ)①選ぶ.よる.選び取る:〔拣 jiǎn ①〕に同じ.〔~好的良のを選ぶ.〔~好日子〕吉日を選ぶ.〔朋友得~着交〕友は相手を選んで交際しなければいけない.〔把米里的小石子~出来米の中の小石をより出す. ②けちをつける.あら足を取る.〔~毛病〕あら探しする.〔他专受~人的不是〕彼はよく人のあら探しをする.
(Ⅱ)①(てんびん棒で)担ぐ.(振り分け荷を)肩に担

挑挑条　tiāo～tiáo

ぐ.〔~两桶水〕水を一担いで運ぶ.〔~水的〕〔送水的〕水汲み夫.水売り屋.→〔担 dān ①〕〔~儿,-子〕(てんびん棒につるした)荷.〔挑~儿卖菜的〕野菜(総菜)のぼてふり.〔菜~〕野菜の荷.⑧量詞.天秤棒で担ぐ荷を数える.〔挑一~柴火〕たきぎ一荷担ぐ.〔~一土〕一担いの土. → tiǎo

挑鼻弄眼 tiāobí nòngyǎn 〈慣〉他人のあら探しをする.けちをつける;〔横 héng 挑鼻子竖挑眼〕に同じ.

挑菜节 tiāocàijié 旧旧暦2月2日の若菜摘みの風習.

挑饬 tiāochi 〈白〉あら探しをして責める.とがめだてする.

挑刺儿 tiāocìr ＝〔挑毛拣刺〕あら探しをする.けちをつける. → tiāocìr

挑担 tiāodàn ①〔-子〕荷を担う.〈喩〉重い仕事を引き受ける.〔总是挑重担子〕いつも重い仕事を引き受ける. ②⇒〔连 lián 襟(儿)〕

挑肥拣瘦 tiāoféi jiǎnshòu 〈喩〉選(え)り好みする.

挑夫 tiāofū 荷担ぎ人夫.

挑骨头 tiāogǔtou →〔鸡 jī 蛋里挑骨头〕

挑拣 tiāojiǎn 選ぶ.選び取る.

挑脚 tiāojiǎo 旧(職業として)荷物を運搬する.〔~的〕人足.人夫.運搬夫.

挑礼(儿) tiāolǐ(r) 礼儀のことをとがめだてする.〔咱们是来帮忙的,不是来~的〕わたしたちは加勢しに来たんで,礼儀のことをあれこれ言いに来たんじゃない.

挑毛病 tiāomáobìng あら探す.

挑毛拣刺 tiāomáo jiǎncì ⇒〔挑刺儿〕

挑儿 tiāor ①⇒〔挑子〕 ②選び比べられるような点.〔我贩来的东西没的~〕仕入れてきた品はみなよいものばかりで,よりわけようがありません.

挑三拣四 tiāosān jiànsì 〈喩〉選り好みする;〔挑三挑四〕ともいう.

挑山担海 tiāoshān dānjiàn 〈喩〉負担が重い.

挑山工 tiāoshāngōng 歩荷(ボッか).強力(ごうりき)

挑食 tiāoshí 偏食する.〔那些原来~的小朋友,对于不喜欢吃的东西,也慢慢能吃了〕元来偏食する子供たちは,嫌いだったものもだんだん食べるようになった.

挑水 tiāoshuǐ 水を担う.〔~的〕⑥水くみ人夫.⑤水売り人.〔~的回头,过了井 jǐng 了〕⑥〔歇〕水くみ人夫があとをふり返るともう井戸のところを行き過ぎていた.〔过 guò 井 jǐng 了〕(時期遅れ)の意.

挑剔 tiāotī あらを探す.細かくとがめだてする.〔~别人的毛病〕他人のあら探しをする.

挑挑儿 tiāotiāor 荷を担う;〔挑担子①〕に同じ. →〔字解(II)〕

挑选 tiāoxuǎn 選ぶ.選び抜く.〔由你自由~吧〕きみが自由に選びなさい.

挑雪填井 tiāoxuě tiánjǐng 〈成〉雪を運んで井戸を埋める.〈喩〉無益な骨折りをする;〔担 dān 雪填井〕ともいう.

挑眼 tiāoyǎn 〈口〉あら探しをする.文句をつける.〔你别挑人家的眼〕人の過ちをとがめるな.〔做得好谁也挑不了 liǎo 眼〕きちんとやってあれば,誰もあら探しはできない. →〔挑鼻弄眼〕

挑幺挑六 tiāoyāo tiāoliù ＝〔挑五拣六〕〔挑五挖 wā 六〕〈喩〉あら探しをする.

撬字眼儿 tiāo zìyǎnr 〈喩〉言葉尻をとらえる:文字や言葉遣いのあら探しをする.〔咱们是随便聊天,你怎么总~哪？〕わたしたちは気軽に雑談をしているのに,どうして言葉尻をとらえたりするのか.

挑子 tiāozi ＝〔挑儿①〕①担ぎ荷をさげた天びん棒;〔担 dàn 子〕ともいう. ②量詞.天びん棒で担いだ荷を数える.

挑嘴 tiāozuǐ 〈口〉(食べ物の)好き嫌いがある.

〔**祧**〕 **tiāo** 〈文〉①遠い祖先の廟(びょう):古くは一定の世代以上離れた祖先の〔神牌〕(位牌)〔祖 zǔ 庙〕からここに移すことをいう. ②先代の跡を継ぐ(いで祭りをする).〔兼 jiān ~〕〔两家〕〔两房〕二人の先代(子と伯父というように)の跡を継ぐ(いで祭りをする).〔宗~観念〕宗族家系の観念.

〔**条・條**〕 **tiáo** ①〔-儿〕細い枝.〔柳~〕柳の小枝.〔削 xiāo 去枝~〕小枝を削りとる.〔不要让枣 zǎo 树放了~〕なつめの木の小枝をやたらに伸ばしてはいけない. ②〔-儿〕細長いもの.細幅で長いもの.(料理の)拍子木切り.〔罗 luó 卜~〕大根の拍子木切り.〔面~儿〕うどん.〔金~〕金の延べ棒.ゴールドバー.〔发 fā ~〕ぜんまい.〔布~〕細い布きれ.〔花・布〕縞柄の綿布.〔细一身材儿〕ほっそりした体つき.〔有黑白細~儿的料儿〕白と黒の細い縞のある布地. →〔刀 dāo 工〕③細長い.〔石〕細長い石(材). ④〔-儿〕書き付け.〔便条〕のメモ.〔紙札.細長い紙片.以前面に書かれたもの.書き付け.〔封〕〔建物・室・容器などに貼る細長い〕封印紙.〔收 shōu ~〕受領証.受取.〔路~〕通行証.〔条(書きはじにもいう).→〔文〕条文.〔~目〕条目.細目. ⑤筋道.条理.〔井 jǐng 井有~〕〈成〉整然として筋道立っている.〔有~不紊 wěn〕〈成〉筋道立っていて乱れていない. ⑥量詞.細長い物,あるいは細長い感じのある有形・無形のものを数える.③地形や建造物に関するもの.〔一~山脉 mài〕一つの山脈.〔一~川〕一つの川.〔一~运河〕1本の運河.〔一~臭 chòu 沟〕一筋のどぶ.〔一~铁路〕1本の鉄道.〔一~路〕1本の道.〔一~街〕一つの町並み.〔西欧 Ōu 各町に関するもの.〔一~虹 jiàng〕1本の虹. ⑥道具・生活物資に関するもの.〔一~口袋〕一つの袋.〔一~绳 shéng 子〕1本の縄.〔一~裙 qún 子〕1枚のスカート.〔一~裤 kù 子〕1本のズボン.〔一~围 wéi 巾〕1本のマフラー.〔一~手巾〕1本の手拭い.〔一~线〕1本の糸(線).〔一~烟〕1カートンのタバコ. ⓒ人体・生命・運命に関するもの.〔一~眉(毛)〕一つの眉.〔一~腿〕片足.〔一~命〕一つの命.〔一~心〕一つの心. ⓔ動・植物に関するもの.〔一~狗〕1匹の犬.〔一~蛇 shé〕1匹の蛇.〔一~毛毛虫〕1匹の毛虫.〔一~鱼〕1尾の魚.〔一~黄瓜〕1本のきゅうり. →〔匹 pǐ 用⑤〕〔尾 wěi ⑤〕⑦項目に分けられたもの.条項.〔宪 xiàn 法第一~〕憲法第一条.〔三~新闻〕三つのニュース. ⑧〈姓〉条〔条〕

条案 tiáo'àn ＝〔条几〕細長い机.長テーブル:多く(堂 táng 屋)の正面の壁に寄せて置かれ,その上に〔盆 pén 景(儿)〕(盆栽や箱庭に似た装飾)・花瓶・〔帽筒〕(陶製の帽子おきなど)が並べられる.

条播 tiáobō 圃筋播き(する).〔~机〕自動筋播き機. →〔点 diǎn 播①〕

条畅 tiáochàng ＝〔条鬯〕とも書く.〈文〉(言語や文章が)筋が通ってすらすらとしている.〔这篇文章写得相当~〕この文章はなかなか筋が通って流暢だ.

条陈 tiáochén 〈文〉①箇条書きで述べる. ②同前の陳述(陳情)書.〔上了一个~〕同前を上呈する.

条凳 tiáodèng (背もたれのない)長椅子.

条顿族 tiáodùnzú チュートン:ゲルマン人の一族.

条分 tiáofēn ⇒〔旦 dàn ⑩〕

条分缕析 tiáofēn lǚxī 〈成〉一条一条明らかに分析する.条目ごとに分析する.

条幅 tiáofú (縦型の)掛け軸:〔条扇〕〔挑 tiāo 儿〕〔挑扇〕ともいう.細長いのを〔小条(儿)〕という. 1枚ものを〔单条(儿)〕,組になるものを〔屏条(儿)〕という. →〔横 héng 幅〕

tiáo

条贯 tiáoguàn ⇒〔条理〕
条规 tiáoguī 規定項目.条文の規定.
条痕 tiáohén 國条痕(こん)
条几 tiáojī ⇒〔条案〕
条记 tiáojì 〔铃 qián 记〕
条件 tiáojiàn ①条件.要素.〔创 chuàng 造~〕必要な条件を作る.〔~反射〕生理条件反射. ②要求.基準.〔讲~〕要求について話し合う.〔~很苛刻〕要求が過酷だ. ③状況.状態.〔身体~〕体の状況.
条金 tiáojīn ⇒〔标 biāo 金②〕
条禁 tiáojìn 禁令.禁制.
条举 tiáojǔ 簡条書き.〔用～的方式来说明〕並べあげる方法で説明する.
条锯 tiáojù 機帯鋸(②)
条块 tiáokuài 〈喻〉行政管理の二つの体制:〔条〕は国からの直線的な管轄,〔块〕は地方自治体管轄.〔~分割 gē〕地方分権.
条款 tiáokuǎn 〔规 guī 定①〕(契約の)取り決め.条項.規定.〔定有~〕条項が定められている.
条理 tiáolǐ ①〈文〉条理.〔文〕条理:筋道.順序.〔~分明〕筋道が立っている.
条例 tiáolì ①条例.〔暂 zàn 定~〕暫定条例. ②規定.規則.
条令 tiáolìng 園条令.〔内务~〕内務条令.
条码 tiáomǎ バーコード.〔条形码〕の略.〔~扫 sǎo 描(器)〕バーコード読み取り器.
条苗 tiáomiáo 〔苗条〕
条目 tiáomù 〔孔 kǒng 目②〕①条目.細目.項目.事項. ②(辞書の)見出し語.
条儿 tiáor →〔字解①②④〕
条绒 tiáoróng ⇒〔灯 dēng 心绒〕
条扇 tiáoshàn ⇒〔条幅〕
条施 tiáoshī 〔沟 gōu 施〕
条鳎 tiáotǎ 魚貝シマウシノシタ(ツルマキ):ササウシノシタ科の魚.〔花 huā 板〕〔花牛舌〕〔花手绢〕〔花鞋底〕は別称.
条条 tiáotiáo 〈口〉①上下関係.縦方向. ②条文. ③要点.各条.それぞれ.〔~有理〕いちいち道理にかなっている.〔~大路通罗 luó 马〕〈諺〉すべての道はローマへ通ず.
条条杠杠 tiáotiáo gànggàng 〈口〉上からのしめつけ・規制.
条条块块 tiáotiáo kuàikuài 〈口〉垂直線型・縦割り・上意下達のやり方と横方向型の地域的・横断的なやり方.
条条框框 tiáotiáo kuàng·kuàng 〈口〉あれこれのきまりや制限.〔打破思想上的~〕思想上のあらゆる枠を打ち破る.〔~太多,办事效率不高规定や制限があまりにも多く,事を処理する能率が悪い.
条文 tiáowén 園条文.
条纹 tiáowén しま.〔~布〕しま模様のある布地.
条形 tiáoxíng 細長い形.〔~图 tú 棒グラフ.〕〔~码 mǎ〕バーコードともいう.
条锈病 tiáoxiùbìng →〔黄 huáng 锈病〕
条约 tiáoyuē 条約.〔日 rì 内瓦~〕ジュネーブ条約.〔~国〕条約締結国. →〔公 gōng 约〕
条支 tiáozhī 固漢西域にあった国名:現在のイラン西南部地方.
条子 tiáozi ①細くて長さのあるもの.〔纸~〕紙の札.〔布~〕細い布きれ. ②書き付け.たて長の紙片に用件を簡単に書いた略式の手紙.〔写一个~〕同前を書く.→〔便 biàn 条〕 ③園芸者を呼ぶ時の呼び出し状.〔发 fā~〕〔叫~〕同前と出て芸者を呼ぶ. ④上部の部下に出す簡単な指図のメモ.〔~工程〕同前によるプロジェクト.〔下~〕同前を発する(出す).〔由局长交了一个~了〕局長から指示があった.

⑤〈方〉金の延棒.→〔金 jīn 条〕

[鲦・鰷(鯈)] tiáo 魚貝カワイワシ:鯉科の淡水魚.〔白 bái ~〕〔白条〕ともいう.〔鳌 cān ~〕の旧称.

[迢] tiáo 〈文〉遠く遥かである.〔~远 yuǎn〕同前.
迢递 tiáodì 〔迢遰〕とも書く.遠く遥かである.
迢遥 tiáoyáo 〈文〉遠く遥かである.〔千里~〕同前.

[苕] tiáo ①〈文〉ノウゼンカズラ〔紫 zǐ 葳〕の古称. ②〔姓〕苕(sháo) → sháo
苕帚 tiáozhou ⇒〔巢 cháo 菜〕
苕子 tiáozi ⇒〔巢 cháo 菜〕

[岧(岹)] tiáo 〈文〉山の高いさま.〔~嶢 yáo〕同前.〔~～〕同前.

[笤] tiáo
笤帚 tiáozhou ほうき:脱穀したコーリャンやキビの穂で作った小ぶりなもの.〔苕帚〕とも書く.〔蕨箕 bòji〕ほうきとちりとり.〈喻〉家庭内のいざこざ.〔~歪 wāi 了蕨箕斜 xié 了地所生分〕家族の間で角突き合わせる.〔为一点儿~蕨箕的事儿就闹起来了〕ちょっとした家庭内のいざこざから騒動が起きた.〔~疙瘩 gēda〕〈方〉(先のすりきれた)小さいほうき,特にその柄をいう.〔~黍 shǔ〕園ホウキモロコシ.

[龆・齠] tiáo ①〈文〉幼児の歯が生えかわること.〔~龀 chèn〕同前. 〈喻〉幼年.〔~龄 líng〕〔~年〕同前の年齢.〈喻〉幼年.〔~容 róng〕童顔.〈喻〉美少年. ②→〔副 fù 齿轮〕

[髫] tiáo 固幼児の垂れ髪.〔垂 chuí ~〕同前.〔~年〕〔~龄 líng〕幼年.〔~鲜 biàn〕垂れ髪をすべて結う.〈喻〉幼年.

[调・調] tiáo (Ⅰ)①(組み合わせを)ほどよく整える.(間柄を)穏やかにおさめる.〔~配 pèi〕ほどよくあんばいする.〔~了一弦儿〕(楽器の)弦を合わせた. ②適度に良い.適合している.調和がとれている.〔风~雨顺 shùn〕気候が順調である.〔~饮 yǐn 食失~〕飲食の調子が狂う.〔月经不~〕月経不順(である).
(Ⅱ)①からかう.ひやかす. ②そそのかす.挑発する. → diào
调拨 tiáobō 挑発する. → diàobō
调处 tiáochǔ 調停処理する. →〔调解〕
调挡 tiáodǎng 機振幅变速.変速レバー.
调低 tiáodī 調節して引き下げる.
调地 tiáodì 〔调整土地〕の略.土地の配分・割り当てなどを調整する.もう一度やり直す.
调斗 tiáodòu 〔调逗〕とも書く.からかう(って気をひく):〔挑逗 dòu〕に同じ.
调房 tiáofáng 家を割り当てる.
调峰 tiáofēng (電力消費やラッシュの)ピークを調整する. →〔高 gāo 峰②〕
调幅 tiáofú 機振幅変調.〔~广播〕AM放送.〔~收音机〕AMラジオ受信機.
调高 tiáogāo 調節して引き上げる.
调羹 tiáogēng 〔羹匙〕
调光 tiáoguāng 光・明るさを調整する.
调和 tiáohé ①調和をとる.調合する.つりあいがとれる.〔~阴 yīn 阳〕陰陽を調和する.〔~主义〕調和主義. ②調停をとる.とりなす. ③妥協する(多く否定に用いる).〔不可~的斗争〕妥協できない闘争. ④取りのぞむ.加減する.
调和漆 tiáohéqī 調合塗料:ペンキの一種.〔油性~〕油性調合塗料.
调护 tiáohù ①守(もり)立ててやる.見守る. ②摂生する.養生する.

tiáo

调货 tiáohuo ①〈方〉(料理屋·飲食店での)料理の材料:一般家庭では[材 cái 料]という.[厨师上市买~去了]コックはマーケットへ材料の仕入れに行った.②調味料.

调级 tiáojí (職位·給与の)等級を調整する:ふつう昇級を指す.[调了两级]2ランク上がった.

调剂 tiáojì ①調剂(する).[~天 tiān 秤]調剂用天秤.[~师 shī]薬剂師.②=[调济]調整をとる.調節する.バランスよくする.

调济 tiáojì 同上②.

调价 tiáojià 国価格調整(多くは値上げ)する:[调整价格]の略.

调减 tiáojiǎn 調整して減らす.(農業で)減反する.→[调低]

调焦 tiáojiāo (カメラの)ピントを合わせる.[~环]ズーム調整リング.

调教 tiáojiào ①しつけ(る).[坐没个坐样儿,站没个站样儿,一点儿~都没有]立ち居振る舞いが無作法で,少しもしつけがない.[小孩儿总得有大人~]子供はどうしても大人がしつけをしなくてはいけない.②(動物を)調教(する)

调节 tiáojié 調節する.[~税 shuì]調節税:大企業に対する追加的所得税.[~器 qì]レギュレータ—.調節装置.→[控 kòng 制器]

调解 tiáojiě 調停(する).仲裁(する).和解(する.させる).[~家庭纠纷]家庭内のいざこざを調停する.[义务~员]ボランタリー調停員.[吩咐原被两告下去~]原告被告双方に訴訟を取り下げ和解するよう命ずる.→[调停①]

调经 tiáojīng 中医薬物などによって月経を順調にすること.

调酒 tiáojiǔ カクテルを作る.[~师 shī]バーテンダー.[~壶 hú][雪 xuě 克壶]シェーカー.

调侃 tiáokǎn あざわらう.[用讽刺的话来~他]毒気のある言葉で彼をあざわらった.

调控 tiáokòng コントロールする:[调节控制]の略.[宏 hóng 观~]国マクロコントロール.

调理 tiáo·lǐ ①養生する.身体をいたわる.②手塩にかける.しつける.[好好~~他,叫他学老实点]彼をうまくしつけて少しおとなしくすることを学ばせなぱいかん.③食事などを作る,管理する.处理する.[他把十几个人的伙食~得很好]彼は十何人もの食事を大変うまくまかなっている.④〈方〉ふざける.難題をふっかける.

调料 tiáoliào ⇒[作 zuò 料]

调弄 tiáonòng ①からかう.もてあそぶ.②(楽器を)かき鳴らす.[~琴 qín 弦]琴をつまびく.③そのかす.けしかける.④整理する.かたづける.

调配 tiáopèi (顔料·薬物などを)調合する.→diàopèi

调皮 tiáopí ①腕白である.[你别在这儿~]ここでいたずらしちゃいかん.[~鬼 guǐ]腕白坊主.[~捣 dǎo 蛋]人慣らぬ悪行りのさま.②ずる賢い.気が利く.[科学是老老实实的学问,任何一点~都是不行的(毛·实)]科学は非常に真面目な学問であって,どんなごまかしも許されない.③手こずらせる.扱いにくい.

调频 tiáopín ①(交流発電機などの)出力調整(をする).②周波数変調.[~广播]FM放送.[~收音机]FMラジオ受信機.

调情 tiáoqíng =〈白〉[拿 ná 情](男と女が)からかうふざける.[也会去和人溜山眼,也会和人~]流し目をしたり,いちゃついたりすることをやらかす.

调三窝四 tiáosān wōsì 〈慣〉そそかして離間する.[=调三惑 huò 四][调三弄 nòng 四][调三斡 wò 四][挑 tiǎo 三窝四]ともいう.

调色 tiáoshǎi 美色を混ぜる(て別な色を作る).[~板 bǎn]パレット.[~刀]パレットナイフ.

调摄 tiáoshè ⇒[调养]

调试 tiáoshì ①机デバッグする.試行調整する.[还处于~阶段]まだ調整段階にある.②電デバッグ.

调适 tiáoshì 調整して適合させる.

调速 tiáosù 速度調整する.[~器 qì]ガバナー.

调唆 tiáo·suō そそのかす.もめごとをしかける.[别~人家孩子淘气呀]よその子供をそそのかしていたずらさせてはいかん.→[挑 tiǎo 唆]

调停 tiáotíng ①調停する.仲裁する.[居 jū 中~]中に立って調停する.[~人]調停者.→[调解]②〈白〉面倒をみる.世話をやる.

调味 tiáowèi (料理の)味つける.味をととのえる.[~汁 zhī]=〈西洋料理で〉ⓐソース:[沙 shā 司]は音訳.ⓑドレッシング.

调息 tiáoxī ①息をととのえる.②調停して落着させる.[~讼 sòng 事]訴訟ごとを調停して落着させる.③養生する.④金利調整する.

调戏 tiáoxì (女性を)からかう.ちょっかいを出す.[打架,骂人,~妇女]けんかをしたり悪口を言ったり,女性をからかったりする.

调弦 tiáoxián [理lǐ][音]調弦(する).→[调音]

调相 tiáoxiàng 電位相変調.調相.

调笑 tiáoxiào ひやかす.冗談を言う.[别人一~,口角 jué 一通][鲁·Q 2]人をあざけったり,口げんかをしたりする.

调协 tiáoxié 折り合う.協調する.[彼此固执己见不容易~]お互いに自分の考えに固執して折り合いにくい.

调谐 tiáoxié ①調和する.なごみ合う.②電同調.電気共振.[~电路]同調回路.[~电动机]チューニングモーター.[~器]チューナー.

调薪 tiáoxīn 給料の調整(をする)

调休 tiáoxiū 休日の調整(をする)

调蓄 tiáoxù (量や流れを)調整し蓄める.[~池]調整ダム.

调谑 tiáoxuè からかう.嘲笑する.

调驯 tiáoxùn (動物を)ならす.仕込む.

调压 tiáoyā 電電圧を調整する.[~机 jī][~器 qì]電圧調整器.

调养 tiáoyǎng =〈文〉[调摄]養生する.摂生する.

调音 tiáoyīn [音]チューニング(する).調律する.[~师]ⓐ調律師.ⓑ音声調整係.[~台]音量調整台.

调匀 tiáoyún [人や~]調節がとれている.[今年雨水~]今年は雨が程よく降った.

调整 tiáozhěng ①調整する.状況に合わせて整える.[~价 jià 格]国価格を調整する.②人事異動をする.[市长因受贿免职,副市长也被~]市長は汚職で免職となり,副市長も左遷された.

调脂弄粉 tiáozhī nòngfěn =[搏 bó 香弄粉]

调质 tiáozhì [工]鋼材の熱処理.[~处理]同前をする.[~钢]熱処理鋼.

调制 tiáozhì ①材料を調えて作る.調合して作る.[~药丸]丸薬を作る.②物(電波を)変調する.モジュレートする.[音频~]音声変調.[~解 jiě 调器]電電モデム.

调治 tiáozhì 治療し保養する.

调准 tiáozhǔn 調節し正確にする.

调资 tiáozī 賃金を調整する(昇格する):[调整工资]の略.

调嘴学舌 tiáozuǐ xuéshé 〈成〉陰で他人のことをあれこれ取り沙汰する:[调嘴弄 nòng 舌]ともいう.

1679

[蜩] tiáo 〔古〕蟬.〔蟪 táng～〕小型の蟬.〔鳴 míng～〕蟬が鳴く.→〔蟬 chán ①〕

蜩沸 tiáofèi =〔蜩螗〕〈文〉騒々しい.がやがや大声で騒ぐ.〔蜩螗沸羹〕同前.

蜩螗 tiáotáng 同上.

[銚] tiáo 〈文〉兵器の一種.矛.→ diào yáo

[蓨(蓨)] tiáo 〔古〕①現在の河北省景県南の地.②[植]ニガナに似た草.

[挑] tiǎo ①(先に)掲げる.あげる(支える).〔把旗子～出去〕旗を出して(立てる).〔換布幕～, 劇中人出場〕舞台の幕があがるや,劇中の人物が登場する.②(棒あるいは先のとがったもので)押さえて上にあげる.ほじくり出す.〔拿刀子～开〕ナイフでほじり出す.〔～火〕火をかきたてる.〔～沟 gōu 眼〕溝穴をほじくる(ってつまっているのを通す).〔～针脚〕縫い目から糸を引き抜く(着物を解く).〔～燎 liáo 泡〕～水泡〕水ぶくれを針で突き破る.③上にあげる.起こす.〔眉 méi 毛～〕眉をあげる.〔他的行为让人～大捆指〕彼の行為は人に偉いなあという感じを起こさせる.④そそのかす(して引き起こす).たきつける(て引き起こす).〔～事〕〔～是非〕そそのかして事を引き起こす.〔～出事来了〕たきつけて事を引き起こした.⑤[言]漢字の筆画 " ✓ " はね:〔提 tí ⑦〕に同じ.→〔笔 bǐ 画〕⑥刺繍のやり方の一つ.→挑花①〕.→ tiāo

挑拨 tiǎobō そそのかす.〔～众 zhòng 人〕衆人をそそのかす.〔～是非〕そそのかして問題を起こさせる.〔～离间 jiàn〕〈成〉水を差す.そそのかして間を裂く.→〔调 tiáo 唆〕

挑刺儿 tiǎocìr (針などで)とげを抜く.→ tiāocìr

挑大梁 tiǎodàliáng 〈喻〉①重責を担う.中心的な役割を果たす.〔这一天他可挑了大梁, 一个人站在车床边一分钟也没歇过〕この日彼は重要な作業を受けもち,ひとり工作機械のそばに立って１分たりとも休まなかった.②[劇]主役.主演.

挑灯 tiǎodēng ①灯火をかきたてる.灯心を長くくる.〔一说话儿,灯火是挂着不顿的.～独坐里灯火に向かって独り座っている.〔～棒 bàng〕灯火をかきたて燃えかすを落とす棒.→〔剔 tī ②〕②灯火を高く掲げる.高い所に提灯・ランプをかかげる.〔～夜战〕〈喻〉 ⓐナイトゲームをする.ⓑ夜なべ仕事をする.

挑动 tiǎodòng ①あげる.〔～布帘 lián〕カーテンをあげる.②扇動する.挑発してあおる.〔～工潮〕労働争議を扇動する.③引き起こす.かきたてる.〔～好奇心〕好奇心をかきたてる.

挑斗 tiǎodòu 同下.

挑逗 tiǎodòu からかう(って気をひく).〔挑斗〕〔调 tiáo 斗〕とも書く.〔～春心〕からかって春情を誘う.

挑费 tiǎofèi 〈方〉(日常の)出費.物入り.

挑高球 tiǎogāoqiú ⓧ(テニス・卓球などの)ロビング(ロブ)

挑花 tiǎohuā 〔一儿〕①クロスステッチ:刺繍の一種.〔～品〕同前の手芸品.〔～绷 bēng〕同前用いに使う刺繍クロス織り.②[織] zhì 繍 xiù 特有の錦繍織.

挑幌子 tiǎohuǎngzi 〈方〉商店の看板やのぼりをかかげる.〔～转〕店を開ける.〔这个酒鬼天天酒店一～就钻进去鸡喝酒〕この呑んべえは毎日酒店を開けるとすぐとびこんで酒を飲んでいる.→〔幌子〕

挑眉刀 tiǎokòudāo ⇒〔车 chē 螺纹刀〕

挑帘红 tiǎoliánhóng [劇]俳優が初舞台から人気が出ること.

挑梁 tiǎoliáng 建造物を支える梁(はり)

挑眉立目 tiǎoméi lìmù 〈慣〉眉をつり上げ目を怒らす.

挑门面 tiǎoménmiàn 店の構えをつくる.店の外観を構える.

挑明 tiǎomíng 人目にあからさまにする.隠れている事を暴き出す.〔～了说〕はっきりと言う.〔事情～了就准办了〕事があかさまにされるとやりにくくなる.

挑弄 tiǎonòng ①挑発する.そそのかす.まぜっかえす.〔～是非〕難癖をつけてごたごたを起こさせる.②からかって不愉快にする.

挑破 tiǎopò ①ほじくり破る.〔用针～脓 nóng 包〕針で化膿したところをつついて破る.②すっぱぬく.〔把秘 mì 密～了〕秘密をすっぱぬいてやった.→〔揭 jiē 发〕

挑染 tiǎorǎn メッシュ.部分ヘアカラー(する)

挑惹 tiǎorě そそのかす.たきつける.

挑三窝四 tiǎosān wōsì ⇒〔调 tiáo 三窝四〕

挑痧 tiǎoshā 〈方〉針で穴位を刺し悪い血を絞り出して暑気あたりを治す民間療法.

挑扇 tiǎoshàn (対でなく１枚ものの)掛け軸:単に〔挑儿〕ともいう.〔余挑幅〕に同じ.

挑手儿 tiǎoshǒur 〔提 tí 手旁⁄儿〕

挑寿 tiǎoshòu ①祝いの麵をはさみ上げる(げて食べる):〔挑寿面〕の意で,小儿出生後３日目の祝いに食べる.②寿命の長くなるように祝う.〔我给他～〕わたしは彼に同前.

挑唆 tiǎo·suō そそのかす.教唆(きょう)する.→〔调 tiáo 唆〕

挑头 tiǎotóu(r) 先頭に立つ.皆がやるようひっぱる.口を切る.〔这件事是谁一挑起来的〕この事件はだれが先頭に立って騒ぎだしたか.

挑土 tiǎotǔ(r) ⇒〔提 tí 土旁⁄儿〕

挑衅 tiǎoxìn 故意に事を荒立てる.挑発(する).〔～的态度〕挑発的な態度.

挑战 tiǎozhàn ①〔索 suǒ 战〕戦いを挑む.相手の戦意を刺激する.〔下～书〕挑戦状をつきつける.→〔应 yìng 战②〕②困難に挑む.チャレンジする.

[朓] tiǎo 〈文〉旧暦の晦日(みそか)近くになって,月が西の空に出る現象.

[窕] tiǎo 〈文〉①奥深い.広い.②→〔窈 yǎo 窕〕

[嬥] tiǎo 〈方〉取り換える.〔～换 huàn〕同前.

[眺(覜)] tiào (Ⅰ) 〔眺(覜)〕遠く見渡す.展望する.〔～望 wàng〕眺望する.〔凭 píng 高远～〕高いところから遠くをながめる.→〔瞭 liào 望〕
(Ⅱ)〔覜〕古代,諸侯が３年毎に相まみえる礼.

[跳] tiào 〔～过去〕とび越える.〔～不过去〕とび越えられない.〔又蹦 bèng 又～〕とんだりはねたりする.〔高兴得～直～〕うれしくって踊り狂った.〔从房上～下来〕屋根の上からとび降りる.〔吓 xià 了一～〕びっくりした.②(物体が)はねる.〔皮球～得高〕ボールが高くはずむ.ピンポン玉がよくはずむ.③ぴくぴく動く.ドキドキする.動悸を打つ.〔心～〕胸がドキドキする.〔心里怦 pēng 怦乱～〕心中ドキドキと動悸を打つ.〔心里乱～〕胸がやたらドキドキする.〔脉 mài 搏每分钟～多少次〕脈は１分間に何回打つか.〔左眼～是有好事的预兆 zhào〕左の目がぴくぴくするのはよい事がある前兆だ.④(中間を)とばす.とばして～とび越える.〔写字～了一个格儿〕字を書くのに一ますとばしてしまう.〔中間这一章～过去没有〕途中のこの章は内容をとばして読まなかったか.〔不能天天到,总是隔三～两地来看看〕毎日は来られない,どうしても２, ３日おきに来て様子を見ることになる.

跳班 tiàobān 〔跳级②〕飛び級.〔他～了,所以早毕业一年〕彼は飛び級したので卒業が１年早かっ

跳 tiào

た.

跳板 tiàobǎn ①＝[踏 tà 板①]歩み板.踏み板.渡し板.橋板.[搭 dā ～]同断をかけ渡す. ②踏み台(として利用する).手づる(を使う).[他很会利用别人当～]彼はよく人を踏み台にする. ③[又](水泳の)飛び板.[跳台②]板跳び:朝鮮族の伝統的な遊戯の一.

跳布札 tiàobùzhá →[打 dǎ 鬼②]

跳财神 tiàocáishén →[开 kāi 锣①]

跳槽 tiàocáo (馬が)自分の所から飛び越えてほかの飼い葉桶の餌を食べる.<喩>職場を替える.転職する.

跳虫 tiàochóng ①[虫]トビムシ.[拟 nǐ ～]トビムシモドキ.[长 cháng 跳虫] ②⇒[跳蚤] ③(魚屋の符丁語で)エビ. ⇒[虾 xiā]

跳大神 tiàodàshén 加持祈禱によって病気を治す巫女(ミ). →[跳神①]

跳跶 tiàoda [口]①跳びはねる.体をピョンピョン動かす.[小孩儿在背上直～]子供が背中でしきりに体を動かす. ②<喩>奔走する.[一切事情全仗他～]一切が彼の働きにかかっている.

跳荡 tiàodàng ①揺れ動く.躍る. ②心が揺さぶられる.

跳点 tiàodiǎn テレビ画面に出るモザイク.

跳动 tiàodòng ①ドキドキする.はねて波打つ.[心在砰砰地～]胸がドキドキと波打っている.[心脏在～]心臓が脈打っている. ②跳びはねる.活動する.[你可真能～,看今天的会场叫你弄得多活跃]君はなかなかよくじゃないか,今日の会場はおかげでにぎやかにいった.

跳二神 tiào'èrshén [跳大神]の助手.

跳发球 tiàofāqiú [又]バレーボールのジャンピングサーブ.

跳房子 tiàofángzi [跳间][跳房儿]石蹴り(をする):地面に書いた枠の中に小石を蹴りこみ,順次蹴り進む遊戯.

跳高 tiàogāo ＝[急 jí 行跳高][又]走り高跳び(をする).[滚 gǔn 式](正面跳び),[剪 jiǎn 式](はさみ跳び),[俯 fǔ 卧式](ベリーロール),[背 bèi 越式](背面跳び)がある.立ち高跳びを言う場合もある.

跳格儿 tiàogér 習い字手本の一種:格子状に罫をひいた習字用紙の一ますますに教師が字を書き,それを手本として空白のところに生徒が習字をする.

跳行 tiàoháng ①改行して書く. ②本の行を飛ばす(して読む,または書き写す). ③商売を変える.職業を改める.[他这次一做起杂货生意意来了]彼は今度商売変えをして雑貨屋をやり始めた. →[改 gǎi 行]

跳河 tiàohé 川に身を投げる.身投げをする.[那个人～自杀了]あの人は川に飛び込んで自殺した.

跳痕 tiàohén ⇒[颤 chàn 痕]

跳猴皮筋儿 tiàohóupíjīnr →[跳皮筋儿]

跳火坑 tiàohuǒkēng 火の穴に投ずる.<喩>苦境に陥る.

跳级 tiàojí ①階級を飛び越す(して昇進する).順序をふまないで飛び越える. ②⇒[跳班]

跳加官(儿) tiàojiāguān(r) →[开 kāi 锣①]

跳间 tiàojiān →[跳房子]

跳脚(儿) tiàojiǎo(r) 地団駄踏む.[气得他直～]腹を立てて彼はしきりに同前.[急得～]いらだって同前.

跳井 tiàojǐng 井戸へ身を投げる.[<文>投 tóu 井]に同じ.

跳开关 tiàokāiguān ⇒[掉 diào 闸]

跳栏 tiàolán ⇒[跨 kuà 栏]

跳梁 tiàoliáng はね回る.[跳踉]とも書いた.<喩>悪い者がおおっぴらにはびこる.[跳梁小丑 chǒu]<喩>あ

ちこち頭を突っ込んで騒ぎをおこすやくなし.

跳龙门 tiàolóngmén 旧科挙の試験に合格する.<転>出世する. →[龙门]

跳楼 tiàolóu (ビルから)投身する.[～自杀]投身自殺.

跳楼货 tiàolóuhuò 投げ売り品.見切り商品.

跳楼价 tiàolóujià 投げ売り値.出血サービス価格.捨て値.

跳马 tiàomǎ [又]跳馬.またその器具.

跳马索儿 tiàomǎsuǒr 縄とび(をする):二人が縄を左右に水平に動かし,他の者がピョンピョンとびはねる.

跳蛹 tiàonǎn ⇒[蝗 huáng 蝻]

跳皮筋(儿) tiàopíjīn(r) ゴムなわ跳び(をする):[跳猴皮筋(儿)][跳橡皮筋(儿)]ともいう. →[跳绳(儿)]

跳棋 tiàoqí ダイヤモンドゲーム.[下～]同断をする.

跳球 tiàoqiú [又](バスケットボールの)ジャンプボール.

跳圈儿 tiàoquānr ⇒[跳房子]

跳伞 tiàosǎn 落下傘で降下する.[～塔][伞塔]落下傘降下練習塔.[～运动][又]スカイダイビング.

跳神 tiàoshén ①[-儿][旧]神がかりうつる:巫(ホ)師が神がかったかのように呪文を唱え踊り狂うこと.[跳 dǐng 神][下 xià 神]とも言う.[看鬼 kàn 香头,跳 wū ①] ②[旧]東北地方で新年に神を祭って踊る風俗. ③⇒[打 dǎ 鬼②]

跳绳(儿) tiàoshéng(r) 縄とび(をする). →[跳皮筋儿]

跳虱 tiàoshī ⇒[跳蚤]

跳鼠 tiàoshǔ [動]トビネズミ.

跳水 tiàoshuǐ ①[又](水泳の)飛び込み(をする).[～赛 sài]飛び込み競技会. →[池 chí 跳水]飛び込み用プール. ②<方>入水自殺する.[跳河][跳楼]. ③[喩]<喩>(相場が)一気に下落する. →[急 jí 跌]

跳丝 tiàosī (靴下の)糸のほつれが縦に伸び広がる.伝線する.[这袜子保证不～]この靴下は伝線しないことを保証する. →[绽 zhàn 线]

跳台 tiàotái ①ジャンプ台.[滑雪表演用の～]スキー競技用のジャンプ台.シャンツェ:[跳雪台]ともいう.[～滑 huá 雪](スキーの)ジャンプ競技. ②(水泳の)飛び込み台. →[跳板③]

跳腾 tiàoténg ①跳ね上がる.ジャンプする. ②<方>奔走する.切り回す.[一家的事,全仗他一个人～呢]一家のことは彼一人で切り回している. ③出世する.[命不大强,总～不起来]運勢がたいして強くないから,どうも出世はできない.

跳跳蹦蹦 tiàotiào bèngbèng [跳跳 蹭 cuān 蹭]ともいう.跳び回るさま.[年轻～,到老没病没痛]<諺>子供の頃跳び回っていれば,年とっても病気にならない.

跳跳糖 tiàotiàotáng 口の中でパチパチはじけるキャンデー.

跳跳鱼 tiàotiàoyú ⇒[弹 tán 涂鱼]

跳投(篮) tiàotóu(lán) [又](バスケットボールの)ジャンプショット. →[投篮]

跳舞 tiàowǔ [舞蹈](社交)ダンス(をする).[～狂]ダンス狂.[～会][舞会]ダンスパーティー.[～场][～厅 tīng]ダンスホール.[跳扭 niǔ 摆舞]ツイストを踊る.[跳探 tàn 戈舞]タンゴを踊る.[跳迪 dí 斯科(舞)]ディスコで踊る.[～毯 tǎn](電子ゲームの)ダンシングパッド.

跳箱 tiàoxiāng [又]跳び箱.[～运动]跳び箱運動.

跳橡皮筋儿 tiào xiàngpíjīnr ⇒[跳皮筋儿]

跳鞋 tiàoxié [又]跳躍用スパイクシューズ. →[钉 dīng 鞋①]

跳雪 tiàoxuě [又](スキーの)ジャンプ(をする).[跳台

跳雪〕の通称.
跳远(儿) tiàoyuǎn(r) 〖スポ〗走り幅跳び(をする):〔急jí行跳远〕ともいう.〔挺tǐng身式〕(そり跳び),〔走zǒu步式〕(はさみ跳び)がある.〔三级跳远〕三段跳び.〔立定跳〕立ち幅跳び.
跳月 tiàoyuè ミャオ族・イ族青年の風習:月光の下で歌ったり踊ったりする.
跳跃 tiàoyuè とびはねる.はね上がる.ジャンプする.〔～运动〕〖スポ〗跳躍競技.〔～器〕〖スポ〗鞍馬競技の馬(用具).②〖スポ〗〔三级跳远〕(三段跳び)のジャンプ:ホップは〔单脚跳〕,ステップは〔跨步跳〕
跳越 tiàoyuè 跳び越える.
跳蚤 tiàozǎo =〔跳虫②〕〔跳虱〕虫〗ノミ:単に〔蚤〕ともいう.〔疙gē蚤〕は通称.
跳蚤市场 tiàozǎo shìchǎng ノミの市(いち).古物市.フリーマーケット.
跳闸 tiàozhá 電〗ブレーカーが落ちる.

〔粜·糶〕 tiào
米穀を売りに出す(放出する).〔～米〕〔～粮〕同前.〔往市上～个石dàn儿八斗的粮食〕市場には1石そこそこの穀物を売りに出す.↔〔籴dí〕
粜贵籴贱 tiàoguì díjiàn 〖成〗穀物の相場の安い時に買い込み,高い時に売り出す.

tie ㄊㄧㄝ

〔怗〕 tiē 〈文〉平定する.

〔帖〕 tiē ①=〔贴(Ⅱ)〕妥当である.穏当である.ほどよい.〔妥tuǒ～〕妥当である.適切である.〔安～〕穏やかで落ち着いている.〔贴(Ⅱ)〕素直に従う.服従する.〔服～〕〔服～〕従順である.③〈姓〉帖(ちょう・).→tiě tiè
帖耳 tiē'ěr 〈文〉おとなしく言うことを聞く.従順である.〔俯fǔ首～〕〔垂耳～〕頭を下げ服従する(けなす意)
帖伏 tiēfú =〔贴伏〕〈文〉服従する.

〔贴·貼〕 tiē (Ⅰ)①貼る(張る).〔～邮yóu票〕切手を貼る.〔把宣传画～在墙qiáng上〕ポスターを壁に貼る.〔～告示〕告示を貼り出す.〔～膏药〕膏薬を貼る.②すきまなく接触する.ぴったりくっつく.〔～墙靠壁〕壁にぴったりと寄り添う.〔沿着路边儿儿走〕道の へりに沿って進む.〔她跟他～上了〕彼女と彼はくっついた.〔～着耳朵〕耳に口をあて(る).③補助金(を与える).手当(を出す).〔津jīn～〕手当の金.〔房fáng～〕家賃の補助.住宅手当.〔米mǐ～〕米価手当.〔每月～他多少钱〕毎月彼にいくらか金の助けをする.④〔料理法で〕片面だけ焼くこと.〔～饼子〕〔锅guō贴儿〕⑤量詞.膏薬を数える.〔一～膏gāo药〕膏薬1枚,または貼り.⑥込みを出す(囲碁用語).〔他持黑棋,领～五目半〕彼が黒石を持っているので,五目半の込みを出さなくてはならない.
(Ⅱ)⇒〔帖①②〕
贴本儿 tiēběnr =〔亏kuī本(儿)〕
贴鼻子 tiēbízi 福笑い(子供の遊び)
贴边 tiēbiān ①衣服の裏地のへりに細布をあてる.またその布.〔儿〕つじつまが合う.(事実と話が)符合する.〔他说的话老不～〕彼の言うことはいつもでたらめだ.
贴标签 tiēbiāoqiān 〈喩〉レッテルを貼る.でき合いの型にはめて評価する.
贴补(儿) tiēbǔ(r) ⇒〔添 tiān 腰儿〕
贴饼子 tiēbǐngzi 〖とうもろこし粉・あわの粉を水で鍋に貼りつけて焼いたパンに類する食物:蓋をして蒸すので表面は蒸され裏側は焼かれる.
贴补 tiē-bǔ (費用の不足を)補う.金品を補助する.〔全靠 kào 他母亲做针线活儿～家用〕すっかり彼のおっかさんの針仕事で家計を補っている.
贴旦 tiēdàn =〔六 liù 旦〕〖劇〗(旧劇)で腰元(こしもと)役で劇中の主役であるもの.→〔旦(Ⅱ)〕
贴兜 tiēdōu 張りつけポケット:〔明 míng 兜〕ともいう.
贴伏 tiēfú ⇒〔帖伏〕
贴伏腰 tiēfúbiāo 〈方〉夏の土用の日に肉などのご馳走を食べること.→〔添 tiān 腰儿〕
贴梗海棠 tiēgěng hǎitáng 植〗ボケ:〔贴梗木瓜〕ともいう.→〔木 mù 瓜②〕
贴合 tiēhé ぴったりする.似合う.ふさわしい.〔他说出这样的话来总有点不大～〕彼がこんなことを言うと,どうもふさわしくない.
贴花 tiēhuā ①〖経〗アップリケ(する).②(窓に)切り絵細工を貼る.③固〗女性が額につけた飾り物.④同下②.
贴画 tiēhuà ①壁に貼ってあるポスター・年画.②=〔花花④〕マッチ箱などに貼ってある絵.③貼り絵.
贴换 tiē-huàn 古いものを下取りに出し,金を加えて新しいものと交換すること.
贴己 tiējǐ ①うちうちの.気のおけない.親密である.〔他跟我是～的朋友〕彼とわたしは気のおけない友人だ.②〈方〉家族個人の蓄えである.〔～钱〕へそくり.
贴金 tiējīn ①(仏像などに)金箔を貼る.②〈喩〉美化する.箔をつける.〔别往自己脸上～了〕自分のことを金メッキして美化してはいけない.
贴近 tiējìn =〔切 qiè 近〕ぴったりとつく.触れるほど近づく.〔～海面又掠 海面すれすれに飛ぶ.〔不能说是完全符合,可是相当地～〕完全に一致するとはいえぬが相当に近い.〔～实际〕実際に近づく.②親しい.
贴军(户) tiējūn(hù) →〔正 zhèng 军(户)〕
贴脸 tiēliǎn 頬ずり(する):〔挨 āi 脸〕に同じ.〔～舞 wǔ〕→チークダンス.
贴邻 tiēlín すぐ隣(の人)
贴面 tiēmiàn (家具や建物の)表面に貼る表層:タイルや化粧板など.
贴牌 tiēpái ①広告・びら・張り札など(を貼る).②圖〗相手先ブランド生産(OEM).③〈転〉名前を売り込む.名前を広める.
贴谱 tiēpǔ (原則・基準・実際に)合致している.
贴钱 tiēqián ①金銭を補助する.〔～买罪〕金を使ってかえって苦労する.②損をする.
贴切 tiēqiè =〔切s〕(表現に)ぴったり合う.適切である.〔这样形容,再～没有了〕このように形容するのがまさ適切だ.
贴秋腰 tiēqiūbiāo 〈方〉立秋の日に肉などのご馳走を食べること.→〔添 tiān 腰儿〕
贴权 tiēquán 圖〗配当当落や(権利落ち)後の株の相場が,計算価格を下回ること.→〔填 tián 权〕
贴身 tiēshēn ①〔～儿〕肌身に(じかに)つける.〔～内衣〕肌着:〔衬 chèn 身衣〕〔内 nèi 衣〕に同じ.〔～小褂儿〕肌シャツ.ランニングシャツ.②(衣服が)身体にぴったり合う.③身辺につきそう.〔～的人〕身辺につきそって世話をする人.〔～保镖 biāo〕ガードマン.用心棒.〔～丫头〕腰元.④〖スポ〗(サッカー・ラグビーなどで)敵につきまとってマークする戦法.→〔人 rén 盯人〕
贴士 tiēshì 〈方〉チップ:〔小 xiǎo 费〕に同じ.②指摘する.指導する.紹介する.〔星期日电影～〕日曜映画案内.〔考研～〕大学院入試に関する情報.
贴水 tiēshuǐ ①=〔減 jiǎn 水②〕〔去 qù 水③〕旧〗国

贴萜帖铁　　　　　　　　　　　　　　　　　　　　　　　　tiē～tiě

内为替や银货の兑换の际に,货币価值や银分の低い侧が不足分を出すこと. ②同前の割り増し.プレミアム.〔净～〕ネットプレミアム.↔〔升 shēng 水〕③水面に近づく.〔～飞行〕(航空机の)水面飞行.

贴题 tiētí (文章が)题意を适切に表している.〔说得不多却很～〕口数は少ないが同前.

贴息 tiēxī ⇒〔贴现息〕

贴现 tiēxiàn ＝〔割 gē 刀②〕商手形を割る.割引きする:支払期日の来てない切手や为替を现金に换えること.〔重 chóng ～〕手形の再割引き.〔转 zhuǎn ～〕肩替り割引き.〔～率〕商割引步合.〔～商〕ビルブローカー.手形仲买人.〔～票据〕商割引手形.〔～息〕〔贴息〕商手形割引の际,银行が手形期日の远近により控除する利息.また现金化している切手ならその利息を出すこと.〔～银行〕割引银行.

贴心 tiēxīn 心がぴったり合っている.心が通いあっている.〔我们和他们同甘共苦,更加～了〕わたしたちと彼らとは喜びや苦しみを共にした结果,心が一层固く结びついた.〔～话〕相手の心に通ずる话.〔～人〕心が通いあっている人.亲身になって考えてくれる人.〔～贴意〕亲切である.懇切である.仲がよい.

〔萜〕 tiē 化 テルペン.〔～烯 xī〕同前.〔～烷 wán〕メンタン.〔樟 zhāng 脑〕カンフェン.

〔帖〕 tiě ①〔一儿〕书き付け.贴り札.〔字～儿〕书き付け.〔谱～〕〔领～回〕赠り物・供物などに対する受取书. ②招待状.〔请～〕同前.〔喜～〕结婚式の招待状.〔丧 sāng～〕葬式の通知状.〔下～子〕招待状を出す. ③回复する义兄弟の契りを结ぶ际に取り交わす折り本になっている书状.〔龙凤～〕〔八字～〕〔庚 gēng～〕结婚の时に取り交わす男女の生年月日を记した折り本.〔换～〕义兄弟になる书き付けを取り交わすして义兄弟になる. ④〈方〉量词.汉方药の一服を数える.〔一～药〕一服の药. → tiē tiè

帖木儿 tiěmù'ér 人 ティムール:ティムール帝国の创始者.

帖子 tiězi →字解②

〔铁·鐵（銕）〕 tiě ①化铁:金属元素.记号Fe. ②铳(ฅ)铁:〔钢 gāng①〕に対していう.〔角～〕山形铁.〔带～〕带铁.〔生～〕铳铁.〔铳 zhù～〕铸铁.〔工字～〕I形铁棒. ③(刀や枪などの)武器.〔手无寸～〕身には寸铁を帯びない. ④〈喻〉坚い.坚固である.⑤不変である事実.动かしがたい规律. ⑤不変である.揺るぎない.〔～的意志〕坚く不变の意志.〔～汉子〕不屈の男. ⑥〈喻〉强暴である.无情である.〔～蹄 tí〕人をふみにじる残虐非道な行为.〔他～着脸一声不吭〕彼は表情をこわばらせて默っている. ⑦〈姓〉铁(さん).

铁案 tiě'àn 〈喻〉证拠が确実で翻すことができない事实.〔～如山〕〔铁证如山〕〈成〉事件の证拠が确実で动かしがたい.

铁板 tiěbǎn ①铁板:薄いものは〔铁片〕という.〔～墙 qiáng〕铁板张りの围い. ②〈喻〉动かしがたいもの.〔～钉钉〕〈成〉事が定まって変更できないこと.きっぱり断定すること.〔～一块〕一枚岩のような.一致团结した.

铁板大鼓 tiěbǎn dàgǔ ＝〔铁片大鼓〕左の手で2枚の铁板を打ちあわせて拍手をとり,右手で太鼓を打って歌う〔大鼓(书)〕

铁棒磨成针 tiěbàng móchéng zhēn ⇒〔铁杵磨成针〕

铁笔 tiěbǐ ①＝〔钢 gāng (铁)笔④〕誊写版用の铁笔. ②篆刻用の小刀.

铁臂 tiěbì 〈喻〉力强い腕.

铁壁铜墙 tiěbì tóngqiáng ⇒〔铜墙铁壁〕

铁算子 tiěbìzi ①(ストーブの)火格子. ②烧き網.

铁饼 tiěbǐng 区円盘:竞技.また器具.〔掷 zhì ～〕円盘投げ.

铁驳 tiěbó 钢铁船(ぷˋ).钢铁の艀船.

铁布衫 tiěbùshān 拳术の一:刀を避ける术.→〔金 jīn 钟罩①〕

铁蚕豆 tiěcándòu 煎った空豆.

铁铲 tiěchǎn ①スコップ. ②フライ返し.→〔炒 chǎo 勺〕

铁肠石心 tiěcháng shíxīn ⇒〔铁石心肠〕

铁尺 tiěchǐ ①铁製のものさし. ②同前形の(十字のような)古代武器.

铁杵磨成针 tiěchǔ mó chéng zhēn ＝〔铁棒磨成针〕〔铁打房梁磨绣针〕〈谚〉鉄の棒を磨いて针にする,功到自然成〕同前つとて一念をやりぬけば自然にその结果が得られる.→〔磨杵成针〕

铁窗 tiěchuāng 铁格子の窓.〈转〉牢狱.〔～风味〕牢狱生活.

铁床 tiěchuáng 铁製の寝台.

铁锤 tiěchuí 〔铁槌〕とも书いた.かなづち.げんのう.ハンマー.→〔榔 láng 头〕

铁搭 tiědā 〈口〉土をかく农具の一种:数本の齿がついた平ぐわ.〔铁铠〕とも书く.

铁打 tiědǎ 〈喻〉坚固なこと.〔～江山〕ゆるがすことのできない政権.〔～的汉子〕铁人.不死身の男.〈喻〉强健な人.〔他の身体は很强健而富有的人〕彼の体は実に强い,まるで铁で造った人のようだ.

铁打房梁磨绣针 tiě dǎ fángliáng mó xiù zhēn ⇒〔铁杵磨成针〕

铁刀木 tiědāomù 植タガヤサン:マメ科常緑高木.建築材料.→〔铁力木〕

铁道 tiědào 铁道.〔～兵〕铁道兵.〔～线路〕铁道线路.

铁钉 tiědīng 铁くぎ.

铁钉树 tiědīngshù 植カナクギノキ:クスノキ科の小高木.

铁定 tiědìng はっきりと决まっている.〔日期～不改〕日にちは絶対变更しない.

铁锭 tiědìng 铁インゴット.

铁伐 tiěfá 〈姓〉铁伐(さん).

铁矾土 tiěfántǔ ＝〔铝出 土矿〕

铁饭碗 tiěfànwǎn 铁の饭茶碗.〈喻〉确かな(食いはぐれのない)职业.→〔金 jīn 饭碗〕

铁粉 tiěfěn 铁粉.

铁杆 tiěgǎn ①顽固である.一徹である.〔～保守派〕顽固保守派.〔～球迷〕(球技の)热狂的なファン. ②确実である.頼りになる.〔～厂〕頼り扎りのある警官.〔～庄稼〕收穫の确実な农作物. ③〈喻〉頼りになる人·组织.〔生死～兄弟〕生死を共にすることができきる仲间·友达.

铁杆蒿 tiěgǎnhāo 植ハマシオン(ウラギク):キク科コンギク属の草本.

铁淦氧 tiěgànyǎng ⇒〔铁氧体〕

铁镐 tiěgǎo つるはし.

铁哥们 tiěgēmen 〈口〉特に亲密で信用できる友人(男性同士).〔铁哥儿们〕ともいう.〔铁姐们〕は女性同士をいう.

铁工 tiěgōng ①铁工(铁器の製造と修理に従事する仕事).〔～厂〕铁工场. ②锻冶铺职人.

铁公鸡 tiěgōngjī ＝〔铁仙鹤〕〈喻〉吝嗇(ฎˋ)な人.どけち.けちん坊.→〔磁 cí 公鸡〕

铁箍 tiěgū (包装用の)带钢(ꜱ).铁のたが:〔箍铁〕ともいう.

铁姑娘 tiěgūniang 〈喻〉しっかり者の娘:肉体労働者を言う.→〔铁人〕

铁骨铮铮 tiěgǔ zhēngzhēng 顽强で不屈の意気ご

み.〔~的硬汉〕硬骨漢.

铁拐李 tiěguǎilǐ =〔李铁拐〕囚伝説中の仙人.杖をつして、ひょうたんを持つ.→〔八 bā 仙〕

铁观音 tiěguānyīn 福建省安溪県武夷山一带に産するウーロン茶の高級品.〔乌 wū 龙茶〕

铁管接头 tiěguǎn jiētóu 圈鉄管継手.

铁轨 tiěguǐ 鉄道のレール.〔钢 gāng 轨〕に同じ.

铁柜 tiěguì ①鉄製の戸棚・ケース. ②金庫:〔保 bǎo 险箱〕に同じ.

铁锅 tiěguō 鉄鍋.釜.

铁汉 tiěhàn 〈喩〉鉄のような男:〔铁打的好汉〕の意.→〔铁人〕

铁耗 tiěhào ⇒〔铁损失〕

铁合金 tiěhéjīn 鉄合金.

铁壶 tiěhú 鉄製湯沸かし.鉄瓶.

铁画 tiěhuà ①〔美術工芸品〕鉄の薄板で作った線状のもので構成した絵. ②同前の工芸:〔铁花〕ともいう.

铁环 tiěhuán 鉄輪.〔滚 gǔn ~〕輪回しの遊び.

铁灰 tiěhuī 色暗灰色の.

铁活 tiěhuó 〔~儿〕①鉄工の仕事. ②鉄を原料として作った製品. ③〔建築物または器物上の〕鉄金具.

铁蒺藜 tiějíli 固鉄菱.敵の人馬・車両を阻むため地上や浅い水の中にまく爪のある鋲.

铁剂 tiějì 薬鉄造血剤.

铁甲 tiějiǎ ①鉄製の鎧(よろい). ②鉄で外側を覆ったもの.鉄張りのもの.〔~艦 jiàn〕装甲艦.〔~车〕装甲車.→〔铁牛②〕

铁将军 tiějiāngjūn 〈喩〉鉄製の錠前.金属性シャッター.

铁匠 tiějiàng =〔打 dǎ 铁的〕〔打铁匠〕鉄工.鍛冶屋.〔~出身〕〈喩〉たたくばかり.喧嘩ばかり.

铁蕉 tiějiāo ⇒〔苏 sū 铁〕

铁交椅 tiějiāoyǐ 〈喩〉鉄のポスト.終身の地位.

铁脚板 tiějiǎobǎn 歩くのが得意な足(人)

铁姐们 tiějiěmen →〔铁哥们〕

铁筋 tiějīn 〔钢 gāng 筋〕に同じ.〔~土〕〔~洋灰〕鉄筋コンクリート.

铁锔子 tiějūzi 鎹(かすがい).

铁军 tiějūn 〈喩〉強い軍隊.〔叶挺率領的独立団被誉为~〕葉挺の率いる独立兵団は無敵の軍隊とたえられた.

铁口 tiěkǒu ①出銑口.湯口.

铁扣 tiěkòu 機フランプ:かすがいなどの取り付け金属金具.

铁矿 tiěkuàng 鉱鉄鉱(石).〔~砂〕鉄鉱砂.

铁榔头 tiělángtou 鉄のかなづち.ハンマー.→〔榔头〕

铁老大 tiělǎodà 〈喩〉鉄道部門:殿様商売の鉄道.〔老大(哥)〕は長男を指す.

铁勒 tiělè 古族名:もと匈奴の苗裔で漢代〔丁 dīng 灵〕と称し,〔狄 dí 历〕〔敕 chì 勒①〕〔高车〕とも称した.〔~维 wéi 吾尔族〕

铁梨木 tiělímù 固ユソボウク(瘀瘡木).リグナムバイタ:質の堅い材木.

铁力木 tiělìmù 固テツザイノキ.セイロンテツボク:オトギリソウ科植物.種子から油をとる.→〔铁刀木〕

铁链(子) tiěliàn(zi) 鉄製チェーン.〔~吊桥〕鉄鎖のつり橋.→〔锁 suǒ 链〕

铁领工人 tiělǐng gōngrén 〈喩〉ロボット(工業生産用).→〔机 jī 器人〕

铁流 tiěliú ①(溶銑の)鉄湯の流れ. ②〈喩〉戦闘力の強い軍隊.

铁路 tiělù 鉄道:〔铁道〕ともいう.路線は〔线 xiàn〕という.〔成渝 yú ~〕〔成渝线〕成都重慶間の鉄道.

〔~网〕鉄道網.〔~工人〕鉄道員.〔~运输〕〔铁运〕鉄道運輸.〔~城〕連雲港市の別称:ユーラシア大陸鉄道(シルクロード鉄道)の起点.

铁铝氧石 tiělǚyǎng shí ⇒〔铝土矿〕

铁律 tiělǜ 鉄の規律.不変の法則.

铁马 tiěmǎ ①鉄甲をつけた軍馬. ②⇒〔檐 yán 铃〕③⇒〔铁骑〕

铁马鞭 tiěmǎbiān 固ネコハギ.

铁锚 tiěmáo 鉄錨(いかり).

铁门 tiěmén ①鉄製の門. ②鉄格子. ③〈喩〉容易に入ることのできない難関.

铁闷子 tiěmènzi (鉄道)の有蓋貨車:〔~车〕闷子车〕に同じ.

铁面无私 tiěmiàn wúsī 〈喩〉厳しく私情を排し公平である.冷たく非情である:〔铁面无情〕ともいう.

铁木 tiěmù 固アサダ.

铁幕 tiěmù 〈喩〉鉄のカーテン.

铁牛 tiěniú ①⇒〔拖 tuō 拉机〕 ②固鉄で鋳造した牛:水害を免れるよう祈り水中に沈めたり,橋のもとに置いた.〈喩〉頑固者.頑張り屋.

铁耙 tiěpá 鉄製の熊手.

铁皮 tiěpí 鉄板.〔黑~〕黒波鉄板.〔波形~〕波形鉄板.鉄形波板.〔白~〕トタン.→〔镀 dù 锌铁(皮)〕〔马 mǎ 口铁(皮)〕

铁片 tiěpiàn 〔~儿〕鉄の薄板.→〔铁板①〕

铁片大鼓 tiěpiàn dàgǔ ⇒〔铁板大鼓〕

铁骑 tiěqí =〔铁马③〕〈喩〉強い騎兵.精鋭な軍隊.

铁器 tiěqì 鉄器.〔~时代〕囡鉄器時代.

铁锹 tiěqiāo 土を掘りおこす道具.スコップ・シャベルなど.→〔铲 chǎn 子〕

铁桥 tiěqiáo 鉄橋.

铁雀儿 tiěquèor 食すずめ(の唐揚げ).→〔麻 má 雀〕

铁青 tiěqīng 青黒い:恐れ・怒り・病などによる青黒さ.

铁氰化钾 tiěqínghuà jiǎ 化フェリシアン化カリウム.〔赤 chì 血盐〕(赤血塩)に同じ.

铁球 tiěqiú ①〔~②〕〔铅 qiān 球②〕 ②健康のため手に持って揉む2個で一組の球.

铁拳 tiěquán 鉄拳.強い打撃.

铁人 tiěrén 〈喩〉強い意志の強い人:〔~精神〕不撓不屈の精神.〔~三项〕〔三项全能〕囡トライアスロン.

铁扫帚 tiěsǎozhou ①固メドハギ. ②〈喩〉災厄を除去する方法・力. ③〈喩〉厄病神.

铁蒜箭 tiěsuànjiàn 固ショウキラン:原野に生ずるヒガンバナ科の多年生草本で有毒植物.

铁纱 tiěshā =〔钢 gōng 丝网〕(網戸などに用いる)細目の金網.〔铁纱网〕

铁砂 tiěshā ①鉱鉄鉱砂.砂鉄. ②(猟銃の)散弾.〔鉄砲に用いる〕ショット.

铁沙掌 tiěshāzhǎng ⇒〔沙手〕

铁杉 tiěshān 固ツガ.〔台湾~〕タイワンツガ.

铁勺 tiěsháo 鉄製の杓子.〔~~碰鉄锅沿〕鉄杓子が鍋のふちとぶつかるものだ.〈喩〉関係が深いと衝突しやすい.

铁石人 tiěshírén 〈喩〉冷酷無情な人.つれない人. ②意志堅固な人.

铁石心肠 tiěshí xīncháng =〔铁肠石心〕〈成〉剛気で冷や感情を動かさない.

铁树 tiěshù ①固ソテツ(苏 sū 铁)の通称.〔~开花〕〈喩〉不可能に近いこと.極めて珍しいこと. ②固センネンツコ〔朱 zhū 蕉〕〔朱竹〕ともいう.

铁水 tiěshuǐ 溶銑.

铁丝 tiěsī 針金.ワイヤー.鉄線.〔带刺~〕〔有刺~〕有刺鉄線.〔~剪 jiǎn〕ワイヤーカッター.〔~笼 lóng〕鉄線籠で編んだ(土手などを保護する)じゃか

ご.〔～纱〕金網.
铁丝网 tiěsīwǎng ①金網(目の粗いもの).〔～玻bō璃〕針金入りガラス.→〔铁纱〕②軍鉄条網.〔有刺cì～〕同前.
铁素体 tiěsùtǐ ① フェライト:〔纯chún铁体〕〔肥féi粒体〕〔原 yuán 铁体〕は旧称.→〔铁氧体〕
铁酸盐 tiěsuānyán ⇒〔铁氧体〕
铁算盘 tiěsuànpán ①確かな計算.しっかりとした見積もり・およびそれができる人.②個人の財産を盗みとる魔術.
铁损失 tiěsǔnshī =〔铁耗〕鉄損.磁気損失.〔铁芯损耗〕ともいう.
铁索 tiěsuǒ 鉄のケーブル.〔～桥 qiáo〕つり橋.ケーブルブリッジ.
铁锁链 tiěsuǒliàn 鉄の鎖.〈喩〉旧社会の束縛.
铁塔 tiětǎ ①鉄塔.鉄でできた塔.②〔高压送電線を支持する〕鉄塔.③鉄色の煉瓦で作った仏塔.
铁蹄 tiětí 〈喩〉残虐非道な行為.
铁条 tiětiáo 鉄の棒.鉄製のバー.
铁桶 tiětǒng 鉄の桶.〈喩〉堅እで破れがたいもの(こと).
铁腕 tiěwàn 鉄腕.〈喩〉強引な実行力を持つ政治の手腕.〔～人物〕(政治的な)強い実力者.
铁西瓜 tiěxīguā 地雷の俗称.
铁锹 tiěxiān 鉄製のシャベル.→〔铲 chǎn 子〕〔木mù 锨〕
铁仙鹤 tiěxiānhè ⇒〔铁公鸡〕
铁苋菜 tiěxiàncài 植 エノキグサ.
铁线蕨 tiěxiànjué =〔猪zhū鬃草〕植 ホウライシダ.
铁线莲 tiěxiànlián 植 テッセン:クレマチスの一種.
铁屑 tiěxiè 鉄の削りくず:俗に〔铁末子 mòzi〕という.→〔刨 bào 花〕
铁心 tiěxīn ①無情である.無慈悲である.冷たい.つれない.②決心する.〔铁了心了〕腹を決めた.〔吃了秤砣,铁了心〕〈歇〉はかりの重りを呑みこんだようなもので,心が鉄になった(決心がしっかり固まった).③同上.
铁芯 tiěxīn 〔铁心〕とも書く.@鉄心:発電機・変圧器・電磁石などの芯となるもの.
铁锈 tiěxiù 赤さび.鉄さび.
铁血 tiěxuè 〈喩〉①兵器と兵員.〔～主义〕史 19世紀ドイツのビスマルクの行った軍備拡張主義.②剛毅の意味.英雄魂.〔～男儿〕犠牲をいとわぬ剛毅な男.
铁砚磨穿 tiěyàn móchuān 〈成〉たゆまず刻苦勉学する.
铁氧体 tiěyǎngtǐ 物磁性(酸化铁).フェライト:〔铁淦氧〕〔铁酸盐〕〔磁 cí 性瓷〕は別称.→〔肥féi 粒体〕
铁叶 tiěyè 薄い鉄板.〔～车〕古鉄板で覆った戦車.
铁衣 tiěyī ①鉄のよろい.②鉄のさび.
铁艺 tiěyì 鉄を使った工芸.
铁陨星 tiěyǔnxīng 天隕鉄:〔陨铁〕に同じ.
铁运 tiěyùn 〔铁路运输〕の略.鉄道輸送.
铁则 tiězé 鉄則.一定不変の法則.
铁渣 tiězhā (鉄の熔融に生じる)浮きかす.
铁掌 tiězhǎng ①鉄の手.②拳術で鍛えられた手.③統治する腕力.④靴の底に打つ補強材.
铁赭石 tiězhěshí 鉱 酸化铁.
铁砧 tiězhēn 工 かなしき.かなとこ.
铁铮铮 tiězhēngzhēng 鉄のように強いさま.〔～的男子汉〕同前の男.
铁证 tiězhèng 確証.〔～如山〕〈成〉証拠が確実で動かしがたい.
铁中铮铮 tiězhōng zhēngzhēng 〈成〉傑出した人.抜群の人.
铁砖 tiězhuān ①銑鉄塊.②=〔压 yā 载铁〕船のバラスト用の鉄塊.
铁桩 tiězhuāng ⇒〔缆lǎn 桩〕
铁嘴 tiězuǐ 〈喩〉確実で間違いないこと.判断の正確な人.

〔帖〕
tiè 書・画の手本.〔字〕習字の手本.〔法法帖〕(ຽ):有名書家の拓本または印本.〔碑 bēi ～〕石碑の拓本.〔画～〕画帖.〔～气qì〕書法に合った書き方. → tiē tiě

〔饕〕
tiè →〔饕 tāo 餮〕

ting ㄊㄧㄥ

〔厅・廳(所)〕
tīng ①古役所の執務する場所.②機関などの組織上の一部門.ⓐ中央機関の同前.〔人大常委会办公～〕全国人民代表大会常務委員会事務局.〔中央办公～〕中国共産党中央委員会事務局.ⓑ省行政機関下の一部門:〔局 jú (I)②ⓑ〕と同格.〔民政～〕民政局.〔教育～〕(省・特別市の)教育局.〔公安～〕(省・特別市の)公安部.③大きな部屋.広間.ホール.〔～堂 táng〕同前.〔大～〕ホール.ロビー.〔餐 cān ～〕食堂.〔客～〕客間.〔过～〕前後に入り口があって通りぬけになっている大広間.〔一室一~〕1 LDK.
厅房 tīngfáng 〔方〕ホール.広間.
厅事 tīngshì ⇒〔听事②〕
厅堂 tīngtáng 会集・接待用の大広間.ホール.

〔汀〕
tīng 〈文〉みぎわ.水辺の平地.〔绿～〕緑の岸辺.〔荷花～〕蓮池の岸辺.②地名用字.〔～江〕地福建省にある.
汀线 tīngxiàn 海岸の陸地に海水による侵食の跡を示す線.
汀滢 tīngyíng 〈文〉①小さな水流.②澄みきっている様子.
汀洲 tīngzhōu 水中に砂が盛り上がってできた平らな所.水中の州.

〔听・聽(聽)〕
tīng (I)①(耳で)聞く.〔～人说〕〔～说〕人の言うのを聞く.聞くところでは…だそうだ.〔～广播〕ラジオを聞く.〔～录音〕テープを聞く.〔把衣服敞 chǎng 开让我～～〕胸をはだけて診させてください.②意見を聞く.服従する.言うことを聞く.〔那就～你的,买这个吧〕じゃあ君の言うことを聞いてこれを買いましょう.〔这匹马不～话〕この馬は言うことを聞かない.〔这孩子~话〕この子は聞きわけがない.〔～人劝〕他人の忠告を聞き入れる.〔手不～使〕手がきかない.手が思うとおりに動かない.〔他的指使〕彼の指図どおりにする.〔命令一定要～〕命令には必ず従わねばならない.〔惟命是～〕〈成〉ただ命令のとおりに従う.〔他是~不得不同意见的人〕彼は異なる意見には耳を傾けない人だ.③するがままにさせる.成り行きを受け入れる.〔~你的便〕きみの自由にまかせる.〔～他去〕〔由他去〕彼が行くにまかせる.〔愿自备饭食者~之〕〈文〉自分で食事の準備をしたい者は彼の自由に任せる.→〔任rèn (II)①〕④〈文〉裁断する.裁く.処置する.〔~讼〕〈文〉訴訟を裁く.⑤待つ.〔~一~再作决定吧〕じっくりしてから決定しよう.〔你～我的答复吧〕わたしの返事を待ってください.⑥〈方〉(鼻でにおいを)かぐ.
(II)①〈音訳〉缶.缶詰.〔～装 zhuāng〕缶製.缶入り.②量詞.ビール・缶ジュースなどの(缶)を数

tīng

る.〔两～罐 guàn 头〕缶詰 2 個.〔一～香 xiāng 烟〕たばこ一缶.

听便 tīngbiàn 都合のよいようにさせる.勝手にさせる.

听蹭儿 tīngcèngr 〈方〉ただ見をする.無料で入場する.〔～戏儿〕芝居をただ見する.→〔蹭儿戏〕

听差 tīngchāi ①回雑役夫.使用人.給仕.下僕:〔～的〕(听事的)ともいう.→〔承 chéng 差〕 ②使い働きする.御用を聞く.

听从 tīngcóng 言われたようにする.従う.〔～其便〕都合のよいようにさせる.〔～父母的教训〕父母の教訓に従う.

听而不闻 tīng ér bùwén 〈成〉聞いても聞かないのと同じである.聞き流す.

听风是雨 tīngfēng shìyǔ 〈成〉風の音を聞くとすぐ雨が降ると決めてかかる.考えが早急(敵切り型)である:〔听见风,就是雨〕ともいう.〔刚提了点儿头儿,还没说怎么样呢,你就一马上要去〕ほんの糸口を話し出しただけで,まだ何もはっきりしたことを言いもしないのに,早合点してすぐにも行こうとするなんて.

听骨 tīnggǔ ⇒〔听小骨〕

听喝(儿) tīnghē(r) 〈方〉言いつけを聞く.人の言いなりになる.

听候 tīnghòu 待ちうける.待命する:多くは上級の決定を待つ.〔～分配〕職場の割りふりを待つ.〔～处理〕処分を待つ.

听话 tīnghuà ①話を聞く. ②言うことを聞く.使いやすい.〔这个孩子〕おとなしい子.〔这种机器不～〕この器械は使いにくい. ③〔-儿〕返事を待つ.

听会 tīnghuì〔講演会などに〕来聴する.〔今天来的人很多〕今日は来聴者が多かった.

听见 tīng·jiàn 聞こえる.〔我听了一会儿,可是什么声音都没～〕わたしはしばらく聞いていたが,何の音も聞こえなかった.〔你～了?〕きみ聞こえたか.

听见说 tīng·jiànshuō ⇒〔听说①〕

听讲 tīngjiǎng 講演または講義を聞く.

听觉 tīngjué 生理聴覚.

听课 tīngkè ①授業に出る. ②聴講する.

听篱察壁 tīnglí chábì 〈成〉盗み聞きする.こっそりと様子を探る.

听力 tīnglì ①聴力. ②聞き取り能力.

听令 tīnglìng 命令を聞く.

听命 tīngmìng ①命令に従う.〔～于大国〕大国の言いなりになる. ②〔听天由命〕の略.天命にゆだねる.〔～于天〕同前.

听牌 tīngpái =〔叫 jiào 牌〕〔叫张儿〕(マージャンやトランプなどで)上がりのあと一枚を待つ.〔他已经～了,就快和 hú 了〕彼はもう札待ちしている,すぐ上がるよ.

听啤 tīngpí 缶ビール:〔听儿啤〕〔罐 guàn 儿啤〕ともいう.

听凭 tīngpíng =〔听任〕したいようにさせる.自由にさせる.よいようにさせる.

听其自然 tīng qí zìrán 〈成〉自然に任す.成り行きに任せる.

听取 tīngqǔ 聴取する.耳を傾ける.〔～群众的意见〕大衆の意見に耳を傾ける.

听劝 tīngquàn 忠言を容れる.

听人劝,吃饱饭 tīng rén quàn, chī bǎo fàn 〈諺〉人の忠告を聞けば飯を食いそこないなし.過失を改めれば必ず福あり.

听任 tīngrèn ⇒〔听凭〕

听神经 tīngshénjīng 生理聴神経.

听审 tīngshěn ①審理を(受けるのを)待つ. ②(裁判・聴聞会・審議会などを)傍聴する.

听声 tīngshēng 〈方〉盗み聴きする.

听使 tīngshǐ ①指図を待つ. ②役に立つ.使える:〔～唤 huàn〕ともいう.〔这台机器不～〕この機械は使いにくい.

听事 tīngshì 〈文〉①裁決する:〔听政〕に同じ. ②=〔厅事〕〈文〉大広間.

听书 tīngshū 講釈師の物語を聞く.講談を聞く.

听顺 tīngshùn 〈方〉言うことを聞く.〔～他的话〕彼の言葉に従う.

听说 tīngshuō ①聞くところでは…だそうだ.…だということだ:〔听见说〕ともいう.〔～他们的协议大致要上可以达成〕彼らの協議は大体まとまるだろうとのことだ.〔你听谁说的〕きみは誰から聞いたのか.〔我也是听别人说的]ほくもほかの人から聞いたのだ. ②言う事を聞く. ③聞く(こと)と話す(こと)

听讼 tīngsòng 〈文〉訴訟を裁く.審理する.

听随 tīngsuí 従う.任せる.〔～尊 zūn 便〕あなたの都合にお任せします.

听天由命 tīngtiān yóumìng 〈成〉成り行きに任せる.天命に従う:〔听天命〕〔听命②〕ともいう.

听筒 tīngtǒng ①(電話の)受話器:〔耳ěr 机(子)①〕〔话 huà 筒①〕〔受 shòu 话器〕に同じ. ②医聴診器:〔听诊器〕の通称.

听头儿 tīngtour 聞きばえ.傾聴に値するもの.〔外行的批评,倒也有个～〕しろうとの批判でも,かえって面白い.→〔头 tóu 儿②〕

听闻 tīngwén 〈文〉耳目.聞こうとすること.聞いた内容・事柄.〔骇人～〕聞いてびっくりさせられる.〔耸 sǒng 人～〕耳をそばだてる.

听戏 tīngxì (京 jīng 剧など)芝居を見る:〔旧 jiù 剧]は歌を中心とする.

听小骨 tīngxiǎogǔ 聴骨.耳小骨:〔听骨〕は通称.〔锤 chuí 骨,砧 zhēn 骨,镫 dèng 骨〕の総称.

听写 tīngxiě 聞き取って書く.言葉の訓練法の一つ.→〔默 mò 写〕

听信 tīngxìn ①〔-儿〕〈口〉消息を待つ.〔今天开会就决定这个事,你～吧〕今日の会議でその件を決めるから,なにぶんの知らせを待て. ②(不確かなこと)聞いて信じる.〔不要～他的话〕彼の話を本気にしてはだめだ.

听友 tīngyǒu 視聴者仲間.

听阈 tīngyù 生理可聴域.

听障 tīngzhāng 医聴覚障害.

听者 tīngzhě 聴く人.聞き手.

听诊 tīngzhěn 聴診する.〔～器 qì〕〔听筒〕医聴診器.→〔闻 wén 诊〕

听证 tīngzhèng ①証人尋問をする. ②公開で意見を聞く.〔～会〕〔听政会〕公聴会.

听政 tīngzhèng 〈文〉政務をさばく.裁決する.

听之任之 tīngzhī rènzhī 勝手にしたいようにさせる.

听众 tīngzhòng ①聴衆. ②ラジオ聴取者.→〔观 guān 众〕

听装 tīngzhuāng 缶で包装する.缶入り(の).〔～饼干〕缶入りビスケット.

听子 tīngzi 缶.→字解(II)①

〔**烃・烴**〕 tīng 化〔碳 tàn 氢化合物〕(炭化水素)の略称.

烃基 tīngjī 化炭化水素基.アルキル基.→〔基③〕

〔**桯**〕 tīng ①→〔桯子〕 ②回寝台の前に置く小机.

桯子 tīngzi ①錐や千枚通しの金属尖端.〔锥 zhuī～〕同前. ②野菜などの花軸.とう.→〔薹 tái〕

〔**鞓**〕 tīng 〈文〉皮製の腰帯.

廷庭莛蜓筳霆亭停　　　　　　　　tíng

[廷] tíng ① 固 朝廷.〔宮～〕朝廷.〔～臣 chén〕朝廷に仕える人.〔～〕〈姓〉廷.
廷布 tíngbù 地 テンプー:〔不 bù 丹王国〕(ブータン王国)の首都.冬の首都は〔普 pǔ 那卡〕(プナカ)
廷对 tíngduì 〈文〉殿殿で皇帝の問いに答えること.
廷魁 tíngkuí 〈文〉(殿試)に第一番で合格した者:〔状 zhuàng 元〕に同じ.
廷试 tíngshì ⇒〔殿 diàn 试〕

[庭] tíng ① 母屋.ホール.〔大～广众〕大勢の人がいる公開の場所. ② 母屋の前の庭.〔前～后院〕屋敷の庭. ③ 家庭.〔家～〕に通じ用いた. ④ 法廷.〔法～〕同前.〔开～〕開廷(する). ⑤ 中医 額(ひたい)の中央.〔天～饱 bǎo 满〕額が大きい.
庭辩 tíngbiàn 法廷での弁論.
庭除 tíngchú 〈文〉庭ときずはし.
庭审 tíngshěn 法審問.〔～笔录〕尋問調書.
庭闱 tíngwéi 〈文〉父母の住居.〈転〉父母.
庭训 tíngxùn 〈文〉父親の教え.父訓.
庭园 tíngyuán 庭園.
庭院 tíngyuàn 中庭.〔～树〕庭木.〔～经济〕喻 自宅の庭を利用した作物で副収入を得ること.
庭长 tíngzhǎng 裁判長.〔审 判长 判长〕

[莛] tíng 草本植物の茎.〔麦 mài ～儿〕麦の茎.〔油菜～儿〕なたねの茎.

[蜓] tíng ① →〔蜻 qīng 蜓〕 ② →〔螾 yǎn 蜓〕

[筳] tíng 〈文〉竹の小枝・小片.小竹.

[霆] tíng 突然の激しい雷.〔雷 léi〕同前.〔大发雷～〕喻 激怒する.

[亭] tíng (Ⅰ) ① あずまや(四阿). ② 小屋.スタンド.売り場.〔邮 yóu ～〕臨時あるいは小規模の郵便局.〔书～〕書籍スタンド. ③ 〈姓〉亭(ちん).
(Ⅱ)〈文〉① 適当である.平均がとれている. ② 至る.(ちょうど)当たる.〔～午〕正午. ③→〔亭亭〕
亭当 tíngdang ⇒〔停当〕
亭阁 tínggé あずまやと楼閣.
亭台 tíngtái あずまやと楼台などの建物.〔～楼阁〕同前.
亭亭 tíngtíng ①〈文〉(高く)直立したさま.〔～大树〕まっすぐに高くのびている大木.〔荷花～出水〕蓮(はす)の花がまっすぐに出ている.〔～云外〕(塔や樹木などが)高くそびえているさま.〔～玉立〕花・木の真っ直ぐに伸びているさま. ⑤美女のすらりとした美いようす. ②⇒〔婷婷〕
亭榭 tíngxiè あずまやの一種.四方も展望できるよう周囲より高く作ってある.
亭匀 tíngyún ⇒〔停匀〕
亭子 tíngzi ちん.あずまや.
亭子间 tíngzijiān 圃 旧時,上海などで〔后 hòu 楼〕の〔厨 chú 房〕の上層にある小部屋.階段の中間にある狭い暗室,中二階に該当し,居間にしたり物置にしたりする.→〔上 shàng 海式楼房〕

[停] tíng ①とまる.とめる.やめる.停止する.〔钟～了〕時計がとまった.〔雨～了〕雨がやんだ.〔日夜不～地工作〕日夜休みなしに仕事をする.〔不可在此久～〕ここに長くいてはいけない. ③滞在する.〔不可在此久～〕ここに長くいてはいけない. ④穏当である.→〔停当〕 ⑤〈球停·停球〕
(Ⅱ)[～儿]〈口〉総数をいくつかに等分した中の一つ:十等分の場合の〔一～〕は〔一成 chéng〕と同じ.〔三～儿的两～儿〕3分の2.〔十一儿里去了八～〕10分の1から8をひいた.〔那儿的物价比这儿

贵三～儿〕あそこの物価はここより3割がた高い.
停摆 tíngbǎi ①(時計の)振り子が止まる.〔没上弦,这个钟停了摆了〕ねじを巻かなかったので,この時計は(振り子が)止まった. ②〈転〉活動を停止する.行きづまる.〔那个馆子停了摆了〕あの店はつぶれた.〔无论怎么硬棒的人,也有～的一天〕どんな丈夫な人でもいつかは死ぬ時がある.
停班 tíngbān (長距離バスなどの定期便)運休する.運行を一時停止する.運行を臨時に中止する.
停板 tíngbǎn ⇒〔停市〕
停办 tíngbàn 運営を中止する.(事業所を)閉鎖する.業務を廃止する.↔〔开 kāi 办〕
停报 tíngbào 新聞の販売・配達を中止する.→〔停刊〕
停表 tíngbiǎo ⇒〔跑 pǎo 表〕
停播 tíngbō 放送を中止する.
停泊 tíngbó (船が)停泊する.〔码头上～着许多轮船〕波止場にはたくさんの汽船が停泊している.→〔停靠〕
停步 tíngbù 〈文〉歩を止める.停止する.〔～不前〕 ⓐ行進を一旦停止する. ⓑ発展・進歩しない.
停产 tíngchǎn 生産を停止する.〔～整顿〕同前し点検整備する.
停车 tíngchē ①機械を止める(止まる).運転を止める(止まる).〔三号车间～修理〕第3現場の機械は運転を停止して修理する. ②停車する.運行を停止する.〔～站 zhàn〕停留所.〔下一站～十分钟〕次の駅に10分停車します.〔因修理马路,～三天〕道路工事中につき車の通行を3日間停止する. ③駐車する.〔～场〕駐車場.〔～表〕パーキングメータ.〔～楼〕立体駐車場.〔～处〕(車の)一時置き場.〔～泊位〕駐車場あるいは車庫.〔～证明〕車庫証明.〔～位〕駐車スペース.駐車位置.
停床 tíngchuáng (納棺の前に)死者を寝台に安置する.
停当 tíngdang =〔停妥〕〔亭当〕(物事が)滞りなく運ぶ.整う.妥当である.〔事情还没办～呢〕仕事はまだすっかり片づいていない.
停电 tíngdiàn ⇒〔断 duàn 电〕
停顿 tíngdùn ①(物事が)停頓する.中断する. ②(話しつづけて)間をおく. ③囲 ポーズ.
停发 tíngfā 配付を停止する.
停放 tíngfàng ①駐車する(しばらくそこへ置く).〔车子不要～在这儿,车にここへとめておいてはいけない.〔自行车〕～处〕〔存车处〕自転車預り所. ②貸付停止:〔停止放款〕の略. ③〔号令〕打ち方やめ:〔停止放射〕の略.
停飞 tíngfēi ①軍飛行勤務を解く. ②(航空機を)休航する. ③着陸する.
停付 tíngfù 支払いを停止する.
停岗 tínggǎng 出勤停止にする.→〔停职〕
停工 tínggōng 操業を停止する.作業を中止する.〔～待 dài 雇〕中国で自宅待機:企業との雇用関係はある.〔～津 jīn 贴〕休業中に支払われる賃金.休業手当.〔下 xià 岗〕
停航 tíngháng 欠航する.
停火 tínghuǒ ①火を落とす. ②休戦(する).停戦(する).〔～撤兵〕休戦して撤兵する.→〔停战〕
停机 tíngjī ①軍飛行機をとめる.〔～坪〕飛行機の駐機場.エプロン. ②機械を止める.〈転〉生産が止まる.作業をやめる. ③撮影を完了する.クランクアップ. ④(料金未払いなどで)電話を止められる.→〔复 fù 机〕
停建 tíngjiàn 建築・建設を停止する.
停经 tíngjīng ①医 閉経する. ②筋 整経.〔～轴把手〕機 ストップモーションシャフトハンド

tíng～tǐng 停亭葶婷聍町侹挺

ル.止め装置ハンドル.
停刊 tíngkān （新聞や雑誌の）発行をやめる.
停靠 tíngkào （車両や船が）横づけになる.止まる.停車する.停船する.→〖停泊〗
停课 tíngkè 授業を中止する.休講にする.〔学校已～〕学校は授業停止をした.
停灵 tínglíng 出棺前ある期間棺を自宅・寺または殯舎(ひんしゃ)にとめておくこと.
停留 tíngliú とどまる.逗留する.〔代表团在北京～了一周〕代表団は北京で1週間滞在した.〔不能在目前的水平～〕今の水準にとどまっていられない.
停轮机 tínglúnjī （時計の）デテント.もどり止め（のつめ）
停牌 tíngpái 圉特定株式の上場を一時停止する.
停汽阀 tíngqìfá 圉ストップバルブ.蒸気を止めるバルブ.
停赛 tíngsài 試合を中止する.出場をとりやめる.
停食 tíngshí ＝〖停滞②〗中医食もたれ（する）.胃もたれ（する）：〔存 cún 食〕〔积 jī 食〕に同じ.
停驶 tíngshǐ 運転を停止する.
停市 tíngshì （停板）市場の立ち合い停止.
停手 tíngshǒu ⇒〖住 zhù 手〗
停售 tíngshòu 発売を停止する.
停水 tíngshuǐ （水道の）断水する.
停妥 tíngtuǒ ⇒〖停当〗
停息 tíngxī やむ.停止する.中断する.〔雨～了〕雨がやんだ.
停闲 tíngxián やめる.休む.〔几天几夜也没个～〕何日も昼夜つづいて休む暇もなかった.
停显液 tíngxiǎnyè （写真の）停止液.
停歇 tíngxiē ①休業する.廃業する.店をたたむ.②ひと休みする.〔～再去〕ひと息ついたら行く.③止む.〔不～地前进〕とまることなく前進する.
停薪 tíngxīn 給料の支払いを止める.〔～留职〕給料の支払いが身分は残しておく.休職する.
停学 tíngxué 停学する.休学する.〔～一周的处分〕1週間の停学処分を受ける.〔因病～〕病気で休学する.
停演 tíngyǎn 上演中止（する）
停业 tíngyè ①暂时休業する.営業停止する.〔～整顿》休業して立て直す.〔清理存货,两天〕棚卸しにつき,2日間休業する.②廃業する.〔～拍卖〕店をたたんで売り払う.
停饮 tíngyǐn 中医慢性胃炎.→〖停食〗
停映 tíngyìng （映画を）上映中止する.
停匀 tíngyún ＝〖亭匀〗〈文〉均整がとれている.
停战 tíngzhàn 停戦（する）.休戦（する）：〔休 xiū 战〕に同じ.→〖停火②〗〔息 xī 兵〕
停招 tíngzhāo 募集・採用を停止する：〔停止招收〕の略.
停诊 tíngzhěn 休診する.〔节日～,急诊除外〕救急を除き,休日は休診.
停征 tíngzhēng （金や物の）徴集・徴発停止（をする）.
停职 tíngzhí 停職にする.〔～反省〕停職の上,自己反省させる.
停止 tíngzhǐ 停止する.やめる.〔～付款〕支払いを停止する.〔～交易处分〕取引停止処分.〔暴风雨～〕暴風雨が止んだ.
停滞 tíngzhì ①停滞する.滞る.〔～（性通货）膨胀 péng zhàng〕〔滞胀 zhàng〕経スタグフレーション.〔～不前〕少しも前進しない.②〖停食〗

〖**淳**〗 tíng 〈文〉流れが停止して動かない.〔渊 yuān ～〕淵.

〖**葶**〗 tíng 〔~苈 lì〕圊イヌナズナ（総俗）：アブラナ科の薬草.俗に〔狗 gǒu 荠〕という.

子）同前の実,薬用する.

〖**婷**〗 tíng 〈文〉(人や花が)みめよい.優美である.〔～〜〕〔亭亭②〕すらりとして美しいさま.〜〖娉 pīng 婷〗 ②〈姓〉婷(タン)〗
婷婷袅袅 tíngtíngniǎoniǎo ⇒〖袅袅婷婷〗

〖**聍**〗 tíng 〈文〉耳だれ.〔～耳&r〕中医耳の黄色い膿汁.

〖**町**〗 tíng 〈文〉田地（の境界・あぜ）.〔～畦 qí〕同前.→dīng

〖**侹**〗 tǐng 〈文〉平らでまっすぐである.

〖**挺**〗 tǐng ①まっすぐぴんとする.こわばってぴんとする.〔笔～地站在那里〕まっすぐぴんとしてそこに立っている.〔死尸 shī 已经～了〕死骸はもう硬直した.②ぴんとまっすぐにのばす.突き出す.〔着身子站〕体をぴんとまっすぐにして立つ.〔把腰板儿一直了〕腰をぴんとのばした.〔～着胸膛〕胸を張る.〔～进〕身体を張って(危険にさらし)進む.③無理をしてやる.頑張る.〔～不住〕我慢できない.〔晚上的功课很累,我～不下来〕夜の勉強は疲れるので,わたしは耐えきれない.〔～着点,万一能～过去,你们好知道报仇〕(老・四・惟34)がんばりなさい.最後までがんばり通せたら,あんたがたも復讐ということがよくわかるでしょう.〔病了就该吃药,可不能硬 yìng ～着〕病気をしたらすぐに薬を飲むべきで,無理に我慢してはいけない.④きわだっている.とび抜けている.〔英～〕きわだって優れている.→〖挺秀〗 ⑤〈口〉大変.とても.〔～新鲜〕大変珍しい.→〔很 hěn〕 ⑥量詞.機関銃を数える.〔一～步 bù 枪〕(步兵銃),〔手枪〕(ピストル)などには〔枝 zhī〕を用いる.〔两～机(关)枪〕機関銃2挺(チョウ).

挺拔 tǐngbá ①抜きん出ている.②高くまっすぐ立っているさま.〔～的白杨〕同前のポプラ.③力強い.〔笔力～〕筆力が雄勁(ゆうけい)である.
挺而走险 tǐng ér zǒuxiǎn ⇒〖铤而走险〗
挺杆 tǐnggǎn 圉タペット.
挺括 tǐng-guā 〈方〉ぴんとしている.〔衣服熨 yùn 一下,穿上才～呢〕服にアイロンをかけておけば,着たときにぴんとする.
挺进 tǐngjìn 勇敢に進む.挺進する.
挺劲 tǐngjìng ぴんとして力強い.
挺举 tǐngjǔ 凪ジャーク.差し挙げ：重量挙げ競技の一.→〖举重〗
挺俊 tǐngjùn すらっとして美しい.ひときわスマートである.〔身材～〕体つきがすらりと美しい.
挺立 tǐnglì まっすぐに立つ.直立する.〔几棵老松树～在山坡上〕数本の松の老木が山の斜面にまっすぐに立っている.
挺身 tǐngshēn 身体をまっすぐ立てる.〔～而出〕喩勇敢に事に当たる.〔～式〕凪そり跳び：〔跳 tiào 远〕(走り幅跳び)の方式.
挺尸 tǐngshī 死骸がこわばる.〈罵〉ごろごろ寝ている.
挺实 tǐngshi 〈方〉ピンと伸びている.〔这衬衫的领子,浆得一点儿也不～〕このシャツのえりのりが少しもきいていない.〔～的腰膀〕しっかりした体つき.
挺脱 tǐngtuo 〈方〉①ピンとしている.〔浆一下儿就～了〕少しのりをつければピンとなる.②よくできる.〔非常硬棒 bàng ～〕頑健でよく出来る.
挺刑 tǐngxíng 刑罰に耐える.〔你们要～,不认罪也死,认罪也死,…〕(老・四・惟43)拷問に負けてはいけませんぞ,罪を認めても殺されるし,認めなくても殺されるのです.
挺胸 tǐngxiōng 胸を張る.胸をつき出す.〔～凸 tū 肚〕胸を張り腹をつき出す.

挺秀 tǐngxiù 抜きん出た姿が美しい.
挺腰 tǐngyāo 腰をのばす.腰をしゃんとまっすぐにする.〔他站起来挺了～〕彼は立ち上がって腰をのばした.
挺之(儿) tǐngzhī(r) ⇒〔建 jiàn 之旁(儿)〕
挺直 tǐngzhí ①まっすぐに伸ばす(して立つ). ②ぴんと伸びている.
挺住 tǐngzhù 頑張る.がまんする.

[珽] tǐng 〈文〉玉笏(ぎょくこつ).

[梃] tǐng ①〈文〉棒.棍棒. ②〔～子〕窓・門などの両側の柱.たてのコトば.〔～子同前.〔门～〕〔窗 chuāng ～〕同前. ③〔口～〕花の茎.〔独一儿〕花が一輪だけ咲いている花梗(かこう). ④〈文〉植物の茎.〔竹～〕竹の茎. → tǐng

[脡] tǐng 〈文〉①細長い干し肉. ②まっすぐである.

[铤・鋌] tǐng 〈文〉速く走るさま. → dìng
铤而走险 tǐng ér zǒuxiǎn 〈成〉やぶれかぶれになる.いちかばちかやる:〔挺而走险〕とも書いた.

[颋・頲] tǐng 〈文〉①まっすぐなさま. ②〔喩〕曲がったことをしない.

[艇] tǐng ①小型で軽快な船.〔救生～〕救命ボート.〔汽 qì ～〕モーターボート. → 〔船 chuán〕 ②軍事戦闘用の小型船舶.〔潜 qián 水～〕潜水艇.〔水雷～〕水雷艇.〔飞 fēi ～〕飛行艇.〔炮 pào ～〕砲艦. → 〔舰 jiàn〕
艇只 tǐngzhī 小舟.ボート(総称).→〔船 chuán 只〕

[梃] tìng ①豚を殺した後,足から鉄棒を皮の内側へ差し込むこと:ここから空気を入れ,皮をぴんとさせ除毛しやすくする.〔～猪 zhū〕同前. ②同前に用いる鉄棒. → tǐng

tong ㄊㄨㄥ

[恫(痌)] tōng 〈文〉痛む.うめく.〔～瘝 guān 在抱〕〈成〉民の苦しみを我が心に置いて忘れないこと. → dòng

[通] tōng ①(…へ,通る).(…に)至る.〔这趟车直～广州〕今度の列車は広州直通だ.〔这条大路～北京〕この通りは北京に通じている.〔由月亮门～后院〕月門から裏庭に通じている. ②通る.通れる.通り抜けれる.〔水沟 gōu 不～〕溝が(つまって)通じない.〔穿～〕つきぬく.〔这两间屋子～着〕この2室は通になっている.〔想～了〕思い切りがついた.〔把他说～了〕彼を説得した.彼は納得した.〔行不～〕通用しない.やれないさし障りがあって行われない.〔那里的民风,还没开～〕あそこの風俗はまだ開けていない. ③通す.流れ通るようにする.〔搞～思想〕思想を矯正して通ずるようにする.〔～上电流〕電流を通ずる. ④筋が通っている.理が通る.〔说得～〕話が(理屈が)通っている. ⑤相通ずる.(意味や性格を)共有している.〔假〜借〕仮は借と通じ同じく解する. ⑥仲よくする.仲間になる.内通する.〔～风声〕内情をもらす.〔～庆吊〕吉凶の交際をする.つきあいをする.〔沟～〕交流させる.〔申～〕連絡する.⑦伝達する.知らせる.(当方の意思を)相手方に通ずる.〔～电话〕電話で話す.〔～姓名〕姓名を先方に通じる. ⑧全体がわかる.理解する.〔精～医道〕医道に精通する.〔不论经史子集,无所不～〕経史子集のどれでも精通していないものはない.〔我不～这一门〕この方のことにわたしは通じていません.〔一千一而万事毕〕一つの事に通暁すれば推して万事に通暁すること

ができる.→〔打 dǎ 通②〕 ⑨〔通〕.事情に通じている人.〔万事～〕何事も知り…〔中国～〕中国の事情に通じた外国人. ⑩すべて(の).全部(の).全面(の・に).〔～国皆知〕全国に知れ渡った.〔～盘计画〕全般に通ずる計画.統一法通…〔～都让我打跑了,全部わたしが追い払った. ⑪非常に.〔电灯开了,～亮〕電灯をつけたので非常に明るい. ⑫社会的に共通している.一般的である.〔～称〕一般的な呼称.通称.〔～弊 bì〕〈文〉通弊. ⑬〈文〉量詞.文書や電報などを数える.〔一～电报〕1通の電報.〔手书两～〕手紙2通.〔～姓〕⇒〔姓〕

通版 tōngbǎn 新聞や雑誌などの1ページ全体.〔～广告〕全面広告. →〔版面〕

通宝 tōngbǎo 唐朝以来の銅銭(通用銭).〔开元～〕開元通宝(唐代).〔天启～〕天啓通宝(明代)

通报 tōngbào ①伝え知らせる.取り次ぐ.〔请您给…一声〕一つ取り次ぎを願います. ②(何か有消息,立刻～)様子がわかったらすぐに知らせます.〔赶紧～叫他逃走〕早く知らせて逃げさせる. ②〈公〉(機関から機関に)対して,特に上級から下級へ)事項を周知させる.またそのために発する公文・通達・通牒・通報.〔～批 pī 评〕公的機関による公開警告状. ③(国家間で)情報提供する.通報する. ④科学研究の定期刊行物(会報・報告・雑誌などの)の名称.〔科学～〕科学通報. →〔通知〕

通臂猿 tōngbìyuán 〔长 cháng 臂猿〕(テナガザル)の別称.

通便 tōngbiàn 便通がある(ようにする).〔～剂〕医(级)下剤.

通禀 tōngbǐng (下級から上級へ)報告する.(上に)取り次ぐ.〔～上司〕同前. →〔反 fǎn 映②〕

通病 tōngbìng 一般的な欠点.〔这仅懒是一般人的～〕怠けるということは一般人の通弊だ.

通才 tōngcái 多芸多才な人.〔他是～,什么都会〕彼は才能ある人で,何でもできる.

通财之义 tōngcái zhī yì 〈成〉金銭を融通する義務.〔朋友有～〕友人には有無相通ずる義務がある.

通草 tōngcǎo ①⇒〔通脱木〕 ②植アケビ:〔木 mù 通〕の古称.

通常 tōngcháng 通常(である).普通(である).〔他～六点钟就起来〕彼は通常6時に起きる.〔～税率〕一般税率.

通畅 tōngchàng ①(文字や考えが)のびのびしている.すらすらとよどみがない.〔她下笔很快,文字也非常～〕彼女は書くのが速く文章もよどみがない. ②(物事が)円滑・順調に運ぶ.〔保证了紧张时电话的～〕ピーク時の電話の円滑性を保証した.〔血液循环～〕血液の循環は順調である.

通车 tōngchē ①(鉄道や道路が)開通する.〔～典礼〕開通式. ②汽車やバスが通じている.交通機関の便がある.

通彻 tōngchè 通暁する.知りぬいている.〔～古今〕古今に通暁する.

通称 tōngchēng ①普通の名称〔水银是汞的～〕水銀は"汞"の通称である. ②通称…という.〔乌鳢 lǐ "黑鱼"〕"乌鳢"は通称"黑鱼"という. →〔别 bié 称〕

通刺 tōngcì 名刺を出して面会を求める.

通存 tōngcún オンラインシステムで預金をする.→〔通兑〕

通达 tōngdá ①物事に通じている.〔～事理〕道理に通じている.〔～人情〕人情をわきまえている. ②広く通じている.〔道路～〕道路が同前.〔四面～〕四方に開けている.

通道 tōngdào ①通路.通り道. ②街道.幹線道路. ③(コンピューターなどの)チャンネル.通信路.

tōng

通敌 tōngdí 敵に内通する.

通电 tōngdiàn ①電力を通ずる.送電する.〔连山区也~了〕山間部にも電力供給されるようになった.②打電する.〔~地区〕電報の通ずる地区.〔给他~〕彼に電報を打つ.③各方面にて公開電報を出す.またその電報.〔~全国〕全国に電報で声明を出す.〔响应起义的~〕革命蜂起に賛成の電報声明を出す.→〔联 lián 电〕

通牒 tōngdié (外交文書の)通牒.〔最后~〕最後通牒.

通都大邑 tōngdū dàyì 〈成〉交通の発達した繁華な大都市.

通读 tōngdú ①通読する.全部を一応読む.〔~一遍〕同前.②読んで理解する.

通兑 tōngduì オンラインシステムで預金から引き出しする:〔通取〕ともいう.→〔通存〕

通方 tōngfāng ①道術に通じている.②[中医]多くの治療に共通する処方.〔~里少不了甘草,当归〕普通の処方には甘草と当帰とは必ず入っている.

通房 tōngfáng 旧女中で妾を兼ねた女.〔~大ㄚ头〕同前.

通匪 tōngfěi 匪賊に通じる.悪党と結託する.

通分 tōngfēn 数通分(する):〔齐 qí 分〕は旧称.→〔约 yuē 分〕

通风 tōngfēng ①空気を通す.〔~口 kǒu〕通風口.〔这大楼有~设备〕このビルには通風装置がある.②風通しがよい.〔密不~〕風さえ通さぬほど密である.〔这屋子不~,闷得很〕この部屋は風通しが悪く息がつまりそうだ.③秘密をもらす.通報する.〔有人~〕誰かがリークしている.〔~报信〕内通し情報を与える.

通风机 tōngfēngjī ⇒〔风扇③〕

通告 tōnggào ①=〔公 gōng 告〕一般に告知する.世に広く知らせる.〔~周知〕みんなにもれなく知らせる.②[法]布告.〔发布~〕布告を出す.→〔启 qǐ 事①〕

通功易事 tōnggōng yìshì 〈成〉分担して有無を補い合うこと.→〔通力合作〕

通共 tōnggòng ①〈口〉合計して.全部で.→〔一 yī 共〕②旧(国民党などが)密かに共産党と通じること.

通古斯 tōnggǔsī ツングース:狭義には東方シベリアおよび中国東北に居住するアルタイ語族系の民族.

通咕 tōnggu 〈方〉相談する.〔他们一~些啥〕彼らは一体何を相談しているのか.

通关 tōngguān ①通関手続き(をする).〔办~手续〕通関手続きをする.②[中医]薬・針・灸などで経穴を通ずること.③牌を数字の順にそろえる遊び:トランプなど.

通观 tōngguān 通観する.見渡す.〔~全局〕全局を見渡す.

通关节 tōngguānjié (有力者へ)賄賂を贈って融通をつけてもらうこと.

通关手 tōngguānshǒu 掌(たなごころ)を横に走る2本の筋1本になっての通じている手相.

通国 tōngguó 〈文〉全国.〔~上下〕全国上下.

通过 tōngguò ①通り過ぎる.通過する.〔路太窄,汽车无法~〕道が狭くて自動車は通り抜けられない.②(提案を)通過(する).決議(する).採択(する).承認(する).〔~决议〕決議を採択する.〔提案以压倒多数~〕提案は圧倒的多数で可決された.③~を通して.…によって.〔~好几次的讨论,才获得了最后的结论〕数回もの討論を経て,ようやく最後の結論を得る.→〔经 jīng 过〕

通过量 tōngguòliàng =〔吞 tūn 吐量〕①(貨物の)通過量.②[電算]スループット:単位時間に処理できる情報の量.

通航 tōngháng ①航空路・海路を開く.②航行する.運航する.

通好 tōnghǎo 〈文〉往来しよしみを結ぶ.通好する:多く国家間についていう.〔张骞 qiān ~西域〕張騫(けん)は西域へよしみを通じた.

通红 tōnghóng 真紅である.〔满脸~〕顔中が真っ赤だ.

通候 tōnghòu 〈文〉挨拶を交わす.互いに機嫌を伺う.〔~起居〕同前.

通话 tōnghuà ①電話が通じる.〔东京和纽约~了〕東京・ニューヨーク間で通話した.②(互いに通じる言葉で)談話する.

通汇 tōnghuì 商爲替を組む.

通婚 tōnghūn 婚姻を結ぶ.

通货 tōnghuò 経通用の貨幣.通貨.〔~贬值〕経平価切り下げ.〔~紧缩〕〔~收缩〕金融引き締め.デフレ(ーション).〔~膨胀〕〔通膨〕〔通胀〕金融緩和.インフレ(ーション).〔高通胀〕〔高通胀〕激しいインフレ.

通缉 tōngjī 全国に指名手配する.〔~令〕同前の逮捕状.〔~的~犯〕指名手配の犯人.→〔海 hǎi 捕〕

通家 tōngjiā 〈文〉①一家のように親密につきあう.〔~之好〕家族の行き来までするような親しい関係.②姻戚.〔拜 bài 客 ~〕親戚.③専門の人.

通假 tōngjiǎ 語文字の通用と仮借.〔"叶"和"协"字可以~〕"叶"と"協"とは通用し得る.〔~字〕同前の関係にある字.→〔孕 zì 乳〕

通奸 tōngjiān 姦通(する).

通鉴 tōngjiàn ①書〔资 zī 治通鉴〕の略称.宋の司馬光の著.②共通した鑑定.

通解 tōngjiě 〈文〉①通暁する.理解する.②通解する.通釈する.

通今博古 tōngjīn bógǔ ⇒〔博古通今〕

通经 tōngjīng ①旧儒教の経典に通じていること.②[中医]通経(ひらく).

通考 tōngkǎo ①全面的に考証する.②古今の典章制度源流を記載した書籍.

通科医生 tōngkē yīshēng 一般医:〔全 quán 科医生〕に同じ.〔专 zhuān 科医生〕(専門医)に対していう.

通栏 tōnglán 全段抜き.〔~标 biāo 题〕段抜き大見出し.

通览 tōnglǎn 〈文〉通覧する.全体に目を通す.

通礼 tōnglǐ 通常の礼.

通理 tōnglǐ ①普通の道理.②事理に通じている.

通力 tōnglì 〈文〉力を合わせる.〔~合作〕〈成〉みんなで協力して一つのことをする.

通例 tōnglì ①通例.一般のならわし.↔〔特 tè 例〕②慣例.しきたりのきまり.

通连 tōnglián =〔连通〕つながっていて通れる.〔跟卧房~的还有一间小屋子〕寝室に続いてもう一間小さい部屋がある.

通联 tōnglián 通信連絡(する)

通亮 tōngliàng 非常に明るい.〔电灯照得屋子~〕電灯が室内をあかあかと照らしている.

通灵 tōnglíng ①神通力のあること.②鋭敏であるすばやい.〔这个八哥很~,会讲话〕この九官鳥は大変利口で,話をしている.

通灵草 tōnglíngcǎo ⇒〔忍 rěn 冬①〕

通令 tōnglìng 広く発せられる訓令(を発する).〔~全国〕全国に一斉に訓令する.

通路 tōnglù ①大通り.街道.②通路.

通论 tōnglùn 筋道の立った論.〔明情达理,可谓~〕情理にかなっていて,達意の論と言うべきだ.②

通 tōng

通論:多く書名として使う.〔史学～〕史学通論.
通名 tōngmíng ①名乗る.〔～报姓〕姓名を名乗る.〔来将～!〕敵の大将,名乗りたまえや:旧小説や旧劇で用いる.②通称.→〔别 bié 名〕
通明 tōngmíng 非常に明るい.〔灯光照得～〕灯光があかあかと照らす.
通年 tōngnián 一年中.一年を通じて.〔～勤 qín 劳〕一年中働きづめに働く.〔～无雨〕一年中雨が降らない.→〔整 zhěng 年〕
通盘 tōngpán どの点についても.全面的に.全般的に.全体の.〔把心里的话一古脑儿～地说出来了〕腹の中のことを洗いざらい言ってしまった.〔～筹 chóu 划〕全般的計画.〔～协作〕全面的に共同作業をする.
通膨 tōngpéng ⇒〔通货膨胀〕
通篇 tōngpiān 全篇.
通票 tōngpiào 通し切符:交通機関や施設·催しものなどの連絡切符.〔联 lián 运票〕〔路 lù 签〕
通谱 tōngpǔ 旧①異姓の者が系図を交換して義兄弟の誓いをすること.またはその系図.〔换～〕同前.→〔金 jīn 兰谱〕 ②同姓者が互いに同族の挨拶をすること.〔～认宗〕同前.
通铺 tōngpù =〔统 tǒng 铺〕(宿屋·寄宿舎など)大勢が一列に隣り合わせて寝るようになっている寝台.
通起 tōngqǐ 〈方〉全部で.合計して.
通气 tōngqì ①息·空気·蒸気などを通す.〔伤风了鼻子不～〕風邪をひいて鼻がつまっている.〔汽炉子现在～了〕スチームは今蒸気が通っている.②気脈·意志·連絡を通ずる(とる·はかる).〔他们都是互通～的〕彼らは皆互いに気脈を通じている.
通窍 tōngqiào ①道理のわきまえがある.〔这孩子～了〕この子は利口だ.②明白になる.
通亲 tōngqīn 婚姻を結ぶ.
通勤 tōngqín 通勤(する).〔～车〕通勤バス.
通情 tōngqíng ①理情をわきまえる.〔～达理〕理情に通じている.②情を通じ合わせる.〔上下花钱～了〕上へも下へも金を使って話をつけた.③=〔通心②〕愛情を通じる.〔二人～已久〕二人は情を通ずるようになって久しい.
通衢 tōngqú 四通八達の場所.〔～大街〕四方八方に通じる大通り.
通权达变 tōngquán dábiàn =〔权变〕〔经 jīng 达权〕〈成〉時勢を知り,ふだんのきまりに拘泥せず,臨機応変の処置をとる.→〔临 lín 机应变〕
通人 tōngrén 知識の豊か者.
通融 tōngróng ①融通する.変通する:条例·規則などを便宜的に扱う.〔只按规矩办事,丝毫不肯～〕規則一点張りに事を運んで少しも融通をきかさない.〔暂时～办理〕暫く変通して執行する.〔～期票〕〔～票据〕(空 kōng 头票据)融通手形.〔～办法〕便宜法.②融通してもらう.金を借りる.〔我想跟您～二十块钱〕20元ばかり融通してもらいたい.
通儒 tōngrú 各種の経書に通じた有能な学者.〔博学〕同前.〔～院〕清末の大学院研究科.
通商 tōngshāng 通商する.外国と貿易する.〔～口岸〕〔～港〕貿易港.開港場.〔非～港〕外国船入港を禁じた港.
通身 tōngshēn ①全体.全身.〔～检查〕全身の検査.②ことごとく.〔他说的～都是假 jiǎ 的〕彼の言うことは全部うそだ.
通神 tōngshén 神に通じる.〈喩〉霊妙にして自在なこと.異能·神通力があること.〔钱能～〕〈諺〉地獄の沙汰も金次第
通史 tōngshǐ 通史.→〔断 duàn 代史〕
通式 tōngshì 化通式.
通事 tōngshì =〔通译①〕

通书 tōngshū ①音信を通じる.②こよみ.暦書:〔历 lì 书〕に同じ.③婿方から嫁方に対し結婚の期日を通知する書き付け.→〔婚 hūn 书〕
通水 tōngshuǐ 通水する.
通顺 tōngshùn (文章など)筋が通っている.すらすら読める.〔文章〕同前.
通说 tōngshuō ①通説.②道理が通っている議論.
通俗 tōngsú 一般人にわかりやすい.普通人に通用し得る.〔～小说〕通俗小説.〔～化〕大衆化.〔～易懂〕通俗的で分かりやすい.〔～歌曲〕流行歌.〔～性〕通俗的.〔～唱法〕マイクを利用した歌い方.
通俗文学 tōngsú wénxué 通俗文学.俗文学:〔俗文学②〕に同じ.〔严 yán 俗文学〕〔纯 chún 文学〕に対していう.
通缩 tōngsuō ⇒〔通货紧缩〕
通体 tōngtǐ ①全体.総体.②全身.体中.
通天 tōngtiān ①天に通じるほどの,とてつもない.〔～的本事〕すごい腕前.②〈転〉最高権力者にコネを持つこと.
通条 tōng·tiáo ①⇒〔拨 bō 火棍(儿)〕 ②軍捅(刺)条:俗に〔枪 qiāng 探子〕という.
通通 tōngtōng =〔通统〕すべて.全部.〔统 tǒng 统〕に同じ.〔～一 yī 共〕
通同 tōngtóng ぐるになる.互いに示し合わせる.〔～一气〕互いに気脈を通じる.ぐるになる.〔～作弊〕ぐるになってインチキをやる.
通统 tōngtǒng ⇒〔通通〕
通透 tōngtòu ①全面的で徹底的である.〔讲得～〕広く深く説明する.②妨げられていない.
通途 tōngtú 〈文〉街道.大·道.〔天 堑 qiàn 变～〕〈成〉天険が街道に変わる.
通脱 tōngtuō 〔通倪〕とも書いた.〈文〉豪放で小事にこだわらない.さばけている.〔～不羁 jī〕同前.→〔达达〕
通脱木 tōngtuōmù 植ツウダツボク(カミヤツデ):茎の髄で,紙の代用品や装飾品を作る.中国医学では薬用する.〔通草①〕は通称.〔活 huó 荒〕は古称.
通往 tōngwǎng …に通じる:〔通向〕に同じ.〔这条公路～北京〕この自動車道路は北京に通じる.
通详 tōngxiáng 旧上級に報告する.上申する.〔～周知〕上に全部報告して通知させる.
通向 tōngxiàng ⇒〔通往〕
通宵 tōngxiāo 徹夜する.終夜.〔～(汽)车〕終夜バス.〔～达旦〕徹夜する.〔守岁〕徹夜して新年を迎える.〔～商店〕徹夜営業の商店.〔日 rì 夜商店〕
通晓 tōngxiǎo 通暁する.詳しく心得ている.〔～六国语言〕6か国語に通じている.
通心 tōngxīn ①心が通じる.〔四目相接,～会意〕目と目を見あわせ,互いに心が通じ意味が通ずる.②⇒〔通情②〕
通心粉 tōngxīnfěn 食マカロニ.→〔细 xì 面条〕
通信 tōngxìn ①通信する.〔我跟他常常～〕ぼくは彼とよく手紙のやりとりをしている.②通信する.〔～兵〕旧通讯兵.通信兵.〔～处 chù〕旧通讯处〕(手紙の)宛て先.配達先.〔～鸽 gē〕伝書鳩.〔～光缆 lǎn〕光ファイバーケーブル.〔～控 kòng 制器〕電通信制御装置.〔～录 lù〕電話帳や住所録など.〔～赛 sài〕競技の記録を通信によって知らせ合い競争もの.〔～网〕通信網.〔～卫星〕通信衛星.〔～线路〕〔～频 pín 道〕通信回路.〔～员〕(軍家や行政機関などの)公文書連絡係.〔寻 xún 呼～〕無線呼び出し.③旧結婚の日取りを通知し結納を送ること:結婚1,2か月前,嫁方へ〔婚书〕と称する結婚日通知書を送り,ガチョウ·酒·〔龙凤(喜)饼〕·茶などを贈る.→〔过 guò 礼①〕〔通情③〕
通行 tōngxíng ①(人や車が)通る.通行する.〔车辆

tōng～tóng

禁止.〕車両の通行を禁ずる.〔~无阻〕障害なく通行できる.〔~证 zhèng〕通行許可証:俗に〔路 lù条〕〈方〉行街纸〕という.⑥入場資格.参加資格.②通用する.流通する.〔通用①〕に同じ.〔新货币已通用开了〕新しい貨幣がもうすっかり通用している.

通性 tōngxìng 共通の性質.

通宿 tōngxiǔ ≒〔整 zhěng 宿(儿)〕夜通し.終夜.〔~没睡〕一睡もしなかった.→〔熬 áo 夜〕

通学 tōngxué (寮に住まないで)学校へ通学する.〔~生〕通学生:〔走 zǒu 读生〕の旧称.

通讯 tōngxùn ①通信する.②通信文.報道文.ニュースレポート.〔~兵〕通信兵:〔通信兵〕の旧称.〔~处 chù〕宛て先.配達先:〔通信处〕の旧称.〔~记者〕通信員.レポーター.〔~员〕住所.所録.通信社.〔~网〕通信ネットワーク.〔~员〕レポーター.〔新华社〕新華社通信.〔你给报纸写过个~吗〕きみは新聞にレポを書いたことがあるかね.→〔通信〕

通夜 tōngyè 終夜.一晩中.〔通宵〕に同じ.

通谒 tōngyè〔通宿〕に同じ.〈文〉取り次いでもらい面会を求める.

通译 tōngyì 旧]=〔通事〕通弁.通事.通訳.→〔译员〕②通訳する.〔翻 fān 译①〕に同じ.

通用 tōngyòng ①通用する(している).一般に使われている.〔通行②〕に同じ.〔~货币 bì〕通用の貨幣.〔全国~教材〕全国共通の教材.〔~个人计算机〕汎用コンピューター.〔~航空〕地形測量・農薬散布など一般の貨客運送ではない民間航空業務.〔~设计〕ユニバーサルデザイン.②圆通用(する).〔太 tài〕と〔泰 tài〕,〔措词 cí〕と〔措辞 cí〕など.〔~语〕共通語:〔普 pǔ 通话〕を指す.

通邮 tōngyóu (国と国・地域に)郵便が通じる.

通则 tōngzé 通則.

通胀 tōngzhàng ⇒〔通货膨胀〕

通知 tōngzhī ①通知する.知らせる.〔他没~我〕彼はわたしに知らせなかった.〔~单〕通知書.〔~书〕通知文書.通告文書.〔终止条约~〕条約失効の事前.②告示.会示.掲示.除令通知(書):正式に特定の機関また人に対して知らせる通知(文書あるいは口頭).〔口头~〕口頭の同前.

通知存款 tōngzhī cúnkuǎn 通知預金.

[嗵] tōng〈擬〉トントン.ドキドキ.トットッ.〔他~~地往前走〕彼はドンドン歩いていく.〔心~~直跳〕心臓がドキドキする.→〔扑 pū 扑〕

[仝] tóng〈姓〉全(ぜ) →〔同〕

[砼] tóng コンクリート.〔混 hùn 凝土〕に同じ.

[同(仝)] tóng ①同じ.等しい.〔条件不~〕条件が同じではない.〔~等程度〕同等程度.②…と同じである.〔~上同上(である).〔~前同前(である).③同じくする.〔~一緒にする.〔我和他~过几次席〕わたしは彼と数回宴会で顔をあわせたことがある.〔我们俩是~过事的〕我々二人は同僚だったことがある.④一緒に.共に.〔~来北京〕一緒に北京へ来る.〔~去参观〕一緒に参観に行く.⑤介词として次のように用いられる.⑧…と.~と共に.動作の対象を表す.〔有你~他一块儿去,我很放心〕あなたが彼と同行してくれるなら,わたしもたいへん安心です.〔我~他商量一下〕わたしは彼と相談します.〔甲~乙和丙订立合同了〕甲が乙及び丙と契約書をかわした.→〔跟 gēn ⑥〕 ⑥…のように.…と比べて:比較の対象を表す.〔地主~豺狼一样凶恶 è〕地主は法人のように凶悪だ.〔今年的气候~往年不一样〕今年の気候は以前とちがう.⑥〈方〉…のために.…に:受益の対象を示

す.〔这封信我~你保存着〕この手紙は保管しておいてあげる.〔我~你出个主意〕ひとつ知恵を貸してやろう.→〔给 gěi ⑤〕 ⑥…と.並列を表す接続詞.〔我~你都是初学〕ぼくときみとはどちらも習いはじめだ.→〔和 hé (Ⅱ)③〕 ⑦〈姓〉同(ぜ) → tòng

同案 tóng'àn ①〈文〉科挙で同年に〔院 yuàn 考〕に合格し〔洋 yáng 宫〕(府県の学校)の学生となった者同士.→〔科 kē 举①,у iáng〕 ②同じ裁判事件の(の).→〔犯〕〔同犯〕共犯者.

同班 tóngbān ①同じ班.同級.同クラス.②同じ班(グループ)に属する.〔~同学〕同じクラスで授業を受ける.〔~同学〕クラスメート.

同伴(儿) tóngbàn(r) 道連れ.同行者.同僚.相棒.

同胞 tóngbāo ①肉親の兄弟姉妹.〔至亲~〕最も近い兄弟姉妹.〔一母~〕同じ母から生まれた同前.②同国人.同民族の人.〔一亿~〕1億の同胞.

同辈 tóngbèi 〔一儿〕同輩(の人).親族関係の身分が同じ(人).→〔同字排〕

同比 tóngbǐ 同期比(は…である).〔今年上半年的发电量~下降 2%〕今年上半年の発電量は昨年同期に比べて2%減っている.

同病相怜 tóngbìng xiānglián〈成〉同病相憐れむ.

同步 tóngbù ①同シンクロナイズする.同期歩:〔整 zhěng 步〕ともいう.〔~电动机〕~马达シンクロナスモーター.〔~读出器〕シンクロリーダー:印刷できる録音機.〔~辐 fú 射〕シンクロトロン放射.〔~回旋加速机〕シンクロサイクロトロン.〔~计算机〕同期式計算機.〔~加速器〕シンクロトロン.〔~稳相加速机〕シンクロファソトロン.〔~卫 wèi 星〕静止衛星.②歩調をそろえる.同調する.〔~到位〕みんな揃って(目標・水準などに)到達する.〔~后尘〕〈成〉後ろで歩調をあわせる.

同侪 tóngchái ≒〔同儕〕〈文〉①同輩.②(同じ仕事に)仲間.

同尘 tóngchén〈文〉流俗に染まる.

同吃 tóngchī 食事を共にする.

同儕 tóngchóu ⇒〔同侪〕

同仇敌忾 tóngchóu díqì〈成〉敵に共通一致した憤怒を抱く:〔敌忾同仇〕に同じ.

同出一辙 tóngchū yīzhé ⇒〔如 rú 出一辙〕

同传 tóngchuán ⇒〔同声传译〕

同船过渡 tóngchuán guòdù〈成〉同じ船に乗り合わせる.〔~,三生有缘〕〔諺〕袖振りあうも多生の縁.

同窗 tóngchuāng ①同じ学校で共に学ぶ.〔昔日~〕昔ともに学んだ.②同窓:〔同学②〕に同じ.

同床 tóngchuáng ベッドを共にする:多く男女についていう.〔~共枕〕〈成〉①夫婦になる.②男女が一夜を共にする.

同床异梦 tóngchuáng yìmèng〔同床各梦〕ともいう.〈成〉同じ床に寝ながら各々別々の夢を見る.仲間の者がそれぞれ異なった考えを持っていること.

同党 tóngdǎng 同じ党派.同じ仲間.

同道 tóngdào ①同じ道を歩む人.〔~为友〕同じ志を抱くものが友となる.②同業者.

同等 tóngděng 同等(の・に).同じ程度(の・に).〔~重要〕同じように重要だ.〔~对待〕同じように対処する.〔~学力〕同等の学力.

同调 tóngdiào ①同じ趣味嗜好(ぜ),または同じ主張の人.〔引为~〕自分の同志とする.②圆同声調.同名調.同主調.

同恶相济 tóng'è xiāngjì〈成〉悪者仲間が助け合うこと:〔同恶相求〕〔同恶相助〕ともいう.

同而不和 tóng ér bùhé〈成〉むつまじげに見えても内面はうちとけない.雷同はしても真に和合しない.→〔和而不同〕

同 tóng

同犯 tóngfàn 共犯者.〔同案犯〕に同じ.
同房 tóngfáng ①同じ部屋に住む(泊まる). ②同衾(ぎん)する.一族内同一家系(の).同系(の).〔～兄弟〕同族の兄弟.
同分异构体 tóngfēn yìgòutǐ 化異性体.
同风 tóngfēng 同じ風俗・風習.〔百里不～,千里不同俗〕〔諺〕所変われば品変わる.
同甘共苦 tónggān gòngkǔ〈成〉苦楽を共にする:〔共苦同甘〕〔分 fēn 甘共苦〕ともいう.→〔休 xiū 戚与共〕
同感 tónggǎn 同感.〔我也有～〕私も同感である.
同根 tónggēn ①同じ根. ②〈喩〉兄弟.〔兄弟一生〕兄弟は同じ根から生まれたもの.
同庚 tónggēng〈文〉同年に生まれる.同年齢である:〔同甲〕ともいう.→〔同齢〕
同功茧 tónggōngjiǎn たまゆう:〔同宫茧〕とも書く.〔玉 yù 茧〕ともいう.
同工同酬 tónggōng tóngchóu 同一労働同一賃金.
同功一体 tónggōng yītǐ〈成〉功績も地位も同じ.
同工异曲 tónggōng yìqǔ ⇒〔异曲同工〕
同归 tóngguī 同じ所に帰着する.〔百川～大海〕すべてのものが同じ所.〔～于 yú 尽〕〈文〉共に滅ぶ.どちらも同じく滅びることになる.
同归殊途 tóngguī shūtú ⇒〔殊途同归〕
同轨 tóngguǐ 車両の轍(わだち)の幅が等しいこと.①統一されていること.〔书同文,车～〕同じ文字を用い,車は轍の幅が同じである.〈喩〉国内がよく統一されている. ②方法が共通している.
同行 tóngháng ①同業である.同じ業界にいる.〔我跟他～〕わたしと彼とは同業である. ②同業者.〔～必妒〕同業者は互いに嫉妬心を持つ.〔～是冤家〕同業者は商売敵(がたき).→ tóngxíng
同好 tónghào 同じ趣味を持つ者.同好者.
同化 tónghuà 同化(する).〔被汉民族所～〕漢民族に同化される.〔～现象〕同化現象.〔～政策〕(少数民族の)同化政策.〔～作用〕生物同化作用. ②語(発音上の)同化(する):例えば〔难免 nánmiǎn〕が námmiǎn となること.
同怀 tónghuái〈文〉①実の兄弟姉妹. ②意気投合する.互いに心が通じ合う.
同伙 tónghuǒ 同じ仲間になる.ぐる(になる):多くそしる意に用いる.
同级 tóngjí ①同じ等級・クラス. ②同学年である.〔～不同班〕同じ学年で別のクラス.
同甲 tóngjiǎ ⇒〔同庚〕
同监 tóngjiān 囚人仲間である.
同进士出身 tóngjìnshì chūshēn →〔第 dì 三甲〕
同居 tóngjū 同居する.〔父母死后,他和叔叔～〕父母が亡くなったあと,彼はおじさんと一緒に住んでいる.〔～各炊 chuī〕〔～各爨 cuàn〕〔～异爨〕〈成〉居部はしていても別々に生活している.〔～继 jì 父〕(妻の連れ子から見た)義理の父. ②夫婦として共に暮らす.男女が同棲する.〔他们俩由相爱而～了〕あの二人は恋愛して同棲した.
同仇敌忾 tóngchóu díchài〈成〉一様に敵愾(がい)心を起こし敵に向かう.→〔同仇敌忾〕
同考官 tóngkǎoguān 旧科挙(官吏登用試験)の試験委員.〔帘 lián 官〕ともいう.→〔主 zhǔ 考官〕
同科 tóngkē ①法同等の罪刑.〔～罪刑〕同前. ②〈文〉科挙試験の同期及第者.〔～进士〕同前.
同叩 tóngkòu〈牘〉一同頓首:連名の手紙の終わりに書く語の一種.
同乐 tónglè 一緒に楽しむ.〔与友～〕友と共に楽しむ.
同类 tónglèi ①種類を同じくする.同類である.〔～

**商品〕同種の商品.〔～项 xiàng〕数同類項:〔相似 xiāngsì 项〕は旧称.〔不～〕同類ではない. ②同類の人・物.〔～相求〕同類のものが互いに求め合う.〔～为朋〕同類が友となる:〔同道为友〕に同じ.
同理 tónglǐ 同じ道理.
同量异位素 tóngliàng yìwèisù 物同重体.
同僚 tóngliáo〈文〉同僚(の官吏).
同龄 tónglíng 同年齢である.同年代である.〔～人〕同年齢の人.同年代の人.
同流合污 tóngliú héwū〈成〉悪人と一緒になって悪事をすること.
同路 tónglù 同道する.道連れになる.同じく行く.〔～人〕ⓐ旅の連れ.ⓑ革命の同伴者.党のシンパ.
同门 tóngmén ①〈文〉同じ師について学ぶ.〔～异 yì 户〕〈成〉同じ師につきながら異なる思想を持つこと.〈転〉名目上は同じでも,実質は違うこと. ②〈文〉相弟子.兄弟弟子.〔～业〕同前. ③旧〔青帮〕や〔红帮〕における仲間同志.
同门婿 tóngménxù 相婿.姉妹の夫同士.→〔连 lián 襟(儿)〕
同盟 tóngméng 同盟(する).〔结成～〕同盟を結ぶ.〔～罢 bà 工〕ストライキ.同盟罷業.〔～国〕同盟国. ⓑ史第一次世界大戦時の三国同盟国(ドイツ・オーストリア・イタリア). ⓒ史第二次世界大戦時の連合国.〔～军〕同盟軍.〔～者 zhě〕同盟者(個人・団体・国家).
同盟会 tóngménghuì ⇒〔中 zhōng 国同盟会〕
同名 tóngmíng 同名である.〔他跟你～〕彼はあなたと同名である.
同命 tóngmìng〈文〉①生死を共にする. ②同じ星まわりのもの.同じ運命:生年月日を木火土金水に分ける場合,例えば同じく火に属するもの同士を"同命"という.
同谋 tóngmóu ①(悪事を)共同謀議(する).〔～犯〕共犯者. ②(悪事の)共謀者.
同年 tóngnián ①同一年.〔～九月大桥竣工〕同年9月に大橋は竣工する. ②同年齢:〔同岁〕に同じ. ③=〔齐 qí 年〕〈文〉同年に科挙の試験に合格した者.〔～好友〕同期の親友.→〔科 kē 举〕
同袍 tóngpáo ①〈文〉ひとつの上衣を二人で着る.〈喩〉非常に親しい友人. ②旧同僚.戦友.同志.
同频共振 tóngpín gòngzhèn 物共鳴.〈転〉他人に対して共感の念を引き起こさせること.〔~共振〕
同期 tóngqī ①同時期.〔产量超过历史～最高水平〕生産高は過去の同一時期の最高水準を超える. ②(次数・年度の)同期.〔～毕业〕同期に卒業する. ③電シンクロニズム.〔～录音〕シンクロ録音.同期録音.〔～声〕同期前の音声.
同启 tóngqǐ〈牘〉複数の受信人宛ての封筒に書く語で,"みなさんでご開封ください"の意.
同气 tóngqì〈文〉①同じ気質を有するもの.〔～相求〕〔～相投〕〈成〉気の合う者はおのずと集まる.→〔同声相应〕 ②兄弟.〔～连枝〕〈成〉気を同じくし,枝を重ねる:同じ父母をもつ兄弟姉妹.
同前 tóngqián 前に同じ.同前(である).
同衾共枕 tóng qīn gòng zhěn〈成〉夫婦が同衾(きん)すること.
同情 tóngqíng ①賛成する.同感である.共鳴する.共感する.〔～罢 bà 工〕同調ストライキ.賛同ストライキ. ②同情する.思いやる.〔～心〕同情心.〔对他的困难,大家都很～〕彼の困難に対しては,みなさんへん同情している.
同人 tóngrén ①一緒に仕事をやっている人.同人.同僚. ②〈文〉同人(じん):六十四卦の一.
同仁 tóngrén ①同人:敬意を含んだ言い方.〔学术

tóng 同侗洞垌

界的～]学術界の同僚. ②〈文〉同じ慈しみ.〔一視～]〈成〉えこひいきしないで平等に取り扱うこと.

同日而语 tóngrì ér yǔ 〈成〉同等に並べる.相似たこととして見る.

同上 tóngshàng 同上(である).上に同じ:表などに記入する場合.

同声 tóngshēng 声をそろえる.〔～欢呼〕声をそろえて歓呼する.〔～赞美〕誰もがほめる.〔～传译〕〔～翻译〕〔同传〕同時通訳(する).〔～相应,同气相求〕意見を同じくする者はおのずと応じ,気の合ったものずと集まる.類は友を呼ぶ.

同生死,共患难 tóng shēngsǐ, gòng huànnàn 〈成〉生死・患難を共にする:[同生共死]ともいう.

同时 tóngshí ①同時,同じ時.[并举]〈成〉同時に二つのものを向上させる.〔在响应 xiǎngyìng 中央号召参加劳动的～,…]中央の労働に参加するように呼びかけると同時に,….〔大约与这些白话文学作品的广泛流传～,…]大体から白話文学作品の広範な流行と同時に….②しかも.そのうえ.さらに.〔他是个三好学生,～也是优秀运动员]彼は模範生であるばかりでなく,しかも優秀なスポーツ選手でもある.

同事 tóngshì ①同僚.仲間.〔老～〕古くからの同僚.〔我要代表我的～们向你们表示衷心的感谢〕私は同僚たちを代表してあなたがたに心より感謝を表した.②同じ職場で働く.〔我和他～多年,彼此的性情都很了解〕わたしたちは長年一緒に働いていたので,お互いの性質はよく理解している.

同室操戈 tóngshì cāogē 〈喩〉内輪喧嘩.内輪もめ:もとは兄弟同士で戦うの意.

同素异形体 tóngsù yìxíngtǐ 物 同素体.

同岁 tóngsuì 同年齢である.〔我和他～〕私は彼とは同い年だ.

同堂 tóngtáng 一族が同居すること.[四世～]四世にわたる一族の者全部が同居すること.〔～兄弟〕父方のいとこ:[堂兄弟]に同じ.②〈文〉同郷.

同位素 tóngwèisù 物 同位元素.同位体.アイソトープ.〔～扫描〕生理 放射性同位体スキャン.

同位语 tóngwèiyǔ 語 同格語.同位語.

同温层 tóngwēncéng ⇒[平 píng 流层]

同文 tóngwén 文字を同じくすること.

同屋 tóngwū ①同じ家屋に住む.同居する.②同居人.ルームメイト.

同席 tóngxí 同席する.〔我和他同过几次席〕彼とは何回か宴会で同席したことがある.

同喜 tóngxǐ 〔同禧〕とも書く.喜びを共にする.〔～费 fèi〕来賓に対する謝礼.お車代.〔～～!〕〈挨〉ご同様におめでとうございます.

同系 tóngxì 同一系統(の人).相同関係(の).〔～物〕化 同族体.

同乡 tóngxiāng 同郷(の人).〔～人〕〔乡亲〕同郷人.〔～会〕同郷人会.〔大～〕同省あるいは同県の出身.[小～]同鎮あるいは同村の出身.

同心 tóngxīn 心を合わせている:[齐 qí 心]に同じ.[二人～,其利断金]二人がよもを合わせると,鋭く強いことは金属をも断ち切るほどである.〔～合意〕[～一意]心を一つにする.〔～结〕紐を二つの心臓形に結んだもの:男女間で愛情を授受して愛情の標とする.「裂裳(袋)の紐の結び方.〔～同德〕[一 yī 心一德]〈成〉皆が心をあわせる.一心同体.〔～协力〕[～戮 lù 力]〈成〉一致協力する:[～合力][协力～]ともいう.

同心圆 tóngxīnyuán 数 同心円.

同行 tóngxíng 同行する.一緒に行く. → tóng háng

同性 tóngxìng ①同性(である).〔～恋〕同性愛.②同じ性質(である).↔[异 yì 性]

同姓 tóngxìng 同姓(の).同じ名字(の).〔～同名〕同姓同名.

同学 tóngxué ①同じ学校で学ぶ.〔我和他同过三年学〕わたしと彼とは3年間同じ学校で学んだことがある.②同窓.学友.同級生.[新～]新入生.〔同班～]同級生.[～会]同窓会.[～录 lù]同窓名簿.③先生や教師の学生に対する呼びかけ.〔王～〕王君.[～们](学生の)みなさん.

同砚 tóngyàn 〈文〉同窓.学友:[同学②]の旧称.

同样 tóngyàng 同じである.同様である.[～适用]同様にあてはまる.

同业 tóngyè 同業(者).[～条规]同業組合規則.〔～公会]公会]同業者の業種別組織.ギルド:中国では民国初年,従来の[行 háng 会]を改組した業界組織をいう.

同一 tóngyī ①同一である.同じである.等しい.〔向～目标前进]一つの目標に向かって進む.②一致する.〔～律 lǜ](論理学で)同一律.[～性]哲 同一性.

同义 tóngyì 同義(である).[～词 cí]語 同義語.近義語.↔[反 fǎn 义词]

同异 tóngyì ①〈文〉異同.②違い.異議.異心.

同意 tóngyì 同意する.承認する.合意する.賛成する.〔～征 zhēng 询〕アグレマン(大公使任命前に求める相手国の同意を求めること.〔～赞 zàn 成〕

同音 tóngyīn 同音である.[～字]語 同音字:例えば[毋 wú]と[无 wú].[～词 cí]語 同音語.同音異義語.

同余 tóngyú 数 合同.〔～式〕合同式.

同源 tóngyuán 源を同じくする.〔～字]語 同源字.

同院 tóngyuàn 同じ[院子]にいる.

同志 tóngzhì ①同志.②政党・思想や志を同じくする仲間.⑤同朋の人に対する敬称:例えば[毛泽东～][刘～][沫若～]などのように姓名・姓・名の下につける.[各位～!]同志諸君.④一般人に対する呼称の一:～さんに当たる.〔女～〕女性の方.[男～]男性の方.[王～]王さん.[服务员～]ウエイトレスさん.ボーイさん.〔司机～〕運転手さん.③知らない人に呼びかけに用いる:"あのー.ちょっと.もしもし"などに当たる.[师 shī 傅③]④〈方〉同性愛者.～酒吧]同前の集まるバー.

同舟 tóngzhōu 〈喩〉利害を共にすること.[～共济 jì]〈成〉[同立场～]敵対関係に置かれた者同士が互いに助け合って困難を乗り切る.〔～风雨〕[风雨～]〈成〉共通の利害のために相助ける.

同轴 tóngzhóu 同軸の.共軸の.〔～电缆]同軸ケーブル.

同桌 tóngzhuō 隣りの席(の人).テーブルを同じくする(間柄).→[同席]

同字匡(儿) tóngzìkuāng(r) 匡 まきがまえ:漢字部首の[冂].[上 shàng 匡框(儿)]ともいう.〔匡〕は[框]とも書く.→付録1

同字排 tóngzìpái 一族の中の[辈 bèi 分]の同等な者と同じ[辈分]に属するものは,その名の一字を同じくするのが普通である.→[字排]

同宗 tóngzōng 同族である.またその子孫.〔同姓不～〕姓は同じだが家系は違う.

同族 tóngzú 同じ民族または宗族である.またその人.

〔**侗**〕 tóng 〈文〉無知である.幼稚である. → dòng tǒng

〔**洞**〕 tóng [洪 hóng ～]地 山西省にある. → dòng

〔**垌**〕 tóng [～冢 zhǒng]地 湖北省にある. → dòng

tóng

〔蒿〕 tóng
蒿蒿 tónghāo =〔蒿菜〕〔方〕蓬 péng 蒿①囲シュンギク:俗に〔蒿子秆儿〕〔菊 jú 花菜〕という.〔~菜 cài〕食用の同関.

〔峒（峝）〕
tóng 〔崆 kōng ~〕囲⑧甘粛·河南などにある山.⑥山東省にある島. → dòng

〔烔〕 tóng
〔~烚 yáng ~〕囲安徽省巣湖の北にある.

〔桐〕 tóng
囲①銅.⑧〔油 yóu ~〕オオアブラギリ.⑥〔白 bái ~〕シナギリ.ⓒ〔梧 wú ~〕アオギリ.②〔姓〕桐(き)
桐墨 tóngmò 桐油の油煙で作った墨:光沢があり絵画用.
桐樹 tóngshù 桐の木.
桐孫 tóngsūn アオギリの新しく生えた小枝.<喩>他人の孫をいう.
桐油 tóngyóu オオアブラギリ(油桐)の種子からしぼった油.〔~灰 huī〕[油灰]〔パテ.〔~樹 shù〕〔油桐〕囲オオアブラギリ.
桐杼 tóngzǐ 〔桐子〕とも書く.オオアブラギリ(油桐)の種子. →〔桐油〕

〔铜·銅〕 tóng
囲銅:金属元素.記号 Cu.〔黄 huáng ~〕真鍮(ちゅう)
〔紫 zǐ ~〕(真鍮に対して)普通の銅.②〔姓〕銅(どう)
铜氨丝 tóng'ānsī 飪キュプラ.銅アンモニアレーヨン:〔铜氨纤维〕〔銅製人造絲〕ともいう.〔偏 piān 倍尔〕〔彭 péng 帛〕(ベンベルグ·商標名)は音訳. →〔人 rén 造丝〕
铜拨 tóngbá ⇒〔铜钹〕
铜板 tóngbǎn ①⇒〔铜元〕囲〔大鼓〕〔快 kuài 书〕などを歌う時,拍子を取るのに用いる板状の楽器. →〔铜钹〕
铜版 tóngbǎn 銅製の印刷版.〔~画〕銅版画.〔~纸〕アート紙.コート紙.〔~锌 xīn 版〕
铜杯 tóngbēi 銅カップ:第三位入賞者に与えられる.
铜币 tóngbì 銅貨.
铜饼 tóngbǐng 銅塊.
铜钹 tóngbó 〔铜拔〕囲シンバル.銅鈸(ばつ):鏡鈸(きょうばつ)と同一物だが仏具ではない.
铜衬 tóngchèn 囲銅の受軸.
铜锤 tóngchuí 兵器の一.銅製の〔锤(II)②〕
铜锤花脸 tóngchuí huāliǎn →〔黑 hēi 头〕
铜打铁铸 tóngdǎ tiězhù 銅や鉄で作ったもの.<喩>頑丈なもの.〔壮得像~的人〕銅や鉄で作ったように丈夫な人.
铜吊(儿) tóngdiào(r) 〔铜铫子〕銅製のやかん.銅製の湯沸かし.
铜铫子 tóngdiàozi 同上.
铜钉 tóngdīng <方>銅線のかすがい:陶器の割れ目をつなぐのに用いる.
铜锭 tóngdìng 銅地金(じがね)
铜工 tónggōng <方>銅細工職人.
铜鼓 tónggǔ 〔文〕①銅鼓.小型の鉦(しょう).②小太鼓.
铜管乐 tóngguǎnyuè 囲吹奏楽.ブラスバンド.
铜銲 tónghàn 〔铜鑞(ろう)〕づけ.〔~料〕銅鑞.〔大 dà 焊〕〔小 xiǎo 焊〕
铜号 tónghào 真鍮(ちゅう)のトランペット. →〔号筒〕
铜壶 tónghú 古代の銅製の水時計の壺.〔~滴漏〕古代の銅製水時計.銅製の壺.
铜活 tónghuó 〔~儿〕①銅製の金具類.②銅を扱う仕事.
铜匠 tóngjiàng 〔銅製品を作る職人.〔~铺〕銅器を作って売る店. →〔銅器〕②<方>旋盤工及び組立工.
铜角子 tóngjiǎozi <方>銅貨.銅製硬貨.
铜金粉 tóngjīnfěn 銅金粉(きんぷん):金属粉末を混ぜた顔料.
铜筋铁骨 tóngjīn tiěgǔ 〔成〕強健な身体のたとえ.
铜镜 tóngjìng 囲青銅製の鏡.
铜矿 tóngkuàng 銅の鉱石.銅鉱山.
铜喇叭 tónglǎba →〔大 dà 铜喇叭〕
铜绿 tónglǜ =〔铜青〕囲緑青(ろくしょう)
铜锣 tóngluó 囲銅鑼(どら)
铜帽 tóngmào ①潜水冠:潜水服のヘルメット.②銃弾.③⇒〔安 ān 全帽〕
铜模 tóngmú ①母型:活字を鋳造する型. →〔字 zì 模〕②銅製の鋳型類.
铜纽(扣) tóngniǔ (kòu) 真鍮のボタン.
铜牌 tóngpái 銅メダル:〔铜奖牌〕ともいう.
铜盘 tóngpán ①銅製の盤.②燭台.
铜盆帽 tóngpénmào 囲山高帽.
铜盆鱼 tóngpényú ⇒〔艶鯛 zídiāo〕
铜气 tóngqì 銅(あかがね)の気.金②気.<喩>銭(ぜに).〔他除了臭一十足,别的一无所长〕彼は端下金(はしたがね)を持っている以外に何も取り柄がない. →〔铜臭〕
铜器 tóngqì 銅·青銅·黄銅の製品.〔~时代〕青銅器時代.〔~铺 pù〕銅器製具を売る店. →〔铜匠〕
铜钱 tóngqián ①銅銭.②昔青銅製の穴あき銭.一眼里翻 fān 跟斗〕<喩>金銭上の打算のみで行動する:〔翻跟斗〕(とんぼがえりをする)は〔打秋千〕(ブランコをする).
铜墙铁壁 tóngqiáng tiěbì =〔铁壁铜墙〕金城鉄壁.<喩>不抜のとりで.堅固な防備.
铜青 tóngqīng =〔铜绿〕
铜纱 tóngshā 真鍮の金網.
铜石龙子 tóngshílóngzi ⇒〔蟫 yǎn 蜓〕
铜饰件儿 tóngshìjiànr 囲の飾り金具:机や箱類の器具の取っ手や角につける.
铜丝 tóngsī 銅線.〔裸 luǒ ~〕裸銅線.〔~琴 qín〕囲洋琴(ヤンチン)
铜胎 tóngtāi 七宝焼の素地:珐瑯(ほうろう)を焼きつける銅の台. →〔瓷 cí 胎〕
铜套 tóngtào ⇒〔衬 chèn 套〕
铜钿 tóngtián <方>銅貨.小銭.
铜头 tóngtóu 銅でできた頭.<転>丈夫な頭.〔~铁额〕〔~铁臂〕<喩>不死身.勇猛なこと.
铜线 tóngxiàn 銅の針金.〔~纲〕銅金網.
铜像 tóngxiàng 銅像.
铜臭 tóngxiù 銅のにおい:〔铜腥气〕ともいう.<転>金銭欲の深いこと.〔有~味〕鼻につく金銭欲.〔満身~〕みなぎる金銭欲.
铜锈 tóngxiù 〔铜绿〕に同じ.
铜旋子 tóngxuànzi 銅製のたらい:口と底との大きさが同じもの.
铜叶(子) tóngyè (zi) たたいてのばした銅の板.
铜鱼 tóngyú 〔魚貝〕コイ科ヒゲナガウオと同属の魚.
铜元 tóngyuán 〔铜圆〕とも書く.銅貨:俗に〔铜板①〕〔铜子儿〕という.清末から民国にかけ通用したもの.
铜子儿 tóngzǐr 同上.

〔酮〕 tóng
囮ケトン.〔~糖 táng〕ケトース.〔丙 bǐng ~〕アセトン(ジメチルケトン).〔环 huán 己~〕シクロヘキサノン.〔雄 xióng 甾~〕アンドロステロン.〔睾 gāo 酮~〕〔睾丸素(~)〕〔睾九酮素〕テストステロン.〔风 fēng 湿甾~〕〔肾 shèn 上腺皮质素〕コーチゾン(コルチゾン)
酮肟 tóngwò 囮ケトキシム. →〔肟〕

tóng～tǒng 鲖佟岭彤童僮潼橦曈朣瞳穜侗筒

〔鲖・鮦〕 tóng 地名用字.〔～城〕囲安徽省にある.

〔佟〕 tóng 〈姓〉佟(š).

〔岭〕 tóng 地名用字.〔～峪 yù〕囲北京市にある.

〔彤〕 tóng ①〈文〉赤色.〔～红〕同前. ②〈姓〉彤(š).

彤彩 tóngcǎi 濃彩色.〔～钟馗 kuí〕端午の節句に掛ける朱で描いた鍾馗(ふう)の像.

彤云 tóngyún ①あかね雲. ②(雪の降る前の)黒ずむ雲.〔～密布〕雪雲がたれこめている.

〔童〕 tóng ①子供.男 儿.〔儿ér～〕児童.〔牧 mù～〕牧童.〔～书 shū〕児童書. ②異性と交わったことのない.〔男～女～〕成〕同前の男女.〔金～玉女〕神に仕える童女. ③固男の子供の召使い(奴隷).〔家～〕個人家庭の召使. ④はげている.山に木がない.〔头～齿豁 huò〕頭が禿げ歯がぬける.〈喩〉老髪.〔～山〕はげ山.→〔谢 xiè 顶〕⑤〈姓〉童(š).

童便 tóngbiàn 囲男小児の小便:薬材とする.
童车 tóngchē ①子供用の自転車.三輪車. ②乳母車:〔婴 yīng 儿车〕に同じ.
童工 tónggōng 年少労働者.少年工.幼年工.→〔工(I)①〕
童话 tónghuà 童話.
童婚 tónghūn 未成年者の結婚.
童蒙 tóngméng〈文〉幼くて無知な児童.童蒙(ちょう).
童男 tóngnán ①〈文〉男の子. ②童貞の若い男.〔～子①〕同前.
童男女 tóngnánnǚ 〔-儿〕童男童女:〔童男童女①〕ともいう.
童年 tóngnián 幼年.幼年期(時代)
童女 tóngnǚ ①女の子.幼女. ②処女.
童仆 tóngpú =〔僮仆〕〈文〉男子召使いの総称.従僕.
童趣 tóngqù 児童の興味.子供っぽい楽しみ.
童儿 tóngr〔僮儿〕 ①〈文〉幼童.回①子供. ②書読人の侍童.〔琴 qín ～〕琴持ちの童僕. ③非常に聡明で若死にした愛児.
童身 tóngshēn 童貞身.処女.
童生 tóngshēng =〔文 wén 童〕囲固科挙の試験を目指してまだ〔秀 xiù 才〕の資格を得ていない者. →〔科 kē 举〕
童声 tóngshēng (声変わりする前の)子供の声.〔～合唱〕児童合唱.
童试 tóngshì 固〔童生〕が府州県学に入学する試験.
童叟 tóngsǒu 子供と老人.〔～无欺 qī〕成〕子供も老人も変わることなく,決して欺くことをしない.〈喩〉商売が公正であること:〔老 lǎo 少无欺〕に同じ.
童心 tóngxīn 子供心.無邪気な心.〔～未泯 mǐn〕童心がまだなくなっていない.
童星 tóngxīng 未成年有名選手.子役.
童颜 tóngyán〈文〉童顔.子供のように赤くつやつやした顔つき.多く健康な老人の容貌をさす.〔～鹤发 fà〕〔鹤年发～〕成〕白髪童顔.
童养媳 tóngyǎngxí 囲息子の嫁にするために幼い時からもらったり買ったりして育てた女の子:息子が成人するまで下女として働かせた.〔童养媳妇(儿)〕〔团 tuán 圆媳妇〕〔望 wàng 郎媳〕〈方〉养媳(妇)〕ともいう. →〔圆 yuán 房〕
童谣 tóngyáo 童謡.
童音 tóngyīn (声変わりする前の)子供の声:〔童声〕に同じ.

童贞 tóngzhēn ①童貞.処女. ②(処女の)貞操.〔～保持〕純潔を守る.
童真 tóngzhēn 子供の無邪気さ.
童稚 tóngzhì ①〈文〉子供. ②子供っぽさ.稚気. →〔幼 yòu 稚〕
童装 tóngzhuāng 子供服.
童子 tóngzǐ 小児.少年.男の子.〔～功 gōng〕ⓐ子供が持つ本能的な能力・素質.ⓑ子供の頃から身に付けた技能.ⓒ少林拳法の一. ④気功の一.〔～军〕ボーイスカウト.〔女～军〕ガールスカウト.〔～痨 láo〕囲小児結核.〔～鸡 jī〕〔嫩 nèn 鸡〕〈方〉若鶏.

〔僮〕 tóng ①固男の子供の召使い(奴隷).〔转〕下等.男の召使い. →〔童③〕 ②〈姓〉僮(š). → zhuàng

僮客 tóngkè 固個人家庭の奴僕.
僮仆 tóngpú ⇨〔童仆〕

〔潼〕 tóng 地名用字.〔～关 guān〕囲洛陽から長安に入る古来の要地.現在の陝西省潼関県の東南にある.

〔橦〕 tóng(古書で)キワタノキ:〔木 mù 棉〕の古称.

〔曈〕 tóng

曈昽 tónglóng〈文〉太陽が上り明るくなってくる.
曈曨 tónglóng〈文〉①日の出の太陽が光を放つさま. ②目がきらきらしているさま.

〔朣〕 tóng〔～朦 méng〕〈文〉ぼんやりしていてはっきりしないさま.

〔瞳〕 tóng ひとみ.瞳孔.〔散 sàn ～〕囲散瞳. →〔眸 móu〕

瞳孔 tóngkǒng 瞳孔.〔瞳仁〕〔瞳子〕に同じ.
瞳人 tóngrén 同下.
瞳仁(儿) tóngrén(r)〔瞳人〕とも書く.ひとみ:〔瞳孔〕の別称. →〔眼 yǎn 珠①〕
瞳子 tóngzǐ ⇨〔瞳孔〕

〔穜〕 tóng〈文〉おくての穀物. →〔种 zhòng〕

〔侗〕 tóng →〔佟 lǒng 侗〕 → dòng tóng

〔筒(筩)〕 tǒng ①太い竹筒.筒.〔竹～〕同前. ②筒状のもの.〔～靴 xuē〕ブーツ.〔烟～〕煙突.〔信～〕郵便ポスト.〔笔～〕筆立て.〔汽～〕汽管.〔爆 bào 破～〕囲鉄条網などを爆破するために用いる兵器. ③〔-儿〕(衣服の)筒形になっている部分:〔桶③〕〔统⑥〕とも書く.〔靴 xuē ～〕靴の胴.〔袜 wà ～,儿〕靴下の筒になった部分.〔长 cháng ～袜子〕長い靴下.〔袖 xiù ～儿〕袖筒.〔羊皮～子〕丸はぎにした羊の皮:一匹分を〔一个～子〕といい,大体〔四,五～子〕で大人の〔皮 pí 袄(儿)〕1枚ができる. ④〔口〕筒(形のもの)に入れる.〔把手～到袖子里〕手を袖中につっこむ. ⑤量詞.(筒状の)缶や瓶を数える. ⑥〈姓〉筒(š).

筒仓 tǒngcāng 農サイロ. →〔青 qīng 贮〕
筒车 tǒngchē 囲灌水する水車.
筒虫 tǒngchóng 囲ツブラリア:水蝋類の腔腸動物.
筒带 tǒngdài 囲締付バンド.〔橡 xiàng 皮～〕ゴム締付バンド.
筒管 tǒngguǎn 紡(筒状の)糸巻き.ボビン.
筒夹 tǒngjiā 機コレット:丸棒材をつかむのに用いる.
筒裤 tǒngkù 服ストレートパンツ.
筒裙 tǒngqún 服タイトスカート.
筒瓦 tǒngwǎ 丸瓦.→〔片 piàn 瓦〕
筒子 tǒngzi ①筒状のもの. ②⇨〔饼 bǐng 子③〕

tǒng

⑧→［皮 pí 桶子］

筒子楼 tǒngzilóu 圈 1950,60年代の建長屋式の集合住宅:中廊下をはさんで部屋が並び、廊下にコンロなどを置いて炊飯する.便所は共同.

筒粽 tǒngzòng 圈筒形に巻いた粽(ﾁﾏｷ):普通は菱形に巻いたものが多い.→[粽子]

［捅（搗）］ tǒng

＝［搗］①〈指先や棒切れで〉つく.つつく.［用胳膊肘一了他一下］ひじで彼をつっついた.→［捅马蜂窝］ ②突き刺す.突き破る.［~破窗户纸］障子紙を突き破る.〈喩〉悪事を一挙に明らかにする.③すっぱぬく.暴く.［他是个直性人,把看到的事儿都一出来了］彼は一本気だから見た限りのことをみなさらけ出した. ④騒ぎを起こす.［~乱 luàn 子］同前.

捅咕 tǒnggu 〈口〉①ぶつかる.つつく.［伤口还没有愈合,不要用手~］傷がふさがっていないから、いじってはいけない. ②けしかける.陰口を言う.［他总是~别人提意见,自己却不出面］彼はいつも人をけしかけて文句を言わせるくせに、自分は表に出ない.［一点儿小事、他也向领导~］何でもないことでも、彼は上司に告げ口をする.

捅饥荒 tǒngjīhuang 〈方〉生活困難のため借金する:［拉 lā 饥荒］に同じ.［他过日子一点计划也没有,经常~］彼は生活に計画性がさっぱりないし、いつも借金している.

捅窟窿 tǒngkūlóng ①突き破る.突いて穴をあける.［用手指头在窗户纸上~］手の指で障子紙を突き破る. ②〈口〉借金をする.［失业已久,到处~］長いこと失業しているので、いたるところに借金をして回っている.

捅娄子 tǒnglóuzi 騒動を起こす.問題をひき起こす:［捅漏子］［捅马蜂窝］［通 tōng 楼子］ともいう.［不怕~就怕缩脖子］騒動を起こすことはかまわないが、首を縮めてひっこんでしまっては困る.

捅马蜂窝 tǒng mǎfēngwō 蜂の巣をつつく.〈喩〉騒動を起こす(して災厄を身に招く).［别干犯众怒的事,~不是闹着玩儿的］皆の怒りを買うことのないようにしなさい、手もつけられないような騒ぎになったら事だ.

捅儿怂儿的 tǒngrsǒngrde ［捅扒扨儿的］とも書く.〈方〉指でつつく、つつく.［老老实实的坐着不好？别~！］おとなしく座っていられないのか、人をつついたりして.［你不会自己说去吗？干吗~］自分で言ったらいいじゃないか、どうして人にけしかけるのだ.

［桶］ tǒng

①［~儿,~子］桶(ｵｹ).樽.ドラム缶.［木~］木の桶.［铅~］バケツ.［太平~］防火用桶.［冰~］氷桶.冰箱.冷蔵庫. ②〈度〉(容積の単位)バ(ﾚ)ﾙ.［琵 pí 琶~］ともいう.［一~石油］石油 1 バ(ー)ﾚﾙ. ③⇒［筒③］

桶柑 tǒnggān 圈タンカン:ミカンの一種.ポンカンに近い種類.

桶匠 tǒngjiàng 桶屋.桶職:［圆 yuán 作］ともいう.
桶塞(儿) tǒngsāi(r) 桶の栓.
桶装 tǒngzhuāng 桶詰めの(の).ドラム缶入りの)
桶子 tǒngzi ①桶. ②⇒［皮 pí 桶子］

［捅］ tǒng ⇒［捅］

［统・綂］ tǒng

①〈文〉(煮る繭から)生糸をとりだす)糸口. ②系統.つながり.［系~］系統.［传~］伝統.［道~］道統.［血 xuè ~］血統. ③総(ｽ)べる.統轄する.統一する.［~一～］［帅~］［~帅］. ④総合する.ひっくるめる.合計する.［~一起来算一算］合計してみる.→［共 gòng ①］ ⑤地層の年代を表す単位の一.［全新~］全新世. ⑥⇒［筒③］ ⑦〈方〉こっそりと贈る.袖の下をやる.

[他~给某个官儿不少的钱]彼は某役人に少なからざる賄賂を贈った. ⑧量詞.碑などを数える.［一~碑］一座碑石碑一つ. ⑨〈姓〉統(ﾄｳ)

统包 tǒngbāo 一括して請け負う. 〈商〉同前の商人.［~统购〕全国の大学・専門学校の卒業生配属制度:1950年代から70年代にかけて実行された.［~统租〕アパート・マンションを統一的に管理賃貸すること.

统编 tǒngbiān 統一的に編集・編成する.［~教材］同前の教材.
统兵 tǒngbīng 軍隊を統率する.
统舱 tǒngcāng 仕切りのない大部屋船室.
统称 tǒngchēng 総称(する)
统筹 tǒngchóu 統一的に計画する.［~兼 jiān 顾]統一的に計画し、同時に各方面の利益をも考慮する.［~全局］全局を統合的に計画する.
统带 tǒngdài 率率する.［~重 zhòng 兵]大軍を統率する.
统共 tǒnggòng 合計で.総計で.→［一 yī 共]
统购 tǒnggòu (国家が)統一的に買い付ける.[~包销]［~统销]統一買い付け、統一販売(する)
统观 tǒngguān 全局を見る.総合的に見る.
统管 tǒngguǎn 統一的に管理する.［~家务］家事を一手にひきうける.
统合 tǒnghé 統合する.
统货 tǒnghuò 圈同一価格で一括購入・販売する商品:品質・規格・等級を区別しない.
统计 tǒngjì ①統計をとる.［~员]統計員.［~师]統計師:いずれも職階名. ［~表]統計表. ［~学]統計学. ②合計する.［~数据]統計資料.統計結果.
统检 tǒngjiǎn 統一的に検査する.
统建 tǒngjiàn 統一的に建設する.整備する.
统考 tǒngkǎo 統一試験(をする).［全国~]全国共通試験.
统括 tǒngkuò 一つに納める.全部を統べくくる.
统揽 tǒnglǎn すべてを掌握する.独占する.
统领 tǒnglǐng ①率率する. ②軍の統率者.指揮官.③清末の武官名:現在の旅団長にあたる.
统配 tǒngpèi 計画的に統一分配する.［~物 wù 资]統一割当物資.→［一 yī 类物资]
统筹当 tǒngqiándāng ⇒[通筒筒筒]
统摄 tǒngshè 〈文〉統轄(する).［~大权 quán]大権を統轄する.
统收 tǒngshōu 収入を統一する.［~统支]収支を統一する.
统手 tǒngshǒu 両袖両手を前に合わせ、懐手をする.
统属 tǒngshǔ 管轄と隷属.［~关系]管轄と隷属の関係.
统帅 tǒngshuài ①統帥者.最高指揮者.［三军~]三軍の総帥.［~部]最高司令部.最高統帥機関. ②統帥する:[统率]に同じ.
统率 tǒngshuài ＝[统帅②]統率する.[~全军]全軍を統率する.[~所属部队前征增援]所属部隊を率いて増援に赴く.
统税 tǒngshuì 囹貨物税の一種:生産地において一括して徴収する税.たばこ・マッチ・綿糸布・セメント・小麦粉などに実施した.
统体 tǒngtǐ 全体.
统统 tǒngtǒng すべて.全て.全部.みんな:［统通][通 tōng 通]ともいう.[他也不再赎毡帽,~喝了酒了](鲁・Q4)彼は再び毛の帽子を請け出そうとはせず、全部酒にして飲んでしまった.→[一 yī 共]
统系 tǒngxì 系統.
统辖 tǒngxiá 統轄する.
统销 tǒngxiāo (国家が)統一販売する.→[统购统销]

tǒng~tōu

统一 tǒngyī ①統一する.〔~战线〕〔统战〕(政治上の)統一戦線.〔大家的意见逐渐~了〕皆の意見は除々に統一された. ②統一的な.一致した.〔~的意见〕一致した意見.〔~调配〕統一的な人員配置.〔~教材〕統一教材.〔~体〕国統一体.〔~口径 jìng〕器物の統一的な口径.〔喻〕ⓐ統一・協調的な態度. ⓑ口裏合わせ.

统一码 tǒngyīmǎ ⇒〔单 dān 一码〕

统御 tǒngyù 〈文〉統御する.

统战 tǒngzhàn 〔统一战线〕の略称.〔~部〕中共中央統一戦線工作部の略称.

统招 tǒngzhāo 統一的な人員を募集する.

统治 tǒngzhì ①統治(する).〔~权 quán〕統治権.〔~阶级〕支配階級. ②支配する.えられる.〔商品生产具有~,普遍的性质〕商品生産は,支配的で普遍的な性格をもっている.

统制 tǒngzhì 統制する.〔~经济〕統制経済.〔~军用物资〕軍用物資を統制する.

统子 tǒngzi ⇒〔皮 pí 桶子〕

[同(衕)] tòng 〔胡 hú 同(儿)〕→ tóng

[恸・慟] tòng 〈文〉深く嘆き悲しむ.痛切に悲しんで号泣する.〔不要过于悲 bēi ~啊〕あまりお嘆きなさいますな.

恸哭 tòngkū ひどく泣き悲しむ.嘆きに沈んで泣く.

恸切 tòngqiè 〈文〉非常に悲しみ嘆く.嘆き悲しんで泣く.

[通] tòng [一儿]量词.ひとしきり.一通り.一段落〔動作行動の回数を示す.一連の行為のーくぎり〕.〔发表一~〕公开讲演〕一場の公開講演をした.〔打了三~(儿)鼓〕太鼓を3回(3くぎり)打った.〔闹了一~儿〕ひとしきり騒ぎが続いた.〔给他一~揍 zòu〕彼にひとしきりくらわせる.〔挨 āi 了一~骂〕ひとしきり罵られた.〔没想到团长进来,也来了一~儿〕意外にも団長がやって来て,しかもひとわたりの不平不満ときた.→[一 yī 下]→ tōng

[痛] tòng ①痛む.〔头~〕頭痛がする.→[疼 téng ①]　②悼み悲しむ.〔悲~〕同前.〔抚棺大~〕棺をなでて大いに悲しむ. ③憎む.恨む.→〔痛心疾首〕　④甚だしく,思い切り.徹底的に.〔下决心〕固く決心する.

痛爱 tòng'ài たいそう可愛がる.→〔疼 téng 爱〕

痛痹 tòngbì 〔寒 hán 痹〕

痛不欲生 tòng bù yùshēng〈成〉悲しみのあまり死を願う.

痛斥 tòngchì 厳しく叱る.激しく非難する.〔~邪说〕邪説を厳しく退ける.

痛楚 tòngchǔ (身心が)苦痛(である)

痛处 tòngchù 痛いところ,弱点.泣きどころ.〔要是抓住他的~,就狠狠地批评一下〕彼の弱点をつかんだら,ひとつひどく批判してやろう.

痛打 tòngdǎ ひどく打つ.ひっぱたく.

痛悼 tòngdào 痛惜する.哀悼する.〔~死难烈士〕殉難烈士に心から哀悼を捧げる.

痛点 tòngdiǎn 生理痛点:痛覚の起こる位置.

痛定思痛 tòngdìng sītòng〈成〉苦痛がおさまった後,あらためてその苦痛に思いをいたす:反省し,教訓とすること.

痛愤 tòngfèn 憤慨する.〔切齿~〕歯ぎしりして憤る.

痛风 tòngfēng 医痛風.→〔尿 niào 酸性关节炎〕

痛改 tònggǎi 徹底的に改める.〔~前非〕〈成〉深く悔い前非を改める.

痛感 tònggǎn 痛感(する).〔~责任重大〕責任の重大さを痛感する.

痛恨 tònghèn ひどく憎む.

痛悔 tònghuǐ 痛切に後悔する.

痛击 tòngjī 痛撃する.〔迎头~〕真っ向から痛撃を与える.

痛歼 tòngjiān 手ひどくやっつける.

痛经 tòngjīng〔经痛〕医生理痛.

痛疚 tòngjiù 心の痛み.やましさ.

痛觉 tòngjué 生理痛覚.

痛哭 tòngkū 慟哭(どうこく)する.ひどく泣く.〔~流涕 tì〕〈成〉悲しみの甚だしいこと.〔失声~〕〈成〉声をあげて泣く.

痛苦 tòngkǔ =〔苦痛〕苦痛(である).(身心が)ひどく苦しい.

痛快 tòng·kuài ①痛快である.愉快である.〔看见一家人团聚在一起,心里真~〕一家団らんの様子を見て本当に嬉しい.〔~淋漓〕〈成〉痛快きわまる. ②痛快にやる.思い切り楽しむ.〔彼此谈一谈~〕語り合って大いに楽しむ.〔今天礼拜六,喝个~吧〕今日は土曜日だし,一つ愉快に飲もう. ③きっぱりしている.すっきりしている.〔队长~地答应了我们的要求〕隊長は気持ちよく我々の要求にこたえてくれた.〔~人〕さっぱりした人.〔~话〕痛快な言葉.きっぱりとした言葉.

痛骂 tòngmà ひどく罵る.痛罵する.呵責(かしゃく)なく罵る.

痛切 tòngqiè (悲しみ・思いが)痛切(である)

痛入骨髓 tòng rù gǔsuǐ〈成〉①極度の痛み. ②悲しみや恨みの甚だしいこと.

痛失 tòngshī 失ったことを嘆き悲しむ.

痛痛 tòngtòng〈白〉①激しく.手厳しく.〔~批评他一顿〕手厳しく彼を批判する. ②思う存分.痛快に.

痛恶 tòngwù ひどく憎む.憎悪する.

痛惜 tòngxī 痛惜する.深く惜しげむ.

痛心 tòngxīn 心が痛する.〔~疾 jí 首〕〔疾首~〕〈成〉ひどく悲しみ恨む.

痛痒 tòngyǎng 痛痒(つうよう).〔~相关〕〈成〉何につけても互いに影響がある.かかわりが密に重なり合っている.〔喻〕重要な事.〔无 wú 关~〕些細事. ③苦しみ.〔关心群众的~〕大衆の苦しみに関心を持つ.

痛饮 tòngyǐn 痛快に酒を飲む.〔举杯~〕酒を思う存分に飲む.〔~黄龙〕〈成〉戦勝の祝い酒を痛飲する.

tou ㄊㄡ

[偷(媮)] tōu (Ⅰ)〔偷〕①こっそり人の物を取る.盗む.〔~东西〕物を盗む.〔有人把我雨伞~走了〕誰かが私の傘を持っていった. ②(人に知られないように)こっそりと.人目を盗んで.ひそかに.〔~着溜出来〕こっそりとぬけ出して来る.〔~眼看人〕よそ目で人を見る. ③時間.暇を作り出す.〔~空 kòng(儿)〕同前. ④泥棒.〔小~儿〕こそどろ.
(Ⅱ)〔喻〕①目前の一時の安楽や生活に安んずる.ごまかしてやりすごす. ②〈文〉軽視する.

偷安 tōu'ān 一時の安楽をむさぼる.〔苟 gǒu 且~〕同前.

偷吃 tōuchī 盗み食いする.〔~摸 mō 喝〕〈成〉こそこそ事を働いて暮らす.

偷盗 tōudào 盗み(を働く)

偷盗险 tōudàoxiǎn 盗難の危険.②盗難保険.

偷电 tōudiàn 盗電(する).〔窃 qiè 电〕ともいう.〔改装电表~〕電力メーターを改造して盗電をする.

偷渡 tōudù ①封鎖された領土や水域をこっそりと渡る. ②密入国・密出国(する).〔～客〕〔～者 zhě〕密入国者.密出国者.
偷儿 tōu'ér 〈方〉泥棒.こそ泥.
偷工减料 tōugōng jiǎnliào〈成〉工事の手をぬき材料をごまかす.
偷寒送暖 tōuhán sòngnuǎn ＝〔送暖偷寒〕〈成〉①おべっかを使う.へつらう. ②互いに人目を盗んで情を通ずる.
偷汉子 tōuhànzi ⇒〔偷人〕
偷合取容 tōuhé qǔróng〈成〉人に迎合して気に入られようとする.〔偷合苟 gǒu 容〕ともいう.
偷欢 tōuhuān〈文〉男女が密通する.
偷换 tōuhuàn すり替える.〔～概 gài 念〕概念をすり替える.
偷鸡不着蚀把米 tōujī bùzháo shí bǎ mǐ〈諺〉一握りの米を盗もうとしても鶏は捕らえられない.ぼろもうけを貪ってわずかな元手も失う.
偷鸡摸狗 tōujī mōgǒu〈成〉①こそ泥をする. ②(男が)手あたり次第に女をあさる.〔偷鸡盗狗〕ともいう.
偷奸取巧 tōujiān qǔqiǎo〈成〉要領よく立ちまわってうまい汁を吸う.
偷看 tōukàn 盗み見る.→〔偷瞧〕
偷空(儿) tōukòng(r) 時間を繰り合わせる.暇を盗む.〔一摸 mō 空儿〕できるだけ同時刻.
偷懒 tōulǎn ＝〔偷闲②〕手を抜いて楽をする.ずるける.油を売る.〔监工的一走他就～〕監督が通り過ぎてしまうと,彼はすぐ怠ける.〔从不～〕一度もサボったことがない.
偷垒 tōulěi 区〈野球の〉盗塁.〔双～〕ダブルスチール:=ホームスチールは〔盗 dào 本垒〕
偷梁换柱 tōuliáng huànzhù〈成〉表面は何事もないように見せて,その実ひそかに物事の本質あるいは内容をすりかえてしまうこと.
偷猎 tōuliè 密猟する.
偷龙换凤 tōulóng huànfèng〈成〉女の赤ん坊を代わりに置いて男の赤ん坊を盗む:すりかえて盗む.〔偷龙转凤〕ともいう.
偷漏 tōulòu ①脱税する.〔偷税〕と〔漏税〕. ②秘密をひそかに漏らす.
偷摸 tōumō 窃盗する.こそ泥を働く.〔偷偷摸摸〕こそこそやるさま.
偷拍 tōupāi 盗撮する.
偷跑 tōupǎo 人の知らぬ間に逃走する.夜逃げする.こっそり逃げ出す.
偷巧 tōuqiǎo ⇒〔取 qǔ 巧〕
偷窃 tōuqiè 〈文〉盗む.
偷青 tōuqīng (成熟直前の)農作物を盗む.
偷情 tōuqíng ＝〔拿 ná 情〕男女が私通する.不倫をする.
偷人 tōurén ＝〔偷汉子〕不倫をする.間男を作る.〔我要是去～,你才戴绿帽子〕〈老・四・惺32〉わたしが男でもこしらえたのなら,あんたはそれこそ間抜けの標本だよ.
偷生 tōushēng ①いたずらに生きながらえる.〔～怕 pà 死〕〈成〉生をむさぼり,死を恐れる. ②(計画出産の政策に反して)ひそかに子供を生む.
偷税 tōushuì 脱税する:虚偽や粉飾で税金をのがれる.→〔漏 lòu 税〕〔欠 qiàn 税〕〔逃 táo 税〕
偷天换日 tōutiān huànrì〈成〉天を盗み太陽を取り換える:大胆に事実を真相をゆがめて人をだます.
偷听 tōutīng 盗み聞く.こっそり聞く.
偷偷(儿) tōutōu(r) ひそかに.隠れて.〔趁 chèn 人不注意,～地溜走了〕人の気がつかないうちに,こっそり逃げ出した.

偷袭 tōuxí だましうちをする.不意打ちする(非難していう).〔夜间～〕夜間に奇襲する.→〔奇营〕〔奇 qí 袭〕
偷暇 tōuxiá 同下①
偷闲 tōuxián ①＝〔偷暇〕暇を盗む.都合して時間を作る.〔忙里～〕忙しい中から暇を見つけ出す. ②⇒〔偷懒〕
偷香窃玉 tōuxiāng qièyù ⇒〔窃玉偷香〕
偷眼 tōuyǎn 盗み見る.〔他～看了一下母亲的神色〕彼はちらっと母親の顔色をうかがった.→〔偷看〕
偷营 tōuyíng 敵の陣営を不意打ちする.〔～劫 jié 寨〕同前.→〔劫营〕
偷油婆 tōuyóupó ⇒〔蟑 zhāng 螂〕
偷越 tōuyuè (封鎖地域を)ひそかに越える.〔～国境〕ひそかに国境を越える.
偷运 tōuyùn 密輸する.〔～私货〕闇物資を密輸する.
偷针眼 tōuzhēnyǎn ⇒〔针眼〕
偷嘴 tōuzuǐ ①つまみ食い(する).盗み食い(する). ②食い意地が張っている.

〔头・頭〕 tóu ①頭.〔～部〕頭部.〔～疼 téng〕脑脑袋袋头頭が痛む.頭痛がする.〔猪 zhū ～〕豚の頭.〔出～〕頭を出す.〈转〉出世する.→〔首 shǒu〕 ②頭髪.髪形.ヘアスタイル.〔梳 shū ～〕髪をすく.頭をとかす.〔剃 tì ～〕頭(の毛)をそる.〔分～〕髪を分ける.〔背 bēi ～〕オールバック.〔平頭～〕角刈り頭.〔推 tuī ～①〕〔推光～〕坊主刈りにする.〔光～②〕丸刈り頭(にする). ③〔～儿〕かしら.リーダー.首領.〔把 bǎ ～〕回同業組合や職工の頭.親方. ④〔～儿〕(物の)最前部.また最後部.物の端(は).〔船～〕へさき.〔火车～〕(汽車の)機関車. ⑤〔喩〕先頭に立つ人.〔两～尖〕両方の端がとがっている.扁担的两～天秤棒の両端.〔一～高一～低〕一方は高く一方は低い.〔眉～〕目頭(めがしら).眉根. ⑥〔刊～題字〕④雑誌の巻頭に字を題する. ⑤同前の題辞.日報～上次一幅插图〕新聞の最初に挿絵を一つ入れる. ⑤〔~儿〕ものごとの初め.発端.また結末.完成.〔有～无尾〕初めあって終わりなし.〔开了~儿了〕始まった.〔什么事都是～难,以后就好了〕何事でも初めは難しく,後でよくなる.〔~儿话の始め.〔提个~儿话を切り出す.話題を持ち出す.〔这件事还没有~绪〕この事はまだ目鼻がつかない.〔这个工程可有了~儿了〕この工事は完成が近い.〔她的病什么时候才是个~儿呢？〕彼女の病気はいつになったらよくなるのか.〔说起来没~儿〕話し出したらきりがない.〔无~公案〕〈喩〉手がかりのない事件.解決の方法がない事件.〔这笔帐找不着~儿了〕この件は手のつけようがない. ⑥〈数を示す語の前に置いて〉初めの.〔~一个〕初めの一つ.〔~一回〕第1回.最初の.〔～等技术〕第1級の技術.〔~几天很害怕,后来才放了心〕初めの数日はびくびくものだったが,後で安心した.〔～三天〕最初の三日(間). ⑦(ある時点に)先立つ.その前の(に)…までに.〔～鸡叫我就起来了〕鶏が鳴く前にわたしはもう起きました.〔～上您这次的时候儿,先到了他那儿〕こちらへうかがう前に彼を訪ねたのです.〔～过年可以完工吧〕年越しまでには完成するでしょう.〔～我回来,你把屋子打扫打扫吧〕わたしが帰るまでに部屋を掃除しておきなさい. ⑧[-儿]使い残りの小さくなったもの.切れ端.〔铅笔~〕ちび鉛筆.くず鉛筆.〔蜡烛~①〕ろうそくのともし残り.〔布~〕はし布.切れはし.〔烟~〕タバコの吸いがら. ⑨[-儿]一方.片側.方面.〔一～走～~唱〕歌いながら歌う.〔只可一面倒 dǎo,不能站两～〕一辺倒でなければならない,二足のわらじは履けない.〔全世

tóu

界的劳动人民都站在咱们这一~〕全世界の労働者はすべて我々の味方だ.〔落了个两一不讨好〕どちらにも嫌われることになってしまった.⑩数字の間において概数を表す.そこそこ.〔三一五百〕300か500ばかり.〔十一八块〕10元そこそこ.⑪人を指す.〔滑 huá ~〕ずるいやつ.悪賢いやつ.〔老实~〕〔老实人〕⑧正直で温厚な人.⑥お人よし.⑫量詞.⑧家畜を数える.〔一一驴 lú〕ロバ1頭.〔一一牛〕牛1頭.⑥頭の形をしたものを数える.〔一一蒜〕にんにく1個(球根で).⑥婚姻・縁組を数える.〔说好了一一亲事了〕縁組を一つとりまとめた.⑬〔姓〕頭(ぢ).→ tou

头把交椅 tóubǎ jiāoyǐ =〔第 dì 一把交椅〕〔喩〕第一番・筆頭.〔晁盖死后,宋江坐了~〕晁盖の死後,宋江が筆頭になった.

头把手 tóubǎshǒu 〈口〉第一人者.→〔一 yī 把手③〕

头班车 tóubānchē ①=〔头趟车〕始発バス.始発列車;〔首 shǒu(班)车〕に同じ.↔〔末 mò 班车〕② 〈喩〉最初のチャンス.

头版 tóubǎn 第一面(新聞などの).〔在~显著位置〕第一面の目立つところ.

头半晌(儿) tóubànshǎng(r) ⇒〔上 shàng 午〕

头半天(儿) tóubàntiān(r) ⇒〔上 shàng 半天(儿)〕

头彩 tóucǎi 一番くじ.宝くじの1等賞.

头茬 tóuchá 〔農〕一番くじ.第一位.一等賞.

头筹 tóuchóu 一番くじ.第一位.一等賞.

头次 tóucì 初回.第1回.〔~出国〕最初の国外旅行.

头寸 tóucùn ①〈銀行〉の現金準備.手持ち資金.〔缺 quē ~〕〔缺单〕資金の手持ちが足らない.〔多~〕〔多单〕貸付資金に余裕がある.〔轧 gá ~〕帳尻をしめる.清算する.〔~紧〕資金不足.〔~松〕信用緩和.②〈銀行〉のポジション;有価証券の残高.③=〔银 yín 根〕

头大 tóudà 〈口〉頭を痛める.悩ませる.

头带 tóudài 鉢巻き.ヘッドバンド.〔扎 zā 着~〕鉢巻きをしている.

头挡(儿) tóudǎng(r) 旧赤児の枕元に立てる風よけの枕屏風のふとん.

头档 tóudàng ⇒〔一 yī 门〕

头道贩子 tóudào fànzi 生産者から直接買いつけた品を次の業者に売って利鞘を稼ぐブローカー.→〔二 èr 道贩子〕

头灯 tóudēng ①(坑夫などの)頭につける小型ランプ.②⇒〔大 dà 灯〕

头等 tóuděng 第1等の.最上(の).〔~舱 cāng〕1等船室.ファーストクラス.〔~大事〕最も重要なこと.〔~车〕1等車.〔~儿〕最上等(の).〔~功 gōng〕〔~货〕〔水火货〕旧最高の勲功.〔~货〕旧水火货旧上物.一級品.

头点地 tóudiǎndì ①叩(す)頭謝罪する.②〈喩〉〔断首されて〕首が地に落ちる.

头垫(头) tóudiàn(tou) 機ヘッドガスケット.〔原动机关~〕始動機関ヘッドガスケット.

头顶 tóudǐng 頭のてっぺん.=〔颅 lú 顶〕に同じ.〔骨 gǔ~〕〔顶骨〕生理頭頂骨.

头顶头 tóudǐngtóu 〈方〉最上等(の).=〔头争头儿〕に同じ.〔那是个一的棒小伙子〕(老・骆19)あれはとびきり丈夫な若者だ.

头额 tóu'é 額.

头发 tóufa 髪の毛.頭髪.〔~夹 jiāzi〕ヘアピン.〔~绺 liǔ〕〔发 fà 绺〕束状の髪の毛.〔~茬儿 chár〕髪を切った後衣服などに付いた短い髪の毛.〔剪 jiǎn ~〕理髪する.

头发菜 tóufàcài ⇒〔发 fà 菜〕

头发帘儿 tóufaliánr ⇒〔刘 liú 海儿②〕

头风 tóufēng 中医神経性頭痛.

头伏 tóufú 土用の入りから十日間;〔初 chū 伏〕ともいう.〔~萝卜二伏菜〕土用の入りから十日間に大根を播き,その次の十日間に白菜を播く.→〔伏天〕

头盖 tóugài 生理頭蓋;〔天 tiān 灵盖〕は俗称.〔~骨 gǔ〕頭蓋骨.

头盖帽 tóugàimào キャロット.半球状の帽子.

头盖软垫 tóugài ruǎndiàn 〔〕ヘッドカバーパッキング.

头更 tóugēng ⇒〔初 chū 更〕

头功 tóugōng 第一の手柄.最高の勲功〔头等功〕ともいう.〔立了~〕殊勲を立てた.

头拱地 tóugǒngdì 〈口〉親身になって尽力する.〔不管怎么样,我一也要把你这件事给办成了〕どうあろうと,親身になって尽力してきみのこの仕事を成功させねばならない.

头骨 tóugǔ =〔颅 lú 骨〕生理(脊椎動物の)頭の骨.頭蓋骨.

头管 tóuguǎn 音(古代の楽器の)篳篥(ひちりき).

头行 tóuháng ①第一行.②筆頭(の).第一等(の).特別(の).〔~人〕先頭に立つ人間.〔粗粮里头高粱小米是~〕雑穀のうちで高粱やあわは最上のものだ.

头号 tóuhào 〔~儿〕①第一番(の).最大(の).〔~种 zhǒngzi〕スポットップシード.〔~机密〕最高機密(の).〔~字〕特号活字.〔~战争贩子〕戦争挑発者の筆頭.②最上等(の).極上の.〔~面粉〕最上等の小麦粉.

头花 tóuhuā 〔~儿〕髪に飾る花.花かんざし.

头昏 tóuhūn 頭がふらつく,めまいがする.〔~眼花〔成〕頭がふらふらして目がくらむ.〔~脑胀〕〔~脑闷〕成頭がくらくらとしてぼーっとする.

头婚 tóuhūn 〈口〉初婚(となる);〔二婚〕(再婚)に対していう.

头髻 tóujì まげ.束ねた髪.

头家 tóujiā ①〈賭博〉的胴元(ぎ).親.②(トランプ遊びやマージャンの)前の番の人.上(かみ)の人.③〈俗〉店主.

头奖 tóujiǎng 一等賞(くじ引き・福引などの).

头角 tóujiǎo 〔文〕①端緒.初め.②頭の先.〈転〉青年の才気.〔崭 zhǎn 然见 xiàn ~〕〔~崭然〕〔~峥嵘 zhēngróng〕才気があふれていて人に優れている.〔初露 lù ~〕初めて頭角を現す.

头巾 tóujīn ①旧男子の頭巾で;特に明・清代,読書人がかぶっていた頭巾.〔~气〕やぼったさ.書生っぽさ.②ネッカチーフ.スカーフ.→〔领 lǐng 巾〕

头颈 tóujǐng 〈方〉首.頸部.

头口 tóukǒu ⇒〔牲 shēng 口〕

头会箕敛 tóukuài jīliǎn 〈成〉人の頭数にしたがって税をとり,箕をもって税として課した穀物を集める.〔喻〕微税の苛酷なこと;〔头会箕赋〕ともいう.

头盔 tóukuī ①⇒〔兜 dōu 鍪〕②⇒〔安 ān 全帽〕

头里 tóuli ①前.前方.〔你在~,我在后头〕きみは前にいて,わたしは後ろにいる.②(時間的に)初め(に).先(に).事前に.〔你~走きみは先に行きなさい.〔早饭~〕朝食前.〔响 shǎng 午~〕正午前.〔把话说在~〕先に(物は)言っておく.③〈方〉以前.従前.〔他如今比~好得多〕彼は今は以前よりずっといい.

头脸 tóuliǎn ①面相.顔つき.〔有~〕顔が売れている〔那个女孩儿~也好,唱得也好〕あの女の子は顔もいいし歌もうまい.②面子(ぢ).体面.

头领 tóulǐng 〈白方首領.=〔头目〕

头颅 tóulú 頭(全体).〔抛 pāo 头,洒 sǎ 热血〕命を

头　　　　　　　　　　　　　　　　　　　　　　　　　　　　　　　　　tóu

捧げ,熱血を注ぐ.
头颅骨 tóulúgǔ　⇒〔颅骨〕
头路 tóulù　①〈口〉最上等(の).〔～货〕特級品.→〔等等〕　②手はじめ.端緒.〔摸 mō 不着～〕手がかりがつかめない.手のくだしようがない.　③頭髪の分け目(の部分).　④手づる.コネ.
头轮 tóulún　(順番の)いちばん初め.(映画の)封切り.〔这片 piān 子在～上映时上座儿很好〕この映画は封切りの際たいへんな入りであった.〔～戏院〕封切り館.
头麻 tóumá　一番刈りの麻.→〔二 èr 麻〕
头马 tóumǎ　群れを先導する馬.
头面 tóumiàn　旧〈女性の〉髪飾り(総称)
头面人物 tóumiàn rénwù　有力者.顔役.名士.
头名 tóumíng　第一番目.首席.
头目 tóumù　かしら.首領.頭目.〔头子〕ともいう.〔土匪大～〕匪賊の大ボス.〔魁 kuí 首〕〔首 shǒu 領〕
头脑 tóunǎo　①頭脳.頭.能力.頭の働き.〔没～〕頭の働きが弱い.〔～清楚〕頭脳明晰(晳).〔～企业〕〔～公司〕〔点 diǎn 子公司〕コンサルティング会社.〔～风暴法〕ブレーンストーミング.〔～资 zī 源〕頭脳資源.指導者.かしら.→〔头目〕　②手がかり.糸口.筋道.〔摸不着～〕糸口がつかめない.
…头…脑 …tóu…nǎo　①頭の働きのさま.〔昏 hūn ～昏～〕頭が混乱した.ぼんやりした.　②首尾を示す.〔没一没～〕わけのわからない.何の理由もなしに.　③細かいものを指す.〔针～线～〕縫い物に必要な針とか糸.
头年 tóunián　①(初めの)一年.第一年(目)　②前の年.〔～春天种的,等到第二年秋天才收〕前の年の春植えたのは,翌年の秋になってから収穫される.
头帕 tóupà　スカーフ.ネッカチーフ.
头牌 tóupái　旧(旧劇の)役者の名札で最前列に掲げられる札.一番目の名札.〔～花旦〕花形役者.
头皮 tóupí　①頭の皮膚.　②頭.〔硬 yìng 着～喩〕緊張するさま.ぞっとするさま.〔挠～困〕って頭をかく.　③=〔头屑〕ふけ.〔屑 xiè〕同前.〔长 zhǎng ～〕ふけがでる.
头破血流 tóupò xuèliú　〈成〉頭を割られて血が流れる.〈喩〉さんざんな目にあう.→〔人 rén 仰马翻〕
头七 tóuqī　(喪の)初七日.→〔五 wǔ 七①〕
头齐脚不齐 tóuqí jiǎobùqí　〈慣〉見かけはいいが行き届いていない:多く自分のしたことを謙遜して言う.
头前 tóuqián　①〈方〉先頭.前.〔唱着歌儿～走〕歌を歌いながら先頭を歩く.　②以前.
头钱 tóuqián　=〔头儿(钱)〕①(賭博の)寺銭.〔抽 chōu ～〕寺銭をとる.　②うわまえ.頭.〔得～〕ピンはねをする.
头秋 tóuqiū　秋の収穫をひかえた時期.収穫前.
头球 tóuqiú　∧(サッカーで)ヘディング(パス・シュート).〔顶 dǐng 球〕ともいう.
头儿(钱) tóur(qián)　⇒〔头钱〕
头人 tóurén　旧(村落や一部の少数民族の)首領.
头三脚难踢 tóusānjiǎo nántí　〈諺〉最初の三蹴りが難しい.〈喩〉何事も最初が難しい.〔什么事情也有～〕同前.
头纱 tóushā　ベール.スカーフ.
头响(儿) tóushǎng(r)　⇒〔上 shàng 午〕
头晌 tóushǎng　頭上.〔～安头〕〈成〉屋上屋を架す.むだに重複する.
头生 tóushēng　①初産する.　②=〔头胎〕〔～儿〕初産の子.
头绳(儿) tóushéng(r)　髪を結うのに用いる元結

(絕).②おさげの先にまきつけるひも,またはリボン.〈方〉毛糸.
头虱 tóushī　虫アタマジラミ.
头势 tóushì　〈白〉形勢.趣勢.勢い.
头水 tóushuǐ　①(畑への)一回目の灌水.〔浇 jiāo ～〕同前をする.　②(衣類など)初めておろす.初めて洗う.
头水货 tòushuǐhuò　⇒〔头等货〕
头胎 tóutāi　⇒〔头生②〕
头趟车 tóutàngchē　⇒〔头班车①〕
头套 tóutào　(演技や変装用の)かつら.
头疼 tóuténg　①頭が痛い.〔～脑热〕〈喩〉ちょっとした病気.　②困る.悩まされる.〔真叫人～〕ほんとに困った.〔想到他就有点儿～〕彼のことを考えるとどうも頭が痛い.→〔头痛〕
头题 tóutí　トップ記事の見出し.
头天 tóutiān　第一日.　②前日.〔船每星期一早上开,～晚上可以上船〕船は毎月曜日朝出帆しますが,前日の夜乗船できます.
头条 tóutiáo　①新聞版面のヘッドライン.〔头版②〕一面のトップ(記事).〔～新闻〕トップニュース.　②最初の路地.〔～北京〕北京にある.
头童齿豁 tóutóng chǐhuò　頭ははげて歯が抜ける.〈喩〉老衰したさま.
头痛 tóutòng　①頭痛(がする).〔我～〕わたしは頭痛がする.〔～医头,脚痛医脚〕〔～救头,脚痛救脚〕〈喩〉根本的な方法を講ぜず,姑息な処置をすること.一時しのぎをする.〔痛〕は〔疼〕ともいう.②困る.悩まされる.うんざりする.
头头脑脑 tóutóu nǎonǎo　〈口〉お歴々.お偉方.おもだった人.〔～都来了〕トップの面々が皆来とさて.
头头是道 tóutóu shìdào　〈成〉いちいち道理がある.明確に筋道が通っている.〔他讲起话来～,什么道理都讲得清清楚楚〕彼が話し出すといちいちもっともで,どんなことでもはっきりと説明する.→〔有 yǒu 条有理〕
头儿 tóutour　〈口〉(グループや集団の)リーダー.かしら.ボス.〔这小鬼是这样小孩的小～〕このちびはこの子たちの餓飢大将だ.〔咱们几个局的～先研究一下〕我々のいくつかの局の主だった者がまず研究するんだ.
头陀 tóutuó　〔梵〕托鉢僧.行脚僧.→〔僧 sēng ①〕
头晚 tóuwǎn　(ある日の)前の晩.
头尾 tóuwěi　①頭と尾.初めと終わり.　②全過程.一部始終.〔我到这儿来～有五年了〕こちらへ来て足掛け5年になります.　③糸口.端緒.〔想来想去,没有个～〕あれこれ考えたが,手がかりがない.
头先 tóuxiān　〈方〉①以前.前に.　②まず.第一に.　③さっき.
头衔 tóuxián　肩書き:官職の肩書き,学位など.
头项 tóuxiàng　①〈文〉項目.種目.種類.類別.級別.〔许多～,能有归着 之(心的どこちがない片付けた.〕〈白〉職務.仕事.〔他失业了,请您再给找个～吧〕彼は失業したから,また職を探してやってください.
头像 tóuxiàng　(絵画・彫刻などの)胸像.
头屑 tóuxiè　⇒〔头皮③〕
头囟儿 tóuxìnr　∧ひよめき.おどりこ.そうもん.
头胸部 tóuxiōngbù　虫(蟹や蝦などの)頭胸部.
头绪 tóuxù　①(繁雑さの中の)筋道.脈絡.筋目.〔茫无～〕漠としてつかみどころがない.　②端緒.糸口.手がかり〔找出～来〕糸口を見つけ出す.〔摸不着～〕手がかりがつかめない.　③(さまざまな)こと.もの.思い.〔～繁 fán 多〕事柄がごたごたしている.〔千头万绪〕〈喩〉事柄が多く複雑なさま.

头癣 tóuxuǎn 医しらくも.頭部白せん:皮膚病の一種.

头雁 tóuyàn 先頭を飛ぶガン.〈喩〉群れのリーダー.〔～高飞群雁起〕〈喩〉指導者が先頭に立って行動すれば民衆もついてくる.

头羊 tóuyáng 先頭の羊.〈喩〉リーダー:〔领 lǐng 头羊〕に同じ.

头影 tóuyǐng 〈白〉影.姿.人の気配(形跡).→[影子⑦]

头油 tóuyóu ⇒[发 fà 油]

头(儿) tóuyóu(r) 原因.わけ.

头晕 tóuyūn 頭がくらくらする.めまいがする.〔～眼花〕〈成〉目まいがし,目がかすむ:〔头昏眼花〕に同じ.

头阵 tóuzhèn ①第1回の交戦.②事の始まり.③先陣.

头重脚轻 tóuzhòng jiǎoqīng 頭がボーッとして重く脚がふらつく.〈喩〉(組織など)頭でっかちである.不安定である.

头注 tóuzhù 賭博で最初にかける金.

头子 tóuzi 頭目.親分.ボス.〔土匪～〕土匪の頭目.〔流氓 máng ～〕ならずもののボス.→[头目]

头足类 tóuzúlèi 動頭足類.

[投] tóu (Ⅰ)①投げる.放る.〔连一三个球〕ボールを続けざまに三つ投げた.→[扔 rēng]②郵送する.送る.寄せる.〔询函询～东京总行〕お問い合わせは,東京本社宛に差し出してください.③投入する.つぎこむ.〔～入生产〕生産を始める.〔～资〕投資する.④身を投げる.参加する.〔飞蛾 é～火〕蛾が火に飛び込む.〔弃 qì 暗～明〕悪事から足を洗って正道につく.⑤跳び込む.身投げする.〔～海〕〔跳 tiào 海~海に身を投げる.〔～河〕〔跳河川へ身投げする.⑥(光線・視線・影)を投げる.(影)がさす.投射する.〔影子在窗户上〕影が窓に映っている.⑦気が合う.合わせる.迎合する.〔投合する.〔相～〕互いに気が合う.〔情～意合〕〈成〉意気投合する.⑧直前の状態になる.臨む.…する時になって.〔年 chuí 老〕老いに臨んで.〔～至〕〔及至〕至るに及んで.その時になって.〔日已～暮〕日はすでに夕暮れ前になった.→[头⑦]⑨〈文〉振るう.→[姓:投]](Ⅱ)〈口〉洗いすすぐ.〔洗好了的衣裳,还要在干净的水里一一～,把肥皂～净了才〕洗った服はきれいな水ですすぎ,石鹸をすすぎ落さなくちゃいけない.

投案 tóu'àn 自首する.〔～自首〕同前.

投保 tóubǎo 保険に加入する.保険をかける.〔～人〕保険契約者.→[保险]

投奔 tóubèn 身を寄せる.…を頼っていく.

投笔 tóubǐ 〈文〉筆を投げる.書くのをやめる.〔～而叹 tàn〕筆を投じて嘆息する.〔～从戎 róng〕筆を投じて従軍する.文人が軍人になる.

投币 tóubì ①コインを投入する.②コイン式.〔～(式)电话〕コイン式の公衆電話.〔～式铁柜〕〔～式存放柜〕コインロッカー.〔～箱 xiāng〕(ワンマンバスなどの)料金投入箱.

投畀豺虎 tóubì cháihǔ 〈成〉(讒)(言者を)山犬や虎に投げ与えて食わせる(詩経・小雅).悪人に対する深い憎しみを表す.

投鞭断流 tóubiān duànliú 兵士の持っている鞭を川に投げるとそのために流れが止まる(晋書).〈喩〉兵隊の力が大きく強い.

投标 tóubiāo 入札(する).競争入札(する).〔～函 hán〕[标函]入札函.

投产 tóuchǎn 生産体制に入る.生産を開始する.

投诚 tóuchéng 誠意を披瀝して帰順する.降伏する.〔缴 jiǎo 械～〕武器を捨てて降伏する.

投刺 tóucì 〈文〉名刺を差し出す.訪問する.

投弹 tóudàn ①(飛行機から)爆弾を投下する.②手榴弾を投げる.

投档 tóudàng 合格ライン内の受験者の願書・調書を募集校に出すこと.

投敌 tóudí 敵に身を投じる.投降する.

投递 tóudì 配達する.〔~邮件〕郵便物を配達する.〔~员 yuán〕[邮 yóu 递员]郵便配達員.〔如无法~,请退回原处〕配達不能の場合は,差出人へお戻しください.

投店 tóudiàn 旅館に宿泊する.

投毒 tóudú 毒を盛る.〈喩〉悪意をもって人を害する.

投放 tóufàng ①投入する.〔~资金〕資金をつぎ込む.〔~劳力〕労働力を投入する.②投げ入れる.投げる.〔~鱼饵儿〕(魚)のえさを投げてやる.③(市場に)商品を供給する.

投稿 tóugǎo 投稿(する)

投戈 tóugē 〈文〉休戦する.〔~讲艺〕軍中においても学問に励むこと.

投工 tóugōng 労働力・日数を投入する.〔~量〕労働投下量.

投合 tóuhé ①気が合う.馬が合う.投合する.〔谈得很~〕話がよく合う.②(人の好みに)迎合する.〔~读者的心理〕読者の意を迎える.

投壶 tóuhú 固宴席での遊び:投げた矢が壺に入る数で勝負を争い,敗者に酒を飲ませるもの.→[罚 fá酒][酒 jiǔ 令]

投缳 tóuhuán 〈文〉首をつって自殺する.

投机 tóujī ①機会に乗じ功利的な行為をする.〔~取 qǔ 巧〕〈成〉機会を利用して巧妙にとり入り利益を得ること.〔~分子〕日和見主義者.②商投機の売買をする.思惑(で)買買する.〔~倒 dǎo 把〕空(を)売買などで暴利を貪る.〔~性(股票)仕手株.〔~商人〕投機商人.〔~买卖〕思惑売買.③〈口〉うまが合う.意気投合する.〔为什么她们俩那么不~〕なぜ彼女ら二人はあんなに気が合わないのだろう.〔谈得很~〕話しているうちにたいへんうまが合った.〔酒逢知己千杯少,话不~半句多〕〈諺〉酒は親しい人となら千杯飲んでもまだ足らないし,話はうまの合わない人とら半句を言うのもいやなものだ.

投寄 tóujì (手紙などを)寄せる.郵送する.〔~匿 nì 名信〕匿名の手紙を出す.

投井 tóujǐng ①井戸に身を投げる:[跳 tiào 井]に同じ.②井戸に投げ込む.〔~下石〕[落 luò 井下石]〈喩〉他人の困難に乗じて打撃を与えること.

投军 tóujūn 古軍に身を投ずる.軍隊に入る.〔~作战〕従軍して戦闘に加わる.→[从 cóng 军]

投考 tóukǎo 試験を受ける.〔~生〕[应 yìng 试考生]受験応募者.〔~大学〕大学を受験する.

投靠 tóukào 他人に身を寄せる.人に頼る.人に依存して生活する.〔卖身~〕身売りする.

投篮 tóulán 区(バスケットで)シュート(する).〔跳 tiào 起~〕ジャンプショット.〔单 dān 手跳~〕ワンハンドジャンプショット.〔单手天上~〕ワンハンドオーバーヘッドショット.〔双手~〕ツーハンドショット.〔定位~〕セットショット.

投劳 tóuláo 労働力を投入する.→[投工]

投料 tóuliào 原料を投入する(して作業を開始する).〔从~到下水〕起工から進水まで.

投袂而起 tóumèi ér qǐ 〈成〉袖を振って立ち上がるさま:奮起するさま.

投明 tóumíng 〈文〉①払暁.②正道に向かう.→[字解④]

投拍 tóupāi (映画やテレビの)クランクイン(する)

投排 tóupái 圖リハーサルを始める.
投脾胃 tóupíwèi ⇒〔合 hé 脾胃〕
投票 tóupiào 投票(する).〔~箱 xiāng〕票箱.投票箱.〔~权 quán〕投票権.議決権.
投其所好 tóu qí suǒhào〈成〉相手の好むところに合わせる.
投契 tóuqì 気が合う.意気投合する.
投洽 tóuqià ①投合する.気持ちが合う. ②投資・貿易についての懇談する:〔投資洽谈〕の略.〔~会〕投資懇談会.
投枪 tóuqiāng 投げ槍:〔标 biāo 枪⑧〕に同じ.
投亲 tóuqīn 親戚に身を寄せる.〔~靠 kào 友〕親戚や友人を頼りにする.
投球 tóuqiú 〈体〉投球(する).〔玩~〕キャッチボールをする.→〔接 jiē 球〕
投入 tóurù ①(ある状態・環境に)入る.参加する.〔~生产〕生産を始める.操業を開始する.〔~运动〕運動に参加する.〔~祖国的怀抱〕祖国のふところにかえる. ②つぎ込む.投入する.〔~资本〕投資する.〔~人力〕人力を投入する. ③(全精神を)集中している.没入している.
投射 tóushè ①〈文〉機を見て利を得る.たくみに機に乗じる. ②(目標に向かって)投げる.〔~标枪〕やり投げをする. ③(光線や影が)射す.射し込む.投射する.〔对他~出惊讶的眼光〕彼に驚きのまなざしを向ける.〔~角〕入射角.
投身 tóushēn 身を投ずる.献身的に参加する.〔~革命〕革命に身を投じる.〔~于各种社会活动〕さまざまな社会活動に献身する.
投生 tóushēng ⇒〔投胎〕
投师 tóushī 師に就く.弟子入りする.〔他没投过师〕彼は先生についたことない.〔~访友〕師についたり友を訪ねたりする(広く学ぶ)
投石问路 tóushí wènlù〈成〉石を投げて進む方向を決める.〔喻〕試験的に実行して反応を探る.
投手 tóushǒu =〔掷 zhì 手〕区〈野球の投手.ピッチャー.〔~反 fǎn 规〕ボーク.〔~板 bǎn〕ピッチャープレート.
投手榴弹 tóu shǒuliúdàn 区手榴弾投げ:〔跪 guì 姿〕〔立 lì 姿〕〔卧 wò 姿〕の3種の型がある.
投售 tóushòu (市場に)売り出す.
投书 tóushū 投書する.
投鼠忌器 tóushǔ jìqì〈成〉ねずみに物を投げつけたいがそばの器物が壊れることが心配で,不正を罰したいが影響の大きいことを恐れ手が出せない.
投水 tóushuǐ 水中に身投げする.
投顺 tóushùn 降参する.帰順する.
投送 tóusòng ①送付する.送達する. ②投げ入れる.放り込む.
投诉 tóusù 訴え出る.告発する.クレームをつける.〔已向法院~〕すでに裁判所に訴え出た.〔~信〕苦情の投書・手紙.〔~电话〕苦情受け付け電話.
投宿 tóusù 投宿する.宿をとる.
投梭折齿 tóusuō zhéchǐ〈成〉女性に杼(ʰ)を投げつけられる:女性をからかってきびしい反撃にあうこと.
投胎 tóutāi =〔投生〕転生する.生まれかわる.
投桃报李 tóutáo bàolǐ〈成〉桃を贈られて李(ɡⁿ)を返礼とする(詩経・大雅).〔喩〕親しく交際する.
投体 tóutǐ →〔五 wǔ 体投地②〕
投喂 tóuwèi 動物にえさを(投げ)与える:〔投食〕ともいう.
投闲置散 tóuxián zhìsàn〈喩〉閑職に置かれる.
投降 tóuxiáng 投降する.降伏する:〔降服〕ともいう.
投向 tóuxiàng ①(ある方向へ)投じる.向ける. ②

仕向け先.
投效 tóuxiào ①〈文〉身を投じて尽力する.〔请求~空军〕空軍志願を願い出る. ②投入効率.
投药 tóuyào ①投薬する. ②駆除薬をしかける.
投医 tóuyī 医者にかかる.〔~求药〕医者にかかり薬を求める.
投影 tóuyǐng 投影(する).〔~机〕プロジェクター.〔~仪 yí〕オーバーヘッドプロジェクター.OHP.〔~电视〕プロジェクションテレビ.
投映 tóuyìng 映し出す.投映する.
投邮 tóuyóu 郵送する.
投缘 tóuyuán 気が合う.うまが合う.〔新娘子倒很投了婆婆的缘〕嫁はなかなか姑の気に入っている.〔~对劲(儿)〕〈成〉気が合う.仲がいい.
投运 tóuyùn (施設・設備など)操業を開始する.実際の稼動に入る.
投掷 tóuzhì ①投げる.放り投げる. ②区投てき(総称).〔~比赛〕投てき競技.
投注 tóuzhù ①傾注する.集中する.〔把全副精力~到工作上〕全精力を仕事に注ぎ込む.〔观众的眼睛都~在大型屏幕上〕観衆の目はみな大型スクリーンに注がれた. ②金を賭ける.〔~站〕宝くじ・馬券・車券売り場.
投杼 tóuzhù〈成〉機の杼(ʰ)を投げる:曾子が人を殺したと告げる者が3人に及ぶと曾子の母も信じて織っていた機の杼を投げ出してしまったという.何度か讒(ᴸ)言にあえば人の疑いを招くようになること.
投资 tóuzī 投資する.〔~环境〕〔~气候〕投資環境.〔~风险〕投資リスク. ②投下資金.投資.〔~基金〕图投資ファンド.〔~银行〕投資銀行.
投子 tóuzǐ (囲碁で)投了(ʰʳ)する.
投子 tóuzi ⇒〔色 shǎi 子〕
投足 tóuzú〈文〉足を踏み出す.〔一举手,一~〕一挙手一投足.

〔骰（骰）〕tóu
　骰子 tóuzi ⇒〔色 shǎi 子〕

〔魪・魪〕tǒu〈姓〉魪(ɡⁿ·)

〔紏〕tǒu〈方〉①(包んであったり巻いてある物を)開ける.ひろげる. ②(ほこりなどを)振り落とす.

〔透〕tòu ①(深く底まで)通り達する.(向こう側まで)抜け通る.〔不~气〕空気を通きない.〔这纸太厚,扎刀不~〕この紙は厚くて突き通せない. ②表れ出る.透けて見える.〔脸上~着喜欢〕顔にうれしさを表している.いかにもうれしそうだ.〔在枪林弹雨中,他还像平常一样,~着胆子大〕弾雨の中でも彼は平生と同じように,いかにも大胆そうだった. ③漏らす.〔~消息〕消息を漏らす.〔~露秘密〕秘密を漏らす.〔~出点儿意思〕ちょっと気持ちを見せた. ④徹底している.透徹して余すところがない.〔把道理讲得很~〕道理の説明が透徹している.〔看~了〕見通した.見ぬいた. ⑤甚だしい.十分すぎるほどである.ひどく…である.〔这个人坏~了〕この男は悪いったらありゃしない.〔恨~了〕恨みが骨身にしみ入っている.〔下了一场~雨一度十分なだけの雨が降った.〔出了一身~汗〕びっしょり汗が出た.〔疹 zhěn 子出~了〕はしかがすっかり出た.〔果子熟~了〕果物がすっかり熟した.〔办得糟~了〕すっかりめちゃめちゃにしてしまった.
透彻 tòuchè 透徹する.(理解や分析が)しっくりしている:透彻とも書いた.〔这番话,说得~极了〕こんどの話できわめてはっきり述べられている.
透底 tòudǐ ①(実情・心の底を)明らかにする.〔不能

tòu~tū　　**透头凸**

透〜〕内幕を明かすことはできない. ②〔底の底まで〕透きとおっている.〔清澈〜〕同前.

透雕 tòudiāo　透かし彫り.

透顶 tòudǐng　この上なし. 極度の:多く2音節の形容詞に後に置く.〔精明〜〕抜け目ないことこの上なし.〔腐败〜〕しんまで腐敗している.〔胡涂〜〕まったくのぬけさくだ.

透风 tòufēng　①風を通す. 風が通る.〔这屋子不〜〕この部屋は風通しが悪い.〔没有不〜的墙〕〔喩〕火の無い所に煙は立たぬ. ②風にあてる. 外気にさらす.〔把箱子里的东西拿出来透透风〕箱の中のものを出してちょっと風にあてなさい. ③秘密を漏らす. 人の耳に入れる.〔咱们自家人透不了风, 有什么说什么〕仲間内だから他へ漏らしやしない, 何でもありのまま言うことだ.

透骨 tòugǔ　骨にしみとおる. 骨身にこたえる.〔寒寒风〜〕寒風が同前.

透光 tòuguāng　光を通す. 透明である.

透汗 tòuhàn　たっぷり出た汗.〔出身〜, 病就好了〕びっしょり汗が出たら, 病気はもうよくなる. →〔透雨〕

透话 tòuhuà　〈口〉心の内の事情を知らせる.〔我先和他透个话儿〕わたしがまず彼に話を通しておこう.〔他〜要买这所房子〕彼はこの家を買いたいとの心の内を明かした. ②心の内. 真意.

透镜 tòujìng　レンズ.〔凸 huī 光镜〕(反射鏡)に対していう.〔凹面〜〕凹レンズ.〔凸 tū 〜〕凸レンズ. →〔镜头〕

透亮儿 tòuliàngr　光を通す. 明かりがさす.〔天还没〜我们就出来了〕夜がまだ十分に明けないうちに, 我々は出てきた.〔黑中〜〕真っ暗中に少し明るさがしてくる.

透亮 tòu·liàng　①透き通る. 透明である.〔这珠子多〜!〕この珠はよく透き通っている. ②はっきりしてよくわかる.〔这话说得〜〕この話ははっきりしているじゃないか.〔我心里〜了〕わたしは気持ちがすっきりした.

透漏 tòulòu　漏らす. 明かす. ほのめかす. →〔泄 xiè 漏②〕

透露 tòulù　①(秘密・情報・考えなどを)漏らす. ひそかに伝える.〔她跟她妈妈一过这个意思〕彼女は母親にこの考えを漏らしたことがある.〔据 jù 〜〕漏れ伝わるところによれば…….〔不敢公开〕公然と人に知らせるようにはしない. ②現れ見える. 明らかになる.〔真相〜出来了〕真相がはっきりした.

透明 tòumíng　透明である.〔〜体 tǐ〕透明体.〔〜夹 jiā〕クリアフォルダー.〔〜纸〕セロハン紙.〔〜度 dù〕④透明度. ⓑ〔喩〕情報公開の程度.〔水是无色〜的液体〕水は無色透明の液体である.

透明胶带(纸) tòumíng jiāodài(zhǐ)　透明粘着テープ.〔胶粘代条〕〔玻 bō 璃纸条〕〔万 wàn 能〕胶纸〕などともいう.

透明绉纱 tòumíng zhòushā ⇒〔乔 qiáo 其纱〕

透辟 tòupì　(識見や理論が)徹底する. 透徹している.〔这一〜的辩论教育了大家〕この徹底した弁論はみなの教育になった. →〔精讲 jiǎng〕

透平(机) tòupíng(jī)　⑤タービン.〔〜油〕轮 lún 机油〕(涡 wō 轮油)タービンオイル.

透气 tòuqì　①(空気などが)通じる. 息が漏れる.〔烟管〜〕パイプがつまっている. ②息をする. 息をつぐ.〔至此大家才透了口气〕ここに至ってみんなはやっと一息入れた. ③(消息などを)漏らす.

透墒 tòushāng　農〕土壤の湿度が農作物の発芽と成長に十分であること.

透射 tòushè　(光が)さし込む.

透视 tòushì　①医〕レントゲンによる透視をする.〔走, ~去〕さあ, レントゲンをとりにいこう.〔〜检查〕レントゲン検査. ②透視画法.〔建筑〜图〕建築立体図. ③〔喩〕見抜く. 見すかす. ④透けて見える.〔〜装〕シースルールック.

透熟 tòushú　熟知している.

透水 tòushuǐ　水がしみとおる. 水漏れがする.〔〜性〕透水性(の)

透味儿 tòuwèir　料理の味が出る.〔火候儿到了就〜了〕火加減がいいと味が出ます.

透析 tòuxī　①徹底した分析をする. ②医〕浸透する.〔渗 shèn 透〕①に同じ. ③医人工透析.

透写纸 tòuxiězhǐ　透写紙. トレーシングペーパー. →〔描 miáo 图〕

透心凉 tòuxīn(r)liáng　身にしみてひんやりする.〔〜失望する.〔听了他的话, 真叫人〜〕彼の話を聞いてまったくげっそりした.

透信 tòuxìn(r)　消息を漏らす.

透雨 tòuyǔ　=〔方〕饱 bǎo 雨〕十分地面にしみこむほどの雨.〔透地雨〕ともいう.〔下了那场〜以后, 蔬菜长得很快〕あのたっぷり降った雨で, 野菜ののびがたいへん早い. →〔地 dì 皮雨〕

透支 tòuzhī　①商〕貸し越し. オーバードラフト. 当座貸越.〔〜合同约〕贷越契约. =〔交易〕当座貸越取引. ②赤字になる. 収入を越える. ③〔旧〕賃金の前借り(をする). ④〈喩〉(体力・精力)の消耗が度を越す.〔体力〜〕体力の消耗.

〔头・頭〕 tou

①名詞の接尾辞.〔石〜〕石.〔木〜〕木材. 木ぎれ.〔舌〜〕舌.〔拳 quán 〜〕こぶし. また〔じゃんけんの〕グー.〔日〜〕〔方〕太陽.〔上〜〕上.〔下〜〕下.〔前〜〕前.〔后〜〕後々. ②〔-儿〕形容詞の後につけて名詞にかえる.〔尝尝甜〜〕甘い味を味わう・味をしめる.〔饱尝苦〜〕いやというほどひどい目にあう. ③動詞の後について, その動作をする価値のあることを表す.〔这戏有什么〜〕この劇はどうしたところがあるか.〔这样的音乐没什么听〜〕このような音楽は聞く価値がない.〔有说〜〕(問題として)論ずる価値がある.〔有吃〜〕食べてうまい. 食べでがある.〔提 tí 〜〕話をする価値. ④人に対して親愛をこめ尊敬の意を含めていう称呼.〔老孙 sūn 〜〕孫のおやじさん.〔老叶 yè 〜〕葉のおやじさん. → tóu

tu　ㄊㄨ

〔凸〕 tū　①なか高に突き出ている. ふくれあがっている. ②ふくれあがる. 隆起する.〔〜起来〕ふくれあがる.〔这块平板的右上角〜出来一块〕の板の右肩が一か所ふくれあがっている.〔挺 tǐng 胸〜肚〕胸をはり腹をつき出す. ↔〔凹 āo〕

凸凹 tū·āo　でこぼこ.

凸版 tūbǎn　凸版(版). ↔〔凹 āo 版〕

凸半圆成形铣刀 tūbànyuán chéngxíng xǐdāo 機〕外丸フライス.

凸背皮带轮 tūbēi pídàilún　=〔隆 lóng 起皮带轮〕

凸出 tūchū　突き出ている. でっぱっている.〔突出③〕とも書く.

凸角 tūjiǎo　外側に突き出た角 (かど)

凸镜 tūjìng　=〔凸面镜〕

凸轮 tūlún　=〔歪 wāi 轮〕機〕偏球回転輪. 偏形回転軸. カム.〔〜槽 cáo〕カムの溝.〔〜轴 zhóu〕〔桃 táo 轮轴〕カム軸. カムシャフト. →〔板 bǎn 形凸轮〕〔歪 wāi 轮〕

凸面 tūmiàn　凸面.〔〜镜 jìng〕物〕凸面鏡: 俗に〔凸镜〕という.

凸起 tūqǐ　①=〔突起②〕盛り上がる.〔青筋〜〕青筋

が立っている.②でっぱり.突起.
凸透镜 tūtòujìng [物]凸レンズ:俗に〔放 fàng 大镜〕(拡大镜),〔放 fàng 大镜〕ともいう.↔〔凹 āo 透镜〕
凸瓦 tūwǎ ⇒〔牡 mǔ 瓦〕
凸显 tūxiǎn 目に見えた状態になる.きわめて明らかになる.→〔突显〕
凸现 tūxiàn はっきりと現れる.際立って出現する.→〔突现②〕
凸缘 tūyuán =〔方〕法兰〕〔方〕法兰盘〕[機]出縁(ふち).フランジ.突縁.〔单 dān ~〕シングルフランジリング.〔管 ~〕つば付き管.〔~轮 lún〕[機]つば付き調車.
凸珠 tūzhū ⇒〔毛 máo 刺①〕
凸子 tūzi [機]タペット.〔~拔头〕タペットレンチ.

〔**秃**〕 tū ①(毛が)はげる.はげている.〔头项已然~了〕頭のてっぺんがもうはげている.〔一夜急~了头〕一夜の心配事で頭がはげている.②(山が)はげている.(木が)葉を落としている.〔~树〕はげ山の木.③〔筆の先などが〕すりきれる.ちびる.〔笔尖都写~了〕筆の先がよく使ってすり切れた.〔針~了尖儿了〕針の先がちびた.④欠けるところがある.物足りない.行き届かない.円満さに欠ける.〔不说两句敷衍话显着~点儿〕ちょっぱかりおあいそを言わなければぶっきらぼうだ.〔赤手空拳地去怪~的,总得送点儿礼才好〕空手で行ったのでは,どうもとっつきが悪いから,やはり贈り物をしなければいけない.

秃宝盖 (儿)tūbǎogài(r) [国]わかんむり:漢字部首の"冖".→付録1
秃笔 tūbǐ〈文〉穗先のすり切れた筆.ちびた筆:自分の書いた文章を謙遜して言う.〔笔尽墨 mò 干就此打住〕筆はちびるし,墨は乾いたので,これでうち切りにしよう:小説または長い手紙の結尾語.
秃不刺茬 tūbulàchá〈方〉(仕事の)始末がついていない.尻切れとんぼ.〔这件事就这么放下了,真觉得有点儿~〕この事をここで放り出してしまっては,尻切れとんぼという感じだ.
秃菜 tūcài ⇒〔羊 yáng 蹄〕
秃疮 tūchuāng〈方〉頭のはげるできもの:〔黄 huáng 癣 (ǒuyǎn) 〕の俗称.〔长 zhǎng ~〕同病になる.
秃顶 tūdǐng ①頭がはげる.→〔谢 xiè 顶〕②はげ頭.
秃发 tūfà〔姓〕秃髮(zhū).
秃发症 tūfàzhèng ⇒〔斑 bān 秃〕
秃光光 tūguāngguāng すっからかんのさま.
秃毫 tūháo 先のちびた筆.〔~拙 zhuō 笔〕つたない文章.
秃鹫 tūjiù =〔狗 gǒu 头雕〕〔坐 zuò 山雕〕[鳥]クロハゲワシ.
秃噜 tūlu =〔秃鲁〕〔秃露〕〔突噜〕とも書く.〈方〉①ゆるむ.ほどける.ばらける.〔打的毛活都~了编み物がすっかりほどけてしまった.〔鞋带子 ~了〕くつひもがゆるんだ.②ぬけ落ちる.ずり落ちる.③ひきずる.〔~着大尾巴〕大きい尾をひきずっている.④度を越える.やりすぎる.〔钱一花就花 ~了〕金を使うとなると使いすぎてしまう.⑤口をすべらす.(本心・内情を)漏らす.〔把心里想的说~了〕胸の中の考えをうっかり口をすべらせてしまった.〔顺嘴说 ~了〕言葉のはずみでぽろりと出した.⑥〔擬〕ツルッ.スルッ.〔~一声飞了〕ピューッと飛んでいった.
秃驴 tūlǘ =〔秃奴〕〈白〉くそ坊主:僧侶を罵る語.
秃毛儿鸡 tūmáorjī 若鳥.中雞.〔転〕15,6歳の少年.=〔童 tóng 子鸡〕
秃脑(袋)瓜儿 tū nǎo(dài)guār =〔秃脑(袋)瓜子〕〈方〉①はげ頭.②坊主頭.〔何もかぶっていなむき出しの頭.〔~没带帽子〕むき出しの頭で,帽子をかぶらない.→〔光 guāng ⑩〕
秃奴 tūnú ⇒〔秃驴〕
秃偏厂 tūpiānchǎng(r) [国]雁だれ:漢字部首の"厂".ふつう〔厂字旁(儿)〕→付録1
秃瓢儿 tūpiáor〈口〉はげ頭.やかん頭.
秃鹙 tūqiū〈文〉古書にみえる水鳥.〔鹙〕ともいう.
秃山 tūshān はげ山.
秃头 tūtóu はげ頭.そった頭.スキンヘッド.〔~脑〕丸坊主.〔光 guāng 头②〕②無帽である.〔光 guāng 头②〕ともいう.〔転〕名や肩書がついていない.〔~信〕無名の手紙.匿名の手紙.〔~名片〕(肩書の書いてない)姓名だけの名刺.
秃尾巴 tūwěiba 尾のちびた尾.尾がない.〔~鹌 ān 鹑〕尾のない鹌(ǎn).〔喩〕見すぼらしい身なり.
秃鹜 tūwù =〔鸭 yā 子〕
秃子 tūzi はげ.頭のはげた人.〔亮~〕つるつるげ.〔豹 bào 花~〕まだらはげ.〔~当和尚,将就材料~が坊主になること,数のうちに入る.〔~脑袋上的虱子〕はげ頭のしらみ:事の明白なこと.②〈罵〉尼僧を罵る語.〔看见~要倒霉〕尼さんに出逢うと縁起が悪い.〔见着~一口唾 cuì 一口〕尼さんに出逢ったらつばをはく.〔縁起が悪い時はつばをはいて邪を払うものとされた.

〔**突**〕 tū ①にわかに.だしぬけに.→〔突然〕②突く.突き進む.突っ込む.〔冲 ~〕衝突する.〔狼奔豕 ~〕匪賊や敵軍が隊を乱して逃げ回る.③煙突.〔灶 zào ~〕かまどの煙突.〔曲 qū ~ 徙 xǐ 薪〕煙突をまげ薪をとり去る.〔喩〕災いを未然に防ぐ.→〔烟 yān 筒〕④つき出る.ふくれる(あがる).→〔突出〕⑤〔擬〕連続するリズミカルな音.〔心 ~ ~地跳〕心臓がドキドキする.
突变 tūbiàn ①突然の変化(する).突然の変乱(が起きる).〔~突然变异说〕軍乱発生する.軍隊に突然の変乱が起こった.②[質の飛躍:〔飞 fēi 跃②〕〔质 zhì 变〕ともいう.
突出 tūchū ①突き出る.突き破る.〔~重 chóng 围〕重囲を突破する.②きわだつ(たせる).目立つ(たせる).ずぬけている(させる).特に甚だしくいくする).水準を超える(させる).〔~地显现出其特征〕その特徴を著しく示した.〔几个~问题〕いくつかの顕著な〔目立った〕問題.〔地质学家在这方面有了~的成就〕地質学者がこの方面で優れた成果をあげた.〔~主题〕主題を強調する.③⇒〔凸出〕 ④⇒〔疝 shàn ②〕
突地 tūdì =〔突然〕突然に:〔突然〕に同じ.〔路旁~跳出一个人来〕路傍から突然一人の人が飛び出した.
突发 tūfā 突発する.突然に起こる.〔烟花爆竹~事故〕花火爆竹による突発事故.
突防 tūfáng 防御体制を突破する.
突飞猛进 tūfēi měngjìn〈慣〉飛躍的に前進する.〔~地发展工业〕飛躍的に工業を発展させる.
突击 tūjī ①[軍]突撃する:〔冲 chōng 击②〕に同じ.〔~队 duì〕突撃隊.〔~手〕突撃手.〔敌军~我军防线〕敵軍が我が方の防御線に突撃した.②力を集中して一気にやり遂げる.〔~任务〕総力をあげて集中的な任務に当たる.③不意に.突然に.〔~提干 gàn〕突然,大抜擢する.
突进 tūjìn 突破する.一気に進む.〔向顶峰~〕頂上をアタックする.
突厥 tūjué ﹦〔突厥〕族.チュルク族:遊牧民族でその一部は現在のトルコ族となる.
突厥雀 (儿)tūjuéqiǎo(r) ⇒〔沙 shā 鸡〕
突噜 tūlu ⇒〔秃噜〕
突尼斯 tūnísī チュニジア.またその首都のチュニス:正式国名は〔~共和国〕.アフリカ北岸,地中海に面している.

突破 tūpò ①突破する.〔中央~战术〕中央突破戦術.〔~口〕突破口. ②〈限界や困難を〉乗り越える.打ち破る.〔~千斤关〕一当たり1000斤を上回る収穫高.〔~记录〕記録を破る.〔~性〕記録破りの.

突起 tūqǐ ①突然出現する.〔异军~〕意外な軍隊が突然現れる.(ダークホースなどが突然現れる. ②⇒〔凸起〕 ③〖生理〗突起.

突然 tūrán 突然.だしぬけ.〔~一间 jiān〕同前.〔~袭 xí击〕奇襲する.〔~发作〕突然の発作.〔~爽 shuǎng 约〕土壇場のキャンセル(をする).〔~电话铃响了〕ふいに電話が鳴った.→〔忽 hū 然〕

突如其来 tūrú qílái〈成〉突如発生する.やぶから棒である.

突入 tūrù 突入する.〔~敌军阵地〕敵の陣地に突入する.→〔闯 chuǎng 入〕

突审 tūshěn 一気に取り調べる.集中尋問する.

突突 tūtū〈擬〉機械・心臓などの連続的なリズミカルな音.〔心里~地乱跳〕心臓がドキドキする.〔摩托车~地响〕オートバイがドッドッと音を立てる.

突围 tūwéi 包囲を突破する(切り抜ける).

突兀 tūwù ①〈文〉高くそびえ立つ.〔山势~〕山が高くそびえている. ②突然である.だしぬけである.〔事情来的这么~,使他简直不知所措〕事が寝耳に水で彼にはどうしていいかさっぱりわからない.

突袭 tūxí 〖軍〗奇襲する.

突显 tūxiǎn 突然はっきりと出る.→〔凸显〕

突现 tūxiàn ①ふいに現れる. ②きわだたせる.→〔凸现〕

突遇 tūyù 突然出会う.

[茓] tū →〔苴 gū 荽〕

[图・圖] tú ①絵.図形.図表.地図.〔插 chā ~〕さし絵.〔地~〕地図.〔示意~〕説明図.見取り図.→〔画 huà ①〕 ②計画する.策略を立てる.〔再作他~〕さらに別の策をたてる.〔容缓 ~之〕ゆっくり計画する.〔良~〕良策. ③得ようと図る.自分のものにしようとする.〔不~名利〕名利を図らない.〔你这是~什么 (me)〕いったい何を狙っているのか.〔别有所~〕別に狙いがある.〔不~打鱼,净~和 huò 弄水〕魚を捕ろうとはせず,水を濁そうとばかりする. ④〈文〉描く.〔绘 huì 影~形〕描写・叙述が真に迫っている. ⑤〈姓〉図(ず).

图案 tú'àn 図案.デザイン.〔~设计〕意匠.デザイン.

图板 túbǎn 画板.製図板.

图版 túbǎn 図版.図版印刷のプレート.

图报 túbào 報いようとする.返す(恩徳や恨みなどに対し).〔~旱日〕他日恩返しをはかる.〔定当~〕必ず恩返しをする.

图标 túbiāo 〖電算〗アイコン.

图表 túbiǎo 図表.説明図.グラフ.

图财 túcái 財をむさぼる.〔~害命〕財を得ようとして人の生命に害を与える.

图册 túcè ①図集.画帖. ②写真雑誌.

图谶 túchèn 将来の吉凶を言う書.未来書.予言書.

图存 túcún 生存の道を考える.生計を立てる.〔号召青年,救亡~〕青年に呼びかけて滅亡を救い生存をはかる.

图典 túdiǎn ①図書と経典. ②図で説明する事典.→〔图鉴〕

图钉(儿) túdīng(r)〔摁 èn 钉儿〕〈方〉揿 qìn 钉儿〕画鋲.押しピン.

图格里克 túgélǐkè〈音訳〉ツグリク:モンゴルの通貨単位名. 1〔~〕は100〔蒙戈〕(マング)

图画 túhuà 画.図画.絵.〔~文字〕絵文字.

图籍 tújí〈文〉図籍.版図.領土図と戸籍簿.

图记 tújì ①⇒〔图章①〕 ②絵記号.

图鉴 tújiàn 図鑑.

图贱买老牛 tújiàn mǎi lǎoniú〈成〉安きを求めて老牛を買う.安物買いの銭失い.

图解 tújiě 図解(する).〔~说明〕図解して説明する.〔~法〕図式法.図示法.〔~纸〕方眼紙.〔方 fāng 格纸〕の別称.

图景 tújǐng ①絵に描かれた景物・景観. ②〈人の観念を描出した〉形象.

图卷 tújuàn 絵巻物.〔历史~〕歴史絵巻.

图利 túlì 利益を図る.〔商人以~为目的〕商人はもうけるのが目的である.

图例 túlì〈図表の記号の〉凡例.

图录 túlù ①〈芸術品などの〉図録. ②〈文〉予言書.未来書. →〔图谶〕

图谋 túmóu ①〈悪事を〉謀る.画策する.たくらむ.〔~不轨〕謀反と策謀する.不法をたくらむ. ②計画する. ③たくらみ.計画.

图南 túnán〈文〉遠大の志あること.〔男子宜有~之心〕男子はよろしく遠大の志を抱くべきである.

图囊 túnáng 地図などを入れる小型のかばん.図囊(ぶう).〔牛皮~〕牛皮書類入れ.

图便宜 túpián-yí 目先の利益を図る.〔~买烂货〕まいてやろうことをやろうとしてくずものをつかむ.安物買いの銭失い.

图片 túpiàn(説明のための)写真・図画・図面・拓本などの総称.〔~社〕同utulandの出版社.〔~展览会〕絵や写真の展覧会.〔展出新闻~〕ニュース写真を貼り出す.

图谱 túpǔ 図録.図鑑.図解書.

图穷匕(首)见 túqióng bǐ(shǒu) xiàn〈成〉最後に謀略が露見する.燕の太子丹が荆軻に秦王を刺させた故事に基づく.荆軻は小刀を地図で巻いておいたが,地図を開き終わると小刀が現れて計略が失敗に終わった.

图书 túshū ①書籍・図版などの総称.〔~馆 guǎn〕図書館.〔圕〕は旧合成略字. 〔~展 zhǎn〕ブックフェア. ②(個人の)印鑑.はん.〔图章①〕に同じ.

图说 túshuō 図解説明書.図説:多く書名に用いる.

图腾 túténg〈音訳〉トーテム.〔~柱〕トーテムポール.

图瓦卢 túwǎlú ツバル:太洋州にあり,英連邦に属す.首都は〔富 fù 纳富提〕(フナフチ)

图文 túwén〈文〉(書籍や雑誌などの)図絵と文章.〔~并 bìng 茂〕絵も多く文も優れている.〔~电视〕〔电视文字广播〕テレテキスト.文字多重放送.

图像 túxiàng 画像.映像.

图形 túxíng ①図.図形.〔~打印机〕グラフィックプリンター.〔~加速器〕〖電算〗グラフィックアクセラレータ. ②幾何学図形.

图样 túyàng 図.図面.設計図.見取り図.想定図.〔~纸〕製図用紙.

图赞 túzàn =〔画 huà 赞〕画面に書き添える詩文.〔请名人题上~〕名士に画賛を書いてもらう.

图章 túzhāng ①=〔图记〕印鑑.はん.判子.印章.〔盖~〕同前を押す.→〔印 yìn 章①〕 ②印影:印鑑を押した印.

图纸 túzhǐ ①設計図.写真真.図面などの総称.〔施 shī 工~〕施工図. ②画用紙.

图轴 túzhóu 絵の掛け物.〔画 huà 轴〕に同じ.

[徒] tú ①歩く.徒歩で行く. ②〈文〉歩兵.従卒. ③徒弟.門弟.〔尊师爱~〕先生を尊び,門弟を慈しむ. ④ともがら.やから:人をおとしめ

徒屠瘏涂　　　　　　　　　　　　　　　　　　tú

て言う.〔暴〜〕暴徒.〔不法之〜〕不逞のやから.〔酒〜〕飲んべえ.〔賭〜〕ばくちうち.⑤信徒.信者.宗徒.シンパ.〔信〜〕信徒.〔佛教〜〕仏教徒.⑥何もない.空である.〔〜手搏 bó 斗〕素手で格闘する.⑦人を拘束する罪刑.→〔徒刑〕　⑧ただ.わずかに…だけ.〔〜尔 ěr〕@ただ.むなしく.〔〜有虚名〕虚名だけしかない.〔非〜无益,而又有害〕ただ無益であるばかりでなく,さらには害もある.⑨いたずらに.むだに.〔〜自惊扰〕むだな空騒ぎをする.⑩〈姓〉徒(と)

徒步 túbù 〈文〉歩いて行く.徒步.〔〜旅行〕徒步旅行.②〈喩〉平民.〔范雎 jú 起〜〕范雎(はじ)は貧賤から身を立てた.〔白 bái 手起家〕
徒弟 túdì 徒弟.弟子.でっち.→〔学 xué 徒〕
徒費唇舌 túfèi chúnshé 〈成〉いたずらに言葉を費やす.
徒負虚名 túfù xūmíng 〈成〉虚名あるのみで実質がない.
徒歌 túgē 伴奏なしに歌うこと,またはその歌.
徒工 túgōng ⇒〔学 xué 徒工〕
徒耗国帑 túhào guótǎng 〈成〉国庫の金を無益に費やす.→〔虚 xū 耗〕
徒唤奈何 túhuàn nàihé ただ叫んでもどうしようもない.
徒劳 túláo むだ骨折りをする.〔〜往返〕むだ足を踏む.〔〜无功〕〈成〉骨折り損のくたびれ儲け.〔〜而无所获〕骨折って得るところがない.〔跋渉〕遠路のむだ足を運ぶ.→〔虚 xū 劳②〕
徒然 túrán むだである.むなしい.〔枉 wǎng 然〕に同じ.〔〜費工夫〕空しく時間を費やす.〔〜耗費精力〕いたずらに精力を消耗する.②ただ…だけ.〔如果那么久,〜有利于敌人〕そんなことすれば敵に有利なだけだ.→〔仅 jǐn 仅〕〔只 zhǐ 是〕
徒渉 túshè 〈文〉川などを歩いて渡る.
徒手 túshǒu から手で.素手(で).〔〜肉搏 bó〕素手で格闘する.〔〜成家〕裸一貫で財をなす.〔〜操 cāo〕徒手体操.
徒孙 túsūn 孫弟子(弟子の弟子)
徒托空言 tútuō kōngyán 〈成〉ただ言うばかりで実しない.〔〜难以取信〕口先ばかりでは信用されない.
徒行 túxíng 〈文〉歩いて行く.
徒刑 túxíng 因懲役.〔有期〜〕有期懲役.〔无期〜〕無期懲役.
徒有皮毛 túyǒu pímáo 〈喩〉外面ばかりで内容が伴わない.
徒有其表 túyǒu qíbiǎo 〈成〉表面だけで内容がないこと.
徒有其名 túyǒu qímíng 〈成〉名声ばかりで実質が伴わないこと.〔徒有虚 xū 名〕ともいう.
徒长 túzhǎng 農徒長する.
徒子徒孙 túzǐ túsūn 弟子と孫弟子.〈転〉一味.徒党(けなしていう)

〔屠〕 tú ①家畜を屠殺する.②〈転〉(大量に)虐殺する.③〈姓〉屠(と)

屠岸 tú'àn 〈姓〉屠岸(ゐん).
屠场 túchǎng 屠畜場.〈喩〉屠殺の場.
屠城 túchéng ＝〔洗 xǐ 城〕〈文〉都市住民を皆殺しにすること.〔夷 yí 城〕に同じ.
屠刀 túdāo ①屠殺用の刃物.〔放下〜,立地成佛〕屠殺用の刃物を捨てれば(過ちを改めれば)たちどころに成仏する.〔〜从反动勢力力手に屠殺し反动勢力を屠殺する〕反动勢力を屠殺する.②〈喩〉反動勢力の兇暴.
屠钓 túdiào 〈文〉屠畜と漁撈.〈喩〉賎業.卑賤な境遇.
屠販 túfàn ①屠畜業者と肉売りの.②〈転〉賎業者.〔与〜为伍〕賎業者と仲間になる.

屠夫 túfū 旧屠畜業者.〈喩〉人民の虐殺者.
屠沽儿 túgūr 屠畜業者と酒を売る者.〈転〉賎業者.
屠户 túhù 旧屠畜業者.屠畜を業とする家.
屠龙之技 túlóng zhī jì 〈成〉竜を屠殺する技能:優れた技能を持っていても使い道のないこと.〔以〜去杀鸡,未免大材小用了〕竜を殺す技を持っているのに,鶏などを殺していては腕が泣くというもんだ.
屠戮 túlù 〈文〉屠殺する.残殺する.
屠门 túmén 〈文〉肉屋.〔大嚼 jué〕肉屋の方を向いて口を動かす.〈喩〉はかない自己満足をする.
屠杀 túshā 大量虐殺する.多数を惨殺する.
屠苏 túsū ＝〔酴酥〕固とそ:薬草をひたして年始に飲む酒:蒼朮・桂心などを入れる.〔〜酒〕同前.
屠羊 túyáng ⇒〔屠羊〕
屠宰 túzǎi 屠殺する:〔宰杀〕に同じ.〔〜场 chǎng〕屠場.屠殺場.

〔瘏〕 tú 〈文〉(疲労から)病気になる.

〔涂・塗(涂)〕 tú （Ⅰ）〔塗〕①（顔料・ペンキで）塗る.〔〜上一层油漆〕ペンキを塗る.〔演員们脸上〜了油彩〕俳優たちは顔にドーランを塗っている.→〔涂抹〕 ②塗りつぶす.〔〜去一个字〕1字塗け す.③塗りたくる.やたらに書く.→〔涂鸦〕 ④〈文〉泥(ぎ).〔〜车〕副葬用の泥製の車.→〔涂炭①〕 ⑤(砂泥が堆積してきた)浅瀬.砂州.干潟.〔围〜造田〕干潟を耕地にする.〔〜海 hǎi 涂〕⇒〔途①〕
（Ⅱ）〔涂(涂)〕〈姓〉涂(と)

涂地 túdì 〈文〉地面に塗りつけたように散乱する.〔一败〜〕惨敗する.〔肝 gān 脑涂地〕
涂掉 túdiào 塗り消す.〔把墙上的字都〜〕塀(ニ)の字を全部塗り消す.
涂粉 túfěn ①白粉(ぜこ)をつける:〔擦 cā 粉〕〔搽 chá 粉〕ともいう.②粉を塗る.
涂改 túgǎi 文字を塗りつぶして書き改める.〔原稿写错了,可以〜〕原稿は書き損ねたなら,書き改めてもよい.〔正式公文不得有〜迹象〕正式公文書は文字の訂正の跡があってはいけない.〔〜液 yè〕〔修 xiū 正液〕修正液.〔〜带〕修正テープ.
涂画 túhuà でたらめに描く.〔胡乱〕いいかげんに描きなぐる.
涂胶 tújiāo 接着剤(ゴム).ラバーコーティング.
涂金 tújīn 金色を塗る.〔〜镜框子〕金色の額縁.〔〜纸〕金粉を塗った紙.
涂料 túliào 塗料:ペンキ・ワニスの類.
涂抹 túmǒ ①塗る(塗料・おしろい・薬液など). ②(書画を)書きなぐる.塗りたくる.〔信笔〜〕筆にまかせて同前.→〔涂乙〕
涂片 túpiàn 医塗抹標本.スメア.
涂染 túrǎn 色を塗る.染める.〔在画儿上〜颜色〕絵に色をつける.
涂饰 túshì ①(顔料・塗料を)塗る.〔〜木器〕家具に色を塗る.②(泥・石灰など建築材を)塗る.〔〜墙壁〕壁にしっくいを塗る.
涂刷 túshuā （はけで）塗る.〔〜清漆〕ニスを塗る.
涂塑 túsù プラスチックコーティング.
涂抹 túsǒng でたらめに書く.〔不要在墙上〜标语〕壁にスローガンを落書きしてはいけない.
涂炭 tútàn 〈文〉①泥や炭火.②＝〔荼毒〕〈喩〉塗炭の苦しみをなめさせる.非常な困苦の中に身を置く.〔〜生灵〕〈喩〉人民を苦しめる.〔人民于〜之中〕人民は水火の中に苦しんでいる.
涂写 túxiě でたらめに書く.〔不要在墙上〜标语〕壁にスローガンを落書きしてはいけない.
涂鸦 túyā 墨を塗りたくる.〈喩〉悪筆:多く謙遜して

言う.〔我哪儿会写字,不过是~罢了〕わたしが字など書けるものですか,ただ墨を塗りたくるだけです.〔~之字〕塗りたくっただけの(字)

涂乙 túyǐ 〔文〕〔涂抹勾乙〕の略.①〔文章の字句を〕改ざんする.②書き直す.書き改める.〔原稿~连篇,手民为难〕原稿は訂正だらけで,植字工泣かせだ.

涂脂抹粉 túzhī mǒfěn =〔擦 cā 脂抹粉〕口紅やおしろいを塗りたくる.〈喩〉醜悪なものをとりつくろって美化する.〔年纪不饶人,就是~也掩饰不了老态了〕年齢にはかなわない,いかに厚化粧しても,寄る年波は隠せない.

〔途〕 tú ①=〔涂⑥〕道のり.(進んでいく)道筋.行程(にあること).〔路〕同前.〔用~〕用途.〔前~〕前途.〔旅~〕旅行中の道.〔长~汽车〕長距離バス.〔道听~说〕巷(ちまた)のうわさ話.〔半~而废〕〈成〉途中でやめる.〔宦 huàn ~〕仕官の道.〈хоу〉道(ちみち).

途程 túchéng 道のり.道程.過程.〔人类进化的~〕人類進化の道のり.

途次 túcì 〈文〉旅での宿泊地.旅先.〔遇友人于~〕旅の途中で友人に出会う.→〔旅 lǚ 次〕

途经 tújīng (…を)経由する.途中に通る.〔~天津〕天津を経由する.

途径 tújìng 径路.道筋.手はず.〔走一样的~〕同じ径路をたどる.〔外交~〕外交ルート.〔寻找消除分歧的~〕意見の不一致をなくす手立てを探し出す.

途人 túrén 旅人.通行人.〈喩〉見知らぬ人.

途遇 túyù 〔文〕途(と)で会う.途中で会う.〔~朋友〕友達にみちで会う.

途中 túzhōng 途中で.〔中途〕に同じ.〔~相遇 yù〕途中で行き会う.→〔半 bàn 道儿〕

〔荼〕 tú 〈文〉①〔苦菜(くさ)〕の一種.→〔荼草〕②苦しませる.〔~毒生灵〕人民に苦しみを与える.③〔茅 máo 草〕(チガヤ)の白い花穂.つばな.→〔如火如荼〕

荼草 túcǎo 植ノゲシ(ケシアザミ):ふつう〔苦 kǔ 菜〕という.

荼毒 túdú 〈文〉毒する.害する.害毒を与える.〔受土豪劣绅之~〕土豪劣紳の害毒を受ける.

荼火 túhuǒ 〈文〉①白色と赤色.②勢いの大きく盛んなこと.〔如火如荼〕

荼垒 túlěi 門神.〔神 shén 荼〕と〔郁 yù 垒〕の二神.→〔门 mén 神〕

荼縻 túmí ⇒〔酴醾〕

荼毗 túpí 〔梵〕団(仏教の)火葬.荼毗(だび)に付す.

荼炭 tútàn ⇒〔涂炭②〕

〔酴〕 tú 団酒の素.酒母.こうじ.

酴醾 túmí ①〔酴醾〕〔荼縻〕とも書く.団トキンイバラ(トビ,ボタンイバラ).②(古書で)よく熟成した酒.

酴酥 túsū ⇒〔屠苏〕

〔菟〕 tú 〔於 wū 菟〕団楚人の虎の別称. → tù

〔腯〕 tú 〈文〉〔豚が〕肥えている.また,人・動物が肥えている.

〔土〕 tǔ ①泥.土.土ぼこり.〔泥 ní ~〕土.粘土.〔黄~〕黄土.〔粘~〕粘土.〔尘~〕土ぼこり.ほこり.②土地.領土.〔领~〕領土.〔国~〕国土.③固有の場所.故郷.〔故~〕故郷.〔本乡本~〕もともとの故郷.④その土地の.地元の.〔~产〕その土地の産物.〔~话〕土語.〔~风〕地方固有の風俗.⑤旧弊である.野暮である.土臭い.昔ながらの.〔这个人真~〕この人は全く旧弊だ.〔~野炉〕⑥在来のやり方の.民間の.〔~高炉〕

古くから伝わっている方法による溶鉱炉.〔~洋 yáng ④〕⑦(精製前の)生アヘン.〔烟 yān ~〕同前.土の~〕⑧〔土家族〕.⑨〈姓〉土(ど)

土坝 tǔbà 土で築いたダム.土で作った堰(せき).土手.

土白 tǔbái 〈方〉方言.土語.

土办法 tǔbànfǎ 在来の方法.古くからのやり方.↔〔洋 yáng 办法〕

土邦 tǔbāng 土侯国.藩王国.

土包 tǔbāo ①土盛り.②土のう.③〈方〉ごろつき.→〔地 dì 痞〕

土包子 tǔbāozi 田舎者.世間知らず.

土豹 tǔbào ⇒〔鼗 kuāng〕

土崩瓦解 tǔbēng wǎjiě ①〈成〉土が崩れ瓦が砕ける.②〈転〉根本的に瓦解すること.〔乌 wū 合之众不堪 kān 一击,一下就~了〕烏合の衆は一撃に耐えずしてすぐにつぶされてしまった.

土鳖 tǔbiē ⇒〔地 dì 鳖〕

土兵 tǔbīng その土地で募集した兵隊.土民兵(正規兵に対して)

土拨鼠 tǔbōshǔ 動タルバガン(タルバガン):警歯(けいし)類の一種,〔早 hàn 獭〕の別称.〔鼧 tuó 鼥〕は古名.→〔黄 huáng 鼠〕〔矘 yǎn 鼠〕

土布 tǔbù 〔粗 cū 布〕〕動手織りの(綿)布.↔〔洋 yáng 布①〕

土财主 tǔcáizhǔ 土地の金持ち.田舎の金持ち.

土蚕 tǔcán ①⇒〔蛴 qí 螬〕②⇒〔地 dì 老虎〕

土层 tǔcéng 地表の.土の層.

土产 tǔchǎn 土産の(産物).その土地の(特産物).

土城 tǔchéng 土で築いた城.

土瓷 tǔcí 水がめ・植木鉢・金魚鉢などの素焼きのもの.

土当归 tǔdāngguī 植ウド.〔独 dú 活〕に同じ.②⇒〔前 qián 胡〕

土地 tǔdì ①田畑.耕地.〔~报酬〕土地の所有(提供)分に対する報酬.〔~承包〕請け負い耕作.〔~递减或稀或遇减的法则〕.〔~肥沃〕土地はよく肥えている.〔~分红〕土地に対する収益配分.〔~合作社〕〔农业生产合作社〕土地協同組合:初級農業協同組合の通称.〔~纠纷〕土地紛争.〔~入股〕土地の出資:組合員が自分の土地を組合に出資し,組合の統一的経営に移すこと.〔~沙化〕土地の砂漠化.〔~圣人〕〔土地人〕土の地の物知り.〔~使用权〕土地の使用権.〔~税〕土地税.〔~征 zhēng 用〕土地取り用.〔~证〕土地権利証.〔~租费〕土地の賃貸(貸借)料.地代.〔~领土.領域.〔我国~辽阔〕我が国の領土は広い.

土地法 tǔdìfǎ 土地法.④1930年〔民国19年〕国民政府により公布された.⑤1931年11月成立の中華ソビエト政権により制定された.〔~大纲〕土地法大纲〕:1947年10月中国共産党中央委員会公布.

土地改革 tǔdì gǎigé 土地改革:封建地主の土地・家屋などの無償没収と貧農への分与を基本内容とするもの.略して〔土改〕という.〔~法〕土地改革法:1950年6月中央人民政府によって公布された.

土地革命 tǔdì gémìng ①封建的土地所有制の一掃.②第二次国内革命戦争の時期(1927年~1937年)に革命根拠地で実施された土地政策.〔~战争时期〕団第二次国内革命戦争の時期.

土地神 tǔdì shén その郷村の土地神さま.氏神さま.〔~神〕〔~公〕〔~老〕〔~爷〕同前.〔~脸〕土地神の顔.⑥土地神の顔色のような土色.〔病得颜色赛过~脸〕病気で顔色が土地神にも負けないほどの土色だ.〔~庙〕〔~堂〕〔土谷祠 cf〕村の鎮守の社.〔~奶奶〕土地神の夫人.

土靛 tǔdiàn 藍玉(あいだま)

土豆(儿) tǔdòu(r) じゃが芋:〔马 mǎ 铃薯〕(ばれい

土 tǔ

しょ)の別称.〔土豆子〕ともいう.〔～片 piàn〕食ポテトチップス.〔炸 zhá 土豆片〕に同じ.〔～泥 ní〕食マッシュポテト.
土堆 tǔduī ①土を盛り上げた小山. ②〔-儿〕国つち:漢字部首の"基"の字の"土".→付録1
土墩 tǔdūn 土を盛り上げた丘.
土遁 tǔdùn 道家の〔五遁〕の一.〔～転〕逃走する.〔这家伙欠债不还～了〕こいつめ借金を返さないで逃げてしまった.
土耳其 tǔ'ěrqí トルコ:正式名称は〔～共和国〕.首都は〔安 ān 卡拉〕(アンカラ)〔～语〕トルコ語.〔～镑〕トルポンド:いずれもトルコの通貨.〔～红油〕〔太 tài 古油〕医(トルコ赤浸染法の)赤油.
土耳其斯坦 tǔ'ěrqísītǎn 地トルキスタン.
土垡 tǔfá 〈方〉田畑の掘り返された土.土くれ.
土法 tǔfǎ 民間土着の方式.在来の方式.旧来のやり方〔宜 yí 于〕ともいう.〔～上马〕中国在来の方法で事に取り組む.〔用～开采〕旧来の方法で採掘する.〔～炼钢〕旧式製鋼. ↔〔洋 yáng 法〕
土番 tǔfān 土着の人.原住民.
土矾 tǔfán 薬天然産の不純な明礬(ばん)
土方 tǔfāng ①土木工事で扱う土を量る単位:1立方メートルを1〔～〕という.〔多挖 wā ～〕土をたくさん掘り出す.→〔方〕〔立 lì 方米〕〔石 shí 方〕. ②土方工事の略.土木工事.〔完成～〕土木工事を終える.〔-儿〕漢方典籍に載っていないが地域の民間に伝わっている処方:〔偏 piān 方〕に同じ.〔用～治病〕同前で病を治す.〔用～制药〕同前で薬を作る.→〔单 dān 方〕
土房 tǔfáng 泥で築いた家:〔土坯〕(泥煉瓦)で作った家.
土肥 tǔféi 農(かまどなどから出る)肥料となる土.
土匪 tǔfěi その土地の武装匪賊.匪賊.
土粉子 tǔfěnzi ⇒〔白 bái 垩〕
土粪 tǔfèn 農積み肥〔堆〕.堆肥.
土风 tǔfēng ①その地方の固有の風俗. ②民謡・郷土音楽.〔～舞〕民族舞踊.
土蜂 tǔfēng 虫ツチバチ(総称)
土风舞 tǔfēngwǔ 民族舞踊.フォークダンス.
土茯苓 tǔfúlíng 中医サンキライ(山帰来):〔短 duǎn 柄菝葜〕(ケナシサルトリイバラ)の根茎.薬用する.〔刺 cì 猪苓〕〔山 shān 地栗〕〔山 shān 猪粪〕は別称.
土改 tǔgǎi〔土地改革〕の略.〔～运动〕土地改革運動.
土岗 tǔgǎng 小高い丘.小山.
土圪瘩 tǔgēda 土のかたまり.土くれ.
土梗 tǔgěng ①木ぎれや土くれ. ②〈文〉泥人形. 〈喻〉粗末で役に立たないもの.
土埂(子) tǔgěng(zi) (田畑の)地境の土盛り.あぜ.
土工 tǔgōng ①土木作業. ②土木作業員.土工. ③陶工. ④泥人形職人.
土狗 tǔgǒu =〔笨 bèn 狗〕①地犬.地域独自種の犬.
土狗子 tǔgǒuzi 〈方〉〔蝼 lóu 蛄〕(ケラ)の俗称.
土古 tǔgǔ 〈文〉土中より掘り出した古玉.
土鹘 tǔgǔ ⇒〔燕 yàn 隼〕
土谷祠 tǔgǔcí 〈方〉土地廟.
土瓜 tǔguā ⇒〔王 wáng 瓜①〕
土官 tǔguān 旧少数民族の集居地区に任命されたその民族出身の役人.〔改土归流.同前をやめて漢族(あるいは)旗人)の役人に変えること.↔〔流 liú 官〕
土圭 tǔguī 固地上に立て,その日影の測定で時刻や季節を決めた器具.

土豪 tǔháo 地方の勢力家.悪徳大地主.〔～劣 liè 绅〕土地の悪徳地主や名士.〔打～,分田地〕地方のボスをやっつけて田畑を分ける.
土猴儿 tǔhóur 〈方〉オケラ. 〈喻〉全身ほこりだらけの人.
土花 tǔhuā ①土中に埋蔵されていた器物の変色・変質の跡. ②旧中国産の綿花.
土化 tǔhuà 農田畑の地質に応じて肥料を施して改良すること.
土话 tǔhuà =〔土语〕(地域の)方言.→〔方 fāng 言〕 ②卑俗な言葉.
土黄 tǔhuáng 色黄土色(の).〔穿～制服〕黄土色の制服を着る.
土皇帝 tǔhuángdì ①土侯.首長. ②土地の大ボス.地方の権力者. ③〈転〉悪徳地方幹部.
土茴香 tǔhuíxiāng ⇒〔莳 shí 萝〕
土混混(儿) tǔhùnhun(r) ①地回り.地回りのやくざ.
土货 tǔhuò ①土地の特産物. ②国産品.
土箕 tǔjī 石刈:竹などを編んで作った土やこやしを運ぶ農具.
土籍 tǔjí 多くの世代が長い間居住する本籍地.
土家族 tǔjiāzú トゥチャ族:中国少数民族の一.湖南・湖北に分布する.
土碱 tǔjiǎn 未精製の炭酸ソーダ.→〔碱 jiǎn ③〕
土建 tǔjiàn 土木・建築.〔～工程〕土木建築工事.
土窖 tǔjiào 穴ぐら.穴蔵.〈喻〉冬季用の貯蔵庫:冬は白菜を穴蔵へ保存しておく.
土阶茅茨 tǔjiē máocí 〈成〉土の階段や茅葺(かや)の屋根.〈喻〉素朴な住まい.粗末な家.
土芥 tǔjiè 〈文〉泥(どろ)やあくた.〔～之才,微 wēi 不足道〕つらぬ者で,とりたてて言うほどのものではない
土金属 tǔjīnshǔ 化土類金属:〔铝〕(アルミニウム),〔铟 yīn〕(インジウム)など.→〔碱 jiǎn 金属〕
土槿皮 tǔjǐnpí 中医〔金 jīn 钱松〕(イヌカラマツ)の樹皮または根皮:皮膚病・水虫の薬とする.〔土荆皮〕とも書く.
土锦蛇 tǔjǐnshé 〈喻〉親不幸者:広東産のこの蛇には,子を産む時は必ず道端へ出て,人が腹を破ると子が産める.そうでないとその子は腹を食い破って出てくるとされる.
土荆芥 tǔjīngjiè 薬アリタソウ:駆虫薬の〔土荆芥油〕(ヘノポジ油)をとる.→〔荆芥〕
土井 tǔjǐng 素掘りの井戸.
土坎(子) tǔkǎn(zi) ⇒〔坎子〕
土炕 tǔkàng 煉瓦団に固めた土で炕道を作ったオンドル.→〔炕〕
土坷垃 tǔkēla 土くれ.〔土块〕に同じ.
土坑 tǔkēng 穴.地面のくぼみ.
土库曼斯坦 tǔkùmànsītǎn トルクメニスタン:〔土耳克门〕〔土可曼〕(トルクメン)ともいった.首都は〔阿 ā 什哈巴德〕(アシガバット)
土块 tǔkuài 土のかたまり.土くれ.
土筐 tǔkuāng〔-儿〕もっこ:土を担い運ぶのに使う担い籠.→〔畚 běn〕
土牢 tǔláo 土牢.地下牢.
土老儿 tǔlǎor 田舎風(の).〔～财〕田舎の金持ち.〔～帽儿 màor〕田舎者.世間知らず.
土垒 tǔlěi 土塁.
土梨 tǔlí ⇒〔杜 dù 梨〕
土沥青 tǔlìqīng ⇒〔地 dì 沥青〕
土里土气 tǔli tǔqì〈慣〉田舎くさい.〔～的人〕田舎くさい人.→〔洋 yáng 里洋气〕
土鲮鱼 tǔlíngyú →〔鲮鲭〕
土龙 tǔlóng ①〔蜥 tuó〕 ②固雨乞い用の土製の竜.〔～刍 chú 狗〕〈喻〉名ばかりである. ③〔蚯

qiū 蚓](ミミズ)の別称.
土蒌酱 tǔlóujiàng ⇒[蒟 jǔ 酱]
土路 tǔlù 泥道.
土囤儿 tǔluánr 圃 土学.ホドイモ:マメ科蔓生宿根草.〔肉食~〕ニクイロホドイモ.またその塊根.〔〈方〉地 dì 梨②〕ともいう.
土马鬃 tǔmǎzōng 圃 ウマスギゴケ.
土埋半截(儿) tǔmái bànjié(r) 〈喩〉死にかけている.〔他已经是~的人了,别和他计较了〕彼はもう片足を棺桶につっ込んでいる人だ,彼とあれこれしない方がいい.
土馒头 tǔmántou 〈文〉土まんじゅう:塚.→[坟 fén 头]
土毛 tǔmáo 固土地から生ずる五穀・桑・麻などの植物.
土霉素 tǔméisù =[地 dì 霉素]薬 テラマイシン:[氧 yǎng 四环素](オキシテトラサイクリン)に同じ.
土面 tǔmiàn 圃(ひき日でひいた)荒びきの小麦粉.〔~施 shī 佛〕〈喩〉客に粗末な料理を出す.→[白 bái 面]
土名 tǔmíng その土地での名.
土模 tǔmú 建 土で作ったコンクリート型枠.
土木 tǔmù 土木(工事).〔~工程〕土木工事.→[土方②]
土木香 tǔmùxiāng 植 オオグルマ.またその根:キク科,〔~油〕同前からとったエキス(香料)
土牛 tǔniú ①⇒[春 chūn 牛①] ②堤防補修のために用意された土盛り.
土牛木马 tǔniú mùmǎ 土製の牛,木製の馬.〈喩〉役に立たないもの.
土偶 tǔ'ǒu 泥人形.土偶.
土坯 tǔpī ①建 生レンガ:煉瓦(カワラ)の形に土を固めたもの. ②⇒[泥 ní 坯②]
土坪 tǔpíng 〈方〉山間の平地.
土平炉 tǔpínglú 冶 在来の製鋼用溶鉱炉:原料溶鋼を入れる部分が丸く底が浅い.→[平炉]
土坡 tǔpō 坂道.傾斜地.
土菩萨过江 tǔpú-sà guòjiāng ⇒[泥 ní 菩萨过河]
土气 tǔpǔqì 〈文〉土地の精気.〔〈文〉地 dì 气)〕に同じ.
土气 tǔqì ①やぼったい.田舎くさい.あかぬけしていない.〔谈吐 tǔ 中露出~来〕談話のうちにやぼったさが出る. ↔[洋 yáng 气①] ②泥くささ.やぼったさ.
土枪 tǔqiāng ①昔ながらのやり方で作った銃. ②旧大きいアヘン吸飲用キセル.
土腔 tǔqiāng (言葉)の土地なまり.
土墙 tǔqiáng 土で築いた塀.土塀.
土丘 tǔqiū 丘.岡.
土壤 tǔrǎng 土壌.〔~污 wū 染〕土壌汚染.〔~细流〕〈成〉塵も積もれば山となるごとく軽視できない微細なもの(事)
土人 tǔrén ①地元の人.現地人.土人:軽く見る気持ちを含む. ②[-儿]土人形.
土色 tǔsè 国色.土気色の.
土山 tǔshān (土の)小山.
土商 tǔshāng 土着の商人.内国商人.
土参 tǔshēn 中薬銀柴胡(ギンサイコ).
土生土长 tǔshēng tǔzhǎng 〈成〉その地で生まれ育った.〔~的华侨〕現地生まれ現地育ちの華僑.
土圣人 tǔshèngrén その土地の物知り:[土地圣人]の略.
土石方 tǔshífāng 土砂や石の1立方メートル.→[土方①][方⑨][石方]
土司 tǔsī ①史 少数民族の族長で元・明・清各代,世襲の官爵を与えられた.のちその地のような制度.→

〔土官〕 ②⇒[吐司]
土丝 tǔsī 手作業で操った生糸.→[厂 chǎng 丝]
土思 tǔsī 故郷を思うこと.望郷の念.〔在客地过年,终不免有些一乡梦〕他郷で年を過ごすと,望郷の念あるを免れない.
土松 tǔsōng ⇒[杜 dù 松]
土俗 tǔsú ①地方の風俗. ②卑俗である.雅でない.
土笋 tǔsǔn ⇒[海 hǎi 参]
土特产 tǔtèchǎn その地の特産物.地元名産品.〔小~〕ちょっとした名産物.→[土产]
土头土脑 tǔtóu tǔnǎo 〈口〉やぼったいさま.時代遅れであるさま.
土豚 tǔtún 動 ツチブタ.
土蛙 tǔwā ⇒[蛤 há 蟆]
土围子 tǔwéizi 旧村落の周囲の土塀:境界をくぎるため,また盗匪の襲来に備えるため.
土温 tǔwēn 農地温.土壌の温度.
土物(儿) tǔwù(r) ①その地の産品.土産品. ②(その地の)特産品.名産.→[土产]
土戏 tǔxì 劇 ①トウチャ族の劇:湖北省来鳳県一帯に流行. ②チワン族の劇の一種.〔壮 zhuàng 族~〕ともいう.
土星 tǔxīng 天土星:古代には[镇 zhèn 星]といった.
土腥气 tǔ-xīngqì 〔土腥味儿〕ともいう.土臭いにおい.泥臭さ.〔这 bō 菜吃起来有股~〕このほうれんそうは泥臭い味がする.
土性 tǔxìng 土壌の性質.地味.
土盐 tǔyán =[硝 xiāo 盐][小 xiǎo 盐]粗製の岩塩.
土燕(子) tǔyàn(zi) ⇒[燕鴿]
土洋 tǔyáng 伝統的なものと近代的なもの.在来のものと洋風のもの.〔~并举〕同種を共に用いる.〔~结合〕同前を結合する.
土窑 tǔyáo 〔窑洞〕
土药 tǔyào ①旧中国産アヘン. ②在来製法の火薬. ③中医薬典に載っていない民間の処方の薬.
土仪 tǔyí 〈文〉その土地の産物で他人に贈る物.〔些微~,敬祈哂纳〕〈謙〉わずかばかりの土産物ですが,ご笑納ください.→[土物(儿)]
土音 tǔyīn 地方なまり.お国なまり.→[土话①]
土语 tǔyǔ 〔土话①〕
土芋 tǔyù ⇒[黄 huáng 药(子)]
土元 tǔyuán ⇒[地 dì 鳖]
土葬 tǔzàng 土葬する.
土造 tǔzào 旧式製法(の).〔~手榴 liú 弹〕手製の手投げ弾.
土栈 tǔzhàn 旧アヘン買い占め業の商店.
土政策 tǔzhèngcè 国の方針に逆らった一地方・一部局・一単位の政策.
土蜘蛛 tǔzhīzhū ①動 トタテグモ.ツチグモ. ②〈罵〉土着の人.
土制 tǔzhì 在来製法(の).〔土造〕に同じ.
土质 tǔzhì 土壌の性質.〔~肥沃 wò〕土質が肥えている.
土著 tǔzhù ①土着(する).〔〈文〉地 dì 著〕に同じ.→[落 luò 户] ②原住民.土地の者:〔客民〕(よそ者)に対していう.
土专家 tǔzhuānjiā たたき上げの専門家.独学の専門家.
土族 tǔzú トウ族:中国少数民族の一.主として青海省・甘粛省に居住する.
土作坊 tǔzuōfáng 旧式の手工業工場.

[吐] tǔ ①口から物を出す.吐き出す.〔~吐 tù 沫〕〔~唾 tuò 沫〕つばを吐く. ②話す.〔谈~不俗〕言うことが俗っぽくない.〔坚不肯~〕口を

吐钍兔块菟　tǔ～tù

堅くして話さない.〔把真情实意都～出来了〕実情を吐き出した.③〔切り目・裂け口から〕出す.出る.〔高粱一穗儿了〕高粱が穂を出した.〔～啦哪儿〕花のつぼみが出る.〔蚕 cán 一丝 sī 做茧 jiǎn 儿〕かいこが糸を吐いてまゆを作る.④〈姓〉涂(tǔ) → tù

吐蕃 tǔbō 〔史吐蕃(ぼん):7世紀から9世紀にかけて，青海チベット高原にいた部族名.また，その王国.

吐哺握发 tǔbǔ wòfà 〔吐握〕〈成〉為政者が賢者を求めるのに熱心であること:周公が来客に接するのに，食事中ならば口の食物を吐き出し，入浴中ならば髪を握ったままで客を迎えた(荘子)

吐哺鱼 tǔbǔyú ⇒〔杜 dù 父鱼〕
吐翠 tǔcuì〈文〉(若葉の)緑色を表す.〔杨柳～〕ヤナギが青々としている.
吐刚茹柔 tǔgāng rúróu〔畏 wèi 强欺弱〕〈成〉強い者を恐れ，弱い者をいじめる.
吐根 tǔgēn 〔植トコン(吐根):アカネ科の小低木.〔～碱 jiǎn〕〔精薬〕エメチン:吐根から得る一種のアルカロイド.
吐故纳新 tǔgù nàxīn〈成〉(文化・制度・人事などの)古いものを吐き捨て，新しいものを取り入れること.新陳代謝.→〔推 tuī 陈出新〕
吐贺 tǔhè〈姓〉吐贺(がー)
吐话 tǔhuà 話に出す.言う.
吐口 tǔkǒu 口に出す.話す.〔不肯 kěn～〕口を開こうともしない.〈～话儿〉意見を吐く.
吐苦水 tǔkǔshuǐ ⇒〔诉 sù 苦①〕
吐露 tǔlù (実情または心中を)隠さず話す.〔～实情〕実情を吐露する.〔～心声〕胸襟を開いて語る.
吐纳 tǔnà (息などを)吐くことと吸い込むこと.
吐故纳新
吐气 tǔqì ①息を吐く.②(心のわだかまりや怒りを)吐き出す.〔吐一口不平之气〕うっぷんを晴らす.〔扬 yáng 眉～〕〈成〉心が晴れ晴れとして気分を新たに[送 sòng 气]
吐舌 tǔshé 舌を出す.あんぐり口を開ける:驚きのジェスチャー.
吐舌头 tǔshétou 口からふざけてぺろっと舌を出す.〔～作鬼脸〕舌を出しておどけ顔をする.
吐实 tǔshí 実を吐く.本当のことを言う.
吐绶鸡 tǔshòujī＝[绶鸟]〈文〉鹢 yì ②〔鳥〕シチメンチョウ:〔火 huǒ 鸡〕の別称.
吐属 tǔshǔ〈文〉言辞.
吐司 tǔsī ＝〔音訳〕〔外 トースト:〔土司②〕〔多士〕ともいった.〔～架〕卓上用の〕トースト立て.〔～面包〕食パン.
吐诉 tǔsù 打ち明ける.
吐穗(儿) tǔsuì(r)〔農〕穂を出す.〔稻禾～〕稲が穂を出す.
吐痰 tǔtán 痰を吐く.〔随地～〕あたりかまわず同前.〔禁止～〕痰を吐くな.
吐铁 tǔtiě ⇒[泥 ní 螺]
吐突 tǔtū〈姓〉吐突
吐握 tǔwò ⇒[吐哺握发]
吐奚 tǔxī〈姓〉吐奚(きー)
吐絮 tǔxù ①〔農〕わたの実が熟し，はじけて綿を出す.〔花期短，～早〕花期が短く，綿の出が早い.②柳の実の綿毛.
吐芽(儿) tǔyá(r) 芽を出す.発芽する:〔〈方〉滋 zī 芽〕ともいう.
吐艳 tǔyàn〈文〉鮮やかな色を現す.〔寒梅～〕寒梅が同前.
吐音 tǔyīn 発音する.
吐谷浑 tǔyùhún 〔史吐谷渾(トコクコン):中国古代の少数民族.またその建てた国.青海省方面にあった.〔吐浑〕ともいう.

吐字 tǔzì (古典劇や芸能で歌やせりふを)伝統的に正しい音で発声する:〈口〉咬 yǎo 字(儿)〕ともいう.〔～清楚〕発音がはっきりしている.〔～行 xíng 腔〕伝統的な発音で節回しをつける.

[钍・鉈]

tǔ 〔化トリウム:放射性・希土類金属元素.記号 Th. アクチノイドの一.

[吐]

tù ①嘔吐する.腹の中のものを戻す.〔呕 ǒu～〕同前.〔～得 de 不厉 lì 害〕ひどいほど吐いたり.②〈喩〉(くすねた金など)を吐き出す.〔～出赃 zāng 款〕くすねた金を吐き出す.〔把昧 mèi 起的钱都～出来了〕ごまかした金をみな吐き出した.→tǔ
吐酒石 tùjiǔshí ＝[酒石酸(氧)锑钾] 醫吐酒石.
吐沫 tùmo〈口〉＝[唾 tuò 沫]に同じ.〔～星子〕つばのしぶき.〔吐 tǔ～〕〔咳 cuì～〕つばを吐く.
吐清水 tùqīngshuǐ 胃から酸っぱい水を吐く:〔吐酸 suān 水〕ともいう.
吐血 tùxiě 血を吐く:吐血と喀血.→〔咯 kǎ 血〕
吐泻 tùxiè 嘔吐と下痢.

[兔(兎・兔)]

tù 〔～儿〕動ウサギ:〔～子〕は通称.〔小～〕こうさぎ.〔家～〕家うさぎ.〔野～〕野うさぎ.
兔唇 tùchún ⇒[唇裂]
兔毫 tùháo ①うさぎの毛.②うさぎの毛で作った筆.
兔角 tùjiǎo〈喩〉あり得ないもの.〔～龟 guī 毛〕〈喩〉同前.
兔葵 tùkuí ⇒[菟葵②]
兔狲猫 tùmāo 動アビシニアネコ:〔〈音義訳〉阿ā比西尼亚猫〕ともいう.
兔起鹘落 tùqǐ húluò〈成〉①機敏・迅速なさま.②書法で敏捷・勇健な字のさま.
兔儿 tùr 動ウサギ.〔～不吃窝边草〕〈諺〉悪者でも自分の近所は荒らさない.〔～草〕植タカサゴソウ:キク科.
兔儿爷 tùrye 兎酮人身の泥人形:中秋節に月に供えたり，子供のおもちゃにしたり.〔～摊 tān 子〕同前売る露店.〔～拍胸口，没心没肺〕兎が胸をたたく:中は空で腹がない.ⓐ良心がない.ⓑ気にしない.ざっくばらんである.〔～折 zhé 跟头，窝了犄角了〕〈歇〉兎がもんどりをうち，角(耳)を折ってしまう:まずいことになる(損をする).
兔死狗烹 tùsǐ gǒupēng 〈喩〉用事が済めばお払い箱になる:〔狡 jiǎo 兔死走狗烹〕の略.
兔死狐悲 tùsǐ húbēi〈喩〉同類相憐れむ.今日は人の身，明日はわが身:〔狐死兔泣〕ともいう.
兔头獐脑 tùtóu zhāngnǎo〈喩〉不格好な頭.〔长得～的，一定是傻蛋不格好な頭をしている，きっとばやっとした男だろう.
兔脱 tùtuō 逃げる.すばしこく逃げ去る.〔等到发觉已经一无踪了〕発覚した時にはもう逃げてしまっていて，行方が知れなかった.
兔崽子 tùzǎizi〈口〉①子うさぎ.②〔罵〕がき.若僧.
兔子 tùzi ①動ウサギ:〔兔儿〕に同じ.〔～尾巴长 cháng 不了 liǎo〕〈歇〉うさぎのしっぽ(短い):時間が長くない.②〔罵〕ゲイ.同性愛者.
兔走乌飞 tùzǒu wūfēi ⇒[乌飞兔走]

[块(堍)]

tù 橋の両端.橋のたもと.〔桥 qiáo～〕同前.

[菟]

tù → tú

菟葵 tùkuí ①⇒[海 hǎi 葵]②＝[兔葵] 植セツソウ近縁種:キンポウゲ科.②植ウサギアオイ:アオイ科.

菟丝子 tùsīzi ＝[唐 táng 蒙][玉 yù 女]④ ハマネナシカズラ(マメダオシ):種子を強精薬にする.

菟葵 tùxī [款 kuǎn 冬](フキタンポポ)の別称:[菟葵]とも書く.

tuan   ㄊㄨㄢ

[湍] tuān [文]①流れが急である.急流(の水).早瀬(の水).[～流①][急～]同前.
湍急 tuānjí (流れが)急である.
湍流 tuānliú [文]①急流. ②乱気流.

[团·團·糰] tuán (I)[團] ① まるい.~[～脸 liǎn]丸顔. ②＝[抟]握って丸める.丸くるにする.[把雪～成一个球]雪を丸めて球にする.[～丸子]だんごを作る. ③集まる.一団となる.一団. [圆 yuán ①]と[-儿]球状になっているもの.[线 xiàn ~]糸を巻いて玉にしたもの.[棉花～]綿を球形にしたもの. ⑤活動集団.団体.[访华代表～]訪中代表団.[义和～][史]義和団.[帮 bāng ③④] [会 huì(I)④] ⑥[中 zhōng 国共产主义青年团]の略:ふつう[共青团 qīng tuán][党 dǎng ~]共産党と共産主義青年団. ⑦軍編成単位の"团":連隊にあたる.→[班 bān ②][军 jūn ②][连 lián ⑥][排 pái ③][营 yíng ③] ⑧旧一部地区の郷政府と同等の機関.量詞.かたまり・あつまりを数える:丸めたもの、あるいは抽象的な集合体に用いる.[两一毛线]毛糸玉二つ.[一～和气]その場の和やかな雰囲気. ⑩[姓]団[(⫶)] (II)[糰] [～子]米粉または小麦粉で作っただんご.→[元 yuán 宵]

团拜 tuánbài 新年の団体祝賀.年始祝賀懇親会.[初一举行]元日に新年互礼会を行う.
团部 tuánbù 連隊本部.
团茶 tuánchá →[砖 zhuān 茶]
团城 tuánchéng 北京北海正門内右側にある半月に築かれた城壁.玉山が安置されている.
团丁 tuánding 旧民間の義勇兵.青年自警団員.
团队 tuánduì ①団体.チーム.[～精神]チームワーク.団結心. ②[～旅 lǚ 游]団体旅行.[团体] [共 gòng 青团]と[少 shào 先队]を指す.[～干部]同前の幹部.
团饭 tuánfàn 握り飯.[饭团][饭团儿][饭团子]ともいう.
团防 tuánfáng 旧地方の武装自衛団.
团匪 tuánfěi ⇒[义 yì 和团]
团费 tuánfèi ①(加盟団体の)団費. ②(共産主義青年団の)団費.
团粉 tuánfěn 片栗粉.調理用のでんぷん:多くは緑豆(⋯)で作るので[绿 lǜ 豆粉]ともいう.[抟粉][淀 diàn 粉②][(方)粉面儿][芡 qiàn 粉]は別称.
团歌 tuángē [共青团]の団歌.
团购 tuángòu 集団購入:[集 jí 采]ともいう.
团花儿 tuánhuār 丸い刺繍模様.[福字～]福の字の同前.[寿字～]寿の字の同前.[龙凤～]竜と鳳の同前.
团徽 tuánhuī ①団体の徽章. ②中国共産主義青年団のバッジ.
团伙 tuánhuǒ ごろつき集団.ギャンググループ.[打击流氓～]ならず者集団に打撃を加える.
团籍 tuánjí 団の構成員としての籍:とくに[共 gòng 青团]の籍.
团纪 tuánjì [共青团]の紀律.
团建 tuánjiàn [共青团]の思想上·組織上の確立.
团结 tuánjié ①団結(する).連帯(する).結束(する)(もの). ②[把大家～起来]みなを団結させる.[～他彼]

と連帯する. ②仲が良い.しっくりいっている.[大家很～]みんなしっくりいっている.
团聚 tuánjù ①大勢が集まる.相会う.[全家～]一家が団欒(⋯)する. ②団結し結集する.[组织和一千万万民众]多くの人々を組織し結集する.→[完 wán 聚②]
团课 tuánkè 共産主義青年団が行う団員·入団志願者教育の講義.[上～]同前を受ける.
团粒 tuánlì 農(土質が)団粒である.[～结构]団粒構造.
团练 tuánliàn 旧各地で徴募した地主側の自衛武装組織.
团龄 tuánlíng [共青团]の加入年齢.
团龙 tuánlóng(r) 竜がたくぐろを巻いた形の図案.竜の紋様模様.[～蓝纱大衫]丸く竜のついている藍色の薄絹の丈長の中国服.
团拢 tuánlong ①(一か所に)まとめる. ②(丸く)縮める.
团圆 tuánluán [文]①月が丸いさま.[明月～]一輪の明月. ②親しみ楽しんで集まる.まどいする.だんらんする:[团栾]とも書いた.[合家～]一家が集いだんらんする.
团弄 tuánnong ＝[抟弄](方)①[手のひらや]でまるめる. ②丸め込む.[把他～住]彼を丸め込む.
团脐 tuánqí めす蟹の腹部:甲羅が下から丸く覆っている.[～的][～蟹 xiè]めす蟹.[雌 cí 蟹]に同じ.↔[尖 jiān 脐]
团旗 tuánqí ①連隊旗. ②団体の旗. ③中国共産主義青年団の旗.
团日 tuánrì 中国共産主義青年団の集団活動日.
团伞花 tuánsǎnhuā 植団散花序:多数の花序が一か所に叢生して花団をなすもの.
团扇 tuánshàn ＝[宫 gōng 扇]うちわ.[～鳐 yáo 鱼 貝]ウチワザメ:エイの一種.単に[～]ともいう.[锅 guō 盖鱼]に同じ.→[纨 wán 扇][折 zhé 扇(儿)]
团身 tuánshēn 又(体操などで)かかえ込み.
团体 tuántǐ 団体.[～保险]団体保険.[～操 cāo]マスゲーム.[～赛 sài]チーム戦.団体戦.[～协 xié 约]団体協約.[～票]団体チケット.[组织了一个～]一つの団体を組織した.
团头鲂 tuántóufáng 鱼貝オシキウオ:[武 wǔ 昌鱼]は別称.
团团 tuántuán ①まん丸いさま.[面～的大富翁]顔のまん丸い大金持ち. ②ぐるぐると回るさま. ③ぐるり囲むさま.[许多人把他～围住,问长问短]たくさんの人が彼をぐるりととりまんで何やかやと尋ねた.
团团簇簇 tuántuán cùcù 大勢寄り集まってすきもないさま.
团团转 tuántuánzhuàn ①くるくる回る.[陀 tuó 螺儿在那儿～]こまがあそこでくるくる回っている.[小巴狗儿围着人～]小さい狆(⋯)が人の周りをぐるぐる回っている. ②てんてこ舞い.きりきり舞い(する).うろうろ(する).[忙得～]忙しくてんてこ舞いする.[急得～]うろたえてうろうろする.[这位义儿把老头哄得～]この養子のはおやじさんにうまいことを言ってきりきり舞いさせている. ③取りまいて言いなりになる.[不少青年在她跟前～]たくさんの青年たちは彼女の前では(彼女の)言いなりになる.
团委会 tuánwěihuì [共 gòng 产主义青年团委员会]の略称.
团险 tuánxiǎn ⇒[团体保险]
团校 tuánxiào 共産主義青年団の幹部教育機関.→[党 dǎng 校]
团音字 tuányīnzì ＝[团字]喜[普通话]の子音 j·

tuán～tuī

团勇 tuányǒng ⇒〔练 liàn 勇〕

团友 tuányǒu ツアー客.〔购房～〕住宅購入ツアー参加者.

团鱼 tuányú ⇒〔鳖 biē〕

团员 tuányuán ①団体の成員.メンバー.〔友好访华团的～〕友好訪中団の団員. ②共産主義青年団の団員.

团圆 tuányuán ①一家団欒(らん)する.相会一緒になる.〔全家～是天下第一件乐事〕一家が団らんするのは天下第一の楽しいことだ.〔骨肉～〕親子兄弟が団らんする.〔～饭〕⓪一家そろって食べる祝いの飯.①新郎新婦が式当日に一緒に食べる飯. ②丸くおさまる.〔～酒〕事件の手打ちの酒. ③丸い.円形の.〔这个人一脸,大眼睛〕この人は丸顔で大きな眼をしている. ④満月.〔～饼 bǐng〕[食]月餅(ピン).〔～节〕〔中秋(节)〕中秋節.

团藻 tuánzǎo ボルボックス:緑藻類植物.また鞭毛虫類動物に分類される.

团章 tuánzhāng 〔共青团〕の規約.

团长 tuánzhǎng ①団体の長.〔代表团～〕代表団団長. ②連隊長.一文解?〕

团中央 tuánzhōngyāng 〔中国共产主义青年团中央委员会〕の略.

团子 tuánzi ⇒〔团音字〕

团子 tuánzi [食]だんご.〔糯 nuò 米～〕もち米のだんご.→〔艾 ài 窝窝〕

团坐 tuánzuò 胡坐(あぐら)=多く僧尼の姿勢.

[漙·溥] tuán 〈文〉露の多いさま.

[抟·搏] tuán ①⇒〔团(1)(2)〕 ②〈文〉めぐる:〔盘 pán 旋〕に同じ.

抟粉 tuánfěn ⇒〔团粉〕

抟弄 tuánnong ⇒〔团弄〕

[疃(畽)] tuǎn ①村落を表す地名用字.〔贾 jiǎ 家～〕〔搦 chuǎi 骨～〕いずれも河北省にある.〔汪 wāng 〜〕〔柳 liǔ ～〕いずれも山東省にある. ②獣道(けもの~).

[彖] tuàn 占う.判断する.〔～辞 cí〕〔卦 guà 辞〕卦の意味を論ずる言葉(易経)

tui ㄊㄨㄟ

[忒] tuī 〈口〉あまりに.法外に.ひどく.〔～认真〕ばか正直.〔心～毒〕非常に悪辣だ.〔相隔～远〕相隔てること非常に遠い.〔～脏〕ひどく汚い.〔东西～多了〕品物があまりにも多すぎる.〔价钱～贵〕値段がめっぽう高い.〔这茶～淡了,再加点儿茶叶〕このお茶はあまりにも薄いから,もう少し茶の葉を足しなさい.→〔贼 zéi (II)〕 → tè tēi

忒柴 tuīchái 〈方〉あまりにもひどい.まったくお粗末だ.→〔柴(II)②〕

忒儿喽 tūrlou 〈方〉〈擬〉ツルツル:すばやくかきこむ・すすりこむ音.〔人口就把一大碗～吃了〕一口二口三口で大どんぶり一杯をツルツルと食べてしまった.

〔直〜鼻涕〕 しきりに鼻汁をすすりている.

[推] tuī ①押す.押し動かす:前方または外側へ.〔开门〕門・戸を押しあける.〔～小车儿〕一輪車を押す.↔〔拉 lā ①〕 ②(道具を物に押し当てて動かし)刈る.削る.〔～草机〕草刈り機.〔用刨子～光〕カンナできれいに削る.〔～

头〕(バリカンで)丸刈りにする. ③(うすで穀物を)ひく.〔～了两斗荞麦〕そばを2斗ひいた.→〔推磨〕 ④推し広める.普及させる.〔大力～广普通话〕大いに標準語の普及をはかる. ⑤くり延べる.遅らす.くり下げる.〔～后〕延期する.日を延ばす.〔往后～几天〕数日延ばす. ⑥推薦する.推挙する.〔公～代表〕代表を公選する. ⑦推論する.類推する.〔～论〕〔类 lèi ～〕同じ事柄から他の事がらへ推し量る.→〔推重〕 ⑨転嫁する.他人になすりつける.人のせいにする.〔把教育子女的责任全部～给学校〕子女を教育する責任を全部学校に転嫁する.〔自己的错误～在人家身上〕自分の間違いを他人になすりつける. ⑩(遠慮して)受け取らない.譲る.〔你～我,我让你他彼此谦让〕こちらがどうぞ互いに譲り合う. ⑪口実にする.言い逃れに…を装う.〔他病请假了〕彼は病気を口実にして欠勤した. ⑫追究して問う.尋問する.

推板 tuībǎn 〈方〉よくない.悪い.〔生意～〕商売が不景気である.

推耙 tuībà とんぼ:拡げた穀物を掻き均らす農具.

推刨 tuībào ⇒〔刨子〕

推杯换盏 tuībēi huànzhǎn 〔成〕杯をやりとりする:宴の盛んなさま.

推本溯源 tuīběn sùyuán 〔成〕本をきわめただす:〔推本求源〕ともいう.

推波助澜 tuībō zhùlán =〔推涛作浪〕〔成〕故意にあおりたてる.火に油を注ぐ.→〔兴 xīng 风作浪〕

推测 tuīcè 推測する.推し量る.〔无从～〕推測のしようもない.

推车 tuīchē ①車を押す.〔～上坡〕車を押して坂を上る.〔～的〕車の後押し屋:坂や橋のたもとで車の後押しをして駄賃をかせぐ. ②〔～儿〕一輪車.

推陈出新 tuīchén chūxīn 〔推旧出新〕〔成〕古いものを脱皮させ新たに発展させる:文化遺産を継承すること.→〔吐 tǔ 故纳新〕

推诚相见 tuīchéng xiāngjiàn 〔成〕誠意で接する.腹を割って相見える.

推迟 tuīchí 延ばす.〔日期～〕時期を遅らせる.〔～归还农贷的办法〕農業貸付金の償還を繰り延べる方法.

推斥力 tuīchìlì 反発力.斥力.

推崇 tuīchóng 推しあがめる.〔他的作品早就受到了文学界的～〕彼の作品は早くから文学界の畏敬を得ている.〔～备至 bèi zhì〕〈成〉べたぼめする.

推出 tuīchū ①(新しいものを)出す.世に問う.発表する.〔～新产品〕新製品を出す. ②押し出す.〔～门去〕門の外へ押し出す.

推辞 tuīcí 断わる.辞退する.〔不好意思～〕決まりが悪くて断われない.〔我能干绝不～〕できるなら断わりはしないよ.〔～话〕遁辞.逃げ口上.

推戴 tuīdài 〈文〉推戴する.〔民众都～他〕民衆がみな彼を推戴している.〔竭 jié 诚～〕真心をもって推戴する.

推挡 tuīdǎng [又](卓球の)ショート.ハーフボレー.〔～球〕ショートボール.

推宕 tuīdàng 引き延ばしする棚上げする.〔故意～〕故意に引き延ばす.

推导 tuīdǎo (原理からの推論により)導き出す.〔～公式〕公式を導き出す.

推倒 tuīdǎo ①押し倒す.〔～了油瓶儿不扶〕〔慣〕油瓶が倒れても起こそうともしない.人の苦難を座視して動かない:〔倒了油瓶儿不扶〕ともいう. ②ひっくり返す.〔～旧案〕解決済みの事件の判定をくつがえす.

推定 tuīdìng ①推定する.〔失踪十年,～已经死亡〕失踪してから10年になるので,死亡したものと推

tuī 推

定される．②推挙し決定する．〔大家～他为主席〕みなで彼を議長に推挙し決めた．

推动 tuīdòng ①（社会の状況を）推し進める．推進する．〔～了社会的发展〕社会の発展を推し進める．②（物体の移動に）推力を働かせる．〔～螺 luó 杆〕スクリューの軸棒．〔～力〕駆動力．

推断 tuīduàn 推断する．〔根据种种证据，～出事实的真相来〕種々の証拠によって，事実の真相を推断する．

推度 tuīduó 推測する．〔～人的心理〕人の心理を推し量る．

推服 tuīfú〈文〉称賛し敬服する．

推翻 tuīfān ①押し倒す．②転覆させる．覆す．〔～反动统治〕反動統治を倒す．③（既定の結論，学説・通念などを）覆す．ひっくり返す．〔～前议〕前回の決議をひっくり返す．〔新学说～了旧定义〕新学説が古い定義を覆してしまった．

推分 tuīfēn ⇒〔安 ān 分〕

推干净 tuīgānjìng〈口〉罪を他人になすりつけてそ知らぬ顔をする．〔这人见了便宜就往身上揽，一出毛病就～〕この男はうまいことは何でも自分の方へとり，具合が悪くなると，責任を人におしつける．〔在法官面前推得干干净净〕裁判官の前でうまく言い逃れた．

推杆 tuīgān 〖又〗（ゴルフの）パター：〔轻 qīng 击棒〕ともいう．

推杆 tuīgǎn ①立ち木を切り倒す時に使う丸太．②操縦桿（旧称）

推故 tuīgù 口実をもうける．事にかこつける．〔叫了他几次，总是～不来〕彼を何回も呼んだのだが，口実をもうけて，どうしても来ない．

推广 tuīguǎng 推し広める．普及を推し進める．〔～先进经验〕進んだ経験を推し広める．〔～普通话〕〔推普〕中国共通語の普及推進．

推合座 tuīhézuò ⇒〔密 mì 配合〕

推怀 tuīhuái 真心を他人に寄せ及ぼす．〔彼此～相待〕互いに真心をもってつきあう．→〔推诚相见〕

推及 tuījí 推し及ぼす．類推が及ぶ．〔将福利事业～大众〕福利事業を大衆に推し及ぼす．〔～其余〕他のことをも類推する．

推挤 tuījǐ ①押し合いへし合いする．〔人群～得你喊我叫〕人の群れが押し合ってわめき叫ぶ．②押しのける．締め出す．

推己及人 tuījǐ jírén〈成〉自分を顧みて人の事を推し量る．わが身をつねって人の痛さを知る．

推见 tuījiàn 一つのことから，考えを他の面に推し及ぼす．

推荐 tuījiàn 推薦する．〔～书〕〔～信〕推薦状．

推解 tuījiě ①推測して解決する．〔～出文中的深意来〕文中の深意を推測する．②〈文〉食を推してすすめ，着物を解いて与える：他人に厚く恩恵を施すこと．〔推食解衣〕の略．

推介 tuījiè 推薦し紹介する．推奨する．

推槿送抱 tuījīn sòngbào〈成〉誠意を尽くして人に会う．互いに腹を割って話し合う．

推进 tuījìn ①推し進（め）る．推進する．〔～我们的工作〕我々の仕事をを推し進めよう．②（軍隊を）前進（させる）．③駆動する．〔～器 qì〕〖機〗プロペラ．推進装置．スクリュー．

推究 tuījiū（因果や関係の）分析調査を進める．〔～真理〕真理を追究する．

推旧出新 tuījiù chūxīn ⇒〔推陈出新〕

推举 tuījǔ ①推挙する．②〖又〗プレス．押しあげ：重量挙げの型の一．1993年から廃止された．→〔举重〕

推拒 tuījù 断る．辞退する．

推口 tuīkǒu〈方〉口実を設ける．事にかこつけて断る．〔你可以～说不知道〕君は知らないと言い張ってもいい．→〔推托〕

推来推去 tuīlái tuīqù〈慣〉（責任逃れのため）たらい回しする．他に転嫁する．

推梨让枣 tuīlí ràngzǎo ⇒〔让枣推梨〕

推理 tuīlǐ 〖回〗推理（する）．〔归纳～〕帰納推理．〔演绎～〕演繹推理．〔类比～〕類比推理．

推力 tuīlì 〖物〗スラスト．推力．

推聋装哑 tuīlóng zhuāngyǎ 耳が聞こえない，ものが言えないふりをする．〈喩〉素知らぬふりをする．とぼける．

推论 tuīlùn 推論（する）

推命 tuīmìng 運命判断（する）．〔～人〕卜占者．→〔算 suàn 命〕

推磨 tuīmò 臼すり臼をひく．穀物を臼でひいて粉にする．〔有钱能使鬼～〕〈成〉地獄の沙汰も金次第．

推拿 tuīná 〖中医〗（ツボにそった）按摩（あん）．指圧．マッサージ．→〔按 àn 摩〕

推牌九 tuīpáijiǔ →〔天 tiān 九（牌）〕

推盘 tuīpán 〖旧〗店舗を譲り渡す．〔～据〕〔推受据〕店舗譲渡証書．↔〔受 shòu 盘〕

推平头 tuīpíngtóu 頭髪を角刈りにする（こと）：〔推平〕ともいう．

推普 tuīpǔ〔推广普通话〕の略．

推铅球 tuīqiānqiú ⇒〔掷 zhì 铅球〕

推敲 tuīqiāo ①字句を練る．推敲する．〔～诗句〕詩の句を推敲する．②（事の当否を）あれこれ考える．〔要细细～一下,才能领悟〕細かくいろいろ考えてみると意味がやっとわかる．→〔琢 zuó 磨①〕

推求 tuīqiú 調査・探求を進める．

推却 tuīquè 断る．拒絶する．

推让 tuīràng 辞退したり譲ったりする．〔大家～了好一会儿，才坐下来〕皆の者は，長いこと譲りあってから，やっと座についた．

推人犯规 tuīrén fànguī 〖又〗（反則の）プッシング．

推人配合 tuīrù pèihé ⇒〔密 mì 配合〕

推三托四 tuīsān tuōsì〈成〉いろいろにかこつけて辞退する．責任を逃れる．〔推三阻四〕〔推三阻 zǔ 四〕ともいう．〔～地不肯答应〕何だかんだ口実を作って承諾しない．

推搡 tuīsǎng〈口〉無理に押す．力を入れて押す．〔庙会里人多,推推搡搡，什么也看不见〕縁日は人出が多くて，押し合いへし合いをしているので，何も見られやしない．

推事 tuīshì 〖旧〗判事．→〔审 shěn 判员〕

推手 tuīshǒu 拳法の組み手．

推售 tuīshòu ⇒〔推销〕

推说 tuīshuō 口実にする．事にかこつける．〔～有病〕病を口実とする．

推算 tuīsuàn ①推算する．計算する．〔～出他的阴历生日来〕彼の陰暦の誕生日を計算し出す．〔～买卖的盈亏〕商売の損得を計算する．②運勢を占う．

推涛作浪 tuītāo zuòlàng〔推波助澜〕

推头 tuītóu〈口〉バリカンで頭髪を刈る．理髪する．

推土机 tuītǔjī 〖＝铲 chǎn 土机〕〔平 píng 土机〕ブルドーザー（またはグレーダー）：地面を削ったりならしたりする機械．→〔电 diàn 铲〕〔刮 guā 土机〕〔掘 jué 土机〕

推托 tuītuō 事にかこつけて断る．〔～话〕逃げ口上．〔～了半天,还是推不开〕口実を並べて長いこと断ったのだが，ついに断りきれなかった．

推脱 tuītuō（責任を）人におしつける．他のせいにする．〔～责 zé 任〕責任を回避する．

推丸 tuīwán ⇒[蜣 qiāng 螂]
推挽 tuīwǎn 〈文〉推挙する.引き立てる.
推诿 tuīwěi 責任逃れする.人になすりつける.〔推委〕とも書いた.〔互相~〕互いに押しつけあう.〔借辞 cí ~〕口実をもうけてなすりつけようとする.
推问 tuīwèn 追究尋問する.〔法官~案子〕裁判官が事件を審理する.〔把案情~出来〕事件を糾明する.
推贤让能 tuīxián ràngnéng 〈成〉賢者や有能な人を推奨して地位を譲り与える.
推详 tuīxiáng 〈文〉追究して詳しく調べる.
推想 tuīxiǎng 想像(する).推論(する).推測(する)
推向 tuīxiàng ある方向へ押す.〔~高潮〕高波を押し返す.
推销 tuīxiāo =[推售]販売促進する.販路を広める.売りさばく.〔~员〕販売推進員.セールスマン.〔这样专门的机器不容易~〕このような専門の機械器具はセールスが容易でない.
推卸 tuīxiè 引き受けない.任に当たらない.〔他~自己应负的责任〕彼は自己の負うべき責任を回避する.
推谢 tuīxiè 辞退する.謝絶する.
推心置腹 tuīxīn zhìfù 〈成〉全幅の真心を示す(して人に接する).〔和朋友们~,谈知心话〕友人と誠意をもって交わり,腹蔵なき話す.
推行 tuīxíng 推し進める.推し広める.〔~新的教育政策〕新しい教育政策を推進する.→[推广]
推醒 tuīxǐng (眠っている人を)ゆさぶり起こす.
推许 tuīxǔ 推奨し称賛する.〔为众人所~〕多くの人の認め,称賛するところである.
推选 tuīxuǎn 推薦して選ぶ.〔~代表〕代表を選出する
推寻 tuīxún 追究調査を進める.
推延 tuīyán 時期を遅らす.繰り下げる.
推演 tuīyǎn ①推断して演繹する.②移り変わり
推移 tuīyí 転換する.推移する.〔直到了孙辈才受了风气的~而去入大学读书〕〔老·四·惨 1〕やっと孫の代になって世の中の気風の移りかわりから大学に入って勉学するようになった.〔事已~〕事はすでに変遷している.
推拥 tuīyōng (人を)群衆が前へ推す.押し出す.
推燥居湿 tuīzào jūshī 〈成〉乾いた所に子供を置き自分は湿った土の上にいる.〔喻〕母の子に対する慈み深いこと.育児の苦労にたとえる.
推展 tuīzhǎn ①推し進める.発展させる〔~经济政策〕経済政策を進展する.②展示販売する.販売促進する.
推知 tuīzhī 推して知る.推測する.〔由人心向背~政权的前途〕人心の向背から,政権の前途を推測する.
推重 tuīzhòng 推挙し重んずる.重視して高く評価する.
推子 tuīzi バリカン:〔剪 jiǎn 发推子〕の略.〔手~〕同前.〔电~〕電気バリカン.
推尊 tuīzūn 〈文〉推して尊重する.

[荎] tuī 圕ヤクモソウ.メハジキ:[茺 chōng 蔚]の古称.

[陮・隤] tuí 〈文〉①衰える.=[颓①]に同じ.②崩れ落ちる.=[颓②]に同じ.③→[虺 huī 陮]

[隤・穨(櫝)] tuí →[虺 huī 隤]

[颓・穨(穨)] tuí ①〈文〉衰退する.衰微する.〔国势衰 shuāi ~〕国勢が衰える.②〈文〉崩れ落ちる.崩れ落ちる.③意気消沈する.気力を失う.
颓败 tuíbài 〈文〉崩れ破れる.〔风俗が〕腐敗する.〔社会风气日渐~〕社会の風気は一日一日と崩れ悪くなる.
颓堕 tuíduò 〈文〉衰えすさむ.〔精神~〕精神が衰えすさむ.
颓放 tuífàng 〈文〉なげやりである.〔~不羁 jī〕無気力で放縦である.
颓废 tuífèi ①〈文〉傾き荒れる.〔殿宇~〕建物が荒れはてる.②(精神・気力が)荒廃する.なえる.〔精神~生活潦倒 liǎodǎo〕気力がなくなげやりの生活をする.〔~派〕退廃派.デカダン.
颓风 tuífēng 退廃した風気.〔重整道德,整肃~〕道徳をたてなおし,退廃の気風を正す.〔~败俗〕ふしだらな風儀.
颓毁 tuíhuǐ 崩れ壊れる.〔那座古庙已经~了〕あの古寺はもう倒壊した.
颓老 tuílǎo 老衰する.
颓靡 tuímí しょげる.気落ちする.沈み込む.〔~不振〕萎靡〔~〕沈滞.
颓然 tuírán 〈文〉がっかりしたさま.落胆したさま.〔~而醉〕酔いつぶれる.〔~躺下〕(失望して)ぐったりと横れる.
颓丧 tuísàng 気ぬける.力を落とす.がっかりする.〔他很~〕彼は非常に気落ちしている.
颓市 tuíshì 圕低迷相場.
颓势 tuíshì 衰勢.劣勢.
颓塌 tuítā つぶれる.崩壊する.〔~的房屋〕崩れた家.
颓态 tuítài 意気消沈のさま.
颓唐 tuítáng ①元気がない.しょげる.げんなりする.〔因受打击而~了〕やっつけられてしょげてしまった.〔显出~不安模样〕元気がなくなり不安な様子を表した.②〈文〉衰える.
颓萎 tuíwěi ①元気がない.〔精神~〕意気消沈する.②低迷している.不振である.
颓朽 tuíxiǔ 衰え朽ちる.朽ち果てる.
颓垣断壁 tuíyuán duànbì →〔残 cán 垣断壁〕
颓运 tuíyùn 〈文〉衰えかけた運命.

[腿(骽)] tuǐ (Ⅰ)〔腿(骽)〕①足:ももの付け根から足首までの部分.股(股)・胫(胫)・膝(膝)の総称.〔大~〕股 gǔ (I①)もも.〔小~〕〔胫 jìng〕すね.〔~长〕足が長い.〔~粗 cū〕足が太い.〔~懒 lǎn〕出無精である.〔~勤 qín〕足まめである.〔腰和~的力量很重要〕腰と足の力が大切だ.〔前~〕前足.〔后~〕あと足.〔探 tàn 着~〕足先を宙に浮かせて(探る).〔盘 pán 着~坐〕あぐらを組んで座る.〔罗圈 ~〕〔镰 lián 刀~〕弯弓~〕〔哈 hǎ 巴~(儿)〕O脚.がにまた.→[脚 jiǎo ①].②圕塩漬けにした豚の腿肉.〔火~〕ハム.〔金~〕〔南~〕浙江省金華産のハム.(Ⅱ)〔腿〕①〔~儿〕器具類の脚.〔桌子~〕テーブルの足.〔椅子の足.〔炉~〕ストーブの足.②ズボンやスラックスの股下の部分.〔裤 kù ~〕同前.〔胖人倒穿瘦~儿裤子〕でぶさんのくせにかえって細いズボンをはいている.
腿部 tuǐbù あし.ももとすねの部分.
腿带(儿) tuǐdài(r) 圕ズボンのすそをくくる帯.→[裹 guǒ 腿]
腿肚子 tuǐdùzi ふくらはぎ.=〈文〉腓 féi に同じ.
腿功 tuǐgōng 武術における腿功.
腿脚 tuǐjiǎo 〔-儿〕足全体.〈転〉歩く能力.〔年岁大了,~不利落〕年をとって足元が危なっかしい.
腿快 tuǐkuài 行動がすばやい.
腿儿 tuǐr ⇒[腿肚子]
腿儿短 tuǐrduǎn 〈喩〉実力がない.資格が足りない.

腿软 tuǐruǎn ①足の力がぬける.〔一看见蛇就～了〕蛇を見るなり足の力がぬけた(立ちすくんだ). ②足がだるい.

腿酸脚麻 tuǐsuān jiǎomá 〈慣〉足が疲れて棒になる.

腿洼 tuǐwā ⇒〔腿窝〕

腿弯子 tuǐwānzi 〈方〉ひかがみ:膝がしらの裏側の凹んでいる部分.

腿腕子 tuǐwànzi 足首:〔脚 jiǎo 腕子〕に同じ.

腿窝 tuǐwō =[腿洼]〔-儿, -子〕股(もも).両ももの付け根の間.

腿着 tuǐzhe 〈方〉歩いて行く.〔才这么远的道儿,我～去行就了〕これくらいの道なら私は歩いて行けばいいですよ.

腿子 tuǐzi 〈口〉①=[腿儿]足.→字解(I)①②悪人の手先.〔狗～〕同前.

[俀] tuì 〈文〉ふさわしい.適当である. → tuō

[蜕] tuì ①虫など動物の抜けがら.〔蛇 shé ～〕へびの抜け殻.〔蝉 chán ～〕せみの抜け殻. ②(昆虫などの)脱皮する.〈転〉脱皮する.変化する.堕落変質する. ③鳥の毛が抜け替わる.

蜕变 tuìbiàn ①(人間または事物が)変質する.質的な変化を起こす.〔一个优等生～为小偷儿優等生がこそどろに変わりつつある〕〔蝉 chán 蜕〕. ②物崩壊:放射性原子核から放射線が出て他の種類の原子核に変わる.〔衰 shuāi 变〕ともいう.

蜕化 tuìhuà ①(ヘビ·昆虫などが)脱皮する.殻を脱ぐ. ②〈喩〉堕落する.〔～分子〕〔～变质分子〕堕落変質分子.

蜕皮 tuìpí 脱皮する.

[退] tuì ①退く.後ろへ動く.さがる.〔后～〕後ろへさがる.〔一～一步想〕一歩退いて考える. 〔撤 chè ～〕撤退する.〔有进无～〕前進するばかりで退くことはない.〔～进 jìn 步〕. ②後退させる.抜き出す.〔～敌〕敵を退却させる.〔～子弹!〕弾をぬけ(号令). ③下降する.下がる.引く.減少する.〔潮水已经～了〕潮はすでに引いた. 〔～烧〕熱が下がる. ④返還する.〔～回原主〕もとの持ち主に返す. ⑤(関係を断って)離れる.退く.脱退する.〔～职〕退職する.〔～席〕退席する. ⑥取り消す.解消する.〔～合同〕契約を解消する. 〔～婚〕結婚を取り消す.

退拔 tuìbá 〖機〈音訳〉テーパー:〔锥 zhuī 形〕の別称. 〔～规 guī〕〔锥 zhuī 度规〕テーパーゲージ.

退保 tuìbǎo ①保証を取り消す:〔撤 chè 保〕ともいう. ②保険を解約する.

退避 tuìbì さがって避ける.逃げる.退避する.〔～三舍 shè〕〈成〉おそれはばかって譲歩する.譲って争わない:古代,軍隊は30里を行軍して一舎(一晩泊まる)したことから,90里引きさがって衝突を避けた故実に由来する.

退膘 tuìbiāo (馬が)痩せる.家畜類などが痩せること:〔落 luò 膘(儿)〕ともいう.

退兵 tuìbīng ①兵を撤退する(させる). ②敵を撃退する(させる).〔～之计〕敵を撃退させる計画.

退步 tuìbù ①退歩する.悪くなる.〔到了那儿之后学习就～了〕あちらへ行ってから,学業の成績が下がった.〔一进 jìn 步回〕. ②譲歩する.〔～知足 zú〕〈成〉一歩譲歩って我慢する. ③=[退身步儿]後退の余地.保身するゆとり.〔凡事都该留个～〕何事によらず,退路を残しておかねばならない.→〔后 hòu 步〕

退查 tuìchá 〖法〗(送検された案件を)警察に差し戻す:〔退回补充侦查〕の略.

退场 tuìchǎng 退場(する)

退潮 tuìcháo 引き潮:〔落 luò 潮〕ともいう.↔〔上 shàng 潮〕

退出 tuìchū ①(縁を切って)退出する.離れる.立ち去る.〔～会场〕会場を退出する.〔～战斗〕戦闘から離れる.〔～组织〕組織からぬける. ②〖電〗ログアウト.〔～系 xì 统〕退席する. ③返却する.返す.

退磁 tuìcí ⇒〔消 xiāo 磁〕

退党 tuìdǎng 離党する.

退佃 tuìdiàn 地主が小作地を取りあげる.

退订 tuìdìng 発注を取り消す.

退房 tuìfáng ①部屋を明け渡す.〔～结账〕〔离 lí 店结账〕(ホテルで)チェックアウト(する). ②予約した部屋をキャンセルする.

退岗 tuìgǎng 退職する.職場を退く.

退格键 tuìgéjiàn 〖電〗バックスペースキー.

退耕 tuìgēng ①開墾した農地を自然状態に戻す. 〔～还 huán 林〕同前で造林する. ②〔旧〕小作が田畑を地主に返す. ③〈文〉官を退いて百姓をする. 〔辞职以后,～田野〕辞職後,百姓をして暮らす.

退股 tuìgǔ =[抽 chōu 股]株(共同出資)を脱退する.株主をやめる.→〔入 rù 股〕

退归 tuìguī 〈文〉①職を退いて故郷に帰る.引退する. ②戻す.返す. →〔退还〕

退后 tuìhòu ①後退する. ②〈喩〉しりごみする.

退户 tuìhù ①口座を解約する.↔〔开 kāi 户口〕 ②脱退する.

退化 tuìhuà ①退化する(生物器官の構造·作用など). ②悪化する.〔战后政教～〕戦後は政治や教育が悪化した.

退还 tuìhuán 返還する.返す.返却する.

退换 tuìhuàn (買った品をその店で)取り替える. 〔货物出门概不～〕商品お買い上げ後のお取り替え(やご返品)は一切いたしません.

退黄 tuìhuáng イネの葉が枯れて黄色になる.〈転〉商売じがよくなくなる.振るわない.

退回 tuìhuí ①戻す.返送する.〔无法投递,～原处〕配達不能につき差し出し人に戻す. ②戻る.引き返す.〔道路不通,只好～〕道が通れないので引き返すより仕方ない.

退婚 tuìhūn =[退亲]婚約を解消する.婚約を破棄する.〔～书〕婚約解消状.

退火 tuìhuǒ ①〔旧〕焼きを鈍(なま)し. 〔～炉 lú〕〔加 jiā 韧炉〕焼き鈍し炉. ②(金属器具が熱のため)硬度が落ちる.→〔回 huí 火〕 ③〖中〗熱を冷ます. ④火を消す.火を落とす.

退伙 tuìhuǒ ①〔旧〕仲間をぬける.脱退する. ②集団の賄いから離れる.

退货 tuìhuò ①商品を返品する. ②返品.

退居 tuìjū (第一線を)退く.隠居する.引退する. 〔他～林下了〕彼は山の中に引っ込んだ.〔～二线〕第一線を退いて次要の事に当たる.

退款 tuìkuǎn 代金を払い戻す.またその金額.

退老 tuìlǎo 停年退職(する)

退鳞 tuìlín 魚のうろこを剥ぐ. →〔煺毛〕

退路 tuìlù ①退路.逃げ道.〔切断～〕退路を断つ. ②身動きの余地.身を引く道.〔为将来留个～〕将来のために後退の余地を残す.

退毛 tuìmáo ⇒〔煺毛〕

退赔 tuìpéi 返還賠償する.

退皮 tuìpí ①脱皮する. ②はがれ落ちた皮.

退票 tuìpiào 切符の払い戻し(をする·を受ける)

退聘 tuìpìn 招聘を解消する.再び招かない.

退坡 tuìpō 坂を下りる.〈喩〉意志が衰える.

退钱 tuìqián 金を返す.〔我不要这个,你～吧〕ぼくはこれはいらない,金を返してくれ.

退亲 tuìqīn ⇒〔退婚〕

退煺褪吞　tuì～tūn

退勤 tuìqín 退勤する.勤めを終えて帰る.
退青 tuìqīng 稲イネの葉が色づく:成熟期になって稲葉が濃い緑から薄緑に変わること.
退却 tuìquè ①退却する.②尻込みする.ひるむ.〔在困难面前~〕困難を前にして尻込みする.
退让 tuìràng 譲歩する.一歩下がる.〔原则问题上，一点儿也不能~〕原則問題では一歩たりとも譲歩してはならない.
退热 tuìrè ⇒[退烧]
退色 tuìshǎi ⇒[褪色]
退闪 tuìshǎn (身を)かわす.
退烧 tuìshāo =[退热]熱が下がる(下げる).熱がひく.〔~药〕解熱剤.
退社 tuìshè 合作社・人民公社から脱退する.
退身步儿 tuìshēnbùr ⇒[退步③]
退市 tuìshì ①市場から撤退する.②株式の上場を廃止する.
退守 tuìshǒu 退き守る.
退税 tuìshuì 税金を払い戻す.またその税金.
退缩 tuìsuō しり込みする.〔~不前〕おじけづいて前に進まない.
退堂 tuìtáng 旧役人が役所・法廷などから退出すること.〔~鼓gǔ〕画廷(厅)の知らせの大鼓.
退田 tuìtián 借りている田や畑を返す.〔承包〕(請負い)耕作地を返す.〔~还湖〕〈成〉干拓農地を湖水に戻す.
退庭 tuìtíng 法廷から退出する.
退团 tuìtuán 〔共青团〕から退団する.
退位 tuìwèi ①退位する.②(ゲームをする)番を譲る.〔我~，让你来〕ぼくはおりて，君に譲ろう.
退味(儿) tuìwèi(r) ①においが抜ける.②興趣が落ちる.
退伍 tuìwǔ 軍除隊する.〔~军人〕除隊軍人.→[退役①]
退席 tuìxí 退席する.〔音乐演奏中途请勿~〕音楽演奏中は退席しないよう願います.
退行 tuìxíng 退行する.
退省 tuìxǐng 〈文〉反省する.
退休 tuìxiū (定年・公傷などで)退職(する).〔~金〕退職年金.〔~年龄〕定年.〔~人员〕退職者.〔~综zōng合症〕退職症候群.〔提前~〕早期退職する.→[退养][离lí休]
退学 tuìxué 退学する.退学させる.〔因病~〕病気で退学する.
退押 tuìyā 保証金・敷金を返す:〔退还押金〕の略.
退养 tuìyǎng (病弱高齢者の定年前の)早期退職(する).〔~老人〕老齢退職者.〔~后他回到田舎で暮らす.〔内部~〕[内退]定年前の内部退職(する)
退一赔一 tuìyī péiyī 返品にすべて応じ買い手に損害を与えない.損害を全額または2倍補償する.
退役 tuìyì ①軍退役(する).〔~军人〕退役軍人.→[退伍①][现 xiàn 役]②第一線を退く.現役をやめる.〔螺 luó 旋桨式飞机早已~了〕プロペラ機はとっくに使われなくなった.
退隐 tuìyǐn 官職(官吏が)退職して隠居する.
退赃 tuìzāng 盗品や賄賂・不正利得などを返却する.
退职 tuìzhí (本人の都合・意志で)退職する.〔提前~〕繰り上げ退職.〔自动~〕自主退職.〔~退休〕
退志 tuìzhì 〈文〉退職の意向に:〔退意 yì 〕ともいう.〔心萌 méng ~〕引退の意向が生じる.
退走 tuìzǒu (情勢の不利を見て)退却する.
退租 tuìzū ①(土地家屋など)賃借契約を解く.②旧地主が余計に収めた地代を小作に返す.

〔煺(煺・撏)〕tuì 屠殺された豚や鶏に熱湯をかけて毛や羽を抜くこと.〔~毛〕退毛同前.〔~鸡jī毛〕鶏を同前.〔~猪zhū〕豚を同前.

〔褪〕tuì ①〈文〉(衣服を)脱ぐ.〔~去冬衣〕冬着を脱ぐ.②はがれ落ちる.取れる.〔小鸭~了黄毛〕あひるの子の毛が抜け落ちる.③退色する.色があせる.色あせる.→ tùn

褪黑(激)素 tuìhēi (jī)sù 生理メラトニン:〔《音訳》美měi 乐托宁〕ともいう.

褪色 tuìshǎi ①色がさめる.色があせる:〔退色〕〔掉diào 色〕〔落 lào 色〕〔捎 shào 色〕に同じ.②〈喩〉記憶・意識が消えていく.

tun ㄊㄨㄣ

〔吞〕tūn ①丸のみにする.〔你把这药片~下去吧，咬 yǎo 破了就苦了〕この錠剤は丸のみにしなさい，咬みくだくと苦い.〈喩〉~虎咽yàn ほおばるように食べる.→〔囫 hú 囵吞枣〕②物を占有する.横領する.併吞(xiū)する.〔侵 qīn ~公款〕公金を横領する.〈姓:吞(tǔn)〉

吞并 tūnbìng ⇒[并吞]
吞剥 tūnbō (人の物を)むしり取る.食いものにする.
吞吃 tūnchī ①丸のみにする.②着服する.〔~公款 kuǎn〕公金を横領する.
吞掉 tūndiào 〔口〕のみ込む.〔一口~了〕ぺろっとのみ込んだ.
吞服 tūnfú (薬を)飲み込む.ぐっと飲む.〔~泻药〕下剤を丸飲みする.
吞花卧酒 tūnhuā wòjiǔ〈成〉佳期を逃がさず行楽する.〔而死〕同前.
吞金 tūnjīn 金(の装身具など)を吞み込む:自殺する.〔而死〕同前.
吞灭 tūnmiè ①併吞して滅ぼす.〔秦 qín ~六国〕秦は六国を併吞して滅ぼした.②同下②.
吞没 tūnmò ①=[干 gān 没]私(ぽっ)する.くすねる.着服する.〔~田产〕田畑を横領する.〔~巨款〕大金を着服する.②=[吞灭]のみ込む.埋没する.〔小船被巨浪~了〕小船が大波にのまれた.
吞牛 tūnniú 〈喩〉(少年の)豪気旺盛なこと.〔壮气欲~〕意気壮大である.
吞气 tūnqì ①怒りを抑える.じっと我慢する.〔~忍怒〕同前.②気をのむ:道家修練法の一.
吞舌 tūnshé 〈文〉口を縅(xián)して語らない.〔~不语〕[缄口~]同前.
吞声 tūnshēng 〈文〉声に出さない(で泣く).〔~暗泣〕忍び泣く.〔忍气~〕じっと怒りを抑えて耐え忍ぶ.
吞食 tūnshí 丸のみにする.うのみにする.〔大鱼~小鱼〕大きな魚が小魚をのみこむ.
吞蚀 tūnshí 使い込む.横領する.
吞噬 tūnshì ①丸のみする.飲み込む.〔~细胞〕生命食細胞.併吞する.〔~弱小国家〕弱小国を併吞する.
吞酸 tūnsuān 中医胃酸がのど元にあがってくる症状.
吞吐 tūntǔ ①のんだり吐いたりする.②(大量に)出入りする.〔这港口~量是不大的〕この港の貨物の通過量は大きくない.〔仓库货物的~量〕[仓库货物的吞吐量].③言葉はっきりしない.へどもどする.口ごもる.話が煮えきらない.話が要領を得ない.〔言语~〕同前.〔吞吞吐吐〕奥歯に物がはさまったようである.
吞吐量 tūntǔliàng ⇒[通 tōng 过量]

tūn～tuō

吞烟 tūnyān アヘンを飲み込む：自殺する.
吞咽 tūnyàn ①(物を)のみ下す.腹へ入れる. ②(出かかった言葉を)のみ込む.[把要说的话～回去了]言おうとしたことを飲み込んでしまった.
吞云吐雾 tūnyún tǔwù (道士が)五穀を断ち、雲を口に入れ霧を吐いて気を修練すること.〈転〉タバコ(アヘン)を盛んにふかすさま.
吞占 tūnzhàn 横領する.不法に占拠する.

[焞] tūn
①固占十の際、亀甲をあぶるのに用いた柴.②[～～]〈文〉星の光の暗く弱いさま.

[暾] tūn
〈文〉日の出始め.朝日.[朝 zhāo～始上]朝日が昇る.

[屯] tún
①集める.蓄える：[囤]とも書く.[～了很多米]多量の米を蓄えた.[积草～粮]まぐさを積み上げ、糧食を蓄える. ②たむろする.軍隊が駐屯する.[驻～]駐屯する. ③[屯子]村:多く地名に用いる.[～不露是好～,家不露是好家]豊かな村であり、豊かな家であることを(表に)表さないのは、いい村であり、いい家である.[小～]地河南省にある.[～留县]地山西省にある. → zhūn

屯堡 túnbǎo 軍隊の駐屯基地.
屯兵 túnbīng ①兵隊を駐屯させる. ②駐屯兵.
屯积 túnjī 集める.蓄える. →[囤积]
屯集 túnjí [屯]に同じ.
屯街塞巷 túnjiē sàixiàng [成](街中に)多人数が集まりひしめくこと.
屯聚 túnjù 集まる(める):[屯集]ともいう.[～了不少人才]少なからざる人材が集まった. →[囤聚]
屯垦 túnkěn (辺境で)守備しつつ開墾する.[～戍 shù 边]同前.
屯粮 túnliáng ①囤潤 屯田者の納税すべき糧食. ②⇒[囤粮]
屯落 túnluò 村落.村. →[屯子]
屯守 túnshǒu 駐屯して守る.[～边疆 jiāng]辺境に駐屯して守りにつく.
屯戍 túnshù 駐屯する.駐留し守備する.
屯田 túntián 固屯田兵が農業に従事する、または農民を募集して農耕に当たらせること.またその田.[～养兵]軍隊を開墾に従事させてその軍隊を維持する.
屯扎 túnzhā 駐屯する.[军队～在城外](郊外)に駐屯している.
屯驻 túnzhù ＝[驻屯]駐屯する.
屯子 túnzi 〈方〉村落.村.

[忳] tún
[～～]〈文〉悩むさま.

[囤] tún
蓄積する.買い込む.買いだめる.買い占める：[屯]①]とも書く.[～了不少米]かなりの米を買いだめた. → dùn

囤积 túnjī (投機目的で)大量に貯蔵する.大量に集める.たくわえ、売り惜しみをする.
囤积居奇 túnjī jūqí [成]買いだめ売り惜しみして利をはかる.[奇货可居]
囤聚 túnjù (商品を)貯蔵しておく.ため込む.
囤粮 túnliáng ＝[屯粮②]糧食を貯蔵する.[～备荒]凶作に備えるために糧食を貯蔵する.[奸商～]悪徳商人が糧食を買い占める.

[饨·飩] tún →[馄 hún 饨]

[鲀·魨] tún
魚貝フグ：[河 hé 豚]は通称.フグ科.ハリセンボン科・カワハギ科(の総称).[虫 chóng 纹东方～]ショウサイフグ.[红 hóng 鳍多纪～]トラフグ.[刺 cì ～]ハリセンボン(ハリフグ).[鳞 lín ～]モンガラカワハギ.

[豚(独)] tún
〈文〉豚:とくに子豚をいう. →[猪 zhū]

豚草 túncǎo 植ブタクサ.[三裂叶～]オオブタクサ.クワモドキ.
豚儿 tún'ér 豚〈謙〉自分の息子:[犬 quǎn 子]に同じ. →[贱 jiàn 息]
豚鹿 túnlù 動ホッグジカ.
豚犬 túnquǎn ⇒[犬子]
豚鼠 túnshǔ ①＝[荷 hé 兰猪][天 tiān 竺鼠]動テンジクネズミ.モルモット. →[土 tǔ 拨鼠] ②子豚と豚.[～之輩 bèi]同前.
豚蹄穰田 túntí rángtián [成]豚の蹄($_{\text{ひづめ}}$)と酒一杯を供えて五穀豊穰($_{\text{ほうじょう}}$)を祈る:わずかな労力をもって莫大な報酬を望むこと.
豚鱼 túnyú 〈文〉豚と魚.[喩]つまらぬもの.鈍物.愚物.

[臀(䐁)] tún
生理 臀($_{\text{でん}}$):ふつう[屁 pì 股]という.

臀部 túnbù 臀部.
臀尖 túnjiān 豚のでん部の肉:最上等の部分.
臀鳍 túnqí (魚の)しりびれ.
臀围 túnwéi ヒップ.腰周り(サイズ). →[胸 xiōng 围][腰 yāo 围]
臀位 túnwèi 医骨盤位:ふつう逆子といわれる胎児の子宮内の姿勢. →[难 nán 产①][逆 nì 产①]
臀疣 túnyóu 猿の尻の堅い皮.尻べた:毛がなく赤い部分.

[氽] tǔn
〈方〉①水面に浮動する.[浮 fú 萍～于水面]浮草が水面に漂っている. [～piāo ～] ②油で唐揚げする.[油～馒 mán 头]油で揚げたマントー.

[褪] tùn
①(手や足を引っ込めて)脱ぐ.[～下一只袖子]片方の袖を脱ぐ. ②〈方〉袖(懐)の中に隠す(し持つ).入れておく.[他把信偷偷儿地～在袖子里走了]彼はこっそりと手紙を袖の中に隠し持って行った. ③ぬける.ぬけ出る.ぬけて離れる. ④さがる.ひっこむ. ⑤しおれる. → tuì

褪后趋前 tùnhòu qūqián [成]人をもてなして前に立ったり後ろへ回ったり慇懃($_{\text{いんぎん}}$)丁寧をきわめる.
褪回 tùnhuí ①ひき返してくる.回れ右して帰る.[你要不赶紧～来就要上圈套了]すぐにぬけ出してしまわないと、わなにかかるぞ. ②取り戻す.
褪手 tùnshǒu ＝[褪袖]手を袖に引っ込める:[袖 xiù 手]に同じ.[～旁观][成]袖手傍観する.
褪套儿 tùntàor 〈方〉①束縛を脱する.それと知って逃げをを打つ. [～逃走]ぬけ出して逃げる. ②責任から逃れる.[他因为事情办不好,想～不干了]彼は仕事がうまくいかないのでやめてずらかろうと考えた. ③ゆるむ.ぬける.[狗～了]犬が縄をぬけて逃げた.
褪头 tùntóu 頭をひっこめる.[～就跑]するりとぬけ出して逃げた.[缩 suō 脑]頭を引っ込める(面目ない、後ろめたい)
褪袖 tùnxiù ⇒[褪手]

tuo ㄊㄨㄛ

[乇] tuō ⇒[托(II)]

[托(託)] tuō (I)[托]①(手のひらや物～看东西]手のひらで物を支えている.[～在掌上]手のひらの上に物をのせる.[手上～着盘子]手のひらに皿をのせている.[双手～着腮 sāi]両手で手ほおづえをついている.[向上～]上へ押し上げる. ②敷

托 tuō

く。下にあてる。〔~块板儿〕板を敷く。〔下边~一层草褥 rù 子〕下に藁(％)ぶとんを1枚敷く。→〔垫 diàn〕②〔-儿、-子〕器具などの敷物・台支えなど。〔花~〕花托。〔茶~儿〕茶托。〔茶壶~儿〕土瓶敷。〔枪~子〕銃床。④ひきたてる。際立たせる。〔衬 chèn~〕同前。→〔烘 hōng 云托月〕 ⑤〔口〕さくら:人を騙すのに手を借す役。→〔托儿〕
(II)〔托〕物 トール:圧力の単位。133.32 パスカルにあたる。〔毛〕は旧称。→〔巴 bā (III)①〕〔帕 pà 斯卡②〕
(III)〔託〕①かこつける。〔~故不来〕用事にかこつけて来ない。②託する。頼む。〔他买东西我彼に買い物を頼む。〔受人之~〕他人の委託を受ける。③寄託する。

托跋 tuōbá ⇒〔拓 tuò 跋〕
托庇 tuōbì 〔=托赖〕(有力者の)庇護を受ける。お陰をこうむる。〔~于尊 zūn 长〕目上の者にかばってもらう。
托病 tuōbìng 病気にかこつける。〔~不出席〕病気を口実にして休む。〔~在家纳福〕病気と称して家でのんきにしている。
托钵 tuōbō 回托鉢(ホウ)する。〔行脚僧沿门~〕行脚僧が軒並みに托鉢している。
托词 tuōcí〔=托辞〕とも書く。①口実。〔这是他的~,并不是实情〕これは彼の遁辞だ。本当ではない。②口実を設ける。かこつける。〔~谢绝〕口実を設けて断わる。
托大 tuōdà〈文〉年齢・地位・学問などをひけらかす。高慢ちきである。
托地 tuōde〔白〕急に。ふと。さっと。ふいに。
托底 tuōdǐ ①下に敷く。下に台を置く。→〔垫 diàn 底(儿)①〕②〈喩〉よりどころがある。
托儿所 tuō'érsuǒ 託児所。〔~阿姨 āyí〕保母さん。〔保 bǎo 育员〕は正式名称。→〔幼 yòu 儿园〕
托尔斯泰 tuō'ěrsītài 人 トルストイ:ロシアの小説家。作品は〔安娜・卡列尼娜〕(アンナ・カレーニナ)など(1828~1910)
托福 tuōfú ①お陰をこうむる。〔托您的福〕あなたのお陰さまで。お陰さま。②〈音訳〉トーフル。TOEFL: アメリカ留学希望の外国人英語学力テスト。〔~考试〕同前。
托付 tuōfù 委託する。託する。〔这事我就~您办了〕この事はあなたにお頼みしますよ。〔以国事~先生〕国事を貴下に委嘱する。
托孤 tuōgū〈文〉(君主が)死に臨んで遺児を家臣に託する。
托故 tuōgù 都合にかこつける。口実を設ける。〔~早引きする。
托管 tuōguǎn ①世話や管理を委託する。保護預りする。〔~服务〕エスクロウサービス。②信託統治。〔~地〕国連信託統治地区。〔~制〕委任統治制。
托化 tuōhuà 回(仏教・道教で)生まれ変わる。転生する。〔托生〕
托灰板 tuōhuībǎn (左官の)こて板。→〔泥 ní 板〕〔泥刀〕
托疾 tuōjí〈文〉病気にかこつける。〔~推辞〕病気を理由に断る。
托迹 tuōjì〈文〉身を託する。
托架 tuōjià ①〔=托座〕圏 工作台。加工物を支える枠。②持送り。支えの腕木。ブラケット。〔丁 dīng 字架〕〔夹 jiā 及③〕〔夹尺〕ともいう。〔拉ል器~〕テンションブラケット。
托交 tuōjiāo 渡すように頼む。〔~信件〕郵便物を同前。
托卡马克装置 tuōkǎmǎkè zhuāngzhì 圏 トカマク:

核融合実験装置。
托靠 tuōkào 頼る。〔这事全~您了〕この事は全部あなたに頼っております。
托拉尔 tuōlā'ěr〈音訳〉トラール:スロベニアの旧通貨単位。→〔欧 oū 元〕
托拉斯 tuōlāsī〔托赖斯〕〔托赖斯〕とも書いた。〈音訳〉①トラスト。〔汽车~〕自動車トラスト。→〔卡 kǎ 特尔〕②同時に参加する各企業。
托赖 tuōlài ⇒〔托庇〕
托懒儿 tuōlǎnr ⇒〔躲 duǒ 懒(儿)〕
托老所 tuōlǎosuǒ 老人福祉施設:主に昼間だけのデイサービスセンター。
托领 tuōlǐng〔=领盘儿〕圏 襟裏。
托洛茨基 tuōluòcíjī 人 トロツキー:ロシアの革命家(1879~1940)。〔~派〕〔托派〕トロツキー派。〔托派分子〕トロツキスト。〔~主义〕トロツキズム。
托马斯杯 tuōmǎsī bēi 圏 トマスカップ:バドミントン男子団体世界選手権大会の優勝杯。またその大会の略称。
托马斯方式 tuōmǎsī fāngshì ⇒〔先 xiān 出后进〕
托门子 tuōménzi 縁故を頼る。つてを求める。〔~拉关系〕つてを頼ってコネをつける。
托梦 tuōmèng 夢知らせがある。夢枕にたつ。
托名 tuōmíng 他人の名(の力)を借りる。〔~行为〕偽名で詐偽行為をする。
托墨 tuōmò 墨痕がひきたつ。〔宣纸~〕宣紙は墨がのる。
托泥布 tuōníbù 馬車の泥よけの布。
托偶 tuō'ǒu(xi)劇〔傀 kuī 儡戏〕(人形芝居)の一種:人形使いが外で人形を持って操り、幕の後ろに歌う人がいる。北方に発達したもの。→〔木 mù 偶戏〕
托派 tuōpài ⇒〔托洛茨基派〕
托盘 tuōpán 盆。
托枪 tuōqiāng〔号令〕担え銃(ツ)
托腔 tuōqiāng 劇 (旧劇の上演で)楽器の伴奏が謡を引き立たせる。
托情 tuōqíng 情実にすがる。便宜をはかってもらう。口ききを頼む。〔托人情〕に同じ。〔~弄チ〕手づるを求める。
托球 tuōqiú 又 (バレーボールの)トス。〔~超过三次〕オーバータイム。
托儿 tuōr〔口〕さくら:客のふりをして景気をつける仲間。べてんの手助けの仲間。〔方〕媒 méi 子〕に同じ。〔车~〕闇タクシーの客引き。
托人 tuōrén 人に頼む。
托人情 tuōrénqíng 情に託して物事を頼む。〔那件事总算~办成了〕あの事はまあお情けでできたのさ。→〔请 qǐng 托〕
托腮 tuōsāi 両手であごを支える。ほおづえをつく。
托身 tuōshēn 身を寄せる。身を預ける。〔托寄终身〕一生を託す。
托生 tuōshēng 転生する。生まれかわる。〔脱生〕とも書く。〔早死早~〕早く死んだ者は、早く生まれかわってこの世に出る。→〔托化〕
托实 tuōshí 格好をつけない。遠慮しない。
托市 tuōshì 圏 市場を支える(値下がりを防ぐ)
托收 tuōshōu 圏 代金取り立て。引き落とし徴収依頼。〔~票据〕代金取立手形。
托售 tuōshòu 委託販売する。
托熟 tuōshú なれなれしくする。遠慮しない。
托物言志 tuōwù yánzhì〈成〉(文芸作品で)具体的な事物の描写を通して思想感情を表すこと。
托言 tuōyán ①かこつける。②かこつけた言葉。口実。
托养 tuōyǎng 委託して世話してもらう。

托业 tuōyè〈音訳〉トーイック. TOEIC：国際コミュニケーション英語能力テスト.〔～考试〕同前.
托叶 tuōyè 圖托葉.
托幼 tuōyòu 託児所と幼稚園の略.〔～工作〕託児所，幼稚園の業務.
托运 tuōyùn 託送する.〔～单〕送り状.〔～人〕荷送り人.〔～行李〕荷物を託送する.
托之空言 tuō zhī kōngyán〈成〉思いを言葉（既成の表現）に托して議論する.〔～无济于事〕言葉で言っても役にたたない.
托中 tuōzhōng 仲介人に依頼する.〔～介绍买卖房产〕仲介人に依頼して家屋を売買する.
托嘱 tuōzhǔ 依頼する．頼む.
托子 tuōzi 支え台．台座．敷物．茶壺〕土瓶敷.〔花盆儿〕植木鉢敷.〔枪～〕銃床.〔在宝石下面镶个金～〕宝石に金の台をとりつける.
托座 tuōzuò ⇒〔托架①〕

[饦・飥] tuō →〔馎 bó 饦〕

[佗(侘・仛)] tuō〈文〉委託する.

[拖(拕)] tuō ①ずるずる引く．引きずる．ひっぱる.〔把箱子～到墙角去〕箱を壁の隅までひきずって行く．②後ろに垂れ下がる．ひきずる.〔～着尾巴〕尻尾が垂れている.〔长裙 qún ～在身后〕長いスカートをひきずっている．③引き延ばす．遅らす.〔～时间〕時間を引き延ばす.〔～了半年才着手〕半年も遅らせてやっと着手した.〔由于这一个问题～住了整个工程〕この一つの問題のために全部の工事が遅れる．④長くのばして声を出す．⑤牽制する．かかわり引き連れる．累が及ぶ.〔～个后腿〕〔～拖动②〕⑥電車ドラッグ.⑦〈姓〉拖(tuó)

拖把 tuōbǎ モップ．長柄付きぞうきん.〔拖布〕〔墩 dūn 布〕ともいう.
拖靶 tuōbǎ 移動標的.
拖耙 tuōbà 農馬鍬(ｸﾜ).まんが．ドラッグ．ハロー.
拖板 tuōbǎn =〔鞍 ān 板〕機サドル：機床の上を動く鞍(ｸﾗ)状の工具部品.
拖驳 tuōbó 機動引き舟.機帆船にひかれたはしけ.
拖布 tuōbù ⇒〔拖把〕
拖长 tuōcháng 引っぱって長く伸ばす．長びく(かす).〔把会议～〕会議を引き延ばす.
拖车 tuōchē ①車を牽引する.〔～队〕（警察の）不法駐車車両撤去チーム.〔～挂 guà 车②〕トレーラー．付随車．荷台車.→〔挂斗〕
拖迟 tuōchí ⇒〔拖延〕
拖船 tuōchuán ①=〔拖轮〕引き船．タグボート.〔～费〕引き船料.〔～索 suǒ〕舟引き網.②〈方〉引き船に引かれる木船.
拖床(儿) tuōchuáng(r) ⇒〔冰 bīng 床(儿)〕
拖带 tuōdài ①牽引する．②かかわりを引き及ぼす．関連する.
拖宕 tuōdàng〈文〉遷延する：〔拖延〕に同じ.
拖刀计 tuōdāojì〈白刃をひきずって敗走すると見せかけ，不意に反撃する計略.
拖低 tuōdī ずるずると低下する(させる)
拖地 tuōdì 床のぞうきんがけ.〔扫地～〕ほうきやぞうきんで掃除する.〔～板〕（モップで）床をふく.
拖动 tuōdòng ①⇒〔传 chuán 动〕電車ドラッグ.〔拖拉③〕ともいう.
拖斗 tuōdǒu（無蓋の）小型トレーラー.
拖儿带女 tuō'ér dàinǚ〈成〉足手まといになる子供のために暮らしが苦しいこと.
拖挂车 tuōguàchē トレーラートラック：大型トレーラーを牽引するトラック.→〔拖车②〕〔挂车〕
拖后腿 tuōhòutuǐ =〔扯 chě 后腿〕〔拉 lā 后腿〕（あ と）足をひっぱる：〔掣 chè 后腿〕ともいう.〔他非但不帮忙，还给我～〕彼は援助しないばかりか，わたしの足をひっぱるのだ.

拖家带口 tuōjiā dàikǒu〈成〉家族をひきつれる：〔拉 lā 家带口〕に同じ.
拖垮 tuōkuǎ 長びいてだめになる．疲れはてる.〔你躺一会吧，别～身子〕あんたしばらく寝なさい，待ちくたびれて体を壊しちゃいけない.
拖拉 tuōlā ①だらだらしている．てきぱきしない.〔～作风〕だらけたやり方．しまりがない仕事の態度.〔办事不～〕仕事のやりかたがもたもたしていない．②引き延ばす．遅らす．繰り返える．③⇒〔拖动〕
拖拉机 tuōlājī =〔[口]铁 tiě 牛①〕〈音義訳〉トラクター.〔手 shǒu 扶～〕ハンドトラクター.〔农场～〕農場用大型トラクター.→〔～站〕〔农 nóng 机站〕
拖捞船 tuōlāochuán ⇒〔拖网渔轮〕
拖累 tuōlěi ①累を及ぼす．連累する．②厄介になる.〔一家老小～了他〕一家全部のことが彼の肩にかかってきた.
拖轮 tuōlún =〔拖船①〕引き船．タグボート.
拖泥带水 tuōní dàishuǐ〈喩〉話・文章・動作などがだらだらしている.〔他办事情老是～的，没有你干净利落〕彼のやることはいつもだらだらしていて，きみのようにてきぱきとしない.
拖欠 tuōqiàn 支払いを滞らせる．長く返さない.〔～账目〕期限を越えて支払い（返還）の遅れている費用（金額）
拖腔 tuōqiāng 劇（旧劇で）歌詞の一字だけを長くひっぱって歌うこと.
拖人下水 tuōrén xiàshuǐ〈喩〉他人にむりやり悪いことをさせる.〔～引鬼上门〕善人をひきずり込み，悪人を招き寄せる.
拖三落四 tuōsān làsì〈成〉あれこれと口実をもうけて引き延ばす.〔～以研究研究为名，～〕いつも検討にかこつけてぐずぐずと後に延ばす.
拖沓 tuōtà のろのろしている.〔他做事太～〕彼の仕事はもたもたしすぎる.〔语言～〕言葉がだらだらしている.
拖堂 tuōtáng（授業が）終了時刻を超えて延びる.
拖网 tuōwǎng =〔底 dǐ 拖网〕地引網．底引網．トロール網.〔～渔 yú 轮〕〔拖捞船〕底引網船．トロール船.
拖鞋 tuōxié スリッパ．サンダル（室内用のもの）．つっかけ草履：〔趿 tā 拉儿〕ともいう.
拖延 tuōyán =〔拖迟〕〔推 tuī 延〕引き延ばす.〔～撤大会～〕仕事の大会日程～三天〕大会の日程を三日間延ばす.〔～战术〕引き延ばし戦術.
拖曳 tuōyè ①牽引する．曳航する．②引きずる．後に影響を残す.〔飞机在高空～着一道长长的尾巴过去了〕飛行機が上空で長い飛行機雲を引いて飛び去った.
拖油瓶 tuōyóupíng ⇒〔带 dài 葫芦〕
拖运 tuōyùn 車や船で貨物を運ぶ.

[侻] tuō〈文〉①簡単である．②適当である．③→〔通 tōng 脱〕→ tuì

[挩] tuō〈文〉①解く．放免する(される).②落ちがある．脱落.

[脱] tuō ①脱ぐ.〔～衣服〕服を脱ぐ.〔～鞋 xié〕靴を脱ぐ.→〔穿 chuān ⑦〕〔摘 zhāi ①〕②おちる．はがれ落ちる．抜ける.〔~了不少的头发〕髪の毛がだいぶ抜けた.〔～毛〕毛が抜ける．③ぬけ出る．逃れる．免れる.〔～不开身子〕手が放せない.〔摆～〕〔甩 shuǎi ～〕振り切って逃れる．ぬけ出す.〔～险〕危険を脱する.〔逃～〕逃げのびる．④

脱 tuō

脱落する.漏れが生じる.抜かす.〔~了一个字〕一字抜かした.〔原稿有~误〕原稿に脱落や誤りがある.⑤除去する.取り除く.〔~脂〕脱脂.⑥〈文〉軽く見る.⑦〈文〉もしも.仮に.〔~有遗漏,必致误事〕もし遺漏あれば,必ずや事を誤る.⑧〈姓〉脱(だ)

脱靶 tuōbǎ (射撃などで)的をはずす.失中(する).〔一发~,等于跑掉了一个敌人〕一発はずすことは,敵を一人逃がすのと同じだ.

脱班 tuōbān 定時に遅れる.遅延する.遅刻する.

脱保 tuōbǎo ①保険の満期後に継続手続きを期日通りにしないこと.②仮釈放中に召喚に応じないこと.

脱产 tuōchǎn ①生産現場から離れる.〔~学习〕職場から離れて専ら学習に従事すること.〔~干部〕〔不~干部〕一般労働者と同じで生産業務に従事する幹部.②財産を手放す.〔~离乡〕財産を手放して故郷を去る.

脱肠 tuōcháng 医脱腸.→〔疝 shàn 气〕

脱除 tuōchú ①逃れる.免れる.〔~危险〕危険を脱する.②除去する.

脱党 tuōdǎng 脱党する.

脱档 tuōdàng 品切れになる:生産や供給が中断すること.→〔脱销〕

脱发 tuōfà 医脱毛(する).→〔脱毛〕

脱服 tuōfú ⇒〔脱孝〕

脱肛 tuōgāng 医脱肛.

脱岗 tuōgǎng ①一時休職する.②勤めをさぼる.

脱稿 tuōgǎo 原稿を書き終える.脱稿する.

脱钩 tuōgōu ①列車の車両連結器がはずれる.②〈喩〉連絡・関係を断つ.

脱谷 tuōgǔ ⇒〔脱粒〕

脱轨 tuōguǐ ①脱線する.〔电车~了〕電車が脱線した.②〈喩〉正道からはずれている.〔做事情~〕仕事が本来の目的から逸脱している.

脱滑(儿) tuōhuá(r) 〈方〉①口実を設けて逃げる.②責任を逃れる.

脱货 tuōhuò 品切れとなる.売り尽くす.〔年关迫近,各公司不得不~求现〕年の瀬も迫ったので各会社では商品を売り尽くして現金化しなければならない.

脱机 tuōjī ⇒〔脱线②〕

脱肩 tuōjiān ①(肌脱ぎして)肩を出す.②〈方〉肩の荷を下ろす.〔~责任〕責任を下ろす.

脱监 tuōjiān 脱獄する.

脱缰 tuōjiāng 手綱を離れる.〔~之马〕手綱を離れた馬.〈喩〉拘束されない人,または事物.

脱胶 tuōjiāo ①貼りつけたところがはがれる.②纺植物繊維上のにかわ質をぬく.

脱节 tuōjié ①⇒〔脱位〕②連環を失う.ちぐはぐになる.食い違う.前後のつながりが切れる.〔~现象〕食い違い状態.〔陷于理论和实践相~的矛盾之中〕理論と実践での食い違った矛盾に陥る.

脱臼 tuōjiù ⇒〔脱位〕

脱壳 tuōké 殻を取り除く.〔~核机〕殻をとったくるみ.〔~机〕〔~粒(lì)〕摺り機.→ tuōqiào

脱空 tuōkōng 〈方〉①むだになる.ふいになる.②うそを言う.

脱口 tuōkǒu 思わずロに出す.口をすべらす.〔~而出〕即座に答える.〔~秀 xiù〕〈音義訳〉トークショー:〔出 chū 口秀〕ともいう.〔~成章〕〔成〕言ったことがそのまま文章をなしている.〔出言成章〕

脱裤子放屁 tuōkùzi fàngpì 〈喩〉つまらぬ(二重の)手間をかける.

脱困 tuōkùn 苦境から抜け出す.困難な境遇を乗り越える.

脱蜡 tuōlà ろうを取り除く.ろう抜き.

脱懒(儿) tuōlǎn(r) ⇒〔躲 duǒ 懒(儿)〕

脱蕾 tuōlěi つぼみが落ちる.

脱离 tuōlí 離脱する.抜け出る.それる.はずれる.〔~群众〕大衆から遊離する.〔~生产〕生産から離れる.〔~接触〕接触を絶つ.〔~速度〕(人工衛星などの)脱出速度.〔他们俩声明~夫妇关系了〕彼ら二人は離婚したことを声明した.

脱粒 tuōlì 〔脱谷〕脱穀(する).〔~机〕脱穀機.

脱硫 tuōliú 脱硫(がん).

脱笼 tuōlóng (束縛から)自由になる.逃げ出す.〔~之鸟 niǎo〕〈喩〉自由になった身.自由気ままな体.

脱漏 tuōlòu 遺漏がある.(作業に)抜け目・穴がある.〔不管怎么细心校对,也难免有所~〕どんなに注意して校正しても見落としは避けがたい.

脱略 tuōlüè 〈文〉①(礼節)にこだわらない.〔为人~不俗〕性格が磊落(がら)で俗っぽくない.②(文章,字など)抜ける.省く.

脱落 tuōluò 落ちる.取れる.ぬけ落ちる.

脱盲 tuōmáng 字を覚える.〔脱文盲〕文字が分かる.

脱毛 tuōmáo ①(鳥獣類の)毛や羽毛が脱け落ちる.〔~膏 gāo〕脱毛クリーム.②毛皮製品の毛が脱ける.

脱锚 tuōmáo 錨をあげる.錨が風波のためにあがる.

脱卯 tuōmǎo 〈文〉ほぞがほぞ穴からぬける.〈喩〉脱落する.はずれる.ゆるむ.〔书中有个老大~〕(水39)書中に大きく脱けたところがある.→〔脱榫〕

脱帽 tuōmào 脱帽する.〔~致敬〕脱帽して敬意を表する.〔摘 zhāi 帽〕

脱敏 tuōmǐn 医脱感作.アレルギー過敏を解消(緩和)する.〔~药〕除感作剤.〔~治疗〕脱感作療法.免疫療法.

脱模 tuōmú 工型抜き(する).成形物(を型から出す)

脱难 tuōnàn 難を逃れる.〔那轮船在海上遇风,可是全船的人都~得救了〕あの汽船は海上で風にあったが,全員難を逃れ救われた.

脱坯 tuōpī 型で土れんがを作る:日干しにして建築に用いる.→〔土 tǔ 坯〕

脱皮 tuōpí ①皮がむける(て落ちる).②〈喩〉ひどい目に遭う.〔吃上这官司,不死也脱一层皮〕今度訴えられては,死なないにしてもひどい目には遭わされる.〔~掉 diào 肉〕〈喩〉命をかけること.

脱贫 tuōpín 貧困から抜け出す.〔~致富〕貧しさから脱け出し,豊かになる.

脱坡 tuōpō (堤防やダムの斜面が)水に洗われて崩れる.

脱期 tuōqī 期限に遅れる.(定期刊行物などが)延期発行になる.

脱浅 tuōqiǎn (船が)座礁状態を脱する.

脱壳 tuōqiào (セミなどが)殻をぬぎ捨てる.脱皮する.→〔金 jīn 蝉脱壳〕;tuōké

脱氢可的松 tuōqīng kědìsōng 化デヒドロコーチゾン:〔泼 pō 尼松〕(プレドニゾン)は別称.

脱洒 tuōsǎ 洒脱である.おうようである:〔洒脱〕に同じ.〔风度~〕風格が洒脱である.

脱色 tuōsè ①色がはげる:〔褪色 tuìshǎi ①〕に同じ.②脱色(する).色を抜く(色techu).

脱涩 tuōsè (柿の)渋をとる.渋ぬきする.

脱身 tuōshēn 抜け出す.逃げ出す.

脱生 tuōshēng ⇒〔托生〕

脱手 tuōshǒu ①手から離れる.手をすべらす〔她常常~砸家伙〕彼女はよく手をすべらせて瀬戸物類を割る.→〔失 shī 手〕②手放す.売り払う:〔出 chū 手①〕に同じ.〔我那所儿房子已经~了〕わたしのあの家屋はもう手放しました.

脱售 tuōshòu 売り払う.手放す.〔廉价〕廉価で手放す.

脱水 tuōshuǐ ①[医]脱水(する). ②[化]脱水する. ③水分を取り除く.〔～机〕脱水機. ―[蔬 shū 菜]乾燥野菜:瞬間脱水した野菜. ④〔方〕(干ばつで水田に)水がなくなる.

脱俗 tuōsú ①俗気を離れる.〔超 chāo 凡～〕凡俗を越えている. ②出家する.

脱粟 tuōsù ⇒〔糙 cāo 米〕

脱榫 tuōsǔn (接合部の)ほぞがはずれる:〔脱笋〕とも書く.→〔榫〕

脱胎 tuōtāi ①生まれ変わり,すぐれたものとなる.〔脱草木之胎,幻化人形〕(紅 1)草木の形から生まれ変わって人間になった.〔七世輪回〜成人〕七世の輪廻(りん)によって人間に生まれかわる. ②形式の中身をかえて作りかえる.〔民初鴛鴦蝴蝶派的小说是～于明清的才子佳人体裁〕民国初めの鴛鴦蝴蝶派小说は明清の才子佳人体裁の変形である. ③一閑張(ばり):漆器工芸の一種.

脱胎换骨 tuōtāi huàngǔ =〔换骨脱胎〕〔换 骨夺 duó 胎〕〔夺胎换骨〕〈成〉[道]道教で凡人から仙人になること.〈喩〉⓪(立場・観点などを)徹底的に変わる.〈喩〉⑤(作品などの)主旨や表現を生かしながら,新しく創作する.

脱碳 tuōtàn ⇒〔除 chú 碳〕

脱逃 tuōtáo 脱走する.逃走する.

脱体 tuōtǐ ①身から脱離する.〔经名医一治,老病根儿都～了〕名医の治療を受けたら,持病がすっかり全快した. ②[仏]〔仏教で〕解脱する.〔佛教〜道称羽化〕仏教では"解脱する"といい,道教では"羽化する"という.

脱兔 tuōtù 〈文〉逃げるうさぎ:すばやいことのたとえ.〔静如处女,动如～〕〔静如处子,动如狡兔〕〈諺〉静なのは処女のごとく,動けば脱兎のごとし.

脱位 tuōwèi =〔脱节①〕〔脱臼〕脱臼きゅう.

脱误 tuōwù 脱漏と誤謬.脱字と誤字.〔三次校 jiào 对还有～〕3 回校正しても,まだ見落としや誤りがある.

脱屣 tuōxǐ 〔脱屐〕とも書く.〈文〉履物を脱ぐ.〈転〉事を軽く見て,きにかけない.〔富贵浮云,视官爵财物如～〕富貴は浮雲のごとく,官爵や財物を見ると弊履の如くである.

脱险 tuōxiǎn 危険な状態を脱する.〔虎口～〕危機を脱する.

脱线 tuōxiàn ①(縫いつけた)糸が抜ける. ②=〔脱机〕〔离 lí 线〕〔下 xià 线〕[電算]オフライン.

脱相 tuōxiàng やせて人相が醜くなる.

脱销 tuōxiāo 売り切れ(る).品切れ(になる).〔商品～,物价高涨〕商品は品切れで,物価は高騰する.〔读者们要求不要 yào 无尽期的～〕読者はいつまでも品切れでは困ると要求している.

脱孝 tuōxiào =〔脱服〕喪があける.喪服を脱ぐ.→〔満 mǎn 孝〕

脱卸 tuōxiè ①(責任)を逃れる.免れる.〔～罪责〕罪(の責)を免れる. ②取り外す.

脱心净(儿) tuōxīnjìng(r) 煩わしい俗事から逃れる:〔躲 duǒ 心静(儿)〕ともいう.〔您可真会享福,在这儿～〕あなたは本当にお幸せで,こうして静かに暮らせるなんて.

脱星 tuōxīng ヌード女優.ポルノ女優.

脱盐 tuōyán 塩分を除く.脱塩する.

脱氧 tuōyǎng 脱酸素.〔～核 hé 糖核酸〕[生理]デオキシリボ核酸.DNA.

脱衣舞 tuōyīwǔ ストリップショー:〔裸 luǒ 体舞〕に同じ.

脱瘾 tuōyǐn 薬物依存から回復する.

脱颖 tuōyǐng =〔颖脱〕〈文〉囊中(のうちゅう)の錐(きり)の先が抜け出ること.〈喩〉隠れていた才気の現れ出ること.〔～而出〕〈成〉才能が現れる.頭角を現す(史記).〔有～之才〕人に優れた才がある.

脱羽 tuōyǔ 鳥の羽毛が抜ける.→〔脱毛①〕

脱证 tuōzhèng [中医]正常の機能を回復する力の弱くなっている生体の状况.

脱脂 tuōzhī =〔脱 luò 脂〕〈喩〉〔～棉 mián〕〔吸 xī 水棉〕〔药 yào 棉(花)〕脱脂綿.〔～奶粉〕脱脂粉乳.〔～乳 rǔ〕脱脂ミルク.

[驮・馱(馱・駄)] tuó ① 背に物をのせて運ぶ.背負う.〔妈妈～着小妹妹〕お母さんは妹を背負っている.〔骆 luò 驼～煤〕らくだが石炭をのせて運ぶ.〈転〉物を運ぶ.→ duò

驮畜 tuóchù 荷役用の家畜.

驮夫 tuófū 荷駄の馬子.

驮负 tuófù =〔驮载〕

驮脚 tuójiǎo 駄馬で物を運ぶ人.馬方.馬子.

驮轿 tuójiào =〔骡轿〕馬の背につける駕籠.

驮筐 tuókuāng =〔驮篓〕(馬の背につける)荷かご.

驮篓 tuólǒu 同上.

驮马 tuómǎ 荷馬.駄馬.

驮运 tuóyùn 家畜の背で運ぶ.駄馬輸送する.〔～队 duì〕隊商.キャラバン.

驮载 tuózài =〔驮负〕家畜(の背)にものをのせる.家畜で物を運送する.

[佗] tuó 〈文〉(荷)を負う.負わせる.→〔华 huà 佗〕

[陀] tuó ①〈文〉傾斜している(山地). ②=〔陀螺〕〈姓〉陀(だ)

陀罗 tuóluó =〔首 shǒu 陀罗〕

陀螺 tuóluó =〔独 dú 乐〕〔陀 xuàn 子〕こま.〔抽 chōu ～〕〔打～〕(鞭で)こまを回す.〔把缠着绳子的～甩出去,它就会立在地下转起来〕ひもを巻いたこまをひもの端を持ってほうり投げると,こまは地面に立ち回転する.→〔捻 niǎn 转儿〕 ②同下.

陀螺仪 tuóluóyí ジャイロスコープ:〔陀螺②〕ともいう.

陀氏散 tuóshìsǎn ⇒〔复归 方忤根散〕

陀思妥耶夫斯基 tuósītuǒyēfūsījī [人]ドストエフスキー:ロシアの小説家.〔罪与罚〕(罪と罰)などの作がある(1821～1881)

[沱] tuó ①〈文〉河川の支流. ②船の停泊できる入り江.多く地名用字.〔美人～〕[地]湖北省にある.〔仙～〕[地]雲南省にある.〔～河〕[地]安徽省にある. ③→〔滂 páng 沱〕

沱茶 tuóchá 碗形に圧縮した茶:雲南・四川省などで産する.〔紧 jǐn 压茶〕の一種.

[坨] tuó ①麵類が煮た後にひとかたまりになるさま.〔面条～了〕うどんが(のびすぎて)くっついてしまった.〔～儿〕塊になったもの.一山(くち)になったもの.〔盐 yán ～〕(積みあげた)塩の山.〔泥～〕泥の塊.〔蜡 là ～〕蠟の塊. ③地名用字.〔八亩 mǔ～〕五里(り)〔王庆 qìng ～〕[地]すべて河北省にある.

坨子 tuózi 一塊(かたまり)になったもの.―字解〕

[驼・駝(駞)] tuó ①[動]ラクダ:〔骆～luòtuo〕は通称.〔橐 tuó ～〕は古称.地名用字.〔单峰 fēng ～〕一こぶラクダ.〔双峰～〕二こぶラクダ. ②背中が曲がっている.〔背～了〕背中が曲がった.→〔佝 gōu 偻〕③→〔驼背〕

驼背 tuóbèi ①らくだの背. ②背中が曲がる. ③佝僂(く).ひどい猫背の人.〔柳 liǔ 拐子②〕〔罗 luó 锅

駝柁砣鉈駝酡跎鮀鴕陀堶橐鼉妥庹橢鬌拓柝跅蘀 tuó～tuò

①[蝸 wō 腰]ともいう.→[佝 gōu 僂]:[癰 lóng ①]

駝峰 tuófēng ①らくだの背のこぶ.[熊掌,〜等珍饈美味]熊のたなごころ,らくだのこぶなどの珍味. ②□(鉄道操車場の)ハンプ:軌道を小高く盛り上げた位置で,そこから車両を自走させて仕分ける.

駝負 tuófù →[駝載]

駝鈴 tuólíng らくだの首につける鈴

駝鹿 tuólù =[犴 hān]=[罕 hǎn 达 罕]=[堪 kān 达 罕]動ヘラジカ(オオシカ・ラクダジカ)

駝毛 tuómáo らくだの毛.

駝絨 tuóróng ①らくだの毛. ②動らくだの毛で織ったラシャ:[骆 luò 驼绒]ともいう.

駝色 tuósè らくだの色(の)

駝商 tuóshāng らくだ商(人):[骆 驼 商]に同じ.

駝載 tuózài =[驼负]らくだの背に載せる(で運ぶ)

駝子 tuózi <口>ひどい猫背の人:[驼背③]に同じ.

[柁] tuó 建はり・うつばり:[梁 liáng (I)①]の別称.[房 fáng 〜]:[房梁]同前. → duò

[砣] tuó ①=[鉈](竿)はかりの分銅.[秤 chèng 〜]同前.[你这一点菜还打不住秤〜呢]これっぱかりの野菜では(あまりに少なくて)秤にもかけられない. ②石うすのローラー.[碾 niǎn 〜]同前. ③玉器を細工する.[〜子]同前用の回転砥(ː)石.[一个玉烟袋嘴儿]玉(ぎ)のきせるの吸い口を細工した.

[铊・鉈] tuó ⇒[砣①] → tā

[駝・駞] tuó 鳥ダチョウ:[〜鸟]は通称.[〜科](分類上の)ダチョウ科.

駝鳥 tuóniǎo 鳥ダチョウ:[非洲 〜]ともいう.[文]大 dà 雀]は古称.

駝鳥政策 tuóniǎo zhèngcè:[驼鸟办法]ともいう.ダチョウが砂に頭を突っこんで危険を脱したつもりのやり方:現実を正視しない自己欺瞞のやり方(政策)

[酡] tuó <文>酒を飲んで顔が赤くなる.[〜顏 yán]同前.

[跎] tuó →[蹉 cuō 跎]

[鮀・鮀] tuó 固ハゼの類.→[鲨 shā ②]

[鼧] tuó [〜𪕜 bá]動タルバガン:[旱 hàn 獺]の古名.

[陀] tuó →[盘 pán 陀]

[堶] tuó <文>煉瓦.→[抛 pāo 堶]

[橐(橐)] tuó ①<文>中央に口があり両端へ物を入れて担ぐ袋.[囊 náng 〜]同前. ②→[橐橐]

橐駝 tuótuó ①固ラクダの古称.=[驼①] ②<転>背骨の曲がった人.ひどい猫背の人.

橐橐 tuótuó [擬]硬い物があたる音.[〜地走了进去]コツコツと靴音をたてて入って行った.[〜の木鱼声]ポクポクと木魚の音.

橐吾 tuówú 植ツワブキ.

[鼉・鼈] tuó 動アリゲーター.ヨウスコウワニ:[<方>〜 龙 lóng]:[<方>土 tǔ 龙]:[扬 yáng 子 鳄]:[<口>猪 zhū 婆 龙]ともいう.長江に棲む小型の鰐.

[妥] tuǒ ①穏当である(に).妥当である(に).[这么办不〜]こうするのは穏当ではない.[用字欠〜]文字の使い方が妥当でない.[〜为保护]保護のために適切に面倒を見

る. ②すっかり整っている.きちんとできている:[多く動詞に後置して用いる.][商量〜了]相談が整った.[那房子还没有租〜]あの家はまだはっきりと借りる約束を決めていない.[款 kuǎn 已备〜]金はもうすっかり準備した.=[妥当]:[妥帖(ʔ)]

妥保 tuǒbǎo 信頼できる保証人.確実な保証(担保)

妥当 tuǒdang 穏当である.適当である.ほどよい.[那版〜]それが妥当だ.

妥而当之 tuǒ ér dāng zhī きわめて妥当である.[真是一个〜的好办法]全く妥当ない方法だ.

妥靠 tuǒkào 確実で信頼できる.[店里要用〜人]店に確実で信頼できる人を入れた.

妥洽 tuǒqià ①穏当でふさわしい. ②互いに譲り合って話をまとめる.

妥善 tuǒshàn 妥当である.よく当を得ている.[商量一个〜的办法]妥当なやり方を相談する.[〜解决这个问题]この問題を円滑に解決する.

妥実 tuǒshí 行き届き確かである.着実である.[他为人很〜]彼は人柄がしっかりしている.

妥适 tuǒshì 妥当である

妥帖 tuǒtiē [妥貼]とも書く.穏当適切である.きっちり行き届いている.きわめて無理がない.[〜匀称]ちゃんと釣り合いがとれている.[研究〜]しっかり検討する.[把家安置〜]ちゃんとした家を持つ.[办法想得很〜]やり方は穏当適切である.[屋子里的家具.配置得很〜]室内の家具は配置がとてもよくできている.→[宁 níng 帖]

妥協 tuǒxié 妥協する.(互いに)譲ってまとめる(まる).[他向恶势力〜]彼は悪勢力と妥協した.

妥員 tuǒyuán 適当な人員.適任者.

[庹] tuǒ ①量詞.尋(ひろ):両手を左右に開いただけの長さ,約5尺.[一〜]一ひろ(5尺).[两〜]二ひろ(1丈).=[呼 xún] ②<姓>庹(だ)

[椭・橢] tuǒ [〜圆]數楕円(ぇん):[长 cháng 圆]:[扁 biǎn 圆]は俗称.[〜圆镜子]楕円形の鏡.

椭圆輪 tuǒyuánlún 楕円形車.

[鬌] tuǒ →[鬖 wǒ 鬌]

[拓] tuò ①開拓する.切り開く.広げる.[〜地]領土を拡張する.[〜宽道路]道を拡幅する. ②<姓>拓(ʔ). → tà

拓跋 tuòbá <姓>拓跋(ẓ):[托 tuō 跋]とも書く.[〜魏 wèi]史後魏.

拓边 tuòbiān 辺地を開拓する.

拓荒 tuòhuāng 荒地を開墾する.[〜者]開拓者.パイオニア.

拓墾 tuòkěn 開墾する.開拓する.

拓寛 tuòkuān 幅を拡げる.拡張する.[〜致富门路]富をつくる方法を開拓し広げる.

拓扑 tuòpū <音訳>數トポロジー.位相.位相幾何学.

拓土開疆 tuòtǔ kāijiāng <成>新墾地を開拓する.

拓销 tuòxiāo 販路を開拓する.

拓展 tuòzhǎn 拡大する.拡張する.[〜視野]視野を広げる.[〜市场]市場を拡張する.[〜培 péi 训]野外体験型研修.

拓殖 tuòzhí 荒地を開拓して植民する.

[柝(欜)] tuò <文>固時報に用いた拍子木:多くは中空のもの.竹を使ったこともある.→[拍 pāi 板]:[醒 xǐng 木]

[跅] tuò <文>ふしだらである.放逸である.[〜弛 chí]同前.

[蘀] tuò [活 huó〜]植ツウダツボク:[通 tōng 脱木]の古称.

tuò～wā

[拓・撜] tuò〈文〉(草や木の)落葉や脱落した樹皮.

[箨・籜] tuò 竹(筍)の皮:〔竹zhú皮〕に同じ.→〔箬ruò②〕

[唾] tuò ①つば.つばき.〔~沫〕同前.だんつば.②つばを吐く.〔~唾沫〕同前.③(つばきを吐いて)いやしむ.唾棄(き)する:激しい憤りを表す.→〔唾骂〕

唾骂 tuòmà つばを吐きかけ罵る.口汚く罵る.

唾面自干 tuòmiàn zìgān〈成〉顔につばを吐きかけられても拭くことすらせず,自然に乾くのを待つ:侮辱を受けても自若としている.

唾沫 tuòmò つば.〔吐tù沫〕ともいう.〔口kǒu水②〕は通称.〔馋chán得他直咽~〕物が欲しくてしきりにつばをのみ込む.〔~盒儿hér〕(小さい)たんつぼ.〔~星xīng~〕飞び散るつば.→〔唾液〕

唾弃 tuòqì つばを唾(き)するんで人と思わない.〔贪官污吏,人人~〕汚職官吏をだれもが忌み嫌う.

唾手 tuòshǒu 手につばする:事のきわめて容易なさま.〔~可得〕たやすく容易に得られる.

唾涎 tuòxián 唾液.よだれ.

唾腺 tuòxiàn ⇒〔唾液腺〕

唾液 tuòyè =〈文〉津jīn液〕〔唾液.〔~酶méi〕プチアリン.〔~腺xiàn〕〔唾腺〕〔涎xián腺〕⑤理唾液腺.→〔唾液〕

唾余 tuòyú〈喩〉(他人の)取るに足らない言論(意見).〔拾人~〕同前を拾ってきて自分のものとする.

[魄] tuò →〔落luò 拓〕→ bó pò

W

wa   ㄨㄚ

[屲] wā くぼ地.漫màn~〕甘肃省にある.

[凹] wā〈方〉地名用字.〔茹rú~〕𨻽河南省にある.→ āo

[圵] wā 地名用字:〔朱家~〕〔王~子〕いずれも陕西省にある.

[窊] wā 地名用字.〔赤泥~〕𨻽山西省にある.

[甈] wā 地名用字.〔~底〕𨻽山西省にある.

[洼・窪] wā ①〈形〉(地面が)低くなっている.くぼんでいる.〔这块地方~〕この土地は非常にくぼんでいる.〔坑kēng坑~~〕穴ぼこやくぼみの多いさま.〔~儿〕くぼんだ所.くぼみ.〔水~儿〕〔水~子〕水たまり.〔蓼liǎo儿~〕(水10)〔地〕沼:梁山伯の別称.②(地面が)落ち込む.くぼむ.

洼地 wādì =〔凹āo地〕①低い土地.低地.くぼ地.②〈転〉人・物・金などが流れ込む場所.〔~效应〕同の効果.

洼田 wātián 低地にある田.

洼陷 wāxiàn (地面が)落ち込む.くぼむ.

洼心脸(臉) wāxīnliǎn~儿 しゃくれ顔.

洼子 wāzi 水たまり.〔水~〕同前.

[哇] wā ①〈擬〉(泣き声・叫び声)ワア.ワッ.〔一个小姑娘认生,我逼她,她生平不笑,反倒一的一声哭起来了〕この娘さんは人見知りをして,わたしがあやしても笑うどころか泣きだ
してしまった.②〈吐く音〉ゲーッ.〔~的一声把刚吃的东西全吐tù了〕ゲッ食べたばかりのものを全部吐き出してしまった.→ wa

哇啦 wālā〔哇喇〕とも書く.〈擬〉ワイワイ.ガヤガヤ.ギャーギャー(やかましい声).〔不像平日那么～的,用低微的声音回答〕いつものようにガミガミとではなく,低い声で答えた.

哇塞 wāsāi〔哇噻〕とも書く.〈口〉わーっ.すごい:驚き・興奮などを表す.

哇哇 wāwā〈擬〉ワーワー.カーカー(カラスの鸣き声).赤ん坊の泣き声.

哇呀呀 wāyāyā わいわいわめく声の形容.〔气得～乱叫〕怒ってわいわいわめきたてる.

[蛙(鼃・黽)] wā 動 カエル:〔蛙蝼lóu蝈〕①は文語.
〔青qīng~〕〔黑斑~〕トノサマガエル.〔虎皮~〕トラフガエル.〔金线~〕ブランシーガエル.〔雨~〕〔树shù~〕アマガエル.〔姬jī~〕ヒメアマガエル.〔牛~〕〔喧xuān~〕〔食用~〕ウシガエル(ショクヨウガエル).〔田鸡~〕〔坐鱼〕はふつう〔青~〕をいうが,〔金线~〕〔虎斑~〕なども含めて食用される蛙をいう.〔土~〕〔蛤há蟆〕〔虾há蟆〕〔蟾chán蜍〕ヒキガエル.ガマ(イボガエル).〔哈士~〕〔(中国)林~〕アカガエル.〔泽zé~〕ヌマガエル.〔无斑雨~〕フチナシアマガエル.マンシュウヒキガエル.→〔怒nù蛙〕

蛙鼓 wāgǔ〈喩〉蛙の鳴き声.

蛙鸣 wāmíng 蛙の鳴き声.〈喩〉付和雷同の議論.〔～蝉chán鸣〕〈成〉蛙や蝉の鳴き騒ぐこと.〈喩〉⑧夏の夜のワーワー騒ぐばかりの無内容な議論.

蛙女 wānǚ〈喩〉女子水泳選手.

蛙人 wārén ①〈喩〉水泳のうまい人.〔他是～〕彼はカッパだ.=〔水shuǐ鬼①〕②ダイバー.フロッグマン:〔潜qián水员〕の別称.

蛙跳 wātiào カエル跳び.

蛙王 wāwáng 凤平泳ぎ金メダル選手.

蛙泳 wāyǒng 凤平泳ぎ.ブレスト:〔蛙式游泳〕ともいう.〔一百公尺～〕100メートル平泳ぎ.

[挖(穵)] wā ①〈動〉(スコップなどで)掘る.穴を掘る.発掘する.〔~地洞〕深さ(奥行き)のある穴を掘る.〔~一个坑〕穴を一つ掘り壁を築く.→〔掘jué〕〔掏táo〕②(スプーン状のもので)すくいとる.ほじくり出す.えぐる.〔本来我的饭还不够吃呢,他抢着一了一碗去〕ぼくの飯は元来足らないのに,彼はむりに一杯すくって行っちゃった.→〔挖耳(朵)〕③〈転〉人を引き抜く.〔从我们手里把专家一走了〕我々のところから専門家を引き抜いていった.④〈方〉人のいやがることを言う.→〔挖苦〕⑤〈方〉(爪で)つねる.つまむ.

挖鼻子捣眼 wābízi dǎoyǎn 〈方〉手厳しく责めとがめる.〔你这么～地数shǔ落人,反倒不能让人信服你〕そんなに情け容赦なく人を責めると,かえって人に信服されなくなる.

挖裱 wābiǎo くりぬき表装:表具の一方法で,表装をくり抜いて書画を現したもの.

挖补 wābǔ (よくないところを)切り取って補う.くり抜いて繕う.継ぎ張りする.〔这一个字我写错了得～一下〕この字は書き違えたから切り張りせねばならない.

挖单 wādān〈方〉①衣服保管中の風呂敷に類するもの:寝るときに二重になった風呂敷形のもので一隅に紐がついている.②手品に用いる仕掛けのある布.③[2]前掛け式のナプキン:宴会の際,特に婦人が衣服を汚さないように掛けたもの.

挖垫 wādiàn 旧女性の手芸の一種:布から各種の模様を切りとり裏から色布をあてて作成する.

挖洞 wādòng 横穴を掘る.
挖耳(朵) wā'ěr(duo) ①耳をほじる.耳垢をとる.②耳掻き:〔耳挖子〕に同じ.
挖方 wāfāng 土木工事で掘り出した土と石の体積.
挖改 wāgǎi 組版の版面の部分を改訂する.
挖岗 wāgǎng 職探しをする.
挖根(儿) wāgēn(r) ①根を掘る.根こそぎにする.②〈喩〉根を絶つ.もとを絶つ.
挖黑 wāhēi 暗黒面を暴露する.
挖角 wājiǎo ヘッドハンティング(する).優秀な人材を引き抜く:〔挖墙脚〕に同じ.
挖窖 wājiào 穴倉を掘る.
挖井 wājǐng 井戸を掘る:〔打 dǎ 井〕〔凿 záo 井〕ともいう.
挖掘 wājué 掘る.掘りおこす.〔～潜 qián 力〕潜在力を掘りおこす.〔～地下的财富〕地下の富を掘り出す.〔～机〕掘削機.パワーショベル.土砂掘削機.
挖空心思 wākōng xīnsī 〔慣〕なけなしの知恵を振りしぼる.苦心惨憺する.ありったけの(悪)知恵を出す.
挖苦 wā·kǔ 嘲弄する.いやがらせを言う.なぶる.皮肉を言う.けなす.〔不要～刻薄〕冷やかしたり,いじめたりしてはいけない.〔那件事他不肯对我说,下次遇见了他,我要～他一顿〕あのことを彼はわたしに言おうとしないが今度あったらひとつ冷やかしてやろう.〔这不是～我吗〕これはわたしを皮肉っているのではないか.
挖拉 wāla 〈方〉たずねる.探す.〔这是个稀 xī 罕物儿,叫我再上哪儿～去〕これはめったにないものだ,どこへ行ってもう一つ探して来いというのがね.
挖煤 wāméi 石炭を採掘する.
挖门子 wāménzi パイプを求める.コネを探す.裏から手を回す.〔托人～〕人に頼んで手づるを求める.
挖泥 wāní 浚渫(しゅんせつ)する.泥をさらう.土を掘る.〔～船 chuán〕浚渫船.〔浚 jùn 泥船〕に同じ.〔～机〕浚河机.〔疏 shū 浚机〕浚渫機.〔～工作〕土さらえ作業.
挖潜 wāqián 潜在力を掘り起こす.
挖墙脚 wāqiángjiǎo ①土台を掘り崩す.〈喩〉(人や集団の行動や計画を)すっかりダメにする.②⇒〔挖角〕
挖穷根 wāqiónggēn 貧乏の根本原因をとり除く.
挖人 wārén 人材をスカウトする.
挖肉补疮 wāròu bǔchuāng ⇒〔剜 wān 肉补疮〕
挖土 wātǔ 土を掘る:〔掘 jué 土〕に同じ.〔～机〕掘土机.パワーショベル.
挖眼 wāyǎn ①〔一儿〕孔(あな)をあける.②目をえぐり出す.〔挖眼睛〕同前.〔～剖 pōu 心〕目玉をえぐり胸を裂く.
挖眼刀 wāyǎndāo ⇒〔镗 táng 刀〕
挖凿机 wāzáojī 掘土機.〔汽力～〕蒸気掘土機.〔水力～〕水力掘土機.

〔娲・媧〕wā →〔女 nǔ 娲〕

〔娃〕wá ①〔一儿〕赤ちゃん.小さな子ども.〔男～〕男の同前.②息子さん.また娘.③〈方〉動物の子.〔鸡 jī ～〕ひよこ.〔猪 zhū ～〕子豚.④固美女.

娃娃 wáwa ①赤ちゃん.赤ん坊.小さな子供.〔小～〕同前.〔胖 pàng ～〕太った子供.→〔婴 yīng 儿〕②人形.〔布～〕ぬいぐるみ.〔洋 yáng ～〕西洋人形.
娃娃脸 wáwaliǎn ①童顔.頬のふくれた小児の顔.②最上等の珊瑚,まだ潤いのある赤色の磁器.
娃娃亲 wáwaqīn 男女の幼児の親同士での婚約.

娃娃生 wáwashēng 圏子役(の俳優):〔生 tan〕の一種.
娃娃鱼 wáwayú 動オオサンショウウオ:〔大 dà 鲵〕の俗称.→〔鲵 ní ①〕
娃子 wázi ①〈方〉赤ちゃん.小さな子ども.②〈方〉動物の子.〔猪 zhū ～〕子豚.③旧(凉山など)少数民族地域における奴隷.

〔瓦(瓦)〕wǎ (Ⅰ)①瓦(かわら).〔板～〕平～〕ひら瓦.〔脊 jǐ ～〕棟瓦.〔筒 tǒng ～〕丸瓦.〔小青～〕蝴 hú 蝶～〕中国瓦.〔琉 liú 璃～〕るり瓦.釉薬をかけた光沢のある瓦.〔瓦房〕②粘土を用いた素焼きの土器.→〔瓦罐〕〔瓦盆〕③瓦の形に似た品物.〔轴 zhóu ～〕軸おおい.〔瓦圈〕④旧大都市の歓楽地.→〔瓦舍〕⑤古代の紡錘.陶製いとまき.〔转〕女児.⑥〈姓〉瓦(が).
(Ⅱ)電ワット.→〔瓦特〕 → wà

瓦卜 wǎbǔ 固瓦占い:瓦を打ってそのひび・われ目を見て吉凶をトすること.
瓦茬儿 wǎchár 〔方〕瓦渣〕土器の破片.瓦のかけら.
瓦当 wǎdāng 瓦当(が)〕軒丸瓦の丸い端の模様や文字のあるところ.〔～文〕同前に刻してある文字:多くは吉祥のもの.
瓦杜兹 wǎdùzī 地ファドーツ:〔列 liè 支敦士登公国〕(リヒテンシュタイン公国)の首都.〔发 fā 图兹〕ともいった.
瓦垛 wǎduò 瓦の小積み.
瓦房 wǎfáng 〔瓦屋〕瓦葺きの家.→〔灰 huī 棚〕
瓦缝(儿) wǎfèng(r) 瓦の継ぎ目(屋根).
瓦釜雷鸣 wǎfǔ léimíng 〈成〉土釜が鳴り響く:才能なき平凡な者が権勢をふるうような地位につく.
瓦工 wǎgōng ①瓦ぶきの仕事.②=〔瓦匠〕瓦ぶき職人.→〔泥 ní 水活〕
瓦沟 wǎgōu 建屋根瓦のうねとうねの間にできる溝形の部分:溝の底は,凹形の瓦が両脇の瓦を受けながら縦に並ぶ.→〔瓦垄〕
瓦棺 wǎguān 固素焼きの棺.
瓦管 wǎguǎn 土管.
瓦罐 wǎguàn 素焼きの壷・かめ.〔～鼻〕かめのふちについている取っ手.〔～不离井上破,将军难免阵上亡〕〈諺〉水壷はどのみち井戸脇で壊れ,将軍はいずれは戦場で討ち死にする:さだめ(危険)からは逃れられないこと.
瓦桁 wǎhéng 建瓦葺き屋根の棟:〔瓦脊〕ともいう.
瓦灰(色) wǎhuī(sè) 色濃灰緑色(の)
瓦加杜古 wǎjiādùgǔ 地ワガドーグ:〔布 bù 基纳法索〕(ブルキナファソ)の首都.
瓦匠 wǎjiàng ⇒〔瓦工②〕
瓦解 wǎjiě 瓦解する(させる).崩壊する.〔土崩 bēng ～〕土が崩れ瓦がばらばらになるように崩壊する.〔冰消～〕〔冰消〕崩壊消滅する.〔～敌人〕敵を壊滅する.→〔解体〕
瓦垄铁 wǎkēngtiě 屋根葺き用波板.亜鉛びき波状トタン板.
瓦块儿 wǎkuàir かわら.またはその破片.
瓦块鱼 wǎkuàiyú 魚の大きく切った切り身.
瓦剌 wǎlà 固ウェラト(オイラート):明代の蒙古の部族名.〔卫 wèi 拉特〕は清代の呼び名.〔额 é 鲁特〕〔厄 è 鲁特〕とも書いた.
瓦莱塔 wǎláitǎ 地バレッタ:〔马 mǎ 耳他共和国〕(マルタ共和国)の首都.
瓦蓝 wǎlán 色濃い藍色(の).
瓦楞 wǎléng 瓦葺き屋根のうね:〔瓦垄〕に同じ.〔～帽 mào〕庶民の用いた帽子の一種:瓦のうねのような溝が縦に走っており,士大夫の〔方巾〕(文人の

wǎ~wāi

帽子)と区別された.〔～纸 zhǐ〕段ボール(紙)
瓦楞铁皮 wǎléng tiěpí ⇒〔波 bō 形铁(皮)〕
瓦楞子 wǎléngzi ⇒〔蚶 hān 子〕
瓦砾 wǎlì 瓦と小石.がれき.〈喩〉価値のないもの.〔成了一片～场〕一面の瓦礫(ﾞ゙゙ﾚ゙ｷ)場となった.
瓦亮 wǎliàng 非常に明るい.〔锃 zèng 光～〕ぴかぴかと光っている.
瓦垄 wǎlǒng〔瓦楞〕に同じ.瓦葺き屋根のうね:田のうねの形に似ている.→〔瓦沟〕
瓦面纸 wǎmiànzhǐ 屋根葺き用フェルト.〔双层～〕屋根葺き用二重フェルト.
瓦模 wǎmú 瓦の型.
瓦木作 wǎmùzuò 建築職人:大工と左官を兼業する業種.
瓦努阿图 wǎnǔʼātú バヌアツ:正式には〔～共和国〕.首都は〔维 wéi 拉港〕(ポートビラ)
瓦盆 wǎpén 素焼き製の洗い桶.鉢.〔这～有个罅 xià 眼,直渗 shèn 水〕この洗い桶にはひび割れがあり,しきりに水がしみ出る.
瓦坯(子) wǎpī(zi) ⇒〔瓦胎〕
瓦片 wǎpiàn ①瓦.(のかけら). ②〈方〉家屋のたとえ.〔吃～〕家を貸して生活する.
瓦器 wǎqì 土器.素焼きの器.→〔瓷 cí 器〕〔陶 táo 器〕
瓦圈 wǎquān (自転車などの)リム.〔车 chē 圈〕〔轮 lún 圈〕に同じ.
瓦全 wǎquán〈喩〉体面をかまわずひたすら生きのびること.〔宁 nìng 为玉碎不为～〕むしろ玉砕すべきで気節もなく命を惜しむべきでない.←〔玉 yù 碎〕
瓦色曼氏反应 wǎsèmànshì fǎnyìng ⇒〔乏 fá 色曼反应〕
瓦舍 wǎshè ①〈文〉瓦葺きの家.〔～千间〕〈喩〉広壮なる建物. ②〔瓦子〕困妓楼.〔史进转入城中,径到西瓦子李瑞兰家〕(水69)史進は街に入って,西の遊廓地にある李瑞蘭の家へ向かった.→〔行 háng 院〕
瓦时 wǎshí 电ワット時:電力量の実用単位.〔千～〕キロワット時.〔计〕ワット計.
瓦斯 wǎsī〔嘎 gā 斯〕の音訳ガス:ふつう〔气 qì ①〕を用いる.ⓐ石炭ガス〔煤 méi 气〕の別称.〔～库 kù〕. ⓑメタンガス〔沼 zhǎo 气〕の別称.ⓒ〔毒ガス.〔～弹 dàn〕毒ガス弾.
瓦松 wǎsōng〔昨 zuó 叶何草〕ツメレンゲ.またの近縁種:屋根瓦や石の隙間などに生える.
瓦胎 wǎtāi 焼く前の瓦.生地のままの瓦:〔瓦坯 pī (子)〕に同じ.→〔瓷 cí 胎〕
瓦特 wǎtè 〈音訳〉电ワット:電力また仕事率の単位.記号:W.〔窝 wō 特〕ともいった.〔瓦(Ⅱ)〕は略称.〔千 qiān～〕〔千瓦〕〔旺〕キロワット.〔～(小 xiǎo)时〕ワット時.〔～小时计〕电 diàn 度表〕電力計.ワットメーター.
瓦筒 wǎtǒng 半円筒型の瓦.
瓦韦 wǎwéi 〔瓦松〕
瓦瓮 wǎwèng 陶製のかめ.
瓦屋 wǎwū ⇒〔瓦房〕
瓦藓 wǎxiǎn 屋根瓦の日陰部に生える苔の類:〔瓦衣 yī〕〔屋 wū 游〕とは別称.
瓦砚 wǎyàn 宫殿の古い瓦で作った硯.
瓦窑 wǎyáo 瓦を焼くかまど.
瓦渣 wǎzhā ⇒〔瓦茬儿〕
瓦子 wǎzǐ ⇒〔瓦舍②〕
瓦作 wǎzuò 瓦職人.→〔泥 ní 水匠〕

〔佤〕 **wǎ** 〔～族 zú〕ワ族:中国少数民族の一.雲南省に居住する.もと〔佧 kǎ～族〕といった.

瓦佤袜喔腽哇呙呙

〔瓦(瓦)〕 **wà** 瓦を葺く(屋根の).〔～了四十块瓦 wǎ〕40枚の瓦を葺いた.
→ wǎ
瓦刀 wàdāo 左官用の壁塗りごて.
瓦瓦 wàwǎ 瓦を(屋根に)葺く.

〔袜・襪(韈・韤)〕 **wà** ①靴下.〔丝 sī～〕絹靴下.〔尼 ní 龙～〕ナイロン靴下.〔毛～〕毛の靴下.〔棉 mián～〕ⓓ旧式の綿入れの布製靴下.ⓑ綿(ﾒﾝ)靴下.〔线 xiàn～〕綿製靴下.〔双 shuāng 夹底～〕二重底の靴下.〔短～〕〔短筒～子〕ソックス.〔长～〕〔长筒～子〕ハイソックス.ストッキング.〔无缝长～〕シームレスストッキング. ②旧式の布製靴下:足袋(ﾀビ)に似ていた大きなもの.〈方〉～头(ル)ともいもう.〔足 zú 衣〕は旧称. → mò

袜板儿 wàbǎnr ⇒〔袜子板(ル)〕
袜穿鞋绽 wàchuān xiézhàn〈成〉靴下に穴があき,靴はほころびる:奔走し疲れるさま.
袜船 wàchuán〈方〉筒の部分のない旧式の布製の靴下:形は布靴に似て足底が入るだけのもの.
袜带(儿) wàdài(r) 靴下止め.靴下バンド.〔吊 diào～〕靴下つり.ガーター.
袜底(儿) wàdǐ(r) ①靴下の底の部分. ②(補強のため)靴下の底に付けたあて布.
袜口儿 wàkǒur 靴下の上端.はき口.
袜裤 wàkù 脚タイツ.
袜绒 wàróng 梳梳毛织〕ウーステッド.
袜套(儿) wàtào(r) ①靴下カバー. ②ソックス:〔短 duǎn 袜〕に同じ.
袜筒(儿) wàtǒng(r) =〈方〉袜靿子〕靴下の足首より上の部分:〔袜统(ル)〕とも書いた.
袜头(儿) wàtóu(r) →字解②
袜线 wàxiàn〈謙〉非才(ﾞ).短才:多芸ではあるが長じているものは無い.靴下の縫目に使ってある糸は短いことから.〔～铅刀〕に一之才〕同前.
袜楦儿 wàxuànr ⇒〔袜子板(ル)〕
袜靿子 wàyàozi ⇒〔袜筒(ル)〕
袜子 wàzi 袜靴下.〔～板(ル)〕靴下を修理する時,中にあてる木型:〔袜板儿〕〔袜楦儿〕〔袜板子〕ともいう.

〔喔〕 **wà**〈文〉①飲み込む. ②笑う.
喔噱 wàjué〈文〉大笑いする.〔执书～,不能离手〕(曹丕・答鍾繇書)本を持ったまま大笑いして,本から手を離すことができない.

〔腽〕 **wà**
腽肭 wànà〈文〉よく肥えたさま.
腽肭脐 wànàqí 中医オットセイまたはアザラシの陰茎と睾丸:強壮強精剤に用いる.
腽肭兽 wànàshòu 动オットセイ:〔海 hǎi 狗〕の別称.

〔哇〕 **wa** 語気助詞〔啊〕の直前の音節がao・ou・u である場合に〔～〕となる.〔好 hǎo～!眼看这座楼盖成了〕いやそ!このビルはもうすぐ落成だ. → wā

wai ㄨㄞ

〔呙・咼〕 **wāi**〈文〉(口が)ゆがんでいる:〔喎〕に同じ. → guō

〔喎・喎〕 **wāi**〈文〉ゆがんでいる.斜めになっている:〔呙〕〔歪①〕に同じ.〔口眼～斜 xié〕成〕口や眼がゆがんでいる:顔面神経の麻痺.

歪喂捼崴跮 wāi~wǎi

〔歪〕 wāi ①ゆがむ(んでいる).斜めになる.傾く(いている).〔戴着帽子〕帽子を斜めにかぶっている.〔一溜~斜〕足元が不確かで身体がかたむく.↔〔正 zhèng ①〕→〔斜 xié ①〕 ②(行動が)正しくない.正当でない.〔这人很正派,没有邪 xié ~的〕人となりは非常にまっとうで曲がったところはない. ③〈口〉身をあずけて休む.もたれて横たわる.〔在沙发上~一会儿〕ソファの上でしばらく横になる. ④〈方〉(責任や罪過を)なすりつける.あしざまに言う.誣(い)る.〔我一清二白,不怕谁~我〕わたしは潔白なんだ,誰があしざまに言っても怖くない.〔你别~人家〕他人を中傷するな. ⑤〈方〉よくない.悪い.にせである.はずれている.〔~票〕偽チケット.〔想~了〕誤解した.〔一说好说,他才算答应了〕あれやこれやと説得したので,彼はやっと承諾した. ⑥〈口〉一定の時刻を過ぎた時分になる.〔响午~了〕昼過ぎになった.

歪憋 wāibiē =〔歪瘪〕〈白〉勝手なことをする.ごねる.

歪搏横狼 wāibó hénglǎng 〈慣〉きちんとしていないさま.おかしな様子.ばらばらなさま:〔歪霸横梁〕〔歪不横榔〕とも書く.〔在大槐树底下,小崔的车~的放着〕(老·四·惶 8)えんじゅの老木の下には,小崔の車が変な格好に置いてある.

歪脖儿 wāibór 〔歪脖子〕ともいう. ①首まがり. ②首をかしげる.

歪脖子树 wāibózishù 曲がった樹.

歪才 wāicái 小才(のある人).変な才能(の持ち主).異才(の持ち主).

歪缠 wāichán =〔歪厮缠〕無理を言ってやめない.いいがかりをつける.しつこくつきまとう.〔他和她~不休〕彼は彼女にしつこくつきまとうからたまらない.

歪词儿 wāicír 〈方〉人を陥れる話.ろくでもない話.横車を押す話.逃げ口上.

歪打正着 wāidǎ zhèngzháo 〈成〉けがの功名.まぐれあたり.〔我还为这事耽心,没想到~〕この事のために心配していたのですが,けがの功名でこんなにうまくいったとは.

歪道 wāidào ①邪道.よからぬやり方.不正な手段.〔年轻轻的,可不能走~〕若い者が道を踏みはずしてはいけない. ②悪だくみ.〔别听他那~〕彼のあの悪だくみに乗ってはいけない.

歪点子 wāidiǎnzi ゆがんだ考え.正しくない方法.〔这个家伙净出~〕あいつときたら,いつもまちがった考えを出す.

歪风 wāifēng よからぬ気風.悪い風潮.良くない傾向.〔~邪气〕〈成〉ゆがんだ気風.悪しき風習.

歪话 wāihuà 道理に背いた話.理不尽な話.嫌な話.

歪经 wāijīng ⇒〔歪嘴和尚〕

歪理 wāilǐ 屁理屈.筋の通らぬ強弁.

歪轮 wāilún ⇒〔凸 tū 轮〕

歪毛儿 wāimáor 〈方〉 ①幼児の髪型の一種:頭上に小さく円形に髪を残すか~垂らす(垂らす方向は前方,後方,側面といろいろある). ②〈転〉わんぱく小僧.〔~淘 táo 气儿〕④わんぱく.やんちゃ. ⑤正業を持たない者.ちんぴら.

歪门邪道 wāimén xiédào 〈成〉よこしまなやり方や悪だくみ:〔邪门歪道〕同じ.

歪脑筋 wāinǎojīn ゆがんだ考え.まちがった思想.〔动~〕よくない考えを起こす.

歪派 wāipài 〈方〉人のことで作り話を言う.デマを飛ばす.〔你可别~我〕人を中傷するな.②誤解する.まちがえて悪くとる.

歪撇 wāipiě ⇒〔歪憋〕

歪七扭八 wāiqī niǔbā 〈慣〉いびつでゆがんでいるさま:〔歪七斜八〕ともいう.〔~的东西〕あれこれがんだ品物.

歪曲 wāiqū 歪曲する.事実を曲げる.〔~事实〕事実を曲げる.

歪人 wāirén 〈方〉ひねくれた人.理不尽な人.横暴な人.

歪哨 wāishào 〈方〉八百長判定.

歪诗 wāishī 格に合わない詩.へたな詩. →〔打 dǎ 油诗〕

歪厮缠 wāisīchán ⇒〔歪缠〕

歪歪倒倒 wāiwāi dǎodǎo 〈慣〉 ①安定していないさま.~地走到墙边〕ふらふらと壁ぎわに歩み寄る. ②きちんとしていないさま.〔字写得~的〕字の書き方がばらばらで不揃いだ.

歪歪扭扭 wāiwāi niǔniǔ 〈慣〉曲りゆがんでいるさま.曲がって形が悪いさま:〔歪歪拧 nǐng 拧〕ともいう.〔字写得~的〕字が曲がっている.

歪歪 wāiwai 〈口〉ゆがんでいる.正しくない.〔~事不能做,~道儿不能行〕ゆがんだ事はしてはならない,正しくない道は進むべきではない.

歪斜 wāixié 斜めである.曲がり傾いている.いびつである.〔牌子挂得有些~〕立て看板はやや斜めに掛けてある.

歪心 wāixīn 正しくない心.ひねくれた心.〔~邪 xié 意〕同前.

歪主意 wāizhǔyì よくない考え.まちがった考え.〔出~〕〔动~〕〔拿~〕悪い考えを考え出す.

歪嘴 wāizuǐ ①曲がった口. ②口をゆがめる.〔~吹喇叭,一团邪气〕〈歇〉口を歪めてラッパを吹くと息が斜めになりすがって吹く〕と〔邪 xié 气〕が同音で"邪気満々"の意.

歪嘴和尚 wāizuǐ héshang お経を間違えて読む坊主.〈喩〉方針·政策を執行する時不正な行動する幹部.〔~念经〕〔~念歪经〕〈慣〉方針·政策が正しくても,それを執行する人が都合のいいように歪めてしまうこと.

〔喂〕 wāi 感動詞.おい.もしもし:呼びかけの語.〔~!上哪儿啊〕もしもし,どちらへ.〔~~!您是哪儿〕もしもし,どちらさんですか(電話で).〔水牛儿水牛儿,先出犄角,后出头,~!〕でんでんむしかたつむり,角出せ槍出せ頭出せ,ほい.〔听见了没有?~!〕聞こえたかね,おい.→〔喂 wèi Ⅱ〕

〔捼〕 wāi 〈口〉(容器で液体を)すくう.〔舀 yǎo〕に同じ.

捼咕 wǎigu 〈方〉(物を)なぶる.いじり回す.〔这个收音机没什么大毛病,~就好了〕このラジオはどこも故障はない,ちょっといじればいい.〔这件事可是没法~〕この事は全く手のつけようがない.

捼泥 wǎiní ⇒〔崴泥〕

捼着 wǎizhe 〈方〉(物を)ひじにかける.〔你拿着包袱,我给你~篮子〕きみは風呂敷包みを持ちなさい,かごはわたしが~にかけて〕持つから.

〔崴〕 wǎi ①〈方〉山道や川の曲がったところ.②(山道が)でこぼこしている.〔~路〕 →〔踒〕= wēi

崴泥 wǎiní どろ沼にはまり込む.厄介なことになる:〔歪泥〕〔捼泥〕とも書いた.〔地里活儿这么忙,这两天偏偏下雨,~不~〕野良仕事が忙しいというのに,あいにく二日も雨降りでは,まったく困ったもんだ.〔兔儿爷掏耳朵,~〕〈歇〉兎の泥人形が耳そうじをする:〔泥~〕と〔你~〕が同音でだめになる.

崴子 wǎizi 山道や川の曲がるところ.〔西~〕吉林省にある.

〔跮〕 wǎi =〔崴③〕①足をくじく.筋をちがえる.〔把脚给~了〕〔~了脚了〕足をくじいた.②〈転〉泥にはまる.ひどい目に会う.

外

[外] wài ①外(側).おもて.[内~]内そと.[门~]门の外.↔[里Iǐ ⑩②][内nèi ①] ②よそ(の).他(の).→[本běn⑤] ③外国(の).[对~贸易]外国との貿易.[中~]中国と外国. ④疎遠である.見知らぬ.[都不是~人]皆外様の人ではない(内輪ばかり).[没有~客]見知らない人はない.[见~]他人行儀である.よそよそしくする. ⑤母方の親戚,姉妹や娘の嫁ぎ先の親戚の意を表す接頭字.→[外孙][外祖父] ⑥そのうえ.それとは別に.ほか.→[外加] ⑦正式でない.正格(正規)でない.→[外号(儿)][外史] ⑧劇老年男子の役.男の老け役.

外奥林 wài'àolín ⇒[小xiǎo提琴]

外八字腿 wàibāzìtuǐ X脚:両足が外側に曲ってみえるもの.[膝xī外翻]ともいう.→[罗luó圈(儿)腿]

外班 wàibān 旧地方官の別称.

外版 wàibǎn 他社出版(書).

外包 wàibāo ①下請け(に出す).外注(する):[转zhuǎn包]ともいう.[~工人]下請け工.[承chéng包] ②外皮.全体を包む外表.

外包装 wàibāozhuāng ①外側の包装.[~金hé同前の盆].[内nèi包装]②喻ひかぶり.外面.

外报 wàibào ①外国の新聞.[外国报纸]の略. ②外国からの通信・報告.外信.

外币 wàibì 外貨.外国貨幣.[~汇票][外汇][外国货汇]外国為替.[~存款]外貨預金.

外边 wàibiān ①[~儿]外(側).外(の方).おもて(側):[外头儿]に同じ.[~的人]そとの人.[有人敲qiāo门]外で誰かがノックしている.[到~去散步]~出て散歩する.[床~]寝台の外側.↔[里lǐ边①] ②家庭外のところ.外地.遠方の他地.世の中.世間.[她儿ér子在~工作]彼女の息子はよそで働いている. ③表面.

外表 wàibiǎo 外表.外貌.[你光看~可不行]きみ,外側だけを見てはいけない.

外宾 wàibīn 外国(から)の賓客.外国人の賓客.→[内nèi宾]

外部 wàibù ①外表部.表面.外側. ②外部.範囲の外.[~董事]社外取締役:[独立董事]ともいう. ③国内務府以外の諸官庁.

外埠 wàibù 本地以外の都市.他都市.[~付款票据]他所払手形.↔[本běn埠].

外财 wàicái 本職以外のことでの収入.思いがけない収入.不時の収入.臨時の収入.〈転〉いかがわしい収入.[外快]に同じ.[人不得~不富;马不吃夜mǎ入~料不肥]〈諺〉分外の金を得ても金持ちにならないはその人の運命だ.

外餐 wàicān 外食する.

外层 wàicéng 外側の層.表層.[~空间][外空]大気圏外.宇宙空間.[~硬yìng化钢]①肌焼入鋼.

外差 wàichā 電ヘテロダイン.

外差 wàichāi 旧地方官庁勤務.

外场 wàichǎng ①[口>世渡り(がうまい).世故(にたける).社交(がうまい).[~的高手]交際のうまい人.[~劲儿]世故にたけた態度.わきまえた態度.世慣れした社交的才能.[~人(儿)]世馴れた人.老練な社交人. ②回[野球の]外野.↔[内nèi场②] ③旧屋外でする武芸の実技試験. ④回妓楼の召使い.外回りの仕事.[顾二是外回的,内场要陈妈一人招呼](茅・霜1)顧二は外回りの仕事ができるだけで,うちのことは陳媽一人で世話をやいている.

外钞 wàichāo 外国紙幣.外貨.

外朝 wàicháo 固皇居内で朝政を行う部分.

外臣 wàichén 固下臣が他国の君主に向かっての自称.

外城 wàichéng 内城(旧北京皇城区域)を外から囲む城郭.→[内nèi城]

外出 wàichū ①外出する.出かける.外地へ出る.出張する.[因公~]公務で出張する.[~谋móu生]故郷を出て(捨てて)外地で生計を立てる. ②表沙汰になる.外出.

外出血 wàichūxuè 医外出血.

外传 wàichuán ①他へ伝える.外部に知らせる. ②よその地の言い伝え.→wàizhuàn

外串 wàichuàn 劇劇の上演に他の一座の者が加わること.

外存 wàicún 電外部メモリー:[外存储器]の略.

外大父 wàidàfù ⇒[外祖父]

外带 wàidài ①外につく.付き添う.他に兼ねる.付帯する.[除他之外,~俩小孩儿]彼のほかに二人の子どもを連れる.[自高自大,~(者)不负责任]高慢自尊でおまけに責任をとらない. ②タイヤ:[外胎]の略. ③テイクアウトする.持ち帰る.

外待 wàidài 他人として扱う.[你到我家里,我哪能~你呢?]わが家に来てもらって,どうしてあなたを他人扱いなどしてきましょうか.

外道 wàidào 团(仏教の)外道(げどう). ②正統からはずれた説.不道徳な行動. ③又アウトコース.

外道 wàidao 他人行儀である.他人行儀をする.[我们又不是泛fàn泛的交情,你送客气假显着~了]わたし達はいいかげんな(浅い)交際でもないのに,君のように遠慮するとどうもよそよそしくていけない.[我们是老同学,你还~什么]我々は古い同窓なのに何をよそよそしくするのかね.[你犯不上这么~]そんなに遠慮するにはおよばない.

外敌 wàidí 外から来る敵.外敵.

外地 wàidì ①原籍地以外の地. ②自分のいる土地以外の地.よその土地(他省・他県など).[~人]よその土地の人. ③外地.外国.

外电 wàidiàn 外電:外国通信社による配信ニュース.

外电路 wàidiànlù 電外部回路.

外调 wàidiào ①(他地へ行って)聞き込み調査する.人員)同前の調査員.[派入~他的问题)人を外へやって彼のことについて調べる. ②他地に転任する(させる).回す.[~干部]幹部を移動させる.

外动词 wàidòngcí ⇒[及jí物动词]

外毒素 wàidúsù 医外毒素.細菌が分泌する毒素.

外对角 wàiduìjiǎo 数外対角.

外耳 wài'ěr 生理外耳:[耳郭]と[外听道]からなる.[~道][外听道]外耳道.[~道炎]医外耳道炎.[~门]耳の穴:[耳孔]ともいう.[耳朵眼儿]は俗称.

外藩 wàifān ①清蒙古・チベット・青海などの属領地. ②<文>封土を有する王や諸侯(の領地).

外方 wàifāng 外国サイド.外国側.

外访 wàifǎng 外国や外部の機構などを訪問(する).

外放 wàifàng 旧京師勤めから地方官に回されること.

外分泌 wàifēnmì 生理外分泌.[~腺xiàn]外分泌腺.

外稃 wàifū 植外かえい(花穎):小麦などの植物の花を包む外皮:[~]となる部分.その内側の薄い皮を[内nèi稃]という.

外敷 wàifū (薬を)外用(する).[~膏gāo药一张]膏薬を一枚張る.→[内nèi服]

外父 wàifù ⇒[岳yuè父]

外感 wàigǎn ①外の刺激に対する身体の感覚的反

外 wài

応.②[中医]風・寒・暑・湿・燥・火など外から入ってくる病因.また同前によって起こる病気.
外港 wàigǎng 外港.大都市の門戸となる港.
外稿 wàigǎo 外部からの原稿.
外公 wàigōng ⇒〔外祖父〕
外功 wàigōng （中国武術や気功で）主に筋骨を鍛える修業.〈転〉外的条件.→〔內 nèi 功〕
外购 wàigòu 外部から購入する.〔～件〕外注品.
外骨骼 wàigǔgé [生理]外骨格.
外观 wàiguān 外観.外見.〔～设计专利权〕[法]意匠権.
外官 wàiguān =〔外任〕[旧]地方官.→〔京 jīng 官〕
外国 wàiguó 外国.〔～朋 péng 友〕外国の友人.〔～话〕〔～语〕外国語.〔～人,外国人〕〔～侨民〕外国人居留者.〔～专家〕〔外专①〕〔◇洋 yàng 专家〕①外国人専門家.
外海 wàihǎi （陸地から離れた）外海.〔→內 nèi 海〕
外行 wàiháng ①素人(ろうと).→〔新 xīn 手〕 ②素人である.経験がない.〔～话〕素人の話.〔种庄稼他可不～〕彼は百姓仕事は素人ではない.↔〔內 nèi 行〕→〔力 lì 巴②〕
外航 wàiháng 外国航空会社.
外号(儿) wàihào(r) あだ名.ニックネーム.→〔绰 chuò 号〕
外踝 wàihuái [生理]くるぶしの外側の部分.
外怀 wàihuái[r] すぐ前方の右側.〔桌子放在～〕テーブルは右手前に置いてある.
外患 wàihuàn 外患.外国勢力の圧迫または侵略.〔～罪〕本国に通じ本国に危害を及ぼす犯罪.〔内忧～〕内忧外患.→〔内忧〕
外汇 wàihuì =〔外汇汇票〕[国 guó 际外汇兑]外国為替.外貨.〔～券〕外貨準備.〔～储 chǔ 备〕外貨準備.〔～大倾 qīng 销〕為替ダンピング.〔～兑换〕外国為替交換.〔～风险〕為替リスク.〔～挂牌〕〔～牌价〕外国為替公定相場.〔～管制〕外国為替管理制度.為替管理.〔～基金〕外国為替基金.〔～垄 lǒng 断〕外貨独占.〔～率〕為替レート.〔～配额〕外貨割当.〔～兑换券〕〔～兑换券(1980～1994年)〕.〔～市场〕為替市場.〔贸易～〕貿易による外国為替.〔外汇〕
外活(儿) wàihuó(r) ①（工場や手工業者がひきうける）外部からの仕事.②主婦などの手内職.
外祸 wàihuò 舶来品.外国商品.
外祸 wàihuò 外患.〔内战愈多～愈至〕内戦が多ければ多いほど外患もますます多くなる.→〔外患〕
外籍 wàijí ①外国籍.〔～华 人〕外国籍の中国人.〔～军团〕外人部隊. ②戸籍が当地ではないこと.外地籍.
外技 wàijì 外国技術.〔～引进〕同前を導入する.
外寄生 wàijìshēng [動]外部寄生.
外加 wàijiā その上.その外.さらに加える.〔雨加倾盆,～核 hé 桃大的電雹 báo 子〕雨は盆を傾けたように降り,その上くるみ大の雹(ひょう)を交えた.
外家 wàijiā ①⇒〔外祖家〕 ②＝〈文〉外宅①〔回妾宅,またの〕 ③〔这些日子老子子孑孑了个～〕（老.骆）このごろおやじさんはまた妾を囲った. ④少林寺拳法の別称.〔～拳 quán〕同前.→〔少 shào 林拳〕
外嫁 wàijià （女性が）その土地や外国に稼ぐ.〈喻〉企業が外国資本の傘下に入る.
外艰 wàijiān 〈喻〉父のなくなった喪(も).→〔内 nèi 艰〕
外间 wàijiān ①⇒〔外屋①〕 ②そと.外界.外の方.③〔文〕世の中.世間.
外间屋 wàijiānwū ⇒〔外屋①〕
外江 wàijiāng ①長江支流の河川:内外に分けていった. ②[旧]長江以南の地.〔～方〕長江中・下流

**一带. 〔～人〕同前の人. 〔～佬〕他省人.
外交 wàijiāo 外交.〔～部〕中央官庁の一.〔～部长〕〔外长〕外務大臣.〔～辞令〕外交辞令.〔～关系〕外交関係.〔～官〕外交官.〔～家〕外交家.〔～官员〕外交ビザ.〔～人士\,外交界〕外交筋.〔～特权〕〔～豁 huò 免权〕外交特権.〔～途 tú 径〕外交ルート.〔～团〕外交団.〔～邮袋〕外交カバン.
外角 wàijiǎo ①[数]外角.②[体]（野球の）外角.〔～好球〕外角ストライク.↔〔內 nèi 角〕
外教 wàijiào ①[旧]（仏教で）仏教以外の宗教.〔～的人〕異教徒.②外国(人)教師（コーチ）:〔外籍教师〕〔外籍教练〕の略.
外接 wàijiē [数]外接.〔～多边形〕外接多角形.〔～圆〕[数]外接円.
外界 wàijiè 外界.外部.〔～人士不明真相〕局外の人は真相がわからない.
外借 wàijiè 外部貸し（借り）出し（する）.〔阅览室的书一律不能～〕閲覧室の図書は一切貸し出ししない.〔～一批人才〕外部から大勢の人材を起用する.
外经贸 wàijīngmào 〔对 duì 外经济贸易〕の略.
外景 wàijǐng [劇]（舞台で）屋外であることを示す大道具や装置.②（映画で）オープンセット.野外シーン.〔拍摄〕ロケーションをする.〔～拍摄〕ロケーション.〔～队〕ロケ隊.〔～地〕ロケーション場所.→〔內 nèi 景〕
外净 wàijìng [劇]俳優の一種:明(え)雑劇の中にあって〔副 fù 净〕（補助役）に似てやや軽いもの.
外径 wàijìng 外径.
外舅 wàijiù 妻の父.〔岳 yuè 父〕の別称.
外军 wàijūn 外国の軍隊.
外卡 wàikǎ ①（カードゲームの）ワイルドカード.万能カード.②[体]ワイルドカード:特別に競技への参加を認める制度.③[電算]ワイルドカード.④外国発行のクレジットカード:例えば VISA・Master・JCB など(商標).
外卡钳 wàikǎqián [機]（外径をはかる）測径器.
外刊 wàikān 外国の雑誌などの刊行物:〔外国刊物〕外国期刊の略.
外科 wàikē [医]外科.〔～器材〕手術用器材.→〔伤 shāng 科〕
外壳 wàiké 外側.外殻.がわ.〔表的～长了锈了〕時計の外側にさびが出た.
外客 wàikè 見知らぬ客.なじみのない客.〔我们都是自己人吃便饭,没有～〕みな気のおけない（親しい）友達だけでご飯を食べるので,他に客はない.
外空 wàikōng 大気圏外.〔外层空间〕の略.
外寇 wàikòu 外敵.外国からの侵略者.
外快 wàikuài ＝〔外财〕正規外の所得.臨時所得.不時の収入.余得.余禄.〈転〉不正に得た金.〔利用空余的时间赚 zhuàn 些～〕余暇を利用してアルバイト収入を得る.
外来 wàilái 外来(の).外から来る.〔～词〕〔～语〕[語]外来語.〔～干部〕外区干部:地元出身でない幹部.〔～工〕他地から来た労働者.〔～户 hù〕よそ者.他所から来た人.また他地方から〔他地から入る商品.〔～流动人口〕外来流動人口.〔～妹〕田舎から都市へ（働きに）来た娘.
外劳 wàiláo ①外国へ輸出する労働力.②他地から来る労働力.
外力 wàilì ①[物]外力.②外部からの力.
外帘 wàilián →〔内 nèi 帘〕
外流 wàiliú 外部へ（国外へ）流れ出る.〔～河〕[地]直接・間接に海へ流入する川.〔黄金～〕金の国外流
外路 wàilù 他地方の.よそから来たもの.〔～货〕よそ

wài 外

から来た品物.舶来品.〔~人〕よそ者.〔~口音〕よその土地のなまり.
外露 wàilù 外に現れる.〔凶 xiōng 相~〕凶暴さがあらわになる.
外轮 wàilún 外国(船籍)汽船.
外螺纹 wàiluówén ＝〔螺丝牙〕ボルトなどの外面に刻まれた螺旋の溝.→〔螺丝板牙〕
外卖 wàimài (料理などを)宅配で売る.〔打电话叫~〕電話で同題を注文する.
外贸 wàimào 〔对 duì 外贸易〕の略.外国貿易.〔~服装〕輸出向け衣料.
外貌 wàimào 外貌.みかけ.外観.
外面(儿) wàimiàn(r) ①表面.見かけ.外側.〔~光〕(喩)外側がきれい.うわべがよい.②世間.世の中.〔他不懂得~〕彼は世の中のことがわからない.③外.〔窗户~〕窓の外に.
外脑 wàinǎo 〈喩〉外国または他地からの人材:専門家.
外派 wàipài 海外・他地へ(から)派遣する(される)
外皮 wàipí 外皮.表皮.被覆.カバー.
外篇 wàipiān →〔内 nèi 篇〕
外片(儿) wàipiàn(r), ~piānr 外国映画フィルム:〔外国片子〕の略.
外撇子 wàipiězi 〔口〕仲間はずれの者.同調しえない人間.のけもの.ひねくれもの.
外聘 wàipìn 外部から招聘する(される)
外婆 wàipó 〔口〕おばあちゃん(母の母).→〔外祖母〕
外戚 wàiqī 〔外亲〕①〈文〉帝王の母または后の一族.②母方および妻の里方の親戚.→〔外祖家〕
外企 wàiqǐ 〔外资企业〕の略.外資企業.〔~人〕同前に勤務する社員.
外气 wài·qì 〔方〕親しくなくて気づかいする.気がねする.遠慮する.〔谁都不用~〕誰も気がねをすることはない.
外迁 wàiqiān 外の土地へ引っ越す.
外欠 wàiqiàn ①外部への貸し金.〔~草账〕掛売帳.②借り(貸し)金の残額.貸し残金.〔除欠若干,~若干〕若干を受け取った以外,さらに若干が貸しになっている.
外强中干 wàiqiáng zhōnggān 〔成〕外見だけ立派で中身がない.みかけ倒し.→〔弸 péng 中彪外〕
外侨 wàiqiáo (国内に居住する)外国居留民.〔~登记法〕外国人登録法.
外切(多边)形 wàiqiē (duōbiān)xíng 〔数〕外接多角形.
外亲 wàiqīn ①女系の血統を引く親族.〔亲戚〕②⇒〔外戚〕
外勤 wàiqín 〔~记者〕外勤記者.↔〔内 nèi 勤①〕②同前に従事する人.
外倾 wàiqīng 外向(性)
外请着 wàiqǐngzhe 〔方〕外に出て行って.どうぞあちらの方へ:荒立てずに人を追い払う言い方.〔别在这儿嚷嚷 rāngrang,~吧〕ここでがやがや言わないで,あっちへ行きな.→〔滚 gǔn 〕
外曲线球 wài qūxiànqiú 〔又〕(野球の)カーブ.→〔曲线球〕
外燃汽锅 wàirán qìguō 〔機〕外燃ボイラー.
外人 wàirén ①他人.第三者.見知らぬ人.〔今天没有~,都是自己人〕今日は見知らぬ人はいない,皆身内の者だ.②外国人.③局外の人.グループ外の人.
外任 wàirèn ⇒〔外官〕
外商 wàishāng ①外国人投資家.②旧外国商人.
外伤 wàishāng 医外傷.→〔内 nèi 伤②〕
外设 wàishè ⇒〔外围设备〕

外肾 wàishèn 生理外肾:〔肾②〕ともいう.→〔睾 gāo 丸〕
外生殖器 wài shēngzhíqì 生理外性器.外部生殖器.
外省 wàishěng ①他省:〔本 běn 省〕に対していう.②地方の省(首都外の).〔~缺 quē〕旧地方の官職の欠員.
外甥 wàisheng ①おい.⑥姉妹の息子.⑥夫の姉妹の息子.〔~女(儿)〕めい.⑥姉妹の娘.⑥夫の姉妹の娘.→〔外甥〕 ②〔堂 táng 姐妹〕の子を〔堂~〕〔堂~女〕,〔姑表姐妹〕の子を〔姑表~〕〔姑表~女〕,〔舅 jiù 表姐妹〕の子を〔舅表~〕〔舅表~女〕,〔姨表姐妹〕の子を〔姨表~〕〔姨表~女〕,〔大姨(子)〕〔小姨(子)〕の子を〔姨~〕〔姨~女〕という.③→〔外孙〕
外甥打灯笼 wàisheng dǎ dēnglóng 〈歇〉甥(ぉぃ)が提灯をさしかける:甥に提灯をさしかけてもらうのは〔舅 jiù 舅〕(母の兄弟にあたるおじ,つまり提灯は〔照舅〕(おじさんを照らす)で,〔照旧 jiù〕(元どおり.元のまま)の意.
外食 wàishí 外食(する).〔~族〕(仕事が忙しいなどで)いつも外食し家では食事を作らない人.
外史 wàishǐ ①周地方に発する王令や地方誌などを書く役人.②〔正史でない〕野史・私記・小説の類.〔儒林~〕⑪清の呉敬梓の著になる長編小説の名.⑥文人のよく用いる別号の一種:"××外史"のように用いる.
外事 wàishì ①对外交業務.〔~机关〕外事機関.〔~工作〕涉外業務.〔~办 bàn〕〔~办公室〕外事事務室.②外の事.家庭外の事.
外室 wàishì 〔妾 qiè〕
外首 wàishǒu ⇒〔外头①〕
外手(儿) wàishǒu(r) 操作する車や機械の右側.→〔外头②〕
外书房 wàishūfáng 〔外院①〕にある書斎.
外水 wàishuǐ 予定外の利得.臨時の収入.→〔外快〕
外四路 wàisìlù 〈白〉疎遠な人.縁の遠い人.〔倒把~的什么宝姐姐凤姐姐的放在心坎儿上〕(紅28)かえって疎遠な人のことを宝ねえさんだとか鳳ねえさんだとかいって心にかけていらっしゃるのです.
外宿 wàisù 外泊(する).〔外出,~,旅行的自由〕外出・外泊・旅行の自由.
外孙 wàisūn 外孙:娘の男の子.〔口〕~子zi〕〔方〕外甥③〕ともいう.〔~女(儿)〕外孙女(儿):娘の女の子.
外胎 wàitāi (自転車・自動車などの)タイヤ:通称〔外带②〕という.→〔轮 lún 胎〕
外台 wàitái 外国のラジオ局.〔监听~〕外国の放送をモニターする.
外滩 wàitān 地バンド:上海の黄浦江岸一帯を指す.→〔洋 yáng 场〕
外逃 wàitáo 外国やよその土地へ逃れる.
外套(儿) wàitào(r) 服①外套.オーバー.→〔大 dà 衣〕〔大氅〕②ハーフコート.③窈礼服の上に着るチョッキ.
外听道 wàitīngdào ＝〔外耳道〕〔耳管〕生理外耳道.→〔内 nèi 伤②〕
外头 wàitou ①外(側).戸外(側):〔外边①〕〈方〉外首に同じ.〔~很冷〕外は寒い.〔~撑 chēng 着人脸を張る.②見栄を張る.⑥〈方〉(妻から)夫を指す:〔家里的〕に対して.⑥〈家族外の〉よその人.〔~院儿〕外庭.→〔里头①〕→〔里院〕②(喩)例えば右側通行の場合,左側の〔~〕となり,右側が〔里头②〕(内側)となる.〔~屋子〕表の部屋.

外 wài

外外 wàiwai 〔外甥①〕の愛称.甥っ子.
外围 wàiwéi 外部(の).外囲.〔~组织〕外郭団体.〔~子〕外のとりで.〔~设备〕周辺(装置).[電算]周辺(装置).〔~赛sài〕[スポ]大会への出場資格者(チーム)を選考する大会.
外文 wàiwén 外国語.外国文.外国の文字.〔~书〕外国書.〔~排字机〕欧文ﾗｲﾉﾀｲﾌﾟ.欧文植字機.〔~书店〕外国(語)の書籍を売る書店.
外屋 wàiwū [一]=[外间]〔外间屋〕[建]表へ通ずる部屋:〔正zhèng房①〕も〔厢xiāng房①〕も3部屋続いているのが普通で,両わきの部屋に入るには〔~〕へ入り,それから左右に分かれる.〔里屋〕が居室で,〔~〕はわきの部屋への出入りや応接間に使われる.→〔明míng间〕〔堂táng屋〕〔一yī明两暗〕　②外に近い部屋.③差しかけ.下屋(げ)：多く田舎で見られ,台所や物置きとして用いられる.
外侮 wàiwǔ 外国からの圧迫や侵略.〔抵dǐ御~〕外国からの侮りや圧迫に抵抗する.
外务 wàiwù ①外交.外務.〔~部〕[臺]外務部(省).②なすべきこと以外のこと.職務外のこと.〔里墨〕道楽(ばくちなど).〔一心无~〕少しも道楽気がない.
外弦 wàixián 〔胡琴〕(胡弓)の外側のやや細い糸.
外县 wàixiàn 他県.他州.〔他们都上~去了〕彼らは皆よその県へ行った.
外线 wàixiàn ①[軍]敵方を包む線.外線.〔~作战〕外線作戦.包囲作戦.②[スポ]ｱｳﾄﾗｲﾝ.③〔電話〕の外線.↔〔内nèi线③〕
外乡 wàixiāng 他郷.よその土地.〔~人〕他郷の人.〔~话〕他郷の言葉.〔~口音〕よその訛り.
外向 wàixiàng ①(性格が)明朗である.外向的である.↔〔内nèi向②〕　②国外の市場を向いている.〔~型企业〕国外市場向け企業.
外项 wàixiàng [数]外項.
外销 wàixiāo 国外売り(する).外国(人)向け販売.輸出(する).〔~公寓〕外国人向けﾏﾝｼｮﾝ.〔~市场〕輸出市場.↔〔内nèi销〕
外校 wàixiào よその学校.別の学校.
外邪 wàixié [中医]心身を損なう外界の事物.外面から来る邪悪.
外泄 wàixiè ①(気体・液体の)排出.漏出.②(機密の)漏洩.
外心 wàixīn ①ふたごころ.心変わり.〔我相信她不会有~〕彼女が心変わりするようなことはないと信ずる.②[数]外心.三角形の外接円の中心.
外星人 wàixīngrén 宇宙人.異星人.
外形 wàixíng 外形.外観.
外行星 wàixíngxīng 外惑星.
外姓 wàixìng ①本宗族以外の名字.同姓以外の姓.他姓.〔~人〕一族以外の人.②名字の異なる.
外需 wàixū 外需.↔〔内nèi需〕
外宣 wàixuān 対外宣伝.
外训 wàixùn (構成員に対する)外部での訓練(をする).→〔内nèi训①〕
外烟 wàiyān 外国ﾀﾊﾞｺ.輸入ﾀﾊﾞｺ.洋もく.
外延 wàiyán ①〔論理学上の〕外延:ある概念の及ぶ範囲.→〔内nèi涵①〕
外沿 wàiyán 縁.
外焰 wàiyàn [化]外炎.酸化炎.
外扬 wàiyáng 外に言いふらす.外に広く伝える.〔家丑不可~〕家庭内の醜いことは外に出してはいけない.
外洋 wàiyáng ①〈文〉海外.外国.②洋(よう)ざ.外海(そとうみ).〔~捕bǔ捞〕遠洋漁業.→〔远yuǎn洋〕　③[回]外国貨幣.

外爷 wàiyé ⇒〔外祖父〕
外业 wàiyè 出張業務.(ｵﾌｨｽの外の)現場作業.
外衣 wàiyī ①[服]上衣.ｺｰﾄ.〔他穿上了羊皮~〕彼は羊皮のｼﾞｬｹｯﾄを着た.②(本質を隠すものとして抽象的に)装い.被(かぶ)り.仮面.
外溢 wàiyì ①外にあふれ出る.②国外へ流出する.〔资金~〕資金が外国へ流れ出る.
外翳 wàiyì [中医]うわひ:瞳の表面に曇りを生じて物の見えない眼病.
外逸层 wàiyìcéng [地]大気圏外.大気圏の外側の層.
外因 wàiyīn [哲]外因.外的要因.↔〔内nèi因〕
外阴 wàiyīn [生理]外陰部.
外引 wàiyǐn 外部のものを引き入れる(资金・設備・技術・人材など).〔~内联〕同前と同時に内部のものを活性化する.
外影壁 wàiyǐngbì →〔影壁①〕
外用 wàiyòng ①[回]官吏の地方官に任命されること.②(薬)を外用する.〔~药yào〕外用薬.
外忧 wàiyōu 〈文〉外憂:外部から来る憂い.→〔外患〕
外语 wàiyǔ 外国語.〔~学院〕外国語大学.〔~角〕ⓐ外国語会話練習の場.ⓑ語学愛好者のｻｰｸﾙ.→〔母mǔ语〕
外域 wàiyù 〈文〉外国.
外遇 wàiyù 〈文〉(男女の)浮気.不倫.〔妻子有~〕妻に浮気相手がある.〔不bù安于室〕
外圆 wàiyuán 外側の円.
外援 wàiyuán ①外部からの援助.外国からの援助.②[スポ]外国人の助っ人.外国選手・ｺｰﾁ・監督.
外缘 wàiyuán 縁.
外圆内方 wàiyuán nèifāng〈成〉表面は穏やかだが内心は厳しい.うわべは丸い人柄に見えても,心の中ではしっかりした見解を持っている.
外院 wàiyuàn ①[~儿]外庭.→〔里lǐ院(儿)〕　②〔外国语学院〕の略.外国語大学.
外运 wàiyùn 海外へ貨物を輸送する.
外在 wàizài 外在(の).外的(の).〔~的原因〕外在的な原因.
外贼好捉 wàizéi hǎozhuō 〈諺〉外部の盗賊は捕えやすい.〔~,家贼难防〕同前で,内にいる賊は防ぎにくい.〔好捉〕は〔易yì捉〕とも.
外赠 wàizèng 別に贈る.景品をつける.〔买百元之物,~抽彩票一张〕お買い上げ百円ごとにくじ1本進呈.
外宅 wàizhái ①家の外庭.②⇒〔外家②〕
外债 wàizhài ①外債.外国からの借款.②他人あるいは他の企業からの借金.
外展神经 wàizhǎn shénjīng [生理]外転神経.
外栈 wàizhàn ①他社の倉庫.②他社倉庫に入れてある商品.〔~单〕倉庫業者が発行した保管商品の倉荷証券.
外战 wàizhàn 外国との戦争.〈喩〉外国との試合.
外长 wàizhǎng 外相:〔外交部长〕の略.〔~会议〕外相会議.
外找(儿) wàizhǎo(r) 〈方〉定収以外の収入.臨時の実入り.→〔外快〕
外罩 wàizhào ①[~儿][服](ひとえの短い)上っぱり.→〔罩衣〕　②覆(おお)い:外から覆い包む箱など.〔玻bō璃~〕ｶﾞﾗｽｶﾊﾞｰ(ｹｰｽ)
外侄 wàizhí ⇒〔表biǎo侄〕
外植 wàizhí (細胞・組織体を)移植し経過を見る.
外置 wàizhì 外付け.
外痔 wàizhì [医]外痔.
外治药 wàizhìyào [医]外用薬(総称)
外籀 wàizhòu (旧論理学用語で)〔演yǎn绎推理〕

の別称.〔~法〕演繹法.→〔内 nèi 籀〕
外专 wàizhuān ①外国人専門家:〔外国家〕の略.②外国語専門学校:〔外语专门学校〕の略.
外传 wàizhuàn 外伝.伝記の一種.→ wàichuán
外资 wàizī 外国の資本.外資.〔~股 gǔ〕外資株.〔~企业〕外企〕外資企業.〔引进~〕外資導入.
外子 wàizǐ 〈文〉①主人:自分の夫を他人に対していう.→〔内 nèi 人①〕②隠し子.
外族 wàizú 〈文〉①他族の人.宗族の違う人.本国人以外の人.②異族.他民族.
外祖父 wàizǔfù ⇒〔外大父〕〔外公〕〔外爷〕〔大大父〕〔〈方〉公 gōng 公③〕〔老姥 lǎo 爷③〕母の父.母方の祖父.
外祖家 wàizǔjiā 母の実家:〔外家〕〔外婆家〕〔姥姥家〕に同じ.→〔娘 niáng 家〕
外祖母 wàizǔmǔ =〔老 lǎo 娘①〕〔姥姥 lǎo 姥③〕母の母.母方の祖母.→〔外婆〕

〔咹〕 wài 〈方〉それ,あれ.あのもの.〔看你种地忙得~样子〕あなたが耕作にあんなにせわしい状態だからね.②感動詞.もし.もしもし.おい:呼びかけの語.→〔喂 wāi〕

wan ㄨㄢ

〔弯・彎〕 wān ①曲がる.曲げる.〔~回去〕逆戻りする.ひっこむ.〔把铁丝儿~过来〕針金を曲げる.②曲がっている.〔~棍子〕曲がった棒.③〔~儿〕曲がり角.曲がっている場所.〔拐一个~〕角を一つ曲がる.④〈文〉(弓を)ひく.
弯板 wānbǎn ⇒〔角 jiǎo 钢〕
弯尺 wānchǐ 〔矩 jǔ 尺〕
弯道 wāndào ①湾曲した道・河道.②〈競走トラック)のコーナー.カーブ.〔速滑的~和直线技术〕スピードスケートのカーブと直線コースを滑る技術.
弯度 wāndù 曲がり具合.カーブの程度.
弯耳刀(儿) wān'ěrdāo(r) ⇒〔脚 jiǎo 刀(儿)〕
弯弓 wāngōng ①弓を張る.弓をひきしぼる.②(物を弓形に)湾曲させる.
弯钩 wāngōu 湾曲したかぎ.
弯管 wānguǎn 〔機〕ベンドパイプ.アングルパイプ.エルボ.ベンド.管継手(ҫ).〔活节~〕ソケットベント.ねじ込み継手.〔回转~〕かえし接手.U字形に曲がった管継手.→〔弯头〕
弯轨机 wānguǐjī 〔機〕レール曲げ機.
弯路 wānlù 曲がった道.〈喩〉回り道.〔少走~〕回り道をする.
弯扭 wānniǔ 曲がりくねっている.〔狭窄~的小街〕狭くてくねくね曲がった裏通り.
弯曲 wānqū 曲がりくねる.曲がっている.〔~管缘机〕管縁曲げ棒.〔~喇叭〕カーブドホーン.〔这条道路弯曲曲的,很不好认〕この道はくねくねと曲がって覚えにくい.
弯蜷 wānquán 曲がる.縮こまる.〔双腿~〕両足がすくむ.
弯儿 wānr ⇒〔弯子①〕
弯头 wāntóu 曲がり.曲がり継手(ҫ).
弯弯拐拐 wānwān guǎiguǎi ①曲がりくねっている.〔~成小粒〕この薬をまるめて小粒とする.④量詞.丸薬を数える.〔~羊粒饮む.→〔颗 kē②〕⑤〈姓〉丸(ҫ).
弯弯绕 wānwānrào ①物言いの遠回しなこと.下心のあること.②同前を好む人.
弯腰 wānyāo =〔弓 gōng 身〕〔哈哈 hā 腰〕〔〈方〉毛 máo 腰〕腰をかがめる.腰を曲げる.前かがみの姿勢になる.〔他~捡 jiǎn 了一块石头〕彼は腰をかがめて石を一つ拾った.〔哈腰曲背〕ぺこぺこと腰をか

がめる(卑屈なさま).〔这个门矮,高个儿进来得dēi 毛看点儿腰〕この入り口は低いので背の高い人が入って来る時は腰を少しかがめ加減にしなければならない.②腰をかがめて礼をする.〔老头儿弯了~〕老人は腰をかがめて礼をした.
弯子 wānzi ①曲折しているところ.曲がり角:〔弯儿〕ともいう.〔(話の)のまわりくどいこと(ところ).〔总绕 rào 不过~来〕どうしてもごまかした言い方ではずまなくなった.〔他弄出些~来了〕彼はいろいろと言い繕った.〔~转 zhuǎn 子〕悪知恵が働く.

〔湾・灣〕 wān ①水流の曲がっている場所.〔河~〕川の曲がり.〔~口〕川のまがり角.入江.〔海~〕海湾の湾.〔港~〕港.港湾.③〈口〉停泊する.錨(ҫ)をおろす.〔~船〕同前.〔今天在这里~一下〕今日はここで一日停泊する.④〈姓〉湾(ҫ)
湾泊 wānbó 停泊する.

〔塆・壪〕 wān 谷間の狭い盆地.

〔剜〕 wān ①(刀やきり状のもので)えぐる.えぐり出す.〔~在木板上~一个小槽 cáo 儿〕木の板に一つのみぞを掘る.〔拿刀子~出桃核来〕小刀で桃の核をえぐり出す.〔拿匙子把瓤 ráng 儿~出来〕さじで瓜瓤の肉をえぐり出す.②(スコップで)掘る.掘り取る.〔~野菜〕山菜を掘り起こす.
剜补 wānbǔ 間違った字を削って正しい字に改める.
剜菜 wāncài 山菜を掘り出す.
剜刀 wāndāo 拡孔器(あなを広げる器具)
剜肉补疮 wānròu bǔchuāng 〔剜肉 医 yī 疮〕〔挖 wā 肉补创〕ともいう〈成〉肉をえぐって瘡(ҫ)を補う:有害なやり方で一時しのぎをする.
剜转 wānzhuan 〈方〉八方手を尽くして探し出す.

〔帵〕 wānzi 〈方〉生地から縫製材料を裁った残りの大きな布.裁断のあとの布.

〔蜿〕 wān 〔~蜒 yán〕蛇の曲がりくねってはうさま.〔蛇~〕同前.〔~而行〕蛇行する.くねくね曲がりながら伸びる.〔溪 xī 水~蜒而流〕渓流が蛇行して流れる.

〔豌〕 wān

豌豆 wāndòu =〔戎 róng 菽〕〔荷〕エンドウ:〔胡 hú 豆〕〔青 qīng 豆〕〔青~〕〔青豆①〕〔荷〕グリンピース.〔~包儿〕〔食〕豌豆餡で作ったまんじゅう.〔~糕 gāo〕〔食〕子供用の菓子の名:えんどう豆をペースト状にして砂糖を加え,型に入れて魚や虫の形に作り,着色したもの.〔~黄儿〕〔食〕菓子の名:えんどうの粉と砂糖とで蒸して糕(ҫ)とし,紅なつめ,またはさんざしの餡を加える.〔~角儿〕〔食〕〔荷 hé 兰豆〕豌豆の莢(ҫ).さやえんどう.〔~苗儿〕豌豆のつるの若芽:食材とする.〔~泥〕〔食〕えんどう餡.〔~象 xiàng〕〔虫〕エンドウゾウムシ.

〔丸〕 wán ①〔~儿〕小さくて丸いもの(総称).〔药~〕丸薬.〔肉~子〕肉だんご.〔弹 dàn ~〕弾丸.②丸薬.〔木溜油~〕クレオソート丸.〔~丸散剂丹〕③〈文〉もんで丸くまるめる.〔将此药~成小粒〕この薬をまるめて小粒とする.④量詞.丸薬を数える.〔~毎回一粒饮む.→〔颗 kē②〕⑤〈姓〉丸(ҫ).
丸剂 wánjì 丸薬.⇒〔片 piàn 剂〕
丸散膏丹 wán sǎn gāo dān 中医漢方薬の剤型:丸薬·散薬·膏薬·丹薬(ねり薬).
丸药 wányào 中医丸薬.→〔汤 tāng 药〕
丸子 wánzi ①小さくて丸いもの.〔泥 ní ~〕泥のか

たまり．②🈩(肉・魚・野菜などをつぶして作った)だんごの類．〔方〕圆 yuán 子②〕ともいう．〔肉～〕肉だんご．〔余 cuān ～〕肉の吸い物．〔溜瑠～〕肉だんごのあんかけ．④丸薬．〔蜡 là ～〕蠟に包んだ丸薬．〔蜜 mì ～〕蜜をまぜた丸薬．

[汍] wán 〔～澜 lán〕〈文〉涙を流して泣くさま．

[芄] wán 〔～兰 lán〕ガガイモ(総称)．〔萝 luó 藦〕の古称．種子の絹毛をふとん綿の代用としたため，俗に〔婆 pó 婆针线包〕といった．

[纨・紈] wán 〈文〉上等の練り絹．

纨袴 wánkù 〔纨裤〕〔纨褲〕とも書いた．〈文〉練り絹のズボン．〈転〉①金持ちの華美な服装．⑤上流家庭の子弟．〔～子 zǐ 弟〕おしゃれで遊び好きのお坊ちゃん．苦労知らずのどら息子．金持ちの道楽息子．

纨扇 wánshàn 絹張りのうちわ．→〔团 tuán 扇〕

纨素 wánsù 〈文〉白くて細かい白練り絹．

[刓] wán ①〈文〉削る．角(どる)をとる．〔～方以为圆兮〕(屈原・九章)四角を削って丸となす．②刀でえぐりとる．

[完] wán ①完全である．〔覆 fù 巢无～卵〕〔成〕巢をひっくり返せば完全な卵はない．〈喩〉全体が覆滅する時，部分も被災を免れ難い．②仕上げる．完成する．完了する．〔信写～了吗〕手紙は書き終わったか．〔吃～饭了〕ご飯を食べてしまった．〔还没办～〕まだやり終えていない．→〔完工〕〔完篇〕③終わりとなる．終わる．〔没几天人就～了〕幾日もたたないうちに亡くなった．④失敗となる．可能性がなくなる．〔这档买卖全～了〕今度の商売は全くだめだった．⑤尽きる．なくなる．〔材料用～〕材料が用いてなくなる．〔烧不～的煤〕焼ききれないほどの石炭．⑥(金などを)納付する．〔将税款～清〕税金を全部納付する．→〔完(钱)粮〕⑦〔姓〕完(か)．

完败 wánbài (球技・囲碁・将棋などで)完敗(する)．

完备 wánbèi =〔文〕完具〕十分に備わっている．完備している．全てそろっている．〔有不～的地方, 请多提意见〕不備な点はどんどん意見を出して下さい．

完毕 wánbì 終わる．終了する．〔考试～〕試験が終わった．

完璧 wánbì 〈文〉完全無欠である．完璧である．〔～归赵〕〔璧还①〕〔璧回〕〔璧赵①〕〔反 fǎn 璧〕〔返 fǎn 璧〕〔奉 fèng 赵〕〔归 guī 赵①〕〔这个～〕〈成〉元の物をそのまま人に返す．借りた物をきちんと返す：蔺(lìn)相如の故事による．→〔和 hé 氏璧〕

完成 wánchéng 完成する．やりとげる．できあがる．〔工程不久就可以～〕工事はまもなく完成する．〔提前三个月～了任务〕3か月早めて任務をやりとげた．

完蛋 wándàn 〈口〉①だめになる．おしゃかになる．おしまいになる．〔这件事再处理不好我都会～〕の件は，これ以上やり損うとお前も俺もおじゃんだぞ．②死ぬ．くたばる．お陀仏になる．俗語で，刑判的に用いる．〔脑袋上中了一枪还有不～的〕頭に1発くった～，救不活了〕この猫は死んでしまった，もう助からない．

完肤 wánfū 傷のない肌．〔体无 wú ～〕〔成〕完膚(かん)なし，全身傷だらけ．〈喩〉全面的な批評, 批判を受けること．

完稿 wángǎo 脱稿する．文章を書き終える．

完工 wángōng 工事を終わる．仕事をやり終える．→〔竣 jùn 工〕

完好 wánhǎo 完全である．どの点も悪くない．欠けるところがない．〔～如新〕完全で(まるで)新しい物のようだ．

完婚 wánhūn =〔完亲〕〔完娶〕〔完姻〕妻を娶(めと)る．また身を固める(男女ともに用いる)

完活 wánhuó 〔ール〕仕事をし終わる．〔工人都～了〕労働者は皆仕事を終えた．

完建 wánjiàn 竣工する．

完结 wánjié 完了する．完結する．落着する．

完具 wánjù ⇒〔完备〕

完聚 wánjù ①〈文〉城郭(都市)を修繕して人民を集める．②家族が一ヵ所に集まる．家族だんらんする．→〔团 tuán 聚〕

完卷 wánjuàn 試験の答案を完成する．〈喩〉任務を完了する．

完竣 wánjùn (工事が)完了する．竣工する．

完粮 wánliáng (現物で)税を完納する．〔～草〕租税を納める．→〔完(钱)粮〕

完了 wánliǎo 〔～了〕．終了(する)

完满 wánmǎn ①完全無欠である．申し分がない．円満である．〔得 dé 出～的结果〕完璧な結果を得る．②済了(する)．〔功德～〕🈩(仏教で)修業が完結したこと．

完美 wánměi 完全で立派である．非のうちどころがない．〔～无缺 què〕完全無欠．〔～人格〕立派な人格．〔～实现〕見事に実現する．→〔完善①〕

完篇 wánpiān ①(論文など)完結している一篇．②完全に整った文章．

完品 wánpǐn ①完全無欠な品．②完成品．

完(钱)粮 wán(qián)liáng =〔完银粮〕🈩税金を完納する．〔完中〕

完亲 wánqīn ⇒〔完婚〕

完娶 wánqǔ ⇒〔完婚〕

完全 wánquán ①完全である．欠けたところがない．〔我的话还没有说～〕わたしの話はまだ言い終っていない．〔～变 biàn 态〕完全変態．②完全に．すっかり．すべて．〔～一样〕全く同じだ．〔～相反〕まるっきり反対である．〔～支持〕全面的に支持する．〔这事是他闹坏的〕このことは全く彼が壊したのだ．〔你的病还没有～好〕きみの病気はまだすっかりよくなってはいない．

完全小学 wánquán xiǎoxué 初級・高級両方を合わせそなえた小学校で略して〔完小〕ともいう．一般には〔初小〕が4年, 〔高小〕が2年．

完全中学 wánquán zhōngxué 中学高校一貫学校：〔完中〕ともいう．

完人 wánrén 人間として欠点のない人．申し分のない人．〔金无足金, 人无～〕〔谚〕金(きん)に純金が無いように, 人に完璧な人はいない．

完善 wánshàn ①(整備・措置が)よくできている．立派である．〔设备～〕設備がよく整っている．→〔完美〕②完全なものにする．〔要～企业管理体制〕企業管理体制を完備しなければならない．

完胜 wánshèng 完勝(する)．圧勝する．

完事 wánshì 仕事がすむ．用事が終わる．完了する．〔这算～了〕これでおしまいだ．〔～大吉〕めでたくおわり：〔万 wàn 事大吉〕(万事めでたし)のもじり．

完税 wánshuì 税税を完納する．

完完 wánwán 完全無欠なさま．

完小 wánxiǎo ⇒〔完全小学〕

完颜 wányán 〔姓〕完顔(欽)

完姻 wányīn ⇒〔完婚〕

完银粮 wányínliáng ⇒〔完(钱)粮〕

完整 wánzhěng 完全に整っている．欠けるところがない．完全に整った．〔领土～〕領土保全．〔这套书是～的〕このセットは欠本がない．

完中 wánzhōng ⇒〔完全中学〕

wán 抏岏玩顽

[抏] wán 〈文〉①消耗する.②くじく.弱らせる.

[岏] wán →[巉 chán 岏]

[玩(翫)] wán (Ⅰ)[玩] =[頑][-儿] ①遊ぶ.遊び戯れる.[両人在一块儿]二人が一緒に遊ぶ.[~平转椅]回転ブランコをして遊ぶ.[~捻 niǎn 捻转儿]コマを回して遊ぶ.[~(レクリエーション活動として)やる.楽しむ.[~高尔夫球]ゴルフをして遊ぶ.[我说着~呢]わたしは冗談を言っているんだ.→[玩乐] ③弄する.もてあそぶ.ふざけてやる(軽んじて).[不知~儿的是什么招 zhāo ~]あいついったいどんな手を使うかわかったもんじゃない.[~儿坏]いやがらせ.~儿手段]策を弄する.
(Ⅱ)[玩(翫)]①(不真面目な態度で)愚弄する.軽んじる.侮る.ばかにする.[~世不恭]一切の世事を軽視し,不遜なこと.②なめる.賞玩する.吟味する.[~把]同前.[~月]月をめでる.[游 yóu ~]遊覧する.[~味]吟味する.③賞玩するもの.[古~]骨董品.古美術品.④〈姓〉頑\]

玩吧 wánbā プレイルーム:子供の玩具や絵本が置いてある場所.[儿童]ともいう.
玩伴(儿) wánbàn(r) 〈子供の〉の遊び友達.遊び仲間.
玩法 wánfǎ 〈文〉法律を軽視する.
玩忽 wánhū 軽視する.なおざりにする.[~职 zhí 守]〈成〉職責を軽んじる.
玩话 wánhuà 冗談話.[不过是~,不要相信]ただの冗談話だ,信用するな.
玩火 wánhuǒ 火遊び(する).危険な行為をする.[警告某国不要~]某国に対し,火遊びの行動を取らないよう警告する.[~行为]危険な行為.[~自焚 fén]〈成〉火遊びして自ら焼け死ぬ:手段を弄して,自分がその害を受ける結果となる.
玩家 wánjiā (ゲーム)マニア.通(?).新しもの好き.
玩具 wánjù (子供の)玩具.おもちゃ.
玩乐 wánlè 遊び楽しむ.[只顾谈吃喝~]酒食遊楽を語ることばかりかまう.
玩弄 wánnòng ①ひけらかす.見せびらかしてやる.[~字眼(儿)]一词句]言葉をもてあそぶ.②不正な手段などを弄する.[~花招]手口を弄する.[~两面手法]二股膏薬を使う.③人をからかって遊ぶ.なぐさみものにする.[~女性]女性をもてあそぶ.
玩偶 wán'ǒu (おもちゃの)人形.[~之家][傀儡家庭]『人形の家』:イプセン作の戯曲名.→[玩意儿]
玩皮 wánpí ⇒[頑皮]
玩器 wánqì 観賞品[古 gǔ 董]骨董の置き物.
玩儿不转 wánrbuzhuàn 対応できない.始末に負えない.手にあまる.
玩儿得转 wánrdezhuàn 手に負える.打つ手がある.
玩儿法 wánrfǎ 遊び方.
玩儿花样 wánrhuāyàng いろいろ手段を弄する.小細工をする.[玩花招 zhāo]ともいう.
玩儿滑头 wánrhuátóu うまく立ち回る.
玩儿命 wánrmìng 〈口〉命を粗末にする.無鉄砲に何でもする.②命がけでする.
玩儿闹 wánrnao にぎやかなことを好む(もの).ふざけるのが好き(なもの).→[玩笑]
玩儿票 wánrpiào ①[劇]素人が本格的に演じて芸を見せる.②正式でなく,専門的でない仕事.
玩儿深沉 wánrshēnchén 深刻ぶる.気どる.
玩儿完 wánrwán 〈口〉おしゃかになる.お陀仏になる.死ぬ.
玩儿…族 wánr…zú ~を楽しむ族.[~车族][~机~]携帯電話マニア:新機種の出るたびに買い替える人.

玩赏 wánshǎng 賞玩する.[园中有很多可供~的花木]庭園の中には観賞用の木や花がたくさんある.
玩世不恭 wánshì bùgōng 〈成〉世間を茶化す.
玩耍 wánshuǎ 遊び戯れる.遊びをする.遊び楽しむ.[顽耍]とも書いた.
玩索 wánsuǒ 熟読玩味する.深く真意を求める.よくよく考え求める.
玩味 wánwèi 玩味する.かみしめて味わう.[这句名言令人~]この名言は味わい深いものがある.
玩物 wánwù 観賞品:慰みもの.おもちゃ.[~丧 sàng 志]〈成〉道楽に深入りして志を失うこと.→[玩意儿]
玩笑 wánxiào ①ふざける.戯れ笑う.冗談を言う.おもしろおかしくする(言う).[~旦][劇](旧劇の)色女形の一:扮装を軽薄豊麗にし,しぐさや言葉が諧謔(xuè)軽快なもの.→[花 huā 旦] ②冗談.笑い事.遊戯.[开~]冗談をいう.
玩兴 wánxìng 遊びのおもしろみ.[~正浓]興趣が盛り上がる.
玩意儿 wányìr [玩艺儿]とも書いた.〈口〉①玩具.②もの.代物.やつ.野郎:物や人をけなしていう.[他手里拿的是什么~]彼が手に持っているのは何か.[没啥 shá 好~,多吃点儿吧]何もうまい物はないが,たくさん食べてね.[那小子简直不是~!](老・四・惶20)あの小僧はまったくろくな奴じゃない.[他是什么~]彼は何なという奴だ.③出し物.見せもの.芸:曲芸・軽業・手品など,工夫やねらいを含んだもの.[那个戏院现在演的是什么~]この子はもうたくさん芸ができる.
玩月 wányuè ⇒[赏 shǎng 月]

[顽・頑] wán ①愚かである.かたくなである.[冥 míng ~]事理に通じない愚かな.→[頑石] ②固執して影響を受けない.頑固である.[頑强][頑癬]③いたずらである.いたずらをする.→[頑童] ④⇒[頑(Ⅰ)] ⑤〈姓〉頑(wán・).

顽敌 wándí 頑強な敵.
顽钝 wándùn 〈文〉①遅鈍である.愚昧である.②気節がない.③[刀が]なまくらである.鋭利でない.
顽匪 wánfěi 頑迷な匪賊.
顽梗 wángěng 〈文〉強情この上ない.頑固である.[~不化]頑固一徹である.
顽固 wángù ①頑固である.頑迷である.かたくなである.[老~]わからずや.[~堡垒]頑丈なとりで.[~不化]コチコチの頑固者である.[你简直是不是~]お前は何てわからずやなんだ.②かたくなに保守的である.[~分子]保守頑迷分子.[~派]保守反動派.[这家伙既反动又~]こいつはきわめて反動的である.頑固だ.
顽疾 wánjí ①難治の病.②〈転〉積年の弊.
顽健 wánjiàn 〈文〉達者(身体が)いたずらに丈夫だ.
顽军 wánjūn 頑迷な軍隊.
顽抗 wánkàng 頑強に抵抗する.[负隅 yú ~]険要を頼みにして頑強に抵抗する.
顽廉儒立 wánlián nuòlì 〈成〉頑固貪欲な人も清廉となり,意気地なしも発奮する.[喩]節操高い人の社会に対する感化力の大きいこと.
顽劣 wánliè 頑固で無知である.固執して聞き分けがない.[~异 yì 常]なみはずれて強情である.
顽鲁 wánlǔ 愚直愚鈍である.
顽昧 wánmèi 頑固で道理に暗い.
顽民 wánmín 〈文〉前朝を慕い新政を喜ばない民.〈転〉政府の言う事を聞かない民衆.
顽冥 wánmíng 〈文〉かたくなで無知である.

顽烷宛惋菀婉琬碗　　　　　　　wán～wǎn

顽念 wánniàn こり固まった考え.
顽皮 wánpí いたずらである.腕白である.やんちゃである.〔玩皮〕とも書いた.
顽癖 wánpǐ なかなか直らない癖.
顽强 wánqiáng ①頑强である.困難に負けずにがんばる.ねばり强い. ②强硬である.
顽躯 wánqū〈謙〉自分の(丈夫な)体.
顽石 wánshí 未加工の(刻まれていない)石.〈喩〉石頭.頑固者.〔一点头〕〈成〉昔,高僧の道生法師が虎丘山で石を集めてこれに涅槃経を講じた時,たくさんの石が皆うなずいたとの故事.〈喩〉説得力・感化力の大きいこと.
顽童 wántóng きかん坊.いたずらっ子.腕白小僧.
顽徒 wántú 自分の弟子や門人.
顽习 wánxí なかなか直らない悪習.
顽凶 wánxiōng 頑固で悔い改めない悪人.
顽癣 wánxuǎn 頑固なたむし・水虫.
顽愚 wányú かたくなで愚かである.
顽症 wánzhèng 頑固な病気(症状).難病.
顽主 wánzhǔ 世間を茶化して自分の思い通りの生き方をする人.

[烷] wán 〔化〕飽和鎖ならびに炭化水素(パラフィン系炭化水素)を表す接尾字:その炭素原子数によって,〔甲 jiǎ ～〕(メタン),〔乙 yǐ ～〕(エタン),〔丙 bǐng ～〕(プロパン),〔丁 dīng ～〕(ブタン)などがあり〔癸 guǐ ～〕(デカン)からあとは〔十一～〕(ウンデカン)というように数字を付して命名される.〔～烃 liàn 式碳氢化合物〕飽和鎖式(脂環)炭化水素.〔环烷基 己～〕〔苯 běn ～〕キサン.〔萘 nài ～〕デカリン.〔甾 zāi ～〕ゴナン. ③ 3 個以上連続した窒素をもつ飽和鎖状化合物.〔三氮 dàn ～〕トリアザン.
烷基 wánjī〔化〕アルキル基:〔阿 ā 尔起尔根〕は旧訳名.〔烃 tīng 基〕に同じ.
烷烃 wántīng〔化〕パラフィン.アルカン.

[宛] wǎn ①〈文〉曲がっている.曲折している. →〔宛转①〕 ②あたかも.まるで.さながら.〔音容～在〕(亡くなった人が)あたかも眼前に生きてあるかのごとくである:祭祀用の掛軸の文句. ③〈姓〉宛(氏).
宛妙 wǎnmiào ①曲折があっておもしろい. ② =〔婉妙〕声が柔らかくなって心地よい.
宛然 wǎnrán〈文〉さながら.あたかも.〔～如生〕まるで生きているようだ.
宛如 wǎnrú =〔宛若〕〔宛似〕とても…と似ている.
宛若 wǎnruò 同上.
宛似 wǎnsì ⇒〔宛如〕
宛宛 wǎnwǎn〈文〉①曲折するさま.婉曲なさま. ②隠やかなさま.やさしいさま.
宛延 wǎnyán〈文〉長く曲がりくねるさま.
宛转 wǎnzhuǎn ①〈文〉輾転 (zhǎn) とする.寝返りを打つ:〔辗 zhǎn 转②〕に同じ. ②多くの人の手を経る.経緯や訳がある:〔辗转①〕に同じ. 〔~周折〕曲折の多いこと. ③⇒〔婉转〕

[惋] wǎn〈文〉惜しみ嘆く.同情し残念がる.〔叹 tàn ～〕惜しみ嘆く.
惋伤 wǎnshāng 悲しみ傷む.
惋惜 wǎnxī 嘆き惜しむ.痛惜する.

[菀] wǎn〔紫 zǐ ～〕〔植〕シオン(アスター・シオニ) → yù

[婉] wǎn ①(言葉)が柔らかで直接的でない.婉曲である.〔～言相劝 quàn〕穏やかに忠告する.〔说话委 wěi ～〕話が婉曲である.〔请你替我～辞〕それとなく断ってあげて下さい. ②〈文〉しとやかで美しい. ③〈文〉柔順である.つつましやかである.しとやかである.〔态 tài 度温～〕態度つつましやかである.

婉词 wǎncí〔婉辞〕とも書く.婉語.婉曲な辞(言葉・挨拶). →〔委 wěi 婉语〕
婉辞 wǎncí ①同上. ②〈文〉婉曲に断る.〔语气～〕
婉和 wǎnhé (言葉・態度)が穏やかである.〔语气～〕口調がやさしい.
婉拒 wǎnjù 遠まわしに断る.
婉丽 wǎnlì ①しとやかで美しい. ②(歌・文章など)が美しい.優美である.
婉娈 wǎnluán〈文〉(姿)が美しい.〔～的舞姿〕美しい舞姿.
婉媚 wǎnmèi〈文〉しとやかで美しい.〔容貌～〕容姿がなまめかしい.
婉妙 wǎnmiào ⇒〔宛妙②〕
婉曲 wǎnqū〈文〉婉曲(である).遠回し(である).
婉劝 wǎnquàn 婉曲に忠告する.穏やかに勧める.
婉孁 wǎnrù〈文〉文章が柔らかで豊かである.〔文章～〕同前.
婉商 wǎnshāng〈文〉婉曲に相談する.遠回しに相談する.
婉顺 wǎnshùn〈文〉温順である(女性が)
婉谢 wǎnxiè 婉曲に断る.
婉秀 wǎnxiù 優美である.
婉言 wǎnyán 遠回しな言葉.〔～拒绝〕〔婉谢〕婉曲に断る.
婉约 wǎnyuē〈文〉婉曲で含みがある.
婉转 wǎnzhuǎn =〔宛转③〕①(言葉)が婉曲である.遠まわしで穏やかである.〔他说的话很～〕彼の話は非常に婉曲だ. ②(声)が節回しがきれいである.高く低くさえずる.〔～悠 yōu 扬的笛声〕美しい笛の音.

[琬] wǎn〈文〉上端の丸い圭 (guī).〔～圭 guī〕同前:玉 (yù) で作られ,天子が諸候を封じる時に印として授けた.〔～琰 yǎn〕〔～圭〕同前と琰 (上端のとがった圭).美玉.〈喩〉有徳.また文藻.

[碗 (椀・盌・鋺)] wǎn ①食物を盛る器具.碗.鉢.〔饭～〕飯茶碗.〔茶～〕湯飲茶碗.〔大～〕〔海～〕どんぶり. ②中の凹んだ碗形のもの.〔轴 zhóu ～儿〕機械の軸碗. ③量詞.〔碗・鉢に入ったものを数える.〔一～饭〕1 杯の飯.〔回〕灯心使用の灯火を数える.〔提～灯笼〕ちょうちんを持つ. ④〈姓〉碗 (氏)
碗边儿 wǎnbiānr =〔碗口(儿)〕碗の縁 (fù).
碗碴子 wǎncházi 茶碗のかけら.陶磁器の破片.
碗橱 wǎnchú =〔碗柜〕
碗底(儿) wǎndǐ(r) ①碗の底. ②碗底の残り物.
碗柜 wǎnguì =〔碗橱〕食器戸棚.
碗架(儿) wǎnjià(r) 食器棚.
碗口(儿) wǎnkǒu(r) ⇒〔碗边儿〕
碗筷 wǎnkuài 碗と箸.〔收拾～〕食事の後片づけをする.
碗青 wǎnqīng ⇒〔大 dà 青③〕
碗儿 wǎnr 小さな碗.〔～灯 dēng〕碗に灯心を入れてつける灯火.
碗(儿)糕 wǎn(r)gāo →〔盆 pén (儿)糕〕
碗(儿)面 wǎn(r)miàn (インスタントの)カップ麺.
碗碗腔 wǎnwǎnqiāng〔劇〕陝西省渭南・大荔で行われる地方劇の名:もとの〔皮 pí 影戏〕(影絵芝居)から舞台劇になったもの.〔灯 dēng 盏～〕〔阮 ruǎn 儿腔〕ともいう.
碗盏 wǎnzhǎn 食器.〔～杯Ⅰ盆〕〔～杯盏〕〔～碟子〕〔～家伙〕〔~家具〕同前.
碗子 wǎnzi 碗形のもの.〔橡 xiàng ～〕どんぐりの殻.〔～青〕〔染〕花紺青:どんぐりの実の殻を煮て作った青色の染料.

wǎn 畹畹莞脘皖挽晚

[畹] wǎn 固農地面積単位:30畝,また12畝をいう.〔~町 dīng 镇〕団雲南省にある.→〔町 tǐng〕

[踠] wǎn 〔文〕足が曲がってのびない.〔挛 luán ~〕団这只手曲がる病気.

[莞] wǎn 〔~尔 ěr〕〔文〕にっこりとほほえむさま.〔~尔而笑 xiào〕莞尔(爾)とほほえむ.〔不觉 jué ~尔〕思わずにっこりと笑う.→ guān guǎn

[脘] wǎn 中医胃腔.胃の内部.〔胃 wèi ~不好〕胃が悪い.〔上~〕団贲 bēn 门〕噴門.〔下~〕団幽 yōu 门〕幽門.

[皖] wǎn ①面安徽省の別称.〔~北〕安徽省の北部.〔~南〕安徽省の南部.②固春秋時代の国名(安徽省潜山県の北)

皖南花鼓戏 wǎnnán huāgǔxì 劇地方劇の名.皖(安徽)省南の宣城・郎溪・広徳・寧国一帯に流行するもので前身は「湖北花鼓戏」および「河南地灯子」である.1870年前後安徽省南部に伝わり,徽戲・京戲と合作して〔二 èr 篷子〕となった.

皖派 wǎnpài 清経学の一派:戴震に始まり段玉裁・王念孫などが属す.

皖系 wǎnxì 固民国初期,段祺瑞を首領とする〔北 běi 洋军阀〕系の一派.

[挽(輓)] wǎn (I)〔挽〕①手を引く.②ひじを曲げて引っかける.〔~着胳臂走〕腕をくんで歩く.③まくる.たくしあげる.〔~袖 xiù 子〕袖をまくりあげる.④向きを(逆方向に)変える.たてなおす.〔败势难~〕敗勢は挽回し難い.→〔挽回〕
(II)〔輓〕①車をひく.〔牛耕田马~〕ひっぱる.→〔挽车 chē〕②死者に哀悼の意を表する.〔敬~〕謹んで哀悼の意を表する.→〔挽词〕〔挽歌〕
(III)⇒〔绾〕

挽车 wǎnchē ①車を(挽)く.〔牛耕田马~〕牛が田を耕し馬が車をひく.②柩車.
挽词 wǎncí 悼詞,弔文.
挽对 wǎnduì ⇒〔挽联〕
挽歌 wǎngē 弔いの歌.挽歌:古代,柩車をひく者が歌ったもの.
挽疙瘩 wǎngēda 〔方〕結び目をつける.
挽回 wǎnhuí ①挽回する.不利な態勢を立て直す.〔~僵 jiāng 局〕こじれた局面を打開する.②取り戻す.引き戻す.〔~利权〕利権を取り返す.
挽救 wǎnjiù (危険から)救い出す.救済する.〔~病人的生命〕病人の命を救う.
挽具 wǎnjù 家畜につける車を引かせるための道具.
挽狂澜 wǎnkuánglán 〔喩〕悪しき原局面を転回させる.〔于已倾い傾いた大勢を再び挽回する.
挽联 wǎnlián =〔挽对〕死者を哀悼する〔对联(儿)〕
挽留 wǎnliú 引き留める.〔他要辞职,大家都~他〕彼が辞職しようとしているので皆が引き留めた.
挽马 wǎnmǎ 車をひかせる馬.輓馬(ば^)
挽诗 wǎnshī 弔詩.死者を悼む詩.
挽手 wǎnshǒu ①手を引きあう.〔~同行〕手にてを取って同行する.②道具類の(手さげの)取っ手.つっ
挽幛 wǎnzhàng (葬式の時に贈る)哀悼の字句を書いた掛け物.

[晚] wǎn ①日暮れ.夕方.夜.〔今~〕今晩.〔昨~〕昨晩.〔从早到~〕朝から晩まで.↔〔早 zǎo ①〕 ②(時刻が)遅い.遅れる.〔时间~了〕時間が遅くなった.〔那时说也不~〕そのとき言っても遅くはない.〔从来没有~过一回〕かつて一度も遅れたことがない.③後よりの時期の終わりに近

い.終わりの.末の.〔~癌 ái〕末期がん.〔~期〕期.最後期.④後輩の世代.後の.〔辈份~得利害〕はるか後輩に当たる.→〔晚辈①〕 ⑤世代の上の者に対する自称:〔~生〕の略称.⑥〈姓〉晚(ば)

晚安 wǎn'ān 〔挨〕こんばんは.おやすみなさい:夜改まった(よるまっての)あいさつ.〔说~〕〔道~〕おやすみなさいを言う.〔赠 zèng〕晚のご平安を祈る.〔順頌 sòng ~〕近況の手紙の末尾の常套語.

晚班 wǎnbān 〔~儿〕輪番:交替制で勤務が夜間になること.→〔白 bái 班(儿)〕〔早 zǎo 班①〕〔中 zhōng 班①〕

晚半天(儿) wǎnbàntiān(r) 〈方〉夕方.暮れ方:〔半晌〕晩半晌 shǎng(儿)〕ともいう.

晚报 wǎnbào 〔方〕〔夜 yè 报〕夕刊.夕刊紙:多く夕刊を専門に発行している新聞をいう.→〔晨 chén 报〕〔下 xià 午版〕

晚辈 wǎnbèi ①〔-儿〕目下.世代の下の者:〔小辈①〕に同じ.→〔后 hòu 辈①〕.②〈文〉謙抑者.それがし.

晚餐 wǎncān 〈晚饭〉
晚产 wǎnchǎn お産が遅れる.〈転〉生産が遅れる.
晚场 wǎnchǎng (劇や映画などの)夜の部.夜間開演〔夜 yè 场〕.↔〔日 rì 场〕
晚车 wǎnchē 夜間に発車または到着する列車.
晚成 wǎnchéng 遅く(年とってから)成就する.〔大器~成〕大器晩成.
晚春 wǎnchūn 春の末.晩春.
晚翠 wǎncuì 〈文〉植物が寒気に耐えて緑色のままであること.
晚稻 wǎndào 奥手の稲.晩稲.
晚点 wǎndiǎn (交通機関の発着や運行が)定刻を遅れる.〈転〉事が遅れる.↔〔误 wù 点①〕
晚饭 wǎnfàn =〔晚餐〕〈方〉〈文〉晚膳〕夕飯.晚ご飯.→〔夜 yè 膳〕
晚稼 wǎngòu ⇒〔晚庄稼〕
晚会 wǎnhuì 夜の催し.夕べの集い.〔联 lián 欢~〕夜行う親睦会.〔迎 yíng 新~〕新人歓迎会.〔文艺~〕文芸のタベ.〔营火会 huǒ ~〕キャンプファイヤー.〔~便服〕服タキシード.〔~女便服〕服カクテルドレス.〔~礼服〕服イブニングコート.イブニングドレス.

晚婚 wǎnhūn 晩婚.↔〔早 zǎo 婚〕
晚季 wǎnjì ①下半期.後よりの時期.②(稲などの)晩期(こ).〔抢种~〕晩稲を急いで植える.
晚间 wǎnjiān 夕方.夜方.夜間.
晚节 wǎnjié ①晩年の節操.②〈文〉晩年.末期.
晚近 wǎnjìn 〈文〉ここ数年.最近数年来.この頃.近世.〔~的风俗和先前大不相同〕近頃の風俗は以前とは大変ちがうものになった.
晚景 wǎnjǐng ①晩方の景色.〔乡下的~真不错〕田舎の晩方の景色はとても良い.②晩年の境遇.老境.〔~真不幸〕晩年は実に不幸せだ.
晚境 wǎnjìng 晩年の境遇.
晚礼服 wǎnlǐfú 团燕尾服.夜会服.
晚练 wǎnliàn 夜間訓練.→〔晨 chén 练〕
晚恋 wǎnliàn 老いらくの恋.中・熟年の恋愛.
晚母 wǎnmǔ 〈方〉継母.→〔后 hòu 妈〕
晚暮 wǎnmù 〈文〉①年の暮れ.②晩年.老境.③仕官が遅いこと.
晚年 wǎnnián =〔晚岁〕晩年.〔幸福的~〕幸せな老後.
晚娘 wǎnniáng ⇒〔后 hòu 妈〕
晚期 wǎnqī 末期.後期.〔十九世纪~〕19世紀末葉.〔~恶 è 性肿瘤〕末期のがん.
晚清 wǎnqīng 固清朝末期:多く1840年アヘン戦争以降を指す.
晚晴 wǎnqíng ①夕方晴れの天気.②〈喩〉生き生

晩缩万　　　　　　　　　　　　　　　wǎn～wàn

きと暮らす晩年・老後.
晩秋 wǎnqiū 晩秋.〔～作物〕小麦や油菜の後作として秋に栽培するトウモロコシ・馬鈴薯・豆類など.
晩儿 wǎnr〈方〉①時.〔这～〕この時.今. ②晩・夜.〔耗hào～〕夜ふかしをする.
晩膳 wǎnshàn ⇒[晩饭]
晩上 wǎnshang 夕方・晩・夜:ふつう日没から夜中までをいう.〔～好〕〈挨〉こんばんは.〔咱们～还上长安戏院听戏去呢〕今晚長安劇場へ京劇を見にも行くんだよ.〔念叨 dao 了一～〕一晩中ぶつぶつ言っていた.→[夜 yè 里]
晩生 wǎnshēng〈謙〉〔旧〕後輩が先輩に対して用いた自称.多く書信で使い,自分の名の右上に小さく書く.
晩生代 wǎnshēngdài ポストアバンギャルドの作家グループ.→[先 xiān 锋派艺术]
晩世 wǎnshì〈文〉近世.
晩熟 wǎnshú 農 遅れて成熟する.〔～作物〕晩熟の作物.
晩霜 wǎnshuāng 晩霜・遅霜.
晩岁 wǎnsuì
晩田 wǎntián〈方〉農 後作.→[晚秋作物]
晩霞 wǎnxiá ①〔落 luò 霞〕夕焼け.夕映え.〔～行千里〕夕焼けの翌日は天気があかるく安心して旅行ができる.↔[早 zǎo 霞] ②〈喩〉人生の晩年.老人.〔～夕 xī 阳③〕
晩香玉 wǎnxiāngyù ⇒[夜 yè 来香③][月 yuè 下香]植 チュベローズ.ゲッカコウ(月下香).またその花:リュウゼツラン科植物.夏,白色筒状の花を開き,香りがよくなり夜特に香気を放つ.
晩学 wǎnxué ①晩学:年をとってから学問すること. ②〈謙〉後学の者(自分).〔～生〕同前.
晩宴 wǎnyàn 晩の宴会.
晩育 wǎnyù 結婚後数年してからの出産・子育て.
晩运 wǎnyùn 晩年の運.
晩造 wǎnzào 収穫期の遅い作物.晩生(セ)
晩妆 wǎnzhuāng 夜メーク:夜にふさわしい化粧.
晩庄稼 wǎnzhuāngjia ⇒[晩谷]秋に実る農作物.
晩走 wǎnzǒu ①遅れて行く.〔～一天〕一日遅れて行く. ②〈転〉女性の再婚.〔～的〕再婚の妻.

[缩・縮] wǎn ①=[挽⑧]つなぐ.つないでとめる.〔（ひもでぐるぐる巻いて）束ねる.結んで形にする.〔～个扣 kòu 儿〕紐をわがね結んに〔中国服に用いる〕ボタンを作る.〔把头发～起来〕髪をかわね(巻いて結ぶ). ③〈方〉〈衣服を〉まくり上げる.たくし上げる.〔把裤腿儿～起来〕ズボンの裾をまくり上げる.〔～袖 xiù 子〕袖をまくる.

缩毂 wǎngǔ〈文〉車の毂(ジ)に輻(ッ)が集まって車輪の中心となる.〈喩〉放射状に伸びる道路が集中して,そこから四方八方に通じる交通の要衝.〔武汉～南北,为华中重要市场〕武漢は南北に連絡分する中国中部の重要市場である.
缩绶 wǎnshòu〈文〉①印綬(ジ)をつなぎ結ぶ. ②〈転〉任官する.

[万・萬] wàn ①數 万.〔两～〕2万.〔五～五(千)〕5万5千. ②〈喩〉非常に多いもの.〔一事俱备〕のが皆そろえる.→[万能] ③極めて.絶対に.〔～不可言〕絶対に言ってはいけない.〔～没想到他会出岔子〕彼があの倒を引き起こそうとは全く思わなかった. ④固 舞の一種.また舞を舞う. ⑤〈姓〉万.萬(キ)・)→[卍 mò]

万艾可 wàn'àikě〈音訳〉薬 バイアグラ(商品名).〔万爱可〕とも書く.〔威 wēi 而钢〕〔伟 wěi 哥〕ともいう.ED治療薬.

万安 wàn'ān ①安心である.心配ない.〔请你～吧,绝没有错儿〕きみ安心したまえよ,決して間違いはない. ②万全である.〔～之计〕万全の計.
万把 wànbǎ 1万前後の数.〔～把回〕
万般 wànbān ①あれやこれやみんな.いろいろの.どれもこれも.〔～皆下品,惟有读书高〕どれもこれも皆下品だ,ただ読書のみが高尚である.〔～皆有命,半点不由人〕〈諺〉すべてが運命であり,少しも人の自由にはならない. ②極めて.非常に.甚だしく.〔～无奈nài〕〈成〉非常にやむを得ない.
万变 wànbiàn さまざまに変化する.〔～不离 lí 其宗〕〈成〉形はさまざまに変わっていても,その基本(根本原理)は変わらない.
万步表 wànbùbiǎo 万歩計.
万不得已 wànbudéyǐ〔慣〕万(ジ)やむを得ず.どうにも仕方がなく.
万不可缓 wànbukěhuǎn〔慣〕決してゆるめてはいけない.断じて延期しない.
万代 wàndài 万代.万代.
万带兰 wàndàilán 植 バンダラン:シンガポールの国花.
万端 wànduān 極めてさまざま.万端.あらゆる変化種類.〔感慨～〕感慨無量である.〔変化～〕変化極まりなし.〔头绪～〕事柄が極めて入り組んでいる.
万恶 wàn'è ①あらゆる罪悪.〔～淫为首ga〕〈諺〉万悪中の第一は淫事である.→[百 bǎi 善孝当先] ②極めて大きな罪悪.〔～滔 tāo 天〕悪逆無道である.〔～不赦〕天人共に許さぬ極悪非道.
万儿八千 wàn'er bāqiān〈口〉1万ないし8千.1万そこそこ.1万足らず.〔百 bǎi 儿八十〕〔千儿八百〕
万方 wànfāng ①世の国々. ②諸方.各方. ③多種多様.さまざま.〔仪 yí 态～〕姿・かたちがいろいろさまざまである. ④いろいろな手段方法.
万分 wànfēn 非常に.極めて.十分に.どうにも.〔～无法〕何とも方法がない.〔～无奈〕同前.〔心里～着急〕心中非常に焦る.〔感激～〕非常に感激する.
万夫 wànfū〈文〉万人.〔～不当之勇〕〔～莫mò 当〕万夫も当たるべからざる勇気.非常に勇猛なこと.
万福 wànfú ①万福.〔～流云〕流雲と蝙蝠(ジ)の〔吉祥図の一〕模様. ②〔旧〕女性のお辞儀の作法:両手のこぶしを重ねて胸の右下あたりで上下に動かしながら頭を少し下げ,〔～〕と言う.〔那妇人慌忙便道〕(水·27)その婦人は慌ただしく挨拶した.→[拱 gǒng 手]
万福金安 wànfú jīn'ān〈牘〉お変わりもございませんかおうかがい申し上げます.〔祖父母大人～〕祖父祖母上様にはお変わりなきことと存じます.
万古 wàngǔ 永久(に).永遠(に).〔～留名〕永久に名を残す.〔～流芳〕〔～扬芳〕〈成〉末長くいつ栄えに栄える.〔～长青〕〔～长春〕〈成〉末長くいつ栄えに栄える.〔～长存〕永遠に残る.〔～千秋〕永久の歳月.
万古霉素 wàngǔ méisù〈薬〉バンコマイシン.
万剐凌迟 wànguǎ língchí 固 一寸だめしの刑に処する.
万贯 wànguàn 巨万の富.万金:旧時,重量1,000銭をもって1貫とした.〔～家财〕〔～家产〕〔～家私〕巨万の財産.
万国 wànguó 万国.世界各国.〔～公法〕旧 国際法.〔～通鉴〕万国史.〔～公墓〕各国民の共同墓地.〔～公制〕〔度〕メートル法.〔～童子军大会〕ジャンボリー:国際ボーイスカウトの大会.〔～音标〕旧〔国際音標文字〕〔国際音標〕の旧称.
万斛泉源 wànhú quányuán 万斛(ジ)の泉の源(斛は10斗).〈喩〉非常に豊富で湧出してやまないこと.

万户 wànhù ①〈文〉たくさんの家.〔~千门〕@同前.⑥〈喩〉広大な宮殿.〔~侯 hóu〕1 万戸を擁する土地を領している諸侯.〈転〉高官.〔元〕各地に設けた世襲の官職.

万花筒 wànhuātǒng 万華鏡.錦眼鏡.

万化 wànhuà ①〈文〉万物.大自然.②いろいろに変わる.万化する.〔千变~〕同前.

万机 wànjī 天子の日常の政務.政権担当者の各種政務:〔万几〕とも書く.〔日理~〕〈転〉日常もろもろの実務を処理する.

万家灯火 wànjiā dēnghuǒ〈成〉市街の夜景のはなやかなさま.

万箭攒心 wànjiàn cuánxīn〔=乱 luàn 箭 攒心〕〈成〉多くの矢に刺されたように心が痛む.

万劫 wànjié〔仏教で〕未来永劫.限りない世.万世.〔~不复〕永久に回復しない.

万金 wànjīn ①多額の金.②旧男の子供.〔阁 gé 下添的是千金,是~〕あなたのうけられたのはお嬢ちゃんですか,それとも坊ちゃんですか(男児を〔~〕に,女児を〔千金〕にたとえた)

万金油 wànjīnyóu ①圏清涼ぬり薬:〔清 qīng 凉油〕の旧称.〔老虎油〕〔一心油〕ともいう.もとシンガポールの華僑胡文虎が売り出したことで有名.②〈喩〉何でも屋.萬(よろず)屋:器用貧乏とけなしていう.〔~(式的)干部〕同前の幹部(自嘲・皮肉).→〔多 duō 面手〕

万籁 wànlài〈文〉万籟(ばんらい).〔~俱寂〕〔~无声〕〈成〉万籟寂(せき)として声しない.

万类 wànlèi 万物:多く生命のあるものをいう.

万里 wànlǐ はるか遠く隔たっていること.〔~长 cháng 城〕③万里の長城:単に〔长城①〕ともいう.東端は山海関老竜頭から西は嘉峪関まで.⑥〈喩〉防衛の頼りとするに足る障壁.⑥国家を守る軍隊.〔~长征〕④万里の遠いところへ軍を進める:長期にわたる難業のたとえ.〔~长征走了第一步〕長征の第一歩を踏み出した.①長征:1934~1936年にかけて,中国紅軍が行った 2 万5000 華里におよぶ大移動.〔~侯 hóu〕〈文〉僻遠の地に封ぜられた侯.

万两 wànliǎng 大量の(黄金).〔~黄金容易得,知音一个也难求〕〈諺〉金は大量でも求めやすいが,知友は一人でも求めがたい.

万流景仰 wànliú jǐngyǎng〈成〉万人ことごとくが崇拝される.

万隆 wànlóng 地バンドン:インドネシアのジャワ島西部に位する都市.〔~会议〕囝バンドン会議(アジア・アフリカ会議,1955.4.18~24):〔亚 yà 非会议〕ともいう.〔~精神〕(バンドン精神)

万绿丛中一点红 wànlǜ cóngzhōng yīdiǎnhóng 紅一点.〈喩〉とびきりあざやかに人目につくこと:王安石・石榴詩中の〔万绿丛中红一点〕による.

万马奔腾 wànmǎ bēnténg〈喩〉皆が勢い盛んに跳ね回る.

万马齐喑 wànmǎ qíyīn〈喩〉鳴りをひそめる:人々の発言が全く途絶えること.〔万马皆 jiē 瘖〕ともいう.

万民 wànmín 全土の人民.〔~拥 yōng 戴〕人民が皆推戴する.〔~伞 sǎn〕旧官吏の徳をほめたたえて人民から贈られる大きな傘:傘には繻子の単冊をつけ多くの人民の名が刺繍してある.〔万名伞〕〔万年伞〕〔红伞〕ともいう.同様の衣服を〔~衣〕という.

万目睽睽 wànmù kuíkuí ⇒〔众 zhòng 目睽睽〕

万难 wànnán ①きわめて困難.非常に困難である.〔~照准〕申請の件は許可できない.②さまざまな困難.幾多の困難.〔排除~〕万難を排除する.

万能 wànnéng ①万能.能(あた)わざるところなし.②用途がとても広い.〔~表〕〔万用表〕マルチメーター.〔~药 yào〕万能薬.〔~电桥〕万能ブリッジ.〔~(工具)磨床〕万能工具研削盤.〔~工作台〕万能テーブル.〔~胶 jiāo〕万能接着剤.〔~六角车床〕ユニバーサルタレット旋盤.〔~取景器〕(カメラの)ユニバーサルファインダー.〔~铣床〕圏万能フライス盤.

万年 wànnián 万年.永久.〔遗臭~〕〈成〉永久に汚名を残す.〔~红(纸)〕対聯などに用いる赤い紙の一種.〔~历〕万年暦.何十年でも使える暦.〔~春〕囿ヤマアサ:アオイ科の小高木.〔~青〕〔千 qiān 年蒀〕圉オモト.〔~松〕圉イワヒバ.〔卷 juǎn 柏〕の別称.〔~藤〕トウゲシバ近緑種:ヒカゲノカズラ科.〔藓 xuǎn〕圉フロウソウ(不老草).〔~枝 zhī〕〔冬 dōng 青〕圉モチノキ.

万念俱灰 wànniàn jùhuī〈成〉すべての望みが消え失せる:失意の底に沈むさま.

万千 wànqiān ①きわめて多数.〔万万千千〕同前.②多種多様.さまざま.〔变化~〕変化きわまりない.

万顷 wànqǐng 面積がきわめて広い.〔~苇 wěi 荡〕同前のアシの沼.

万请 wànqǐng どうぞ…して下さい.〔~关照〕何とぞよろしくお願いします.

万全 wànquán 万全である.少しの手ぬかりもない.〔~之策 cè〕万全の策.〔计出~〕〈成〉用意がきわめて周到で安全である.→〔万无一失〕

万人 wànrén 多くの人.すべての人.〔~敌 dí〕ひとりで万人を敵として立ち向かう.〈転〉兵法.軍略.〈喩〉戦術の非常に優れた武将.〔~坑 kēng〕多くの遺体を埋めた埋葬地.〔~空 kōng 巷〕町の家々から総出でにぎわいを見ること.〔~迷 mí〕大勢の人が魅せられてしまう(もの).非常な人気を博する(もの).〔~嫌 xián〕皆から嫌われる(もの).大勢の人からつまはじきにされる(もの)

万牲园 wànshēngyuán 旧北京動物園をいった.

万乘 wànshèng 困〔周制で〕天子の地は方千里,万乗の兵車を出す.〈転〉天子.国家.大国.

万世 wànshì 万世.〔千秋~〕千代.よろず代.〔~师表〕万世の師表.

万事 wànshì 万事.すべてのこと.〔~通〕〔百 bǎi 事通①〕物知り:博学であるが詳しくはないもの(そしる意を含む).〔~大吉〕〈成〉すべて終わりとなる.〔~不怕难,只怕心不专〕〈諺〉万事難を恐れとせず,ただ心不専が肝要である.〔~大吉〕〔~亨 hēng 通〕〈~如意〉〈成〉万事好都合となる.万事めでたしめでたし.〔~俱备,只欠东风〕(三49)すべての準備は皆終わっているのにただ東風がない(ただ最後の一つの大事な条件が欠けている).〔~起头难〕〔~开头难〕〈諺〉最初の一歩がむずかしい.

万寿 wànshòu〈文〉(皇帝の)長寿を祝う語.〔~无疆 jiāng〕万寿無疆.〔~节〕皇帝の誕生日.〔~菊 jú〕圉マンジュギク.センジュギク.アフリカンマリーゴールド.

万寿果 wànshòuguǒ ⇒〔番 fān 木瓜〕

万水千山 wànshuǐ qiānshān ⇒〔千山万水〕

万死 wànsǐ〈文〉万死.1 万回の死.〔罪 zuì 该~〕罪万死に値する.〔~不辞〕万死も辞せず.

万岁 wànsuì ①1 万年.②万歳.万々歳:長久を祝する語.③旧皇帝:臣民からいう.〔~爷 yé〕〔口〕同前.

万头攒动 wàntóu cuándòng〈成〉群集の頭がゆらぐ.押しあいへしあいしている.多勢がこみあっている

万万 wànwàn ①億(1 万個の 1 万).〈転〉極めて多い数.〔六~五千万〕6 億 5 千万.〔~年〕万年年.〔千千~〕何千何万万.〔~岁〕長久を祝する語.②決

1738

wàn～wáng

して.断じて.まったく.絶対に.〔～不可〕断じて宜しくない.〔～没想到会跟你再见〕君に再び会おうとは夢にも思わなかった. ③遠く勝る.はなはだ優れている.

万维网 wànwéiwǎng ⇒〔环 huán 球网〕

万无 wànwú 絶無.絶対にない.〔～此 cǐ 理〕この理は絶対にない.そんな理屈は決してない.〔～一失 shī〕万に一つの失敗もない.決して間違いはない.

万勿 wànwù 決して…するな.〔～失此良机〕このよいチャンスを決してのがすな.

万物 wànwù 万物.〔～有灵 líng 论〕〔精 jīng 灵论〕囲万物有心論.〔～之灵〕万物の霊長.人類.

万象 wànxiàng ①万象.天地のあらゆる事物.〔～更 gēng 新〕万象あらたにする.〔～回春下新春再び春が訪れる. ②囲ビエンチャン:〔老 lǎo 挝人民民主共和国〕(ラオス)の首都.〔珍 zhēn 永〕ともいう.

万向接头 wànxiàng jiētóu =〔十 shí 字接头〕囲自在継手.カルダン継手:〔万向节十字头〕ともいう.

万幸 wànxìng 非常な幸運.幸運のきわみ.多く災難を免がれたことを指す.〔府上没遭池鱼之殃 yāng 真是～〕お宅が類焼を免れたのは大変幸いでした.〔～的是身上没受伤〕幸いにも怪我はなかった.

万姓 wànxìng 〈文〉人民.一般庶民.

万言书 wànyánshū 囲臣下が皇帝に差し出す長文の上奏書.〈転〉長文の当局に対する意見書.

万一 wànyī ①万分の一.ごくわずか.〔笔墨不能形容其～〕筆ではその万分の一も表せない. ②万が一.ひょっとして….〔他不来,你得去〕万一彼が来なかったら,きみが行かねばならない.〔我等有一会儿,～他来呢〕わたしは少し待ちましょう,彼は来るかもしれないから. ③不意のできごと.万一のこと.もしものこと.〔准备～〕万一に備える.

万亿 wànyì 〔数〕の兆.〔五～元〕5 兆元.→〔兆 zhào (II)①〕

万应灵药 wànyìng língyào 万能薬:〔万应锭 dìng〕ともいう.

万用 wànyòng 泛用(の).〔～表 biǎo〕〔万能表〕マルチメーター.ユニバーサルメーター.

万有 wànyǒu 〈文〉〔～引力〕万有引力.

万元户 wànyuánhù ①(1980～90年代,中国の)年収が1万元を超える家庭. ②〈転〉大金持.

万丈 wànzhàng 非常に高い,または非常に深いこと.〔发出～光芒 máng〕万丈の光芒を放つ.〔气焰 yàn ～〕気炎万丈.〔～深渊 yuān〕底も知れないほどの淵.〔高楼平地起〕諺)万丈の高楼も地面より始まる(事業は小さいものから大きいものに及ぶ,またはすべては基礎から始まる)

万钟 wànzhōng 囲多額の俸禄.

万众 wànzhòng すべての人.万民.大衆.〔举 jǔ 国上下,～欢腾〕全国各地のすべての人々が喜びに沸きたつ.〔～一心,～惯～大衆の心が一つになること.すべての人が心合わせる.

万状 wànzhuàng 甚りとあらゆるさま.形状の極めて多いこと.〈転〉非常に.甚だしい.〔狡 jiǎo 猾～〕非常に狡猾なこと.〔凄 qī 惨～〕非常にむごたらしいこと.

万紫千红 wànzǐ qiānhóng 〈慣〉花木の盛んなさま.無数の花が色とりどりに咲き乱れているさま.〈喩〉事物が豊富多彩で盛んなさま:〔千紫万红〕ともいう.

万字号 wànzìhào ①収入が万元を単位とする人. ②万を単位とする事物.〔～工程〕同ırの プロジェクト.

万子 wànzi マージャン牌の万の字記号のあるもの.→〔饼 bǐng 子③〕〔索 suǒ 子②〕

〔**氵 · 澫**〕 wàn 地名用字.〔～尾 wěi〕囲広西にある.

〔**卍**(**卐**)〕 wàn 〈梵〉まんじ:インドから伝わって神仏に仏教上の標識で吉祥万徳を象徴する.中国に入って文字化され則天武后の時に「万」の音をあてた.

卍字会 wànzìhuì〔世世 shì 界红～〕の略称:1920年代中国にできた宗教慈善組織.慈善事業・社会奉仕の事業を行う.

卍字栏杆 wànzì lángān 卍字形で組合わせた欄杆.

卍字儿 wànzìr 卍字形.

〔**捥**〕 wàn ⇒〔腕〕

〔**腕**〕 wàn =〔文〕捥〕〔～儿〕生理手首.足首:うでと掌または手と脛(名)とのつながる部分.〔手～〕手首.〔脉 bó 子〕に同じ.〔脚 jiǎo ～〕足首.

腕表 wànbiǎo ⇒〔手 shǒu 表〕

腕法 wànfǎ 腕法:字を書く時の手首を使う運筆.→〔提 tí 腕〕〔悬 xuán 腕〕〔枕 zhěn 腕〕

腕骨 wàngǔ 生理腕骨.手根骨.

腕管 wànguǎn 中医掌を含めた腕の血管.

腕级 wànjí 大物(有名人)のクラス.〔～老板〕有名人級の社長.

腕力 wànlì 腕力.運筆の力.

腕儿 wànr ①→字解. ②〔喩〕すご腕.辣腕(な)家.実力者.名の通った人.〔大～〕同前.

腕饰 wànshì 手首につけるアクセサリー.ブレスレット.

腕子 wànzi 手首.足首.→字解.

腕足 wànzú 動イカ・タコなどの)足.

〔**蔓**〕 wàn 〔-儿〕〔口〕植物の蔓(る).〔瓜 guā ～〕瓜のつる.〔順 shùn ～摸瓜〕つるをたぐって瓜を探す. → mán màn

wang ㄨㄤ

〔**汪**〕 wāng (I)①〈文〉水の深く広々としたさま.→〔汪洋①〕 ②(水などが液体が)たまる.〔路上了一些水〕道に水がたまっている. ③池.水たまり.〔～子〕小さな池. ④〔-儿〕量詞.ひとたまり(平たく)たまっている液体を数える.〔～一血 xiě〕一たまりの血.〔～水〕一たまりの水. ⑤〈姓〉汪(う).
(II)〈擬〉ワンワン.〔小狗～地叫了一声〕小犬がワンとほえた.

汪然 wāngrán 〈文〉①深く広いさま. ②涙の流れるさま.〔～出涕〕はらはらと涙を流す.

汪汪 wāngwāng ①〈文〉水の広大なさま. ②液体のあふれんばかりのさま.〔眼泪～〕目にいっぱいの涙をたたえている. ③〈擬〉ワンワン:犬のほえる声.〔狗～地叫〕犬がワンワンとほえる.

汪洋 wāngyáng ①〈文〉水勢の広大なさま.〔～一片〕広い(海)洋々として際限がない.〔～大海〕洋々たる大海. ②度量の大きいこと.〔～大度〕同前.〔～恣瀚〕〈成〉文章の気勢の盛大なさま.

〔**尣**(**尢 · 尪**)〕 wāng 〈文〉①瘦せて弱々しい. ②脚部・背骨や胸部が弯曲している(病気)

〔**亡**(**亾**)〕 wáng ①逃げる.逃げ去る.〔逃～〕同前.〔流～政府〕亡命政府. ②失う.なくす.〔歧 qí 路～羊〕羊飼いが分かれ道で羊を失う:求道者が道に迷うこと. ③滅ぶ.滅亡する.滅ぼす.〔～国〕死ぬ.〔伤～〕傷つ

wáng 亡王

き死ぬ.〔阵～〕戦死する.⑤すでに故人であることを表す:〔晩 wǎn 辈〕このみに用いられ,〔长辈〕には〔先〕を用いる.〔～妻〕死んだ妻.〔～弟〕死んだ弟.〔～妹〕死んだ妹.→ wú

亡故 wánggù〈文〉死亡する.逝去(する)

亡国 wángguó ①国を滅ぼす.国が滅びる.〔～灭种〕国を滅ぼし民族を滅ぼす.②滅亡した国.〔～奴〕奴隷となった亡国の民.

亡魂 wánghún ①亡霊.死者の魂.②魂を失う.〈喩〉びっくりする.〔～丧 sàng 胆〕〈成〉胆を玉もけし飛ぶほど驚く.

亡戟得矛 wángjǐ démáo〈喩〉一方で失い一方で得る.得失相等しい.

亡经 wángjīng =〔旧亡室〕〈文〉亡妻.

亡灵 wánglíng 亡霊.〈喩〉滅んだはずのものの復活.

亡命 wángmìng ①亡命する.逃亡する.〔～徒〕〔～者〕亡命者.〔～政府〕他国へ逃れて存続する政府.②命知らず.〔～之徒〕命知らずのやから.

亡殁 wángmò〈文〉亡くなる.死亡する.

亡人 wángrén ①〈文〉亡命者.逃亡者.②死者.

亡失 wángshī〈文〉失う.無くなる.

亡室 wángshì ⇒〔亡荆〕

亡阳 wángyáng〔中医〕過度の発汗,吐瀉による体液欠損から起こる急性の虚脱衰弱.

亡羊补牢 wángyáng bǔláo〈成〉羊を失ってから檻を修理すれば損失が後の対策と講じて,再度の損失を防ごうとする.〔亡羊而补牢,未为迟也〕(戦国策・楚策)後の手当てでも遅いことはない.

亡羊得牛 wángyáng déniú〈喩〉羊を失って牛を得る.小を失って大を得る.えびで鯛を釣る.焼け太りになる.

亡佚 wángyì〈文〉散失する.

亡友 wángyǒu 亡友.今は亡き友.

亡者 wángzhě〈文〉死亡者.

〔王〕 wáng ①王.王者.君主.〔帝 dì～〕帝王.〔称～称霸〕〈成〉尊大横暴に振舞う.②〔旧〕最高の爵位.③頭(かしら).首領.〔山大 dài～〕山賊の頭.〔擒 qín 贼先擒～〕〈諺〉賊を捕らえるにはまず頭目を捕らえろ.④第一人者:同類中最大(最強)で,特別な地位を占めるもの.〔蜂 fēng～〕女王蜂.〔球～〕球界ナンバーワン.〔花中之～〕花の王:牡丹.〔虎是兽中之～〕虎は獣中の王である.⑤〈文〉〈尊〉祖父・祖母(の世代である目上).〔～父〕祖父.⑥〈姓〉王.→ wàng

王八 wángba 〔忘 wàng 八〕とも書いた.①亀(すっぽん)の俗称.〔～鲆 biàn～〕頭髪を頭の周囲6か所で束ねてくるくる子供の髪型.〔～吃秤砣,铁了心了〕〈歇〉すっぽんが秤のおもりを食べて鉄になる:鉄を飲んだように意を固くした(決心した.心を鬼にした).〔～蛋〕〈属〉あんぽんたん.ばか野郎.畜生め:〔王八羔子〕〔忘八羔子〕ともいう.→〔乌 wū 龟〕②〈口〉妻を寝とられた男.コキュ.尻の軽い妻の夫.③〔旧〕妓楼の使用人.下男又は番頭.→〔鸨 bǎo 母〕

王八鱼 wángbayú ⇒〔鲎 hòu 虫〕

王不留行 wáng bùliúxíng〔植〕ドウカンソウ(カサクサ),またその近縁種:ナデシコ科の薬草.別称:〔兔 tù 儿苗〕

王朝 wángcháo 王朝・朝代・朝廷.〔殷～〕殷王朝.

王城 wángchéng ①〈文〉天子の都城.帝都.②周の都城:もとの洛邑の称.現在の河南省洛陽市の西北にあたる.

王储 wángchǔ 皇太子.王位継承確定者.

王道 wángdào 王道.王者が天下を治めている正しい道.〔～不~人情〕王道は人情を本とする.→〔霸道 bàdào ①〕

王道 wángdao〈方〉激しい.ひどい.むちゃである.→〔霸道 bàdao〕

王法 wángfǎ 国法.帝王の定めた法律.〈転〉施策.法令.〔～很严〕国法が非常に厳しい.〔没～〕無法状態である.

王妃 wángfēi〈文〉①諸侯王また太子の妻.②帝王の妾:皇后に次ぐもの.

王府 wángfǔ〔旧〕(王爵のある)皇族の邸宅.

王公 wánggōng ①〈文〉天子と諸侯.②〔旧〕(爵位の)王と公.〈転〉貴族.貴顕の人.〔～大人〕同前.〔～大臣〕貴族や大臣など.

王宫 wánggōng 王宮.皇居.

王顾左右而言他 wáng gù zuǒyòu ér yántā〈成〉まっすぐ答えずに,はぐらかして他事を言う.

王瓜 wángguā ①〔植〕カラスウリ:〔土 tǔ瓜〕〔假 jiǎ 栝楼〕ともいう.②⇒〔黄 huáng 瓜〕③⇒〔菜 cài 瓜〕

王官 wángguān ①〈文〉王朝の官.②〔春秋〕晋の地:現在の山西省聞喜県の西.③〈姓〉王官(こう).

王冠 wángguān 王冠.

王国 wángguó ①王国.〔瑞典～〕スウェーデン王国.②〈喩〉天下.主のように存在する世界.〔汽车的～〕自動車の天下.③〈喩〉特色のある世界.支配する範囲.〔自由～〕自由の王国.

王侯 wánghóu 帝王や諸侯.(爵位の)王と侯.貴顕.〔～将相 xiàng 宁有种乎?〕(史記48)貴顕の者,将軍,宰相とて別にその家系や血統があるわけではない.

王后 wánghòu ①国王の妻.②(トランプの)クイーン.〔黑桃～〕スペードのクイーン.

王蕙 wánghuì ⇒〔地 dì 肤〕

王畿 wángjī〈文〉畿内.

王迹 wángjì〈文〉帝王の功業.王業.

王浆 wángjiāng ロイヤルゼリー:〔蜂 fēng～〕の略.→〔蜂王乳〕

王老五 wánglǎowǔ 家もない中年のひとり者:旧時の同名映画の主人公名.

王莲 wánglián〔植〕オオオニバス(ビクトリア・レギア):スイレン科の巨大な水草.

王码 wángmǎ〔電算〕〔五 wǔ 笔字型码〕の別称:王永民の発明した漢字入力の方法.

王母 wángmǔ〔西 xī 王母〕(伝説上の仙女)の略称.〔～娘 niáng 娘〕同前.

王母珠 wángmǔzhū ⇒〔酸 suān 浆①〕

王女 wángnǚ〈文〉王女.皇女.

王牌 wángpái ①(トランプの)④キング.⑤オールマイティ.=〔大 dà 王③〕〔老 lǎo 开③〕②〈喩〉切り札.とっておきの手段.〔他本来不想拿他的～〕彼はもともと彼の奥の手を持ち出したくなかった.③〈転〉エース.〔空军～〕空軍のエース.

王婆卖瓜 wángpó mài guā 王婆さんが瓜を売る.〔～,自卖自夸 kuā〕〈歇〉同前で,自分のものを吹聴ばかりする.

王权 wángquán 王権.君主の権力.

王蛇 wángshé〔動〕キングスネーク:王蛇.蟒(莽).

王师 wángshī 帝王の軍.国家の軍隊.

王室 wángshì ①王室.②朝廷.国家.

王水 wángshuǐ =〔硝 xiāo 盐酸〕〔化〕王水:濃塩酸と濃硝酸を3対1の体積比でまぜた溶液.硝酸・塩酸に溶けない金・白金などの金属をも溶解する.

王孙 wángsūn ①〔旧〕王侯と貴族の子孫.〔～公子〕同前の子弟.②〔植〕ツクバネソウ,またその近縁種:ユリ科.多年生草本,薬用とする.③〔蟋 xī 蟀〕(コオロギ)の別称.④〔猴 hóu〕(サル)の別称.⑤〈姓〉王孫(そん).

王廷 wángtíng〈文〉朝廷.

王铜 wángtóng 〘化〙塩基性塩化銅.
王位 wángwèi 王位.〔继承～〕位を継承する.
王学 wángxué 明の王陽明の学派.
王爷 wángyé 〘旧〙王の爵位を受けている者に対する敬称.〔～府 fǔ〕同前のお邸.
王业 wángyè 〈文〉帝業.〔帝 dì 业〕に同じ.
王杖 wángzhàng ⇒〔齿 chǐ 杖〕
王者 wángzhě 〈文〉①王者.帝王. ②王道によって天下を治める君主.〔～师〕同前の師.
王子 wángzǐ ①王子. ②〘姓〙王子(おうじ)
王族 wángzú 王族.

〔**网・網（網）**〕 **wǎng** ①（あみ）: 魚鳥などを捕らえる道具.〔鱼 yú ～〕魚網.〔～具 jù〕漁具.〔拉 lā ～〕網を引く.〔撒 sā ～〕網を打つ.〔结 ～〕網をすく. ②網に似たもの.網状のもの.〔蜘 zhī 蛛～〕くもの巣.〔铁 tiě 丝～〕鉄条網.〔发 fà ～〕ヘアネット. ③〈転〉（法律・風習など）人の自由を束縛するもの.〔法～〕法網.〔尘 chén ～〕世のしがらみ. ④〈転〉縦横に張りめぐらされた組織.〔商 shān 业～〕商業網.〔通 tōng 讯～〕通信網.〔铁 tiě 路～〕鉄道網. ⑤〘電算〙ウェブ.（インター）ネット.〔网络④〕の略.〔上～〕インターネットに接続する.〔～友〕インターネット上の友人.〔～吧〕〔～咖 kā〕ネットカフェ. ⑥網で捕る.〔～鱼〕魚を捕る.→〔捞 lāo〕 ⑦網状をしている.〔眼里～着红丝〕目が充血している.

网虫 wǎngchóng ①〈文〉〘旧〙クモ.ふつう〔蜘 zhī 蛛〕という. ②〈口〉ネットおたく・ネットフリーク：〔网迷〕ともいう.
网德 wǎngdé インターネット上のマナー.ネチケット.
网袋 wǎngdài ⇒〔网兜〕
网点 wǎngdiǎn ①〘電算〙ウェブサイト. ②サービスポイント.営業端末窓口(店)
网兜 wǎngdōu 〔～式〕網状の袋.網袋：ナイロンのひもなどで編んだ物入れ.
网纲 wǎnggāng 魚網の枠組みとなる網.
网罟 wǎnggǔ 〈文〉①鳥・獣・魚を捕獲する網. ②法網.
网关 wǎngguān 〘電算〙ゲートウェイ.
网管 wǎngguǎn ネットワーク管理(員)・ウェブマスター.〔网络管理〕の略.
网海 wǎnghǎi インターネット空間.
网户 wǎnghù インターネット利用者：〔网络用户〕の略.
网巾 wǎngjīn ヘアネット.
网警 wǎngjǐng インターネット管轄警察：〔网络警察〕の略.
网卡 wǎngkǎ 〘電算〙ネットワークカード.LANカード.
网开三面 wǎng kāi sānmiàn 〈成〉恩徳の禽獣に及ぶこと.〈喩〉寛大に処置すること：張り巡らされた網の三方を取り払わせたという湯王の故事による：〔网开一面〕ともいい,網の一面を開けておく.〈喩〉罪を犯した人に対して道をあけておく.
网篮 wǎnglán 上面に網の覆いのある(旅行用の)バスケット.
网恋 wǎngliàn インターネット恋愛.
网聊 wǎngliáo チャット：〔上 shàng 网聊天〕の略.
漏网吞舟 wǎnglòu tūnzhōu 〈成〉舟を呑む大魚も,網の目を脱け通る.法律が不備でザル法であることに.
网路 wǎnglù 〔方〕ネット.インターネット：〔网络④〕に同じ.
网罗 wǎngluó ①〈文〉魚や鳥を捕らえる網. ②束縛をまぬがれしがたい.〔冲破旧社会的～〕旧社会の束縛を突き破る. ③〈転〉いろいろとり集める.網羅する.〔～天下异能之士〕（漢書・王莽伝上）天下異能の士を集める.→〔罗网〕

网络 wǎngluò ①網状の物. ②縦横につながり構成される組織. ③〘電算〙網.ネットワーク.〔～版〕インターネット版（書籍・新聞やソフトなど）.〔～电话〕IP電話.〔～犯罪 zuì〕ネット犯罪.〔～计算机〕ネットワークコンピュータ.〔～教育〕eラーニング.〔～经济〕ネット経済.〔～日志〕〈音訳〉博 bó 客〕ブログ.〔～文学〕ネット文学.〔～学校〕eスクール.〔～银行〕〔网上银行〕インターネット銀行.〔～营 yíng 销〕ネットビジネス.〔～游戏〕ネットゲーム. ④〈語言〉ネット言葉：チャットなどに特有の言葉や符号.〔～域名〕ドメイン名.〔骨干～〕全国主要ネット.→〔网⑤〕
网盲 wǎngmáng インターネットに疎い人.
网迷 wǎngmí ⇒〔网虫〕
网民 wǎngmín ネチズン：ネット上のシチズン.
网名 wǎngmíng ハンドルネーム.ネット上のニックネーム.
网膜 wǎngmó 〘生理〙①大腸表面の粘膜. ②網膜：〔视 shì ～〕の略.
网目 wǎngmù ①〔网眼〕網の目. ②〔～版〕網目版：写真版の一種.
网屏 wǎngpíng (印刷)網目スクリーン.
网球 wǎngqiú 〘ス〙テニス.庭球（またそのボール）.〔打～〕テニスをする.〔～场〕テニスコート.〔～拍 pāi (子)〕テニスのラケット.〔短 duǎn 式～〕ショートテニス.
网纱 wǎngshā 〘紡〙グレナディン：隙のある織り方の婦人服用生地.
网上 wǎngshàng ネット上の.〔～冲浪〕〔～漫游〕ネットサーフィン.〔～交易〕オンライン取引.〔～购 gòu 物〕ネットショッピング.〔～书店〕ネット書店.〔～录取〕インターネット募集・採用.
网绳 wǎngshéng 漁網を引くロープ.
网水绵 wǎngshuǐmián 〘植〙アミミドロ(属の水藻)：淡水緑藻の一種で,集まって網状になっている.
网坛 wǎngtán テニス界.〔～女王〕テニス界の女王.
网套 wǎngtào ①(包装用緩衝材の)クロスネット. ②(布団の中身のワタなどを固定させる)ネット.
网胃 wǎngwèi (反すう動物の)第二胃・蜂巣胃.
网纹 wǎngwén ①網目模様.しま模様. ②新聞・雑誌などの字紋(じもん).
网线 wǎngxiàn ①漁網用の糸. ②〔～数〕写真版印刷の点の粗密：1インチ平方に130や150などの線の交錯による点の粗密で印刷のきめ細かさを表わす.
网箱 wǎngxiāng 箱型いけす.〔～养鱼〕同前による魚の養殖.
网校 wǎngxiào ①テニススクール：〔网球学校〕の略. ②eスクール：〔网络学校〕の略.
网眼 wǎngyǎn ⇒〔网目〕
网页 wǎngyè 〘電算〙ホームページ.ウェブページ.
网瘾 wǎngyǐn インターネット中毒.
网站 wǎngzhàn 〘電算〙ウェブサイト.
网罩 wǎngzhào ①防護ネット(落下防止や鳥・虫害を防ぐ). ②網状のカバー.
网址 wǎngzhǐ 〘電算〙ホームページのアドレス.ウェブサイトのURL.
网柱 wǎngzhù 〘ス〙ネットを張るための支柱.
网状 wǎngzhuàng 網状(の).〔～脉 mài〕〘生理〙網状脈.
网子 wǎngzi ①網(状のもの). ②ヘアネット.

〔**罔（㒺）**〕 **wǎng** (I)〈文〉①隠す.ごまかす.だます.〔欺 qī ～〕同前. ②無実の罪に陥れる.〔誣(うぃ)～〕同前. (II)〈文〉①ない.存在しない：〔无 wú〕に同じ.〔药石～效〕〈成〉薬石効なし. ②…ない,…するな：〔不

wǎng 罔惘辋蜩魍枉往

bù]に同じ.〔～知所措 cuò〕〈成〉どうしてよいかわからない.

罔极 wǎngjí 〈文〉きわまりなし.無限である.

罔両 wǎngliǎng ①〈文〉ぼんやりとよりどころのないさま.②〈文〉影の縁(ふち)に生ずる薄い影.③⇒[魍魎]

罔然 wǎngrán ①空虚なさま.②呆然たるさま.

罔替 wǎngtì 〈文〉取り換えることがない.不変である.

罔聞 wǎngwén 〈文〉聞こえていない.〔置 zhì 若～〕〈成〉聞こえないようなふりをして,相手にしない.

〔**惘**〕 **wǎng** 失意のさま.ぼんやりするさま.がっかりするさま.〔怅 chàng ～〕失望し嘆く.残念に思う.

惘然 wǎngrán 失意のさま.落胆して気の抜けたさま.〔～若 ruò 失〕ぼう然自失する.

惘惘 wǎngwǎng 〈文〉失意のさま.

〔**辋・輞**〕 **wǎng** 車輪の外辺の金属製の框(わく).車輪のたが.

辋板 wǎngbǎn 車輪の外縁(がいえん)板.

〔**蝄**〕 **wǎng**

蝄蜽 wǎngliǎng ⇒[魍魎]

〔**魍**〕 **wǎng**

魍魎 wǎngliǎng =[罔両③][蝄蜽]伝説中の山川の精・木石の霊から生じる怪物・もののけ.〔～鬼〕同前.〔魑 chī 魅～〕ちみもうりょう:妖怪変化(へんげ).〔～様々な悪人.〔魍魅〕山中の精気から生じる化け物.

〔**枉**〕 **wǎng** ①ゆがんでいる.曲がっている.正しくない.〔矫～过正〕矯正が度を過ぎる.②曲げる.ゆがめる.不正に行う.→〔枉法〕③不当に扱われ無念な思いをする.無実の罪を受ける.〔冤 yuān ～〕冤罪をこうむる.④むだ(に).むざむざと.〔以前的努力并非～费〕以前の努力は決してむだではない.〔～送了自己的性命〕むざむざ命を落とした.〔不～为一世〕人となってこの世に生れたではなかった.世に生まれた甲斐があった.⑤〔姓〕枉.

枉尺直寻 wǎngchǐ zhíxún 〈成〉1尺を曲げて(受け容れ)1尋(8尺)を直す.〈喩〉少しの損失で大きな利益を得る.〔尺枉寻直〕ともいう.

枉道 wǎngdào 〈文〉道理をまげる.道に背くやり方(をする).

枉断 wǎngduàn 法をまげる.不正確な判断(をする).

枉法 wǎngfǎ 法をまげる.〔～营私〕法をまげて私利をむさぼる.〔贪 tān 赃～〕賄賂をむさぼり法をまげる.

枉费 wǎngfèi 空費する.費やしても効果がない.〔～唇 chún 舌〕むなしく弁舌をふるう.〔～心机〕〔枉用心机〕〈成〉むだに心を労する.案じてむだ骨折りをする.→〔白 bái 费〕

枉顾 wǎnggù 〈尊〉(拙宅に)お越し下さる.〔承蒙～〕ご光臨たまわりました.

枉己正人 wǎngjǐ zhèngrén 〈成〉自分が正しくないくせに人を正そうとする.

枉驾 wǎngjià =[枉临]〈尊〉(相手に)まげてご来訪いただく.〔昨蒙～光临感激无尽〕〔牍〕昨日はわざわざご来駕下さり感謝いたしました.

枉口拔舌 wǎngkǒu báshé ⇒[妄 wàng 口舌]

枉临 wǎnglín =[枉驾]

枉屈 wǎngqū 〈文〉①歪曲する.②ぬれぎぬを着せる.不当にくやしい思いをさせる.

枉然 wǎngrán 〔徒 tú 然〕むだ骨折りである.徒労に終わる.〔他们的企图,必定是～的〕彼らのもくろみはむだ骨折りに終わってしまうに違いない.

枉死 wǎngsǐ 横死する.非業(ひごう)の最期をとげる.犬死にする.〔～鬼〕横死した者.〔～城〕横死した人の霊魂の落ち着くところ.

枉用心机 wǎngyòng xīnjī ⇒[枉费心机]

枉自 wǎngzì むだに.むなしく.いたずらに.

〔**往**(**徃**)〕 **wǎng** ①行く.到る.〔一来一～〕行ったり来たり.〔徒步前～〕徒步で行く(出かける).②向かう(って行く).〔一个～东,一个～西〕一人は東に一人は西に行く.③…(の方)へ.…に:方向を示す.〔～南走〕南へ行く.〔～前看〕前方を見るようにする.〔～左へ回る.〕何处去?〕どこへ行くのか.〔～好里(处)想〕いい方へ考える.善意に考える.〔他说的话,您不要～心里去〕彼の言う事を気にかけなさい.〔简単里说〕簡単に言えば.→〔朝 cháo⑤〕〔向 xiàng(I)②〕④過去(の).以前(の).〔已～〕昔.過去.⑤〈文〉死(者).〔～者〕死者を遺す.生存者に伝える.

往常 wǎngcháng これまでいつも.(過去の)ふだん.平常.〔像～一样〕いつものように.〔今天街上比～热闹〕今日は街がふだんよりにぎやかだ.〔这个任务不比～啊〕この任務はこれまでとは違うぞ.〔～间〕〔～时〕〈白〉平素.日ごろ.

往返 wǎngfǎn 往復する.〔徒劳～〕むだ足を踏む.〔～奔走〕行ったり来たり奔走する.〔～票〕来 lái 回票.往復切符.

往访 wǎngfǎng 出向いて訪ねる.

往复 wǎngfù ①(繰り返し)往復する.〔～运动〕往復運動.〔循 xún 环～,以至无穷〕循環は繰り返され,それが際限なく続く.〔～泵〕圈往復ポンプ.〔～式发动机〕圈レシプロエンジン.〔～(式)阀〕圈往復弁.レシプロケートバルブ.②⇒[往来③]

往古 wǎnggǔ 昔.古いころ.

往后 wǎnghòu 以後.これから.今後:未来の場合にのみ用いる.〔以 yǐ 后〕は過去・未来ともに可.〔～可得小心〕今後は注意しなさい.〔～向かって.〕後へ.〔～退〕後へ退く.

往还 wǎnghuán 往来する.交際する.行き来がある.〔我这几年与 yǔ 人极少～〕わたしはこの数年人とほとんど交際がない.

往回(**里**) wǎnghuí(lǐ) ①後へ.元へ.②行って帰る.③〔进む〕向きをくるりと変える.〔～引き返す.帰る.〕④〔～赶〕急いで取って返す.

往鉴 wǎngjiàn 過去の手本.手本とすべき故事.

往届 wǎngjiè 従前(の回).〔比赛制度仍然按照一样采取抽签办法〕試合制度はやはり以前と同様で抽選の方法を採用する.

往来 wǎnglái ①=[来往①]行ったり来たりする.〔～的行人〕行き来する人.②やりとりする.〔笔墨～〕手紙のやりとり.③=[往复②]交際する.〔～交际〕同前.〔～无白日〕交際している者に平民はいない,みな名士だ.〔～厂商〕取引メーカー.④当座勘定.〔～账户〕同前.→[活 huó 期]

往年 wǎngnián =[往岁]古時.以前の年.

往起 wǎngqǐ 起きる方向へ.上の方へ.〔～搀 chān 他〕彼を助け起こす.〔～拿〕持ち上げる.〔～立〕立ち上がる.

往前 wǎngqián ①昔.以前.②前の方へ.〔～走〕①前の方へ行く.②〔女が〕再嫁する.

往日 wǎngrì 昔日.過ぎし日.〔～无仇 chóu,近日无冤 yuān〕〈成〉昔も今も,何の恨みもない.

往生 wǎngshēng 圈(仏教で)往生する.極楽浄土に生まれ変わる.

往时 wǎngshí 以前.往時.

往事 wǎngshì 往事.昔の出来事.〔追忆～〕往事を追憶する.〔～休提〕済んだ事はさておき.→[旧 jiù 事]

wǎng～wàng

往岁 wǎngsuì ⇒〔往年〕

往往 wǎngwǎng ①いつも.よく.しばしば.往往にし て:過去の多くの経験から動作行えれに係る情況・条件あるいは結果とが相伴うことをいう.未来の事柄や願望をいう時は〔常 cháng 常〕を用いる.〔小刘～一个人上街〕刘くんはよく一人で町へ行く:〔小刘～上街〕は不可.〔小刘常常上街〕は可.〔认识事物的本质,～需要一个过程〕物事の本質を見ぬくには,しばしば一つのプロセスを必要とする.〔人们一把这一点忽略过去〕人々はしばしばこの一点をゆるがせにしてしまう. ②〈文〉る所.

往昔 wǎngxī いにしえ.昔.〔追溯～〕いにしえを追い溯る.〔一如～〕昔のとおり.何一つ変わっていないこと.

往哲 wǎngzhé ⇒〔先 xiān 哲〕

〔王〕 wáng 〈文〉王者となる.王として天下を統治する.〔～天下〕天下に王たり. → wáng

〔旺〕 wàng ①盛ん(である).盛ん.〔运气～〕運勢が強い.〔生意兴 xīng ～〕商売が繁昌している.〔血气～〕血気が盛んである.〔火着 zháo 得很～〕火が盛んに燃えている.〔士气正～〕士気正に旺盛である.〔水流得～〕水が盛んに流れる.〔花开得正～〕花はちょうど真っ盛りだ. ②〈方〉多い.たっぷりある. ③〈姓〉旺(も)

旺产期 wàngchǎnqī ⇒〔旺季〕

旺场 wàngchǎng 客が多い.

旺畅 wàngchàng 〈文〉盛んで繁昌している.

旺火 wànghuǒ よく燃える火.強火. →〔武 wǔ 火〕

旺季 wàngjì 〔旺产期〕(取引や生産などの)最盛時期.出さかり期.最盛期.〔～到来,上市量增多〕最盛期がやって来て,市場に出回る荷が増加した.↔〔淡 dàn 季〕⇒〔当 dāng 令①〕

旺健 wàngjiàn 元気で丈夫である.

旺铺 wàngpù 繁昌している商店.

旺盛 wàngshèng 旺盛である.盛んである.〔士气～〕士気盛んである.〔～的火焰〕激しい火焰.

旺市 wàngshì 圖 (商い)の活況.好況.↔〔淡 dàn 市〕

旺势 wàngshì 盛んな勢い.好調な流れ.

旺相 wàngxiàng ①運勢の向く時期. ②〈方〉盛である.旺盛である.

旺销 wàngxiāo 盛んに売れる.売れ行きがいい.〔～商品〕売れ筋商品.

旺月 wàngyuè (取引や生産などの)盛んな月.活況を呈する月.かき入れ月.↔〔淡 dàn 月〕

〔妄〕 wàng ①でたらめである.むちゃである.道理に合わない.節度がない.〔狂 kuáng ～〕ひどく思い上がっている.いばりくさっている. ②勝手に.みだりに.むやみに.〔姑 gū 一言之〕〈成〉一応言うだけは言う.

妄称 wàngchēng みだりに言い立てる.

妄诞 wàngdàn でまかせ.でたらめ.

妄动 wàngdòng 考えのないふるまい(をする).〔轻举～〕〈成〉軽挙妄動する.

妄断 wàngduàn 軽率に結論を下す.根拠もなく判断する.

妄加 wàngjiā 勝手に与える.〔～猜疑〕むやみに疑ってみる.

妄言 wàngyán でたらめを言う.〔～巴舌〕〔枉 wǎng 口拔舌〕〈成〉同前.

妄念 wàngniàn 途方もない考え.妄想.

妄求 wàngqiú 分不相応に要求する.夢想を追求する.

妄取 wàngqǔ 断りもなく勝手に取る.

妄人 wàngrén 〈文〉でたらめなことをする無知な人.

妄说 wàngshuō でたらめを言う.〔无知～〕無知でたらめを言う.

妄谈 wàngtán でたらめな話をする.〔事关国政不敢～〕ことは国政に関するからでたらめな話はしない.

妄图 wàngtú みだりに企てる.ばかげて勝手なはかりごとをする.

妄为 wàngwéi でたらめなことをする.〔胆大～〕恐れを知らず勝手放題な行為をする.

妄下雌黄 wàngxià cíhuáng 〈成〉①みだりにあげつらう.みだりに論難する. ②みだりに人の文字(文章)を改める.

妄想 wàngxiǎng ①妄想(する).自分に都合のいい空想をする.〔～发财〕とりとめもなく金もうけを空想する.〔～狂〕医誇大妄想狂. ②囮 (仏教で)正しくない思惟.

妄言 wàngyán でたらめを言う.また妄言.〔～妄听〕〈成〉言う方も聞く方もいかげんである.

妄语 wàngyǔ でたらめを言う.またその話:〔妄言〕に同じ.

妄自菲薄 wàng zì fěibó 〈成〉みだりにへりくだる.訳もなく自卑する.

妄自尊大 wàng zì zūndà 〈成〉むやみに尊大ぶる.〔～,目空一切〕いばりかえって,それ以外は一切眼中にない.

妄作 wàngzuò でたらめをする.〔胡为〕同前.〔～主张〕やたらに主張する.

〔忘〕 wàng ①忘れる.記憶からなくなる.〔去年的事已经一了〕去年の事はもう忘れた.〔没有～掉〕忘れていない.〔一得一干二净〕すっかり忘れた. ②(すべきことを)なおざりにする.注意がおろそかになる.只顾往前走,～了躲 duǒ 人〕ただ前へ急いでばかりいて人をよけそこなった.〔～把钥匙～在家里了〕かぎを家に忘れた.〔～了带来了〕持ってくるのを忘れた.

忘八 wàngba ⇒〔王 wáng 八〕

忘本 wàngběn 根本を忘れる(境遇が好転した源をわすれる).

忘餐 wàngcān 食事も忘れる(仕事などに夢中になって). →〔废 fèi 寝忘餐〕

忘掉 wàngdiào 忘れてしまう.忘れ去る.

忘恩 wàng'ēn 恩を忘れる.〔～负义〕〈成〉恩を忘れ道にそむくことをする.

忘乎所以 wànghū suǒyǐ 〈成〉まったくのぼせあがっている.思い上がって何もかも忘れてしまう:〔忘其所以〕に同じ.〔我夸奖了几句,他就高兴得～了〕ちょっとほめてやったら,彼はすっかり有頂天になった.

忘怀 wànghuái 忘れる(で心から消える).〔使人能～〕忘れ去ることができない.

忘机 wàngjī 〈文〉たくらむつもりがない.欲心がない.

忘记 wàngjì ①忘れる.おぼえていない.〔我们不会～你的〕きみのことはうっかりしてしなごう. ②〔～带来了〕持ってくるのを忘れてしまった.

忘旧 wàngjiù 〈文〉新しい友を得て旧友を忘れる:権勢に付和する軽薄さを言う.

忘年交 wàngniánjiāo 年齢の相違を越えた親しい交わり(また,その友).

忘其所以 wàngqí suǒyǐ ⇒〔忘乎所以〕

忘寝废食 wàngqǐn fèishí ⇒〔废寝忘餐〕

忘情 wàngqíng ①情を忘れる.思い切る:多く否定に用いられる.感情を抑えられない.〔她一高兴,～地唱起歌来了〕彼女はうれしくて夢中で歌い始めた.

忘筌 wàngquán →〔得 dé 鱼忘筌〕

忘却 wàngquè 忘却する.忘れてしまう. →〔忘怀〕

忘我 wàngwǒ 我を忘れる.献身的である.〔～的精神〕無私の精神.〔～地劳动〕献身的に働く.

1743

wàng 忘望

忘形 wàngxíng〈文〉①(喜びのあまり)我を忘れる.有頂天になる.自失する.〔得意〜〕得意の余り有頂天になる.②形式にこだわらない.〔〜之交〕同前の交際.

忘性 wàngxing 忘れっぽさ.健忘.〔老是丢三落四的,〜太大了〕いつもあれを忘れこれを忘れで,やたに忘れっぽい.→〔记jì性〕

忘忧 wàngyōu ①憂いを忘れる.〔〜物〕憂(う)を忘れさすもの:酒の別称.②〈文〉〔〜草〕の略で〔萱xuān草〕(ワスレグサ)の別称.

忘在脖子后头 wàngzài bózi hòutou〔忘在九霄xiāo云外〕〔忘在脑nǎo袋后头〕ともいう.〈慣〕どこかへすっかり忘れてしまう.

[望] wàng 遠望する.ながめる.のぞみ見る.〔一〜无边〕広々としてはてしない.〔瞭liào〜〕遠をながめる.〔一眼〜不到这儿〕端までは見通しがきかない.→〔望楼〕②様子をうかがう.観察する.〔观guān〜〕様子をみる.〔望闻问切〕③訪問する.お伺いする.〔拜bài〜〕同前.〔看kàn〜〕見舞う.④希望(する).期待(する).望み(む)〔期qī〜〕期待する.〔〜准时参加〕時間を守って参加して下さい.〔若大早之〜云霓〕日照りの時に雨雲を期待する(待ちこがれている).〔大喜过〜〕望外の喜び.〔丰收有〜〕豊作の望みがある.⑤怨む.不満と思う.責める.〔怨yuàn〜〕怨む.⑥名声.徳望(のある人).〔德高〜重〕徳望が高い.⑦…に対して.〔人〜高处走人往高い所に向かって行く.〔有话…他说〕話があったら彼に話しなさい.⑧満月(望yuè月)であること.また旧暦15日.〔朔shuò〜〕旧暦のついたちと15日.⑨〈文〉年齢(十歳台)に間近い.〔〜六之年〕60歳に近い年輩.〔〜八〕80歳に近い.⑩→〔望子〕⑪〈姓〉望(王)

望板 wàngbǎn〔建〕野地(じ)板:たるきの上に張って屋根の下地とする板.〔屋wū面板〕ともいう.→〔天tiān花板〕

望尘而拜 wàngchén ér bài〈成〕車塵を望見するや平身して出迎える.権勢に追従(ついじゅう)する.

望尘莫及 wàngchén mòjí〈成〕前方を行く人馬のたてる塵を見ながら追いつくことができない.遠く遅れて追いつけない.足もとにも及ばない.→〔瞠chēng乎其后〕

望穿秋水 wàngchuān qiūshuǐ〔喩〕非常に待ちこがれるさま.〔秋水〕は目のたとえ.多く女性の気持ちを言う.→〔望眼欲穿〕

望春玉兰 wàngchūn yùlán ⇒〔玉兰〕

望断 wàngduàn〈文〉遠く見えなくなる所まで見る.

望而却步 wàng ér quèbù〈成〕(危険・無理と見て)尻ごみする.たじろぐ.

望而生畏 wàng ér shēngwèi〈成〕見て恐怖心を起こす.一目見て恐れる.〔与人的态度,要和霭可亲,不要使人有〜的感觉〕他人に対する態度は和やかで親しみやすくなければいけない.他人に怖いような感じを持たせてはいけない.

望烦 wàngfán〈牘〉…をお願い申し上げる.

望风 wàngfēng ①〈文〉遥かに風采を慕う.〔〜引领〕〜懐想〕同前.②動向を聞き恐る.気勢を見て取る.〔〜震zhèn栗〕気勢におされて震え上がる.〔〜而逃〕敵の気勢を見て逃げる.③(秘密の行動をする人達のために周囲の動静の)見張りをする.張り番をする.

望风捕影 wàngfēng bǔyǐng〔望风捉影〕〔望空扑影〕ともいう.漠然としてつかみどころがない.憶測で想像をふくらます.

望风披靡 wàngfēng pīmǐ〈成〕遠く敵の威勢を見て戦わずして潰走すること.

望衡对宇 wànghéng duìyǔ〈文〉互いの住居の接近していること.相互の家がすぐ近くにあること.

望花甲 wànghuājiǎ 60歳に近い年齢.〔望六〕ともいう.→〔字解⑨〕

望见 wàngjiàn ①望見する.②〈文〉謁見する.

望江南 wàngjiāngnán〔植〕ハブソウ:〔羊yáng角豆〕ともいう.〔草木cǎo mù〕

望看 wàngkàn〈方〉訪問する.お伺いする.〔改天再〜您去〕後日またお伺い致します.

望空扑影 wàngkōng pūyǐng ⇒〔望风捕影〕

望郎媳 wànglángxí ⇒〔童tóng养媳〕

望楼 wànglóu 物見櫓(やぐら).

望梅止渴 wàngméi zhǐkě〈成〕ただ空想するだけで自ら慰めること:魏の曹操の軍が行軍中,水がなくて困った時,曹操が前方に梅林があるといって励ましたので,士卒はつばきが出て,一時渇を癒したという故事から.

望门 wàngmén 名家.

望门妨 wàngménfāng〔旧〕婚約中の相手(女性)が死ぬとに(男性)に害となる宿命があったとされる.

望门寡 wàngménguǎ ①〔旧〕婚約した男に死なれた女性が結婚すること.②同前の女.

望祈 wàngqí〈牘〕切望して待つ.〔〜复示〕ご返事をいただきたい.〔〜见谅〕ご諒恕を願いたい.

望其项背 wàng qí xiàngbèi〔望其肩jiān项〕ともいう.〈成〕後姿を見て並び進むことができると思う:多く否定の用いる.〔不能〜〕(力が及ばず)肩を並べようと望むこともできない.

望乞 wàngqǐ 頼む.願う.

望气 wàngqì〔旧〕(占トで)雲気を望んで前兆を知ること.

望日 wàngrì 満月の日:通常は旧暦15日.

望日葵 wàngrìkuí ⇒〔向xiàng日葵〕

望色 wàngsè〔中医〕患者の顔色や皮膚のつやを見て病状を察すること.

望山跑死马 wàngshān pǎosǐmǎ〔望山走倒dǎo马〕ともいう.〈成〕山を望んで馬を走らせれば馬を殺してしまう:見た目には近いようでも到着点は遙かに遠い.

望天 wàngtiān お天道さまにまかせる.〔〜田〕水利がなく雨まかせの田.〔〜种zhòng田,靠kào天吃饭〕〔谚〕天に頼って田畑をつくり,天に頼って生活する.

望天树 wàngtiānshù〔植〕ホワイトセラヤ(近縁種):フタバガキ科の常緑樹木.樹高80mに達する中国の稀少樹木.

望外 wàngwài 思いの外.意外.〔喜出〜〕〈成〕望外の喜び.

望望 wàngwàng〈文〉失望し,興ざめのさま.

望文生义 wàngwén shēngyì〈成〕文字だけから憶測判断すること:字面(じ)だけで意味を考え出しこじつけ解釈をすること.〔二黄的台词比较浅近通俗,后来还可以〜地来一个一知半解〕二黄のせりふはわりに通俗でわかりやすいものなので,後には字面から意味を察して,半可通をやらかすこともできた.

望闻问切 wàng wén wèn qiè〔中医〕診察する時の四つの方法:〔望〕(顔色の等の様子を見る),〔闻〕(患者の音声・喘鳴・吃逆・嘔吐・腹中雷鳴などを聴き,また口臭・膿汁・帯下・大小便を嗅ぐ),〔问〕(病状を聴取する),〔切〕(脈をとるあるいは腹部などを触診する)の四つの診断法.→〔四sì诊〕

望希 wàngxī〈牘〕望み希(ねが)う.希望する.〔〜速sù赐回音〕至急返信をお待ちする.

望乡台 wàngxiāngtái〔旧〕①故郷を望む高地や高台.②冥土の道で死者がこの世のわが家を眺める場所.

望眼欲穿 wàng yǎn yùchuān〈成〕遠くを一心に見つめる.切に待ち望む.

望洋興嘆 wàng yáng xīng tàn〔望洋而叹〕ともいう.〈成〉大海の広大さに感嘆する.⑥事の偉大さに驚きあきれる.⑥自分の小ささ・無力を嘆く.

望远镜 wàngyuǎnjìng 望遠鏡:〔千 qiān 里眼②〕は旧称.

望月 wàngyuè 満月十五夜の月:〔満 mǎn 月〕に同じ.

望云 wàngyún〈文〉故郷の親を思うこと.〔~之情〕親を思う心情.

望诊 wàngzhěn 中医視診(する).→〔望闻问切〕

望砖 wàngzhuān 建垂木(たるき)の上に並べる薄いれんが.→〔望板〕

望子成龙 wàngzǐ chénglóng〈成〉わが子がひとかどの人物になることを望む:〔望子成名〕ともいう.

望子 wàngzi ①〔回〕酒屋の看板としての幟(のぼり):〔酒 jiǔ 望(子)〕〔酒幌子〕ともいう.②〔回〕商店の高くかかげた幟や実物の看板:〔幌 huǎng 子〕に同じ.

望族 wàngzú〈文〉名家.名望ある家柄.

wei ㄨㄟ

〔**危**〕wēi ①危険である.危うい.〔居安思~〕安きに居て危うきを思う.〔转 zhuǎn ~为安〕危険を転じて平穏になる.↔〔安 ān 〕① ②危くする.危害を加える.〔~及生命〕危害が生命に及ぶ.→〔危害〕 ③危篤(である).瀕死.〔临~〕同前である.〔病~〕(病気で)危篤になる.④〈文〉ゆがみがない.端正である.〔危言①〕〔危坐〕⑤〈文〉高い.直立(の).→〔危楼①〕 ⑥危(き):〔二 èr 十八宿〕の一.⑦〈姓〉危(き)

危城 wēichéng〈文〉①高く城壁のそびえている城.②包囲され危機の中にある都市.

危辞 wēicí〈文〉直言.激越な言葉.→〔危言①〕

危殆 wēidài〈文〉ひどく危険である.危なくきわどい.〔病势~〕病状が悪化して危篤である.

危地马拉 wēidìmǎlā グアテマラ:正式名称は〔~共和国〕.首都は〔~城 chéng〕(グアテマラ・シティ)

危笃 wēidǔ〈文〉(病状の)危篤:〔绵 mián 笃〕に同じ.

危房 wēifáng 倒壊のおそれのある建物.

危改 wēigǎi〔危房改造〕の略.(都市計画事業で)危険な建物を取り壊し新しい街に生まれ変わらせる.

危竿 wēigān 軽業の一種:直立させた長い竿の上に人がのぼってやる芸当.→〔杂 zá 技〕

危害 wēihài ①危害を加える.損なう.脅かす.〔~植物的生长〕植物の生長を損なう. ②危害.損害.阻害.〔给工作带来了严重~〕作業に重大な支障をきたす.

危机 wēijī ①危機.急場.〔时局面临~〕時局は~に直面している.〔~管理〕危機管理.〔~感〕~感.②(比喩)危機が起こる源.〔~伏在看不见的地方〕~がいたる所に潜在している.经恐慌.〔经济~〕経済恐慌.→〔萧 xiāo 条〕

危及 wēijí 危害が及ぶ.〔~国家安全〕国家の安全を脅かす.

危急 wēijí 危険の急迫している.きわどくて危うい.〔情况已经很~了,您快拿主意啊〕状況はすでに急迫しています,至急ご決断下さい.〔~存亡之秋〕〈文〉さし迫って危うい時.

危局 wēijú 危急の局面.危急の状況.急場.〔商界~〕商業界の危機.

危惧 wēijù 危惧(する).〔不胜~〕危惧の念にたえない.

危困 wēikùn〈文〉危険が迫り困窮している.

危楼 wēilóu ①〈文〉高楼.②倒壊の危険があるビル.

危难 wēinàn 危険と災難.〔救人于~之间〕人を危難から救う.

危浅 wēiqiǎn〈文〉死に瀕する.〔人命~〕生命の危機に瀕する.

危情 wēiqíng 危機的情況.

危然 wēirán〈文〉端正なさま.〔~正座〕きちんと正座する.

危如累卵 wēi rú lěiluǎn〈成〉危ないことあたかも積み重ねた卵のごとし:きわめて危険な状態.

危若朝露 wēi ruò zhāolù〈成〉危うきこと朝露のごとし:滅亡寸前である.〔危如朝露〕ともいう.↔〔安如泰山〕

危亡 wēiwáng〈文〉危急存亡.〔国濒 bīn ~何忍坐视〕国が危急存亡に瀕しているのにどうして座視するに忍びないか.

危险 wēixiǎn ①危険である.危ない.〔~!快躲 duǒ 开〕危ない!早くよけろ.〔别过来,这边~〕来ちゃいけない,ここは危険だから.〔~分子〕〔~思想〕危険思想.〔~物〕危険物.〔~品〕危険品.〔~废 fèi 物〕危険廃棄物. ②危険(性).リスク.〔冒着~〕危険を冒して.冒険する.〔~标志〕危険信号.

危象 wēixiàng 危機の症状.危険な兆候.

危宿 wēixiù〔二 èr 十八宿〕

危言 wēiyán〈文〉①直言.忌憚のない正論.〔~进谏 jiàn〕直言をもって諫める.〔~危行〕〈成〉まっすぐな言行. ②大げさな言辞.〔~耸 sǒng 听〕〈成〉故意に矯激な言を弄して他人をおびえさせようとする.

危在旦夕 wēi zài dànxī〈成〉危険が眼前に迫っている.

危症 wēizhèng 医危険な症状.

危重 wēizhòng 重体である.危篤である.

危坐 wēizuò〈文〉正座する.〔正襟 jīn ~〕襟を正して端座する.

〔**委**〕wēi → wěi

委蛇 wēiyí ①⇒〔逶迤〕 ②〈文〉従う.服従する.人の言いなりになる.〔虚与~〕その場限りに人と話を合わせる.

〔**逶**〕wēi

逶随 wēisuí〈文〉①曲がりくねって遠いさま. ②従容(しょうよう)たるさま.

逶迤 wēiyí =〔委蛇①〕〈文〉どこまでもうねっている.〔绿 lǜ 水~〕青い川水がうねり曲がっている.〔山路~〕山道がくねくねと続く.

〔**巍**〕wēi ①〈文〉高大なるさま.②〈姓〉巍(き)

巍峨 wēi'é 山や建築物の高くて雄大なるさま.〔~的群山〕雄大なる山脈.〔~的天安門城楼〕雄大な天安門.→〔嵬 wéi 峨〕

巍冠博带 wēiguān bódài ⇒〔峨 é 冠博带〕

巍然 wēirán 山や建築物の高大なさま.〔~耸 sǒng 立〕〔~屹 yì 立〕(山)の高くそびえ立っているさま.〔大桥~横跨 kuà 在长江之上〕大橋は雄大な長江の上にまたがっている.

巍巍 wēiwēi 高く大きくそびえ立つさま.〔~井冈山〕同前の井冈山.

〔**威**〕wēi ①人をおさえ服せしめる力.威厳.威勢.威力.威風.〔示~〕示威する.デモをする.〔助~〕助勢する.応援する. ②威圧の威.威を振るう.③〈姓〉威(き)

威逼 wēibī ⇒〔威迫〕

wēi 威葳搣崴鍼偎限煨根鰄溦微

威而钢 wēi'érgāng ⇒[万 wàn 艾可]
威风 wēifēng ①威光.威info.威風.威勢.[明纠 jiū 非法,宣扬~]不正な仕事を糾明して,威光を宣揚する.[~扫 sǎo 地]〈成〉にらみが全くきかなくなる.[~凛 lǐn 凛]〈成〉威風堂々としている.②威風がある.いばる.いばる.[跟老百姓逞 chěng~]農民にいばりちらす.[你好~啊]きみは威勢がいい.
威福 wēifú〈文〉威力と恩惠.賞罰の大権.〈転〉権勢を誇る.[擅 shàn 作~]権勢をほしいままにする.→[作 zuò 威作福]
威吓 wēihè 威嚇する.脅す.
威赫 wēihè 威光が輝いている.
威化(饼) wēihuà(bǐng)〈音義訳〉[食]ウエハース:[威法(饼)]ともいう.
威化纸 wēihuàzhǐ ①⇒[赛 sài 璐珩(纸)] ②⇒[米 mǐ 纸]
威棱 wēiléng〈文〉勢威.威力.
威力 wēilì 人をおののかせる強大な力.威力.[慑 shè 火的~]砲火の威力を恐れる.
威灵仙 wēilíngxiān [植]サキシマボタンヅル:キンポウゲ科センニンソウ属の植物.根を鎮痛・利尿・通経に用いる.②ヤマガシュウ:ユリ科.③[草 cǎo 本~]クガイソウ:ゴマノハグサ科.
威猛 wēiměng 勇猛である.激しい.[来势~]あたってくる様子が激しい.
威名 wēimíng〈文〉威望と名声.威光とどろく名.[~远震]威名遠く震う.
威末酒 wēimòjiǔ ⇒[昧 wèi 美思]
威尼斯 wēinísī [地]ベニス(ベネチア):イタリア北部アドリア海北端の古都.
威迫 wēipò =[威逼]威力をもって圧迫する.威圧する.[好好说服,不要以强力~]よくわけを話してやり,無理やりおさえつけるな.[~利诱 yòu]〈成〉脅したり,利で誘ったり(する).脅したりすかしたり:[威胁利诱]ともいう.
威权 wēiquán 威力と権勢.[善用~才能使人心服]威力と権力をうまく使って初めて人を服させることができる.[~主义]権威主義.
威容 wēiróng〈文〉威容.威厳のある姿.[久仰将军~]かねてから将軍のご威容をおうわさしていました.
威慑 wēishè〈文〉威力をもって脅す.[~力量]威嚇力.抑止力.[要用一手段来取得领导地位]脅しの手段で指導的地位を得ようとする.
威势 wēishì 威光.威勢.権勢.
威士忌 wēishìjì〈音訳〉ウイスキー:[威士吉][维 wéi 司 sī 克][畏 wèi(士)忌酒][卫 wèi 士忌(酒)]とも書いた.[~酒]同前.
威妥玛拼法 wēi tuǒmǎ pīnfǎ [語]ウエード式中国語ローマ字綴り:英国外交官トーマス・ウエード(1818~95)の創案.著書『語言自邇集』.
威望 wēiwàng 威光と人望.[以您的~出来说句公道话,谁还能不服呢]あなたのような威望のある方が公正な話をすれば,誰だって聞きますよ.
威武 wēiwǔ ①権威と武力.[~不屈]同前も屈服させられない.②猛くて勇ましい.威勢が強大である.[长 zhǎng 得~]容貌が勇壮である.[那张骑马的照片显得很~]あの馬に乗った写真は非常に勇ましい.
威胁 wēixié ①威嚇する.脅迫する.[核 hé 战争的~]核戦争の脅威.[~性]威嚇的(な).②危険な目に遭わせる.おびやかす.[环境污染~着人們的生命]環境汚染は人々の生命をおびやかしている.③脅威.
威胁利诱 wēixié lìyòu ⇒[威迫利诱]
威信 wēixìn 威光と信用.信望.[丧 sàng 失~]威信を失う.[他在群众中挺有~]彼は大衆の信望が厚い.[~扫 sǎo 地]権威が全く失われる.
威压 wēiyā 威圧.威力で圧迫する.[用军队来~人民]軍隊を用いて人民を威圧する.
威严 wēiyán ①威厳がある.いかめしい.りりしい.[水兵们~地站在甲板上]水兵達はりりしく甲板に立っている.②威厳.威風.
威仪 wēiyí 威儀.威厳のある容貌や振舞い.重々しい作法.
威震 wēizhèn 威勢・威光がなりひびく.[~天下]威勢が天下にとどろく.

[葳] wēi ①[~蕤 ruí]〈文〉㋐草木の茂って葉の垂れるさま:[萎 wěi 蕤]とも書く.㋑[植][玉 yù 竹](アマドコロ)の古称.②→[紫 zǐ 葳]

[搣] wēi ①〔口〕(細長い棒かを)たわめ曲げる.[把铁筋~过来]鉄筋を曲げる.[~管器]鉄管を曲げる道具.

[崴] wēi [~嵬 wéi]〈文〉山の高く険しいさま.→ wǎi

[鍼] wēi →[蜎 yī 鍼]

[偎] wēi 寄り添う.くっつく.すりつける.[~山靠 kào 水]山と川に近い.[妹妹~在母亲的怀里]妹は母親に抱かれてくっついている.
偎傍 wēibàng そばに寄り添う.身体をすり寄せる.
偎抱 wēibào 抱く.抱きしめる.抱擁する.
偎冬儿 wēidōngr [方]冬ごもり:冬に家にひきこもって,仕事に出ないこと.
偎干就湿 wēigān jiùshī〈文〉母親の幼児を撫育する苦労:幼児が寝小便をした時母はしめったところに寝,幼児を乾いたところに寝かせる.[从小~]小さい時から母親に苦労をかけた.
偎红倚翠 wēihóng yǐcuì〈喩〉妓女と戯れる.
偎貼 wēitiē ぴったり寄り添う.
偎依 wēiyī 寄り添う.身体を寄せ合う.寄りすがる.[母女俩互相~着]母と娘が互いに寄り添っている.
偎倚 wēiyǐ〈文〉抱く.寄り添う.

[限] wēi〈文〉山や川(水面)などの曲がって入り込んだ所.限(阝).隅.[山~][山~之].[城 chéng~]城の隅.

[煨] wēi ①熱い灰の中で焼く.→[煨白薯] ②とろ火でよく煮込む.[把牛肉~烂了]牛肉をとろ火で柔らかくなるまで煮た.[~鸡][食]鶏肉の煮込み.
煨白薯 wēibáishǔ [食]むし焼き芋(にする).→[烤 kǎo 白薯]
煨烬 wēijìn ⇒[灰 huī 烬]
煨烤 wēikǎo 食物を熱い灰の中で蒸し焼きにする.
煨卤 wēilǔ [食]肉を長時間とろ火で煮てだし汁を作り,片栗粉やその他の食材を入れて作ったどろっとした汁:[卤]とは片栗粉を用いて濃くしたもの.食材には[金针菜](わすれぐさの花)すなわち[黄花儿]やキクラゲ・シイタケ・押し豆腐・厚切り肉などが入れられる.
煨牛肉 wēiniúròu [食]とろ火で長く煮た牛肉.
煨汤 wēitāng ①[食]豚肉・鶏肉・骨などを長時間とろ火にかけて作ったスープ.②肉を煮込む.

[根] wēi〈文〉門の戸ぼそ:ふつう[门 mén 臼]という.

[鰄・鰄] wēi [魚貝]イットウダイ(属の魚):[金 jīn 鱗魚]ともいう.

[溦] wēi〈文〉小雨.

[微] wēi ①小さい.細かい.[相差甚~]差はごくわずかである.[细 xì 小~]微細である.→[微生物] ②衰える.低下する.縮小する.③(身分・地位の)低い.[人~言輕]身分が低ければ言う

微 wēi

ことも軽んぜられる．④玄妙である．奥深い(く)．精妙である(な・に)．→[微妙][微言大義]　⑤かすかに．わずかに．→[微笑]　⑥ひそかに．隠れて．人目を忍ぶ．→[微服][微行]　⑦くぎすぎる．うかがう．偵察する．[~知其処]その場所をさぐりあてる．⑧[文]ない．…なかりせば．[~君之功,不能获此大捷]きみの功績がなかったら，この大勝をおさめることはできなかった．⑨[文]…でない．→[非 fēi ①]　⑩[度]微(ウ)：小数の単位．[忽 hū ⑷]の10分の1．寸法の両の100万分の1．⑪ミクロ．マイクロ：基準単位の100万分の1を表す．[~米]ミクロン．[公 gōng 忽]は旧称．[毫 háo ~米]ミリミクロン．[~~米]ピコメートル(100万分の1メートルの100万分の1)．[~法拉]ピコファラ(ッ)ド．⑫[姓]微(ウ)

微安　wēi'ān　[電]マイクロアンペア．[~計]マイクロアンペアメーター．

微波　wēibō　[物]マイクロ波．極超短波．[~炉]電子レンジ．[~污染]極超短波による汚染．[~波束 shù 武器][射 shè 频武器][軍]マイクロウエーブ兵器．[~炸 zhà 弹][軍]マイクロウエーブ爆弾．

微薄　wēibó　ごくわずかである．きわめて少量である．[~的收入]微々たる収入．

微不足道　wēi bùzúdào　[成]ほんのわずかで取るに足らない．

微尘　wēichén　[宗](仏教で)微塵(ミ)．極めて小さいこと．

微忱　wēichén　[文][谦]微意．寸志．わずかな気持ち．[聊 liáo 表~]いささか微意を表す．→[寸 cùn 心]

微程序　wēichéngxù　[電算]マイクロプログラム．

微处理机　wēi chǔlǐjī　[電算]マイクロプロセッサー．

微创手术　wēichuāng shǒushù　[医]低侵襲手術：内視鏡下外科手術．

微词　wēicí　[微辞]とも書く．[文]ほのめかした言葉．遠回しな批判．[虽然不明言责备,但也不无~]あからさまに責めてはいないが，批判のほのめかしがない訳ではない．

微时　wēicún　⇒[微苁]

微电脑　wēidiànnǎo　⇒[微机]

微电子学　wēidiànzǐ xué　マイクロエレクトロニクス．[~技术]マイクロテクノロジー．

微雕　wēidiāo　[彫刻]微細彫刻(品)：極小の物体に刻まれた字や画．

微独　wēidú　[文]…だけではない．→字解⑨

微法拉　wēifǎlā　[電]マイクロファラ(ッ)ド．→[法拉]

微肥　wēiféi　微量元素化学肥料．

微分　wēifēn　[数]微分．[~学]微分学．

微风　wēifēng　①微風．そよ風．[~风速3.4～5.4メートル，[三级风]](風力3の風)をいう．

微服　wēifú　[文](帝王などが)服装を粗末にして人目に触れないようにする．[~出游]お忍びで外出する．[~私访][旧]役人がお忍びで市中を探査する．

微伏(特)　wēifú(tè)　[電]マイクロボルト．

微观　wēiguān　微視的．ミクロ的．[~经济学]ミクロ経済学．[~粒子][物]分子，原子，素粒子の総称．[~世界]ミクロの世界．↔[宏 hóng 观]

微光　wēiguāng　微光．

微亨利　wēihēnglì　[電]マイクロヘンリー．

微乎其微　wēihū qíwēi　[成]非常に微細である．きわめてわずかである．

微火　wēihuǒ　わずかな火．とろ火．→[文 wén 火]

微机　wēijī　[電算]パソコン．マイコン：[微电脑]に同じ．[微型电子计算机]の略．

微积分　wēijīfēn　[数]微積分．

微贱　wēijiàn　微賤：社会的地位の低い(人)

微轿　wēijiào　軽自動車：[微型轿车]の略．

微晶　wēijīng　[鉱]微小な結晶：[顕微鏡]を必要とする程度．

微居里　wēijūlǐ　[電]マイクロキューリー：[小 xiǎo 居里]は旧称．→[居里]

微菌　wēijūn　細菌．バクテリア．

微卡　wēikǎ　マイクロカロリー．

微疴　wēikē　⇒[微恙]

微克　wēikè　[度]マイクログラム．→[克(Ⅳ)②]

微刻　wēikè　⇒[微雕]

微澜　wēilán　かすかな波紋．

微礼　wēilǐ　粗末な贈物．粗品．[这点儿~实在拿不出手去]こればかりの贈物では本当に出しにくい(恥ずかしい)のですが．

微力　wēilì　[文][谦]①微力．かすかな力．②わずかの骨折．③勢力のない．

微利　wēilì　わずかの利益．薄利．[~房][廉 lián 价房]低価格住宅．

微粒　wēilì　微粒子．→[微观粒子]

微量　wēiliàng　微量．[~元素][生命]微量元素．

微脉　wēimài　[中医]脈象の極めて細く弱いもの．→[脉象]

微茫　wēimáng　[文]ぼんやりしている．[月色~]月の光が同前．

微渺　wēimiǎo　[文]①字解⑪

微面　wēimiàn　ライトバン型軽自動車：[微型面包车]の略．

微眇　wēimiǎo　[文]①微小である．ごく小さい．②精妙で奥深い．

微秒　wēimiǎo　マイクロ秒．100万分の1秒．10^{-6}秒．

微妙　wēimiào　奥深く微妙である．(はっきり)とらえがたい．[其中の情感,外人は捉 zhuō 摸不出来的]その間の微妙な感情は他人にはわからない．

微明　wēimíng　かすかに明るい．

微末　wēimò　ごく小さい．取るに足らない．[~之力]微力．

微欧(姆)　wēi'ōu(mǔ)　[電]マイクロオーム．

微气候　wēiqìhòu　[気]微気候．

微热　wēirè　[医]微熱．

微弱　wēiruò　弱々しい．かよわい．[气息~]呼吸が弱々しい．[~的灯光]かすかな灯光．

微升　wēishēng　[度]マイクロリットル．

微生　wēishēng　⇒[微贱]

微生物　wēishēngwù　[生命]微生物．[~学]微生物学．

微缩　wēisuō　(一定の縮尺で)微小化する．マイクロ化．[~胶 jiāo 卷]マイクロフィルム．→[微型]

微调　wēitiáo　①[電]トリマ．ファインチューニング．[~电容器]トリマコンデンサー．②微調整(する)．[价格~]価格を手直しする．

微微　wēiwēi　①わずか．かすか．[~一动]わずかに動く．[~有一点儿酸味儿]ほんのわずかに酸味がある．②＜度＞マイクロマイクロ：1兆分の1 (10^{-12})を表す．＜音訳＞皮 pí 可](ピコ)に同じ．[~居里]マイクロキューリー．

微文深诋　wēiwén shēndǐ　[文]繁雑な法文を周到に操って人を罪に陥れる．

微物　wēiwù　[文]わずかばかりの物．つまらない物．

微息　wēixī　①わずかな利子．②かすかな息．[~转]微弱である．

微细　wēixì　①細かい．微細の．極く細い．[~的事情]些細な事．②[文]賎しい(身分)

微嫌　wēixián　[文]少しの恨み．少しの悪感情．[勿以~结怨]ちょっとした悪感情で仲たがいするな．

微小　wēixiǎo　微小である．きわめて小さい．

微笑　wēixiào　①ほほえむ．にっこり笑う．②微笑．ほ

ほえみ.〔~服务〕スマイルサービス(する)

微行 wēixíng 〈文〉微行.忍び歩き.〔~暗访〕お忍びで訪問する.

微型 wēixíng 小型.ミニ(の).〔~照相机〕小型カメラ.〔~汽车〕⑥小型自動車.⑤ミニカー:〔汽车模型〕に同じ.〔~小说〕[枝 jí 短篇小说]ショートショート.〔~国家〕人口10万以下の国.〔~计算机〕〔~电子计算机〕[微电脑〔微机〕]マイクロコンピューター.パソコン.

微血管 wēixuèguǎn →〔毛 máo 细血管〕

微醺 wēixūn →[微醉]

微循环 wēixúnhuán 医微循環:動脈と静脈の微細血管間の循環.

微言 wēiyán ①精妙な言葉.〔~大义〕〈成〉(精妙な)言葉に含まれている深い道理. ②それとなく人を諌める言葉.

微恙 wēiyàng ＝[微痾]〈文〉軽い病気.

微意 wēiyì →[薄 bó 意]

微音器 wēiyīnqì マイク(ロフォン):[传 chuán 声器]〔〈字译〉麦 mài 克风〕〔〈口〉话 huà 筒 ②〕ともいう.→[扩 kuò 音器]

微英寸 wēiyīngcùn 〈度〉マイクロインチ.100万の1インチ:[微吋]は旧称.

微旨 wēizhǐ 〈文〉奥深く精妙な趣旨.

微醉 wēizuì =[微醺]酒に加減よく酔う.

[**薇**] wēi 植①クサノエンドウ.また同類の植物:若芽を食用する.→[巢 cháo 菜] ②⇒[白 bái 薇] ③因ゼンマイの別称.→[紫 zǐ 其] ④→[蔷 qiáng 薇]

[**为·爲**(**為**)] wéi (Ⅰ)①なす.する.行う.成果を作り出す.[所作所~]なすところ行うところ.することなこと.[有所不~]なさざるところあり.[与人~善]人のために善を行う.[执笔~文]筆をとって文を作る.[年轻有~]若くて将来有為である.[大有可~]大いにやる価値がある. ②〈文〉(政治・学問・措置などを)おこなう.施す.[~政首在爱民]政治をおこなう一番はまず愛民である. ③…となす.…と思う:[以~]〔~…〕の形をなす,[以]は往々略される.[以和~贵]和をもって貴しとする.[四海~家]四海を家となす.[指鹿~马]鹿を馬という. ④あてる.充当する.[推举他~主席]彼を挙げて主席となす. ⑤…は…である.[工人阶级~领导阶级]労働者階級は指導階級である.[中华人民共和国首都~北京]中華人民共和国の首都は北京である. ⑥…に変化する.…になる.[十除以二~五]10を2で割れば5となる.[变砂漠~良田]砂漠を変じて良田とする.[甘与世界人民~敌]甘んじて世界人民の敵となる(に敵対する).[与之~友]これと友となる. ⑦[姓]為(ⅰ)
(Ⅱ) …される:多く[所 suǒ]と呼応して用いられる.[敌人~我所败]敵はわれに敗された.[进步文艺~大众所喜爱]進歩的文芸は大衆に喜ばれる.
(Ⅲ) ①一部の副詞の後について2音節の形容詞・動詞を修飾する.[极~重大]極めて重大である.[甚 shèn ~便利]はなはだ便利である.[颇 pō ~富丽]かなり豪華である. ②一部の単音節の形容詞の後、程度・範囲を示す副詞を構成する.[大~高兴]大いに喜ぶ.[广~宣传]広く宣伝する.[深~感动]深く感動する.
(Ⅳ) …か:[何 hé]と呼応して文末に用いられ疑問・感嘆・反語を示す.[敌未灭,何以家~](岳飞)敵は未だ滅びないのに家などどうしようというのか.[何自苦~]どうして自分から苦しむのか.
→ wèi

为本 wéiběn 基本・根本とする.[以人~]人を本と

する.

为怅 wéichàng 〈文〉遺憾とする.失望する.

为祷 wéidǎo 〔牍〕祈る.乞う.願う.[务 wù 请届时光临~]どうぞその節はご光臨願い上げます.→[为盼]

为法自毙 wéifǎ zìbì 自分の定めた法律で自分が罰を受ける.[~喻]自分で自分の首をしめる.→[作 zuò 法自毙]

为非作歹 wéifēi zuòdǎi 〈成〉様々の悪事をなす.

为富不仁 wéifù bùrén 〈成〉(人の道にそむいて)富を作る者は仁慈にかまいはしない.金持ちによい心根はない.

为感 wéigǎn →[为荷]

为鬼为蜮 wéiguǐ wéiyù 〈成〉陰険に人を害すること.

为害 wéihài 〈文〉害をなす.[~非浅](与えた)損害はかなりな程度だ.

为荷 wéihè →[为感]〔牍〕(願いをかなえて下さり)ありがたく思う.幸いである.[祈赏收~]ご笑納下されば幸甚です.[即赐回示~]折り返しご返事下されば有難く存じます.

为患 wéihuàn 災いを引き起こす.[洪 hóng 水~]洪水が難儀をもたらす.

为据 wéijù →[为凭]〔为照〕〈文〉証拠とする.

为力 wéilì →[为凭]〈文〉力になる.力を出す.[这件事他很替我~]このことには彼はわたしのために非常に尽力してくれた.[无能~]どうする力もない.

为难 wéinán 〔牍〕困る.難儀をする.苦しい思いをする.[这件事我很~]この事件にはとても困った. ②(人を)困らせる.いじめる.[你这不是~我吗]きみ,これはわたしを困らせているのではないか.[故意~]なんくせをつける.いやがらせをする.

为念 wéiniàn 〈文〉心配する.[未知往后如何变化~]〔牍〕今後のどうに変わるかと心配しております.

为盼 wéipàn 〔牍〕希望いたします.[希覆复音~]ご返事をいただきたく存じます.→[为祷]

为凭 wéipíng →[为据]

为期 wéiqī ①期限(とする).[~六天的旅行]六日間を期限とする旅行.[~一年的贸易协定]期限1年の貿易協定. ②(時期・期限までの)時間を…と見る.[~甚远]はど遠い先のことだ.[~不远]その日の遠からず.

为歉 wéiqiàn 〔牍〕遺憾に存じます.[弟因事未得到站送行~]小生は都合のため駅までお見送りもできず,申し訳ありません.→[道 dào 歉]

为然 wéirán 〈文〉そうでいる.[均以此举~]皆この計画に賛成する.

为人 wéirén ①人となり.人柄.人と接する態度.[祈七听小崔说过,桐芳的~不错](老・四・惺17)孫七は小崔から桐芳の人柄はいいということを聞いたことがある. ②人として生きる.人である.[~不当头,为木不当轴]〈諺〉人となっては頭とならず,木となって軸とならず.[喻]責任ある地位に立たないことが. [~不做亏心事,半夜敲打心不惊]〈諺〉人として良心に恥ずべきことがなければ,夜半門をたたかれても驚くことはない. ③[方]人に調子を合わせる.

为人师表 wéirén shībiǎo 〈成〉人々の手本となる.

为善 wéishàn 〈文〉善を行う.よいことをする.[~最乐]善をなすことが人生で一番楽しい.

为生 wéishēng ①生活する. ②生業とする.[卖菜~]野菜を売って生活をする.

为时 wéishí 時期として…である.[~过早]〈成〉時期尚早.[~不晚]不晚(その時~)である.

为是 wéishì 〈文〉①是(〔以〕)とする.よいとする.[无论如何总是小心~]何事にせよ,注意が肝腎だ. ②あ

wéi

为首 wéishǒu =〔为头(儿)〕かしらとなる(である・とする).首謀となる(とする).発起人となる.代表者となる.はじめとする.先頭とする.〔以副总理～的贸易代表团〕副総理を団長とする貿易代表団.

为数 wéishù 〈文〉その数たるや.その数の多少は…である.〔～达八百万元〕その額は800万元に達する.〔～不多〕少なくない.多くない.幾らもない.〔～寥 liáo 寥〕〈成〉数のまことに少ないこと.

为颂 wéisòng 〈牍〉お祝い申し上げます.

为所欲为 wéi suǒ yù wéi 〈文〉ほしいままに振舞う.したいことをする.〔～,无法无天〕したい放題に振舞い,乱暴狼藉に及ぶ.

头(儿) wéitóu(r) ⇒〔为首〕

为慰 wéiwèi 〈牍〉安心いたしました.嬉しく思います.

为伍 wéiwǔ 〈文〉仲間になる.行動を共にする間柄である.〔羞 xiū 与～〕仲間になるのを潔しとしない.

为限 wéixiàn 期限とする.限度とする.〔以今天～〕今日限りとする.一〔为期①〕

为幸 wéixìng 〈牍〉幸いである.幸甚である.〔尚乞允诺～〕ご承諾下さらば幸いに存じます.

为学 wéixué 〈文〉学問をする.学ぶ.〔勤苦～〕苦労して学問する.

为要 wéiyào 〈文〉①必要となす.②肝要である.〔万分小心～〕充分注意が肝要である.

为由 wéiyóu 理由とする.口実にする.

为照 wéizhào ⇒〔为期〕

为止 wéizhǐ 〈文〉(時間など)…までとする.終わりとする.〔从那时到现在～的十年中〕あの時から現在までの10年の間.〔自正月一日起至十五日～〕元日から15日まで.

为重 wéizhòng 重要だとする.重きを置く.

为主 wéizhǔ …が主要である.〔北方的伙食以面食～〕北方の食生活は小麦粉の食品を主とする.

沩・溈 wéi 地名用字.〔～水 shuǐ〕湖南省にある.

韦・韋 wéi ①〈文〉なめし皮.②〈文〉皮ひも.皮帯.③→〔韦伯〕④〈姓〉韋(1).

韦编 wéibiān 紙のなかった時代の書籍:竹簡を〔韦〕(皮紐)で綴じたもの.〔读易,～三绝〕〈史記〉易経を読んで韋編三たび絶つ:孔子の熱心な勉強ぶり.

韦伯 wéibó〈音訳〉物 ウェーバ.記号 Wb:磁束の単位.単に〔韦③〕という.

韦氏大辞典 wéishì dàcídiǎn〈音義訳〉図 ウェブスター大辞典:〔韦氏新国际英语词典〕など後の改訂版をまとめて言う俗称.

韦氏螺纹 wéishì luówén ⇒〔惠 huì 氏(标准)螺纹〕

韦驮(天) wéituó(tiān) 韦陀(天)とも書く.〈音義訳〉韋駄天:仏法の守護神.

沣・澧 wéi 地名用字.〔～源 yuán 口〕湖北省にある地.

违・違 wéi ①守らない.従わない.背く.たがえる.一定の方向に反して行う.〔～农时〕農時にたがえず.農作の季節に背かないようにする.〔阳 yáng 奉阴～〕〈成〉面従腹背.→〔违法〕②別れ離れる.遠ざかる.〔久～!〕〈挨〉久しくご無沙汰しています.

违碍 wéi'ài 旧 法令や習慣に違反するあるいは統治者の忌諱に触れ,妨げになる.〔该书内容并无～之处,何以致使发行〕あの本の内容は少しも妨げになるところはないので,どうして発行禁止となったか.

违拗 wéi'ào 逆らう.背く(目上の者に).〔～不听〕

逆らって従わない.〔俯耳听命,不敢～〕耳を傾けて命を聞き,敢えて逆らわない.〔他们不敢公开～人民的意思〕彼らはあからさまに人民の意思に逆らおうとはしない.

违背 wéibèi ①背く.違反する.〔～合同〕契約に違反する.〔～真理〕真理に背く.〔～决议〕決議にもとる.②背き離れる.

违悖 wéibèi 〈文〉违(dú).もとる.〔违伦悖理〕情に違い理にもとる.

违法 wéifǎ 〈文〉法に反する.法律(規則)に背く.〔～乱 luàn 纪〕〈成〉法に背き,規律を乱す.

违反 wéifǎn (規則・法則などに)違反する.合わない.抵触する.〔～宪法〕憲法に違反する.〔～社会发展规律〕社会発展の法則に合わない.

违犯 wéifàn (法律などに)違反する.法を犯す.〔～法令〕法令に違反する.

违拂 wéifú 〈文〉違反する.〔～民意〕民意に背く.

违规 wéiguī 規定に違反する.

违和 wéihé 〈文〉(人が)病気になる.

违纪 wéijì 紀律に違反する.

违教 wéijiào ①〈文〉教えにたがう.②〈牍〉お別れする(して教えを受ける機会を得ない).〔～以来候经半载〕お別れしてよりたちまち半年を経ました.

违禁 wéijìn 禁令に違反する.禁令を犯す.〔～品〕禁制品.

违警 wéijǐng 旧 警察条令違犯.〔～律〕治安警察法.警察条例違犯処罰令.〔～罪〕同前違犯罪.

违抗 wéikàng 違背し反抗する.抗命する.〔他的命令不能～〕彼の命令には違背することはできない.

违例 wéilì ①区 規則を犯す.②慣例に違反する.

违令 wéilìng 〈文〉命に背く.命令に背く.

违逆 wéinì 〈文〉違背する.反抗する.逆らう.

违实 wéishí 事実に反する.

违忤 wéiwǔ 〈文〉背く.逆らう.〔岂敢～尊意〕どうして貴意に背きましょうや.

违误 wéiwù (命令に従わず)処理を遅らせる.〔迅速办理,不得～〕すみやかに処理すべきで間違いや遅れがあってはならない.

违宪 wéixiàn 憲法に違反する.

违心 wéixīn 心にもない.本心にもとる.〔～之言〕本心にもとる言葉.〔～之论〕本心とは異なる言論.〔～应 yìng 诺〕心ならずも同意する.

违言 wéiyán 〈文〉不都合な言動で仲たがいする.またその言葉.情理に合わない言葉.

违延 wéiyán 〈文〉命令に背き躊躇する.

违养 wéiyǎng (両親や目上の人が)死去する.

违异 wéiyì 〈文〉違背する.相違する.〔～初旨〕最初の主旨に背く.

违远 wéiyuǎn 〈牍〉遠く隔たる.遠く別れる.

违怨 wéiyuàn 〈文〉心中に恨みを抱く.

违愿 wéiyuàn 〈文〉願いに違う.思わくが外れる.

违约 wéiyuē 違約する.契約に背く.条約に背く.〔～金〕違約金.〔因对方～事遂作罢〕相手方の違約によって,事は取り止めとなった.〔债务～〕経 デフォルト.債務不履行.

违章 wéizhāng 〈文〉基準や規則に違反する.〔～建筑〕〔违建〕違反建築.〔～行驶〕交通規則違反の運転.

违制 wéizhì 制度に反する.

闱・闈 wéi ①旧 宫殿の脇門(小門).〔宫～〕宫殿内.②旧 皇后の居室.また,女性の居室.〔庭～〕同前.③史 科挙の試験場.〔棘 jí～〕同前.〔春～〕春の同前.〔秋～〕秋の同前.〔入～〕試験場に入る.〔出～〕試験場を出る.→〔会 huì 试〕〔乡 xiāng 试〕

闱墨 wéimò 科挙時代、郷試・会試の答案から選んで翻刻・編集したもの.

〔围・圍（囗）〕wéi ①（四方を）囲む.とりまく.〔～簇 cù〕同前.〔团 tuán 团～住〕同～.〔一群少年～着一位科学家〕一群の少年が一人の科学者をとりまいている.〔解～〕囲みを解く.〔突～〕包囲を突破する.②周り.〔四～〕四周.〔外～〕外囲.③ぐるりの長さ.〔胸 xiōng～〕胸囲.〔腰～〕腰回り.④量詞.両手の親指とひとさし指を広げ合わせてできる周囲の長さを単位として物の周囲をはかる.⑤量詞.ひとかかえの太さ：物の周囲を両腕で届く長さを単位としてはかる.〔一抱也叫一～〕ひとかかえを1囲ともいう.〔十～之木〕10かかえの木.⑥囲いの(幕).⑦〈姓〉圍(")

围抱 wéibào 周りを囲む.
围标 wéibiāo 〔串 chuàn 标〕
围脖儿 wéibór〈口〉えりまき・マフラー・ネッカチーフの類.〔把～围上〕えりまきで首を巻く.→〔围巾〕
围捕 wéibǔ 取り囲んで捕らえる.〔～期~盗犯〕警官が泥棒を包囲して捕らえた.
围产 wéichǎn 出産前後である.〔～期 qī〕〔围生期〕同前の時期.〔～儿 ér〕同前の胎児や新生児.
围场 wéichǎng〈封建時代の皇帝や貴族の〉猟場.
围城 wéichéng ①都市を包囲する.また包囲された都市.〔一打援 yuán 敵の(町)を包囲して援軍を打つ.〈喩〉束縛.
围尺 wéichǐ 円周をはかる尺度(^ょ)：割り竹で作る.〔圆 yuán 尺〕ともいう.
围堵 wéidǔ 周囲を取り囲む.封じ込める.
围访 wéifǎng 取り巻いて取材する.
围攻 wéigōng ＝〔围击〕包囲攻撃(をする).〔我军遭到敌军～〕わが軍は敵に包囲攻撃された.
围观 wéiguān 集まり見物する.
围裹 wéiguǒ 取り囲む.包囲する.
围护 wéihù 囲んで護衛する.
围击 wéijī ⇒〔围攻〕
围基 wéijī ⇒〔基围〕
围歼 wéijiān 包囲殲滅(^{さん})する.
围剿 wéijiǎo 包囲討伐(する).〔反～〕同前に抗する.〔～残 cán 匪〕匪賊の残党を包囲して討滅する.
围巾 wéijīn スカーフ・ネッカチーフ.えり巻：えり・肩を覆う絹の布、肩かけの類.〔围～〕スカーフを巻く.→〔领 lǐng 巾〕
围聚 wéijù 集まり取り囲む.〔～了不少看热闹的人〕大勢の野次馬が群がっている.
围垦 wéikěn 干拓(する)：江蘇・浙江地方に多い.〔～海涂〕海岸の泥地を埋め立てる.〔～田地〕浅瀬を囲って田地を造成する.
围困 wéikùn 包囲圧迫して外部との連絡を断つ.封じ込める.
围栏 wéilán 囲いの柵.手すり.
围猎 wéiliè 巻き狩り(する).→〔打 dǎ 围〕
围囹 wéilíng〔建〕締め切り支保工：矢板鋼などで水の浸入を防いで橋脚を作る工法.
围拢 wéilǒng 囲んで四方から寄って取り囲む.
围炉 wéilú 炉を囲む.〔～談话〕〈文〉炉を囲んで話す.
围念 wéiniàn 防水のために囲った堤.
围盘 wéipán 〔旧〕レピータ.
围屏 wéipíng 〔旧〕（畳を作れる）屏風.
围棋 wéiqí 碁.囲碁.〔下 xià～〕〔下棋〕碁をうつ.〔～盘〕碁盤.〔～甲 jiǎ 级联赛〕〔围甲〕囲碁Ａ級リーグ.
围墙 wéiqiáng 周りを囲む壁.土塀.
围裙 wéiqún 〔服〕エプロン.前かけ.〔～丈 zhàng 夫〕家事の上手な夫.
围绕 wéirào 周りを回る.取り囲む.②（中心に置いた問題を）めぐる.〔～着这一问题,两党之间意见对立〕この問題をめぐって、両党間の意見が対立している.
围绳 wéishéng 〔又〕リングロープ.
围田 wéitián 堤で囲まれた田地.
围网 wéiwǎng 巻網.〔～船〕巻網漁船.
围魏救赵 wéiwèi jiùzhào〈成〉遠征侵入して来た敵の本拠を包囲してその力をくじく：戦国時代、魏が趙に攻め込んだ時、斉は趙を助けるために魏の都を包囲急襲したので、魏は兵を帰したが途中大敗した.
围胸 wéixiōng 〔旧〕女性の胸当：銭入れにもなるもの.
围堰 wéiyàn 〔建〕コッファダム.水面中に排水空間を作るための環状堰堤(^{えん}).
围腰 wéiyāo ①〔旧〕女性が腰に巻く幅広の布.②〈方〉前かけ.エプロン.
围追 wéizhuī〈文〉囲み(し)追撃(する)
围桌 wéizhuō 〔旧〕テーブルの脇を囲む幕：正月・節句や慶事の時に用いる装飾用のもの.
围子 wéizi ①（村寨の）周囲の囲い：土・石・いばらなどをめぐらせたもの.〔～土〕同前の土塀.〔树～〕村落を囲む林.②⇒〔垾子〕
围嘴儿 wéizuǐr よだれかけ(乳幼児の).〔把～围上〕よだれかけを掛ける.
围坐 wéizuò 囲んで坐る.

〔帏・幃〕wéi ①古人が携帯した香袋.②引き幕：周囲を外から包むように張りめぐらすもの.〔帷①〕に通用される.〔～幕 mù〕〔帷幕〕幔幕.

〔涠・潿〕wéi 地名用字.〔～洲岛〕〔地〕広西チワン族自治区にある島.

〔圩〕wéi（淮河流域・揚州などの地の）水田や低地の周りの堤.〔～堤 dī〕同前の堤.〔筑～〕前を築く.〔盐 yán～〕塩田の土手. → xū

圩埂 wéigěng 水の流入を防ぐ土手・堤.
圩区 wéiqū 周囲を土手に囲われた低地、輪中(^{りん})
圩田 wéitián 水の流入を防ぐ堤で囲まれた水田.
圩垸 wéiyuàn 水の流入を防ぐ湖畔の堤.
圩子 wéizi =〔围子②〕水没を防いで田を囲う堤.

〔喂〕wéi〔電話で〕もしもし.〔～～,我找小李〕もしもし、李くんをお願いします. → wèi

〔桅〕wéi 帆柱.マスト.〔船～〕同前.〔大～〕メインマスト.

桅灯 wéidēng ①帆柱（マスト）上につけてある灯火.②〔马 mǎ 灯〕
桅顶 wéidǐng ⇒〔桅梢〕
桅斗 wéidǒu 軍艦のマストの中ほどに設けられる見張り台・指令台.
桅杆 wéigān =〔桅樯〕帆柱.マスト：〔桅竿〕とも書く.
桅樯 wéiqiáng 同上.
桅梢 wéishāo =〔桅顶〕帆柱の先端.

〔鮠・鮠〕wéi〔魚貝〕ギギ(総称)：ナマズ科の淡水魚.→〔黄 huáng 颡鱼〕

〔惟〕wéi（Ⅰ）=〔维Ⅲ〕思う.考える.〔思～〕〔思维〕思惟(する).〔退而深～〕退いて深く考える.
（Ⅱ）ただ…だけ.〔唯(Ⅰ)〕に同じ.〔该生学习成绩甚佳、～个体精差〕あの学生の学業成績は非常によい、ただ体が十分でない.
（Ⅲ）〈文〉これ.それ：文頭や年・月・日の前に用いて重い語調を作る.〔～二月既望〕これ(旧暦)2月16日のことなり.

惟独 wéidú ⇒〔唯独〕

惟唯帷维 **wéi**

惟恐 wéikǒng ⇒〔唯恐〕
惟利是图 wéilì shìtú ⇒〔唯利是图〕
惟妙惟肖 wéimiào wéixiào ⇒〔唯妙唯肖〕〔维妙维肖〕とも書く.〈成〉まことに模倣や描写が迫真である.〔亦 yì 步亦趋,～〕同前.
惟命是从 wéimìng shìcóng ⇒〔唯命是从〕
惟命是听 wéimìng shìtīng ⇒〔唯命是听〕
惟其 wéiqí ⇒〔唯其〕
惟我独尊 wéiwǒ dúzūn ⇒〔唯我独尊〕
惟一 wéiyī ⇒〔唯一〕
惟有 wéiyǒu ⇒〔唯有〕

〔**唯**〕**wéi**（I）ただ.…のみ.〔惟(II)〕に同じ.〔～恐落后〕ただ落伍することを恐れる.〔～有一法〕ただ一つの方法あるのみ.〔～才是举〕才能ある者だけを登用する.
（II）〈文〉はい:(同意して)答える声.〔对曰～!〕答えて言った,はい!〔询 xún 之～～而已〕その人に尋ねたが,ただ"はいはい"と言うだけだ.
唯成分论 wéichéngfèn lùn 出身階級第一主義:〔唯阶级论〕ともいう.
唯独 wéidú ただ…だけが…だ:〔惟独〕とも書く.〔別人都来了,～他一个人还没来〕ほかの人はみな来たのに,彼一人だけまだ来ない.〔～这个还可以用,别的都不行〕これだけは使えるがほかのは全部だめだ.→〔只 zhǐ 有〕
唯恐 wéikǒng …だけが心配だ:〔惟恐〕とも書く.〔～失败〕失敗だけを恐れる.
唯理论 wéilǐlùn 〔哲〕合理論.理性認識主義.
唯利是图 wéilì shìtú 〈成〉利益のみを追求する.もっぱら私利をはかる.もう一つ主義一点張りである:〔惟利是图〕とも書く.〔资产阶级～的本质不是一个早上能改变过来的〕資産階級～の本質は一朝にして改変させるものではない.
唯美主义 wéiměi zhǔyì〈文艺上の〉唯美主義.耽美主義.
唯妙唯肖 wéimiào wéixiào ⇒〔惟妙惟肖〕
唯名论 wéimínglùn 〔哲〕名目論.唯名論:〔唯名主义〕ともいう.
唯命是从 wéimìng shìcóng〔惟命是从〕〔唯命是(旧)〕に同じ.〈成〉唯命に絶対服従するいいなりになる:〔惟命是听〕とも書く.〔～奉之如经典〕ひたすら命に従って,あたかも経典の如くあがめる.
唯其 wéiqí 正にそれゆえに.それだからこそ:〔惟其〕とも書く.〔～如此〕このようだからこそ.
唯上 wéishàng 上級に盲目的に服従すること.
唯生产力论 wéishēngchǎnlì lùn 生産力第一主義.
唯识宗 wéishízōng 〔仏〕(仏教の)法相宗:〔慈 cí 恩宗〕〔法 fǎ 相宗〕ともいう.
唯唯否否 wéiwéi fǒufǒu〈慣〉煮えきらない.〔態度が〕あいまいである.〔他对那件事是～,一味地接腰〕彼はあの事についてはあいまいに煮えきらず,逃げの一点張りだ.
唯唯诺诺 wéiwéi nuònuò〈慣〉言うがままに全部承諾する.何でも言いなりになる.
唯我独尊 wéiwǒ dúzūn〈成〉唯我独尊.自分が一番偉いとうぬぼれる:〔惟我独尊〕とも書く.〔天上天下～〕天地のあいだに我に及ぶものなし:仏教で釈迦牟尼仏を尊崇する言葉.
唯我主义 wéiwǒ zhǔyì 〔哲〕唯我論.
唯武器论 wéiwǔqì lùn 兵器万能論.
唯物辩证法 wéiwù biànzhèngfǎ 〔哲〕唯物弁証法.
唯物论 wéiwùlùn 〔哲〕唯物論:〔唯物主义〕ともいう.

唯物史观 wéiwù shǐguān 〔哲〕唯物史観.史的唯物論.
唯心论 wéixīnlùn 〔哲〕唯心論(観念論):〔唯心主义〕ともいう.
唯心史观 wéixīn shǐguān 〔哲〕唯心論的史観.
唯一 wéiyī 唯一(の).ただ一つだけ(の):〔惟一〕とも書く.〔～无二〕成ただ一つだけで二つとない.〔～(的)方法〕ただ一つの方法.
唯有 wéiyǒu 〈ある のは〉…だけ.…のみ.ただ:〔惟有〕とも書く.〔昨天都来了,～你没到〕昨日は皆来た,きみだけが来なかった.

〔**帷**〕**wéi** ①まん幕.引き幕.とばり:〔帷②〕に同じ.②→〔帷子〕
帷薄 wéibó〈文〉仕切りの幕.仕切りカーテンまた内外を分ける道具:〔帷は幔,薄〕は簾をいう.〔～不修〕旧家庭内の風紀がみだれていること.
帷幔 wéimàn 同下.
帷幕 wéimù =〔帷幔〕引幕.幔幕:周りに張るのを〔帷〕,上から垂らすのを〔幕〕という.〔帏幕〕とも書く.
帷幄 wéiwò〈文〉軍中の張り幕.〔运筹 chóu ～〕作戦計画を後方の陣中で決定する.
帷帐 wéizhàng とばり.幕.
帷子 wéizi =〔帷③〕周りを覆う布.〔床～〕寝台のカーテン.〔车～〕車のほろ.

〔**维·維**〕**wéi**（I）①連結する.つなぐ.〔～舟〕〈文〉舟をつなぐ.〔絷 zhí 之～之〕しばりついないでおく.→〔维系〕②維持する.保つ.〔暂～秩序〕〈文〉しばらく秩序を保つ.〔保全～护〕維持保全する.③〈文〉太い縄.〔纲〕に同前.④〈姓〉維(")
（II）⇒〔惟(I)〕
（III）〔幾何学,空間理論の〕次元.〔～数 shù〕同前.〔多～〕多次元(的).〔多～空间〕多次元空間.→〔元 yuán (I)④〕
维持 wéichí ①維持する.保つ.〔～秩序〕秩序を維持する.②援助する.引き立てる.〔有人找他求事,他不～人家〕ある人が彼に事を頼みに行ったが,彼は人のことは援助してくれなかった.
维斗 wéidǒu〔北 běi 斗(星)〕の古名.
维多利亚 wéiduōlìyà〈音訳〉ビクトリア.④〔人~女王〕ビクトリア女王(イギリス).⑤〔地〕〔塞 sài 舌尔共和国〕(セーシェル共和国)の首都.
维哦拉 wéi'ēlā →〔中 zhōng 提琴〕
维尔纽斯 wéi'ěrniǔsī 〔地〕ビリニュス.〔立 lì 陶宛共和国〕(リトアニア共和国)の首都.
维谷 wéigǔ 〈文〉ここにきわまる.板挟みになる.〔进退～,难以決断〕進退ここにきわまり,決断し難し.
维管束 wéiguǎnshù 〔植〕維管束.
维和 wéihé 平和を維持する:〔维持和平〕の略.〔～部队〕平和維持部隊.〔～行动〕平和維持行動.
维护 wéihù ①維持し保護する.まもる.擁護する.確保する.〔～和平,反对侵略〕平和を擁護し,侵略に反対する.〔～人民福利〕人民の福利をまもる.〔～健康〕健康を守る.②メンテナンス.保守.→〔维修〕
维艰 wéijiān 甚しく困難である.
维拉港 wéilāgǎng 〔地〕ポートビラ.〔瓦 wǎ 努阿图共和国〕(バヌアツ共和国)の首都.
维纶 wéilún ⇒〔维尼纶〕
维棉 wéimián ビニロンと綿の混紡.〔～布〕同前の布.
维妙维肖 wéimiào wéixiào ⇒〔惟妙惟肖〕
维摩诘 wéimójié 〔仏教で〕〔维摩诘经〕の主人公名.釈迦在世当時の大居士:〔维摩居士〕ともいう.
维纳斯 wéinàsī 〈音訳〉ビーナス:美と愛を司る女神

の名.〔維那斯〕〔維娜〕ともいった.
维尼纶 wéinílún 〈音訳〉ビニロン:〔维尼龙〕〔维纶〕ともいう.
维权 wéiquán 権益を守る.権利を保護する.
维生素 wéishēngsù ビタミン:〈音訳〉维他命〕は旧称.〔～A〕〔一甲〕〔甲种～〕抗かん干眼病～〕ビタミンA(アクセロフトール)(群).〔～B〕〔～乙〕ビタミンB(群).〔～C〕〔～丙〕〔抗坏血酸〕ビタミンC(L-アスコルビン酸).〔～D〕〔抗佝 gōu 偻病～〕ビタミンD(カルシフェロール).〔～E〕〔生育酚〕〔抗不育～〕ビタミンE(トコフィロール、αトコフィロール).〔～H〕〔生物素〕〔促 cù 生素〕ビタミンH(ビオチン).〔～K〕〔凝 níng 血～〕ビタミンK. →〔胆 dǎn 碱〕〔泛 fàn 酸〕
维数 wéishù 数次元.〔量 liàng 纲〕
维他命 wéitāmìng ⇒〔维生素〕
维吾尔文 wéiwú'ěrwén ウイグル語.ウイグル文.
维吾尔族 wéiwú'ěrzú ウイグル族:〔维族〕は略称.中国少数民族の一.新疆に主として居住する.古くは〔回纥hé〕〔回鹘hú〕ともいい,〔畏 wèi 吾尔〕とも書いた.宗教は〔伊 yī 斯兰教〕(イスラム教).いわゆるチュルク系イスラム民族.
维系 wéixì 〈文〉つながりを維持する.まとまりを保つ.〔～世道人心〕世道人心をつなぐ.〔～着紧密的关系〕緊密な関係を維持する.
维新 wéixīn 旧制を改革して新政を行う.〔～派〕清末,光緒帝と変法自強の策を講じ戊戌政変を起こした康有為・梁啓超・譚嗣同らの一派.〔～人物〕革新をなした人.進歩的な人.
维修 wéixiū 保守(メンテナンス)と修理をする.〔汽车～〕自動車の同前.
维也纳 wéiyěnà 地ウィーン:〔奥ào 地利共和国〕(オーストリア共和国)の首都.〔～会议〕地ウィーン会議.〔～华huá 尔兹〕音ウインナワルツ.
维族 wéizú ⇒〔维吾尔族〕

〔**潍·濰**〕 wéi 地名用字.〔～河〕地山東省にある.

〔**硙·磑**〕 wéi 〔～～〕〈文〉高いさま.②堅いさま. → ái wèi

〔**嵬**〕 wéi 〈文〉山勢の高くそびえ立つさま.〔崔 cuī ～〕高くそびえるさま.〔马～坡〕地玄宗の寵姫の楊貴妃が安史の変で逃げる途中玄宗により殺された所.

嵬峨 wéi'é ＝〔巍 wēi 峨〕〈文〉高くそびえるさま.

〔**伪·偽**〕 wéi ①偽り(の).にせ(の).うわべ(の).〔～假jiǎ〕にせである.偽造である.〔～而不知〕偽って知らずとなす.〔～存真〕偽りを取り去って真実を残す.↔〔真 zhēn〕.〔假 jiǎ〕①〕②非合法(の).正統性のない.〔～军jūn〕非合法政府の軍隊.傀儡政権の軍隊.
伪报 wěibào 虚偽の申告・報告(をする).
伪币 wěibì ①＝〔伪钞〕〔伪券〕偽造貨幣.偽札.②抗日戦争期,日本軍占領地区で発行された紙幣.
伪唱 wěichàng ロパク:〔假 jiǎ 唱〕ともいう.
伪钞 wěichāo ⇒〔伪币①〕
伪称 wěichēng 偽称する.〔～税务人员诈zhà 取钱财〕税務署員と詐称して金銭・財物を詐取する.
伪虎鯨 wěihǔjīng 動オキゴンドウ(シャチモドキ). →〔虎鯨〕
伪货 wěihuò 偽ブランド品.コピー商品.
伪经 wěijīng 〈文〉偽作(の仏教)経典.〔～今文学家的古文经书对する称:この派は古文の方を偽作とした.例えば,康有為の著書に『新学偽経考』がある.
伪君子 wěijūnzǐ 偽(え)君子.偽善者.

伪科学 wěikēxué 偽科学.
伪劣 wěiliè にせ物で劣悪である.〔～假冒〕同前(ブランド品と)詐称する.〔～商品〕偽造劣悪商品.
伪满 wěimǎn 因〔伪满州国〕の略称:日本が〔九一八(事変)〕(満州事変)により,東北四省をもって作りあげた傀儡政府(1932～1945)
伪冒 wěimào (不実の呼び名で)かたる.盗用する.瞞着する:他者の商標・名称などを詐称する.〔～本厂商标〕本工場の商標を盗用する.〔～名牌产品〕偽造有名ブランド品.→〔冒充〕
伪券 wěiquàn ⇒〔伪币①〕
伪善 wěishàn 偽善的である.〔～的面孔〕善人ぶった顔つき.
伪饰 wěishì 〈文〉虚飾する.〔～之辞〕虚飾の言.
伪书 wěishū 偽書.④他人の名で書いた書物.⑤作者や執筆年代の定かでない書物.
伪托 wěituō (作者として)人の名をかたる.
伪造 wěizào 偽造(する).〔～证件〕④証拠書類を偽造する.⑤偽造された証拠書類.
伪证 wěizhèng 法偽証.
伪政权 wěizhèngquán 傀儡政権:〔傀 kuǐ 儡政府〕に同じ.
伪装 wěizhuāng ①装う.みせかける.偽装する.〔～进步〕進歩があるかの如く見せかける.②偽装.仮面.〔剥去～〕仮面をはぎとる.③軍偽装(する).カムフラージュ(する).〔～服〕〔迷彩服〕迷彩服.
伪足 wěizú 動(原生動物の)偽足.
伪组织 wěizǔzhī 非合法組織.不法な政治集団.
伪作 wěizuò 偽作.にせの作品.

〔**茑·蔿**〕 wěi 〔姓〕蔿(ゐ)

〔**伟·偉(伟)**〕 wěi ①偉大である.大きくすぐれている.〔气象雄 xióng ～〕景観が大きく立派である.②高くて大きい.堂々としている.〔魁 kuí ～〕体格が大きな(人).→〔伟岸〕 ③〈姓〉伟(ゐ)
伟岸 wěi'àn 〈文〉体格が高く大きい.容姿がすぐれている.〔姿质～〕容姿魁偉なこと.
伟才 wěicái 優れた才腕(の人).〔今得借重～,实幸事〕今や偉大なる人物に力を借りることができ実に幸いである.
伟大 wěidà 偉大(である).〔～的政治家〕偉大な政治家.〔～的国家〕偉大な国.
伟哥 wěigē 〈音訳〉バイアグラ:〔万 wàn 艾 ài 可〕に同じ.
伟绩 wěijì 偉大な事績.〔丰功～〕多大な功労と偉大な事績.
伟鉴 wěijiàn 〈牘〉ご高覧に入れる(を請う):手紙の冒頭に受信者の名の下につける語.〔某某先生～〕某某先生机下.→〔台 tái 鉴〕
伟力 wěilì 偉大な力.巨大な力.
伟器 wěiqì 〈文〉偉大な人物.重任に堪える大器.
伟人 wěirén 偉大な人物.〔～孙中山〕偉人孫文.
伟业 wěiyè 大なる業績.偉業.
伟丈夫 wěizhàngfū 〈文〉偉丈夫.立派な男子:〔伟男子 zǐ〕ともいう.

〔**苇·葦**〕 wěi 植アシ(ヨシ):〔～子〕は通称.〔芦 lú ～〕に同じ.〔割～〕あしを刈る.→〔芦〕
苇箔 wěibó (あしで編んだ)こも.簾(ばく).よしず.
苇刺 wěicì ⇒〔苇维锥〕
苇丛 wěicóng あしの茂み.
苇荡 wěidàng あしの生い茂る浅い湖:〔芦 lú 荡〕〔芦～〕ともいう.
苇管儿 wěiguǎnr あしの管(くだ).あしの茎:干して簾を編むのに用いる.

苇花 wěihuā あしの花.
苇帘(子) wěilián(zi) あしの簾.
苇笋 wěisǔn ⇒〔苇锥锥〕
苇塘 wěitáng あしの生えている池沼.
苇席 wěixí あしを細くさいて編んだむしろ.アンペラ.〔芦 lú 席〕に同じ.
苇莺 wěiyīng 〔鳥〕ヨシキリ(総称).〔大～〕オオヨシキリ.
苇樱 wěiyīng 〔植〕ヨシノザクラ(ソメイヨシノ)
苇锥锥 wěizhuīzhuī →〔苇刺〕〔苇笋〕〔苇〕〔方〕あしの芽.まこもの茎:食用される.→〔菱 jiāo 白〕

[纬・緯] wěi ①〔布を織る時の〕横糸.〔転〕横.〔この発音表は以 y 声母为经,以朔为～〕この発音表は声母が縦で韻母が横となっている.↔〔经 jīng ①〕 ②緯度.〔北～三十八度〕北緯38度.→〔经纬〕

纬编 wěibiān 〔紡〕横編み.↔〔经 jīng 编〕
纬地 wěidì 〔经 jīng 天纬地〕
纬度 wěidù 〔地〕緯度.↔〔经 jīng 度〕
纬纱 wěishā 〔紡〕横糸.〔经 jīng 纱〕
纬世 wěishì 〔文〕天下を治める.→〔经 jīng 世〕
纬书 wěishū :単に〔纬〕ともいう.経書の義に仮託して事の吉凶禍福の予言を書いた書物.〔诗 shī 纬〕詩経に仮託した同前.→〔经 jīng 书〕〔七 qī 纬〕
纬线 wěixiàn ①〔紡〕横糸. ②〔地〕緯度を表す仮想線(赤道に並行する各圏線).↔〔经 jīng 线〕

[炜・煒] wěi 〔文〕色あざやかに輝くさま.

[玮・瑋] wěi 〔文〕①宝玉の名.〔瑰 guī 〕宝玉の美しいこと. ②珍しい.〔～奇 qí〕同前.

玮宝 wěibǎo 〔文〕不思議な珍しい宝.〔明珠 zhū ～〕珍しい宝のように大事に思う.

[晖・暐] wěi 〔文〕光り輝く.光あふれる.〔～～〕同前のさま.

[韡・韡] wěi 〔文〕鮮やかに明るい.〔～～〕同前のさま.

[韪・韙] wěi 〔文〕よい.よいこと:多く否定形で用いる.〔不～〕悪事.〔冒天下之大不～〕天下の大反対を押し切る.

韪书 wěishū ⇒〔彝 yí 文〕

[尾] wěi ①しっぽ.〔～巴〕〔摇 yáo 头摆～〕頭をゆすりしっぽを振り動かす. ②終わり.末端.しんがり.〔无头无～〕初めもなく終わりもない.〔掐 qiā 头去～〕不要なところを切り捨てる.〔排 pái ～〕行列のしんがり. ③はした.端数.残り.〔～欠〕〔尾数②〕 ④尾(び):〔二 èr 十八宿〕の一. ⑤〔文〕後につく.後を追う.〔～其后〕尾行する. ⑥量詞.魚を数える.〔鲤鱼两～〕鯉2尾.→〔条 tiáo ⑥〕 ⑦〔姓〕尾(び).→ yǐ

尾巴 wěibā ①しっぽ.尾.〔夹着～逃跑〕しっぽを巻いて逃げる.〔～翘得高高的〕〔～翘上了天〕〔喩〕鼻高々になる.生意気である. ②〔物体の〕後尾.尾.〔飞机の～〕飛行機の～〕彗星の～〕彗星の尾. ③〔喩〕追随者.追従者.〔～主义〕追随主義.〔你们不能做人的～〕あなた方は人の尻馬に乗ってはいけない. ④後を継ぐ者.後に残された問題.〔留～〕問題を残す.〔割掉～〕④〔動物の〕しっぽをとる.⑤〔喩〕問題箇所を取り除く.〔～工程〕未完成工事.最後の工程が完成しない工事.→ yǐba

尾部 wěibù 尾部.最後部.
尾车 wěichē 〔方〕終車.→〔末 mò 班车〕
尾大不掉 wěidà bùdiào 尾が大きすぎて自ら振るうことができない.〔喩〕機構が膨大で活動が十分なことと.上よりの勢力が大きくて制御し得ないこと:

〔末 mò 大不掉〕ともいう.
尾灯 wěidēng (自動車・列車の)尾灯.テールライト.テールランプ.
尾房 wěifáng 売れ残り住宅・マンション.
尾骨 wěigǔ 〔生理〕尾(び)骨:〔口〕尾巴骨〕〔尾骶 dǐ 骨〕〔尾尻 kāo 骨〕〔中医〕尾闾〕〔尾椎骨〕〔后 hòu 座③〕ともいう.
尾花 wěihuā (文や詩の後の余白に入れる)図案.カット.→〔插 chā 图〕
尾迹 wěijì 飛行機雲や船の航跡.
尾架 wěijià ⇒〔顶 dǐng 针座〕
尾款 wěikuǎn 未清算の端数の金額.〔付清～〕同前.
尾矿 wěikuàng 〔鉱〕くず鉱石.選鉱くず.
尾闾 wěilǘ ①〔古〕海水の帰するところ.〔転〕川の下流.〔②〔喩〕方々から物の集まって来るところ. ③〔中医〕尾骨.
尾牌 wěipái (車両後尾の)標識.プレート.
尾盘 wěipán (商)(証券市場で)引け際の取引.大引.
尾鳍 wěiqí 魚の尾端の鰭(き).魚尾.尾びれ.→〔鳍〕
尾气 wěiqì (自動車などの)排気ガス.〔汽车～污染〕同前による汚染.
尾欠 wěiqiàn ①帳簿尻の不足.未払い.残賬.未返済分.〔你的邪込～,应该交清了〕君の未払い残賬はきちんと清算しなさいよ. ②少額の未納分が未納分.未払い分がある.
尾沙 wěishā 〔鉱〕鉱山で選鉱後の残砂.→〔尾矿〕〔选 xuǎn 矿〕
尾声 wěishēng ①〔劇〕(旧劇で演奏される)最後の曲:終幕のときに〔唢 suǒ 呐〕(チャルメラ)を奏する. ②〔劇〕音終末部.(音楽で)コーダ. ③(文学作品で)終章.エピローグ. ④(事件または動作の)終結段階.〔辞典修订工作已接近～了〕辞書の改訂の仕事はもう終わりに近づいた. ⑤結論.終わり.
尾生之信 wěishēng zhī xìn 〔喩〕かたく約束を守ること(人):昔時,尾生という人が女性と橋の下で会うことを約束した.当日,女は来ず,折しも増水し,尾生はついに橋柱を抱いて死んだという.
尾市 wěishì (市場の)終盤の情況.→〔收 shōu 盘〕
尾数 wěishù ①〔数〕小数点以下の数. ②計算上の端数.帳尻.勘定尻.〔方〕尾子②〕ともいう. ③末尾の数字.最後の番号.
尾随 wěisuí 後につく.後ろについて行く.〔～其后〕その後につく.尾行する.〔～不舍〕いつまでも後について行く.
尾宿 wěixiù →〔二 èr 十八宿〕
尾翼 wěiyì 尾翼.
尾音 wěiyīn 字・語・文の最後の音.
尾蚴 wěiyòu 〔由〕有尾幼虫(セルカリア)
尾羽 wěiyǔ 鳥の尾羽.
尾注 wěizhù 本文の終わりにつける注.→〔脚 jiǎo 注〕
尾追 wěizhuī 後について追う.〔～逃犯〕逃走した犯人を追跡する.
尾椎 wěizhuī 〔生理〕尾椎.
尾子 wěizi 〔方〕①終わりの部分.おしまいの部分. ②〔計算上の〕端数:〔尾数②〕に同じ.
尾座 wěizuò 〔心〕押し台.

[娓] wěi 〔倦 juàn〕しゃべり続けても少しも飽きない.〔～～而谈〕たゆまず語り続ける.

[艉] wěi 〔文〕とも.ふなじり(船尾).〔文〕舳 shāo〕〔艉 zhú〕に同じ.↔〔艏 shǒu〕

wěi

[委] wěi （I）①任せる.ゆだねる.委任する.任命する.命ずる.〔~以重任〕重任を任せる.→〔委派〕〔委托〕 ②〔~员〕①〔~员会〕の略称.〔常〕~员〕常任委員.〔党~〕党委員会.〔市~书记〕市委員会書記. ③捨てる.〔~而去之〕捨て去る.〔~之于地〕地に捨てる. ④⇒〔诿〕 ⑤〈姓〉委(")
（II）〈文〉①積み重なる.集まりたまる.〔~积〕同前.〔如土~地〕土の地に積み重なるが如し. ②水流の集まる所.また川の下流(終わり).〔原~〕本末.いきさつ.一部始終.〔穷源竟~成〕根源と経過を究明する.
（III）元気がない.しなびる.→〔委顿〕〔委靡〕
（IV）曲がりくねった.遠回しの.婉曲である.→〔委婉〕
（V）〈文〉確かに.本当に.〔~系因病请假〕確かに病欠である.→〔委实〕→ wēi

委办 wěibàn 任せて事をさせる.委託処理する.
委点 wěidiǎn ⇒〔屈 qū 服点〕
委顿 wěidùn 〈文〉疲れる.衰える.元気がない:〔萎顿〕とも書いた.〔病痛倒是没有,只是精神十分~〕病気の痛みはないが,ただ気が非常に弱っている.
委付 wěifù 委任する.付託する.
委咕 wěigu 〈方〉①もぞもぞ体を動かす.〔小孩儿把妈妈的新衣服都~皱 zhòu 了〕子どもが母親の新しい服をこすりつけてもみくちゃにした. ②ぐずぐず動く.〔他在床上一~早上了〕彼は目がさめてから寝床でぐずぐずしていた.〔一点儿事一这么半天〕ちょっとした事をのろのろとこんなに長くかかってる.
委过 wěiguò ⇒〔诿过〕
委化 wěihuà 〈文〉自然の変化に任せる.
委决 wěijué 決める.〔不能~〕即断できない.〔踌躇 chóuchú 多时,仍自~不下〕長い間躊躇していて,なかなか決断がつかなかった.
委陵菜 wěilíngcài 圏カワラサイコ:バラ科.海辺・河原の砂地に生える多年生草本.→〔人 rén 参见①〕
委靡 wěimǐ ⇒〔萎靡〕
委内瑞拉 wěinèiruìlā ベネズエラ:正式名称は〔~玻 bō 利瓦尔共和国〕(ベネズエラ・ボリバル共和国).首都は〔加 jiā 拉加斯〕(カラカス).〔~焦 jiāo 油〕〔奥 ào 里诺科焦油〕ベネズエラタール(オリノコタール).
委派 wěipài 任務を委ねて派遣する.任命派遣する.〔请即日~专人前来接洽〕直ちに人を任命派遣して交渉させていただきたい.
委培 wěipéi 委託教育(する).〔~生〕(外部からの)委託学生.
委弃 wěiqì 〈文〉棄てる.
委曲 wěiqū ①曲がりくねっている.曲折がある.〔~的溪流〕曲がりくねった川. ②〈文〉委細.詳細.詳しい内情.〔~详尽〕委曲を尽くしている. ③我慢して合わせる.まげて折り合う.〔~求全〕成〕かどをたてないよう我慢する.不平をこらえて全体の円満をはかる.不問に付しながら丸くおさめる.
委屈 wěiqu ①(不当な仕打ちや扱いを受けて)不満する.恨みを抱く.〔~奖 jiǎng〕(客の仕打ちを耐えて)我慢賞.〔受~〕くやしい思いをする.〔诉 sù ~〕不満を訴える. ②人につらい思いをさせる.不当に扱ってくやしがらせる.〔~了你〕君につらい思いをさせた.君には迷惑だった.〔这样大材小用,真是太~了〕こんな役不足な使い方をしては,まったく心外の思いをさせる.→〔窝 wō 囊〕 ③うらみ.つらみ.くやしさ.〔一肚子的~〕恨みつらみ.
委任 wěirèn ①委任する.任せる.〔~书〕〔~状 zhuàng〕委任状.〔~统 tǒng 治〕〔托 tuō 管〕委任統治. ②→〔特 tè 任〕
委身 wěishēn ①身を任せる.(心ならずも)運命に身をゆだねる.〔不得已只好一事人〕やむをえず身を任せん仕えるより外はない. ②囲嫁ぐ.
委实 wěishí 本当に.確実に.実際に.〔~是乡下人太穷了〕本当に田舎の人はひどく貧乏している.〔~没有〕本当にありません.
委世 wěishì 〈文〉死亡する(婉曲な表現)
委琐 wěisuǒ 〈文〉①小事にこだわる.〔凡事往大处着 zhuó 眼不要委委琐琐〕すべて事は大きな目でながめていくべきで,小事に拘泥してはいけない. ②⇒〔猥琐〕
委托 wěituō 委託する.〔受~〕委託を受ける.〔~贸易〕委託貿易.〔~书〕委託証書.〔~代买〕委託買い付け(をする).〔对外~〕アウトソーシング.
委外服务 wěiwài fúwù 経アウトソーシングサービス
委婉 wěiwǎn 婉曲である.柔らかである:〔委宛〕とも書いた.〔~语〕婉語.〔措词~〕言葉づかいが婉曲である.〔~陈辞〕話を如才なく持ち出す.〔~动听〕〈成〉柔らかな言葉で,聞いていて気持ちがいい.〔~曲折〕〈成〉話が婉曲なこと.
委窝子 wěiwōzi 〔赖 lài 床〕
委系 wěixì 〈文〉まちがいなく…である.〔某人所为]確かに某人のしわざである.
委因 wěiyīn 〈文〉確かに…による.本当に…からである.
委员 wěiyuán ①委員.〔~会〕委員会.〔审查~〕審査委員. ②囲官名の一種.〔政府~〕(委任派遣された)政府委員.
委嘱 wěizhǔ 委嘱する.嘱する.任せる.〔~他人办理〕他人に委嘱して処理する.
委罪 wěizuì ⇒〔诿罪〕

[诿・諉] wěi =〔委(I)④〕過ちを人になすりつける.責任を逃れる.〔推 tuī〕①自分の責任を人に転嫁する.〔不能~之于客观原因〕これを客観的原因にかこつけることはできない.
诿过 wěiguò 失敗を他人のせいにする.〔委过〕とも書いた.〔~于人〕同前.
诿卸 wěixiè 責任を逃れる.〔失败了也不能~责任〕失敗しても責任を逃れることをしてはならない.
诿罪 wěizuì 罪を他人になすりつける.罪を転嫁する.〔委罪〕とも書いた.〔该由自己负责,不该~于人〕自分で責任を取るべきで,他人に罪をなすりつけてはいけない.

[萎] wěi ①しおれる.しぼむ.〔叶子~了〕葉がしぼんだ.〔枯 kū ~〕枯れしぼむ. ②衰える.〔气~〕元気が衰える.〔买卖~了〕商売が下向きになった.〔价钱~下来了〕値が下がってきた. ③〈喩〉死亡する.〔哲人其~乎〕哲人正に死せんとするか.
萎败 wěibài しぼむ.しおれる.〔这盆花~了〕この鉢の花がしおれた.
萎顿 wěidùn ⇒〔委顿〕
萎黄 wěihuáng ①枯れて黄色くなる.〔~的树叶〕枯れて黄色くなった木の葉. ②(顔色が)黄色を帯びる.〔~病 bìng〕医萎黄(な)病:思春期の女性に特有の貧血症.
萎落 wěiluò ①しぼんで落ちる.〔草木~〕草木(の葉)が枯れ落ちる. ②零落する.落ちぶれる.
萎靡 wěimǐ 衰微する.元気がない.しょげる.意気消沈する.しおれる.物憂げである:〔委靡〕とも書く.〔~不振〕〈成〉しょげかえって振るわない.
萎蔫 wěiniān (植木が)しおれる.しなびる.
萎蕤 wěiruí ⇒〔葳 wēi 蕤①〕
萎缩 wěisuō ①萎縮する.萎える.ちぢこまる.〔肌肉

wěi～wèi

~筋肉が萎える. ②不振である. 振るわない.〔对外贸易续趋~〕対外貿易が引き続き不振である.

萎陷疗法 wěixiàn liáofǎ 図虚脱療法（萎縮療法）

萎谢 wěixiè しぼむ.〔这种花在夜里开放,而且放后三小时内就~〕この花は真夜中に花が開き,しかも開いてから3時間でしぼんでしまう.

[痿] wěi 中医体(の一部分)が萎縮する.また機能を失う.〔~症 zhèng〕同前の病症.〔下~〕下半身不随.〔阳痿〕陰萎.インポテンツ.

痿痹 wěibì 〈文〉麻痺する.しびれる.

痿躄 wěibì 下肢の麻痺・機能不全.

痿冬儿 wěidōngr〈方〉(人や虫などが)冬ごもりする.

[洧] wěi 地名用字.〔~川县〕地河南省にある.

[痏] wěi〈文〉①瘢（きず）.傷の跡.〔疮 chuāng~〕瘡跡. ②傷口.〔疾 jí~〕同前.

[鲔・鮪] wěi ①〔魚名〕スマ（総称）:サケ科. ②→〔鲟 xún〕 ③→〔鳇 huáng〕

[隗] wěi〈姓〉隗(…)→ kuí

[廆] wěi 人名用字.〔慕 mù 容~〕八晋末の鮮卑の首領.→ guī

[猥] wěi ①〈文〉多い.入り交じっている.雑多である.〔猥杂〕同前. ②〈文〉卑しい.下劣である.〔贪 tān~〕貪欲で下品である.〔~贱 jiàn〕下賤である. ③みだりに.〔竟不肯试,~以他语拒绝之〕とうとう試さないで,いいかげんにほかの言葉で拒絶した.

猥词 wěicí〔猥辞〕とも書く.〈文〉みだらな言葉.下品な言葉.わいせつな言葉.

猥雇 wěicuī〈白〉風采があがらない.〔他既是天师,如何这等~〕(水1)彼は天師のくせに,何だってこんなに風采があがらないのだろう.

猥劣 wěiliè〈文〉卑劣である.卑しい.

猥琐 wěisuǒ =〔委琐〕①下品でこせこせしている.

猥亵 wěixiè ①猥せつである.淫猥である.みだらである.〔言词~〕言葉がみだらである. ②猥せつな行為をする.〔~妇女〕女性にみだらな行為をする.

猥杂 wěizá〔~磊 lěi〕〈文〉高低があり平らでないさま.→ wèi

[碨] wèi〔~磊 lěi〕〈文〉高低があり平らでないさま.→ wěi

[骫(骪)] wěi〈文〉(骨を)曲げる.曲がる.ゆがめる.→〔骫法〕

骫骳 wěibèi〈文〉(文意が)あれこれ曲がっている.

骫法 wěifǎ〈文〉法を曲げる.〔骫天下正法〕天下の正法を曲げる.

骫丽 wěilì〈文〉曲線美.〔~蒲 pú 柳之姿〕しなやかで弱々しい姿.→〔曲 qū 线美〕

[颇・頠] wěi〈文〉静かである.

[薳] wěi ①植オンジ〔远志〕の古名. ②〈姓〉薳(…)

[亹(亹)] wěi〔~~〕〈文〉①勤勉で飽きることがない. ②前進していくさま. ③人の言葉が心地よく続くさま.→ mén

[卫・衛(衞)] wèi（Ⅰ）①防護する. ②保護する.守る.〔捍 hàn~〕同前.〔保家~国〕国と国を守る.〔保~〕保衛する.〔自~〕自衛する. ②同前を担当する人.〔门~〕同前.③明要塞の付近にある軍官の称:後に多くの地名に用いられる.〔威海~〕地山东省威海市.
（Ⅱ）①因周代の国名:現在の河南省北一带の地. ②〈姓〉衛(…)

卫兵 wèibīng 衛兵.→〔卫队〕

卫道 wèidào 正統の道徳を守る.支配的なイデオロギーを守る.〔~士〕〔~者〕同前の擁護者.

卫队 wèiduì 護衛隊.→〔卫兵〕

卫顾 wèigù 庇護する.

卫国 wèiguó ①→字解①① ②国を守る.〔~捍 hàn 民〕成()国を守り民を守る.〔~战争〕祖国防衛戦争.

卫护 wèihù 保護する.守る.

卫拉特 wèilātè ⇒〔瓦 wǎ 刺〕

卫理公会 wèilǐ gōnghuì 宗メソジスト.

卫矛 wèimáo =〔鬼 guǐ 箭羽〕植ニシキギ:落葉低木,紅葉が見事なので錦木という.

卫冕 wèimiǎn 図タイトルの防衛する.〔~战 zhàn〕タイトル防衛戦.〔~成功〕(タイトルの)防衛成功.

卫青(萝卜) wèiqīng (luóbo)⇒〔青萝卜〕

卫生 wèishēng ①衛生的である(にする).〔不太~〕あまり清潔でない. ②衛生(状況・目的):特に清掃.〔~带〕生理帯.〔~工作〕清掃業.〔~间〕バスルーム・トイレの部屋.〔~纸 jié tǎ〕=〔洁 jié 具〕其esセットリ用品.〔~巾 jīn〕生理用ナプキン.〔~筷 kuài(子)〕割りばし.使い捨てのはし.〔~棉 mián〕(医療用)脱脂綿. ③生理用ナプキン.〔~丸(儿)〕=〔丸〕.〔臭 chòu 球(儿)〕〔萘 nài 球〕ナフタリン球.〔~设备〕バスルームやトイレなどの設備.〔~所〕中規模の診療所.クリニック:〔~所〕より小さく(〔~站〕より大きい.〔~陶 táo〕陶器製の便器.〔~学〕衛生学.〔~香〕芳香剤.〔~员〕衛生員.保健衛生係.衛生兵.〔~院〕地方の村や町の保健医療施設公.〔~纸〕=〔手 shǒu 纸〕=トイレットペーパー. ⑤生理用ナプキン.〔~站 zhàn〕小規模な診療所:保健所に近い任務を持つが,より末端の組織.〔~安 ān 全〕(工場の)安全および衛生.〔公共~〕公共衛生.〔搞~〕⑧清潔にする.⑥掃除をする.〔打扫~去〕掃除をしに行く.

卫生裤 wèishēngkù ⇒〔绒 róng 裤〕

卫生丸 wèishēngwán ①ナフタリン球:〔卫生球(儿)〕に同じ. ②〈喻〉銃弾.ふざけていう.〔吃了一~弾〕弾(たま)をくらった(銃殺された).→〔吃 chī 黑枣儿〕

卫生衣 wèishēngyī〈方〉厚手のメリヤスシャツ:〔卫生衫〕ともいう.

卫士 wèishì 衛兵.護衛兵.〔铁道~〕鉄道警護の兵士.

卫视 wèishì 衛星テレビ.〔卫星电视〕の略.

卫戍 wèishù〈文〉(首都を)兵力で守る.防衛する.〔~司令部〕防衛司令部.〔~区 qū〕(首都)軍事防衛組織.

卫校 wèixiào〔卫生学校〕の略.衛生学校.

卫星 wèixīng ①因衛星.②人工衛星.〔~导 dǎo 航〕衛星ナビゲーション.〔~的 dí 士〕GPS搭載タクシー.〔~电视〕〔卫视〕衛星テレビ.〔~转播〕中継.〔~通信〕=〔卫通信〕衛星通信.〔~接收天线〕人工衛星電波受信アンテナ.パラボラアンテナ.〔~云图〕気象衛星からの地球上の雲の状態.〔~跟踪定位系统〕GPS. ③ある中心の周りにあるもの.〔~国家〕衛星国家. ④〈城市〉衛星都市.ニュータウン. ④〈喻〉新記録:旧ソ連のスプートニク(人工衛星)打ち上げ(1957年)になぞらえていった.〔小麦高产~〕小麦の生産高の新記録.〔~田〕一種の試験田.

卫浴 wèiyù バスとトイレ.〔~设 shè 备〕サニタリー設備.

卫嘴子 wèizuǐzi 天津人:旧時,言葉巧みな天津人に対する蔑称.〔卫〕は〔天津卫〕の略.〔京 jīng 油子,~,保定府的狗腿子〕ずるい北京人,天津人の

おしゃべり,保定人のごろつき.

〔謷・讆(譻・蝩)〕 wèi 〈文〉虚妄.〔～言〕同前の言葉.

〔为〕 wèi ①〈文〉味方する.助ける.擁護する.②…のため(に).…のゆえ(に).①目的または原因を表す.〔～什么你不来〕どうしてきみは来ないのか.〔你不满意就是～这个吗〕お前の不満なのはこのためか.〔我也正～这件事着急呢〕わたしもちょうどこの事で気をもんでいたんだ.〔不能～自己影响大伙的事〕自分のためにみんなの事に迷惑はかけられない.〔～求进步而学习〕進歩を求めるために勉強する.→〔为了〕 ③…のために.…に:動作の対象(受益者)を表す.〔～人民服务〕人民のために服務する.〔～消费者着想〕消費者のためになるよう考える.→〔给 gěi〕〔替 tì〕 ④〈文〉に対して.…に向かって.〔～诸君言之〕その所諸君に対してこれを言っておく.〔难～浅见寡闻者道也〕浅見寡聞の者には言いにくい.→ wéi

为此 wèicǐ このために.この故に.ここに.〔～照会〕〔~牍〕公信をもってここに通知する.

为丛驱雀 wèi cóng qūquè →〔为渊驱鱼, 为丛驱雀〕

为的(是) wèide(shì) （…の）ためである.(なぜかと言えば)…だからである.〔你快拾掇屋子,～客人来了着着好看〕家を早くきちんとしなさい,お客様が来てご覧になっても見苦しくないように.〔入这予科～学习日语〕この予科に入るのは日本語の勉強のためである.

为…而… wèi…ér… …のために…する.〔为和平而斗争〕平和のために闘争する.〔为诸位的健康而干杯〕みなさんのご健康のために乾杯します.

为国捐躯 wèiguó juānqū 〈文〉国家のために命をささげる.

为何 wèihé 〈文〉なぜ.何のために.

为虎添翼 wèihǔ tiānyì 〈成〉虎に翼をつける.悪人に加勢することのたとえ.〔为虎傅 fù 翼〕ともいう.

为虎作伥 wèihǔ zuòchāng 〈文〉虎のために伥(虎に使われる鬼)となる.〈喩〉悪人を助けて悪事をなす.悪者の手先になる.〔他们俩简直是～〕彼ら二人はまるきり悪人の手先だ.→〔伥①〕

为了 wèile =〔为着〕…したいので.…するために.〔～公众利益放弃个人的打算〕公衆の利益のために個人の打算を放棄する.

为民请命 wèimín qǐngmìng 〈成〉人民のために嘆願する.〔打着～的幌子〕人民の代弁者という看板を振りかざす.

为人作嫁 wèirén zuòjià 〈成〉他人のために嫁入り衣装を作る.いたずらに他人のために苦労すること:〔为他人作嫁衣裳〕をつづめた言い方.

为什么 wèishénme 何のために.なぜ.どうして:原因・目的または理由を尋ねる.〔～你不说实话呢〕なぜ本当のことを言わないのか(言ったほうがいい).〔你～要设立企业〕何のために起業するのか.〔你～昨天没来〕どうして昨日来なかったか.→〔干 gàn 吗〕

为我 wèiwǒ ①戦国時代楊朱の唱えた唯我論.②利己的.〔～型 xíng〕同前.

为小失大 wèi xiǎo shī dà 〈成〉小事のために大事を誤る.〔～因 yīn 小失大〕

为因 wèiyīn 〈白〉…のために.…の理由で.〔～收捕梁山泊失利,朝廷外投慕容知府〕(水57)梁山泊の捕縛失敗のため青州に行き慕容知事に身を寄せようとしている.→〔因为〕

为渊驱鱼, 为丛驱雀 wèi yuān qūyú, wèi cóng qūquè 〈成〉獺(かわうそ)が魚を淵へ追い込み, 猛禽が雀

を竹やぶへ追い込む.〈喩〉協力してもらえる人を敵側に追い込み,ますます自己に不利なようにする.

为着 wèizhe ⇒〔为〕

为之 wèizhī このために.〔大家全一惊〕皆はこれであっと驚いた.

为嘴伤身 wèizuǐ shāngshēn 〈成〉口がもとで身を傷つける.⓪口が早いに(美食を求める)ために病気をする.⑥多言なために災いを招く.

〔未〕 wèi (Ⅰ)①…ない.いない.まだ…していない.〔～到〕まだ到着しない.まだ到着していない.〔～满〕まだ満たない.〔尚～达到目的〕まだ目的を達していない.〔油漆～干〕ペンキ塗りたて御用心.〔～之闻也〕まだそのことは聞いていない.↔〔已 yǐ ②〕〈文〉…ない.〔知～可否〕よいかどうかわからない.〔～免太急促〕むやみにあまりに急ぎすぎるようだ.③〈文〉文末に置き疑問を表す語気詞:…かどうか.〔知其来～〕彼が来たのを知っているか.〔寒梅著zhuó 花～〕梅は咲いたかどうか.

(Ⅱ)①ひつじ:十二支の第8位.〔～羊〕同前.→〔干 gān 支〕 ②順序の8番目.③未の刻:午後1時～3時まで.〔～刻〕同前.④〈姓〉未(び).

未爆弹 wèibàodàn 軍不発弾.=〔哑 yǎ 弹〕

未必 wèibì 必ずしも…ではない.…とは限らない.〔我想～像他说的那么好〕彼が言うほどそんなよいとは限らないと思う.↔〔尽然〕必ずしもすべてそうではあるまい.〔～吧〕必ずしもそうではなかろう.→〔不 bù 必〕〔不一定〕

未便 wèibiàn …するのは具合が悪い.不都合である.〔～久候〕長くは待てない.〔～照准〕申請の件は許可できない.〔此事～擅自处理〕この件はわたしの一存で処理するわけにはいかない.

未卜 wèibǔ 〈文〉予測できない.占い知ることがまだない.〔～先知〕〈成〉占いをしないうちからわかっている.〔～前もってわかっている.

未曾 wèicéng 〈文〉今まで…したことがない.まだ…していない.〔～料到〕いまだ思い到っていない.〔～水来先垒 lěi 坝〕〈諺〉洪水の来ないうちに堤を築く:早めに準備することのにしたことならば.ころばぬ先の杖.→〔赠 fén〕

未尝 wèicháng ①いまだ…したことがある.②…ということもない:否定詞の前に置かれ全面否定でないことを表す.〔未始〕に同じ.〔～没有〕ないということもない.〔～不可〕〈俗〉…ないというのでもない.悪くもない.〔～不是一个办法〕一つの手でもある.〔～没有缺点〕欠点がないわけではない.

未成年 wèichéngnián 未成年である.〔未成丁〕「未冠 guàn〕は旧称.〔～人〕未成年者:18歳未満.

未达一间 wèi dá yījiān 〈成〉相隔たることのわずかなこと.いま少しで到達する.

未达账 wèidázhàng 圈未入金整理簿:本支店間で決算時に未入金分を記帳処理する帳簿.

未第 wèidì 旧科挙の試験に合格していない者.〔乡 xiāng 试～〕郷試の同前.

未定 wèidìng ①未定である.〔～额保单〕圈金額未詳保険証書.〔～稿〕未定稿.〔原稿の〕の未定稿.〔～问题〕未画定国境問題.〔～元〕圈不定(の).②静まっていない.〔惊 jīng 魂～〕驚きがおさまっていない.

未付 wèifù 未払い(の).〔～股利〕未払い株券利子.〔～红利〕未払い配当.〔～股本〕[未缴股款]未払込株式代金.

未果 wèiguǒ 〈文〉実現していない.

未婚 wèihūn 未婚の.〔～夫 fū〕許婚者(男子).〔～妻 qī〕許婚者(女子).〔～妈妈〕未婚の母.〔～青年〕未婚の若者.

未获 wèihuò〈文〉未だ…を得ない.〔～允准〕未だ認可を得ていない.
未及 wèijí〈文〉間にあわなかった.…できなかった.〔～面辞〕お目にかかって暇ごいをする暇がなかった.
未几 wèijǐ〈文〉①いくばくの時ならずして.(それから)ほどなく.→〔不bù久〕②多くない.少ない.
未济 wèijì〈文〉未済(ぶ).六十四卦の一.
未见得 wèijiànde …とは限らない.〔～能bù得〕
未缴 wèijiǎo 未納(の).未払(の).〔～资本〕未払込資本金.〔～股款〕未付股本〕未払込株式代金.
未尽 wèijìn〈文〉未だ尽きない.未だ終わらない.完全には…していない.〔言犹～〕〈文〉まだ言い尽くしていない.言葉がまだ意を尽くしていない.
未经 wèijīng …していない.まだ…をすましていない.〔～完税〕まだ税を完納していない.〔～核准〕まだ(審査の上)許可になっていない.
未竟 wèijìng〈文〉未完の.〔～之业〕未完の事業.
未决 wèijué ①未解決(の).〔悬而～的重大问题〕懸案のまま解決の重大問題. ②[法]未決.〔～犯〕未決犯.刑事被疑者.
未可 wèikě (まだ)…すべきでない.…できない.
未可厚非 wèi kě hòu fēi〈成〉あまり非難してはいけない.〔无可厚非〕ともいう.〔情有可原,~〕参酌すべき点があり,きっぱりとは非難しがたい.
未可知 wèikězhī …かもしれない.〔光景是马掌掉了或是钉错了也～〕どうやら馬の蹄鉄がとれたかそれとも釘を打ち誤ったのかもしれない.
未刻 wèikè ⇒〔未时〕
未来 wèilái ①未来(の).将来(の).〔～学〕〔～研究〕未来学.②〔～预yù 测〕将来状況の予期.〔我对于～充满了幻想〕わたしは未来にいっぱい幻想を抱いていた.〔青年是我们的,也是我们的希望〕青年は我々の未来であり,希望である.〔若干以後(の時).現時点に続く(時).〔～二十四小时内将有暴雨〕今から24時間のうちに大雨が降る見込み.
未老先衰 wèilǎo xiānshuāi〈成〉老いずして身衰え.若年寄りになる.
未了 wèiliǎo ①未解決(の).〔～的公案〕未解決の事件.〔话犹～的〕話はまだ終わらない(のに).話も終わらないうちに.〔～因yīn〕(仏教で)今生に尽きず来世にまで続く因縁:〔～缘yuán〕
未免 wèimiǎn ①どうも…である.どうも…の気味がある.…と言わざるを得ない.〔你～太爱说话了〕君は少しおしゃべりがすぎるようだね.②…を免れない.〔两人脾气都不好,～就要争吵〕二人とも気質はよくないので,どうしてもすぐ争いになってしまう.
未能 wèinéng …することはできていない.〔～免俗〕まだ俗気(俗悪さ)から抜けきれない.→〔不bù能〕
未起卸货物 wèiqǐxiè huòwù 沖持かり貨物.
未然 wèirán ①〈文〉未だ然らず.まだ…でない.〔防患 huàn 于～〕災いを未然に防ぐ.②画(アスペクトの)未然.→〔已yǐ然〕
未人流 wèirùliú 回官位が九品にまで至らぬもの:等外の官・雑職の官・准士官・幕下など.
未审 wèishěn ①まだ審査(審判)が終っていない.②〔白〕まだわからない.〔未谛〕とも書く.→〔未知〕
未时 wèishí 回未の刻:午後1時から3時まで.〔未刻〕に同じ.
未识 wèishí ⇒〔未知〕
未始 wèishǐ ⇒〔未尝〕
未始不可 wèi shǐ bùkě〈成〉悪くはない.いけないこともない.〔未尝不可〕に同じ.
未遂 wèisuì〈文〉未だ達成していない.〔～其志〕その志を達成することができていない.〔～其谋〕その計略はまだ実現していない.〔～犯〕未遂犯.→〔既jì遂〕

未妥 wèituǒ〈文〉未だ妥当ではない.〔筹 chóu 备～〕準備がまだ十分でない.
未完 wèiwán まだ終ってない.〔～待续〕(連載が)次回に続く.
未亡人 wèiwángrén〈文〉未亡人:寡婦の自称.
未为 wèiwéi〈文〉①まだ…でない. ②…でもない.〔～不可〕未だ不可となさず.いけないというわけではない.
未悉 wèixī ⇒〔未知〕
未暇 wèixiá〈文〉…する暇がない.〔～兼顾〕かけもちする暇がない.両方を顧慮する余裕がない.〔～顾 gù 及小节〕細かい礼儀などにはかっていられない.
未详 wèixiáng〈文〉未詳である.まだはっきりしていない.〔作者～〕著者未詳.
未央 wèiyāng〈文〉①未だ半ばに達しない. ②未だ尽きない.〔未尽〕に同じ.〔～宫 gōng〕長安にあった宫殿.
未有 wèiyǒu まだ…がない.〔～头绪〕まだ手がかりがない.
未雨绸缪 wèiyǔ chóumóu〈成〉雨の降る前に雨戸を修繕する:ころばぬ先の杖.
未遇 wèiyù 会っていない.会えない.〔造访,怅甚〕〔膳访問しましたが(ご不在で)お目にかかれず,はなはだ残念でした.
未臻 wèizhēn〈文〉未だ到達しない.〔～佳境〕未だ佳境に入っていない.
未知 wèizhī=〔未识〕〔未悉〕まだ知らない.まだわからない.〔～其中究竟〕未だその中の究極の知りない.〔～尊意如何〕ご意見はいかがですか.〔～量 liàng〕未知量.〔～数 shù〕①题未知数.②〔喩〕まだ分からぬこと.〔～元 yuán〕题未知(の).〔～万～〕万に一つも分らぬ.〔喩〕浅学菲才.

[味] wèi

①〔～儿〕味.うまみ.味わい.〔酸,辣,苦,甜,咸叫五～〕すっぱい・辛い・苦い・甘い・塩辛いを五味という.〔没~儿〕味がまずい.〔菜做得很是～儿〕料理がなかなかおいしくできている.〔走～〕うま味がなくなる. ②玩味する.よく味わう.〔体～〕よく体験して味わう.〔耐人寻~〕〈成〉にくい味がある.〔细~其言〕その言葉の意味を味わう. ③(ある種の)料理.食品.〔海~〕海の幸.〔野~〕猎でとれた野生の鳥獣の肉・獲物.〔腊~〕燻製食品.〔山珍海~〕山海の珍味. ④〔～儿〕におい.香り.〔香~〕よい香り.〔臭~〕嫌なにおい.〔这块肉坏了吧,有点儿~儿了〕この肉は悪くなっただろう,少しにおいがする.〔这种~好闻〕このにおいはいいにおいだ. ⑤〔～儿〕興味.おもしろみ.味わい.〔没有人～的〕人間らしい味のない人.〔禅~〕〔诗~〕诗情.〔北京~〕北京の风味:食べ物に限定しない.〔唱得有～〕歌に味がある. ⑥量詞.漢方薬の種類を数える.〔一~药〕一種の配合薬.〔大 dài 夫开了几～药〕医者が幾種類かの薬を投じた.

味道 wèidao ①味.味わい.〔～好〕味がよい.〔～不对〕(何かわからないが)味が悪くなっているようだ.②気分.感じ.興味.〔说话的～不对〕口ぶりがおかしい.〔方〕臭い.
味觉 wèiguān 味覚器官.
味精 wèijīng だしの素.化学調味料:〔味素〕ともいう.
味觉 wèijué 味覚.
味蕾 wèilěi生理 味蕾(る).味覚芽):味覚神経の末梢.
味美思 wèiměisī〈音訳〉ベルモット:〔〈音義訳〉威 wēi 末酒〕ともいう.
味儿了劲儿的 wèirle jìnrde〔方〕ふくれっ面(不満な表情).〔瞧你这么～,谁惹你了你?〕そんなにふくれっ面をして,誰が君を怒らせたのか.

wèi 味位胃谓渭猬鲗

味儿事 wèirshì 〈方〉問題とするに足らないこと.何でもないこと.つまらないこと.〔这宗事儿你别当做了不得,也不过是~〕この種のことを大変なことだなどとお考えになりませんよう,〈こんなことは問題とするほどのことでもないのです.〔一~大堆〕つまらないことが山ほどある.

味儿正 wèirzhèng 〈口〉①香味の純粋なこと.〔这个天然果汁~,没加人工香料〕この天然果汁は香りが純粋だ,人工の香料は加えていない. ②人格の高いこと.評判のよいこと.

味素 wèisù ⇒[味精]

味同鸡肋 wèi tóng jīlèi 〈成〉(鶏のあばら骨のように)取るには足りないが捨てるにも忍びない:[味如鸡肋]ともいう.

味同嚼蜡 wèi tóng jiáolà 〈成〉蝋を嚙むような味.〈喻〉全然味がないこと.面白味がない.無味乾燥:[味如嚼蜡]ともいう.

[位] wèi
①位置.〔就く〕場所.[部~]部位.〔座 zuò ~〕[坐~]座席.[岗 gǎng ~]持ち場. ②(~儿)地位.職位.〔不计地~高低〕地位の高い低いを考えない.〔就~〕地位につく.〔~次〕 ③特に皇帝の位をいう.〔即~〕即位(する).〔在~〕在位(する).〔篡~〕皇帝の位を奪いとる. ④量詞.人を尊敬して数えたときは呼ぶ.〔诸 zhū ~〕皆さん.〔哪~?〕どなた.〔几~同志〕数名の同志.〔各~代表〕代表各位.〔十~数〕10位の数. ⑥[電算]ビット.〔8个~作为1个字节〕8ビットを1バイトとする. ⑦[姓]位(")

位卑言高 wèibēi yángāo 〈成〉地位の低い者が国政を云々する.

位次 wèicì ①地位.序列. ②席次.

位大爵尊 wèidà juézūn 〈喻〉高位高官の位についている.

位号 wèihào ①[古]爵位と名号. ②各付された(の数)と番号.〔国债券的~〕国債の(債券番号の各付けたと)番号.

位极人臣 wèijí rénchén 〈成〉[位](~儿)人臣を極め.

位记 wèijì [古]位記:位に叙する旨を記した証書.

位居 wèijū 〔~に]位置する.ランクされる. 〔~榜 bǎng 首〕トップに居る.

位能 wèinéng ⇒[势 shì 能]

位听神经 wèitīng shénjīng [生理]内耳(前庭と蝸牛)神経.

位相 wèixiàng [物]位相.

位移 wèiyí 〈物〉変位.〔~电流〕変位電流.

位于 wèiyú …にある.…に位にする.〔~亚 yà 洲东部〕アジアの東部に位置している.

位置 wèizhi ①地位.役割を果たす位置する.〔《狂人日记》在五四以来的新文学中占有重要~〕『狂人日记』は五四(運動)以来の新文学の中で重要な地位を占めている. ②位置.場所.席.〔大家都按指定的~坐下来〕みんな指定された席に座った. ③職位.職務.

位子 wèizi ①座席.〔空 kōng ~〕空席.〔没有~席はない.〔她旁边空 kōng 出了一个~〕彼女の旁に席が一つあいた. ②ポスト.職業.

[胃] wèi
①[生理]胃.胃袋. 〔~肚 dǔ〕[肚 dù 子] ②胃(")〔二 èr 十八宿〕の一.

胃癌 wèi'ái [医]胃癌.

胃壁 wèibì [生理]胃壁.

胃病 wèibìng 胃病.

胃穿孔 wèichuānkǒng [医]胃穿孔.(")

胃蛋白酶 wèidànbái méi =[胃液素]〈音訳〉百bǎi 布圣 [生理]ペプシン.

胃窦 wèidòu [生理]胃の前庭部.

胃寒 wèihán [中医]腹が冷え胃痛,下痢の症状.

胃火 wèihuǒ [中医]胃から生ずる熱. 胃熱(によって生ずる病症)

胃经 wèijīng [中医]胃のつぼ.

胃镜 wèijìng [医]胃カメラ.〔用~检查一下〕胃カメラで検査する.

胃口 wèikǒu ①胃.〔~疼 téng〕胃痛(がする). ②胃の具合.食欲.〔~倒 dǎo 了〕④胃にもたれる.⑤(くどくど言うので)うんざりする.〔~不开〕食欲がない.〔~大了〕食欲が出た.〔~不好〕胃の調子が悪い. ③~嗜好.好み.興味.〔正合他的~〕ちょうど彼の好みに合う.〔倒 dǎo ~的〕興がさめる.がっかりする.〔对于这种事没有~〕こういう事には興味がない.

胃溃疡 wèikuìyáng [医]胃潰瘍.

胃气 wèiqì [中医]胃の活力.胃の消化機能.〔~虚xū〕消化機能衰弱.

胃石 wèishí 胃石.

胃酸 wèisuān [生理]胃酸:胃液の一成分.

胃痛 wèitòng 胃痛.

胃脘 wèiwǎn [中医]胃の内部.〔~痛 tòng〕〔~痈 yōng〕胃部の痛みや腫れ.

胃下垂 wèixiàchuí [医]胃下垂(症)

胃腺 wèixiàn [生理]胃腺:胃の粘膜にあって胃液を分泌する腺.

胃宿 wèixiù →[二èr 十八宿]

胃炎 wèiyán [医]胃カタル.胃炎.

胃液 wèiyè [生理]胃液.

胃液素 wèiyèsù ⇒[胃蛋白酶]

胃脏 wèizàng 胃.胃臟.

[谓・謂] wèi
①〈文〉言う.説く.告げる.〔愚公~智叟曰"山不加高,何患不能平"〕愚公は智叟に告げて言った. "山はこれ以上高くはなれぬのに,どうして平らにできないと心配するのか"と. ②〈文〉…と言う.…と呼ぶ.…と名づける.〔所~〕言うところの.いわゆる.…と言う.〔何~"天"〕"天"とは何ぞや.何を"天"と言うか.〔陕北人~玉米曰玉茭〕陕北の人はとうもろこしのことを"玉茭"と言う:〔这是所~三段论法〕これがいわゆる三段論法だ.〔~之大丈夫〕これを大丈夫と言う. ③意義.意味.〔有所~〕意見を言う.〔无所~〕何ということもない. ⑤→[谓语]

谓词 wèicí ①[語]述語となる動詞・形容詞(総称). →[谓语] ②(論理学上の)述語.賓辞:[谓项xiàng]ともいう.

谓语 wèiyǔ [語]述語:[主 zhǔ 语]に対していう.〔述shù 语〕は旧称.〔主谓构造〕主述構造.〔~部分〕述部.→[句 jù 子成分]

[渭] wèi
地名用字.〔~河〕渭水(~儿):黄河最大の支流.甘粛省に発し陝西省を通る.

[猬(蝟)] wèi
[動]ハリネズミ:〔刺 cì ~〕は通称.

猬集 wèijí 〈文〉はりねずみの毛が密集していること.〈喻〉群集する.蝟(")集する.〔诸事~〕多くの用事が一ケ所に集まる.〔公私~〕公私多端.〔俗事~,不可分身,以致不克赴席为歉〕俗事多端にて,〔膿〕俗事多端にて,手が離せず,そのために宴会に出席できずに,遺憾に存じています.

猬毛 wèimáo 〈文〉はりねずみの毛(針).〈喻〉数の多いこと.紛雑なこと.

猬起 wèiqǐ 〈文〉事が紛々として起こる.

猬缩 wèisuō 〈文〉はりねずみが毛を縮める.〈喻〉恐れること.畏縮する.→[畏缩]

[鲗・鱲] wèi ⇒[鲴 huá]

〔畏〕 wèi ①恐れる.〔大*無*~精神〕全く恐れることのない精神.〔望而生~〕見ただけで恐れをなす. ②敬服する.畏敬する.〔敬~〕心服する.〔后生可~〕〔成〕先輩を超えていく新しい世代の力には感服する.〔姓〕畏(ゐ)

畏避 wèibì 恐れ避ける.〔人家~的事他偏要試一試〕他人が恐れ避けていることを彼はどうしてもやってみようとする.

畏服 wèifú ①恐れ従う. ②敬服する.〔令人~〕人を敬服させる.

畏光 wèiguāng 〔医〕羞明(きよう):まぶしくて目を開けたままではいられない症状.〔白~差 xiū 明〕に同じ.

畏忌 wèijì 恐れ疑う.恐れ嫌う.

畏惧 wèijù 恐れる.〔无所~〕恐れることはない.

畏劳纱 wèiláoshā 〔紡〕ボイル:薄地で軽く,密度が粗く透けてみえる織物.

畏难 wèinán 困難を恐れる.〔~情绪〕難しいとおじけづく気持ち.〔~苟 gǒu 安〕〔成〕困難を恐れて一時の安きを求める.

畏强欺弱 wèiqiáng qīruò ⇒〔吐 tǔ 刚茹柔〕

畏怯 wèiqiè おじける.怖がる.〔小孩儿总不免~生人了孩は見慣れない人にはどうしてもおじける.

畏食 wèishí ⇒〔厌 yàn 食〕

畏首畏尾 wèishǒu wèiwěi 〔喩〕恐れてびくびくするあれこれ気を回し.〔不必~,尽管勇往直前〕びくつく必要はない,かまわず勇敢にまっすぐ行け.

畏缩 wèisuō 恐れ縮まる.畏縮する.ひるむ.たじろぐ.尻込みする.〔那件事因为难办,所以大家都~不前〕あの事は難しいので皆の者がおじけづいて尻ごみする.→〔猬缩〕

畏途 wèitú 〈文〉恐ろしい道のり.〔喩〕恐れて手を出そうとしないこと.〔把参加劳动视为~〕労働に参加することをいやなことだと考える.

畏畏 wèixǐ 〈文〉恐怖する.恐れる.〔~不前〕〔成〕びくびくして進まない.〔~踟蹰 chíchú〕〔成〕恐れて尻ごみする.

畏影避迹 wèiyǐng bìjì 〔成〕自分の影や足跡におびえる.愚かで自ら苦の種を作ること.

畏友 wèiyǒu 敬服すべき友.畏友.

畏之如虎 wèi zhī rúhǔ 〔喩〕非常に恐れる.

畏罪 wèizuì 罪を恐れる.〔~潜 qián 逃〕罰を恐れて逃げ隠れる.〔~自杀〕法の裁きを恐れて自殺する.

〔喂(餵・餒)〕 wèi (I)〔餵・餒〕①えさを与える.飼う.〔~鸡 jī〕にわとりを飼う.〔~狗〕犬にえさをやる. ②〔転〕人に物を食べさせる.〔他病得连拿筷 kuài 子的力气都没有,得~他吃〕彼は病気で箸を持つ力もなくなったので,ごはんを食べさせてやらなければならない.

(II)〔喂〕感動詞.おい.あのー.ちょっと:気軽な呼びかけの語.〔~,你来吗〕おーい,来いよ.〔~,你是谁呀〕もしもし,あなたどなたですか. → wéi

喂饱 wèibǎo 腹いっぱい食べさせる.〔~了孩子,又做工去了〕子どもに腹いっぱい食わせてからまた仕事に行った.

喂余儿 wèicuānr 〔方〕〔食〕肉(ふつうは羊肉)を薄片に切って,ごま油・醬油を混ぜあわせた汁にしばらくつけてから鍋に入れて煮る料理法.また,その料理.

喂饭 wèifàn (幼児の口に入れて)ご飯を食べさせる.〔三岁的小孩子,可不~了〕3歳の子供ならもうご飯を口に入れて食べさせなくてもよい.

喂肥 wèiféi (家畜などを)飼い太らせる.

喂孩子 wèihái(zi) ①子供に食わせる. ②箸をとって子どもに食べさせる.

喂料 wèiliào 飼料をやる.(家畜の)飼い葉を与える.〔你要按时给马~〕時間どおりに馬に飼い葉をやり

なさい.

喂奶 wèinǎi 乳を飲ませる.哺乳する.授乳する.〔怀抱儿的婴儿 yīng'ér 得~〕赤ん坊は母乳を飲ませねばならない.〔~瓶 píng〕哺乳瓶.

喂青 wèiqīng (家畜に)青草を食べさせる.

喂食 wèishí 食物を食べさせる.えさを与える:子供や病人また動物などの口に食物を入れて養う.

喂眼 wèiyǎn 目を養う.目の保養になる.

喂养 wèiyǎng (幼児や動物に)物を食べさせる.〔~牲口〕役畜を飼育する.〔~幼儿 ér〕幼児を育てる.

喂足 wèizú 十分食物を与える.

〔碨〕 wèi 〈方〉石臼.

〔硙・磑〕 wèi 〈文〉石臼(でひく) → ái wéi

〔尉〕 wèi ①〔軍〕尉官:〔校 xiào (II)〕の下,〔士 shì ⑥〕の上の位. ②官名(多く武官)の一.〔太 tài ~〕武官最高の地位で,丞相と同格であった. ③〔姓〕尉(ゐ) → yù

尉官 wèiguān →〔军 jūn 衔〕

尉藉 wèijiè →〔慰藉〕

〔蔚〕 wèi ①言いがたい〔牡 mǔ 蒿〕(オトコヨモギ)の古名. ②草木が盛んに茂るさま.盛大なさま.〔~为大观〕〔成〕茂って立派である. ⓐ(美術品などが)多種多様で盛観を呈する.〔~发展が盛大で壮観である.〔草木蓊 wěng ~〕草木が盛んに茂る.いろどり多くはなやかである. ⓑあたりにみなぎる.〔云蒸霞 xiá ~〕きらびやかに一面に広がる. → yù

蔚尔 wèi'ěr →〔蔚然〕

蔚蓝 wèilán ⑩濃い藍色(の).〔~的海洋〕紺碧の海.〔~的天空〕紺碧の空.

蔚起 wèiqǐ 隆盛し発展する.

蔚然 wèirán ①〈文〉〔蔚尔〕〈文〉盛んに茂るさま.盛んなさま.〔~成林〕〔慣〕よく茂って林をなす.〔~成风〕〔慣〕隆盛しい世の気風となる.

〔慰〕 wèi ①慰める.安心させる.安心させる.〔安~〕慰める. ②〔悼 dào〕慰問し哀悼する. ③心が安んずる.慰む.安心する.〔欣 xīn ~〕喜び安んずる.〔尚堪告~〕〔牘〕まずまず安心下さい. ③〔姓〕慰(ゐ)

慰安 wèi'ān 〈文〉慰め安んずる.

慰抚 wèifǔ いたわり慰める.〔~遗 yí 族〕遺族を慰撫する.

慰荐 wèijiàn ①⇒〔慰藉〕 ②推薦する.

慰借 wèijiè いたわりなだめる.怒争などを和解させる.〔经人~,气愤 fèn 稍平〕人になだめられて怒りがややおさまった.

慰藉 wèijiè →〔慰荐①〕〔尉藉〕〈文〉慰める.安心させる.〔甚 shèn 感~〕たいへん慰めを感じる.

慰劳 wèiláo 慰労する.ねぎらう.〔~伤 shāng 兵〕戦傷兵を慰労する.〔~品〕慰問品.

慰留 wèiliú 慰留する.〔他的辞意很坚决,上级一也~不住〕彼の辞意は固く,上司が慰留しても引き留められなかった.

慰勉 wèimiǎn 〈文〉慰め励ます.

慰贴 wèitiē 心を安らかでおだやかにする.〔心里十分~〕気持ちがすっかり落ちついさまる.

慰问 wèiwèn 慰問する.見舞する.〔~灾 zāi 民〕罹災者を慰問する.〔~信〕慰問文.〔~团〕慰問団.〔~袋〕慰問袋.〔~病人〕病人を見舞う.〔~电〕慰問・見舞いの電報.

慰唁 wèiyàn 〈文〉遺族を弔問する.

慰悦 wèiyuè 気持ちを慰め喜ばせる.

〔罻〕 wèi 〈文〉鳥を捕る網.

wèi~wēn

〔蝟〕 wèi ⇒〔白 bái 蚁〕

〔霨〕 wèi〈文〉雲が湧き起こる.

〔鯲・鯔〕 wèi〔魚貝〕ギンポ(総称):スズキ目.〔云 yún ~〕ギンポ.〔耶 yē 氏~〕イソギンポ.〔纹 wén 唇肉~〕ヤエヤマギンポ.

〔遗・遺〕 wèi〈文〉贈る.〔~之以书〕これに書物を贈った.〔~之千金〕千金を贈る. → yí

〔魏〕 wèi ①戦国時代の国名:現在の河南省北部から山西省西南部の地などを領したが,後に秦に滅ぼされた. ②朝代名.ⓐ三国の一,220年~265年.曹丕が建て黄河流域·淮河流域の地を支配した:〔曹 cáo ~〕ともいう. ⓑ北朝の一,386年~534年.晋末鮮卑の拓跋氏が建て黄河流域の地にあった.歷史上は〔北~〕〔后~〕,また〔元~〕〔拓跋 tuòbá ~〕などと称される.のち〔东~〕(534年~550年)と〔西~〕(535年~556年)に分かれた. ③〈文〉高い.高大である:〔魏 wēi に〕に通じる. ④〈姓〉魏(ぎ).

魏碑 wèibēi 北魏の碑.また碑文の書体:字体がよく整い筆力強健で楷書の基準とされる.

魏阙 wèiquè〔古〕宫門外両側の建物.〈転〉朝廷.

魏仙爷 wèixiānyé 俗ばりねずみが劫(ごう)を経て霊力を得たとき.〔白 bái 仙〕ともいう. →〔狐 hú 仙〕〔猬 wèi〕

wen ㄨㄣ

〔温(溫)〕 wēn ①温かい.なまぬるい.〔把药晾 liàng ~了再吃〕薬をぬるくしてから飲む.〔~爱 ài〕温かい愛情.〔暖 nuǎn ①〕 ②温める.熱を加える.〔用脸盆~点几水〕洗面器で水を少し温める.〔凉凉了点儿,~一~吧〕酒が少し冷めたちょっと温めなさい. ③復習する.おさらいをする.→〔温习〕 ④温度.〔气~〕気温.〔体~〕体温.〔高~作业〕高温作業. ⑤中医急性の熱病.〔春~〕春の熱病.〔~疫 yì〕急性伝染病. ⑥柔和である.おとなしい.〔~情〕温情.〔~言相慰〕やさしい言葉で慰める. ⑦〈姓〉温(おん).

温饱 wēnbǎo ①衣食の足りている.②〈転〉基本的生活の必要の.〔~线〕生活維持の最低ライン.〔~水平〕同前の生活水準.〔~工程〕同前のための政府プロジェクト.

温标 wēnbiāo 温度測定の基準:セ氏やカ氏など.

温病 wēnbìng 中医寒気を受けて起こる急性熱病の総称.

温差 wēnchā (1日の)温度差.〔~发电〕(海水の)温度差を利用した発電.

温差电堆 wēnchā diànduī ⇒〔热 rè 电堆〕

温床 wēnchuáng ①農温床(植物栽培用). ②〈喻〉悪を生む環境.〔官僚主义是滋长违法乱纪现象的~〕官僚主義は法律·規律違反の現象をはぐくむ温床である.

温存 wēncún ①優しくいたわる.思いやる:多く異性に対して.〔~话儿〕いたわりの言葉.〔用软语~〕やさしい言葉でねんごろにいたわる. ②おとなしい.穏やかである.〔性格~〕性格が優しい. ③〈方〉保養する.

温带 wēndài 地温带(地方)

温得和克 wēndéhékè 地ウィントフック:〔纳 nà 米比亚共和国〕(ナミビア共和国)の首都.

温度 wēndù 温度.〔~表 biǎo〕〔~计〕温度計.寒暖計:〔寒 hán 暑表〕は旧称. →〔热 rè 度〕

温度露点差 wēndù lùdiǎnchā →〔露点〕

温服 wēnfú 中医薬を温めて服用する.

温哥华 wēngēhuá 地バンクーバー:〔蕃 fān 古哇〕〔晚 wǎn 香坡〕ともいった.

温故知新 wēngù zhīxīn〈成〉故(ふる)きを温(たず)ねて新しきを知る:歴史上の教訓を現在に活かすこと.

温和 wēnhé ①〈气候が〉温暖である. ②〈性質·態度が〉おだやかである.素直である.〔~驯 xún 順〕おとなしく従順である.〔~运动〕ゆるやかな体力運動.〔~派〕穩健派:〔激 jī 进派〕(過激派)に対していう. → wēnhuo

温厚 wēnhòu ①温厚である.優しくて人情味がある.〔~和平〕温厚で穏やか. ②〈文〉裕福なこと.〔居皆~〕生活はみな豊かである.

温乎乎 wēnhūhū 温かいさま.〔~的〕ほかほかしている.

温乎 wēnhu〈口〉温かい:〔温和 huo〕に同じ.〔肉包子还有点儿~〕肉まんじゅうはまだほのかに温かい.

温火 wēnhuǒ〈口〉弱い火.ぬるい火:〔粥 zhōu 还~,快喝吧〕お粥はまだ冷めていないから早く食べなさい.〔~水〕微温水.ぬるま湯. → wēnhé

温疾 wēnjí 中医温病のある病気.

温静 wēnjìng しとやかで優しい.〔~的姑娘〕おしとやかな娘.

温酒 wēnjiǔ ①酒のかんをする. ②かんをした酒.

温居 wēnjū 旧(他人の)転居を祝う.〔您给他~去了吗〕彼の引越しのお祝いにいらっしゃいましたか.

温觉 wēnjué 生理温覚.

温课 wēnkè 授業内容を復習する.

温控 wēnkòng 温度変化を感知して制御する.温度センサーコントロール(の)

温理 wēnlǐ〈文〉①旧事を回想する. ②整理復習する.

温良 wēnliáng おだやかで優しい.おとなしく善良である.

温冷 wēnlěng ①温かさと冷たさ. ②微温的である.盛り上がりに欠ける.〔旅 lǚ 游~地区〕人出の少ない観光地.

温码 wēnmǎ 宝くじの当り番号の〔热 rè 码〕(よく出る数字),〔冷 lěng 码〕(全く出ない数字)に対して中間的な数字をいう.

温暖 wēnnuǎn ①暖かい.〔江淮流域,~湿润〕長江淮河流域は温暖で湿潤である.〔~的光輝〕暖かな光. ②暖(温)める.〈さて人を動かす物語を~着千百万人的心〕この感動的な物語は何千何百人の人の心を温めている. ③(思いやりに恵まれる)温かさ.〔慈 cí 母般的~〕優しい母親のような温かさ.

温疟 wēnnüè 中医激しい発熱のある「おこり」(マラリア).→〔疟〕

温情 wēnqíng 温情.思いやり.情け深い心.〔~脉脉 mò〕〈成〉情愛こまやかである.〔~主义〕温情主義.

温泉 wēnquán 温泉.〔~浴〕温泉浴. →〔冷 lěng 泉〕

温热 wēnrè 温かい.〔~的水〕あたたかい水.

温柔 wēnróu〈女性が〉優しい.穩やかである.〔~典雅〕優しく上品である.〔~敦 dūn 厚〕優しく誠実である.〔她性情~〕彼女は性格が温和である.

温软 wēnruǎn 温かく柔らかい.〔~的话〕温かい言葉.

温润 wēnrùn ①優しい.温和である.〔~的面容〕優しい顔つき. ②暖かで湿り気がある.〔气候~〕気候が同前.

温赛 wēnsài ⇒〔温网〕

温湿 wēnshī(気候が)温暖湿潤である.

温石 wēnshí 砿蛇紋石:〔蛇 shé 纹石〕の別称.〔~

温榲辒瘟薀鰛文　　　　　　　　　　　　　　　　　　　　wēn～wén

棉]クリソタイル.白石綿:繊維状で柔軟で光沢がある.
温室 wēnshì　温室.〔～效 xiào 应〕温室効果.〔～大棚 péng〕大型ハウス(温室)
温书 wēnshū　復習する.
温淑 wēnshū　(女性が)善良でしとやかである.
温水 wēnshuǐ　生温(なまぬる)い水.ぬるま湯.〔～浴〕温水浴.
温顺 wēnshùn　素直でおとなしい.
温司 wēnsī ⇒〔盎 àng 司〕
温汤 wēntāng ①温水.ぬるま湯.〔～浸 jìn 种〕種子消毒の温湯(おゆ)浸法(ほう).②<文>温泉.
温吞 wēntun　〔温暾〕とも書く.①ぬるい.熱くも冷たくもない.〔～水〕ぬるま湯.②(言葉や文章が)すっきりしていない.微温的である.〔～之谈〕生ぬるい話.
温婉 wēnwǎn　①(声が)やわらかく穏やかである.②(多く女性が)おとなしい.しとやかである.
温网 wēnwǎng　因(テニスの)ウィンブルドン選手権大会:《温布尔登网球锦标赛》の略称で〔温赛〕ともいう.
温文 wēnwén　穏やかで上品である.〔～尔雅〕<成>温和で優雅である.〔～有礼〕上品で礼儀正しい.
温习 wēnxí　復習する:〔复 fù 习〕に同じ.
温馨 wēnxīn　温かくかぐわしい.〔～情谊〕心温まる友情.
温煦 wēnxù　<文>①温暖である.②優しく温厚である.
温血动物 wēnxuè dòngwù　動温血動物:〔恒 héng 温动物〕に同じ.
温驯 wēnxùn　<文>柔順でよくなれている.
温熨法 wēnyùnfǎ　〔热 rè 熨法〕医温熨(うん)法.
温针 wēnzhēn　中医鍼(はり)に熱を加えて刺激を与える療法.

〔**榲**〕wēn
榲桲 wēnpo　①植マルメロ,またその果実:バラ科の落葉高木.〔～果 guǒ〕同前の果実.②食同前の砂糖漬け.→〔蜜 mì 饯〕

〔**辒・輼**〕wēn　〔～辌 liáng〕車車:霊柩車としても用いた.

〔**瘟**〕wēn　①急性伝染病.〔春～〕春の伝染病.〔牛～〕牛の疫病.〔鸡～〕鶏の伝染病.②生気がない.ぼんやりしている.→〔瘟头瘟脑〕③(戯曲など)低調で精彩に欠ける.〔情节松,人物也～〕ストーリーにめりはりがなく,人物も面白くない.
瘟病 wēnbìng　中医急性伝染病.→〔瘟疫〕
瘟官 wēnguān　<文>悪徳官吏.
瘟鬼 wēnguǐ　同上.
瘟神 wēnshén　〔瘟鬼〕疫(やく)病神.
瘟头瘟脑 wēntóu wēnnǎo　〈慣〉頭がぼうっとして活気がないさま.
瘟疫 wēnyì　＝〔瘟症〕医急性伝染病(総称).〔～大流行〕疫病が大流行する.
瘟疹(子) wēnzhěn(zi)　医発疹を伴う急性伝染病:猩紅熱・発疹チフスなど.
瘟症 wēnzhèng ⇒〔瘟疫〕

〔**薀**〕wēn　〔～草 cǎo〕<方>水草.藻.→yùn

〔**鰛・鳁**〕wēn　魚⇒〔～鱼〕イワシ:〔沙 shā 丁鱼〕は通称.
鳁鲸 wēnjīng　動イワシクジラ.

〔**文(文・攵)**〕wén ①文.文字.<転>言葉.言語.〔甲骨～〕甲骨文(字).〔金～〕金文(の金文字).〔日 rì ～〕日本語.日本文.②文.文章.〔作 zuò ～〕作文する.〔司马迁～〕司馬遷の文章.③文语(文):〔～言〕の略.〔半～半白〕半分は文語,半分は口語.〔这句话太～了,不好懂〕この言葉はあまりに文語的ですっきりわかりにくい.④回公文.〔呈 chéng ～〕上申書.⑤回文化.教養.→〔文化①〕⑥文系.人文社会科学系.〔我是学～的〕僕は文系(大学)です.⑦(武)にではなく(文)に関する.〔～武①〕⑧回形式的な儀礼.作法.〔繁 fán ～〕煩わしい同前.〔虚 xū ～〕虚礼.⑨穏やかである.おとなしい.→〔文火〕⑩身体に入れ墨をする.→〔文身〕⑪<文>模様.あや.〔纹〕に通用する.〔花～〕(花)模様.→〔文采①〕⑫天然や社会の現象.〔天～〕天文.〔水～〕水文.〔地～〕地文.⑬回量詞.文(ぶ):銅銭の表に文字を刻んだことからいうもので金銭を数える.〔铜钱二百～〕銅銭二百文.〔不取分～〕金は一切取らない.⑭<文>飾る.覆い隠す.→〔文过饰非〕⑮<姓><文>(ぶん).

文安 wén'ān　〔牍〕ご安泰を祈る:文人あての手紙の文末に用いる常套語.〔文祺〕〔文社〕〔撰 zhuàn 安〕〔撰祺〕に同じ.→〔安⑤〕
文案 wén'àn　①回(役所の)公文書.書簡.またその係.〔～先生〕文書を司る書記.〔～处〕文書部門.②事務一切.〔做～工作〕総務の仕事をする.
文白 wénbái　〔文言〕(文語文)と〔白话〕(口語文)
文保 wénbǎo　文化財保護:〔文物保护〕の略.
文贝 wénbèi ⇒〔紫ľ贝〕
文本 wénběn　①本文.テキスト.文面.〔正式的～〕正式の文書.〔本合同两种～同等有效〕本契約の2種類の言語で書かれた本文はともに有効である.②電電テキスト.〔～文件〕テキストファイル.
文笔 wénbǐ　①文章の言葉遣いの風格.文章の文体.〔他的～不错〕彼の文章はいい.②文才.
文编 wénbiān　文書編集(者)
文博 wénbó　文物(文化財)の管理・博覧.〔～机构〕文化財保存博覧機構.〔～会〕文化産業博覧会.
文不对题 wén bù duì tí　<慣>話が題目からはずれている.質問に対する答えが筋違いである.
文不加点 wén bù jiādiǎn　<慣>加筆の必要もなく一気に文章を書きあげること.
文才 wéncái　文才.文学的才能.〔他很有～〕彼は文才がある.
文采 wéncǎi　〔文彩〕とも書いた.①あや.いろどり.②文才や談話が華やかである.
文昌鱼 wénchāngyú　魚回ナメクジウオ:〔蛞 kuò 蝓鱼〕ともいう.
文场 wénchǎng　①回官吏登用試験の試験場.②劇芝居の唯(や)方の管弦楽器の部分.→〔武 wǔ 场〕③劇桂林・柳州一帯に伝わる〔曲 qǔ 艺〕の一種.伴奏は〔扬 yáng 琴〕を主とする.④北京の民間の一種の楽隊:打楽器を主として葬式に用いられた.⑤文壇・文人の集まる所.
文抄公 wénchāogōng　<喩>剽窃(ひょうせつ)家・盗作家.
文丑(儿) wénchǒu(r)　劇(旧劇で)道化役者:台詞や仕草が中心の道化役三〔小花脸〕〔小花面〕〔小丑(儿)〕は別称.単に〔丑〕と呼ばれることもある.→〔武 wǔ 丑〕
文传 wénchuán　電子文書・電子郵便(で送信する).〔～机〕ファクシミリ.
文辞 wéncí　〔文词〕とも書く.①文章.文章の中の字句.〔～虽然婉转,但是有坚决的抗议之意〕字句は婉曲だが強硬な抗議の意味がある.
文从字顺 wén cóng zìshùn　<成>文意がよく通り,用語が適切でなめらかなこと.
文旦 wéndàn ⇒〔柚 yòu ①〕

wén

文档 wéndàng ①文書の集成.〔案 àn 例〜〕案件・判例の同用.②[電算]ファイル.ドキュメント.
文代会 wéndàihuì ⇒〔文学艺术工作者代表大会〕
文德 wéndé 文章の書き手の品性.
文定 wéndìng ⇒〔定亲〕
文斗 wéndòu 言論で闘うこと.〔要用〜、不要用武斗〕言論によるべきで、武力を用いてはならない.
文牍 wéndú 〈文〉①公用文書.〈転〉文書・手紙・手紙(総称).〔〜主义〕文書主義.②回 文書起草者.
文法 wénfǎ ①文章作法.②⇒〔语 yǔ 法①〕③〔成 chéng 文法〕
文房 wénfáng ①=〔书 shū 房①〕書斎.〔〜四宝〕紙・墨・筆・硯の四つ:古来、湖筆・宣紙・徽墨・端硯が有名.②文書を司ったところ.
文风 wénfēng ①〈文〉文章の気風.文を書く態度.〔整顿〜〕文章の気風を正す.→〔三 sān 风整顿〕②かすかな風.〔〜不动〕少しも動かない.
文疯 wénfēng [医]精神病で、言語のみ異常なもの.→〔武 wǔ 疯〕
文改 wéngǎi〔文字改革〕の略称.〔〜会〕文字改革委員会〕文字改革委員会:現在は〔国家语言文字工作委员会〕という.
文稿 wéngǎo〈文章または公文書〉の原稿.
文告 wéngào ①文書で通告する.②同前の文書.
文革 wéngé〔文化大革命〕の略称.〔〜世代〕文革世代.
文蛤 wéngé [魚貝]ハマグリ.〔蛤蜊②〕ともいう.
文工 wéngōng 文化芸術活動:〔文艺工作〕の略称.〔〜队〕文芸工作隊.〔文艺工作团〕文化宣伝工作団:軍隊・地方機関・大衆団体などに付設され、戯劇・美術・歌謡・舞踊などを通じて宣伝・教育活動を行う団体.ふつう〔〜团〕は〔〜队〕より規模が大きい.
文攻武卫 wéngōng wǔwèi 道理で攻め武力で守る:言論で攻めるが、相手が武力に訴えれば武力で応じる(文革中のスローガン)
文官 wénguān 文官.↔〔武 wǔ 官①〕
文冠果 wénguànguǒ〈文官果〉とも書く.[植]ブンカンカ、またその果実:ムクロジ科植物.果実は枳(から)の実に似て、やや甘く食べられる.〔方:木 mù 瓜〕〔方:崖 yá 木瓜〕ともいう.
文过饰非 wénguò shìfēi〈成〉過ちを隠す.過失を巧みにごまかす.
文翰 wénhàn〈文〉①文章.②公文書簡.
文豪 wénháo 文豪.
文号 wénhào〔一儿〕文書番号.
文虎 wénhǔ ⇒〔灯 dēng 谜〕
文化 wénhuà 文化.〔〜吧 bā〕文化サロン.〔〜餐 cān〕〈喩〉文化的な糧(ぎ).〔〜广场〕住民に開放された都市空間.〔〜快餐〕〈喩〉手軽な文化的な糧(ぎ).〔〜垃圾〕低俗文化.〔〜扒 pá 手〕〈喩〉盗作者.〔〜人〕知識教養のある人.特に抗日戦争期に文化活動(任務)に携わっていた人々(に対する総称).〔〜沙漠〕文化不毛地帯.〔〜衫 shān〕ロゴ入りTシャツ.プリントTシャツ.〔〜遗产〕文化遺産.〔〜娱乐〕文娯.〕文化的な娯楽.〔古〜街〕古文化街.〔〜交流日益广泛〕文化交流がますます広がる.②〔考古学上の〕文化.〔仰 yǎng 韶〕仰韶(ぎょうしょう)文化.〔〜层〕古代生活遺跡の文化層.③文字運用の能力、一般的知識.〔学习〜〕同前を学ぶ.〔〜程度〕学歴.〔〜水平〕④教養水準.⑤学歴.〔你有几年〜〕君は何年勉強したか.学歴のある教育を受けたか.〔〜课〕初等教育程度の普通科目.教養科目.〔〜员〕教養科目を担当する教員.
文化大革命 wénhuà dàgémìng 1966年から1976年にかけて、全土に展開された政治・思想・文化闘争:正式には〔无 wú 产阶级〜〕(プロレタリア文化大革命)という.
文化宫 wénhuàgōng 余暇に学習・科学・娯楽・体育などの活動をするための総合教育・文化センター:規模の大小で順に〔〜〕〔文化馆〕〔文化站〕と呼ぶ.
文汇阁 wénhuìgé [旧]江蘇省揚州市大観堂にあった四庫全書の蔵書楼.→〔四 sì 库全书〕
文火 wénhuǒ =〔缓 huǎn 火〕〔慢 màn 火〕〔小 xiǎo 火〕(調理などに)とろ火.弱火:〔武 wǔ 火〕〔強火〕に対していう.〔用〜煮豆〕とろ火で豆を煮る.〔把肉块放进锅用用〜焖 mèn 一小时〕肉を鍋に入れ、とろ火で1時間ほど煮る.→〔微 wēi 火〕
文几 wénjī〈文〉①文机(ぎ).②〔牘〕文人に対する敬称.
文集 wénjí 文集:書名に用いる.
文驾 wénjià〈文〉文人の乗り物.〈転〉貴下.貴台.〔敬候〜台临〕〔牘〕ご来臨をお待ち申します.→〔大 dà 驾〕
文件 wénjiàn ①文書.書類.〔机要〜〕機密文書.〔〜橱〕文書保管箱.②〔政治・法律・時事に関する〕文献.通達.〔〜戏 xì〕お上(の)の達しを受けて作られた芝居.③[電算]ファイル.〔〜传输协议〕FTP(ファイル転送プロトコル).〔〜夹〕フォルダ.
文江学海 wénjiāng xuéhǎi〈成〉学問・文章の範囲の広大なこと.
文教 wénjiào 文化と教育.〔〜人员〕同前従事者.
文津阁 wénjīngé [旧]承徳の避暑山荘にあったが清末北京に移した四庫全書の蔵書楼:現在その全書は北京の国家図書館に蔵されている.→〔四 sì 库全书〕
文静 wénjìng おとない.優しく静かなさま.〔很〜的姑娘〕たいへんおしとやかな娘さん.〔〜地坐着〕となしく座っている.
文举 wénjǔ [旧]文官の挙人.〔武 wǔ 举②〕に対していう.
文句 wénjù〈文章の〉語句.文句.
文具 wénjù 文房具.〔〜店〕文房具店.
文卷 wénjuàn ①公文書.②回試験の答案.
文科 wénkē 文科(人文・社会科学)の総称.
文库 wénkù ①書物をしまっておく所.②叢書.
文侩 wénkuài 文学ごろ.売文の徒.
文莱 wénlái ブルネイ:正式国名は〔〜达 dá 鲁萨兰国〕(ブルネイ・ダルサラーム国).もと〔〜苏丹国〕〔婆 pó 罗乃〕ともいった.首都は〔斯 sī 里巴加湾市〕(バンダルスリブガワン)
文澜阁 wénlángé [旧]浙江省杭州市西湖孤山にあった四庫全書の蔵書楼.→〔四 sì 库全书〕
文理 wénlǐ ①文章の筋.〔〜不通顺〕文脈が通っている.②文系と理系.
文联 wénlián ⇒〔中 zhōng 华全国文学艺术界联合会〕
文林 wénlín〈喩〉文士の集まる所.文壇.文学界.
文林(郎)果 wénlín(láng)guǒ ⇒〔林檎〕
文盲 wénmáng 文字の読めない成人.〔扫除〜〕同前を一掃する.
文眉 wénméi 眉毛のアートメイク:〔纹眉〕とも書く.
文秘 wénmì〈官庁や会社の〉書記と秘書.
文庙 wénmiào 孔子廟:〔孔 kǒng 子庙〕に同じ.→〔武 wǔ 庙〕
文名 wénmíng 文名.
文明 wénmíng ①文明.〔物质〜〕物質文明.〔〜史〕文明史.②文明の開けている.文化レベルが高い.〔〜国家〕文明国.〔〜病〕[医]文明病.〔〜岗 gǎng〕模範的職場.〔〜社区〕モデル地区.③礼儀正しい.物事のわきまえのある.〔〜装 zhuāng 卸〕丁寧な積み下ろし(スローガン).〔〜礼貌〕常識豊かで

文 wén

礼儀正しい.マナー・エチケットを心得ている.〔不〜〕粗野である.④旧(風俗・習慣・事物などが)新式である.ハイカラである.〔〜結婚〕新式の結婚.〔〜棍儿 gùnr〕〔洋杖〕⬚ステッキ(俗称)

文明(新)戏 wénmíng (xīn)xì 劇 1920年代上海に流行した中国早期の新劇:後にはもっぱら低俗な〔话 huà 剧〕をいう.

文墨 wénmò ①文章を書くこと.〔粗 cū 通〜〕少し文章が書ける.②文化知識.〔〜人〕教養のある人.〔〜事儿〕知的な仕事.

文鸟 wénniǎo 鳥 ハタオリドリ(科の鳥).〔斑 bān 鸟〕シマキンパラ.→〔禾 hé 雀〕

文痞 wénpǐ 悪質文士.文士ゴロ.悪徳売文屋.

文凭 wénpíng ①卒業証書.修了証.〔贾 jiǎ 毕业〜〕ニセの卒業証.〔制度〕学歴(偏重)制度.②旧証書となる文書:官府発行のもの.

文祺 wénqí ⇒〔文安〕

文气 wénqì 文章の勢い.内容の脈絡.〔〜不够通畅〕文章の筋がなめらかさを欠く.

文契 wénqì 旧(不動産売買の)契約書.→〔白 bái 契〕〔红 hóng 契〕

文气 wénqi おとなしい.上品である.

文情 wénqíng〈文〉文章と情操.〔〜并茂〕文章も情義も共に立派である.

文人 wénrén 文人.文士.〔〜画〕文人画.〔〜相轻〕〈成〉文人の悪習で,互いに軽んじあう.

文如其人 wén rú qírén〈成〉文は人なり.文章には作者の人間性が反映される.

文弱 wénruò〈文〉文弱である.おとなしくてひ弱である.〔〜书生〕文弱書生.

文山会海 wénshān huìhǎi〈喩〉書類や会議が多い官僚主義.

文身 wénshēn〈文〉刺青(いれずみ)をする.〔纹身〕とも書いた.〔〜(贴)纸〕タトゥーシール.→〔刺 cì 青〕

文石 wénshí〈文〉①⇒〔玛瑙 mǎnǎo〕②模様のある石.

文史 wénshǐ 文学と史学,特に歴史.〔〜馆〕歴史資料を収集・研究する機構.

文士 wénshì 文士.文人.

文饰 wénshì〈文〉①文飾.②(自分の過ちを)言い繕う.覆い隠す.

文书 wénshū ①文書:公文書・契約書・書信の類.〔〜夹 jiā〕書類ばさみ.ホルダー.②(機関や部隊の)記録係.書記.文書係.

文殊兰 wénshūlán ⇒〔文珠兰〕

文殊(师利) wénshū(shīlì) ⇒〔文珠〕宗 (仏教の)文殊菩薩.

文思 wénsī 文章の構想.〔〜敏 mǐn 捷〕構想をまとめるのが速い.〔〜泉 quán 涌〕〈成〉文意のひらめきや構想が湧き出る.

文溯阁 wénsùgé 固 遼寧省瀋陽市の故宮内にある四庫全書の蔵書楼.→〔四 sì 库全书〕

文坛 wéntán 文壇.文学界.

文体 wéntǐ ①文体.文章の体裁.②〔文娱体育〕の略称.〔〜活动〕文化娯楽体育の活動.

文恬武嬉 wéntián wǔxī〈成〉文官は安逸をむさぼり,武官は遊びにふける:官界全体の綱紀のゆるみ.

文章 wéntáng ⇒〔文案〕

文玩 wénwán (好事家用の)美術品.骨董品.

文王 wénwáng ①周の祖,名は昌.〔武王〕〔周公〕の父.〔三圣〕〔三王〕の一.〔〜课〕銭で陰陽動静を占う術:易(えき)によるもので易を好んだ文王に付会される.

文网 wénwǎng ①〈文〉法の網.②旧 学術・思想などに対する規制措置.

文武 wénwǔ ①〈文〉文武.文才と武術.〔〜双全〕〔〜全才〕文武両道に優れていること.②文人と武人.文官と武官.〔〜百官〕文官と武官.〔〜带打〕武人役の役者が文人の役もできること.〔〜老生〕劇〔文老生〕と武生〕との両方を演ずる役者.→〔老 lǎo 生〕③周の文王と武王.

文武线 wénwǔxiàn (印刷で)子持ち罫(けい)

文物 wénwù 文化財.文化遺産.〔〜保护单位〕文化財保護指定箇所.〔〜〕発掘された文化財.

文戏 wénxì 劇 (旧劇で)世話もの:〔白 bái (I)⑥〕(せりふ),〔唱 chàng ①〕(歌)などを主とする劇.↔〔武 wǔ 戏〕

文献 wénxiàn 歴史資料としての文献.〔重要〜〕重要な文献.〔历史〜〕③歴史学の文献.⑥歴史的な文献.〔〜检 jiǎn 索〕文献検索.〔〜片(儿) piàn(piānr)〕文献フィルム.

文胸 wénxiōng 旧 ブラジャー:〔乳 rǔ 罩〕〔胸罩〕に同じ.

文秀 wénxiù〈文〉優雅である.上品である.

文绣 wénxiù〈文〉美麗な刺繍のある織布・衣服.

文选 wénxuǎn 選集.〔活页〜〕ルーズリーフ式の文章選集.

文学 wénxué 文学.〔〜家〕文学者.作家.〔〜界〕文壇.〔〜类型〕文学のジャンル.〔〜流派〕文学の流派.〔〜作品〕文学作品.

文学革命 wénxué gémìng 中国文学の近代化の方向を決定した1910年代後半に起こった文学革命:〔白话〕(口語)文学の創造と〔白话〕を国語とするとの急務を力説した胡適の〔新青年〕への寄稿(1917年)が導火線となった.→〔五 wǔ 四运动〕

文学研究会 wénxué yánjiūhuì 1920年北京で発会の文学団体:周作人・沈雁冰(茅盾)・鄭振鐸・孫伏園・王統照・葉紹鈞・冰心らが発起人になり〈小说月报〉を機関紙として発行した.→〔创 chuàng 造社〕

文学艺术 wénxué yìshù 文学芸術:〔文艺〕に同じ.〔〜工作者代表大会〕〔文代会〕文学芸術担当代表者大会.

文学语言 wénxué yǔyán ①(主に書き言葉としての)標準語.②文学作品中の用語:〔文艺语言〕ともいう.

文雅 wényǎ みやびやか(である).〔〜的态 tài 度〕みやびやかな態度.おっとりとした態度.

文言 wényán 文語:古漢語を基礎とした書面語.〔〜文〕文語文.〔〜语法〕文語文法.↔〔白 bái 话〕→〔书 shū 面语〕

文眼 wényǎn 文章の目玉.眼目となる文句.

文鳐鱼 wényáoyú ⇒〔飞 fēi 鱼〕

文艺 wényì 文学と芸術.特に文学または演芸を指すこともある.〔〜工作者〕文芸活動家.〔〜作品〕文芸作品.〔〜会演〕文芸コンクール.〔文艺競演会〕.〔〜复兴〕⬚文芸復興.ルネッサンス:〔李 lǐ 奈桑斯〕は旧音訳.〔〜批评〕文芸批評.〔〜沙龙〕文芸サロン.〔〜晚会〕〔文娱晚会〕文芸娯楽のタベの集い.

文友 wényǒu 詩や文を語る仲間.文学を通じての友人.

文囿 wényòu〈文〉文学の世界.文学の園(その)

文鱼 wényú ①⇒〔金 jīn 鱼〕②⇒〔飞 fēi 鱼〕③⇒〔鲤 lǐ 鱼〕

文娱 wényú 文化的な娯楽.教養娯楽:歌・踊り・劇など.〔〜活动〕文芸娯楽活動.〔〜晚会〕文芸娯楽のタベの集い.〔〜节目〕文芸・娯楽番組.

文渊阁 wényuāngé 固 故宮内にある四庫全書の蔵書楼.→〔四 sì 库全书〕

文员 wényuán 文書担当職員.

wén 文纹炆蚊雯闻

文源阁 wényuángé 〚中〛北京の圓明園内に建てられ,後に英仏連合軍の戦火により焼失した四庫全書の蔵書楼.→〔四 sì 库全书〕

文苑 wényuàn 文壇.文学界.

文藻 wénzǎo 〈文〉文章の才華.

文责 wénzé 文章上の責任.〔~自负〕文責は筆者にあり.

文摘 wénzhāi ①ダイジェスト.要点の抄録.②抜粋された部分.抜き書き.

文债 wénzhài 〈喩〉約束したが未完成の文章.

文章 wénzhāng ①文章.また著作.〔写~〕文章を書く.〔~憎 zēng 命〕〚旧〛立派な文筆と良い境遇とが両立しない運命にあること.②方策.手だて.〔大有~有〕やるべき方法が大いにある.⑧〈転〉わけ.いわく.ふくみ.内々の考え.もくろみ.〔一定大有~〕必ず大いにわけがある.〔这话里有~〕この話には爭がある.

文职 wénzhí 文官の職.〔~干部〕〚軍〛将校級の非武官要員.↔〔武 wǔ 职〕

文祉 wénzhǐ ⇒〔文安〕

文治 wénzhì 〈文〉①武力にもよらずもっぱら文教をもって政治を行うこと.②同前の業績.〔~武功 gōng〕〈成〉文教と軍事による治績.

文质彬彬 wénzhì bīnbīn 〈成〉人の外見と実質が共に立派なこと.〈転〉挙止の礼儀正しく文雅なさま.

文绉绉 wénzhòuzhòu, 〈口〉~zhōuzhōu 言動に品位のあるさま.

文珠 wénzhū ⇒〔文殊(师利)〕

文珠兰 wénzhūlán 〚文珠兰〛〚植〛ハマオモト.ハマユウ:ヒガンバナ科の海辺に生ずる草本.

文竹 wénzhú 〚シノブボウキ.ブンチク:ユリ科アスパラガス属の観葉植物.

文字 wénzì ①文字.〔~表情〕〚電算〛顔文字.〔~处 chǔ 理机〕ワープロ.ワードプロセッサー.〔~画〕絵と文字の中間の段階にある文字.〔~学〕文字学.②〈転〉言語.言葉.③〈転〉文章.〔~秘 mì 书〕文書担当秘書.〔~记者〕(カメラマンに対して)記事を書く記者.〔~狱〕筆禍事件.

文字改革 wénzì gǎigé 文字改革.表記法改革:漢字の整理.ローマ字表音方式の制定などの改革.〔文改〕と略称される.→〔国 guó 语运动〕〔汉 hàn 语拼音方案〕〔简 jiǎn 化汉字〕

文宗 wénzōng 〈文〉(世の人の手本となる)文章の大家(たいか).〔一代~〕一代の同前.

文宗阁 wénzōnggé 〚中〛江蘇省鎮江市の金山寺にあった四庫全書の蔵書楼.

〔纹・紋〕 wén 〔~儿〕①模様.紋.あや.筋目:もと絹織物の模様をいった.〔花~〕〔花〕模様.〔波〕~〕波紋.〔指 zhǐ ~〕指紋.〔木~〕木目.②筋.皺(しわ).〔笑 xiào ~〕笑いじわ.〔皱 zhòu ~〕(皮膚)のしわ.ひびわれ.〔这个茶碗有两道~〕この茶碗にひびの筋が二つ入っている. → **wèn**

纹缎子 wénduànzi 〚紡〛紋繻子の地の一種:ジャカードで織って,経繻子の地に緯繻子の模様を表したもの.

纹风不动 wénfēng búdòng ⇒〔纹丝不动〕

纹枯病 wénkūbìng 〚農〛紋枯(もん)病:〔烂 làn 脚病〕ともいう.イネの病気.

纹理 wénlǐ 筋目.紋.木目.肌目.

纹路(儿) wénlù(r) 〔纹缕(儿)〔纹绺(儿)〕〔纹溜儿〕とも書く.しわ.筋状の模様:〔皱 zhòu 纹〕不規則なしわ.〔脸上有~〕顔にしわがある.〔皱出含笑的~〕笑いじわをよせる.

纹眉 wénméi ⇒〔文眉〕

纹身 wénshēn ⇒〔文身〕

纹饰 wénshì (器物の表面の)文様.図案.

纹水 wénshuǐ 〚田旧〛銀交換の打歩(うちぶ).

纹丝不动 wénsī búdòng =〔纹风不动〕少しも動かない.びくともしない.

纹样 wényàng 紋.飾り模様.→〔花 huā 样(儿)①〕

纹银 wényín 〚田〛最良質の銀塊:馬蹄形に鋳られて俗に〔马 mǎ 蹄银〕といわれた.〔十足~〕100%の銀.純銀.

纹纸 wénzhǐ 模様紙.

〔炆〕 wén 〈文〉とろ火で長時間煮る.

〔蚊(蟁・蟲)〕 wén ①〚虫〛カ:〔~虫 chóng〕ともいう.〔~子叮 dīng 人〕~子咬 yǎo 人〕蚊が人を刺す.〔库 kù ~〕イエカ.〔伊 yī ~〕ブカ.〔按 àn ~〕〚疟〛ハマダラカ.〔花 huā ~〕〔虎 hǔ ~〕ヒトスジシマカ.②〈姓〉蚊(ぶん).

蚊负 wénfù 〈喩〉力が小さくて任務が重いこと.微力ながらが重任を負うこと.

蚊雷 wénléi 〈文〉蚊の大群が発する大きな音.

蚊母鸟 wénmǔniǎo ⇒〔夜 yè 鹰〕

蚊母树 wénmǔshù 〚植〛イスノキ:マンサク科常緑高木.

蚊蚋 wénruì 〈文〉蚊.人を刺す蚊など.

蚊香 wénxiāng 蚊取り線香:〔蚊线香〕〔蚊烟香〕〔蚊子香〕ともいう.〔点~〕同前をつける.

蚊蝇 wényíng 蚊と蠅.

蚊帐 wénzhàng =〔帐子〕かや:〔纱 shā 蚊帐(子)②〕ともいう.〔~纱 shā〕〚紡〛かや用の紗.

蚊子 wénzi →字解①

蚊嘴布 wénzuǐbù 〚紡〛タオル地.

〔雯〕 wén 〈文〉美しい模様になっている雲.あや雲.模様雲.〔~锦 jǐn〕同前.〔赤 chì ~〕赤い模様の雲.②〈姓〉雯(ぶん).

〔闻・聞〕 wén ①聞く.聞こえる.聞き取:〔百~不如一见〕〈諺〉百聞は一見にしかず.〔耳~目睹 dǔ〕耳で聞き,目で見る.〔耳~不如眼见〕〈成〉耳で聞くより目で見る方が確かだ.〔耳~不如见面〕聞くよりは会った方が確かだ.〔听而不~〕聞いていても聞こえない.②聞き知ったこと.消息.ニュース.見聞.〔博学多~〕〔博学多闻.〔友多~〕〚論語・季氏〕〈文〉知識のある人を友とする.〔新~〕ニュース.〔要~〕重要な消息.③〈文〉評判.名声.〔声~〕〔~望〕同前.⑤(においを)かぐ.〔这是什么味儿？你~一~〕これは何のにおいかね.ちょっとかいでみろ.〔你~得出来吗〕何のにおいかわかるか.〔我看 zháo 凉了,鼻子什么也~不见〕かぜを引いたので,なにもにおわない.⑥〈姓〉闻(ぶん).

闻达 wéndá 〈文〉(顕位にあり)名望があまねく広い.

闻风 wénfēng 消息または噂を聞く.風評を耳にする.〔~而起〕〈成〉同前.〔~而动〕〈成〉消息を聞いて即応する.〔~响 xiǎng 应〕〈成〉消息を聞いてこれに呼応する.〔~逃 táo 遁〕〔~逃窜 cuàn〕〈成〉気配を察して逃走する.〔~远扬 yáng〕〈文〉噂を聞いて高飛びする.〔~丧 sàng 胆〕〈成〉消息を聞いて肝つぶを抜かれる.

闻过则喜 wénguò zéxǐ 〈成〉自分の誤りを指摘されることを喜ぶ.

闻鸡起舞 wénjī qǐwǔ 〈成〉志ある者は時に応じて奮発すること:晋の祖逖と劉琨が夜半鶏鳴を聞き跳び起きて剣を舞った故事による.

闻见 wénjiàn 聞いたり見たり(する).→〔见闻〕

闻见 wénjian においがする.においを感じる.〔~香味儿〕いいにおいをかぐ.〔忽然~小手绢有一股香味儿〕ふとハンカチに何かいいにおいがついていると

感じた.
闻雷失箸 wénléi shīzhù〈成〉雷鳴を聞いて箸を落とす.言葉巧みに真情を隠すこと:劉備が曹操の英雄談を聞いて驚いて箸を落とし,雷に驚いたと見せかけたことによる.

闻名 wénmíng ①評判(名聲)を聞く.[~不如见面(见面胜 shèng 似~)]名前はかねがね承っているが,聞きしに勝る人である.②名高い.有名である.[世界~]世界で名高い.[~遐尔 xiá'ěr]〈慣〉遠今に名が通っている.

闻人 wénrén ①有名人.著名人.[学界~]学術界の名士.②[姓]闻人(氏)

闻所未闻 wén suǒ wèiwén〈慣〉これまで聞いたこともない(ことを聞く).初めてのことを聞く.

闻听 wéntīng 聞く.聞き知る.

闻望 wénwàng〈文〉いい評判.名望.

闻问 wénwèn 消息(がある).便り.[不通~]消息がない.

闻悉 wénxī ⇒[闻知]

闻香果 wénxiāngguǒ ⇒[榅 bīn 子]

闻信 wénxìn 同下.

闻讯 wénxùn =[闻信]消息を聞く.便りを聞く.

闻药 wényào 中国嗅ぎ薬.

闻一知十 wényī zhīshí〈成〉一を聞いて十を知る.

闻诊 wénzhěn 中医[聞]診:患者の呼吸・咳・においなどによる診断.→[听 tīng 诊][望 wàng 闻问切]

闻知 wénzhī =[闻悉]〈文〉聞く.聞知する.

[阌・阌] wén 地名用字.[~乡 xiāng]河南省にあった旧県名.

[刎] wěn 首を刎(は)ねる.[自~]自ら首をはねる.

刎颈 wěnjǐng〈文〉首をはねる.[~(之)交]〈成〉刎頸(ふんけい)の交わり:戦国時代,趙の宰相の藺(りん)相如と名将の廉頗の故事による.

[吻・脗] wěn ①唇.口もと.[口~]口ぶり.話しぶり.②動物の口.③接吻する.口づけする.[接 jiē ~]接吻.[在他的额上~了一下]彼のひたいに一つキスをした.→[亲 qīn ⑦]

吻别 wěnbié 別れのキス(をする)

吻合 wěnhé ①物事が相符合する.[意见~]意見がぴったり合う.②医吻合(術).[~手术]吻合手術.

吻兽 wěnshòu 回古代大建築物の棟の両端に置く獣形の装飾物.

吻吮 wěnshǔn〈文〉①吹奏する.②すする.

[抆] wěn〈文〉拭う.ふく.[~拭 shì]同前.

抆泪 wěnlèi 回涙を拭(う)う:特に近親の死亡通知書に悲痛の情を表して用いた.[拭泪]よりも近い親族に用いられた.

[紊] wěn 乱れる(乱す).[有条不~]〈成〉きちんとして乱れていない.

紊乱 wěnluàn 乱れる.紊(ぶん)乱している.[秩序~]秩序が乱れている.

[稳・穩] wěn ①しっかりと安定していろ.②変動しない.〈喻〉情勢や地位が揺るがないこと.[站~立场]立場をしっかり固める.[拿~]しっかり握る.[不过是乍 zhà 晴,怕哪不~吧]一時の晴れで,晴れが続きはしないだろう.②落ち着いている.穩やかである.着実である.[他的主意拿得很~]彼の考え方はとても着実だ.[手不~]手くせが悪い.[嘴 zuǐ 不~]口が軽い.[沉 chén ~]沈着である.③なだめる.落ち着かせる.しずめる.[把

人心~住]人心を落ち着かせる.[~一~腕 wàn 子]妥当である.信頼できる.まちがいない.確実である.[十拿九~]十中九九までは妥当である.[四百公尺五十五秒是很~的]400メートル55秒はかなり確実なところだ.

稳便 wěnbiàn ①適当で都合がよい.[不~]妥当でない.②[白]随意にする.[待诏官:师父~,小人赶趁些生活,不及相陪](水4)職人が言うには,だんなさんはご随意に,わたしは少し急ぎの仕事があるのでお相伴はできません.→[随 suí 便①]

稳步 wěnbù 着実に.確かな足どりで.[~前进]〈成〉一步一步着実に前進する.[~上升]着実に伸び続ける.

稳操胜券 wěn cāo shèng quàn〈成〉成功することに対して十分な確信を持っている:[稳操左 zuǒ 券]ともいう.

稳产 wěnchǎn 安定生産.[~高产]安定多收穫.

稳当 wěndang ①穩当である.妥当である.②しっかり固定している.

稳钉 wěndīng ⇒[合 hé 销]

稳定 wěndìng ①安定している.落ち着いている.[~股 gǔ 东]安定株主.[~平衡]揺れが生じても原状に回復保持する力がある.安定的.[物价~]物価が安定する.[情绪~]気持ちが落ち着いている.②安定させる.落ち着かせる.[~剂]安定剂.[~物价]物価を安定させる.[~情绪]気持ちを落ち着かせる.③化(物質が化学的に)安定である.

稳度 wěndù 安定度.

稳固 wěngù ①安定している.着実である.[政局~起来了]政情は安定しつつある.②安定させる.固める.[~政权]政權を安定させる.

稳获 wěnhuò 必ず手に入れる.確実に物にする.

稳健 wěnjiàn ①穩健である.着実で力強い.落ち着いて力強い足どり.[~的步子]落ち着いて力強い足どり.

稳练 wěnliàn 安定している.手堅く熟練している.

稳拿 wěnná 確実に物にする.[这回考试你一定~吧]今回の試験は君はきっと確実に合格できるだろう.

稳婆 wěnpó 回①宮中の産婆.→[接 jiē 生婆]②宮中で女性の身体検査・検死に当たった下女.

稳实 wěnshí ①穩着実である.②穩やかで真面目である.

稳守 wěnshǒu しっかりと守る.隙を見せない守備をする.

稳睡 wěnshuì 安眠する.穩やかに眠る.

稳帖 wěntiē [穩貼]とも書く.妥当である.

稳妥 wěntuǒ 穩当である.妥当である.安全で信頼できる.

稳性 wěnxìng (船舶の)安定性.[特点是全船有良好~]特徵は,船全体が良好な安定性を持っていることである.

稳压电源 wěnyā diànyuán 電定電圧.安定化電源.

稳赢 wěnyíng 確実に勝つ.安定して勝つ.

稳扎稳打 wěnzhā wěndǎ ①一步一步地地步を固めながら着実に戦を進める.②〈喻〉腰をすえてじっくり仕事を進める.→[脚 jiǎo 踏实地]

稳扎扎 wěnzhāzhā 落ち着いているさま.しっかりたさま.

稳重 wěnzhòng 落ち着いている.軽率でないしっかりしている.[他为人~,办事老练]彼は沈着な人で,物事の処理にも経験を積んでいる.

稳住 wěnzhù ①安定してくる.安定を確かにする.[~了脚]足もとを安定させる.②落ち着かせる.情緒を~める.[~一~气]气をしずめる.[~了他再说]彼を落ち着かせてからのことにしよう.[~架 jià

wěn~wèn / 稳问汶纹搵璺

〈方〉気を落ち着かせる.
稳准狠 wěn zhǔn hěn 着実に,正確に,徹底的に.〔～地打击敌人〕敵に同前のような打撃を与える.
稳坐 wěnzuò じっと座る.〔～钓 diào 鱼台(钓鱼船)〕おっとりと釣り場(釣り船)に座っている.〈喩〉いかなる変化にも心を動かさない.

[问・問] wèn

① 問う.尋ねる.質問する.〔询～〕同前.〔有不明白的要～人〕わからないことは人に尋ねなければならない.〔所答 dá 非所～〕〈成〉答えることが問うことと異なっている.問答ちぐはぐだ.〔不～可知〕問わずにわかる. ② 慰問する.見舞う.挨拶する.〔存 cún～〕慰問する.〔～起居〕安否を尋ねる. ③ 審問する.聞きただす.〔三推六～〕いろいろと詮議する.→〔问案〕 ④ 追究(する).責めたてる.責任を問う.〔首恶必办,胁从不～〕主犯は必ず罰し,脅かされて罪を犯した者は追求しない.〔将来如有差错,惟你是～〕将来間違いがあればお前だけが追求される(お前の責任だ). ⑤ かまう.干渉する.問題にする.〔不闻不～〕関与しない.〔概不过～〕一切問題にしない.〔不～他有无才干〕彼の才能の有無は問題にしない. ⑥ …に向かって.…に対して(物を要求する).〔你不该～他要钱〕君は彼に金をねだってはいけない.〔〈文〉消息.〔音～〕音信. ⑧〈姓〉問(とん).

问安 wèn'ān 〈文〉ごきげんをうかがう.→〔问好〕
问案 wèn'àn 〔口〕事件を審問し取り調べる.
问板 wènbǎn 白状者の手を結びつけ固定し,打ちたたき痛みを与えて白状を強いる拷問具.
问卜 wènbǔ =〔问卦〕問題解決の道を〕占う.
问长问短 wèncháng wènduǎn 〈慣〉関心をもってあれこれと問う.いろいろと尋ねる.〔围上来好些人～〕ずいぶん多くの人がまわりを囲んで,あれこれ問うた.
问答 wèndá ① 問う問う(て).〈~题〉記述式(問答式)の問題. ② 問題と答案.
问倒 wèndǎo 質問して返答に窮せる.相手が参ってしまうことを問う.
问道于盲 wèndàoyúmáng〈成〉盲人に道を聞く:無知な人に教えを請うこと.
问鼎 wèndǐng ①〈文〉帝位(他人の地位)を狙う. ②〈喩〉(競技などで)チャンピオンを狙う.
问短 wènduǎn →〔问长问短〕
问卦 wènguà ⇒〔问卜〕
问寒问暖 wènhán wènnuǎn〈成〉他人の生活に心を配り関心を持ってあれこれ尋ねる:〔嘘 xū 寒问暖〕に同じ.
问好 wènhǎo 安否を問う.ごきげんを伺う.〔请替我向大家～吧〕どうぞ皆さんによろしくおっしゃって下さい.〔他也叫我问您好〕あの方もあなたによろしくとのことでした.→〔致 zhì 意〕
问号 wènhào ① =〔疑 yí 问号〕疑問符(号).". ?". ② 疑問(である).〔今天晚上能不能赶到还是个～〕今晩駆けつけて時間に合うかどうかがやはり疑問だ.
问候 wènhòu 安否を問う.ごきげんを伺う.〔一回也没过来～老太太〕一回だっておばあさんのごきげん伺いに来なかった.〔写信去～〕手紙で挨拶する.〔致以亲切的～和崇高的敬意〕心からの挨拶と最高の敬意を表します.→〔致 zhì 意〕
问话 wènhuà ① 尋ねる.問いただす. ② 問い.質問.
问及 wènjí 質問が…に及ぶ.〔～原因〕原因のことまで.
问计 wènjì 策を聞く.意見・考えを求める.
问津 wènjīn 〈文〉① 渡し場の所在を尋ねる. ②〈転〉わけを聞く.口を出す.この場合は否定に用いる.〔未尝～〕聞いてみようとしたことがない.〔无人～〕誰も関心を示さない.〔不敢

～〕あえて聞こうとしない.
问荆 wènjīng 圈 スギナ=ツクシ(胞子茎)を特に〔笔 bǐ 头菜〕〔土 tǔ 笔〕ともいう.
问句 wènjù 圈 疑問文.
问卷 wènjuàn アンケート(用紙).〔～调 diào 查〕アンケート調査.
问柳寻花 wènliǔ xúnhuā =〔寻花问柳〕〈成〉春の景色を賞玩する.〈転〉花柳の巷に遊ぶ.
问路 wènlù 道を尋ねる.
问毛 wènmáo 〈文〉まちがって聞き手を困らせる.うっかりずばり尋ねる.
问门道 wènméndao 方策をさぐる."こつ"をさがす.
问名 wènmíng 圈 婚姻の儀礼の一:新郎側から使者をやって新婦の名を尋ね,新婦側は名前や嫡庶の別や生年月日などを記した書きものを渡した.
问难 wènnàn 論難する.〔质疑～〕質疑討論する.
问牛知马 wènniú zhīmǎ〈成〉牛の件を聞いて馬の価を推定する:遠回しに聞いて大体を知ること.
问聘 wènpìn 圈 縁談の申し込みをする.〔托人～〕人を介して縁談を申し入れる.
问世 wènshì (新製品・新作品を)世間に発表する.世に問う.〔一部新词典即将～〕新しい辞書が間もなく出版される.
问市 wènshì 圈 (商品を)市場に出す.
问事 wènshì 尋ねる.問う.〔～处 chù〕相談所.
问俗 wènsú (異郷の地に入る前にその)風俗を問う.〔入国～〕〈成〉よく調べてから未知の地に入りそこでうまく生活する.→〔随 suí 乡入乡〕
问题 wèntí ①〔研究・討論のテーマである〕問題.事態の重要ポイント.〔思想～〕思想問題.〔～的关键〕問題の核心. ②〔解決を要する〕問題.社会的困難.〔～一片 piàn〕政治問題にかかわる内容の映画.〔～成堆〕問題が山積みしている.〔～小说〕問題小説. ③ 意外な出来事.事故.故障.トラブル.〔～球 qiú〕⊠ (球技で)判定に問題があるボール.〔～少年〕問題児:非行少年少女.〔机器出了一了〕機械が故障した.〔他又出了什么～了〕彼はまた何か問題を起こした. ④ (試験の)問題.〔这次考试一共有五个～〕今度の試験は全部で5題あります.
问心 wènxīn 良心に問う.自ら反省する.〔～无愧 kuì〕良心に問うて恥じない.〔～有愧〕良心に恥じる気持とがめる.
问询 wènxún 尋ねる.問いただす.意見や策を問う.
问讯 wènxùn ① 尋ねる.聞く.問う.〔～处〕案内所.受付. ② 問い合いをする.〔问候〕に同じ. ③ 圈 (仏教で)合掌しあいさつをする.〔打～〕同前.
问责 wènzé 責任を追究する.
问斩 wènzhǎn 斬罪に処する.
问诊 wènzhěn 医 問診する.
问住 wènzhù 問いつめる.返答につまらせる.
问罪 wènzuì 罪を問う.罪状を掲げて相手を攻撃する.〔兴 xīng 师～〕〈成〉兵を出して討伐する.〈喩〉大衆を動員して大々的に非難する.

[汶] wèn

① 地名用字.〔～河〕〔大～河〕㊉ 山東省〔～上〕 ②〈姓〉汶(とん).

[纹・紋] wèn ⇒〔璺〕→ wén

[搵]

wèn 〈文〉① 指で押さえる.押しつける. ② 浸す.〔～湿 shī〕浸して湿らす. ③ ぬぐう.ふく.〔～泪 lèi〕涙をふく.
搵染 wènrǎn 浸して染める.着色する.

[璺]

wèn =〔纹〕①〔～子〕器物に裂け目やひびのあること:ひび.きず.〔瓶上有一道～〕瓶に一筋ひびが入っている. ② ひびが入る.〔～了〕ひびが入った(っている).〔打破沙锅,～到底〕〈歇〉土な

べを壊し、ひびが底まで通った:[～到底]は[問到底]に通じ、根掘り葉掘り聞くの意.

weng ㄨㄥ

[翁(翁)] wēng ①おきな:老人(男性)の通称.[老～][老翁]:老翁.[～妪 yù]老翁と老媼(ぢ).[渔 yú ～]魚捕りの老人.②〈文〉父親.[尊 zūn ～]あなたのお父さん.③〈文〉夫の父親.しゅうと.→[翁姑] ④〈文〉妻の父親.→[翁婿].[岳 yuè 父] ⑤〈姓〉翁(芳)

翁媼 wēng'ǎo 〈文〉老翁と老媼.
翁蛤 wēnggé 魚貝オキナガイ:貝殻は薄く長楕円形.色は白い.長さ1センチくらい.
翁姑 wēnggū 〈文〉夫の父母.
翁婿 wēngxù [岳 yuè 父](しゅうと)と[女 nǚ 婿](娘むこ)
翁仲 wēngzhòng ①固銅像・石像の類. ②後世、もっぱら墓前に建てる石像をいう;清制では位一品の人で初めてこれを建てることが許された.

[滃] wēng [～江]固広東省にある川. → wěng

[嗡] wēng ①〈擬〉ブーン.ボーン:うなる声(音).[蜜 mì 蜂～～]地飞]蜜蜂がブンブン飛んでいる.[飞机～～地响]飞行机(プロペラ機)がブンブンと音を立てる.②〈口〉声をあげて騒ぎ立てる.やかましく言う.[你们别～～这件事了]君たちもうこれでわいわい騒ぐな.

嗡子 wēngzi →[二 èr 胡]

[鹟·鶲] wēng 鳥ヒタキ(総称).[乌 wū ～]サメビタキ.[黄眉(姬)～]キビタキ.[～莺 yīng 属]モリムシクイ属.

[鳋·鰠] wēng 魚貝ゴンベイ(イ)(総称).[金 jīn ～]オキゴンベイ.

[鞴] wēng 〈方〉長靴の筒の部分.[靴 xuē 鞴]に同じ.[～靴](防寒用の)棉入れ布長靴.

[滃] wěng 〈文〉雲また水のわき立つさま. → wēng

[塕] wěng 〈方〉ほこりが舞い上がるさま.
[蓊] wěng 〈文〉草木の盛んに茂るさま.

蓊勃 wěngbó [蓊勃]とも書く.〈文〉旺盛なさま.[香气～]香りがたちこめている.
蓊菜 wěngcài ⇒[蕹菜]
蓊苔 wěngtái 〈文〉花の蓋に細かい葉がむらがり生じたもの.
蓊郁 wěngyù 〈文〉草木の盛んに茂るさま.

[瓮(罋·甕)] wèng ①かめ.大がめ:陶製で、深くて腹部の大きなもの.[酒～]酒がめ.[菜 cài ～]漬物がめ.[水～]水がめ.→[缸 gāng ①][坛 tán ①①] ②〈姓〉甕(毫)

瓮菜 wèngcài ⇒[蕹菜]
瓮城 wèngchéng ①城門の前に設けた[箭 jiàn 楼]とつなげた円形(方形)の防御用城壁.[月 yuè 城][月墙 qiáng](〈文〉[闉 yīn 阇]).ここに出入りする門を[瓮门①][雍 yōng 门]といい、また城門との間に包まれた方形を[瓮圈(儿)]という.[箭楼]から矢を射かけ,更に敵をここに誘い込み矢を射る. ②地貴州省にある.

瓮洞儿 wèngdòngr ⇒[城 chéng 门洞儿]
瓮鸡 wèngjī 固カツオムシ.
瓮里醯鸡 wèngli xījī〈成〉かめの中のかぶと虫:世

間知らずで経験のないこと.

瓮门 wèngmén ①→[瓮城①] ②地湖北省羅田県の東北にある.
瓮圈(儿) wèngquān(r) →[瓮城①]
瓮声瓮气 wèngshēng wèngqì〈成〉(声が)太くて低いこと.[这个人说话～的]この人の話し声は胴間声だ.
瓮天 wèngtiān 〈喻〉見識の狭いこと.井の中の蛙の狭い考え.
瓮牖 wèngyǒu 〈文〉割れがめの口をはめて作った窓.〈喻〉貧家.[蓬 péng 户～]〈成〉同前.[～绳枢]〈成〉割れためがめの口で作った窓と縄で結びつけた戸:非常に貧乏なさま.
瓮中之鳖 wèngzhōng zhī biē 〈成〉かめの中のスッポン:逃れることのできない(人).袋の中の鼠.[敌 dí 人已如～,跑不了了]敵はもう袋の鼠となって逃げられなくなった.
瓮中捉鳖 wèngzhōng zhuōbiē 〈成〉かめの中でスッポンを捉える:捉える相手はすでに手中にあること.[～,手到擒 qín 来]〈諺〉同前.

[蕹] wèng [～菜][瓮菜][蓊 wěng 菜]圏エンサイ(ヨウサイ.アサガオナ):俗に[空 kōng 心菜]ともいう.ヒルガオ科の一年生草本.

[齆] wèng ①鼻がつまる.鼻づまりで発音がはっきりしない.[他说话～声～气的]彼の話は鼻にかかっている. ②同前の人.

齆鼻 wèngbí ①鼻づまり(病気). ②鼻がつまる.

wo ㄨㄛ

[挝·撾] wō [老挝～]ラオス(国名) → zhuā

[涡·渦] wō ①うず.渦巻.[漩 xuán 涡]固ウズムシ. ②うずまき状のもの.[笑 xiào ～(儿)][酒 jiǔ ～(儿)]えくぼ.[笑窝(儿)]に同じ. → guō

涡电流 wōdiànliú ⇒[涡流②]
涡卷型卡盘 wōjuǎnxíng qiǎpán 図スクロールチャック.
涡流 wōliú ①うず.渦巻. ②⇒[涡电流]電渦動電流.
涡轮 wōlún 機タービン:[涡轮机][轮机①]〈音訳〉透 tòu 平(机)]ともいう.[蒸汽～机][汽机②][汽轮(机)]蒸気タービン.[水力～机][水轮机]水力タービン.[～发电机]タービン発電機.ターボ発電機.[～螺旋桨]機ターボプロップ.[～压气机]機ターボコンプレッサー.[～油]タービンオイル.[～式増圧器]タービン式増圧器.

涡旋 wōxuán 水流のうず.

[莴·萵] wō

莴苣 wō·jù 圖レタス(サラダナ):[生 shēng 菜][叶 yè 莴苣][千 qiān 金菜][金 jīn 菜]などともいう.[卷 juǎn 心～]タマレタス.[(直 zhí)立～]同前の結球はするがしまっているもの. ②チシャ:葉をかいて、茎を肥大させ、柔らかいうちに食用する[茎 jīng 用～](クキチシャ)をいう.通称[莴笋].

莴笋 wōsǔn 圖チシャ.クキチシャ:[莴苣②]の通称.

[挝·撾] wō 國女性の渦巻きのように結った髪. → guā

[窝·窩] wō ①(鳥獣・虫などの)巣.穴.洞.[鸟 niǎo ～]鳥 の 巣.[蜂 fēng ～]蜂の巣.[蚂蚁～]ありの巣.[鸡 jī ～]

wō 窩蝸

にわとり小屋.〔被 bèi〜儿〕筒状のふとん.〔搭 dā〜〕巣を作る.〔伏 fú〜〕巣につく. ②人の集まる場所.住み家.巣窟.〔賊 zéi〜〕匪賊の巣窟.→〔窠 kē ②〕 ③〔-儿〕居場所.置き場所.〔挪 nuó〜儿〕場所を移す.〔不动〜儿〕動かずに置く. ④くぼんだところ.〔胳 gē 肢〜〕腋の下.〔心口〜儿〕〔心〜〕みぞおち.みぞおち.〔山〜〕辺鄙な山あい.〔深腿〜子〕くぼみ目.〔笑 xiào〜(儿)〕〔酒〜儿〕えくぼ.〔水〜儿〕水の渦. ⑤(盗人などを)かくまう.〔贓品などを〕隠匿する.〔山里〜着一帯土匪〕山の中に一団の匪賊が隠れている.〔把树上的软枝儿〜过去〕木の若枝をねじる.〔杂技演员把腰〜得很弯〕曲芸師が腰を弓なりに曲げる. ⑦〔口〕ちぢこまる. ⑧引っ込む.〔她不能就这么〜回去〕(老・骆 14)彼女もこのまま引っ込むわけにもいかない.〔他们在东面战场上〜回去了〕彼らは東方の戦場ではこわれた. ⑧停滞する.滞る.じっとしている.〔一着大批物资〕大量の物資が停滞して役に立てることができない.→〔窝工〕 ⑨気が晴れない.胸にしまっておく.〔一肚子火〕鬱憤が胸いっぱいにたまっている. ⑩量詞.〔家畜のお産・ひなをかえすことに用いる.〔一〜猪仔有十个上下〕1回のお産で豚は子を10頭ぐらい産む.〔我的巴儿狗今年春天下了一〜〕うちのチンはこの春に子供を生んだ.〔孵了一〜鸡〕ひなを1回かえした. ⑪巣を数える.〔一〜土匪 féi〕一団の匪賊.〔一〜蜂 fēng〕一群の蜂.

窩案 wō'àn 機関・部署ぐるみの刑事事件.
窩擺 wōbǎi 〔方〕ぱっとしない.見ばえがしない.
窩边窩 wōbiāncǎo 〔喻〕悪党の巣窟.〔兔子不吃〕〔諺〕悪人でも自分の周りは害さない.
窩憋 wōbiē 〔方〕①うっとうしい.感情がうっ積する.〔这件事叫我好〜,说不出来道不出来呀〕このことは胸が裂ける思いだが,口に出すわけにはいかない. ② 狭い.窮屈である.〔这间屋子显 xiǎn 着〜〕この部屋はとても狭苦しい.
窩脖儿 wōbór 〔方〕①旧一種の担ぎ人夫:大きな壊れやすい物などを首の後にのせて運んだ.〔〜的〕ともいう.→〔扛 káng 肩儿的〕 ②首がねじれる.〔転〕(はねつけられて)恥ずかしい思いをする.人に言えない馬鹿な目に遭う.〔这件事可真让我来了个大〜〕このことでは大恥をかいた.
窩藏 wōcáng かくまう.隠す.〔〜罪 zuì〕法犯人蔵匿(nì)罪.犯人隠匿罪.〔〜犯〕同前の犯人.
窩巣 wōcháo ①巣. ②隠れ家.
窩点 wōdiǎn 巣窟.根城.アジト.
窩斗眼儿 wōdòuyǎnr ⇒ [窩眍眼儿]
窩匪 wōfěi 匪賊を隠匿する.罪人をかくまう.
窩风 wōfēng 風が吹き込まない.風通しが悪い.〔这个院子很〜〕この庭は風通しがたいへん悪い.
窩工 wōgōng ①材料待ちする.手待ちする.〔〜待工〕同前.〔厂里原料接不上,工人们只好〜〕工場では原料が続かず工員たちはしかたなく材料待ちしている. ②仕事を停頓させる.〔双方互相批反定休停工,〜的现象〕双方とも互いにけちをつけ合い作業中止,サボタージュなどの現象を引き起こす.
窩弓 wōgōng 伏せ弓:草中に設けて猛獣を射るの一種のわな.〔下〜〕伏せ弓をかける.
窩瓜 wōguā ⇒ 〔南 nán 瓜〕
窩火 wōhuǒ 〔-儿〕むしゃくしゃする.しゃくにさわる.憂うつになる.〔他心里窝着一肚子火,要去找政府解决〕彼は腹いっぱいの怒りにたえかねて,政府に頼んで解決をつけようとした.〔合理化建议没人理,大家最〜〕合理化の建議が相手にされないので,みなは不平を抱いている.
窩家 wōjiā ⇒ [窩主]
窩距 wōjù 農穴植えする作物の穴間距離.

窩眍眼儿 wōkōuyǎnr = [窩斗眼儿] 〔眍瞜眼儿〕〈方〉くぼみ目.窪眼(き᷈).
窩里斗 wōlǐdòu 同下.
窩里反 wōlǐfǎn 仲間割れ:〔窩儿里斗〕〔窩里斗〕に同じ,〔自家人不要〜〕仲間同士で内輪もめはよせ.
窩里横 wōlǐhèng〈口〉内弁慶:〔窩儿里横〕ともいう.
窩里炮 wōlǐpào〈喻〉家の中でのけんか.家中のごたごた:ただ家の中だけ威張りちらして外に対してはくじないこと.
窩里窩囊 wōlǐ wōnang〈方〉おどおどしているさま.いくじがないさま.→〔窩囊 ②〕
窩炉管 wōlúguǎn 圖ボイラーチューブ.
窩囊 wōnang〈口〉 ①むしゃくしゃする.くさくさする.腑甲斐ない.悔しい.〔不能一辈子都这么〜〕一生涯このままくさくさすることはできない.〔〜气 qì〕うっぷん.〔〜废 fèi〕いくじなし.〔〜屈 wěi qū〕
窩脓 wōnóng〈方〉傷口に膿ができて痛むこと.
窩棚 wōpeng 掘っ立て小屋.バラック.〔搭 dā〜〕番小屋をかける.
窩铺 wōpù (休息・仮眠用の)仮設の小屋.
窩气 wōqì〈口〉しゃくしゃくする.腹立たしい.〔窩着一肚子的气〕心中に憤懣やる方ない.
窩儿老 wōrlǎo〈方〉世間知らず.
窩儿里斗 wōrlǐdòu ⇒[窩里斗]
窩头 wōtóu = [窩窩①]〔窩窩头〕圖とうもろこし粉やコーリャン粉などで作る円錐形の蒸した食品:作るとき一方の親指を中に入れ親の9本の指で形を作っていくので〔九 jiǔ 外一中〕〔里 lǐ 一外九,〕ともいう.〔黄 huáng 金塔①〕は別称.
窩窩囊囊 wōwo nāngnāng いくじがないさま.だらしないさま.ふがいないさま.〔一辈子〜没过过一天好日子〕一生涯不遇で,一日とていい日はなかった.〔窩囊〕
窩窩 wōwo ①圖[窩头]の別称.→[艾ài 窩窩] ②くぼみ.〔岩 yán 石〜〕岩石のくぼみ. ③住み家.〔金窩银窩比不上家乡的穷 qióng〜〕〔諺〕金や銀で作った御殿も故郷のあばら家(わが家)に勝るものはない.
窩窩头 wōwotóu ⇒[窩头]
窩心 wōxīn〈口〉やる方ない.いまいましい.〔越想越〜〕思えば思うほどいまいましい.〔奉承得真叫人〜〕お世辞を言われてまったく憎い.
窩心脚 wōxīnjiǎo みぞおちへのひと蹴り.
窩心酒 wōxīnjiǔ やけ酒.うさをはらす酒.
窩心气 wōxīnqì 心中の不平.うっぷん.訴えるところのない心中の憤懣.
窩楼铁 wōyántiě ⇒[锌 xīn 板]
窩腰 wōyāo 武術練習の基本運動の一種:力を入れて腰を前後に曲げ筋肉を強健にすること.
窩贓 wōzāng 贓品を隠す.盗品を隠匿する.
窩站 wōzhàn (バスの)バス停で動かない.〔多车〜〕バスが込み合って同前.
窩着喝 wōzhehē〈方〉自分一人でこそこそやる.こっそり隠れてやる.〔同前.こそこそやる.〕
窩主 wōzhǔ = [窩家] 盗賊をかくまう人.犯人または贓物を隠している人.
窩子 wōzi〈口〉 ①〔〜病〕ⓐ伝染病:特に腸チフスを指す.ⓑ一家揃って病気ること. ②(人や物の占める)場所.巣窟.〔井〜〕井戸端の水売り場所.〔拉车的有權〜〕車夫には寄れる場所がある.〔賊〜〕泥棒の巣. ③窪地.穴.〔水〜〕水のたまっている所.〔喻〕水害の巣. ④物乞いの縄張り.

[蜗・蝸] wō 国カタツムリ:通称〔〜牛〕

蜗倭踒喔我鬌沃肟卧 wō~wò

蜗杆 wōgǎn らせんねじ.〔~軸 zhóu〕機ウォームシャフト.芋山軸.
蜗角 wōjiǎo ①かたつむりの角. ②〈喩〉微細なもの.
蜗居 wōjū =〔蜗庐②〕〈謙〉拙宅.陋屋(ろうおく)
蜗庐 wōlú ①円形の草屋. ②同上.
蜗轮 wōlún 機ウォームホイール.ウォームギア.ウォーム歯車.ターボ.〔~联动〕ウォームギアリング.〔~用油槽〕ウォーム用オイルタンク.〔~轴〕ウォームホイールシャフト.ターボシャフト.
蜗螺 wōluó 魚貝ニナ(カワニナ).→〔螺①〕
蜗牛 wōniú =〔方〕水 shuǐ 牛儿 国カタツムリ.→〔牛牛〕
蜗行牛步 wōxíng niúbù 〈成〉かたつむりと牛の歩み.〈喩〉行動や事の進展が緩慢なさま.
蜗旋 wōxuán らせん状に回る.

〔**倭**〕 wō 因倭(ゥ)=古代,日本の称.
倭刀 wōdāo 日本刀.
倭瓜 wō‧guā ⇒〔南 nán 瓜〕
倭寇 wōkòu 倭寇.
倭奴 wōnú 固日本人.〔~国〕日本国.
倭漆 wōqī 団(日本伝来の)蒔絵(まきえ)製法.

〔**踒**〕 wō (手足などを)くじく.〔手~了〕手をくじいた.

〔**喔**〕 wō (I)〈擬〉おんどりの鳴き声:めんどりは〔咕 gū 咕〕(ココ)と鳴く,〔公鸡〕〔~~叫〕おんどりがコケコッコーと鳴く.
(II)感動詞.了解の語気を表す.〔~,我这才明白了〕おお,これでちっとわかった.〔~!原来是这么回事〕ああ,なあんだこんなことだったのか.→〔噢 ō〕

〔**我**〕 wǒ わたくし.わたし.ぼく.おれ.われ.一人称代詞,老若男女の区別なく用いる.→〔俺 ǎn〕〔吾 wú①〕〔予 yú①〕〔余 yú①(1)〕 ②わが.当方.〔~国〕わが国.〔~家〕ぼくの家.〔~军〕が軍.〔~校〕わが校.〔~厂职工〕当工場従業員.〔~手写~口〕わたしの手でわたしの言葉を書く(文書にする).〔此信交与~子〕この手紙を我が子に与える.〔~们的〕自分自身.自己.〔我们应该做自~批判〕わたし達は自己批判をせねばならん.〔忘~的精神〕忘我の精神.③多くの人が互いに:〔你〕と対応して用いる.〔你来~往〕お互いに行き来する.〔你问~,~问你〕互いに押し問答する.→〔你 nǐ ③〕
我辈 wǒbèi =〔我 畲〕〈文〉われら.吾 人:〔〈文〉吾 wú 辈〕に同じ.→〔我们〕
我曹 wǒcáo 同上.
我的天 wǒdetiān おやまあ.いやはや.これはこれは:驚きを表す.〔我的祖 zǔ 宗〕ともいう.
我等 wǒděng 〔白〕われら.
我方 wǒfāng 我が方.当方:〔对 duì 方〕相手側.
我见 wǒjiàn ①自分の見解.私見. ②鯨(仏教で)我を固執する意見.
我看 wǒkàn わたしの見たところでは.…と思う.〔~价钱比较高〕値段がわりに高いと思う.
我俩 wǒliǎ われら両人.わたしども二人.〔~承某君介绍并得家长同意,证于某年某月某日在某处举行婚礼〕われら両人は某氏の媒妁により家長の同意を得て,某日某所において結婚式を執り行います.
我骂 wǒmà 〔白〕わたしたち.われら.
我们 wǒmen ①我々.わたしたち.〔~俩 liǎ〕わたしたち二人.〔你 nǐ 们〕〔咱 zán 们〕 ②わたし:一人称単数.
我侬 wǒnóng 〈方〉わたくし.
我日的 wǒrìde 〈罵〉畜生め.〔~!李德才老是想着欺侮小户人家〕李德才のやつ,貧乏人をいじめてばかりいる.→〔狗 gǒu 养的〕

我说 wǒshuō ①あのう.ちょっと(あなた):発語の言葉.〔~,你到底去不去?〕それで,結局おまえ行くのか. ②〜と思う.いぶかしく思った事の原因を述べる.多く〔後ろに〔原 yuán 来〕を置く.〔~今天怎么那么冷呢,原来下雪了〕今日はなぜこんなに寒かったと思ったら,雪が降ったんだ.
我说(的)呢 wǒ shuō(de)ne なるほど.なるほどそういう訳なのか.〔~,您怎么会来晚了呢〕なるほどそうですか,あなたなら遅れることなど絶対ないと思っていました.〔~,敢情是这么档子事啊〕なるほど,まあそんなことなんですか.
我说呢 wǒshuōne 同上.
我相 wǒxiàng 鯨(仏教の)自己の意見.
我行我法 wǒxíng wǒfǎ 〈成〉自分勝手にやる.
我行我素 wǒxíng wǒsù 〈成〉他人が何と言おうと自分のいつものやり方でやる.
我自己 wǒzìjǐ わたくし自身.われ自ら.
我走了 wǒzǒule 〈挨〉いってきます.〔我先走了〕お先に(失礼します)

〔**鬌**〕 wǒ 〔~髻 tuǒ〕〈文〉蠶(ょぅ)·髪形の美しいさま.

〔**沃**〕 wò ①〈文〉そそぐ.かける(水や湯を).〔如汤 tāng ~雪〕雪に湯をかけるがごとくに(たちまち消えてなくなること). ②地味がよく肥えている.肥沃である.→〔沃土〕〔肥 féi 沃〕 ③〈姓〉沃(ゥ)
沃壤 wòrǎng ⇒〔沃土〕
沃饶 wòráo 豊穣である.肥沃である.
沃土 wòtǔ =〔沃壤〕肥沃な土地.
沃野 wòyě 肥えた平野.〔~千里〕肥沃の平野が千里も続いている.

〔**肟**〕 wò 化 オキシム.〔醛 quán ~〕アルドキシム.〔酮 tóng ~〕ケトキシム.

〔**卧(臥)**〕 wò ①横に寝る(なる).横に寝かせる.腹ばう.〔仰 yǎng ~〕仰むきに寝る.〔猫~着呢〕猫が腹ばいになっている.〔骆 luò 驼~在砂上〕らくだが砂の上に寝て(腹ばいになって)いる. ②休息する(ための).寝る(ための).横になる(ための).〔~铺〕〔卧铺〕 ③列車の寝台.寝台車.→〔卧车①〕〔卧铺〕 ④〈文〉隠居する.〔<卵>卵を割って沸騰した湯やだし汁に落として煮る(こと).→〔一个鸡子儿〕
卧碑 wòbēi 明清明伦堂に建てた学生の守るべき箇条書きの教令を刻んだ石碑.
卧病 wòbìng 病気で寝つく.病気で寝る.
卧不安席 wò bù ānxí〈成〉(不安などで)夜もおちおち眠れないこと:〔卧不安枕 zhěn〕ともいう.
卧蚕眉 wòcánméi きれいな三日月形の眉.
卧舱式旅馆 wòcāngshì lǚguǎn カプセルホテル
卧车 wòchē ① 寝台车:〔寝 qǐn 车〕は 旧 称.〔软(席)〕〔软卧〕1等寝台车.〔硬(席)〕〔硬卧〕普通寝台车. ②乗用车.
卧床 wòchuáng 床に臥す.〔~不起〕重病にかかる.
卧倒 wòdǎo ①倒れ伏す. ②軍伏せ! (号令)
卧底 wòdǐ 内応するためあらかじめ隠れていること.〔~侦 jīng 察〕潜入搜查官.
卧冬 wòdōng ①(港や航路が凍結のため)船が停泊したまま冬を越す. ②〈方〉回冬の農閑期に働かない.〔〈方〉回冬の農閑期に出稼ぎする.
卧房 wòfáng =〔〈文〉卧内〕〔卧室〕寝室.
卧佛 wòfó 寝姿の仏像.寝仏.
卧轨 wòguǐ 線路上に身を投げる.座り込む.
卧柜 wòguì 〈方〉低い長方形の衣裳箱.長持ち.
卧果儿 wòguǒr 〈方〉卵を割って湯やだし汁に落として煮る.またその卵:〔卧鸡子儿〕ともいう.
卧虎 wòhǔ 〈文〉伏している虎.〈喩〉尊敬·峻烈·猛

wò~wū

勇にたとえる.→[藏 cáng 龙卧虎]
卧具 wòjù 寝具:多くは汽車・船などの旅客用.
卧龙 wòlóng〈文〉横たわる竜.[喻]未だ時を得ない英雄:蜀の諸葛亮や晋の嵇康など.[〜岗 gǎng]地諸葛亮が世に出る前住んだ茅屋のあった山(今の河南省南陽市の西南一帯)
卧内 wònèi ⇒[卧房]
卧铺 wòpù 寝台.ベッド(汽車・汽船などの).[〜车]寝台車.[〜票]寝台券.[〜汽车]寝台付きの夜行バス.
卧汽轮 wòqìlún 陸蒸汽タービン.→[涡 wō 轮(机)]
卧人(儿) wòrén(r) 圖 漢字部首の"今・合"などの"人":[卧头(儿)]ともいう.→付録1
卧射 wòshè 伏臥姿勢での射撃.
卧式 wòshì 横型(の).[〜热风炉]横型熱風炉.[〜镗床]圏横中ぐり盤.[〜铣床]圏横フライス盤.
卧室 wòshì ⇒[卧房]
卧榻 wòtà 床(とこ).寝台.[〜之側].[〜之旁 páng][成]寝床の.[喻]自国の領土・領域内.
卧谈 wòtán 寝そべって雑談する.→[座 zuò 谈]
卧藤松 wòténgsōng ⇒[伏 fú 松]
卧薪尝胆 wòxīn chángdǎn =[尝胆][成]卧薪嘗胆(がたん):越王勾践と呉王夫差の故事.復讐や大望達成のために長い間刻苦精励すること.
卧心(儿) wòxīn(r) 圖 漢字部首の"心"."志・忘"などの下の部分.[心字底(儿)]ともいう.[竖 shù 心旁(儿)]("忄"立心偏(ん))に対していう.→付録1
卧型 wòxíng 横型.[〜三连动力喷雾机]横型三連動力噴霧機.
卧游 wòyóu〈文〉想像したり,旅行記を読んだりその風景画を観たりして遊覧を楽しむ.

[涴] wò〈方〉(油や泥などで)汚す.

[偓] wò 人名用字.[〜佺 quán]固伝説上の仙人.

[渥] wò〈文〉①厚い.濃い.重い.[优 yōu 〜](待遇が)手厚い.②潤う(す).浸(る).漬かる(ける)–
渥丹 wòdān 色濃い赤色(の).深紅色(の).[颜如〜]顔が真っ赤だ.
渥恩 wò'ēn〈文〉手厚い恩恵.
渥惠 wòhuì〈文〉厚い恵み.厚恩.
渥太华 wòtàihuá 地オタワ.[加 jiā 拿大](カナダ)の首都.[〜协定]圏オタワ協定.

[握] wò ①握る.握りしめる.つかむ.[掌 zhǎng 〜]手中におさめる.[〜笔 bǐ]筆を執る.[掌握する.[〜有兵权 quán]兵権を握っている.
握把 wòbà 取っ手.柄.握り.
握别 wòbié 握手して別れる.[那个曾经和你们最后一次一的地方,已经变得更加美丽]あのあなたたちと幾度も握手して別れたところは,もうずいぶんきれいになりました.
握定 wòdìng 確実に持つ.しっかり握る.
握管 wòguǎn 執筆する.書面を書く.
握紧 wòjǐn しっかりと握る.[〜拳头]こぶしをしっかりと握る.
握力 wòlì 握力.[〜计]握力計.
握拍 wòpāi (卓球などのラケットの)グリップ(の握り方).
握拳 wòquán こぶしを握る.[〜透 tòu 爪][〜透掌]爪が突き通るほどこぶしを握りしめる.[喻]激怒したさま.
握手 wòshǒu 握手する.[和她〜]彼女と握手する.

[言和][〜言欢 huān]和解する.仲よく引き分ける.
握扬器 wòyángqì =[攫 jué 器][抓 zhuā 岸]つかみ機.グラブ:石炭の荷役や,泥土をつかみ上げる時に用いる.

[幄] wò〈文〉引き幕.とばり.[帷 wéi 〜]同前.→[帐 zhàng 篷]

[齷・齪] wò
齷齪 wòchuò ①不潔である.汚い.[狗的身上〜不堪]犬の体は非常に汚い.[衬衫〜了,换下来去洗一洗]シャツが汚れたからとりかえて洗濯しなさい.→[脏 zāng]②(人品が)卑しい.[〜行为]卑劣な行為.[〜钱]不正な金銭.卑劣な手段で得た金銭.③〈文〉あくせくする.狭量である.[小人自〜,安知旷 kuàng 士怀](古楽府)小人は自らあくせくする,いずくんぞ心ゆったりとした人の心を知らんや.〈文〉役にたたない.だめになった.

[斡] wò ①〈文〉巡る.巡らす.ぐるぐる回る.→[斡旋]②[姓]斡(か)
斡流 wòliú 巡り流れる.
斡旋 wòxuán ①巡る.ぐるぐる回る.[日月〜]日月が巡る.太陽と月が公転する.②あっせんする.仲裁する.[居中〜]中に入ってあっせんする.

[硪] wò 土面をうち固める道具.たこつき.胴突き.[打〜][下〜]打夯]同前で打ち固める.[砸 zá 夯垫〜]同前で土を打ち固める.→[夯 hāng ①]

wu ×

[兀] wū → wù
兀秃 wūtū ⇒[乌涂]
兀突 wūtū ⇒[乌涂]

[乌・烏] wū (Ⅰ)①鳥カラス:ふつう[〜鸦]という.[月落〜啼霜满天](唐・張継詩)月落ち烏鳴きて霜天に満つ.②黒い.[紫 zǐ 〜]同前.[红血变〜了]赤い血が黒くなった.→[乌黑][乌木]③[姓]烏(う)
(Ⅱ)〈文〉いずくんぞ.どうして…であろうか.[〜有此事]どうしてこんな事があろうか.[〜能与此相比]どうしてこれと比較できようか.[又〜足道乎]云ずする値うちがどこにあるか.→[恶①]→[於]

乌暗 wū'àn 暗い.[面色〜]顔色(表情)が暗い.
乌巴因 wūbāyīn =[译訳]乌亦盆[薬]Gストロファチン:ウアバインの音訳.
乌白菜 wūbáicài ⇒[塌 tā 棵菜]
乌白马角 wūbái mǎjiǎo 烏の頭が白く,馬に角が生える.[喻]絶対にないこと:[乌头马角][乌白头,马生角]ともいう.
乌哺 wūbǔ〈喻〉親に孝養を尽くす.→[乌私]
乌鲳 wūchāng 魚 クロアジモドキ.
乌灯黑火 wūdēng hēihuǒ ⇒[黑灯瞎火]
乌丁泥 wūdīngní ⇒[阿 ā 仙药]
乌鸫 wūdōng =[黑鸫鹘]鳥クログミ:[乌鹎 jí]ともいう.よく囀(さえず)り他の鳥をまねて鳴くので[〈文〉百舌 shé]の名に負う.
乌发 wūfà ①髪を黒く染めること.[〜药 yào]白髪染め.②黒髪.
乌饭树 wūfànshù ⇒[南烛 zhú ②]
乌飞兔走 wūfēi tùzǒu [喻]月日の早く経つこと:[兔走乌飞]ともいう.→[乌兔]
乌风蛇 wūfēngshé [乌(梢)蛇]
乌干达 wūgāndá ウガンダ:正式名称は[〜共和

乌 wū

国〕.アフリカ東部にある.首都は〔坎 kǎn 帕拉〕(カンパラ)
乌骨鸡 wūgǔjī ＝〔乌鸡〕ウコッケイ.絹糸鶏:〔方〕泰 tài 和鸡〕ともいう.毛は黒,または白で骨・皮の黒い鶏.骨と肉を薬用にする.毛の白いものは〔丝 sī 毛鸡〕ともいう.
乌鹳 wūguàn ⇒〔黑 hēi 鹳〕
乌龟 wūguī ①〔动〕カメ(総称):〔草 cǎo 龟〕〔金 jīn 龟〕〔秦 qín 龟〕〔山 shān 龟〕ともいう.〔~壳 ké〕ⓐカメの甲.〈転〉甲骨文字の俗称.ⓑ〔~儿〕〈喩〉敵のトーチカやタンク・装甲車などに対する蔑称.②〔旧〕妓楼の主人.③他人に女房を寝とられた男.コキュ.→〔王 wáng 八〕
乌龟头 wūguītóu ⇒〔顶 dǐng 针座〕
乌合 wūhé 〈文〉乌のように規律も組織もなく群がり集まること.雑然と集まること.〔~之众〕〈成〉烏合の衆.
乌黑 wūhēi 真っ黒い.〔烟囱里冒着~的浓烟〕煙突から真っ黒いけむりが上がっている.〔~的头发〕真っ黒な髪の毛.
乌呼 wūhū ⇒〔呜呼〕
乌桓 wūhuán ＝〔乌丸〕〔史〕東胡族の別種:漢初匈奴に滅せられたが,残族は烏桓山にいてこれを号とした.漢末曹操に破られた.
乌喙 wūhuì →〔长 cháng 颈乌喙〕
乌鸡 wūjī ⇒〔乌骨鸡〕
乌娘鱼 wūjiángyú 〔鱼〕クロダイ(チヌ).→〔鲷 diāo〕
乌焦巴弓 wū jiāo bā gōng 焼けこげて黒いさま:もとは〔百家姓〕に並ぶ 4 個の名字.〔乌焦〕は黒焦げの意にとれることから.
乌金 wūjīn ①⇒〔巴 bā 氏合金〕 ②石炭の別称.〔液体~〕石油(原油).→〔中医学〕
乌韭 wūjiǔ 〔植〕①＝〔石 shí 发②〕ホウオウゴケ属蘚類(総称):シダ類ウラボシ科植物. ②⇒〔麦 mài 冬〕
乌桕 wūjiù ⇒〔桕〕
乌克兰 wūkèlán ウクライナ:首都は〔基 jī 辅〕(キエフ)
乌拉 wūlā 〔史〕解放前,チベット人が役所や領主のために服する労役,または労役に服する人:〔乌喇〕とも書いた.→ wùla
乌拉圭 wūlāguī ウルグアイ:正式には〔~东岸共和国〕(ウルグアイ東方共和国).首都は〔蒙 méng 得维的亚〕(モンテビデオ).〔~回合〕〔史〕ウルグアイラウンド.
乌拉坦 wūlātǎn ＝〔脲 niào 酯〕ウレタン.
乌拉巴秃 wūla bātū ⇒〔乌里乌涂〕
乌蓝 wūlán 濃く青黒い.〔~的天空〕暗い藍色の空.
乌兰（蒙古語）紅色または赤色の意.〔乌蓝〕とも書く.〔~木伦⑥赤い川.〔~牧 mù 骑〕赤色文化軽騎隊:内モンゴル自治区の各地を巡回公演する文芸工作隊.
乌兰巴托 wūlánbātuō 〔地〕ウランバートル:〔蒙 měng 古国〕(モンゴル国)の首都.赤色英雄の意.〔库 kù 伦〕(クーロン,城壁の意).〔乌尔戛〕(ウルガ,宮殿の意)ともいった.旧時,ラマ教の中心地で庫倫活仏の宮殿がある.
乌榄 wūlǎn 〔植〕①〔木 mù 威子〕〔橄 gǎn 榄①〕(カンラン)の一種,種子を〔榄仁〕という.色は黒く,広東に産する.→〔白 bái 榄〕
乌垒泥 wūlěiní ⇒〔阿 ā 仙药〕
乌鳢 wūlǐ ⇒〔鳢〕
乌里乌涂 wūli wūtú 〔乌拉巴秃〕中途半端なさま.はっきりしないさま.なまぬるいさま:〔乌里巴涂〕とも書く.→〔乌涂〕

乌蔹莓 wūliǎnméi 〔植〕ヤブカラシ(ビンボウカズラ):〔五 wǔ 叶莓〕〔五爪龙②〕ともいう.ブドウ科の蔓生雑草,薬用とする.
乌亮 wūliàng 黒光りする.〔~的头发〕黒くて艶のある髪.〔油井喷 pēn 出~的石油〕油井が黒々とした石油油をふき出している.
乌溜溜 wūliūliū 黒くて生き生きしているさま.黒くてつややかなさま.〔睁着~的大眼睛〕黒くてくりくりした目をぱっちりあけている.
乌龙 wūlóng 〈方〉わけがわからない.むちゃである.
乌龙茶 wūlóngchá ＝〔青 qīng 茶〕ウーロン茶:福建省武夷山一帯の山地を産地は有名.
乌龙球 wūlóngqiú 〔又〕(サッカーの)自殺点.オウンゴール.
乌洛托品 wūluòtuōpǐn ＝〔优 yōu 洛托品〕〔药〕ウロトロピン:〔化〕六 liù 亚甲基四胺〕ヘキサメチレンテトラミン.ヘキサミンの別称.
乌梅 wūméi 半黄の梅の実を乾燥してからいぶしたもの:〔酸 suān 梅〕ともいう.薬用(解熱・駆虫)される.〔~饼 bǐng〕同割を平らに押しつぶしたもの.
乌霉 wūméi 〈方〉(コーリャン・トウモロコシ・コムギなどの)黒穂病.
乌木 wūmù 〔植〕①コクタン(黒檀)＝〔乌文木〕〔黑 hēi 檀〕ともいう.〔~杆 gǎn〕黒檀の柄またはキセルの羅宇.〔~轴 zhóu〕黒檀の軸.②広く樹皮の黒い木をいう.
乌娘 wūniáng ⇒〔蚕 cán 蛾〕
乌篷船 wūpéngchuán 〈方〉黒い苦(竹)の小船:浙江省紹興地方でよく見られる.
乌七八糟 wūqī bāzāo 汚らしいさま.めちゃくちゃに混乱していること:〔污七八糟〕とも書いた.→〔乱 luàn 七八糟〕
乌漆墨黑 wūqī mòhēi 〔乌漆麻黑〕〔乌漆沫黑〕とも書く.〈方〉①真っ暗なさま.②あいまいなさま.
乌其仁 wūqírén ⇒〔吴 wú 是公〕
乌青 wūqīng 暗紫色(の).〔冻 dòng 得~的脸〕凍えて紫色になった顔.
乌鹊 wūquè ①烏と鵲(総称). ②〈口〉鵲.〔(乌)鹊桥〕七夕に鵲が天の川にかける橋=織女を渡して牛郎に会わせるため.
乌纱帽 wūshāmào 〔旧〕官帽の名:東晋代宮官の被った帽子.その後貴賎にかかわらず用いた.唐以後大官の制帽となる.②〈転〉官吏の職.〔厅长难免丢掉~〕庁長は官職を棒にふらざるを得ない.③髪型の一.
乌(梢)蛇 wū(shāo)shé カサントウ:〔乌风蛇〕ともいう.薬用とする.
乌私 wūsī 〈喩〉親に対する孝養心.→〔乌哺〕
乌斯藏 wūsīzàng チベットの旧称.→〔西 xī 藏〕
乌苏里江 wūsūlǐ jiāng 〔地〕ウスリー江:中国とロシア沿海州との境をなす川,黒竜江に合流する.
乌塌菜 wūtācài ⇒〔塌棵菜〕
乌贼 wūzéi ⇒〔海 hǎi 鳐鳛〕
乌条蛇 wūtiáoshé 〔动〕カラスヘビ:ナミヘビ科シマヘビ黒色変種.
乌头 wūtóu 〔植〕トリカブト(属植物の総称),またその傍根:キンポウゲ科多年生の有毒草本.種類が大変多い.〔侧 cè 子〕〔附 fù 子〕〔天 tiān 雄〕などは薬名.調製して,強心・鎮痛などに用いる.〔川 chuān 乌〕は四川省産シナトリカブト(の根).〔草 cǎo 乌(头)〕(ヤマトリカブト)は野生種の名称.②〔芡 qiàn 实〕(オニバス)の別称.
乌头马角 wūtóu mǎjiǎo ⇒〔乌白马角〕
乌兔 wūtù 烏と兔.〈喩〉光陰:太陽の中には烏が,月の中には兔がいるとされた.→〔乌飞兔走〕
乌涂 wūtu 〔乌秃〕〔兀禿〕〔兀突〕とも書く.〈口〉①

wū 乌邬呜钨污

(水や酒など液体のものが)なまぬるい.[~水]ぬるま湯.喝~水〈喩〉人に迷惑をかけられる.[我顶不喜欢喝这种~水]わたしはこんななまぬるい水を飲むのは大きらいだ. ②煮えきらない.さっぱりしない.歯切れが悪い.[~没咽 mòyàn]中途半端である.結果が悪い.[那件事就那么不了了之 liǎolíǎo 之地~了]あの事はあんなにはっきりとしないままに尻切れとんぼになってしまった.[这个人真~,见了人话都说不上来]この人は本当にぐずだし,人に会っても話もできない.

乌托邦 wūtuōbāng ＝[理想乡]〈音義訳〉ユートピア.理想郷.〈転〉実現しない計画.願望.
乌丸 wūwán ①〈文〉墨. ②⇒[乌桓]
乌文木 wūwénmù ⇒[乌木]
乌鸦 wūyā ＝[〈口〉老 lǎo 鸹]〈方〉老鸦]動 カラス.[~命]〈喩〉不幸の運命.[~嘴 zuǐ]縁起でもない事を言う人.[~落 luò 在猪身上]烏が(黒)豚の上にとまる.[~嘲自分のことに気づかず他人を笑う:~说猪黑,自且不觉他]ともいう.[粉洗~白不久]白い粉で烏を洗ってもちょっとの間白いだけだ.[~窝里出凤凰]烏の巣から鳳凰が出る.鳶が鷹を生む.[天下的~一般黑][处处~一般黑]世の中の烏は皆黒い.〈喩〉ⓐ決まりきったことの形容. ⓑ悪人は必ず悪事を行う.
乌压压 wūyāyā 黒山のように群れ集まるさま.
乌烟 wūyān〈碳 tàn 黑〉
乌焉成马 wū yān chéng mǎ〈成〉烏・焉の字が馬の字に書きまちがえられる.[书经三写~]〈諺〉書経を3度転写するうちに文字に誤りを生ずる.〈転〉転写によって誤りの生ずること.→[鲁 lǔ 鱼亥豕]
乌烟瘴气 wūyān zhàngqì〈成〉天は黒く毒気のたちこめるさま:社会が混乱して暗黒の状態にあるさま.[闹得~]事態が混乱に陥った.
乌眼鸡 wūyǎnjī 黒目の鶏:喧嘩に強い鶏.〈喩〉互いに敵視する者同士.[你老对我~似的,我招你惹你了?]君はいつまでも僕を恨んでいるのに,僕が何か君を怒らせるようなことをしたろうか.
乌药 wūyào 〈植〉ウケク・クスノキ科の常緑低木.薬用する.[天台~]浙江省天台産の同剤.
乌亦盆 wūyìpén ⇒[乌巴因]
乌银 wūyín 硫黄でくすぶらせて黒くした銀.いぶし銀.
乌油油 wūyóuyóu,~yōuyōu 黒光りのするさま.[~放光的眼睛]黒く光った目.
乌有 wūyǒu〈文〉何もないこと.全くないこと.[化为~]烏有(ふ)に帰した.[子虚・亡 wú 是公]根も葉もない事:子虚・烏有・亡是公は漢の司馬相如の[子虚賦]の中の人物.[~仁 rén 公][~先生]名無しの権兵衛:[吴 wú 是公]に同じ.[纯 chún 属~]全くのでっちあげ.
乌鱼 wūyú ①⇒[鳢 lǐ] ②[魚貝]イカ.[乌贼]の別称.[~蛋 dàn][食]イカチチを塩漬にした高級食品. ③⇒[鲻 zī]
乌芋 wūyù[植]クロクワイ.[荸荠 bíqí]の別称.
乌云 wūyún 黒雲. ~遮住不住太阳]〈諺〉黒雲も太陽を遮れない. [~密布]空いっぱいにかき曇る. [~翻 fān 滚]黒雲がたれこめる. 〈喩〉悪い状況.暗黒.[战争的~]戦争の暗雲. 〈喩〉女性の黒髪.
乌云豹 wūyúnbào ⇒[沙 shā 狐]
乌枣 wūzǎo 黒なつめ.
乌贼 wūzéi[乌鰂]とも書く.[魚貝]イカ.[乌鱼 ②][〈口〉墨 mò〈斗〉鱼]は別称.[~鱼]同前.[大~]オオイカ.[大王~]ダイオウイカ.[枪 qiāng~]ヤリイカ.→[鱿 yóu 鱼]

乌珠 wūzhū〈方〉目.眼球.
乌竹 wūzhú[植]ゴマタケ.クロチク.
乌蠋 wūzhú[虫]クロケムシ:蛾や蝶などの幼虫でいも虫の一種:緑・黒・褐色の3種,植物の葉を食う害虫.
乌孜别克族 wūzībiékè zú ウズベク族:中国少数民族の一つ.多く新疆ウイグル自治区に居住する.いわゆるチュルク系イスラム民族.
乌兹别克斯坦 wūzībiékèsītǎn ウズベキスタン(共和国).[首都は[塔 tǎ 什干](タシケント)
乌嘴 wūzuǐ からす口(製図用).[~鸭 yā 嘴笔]に同じ.

[邬・鄔] wū ①地名用字.[寻 xún~]①江西省にある県名:現在は[寻乌]と書く. ②[姓]邬(う)

[呜・嗚] wū ①〈擬〉泣き声や風・汽笛などの音.ウー.ブー.ボー.[~的一声,一列火车飞驰过去]ブーと汽笛を鳴らして,列車が走り去った.[~地哭]おいおい泣く. ②→[呜呼] ③[姓]鸣(う)

呜呼 wūhū〈文〉感動詞.ああ.感嘆を表す.〈転〉死ぬこと.[呜乎][乌呼][於戏][於乎]とも書いた.[~哀哉]ⓐああ,悲しいかな:死者を哀悼する語. ⓑ[~哀哉(了)](諧謔的に)死んでしまいました.お陀仏になった.[~了][~了]死んでしまった.
呜噜呜噜 wūlū wūlū 泣き声や話し声がはっきりしないさま.
呜呜咽咽 wūwū yèyè ⇒[呜咽]
呜喑 wūyē〈文〉憂い嘆く.
呜咽 wūyè＝[呜呜咽咽]ⓐむせび泣く.すすり泣く.しくしく泣く. ②〈喩〉寂しく悲しい声:琴・笛などの音または,流水の音.

[钨・鎢] wū[化]タングステン.ウォルフラム.金属元素.記号W.

钨钢 wūgāng タングステン鋼.[~锯 jù 条]タングステン鋼製ソーブレイド:タングステン鋼製の鋸の刃.
钨钴合金 wūgěgǔ héjīn ステライト:コバルトを主とし,クロム,タングステンなどの高硬度合金.
钨合金车刀 wūhéjīn chēdāo[機]タンガロイドバイト.焼結炭化カタングステン.
钨锯刀 wūjùdāo[機]タングステン金切り鋸刃.
钨矿 wūkuàng[鉱]タングステン鉱.[~石]タングステン
钨砂 wūshā 精選したタングステン鉱石.
钨丝 wūsī タングステン線.[~电灯泡 pào]タングステン電球.
钨铁 wūtiě タングステン鉄合金.フェロタングステン.

[污(汚・汙)] wū ①汚い.不潔である.[这件衣服已经~秽 huì 不堪]この服はもう垢で汚くてたまらない. ②汚水.汚れ.汚物.[~粪 fèn~][粪][血~]血の汚れ.[去~粉]クレンザー. ③清廉ではない.[~吏]汚職官吏.[贪 tān~]汚職する. ④汚す.けがす.[玷 diàn~]同前. ⑤辱める.[奸 jiān~]強姦する.

污点 wūdiǎn ①汚点.欠点.[~证 zhèng 人]犯罪当事者としての証人. ②しみ.
污毒 wūdú 汚毒.汚れ.
污垢 wūgòu ①垢.汚れ.汚物.[指甲长了容易藏~]爪がのびると垢がたまりやすい. ②恥辱.[蒙着~]恥を顧みず.
污痕 wūhén しみ.汚れ.
污秽 wūhuì ①不潔である.汚い.[~的衣服]汚れた服.[~下流的行为]汚らわしい行い. ②汚れ.けがす.
污迹 wūjì しみ.[汗~]汗のしみ.

污吏 wūlì →[貪 tān 官污吏].
污蔑 wūmiè ①人の名誉を損なう.[~工人階級]労働者階級の名誉を損なう. ②犯す.けがす.
污名 wūmíng 汚名.悪名.
污泥 wūní 汚泥.ヘドロ.[~浊 zhuó 水]〈喩〉立ち後れ・腐れ果てた反動的なもの.
污七八糟 wūqībāzāo ⇒[烏七八糟]
污染 wūrǎn ①汚染する.汚れる(す).[~水源]水源を汚染する. ②汚染.[环境~]環境汚染.[白色~](白色の)プラスチックごみによる汚染.[~源 yuán]汚染源.[~物]汚染物質.→[公 gōng 害].
污辱 wūrǔ ①侮辱する. ②けがす.名をつける.辱め.
污水 wūshuǐ 汚水.[~池]汚水池.水たまり.[~管]汚水パイプ.[~处 chǔ 理]廃液(汚水)処理.
污损 wūsǔn いじって汚す.
污物 wūwù 汚物(ぶつ).
污行 wūxíng 〈文〉汚れた行い.不正行為.徳義に反する行動.
污言秽语 wūyán huìyǔ 〈成〉汚い言葉.下品な言葉.
污浊 wūzhuó 汚濁(している).[河水~,不能饮用]川の水は汚れているから飲めない.[洗去身上的~]体の汚れを洗い落とす.
污渍 wūzì (物についた)汚れ.しみ.

[圬(杇)] wū 〈文〉(壁などを塗る)鏝(こて).また鏝で塗る.→[抹 mǒ 子].
圬人 wūrén 〈文〉壁塗り職人.左官.[圬工][圬者][圬者]などともいう.〈=泥 ní 水匠〉.

[洿] wū 〈文〉①土地のくぼみ.[~池 chí]池. ②(池を)掘る.

[巫] wū ①〈古〉師.祈禱師.[女~]〈女〉女の同類.みこ.[男~]〈男〉男の同類.かんなぎ.→[小 xiǎo 巫見大巫][觋 xí]. ②〈姓〉巫.
巫蛊 wūgǔ (祈禱者が)巫術をもって人を迷わす.
巫马 wūmǎ ①古官名.馬医の職. ②〈姓〉巫馬.
巫女 wūnǚ ①女祈禱師.[巫婆][师 shī 娘]②[口]神 shén 婆]ともいう.
巫婆 wūpó 同上.
巫山 wūshān [地]四川省巫山县の東南にある.[~之梦][高 gāo 唐の]楚の襄王が夢で巫山の神女と密会したという故事.〈喩〉男女の密会すること.
巫神 wūshén 同上.
巫师 wūshī =[巫神]巫(+)師.かんなぎ.シャーマン:多く男をいう.
巫术 wūshù 呪術.妖術.神おろしの術.
巫峡 wūxiá [地]長江三峡の一.湖北省巴東県と四川省巫山県の境にある.→[巫山].
巫医 wūyī ①巫師と医者. ②加持祈禱と若干の薬草で医術を施す者.
巫咒 wūzhòu 呪文を唱える.魔術を使う.

[诬・誣] wū 誣(し)る.偽り陥れる.無実の罪を着せる.偽り陥れる.[被人~陷]人に無実の罪を着せられる.[其言不~]その言は偽りではない.
诬告 wūgào =[诬控]誣告(ぎ)する.事実を捏造して人の名誉を損なう.[~信]同前の手紙.
诬害 wūhài 無実の罪を着せて陥れる.
诬控 wūkòng ⇒[诬告]
诬赖 wūlài 無実の罪を着せる.[你别~好人]人にぬれぎぬをきせるな.
诬良 wūliáng 良民に罪を着せる.[~为盗 dào]良民に盗人のぬれぎぬを着せる.
诬蔑 wūmiè 中傷する.誹謗する.[受到人家的~]人から中傷される.[别一人~人を中傷してはならな

い.[造谣~]事実無根の事を言って中傷する.→[诽 fěi 谤].
诬枉 wūwǎng 罪のない者を誣(り)罪に落とす.
诬罔 wūwǎng 〈文〉欺く.偽る.[~之辞]偽りの辞.
诬陷 wūxiàn 罪のない者を故意に陥れる.
诬栽 wūzāi 〈文〉臓物を他人の家に置いて無実の罪を着せる.
诬证 wūzhèng 偽証.
诬指 wūzhǐ 捏造して訴え出る.

[於] wū →[于 yú] → yū yú
於戏 wūhū →[呜呼]
於呼 wūhū ⇒[呜呼]
於菟 wūtú 〈古〉虎の別称.

[屋] wū ①家屋.[房 fáng ~]同前.[叠 dié 床架~]〈成〉二重手間をすること. ②部屋.室.→[里 lǐ 屋][外 wài 屋]. ③〈姓〉屋.
屋顶 wūdǐng 屋根.屋上.[~花园]屋上庭園.ルーフガーデン.[~(焦)油纸][~纸纸][屋面油纸]ルーフィング:[油 yóu 毛(毛)毡]ともいう.[~铁皮]旧屋根ふき用トタン板.
屋基 wūjī ①敷地. ②屋敷跡.
屋脊 wūjǐ 屋根の棟.[房 fáng 脊]ともいう.[~翅儿 chìr]屋根の棟の両端の出ているところ.
屋架 wūjià [建]片持ち梁.トラス.
屋角 wūjiǎo 四隅.
屋里人 wūlǐrén ①〈方〉女房.かみさん.[家 jiā 里的]に同じ.[俺 ǎn 那个~]うちの女房. ②[旧]妾.
屋漏 wūlòu 屋根雨漏り.[~偏 piān 逢连夜雨]屋根が漏る上に連夜の雨に遭う.〈喩〉泣き面に蜂. ②[古]屋内西北隅の暗い所.
屋庐 wūlú 〈文〉住家. ②〈姓〉屋庐(ろ).
屋门(儿) wūmén(r) ①部屋の入り口. ②部屋の戸.ドア.
屋面 wūmiàn [建]屋根.[瓦~]かわらぶきの屋根.[~油纸]ルーフィング.
屋墙 wūqiáng 家の壁.
屋上架屋 wūshàng jiàwū 屋上に屋を架す.〈喩〉不必要なことを重ねること.[屋下架屋]ともいう.→[叠 dié 床架屋].
屋舍 wūshè 〈文〉家屋.住房.
屋乌之爱 wūwū zhī ài 〈成〉愛すればその人の家の屋根にとまる烏までもが可愛い.〈喩〉人を愛する心がその周囲のものにまで及ぶこと.→[愛屋及乌].
屋下架屋 wūxià jiàwū →[屋上架屋]
屋形奶 wūxíngnǎi 紙パック牛乳.
屋檐 wūyán 屋根.軒(き).[房 fáng 檐(儿)]に同じ.
屋宇 wūyǔ 〈文〉家屋.
屋主 wūzhǔ ①家主.大家(ゔ):[房 fáng 东]に同じ. ②建築主.
屋子 wūzi 〈口〉部屋.室.[屋儿]ともいう.[三间~]3間屋.[有了~想炕 kàng]部屋ができたら炕を思う.〈喩〉欲に限りないこと.

[渥] wū 〈方〉はまり込む.落ち込む. → wò

[恶・惡] wū 〈文〉①いずくんぞ.どうして.[~乎 hū]同前.[~有身为領寻而一事不不知者]どうして指導者たるが何も知らないということがあろうか.→[乌(Ⅲ)]. ②お:驚きを表す感動詞.[~!是何言也]おお,何たることが.→è è wù

[亡(兦)] wú 〈文〉古書で[无①](ない)に通じ用いられた.[~虑 lǜ][无虑]無慮(℞).[~是公][吴是公]名なしの権兵衛.→ wáng

wú

〔无・無〕 wú ①ない.〔从~到有〕無から有になる.〔~组织,~纪律〕無組織.〔~有则改之,~则加勉〕欠点があれば改め,なければなお一層努める.↔〔有 yǒu (1)①〕 ②...しない.〔~论,~偏~倚 yǐ〕かたよらない.〔~论是谁都得吃饭〕だれかれを論ぜず(誰にせよ)飯をくわねばならない.→〔不 bù〕 ③...を論ぜず(みな)...にかかわらず(みな).〔事~大小,都由他决定〕事の大小にかかわらず,すべて彼が決定する.〔~冬历夏,叶子不掉〕冬でも夏でも葉は落ちない.〔愚 yú 智皆知之〕たとえ馬鹿であろうと知者であろうと,みな知っている.④...するなかれ,...してはいけない.〔~多言〕いらぬことは言うな.〔~友不如己者〕己にしかざる者を友とするなかれ.→〔毋①〕 ⑤〔姓〕無(zú).↪mó

无碍 wú'ài ①支障がない.差し支えがない. ②囲(仏教で)通達自在で障害や隔壁のないこと.

无保留 wúbǎoliú 保留のない.余すところなく.〔~地传授〕余すところなく伝授する.

无被花 wúbèihuā 図無(花)被花.裸(ら)花.

无本生财 wúběn shēngcái 無資本で金をもうける.

无本之木 wúběn zhī mù 根のない木.〈喩〉ある物が根底のないこと.

无比 wúbǐ 比較するものがない.二つとない.類がない.〔美丽~〕無類の美しさ.〔~强大〕強大で並ぶものがない.

无边 wúbiān 果てしがない.〔~风月〕風景の非常によいこと.〔~无崖〕〔~无岸〕(仏教で)往来自在で少しも拘束のないこと.〔~无际〕果てしがない.際限がない.

无柄叶 wúbǐngyè 図無柄葉.

无病呻吟 wúbìng shēnyín〈成〉病気でないのに呻(し)吟する:文学作品などで本意でない誇張をすること.→〔八 bā 不主义〕

无补 wúbǔ ためにならない.益することがない.〔空 kōng 言~〕空言無益.〔~时艰〕当面の困難には何ら役に立たない.〔~实际〕実際の役に立たない.

无不... wúbù... でないのはない.…でないものはない.〔诸位的吩咐我~从命〕皆さんの仰せならわたしは従わないことはない(絶対に従います).〔~为之感动〕このことに感動しない者はない.〔~俱 jù 备〕全部取りそろえてある.

无...不... wú...bù... …しない…はない.みんな…する.〔多以~四字结构〕誤字の成句本はない.〔~商~奸〕商売人はみなずるい.

无猜 wúcāi 疑いを知らない.天真である.〔两小~〕

无才 wúcái 無能(である)

无产阶级 wúchǎn jiējí 無産階級.プロレタリアート.〔~专政〕プロレタリア独裁.〔~革命〕プロレタリア革命.〔~文化大革命〕〔文革〕プロレタリア文化大革命.文革.↪〔资 zī 产阶级〕

无产者 wúchǎnzhě 無産者=:〈音訳〉普 pǔ 罗列塔利亚zú.プロレタリア.

无常 wúcháng ①常に変動している.定めがない.〔反复~〕常に変わって一定しない.むしかえしてばかりいて定見がない.〔变化~〕絶えず変化する. ②囲(仏教で)無常. 冥土の使者.死に神.〈喩〉人の死.〔一旦~万事休〕死ねば万事終わりである.

无偿 wúcháng 無償(の).〔~行为〕無償行為.〔~劳动〕無報酬労働.〔~援助〕無償援助.〔~献 xiàn 血〕無償献血.

无肠公子 wúcháng gōngzǐ 蟹=:〔螃 páng 蟹〕の別称.

无车日 wúchērì ノーカーデー.

无尘粉笔 wúchén fěnbǐ ダストレスチョーク.

无尘室 wúchénshì ⇒〔洁 jié 净室〕

无成 wúchéng〈文〉完成していない.成果がない.〔事业~〕事業は成らず.

无耻 wúchǐ 無恥である.恥を恥としない.〔~勾当 gòudang〕恥知らずなこと.〔~之尤 yóu〕恥知らずも甚だしい.〔厚 hòu 颜~〕厚顔無恥.

无出其右 wúchū qíyòu〈成〉その右に出るものはない,それより優るものはない.

无处不有 wúchù bùyǒu〈惯〉ないところはない.至る所そうである.〔无处不在〕ともいう.

无处无之 wúchù wúzhī〈惯〉ところとしてないところはない.どこにでもある.

无醇 wúchún ノンアルコール:1%以下のアルコール飲料.

无疵 wúcī 過失がない.無疵(き)である.〔~提单〕無故障船荷証券.クリーンB/L.

无从 wúcóng …する道がない.…する方法がない.しようがない.〔~下手〕手の下しようがない.〔~追究〕追及する方法がない.〔~索解〕不可解である.

无大无小 wúdà wúxiǎo〈惯〉①大小を論ぜず:〔无小无大〕ともいう. ②長幼の序に従わない(言動)

无党派 wúdǎngpài 無党派.〔~人士〕党派に属さな知名の士.

无道 wúdào ①政治が乱れ,社会が暗い. ②悪い行いをする.道にはずれる.

无得 wúdé …することはできない,…してはならない.〔~推诿〕責任を転嫁することはできない.〔~妄行胡为〕無責任なことをしてはならない.

无敌 wúdí 無敵である.敵し得ない.〔所向~〕向かうところ敵なし.〔~于天下〕天下無敵である.

无底 wúdǐ 底がない.〈転〉(欲望など)際限がない.限りがない.〔~洞 dòng〕底なしの穴.〔~囊 náng〕尽きるところがない欲望(を持っている人).

无地 wúdì〈文〉身の置きどころがない.〔我感激至于~〕わたしは感激のあまりどう言っていいかわからなかった.〔羞 xiū 愧~〕〈成〉恥ずかしくてたまらない.〔~自容〕〈成〉立つ瀬がない.

无的放矢 wúdì fàngshǐ 的(まと)なくして矢を放つ.〈喩〉目あてなしに事を行う.実情にそぐわない発言や行動をする.↔〔有 yǒu 的放矢〕

无定形物 wú dìngxíngwù 圖非晶質体.

无冬历夏 wúdōng lìxià〈成〉夏も冬もなく一年中:〔无冬无夏〕ともいう.〔~地饱苦工〕一年中苦しい仕事をする.

无动于衷 wú dòngyú zhōng 〔无动于中〕とも書いた.〈成〉心を動かさない.平気である.心中無頓着である.〔孩子大哭了一场,不过电车上的乘客却似乎~〕子供が大声でひとしきり泣いたが,電車の乗客は無頓着であった.

无独有偶 wúdú yǒu'ǒu〈成〉一つ(一度)ではなく二つ(二度)揃っていること:多く悪人・悪事に対して用いる.

无度 wúdù 無節制である.節度がない.〔花费~〕むちゃくちゃに金を使う.

无端 wúduān 何の原因もなく.ゆえなく.わけもなく.〔你~打我做什么〕お前何のわけもなく俺をたたいてどうしようというのか.〔~发笑〕わけもなく笑う. ②〈文〉際限がない.限りがない.〔天圆而~〕天は丸くて際限がない.

无多有少 wúduō yǒushǎo〈惯〉多少にかかわらず.いくらでもよい.〔这个人很可怜,你~给他几个得了〕この人は非常にかわいそうだ,いくらでもよいからやってください.

无讹 wú'é 相違なし.間違いがない.〔表格上所填 tián 一切~〕表に記したことはみな間違いがない.

无恶不作 wú'è bùzuò〈成〉悪いことなら一つとして

无 wú

やらないことはない.ありとあらゆる悪事をし尽くす.

无二 wú'èr ①他に二つとである.ただ一つである. ②違いがない.同じである.〔这画儿画得和真的一般〜〕この絵は本物とまったく同じだ.

无法 wúfǎ 方法がない.仕方がない.〔〜満足〕満足させる方法がない.〔〜治疗〕治療の方法がない.〔〜可想〕いくら考えても方法がない.〔〜应付〕対処の方法がない.〔〜挽回〕挽回する手立てがない.〔〜捉摸〕ひょうたんなまず.とらえどころがない.〔〜摆脱〕逃れるすべがない.

无法可依 wúfǎ kěyī〈成〉頼りになる法律がない.

无法无天 wúfǎ wútiān〈成〉法を無視し天理をわきまえない.〔和尚打伞,〜〕歇后语:坊さんが傘をさす,無法の限りを尽くす〔和尚さんは〔无发 fà〕(髪がない),傘をさしているので〔无天〕(空がない)

无方 wúfāng 当を得ていない.よろしきを得ていない.〔经营〜〕経営がよろしきを得ていない. ↔〔有 yǒu 方〕

无妨 wúfáng 差し障りがない.支障がない.妨げがない.かまわない.〔〜直言〕全く差し支えない.〔提意见〜直率一点儿〕意見を出すのにもっと率直であってもいい.〔你今天要是高兴,〜一同去玩玩〕あなた今日よろしかったら一緒に行って遊びましょう.

无纺(织)布 wúfǎng(zhī) bù〔紡〕不織布(ふしょくふ).

无非 wúfēi …でないことはない.…にほかならない.…しかない.〔菜儿是豆腐〕おかずはきまって豆腐だ.〔〜是白效劳〕どうせむだな働きだ.

无风 wúfēng ①〔気〕無風.秒速0.2メートル以下,風力0の風.②起きない.〔〜不起浪〕〈諺〉風なければ波立たず.③火のないところに煙は立たない.〔〜草不动〕〔风吹草动也〕〈諺〉風がなければ草は動かない:火のところに煙が立つ.〔〜不起浪〕〈諺〉起こすこと.〔〜三尺浪〕〈成〉平地に波乱を起こす.〔〜三尺土,有雨一街泥〕〈諺〉(旧時,北京の街は)風がなくても3尺もほこりが舞い上がり,雨が降れば街中泥だらけ.→〔刮 guā 风是香炉,下雨是墨盒子〕

无缝 wúfèng ①継ぎ目のない.〔〜管 guǎn〕〔機〕シームレスパイプ.〔〜钢管〕継ぎ目なし鋼管.〔〜钢管轧制机〕シームレス鋼管ミル.〔〜线路〕長尺レール.ロングレール.②すきまのない.〔〜可钻 zuān〕乗ずる隙がない.アリのはい出る隙もない.

无幅轮 wúfúlún ⇒〔板 bǎn 轮〕

无服 wúfú〈文〉喪服を着ない.〔〜之丧 sāng〕師弟間の喪.〔〜之殇 shāng〕〈文〉若死に:生後3か月から8歳までの子供の死.

无氟冰箱 wúfú bīngxiāng ノンフロン冷蔵庫.

无干 wúgān 関係がない.かかわりあいがない.〔与他〜〕彼とは関係がない.

无告 wúgào ①告げ訴えるところのない.頼るところのない(困窮).〔〜之人〕同жнание人:やもめ・孤児・老いて子のない者・よるべない者.

无根无蒂 wúgēn wúdì〈慣〉根もなく蒂(ふたば)もない:根拠がない.頼るものがわない.かかわりがない.

无公害蔬菜 wúgōnghài shūcài 無農薬野菜.

无功受禄 wúgōng shòulù 功なくて禄を食(は)む.何もせずにただ俸給をもらう.〈喩〉捨て扶持をもらう:〔无功食禄〕ともいう.

无钩条虫 wúgōu tiáochóng 〔虫〕無鉤条虫.→〔有 yǒu 钩条虫〕

无垢 wúgòu 無垢(ŋ)である.純潔である.〔〜衣〕〔宗〕(仏教の)僧衣・袈裟の別称.

无辜 wúgū 無辜(こ)な.罪がない.〔同前の人.〔株 zhū 连〜〕罪のない者を巻き添えにする.

无故 wúgù 理由なく.原因なく.〔〜缺 quē 席〕理由なく欠席する.〔不得〜擅 shàn 入〕理由なく勝手に入るべからず.

无几 wújǐ ①いくばくもない.はなはだ少ない.〔所余〜〕残りはいくらもない.〔两人的年岁相差〜〕二人

---

wú

无挂碍 wúguà'ài 心配なことがない.心にかかることがない.〔无挂无碍〕ともいう.

无怪(乎) wúguài(hū) …には疑いがない.道理で…だ.〔天气这么冷,〜下大雪〕こんなに寒いんだから,大雪が降るのももっともだ.→〔难 nán 怪〕

无关 wúguān かかわりがない.関係のない.〔〜紧要〕〔〜轻重〕大したことではない.重大でない.〔〜大局〕大局にかかわらないことだ.大したことではない.〔〜宏旨〕根本とは関係ない.大した意味または関係がない.〔〜痛痒 yǎng〕痛痒を感じない.利害関係が無いと生産一方の工作〕生産と関係のない仕事.〔与生产一方的工作〕生産と関係のない仕事.

无官一身轻 wúguān yīshēn qīng〈諺〉官職がなければ身も軽い:責任をおろして悠々清閑する.

无光 wúguāng つや消し(の).光のない.〔面上〜〕〈喩〉顔がたたない.

无轨 wúguǐ 無軌道の.〔〜电车〕トロリーバス.

无过 wúguò ①過失がない.手落ちがない.〔人非圣贤,孰能〜〕人間は聖賢ではない,だれが過ちを免れることができようか.②度を過ぎない.〔〜不及〕〔〜无不及〕過ちも不足もない.差つかえない.

无害 wúhài 害がない.〔〜通航〕無害通航.〔〜假 jiǎ 货〕無害な偽物品.

无何 wúhé〈文〉〕間もなく(い).久しからずして.〔〜〕何事かない.〔自度 zì duó〜〕何事もないと思う.何の事故もないと思う.

无核 wúhé ①〔種なし.〔〜葡萄〕種なしブドウ.②非核.〔〜国家〕非核保有国.〔〜三原则〕非核三原則.〔〜区〕非核地域.

无何有之乡 wúhéyǒu zhī xiāng〈慣〉一切のものが皆存在しない虚無の世界.

无恒 wúhéng 定まらない.根が続かない.最後までやりぬかない.

无后 wúhòu 後継ぎがない.〔不孝有三,〜为大〕不孝に三あり,後継ぎのないことがそのうち最も大なるものである.

无后坐力炮 wú hòuzuòlì pào〔軍〕無反動砲.〔无坐力炮〕ともいう.→〔后坐力〕

无花果 wúhuāguǒ〔植〕イチジク(無花果),またその実.

无华 wúhuá 華やかでない.〔质朴〜〕質朴で飾り気がない.

无话不说 wúhuà bùshuō〈慣〉何でも話す.話さないことはない.互いに少しも隠しだてしない:〔无话不谈〕ともいう.

无话可答 wúhuà kědá〈慣〉返事の言葉がない.

无话可说 wúhuà kěshuō〈慣〉言う言葉がない.言うことは何もない.話はない.

无患子 wúhuànzǐ〔植〕ムクロジ:〔无患木〕とも古名.実を〔肥 féi 皂子儿〕〔菩 pú 提子①〕という.

无悔 wúhuǐ 後悔しない.〔无怨 yuàn〜〕恨みも悔いもない.

无机 wújī〔化〕無機の.〔〜化合物〕無機化合物.〔〜肥料〕無機肥料.〔〜酸〕無機酸.〔〜物〕無機物.〔〜盐 yán〕無機塩.〔〜污染物〕無機汚染物. ↔〔有 yǒu 机物〕

无稽 wújī 根拠がない.信用のできない.〔〜之言勿听〕〈文〉根拠のない無稽の言は聞くな.〔〜之谈〕根も葉もない話.〔荒诞 dàn〜〕荒唐無稽である.

无机可乘 wújī kěchéng ⇒〔无隙可乘〕

无及 wújí 間に合わない.〔事到如今,后悔〜〕今となっては後悔しても取り返しがつかない.

无疾而终 wújí ér zhōng 病気がなくして死ぬ.

无极拳 wújíquán 武当派の祖師張三丰が創めた拳術:計128手ある.

wú 无

の年齢はいくらも違わない.→[寡 liáo 寡无几]
②〈文〉久しからず. 間もなく. やがて.

无脊椎动物 wújǐzhuī dòngwù 【動】無脊椎動物.

无忌 wújì 憚るところがない(く). [横行~]憚るところなく横行する.

无际 wújì 広くて際限のないこと.→[无边无际]

无计可施 wújì kěshī 計の施すべきものがない. 施すべき方法がない.

无记名 wújìmíng 無記名. [~背书]【商】無記名裏書. 白地式裏書. [~投票]無記名投票.

无济于事 wú jì yú shì〈成〉何の役にも立たない. [任何妥协都~]どんな妥協もすべて役に立たない.

无家可归 wújiā kěguī〈慣〉帰る家がない.

无价 wújià 高い値打ちがある. [~之宝 bǎo]〈慣〉非常に貴重なもの.

无坚不摧 wújiān bùcuī〈成〉いかに堅いものでも砕くことができる. どんな困難にも負けない(精神・力量) [靡 mǐ 坚不摧]ともいう.

无间 wújiàn ①〈文〉間断のない. 絶え間ない. [他每天早晨练太极拳, 寒暑~]彼は毎朝太極拳を, 寒い日も暑い日も欠かしたことがない. ②〈文〉隔たりがない. すきまがない. [~可乘][无隙可乘]乗ずる隙がない. ③【宗】(仏教の)阿鼻ならびに間断なき苦痛の意. [~地狱]無間地獄. 阿鼻地獄. ④分けない. 区別しない. [~是非]是非の区別をしない. ⑤[亲密~]非常に親密である.

无疆 wújiāng 限りがない. [万寿 shòu~]〈成〉とこしえに長寿を保たれますように:もとは皇帝の長寿を祝う言葉.

无尽 wújìn 無限である. 際限がない. [~期]無期限(の). [~无休]尽きることがない. 際限がない. [~藏]【宗】(仏教で)無尽蔵;徳広大にして窮りなく, また包含しないところがないの意.

无精打采 wújīng dǎcǎi〈慣〉意気消沈する. しょげる: [没 méi 精打采]ともいう. [你老这么~的有什么心病吗]こんなにしょんぼりしているのは, 何かご心配でもあるんですか.

无精症 wújīngzhèng 【医】無精子症.

无拘无束 wújū wúshù〈慣〉拘束のないさま. 自由なこと.

无菌 wújūn 無菌(の). [~真空包装]無菌真空パック.

无抗 wúkàng 無抗生物質. [~奶 nǎi]同郷の牛乳. →[抗菌素]

无可 wúkě …できない. …しようがない: 2音節の動詞の前に置き熟語を作る. [~碍 ài 口]言うに遠慮はいらない. [~比拟 nǐ]比類するものがない. 比肩するものがない. [~非议]非難の余地もない. [~奉告]お話し申し上げることはない. ノーコメント. [~厚非] [未可厚非]ひどく非難するほどでもない. 強くとがめるほどではない. [~讳 huì 言] [毋 wú 庸讳言]隠しごとをする必要がない. [~救药 yào] [不可救药]もう手に負えない. [~奈何]如何ともいたし方がない. どうしようもない. やむを得ない. [~奈]に同じ. [~置疑] [毋庸置疑]疑いの余地なし. [~争 zhēng 议] [~争辩 biàn]論争のしようがない. 言い争えない.

无可无不可 wúkě wúbùkě〈成〉よいとも悪いともつかない. どちらでもよい. どっちつかず.

无孔不入 wúkǒng bùrù〈成〉穴さえあればすぐ入り込む. 隙さえあれば乗ずる.〈転〉ぬけ目がない. 隅におけない: 他人に取り入ることの上手なのをあざける言葉.

无孔材 wúkǒngcái →[针 zhēn 叶树]

无愧 wúkuì やましいところがない. 恥じない. [问心~]良心に問うて恥じない. [当之~]そうなっても恥ずかしくない.

ずかしくない.

无赖 wúlài ①ずる賢くてやり口が強引である. 理不尽である. [要 shuǎ~]ごねる. 因縁をつける. ②やくざ者. [~汉] [~子]無頼漢. ごろつき. [~匪 fěi 徒]ならずもの.

无厘头 wúlítóu〈方〉でたらめ. ナンセンス.

无礼 wúlǐ 無礼である. 失礼である.

无理 wúlǐ 道理がない. 道理をわきまえない. 理不尽である. [蛮 mán 横~]野蛮で道理をわきまえない. [~取闹]無茶に騒ぎたてる. [~搅 jiǎo 三分]無茶を言う.

无理方程 wúlǐ fāngchéng【数】無理方程式.

无理式 wúlǐshì【数】無理式.

无理数 wúlǐshù【数】無理数.

无力 wúlì ①能力がない. [~供孩子上大学]無力で子供を大学にやることができない. ②体力や気力がない. [身体衰弱, 四肢~]体が衰弱して手足の力がぬけている.

无利可图 wúlì kětú〈成〉取れる利がない. もうけが期待できない.

无立锥之地 wú lìzhuī zhī dì〈成〉①立錐の余地もない. ②一文なしである.

无量 wúliàng 無量である. 無限である. 極めて多い. [前途~]前途は洋々たるもの. [功德~]功徳が非常に大きい.

无量寿佛 wúliàngshòu fó【宗】(仏教の)無量寿仏:阿弥陀仏の別称.

无聊 wúliáo ①手持ちぶさたである. 所在がない. [也没事做, 也没有地方儿去玩儿, 真是~]仕事もしないし, 遊びに行くところもなし, 退屈でたまらない. ②(話・行動などが)くだらない. つまらない. [既不抵抗而又否认投降, 都是~怕懦]抵抗もせず, しかも屈服を否認するのは全くばかげている. ③〈文〉(困窮して)頼るところがない.

无聊赖 wúliáolài〈文〉①耐えきれない. ②頼る所がない. →[百 bǎi 无聊赖①]

无磷洗衣粉 wúlín xǐyīfěn 無リン(洗濯用)洗剤.

无铃 wúlíng【数】ノーカラー.

无虑 wúlǜ〈文〉①無慮(むりょ). ざっと. [~二万二千人]おおよそ1万2千人. ②憂い無し. [无忧~]同前.

无论 wúlùn …を問わず. …にかかわりなく: 疑問詞句や選択語句の前に来て, ふつう後に[都] [也]を置く. [~如何]ぜひとも. どっちみち. どうしても. [~多少]多少にかかわらず. [~怎么样]どうあろうと. 何によらず. とにかく. [~什么]何事でも. 何であろうと. [~去不去晚上都给我来个电话]行くにしろ行かないにしろどちらにしても今晩電話を下さい. [~谁拦, 我都要走]誰が止めてもわたしは行く.→[不 bù 管] [不论]

无米之炊 wúmǐ zhī chuī〈成〉米なくしての炊事. 米なしで飯をたく:無い袖は振れぬ. できない相談. [巧 qiǎo 妇难为~]の略.

无冕之王 wúmiǎn zhī wáng〈成〉無冠の帝王:多く新聞記者を指す.

无名 wúmíng ①名称がない. 名前がつけられない. [~肿瘤]名のつけられない腫れ物. ②無名である. 無名の. 名が知られてない. [~英雄]無名の英雄. 縁の下の力持ち. [~小卒]ものの数に入らない凡人. 地位も名もない人. [~氏]無名氏. ③理由が分からない. わけのない. [~损失]とんだ損失. [~的恐惧]わけのない恐れ. [~火](理由のない)怒り. 八つ当たり.

无明火 wúmínghuǒ【喩】怒りの火. 激しい怒り: [无名火]とも書く. [~起三千丈]この上なくひどく怒る.

无名帖(儿) wúmíngtiě(r) 無記名の書きつけ: [黑

无 wú

hēi 帖)ともいう.

无名异 wúmíngyì 鉱 小量の酸化鉄を含む天然産の二酸化マンガン鉱.

无名指 wúmíngzhǐ 薬指:[四 sì (拇)指]に同じ.

无模锻铁 wúmú duàntiě 工 自由鍛造.

无乃 wúnǎi 〈文〉…ではなかろうか.[老兄的议论~偏于一端吧]貴兄の議論は少し偏りすぎていると思うが.[~岂 qǐ 不~]

无奈 wúnài いかんともしがたい.いたし方がない.[无可奈何]に同じ.[~家里有老人不能出远门]いかんせん家に老いたる親があって遠出することができません.[万般~]どうしてもだめ.全くやむを得ない.[出于~]やむなくやったこと.→[叵 pǒ 耐][岂 qǐ 奈].

无奈何 wúnàihé どうすることもできない.いたしかたない.

无能 wúnéng 無能である.才能がない.[~为力]〈成〉(事を促進し発展させる)力のないこと.[软弱~]いくじなしで無能である.[~之辈 bèi]働きがない連中.

无宁 wúnìng ⇒[毋宁]

无偏无党 wúpiān wúdǎng〈成〉公平にして偏頗のないこと.

无凭无据 wúpíng wújù〈成〉何の証拠もないこと.

无期 wúqī 無期限(の).[~徒刑]法 無期懲役.

无奇不有 wúqí bùyǒu〈成〉あらゆる奇妙なことがある.奇妙極まることばかり.

无铅 wúqiān 無鉛.[~汽 qì 油]無鉛ガソリン.[~化]無鉛化(する)

无牵无挂 wúqiān wúguà〈慣〉足手まといになるものがない.心にかかるものはさらにない.

无前 wúqián ①前例がない.②無敵である.比べものがない.[一往~][一往直前]〈成〉勇往邁進する.

无巧不成书 wúqiǎo bùchéngshū 不思議なことがあってこそ物語になる.[喩]何らの機縁がなければ問題は起こらない;[无巧不成话]ともいう.

无亲无故 wúqīn wúgù〈慣〉親類も友人もない.

无倾线 wúqīngxiàn ⇒[磁 cí 赤道]

无情 wúqíng ①無情である.人情をわきまえない.[落花有意,流水~]落花心あり流水情なし.[喩]片思い.②残酷だ.情け容赦なく.徹底的に.[一把粉碎了这种谰言]こうしたたわごとは,こっぱみじんに粉砕された.

无穷 wúqióng 限りがない.きりがない.際限がない.[言有尽而意~]言葉には限りがあるが,気持ちには限りがない.[~大][无限大]鉱 無限大.[~尽]限りのない.こよない.極まりのない.無尽蔵.[~小][无限小]鉱 無限小.

无趣 wúqù ①無趣味である.おもしろくない.②〈方〉物の分からない人.開けていない.

无权 wúquán 権能・権力がない.[~干涉]干渉する権利がない.[~阶级]非特権階級に[无产阶级]のもじりで.[特权阶级]に対していう.

无缺 wúquē 欠ける所がない.[金瓯 ōu~][喩]国土の完全堅固である.

无人 wúrén 無人の(.[~(飞)机]~驾 jià 驶机]無人飛行機.[~不晓]知らない人はいない.みんなが知っている.[~区]無人地帯.無人の荒野.[~售货处]無人売り場.セルフサービスカウンター.[~售票车]ワンマンカー.[~过问]かまってくれる人がない.相手にしてくれない.[~问津]訪れる人もいない.顧みる人がない.

无任 wúrèn〈文〉…に堪えない.十分である.[~感激]感激に堪えない.[~欢迎]大いに歓迎する.[~感佩]感佩に堪えない.

无任所大使 wúrènsuǒ dàshǐ 無任所大使.

无日 wúrì〈文〉①一日もない:後ろに[不]を置き二重否定する.[~不…]~でない日は一日もない.[~不思念]思わない日は一日もない.②日ならずして.久しからずして.間もなく.③その日がない.その日がいつ来るか分からない.[归国~]いつ国に帰るか分からない.

无如 wúrú〈文〉いかんせん.いかんともするなし.[我们本当去看他,~天色太晚了]わたし達は本来彼を訪ねて行くべきだが,いかんせん時間がもう遅い.→[无奈]

无啥 wúshá〈方〉①よろしい.なかなかいい.②何でもない.[也~事体]何の用もない.[就等一歇也~]しばらく待ってもいい.

无善可述 wúshàn kěshù〈成〉述べたてるほどのよいことでもない.話すほどのことでもない.→[乏 fá 善可述]

无伤 wúshāng ①無傷.②関係がないこと.差し障りがないこと.[~大雅 yǎ]〈成〉大体重要な点で差し障りがない.

无上 wúshàng〈无尚〉とも書く.この上もない.[~上品]最上等の品.[~光荣]この上ない光栄.

无涉 wúshè〈文〉かかわりがない.[与人~]他人とは関係がない.

无神论 wúshénlùn 哲 無神論.↔[有 yǒu 神论]

无声 wúshēng 音(声)がしない.[~齿轮]サイレントギア.[~电影]②(影)片(儿)][默片 (儿)]無声映画.[~无息]③静まりかえっている.ⓑなんの影響もない.[~无臭]何の気配もない.ⓑ無名である.[悄 qiāo 无声~]しきりと物音一つしない.

无生界 wúshēngjiè 生物のまだなかった世界:[太 tài 古界]ともいう.

无声胜有声 wúshēng shèng yǒushēng 言葉よりは情.[喩]論より証拠:[此时~](白居易・琵琶行)による.

无绳 wúshéng コードレス.ワイヤレス.[~电话][无线电话①]コードレス電話.

无师自通 wúshī zìtōng〈成〉独学で精通するようになる.

无时无刻 wúshí wúkè〈成〉いつも.絶え間なく:多く後ろに[不]を伴う.[我~不在想念着你]わたしは四六時中あなたのことを思っています.

无始无边 wúshǐ wúbiān〈成〉無始無辺.悠久にして広大なこと.

无视 wúshì 無視する.[他们~舆 yú 论的反对]彼らは世論の反対を無視する.

无事不登三宝殿 wúshì bùdēng sānbǎodiàn〈成〉用事があればこそ訪ねるのだ.[無事不来]の意.[三宝殿]は仏・法・僧の三宝を祭ってある仏殿.

无是公 wúshìgōng ⇒[吴是公]

无事生非 wúshì shēngfēi〈成〉元来事のないところへ故意に問題を起こす.

无殊 wúshū 区別のないこと.→[特 tè 殊]

无术 wúshù ①すべのない.方法がない.[分身~]分身を施す方法がない.②学問がない.[不学~]勉強をせず同前.

无数 wúshù ①無数である.数限りない.[死伤~]死傷者は数えきれない.②確信がない.成算がない.[心中~]胸に成算なし.→[有 yǒu 数儿]

无双 wúshuāng 二つとない.比べるものがない.[盖世~]世に並ぶものがない.→[无比]

无霜期 wúshuāngqī 農 無降霜期.

无水 wúshuǐ 化 無水の.[~阿摩尼亚]化 無水アンモニア.[~醋 cù 酸]化 無水酢酸.[~硼 péng 酸]化 無水硼酸;硼酸を熱して水の分子を完全に取り去ったもの.[~氧 yǎng 化铈]化(酸化ホウ素)に同じ.[~石膏][硬 yìng 石膏]硬石膏.[~酸]化無

wú 无

水酸.〔~碳 tàn 酸〕化二酸化炭素.〔~碳酸钠〕無水炭酸ソーダ.〔~羊毛脂〕化無水ラノリン.アデプスラネー。〔~氧化物〕化酸性酸化物.②水を使用しない.〔~洗 xǐ 车〕無水洗車:水を使わずにするワックス洗車.

无税口岸 wúshuì kǒu'àn 無税港.自由港.

无私 wúsī 私心がない.〔~无弊 bì〕〈成〉公平無私なこと.〔~无偏 piān〕〈成〉偏頗のないこと.私心を保ち,一方に偏しないこと.〔~无畏〕私心がなく恐れるものなし.〔~有弊〕〔~有畏〕〈成〉公平無私なためかえって人に猜疑を受けること.

无思无虑 wúsī wúlù〈成〉思慮がないこと.

无算 wúsuàn〈文〉数えきれない.無数の.〔损失~〕莫大の損失.

无损 wúsǔn ①損わない.〔争论~于友谊〕論争することは友情を傷つけるものではない.②無傷である.〔完好~〕完全無欠である.

无梭织布机 wúsuō zhībùjī 紡杼〔シ〕なし織機.

无所 wúsuǒ〈文〉…するところ(こと)がない.〔~不包〕すべてを包括している.〔~不能〕万能である.〔~不为 wéi〕為さざるをない.どんな悪いことでもする.〔~不用其极〕〈成〉⑧あらゆる面で全力を尽くすこと.⑤悪事をする時はどんな極端な手段でも用いること.〔~不有〕〔~不在〕ないところはない.〔~不知〕何でも知っている.〔~不至〕⑧至らさるところなし.全体・全部に及ぶ.⑤あらゆる手数を尽くして悪事をする.〔~措 cuò 手足〕どうしたらいいか分からない.〔~遁 dùn 形〕逃げ場がない.〔~凭依〕拠るべきところがない.申し分がない.〔~适 shì 从〕去就に迷う.どうしたらよいか分からない.〔~事事〕何もしていないる(遊んでいる).〔~畏 wèi 惧〕何事をも恐れない.〔用心~〕少しも気を遣わない.〔~作为〕無為な日を過ごす.

无所谓 wúsuǒwèi ①どうでもよい.どちらでもよい.関係がない.〔我去哪儿都~〕わたしはどこへ行ってもよい.②これといって言うことのない.何とも言うのない.〔他们也是~的在拥挤而已〕(丁·我)彼らも何とも言うことなしにもみあっているだけである.〔只是家常便饭,~请客〕ほんのありあわせでご馳走になります.

无他 wútā〈文〉①ほかにない.外でもない.②お変わりはありませんか(慰問の言葉).→〔无恙〕③二心はない.〔有死~〕死んでも二心はない.

无题 wútí 無題をもって題名とする詩文.〔~诗 shī〕無題詩.

无条件 wútiáojiàn 無条件(の).〔~停战〕無条件停戦.〔~投降 xiáng〕無条件降伏.〔~反对〕無条件反対.

无痛分娩法 wútòng fēnmiǎnfǎ 医無痛分娩法.

无头 wútóu〈文〉①頭(首)がない.〔~苍 cāng 蝇〕頭のないハエ.喩:進む方向を見失う.当てがわてふためく.②喻明確でない.〔~告示〕意味のはっきりしない告示.⑤役所風の文章.〔~(公)案 àn〕迷宮入りの事件.

无投信 wútóuxìn 配達不能の手紙.〔无法投遞郵件〕に同じ.

无土栽培 wútǔ zāipéi 農水耕栽培.

无外(乎) wúwài(hū) …にほかならない.…ほかでもない.〔不 bù 外(乎)〕ともいう.

无往(而)不利 wúwǎng (ér) bùlì〈成〉何をしてもうまくうまく行く.

无往(而)不胜 wúwǎng (ér) bùshèng〈成〉どこへ行っても勝つ.〔无往(而)不克 kè〕ともいう.

无妄 wúwàng ①真実偽りなし.②思いがけない.③〈文〉無妄〔ǎ〕:六十四卦の一.〔~之灾 zāi〕(易卦の辞)ゆえなくして咎(ǎ)を得る.〈喩〉不慮の災難.意外の災害.

无望 wúwàng ①見込みがない.望みがない.②望むなかれ.望んではいけない.〔~其速成〕速成を望んではならない.

无微不至 wúwēi bùzhì〈成〉行き届いている.至れり尽くせりである.〔照顾得~〕至れり尽くせりの手厚いお世話になる.〔我们受到这样~的招待,感谢不尽〕このような手厚いおもてなしを受けまして感謝に堪えません.

无为 wúwéi〈文〉①(道家の)無為自然.②(儒家の)徳治.③無為に日を過ごす.

无味 wúwèi ①味がない.〔食之~,弃之可惜〕食べてもおいしくないが,捨てるには惜しい.②おもしろ味がない.〔语言~〕言葉が味気ない.〔枯燥~〕無味乾燥である.

无畏 wúwèi ①恐れなし.〔大~精神〕何事をも恐れぬ精神.〔~的勇士〕恐れることを知らない勇士.〔~舰 jiàn〕弩 nǔ 級艦〕超弩級戦艦.⑤図(仏教の)無畏:仏が大衆の中で法を説くに泰然として畏れるところのない大徳.

无谓 wúwèi 意味がない.いわれがない.〔~的争吵〕意味のない口論.〔~的话别说了〕意味のない話はやめよう.

无我 wúwǒ ①自己を忘却する.忘我の.③図(仏教の)無我.

无…无… wú...wú... 二つの同義または近義の単語や造語要素の前に用いられて,ないことを強調する.〔~着~落〕落ち着く先もない.〔~拳~勇〕何ら武力がない.

无物 wúwù 何もない.〔空洞~〕中はからっぽである.

无误 wúwù 相違ない.確かである.〔签收到壹千元整~〕金壱千円也在正に領収しました.

无息 wúxī ①声がしない.〔无声~〕④ひっそりしているさま.⑤〈喩〉なんの影響もない.②商無利息である.〔~股 gǔ〕無配株.〔~贷 dài 款〕無利息借款.

无隙可乘 wúxì kěchéng〈成〉乗ずる隙がない.弱みにつけこめない.〔无机可乘〕〔无间 jiàn 可乘〕ともいう.〔大家都提高了警惕 tì,坏分子便~〕みなが警戒心を高めれば,悪質分子の乗ずる隙がなくなる.

无瑕 wúxiá〈文〉きずがない.〔完美~〕完全無欠である.

无暇 wúxiá 時間がない.〔~他顾〕ほかのことを考える暇がない.

无限 wúxiàn 無限(である).尽きることのない.〔~上纲〕些細なことを重大な罪状として非難しまたは罪を負わせる.取るに足らぬ事を何でも政治問題化すること.〔~(责 zé 任)公司〕商無限責任会社(合名会社).〔~量〕際限がない.限りがない.〔~级数〕無窮数 数 数 無限級数.〔~大〕数 無限大.〔~小〕数 無限小.〔~期〕無期限.

无线电 wúxiàndiàn ①無線電信.電信.〔拉 lā 丢〕(ラジオ)は旧訳.〔~器材〕ラジオ部品.〔~收发报机〕トランシーバー.②ラジオ受信機:ふつう〔收 shōu 音机〕という.〔~收音机〕同前.

无线电报 wúxiàn diànbào 無線電報.

无线电波 wúxiàn diànbō ラジオ波.

无线(电)传真 wúxiàn(diàn) chuánzhēn ファクシミリ.〔无线传真〕〔传真①〕(ファックス)ともいう.

无线电话 wúxiàn diànhuà ①コードレス電話.〔无绳电话〕に同じ.②無線電話.

无线电台 wúxiàn diàntái 無線通信局.〔电台③〕ともいう.→〔广 guǎng 播电台〕

无线通信 wúxiàn tōngxìn 無線通信.

无小无大 wúxiǎo wúdà ⇒〔无大无小①〕

无 wú

无效 wúxiào ①無効である.〔过期～〕日が過ぎたら無効.②効果がない.効き目がない.〔医治～〕治療の効果がない.

无邪 wúxié 邪心がない.〔天真～〕無邪気である.

无懈可击 wúxiè kějī〈成〉突かれるような緩みもない.→〔无隙可乘〕

无心 wúxīn ①する気がない.〔我～去做〕わたしはやろうという気がない.②何の気もない.〔一之过〕うっかりした過ち.うっかりミス.〔～中〕无意中無意識に.うっかりと.〔这是我～说的话,你别介意〕これは何気なく言った話だ,気にしないでくれ.〔插chā 柳成荫〕〈喩〉無心でやったことがいい結果をもたらす.→〔有yǒu 意栽花花不活〕 ③〖仏教の〗無心.妄念を起こさないこと.

无心磨床 wúxīn móchuáng 〖機〗無心研磨盤.センタレスグラインダー.

无心少肺 wúxīn shǎofèi〈成〉心の働きのない.物事の識別がつかない.

无行 wúxíng〈文〉善行のないこと.品行のよくないこと.

无形 wúxíng ①無形の.目に見えない.〔～的战线〕目に見えない戦線.〔～的枷jiā 锁〕目に見えない束縛.〔～损耗〕〖精〗精神損耗〖経〗無形の磨滅.道徳的磨滅.機能的磨滅.〔～资本〕〖経〗無形資本:専売権,著作権など.〔～资产〕〖経〗無形財産.②いつの間にか.知らぬ間に.〔～地取消了〕いつの間にか立ち消えになった.

无形中 wúxíngzhōng いつの間にか.知らず知らず.自然に.〔无形之中〕に同じ.〔这个计划～被取消了〕この計画はいつの間にか立ち消えになった.

无性 wúxìng 無性(の).〔～生殖 zhí〕〖生命〗無性生殖.〔～杂交〕〖生命〗無性雑交.〔～结婚〕セックスレス結婚.

无休止 wúxiūzhǐ 絶え間ない.果てしない.〔～地争论〕絶えず言い争う.

无袖衫 wúxiùshān 〖服〗ノースリーブ.タンクトップ.

无须 wúxū …の必要はない.…を要しない.〔～乎 hū〕同前.〔～拘泥那些礼仪を堅苦しくする必要はない.〔您～挂念〕どうぞ心配なく.どうぞご心配ご無用.

无需 wúxū〈文〉無用である.

无序 wúxù 無秩序・無法状態.

无涯 wúyá〈文〉際限がない.果てしがない:〔无边〕に同じ.

无烟 wúyān ①無煙(の).〔～产业〕〈喩〉旅行・観光・広告・情報産業の別称.〔～火药〕無煙火薬.〔～煤〕〔～焰 yàn 煤〕〔～方 bái 体〕〖鉱〗無煙炭.〔烟煤〕②禁煙の.喫煙禁止(の).〔～学校〕キャンパス内禁煙の学校.

无盐 wúyán 無塩分(の).②〈文〉醜女の別称.→〔钟 zhōng 离春〕

无颜见人 wúyán jiànrén 人に合わせる顔がない:〔无脸见人〕ともいう.〔无颜见多娘〕親に合わせる顔がない.

无言以对 wúyán yǐ duì〈成〉返答する言葉がない.

无氧 wúyǎng 無酸素(の).〔～酸 suān〕〖化〗水素酸.〔～运动〕無酸素運動.

无恙 wúyàng〈文〉つつがない.健康である.〔别来～?〕その後変わりありませんか.→〔无他②〕

无药可医 wúyào kěyī 治療する薬がない.〈喩〉手の打ちようがない.救いようがない.→〔不 bù 可教药〕

无业 wúyè ①無職(の).〔～游民〕無職者の遊民.〔～状态〕無職.失業状態.②無資産である.

无一… wúyī… 一つとして…はない.〔～不晓 xiǎo〕何一つ知らないことはない.〔～应 yīng 有尽有〕成〕何もかも揃っている.〔～是处〕〔一无是处〕〈成〉よいところが一つもない.〔～例 lì 外〕例外は無い.

无依 wúyī 身寄りがない.〔～无靠〕[无倚 yǐ 无靠〕〈成〉頼るところがない.寄る辺がない.

无遗 wúyí 余すところなく.残らず.〔一览〕もれなく一覧した.

无疑 wúyí 疑いない.〔这～显示出对外貿易の衰縮〕これは疑いもなく対外貿易の衰退を示すものである.〔～地〕疑いもなく.もちろん.

无已 wúyǐ〈文〉①尽きるところがない.已(˘)まない.〔悲愤～〕悲しみ憤らないではいられない.〔～之至意〕尽きざる至情.②やむを得ず.→〔不 bù 得已〕

无以 wúyǐ (…の)すべがない.…しない.〔～复加〕〈成〉これ以上加えるものがない.これより甚だしいものはない.〔～名之〕〈成〉名前のつけようがない.どう呼んでいいのかわからない.〔～为生〕生計の道がない.〔～自解〕気晴らしすることができない.

无艺 wúyì〈文〉①定則がない.②限度がない.

无异 wúyì 異ならない.違いない.

无益 wúyì 無益である.〔纯系～之举〕まったくためにならない行動だ.

无意 wúyì ①無意識(の).故意ではない.〔碰了你一下,我可是～的〕ぶつかったのは全く偶然だ.②するつもりはない.する気はない.〔～去玩〕遊びに行く考えはない.

无意而飞 wúyì ér fēi ⇒〔不 bù 翼而飞〕

无意犯 wúyìfàn〖法〗過失による犯罪.過失犯.

无意间 wúyìjiān たまたま.〔那是～发现的〕それはたまたま発見されたものだ.

无翼鸟 wúyìniǎo ⇒〔几 jǐ 维鸟〕

无意识 wúyìshí 無意識.〔～的一举动〕無意識の行動.

无意中 wúyìzhōng ⇒〔无心中〕

无垠 wúyín〈文〉限りがない.果てしがない.

无影灯 wúyǐngdēng 〖医〗無影灯.

无影无踪 wúyǐng wúzōng〈成〉影も形もない.跡形もない.

无庸 wúyōng ⇒〔毋庸〕

无用 wúyòng 用途がない.〔～的东西〕役に立たない物または人間.〔～功〕無効仕事.無効エネルギー.

无忧无虑 wúyōu wúlǜ〈慣〉憂いもなく心配もない.

无由 wúyóu〈文〉…する道がない.〔无从〕に同じ.

无有 wúyǒu ない.〔分文～〕一文もない.〔～此事〕このことはない.〔～不验〕効験あらたかならざるなし.

无余 wúyú〈文〉余す所がない.→〔无遗〕

无援 wúyuán 心配がない.

无与伦比 wú yǔ lúnbǐ〈成〉他と比べるものがない.比類がない.

无冤无仇 wúyuān wúchóu〈成〉恨みもなく仇もない.何ら恨みがない.

无缘 wúyuán ①縁がない.〔两次造访,都～得见〕2度ほどお訪ねしましたが,縁がなくお目に掛かれませんでした.②理由がない.〔～无故〕何の理由もない:〔平 píng 白无故〕に同じ.

无援 wúyuán 助けがない.〔孤 gū 立～〕孤立無援.

无原则 wúyuánzé 無原則(的).〔～斗争〕一定の方針・標準を持たずに行う闘争.

无源之水,无本之木 wúyuán zhī shuǐ, wúběn zhī mù〈成〉源のない水,根のない木:基礎のないこと.

无约定出价 wúyuēdìng chūjià 〖商〗無条件提供.

无章 wúzhāng きまりがない.秩序がない.〔杂 zá 乱

wú 无芜毋吾郚浯捂唔梧铻鼯吴

无障碍 wúzhàng'ài バリアフリー.〔~化〕同前.〔~设施〕同前の施設・建物.〔~住宅〕〔~房子〕バリアフリー住宅.

无照 wúzhào 無免許.〔~驾 jià 驶〕無免許運転.〔~推 tuī 贩〕無許可販売.

无针不引线 wúzhēn bùyǐnxiàn〈谚〉針がなければ糸は通らない.〈喩〉中に立つ者(または相手)がいなければ成り立たない.〔~,无水不渡船〕ともいう.

无政府主义 wúzhèngfǔ zhǔyì 無政府主義.→〔安 ān 那其〕

无知 wúzhī 無知である.〔~妄做〕何も知らないくせにみだりに事をする.〔~无识〕何の知識もない.

无止境 wúzhǐjìng とどまるところがない.

无中生有 wúzhōng shēngyǒu ① ありもしないことを作り出す.捏造する. ②〈文〉万有は無から出る(道家の言)

无主 wúzhǔ 主がない.無主(の).〔~物 wù〕因 無主物:何人の所有にも属さない物.〔~财产〕無主財産.

无主句 wúzhǔjù 因 無主語文.

无状 wúzhuàng ①形がない.礼儀がない.なってない.〔口语〕言うことがなってない.〔醉后~〕酔って醜態を演ずる. ②功績がない.

无着 wúzhuó 落ち着くところがない.決着がつかない.尻切れとんぼになる.〔财源~〕財源の目そがない.

无訾 wúzī〈文〉①はかり知れない.数えきれない. ②金銭・財物がない.

无足轻重 wúzú qīngzhòng=〔不 bù 足轻重〕〔成〕取るに足りない.重視するに及ばない.〔无足重轻〕ともいう.〔一件小事〕どうでもいいこと.

无阻 wúzǔ 支障がない.強行する.〔风雨~〕風雨にかかわらず実施する.雨天決行.

无罪 wúzuì 因 無罪.〔~推 tuī 定〕推定無罪.〔~释 shì 放〕無罪釈放.

无座 wúzuò〔列车など〕席がないこと.

无坐力炮 wú zuòlì pào ⇒〔无后坐力炮〕

〔芜・蕪〕 wú ①〈文〉雑草が生い茂っている(こと).荒れている(こと).〔荒~〕荒れて雑草が茂っていること.〔去~存 jīng 精〕雑物を取り除いて精華を残す. ②雑草の生い茂っているところ.〔平~〕雑草の生い茂った平原. ③〈文〉乱雑(である).〔删 shān 汰繁~〕繁雑なものを削り去る.→〔芜词〕

芜鄙 wúbǐ〔文章が〕乱雑で平凡である.

芜词 wúcí〈文〉乱雑な言葉.拙い言葉.支離滅裂な言葉:〔芜辞〕とも書く.

芜函 wúhán〈謙〉〈敬〉〔忿〕簡.〔月前寄奉~〕〔贘〕先月拙信を差し上げました.

芜荒 wúhuāng 荒廃する.荒れる.

芜秽 wúhuì〈文〉荒れる.〔一片荒凉~的平地〕荒れはてて草ぼうぼうとなった平地.

芜菁 wújīng=〔蔓 mán 菁〕圃 カブ(ラ).またその塊根.〔蕪 fēng 蕠 ráo ③〕は古名.〔方〕扁 biǎn 萝卜〕〔方〕圆 yuán 根②〕ともいう.〔~甘蓝〕圃 ネカラシナ:〔大 dà 头菜〕の別称.

芜菁蜂 wújīngfēng 圃 蜂の一種.蠅に似て黄色,幼虫はかぶの葉を食害する.

芜劣 wúliè (文章が) 乱雑で,拙劣である.

芜杂 wúzá 乱雑である:多く文章についていう.

芜章 wúzhāng〈谦〉私の手紙.拙信.

〔毋(毌)〕 wú ①〈文〉〜する.…してはいけない:禁止を表す.〔~忘此仇〕この仇を忘れるな.〔临难~苟免 miǎn〕困難にあって一時逃れをするな.〔~④〕〔勿 wù ①〕 ②〈姓〉

毋(毌).

毋必 wúbì 必ずしも…ない.…するに及ばない.〔不 bù 必〕

毋待 wúdài する必要がない.〔~赘 zhuì 言〕くどくどと言うまでもない.

毋宁 wúníng …よりむしろ…の方がよい.〔毋寧〕とも書いた.〔与 yǔ〕〔与其〕と連用する.〔与其说是中国的问题,~说是世界的问题〕中国の問題というよりは,むしろ世界の問題である.

毋任 wúrèn 〜に堪えない.〔~感荷〕〔贘〕感謝に堪えない.〔~盼祷〕〔贘〕希望に堪えない.

毋庸 wúyōng〈文〉用うるに及ばない.する必要はない.〔毋庸〕とも書いた.〔~挂虑〕〜要心心配の必要はない.〔~置疑〕疑う必要はない.問題とするに及ばない.〔~讳 huì 言〕隠し立てするに及ばない.〔~赘 zhuì 言〕〔~赘述〕くどくどと言うまでもない.

〔吾〕 wú ①〈文〉われ.われら.〔~日三省 xǐng 〜身〕〈成〉日に三度わが身を省みる.→〔我 wǒ〕 ②〈姓〉吾(ご)

吾辈 wúbèi =〔吾曹〕〔吾侪〕〔吾等〕〔吾人〕〔吾徒 ②〕〈文〉吾人.我々.われら:〔我 wǒ 辈〕に同じ.

吾曹 wúcáo 同上.

吾侪 wúchái ⇒〔吾辈〕

吾等 wúděng ⇒〔吾辈〕

吾丘 wúqiū〈姓〉吾丘(きゅう)

吾人 wúrén〈文〉わが弟子.わが門人. ②⇒〔吾辈〕

吾徒 wútú ①〈文〉わが弟子.わが門人. ②⇒〔吾辈〕

吾兄 wúxiōng〈文〉①わたしの兄. ②〈転〉友人に対する親しみの敬称.

〔郚〕 wú 地名用字.〔郚 táng ~〕圃 山東省にある.

〔浯〕 wú 地名用字.〔~河〕圃 山東省にある.

〔捂〕 wú →〔支 zhī 吾〕→ wǔ

〔唔〕 wú〔咿 yī ~〕〈擬〉節をつけて本を読む声. → ḿ

〔梧〕 wú 圃 アオギリ.〔~桐〕は通称. ②〈姓〉梧(ご)

梧鼠 wúshǔ ⇒〔鼯鼠〕

梧桐 wútóng〔青 qīng 桐〕圃 アオギリ:アオギリ科の落葉高木.良材となる.〔~子〕青桐の実.〔~飘 piáo 儿〕青桐の実のさや.〔没有一树招不来凤 fēng 凰〕青桐の木がなければ鳳凰を招くことはできない.〈喩〉品物がよくなければ客がつかない.

〔铻・鋙〕 wú 〔锟 kūn ~〕古代の山の名.また,そこに産した鉄で作った名剣:周の穆王が西戎を伐った際,献上されたと伝えられる. → yǔ

〔鼯〕 wú

鼯鼠 wúshǔ =〔梧鼠〕ムササビ:〔大 dà 飞鼠〕〔飞 fēi 狐〕〔飞鼠①〕は別称.〔鼯 shí 鼠〕は古名.

〔吴(吳・吴・呉)〕 wú ①史 春秋時代の国名:現在の淮河以南浙江省北部に至る長江下流の一帯の地. ②史 朝代名. ⓐ三国の一.222年〜280年.孫権の建てた国:現在の長江中・下流,准河以南,珠江一帯,越南の北を領した.建業(南京)に都し,晋に滅ぼされる. ⓑ五代十国の一. ③江蘇省南部と浙江省北部一帯を指す.〔~语话〕 ④江蘇省蘇州市の別称. ⑤〈姓〉吳(ご)

吴方言 wúfāngyán ⇒〔吴语〕

吴刚 wúgāng 伝説上の月に居る仙人:月には五百丈の桂の大木があり,その下に住むといわれる.

吴蜈鹀五 wú～wǔ

吴哥 wúgē 〔地〕アンコール.〔～窟 kū〕〔～寺〕アンコールワット:カンボジアにある.
吴钩 wúgōu 月形に曲がっている刀.
吴牛喘月 wúniú chuǎnyuè〈成〉呉の牛,月に喘ぐ:南方の水牛は月を見ても太陽と思い暑くなることを恐れること.〔喻〕⒜酷暑.⒝疑心暗鬼になること.
吴侬 wúnóng 〈方〉呉の人:呉音の中には〔侬〕の音を帯びるものが多いため.〔～软语〕軟らかい呉語:多く蘇州方言を指す.
吴其人 wúqírén ⇒〔吴是公〕
吴市吹箫 wúshì chuīxiāo〈成〉旅路で困窮に陥り人に恵みを請うこと:春秋時代,呉の名将伍子胥が楚国を脱出し陵水地方に至って遂に衣食に窮し,呉市で笛を吹いて食を請うた故事.
吴是公 wúshìgōng 架空の人物〔无是公〕〔亡是公〕(この人物は存在しない)をもじった言葉.〔吴其人〕〔吴有仁〕〔梅 méi 有仁〕〔乌 wū 其人〕〔乌有人〕ともいう.
吴头楚尾 wútóu chǔwěi ⇒〔楚尾吴头〕
吴下阿蒙 wúxià āméng〈成〉凡庸な人:〔阿蒙〕は三国の呂蒙の少年時代の称呼.魯粛が呂蒙をほめて〔吾謂大弟伯武略耳,至于今者学識英博,非复～〕(きみは昔の武弁だと思っていたが,今では学識もひろく,もう呉にいた時の阿蒙ではない)と言った.
吴有仁 wúyǒurén ⇒〔吴是公〕
吴语 wúyǔ =〔吴方言〕上海・江蘇省南部と浙江省北部一帯の方言.
吴越 wúyuè ①呉越:朝代名.五代十国の一.②春秋時代の〔吴〕と〔越〕二国.またその領域:現在の江蘇・浙江一帯.
吴越同舟 wúyuè tóngzhōu〈成〉呉越同舟:仇敵同志が同一の舟または同一の場所に一緒にいること.
吴茱萸 wúzhūyú〔植〕ゴシュユ(またはその近縁種):ミカン科の落葉高木.
吴子 wúzǐ〔書〕戦国時代,魏の呉起の著.古代の兵書.→〔孙子 sūnzǐ ②〕

〔蜈(蜈)〕wú

蜈蚣 wúgōng〔虫〕ムカデ.〔方〕〔百 bǎi 脚〕〔百足〕〔文〕蚰 jū 蛆〕〔方〕蚰 yóu 蜒②〕ともいう.
蜈蚣草 wúgōngcǎo〔植〕①タマシダ.②モエジマシダ.
蜈蚣簇 wúgōngcù ⇒〔簇〕

〔鹀・鵐〕wú 〔鳥〕アトリ(総称).〔灰 huī 头～〕アオジ.〔三 sān 道 dào 眉草～〕ホオジロ.〔黄 huáng 眉～〕キマユホオジロ.

〔五〕wǔ (Ⅰ)①5.五つ.→〔伍③〕②第5(の).〔～年级〕5学年(の).③〈姓〉五(㋐)
(Ⅱ)→〔工 gōng 尺〕

五爱 wǔ'ài〔祖国〕〔人民〕〔科学〕〔劳动〕〔公共財物〕を大切に守ること.
五霸 wǔbà〔春秋〕斉の桓公・晋の文公・秦の穆公・宋の襄公・楚の荘公.
五保 wǔbǎo 食・衣・住・医療・埋葬費などを保障すること.〔～户〕同上が保障されている世帯.生活保護世帯.
五倍子 wǔbèizǐ〔五棓子〕とも書く.〔薬〕五倍子(ふし).〔倍子〕〔棓子〕ともいう.〔～虫〕(ヌルデミミフシ・フシムシ)が〔盐 yán 肤木〕(ヌルデ,フシノキ)の葉柄による刺激で生じた〔虫瘿 yǐng〕(虫こぶ)をいう.いくつかの突起のある嚢状のものを〔角 jiǎo 倍〕,突起のある紡錘状のものを〔肚 dù 倍〕という.多量のタンニンを含み,タンニン・没食子(ぼっしょ)・ピロガロールの重要な製造原料となる.〔～酸〕没食子酸.〔化〕没食子酸.→〔旌 jing 节花〕〔没食子〕
五笔字型 wǔbǐ zìxíng〔電算〕BIG5 コード.
五兵 wǔbīng〔古〕5種の武器:戈・殳・戟・酋矛・夷矛.
五步成诗 wǔbù chéngshī〈成〉詩文の才が優れていること:唐の史青は5歩あるくうちに詩を作った.→〔七 qī 步成诗〕
五不取 wǔbùqǔ〔古〕妻として娶らない5条件:親不孝者,乱れた家の者,刑を受けた者,悪疾ある者,父を亡くした長女.〔五不娶〕とも書く.
五步蛇 wǔbùshé =〔白 bái 花蛇〕〔百 bǎi 步蛇〕〔動〕蝮(ぶく)の一種:頭は三角形で猛毒を有し,咬まれると,5歩とか100歩のうちに死ぬと伝えられる.長江沿岸に産する.湖北蘄春県に産するものは〔蘄 qí 蛇〕として薬用される.
五彩 wǔcǎi 五色:青・黄・赤・白・黒.〔転〕多彩な色どり.〔～缤 bīn 纷〕〔～斑 bān 斓〕色とりどりで美しい.〔～铅笔〕多色の色鉛筆.〔～影片〕〔彩色片〕カラー映画.天然色映画.〔～纸屑 xiè〕五色の紙ふぶき.〔天花板上悬 xuán 着各種一縦紛的絲带〕天井に5色のきらびやかなリボンがかかっている.
五钗松 wǔchāisōng ⇒〔白 bái 松①〕
五常 wǔcháng ⒜〈文〉五常.⒝仁・義・礼・智・信.〔五伦〕父子の親・君臣の義・夫婦の別・長幼の序・朋友の信.⒞=〔五教〕父の義・母の慈・兄の友・弟の恭・子の孝.⒟国連〔五个常任理事国〕の略.
五尘六欲 wǔchén liùyù〔仏教〕⒜色・声・香・味・触と,色欲・形貌欲・威儀姿態欲・言語音声欲・細滑欲・人相欲.
五尺子 wǔchǐzi〔旧〕(建築用の)木製の5尺ざし.
五齿子 wǔchǐzi(農具の)イガ.
五畜 wǔchù 五畜:牛・羊・鶏・犬・豚の5種の家畜.
五大 wǔdà 五種の大学:〔电 diàn 视大学〕〔函 hán 授大学〕〔业 yè 余大学〕〔夜 yè 大学〕〔职 zhí 工大学〕
五大行 wǔdàháng〔旧〕五大商売:米業・呉服屋・煙草屋・酒屋・茶屋.
五大三粗 wǔdà sāncū〈慣〉体格が堂々としている.たくましい.〔这个青年长得～〕この青年は同前.
五大洲 wǔdàzhōu 五大州.
五代 wǔdài〔史〕⒜唐末から宋初(907年～960年)にかけて興亡した後梁・後唐・後晋・後漢・後周.〔～十国〕同前及び中原以外の諸地方に興亡した呉・呉越・前蜀・閩・南漢・荊南(南平)・楚・後蜀・南唐・北漢の十国.⒝古代の唐・虞・夏・商・周.
五旦散 wǔdàn sǎn →〔行散 xíngsǎn〕
五道 wǔdào〔仏〕(仏教の)五道:天・人・地獄・畜生・餓鬼.
五狄 wǔdí〔古〕北方に住んでいた五つの蛮族:月氏・穢貉・匈奴・单于・白屋.
五帝 wǔdì 五帝:⒜太昊(伏羲)・炎帝(神農)・黄帝・少昊・顓頊.⒝顓頊・帝嚳・唐堯・虞舜・唐堯・虞舜.⒞少昊・顓頊・帝嚳・唐堯・虞舜.⒟五方の帝:東方の青帝・南方の赤帝・中央の黄帝・西方の白帝・北方の黒帝.
五冬六夏 wǔdōng liùxià〈慣〉年がら年中:〔无 wú 冬无夏〕ともいう.
五斗橱 wǔdǒuchú 同下.
五斗柜 wǔdǒuguì =〔五抽屉〕〔五屉柜〕たんす:〔五斗〕は五つの引き出し.
五斗米 wǔdǒumǐ 米 5斗(の俸禄).〈喩〉わずかな俸禄.〔吾不能为～折腰〕われわずかな俸禄のために腰を曲げはしない.
五斗米道 wǔdǒumǐ dào〔宗〕道教最古の一派.漢代,張道陵すなわち〔張天師〕が創った.入信する者

wǔ

五都 wǔdū〈文〉(各時代の代表的な)五つの大都会.ⓐ漢代は,洛陽・邯鄲・臨淄・宛・成都.ⓑ漢から魏の間は,長安・譙・許昌・鄴・洛陽.ⓒ唐代は,長安・洛陽・鳳翔・江陵・太原.

五毒 wǔdú ①五種の毒.⑤石胆・丹砂・雄黄・礬石・慈石の毒:毒物でもあるが傷を治すのに用いた.ⓑ蛇・蠍蜥蜴(xiēyì)・蜈蚣(wúgōng)・蝎(xiē)・壁虎(xiē)の毒:旧時,[端 duān 午(节)]に床下などに[雄 xióng 黄酒]をまいて同前の毒虫の描かれている焼きまんじゅう:端午の節句の食べ物.[~饼 bǐng]~饽 bō 饽]ⓒ表面に同前の毒虫の描かれている焼きまんじゅう:端午の節句の食べ物.[~喩]五種の残酷な刑.⑤回(資本家が身につける)五種の悪習:贈賄・脱税・国家資材の盗用・原料手間などのごまかし・国家経済情報の盗洩.→[三 sān 反五反运动]

五短 wǔduǎn 体や手足が小づくりである.[只见来人生得~身材]見るとむこうからやって来る人は小柄な人であった.

五遁 wǔdùn 囗(道家で仙人の)五遁の法:金遁・木遁・水遁・火遁・土遁.

五多 wǔduō 任務・文書・会議・組織機構・幹部の兼職が多いこと:官僚主義的な傾向.

五反(运动) wǔfǎn (yùndòng) →[三 sān 反五反运动]

五方 wǔfāng ①東西南北と中央.[~杂处 chǔ]〈成〉各方面の人が雑居する.②中国と夷・蛮・戎・狄.

五分 wǔfēn [—儿]5 点(満点での).[~制][~级分制]五段階評価制.

五分钟热度 wǔfēnzhōng rèdù〈喩〉熱しやすく冷めやすいこと.

五风十雨 wǔfēng shíyǔ〈成〉五日に一度風が吹き,十日に一度雨が降る.⓪気候の順調なこと:[十风五雨]ともいう.⓫[风调雨顺]

五服 wǔfú 固①五種の服喪の形式:死者との関係の親疎によって期間・着衣に 5 段階の区別がある.→[九 jiǔ 族] ②五種の服属地:畿外の地を侯服・甸服・綏服・要服・荒服に分けた. ③[天子・諸公・卿・大夫・士]の五種.

五福 wǔfú〈文〉寿・富・康寧(健康)・攸好徳(すべてのことを徳義的にする)・考終命(長寿を保ち安楽に死ぬこと).[~临门]〈成〉すべての福がその家に集まる.

五福捧寿 wǔfú pěngshòu 吉祥図絵の一種:寿の字を真ん中に書きその周囲に[5蝠 fú](5匹の蝙蝠(gōng))を模様化して描いたもの.

五更 wǔgēng 囝五更(gèng).ⓐ日没から夜明けまでを五分した時刻の名称:[五鼓]ともいう.[初 chū 更](肖五ッ.戌の刻,午後 7〜9 時頃),[二更](夜四ッ.亥の刻,午後 9〜11 時頃),[三更](深夜九ッ.子の刻,午後 11〜午前 1 時頃),[四更](中八ッ.丑の刻,午前 1〜3 時頃),[五更](晓七ッ.寅の刻,午前 3〜5 時頃)とした.ⓑ同前の 5 番目.寅.ⓒ[~天][五鼓]は[五更 yín 时]同前.[~泻 xiè]囨医腎方の下痢:老人病.

五供(儿) wǔgòng(r) 五種の祭祀用具:香炉・ろうそく立てなど.[桌上的锡蜡~擦得镜亮]卓上の錫製の祭祀用具はぴかぴかに磨いてある.[~托儿]祭祀用具入れの盆.

五古 wǔgǔ [五言古诗]の略.[古体(诗)]の一種.

五谷 wǔgǔ [五穀]稲・黍・稷・麦・豆(諸説あり).[~杂 zá 粮]同前.[~丰 fēng 登]五穀豊穣.[~不分]五穀の区別がつかない.〈喩〉何もわからない(知識がない).[不辨 biàn 菽麦]ともいう.→[八 bā 谷]

五谷虫 wǔgǔchóng 囨蛆(qū)虫:解熱・解毒薬にする.

五谷树 wǔgǔshù ⇒[雪 xuě 柳①]

五官 wǔguān ①身体の 5 種の器官:一般には目・耳・鼻・舌・口(唇)をいう.[转]目鼻だち.顔だち.[~端正]目鼻だちが整っている.[~不正]五官に欠陥のある者.障害のある者.ⓑ相貌が端正でない.[~科 kē](病院の)耳・鼻・眼・口・咽喉科.②[古]五種の官職:[司徒][司马][司空][司士][司寇](礼记・曲礼)

五光十色 wǔguāng shísè〈成〉種類が多く色とりどりで美しいさま.[~鲜艶夺目]同前で目を奪う.[~无奇不有]同前で珍しい物ばかりである.→[五花八门]

五害 wǔhài [蚊子](か),[苍蝇](はえ),[老鼠](ねずみ),[臭虫](とこじらみ,なんきんむし),[飞蠊](ごきぶり)の五つの害.[除~]同前の駆除(運動).→[四 sì 害]

五行八作 wǔháng bāzuò〈喩〉各種の職業.[这伙人中~,要什么手艺的都有]これらの人の中にはどんな職業者もいる.

五好 wǔhǎo 五つの面に優れていること:[~战士][~集体][~妇女][~学生][~公社]などそれぞれ五つの具体的な目標をかかげる.→[三 sān 好]

五号电池 wǔhào diànchí 単三型乾電池.

五合板 wǔhébǎn 5枚合わせの合板.

五胡 wǔhú 囝①東晋代中期に侵入した匈奴・羯・鮮卑・氐・羌の 5 種族.[~十六国]晋の永興初年から宋の元嘉16年までの135年間に五胡が相前後して中原に侵入して建てた十六国.

五湖 wǔhú 五大湖:ふつう太湖・鄱陽湖・洞庭湖・巣湖・洪沢湖をいう.

五湖四海 wǔhú sìhǎi 域内の五湖と域外の四海.〈喩〉津津浦浦.全国各地.[结 jié 交~的英雄豪杰 háojié]天下の英雄豪傑と交わりを結ぶ.

五花八门 wǔhuā bāmén〈喩〉多種多様である.種類が雑多である:古代兵法の五花陣と八門陣(変化の多様な戦術).[关于这件事,外边~地传说着]この事については外ではさまざまに言いふらされている.→[五光十色]

五花肠子六花心 wǔhuā chángzi liùhuāxīn〈喩〉心の変わりやすいこと.[这样~的人,哪里靠得住]こんなお天気屋が,どうしてあてになるものか.

五花脸 wǔhuāliǎn ⇒[五花脸]

五花大绑 wǔhuā dàbǎng〈慣〉がんじがらめに縛る縄を首から胸にまわして後手に縛るもの.[把韩老六捆上了~]韓老六をがんじ縛り上げた.

五花马 wǔhuāmǎ =[五花骖]青白雑色の馬.

五花儿 wǔhuār 同下.

五花肉 wǔhuāròu ⇒[方][五花儿]豚の脂身と肉が交錯している部分:[夹 jiā 心]ともいう.

五花三层 wǔhuā sāncéng 三枚肉.バラ肉.

五铧犁 wǔhuálí 农五爪ブラウ.カルチベーター.

五环旗 wǔhuánqí 五輪旗:オリンピックの旗.

五黄六月 wǔhuáng liùyuè〈慣〉旧暦5,6月の暑い天気.

五荤 wǔhūn 五薑(chūn):[五辛]ともいう.ⓐ仏家では[(大 dà)蒜](ニンニク)・[(小 xiǎo)蒜](同前の中国在来種)・[兴 xing 蒜](ネギ)・[慈 cí 葱](ワケギ)・[茖 gé 葱](ギョウジャニンニク).ⓑ道家では[韭 jiǔ](ニラ)・[薤 xiè](ラッキョウ)・[蒜 suàn](ニンニク)・[芸薹](ウンタイ)・[胡 hú 荽](コウサイ).ⓒ道教の修行者では[小蒜][大蒜][韭][芸薹(菜)][胡荽]

五级分制 wǔjí fēnzhì ⇒[五分制]

五极管 wǔjíguǎn 電五極管.

五 wǔ

五脊六兽 wǔjǐ liùshòu ①宮殿式の建物.屋根に五つの山があり,それぞれの端に獣の頭が一つずつ(中央を入れ計六つ)ついている. ②〈方〉つまらなくてたまらない:[五脊子六兽]ともいう.

五加 wǔjiā 植ウコギ(その近縁種):葉は食用とし,根皮は[〜皮 pí][豹 chái 漆]と称し薬用される.[〜皮酒]同前の根皮を浸出させた薬酒.

五讲四美 wǔjiǎng sìměi [文明礼貌](マナー・エチケット)確立の行為規範:[讲文明][讲礼貌][讲卫生][讲秩序][讲道德]と[心灵美][语言美][行为美][环境美].

五角 wǔjiǎo 五角.[〜星]五角の星形.[〜形]五角形.[〜大楼 lóu]ペンタゴン:アメリカ国防総省の建物.

五教 wǔjiào ⇒[五常]©

五戒 wǔjiè 図(仏教の)五戒(かい):不殺生・不偸盗・不邪淫・不妄語・不飲酒.

五金 wǔjīn ①五金:[金][银 yín][铜 tóng][锡 xī][铁 tiě]の五つの金属.[转]金物(もの).[〜行 háng]〔=〕商店[金物商.〔=〕矿产]金属鉱産(物). →[大 dà 五金][小 xiǎo 五金] ②金具.[自由装配〜]自由取りつけ金具. ③⇒[巴 bā 五合金]

五金奎 wǔjīnkuí =[五魁(首)]

五经 wǔjīng 五経(きょう):易・書・詩・礼・春秋の五種の経書.[〜扫地]〈喩〉聖人の道が地をはらう(すっかり衰える)

五经魁 wǔjīngkuí ⇒[五魁(首)]

五九六九河边看柳 wǔjiǔ liùjiǔ hébiān kànliǔ 〔諺〕冬至のあと45日か54日ごろには柳が芽ぐむ. →[九九消寒图]

五绝 wǔjué [五言绝句]の略.〔近 jìn 体(诗)〕の一種.

五角六张 wǔjué liùzhāng 〈喩〉物事が順調にいかないこと:[角][张]はいずれも二十八宿の一.5日や6日のうちに角宿や張宿などの星宿が巡ってくるということから,多事多難の意.

五口通商 wǔkǒu tōngshāng 史1842年(清の道光22年)アヘン戦争の結果,南京条約によって上海・広州・福州・厦門・寧波の5港を開き通商港とした.

五魁(首) wǔkuí(shǒu) =[五金奎][五经魁]〈文〉①郷試の首席から第5席までを称し[科を挙げ]の[乡 xiāng 试]では五経のどれかを選択して受験させ各経の[魁](トップ)が全体の第1席から第5席までとされたのでこのようにいう. ②→[划 huá 拳②]

五劳七伤 wǔláo qīshāng 中医心・肝・脾・肺・腎の[五脏]と喜・怒・哀・懼(く)・愛・悪・欲の[七情]の疲労により病となること:[五痨七伤]とも書いた.

五雷轰顶 wǔléi hōngdǐng 〈喩〉突然の打撃.寝耳に水.

五类分子 wǔlèi fēnzǐ (文革期,排除の対象とされた)5種類の階層:地主・富農・反革命・右派・悪質分子.[黑 hēi 五类]ともいった.

五里墩 wǔlǐdūn 旧(5里ごとにあった)里程塚.

五里雾 wǔlǐwù 〈喩〉迷宮.迷路:昔,道術で作った霧といった.[如坠 zhuì 〜中]五里霧中に落ち込んだようだ.

五敛子 wǔliǎnzǐ →[阳 yáng 桃①]

五粮液 wǔliángyè 四川省宜賓で生産される焼酎:小麦・高粱・とうもろこし・ひえ・粟の5種類を原料として作られる.

五零四散 wǔlíng sìsàn 〔慣〕散り散りばらばらになる.〔好好的一家人被战争搞得〜〕ちゃんとした一家が戦争のためにちりぢりとなる.

五灵脂 wǔlíngzhī =[灵脂]中医ムササビの糞:主に婦人病用の薬材.

五岭 wǔlǐng 湖南・江西西部・広西広東北部の境にある越城嶺・都龐嶺・萌渚嶺・騎田嶺・大瘐嶺.

五鹿 wǔlù 〔姓〕五鹿(.).

五律 wǔlǜ [五言律诗]の略.〔近 jìn 体(诗)〕の一種.

五伦 wǔlún 〈文〉父子の親・君臣の義・夫婦の別・長幼の序・朋友の信に同じ.[〜三纲]同前と父子・夫婦・君臣の道.

五马分尸 wǔmǎ fēnshī 古車裂きの刑:罪人の両手・両足・首を五台の馬車に結びつけて引き裂く刑.〈喩〉完全なものが粉々になる.

五明 wǔmíng 古五明(ょう):インドにおける科学の名.すなわち,声明(文字・音声),工巧明(美術・暦数),医方明(医術・禁呪),因明(論理),内明(哲学).

五内 wǔnèi 〈文〉五臟:[五脏]に同じ.[〜俱焚 fén]〈喩〉悲痛極まるさま.[〜如焚]〈喩〉居ても立ってもいられない.

五年计划 wǔnián jìhuà 五か年計画:第1次は1953年より始まり,2005年の第11次より[五年规 guī 划]という.

五七 wǔqī 古①五七日(ち):人の死後七日目ごとにお経をあげる儀式,例えば[头 tóu 七](初七日),[三七](三七日),[七七](四十九日)などという. →[办 bàn 七] ②(概数の)五つ六つ,六つ七つ.[〜天]5,6日(間). [〜杯酒]5,6杯の酒.

五七干校 wǔqī gànxiào 文革期に設立された幹部訓練学校.[干部学校]

五气 wǔqì ①五つの悪風:[官 guān 气](役人気質),[暮 mù 气](無気力),[阔 kuò 气](ぜいたくな気風),[娇 ào 气](傲慢な態度),[娇 jiāo 气](軟弱な態度)

五禽戏 wǔqínxì 虎・鹿・熊・猿・鳥の動作をまねた健康体操.

五区 wǔqū 五自治区:新疆・西藏・寧夏・内蒙古・広西.

五权宪法 wǔquán xiànfǎ 旧行政権・立法権・司法権・考試権・監察権の五権分立憲法(孫文(中山)の提唱)

五日京兆 wǔrì jīngzhào 〔成〕①三日天下. ②ほんのしばらくの在職.→[京兆]

五卅事件 wǔsà shìjiàn 史五・三〇事件:1925年(民国14年)5月30日上海で起こり,のち全国的に広がった反帝国主義運動.同年2月の内外綿紡績工場のストライキに端を発したもの.

五色 wǔsè 〔青・黄・赤・白・黒の〕5色.〔转〕多彩な色どり.[〜花笺]5色の花紋のある便箋.[〜云雲.[〜纸]5色の紙.[〜斑 bān 斓]〔慣〕さまざまな色が混じって美しいこと.

五色缕 wǔsèlǚ 旧各種の色糸で作った[棕 zòng 子](ちまき)などのおもちゃ:[端 duān 午(节)]の風習.

五声 wǔshēng 五声.④中国語の声調:上平・下平・上声・去声・入声.→[四 sì 声][五音②]

五胜 wǔshèng (水火木金土)の五行の(それぞれの)勝:[水胜火,火胜金,金胜木,木胜土,土胜水]

五十步笑百步 wǔshíbù xiào bǎibù 〈成〉五十歩百歩:戦争の時に五十歩逃げた者が百歩逃げた者を笑う(孟子).〈喩〉大した違いはないこと.

五石散 wǔshísàn 丹砂・雄黄・白礬石・曾青・慈石から製した薬:魏晋のころ,好んで飲まれた.

五十四号文件 wǔshísìhào wénjiàn 〈喩〉トランプ:54枚あるので冗談めかした呼び方.→[扑 pū 克]

五世其昌 wǔshì qíchāng 〈成〉子孫代々陸昌に赴くこと:結婚の祝辞によく用いる.

五伍

五世同堂 wǔshì tóngtáng 祖父母・父母・自身・子・孫が同居する世帯.〈喩〉一門が繁栄している.

五四青年节 wǔsì qīngniánjié 五四青年デー：五四運動を記念した日.

五四运动 wǔ sì yùndòng 史第一次世界大戦後、パリ平和会議における山東問題の措置に憤慨した北京の学生約5000人が、1919年(民国8年)5月4日、全市にわたってデモを行い、政府に対して平和条約批准の拒否、責任者の処罰を要求した.これに端を発して全国的な排日運動・政治運動に発展した.学生の運動は労働者をはじめとする国民諸階層に及び、共産党の成立が準備され新文化運動の導火線となった.この反帝・反封建の政治・文化運動を〔五四文化革命〕(新 xīn 文化运动)などという.

五台山 wǔtáishān 地四大仏教名山の一.山西省五台県東北にある.

五体 wǔtǐ ①全身.②筋・脈・肉・骨・毛または頭と両手と両足の称.③経を修める五つの方法.④書体の5種：篆・隷・真・行・草.

五体投地 wǔtǐ tóudì ①宗(仏教の)五体(両膝・両肘・頭)を大地に投げ出して伏し拝む最敬礼.②感服に堪えないさま.〔~地佩 pèi 服〕心の底から敬服する.

五屉柜 wǔtìguì ⇒〔五斗柜〕

五味 wǔwèi 5種の味：〔酸 suān〕(すっぱい)、〔辣 là〕(辛い)、〔苦 kǔ〕(苦い)、〔甜 tián〕(甘い)、〔咸 xián〕(塩からい)、〈転〉味.〔~调 tiáo 得好〕味のとりあわせ(味かげん)がよい.〔~俱 jù 全〕〈成〉万感にもごもある.→〔气 qì 味〕

五味子 wǔwèizǐ ⇒〔北 běi 五味子〕植チョウセンゴミシ(朝鮮五味子)：モクレン科蔓性の常緑植物.果実を強壮剤にする.

五线谱 wǔxiànpǔ 音五線譜.→〔谱表〕

五香 wǔxiāng 食(中国料理の味付けに用いる)5種類の〔花椒 jiāo〕(山椒)・〔八角〕(大ういきょう)・〔茴 huí 香〕(ういきょう)・〔桂 guì 皮〕(けいひ)・〔丁香〕(ちょうじ).〔八角〕は俗に〔大料〕といい、〔花椒〕とともに最も常用される.〔~豆〕塩煮にし、香料をまぶして乾かした空豆.〔~瓜(儿)〕香料のまぶしてある西瓜または向日葵のたね.→〔瓜 guā~(儿)〕

五项全能运动 wǔxiàng quánnéng yùndòng 体 5種競技〔五项运动〕ともいう.〔~比赛〕5種競技試合.→〔十 shí 项全能运动〕

五项原则 wǔxiàng yuánzé (平和)5原則：〔互相尊重领土主权、互不侵犯、互不干涉内政、平等互利与和平共处〕(領土主権の尊重、相互不可侵、内政不干渉、平等互恵、平和共存)

五小龙 wǔxiǎolóng 韩国・台湾・シンガポール・香港・タイ.

五辛 wǔxīn ⇒〔五荤〕

五星 wǔxīng ①因五星：水・木・金・火・土の五大惑星.②〔~红旗〕五星紅旗：中華人民共和国の国旗.赤地の左上に一つの大きい星とそれに四つの小さい星を配する.②五角の星形.〔红~〕赤い星印.

五刑 wǔxíng 固①〔墨 mò(l)③〕(顔などに入れ墨をする)、〔劓 yì〕(鼻をそぐ)、〔刖 fèi〕(足を切り断つ、〔宫 gōng(l)③〕(生殖器を除きとる)、〔大辟 pì〕(死刑).②酷刑・杖刑・徒刑・流刑・死刑.

五行 wǔxíng 五行(ぎょう)：古来、天地万物をかたちづくるものと信じられた、〔火〕〔水〕〔木〕〔金〕〔土〕.〔~家〕五行によって運勢判断をする人.〔~相生〕五行が相生ずること.〔~相克〕五行が相剋することと.〔~生克〕五行の相生と相剋.〔~相制〕〔~克〕の合称.

五须松 wǔxūsōng ⇒〔白 bái 松①〕

五颜六色 wǔyán liùsè 〈慣〉各種の色.色とりどり.〔女孩子们穿得~的〕女の子たちはみな色とりどりの服を着ている.

五言排律 wǔyán páilù 一首5句の五言律詞をふつう大韻十二句に引き延ばしたもの.

五言诗 wǔyánshī 1句が5字よりなる漢詩：〔五古〕〔五绝〕〔五律〕.

五羊城 wǔyángchéng ⇒〔羊城〕

五业 wǔyè 〔农业〕〔林业〕〔畜 xù 牧业〕〔副业〕〔渔业〕

五叶莓 wǔyèméi ⇒〔乌 wū 蔹莓〕

五叶松 wǔyèsōng ⇒〔白 bái 松①〕

五一国际劳动节 wǔyī guójì láodòngjié メーデー.国際労働記念日：〔五一〕〔劳动节〕ともいう.〔欢迎~〕メーデー慶祝.

五一六通知 wǔyīliù tōngzhī 1966年5月16日付の中国共産党中央の通達.彭真を長とする文化革命5人小組を廃止し、その代わりに陳伯達・江青を組長とする文化革命小組を設けた.→〔四 sì 人帮〕

五音 wǔyīn ①語(中国音韻学で喉・舌・歯・唇・牙の)5種の発音：〔不全〕〈口〉音痴.音質の鈍い人.②=〔五声(2)〕(中国古典音楽の)5種の音階：宮・商・角・徵・羽.→〔七 qī 音〕

五欲 wǔyù 宗(仏教の)①色欲・声欲・香欲・味欲・触欲.②財欲・色欲・名欲・飲食欲・睡眠欲.

五岳 wǔyuè 中岳嵩山・东岳泰山・西岳华山・南岳衡山・北岳恒山.

五月季竹 wǔyuèjìzhú 植ホテイチク.

五月节 wǔyuèjié〔端 duān 午(节)〕の俗称.

五脏 wǔzàng 医〔五脏〕：心臓・肝臓・脾臓・肺臓・腎臓.〔五内〕〔五中〕は別称.〔麻 má 雀虽小,~俱全〕雀は体は小さいが五臓六腑がそろっている.〈喩〉規模は小さいが、何もかもそろっていること.〔~六腑 fǔ〕五臓六腑：五臓と大腸・小腸・胆・胃・三焦・膀胱の六腑.〈転〉内臓全体.

五爪龙 wǔzhǎolóng ①5本の手の指.〈喩〉箸.〔没有筷子不要紧,下手好了,~比什么都方便〕箸がなくても大丈夫,手づかみにしなさい,手づかみは何より便利だ.②⇒〔乌 wū 蔹莓〕

五折 wǔzhé 五掛け.5割引.半値.〔打~〕打5掛けにする.

五指 wǔzhǐ 五指.〔漆黑的夜里,伸手不见~〕真っ暗な夜は、伸ばした手もわからないほどだ.

五中〈文〉五臓：〔五脏〕に同じ.〔铭 míng 感~〕心底に銘ずる.

五种经济 wǔzhǒng jīngjì (新中国における)5種の経済体制:国営経済・合作社経済・国家資本主義経済・資本主義経済・個人経済.

五洲 wǔzhōu 世界各地.〔~四海〕全世界.

五子登科 wǔzǐ dēngkē〈成〉五人の子が揃って〔科挙〕に合格する.〈喩〉万事順調.→〔划 huá 拳②〕

五子棋 wǔzǐqí 五目並べ.

五族 wǔzú (辛亥革命後いった)漢族・満族・蒙古族・ウイグル族・チベット族.

〔伍〕wǔ ①軍(基本組織の)5人組：軍では兵5人を指し、住民は5世帯をいう.〔队 duì~〕〔军队〕軍の隊列.隊伍.〔入~〕入隊する.→〔邻 lín⑤〕〔卒 zú(l)④〕②仲間.〔岂能与此辈为~〕このような連中と仲間になれようか.③〔五〕の同上写し方〕.④〈姓〉伍(う)

伍的 wǔde〈方〉…など(のもの)…その他(のもの).〔桌子、椅子、赶紧搬过来〕テーブルやいすなど早く運んで来なさい.〔啥命呀~,那都是胡说〕運命だとか何とかは、みなでたらめを言ってるんだ.〔也不

看书,也不～,净闲待着)本も読まず、その他のこともせず、のんびりしている.

伍长 wǔzhǎng 〈文〉一伍(兵5人)の長.

〔**午**〕 wǔ ①うま:十二支の第7位.〔～同前.→〔干 gān 支〕②順序の7番目.③〔旧〕(時刻に)午前11時～午後1時.〔～时〕真昼ヘ.④〔旧〕方位で、南.⑤正午.昼.〔中～〕〔正～〕〔上～〕午前.〔下～〕午後.⑥深夜12時.〔～夜〕前.⑦縦横に相交錯する.たてよこに交わる.〔蜂 fēng ～并起〕蜂の如く入り乱れてしのぎを削る.⑧〈姓〉午(ご)

午报 wǔbào (新聞の)日刊:正午に出るもの.
午餐 wǔcān 同下.
午饭 wǔfàn 〔午餐〕〈文〉午膳.〔方〕晌 shǎng 饭①.〔方〕中饭.昼饭.昼食.
午后 wǔhòu 午後.〔下 xià 午〕に同じ.
午间 wǔjiān 昼.正午.〔中午〕に同じ.
午觉 wǔjiào 午睡.昼寝.〔晌 shǎng 觉〕に同じ.〔睡 shuì ～〕昼寝をする.
午刻 wǔkè ⇒〔午时〕
午门 wǔmén 北京旧紫禁城の正門:天安門のすぐ裏、太和門との間にある.
午牌 wǔpái 〔旧〕正午を知らせる掛け札.〔～时分〕正午どき.→〔时 shí 牌〕
午炮 wǔpào 〔旧〕午砲:正午の時刻を知らせる大砲.〔信 xìn 炮〕
午前 wǔqián 午前:〔上午〕に同じ.
午日 wǔrì 〔端 duān 午(节)〕の日:旧暦5月5日.
午膳 wǔshàn 〔午饭〕
午时 wǔshí 〔午刻〕〔旧〕午(うま)の刻:午前11時～午後1時.
午时茶 wǔshíchá 広東製の感冒の煎薬:丸くまたは角状に押し固めたもので外貌が茶のように見えるのでこの名がある.
午时花 wǔshíhuā 〔金 jīn 钱花〕〔夜 yè 落钱〕〔植〕ゴジカ:アオギリ科の一年生草本.花は正午に咲いて翌朝しぼむ.
午睡 wǔshuì ①午睡.②昼寝をする.〔大家都～了,说话请小声一些〕みんな昼寝をしているから小声で話して下さい.
午飨 wǔxiǎng 〈文〉昼飯.
午休 wǔxiū 昼休み(する)
午宴 wǔyàn 〈文〉昼間の宴会.
午夜 wǔyè 夜の12時.夜半.→〔半 bàn 夜①〕
午月 wǔyuè 旧暦5月の別称.
午正 wǔzhèng 〈文〉午(うま)の刻.正午.正午.
午字头(儿) wǔzìtóu(r) 〔漢字部首の"ノ"(午·矢などの):〔每 měi 字头(儿)〕ともいう.→付録1

〔**仵**〕 wǔ ①→〔仵作〕②〈姓〉仵(ご)

仵作 wǔzuò 〔旧〕(宮廷内の)検死役人:単に〔仵①〕ともいう.

〔**忤(悟)**〕 wǔ 逆らう.反抗する:〔牾〕に同じ.〔与人无～〕人に逆らわない.

忤耳 wǔ'ěr 〈文〉耳に逆らう.耳ざわり.
忤逆 wǔnì ①逆らう.②不孝である.〔不孝〕前.〔～儿 ér〕不孝者.
忤视 wǔshì 〈文〉目を向ける.目を向ける.

〔**连**〕 wǔ 〈文〉①あう.遭遇する.〔相～〕同前.②逆らう.違背する.〔违 wéi ～〕親不孝をする.

〔**沅·潕(潕)**〕 wǔ 地名用字.〔～水〕〔地〕湖南省にある.

〔**怃·憮**〕 wǔ 〈文〉①失意のさま.②愛し哀れむ.

怃然 wǔrán 〈文〉失意のさま.〔～有顷 qǐng〕しばらくがっかりした様子である.

〔**庑·廡**〕 wǔ 〈文〉①廊下.ほそどの.わたどの.②母屋西側や向かいの部屋.③屋根.軒(のき)

〔**妩·嫵(娬)**〕 wǔ〔～ 媚 mèi〕媚~〕あでやかである.美しくて可愛らしい:女子または花や樹木の姿態の柔和で愛らしいさま.〔～媚多姿 zī〕〈成〉なまめかしくあざやかである.

〔**武**〕 wǔ (I) ①軍事.武力.暴力.腕力.〔动～〕暴力を用いる.手出しをする.〔英雄无用～之地〕英雄でも力の揮(ふる)いようがない:手の施しようがない.〔文悟～嬉 xī〕〈成〉太平無事にいて安逸をむさぼる.②戦闘.戦術.〔好 hào ～〕戦闘的なことを好む.〔比～大会〕武術大会.⑤生産·技術などの実技大会.③勇敢である.勇ましい.雄雌しい.強くてたけだけしい.〔威～〕威厳があって勇ましい.〔英～〕優れていて勇敢である.④〈姓〉武(ぶ·)(II)〈文〉半歩:古くは6尺を1〔步 bù〕とし、その半分をいう.〔步～〕歩調.歩き方.〔行不数～〕行くこと数歩ならずして.→〔跬 kuǐ〕⑤足印.足跡.〔绳其祖～〕祖先の業を引き継ぐ.→〔踵 zhǒng 武〕

武把子 wǔbǎzi 〔旧劇〕①立ち回り:〔武打〕に同じ.②同前の役者.
武备 wǔbèi 〈文〉軍備.
武弁 wǔbiàn 〈文〉①武人の冠.②〈転〉軍人.
武不善作 wǔ bù shànzuò 〈成〉武人は行儀よくはへたである.②腕力でやりあうのにお上品は無用.→〔文不加点〕
武财神 wǔcáishén 福の神の一種:関羽を本尊として祭ったもの.→〔武庙〕
武昌起义 wǔchāng qǐyì →〔辛 xīn 亥革命〕
武昌鱼 wǔchāngyú →〔团 tuán 头鲂〕
武场 wǔchǎng 〔旧劇〕伴奏の打楽器部分.→〔文 wén 场②〕
武丑 wǔchǒu 〔旧劇〕武劇に出る道化役者:〔开 kāi 口跳〕ともいう.
武打 wǔdǎ 〔芝居の〕立ち回り.殺陣(さ).〔武把子①〕同前.〔～片 piàn〕〔电 diàn 影〕武功片(カンフー映画).武侠映画.〔～戏 xì〕〔动 dòng 作戏〕アクションドラマ(映画)
武大郎 wǔdàláng 〔人〕《水滸伝》に出てくる武松の兄.毒婦潘金蓮の夫で貧相な小男.〈転〉〔武大郎のように〕風采のあがらない、意気地のない小男.
武旦 wǔdàn 〔旧劇〕①武者女形.女武者に扮する役者.→〔旦(II)〕
武当拳 wǔdāngquán 湖北省の西北部、漢江の南岸にある武当山一帯に伝わる拳法:〔内家(拳)〕ともいう.→〔少 shào 林拳〕
武德 wǔdé 〈文〉武力を用いる上の原則.②軍隊·軍人のモラル.
武帝庙 wǔdìmiào ⇒〔关 guān 帝庙〕
武斗 wǔdòu 暴力で相手を圧制する.武力で闘う:〔文 wén 斗〕に対して.
武断 wǔduàn ①独断的である.〔只凭片面的反映就作决定,太～了〕ただ一方的な意見だけで決定するのは横暴だ.②〈転〉権勢をかさに勝手に是非を判断する.〔～乡曲〕〈成〉同前.
武二花 wǔ'èrhuā →〔武花脸〕
武疯 wǔfēng 〔医〕精神病で粗暴な行為を伴うもの.→〔文 wén 疯〕
武夫 wǔfū ①軍人.〔一介～〕一介の武人.②〈文〉勇猛な人.〔赳 jiū 赳～〕同前.
武工 wǔgōng 同下③.

wǔ

武功 wǔgōng ①=〔军 jūn 功〕軍事上の功績. ②武術(の修錬). ⑧〔劇〕(旧劇で)立ち回り(の技).〔武工〕とも書く.〔他的~不錯〕彼の立ち回りはなかなかいい.〔~片〕〔武打片〕カンフー映画.

武工队 wǔgōngduì〔抗日戦争時の〕武装宣伝工作隊.〔武装工作队〕の略.

武官 wǔguān ①武官.↔〔文 wén 官〕 ②(外交上の)武官:駐在地に軍事の主官として派遣される代表者.また外交上の軍事顧問.

武馆 wǔguǎn 〔古〕武術を教える道場.→〔馆④〕

武汉三镇 Wǔhàn sānzhèn 〔地〕漢三鎮:旧時,漢口・武昌・漢陽の三都市.現在は〔武汉市〕となる.

武行 wǔháng〔劇〕①(旧劇の)武劇専門の俳優:〔武生〕,〔武净〕,〔武丑〕など. ②劇中の殺陣.

武花脸 wǔhuāliǎn〔劇〕(旧劇で)顔を隈取る武劇の役.

武会试 wǔhuìshì〔清〕武官の登用試験:その合格者は〔武貢士〕という.

武火 wǔhuǒ (調理などで)強火:〔文 wén 火〕(とろ火)に対していう.〔急 jí 火②〕はやや強めの火.〔用~蒸三十分钟即可〕強火で30分蒸せばできあがる. →〔猛 měng 火〕〔旺 wàng 火〕

武将 wǔjiàng 武将.

武进士 wǔjìnshì〔清〕武術の殿試に合格した者.→〔武会试〕

武警 wǔjǐng 武装警察(官):〔武装警察〕の略.〔~部 bù 队〕武装警察部隊.

武净 wǔjìng〔劇〕(旧劇で)立ち回り専門の役:〔武二花〕〔跌 diē 打净〕〔摔 shuāi 打花〕ともいう.〔净⑧〕

武举 wǔjǔ ①武芸による〔科 kē 举〕の試験.→〔武科〕 ②〔清〕〔武乡试〕に合格した人:〔~人〕の略称.

武科(甲) wǔkē(jiǎ)〔清〕(科挙制度の)武官登用試験:試験合格者などは文官の場合と同じ.但し〔武进士〕のように〔武〕の字を冠する.

武库 wǔkù 武器庫.兵庫.

武力 wǔlì ①武力.軍事力.〔~政变〕武装政変クーデター.〔和平谈判如果失败,怕要~解决了〕平和交渉が失敗したら,武力解決をしなければならなくなるかも知れない. ②腕力.暴力.〔不能用~欺负人〕腕力で人をいじめてはいけない.

武林 wǔlín 武術界.〔~新秀〕武術界の新鋭.

武庙 wǔmiào 関羽を祭る廟:〔关 guān 帝庙〕に同じ.岳飛を合祀するものは〔关岳 yuè 庙〕という. →〔文 wén 庙〕

武器 wǔqì ①武器.兵器. ②〔喩〕闘争の手段.〔思想~〕思想武器.〔掌握批评与自我批评的~〕批判と自己批判という武器を身につける.

武人 wǔrén 軍人.〔~干 gān 政〕軍人が政治に関与する.

武生 wǔshēng〔劇〕(旧劇で)立役:主として武劇を演ずる(二枚目)役者.〔长靠~〕弓矢に扮し,旗を背負い鎧をつけ,底の厚い靴を履き,長い武器を操る.〔短打~〕動きが軽快で底の浅い靴を履き,長短両方の武器を操る.

武圣(人) wǔshèng(rén) 関羽に対する敬称.

武师 wǔshī 武術師範.師匠.道場主.

武士 wǔshì ①〔宮廷の守衛にあたる〕衛士. ②勇士.ものの~.〔~道精神〕(日本の)武士道精神.

武术 wǔshù 武術:中国伝統の拳法・剣術・槍術などの総称.〔~套路〕武術の型(の演技)

武松 Wǔsōng《水浒传》中の人物の一人.勇猛で血気盛しい人で,素手で猛虎を打ち殺した:一般に立派な男の典型とされる.

武坛 wǔtán 武術界.武道界.

武王 Wǔwáng〔人〕周の初代の君主.姓は姫(*),名は発:殷の暴君の紂を滅ぼし天下を統一した.父の文王,弟の周公とともに〔三圣④〕とされる.

武戏 wǔxì〔劇〕(旧劇で)①立ち回りを主とする芝居. ②軍記物:戦争を織りこんだ劇.↔〔文 wén 戏〕

武侠 wǔxiá 侠客.〔~小说〕剣豪小説.

武乡试 wǔxiāngshì〔清〕(3年ごとに各省で行われた)武術の郷試:合格者は〔武举(人)〕となる. →〔武科(甲)〕

武校 wǔxiào 武術学校:〔武术学校〕の略.伝統武術を教える学校.

武星 wǔxīng アクションスター.

武夷茶 wǔyíchá 福建省の武夷山一帯の茶.〔武夷岩茶〕同前の高級ウーロン茶.

武艺 wǔyì 武芸.〔~高强〕武芸に秀でている.

武职 wǔzhí 武官職.

武装 wǔzhuāng ①武装(する.させる).〔~力量〕武装兵力.軍隊.〔~暴动〕〔~叛乱〕武装蜂起.〔~政变〕〔武力政变〕クーデター.〔~工作队〕〔武工队〕(抗日戦争中の)武装宣伝工作隊.〔~到牙齿〕歯まで武装する.〔喻〕完全武装する.〔~斗争〕武装闘争(する).〔~部队〕武装部隊.〔~警 jǐng 察〕武装警察.〔~带〕軍事用ベルト.〔三 sān 大法宝〕 ②(思想や知識などを)身につける.〔~头脑〕頭脳を武装する.

〔**珷**〕wǔ〔~玞 fū〕〔砆碔〕〔文〕玉(ぎょく)に似た美石.

〔**碔**〕wǔ

碔砆 wǔfū ⇒〔珷玞〕

〔**鹉・䳇**〕wǔ〔鹦 yīng ~〕〔鹦哥 gē 鹉〕オウム.インコ.

〔**侮**〕wǔ 侮る.軽蔑する.〔欺 qī ~〕ばかにしていじめる.〔外~〕外(国)からの侮り.〔御 yù ~〕侮りを防ぐ.〔不可~的力量〕侮りがたい力.

侮慢 wǔmàn 侮りおごる.軽んじ侮辱する.〔受不了这样的~〕このような侮辱は耐えられない.

侮蔑 wǔmiè 侮蔑(~する)

侮弄 wǔnòng 侮り弄ぶ.ばかにする.〔受了~〕ばかにされた.侮辱をうけた.

侮辱 wǔrǔ 侮辱(~する)

侮狎 wǔxiá あなどる.ばかにする.

侮谑 wǔxuè 侮り冷やかす.〔开玩笑得 děi 有分寸,不然近乎~,是不能被人谅解的,马鹿にしてはだめだ.

侮住 wǔzhù (しっかりと)ふたをする.〔把他的嘴 zuǐ ~〕彼の口をおさえてくれ.

〔**捂**(搗)〕wǔ 手で覆う.かぶせる.とじこめる.封じこむ.〔~眼〕(牛馬に日をひかせる時に)目にかぶせる布.〔~着嘴笑〕手で口を隠して笑う.〔用被子~上〕ふとんをかぶせる.〔放在罐子里~起来,免得走了味〕缶に入れてふたをしておけば香りがぬけない. ~ wú

捂盖子 wǔgàizi ふたをする.〔我们要把这场斗争搞深搞透,进行到底,决不能~〕我々はこの闘争を徹底的に推進させて,最後まですりぬかねばならず,決して"くさいものにはふた"ではいけない.〔纸里包不住火,长久捂不住盖子啊〕紙に火は包めないというが,このまま長くたてば隠しきれなくなるは.

捂汗 wǔhàn (ふとんをかぶって)汗を出す.

捂捂盖盖 wǔwǔ gàigài ひた隠しに隠さす.

捂住 wǔzhù (しっかりと)ふたをする.〔把他的嘴 zuǐ ~〕彼の口をおさえてくれ.

〔**悟**〕wǔ〔文〕逆らう.背く:〔忤〕に同じ.〔抵 dǐ ~〕抵触する.

〔**舞**〕wǔ ①舞い(う).踊り(る).ダンス(をする).〔跳 tiào ~〕同前.〔跳狐 hú 步~〕フォックストロットを踊る.〔歌~〕歌と踊り.〔手~足蹈 dǎo〉〈成〉小躍りして喜ぶ. ②振り回す.〔~剑

wǔ～wù

舞 jiàn)剣を振り回す.剣舞をする. ③活動する.(生き生きとして)躍動している.〔眉飞色～〕成)非常に愉快であり,得意であるさま.〔笔势飞～〕筆勢が奔放である.筆勢が躍動している. ④もてあそぶ.ばけいますにする. ⑤〈方〉する.やる.

舞伴 wǔbàn ダンスのパートナー.→〔伴侶〕

舞弊 wǔbì 不正をはたらく.違法なことをする.→〔作 zuò 弊〕

舞步 wǔbù ダンスのステップ.

舞草 wǔcǎo 植マイハギ:マメ科の多年草.

舞场 wǔchǎng ダンスホール.→〔舞厅①〕

舞池 wǔchí ダンスホールのフロア.

舞刀弄棒 wǔdāo nòngbàng 剣を揮(ふる)い棒を使う.〈喩〉暴力を用いる.〔有话好好说,不必一的不满があったようと話しなさい,腕力を使うまでもない.

舞蹈 wǔdǎo ①踊る.→〔跳 tiào 舞〕 ②舞い.舞踏.踊り.ダンス.〔一家〕民间舞踏〕〔民族～〕民族舞踏.〔一家〕舞踊家.踊り手.〔～病〕〔～症 zhèng〕医舞踏病.

舞动 wǔdòng 振り回す.揺れ動く.

舞会 wǔhuì ダンスパーティー.→〔跳 tiào 舞〕〔晚 wǎn 会〕

舞姬 wǔjī 〈文〉舞姫.踊り子.

舞技 wǔjì ⇒〔舞艺〕

舞剧 wǔjù 舞踊劇:バレエなども含む.〔～团〕舞踊劇団.〔～迷〕舞踊劇ファン.→〔芭 bā 蕾(舞)〕〔歌 gē 舞剧〕

舞客 wǔkè ダンスホールの客.

舞龙 wǔlóng 竜舞り.竜の舞.〔～灯〕旧暦正月15日の元宵節の夜に竜舞りで街をねり歩くこと.

舞美 wǔměi ⇒〔舞台美术〕

舞迷 wǔmí ダンス狂.ダンス愛好者.

舞弄 wǔnòng 〈文〉①ほしいままに法や文をもてあそぶ.〔～文墨 mò〕文筆を弄ぶ. ②振り回す.〔～武器〕武器を振り回す.

舞女 wǔnǚ ダンサー.踊り子.

舞谱 wǔpǔ 舞踊関係資料.

舞曲 wǔqǔ ダンス音楽.舞曲.

舞狮 wǔshī ①(中国伝統の)獅子舞.ふつう二人一組で縫い包みの獅子の頭と胴を受け持ってアクロバット的に舞う. ②同前の獅子舞.

舞台 wǔtái ①舞台.〔初登～〕初舞台を踏む.〔～美术〕〔舞美〕舞台美術.〔舞美设计〕舞美设计.〔～面〕舞台上の場面.〔在～上表演〕舞台で演ずる. ②喩)活動の領域.〔政治～〕政治舞台.〔退出历史～〕歴史の舞台を退く.→〔戏 xì 台〕

舞坛 wǔtán 舞踊界.

舞厅 wǔtīng ①(営業用の)ダンスホール. ②ダンスに供される大広間.

舞文弄墨 wǔwén nòngmò 〈成〉①法律条文を曲解し不正を働く:〔舞文弄法〕〔舞文曲笔〕〔舞弄文墨〕ともいう. ②文筆を弄する.

舞榭歌台 wǔxiè gētái 歌舞の舞台を演じる舞台.

舞星 wǔxīng 有名ダンサー.〔红～〕売れっ子ダンサー.

舞艺 wǔyì =〔舞技〕舞技.舞のわざ.舞踊の芸.

舞姿 wǔzī 舞いの姿.〔～翩 piān 翩〕成)舞う姿が軽やかだ.

舞钻 wǔzuàn 舞ぎり:錐(きり)に水平に棒を通し,棒の両端と錐の柄の頂上とを紐で結び,その紐を錐にからげてまわし,横棒を手で押して回すもの.

〔兀〕 wù 〈文〉①高くそびえ立つ.→〔兀立〕 ②(山が)禿げている.〔～山〕禿げ山.〔蜀 shǔ 山兀,阿ē 房出〕蜀の山が禿げ山になって阿房宮ができた. ③〈白〉発語の詞.代词の前に置く.〔～那〕あの.あれ.〔～谁〕だれ.wū

兀傲 wù'ào 〈文〉昂然として俗に従わない.〔性情～〕性格が高慢だ.

兀的 wùde 〔兀地〕〔兀底〕〔兀得〕とも書く.〈白〉①この.これ.〔你本利少我四十两银子,～是借钱的文书〕お前は借りた元利合計40両だけ借りではないか,これが借用証文だ. ②突然に.思いがけなく. ③おや.なんと.〔～不羞杀人也〕何と恥ずかしいことではないか.

兀鹫 wùjiù 动ハゲワシ(総称).〔兀鹰〕に同じ.〔高山～〕ヒマラヤハゲワシ.〔胡 hú ～〕ヒゲワシ.

兀剌 wùlà 〈白〉形容词的接尾字.〔软 ruǎn ～〕軟らかい.〔莽 mǎng ～〕そそっかしい.

兀立 wùlì 〈文〉そびえ立つ.直立する.〔只见一棵孤 gū 松～在路旁〕1本の松の木がぽつんと路端に突っ立っているのが見える.

兀良 wùliáng 〈白〉感動詞.え〜と.あの〜:発語の辞.〔遥望见一点青山,～却又早不见了〕はるかに青い山が見えたが,またすぐに見えなくなった.

兀臬 wùniè ⇒〔杌陧〕

兀然 wùrán 〈文〉①高くそびえるさま.〔～在目〕眼前にそびえる. ②突然に.不意に. ③頭がぼうっとするさま.

兀兀 wùwù 〈文〉①一心不乱に努めるさま.〔终日～〕終日こつこつと働く.〔～读书,心不二用〕一心に読書し気を散らさない. ②(酔って)頭がぼうっとするさま.

兀鹰 wùyīng ⇒〔兀鹫〕

兀自 wùzì 〈白〉やはり.まだ:〔兀子 zǐ〕とも書く.〔你～赖 lài 哩〕(水3)まだしらをきるのか.

兀坐 wùzuò 〈文〉(一人で)きちんと座る.〔正襟 jīn ～〕襟を正して端座する.

〔阢〕 wù ⇒〔杌〕

阢陧 wùniè ⇒〔杌陧〕

〔扤〕 wù 〈文〉揺り動かす.

〔屼〕 wù 〈文〉山が禿げているさま.

〔杌〕 wù =〔阢〕(もたれのない)腰かけ.〔～子〕〔～凳 dèng〕小さな腰かけ.

杌陧 wùniè =〔阢陧〕〔兀臬〕〈文〉不安なさま.〔～形势〕不安な形勢.〔近来时局,仍颇～〕近ごろの時局は,依然としてすこぶる不安である.

〔隉〕 wù ⇒〔籡 niè 隉〕

〔靰〕 wù

靰鞡 wùla 防寒靴の一種:中に〔乌拉草〕を敷いたもの.〔乌拉〕とも書いた.

〔勿〕 wù ①(…する)なかれ:禁止を表す.〔请～随地吐 tǔ 痰〕ところかまわずつばを吐くことを禁ず〔掲示用語〕.〔闲 xián 人～入〕〔闲人免进〕無用の者入るべからず〔掲示用語〕.〔～谓 wèi 言之不预〕あらかじめ言わずりしとしいうなかれ.→〔毋 wú ①〕〔～方〈…し〉ない. ②〔要〕①いらない.必要としない. ⑤(…し)てはけない.〔我～晓 xiǎo 得〕わたしは知らない.〔对～住〕すみません.

勿忘草 wùwàngcǎo 植エゾムラサキ.ミヤマワスレナグサ.

勿药 wùyào 〈文〉薬がいらなくなる:病気が全快する.〔～之喜〕病気全快の喜び.〔祝早占 zhān ～〕籡)一日も早いご全快を祈ります.

勿庸 wùyōng 〈文〉…には及ばない.〔～再议〕再議の必要はない.

〔芴〕 wù ①植ショカツサイ(諸葛菜).ハナダイコン. ②化フルオレン.

wù　物乌坞戊

〔物〕 wù ①もの.物質.〔～有所值〕物にはそれぞれ値打ちがある.〔动〕動物.〔植 zhí～〕植物.〔货～〕商品.〔万～〕万物.あらゆるもの.〔唯～论〕唯物論.〔～中 zhòng 主人意,才是好东西〕<該>好きなのこそいい物だ.〔～(自分以外の)人.世間.〔待人接～〕人と交際する.〔人～〕人.偉れた人.〔文章や話の〕中.内容.〔言之有～〕内容のあることを言う.〔空洞无～〕空っぽで内容がない.

物博 wùbó〔文〕物産が豊富である.〔中国地大～〕中国では国土が広く物産が豊かである.
物产 wùchǎn 産物.物産.
物阜民丰 wùfù mínfēng〔成〕物産が豊富で,人民が裕福である.
物故 wùgù〔文〕死亡する.
物管 wùguǎn 不動産管理:〔物业管理〕の略.
物归原主 wùguī yuánzhǔ〔成〕物が元の持ち主の手に返る.→〔完 wán 璧归赵〕
物耗 wùhào →園エネルギー・原材料の消耗.
物候 wùhòu 四季折々の風物の周期的現象と気候の関係.〔～学〕気象学.
物化 wùhuà ①具体化.実際化.②〔文〕物の変化.〈転〉天命を全うして死ぬこと.③俗物化(する).物質主義(になる).〔他越来越～了〕彼はだんだん低俗になった.→〔俗 sú wù〕
物化劳动 wùhuà láodòng 園象象化された労働:〔死 sǐ 劳动〕ともいう.↔〔活 huó 劳动〕
物换星移 wùhuàn xīngyí〔成〕時代・事物が変遷すること:〔星移物换〕ともいう.
物极必反 wùjí bìfǎn〔成〕物事は極点に達すれば必ず逆の方向に動く.
物价 wùjià 物価.〔～低廉 lián〕物価が低廉である.〔抬高～〕物価をつり上げる.〔～稳定〕物価は安定している.〔～飞涨 zhǎng〕物価が急騰する.〔～波动〕物価が上下する.〔～补贴 tiē〕物価手当.〔～指 zhǐ 数〕物価指数.
物件 wùjiàn 物件.物品.〔随身～〕身の回り品.
物尽其用 wù jìn qíyòng〔成〕物を最善・最大限に利用する.
物镜 wùjìng 園対物レンズ:〔接 jiē ～〕に同じ.
物理 wùlǐ ①物理学(学).〔～量〕物理的な量.〔～性质〕物理的性質.〔～学家〕物理学者.〔～疗法〕医物理療法.理学療法:略して〔理疗〕(物療)ともいう.〔～变化〕物理変化.〔～诊 zhěn 断〕物理的診断.②〔文〕物の道理.
物力 wùlì 物力.物資.〔人力～〕人力・物資とも非常に節約された.
物料 wùliào 材料.資材.
物流 wùliú 国物流.〔～学〕ロジスティックス.物流学.〔～管理〕ロジスティクス管理.ロジスティクスマネジメント.〔～中心〕集配送センター.
物美价廉 wùměi jiàlián〔成〕品物が良く値段が安い:〔价廉物美〕ともいう.
物谜 wùmí 物をあてるなぞなぞ:例えば〔远看山有色,近听水无声,春去花还在,人来鸟不惊〕.その答えは絵.→〔字 zì 谜〕
物品 wùpǐn 品物.物品.〔贵重～〕貴重品.〔违禁～一经查出立即没收〕禁制品は発見されると直ちに没収される.
物权 wùquán 圓物権.
物色 wùsè ①物色する.人や物を尋ね求める.〔要有相当的人,请你惠给～〕もし適当な人がありましたら探して下さい.②〔文〕物の色.
物伤其类 wù shāng qílèi〔成〕同類の不幸を悲しむ:そしる意を含む.〔兔死狐悲,～〕兔が死ぬと狐が悲しむ.同類相哀れむ.
物事 wùshì〔文〕事柄.②⇒〔东西 dōngxi〕

物是人非 wùshì rénfēi〔成〕風景はもとのままだが人間だけが変わった:〔物是今非〕ともいう.
物损 wùsǔn 物損.
物态 wùtài 物質状態:気体・液体・固体の三態.
物探 wùtàn 囲物理的な探査.
物体 wùtǐ 物体.
物外 wùwài〔文〕形あるものの外.俗世間の外.世外.〔～交〕世俗を離れた交際.
物我 wùwǒ 物我(ガ).物と自分.外部と内部.客観と主観.
物物 wùwù〔文〕物と物.〔～交换〕物々交換.
物象 wùxiàng ①囲物の映像.②きざし:天候の変化を予測するのに用いられる現象.
物像 wùxiàng 囲像.
物业 wùyè 不動産.〔～管理〕〔物管〕不動産管理.〔～费〕同前の管理費.
物以类聚 wù yǐ lèi jù〔成〕①類は友を呼ぶ.〔～,人以群分〕同前.②〈喻〉悪党同士は気が合う.
物以稀为贵 wù yǐxī wéiguì〔成〕珍しいものほど貴い.品物は稀であるほど貴重だ.
物议 wùyì〔文〕人々の非難.物議.世評.〔恐招～〕非難を招く恐れがある.〔对于此事,外界颇有～〕この事に対して,世間では非常に物議をかもしている.
物欲 wùyù 物欲.
物证 wùzhèng 圓物的証拠.→〔见 jiàn 证〕〔人 rén 证〕
物质 wùzhì ①囲物質.〔～不灭律〕物質不滅の原理.②囲意識から独立した客観的実在.〔～是第一性的物質之一である.③金銭や消費物資.〔～生活〕物質生活.〔～福利〕物質的な福祉.〔～刺激〕物質的な刺激.〔～鼓励〕物質的奨励.〔～女孩〕金銭や物質への欲望に走る女の子.〔～条件〕物的条件.〔～资 zī 源〕囲物的資源.〔～文明〕物質文明.↔〔精神 jīngshén 文明〕
物质损耗 wùzhì sǔnhào ⇒〔有 yǒu 形损耗〕
物种 wùzhǒng 生命〔生物分類の基礎単位〕種(シュ).〔～起源〕種の起源.
物主 wùzhǔ ⇒〔本 běn 主儿①〕
物资 wùzī ①物資.〔～生活〕生活物資.〔～平衡 héng〕物質の需給バランス.②資材.

〔乌・烏〕 wù → wū
乌拉 wùla ふつう〔靰鞡〕と書く.防寒靴の一種:中に〔～草〕を入れる.→ wūla
乌拉草 wùlacǎo 圃ヌマクロボスゲ.シラカワスゲ:カヤツリグサ科の多年生草本.これを槌で打って綿のようにして冬季防寒保温のため靴の中に入れる.また藁の代わりに物をしばるのに用いる.〔靰鞡草〕とも書いた.〔关东出三宝:貂皮、人参、～〕関東(山海関以東の地)には三つの宝が出る,貂の皮・薬用人参それに同前である.〔用～把黄瓜秧往架子上扎同前でゅうりの棚にしばる.

〔坞・塢(陽）〕 wù ①〔文〕小さい砦(とりで).〔邬家～〕囲浙江省浦江県にある.②四面が高く中央の窪んだところ.〔山～〕山間の平地.〔花～〕花畑.〔梅～〕梅の植えてある土手の内側.〔船 chuán ～〕船渠.ドック.③周囲を高くして風を遮る建物.

〔戊〕 wù ①つちのえ:十干の第5位.→〔干 gān 支〕②〔順序の〕5番目.→〔甲 jiǎ(I)③〕

戊氨二酸 wù'ān'èrsuān →〔谷 gǔ 氨酸〕
戊醇 wùchún 囮アミルアルコール.→〔醇④〕
戊二酸 wù'èrsuān ＝〔胶 jiāo 酸〕囮グルタル酸.→〔酸①〕
戊肝 wùgān 医E型肝炎:〔戊型(病毒性)肝炎〕の略.

戊酸 wùsuān ＝〔缬 xié 草酸〕囮吉草(ﾈｺ)酸.
戊烷 wùwán 囮ペンタン.〔烷〕
戊戌变法 wùxū biànfǎ 囷1898年(清光绪24年),康有为·谭嗣同らの改良(变法)派が德宗(光緒帝)を擁して行った政治改革運動:〔戊戌维新〕〔百 bǎi 日维新〕ともいう.

〔务・務〕wù ①事務.任務.〔任〕同前.〔政〕政務.〔勤〕勤務(する). ②務める.努力する.職務とする.仕事をする.(畑を)作る.〔~瓜菜〕瓜や野菜を作る.〔不~正业〕正業に務めない. ③＝〔雾〕追求する.求める.〔~外〕外のことに気をとられ自分の仕事に専心しない. ④必ず.きっと.〔~请注意〕ぜひとも注意して下さい.〔请您~必带来〕どうぞ必ず持って来て下さい.〔除恶~尽〕悪を除くには是非とも根こそぎにすべきである. ⑤旧税関:現在は地名のみに用いられる.〔曹家~〕河北省にある. ⑥《姓》務()

务本 wùběn 〈文〉①根本に力を尽くす. ②農業に力を尽くす.
务必 wùbì ＝〔务须〕必ず.ぜひ.きっと…しなければならない.〔请您~去一趟〕ぜひあなたに一度行ってもらわねばなりません.〔~早回来〕是非早くお帰り下さい.
务工 wùgōng ①工業建設業に従事する. ②働く.出稼ぎする.〔~证 zhèng〕就労許可証.
务恳 wùkěn ⇒〔务请〕
务农 wùnóng 農業に精出す.農業に従事する.〔回乡~〕郷里に帰って百性をする.
务期 wùqī 必ず.ぜひ.…を期す.〔~速归〕ぜひ早く帰ってこられたい.〔~必克〕必勝を期す.
务祈 wùqí ⇒〔务请〕
务乞 wùqǐ 同上.
务请 wùqǐng ＝〔务恳〕〔务祈〕〔务乞〕〔务望〕〈文〉つとめて…する.ぜひ…を願う.〔~代为吹嘘 xū〕〈謙〉ぜひご吹聴を請う.
务求 wùqiú …を願う.ぜひ…するよう頼む.〔此事~妥善解决〕本件の妥当な解決を願う.
务实 wùshí 〔仕事の具体的な面を研究する.具体的な仕事に従事する.↔〔务虚〕 ②実際を重んじる.
务使 wùshǐ 必ず…させる.〔这件事~实现〕この事は必ず実現させるようにする.
务望 wùwàng ⇒〔务请〕
务须 wùxū ⇒〔务必〕
务虚 wùxū 仕事の政治思想·理論の面を研究討論する.↔〔务实①〕
务要 wùyào 必ず.きっと.
务正 wùzhèng 正業に従事する.〔不~〕まともな仕事をしない.

〔雾・霧〕wù ①囮霧.〔下~〕霧がかかる.〔大~〕霧が深い. ②霧状の細かい水滴.〔喷 pēn ~器〕噴霧器.〔澡堂子里面下~似的〕風呂屋の中はまるで霧がかかっているみたいだ.
雾霭 wù'ǎi 〈文〉
雾沉沉 wùchénchén 霧が深いさま.
雾灯 wùdēng フォグランプ.
雾滴 wùdī 霧による(小さな)しずく.水滴.
雾化 wùhuà 霧状になる.〔~器 qì〕噴霧器.
雾里看花 wùlǐ kànhuā 〔喩〕もうろうとしてはっきりしないこと.あいまいで要領を得ないこと.
雾蒙蒙 wùméngméng 霧がもうもうと立ちこめているさま:〔雾茫 máng 茫〕〔雾腾腾〕ともいう.〔水面上~的水面に霧が立ちこめている.
雾气 wùqì 霧.
雾水 wùshuǐ 水煙.もや:〔水雾〕ともいう.

雾凇 wùsōng ＝〔树 shù 挂〕〔霜 shuāng 花 ④〕霧氷.樹氷.
雾腾腾 wùténgténg ⇒〔雾蒙蒙〕
雾翳 wùyì 〔写真の〕かぶり(ぼけ).〔防 fáng 止~的发生〕同前の発生を防止する.
雾瘴 wùzhàng 〈文〉毒を含んでいる霧.瘴癘(ｷ)の気.
雾中 wùzhōng 霧笛(ﾃｷ):霧中信号の一つ.

〔婺〕wù ①地名用字.〔~江〕囮江西省にある.〔~源县〕囮江西省にある. ③源县〔~砚 yàn〕江西省婺源县に産する硯:〔歙 shè 砚〕ともいう.〔~绿〕婺源县に産する茶の名.〔~川县〕囮貴州省にある:現在は〔务川县〕と書く.〔~州〕古地名.現在の浙江金华一带.〔~區〕囮〔~女〕同前.
婺剧 wùjù 囮浙江省の金华を中心とする地方劇:もと〔金华剧〕といった.

〔骛・鶩〕wù 〈文〉速く走る.〔时光若~〕〈成〉時間がすぎるのは非常に速い. ②求める.〔务③〕に同じ.〔好 hào 高~远〕〈成〉高遠なことを追求し,卑近なことを軽んずる.
骛驰 wùchí 〈文〉疾走する.

〔鹜・鶩〕wù 〈文〉囮アヒル.〔趋 qū 之若~〕〈喩〉ぞろぞろと大勢で行く:けなしていう.→〔鸭 yā〕

〔误・誤(悮)〕wù ①誤り(る).まちがい(う).〔笔~〕筆の誤り.書き違い.〔失~〕失策.エラー. ②誤らせる.害する.支障をきたす.しくじらせる.じゃまをする.〔~了火车/汽车に乗り損なう.〔别啊!～了我的工作〕騒ぐな,仕事のじゃまをするな. ③遅れる.手間取る.〔火车~点了〕汽車が延着した.〔按期不~〕期日どおりで約束をたがえない. ④誤って.まちがって.偶然に.思いがけないことに.→〔误杀〕

误班 wùbān ①欠勤する.勤めを休む. ②＝〔误车②〕(公共交通機関が)定刻に遅れて来る.〔~费〕公共交通機関に遅れを生じさせた場合,その当事者が支払わなければならない賠償金. ③乗り遅れる.
误餐 wùcān 食事をとり損なう.〔~补助〕仕事で食事をとれなかった分の手当.
误差 wùchā 誤差:測定値と真値との差.
误场 wùchǎng 囮(役者が)出番に遅れる.
误车 wùchē ①乗り遅れる. ②⇒〔误班②〕
误传 wùchuán 誤伝.〔这消息是~,靠不住〕このニュースは誤報だ,あてにならない.
误导 wùdǎo 導き誤る.ミスリードする.
误点 wùdiǎn ①〔晚 wǎn 点〕時間に遅れる.遅着する.〔这班车~了〕この列車は延着しました.↔〔正 zhèng 点〕 ②文辞のくぎりをつけ違う.
误读 wùdú 誤読(する)
误断 wùduàn 間違って判断する(こと)
误犯 wùfàn 間違えて罪を犯す(紀律に違反する).〔~规章〕誤って規則を破る.
误服 wùfú 薬などを間違って飲む.→〔服药〕
误岗 wùgǎng 勤務時間に遅刻する.
误工 wùgōng ①仕事に支障をきたす.〔误了两天工〕二日ばかり仕事が遅れた. ②仕事に遅れる.勤めを休む.
误国 wùguó 国を誤る.〔~害民〕〈成〉国を誤り,民を害する.
误会 wùhuì 誤解(する).〔请不要~〕どうぞ誤解しないで下さい.〔消除~〕誤解をとく.
误机 wùjī ①飛行機の出発や到着が遅れる(こと). ②飛行機に乗り遅れる.
误解 wùjiě 〔不检点容易被人~〕注意深くしないと人に誤解される.
误码 wùmǎ 囮ビットエラー.符号誤り.〔~率〕ビ

ットエラーレート.符号誤り率.
誤刻 wùmǎo 〈文〉点呼の時刻に遅れること.
誤判 wùpàn 囚ミスジャッジ.
誤期 wùqī ①約束の期限をたがえる.②期限に遅れる.〔最近天气不稳定,航行难免～〕最近は天気が定まらないので航行は予定より遅れるのは免れない.
誤区 wùqū 落とし穴.盲点.誤解.誤認.
誤人 wùrén (過失のために)人に損害を与える.〔庸yōng医～〕やぶ医者は人を殺す.
誤人子弟 wù rén zǐdì 〈成〉人の子弟を誤らせる(悪くしてしまう):教師を責める言葉.
誤認 wùrèn 誤認する.〔～为 wéi 他的笔迹〕彼の筆跡だと誤認した.
誤入歧途 wùrù qítú 〈成〉誤って横道に入る.〔人千万不要～〕人は決して悪の道にそれてはならぬ.
誤殺 wùshā 誤って人を殺す.〔～罪〕因過失致死罪.↔〔故 gù 杀〕
誤傷 wùshāng 過失傷害(をおこす).
誤食 wùshí (食べられない物や食べてはいけない物を)誤って食べる.
誤事 wùshì ①仕事・用件に支障をきたす.〔托付一个没有责任心的人不怕～吗〕責任感のない人に頼んでやり損なうおそれはないかね.②事を遅らす.
誤聴 wùtīng 誤って聞き信じる.〔～谗 chān 言〕讒(ざん)言を信用する.
誤信 wùxìn 誤って信ずる.〔你不要～谣 yáo 言〕君はデマを本気にしてはいけない.
誤訳 wùyì 誤訳(する)
誤用 wùyòng 誤用(する)
誤診 wùzhěn ①誤診する.②(手当てが)手遅れになる.
誤植 wùzhí 誤植(する)

【**悟**】 wù ≡〔〈文〉寤〕悟る.理解する.めざめる.〔醒 xǐng～〕同前.〔恍然大～〕はっと悟る.〔执迷不～〕頑迷で悟らない.〔～出道理来〕道理を悟ってくる.〔觉 jué～〕めざめ悟る.覚醒する.
悟道 wùdào 囻(仏教で)迷いを解き仏心を得ること.
悟性 wùxìng 理解力.〔这孩子～好,稍微一讲,他就明白了〕この子のみこみがいい,ちょっと教えるとすぐ分かる.

【**焐**】 wù (熱いものをあてて)温める.〔把被 bèi窝～热了〕(体温やゆたんぽで)寝床を温めた.〔我拾你～～手吧〕手ぼくを温めてあげよう.
焐窠 wùkē 〈方〉回ひびつ入れ:薬を編んで作った円筒形の保温器.底のないものは〔草 cǎo 窝焐笼〕という.
焐蹀 wùzào 〈方〉むし暑い.じめじめしてうっとうしい.→〔闷 mēn 介〕

【**晤**】 wù 会う.面会する.〔会～〕同前.〔请来～谈〕どうぞお話しにおいで下さい.〔李先生一时请代为问候〕李先生が会われる時にはどうぞよろしくお伝え願います.
晤見 wùjiàn 会う.
晤面 wùmiàn 面会する.
晤商 wùshāng 〈文〉会って相談する.協議する.
晤談 wùtán 亐〔晤叙〕面談する.
晤叙 wùxù 同上.

【**痦**(疣)】 wù 〔-子〕ほくろ.②あざ:点のようなあまり大きくないもの.→〔黑 hēi 痣〕

【**寤**】 wù 〈文〉①目を覚ます.〔～寐 mèi 思之〕〈成〉寝ても覚めても頭から離れない.②⇒〔悟〕

【**悪・惡**】 wù ①憎む.〔可～极了〕この上なく憎い.〔人皆有好 hào～之心〕人はみな好んだり憎んだり(いやがったり)する気持ちがある.〔憎 zēng～〕憎悪する.〔深～痛絶〕極度に痛恨する.ひどく憎悪し嫌う.〔～白〕怒らせる.機嫌を損なう.〔我因～了高太尉,生事陷害,受了一场官司,刺配这里〕(水10)高太尉の怒りにふれたがために,えにしにかこつけて訴えられ,(ひたいに)入れ墨されてここへも流されて来ました.→ěè wū
悪悪 wù'è 〈文〉悪を憎む.
悪風 wùfēng 囻寒気(ざっ):風に当たると悪寒(おん)があるが,風を防ぐとしなくなるもの.→èfēng
悪寒 wùhán 囻寒気(ざっ).
悪労好逸 wùláo hàoyì 〈成〉労働を嫌い安逸を好む:〔好逸恶労〕ともいう.
悪熱 wùrè 囻悪(ゐ)熱:熱に苦しみたえがたいもの.
悪湿居下 wùshī jūxià 〈成〉湿気を嫌いながら低い土地にいる.〈喩〉願望と行為が相反する.
悪食 wùshí 囻飲食を嫌悪すること.→èshí
悪醉強酒 wùzuì qiǎngjiǔ 〈成〉酒に酔うことを嫌っているのに無理に飲む.〈喩〉悪いことと知っていながらやってしまう.

【**鋈**】 wù 〈文〉①白銅.白銀など白色金属.②メッキする.〔～器 qì〕同前.

X

xī ㄒㄧ

【**夕**】 xī ①夕方.〔朝 zhāo 发～至〕朝発って夕着く.②夜.晩.〔除 chú～〕大晦日.〔～前～〕前夜.③〈姓〉夕(せき).
夕暉 xīhuī 〈文〉夕日の光.
夕煙 xīyān 〈文〉夕方に立ちこめる煙や霧.
夕陽 xīyáng 夕日.〔～下〕夕日が西に沈む.〔～返照〕〈成〉⑧夕日が照り返す.⑤〈喩〉滅びる前の威勢.〔～虽好日近黄昏〕〈諺〉事はうまくいったが,あまり遅かったのでたいした益もないこと.②〈喩〉老年.晩年.〔～婚 hūn〕熟年婚.〔～工程〕シルバープロジェクト:高齢者のための福祉事業.〔～市场〕シニア市場.〔年届～爱子孙〕〈成〉年をとると子や孫が可愛がるようになる.〔最美不过～红〕〈喩〉老齢は素晴らしい.③〈喩〉衰退.滅亡.〔～产业〕斜陽産業.
夕照 xīzhào 夕日の光.

【**汐**】 xī →〔潮 cháo 汐〕

【**穸**】 xī →〔窀 zhūn 穸〕

【**矽**】 xī 化〔硅 guī〕(ケイ素)の旧名.
矽肺 xīfèi ⇒〔硅 guī 肺〕
矽鋼 xīgāng 囻珪素鋼:〔硅 guī 鋼〕の旧称.

【**兮**】 xī ①〈文〉古詩歌に用いられた文中または文末助詞の一つ,〔呀 ya〕にあたる.〔大风起～云飞扬,威加海内～守四方〕(漢高祖大風歌)大風おり雲飛揚す,威海内に加わり四方を守る.〔虞～虞～奈若何〕(霸王别姬)虞や虞や汝を如何にせん.②〈姓〉兮(ウィ)
兮兮 xīxī 非常に…である:一部の単語の後に置き

兮西　　　　　　　　　　　　　　　　　　　　xī

状態を表す.〔神経～〕大変神経質だ.〔怪 guài～〕全く変だ.

[西] xī ①西.〔往～走〕西のほうへ行く. ②西天.極楽世界.〔一命归～〕あの世へいく. ③西洋.西方.〔中国と西洋〕. ④→〔西门子〕 ⑤→〔多 duō 来米〕 ⑥〈姓〉西(セイ).

西安事变 xī'ān shìbiàn ＝〔双 shuāng 十二事变〕史1936年12月12～25日,陕西省西安で延安攻撃の督戦にきた蒋介石が労農紅軍の討伐にあたっていた張学良と楊虎城に監禁された事件:内戦をやめて抗日にたちあがることを要求した.

西班牙 xībānyá　スペイン:正式国名は〔～王国〕.〔日 rì 斯巴尼亚〕はイスパニアの音訳.〔大 dà 吕宋〕は旧称.首都は〔马 mǎ 德里〕(マドリード).〔～语〕スペイン語.

西班牙港 xībānyágǎng 地ポート・オブ・スペイン:〔特 tè 立尼达和多巴哥〕(トリニダード・トバゴ共和国)の首都.

西半球 xībànqiú　西半球.

西帮 xībāng 山西商人.山西帮.〔西北的汇兑,多在～钱庄控制之下,广寄宁帮都插不上手]西北における為替は,多くは山西商人の「銭荘」に牛耳られ,広東商人・寧波商人などは手が出せない.→〔帮③④〕

西北 xīběi ①西北.北西. ②地(中国の)西北地区:陕西・甘肃・青海・宁夏・新疆などの省・自治区を含む.〔～风〕同前の民謡のもつ味わい.⑧北西の風.

西边(儿) xībian(r)　西.西の方.西側.

西宾 xībīn　⇒〔西席〕

西饼 xībǐng　(クッキー・ケーキなどの)洋菓子(総称):主に店の名前に使う.

西伯利亚 xībólìyà 地シベリア.〔西～平原〕西シベリア平原.

西部 xībù ①西の方.〈～天空〉西の空. ②地(中国の)西部地区:陕西・广西・宁夏・西藏・新疆・内蒙古・甘肃・青海・贵州・云南の各省を指す.〔～大开发〕同前の大開発. ③アメリカの西部.〔～片 piàn〕地西部劇映画.

西菜 xīcài　同下.

西餐 xīcān ＝〔西菜〕西洋料理.洋食.〔～厅 tīng〕洋食店.

西侧 xīcè　西側.

西垂 xīchuí　〈文〉西方の辺境:〔西陲〕とも書く.

西点 xīdiǎn ①西洋菓子.→〔中 zhōng 点〕 ②地ウエストポイント:アメリカ・ニューヨーク州にある.〔～军校〕米国陸軍士官学校.

西电东运 xīdiàn dōngyùn 西部の電力を東部へ輸送(すること)

西法 xīfǎ　洋式.西洋式の方法.〔用～烹调〕西洋風で調理する.

西番莲 xīfānlián 植①→〔大 dà 丽花〕 ②＝〔玉 yù 蕊花〕トケイソウ(時計草)

西方 xīfāng ①西の方. ②＝〔西天〕〔西土①〕宗(仏教)の西方.〔～净 jìng 土〕西方十万億土にあるという極楽世界. ③西側諸国:〔～人〕西洋人(白人).〔～民主〕欧米のデモクラシー.〔～七国〕21世紀初頭の資本主義国の経済大国:米・英・独・仏・加・カナダ・オーストラリア・日本. ④〈姓〉西方(セイホウ).

西房 xīfáng　西の棟.→〔四 sì 合房〕

西非 xīfēi 地アフリカ.

西风 xīfēng ①西風.秋風. ②〈喩〉没落衰退する勢力. ③西洋の風俗・文化.〔东风压倒 dǎo～〕東風が西風を圧倒する.

西凤酒 xīfèngjiǔ 陕西省凤翔県柳林鎮産の焼酎.〔八大名酒〕の一.

西凤莲 xīfènglián　⇒〔大 dà 丽花〕

西服 xīfú　⇒〔西装〕

西格玛 xīgémǎ 〈音訳〉(ギリシア文字)σ,ς シグマ.→〔希 xī 腊字母〕

西宫 xīgōng ①＝〔妃 fēi 嫔〕〈文〉国王・諸侯の妾の称. ②〈姓〉西宫(セイキュウ).

西谷 xīgǔ ＝〔西米〕〔沙 shā 谷米〕サゴ椰子の樹心から採った米粒大の白い澱粉.→〔西谷椰子〕

西谷椰子 xīgǔ yēzi　サゴヤシ:ヤシ科常緑樹.

西瓜 xīguā 植スイカ:皮の青いのを〔青 qīng 皮〕,斑点のあるのを〔花 huā 皮〕,黒いのを〔黑 hēi 皮〕,白いのを〔白 bái 皮〕,皮・種子・肉とも白いのを〔三白〕,〔无籽～〕種なしスイカ.〔～皮〕スイカの皮.〔～子 (儿) zǐ(r)〕スイカの種子.

西郭 xīguō 〈姓〉西郭(セイカク).

西汉 xīhàn 史前漢〔前 qián 汉〕ともいう.→〔汉②〕

西河大鼓 xīhé dàgǔ 河北省中部農村の〔曲 qǔ〕(歌)を元に,〔三弦〕〔铁板〕などで伴奏する唱い物演芸の一種.

西河之痛 xīhé zhī tòng 〈成〉子を喪った悲しみ:子貢が西河で子を喪った故事による.

西红柿 xīhóngshì 植トマト.〔番 fān 茄〕の俗称.〔～炒鸡蛋〕食トマトと卵の炒めもの.〔～酱〕トマトケチャップ.

西湖 xīhú 地西湖:杭州にある湖.〔西子②〕〔西子湖〕〔金 jīn 牛湖〕〔明 míng 圣湖〕〔钱 qián 塘湖〕〔圣 shèng 湖〕は別称.〔瘦 shòu～〕地揚州にある名勝地.

西葫芦 xīhúlu 植セイヨウカボチャ(ナタウリ)

西湖色 xīhúsè 〈喩〉水色の.〔这幅画要裱～的绫子〕この絵は水色の綾子で表装しなければならない.→〔湖色〕

西化 xīhuà　西洋化.欧米化.〔全盘 pán～〕全面的な欧米化(する)

西画 xīhuà　⇒〔西洋画〕

西黄蓍胶 xīhuáng shìjiāo ＝〔黄蓍胶〕薬トラガント.

西极 xījí　極楽浄土.あの世.〔仙游～〕お亡くなりになった.

西进 xījìn　〔西部大开发〕に呼応する諸現象.

西晋 xījìn　→〔晋(II)③④〕

西经 xījīng 地西経.

西口 xīkǒu　(山西省北部で)長城の諸関所.〔走～〕長城を越え(包頭あたりへ)出稼ぎにいく.

西裤 xīkù　西洋式ズボン.

西兰花 xīlánhuā 植ブロッコリー:〔绿 lù 菜花〕〔茎 jīng 椰菜〕ともいう.〔西蓝花〕とも書く.

西历 xīlì　西暦:〔阳 yáng 历①〕ともいう.〔公 gōng 历〕の旧称.

西力生 xīlìshēng 薬セレサン:農薬の一種.

西凉 xīliáng 史晋代の西方十六国の一.

西陵 xīlíng ①北京の西方にある清代皇陵の名. ②〈姓〉西陵(セイリョウ).

西马 xīmǎ　(日本を含めた欧米の資本主義国内の)マルクス主義.

西眉南脸 xīméi nánliǎn (古代の代表的な美女である)西施と南威の容貌:美人の形容.〔～之美〕西施や南威にまごうような美人.

西门 xīmén ①西門〔西门〕. ②〈庆 qìng〉古西门庆:小説〔金 jīn 瓶梅〕の主人公.〈喩〉好色で手広い金持の男.

西门子 xīménzǐ ジーメンス:導電率の単位.記号 S.単に〔西〕④ともいう.オームの逆数で通常はモー(℧)が用いられる.→〔姆 mǔ 欧〕

西门子马丁炉 xīménzǐ mǎdīnglú ⇒[平 píng 炉]
西米 xīmǐ ⇒[西谷]
西面(儿) xīmiàn(r) 西の方.
西母 xīmǔ ⇒[西王母]
西南 xīnán ①西南.〔～非〕西南アフリカ. ②[地](中国の)西南地区:四川・雲南・貴州・チベットなど.〔～联 lián 合大学〕〔～联大〕西南連合大学:抗日戦争期の1937年,北京大学・清華大学・南開大学3校が合併し,長沙を経て昆明で開設した大学.
西欧 xī'ōu 西ヨーロッパ:狭義には〔英国〕(イギリス),〔爱尔兰〕(アイルランド),〔荷兰〕(オランダ),〔比利时〕(ベルギー),〔卢森堡〕(ルクセンブルグ),〔法国〕(フランス),〔摩纳哥〕(モナコ)などを指す.
西皮 xīpí [劇]西北地方の〔秦腔〕が襄陽から湖北地方に入り発達した歌調;湖北では歌うことや歌詞を〔皮〕ということからこの名が生じた.のち,清朝中期に東に入り〔二黄〕と合体して〔皮黄〕すなわち現在の〔京劇〕となった.
西片 xīpiàn 洋画.欧米の映画.
西乞 xīqǐ 〈姓〉西乞(?).
西气东输 xīqì dōngshū 西部の天然ガスを東部へ輸送すること. →[西部大开发]
西迁 xīqiān 西方に移る.
西羌 xīqiāng →[羌]
西芹 xīqín ⇒[芹菜]
西人 xīrén ①西洋人. ②[史]周の人:周の都を西都と呼び周の人を〔～〕と呼んだ. ③[史]西夏の人:宋のころ,西夏の人を〔～〕と呼んだ. →[老 lǎo 西儿]
西戎 xīróng ⇒[戎(II)①]
西萨摩亚 xī sàmóyà ⇒[萨摩亚]
西沙尔麻 xīshā'ěr má [植]シサル麻:リュウゼツランの一種からとった繊維.
西沙群岛 xīshā qúndǎo [地]パラセル諸島.
西晒 xīshài 西日が照りつける.
西施 xīshī =[西子①] [人]春秋のころ越王勾践が呉王夫差に贈った美人の名.昔時の代表的な美女. →[东 dōng 施效颦][嫫 mó 母]
西施犬 xīshīquǎn =[狮 shī 子狗][動]シーズー.
西施舌 xīshīshé [魚貝]アリソガイ:バカガイ科.
西式 xīshì 〔西方の,洋式(の).西欧風(の).〔～楼房〕西洋館.洋風2階建.〔～糕 gāo 点〕西風の菓子.〔～服装〕洋装. →[洋 yáng 式]
西塔 xītǎ 〈音訳〉(ギリシア文字) θ シータ. →[希 xī 腊字母]
西太后 xītàihòu ⇒[太后]
西天 xītiān ①[宗](仏教で)インドの別称.〔～取 qǔ 经〕インドに仏教の経典を取りに行く.(転)外国の先進的経験に学ぶこと. →[取经] ②⇒[西方②] ③〈喻〉極点.〔送佛上～〕〈諺〉いいことを徹底的にやること.
西头(儿) xītóu(r) 西の端. →[西口①]
西土 xītǔ ⇒[西口](甘粛・陝西省産の)アヘン.
西王母 xīwángmǔ =[西母][固]神話中の女神.崑崙山の瑶池に住み,その庭の桃を食べると不老不死になるといわれる:〔王母〕〔王母娘娘〕〔金母元君〕ともいう.
西望长安 xīwàng cháng'ān [成]西のかた長安を望む.〔～不见家 jiā 人〕[歌]西のかた長安を望めば人家見えず:いいことない.〔不见家人〕〔不见佳 jiā 人〕にかけていう.〔她的长相儿 zhǎngxiàngr 也是～吧〕彼女の器量もあまりよくないでしょう.
西魏 xīwèi →[魏]
西文 xīwén 西洋文字.西洋語.
西屋 xīwū 西側の部屋.

西西 xīxī ①シーシー:ccの音訳.〔立 lì 方厘米〕(立方センチメートル).〔毫 háo 升〕(ミリリットル)に当たる. ②(中国の)西部各省.〔～合作〕同前間の協力.
西席 xíxí =[西宾][旧]家庭教師または地方長官の招聘した官職のない補佐役に対する呼称:古代,主人の席は東側にあり,客と同前の人の席は西側にあった.
西夏 xīxià [史]1038年～1227年,現在の銀川を中心とし,東はオルドス,西は甘粛に渡る地方を領有したタングート族の国家:李元昊(景宗)が〔光天府〕に都をおき〔大 dà 夏〕と号した.のち蒙古に滅ぼされる.
西厢记 xīxiāngjì [劇]元代の代表的な戯曲:王実甫の作.続篇は関漢卿の作.才子の張生と住人の鶯鶯とが西廂で愛情を結ぶ大団円に至る物語.〔四大奇书①〕
西斜 xīxié (日が)西に傾く.日が沈む.〔太阳～了〕太陽が西に傾いた.
西学 xīxué 西洋の学問:〔新 xīn 学〕に同じ.〔～东渐 jiān〕同前が入ってくること. →[中 zhōng 学]
西亚 xīyà [地]西アジア. →[近 jìn 东][中 zhōng 东]
西洋 xīyáng 西洋.〔～人〕西洋人. →[史]西洋史.〔～菜〕西洋料理. →[参 shēn][洋参][花 huā 旗参][植]アメリカニンジン.セイヨウニンジン.〔～音乐〕西洋音楽. →[西域]
西洋红 xīyánghóng [植]サルビア(総称)別称〔一 yī 串红〕
西洋画 xīyánghuà 洋画:略して〔西画〕〔洋画〕という. ↔[国 guó 画][油 yóu 画]
西洋景 xīyángjǐng ⇒[拉 lā 洋片]
西药 xīyào 西洋薬. →[中 zhōng 药]
西医 xīyī ①西洋医学.近代医学:〔新 xīn 医〕に同じ. ②(同前を修めた)医者. ↔[中 zhōng 医]
西游记 xīyóujì [書]明代の長篇小説:呉承恩の作.〔唐僧〕(三蔵法師)が〔孙悟空〕(孫悟空),〔猪 zhū 八戒〕,〔沙僧〕(沙悟浄)らと天竺(印度)へ行き〔取 qǔ 经〕(経典を取る)して帰国した次第を記したもの.〔四大奇书②〕の一.
西语 xīyǔ 欧米各国の言語.
西域 xīyù 〔西域:[玉门关](敦煌西北)以西の地.ⓐパミール高原カラコルム山脈以東の地.ⓑ同前を経て到達する地域:ペルシア・シリア・エジプト・ネパール・インドなど広くいう.
西元 xīyuán ⇒[公 gōng 元]
西乐 xīyuè 西洋音楽.
西岳 xīyuè ⇒[华 huà 山]
西崽 xīzǎi =[细 xì 崽][旧]西洋人に使われている(中国人)召使い:軽蔑していった.
西藏 xīzàng [地]西蔵.〔～自治区〕チベット自治区. →[伯 bó 特尔尔]
西直门 xīzhímén かつて北京内城西北にあった城門名. →[里 lǐ 九外七]
西周 xīzhōu ⇒[周(II)①]
西装 xīzhuāng =[西服][旧]〔洋装〕〔洋服〕:〔洋服〕は旧称.〔～料〕背広地.〔～革履〕洋服革履:洋服を着て革靴を履く.〈喻〉パリッとした身なり.
西装鸡 xīzhuāngjī (食用に)下ごしらえした鶏(毛をむしり内臓を出すなどして).
西子 xīzǐ ①⇒[西施] ②⇒[西湖]
西子湖 xīzǐhú ⇒[西湖]

〔恓〕 xī

恓惶 xīhuáng 〈文〉慌てふためく.周章狼狽する.
恓恓 xīxī 〈文〉あわただしく落ちつかぬさま.

〔茜〕 xī 訳音字. → qiàn

〔栖〕 xī〈文〉心が不安定なさま. → qī

栖遑 xīhuáng〈文〉慌ただしくて落ち着かないさま.
栖栖 xīxī〈文〉①落ち着かないさま. ②物寂しいさま.

〔牺・犠〕 xī 古代祭祀に用いた"いけにえ"(の獣).〔~牛〕同種用の牛.

牺打 xīdǎ 〈又〉〔野球などの〕犠牲打:〔牺牲打〕ともいう.→〔飞球〕犠牲フライ.
牺牲 xīshēng ①[書](神前に供えられた)いけにえ.〔~品 pǐn〕いけにえ. 犠牲. ②他人のために己を捨てる. あることのために他を捨てる.〔~精神〕犠牲的精神.〔~太大〕犠牲が大きすぎる.〔~一切〕一切を犠牲にする.〔流血~〕血を流して死ぬ.〔个人利益〕個人の利益を犠牲にする.〔为了这件事我了休息时间〕このことのために休憩時間を犠牲にした.〔~触 chù 击〕〈又〉〔野球の〕犠牲バント. 送りバント.
牺牲节 xīshēngjié ⇒〔宰 zǎi 牲节〕
牺尊 xīzūn 古代銅器の一種. いけにえに供されていた牛の像を刻んだ〔尊⑥〕(酒器)

〔氙〕 xī 〔化〕〔氙 xiān〕(キノセン)の旧名.

〔硒〕 xī 〔化〕セレン. セレニウム:非金属元素. 記号 Se.

硒整流器 xī zhěngliúqì 〔電〕セレン整流器.

〔粞〕 xī ①〈文〉砕米 (ぎま).〔米 mǐ ~〕飴の原料.〔~儿〕米ぬかか.

〔舾〕 xī〔~装 zhuāng〕艤装 (ぎそう):船舶の装置と設備(総称). また同番を取り付ける仕事.

〔吸〕 xī =〔噏〕①〈文〉吸う.〔呼 hū ~〕呼吸.〔~一口气〕ひと息吸い込む.〔~进〕吸い込む.→抽 chōu(I)④〕②吸収する. ③吸引する. 引きつける.〔~铁石〕磁石は鉄を吸いつける.〔~地〕(電気掃除器で)床を掃除する. ④〈姓〉吸 (きゅう)

吸尘器 xīchénqì 電気掃除機.
吸虫 xīchóng〔虫〕吸虫類.〔肺 fèi ~〕肺吸虫.〔肝~〕肝吸虫.〔血 xuè ~〕住血吸虫.
吸储 xīchǔ =〔吸存〕(銀行などが)預金を吸収する.
吸存 xīcún 同上.
吸顶灯 xīdǐngdēng 天井灯. シーリングライト. →〔吊 diào 灯〕
吸毒 xīdú 麻薬・覚醒剤などを吸う.
吸风饮露 xīfēng yǐnlù 風を吸い露を飲む.〈喩〉飲まず食わずである.
吸附 xīfù 吸着する.〔~剂 jì〕吸着剤.
吸管 xīguǎn ①サクションパイプ. ②スポイト.〔玻 bō 璃~〕同じ. ③ストロー.〔麦 mài 管〕
吸浆虫 xījiāngchóng〔虫〕ムギアカタマバエ:農業害虫.
吸角 xījiǎo〔医〕吸角 (すいかく).吸い玉.〔~拔 bá 罐子〕
吸力 xīlì ⇒〔引 yǐn 力①〕
吸溜 xīliu〈方〉吸い込む.〔不住地~气儿〕ぱくぱく息を吸い込む.
吸龙 xīlóng ⇒〔虹 hóng 吸管〕
吸墨纸 xīmòzhǐ =〔吃 chī 墨纸〕〔印 yìn 水纸〕吸い取り紙.
吸纳 xīnà ①吸収する.〔~剩余劳动力〕余った労働力を吸収する. ②受け入れる.
吸奶器 xīnǎiqì 搾乳器.
吸泥 xīní 浚渫 (しゅんせつ).〔~泵 bèng〕浚渫ポンプ. ドレッジポンプ.〔~船〕浚渫船. ドレッジャー.〔~机〕浚渫機.

吸盘 xīpán〔動〕吸盤.
吸气 xīqì 空気を吸い込む. 息を吸う.〔~阀〕吸気弁.〔~阀弹簧〕吸気弁バネ.〔~管〕空気吸入管.〔~筒 tǒng〕空気ポンプ. →〔阀 fá (II)〕
吸取 xīqǔ 吸い取る. 吸収する.〔~经验教训〕経験と教訓を吸収する.〔~精神力量〕精神の糧を吸収する.〔~水分〕(植物が)水分を吸い取る.〔~了他的意见〕彼の意見を取り入れた.
吸热 xīrè 熱を吸収する.
吸入 xīrù 吸い込む. 吸い上げる.〔~泵 bèng〕吸い込みポンプ. サッキングポンプ.〔~法〕吸入法.〔~器〕〔医〕吸入器.
吸声材料 xīshēng cáiliào 吸音材.
吸声砖 xīshēngzhuān 吸音れんが.
吸湿 xīshī 湿気をとる.〔~剂〕吸湿剤.〔~性〕吸湿性.
吸食 xīshí (食物・毒物などを)すする. 吸い込む.〔~鸦 yā 片〕アヘンを吸う.
吸收 xīshōu ①吸収する.〔肠 cháng ~〕腸の吸収.〔~光谱〕[暗 àn 线光谱]吸収スペクトル.〔植物由根~养分〕植物は根から養分を吸収する.〔隔音纸~声音〕防音紙は音を吸収する. ②吸収する. 取り入れる.〔~先进经验〕進んだ経験を吸収する.〔批判地~〕批判的に吸収する.〔~外资〕外資を受け入れる. ③(組織が)受け入れる.〔~知识分子〕知識人を(組織の中へ)入れる.
吸水棉 xīshuǐmián ⇒〔脱 tuō 脂棉〕
吸水性 xīshuǐxìng 吸水性(の)
吸吮 xīshǔn 吸い取る.〔~人民膏血〕人民の膏血を吸い取る.
吸铁石 xītiěshí ⇒〔磁 cí 铁〕
吸铁轧头 xītiě yàtou ⇒〔磁 cí 性卡盘〕
吸血鬼 xīxuèguǐ 吸血鬼.
吸烟 xīyān タバコを吸う:〔抽 chōu 烟〕〔吃 chī 烟〕に同じ.
吸氧 xīyǎng 酸素吸引する.〔~吧 bā〕酸素バー.
吸移管 xīyíguǎn =〔移液管〕ピペット.
吸引 xīyǐn ①吸引する. 魅了する.〔~力〕吸引力.〔这个电影的故事很能~人〕この映画はとても人を魅了する.〔~人们的注意力〕人々の注意をひく. 注目を集める.
吸脂手术 xīzhī shǒushù 脂肪吸引手術:同前で減量することを〔吸脂减肥〕という.
吸滞 xīzhì 吸着する.
吸住 xīzhù 吸いつける. 引きつける.

〔希〕 xī (I)①希望する. 願う. 請い願う.〔~荣〕栄誉を望む.〔~贤〕賢者になりたと願う.〔~准 zhǔn 时出席〕時間厳守でご出席ください.〔~读者指正〕読者の批判を請う. ②音訳(ギリシア文字) χ キー. →〔希腊字母〕③→〔希沃特〕④〈姓〉希 (*)
(II)①まれである. 珍しい:〔稀①〕に同じ. ②はなはだ. きわめて. ごく:〔稀⑤〕に同じ.〔~烂的牛肉〕(よく煮えた)やわらかい牛肉.〔面和 huò 得~软〕小麦粉を非常に柔らかくこねた.〔~嫩 nèn 的韭菜〕ごく柔らかなニラ.

希伯来 xībólái 〔音訳〕ヘブライ.〔~语〕ヘブライ語.
希古 xīgǔ〈文〉古人を敬い慕う.
希贵 xīguì =〔稀贵〕
希罕 xīhan =〔稀罕〕
希冀 xījì〈文〉希望する. 請い願う.
希腊 xīlà ギリシャ:正式名称は〔~共和国〕. 首都は〔雅 yǎ 典〕(アテネ).〔~人〕ギリシャ人.
希腊正教 xīlà zhèngjiào ⇒〔东 dōng 正教〕
希腊字母 xīlà zìmǔ ギリシャ字母. ギリシア文字:〔阿 ā 尔法〕(A α アルファ),〔贝 bèi 塔〕(Β β ベー

xī

タ),〔伽 gā 马〕(Γ γ ガンマ),〔德 dé 尔塔〕(Δ δ デルタ),〔艾 ài 普西隆〕(Ε ε エプシロン),〔泽 zé 塔〕(Ζ ζ ゼータ),〔伊 yī 塔〕(Η η エータ),〔西 xī 塔〕(Θ θ シータ),〔约 yāo 塔〕(Ι ι イオータ),〔卡 kǎ 帕〕(Κ κ カッパ),〔拉姆塔〕(Λ λ ラムダ),〔谬 miù ④〕(Μ μ ミュー),〔纽 niǔ ⑥〕(Ν ν ニュー),〔克 kè 西〕(Ξ ξ クシー),〔奥 ào 米克戎〕(Ο ο オミクロン),〔派 pài ⑫〕(Π π パイ,ピー),〔柔 róu ⑤〕(Ρ ρ ロー),〔西 xī 格马〕(Σ σ ς シグマ),〔陶 táo 〕(Τ τ タウ),〔字 yǔ 普西隆〕(Υ υ イプシロン),〔斐 fěi ③〕(Φ φ ファイ,ふぁ),〔希〕(Χ χ キー),〔普 pǔ 西〕(Ψ ψ プシー),〔奥 ào 米伽〕(Ω ω オメガ)

希慕 xīmù 〈文〉(有徳の人を)敬い慕う.〔~盛德〕同前.

希奇 xīqí ⇒〔稀奇〕

希奇古怪 xīqí gǔguài ⇒〔稀奇古怪〕

希求 xīqiú ①(手に入るように)願う.望む.〔~你的帮助〕君の助けが欲しい. ②望み.願望.〔现在没有别的~〕いま他には望みはない.

希少 xīshǎo ⇒〔稀少〕

希圣 xīshèng 〈文〉①聖人になろうとする. ②まれな聖人.〔他是圣贤之中少有的~〕彼は聖賢の中でもまれな聖人である.

希世 xīshì ⇒〔稀世〕

希图 xītú 〈文〉もくろむ.企てる.〔~侥幸〕僥倖を願う.〔~称霸全球〕全世界制覇をねらっている.

希望 xīwàng ①希望する.〔我~你们再来访问〕あなた方がまたお出で下さる事を希望します.〔寄~于将来〕望みを将来に托す.→〔盼 pàn 望〕 ②望み.見込み.人類の希望.〔~热线〕悩み相談ホットライン.〔他很有~〕彼は将来性がある.〔这个~很难实现〕この望みはなかなか実現しにくい.〔期 qī 望〕

希望工程 xīwàng gōngchéng 貧困児童就学援助プロジェクト:1989年に始まった.〔希望小学〕同前の主旨に基づいて設立された小学校.

希沃特 xīwòtè 〈度〉⑰シーベルト:放射線の線量当量の単位.記号 Sv.単に〔希(Ⅰ)③〕ともいう.→〔雷 léi 姆〕

希有 xīyǒu ⇒〔稀有〕

希珍 xīzhēn ⇒〔稀珍〕

〔**郗**〕 xī 〈姓〉郗(ʷ) → chī

〔**浠**〕 xī ①〔~水 shuǐ 〕⑰湖北省にある. ②〈姓〉浠(ʷ)

〔**唏**〕 xī 〈文〉しゃくりあげる.嘆息する.

唏里哗啦 xīli huālā ⇒〔稀里哗啦〕

唏留 xīliu 〈方〉スースー.ツルツル.ズルズル(音をたてる).〔冻得他直~〕寒いので彼はしきりにスースー息を吸っている.〔一~就是一碗〕ツルツルとすすってたちまちたいらげた.

唏唏 xīxī ⇒〔嘻嘻〕

唏唏哈哈 xīxī hāhā ⇒〔嘻嘻哈哈〕

唏嘘 xīxū =〔歔欷〕〈文〉しゃくりあげる(すすり泣く).〔老夫妻贫病交加,相对~〕老夫妻は貧乏と病とに責められ,顔を見合せてため息をついている(しゃくりあげ悲しんでいる)

〔**烯**〕 xī ⑭有機化合物で炭素間に〔一键 jiàn〕(二重結合)1個のある事を示す字.〔~烃〕オレフィン.アルケン.エチレン系炭化水素.〔乙 yǐ ~〕〔以 yǐ 脱林〕エチレン.〔丙 bǐng ~〕プロピレン.〔异 yì 丁~〕イソブチレン.〔丁二~〕ブタジエン.→〔链 liàn 式碳氢化合物〕

〔**晞**〕 xī 〈文〉①乾く.〔晨 chén 露未~〕朝露はまだ乾いていない.〔~发 fà 〕髪を乾かす. ②〔夜〕しらむ.〔东方未~〕東の方はまだ暗い.

〔**欷**〕 xī 〈文〉しゃくりあげる(ため息をついて泣く).〔~歔 xū 〕〔唏嘘〕同前.

〔**睎**〕 xī 〈文〉①眺望する. ②敬慕する.

〔**稀**〕 xī ①まばらである.〔布丝儿太~〕布の糸がまばらだ.布の目が粗い.〔他的眉毛太~〕彼の眉毛はたいへん薄い.〔树种 zhòng 得太~〕樹の植え方があまりにもまばらだ.〔月明星~〕月が明るく星がまばらである.↔〔密 mì〕 ②少ない.まれである.〔~少〕少ない.〔路静人~〕道はひっそりとし,人影も少ない.〔物以~为贵〕物はまれなのを貴しとする.〔人生七十古来~〕人生古来七十まれなり. ③(濃度が)薄い.水気が多い.〔~硫 liú 酸〕希硫酸.〔~酱 jiàng 〕水分の多い味噌.〔~的〕薄いもの.流動体になったもの.〔糖 táng ~〕水あめ.〔拉~〕下痢する.↔〔稠 chóu〕 ⑤とても.ひどく:一部の形容詞の前に置き程度がひどいことを表す.〔~糟 zāo 〕ひどくまずい.ひどく失敗する.〔一轴~破的旧画〕ひどく破れた古画の掛け軸.〔煮得~烂〕(よく)煮込んで,とろとろになる.

稀巴拉儿 xībālār 〈方〉まばらなさま:〔稀啦拉儿〕ともいう.〔天上~地有了几颗星星〕空には星影がまばらであった.〔只有~几个人〕ばらばらと何人かいる.

稀巴烂 xībālàn ⇒〔稀烂〕

稀薄 xībó 希薄である.薄い.〔高山上空气~〕高山の上では空気が希薄である.↔〔浓 nóng 厚〕

稀薄剂 xībójì ⇒〔信 xìn 那水〕

稀稠 xīchóu 濃さ.濃度.

稀饭 xīfàn かゆ.→〔干 gān 饭〕〔粥 zhōu〕

稀贵 xīguì =〔希贵〕減多にない.〔~植 zhí 物〕希少植物.

稀罕 xīhan ①まれである.珍しい.〔~的东西〕珍品.〔这事儿真~〕まったく珍しい出来事だ.〔这有什么~的〕これは何も珍しいことではない. ②珍重する.気に入る.ありがたがる.〔我真~这个东西〕わたしは本当にこの手のものが好きだ.〔你不必给我,我不~〕くれなくてもよいよ,そんなものありがたくはない. ③〔~儿〕珍しい事物.〔看~〕珍しい物を興味深くながめる:〔希罕〕とも書く.

稀糊糊 xīhúhu ⇒〔糊糊〕

稀袈裟布 xījiāshābù ⇒〔稀洋纱〕

稀见 xījiàn 珍しい.めったにない.〔~珍 zhēn 本〕稀覯(ʷ)本.

稀客 xīkè まれに来る客.珍客.

稀拉拉 xīlālā まばらなさま.

稀拉 xīla ①まばらである.〔~的枯草〕まばらな枯れ草. ②〈方〉きちんとしない.いいかげんである.〔作风~〕やり方がいい加減である.

稀烂 xīlàn =〔稀巴烂〕①とろとろになる:煮て軟らかになったさま.〔煮 zhǔ 得~〕とろとろに煮る. ②めちゃくちゃである.〔砸了个~〕粉々に壊した. ③〔把它全都给撕了个~〕それをばらばらに引き裂いてしまった.

稀朗 xīlǎng (あかり·星などが)まばらで明るい.〔~的灯火〕まばらで明るいあかり.

稀里光当 xīli guāngdāng 〈口〉①(液体が)さらさらしているさま. ②ぐらぐらついているさま.丈夫でないさま.

稀里呼噜 xīli hūlū 〈擬〉サラサラ.ツルツル.スス:粥や麺などをする音.また小走りに走る音.〔~地喝了几口粥〕サラサラと粥を二口三口すすった.

稀犀昔惜　xī

[〜地小跑着]スッスッて小ばしりに走っている.
稀里糊涂 xīli hútú ぼんやりしている.あいまいである.[〜地罩作促了]あいまいなうちに決めたことにした.
稀里哗啦 xīli huālā ＝[唏里哗啦]①〈擬〉ザーザー.ガラガラ.ガタガタ:雨や風,また物が崩れたり,壊れたりする時の音.[〜地下了一阵大雨]ザーザーと大雨がひとしきり降った.②壊れていっぱいにちらばり,収拾がつかないさま.[怎么闹成个〜的]何でこんなにいっぱいちらかしたんだ.
稀里马虎 xīli mǎhū いいかげんである.不注意である.そそくさとする.[不能〜]いいかげんにできない.→[马马虎虎]
稀料 xīliào ⑫希釈剤.→[信．ㄨ那水]
稀溜溜 xīliūliū 〈口〉(粥や汁物などが)水っぽいさま.実が少ないさま.[今天不想吃饭,你给我熬点儿粥,要〜的]今日は食欲がないからおかゆを作ってくれ,薄いのがいい.
稀落 xīluò まばらである.[掌声〜了]拍手がばらばらと鳴った.
稀嘛拉儿 xīmalār ⇒[稀巴拉儿]
稀泥 xīní どろどろした泥.[〜软 ruǎn 蛋]〈喩〉全然意気地がないさま.
稀破 xīpò ひどく破れた.[中间悬着一轴〜的古画]真ん中にボロの古画の軸物が掛けてある.
稀奇 xīqí 珍奇である.稀有(う)である:[希奇]とも書いた.[〜的动物]珍しい動物.
稀奇古怪 xīqí gǔguài 奇怪である.極めて珍しい:[希奇古怪]とも書いた.[这么〜的东西,我还是初次看见]こんな奇妙なものは,わたしは初めて見た.
稀缺 xīquē 極めて少ない.[〜材料]同前の材料.
稀软 xīruǎn ぐにゃぐにゃにしている.[两只脚〜]両足がぐんにゃりとしている.[〜的东西]ぐにゃっとしたもの.[〜松软]軟らかくてぐにゃぐにゃである.
稀散元素 xīsàn yuánsù 夾雑(ぎつ)物として他の鉱物中に散らばって含まれる元素.
稀少 xīshǎo まれである.少ない.[希少]とも書いた.[街上行人〜]通りには人影が少ない.→[少有]
稀世 xīshì ⑫世にも珍しい.[〜之珍 zhēn]世にもまれなる珍宝.⑫世俗に雷同する:[希世]とも書いた.
稀释 xīshì ⑫希釈(する).[〜剂 jì][冲淡剂]希釈剂.→[冲 chōng 淡①]
稀疏 xīshū (物や音が)まばらなさま.[〜的头发]薄い髪の毛.[〜的枪 qiāng 声]まばらな銃声.↔[稠 chóu 密]
稀松 xīsōng ①平凡である.くだらない.何でもない.[〜平常]月並みである.[这点儿的事,不值得着急]このくらいのつまらぬ事に慌てる必要はない.[把人命重案看得〜]殺人という大事をつまらないことと見る.②腰くだけになる.力がぬけている.だらけている.[事先喊 hǎn 得挺有劲,一上阵就〜了]事前にはなかなか勢いよくわめいていたが,いざとなると腰くだけしてしまった.③悪い.劣っている.
稀碎 xīsuì 粉みじん.[碎 zá 了个〜]粉々に砕けた(壊した)
稀土 xītǔ ⑫希土.[〜金属 shǔ][〜元素]⑫希土類金属:[镧 lán](ランタン.La.),[铈 shì](セリウム.Ce.),[镨 pǔ](プラセオジム.Pr.),[钕 nǚ](ネオジム.Nd.),[钷 pǒ](プロメチウム.Pm.),[钐 shān](サマリウム.Sm.),[铕 yǒu](ユウロピウム.Eu.),[钆 gá](ガドリニウム.Gd.),[铽 tè](テルビウム.Tb.),[镝 dī](ジスプロシウム.Dy.),[钬 huǒ](ホルミウム.Ho.),[铒 ěr](エルビウム.Er.),[铥 diū](ツリウム.Tm.),[镱 yì](イッテルビウム.Yb.),[镥 lǔ](ルテチウム.Lu.),[钇 yǐ](イットリウム.Y),[钪 kàng](スカンジウム.Sc.)
稀稀罕儿 xīxihǎnr 〈方〉新奇なもの.珍しい品物.[有什么〜快拿出来给大伙儿瞧瞧]何か珍しいものなら早く出してくれ.[〜稀罕]
稀稀拉拉 xīxi lālā ひどくまばらさま.とぎれとぎれのさま:[稀稀落落]ともいう.[头发秃 tū 得〜没有几根]髪の毛がばらばら:天然に蓄わる量の少ないもの.[〜的枪 qiāng 声]とぎれとぎれの銃声.断続の銃声.
稀稀落落 xīxi luòluò 同上.
稀洋纱 xīyángshā ＝[稀裂裟布][裂 jiā 裟布][〈音義訳〉麦 mài 斯林纱][细 xì 洋布]⑫モスリン:[薄 báo 洋布][细麻布]
稀有 xīyǒu まれである.少ない.[希有]とも書いた.[〜气体][惰 duò 性气体]⑫不活性ガス.希ガス.[〜元素]稀有元素:天然に産する量の少ないもの.[〜之物]〈文〉まれなる品.→[少 shǎo 有]
稀有金属 xīyǒu jīnshǔ ⑫レアメタル.希少金属:[锂](リチウム)と[钛 tài](チタン)など.
稀珍 xīzhēn まれである.めったにない:[希珍]とも書く.
稀粥 xīzhōu 薄い粥.[〜烂 làn 饭]〈喩〉粗末な生活.貧しい生活.

[豨] xī 〈文〉豚.→[豕 shǐ][猪 zhū]

豨苓 xīlíng ⇒[猪 zhū 苓]
豨莶(草) xīxiān(cǎo) ⑫メナモミ.コメナモミ.ツクシメナモミ:キク科の草本.全草を薬用する.

[昔] xī ①昔.[〜人]昔の人.先人.[今非〜比]現在は昔の比ではない.[今〜不同]今と昔は同じではない.[今〜对比]昔と今を対比する.②(姓)昔(ぜき)

昔年 xīnián 〈文〉昔年.往時:[往 wǎng 年]に同じ.
昔日 xīrì ＝[昔时]〈文〉昔日.昔時.以前.[〜的奴隶,今天成了国家的主人翁]かつての奴隷が今では国家の主人になっている.[〜这里很荒凉]以前時,ここは荒れて物寂しかった.
昔时 xīshí 同上.
昔岁 xīsuì 〈文〉去年.昨年.→[去 qù 年]
昔者 xīzhě 〈文〉〈文〉昨日.

[惜] xī ①惜しむ.惜しがる.[不〜力]骨折りをいとわない.骨身を惜しまない.[为了保卫祖国,不〜牺牲自己的生命]祖国防衛のためには生命を捧げても惜しいとは思わない.②大切にする.重んじる.[爱〜]大事にする.[珍 zhēn 〜]大切にする.[〜才]才能(ある人)を尊重する.③残念がる.遺憾に思う.[〜未成功]成功しないのを残念に思う.[可〜我不能陪您去]残念ながらお供できません.[可〜他没这个力量]気の毒が彼にはこのような力はない.
惜败 xībài 惜敗する.[〜于对方]相手に同前.
惜别 xībié 別れを惜しむ.[〜之情]惜別の情.
惜财 xīcái 金銭を惜しむ.
惜费 xīfèi 貧しむこと.
惜福 xīfú 過分の幸福を願わないこと.[年轻人要〜,不可过于浪费]若いものはぜいたくを言わないことだ,あまりに浪費してはいけない.
惜购 xīgòu 買い惜しみをする.
惜老怜贫 xīlǎo liánpín ＝[怜贫惜老]〈成〉老人や貧しい者を労る.
惜力 xīlì 骨身を惜しむ.[干活不〜]仕事の時,力を惜しまない.
惜墨如金 xīmò rújīn 〈成〉墨を金の如く惜しむ.〈喩〉軽々しく筆を下ろさないこと.[老兄,半年也不来一封信]きみは同前で,半年に1本の手紙もく

xī

惜腊析淅薪晰皙蜥胯饻息熄瘜螅奚

れないね.
惜身 xīshēn 〈文〉体を大切にする.〔～自玉〕同前.
惜售 xīshòu 売り惜しみする.
惜阴 xīyīn 〈文〉時間を惜しみ大切にする.
惜玉怜香 xīyù liánxiāng 〔怜香惜玉〕
惜指失掌 xīzhǐ shīzhǎng 〈文〉指を惜しんで掌を失う.〔喩〕小事にとらわれて大事を失う.
惜字纸 xīzìzhǐ 字を書いたものを大切にする.〔敬〕～纸纸くず箱:字が書いてある紙を捨てた.

〔腊〕 xī ①〈文〉日に干した肉. ②〈姓〉腊(🈶)
→là

〔析〕 xī ①分ける.分かつ.〔条分缕lǚ～〕〈成〉細かに区分けをする. ②分析する.弁別する.〔分～〕〔剖pōu～〕同前. ③〈姓〉析(🈶)
析产 xīchǎn 財産を分ける.〔兄弟～〕兄弟が財産を分ける.
析出 xīchū ①分析し取り出す. ②🈯析出する.〔～结晶 jīng〕結晶を析出する.
析爨 xīcuàn 同下.
析居 xījū =〔析爨〕〈文〉分家する.別々に暮らす.〔析产分居〕世帯を別にする.
析像 xīxiàng 🈯解像.〔～管〕=〔～器 qì〕解像管.イメージディセクター.〔～能力〕解像度.
析疑 xīyí 〈文〉疑惑を解く.
析义 xīyì 〈文〉意味を説き明らかにする.解説する.

〔淅〕 xī ①〈文〉米をとぐ. ②〔～川 chuān〕🈯河南省にある県￫た川. ③〈姓〉淅(🈶)
淅沥 xīlì 〈擬〉そよそよ.しとしと.さらさら.ばらばら:かすかな風・雪・落葉などの音.〔小雨淅淅沥沥地下着〕しとしとと小雨が降っている.
淅飒 xīsà 〈擬〉しとしと.さらさら:雨・雪・落葉などの音.
淅淅 xīxī 〈擬〉しとしと.そよそよ:微かな風・雨・雪の音.

〔薪〕 xī
薪荬 xīmì 〈文〉〔荠 jì ①〕(ナズナ)に似た植物.

〔晰(晳・皙)〕 xī ①明らかである.はっきりしている.〔明～〕明晰.〔清～〕はっきりしている. ②〈姓〉晰(🈶)

〔皙〕 xī 〈文〉(人の皮膚の)色が白い.〔白～〕同前.→〔晰〕

〔蜥〕 xī 🈐トカゲ類.〔沙～〕ガマトカゲ.〔巨～〕ミズオオトカゲ.〔飞～〕トビトカゲ.〔～虎 hǔ〕ナキヤモリ.
蜥脚类 xījiǎolèi 🈐〔草食恐竜の〕竜脚類.
蜥龙类 xīlónglèi 🈐〔草食動物の〕竜盤類:〔蜥臀 tún 类〕ともいう.
蜥蜴 xīyì 🈐トカゲ類(総称):俗に〔〈方〉蛇 shé 舅母〕〔四脚蛇〕〔五科〕カナヘビ科.
蜥螈 xīyuán 🈐シームリア:化石の一種.両棲類と爬虫類の中間的動物.

〔胯〕 xī 人名用字.〔羊舌～〕🈯春秋時代晋国の大夫.

〔饻・餙〕 xī 〔～老解放区〕で採用されていた賃金計算の単位:米・布・石炭・油や塩などの市価から割りだして計算された.

〔息〕 xī ①〔喘 chuǎn ～〕🅐あえぐ.🈫ぜんそく.〔室 zhì ～〕息をつまらせる.窒息する.〔仰人鼻～〕〈成〉他人の鼻息をうかがう.〔一～尚存〕〈成〉かすかながらまだ息が残っている. ②休息する.〔歇 xiē ～〕同前.〔安～〕安息する.眠る.〔稍 shào ～〕休め(号令).〔休～时间〕休み時間.〔按时作～〕時間通り休む.〔作～时间表〕作業休息時間表.時間割り表. ④やめる.やむ.〔自强不～〕自強してやまない.〔风止雨～〕〈成〉風雨がおさ

まった. ④消息.〔消 xiāo ～〕🅐同前.🅑音信.〔信～〕通信部.便り. ⓒ情報. ⑤生長繁殖する.生まれる.〔生～〕生息する.〔蕃 fán ～〕盛んに繁殖する. ⑥〈文〉子ども.〔子～〕子ども.〔～男〕わが子.せがれ.〔～女〕わが娘. ⑦利息.〔年～〕年利率.〔免～〕利息免除する.〔～差 chā〕利鞘(🈶).〔年～〕年利.〔月～〕月利. ⑧〈姓〉息(🈶)
息兵 xībīng 〈文〉戦争をやめる.停戦する.〔～休战〕=〔～休 xiū 兵〕〈文〉停戦(する)
息灯 xīdēng ⇒〔熄灯〕
息鼓 xīgǔ 攻撃をやめる.試合を終える.
息火 xīhuǒ ①⇒〔息兵〕 ②⇒〔熄火〕
息迹 xījì ⇒〔息影①〕
息肩 xījiān 〈文〉肩の荷を下ろす.責任をおろす.
息交 xījiāo 〈文〉交際を絶つ.〔～绝游〕同前.
息金 xījīn 利子.
息款 xīkuǎn 利息.
息脉 xīmài 🈫 脈拍.〔转〕生命.〔～尚存,奋斗到底〕命のある限り,必ず最後まで闘う.
息灭 xīmiè ⇒〔熄灭〕
息怒 xīnù 怒りを解く.〔请您～〕どうぞ怒らないで下さい.
息票 xīpiào 利札.利息札.〔～单〕同前.
息钱 xīqián 利息.〔利 lì 钱〕に同じ.
息壤 xīrǎng 〈文〉①洪水のために自然に盛り上がった土地. ②戦国時代,秦の武王と甘茂の盟約を締結した場所:四川省にある.〔转〕締盟の意.〔～止战〕盟約を結んで停戦する.
息肉 xīròu 🈯〔瘜肉〕とも書いた.
息事 xīshì 〈文〉事にけりをつける.事を終わらせる.〔～宁 níng 人〕〈成〉🅐問題を解決して人々を安心させる.🅑自ら譲って事を起こさせない.
息讼 xīsòng 訴訟を取り下げる:〔息诉〕ともいう.〔～罢 bà 詞〕告訴取り下げ状(書)
息诉 xīsù 同上.
息息 xīxī 一息一息.〔～相关〕=〔～相通〕一つひとつ関係をもつ.〔喩〕関係が密接である.
息业 xīyè ⇒〔休 xiū 业〕
息影 xīyǐng ①=〔息迹〕〈文〉隠退してひっそり暮らす:〔息景〕とも書く. ②(映画・テレビ俳優が)引退する.スクリーンから去る.
息争 xīzhēng 争いをやめる.〔罢 bà 兵～〕停戦する.〔～罢讼〕争いをやめて訴訟を取り下げる.
息止 xīzhǐ やめる.停止する.〔无～地劳作〕休みな働く.

〔熄〕 xī (火を)消す.(火が)消える.〔～不下去〕鎮火しない(できない)
熄灯 xīdēng =〔息灯〕消灯(する).〔～就寝〕灯りを消して寝につく.〔～号〕消灯ラッパ.
熄火 xīhuǒ =〔息火②〕火が消える.火を消す.〔～器〕消火器.〔灭 miè 火器〕の旧称. ②(エンジンなど)停止する.止める.
熄灭 xīmiè =〔息灭〕(火を)消す.(火が)消える.〔大火已经～了〕大火はもう鎮火した. ②滅びてなくなる(なくす).消滅する(させる)

〔瘜〕 xī
瘜肉 xīròu ⇒〔息肉〕

〔螅〕 xī
螅形目 xīxíngmù 🈐ポリプ型ヒドロ虫類.→〔水 shuǐ 螅〕

〔奚〕 xī ①〈文〉なんぞ.なぜ.どこ:疑問を表す.〔子～不为政〕あなたはなぜ政治をなさらないのですか.〔晨门曰:～自〕〔子路曰:自孔氏〕門番が言うには,どちらから来られましたか.子路答えて

奚傒溪徯磎蹊鸂鼷娭悉恋蟋翕噏歙犀榽裼锡 xī

奚

言う,孔家から来ました. ②〔文〕古代の奴隷. ③旧種族名.旧熱河地方付近に住んでいた. ④〔姓〕奚.

奚啻 xīchì 〔文〕なんぞ…にとどまらん.…どころではない.〔相去～天渊〕その相違たるや天淵の別どころではない.〔以今比昔,～霄 xiāo 壤〕今日をもって昔に比すれば,天地霄壤の別もただならぬものがある.

奚落 xīluò（言葉で）ひやかす.辛辣な皮肉を言う.〔受到～〕ひやかされた.〔被他一了几句〕彼に二言三言ひやかされた.

奚琴 xīqín 古一種の弦楽器.現在の〔二 èr 胡〕に当たる.

奚容 xīróng 〔姓〕奚容(ヨウ).
奚幸 xīxìng 〔白〕悩む:〔傒倖〕とも書いた.

[傒] xī

傒倖 xīxìng ⇒[奚幸]

[溪(谿・磎)] xī = [磎] ①谷川.渓流.〔転〕小川.〔清 qīng ～〕澄んだ流れ.→[勃 bó 溪]〔姓〕溪(ケイ).

溪菜 xīcài 植カワノリ.
溪谷 xīgǔ 溪谷.→[山 shān 洞]
溪壑 xīhè 〔文〕谷.谷間.
溪涧 xījiàn ⇒[溪流]
溪卡 xīkǎ 旧庄園:チベット語で貴族や僧侶などが有していたもの.
溪流 xīliú =[溪洞][溪水]溪流.谷川.
溪水 xīshuǐ 同上.
溪荪 xīsūn =[菖 chāng 蒲①]
溪蟹 xīxiè =[石 shí 蟹②]魚貝サワガニ.
溪鸭 xīyā =[鸂鶒]

[徯] xī 〔文〕①待つ. ②⇒[蹊]

[磎] xī ⇒[溪]

[蹊] xī 〔文〕みち.小みち:〔徯②〕に同じ.
蹊 → qī

蹊径 xījìng 〔文〕こみち.〔転〕事を進める方法.手法.みち.〔別开～〕別に特別の手法を見せている.

[鸂・鵋] xī

鸂鶒 xīchì =[溪鸭]〔文〕鴛鴦(エンオウ)に似てやや大きい水鳥.羽毛は紫が多いので俗に〔紫 zǐ 鸳鸯〕ともいわれる.

[鼷] xī

鼷鼠 xīshǔ 動ハツカネズミ:飼育用には〔小白鼠〕.

[娭] xī 〔文〕遊び戯れる:〔嬉①〕に同じ. → āi

[悉(恋)] xī ①詳しく知る.〔熟～业务〕業務のことを詳しく知っている.
〔备一切〕つぶさにすべてのことを承知した.〔敬一切〕一切の事情がわかりました.〔手示已～〕示〜〕〔谨〕ご来示拝読いたしました. ②ことごとく.すべて.〔～力进行〕全力をあげて推進する.〔～听尊便〕万事ご希望どおりにします. ③〔姓〕悉(シツ・).

悉力 xīlì 〔文〕全力を尽くす.〔～以赴 fù〕同断して事にあたる.

悉数 xīshǔ すべて数える.全部列挙する.
悉数 xīshù =〔全 quán 数〕ことごとく.ありったけ.〔～都归国有〕ことごとく国有に帰する.

悉曇 xītán 〔〔梵 fàn 语〕の〕字母:摩多(母音)・体文(子音)計47字. ②吉祥成就.

悉心 xīxīn 心を尽くす.専心する.〔～研究〕専心研究する.

[悉] xī 〔～窣 sū〕〔擬〕カサカサ:物のかすかにふれあう音.窓辺有～窣的声音,一看原来

是有条虫子在爬呢〕窗辺でカサコソと音がするので見ると虫がはっていた.〔窸窣窣的声音〕パラパラという音.

[蟋] xī

蟋蟀 xīshuài 国コオロギ(総称):古くは〔蒺 jí 藜〕といった.〔口蛐 qū 蛐 儿〕〔促 cù 织〕〔懒 lǎn 妇〕〔蛩 qióng 儿〕〔王 wáng 孙〕③〔文〕吟 yín 蛩〕は別称.

蟋蟀草 xīshuàicǎo 植チカラグサ.オヒシバ:〔牛 niú 筋草②〕の別称.数本傘状に分岐した穂でコオロギをつつき戦わせる.→[斗 dòu 蟋蟀]

[翕] xī 〔文〕①閉じる.収める.〔一张一～〕開いたり閉じたりする. ②従順である.

翕动 xīdòng 〔文〕（くちびるなどが）開いたり閉じたりして動く:〔噏动〕とも書いた.
翕赫 xīhè 〔文〕盛大なさま.
翕然 xīrán 〔文〕①和合.言行が一致するさま. ②安定しているさま.
翕张 xīzhāng 〔文〕開いたり閉じたりする.

[噏] xī 〔文〕①吸う.吸収する.吸引する:古くは〔吸〕に通用した. ②閉める.合わせる.
噏动 xīdòng ⇒[翕动]

[歙] xī 〔文〕①息を吸う. ②合う.集まる.
歙 → shè

[犀] xī 動サイ:〔～牛〕は通称.〔独 dú 角～〕一角サイ.

犀带 xīdài 犀の角を嵌(は)めた腰帯:旧時,官職者が佩用した.
犀函 xīhán 同下.
犀甲 xījiǎ =[犀函]〔文〕犀の皮で作ったよろい.
犀角 xījiǎo サイの角:〔犀牛角〕ともいう.さいかくと称し,解熱・鎮静・解毒・強心・止血剤などに用いる.また印材として用いる.

犀利 xīlì 〔喩〕（武器で兵あるいは論鋒が）鋭い.〔刀 dāo 锋～〕刀の切っ先が鋭い.〔～的武器〕鋭い武器.〔眼 yǎn 光～〕眼光が鋭い.〔文 wén 章～〕論調が鋭い.〔～的笔锋〕鋭い筆鋒.

犀鸟 xīniǎo 鳥サイチョウ(科総称)
犀牛 xīniú 動サイ(通称)

[榽] xī →[木 mù 榽]

[裼] xī 〔文〕上着をとる.肌ぬぎになる.〔祖 tǎn ～〕
裼 → tì

[锡・錫] xī ①化〔锡〕:金属元素.記号 Sn.〔～矿 kuàng〕錫鉱石. ②〔文〕賜う. 〔～予〕同前. 〔～福〕福を授ける.〔～费 lài〕賞め与える.〔～恩 ēn〕恩恵を与える. ③〔姓〕锡(シャク・).

锡安主义 xī'ān zhǔyì ⇒[犹 yóu 太复国主义]

锡箔 xībó 錫箔をひいた紙:死者の冥福を祈るため喪祭のとき霊前で焼く〔纸 zhǐ 钱(儿)〕を作る材料.〔～铺〕〔～庄〕同前ύ売る店. ②=〔锡叶子〕錫箔.

锡伯族 xībózú シボ族:中国少数民族の一.新疆察布查尔シボ族自治県および遼寧省に居住する.宗教は〔萨满教〕(シャーマニズム).

锡锭 xīdìng 錫(中)のインゴット.錫塊.
锡焊 xīhàn はんだ付け:〔口小 xiǎo 焊〕ともいう.〔烙 lào 铁〕はんだごて.〔～料〕はんだ.→〔大 dà 焊〕〔焊剂〕

锡匠 xījiang 錫細工の職人.
锡金 xījīn 国シッキム:インド北東部の州.ネパール,ブータンの中間に介在するヒマラヤ山地にある.

锡剧 xījù =〔常 cháng 滩簧〕
锡克教 xīkèjiào シク教.

xī～xí

錫僖嘻嬉熹熺憙熙膝羲爔曦嶲酀蟢觽巇醯习

錫矿 xīkuàng ①錫鉱石.②錫鉱山.
錫镴 xīlà 〈方〉すず.⇒〔焊 hàn 锡〕
锡兰 xīlán セイロン:〔斯 sī 里兰卡〕(スリランカ)の旧称.〔～红茶〕セイロン紅茶.
锡奴 xīnú ⇒〔汤 tāng 壶〕
锡器 xīqì 錫製の器物.〔～家伙〕錫製の道具.
锡石 xīshí 鉱錫(す)石.
锡叶子 xīyèzi ⇒〔锡箔②〕
锡杖 xīzhàng 麗(仏教で)錫杖(しゃくじょう).→〔禅 chán 杖〕
锡纸 xīzhǐ 箔(はく).銀紙.
锡嘴(雀) xīzuǐ(què) =〈方〉老鸹锡儿〕鳥シメ:愛玩鳥の一種.雀より大きく嘴が黒い.

〔僖〕 xī 〈文〉喜び楽しむ:〔嬉〕〔喜 xǐ〕に通じて用いられる.

〔嘻(譆)〕 xī 〈文〉①擬くすくす:喜び笑う声.→〔嘻嘻〕 ②感動詞.驚嘆・怒り・嘆きなどを表す.〔～,汝欲何为〕あー,何をしようとするのか.〔相視而～〕顔を見合わせて驚く.

嘻(儿) xīhe(r) =〔嬉和(儿)〕〈方〉にやにやと戯れつき(をする).愛想(をよくする).〔～涎 ái 和〕同前のさま.〔递 dì ～〕愛想笑いをする.お追従を言う.

嘻皮笑脸 xīpí xiàoliǎn =〔嬉皮笑脸〕〔嘻嘻哈哈②〕〈成〉にやにやするさま.〔～地和一个女人说话〕にやにや顔で一人の女性と話している.〔他说话～怪声怪气的〕彼はにやにや笑いながらやらしい声で話す.

嘻嘻 xīxī =〔唏唏〕〔嬉嬉〕にこにこ(する).くすくす(笑う).〔～地笑〕にこにこと(～地笑)にこにこと笑う.〔脸上乐 lè ～地〕にこにこ顔で.

嘻嘻哈哈 xīxī hāhā =〔唏唏哈哈〕〔嬉嬉哈哈〕①声をあげて笑うさま.〔～地笑〕アハハと笑う.②⇒〔嘻皮笑脸〕

嘻戏 xīxì ⇒〔嬉戏〕
嘻笑 xīxiào くすくす笑う.

〔嬉〕 xī ①=〔娱〕遊び戯れる.楽しむ.②〈姓〉嬉(き)

嬉哈音乐 xīhā yīnyuè 置ヒップホップ音楽.
嬉和(儿) xīhe(r) ⇒〔嘻和(儿)〕
嬉闹 xīnào 遊んだり騒いだりする.
嬉皮士 xīpíshì〔音義訳〕ヒッピー(族).〔～文化〕ヒッピー文化.→〔痞 yǎ 皮士〕
嬉皮笑脸 xīpí xiàoliǎn ⇒〔嘻皮笑脸〕
嬉耍 xīshuǎ 遊び戯れる.
嬉玩 xīwán 遊び楽しむ.〔～年龄〕遊び盛り.
嬉嬉 xīxī ⇒〔嘻嘻〕
嬉嬉哈哈 xīxī hāhā ⇒〔嘻嘻哈哈〕
嬉戏 xīxì =〔嘻戏〕〈文〉遊ぶ.戯れる.
嬉笑 xīxiào 笑い戯れる.
嬉笑怒骂 xīxiào nùmà 〈成〉笑いさざめくことと怒り罵ること.〔転〕人間のもっている普通の情感.〔～,皆成文章〕型にとらわれず,自由に書いてすばらしい文をなすこと.
嬉游 xīyóu 遊び戯れる.

〔熹〕 xī 〈文〉夜が明ける.明るい.〔晨 chén ～〕〔晨曦〕朝ぼらけ.
熹微 xīwēi 〈文〉夜明けの かすかに明るいさま.〔晨 chén 光～〕朝の日差しがほのぼのと明るい.

〔熺〕 xī 〈文〉明るい.

〔憙〕 xī 〈文〉嘆息.

〔熙(熈・煕)〕 xī 〈文〉①明るい.②和やかで楽しい.〔众人～～〕多くの人がやわらぎ楽しむ.③盛んである.〔～朝〕よく治まる盛んな代.盛世.④〈姓〉熙

(き)

熙和 xīhé 〈文〉①なごやかである.〔～之世〕平和な御代.〔万民～,万邦咸宁〕万民がなごみ,万邦がみな平和である.②暖かい.〔春阳～〕春の陽光が同前.
熙来攘往 xīlái rǎngwǎng =〔攘往熙来〕〈成〉往来が多くにぎやかなさま.
熙攘 xīrǎng ⇒〔熙熙攘攘〕
熙提 xītí 〈音訳〉スチルブ:輝度の単位.記号 sb.=〔坎 kǎn 德拉〕
熙熙攘攘 xīxī rǎngrǎng 〈成〉往来が繁くにぎやかなさま.=〔熙攘〕に同じ.〔街道上人们～〕大通りでは人々が集まってにぎやかである.
熙笑 xīxiào 〈文〉和やかに笑う.
熙怡 xīyí 〈文〉やわらぎ喜ぶ.喜悦のさま.

〔膝(厀)〕 xī ①膝(ひざ).〔打半～〕片ひざをつく.〔双～跪 guì 下〕もろ膝をついてひざまずく.②〈姓〉膝(ちつ)

膝步 xībù ⇒〔膝行〕
膝盖 xīgài 生理ひざ.ひざがしら.=〔～骨 gǔ〕膝蓋骨;俗には〈方〉磕 kē 膝盖(儿)(ひざ小僧)という.
膝关节 xīguānjié 生理膝関節.
膝腱反射 xījiàn fǎnshè 医膝蓋(腱)反射.
膝前 xīqián ⇒〔膝下②〕
膝上机 xīshàngjī 電算ラップトップパソコン.
膝头 xītóu〈口〉ひざ.ひざがしら.
膝外翻 xīwàifān〔外八字腿〕
膝下 xīxià 〈文〉①膝下(しっか).〔～无儿 ér〕〔～犹 yóu 虚〕子供がない.〔～承欢〕親にかわいがられる.〔男儿～有黄金〕〔諺〕男子たるを軽々しく他人にひざまずくものでないこと.②=〔膝前〕〔膝～〕両親または家族の目上の人の宛名の下につける敬語.〔父亲大人～〕お父上さま御前に.
膝行 xīxíng =〔膝步〕〈文〉膝行する.〔～肘 zhǒu 步〕心より敬服の念を表して同前.
膝痒搔背 xīyǎng sāobèi 膝がかゆいのに背中をかく.〈喩〉まとはずれ.見当違い.〔不免年一点～之感〕いささかまとはずれ気味の感を免れない.

〔羲〕 xī ①〔伏 fú ～・皇 huáng〕伏羲(ふっき):伝説上の帝王の名.②〈姓〉羲(き)

〔爔〕 xī ⇒〔曦〕

〔曦〕 xī =〔爔〕〈文〉日.陽光.〔晨 chén ～〕〔晨羲〕朝日の光.朝ぼらけ.

〔嶲(雟)〕 xī ①地名用字.〔越 yuè ～县〕地四川省にある;現在は〔越西〕と書く.②〈姓〉嶲(ひ)

〔酀〕 xī 〈姓〉酀(ひ)

〔蟢〕 xī〔～龟 guī〕〔赤 chì ～龟〕動アカウミガメ.→〔海 hǎi 龟〕

〔觽〕 xī〈文〉つのきり:ひもの結び目をほどくのに用いる錐(きり)に似た古代の象牙製の器具.

〔巇〕 xī →〔岭 xiǎn 巇〕

〔醯〕 xī ①〈文〉酢.②〈文〉酸っぱい.③〔酰 xiān～〕化(アシル基)の旧称.

〔习・習〕 xí ①繰り返し飛ぶ練習をする.②習う.練習する.〔学～〕学習する.〔自～〕自習する.〔温～〕復習する.③〈よく知っている〉④習慣.習わし.〔恶 è ～〕悪習.〔积 jī ～〕以前からの習わし.〔相沿成～〕次々に踏襲され,ついにはしきたりとなる.⑤しばしば.よく.〔～闻〕よく耳にする.⑥〈姓〉

習(しゅう)

xí

习得 xídé 習得(する).〔语 yǔ 言～〕言語習得.

习而不察 xí ér bùchá ⇒〔习焉不察〕

习非 xífēi〈文〉悪事に慣れる.〔～胜 shèng 是〕〔～成是〕〔成〕悪いことも慣れてしまうと悪いと思わなくなる.慣れっこになると善悪の判断がつかなくなる.

习惯 xíguàn ①習慣.〔养成读书的～〕読書の習慣を養う.〔风俗～〕風俗習慣.〔～成自然〕慣れて当たり前のことである.〔～如天性〕習慣は天性のようなものである.〔～性〕習慣性.〔～法〕法慣習法. ②慣れる.習慣となる.〔～一点了吧〕少し慣れたでしょう.〔我不大～这个〕わたしはこれにあまり慣れていない.〔我～晚睡〕わたしは遅く寝るのに慣れていない.〔他～地皱了皱眉头〕彼は例のごとく眉間にしわをよせた.〔他已～于大学生活〕彼はもう大学生活に慣れた.

习惯势力 xíguàn shìlì 習慣のもつ拘束力:多く悪い風習についていう.

习好 xíhào 長い間にかけて形成された好み.嗜好.

习见 xíjiàn よく見かける.〔这是寻常～的事,不足为奇〕これはよく見かける普通のことで,別に不思議なことではない.

习明纳尔 xímíngnà'ěr〈课 kè 堂讨论〉

习气 xíqì (しだいにできあがった)悪習.悪風.〔官僚～〕官僚の習性.(旧～)旧弊な風習.〔这是买卖人的～〕これが商売人の悪習だ.〔染 rǎn 了一身坏～〕すっかり悪風に染まってしまった.〔未脱学生～〕まだ学生気分がぬけていない.

习染 xírǎn ①よくない習慣に染まる. ②悪い習慣.

习尚 xíshàng 習風.気風.

习俗 xísú 習慣と風俗.風習.〔～移人〕風習は人の性格をも変える.

习题 xítí 練習問題.

习武 xíwǔ 武芸を習う.〔练兵～〕兵を鍛える.

习习 xíxí ①〈文〉鳥が軽やかに飛ぶさま. ②〈擬〉したとし.さらさら.そよそよ:風.juiの風.また物が軽く振れ合う音.〔凉风～,毫无暑意〕そよそよと風が吹いて,少しも暑さを感じない.〔落 luò 叶～〕落ち葉がさらさら.

习性 xíxìng 習性.習慣.〔不要养成不良～〕悪い習慣をつけてしまってはいけない.

习焉不察 xíyān bùchá〈成〉習慣になっている(慣れっこになる)と気がつかない.〔习而不察〕ともいう.

习以为常 xí yǐ wéicháng〈成〉すっかり慣れて当たり前にになる.慣れっこになる.

习艺 xíyì 技術・技能を習う.修練を積む.〔～期间〕(徒弟などの)修業期間.

习用 xíyòng よく用いる.〔～的东西〕よく使う品.

习语 xíyǔ 慣慣用語:〔惯 guàn 用语〕ともいう.

习与性成 xí yǔ xìng chéng〈成〉習い性(せい)となる.

习字 xízì 習字する.〔～帖 tiè〕習字手本.→〔写 xiě 字〕

习作 xízuò ①作文を練習する.習作する. ②(文章・絵などの)習作.

[嶍(嶜)] xí〔～峨 é 山〕地雲南省にある.現在は〔峨山〕という.

[褶] xí →dié zhě

褶子 xízi 地京劇で多用される上着(総称):習慣上 xuézi と読んだ.→ zhězi

[霫] xí〔～～〕〈文〉雨が降るさま.

[鳛・鰼] xí ①魚貝ドジョウ〔鳅 qiū〕の古称. ②〔～水〕地貴州省にある.現在は〔习水〕と書く.

[郋] xí 古地名:現在の河南省にあった.

[席(蓆)] xí (I)〔蓆〕むしろ.ござ.〔芦 lú ～〕蘆で編んだむしろ.〔草～〕葉むしろ.〔籐 téng ～〕籐ござ.〔炕 kàng ～〕オンドルの上に敷くござ.〔凉 liáng ～〕夏ござ.
(II)〔席〕①座席.〔来宾～〕来賓席.〔出～〕出席する.〔缺～〕欠席する.〔软 ruǎn ～车〕(列車の)1等車.グリーン車.〔硬 yìng ～车〕(列車の)2等車.普通車. ②官職の地位・ポスト.〔首～代表〕首席代表.〔秘 mì 书长～〕由李同志担任〕事務総長の役目は李同志が担任する. ③(議会の)議席.〔在选举中获得十～〕選挙で10議席を獲得した. ④宴席.宴会の料理.〔酒～〕宴の席.〔设 shè ～〕宴席を用意する.〔赴 fù ～〕宴会に出席する.〔散 sàn ～〕〔罢 bà ～〕宴会が終わる. ⑤〈文〉帆.〔挂 guà ～渡海〕帆をあげて海を渡る. ⑥量詞.会席料理のテーブル,また宴会:〔桌 zhuō ②〕ともいう.〔做一～菜请他〕宴会料理のテーブル作って彼を招待する.〔一～酒〕一由宴会の酒宴. ⑤談話のひとくさりに用いる.〔一～话〕一席の話. ⑦〈姓〉席.〔憩〕

席不暇暖 xí bù xiánnuǎn〈慣〉席の暖まる暇がない:多忙なありさま.

席草 xícǎo 植リュウキュウイ.シチトウイ:アンペラの〔汪 jiāng 芏〕の通称.

席次 xícì 席次.〔代表们按照指定～入座〕代表者達は指定された席次に従って着席する.

席地 xídì 地面にじかに敷く.〔转〕地面(に座る.横に)なる.〔～而坐〕地べたに座る.

席法布 xífǎbù 動レップ:木綿織物の一種.〔夕 xī 法布〕とも書く.

席丰履厚 xífēng lǚhòu〈成〉①祖先から(親譲り)の財産があって豊かなこと. ②環境に恵まれていること.〔享 xiǎng 受～的生活〕恵まれた生活を享受する.

席间 xíjiān〈文〉席上.その席.

席卷 xíjuǎn 席巻(上).総なめにする.〔～天下〕天下を席巻する.〔～所有〕全部をひとつにまとめる.〔～而逃〕一物も余さず持って逃げる.〔暴风雪～草原〕激しい吹雪が草原をあちつくす.→〔卷包(儿)〕

席卡 xíkǎ 座席のネームプレート.

席梦思 xímèngsī〈音訳〉スプリングベッド.ソファーベッド:シモンズベッド(商標名)による.

席面 xímiàn 宴席(の料理や酒).〔～上的应 yìng 酬话〕宴席でのやりとりの言葉.〔今天的～很丰 fēng 盛〕今日の宴席の料理は盛りだくさんだ.

席篾 xímiè〔细 xì 篾儿〕

席棚 xípéng アンペラ小屋.

席上 xíshàng〈文〉①宴席の上座. ②儒学.

席位 xíwèi 席.地位.議席.〔合法～〕合法的な議席.〔在野党占百分之四十的～〕野党は40％の議席を占める.

席仪 xíyí 宴席上の礼儀.〔在酒会上要注意～〕パーティーの時には宴席の礼儀に注意しなさい.

席镇 xízhèn (ござなどの)重し.おもし.

席子 xízi ござ.むしろ.アンペラ:竹・かやつり草などを編んで作ったもの.

[袭・襲] xí (I)①踏襲する.古いままの状態を続ける.〔因 yīn ～〕〔沿 yán ～〕〔蹈 dǎo 常～故〕同前. ②回親の爵位を継承する.〔世～〕世襲(する).
(II)①襲撃する.襲う.〔夜～〕夜襲.〔空～〕空襲.〔寒气～人〕寒さが人を襲う. ②〈文〉量詞.衣裳一そろいを数える.〔棉衣一～〕綿入れ一そろい. ③〈姓〉襲.〔憩〕

xí～xǐ 袭觋媳檄隰洗

袭蹈 xídǎo ⇒[蹈袭]
袭封 xífēng =[袭爵]旧世襲的に爵位につくこと.
袭击 xíjī 襲撃(する).不意打ち(する).
袭警 xíjǐng 警官(警察)を襲撃する.
袭爵 xíjué ⇒[袭封]
袭来 xílái (感覚上)ふいにやってくる.[花香～]花の香りがする.[寒风～]寒風が襲う.
袭取 xíqǔ ①襲撃して奪取する. ②そのまま受け継ぐ.踏襲する.
袭扰 xírǎo 襲ってかき乱す.
袭用 xíyòng 踏襲して使う.
袭占 xízhàn 襲撃し占領する.
袭职 xízhí 官職を受け継ぐ.

[**觋・覡**] xí 固男のみこ.かんなぎ.[男 nán 巫]に同じ.→[巫 wū ①]

[**媳**] xí 息子の妻(嫁).
媳妇 xífù ①息子の妻(嫁):[儿 ér 媳妇(儿)]ともいう.[～好哦,婆婆相当 dāng～]嫁の役より姑の役が大儀.[兄 xiōng～][兄嫂～][弟妇～]弟嫁.[侄 zhí～]おいの妻.[孙 sūn～]孫の妻.
媳妇儿 xífur 〈口〉①嫁さん.[他还没有娶～呢]彼はまだ妻を持っていない.[我给你说个好～][君にいい嫁さんを世話してあげよう.→[妻子 qīzi] ②既婚の若い女性.

[**檄**] xí〈文〉①檄($\frac{げき}{ぎ}$):召集・告論・詰責などに用いた公文書.[～文]同前.[～书]同前:特に敵を糾弾する文書をいう. ②〈文〉檄を飛ばす.[～告天下]天下に檄を飛ばす.

[**隰**] xí〈文〉①低湿な土地.[～草]低湿地に生える草. ②新たに開かれた畑. ③〈姓〉隰(せき).

[**洗**] xǐ ①洗う.[～干净]きれいに洗う.[干～]ドライクリーニング(する).[水～]水洗い(する). ②写真を現像する.[冲 chōng～]同前.[～胶 jiāo 卷]～(相 xiàng～)片]フィルムを同前.[～、印、放] DPE. ③(カルタやマージャン牌を)まぜる.きる.[洗牌①] ④ぬれぎぬをはらす.(晴らす). ⑤とり除く.洗い去る.[清～坏分子]不良分子を排除する. ⑥大虐殺をする.根こそぎ殺す.[～城]全市の住民を皆殺しにする.[敌寇把整个村子～了]敵が一つの村全部を殺戮した.⑦物を洗う器.[笔 bǐ～]筆洗い. ⑧旧(キリスト教の)洗[受]～洗礼を受ける.→[洗礼] → xiǎn
洗巴 xǐba 〈口〉ざっと洗う.
洗兵 xǐbīng〈文〉①休戦する.戦をやめる. ②出兵する.
洗菜 xǐcài 野菜を洗う.[～池][洗碗池]台所の流し.シンク.
洗肠 xǐcháng 医浣腸(する).[灌 guàn 肠]に同じ.俗に[打 dǎ 水②]という.
洗车 xǐchē 洗車する.[～业 yè]洗車業.
洗尘 xǐchén =[接 jiē 风]
洗城 xǐchéng ⇒[屠 tú 城]
洗荡 xǐdàng 汚れを洗い落とす.
洗涤 xǐdí =[洗濯]〈文›荡 dàng 涤〉洗浄する.汚れを洗い落とす.[～器]医洗浄器.[～剂]洗剤.
洗耳 xǐ'ěr 傾聴するさまに.[～恭 gōng 听]〈成›篤($\frac{とく}{じ}$)と拝聴する.
洗发 xǐfà =[洗头]髪(頭)を洗う.[～剂]洗髪剤.[～露 lù][～水][～液][洗头水]シャンプー:[香xiāng 波]と同じ.[～膏 gāo]クリーム状の同前.
洗垢索瘢 xǐgòu suǒbān〈成〉他人の欠点や過ちをほじくる:[洗垢求瘢]ともいう.[人皆有过,何必一定要～呢]誰でもまちがいはあるのだ,やかましくあら探しをしなくてもいい.→[吹 chuī 毛求疵]

洗剂 xǐjì 洗剤.[厨 chú 用～]台所洗剤.
洗脚 xǐjiǎo 足を洗う.[～房][～屋][足疗房]フットマッサージをする店.リフレクソロジーサロン.
洗劫 xǐjié 根こそぎに略奪する.[敌人把该城～一空]敵はこの町の財物をあらいざらい奪い去った.
洗净 xǐjìng きれいに洗う.[～度 dù]洗浄度.
洗礼 xǐlǐ ①[点 diǎn 水礼]旧(キリスト教の)洗礼:[浸 jìn 礼]ともいう.[受]shòu～][受洗]洗礼を受ける. ②(抽象的の)洗礼.[经受了外国文化的～]外国文化の洗礼を受けた.
洗脸 xǐliǎn 顔を洗う.[～水]〈方›面 miàn 汤③]洗面の湯.[～盆]洗面器.
洗练 xǐliàn 洗練されている:[洗炼]とも書いた.
洗煤 xǐméi 回洗炭(する).[～场]洗炭場.[～设备]洗炭設備.
洗面乳 xǐmiànrǔ 洗顔料:[洗面奶]ともいう.
洗脑 xǐnǎo 洗脳(する).[～筋]同前.
洗牌 xǐpái ①(カルタ・マージャンなどで)牌やカードを切る. ②〈喩〉再編成する.再調整する.再分配する.
洗盘 xǐpán 回値洗い.
洗票 xǐpiào 切符や領収書を改ざんする.
洗漆水 xǐqīshuǐ (ペンキ・ラッカーなどの)除去液.
洗钱 xǐqián マネーロンダリング.
洗染店 xǐrǎndiàn クリーニング屋:洗濯と染めものをする店.
洗三 xǐsān =[三朝 zhāo ②⑤]回小児が生まれて三日目にお湯をつかわせる儀式.親戚を招いて[汤饼]をご馳走し,生後を祝う.[～面 miàn]同前のお祝いに食べる麺.→[汤 tāng 饼宴]
洗桑拿 xǐsāngná〈音義訳〉サウナ(風呂)に入る.
洗手 xǐshǒu ①手を洗う.[～房]トイレ.化粧室.[～液 yè]④液体ハンドソープ.[手～用消毒液.[～碗 wǎn]フィンガーボール. ②悪事から足を洗う.正業につく.[～不干][金盆 pén～]同前.[～焚 fén 香]旧妓女が落籍すること:[从 cóng 良①]に同じ.
洗漱 xǐshù 洗面し口をすすぐ(歯を磨く).[～间 jiān]洗面所.[～用品]同前の用具:タオル・石けん・歯ブラシなど.
洗刷 xǐshuā ①(タワシ・ささらで)洗いすすぐ. ②⇒[洗雪]
洗涮 xǐshuàn (簡単に)すすぎ洗う.
洗头 xǐtóu =[洗发]
洗碗池 xǐwǎnchí シンク.台所の流し.[洗菜池]に同じ.
洗碗机 xǐwǎnjī 圏(自動)食器洗い機.
洗胃 xǐwèi 医胃洗浄.
洗心 xǐxīn 改心する.[～革面][革面～]過ちを改めて更生する.
洗雪 xǐxuě =[洗刷②][洗冤]ぬれぎぬや恥をすすぐ.[～前仇]・[冤 yuān 屈]冤罪をはらす.[～耻辱]恥をすすぐ.[～罪名]罪名を洗いすすぐ.→[昭 zhāo 雪]
洗血 xǐxuè 医血液透析(をする).[肝素引导体外低密度脂蛋白沉没疗法].
洗牙 xǐyá 歯石・歯垢を取る.→[牙垢][牙石]
洗盐 xǐyán アルカリ成分を洗浄する:[洗碱 jiǎn]ともいう.
洗衣 xǐyī 服を洗う.洗濯する.[～裳][～服]同前.[～匠 jiàng]回洗濯職人.[～板(儿)][搓板(儿)]洗濯板.[～店]クリーニング屋.[～粉]粉石石鹸.[～机]洗濯機.[～夹]洗濯ばさみ.
洗印 xǐyìn =[冲 chōng 晒](写真の)現像・焼付(する).[洗像②]
洗浴 xǐyù 入浴する.[洗淋 lín 浴]シャワーを浴びる

(使う).〔~城〕〔~中心〕スーパー銭湯.

洗冤 xǐyuān ⇒〔洗雪〕

洗澡 xǐzǎo 入浴する.風呂に入る.〔~间〕〔~房〕浴室.〔~水〕(風呂の)お湯.〔~盆〕~缸 gāng〕浴槽.〔~堂〕〔~塘 táng〕(澡堂)風呂屋.

洗濯 xǐzhuó ⇒〔洗涤〕

[铣・銑] xǐ 〖機〗フライス削りをする. → xiǎn

铣床 xǐchuáng 〖機〗ミリングマシン.フライス盤〔机 jī 床〕(工作機械)の一種.〔卧 wò ~〕〔平面~〕〔龙 lóng 门~〕平削り式フライス盤.〔万能~〕万能フライス盤.〔立式~〕立てフライス盤.〔仿 fǎng 形~〕〔靠 kào 模~〕倣(ぞう)フライス盤.

铣刀 xǐdāo 〖機〗①フライス.ミリングカッター:フライス盤で使う回転しうる多くの歯をそなえた切削工具.〔~盘 pán〕〔平面~〕平削りフライス.〔~杆 gǎn〕〖機〗フライスアーバ軸.〔侧 cè 面刃~〕側スライス.〔锯 jù 片~〕すり割りのこ.〔角 jiǎo ~〕山形フライス.角フライス.アンギュラーカッター.〔立 lì ~〕底フライス.〔成 chéng 形~〕総形フライス.〔凸 tū 半圆成形~〕外丸フライス.〔外圆角~〕面取りフライス.〔齿 chǐ 轮~〕ギアカッター.〔飞 fēi 刀〕舞いカッター. ②〔绞 jiǎo 刀②〕

铣工 xǐgōng フライス削り工(またその仕事)

铣面刀 xǐmiàndāo 〖機〗正面削りカッター.

铣切 xǐqiē フライス削りをする.切削する.

[枲] xǐ 麻の古称.

枲麻 xǐmá 〔大 dà 麻①〕(アサ・ヘンプ)の雄株:〔花 huā 麻〕〔牡 mǔ 麻〕ともいう.→〔苴 jū 麻〕

[葈] xǐ

葈耳 xǐěr ⇒〔苍 cāng 耳〕

[玺・璽(鈢)] xǐ ①帝王の印章.国璽.〔玉~〕同前. ②〔掌 zhǎng ~大臣〕国璽尚書.〈姓〉璽(ㇸ)

[谥・諰] xǐ 〈文〉心配する.恐れる.

諰谥 xǐxǐ 〈文〉恐れる.

[葸] xǐ 〈文〉①おどおどする.〔畏 wèi ~不前〕恐れしりごみする. ②喜ばない.不満に思う.〔言善而色~〕言う言葉は穏やかであるが顔色は不満そうである.

[徙] xǐ ①移る.移す.〔~居 jū〕〔迁 qiān ~〕転居する. ②〈文〉職務をかわる.〔~置 zhì〕配置転換(する)

徙边 xǐbiān 流刑に処す.

徙薪曲突 xǐxīn qūtū 〈成〉薪を他へ移し煙突を曲げる.禍患を未然に防ぐ:〔曲突徙薪〕に同じ.

徙倚 xǐyǐ 〈文〉そぞろ歩く.

徙宅忘妻 xǐzhái wàngqī 〈成〉引越して妻を置き忘れる:うっかりしているさま.

[蓰] xǐ 〈文〉5倍.〔其价或相倍~〕その価格は倍ないし5倍(数倍)である.

[屣] xǐ =〔蹝〕〈文〉①履き物.〔弃 qì 之若敝 bì ~〕弊履のごとく捨てる. ②〔履き物を〕つっかける.

屣履 xǐlǚ 〈文〉履き物をつっかける.〔~出迎〕とるものもとりあえず出迎える.あたふたと出迎える.

[喜] xǐ ①喜ぶ.喜ばしい.めでたい.〔欢 huān ~〕喜ぶ.うれしい. ②〔狂 kuáng ~〕狂喜する.〔可~可贺〕喜ばしい.またはそのあいさつの言葉.〔恭 gōng ~恭~〕〔大~大~〕同前.〔新~新~〕新年おめでとうございます.→〔禧〕②めでたさ.喜び.〔贺 hè ~〕祝賀する.〔报~〕よい知らせをもたらす.〔道~〕祝いを述べる. ③懐妊.

めでた.〔不知道她是有病还是有~〕彼女は病気なのか、おめでたなのか. 〔有了~〕おめでたである. ④好きだ.好む.〔这里的读书人が多くだ.〔性~钻研〕生来研究が好きである. ⑤(環境に)適応する.(他のものに)適す.〔海带~荤 hūn,最好跟肉一起炖 dùn〕昆布は肉類と合い、肉と一緒に長く煮るのが最もよい. ⑥〈姓〉喜(㇍)

喜爱 xǐài =〔喜好〕好む.愛好する.〔她从小就~音乐〕彼女は小さい頃から音楽が好きだった.

喜报 xǐbào ①(書面での)喜ばしい報告.うれしい知らせ.

喜报子 xǐbàozi 旧官吏登用試験の合格の知らせや昇官の知らせを本人に通報する私的な書き付け.

喜病 xǐbìng 悪阻(つわり):〖医〗孕 yùn 吐()の通称.

喜布 xǐbù 旧婚礼当日新婦の母が花嫁に授けるタオル大の白布.

喜不成寐 xǐ bùchéngmèi 〈慣〉うれしくて寝つけない.

喜不自禁 xǐ bùzìjīn 〈慣〉喜びを隠しきれない.

喜不自胜 xǐ bùzìshèng 〈慣〉喜びを抑えることができない.

喜车 xǐchē 結婚式に花嫁を迎える車.

喜冲冲 xǐchōngchōng うれしそうなさま.〔他~地走了进来〕彼はうれしそうに部屋へ入ってきた.

喜出望外 xǐ chū wàngwài 〈慣〉望外の喜び.

喜从天降 xǐ cóngtiān jiàng =〔喜自天来〕〈慣〉思いがけない喜び.

喜蛋 xǐdàn ⇒〔喜果(儿)②〕

喜得千金 xǐ dé qiānjīn ⇒〔千金②〕

喜对儿 xǐduìr お祝いごとに贈るめでたい文句を書いた〔対联(儿)①〕

喜房 xǐfáng ①(レストランまたはホテルなどで)結婚式に花嫁が着付けなどをする部屋. ②⇒〔洞 dòng 房〕

喜封(儿) xǐfēng(r) ⇒〔喜钱〕

喜歌儿 xǐgēr 〖旧〗①お祝いの時に唱えるめでたい歌. ②物乞いが慶事のある家へ行って金をもらうためにうたう歌.〔念~〕同前を歌う.

喜光植物 xǐguāng zhíwù ⇒〔阳 yáng 性植物〕

喜果(儿) xǐguǒ(r) ①婚約や結婚などの祝いに招待客や親友に配るナッツやドライフルーツ:〔花生(落花生)〕、〔莲子(蓮の実)〕、〔红枣(大いなつめ)〕、〔栗子(栗の実)〕、〔桂圆(竜眼)〕など. ②=〔喜蛋〕〈方〉殻を赤くあるいは緑色に染め、金紙でめでたい文字などを貼りつけた卵:〔洗三〕の時または結婚式の時、友人に配る.〔五色~〕赤や緑に着色したゆで卵.

喜好 xǐhào ⇒〔喜爱〕

喜欢 xǐhuan ①喜ぶ.うれしがる.愉快である.〔~得不得了 liǎo〕非常に喜ぶ. ②好む.好きである.気に入る.愛好する.〔我很~他,他也~我〕わたしは彼が好きだし、彼もわたしを好きだ.〔我最~秋天〕わたしは秋がいちばん好きです.〔人们~唱的歌〕みんなによく歌われた歌.〔你见了准~〕会ったらきっと気に入る.

喜轿 xǐjiào =〔宝 bǎo 轿〕〔花 huā 轿〕旧嫁入りの時新婦の乗る花かご.

喜巾 xǐjīn ⇒〔喜布〕

喜金 xǐjīn ⇒〔喜钱〕

喜敬 xǐjìng 〔喜仪〕御結婚祝い:婚礼の祝儀の包み紙に書く文字.

喜酒 xǐjiǔ ①祝いの酒.〈転〉祝宴.結婚披露宴.〔我也要喝这杯~的〕僕もそのお祝い酒をいただきたいものだ. ②結納品の中のお酒.〔通 tōng 信③〕

喜剧 xǐjù =〔谐 xié 剧②〕喜劇.コメディー.〔~片(儿)piàn(piānr)〕コメディー映画.〔~悲 bēi 剧①〕

喜蜡 xǐlà ⇒〔喜烛〕

xǐ 喜禧镭蟢

喜乐 xǐlè 楽しい.喜ばしい.
喜联 xǐlián 結婚の時に貼る〔对 duì 联(儿)①〕:〔贺 hè 联〕ともいう.
喜马拉雅山 xǐmǎlāyǎ shān ヒマラヤ山脈:主峰は〔珠 zhū 穆朗玛峰〕(チョモランマ峰)すなわち〔埃 āi 非尔士峰〕(エベレスト峰).
喜脉 xǐmài 妊娠の徴候がある胎れ.
喜眉笑眼 xǐméi xiàoyǎn 〈成〉にこにこした顔:非常にうれしいこと.
喜面 xǐmiàn お祝いの時に食べる麺.
喜母 xǐmǔ ⇒〔喜蛛〕
喜娘 xǐniáng 旧結婚式の時花嫁の身の回りの世話をする女召使い.
喜怒 xǐnù 喜びと怒り.〔~无常〕〈成〉喜怒常ならず.〔~哀乐〕〈成〉喜怒哀楽.
喜帕 xǐpà ⇒〔喜布〕
喜棚 xǐpéng 吉事の際,臨時にかけるよしず張りの小屋掛け.→〔丧 sāng 棚〕
喜气 xǐqì 喜色.〔~洋洋〕〔~轩 xuān 眉〕喜色が溢れている.〔~盈门〕一家中に喜びが溢れている.〔满脸~〕喜色満面である.
喜钱 xǐ·qián =〔喜封(儿)〕〔喜金〕〔喜赏〕慶事の時,召使いなどに与える祝儀(心づけ)
喜庆 xǐqìng ①喜ばしくめでたい. ②喜び.慶事.〔~日子〕めでたい日.③喜び祝う.
喜鹊 xǐ·què =〔干 gān 鹊〕〔神 shén 女〕③〔野 yě 鹊子〕カササギ:鳴くとめでたいことが起こる前兆.⑤〔~登 dēng 枝〕ⓐめでたいことが起こる前兆.⑤役人になる.→〔做 zuò 官〕ⓒとり入っていい役に就く.〔~足〕強く蹴る武技の手.
喜鹊鸭 xǐ·quèyā ⇒〔鹊鸭〕
喜人 xǐrén 人を喜ばす.〔~景象〕喜ばしい現象.〔这里虽 suī 是久旱不雨,庄稼长得仍是茁 zhuó 壮~,丰收在望〕ここはかんばつだが,作物はよく育っていて頼もしく,豊作はまちがいなしだ.
喜日 xǐrì ①喜びの日. ②婚礼日.
喜容(儿) xǐróng(r) ①楽しそうな顔.〔面带~〕うれしそうな顔をしている. ②回生存中の人の肖像画:祖先のものは〔影 yǐng ⑩〕という.
喜丧 xǐsāng 長寿者が亡くなった時.
喜色 xǐsè 喜ばしげな表情.〔面有~〕喜ばしげな顔をしている.〔满面~〕喜色満面.
喜赏 xǐshǎng ⇒〔喜钱〕
喜上加喜 xǐshàng jiāxǐ 喜びの上にさらに喜びが重なる.二重の喜び(である)
喜上眉梢 xǐ shàng méishāo 〈成〉喜びに目を輝かす.
喜舍 xǐshě 喜捨する.喜んで寺に寄付し,貧者に施す.
喜神 xǐshén 旧恵方の神.縁起の神.〔~方〕その年の干支(を)に基づいて定めた吉祥の方位.歳徳神(はいう)のある方.吉方.
喜事 xǐshì =〔红 hóng 事〕①お祝いごと.めでたいこと.〔冲~〕お祝いごとをする.〔白~〕天寿を全うした人の葬式.②結婚.
喜寿 xǐshòu 結婚祝いと誕生祝い.
喜树 xǐshù 園オオギリ:〔早 hàn 莲〕の別称.〔~碱 jiǎn〕同前の果実などから得る抗腫瘍成分.
喜堂 xǐtáng 婚礼の式場.
喜糖 xǐtáng 婚約の時や婚礼などに人に配るお祝いのあめ.〔你别忘了请我吃~呀〕結婚式に招待するのを忘れちゃだめだぜ.→〔吃 chī 糖〕
喜帖 xǐtiě ①婚礼の招待状. ②回結納の時,男の方から女の方へ出す同前.
喜望峰 xǐwàngfēng 回喜望峰:アフリカ南端の岬.
喜闻乐见 xǐwén lèjiàn 〈慣〉喜んで聞いたり見たりする.〔这真是一部为读者~的好作品〕これは実に読者にとって喜ばしい作品だ.
喜相逢 xǐxiāngféng 拳(を)を打つ時に両人の唱えた数が同じ数であること.→〔划 huá 拳②〕
喜相 xǐxiang 愛嬌がある.おだやかである.〔这人虽然不怎么好看,可是~的,人はたいしてきれいでもないが,顔つきに愛嬌がある.
喜笑颜开 xǐxiào yánkāi 〈慣〉にこにこ顔のさま.
喜新厌旧 xǐxīn yànjiù =〔厌故喜新〕〔得 dé 新厌旧〕〈慣〉新しいものを好み,古いものをきらう.気が変わりやすい:〔喜新厌故〕ともいう.〔男人往往都有~的毛病,总得上了当 dàng 才会回心转意〕男というものはたいてい飽きっぽいものだ,馬鹿な目にあってからやっと目がさめるのだ.
喜信 xǐxìn =〔喜讯〕吉報.喜ばしいたより.
喜形于色 xǐ xíng yúsè 〈成〉喜びが顔に表れている.いかにもうれしそうである.
喜幸 xǐxìng 〈文〉うれしい.
喜兴 xǐxing 〈口〉喜ばしい.うれしい.
喜讯 xǐxùn ⇒〔喜信〕
喜筵 xǐyán ①結婚披露宴:〔喜宴 yàn〕ともいう.②祝宴.
喜洋洋 xǐyángyáng 喜びに満ちあふれているさま.
喜仪 xǐyí =〔喜敬〕
喜溢眉宇 xǐyì méiyǔ 〈成〉喜びが顔に満ち溢れる.
喜溢门庭 xǐyì méntíng 〈成〉喜びが門外に溢れ出る.
喜盈盈 xǐyíngyíng うれしさがあふれているさま.
喜忧参半 xǐyōu cānbàn 〈慣〉悲喜こもごもである.
喜雨 xǐyǔ 折よく降った雨.恵みの雨.慈雨.〔普降~〕あまねく慈雨が降った.
喜悦 xǐyuè 悦に入る.愉快である.〔充满~的心情〕喜びにって一杯である.
喜占勿药 xǐzhān wùyào 〈成〉喜ばしいことには病気が治って薬を飲む必要がなくなった:〔早 zǎo 占勿药〕に同じ.〔祝您~〕ご病気ご全快をお喜び申し上げます.
喜幛 xǐzhàng お祝いの時に友人がその家に贈る品の一つで,真紅の絹地に金紙を切りぬいた文字で祝いの言葉を貼ったもの.→〔寿 shòu 幛〕
喜兆 xǐzhào =〔瑞 ruì 兆〕めでたい兆し.
喜蜘蛛 xǐzhīzhū ⇒〔喜蛛〕
喜祉 xǐzhǐ ⇒〔年 nián 祉〕
喜蛛 xǐzhū 国アシダカグモ:〔喜母〕〔喜蜘蛛〕〔喜子〕〔蟢蜘蛛〕〔蟢蛛〕〔蟢子〕〔〈文〉蟢 xiāo 蛸〕ともいう.
喜烛 xǐzhú =〔喜蜡〕結婚式に用いるろうそく.=〔花 huā 烛〕
喜酌 xǐzhuó 婚礼の祝宴.
喜滋滋 xǐzīzī 〔喜孜孜〕とも書く.笑みをたたえほくほくしたさま.にこにこしてうれしそうなさま.〔脸上~的〕顔に喜びが溢れている.〔~地说〕いかにもうれしそうに語る.
喜字(儿) xǐzì(r) 薑(の文字):結婚などの祝いごとの時に赤や金色の紙を切り抜いて作り貼る.
喜自天来 xǐ zìtiānlái ⇒〔喜从天降〕
喜子 xǐ·zi ⇒〔喜蛛〕

〔禧〕

xǐ 喜び.幸福.〔鸿 hóng ~〕大いなる幸福.〔恭~恭~!〕おめでとうございます.〔恭 gōng 贺新~〕謹賀新年.〔新~新~!〕新年おめでとうございます.→〔喜①〕

〔镭・鎶〕

xǐ 物シーボーギウム:人工放射性元素の一.記号Sg.

〔蟢〕

xǐ

蟢蜘蛛 xǐzhīzhū ⇒〔喜蛛〕

蟢蛛 xǐzhū ⇒〔喜蛛〕
蟢子 xǐzi ⇒〔喜蛛〕

〔鱚・鱚〕 xǐ 〔魚貝〕キス(総称)〔沙 shā 钻(鱼)②〕ともいう.〔多鳞 lín ～〕キス.

〔蹝・躧〕 xǐ ⇒〔屣〕

〔卌(卅卅)〕 xì 四十:二十を〔廿 niàn〕,三十を〔卅 sà〕という.

〔戏・戲(戯)〕 xì ①戯れる.遊ぶ.遊び.娯楽.〔儿～〕子どもの遊び.〔集体游～〕団体遊戯.〔做猜 cāi 谜游～〕判じ物遊戯をする. ②ふざける.からかう.〔调tiáo～〕からかう.冗談を言う. ③芝居.演劇.〔演yǎn～〕芝居を上演する.〔听～〕(〔京剧〕などの)芝居を聴く.〔唱～〕(〔京剧〕などの)芝居をやる.〔做zuò～〕芝居(所作事)をする.〔一出～〕一幕の芝居.〔一散 sàn 了～〕芝居がはねた.〔世話物.〔武 wǔ～〕武勇物.立ち回り物.〔马 mǎ～〕サーカス.曲馬.〔话 huà 剧〕 ④<口>可能性.〔最有～的〕<姓>戯(ぎ) → 〔戏〕

戏班(儿) xìbān(r) 〔旧〕芝居の一座:〔戏班子〕ともいう.現在はふつう〔剧 jù 团〕が用いられる.〔梅兰团梅蘭芳劇団.〔~菊 jú 部〕
戏包袱 xìbāofu 〔喻〕①万能役者:〔能戏〕(やれる芝居の沢山ある役者.またはいろいろな役柄のできる役者.→〔书 shū 篓子〕
戏报子 xìbàozi 〔旧〕〔演剧〕のポスター:芝居の番付や筋書きなどを印刷したもの.→〔海 hǎi 报〕
戏本(儿) xìběn(r) 〔旧 jiù 戏〕の脚本:〔戏本子〕ともいう.→〔剧 jù 本〕
戏彩 xìcǎi ⇒〔彩衣娱亲〕
戏场 xìchǎng ⇒〔戏园子〕
戏称 xìchēng ①ふざけて呼ぶ.冗談で言う. ②あだ名.
戏出儿 xìchūr 旧劇の一場面を描いた絵画や一場面から取材した玩具人形など.→〔出儿〕
戏词(儿) xìcí(r) =〔戏文②〕〔旧劇〕の〔道 dào 白〕(せりふ)と〔唱 chàng 词〕(歌詞)の総称.
戏单(儿) xìdān(r) 〔芝居〕のプログラム.
戏德 xìdé 役者のモラル.
戏法 xìfǎ(r) <口>①手品.〔变 biàn～〕手品を使う.〔杂 zá 技〕.②小細工.
戏份儿 xìfènr 〔剧〕(俳優に支給する)給金.出演料:一定比率で与えられる分け前.
戏服 xìfú 芝居の衣装.舞台衣装.
戏歌 xìgē 旧劇の曲を流行歌風に仕立てた歌.
戏馆子 xìguǎnzi ⇒〔戏园子〕
戏规 xìguī 〔剧〕(旧劇の楽屋)で楽屋におかれているつい)いたての一種.その上部には12の枠があり,当日の上演種目を書いた象牙の板をさし込むようにしている.→〔出 chū 牙牌〕
戏剧 xìjù =〔剧〕.芝居.演劇.〔杂 zá 技に対して〕〔大dà 戏①〕ともいう.〔～性〕劇的.〔～性的场面〕劇的な場面.〔～家〕劇作家.〔～界〕演劇界.〔～评论〕劇の評論.〔现代～〕現代劇.〔～改革〕演劇の改革:特に伝統的な芝居の改革をいう.〔～人生〕<喩>劇的な人生.波瀾万丈の人生.〔～化〕劇化する.芝居にする. ②脚本.
戏楼 xìlóu 〔旧〕寺院などに設けられた芝居の舞台.
戏路 xìlù 役者の役柄.レパートリー.
戏码(儿) xìmǎ(r) =〔<文>戏目〕〔旧〕〔芝居〕の出し物.外題:〔码子〕ともいう.
戏迷 xìmí 芝居狂.→〔迷③〕
戏目 xìmù ⇒〔戏码(儿)〕
戏弄 xìnòng =〔戏耍〕.悪ふざけする.〔这

个家伙,专爱恶作剧~人〕あの野郎は何でも悪いことばかり考えて人をなぶりものにする.
戏牌(子) xìpái(zi) 〔剧〕芝居の外題を書いたビラ.1枚に1種ずつ書く.
戏棚 xìpéng →〔戏园子〕
戏票 xìpiào 芝居の入場券.→〔门 mén 票〕
戏评 xìpíng 芝居の批評.
戏情 xìqíng 芝居の筋.
戏曲 xìqǔ ①中国伝統の〔昆 kūn 曲〕や〔京 jīng 戏〕.〔～片(儿)piàn(piānr)〕同前を映画化したもの.〔～音乐〕同前に用いる音楽.〔地方~〕地方戏曲. ②(文学としての)戯曲.
戏耍 xìshuǎ ⇒〔戏弄〕
戏水 xìshuǐ 水に戯れる.〔鸳 yuān 鸯~〕つがいのおしどりが同前.
戏说 xìshuō たわむれに言う:多く文芸作品の題名.
戏台 xìtái 〔芝居〕の舞台.〔~上〕舞台の上(の).<喻>演技上の.〔~上夫妻〕<喻>にせ者(夫婦).〔~上开架〕<喻>何でもない.大した事ではない.→〔舞wǔ 台〕
戏谈 xìtán =〔戏谐〕〔戏言〕冗談(を言う).ざれごと(を言う)
戏文 xìwén 〔剧〕①南宋の戯曲すなわち〔南 nán 曲〕の別称.→〔戏词〕〔曲〕 ②戯曲.芝居.〔瞅 chǒu 瞅热闹吧,看这~怎落尾〕この芝居のおちがどうなるか見物していよう.
戏侮 xìwǔ ふざけて侮辱する.
戏匣子 xìxiázi 〔留 liú 声机〕
戏箱 xìxiāng 〔剧〕道具箱.衣装箱.〔封 fēng 箱②〕
戏校 xìxiào 〔戏剧学校〕(戏剧学校)の略.
戏谑 xìxuè ⇒〔戏谈〕
戏言 xìyán ⇒〔戏谈〕
戏阳 xìyáng <姓>戲陽(ぎ₃)
戏衣 xìyī 演劇用の衣装.
戏园子 xìyuánzi =〔戏场②〕旧式劇場.芝居小屋:北方では〔戏馆子〕が多く用いられた.〔戏棚〕は小屋掛けの芝居小屋.→〔剧 jù 场〕
戏院 xìyuàn 劇場:〔剧 jù 场〕に同じ.
戏照 xìzhào 芝居の扮装を撮った写真.スチール写真.
戏装 xìzhuāng 芝居用の衣装:衣服・靴・帽子など.
戏子 xìzi 〔旧〕芝居役者:〔唱(戏曲的)〕〔<文>菊 jú 人〕〔脚 jué 色〕〔角 jué 色(儿)①〕〔<文>伶 líng 人〕ともいった.〔女~〕女役者.→〔演 yǎn 员〕

〔系・係・繋〕 xì〔Ⅰ〕〔系〕①系列.系統.〔直～亲属〕直系親族.〔～列〕一連のつながっているもの.〔水～〕水流の系統.〔派～〕派閥.②学部.学科.〔学~〕同前.〔大学的物理~〕大学の物理学部. ③〔地~〕:地層の年代を表す単位の一.紀に当たる.〔石炭~〕石炭系. ④<姓>系(⑮)
(Ⅱ)〔係〕…である.〔是 shì〕に当たる.〔确 què～事实〕確かに事実である.〔恐 kǒng～误会〕おそらく誤解であろう.
(Ⅲ)〔係・繋〕つながる.かかわる.〔维 wéi~〕関係を維持する.関連する.〔关~〕関係(する).〔群众〕大衆と結びつきを持つ.〔成败~于此举〕成否はこの一挙にかかっている.
(Ⅳ)〔繋〕(縄で)つなぐ.結ぶ.縛る.〔~颈 jǐng〕首を鎖でつなぐ.→〔结 jié ③④〕 ②つり下げる.つり上げる.〔把东西~上二楼〕荷物を二階につり上げる.〔从窗户把床~下来〕窓からベッドをつり下ろす.〔~下去〕つり下げてやる.〔~下井里去〕井戸の中へつり下げる.〔从窖 yáo 里把白薯~上来〕むろから芋をつり上げる(で取り出す). ③気にかかる. ④拘禁する.〔~狱 yù〕獄につなぐ. → jì

系绊 xìbàn 羁绊(ほだし).
系词 xìcí ①繫辞(けいじ). ②判断動詞:〔是 shì〕〔…だ．である〕ない．〔判 pàn 断词〕に同じ．
系风捕影 xìfēng bǔyǐng ⇒〔捕风捉影〕
系缚 xìfù 〈文〉束縛する．
系怀 xìhuái 〈文〉①懐かしく思う．②心に留めておく．→〔系恋〕
系累 xìlěi 縛りつなぐ．まつわる．〔为家事所～〕家事に縛られる．
系恋 xìliàn 思いをかける．恋慕する．→〔系怀②〕
系列 xìliè 系列．シリーズ．〔~（电视）片〕テレビドラマシリーズ．〔一~的问题〕一系列の問題．〔~读物〕読み物シリーズ．〔~产品〕シリーズ商品．〔~化〕系列化(する)．シリーズ化する．〔~剧〕ドラマシリーズ．〔~影 yǐng 片〕シリーズ映画．〔~小说〕シリーズ小説．
系铃人 xìlíngrén 事の素因を作った人．〔解铃还须~〕〈諺〉後始末をすべき人はその発端を作った人．→〔解 jiě 铃系铃〕
系念 xìniàn 心にかける．懸念する．〔挂 guà 念〕に同じ．
系谱 xìpǔ 系譜．
系囚 xìqiú 〈文〉獄につながれている囚人．
系属 xìshǔ 〈文〉…に属する．…に属す．
系数 xìshù 係数．〔安全~〕安全係数．→〔模 mó 数〕
系孙 xìsūn 〈文〉血統の遠い子孫．後裔．〔远 yuǎn 孙〕に同じ．
系锁 xìsuǒ 重罪人の首に鉄の鎖をつけてつなぎとめておくこと．
系统 xìtǒng ①体系．系統．システム．〔~化〕システム化(する)．〔~性〕系統性．系統的．〔~操 cāo 作员〕システムオペレーター．〔~故障〕電算システムダウン．〔~论〕システム論．→〔体 tǐ 系〕②系統的である．〔~地学习〕系統的に学習する．〔~选 xuǎn 育〕系統育種法．〔发行奥运会~的第四套特种邮票〕オリンピックシリーズの第4集特殊郵便切手を発行する．
系统工程 xìtǒng gōngchéng システムエンジニアリング．システム工学．〔~师〕システムエンジニア．
系统设计 xìtǒng shèjì 〔总 zǒng 体设计〕電算システム設計．
系统树 xìtǒngshù =〔进 jìn 化系统树〕系統樹:生物進化の系統樹．→〔树图〕
系友 xìyǒu （大学の）同一学部の出身者．
系踵 xìzhǒng 〈文〉踵(きびす)を接する．→〔接 jiē 踵而来〕
系子 xìzi 〈方〉（かごなどの）手．つる．ひも．
系族 xìzú 同一姓でつながっている同族．

[饩・餼] xì

〈文〉①食物を贈る．〔~之以粟〕これに粟を贈った．②いけにえの動物．〔~牢 láo〕同前．〔~羊〕同前の羊．③穀物．飼料．

[屃・屓（屭）] xì →〔赑 bì 屃〕

[细・細] xì

①細い．〔她們紡的线又~又匀〕彼女達がつむいだ糸は細くてむらがない．〔~棍儿 gùnr〕細い棒．〔胳 gē 膊俱~〕腕が細い．↔〔粗 cū⑥〕②小さい．些細である．〔事无巨 jù ～，都要问他〕事は大小にかかわらず，すべて彼に尋ねるべきだ．〔密行 háng ~字〕小さな字で字びっしり書いてある．〔幅が〕狭い．〔眉 méi 毛~〕眉毛が細い．〔画一道儿~线（線）を描く．④(粒)が小さい．細かい．〔~沙 shā〕細かい砂．〔~盐 yán〕粒の細かい塩．⑤(声が)細い．〔嗓 sǎng 音~〕同前．〔嗓子が〕細い声．⑥精巧である．細

かい．〔这布织得~〕この布は織り目が細かい．〔~毛皮货〕上等の毛皮．〔这张纸,一面粗一面~〕この紙は片面がざらざらしており,片面はつるつるしている．〔这个茶碗真~〕この茶碗は細工が細かい．↔〔糙 cāo ①〕⑦精密である．詳しい．詳細である．慎重である．〔深耕~作〕深く耕して念入りに（作物を）作る．〔~气〕気のくばり方が細かい．〔~数 shǔ〕詳細に数えあげる．〔考虑得很~〕周到に考えを巡らせる．〔细打~算〕細々とそろばんをはじく．〔他过日子很~〕彼は暮らしが慎ましい．⑧スパイ．〔奸 jiān ~〕敵の回し者．⑨〈方〉若い．〔~妹 mèi〕幼い妹．⑩〔姓〕細(さい)．
细胞 xìbāo 生物細胞．〔~核〕細胞核．〔~质〕細胞質．〔~膜〕細胞膜．〔~工程〕細胞工学．〔~移植 zhí〕細胞移植．〔~壁〕細胞壁．〔~器〕細胞器．
细标布 xìbiāobù キャラコ．
细薄棉帆布 xìbómián fānbù 紡ズック．ダック:平織の布．
细布 xìbù 紡細布(さいふ)．サーチング．平織綿布．〔本 běn 色~〕原色サーチング．〔漂 piǎo 白~〕漂白サーチング．
细部 xìbù 細部．
细菜 xìcài 手間ひまかけた野菜．↔〔粗 cū 菜〕
细长 xìcháng 細長い．〔~的手指〕細長い指．
细齿 xìchǐ 細かい刻み目．〔周 zhōu 围还有~〕周囲には更にぎざぎざがついている．
细瓷 xìcí 緻密で上質の磁器．↔〔粗 cū 瓷〕
细大不捐 xìdà bùjuān 〈慣〉大小にかかわらず捨てない．細大漏らさず．
细旦 xìdàn 〔京劇〕（旧劇で）女形．女に扮する役者．〔闺 guī 门旦〕
细点 xìdiǎn 手の込んだ上等な菓子．銘菓．
细读 xìdú 精読(する)．→〔精 jīng 读〕
细发 xìfa 〈方〉①非常に細かい．〔那家碾 niǎn 房磨出的面粉非~了〕あの粉屋がひいた小麦粉が細かいことは言うまでもない．②（きめが）細かい．
细帆布 xìfānbù 紡細帆布．ズック．ダック．→〔细薄棉帆布〕
细纺 xìfǎng 紡精紡．
细纺呢 xìfǎngní ⇒〔细毛绒〕
细缝儿 xìfèngr 細かい割れ目．細かい裂け目．
细高挑儿 xìgāotiāor〈口〉すらりと背が高い(人)．のっぽである(人)．〔长 zhǎng 得~〕すらりと背丈が高い．→〔细挑〕〔瘦 shòu 长〕
细工 xìgōng 精密な細工(ざいく)．
细故 xìgù 小事．些細なこと．→〔细情〕
细挂面 xìguàmiàn 細い乾めん．
细管喇叭 xìguǎn lǎba 楽トロンボーン．
细化 xìhuà 細分(化)する．具体化(する)
细活 xìhuó(r) 細かい仕事．こみ入った仕事．細工仕事．↔〔笨 bèn 活(儿)〕〔糙 cāo 活(儿)〕
细火 xìhuǒ とろ火．〔用~煮 zhǔ 熟〕弱火で煮込む．
细讲 xìjiǎng ⇒〔细说〕
细嚼慢咽 xìjiáo mànyàn 〈成〉よくかんでゆっくり飲みこむ．ゆっくりと味わう．
细节 xìjié 細かい事柄．細部．②（文芸作品中の）ディテール．
细究 xìjiū 細かに調べる．究明する．つきとめる．
细君 xìjūn ⇒〔妻 qī〕
细菌 xìjūn 生物細菌．バクテリア．〔~学〕細菌学．〔~武器〕細菌兵器〔生 shēng 物兵器〕．〔~战 zhàn 剂〕兵器として利用される細菌．〔生物戦剤〕の旧称．〔~肥料〕菌肥細菌肥料．有機肥料．〔~性痢 lì 疾〕細菌性赤痢．→〔霉 méi 菌〕
细粮 xìliáng 白米や小麦粉など．↔〔粗 cū 粮〕

细 xì

细 →〔杂 zá 粮〕
细溜溜 xìliūliū 細く長いさま.
细流 xìliú 小さい流れ.小渓.
细麻布 xìmábù ⇒〔亚 yà 麻布〕
细毛(儿) xìmáo(r) ①(動植物の)細い毛. ②細毛の兎の毛皮:〔狐 hú 皮〕(きつねの毛皮)や〔灰 huī 鼠皮〕(チンチラ毛皮)など.
细毛绒 xìmáoróng =〔细纺呢〕团 ジャージー:〔平 píng 针织物〕と同じ.
细米 xìmǐ 精米.白米.
细密 xìmì ①精密(である).細か(い).〔~的布〕目つんだ綿布. ②(やり方が)慎重で綿密である.〔~的分析〕細かな分析.
细面 xìmiàn ①〔-儿〕細かい粉. ②同て.
细面条 xìmiàntiáo =〔细面②〕細い麺.〔意 yì 大利~〕〔意大利实心面〕スパゲッティ.
细篾儿 xìmièr =〔席 xí 篾〕高粱の茎の皮や蘆(ろ)の茎を竹ひご状に細く裂いたもの:ござを編むのに用いる材料.
细民 xìmín 〈文〉①庶民. ②貧民.
细末(子) xìmò(zi) 粉末.
细目 xìmù 細目.小わけ.細かい箇条.詳しい条目.
细嫩 xìnèn ①しなやかである.きめの細かい.〔皮肤~〕皮膚のきめが細かい. ②柔らかく弱々しい.〔~的小苗〕同前の苗.
细腻 xìnì ①精密で細かである.念入りである.〔描写得很~〕緻密に描かれている.〔纤 xiān 细〕 ②繊細である.〔表情~〕表情がこまやかである.
细袅袅 xìniǎoniǎo ほっそりした体つき.〔~的身材〕ほっそりした体つき.
细皮嫩肉 xìpí nènròu 〈慣〉きめの細かい肌:〔细皮白肉〕ともいう.
细品 xìpǐn ①優等品.上等品. ②細やかに味わう.詳細に研究する.
细平布 xìpíngbù 团ブロード(クロス)
细巧 xìqiǎo 精密でたくみである.精巧である.〔~家伙〕同前の道具.
细情 xìqíng 詳しい事情.
细人 xìrén 〈文〉①小人(しょう).見識の狭い人:〔细士〕〔小 xiǎo 人①〕に同じ. ②位の低い人. ③みめよき女. ④スパイ:〔细作①〕に同じ. ⑤ 団(仏教の)円教(大乗円満の教)信者.
细柔 xìróu ①細くて柔らかい. ②(材質が)きめこまかく柔らかい.
细软 xìruǎn ①(携帯に便利な)貴重品(金目の物):貴金属・宝石・装身具・絹綾など.〔收拾~出奔〕金目のものをまとめて出奔する. ②細くて柔らか:〔~的柳条〕同前の柳の枝.
细润 xìrùn つやつやしている.〔脸上~〕顔色が同前.
细弱 xìruò ①か細い.ひ弱い.〔声音~〕声がか細い.〔~的柳条垂在水面上〕おやかな柳の枝が水面に垂れ下がっている. ②〈文〉幼弱者.妻子.
细纱 xìshā 团細番手の綿糸.細糸.〔~锭 dìng〕同前の紡錘.〔~机〕精紡機.〔~(车)间〕(紡績工場の)細紡部.↔粗纱.
细砂(糖) xìshā(táng) 極上の白砂糖:〔绵 mián 白(糖)〕ともいう.→〔砂糖〕
细声细气 xìshēng xìqì 〈慣〉小さい声.元気のない声:へりくだった態度.意気の上がらない様子.
细士 xìshì ⇒〔细人①〕
细事 xìshì 細かなこと.
细瘦 xìshòu ほっそりやせている.
细水长流 xìshuǐ chángliú 〈成〉①倹約すれば長持ちする. ②物事を少しずつ間断なくやる.
细说 xìshuō =〔细讲〕細かに説明する.詳しく話す.

细丝 xìsī ①团釜糸:撚(ねん)をかけずに精練した柔らかい生糸.刺繍用. ②細い銀糸. ③(糸のように)細い.
细碎 xìsuì ①細かい.〔~的事情〕細かいこと. ②細刻み.〔传来~的脚步声〕小刻みな足音が聞こえてくる.
细谈 xìtán 細かに語り合う.詳しく話す.
细条 xìtiáo 細長い.〔~灯心绒 róng〕団細手のコーレテン.〔~ wén〕团ピンストライプ.
细挑 xìtiao すらりとした.ほっそりした:〔细条〕とも書いた.〔~身材〕すらりとした体つき.→〔细高挑儿〕
细听 xìtīng ①詳しく聞く. ②注意して聞く.
细微 xìwēi 微細である.細かである.〔~的变化〕微細な変化.〔~的区别〕微細な区別.〔声音很~〕音声がきわめてかすかである.
细味 xìwèi 〈文〉細かに玩味する.其言,果是有理.細かによくあじなるほど道理がある.
细纹 xìwén 細いしわ.(顔の)こじわ.→〔纹路(儿)〕
细问 xìwèn 詳しく尋ねる.
细稀纱 xìxīshā 团平織り薄手の布地.
细细儿 xìxìr こまごまと.詳しく.〔~地说给您听〕詳しくお話し申しあげます.〔~看看〕詳しく見てごらん.
细夏布 xìxiàbù ⇒〔夏布〕
细苋 xìxiàn ⇒〔野 yě 苋〕
细线 xìxiàn 細い糸.〔~绳 shéng ①〕
细想 xìxiǎng 子細に考える.熟慮する.
细小 xìxiǎo 小さい.細かい.〔~的问题〕些細な問題.
细斜纹布 xì xiéwénbù 团(细绫名巾などの)あや織り身分布.綿毛交織布類.ジーンズ.〔三页〕~〕ジーンズ.
细心 xìxīn 細心である.注意深い.〔~人〕よく気のつく人.〔~调查〕注意深く調べる.〔凡事总要~,いかなることも細心でなくてはならぬ.〔~玩味〕〈文〉细味〕細かに玩味する.
细辛 xìxīn =〔少 shào 辛〕细い辛〕〔莘 xīn〕团ケイリンサイシン.ウスバサイシン.〔莘 xīn〕は古名.
细叙 xìxù 〈文〉細かに述べる.
细询 xìxún 〈文〉細かに尋ねる. ②明細な勘定書.
细伢子 xìyázi 〈方〉子供.
细验 xìyàn 〈文〉①細かに検査する. ②細かに実験する.
细洋布 xìyángbù ⇒〔稀 xī 洋纱〕
细腰 xìyāo 細い腰.特に細腰での女性.〈喩〉美人の容姿.〔~蜂 fēng〕团コシボソバチ.
细腰鼓 xìyāogǔ 鼓の一種.胴の両端が大きく中ほどが細いもの.
细雨 xìyǔ 細雨.〔~闲花 ②同前とあだ花.〔毛毛~〕糸のような細い雨.こぬか雨.→〔雨①〕
细语 xìyǔ 〈文〉ささやき.
细乐 xìyuè 团笛や二胡などの軽く明るい音色:どらや太鼓などの騒々しいのに対していう.→〔粗 cū 乐〕
细崽 xìzǎi =〔西 xī 崽〕
细则 xìzé 細則.
细账 xìzhàng ①細かな計算.わずかの損得.〔算起~来了〕細かな計算を始めた.〔损得得だと細かなことを言い始めた〕 ②明細な勘定書.
细针密缕 xìzhēn mìlǚ 〈成〉縫い目が細かいこと.細工の精緻なるさま,〈転〉仕事が丹念であること.綿密なこと.周到なこと.
细枝末节 xìzhī mòjié 〈喩〉枝葉末節.
细支头 xìzhītóu 团细番手.↔〔粗 cū 支头〕
细致 xìzhì 精密(である).綿密(である).精細(である).きめ細か(い).丹念(である).〔用人单位所

属事業の具体業務也缺乏〜の研究)人を採用する事業所の側でも所属事業の具体的な業務について精細な研究が欠けている.〔这东西做得很〜〕この品物は非常に丹念にできている.〔工作〜〕仕事が綿密だ.〔〜手儿〕器用な手先.技術の優れた人.〔〜入微〕念入りである.微に入り細をうがつ.

细柱柳 xìzhùliǔ 圃カワヤナギ.ネコヤナギ.
细作 xìzuò ①〈文〉細作(まう).スパイ.間者:〔细人④〕に同じ.→〔探 tàn 子〕〔侦 zhēn 察员〕 ②念入りに仕事をする.〔深耕〜〕深く耕して手まめに農作する.

〔**郄**〕 xì 固隙($\ $).隙間:〔隙〕に通用した.→ qiè

〔**郤**〕 xì ①固隙($\ $).隙間:〔隙〕に通用した. ②〈姓〉郤(き)

〔**绤·綌**〕 xì 〈文〉粗悪な葛布(ぶ).→〔絺 chī ①〕

〔**咥**〕 xì 〈文〉大いに笑うさま. → dié

〔**盻**〕 xì 〈文〉怒って目をむく.

〔**阋·鬩**〕 xì 〈文〉せめぐ.相争う.〔兄弟〜于墙,外御 yù 其侮〕(詩経·小雅·常棣)兄弟牆にせめげども外部からの侮りに対しては協力して当たるものである.
阋墙 xìqiáng 〈文〉兄弟が家の中で相争う.兄弟の争う.

〔**舄(舃·寫)**〕 xì ①木底の靴:古代の履物. ②古書で〔潟〕に通用した. ③→〔车 chē 前〕 ④〈姓〉舄(き)
舄卤 xìlǔ ⇒〔潟卤〕

〔**潟**〕 xì =〔舄②〕〈文〉塩分を含んだ土地.
潟湖 xìhú 潟湖(がんこ).潟(がた):外海と分離してできた塩湖.
潟卤 xìlǔ =〔舄卤〕干潟(がた).干潟地:塩分を多量に含んだ潟地.アルカリ地.

〔**蕮**〕 xì 圃泽 zé 泻(サジオモダカ)の古名.

〔**隙(隟)**〕 xì ①=〔文〕隙〕すきま.〔墙〜〕壁のすきま.〔门〜〕戸のすきま. ②(時間的または空間的の)空間.空き地.〔坐无〜地〕座るにも空いたところがない.〔趁农〜举办训练班〕農閑期を利用して訓練の教室を実施する. ③隙.〔乘 chéng 〜〕隙に乗じて.〔无〜可乘〕乗ずる隙がない. ④仲たがい.恨み.不和.〔我和他有〜〕わたしは彼に恨みがある.〔听小人之言,与沛 pèi 公有〜〕(史記·高祖本紀)小人の言をとりあげて沛(は)公と不仲になった.
隙地 xìdì 空き地.→〔空 kòng 地①〕
隙缝 xìfèng すき間分.裂け目.
隙角 xìjiǎo ⇒〔后 hòu 角〕
隙驹 xìjū ⇒〔白 bái 驹过隙〕
隙末 xìmò 〈文〉友誼を全うしない.終わりになって仲が悪くなる.
隙驷 xìsì ⇒〔白 bái 驹过隙〕

〔**虩**〕 xì 〔〜〜〕〈文〉恐れるさま.

〔**赩**〕 xì 〈文〉色深紅色(の)

〔**禊**〕 xì 固みそぎ:邪悪の気をはらう祭り.春と秋に川辺で行う.
禊帖 xìtiè ⇒〔兰 lán 亭帖〕
禊饮 xìyǐn 〈文〉固上巳の日(清明節)の宴飲.

〔**隟**〕 xì ⇒〔隙〕

〔**盡**〕 xì 〈文〉悲しみ悼む.

xia ㄒㄧㄚ

〔**呀**〕 xiā 〈文〉口を開いたさま.〔饥 jī 虎〜牙〕〔成〕飢えた虎が口を開いている.〔岩崖缺〜〕崖が欠けて口を開けている. → yā ya

〔**呷**〕 xiā ①吸う.すする.飲む.〔〜了一口酒〕酒を一口飲んだ. ②〈姓〉呷(き) → gā
呷啜 xiāchuò すする.すすって飲む.

〔**虾·蝦**〕 xiā 魚貝エビ(総称).〔对〜〕〔明〜〕コウライエビ(タイショウエビ).〔日本对〜〕クルマエビ.〔龙 lóng 〜〕イセエビ.〔锦 jǐn 绣龙〜〕ニシキエビ.〔脊 jǐ 〜〕〔函 hán 〜〕ハコエビ.〔中〜〕モエビ.〔芦 lú 〜〕〔苇 wěi 〜〕ヨシエビ.〔芝 zhī 〜〕シバエビ.〔须 xū 赤〜〕アカエビ.〔脊赤〜〕トラエビ.〔鹰 yīng 爪〜〕サルエビ.〔管 guǎn 鞭〜〕クダヒゲエビ.〔櫻 yīng 〜ラエビ.〔蝴 wèi 〜〕オトヒメエビ.〔细螯 xì'áo 〜〕ソコシラエビ.〔异 yì 指〜〕ウソクエビ.〔米〜〕〔草〜〕ヌマエビ.〔白〜〕〔脊尾白〜〕セジロムラサキエビ.〔长 cháng 眼〜〕ウノメエビ.〔宽 kuān 额〜〕ヘラモエビ.〔褐 hè 〜〕テッポウエビ.〔蝉 chán 〜〕セミエビ.〔扇 shàn 〜〕ウチワエビ.〔青〜〕〔沼〜〕テナガエビ.〔鞭 biān 腕〜〕アカシマモエビ.〔钩 gōu 〕ヨコエビ.〔糠 kāng 〕〔磷 lín 〜〕〔毛〜〕オキアミ.〔寄 jì 居〜〕ヤドカリ.〔美 měi 长〜〕スナモグリ.〔蝼蛄蛄〜〕〔锉 cuò 头〜〕アナジャコ.〔蝥〜〕〔蝲 là 蛄〕ザリガニ. → há
虾兵蟹将 xiābīng xièjiàng 〔喻〕つまらない将兵.へなちょこ軍勢.
虾饼 xiābǐng 食えびの身をすりつぶして調味料·澱粉などを加え円盤状にして油で揚げあるいは蒸した料理.球状にしたものは〔虾圆〕〔虾丸子〕という.
虾蟾 xiāchán ⇒〔龙 lóng 头鱼〕
虾干(儿) xiāgān(r) 干しえび.→〔虾米①〕
虾公 xiāgōng 〈方〉えび.
虾蛄 xiāgū 魚貝シャコ.
虾荒蟹乱 xiāhuāng xièluàn 〔喻〕兵乱の兆し.兵乱の前ぶれ:旧時,江南地方では時として蟹が大いに繁殖して作物に害を与える年があり,それは兵乱の前ぶれであるとされていた.
虾灰色 xiāhuīsè 色薄紅色(の)
虾酱 xiājiàng 食塩漬けにしたえびをペースト状にしたもの.
虾糠 xiākāng えびの殻を粉にしたもの.肥料に用いられる.
虾壳 xiāké えびの殻.
虾米 xiāmǐ ①干したむきえび:〔海 hǎi 米①〕〔金 jīn 钩〕ともいう.また,大きいえびの干したものは〔虾干(儿)〕という. ②(一般に)えび. ③〈方〉小エビ.
虾米皮 xiāmǐpí 同下.
虾皮儿 xiāpír =〔虾米皮〕(殻のついたままの)小さい干しえび:小さいえびの干したのは,まるでえびの殻だけのようであることから.
虾片 xiāpiàn 食えびの肉を砕いて澱粉·調味料などを加えて混ぜ,薄切りにして乾燥させたもの.〔炸〜〕(油で揚げたえびせんべい.
虾仁(儿) xiārén(r) ①えびのむき身(料理).〔清 qīng 炒〜〕食えびの身の油炒め料理:〔清⑤〕は他の材料を用いていないこと. ②(殻を取り去って)干したえび.→〔虾米①〕

xiā

虾色 xiāsè 青みがかった鉄色(の).

虾丸子 xiāwánzi ＝[虾圆]えびの肉を団子状に丸めて調理した料理名.→[虾饼][炸zhá虾球]

虾须 xiāxū ①えびのひげ.②〈文〉すだれの別称.

虾油 xiāyóu えびからとった油:調味料の一.

虾圆 xiāyuán ⇒[虾丸子]

虾仔 xiāzǎi 〈方〉子供につける愛称.[仔]は動物の子,または一般に小さいものをいう.

虾罩 xiāzhào エビ捕り用の籠.

虾子 xiāzǐ ①えびの卵:ふつう干したものを指し,中国料理に用いる.②〈方〉えび.

〔鰕・鰕〕 xiā ①[矛māo尾刺～]ハゼ ゼチ;[(油yóu)光鱼]ともいう.[(纹wén绵~)]シマハゼ.

鰕虎鱼 xiāhǔyú [魚耳ハゼ.ドンコ(総称).[狼láng~][黄蜂刺~]マハゼ.

〔嗐〕 xiā 〈文〉笑い声.→ kē kè

〔瞎〕 xiā ①盲人(になる).[～了一只眼]片目が見えなくなった.→[瞎子①] ②やたらに.むやみに.でたらめに.いたずらに.[～费劲儿]むだ骨を折る.[～着zháo急]むやみにやきもちする.[～(胡)闹]バタバタする.[～一拼pīn]やみくもにやり合う.[不该免的～免]免除すべきでなかったものまで免除した.→[胡hú(I)①] [乱luàn⑥] ③〈口〉悪くなる.だめになる.壊れる.[保证粮食受不了潮,一不了一点儿]食糧が湿気も受けず少しも悪くならないことを保証します.[今年要再不下雨,庄稼都得～了]今年は日照りがもう少し続いたら,作物はすっかりだめになる.[这回跑生意碰上了土匪,货都～了]今回商売に出かけたのに,土匪に出遭ったので,商品がなくなりそうになってしまった.[銃・砲弾・ダイナマイトなどが]不発になる.発火しない.[炮壳不～]不発になるものは一つもない.⑤〈方〉もつれる.乱れている.[这团儿线～了]この糸がわからなくなった.[线绕～了]糸がもつれる.⑥〈方〉土地・耕地が荒れる.[地～了]土地が荒れた.

瞎巴 xiābā 〈方〉失明する.②駄目になる.

瞎掰 xiābāi 〈口〉むだ骨を折る.[树苗儿都干死了才浇水不是～吗]木の苗がみんな枯れてしまってから水をやってもだけではないですか.[已经错了,再后悔也是～]過ちをしてしまってから,後悔してもむだだ.②→[瞎扯]

瞎编 xiābiān 勝手なつくりごとを言う.捏造する.

瞎操心 xiācāoxīn 余計な心配をする.

瞎扯 xiāchě ＝[〈口〉瞎掰②]雑談する.とりとめのないことを言う.冗談を言う.でたらめを言う.[胡hú扯]ともいう.[两个人又～了半天]二人はまたさんざん雑談をした.[别听他们～]あいつらのでたらめに耳を貸すな.[～！我昨天一整天哪儿也没去呀]そっけ,おれは昨日一日中どこへも行かなかった.

瞎闯 xiāchuǎng やみくもに突き進む.

瞎吹 xiāchuī むやみにほらを吹く.

瞎叨叨 xiādāodao ①むやみにぶつぶつ言う.やたらにしゃべる.②ひとりごとを言う.

瞎地 xiādì 〈方〉不毛の土地.

瞎放炮 xiāfàngpào 〈喩〉やみくもに攻撃する.[别～](議論などで)やたらと攻撃してはいけない.

瞎话 xiāhuà 〈口〉うそ・でたらめ.[说～]でたらめを言う.[～篓lǒu子]〈方〉うそつき.

瞎混 xiāhùn いきあたりばったりな生活をする.[～日子]同前.

瞎火 xiāhuǒ (銃が)発火しなくなる.不発になる.[真可惜,打了一枪～了]本当に惜しいことだ,一発打ったら発火しなくなった.

瞎讲 xiājiǎng 〈方〉でたらめを言う.

瞎搅 xiājiǎo むやみに騒がす.

瞎赖 xiālài むやみになすりつける.むやみに誣(ぃる)いる(罪や過失などで).

瞎聊 xiāliáo ①むだ話をする.②世間話をする.→[瞎说]

瞎忙 xiāmáng わけもわからず忙しがる.やたらに忙しい.[你～什么]何を忙しがっているんだ.→[穷qióng忙]

瞎猫碰(着)死耗子 xiāmāo pèng(zhe) sǐhàozi 盲猫が死んだ鼠にぶつかる.〈喩〉棚からぼた餅.犬も歩けば棒にあたる.[着]は[上]ともいう.

瞎蒙 xiāmēng あてずっぽうに言う.いいかげんに推量して言う.

瞎摸海 xiāmōhǎi 〈方〉①当て推量でトンチンカンなことをする.②無茶をやる人.

瞎摸合眼 xiāmohéyǎn [瞎目合眼]とも書く.〈方〉よく見えないさま.はっきりしないさま.[她～的就住外跑,几乎被门坎拌了一跤](老・四・惶38)彼女はいきなりやみくもに外へかけ出し,危うく敷居につまずいて転ぶところだった.[你看我这～的,一会儿关城,一会儿净街的,到底都是怎么回事呀]どうもはっきりわからないんだがね,今城門を閉じたかとおもうと交通遮断だ,一体どうということだ.

瞎奶 xiānǎi ①〈ぺこんでいる乳首.②乳の出ない乳房.

瞎闹 xiānào ①馬鹿騒ぎをする.でたらめをする.②あたふたする.ばたばたする.

瞎弄 xiānòng やたらにやる.むやみにする.やたらにいじくり回す.

瞎跑 xiāpǎo ①むちゃくちゃに走る.②飛び回る.[不要到处～]そこら中を飛び回ってはいけない.

瞎炮 xiāpào 不発弾.不発の発破.[〈口〉臭chòu(炮)弾][〈口〉哑yǎ炮]ともいう.

瞎七搭八 xiāqī dābā 〈方〉むちゃくちゃ(なことをする).[=横héng七竖八] [乱luàn七八糟]

瞎起哄 xiāqǐhòng むやみに騒ぐ.

瞎说 xiāshuō でたらめを言う.→[瞎聊]

瞎说八道 xiāshuō bādào 〈慣〉でまかせを言う:[胡hú说八道]に同じ.

瞎疼 xiāténg 盲目的に可愛がる.

瞎喜欢 xiāxǐhuān ぬか喜びする.→[空kōng欢喜]

瞎信 xiāxìn 配達不能郵便物:[盲máng信][死sǐ信]ともいう.

瞎眼 xiāyǎn 失明する.またその目.〈喩〉目に入らない.見る目がない.[你～了！]何を見てたんだ！

瞎喳呼 xiāzhāhu 〈方〉口先だけで大げさに言う.[你啥也办不了了,净～]お前にも何にもできないくせに,言うことだけは大げさだね.

瞎咋庙 xiāzhàmiào 〈方〉から騒ぎする.何でもないのに大騒ぎする.[什么事都没有,你瞎咋什么庙]何でもありやしない,何をから騒ぎするんだ.[哪有什么着火的,你～]どこにも火事なんかありません,から騒ぎするな.

瞎账 xiāzhàng (借り主が逃亡して)取り立てのできない金.貸し倒れ.

瞎指挥 xiāzhǐhuī 命令一本槍.むちゃな命令.→[高gāo指标]

瞎诌 xiāzhōu でたらめを言う.作り話をする.

瞎抓 xiāzhuā 手当たりしだいにやる.やみくもにやる.どんなことでもやってみる.→[抓阄]

瞎撞 xiāzhuàng ①あてずっぽうにする.あたってみる.②あちこちむやみに歩き回る.

瞎字不识 xiāzì bùshí ⇒[目mù不识丁]

瞎子 xiāzi ①目の見えぬ人:[盲máng人]の俗称.[睁眼～]〈喩〉非識字者.[～吃馄饨,心里有数][～吃馄饨,肚里有数]〈歇〉盲人がワンタンを食

瞎 る時に,腹の中ではちゃんと数がわかっている:口で言わなくても心得ている.〔~打灯笼,白费蜡〕〔~点灯,白费蜡〕〈歇〉盲人が提灯をつけて了見が狭いくをむだにするだけだ:無益なことだ.〔~戴眼镜,多余〕〈歇〉盲人が眼鏡をかける:余計なこと(何の益もない).〔~放驴,不松手〕〈歇〉盲人がロバを放牧する:手を放さない.〔~放驴,随它去吧〕〈歇〉同前:成り行きにまかせる.〔~摸 mō 鱼〕盲人の魚とり.〈喩〉労して効なし. ②〈方〉いしな.いしら:完全に結実していない実.

瞎子摸象 xiāzi mōxiàng ⇒〔盲 máng 人摸象〕

瞎走 xiāzǒu めちゃくちゃに歩く.〔~乱撞〕あてもなしに歩き回る.

瞎做作 xiāzuò·zuò まねる.まどをする.

〔匣〕 xiá 〔-儿〕箱.小箱.〔木~〕木箱.〔纸~〕紙の箱.〔药 yào ~〕薬箱.〔照 zhào 相~子〕写真機(の胴).〔梳 shū 头~儿〕小型の化粧箱.姫鏡台.〔~盒 hé ①〕〔盒 xiāng ①〕

匣剑帷灯 xiájiàn wéidēng〈成〉箱の中にある剣と帷幕の中にある灯.ⓐ(文章など)含蓄に富んでいる.ⓑ現れたり隠れたりしているさま.

匣子 xiázi 小箱.

匣(子)枪 xiá(zi)qiāng ⇒〔驳 bó 壳枪〕

〔狎〕 xiá〈文〉①ふざける.なれなれしくする.②ねんごろにする.慣れ親しむ.〔~近〕〔近~〕〔亲 qīn ~〕同前.〔~优 yōu 〕俳優と遊びをする.

狎妓 xiájì〈文〉芸者をあげて遊ぶ.→〔狎斜游〕

狎客 xiákè〈文〉妓楼の遊び客.

狎昵 xiánì なれなれしい.不謹慎である.

狎弄 xiánòng =〔狎玩〕〔狎侮〕なれなれしくふざける.〔他常常戏 xì 作剧~人〕彼はいつもどぎつい冗談で人をからかう.

狎玩 xiáwán 同上.

狎侮 xiáwǔ〔狎弄〕

狎邪 xiáxié〔狎斜〕

〔柙(匣)〕 xiá〈文〉獣を入れるおり:旧時,重罪人の護送に用いた.〔槛 jiàn ②〕に同じ.〔虎 hǔ ~〕虎のおり.〔出~之虎〕おりを出た虎.

〔侠・俠〕 xiá ①男気がある.義侠心に厚い.〔~情 qíng〕同前. ②侠客.男だて.〔武 wǔ ~〕〔游 yóu ~〕同上. ③〈姓〉侠(きょう).

侠肠 xiácháng 侠気.男気.

侠肝(义胆) xiágān (yìdǎn)〈喩〉義侠心に富んでいる.男気のあるさま.

侠骨 xiágǔ 義侠的な気性.男気.

侠客 xiákè 回侠客.男だて.任侠の徒.

侠气 xiáqì 侠気.男気.

侠士 xiáshì 義侠心に富んだ人.

侠义 xiáyì 義侠心に富む.

〔峡・峽〕 xiá ①山が水をはさんで迫っている場所:〔谷 ③〕に同じ.〔山~〕山峡.〔长江三~〕㊐四川と湖北両省の境界にある瞿塘峡・巫峡・西陵峡.〔三门~〕㊐河南省にある黄河の門戸・神門・鬼門. ②陸地の中間にはさまった海の水道.〔海~〕海峡. ③海にはさまった帯状になった陸地.〔地~〕地峡.

峡谷 xiágǔ 谷間.峡谷.

峡湾 xiáwān ㊐フィヨルド.〔飞 fēi 崖〕ともいう.

〔狭・狹(陝)〕 xiá (Ⅰ)〔狭(陝)〕狭い.〔地~人稠 chóu〕土地が狭く人口は稠密(ちゅうみつ)である.〔心地褊 biǎn ~〕心根(こころね)が偏狭である.↔〔广 guǎng ①〕
(Ⅱ)〔陝〕山と山が迫っている場所:〔峡 ①〕に同じ. じ.

狭隘 xiá'ài ①(度量などが)狭い.〔见闻~〕見聞が狭い.〔心胸~〕了見が狭い.〔~的民族主义〕偏狭な民族主義. ②(幅が)狭い.〔~的山路〕狭い山道.

狭长 xiácháng 狭くて長い.

狭轨 xiáguǐ =〔窄 zhǎi 轨〕狭軌. ↔〔宽 kuān 轨〕

狭路 xiálù 狭い道.

狭路相逢 xiálù xiāngféng〈喩〉仇同志が出会うこと. →〔冤 yuān 家路窄〕

狭乡 xiáxiāng 回人が多い割に土地が狭いところ:このような土地では〔宽 kuān 乡〕(土地の広いもの)の半分の田地しか授けられなかった. ↔〔宽乡〕

狭小 xiáxiǎo 狭小である.〔气量~〕度量が狭い.〔眼光~〕見識が狭い.〔~的天地〕狭い天地.

狭斜 xiáxié〈文〉狭く曲りくねった路地.〈転〉花柳の巷(ちまた).〔狭邪〕〔狎邪〕とも書く.〔~游 yóu〕花柳の巷での遊興.→〔狎妓〕

狭心症 xiáxīnzhèng ⇒〔心绞痛〕

狭鳕 xiáxuě 魚貝スケトウダラ:〔黄线~〕の通称.〔明 míng 太鱼〕は別称.

狭义 xiáyì 狭義. ↔〔广 guǎng 义①〕

狭韵 xiáyùn 回(中国音韻学で)その韻に属する文字の少ない韻.

狭窄 xiázhǎi 狭い.〔~性〕狭小性.〔心肠很~〕度量が小さい.〔许多~的胡同已经扩展成宽阔的大街〕たくさんの路地が拡張されて広々とした大通りになった.

〔硖・硤〕 xiá 地名用字.〔~石镇〕㊐浙江省嘉興の南にある.

〔祫〕 xiá 回(天子(諸侯)が)太廟で遠近の祖先を合祀すること.

〔遐〕 xiá ①〈文〉遠い.はるかなる. ②〈文〉久しい.長い. →〔遐龄〕 ③〈文〉なんぞ.いずくんぞ. ④〈姓〉遐.

遐迩 xiá'ěr〈文〉遠方と近所.あちこち.〔名传~闻名〕〈成〉名声が四方に鳴り響く.

遐福 xiáfú〈文〉とこしえの幸福.

遐荒 xiáhuāng〈文〉僻遠の地.遠い地方.

遐龄 xiálíng〈文〉高齢.〔克享 xiǎng ~〕長寿を全うする.

遐思 xiásī はるか思いやる.〔自别雅教时切~〕〔牘〕お別れしてから常に懐かしく存じております.

遐想 xiáxiǎng ①高遠な着想.高遠な理想. ②遠く思いをはせる.深く思索し,想像する.

遐远 xiáyuǎn〈文〉はるかに遠い.

遐胄 xiázhòu〈文〉血統の遠い子孫.

〔瑕〕 xiá ①玉の表面の斑点.玉のよごれきず.〔白璧微~〕〈成〉玉にきず. ②欠点.〔~不掩 yǎn 瑜〕〈成〉欠点はあるが彼を帳消しにするほどではない.優れた点のほうが多くて欠点は少ない. ③〈姓〉瑕(か).

瑕疵 xiácī〈文〉小さなきず.ちょっとした欠点.

瑕玷 xiádiàn〈文〉過失.欠点.

瑕吕 xiálǚ〈姓〉瑕呂(かりょ).

瑕丘 xiáqiū ①古地名.現在の山東省滋陽県の地. ②〈姓〉瑕丘(かきゅう).

瑕头 xiátóu ⇒〔霞头〕

瑕瑜互见 xiáyú hùjiàn〈成〉(文章など)長所も短所もあること.

〔暇〕 xiá 暇.余裕.いとま.〔得 dé ~〕暇を得る.〔无~〕〔无~兼顾〕かけもちはできない.〔自顾 gù 不~〕〈成〉頭の上の蝿も追われぬ:自分の事だけで精一杯で他人を顧る余裕もない.

暇晷 xiáguǐ〈文〉暇(な時間)

xiá～xià

暇日 xiárì 閑散な日.暇な日.
暇时 xiáshí 暇な時.暇.

[遐] xiá 〈文〉蓮の葉.→〔荷 hé 叶①〕

[霞] xiá ①朝焼け.夕焼けなど雲霞が日に映じて発する光彩.〔彩 cǎi ～〕同前.〔早～〕〔朝 zhāo ～〕朝焼け.〔晩 wǎn ～〕〔落 luò ～〕夕焼け. ②〈姓〉霞(か).
霞光 xiáguāng 朝焼け・夕焼けなどの光.〔～万道〕〈成〉空が夕焼け(朝焼け)で真っ赤なさま.〔～锦 jǐn 铺〕〈成〉日の光がまばゆくさしこむさま.
霞帽 xiámào チベット族の帽子.
霞帔 xiápèi 〈文〉①女性の礼服に用いられた一種の肩掛け.上衣の上に首の周囲にまとったもの.きれいな刺繡が施され,へりは雲形になっている.〔凤 fèng 冠〕とともに用いられるので女性の礼装を〔凤冠～〕といった.現在では(旧戏)の服装に見ることができる.〔虹裳～步揺冠〕(白居易の詩)虹の裳(も)に霞の肩掛け,歩め冠ゆらりゆらと. ②〔道士〕の着る礼服.
霞石 xiáshí 鉱かすみ石.
霞头 xiátóu ＝〔瑕头〕染物屋が染色依頼者の氏名がわかるような名前をしるして染めるものにつけておく小さな布片.

[辖・轄(鎋・舝)] xiá（Ⅰ）〔轄〕管理する.管轄する.〔总～〕〔统 tǒng ～〕統轄する.〔管 guǎn ～〕管轄する.
（Ⅱ）〔鎋・舝〕車軸が車軸から抜けないように用いられるくさび.

辖境 xiájìng 同下.
辖区 xiáqū ＝〔辖境〕管轄区域.
辖制 xiázhì 取り締まる.しつける.拘束する.
辖治 xiázhì ①管轄(する).管理(する).〔受上级机关的～〕上級機関の管理を受ける.②おさえ鎮める.〔好像有人～他〕彼を押える人がいるようだ.

[黠] xiá 〈文〉①賢くずばしこい.〔～慧 huì 〕～智 zhì〕同前.〔外痴内～〕人(ひと)表面は間が抜けているが,内面は賢い.②こすこすしてずるい.悪賢い.〔狡 jiǎo ～〕狡猾である.〔～鼠 shǔ 〕ずるい鼠.鼠の別名.
黠夏斯 xiájiásī 因キルギス:唐代における呼称.現在の〔柯 kē 尔克孜族〕(キルギス族)の祖にあたる.
黠吏 xiálì 〈文〉悪賢い官吏.

[下] xià（Ⅰ）①下.しも.〔上～〕上下.〔楼 lóu ～〕階下.〔山～〕山のふもと.〔在这种情况～〕このような状況のもとにおいては.〔在团长率领之～〕団長引率の下に.〔往～看〕下を見る.↔〔上 shàng ～〕 ②(時間・順序の)後(の).次(の).〔～学期〕来学期.〔～半辈子〕後半生.〔～次〕〔～回〕次回.〔～次回.〔～行 háng 〕次の行(ぎょう).③下等(の).下級(の).→〔下等〕〔下情〕 ④臣下.部下.目下(め
した).〔臣～〕臣下の者が主君に対して用いた卑称.〔他部～没有几个人〕彼の部下に何人もいない.〔膝～有二男一女〕二男一女をもうけた.⑤ある時間・時節に当たる時期を示す.〔年～〕正月.〔节～〕節句.⑥一側(がわ).～中(ちゅう).〔两～里都愿意〕双方とも希望している.〔意～〕意向.意中. ⑦下(くだ)る.降りる.〔～车〕下車する.〔～山〕山容易上山难以下るのはやさしいが,上るのは難しい.⑧おろす.下げる.くだす.発する.〔～命令〕命令を発する.〔～通知〕通知する.〔～战书〕宣戦布告を発する.〔～请帖〕招待状を出す.くだす.決定する.〔～定义〕定義を下す.⑩(仕事などがすんで)ひける.終わる.→〔下班①〕⑪(雨・雪などが)降る.〔～雪〕雪が降る.〔～雾〕霧が出る.〔～電子電(ひょう)〕が降る.

⑫(資本・労働力・時間などを)投下する.投入する.〔～本钱〕元手を入れる.〔～工夫去学〕時間をかけて学ぶ.〔～死命〕命を賭ける(て).⑬ある物の中へ入れる.放り込む.ある位置に置く.〔～池 chí〕プールに入る.〔～套 tào〕罠(わな)をしかける.〔～剪子〕鋏を入れる(裁断する).〔～米〕釜に米を入れる(ご飯を炊く).⑭入って行く.〔上山～乡〕農山村へ入って行く.〔南～〕南下する.⑮退場する.下がる.演員从左边上从右边〕出演者は左から登場し右から退場する.⑯滞在する.泊まる.〔在～旅馆〕旅館に滞在する.〔～户〕〈方〉(土地に)住みつく.⑰(動物が子を)産む.産卵する.(利息を)生む.〔这蛋是哪一只鸡～的〕どの鶏が産んだのか.〔狗～崽 zǎi 子了〕犬が子を産んだ.〔掴在兜儿里,一个子永远是一个子!放出去呢,钱就会～钱〕(老・駱 8)ポケットへ入れておいたんでは 1 銭はいつまでたっても 1 銭だ,貸せば金が金を生む. ⑱はずす.取りはずす.(果物を)もぎとる.取り入れる.収穫する.〔釘や金具などを～〕新～村的果子〕もいだばかりの果物.〔把螺丝～了〕ネジ釘を抜いた.〔你把门～下来〕ドアをはずしてね.⑲譲歩させる.降参させる.〔连～十城〕続けて十の城を攻め落とした.〔相持不～〕相持して譲らない.⑳少ない.足りない.〔不～一万〕1万を下らない.㉑下へ向かって…する).下の方へ…(する).㉒(動作の)向かう方向を示す.〔～拜〕〈文〉拝礼する.身をかがめて拝する.→〔下达〕 ㉒量詞.ⓐ動作の回数に用いる.〔短一～,我就来〕ちょっと来て.〔钟敲了三～(儿)〕時計が3時を打った.〔摇了两～(儿)头〕頭を2,3回振った.〔一～子试験就成功〕(たった) 1 回で試験に成功した:すばやい動作を表す.ⓑ〈方〉器物の容量に用いる.〔瓶子里装着半～墨水〕瓶には半分くらいインクが入っている.〔这么大的碗,他吃了三～こんな大きな茶碗で,彼は 3 杯も食べた. ㉓[～子]腕前や力量の優れていることを表す:常に〔两〕〔几〕の後に用いる. →〔下子〕 ㉔〈姓〉下(か)

（Ⅱ）①名詞の後に置く.ⓐ物の下部を表す.〔桌子～〕テーブルの下.ⓑ一定の範囲・条件などを表す.〔乡 xiāng ～〕田舎.ⓒ(後に定的条件～〕以下の条件にもとで.②動詞の後に置く.ⓐ上から下への動作が完了し,その結果,安定・持続・固定し,動揺や変更がないことを表す.〔坐～〕〔放～〕〔～好〕に置き換えることもでき,意味もいっそう明瞭になる.〔落～〕ちる.〔坐～〕座る.〔躺 tǎng ～〕横に寝る.横に倒れる.〔定～〕注文する.予約する.予約する.以上いずれも動揺のない安定した位置に落ち着いたことを表す.〔买～〕買っておく:代金を支払い,目的物が自己の所有下におかれたことを表す.〔租～房子家を借りる:家を借りる手続きも完了し,変更があり得ないことを表す.〔留～〕とっておく.残しておく.〔～领収する.〔预备々饭〕ご飯の準備をする.〔犯～错误〕過ちを犯したことを表す.〔菜已经叫～了,可还没送来〕料理は注文ずみだが,まだ持ってこない:予約して定したことを表す.→〔下来〕〔下去〕
ⓑ動詞と〔～〕の間に〔得〕を入れれば可能を表し,〔不〕を入れれば不可能を表す.〔坐得～〕座れる:座るに十分な場所がある.〔掴不～〕置くだけの場所がなくて,狭くて)置けない.〔租不～房子〕(何か条件がそろわなくて)家を借りられない.

下把 xiàbǎ 〈方〉手を伸ばして.〔～去抓〕手を伸ばしてつかむ.
下巴 xiàba ①〈口〉下あご.〔下颏〕の通称.〔下巴颏〕に同じ.②あご.〔颏 ké〕の通称.
下巴颏儿 xiàbakēr 下あご.〔下颏〕の俗称.〔下巴

xià 下

①〕〔下頰〕ともいう.

下摆 xiàbǎi ⇒〔底 dǐ 摆〕

下班 xiàbān ①〔-儿〕仕事が終わる.ひける.退勤(する).〔第二天早操オ~〕翌日の早朝やっと仕事がひける.↔〔上 shàng 班〕 ②次の組.〔~工人〕次の組の労働者.

下板儿 xiàbǎnr =〔下门①〕(商店で)戸を開ける.〈転〉店を開くこと;〔下板儿〕ともいう.

下半场 xiàbànchǎng (休憩をはさんで)後半:サッカー・ラグビーの試合や舞台劇など.

下半截 xiàbànjié 下の半分.後半の部分.

下半年 xiàbànnián 後半年:7月より12月まで.〔后 hòu 半年〕に同じ.

下半旗 xiàbànqí 半旗を掲げる.〔降 jiàng 半旗〕ともいう.

下半晌 xiàbànshǎng ⇒〔下半天(儿)〕

下半时 xiàbànshí 〈区〉(サッカーなどの試合で)後半.

下半世 xiàbànshì 後半世紀.

下半天(儿) xiàbàntiān(r) =〔(口)下半晌〕〈方〉下晌〕午後:ふつう〔下午〕という.〔后 hòu 半晌〕〔后半天(儿)〕〔午后〕は別称.→〔傍 bàng 晚(儿)〕

下半夜 xiàbànyè 真夜中から夜明けまで:〔后 hòu 半夜〕に同じ.

下半月 xiàbànyuè 下半月(かはんつき):16日から月末まで.〔后 hòu 半月〕に同じ.

下绊子 xiàbànzi 足をすくう.

下辈 xiàbèi ①〔-儿〕(家族中の)卑属.子の世代.→〔下一代〕 ②子孫.↔〔上 shàng 辈〕→〔后 hòu 辈〕〔晚 wǎn 辈〕③〈文〉下等な人;〔荐 jiàn 宠~〕下劣な人間をしきりに寵愛する.

下辈子 xiàbèizi 来世.あの世.〔~见吧〕(この世におさらば)あの世で会いましょう.〔下世〕ともいう.

下本儿 xiàběnr 元手をかける.〔下本钱 qián〕ともいう.〔不~不能生利〕資金をかけなくては利益は生み出せない.

下笔 xiàbǐ 筆を下ろす:〔落 luò 笔〕に同じ.〔言出为论,~成章〕(三国志・魏志・陳思王植伝)口を開けば理路整然,筆をとれば達意の文章.〔不知从何处~〕感想がたくさんあって,どこから筆を下ろしてよいかわからない.〔~千言,离题万里〕筆をとって千言,述べたることば万里.

下币 xiàbì 固①銅銭:黄金を〔上币〕といった.②刀币:珠玉を〔上币〕,黄金を〔中币〕と称した.

下边 xiàbiān ①下方.下の方.〔我来吩咐一下的人〕部下の者に言いつけましょう.↔〔上 shàng 边(儿)〕→〔下面③〕〔下头②〕

下匾 xiàbiǎn 固〔匾〕(がく)を降ろす.〔看板を降ろす〕〈転〉商店あるいは医者が営業あるいは診療をやめること.

下拨 xiàbō (上級機関から下部へ)物や金を与える.

下部 xiàbù 下部.⇒⇒〔阴 yīn 部〕

下不为例 xià bù wéilì 〈慣〉以後はこれを例としない,これ限りにしかぎる.これを最後とする.

下不来 xiàbulái ①降りられない.下ることはない.〔遇上暴风雪从山上~了〕雪嵐に遭って山を降りられなくなった.②引っ込みがつかない.〔脸上~〕引っ込みがつかない.返事につまる.〔真叫人~〕本当に気まずい.③やりとげられない.できない.〔那个东西五十万也~〕あれは50万でも無理だ.

下不来台 xiàbulái tái ⇒〔下不了台〕

下不了 xiàbuliǎo 〔以下でないにしろ.〔决~一千〕決して千は下らない.〔下すことができない.〔这个太~,你一个人~〕これは重いから,きみ一人では同.

下不了台 xiàbuliǎo tái =〔下不来台〕引っ込みがつかない.収拾できない.〔她本思独自吃点什么故

下不去 xiàbuqù ①降りて行けない.②面目がたたない.顔向けができない.つらい思いをする.〔如果再不识相,别怪给他个~〕もし相変わらず彼が物わかりが悪いなら彼をきついことをすることのやむを得ない.〔她常常会当着众人面前,叫人家~〕(茅・霜7)彼女は衆人の面前で人につらい思いをさせることをしょっちゅうやる.③怒る.気を悪くする.④〔汚れが〕落ちない.抜けない.〔脏 zàng 东西~〕汚れ(し~)が抜けない.

下菜碟儿 xiàcàidiér 〈喩〉(人を)待遇する方法を選ぶ.〔他很会看人~〕彼は人を見て対応することが実にうまい.

下操 xiàcāo ①(訓練・体操のために)運動場に出る.②(訓練・体操が)終わりになる.〔他刚~回来〕彼は教練を終えて帰って来たばかりだ.→〔上 shàng 操〕

下策 xiàcè まずい計略.下策(げさく).↔〔上 shàng 策〕

下层 xiàcéng ①下層.(相 guì 子の)タンスの下段.②末端.下部.下層(機構・組織・階層などの).〔深入~〕下部にまで入り込む.

下茶 xiàchá 固納幣 結納を納める:古代,結納には茶葉を用いた.→〔聘 pìn 礼〕

下厂 xiàchǎng (幹部や大学生が)工場の現場へ行って労働する.

下场 xiàchǎng 〔下放①〕

下场 xiàchǎng ①舞台の向かって右よりの場所.上手(かみて).〔-门〕舞台の向かって右の俳優・出演者の退場の口.〔~了〕舞台を下りる.退場する.退陣する.職務から離れる.〔~诗〕(旧劇で)役者が退場する時に述べる口上.〔~白〕退場のせりふ.③〔科举〕の試験場に入ること.〔他乡试下了多少场,中过了举人〕彼は郷試を何回も受けてやっと挙人になった.→〔上 shàng 场〕

下场 xiàchǎng 結末.結末.成りゆき.末路.なれはて.〔-头〕〈方〉同前.〔这就是做官的~〕これが役人の末路だ.〔没有好~〕いい結末はない.〔要强了一辈子,结果落那么个~〕一生がんばったが,結局あんな末路になった.

下车 xiàchē 車を降りる.〔~冯 féng 妇〕〈成〉再び打って出る.昔じっこさねづか:かつて虎退治で名をあげたことのある馮婦という人が,虎退治をやめた後に,人から請われるままに車から下りて腕まくりをして虎を殴りつけたという物語をいう.〔~泣 qì 罪〕〈成〉夏の禹王は罪人を見かけるたびに下車して自分の不徳のために罪人が出たことを泣いた.〈喩〉仁政.〔~伊 yī 始〕〈喩〉(官吏の)着任早々.到着早々.

下臣 xiàchén 固君主に対して用いた臣下の自称.

下沉 xiàchén 沈下する.〔这一带の土地正在~〕この一帯の土地が沈下しつつある.

下忱 xiàchén 〈文〉微意.微衷.〔聊 liáo 表~〕〔赋〕いささかの徴衷を表します.

下乘 xiàchéng ①下手.下等:文学芸術作品など.②〔仏教の〕小乗.

下程 xiàchéng 〔白〕はなむけ.餞別.〔~酒食〕はなむけの酒食.〔~茶果〕はなむけの茶菓.

下龈 xiàchǐyín 〔下牙床〕

下厨(房) xiàchú(fáng) 台所に立つ.

下处 xiàchu 寝ぐら.宿〔②〕.〔白〕下等な妓楼.〔小~〕〔老妈堂〕最下等の同前.→〔清 qīng 吟小班〕⑧宮中で臣下が皇帝に謁見を賜るとき休息した場所.

下传 xiàchuán ⇒〔下载②〕

下船 xiàchuán =〔方〕落 luò 船〕①船をおりる.②〈方〉船に乗る.

xià

下床 xiàchuáng 床を離れる.床離れする.
下垂 xiàchuí 垂れ下る.
下垂球 xiàchuíqiú 図(野球などの)ドロップ.→〔曲 qū 线球〕
下唇 xiàchún ⇒〔下嘴唇〕下唇.
下存 xiàcún 収支決算した残り.残高.
下挫 xiàcuò (価格などが)下落する.低落する.
下达 xiàdá 〔~命令〕命令を伝達する.〔~了紧急起飞的命令〕緊急発進の命令が出た.
下大力气 xià dàlìqì 大々的にやる.
下单(子) xiàdān 图買い注文を入れる.商品を発注する.
下蛋 xiàdàn ①(鳥類・爬虫類の)卵を生む.〔母鸡~〕めん鶏が卵を生む.②〈喩〉レプリカをつくる.複製品をつくる.
下刀子 xiàdāozi ①刀・包丁を落とす.〈喩〉状況が大変不利になること.②刀・包丁を使う.〈喩〉悪辣(らつ)な手を使う.
下得去 xiàdequ ①我慢できる.いける.〔这个还~〕これはまだいける.〔新开场的戏,唱得还~〕こんど蓋あけした芝居はまだいける(よい).②道理にかなっている.〔人顾自己,也得 děi 于理~〕人は自分をかばうにしても,理にはかなっていなくてはならない.
下等 xiàděng ①=〔下品①〕下等(である).〔~动物〕下等動物.
下地 xiàdì ①畑に出る.野良に出る.〔~劳动〕野良に出て働く.〔要说如今真好,不用起早下地了]ほんとに今はよくなったものさ,朝早く畑に出る必要がなくなる.②(病気がよくなって寝だ状態から)歩けるようになる.③(幼児が)よちよち歩きをする.
下第 xiàdì ①⇒〔落 luò 第〕②〈文〉下等(である).低級(である)
下地狱 xiàdìyù ①地獄に落ちる.②入獄する.
下店 xiàdiàn 宿をとる.〔~打尖〕宿をとって腹ごしらえをする.→〔住 zhù 店〕
下调 xiàdiào (人や物を)下部へ移す.
下跌 xiàdiē =〔淡 dàn 跌〕下落する:〔下落①〕ともいう.〔近日物价大幅~〕最近物価は大幅に下落した.〔续 xù 跌〕
下定 xiàdìng ①=〔下聘〕旧婚約のしるしとして男の方から女の方へ結納金を持っていく.〔~礼 lǐ〕同前.②手付け(金)をうつ.
下碇 xiàdìng 投錨(する).〔那艘 sōu 船上午七时四十五分在港内~〕その船は午前7時45分港内に投錨する.→〔抛 pāo 锚①〕
下毒手 xiàdúshǒu 悪辣な手を使う.
下肚 xiàdù 飲み食いする.〔几天没有东西~〕数日何も口に入れていない.
下端 xiàduān 下端.下のはし.
下短 xiàduǎn ⇒〔下欠〕
下蹲 xiàdūn しゃがむ.〔~式〕図(ウエートリフティングの)屈膝姿勢.
下腭 xià'è 図内合 hé 同じ.
下颚 xià'è ①=〔下腭〕生理下顎下あご.下顎(がく).②=〔小 xiǎo 颚〕(昆虫の)下あご.→〔上颚〕
下颚骨 xià'ègǔ =〔生理下颌骨〕下顎骨:〔下牙床骨〕ともいった.
下发 xiàfā (上部や基礎部分へ)発する.〔迅 xùn 速~〕迅速に下部へ発する.
下法 xiàfǎ 中医绫下药(下剤)での療法.
下凡 xiàfán ①〔下界②〕(神仙の)が世間に下る.〔天仙~〕仙人が同前.→〔降 jiàng 世〕②(役人が)下される.〔~风〕同前の風潮.
下饭 xiàfàn =〔过 guò 饭〕おかずにして飯をかきこむ.〔没什么好吃的菜~〕おかずにして食べるうまいものがなにもない.②食が進む.〔送 sòng 饭③〕に同じ.〔这种菜很~〕このような料理は食が進む.③=〔下口②〕〈方〉ご飯のおかず.お菜.→〔佐 zuǒ 餐〕

下方 xiàfāng ①下方(ほう).〔山坡~〕山のふもと.②(神話で)俗世間:〔仙 xiān 境①〕に対していう.→〔人 rén 间〕
下房 xiàfáng ①⇒〔厢 xiāng 房〕②〔-儿〕召使いなどの住む部屋.女中部屋.
下访 xiàfǎng (幹部が末端の声を聞くために)現場へ行き調査する.
下放 xiàfàng ①(幹部また知識分子が)地方農山村や工場の現場へ行く.〔~干部〕同前の幹部.〔~劳动〕(幹部が)工場または農村へ行かせて労働鍛練または思想を改造させること.②権力を下級機関へ移譲する.〔权力〕同前.〔机构〕機構を下級に移す.〔企业〕企業を下部の所属に譲渡する.
下风 xiàfēng ①風下(かざしも).②〈転〉不利な地位.劣勢.〔甘 gān 拜~〕〔迷 tì 听~〕甘んじて下風を拝する.〔屈处 qūchǔ ~〕卑下して下の地位に我慢している.〔他只得打~官司了〕彼はしかたなく勝ち目のない訴訟をするしかなかった.
下浮 xiàfú (価格・率・金額を)下げる.引き下げる.↔〔上 shàng 浮〕
下疳 xiàgān 医下疳(かん):性病の一種.俗に〔蜡 là 芯儿疳〕ともいう.〔软下疳〕〔梅 méi 毒〕
下岗 xiàgǎng ①步哨時間を終えてひきあげる.②職場を離れる.レイオフされる.〔~待 dài 业〕リストラされ職を探す.〔~职 zhí 工〕同前の従業員.〔~干部〕同前の幹部.
下工 xiàgōng ①作業終了(する).終業(する).就業終止(する).〔~的时间〕作業終了時間.↔〔上 shàng 工①〕②旧解雇される(する)
下攻 xiàgōng 中医毒が体内に及ぶ.内攻する.→〔攻心②〕
下工夫 xiàgōngfu 精を出す.身を入れる.〔下功夫〕とも書く.時間と精力をかけて修業や練習を積む.〔苦区工夫〕苦しんで勉強する.一生懸命がんばる.〔下硬 yìng 工夫〕歯を食いしばってがんばる.
下顾 xiàgù 〈文〉ご光来.〔如蒙~,感谢莫名〕ご光来賜らば感謝のこと.
下官 xiàguān ①旧官吏の謙称.小官.②⇒〔下吏〕
下馆子 xiàguǎnzi 料理屋へ食事に行く.
下柜 xiàguì (売場から)商品を引っ込める.売れ残る:〔下架②〕に同じ.
下跪 xiàguì ひざまずく.
下锅 xiàguō (食材を)鍋の中に入れる(煮る)
下海 xiàhǎi ①海に入る.②船を出す.漁に出る.③もとの職をやめて商売を始める.④〔票友(儿)〕(素人役者)から専業の俳優になる.素人が芸能界入りする.⑤旧娼妓.
下合 xiàhé 図内合 hé =〔合(I)⑦〕
下颌 xiàhé 生理下顎(がく)〔下颚①〕に同じ.〔下巴①〕〔下巴颏儿〕(下あご)は通称.
下颌骨 xiàhégǔ ⇒〔下颚骨〕
下黑儿 xiàhēi(r) 〈方〉夕方.夜.〔~出去〕夜に出ていく.
下狠心 xiàhěnxīn 一大決心をする.心を鬼にする.
下户 xiàhù ①〈文〉貧家.貧民.↔〔上 shàng 户〕②〈方〉他郷に住みつく.→〔落 luò 户〕
下滑 xiàhuá 下降する.ずり落ちる.
下话 xiàhuà 〈方〉あらかじめ話をして注意を与えておく.根回しをしておく.
下怀 xiàhuái 〔謙〕自分の考え.〔深慰~〕非常に安心いたしました.〔正中 zhòng ~〕ちょうど思うつぼ

xià 下

にはまる.

下浣 xiàhuàn ⇒[下旬]

下回 xiàhuí この次.次回.〔~见面的时候再商量吧〕今度会った時に相談しましょう.→[下趟]

下回分解 xiàhuí fēnjiě 〈慣〉次回で説き明かします:〔章 zhāng 回小说〕などで、その章の終わりにおき,次の章へ続けるための常套語.〔未知后事如何,且听~〕その後のように相成りますか、いずれ次回に申し上げましょう.

下讳 xiàhuì →[上 shàng 讳]

下婚 xiàhūn 囲 男女の性質が合わず婚姻を結ぶのに適当なこと.

下火海 xiàhuǒhǎi →[上 shàng 刀山,下火海]

下火线 xiàhuǒxiàn 軍 火線から退く.

下货 xiàhuò ①=[下載]船に荷物を積み込む.〔~单〕積み込み証書.②(車や棚などから)商品をおろす.

下机 xiàjī 飛行機から降りる.②(機器の)操作から離れる.

下基层 xiàjīcéng 末端まで下りる.

下级 xiàjí 下級.〔~官员〕下級の役人.②下部機関.〔~服从上级〕下級の役人または下部機関がその上級に服従する.↔[上 shàng 级]

下集 xiàjí 2部作(3部作)の最後の集.

下剂 xiàjì ⇒[泻 xiè 药]

下家 xiàjiā (r) ①=[下手①]〔下首②〕〔打 dǎ 牌〕〔掷 zhì 骰子〕〔行 xíng 酒令〕などの遊びの時,自分の右隣りの者.下(シ)手の人.次の番の者.〔~儿(r)〕②〈転〉次の受け手.引受人.③〈方〉拙宅.

下架 xiàjià ①棚になっている果実を取り入れる.〔葡萄~的八月〕ぶどうを取り入れる8月.②棚から商品を下ろす(引っ込める).〔~书〕売れ残りの書籍.〔那食品从市场上~了〕あの食品は市場から追放された.

下嫁 xiàjià 〈文〉降嫁する.(高貴な女が)身分の低い人に嫁ぐ.

下睑 xiàjiǎn 生理 下まぶた.俗に〔下眼皮(ル)〕という.→[眼 yǎn 睑]

下贱 xiàjiàn ①下劣である.下賤である.賤しい.〔~营生〕賤しい業.〔真~!〕ろくでなし,畜生だ.②囲(出身・社会的地位が)低い.〔~人〕卑しい人:旧社会において差別待遇を受けている床屋・俳優など.

下江 xiàjiāng ①川を下る.②長江の下流地区:旧時,安徽省を[上江],江蘇省を[~]と呼んだ.③地貴州省にある.

下降 xiàjiàng 下りる.降る.減る.〔地壳~〕地殻が降下する.〔气温~〕気温が下がる.〔成本~〕コストが減少する.

下交 xiàjiāo 〈文〉(身分の高い人が)微賤な人と交際する.↔[上 shàng 交②]

下焦 xiàjiāo →[三 sān 焦]

下脚 xiàjiǎo ①廃物.切れ端:糸・木片・かすなど、〔下角〕とも書く.〔~料〕同前.〔变卖~〕廃物を売却して金にする.〔~货〕粗悪品.不良品.品質のよくない商品.②〔~儿〕足を踏み入れる.〔满地摊着很多东西没处~〕あたりいっぱいたくさんの物を広げているので,足の踏み場もない.

下轿 xiàjiào 轎(ヨオ)を降りる.

下街 xiàjiē (芸人や物売りが)街に出て稼ぐ.〔下雨天儿不能~卖东西〕雨の日には街に出て商売をすることができない.

下结论 xiàjiélùn 結論を下す.

下届 xiàjiè 次回.次期.〔~的奥运会在哪儿举行〕次回オリンピックはどこで挙行されるか.

下界 xiàjiè ①下界.人間世界.②⇒[下凡①]

下劲 xiàjìn (r) 力を入れる.努力する.〔他在~地干〕彼は非常に努力している.→[下工夫]〔上 shàng 劲(儿)〕

下井 xiàjǐng ①井戸に入る.②坑道に入る.〔~挖 wā 煤〕地下で石炭を掘る.

下九 xiàjiǔ →[上 shàng 九①]

下酒 xiàjiǔ ①(酒の肴で)酒を飲む.→[按 àn 酒]〔就 jiù 酒〕②酒の肴にする.〔~物〕〔~菜(儿)〕〈文〉酒の肴.つまみ.〔有如此~物,一斗不足多也〕〈世说新语〉こんな酒の肴があるなら,(酒は)一斗あっても多すぎない.

下九流 xiàjiǔliú 囲 下層社会の人:車引き・芸人や人夫・楽隊屋など.

下开 xiàkāi ⇒[下列]

下颏 xiàkē ⇒[下巴颏儿]

下课 xiàkè ①授業が終わる.〔~铃〕授業終わりのベル.〔刚才打了~铃了〕たった今授業終わりのベルが鳴った.↔[上 shàng 课①] ②〈口〉くびにする.更迭(する).〔教练该~〕監督(コーチ)はくびだ.〔受贿赂的政府官员~〕賄賂を受けた役人は罷免された.

下口 xiàkǒu ①口をつける.口に入れる.②⇒[下饭③]

下筷子 xiàkuàizi =〔文〕下箸〕箸(ヘシ)をつける.食べる.〔他叫~一些点心,频频要李先生~〕彼は軽い食べ物を注文し,しきりに李さんに食べるよう勧めた.→[动 dòng 筷子]

下款 xiàkuǎn (r) 書画の下部よりのところに書き添える筆者の姓名または号.→[落 luò 款(儿)]〔上 shàng 款(儿)〕

下匡栏 xiàkuānglán (r) ⇒[倒 dào 三匡(儿)]

下来 xiàlái ①(下へ)下がって来る.降りてくる.〔他从山坡上~了〕彼は山道を下ってきた.〔昨天省里~两位干部〕昨日,省から幹部が二人やってきた.②(製品・果物・分泌物・財物などが)できてくる.出回ってくる.〔奶~〕乳が出だした.〔苹果~了〕りんごが(熟して)出回ってきた.〔钱~了〕金ができた.〔大头鱼的时候~〕たらの季節.たらの旬.③時が経つ.時間が過ぎる.〔几年~大有变化〕数年したら大きく変わる.

-下来 →xiàlái ①動詞の後に置いて,動作が上から下に向かってなされる,または到達して安定する過去から現在にかけて継続していくことをまた動詞と[~]との間に[得][不]を入れ可能・不可能を表す.〔取 qǔ ~〕取り下ろす.〔抄 chāo ~〕写し取る.〔房子租~了〕家は借りた(約束が確定した).〔买~〕買った(買って所有権が安定した).②形容詞の後につけて程度が次第に増すことを表す.〔天慢慢地黑~,到了日は次第に暮れて来た.〔局势平静~了〕情勢は穏やかになってきた.

下里巴人 xiàlǐ bārén 春秋 楚国の民間に伝わった通俗的な歌の名.〈喩〉通俗的の文芸作品.〔下里〕すなわち田舎,〔巴人〕は〔巴蜀人〕すなわち四川省東部の人の意.↔[阳 yáng 春白雪]

下礼拜 xiàlǐbài →[下星期]

下力 xiàlì 力を出す.本気で働く.〔肯~〕骨惜しみをしない.〔~的人〕労働する人.→[下工夫]〔下劲(儿)〕

下吏 xiàlì =〔文〕下官②〕〔文〕下僚〕〈文〉下級の官吏.

下痢 xiàlì 医 下痢.

下联 xiàlián (r) 対になった掛物(ミムトル)の後の(向かって左の)一幅.またはその文句.→[对 duì 联(儿)②]〔上 shàng 联(儿)〕

下脸 xiàliǎn (r) (俳優が)舞台化粧(メーキャッ

下 xià

下僚 xiàliáo ⇒〔下吏〕
下料 xiàliào ①材料を入れる.②材料を用意する.
下列 xièliè =〔下开〕下にかかげた.次に並べた.下記の.左記の.〔应注意〜几点〕下記の諸点に注意されたし.↔〔上 shàng 列〕
下陵上替 xiàlíng shàngtì〈成〉下級の者が上級の者を凌ぎ上級の者の威が衰えること.下剋上:〔陵〕は〔凌〕に通じる.
下令 xiàlìng 命令を下す.〔〜逮捕〕逮捕するように命令を下す.命令を下して逮捕する.
下流 xiàliú ①=〔下游①〕川下(しも).下流(地方).②低俗(である).下品(である).下卑(ている).〔〜话〕下品な言葉.〔太〜〕あまりにも下劣である.→〔下作①〕 ③回卑しい地位.
下楼 xiàlóu ①階上より降りる.②〈喩〉職場から出る.〔〜出院〕役人が役所から市中に出て行動すること;〔楼〕も〔院〕も役所の建物を指す.
下落 xiàluò ①ゆくえ.落ちつき先.ありか:〔着 zhuó 落①〕に同じ.〔不知〜〕〔没〜〕行方が知れない.〔〜不明〕行方不明.ありかがわからない.〔关于肇 zhào 事人的〜,目前的说法还不一致〕事件を起こした人物の行方については現在の見方はまだ一致していない. ②下落する.下がる:〔下跌〕に同じ.
下马 xiàmǎ ①馬からおりる.↔〔上 shàng 马①〕②〈喩〉断念する.手を引く;建設または生産を停止する.〔〜风〕主に企業の縮小,または中止する動き(風潮).③回役人が着任すること.
下马饭 xiàmǎfàn 回〔劇場主が行った〕新しく小屋入りする役者の歓迎の宴:〔下马酒〕ともいう.
下马看花 xiàmǎ kànhuā〈喩〉徹底的に調査研究する:〔下马观花〕に同じ.〜当然比走马看花更好,下马就不会像走马那样仓促,可以做一些比较细致、深入的调查研究〕"下马了花を見る"は当然"马を走らせて花を見る"より良い,馬を走らせている場合のような慌ただしさ・そこつさはなく,より詳しく深く調査研究できるのである.→〔走 zǒu 马看花〕
下马威 xiàmǎwēi まず初めに一発威勢を示す:旧時,新任の官が赴任して馬を下りるやまず部下に手ひどくあたり威勢を示したことから.〔施〜〕しょっぱなの威厳を示す.
下马席 xiàmǎxí 結婚の日に媒妁人を招待して労を謝する宴.
下忙 xiàmáng 酒下半期(秋季)の納税.〔上〜〕〔两 liǎng 税〕春秋二期の納税.
下锚 xiàmáo ⇒〔抛 pāo 锚〕
下毛毛雨 xià máomaoyǔ こぬか雨が降る.〈喩〉ⓐやんわりと指摘する.ⓑそれとなくほのめかしておく.
下门 xiàmén〔下板儿〕.〔姓〕xià 姓下門(もん).
下门牙 xiàményá 下の前歯.→〔门牙〕
下面 xiàmian〔-儿〕下(の方).下側(がわ).下座(ざ).〔我在〜奉陪〕わたしは下座のほうで御相伴します.②次(の·に).以下(の·に).〜报告新闻次はニュースです.③下部組織.下級(の).〔上诉的同志应该在〜充分说明自己的意见,只是做领导的在下部組織において十分に自己の意見を説明しなければならない.↔〔上 shàng 面①②④〕→〔下边(儿)〕
下奶 xiànǎi ①乳が出る.〔刚生孩子,还没〜〕子供をもんだばかりで,まだ乳は出ない.→〔下来②〕②=〔表贺奶〕〔发乍奶〕(産婦に栄養食品または薬を与えて〕乳の出をよくする:〔催 cuī 奶〕に同じ.〔吃鲫 jì 鱼的是〜〕鲫(ふな)を食べるのは乳の出をよくするためである.③子供が生まれて1か月以内に友人や親戚が鶏卵・麺類を産婦に贈ること.

下女 xiànǚ〈文〉下女.女召使い.
下盘 xiàpán 園(相撲で)後場の出来値.→〔盘⑥〕
下皮 xiàpí ①=〔真 zhēn 皮〕②匡下皮:表皮直下の厚膜細胞層.
下品 xiàpǐn ①下等である:〔下等〕に同じ.②下等
下聘 xiàpìn ⇒〔下定①〕
下平 xiàpíng ⇒〔阳 yáng 平〕
下坡(儿) xiàpō(r) ①坂を下る.〔〜坂道.②下り坂.下火(ば)物価.〔老式工厂正在走〜路〕旧式の工場は落ち目になっている.
下铺 xiàpù (2段式・3段式ベッドの)下段.↔〔上 shàng 铺〕→〔双 shuāng 层床〕
下妻 xiàqī ⇒〔姜 qiè 〕
下期 xiàqī 次回.次の期.下(半)期.
下棋 xiàqí =〔摆 bǎi 棋〕〔〈文〉弈 yì 棋〕囲碁・将棋・ダイヤモンドゲームをさす(さす・うつ).〔下围棋〕碁を打つ.〔下象棋〕将棋をさす.→〔棋〕
下气 xiàqì ①気持ちを抑えておとなしくする.気を静める.〔〜怡 yí 色〕〔〜怡声〕気持ちを抑えて猫なようにする(な声で).→〔平 píng 心静气〕②匡中医気(ガス)が腸からくだる.→〔放 fàng 屁①〕
下欠 xiàqiàn〔下短〕滞っている(金).未払い(である).不足(している).〔〜多少〕未払いはいくらか.
下桥 xiàqiáo ①橋から下りる.②〈转〉なりさがる.堕落する.〔我三合祥也下了桥,世界就没了!〕(老舎・老字号)三合祥すらなりさがってしまうなら,もう世は末だ.
下窍 xiàqiào 匡中医〔前阴〕(陰部)と〔后阴〕(肛門)をいう.→〔七 qī 窍〕
下妾 xiàqiè〈文〉わらわ:女が自分を卑下して用いる言葉.
下情 xiàqíng ①下情.しもじもの事情.〔〜不易上达〕しもじもの事情が容易に上へ通じない.②〈谦〉私の事情:旧時,下の者が上の者に自分の立場を訴える時に用いた.
下去 xiàqù ①おりて行く.〔你〜看看〕おりて行って見たない.〔连长受伤〜了〕中隊が負傷して(後方へ)さがっていった.〔领导干部每月要一几天〕指導幹部は毎月何日かは下部へおりて行く.②衰える.鎮まる.〔火〜了〕火勢が衰えた.〔〜なくなる〕(元の状態になる).〔中午吃的还没〜呢〕昼食べたものがまだ消化していない.〔你的气还没〜吗〕まだ腹を立ててるのか.
- **下去** -xiàqu ①動詞の後につき動作が上から下に向かってなされることや,近くから遠くへ向かってなされること,動作を持続的にやっていくことを表す.〔吃〜〕食べて(腹に)入る.〔掉〜〕下に落ちる.〔念〜〕読んでいく.読み続ける.〔说〜〕続けて言う.〔吃不〜〕食べられない.のどを通らない(満腹で,まただまずくて).〔吃得 de 〜〕食べられる.②ふつう消極的意味をもつ形容詞の後につけて,程度が続いて増していくことを表す.〔天气可能要冷〜〕天気はもっと寒くなりそうだ.→〔-起 qǐ 来〕
下儿 xiàr 量詞.動作の回数を表す:多くの場合,〔下子 zi〕と同じく用いられるが,不可の場合もある.〔三〜钟〕方〉3時.〔下子〕は不可.
下人 xiàrén ①回使用人.下男:〔底 dǐ 下人〕ともいう.②回后の世代の者からみた(子).子供・孫.
下任 xiàrèn ①後任(者).②職務を離れる.
下三滥 xiàsānlàn〔下三濫〕とも書いた.〈口〉①回最下層部専の職業:〔修刻甲的〕(足指の手入れをする者;爪切り,垢とり),〔剃 tì 头的〕(大道床屋;頭を剃る者),〔茶壶〕(牛太郎・ポン引き)など.②下(である).〈方〉下品(である).低俗(である).③回最も下等の妓女.

X

xià / 下

下山 xiàshān ①下山する. ②日が落ちる.
下殇 xiàshāng〈文〉若死に:古代,16歳から19歳までに死ぬことを[长殇],12歳から15歳までに死ぬことを[中殇],8歳から11歳までに死ぬことを[〜],8歳に満たないで死ぬのを[无服之殇](服喪しない)といった.
下晌 xiàshǎng ⇒[下半天(儿)]
下梢 xiàshāo ①結末.終局. ②末尾.
下哨 xiàshào 站步哨勤務を終える.
下身 xiàshēn ①下半身.腰から下の部分:[文〜体]に同じ. ②⇒[阴 yīn 部] ③[-儿]圈(上衣に対して)[裤 kù 子](ズボン)をいう.
下神 xiàshén ⇒[跳 tiào 神]
下生 xiàshēng〈方〉生まれる.出生する.
下剩 xiàshèng →[下余]残り.余り.余剰.
下士 xiàshì〈文〉愚者. ②→[军 jūn 衔]
下市 xiàshì ①商品の盛りが過ぎる.売れ行きが鈍る.旬が過ぎる. ②一日の商いを終える.閉店する.
下世 xiàshì ①〈文〉死亡(する).→[去 qù 世] ②→[后 hòu 世]
下手 xiàshǒu ①手を下す.始める.[先〜为 wéi 强,后〜遭殃]後から手を下すとひどい目にあう.先に手を下す者が強い.先手を打つのが勝ちだ.[下毒手痛打手を下してさんざんに打つ.[无从〜]手の下しようがない.[下不了 liǎo 手]始められない.手をつけられない.→[动 dòng 手②] ②⇒[下家(儿)]③⇒[下家(儿)]→[-儿]助手.[打〜]助手をする.手助けする.[打〜的]手伝いをする者.助手.下請け人.[您忙不过来,我给您打一儿呢]忙しくて手が放せないようですから,お手伝いしましょう.
下首 xiàshǒu ①=[下手②][-儿]下(k)座:室内の場合は入り口に近い方、または(内から入り口に対して)右手をいう.[在〜里坐](右手の下座に着く.↔[上 shàng 首] ②⇒[下家(儿)①]
下手活儿 xiàshǒuhuór 雑用.下働き.[我去了也不过是做点儿〜,是个可有可无的角色]わたしが行っても少しばかり雑用をやるだけで,どうでもよいような役目でした.
下手抛球 xiàshǒu pāoqiú 又(野球で)トス:近距離で下から投げる送球.
下手球 xiàshǒuqiú 又(バトミントンの)アンダーハンドストローク.
下书 xiàshū〈文〉書簡を配達する.
下属 xiàshǔ 下僚.下級.
下述 xiàshù 次に述べる.[其成绩盖 gài 如〜]その成績おおむね下記の通り.→[下列]
下霜 xiàshuāng 霜が降りる.
下水 xiàshuǐ ①流れを下る.↔[上水 shàngshuǐ ②] ②進水する.→[量]進水量.[〜典礼]進水式[新轮〜]新造汽船の進水. ③水につける.[这件衣裳没下过水]この服はまだ水につけた(洗った)ことがない. ④⇒[人 rù 水] ⑤悪い道に入る.[被小王拉〜了]王君にさそわれて,悪い道に入った. ⑥水を流す.放流する.[〜道]放水路.下水道. ⑦汚水.下(")水.→[污 wū 水] ⑧水・インクなどが出る.[不畅 chàng]同前がわるい.
下水船 xiàshuǐchuán ①下りの船.[下水的船]同前. ②〈文〉非常に文才のある人に喩える.川を下る船がたちまちのうちにできることから.
下水道 xiàshuǐdào 下水道.どぶ.
下水頭 臓物.もつ:食品としての動物の内臓,地方によっては羊と豚の[肚 dǔ 子](胃袋)と[肠 cháng 子](はらわた)をいう.例えば[肚(儿]胃袋の最も厚い部分.[小肚儿]豚の胃.[散 sǎn 单]牛・羊の胃(幽門の部分).[牛舌肝儿]牛の胃袋.[什 shí 件(儿)]②鳥などの胃腸.[胗 zhēn 儿]

脾 pí 胵]鳥の胃・砂囊.[夹 jiá 肝儿]膵臓.[连 lián 贴]豚の膵臓.[腰 yāo 儿]④腎臓(まめ). ⑤鳥の精巣.[猪〜]豚の精巣.→[内 nèi 脏][上水 shàngshuǐ]
下死劲 xiàsǐjìn 全力を尽くす.
下塌 xiàtā 陥没する.倒壊する.
下榻 xiàtà〈文〉宿泊する.泊まる.[当晚〜北京饭店]その夜は北京飯店に宿泊した.
下台 xiàtái ①⇒[下场 ②] ②(政府などの権力の地位にある者が)野に下る.[反对党領袖表示現政府不〜,斗争决不罢休]反対党の首領は現政府が野に下らない限り,闘争は決してやめにはしないという意思表示をした.↔[上 shàng 台] ③辞職する.足を洗う.[要求〜]辞職を要求する. ④同下.
下台阶 xiàtáijiē →[下台](儿)窮地を脱する.ひっこみをつける.その場をつくろう.
下堂 xiàtáng〈文〉妻に下りる. ②妻を離縁する.[贫 pín 贱之知不可忘,糟糠之妻不〜]貧しいころの知己は忘れるべきでない,苦労を共にした妻は離縁すべきではない.
下趟 xiàtàng 次回:往復の動作に対していう.→[下回]
下体 xiàtǐ ①〈文〉下半身:[下身①]に同じ. ②⇒[阴 yīn 部] ③植物の根茎.
下调 xiàtiáo 下方修正する.[随着进口汽车关税的〜]輸入自動車の軽減にともなって….
下停 xiàtíng →[三 sān 停]
下同 xiàtóng 以下同断.以下同じ.[我国的工业总产值(不包括手工业产值,〜)…]わが国の工業生産総額(手工業の生産額を含まず.以下同じ)…
下透 xiàtòu (雨が)十分に降る.→[透雨]
下头 xiàtou ①下.しも. ②下 部. ③下(部)の.[領導要耐心听取〜的意見]指導者は辛抱強く下部の意見を聞かなければいけない.→[下边(儿)] [下面]⑤使用人.召使.
下土 xiàtǔ ①〈文〉天下. ②〈文〉大地. ③〈方〉埋め葬する.
下脘 xiàwǎn →[幽 yōu 门①]
下晚儿 xiàwǎnr ⇒[黄 huáng 昏]
下网 xiàwǎng ①魚網をしかける.[〜捞鱼]同前して魚をとる. ②電算インターネットの接続を切る.
下痿 xiàwěi 下半身不随.
下位 xiàwèi ①下位.[〜词 cí]圈下位語. ②下座(").→[下 ①] ③席をたって降り立つ.
下文 xiàwén ①下の文.次の文.[上〜的関係]上下の文章の関係.[承上文启〜]前の文を受けて,後の文が出てくる. ②事の後の話.事の結果.[他一去就没有〜]彼は梨のつぶてで,うんともすんとも言ってこない(消息がない). ③(下部への)通達をする.
下问 xiàwèn (自己よりも)身分が下の者に問う.下問する.[不耻 chǐ 〜 成]知らないことは誰にでも尋ねる.
下午 xiàwǔ 午後:[下半天(儿)][〈方〉下晌][午后]〈方〉hòu 半晌(儿)][后半天(儿)]ともいう.[〜市][后市](相場の)後場).
下午版 xiàwǔbǎn (新聞の)夕刊:[下午刊](日刊)と夕刊を発行している場合の夕刊.夕刊専門紙の場合ふつう[晚 wǎn 报](〈方〉夜 yè 报)という.
下五旗 xiàwǔqí →[八 bā 旗]
下辖 xiàxiá 管轄する.管轄下に置く.
下下 xiàxià ①下(")の下.最下等. ②(時期について)〜次の次.[〜回]〜回の次.[〜星期]再来週.[〜月][后月②]再来月.↔[上 shàng 上]
下弦 xiàxián (月の)下弦.[〜月]下弦の月:旧暦22,23日ごろの月.↔[上 shàng 弦]
下线 xiàxiàn ①ラインオフ:(生産ラインで)製品が

xià

完成する. ②アンダーライン. ③[電算]オフラインにする:〔脱 tuō 线〕に同じ. ④ねずみ講の子ども·末端.

下限 xiàxiàn 下限.

下陷 xiàxiàn へこむ.くぼむ.〔路面~〕路面が同前.

下限尺寸 xiàxiàn chǐcùn →〔极 jí 限尺寸〕

下乡 xiàxiāng （都市から）農村へ出かける.〔我们这次要一调査农村情况〕我々は今回田舎へ出かけて村の状況を調査する.〔~镀 dù 金（论）〕（幹部が）農村に行って労働することは箔をつけにいくようなものだとする（論）. →〔下放①〕

下消 xiàxiāo →〔三 sān 消〕

下小馆儿 xiàxiǎoguǎnr 小料理店で簡単な酒食をとること.〔偶而邀一两个小知己,~去喝一盅也是个乐子〕ときたま1,2人の友達を招いて小料理店でちょっと1杯やることも楽しいことだ.

下泄 xiàxiè （水流が）下流へ排出される.

下泻 xiàxiè ①[医]下痢する. →〔泻〕 ②（水流が）急速に流れていく. ③下落する.〔公用事业股票一齐~〕公用事業株は一斉に下落した.

下星期 xiàxīngqī =〔下礼拜〕〔下周〕次週. 来週.

下行 xiàxíng ①〔列车の〕下り:本線では首都に向かうもの,支線では本線に接続するよう〔上行〕〔上り〕とし,その逆を〔下行〕といい,奇数の列車番号をつける.〔~车〕下り列車. ②（船の）下り:上流から下流へ行く. →〔下水①〕 ③上級から下級あての.〔~公〕文〕上級官庁から下した公文. 下行文. →〔平 píng 行②〕〔上 shàng 行③〕

下行星 xiàxíngxīng （天）水星と金星.

下旋球 xiàxuánqiú 図（卓球の）後進回転のカットボール.

下学 xiàxué ①学校がひける:〔放 fàng 学①〕に同じ. ②＜文＞下の者に学ぶ.〔不愧 kuì ~〕下の者に学ぶのを恥ずかしいと思わない.

下旬 xiàxún =〔下〕〔下浣〕下旬.

下牙床 xiàyáchuáng =〔生理〕下齿龈〕下齒茎.〔~骨〕下顎骨:〔下颚骨〕の旧称.

下眼皮（儿） xiàyǎnpí(r) 下まぶた. →〔下睑〕〔眼皮（儿）〕

下咽 xiàyàn 飲み下す.

下腰 xiàyāo 武技の一種. 両足を左右に開き,両手を高くあげ,手のひらを外に向け,眼は両方の親指を見つめながら後ろへ反り,手で脛（5）をつかむ.

下药 xiàyào ①投薬する.〔对症~〕病状を見て投薬する.〈喩〉欠陥箇所を見て対策をたてる. ②毒を盛る.

下野 xiàyě 下野する.退陣する. →〔下台②〕

下夜 xiàyè 夜番をする.〔~捉賊〕夜番をしていて賊を捕える.

下衣 xiàyī ⇒〔下装②〕

下一步 xiàyíbù すぐ次の段階. 次のステップ.

下一代 xiàyídài ①〔第 dì 二代〕次の世代.次の世代の人たち.〔教 jiào 育~是我们全国民的责任③〕次の世代の人たちを育成することは我々国民全体の責任である.〔把希望寄托在~身上〕希望を次の世代に託する.〔~筆①〕

下意识 xiàyì·shí →〔潜 qián 意识〕

下（议）院 xià(yì)yuàn （二院制の）下院. →〔上 shàng（议）院〕

下阴 xiàyīn 〔阴部〕

下音（儿） xiàyīn(r) ことばの最後.〔接着~说〕言い終わるのにつれて言う. ②結果.

下游 xiàyóu ①〔下流〕 ②〈転〉下位の（人·成績）.〔给我们四班评个最~〕我々四班を最下位者と評価された.

下余 xiàyú ⇒〔下剩〕

下雨 xiàyǔ 雨が降る.〔~了〕雨だ.〔~天〕雨天雨の日. 雨天.

下狱 xiàyù 獄に下す（下）

下元 xiàyuán [中医]腎,またその機能.

下元节 xiàyuánjié 旧暦10月15日:朝早く祖先を祭る. →〔元宵节〕〔三 sān 元④〕〔中 zhōng 元节〕

下院 xiàyuàn ⇒〔下（议）院〕

下月 xiàyuè =〔后 hòu 月①〕来月:〔＜口＞出 chū 月（儿）〕はふつう〔~〕の始めを指す.

下崽儿 xiàzǎir ＜口＞（動物が）子を産む:〔产 chǎn 崽〕に同じ.

下载 xiàzài ①⇒〔下货①〕 ②=〔下传〕[電算]ダウンロード（する）.〔可以从学校网上直接~〕学校のホームページから直接同前できる. ↔〔上载〕

下葬 xiàzàng 埋葬する.

下遭 xiàzāo 次回. この次.

下灶 xiàzào ①台所に行く（おりて料理する）.〔老板亲自~〕店主自らが料理する. ②旧（料理屋の）板前. →〔厨 chú 子〕

下站 xiàzhàn 次の駅. 次の停留所.

下账 xiàzhàng （勘定を）帳簿に記帳する.

下诏 xiàzhào 詔勅を発する.

下肢 xiàzhī [生理]下肢:〔大腿〕〔小腿〕〔脚〕の総称.

下中农 xiàzhōngnóng 因 下 層 中 農:〔贫 pín 农〕〔雇 gù 农〕と並ぶ農村における革命の主力とされた. →〔中农〕

下种 xiàzhǒng 種をまく:〔播 bō 种①〕に同じ.

下种 xiàzhòng [農]播種·育苗を行う.

下周 xiàzhōu →〔下星期〕

下注 xiàzhù ①ばくちに賭ける. ②＜転＞あらかじめ資金を注ぎ込む.

下箸 xiàzhù ⇒〔下筷子〕

下转 xiàzhuǎn （新聞·雑誌などで）…に続く.〔~179页〕179ページへ続く.

下装 xiàzhuāng ①=〔卸 xiè 装②〕舞台衣裳を脱ぐ（とる）. ②〔下衣〕下半身に着るもの. ボトムス:ズボン·スカートなど.

下状 xiàzhuàng ＜文＞訴状を出す.

下坠 xiàzhuì ①[物]落下する. ②[医]しぶり腹のような不快感がある.

下子儿 xiàzǐr ①（鸟や虫が）産卵する.〔蚕蛾要~了〕（蚕）の蛾が産卵しようとしている. →〔甩 shuǎi 子儿〕 ②碁石をおろす.

下子 xiàzi ①量詞. 動作中の回数を表す.〔打了一~〕一發殴った.〔~下儿〕 ②腕前. 本領:常に〔几 jǐ 〕〔两 liǎng〕の後に置く.〔他很有两~〕彼はかなりの腕前である.

下足 xiàzú ①足をおろす. ②＜文＞徴賤の称.

下钻 xiàzuàn 図ドリルを油田に下ろす.

下嘴 xiàzuǐ かみつく.かじりつく.〔做得太好看了,真舍不得~吃〕たいへんきれいにできているのでかじるのがもったいない.

下嘴唇 xiàzuǐchún ⇒〔下唇〕

下作 xiàzuo ①下品（ぴ）である. 下卑ている.〔~鬼〕〔~包〕下品な人. →〔下流②〕 ②＜方＞がつがつしている.

〔吓·嚇〕 xià （人を）おどかす.おどす. 驚かせる:〔虎〕〔唬〕に同じ.〔~了我一跳〕とびあがらんばかりにびっくりした.〔~出一身冷汗〕驚きのあまり全身冷や汗をかいた.〔~呆 dāi〕〔~愣 lèng〕〔~傻 shǎ〕びっくり仰天する.〔~掉 diào〕魂も消えるばかりに驚いた. → hè

吓倒 xiàdǎo おったまげる. おどろいて腰を抜かす.〔吓不倒〕（驚かされても）腰を抜かさない.

吓唬 xiàhu [口]おどかす.びくりさせる:〔吓呼〕とも書いた.〔你别～小孩子,他要哭了〕きみ,子供を

xià～xiān

吓坏 xiàhuài ひどくびっくりする(させる).〔你别~了他〕彼をひどく驚かしてはいけない.

吓破胆(子) xiàpòdǎn(zi) びっくり仰天する.肝をつぶす.

吓人 xiàrén ①驚かす.おどかす.〔吓死人〕ひどく人を驚かす.②おそろしい.こわい.〔真~〕ほんとにこわい.

吓退 xiàtuì 恐れをなして退く(かせる).びっくりして引き下がる(がらせる).

吓阻 xiàzǔ 相手を威嚇して行為を阻止する.

[夏] xià (I)夏:ふつう〈~天〉という.〔初 chū ~〕初夏.〔~夜 yè〕夏の夜.〔~播 bo〕農 夏の種まきをする.
(II)①朝代名.夏后氏.中国最初の王朝とされる.夏后氏族の首領〔禹 yǔ〕が虞帝舜から受けて建てた朝代,紀元前2070年から前1600年まで,17代440年.最後の桀が殷(商)に滅ぼされた.②中国の古名.〔华 huá~〕同前.③〈姓〉夏(か).→ jiǎ

夏安 xià'ān 〈牘〉暑中の平安:手紙の末尾に書く常套語.

夏奥会 xià'àohuì 夏季オリンピック:〔夏季奥林匹克运动会〕の略.

夏布 xiàbù =〔细 xì 夏布〕紡グラスクロス:麻の薄手の平織布地.夏服や蚊帳などに用いられる.→〔亚 yà 麻布〕

夏蚕 xiàcán 農なつご.

夏初 xiàchū 初夏.夏の初め.

夏锄 xiàchú 農夏期の除草.

夏鼎 xiàdǐng 夏の禹王が天下の金を集めて作らせた鼎.〔~商彝 yí〕夏の鼎と商(殷)の彝(い).〈転〉骨董品.

夏服 xiàfú ⇒〔夏装〕

夏父 xiàfù 〈姓〉夏父(か).

夏管 xiàguǎn →〔三 sān 夏④〕

夏侯 xiàhóu 〈姓〉夏侯(か).

夏候鸟 xiàhòuniǎo 夏の渡り鳥.

夏后氏 xiàhòushì →字解(II)①

夏季 xiàjì 夏季:立夏から立秋に至る間.〔~天(儿)〕〔夏景天(儿)〕は方言.〔~热 rè〕医夏季熱(ねつ):〔暑 shǔ 热症〕ともいう.

夏桀 xiàjié 人夏桀:夏朝の最後の帝王.〔殷 yīn〕(商)の湯王に滅ぼされた.

夏节日 xiàjiérì ⇒〔夏至〕

夏橘 xiàjú 植ナツミカン.

夏枯草 xiàkūcǎo 植ウツボグサ.

夏兰 xiàlán ⇒〔蕙 huì 兰〕

夏历 xiàlì ⇒〔阴 yīn 历〕

夏粮 xiàliáng 夏に収穫する食糧.

夏令 xiàlìng ①夏の気候.〔~时侯〕同前.〔春行~〕春の気候がまるで夏のようであること.②夏.夏季.〔夏季〕に同じ.〔~时〕サマータイム.〔~营 yíng〕サマーキャンプ.サマースクール:〔林间学校.临海学校〕.

夏眠 xiàmián =〔夏蛰〕夏眠(みん).→〔冬 dōng 眠〕

夏日 xiàrì ①夏.〈文〉夏の(季節・太陽).〔~可畏 wèi〕(左伝)〈成〉人物が厳しく人を怒らせて近寄り難く見えるたとえ.

夏时制 xiàshízhì サマータイム制.夏時間制.→〔夏令时〕

夏收 xiàshōu ①→〔三 sān 夏④〕②夏の収穫物.

夏熟 xiàshú 夏季に取り入れる.〔~作物〕同前の作物.

夏税秋粮 xiàshuì qiūliáng 旧夏秋2期の租税.

夏天 xiàtiān 夏.→〔夏季〕

夏娃 xiàwá 人イヴ.エヴァ:〔亚 yà 当〕(アダム)の妻.〔伊 yī 旬园〕

夏威夷 xiàwēiyí ハワイ.〔~岛〕ハワイ島.〔~恤 xù〕〈音義訳〉服アロハシャツ.

夏五郭公 xiàwǔ guōgōng〈成〉文の脱漏:『春秋』の中に,〔夏五月〕(夏の5月)というべきを〔月〕が抜けて,〔夏五〕となっている箇所があり,〔郭公〕と人名のみ掲げてその後に続くべき記載が欠けている箇所があるところから.〔闕 què 文〕

夏闲 xiàxián 農夏の(取り入れ後の)農閑期.

夏训 xiàxùn 夏季訓練(を行う).

夏阳 xiàyáng 〈姓〉夏阳(か).

夏衣 xiàyī ⇒〔夏装〕

夏意 xiàyì 夏の気配.夏らしいこと.

夏营地 xiàyíngdì 農夏季に家畜を放牧する土地:〔夏窝 wō 子〕ともいう.

夏游 xiàyóu 夏の旅行(をする).

夏禹 xiàyǔ 禹.夏禹.→字解(II)①

夏耘 xiàyún 農夏の除草.

夏蛰 xiàzhé ⇒〔夏眠〕

夏正 xiàzhēng 旧正月(別称).

夏至 xiàzhì =〔夏节日〕〔长 cháng 至〕夏至(げ):〔二 èr 十四节气〕の一.6月21日あるいは22〔一日〕〔长 cháng 至日〕同前.〔~点〕夏至点.〔~线 xiàn〕〔昼 zhòu 长圈〕北回帰線(の別称).→〔回 huí 归线〕

夏种 xiàzhòng →〔三 sān 夏④〕

夏装 xiàzhuāng =〔夏服〕夏衣〕夏着.夏の装い.

[厦(廈)] xià 〔~门 mén〕地アモイ(〔鹭 lù 岛〕ともいう).福建省南部にある.→ shà

[吓・諕] xià ①おどす.驚かす〔吓〕に同じ.②たぶらかす.

[唬] xià 驚かす.おどす.こわがらせる:〔吓〕に同じ.→ hǔ

[罅] xià〈文〉①裂け目.すきま.〔~缝 fèng〕〔~隙 xi〕同前.〔老松盘屈,生于石~〕老松が曲りくねって石の裂け目に生えている.②遺漏.手ぬかり.〔论证尚有疏~〕論証にはなお不十分な点や脱漏している点もある.

罅裂 xiàliè〈文〉裂け目がする.ひび割れる.

罅漏 xiàlòu〈文〉脱漏.〔之处,有待 dài 修订〕遺漏の箇所についてはいずれ訂正が必要である.

罅隙 xiàxì〈文〉すき間.割れ目.

xian ㄒㄧㄢ

[仙(僊)] xiān ①仙人.神仙.〔成 chéng ~〕仙人になる.〈転〉凡俗を超越した人.〔酒 jiǔ ~〕酒豪.〔诗 shī ~〕唐の李白をいう.③〈姓〉仙(か).

仙菜 xiāncài →〔海 hǎi 发〕

仙草 xiāncǎo 植センソウ:〔仙人冻〕〔凉 liáng 粉草〕ともいう.

仙丹 xiāndān ①(起死回生・不老不死の)霊薬.仙人の薬.②〈喩〉効能顕著な薬.

仙岛 xiāndǎo →〔蓬 péng 莱②〕

仙方(儿) xiānfāng(r) 神仙から授かった薬の処方.〈喩〉効果満点の方策.

仙风道骨 xiānfēng dàogǔ〈喩〉凡俗を超越した風格.

仙姑 xiāngū ①仙女.女仙人.②旧女祈祷師.みこ.→〔巫 wū ①〕③女道士の敬称.→〔道 dào 姑〕

仙鹤 xiānhè ①⇒〔丹 dān 顶鹤〕②仙人が飼っている白鶴.

仙鹤草 xiānhècǎo =〔地 dì 椒②〕〔瓜 guā 香草〕〔龙 lóng 牙草〕植キンミズヒキ.

仙氙籼先　　　　　　　　　　　　　　　　　　　　　　　　xiān

仙后座 xiānhòuzuò 〔天〕カシオペア座.
仙境 xiānjìng ①仙境.神仙の住む地.〔仙界〕〔仙乡①〕ともいう.〔下方②〕〔下界〕に対していう. ②〈喩〉風光幽雅な地.〔人間〕〔この世の仙境.
仙居术 xiānjūshù 〔植〕浙江省仙居県産のビャクシュ(白朮).
仙客来 xiānkèlái 〔植〕シクラメン.
仙灵脾 xiānlíngpí ⇒〔淫 yín 羊藿〕
仙茆 xiānmáo 〔植〕ハイマツ.
仙茅 xiānmáo 〔植〕キンバイザサ:ヒガンバナ科の多年生草本.
仙女 xiānnǚ ①仙女. ②〈喩〉美女.〔～座 zuò〕〔天〕アンドロメダ座.〔～下凡〕仙女が下界に舞いおりる.
仙桥草 xiānqiáocǎo 〔植〕スズカケソウ.またその近縁.〔腹 fù 水草〕ともいう.
仙去 xiānqù ①⇒〔仙逝〕 ②(仙人になって)仙境へ行ってしまう.
仙人 xiānrén 仙人.
仙人鞭 xiānrénbiān 〔植〕キンヒモ:茎がひも状のサボテン.
仙人花 xiānrénhuā 〔蟹 xiè 爪兰〕
仙人脚 xiānrénjiǎo 〔天 tiān 麻〕
仙人帽 xiānrénmào 〔植〕キヌガサタケ:〔竹 zhú 蓀〕の俗称.
仙人球 xiānrénqiú 球形のサボテン.〔仙人拳 quán〕ともいう.
仙人绦 xiānréntāo ヒモラン(イワヒモ):ヒカゲノカズラ属の一種.
仙人桃 xiānréntáo 〔植〕桃の一種:〔西 xī 王母桃〕ともいう.
仙人跳 xiānréntiào 〔美 měi 人计〕
仙人掌 xiānrénzhǎng 〔植〕サボテン(総称).〔～科〕サボテン科.
仙山 xiānshān 仙人の住んでいる山.〔～琼 qióng 阁〕仙人の住む山に建つ玉の御殿.〈喩〉美しくて幻想的な世界.仙境.夢幻境.
仙逝 xiānshì ＝〔仙去〕〔仙游①〕〈文〉逝去なさる.お亡くなりになる.
仙鼠 xiānshǔ ⇒〔蝙 biān 蝠〕
仙童 xiāntóng ①仙人に仕える童子. ②〈喩〉天才少年.
仙乡 xiānxiāng 〈文〉ご郷里.〔请问～何处〕ご郷里はどちらですか.
仙游 xiānyóu ①⇒〔仙逝〕 ②神仙界で遊ぶ.
仙术 xiānzhú 〔苍 cāng 术〕
仙姿 xiānzī 〈喩〉仙人のように秀でた姿.
仙子 xiānzǐ ①仙女. ②仙人.

〔氙〕xiān 〔化〕キセノン:希ガス元素.記号 Xe.〔氙 xī〕は旧名.〔～气 qì〕キセノンガス(俗称).〔～灯 dēng〕キセノンランプ.

〔籼（秈）〕xiān
籼稻 xiāndào 〔植〕セン(籼):粒長で粘り気の少ないインド型(インディカ)の米.日本の陸稲の米に似ている.〔机 jī 米②〕は別称.→〔粳 jīng〕
籼米 xiānmǐ 〔植〕〔籼稻〕の果実を脱殻したもの.→〔稻 dào 米〕〔粳 jīng 米〕〔糯 nuò 米〕

〔先〕xiān ①先に.前に.〔你～走一步〕先にいらっしゃい.〔捷 jié 足～登〕真っ先に駆けつけて着く.早いもの勝ち.↔〔后 hòu (I)①〕 ②先(の.に).前(の.に).〔事～已做了准备〕事前に準備した.〔他抢 qiǎng 先了一步了〕彼に先を越された.〔占 zhàn ～〕先手を打つ.↔〔后 hòu ②〕 ③〈口〉最初.最初.〔你～怎么不提醒我〕なぜ最初に注意してくれなかったんだ. ④すでに死去した.故人にのみ用いる.目上の者にのみ用いる.目下の者には

〔亡 wáng〕を用いる.〔～父〕亡父.〔不辱其～〕祖先を辱めない.〔～前 qián②〕 ⑤古代(の).〔～民〕 ⑥〈文〉先にる.先に行く.〔争 zhēng ～〕同前. ⑦〔姓〕先(氏)

先辈 xiānbèi ①年長者.年輩者.上の世代.→〔前 qián 辈〕 ②優れた業績をあげた故人.模範とすべき先人.〔继承～的事业〕先人の事業を継ぐ.
先妣 xiānbǐ ⇒〔先母〕
先鞭 xiānbiān 〈文〉①人より一歩先に功をたてる. ②機先を制する.〔吾吾着 zhuó 鞭〕人に先鞭をつけられる.
先伯 xiānbó 亡伯父.
先不先 xiānbuxiān 〈方〉まず先に.〔～,老王就很看不起〕そもそも王さんは非常に軽蔑している.
先出后进 xiānchū hòujìn 〔经〕輸出先行:〔易 yì 货交易〕(バーター貿易)の〔托 tuō 马斯方式〕(トーマス決済方式).この逆が〔先进后出〕(輸入先行)の〔反 fǎn 托马斯方式〕(逆トーマス方式)
先慈 xiāncí ⇒〔先母〕
先导 xiāndǎo ①道案内.先導者. ②指導(する).先導(する).〔～消費〕流行を先取りした消費.
先睹为快 xiāndǔ wéikuài 〔成〕真っ先に見て(読んで)満足感を得る.
先端 xiānduān ①〔植〕(葉・花・果実などの器官の)先端. ②⇒〔尖 jiān 端〕
先发制人 xiānfā zhìrén 〔成〕機先を制する.〔～,后发制于人〕(漢書)先んずれば人を制し,後るる時は人に制せらるる.→〔先下手为强〕
先锋 xiānfēng ①先鋒部隊.またその隊長.〔～队 duì〕先鋒隊.先頭部隊.〔少 shào 年～队〕〔少先队〕ピオネール.→〔前 qián 锋①〕 ②〈喩〉先駆け.〔打～〕パイオニアとなる.〔～艺 yì 术〕アバンギャルド(芸術).〔～作 zuò 物〕園品種改良の基本の作物.〔～作用〕先駆けとなる働き.
先夫 xiānfū 亡夫.
先父 xiānfù 〔先君①〕〔先考〕先人(の)〔先严〕亡父.
先付 xiānfù 先払い(する).〔～运费〕運賃前払い.〔～款〕運賃元払い.
先富户 xiānfùhù 先に裕福になった農家.
先河 xiānhé 〔固〕海の源は(黄)河にあるとの考えから帝王が先に河を祭りその後に海を祭ったこと.〈喩〉先駆け.〔开～〕先駆けとなる.
先后 xiānhòu ①前後の事情事柄は多く,応該分个～,缓急やることがたくさんあるので順番を決めておかないといけない. ②前後して.相次いで.〔～发表了两篇社论〕この間に二つの社論が発表された.→〔前 qián 后〕
先～后… xiān～hòu… …まず先に…し,その後で…する.〔～公～私〕〈成〉公事を先に私事を後にする.〔～款～货〕〔～钱～酒〕代金先払い.〔～易～难〕やさしい事は先に難しい事は後にやる.〔～甜 tián ～辣 là〕先はよいがあとで辛い.〔～倨 jū ～恭 gōng〕初めは傲慢で後にはへりくだる.〔～人～己 jǐ〕人のことを先にして自分の事は後回しにする.〔～己～人〕人のことよりまず自分のこと.〔～孕 yùn ～婚〕できちゃった結婚.
先花后果 xiānhuā hòuguǒ 〈喩〉先に女児を生み後に男児を生む.一姫二太郎.
先机 xiānjī 機先.直前の時.
先见之明 xiānjiàn zhī míng 〈成〉先見の明.〔缺乏～〕預見性が乏しい.
先交 xiānjiāo 前渡し(する).〔～款 kuǎn〕前渡し金.→〔預 yù 付〕
先进 xiānjìn ①進歩的(である).先進的(である).〔这个工厂在这方面很～〕この工場はこの方面では

xiān 先

先輩である.〔～工作者〕模範的人物.〔～事迹〕先進的事績.〔～経験〕先進的経験.〔陶 táo 瓷 (精 jīng 密陶瓷)〕ファインセラミックス.〔～単位〕先進的部門.〔～国家〕先進国.〔学习～技术〕進んだ技術を学びとる.↔〔落 luò 后〕 ②先進的人や事物.

先进后出 xiānjìn hòuchū ↔〔先出后进〕
先决 xiānjué 先決(の).前提(の).〔～条件〕先決条件.
先觉 xiānjué 先覚者.
先君 xiānjūn ①⇒〔先父〕 ②〈文〉子孫が祖先をいう. ③先代の主君.
先君子,后小人 xiān jūnzǐ, hòu xiǎorén〔諺〕最初は君子の態度をとっても(そこに無理や不自然があれば),あとでは小人のことをせねばならない結果となる.→〔先小人,后君子〕
先考 xiānkǎo ⇒〔先父〕
先来后到 xiānlái hòudào〔慣〕来た順.到着順.〔大家别挤,按～排队吧〕みなさん押しあわないで下さい,来た順に並びましょう.
先礼后兵 xiānlǐ hòubīng〔成〕まず礼を尽くして相接し,しかる後に武力を用いる.
先例 xiānlì 先例.〔史无～〕歴史にその前例をみない.〔有～可援〕よりどころとする先例がある.
先烈 xiānliè〔尊〕故人となった烈士.
先灵 xiānlíng 祖先の霊.
先令 xiānlìng〈音訳〉シリング;〔先零〕とも書いた.ケニアなどの通貨単位名.また,オーストラリアの旧通貨単位名.英国の旧補助通貨単位名.〔欧 ōu 元〕
先民 xiānmín ①古代の民. ②⇒〔先贤〕
先模 xiānmó 先進的模範人物.
先母 xiānmǔ ⇒〔先妣〕〔先慈〕〈文〉亡母.
先农 xiānnóng ⇒〔神 shén 农(氏)〕
先偏了 xiānpiānle〈挨〉お先にいただきました(飲食物を).〔偏(过)了〕に同じ.
先期 xiānqī 予定期日に先だって.前もって.あらかじめ.〔～进口〕見込み輸入(する).〔部分项目～在别处举行〕一部のスケジュールはくり上げて別の会場で行われる.
先前 xiānqián〔口〕以前.前.
先遣 xiānqiǎn〔～队 duì〕先遣チーム.〔～部 bù 队〕先遣部隊.
先秦 xiānqín 因先秦時代.春秋戦国時代.
先驱 xiānqū ①先駆ける. ②先駆者.〔～者 zhě〕トップランナー.
先取特权 xiānqǔ tèquán 法先取特権.
先人 xiānrén ①〈文〉⇒先祖.→〔先世②〕 ②⇒〔先父〕 ③⇒〔先贤〕
先容 xiānróng〈文〉あらかじめ紹介し吹(ふ)聴する.〔给 kěn 为～〕ねんごろに話を通じておく.
先入为主 xiānrù wéizhǔ〔成〕先入観にとらわれる.
先入之见 xiānrù zhī jiàn〔成〕先入観.先入主.
先声 xiānshēng 前兆.先ぶれ(となる事).〔这就是日后辛亥革命的～〕これこそ後日の辛亥革命の前ぶれであった.
先声夺人 xiānshēng duórén〔成〕大声をあげて人の気を奪う.〔他似乎想～〕彼は先手を取ろうとしているようだ.
先圣 xiānshèng =〔先师〕囚孔子.
先生 xiānshēng ①〔学識の高い教授〕に対する尊称.また知識人に対する尊称.〔老 lǎo 师①〕に同じ.〔男～〕男の先生.〔女～〕女の先生. ②身分のある成人男性に対する尊称:例えば〔孙中山～〕〔鲁迅～〕.〔斯诺～〕エドガー・スノー先生など.→〔师 shī 傅③〕 ③〈女性が〕自分の夫,あるいは他人の夫をい

う.〔等我们～回来,我让他马上去找您〕うちの主人が帰って来ましたら,すぐにうかがわせましょう.〔她～出差去了〕あの人のご主人は出張中です. ④〈方〉医者:とくに〔中医〕に対していう.〔请～看病〕お医者さんを呼んで診察してもらう.→〔医 yī 生〕 ⑤回商店の出納係.〔在商号当～〕商店で出納係をやる. ⑥回講釈師・人相見・八卦見・方位師などに対する尊称.〔算命～〕八卦見の先生. ⑦回道士に対する尊称.
先师 xiānshī ①〈文〉亡き先生. ②⇒〔先圣〕
先世 xiānshì ①先代.先人.〔～名医〕前代の名医. ②先祖.→〔先人①〕
先室 xiānshì〈文〉①亡妻. ②先妻.
先是 xiānshì ①initially = 先に….後に多く〔后 hòu 来〕〔接着〕などを伴う. ②〈文〉これより先.
先手 xiānshǒu (碁・将棋の)先手.〔占 zhàn ～〕先手をとる.〔～棋 qí〕先手番の碁.↔〔后 hòu 手⑤〕
先天 xiāntiān ①先天的(な).生まれつき(の).〔～病〕先天病.〔～性免疫〕先天的免疫.自然免疫.↔〔后 hòu 天〕 ②回先験的.アプリオリ.→〔先验论〕
先天不足 xiāntiān bùzú〔成〕①先天的に虚弱である(こと). ②〈喩〉物事の基礎や前提条件に不備がある(こと).
先头 xiāntóu ①先頭.〔～部队〕军先頭部隊. ②〔一儿〕〈口〉前に.早く言う.〔从～出发～出発する. ③前方.前.〔文章的～〕文章の前部.
先途 xiāntú〔前 qián 途②〕〈文〉先方.先方の人.〔一尚未回复〕先方からまだ返事がない.
先下手为强 xiān xiàshǒu wéiqiáng〔成〕先手を打った者が強い.早いもの勝ち.〔～,后下手遭 zāo 殃〕先手を打てば強く,後手にまわればひどい目にあう.→〔先发制人〕
先贤 xiānxián =〔先民②〕〔先人①〕〈文〉昔の賢者.→〔先哲〕
先小人,后君子 xiānxiǎorén, hòujūnzǐ〔諺〕後のけんかは先にせよ:後でいざこざの種になるようなことは,角が立つようでも初めにはっきり話をつけておくべきだ.〔我们先讲好条件吧,～先にちゃんと相談しておこうじゃないか,後でいざこざは嫌だから.→〔先君子,后小人〕
先行 xiānxíng ①先に行く.先行する.〔～离开的客人〕先に辞去していく客.〔～通知〕先に通知をする. ②予行する.〔～试办〕まず試みにやってみる. ③⇒〔先行官〕
先行出口方式 xiānxíng chūkǒu fāngshì 経輸出先行決裁方式.→〔先出后进〕
先行官 xiānxíngguān〔先行①〕回(小説や芝居で)先陣を承る武将.〈喻〉先頭に立つ者.先端技術.〔运输部门为工程当好～〕運輸部門が工事のための先行者としての務めをはたす.
先行者 xiānxíngzhě 先行者.先達.〔革命～〕革命の先導者.
先兄 xiānxiōng〈文〉亡兄.
先严 xiānyán ⇒〔先父〕
先验论 xiānyànlùn 哲先験論.
先意承志 xiānyì chéngzhì〔成〕父母の意を先に汲みとってそれにかなうようにすること.〈転〉人にこびへつらう.迎合する.〔志〕は〔旨 zhǐ〕ともいう.
先忧后乐 xiānyōu hòulè〔成〕天下の憂いに先だって憂い,天下の楽しみに後れて楽しむ.〔先天下之忧而忧,后天下之乐而乐饮 yú〕范仲淹・岳陽楼記〕の略.→先につらいことがあれば,後に楽しみがある.
先泽 xiānzé〈文〉祖先・先人の残した恩沢.
先斩后奏 xiānzhǎn hòuzòu〔成〕刑を先に執行して

xiān

後で奏聞する.〈喩〉事後承諾させる.
先占 xiānzhàn 国先占:無主物に対して,他人より先に占有すること.
先兆 xiānzhào 前兆.
先哲 xiānzhé =〔往 wǎng 哲〕〈文〉先哲.→〔先贤〕
先知 xiānzhī ①先覚者.〔~先觉〕同前. ②予言者. ③予知する.
先祖 xiānzǔ 〈文〉①祖先. ②亡くなった祖父.

[酰] xiān

〔~基 jī〕化アシル基:〔羧 suō 酸〕すなわち〔有机酸〕から〔氢 qīng 氧基〕(水酸基)がとれた基.〔酰 xī ~〕は同形.〔碳 tàn ~基〕〔碳氧基〕〔羰 tāng 基〕カルボニル基.〔草 cǎo ~基〕〔乙 yǐ 二~基〕オクサリル基.〔苯 běn 甲~〕ベンゾイル.〔肼 jǐng 基〕ヒドラジド基.〔~胺 àn〕酸アミド基.〔~亚 yà 酸〕イミド基.〔~基③〕

[纤・纖] xiān

①細かい.細い.〔不差~毫〕少しも違わない. ②繊維.化~制品〕化学繊維製品. ③国纖①:小数の単位.寸または両の1000万分の1.〔微 wēi ⑩〕の10分の1.→〔沙 shā 子③〕. → qiàn

纤长 xiāncháng 細くて長い.
纤尘 xiānchén 〈文〉細かいちり.みじん.〔~不染 rán〕ちり一つかからない.
纤度 xiāndù 紡纖度.繊維の太さ:単位は〔特 tè(克斯)〕(テックス)や〔旦 dàn〕(デニール)で表す.
纤阿 xiān'ē 〈文〉たおやかな美女.月の女神.
纤儿 xiān'ér 〈文〉小児.子ども.
纤毫 xiānháo ごくごく小さい(わずか)
纤毛 xiānmáo 生理繊毛.〔~虫〕国センモウチュウ.
纤美 xiānměi 繊細で美しい.
纤密 xiānmì 緻密である.
纤巧 xiānqiǎo 繊細で精巧である.
纤柔 xiānróu 繊細で柔らかい.〔~的头发〕同前の髪.
纤弱 xiānruò 弱々しい.か弱い.
纤瘦 xiānshòu 小さくてやせている.か細い.〔身体~〕体が細い.
纤体 xiāntǐ 体をスリムにさせる.またその体.
纤维 xiānwéi ①繊維.〔~植物〕繊維植物.〔~瘤 liú〕医繊維腫.〔~作物〕繊維性作物.〔~质〕同前.〔~板〕ファイバーボード.テックス.〔光导~〕光ファイバー.〔~光学〕ファイバー光学.
纤维蛋白 xiānwéi dànbái 生理フィブリン.〔~原〕フィブリノーゲン.
纤维胶 xiānwéijiāo 化ビスコース.
纤维素 xiānwéisù 繊維質.セルロース.〔硝 xiāo 化纤维(素)〕ニトロセルロース.
纤悉 xiānxī 〈文〉つまびらかである.〔~一切内情〕内幕を詳しく知っている.〔~无遗〕極めて詳しい.
纤细 xiānxì 極めて細かい.→〔细腻①〕
纤纤 xiānxiān 〈文〉①ほっそりとしたさま. ②細く尖ったさま.
纤小 xiānxiǎo 細かくて小さい.
纤屑 xiānxiè 〈文〉細かい.
纤秀 xiānxiù 細くて優雅である.〔一笔~的钢笔字〕きれいな書書きっきの字.
纤妍 xiānyán 〈文〉ほっそりしてあでやかである.
纤腰 xiānyāo 〈喩〉〔美女の〕柳腰.
纤玉 xiānyù 〈喩〉たおやかな女性の手.

[跹・躚(躚)] xiān

①〔翩 piān ~〕ひらひら軽やかである. ②〔蹁 pián ~〕ひらひらしている.

[忺] xiān

〈文〉うれしい.気持ちがよい.

[掀] xiān

①(蓋やかぶせてあるものなどを)とりのける.あける.めくる:中のものが見えるようにする.〔~开锅盖〕鍋のふたをとる.〔盖儿~着呢〕ふたがあいているよ.〔~开帘子〕カーテン(すだれ)を引きあける.〔~一篇儿〕(書物のページなど)1枚めくる.〔~手绢儿〕(手品の時などハンカチをとりのける. →〔撩 liāo ①〕 ②急にとび上がる.揺り動かす.〔~起了巨大的波澜〕大波乱を巻き起こした. ③そる.そり上がる.〔鼻子往上~着〕鼻が上を向いている.〔把帽檐儿~了~〕帽子のひさしを上へずらした.

掀不开锅 xiānbukāi guō 鍋のふたをあけられない.〈喩〉食べるものも無いさま.
掀掉 xiāndiào ひっぱがす.
掀动 xiāndòng ①揺さぶる.〔春风~了她的衣襟〕春のそよ風が彼女の服の襟元を揺り動かしている. ②〔戦争などを〕起こす.発動する.巻き起こす.
掀翻 xiānfān 転覆する.ひっくり返る.〔大风把船都~了〕大風で船もひっくり返されてしまった.
掀风鼓浪 xiānfēng gǔlàng ⇒〔兴 xīng 风作浪〕
掀起 xiānqǐ ①めくる.〔~盖 gài 子〕ふたをとる. ②巻き起こす.〔大海~巨浪〕海には大きな波がうねる. ③引き起こす.まきあげる.ひきおこす.〔~了新高潮〕新たな高まりを見せた.
掀天揭地 xiāntiān jiēdì ⇒〔翻 fān 天覆地〕
掀肿 xiānzhǒng 中医皮膚の腫れ上がること.

[锨・鍁(枚・杴)] xiān

シャベル.スコップ:土を掘ったり削ったり泥をこねたりする道具.〔铁 tiě ~〕鉄製の同前.〔木~〕木製の同前. →〔铲 chǎn (I)③〕〔锹 qiāo〕

[祆] xiān

史ゾロアスター教の神〔火~〕ともいう.
祆教 xiānjiào 国祆(火)教:〔拜 bài 火教〕(ゾロアスター教)に同じ.ペルシアに起こり南北朝の頃中国に伝来した.

[佥・憸] xiān

〈文〉よこしまである.〔~人〕小人.
佥佞 xiānnìng 〈文〉口がうまくよこしまである.
佥壬 xiānrén 〈文〉口はうまいが腹黒い人.

[莶・蘞] xiān

〔豨 xī ~〕植メナモミ:キク科の草.〔~ liǎn〕

[铦・銛] xiān

①〈文〉(道具などが)鋭い.〔锐〕に同じ.〔~利 lì〕(刃物が)よく切れる. ②〈文〉やす.もり(漁具). ③〈姓〉铦(xi)

[锬・錟] xiān

〈文〉(刃物などが)鋭い.〔铦①〕に同じ. → tán

[鲜・鮮(鱻)] xiān

(I)〔鲜(鱻)〕①新しい.新鮮である.目新しい.珍しい. →〔新 xīn 鲜〕 ②味がよい.おいしい.香りがよい.〔鱼汤很~〕魚の吸い物が非常にうまい.〔鲜味(儿)〕③目に鮮やかである. ④生の(乾いていない).自然のままである.〔这是~鱼,不是成鱼这れは生の魚で塩らのではない.〔~橘 jú 汁〕生オレンジジュース. →〔生 shēng (I)⑫〕 ⑤初物.珍しいこと.〔时~〕季節の初物.はしり.旬の物.〔尝 cháng ~〕初物を食べる. ⑥生の魚貝類.〔海~〕同前.〔~鱼〕鮮魚.
(II)〔鮮〕〈姓〉鲜(xiǎn). → xiǎn
鲜卑 xiānbēi 国史中国古代の少数民族名.東北・内蒙古一帯に居住した古代のツングース系民族.南北朝時代には北魏・北斉・北周などうちを建てた.〔~通 tōng 古斯〕国内蒙古にある山名. ③〈姓〉鲜卑(bǐ)
鲜菜 xiāncài 新鮮な野菜.青物.

鲜醇 xiānchún 新鮮で美味である.

鲜脆 xiāncuì サクサクしてうまい.

鲜蛋 xiāndàn 生卵.

鲜度 xiāndù 新鮮さ.

鲜果 xiānguǒ 新鮮な果物.

鲜红 xiānhóng 鮮やかに赤い.〔~的朝霞〕真っ赤な朝焼け.→〔血 xuè 红〕

鲜花(儿) xiānhuā(r) 生花:〔假 jiǎ 花〕(造花)に対していう.〔鲜切 qiē 花〕切り花.〔~插在牛粪上〕〈喩〉美女が醜男に嫁ぐ:つり合わない.

鲜活 xiānhuó ①みずみずしい.〔~的海鱼〕活きのいい海魚.〔~食品〕生鮮食品.②色が鮮やかで生き生きしている.〔这块花布真~〕この花模様の布地は鮮やかだ.〔~的个 gè 性〕いきいきした個性.

鲜货 xiānhuò (野菜・果物・魚類などの)新鮮な品.

鲜丽 xiānlì 鮮やかで美しい.

鲜亮 xiānliang 〈口〉①つややかである.②きれいである.

鲜灵 xiān·líng 〈口〉みずみずしくきれいである.〔这把花儿真~〕この束の花は本当にきれいだ.

鲜绿 xiānlǜ 色鮮やかな緑色(の).

鲜眉亮眼 xiānméi liàngyǎn 顔つきのくっきりときれいなこと.

鲜美 xiānměi ①(味)が非常によい.②〈文〉鮮やかで美しい.

鲜明 xiānmíng ①(色彩)が鮮やかである.②鮮明である.〔主题~〕テーマがはっきりしている.〔~的对比〕鮮明なコントラスト.

鲜蘑 xiānmó 新鮮なきのこ.生きのこ.

鲜奶 xiānnǎi 生の牛乳.→〔奶粉〕〔炼 liàn 乳〕〔牛 niú 奶〕

鲜嫩 xiānnèn 新鮮で柔らかい.〔碧 bì 绿~的菜〕青々としてみずみずしい野菜.

鲜啤(酒) xiānpí(jiǔ) ＝〔生 shēng 啤(酒)〕生ビール.

鲜肉 xiānròu ①生肉.新鮮な肉.②〔-儿〕切り傷の際の肉.

鲜润 xiānrùn 新鮮でみずみずしい.

鲜首乌 xiānshǒuwū →〔何 hé 首乌〕

鲜甜 xiāntián ①新鮮でうまい.〔~的空气〕同前の空気.②甘い.〔她的声音~好听〕彼女の声は甘くて耳に心地よい.

鲜味(儿) xiānwèi(r) 美味.うま味.

鲜血 xiānxuè 鮮血.

鲜妍 xiānyán 鮮やかで美しい.

鲜艳 xiānyàn あでやか(である).〔颜色~〕色があでやかである.〔~夺 duó 目〕〈成〉目を奪うばかりのあでやかさ.

鲜阳 xiānyáng 〈姓〉鮮陽(ﾁﾕﾝ)

鲜于 xiānyú 〈姓〉鮮于(ｿﾝｳ)

鲜鱼 xiānyú 鮮魚.生魚.〔~行 háng〕〈方〉魚床子)魚屋店.

[暹] xiān ①〈文〉日が昇る(こと).②〔~罗 luó〕シャム(ロ):現在の〔泰 tài 国〕(タイ)の14世紀中葉の称.

[鶱・骞] xiān 〈文〉鳥が飛ぶさま.

[闲・閑(閒)] xián (Ⅰ)〔闲〕①暇である.〔~了〕暇をもて余してつまらぬことをしでかす.〔要劳动,不要~着〕働きなさいよ,ぶらぶらしていないで.〔手脚总是~不住〕どうしてもじっとしていられない.↔〔忙 máng①〕②空(き)にしておく,遊ばせておく.利用せずにおく.〔~楼 lóu〕空きビル.〔机器别~着〕機械を遊ばせておくな.〔3 楼35号房间还~着呢〕3 階の35号室はまだ空いているよ.③暇(の).何もしないでいる時間.〔农 nóng ~〕農業の暇な時.農閑期.〔忙里偷 tōu ~〕忙中閑を盗む(んで).〔近来总不得~〕最近いっこうに暇がない.④関係がない.むだである.〔~话少说,谈点儿正事吧〕むだ話はさておき,少し本筋のことを話そう.→〔闲 jiān〕
(Ⅱ)〔闲〕〈文〉①門の中のしきり.柵.②防ぐ.〔防 fáng ~〕(よくないこと)を防ぎ抑える.③範囲.規範.④〈姓〉闲(ｼｪﾝ)

闲步 xiánbù 〈文〉そぞろ歩く.

闲常 xiáncháng 〈方〉平素.平常.いつも.

闲扯 xiánchě 閑談する.無駄話する.

闲愁 xiánchóu やるせなさ.

闲串 xiánchuàn あちらこちらをむだ話をして回る.〔串门〕

闲荡 xiándàng ⇒〔闲逛〕

闲地 xiándì 空閑地.遊休地.

闲饭 xiánfàn むだ飯.〔不吃~〕むだ飯は食わない.

闲房 xiánfáng 空き部屋:〔闲屋(子)〕ともいう.→〔空 kòng ~〕

闲废 xiánfèi 放置する.うっちゃる.

闲工夫(儿) xiángōngfu(r) 暇.暇な時間.

闲官 xiánguān ＝闲職.

闲逛 xiánguàng ＝〔闲荡〕暇でぶらぶらしている.暇つぶしにぶらつく.

闲话 xiánhuà ①〔-儿〕むだ話.世間話.雑談.〔说~〕雑談をする.②噂話.悪口.〔说他的~〕彼について噂をする.〔落 lào 了~〕人の口に上る.噂される.③文句.不平.④〈文〉閑談する.→〔闲谈〕

闲话休提 xiánhuà xiūtí それはさておき.閑話休題:〔闲话少提〕ともいう.→〔言 yán 归正传〕

闲寂 xiánjì 〈文〉ひっそりしている.

闲静 xiánjìng ①ひっそりしている.〔~的生活〕閑静な生活.②⇒〔娴静〕

闲居 xiánjū 〈文〉仕事もせず家でぶらぶらしている.〔小人~为不善〕小人閑居して不善をなす.

闲侃 xiánkǎn 〈方〉おしゃべりする.

闲嗑牙(儿) xiánkēyá(r) 〈方〉暇でおしゃべりする:〔啪磕打牙(儿)〕ともいう.→〔拉 lā 呱儿〕

闲空(儿) xiánkòng(r) 暇(ひま).〔一有~就看小说〕暇さえあれば小説を読む.

闲款 xiánkuǎn ＝〔闲钱〕遊資.遊金.

闲聊 xiánliáo 雑談する.〔和乡亲们~〕同郷の人たちと雑談する.

闲遛 xiánliù ぶらぶら歩き(をする).ぶらつく.〔他下岗以后,到处~〕彼はリストラされたあといたるところをぶらついていた.

闲民 xiánmín 〈文〉無職の徒.遊民.

闲磨牙 xiánmóyá 〈慣〉①くだらぬ言い争いをする.②むだ話をする.

闲盘儿 xiánpánr 〈方〉①よけいなこと.つまらぬこと.②むだ口.〔扯 chě ~〕へらず口をたたく.

闲篇 xiánpiān 雑談.おしゃべり.無駄話.〔咱们别扯 chě ~,先说正题〕ひまつぶしはやめて本題に入ろう.

闲气 xiánqì つまらぬ腹立ち.くだらない怒り.〔生~〕つまらぬことで怒る.

闲弃 xiánqì ⇒〔闲置〕

闲钱 xiánqián ⇒〔闲款〕

闲情逸致 xiánqíng yìzhì 〈慣〉のんびりした気分.

闲趣 xiánqù 〈文〉ゆったりしたくつろぎ.閑雅な趣.

闲人 xiánrén ①閑(な)人.②無関係の者.第三者.〔~止步〕〔~免进〕〔~莫入〕〔~勿 wù 入〕(掲示用語)無用の者入るべからず.関係者以外立ち入り禁止.

闲散 xiánsǎn ①ゆったりしている.②(人員・物資な

xián

どが使わずに)遊んでいる.遊ばせてある.〔～资金〕遊资.〔～土地〕遊閑地.
闲时 xiánshí ①暇な時.②平素:〔平 píng 时①〕に同じ.〔不烧香,急来抱佛脚〕平时不烧香,急时抱佛脚〕(諺)用のない時は寺参りをしないで,苦しい時には仏の足にすがりつく:苦しい時の神頼み.
闲事 xiánshì 余計なこと.どうでもいいこと.〔多管～〕余計な世話をやく.つまらぬことにかかずらう.〔狗拿耗子,多管～〕(歇)犬がねずみをとる:余計なこと(をする)
闲适 xiánshì 閑静でのどかである.
闲是闲非 xiánshì xiánfēi 自分に関係のないもめごと.
闲书 xiánshū 肩のこらない読み物.ひまつぶしの娯楽本.
闲耍 xiánshuǎ =〔闲玩(儿)〕暇つぶしをする.気晴らしをする.
闲谈 xiántán 閑談(する).雑談(する).〔这不过是～罢了〕これは世間話に過ぎないんですよ.
闲天 xiántiān むだ話.雑談.〔谈～〕〔聊 liáo ～〕雑談をする.
闲田 xiántián (農)休閑地.休耕地.
闲庭 xiántíng 閑静な庭園.〔～信步〕静かな庭園を足の向くまま歩く.
闲玩(儿) xiánwán(r) ⇒〔闲耍〕
闲暇 xiánxiá 暇.
闲心 xiánxīn ①ゆったりとした気持ち.②余計なおせっかい.
闲雅 xiányǎ ⇒〔娴雅〕
闲言碎语 xiányán suìyǔ くだらない噂話.〔闲言闲语〕ともいう.
闲逸 xiányì 世事を離れて悠々としている.
闲游 xiányóu ぶらつき歩く.
闲员 xiányuán 冗員.過剰人員.〔裁 cái 汰～〕リストラする.人員整理する.
闲云野鹤 xiányún yěhè (喩)思いのまま気のままに生きる人.隠士.道士.〔闲云孤鹤〕ともいう.
闲杂 xiánzá どうでもいい.つまらぬ.無関係の.〔～人员〕②余分な者.用のない人.⑥決まった職務のない者.〔寺里不准～人等驻脚〕寺院内に無用の者の立ち入りを禁ず.
闲在 xiánzài 〔口〕暇でぶらぶらしている.
闲章(儿) xiánzhāng(r) 遊印:書画などに用いる,成語や格言などの文字を彫ったもの.→〔图 tú 章①〕
闲着 xiánzhe ①空いている.②暇にしている.〔我天天～?〕僕が毎日ぶらぶらしていると思うのか.
闲职 xiánzhí 閑職.
闲置 xiánzhì =〔闲弃〕使わずにおく.遊ばせておく.〔～不用〕同前.〔～土地〕空き地.
闲坐 xiánzuò ①何もせずにぽかんと座っている.②用事もないのに友人を訪ねて座談する.

〔娴・嫻(嫺)〕 xián

①〔～于绘画〕絵がうまい.〔～于辞令〕人あたりがいい.②しとやかである.
娴静 xiánjìng しとやかである:〔闲静〕とも書いた.
娴雅 xiányǎ 〔文〕(女性が)上品でしとやかである.
娴熟 xiánshú 習熟している.よく慣れている.〔～的技艺〕習熟した技芸.
娴习 xiánxí 〔文〕習熟している.慣れている.
娴雅 xiányǎ =〔闲雅〕〔文〕(女性が)しとやかである.優雅である.〔谈吐～〕話し方がしとやかである.〔举止～〕物腰が上品だ.

〔痫・癇(癎・癇)〕 xián

①(中医)てんかん:〔～症 zhèng〕ともいう.〔癲 diān～〕に同じ.俗に〔羊 yáng～风〕という.〔姓〕痫(文)

〔鹇・鷳(鷳)〕 xián

①(鳥)ハッカン:キジ科の鳥.愛玩用.〔白～〕は通称.〔姓〕鹇(文)

〔贤・賢〕 xián

①賢い.好い.〔不分好歹～愚〕善悪賢愚を分かたず.→〔贤明〕②立派な人.人徳の優れた人.〔敬～〕賢を敬う.〔选～举能〕賢人を選び才能のある人を登用する.③旧人に対する敬称:同世代か下の世代の者に対して用いる.→〔贤弟〕〔令 lìng(Ⅱ)②〕④〔姓〕賢(文)
贤妣 xiánbǐ 〔文〕御亡母様:人の亡母に対する敬称.
贤才 xiáncái 〔文〕賢能な人材.
贤达 xiándá 名望家.〔社会～〕社会的な名士.
贤德 xiándé ①立派な人柄.賢明有徳.②⇒〔贤惠〕
贤弟 xiándì 〔尊〕自分の弟や,また年少の友人や弟子に対する呼称.
贤惠 xiánhuì =〔贤德〕(女性が)立派でやさしい:〔贤慧〕とも書いた.
贤昆仲 xiánkūnzhòng 〔文〕他人の兄弟に対する敬称.
贤郎 xiánláng 〔文〕ご令息.お子様.
贤劳 xiánláo 〔文〕公務に努める.
贤良 xiánliáng 〔文〕賢明で善良である(人).才德兼備である(人).〔～方正〕賢明善良で品行方正である(こと)
贤路 xiánlù 賢能な人材が任用される機会.〔广开～〕同前をひろげる.
贤妹 xiánmèi 〔尊〕自分や人の妹に対する呼称.
贤明 xiánmíng 賢明である(人)
贤内助 xiánnèizhù ⇒〔贤妻〕
贤能 xiánnéng 〔文〕賢明で才德兼備である(人)
贤妻 xiánqī =〔贤内助〕〔巧 qiǎo 妻〕賢妻:妻の美称.
贤妻良母 xiánqī liángmǔ 〔成〕良妻賢母.
贤契 xiánqì 〔文〕子・甥姪に対する,または師匠が弟子に対する敬称.
贤人 xiánrén ①=〔贤士〕〔文〕賢人.有德者.②→〔圣 shèng 人④〕
贤甥 xiánshēng 〔尊〕自分や人のおい(姉妹や徒姉妹の子)と同世代の若者に対する呼称.
贤士 xiánshì ⇒〔贤人①〕
贤淑 xiánshū (女性が)しとやかで賢い.〔温柔～〕やさしくて気立てのよい.
贤孝 xiánxiào やさしくて孝行である人.〔～牌 pái 坊〕婦女子の親孝行を表彰する〔牌坊〕.
贤婿 xiánxù 婿どの(敬称)
贤哲 xiánzhé 賢人.賢哲.
贤者多劳 xiánzhě duōláo ⇒〔能 néng 者多労〕
贤侄 xiánzhí 〔尊〕自分や人のおい(兄弟や従兄弟の子)と同世代の若者に対する呼称.
贤姊 xiánzǐ 〔文〕自分や人の姉に対する美称.
贤尊 xiánzūn 〔文〕お父上様:人の父親に対する敬称.

〔弦(絃)〕 xián

(Ⅰ)〔弦〕①(數)弦.②円弧の両端を結ぶ線.③不等辺直角三角形の斜辺:〔斜 xié 边〕の旧称.②半円形の月.〔上弦の月.〔下～〕下弦の月.③→〔弦脉〕〈方〉(時計などの)ぜんまい:〔发 fā 条〕に同じ.〔闹钟的～断了〕目ざましい時計のぜんまいが切れた.→〔姓〉弦(文)
(Ⅱ)〔弦(絃)〕①(弓の)つる.〔离～之箭〕つるから放たれた矢.②〔二儿〕(樂器の)弦.〈転〉

xián

(弦を張った)楽器.〔调 tiáo ～〕(弦楽器の)音を合わせる.〔老一〕一の糸:太くて調子の低いもの.〔二～〕二の糸.〔三～〕三の糸:細くて調子の高いもの.〔学～唱曲儿〕弦楽器を習い,歌を歌う. ③→〔断弦②〕〔续 xù 弦〕

弦歌 xiángē ①琴の伴奏で歌う. ②琴の音や歌声.
弦脉 xiánmài 中医脈がぴんと張って強いこと.→ 勾 shuò 脉
弦索 xiánsuǒ 弦楽器の弦.
弦外之音 xiánwài zhī yīn 〈喻〉言葉の裏の意味.
弦月 xiányuè 弓張月.→〔新 xīn 月〕
弦乐 xiányuè 画弦楽.〔一队〕弦楽隊.〔一四重奏〕弦楽四重奏.
弦乐器 xiányuèqì 画弦楽器:〔小提琴〕(バイオリン),〔琵琶〕(びわ)など.
弦柱 xiánzhù 画(楽器類)の琴柱(ごと).
弦子 xiánzi 画①弦楽器の糸.弦.→字解(II)② ②三弦の楽器:〔三 sān 弦〕に同じ.
弦子戏 xiánzixì ⇒〔柳 liǔ 子戏〕

〔舷〕
xián 〈文〉画ヤスデ:〔马 mǎ 陆〕の古名.〔马～〕ともいう.

〔舷〕
xián 舷:船体・機体の側面.〔左 zuǒ ～〕〔右 yòu ～〕右舷.
舷边 xiánbiān 舷側.
舷窗 xiánchuāng 舷窓:船体や機体の側面に設けた小窓.
舷门 xiánmén 舷門:船体の左右の乗り降りする入り口に設けてある門.
舷梯 xiántī タラップ:船体・機体の外側に架ける階段状のはしご.

〔咸・鹹(醎)〕
xián (I)〔咸〕〈文〉皆.すべて.全部.〔～受其益〕皆その益を受く.〔老少 shào 一宜〕老人にも子供にも適している. ②〈文〉咸(☆):六十四卦の一つ. ③〈姓〉咸(☆).
(II)〔鹹(醎)〕塩辛い.〔菜太一〕料理が同前.
咸饼干 xiánbǐnggān 食クラッカー:菓子の一種.
咸不唧儿 xiánbujīr ちょっぴりしょっぱい(味がよい)〔唧〕は〔叽〕ともかく.
咸菜 xiáncài 食漬物.野菜の塩漬け:地方によっては〔酱 jiàng 菜(儿)〕(みそ漬け)もいう.→〔腌 yān 菜〕
咸菜疙瘩 xiáncài gēda 食ネカラシナの塩漬け.
咸草 xiáncǎo 圃①ハマウド. ②タマガヤツリ(球蚊帳釣)
咸蛋 xiándàn 圃⇒〔咸鸡蛋〕〔咸鸭蛋〕
咸淡(儿) xiándàn(r) 塩辛い味とあっさりした味.〈転〉味かげん.〔一怎么样〕塩加減はどうですか.〈一正合适〉塩加減がちょうどいい.
咸湖 xiánhú 塩湖.鹹(☆)湖:塩分が24.7%以下のものを〔微 wēi ～〕,それ以上のものを〔咸水湖〕という.〔盐 yán 湖〕は俗称.
咸鸡蛋 xiánjīdàn ＝〔咸蛋〕(鸡)卵の塩漬け:〔咸鸡蛋儿〕ともいう.
咸津津 xiánjīnjīn(r) 少し塩辛いさま.
咸肉 xiánròu 豚肉の塩漬け.ベーコン:〔腌 yān 肉〕に同じ.〔咸猪肉〕ともいう.→〔腊 là 肉〕
咸涩 xiánsè 塩辛く苦い.しょっぱい.
咸水 xiánshuǐ ①鹹水(水). ②塩水.海水.→〔淡 dàn 水〕
咸水蛋 xiánshuǐdàn ⇒〔咸鸭蛋〕
咸水妹 xiánshuǐgē 〔蛋 dàn 民〕(旧時の水上居民)の民謡.
咸水湖 xiánshuǐhú ⇒〔咸湖〕
咸土 xiántǔ 塩分を含んでいる土壌.アルカリ土壌.
咸鸭蛋 xiányādàn ⇒〔咸蛋②〕(あひるの)卵の塩漬け:〔咸鸭子儿〕ともいう.

咸盐 xiányán 〈口〉塩.
咸鱼 xiányú 魚の塩漬けもの.〔一翻 fān 身〕塩漬けの魚がひっくり返る.〈喻〉再起する.返り咲く.

〔捋・撏〕
xián 引っ張る.むしり取る.〔一毛〕(鳥獣の毛を)同前.〔把鸡毛～净了〕鶏の毛をきれいにむしり取った.
捋扯 xiánchě ①つかまえる.引き止める.〔这事得一住他,问个水落石出才行〕これは彼を引き止めて,はっきりさせるまで聞き出さなければならない. ②抜粋する.剽窃(ぴう)する.

〔涎(次)〕
xián よだれ.唾液.〔口角垂chuí ～〕口からよだれを流す.〔垂三尺〕〈喻〉うらやましがる.
涎邓邓 xiándèngdèng 〈白〉のばっこくにやにやしてみるさま:〔涎瞪瞪〕とも書く.
涎沫 xiánmò 〈方〉よだれ.
涎牛 xiánniú ⇒〔蛞 kuò 蝓〕
涎皮赖脸 xiánpí làiliǎn 〈喻〉あつかましいさま.ずうずうしいさま.
涎水 xiánshuǐ 〈口〉よだれ:〔口 kǒu 水①〕ともいう.→〔唾 tuò 液〕
涎着脸(儿) xiánzheliǎn(r) ずうずうしく(する).つけあがる(一する).あつかましくする

〔衔・銜(御・啣)〕 xián
(I)〔銜(御)〕①くつわ. ②(行政・軍事・教育・科研などの組織における人員の)位階.等級.肩書.〔头一〕肩書.〔官一〕官職名.〔学一〕学位.〔大使一〕大使相当官(大使相当の資格).〔姓名.〔会一〕(上申書などに)連署の筆頭者.→〔御 yù (I)〕
(II)〔啣〕①くわえる.含む.〔燕 yàn 子一泥筑巢〕ツバメが口に泥を含んできて巣を作る.〔他嘴里老一着烟卷〕彼はいつもタバコを口にくわえている.〔日已一山〕太陽が山に隠れようとしている.→〔叼 diāo ①〕 ②〈文〉(恨みなどを)心に抱く. ③〈文〉受ける.奉ずる. ④すぐ後に続く.〔一尾〕同前.〔前后相一〕前後にすぐ続く.
衔恨 xiánhèn 〈文〉恨みを抱く.〔一九泉〕〈喻〉あの世までの恨み.
衔华佩实 xiánhuá pèishí 〈成〉①花が咲いて実を結ぶ. ②〈喻〉外観と内容が共に備わって美しい.
衔环结草 xiánhuán jiécǎo 〈成〉死後も恩に報いること:漢の楊宝が傷ついた雀を手当してやると,黄衣の童子が白環4個を口にくわえて礼に来た故事.
衔级 xiánjí 官職の位階.等級.
衔接 xiánjiē 接続する(させる).つながる.〔这篇文章前后不一〕この文章は前後がかみ合っていない.
衔略 xiánlüè 〈公〉官庁・官庁の名を省略する.
衔枚 xiánméi 田枚(ぱ)を含む:軍隊が隠密行動する時に兵士は枚(箸のようなもの)を横に噛み声を立てないようにした.〔一疾走〕声を立てないで急行軍する.〔一勒甲〕〔钳 qián 马一〕〈成〉兵は枚を含み,馬は馬よろいをまとう:こっそりと軍を進める.
衔命 xiánmìng 〈文〉命を奉ずる:〔奉 fèng 命〕に同じ.
衔辔 xiánpèi 〈文〉①轡(☆)をはめる. ②〈喻〉法律.法規.
衔铁 xiántiě 国電機子.アーマチュア.
衔头 xiántóu 肩書:〔头衔〕に同じ.
衔尾相随 xiánwěi xiāngsuí 〈成〉すぐ後につく.
衔恤 xiánxù 〈文〉①憂いを含む. ②父母の喪に服する.
衔冤 xiányuān 〈文〉心中恨みを含む.〔一而逝 shì〕無念の思いで死ぬ.

〔鲻・鯎〕
xián 魚貝ネズッポ(総称).〔绯 fēi ～〕トビヌメリ.〔美尾～〕ヨ

xián〜xiǎn

〔噞〕 xián 〈文〉①口に含む. ②恨みを抱く. → qiǎn

〔嫌〕 xián ①嫌う.憎む.不満に思う.〔讨人~〕いやがられる.〔~麻烦〕面倒がる.〔他~工作太累 lèi 辞了职〕彼は仕事がつらくてやめてしまった.〔要是~颜色太浅,可以换深色的〕もし色の薄すぎるのがお気に入らなければ濃いのにかえてもよい. ②恨む.意趣.〔消释前~〕恨みを水に流す.〔挟~报复〕意趣晴らしする. ③気がねする.〔不~害臊,还说呢〕恥ずかしがりもせず,よく言い張ろうとするんだからなあ. ④疑い(う).嫌疑(がかかる).〔避 bì~〕疑いがかからないようにする. ⑤…のきらいがある.〔这篇文章有太文之~〕この文章は文語的すぎるきらいがある.

嫌猜 xiáncāi 猜疑する.

嫌疵 xiáncī いやがる.いとう.〔您不~饭不好,就请吃过再走〕おいやでなければ,どうぞ召し上がって行って下さい.

嫌烦 xiánfán 嫌気がさす.うんざりする.煩わしい.

嫌犯 xiánfàn ⇒〔嫌疑犯〕

嫌恨 xiánhèn ⇒〔嫌忌〕

嫌乎 xiánhu 〈方〉

嫌忌 xiánjì =〔嫌恨〕忌み嫌う.気に入らない.

嫌弃 xiánqì 嫌って相手にしない.〔您不~就请过来坐坐儿〕いやでなかったらいつでもどうぞおいでになってください.

嫌气细菌 xiánqì xìjūn 生命嫌気性細菌.

嫌恶 xiánwù 〈書〉嫌う.忌み嫌う.いやがる.

嫌隙 xiánxì 疑いあって仲たがいする.

嫌厌 xiányàn ⇒〔嫌恶〕

嫌疑 xiányí 嫌疑.〔~犯罪〕~犯〕〔嫌犯〕〔疑犯〕法被疑者.〔~分子 fènzǐ〕容疑分子.〔~人〕疑わしい人.

嫌怨 xiányuàn 恨み.不満.

嫌憎 xiánzēng 憎み嫌う.

〔冼〕 xiǎn 〈姓〉冼(x).

〔洗〕 xiǎn 〈姓〉洗(x). → xǐ

〔毨(毨)〕 xiǎn 〈文〉(鳥獣の子の)産毛が生えそろう.

〔铣・銑〕 xiǎn ①〈文〉光る金属. ②〈姓〉銑(x).

铣铁 xiǎntiě 国銑(x)鉄. →〔铸 zhù 铁〕

〔筅(筅)〕 xiǎn 〔~帚 zhǒu〕〈方〉ささら:竹を細く割ったのを束ねて茶碗や鍋釜を洗うのに用いる.〔炊 chuī 帚〕に同じ.

〔跣〕 xiǎn 〈文〉裸足.素足.〔~足 zú〕同前.

〔狝・獮〕 xiǎn 〈文〉①古代,秋季の狩猟. ②殺す.〔草 cǎo 剿禽~〕〈成〉一網打尽にする.

〔显・顯(㬎)〕 xiǎn ①明らかである.はっきり見える. ②著しく目立つ.〔不改革,~然不成〕改革しなければ明らかにだめだ.〔这道裂纹,看来非常明~〕このひびは非常にはっきりり見える.↔〔隐 yǐn ①〕 ②現す.発揮する.ひけらかす.現れる.知られる.〔~本事〕腕前を見せる.〔大~神手〕大いに神技を披露していた. ③名高い.有名である.〔光~前辈 bèi〕.〔一天到晚老说别人不行,就~你啦〕四六時中他人の悪口ばかり言っていれば,自分が偉く見えるとでも思っているのか. ④亡くなった自分の親に対する敬称. ⑤〈姓〉顕(x).

显摆 xiǎnbǎi 〈口〉てらう.ひけらかす.見せびらかす:

〔显白〕とも書いた.

显鼻子显眼 xiǎnbízi xiǎnyǎn 〈方〉たいへん人目にたつ.明らかで見やすいさま.

显妣 xiǎnbǐ 亡き母上.

显达 xiǎndá 国仕官栄達.立身出世.〔~门庭〕家名をあげること.

显得 xiǎnde =〔着〕いかにも…に見える.…なのが目立つ.明らかに…だ.〔她~没有以前精神了〕彼女は前ほどの元気はないようだ.〔穿这样华丽的衣服更~年轻〕このようなきれいな服を着たら若さが一層目立つ.〔这样~不太好看〕こんなではあまりきれいに見えない.

显而易见 xiǎn ér yìjiàn はっきり見える.明らかにわかる.

显官 xiǎnguān =〔显宦〕高位高官,またはその人.

显贵 xiǎnguì ①身分が高い. ②名望家.

显赫 xiǎnhè ①輝かしい.〔~一时(一世)的人物〕今をときめく人物. ②著しい.

显花植物 xiǎnhuā zhíwù =〔管 guǎn 生植物〕植顕(x)花植物.種子植物.↔〔隐 yǐn 花植物〕

显怀 xiǎnhuái 〈方〉(妊娠して)腹が目につく.

显宦 xiǎnhuàn =〔显官〕

显豁 xiǎnhuò 明らかに現れている.顕著である.〔内容~〕内容がはっきりしている.

显见 xiǎnjiàn はっきり見える.よくわかる.〔~他的话不可靠〕彼の話は信用できないことがよくわかる.

显教 xiǎnjiào 国(仏教の)顕教. →〔显密〕

显晶质 xiǎnjīngzhì 鉱顕晶(x)質.

显卡 xiǎnkǎ ⇒〔显示卡〕

显考 xiǎnkǎo ①亡き父上. ②国高祖の敬称.

显亮 xiǎnliàng 明るい.

显灵 xiǎnlíng 霊験がある.霊験あらたかである.

显露 xiǎnlù 明らかに現(表)れる.〔脸上~出激动的表情〕顔に感激の表情がでている.〔本意~无疑,谁都明白〕本意がはっきりしていて誰の目にも明らかだ. →〔发 fā 露〕

显密 xiǎnmì 国(仏教の)顕教(天台・華厳・浄土の諸宗)と密教(真言宗)

显明 xiǎnmíng はっきりしている.明白である.著明である.〔事实~,没有置辩的余地〕事実は明らかで,弁解の余地はない.〔~的对照〕はっきりしたコントラスト.

显目 xiǎnmù ⇒〔显示目〕

显能 xiǎnnéng 腕前をひけらかす.〔他净~,今天现丑了〕彼は偉そうにばかりしていたが,今日は赤恥をかいてしまった. →〔逞能 chěng ①〕

显然 xiǎnrán 明らかである.〔那~不是好办法〕それは明らかに良い方法ではない.

显荣 xiǎnróng 〈文〉栄達する.

显色 xiǎnsè 国呈色. 〔~反应〕呈色反映.

显山露水 xiǎnshān lùshuǐ 〈方〉みせびらかす.

显身手 xiǎnshēnshǒu 本領を発揮する.

显圣 xiǎnshèng (神や偉人が)霊験を現す.

显示 xiǎnshì ①明らかに示す.誇示する.見せつける.〔他老~自己〕彼はいつも自分を誇示してばかりいる. ②電算ディスプレイ.モニター.〔~窗〕〔~屏〕〔~器〕同前.〔~装置〕ディスプレイ装置.〔~卡 kǎ〕〔显卡〕ビデオカード.〔字符~〕キャラクターディスプレイ.〔大屏幕液晶~〕大型液晶ディスプレイ. ③機表示器.指示計器.

显微 xiǎnwēi 顕微.〔~组织〕生命ミクロ組織.〔~手术〕医マイクロサージェリー.顕微手術.〔~照相〕マイクロ写真.〔~胶 jiāo 片〕マイクロフィルム:〔缩 suō 微胶片〕に同.〔~镜 jìng〕顕微鏡.〔电子~镜〕電子顕微鏡.〔~透 tòu 影机〕顕微鏡用プロジェクター.〔~阅 yuè 读机〕マイクロリーダー.

xiǎn

〔～照相机〕マイクロカメラ.

显现 xiǎnxiàn 現れる.露呈する.

显像 xiǎnxiàng ⇒〔显影〕

显像管 xiǎnxiàngguǎn ブラウン管.〔阴 yīn 极射线管〕に同じ.

显效 xiǎnxiào ①顕著な効果. ②効果を表す.

显形(儿) xiǎnxíng(r) （醜悪な）真相を現す.ばけの皮を現す.

显性 xiǎnxìng ①〔生命〕優性(の).〔～性状〕遺伝上の〕優性形質.〔～等位基因〕優性対立遺伝子. ②表に現れた.おおっぴらな.〔～劳动〕目に見える労働.

显学 xiǎnxué〈文〉有名な学説や学派.

显颜色 xiǎnyánsè 手並みをみせる.

显眼 xiǎnyǎn =〔显目〕〔醒 xǐng 目〕目につく.目立つ.人目をひく.〔这种颜色太～了〕この種の色は非常に目立つ.〔这份礼物很～〕この贈り物は体裁がいい.

显扬 xiǎnyáng〈文〉①表彰する. ②名声が高い.

显要 xiǎnyào 官職高く権勢のある(人).〔～人物〕要人.お歴々.高官.

显耀 xiǎnyào ①名声・権力などが高く輝かしい.〔～一时〕今をときめく. →〔显赫①〕②誇る.ひけらかす.

显影 xiǎnyǐng =〔显像〕①(フィルムや感光紙を)現像(する).〔～剂 jì〕〔～液 yè〕〔～(药)水〕現像液. →〔冲 chōng 洗②〕②徐々に姿を現す.

显增 xiǎnzēng 明らかに増える.

显者 xiǎnzhě ⇒〔显得〕

显证 xiǎnzhèng〈文〉確かな証拠.確証.

显著 xiǎnzhù 顕著である.〔取得の成就〕めざましい成績をあげる.〔成绩～〕成績が目をひく.

显祖扬宗 xiǎnzǔ yángzōng〈成〉先祖の名をあらわす.

〔险・險〕 xiǎn

①危ない(こと).危険(である):失败・不幸・灾害などの可能性.〔冒 mào～〕冒険をする.〔脱～〕危険を脱する. ②地勢が険しい(ところ).険しい〔要害〕.〔天～〕自然の要害.〔无～可守〕守りになる要害がない. ③悪くたらくる.邪悪である.険険である.〔阴 yīn～〕④危く…するところ.すんでのことに.〔～乎 hu 摔 shuāi 倒了〕もう少しで転ぶところだった. ⑤保険:〔保 bǎo 险〕の略.〔保什么～〕どういう保険をかけるか.〔火～〕火災保険.〔人寿～〕〔寿 shòu～〕生命保険.

险隘 xiǎn'ài 要害の険(の関所)

险道 xiǎndào 危険な道.〈喻〉危ない橋.

险道神(将) xiǎndàoshén(jiàng) ①回出棺の際に先頭に掲げた長身の道案内の神像. ②〈喻〉背高のっぽ.

险地 xiǎndì ①危険な場所.危地. ②要害.険しくて重要な場所.

险毒 xiǎndú 陰険で腹黒い.

险段 xiǎnduàn 危険な区間.

险恶 xiǎn'è ①険悪である.険しい.〔山势～〕山が険しい. ②陰険で悪辣である.〔用心十分～〕下心がたいへん陰険で残酷だ.

险峰 xiǎnfēng 険しい峰.

险工 xiǎngōng 危険な土木事業.事故がおこりやすい工事.

险固 xiǎngù （地勢上）要害堅固である.

险关 xiǎnguān 難関.〈喻〉きびしい前途.

险乎 xiǎnhu →了解④

险急 xiǎnjí〈文〉険阻にして困難の多いこと.

险急 xiǎnjí 緊迫している.

险境 xiǎnjìng 危険な場所.危地.〔脱离～〕危地を脱離する.

险局 xiǎnjú 危機.ピンチ.

险峻 xiǎnjùn =〔陡 dǒu 峻〕〔陡峭〕〈文〉山が高く険しい.〈喻〉危険で厳しい.

险棋 xiǎnqí (囲碁の)のるかそるかの布石.〈喻〉思い切った行為.非常に苦しい戦い.

险峭 xiǎnqiào 切り立って険しい.〔华 huà 山～卢 lú 山秀〕華山は峻険で廬山は秀麗だ.

险情 xiǎnqíng 危険な状態(状況)

险区 xiǎnqū 危険な区域.

险胜 xiǎnshèng 〔又〕辛勝(する).〔我国排球队以三比二,～外国排球队〕わが国バレーチームは3対2で外国チームに辛勝した.

险滩 xiǎntān 危険な灘.

险巇 xiǎnxī〈文〉危険な(山)道.険しい(山)道:〔嶮巇〕とも書く.

险象 xiǎnxiàng =〔险状〕危険な現象.〔～环 huán 生〕ピンチの連続.

险些(儿) xiǎnxiē(r) =〔方〕险一险儿〕危ないところで.いま少しで.〔～掉进河里〕すんでのところで川へ落ちるところであった.〔～撞 zhuàng 上〕ぶつかりそうだった.

险性 xiǎnxìng 危険性(がある)

险要 xiǎnyào ①堅固である. ②要害の地.

险一险儿 xiǎn·yīxiǎnr ⇒〔险些(儿)〕

险遭 xiǎnzāo すんでの～の目に遭う(ところだった).〔～毒 dú 手〕危うく毒手にかかるところだった.

险诈 xiǎnzhà 悪賢い.〔为 wéi 人～〕人となりが陰険.

险招(儿) xiǎnzhāo(r) ①陰険なやり方.悪質な手段(方法). ②のるかそるかのやり方.

险兆 xiǎnzhào 危険な前兆.

险症 xiǎnzhèng 危険な病症.

险种 xiǎnzhǒng 保険の種類.〔现在～太多,不知加入哪个好〕今保険の種類が多すぎて,どれに入ればいいかわからない.

险状 xiǎnzhuàng ⇒〔险象〕

险阻 xiǎnzǔ (道が)険しいこと.〔崎 qí 岖～的山路〕曲がりくねった険しい山道.〔不怕任何艰难 nán～〕どんな艱難険阻も恐れない.

〔崄・嶮〕 xiǎn

高く険しい.〔险②〕に通ずる.〔～巇 xī〕〔险巇〕〈文〉険しい(山)道.

〔崟・嵓〕 xiǎn

地名用字.〔周家～〕陝西省にある.

〔狝・獮〕 xiǎn

①〈文〉口のとがった犬. ②〔～狁 yǔn〕〔獯狁〕因古代,北方に居住した氏族:春秋時代以降は〔匈 xiōng 奴〕と呼ばれた.

〔玁・玁〕 xiǎn

玁狁 xiǎnyǔn ⇒〔狝狁〕

〔蚬・蜆〕 xiǎn

魚貝 シジミ.〔～子〕同前.

蚬蝶 xiǎndié 虫〔小 xiǎo 灰蝶〕

蚬鸭 xiǎnyā =〔斑 bān 背潜鸭〕

〔鲜・鮮（尟・尠）〕 xiǎn

少ない.〔尚～成效〕効を奏することがまだ少ない. →〔朝 cháo 鲜〕 → xiān

鲜见 xiǎnjiàn〈文〉珍しい.まれである.〔类似事例已不～〕似たような例は珍しくはない.

鲜少 xiǎnshǎo 少ない.〔此路～知者〕この道は知っている者が少ない.

鲜为人知 xiǎn wéi rénzhī ほとんど人に知られていない.

鲜有 xiānyǒu 珍しい．たくさんはない．

[藓・蘚] xiǎn ①[植]苔(コケ)類．〔水 shuǐ～〕水苔．②<姓>蘚(氏)．

藓斑 xiǎnbān 岩石に生えた苔がまだらになっていること．

藓帽 xiǎnmào [植]蘚蓋の上部についている光った帽子状の付属物．

[燹] xiǎn ①<文>①野火．山火事．②(転)兵火．〔兵 bīng～〕同前．

[幰] xiǎn <文>車の幔(まく)．〔～弩 nǔ〕儀仗の幔でおぶさっている弩弓(どきゅう)．

[见・見] xiàn <文>現れる．現す．〔現 xiàn〕に同じ．〔虹霓 ní～于雨后〕虹は雨あがりに出る．〔发～〕発見する．〔图 tú 穷匕(首)～〕<成>謀略がばれること．→ jiàn

[苋・莧] xiàn [植]①ヒユ(総称)．〔～科～菜 cài〕ヒユナ．バイアム．〔北美～〕〔野 yě～〕イヌビユ．〔反枝～〕アオビユ．アオゲイトウ(青鶏頭)．②ハゲイトウ：通称〔雁yàn 来红〕

苋陆 xiànlù ⇒〔商 shāng 陆〕

[岘・峴] xiàn〔～山〕[地]湖北省にある．

[现・現] xiàn ①現れる．現す．〔见 jiàn〕に同じ．〔出～〕現れる．〔表～〕表す．〔脸上～了笑容〕顔に笑いを浮かべた．〔～了原(本)形〕(化けていたものが)本来の姿を現す．本性を現わす．②現在．目下．今．〔况～〕現在の状況．〔～有图书一千余种〕現有図書1千余冊．③現存する．その場で．〔～钱现～货〕現金で現物を買う．④その場の．その時の．すぐに．〔临时～想款来不及了〕その時になってからその場で考えたのでは間に合わない．〔了地方～问〕着いたらその場で尋ねる．〔你～要，也不一定有〕その場でほしいといっても必ずあるとは限らない．⑤わざわざ…する．…したばかりだ．〔我是～起来接电话的时候才给你打电话的〕たった今電話をかけたところだ．⑥現金．〔兑 duì～〕現金に換える．〔贴～〕(手形の)割引をする．⑦<姓>现(氏)

现案 xiàn'àn 現在の事件．→〔积 jī 案〕

现场 xiànchǎng 現場．実地．〔不在～的证明〕[法]アリバイ．〔～表演〕ライブパフォーマンス．〔～采访〕現地取材．〔保护～〕現場をそのままにしておく．〔～直播〕生中継(する)．〔～参观〕現地見学．〔～办公〕現場で問題を解決すること．〔～感〕臨場感．

现场会(议) xiànchǎng huì(yì) 現場会議．職場集会．

现钞 xiànchāo 現金．

现炒现卖 xiànchǎo xiànmài 焼きたてのものを売る．<喩>受け売りする．〔现买现卖〕に同じ．

现成(儿) xiànchéng(r) ①できあがっている．現にある．〔～货〕現品．〔～衣服〕既製服．〔占了现成的天下〕他人にお膳立てされた天下．<喩>棚からぼた餅．〔买～的，还是定做？〕レディーメードを買うのか，それともオーダーメードか．②ありあわせである．いつでも用いることができる．〔～饭〕できあいの食事．据え膳．<喩>労せずして手に入る利益．〔～锣鼓〕<喩>今すぐに役に立つもの．〔～的钱〕すぐ使える金．〔你就在这儿歇吧，什么都～〕ここへ泊まれば，何でもそろっているよ．③<口>わけもない．たやすい．〔这些～话谁不会说！〕こんな思いつきの(無責任な)話など誰でも言える．〔这还不～〕そんなことたあお茶の子さ．〔他们那儿吃的一切都～〕彼らのところは食べるものは何でもある．

现丑 xiànchǒu 恥をさらす．

现出 xiànchū 現れる．現す．〔雨后的天空～彩虹〕雨上がりの空に虹が出る．

现存 xiàncún 現存する．現有する．〔～额 é〕現在額現在高．

现大洋 xiàndàyáng ⇒〔现洋〕

现代 xiàndài 現代：多く五四運動以降から現在までをいう．中華人民共和国の成立までをいうときもある．〔～汉语〕現代中国語．〔～舞 wǔ〕モダンダンス．〔～戏〕現代劇．〔～修正主义〕現代修正主義．〔～工业〕近代工業．〔～化〕近代化(する)．〔～服务业〕近代的サービス業．〔～文艺〕文芸上のモダニズム．〔～主义派 pài〕④同前．⑥中国で1930年代文芸雑誌『現代』によった一派．⑥作風．現代風．→〔当 dāng 代〕〔古 gǔ 代〕〔近 jìn 代〕

现代冬季两项 xiàndài dōngjì liǎngxiàng [スポ] バイアスロン．

现代五项 xiàndài wǔxiàng 近代五種競技：〔越野障碍赛马〕(馬術の障害飛越)，〔击 jī 剑〕(フェンシングのエペ)，〔手枪射击〕(ピストル)，〔游泳〕(水泳の自由形)，〔越 yuè 野赛跑〕(クロスカントリー)を一人で1日1種目を5日間連続して行うもの．

现兑传票 xiànduì chuánpiào 現金支払い伝票．

现兑钱庄 xiànduì qiánzhuāng 旧同業業．

现蹾现卖 xiàndūn xiànmài その場で仕入れて，その場で売る．<喩>人の話を受け売りする：〔现买现卖〕

现而今 xiàn'érjīn 今時(の世の中では)．当節．

现房 xiànfáng すでに完成し即時入居可能な住宅．→〔期 qī 房〕

现付 xiànfù 即座に支払う．

现官不如现管 xiànguān bùrú xiànguǎn <諺>④偉方で実現を取りしきっている者にはかなわない．

现汇 xiànhuì [商]一覧払外国為替.直(接)物为替．〔～价〕直物相場．〔～贸易〕現金貿易．

现货 xiànhuò [商]現物(商品).①現金．現物取引．〔～价格〕現物価格．スポット価格．→〔存 cún 货〕〔期 qī 货〕

现货买卖 xiànhuò mǎimài ⇒〔现期买卖〕

现价 xiànjià 現在の価格．→〔原 yuán 价〕

现交 xiànjiāo その場で渡す．

现浇 xiànjiāo(zhù) [建](工事の)現場で直接型枠に流し込む．

现阶段 xiànjiēduàn 現段階．

现今 xiànjīn 現在．このところ．

现金 xiànjīn [商]①現金．手持ち資金．〔～支票〕現金小切手．〔～订单〕現金注文．〔～卡 kǎ〕〔提 tí 款卡〕キャッシュカード．〔～流动〕〔～流量〕キャッシュフロー．〔～交易〕現金取引．→〔现钱①〕②(銀行の)手持ち現金．保存貨幣．

现金买卖 xiànjīn mǎimài 現金売買．

现金账 xiànjīnzhàng 現金出納帳．〔現金出納簿〕ともいう．〔現金日記账〕現金仕訳帳．

现金准备 xiànjīn zhǔnbèi 現金準備．正貨準備．

现局 xiànjú 現在の局面．

现刊 xiànkān (定期刊行物の)今期．〔～阅览室〕今期分雑誌閲覧室．→〔过 guò 刊〕

现款 xiànkuǎn 現金．→〔现金①〕

现蕾 xiànlěi [農]蕾をつける．〔～期〕棉・油菜・大豆などの作物の同前．

现买现卖 xiànmǎi xiànmài 仕入れた品をすぐ(その場)で売る．<喩>(知識・意見などを)受け売りする．

现米 xiànmǐ 現米の現在．

现年 xiànnián 現在の年齢．

现盘 xiànpán 毎日の相場．

现票 xiànpiào ⇒〔即 jí 票〕

现期 xiànqī 即時．〔～买卖〕〔现货买卖〕[商]現物売

xiàn 现现觃县限

買.
现钱 xiànqián ①〈口〉キャッシュ.現金.→〔现金①〕 ②回硬貨(紙幣に対して)
现钱不赊 xiànqián bùshē 現金払いで掛け売りなし.
现券 xiànquàn 圙現株⑪.実株.
现任 xiànrèn ①(现在…)担任している.[他～委员]彼は現在委員になっている.[～主席是律师出身]現職の主席は弁護士出身だ.→〔前qián 任〕
现如今 xiànrújīn 〈方〉今.目下.现在.
现身说法 xiànshēn shuōfǎ ①図(仏教で)仏が現世に種々の姿で現れて法を説き衆生を済度すること.②自分の事例をたとえとして訓戒すること.[我就来个～吧]自分の経験によってお話をしましょう.
现时 xiànshí 現時点.当面.[～价值]時価.→〔当dāng 前〕
现实 xiànshí ①現実.[～性]回現実性.[～主义]文芸上のリアリズム.[写 xiě 实主义]は旧称.②現実に即している.[这个计划不～]このプランは非現実的だ.[讲～]現実的なことを重んずる.
现世 xiànshì ①この世.現世.→[来 lái 世][前qián 世]②〈口〉醜態を演じる.[夸你还有脸说…哎,别在我跟前死～](茅·霜5)よくもまあぬけぬけと…おれの前でこれ以上恥をさらさないでくれ.[～宝 bǎo]ろくでなし.役たたずの人間.
现势 xiànshì 目下の情勢.
现世报 xiànshìbào 現世の報い.天罰てきめん.[现报]ともいう.
现玩 xiànwán モダンアンティーク.[古 gǔ 玩](アンティーク・骨董品)に対していう.
现下 xiànxià 〈口〉ただ今.現在.目下.
现…现… xiàn…xiàn… 今…して,今…する.その場で…,その場で…する.[～说~讲]その時その時で話し合う.[～吃~做]食べる時に(なってはじめて)作る.[～学~教]習ったらすぐ(人に)教える.[～用~买]必要に応じて買う.
现象 xiànxiàng 現象.[～界]圙現象界.[社会～]社会現象.[最近日元出现了升值的~]最近日本円に円高現象があらわれた.
现销 xiànxiāo 現金取引をする.
现行 xiànxíng ①現行(の).[～法]圕現行法.②現在犯罪行動をしている.[～犯]現行犯.[～反革命(分子)]解放後に反革命的な罪を犯した者.→[历 lì 史反革命(分子)]
现形 xiànxíng ①化けの皮を現す.真相を暴露する.②現状.
现眼 xiànyǎn 〈口〉顔がつぶれる.物笑いになる.[在众人面前丢人～]大勢の前で恥をさらして面目丸つぶれだ.[败相~恥をかく]
现洋 xiànyáng =[现大洋].[现银]回一元銀貨の現金.→[银 yín 洋]
现役 xiànyì 现(军人)現役軍人.[～国家队员]ナショナルチームの現役選手.↔[退 tuì 役]
现银 xiànyín ⇒[现洋]
现有 xiànyǒu 現有している.現在持っている.[～企业]既存企業.
现在 xiànzài 今.现在.[见在]とも書いた.[过去是公司职员,现在是公务员]以前は会社員,今は公務員になっている.→[过去 guòqù][将 jiāng 来][目mù 前]
现正 xiànzhèng まさに.ただ今ちょうど.[饭～做着呢,这就得 dé]ごはんはいま作っているところです.すぐできあがりますから.
现值 xiànzhí ①今ちょうど…に当たる.目下…に際し.②現在の値段.時価.

现职 xiànzhí 現職.
现址 xiànzhǐ 現住所.
现抓 xiànzhuā 行きあたりばったりである.[又时间了,到时候～吧]時間が無いからなり行きまかせだ.
现状 xiànzhuàng 現状.[改变~]現状を改める.

[**晛·晛**] xiàn 〈文〉太陽が出る.陽が明るい.

[**粯·粯**] xiàn 〈文〉米屑.屑米.
粯子 xiànzi 〈方〉粗挽きの小麦粉.

[**县·縣**] xiàn ①中国の行政単位の一.[省 shěng(I)①][自治区]直辖市],または[自治州][省辖市]の下,[乡 xiāng镇 zhèn(I)]の上に位する.[～改为市]県から市への変更.②〈姓〉県(X) → xuán
县丞 xiànchéng 回県令補佐.県城.
县城 xiànchéng 県政府所在地.県城.
县份 xiànfèn 県:地名は[×× 县]を用いる.[他们那儿是个小~]彼のところは小県だ.→[省 shěng份]
县府 xiànfǔ ⇒[县政府]
县父母 xiànfùmǔ 回[知 zhī 县①]の尊称.
县官 xiànguān 回①県令.県知事.県知事(の別称).③圁朝廷.役所.
县级市 xiànjíshì 県レベルの市.→[地 dì 级市]
县界 xiànjiè 県境.
县考 xiànkǎo [科 kē 举]
县立 xiànlì 県立(の).
县里 xiànli ①県内.②回県の役所.
县令 xiànlìng 回県知事.
县署 xiànshǔ ⇒[县政府]
县太爷 xiàntàiyé 回県令・県知事への呼称.②(転)県のお偉方(皮肉っぽう)
县委 xiànwěi (中国共産党)県委員会.[县委员会]の略.→[省 shěng 委]
县尉 xiànwèi 回県の治安に当たる役人:明・清に[典 diǎn 史]といった.
县学 xiànxué 回県に設けられた[生员]が学ぶ学校.
县衙门 xiànyámen 回県の役所の俗称.
县长 xiànzhǎng 県長.[县令]回[县尹 yǐn][县知事(知县)]の呼称.
县政府 xiànzhèngfǔ =[县府]回[县署]県の役所.県庁.
县知事 xiànzhīshì 回県の長官.
县治 xiànzhì 回県政府の所在地.
县志 xiànzhì 県の地誌.
县尊 xiànzūn 〈尊〉回県令県知事閣下.
县佐 xiànzuǒ 回県知事補佐.

[**限**] xiàn ① 限度.限界.[界~]限界.[权 quán ~]権限.[给他五天期~]5日間の期限(猶予)を与える.[持用免费券,以本人为~]無料パスの使用は本人限り.[时间有~]時間があまりない.[三伏天~无限の光米.②制限する.期限をきる.範囲を限る.[～三天完工]3日以内に仕事を完成する.[作此文章--用五百字,文体不~]この文章は500字以内に限り,文体は指定しない.[不可~量]はかり知れない.③〈文〉(門の)敷居.[户~]同前.
限产 xiànchǎn 生産(量)を制限する.
限次 xiàncì 〈白〉期限.
限电 xiàndiàn 電力供給・使用の制限(をする)
限定 xiàndìng 限定(する).[～承认]圕限定承認.[～参观人数]参観者を数とする.
限度 xiàndù 限度.[保证最大～地满足需要]最大限度に需要を満たすことを保証する.
限兑 xiànduì 兌換制限.

限额 xiàn'é ①限度額.②投資基準額・基準枠.
限购 xiàngòu 購入制限(する).
限规 xiànguī リミットゲージ.
限价 xiànjià ①価格制限(する).②抑制価格.③指し値.
限界 xiànjiè 限界.境界.
限量 xiànliàng ①限る.限度を決める.〔您的将来不可~〕あなたの将来は量り知れない.〔每人一两个〕一人2個限り.②限度.〔~版 bǎn〕限定生産・発行・発売(の).
限令 xiànlìng ①日限をきって行うよう命ずる.②日限つきの執行命令.
限排 xiànpái (廃液・廃ガスなどの)排出(を)規制(する).
限期 xiànqī ①日限を定める.期限を切る.〔~破案〕指定の期日までに刑事事件を解決する.②定められた日限.〔~已満〕期限が切れた.〔三天的~〕3日間の猶予(期限).
限时 xiànshí ①時間を定める.②定めた時間.〔~服 fú 务〕迅速サービス.
限时保险单 xiànshí bǎoxiǎndān 定期保険証券.
限收 xiànshōu 受け入れ(を)制限(する).買いつけ(を)制限(する).
限速 xiànsù 時速制限(する).またその速度.〔校内最高~40公里〕校内制限時速は40キロ.
限行 xiànxíng 通行規制(をする).進入規制(する).
限养 xiànyǎng (動物の)飼育を制限する.
限于 xiànyú ……に限られている.~にとどまる.〔~有下列资格者〕次の資格者に限る.〔这种句子只~ 号中使用〕このような文はスローガンにしか用いられない.
限值 xiànzhí 規制値.
限止 xiànzhǐ 制限(する).
限制 xiànzhì 制限(する).〔~区〕規制区域.〔~军备〕軍備制限.〔~贸易〕管理貿易.〔不加~〕制限しない.〔~性贷款〕タイドローン.〔没有年龄的~〕年齢の制限はない.〔~加入〕加える.〔~出口〕輸出を規制する.〔~战略武器会谈〕戦略兵器制限交渉.SALT.
限制线 xiànzhìxiàn (バレーボールの)アタックライン.

〔线・綫〕 xiàn
①糸.より糸.〔一桄 guàng ~〕糸巻1本分の糸.〔毛~〕毛糸.〔棉 mián ~〕木綿糸.→〔绳 shéng〕②幾何学上の点の移動によって描かれる線.〔直~〕直線.〔平行~〕平行線.〔画上一道虚~〕1本の点線を引く.③細長い線状のもの.〔光~〕光線.〔电~〕電線.〔裸铜~〕はだか銅線.〔镍 niè 铬~〕ニクロム線.〔漆 qī 包~〕エナメル線.〔塑 sù 胶~〕ビニール線.〔软 ruǎn ~〕コード.④(交通上規定されている)路線.道.〔航 háng ~〕航路.航空路.〔单行~〕一方通行の道路.〔京广~〕北京広州線.⑤(政治上・思想上の)路線.〔上纲上~〕政治綱領・路線のレベルで判断する.⑥(限界の)線.〔分界~〕~分界線.〔前~〕前線.〔吃水~〕吃水線.〔范围.限界.〔饥 jī 饿~〕飢餓線.〔死亡~〕死線.〔地平~〕地平線.〔视线〕視線.⑧量詞.抽象的な事物に用いられ,数詞は〔一〕に限られる.小さい・少しの意.〔一~光明〕一筋の光明.〔一~希望〕一縷(る)の望み.〔一~生机〕一縷の生きる望み.⑨手がかり.糸口.〔眼~〕目引きする者.→〔线〕
线板(儿) xiànbǎn(r) 糸を巻く板.糸巻.〔线板子〕ともいう.〔~上缠着各种颜色的线〕1個の糸巻に色々な色の糸が巻いてある.→〔线轴儿〕
线报 xiànbào ①(スパイ・情報提供者からの)密告.情報.たれこみ.〔警方接获~〕警察は手がかりをつかんだ.②(インターネット上で公開されている)ニュース.〔最新~〕最新ニュース.
线材 xiàncái 線材:細い丸鋼.
线程 xiànchéng スレッド.
线虫 xiànchóng 線虫類.ネマトーダ.
线春 xiànchūn 幾何学模様の絹織物:多く春衣料に用いる.浙江省杭州産が有名.〔春绸 chóu〕ともいう.
线电压 xiàndiànyā 線間電圧.
线段 xiànduàn 〔数学〕線分.有限直線.
线方程 xiànfāngchéng ⇒〔一次方程〕
线杆 xiàngān 電柱.
线毂辘 xiàngǔ(lu)(r) ⇒〔线轴儿〕
线桄(子) xiànguàng(zi) ①糸巻き管.はたの横木.糸枠.②同前に巻いた糸束.③凧揚げの糸.→〔桄子〕
线规 xiànguī ワイヤーゲージ.→〔规①〕
线画 xiànhuà 線描画.
线间 xiànjiān 〔五線の〕線間.
线脚 xiànjiǎo 〈方〉縫い目.針目.
线裤 xiànkù 太い木綿糸や化繊のより糸で織ったズボン.
线粒体 xiànlìtǐ ミトコンドリア.
线路 xiànlù (交通・電流などの)線路.通路.回路.〔~图〕回路図.〔~网〕回路網.〔航空~〕航空路線.〔~板〕ICの基板.
线麻 xiànmá ⇒〔大 dà 麻①〕
线密度 xiànmìdù 線路密度.→〔特 tè 克斯〕
线描 xiànmiáo 線描.
线民 xiànmín インターネットユーザー.
线内 xiànnèi インサイド.→〔出 chū 界〕
线呢 xiànní 綿ラシャ.綿ギャバジン.
线膨胀 xiànpéngzhàng 線膨張.
线坯子 xiànpīzi 篠(じのの).条繊.スライバー:よりのかからぬ太い紐状のもので,合わせて綿・毛・絹などの糸となる.〔线批子〕とも書く.→〔批 pī Ⅳ〕
线圈 xiànquān(r) コイル.〔~捆 kǔn〕〔插 chā 换~〕プラグインコイル.〔感应~〕感応コイル.
线人 xiànrén 内通者.情報屋.たれこみ屋.
线绳(儿) xiànshéng(r) 木綿糸で作ったひも(縄).
线手套 xiànshǒutào 作業手袋.軍手.
线速度 xiànsùdù 線速度.
线索 xiànsuǒ ①(物事の)糸口.手がかり.〔头 tóu 绪~〕に同じ.〔理出~〕糸口をほぐしだした.②(話の)筋立て.筋書き.→〔情 qíng 节〕
线毯 xiàntǎn ①綿糸織りの敷物.②綿毛布.
线膛 xiàntáng 施錠銃の腔膛.
线绨 xiàntí 綿・絹の平織布地.
线条 xiàntiáo ①〔美術〕線(状の).すじ(状の).〔这幅画的~很有力〕この絵の線は非常に力がある.②(人体・工芸品の)輪郭.〔~美〕曲線美.
线头 xiàntóu [~儿]①糸の端.糸口.②糸ぎれ.使って余った短い糸〔线头子〕ともいう.③〈喩〉事の端緒.〔这件案子总算有了~了〕この事件は手がかりができたというものだ.
线团 xiàntuán 糸.ひもをまるめた形.
线袜 xiànwà [~子]木綿の靴下.〔丝 sī 袜〕
线外 xiànwài アウトサイド.
线纹毛葛 xiànwén máogé 線コードポプリン.
线下生 xiànxiàshēng (大学入試で)ボーダーライン以下の受験生.
线香 xiànxiāng 線香.→〔棒 bàng 香〕
线形 xiànxíng 線形(の).〔~叶 yè〕線形葉.〔~动物〕線形動物.

xiàn

线型 xiànxíng 糸の類型.
线性 xiànxìng 線形.〔~方程〕線形方程式.〔~电路〕線形回路.〔~发动机〕〔~马达〕リニアモーター.〔~元件〕線形素子.
线衣 xiànyī 〘围〙メリヤスのシャツ.
线轴儿 xiànzhóur =〔线毂辘(儿)〕①(ボビン・リールなど)軸形の糸巻き. ②糸巻きに巻いてある糸. →〔线板(儿)〕〔线桃(儿)〕〔线桄子〕
线绉 xiànzhòu 〘纺〙撚糸絹の絹織物の一種.
线装 xiànzhuāng 糸綴(じ).線装.〔~书〕〘~本〕線装書.線装本.→〔洋 yáng 装〕

〔**线·線**〕 xiàn 〈姓〉線(𣲘) →〔线〕

〔**腺**〕 xiàn 〘生理〙人や動物の身体内にある液体分泌の諸器官.〔汗~〕汗腺.〔淋巴~〕リンパ腺.〔扁 biǎn 桃~〕扁桃腺.
腺病 xiànbìng 〘医〙腺病.〔~质〕虚弱体質.腺病質.
腺瘤 xiànliú 〘医〙腺腫.アデノーマ.
腺毛 xiànmáo 〘植〙腺毛.
腺细胞 xiànxìbāo 〘生〙腺細胞.

〔**锬·錢**〕 xiàn 金属線.〔裸 luǒ ~〕はだか線.〔漆 qī 包~〕〔漆包线〕エナメル線.

〔**宪·憲**〕 xiàn ①〈文〉法令.おきて. ②憲法.〔立~〕立憲. ③〈文〉上役.上官. ④〈姓〉憲(𣲘)
宪兵 xiànbīng 憲兵.〔囮三道(头)〕は方言.かつて上海の憲兵の上衣の袖に3本の金筋が入っていた.
宪法 xiànfǎ 憲法.
宪警 xiànjǐng 憲兵と警察.
宪令 xiànlìng 〈文〉法規.法令.
宪书 xiànshū =〔时 shí 宪历〕
宪台 xiàntái 〘囮〙上官・上役に対する敬称.
宪章 xiànzhāng ①憲章.〔联 lián 合国~〕国連憲章. ②〈文〉法令制度. ③〈文〉見習う.
宪政 xiànzhèng 立憲政治.民主政治.
宪政时期 xiànzhèng shíqī →〔军 jūn 政时期〕

〔**陷**〕 xiàn ①はまる.落ちいる.〔~在泥里〕泥にはまり込む.〔~于可耻的失败〕恥ずべき失敗に陥る. ②くぼむ.へこむ.〔病了几天,眼睛都~进去了〕何日か病気をしたら目もくぼんでしまった. ③攻め破る.敵陣を陥れる. ④落とし穴. ⑤(人や獣を)陥れる.だまして危害を加える.〔~人于罪〕人を罪に陥れる.〔阵地~落〕陣地を陥落する.〔失~〕同前.〔沦~①〕敵に占領される. ⑦不十分な点.欠陥.〔缺 quē ~〕欠陥. ⑧〈姓〉陷(𣲘)
陷车 xiànchē ①(溝などに)車がはまる. ②〈白〉護送車.
陷害 xiànhài 人をおとしいれる.わなにはめる.
陷阱 xiànjǐng =〔陷坑〕〔坑 kǎn 阱〕落とし穴.陷穽(𣲘).〈喻〉(敵の)わな.〔落入~〕わなにはまる.
陷坑 xiànkēng 同上.
陷落 xiànluò ①落ちる.落ちこむ.へこむ.〔~地震〕陷落地震. ②はまる.陷る. ③陷落する.
陷马坑 xiànmǎkēng 馬の落とし穴.敵の軍馬を落とし入れる防禦穴.
陷没 xiànmò ①落ち込む.沈み込む. ②陷落する.
陷溺 xiànnì 〈文〉①落ち込む.溺れる. ②没頭する.ふける.
陷人 xiànrù ①落ち込む.陷れる.〔~进退两难的境地〕苦境に陥る.〔~危机〕危機に陥る. ②〔~圈套〕わなにかかる.〔~窘 jiǒng 境〕〈成〉窮境に陥る. ③〈喻〉没頭する.夢中になる.〔~沉思〕深く物思いにふける.
陷身 xiànshēn 身をおとす.〔~囹 líng 圄〕捕われの身となる.

陷于 xiànyú …に陷る.〔~孤 gū 立〕孤立に陷る.
陷阵 xiànzhèn 敵陣を陷れる.〔冲锋~〕〈成〉突撃して陣地を陷れる.

〔**馅·餡**〕 xiàn ①〔-儿〕〘食〙あん.中身.具.〔包~〕〔饺 jiǎo 子〕〔饼なども中身の砂糖・肉・野菜など.〔韭 jiǔ 菜~的饺子〕ニラ(肉、卵など)のあん入りギョーザ. ②〈喻〉内実.〔露 lòu ~了〕内実が出る.
馅儿饼 xiànrbǐng 〘食〙こねた小麦粉の皮に肉などの餡を包み、焼いたり揚げたりした平たく丸い食品.

〔**羡(羨)**〕 xiàn ①うらやむ.ほしがる.〔饮 xīn ~〕羨望する.〔艳 yàn ~〕非常にほしがる(うらやむ). ②〈文〉余り.残り.〔以~补不足〕余りで不足を補う. ③〈姓〉羨(𣲘)
羡慕 xiànmù 羨望する.うらやましく思う.
羡煞 xiànshā 大いにうらやましく思う.〔羡杀〕とも書く.〔令人~〕人々をうらやましがらせる.
羡叹 xiàntàn うらやみ嘆く.
羡余 xiànyú ①〘囮〙(地方官が徴収した各種の)付加税. ②余分(の). 余計(の). ③〔~成分〕剩余成分.

〔**献·獻**〕 xiàn ①献上する. 奉る. ささげる.〔把青春~给国家〕青春を国家にささげる. ②現す. 呈する.〔~媚〕〔献殷勤〕 ③演ずる. 見せる. 披露する. ④〈文〉歴史上価値ある文物.〔文~〕文献. ⑤〈姓〉献(𣲘)
献宝 xiànbǎo ①珍品を献納する. ②〈喻〉貴重な物・技術・意見・経験を提供する. ③〈喻〉お宝を見せびらかす.
献策 xiàncè 計策を献ずる.
献丑 xiànchǒu =〔献拙〕醜態をお目にかける. つたない作品・技をお目にかける.〔不会唱歌,只好~了〕歌はうまくないが、お笑いでやります.〔~, ~〕〈挨〉お恥ずかしいものをお目にかけました.
献出 xiànchū ささげる.〔为人民~了生命〕人民のために命をささげた.
献春 xiànchūn ⇒〔孟 mèng 春〕
献词 xiàncí 〔献辞〕とも書く.祝詞.祝辞.〔元旦~〕元旦のあいさつ(新聞などの). →〔致 zhì 词〕
献斗 xiàndòu 〘囮〙神にささげた杯.
献给 xiàngěi …にささげる.
献工 xiàngōng 勤労奉仕(する).ボランティア(で働く)
献哈达 xiànhādá (チベットなどで珍客や神仏に)〔哈达(はた)〕を献ずる.
献花 xiànhuā 花(束)を捧げる(贈る)
献计 xiànjì 献策する.〔献策〕に同じ.
献技 xiànjì 披露する.⇒〔献艺〕
献可替否 xiànkě tìfǒu 行うべきこと・廃止すべきことを献策する.〔献替(可否)〕ともいう.
献礼 xiànlǐ 〘囮〙(お祝いの)贈り物(をする).供物(を供える).〔超额生产为五一~〕生産目標突破をもってメーデーの引出物とする.〔~工 gōng 程〕敬祝記念の工事.〔~片〕祝賀記念映画.
献媚 xiànmèi 媚態を示す.〔~取宠〕媚びへつらって取り入る.
献纳 xiànnà 〈文〉①進言する.建白する. ②献上する.献納する.
献旗 xiànqí 表彰の旗を贈る.→〔锦 jǐn 旗〕
献芹 xiànqín 〈文〉〈謙〉つまらぬ物(意見)である.→〔芹②〕
献勤 xiànqín ⇒〔献殷勤〕
献身 xiànshēn 献身する.身をささげる.〔一生~于教育事业〕生涯を通じて教育事業に身を捧げた.〔~(社会)〕社会のために命をささげる.
献神 xiànshén 〘囮〙神に供物をして祭る:旧暦8月初旬収穫の後に行われる.

献岁菊 xiànsuìjú ⇒〔側 cè 金盏花〕
献血 xiànxiě 献血する.
献演 xiànyǎn 上演する.公演する.
献疑 xiànyí 疑問を出す;文章のタイトルなど.
献艺 xiànyì =〔献技〕技を披露する.芸を見せる.
献议 xiànyì 建議する.提案する.
献殷勤 xiànyīnqín =〔献勤〕媚びへつらって機嫌をとる(こと).取り入るためまめまめしくする.〔对上～,对下摆架子〕上にはごますり,下には威張る.
献映 xiànyìng 上映する.
献拙 xiànzhuō ⇒〔献丑〕

[霰] xiàn 図 あられ;〔口〕冰 bīng 疙瘩 gēda
〔方〕雪 糁 xuěshēn〔儿〕〔文〕雪 珠
〔方〕雪子〔口〕〔一粒 lì〕〔一珠〕あられ
の粒.〔～雪〕〔口〕米 mǐ 雪〕あられ.みぞれ.〔下～〕
あられが降る. →〔霙 yīng〕
霰弹 xiàndàn 軍〔榴彈散弹〕〔榴 liú 霰弹〕に同じ.
霰石 xiànshí 鉱 あられ石.

xiang　ㄒㄧㄤ

[乡・鄉(鄉・鄉)] xiāng
①いなか.
村.〔～下〕田舎.〔城－差別〕都市と農村との格差.
〔鱼米(之)～〕魚介・水産物の豊富な地方:多く江南地方を指す.↔〔城 chéng ②〕 ②生まれた故郷.
〔家～〕故郷.〔还 huán ～〕帰郷する.〔老～〕同郷人.→〔本 běn ㉒〕 ③郷(きょう)(早):中国の行政単位の一:〔民族～〕,〔镇 zhèn (I) ⑨〕とともに〔县 xiàn ①〕の下に位する.一つまたはいくつかの村落をあわせたもの.〔民族～〕は少数民族の自治に任せられるもの.〔～公所〕旧郷役場.④〈姓〉郷(ぎょ)
乡巴佬〔儿〕xiāngbalǎo(r) ⇒〔乡下佬〔儿〕〕
乡场 xiāngchǎng 市.
乡愁 xiāngchóu 郷愁.ノスタルジア. →〔怀 huái 乡病〕
乡村 xiāngcūn 農村.村落.村里.〔～音乐〕音カントリーミュージック.
乡党 xiāngdǎng 〈文〉①郷里. ②同郷(の人):周代,500戸を〔党〕,1万2500戸を〔乡〕といった.
乡丁 xiāngdīng 旧郷の下役.
乡风 xiāngfēng 〈文〉その土地固有の風俗.
乡关 xiāngguān 〈文〉故郷.
乡馆 xiāngguǎn 旧村の私塾.
乡规民约 xiāngguī mínyuē 農村社会における地域の申し合わせ.
乡户 xiānghù 土着の人.土地の人.
乡间 xiāngjiān 田舎.
乡井 xiāngjǐng 〈文〉故郷.
乡佬儿 xiānglǎor ⇒〔乡下佬〔儿〕〕
乡里 xiānglǐ ①居住しているところ.郷里:小さな町や村.②同郷の人.〔～亲〕同前.③妻.→〔妻 qī〕
乡邻 xiānglín 同郷人.
乡民 xiāngmín 村人.
乡僻 xiāngpì 都市から遠く離れてへんぴである.
乡企 xiāngqǐ ⇒〔乡镇企业〕
乡亲 xiāngqīn ①同郷の人:〔老乡 xiāng〕〔同 tóng 乡〕に同じ. ②農村の人に対する称.〔～们〕村の皆の衆.
乡情 xiāngqíng 故郷への想い.里心.
乡曲 xiāngqū 〈文〉①片いなか. ②郷里.故郷.
乡人 xiāngrén ①田舎の人. ②同郷人.
乡绅 xiāngshēn 〔旧中国で〕田舎に隠退した者・進士合格者などの社会階層.土地の有力者.声望ある地元名士.
乡试 xiāngshì 〔乡场〕〔秋 qiū 贡〕〔秋试〕〔秋闱 wéi〕旧科挙において, 3年毎に各省で行われた試験:〔大 dà 比〕ともいう.受験者のうち合格者に〔举人〕の称号が与えられる.〔官 guān 生〕といい,合格者に〔举人〕の称号が与えられる.〔礼部〕で行う〔会试〕を受験する資格が与えられる. →〔科 kē 举〕〔五 wǔ 魁(首)①〕
乡塾 xiāngshú 旧村の私塾.
乡思 xiāngsī 懐郷.ノスタルジア.ホームシック.
乡俗 xiāngsú 田舎の風俗.〔～气〕田舎風.農村風.
乡谈 xiāngtán ①お国言葉.〔打～〕お国言葉で話す. ②→〔变 biàn 口〕
乡土 xiāngtǔ 郷土.〔～观念〕郷土観念.〔～风味〕郷土色.ローカルカラー.〔～文学〕地方文学.農村文学.〔～气息〕農村の息吹.田舎の情趣.
乡味 xiāngwèi 田舎(故郷)の風味.
乡下 xiāngxia 〈口〉田舎.地方.
乡下佬〔儿〕xiāngxialǎo(r) =〔乡巴佬〔儿〕〕〔乡佬儿〕田舎者.田舎っぺ.〔～进城开了眼〕田舎者が町へ出て来て(いろいろな珍しいものを見て)ためになった.
乡下人 xiāngxiàrén 田舎の人.
乡贤 xiāngxián 郷土の賢人.同郷の人格者.
乡野 xiāngyě 村里.田舎.
乡谊 xiāngyì 〈文〉同郷のよしみ.
乡音 xiāngyīn 田舎なまり.お国なまり.
乡勇 xiāngyǒng 固土地の防衛のために徴募した民兵(組織):曾国藩の率いた〔湘 xiāng 军〕,李鴻章の率いた〔淮 huái 勇〕など.
乡邮 xiāngyóu 村や田舎町の郵便.〔跑～〕同前に配達する.〔～员〕同前の配達員.
乡友 xiāngyǒu 同郷人.
乡愿 xiāngyuàn 〈文〉偽善者. →〔愿(II)〕
乡约 xiāngyuē ①旧村の小役人. ②村の規約.
乡长 xiāngzhǎng 〔乡〕の長. ②〈文〉同郷の先輩.
乡镇 xiāngzhèn ①郷と鎮.〔～企 qǐ 业〕〔乡企〕郷鎮企業:農村で村民が経営する中小企業.〔大集体〕〔二国営〕とは俗称. →〔镇(I) ⑨〕 ②田舎町:村と田舎町.

[芗・薌] xiāng 〈文〉①古代,調味用の香草.②→〔香〕
芗剧 xiāngjù 劇閩南(福建省南部)の薌江(九龍江の中流)一帯の地方劇:民間芸能〔锦 jǐn 歌〕などが台湾に流入し,"四平戏"と京劇の影響を受け〔歌 gē 仔戏〕(台湾オペラ)となり,ふたたび閩南にかえり今日に至った.
芗泽 xiāngzé ⇒〔香泽〕

[相] xiāng (I)①互いに(の).ともに.〔互 hù ～〕〔~互〕互いに(の).〔不～上下〕大した差はない.似たりよったり.〔情意～投〕意気投合する.〔结果～反〕結果が相反している. ②動詞の前につけ一方が他方に働きかける動作を表す.〔実不～瞒〕実際のところを申し上げる.〔好言～劝〕穏やかに忠告する.③〈姓〉相(そ)
(II)見定める.品定めする(見合などで).〔老太太～她儿子的未婚妻〕おばあさんがお息子の嫁を品定めする.〔左～右看〕各方面からよく観察する.〔这件衣服她～不中 zhòng〕この服は彼女は気に入らない.
→ 相
相爱 xiāng'ài ①親しくする. ②愛しあう.〔俩人很快～了〕二人はすぐ愛し合うようになった.〔～容易〕相难〕〈諺〉好きになるのはやさしいが,寄り添うのは難しい.
相安 xiāng'ān 互いの間にいざこざがない.〔～无 wú 事〕〈成〉お互いに平和に暮らす.
相伴 xiāngbàn お相手をする.

xiāng 相

相帮 xiāngbāng 〈方〉援助する.世話する.
相悖 xiāngbèi 相反している.もとっている.
相比 xiāngbǐ 比べる.
相变 xiāngbiàn 物相転移.
相差 xiāngchà 相違(する).〔～无几〕いくらも違わない.〔～悬 xuán 殊〕差が非常に大きい.
相称 xiāngchèn ちょうどよくつりあう.バランスがとれている.ふさわしい.〔服饰和年龄很～〕服装と年齢がたいへんよくつりあってる.
相称 xiāngchēng 互いに呼びあう.
相成 xiāngchéng 互いに助けあって協力する.
相承 xiāngchéng 引き継ぐ.継承する.〔一脉 mài ～〕〔一脉相传〕(流派・血統が)代々受け継がれる.
相乘 xiāngchéng 数二数を掛ける.〔～效 xiào 应〕相乗効果.
相持 xiāngchí 対立し合う.相譲らない.〔～战〕持久戦.〔～不下〕双方でにらみ合う.
相斥 xiāngchì 排斥しあう.
相除 xiāngchú 数割る.
相处 xiāngchǔ つきあう.生活や仕事を共にする.〔大家～多年,情谊深厚〕みなは永年の交際で,非常に親密である.〔他们婆媳俩～得很好〕あの姑と嫁との間はなかなかうまくいっている.
相传 xiāngchuán ①伝えられるところによれば…とのことだ.〔～这种风俗已经有六百年的历史〕この種の風俗は600年の歴史を持っていると伝えられている.②伝授する.〔以秘法～〕秘法を伝授する.
相待 xiāngdài 〈文〉待遇する.〔～甚厚〕もてなしがたいへん手厚い.
相当 xiāngdāng ①相当する.相匹敵する.〔～于专 zhuān 业演员的水平〕くろうと役者の水準に相当する.〔旗鼓～〕喩実力が伯仲する.②相当した.かなり.〔～重要的决定〕相当に重要な決定.→〔很 hěn〕③適当である.〔要是有～的人,请你给介绍介绍〕もし適当な人がいたら紹介して下さい.
相得 xiāngdé ①互いに気が合う.〔彼此处 chǔ 得行～〕互いに馬が合っている.②うまく合う.よくつりあう.
相得益彰 xiāngdé yìzhāng 〈成〉持ちつ持たれつで双方ともますます結果がよくなる:〔彰〕は〔章〕とも書く.
相等 xiāngděng 同等である.相等しい.〔要找一个和这个～的很不容易〕これと同等のをとりあわせるのは容易でない.
相抵 xiāngdǐ ①相匹敵する.〔收支～〕収支相殺する.②〈文〉互いに抵触する.
相对 xiāngduì ①向かいあう.あい対する.②相対.〔～来说〕比較していえば.〔～分子质量〕物分子量.〔～误 wù 差〕相対的誤差.〔～湿 shī 度〕相対湿度.〔～高度〕相対的高度.〔～性〕相対性.〔～原子质量〕物原子量.〔～真理〕图相対的真理.〔～运 yùn 动〕物相対運動.〔人与人的关系是～的,不是绝对的]人と人との関係は相対的なものであって絶対的なものではない.↔〔绝 jué 对①〕 ③比較的に.割合に:マイナス面にも用いられる.〔～稳定〕比較的安定している.〔～薄 bó 弱〕相関薄弱である.
相对论 xiāngduìlùn →〔爱 ài 因斯坦相对论〕
相烦 xiāngfán 〈尊〉煩わす.お願する.〔我有事～〕お願みしたいことがあります.
相反 xiāngfǎn ①相反する.逆である.あべこべである.裏腹である.〔～数 shù〕数反数.〔甚 shèn 至还可能起～的作用〕逆の作用を起こす事になるかもしれない.②逆に.…に反して.
相反相成 xiāngfǎn xiāngchéng 〈成〉相反しつつ互いに成り立っている.→〔相辅相成〕
相仿 xiāngfǎng 似通っている.〔这些杂志内容大致～〕これらの雑誌の内容は大体同じようなものだ.
相逢 xiāngféng 巡りあう.〔萍水～〕偶然の機会に知りあいになる.
相符 xiāngfú あい符合する.〔名实不～〕名実が一致しない.
相辅而行 xiāngfǔ ér xíng 〈成〉互いに協力して進める.
相辅相成 xiāngfǔ xiāngchéng 〈成〉相助けあいつつ互いに成り立っている.→〔相反相成〕
相干 xiānggān 関係する(がある).かかわり合う:多く否定に用いる.〔与我不～〕わたしとは関係がない.
相隔 xiānggé (時間や距離が)隔たる.
相顾 xiānggù 〈文〉顔を見合わせる.〔～无 wú 言〕だまって顔を見るだけである.
相关 xiāngguān 関連をもつ.関連している.
相好 xiānghǎo ①親しい.仲がいい.〔～的〕親しい仲.〔～至契 qì〕特別親交の間柄.②親友.旧同前.③好き合う:多く不倫関係を指す. ④情人.愛人.
相合 xiānghé (考え・見方などが)一致する.
相呼应 xiānghūyìng 相呼応する.
相互 xiānghù 相互(の・に).〔～关系〕相互関係.〔～作用〕相互作用.〔～制约与～促进〕互いに制約しあい,互いに促進する.〔～勾结〕談合する.→〔互相〕
相会 xiānghuì 出会う.巡り会う.
相济 xiāngjì 互いに補い合う.助け合う.
相继 xiāngjì 相次いで(いで).〔～发言〕次々と発言した.
相加 xiāngjiā ①足す.〔这是这几个数～的和〕これはこれらを足した和です.②(相手の身に)加える.施す.
相煎何急 xiāngjiān héjí →〔煮 zhǔ 豆燃萁〕
相减 xiāngjiǎn 引く.
相见 xiāngjiàn 面会する.〔～恨 hèn 晚〕もっと早く知り合いになればよかったと思う.
相间 xiāngjiàn 互い違いにする.交互になる.〔舞蹈和歌唱～〕歌と踊りがかわるがわる出る.
相交 xiāngjiāo ①交差する.〔两线～于一点〕2線が1点で交わる.②交際する.〔～多年〕長年つきあっている.
相较 xiāngjiào 〈文〉比較する.
相接 xiāngjiē 互いにつながっている.互いに接している.②〈文〉応接する.迎える.
相近 xiāngjìn 差が小さい.距離が近い.〔大家的意见很～〕みなの意見は非常に近い.
相敬如宾 xiāngjìng rúbīn 〈成〉(夫婦が)互いに賓客のように尊敬しあう.
相距 xiāngjù (距離や時が)間隔たる.
相聚 xiāngjù 集い合う.
相看 xiāngkàn ①見る.目をむける.②遇する.扱う.③⇒〔相亲〕
相克 xiāngkè →〔相生相克〕
相类 xiānglèi 類似する.
相礼 xiānglǐ ⇒〔襄礼〕
相连 xiānglián つながる.〔前后～〕前後がつながっている.
相联 xiānglián 関連し合う.
相恋 xiāngliàn 恋し合う.好き合う.
相邻 xiānglín 隣接する.〔～效应〕近隣効果.
相令 xiānglìng 〈姓〉相令(㌥)
相骂 xiāngmà 互いに罵る.
相瞒 xiāngmán ①隠す.②だます.欺く.
相逆 xiāngnì 逆である.相反する.
相配 xiāngpèi うまく合う.〔新夫妇很～〕新婚夫婦はたいへんうまくいっている.

1830

相厢　　　　　　　　　　　　　　　　　　　　　　　　　　xiāng

相扑 xiāngpū 〔固〕すもう(をとる). →〔角 jué 抵〕〔摔 shuāi 跤〕

相期 xiāngqī 期待しあう.

相契 xiāngqì 〈文〉意気投合する. 仲がいい.

相亲 xiāngqīn ①相親しむ. 〔~相爱〕仲むつまじい. ②=〔相看③〕見合いをする. 婚前に嫁・婿の家へ行き品定めする. 〔暗相看〕それとなく同前.

相求 xiāngqiú 〈文〉相願う.

相去 xiāngqù 相隔たる. 〔~甚远〕その差はなはだ大きい. 大変な違いである. 〔~无几〕たいした差はない.

相觑 xiāngqù 〈文〉互いに見る. 〔面面~〕〔面面相观〕顔と顔を見合わせる.

相劝 xiāngquàn 勧める. 忠告する.

相让 xiāngràng 我慢して譲る. 〔互不~〕互いに譲歩しない. 〔礼貌~〕礼儀正しく譲り合う.

相扰 xiāngrǎo ①迷惑をかける. お互いの邪魔になる. 〔互不~〕お互いに迷惑をかけない. ②〔挨〕おじゃまします. 〔无事不敢~〕用事もないのにお伺いできません: 用事があってお邪魔します.

相忍为国 xiāngrěn wèiguó 〈成〉国家・国民のために譲歩する.

相认 xiāngrèn ①知っている. ②関係を認める. 認知する.

相容 xiāngróng 互いに相手を認める.

相濡以沫 xiāngrú yǐmò 〈成〉困っているとき,ささやかながら助け合うこと. 苦楽を共にする(荘子・太宗師)

相若 xiāngruò 〈文〉互いに似ている.

相善 xiāngshàn 〈文〉仲睦まじい.

相商 xiāngshāng 打ち合わせる. 〔有要事~〕相談したい要件がある.

相涉 xiāngshè かかわりあう.

相生相克 xiāngshēng xiāngkè 〈成〉相性の善い悪い: 陰陽五行説で,木火土金水の相互の作用. 例えば, 木は火を生ずる[を相生], 水は火を剋(こく)することを[相克]という.

相识 xiāngshí ①知り合う. 〔素 sù 不~〕もともと知り合っていない. ②知り合い. 知人. 〔旧~〕〔老~〕昔からの知り合い. 〔从此便成了~〕それ以来知り合いになった.

相视 xiāngshì 見合う. 〔~而笑〕顔を見合わせて笑う.

相熟 xiāngshú 熟知している.

相率 xiāngshuài 相次いで. 〔与 yù 会宾客遂~离座〕参会した客人もぞろぞろと席を立った.

相思 xiāngsī 恋し合う. 想い合う. 〔~病〕恋の病. 恋患い. 〔单 dān ~〕片思い.

相思草 xiāngsīcǎo 〔植〕トウアズキ. トラアズキ.

相思鸟 xiāngsīniǎo 〔動〕ソウシチョウ. ペキンロビン.

相思树 xiāngsīshù ソウシジュ: 〔台 tái 湾相思〕(タイワンアカシア)の通称.

相思子 xiāngsīzǐ 〔植〕トウアズキ(唐小豆): マメ科蔓生植物. またその種子(有毒). 昔はこれで数珠を作った. 漢方ではその水浸液を眼病の洗い薬に用いた.

相似 xiāngsì 〈~的〉〔動〕相似形.

相送 xiāngsòng ①見送る. ②送る.

相随 xiāngsuí ぴたりと後につく.

相提并论 xiāngtí bìnglùn 〈成〉一緒くたにする. 同列に論ずる: 多く否定形で用いられる. 〔不能~〕同日の談ではない. →〔一 yī 概而论〕

相通 xiāngtōng 通じ合う. 〔~的感情〕気持ちが通い合う. 〔信息~〕互いに情報が通じる.

相同 xiāngtóng 同じである. 〔两篇文章结论~〕この2篇の結論は同じだ.

相投 xiāngtóu 気が合う. 意気投合する. 〔气味~〕うまが合う.

相托 xiāngtuō 頼む. 託す.

相望 xiāngwàng 向き合っている.

相违 xiāngwéi 互いにそれて(離れて)いく. 〔双方意见~〕双方の意見が食い違う.

相闻 xiāngwén 符合する. ぴったり一致する.

相向 xiāngxiàng ①向かい合う. 〔二人~无语〕二人が向かい合って無言のままである. ②対立する.

相像 xiāngxiàng 相似ている. 〔他们的面貌很~〕彼らの顔つきはよく似ている.

相偕 xiāngxié 一緒にする. 連れ立つ. 〔~白首〕白髪になるまで連れ添う.

相信 xiāngxìn 信ずる. 信用する. 〔你~不~？〕きみは信じるか.

相形 xiāngxíng 互いに比較する. 〔~失色 sè〕差が歴然とする. 〔见细 chù ~〕成 ｈｉ 比較して見劣りがする. 〔~之下〕両方を比較してみると: 多くマイナス面を表す. 〔~自觉惭愧 cánkuì〕比べてみると恥ずかしくなる.

相沿 xiāngyán 〈文〉受け継ぐ. 〔~成风〕〔~成俗〕〔~成习〕〈成〉伝え伝えて風習になる.

相验 xiāngyàn 〈文〉検査する. 〔报请海关~〕税関へ検査を願い出る.

相邀 xiāngyāo 招待する. 〔连日承友好~〕毎日友人たちから招待を受ける.

相依 xiāngyī 頼り合う. 〔~为 wéi 命〕〈成〉命にかけて互いに頼り合う. 一蓮托生する.

相宜 xiāngyí 適当である. 適合している. 〔这么安排很~〕こういうふうに処置すれば非常によろしい.

相因 xiāngyīn 〔方〕値段が安い.

相应 xiāngyīng 〈公〉…すべきである: 同級機関相互間に用いられた用語. 〔以上各节~函复〕以上各件についてはこの段ご返事する次第です. → xiāngyìng

相迎 xiāngyíng 出迎える.

相应 xiāngyìng 相応ずる. それに応ずる. 〔要~地发展轻工业〕それに見合うだけ軽工業を発達させる必要がある. → xiāngyīng

相映 xiāngyìng 相映ずる. 〔~成趣 qù〕面白いコントラストをなす.

相与 xiāngyǔ ①交際する. 〔~之道〕交際の道. ②ともに. 〔~大笑〕一緒になって大笑いする. ③〈文〉友人. 〔满天下,知心有几人〕友人はたくさんいるが, 親友は幾人もない.

相遇 xiāngyù 出会う. 〔偶然~于途中〕偶然途中で出会った.

相约 xiāngyuē 約束する. デートする.

相悦 xiāngyuè 愛し合う. 〔两情~〕相思相愛である.

相争 xiāngzhēng 〈文〉争う.

相知 xiāngzhī ①知り合う. 〔多年旧交~甚深〕多年の交際で,よく知り合っている. 〔~有素〕前からの知り合い. ②互いをよく知れた友.

相峙 xiāngzhì 対峙する.

相中 xiāngzhòng 〔口〕見て気に入る. 見てほれこむ. 〔你~谁了〕きみは誰を見染めたんだ.

相助 xiāngzhù 手伝う. 助ける.

相撞 xiāngzhuàng（交通事故で）正面衝突(する)

相左 xiāngzuǒ 一致しない. 行き違いになる. 〔意见~〕意見が食い違う. 〔~于途,而失之交臂〕行き違いになって, ちょっとのところで機会を逸した.

〔厢（廂）〕 **xiāng** 〔建〕〔正 zhèng 房〕①（母屋）の前方左右のわきの棟: ふつう〔~房〕という. 〔正房〕より低い小さい〔序 xù 川〕①①は古称. 〔一正两~〕母屋が1棟に両袖が1棟ずつ. →〔四 sì 合房（儿）〕②城門の外に連な

xiāng / 厢湘箱缃箱香

ってできる町:宋代に都をいくつかの〔~〕に区分けしたことから.〔城~〕同前.〔关~〕城門外の街.〔厢〕①一間〔~〕のように仕切られた部分.②汽車・自動車などの中の座席の部分.〔车~〕車の座席.③劇場の座席.さじき.ボックス.〔~座〕ボックス席.④〔~白あたり.⑤〔~白あたり.辺.〔那~〕あのあたり.その辺.

厢房 xiāngfáng 〔~子〕边屋〕②〔~方〕横héng屋〕〔配 pèi 房〕〔下 xià 房①〕中庭をはさんで母屋の両わきに向かい合った建物.東側の棟を〔东 dōng ~〕,西側の棟を〔西 xī ~〕という.→〔四 sì 合房（儿）〕

〔湘〕 xiāng
①〔~江〕🔶広西に発し湖南省を通る.②湖南省の別称.〔~省 shěng〕同前.〔~菜 cài〕湖南料理.③〔姓〕湘(ょ)

湘妃竹 xiāngfēizhú 🔶ハンチク：〔湘竹〕〔泪 lèi 竹〕〔斑 bān 竹〕ともいう.舜が蒼梧に崩じた時,二妃が哭いて涙が竹につき斑痕があったという.

湘剧 xiāngjù 🔶湖南省の地方劇.

湘军 xiāngjūn =〔湘勇〕🔶太平天国の乱の時,曾国藩が湖南の義勇兵を招募して訓練した軍隊.

湘帘 xiānglián ハンチクで編んだ簾(れん)

湘莲 xiānglián 湖南産のはすの実：湖南省の特産.→〔莲子〕

湘绣 xiāngxiù 湖南省産の刺繡製品.

湘勇 xiāngyǒng ⇒〔湘军〕

湘语 xiāngyǔ 🔶湖南方言：〔湘方言〕ともいう.

湘竹 xiāngzhú ⇒〔湘妃竹〕

〔葙〕 xiāng →〔青 qīng 葙〕

〔缃・緗〕 xiāng 〈文〉淡黄色(の絹布).

缃缥 xiāngpiāo 〈文〉①淡黄色と淡青色.②同前の布で作った書物の覆い.〈転〉書物.

缃帙 xiāngzhì 淡黄色の布で作った書物の帙(ちつ).〈転〉書物；〔缃缥②〕に同じ.

〔箱〕 xiāng
①〔~子〕(大きい)箱.〔皮~〕革トランク.〔油~〕オイルタンク.〔木~〕木箱.〔书~〕本箱.〔躺 tǎng ~〕つづら.長持.〔盒 hé ~〕〔匣 xiá ~〕箱状のもの.〔风~〕ふいご.

箱包 xiāngbāo トランクやカバン.〔~铺 pù〕〔~店〕同前の店.

箱底（儿） xiāngdǐ(r) ①箱の(内部の)底.〔垫 diàn ~〕友に行く人に親戚・友人が贈り物をする.〔添 tiān 箱〕②⇒〔压 yā 箱底（儿）的钱〕③〈喩〉たくわえた現金財産.〔~厚〕たくわえが結構ある.

箱夹板（儿） xiāngjiábǎn(r) 荷造り用の木架：〔箱夹子〕ともいう.

箱架 xiāngjià (防湿のため)箱をのせる枠(台)

箱笼 xiānglǒng (携帯用の)衣類入れの箱・行李.

箱式 xiāngshì 箱型の.ボックスタイプの.

箱体 xiāngtǐ ①箱の体積.②箱状の形態.

箱匣 xiāngxiá 箱類の総称.

箱子 xiāngzi (大型の)箱.トランク.ケース.長持.〔~提 tí 手〕同前の取っ手.

〔香〕 xiāng
①香りよい.香ばしい.〔花儿很~〕花がにおう.↔〔臭 chòu ①〕②味がよい.まい.〔饭做得很~〕ご飯がうまく炊けた.〔这两天吃饭不~〕このごろはどうもご飯がおいしくない(食が進まない).③気持ちよく眠る.熟睡する.〔睡 shuì 得正~〕ちょうどぐっすり眠っている.④もてはやされる.歓迎される.〔~得很〕〔~②〕同前.〔现在这种货很~〕今この手の品は評判がいい.⑤親密である.仲がいい.〔他们俩有时候~,有时候臭〕彼ら二人は仲がよかったり悪かったりだ.〔~仁俩〕⑥香料.香.〔烧 shāo ~〕香をたく.〔线~〕線

香.〔蚊~〕蚊取線香.〔盘~〕うずまき線香.〔檀 tán ~〕檀香木.〔沉 chén ~〕沈(ぢん)香.〔这是什么一味儿,你闻得出来吗〕これは何のにおいか,きみはかぎわけられるか.⑦光栄.名誉.〔留得姓名~〕万名を残した.⑧女性(の事物)を指す.〔~腮 sāi〕美人のあご.〔~柬〕女子の手紙.〔~奁 lián〕化粧箱.⑨〈方〉口づけする.⑩〈姓〉香(ょ)

香案(桌儿) xiāng'àn(zhuōr) 🔶経机(きょうづくえ)：香炉・線香立て・燭台・供物などをのせる長い机.

香柏 xiāngbǎi 🔶①ヒノキ科ネズ属の低木.②ヒマラヤスギ：マツ科.〔柏①〕

香包 xiāngbāo ⇒〔香(荷)包〕

香槟 xiāngbīn シャンパン：〔香宾〕〔香滨〕とも書いた.〔~酒 jiǔ〕〔三 sān 鞭酒②〕同前.〔~王〕ドンペリニョン(商標名)

香饼儿 xiāngbǐng(r) 焼香用の扁平な炭.

香波 xiāngbō 〈音訳〉シャンプー：〔洗 xǐ 发~〕〔洗发液 yè〕同前.

香饽饽 xiāngbōbo 〈方〉甘くおいしい菓子類.〈喩〉みんなに愛される人気者(物).〔大伙儿都喜欢你,你倒成了~〕みんながきみを好いていて,すっかり人気者になったね.→〔冷 lěng 馒头〕

香菜 xiāngcài 🔶コウサイ.中国パセリ.コリアンダー.パクチー：〔芫 yán 荽〕(コエンドロ)の通称.薬味などにする.

香草 xiāngcǎo ①芳香のある草(総称).→〔零 líng 陵香〕②同下.

香草醛 xiāngcǎoquán =〔香兰素〕バニリン：単に〔香草②〕ともいう.〔香草香精〕バニラエッセンス.

香插 xiāngchā 線香立て.〔香炉〕

香茶 xiāngchá 香りのよい入れたてのお茶.

香肠（儿） xiāngcháng(r) 🔶腸詰め.ソーセージ：〔红 hóng 肠（儿）〕は味つけが濃く赤味を帯びた同前.

香巢 xiāngcháo 〈喩〉愛の巣.

香车宝马 xiāngchē bǎomǎ, xiāngjū 立派な車馬.〈喩〉豪華な暮らし.

香橙 xiāngchéng 🔶ユズ,またその実.→〔橙①〕

香臭 xiāngchòu 香気と臭気.〔不知~〕〈喩〉善悪もわからない.

香椿 xiāngchūn 🔶①チャンチン：単に〔椿①〕ともいう.②同前の若葉：食用する.〔椿芽 yá〕ともいう.

香醇 xiāngchún 酒類が香り高である：〔香纯〕とも書いた.

香醋 xiāngcù 🔶上等の酢.

香袋（儿） xiāngdài(r) ⇒〔香(荷)包〕

香灯 xiāngdēng =〔长 cháng 命灯〕灯明(ぢょう)

香斗 xiāngdǒu 升形の木製の香炉.→〔香炉〕

香豆素 xiāngdòusù 🔶クマリン：香料の一.

香豆酮胶 xiāngdòutóngjiāo クマロン樹脂.

香肚 xiāngdǔ 🔶豚の膀胱に香料を加えて塩漬けにした豚肉をつめ,干したもの：南京の名産.

香墩儿 xiāngdūnr 線香台：泥または木で作った平い台に線香をさす小さい穴があけてある.

香饵 xiāng'ěr 香ばしい餌.〈転〉人を釣るえさ.

香榧 xiāngfěi 🔶カヤ(近縁種)：イチイ科の常緑高木.〔榧子树〕に同じ.〔~子〕同前の種子.

香氛 xiāngfēn 香気.アロマ.〔~氤 yīn 氳〕香気が充満している.〔~疗法〕芳 fāng 香疗法〕アロマセラピー.

香粉 xiāngfěn 粉おしろい.パウダー.

香分 xiāngfèn 🔶〔香料：(他人からいただく)灯明代.線香代.

香馥馥 xiāngfùfù 〈文〉馥郁(ふくいく)たるさま.芳香が満ちているさま.

香附子 xiāngfùzǐ →〔莎 suō 草〕

香 xiāng

香干(儿) xiānggān(r) →[豆dòu腐干(儿)]

香港 xiānggǎng 〖地〗ホンコン:広東省九竜半島と香港島を含む島々.〔～回归〕香港返還(1997年).〔～特tè区〕香港特別行政区.〔～脚jiǎo〕〈口〉水虫:〔脚癣 xuǎn〕の旧称.

香港衫 xiānggǎngshān 〖旧〗半袖開襟シャツ(ホンコンシャツ・香港製).

香格里拉 xiānggélǐlā 〔音訳〕①シャングリラ.〈喩〉理想郷.桃源郷.②〖地〗雲南省北西部の県.

香梗 xiānggēng 粳(jīng)米の一種,浙江地方に産する香り高い米.

香公 xiānggōng 寺院の召使い.→[香头]

香菇 xiānggū シイタケ(椎茸).〔香姑・香菰〕とも書いた.〔香菌・香信・香蕈〕ともいう.〔鲜～〕生シイタケ.〔～盒hé食〕椎茸のひき肉詰め.→[蘑mó菇①]

香瓜(儿) xiāngguā(r) =〔甜 tián 瓜〕

香闺 xiāngguī 〈文〉女性の居室(美称)

香蒿 xiānghāo ⇒[青 qīng 蒿]

香盒 xiānghé 香盒(こうごう).

香(荷)包 xiāng(hé)bāo =[香袋(儿)][香囊]旧香袋.匂い袋.

香花 xiānghuā 〔-儿〕①香りの高い花.②〈喩〉有益な言論や作品.↔[毒 dú 草②] ③(神仏への)線香と供花.

香化 xiānghuà 花を植え香りのある環境にする.

香黄色 xiānghuángsè 〖色〗飴(あめ)色(の)

香灰 xiānghuī 線香をたいた灰:特に先祖や神仏に祭ったもののもの.〔～色〗利休茶(の).

香会 xiānghuì 旧神社・寺廟など参詣のために組織する講.参詣の時は揃いの服などを着て,拳技・獅子舞・高脚踊りなどが沿道で演技を披露しながら霊地に向かう.→[朝 cháo 山]

香火 xiānghuǒ ①神仏に供える線香や灯明.〔这庙里～很盛〕この寺はお参りが盛んだ.②寺廟で同前の世話係:〔庙 miào 祝〕に同じ.〔看 kān～的〕ともいう.③⇒[香烟③] ④[-儿]線香の火.⑤〈喩〉役人の賄賂.〔撒 sǎ ～〕同前をやめさせる.

香火因缘 xiānghuǒ yīnyuán 旧香をたき神に誓って義兄弟にまでなる前世からの因縁.

香几 xiāngjī 香几.

香江 xiāngjiāng 〖地〗九竜と香港島の間の海域.〈転〉香港.

香胶 xiāngjiāo =[香脂①]〖化〗バルサム(油)

香蕉 xiāngjiāo ①〖植〗バナナ.ミバショウ.〔～树〕バナナの木.②=〔甘 gān 蕉〕バナナ(果実).〔一把～〕バナナ一房.〔～人〕バナナ人間:西洋化したアジア人.〔外黄内白〕(外が黄色く中が白い)ことから.〔～球 qiú〗〖スポ〗(サッカーの)バナナシュート:バナナのような弧を描くシュート.主にフリーキックの際,相手チームの壁をかわす時に使われる.

香蕉苹果 xiāngjiāo píngguǒ インドリンゴ.

香蕉水 xiāngjiāoshuǐ 〖化〗シンナー.〔〈字義訳〉信 xìn 那水〕ともいう.→[稀 xī 料]

香精 xiāngjīng (香料の)エッセンス.〔香蕉～〕バニラエッセンス.

香菌 xiāngjùn ⇒[香菇]

香客 xiāngkè 参詣者:多く遠方から講を組んで寺院を参拝する信徒.→[香会]

香口胶 xiāngkǒujiāo ⇒[口香糖]

香口珠 xiāngkǒuzhū ⇒[口香糖]

香蜡铺 xiānglàpù 線香・蝋燭や石鹸・化粧品などを売る店.

香蜡纸马 xiāng là zhǐ mǎ =[香烛纸马]

香兰素 xiānglánsù =[香草醛]

香狸 xiānglí ⇒[灵 líng 猫]

香料 xiāngliào 香料.〔～厂〕香料工場.

香炉 xiānglú 香炉.→[香斗]

香炉瓜 xiānglúguā 〖金瓜②〗(まくわうり)の一種.紅黄色の扁平形で,その形が香炉に似ている.

香鹿 xiānglù ⇒[麝 shè ①]

香茅 xiāngmáo ①レモングラス.②シトロネラソウ.③⇒[雄 xióng 刈萱] ④⇒[鼠 shǔ 曲草]

香茅醛 xiāngmáoquán 〖化〗シトロネラール:レモンの香気をもつ.

香茅油 xiāngmáoyóu シトネラ油:[香茅①②]からとる.

香茗 xiāngmíng =〔茶②〕

香木 xiāngmù 香木.匂いのある木.

香囊 xiāngnáng =[香(荷)包]

香柠檬油 xiāngníngméng yóu =[佛 fó 手(柑)油]ベルガモット油:[伯 bó 格莫油][巴 bā 机密油]は旧音訳.

香喷喷 xiāngpēnpēn 〈白〉香気が鼻をつくさま.〔满屋子～的〕部屋中いいにおいで一杯だ.=[喷喷香]

香片 xiāngpiàn =[花 huā 茶]

香蒲 xiāngpú 〖植〗ガマ(その他同属植物):[蒲草①]は通称.

香气(儿) xiāngqì(r) におい.〔这～太冲〕このにおいは強すぎる.

香钱 xiāngqián =[香资]①線香代.お布施.お賽銭.〔油～〕同前.

香青蒿 xiāngqīnghāo ⇒[青蒿]

香曲 xiāngqǔ ⇒[吹 chuī 韵]

香儿 xiāngr 香り.〔闻 wén ～〕香りをかぐ.

香薷 xiāngrú 〖植〗ナギナタコウジュ:薬用される.

香仁臭俩 xiāngsā chòulià 〈喩〉だれとの交際も長続きしないこと.一字解]

香色 xiāngsè ①香りと色.②〖色〗茶褐色(の)

香蛇麻 xiāngshémá ⇒[忽 hū 布(花)]

香麝 xiāngshè ⇒[麝①]

香石竹 xiāngshízhú =[康 kāng 乃馨]

香水梨 xiāngshuǐlí =[消 xiāo 梨]

香水(儿) xiāngshuǐ(r) 香水.〔～精〕香水の濃いもの.〔～喷 pēn 子〕香水スプレー.

香苏 xiāngsū =[水 shuǐ 苏]

香酥鸡 xiāngsūjī 〖食〗鶏肉を蒸してから揚げる料理.

香甜 xiāngtián ①おいしい.香りがあり甘い.〔～可口〕おいしくて口に合う.〔～酒〕〖化〗[利 lì 口酒]リキュール.〔饿的时候,吃什么都～〕おなかのすいている時は,何を食べてもうまい.②気持ちよく眠る.〔睡得～〕ぐっすり眠る.

香亭 xiāngtíng =〔龙 lóng 亭①〕飾りをつけて小亭の形にしつらえたもの.中に香炉を置く.葬祭の時に作る.

香葶 xiāngtíng ニラの若い茎:食用する.

香筒 xiāngtǒng 線香を入れておく竹の筒.線香立て.

香头 xiāngtóu 寺などの参詣人の世話人.→[香公]

香头儿 xiāntóur ①線香の端の点火するところ.②燃えさしの線香.

香围粉阵 xiāngwéi fěnzhèn 〈喩〉美人に取り巻かれる.

香味(儿) xiāngwèi(r) (よい)におい.香気.

香腺 xiāngxiàn 〖動〗麝香腺など芳香性分泌物を出す腺.

香消玉殒 xiāngxiāo yùyǔn 〈喩〉美人が死ぬこと:[香殒]ともいう.

香信 xiāngxìn =[香菇]

香雪(酒) xiāngxuě(jiǔ) =[绍 shào 兴酒]

香雪兰 xiāngxuělán =[小 xiǎo 苍兰][洋 yáng 晚

1833

xiāng~xiáng

香玉 📘 フリージア.
香蕈 xiāngxùn ⇒〔香菇〕
香烟 xiāngyān ①=〔方〕烟卷儿〔卷 juǎn 烟②〕〔纸 zhǐ 烟〕紙巻きタバコ.〔一枝~〕〔一根~〕タバコ１本.〔一条~〕タバコ１カートン.〔一包~〕タバコ１箱.〔一头~〕〔烟头~〕吸いがら.〔一盒儿 hér〕〔~夹〕シガレットケース.〔~嘴儿 zuǐr〕〔烟嘴儿〕パイプ.〔过滤嘴~〕フィルタータバコ.〔雪 xuě 茄〕②線香の煙.〔~缭绕〕同前が立ち上る.③=〔香火③〕〈喩〉家督を相続すること.〔接续~〕香華(う)を絶やさない.先祖の祭りを絶やさない.〔把~绝了〕家が断絶した.
香艳 xiāngyàn ①〈文〉(草花が)香りよく美しい.②(女性が)なまめかしい.③〈文〉〈文辞が)つやっぽい.エロチックである.〔电影里出现了一个~的镜头〕映画にエロチックなシーンが出た.
香洋 xiāngyáng ⇒〔港埠币〕
香仪 xiāngyí 〔奠 diàn 仪〕
香应 xiāngyìng 〈方〉利益.もうけ.
香油 xiāngyóu ①香油.②=〔麻 má 油〕
香油虫 xiāngyóuchóng ⇒〔马 mǎ 陆〕
香油钱 xiāngyóuqián お布施.
香鱼 xiāngyú 🐟魚貝アユ.〔小~〕コアユ.
香圆 xiāngyuán 📘ヤマトタチバナ,またその果実:果皮を薬用する.
香橼 xiāngyuán ⇒〔枸 jǔ 橼〕
香云拷 xiāngyúnkǎo ⇒〔拷绸〕
香云纱 xiāngyúnshā ⇒〔拷 kǎo 绸〕
香糟 xiāngzāo (上等の紹興酒の)酒かす.〔~肉〕食豚肉のかす漬.→〔酒 jiǔ 糟〕
香皂 xiāngzào 化粧用石鹼.浴用石鹼.⇒〔肥 féi 皂①〕
香泽 xiāngzé =〔芳 fāng 泽〕〔芗 xiāng 泽〕〈文〉①毛髪につける香油.②香気.
香樟 xiāngzhāng ⇒〔樟〕
香獐(子) xiāngzhāng(zi) ⇒〔麝 shè ①〕
香脂 xiāngzhī ①⇒〔香胶〕②(化粧品の)コールドクリーム.
香纸 xiāngzhǐ ①線香と紙銭.②おしろい紙.
香烛 xiāngzhú 香木で作った数珠.
香烛 xiāngzhú 線香と蠟燭〔(ś)〕.〔~纸马〕線香・蠟燭・紙銭及び紙に印刷した神像など:仏の供養に用いる.〔~蜡 là 〕ともいう.
香主 xiāngzhǔ ①跡取り.嗣子.②〈口〉グループのボス.親分.
香资 xiāngzī ⇒〔香钱〕
香子兰 xiāngzǐlán 📘バニラ:ラン科蔓性多年草.

〔**襄**〕 xiāng ①〈文〉助ける:〔勷〕とも書く.〔~办〕助力する.〔共~义举〕ともに義挙を助ける.②〈文〉高い所まで達する.〔怀山~陵〕(大水が)山や峰までとどく.③〈姓〉襄(う)

襄礼 xiāngǐ 〔相礼〕儀式の進行係(をする).司会者(をつとめる).
襄理 xiānglǐ ①〈文〉協力して処理する.②📕支配人代理.→〔经 jīng 理②〕〔协 xié 理①〕
襄赞 xiāngzàn 〈文〉賛助する.
襄助 xiāngzhù 〈文〉手伝う.

〔**勷**〕 xiāng 〈文〉助ける:〔襄①〕に同じ.
→ ráng

〔**骧・驤**〕 xiāng 〈文〉①馬が首をあげて疾走する.〔頭を)もたげる.〔~首同前.〔龙 lóng ~〕〈喩〉大いに発展するさま.②右の後足が白い馬.

〔**瓖**〕 xiāng ⇒〔镶①②〕

〔**镶・鑲**〕 xiāng ①=〔瓖〕はめる.ちりばめる.象嵌(祓)する.〔~玻璃〕ガラスをはめる.〔描金~钿的漆 qī 器〕蒔絵・螺鈿(祝)を施した漆器.〔金~玉嵌〕金や玉をちりばめる.〔戒指上~着宝石〕指輪に宝石をちりばめる.②=〔瓖〕縁(ǵ)をとる.〔在衣服上~一道红边儿〕服に一筋の赤い縁をとる.〔~在镜框里的妻子的照片〕額縁(ǵ)入りの妻の写真.③〈文〉馬に飾りつける装飾品.
镶白旗 xiāngbáiqí →〔八 bā 旗〕
镶板 xiāngbǎn 鏡板.はめ板.パネル.
镶边(儿) xiāngbiān(r) 縁どりする.〔给衣服镶花边儿〕服にレースの縁をつける.
镶工 xiānggōng 象嵌細工.
镶嵌 xiāngqiàn はめこむ.象嵌する.〔~工〕象嵌工.
镶条 xiāngtiáo =〔方〕夹 jiā 条〕📕ジブ.副楔.凹字楔.鈎栓〔?〕
镶牙 xiāngyá 義歯を入れる.〔镶满口(假)牙〕総入れ歯にする.→〔假 jiǎ 牙〕
镶眼 xiāngyǎn 義眼を入れる.

〔**详・詳**〕 xiáng ①詳しい(く).=〔翔②〕に通ずる.〔~加说明〕詳細に説明を加える.〔记载 zǎi 不~〕記載が詳しくない.↔〔略 lüè (I)①〕 ②説明する.詳述する.〔余容再~〕詳しくは次の便で.〔内~〕詳しいことは中に記した.③はっきりしている:多く否定で用いる.〔生卒年不~〕生没年不詳.④〈公〉📕上級官庁へ報告し指示を受ける公文(を出す).〔~文〕上級(機関)へ報告の公文.〔等~了上司才定〕上級(機関)へうかがいを立ててからでないと決まらない.⑤めでたい(さ):〔祥②〕に通ずる.⑥〈姓〉详(ǵ)
详报 xiángbào ①詳しい報告(を出す).詳しい報告(をする).②〈公〉詳文をもって上級(機関)へ報告する.
详备 xiángbèi 詳細で落ちがない.
详查 xiángchá 精密調査(をする).詳細調査(をする)
详复 xiángfù 詳しい回答する.
详核 xiánghé 詳しく調べる.〔详加审核〕の略.
详见 xiángjiàn 詳しくは…を見る.〔~第６章〕詳しくは第６章を参照.
详解 xiángjiě ①詳しく解釈する.②詳しい解釈.
详尽 xiángjìn 詳細を尽くす.詳しい.〔~的记载〕事細かな記載.〔时间短促,无法~〕時間が短いために詳細を尽くすすべがない.
详列 xiángliè 詳しくは列挙する.
详略 xiánglüè 詳細と簡略.〔无分~,均长扼要〕詳細・簡略の区別なみな重要である.
详论 xiánglùn 詳論.詳しく論じる.
详密 xiángmì 詳細で周到である.
详明 xiángmíng 詳しくわかりやすい.〔讲解~〕講義が詳しくわかりやすい.
详情 xiángqíng 詳しい状況.〔这次会谈的~将在报上发表〕この談話の詳しい内容は,近く新聞紙上で発表される.
详实 xiángshí ⇒〔翔实〕
详述 xiángshù 詳しく述べる.
详谈 xiángtán 詳しく話す.
详图 xiángtú 詳しい図面.詳細図.
详悉 xiángxī ①詳しく知っている.②広く行き届いて詳しい.
详细 xiángxì 詳細である.〔~推 tuī 究〕〔细究〕ととんまで追究する.〔他把始末经过详详细细地说了一遍〕彼は一部始終を詳しくひととおり話した.
详叙 xiángxù 〈文〉細かに述べる.〔~内情〕内情を同前.

xiáng～xiǎng

详雅 xiángyǎ〈文〉落ち着いてみやびやかである.上品.〔安 ān 详文雅〕同前.〔风度～〕風采が同前.
详注 xiángzhù 〈文〉詳細に記入する.

[庠] xiáng 〖旧〗地方の学校:周では〔序 xù ⑤〕といった.〔～士 shì〕同前の教師.〔郡 jùn ～〕府の学校.〔邑 yì ～〕県の学校.
庠生 xiángshēng 〖旧〗府・県立の学校の学生.
庠序 xiángxù 〖古〗郷村に設けた学舎.〈転〉学校.

[祥] xiáng ①〈文〉吉凶(の兆):現在はもっぱら吉兆を指す.②めでたい:〔详⑤〕に同じ.〔吉 jí ～和顺〕めでたくて和順である.〔不～〕不吉である.③〈姓〉祥(ʃ)
祥和 xiánghé めでたくて和やかである.〔一片～的气氛〕同前の雰囲気.
祥麟 xiánglín 麒麟(ᒥ)(の別称)
祥瑞 xiángruì 〈文〉めでたい前ぶれ.吉兆.
祥云 xiángyún 〈文〉瑞(ʃ)雲.
祥兆 xiángzhào 〈文〉瑞兆.
祥子 xiángzi 〔方〕〈観光用人力車〉の車夫:老舎の小説「骆 luò 驼祥子」に由来する.

[翔] xiáng ①飛ぶ:羽を動かさず滑翔する.〔飞～,翱 áo ～〕飛翔する.〔～舞〕空を舞う.〔滑 huá ～机〕グライダー.滑空機.②〈文〉詳し(い).〔详①〕に同じ.③〈姓〉翔(ʃ)
翔贵 xiángguì 〈文〉物価騰貴(する)
翔集 xiángjí ①鳥が飛びおりる前に旋回して見定めてから止まること.②〈転〉詳しく調べてから収集すること.
翔实 xiángshí =〔详实〕〈文〉詳細で確実である.

[降] xiáng ①くだる.降服する.帰順する.〔投～〕同前.〔喊招功～〕大声で怒鳴って降服勧告をする.〔有～人之处〕もっさると人人を説得する所がある.②おさえつける.制圧する.防除する(害虫などに).手なづける.〔猫～得住耗 hào 子〕猫が鼠をおさえつけることができる.〔这种中药主要用至 měng 烈的杀虫剂才能～得住〕この種の虫は強烈な殺虫剤を用いなければ防除できない.③〈姓〉降(ʃ) → jiàng
降表 xiángbiǎo 〈文〉降伏文書.降伏状.
降敌 xiángdí ①敵に降伏する.②敵を降伏させる.
降伏 xiángfú 押えさつける.剥もつす.〔～苍 cāng 龙〕〈喩〉強大な勢力に打ち勝つこと.
降服 xiángfú =〔归 guī 降〕降伏する.降参する:〔投 tóu 降〕=jiàngfú
降服点 xiángfúdiǎn ⇒〔屈 qū 服点〕
降将 xiángjiàng 降参した将軍.
降龙伏虎 xiánglóng fúhǔ 〈成〉竜を降伏させ虎を屈服させる.〈喩〉強大な勢力に打ち勝つこと.
降魔 xiángmó 悪魔を降伏させる.悪魔祓いをする.
降旗 xiángqí 降伏の印に掲げる旗.白旗.
降顺 xiángshùn 降参し屈服する.帰順する.

[桦] xiáng 〔～筱 shuāng〕〈双〉〈文〉(竹ござで作った)帆.

[享(亯)] xiǎng ①〈文〉(鬼神に祭品を)献げる.(また神がそれを)享受する.②受ける.享ける.恵まれる:〔给③〕に同じ.〔坐～其成〕〈成〉働かずして他人の成果を自分のものにする.〔分～快乐〕楽しみを分かつ.〔有福同～〕〈成〉楽しむ時は皆一緒.〔不能光～权 quán 利不尽义务〕ただ権利ばかり受けて義務を尽くさないということはできない.③〈姓〉享(ʃ)
享福 xiǎngfú 福を受ける.幸福な生活をする:〔飨福〕に同じ.〔老太太在家里～〕おばあさんは家で楽しく暮らしている.→〔纳 nà 福〕
享国 xiǎngguó 〈文〉君主:諸侯がその位にいる こと.〔清朝～二百余年〕清朝は在位二百余年であ

享祭 xiǎngjì ⇒〔享祀〕
享客 xiǎngkè 〈文〉客をもてなす.〔以咖啡～〕コーヒーで客をもてなす.→〔招 zhāo 待〕
享乐 xiǎnglè 享楽する.〔不能只图～〕楽しく遊んでばかりいられない.〔～思想〕享楽思想.〔～主义〕享楽主義.
享年 xiǎngnián 享 年:〔行 xíng 年 ②〕〔终 zhōng 年②〕に同じ.多くは老人に対していう:〔先祖于上月寿终,～八十四岁〕祖父は先月死去し,享年84歳でした.
享受 xiǎngshòu ①受ける.恵みを受ける.〔大自然的美景任你～〕大自然のよい景色は誰でも自由に楽しめる.〔～权利〕権利を受ける.②楽しみ.享楽.〔吃苦在前,在后〕苦労する時は人の先に立ち,楽しむ時は後に回る.
享祀 xiǎngsì 〈文〉供物を捧げて鬼神を祭る.〔～鬼神〕神霊に同前.
享堂 xiǎngtáng 享堂:祖先の位牌を安置しておくところ.
享用 xiǎngyòng 楽しんで用いる.〔好东西留待大家共同～〕いいものは残しておいて皆で共に楽しむ.
享有 xiǎngyǒu (権利・名誉・人望などを)もっている.〔～威望〕威信をもっている.〔～同样的权利〕同じ権利を受けている.〔～很高的荣誉〕崇高な栄誉をもっている.
享誉 xiǎngyù 名声を博す.

[响・響] xiǎng ①ひびき.こだま.〔回音.声.〔没听见～儿〕声音こえなかった.〔如～之应声〕〈文〉こだまが響くようである.③音をたてる.響かす.鳴らす.〔～枪〕鉄砲をぶっぱなす.〔一声不～〕ウンともスンとも言わない.〔吃东西,筷子,碗不要～〕食べる時に,箸や茶碗の音をたててはいけない.〔～一声啊〕ひと声かけよ.④音がする.鳴る.〔钟～了〕鐘(時計)が鳴った.⑤(音が)高く大きい.よく響く.〔号声真～〕ラッパの音がよく響く.〔他说话的声音很～〕彼の話し声はよく通る.⑥反響する.〔吹也～不了 liǎo〕ほらを吹いても本気で聞かない(信用しない).〔影 yǐng ～〕影響する.〔这次炮打～了今度の演技は喝采を受けた.〔他到哪儿都叫得～〕彼はどこへ行っても歓迎される.⑦量詞.発:銃弾・花火・打楽器などの音を数える.〔二十一发～〕20発(入りの)モーゼル拳銃.→〔发 fā ⑰〕 ⑧〈姓〉響(ʃ)
响板 xiǎngbǎn 〖日〗カスタネット.
响梆梆 xiǎngbāngr =〔打 bǎng 梆子〕
响鼻(儿) xiǎngbí(r) (馬・ロバなどの)鼻息.鳴き声.〔打～鼻を鳴らす.
响鞭 xiǎngbiān ①鞭の鳴る音.②爆竹.特に豆爆竹.③⇒〔爆 bào 花鞭〕
响彻 xiǎngchè (音声が)とどろき渡る.〔～云霄xiāo〕天空を通して大空に響きわたる.
响尺 xiǎngchǐ 〖回〗葬儀の際,〔杠 gàng 头〕(担ぎ人夫のかしら)が棺(ʃ)の上げ下ろしや葬列の進行などを指図するのに用いる拍子木鐘の2本の棒.1本を左手に持ち他方を打ちつけて音を出す.
响脆 xiǎngcuì (声や音が)よく響いて歯切れが良い.
响当当 xiǎngdāngdāng (たたく音が)鳴り響く.〈喩〉名声天下に鳴り響いている.〔～的教授〕よく知られている教授.
响动 xiǎngdong(r) 物音.〔你如果听见有什么～赶快叫我〕もし何か物音を耳にしたらすぐぼくを呼びたまえ.
响度 xiǎngdù 音量.声量:〔声 shēng 量〕〔音 yīn 量〕に同じ.

xiǎng 响饷蚃飨想

响遏行云 xiǎng'è xíngyún〈喻〉声の響きが素晴らしいこと.

响房 xiǎngfáng 回結婚式の日,新郎の家から迎えの[花轿]を出す前に新郎新婦の部屋の前で音楽を奏すること.

响鼓 xiǎnggǔ 良く鳴る太鼓.[~不用重槌,一点点明]同様は軽く打ってもひびく.〈喻〉指摘すればすぐに気がつくこと.

响箭 xiǎngjiàn 鏑矢(かぶらや).→[鸣 míng 镝][响马]

响雷 xiǎngléi 音が大きく響いた雷.

响亮 xiǎngliàng (音声が)高らかではっきりしている.響きわたっている.[要求禁止核武器的呼声更加~]核兵器の禁止を要求する呼び声はいっそう高らかに叫ばれている.[给了一记~的耳光]一発びんたをくらわした.

响铃(儿) xiǎnglíng(r) 鈴.ベル.

响铃猪 xiǎnglíngzhū ⇒[豪 háo 猪]

响锣 xiǎngluó ドラを鳴らす.〈喻〉開幕・開始・開会する.[比赛在当地时间下午四时~]試合は現地時間で午後4時に始まる.

响马 xiǎngmǎ 馬賊:略奪する時,まず[响箭]を放って気勢を示した.[放 fàng ~]追いはぎをする.

响排 xiǎngpái 劇伴奏をつけてのリハーサル(をする).→[彩 cǎi 排]

响器 xiǎngqì 回(铜鑼(どら)・太鼓・鍍鈸(はちく))などの比較的単純な音響を発する)打楽器(総称).[一百天之内,不许动~]100日間鳴り物停止.

响晴 xiǎngqíng 晴れ渡っている.[~的天空]からりと晴れた空.

响儿 xiǎngr〈方〉音.[别弄出~来]音をたてるな.[声 shēng 儿①]

响杓 xiǎngsháo (コックが料理のできあがりを知らせるために)杓子(しゃくし)で音をたてる(こと)

响舌儿 xiǎngshér〈方〉舌打ちする.[嘴上打着~说:"啧 zé,啧,失手了,失手了!"](梁・红 3)舌打ちをして言った,チェッ,しまった.→[咂 zā 嘴]

响声 xiǎngshēng(r) 響き.音.[沙沙的~]サラサラという音.

响天大日 xiǎngtiān dàrì〈成〉からりと晴れ渡った日.

响铜 xiǎngtóng 精錬した銅.楽器を作る銅.

响头 xiǎngtóu [磕 kē 头]で額をぶつけて音がたつほどの深いおじぎ.[磕了个~]同時におじぎをした.

响尾蛇 xiǎngwěishé 動ガラガラヘビ.[~(式)导弾]軍サイドインダーミサイル.

响杨 xiǎngyáng ⇒[毛 máo 白杨]

响洋 xiǎngyáng ⇒[银 yín 元]

响音 xiǎngyīn 回共鳴音.自鳴音.

响应 xiǎngyìng ①こだまする.反響する.②答える.応じる.呼応する.共鳴する.[~号召]呼びかけに応ずる.

响誉 xiǎngyù ほめたたえられる.

响指 xiǎngzhǐ 指を鳴らす音.[打~]指を鳴らす.→[打 dǎ 榧子]

[饷・餉(饗)] xiǎng ①回(軍隊・警察などの)給料.[月~]月給.[欠~]給料が未払いになる.[发~]給料を支給する.[关~]給料を受け取る.[发了个~]同額[个~]今月分の給料.②饗応する.他人にごちそうをする.[饷①]に同じ.[~宴 yàn]同前.③〈文〉贈る.与える.

饷客 xiǎngkè〈文〉客をもてなす.[饷宾 bīn]ともいう.

饷遗 xiǎngwèi〈文〉人に物を贈る.

饷银 xiǎngyín 回(軍などの)給料.俸給.

[蚃] xiǎng [~虫 chóng]〈方〉稲につく害虫(ウンカなど)

[飨・饗] xiǎng〈文〉① =[饷②]饗(もてなす)応する.〈転〉もてなす.人に満足を与える.[以酒食~客]酒食をもってもてなす.[这次精选100首老歌发行 CD,以~歌迷]今度なつかしの曲を100曲精選し,CDを出してファンの要望にこたえる.②祭る.[~茔 yíng]祖先の墓を祭る.③享受する:[享②]に通じる.[~福][享福]幸福を受ける.

[想] xiǎng ①考える.[~办法]打つ手を考える.策を練る.[你~~对不对正しいかどうか考えてごらん.→[以 yǐ 为] ②…しようとする.…するつもりである.…したいと思う.[我~改造这台机器]この機械を改造するつもりです.[我倒~吃,就是吃不起]食べたいのだが,(値段が高くて)食べられない.[谁不~进步呢]進歩したいと思わない者がいるだろうか.③推し量る.推して思う.すると思う.[不~居然成功了]意外にも成功した.[谁~(到)…]…とは誰が予想したであろうか.④懐かしく思う.恋しがる.気にかける.慕う.[大家都~你]みんなあなたに会いたがっている.[我很~他]わたしは彼を懐かしく思っている.[怪~的]本当に懐かしい.⑤思い起こす.思い出す.[大家忽然~过味儿来,几乎是一斉的:"得了,祥子,逗着你玩呢!"](老・骆14)皆の者は急に気づいてほとんど一斉に"もう怒るな,祥子,冗談だよ"と言った.[我~不起来他是谁]彼が誰であるか思い出せない.⑥〈姓〉想(ぎ)

想必 xiǎngbì さぞ.必ず.きっと.[~你小心半路上掉了]きっと不注意のため,途中で落としたのだろう.[你既然在这个大学学的中文,~水平很高了]きみはこの大学で中国語をやったというなら,さぞかし立派なのだろう.

想不出来 xiǎngbuchūlái →[想出来]

想不到 xiǎngbudào 思い至らない.思い及ばない.はからずも…だ.[~出这样的怪事]こんな不思議なことが起ころうとは夢にも思わなかった.↔[想得到]

想不开 xiǎngbukāi あきらめきれない.あきらめられない.[人迟早都要死的,别~]人間は早晩は死ぬのだ,あきらめが肝要だ.↔[想得开]

想不起来 xiǎngbuqǐlái →[想起来]

想不通 xiǎngbutōng 納得できない.[我~所以不同意]私は納得できないので,賛成できない.→[想通]

想出来 xiǎngchūlái 考えつく.[想了半天才~]長いこと考えてやっと考え出した.[想不出好办法来]いい方法が考えつかない.

想当初 xiǎngdāngchū 当初は….初めの頃を考えると….

想当年 xiǎngdāngnián 昔をおもう.昔は….[~,他还是我的学生]昔はね,彼はわたしの学生だった.

想当然 xiǎngdāngrán 当然であると推測する.あて推量をする.[你的推论也无非是~罢了]君の推論も単なる推量にすぎない.

想到 xiǎngdào ①考えつく.思いつく.②予想する.予測する.

想得到 xiǎngdedào 予想できる.考えつくことができる:多くは反問に用いる.[谁~…]…とだれが考えつくことができるだろうか.↔[想不到]

想得开 xiǎngdekāi あきらめがよい.気にしないでいる.こせこせしない.[他~,没把这件事放在心上]彼は気が大きいから,この事なんか気にしていない.↔[想不开]

想得起来 xiǎngdeqǐlái →[想起]

想得通 xiǎngdetōng はっきり分かる.合点がいく.→[想通]

想法 xiǎngfǎ [-儿,-子]方法を考える.工夫する.

〔把工作做好〕何とかして仕事を完成する.
想法 xiǎngfa 考え方.〔这种~是错误的〕この考え方はまちがっている.
想方设法 xiǎngfāng shèfǎ あれこれ方法を考える.
想家 xiǎngjiā 家を恋しがる.ホームシックになる.〔初到外地不免~〕初めてよその土地へ来ると家が恋しくなる.
想见 xiǎngjiàn …だということがわかる:〔可 kě 见②〕に同じ.〔可以~这事是你不对〕きみがまちがっていることがわかる.
想开 xiǎngkāi 観念する.あきらめる.気にしない.思い切る.〔您~点儿(些)吧〕あきらめて下さい.
想来 xiǎnglái 考えてみると.たぶんいずれ.所詮.〔~可以办得到〕たぶんできるでしょう.〔~是他做的〕どうせ彼のしわざだろう.
想来想去 xiǎnglái xiǎngqù あれこれ考える.〔~,总没有好办法〕いろいろ考えたが、結局いい方法はない.
想念 xiǎngniàn 心に思っている.懐かしい.〔老人~远地的儿女〕老人は遠くの土地にいる子女を心配している.〔老没见了,实在~得很〕大変ごぶさたしました,本当に懐かしいです.
想起 xiǎngqǐ 思い起こす.〔~旧事,满腔牢騒〕古いことを思い起こすと,不满でたまらない.〔~什么是什么〕思ったことを(そのまま)やる.〔~一出(儿)是一出(儿)〕〈慣〉考えたとおりにやる.行きあたりばったりにやる.〔想得起来〕思い出すことができる.〔我想不起来在哪儿见过你了〕どこで君に会ったのか思い出せない.
想儿 xiǎngr〈方〉希望.〔没~了〕望みが絶えた.〔有~〕望みがある.
想入非非 xiǎngrù fēifēi〈成〉とりとめもないことを考える.→〔非非②〕
想通 xiǎngtōng 思い当たる.考えて合点する.〔我~了〕納得した.
想头 xiǎngtou〈口〉①考え.〔他有他的~〕彼は彼なりの考えがある.②望み.希望.〔那件事死了心吧,没~了〕あの件はあきらめよう,望みはない.
想望 xiǎngwàng ①望む.期待する.②〈文〉あこがれる.
想像 xiǎngxiàng 想像(する):〔想象〕とも書いた.〔~力〕想像力.〔不难~〕想像にかたくない.〔~不出〕不可~〕想像できない.〔~不到〕想像もつかない.
想要 xiǎngyào …しようとする.〔他~到中国去〕彼は中国へ行こうとしている.
想着 xiǎngzhe よく覚えている.忘れずに…する.〔这事你~点儿,别忘了〕この事はよく覚えていて忘れないでください.〔你~来〕忘れずに来てください.

〔鯗・鮝〕 xiǎng

〈文〉乾魚(ɡ_ɡ_yo).〔~鱼yú〕〔魚~〕ひらいた魚の干物.〔白~〕イシモチの同前.〔鱛 lè ~〕ヒラの同前.

〔向・嚮(曏)〕 xiàng

(Ⅰ)〔向〕 ①方.方向.向き.向かう所.〔方~〕方向.〔风~〕風向き.〔意~〕意向.〔这么一走我转 zhuǎn ~了〕そういうふうに歩いて行ったら,方角がわからなくなってしまった.②…に…へ:動作の向かう方向・対象を表す.③動詞の前に置く.〔~左 zhuǎn 九〕左へ回る.〔~老师借了一本书〕先生から本を1冊借りた.〔~(跟)他借钱〕彼に金を借りる.⑤動詞の後に置く.〔飞~东南〕東南へ飛ぶ.〔从胜利走向~胜利〕勝利から勝利へと進む.→〔往 wǎng②〕③〈文〉北向きの窓.④〈史〉周の諸侯国の一.現在の山東省莒県西南にあった.⑤[姓].(Ⅱ)〔向・嚮〕①(…の方に)向かう.向く.対する.

〔葵花~着太阳开〕ひまわりは太阳に向かって開花する.〔~他看齐〕彼を見習う.〔~劳动模范学习〕労働模範に学ぶ.〔两人相~而行〕二人は向き合って歩く.↔〔背 bèi〕②〈文〉近づく.やがて…になる.〔~迩 ěr〕近づく.親しくなる.〔至今已~百载〕今でもう100年にもなる.③傾く.ひいきする.味方する.肩を持つ.〔一部分人~着反对的意见〕一部の人は反对の意见に傾いた.〔他说话~着他的孩子〕彼の言うことは,自分の子供をひいきしている.〔~理不~人〕理屈ばかり考えて,人情を顧みない.
(Ⅲ)〔嚮(曏)〕 ①〈文〉先に.以前.昔時.〔~曾来此〕以前ここへ来たことがある.②従来.これまで.つねづね.〔我一~不吸烟〕わたしは従来タバコは吸わない.

向背 xiàngbèi〈文〉向背.賛成と反対.〔人心~〕人心の向背.
向壁虚构 xiàngbì xūgòu〈成〉実際にない事をあるように作り上げる.捏造する:〔向壁虚造〕ともいう.
向晨 xiàngchén 夜明け前.
向当儿 xiàngdangr ⇒〔项儿〕
向导 xiàngdǎo ①案内人.ガイド.先導者.〔革命党是群众的~〕革命党は大衆の先導者である.〔作为我们行动的~〕我々の行動の道案内となる.②嚮(ɡ)导する.→〔带 dài 路〕
向风 xiàngfēng〈文〉風をしたって仰望する.〔四方郡国,莫 mò 不~〕四方の郡国でその風を仰望しないものは無い.
向光性 xiàngguāngxìng [植]向光性.屈光性.→〔趋 qū 光性〕
向好 xiànghǎo よくなる.よい方へ向かう.
向后 xiànghòu ①今後.これから.②後ろへ向け(る).〔~梳 shū 理〕(髪型の)オールバック(にする).〔~翻腾〕(水泳の飛び込みの)後ろ宙返り.〔~转 zhuǎn〕(号令)回れ右!
向狐谋裘 xiànghú móuqiú 狐に向かって皮をよこせと相談する.〈喩〉できない相談をする.〔向那个小气鬼那个求不是~吗〕あのけちんぼうに寄付を頼むなんて,狐に皮をよこせと言うようなものだ.
向火 xiànghuǒ〈方〉火にあたる.
向火乞儿 xiànghuǒ qǐ'ér〈喩〉権勢に迎合し利益を追う輩.
向来 xiànglái これまで.今まで.〔~如此〕今までずっとこれである.〔他做事~认真〕彼の仕事ぶりは一貫して几帳面だ.
向例 xiànglì いつものやり方.通例.習慣上.〔我们这里~起得早〕うちでは早起きすることにしている.
向量 xiàngliàng ⇒〔矢 shǐ 量〕
向明 xiàngmíng〈文〉夜明け前.明け方.
向暮 xiàngmù〈文〉夕暮前.
向慕 xiàngmù〈文〉あこがれる.うらやむ.
向内跳水 xiàngnèi tiàoshuǐ [スポ](水泳の飛び込みの)踏み切り飛び.→〔跳水〕
向盘 xiàngpán ⇒〔罗 luó 盘①〕
向平之愿 xiàngpíng zhī yuàn〈成〉子女の婚姻問題:東漢の向子平が娘と息子が結婚すると願いもかなったとして,山中に隠居したことから.
向前看 xiàngqiánkàn ①前向きに考える.②[軍](号令)前え!
向钱看 xiàngqiánkàn 拝金主義.金銭上の損得しか考えていない.
向前跳水 xiàngqián tiàoshuǐ [スポ](水泳の高飛び込みの)前立ち飛び込み.→〔跳水〕
向日 xiàngrì〈文〉以前.従来.〔~如此〕以前もこうであった.
向日黄 xiàngrìhuáng [植]ひまわり黄.ヘリアンイエロ

xiàng 向珦項巷相

一.
向日葵 xiàngrìkuí =〔向阳花〕〔朝 cháo 阳花〕〔转 zhuǎn 日莲〕〔望 wàng 日葵〕葵花種ヒマワリ:実は〔雪 xuě 末籽〕という.
向日性 xiàngrìxìng 植向光性.↔〔背 bèi 日性〕
向上 xiàngshàng 向上する.進步する.〔好好学习，天天~〕しっかり勉強し日々進歩する.〔~兼容〕電算上位互換.
向上爬 xiàngshàngpá はい上がる.〈喩〉あくどくのし上がる.
向使 xiàngshǐ〈文〉もし…ならば.
向水性 xiàngshuǐxìng 植向(屈)水性.向湿性.
向外 xiàngwài …以上.〔他有七十~〕彼は70歳を越している.→〔开 kāi 外〕
向晚 xiàngwǎn〈文〉夕方.暮れ方.
向往 xiàngwǎng 思慕する.心を傾ける.あこがれる.夢になる.〔心里~的是世界冠军〕心の中であこがれているのは世界チャンピオンだ.〔对中国非常~〕中国には非常にあこがれを持っている.→〔向慕〕〔憧 chōng 憬〕
向午 xiàngwǔ 昼ごろ.昼どき.→〔正 zhèng 午〕
向下 xiàngxià 社会の底辺に力を入れる.
向先 xiàngxiān 以前.昔.〔早 zǎo 先〕に同じ.
向晓 xiàngxiǎo〈文〉明け方.→〔破 pò 晓〕
向心力 xiàngxīnlì ①理求心力力〕〔求 qiú 心力〕は旧称.②〈喩〉集団を志向する思想や行動.↔〔离 lí 心力〕
向学 xiàngxué 学問に志す.〔专心〕専心勉学する.
向阳 xiàngyáng 南向き(である).〔这间屋子~，所以暖和〕この部屋は南向きなので暖かい.
向阳花 xiàngyánghuā ⇒〔向日葵〕
向右看齐 xiàngyòu kànqí ①〔号令〕右へならえ！②右へならえをする.〔他既然用这个法子提高了生产，我们一也要用这个法子〕彼がこの方法で生産をあげたのだから，我々も右へならえしてこの方法を用いねばならない.
向右转 xiàngyòuzhuǎn〔号令〕右むけ右！〔~走〔号令〕右向き前へ進め！
向隅 xiàngyú〈文〉一人とり残される.機会を失して失望する.〔一人~，满座不欢〕一人の仲間外れがいると，全部の人が不愉快になる.一人が調子をあわせないと，みなの者が気まずくなる.〔~而泣〕成〉孤独や絶望のために泣く.
向者 xiàngzhě〈文〉先に.→〔从 cóng 前〕
向着 xiàngzhe ①…に向かっている.面する.〔~光明的未来前进〕輝かしい未来に向かって前進する.②〈口〉肩をもつ.〔你说他好，那是~他〕彼が彼を良く言うのは，彼をえこひいきしているのだ.

〔珦〕xiàng〈文〉玉の一種.

〔項・项〕xiàng
①うなじ.首(の後部).〔颈 jǐng ~〕首.〔~强 qiáng〕中医首や肩のこり.→〔脖 bó 子〕②箇条.項目.③金(㊎).金額.〔款 kuǎn ~〕同前.〔进~〕収入.入金高.〔存~〕預金.〔用~〕経費.〔借~〕借金.〔由交际费一下拨用交际费的项目から流用する.④量詞.事物の種類・項目を数える.〔这一工作〕この種の仕事.〔~任务〕一つの任務.〔一~新产品〕一種類の新製品.〔提十~要求〕10項目要求を出す.→〔八 bā 项注意〕⑤数〈方〉⑥〈姓〉项(ウ).
项背 xiàngbèi うなじと背中.〈転〉後ろ姿.〔不可望其~〕及ばない.〔难望~〕とてもかなわない.〔~相 xiāng 望〕前後の人が互いに見合うこと.〈転〉往来の頻繁なこと.

项当儿 xiàngdangr〈方〉生計〔向当儿〕とも書いた.〔那时候，他穷得很，一点~都没有了〕その時彼は貧乏でどうにもならなかった.
项链(儿) xiàngliàn(r) 圏首飾り.チェーンネックレス.〔项练(儿)〕とも書いた.〔~表〕ペンダントウォッチ.
项领 xiànglǐng ①首すじ.襟元.②要害の地.
项目 xiàngmù 項目.プロジェクト.〔按~查点一下儿〕項目順に調べる.〔~经理〕プロジェクトマネージャー.〔体育运动~〕スポーツ種目.〔~小组〕プロジェクトチーム.〔~外包〕プロジェクトを外注する.
项圈 xiàngquān ①〔輪になった〕首飾り.②〔犬・猫などの〕首輪.〔脖 bó 圈①〕に同じ.
项庄舞剑，意在沛公 xiàngzhuāng wǔ jiàn, yì zài pèigōng〈谚〉動作は本能等にあり:項羽の部将の項庄が剣舞をして敵の劉邦(沛公)を殺そうと企てた(史記・項羽本記).→〔鴻 hóng 门宴〕

〔巷〕xiàng
①=〔文〉衙②〕路地本.横町:北方では〔胡 hú 同(儿)〕という.〔大街小~〕大通りと横町.〔深~〕奥深い路地.〔街头~尾〕街や路地のあちこち.〔陋 lòu ~〕みすぼらしい横町.〔一条小~〕一つの小さな路地.→〔弄 lòng〕②〈姓〉巷(ウ).
巷口 xiàngkǒu 路地の入り口.
巷陌 xiàngmò〈文〉通り.横町.
巷议 xiàngyì 世間の風説.→〔街 jiē 谈巷议〕
巷战 xiàngzhàn 市街戦.
巷子 xiàngzi 横町.路地.→字解①

〔相〕xiàng
（Ⅰ）①观察する.人相を見る.鑑定する.〔皮~〕表面だけの観察.〔人不可以貌~〕人はその容貌で推し量ってはいけない.人は見かけによらぬもの.〔~物〕物の外観.ありさま.〔~面〕人相.③人の姿.姿かたち.顔かたち.容貌.〔骨~〕〔长 zhǎng ~儿〕顔つき.〔聪明~〕利口そうな顔つき.〔站没站~，坐没坐~〕立っているにしても，座っているにしてもちゃんとしていない.→〔像〕④相(ᵞ).〔固 gù ~〕固相.〔三~交流〕三相交流.→〔相位〕⑤写真とる.⑥〈姓〉相(ウ).
（Ⅱ）①〈文〉助ける.補佐する.〔吉人天~〕天は善人を助ける.〔~夫教子〕夫を助けて子を教える.②宰相.大臣.〔宰 zǎi ~〕同前.〔首 shǒu ~〕総理大臣.〔将 jiāng ~〕大将と大臣.〔~印〕宰相の印.③圏主人を助け接待する者.〔傧 bīn ~〕結婚式の介添(ᵞ)人.④中国将棋の駒の一:相手のは〔象(㈫)〕と書いてある.→ xiāng

相本儿 xiàngběnr ⇒〔相册〕
相变 xiàngbiàn 物相の変化.
相册 xiàngcè アルバム.〔像册〕とも書く.〔相本儿〕〔照 zhào 相簿〕ともいう.
相法 xiàngfǎ 観相術.〔~书〕観相法の書.
相夫 xiàngfū〈文〉夫を助ける.〔~教子〕夫を助け子供をしつける.
相府 xiàngfǔ〈文〉宰相・大臣の役宅.
相公 xiànggōng〈文〉宰相・大臣の称.
相公 xiànggong 圏①若様.若旦那様:年少の士人の称.②〔秀 xiù 才〕に対する称.③〔清〕酒席にはべる"かげま".男娼.〔~堂 táng 子〕〔私坊〕かげま茶屋.④妻の夫に対する敬称.⑤〈方〉店員・職人・小作に対する呼称.
相骨学 xiànggǔxué 骨相学.
相国 xiàngguó〈文〉大臣.宰相:古くは百官の長.
相机 xiàngjī ①~〔行 xíng 事〕機会を見て事を行う.②カメラ.写真機.〔照 zhào 相机〕の略.〔像机〕とも書く.
相角 xiàngjiǎo（アルバムに貼る写真の）コーナー.
相框 xiàngkuàng（写真を入れる）額縁(ᵞ).

1838

相里 xiānglǐ 〈姓〉相里(ﾘ).

相马 xiàngmǎ 馬を鑑定する.〈喻〉人材を発掘する.[闭 bì 门～]〈成〉門を閉ざして同僚.〈喻〉主観的に事を行うこと.また内部だけに抜擢すること.

相貌 xiàngmào 容貌:[像貌]とも書いた.[～魁伟 kuíwěi]～[堂堂]容貌が立派である.[～不扬]容貌が貧弱である.[～平常]普通の顔立ちだ.→[容 róng 貌]

相面 xiàngmiàn =[看 kàn 相](1)人相をみる.[～先生][看相的]人相見.→[测 cè 字][批 pī 八字(ﾉﾙ)][算 suàn 命][揣 chuǎi 骨]

相片(ﾉﾙ) xiàngpiàn ～piānr ⇒[像片(ﾉﾙ)]

相其皮毛 xiàng qí pímáo 〈喻〉表面だけを観察する.

相儿 xiàngr 〈方〉容貌.状態.[长 zhǎng～]容態.

相声(ﾉﾙ) xiàngsheng(r) 漫才:[对 duì 口～](二人漫才)がふつう.話題を提供する役の[逗 dòu 哏(ﾉﾙ)](つっこみ)と、受けていく役の[捧 pěng 哏(ﾉﾙ)](ぼけ)からなる.[单 dān 口相声]一人漫才.[多口相声][群 qún 活(ﾉﾙ)][群口～]二人以上でやる漫才.→[滑 huá 稽戏][曲 qǔ 艺]

相士 xiàngshì 観相家.人相見:[看 kàn 相的]に同じ.

相手蟹 xiàngshǒuxiè ⇒[蟛 péng 蜞]

相书 xiàngshū ①⇒[口 kǒu 技] ②観相書.

相术 xiàngshù 観相術.

相态 xiàngtài 物(物質)の状態.

相体裁衣 xiàngtǐ cáiyī 〈喻〉状況を見て行動を起こす.

相位 xiàngwèi ①首相の地位.大臣のポスト.[难 nán 丢了]同前を失いかねない.②物位相.相.

相匣子 xiàngxiázi [照 zhào 相机](カメラ)の旧称.

相月 xiàngyuè 旧暦7月.

相宅 xiàngzhái 家相を占う:[看 kàn 风水]に同じ.

相纸 xiàngzhǐ 印画紙.感光紙.

[象(象·象)] xiàng (Ⅰ)① 動 ゾウ:ふつう[大 dà 象]という.[小～]仔象.子供の象.[非 fēi 洲～]アフリカゾウ.②[～牙 yá]の略.[～箸 zhù]象牙の箸.③〈姓〉象(ﾉﾙ).

(Ⅱ)①外に現れたさま.様子.形態.兆候.[天空有风雨之～]空に風雨の兆しがある.[包罗万～]一切を包含する.[形～]現れたさま.[印～]印象.[现～]現象.[气～]気象.[幻～]幻像.模倣する.[像(象)②]象声词][象形] ③中国将棋の駒の一:相手のは[相(Ⅱ)④]と書いてある.→[象棋]

象鼻 xiàngbí 象の鼻.⇒[牙 hēi 口]

象鼻虫 xiàngbíchóng 虫ゾウムシ:[象甲]ともいう.

象(鼻)鱼 xiàng(bí)yú →[鲟 xún]

象差 xiàngchā 物収差:拡大鏡などでできる像の歪み.

象齿焚身 xiàngchǐ fénshēn 象は象牙があるために殺される.〈喻〉財物をためれば災いを被る.

象豆 xiàngdòu ⇒[榼 kē 藤子]

象龟 xiàngguī 動 ゾウガメ:イシガメの一種.

象脚鼓 xiàngjiǎogǔ 傣族の皮鼓の太鼓の名.

象皮纸 xiàngpízhǐ 画用紙.

象皮肿 xiàngpízhǒng 医 多く[丝 sī 虫病](フィラリア症)による皮膚の厚くなる症状.脚に出るのを[中国大 dà 脚风]という.

象棋 xiàngqí 中国将棋:[将 jiàng](相手は[帅 shuài])1枚、[士 shì](Ⅱ④](相手は[象(Ⅱ)③])·[车 jū][马 mǎ][炮 pào](相手は[炮])各2枚、[卒 zú](相手は[兵 bīng])5枚の7種32枚の駒があり、相手の[将]または[帅]をとったものが勝つゲーム.[下～]

将棋をさす.[～盘 pán][棋盘]将棋盤:7本の縦線と楚界·漢河であってある中央の1段をはさんで上下各4本の横線が引かれている.[将](あるいは[帅])と[士](あるいは[仕])の置かれる場所を九宫といい、斜線が引いてある.

象散 xiàngsàn 物非点収差.焦点ぼけ(レンズの).乱視.

象声 xiàngshēng ⇒[形 xíng 声]

象声词 xiàngshēngcí [拟 nǐ 声词]擬声語.

象素 xiàngsù ⇒[像素]

象限 xiàngxiàn 数 象限(ｹﾞﾝ):4分円.[～仪 yí]圏象限儀.

象形 xiàngxíng 象形:[六书 ①]の一.物の形を絵画的に象徴したもので、[日]"月""水"など.[～文字][表 biǎo 形文字]象形文字.

象牙 xiàngyá 象牙(ｷﾞ).[～筷 kuài 子][牙箸]象牙の箸.[～雕 diāo 刻][牙雕]象牙彫刻.[～之塔]～宝塔]象牙の塔.[～质 zhì][牙本质]生理象牙質.

象牙海岸 xiàngyá hǎi'àn ⇒[科 kē 特迪瓦]

象牙红 xiàngyáhóng ⇒[～ yī 品红②]

象眼(ﾉﾙ) xiàngyǎn(r) =[斜 xié 象眼儿]

象鱼 xiàngyú →[鲟 xún]

象征 xiàngzhēng 象徴(する).シンボル(である).[白色～着纯洁]白は純潔を象徴している.[～性]象徴的.[鸽子是和平の～][和平のシンボルだ.[～主义]象徴主義.シンボリズム.

象箸 xiàngzhù [牙 yá 箸]〈文〉象牙の箸.[～玉杯]〈喻〉豪奢な生活.

[像] xiàng ①像.人の姿形.物の像.[肖 xiào ～]肖像.[画～]画像.[塑 sù ～]塑像.[铜～]鋳銅の像.②似る.似ている.[长 zhǎng 得～极了]まるで瓜二つだ.[水晶 jīng ～玻璃]水晶はガラスに似ている.[他～他母亲]彼は母親に似ている.[您穿中国衣服很～样儿],あなたが中国服を着るたいへんよく似かっている.→[象(Ⅱ)②] ③あたかも…のようである:断定をためらっていう.[好～一只鸟儿飞地来了]まるで鳥のように飛んでいる.[好～在哪儿见过他]どこかで彼に会ったことがあるような気がする.[～那么回事]それらしいです.[刚オ～是有一阵铃声]今ベルが鳴ったようだ.[他～要说什么似的]彼は何か言おうとしているようだ.[～好 hǎo 像] ④…のごとき.…のような:例を挙げる場合に用いる.[～这样的人真是难得 dé]彼のような人はほんとに得がたい(珍しい).[～今天的事,便是一个好的例子]今日のようなことは、一つのいい例だ.[铅笔、砚台、墨什么的,哪家铺子都卖]鉛筆や硯や墨などのようなものはどの店にでも売っている.→[如 rú (Ⅰ)①] ⑤〈姓〉像

像册 xiàngcè アルバム.[相册]とも書く.

像差 xiàngchà ⇒[象差]

像带 xiàngdài ビデオテープ.

像个人儿似的 xiànggèrénr shìde 〈方〉きちんとしたさま.[今天他倒穿得～]今日の彼の服装はパリッとしている.

像话 xiànghuà 話の筋は通っている.道理に合っている:否定文で用いられることが多い.[不～]筋が通っていない.話にない.でたらめだ.[像什么话]とんでもない事だ.

像机 xiàngjī ⇒[相机]

像框(ﾉﾙ) xiàngkuàng(r) 写真立て.

像貌 xiàngmào ⇒[相貌]

像模像样 xiàngmú xiàngyàng ①当たり前である.[这样子叫做～]これでこそまともだと言える.②格好が良い.体を成している.→[像样(ﾉﾙ)]

像片(儿) xiàngpiàn, ～piānr 写真.〔相片(儿)〕とも書いた.〔照 zhào 片〕に同じ.〔～纸〕像纸〕〔晒 shài 相纸〕印画紙.
像煞有介事 xiàng shàyǒu jièshì ⇒〔煞有介事〕
像生 xiàngshēng 〈文〉①草木・皮革など天然素材の工芸品. ②［旧］女性芸人.
像似 xiàngsì 似ている.…のようだ.
像素 xiàngsù =〔像元〕〔電算〕画素.ピクセル.〔象素〕とも書いた.
像样(儿) xiàngyàng(r) 標準に達している.それらしい.立派である.体裁が良い.〔像样子〕といった.〔要做一件一式的西服,至少得花一百多块钱〕ちょっとした洋服を1着作ろうとすれば少なくとも100元あまりはかかる.〔他过得还～〕彼の生活はまあまあ良くやっている.
像元 xiàngyuán ⇒〔像素〕
像赞 xiàngzàn 肖像画の題賛.
像章 xiàngzhāng (人の顔を模した)バッジ.
像纸 xiàngzhǐ ⇒〔像片(儿)纸〕

[橡] xiàng ⓐ⑱クヌギ(総称)〔栎 lì〕に同じ.〔～树 shù〕柞 zuò 树〕〔栎树〕ⓐ⑱クヌギ.ⓑカシワ.ⓒナラガシワ.ⓐパラゴムの木:〔～胶树〕は通称.〔～姓〕橡(zǐ)〕
橡胶 xiàngjiāo =〔烟 yān 胶〕①(和硫する前の)(弾性)ゴム.生ゴム:〔生 shēng (橡)胶〕に同じ.〔～布〕ゴム引(防水)布.〔～硫化促进剂〕(快熟粉)ゴム和硫促進剤.〔～皮带输送机〕ゴムベルトコンベヤー.〔～(液)糊〕ゴムのり(生ゴムの溶液):アラビアゴム水(儿)〕という.〔～园〕ゴム園.〔翻 fān 造〕〔翻制〕〔收复〕〔再生〕再生胶)再生ゴム.〔海棉～〕フォームラバー.〔合成～〕合成ゴム.〔旧废～〕〔废 fèi ～〕古ゴム.〔人造～〕〔假 jiǎ～〕〔含硫橡胶〕人造ゴム(状物).〔天然～〕天然ゴム.〔硬 yìng ～〕〔胶木〕エボナイト.硬質ゴム.〔～胶皮〕〔～树 shù 胶〕
橡胶草 xiàngjiāocǎo ⑱タンポポの一種.
橡胶树 xiàngjiāoshù ⑱パラゴムの木:ゴムの原料植物.〔橡 2)〕の通称.〔～脂 zhī〕ゴム樹脂.→〔橡树〕
橡筋 xiàngjīn ⇒〔橡皮筋(儿)〕
橡栗 xiàngⅠi ⇒〔橡子〕
橡皮 xiàngpí ①=〔硫 liú 化橡胶〕(和硫された弾力)ゴム.〔～筏 fá〕ゴム筏.〔～弓〕ゴム鉄砲.〔～泥〕ゴム粘土.〔～艇 tǐng〕〔～船〕ゴムボート.〔～线〕(ゴム)被覆電線:〔皮线〕ともいう.〔～指套〕ゴムサック.指サック.〔～子弹〕ゴム製の弾(tán).〔～奶嘴(儿)〕(哺乳瓶用の)ゴム製乳首.〔～塞 sài〕ゴム栓.〔～膜〕ゴムの膜.〔～胶〕②=〔橡皮擦〕消しゴム.〔～头儿〕(鉛筆の頭についている～)
橡皮版 xiàngpíbǎn =〔胶 jiāo 版〕①(ゴムの)卓上マット.②オフセット用プレート.
橡皮绷带 xiàngpí bēngdài ゴムを織りこんだ包帯.サポーター.
橡皮擦 xiàngpícā ⇒〔橡皮 ②〕
橡皮钉子 xiàngpí dīngzi 〈喩〉ゴムの釘:〔软 ruǎn 钉子〕ともいう.婉曲に拒絶することのたとえ.〔碰了～〕〈喩〉やんわりと断られる.
橡皮膏 xiàngpígāo 絆創膏:〈口〉胶 jiāo 布 ②〕に同じ.
橡皮管 xiàngpíguǎn ゴム管.ゴムホース.→〔软 ruǎn 管〕
橡皮筋(儿) xiàngpíjīn(r) =〔橡筋〕ゴムひも.輪ゴム.〔跳 tiào ～〕ゴム縄とび(をする).→〔橡皮圈〕
橡皮拍 xiàngpípāi Ⓧ(卓球の)ラバーラケット.〔球 qiú 拍〕

橡皮圈 xiàngpíquān ①(ゴム製の)浮き輪.〔救 jiù 生圈〕②=〔橡皮筋(儿)〕〔牛 niú 皮筋儿〕〔猴 hóu 筋儿〕〔猴皮筋儿〕輪ゴム.
橡皮树 xiàngpíshù ⑱インドゴムの木:観賞用植物.〔印 yìn 度橡胶树〕ともいう.→〔橡胶树〕
橡皮糖 xiàngpítáng =〔口 kǒu 香糖〕
橡皮图章 xiàngpí túzhāng ①ゴム印.②〈喩〉有名無実の人や組織.
橡皮鞋 xiàngpíxié ⇒〔胶 jiāo (皮)鞋〕
橡实 xiàngshí ⇒〔橡子〕
橡实管 xiàngshíguǎn ⑫エーコン管.
橡碗子 xiàngwǎnzi 同下.
橡子 xiàngzǐ =〔橡栗〕〔橡实〕〈方〉橡碗子〕〔栎 lì 实〕くぬぎの実.どんぐり.〔～面〕どんぐりをひいた粉.

[鮏(鮏)] xiàng ⑱口が小さくて胴の大きな器.貯金箱また,目安箱にした.

[衖] xiàng ⇒〔巷 ①〕

xiāo ㄒㅣㄠ

[肖] xiāo 〈姓〉肖(ㄒㄧㄠ).→〔萧 ⑤〕→ xiào
肖邦 Xiāobāng [人]ショパン:ポーランドの作曲家・ピアニスト.ピアノの詩人といわれた(1810〜1849)

[削] xiāo ①(ナイフで)削る.斜めにそぐ.むく.〔～铅 qiān 笔〕鉛筆を削る.〔～果皮〕果物の皮をむく.〔切 qiē ～〕(工作機械で)金属類を切削する.②削減する.取り除く.はずす.〔～本钱元值(běn)〕を切って売る.③〈姓〉削(ㄒㄧㄠ).→ xuē
削薄 xiāobáo ①削って薄くする.〔厚唇～术〕(美容外科の)唇を薄くする手術.②薄い.〔～的铜钱〕薄っぺらの銅銭.
削价 xiāojià 値引きする.
削尖 xiāojiān (先を)削り尖らす.〔～一枝红蓝铅笔〕赤青2色鉛筆の先を尖らす.〔～脑 nǎo 袋往里钻〕〈喩〉いろいろ知恵をしぼって中へ入ろうとする.
削面 xiāomiàn ⇒〔刀 dāo 削面〕
削皮 xiāopí (ナイフなどで)皮をむく.〔～刀〕ピーラー.皮むき器.
削球 xiāoqiú ㋀(テニス・卓球などで)球を切る(こと).カット(する).〔发～〕カッティングサービス.

[消] xiāo ①消える.なくなる.解消する.〔烟～火灭〕跡形もなく消え失せる.〔红肿 zhǒng 已～〕腫れがひいた.②消す.なくす.(心配などを)とく.〔～恨 hèn〕恨みをなくする.恨みを捨てる.〔把～气～〕気を落ち着ける.〔他的气还没没～呢〕彼の怒りはまだ静まらない.③時をつぶす.暇をつぶす.④必要とする.用いる:多く〔不〕〔只〕〔何〕などの後におかれる.〔～说〕言うには及ばない.〔不～发誓〕誓いなど立てる必要がない.〔不～1个月就能回来〕1か月も経たないうちに帰ってくることができる.⑤〈姓〉消(ㄒㄧㄠ).
消差 xiāochā ⇒〔销差 ①〕
消沉 xiāochén 消沈する.(気力が)衰える.〔意志～〕意気消沈している.
消愁 xiāochóu 憂いを解く.〔～解闷 mèn〕~释 shì 闷〕〔～遣闷〕気(うさ)を晴らす.
消除 xiāochú (心配や障害の類を)取り除く.除去する.〔～战 zhàn 争威胁〕戦争の脅威を取り除く.〔～障 zhàng 碍〕障害を除去する.
消磁 xiāocí 消磁(する):〔退 tuì 磁〕ともいう.
消毒 xiāodú 消毒(する).〔～药〕〔～剂 jì〕消毒薬.

消 xiāo

消 〔病房已经消过毒了〕病室はもう消毒済みだ.〔～水〕消毒液.〔～柜 guì〕消毒ケース.〔～湿巾〕除菌ウエットティッシュ.

消遁 xiāodùn 消失する.

消毒吡啶 xiāodú bǐdìng 薬 スルファピリジン:〔磺 huáng 胺吡啶〕に同じ.

消发地亚净 xiāofā dìyàjìng ⇒〔磺 huáng 胺哒嗪〕

消发定 xiāofādìng ⇒〔磺 huáng 胺脒〕

消发困乃定 xiāofā kùnnǎidìng ⇒〔磺 huáng 胺胍〕

消发美拉净 xiāofā měilājìng ⇒〔磺 huáng 胺甲基嘧啶〕

消发噻唑 xiāofā sāizuò ⇒〔磺 huáng 胺噻唑〕

消防 xiāofáng 消火(する).消防(する).〔～泵 bèng〕救火泵消防ポンプ.〔～车〕消防车.〔～船〕消防船.〔～梯〕消防用梯子.〔～设备〕消防設備.〔～队〕消防队.〔～队员〕消防队员.〔～水带〕消火ホース.〔水龙带〕とも俗称.〔～演习〕消防演習.〔～栓 shuān〕〔消火栓〕消火栓.〔～喷 pēn 淋〕スプリンクラー.→〔救 jiù 火〕

消费 xiāofèi 消费(する).〔～(税)〕消费税.〔～物资〕消费物资.〔～品〕消费品.〔～者〕消费者.〔中国～者协会〕消费者协会.〔～贷 dài 款〕〔～信贷〕消费者ローン.消费者金融.〔～结构〕消费者層の构成.〔～合作社〕回消费协同组合.

消费资料 xiāofèi zīliào 经 消费财.〔生活资料〕〔生活手段〕とも.↔〔生 shēng 产资料〕

消光剂 xiāoguāngjì つや消し剤.

消寒图 xiāohántú ⇒〔九 jiǔ 九消寒图〕

消耗 xiāohào ①(精神・力・物などを)消耗(する・させる).消费(する・させる).〔～战〕消耗战.〔～品〕消耗品.〔～热〕医消耗热.〔减少～〕消费を減らす.〔一～儿〕心な音信.消息.

消化 xiāohuà 〔生理〕消化する.〔～不良〕消化不良.〔～道〕消化器官(総称).〔～酶 méi〕消化酵素.〔～器官〕消化器系.〔～系统〕消化系.消化系统.〔～腺 xiàn〕消化腺.〔～药〕消化药.〔～液〕消化液.〔～不动〕消化しない(できない).②〈転〉吸收する.解決する.〔一次讲得太多,学生一下～不了 liǎo〕1回にあまりたくさん教えても、学生は消化しきれない.

消魂 xiāohún ⇒〔销魂〕

消火栓 xiāohuǒshuān 消火栓:〔消防栓〕ともいう.

消极 xiāojí 消极的(である).否定的(である).受身的(の).〔～防御〕消极的防御.〔～情绪〕消极的な精神状態.消极的な气分.〔～态度〕消极的な态度.〔～言论〕消极的な言论.〔～影响〕悪い影响.〔～因素〕否定的要素.マイナス要因.〔无论工作多么困难,他都不～〕仕事がどんなに困難であっても、彼はひっそり思案になったことはない.↔〔积 jī极〕

消减 xiāojiǎn 減少する.削减する.〔近来年成～了〕近年には收穫が減少した.〔～二氧化碳的排放量〕二酸化炭素の排出量を減らす.

消解 xiāojiě (疑いや懸念などを)氷解する.消え失せる.

消渴 xiāokě 中医渇きや频尿など糖尿病などの病症:病状により〔三消〕すなわち、〔上消〕,〔中消〕または〔消中〕,〔下消〕に分ける.〔～病〕渴病同前.

消梨 xiāolí 植ナシの一種.〔香 xiāng 水梨〕ともいう.

消落带 xiāoluòdài 地(ダムの水位が下がった時に)露出する地帯.

消弭 xiāomǐ 消减する(させる).〔～恶习〕悪習慣を取り除く.

消灭 xiāomiè ①消滅(する).〔许多古生物已经～〕多くの古生物はすでに消滅してしまった.②せん減(する).〔～蚊蝇〕蚊や蚊を撲滅する.

消泯 xiāomǐn 消滅する.滅ぼす.

消磨 xiāomó ①消耗する.消费する.すり减らす.②费やす.つぶす.〔把有限的光阴都～在娱乐上〕限りのある時间を娱乐の中に消费する.〔～岁月〕年月をぶらぶら过ごす.〔～意志〕いくじがなくなる.

消没 xiāomò 消失する.消えてなくなる.

消纳 xiāonà 〔销纳〕(ごみ・廃棄物などを)処分する.処理する.

消匿 xiāonì 隠す.姿を消す.

消胖 xiāopàn 肥滿を解消する.スリムになる.〔～減肥〕肥同前.

消气 xiāoqì 怒りを和らげる.気を静める.〔你别生气,把气消消吧〕(そんなに)怒らないで気を落ち着けなさい.

消遣 xiāoqiǎn =〔排 pái 遣〕うさを晴らす.遊ぶ.暇をつぶす.〔明天星期日,您打算怎么～呢〕あすの日曜は何をして过ごすおつもりですか.

消去 xiāoqù 消去する.〔～法〕数消去法.

消却 xiāoquè 解く.なくする.解消させる.〔～前嫌〕前の恨みを解消させる.

消融 xiāoróng 〔消溶〕とも書く.①(氷や雪が)とける.②融合する.〔～异见〕違った見解が融合する.

消散 xiāosàn (霧・こり・わだかまりなど)晴れる.散る.消える.〔雾渐渐～了〕霧がだんだん消えていった.

消色差 xiāosèchà 物 色收差.

消声器 xiāoshēngqì 回消音器.マフラー.〔消音器〕ともいう.

消失 xiāoshī ①消失する.消えうせる.②隠れる.

消蚀 xiāoshí ⇒〔销饰〕

消食 xiāoshí 食物を消化させる.〔饭后做会儿运动～〕食後少し運動して腹ごなしをする.

消蚀 xiāoshí 腐食させる.〔销蚀〕とも書いた.

消石灰 xiāoshíhuī ⇒〔石灰〕

消逝 xiāoshì 消え去る.过ぎ去る.〔完全～了〕まったく消え去った.

消释 xiāoshì ①(疑い・恨み・誤解など)解く.なくす.消す.②〈文〉解き明かす.

消受 xiāoshòu ①享受する.受ける.〔我穿这么好的衣裳,实在不配〕わたしがこんなよい服を着たんではまったく身分不相応だ.〔～富贵〕富贵を受ける.②忍受する.耐え忍ぶ.

消瘦 xiāoshòu やせる.

消暑 xiāoshǔ =〔消夏〕暑さをしのぐ.→〔避 bì 暑〕

消损 xiāosǔn ①消えて少なくなる.〔岁月～〕年月が过ぎ去っていく.②损耗する.

消停 xiāotíng ①閑静である.平稳である.〔近来又不～了/近ごろまた不穏になってきた.〔找个安静地方,消消停停吃饭吧〕どこか静かな所へ行って、ゆっくりご饭を食べよう.②片づく.一段落する.休む.〔今天事情～多了〕今日は仕事がずっと暇になった.〔等～了再说吧〕ひと休みしてからにしましょう.

消退 xiāotuì 減退する.だんだんなくなる.衰える.

消亡 xiāowáng 消滅する.なくなる.

消息 xiāoxi ①消息.ニュース.情报.〔～灵 líng 通人士〕消息通.②音信.たより.〔得到母亲去世的～,我很悲痛〕母が亡くなったという知らせを受け、とても悲しかった.

消息儿 xiāoxir 〈方〉しかけ.からくり(人を陷れるための):〔销销儿〕ともいった.

消夏 xiāoxià ⇒〔消暑〕

消闲 xiāoxián ①時间をつぶす.ぶらぶら过ごす.→〔消遣〕②のんびり暮らす.

xiāo 消宵逍绡硝销

消歇 xiāoxiē 〈文〉やむ.やめる:〔销歇〕とも書く.〔风雨〜〕風雨がやむ.
消协 xiāoxié 〔中国消费者协会〕の略称.
消烟除尘 xiāoyān chúchén 煙や粉塵を取り除くこと:空気をきれいにする.
消炎 xiāoyán 医炎症をとり去る.炎症がひく.〔〜药品〕消炎薬.〔〜一片 piàn〕薬スルファミン錠.→〔磺 huáng 胺〕
消夜 xiāoyè ①夜の時間をつぶす.夜明かしする.②夜食を食べる:〔宵夜③〕とも書いた.⇒〔宵夜②〕
消音 xiāoyīn 音を消す.〔〜器〕〔消声器〕圖消音器.マフラー.
消隐 xiāoyǐn 隠れる.消える.
消灾 xiāozāi =〔销灾〕災厄を免れる.〔〜免祸〕厄払いをする.
消赃 xiāozāng 盗品を処分する.
消长 xiāozhǎng 消長.盛衰.増減:〔消涨〕とも書く.〔力量的〜〕力の増減.
消治龙 xiāozhìlóng =〔磺 huáng 胺噻唑〕
消中 xiāozhōng →〔消渴①〕
消肿 xiāozhǒng ①医腫れがひく(ひかせる).②(機構·業務などを)簡素化する.削減する.〔〜案件〕案件の処理を促進する.
消字 xiāozì 字を削る.字を消す.〔〜药水〕インキ消し.

[宵] xiāo ①夜.〔〜中〕〔中〜〕〔〜分〕夜半.〔春〜〕春の宵.〔良 liáng 〜〕よい宵.〔忙了一通〜〕一晩中忙しい思いをした.②〈文〉小さい.〔〜人〕小人.悪人.③→〔元 yuán 宵〕④〈姓〉宵(しょう).
宵旰 xiāogàn ⇒〔宵衣旰食〕
宵禁 xiāojìn 夜間外出禁止(令)
宵类 xiāolèi ①同じ.②〈文〉同類.
宵小 xiāoxiǎo =〔宵类①〕〈文〉夜陰盗みを働く賊.〈転〉悪人.悪党.
宵夜 xiāoyè ①〈文〉夜間.夜.②夜食:〔宵夜〕に同じ.〔消夜②〕とも書いた.⇒〔消夜②〕
宵衣旰食 xiāoyī gànshí =〔宵旰〕夜明け前に服をつけ,日暮れてから食す.〈喩〉寝食を忘れて政務に励む.

[逍] xiāo
逍遥 xiāoyáo ①のんびりと気ままに歩き回る.ぶらぶらする.〔〜自在〕気ままにしていて屈託がない.悠々自適(である).〔〜法 fǎ 外〕(悪人が)法の制裁を逃れる.〔〜学派〕逍遥学派:ギリシア哲学の一派.②〈姓〉逍(しょう).
逍遥子 xiāoyáozǐ =〔竹 zhú 舆〕

[绡·綃] xiāo 〈文〉①生糸.②薄い絹織物.〔〜纱 shà〕〔〜头 tóu〕髪を束ねる絹のきれ.

[硝] xiāo ①化硝石.芒硝(ぼうしょう)(総称):工業用などに用いられる.→〔硝石〕〔芒 máng 硝〕(芒硝で)皮革をなめす.〔已〜毛皮〕なめした毛皮.〔未〜毛皮〕なめし仕上げのしていない毛皮.→〔鞣 róu〕
硝苯硫磷酯 xiāoběnliú línzhǐ ⇒〔对 duì 硫磷〕
硝化 xiāohuà 化ニトロ置換.ニトロ化.硝化.〔〜器 qì〕ニトロ化器.
硝化甘油 xiāohuà gānyóu 化ニトログリセリン:〔甘油三硝酸酯〕に同じ.
硝化纤维(素) xiāohuà xiānwéi(sù) 化ニトロセルロース:〔硝酸纤维素〕ともいう.
硝基 xiāojī 化ニトロ基.〔〜苯 běn〕ニトロベンゼン.〔〜酚 fēn〕ニトロフェノール.〔〜化合物〕ニトロ化合物.→〔基③〕
硝棉漆 xiāomiánqī ニトロセルロースラッカー.
硝皮子 xiāopízi ①毛皮をなめす.②なめし皮.→〔鞣 róu〕
硝片 xiāopiàn ニトロセルロース製フィルム.
硝强水 xiāoqiángshuǐ ⇒〔硝酸〕
硝石 xiāoshí 鉱硝石:〔消石〕とも書く.〔火 huǒ 硝〕は通称.〔硝酸钾〕(硝酸カリウム)と〔硝酸钠〕(硝酸ナトリウム)の2種類.ふつう前者をいう.
硝酸 xiāosuān =〔口硝 破水〕化硝酸.〔〜银 yín〕硝酸銀.〔〜钙 gài〕硝酸カルシウム.〔〜盐〕硝酸塩.〔〜锶 sī〕硝酸ストロンチウム.〔〜铵 ǎn〕硝酸アンモニア.硝安.〔〜氧 yǎng 铋〕酸化硝酸ビスマス.〔甘 gān 油三〜酯 zhǐ〕トリニトログリセリン.〔〜纤维素〕硝化ニトロセルロース.
硝酸醋酸纤维素 xiāosuān cùsuān xiānwéisù ニトロアセチルセルロース.綿花火薬.
硝酸钾 xiāosuānjiǎ =〔火 huǒ 硝〕〔洋 yáng 硝〕化硝酸カリウム.硝石〔钾硝酸〕に同じ.
硝酸钠 xiāosuānnà 化硝酸ナトリウム.チリ硝石:〔钠硝石〕に同じ.〔智 zhì 利硝(石)〕ともいう.
硝酸氧铋 xiāosuānyǎngbǐ 化酸化硝酸ビスマス.→〔碱 jiǎn 式硝酸铋〕
硝土 xiāotǔ 岩塩を含んだ土地.
硝酰胺 xiāoxiān'àn 化ニトロアミド.
硝酰基 xiāoxiānjī 化ニトロキシル基.→〔基③〕
硝烟 xiāoyān 硝煙:火薬爆発の煙.〔〜弥漫〕火薬の煙が充満していること.〔〜弹 dàn 雨〕〈喩〉激しく銃砲を打ちあう戦場.
硝盐 xiāoyán ⇒〔土 tǔ 盐〕
硝盐酸 xiāoyánsuān ⇒〔王 wáng 水〕
硝制 xiāozhì (毛皮などを)なめす.
硝子液 xiāozǐyè ⇒〔玻 bō 璃液〕

[销·銷] xiāo (Ⅰ)①(金属が)溶ける.溶かす.〔百炼不〜〕いかにしても溶かすことができない.②解消する.取り消す.取り下げる.〔取 qǔ 〜〕〔取消〕取消取り消す.〔〜约〕約束を取り消す.〔乙 gōu 〜〕棒引きする.ご破算にする.〔撤 chè 〜〕取り消す.撤回する.③消費(する).〔花〜·xiāo〕〔花消〕〔花费 fèi〕経費.費用.〔开〜〕支出(する).④(品物を)売る.売りさばく.〔推 tuī 〜〕売り込む.〔滞 zhì 〜〕(売れなくて)滞貨になる.滞貨する.売れ残る.〔脱 tuō 〜〕(売れ過ぎて)品切れになる.〔畅 chàng 〜〕よく売れる.〔〜得好〕売れ行きがよい.〔这个货〜得慢〕この品は売れ行きが鈍い.〔不了不快〕かなりの品数が売れた.〔〜尽 jìn〕〔罄 qìng〕売り切れる.売り尽くす.⑤〈姓〉销(しょう).
(Ⅱ)①鉄さしこみとめ具.とめピン.〔插 chā 〜〕〔插头〕(電気コードの)プラグ.〔定位 〜〕とめねじ.②(さしこみ·プラグ·ネジなどを)差し込む.
销案 xiāo'àn 訴訟を取り消す.〔〜放人〕訴訟を取り消し被告を釈放する.
销差 xiāochāi =〔销 jiāo 差〕任務を果たして報告する.②任務を取り消す.
销场 xiāochǎng 市場.商品の販路.
销除 xiāochú 削除する.廃棄する.〔〜核武器〕核兵器の廃棄.
销钉 xiāodīng ⇒〔销子〕
销号 xiāohào (人·物の)登録·登記を取り消す.
销户 xiāohù 銀行口座を解約する.
销户口 xiāohùkǒu 転出·除籍を届け出る.→〔报bào 户口〕
销黄 xiāohuáng ポルノ製品を販売する.→〔扫 sǎo 黄〕

xiāo

销毁 xiāohuǐ 〈意図的に〉焼却する.廃棄する.〔~文件〕資料を処分する.〔~证据〕証拠をもみ消す.

销魂 xiāohún ＝〔消魂〕〔断 duàn 魂〕〈感動·衝撃を受けて〉魂も身につかない.心を奪われる.魂消(が)る.恍惚(ঈ)となる.〔~桥〕冥土にあるという橋.

销货 xiāohuò 商品を売りさばく.〔~确 què 认书〕売約確認書.〔~结单〕委託販売の売上げに対し仮計算書.〔~金额〕売上金額.〔~账〕売上帳.売上勘定簿.〔~折扣〕販売割り引き.リベート.

销价 xiāojià 売価.販価.

销假 xiāojià 休暇明けを届け出る(出勤する)

销金 xiāojīn ①金属を溶かす.②金粉を吹きつける.金箔(ফ)をおく.〔~红〕金箔のおされてある紙.金紙.〔~帐 zhàng〕〈文〉華麗な蚊帳(ふう)

销量 xiāoliàng 販売量.販売高.

销路 xiāolù ①販路.〔~的预测 cè〕売り上げ見込み.〔~不灵〕〔~不畅 chàng〕売れ行きが鈍い.〔~清淡〕売れ行き不振.〔~大畅〕売れ行き快調.

销纳 xiāonà ⇒〔消纳〕

销品茂 xiāopǐnmào 〈音訳〉ショッピングモール.

销熔 xiāoróng 溶解する.溶融する.

销声匿迹 xiāoshēng nìjì 〈成〉姿をくらます.(世の人の目から)影も形もなくなる.〔销声敛 liǎn 迹〕ともいう.

销蚀 xiāoshí ⇒〔消蚀〕

销势 xiāoshì (商品の)売れ行き.

销售 xiāoshòu 売り出す.売り出し.〔~价 jià 格〕販売価格.〔~量〕販売量.販売高.〔~处〕販売所.〔~额 é〕販売額.〔~点〕販売スポット.〔~点广告〕ポップ広告.〔~经理〕セールスマネージャー.〔~网〕販売ネット.〔~战略〕マーケティング戦略.

销栓 xiāoshuān 横ずれ防止栓(ਓ)

销铄 xiāoshuò ①溶かす.②取り除く.消去する.③病気でやつれる.

销往 xiāowǎng ⇒〔销行〕

销项 xiāoxiàng 売上金.販売高.〔~税〕売上税.

销息儿 xiāoxiaor ⇒〔消息儿〕

销歇 xiāoxiē ⇒〔消歇〕

销行 xiāoxíng ＝〔销售〕売れる(て行き渡る).〔商品~全世界〕商品は全世界に行き渡っている.

销烟 xiāoyān アヘンを廃棄する.〔虎门~〕〈史〉清末,林則徐が広東の虎門でアヘンを廃棄したこと.

销灾 xiāozāi ⇒〔消灾〕

销赃 xiāozāng 盗品を売りさばく(処分する).〔~人〕同前の人.

销账 xiāozhàng 帳消しにする.

销幛子 xiāozhàngzi 吉凶事の時に贈る文字入りの〔幛子〕(旗幕)を作ること.→〔销字〕

销字 xiāozì 吉凶事用の金紙を切り抜いて作った文字を貼りつけた〔幛 zhàng 子〕(旗幕)

销子 xiāozi 〔销钉〕(機械のある部分と他の部分を結合するための)差し込み金具.とめピン.〔~槽〕同前をさす溝.→〔键 jiàn ⑤〕

〔蛸〕 xiāo ①〔鱼~〕タコ.〔章 zhāng 鱼〕という.②〔螵 piāo ~〕国カマキリの卵塊;薬材の一種として用いる.③〈姓〉蛸(ぇ)→ shāo

蛸枕 xiāozhěn 鱼タコノマクラ;ウニ類タコノマクラ目の総称.

〔霄〕 xiāo ①雲.空.天空.〔云 yún ~〕高い空.〔后来就把这重要的事情忘在九~云外去了〕後になるまでその大切なことをすっかりどこか遠くに忘れていた.②国あられ.みぞれ.→〔霰 xiàn〕〔雪 yǐng〕③〈文〉夜や雷.

霄汉 xiāohàn 〈文〉空と銀河.〈喩〉大空.〔气冲 chōng ~〕〈成〉意気天をつく.

霄壤 xiāorǎng ①天と地.②〈喩〉非常な差があること.〔跟他一比就有~之别 bié 了〕彼と比べるとそれ〔天と地の違いがある.→〔天 tiān 壤之别〕

〔魈(獵)〕 xiāo 〔山 shān ~〕動マンドリル.⑤〈文〉伝説上の,山中にいる一本足の怪物.

〔枭·梟〕 xiāo ①動フクロウ(科の鸟).〔鸮 xiū 鹏①〕②〈文〉生首をぶらさげる.〔~示 shì〕さらし首にする.③〈文〉勇ましい.猛々しい.④賊徒の首領.〔毒 dú~〕麻薬組織のボス.⑤旧〔塩の専売時代の〕塩の密売人.〔盐 yán~〕〔私~〕同前.⑥〈姓〉枭(ぉ?)

枭刀子 xiāodāozi 旧首斬り役人.

枭匪 xiāofěi 旧塩の武装密売人.

枭将 xiāojiāng 〈文〉勇将.〔骁将〕とも書く.

枭獍 xiāojìng 〈文〉不孝者.恩知らず.〔枭①〕(ふくろう)は生まれると母を食い,〔獍〕(虎や豹に似た獣)は生まれると父を食うという伝説から.

枭卢 xiāolú 〈文〉さいころの(二つの)勝ち目.

枭鸟 xiāoniǎo ①フクロウ(科の鳥).②〈喩〉悪人.反逆者.

枭骑 xiāoqí 〈文〉勇猛な騎兵.〔骁骑〕とも書く.

枭首 xiāoshǒu 〈文〉獄門首(にする).さらし首(にする).→〔号 hào 令〕〔~示众〕[示众]さらし首にして大衆に見せる.

枭雄 xiāoxióng 〈文〉①才知勇力が優れている人物.②強暴で野心のある人.

〔硝〕 xiāo ＝〔硝薄〕〈文〉①空虚(である).②織りが粗く薄い.

硝薄 xiāobáo ＝〔硝薄〕〈文〉薄い.軽い.

硝腹从公 xiāofù cónggōng〈成〉空腹を抱えて公務に従事する.公の為に懸命に尽くすこと.

〔鸮·鴞〕 xiāo 動フクロウ(科の鳥).〔鸱 chī ~科〕フクロウ科.〔长尾林~〕フクロウ(種).〔红角~〕コノハズク.〔褐隼鹰~〕アオバズク.〔长耳~〕トラフズク.〔短耳~〕コミミズク.→〔枭 xiū 鹏①〕

〔哓·嘵〕 xiāo 〈文〉①びくびくする.②しきりにしゃべる.③言い争う.

哓哓 xiāoxiāo ①〈文〉言い争いや不平不服を述べる声.〔~不休〕〈成〉しきりに言い争う.②怯えて鳴く鳥の声.

〔骁·驍〕 xiāo 〈文〉①良馬.②勇ましい.猛(ポ)々しい.強い.〔~将 jiàng〕[骁将][骁将]勇将.猛将.

骁悍 xiāohàn ①非常に勇猛である.②同前の武人.

骁健 xiāojiàn 勇ましくたくましい.

骁骑 xiāoqí 固①禁衛軍.またその司令官.〔~将 jiāng 军〕同前.②勇猛な騎兵.＝〔枭骑〕に同じ.

骁勇 xiāoyǒng 〈文〉剛勇である.〔~善战〕勇猛でいくさ上手である.

〔虓〕 xiāo 〈文〉①〔虎が〕怒り吼(ぼ)える.〔~虎 hǔ〕〔哮虎〕同前の激怒するさま.②勇ましい.猛(ポ)々しい.強い.〔~将 jiàng〕③〔枭将〕勇将.猛将.

〔猇〕 xiāo 〈文〉①虎がうなり声をあげて襲いかかる.②〔~亭 tíng〕地現在の湖北省宜都にあった古地名.

〔萧·蕭(蕭)〕 xiāo ①さびれていて.もの寂しい.〔气氛~森〕あたりがうす暗くひっそりとしている.②まばらである.〔秋林~疏〕秋の木立はまばらである.〈文〉風が吹いたり,馬がいななく音.④植ヨモギ

古名. ⑤〈姓〉蕭(しょう):俗に[肖]とも書く.

蕭艾 xiāo'ài 〈文〉ヨモギ.〈転〉くだらない者(自分)

蕭薄 xiāobáo ⇒[枵薄]

蕭規曹随 xiāoguī cáosuí 〈成〉漢の宰相の蕭何の作った法規を後任者の曹がそのまま受け継いだこと.〈喩〉後の者が前の者の方式をそっくり受け継ぐこと.→[里 lǐ 好外曹]

蕭郎 xiāoláng 〈文〉女性が愛する男に対する称呼:男性が女性に対しては[蕭娘 niáng]という.

蕭墙 xiāoqiáng 〈文〉表門のすぐ外(あるいは内側)に立てられた目隠しの塀.〈転〉内輪.身辺.[~之祸 huò][~之忧]身近なところにある心配事.一家の不和.〔祸起~〕〈成〉お家騒動が起こる.→[影 yǐng 壁①]

蕭然 xiāorán 〈文〉①ひっそりとしたさま. ②まばらであるさま.空虚であるさま. ③騒然としたさま.

蕭洒 xiāosǎ ⇒[潇洒]

蕭飒 xiāosà 〈文〉①秋風が寂しく吹くさま. ②もの寂しいさま.

蕭瑟 xiāosè 〈文〉①〈擬〉風のもの寂しい音.〔秋风~〕秋風の同前. ②荒れ果てている.もの寂しい.

蕭森 xiāosēn 〈文〉①草木が凋落するさま. ②薄暗く苦しいさま.

蕭氏硬度 xiāoshì yìngdù =〔旭 xù 氏硬度〕[物]ショーア硬度.

蕭疏 xiāoshū 〈文〉①さびれはてている. ②まばらである.

蕭索 xiāosuǒ ひっそりと寂しい.

蕭瑟 xiāosè もの寂しい.〔~的晚秋景象〕索漠たる晩秋の景色. ②不況(である).不景気(である).〔市面~〕市場に活気がない.

蕭蕭 xiāoxiāo 〈文〉①〈擬〉馬のいななく声.風の音.〔~马鸣〕蕭々(しょう)と馬いななく.〔风~兮易水寒〕(荆軻・易水歌)風寂しく吹き易水寒し. ②頭髪が白くて淡い.

[掅・撟(撟)] xiāo 〈文〉打った.たたく.[~打]同前.

[潇・瀟(瀟)] xiāo ①〈文〉水が深い.[清~さ. ②[~水][地]湖南省南部にある.

潇洒 xiāosǎ =〔萧洒〕①さっぱりとしている.あかぬけている.スマートである. ②屈託がない.こだわりのない.〔素 sù 性~〕生まれつき屈託がない.

潇潇 xiāoxiāo 〈文〉①風雨の激しいさま.〔风雨~〕同前. ②小雨の降るさま.

[箫・簫(簫)] xiāo ①[管]簫(しょう):楽器名.古くは多管を並べつけた[排 pái ~]をいった.現在は単管の笛.→[洞 dòng 箫] ②〈姓〉簫(しょう)

箫管 xiāoguǎn [管]①たて笛(総称). ②⇒[尺 chǐ 八]

[蠨・蟏] xiāo

蠨蛸 xiāoshāo [国]アシダカグモ:家の中などにいる足の長いクモ.〔长 cháng 脚②〕ともいう.俗に[喜 xǐ 蛛][蟢子]といい吉兆とされる.

[翛] xiāo ①こだわらず気ままである.

翛然 xiāorán 〈文〉気ままで自在なさま.[~而往]気の向くままに行く.

翛翛 xiāoxiāo 〈文〉①鳥の羽根の破れ損なわれているさま. ②〈擬〉ザワザワ:風雨や樹木の揺れる音.

[嚣・囂(嚻)] xiāo ①やかましい.かまびすしい.[叫~]わめきたてる.→[嗷 áo ①] ②[古][地]の立っていた騒々しい場所:市が立ってひっそりとなった場所

を[墟 xū ②]という. ③やりたい放題である.のさばる. ④〈姓〉嚣(ごう) → áo

嚣尘 xiāochén ①〈文〉騒がしくてほこりっぽい. ②騒々しい俗世間.

嚣风 xiāofēng 〈文〉騒然とした気風.騒がしく欲張る気風.

嚣竞 xiāojìng 〈文〉騒ぎ立てて(功名を)競うさま.

嚣然 xiāorán 〈文〉①暇なさま. ②うわついていばるさま. ③飢えているさま.

嚣嚣 xiāoxiāo 〈文〉騒がしいさま.

嚣尹 xiādyǐn 〈文〉嚣尹(ごうや)

嚣杂 xiāozá がやがやとやかましい.騒々しい.

嚣张 xiāozhāng (悪の勢力・気勢・邪気などが)増大してはびこる.のさばる.〔反动势力~起来〕反動勢力が強まってきた.〔~一时〕一時期大いにのさばる.〔气焰~〕気勢がすさまじい.

[洨] xiáo [~水 shuǐ][地]河北省南部にある.

[淆(殽)] xiáo 入り乱れる.〔混 hùn ~〕混じり合う.

淆惑 xiáohuò 〈文〉惑わせる.混乱させる.〔~视听〕世間の耳目を惑わせる.

淆乱 xiáoluàn ①乱す.混乱させる.[~是 shì 非]善悪を混乱させる.〔歪曲事实,~视听〕事実を歪曲し世間の耳目を乱す. ②乱雑である.

淆杂 xiáozá 混じり合う.混雑する.

[崤] xiáo [~山][地]河南省西部にある.

[小] xiǎo ①小さい:大きさ・かさ・広さ・年齢・数・規模・力・程度など.〔~河〕小川. [~建筑]小建築(物).〔比他~一岁 suì〕彼より一つ年下だ.〔地方~〕場所が狭い.〔力量~〕力が弱い.〔风~一点儿了〕風は少し静まった.〔~字典〕小辞典.〔度量~〕度量が狭い.〔心眼儿~〕見識が狭い.〔大JI(①)〕 ②時間が短い.少しの間.しばらく.[~睡]しばらく眠る.→[小坐] ③少し(の).ちょっとばかり.[~试身手]少しばかり腕を見せる.[~有才]少し才幹がある.→[少 shǎo ~] ④(数字の前につけ)ほぼそれに近い.〔我在这儿住一三十年了〕かれこれ30年ここに住んでいる.〔~50岁〕25年に近い. ⑤年下の人.幼少の者.〔一家老~〕一家の老人や子供.〔上有老,下有~〕上に老人あり,下には子供がいる. ⑥親属身分が一番下である.〔我二弟和~妹〕私の2番目の弟と末の子の妹. ⑦[旧]妾(めかけ).〔收她作~〕彼女を妾にする.[~老婆] ⑧軽んじ侮る.見下げる.[~瞧 qiáo 人可不好!]人を馬鹿にするのはよくない.⑨〈謙〉自分または自分と関係ある人や事物を指す. ⑩小学校の略.〔初~〕初級小学校.〔高~〕高級小学校.〔完~〕初級高級総合した小学校:完全の意の小学校.〔完全~学〕の略称. ⑪さん.くん.ちゃん:親しみをこめて年少者の姓・子供の名・兄弟の順を示す数字などの前につける.〔~李同学〕李君(さん),〔~光〕光ちゃん.[~二]次男坊.→[老 lǎo ⑱] ⑫〈姓〉小(しょう)

小矮人 xiǎo'ǎirén こびと.[小人儿]に同じ.

小奥运会 xiǎo àoyùnhuì 区ユニバーシアード.[世界大学生运动会]の通称.

小巴 xiǎobā 小型バス.マイクロバス.〔小公共(汽车)〕に同じ.

小巴豆 xiǎobādòu [~续 xù 随子]

小八件儿 xiǎobājiànr →[八件儿]

小八路 xiǎobālù [旧]八路軍の少年兵士:[小鬼②]はその愛称.→[八路军]

小把戏 xiǎobǎxì [方]①子供. ②ちょっとした企み.いたずら.

小霸王 xiǎobàwáng 〈喩〉わがままな一人っ子.

小 xiǎo

小白菜 xiǎobáicài 植[-儿]パクチョイ・タイサイ:チンゲンサイの近縁で葉茎が白い.アブラナ科の野菜.[方]青qīng菜②][〈方〉油yóu菜]ともいう.

小白脸(儿) xiǎobáiliǎn(r) 〈口〉美少年.ハンサムボーイ:やや軽蔑の意を含む.→[白脸]

小白领 xiǎobáilǐng 若いサラリーマン.若いホワイトカラー.→[白领]

小白萝卜 xiǎo báiluóbo 植細根大根:大根の一品種.

小白鼠 xiǎobáishǔ 動(ペットの)ハツカネズミ.→[鼷xī鼠]

小百货 xiǎobǎihuò 日用雑貨.小間物.

小摆设 xiǎobǎishè (机や棚などに並べておく)鑑賞用美術品・装飾品.

小班 xiǎobān ①(幼稚園の)年少組(3,4歳).→[中zhōng班②]②小人数のクラス・班.③⇒[清qīng吟小班]

小板凳(儿) xiǎobǎndèng(r) 小さい木の腰掛け.

小半(儿) xiǎo·bàn(r) 半分弱.半分近く.→[小一半(儿)]②[多duō半(儿)][少shǎo半(儿)]

小包 xiǎobāo ①[-儿]小さな包み.小さな荷物.②[-儿]小さな腫れ物.③(1950~1980年代,人民公社で)社員に対し主要な生活必需品は実物,その他は現金で支給するやり方.→[包干制]

小包工 xiǎobāogōng →[包工]

小宝宝 xiǎobǎobāo (可愛い)赤ちゃん.[小宝贝bèi]に同じ.[宝宝]

小报 xiǎobào ①[-儿]小新聞.タブロイド型の新聞.→[大dà报①]②回不幸があった場合,[讣fù闻](死亡通知)よりも先にその家の使用人の名前でとりあえず出される簡単な死亡通知.

小刨床 xiǎobàochuáng 機形削盤.シェーパー:[牛niú头刨(床)]の通称.→[刨床]

小报告 xiǎobàogào 上司へ伝える個人の秘密や情報:[小汇报]に同じ.[打~]密告する.[接到了许多关于他的~]彼に関する多くの情報をひそかに受け取った.[黑甩儿]

小辈 xiǎobèi [-儿]目下(の人).世代の下の者:[晚wǎn辈①]に同じ.→[后hòu辈①]②若輩者.若年者.

小本 xiǎoběn 小資本.[~经营]小資本営業.小商売.

小本本 xiǎoběnběn ⇒[小本子]

小本票 xiǎoběnpiào 切手帳:数枚一組にし,とじ込みにしたもの.

小本子 xiǎoběnzi =[小本本]手帳.備忘ノート.

小嘣嘣 xiǎobēngbeng 〈口〉バタバタ:オート三輪の俗称.[小蹦蹦]とも書く.

小便 xiǎobiàn 小(便)する:[小解]に同じ.→[小水][大dà便][尿niào]②男・女性器を指す.[~肿烂]陰部が腫(は)れただれる.

小便池 xiǎobiànchí (男性用の)小便用便器.

小辫儿 xiǎobiànr ①同下.②辫髪(の人).

小辫子 xiǎobiànzi ①=[小辫儿](短い)お下げ髪.②〈喻〉しっぽ.弱点.[抓zhuā~]弱みをにぎる.

小标题 xiǎobiāotí ①副題.サブタイトル.②小見出し.

小瘪三 xiǎobiēsān [方]ちんぴら.不良.非行少年.→[瘪]

小别 xiǎobié 〈文〉暫時の別れ(をする)

小兵 xiǎobīng 兵隊.雑兵(ぞうひょう).[~小将]〈喻〉ぞうひょう.雑魚(ざこ)ども.→[大dà兵①]

小冰期 xiǎobīngqī 地小氷期.

小病大养 xiǎobìng dàyǎng [无wú病呻吟]

小病大治 xiǎobìng dàzhì 軽い症状に過剰な治療を施すこと.

小铙钹 xiǎobó 楽銅製のシンバルに似た民族楽器:[铙náo钹](にょうはち)の小型のもの.

小檗 xiǎobò 植メギ(総称)

小檗碱 xiǎobòjiǎn 化ベルベリン:[贝bèi百林]は音訳,[黄huáng连素]ともいう.[硫liú酸]~[硫酸ベルベリン].

小补 xiǎobǔ 少しの補い.[不无~]いくらかの足しにはなる.

小部分 xiǎobùfen 小部分.→[小一半(儿)]

小步舞曲 xiǎobùwǔqǔ 楽メヌエット.

小不点儿 xiǎobudiǎnr 〈口〉とても小さな.ちびの.

小菜 xiǎocài ①[-儿](小皿に盛って出される)野菜の漬物.②〈方〉そうざい.おかず:立派な料理に対してもいう.③=[小菜碟儿]〈喻〉簡単にやれること.[~一碟子]お茶の子さいさい.

小菜场 xiǎocàichǎng 〈方〉野菜市場.[菜市]

小菜碟儿 xiǎocàidiér ①小皿.漬物皿:[小菜①]を盛る小皿.②→[小菜③]③軽い存在.いてもいなくてもよい人.

小菜蛾 xiǎocài'é 虫コナガ:クチブサ科の蛾.

小苍兰 xiǎocānglán →[远yuǎn志②]

小草 xiǎocǎo ②筆記体の小文字.草書体の小文字.

小册子 xiǎocèzi ①小冊子.パンフレット.②手帳.

小差 xiǎochāi ①[开kāi小差(儿)]②同下.

小差事 xiǎochāishì 回小さな(地位の低い)役職:[小差②]ともいう.

小产 xiǎochǎn ①[小月(子)]〈口〉流産(する):[流liú产①]の通称.習慣性流産は[滑huá胎]という.→[足zú月]

小肠 xiǎocháng ①生理小腸.[~(串chuàn)气][~(疝)气]脱腸.鼠形ヘルニア:[疝shàn气]の通称.②中医小腸:[六liù腑]の一.

小肠窄肚 xiǎocháng zhǎidù 〈喻〉自分のことしか考えない.了見が狭い.

小抄儿 xiǎochāor 〈口〉カンニングペーパー.[打~]カンニングペーパーを作る(カンニングする)

小潮 xiǎocháo 地小潮.→[大dà潮]

小巢菜 xiǎocháocài 植スズメノエンドウ

小炒(儿) xiǎochǎo(r) (小人数分作れる)一品料理.

小车 xiǎochē ①=〈方〉鸡儿公车①〕〈方〉老lǎo虎车〕[手推小车①]手押し一輪車:人を運ぶ.〈方〉独dú轮(土车①)ともいう.[推tuī~子的]同前の車夫.②(人力;また役畜で引く)小型の車.③=[婴yīng儿车]④縄をよりあわせて作る手繰車.⑤小型自動車:[小汽车]に同じ.[私家~]小型自家用車.

小车输送机 xiǎochē shūsòngjī 工板子コンベア.

小乘 xiǎochéng 宗(仏教の)小乗.→[大dà乘]

小吃 xiǎochī ①(食堂の)簡単で手軽な一品料理:[小卖①][小食①]に同じ.[整zhěng桌的]に対していう.[经济~]安い一品料理.[~部]軽食とソフトドリンクを提供するコーナー.②(西洋料理の)オードブル.→[冷lěng盆①]③(飲食業で)季節性の軽食[年nián糕][元yuán宵][粽zòng子]など(総称)

小吃店 xiǎochīdiàn 一杯飲み屋.スナック.簡単な食事や酒などを出す軽食堂.[小吃铺]ともいう.

小池子 xiǎochízi 劇(旧式劇場で)客席の中に突き出ている舞台の両側の席.→[小池④]

小重阳 xiǎochóngyáng →[重阳(节)]

小丑 xiǎochǒu ①[-儿]劇(旧劇の)道化(どけ)役者.三枚目:鼻を白く塗る.[小花脸]に同じ.[小花面]ともいう.→[丑⑤][花脸]②[-儿]〈喻〉おっちょこちょい.

1845

xiǎo 小

おどけ者.ひょうきん者. ③つまらない連中.とるに足らぬ小者.〔跳梁~〕うろちょろしているつまらぬやつら.

小丑泥鳅 xiǎochǒu níqiū 〔魚貝〕クラウンローチ.
小雏儿 xiǎochúr ①(鳥の)ひな. ②〈喩〉見識の乏しい若僧.
小除夕 xiǎochúxī ＝〔小节夜〕〔小年夜①〕旧暦の大みそかの前日.→〔除夕〕
小处 xiǎochù 小局.小さな場.〔大处着 zhuó 眼,~落 luò 笔〕大局に目をつけ小さな所から取りかかる.
小畜 xiǎochù 〈文〉小畜(きゅう)=:六十四卦の一.
小春 xiǎochūn ⇒〔小阳春①〕②同下.
小春作物 xiǎochūn zuòwù ＝〔小春②〕秋に種をまいて早春にとれる作物:南部では、小麦・大麦・えんどうなどをいう.→〔大 dà 春作物〕
小疵 xiǎocī 〈文〉小过.ささいなきず(欠点)
小词 xiǎocí ⇒〔小项②〕
小葱拌豆腐 xiǎocōng bàndòufu 〈歇〉青ネギを豆腐に混ぜる.〔~,一清(青)二白〕同前で、明々白々である.→〔一 yī 清二白〕
小聪明 xiǎocōngming こざかしさ.〔要 shuǎ ~〕小才きく.→〔机 jī 灵〕
小葱 xiǎocōng(r) ①わけぎ.春に出る細葱.→〔葱〕 ②若く柔らかい葱.
小打扮儿 xiǎodǎbànr 動きに便利な短い服:肉体労働者の服装.
小大姐 xiǎodàjiě 回①貧乏な家の女の子. ②年の若い女中・下女.→〔大姐②〕
小大人(儿) xiǎodàrén(r) 大人びた子供.ませた子供.
小打小闹 xiǎodǎ xiǎonào 〈喩〉ぼちぼちやる.細々とやる.
小大由之 xiǎodà yóuzhī 〈成〉大小どちらでもよい.
小袋包装 xiǎodài bāozhuāng パウチ包装.
小旦 xiǎodàn ⇒〔闺 guī 门旦〕
小刀 xiǎodāo 〔~儿,~子〕小刀.ナイフ.ポケットナイフ.
小刀会 xiǎodāohuì 滅清復明を唱えた秘密結社.〔~义〕1853年太平天国軍に呼応して起こした武装蜂起.→〔大 dà 刀会〕
小道 xiǎodào ①〔~儿〕小道.細道. ②〔~儿〕〈喩〉不正.盗み.〔不走~〕悪事をしない.〔~货〕盗品. ③儒学以外の(取るに足らぬ)学問.〔転〕実用的な各種の技芸.〔道士①〕の自称.
小道理 xiǎodàolǐ 小理屈.へりくつ.
小道儿消息 xiǎodàor xiāoxi 街のうわさ.取るに足らぬニュース.くちコミ.
小的 xiǎode ①〔小人③〕 ②⇒〔小的儿①〕 ③動物の子.〔下了~了〕子を生んだ. ④⇒〔小老婆〕 ⑤回下僕における召し使の自称.
小得溜儿 xiǎodeliūr 〈方〉少し.ちょっぴり.
小的儿 xiǎoder 〈方〉①=〔小的②〕(小さい)子供.〔有三个~〕子供が3人います. ②小さな物.小ぶりの物. ③一世代下の者.後輩. ④妾.〔小老婆〕に同じ.
小登科 xiǎodēngkē ⇒〔登科〕
小笛 xiǎodí ⇒〔梆 bāng 笛〕
小弟 xiǎodì ①〈謙〉わたくし:男性が同輩に対する自称. ②自分の弟に対する呼称.〔舎 shè 弟〕 ③目下の男性に対する親しみをこめた呼称. ④同性愛で相手役の男性.
小弟弟 xiǎodìdi ①一番小さい弟.またはその呼称. ②〈喩〉下らない物.取るに足らない事.
小店 xiǎodiàn ①小さな店.〔転〕弊店(謙称). ②分店.出店(うち).
小店儿 xiǎodiànr 粗末な宿屋.木賃宿:泊めるだけで食事の世話をしない宿屋.→〔鸡 jī 毛店〕

小电影 xiǎodiànyǐng ビデオ映画.
小调 xiǎodiào ①〔音〕短調.短音階.〔C~〕ハ短調. ↔〔大 dà 调〕 ②〔~儿〕俗曲・小唄・端唄に類する各地方独特の民間俗曲.〔小曲(儿)〕〔俚 lǐ 曲〕ともいう.〔扬州〕・〔扬州小数〕〔时曲~〕民間に流行する端歌.〔木曽〕〔(日本の)木曽節.
小爹 xiǎodiē 〈方〉おじ.おば.
小定(儿) xiǎodìng(r) 回婚姻の際、男女の〔八 bā 字(儿)〕(生年月日干支)を交換して双方とも異存がない場合に、婚約の印として男家から女家へ送り届けること〔首 shǒu 饰〕ともいう.〔放~〕同前を送る.→〔大 dà 定(儿)〕
小东西 xiǎodōngxi ①つまらない物.ちょっとした物. ②〈口〉ちびちゃん.小さい子供に対する愛称.
小动作 xiǎodòngzuò ①小細工.インチキ. ②子供のいたずら.授業中のわき見.
小豆 xiǎodòu ⇒〔赤 chì 小豆〕
小豆蔻 xiǎodòukòu ショウズク.カルダモン:種子がスパイスの一種とされる.
小读者 xiǎodúzhě 子供の読者.
小犊子 xiǎodúzi ①小牛. ②〈罵〉若僧.青二才.
小肚儿 xiǎodùr 回豚の膀胱に肉をつめ蒸したもの.→〔下水 xiàshui〕
小蠹虫 xiǎodùchóng 回キクイムシ(総称):〔小蠹科〕のもの.〔木 mù 蠹〕は古称.
小肚鸡肠 xiǎodù jīcháng =〔鼠 shǔ 肚鸡肠〕
小肚子 xiǎodùzi =〔〈文〉少 shào 腹〕下腹.→〔小腹〕
小队 xiǎoduì 軍小隊.〔派 pài 一~骑兵〕騎兵一小队を派遣する.→〔中 zhōng 队〕
小额 xiǎo'é 小额.〔~贷款〕小口貸し出し.
小颚 xiǎo'è ⇒〔下 xià 颚②〕
小恩小惠 xiǎo'ēn xiǎohuì 〈慣〉ちょっとした恩恵.〔给点儿~〕あめをしゃぶらせておく.
小儿 xiǎo'ér ①子ども.小児.児童.〔~多动症〕小儿多動障害. ②〈謙〉せがれ.息子:自分の息子の卑称.〔〈罵〉小~便〕小せがれ:成人男子を罵しる言葉.〔竖 shù 子②〕に同じ.→ xiǎor
小儿急痫 xiǎo'ér jíxián =〔惊 jīng 痫〕医子どもの癲癇様発作.ひきつけ:〔中医急惊风〕に同じ.
小儿科 xiǎo'érkē ①医小児科:〔儿科〕の別称.〔~医生〕小児科医. ②〈喩〉ちっぽけなこと.みみっちいこと.つまらぬこと. ③〈喩〉簡単なこと.訳なくできること.
小儿麻痹症 xiǎo'ér mábìzhèng 医小児麻痺(総称).⑥ポリオ:〔脊 jǐ 髄灰质炎〕の通称.⑤脳性小児麻痺:〔脑 nǎo 瘫〕ともいう.
小而全 xiǎo'érquán こじんまりすべて整っている:〔小而精〕小さいが質がすぐれている.
小而言之 xiǎo ér yánzhī 小さい見方で述べる(ならば)
小耳朵 xiǎo'ěrduo ⇒〔单面 耳刀①〕
小二 xiǎo'èr 回旅館や酒屋のボーイ:〔~哥 gē〕ともいう.
小罚 xiǎofá スポ(アイスホッケーの)マイナーペナルティー.
小贩 xiǎofàn 〔~儿〕小商人.行商人.→〔行 xíng 商〕
小饭桌 xiǎofànzhuō 〈喩〉学校近くの町の食堂:昼食を家で食べる便のない小中学生用.
小方格纸 xiǎo fānggézhǐ 目の細かな方眼紙.→〔图 tú 解纸〕
小方脉(科) xiǎo fāngmài(kē) 中医小児科:大人専門を〔大 dà 方脉〕〔大方脈〕という.
小纺 xiǎofǎng 紡(着物の裏地に用いる)薄手の絹

1846

織物.→〔纺②〕
小费 xiǎofèi チップ.
小分队 xiǎofēnduì 【軍】小部隊.〈転〉チーム.〔文艺～〕簡単な歌や踊り・芝居を演じる同前.〔巡 xún 回医疗～〕巡回医療班.
小粉蝶 xiǎofěndié 【虫】ヒメシロチョウ.
小蜂 xiǎofēng 【虫】コバチ(科の昆虫の総称)
小风(儿) xiǎofēng(r) 微風.
小夫妻 xiǎofūqī ⇒〔小两口〕
小夫人 xiǎofū·rén ＝〔〈文〉如 rú 夫人〕第二夫人:〔姨 yí 太太〕(おめかけさん)に同じ.→〔妾 qiè ①〕
小幅 xiǎofú 【商】小幅(に):〔窄 zhǎi 幅②〕ともいう.〔继续～震动〕小幅な値動きをくり返す.
小妇 xiǎofù ⇒〔妾 qiè ①〕
小腹 xiǎofù 【生理】下腹部.→〔小肚子〕
小富即安 xiǎofù jí ān まあまあ生活ができればよしとする考え方.
小妇人 xiǎofùrén 〈白〉わらわ:女性の自称.
小嘎 xiǎogǎ 〈方〉小さい子供:特に男の子.
小概念 xiǎogàiniàn (論理学上の)小概念.
小钢炮 xiǎogāngpào ①小型銃砲(俗称). ②〈喩〉意見をずばずば言う人(若者)
小胳膊 xiǎogēbo 小手.前腕:手首から肘(ひじ)までの部分.〔前 qián 臂〕の俗称.
小哥们儿 xiǎogēmenr (同年輩や年下の)若者たち:〔小哥儿们〕ともいう.→〔小姐们儿〕
小哥(儿) xiǎogē(r) ①＝〔小少爷〕〔〈白〉小相公①〕〈尊〉お坊っちゃん.小さい若旦那. ②少年や若者に対する(ていねいな)呼びかけ.→〔小哥们儿〕
小哥儿俩 xiǎogērliǎ ①年の若い兄弟二人. ②同年輩の若い者二人.→〔小姐儿俩〕
小歌(舞)剧 xiǎo gē(wǔ)jù 【劇】①オペレッタ. ②歌と踊りの児童劇.
小个子 xiǎogèzi 小柄(な人).背が低い人.ちび.(体の)小づくり(の人).→〔大 dà 个子〕
小跟班儿(的) xiǎo gēnbānr(de) ①【旧】主家の奥向きの用をつとめた年少の使用人. ②親の勤め先(職場)に連れて行く子:家で面倒を見てくれる人がいないため.→〔跟班〕
小根蒜 xiǎogēnsuàn ⇒〔薤 xiè 白〕
小工 xiǎogōng ①⇒〔壮 zhuàng 工〕 ②〔-儿,-子〕半人前の助手.下働き.→〔大 dà 工(儿)〕
小功 xiǎogōng →〔五 wǔ 服①〕
小恭 xiǎogōng 小便.→〔大 dà 恭〕
小公共(汽车) xiǎo gōnggòng(qìchē) (個人経営の)小型乗り合いバス.
小公主 xiǎogōngzhǔ 〈喩〉箱入り(一人)娘.→〔小皇帝〕
小狗 xiǎogǒu 〔-子,-儿〕小犬.
小构树 xiǎogòushù 【植】コウゾ.→〔构树〕
小姑(儿) xiǎogū(r) ①夫の妹:〔小姑子〕ともいう.→〔大 dà 姑子〕 ②＝〔小娘儿〕(父の妹にあたる)叔母の最年少の者:〔小姑姑〕ともいう.→〔姑②〕;付録5
小姑娘 xiǎogūniang ①小娘.女の子. ②末の娘.
小孤孀 xiǎogūshuāng 若後家(わかごけ)
小姑子 xiǎogūzi ⇒〔小姑(儿)①〕
小股 xiǎogǔ 小株主.また少量の株券.
小鼓 xiǎogǔ 【音】①小太鼓. ②サイドドラム.
小褂(儿) xiǎoguà(r) 【服】中国式の夏の単衣(ひとえ):上半身に着る肌着.→〔褟 tā ②〕
小官人 xiǎoguānrén 〈白〉①若旦那様. ②若者.男の子.
小官衣 xiǎoguānyī 【服】通常夜会服.→〔夜 yè 礼服〕
小馆(儿) xiǎoguǎn(r) 規模の小さい料理店.小料理屋.
小广播 xiǎoguǎngbō 〈喩〉①陰口.くちコミ.噂話. ②同前をする人.
小广告 xiǎoguǎnggào (小型の)ビラ.チラシ:多く違法のもので壁に貼ったり,手で配る.〔野 yě 广告〕ともいう.
小鬼 xiǎoguǐ ①ちび.小僧:こどもに対する親しみをこめた,からかい気味のいい方.〔〈方〉小鬼头〕ともいう. ②軍隊で少年勤務員(愛称).→〔小八路〕 ③〔-儿〕閻魔庁の下っ端の鬼. ④⇒〔小王③〕
小鬼头 xiǎoguǐtóu 同上①.
小锅饭 xiǎoguōfàn 小さな鍋で炊くごはん.特別食.〈喩〉特別待遇.〔吃～〕特別待遇を受ける.→〔小灶③〕〔大 dà 锅饭〕
小过 xiǎoguò ①わずかな過失.〔以～斩 zhǎn 大将〕〈諺〉有能な人物を小さなミスを理由に失脚させる. ②小さな過失に対する行政処分の一.〔记～〕同前を記録に残す.→〔记 jì 过〕 ③〈文〉小過(しょうか):六十四卦の一.
小过节儿 xiǎoguò·jiér 細かい事柄.些細な点.→〔过节儿②〕
小过门儿 xiǎoguòménr ⇒〔过门儿〕
小过年 xiǎoguònián ⇒〔小年②〕
小孩 xiǎohái 〔-儿,-子〕〈口〉①子ども(総称):乳児・幼児・小児など.〔～车〕〔乳 rǔ 母车〕乳母車.〔～子脾气〕子どもっぽい態度やくせ.〔～嘴里讨实话〕〈諺〉子どもは正直.↔〔大 dà 人①〕 ②自分の(未成年の)子ども.
小孩子家 xiǎoháizijiā 〈口〉(やや軽蔑あるいは自嘲の意を含めて)子供たち.子供ら.
小寒 xiǎohán 〔二 èr 十四节气〕の一.1月6日または7日に当たる.
小寒食 xiǎohánshí →〔寒食(节)〕
小焊 xiǎohàn 【工】はんだ付け.ⓐ〔大焊〕(溶接)に対して,〔锡 xī 焊〕および〔铜 tóng 焊〕をいう.ⓑ〔铜焊〕を〔大焊〕というのに対して,〔锡焊〕をいう.
小行 xiǎoháng ⇒〔敝 bì 号〕
小号 xiǎohào ①⇒〔敝 bì 号〕 ②⇒〔小字③〕 ③〔-儿〕小さなサイズ.Sサイズ:〔大号〕(Lサイズ)に対していう. ④【音】トランペット.→〔短 duǎn 号〕 ⑤〈方〉(監獄の)一人部屋. ⑥小便(俗称).〔上厕所的时间有严格规定～一分钟,大号三分钟〕便所へ行く時間も厳しく定められ,小便は1分,大便は3分.
小和尚 xiǎohéshang (寺院の)小僧:〔小沙弥〕ともいう.〔～念经〕小僧のお経.〈転〉口先ばかりで実がない.
小核桃 xiǎohétáo ⇒〔山 shān 核桃〕
小红肠 xiǎohóngcháng 【食】ウインナーソーセージ.
小红花 xiǎohónghuā 【植】ベニバナサルビア:〔朱 zhū 唇②〕ともいう.
小红帽 xiǎohóngmào (駅の)赤帽.→〔红帽子①〕
小红书 xiǎohóngshū (文化大革命時期の)『毛主席語録』の別称.
小后方制度 xiǎohòufāng zhìdù 【軍】兵員および軍需物資を作戦地方で求めるやり方.→〔大 dà 后方制度〕
小和 xiǎohú マージャンの(最)少点数の上がり.〔和 hú 了个～〕最少点で上がった.
小胡桃 xiǎohútáo ⇒〔山 shān 核桃〕
小户 xiǎohù ①〔-儿〕【旧】貧家.貧乏世帯.〔～人家〕同前.→〔小家①〕 ②家族の少ない家. ③居住面積の少ない家. ④小規模営業家.〔个体～〕同前の個人企業. ⑤〈文〉酒の飲めない人.下戸(げこ)
小花脸 xiǎohuāliǎn ⇒〔小丑①〕
小花面 xiǎohuāmiàn ⇒〔小丑①〕
小滑头 xiǎohuátóu 〈罵〉なまいきな小僧.ずるい若

xiǎo 小

僧.小ざかしい若僧.→〔大 dà 滑头〕〔滑头〕
小划(子) xiǎohuá(zi) ⇒〔划子〕
小话剧 xiǎohuàjù 寸劇.
小话(儿) xiǎohuà(r) ①おねがいやお願いをする言葉.②世間話.ほやき.むだ口.啖口.
小环境 xiǎohuánjìng 部分的な状況.局部的な情勢.
小皇帝 xiǎohuángdì 若い皇帝.〈喩〉家であまやかされた(男の)一人っ子.
小黄帽 xiǎohuángmào 小学生児童の黄色い帽子：交通安全を目的として着用する.
小黄鸟 xiǎohuángniǎo ⇒〔金 jīn 丝雀〕
小黄鱼 xiǎohuángyú ①→〔黄鱼〕②→〔金 jīn 条〕
小灰蝶 xiǎohuīdié =〔蚬 xiǎn 蝶〕動シジミチョウ.
小茴香 xiǎohuíxiāng →〔茴香〕
小会 xiǎohuì ①少人数の会議.②分科会.
小惠 xiǎohuì ちっぽけな恩恵.
小汇报 xiǎohuìbào ⇒〔小报告〕
小荤 xiǎohūn 食①鶏肉など小形の動物の肉を使う料理：豚・羊などの肉を使う料理を〔大 dà 荤〕という.②(精進料理で)〔葱 cōng〕(ねぎ)や〔蒜 suàn〕(にんにく)類を用いた料理.
小火 xiǎohuǒ ⇒〔文 wén 火〕
小伙计儿 xiǎohuǒjìr 若い店員.小店員.→〔服 fú 务员〕
小火轮 xiǎohuǒlún ランチ.汽艇.小蒸汽(きせん).→〔轮船〕
小伙子 xiǎohuǒzi 〈口〉若者.青年.〔小伙儿〕ともいう.〔后 hòu 生小子〕
小鸡(儿) xiǎojī(r) ①=〔方〕鸡仔〕①ひな.ひよこ：〔小鸡子〕ともいう.②にわとり.かしわ(食材の場合).〔小〕は小さいわとりという意味でなく,わとりそのものの〔猪〕〔豚〕や〔羊〕などに比べて小さいことを表す.③同下②.④やせているさま.
小鸡子 xiǎojīzi ①同上①.②〈口〉ちんちん：男の子の性器：〔小鸡(儿)〕〔小家雀儿〕〔小雀雀〕ともいう.
小吉 xiǎojí →〔小六壬〕
小集 xiǎojí ①小さい集まり.②ささやかな定期市場.→〔集市〕③小作品集.
小集体 xiǎojítǐ 小集団.グループ.
小集团 xiǎojítuán 派閥.セクト.
小麂 xiǎojǐ ⇒〔黄 huáng 獠〕
小计 xiǎojì ①ちょっとした計りごと(をする).②小計(する).
小记 xiǎojì 小品.手短かな文.埋め草.
小蓟 xiǎojì 植アザミの一種：〔刺 cì 儿菜〕は通称.→〔蓟①〕
小家 xiǎojiā ①貧家.〔~一碧玉〕〈喩〉貧家の美女.②わが家.自分：〔大 dà 家②〕(みんなに対していう.〔舍 shě 一〕.顧大家)個人を捨てて皆のことを考える.
小家电 xiǎojiādiàn 小型家電製品.
小家伙 xiǎojiāhuo =〔~儿〕①子ども.ちびっ子：親しみのある呼称.②小さい道具.
小加九儿 xiǎojiājiǔr ⇒〔小九九②〕
小家雀儿 xiǎojiāqiǎor =〔~〕②.⇒〔小鸡子②〕
小家鼠 xiǎojiāshǔ =〔鼷 xī 鼠〕
小家庭 xiǎojiātíng 若夫婦だけの家庭.核家族.↔〔大 dà 家庭〕
小家子 xiǎojiāzi 貧しい家.貧乏世帯：〔小户人家〕に同じ.〔~气〕〔~相〕〈喩〉貧乏たらしさ.みみっちさ.→〔小气〕
小简 xiǎojiǎn 簡単な手紙.
小茧蜂 xiǎojiǎnfēng =〔马 mǎ 尾蜂〕動コマユバ

チ.
小件 xiǎojiàn [-儿]①こまごました荷物.②低額の日用品.
小建 xiǎojiàn =〔小尽〕(旧暦の)小の月.↔〔大 dà 建〕
小将 xiǎojiàng ①旧若い武将.若武者.②〈喩〉見どころのある若者.
小角度射门 xiǎojiǎodù shèmén スタ(サッカーやハンドボールで)ゴールに対して浅い角度からのシュート.→〔射门〕
小角门 xiǎojiǎomén 通用門.
小脚(儿) xiǎojiǎo(r) ①纏足(てんそく)をした足：〔双 shuāng 钩②〕〔小金莲〕は別称.また度の弱い纏足を〔大小脚(子)〕という.〔裹 guǒ 一〕=纏足をする.〔女人〕④同前の女性.⑤〈喩〉保守的でできまじめで積極性に欠ける女性.→〔大 dà 脚②〕〔裹 guǒ 脚①〕
小角子 xiǎojiǎozi ①旧10銭銀貨.②〈方〉硬貨.
小桥 xiǎojiào かご.こし.〔二人~〕ふたり担ぎのかご：〔大 dà 桥〕は4人担まり以上のもの.
小教 xiǎojiào ①小学校教育.②小学校教師.
小桥车 xiǎojiàochē ①小型乗用車.セダン：〔小卧车〕ともいう.②〈古车〕②旧幌つきの馬車.
小街(儿) xiǎojiē(r) 横町.裏通り.→〔小巷〕
小节 xiǎojié ①些細なこと.枝葉末節.〔不拘~〕小事にこだわらない.②小節.
小结 xiǎojié 部分的な結論(を出す).各章のまとめ.中間のまとめ(を行う).→〔总 zǒng 结〕
小节夜 xiǎojiéyè →〔小除夕〕
小姐 xiǎo-jiě ①旧お嬢さま：使用人の主人の娘に対する称.→〔大 dà 姐②〕②お嬢さん：広く若い女性や未婚の女性に用いられる呼称.③〔世間〕〔ミス・ワールド.〕〔李~〕リーさん.ミス・リー.④サービス業の若い女性の呼称.〔接 jiē 线~〕交換嬢.〔广告 guǎng 播~〕女性アナウンサー.〔空 kōng 中~〕〔空姐〕女性客室乗務員.フライトアテンダント.④風俗接客業の若い女性.〔她做~已经3年了〕彼女は水商売を3年もやっている.〔~费〕サービス嬢・ホステスへのチップ.→〔千 qiān 金〕
小解 xiǎojiě 小便(をする).→〔大 dà 解〕
小姐们儿 xiǎo-jiěmenr (同年輩の)娘たち.→〔小哥们儿〕
小姐儿俩 xiǎo-jiěrliǎ ①年の若い姉妹二人.②同年輩の娘二人.→〔小哥儿俩〕
小襟 xiǎojīn ⇒〔底 dǐ 襟〕
小金库 xiǎojīnkù =〔小钱柜〕〈喩〉裏金.正式の帳簿に載らない金.②へそくり.
小金莲 xiǎojīnlián →〔小脚〕
小金人 xiǎojīnrén オスカー.→〔奥 ào 斯卡(金像)奖〕
小尽 xiǎojìn ⇒〔小建〕
小舅子 xiǎojiùzi 〔小舅子〕(妻の弟)の妻.→〔大 dà 妗子〕
小径 xiǎojìng 〈文〉小道.細道.→〔巷 xiàng ①〕
小净 xiǎojìng 劇(〔昆 kūn 曲〕で)敵役(かたきやく)など脇役.→〔净⑩〕
小九九 xiǎojiǔjiǔ [-儿]①掛け算の九九：〔九九歌①〕ともいう.〔一一得一〕1,1が1,〔二二得四〕2,2が4のように唱える.②〈喩〉腹積もり.腹算用：〈方〉小加九儿〕ともいう.〔算个~〕そろばんをはじいてみる.
小日齿 xiǎojiǔchǐ 医小臼歯.
小舅子 xiǎojiùzi ①=〔内 nèi 弟〕〔妻 qī 弟〕妻の弟.義弟：他称詞.②妻の一番下の弟.
小居里 xiǎojūlǐ ⇒〔微 wēi 居里〕
小局 xiǎojú 小局面.〔~要服从大局〕部分的な

小 / xiǎo

ことは全体的な情勢に従うべきだ．②回妓楼での時間遊び〔住 zhù 局〕という．
小角色 xiǎojuésè〔小脚色〕ともいう．①端役．②小者．
小军 xiǎojūn 圃芝居の旗持ち(下っ端役)．馬の足．
小军鼓 xiǎojūngǔ 圓小太鼓．→〔小鼓〕
小卡 xiǎokǎ (栄養学で)グラムカロリー．カロリー．→〔卡(路里)〕
小开 xiǎokāi 〈方〉若旦那(店主の息子)
小楷 xiǎokǎi =〔小字①〕①細字(ǧ)の楷書．②アルファベットの印刷体小文字．→〔大 dà 楷〕
小看 xiǎokàn =〔〈方〉小瞧〕〔〈文〉小覷〕〔小视〕見くびる．見下げる．〔〜人〕人をばかにする．〔我们并不想〜这剧团〕我々は決してこの劇団を軽く見ようとは思わない．
小康 xiǎokāng ①並の経済状況で生活に困らないこと．〔〜生活〕まずまずの生活．〔〜社会〕まずまずのゆとりのある生活ができる社会．〔〜之家〕暮らし向きのよい家庭．〔家道〜〕暮らし向きはまあまあだ．〔〜人家〕中流の家庭．②〈文〉(社会の)状況がやや安らかに治まっていること．
小考 xiǎokǎo ①〔-儿〕小試験．中間テスト．→〔大 dà 考〕②囡〔科 kē 举〕が行われていたころの秀才選抜試験．〔小试①〕ともいう．
小可 xiǎokě ①ささいである．〔非 fēi 同〜〕ささいなことではない．②〈白〉〈謙〉わたくし．やつがれ．
小可怜儿 xiǎokěliánr〈方〉哀れな奴．かわいそうな奴．
小锞 xiǎokè 囮小粒：通貨として用いられていたマントーの形をした銀塊で重さ50匁内外のもの．
小客车 xiǎokèchē 大型乗用車．マイクロバス．→〔小轿车〕
小空 xiǎokōng (写真用語)空白の部分が少ないこと．→〔大 dà 空〕
小孔 xiǎokǒng ピンホール．針などで突いた穴．
小抠 xiǎokōu(r) =〔小扣(儿)〕細かい損得に執着する人．
小口径 xiǎokǒujìng 小口径．〔-步枪〕小口径ライフル．〔〜速射手枪〕囡ラピッドファイアピストル．
小口(儿) xiǎokǒu(r) ①圖くちへん：漢字部首の「口」．〔口字旁(儿)〕の俗称．→〔方 fāng 框(儿)〕：付録1 ②出入り(出し入れ)用の口．小さな穴．③〈喩〉小食．
小扣(儿) xiǎokòu(r) ⇒〔小抠(儿)〕
小跨院 xiǎokuàyuàn 離れの中庭．→〔院子〕
小块钢坯 xiǎokuài gāngpī 囚〔鋼〕ビレット．スチールビレッド．
小蓝本(儿) xiǎolánběn(r) 〈口〉健康保険証：〔医 yī 疗保险手册〕の俗称．
小老妈 xiǎolǎomā〔-子〕若い女中．
小老婆 xiǎolǎopo〈口〉妾(毰)=〔小⑦〕〔小的④〕〔小的儿④〕〔小婆(子)〕は別称．〔姨 yí 太太〕〔二号(さん)〕〔〈文字豪 qiè 也〕〔妾・そばめ〕〔〈方〉小夫人〕〔二号夫人〕などをもいう．〔新近又养了俩小的儿〕最近また二人の妾を置いた．→〔老婆〕
小老儿 xiǎolǎor ①〈白〉老人の自称．②〈方〉小さい子ども．
小老头(儿) xiǎolǎotóu(r) ①ふけてみえる人．若年寄．②小柄な年寄．
小类 xiǎolèi ①細かな分類．②下位の分類．
小礼拜 xiǎolǐbài =〔礼拜三〕(水曜日)の別称．→〔大 dà 礼拜〕回隔週で週休二日制の時の週休二日ではない週(の日曜日)．
小吏 xiǎolì 小役人．下っぱ役人
小利 xiǎolì ①ちょっとした利益．〔〈方〉すり．こそ泥．→〔小绺〕

小力笨儿 xiǎolìbènr〈方〉①囮使い走りの店員．→〔力巴③〕②しろうとさん(からかって言う)．→〔力巴②〕
小里小气 xiǎoli xiǎoqì こせこせしている．けちくさい．→〔小气〕
小连翘 xiǎoliánqiáo 圃オトギリソウ．
小殓 xiǎoliàn 囮死者に〔寿 shòu 衣〕(経かたびら)を着せる儀式．→〔大 dà 殓〕
小两 xiǎoliǎng〈度〉1斤の16分の1．→〔两II〕
小两口(儿) xiǎoliǎngkǒu(r) =〔小夫妻〕若夫婦：〔小俩口〕ともいう．
小量 xiǎoliàng 少量(の)．少しの数量．
小料 xiǎoliào〔-儿〕圎料理につけるたれ．〔火锅〜〕中華鍋料理の同則．
小零儿 xiǎolíngr ①端数．はした．②おつり．→〔零(I)②〕
小灵通 xiǎolíngtōng 簡易型携帯電話．PHS．→〔大 dà 灵通〕
小令 xiǎolìng ①〔词 cí ③〕の短いもの．②〔散 sǎn 曲〕のうち，組曲になっていない短いもの．
小流域 xiǎoliúyù 圃小河川の流域：地域の取水・利水の対象としていう．
小绺 xiǎoliǔ〈方〉すり：〔扒 pá 手〕に同じ．〔小摸手〕〔小手②〕ともいう．
小六壬 xiǎoliùrén 占いの一種．〔大安②〕〔留 liú 连〕〔速 sù 喜〕〔赤 chì 口〕〔小 xiǎo 吉〕〔空 kōng 亡〕の六辰を月・日・時にあてはめて吉凶を定める．
小龙 xiǎolóng 十二支の〔巳 sì ①〕(み)の俗称：〔蛇 shé〕の婉語．〔属〜的〕巳の年生まれ．
小笼包子 xiǎolóng bāozi 圎小型の肉まんじゅう．→〔包子①〕
小龙牙 xiǎolóngyá ⇒〔蛇 shé 舍〕
小喽啰 xiǎolóuluó (盗賊などの)手下．〈喩〉命令どおりに動く人．走り使い役の人．→〔走 zǒu 狗〕
小鲈鱼 xiǎolúyú 圉貝セイゴ．〜鲈
小炉匠 xiǎolújiàng 囮(行商の)いかけ屋．かけつぎ屋：割れた陶磁器を〔锔 jū 子〕(かすがい)を用いてつぎあわせたり，ブリキ製品のはんだづけをする職人．
小路 xiǎolù 狭い道．
小鹿(儿) xiǎolù(r) ①小鹿．②〈白〉心がドキドキする．
小吕宋 xiǎolǚsòng ⇒〔马 mǎ 尼拉〕
小萝卜 xiǎoluóbo =〔〈方〉水 shuǐ 萝卜〕圃ハツカダイコン．ラディッシュ．〔〜头儿〕〈喩〉小者．小人物．子供．
小锣(儿) xiǎoluó(r) 小型の銅鑼(ǧ)：〔手 shǒu 锣〕ともいう．〔旧 jiù 戏〕によく用いられる．
小马 xiǎomǎ 小馬．〔〜乍行嫌路窄〕〈喩〉青二才は自分の未熟を棚に上げて，世間はやりにくいと言う．→〔捕り亭得み．
小马扎 xiǎomǎzhá〔-儿〕携行用折りたたみ腰掛け．
小买卖(儿) xiǎomǎimài(r) 小商売．小あきない．→〔小生意〕
小麦 xiǎomài 圃コムギ．またその実．〔春〜〕春まき小麦．
小卖 xiǎomài ①(ホテルや料理店の)一品料理：小売りの惣菜．〔小吃①〕に同じ．〔应时〜〕季節の一品料理．→〔零 líng 点②〕②小商売をする．
小卖部 xiǎomàibù (公共の場所や企業内の)売店．購買部．→〔门 mén 市部〕
小满 xiǎomǎn 小満(ネ)：〔二 èr 十四节气〕の一．5月21日前後の頃．
小猫 xiǎomāo〔-儿〕ねこ．可愛いねこちゃん．②子猫．猫の子：〔老 lǎo 猫〕(母猫・親猫)に対していう．〔小俩儿〕ともいう．
小猫熊 xiǎomāoxióng 動レッサーパンダ．〔小熊猫〕

xiǎo 小

は通称.→[猫熊]
小毛 xiǎomáo [-儿][灰 huī 鼠][银 yín 鼠]などの毛皮.短い毛足の毛皮.[-皮袄]短毛の毛皮を裏につけた上衣.→[大 dà 毛]
小毛头 xiǎomáotou ⇒[毛孩子①]
小毛贼(儿) xiǎomáozéi(r) ⇒[小偷(儿)]
小帽(儿) xiǎomào(r) ⇒[瓜 guā 皮帽(儿)]
小梅 xiǎoméi コウメ.
小媒 xiǎoméi 旧仲人を職業とする女性:縁談の初めの段階で世話をする.後で頼む正式の媒酌人を[大 dà 媒]という.→[媒婆]
小煤窑 xiǎoméiyáo 劣悪な設備の小炭鉱.
小妹 xiǎomèi ①〈謙〉わたくし:女性が同輩に対する自称.②自分の妹に対する呼称:[舍 shè 妹]に同じ.③娘さん.お嬢さん:女の子を親しんでいう.またその呼びかけ.[~!去刘村怎么走呀]娘さん,劉村へはどう行きますか.
小妹妹 xiǎomèimei 一番小さい妹.
小门票 xiǎoménpiào 個別の入場券.単独の入場券:会場内の各施設に入用なもの.
小门生 xiǎoménshēng ①孫弟子.②同前の自称.
小门小户 xiǎomén xiǎohù 貧しい家.賤しい家柄の出.平民.
小米草 xiǎomǐcǎo コゴメグサ(総称)
小米 xiǎomǐ [-儿]外皮を取った粟(ぁぅ):[大米](米)に対して軽視したような表現として[-子]ともいう.[~粥]粟がゆ.[-面]粟粉.⑤[-儿]〈方〉雑穀粉:きび・大豆・とうもろこしを混ぜてひいた粉.→[谷 gǔ 子]
小蜜 xiǎomì 〈口〉若い女性秘書(兼愛人)
小面包 xiǎomiànbāo 〈口〉小さな食パン.〈転〉ミニバン.マイクロバス:[~车]同前.→[面包车]
小庙 xiǎomiào 小さな寺廟.[-架 jià 不住大香火]〈諺〉小さな寺ではあまり多くの[香 xiāng 火](お供え物)は支え(受け入れ)かねる.[~不少大菩萨]〈喩〉不釣合いに大きな利得は結局おさまりがつかない.[~的神,没见过大香火]〈諺〉小さなほこらの神様はたくさんのお供え物を貰ったことがない:世間が狭く,盛大な場面にまごつく.[神]は[和尚]ともいう.
小蠛蠓儿 xiǎomièměngr 〈喩〉非常に小さい:[蠛蠓]([蠓虫])の別称.
小民 xiǎomín 旧①貧民.細民.②わたし:官吏に対する平民の自称.
小名 xiǎomíng [-儿]幼少期の愛称:[小字①][乳rǔ 名(儿)]に同じ.→[学 xué 名①]
小命儿 xiǎomìngr ①(ちっぽけな)命(軽んじた意).②個人の運命.
小摸手 xiǎomōshǒu ⇒[小绺]
小摩托车 xiǎo mótuōchē スクーター.小型バイク:[小型摩托车](に同じ)便摩托车]ともいう.
小末 xiǎomò 劇(旧劇の)男の青少年を演じる端役(ゃく).→[末⑤]
小磨(儿)香油 xiǎomò(r) xiāngyóu 香りの濃いゴマ油:石臼でひいて作った[香油]
小末因由儿 xiǎomòyīnyóur 〈方〉小さい(こと).枝葉末節のこと.
小模小样(儿) xiǎomú xiǎoyàng(r) 小さいながら細かな工夫や彩りがある.
小拇哥(儿) xiǎomǔgē(r) ⇒[小拇指]
小母狗眼儿 xiǎomǔgǒuyǎnr 〈方〉細く小さい眼.
小拇指 xiǎo·muzhǐ 〈口〉(手の)小指:[小手指]の通称.[〈方〉~头][〈方〉小拇指(儿)]ともいう.→[小指]
小木匠 xiǎomùjiàng ⇒[小器作]
小奶奶 xiǎonǎinai 旧①使用人が主人の妾に対する称呼.②⇒[姨 yí 太太]

小囝 xiǎonān 〈方〉①子供:多く男の子.②小さな息子.
小囡 xiǎonān 〈方〉①子供:多く女の子.②小さな娘.
小南强 xiǎonánqiáng ⇒[茉 mò 莉]
小脑 xiǎonǎo 生理小脑.
小妮子 xiǎonīzi 〈方〉①年若い女.下女.②〈罵〉あまっこ.あまっちょ.
小鲵 xiǎoní 動サンショウウオ(山椒魚):[短duǎn 尾鲵]ともいう.[大鲵]はオオサンショウウオ.
小泥鬼 xiǎonīguǐ [罵]うす汚いがき:[小泥鳅 qiū]ともいう.
小年 xiǎonián ①(果物などの)不なり年:[歇 xiē 枝(儿)]ともいう.→[大 dà 年①][荒 huāng 年]②旧暦の12月23日か24日:かまどの神様を祭った.[过年][小年夜②]ともいう.→[祭 jì 灶]③旧暦で12月が[小建(29日)]の年.→[大年②]④〈文〉寿命の短いこと.
小年轻 xiǎoniánqīng ⇒[小青年]
小年夜 xiǎoniányè ①旧暦の大みそかの前夜:[小除夕]に同じ.②⇒[小年②]
小娘 xiǎoniáng 〈文〉①少女.若い女性.②歌い女.
小娘们儿 xiǎoniángmenr 〈方〉小娘.女の子:軽蔑の意を含む.→[小妞儿]
小娘(儿) xiǎoniáng(r) ⇒[小姑(儿)②]
小娘子 xiǎoniángzǐ 〈白〉①女の子.若い女性.②妾.
小鸟 xiǎoniǎo [-儿]小鳥.⑤〈依 yī 人〉喩〉女性・子供が甘えて可愛いさま.[-球 qiū]ゴルフのバーディー.
小妞儿 xiǎoniūr 〈口〉小さい女の子.
小农 xiǎonóng 個人(家)経営農家.[~制]同前による農業制度.[~经济]同前による農業経済.
小女 xiǎonǚ 〈謙〉私の娘.うちの娘.
小女婿 xiǎonǚxù 妻より若い夫.
小爬虫 xiǎopáchóng 〈喩〉悪人の手先.子分:[走zǒu 狗]にいう.
小牌(儿) xiǎopái(r) ①弱い札(ふた).→[大 dà 牌②③]②少しの金を賭ける賭博.[打~]少し金をかけたマージャンをする.
小盘股 xiǎopángǔ 市場で動きの少ない株.
小跑 xiǎopǎo ①[-儿]小走りで行く.②使い走り.奔走してくる.③⇒[快 kuài 步②]
小朋友 xiǎopéngyǒu ①児童.子ども.②坊ちゃん(嬢ちゃん):子どもに対する呼びかけ.
小便宜(儿) xiǎopiányi(r) ちょっとしたもうけ.少し得.[爱~]目先の利を求める.[占~吃大亏 kuī]〈諺〉うまくちょっとの得をして大きな損をする.
小票 xiǎopiào ①[-儿]小額紙幣.→[大 dà 票]②レシート.伝票.③旧(鉄道の)4等キップ.[~车 chē]4等車.[绑 bǎng 票(儿)的](人さらいが)とらって行った子供.
小妍 xiǎopín 愛人.情婦.
小品 xiǎopǐn ①同下.②劇コント.③宗画(仏教の)小品(~経)般若経.
小品文 xiǎopǐnwén 小品文.エッセイ:[小品①]に同じ.
小平头 xiǎopíngtóu 短く刈った角刈り.スポーツ刈(男性の髪型)
小婆(子) xiǎopó(zi) ⇒[小老婆]
小铺 xiǎopù ①[-儿]小さい日用雑貨店.②〈謙〉弊店.
小妻 xiǎoqī ⇒[妾 qiè 1]
小启 xiǎoqǐ ちょっとした知らせの書きつけ.
小器 xiǎoqì ⇒[小气①②]

1850

xiǎo

小憩 xiǎoqì ＝〔小息〕〈文〉小憩(する).
小汽车 xiǎoqìchē ＝〔小车⑤〕小型自動車.
小气候 xiǎoqìhòu ①図微気候;狭い地域内の気候. ②〈喩〉小範囲の雰囲気・情勢. →〔大 dà 气候〕
小器作 xiǎoqìzuō 指物師(さしものし). 指物屋.〔小木匠〕ともいう. →〔大 dà 木匠〕
小气 xiǎoqì ①けちである;〔小器〕とも書く.〔吝 lìn 啬〕に同じ.〔你别～〕けちけちするな.〔～鬼 guǐ〕〔吝啬鬼〕けち(んぼう). ↔〔大 dà 方②〕 ②気が小さい.量見が狭い.こせこせしている.〔小器〕とも書く.〔～人〕狭量な人.〔你怎么说这样～的话来呢〕どうしてそんなケチくさいことを言うのか.〔您是宽 kuān 宏大量的,他～他的,还能跟他一般见识吗〕あなたは度量の大きいかたですし,彼は彼で量見が狭いんですから,同じ土俵で相手になさることもないでしょう. ③狭苦しい.窮屈である.
小千世界 xiǎoqiān shìjiè →〔大 dà 千世界〕
小钱 xiǎoqián ①四圓〔制 zhì 钱(儿)〕(穴あき銭)より小さい単位の銅銭;ところにより〔制钱(儿)〕や〔蹦 bèng 子〕をいうこともある. →〔大 dà 钱①〕 ②-儿〕小銭.〔说大话,使～〕大きなことを言っているくせに,金はちょっぴりしか出さない. ③袖の下. 鼻薬; 賄賂に使う小額の金.
小钱柜 xiǎoqiánguì ⇒〔小金库〕
小前提 xiǎoqiántí 〔第 dì 二命题〕〔后 hòu 提〕論理学上の〕小前提.第二命題. →〔大 dà 前提〕
小瞧 xiǎoqiáo 〔小看〕
小巧 xiǎoqiǎo ①小さくてよくできている.〔～玲 líng 珑〕〈成〉精巧で気がきいている. →〔细 xì 巧〕 ②〈文〉小利口(こりこう)である.
小雀雀 xiǎoqiāoqiāo ⇒〔小鸡子②〕
小茄 xiǎoqié 園コナスビ;サクラソウ科の多年生草.
小窃 xiǎoqiè ⇒〔鼠 shǔ 窃〕
小青年 xiǎoqīngnián 〔-儿〕20歳前後の若者:〔小年轻〕ともいう.〔青年〕
小青瓦 xiǎoqīngwǎ ＝〔蝴 hú 蝶瓦〕普通の中国式のかわら.
小秋收 xiǎoqiūshōu 秋に野生の有用植物の採集をすること.
小球 xiǎoqiú ①小さな玉(球状の物). ②ス小さなボールを用いる球技:卓球・バドミントン・野球・ビヤード・ゴルフなど. →〔大 dà 球〕
小球藻 xiǎoqiúzǎo 園クロレラ.
小区 xiǎoqū 居住区:〔住 zhù 宅～〕(住宅団地)の略.〔文明～〕モデル団地.
小曲 xiǎoqū 酒麹〔酒 jiǔ 药〕に同じ.
小曲(儿) xiǎoqǔ(r) ⇒〔小调②〕
小觑 xiǎoqù ⇒〔小看〕
小圈圈 xiǎoquānquān ①小さいグループ. ②小さい丸.
小圈子 xiǎoquānzi ①狭い範囲.小さな枠.〔走出家庭的～〕家庭の狭い枠の中から出る. ②(個人の利益のための)小グループ.〔不要搞～〕仲間内だけで(勝手に)やってはいけない.
小全张 xiǎoquánzhāng 組み合わせ切手シート.シートセット切手.
小雀 xiǎoquè 小さいスズメ.小鳥.
小儿 xiǎor ①幼年時.〔从～就很聪 cōng 明〕小さい時から非常に聡明であった. ②男の子.〔胖 pàng ～〕太った男の子. ～ xiǎo'ér
小人 xiǎorén ①-儿〕(細 xì 小)小人(びと).〔～气人有,笑人无〕小人は人が持っているとねたみ,人が持ってないとあざけり笑う.〔～闲 xián 居为不善〕(大学)小人は閑居して不善をなす.〔先～后君子〕言いにくいことを先に言ってしまって,後で情誼ある

つきあいをする.〔～得志〕〈成〉つまらぬ人がよい地位についている. ②囬庶民.しもじも. ③〔小的①〕〈謙〉囬わたくし.わたしめ.〔～听大人吩咐〕ご主人様,わたしめにお申しつけ下さい.
小人儿 xiǎorénr ①(老人の)若い者に対する愛称. ②小人(びと).〔～国〕同前の国. →〔侏 zhū 儒〕 ③〔口〕人形.
小人书 xiǎorénshū 連続長編絵物語:〔连 lián 环画〕ともいう.
小人物 xiǎorénwù 小もの.小人物. →〔大 dà 人物〕
小日子 xiǎorìzi 小世帯の(特に若夫婦の)暮らし.〔～过得不错〕同前後は悪くはない.
小绒 xiǎoróng 囫ネル.
小三门 xiǎosānmén (小中学校の)音楽・美術・体育の3教科:〔大三门〕は国語・数学・外国語(英語)をいう.
小三元 xiǎosānyuán (マージャンで)〔白板②〕〔绿发〕〔红中〕の三元牌のうち,二つを〔刻子〕または〔杠子〕とし,残りの一つが〔对子②〕として頭(雀頭)となっている役. →〔大 dà 三元①〕
小嗓儿 xiǎosǎngr 圓(旧劇)俳優の裏声:〔青 qīng 衣③〕〔花 huā 旦〕〔小生①〕が用いる.
小僧 xiǎosēng 〈謙〉拙僧.
小沙弥 xiǎoshāmí ⇒〔小和尚〕
小商品 xiǎoshāngpǐn 日常雑貨.日用品.〔经济〕园小商品経済.
小商品生产 xiǎo shāngpǐn shēngchǎn ⇒〔简 jiǎn 单商品生产〕
小商(小)贩 xiǎoshāng (xiǎo)fàn 小商人.露店商人や行商人.
小晌午 xiǎoshǎngwu 〈方〉昼近く.小昼(ごひる).
小少爷 xiǎoshàoye 〔小evt(少爷)〕
小舌 xiǎoshé 〔口〕①園稲や麦などの葉の付け根にある水の侵入を防ぐ小さなはかま. ②〔-儿〕喉小僧.のどびこ.のどちんこ:〔小舌头儿〕ともいう.〔庄理悬 xuán 雍垂〕(口蓋垂)の通称.
小舍 xiǎoshè ＝〔小寓〕〈謙〉拙宅:〔舍下〕に同じ.
小婶 xiǎoshěn 〔-儿,-子〕夫の弟の妻.〔大 dà 婶儿〕
小生 xiǎoshēng ①囲(旧劇)の役柄の一:〔生(Ⅱ)④〕のうち二枚目に当たるもので若い男役:〔唱 chàng 工～〕歌を主とする同前.〔做 zuò 派～〕〔扇 shàn 子～〕しぐさやせりふを主とする同前. →〔老 lǎo 生①〕 ②〈白〉小生.わたくし. ③〔文〕若僧.青二才.
小声 xiǎoshēng 小声(で).〔～说,怕小孩子醒来〕子どもが起きるといけないから,小声で話しなさい.
小生产 xiǎoshēngchǎn 圝小生产:個人経営による生産.〔～者〕小生産者(私営農民や小手工業者).
小升初 xiǎoshēngchū 〔小学毕业升入初中〕の略.小学校を卒業して中学校に進む.
小牲畜 xiǎoshēngchù にわとり・犬・豚のような小形家畜. →〔大 dà 牲畜〕
小生日 xiǎoshēngrì ＝〔散 sǎn 生日〕毎年の誕生日:〔整 zhěng 生日〕(50・60・70などの誕生日)に対していう.
小生意 xiǎoshēngyi 小商売.
小时 xiǎoshí ①1時間.〔三(个)～〕3時間.〔一个半～〕1時間半.〔～工〕アルバイター.パートタイマー:多く通いの家政婦.パートのお手伝い.〔计 jì 时工〕[钟 zhōng 点工]ともいう.〔钟头〕アワー. h: 単に〔时②〕ともいう.〔安培～〕アンペアアワー.〔瓦特～〕〔瓦特时〕ワットアワー.〔千瓦(特)～〕〔千瓦时〕〔瓦时〕〔电度〕キロワットアワー. ②幼少のころ.幼時.〔～口〕小时候(儿)に同じ.〔～了 liǎolia〕幼少にして非常に聡明なこと.

xiǎo 小

小食 xiǎoshí ①⇒〔零 líng 食〕 ②⇒〔小吃〕〔仏教で〕禅宗で朝の軽い食事.
小时候(儿) xiǎoshíhou(r) 〈口〉子どもの頃.小さいとき:〔小时③〕に同じ.
小石积 xiǎoshíjī 〔植〕テンノウメ(イソザンショウ)
小史 xiǎoshǐ 〔文〕①小史.略史.→〔正 zhèng 史〕 ②周国の記録や貴族の系譜などをつかさどる役人.〔侍 shì 僮〕
小使 xiǎoshǐ 〔文〕①身分の低い使者. ②走り使いをする者.
小市 xiǎoshì 〔-儿〕古物や雑貨の小さな市(%)
小视 xiǎoshì ⇒〔小看〕
小试 xiǎoshì ①⇒〔小考②〕 ②〈文〉ちょっと試す(して見せる).〔~锋 fēng 芒〕ちらっと腕前を見せる.→〔牛 niú 刀小试〕
小事 xiǎoshì 小さなこと(用事).つまらないこと(用事).〔生活~〕生活上の瑣事.
小市民 xiǎoshìmín ①小市民. ②〈転〉(見識もない)うるさ型の)俗物.
小手 xiǎoshǒu ①小さな手. ②⇒〔小绺〕 ③〔-儿〕〈口〉小便.〔解 jiě 个~〕小便をする.
小手工业者 xiǎo shǒugōngyèzhě ①小手工業者.
小手鼓 xiǎoshǒugǔ ⇒〔手鼓②〕
小手小脚 xiǎoshǒu xiǎojiǎo 〈喩〉①腰が引けている. ②こせこせしている.
小手指 xiǎoshǒuzhǐ (手の)小指:〔小手拇指〕は通称.→〔小指〕〔小趾〕
小书(儿) xiǎoshū(r) 旧子供が初学の際に必読する 書:特に〔三 sān 字 经〕〔百 bǎi 家 姓〕〔千 qiān 字文〕をいう.→〔杂 zá 字（本儿）〕
小叔子 xiǎoshūzi 夫の弟.義弟(他称詞):〔叔叔 ③〕に同じ.→〔大 dà 伯〕
小暑 xiǎoshǔ 〔二 èr 十四节气〕の一. 7月の7日前後にあたる.
小数 xiǎoshù 数小数.〔~点〕小数点.0.25は〔零点二五 líng diǎn èr wǔ〕と読む.〔带 dài ~的数〕帯小数.〔~位〕⇒〔整 zhěng 数②〕
小帅哥 xiǎoshuàigē 〈口〉イケメン.ハンサム.美男子:〔小帅姐 jiě〕はかわいいちゃん.べっぴん.
小水电 xiǎoshuǐdiàn 小型水力発電所:2.5万キロワット以下のもの.
小水鸭 xiǎoshuǐyā ⇒〔绿 lù 翅鸭〕
小睡 xiǎoshuì ひと眠りする.〔饭后~片刻〕食後ちょっとひと眠りする.
小水 xiǎoshuǐ ①中医小水:〔小溲〕ともいう. ②小便する:やや上品な言い方.〔多吃西瓜利~〕西瓜をたくさん食べると利尿にいい.
小说 xiǎoshuō ①〔-儿〕小説. ②旧市井(¾.)のできごとなどをおもしろく記したもの:特に,宋代の語り物のうち,恋愛・亡霊・怪奇などを扱うもの.〔稗 bài 史~〕同前.→〔说话⑥〕〔稗官②〕〔评 píng 话〕
小说家 xiǎoshuōjiā ①小説家.小説作家. ②→〔十 shí 家〕
小私 xiǎosī 〈口〉プチブル.〔~有者〕(プチブルジョア)の略.〔~生活□同前の生活.
小厮 xiǎosī 〈白〉①=〔小童②〕〔小僮〕〔小幺儿〕〔使 shǐ 唤小子〕旧小者(%).走り使い:雑役に使われた未成年の男子. ②うちの下男:自分の下僕を人に対して言う称呼.
小四轮 xiǎosìlún 小型四輪トラクター:〔小四轮拖拉机〕の略称.
小溲 xiǎosōu ⇒〔小水①〕
小苏打 xiǎosūdá 化重曹.重炭酸ソーダ:〔碳 tàn 酸氢钠〕(炭酸水素ナトリウム)の通称.〔焙 bèi 粉〕
小算盘 xiǎosuànpan 〈喩〉個人(一部)の利益のための打算.〔打个人的~〕自分の得になるよう考える.

小岁 xiǎosuì 〔腊 là 八(儿)〕の翌日:旧暦12月8日の翌日.
小太太 xiǎotàitai ⇒〔姨 yí 太太〕
小太阳 xiǎotàiyáng 〈喩〉わがままな一人っ子.→〔小皇帝〕
小摊 xiǎotān 〔-儿〕露店.出店.〔摆 bǎi ~〕を出す.〔小饭摊〕露店のめし屋.
小桃红 xiǎotáohóng 〔凤 fèng 仙花〕
小淘气 xiǎotáoqì 〔-儿〕いたずらっ子.やんちゃ坊主.おてんば.
小题大做 xiǎotí dàzuò 〈成〉針小棒大.些細なことを大げさに騒ぐ:〔小题大作〕とも書いた.→〔好 hào 大喜功〕
小提琴 xiǎotíqín 音バイオリン:〔凡 fán 亚林〕〔梵 fàn 哑铃〕〔外 wài 奥林〕などは旧音訳.〔拉~〕同前を弾く.〔第一~手〕第一バイオリン奏者.〔~家〕バイオリニスト.→〔大 dà 提琴〕
小蹄子 xiǎotízi 〈白〉あまっこ.あまっこ:年若い女を罵り,また親しんで呼ぶ言葉.
小天地 xiǎotiāndì 〈喩〉個人の生活空間.個人の置かれた小環境.
小天后 xiǎotiānhòu 女性スーパーアイドル:〔小天王〕は男性の同義語.
小甜饼 xiǎotiánbǐng 電業クッキー.
小条儿 xiǎotiáor →〔条幅〕
小铁路 xiǎotiělù トロッコ用の鉄道.軽便鉄道.
小帖(儿) xiǎotiě(r) →〔庚 gēng 帖〕
小艇 xiǎotǐng ボート.小舟.
小僮 xiǎotóng ①〈文〉子供.わらべ. ②⇒〔小厮①〕 ③旧諸侯の夫人の自称. ④旧王の服喪中の自称.
小童 xiǎotóng ⇒〔小厮①〕
小铜角 xiǎotóngjiǎo 音伝統管楽器.ラッパの一種.→〔小号④〕
小同乡 xiǎotóngxiāng 同村の出身(本籍が同様である)者.→〔大 dà 同乡〕
小偷(儿) xiǎotōu(r) 〔小毛贼(儿)〕〔小贼儿〕泥棒.こそどろ:〔小盗〕〔狗 gǒu 偷〕〈文〉鼠 shǔ 窃ともいう.
小偷小摸 xiǎotōu xiǎomō こそ泥を働く(人)
小头 xiǎotóu 〔-儿〕(太さに大小がある)棒の細い方の端.〈転〉物事の小さい(方の)部分.〔企业出大头,个人出小~〕企业が大口の方を受け持ち,個人は少額を出す.
小头症 xiǎotóuzhèng 医小頭症.
小徒 xiǎotú 旧①〈罗〉奴(%).輩(%). ②〈謙〉徒弟や丁稚(%)〈謙〉小僧などの自称.
小团体主义 xiǎotuántǐ zhǔyǐ ⇒〔宗 zōng 派主义〕
小腿 xiǎotuǐ すね.下肢:膝から足首までの部分.〔胫 jìng〕の通称.〔~骨〕→〔胫 xī 盖骨〕〔胫骨〕および〔腓 féi 骨〕など.〔~肚(子)〕〔腿肚(子)〕〈文〉腓ふくらはぎ.
小拖 xiǎotuō 小型トラクター.→〔拖拉机〕
小娃娃 xiǎowáwa 幼児.赤ん坊.
小玩艺儿 xiǎowányìr 〔小玩意儿〕とも書く.①小さなおもちゃ.小型の作り物.ミニチュア. ②つまらない遊びごと.つまらぬ芸当.
小王 xiǎowáng 〔文〕若くて王に封ぜられた者. ②〈謙〉王に封ぜられた者の自称.③(トランプの)ジョーカー:白黒で予備用のもの.〔小鬼④〕ともいう.→〔大 dà 王③〕〔扑 pū 克〕
小窝 xiǎowō 〔-儿〕小穴.〔~(里)掏大螃 páng 蟹〕〈喩〉ちょっと見ると取るに足らないところでも意外な獲物があること.②〈喩〉小さな家庭.
小我 xiǎowǒ 小我.おのれ.〔牺牲~〕個人を犠牲にする.↔〔大 dà 我〕

1852

小　xiǎo

小卧车　xiǎowòchē　乗用車.セダン:〔小轿车〕と同じ.

小巫见大巫　xiǎowū jiàn dàwū　未熟なみこが老練なみこに出会う.〈喩〉大物のそばに出て力のはるかに見劣りするのがはっきりすること.→〔女 nǚ 巫〕〔相 xiāng 形见绌〕

小五金　xiǎowǔjīn　小型の日常的な金属製材料:釘・ねじ(釘・蝶つがい・針金など)→〔五金①〕

小五套　xiǎowǔtào　(京劇で)武劇に必要な〔単刀,双刀,大刀,枪,棍〕を使う立ち回りの5種の基本訓練.

小息　xiǎoxī　⇒〔小憩〕

小溪　xiǎoxī　小川.

小媳妇(儿)　xiǎoxífu(r)　〈口〉①若妻. ②〈喩〉人の手下でいいように使われる者.いじめられ冷たくあしらわれる人.

小戏　xiǎoxì　〔-儿〕①(大がかりでない)小芝居. ②安い芝居.

小鲜　xiǎoxiān　〈文〉小魚.〔治 zhì 大国若烹～〕(老子)大国を治めるには小魚を煮るようなもので,あまりかきまわすとだめになってしまう.

小先生　xiǎoxiānsheng　①受講生の中の先生役. ②⇒〔清 qīng 倌(儿)〕

小闲　xiǎoxián　①〈文〉ちょっとした暇. ②〈白〉取り巻き.太鼓持ち. ③〈白〉それがし.わたくしめ.

小线(儿)　xiǎoxiàn(r)　〈方〉(打ち)ひも.

小祥　xiǎoxiáng　〈文〉父母の一周忌の法事.

小项　xiǎoxiàng　①小プロジェクト.小種目. ②(三段論法の)小名辞:〔小词〕に同じ.

小巷　xiǎoxiàng　巷(ちまた).路地.小路.→〔巷〕

小像　xiǎoxiàng　⇒〔小照①〕

小相公　xiǎoxiànggōng　⇒〔小哥(儿)①〕 ②(マージャンで)手牌が1枚少なくなること:反対に1枚多くなることを〔大 dà 相公〕という.

小橡树　xiǎoxiàngshù　⇒〔袍 báo〕

小小不言　xiǎoxiǎo búyán　〈慣〉きわめて些細で言う甲斐もない:〔小小不然〕ともいう.〔～的事,不必计较〕取るに足らない些細なことを争う必要はない.

小小说　xiǎoxiǎoshuō　〔-儿〕掌編小説.ショートショート:〔微 wēi 型小说〕〔一 yī 分钟小说〕ともいう.

小子　xiǎozi　〈口〉男の子.坊や.

小孝儿　xiǎoxiàor　⇒〔孝带〕

小蝎子　xiǎoxiēzi　⇒〔火 huǒ 蝎子〕

小鞋　xiǎoxié　①小さな靴. ②〈喩〉困ること.つらい目.〔给他穿～〕彼女をいじめる.

小写　xiǎoxiě　①(アルファベット・漢数字など)小文字.②漢数字の普通の書き方:〔壹,贰,叁…〕などに対する〔一,二,三…〕など.〔～字〕〔一体 tǐ〕と同前.⑤小文字. ③小文字で書く.→〔大 dà 写〕

小心　xiǎo·xīn　①注意する.気をつける:〔留 liú 神〕に同じ.〔～！〕気をつけて.重いよ.〔～安放〕〔～轻放〕取扱注意. ②～易い易く碎け壊れもの注意.〔天气冷了,~着凉〕寒くなったら,風邪を引かないよう気をつけなさい. ③注意深い.慎重である.〔～道慎〕〔慣〕(言動が)非常に慎重である.↔〔大意 dàyi〕

小辛　xiǎoxīn　⇒〔细 xì 辛〕

小心眼儿　xiǎoxīnyǎnr　①度量が狭く心が狭い. ②こざかしい手くだ.→〔心眼儿〕

小心翼翼　xiǎoxīn yìyì　〈成〉注意深く慎重なさま.

小星　xiǎoxīng　①〈文〉小さい星. ②〔妾 qiè①〕

小星草　xiǎoxīngcǎo　ヌカボシソウ.

小型　xiǎoxíng　小型(の).〔～变压器〕ベビートランス.〔～计算机〕小型コンピューター.〔～电子计算器〕〔台 tái 式电子计算器〕電卓.〔～工厂〕小規模工場.〔～摩托车〕スクーター.〔～汽车〕小型自動車.〔～摄 shè 影机〕ミニカメラ.

小行星　xiǎoxíngxīng　因小遊星.小惑星.

小型张　xiǎoxíngzhāng　(記念切手などの)切手シート:デザインされた台紙に1枚の特製大型化切手が印刷されたもの.

小性儿　xiǎoxìngr　〈方〉こらえ性がないこと.怒りやすいこと.〔好闹个～〕よくかんしゃくをおこす.

小兄　xiǎoxiōng　〈謙〉同輩で自分より年下の者に対する自称.→〔大 dà 兄①〕

小兄弟　xiǎoxiōngdi　①若い男性または自分より年下の男性に対する親しみをこめた愛称. ②(やくざ仲間の)義兄弟.

小熊猫　xiǎoxióngmāo　⇒〔小猫熊〕

小熊座　xiǎoxióngzuò　因小熊座:〔北极星〕を含む星座.

小修　xiǎoxiū　国(機械などの)小修理.→〔大 dà 修〕

小序　xiǎoxù　①詩・文の前につけられる序. ②『詩经』の各篇首の序:〔大序〕と〔～〕がある.

小婿　xiǎoxù　〈謙〉①(私の家の)婿(むこ). ②婿の義父母に対する自称.→〔小女婿〕

小学　xiǎoxué　①小学校.〔～校〕同前.〔～校长〕小学校の校長.〔～教师〕小学校の教員.〔～学生〕小学校の生徒. ②〈文〉文字学:字書・訓詁・韻書など.

小学生　xiǎoxuéshēng　①小学生. ②〈喩〉習いはじめの者.初学者.

小学生　xiǎoxuésheng　①さい生徒.低学年生. ②〈方〉坊や.男の子.

小雪　xiǎoxuě　①小雪(しょうせつ):〔二十四节气〕の一.11月22日または23日にあたる. ②因降雪量が1日2.5ミリ以下の雪. ③小雪(こゆき).

小循环　xiǎoxúnhuán　国肺循環.

小丫鬟　xiǎoyāhuán　⇒〔小丫头②〕小間使い.若い女中.

小押(儿)　xiǎoyā(r)　旧条件のからい質屋:〔小押当〕〔小押典〕〔小押局〕(押(当)舗)などともいう.

小丫头　xiǎoyātóu　〈口〉①女の子.小娘.〔～片子〕②⇒〔小丫鬟〕

小盐　xiǎoyán　⇒〔土 tǔ 盐〕

小眼角(儿)　xiǎoyǎnjiǎo(r)　目じり:〔小眼犄 jī 角(儿)〕〔小眼儿〕.

小燕子　xiǎoyànzi　①ツバメの子. ②〈喩〉子役.

小洋　xiǎoyáng　①角銀・20銭の小銀貨:〔大 dà 洋②〕(1元の銀貨)との両替率は〔大洋〕1元に〔～〕11～12角と低目に変動あった.〔～贴 tiē 水〕同前を〔大洋〕に替える時の打歩(うちぶ).

小阳春　xiǎoyángchūn　①〔～小阳春〕小春日. ②小阳春(つ):旧暦10月の別称. ②小春日和.

小恙　xiǎoyàng　〈白〉微恙(び).軽い病気.

小样　xiǎoyàng　①(新聞の)小組み(ゲラ).→〔大 dà 样①〕 ②〈方〉見本.雛形.→〔高三分〕見本は現物よりは3割がたよく見せかけてあるものだ. ③〔-儿〕〈方〉こせこせしている.けちけちしている. ④〈方〉子供の可愛らしさ.

小幺儿　xiǎoyāor　⇒〔小厮〕

小咬儿　xiǎoyǎor　〈方〉人を刺す小さい虫:ヌカカやブヨなど.

小药儿　xiǎoyàor　〈方〉ちょっとした病気に用いるできあいの薬.

小爷　xiǎoyé　①末の坊ちゃん(年の男子に対する尊称). ②旧若主人.若だんな:使用人が年少の主人に対する尊称.

小叶　xiǎoyè　①自小葉:複葉を構成する小さな葉. ②〔～〕茶の若葉.若芽.〔～茶 chá〕(若葉で作った)上等の茶.

小夜班　xiǎoyèbān　半夜勤.午後から夜までの勤務:

xiǎo 小

〔中 zhōng 班①〕に同じ.
小夜曲 xiǎoyèqǔ 〔籥〕セレナーデ.小夜曲.
小叶杨 xiǎoyèyáng 〔植〕テリハドロノキ.→〔白 bái 杨〕
小业冤 xiǎoyèyuān 同下.
小业种 xiǎoyèzhǒng ＝〔小业冤〕〔小冤家〕〈口〉親しい間柄の子供や年少者へのふざけを含んだ呼称.
小业主 零細商工業者.
小一半(儿) xiǎoyībàn(r) (二つに分けた場合の)小さい方の半分.→〔小半(儿)〕
小衣 xiǎoyī ①ズボン.〔裤 kù 子〕に同じ.〔红绸子～〕赤い薄絹のズボン. ②〈方〉パンツ.ブリーフ.ズボン下.下ばき.〔衬 chèn 裤〕に同じ.
小衣裳 xiǎoyīshang ①(上下の)肌着. ②子供服.幼児服.
小遗 xiǎoyí 〈白〉小便(する).排尿(する)
小姨夫 xiǎoyífu 〔小姨丈〕妻の妹婿(む).義弟.
小姨奶奶 xiǎo yínǎinai 〔姨太太〕
小姨(儿) xiǎoyí(r) ①⇒〔小姨子〕②母の末の妹,すなわち母方のいちばん若い叔母.→〔姨母〕
小姨丈 xiǎoyízhàng ⇒〔小姨夫〕
小姨子 xiǎoyízi ①〔小姨(儿)〕①〈口〉妻の妹.義妹.〔姨妹〕ともいう.→〔大 dà 姨子〕
小意见 xiǎoyìjian ①〈方〉ちょっとしたいさかい.〔闹 nào 了点儿～〕ちょっとしたいさかいをした. ②〈謙〉私の意見.〔贡 gòng 献一点儿～〕ちょっと愚見を提出する.
小意思 xiǎoyìsi ①心ばかりのもの.ほんの志.〔这是点儿～,请您收下(请您赏收)〕〈挨〉これはつまらぬものですが,どうぞお収めください. ②ちょっとしたこと.なんでもないこと.〔眼前这点困难算不了什么,完全是～〕目前のこれくらいの困難など何でもない,全く取るに足らぬことだ.
小音阶 xiǎoyīnjiē 〔短 duǎn 音阶〕短音階.↔〔大 dà 音阶〕
小殷勤 xiǎoyīnqin ご機嫌取り.へつらい.〔献～〕つらう.ご機嫌を取る.
小引 xiǎoyǐn 小引.書物や詩文の短い序文.→〔引言〕
小饮 xiǎoyǐn ⇒〔小酌〕
小隐 xiǎoyǐn 〈文〉(山中に)隠居すること.
小印子(儿) xiǎoyìnzi(r) 〔旧〕高利貸借の一種:元利を細かく分けて日掛払いで返還しそのつど印を押す.→〔印子(钱)〕
小影 xiǎoyǐng ⇒〔小照〕①
小友 xiǎoyǒu 若い友人(敬意を含んだ呼称)
小鱼 xiǎoyú ①小魚. ②〈方〉メダカ.〔青 qīng 鳉〕の別称.
小雨 xiǎoyǔ 〔-儿〕小雨(ﾖﾒ). ②〔気〕小雨(ﾋﾞｻﾒ).
小语 xiǎoyǔ ⇒〔低 dī 语〕
小语种 xiǎoyǔzhǒng 〔語〕小言語:使用人口の少ない外国語.
小寓 xiǎoyù ⇒〔小舍〕
小冤家 xiǎoyuānjiā ⇒〔小业种〕
小元宝 xiǎoyuánbǎo 〔史〕〔元宝〕の小型のもので,重さ400グラムほどの銀塊貨幣.
小院 xiǎoyuàn ①小さい中庭. ②〔-儿〕建小さな一戸建.
小月 xiǎoyuè 小の月:30日の月(旧暦では29日).→〔小建〕
小月(子) xiǎo·yuè(zi) ⇒〔小产〕
小运 xiǎoyùn ⇒〔流 liú 年②〕
小韵 xiǎoyùn →〔八 bā 病①〕
小杂种 xiǎozázhǒng 〈罵〉畜生.〔你这～〕こんちくしょう.この野郎.
小崽子 xiǎozǎizi ①動物の子ども. ②〈罵〉こんちく

しょう.くそったれ.
小灶 xiǎozào ①小さなかまど:携帯できるものや,個人(の家)用のもの. ②共同炊事・集団給食中の特上の食事.→〔大 dà 灶②〕〔中 zhōng 灶〕③〈喩〉特別な待遇.〔开～特別な配慮をする.〔吃～〕前面を受ける.→〔小锅饭〕
小贼儿 xiǎozéir ⇒〔小偷(儿)〕
小站 xiǎozhàn 小さな駅.
小张 xiǎozhāng (紙サイズの)小幅.〔~的紙〕同前の紙.
小账(儿) xiǎozhàng(r) ①〈口〉チップ.心付け:〔小费〕という.→〔茶 chá 钱②〕 ②小額の借金・貸し金.小口の債務・債権.
小照 xiǎozhào ①＝〔小像〕〔小影〕小形の肖像写真. ②〈謙〉私の写真.
小震 xiǎozhèn 微震.
小侄 xiǎozhí ①＝〔侄①〕 ②〈謙〉父の親しい友人に対する自称.
小指 xiǎozhǐ (手足の)小指.〔~头〕同前.
小趾 xiǎozhǐ 足の小指.→〔小手指〕
小至 xiǎozhì 冬至の前日.
小众 xiǎozhòng 部分的な人々.少数派.→〔大 dà 众〕
小仲马 xiǎozhòngmǎ →〔茶 chá 花(儿)①〕
小诸葛 xiǎozhūgě →〔诸葛亮①〕
小株密植 xiǎozhū mìzhí 〔農〕稲の田植の仕方で,一株の苗の本数を少なく株間を密に植える.
小住 xiǎozhù ①暫時滞在する. ②〔仏〕〈謙〉(仏教の)寺の住職の自称.
小注(儿) xiǎozhù(r) 割り注.割り書き.→〔注儿〕
小传 xiǎozhuàn 小伝.略伝.簡略な伝記.
小篆 xiǎozhuàn 小篆①:秦の李斯が作ったので〔秦 qín 篆〕とも言われる.〔籀 zhòu 文〕すなわち〔大篆〕をさらに簡化したもの.→〔八 bā 体(书)〕
小酌 xiǎozhuó ＝〔小饮〕ちょっと一杯やる:〔便 biàn 酌〕に同じ.〔先生如賞光,定請来寒舍～〕〈贖〉私の顔をもしお立て下さるなら,なにとぞ拙宅でおひとつやって下さい.
小资 xiǎozī 〔同下.〔过~生活〕プチブルの生活をしている.小资本. ②暮らしの楽な,自分の好みにこだわる都会の若者.
小资产阶级 xiǎozīchǎn jiējí プチブル.中産階級:〔小资①〕は略称.〔音義訳〕小布尔乔治〕ともいう.
小子 xiǎozǐ 〈文〉①年少者.〔后生~〕後輩の若者. ②徳の修まらぬ人. ③〔旧〕おまえ.君:後輩に対する呼称. ④〈謙〉〔旧〕それがし.わたくし.→〔小人①〕⑤天子の自称. → xiǎozi
小子儿 xiǎozǐr 〔旧〕1分銅貨:ふつうはただ〔子儿③〕といい,〔十个子儿〕(1分銅貨10枚)のように用いた. 2分銅貨のことは〔大 dà 子儿〕といい,ふつうは〔十个大子儿〕(2分銅貨10枚)のように用いた.
小字 xiǎozì ①＝〔小名〕 ②＝〔小楷〕＝〔小号②〕〔草 cǎo 字②〕 ③〈謙〉私の字(あざな)
小字辈 xiǎozìbèi 〔-儿〕若輩者.かけ出し.
小子 xiǎozi 〈口〉①せがれ.息子. ②男の子.〔王家添 tiān 了个大胖~〕王さんの家では男の子が生まれた. ③この野郎.こいつ.〔这~〕そこの若僧. ④〈白〉年の若い男の召使い.〔雇 gù 一个使唤~〕走り使いの下男を雇う. → xiǎozǐ
小宗 xiǎozōng 〔-儿〕小量(の).小口(の).↔〔大 dà 宗〕
小宗派 xiǎozōngpài 少数グループ.小派閥.
小走之 xiǎo zǒuzhī(r) ＝〔建 jiàn 字之旁(儿)〕
小奏鳴曲 xiǎo zòumíngqǔ 〔音〕ソナチネ.
小租 xiǎozū ①正租に加えて取り立てる(諸々の)地

xiǎo～xiào

代. ②[－儿]〈方〉(借家の)敷金. →[茶 chá 钱③]

小卒 xiǎozú ①兵卒.陣笠. ②〈喩〉取るに足らない者.[无名～]ものの数にも入らないつまらない者. → [过 guò 河卒(子)] ③〈罵〉腰抜けめ!敵将を罵っていう言葉.

小组 xiǎozǔ (一つの組織の中の)小組織.グループ.組.サークル.[党～]共産党細胞.[互助～]互助組.[～会]グループ会.[～讨论]グループで討論する. →[班 bān ①]

小祖宗 xiǎozǔzong 〔旧〕年長者・親などが若者や子供などを罵る言葉.

小坐 xiǎozuò しばらく座る.[～片刻]同前.

〔**晓・晓(曉)**〕xiǎo ①暁(あかつき).[公鸡报～]おんどりが暁を告げる.[破～][拂 fú ～]払暁(ふつぎょう)(夜明け). ②理解する.わかる.知る.[不～得是谁说的]だれが言ったのか知らない.[通～俄é语]ロシア語に通暁している. ③(人に)示す.知らせる.諭(さと)す.[～以大义][～之以理]道理をもって諭す.大義を諭す.[揭～]発表する.公表する. →[家 jiā 喻户晓] ④〈姓〉晓(ぎょう)

晓畅 xiǎochàng ①通暁する.詳しく知る. ②文章の通りがよい.言葉がわかりやすい.

晓得 xiǎode 〈口〉理解する.知っている.[你～吗]きみは知っているか.[我不～他是谁]彼がだれだかわたしは知らない.[不～][晓不得]知らない.わからない.

晓人 xiǎorén ①事理に明らかな人.わかりのよい人. ②人を諭(さと)して理解させる.

晓市 xiǎoshì 〔旧〕闇市.[丢了东西到～上去找找]物がなくなったら泥棒市に行って探してみたらよい.

晓示 xiǎoshì 明らかに示す.掲示する. →[揭 jiē 晓]

晓事 xiǎoshì 事理に通ずる.ものがよくわかっている.[老不～的人]老年でもよくものがわからない人.

晓悟 xiǎowù さとる.よく了解する.

晓行夜宿 xiǎoxíng yèsù 〈成〉早朝出発して夜宿に着く.急旅行をすること.

晓以利害 xiǎo yǐ lìhài 利害を知らしめる.

晓谕 xiǎoyù 〈文〉諭告する.説諭する.[明白～]はっきりと言い聞かす.

晓月 xiǎoyuè 有り明けの月.残月.

晓之以理 xiǎo zhī yǐ lǐ 〈成〉道理を説いて相手にわからせること.

晓钟 xiǎozhōng 〈文〉明けの鐘.

〔**筱(篠)**〕xiǎo (Ⅰ)〔筱(篠)〕〈文〉①小さい.[小①]に同じ.人名用字. ②小さくて細い竹.
(Ⅱ)〔筱〕〈姓〉筱(しょう)

〔**谝・譾**〕xiǎo 〈文〉①小さい.[～才cái]小才.[～闻 wén]少しばかりの名声.

〔**孝**〕xiào ①父母に仕える(こと).孝行(する). [尽～]孝養する.[百善～当先,万恶è淫 yín 为首]諺:百行は孝を先とし,百悪は淫を第一とする. ②喪.服喪.[守～]喪に服する.[正在～中]只今服喪中である.③喪服.服喪の印.[穿～]喪服を着る.喪に服する.[戴 dài ～]喪章をつける. ④〈姓〉孝(こう)

孝带 xiàodài 喪章の帯.[小孝儿]ともいう.

孝道 xiàodào 親に仕える(べき)道.

孝服 xiàofú ①＝[孝褂子][孝袍子][孝衣]圖喪服:白木綿か麻のものが使われる.[～[娶qǔ 孝服][～[丧 sāng 服]] ②〈文〉服喪する期間.[已满丧があけた.

孝袱子 xiàofúzi 女子が喪に服する時のかぶりもの.

孝褂子 xiàoguàzi ⇒[孝服①]

孝经 xiàojīng 圖孝経.

孝敬 xiàojìng ①目上によく仕える.敬い従う.[～爹娘]父母に孝行する. ②目上に物を差し上げる.[～伯父伯母]伯父伯母様に差し上げる.

孝廉 xiàolián ①父母に対して清廉な人.漢代では各部から人材を推挙する制度の項目. ②[明淸]科挙で[举 jǔ 人]の別称.[～方正]圕地方官が推挙し礼部で試験の上任用する制度.またそうして任用された者.

孝满 xiàomǎn ⇒[满孝]

孝幔 xiàomàn 〈文〉棺前にささげる幔幕.

孝帽 xiàomào [一子]喪中の者のかぶる白布の帽.[～账]金銭貸借契約の一:債務者が死んだ時にその子供が返済する約束の貸借契約.

孝男 xiàonán ①〈文〉孝行な男子. ②服喪中の男子. ③亡くなった父母に対する男子の自称.

孝鸟 xiàoniǎo [寒 hán 鸦①](コクマルガラス)の別称:烏には反哺の孝があるとされた.[孝乌]慈cí乌]〔慈鸦]ともいう.

孝女 xiàonǚ ①孝行な女子. ②服喪中の女子. ③亡くなった父母に対する女子の自称.

孝袍子 xiàopáozi ⇒[孝服]

孝顺 xiào·shùn ①親の言うことをよく聞く. ②親に孝養を尽くす.

孝孙 xiàosūn ①〈文〉祖父母に孝行する孫. ②服喪中の孫. ③祖先を祭る子孫の自称.

孝堂 xiàotáng 霊柩(あるいは遺体を横たえたベッド)を安置してある部屋.

孝悌 xiàotì よく親や兄に仕えること.

孝头 xiàotóu ⇒[丧 sāng 头]

孝乌 xiàowū ⇒[孝鸟]

孝鞋 xiàoxié 遺族の者が葬儀の際にはく靴:布靴に白布をかぶせたもの.

孝心 xiàoxīn 孝心.親に尽くす心根.

孝行 xiàoxíng 〈文〉孝行な行い.

孝衣 xiàoyī ⇒[孝服①]

孝帐 xiàozhàng 喪中の幕.

孝竹 xiàozhú ⇒[慈 cí 竹]

孝子 xiàozǐ ①〈文〉孝行な子.孝行息子.[～孝女]親孝行な子ども. ②父母の喪に服している息子. →[哀 āi 子]

孝子贤孙 xiàozǐ xiánsūn ①孝行者である子や孫. ②〈喩〉忠実な後継者(そしっていう).

〔**哮**〕xiào ①あえぐ声.息せききる声. ②声高に叫ぶ.吼える.[咆 páo ～]④吼える.大声でわめく. ③大きな水音がする.

哮喘 xiàochuǎn ＝[气 qì 喘②]医 喘息(息).[患huàn ～的(人)]喘息持ち.

哮吼 xiàohǒu 〈文〉大きな声で吼える. →[咆 páo 哮]

哮虎 xiàohǔ 〈文〉虎の猛り吼えるさま:[虓 xiāo 虎]に同じ.

〔**肖**〕xiào 似ている.[逼 bī ～]酷似している.[酷 kù ～]酷似している.[语声颇～其兄]声が相当その兄に似ている.[子～其父]子は父に似る.[惟妙惟～](似方が)真に迫っている.[不～]不肖:親に似ない.素行才能がとぼしい.〈転〉自分を言う謙称:親に似ない愚かなわたし. → xiāo

肖像 xiàoxiàng 肖像.[～画]肖像画.[～权 quán] 圕肖像権.

〔**校**〕xiào (Ⅰ)①学校.[学～]同前.[～门]校門.[军隊の階級名]佐官.[大佐][上佐][中佐][少 shào ～]少佐. →[军 jūn 衔]
②〈姓〉校(こう) → jiào

校巴 xiàobā スクールバス.

校办 xiàobàn ①大学が経営する.[～产业]同前の

産業活動.〔~厂 chǎng〕〔校厂〕学校直営工場. ②大学事務局:〔校长办公室〕の略.〔~主任〕大学事務局長.

校产 xiàochǎn 学校の資産.
校车 xiàochē 学校の公用車やスクールバス.
校董 xiàodǒng 私立学校の理事.
校方 xiàofāng 学校側.学校当局.
校风 xiàofēng 校風.
校服 xiàofú 学校の制服.
校歌 xiàogē 校歌.
校工 xiàogōng =〔校役〕(学校の)用務員.雑役夫.〔~工友①〕
校官 xiàoguān 佐官に相当する階級.
校规 xiàoguī 校則.学則.
校花 xiàohuā 〈喩〉ミスキャンパス:大学内の才媛.
校徽 xiàohuī 学校の徽章.
校纪 xiàojì 学校の規律.
校际 xiàojì 学校間(の).〔建立~交流合作关系〕学校間の交流・協力関係を作る.〔~赛 sài〕対校試合.
校刊 xiàokān 学校の刊行物.学内報.
校历 xiàolì 学年歴.学校年間行事表.学校行事日程.
校漂 xiàopiāo 他地の大学で卒業後も就職できず行き場が無い(者)
校旗 xiàoqí 校旗.
校企 xiàoqǐ ①学校(大学)の経営する企業:〔校办企业〕の略. ②学校(大学)と企業.〔~合作〕産学共同.
校庆 xiàoqìng 学校の祝日.創立記念日:〔~节〕ともいう.〔~的节 jié 目〕学校創立記念行事のプログラム.
校容 xiàoróng 学校の外観.
校舍 xiàoshè 校舎.
校史 xiàoshǐ 学校の歴史.校史.
校所 xiàosuǒ 大学(内)の教育部門)と研究所.
校外 xiàowài 校外.〔~活动〕校外活動.〔~指导〕校外指導.〔~辅导员〕学校外から招いた指導員.
校务 xiàowù 学校の業務.
校训 xiàoxùn 校訓.学校の教育目標(スローガン)
校医 xiàoyī 校医.
校役 xiàoyì ⇒〔校工〕
校友 xiàoyǒu 校友.同窓:卒業生・旧教職員の呼称).〔~会〕同窓会.
校誉 xiàoyù 学校の名誉.
校园 xiàoyuán キャンパス.校庭.校地.〔~文化〕キャンパス文化.学内教育文化活動.〔~亚文化〕校内サブカルチャー.〔~网〕学内ネットワーク.学内LAN.〔~卡 kǎ〕ⓐ校内テレホンカード.ⓑキャンパス~→
校长 xiàozhǎng 校長.〔大学~〕大学学長.〔~办公室〕〔校办〕大学事務局.
校政 xiàozhèng 学校行政.校政.校務.
校址 xiàozhǐ 学校所在地.

〔效(効・傚)〕 xiào （Ⅰ)〔傚〕模倣する.まねる.ならう. 〔仿 fǎng ~〕同前.
（Ⅱ)〔効〕力を出す.尽力する.〔报~〕恩に感じて微力を尽くす. →〔效劳〕
（Ⅲ)〔效〕①効果.効力.効用.成果.〔无~〕無効(である).効果がない.〔有~〕有効(である).〔见~〕効力が現れる. ②〈姓〉效(ぅ)

效度 xiàodù （工具や測定器の)有効度・信頼度.
效法 xiàofǎ （…に)ならう.(…を)まねる.〔这种勇于承认错误的精神值得~〕このような勇敢にまちがいを認める精神は見習うべきだ.

效仿 xiàofǎng ⇒〔仿效〕
效果 xiàoguǒ ①ききめ.効果.〔收到了很好的~〕いい効果があった. ②〔劇〕効果.〔舞台~〕舞台効果.〔音响~〕音響効果.
效绩 xiàojì 成果と業績.
效劳 xiàoláo =〔效力①〕尽力する.骨を折って尽くす.〔~赎 shú 罪〕人のために力を尽くして罪をあがなう.〔效犬马之劳〕犬馬の労をつくす.
效力 xiàolì ①同上. ②効力.ききめ.効能.〔此药~甚大〕この薬は非常によく効く.
效率 xiàolǜ ①能率.〔工 gōng 作~〕〔劳 láo 动~〕労働能率. ②効率.〔~折 zhé 算〕メリット計算.
效命 xiàomìng 生命を捧げ尽力する.命がけで尽くす.〔为~的人~命を賭してくれる.
效能 xiàonéng 効能.効果.効力.〔通过技术改革~有了很大的提高〕技術革新を通して能率が大幅に向上した.〔増进~〕効能を増す.
效颦 xiàopín ⇒〔东 dōng 施效颦〕
效死 xiàosǐ 死力を尽くす.命を捧げて尽力する.
效验 xiàoyàn 効験.効果.結果.〔~卓著 zhù〕効験あらたか.
效益 xiàoyì 効果と利益.〔充分发挥水库的~〕ダムの効果と利益を十分に発揮する.〔经济~〕経済的の効果と利益.〔~工资〕能率給.出来高給.歩合給.
效应 xiàoyìng ①〔物〕効果.〔热~〕熱効果.〔多普勒~〕ドップラー効果. ②反応.効果.〔名牌~〕ブランド効果.
效应器 xiàoyìngqì 〔生理〕効果器.実行器.
效用 xiàoyòng 効用.作用.価値.〔~渐 jiàn 减律〕効用逓減の法則.〔~论〕効用価値説.
效尤 xiàoyóu 悪事をまねる.〈文〉まちがっていると知りながらそのまねをする.〔以儆 jǐng ~〕悪事をまねる者がないように戒めとする.
效忠 xiàozhōng 忠節を尽くす.〔~祖国〕祖国に同前.

〔笑(关・唉)〕 xiào ①笑う.笑い声をあげる.〔哄 hōng 堂大~〕〈成〉満場が大笑いする.〔~掉下巴颏儿〕笑ってあごをはずす.〔微 wēi ~〕ほほえみ(む).〔~不动〕笑いがとまらない.〔憨 hān ~〕ばか笑い(する).〔~呵呵〕にこにこ. ②あざ笑う.せせら笑う.〔~话人〕人を笑う.〔恥 chǐ ~〕嘲り笑い(う).〔见~〕笑われる.〔冷~〕冷笑(する).〔惹 rě 人~〕人の冷笑を招く. ③笑いを誘う.→〔笑料〕〔笑料〕. ④〈姓〉笑(ぅ)

笑傲 xiào'áo 〔笑傲 ào〕とも書く.〈文〉笑いおどけて冗談を押し通す.
笑柄 xiàobǐng 笑いの種(色).お笑い種(ぐ).〔不过是一个~〕一つのお笑い種にすぎない.〔传 chuán 为~〕話が人に伝わりお笑い種となっている.〔笑头〕
笑场 xiàochǎng 〔劇〕役者が演技中にプッと噴き出すこと.
笑存 xiàocún ⇒〔笑纳〕
笑掉大牙 xiàodiào dàyá 〈喩〉(馬鹿げたことだと)大笑いする.
笑断肚肠 xiàoduàn dùcháng 〈喩〉腹が痛くなるほど笑う.
笑哈哈 xiàohāhā ハハハと大いに笑うさま.〔笑呵呵〕より程度はやや強い.
笑呵呵 xiàohēhē 思いがこみあげて笑うさま.
笑话 xiàohua ①[-儿]笑い話.面白い話.〔说~〕冗談話をする. ②笑い種(ぐ).物笑いのたね.〔算是没弄出~来〕物笑いにならないで済んだ.〔闹~〕お笑い種になる. ③笑いものにする.冷笑する.〔~人〕人を冷笑する. ④〔~!〕ばかばかしい.とんでもない.
笑剧 xiàojù ⇒〔闹 nào 剧①〕

笑噱 xiàojué〈文〉大笑いする．

笑菌 xiàojùn 囷ワライタケ(笑い茸)．〔笑矣乎〕ともいう．

笑口 xiàokǒu 笑うとき開く口もと．〔～常开〕〈成〉いつもにこにこしている．

笑里藏刀 xiàolǐ cángdāo ＝〔笑中刀〕〈喩〉表面は温和のようで，内心は陰険である．真綿に針(を包む)．→〔口 kǒu 蜜腹剑〕

笑脸(儿) xiàoliǎn(r) ＝〔笑面〕．〈文〉笑屬②〕笑顔．にこにこ顔．〔～相迎〕笑顔で迎え入れる．

笑料(儿) xiàoliào(r) 笑いの種．ギャグ．→〔笑柄〕

笑咧咧 xiàoliēliē にっと笑うさま．

笑林 xiàolín 笑話集：書名に用いる．

笑骂 xiàomà ①嘲笑し罵倒する．〔～由他～〕笑おうと罵ろうと向こうの勝手．②冗談で罵る．笑いながら悪態をつく．

笑貌 xiàomào 笑顔．

笑眯虎(儿) xiàomīhǔ(r) 作り笑いをする．顔に装った笑みをたたえる．

笑眯眯 xiàomīmī 目を細めて微笑するさま．〔笑迷迷〕〔笑咪咪〕〔笑弥弥〕とも書いた．〔小王一地说，他要结婚了〕王さんはにこにこして，もうすぐ結婚しますと言った．

笑面 xiàomiàn ⇒〔笑脸(儿)〕

笑面虎 xiàomiànhǔ 表面は優しく内心は凶悪な人．〈喩〉笑顔の悪人．

笑纳 xiàonà ＝〔笑存〕〔哂 shěn 纳〕笑納する．〔务祈～，是幸〕ご笑納いただければ幸いに存じます．

笑闹 xiàonào〈方〉笑い騒いだりする．

笑气 xiàoqì 囮笑气：〔氧 yǎng 化亚氮〕(一酸化窒素)の俗称．

笑容 xiàoróng 笑顔．〔～可掬 jū〕〈成〉こぼれるような柔和な笑顔を浮かべていること．〔～満面〕〔满面～〕〈成〉満面に笑みをたたえる．

笑杀 xiàoshā 〔笑煞〕とも書く．おかしくてたまらない．

笑声 xiàoshēng 笑い声．

笑死 xiàosǐ〈口〉笑止千万である．ちゃんちゃらおかしい．〔～人〕⑥非常におかしい．⑥片腹痛い．

笑谈 xiàotán ①笑い種(ぐさ)．もの笑いの種(たね)．〔传 chuán 为～〕笑いもの(笑い種)になっている．②おかしい話．冗談．③笑い，かつ語る．

笑疼肚皮 xiàoténg dùpí 笑って腹が痛くなる：〔笑痛肚皮〕〔笑疼肚子〕ともいう．〔肚子都笑疼了〕腹の皮がよじれるほど笑った．

笑头 xiàotou おかしさ．

笑微微 xiàowēiwēi にっこり笑うさま．

笑纹 xiàowén 笑いじわ．〔鼻子上拧起一旋 xuán ～〕鼻の上に渦のような笑い皺をよせる．

笑窝(儿) xiàowō(r)〔笑靥〕とも書く．えくぼ：〔〈文〉笑屬①〕〔酒 jiǔ 窝(儿)〕に同じ．

笑嘻嘻 xiàoxīxī にこにこ笑うさま．〔笑笑嘻嘻〕同前．

笑星 xiàoxīng 图名喜劇役者．お笑いスター：〔谐 xié 星〕に同じ．

笑谑 xiàoxuè〈文〉からかう．ふざける．

笑颜 xiàoyán 笑顔．〔～常开〕いつも笑顔でいる．

笑靥 xiàoyè ①⇒〔笑窝(儿)〕②⇒〔笑脸(儿)〕

笑靥花 xiàoyèhuā 圍シジミバナ：バラ科の花木．

笑矣乎 xiàoyǐhū ⇒〔笑菌〕

笑意 xiàoyì 笑み．〔脸上的～〕顔に浮かべた笑み．

笑吟吟 xiàoyínyín にこやかにほほ笑むさま．

笑盈盈 xiàoyíngyíng 笑いをたたえているさま．

笑影 xiàoyǐng 笑顔の表情．

笑语 xiàoyǔ ①笑い話す声．〔～声〕談笑する声．②喜びにはずむ言葉．

笑中刀 xiàozhōngdāo ⇒〔笑里藏刀〕

笑逐颜开 xiào zhú yánkāi〈成〉笑い(喜び)が顔に広がっていく．相好(ぞう)をくずして笑う．

[啸・嘯(嘨・歗)] xiào

①長く鋭い声を出す．②〔動物〕遠吠えする．吠える．〔虎 hǔ ～〕虎がうそぶく．→〔吠 fèi〕〔嗥 háo ①〕 ③口をすぼめて音を出す．口笛を吹く．〔打口～〕〔打口哨〕同前．→〔啸聚〕 ④空気を裂く音を出す．〔风～〕風がヒューとうなる．〔枪弹的～声〕ヒュルルという銃弾の音．⑤〈姓〉啸(し)．

啸傲 xiào'ào〈文〉世事に拘束されない．奔放である．〔～风月〕〈喩〉俗世間を離れて暮らす．

啸歌 xiàogē ＝〔啸咏〕〈文〉長く声を引いて詩を吟ずる．

啸呼 xiàohū〈文〉声を長く引いて呼ばわる．

啸叫 xiàojiào 声を長く引き立てる．長く鋭く鳴く．

啸聚 xiàojù〈文〉仲間を呼び集める：多くは盗賊などを指す．〔～山林〕山中に一味を糾合する．

啸鸣 xiàomíng ①長くほえる．長く鳴く．②高く長い音．

啸咏 xiàoyǒng ⇒〔啸歌〕

[敩・斅(敎)] xiào

〈文〉①教え導く．②ならう．まねる．→ xué

xie Tlせ

[些(肞・嗏)] xiē

①少しの．いくらかの．若干の．…だけのː名詞の前に置いて不定の数量を表す．数詞が形容するのは〔一〕のみで，ふつう単用される．〔～〕と〔点 diǎn ⑧〕の比較．⑧〔～〕は数えられる事物に用いるが，〔点〕はあまり用いない．⑥〔～〕は必ずしも少量を示すとは限らないが，〔点〕は常に少量を示す．⑥〔～〕は単純な複数．〔点〕は少数を強調．〔有～工人〕労働者の一部．〔买～东西〕少しばかり買い物をする．〔有～(个)人还没到未着の人も少しいる．〔一～人在下棋，一～人在散步〕幾人かは碁を打っており，幾人かは散策している．〔一点人〕は不可．〔有～事〕いくつかの事．〔有点儿事〕ちょっとした事．〔这(那)～东西〕これら(あれら)のもの．〔这(那)点东西〕これら(あれ)ばかりのもの．②少しもっと：動詞・形容詞の後に置き少量を表す．〔快～走〕少し速く歩く．③〔好〕〔这么〕〔那么〕などについて少なくという事を表す．〔好～日子我没看他去〕長いこと彼を訪ねていない．〔这么～人，一次怎么进得去呢？〕こんなにたくさんの人，どうすれば一度で入れるのか．④〈文〉文末の助詞：〔兮 xī〕の用法に似る．〔归来归来，恐龙兮～〕〔楚辞・招魂〕帰って来て帰って来て，(行けば)恐らく身を危険に陥れるぞ．

些个 xiēge〈口〉量詞．いくらか(の)：若干の数量を示す．〔这～〕これだけ(の)．これぐらい(の)．〔买～东西〕いくらか(の)買い物をする．

些来 xiēlái xiēlāiqù〈方〉僅か．少しばかり．〔～的事〕取るに足りないこと．

些利酒 xiēlìjiǔ ⇒〔雪 xuě 利酒〕

些少 xiēshǎo ⇒〔些须〕

些微 xiēwēi 少し(の)．わずか(の)．かすか(な)．〔～等一会儿〕ほんのちょっと待つ．

些小 xiēxiǎo ①小さい(の)である．〔～事情〕些細な事柄．②少量である．少ない．

些须 xiēxū ＝〔些少〕〈白〉少しばかり(の)．〔～微物，何足挂齿〕ほんの粗品でお礼を言っていただくほどのことではありません．〔～小事〕些細(ぎい)なこと．

些许 xiēxǔ 少々.少しばかり.
些个 xiēgè〈方〉いくらか(の).ちょっとばかり(の).

[揳] xiē (釘やくさびなどを)打ち込む:〔楔④〕に同じ.〔~了一根楔子〕くさびを1本打ち込んだ.〔把钉子—进去〕釘を打ち込む.

[楔] xiē ①[-儿]くさび.賣木(ぎゃ).→〔檝 jiān〈檝 jué①〉] ②[-儿]木釘.竹釘. ③門·入り口の両側の枠の内側に立て扉を固定する木. ④⇒[揳]

楔形文字 xiēxíng wénzì =〔丁 dīng 头 字〕图 楔形(どだ)文字.
楔叶 xiēyè 图(シダ類)トクサ等の古代植物.
楔子 xiēzi ①くさび. ②木や竹のくぎ. ③まくら序:旧小説によく見られる説き起こしの物語のまえで、正文の前に置かれる. ④劇(元曲)で物語の本筋となっている四つの〔折 zhé ⑩〕(芝居の一幕)の前あるいは間にはさまれている軽い一幕.→[元 yuán 曲]

[歇] xiē ①休息する.休む.[~一~][~~儿]〈大礼拜的还不~会儿?〕日曜というのに休まないの? ②やめる.中止する.〔老鸦叫个不~〕鳥がしきりに鳴く. ③〈口〉寝る.眠る.〔~夜〕宿に泊まる.〔晩上什么时候~〕晩は何時ごろ休みますか. ④〈方〉ちょっとの間.〔等一~〕しばらく待ってください.

歇鞍 xiē'ān 下馬して休む.
歇业 xiēyè ①休業する. ②仕事を休む.
歇班(儿) xiēbān(r) 非番に(当たる).〔今天他~〕今日は彼が非番だ.→〔値 zhí 班〕
歇处 xiēchù〈白〉住まい.落ち着き場所.
歇顶 xiēdǐng ⇒〔谢 xiè 顶〕
歇乏 xiēfá 一息入れる.ひと休みする.〔歇过乏来〕疲れが取れる.
歇伏 xiēfú〈口〉土用休み(をする).夏期休業(する).→〔三 sān 伏(天)〕
歇工 xiēgōng ①休業する. ②仕事を休む.
歇后语 xiēhòuyǔ 图謎かけ言葉.しゃれ言葉の一種.上の句で下の句の意味を推測させるもの.例えば、〔哑 yǎ 叭叱扁食〕(唖者がギョーザを食べる)と言えば、唖者はものは言えないけれども〔肚子里有数儿〕(腹の中には食べた数はわかっている、すなわち腹の中ではちゃんと心得ている)の意に用いられる.
歇假 xiējià ①年休をとる. ②(病気で)休みをとる.
歇肩 xiējiān (担いでいる物をおろして)肩を休める.〔喻〕ひと息入れる.ひと休みする.
歇脚 xiējiǎo ⇒〔歇腿(儿)〕
歇凉 xiēliáng 凉む.涼を取る.
歇气 xiēqì ひと息入れる.しばらく休む.〔歇一口气〕同前.
歇憩 xiēqì 休憩を取る.
歇响 xiēshǎng ①〈口〉昼休みする. ②昼寝する.〔~觉 jiào〕〔歇午觉〕〔歇中觉〕ともいう.
歇手 xiēshǒu 手を止める.手を休める.→〔罢 bà 手〕
歇斯底里 xiēsīdǐlǐ 〔歇私的 dì 里〕〔歇斯特 tè 里〕とも書いた.〈音訳〉①医ヒステリー:〔癔 yì 病〕〔癔症〕に同じ. ②ヒステリックである(にする).
歇宿 xiēsù 泊まる.宿泊する.〔住 zhù 宿〕に同じ.
歇腿(儿) xiētuǐ(r) =〔歇脚〕足を休める.途中でひと休みする.
歇窝 xiēwō ①鶏やあひるが巣に入るのをやめる.卵を生まなくなる. ②[-儿](鳥が)巣ごもる.〈転〉職場を離れて休む.
歇午 xiēwǔ 昼食後一休みする.
歇息 xiēxi ①休む:〔休 xiū 息〕に同じ. ②寝る.泊まる.
歇夏 xiēxià 夏期休業(する).→〔歇伏〕

歇闲 xiēxián〈方〉休む.休息する.
歇心 xiēxīn ①あきらめる. ②あれこれ考えるのをやめる.心やすらぐ.
歇演 xiēyǎn 副演演する.
歇业 xiēyè 廃業する.倒産する.〔关门~〕同前.
歇夜 xiēyè 寝る.泊まる.宿泊する.
歇阴 xiēyīn〈方〉木陰で涼を取り休む.
歇枝 xiēzhī =〔养 yǎng 树②〕图(果樹の隔年結果の現象による)果物の不なり年:〔小 xiǎo 年①〕ともいう.↔〔结 jiē 枝②〕
歇中觉 xiēzhōngjiào ⇒〔歇响②〕

[蝎(蠍)] xiē 虫サソリ:〔~子〕は通称.〔全~〕中薬同前の全身乾燥体.

蝎毒 xiēdú さそりの毒.
蝎虎 xiēhǔ 图ヤモリ:〔壁 bì 虎科〕(ヤモリ科)の動物.〔~子〕〈方〉蝎拉虎(子)〕ともいう.
蝎虎 xiēhu ⇒〔邪 xié 乎〕
蝎蛉 xiēlíng ⇒〔举 jǔ 尾虫〕
蝎蝇 xiēyíng ⇒〔举 jǔ 尾虫〕
蝎子 xiēzi 虫サソリ.

[叶] xié〈文〉調和する.合わせる:〔协〕の古体字.→yè

叶句 xiéjù 同=〔叶韵〕
叶韵 xiéyùn ①=〔叶句〕〔协句〕詩文の平仄(ひょ)をととのえるために、古音で同一韻に属しない文字を,同一の韻として互いに通用させたこと:〔协韵〕とも書いた. ②⇒〔押 yā 韵〕

[协·協(恊)] xié ①力を合わせる.協力する.合力する.〔齐心~力〕〈成心を一つにして同前. ②調和する:〔音律颇~〕音律がよく調和する.〔调音和~〕音の調子が合っている.〔韵脚~〕(詩句の)韻が合っていない. ③助ける.〔~助〕同前. ④新軍の編成の3〔营 yíng〕を1〔标 biāo〕、2〔标〕を1〔~〕とした:〔旅 lǚ ④〕に相当する. ⑤〈姓〉協(ぎ?)

协办 xiébàn ①参与(する).〔~大学士〕涛〔内阁大学士〕に次ぐ職位. ②協力施行する.協賛する.
协查 xiéchá 調査·捜査に協力する.
协定 xiédìng 協定(する):ふつう国家間の文書によるものをいう.〔军事~〕軍事協定.〔支 zhī 付~〕支払協定:〔贸易~关税〕協定関税.→〔协议〕
协定贸易 xiédìng màoyì 協定貿易.
协定税率 xiédìng shuìlǜ 图協定税率.〔世界贸易组织~〕WTO協定税率.
协管 xiéguǎn 協力して管理する.〔交通~员〕交通整理員.
协和 xiéhé うちとける(させる).協調する.
协会 xiéhuì 協会.〔中日友好~〕中日友好協会.
协警 xiéjǐng ①警察(官)に協力する. ②=〔辅 fǔ 警〕警察協力員.交通指導員.
协句 xiéjù ⇒〔叶韵①〕
协离 xiélí 協議離婚.
协理 xiélǐ ①企业·会社などでの責任者(社長や支配人などの)仕事を助ける人.副支配人:〔副经理〕にあたる.→〔经 jīng 理②〕 ②協力して行う.
协理员 xiélǐyuán ①管理運営上の副責任者. ②〔政治~〕の略.各部門にあるが特に中国人民解放軍上部機構が〔团〕(連隊)以上の機関に必要に応じ派遣する政治工作担当者.
协力 xiélì 協力する.〔同心~〕一致協力する.〔这是双方～合作的成果〕これは双方が互いに協力し取り組んだ成果だ.
协拍 xiépāi 撮影に協力する.
协商 xiéshāng 協議し意見をまとめる.〔用~的方法解决〕話し合いで解決する.
协谈 xiétán 相談する.話し合う.

协胁嗋勰邪挟 xié

协调 xiétiáo ①意見を調整する.協調させる手を打つ.〔~政府間的意见〕政府間の意見をまとめる.〔~人〕コーディネーター. ②共同歩調がとられている(をとる).〔~干 gān 预〕協調介入.〔~世界时〕協定世界時.UTC.〔互相~〕互いに協調する.

协同 xiétóng 共同する.協力する.〔~办理〕共同して事に当たる.〔~效应〕シナジー効果,経営の相互支援による)相乗効果.

协议 xiéyì ①相談する.〔双方~〕双方が協議する.〔~离 lí 婚〕協議離婚. ②合意.取り決め.〔~书〕協議合意書.〔会谈~〕討議決定. ③電算プロトコル.

协翼 xiéyì ⇒〔协赞〕

协约 xiéyuē (国家間で)協約(する).〔~国〕条約締結国. ⑥〔第一次世界大戦時の連合国(協商国)

协韵 xiéyùn 〔叶韵〕

协赞 xiézàn ⇒〔协翼〕〈文〉協賛する.

协助 xiézhù 援助する.〔给以适当的~〕適切な助力をする.

协奏 xiézòu 圈合奏する.〔~曲 qǔ〕協奏曲.コンチェルト.

协作 xiézuò 協業(する).協力する.提携する.〔~网 wǎng〕提携ネットワーク.〔~经济区〕経済合作区.

〔胁・脅(脇)〕 xié 〈わき(腹).〔左~疼 téng 痛〕左のわきが痛む. ②おどかす.おびやかす.〔威 wēi ~〕同前.〔裹 guǒ ~〕脅迫して悪事に荷担させる. ③すくめる.〔~肩〕肩をすくめる.

胁逼 xiébī 脅迫する.
胁产 xiéchǎn 〔剖 pōu 腹产〕
胁持 xiéchí 〔挟持〕
胁从 xiécóng 脅迫されて従う.〔~分子〕脅されて従った者.〔不得已而~〕脅迫されていた者は罪を問わない. ②脅されて加担した者.〔他不是主犯,是~〕彼は主犯ではない,従犯だ.
胁肩谄笑 xiéjiān chǎnxiào 〈成〉肩をすくめ追従笑いをする.おもねり迎合するさま.
胁肩累足 xiéjiān lěizú 〈成〉恐れて肩をすくめ足をかがめる.〈喩〉大いに恐れるさま.
胁迫 xiépò 脅迫(する)
胁息 xiéxī 〈文〉身をちぢめて息をひそめる.

〔嗋〕 xié 〈文〉口を閉じる.

〔勰〕 xié 〈文〉調和している.

〔邪(衺)〕 xié ①よこしまである.邪悪である.〔改~归正〕邪を改めて正に就く. ②〈口〉おかしい.ふしぎな.〔他要真能办到才~呢〕彼がもしほんとにやり遂げられたらそれこそおかしいよ. ③中医疾病をひきおこす要因:風・寒・暑・湿などの環境上のさわり. 〔风~〕風疾の病因.風邪のもと. ④回たたり:迷信で鬼神の下す災禍.〔中 zhòng ~〕邪氣にあたる.たたる. → yé

邪不压正 xié bù yāzhèng 〈成〉邪は正に勝たず:〔邪不侵 qīn 正〕〔邪不胜 shèng 正〕ともいう.
邪财 xiécái 〈口〉悪銭.あぶくぜに.〔人人盼望发点~〕みんなあぶくぜにをちょっとばかりもうけたいと思っている.→〔横 hèng 财〕
邪岔儿 xiéchár ⇒〔斜岔儿③〕
邪道(儿) xiédào(r) 〔邪法〕〔邪道〕よくざな生活の仕方.〔走~〕邪道に走る.
邪的歪的 xiéde wāide 〔價〕まともでないあれこれ.まがったこと.〔搞~〕同前をする.
邪恶 xié'è 〈文〉①邪悪である.〔怀有~念头〕邪悪な考えを抱く. ②邪悪な人.
邪法 xiéfǎ ①⇒〔邪道(儿)〕 ②邪法.妖術:〔邪术〕に同じ.
邪蒿 xiéhāo 圈イブキボウフウ属(の植物)
邪乎 xiéhu 〔邪忽〕〔邪活〕〔蝎虎〕とも書いた.〈口〉ひどい.ふつうでない.〔~得べらぼうに寒い.〔冷得~〕同前. ②途方もない.〔说得真~〕話があまりにも突飛だ.
邪火 xiéhuǒ ①中医虚弱から生じる熱性の病因. ②むかっ腹.異様な怒り.
邪计 xiéjì ⇒〔邪谋〕
邪教 xiéjiào 邪教.〔~组织〕カルト集団.
邪路 xiélù よからぬ道.邪道.〔斜路②〕とも書いた.
邪媚 xiémèi 邪心を抱いて媚びる.たくらみへつらう.
邪门 xiémén ①〔~儿〕〈口〉怪しい.おかしい.〔这事有点儿~〕これはちょっと変だ.〔你看多~呀!〕何とも不思議なことではないか. ②邪念.悪意.
邪门歪道 xiémén wāidào 〈成〉まともでないやりかた.正々堂々でないこと.〔歪门邪道〕に同じ.
邪魔 xiémó ①圈(仏教で)菩提の道を妨げるもの.〔~外道〕〔邪门外道〕邪悪外道(ぎょう). ②妖鬼.悪魔.
邪谋 xiémóu =〔邪计〕〈文〉よからぬたくらみ.
邪念 xiéniàn 邪念.よこしまな考え.〔怀有~〕邪念を抱く.
邪佞 xiénìng 〈文〉佞人(ぱ).素行のよくない人.
邪僻 xiépì 〈文〉①よこしまである. ②素行のよくない人.
邪气 xiéqì ①よからぬ風儀.〔歪 wāi 风~〕よこしまな気・風.〔正气上升,~下降〕正気が上がれば邪気は下がる. ②中医邪气:発病の要因.→〔正 zhèng 气〕
邪曲 xiéqū 〈文〉不正.よこしま(な人)
邪视 xiéshì 〈文〉尻目にかける.横目を使う.
邪术 xiéshù 〔邪法〕邪法.邪道の技術.妖術.
邪说 xiéshuō 邪説.不合理で有害な言論.
邪祟 xiésuì つきもの.もののけ.人にたたるもの.〔驱除~〕たたりを払う.→〔邪气②〕
邪心 xiéxīn よこしまな心.邪念.
邪行 xiéxíng よこしまな(不正な)行為.
邪兴 xiéxìng 〔邪兴〕〈口〉ひどい.むちゃくちゃである.〔你说说,事情有多么~!〕(老・四・惺26)どうです,何とひどいことじゃありませんか.〔今天热得~〕今日はとびきり暑い.
邪招 xiézhāo 不正な手段.奸策.

〔挟・挾〕 xié ①〈文〉脇にはさむ.〔~泰山超(北)~(泰)山を脇にかかえ(北)海を飛び越える.〈喩〉到底不可能なこと.〔持弓~矢〕弓を持ち矢をたばさむ.→〔夹 jiā ①〕 ②恨みに思う.根に持つ.〔挟怨〕 ③権勢・名分を借りる.強大な力を頼みにする.〔~洋自重〕外国勢力をバックに立場を強める.〔~天子以令诸侯〕天子を擁して諸侯に令する.〈喩〉権力者の名の借りて命令する.〔要 yāo ~〕強要する. ④〔姓〕挟(ぎ)

挟持 xiéchí =〔胁持〕①両方から腕をつかんで捕らえる.〔被~的人安全逃出了〕拉致されていた人が無事戻った. ②(脅迫して)強制する.服従させる.
挟仇 xiéchóu ⇒〔挟恨〕
挟带 xiédài 内に有している.〔~私货〕密輸入品を隠し持つ.〔河水~着泥砂〕河の水は泥を含んでいる.
挟恨 xiéhèn 〈文〉心に恨みを抱く.〔挟仇〕〔挟怨〕ともいう.〔~捏 niē 控〕〔~诬 wū 告〕恨みを根に持って誣告(ぎ)する.
挟剑豆 xiéjiàndòu ⇒〔刀 dāo 豆〕
挟势 xiéshì 〈文〉勢力を頼る.虎の威を借る.

挟书律 xiéshūlǜ〖国〗始皇帝の定めた禁書の令.
挟嫌 xiéxián 恨みを抱く.〔～报复〕意趣返しをする.
挟义 xiéyì〈文〉①正義を頼みとする.〔～诛伐〕正義に基づいて逆賊を誅伐する.②大義を名目とする.
挟怨 xiéyuàn ⇒〔挟恨〕
挟制 xiézhì（勢力を笠に着て・弱味につけ込んで）服従を強いる.脅迫し威圧する.〔他哪儿肯受人～〕彼には、とても脅しはきかない.

〔谐・諧〕 xié

①〖和合する.調和する.なごむ.〔色彩调调～〕色彩が調和している.〔声音和～〕声が合っている.②〈文〉歩み寄る.話がまとまる.〔事不～矣〕事落着せず.③滑稽である.おどけている.〔诙 huī～〕同前.

谐波 xiébō〖物〗(高)調波.
谐和 xiéhé 調和がとれている.〔合奏非常～〕合奏はハーモニーがよく取れている.→〔和谐〕
谐剧 xiéjù ①〖劇〗一人芝居:四川一帯に流行する語り芸で滑稽な内容が多い.②⇒〔喜 xǐ 剧〕
谐角 xiéjué〈文〉道化役.喜劇役者:〔丑 chǒu 角儿①〕に同じ.
谐美 xiéměi（文章や言葉の）調和が取れて優美である.
谐趣 xiéqù ユーモラスな趣（がある）.〔～横生〕滑稽味に満ちている.
谐声 xiéshēng ①⇒〔谐音①〕②⇒〔形 xíng 声〕
谐调 xiétiáo 調和が取れている.〔旋 xuán 律～〕メロディーの調和がとれている.
谐戏 xiéxì〔谐谑〕
谐协 xiéxié〈文〉調和する.
谐谐 xiéxié〔笑 xiào 星〕
谐谑 xiéxuè〈文〉谐戏〗䜃㕨(）を弄する.冗談を言っておどける.→〔幽 yōu 默〕
谐音 xiéyīn ①〔谐声〕①字音が同じ（近い）.②発音をもじる、またもじった発音.③〖音〗調和音:最も低い〔基 jī 音〕(基音）との整数倍の動数を持つ〔泛 fàn 音〕（陪 péi 音〕(上音・倍音）から成る.
谐振 xiézhèn〔共 gòng 振〕

〔偕〕 xié

①〈文〉ともに（する）.同道（して）.〔顺～而至〕打ち連れだってやって来る.〔一眷 juàn 属来京〕家族を伴って首都に来る.②〈姓〉

偕老 xiélǎo 夫婦仲むつまじく年老いるまで一緒に暮らす.〔白 bái 头～〕〔～百年〕同前.
偕老同穴 xiélǎo tóngxué〖動〗カイロウドウケツ:ヘチマ型の海綿動物.
偕乐 xiélè〈文〉共に楽しむ.
偕同 xiétóng 打ち連れる.〔他～老朋友前往 wǎng 北京〕彼は旧友と共に北京へ行った.
偕行 xiéxíng〈文〉共に行く.

〔斜〕 xié

①斜めになる.傾く（ける).〔太阳～过去了〕太陽が傾いた.〔日已西～〕太陽は西に傾いた.〔～着身子坐下〕体を斜めにして腰かける.〔～了我一眼〕私を横目でちらりと見た.→〔歪 wāi 曲〕②斜めである.傾いている.〔～背景〕背もたれが斜めに背負う.〔这块木板锯 jù ～了〕この板はゆがんでひいてしまった.〔歪～〕ゆがんでいる.〔倾～〕傾く.③〈姓〉

斜半签(儿) xiébànqiān(r) =〔斜签〕〈方〉斜めに.斜め方向に.
斜边 xiébiān〖数〗斜辺（三角形の).→〔弦 xián（I）〕
斜柄钻头 xiébǐng zuàntóu〖機〗テーパーシャンクドリル.→〔锥 zhuī 形〕
斜裁 xiécái〖服〗バイアスカット.〔～裙 qún〕フレアスカート.

斜槽 xiécáo ⇒〔溜 liū 槽〕
斜岔儿 xiéchàr〈方〉①斜めの切れ口.〔这个～的木头〕この切れ口が斜めの材木.②（言動）にとげがある.〔说话有点儿～〕とげがある話しぶり.③＝〔邪 xié chár〕言いがかりのたねに.つけ込むすき.〔这几天他情绪不好,尽～打架〕この2,3日,彼は機嫌が悪くて難癖をつけてはけんかする.
斜长石 xiéchángshí〖鉱〗斜長石.→〔长石〕
斜撑 xiéchēng〖建〗すじかい.〔斜支撑〕に同じ.
斜尺 xiéchǐ〔对 duì 角线尺〕
斜齿轮 xiéchǐlún〖機〗らせん歯車.斜歯(ば)歯車.ヘリカルギヤ.
斜刺里 xiécìli（斜め）横.横侧.脇の側.〔～冲 chōng 来〕横から突っ込んで来る.
斜度 xiédù 傾斜度.勾配.〔～标〕勾配標（鉄道線路などの).→〔坡 pō 度〕
斜度规 xiédùguī テーパーゲージ:〔锥 zhuī 度规〕に同じ.
斜对 xiéduì 筋向い.斜めの向かい合い.〔〈口〉～过儿〕〔～门〕〔～面〕同前の位置（にある家）
斜方(形) xiéfāng(xíng) ⇒〔菱 líng 形〕
斜方柱 xiéfāngzhù〖鉱〗斜方柱.
斜高 xiégāo〖数〗斜高.
斜沟 xiégōu 断面がV字型のみぞ:谷.
斜汉 xiéhàn〈文〉〔天 tiān 河〕
斜横 xiéhéng 勾配(乱)のある状態.→〔斜率〕
斜缓 xiéhuǎn なだらかな傾斜がある.
斜晖 xiéhuī 夕日.夕映え.
斜辉石 xiéhuīshí〖鉱〗輝石.
斜角 xiéjiǎo〖数〗斜角.〔～柱〕〔棱柱体〕斜角柱.〔～测〕斜角calls.
斜街 xiéjiē（幹線道路に対し）斜めに通っている街路.〔杨梅竹～〕〖地〗北京市内の街路名.
斜襟 xiéjīn〖国中国服〕(上着）の斜め襟.
斜金旁(儿) xiéjīnpáng(r)〖国〗かねへん:漢字部首の"钅".〔金字旁(儿)〕ともいう.→付録1
斜井 xiéjǐng〖鉱〗斜坑.→〔坚 shù 井〕
斜口钳 xiékǒuqián〖機〗ニッパー.
斜拉桥 xiélāqiáo〔斜张桥〕〖建〗斜張橋.〔斜拉索桥〕ともいう.
斜棱柱体 xiéléng zhùtǐ ⇒〔斜角柱〕
斜棱 xiéléng〈方〉①（軽蔑して）はすに見る.まともに見ない.〔一眼〕同前の目つき.〔干么～着哥儿咱qiáo 人〕なぜ人を横目で見るんだ.②（姿勢を）傾ける.〔飞机～着身子〕飛行機の機体を傾ける.
斜路 xiélù ①脇道.斜めに入る道.②⇒〔邪路〕
斜率 xiélǜ〖数〗勾配.
斜面 xiémiàn〖数〗斜面.②〖機〗斜面運搬用の簡単な装置.
斜乜 xiémiē 目を細めて横目で見る.
斜睨 xiénì（軽蔑して）横目でみる.〔～了两眼〕じろりと彼に白目をむけた.〔～视也〕
斜坡 xiépō〔-儿〕斜面.傾斜地.スロープ.〔～路〕坂道.→〔山 shān 坡(儿)〕
斜签 xiéqiān（身体を）斜めに傾ける.
斜射 xiéshè ①（光線が）斜めに射す.②斜めの角度から銃撃する.
斜视 xiéshì ①〖医〗斜視:〔〈口〉斜眼〕①〔中医〕偏 piān 视〕ともいう.→〔内 nèi 斜视〕②横目で（ちらっと）見る.〔目不～〕まっすぐに見る.
斜视图 xiéshìtú〖機〗斜影図.
斜体 xiétǐ〖印〗イタリック体.〔～字〕イタリック体(の字)
斜条 xiétiáo〖服〗洋裁に用いるバイアス(テープ)
斜纹 xiéwén〖紡〗綾(き)織り.〔～布〕同前の布.〔粗

~厚手の同levels.〔~粗布〕太綾.〔細~〕ジーンズ生地.
斜文旁(儿) xiéwénpáng(r) ⇒〔反 fǎn 文(儿)〕
斜线 xiéxiàn 斜線.
斜象眼儿 xiéxiàngyǎnr =〔方〕象眼(儿)〈方〉菱(líng 形)〔菱 líng 形〕に同じ.
斜眼 xiéyǎn ①やぶにらみ:〔斜视①〕の別称. ②〔-儿〕すが目.斜視の目. ③同前の人.
斜阳 xiéyáng 夕日.〔~的金光〕夕日の金色の光.
斜羊头(儿) xiéyángtóu(r) 漢字部首の"羊":〔斜羊旁(儿)〕ともいう.→付録1
斜玉 xiéyù ①たまへん:漢字部首の"王".〔斜玉旁(儿)〕〔斜王旁(儿)〕ともいう.→付録1
斜张桥 xiézhāngqiáo ⇒〔斜拉桥〕
斜照 xiézhào 夕日が斜めに照らす.斜めに光を放つ.〔夕阳~〕夕日が同前. ②映える. ②〈文〉斜陽.
斜罩丝 xiézhàosī ⇒〔倾 qīng 角线〕
斜支撑 xiézhīchēng に同じ.

[**斜**] xié 麦 mài ~. 江西省にある.

[**絜**] xié 〈文〉①縄で物の周囲の長さを量る. ②比べる.量る.〔~矩 jǔ〕已の心をよく見て相手の気持を読み、互いによい関係を作る.→〔洁 jié〕

[**頡・頡**] xié 〈文〉鳥が飛び上がる.〈姓〉頡(xié) → jié
頡頏 xiéháng 〈文〉鳥が上へ飛んだり下へ飛んだりする.〔喩〕甲乙をつけにくい.〔二人技芸相~〕二人の技量は相指抗(xié)していて甲乙をつけがたい.→〔不 bù 相上下〕

[**擷・擷**] xié 〈文〉①つまみとる.摘み取る.〔采 cǎi ~〕同前.〔~趣 qù〕異聞や面白い事件を選び取る. ②指でつまみながら順に送り動かす.〔~着念珠念着佛号〕数珠をつまみながら仏の名を唱える. ③⇒〔擷〕
擷取 xiéqǔ 摘み取る.〔~精华〕精髄を選び取る.
擷要 xiéyào 要旨を抜き出す(したもの)
擷英 xiéyīng 精華を選び取る.

[**纈・纈**] xié 〈文〉①模様入りの絹織物. ②(種々の)布地の染め.〔夹 jiā ~〕模様を彫刻した板では染めた絹布.〔蜡 là ~〕蠟纈(xié)染め.→〔方 fāng 纈〕
纈草 xiécǎo =〔穿 chuān 心排草〕セイヨウカノコソウ.
纈草酸 xiécǎosuān ⇒〔戊 wù 酸〕

[**襭・襭**] xié 〈文〉着物の前おくみの下部を持ち上げて袋状にし中に物を入れる:〔擷③〕に同じ.→〔袺 jié〕

[**携(攜・攜・擕・攜)**] xié ①携帯する.身近に持つ.携える.引き連れる.〔~款赴津〕現金を持って天津へ行く.〔扶老~幼〕年寄りの杖となり幼児を連れる.〔您~眷 juàn 前往吗〕ご家族を連れて行かれますか. ②手を引く.〔~手〕
携带 xiédài ①携帯する.〔~型 xíng〕携帯型(の).〔随身~〕(身につけて)携帯する.〔~式电动工具〕携帯用電動工具. ②引率する.〔~全家老幼东渡〕家族全員を連れて日本に行く.〔~引き立てる.〔承蒙~引立ていただきありがとうございます.
携贰 xié'èr 〈文〉①心が離れる.二心をもつ. ②同前の人.
携扶 xiéfú 〈文〉手を引き伴う.引き連れる.
携挂 xiéguà ひっかけて携帯する.〔皮带上~手机〕ベルトに携帯電話を提げる.
携家带口 xiéjiā dàikǒu 〈成〉家族の者を引き連れるとは:主に一家で(苦労して)遠路を行くことを指

す.→〔拉 lā 家带口〕
携手 xiéshǒu ①手を携える.手にてをとる. ②協力する.共同して行う.
携械 xiéxiè 武器を持つ.〔~匪徒〕同前の賊徒.

[**鮭・鮭**] xié 魚料理(総称) → guī
[**鞋(鞵)**] xié 靴:短靴.その他の履物.〔皮 pí ~〕皮靴.〔球 qiú ~〕スポーツシューズ.〔跑 pǎo ~〕ジョギングシューズ.〔运动~〕運動靴.〔高 gāo 跟(儿)~〕ハイヒール.〔凉 liáng ~〕(皮・合成ゴム製の)サンダル.〔拖 tuō ~〕スリッパ.サンダル.〔穿 chuān ~〕靴をはく.〔脱 tuō ~〕靴をぬぐ.〔一只~〕片方の靴.〔一双~〕一足の靴.〔抹上~油擦擦〕靴墨を塗って磨きなさい.→〔靴 xuē〕
鞋拔子 xiébázi 靴べら.靴すべり.
鞋帮(儿) xiébāng(r) 靴の底以外の部分.また靴の両側面(たてになった壁状の部分).〔~帮〕
鞋带 xiédài 〔-儿〕靴紐.〔系 jì ~〕靴紐を結ぶ.
鞋底(儿) xiédǐ(r) 靴底.〔纳~〕布靴の底を刺し縫いする.
鞋底鱼 xiédǐyú 魚シタビラメ:〔舌鳎 shétǎ 鱼〕の俗称.
鞋店 xiédiàn =〔鞋铺〕靴屋.
鞋垫 xiédiàn 〔-儿〕靴の中敷.
鞋钉 xiédīng スパイクシューズの鋲.→〔钉鞋〕
鞋粉 xiéfěn 靴に塗る粉.
鞋号 xiéhào 靴のサイズ:〔鞋码〕ともいう.長さは5ミリきざみで分ける.
鞋跟(儿) xiégēn(r) 靴の踵(かかと).ヒール:〔鞋后跟(儿)〕ともいう.→〔高 gāo 跟儿鞋〕
鞋匠 xiéjiàng 靴職人.靴屋.
鞋口 xiékǒu ①靴の(足の)入れ口. ②靴のふちがわ(装飾)テープ.
鞋扣 xiékòu 靴のホック.靴のボタン.
鞋里 xiélǐ 〔-儿〕靴の裏側(内側)
鞋脸(儿) xiéliǎn(r) 靴の甲:指先の部分.
鞋脸儿 xiéliánr 〔布 bù 鞋〕(中国式布靴)の甲の爪先から中央の縫い合わせの部分:この部分を補強するため縫い合わせ目に細幅の皮を縫いつけることが多く,それを〔皮 pí 脸儿〕という.→〔单 dān 脸儿鞋〕
鞋面 xiémiàn 〔-儿〕靴の甲:靴底以外の全部(の材料).〔~皮〕同前の皮.→〔鞋帮(儿)〕
鞋铺 xiépù =〔鞋店〕
鞋刷 xiéshuā 〔-子〕靴ブラシ.
鞋趿拉儿 xiétālar ⇒〔趿拉儿〕
鞋楦 xiéxuàn 〔-子〕靴の木型.
鞋眼 xiéyǎn 〔-儿〕はとめ.靴ひもの穴.
鞋样 xiéyàng ①〔-儿〕靴の見本. ②靴の型・デザイン.
鞋油 xiéyóu 靴クリーム.〔擦 cā ~〕靴墨を塗る.
鞋子 xiézi 靴.

[**写・寫(寫)**] xiě ①(文字を)書く.〔~漏 lòu 了一个字〕1字書き落とした.〔他会~字〕彼は文字が書ける(かうまい).〔~不下〕(スペースが足りなくて)書き続けられない. ②書き写す.書いて写しを作る.〔抄~〕同前. ③(詩・文章・記述・記録などを)書き表わす.描写する.記述する.〔~不出来〕文句が浮かばない.〔这篇小说~了先进工人创造新纪录的过程〕この小説は先進労働者が新記録を作った過程を物語っている. 〔~诗〕詩を書く. ④(絵を)模写する.→〔写生〕〔画 huà 之〕 ⑤(借り賃を払う約束をして)借り受ける. ⑥吐露する.訴え述べる.気を晴らす.〔以~我忧〕もってわが憂いを除く. ⑦〈姓〉写(xiě) → xiè

写本 xiěběn 写本.→〔抄 chāo 本①〕
写法 xiěfǎ ①書き方.書法. ②作文方法.創作方法.
写稿(儿) xiěgǎo(r) 原稿を書く.
写家 xiějiā ①作家.文筆家. ②書家.書道家.
写景 xiějǐng 景色を描写する.景色を記録する.
写入 xiěrù 電算書き込み.〔~保护〕ライトプロテクト.
写生 xiěshēng 美写生(する).〔~画〕スケッチ.〔~薄〕スケッチブック.〔人物~〕人物写生.
写实 xiěshí ①ありのままを書く. ②写実.〔~主义〕写実主義.リアリズム.〔现 xiàn 实主义〕の旧称.
写头 xiětou 書くに値する値打ち.描く価値.〔没什么~〕何ら書く値打ちもない.
写形 xiěxíng ①〈文〉姿を描く. ②中医(病人を)望診(する)
写意 xiěyì 美中国画の画法の一:細かい描写をせず,作者の趣向を主に表現するもの.→〔工 gōng 笔〕;xièyì
写忧 xiěyōu 〈文〉憂さを晴らす.憂いを除く.
写账 xiězhàng ①⇒〔记 jì 账〕 ②⇒〔上 shàng 账〕
写照 xiězhào ①人物描写する.人の風貌を描く. ②写実描写.〔写真④〕に同じ.〔今日资本主义社会的~〕今日の資本主義社会の写実.
写真 xiězhēn ①人物を描いたり写真に撮る. ②画像.肖像.影像.ブロマイド.ポートレート.〔自我~〕自画像. ③裸体写真.ヌード写真. ④同上②.
写字 xiězì 字を書く.事務を執る.〔~桌 zhuō〕〔~台〕事務机.デスク.〔~楼 lóu〕オフィスビル.事務用ビル.〔~板〕電算ワードパッド.〔办 bàn 公楼〕
写字间 xiězìjiān ⇒〔办 bàn 公室〕 ②⇒〔书 shū 房①〕
写作 xiězuò 文章を書く.文学作品を書く.〔记日记可以练习~〕日記をつければ作文の練習になる.〔~技巧〕創作の技巧.

〔写・寫(冩)〕 xiě → xiè

〔血〕 xiě 血:口語に用いる.〔流 liú ~〕血が出る.〔刮 guā 破了皮,出~了〕皮膚をかき破って血が出た. → xuè
血肠 xiěcháng 食羊の腸に動物の血をつめたソーセージ.
血道子 xiědàozi 〔口〕みみず腫れ.
血豆腐 xiědòufu 食豚などの血を固めた豆腐状の食品.
血嘎巴儿 xiěgābar 血液がこびりついて固まったもの.
血糊糊 xiěhūhū 血がべっとりついているさま.
血活 xiěhuo 〔血乎〕〔血糊〕とも書く.〈方〉おおげさである.大仰に言う.〔这点小事,让你说得那么~〕このくらいのことをお前にはそんなにおおげさに言われる.
血块子 xiěkuàizi 血のかたまり.
血淋淋 xiělínlín ①血の流れ出るさま. ②〔喩〕残酷なさま.悲惨なさま.
血人儿 xiěrénr 血だらけの人.血だるま.
血水 xiěshuǐ 〔血汤子〕①(流れた)血. ②血の混じった水.
血丝儿 xiěsīr 血筋(糸筋のような血).〔带~的眼〕血走った目.
血汤子 xiětāngzi ⇒〔血水〕
血块 xiěwàng 食血块組織のボス.
血晕 xiěyùn 〔皮下出血による〕あざ.赤あざ. → xuèyùn

写意 xièyì 〈方〉束縛されない.気楽である.楽で気持ちよい. → xiěyì

〔泻・瀉〕 xiè ①勢いよく注ぐ.流れ注ぐ.〔流 liú ~〕同前.〔一~千里之势~成〕一瀉(シャ)千里の勢い.〔把存着的水~到坑 kēng 里去吧〕たまっている水を坑の中へ流れ込ませよ. ②腹くだしをする.〔上吐 tù 下~〕吐いたりくだしたり. →〔泄④〕
泻肚 xièdù 〈口〉腹くだしをする:〔拉 lā 稀①〕〈方〉跑 pǎo 肚〕ともいう.〔腹 fù 泻〕医下痢(する)の通称.
泻火 xièhuǒ 中医のぼせをさげ熱を除き毒を去る治療法.
泻剂 xièjì 葉下剂.〔泻药〕に同じ.〔轻 qīng ~〕緩下剂.
泻金 xièjīn ⇒〔淘 táo 金①〕
泻盐 xièyán 瀉(シャ)剩塩:〔泻利盐〕ともいう.〔硫 liú 酸镁〕(硫酸マグネシウム)の俗称.
泻药 xièyào =〔泻剂〕〔下 xià 药〕葉下剂.

〔灺(炨)〕 xiè 〈文〉ろうそくの燃え残り.

〔泄(洩)〕 xiè ①(液体・気体が)はける.流れ出る.〔漏~〕排泄する.〔水~不通〕〈慣〉水も通らない.水も漏らさぬ. ②漏れる.漏らす(秘密など).〔盗 dào ~试题〕試験問題を盗んで漏らす. ③発散する.気を晴らす. ④(水さが多く)下痢をする.〔腹 xiè〕腹くだし. ⑤〈姓〉泄(シャ)
泄底 xièdǐ 内実をもらす.〔他的秘密都被我泄了底了〕彼の秘密はすべてぼくがすっぱぬいてやった.
泄愤 xièfèn 〔泄忿〕とも書いた.鬱憤を晴らす.〔泄私愤〕私憤を晴らす.
泄恨 xièhèn 恨みを晴らす.
泄洪 xièhóng 大水で過度の分を放水する:ダムで警戒水位を超えた貯水量を調節すること.〔~洞〕〔~道〕放水路.〔~闸 zhá〕放水閘(シ)門.
泄黄(儿) xièhuáng(r) ⇒〔瀉黄(儿)〕
泄劲(儿) xièjìn(r) =〔懈勁(儿)〕気がゆるむ.たるむ.やる気を失う.〔他打算趁机泄大伙的劲儿〕彼はこの機会にみんなの気勢をくじいてやろうと考えた.
泄精 xièjīng ⇒〔遗 yí 精〕
泄痢 xièlì 〔泄利〕とも書く.医(液状の)下痢(をする)
泄漏 xièlòu ①(気体や液体が)漏れる.〔~污染〕漏れ出しによる(環境)汚染. ②〈喩〉(秘密・情報が)漏れる.漏らす.〔天机不可~〕天機漏らすべからず.〔防止~国家的机密〕国家機密の漏洩(ロウエイ)を防止する. →〔透 tòu 露①〕
泄露 xièlòu (秘密・情報などが)漏れる.漏らす:〔泄漏②〕に同じ.
泄密 xièmì 秘密が漏れる(を漏らす)
泄气 xièqì ①しょげる.がっかりする.気を落とす.〔搞了三次都没成功,真有点~了〕三回とも失敗して,がっかりしてしまった. ②やがて何もできない.意気地がない.〔这么轻的东西都拿不动,太~了〕こんな軽いものさえ持ち上げることができないとは情けない. ③空気がぬける.〔后车胎泄了气〕後ろのタイヤに空気が漏れだ.
泄水 xièshuǐ ①水が漏れる. ②排水する.〔~管〕排水管.〔~沟〕排水溝.〔~闸〕排水用水門.〔~孔〕水のはけ口.放水口.
泄题 xiètí 試験問題を漏らす.
泄殖腔 xièzhíqiāng 動総排泄腔.

〔绁・紲(緤・絏)〕 xiè 〈文〉①(家畜を引く)綱.縄.〔缧 léi ~〕固罪人をしばった縄.

xiè

〔渫（渫）〕 xiè 〈文〉①汚れを取る.さらう.〔浚 jùn 〜〕浚渫（しゅんせつ）する.②〈文〉散らばらせる.散らす.③〈文〉止(や)む.停止する.④漏れる.〔泄①〕に通じる.⑤〔〜水〕圓湖南省にある川.⑥〈姓〉渫(しょう).

〔屧（屟）〕 xiè 〈文〉①木の突っ掛けげた.②履物の下敷.→〔屐 jī〕

〔蝶〕 xiè ⇒〔褻〕

〔卸〕 xiè ①役畜から鞍や道具をはずす.〔把车〜了〕（馬車の馬から）車をはずした.②（船・车・飛行機・役畜などから）荷物をおろす.〔〜船〕船から同前.〔装 zhuāng 〜〕積みおろし.〔货都一到仓库了〕荷物はみなおろして倉庫に入れた.③分解してはずす.〔〜铐 kào〕手錠をはずす.〔这台机器〜得开吗〕この機械は取りはずしできるか.④担当をはずす.責任を解消する.〔〜职 zhí〕職務（任務）を解く.〔交〜〕（事務を）引き継ぐ.〔推〜〕（責任を）転嫁する.〔卸责①〕〔卸任①〕

卸包袱 xièbāofu 〈慣〉責任や負担を負うのをやめる.お荷物をおろす.
卸车 xièchē ①=〔卸牲口〕引いている家畜から役畜をはずす.②車から荷物をおろす.
卸除 xièchú 解除する.〔〜武装〕武装を解除する.〔〜责任〕責任を解除する.
卸顶 xièdǐng ⇒〔谢顶〕
卸货 xièhuò 荷をおろす.荷揚げする.〔〜港 gǎng〕荷揚げ港.
卸甲 xièjiǎ 鎧(よろい)を脱ぐ.〔丢盔〜成〕鎧かぶとを捨てて逃げる.〔転〕事が失敗すること.
卸肩 xièjiān （肩から）荷を下ろす.〔喩〕職責を辞す.辞任する.
卸马 xièmǎ 馬から馬具をとりおろす.↔〔套 tào 马①〕
卸卖 xièmài 積荷をおろして売る.
卸免 xièmiǎn 免除する.除く.解任する.
卸磨杀驴 xièmò shālǘ 臼をひき終わったらロバを殺す.〈喩〉用がなくなったほうりだす!〔拉完了磨杀驴〕ともいう.〔〜,忘恩负义〕同前で恩知らず.=〔狡 jiǎo 兔死,良狗烹〕
卸任 xièrèn =〔卸职〕〈文〉職を辞する.解任になる.〔〜交印〕辞任して職責を返上する.
卸牲口 xièshēng·kǒu =〔卸车①〕
卸头 xiètóu 女性が頭の飾りを取りはずすこと.→〔卸妆〕
卸印 xièyìn ⇒〔卸任〕
卸载 xièzài 〔卸儎〕とも書いた.①積荷を下ろす:〔卸装①〕に同じ.〔〜单 dān〕船舶の陸揚伝票.②電算アンインストール（する）.〔〜软件〕アンインストーラー.→〔安 ān 装〕
卸责 xièzé ①以後自分の責任としない.〈喩〉辞職する.②責任を人に押しつける.他人の責任にする.
卸妆 xièzhuāng 化粧を落とす.身につけた装身具をはずす.〔〜乳 rǔ〕クレンジングミルク.〔〜霜 shuāng〕クレンジングクリーム.
卸装 xièzhuāng ①⇒〔卸载①〕②劇（役者が）メーキャップをおとし衣装を脱ぐ:〔下 xià 装①〕に同じ.

〔契（偰）〕 xiè ①囚商の祖先:舜の下臣と言われる.②〈姓〉契(しょう). =qì

〔卨・卨（离）〕 xiè ①人名用字.〔万俟 mòqí 〜〕囚宋代の奸臣.②〈姓〉卨(しょう).

〔屑〕 xiè ①くず.〔蝶 méi 〜〕石炭くず.炭がら.〔木〜〕木くず.〔铁〜〕鉄くず.②些細である

る.細かい.〔琐 suǒ 〜〕些細な事柄.③その価値があると思う.潔しとする:〔不〜〕の形で常に否定に用いる.〔他不〜于做这件事〕彼はこの事をするのを潔しとしない.〔不〜和他争论〕彼と議論するのを潔しとしない.
屑屑 xièxiè 〈文〉①些細である.こまごました.〔〜不足道〕些細なことでとりたてて言うには足らない.②わざわざ.③勤勉なさま.
屑意 xièyì 気にかける.〔介 jiè 意〕に同じ.

〔榍〕 xiè ①=〔榍石〕②〔楔 xiē〕に通用する.
榍石 xièshí 鉱クサビ石:チタンの原鉱石となる.→〔钛 tài〕

〔亵・褻〕 xiè ①=〔〈文〉媟〕軽んじる.侮る.なれなれしくする.〔狎 xiá 〜〕なれなれしい.②みだら（である）.〔秽 huì 〜〕〔猥 wěi 〜〕猥褻（である）.③〔文〕〈文〉直接身につける衣服.〔〜衣〕肌着.④清潔でない.〔〜器 qì〕便器.
亵渎 xièdú 〈文〉軽んじ侮る.冒涜する.〔〜圣域〕神聖な場所を汚(けが)す.
亵慢 xièmàn 〈文〉軽薄で不真面目である.
亵玩 xièwán 〈文〉みだれ遊ぶ.
亵语 xièyǔ 〈文〉猥談(わいだん).卑猥な言葉.
亵尊 xièzūn ⇒〔屈 qū 尊〕

〔械〕 xiè ①器具.〔器 qì 〜〕器具.機器.〔机 jī 〜〕機械.②武器.〔军 jūn 〜〕〔兵 bīng 〜〕兵器.〔枪 qiāng 〜〕銃器.〔持〜匪徒〕凶器を持った匪賊.〔缴械〕武装解除.③〈文〉枷(かせ).〔〜系 xì〕刑具をはめておくこと.
械斗 xièdòu （棍棒などの）凶器を持って集団間で乱闘する.械闘する.
械劫 xièjié 〈文〉凶器を持って強奪する.〔〜银行〕銀行強盗をする.

〔谢・謝〕 xiè ①感謝（する）.お礼（を言う）.〔感 gǎn 〜〕同前.〔道 dào 〜〕お礼を述べる.〔〜函 hán〕礼状.〔多〜〕ありがとう.〔那算什么呢,不值一〜〕そんなこと何ですか,お礼には及びません.②官職を辞する.〔〜官〕〔〜职 zhí〕同前.③辞退する.断る.〔辞〜〕辞退する.④謝る.詫びる.⑤（花や葉などが）衰える.しぼむ.散る.〔凋 diāo 〜〕同前.〔花儿〜了〕花が散った.〔新陈代〜〕新陳代謝.⑥〈姓〉謝(しゃ).
谢豹 xièbào ⇒〔杜 dù 鹃③〕
谢别 xièbié 別れを告げる.離別の挨拶をする.
谢病 xièbìng 〈文〉病気にかこつける（謝絶する）
谢步 xièbù 回訪問や冠婚葬祭の答礼に行くこと.〔今天我〜来了〕本日は答礼に伺いました.
谢忱 xièchén =〔〈文〉谢悃〕謝意.〔聊表〜〕いささか感謝の意を表して.
谢词 xiècí 〔谢辞〕とも書く.感謝の言葉.謝辞.
谢顶 xièdǐng （年をとって）髪の毛が薄くなる.頭がはげる.〔卸顶〕〔歇 xiē 顶〕とも書いた.
谢恩 xiè'ēn ①恩を（作法に従って）謝する.②回君主のご恩に感謝する（儀礼）
谢候 xièhòu 〈白〉ご返事をお礼をする（言う）.〔改天再到府上〜您去〕いずれあらためてお宅へお礼を申し上げに参ります.→〔答 dá 谢〕
谢绝 xièjué 謝絶する.（ていねいに）断る.〔〜参观〕参観謝絶.
谢客 xièkè ①面会を謝絶する.〔闭门〜〕門を閉めて客に会わない.②客にお礼を述べる.
谢悃 xièkǔn ⇒〔谢忱〕
谢老 xièlǎo 〈文〉老年のため辞職する.
谢礼 xièlǐ ①回お礼の贈物.=〔谢仪〕②進物を断る.
谢媒 xièméi 媒酌人に礼をする.〔〜茶〕新郎新婦が

1863

xiè 谢塮榭龂猲解瀣懈廨邂薤嶰獬蟹

行う同前のための酒宴.
- **谢幕** xièmù カーテンコール・アンコールにこたえる. →[叫 jiào 帘]
- **谢婆菜** xièpócài ⇒[水 shuǐ 苦荬]
- **谢亲** xièqīn 婚礼の後,新郎が嫁の実家へお礼に行くこと.
- **谢丘** xièqiū 〈姓〉謝丘(しゅう).
- **谢秋** xièqiū 回秋に芝居を奉納して神に豊作のお礼をすること.
- **谢却** xièquè 断る.謝絶する:[谢绝]に同じ.
- **谢扰** xièrǎo お邪魔またはご馳走になった礼を言う.
- **谢赏** xièshǎng 物や祝儀をいただいたお礼を述べる.
- **谢神** xièshén ①神に感謝する. ②感謝する催し:芝居などを奉納すること.
- **谢师** xièshī 回お礼奉公.[~年限]お礼奉公の期間. ②師に礼を述べる(礼の贈り物をする).[~宴](恩師に対する)謝恩会.
- **谢世** xièshì 〈文〉死去する.
- **谢天地** xiètiāndì 天地神祇に感謝する.
- **谢天谢地** xiètiān xièdì 〈喩〉願ったりかなったり.願ってもないこと.感謝感激.ありがたやありがたや.
- **谢条** xiètiáo 略式の礼状.
- **谢帖** xiètiě 回贈り物に対する受取を兼ねた礼状.
- **谢委** xièwěi 回任官の時,上司に会って謝意を述べること.
- **谢孝** xièxiào 弔問客に礼を述べること:特に喪があけてからお礼に回ること.
- **谢谢** xièxie 礼を述べる.ありがとうを言う:しめくくり・断りなどに付帯して言うこともある.[~你提醒了我注意を促してくれてありがとう.[这可怎么~呀]あなたに何とお礼を言ったらいいかしら.[快~阿姨]はやくおばさんにお礼を言いなさい.[~,我刚吃完]いや,(けっこうです)僕はいま食べたところです.[我的话讲完了,~]私の話はこれで終わりです,どうもありがとうございました.
- **谢仪** xièyí ①お礼の贈り物. ②礼金.謝礼の金.
- **谢意** xièyì 感謝の意.[表示~]同前を表す.→[道 dào 谢]
- **谢妆** xièzhuāng 回新郎が新婦の家に行き嫁入り道具のお礼を言うこと.
- **谢罪** xièzuì 謝罪する.わびを言う.
- **谢坐** xièzuò 旧時,[请 qǐng 坐](どうぞおかけください)と言われた場合に[谢谢,你(也)请坐](ありがとうございます,あなたもどうぞ)と礼を言う(言ってかける)こと.→[告 gào 坐]

[塮] xiè 农厩(じょう)肥.家畜の糞尿(の積み肥).[~羊]羊の同前.

[榭] xiè 通高台の上に四方を展望できるように作った建物.[水~]水際(きわ)のうてな.[歌台舞~]舞を演ずる場所.→[轩]姣榭.

[龂・齘] xiè 〈文〉①歯ぎしりする.〈転〉怒るさま. ②歯が不ぞろいである.かみ合わせが悪い.

[猲] xiè 〈文〉口が短い犬. → hē

[解(觧)] xiè ①〈口〉理解する.わかる.[~不开这个道理]この道理がわからない. ②回武芸(一連の技の型). ③曲芸,特に曲馬.[跑马卖~]曲馬をして技を見せる. ④〈地〉池(chí)山西省にある湖.[~盐 yán]同前から産出する塩. ⑤〈姓〉解(かい) → jiě jiè

- **解数** xièshù 武術の技・くふう.方法.[施展浑身~]〈喩〉あらゆる方法を使う.

[瀣] xiè ①〈方〉(のり状の物などが)薄くなる.[糨 jiàng 糊~了]のりが薄くなってしまった. ②〈方〉(かゆやのりを)薄める.[粥太稠 chóu,加点儿水~一~]かゆが濃すぎるから水を入れて薄めよう. ③〈方〉とかす.(してのり状にする). [把药片儿~开]錠剤をとかす. ④〈文〉海.[渤 bó ~]渤海の古称.

- **瀣黄(儿)** xièhuáng(r) 卵の黄身が崩れる:[泄黄(儿)]とも書いた.

[懈] xiè ①なまける.だらける.たるんでいる.[夙夜匪~]昼夜怠らず.[始终不~]終始怠らない.[无~可击]一撃を与えるすきがない. ②〈姓〉懈(かい).

- **懈弛** xièchí 〈文〉おろそかにする.気をゆるめる.
- **懈怠** xièdài なまけている.だらしない.
- **懈惰** xièduò 〈文〉怠る.なまける.[祸生于~]災いは怠惰より生ず.
- **懈劲(儿)** xièjìn(r) ⇒[泄劲(儿)]
- **懈慢** xièmàn 〈文〉怠惰で傲慢(である).[常多~](伝灯録)常日ごろ怠惰傲慢の点が多い.
- **懈气** xièqì 気をゆるめる.だらける.
- **懈意** xièyì 怠惰の心.

[廨(癬)] xiè 固役所.官署.[~署 shǔ][~字 yǔ]役所(の建物).[公~]役所.

[邂] xiè 〈文〉期せずして会う.

- **邂逅** xièhòu 〈文〉ゆくりなく会う.はからずも出会う.[昨与张君于~途 tú]昨日,張君と路上にて偶然に出会いたり.

[薤・韰] xiè ①[~苕 hòu]〈文〉ヒシ:[菱 líng]の古称. ②→[草 bì 薤]

[嶰] xiè 〈文〉谷.谷川.[~壑 hè]同前.[幽 yōu ~]奥深い谷.

[獬] xiè

- **獬叭狗** xièbagǒu ⇒[哈 hǎ 巴狗①]
- **獬豸** xièzhì [獬鹰]とも書く.固想像上の神獣:人が相争う場合に正しくない者をその角で突く.[~冠 guān]同前の飾りのついた冠:法官が礼服を着る場合にかぶった.

[蟹(蠏)] xiè 鱼introduction カニ:[螃 páng ~]は通称. ②〈方〉=カワガニ.[醉 zuì ~]回かにの焼酎漬.[梭 suō 子~]ワタリガニ.[一~不如一~]〈成〉同種の物の質が次第に悪くなること.[~也会笑]〈喩〉笑止千万である.全くばかばかしい.

- **蟹螯** xiè'áo ⇒[蟹夹子]
- **蟹簖** xièduàn [簖]同前:[かにを捕まえるため水中に立てる竹柵:[蟹簖]とも書く.
- **蟹粉** xièfěn 〈方〉回かにみそ.かにの肉.[~包]かにみそ入り・かにの肉を入れしたまんじゅう.
- **蟹膏** xiègāo [口]かにの精子.
- **蟹黄(儿)** xièhuáng(r) かにみそ.
- **蟹夹子** xièjiāzi [〈文〉蟹螯][蟹钳]かにの鋏(はさみ).
- **蟹酱** xièjiàng 食 かにの塩漬けをみそ状にしたもの.
- **蟹壳** xièké かにの甲(羅):[螃 páng 蟹盖(儿)]は通称.[~黄]食 kā黄色いあん入りの菓子.
- **蟹帘** xièlián ⇒[蟹簖]
- **蟹虻** xièměng ⇒[食 shí 蟹蟹]
- **蟹苗** xièmiáo 蟹の幼体.
- **蟹农** xiènóng 蟹の養殖業の農民.
- **蟹奴** xiènú ⇒[蟹子]回フクロムシ:フジツボの近縁でカニの腹につく寄生虫.
- **蟹钳** xièqián ⇒[蟹夹子]
- **蟹青** xièqīng 回暗黄緑色(の)
- **蟹肉** xièròu 〈方〉かにの肉.[炒 chǎo ~]同前を炒めた料理.[~干 gān]同前の干物.

蟹行 xièxíng かにのように横歩きする。横ばいする。〔~文字〕〈喩〉旧欧米の横書き文字。
蟹眼 xièyǎn 〈喩〉湯のたぎり立つ泡:かにの眼のように見える。
蟹爪 xièzhǎo 美絵筆の一種:かにの爪に似ている。
蟹爪兰 xièzhǎolán ≡〔蟹足霸王鞭〕〔锦上添花②〕〔仙 xiān 人花〕植シャコバサボテン(カニソウ)
蟹子 xièzǐ ①かにの卵。②⇒〔蟹奴〕
蟹足霸王鞭 xièzú bàwángbiān ⇒〔蟹爪兰〕

〔薤〕 xiè 植ラッキョウ、またその鱗茎:〔薤 jiào 头〕は通称。〔辣 là ~〕〔~头〕ともいう。鱗茎(らっきょう)や若葉を食用する。〔天~〕〔野 yě ~〕同前の野生種。〔醋 cù ~头〕食ラッキョウの酢漬け.
薤白 xièbái 植ノビル:〔〈方〉小 xiǎo 根蒜〕ともいう。

〔瀣〕 xiè →〔沆 hàng 瀣〕

〔燮(爕)〕 xiè ①〈文〉調和する。和する。②〔姓〕燮(しょう)。
燮和 xièhé〈文〉調和する。
燮理 xièlǐ〈文〉調和をとって処理する。〔~阴 yīn 阳〕陰陽の調和をとる。

〔躞〕 xiè〈文〉①〔~蹀 dié〕〔躞~〕②小またに歩く。⑤行ったり来たりする。②掛け軸の心(しん)、軸。

xīn シム

〔心〕 xīn ①生理心臟。〔~脏 zàng〕同前。②脳・思考の働き。〔用~〕心を用いる:一生懸命になる。〔放~〕安心する。〔专~〕専心する。〔细~〕不注意である。〔~乱〕心が乱れる。〔~灵〕頭の働きがいい。③心、感情、気持ち。〔散 sàn ~〕気晴らしする。〔平~静气〕気をしずめる:平静な気持ち。〔好~〕好意、善意。〔良~〕いい心、良心。〔歹 dǎi ~〕悪い心。〔全~全意〕一点の他意もなく。〔决~〕決心する。〔雄~〕望みが高い、大志を抱負が大きい。④中央部、中心。〔核 hé ~〕核心。〔街~公园〕街の中央の公園。〔手~〕手のひらの中心部。〔湖~〕湖心。〔白菜~〕白菜の芯。〔空~砖 zhuān〕ブロック。〔射中 zhòng 靶 bǎ ~〕的の中心を射抜いた。〔树~有虫〕樹の中心に虫がいる。⑤心(しん)〔二 èr 十八宿〕の一。〔商 shāng 〔Ⅱ〕②〕ともいう。〔姓〕心(しん)。
心爱 xīn'ài 心から好む。〔~的相册〕お気に入りのアルバム。
心安 xīn'ān 安心する。〔~理得 dé〕〈成〉正しい行いをして心安らかである。
心吧 xīnbā リラクゼーションバー。
心版 xīnbǎn〈喩〉心(中の記憶)。〔永 镌 juān ~〕永く心中に刻み込んで忘れない。
心包 xīnbāo 生理心嚢。
心病 xīnbìng ①ゆううつな気持ち。煩悶。②口に出さない心配事。弱み。人知れぬ悩み。〔说中 zhòng 了他的~〕彼の痛いところをついた。〔嘴 zuǐ 里还不住地唧 gē 哝、像个什么~似的〕口の中でぶつぶつ言っているのは、何か心配ごとでもあるようだ。→〔内 nèi 疚〕
心搏 xīnbó 生理心拍。
心不死 xīnbùsǐ 絶望しない。あきらめない。→〔死心〕
心不在焉 xīn bùzài yān〈成〉心ここにあらず。うわの空である。〔两眼发呆 dāi、一副~的样子〕目がぼんやりしていて、まるで心がよそにあるようなありさまだ。
心不自主 xīn bù zìzhǔ 我知らず(思う)

心材 xīncái 心材:樹木の中心部の木質の堅い部分。→〔边 biān 材〕
心裁 xīncái〈文〉(文章・美術・芸術など)構想。趣向。→〔独 dú 出心裁〕
心肠 xīncháng ①心根(ごう)。気性。〔你~真不错〕きみは気立てが本当にいい。〔~诡 guǐ 诈〕考えが陰険だ。②(人に対する)感情。気持ち。〔~硬〕気が強い、情が強(お)い。〔~软〕気がねする。情にもろい。〔铁石~〕〈喩〉情に動かされない強さ。②興味。関心。〔没~做这〕否定や反語に用いる。〔我没~用功〕勉強する気がしない。〔家里乱嘈 cáo 嘈的、没有~办事〕家はごたごたしていて仕事をする気になれない。
心潮 xīncháo (浮き沈みする)気持ち。〔~澎湃 péngpài〕浮き浮きする。気持ちが高ぶる。
心程 xīnchéng〈方〉気持ち。張り合い。気乗り。〔只～玩儿，没～念书〕遊ぶ方は気乗りしているが、本を読む方は気乗りがしない。
心驰神往 xīnchí shénwǎng〈成〉思いを馳(は)せる。あこがれ心を寄せる。〔心往神驰〕ともいう。
心传 xīnchuán ①仏(仏教で)禅宗の以心伝心。→〔不 bù 立文字〕②学術・技術の伝授。
心慈面软 xīncí miànruǎn〈成〉心優しく気が弱い。〔他是～的老实人〕彼はお人よしの真面目な人だ。
心慈手软 xīncí shǒuruǎn 気立てが人がよくて手ぬるい。気が優しくて（悪人に）厳しくできない。
心粗 xīncū 粗忽(そ)である。〔你怎么这么～呢〕おまえはどうしてこんなにそそっかしいのか。〔心浮〕がさつで落ち着きがない。〔～性急〕同前でせっかちである。
心存 xīncún 心にある。〔～疑 yí 虑〕疑念がある。
心胆 xīndǎn 心と胆のう。〈転〉(意志と)胆力。〔吓 xià 得～俱裂〕驚いて、すっかり肝をつぶす。〔是个有～的人〕勇気と度胸のある人。
心荡 xīndàng 動悸(き)がする。〔～神驰〕〔～神移〕〈成〉心が動揺し落ち着かない。
心到神知 xīndào shénzhī 〈喩〉心のあれば言葉や動作に表さなくても（謝意や敬意）は通ずる。
心得 xīndé 体得する。会得した知識・技術・思想など。〔发表个人的～〕個人的な体験の感得を発表する。
心灯 xīndēng ①仏(仏教で)悟る心。②心の灯(ほ)。心を照らす明かり。
心底 xīndǐ 心の奥。心底。〈方〉[-儿]心根。
心地 xīndì ①心根。性質。〔～厚道〕気立てが優しい。〔～善良〕心根が善良である。〔～光明磊 lěi 落〕性格がからっとしている。〔～龌龊 wòchuò〕けがれなだかまりがある。心根がきたない。〔～单纯〕性格が単純だ。②心境。心情。〔～轻松〕気分がリラックスしている。
心电图 xīndiàntú 医心電図。〔～计〕〔心电描 miáo 记器〕心電計。
心定 xīndìng 心が落ち着く。
心动 xīndòng ①動悸がする。心臓がどきどきする。〔～过速〕医心拍が速い。〔～徐 xú 缓〕医心拍がゆるやかである。②心が動く。気が向く。〔见财～〕金を見て心が動揺する。
心毒 xīndú 陰険である。〔～手辣〕性格が陰険で、やり方があくどい。
心恶面善 xīn'è miànshàn〈慣〉腹黒い者は、外づらがいい。
心耳 xīn'ěr 生理心耳(じ)
心罚 xīnfá (学生に対する)心理的・精神的な罰。
心烦 xīnfán いらだつ。むしゃくしゃする。〔天气热得叫人～〕暑くていらいらする。〔～意乱〕〈慣〉いらいらして心が乱れる。
心房 xīnfáng ①生理心房。〔～颤 chàn 动〕〔房颤〕医心房細動。②胸。心中。

xīn 心

心扉 xīnfēi 心の扉.〔敞 chǎng 开〜〕閉ざされた心を開く.

心肺 xīnfèi ①心臓と肺臓. ②心. 良心.〔这事这么办,过得去过不去,问你的〜吧〕この事をこういうふうにやって通れるものかどうか,自分の心に聞いてみよう.

心风 xīnfēng 中医失意・憂鬱から起こる一種の精神病.

心浮 xīnfú 落ち着きがない.浮わついている.

心服 xīnfú 心服する.〔〜口服〕〈慣〉言葉でも心からも敬服する.

心腹 xīnfù =〔腹心〕〈文〉①心と腹.〈喩〉重要な場所.〔〜之患 huàn〕〈慣〉内にひそむ重大な災い. ②心の内の真実.〔〜事〕人に言えない事情.〔一腔 qiāng〜〕心いっぱいの思い.〔敢 gǎn 布〜〕あえて心底を披瀝(lì)する.〔〜话〕うちあけ話.本音.〔心内话〕ともいう. ③〈喩〉腹心.〔连夜召集〜,研究对策〕連夜腹心を召集して対策を研討する.

心甘 xīngān 甘んずる.望むところである.〔〜情愿〕〈慣〉本望だ.心から希望する.

心肝 xīngān ①心と肝臓. ②真心.正義感.良心. ③〔-儿〕いとしいもの.可愛いもの:多くは幼い子供を指す.〔小〜〕同前.〔我的〜!〕可愛い子.

心肝(儿)肉 xīngān(r)ròu 親愛を表す語:自分の心肝のように大切なものの意.〔孩子就是她的〜〕子供は彼女の命のようなものだ.→〔心肝③〕

心高气傲 xīngāo qì'ào 〈慣〉負けん気もうぬぼれも強い.

心梗 xīngěng ⇒〔心肌梗死〕

心广体胖 xīnguǎng tǐpán 〈慣〉心配事がなく身体も元気である.

心海 xīnhǎi 〈喩〉(揺れ動いてやまぬ)心.心中.〔心湖 hú〕ともいう.

心寒 xīnhán ①恐れおののく. ②がっかりする.情けなくなる.

心黑 xīnhēi ①腹黒い.〔〜手狠〕〈慣〉険悪悪辣である. ②食欲である.貪ってあきない.

心狠 xīnhěn むごい.〔〜手辣〕〈成〉意趣も手段も悪辣である.〔〜意毒〕〈成〉人のたちが悪い.

心花怒放 xīnhuā nùfàng 〈成〉(心の内で)うれしくてたまらないさま.

心怀 xīnhuái ①心に抱く.〔〜不满〕心中不満である.〔〜鬼胎〕〈成〉腹に一物を持つ. ②心中.胸中.〔〜叵 pǒ 测〕〈慣〉心底測りがたい.

心患 xīnhuàn 心の配事.悩み事.悩み事.

心慌 xīnhuāng ①慌てる.落ち着かない.〔〜胆怯 qiè〕〔〜胆虚〕〈慣〉慌ててびくびくする.〔〜意乱〕〈慣〉どぎまぎする.平常の度を失う. ②〔方〕動悸がしてとまらない.不整脈がある.〔〜气短〕同前で,息が荒くなる.

心灰意懒 xīnhuī yìlǎn 〈成〉意気消沈する.がっかりしてしまう.〔心灰意冷〕〔意懒心灰〕ともいう.

心回意转 xīnhuí yìzhuǎn 〈成〉思い直す.気が変わる.考えを変える.〔回心转意〕に同じ.〔说服他〜〕彼を説得して思い直させた.

心魂 xīnhún 心.魂.〔〜不定〕ぼうっとしてしっかりしない.

心活耳软 xīnhuó ěrruǎn 〈慣〉軽々しく他人の言に動かされる.

心火 xīnhuǒ ①中医体内の熱:いらいら・口の渇き・速い脈拍などの症状. ②心中の怒り.いらだち.〔熄灭妒忌的〜〕嫉妬の怒りの炎を消す.

心机 xīnjī 考え.はかりごと.余計な心配をする.〔白费〜〕むだな心配をする.

心肌 xīnjī 生理 心.筋.〔〜炎〕医 心筋炎.〔〜梗 gěng 死〕〔心梗〕心筋梗塞.〔〜梗塞 sè〕は旧氏.

心急 xīnjí 気がせく.焦る.〔〜慢〕気ばかり焦って足が進まない.〔〜火燎 liǎo〕〔〜如焚 fén〕〈慣〉気が気でないさま.

心计 xīnjì =〔心略〕胸算用.腹づもり.もくろみ.〔工于〜〕ぬけめない.機転がきく.

心迹 xīnjì 心の心.見.本心.〔这不过为了表明〜〕これはただ気持ちを表すためのものです.〔起誓 shì 明〜〕誓いを立てて真意を表明する.

心悸 xīnjì ①生理(心臓)の動悸. ②〈文〉恐れる.〔令人〜〕人を恐がらせる.

心尖 xīnjiān ①生理心臓の先端. ②心中.心奥. ③〔-儿,-子〕〈口〉最愛の者(多く気にかけてかわいがっている愛児).→〔心肝②〕〔宝 bǎo 贝②〕〔命 mìng 根子〕

心间 xīnjiān 心の内.胸の内.

心焦 xīnjiāo 気がせく,あせる.〔回信老不来,等得〜〕返信がなかなか来ず,待ちこがれてひどくじりじりする.

心绞痛 xīnjiǎotòng =〔狭 xiá 心症〕医狭心症.

心结 xīnjié 心のしこり.わだかまり.葛藤.

心劲(儿) xīnjìn(r) ①考え.思い.決意.勇気ある考え. ②見識.判断力. ③やる気.心意気.気迫.→〔干 gàn 劲(儿)〕

心经 xīnjīng ①念頭.考慮.〔走〜〕気になる.気を配る. ②宗(仏教の)般若(bō)心経:〔般 bō 若波罗密多〜〕の略.

心旌 xīnjīng 〈文〉①落ち着かない気持ち.揺れ動く心. ②心.精神状態.

心惊胆战 xīnjīng dǎnzhàn 〈成〉戦々恐々.恐れおのくさま.〔心惊胆颤〕〔心胆俱惊〕.

心惊肉跳 xīnjīng ròutiào =〔肉跳心惊〕〈喩〉不安におののきびくびくするさま.

心净 xīnjìng 心にやましさがなく心安らかである.

心静 xīnjìng 気持ちが落ち着いている.心静かである.

心境 xīnjìng 心境.→〔心情〕

心距 xīnjù 〈文〉(考えや感情の)隔たり.

心坎(儿) xīnkǎn(r) ①⇒〔心口①〕 ②心の奥底.本心.〔话说到我〜上了〕話すことが私の腹の底にまで及んだ.

心肯 xīnkěn 心の中で承諾する.〔虽然口头没答应,可是已经〜了〕口には承諾はないが,もう心の中で承諾している.→〔心许①〕

心口 xīnkǒu ①=〔心坎(儿)①〕みぞおち:俗に〔-窝 wō〕あるいは〔-窝子〕〔-窝儿 尖窝子〕という.〔〜疼〕胃が痛む.〔气起一脚,踢中 zhòng 他的〜〕足をパッとあげて彼のみぞおちを蹴った.→〔胸 xiōng 口〕 ②心と言葉.〔〜如一〕〔〜相应 yìng〕心に思っていることと言うこととが一致している.誠実であるさま.

心宽 xīnkuān 心が朗らかである.〔〜出少年〕〈諺〉心のびやかだといつまでも若々しい.〔〜体胖 pàng〕心がのびのびして,身体が太っている.→〔心广体胖〕

心旷神怡 xīnkuàng shényí 〈成〉気分が広々としてさわやかである.

心亏 xīnkuī 良心のとがめを受ける.面目なく思う.

心劳计绌 xīnláo jìchù 〈成〉苦心しても名案を得ないこと.

心劳日拙 xīnláo rìzhuō 〈成〉苦心しても結局徒労に終わる(かえって日に日にますます悪くなる)こと.

心劳意攘 xīnláo yìrǎng 〈成〉落ち着きを失い,心が乱れる.

心理 xīnlǐ 心理.心理活動.〔〜保健〕メンタルヘルス.〔〜测验〕心理テスト.〔〜挫 cuò 败〕精神的ダメージ.〔〜分析〕心理分析.〔〜机制〕心理メカニズム.〔〜疗法〕心理療法.サイコセラピー.〔〜

心　xīn

偏 piān 差〕心理逸脱.〔～片〕サイコムービー.〔～卫生〕精神衛生.〔～学〕心理学.〔～训练〕メンタルトレーニング.〔～医生〕医心療内科医.〔～战〕心理戦.〔～障 zhàng 碍〕心理障害.〔～治疗师〕心理療法士.〔～咨 zī 询〕カウンセリング.〔健康的～〕健全な心理状態.

心力 xīnlì ①気苦労と骨折り.精神力と体力.〔费尽～〕気力体力を使い尽くす.〔～交瘁 cuì〕精神力,体力共に極度に疲労する. ②生理心機能.〔～衰竭 jié〕心衰①〕医心機能衰弱.心不全.

心历 xīnlì ⇒〔心路历程〕

心里 xīnli ①胸中.心中.〔～发疼〕胸が痛い.〔～跳〕胸がどきどきする.〔记在～〕胸に刻む.〔～难过〕心中つらく思う.〔～发堂〕心中明らかである.〔～话〕本音.心からの話.胸の内.〔～明白,嘴里说不出来〕心ではわかっているが,口では表せない.〔～不搁 gē 事〕心に屈託が表われてしまう.度量が狭い.〔～没屈託がない.〔这么点儿事就睡不着了,你真是～不搁事〕これくらいのことで眠れないとは,君は本当に尻の穴が小さいね.〔他～不搁事,上床閉眼就睡着〕彼はのきで,ベッドへ入って眼を閉じたと思うとすぐ眠ってしまう.〔～不是滋 zī 味（儿）〕心中おもしろくない.心に面白くない.〔～不自在〕気持ちよくない.気が晴れ晴れしない.気が重い.〔～打鼓〕〔打乱钟〕〈喻〉胸騒ぎがする.気が気でない.〔～分〕〈方〉心の中ではわからない.むかむかする.〔～的中で怒っている.〕〔～没底儿〕〔心中无数〕確信がもてない.〔～有鬼〕胸に悪だくみがある.〔～有事〕心に心配事がある.〔～有数〕〔心有底〕正に対応策があること.〔胸中有数〕〈成〉胸中に成算がある.心に対応策があること.〔没把这事放在～〕この事を心の中においていない. ②腹の中.〔～透亮〕頭脳明晰である.

心里美 xīnlǐměi 楕コウシンダイコン:皮は緑色,芯は紅色で水分が多く甘いので生食される.〔心儿里美〕ともいう.

心连心 xīnliánxīn 心と心がつながる.心が通じる.

心疗 xīnliáo ⇒〔心理疗法〕

心灵 xīnlíng ①＝〔心魂〕心.精神.〔眼睛是～的窗户〕目は心の窓.〔～感应〕テレパシー. ②頭の働きがさとい.

心灵手巧 xīnlíng shǒuqiǎo〈成〉頭がよく,手も器用である.

心领 xīnlǐng〈挨〉他人の好意だけを受ける:贈り物を返したり,また招宴に欠席されるような場合の用語.〔您这一份盛情我就～了〕あなたのこのご厚意だけは有難く頂戴いたします.

心领神会 xīnlǐng shénhuì〈成〉言わなくとも通じる.深い感得理解がある:〔心领会〕ともいう.

心路 xīnlù ①〔～儿〕機転る.計略.策謀.〔我再过十年也没你这个～〕もう10年生きても君ほどの機転はきかないだろう. ②心のあり方・考え方.〔～历程〕〔心历〕心の歩み. ③（人の）度量.器量.

心律 xīnlǜ 心拍.〔～不齐〕〔～失常〕不整脈.

心率 xīnlǜ 医脈拍数.心臓拍動数.

心乱如麻 xīnluàn rúmá〈喻〉心が千々（ぢ）に乱る.

心略 xīnlüè ⇒〔心计〕

心满意足 xīnmǎn yìzú ＝〔意满心足〕〈成〉非常に満足する.心が満ち足りた状態.

心苗 xīnmiáo 心.気持ち. →〔爱 ài 苗〕〔情 qíng 苗〕

心明眼亮 xīnmíng yǎnliàng〈成〉事物をはっきり認識し,是非を見分ける力がある.

心目 xīnmù ①考え.眼中.心.念頭.見方.〔他～中没有你〕彼の眼中にはきみなどはない. ②印象.感じ.〔昔日情景犹在～〕昔の情景がなお印象に残っている.

心慕手追 xīnmù shǒuzhuī〈慣〉優れた先人を慕い学ぶ.

心脑 xīnnǎo 心臓と脳.

心内 xīnnèi 心の中:〔心里①〕に同じ.

心内科 xīnnèikē 医心臓内科:〔心脏内科〕の略. →〔心外科〕

心内膜 xīnnèimó 生理心内膜.

心念 xīnniàn ①〔心中の〕心. ②心に深く思う.

心皮 xīnpí 植（めしべの）心皮.

心脾 xīnpí ①中医心臓と脾臓. ②〈文〉〈喻〉心の（深いところ）

心平气和 xīnpíng qìhé〈成〉心が平静で態度が穏やかである.

心魄 xīnpò ⇒〔心灵〕

心气（儿） xīnqì(r) ①気持ち.考え.〔家里乱哄哄地,没心～做事〕家はがやがやかましいので仕事をする気がしない. ②意志.気迫.〔作事情就凭人的～〕仕事は人の志が頼りだ.〔是个有～的好男子〕意気地のある立派な男だ. ③心情.気分.〔～不顺〕機嫌（気分）が悪い. ④度量.〔他的～窄,说不通〕彼は器量が狭く話が通じない.

心窍 xīnqiào 知恵.理解力.心の働き.〔～未开〕知恵がまだない.〔财迷～〕金銭に判断を迷わされる.

心切 xīnqiè 思いが切である.心が逸（はや）る.

心情 xīnqíng 心情.心境.気持ち.〔愉快的～〕楽しい気持ち.〔你的～可以理解〕君の気持ちはわかる.

心曲 xīnqū ①内心.胸中.心の奥底. ②心配事.悩み.

心屈 xīnqū 残念に思う.くやしい.〔～命不屈〕くやしいが泣き寝入りする（残念には思うがそれが運命であると思う）

心热 xīnrè ①熱情がある.同情心が強い. ②〈方〉うらやましく思う. →〔眼 yǎn 热〕

心如刀割 xīn rú dāogē〈慣〉胸を刺されるような思いに〔心如刀绞〕〔听见恶è耗,真是～〕悲報を聞いて,胸をえぐられる思いである.

心入 xīnrù 人の心まで理解しながらその世界に入る.

心软 xīnruǎn 情にもろい.やさしく心弱い. →〔脸 liǎn 软〕

心善 xīnshàn 心が善良である.〔面慈 cí ～〕〔心慈面善〕慈悲深いさま.

心上 xīnshàng 心中（に）.〔恨在～〕（心に）恨んでいる.〔～的人〕心の人.〔～人〕〔意中人〕意中の人（愛する異性）〔～长 zhǎng 草似的〕心にうごめく思いが生じる.

心身 xīnshēn 心と体.〔～疾 jí 病〕〔身心病〕医心身症.

心神 xīnshén ①思考力.考える働き. ②気持ち.〔～不定〕〔不安〕〔～不宁 níng〕〈成〉そわそわする.精神状態が不安定である.

心声 xīnshēng ＝〔心音〕心の声.本音.〔引起～的共鸣〕心の共鳴をよびおこす.

心盛 xīnshèng 気持ちが高ぶっている.意欲が高い.〔求学～〕向学の念に燃える.

心事 xīnshì 心の煩い.心配事.考え事.〔儿 er 女的婚姻是他一件未了的～〕子どもらの結婚ということが,彼の気になることだ.〔我有～,可告诉不得人〕わたしは心配事があるが,人に言うわけにはいかない.

心室 xīnshì 生理心室.〔～颤 chàn 动〕〔室颤〕医心室細動.

心手相应 xīnshǒu xiāngyìng〈慣〉思うままに手が動く.筆が思うように走る. →〔得 dé 心应手〕

心术 xīnshù ①心だて.考え.多く悪い面をいう.〔～不正〕考え方がよこしまである. ②もくろみ.計略.〔他是个有～的人〕彼は腹にたくらみのある人だ.

xīn 心

心衰 xīnshuāi ①⇒[心力衰竭] ②⇒[心脏衰弱]
心顺 xīnshùn 順調で気がかりがない.機嫌がいい.
心说 xīnshuō 心の中で言う.腹の中で思う:[心里说]ともいう.
心思 xīnsi ①思い.考え.[他好像看出了我的～]彼はわたしの気持ちを見抜いたようだった.②頭の働き.[集中～干]気持ちを集中してやる.専心する.[～灵巧]頭がよく働く.③(やろうという)気分:否定文に用いる.[我没～去听戏]わたしには芝居を見に行くような気はない.
心死 xīnsǐ ①断念する.絶望する.→[死心] ②気力をなくす.やる気をなくす.③悲痛だ.
心酸 xīnsuān 悲哀を感ずる.悲しく思う.[这么惨的事,谁听了也觉得～]こんな悲惨なことは,誰が聞いても悲しみが心にしみる.
心算 xīnsuàn 暗算する.頭の中で計算する.
心碎 xīnsuì ①非常に心を痛める.②ひどい気苦労をする.
心态 xīntài 心理状態.精神構造.[～小说]内心世界をテーマとする小説.
心疼 xīn·téng ①可愛がる.②惜しがる.[～钱,舍不得花]銭が惜しくてなかなか使おうとしない.
心田 xīntián 心のうち.思い.
心甜意恰 xīntián yìqià 〈慣〉陶然として心のびやかである.
心跳 xīntiào 動悸(がする).胸がときめく.[我有些～,怕是病了]少し胸がどきどきするけど病気じゃないかな.
心痛 xīntòng ①惜しむ.気にやむ.[输了一点儿也不～]少しくらい負けても悔やまない.②ひどく心を痛める.
心头 xīntóu 心(の中).[记(在)～]心に留める.[～火起]〈喩〉立腹する.癇にさわる.[～肉]〈喩〉最愛の者(物)
心投意合 xīntóu yìhé ⇒[情 qíng 投意合]
心土 xīntǔ 〖心土〗(ど):表土の下の土層.[底 dǐ 土]は更に下層をいう.→[表 biǎo 土②]
心外科 xīnwàikē 〖医〗心臓外科:[心脏外科]の略.→[心内科]
心往神驰 xīnwǎng shénchí ⇒[心驰神往]
心窝 xīnwō ①[～儿,一子]①胸の真ん中.心臓のあたり.[后～]背中の側からみた同断.②内心.本心.[把～里的话,都告诉您了]本心からの話をみなお話ししました.
心无二用 xīn wú èryòng 〈成〉専心する.心を一つのことに集中させる.
心细 xīnxì 細心である.[胆 dǎn 大～]大胆で細心である.
心系儿 xīnxìr 〈方〉心臓の筋.[吓得～一紧]驚いて心臓がキュッとしめつけられた.
心下 xīnxià 心中.胸中.
心弦 xīnxián 心の琴線.[动人～]同前に触れる.
心想 xīnxiǎng 心に考える.②希望する.
心向往之 xīn xiàngwǎng zhī 〈成〉心の中であこがれる:[心乡往之]ともいう.
心心念念 xīnxīn niànniàn 〈成〉心中にそれのみ思っているさま.
心心相连 xīnxīn xiānglián 〈成〉考え・気持ちが相通ずる.
心心相印 xīnxīn xiāngyìn 〈成〉心と心がぴったり一致する.→[心印②]
心型 xīnxíng 〖工〗(中空鋳造用の)中子(なかご)
心形轮 xīnxínglún =[葵 kuí 轮]〖機〗ハートホイール:[心形凸轮]はハートカム.
心性 xīnxìng 性質.性格.
心胸 xīnxiōng ①胸の内.②志.抱負.[他有～,有气魄]彼は抱負も気慨もある.③度量.[～开阔]度量が大きい.[～狭窄]度量が狭い.
心秀 xīnxiù (見かけによらず)賢くて知恵がある.
心宿 xīnxiù →[二 èr 十八宿]
心虚 xīnxū ①心中やましい.気がとがめる.[～胆怯]心にやましいところがあってびくびくする.②自信がない.心細い.[对于这种生疏的工作,我感到～]この初めての仕事を前にして,わたしは少し心細くなった.③〖中医〗心臓の気血の不足.
心许 xīnxǔ ①無言のうちに許す.→[心肯] ②賛美する.喜び楽しむ.
心绪 xīnxù 心持ち.気持ち.[没有～做事]仕事をする気になれない.[～不宁 níng]気分が落ち着かない.[～乱如麻]心が千々(ちぢ)に乱れる.
心血 xīnxuè 思い・工夫の精神と精力.心のありたけ.[白费～]同前のむだ骨折りをする.[费尽～]心血を注ぎ込む.
心血来潮 xīnxuè láicháo 〈喩〉突然何か心に衝動が起きる.
心眼儿 xīnyǎnr ①心の内.内心.②心根.立心.気心.[～好]立心ていがいい.心掛けがいい.[好～]親切心.[坏～]悪い心.[～实]心根が真面目だ.真実味がある.[～发死]〈死〉機転がきかない.融通がきかない.[一个～]①一つの見方・考え・着眼・アイディア.⑤一途に思いつめる.一本気.いっこくで融通がきかない.[～不通]うとんずる.隔てがましくする.[没安好～]腹黑である.③判断力.見識.考え.才覚.[～活]頭がよく働く.機転がきく.[留～]気働きがある.[没～]見識がない.考えが足りない.無邪気だ.[～多]考えが多い.疑い深い.④度量.心の広さ.[～小][～窄]度量が狭い.けちくさい.[他～窄,受不了委屈]彼は料量が狭いので不平をこらえられない.⑤ひがみ.余計な心配.[他这个人就是～太多]彼くの人は気を回しすぎる.
心痒 xīnyǎng 心むずむずする.(やりたくて)心がはやる.[～欲试]やってみたくてもどかしく感ずる.[～难挠 náo]〈喩〉はやる心を押さえられない.
心药 xīnyào (仏教で)衆生の煩悩をとり除く方法.〈転〉心配事をとり除く方法.
心仪 xīnyí 〈文〉衷心敬慕する.[～良友]良友を敬慕する.
心意 xīnyì ①(人に対しての)気持ち.[尊重您的～]あなたのお気持ちを尊重する.[这是我的一点儿～]これはわたしの気持ち(ばかりのもの)です.②意味.意思.
心音 xīnyīn ①〖生理〗心音.②⇒[心声]
心瘾 xīnyǐn 精神的な依存(症)
心印 xīnyìn ①⇒[测 cè 字] ②以心伝心で理解すること.→[心心相印] ③〖宗〗(仏教で)文字言語によらず心眼下で得た大悟大覚.
心硬 xīnyìng 簡単に心を動かさない.情に負けない.
心有灵犀一点通 xīn yǒu língxī yīdiǎn tōng 〈喩〉双方の心が通じていること(男女あるいは一般に)
心有余而力不足 xīnyǒuyú ér lìbùzú ⇒[心余力细]
心有馀悸 xīn yǒu yújì 〈成〉心のおびえが残っている.びくびくしている.
心余力细 xīnyú lìchù 〈成〉心はやれど力及ばず:[心有余而力不足]に同じ.
心语 xīnyǔ 心底の声.内心の声.本音.
心育 xīnyù 心の教育.
心猿意马 xīnyuán yìmǎ [意马心猿]〈喩〉心が乱されあれこれ思いが動いてやまないさま.
心愿 xīnyuàn 心からの願い.願望.→[愿心①]
悦诚服 xīnyuè chéngfú 〈成〉心服する.
心杂音 xīnzáyīn 〖医〗心雑音.

心芯诉忻炘昕欣新　　　xīn

心脏 xīnzàng ①[生理]心臓.〔~病〕[医]心臓病.〔~起搏器〕(心臓)ペースメーカー.〔~衰 shuāi 弱〕(心衰②)[医]心臓衰弱.〔~死亡〕(心臓(停止による)死.〔~骤 zhòu 停〕[医]突然死. ②〈喩〉中心部.要衡(の地).〔~地带〕〈喩〉中心地域.中核地区.

心窄 xīnzhǎi 気が小さい.気が弱い.度量が狭い.这样儿的事还放在心上实在太~了 こんなことを気にするとは、実に尻の穴が小さい.〔一时~,自寻短见〕一時の悲観に負けて自殺した.

心战 xīnzhàn ⇒〔心理战〕

心照 xīnzhào 心の中にははっきり分かる.言葉にせずとも理解し合う.〔诸ую~〕〔牍〕すべてご了察を願います.〔~不宜〕〔牍〕ご了察を願い、いちいちは申し上げません.

心折 xīnzhé 心から敬服する.〔读了您的文章不禁大为~〕あなたの文章を読んで大いに敬服しました.

心证 xīnzhèng 心に受ける印象.〔~形成〕[法]心証.裁判官が訴訟事件の審理において、その心中に得た認識や確信.

心正不怕影儿邪 xīnzhèng bù pà yǐngrxié〈喩〉心にやましさがなければ他人からの噂など気にする必要はない.

心织笔耕 xīnzhī bǐgēng〈喩〉売文生活をする.

心知肚明 xīnzhī dùmíng〔成〕腹の底からよくわかっている.→〔心明眼亮〕

心直口快 xīnzhí kǒukuài〈成〉思ったことをずばりと言う.〔嘴直心快〕ともいう.→〔有 yǒu 口无心〕

心志 xīnzhì ①意志.精神.〔~坚定〕意志が強い. ②抱負.志向.

心智 xīnzhì ①思考力.知恵. ②情操.性情.品性.

心中 xīnzhōng 心中.心の中.〔~无数〕(心里没底〕(胸中无数〕〈成〉見当がつかない.胸中に成算がない.〔~有数〕(心里有底〕(心里有数〕(胸中有数〕〈成〉胸中に成算がある.〔~有鬼〕〈成〉隠された動機または心にはばかる所がある.〔~忐忑 tǎntè〕胸がどきどきする.不安を感ずる.

心重 xīnzhòng 考えすぎである.くよくよ気にかける.

心轴 xīnzhóu アーバ.軸心軸.芯棒.

心柱 xīnzhù ①[植]中心柱. ②[建](堂塔の)心柱(しん).

心子 xīnzi 芯.中の詰めもの. ②考え.思い. ③〈方〉[食]ハツ:(食材としての)動物の心臓.→〔下水 xiàshui〕

心踪 xīnzōng 心の軌跡.

心醉 xīnzuì 心酔する.〔令人~〕〔使人~〕うっとりさせる.

〔芯〕 xīn ①い草(灯芯草)の芯:茎の中身の髄.〔灯 dēng 草〕は通称. ②ランプ・あんどんなどの芯:い草の芯や棉糸などで作る.〔灯~〕灯心. ③物の芯.内部.〔(铅)笔~〕〔笔心〕鉛筆の芯.〔机~〕機器の内部. ⇒ xìn

芯片 xīnpiàn [電](集積回路)チップ:ICやLSIの基板.またはICそのもの.〔~组 zǔ〕チップセット.

〔诉・訴〕 xīn ①⇒〔欣〕 ②〈姓〉诉(訴).

〔忻〕 xīn ①⇒〔欣〕 ②〔~州〕[地]山西省にある. ③〈姓〉忻(訢).

〔炘〕 xīn〈文〉火(熱や光)が盛んである.〔~~〕同前のさま.

〔昕〕 xīn〈文〉①早暁.日の出前. ②明るい.

〔欣〕 xīn ①=〔诉①〕〔折①〕嬉しい.喜ばしい.〔~逢 féng 佳节,谨向各位表示衷 zhōng 心的祝贺〕佳節に際して、皆様に心から祝福の意を表する.〔欢~鼓鼓 gǔ 舞〕喜んで踊り舞う. ②〈姓〉欣(訢).

欣忭 xīnbiàn〈文〉(手をたたいて)喜ぶ.

欣界 xīnjiè〈仏教〉欣求(ぎ)すべき浄土.

欣快 xīnkuài [医]うれしく楽しい.

欣乐 xīnlè 喜び楽しむ.

欣慕 xīnmù〈文〉喜び慕う.

欣企 xīnqǐ 慕い待ち望む.

欣然 xīnrán ①〈文〉喜んでいる.〔国 hé 家~〕家中喜んでいる. ②喜んで.〔~允 yǔn 诺〕欣然として承諾する.〔~同意〕喜んで同意する.

欣赏 xīnshǎng ①鑑賞(する).(美しさや趣を)味わう.〔顾客的~水平不同〕顧客の鑑賞力の水準は一様でない. ②すばらしいと喜ぶ.〔表示~〕(好みにかない)満足の意を表する.

欣慰 xīnwèi 喜び安らぐ.〔脸上露 lòu 出~的微笑〕顔に満足の微笑を浮かべた.

欣悉 xīnxī〔牍〕知って喜ぶ.〔~夫人生下男孩〕奥様が男子御出産とのことを喜ばしく拝承いたしました.→〔惊 jīng 悉〕

欣喜 xīnxǐ 喜ぶ.うれしがる.〔~若狂〕〔慣〕夢中になって喜ぶ.

欣羡 xīnxiàn 賛嘆しあこがれる.うらやむ.〔~我的藏书〕僕の蔵書をうらやんで欲しがる.

欣欣 xīnxīn ①〈文〉喜んでいる.〔~然有喜色〕〈文〉にこにこしてうれしそうである. ②繁栄するさま.〔~向荣〕〈成〉活気あふれ栄えるさま.

欣幸 xīnxìng 喜ぶ.歓喜する.〔感到非常~〕非常にうれしく思う.

欣悦 xīnyuè 喜ぶ.喜び楽しむ.

欣跃 xīnyuè 喜んで小躍りする.〔儿童~而来〕子供が喜び小躍りしてやって来る.→〔雀 què 跃〕

〔新〕 xīn ①新しい.〔~人・事〕新時代の人物や新しい事跡. ②喜んで.〔~的办法〕新しい方法がある.〔~老教师很团结〕新旧の教師がよく団結する. ↔〔旧 jiù〕〔老 lǎo ④〕 ②新しい物・人・形式など.〔去旧换~〕古いものを捨てて新しいものにする.〔尝~〕初物を食べる. ③新しくする.一新する.〔革 gé ~〕革新する.〔改过自~〕過ちを改めて心機一新する.〔一~耳目〕耳目を一新する. ④未使用のもの.おろしたての.〔~车〕新車. ⑤新たに.新しく.近ごろ.〔由上海来京〕近ごろ上海から北京へ来た.〔~下的果子〕もぎたての果物.〔~出来的书〕出版されたばかりの本. ⑥新婚(である).→〔新房②〕〔新郎①〕〔新娘〕 ⑦[史]漢の王莽の建てた国名.也〔~〕 ⑧〔疆維吾尔自治区〕の略称:〔疆 jiāng ④〕に同じ.〔藏公路〕新疆の〔叶城〕からチベットの〔拉萨〕間の自動車道路. ⑨[地]〔~加坡〕(シンガポール)の略.〔马~、马、泰旅游〕シンガポール、マレーシアとタイを観光する. ⑩〈姓〉新(ǐ).

新岸 xīn'àn〈喩〉新たな世界.新しい境地.〔走上~〕同前に入る.

新八股 xīnbāgǔ (八股文の如き)形式ばかりで無内容な文.→〔八股②〕

新编 xīnbiān ①新しく編集する.〔~教材〕新編の教材. ②(題材に対し)新しい観点から創作する.

新兵 xīnbīng 新兵.

新材料 xīncáiliào 新素材.〔~技术〕新素材技術.

新茶 xīnchá 新茶.

新产品 xīnchǎnpǐn 新製品.

新长征 xīnchángzhēng〈喩〉四つの近代化.〔~突击手〕同前の実施過程における優秀な人物(称号).→〔四 sì 个现代化〕

新潮 xīncháo ①新思潮.時代の新しい流れ. ②流行の(もの).〔~式样〕新しい傾向のデザイン.〔~时装〕ニューファッション.〔这西服在国外都是最~的〕この洋服は海外でも最新流行だ.

新陈代谢 xīnchén dàixiè 新陳代謝. ④[生理]老廃

xīn 新

物を排除して栄養を吸収する交互作用.ⓑ古いものが去って,新しいものがこれに代わること.

新城 xīnchéng ニュータウン:大規模住宅区.団地.

新宠 xīnchǒng ①新しい人気者・人気商品・流行.②旧新しい妾.

新仇旧恨 xīnchóu jiùhèn〈成〉昔の恨みとその上に積み重なった新しい憎しみ.

新创 xīnchuàng 新たに創業・制作・発明する(される).

新春 xīnchūn 新春:〔春节(旧正月)以後の数日あるいは十数日間.

新词 xīncí ①语新語. ②新作の歌詞.

新簇簇 xīncùcù おろしたてのさま.真新しいさま.〔~的衣服〕真っ新の服.

新村 xīncūn 新しい住宅団地.〔工人~〕労働者住宅団地.

新大陆 xīndàlù:〔美 měi 洲〕(アメリカ大陸)の別称. ②〈転〉新天地.新領域.

新党 xīndǎng〈史〉①清末に体制内で維新を唱えた一派. ②辛亥革命期は孫文を中心とする革命勢力.

新稻 xīndào 新米.〔~上市了〕新米が出回った.

新德里 xīndélǐ 地ニューデリー:〔印 yìn 度〕(インド)の首都.

新低 xīndī 最低(ワースト)新記録.↔〔新高〕

新丁 xīndīng ①新成人男子. ②今年生まれた男の子.〔恭 gōng 喜府上添~〕坊ちゃんがお生まれだそうでおめでとうございます.

新法 xīnfǎ ①新しい方法. ②法新法.

新房 xīnfáng ①新築の家屋. ②新婚夫婦の寝室:〔洞 dòng 房〕に同じ.

新风 xīnfēng 新しくよい風気.〔树~〕同前を作る.

新妇 xīnfù ①新婦.花嫁:〔新娘〕に同じ. ②〈方〉〔家〕の息子)の嫁.

新富 xīnfù ニューリッチ.新億万長者.

新高 xīngāo 最高新記録.↔〔新低〕

新功 xīngōng ①新しい功績.〔立~〕新しい功績をうちたてる. ②新しい成果.

新姑娘 xīngūniang ⇒〔新娘〕

新姑爷 xīngūye ⇒〔新郎①〕

新股 xīngǔ 画①新株.子株. ②新規上場株.

新寡 xīnguǎ 夫と死別したばかりである.

新官 xīnguān〔一儿〕新任の役人.〔~上任三把火〕〈谚〉新しい役人は着任したては力を顕示しようと張りきって2,3の目立った仕事をする.〈喩〉龍頭蛇尾.

新鬼 xīnguǐ 新仏(にいぼとけ).

新贵 xīnguì 成り上がり者.急に羽振りがよくなった者.

新红星 xīnhóngxīng (リンゴの品種)スタークリムソンデリシャス.

新户 xīnhù ①他所から新しく来た移住者. ②新しく設ける口座.〔在中国银行开个~〕中国銀行に新口座を開く.

新华社 xīnhuáshè〔新华通讯社〕の略.新華社:中国国営の通信社名.1938年延安に創立された.〔~通讯〕新華社発.

新华书店 xīnhuá shūdiàn 新華書店:国営の新刊書を売る書店の名.1937年創立.→〔外 wài 文书店〕

新华月报 xīnhuá yuèbào 画新中国における総合的文献資料を集成した月刊雑誌.1949年11月創刊.2006年から上下の半月刊となった.

新华字典 xīnhuá zìdiǎn 画1953年初版(1957年新版)商務印書館発行のポケット版の中国語字典.

新欢 xīnhuān 新しい情婦(夫).〔另寻~〕別に愛人を作る.

新婚 xīnhūn 新婚(である).〔祝你们~快乐〕ご結婚おめでとう.〔~市场〕ブライダルマーケット.

新货 xīnhuò ①新製品. ②新入商品.

新记录 xīnjìlù 新記録.〔创 chuàng ~〕新記録を作る.

新纪元 xīnjìyuán 新紀元.〈喩〉画期的段階(の開始).〔~音乐〕ニューエイジミュージック.〔步上一生事业的~〕ライフワークのスタートをきる.

新加坡 xīnjiāpō シンガポール.またその首都:正式国名は〔~共和国〕.〔新嘉坡〕〔新州府〕〔星加坡〕〔星嘉坡〕〔星洲(府)〕〔狮 shī 子城〕〔叻 lè 埠〕〔石叻〕〔叻坡〕に同じ.華僑が多く、〔~元〕〔新元〕シンガポールドル.

新嫁娘 xīnjiànáng ⇒〔新娘〕

新建 xīnjiàn ①新しく建設する(した).〔~项目〕新プロジェクト. ②电亶新規作成.

新交 xīnjiāo ①交際を始める(たばかりである).〔~了一个朋友〕一人の友人と交際を始めた. ②新しい友人.

新教 xīnjiào 宗(キリスト教の)新教.プロテスタント:〔耶 yē 稣教〕に同じ.→〔基 jī 督教〕

新解放区 xīn jiěfàngqū →〔解放区〕

新近 xīnjìn 最近.近ごろ.〔~来的老师〕最近来られた先生.

新进 xīnjìn ①新進の.時代を先げる. ②旧科挙の試験に通り役人になった者.

新经济 xīnjīngjì 経ニューエコノミー:通信情報革命を土台とする新体制下の経済.

新居 xīnjū 新しい住居.〔温~〕引っ越し祝い(をする).〔~综合症〕シックハウス症候群.

新剧 xīnjù 劇①早期の新劇:〔文 wén 明(新)戏〕ともいう.→〔话 huà 剧〕 ②新作の戯曲.

新军 xīnjūn 清末の新式陸軍.

新刊 xīnkān 新刊(の).〔~书〕新刊書.

新科 xīnkē 旧(科挙で)その年に合格した人.〔新进〕

新课 xīnkè 新しく設けられた課目.

新坑 xīnkēng (古代陵墓からの)最近の出土品.

新款 xīnkuǎn 新型.新しいデザイン.〔~衣 yī〕ニューファッション.

新来乍到 xīnlái zhàdào〈惯〉来たばかりで様子がわからない.新参です.〔~,请多多关照〕新参ですがよろしくお願いします.

新郎 xīnláng ①〔~新姑爷〕花婿.新郎:〈方〉〔~官(儿)〕ともいう.→〔新娘〕 ②旧新しく科挙に合格した者.

新浪潮 xīnlàngcháo ニューウェーブ.

新浪漫主义 xīn làngmàn zhǔyì(文芸上の)ネオロマンチシズム.

新历 xīnlì ⇒〔阳 yáng 历〕

新绿 xīnlǜ 新緑.〔一片~〕見渡す限りの新緑.

新论 xīnlùn 新学説.

新罗松 xīnluósōng ⇒〔红 hóng 松〕

新马泰 xīn mǎ tài〔新加坡〕(シンガポール),〔马来西亚〕(マレーシア),〔泰国〕(タイ)

新漫画 xīnmànhuà ストーリー漫画.

新莽 xīnmǎng〈史〉王莽が漢を簒(うば)奪してつくった国:新と称した.→字順⑦

新貌 xīnmào 新しい姿.

新霉素 xīnméisù 医ネオマイシン.

新苗 xīnmiáo 〈喩〉(前途有望な)新人.〔文坛~〕文壇の新人.

新民主主义革命 xīn mínzhǔzhǔyì gémìng〈史〉植民地・半植民地におけるプロレタリアートの指導するブルジョア民主主義革命:中国においては、1919年の〔五四运动〕から1949年の中華人民共和国に至る,中国共産党の指導による人民大衆の反帝・反封建・反官僚資本主義の革命をいう.

新　xīn

新名词 xīnmíngcí 圖 新語(名詞に限らない).→〔新词〕

新纳粹 xīnnàcuì〈音意訳〉ネオナチ(ス)

新能源 xīnnéngyuán 新エネルギー:太陽エネルギー・風力エネルギー・潮汐エネルギーなど.

新年 xīnnián 新年.元旦またその後の数日.祝日としては12月31日・1月1日・1月2日の3日間.→〔新春〕

新娘 xīnniáng ＝〔新妇①〕〔新姑娘〕〔新嫁娘〕〔新媳妇儿〕=〔子〕花嫁.新婦.→〔闹 nào 房〕

新派 xīnpài 新しい方(の一派).〔~人物〕時代の流れに応じたスタイルを持つ新しい人物.→〔老 lǎo 派〕

新盘 xīnpán (住宅の)新物件.新型の物件.

新篇章 xīnpiānzhāng 新しいページ.〔中日关系史上的~〕〈喩〉中日関係史の新しいページ.

新片(儿) xīnpiàn,~piānr 新しい映画.

新品 xīnpǐn 新品種.新商品.

新瓶装旧酒 xīnpíng zhuāng jiùjiǔ 〈喩〉形は変わっても本質は変わらないこと.→〔换 huàn 汤不换药〕

新奇 xīnqí 珍しい.目新しい.〔~別致的〕新奇で特別な面白味のあるもの.〔~美〕目新しく,ユニークできれい.

新巧 xīnqiǎo 目新しくて精巧である.

新亲 xīnqīn 旧 結婚して新たにできた親戚:婚約中および結婚後,双方の家族が互いをいう言い方.

新青年 xīnqīngnián 圖 雑誌名:陳独秀の主編により1915～21年上海で発行された.新文化運動を進め民主と科学を提唱した.第一巻は〔青年杂志〕と称した.→〔五 wǔ 四运动〕

新区 xīnqū ①史 新しく解放された地区:特に第三次国内革命战争後に解放された地区をいう. ②新しい住宅・商業・開発地区.

新人 xīnrén ① 新しい世代・新時代の人.〔~新事〕新しい時代の人々や新しい事.②生まれ変わった人.新たな道でやり直す人.〔在劳动中改造他们成为~〕労働の中で彼らを改造して新しい人間に生まれ変わらせる.③新人.新顔.新しい人材.ニューフェース.〔~作选〕新人作家の新作文芸作品選集.〔~辈出〕新人が次々と出てくる.④新郎新婦:特に〔新娘〕(新婦)だけをいうこともある.〔一对~〕一組の新郎新婦.⑥(人類学の)新人.ホモ・サピエンス.→〔古 gǔ 人②〕〔猿 yuán 人〕

新人类 xīnrénlèi 新人類.〈喩〉新世代の若者.→〔另 lìng 类①〕

新任 xīnrèn 新たに任命される(人).新たに担当する(任務).

新锐 xīnruì ① 新しい力(作用)を持つ.〔~武器〕新兵器.② 気鋭である.〔~作家〕新鋭作家.③新進気鋭の若い人.〔文坛~〕文壇の新鋭.

新三件 xīnsānjiàn →〔三大件①〕

新砷凡纳明 xīn shēnfánnàmíng 圞 ネオサルバルサン(もとは商品名).〔新阿斯凡纳明〕〔新洒尔佛散〕〔新肿苯〕ともいう.

新生 xīnshēng ①新入(学)生. ②新たに生まれた.〔~事物〕新事物.〔~儿〕新生児.〔大量地培养~力量〕大量に新しい力を養成する. ③新生命.〔从此获得~〕かくして新たに生まれ変わった.

新声 xīnshēng 新人歌手.

新生代 xīnshēngdài ① 地(地質時代の)新生代. ②新世代.〔期待着你们~〕君たちニュージェネレーションに期待している.

新诗 xīnshī ＝〔五四运动以来の〕白話新詩.新体詩.〔白 bái 话诗〕②新作時の詩.

新时期 xīnshíqī 史〔四 sì 人帮〕(四人組)追放後,1979年からの四つの近代化を目指す時期.

新石器时代 xīnshíqì shídài 史 新石器時代.

新式 xīnshì 新式(の).新型(の).〔~服装〕ニューファッション.

新手 xīnshǒu 〔~儿〕新参者.新米.駆け出し.〔生 shēng 手儿〕に同じ.

新书 xīnshū ① 新刊本.〔旧 jiù 书〕(古本)に対していう. ② 新刊書,特に初版本.→〔新刊〕

新思考 xīnsīkǎo 新しい考え方.

新思维 xīnsīwéi ① 新たな認識(法). ② 史 〔苏联~〕(旧ソ連の)ペレストロイカ.

新四件 xīnsìjiàn →〔四大件〕

新四军 xīnsìjūn 史 中共抗日軍主力の一で,湖北・湖南・江西・河南・福建・広東・浙江・安徽など13省の〔红 hóng 军〕遊撃隊が,1937年冬国共合作・団結抗日政策の実現によって正式に〔国民革命军陆军新编第四军〕(軍長は葉挺)と改編されたもの.1941年〔皖 wǎn 南事件〕の後1947年には〔八路军〕などとともに〔中国人 rén 民解放军〕に改編された.

新诉 xīnsù 法 原告が提訴後新たに起こした訴訟請求:もとのを〔原 yuán 诉〕という.

新体 xīntǐ ①新しい形体. ②新字体.

新天地 xīntiāndì 〈喩〉新領域.新しい環境.

新闻 xīnwén 〈ニュース〉.報道記事.〔~曝 bào 光(マスコミの)すっぱ抜き.プライバシー暴露.〔~抄 chāo 作〕マスコミの誇大報道.マスコミ報道の操作.〔~(出版)界〕マスコミ.ジャーナリズム.〔~发布会〕記者会見.〔~发言人〕〔~官〕[报导官]スポークスマン.〔~公报〕プレスコミュニケ.〔~工作者〕ジャーナリスト.〔~广播员〕ニュースキャスター.〔~爆炸〕〈喩〉マスコミによる大量報道.〔~记者〕新聞記者.〔~价值〕ニュースバリュー.〔~节目〕ニュース(番組).〔~来源〕ニュースソース.〔~联播〕(テレビやラジオの)全国の地方局が連合して流すニュース(番組).〔~论述〕ニュース評論.〔~媒体〕マスコミ.マスメディア.〔~秘书〕報道官.〔~社〕(通讯社)通信社.〔~摄影〕ニュース写真.〔~述评〕マスコミ論評.〔~特写〕ニュース特集.〔~线人〕報酬を得て情報を提供する者.〔~学〕新聞学.〔~眼〕ニュースの焦点.〔~中心〕④ニュースセンター.⑥プレスセンター.〔~独家〕独自スクープ.〔~现在报告〕ニュースをお知らせします.〔报上有一条京郊农村普降喜雨的~〕ニュースでは北京郊外の農村一帯にいいおしめりがあったとのことだ. ②珍しい.耳新しい話.〔报上有什么~没有〕新聞に何か珍しい事はありませんか.→〔消 xiāo 息〕

新文化运动 xīnwénhuà yùndòng 史 1919年の〔五四运动〕前後の学術思想界の革新運動:旧礼教・伝統・旧思想に反対する立場から〔赛 sài 先生〕(サイエンス)と〔德 dé 先生〕(デモクラシー)を中心スローガンとして科学的思想・新学術を紹介し主張した.〔五 wǔ 四文化革命〕ともいう.→〔五四运动〕

新闻片 xīnwénpiàn,~piānr ニュース映画.ニュース録画.

新闻人物 xīnwén rénwù 時の人.

新闻司 xīnwénsī 報道・広報担当の局.〔外交部~〕外務省の同岡.

新文学 xīnwénxué ＝〔新文艺〕五四文化革命以後の進歩的な白話文学.→〔新文化运动〕〔白 bái 话〕

新文艺 xīnwényì 同上.

新闻纸 xīnwénzhǐ ⇒〔报 bào 纸①〕

新西兰 xīnxīlán ニュージーランド:首都は〔惠 huì 灵顿〕(ウェリントン).

新媳妇儿 xīnxífur ⇒〔新娘〕

新禧 xīnxǐ 新年の喜び.〔恭贺~〕恭賀新年.〔~~!〕(挨)あけましておめでとうございます.

1871

xīn 新薪辛

新鲜 xīn·xiān ①(生もの・野菜などの)生きのいい.新鮮である.〔~血液〕〈喩〉新入メンバー.新戦力.②汚れ(よどみ)のない.〔~(的)空气〕新鮮な空気.③珍しい.目新しい.〔~季儿〕季節の初物.旬のもの.〔~事物〕最近世に現れた事物.〔~物儿〕珍奇なもの.〔这事对我一点也不~〕僕にはこんなことは少しも珍しくない.④新鮮に感じる.気分を新たにする.〔找个新奇别致的地方儿~~〕どこか変わった良いところを探して趣向をかえよう.〔三天半的~劲儿〕三日半の珍しさ.三日坊主.

新新 xīnxīn 〈口〉珍しい.〔~一族〕珍奇・異様なファッションを見せながら街を行く若者.→〔新鲜③〕

新兴 xīnxīng 新しく興った.〔~的工业城市〕新興工業都市.〔~国家〕新興国.

新星 xīnxīng ①=〔暂 zàn 星〕因新星.②新しく発見された星.③〈喩〉注目の新人.〔歌坛~〕歌謡界の新星.

新型 xīnxíng 新しいタイプ.〔~汽车〕ニューモデルカー.

新秀 xīnxiù 新たに現れた優秀な人材.〔体坛 tán ~〕体操界のホープ.

新学 xīnxué ⇒〔西 xī 学〕

新芽 xīnyá 新芽.

新雅 xīnyǎ 新しい趣がある.〔诗句~〕詩文が同前.

新颜 xīnyán 〈文〉新面貌.新たな面目.

新药 xīnyào ①新薬.②回西洋薬.

新医 xīnyī 旧西洋医学をいった.〔西 xī 医〕に同じ.

新义 xīnyì 圖語彙・語句が新たに持った意味.

新异 xīnyì 従来と異なる.新奇である.〔日新月异〕〈成〉日進月歩.→〔新鲜③〕

新意 xīnyì 新しい発想・考え.

新颖 xīnyǐng 清新である.斬新である.〔题材~〕題材が斬新である.〔式样~〕スタイルが新鮮である.

新雨 xīnyǔ ①初春の雨.〔初春~〕初前.②降ったばかりの雨.〔~初霁 jì〕雨前の雨あがり.③〈文〉新しい友人.〔旧知~〕旧知に新しい友人.

新元 xīnyuán ①シンガポールドル.②新しい年号.

新垣 xīnyuán 〈姓〉新垣(がき)

新约 xīnyuē 园(キリスト教の)新約聖書〔~全书〕の略.

新月 xīnyuè 新月.④旧暦で月の初め三日月:〔口]牙(儿)〕ともいう.〔~形〕三日月形のアーチ.〔朔 shuò 月〕は旧暦の月の第一日目の月:地球と太陽を結ぶ線上にある月.→〔弦 xián 月〕

新月派 xīnyuèpài 1928年創刊の雑誌〔新月〕によった胡適・徐志摩・聞一多・梁実秋ら主として欧米帰りの文学者グループ.

新仔 xīnzǎi 〈方〉新米.新参(儿)

新张 xīnzhāng 新しく開店(する).〔~内约,九折优待〕新規開店期間中は1割引ご優待.〔~之喜〕開店祝い.

新招(儿) xīnzhāo(r) 〔新着(儿)〕とも書く.新しい方法.新しいアイディア.

新正 xīnzhēng 旧暦の年の始めの月.正月.

新知 xīnzhī ①新知識.②新しい知り合い.〔~故 gù 交〕〔~旧 jiù 交〕新しい知人や昔からの友人.

新殖民主义 xīnzhímín zhǔyì 因新植民地主義.ネオコロニアリズム.

新址 xīnzhǐ 新住所.引っ越し先.

新中国 xīnzhōngguó 1949年の中華人民共和国成立以降の中国.

新主意 xīnzhǔ·yì 新工夫.新機軸.〔这是谁出的~〕これは誰の思いつきかね.

新著 xīnzhù 新著(の).新しい著作.

新妆 xīnzhuāng (女性の)新たな装飾.装いの成っ

た姿.

新装 xīnzhuāng ①新しい服(装).新たな装い.②流行の服装.ニューファッション.

新姿 xīnzī 新容.新しい外観.〔~展〕新たな姿を広げ見せる.

新作 xīnzuò 新作.新しい作品.

〔薪〕 xīn

①たきぎ.〔柴 chái ~〕〔柴火〕同前.②俸給.〔月~〕月給.〔发~〕月給を支払う.〔领~〕月給を受け取る.〔加~〕賃金値上げする.増俸する.③〈姓〉薪(ん)

薪酬 xīnchóu 〈文〉給与.〔~体系〕給与体系.給与制度.

薪传 xīnchuán ⇒〔薪尽火传〕

薪俸 xīnfèng 俸給:旧時,一般職員の給料を〔薪水〕,官吏の給料を〔俸給 jǐ〕という.

薪桂米珠 xīnguì mǐzhū 〈成〉薪は桂の如く,米は珠玉の如くである:物価の高いこと.

薪火 xīnhuǒ ①〈文〉たいまつ.②⇒〔薪尽火传〕

薪给 xīnjǐ 同下.

薪金 xīnjīn 給料.サラリー.俸給〔薪水〕に同じ.〔薪給〕〔薪津〕はやや古い表現.〔~制〕給料制.→〔供 gōng 給〕

薪尽火传 xīnjìn huǒchuán 〈成〉薪が燃え尽きても火種は残る.〈喩〉学問は師から弟子へと伝わっていく:〔薪传〕〔薪火〕ともいう.

薪水 xīnshuǐ 給料.サラリー.俸給.手当:〔薪金〕に同じ.正式には〔工 gōng 资〕という.〔吃~〕給料で暮らす.→〔工薪〕

薪炭 xīntàn 木炭.

薪饷 xīnxiǎng 旧(軍人や警察などの)給料.給与(と俸給の支給).〔~制〕給与制度.

薪资 xīnzī 給料.〔~成本〕人件費.

〔辛〕 xīn

(Ⅰ)①かのと.十干の第8位.②順序の8番目.③〔甲 jiǎ〕(Ⅰ)③.

(Ⅱ)①(とうがらし味に)からい.〔五 wǔ 味〕②苦しい.骨が折れる.つらい.〔艰 jiān ~〕つらい.〔悲~〕身にしみて悲しい.③〈姓〉辛(ん)

辛丑和约 xīnchǒu héyuē 囚義和団事件の講和条約(1901年)

辛迪加 xīndíjiā 〔音訳〕经シンジケート.①企業連合組織.企業独占の一形態.旧時〔辛狄开〕〔辛茨克〕〔新迪加〕とも訳した.②企業連合(团).③〔贷款〕シンジケートローン:複数の金融機関の協調貸し付け.

辛二酸 xīn'èrsuān =〔栓 shuān 酸〕囮スベリン酸(コルク酸)

辛亥革命 xīnhài gémìng 囷1911年(清,宣統3年)10月10日(旧暦辛亥の年8月19日)の〔武 wǔ 昌起义〕(武昌蜂起)に始まる民国革命:孫文が臨時大総統の位につき中華民国が成立した.→〔双 shuāng 十节〕

辛可芬 xīnkěfēn 薬キノファン(アトファン.ギトーザン)

辛苦 xīnkǔ ①苦労(する).骨折り(る).〔他~了一辈子,没能过上好日子〕彼は一生苦労しただけでいい思いもできなかった.〔辛辛苦苦地做事〕骨折り苦労して仕事をする.〔受了千辛万苦才有今日〕非常に苦労して今日あるを得た.②〈挨〉お疲れさま.ご苦労さま.〔您~了〕どうもご苦労さまでした.〔请你再~一趟吧〕もういっぺんご足労を願います.〔~各位]皆さんお疲れさま.

辛辣 xīnlà ①(ぴりっと)辛い.〔服药期间切忌~〕服薬中辛いものは禁物だ.②辛辣である.〔~的讽刺〕辛辣な皮肉.

辛劳 xīnláo つらい骨折りをする(である).苦労する

(している).〔~成疾〕辛苦のあまり病気になる.

辛勤 xīnqín 精を出す.つらさに耐えて働く.〔这是一劳动的成果〕これは精一杯働いたお陰だ.

辛酸 xīnsuān ①つらくて悲しい.〔饱尝~〕辛酸をなめ尽くす.②=〔羊 yáng 脂爬盐〕(化)カプリル酸.

辛烷 xīnwán (化)オクタン.〔~数〕オクタン価.〔高~值汽油〕ハイオク(タン・ガソリン).〔异 yì ~〕イソオクタン.

辛夷 xīnyí ①(植)モクレン:〔木 mù 兰〕の別称.②=〔辛雉〕(中医)〔玉 yù 兰〕(ハクモクレン)の蕾を干燥したもの.

辛垣 xīnyuán <姓>辛垣(バン).

辛雉 xīnzhì ⇒〔辛夷②〕

[莘] xīn ①(植)ケイリンサイシン(ウスバサイシン):〔细 xì 辛〕の古称.根茎を薬用する.②〔~庄 zhuāng〕(地)上海市にある. → shēn

[锌・鋅] xīn 亜鉛:金属元素.記号 Zn.〔硫 liú 酸~〕〔皓 hào 矾〕硫酸亜鉛.〔氯 lǜ 化~〕塩化亜鉛(クローム亜鉛).〔~白〕〔~华〕〔~氧 yǎng 粉〕〔氧化~〕〔亚铅华〕亜鉛華(酸化亜鉛).

锌白 xīnbái ⇒〔氧 yǎng 化锌〕
锌白铜 xīnbáitóng =〔白铜〕
锌板 xīnbǎn 〔锌片〕板状亜鉛.亜鉛板はトタン板〔镀 dù 锌铁(皮)〕という.
锌版 xīnbǎn (印刷版の一种)亜鉛版.
锌钡白 xīnbèibái =〔立 lì 德粉〕(化)リトポン.
锌华 xīnhuá ⇒〔氧 yǎng 化锌〕
锌氯 xīnlǜ =〔氯化锌〕
锌片 xīnpiàn =〔锌板〕
锌铁矿 xīntiěkuàng (鉱)亜鉛鉄鉱.

[歆] xīn ①うらやみ慕う.〔~慕 mù〕同前.②〈文〉祭祀の供物の香気.〔~享 xiǎng〕(神)が同前を受ける.③<姓>歆(ñ).

歆羡 xīnxiàn =〔~慕〕うらやみ慕う.〔不胜~之至〕羨望のいたりに存じます.
歆艳 xīnyàn 同上.

[馨] xīn ①〈文〉あたりにただよう芳香.〔如兰 lán 之~〕蘭の匂いの如し. → 〔宁 níng 馨〕〔尔 ěr 馨〕

馨香 xīnxiāng ①芳しい香り.芳香.〔~扑 pū 鼻〕芳香が鼻をつく.②香をたく匂い.

[鑫] xīn ①〈文〉富み栄える.商店の屋号などに用いられる.

[镡・鐔] xín 〈文〉(剣)の柄(ºé)の刀身と連なるところにある両側に突き出した部分:〔剑 jiàn 鼻〕に同じ.②〈文〉小ぶりの剣.短剣:古代の武器.③<姓>镡(バン). → tán

[伈] xīn 〔~~〕〈文〉恐れおののくさま.

[囟(顖)] xìn (生理)泉門.ひよめき.おどりこ.〔~陷 xiàn〕(中医)同前の凹む病気.

囟门 xìnmén =〔囟脑门儿〕(生理)〔乳児の頭の上にある〕泉門:〔~〕=〔顶 dǐng 门心〕〔天 tiān 门盖〕(ひよめき)に同じ.
囟脑门儿 xìnnǎoménr 同上.

[芯] xìn =〔信⑫〕 → xīn

芯子 xìnzi ①器物の中央.またそれをつまむ糸又るいは火や爆竹などをつける紙縒(ごよ)状のもの.〔爆 bào 竹~〕爆竹の導火線.〔蜡 là ~〕ろうそくの芯.②蛇の舌.〔长 cháng 虫吐~〕へびが舌を出す.③<方>(食材の)羊の舌.

[信] xìn ①〈文〉真実である.確かである.→〔信史〕②誠実(である).まこと(である).〔~实〕信がある.〔失~〕信用をなくす.③証拠.〔印~〕官印.④〈文〉使者.→〔信使〕⑤便り.消息.合図.〔通风报~〕消息を漏らし事情を知らせる.⑥書信.通信.手紙.〔给他写一封~〕彼に手紙を1通出す.〔通~〕通信(する).〔家~〕家族への(からの)手紙.=〔书 shū 信〕⑦任す.〔~步而行〕足の向くままに歩く.⑧信ずる.信用する.〔他的话〕彼の言うことを信用する.〔不~由你〕信用するしないは君の自由だ.〔取~于人〕人の信用を受ける.⑨(宗教に)信じる.信奉する.〔信女〕⑩(弾丸の)信管. →〔信管〕⑪砒(º)石.〔白~〕灰色砒石. →〔信石〕⑫⇒〔芯〕⑬<姓>信(シ).

信笔 xìnbǐ 筆に任せる.筆の走りに任せる.〔~写来,尽是文章〕筆に任せて書き下ていくものが,すべて立派な文章をなしている.〔~徐 rú 鸦〕(字が)書きなぐり乱れている.乱画乱文(謙遜している)
信标 xìnbiāo 信号発信装置と標識.ビーコン(航空路・水路の).
信步 xìnbù 足に任せる.ぶらつく.
信不过 xìnbuguò 信じられない.信用できない.〔我~他〕あの人が信じられない.
信差 xìnchāi ①⇒〔邮 yóu 递员〕 ②(旧)公文書(信)配達人.
信从 xìncóng 信じて服従する.
信贷 xìndài (経)(銀行の)金融:預蓄金や貸付け・貸出しなど.〔紧缩~金融ひきしめ(をする).〔财政~〕財政と金融.〔~员〕貸付係.融資係.〔~业务与信業務~〕〔~额度〕与信枠.
信道 xìndào ①<go>道. ②宗教を信じる. ③通信回線・手段.通信路.〔通信~〕通信チャンネル.④(電通)トラック.
信得过 xìndeguò 信用し得る.〔你要是~,就可以交给我,要是信不过也就算了〕きみがわたしを信用できるなら渡してくれてもいいが,もし信用できないなら.
信都 xìndū <姓>信都(シン).
信度 xìndù 信頼度.
信而有征 xìn ér yǒuzhēng 〈慣〉確実である上に証拠がある:〔征〕は〔证 zhèng〕とも書いた.
信幡 xìnfān 旧自分の官名を記した旗.
信访 xìnfǎng =〔~信访〕(大衆などの)苦情の申し立て(をする).投書や直(々)訴(する).〔一举報政府に陳情や告発をする.〔~处 chù〕苦情処理係.〔~人〕陳情者.=〔上 shàng 访〕
信风 xìnfēng (気)貿易風.〔贸 mào 易风〕ともいう.〔恒 héng ~〕同前.
信封(儿) xìnfēng(r) =〔口信皮(儿)〕封筒.状袋:〔书 shū 简〕は文語.
信奉 xìnfèng ①(宗教などを)信奉する.〔~基督教〕キリスト教を信じる.②信じてその通りに行う.
信服 xìnfú 信服する.信用する.〔他说得有理有据,不能不~〕彼の言ったのは道理も根拠もあるので信用するほかはない.
信鸽 xìngē 伝書鳩.〔传 chuán 信鸽〕ともいう.〔中国~协会〕中国伝書鳩協会. →〔鸽〕
信管 xìnguǎn 〔引 yǐn 信管〕ともいう.
信函 xìnhán (封書形式の)手紙.郵便物.
信号 xìnhào ①信号.合図.〔~弹 dàn〕~灯〕信号灯.シグナル.〔~灯〕灯号灯.〔~语〕発光信号.〔~旗〕手旗.信号旗.〔~枪〕信号弾発射用ピストル.②(電)信号電波.
信汇 xìnhuì 〔~儿〕郵便為替. ②文書送金.送金手形.M/T. →〔汇票〕

xìn / 信

信笺 xìnjiān ⇒〔信纸〕
信件 xìnjiàn 郵便物(総称)〔函 hán 件〕に同じ.
信教 xìnjiào 〈宗教を〉信仰する.
信局 xìnjú ⇒〔民 mín (信)局〕
信赖 xìnlài 確信.
信口 xìnkǒu 口から出まかせを言う.〔～雌 cí 黄〕〈成〉口から出まかせに他人を批評する.〔～开河〕〈成〉立て板に水を流すように口から出まかせを言う:〔河〕は〔合〕とも書いた.〔～胡说〕〔～胡诌 zhōu〕〈慣〉出まかせにしゃべる.→〔雌黄②〕
信赖 xìnlài 信頼する.
信马由缰 xìnmǎ yóujiāng 手綱をゆるめ馬の行くがままにする.〈喩〉行き当たりばったりにやる.成り行きに任せる.
信那水 xìnnàshuǐ ⇒〔香 xiāng 蕉水〕
信念 xìnniàn 信念.
信鸟 xìnniǎo ⇒〔候 hòu 鸟①〕
信女 xìnnǚ 仏教を信仰する在家の女性.〔清～〕同前.〔善 shàn 男～〕〈慣〉善男善女.→〔士士①〕
信牌 xìnpái 圖①軍中で伝令に持たせた一種の文箱:中に文書を収めた,また返信用の筆墨紙をも収めた.〔传 chuán (信)牌〕の略.俗に〔排 pái 单〕という.②地方巡視官が携帯する身分証明書.
信炮 xìnpào 圖 信号のために発せられる大砲:〔晓 xiǎo 炮〕〔午炮〕など.
信封(儿) xìnpī(r) ⇒〔信封儿〕
信片 xìnpiàn ⇒〔明 míng 信片〕
信凭 xìnpíng 信じて頼る.信頼する.〔凭信〕に同じ.
信儿 xìnr 消息.便り.知らせ.うわさ.合図をする.〔给他带个～〕彼に便りを持たせた.ことづてを彼に頼んだ.
信然 xìnrán 〈文〉本当である.〔斯言～〕この言葉まことに然り.
信瓢儿 xìnpiáor 〔口〕手紙の中味(封筒に対していう).〔只要信皮儿,不要～〕封筒だけでいいんです,中味はいりません.
信任 xìnrèn 信任する.信頼する.〔～案〕信任案.〔～度〕信頼度.〔～投票〕信任投票.〔～他〕彼を信頼する.〔～一个声誉良好的企业に対する通関手続きの便宜.〔～感〕信頼感.〔～危机〕信用危機.〔～投票〕信任投票.〔～他〕彼を信頼する.
信骚扰 xìnsāorǎo メールによる嫌がらせ.迷惑メール.→〔性 xìng 骚扰①〕
信赏必罚 xìnshǎng bìfá〈成〉信賞必罰.〔～,务求公允〕賞罰を明らかにし,つとめて公平を期する.
信石 xìnshí 圖砒(ʾ)石:〔砒 pī 石〕の別称.古く江西の信州に産したことから.単に〔信州〕ともいう.
信实 xìnshí ①信用がある.誠実である.〔他为人～〕彼は誠実な人である.②真実である.間違いない.
信史 xìnshǐ 記載の正確な史書:確実な史料・分析に基づく歴史.
信使 xìnshǐ 使者.〔外交〕クーリエ(外交用語)
信士 xìnshì ①圖仏教を信仰する在家の男性.〔清～〕同前.→〔信女〕　②誠実な人.
信誓旦旦 xìn shì dàndàn〈成〉誓言が誠実で信じられるさま.
信手 xìnshǒu [～儿]手あたりしだい(に).思いのままに(に).〔～拈 niān 来〕手あたりしだい持って来る.〈喩〉多く著作時の語句・材料の豊富さこと.
信守 xìnshǒu 誠実に守る.〔～诺言〕約束を固く守る.〔～不渝〕誠実さは変わらない.
信水 xìnshuǐ ①〔～月 yuè 经〕　②〈文〉黄河の水の増減を知ること:黄河は立春後1寸増水すれば夏には必ず1尺増水する(宋史)ように規則的なことから.
信宿 xìnsù ①〈文〉続けて二晩泊まる.また二晩相当する時間.〔流连～〕居続ける.②情報の受け手.受信人.
信天翁 xìntiānwēng =〔布 bù 袋鹅〕〔海 hǎi 鹅〕圖 アホウドリ:熱帯地方に群棲する海鳥.
信天游 xìntiānyóu 圖民謡の一種.陕西省北部の〔山 shān 歌〕の総称から〔顺 shùn 天游〕ともいう.
信条 xìntiáo 信条.モットー.〔恪 kè 守～〕固く信条を守る.
信筒 xìntǒng =〔邮 yóu 筒〕(屋外設置)郵便ポスト.〔把信扔到～里去〕手紙を投函する.→〔信箱①〕
信徒 xìntú 信徒.信者.信奉者.〔基督教～〕キリスト教の信者.〔他是孙中山的～〕彼は孫文の信奉者だ.
信托 xìntuō ①信託する.〔～投 tóu 资〕投資信託.〔～商店〕委託販売品を売る店.②信頼して任す.〔既然已经～你,你就做主安排一下好了〕君に任せたのだから,君の裁量で段取りしたらよい.
信望 xìnwàng 信望.
信委 xìnwěi 信用して委託する.〔他买了一个金戒指送给她作为定亲的～〕彼は金の指輪を買って彼女に婚約の贈り物とした.
信物 xìnwù 証拠とするもの.〔他买了一个金戒指送给她作为定亲的～〕彼は金の指輪を買って彼女に婚約の贈り物とした.
信息 xìnxī ①便り.音信.消息.②情報.〔～爆炸〕〈喩〉情報量の激増.〔～(产)业〕情報産業.〔～处理系统〕情報処理システム.〔～高速公路〕情報ハイウェー.〔～公开〕〔～披 pī 露〕情報公開.ディスクロージャー.〔～化〕情報化(する).〔～技术〕情報技術.〔～科学〕情報科学.〔～库〕データベース.〔～量〕情報量.〔～论 lùn〕情報論.〔～社会〕情報(化)社会.〔～时代〕情報時代.〔～素养〕～素質〕情報リテラシー.〔～台〕電話～服务台〕テレフォンサービス.〔～网〕情報網.〔～战 zhàn〕軍情報戦(争).〔汉字～处理〕漢字情報処理.→〔情 qíng 报〕　③電郵 メッセージ.〔～包〕パケット.
信息素 xìnxīsù ⇒〔费 fèi 洛蒙〕
信香 xìnxiāng 圖 (仏教で)線香.
信箱 xìnxiāng 圖 ①郵便(差出)箱.ポスト:〔邮 yóu 箱①〕に同じ.→〔信筒〕　②私書箱.〔邮政〕同前.　③郵便受け.　④雑誌・テレビ・放送などの番組名:視聴者からの質問に答える内容のもの.
信邪 xìnxié まともでないことを信じる:ふつう否定に用いる.〔我不信他那个邪〕彼のやったこと(言ったこと)が正しいとは信じない.
信心 xìnxīn 自信.確信.信念.〔～百倍〕信念あふるるばかり.〔有坚强的～〕固い信念を持つ.〔满怀～地认识自信满々で学ぶ.〔～自 zì 负〕
信言 xìnyán 誠実な言葉.〔～不美,美言不信〕〈諺〉誠実なる言葉は飾らず,飾られた言葉は誠実ではない.
信仰 xìnyǎng ①信念.信仰.信条.〔中日两国的政治～和社会制度是不同的〕中日両国の政治信条と社会制度は同じではない.〔宗教〕宗教信仰.②信仰する.信奉する.〔～佛教〕仏教を信仰する.
信仰主义 xìnyǎng zhǔyì ⇒〔僧 sēng 侣主义〕
信以为真 xìn yǐ wéizhēn〈成〉本当だと信じ込む.真(ʾ)に受ける.
信义 xìnyì 信義.〔守～〕信義を守る.〔不讲～的人〕信義を重んじない人.
信意 xìnyì [～儿]任意(にする).気ままに(やる)
信用 xìnyòng ①信用(する).〔有～的商家〕信用ある商店.〔卓著〕非常に信用がある.〔～扫地〕信用が全く失せる.〔讲～〕信用を重んじる.〔我不能～他〕わたしは彼を信用することはできない.②圖信用.〔～(合作)社〕信用組合.〔～货币〕信用貨幣.〔～交易〕信用取引.〔～卡 kǎ〕クレジットカード.〔(～)评价〕格付け.〔(～)证券〕信用によって通

xìn～xīng

用する有価証券(為替・債券・小切手・紙幣など). 〔文〕信じ用いる.
信用贷款 xìnyòng dàikuǎn ＝〔放 fàng 期 账〕圈 信用貸付.
信用交货汇单 xìnyòng jiāohuò yāhuìdān 圈 (手形)引受(書類)渡し(D/A):売買貨物の代金決済に関する荷為替手形を引き受けると同時に、貨物の所有権を表す船積書類(B/L)などを引き渡す条件の荷為替証書.
信用票 xìnyòngpiào ⇒〔信用证〕
信用票据 xìnyòngpiàojù ①為替手形・約束手形・小切手・振替手形の総称. ②＝〔清 qīng 洁票据〕信用手形.
信用合社 xìnyòngshè ⇒〔信用(合作)社〕
信用证 xìnyòngzhèng ＝〔信用票〕信用状 圈用状. L/C: 〔支 zhī 银凭信〕(银 yín 行)保函は旧称. 〔不可撤销(的)〜〕撤回不能信用状. 〔可转让的〜〕譲渡可能信用状. 〔指定结汇银行〜〕手形決済銀行指定信用状. 〔进口〜〕輸入信用状. 〔货物押汇〜〕荷為替信用状. 〔转用〜〕回転信用状. 〔开〜〕信用状を発行する.
信用状 xìnyòngzhuàng ⇒〔信用证〕
信友 xìnyǒu ペンフレンド.メル友.
信誉 xìnyù 信用. 〔卓著〕信用が高い. 〔一落千丈〕信用がた落ちだ. 〔一卡 kǎ〕商店が消費者に発行する品質保証カード.
信源 xìnyuán 情報の発信者.送り手.
信札 xìnzhá 書簡. 〔书 shū 札〕に同じ.
信纸 xìnzhǐ ＝〔信 笺〕〈文〉便 biàn 笺 ①〈口〉書簡用紙.便箋.レターペーパー.
信众 xìnzhòng 信徒.教徒衆.
信资 xìnzī 〔邮 yóu 资〕

[**衅 · 釁**] xìn ①〈文〉血塗る.血祭りをする. 〔～钟 zhōng〕牲畜の血を鐘鼓に塗って神を祭ること. ②＝〔衅〕香を塗って. ③＝〔釁〕すきま.間隙.行き違い・不和のもと. 〔起～〕〔寻 xún 〜〕争いを仕掛ける.戦いを挑む. 〔挑起边〜〕辺境のいざこざを挑発する. 〔乘 chéng 〜〕隙につけ込む. ④〈姓〉釁(ミ)
衅端 xìnduān 〈文〉争端.争いの原因.
衅隙 xìnxì 〈文〉仲たがい.不和.

[**釁**] xìn ⇒〔衅②③〕

[**焮**] xìn ①〈文〉焼かす.焦がす. ②〈文〉盛んである.
xìn ①〈方〉皮膚が腫れる.

xīng ㄒㄧㄥ

[**兴 · 興**] xīng ①〈文〉起床する. 〔夙 sù 〜夜寐 mèi〕〈成〉朝早く起き夜遅く寝る. ②発動する.興す. 〔文〜戎 róng〕挙兵する. 〔振～軽工業|重工業を振興する. 〔百废俱 jù 〜〕すべてのすたれていたものが復興する. 〔旅游〜市〕観光事業で都市を振興させる. ③新しくできる.発案する.創案する. 〔这是谁一出来的好主意,～?〕このよいアイデアは誰が考え出したのですか. 〔自从〜了拖拉机,在耕作上省了不少人力〕トラクターができてから,耕作でかなりの人手が省けるようになった. ④盛んに行われる.流行する. 〔时一的样子〕流行の型. 〔从前的旗袍～矮领子,现在又～回来了〕以前のチャイナドレスは襟の低いのがはやったが,このごろまた流行し出した. 〔这个风俗已经开了〕この風俗はもう広まった. 〔这件衣裳已经不～时了〕この服はもう流行遅れだ. ⑤栄える.盛んである. 〔复〜〕復興する. ⑥〈口〉許す.よろしい.

差し支えない:多く否定文に用いる. 〔不～他胡闹〕彼がそんなでたらめをするのは許さない. 〔不～这么没規矩的样儿〕そんなだらしない格好をしてはいけない. ⑦〈方〉あるいは…かもしれない. 〔明天也～来,也～不来〕あす来るかもしれないし,また来ないかもしれない. ⑧〈姓〉興(ギョウ) → xìng
兴办 xīngbàn 創設し経営する. 〔～福利事业〕福利事業を始める. 〔～创 chuàng 办〕
兴兵 xīngbīng 兵をおこす.
兴废 xīngfèi 興廃.
兴奋 xīngfèn ①興奮(する).感激(する). 〔令人～的消息〕感激のたより. 〔他～得邮跳起来了〕彼は感激のあまり,跳び上がらんばかりだった. ②生理興奮.
兴奋剂 xīngfènjì ①覚醒剂.興奮剤. 〔～检 jiǎn 测〕〔～检查〕スドーピング検査. ②〈喻〉精神を奮い起こす刺激となるもの.
兴风作浪 xīngfēng zuòlàng 〈喻〉騒動を引き起こす: 〔掀 xiān 风鼓浪〕に同じ.
兴革 xīnggé 創設・改革(する). 〔提出了几件～事项〕新設と改良事項を数件提出した.
兴工 xīnggōng 工事を始める.起工する. 〔破土～〕くわ入れし工事にかかる.
兴功 xīnggōng 功労ある人を抜擢(す)する.
兴国 xīngguó 国を振興する. 〔～安邦〕同時に安定させる.
兴化戏 xīnghuàxì ⇒〔莆 pú 仙戏〕
兴建 xīngjiàn (大規模に)建築する. 〔工厂已经开始～了〕工場はいろいろ建設が始まった.
兴居 xīngjū 〈文〉起居. 〔～安迪〕(贌)ご起居ご清適のこと存じます. →〔兴寝〕
兴利除弊 xīnglì chúbì 〈成〉有利な事業を興し,弊害あることは廃止する: 〔弊〕は〔害〕ともいう.
兴隆 xīnglóng 隆盛である. 〔生意～〕商売が繁昌する.
兴灭继绝 xīngmiè jìjué 〈成〉滅びたものを興し,絶えたものを継承すること.
兴起 xīngqǐ ①起きる. 〔～现代化新浪潮〕現代化の新潮流が起こっている. ②〈文〉感動して奮起する. 〔闻风～〕うわさを聞いて奮い立つ.
兴寝 xīngqǐn 〈文〉起居.〔先生～一吉祥〕(贌)ご起居ご多祥の段およろこび申し上げます. →〔兴居〕
兴渠 xīngqú ⇒〔阿 ā 魏〕
兴盛 xīngshèng 繁昌する.栄える.興隆する. 〔国家～〕国が栄える.
兴师 xīngshī 〈文〉①出兵する. 〔～动众〕〈喻〉大げさに人を動員する. 〔～问罪〕〔问罪〕〈喻〉相手の過ちを厳しく糾弾する.
兴衰 xīngshuāi 興隆と衰微.
兴讼 xīngsòng 〈文〉訴訟を起こす.
兴叹 xīngtàn 〈文〉嘆声を漏らす. 〔望洋～〕〈成〉仰ぎみて自分の力不足を嘆く.
兴替 xīngtì ⇒〔兴废〕
兴亡 xīngwáng 興起と滅亡:多く国家の場合に用いる. 〔天下～,匹 pǐ 夫有责〕国家の興廃は一人一人の責任がある.
兴旺 xīngwàng 盛んである.繁栄している. 〔～发达〕隆盛を極める.
兴无灭资 xīngwú mièzī ⇒〔灭资兴无〕
兴心 xīngxīn 気を起こす.その気になる. 〔决不会～害人的〕人に害を与えるような心を起こすはずはない.
兴修 xīngxiū (大規模に)建造する.築造する. 〔～水利〕水利工事を起こす.
兴许 xīngxǔ 〈口〉あるいは(…かもしれない). 〔今天～他不来了〕今日彼は来ないかもわからない. →〔或

xīng

huò 许〕〔也 yě 许〕

兴学 xīngxué 教育事業を興す.〔捐款～〕資金を寄付して学校を作る.

兴妖作怪 xīngyāo zuòguài 〈成〉悪事を働き騒ぎを起こすこと.

兴中会 xīngzhōnghuì 史1892年孫文が組織した滅満興漢を目的とする秘密結社.→〔中国同盟会〕

猩 xīng ⇒〔猩〕 → shēng

星 xīng ①囚星:ふつう〔～～ xing〕という.広義には地球・太陽・月を含む全ての天体.〔行 xíng ～〕惑星.〔彗 huì ～〕彗(ｽｲ)星.〔恒 héng ～〕恒星.〔口/扫 sào 帚 ～〕ほうき星.〔流 ～〕〔口/贼 zéi ～〕流れ星.〔月明～稀〕〈成〉月が明るく星がまばらにしか見えない:大人物の勢力に押されて他の者がふるわない.②〔-儿〕(星のように)きわめて小さいもの.微小な斑点.〔火～儿〕火花.〔急得眼里冒金～儿〕怒ってまるで目から火花が散ったようだ.〔唾 tuò 沫～子〕吐(ﾂﾊﾞ)つばき.〔零～〕はした.端数.〔一半点儿〕極めてわずかの.③小さい点が記されているところ.〔秤～(儿)〕はかりの目盛り.〔准～〕照星:小銃の照準をするための銃口の上部の三角形の断面をなす鉄の山.〔花形人物.スター.〔救 jiù ～〕救世主.〔歌～〕スター歌手.〔笑～〕喜劇スター.〔～运〕@スターの運命・人気.⑤星.〔文 wén〕芸能ニュース.〔福(ﾌｸ)～〕:二 èr 十八宿〕の一.⑥〔-儿〕民族打楽器の一種:しんちゅう製の杯形のもの二つをぶつけて音を出す.〔碰 pèng 铃〕に同じ.→〔铙 náo ②〕⑦〔姓〕星(ｾｲ)

星表 xīngbiǎo 囚恒星表.

星卜 xīngbǔ =〔星命〕星占い(する).〔～家〕〔星家〕占星術師.星占師.

星布 xīngbù 星のように散布している.

星彩 xīngcǎi 鉱星彩(ｾｲｻｲ).

星辰 xīngchén 星(総称).〔日月～〕太陽・月・星.

星驰 xīngchí 〈文〉夜を徹してかけつける.

星虫 xīngchóng =〔沙 shā 虫〕動ホシムシ(星虫)(総称).

星次 xīngcì 囚星の位次.

星等 xīngděng 囚星の光の強さによって表される等級.等星.

星斗 xīngdǒu ①星(総称).〔满天～〕空一面の星.②北斗七星.

星官 xīngguān 〈文〉①星(総称).②固星占いをする官.③→〔值 zhí 星官〕

星光 xīngguāng ①星の光.星あかり.〔～闪 shǎn 闪〕星がまたたく.②(芸能)スターの輝き・名声.

星海 xīnghǎi ①天の川.②映画界.③〔冼 xiǎn ～〕囚(1905～1945):作曲家.代表作『黄河大合唱』.〔～〕の名で命名される音楽団体・学校などが数多くある.

星汉 xīnghàn ⇒〔星河〕

星号 xīnghào 星印.米印.アスタリスク."＊".〔双～〕ダブルアスタリスク."＊＊".

星河 xīnghé =〔文/银②〕天の川.銀河.〔天 tiān 河〕に同じ.

星回 xīnghuí 〈文〉星が原位置にかえる.〈喩〉年が改まる.〔～更易又一年〕星が回りまた一年年が改まる.

星火 xīnghuǒ ①流星の光炎.〈喩〉切迫していること.〔急如～〕急を要する.②火花.火の粉.わずかな火.③同下.

星火计划 xīnghuǒ jìhuà 地方経済振興科学技術開発プラン:その地域のリーダーを〔星火带头人〕という.〔星火③〕は略称.

星火燎原 xīnghuǒ liáoyuán 〈成〉①小さい野火も広がって広野を焼く大火になる.②初めは小さかった革命勢力が,強大になること:〔星星之火,可以燎原〕ともいう.

星级 xīngjí ①(ホテルなどの)星印で示すランク付け.〔五～饭店〕五つ星のホテル(高級ホテル).〔白金五～〕プラチナ五つ星ホテル(最高級ホテル).②高級の.スター級の.〔～人物〕スター並みの人物.〔～服务〕高いサービス内容.

星际 xīngjì 星と星との間(の).〔～旅行〕宇宙旅行.〔～航行〕①〔～飞行〕宇宙飛行.〔～艇 tǐng〕②飞船宇宙(飛行)船.

星家 xīngjiā 星占い師:〔星卜家〕ともいう.

星加坡 xīngjiāpō ⇒〔新 xīn 加坡〕

星箭 xīngjiàn 人工衛星運搬ロケット.

星鲛 xīngjiāo ⇒〔星鲨〕

星空 xīngkōng 星空.

星离雨散 xīnglí yǔsàn 〈喩〉分散のすみやかなこと.

星流 xīngliú 星の流れ.〈喩〉極めて迅速なこと.

星路 xīnglù スター(へ)の道.スターの人生.

星罗 xīngluó 〈文〉星の如く並ぶ.ぎっしり並ぶ.

星罗棋布 xīngluó qíbù 〈成〉(空の星・盤上の碁石のように)一面に整然と分布しているさま:〔星罗云布〕ともいう.

星落云散 xīngluò yúnsàn 〈成〉散り散りばらばらになるさま.〔把那伙贼打得～〕(西遊記56)その賊どもを散々にやっつけた.

星毛虫 xīngmáochóng 虫ナシノスカシクロハ.ナシノホシケムシ.

星命 xīngmìng ⇒〔星卜〕

星眸皓齿 xīngmóu hàochǐ ⇒〔皓齿明眸〕

星期 xīngqī ①週.週間:〔口/礼拜〕に同じ.〔这(个)～〕〔这(个)礼拜〕〈文〉本週〔上(个)～〕先週.〔上上(个)～〕先々週.〔下(个)～〕来週.〔下下(个)～〕再来週.〔一个～〕1週間.〔每 měi(个)～〕毎週.→〔周 zhōu(I)⑥〕②曜(日):〔口/礼拜③〕に同じ.〔～六〕土曜日.〔～天〕〔～日〕日曜日.〔今天～几〕今日は何曜日ですか.〔～一恐俱症〕月曜恐怖症.→〔曜 yào ②〕③日曜日の略称:〔～天〕〈口/礼拜④〉に同じ.〔～休息〕日曜(は)休 h(だ).④固二十八宿を日・月・火・水・木・金・土の順で並べ,七日を一周する七曜(暦法).⑤〈文〉旧暦の七月七日,七夕.

星球 xīngqiú 囚天体.

星散 xīngsàn 〈文〉ばらばらに散る.〔毕业生～各地〕卒業生は各地に散り散りになった.

星鲨 xīngshā 〔星鲛〕〔白 bái 点鲨〕〔沙 shā 皮鱼 yú〕魚ホシザメ.〔白斑 bān ～〕〔灰 huī ～〕シロザメ.

星食 xīngshí 囚星食.

星术 xīngshù 占星術:星像によって吉凶禍福を占う術.

星霜 xīngshuāng 〈文〉歳月.〔几度～〕幾星霜.

星速 xīngsù 速い.速やかである.〔接到电报就～赶来〕電報を受け取ると早速かけつけた.

星探 xīngtàn (芸能界のスターの)スカウト.

星堂 xīngtáng 固瓢簟(ﾋｮｳﾀﾝ)形の鉄枠の内の下には鉦(ｼｮｳ)を吊り,上に鈴を吊るした古代の楽器.

星体 xīngtǐ 囚天体:太陽・月など個々の星を指していう.

星天牛 xīngtiānniú 虫カミキリムシ.

星条旗 xīngtiáoqí 米アメリカ国旗.

星图 xīngtú 星図.恒星図.

星团 xīngtuán 囚星群.

星位 xīngwèi ⇒〔星座〕

星系 xīngxì ⇒〔恒 héng 星系〕

xīng〜xíng

星相 xīngxiàng 星占術と人相術.
星象 xīngxiàng [天]星に現れる種々の現象:古代,人間の行動などの予測の根拠とした.
星星 xīngxīng <喩>わずかな点.点点.〔～渔火映江干〕星の灯火が点々と川岸に映っている.
星星点点 xīngxīng diǎndiǎn <成>①ぽつりぽつりとごく少ないさま.〔春天刚到,树上不过～开了几朵花儿而已〕春になったばかりだから、木にはわずかにちらほら花が咲いているだけだ. ②小さいものがびっしりと散らばっているさま.〔身上都是～的斑 bān 痕〕体いっぱいの痕ぎず.
星星之火,可以燎原 xīngxīng zhī huǒ, kěyǐ liáoyuán ⇒[星火燎原②]
星 xīng <口>星.〔天上的〕空の星.
星宿 xīngxiù [星]星宿:全天を28に分け,固有の名前をつけた. →[星座]
星宿菜 xīngxiùcài [植]ヌマトラノオ.
星眼 xīngyǎn <喩>女性のきれいな目.
星夜 xīngyè 満天の星空の夜.夜.〔～兼 jiān 程〕昼夜兼行.
星移斗转 xīngyí dǒuzhuǎn <成>季節・歳月が移り変わること.〔斗转星移〕ともいう.
星移物换 xīngyí wùhuàn ⇒[物换星移]
星鹭 xīngyù ⇒[白 bái 鹭]
星鱼 xīngyú ⇒[海 hǎi 盘车]
星云 xīngyún [天]星雲.
星占学 xīngzhānxué 占星術:[占星术]ともいう.
星照 xīngzhào ブロマイド:〔明星照片〕に同じ.
星洲(府) xīngzhōu(fǔ) →[新 xīn 加坡]
星主 xīngzhǔ □小説中の重要人物を星の生まれかわりとこじつけたもの:水滸伝では宋江は天魁星,魯智深は天孤星としている.
星子 xīngzi <喩>微細なもの.〔吐 tù 沫～〕つば. ②<方>星.
星族 xīngzú ①[天]星族.(天体の)種族. ②スター族.スター仲間.
星座 xīngzuò =[星位][天]星座:88に区分する.古代は〔星宿〕と称し28に区分した.

〔惺〕

xīng <文>①賢い.聡明である. ②悟る.目覚める.
惺忪 xīngsōng 目覚めたばかりでぼんやりしている:〔惺松〕とも書いた.〔睡 shuì 眼～〕ねぼけまなこでうろうろとしているさま.
惺悟 xīngwù 悟る.覚醒する.
惺惺 xīngxīng <文>①頭が冴えている. ②聡明である(人).〔～惜 xī ～,好汉识好汉〕<成>知者は知者をいとおしみ,好漢は好漢を知る(同類を慰かしみ大切にする):〔识は〔爱〕ともいう.〕〔～相惜〕同じ.〔要 shuǎ～〕小才を振り回す. ③→[假 jiǎ 惺惺]
惺惺作态 xīngxīng zuòtài <成>心にもないことを言ったりしたりすること.猫をかぶること.

〔猩〕

xīng =[狌][動]猩猩(tas):ふつう〔～～〕という.〔～色〕しょうじょう色(の)
猩唇 xīngchún しょうじょうの唇:〔八 bā 珍〕の一つといわれる.
猩红 xīnghóng =[腥红][色]しょうじょう色(の).赤色(の). ②⇒[银 yín 朱]
猩红热 xīnghóngrè =[红疹][医]猩紅熱(とぅねつ).
猩猩 xīngxing [動]オランウータン.猩猩(しょうじょう):〔大～〕ゴリラ.〔黑～〕チンパンジー.〔草～〕[植]ショウジョウソウ:〔草 cǎo 本一品红〕ともいう.〔木～〕[植]ショウジョウボク.ポインセチア:〔一 yī 品红②〕ともいう.
猩血色 xīngxuèsè [色]臙脂色(えんじ)(の)

〔腥〕

xīng ①生の獣肉や魚肉. ②生臭い.生の血・魚などのにおい.〔土～味儿〕泥くさい.〔血～气〕血なまぐさいにおい. ③生臭さ.
腥臭 xīngchòu 生臭い.〔一股～味儿〕ぷーんと生臭いにおい.
腥风血雨 xīngfēng xuěyǔ 血なまぐさい風雨.<喩>殺戮の残酷さ・戦争:[血雨腥风]という.
腥黑穗病 xīnghēisuì bìng [農](麦の)くろぼ病.
腥红 xīnghóng →[猩红]
腥秽 xīnghuì 生臭くて汚い.
腥腻 xīngnì 油じみて臭い.
腥气 xīngqì ①生臭い. ②生臭いにおい.生臭さ.
腥臊 xīngsāo 生臭い.
腥膻 xīngshān ①生臭味.<喩>醜悪な事物.〔施展～的政治手腕〕あくどい政治手腕を発揮する. ②肉食. ③侵略してきた外敵.
腥味儿 xīngwèir ①生臭いにおい.〔菜里加点料酒把～去掉〕料理に酒を入れて同前をとる. ②生臭もの.生臭料理.
腥闻 xīngwén <文>醜聞.

〔驿・騂〕

xīng ①<文>(牛・馬などの毛の)赤色.〔～马〕赤毛の馬. ②[姓]騂(xīng)

〔箵〕

xīng ①<文>竹の一種. ②→[笭 líng 箵]

〔刑〕

xíng ①刑.刑罰.〔徒 tú ～〕懲役.〔死～〕死刑.〔缓 huǎn ～〕執行猶予にされる.〔判 pàn ～〕刑を言い渡す. ②罪人に対する体罰.〔受～〕ⓐ刑を受ける.ⓑ拷問を受ける.〔电～〕ⓐ電気による死刑.ⓑ電気で拷問する(受ける). ③<姓>刑(xíng)
刑案 xíng'àn 〔刑事案件〕の略.
刑柄 xíngbǐng 〔～在握,掌生杀之权〕刑罰の権を握り,生殺の権をつかさどる.
刑部 xíngbù [清][六 liù 部]の一として司法行政をつかさどったところ:〔秋 qiū 曹〕ともいう.〔～尚书〕同法部長官. →[三 sān 法司]
刑场 xíngchǎng 処刑場:〔法 fǎ 场〕は旧称.
刑车 xíngchē 囚人護送車.
刑惩 xíngchéng 刑罰を加えて懲らす.
刑罚 xíngfá [法]刑罰.〔不得滥 làn 用～〕刑罰を乱用してはならない.
刑法 xíngfǎ [法]刑法.〔～典〕刑法典.
刑法 xíngfa <口>犯罪者に対する体罰.〔动了～〕拷問した.
刑房 xíngfáng ①[旧]刑事の文書を扱う吏員. ②拷問部屋.〔私設～〕秘かに拷問部屋を作る.
刑家 xíngjiā <文>法家の家族.
刑检 xíngjiǎn ①刑事事件の検察. ②同前の検察官の略称.
刑警 xíngjǐng 〔刑事警察〕の略称.
刑拘 xíngjū [法]刑事拘留する:〔刑事拘留〕の略.警察による30日以内のもの. →[拘留]
刑具 xíngjù 刑罰に用いる道具.
刑戮 xínglù <文>刑罰や死刑に処する.〔～不宜过〕処刑はあまり重くするのもよくない.
刑律 xínglǜ 〔刑法〕に同じ:〔刑法 fǎ〕
刑满 xíngmǎn [法]刑期が満了する.〔～释 shì 放〕〔刑释〕満期釈放.
刑名 xíngmíng ①刑罰の名称:死刑・無期懲役・執行猶予など. ②<文>刑名(メン)学:〔～之学〕の略.法家の李斯韓非子が法術を説で,議論(名)と実際(刑)の如何により官吏を賞罰すること.申不害・商鞅・韓非子などこの学派を〔～家〕という. ③[旧]刑事事務.またそれを主管する役人.〔～师爷 shīyé〕法廷の書記.
刑期 xíngqī 刑期.

xíng 刑邢形

刑辱 xíngrǔ 〈文〉刑罰を与えて辱める.

刑賞 xíngshǎng 〈文〉賞罰.〔～宜求公允〕賞罰は公平を重んずべきである.

刑事 xíngshì 法刑事:〔mín事〕に対していう.〔～案件〕刑案]刑事事件.〔～案件〕〔～警察〕刑警]④刑事関係の警察業務.⑤刑事.〔～诉讼〕刑事诉讼.〔～处分〕刑事処罰.〔～犯罪zuì〕刑事犯罪.〔～侦zhēn查〕刑侦]刑事事件の捜査(をする).〔～责任〕刑事責任.〔～拘jū留〕〔刑拘〕刑事拘留(する)

刑释 xíngshì 法刑期が満了して釈放となる:〔形满释放〕の略.

刑庭 xíngtíng 法刑事法廷:〔刑事法庭〕の略.→〔民mín庭〕

刑问 xíngwèn 同下.

刑讯 xíngxùn 〈文〉刑具を用いて審問すること:〔刑问〕に同じ.〔～逼bī供〕拷問して自白させる.

刑于 xíngyú 〈文〉夫婦相敬すること(詩経)

刑于之人 xíngyú zhī rén 〈文〉宮刑に処せられた人.宦官.

刑章 xíngzhāng 〈文〉刑法.〔触犯～〕刑法を犯す.

刑杖 xíngzhàng 笞(ち)刑を行う.またその笞(むち)

刑侦 xíngzhēn 刑事事件の取り調べや捜査(をする):〔刑事侦查〕の略.〔～人员〕捜査員.

刑种 xíngzhǒng 刑罰の種類:〔主刑〕と〔附加刑〕がある.

[邢] xíng ①古地名.現在の河北省邢台県一帯.②〈姓〉邢(けい)

[形] xíng ①形式.様子.様式.〔三角～〕三角形.〔情qíng～〕情況]①ありさま.〔地～〕地形.②本体.実体.〔有～〕実体を備えている.③表す.現れる.〔～之于外]外に現す.〔喜～于色〕喜びが顔に現れる.〔～于笔墨〕筆墨に表す.〔甚shèn～忙碌〕たいへん多忙の様子だ.④比較する.〔相～之下〕比較してみると.〔相xiāng～见绌chù〕〈成〉比べて見劣りがする.⑤〈姓〉形(けい)

形变 xíngbiàn 物ひずみ.変形.

形成 xíngchéng 形成する.構成する.なしている.〔～层céng〕形成層.〔雨点在空中遇冷→冰雹〕雨粒が空中で低温に遇えば雹(ひょう)となる.

形存实亡 xíngcún shíwáng 〈成〉形だけで中身がない.→〔名míng存实亡〕

形单影只 xíngdān yǐngzhī 〈成〉形もひとつ,影もひとつ.〈喩〉独りぼっちのさま:〔形单影孤gū〕〔形只影单〕ともいう.

形而上学 xíng'érshàng xué 図形而上学.→〔玄xuán学⑤〕

形格势禁 xínggé shìjìn 〈成〉情勢・環境の制約を受ける.

形骸 xínghái 〈文〉人の体.身体.

形秽 xínghuì 〈文〉身なりがみすぼらしい.

形迹 xíngjì ①挙措.挙動.表情.〔～可疑〕可疑くさい.〔不露～〕表情に表さない.〔立居振る舞い.〔不拘～礼儀〕礼儀にこだわらない.②痕跡.跡.〔不留～〕跡が残らない.〔行迹〕

形家 xíngjiā 観相家.土地や家屋の相を見る人:俗に風fēng水先生という.

形变 xíngbiàn 〈道教で〉死ぬ.羽化する.

形景(儿) xíngjǐng(r) 情勢.状況.〔看～行事〕情勢を見て事を行う.

形消 xíngxiāo 中医腫脹.〔涂pō熊胆以解～〕熊の胆を塗って腫れを散らす.

形貌 xíngmào ⇒〔形容①〕

形美 xíngměi 見た目のよさ.

形旁 xíngpáng =〔意yì符]]意符.義符:漢字で意味を表す部分.→〔形声〕

形儿 xíngr ①形.姿.②形跡.

形容 xíngróng ①=〔形貌〕[形色]〈文〉形状.容貌.〔～憔悴〕顔がやつれている.②形容する.描写する.〔无法以言语～〕言葉で表しえない.

形容词 xíngróngcí 形容詞.→〔表biǎo词〕〔定dìng语〕〔静jìng字〕

形色 xíngsè ①⇒〔形容〕 ②形.顔色. ③様子.〔慌huāng张〕様子がそわそわしている.

形神 xíngshén 形式と内容.〔～兼备〕〈慣〉外見も中身も立派である.

形声 xíngshēng 〔六liù书①〕の一:〔谐xié声②〕〔象xiàng声〕ともいう.字を声符(表音部)と意符(表意部)との結合によって作ること.例えば〔江〕は〔水〕(意符)と〔工〕(声符)から成る.〔～字〕形声字.

形胜 xíngshèng 〈文〉地勢の優れていること.〔～之地〕同前の地.

形式 xíngshì 形式.一定の形(型).〔～逻luó辑〕形式論理.〔～上〕形式上(は).〔走～〕形式だけとって実質的な内容(効果)はない.〔～主义〕形式主義.→〔内nèi容〕

形势 xíngshì ①形勢.情勢.なりゆき.〔政治～〕政治情勢.〔市场～〕市況.〔客观～〕客観的な情勢.〔～大好〕情勢はすばらしい.〔～逼bī人〕時勢に流され,そうせざるをえなくなる.②地勢(多くは軍事上から見た場合をいう).〔～险xiǎn要〕要害の地.〔～地dù势①〕

形似 xíngsì ①外見が似ている.形体が似ている.〔～长蛇〕形は長い蛇のようだ.②絵画の相似.→〔神shén似〕

形态 xíngtài ①姿かたち.形状.形態.事物現象の表現されている形式:〔意识～〕イデオロギー.③圂(語)の形態.

形体 xíngtǐ ①形体.かたち.構成.〔文字の～〕文字の形体.〔～变化〕形体の変化.②(人間の)体.肉体.

形同… xíngtóng… 見るからに…のようである.…に似ている.〔～虚xū设〕〈慣〉似て非なるもの.

形象 xíngxiàng ①形象.〔～思维〕芸術思維]具象的思惟.芸術形象による思維.〔～性〕具象性.→〔抽chōu象②〕 ②形姿.様相.姿.人物像.〔鲁迅在小说里所描写的人物～〕魯迅が小説で描写した人物像.〔英雄～〕英雄像. ③イメージ豊かである.如実である.〔～大使〕〔～代言人〕(企業や商品の)イメージキャラクター.〔～工程〕〔面miàn子工程〕イメージアップのためだけのプロジェクト.〔～广告〕イメージ広告.〔～化〕具象化する.〔～设计师〕スタイリストコーディネーター.イメージデザイナー.〔企业～〕企業イメージ.〔～地描绘了出来〕イメージ通り(如実に)描写した.

形销骨立 xíngxiāo gǔlì 〈喩〉やせて骨ばっている.〔病得～〕病気でやせて骨ばかり.

形形色色 xíngxíngsèsè 〈成〉種々さまざまであるさま.〔店里摆满了～的物品〕店には種々さまざまな商品が並べられている.

形训 xíngxùn 図字形から字義を解釈すること.

形影 xíngyǐng 形と影.〔～孤单〕頼りのないひとり身.〔～相伴〕形と影が寄り添う.〔～不离lí〕〔～相随suí〕〈成〉影の形に伴うように少しも離れない.〔～相爱不离〕愛し合っていて一刻も離れることはない.〔～相吊〕〈成〉ただ自分の姿と影とが哀れみ合う.〈喩〉ひとりぼっちの頼りなく心細いさま.

形只影单 xíngzhī yǐngdān ⇒〔形单影只〕

形质 xíngzhì ①形と質.②実質.

形制 xíngzhì ①(器物や建物の)形式と構造.〔～新颖〕同前が新しい.②〈文〉地形をもって制圧する

形型钘硎铏行 / xíng

る.〔金陵地勢如龙盘虎踞,～四方〕南京の地勢は竜虎が盤踞(ばんきょ)しているようで,四方を制圧している.

形诸笔墨 xíng zhū bǐmò 〈慣〉筆墨で表す.
形状 xíngzhuàng 物の形状.外観.〔～记忆合金〕形状記憶合金.
形踪 xíngzōng 行方.形跡.足跡.
形左实右 xíngzuǒ shíyòu 〈慣〉形は左派だが実際は右派である.

〔型〕 xíng

① 鋳型.〔砂 shā ～〕砂型.〔浇 jiāo ～〕鋳型に鉄水を流し込む.②樣式.手本.類型.タイプ.〔小～汽 qì 车.〕小型自動車.〔新～拖 tuō 拉机〕新型トラクター.〔典 diǎn ～〕典型.〔脸～〕顔かたち.〔血 xuè ～〕血液型.③〈姓〉型

型板 xíngbǎn 圏型板.
型锻 xíngduàn 圏スエージング.
型钢 xínggāng ⇒〔构 gòu 造型钢〕
型工 xínggōng =〔造 zào 型〕圏鋳型工用の砂型を作る工作.
型号 xínghào 型.タイプ.〔质量、～、价格和其他条件都合适〕品質・規格・価格およびその他の条件がみな適合している.
型煤 xíngméi 石炭の粉末に粘着剤をまぜて型に固めた燃料.煉炭や豆炭など.
型模 xíngmú 圏型.
型砂 xíngshā =〔造 zào 型砂〕圏鋳型砂.
型心 xíngxīn 圏鋳型の芯.中子(なかご).
型砧 xíngzhēn ⇒〔花 huā 砧(子)〕

〔钘・鈃〕 xíng

①固酒を入れる長頸の容器.②⇒〔铏〕

〔硎〕 xíng

〈文〉①砥石(といし).〔新发于～〕とぎたての刃物のように敏捷で能力がある.→〔磨 mó 刀石〕 ②磨(と)ぐ.

〔铏・鉶〕 xíng

=〔钘〕固羹(あつもの)を盛る祭器:鼎(かなえ)の小型型のもの.

〔行〕 xíng

①歩く.行く.〔人～道〕歩道(車道に対して).〔飞～〕飛行する.〔～百里者半九十〕〔諺〕百里を行く者は九十里を半ばとせよ.②出かける.旅行する.遠道をする.〔启 qǐ ～〕〔起～〕(旅行に)出発する.〔旅 lǚ ～〕旅行する.〔送～〕送别(する).〔不虚 xū 此～〕今回の旅行はむだではなかった.③推し広める.流通する.〔推～〕同前.〔流～〕流行(する).④(漢字の)行.⑤臨時的である.移動している.⑥行う.実行する.挙行する.執行する.行使する.〔实～〕実行する.〔举～〕挙行する.〔执 zhí ～〕執行する.〔举手礼〕挙手の礼をする.〔施～〕施行する.〔所～不端〕行うことが正しくない.行為がよくない.⑦行為.行い.〔罪～〕犯罪行為.〔暴 bào ～〕暴行.〔品 pǐn ～〕品行.〔你看他那个德～〕どうだ,あいつの面の皮の厚さは.⑧よろしい.差し支えない.構わない.〔～了、～了まあまあ(制止する).〔～,咱们就这样办吧〕よろしい,私達はこのようにしましょう.〔这样～不～〕このようにしたらどうですか.⑨優れている.やり手である.偉い.たいしたものである.すばらしい.〔这年轻人～啊,真有两下子〕この若者はすばらしい,なかなかやるぞ.⑩ 2 音節の動詞の前,単音の副詞・代詞の後に置き,それがもつ意味を添える.〔先～调查〕まず調査を行う.〔另～通知〕別便で知らせる.
⑪〈文〉まさに…しようとする.もうすぐ.〔～将竣工〕もうすぐ竣工する.〔～〉薬効を発揮させる.効き目を表す.⑫古詩の一体:唐代以後は長編の叙事詩の体をいう.〔兵车～〕〔琵琶 pá～〕など.⑬〈姓〉行
→ háng héng

行包 xíngbāo ①旅客の荷物.旅行カバン.②託送手荷物.チッキ.→〔行装〕
行笔 xíngbǐ ⇒〔运 yùn 笔〕
行波 xíngbō 物進行波.
行不得也哥哥 xíngbude yěgēge 〈成〉十八滩(広西チワン族自治区西江の上流)は水浅く石多く舟行が困難である.〔転〕男女の愛情を表すのに用い,女性が自分の愛しい人に自分から離れていかないで,何か外の事をするようにとの意味を表す.〔哥哥〕キジ科の鳥シャコまたは愛しい人の意.宋の丘濬の詩〔～,十八滩头乱石多〕から出た.
行不通 xíngbutōng ①通行できない.〔这是死胡同,前面～〕これは行き止まりで,先の方は通りぬけられません.②実行できない.通用しない.〔时代变了,你的老办法～了〕時代は変わった,君の古いやり方はもう通用しないよ.↔〔行得通〕
行藏 xíngcáng 〈文〉①官吏の身の処し方.進退出処.②来歴.行跡.〔识破～〕内幕を見破る.〔～不明〕来歴不明.
行草 xíngcǎo (漢字の)草書体に近い行書.→〔行楷〕
行常 xíngcháng 〈文〉普通(の).平常(の)
行车 xíngchē 車を運転する.〔～速度〕運転の速度.〔～记录〕運転中の記録.〔～执 zhí 照〕〔～证〕〔车照〕車検証.→ hángchē
行程 xíngchéng ①日程.〔他的～安排如下〕彼の日程は次のように決まった.②過程.プロセス.〔历史发展的～〕歴史の発展過程.③〔冲 chōng 程〕
行成于思 xíng chéng yú sī 〈成〉よく考えてやれば事は成る.〔～毁 huǐ 于随〕(韓愈・進学解)同前,気ままであればだめになる.
行仿 xíngfǎng 〈文〉命令を通達する.〔～部属,一体凛遵〕所属各部局に通令して遵守執行させる.
行筹 xíngchóu 〈文〉札を入れる(多数決をはかる)
行船 xíngchuán ①船を出す.船を操る.〔善于～〕船を操るのがうまい.②舟行.〔西江下流可以～〕西江の下流は舟行の便があります.
行床 xíngchuáng ⇒〔行房(事)〕
行次 xíngcì 旅行の途次.
行刺 xíngcì (凶器で)暗殺する
行道 xíngdào ①〈文〉自己の理念・主張をおしすすめる.〔替天～〕天に代わって同前.②道.路.→ hángdao
行道树 xíngdàoshù 步道の並木.街路樹.→〔树行hàng 子〕〔街 jiē 道树〕
行得通 xíngdetōng ①通行できる.②通用する.実行できる.↔〔行不通〕
行动 xíngdòng ①動く.〔老人家～不便〕あの年寄りは步行が困難だ.②行動する.〔采 cǎi 取～〕行動をとる.〔敌 dí 对～〕敵対行動.〔～计划〕アクションプラン.〔～通讯〕モバイル通信.〔～指南〕行動指針.〔～坐卧 wò〕行為行動.立居振る舞い.〔付诸～〕これを行動にする.〔注意他的～〕彼の動きに注意する.③動作.挙動.動き.〔可疑的～〕疑わしい挙動.
行都 xíngdū 圓仮の都.臨時の首都.→〔陪 péi 都〕
行贩(儿) xíngfàn(r) 〈白〉行商(人):行商や縁日商売の小商人.→〔小 xiǎo 販〕
行方便 xíngfāngbian ①融通をきかす.便宜を与える.恵む.〔求您行个方便吧〕どうぞお助けください.②園(仏教で)喜捨する.〔大～广积善缘〕大いに喜捨すれば広く善縁を作ることになる.
行房(事) xíngfáng(shì) =〔行 床〕〔入 rù 室〕(夫婦間で)房事を行う.
行歌 xínggē 〈文〉歩きながら歌う.
行宫 xínggōng 〈文〉行在所(あんざいしょ).行宫:〈文〉車

xíng

chē 官)に同じ.

行贾 xínggǔ ⇒[行商①]

行好 xínghǎo ①慈悲の行いをする.恵む.助ける.〔~有好报〕人に恵めばいい報を受ける.〔善心的姑娘,行行好吧〕情け深いお嬢さん,助けてやってください.②寄付する.〔这点钱就算给你~了吧〕これくらいの金はきみが寄付しなさいよ.

行洪 xínghóng 洪水を引き起す.洪水をスムーズに通させる.

行化 xínghuà ①薬が効いてくること.〔等一会儿药力一开了,就好了〕もうすぐして薬が効いてくるとすぐよくなる.②飲食物が消化する.

行贿 xínghuì 賄賂を使う.〔~受贿]贈収賄.〔~罪 zuì〕贈賄罪.〔~求官〕賄賂を使って官職にありつく.

行迹 xíngjì 行動の形跡.行方.あとかた.〔~无定〕行方がわからない.〔露 lòu 了~,叫人逮逮住了〕しっぽを出したので逮捕された.〔形迹③〕

行将 xíngjiāng 〈文〉まさに…せんとする.もうすぐ….〔~灭 miè 亡〕もうすぐ滅亡しようとする.〔~就道]いま旅立ちせんとす.〔~就木〕〈成〉もうすぐ棺桶に入ろうとする:死期に近づいた.

行脚 xíngjiǎo 行脚(鞋)する.〔~僧〕行脚の雲水僧.

行劫 xíngjié 強奪する.強盗を働く.〔拦路 ~〕追いはぎをする.

行进 xíngjìn 〔隊伍が〕行進する.

行经 xíngjīng ①通過する.〔~苏 sū 州下车观光〕蘇州を通るので下車して見物する.〔列车~沈 shěn 阳,山海关抵达北京〕汽车は瀋陽・山海関を経由して北京に到着する.②〔月経の〕来潮(する).〔这个月~不顺〕今月は生理が不順だ.

行径 xíngjìng ①行い.挙動:多く消極的・マイナス・よくない事柄についていう.〔~大背世俗〕行動が世俗に大いに背いている.②通行できる小道.〔~通幽 yōu〕小道が奥に通じている.

行酒 xíngjiǔ 〈文〉①〔把 bǎ 酒 ②〕(客)に酒を勧める.②酒を飲む.

行酒令 xíngjiǔlìng 〔~儿〕酒宴に興を添える遊びをする.〔行令〕〔打 dǎ 令 ②〕ともいう.→〔酒令〕

行军 xíngjūn 行軍する.〔常 ~〕平常行軍.〔强 qiáng ~〕強行軍.〔急 ~〕急行軍.〔~〈文〉兵を用いる.〔贵乎神速〕用兵は神速を貴ぶ.

行军虫 xíngjūnchóng ⇒〔黏 nián 虫〕

行军床 xíngjūnchuáng 旅行用携帯ベッド.軽便組立てのベッド.〔帆 fān 布床〕ともいう.

行楷 xíngkǎi 〔漢字の〕楷書体に近い行書:〔行真〕ともいう.→〔行草〕

行看子 xíngkànzi ⇒〔手 shǒu 卷〕

行客 xíngkè 旅行者.旅の人.〔~拜坐家〕旅行客の方から地元の人を訪ねるのが礼である.〔单身~〕一人旅の旅行者.

行潦 xínglǎo 〈文〉道路の水たまり.

行乐 xínglè 〈文〉[行楽する.〔及时 ~〕]その時々に楽しみをする.〔~图 tú〕②遊楽の図.ⓑ春画:〔春 chūn 宫 ②〕ともいう.

行礼 xínglǐ ①敬礼する.お辞儀をする.〔行举手礼〕挙手の礼をする.〔行鞠躬礼〕立礼をする.〔~如仪〕型の礼(儀式)をする.②贈り物をする.

行李 xíngli 旅行時の手荷物(総称).〔~车〕ⓐ荷物運搬用の車両.ⓑキャリーカート.〔~牌 pái〕タグ.預り札.〔~票]預り証.〔打 ~票〕手荷物を託送する.〔随身带的 ~〕携帯手荷物.〔~超重]荷物の重量オーバー.〔~房〕手荷物・貨物の取扱所.〔~架〕(飛行機・列車の)網棚.手荷物入れ.〔~卷 juǎnr〕旅行用のふとんを巻いたもの:〔铺 pū 盖卷

儿〕に同じ.〔~箱〕(自動車の)トランク.

行猎 xíngliè 〈文〉狩猟をする.

行令 xínglìng ⇒〔行酒令〕

行路 xínglù 道を歩く.道を行く.

行路歌儿 xínglùgēr 旧道筋を憶えるための歌.

行侣 xínglǚ 〈文〉旅の道連れ.

行旅 xínglǚ ①旅行.〔祝君~安绥〕ご旅行の安全を祈ります.→〔旅行①〕 ②旅行者.旅客.〔人生如 ~〕人生は旅客のごとくである.〔~来往〕旅人が行き交う.

行略 xínglüè ⇒〔行述〕

行囊 xíngnáng 〈文〉旅支度を入れる袋.行嚢(ぶう):〔文〕〔行箧〕に同じ.

行年 xíngnián 〈文〉①その人の現在の年齢.〔~五十]年齢50歳. ②⇒〔享 xiǎng 年〕

行骗 xíngpiàn 詐偽行為をする.ペテンにかける.

行聘 xíngpìn 旧結納を贈る.娘の婚約をする.

行期 xíngqī 出発の期日.〔现在~又改了〕出発の期日がまた変更された.

行乞 xíngqǐ 物乞いをする.→〔乞丐〕

行腔 xíngqiāng 劇〔旧劇で曲譜や声調に従って〕役者が節回しをつける.

行抢 xíngqiǎng 強盗を働く.

行俏 xíngqiào〔商品などの〕受けがいい.売れ筋である.

行窃 xíngqiè 〈文〉窃盗を働く.

行箧 xíngqiè ⇒〔行囊〕

行权价格 xíngquán jiàgé 経 権利行使価格:〔行使价格〕ともいう.

行人 xíngrén ①通行人.歩行者.〔~要走便道〕人は歩道を歩かなければならない.②〈文〉使者.

行人情 xíngrénqíng 旧吉事や仏事のあいさつに行く.義理で(をはたしに)行く.〔给亲戚~去〕親戚へ付け届けをする.

行若无事 xíng ruò wúshì 〈成〉①平然と振るまう.全く気にかけない.②見て見ぬふりをする.

行散 xíngsǎn 〈文〉投薬し治療する.

行散 xíngsǎn 魏晋南北朝の文人に流行した〔五石散〕と称する一種の劇薬を飲み,歩いて外気に触れ,その薬効を散らしたことをいう.

行色 xíngsè 旅立ち:門出の有様・様子.〔为您饯行,以壮 ~〕あなたのために送別会を開いて,門出を祝う.〔~匆 cōng 匆〕〈慣〉出発間際の慌ただしいさま.

行善 xíngshàn 善を行う.施しをする.

行商 xíngshāng ①行商(人).〔〈文〉行贾〕に同じ.〔~坐贾〕行商(人)と店商(商人).↔〔坐 zuò 商〕 ②商売をする.

行觞 xíngshāng 〈文〉酒を勧める.→〔敬酒〕同前.

行省 xíngshěng 史行政区域:元代に〔中书省〕を中央政府とし,〔行中书省〕を各地方に設けた,これを〔~〕,略して〔省①〕といった.のち行政区域の意味に使われ,明代には15〔~〕を置き,清代には22〔~〕を置いた.

行尸走肉 xíngshī zǒuròu =〔走肉行尸〕〈成〉歩いている屍や魂のない人間.〔喩〕何もしないで日を送る人.

行时 xíngshí ひとしきり流行している.人気がある.〔现在就不那么~了〕今ではそんなにはやらない.

行食 xíngshí 〈文〉①遊食する.②食後の腹ごなしをする.

行使 xíngshǐ 行使する.〔~否 fǒu 决权〕拒否権を行使する.

行驶 xíngshǐ 運行する.通行する.〔禁止车辆~〕車両通行禁止.→〔驾 jià 驶〕

行事 xíngshì ①行為.行い.〔言谈~〕言動.〔他 ~

行 xíng

行 为人都叫人佩服]彼の行為や人となりは他人の尊敬を受けている. ②実行する. 処理する. [看人~]相手を見て手を打つ. [按规矩~]決まりによって事を処理する. [看交情~]つきあいの程度によって実行する. [秘密~]秘密に行う. ③交際. 交わり. [这位太太真不会~]この奥様は全く客扱いが下手だ.

行书 xíngshū 行書:書体の一種.→[字 zì 体①]

行署 xíngshǔ ⇒[行政公署]

行述 xíngshù 〔行略〕死者生前の事跡を述べた文:[行状]に同じ.

行速 xíngsù 走行速度.

行诉法 xíngsùfǎ 〔行政诉讼法〕の略.

行台 xíngtái ①旧高官が地方を巡視する時の臨時の駐在所. ②臨時に架設された舞台. [搭上~唱戏]仮設舞台を設けて劇を演ずる.

行唐 xíngtáng ⇒[食 láng 荡]

行堂 xíngtáng 寺院中の行者の寮室.

行通 xíngtōng 通用(する)

行同狗彘 xíng tóng gǒuzhì〈成〉行いが犬や豚と同じである.

行头 xíngtou ①旧劇で用いる舞台衣装. ②〈転〉きらびやかな衣装. (ユーモアの含み).

行为 xíngwéi 行為. [~不检]行為が慎重さを欠く. [~干预]行動介入. [~模式]行動パターン. [~能力]行動能力. [~艺术]パフォーマンスアート:芸術家自身の身体で作品を構成する表現形態.

行文 xíngwén ①文章(を作る). [~如流水]すらすらとよどみなく文章を作る. ②公文書を出す.文書で掛け合う. [~到各机关去调查一下]各官庁へ公文書を出して調査する.

行无所事 xíng wú suǒshì〈慣〉ぶらぶらしてまとな仕事をしない. [终日闲荡~]一日中同前.

行息 xíngxī 利息をつける. 利息を払う. [这笔借款每月按二厘~]この借款は毎月1000分の2の利率で利息を付する.→[利 lì 率]

行香 xíngxiāng 焼香し礼拝する.

行箱 xíngxiāng 芝居の道具を入れる箱.

行销 xíngxiāo 商品を売りさばく.販売する. [~全球]全世界に販路を広める.

行星 xíngxīng =[惑 huò 星][游 yóu 星]因惑星.遊星. [人造~]人工惑星. [八大~]九大惑星. [~齿 chǐ 轮]遊星歯車. [~际站]惑星間ステーション.

行刑 xíngxíng 因刑の執行(をする).多く死刑の場合を指す.

行行好 xíngxínghǎo ①功徳を施す.善いことをする. ②すまないが…して下さい:他人に何かを頼む時の言葉. [你~, 替我寄一下这封信]すまないが,この手紙を出して下さい.

行凶 xíngxiōng 凶行を演ずる.殺害する. [~作恶]殺人や悪事を働く. [~一笔 zhào 事]人を殺して事件を起こす.

行(蓄)洪区 xíng(xù)hóngqū 遊水池:[湖 hú 区]ともいう.→[蓄洪区]

行血器 xíngxuèqì ⇒[循 xún 环器]

行药 xíngyào 中医(薬を飲んだ後)薬効を出す.

行夜 xíngyè ①⇒[巡 xún 夜] ②⇒[尼 pì 步甲]

行医 xíngyī 医を業とする. [以~为业]医業をもって職とする.

行易知难 xíngyì zhīnán〈成〉行うことはたやすく知ることは難しい:『建国方略』に述べてある孫文の考え方. [知之非难,行之惟难](知ることは難しくなく,行うことが難しい)という伝統的観念を批判したもの.

行吟 xíngyín 歩きつつ吟唱する.

行营 xíngyíng ①=[行辕②]〈文〉出征時の軍営(特に司令部). [~司令部]司令部. ②旧地域に設置された軍事司令部. [西安~]西安に設置された同前. [童子军在山上扎了一个~]ボーイスカウトが山上にキャンプを張った.

行辕 xíngyuán ①旧高官が出張先に設けた官邸. ②同上①.

行远自迩 xíngyuǎn zì'ěr〈成〉遠方へ行くには近い所から始めること.物事にはすべて順序のあること.千里の道も一歩から.

行云流水 xíngyún liúshuǐ〈喩〉自然でこだわりのないこと:多く文章・歌唱の滞りのないこと.

行在 xíngzài〈文〉(皇帝の)行在所(あんざいしょ). [~所]同前.

行灶 xíngzào 旧(慶弔の際の)臨時に設けられる調理場:[擘 lóng 灶]に同じ.

行诈 xíngzhà 詐欺をする.

行者 xíngzhě ①闲(仏教で)寺院で修行中の未剃髪の修業者. ②〈文〉旅行者. 通行人.

行针 xíngzhēn 鍼(はり)で病気を治療する.→ háng zhēn.

行真 xíngzhēn ⇒[行楷]

行政 xíngzhèng ①(国家の)行政. [~机构]行政機構. [~机关]行政機関. [~案 àn 件]行政訴訟事件. [~区](各级的)行政区. [~区划]区划行政区画:省(自治区,直辖市)・副省級市・地级市・县(区)・乡(镇)のように分けられている. [~院]阊内阁. ②(役所・企業・団体などの)管理. 運営. [~人员]管理职员. [~费用]事务费. [~楼]事务栋. 管理栋. [~处 chǔ 分]因行政処分:降格・免职・除名など. [~处罚 fá]因行政(処)罚金・没收・业务停止・许认可の取り消し・拘留など. [~拘留]因行政(処)罚上の拘留. [~秘书]事务管理担当の秘书.

行政村 xíngzhèngcūn ①(自然村に対する)行政村:1から数個の自然村で组织される. ②行政组织としての村:最末端の行政组织.

行政方面 xíngzhèng fāngmiàn ①国家機関(役所)または团体における管理部門. ②企業における业务管理部門.企業管理部.経営者側.使用者側.

行政公署 xíngzhèng gōngshǔ =[行署]解放前革命根据地に,または建国直后一部地域に設けられた地方行政機構:数個の[专 zhuān 署]を统辖する.

行政诉讼 xíngzhèng sùsòng =[行政诉讼][行政申 shēn 诉]ともいう. [~法][行诉法]行政诉讼法.

行之有效 xíngzhī yǒuxiào〈慣〉やって効果がある.有効である.実(じつ)がとれる.

行止 xíngzhǐ〈文〉①言動.品行. [~不检]行動に慎みがない. ②行方(ゆくえ). [~不定]行方が定かでない.

行舟 xíngzhōu〈文〉舟を进める. [学如逆水~,不进则退]〈喩〉学问は舟で川を上るようなもので,進歩しなければ退歩する.

行装 xíngzhuāng 旅装. [整理~]旅支度をする.

行状 xíngzhuàng〈文〉死者生前の言行を述べた文章:[行述]に同じ.

行咨 xíngzī 公文書のうちの[咨文],すなわち並行機関の間に往復する公文.

行资 xíngzī 旅費.

行子 xíngzi ⇒[行(こう)の人]. 旅行者.

行踪 xíngzōng 行动.行き先. [他的~绝对保密]彼の行方は絶対秘密となっている. [~诡 guǐ 秘]〈慣〉行动を秘密につつまれている.

行走 xíngzǒu 歩く.通行する. [~不便]歩行が困難である. [~速度]歩行速度.

1881

[饧・餳] xíng
〈文〉① 水飴(あめ).〔~糖〕同前.→〔糖táng 稀〕(あめ・ギョーザの皮などが)柔らかくなる.〔糖~了〕あめが柔らかくなってしまった.③〔目を半ば閉じて〕うつらうつらしている.〔眼睛发~〕目がとろんとする. → táng

[陉・陘] xíng
① 〈文〉山脈の切れ目.② [春秋] 楚の古地名.③〔井jǐng ~县〕[地] 河北省にある.

[荥・滎] xíng
① [固] 現在の河南省鄭州市の西にあった本沢.〔~阳〕[地] 河南省にある.② 〈姓〉荥(ケイ). → yíng

[省] xǐng
① 省みる.〔反~〕反省(する).〔内~〕内面.〔吾日三~吾身〕〈成〉毎日三つの方面からわが身を省みる(論語).自分は日に何回もわが身を省みる.② 自覚する(がある).わかる.〔发人深~〕〈成〉人に深い自覚を促す.〔口不能言,心~〕口では言えないが心ではちゃんとわかっている.③〈文〉つまびらかに見る.視察する.④〔故郷へ帰って〕父母の安否を問う.尋ねる.〔归 guī ~〕帰省する.〔回家~亲〕家に帰って親に会う(安否を問う).⑤〈姓〉省(ショウ). → shěng

省察 xǐngchá（自分の行為を）省みる.〔注意して考察する（取り調べる）
省见 xǐngjiàn 〈文〉見知られる.注目を受ける.〔未得~〕まだお目にかかれていない.
省觉 xǐngjué ⇒ [省悟]
省墓 xǐngmù 〈文〉展墓する.墓参する.
省亲 xǐngqīn 〈文〉帰省して父母などを見舞う.〔~会友〕旧交をあたためる.
省事 xǐngshì ① わきをまえる.〔不省人事〕人事不省.〈成〉人事不省(になる)
省视 xǐngshì ① 訪問する.見舞う.② よく（つまびらかに）見る.
省思 xǐngsī 反省（する）.〔去好好地~一下〕よくく反省しなければならない.
省问 xǐngwèn 〈文〉安否を尋ねる.慰問する.
省悟 xǐngwù ⇒ [省悟] 覚醒する.悟る.→[醒悟]

[醒] xǐng
① 眠りからさめる.〔~~吧〕目を覚ましなさい.〔叫~〕〔喊 hǎn ~〕呼びさます.②（酒または麻酔,失心などから）さめる.〔一过酒来〕酔いがさめてきた.〔喝碗茶~~酒〕お茶を飲んで酔の醒ましとする.③ 迷いからさめる.〔提 tí ~〕注意を与えて呼びさます.〔清~过来〕（過ちを）悟った.〔他ㄦ了过来〕彼はやっと目を覚ました.④ 鮮やかである.はっきりしている.〔醒目〕⑤ 練った小麦粉をねかせる.⑥〈姓〉醒（セイ）.
醒盹ㄦ xǐngdǔnr〈方〉居眠りからさめる.
醒豁 xǐnghuò はっきりしている.わかりやすい.〔一经老师指点,顿时~〕先生から指摘されたらすぐにはっきりわかりました.
醒酒 xǐngjiǔ（酔いから）さめる（さます）.〔吃点水果~〕果物を食べて酔いをさます.
醒觉 xǐngjué ⇒ [醒悟]
醒木 xǐngmù [响 xiǎng 木] 講談師が机をたたいて聴衆の注意を引くのに用いる木片.〔说书的把~一拍,开口道:"话说从前…"〕講談師が拍子木をたたくと,"さて,お話は昔の事…"と語りだした.→[惊jīng 堂木][评 píng 书]
醒目 xǐngmù（絵・文字などが）あざやかに目を引く.人目を引く.
醒脑 xǐngnǎo 頭をはっきりさせる.〔提神~〕頭をすっきりさせる.

醒腔 xǐngqiāng 〈方〉（目が）さめる.悟る.〔再三劝他还是不~〕再三忠告したが,彼はやはり目がさめない.
醒世 xǐngshì 世の中を警醒する.
醒悟 xǐngwù ≡[醒觉] 迷いからさめて悟る.めざめる.〔等到受骗,才~过来〕だまされて初めてわかった.〔人谁能无过,只要能~就好〕誤りのない人はない,わかりさえすればよろしい.→[省悟]
醒眼 xǐngyǎn 〈文〉① はっきり目がさめている.② 人目を引く.

[擤 (擤)] xǐng
〔~鼻 bí 子〕〔~鼻涕・tì〕同前,〔拿条手巾~鼻涕〕ハンカチで鼻をかむ.〔用手~〕手鼻をかむ.

[兴・興] xìng
① 興味.〔乘~而来,败~而去〕興に乗ってやって来たが,不愉快になって帰った.〔高~〕うれしい.〔~高～做这个〕彼は喜んでこれをやる.〔豪 háo ~〕深い興味.大変な気乗り.〔助 zhù ~〕興を助ける.〔扫~〕気分をそぐ.興をそぐ.がっかりする.〔引起诗 shī ~〕詩興をひきおこす.〔即 jí ~诗〕即興詩.〔酒~正浓 nóng〕〈成〉酒興が正に高まっている.②〈文〉〔诗の六义liù 之一.物に託していうこと."たとえそうだ".→ xīng

兴冲冲 xìngchōngchōng いそいそするさま.いかにも愉快そうであるさま.〔同学们一地提出举行新年联欢会的建议〕学生たちは喜び勇んで新年祝賀会の動議を出した.
兴匆匆 xìngcōngcōng 〔白〕喜んでいそいそするさま.うれしそうにするさま.気軽にするさま.
兴高采烈 xìnggāo cǎiliè〈成〉非常に興の高まったさま.〔孩子们一听要上公园,就~地准备起来了〕子供たちは公園へ行くと聞いて早速うれしそうに準備をした.
兴会 xìnghuì 興味.〔一时~所至,便画了这幅画〕たまたま興が湧いたので,早速この絵を描いた.〔~淋漓〕〔慣〕興味津津(たん)である.
兴趣 xìngqù ≡[趣味] 興味.関心.意向.〔对各种问题都感~〕各個の問題に対して興味を覚える.〔我的~就是打网球〕わたしの関心はテニスですよ.〔如感~,请协助推销为盼〕願ご関心をお持ちならば販売にご協力ください.〔~小组〕クラブ活動（学校の).サークル.〔~情 qíng 趣①〕
兴头 xìngtóu（…);のり.いい調子.元気.〔他虽然年纪大,却极有~〕彼は年はとっているが,のりにのっている.〈方〉喜ぶ.有頂天になる.〔有了好消息,大家都比往常~些了〕ニュースがあったので皆はいつもよりいくらか愉快だった.→[高 gāo 兴①]
兴头上 xìngtóushang 興に乗っている時.気乗りしている時.〔那是~干的事〕あれは面白半分でやったことだ.〔他玩得正在~,哪里肯罢手〕彼は今ちょうど遊びが乗っているところだ,とてもやめはしないよ.
兴味 xìngwèi 興味.〔~索 suǒ 然〕全く興味がない.〔饶 ráo 有~〕とても興味を持っている.〔~盎 àng 然〕〈成〉興味津津(たん)である.
兴致 xìngzhì 興味.面白味.〔~勃勃〕〈慣〉興味が湧いてくる.〔~很高〕~很高〕若者達は歌ったり踊ったりしてノリノリだ.〔谁有~和我下棋〕誰かぼくと碁をやる者はいないか.

[杏] xìng
[植] アンズ（杏),またその実.〔~ㄦ〕〔~子〕杏の実.〔~ㄦ酱〕〔~ㄦ酱〕アンズジャム.〔~〈姓〉杏（キョウ).
杏脯 xìngfǔ [食] 種を取り去り蜜漬けにしたアンズ（果肉）

杏干(儿) xìnggān(r) 〔食〕干しアンズ.

杏核 xìnghé アンズの種(堅い殻をかぶったもの):〔~儿 hur〕は口語.〔~儿眼〕〔杏眼〕(女性の)つぶらな目.〈転〉美しい目

杏红 xìnghóng 〔色〕赤の勝ったオレンジ色(の)

杏花 xìnghuā 〔-儿〕アンズの花.〔及 jí 第花〕は別称.

杏黄 xìnghuáng 〔色〕琥珀色(の).橙色(だいだいいろ)(の).〔~色〕同前.〔~天〕春(の日).〔花园~柳绿〕花園は樹々が黄や緑で美しい.

杏林 xìnglín ①杏の林.〈転〉良医:三国時代,呉の医者の董奉は治療費の代わりに杏樹を植えさせたところ,やがて杏の林となった.〔~春满〕〔誉 yù 满~〕〈喩〉医療の技術が高いこと. ②〈喩〉学校.〔~得意〕〈喩〉進士に及第すること.

杏梅 xìngméi 〔植〕①ブンゴウメ:味がアンズに似た梅の一種. ②杏と梅.〔~争春〕杏花と梅花が春を競う.

杏年玉貌 xìngnián yùmào 〈喩〉妙齢の美少女.

杏仁 xìngrén 〔-儿〕〔杏仁(kèr)〕:あんずの種の外殻をとった中身.あんずのさね.〔甜 tián ~〕ともいう.〔~饼 bǐng〕〔食〕同前を入れて焼いたビスケット.〔~豆腐〕〔食〕同前をミルクに入れて固めた菓.〔~水〕鎮咳祛痰の薬.

杏仁(儿)茶 xìngrén(r)chá 杏仁を砕いて米の粉と砂糖を入れて煮て作った飲料:〔方〕杏儿茶〕ともいう.

杏仁(儿)粉 xìngrén(r)fěn 〔食〕杏仁を挽き砕いて粉にしたもの:〔杏仁(儿)茶〕の材料.

杏仁(儿)酥 xìngrén(r)sū 〔食〕杏仁を粉末にして入れて作ったもろいクッキーに類する菓子.

杏仁(儿)油 xìngrén(r)yóu 扁桃油.〔苦 kǔ ~〕苦扁桃油.〔甜~〕甜扁桃油.

杏参 xìngshēn ⇒〔荠 jì 苨〕

杏树 xìngshù 杏の木.

杏坛 xìngtán 〈文〉孔子が学を講じたところ.〈転〉学校.〔~讲学〕学校で講義をする.

杏眼 xìngyǎn 〈喩〉女性の丸くて大きい目:〔杏核儿眼〕に同じ.〔~媚人〕美しい目で人に媚びる.〔~桃腮〕つぶらな目とふくよかなほお.〈喩〉美貌.

杏靥 xìngyè ①杏の花. ②〈喩〉女性の容貌のあでやかなこと.〔~有春〕あでやかな顔つきをする.

杏叶沙参 xìngyè shāshēn 〔植〕トウシャジン:根は〔沙参①〕(釣鐘人参)に,葉は杏に似ている.

杏月 xìngyuè 旧暦2月の別称.→〔如 rú 月〕

杏子 xìngzi 杏(実)

【性】 **xìng** ①本性.天性.持ち前のたち.〔人~〕人の本性.〔民族~〕民族性.〔阶級~〕階級性.〔此花~畏寒〕この花の特質は寒さに弱い. ②性格.性質.性癖.〔~忠实〕性格が忠実.〔好洁~〕気随に.気軽に.〔做事有耐~〕仕事をするのに忍耐強い.〔那匹马~子大〕あの馬は気が荒い.〔个~〕個性. ③特徴.特性.〔药~猛烈〕薬の効力が猛烈だ.〔那種酒~太暴〕あの酒は非常にきつい.〔松木有油~〕松材は油分がある. ④接尾字:動詞・名詞・形容詞の後に置かれ,性質・性能・範囲・方式などを表す抽象名詞を作る.〔冒险~〕冒険性.〔斗争~〕闘争性.〔发挥积极~〕積極性を発揮する.〔全国~〕全国的.〔综合~〕総合的(な).〔硬~规定〕変更不可能な規定(をする).弾力的でない規定. ⑤怒り.〔马犯了~了〕馬が怒った. ⑥男女の性別.〔男~〕男性.〔女~〕女性. ⑦生殖と性欲.→〔性行为〕 ⑧〔語〕〔文法上の〕性.〔阳~〕男性.〔阴~〕女性.〔中~〕中性. ⑨〈姓〉性(さが)

性爱 xìng'ài 〔男女間の〕愛欲.性愛.性としての具.アダルトグッズ.〔~商店〕〔性商店〕同前のショップ.

性保健品 xìngbǎojiànpǐn =〔成 chéng 人用品〕性

性变 xìngbiàn 性転換する.〔~手术〕同前の手術.

性变态 xìngbiàntài 変態性.

性别 xìngbié 〔~岐 qí 视〕性差別.〔~失衡 héng〕男女の比の不均衡.〔~选 xuǎn 择〕〔~控 kòng 制〕性別による出生コントロール.

性病 xìngbìng 〔医〕性病:〔旧花 huā 柳病〕ともいう.〔淋 lìn 病〕〔梅 méi 毒〕などの総称. ②同下.

性传播疾病 xìngchuánbō jíbìng 〔医〕性行為感染症.STD:〔性病②〕に同じ.

性地 xìngdì 心根.性質.〔~豪爽〕性質が豪爽.

性恶说 xìng'èshuō 〔哲〕性悪説:荀子の唱えたもの.→〔性善说〕

性发 xìngfā 〔白〕①腹を立てる.怒り出す.〔你别欺 qī 负人,老牛也有一的时候〕きみ人をばかにしてはいけないよ,牛でも怒り出すことがあるぞ. ②むらむらする:性欲を起こす.

性分 xìngfèn 〈方〉性分.〔他就是那~〕彼はあのとおりのたちで.

性感 xìnggǎn 性的魅力(がある).セクシー(である).〔~男子 zǐ〕セクシーな男.〔这个影星富于~〕この映画スターはセクシーだ.〔肉 ròu 感〕

性高潮 xìnggāocháo オルガスムス.エクスタシー.

性格 xìnggé ①(人間の)性格.〔~内向〕性格が内向的である. ②個性.〔~演员〕個性派俳優.〔很有~的人〕極めて個性的な人.

性根 xìnggēn 〔仏〕〔仏教の〕人心の本源.根性.性根(ちしょう).〔~灵慧〕心ざとくて賢い.

性功能障碍 xìnggōngnéng zhàng'ài 〔医〕勃起障害.ED:俗に〔阳 yáng 萎〕(インポ)という.

性关系 xìngguānxì 性関係.

性贿赂 xìnghuìlù 女色を利用した賄賂.セックス取引.

性伙伴 xìnghuǒbàn セックスフレンド.

性激素 xìngjīsù 〔生理〕性ホルモン.→〔激素〕

性急 xìngjí せっかち(である).短気(である).〔办不了大事〕せっかちの人は大した事はできない.〔过马路千万别~〕大通りを横切るには決して焦ってはいけない. ↔〔性慢〕

性价比 xìngjiàbǐ 〔経〕コストパフォーマンス.価格性能比:〔性能价格比〕の略.

性交 xìngjiāo 性交(する)

性教育 xìngjiàoyù 性教育.

性接触 xìngjiēchù 性器接触(をする).性交渉(をもつ)

性解放 xìngjiěfàng 性の解放(をする)

性宽 xìngkuān ①気が長い.〔~度量大〕気が長く度量が大きい. ②度量が大きい.

性理 xìnglǐ 〈文〉生まれつき.天性.

性灵 xìnglíng 〈文〉魂.精神.人格.

性慢 xìngmàn 鈍(のろ)(である).悠長(である).〔这么~的人,我还是头一回见到〕こんな気の長い人は初めて見た. ↔〔性急〕

性命 xìngmìng 命.生命.〔~攸 yōu 关〕〔~交关〕慣う命にかかわる.

性能 xìngnéng (機械・器具などの)性能.〔结构简单,良好〕構造は簡単で性能は良い.→〔功 gōng 能〕〔机 jī 能〕

性虐待 xìngnüèdài 性的虐待.

性癖 xìngpǐ 生まれつきの癖.〔生性乖癖〕生まれつきひねくれた癖.

性起 xìngqǐ ①〔仏〕(仏教で)性起(しょう). ②怒る.腹を立てる.〔一时~,压不住怒火,就打起来了〕急にかっとなって,抑えきれず,けんかを始めた. ③性欲が起こる.性欲を起こす.

xìng 性姓幸悻婞

性气 xìngqì 性情.気の持ち方.〔~不好〕性情がよくない.

性器官 xìngqìguān 人および高等動物の〔生 shēng 殖器〕(生殖器)

性侵犯 xìngqīnfàn 性的凌辱(りょうじょく).性暴力.

性情 xìng-qíng 気立て.性質.〔~孤 gū 僻〕性質が人と調和しない.〔像这么好~的人真不多呢〕彼のようにこんないい気立ての人はほんとに少ないよ.→〔性子①〕

性儿 xìngr ①性質.性格.〔~良善〕性質善良.〔水~〕(川や海の)水の特徴.②浮気性.②心.意.〔由着~吃〕思う存分食べる.〔由着~玩〕気ままに遊ぶ.

性骚扰 xìngsāorǎo 性的嫌がらせ.セクシャルハラスメント(セクハラ).→〔信 xìn 骚扰〕

性色 xìngsè 動動物の雌雄性別の色彩.

性善说 xìngshànshuō 图性善説:孟子の唱えたもの.〔~性恶说〕

性商 xìngshāng 性的能力指数.精力指数.→〔智 zhì 商〕

性商店 xìngshāngdiàn ⇒〔性保健品商店〕

性生活 xìngshēnghuó 性生活(夫婦間の)

性体 xìngtǐ 〈文〉心の中の本性.生まれつきの性質.

性味 xìngwèi ⇒〔气 qì 味②〕

性腺 xìngxiàn 生理性腺.生殖腺.

性心理 xìngxīnlǐ 性的心理.

性行 xìngxíng 性格と行為.〔~暴烈〕怒りっぽい.

性行为 xìngxíngwéi 性行為.

性用具 xìngyòngjù 性具.アダルトグッズ.

性欲 xìngyù 性欲.→〔肉 ròu 欲〕

性征 xìngzhēng 性的特徴.

性质 xìngzhì 〔事物の〕性質.〔两个~不同的问题〕性質の異なる二つの問題

性状 xìngzhuàng 性状.性質と状態.

性子 xìngzi ①性情.性分.〔~不好〕気立てがよくない.〔~急〕せっかちな性分だ.→〔性情〕②性癖.怒りっぽい性癖.〔有~〕怒りっぽい.〔使~〕癖を出す.〔发~〕怒る.〔上来~〕癖が出る.〔脾 pí 气〕③(酒や薬の)強さ.刺激性.〔这药~平和〕この薬は(効き方が)穏やかだ.

[姓] xìng 〔姓〕名字.〔复 fù ~〕複姓:2字の姓.〔您贵~?〕お名字は何とおっしゃいますか.姓を名のる.姓とする.〔你~什么〕きみは何という姓か.〔我~杨〕わたしは楊です.〔我~马,不~牛〕僕(の姓)は馬だ,牛ではない.→〔姓氏〕

姓名 xìngmíng =〔姓字〕名字:名字と名前.〔~权 quán〕自己の姓名の決定・変更についての権利.→〔名字〕

姓社姓资 xìngshè xìngzī 〔慣〕(政策)が社会主義的か,資本主義的か:〔姓资姓社〕ともいう.1990年代初めのスローガン.〔不争论~〕社会主義か資本主義かは論じない.

姓甚名谁 xìngshén míngshuí 〔白〕姓は何,名は何か.

姓氏 xìngshì ①姓氏:三代(夏・殷・周)以前は,姓と氏を分け,男系は〔氏〕,女系は〔姓〕であった.貴い者だけ〔氏〕があり,賎しい者は〔氏〕がなく,〔名〕のみであった.また,婚姻を行うつため〔同姓〕〔異姓〕〔庶姓〕の区別があり,同氏異姓は結婚を許されるが,異氏同姓は,許されなかった.三代以後〔~〕を一つとし,地位・名望をもって貴賎の区別をした.その後,父系社会になってからは,〔姓〕は男系を,〔氏〕は女系を表すようになった.②姓:現在は姓と氏を分けず,もっぱら姓を指す.

姓字 xìngzì ⇒〔姓名〕

[幸(倖)] xìng (Ⅰ)〔幸〕①幸い(である).名誉(である).〔~荣 róng〕光栄.→〔幸福〕②幸せを喜ぶ.〔欣~之感〕喜の感.→〔幸灾乐祸〕③〈文〉なにとぞ.…を願う:希望を示す.→〔幸勿〕④回みゆき(する).行幸(する):皇帝の行動.〔驾~御花园〕聖駕が御花園にみゆきされた.⑤〔姓〕幸(う).

(Ⅱ)〔倖〕①幸いに.お陰で.〔~万〕非常な幸い(にも).〔侥 jiǎo ~〕〔徼~〕僥倖(ぎょうこう)(に).〔~有栏杆挡住,才没有跌下去〕幸い欄干で遮られたので落ちなかった.②寵愛する.〔宠 chǒng ~〕同前.〔得~〕同前を受ける.

幸臣 xìngchén 国寵臣(そばる意)

幸存 xìngcún 幸運にも生き残る.〔~者〕生存者.

幸得 xìngdé 幸いに…を得る.〔危难时~他的援助〕危急の時に運よく彼の助けを得た.

幸而 xìng'ér 運よく.幸いにも.→〔幸亏〕

幸福 xìngfú 幸福(である).幸せ(である).〔你有这么好父亲,真~〕こんなに立派なお父さんをお持ちで,本当にあなたは幸せね.〔祝你一生~〕あなたの一生の幸福をお祈りします.〔~工程〕農村の貧困家庭の救済事業(1955年から始まる)

幸福院 xìngfúyuàn ⇒〔敬 jìng 老院〕

幸好 xìnghǎo ちょうど幸いに.うまい具合に.〔昨天上班忘了带雨伞,~没下起来〕昨日出勤の時,傘を忘れたが折よく長くは降らなかった.

幸会 xìnghuì〔挨〕お目にかかることができて幸せです.〔~!~!〕同前.〔久仰大名,今日方得~〕お初にお目にかかりますが,本日お目にかかることができまして誠に幸せです.

幸而 xìng'ér 運よく.幸いにも.→〔幸亏〕

幸亏 xìngkuī =〔幸喜〕幸いに.僥倖にも.…のおかげで.〔~你来,要不然机器就停了〕うまい具合に君がいたからよかった,そうでなければ機械は止まるところだった.〔~没有第三人知道〕幸いに第三者はだれも知らない.

幸赖 xìnglài〈文〉幸いに…を頼る.お陰を蒙(こうむ)る.→〔好 hǎo 在〕

幸免 xìngmiǎn 幸いにして免れる.〔无一~〕同前のものは一人も居ない.〔~于难 nàn〕〔慣〕幸いに難を免れる.

幸巧 xìngqiǎo 折よく.運よく.〔~车还没有开〕運よく車はまだ出ていなかった.

幸甚 xìngshèn〔牍〕幸甚である.甚だ幸いである.〔~!~!〕同前.〔如蒙准许,则国家~,人民~〕ご許可をいただければ国家の幸いであり,人民の幸いである:旧時,政府に対する申請書の結尾語の一.

幸事 xìngshì 幸いなこと.〔一桩~〕一つの喜ぶべきこと.

幸勿 xìngwù 何とぞ…なされないように(希望する).〔~推辞〕〔牍〕何とぞご辞退くださいますな.

幸喜 xìngxǐ ⇒〔幸亏〕

幸遇 xìngyù 幸いにも出会う.

幸运 xìngyùn 幸運(である).幸せ(である).〔~号码〕ラッキーナンバー.〔~儿 ér〕幸運児.ラッキーボーイ.〔~奖 jiǎng〕宝くじの一種.

幸灾乐祸 xìngzāi lèhuò〈成〉他人の災いを喜ぶ.他人の災いをいい気味に思う.

幸子鱼 xìngzǐyú 魚貝サチコ:カジカ科の一種.

[悻] xìng〈文〉恨み怒る.

悻然 xìngrán 恨み憤るさま.

悻悻 xìngxìng 腹立たしい.〔~然〕ぶんぷんしている.〔~地望了他一眼〕ぶんぷんしてて彼を一目見た.

[婞] xìng〈文〉剛直(である).強硬(である).

〔~直 zhí〕剛直(である)

xìng～xiōng

〔荇（莕）〕 xìng ①〔～菜 cài〕アサゲ(ハナジュンサイ):水草の一種.〔金 jīn 丝荷叶〕〔凫 fú 葵〕ともいう. ②〈姓〉荇(き)

xiong ㄒㄩㄥ

〔凶（兇）〕 xiōng （Ⅰ）[凶]①(占卜における)凶(である).不吉(である).不幸(である).〔占 zhān 卜 吉～〕吉凶を占う.↔〔吉 jí〕②[凶]凶作.不作.飢饉.
（Ⅱ）[兇]①悪である.荒々しく悪い.〔穷 qióng ～极恶〕極度に凶悪である. ②ひどい.きつい.〔那个人～得厉害の男はとてもきつい.〔你这几天天花钱太～了〕最近君は金遣いが荒すぎる.〔病势很～〕病状がはなはだ悪い.〔这个酒һ〕この酒はたいへんきつい.→〔烈 liè ②〕③[兇]凶行を行う. ④極悪人.[元～]〔祸 huò 首]元凶].張本人.

凶案 xiōng'àn 殺人事件.
凶巴巴 xiōngbābā 凶悪なさま.おそろしいさま.
凶暴 xiōngbào 凶暴(である)
凶残 xiōngcán ①凶悪残忍である.〔～成(性)性格が凶悪残忍である. ②〈文〉凶悪残忍な人.
凶刀 xiōngdāo 凶行に用いた刀.
凶地 xiōngdì （風水で)不吉の地.
凶毒 xiōngdú ひどい.〔怎么这么～啊！〕どうしてこんなにえげつないのだろう.→字解(Ⅱ)②
凶多吉少 xiōngduō jíshǎo 〔慣〕十中八九はよくない.絶望的である.
凶恶 xiōng'è 凶悪である.おそろしい.〔～可怕]悪でおそろしい.
凶犯 xiōngfàn 凶悪犯人.〔杀人～〕殺人犯.
凶房 xiōngfáng 旧不吉な家.化け物屋敷.↔〔吉 jí 房〕
凶服 xiōngfú 〈文〉喪服.
凶光 xiōngguāng 凶悪なまなざし.
凶悍 xiōnghàn 凶猛である.たけだけしい.
凶耗 xiōnghào 凶報.訃報.
凶狠 xiōnghěn 凶悪獰猛である.〔～险毒〕陰険悪辣である.
凶横 xiōnghèng 凶悪で横暴である.〔満脸～〕凶悪な顔つきだ.〔说话～〕話しぶりは横暴である.
凶狡 xiōngjiǎo ずるくて凶悪である.
凶具 xiōngjù ⇒〔凶器③〕
凶寇 xiōngkòu 〈文〉①強盗. ②凶悪な賊.
凶狂 xiōngkuáng 凶暴である.
凶戾 xiōnglì 〈文〉凶悪である.暴戻である.
凶蛮 xiōngmán 凶悪である.
凶门 xiōngmén ①忌中の家:白紙または符を書いた白紙を門前に貼りたて喪中の家であることを示した. ②〈罵〉人またはその家を罵る時に用いる.
凶猛 xiōngměng 凶暴である.猛烈である.〔来势～〕勢いがたけだけしい.〔～的野兽〕獰猛な野獣.
凶木 xiōngmù ①棺桶を作る時に用いる木材.→〔寿 shòu 材〕②位牌を作る木材.
凶年 xiōngnián 凶年.飢饉の年.〔荒 huāng 年〕に同じ.
凶虐 xiōngnüè 残酷である.凶暴惨虐である.
凶殴 xiōng'ōu 凶悪に殴りつける.
凶气 xiōngqì 凶悪な気勢・様子・形相.
凶器 xiōngqì ①凶器.人を殺傷するのに使う器具. ②固兵器. ③〈文〉埋葬用具(棺など).〔凶具〕に同じ.
凶人 xiōngrén 悪人.
凶杀 xiōngshā 人を殺すこと.〔～案(件)〕殺人事件.
凶煞 xiōngshà 凶魔.凶鬼.
凶神 xiōngshén 邪神.悪魔.悪鬼(のような人).〔～恶煞]〈喩〉殺人鬼ども.
凶事 xiōngshì 人の不幸なこと.凶事.
凶手 xiōngshǒu （凶悪犯罪の）犯人.下手人.〔凶身〕に同じ.
凶死 xiōngsǐ 横死する:殺害されたまたは自殺して死ぬこと.
凶肆 xiōngsì 〈文〉葬具を売る店.
凶岁 xiōngsuì 〈文〉凶歳.災厄の年.
凶徒 xiōngtú 〈文〉暴徒.
凶顽 xiōngwán ①凶暴頑迷である. ②同前の敵.
凶嫌 xiōngxián 殺人の容疑者.
凶险 xiōngxiǎn ①ひどく危険である.〔目前病情～〕今,病状が非常に危険だ.〔处 chǔ 境～〕危険な立場にいる. ②凶悪陰険である.〔这个人相貌～〕この人は顔つきが凶悪だ.
凶相 xiōngxiàng 悪い人相.〔～毕 bì 露]〈慣〉凶悪な本性をさらけ出す.〔一脸的～〕はっきり顔に表れている凶相.
凶信 xiōngxìn [-儿]凶報.死亡の知らせ.〔收到～立刻奔丧 bēn sāng〕凶報を受けるとすぐ葬儀のため家へ帰った.
凶星 xiōngxīng 不吉な星.
凶讯 xiōngxùn 凶報.
凶焰 xiōngyàn 凶悪な気炎.すさまじい気勢.
凶宅 xiōngzhái 不吉な屋敷.家相の悪い家.化け物屋敷.
凶兆 xiōngzhào 悪い兆し.不吉な兆し.
凶终隙末 xiōngzhōng xìmò 〈成〉盟友が仇敵となる.

〔讻・訩（詾・哅）〕 xiōng 〈文〉①言い争う.論争する. ②→〔讻讻①〕

〔匈〕 古く，〔胸〕に通じ用いられた.

匈奴 xiōngnú 史匈奴(きょうど).〔胡 hú 虏〕ともいう.漢代の北方民族.その首長を〔单 chán 于]という.西洋史ではフン族として現れている.→〔胡 hú (Ⅰ)①〕
匈牙利 xiōngyálì ハンガリー:正式名称は〔～人民共和国].首都は〔布 bù 达佩斯](ブタペスト)

〔汹（洶）〕 xiōng 〈文〉水が猛烈に湧きあがる.

汹动 xiōngdòng 騒々しい.〔群情～〕群衆が激昂して騒々しい.
汹汹 xiōngxiōng 〈文〉①大声で騒ぎたてるさま:〔讻讻〕とも書いた.〔议论～]侃侃諤諤(かんかんがくがく)たる議論. ②勢いの激しいさま.〔来势～〕（みかけだけ)すごい勢いでやってくること. ③波の押し寄せるさま.
汹涌 xiōngyǒng 水のわきかえるさま.〔～如潮〕滔々(とうとう)たるさま.〔～澎湃〕〈慣〉澎湃(ほうはい)とわき上がる.

〔恟（恦）〕 xiōng 〈文〉恐れる.怯える.

〔胸（胷）〕 xiōng ①胸.〔挺 tǐng ～〕胸を張る:意気軒昂たるさま. ②人の心.意志.度量.〔～怀]抱負.度量.〔心～〕胸の内.

胸靶 xiōngbǎ 人の上半身を型取った射撃練習用の標的.
胸痹 xiōngbì 中医胸背が痛み,胸がつまり咳と痰の多い病気:肺気腫・肋膜炎・心臓病など.
胸部 xiōngbù ①胸. ②〈転〉女性の乳房.
胸次 xiōngcì ①〈文〉心.胸中. ②⇒〔胸怀②〕

胸垫 xiōngdiàn ブラジャーのパッド.
胸腹 xiōngfù ①胸と腹. ②〈文〉度量.抱負.〔文〉中央要害の地.〔魏天下之〜〕(戦国策)魏は天下の中央要害の地である.
胸膈 xiōnggé ⇒〔膈〕
胸骨 xiōnggǔ 〔生理〕胸骨.
胸管 xiōngguǎn 〔生理〕リンパ管の最も太い部分.
胸花(儿) xiōnghuā(r) 胸に付ける花飾り.コサージュ.
胸怀 xiōnghuái ①胸に抱く.〔〜大志〕大志を抱く. ②=〔胸次②〕〔胸宇〕〔胸襟②〕 ③〈文〉思い.抱負.度量.〔畅 chàng 叙〜〕胸襟を開いて語り合う.〔〜坦 tǎn 白〕〔襟 jīn 怀坦白〕〈慣〉率直で隠す所がないこと.〔放宽〜〕心を広く持つ.〔〜太窄〕器量が狭すぎる.〔〜锦 jǐn 绣〕学問のあること.〔〜磊 lěi 落〕気持ちが磊落(らい)である.
胸肌 xiōngjī 〔生理〕胸の筋肉.
胸甲 xiōngjiǎ 〔旧〕胸よろい.
胸襟 xiōngjīn ①胸元.襟元. ②=〔胸怀②〕
胸径 xiōngjìng 〔植〕樹幹の直径:根元から1.3mのところで測る.
胸卡 xiōngkǎ (胸に着用する)身分証.ネームプレート.IDカード.
胸坎 xiōngkǎn 〔儿〕胸の内.
胸口 xiōngkǒu みぞおち(を中心とする胸の中心部).→〔心 xīn 口①〕
胸廓 xiōngkuò 〔生理〕胸郭.
胸膜 xiōngmó 〔生理〕胸膜.〔肋 lèi 膜〕は旧称.〔〜炎〕〔肋肋膜炎〕〔口胁xié 痛〕〔医〕胸膜炎.
胸片 xiōngpiàn 〔医〕胸部レントゲン写真.〔拍一张〜〕同僚を1枚撮る.
胸脯(儿) xiōngpú(r) 胸.胸部:〔胸脯子〕ともいう.〔挺着〜〕胸を張っている(いて).〔拍〜〕〈慣〉自信を持って保証する.〔这事我拍不了〕これは彼が保証した.〔为什么不也拍拍〜宣布停止核武器试验呢〕なぜ胸をポンとたたいて核兵器実験の停止を発表しないのか.
胸鳍 xiōngqí 魚の胸びれ.→〔鳍〕
胸前 xiōngqián 胸先.〔她〜挂着一串珍珠项链〕彼女は胸元に真珠のネックレスをつけている.
胸腔 xiōngqiāng 〔生理〕胸腔.
胸墙 xiōngqiáng ①〔軍〕塹壕(ざんごう)の前に積み上げた土:〔战 zhàn 壕丘〕ともいう. ②〔建〕ダムの胸壁.
胸饰 xiōngshì 胸かざり.
胸水 xiōngshuǐ 〔医〕胸水(きょうすい).
胸膛 xiōngtáng 胸.
胸透 xiōngtòu 〔医〕胸部レントゲン撮影.〔〜室〕同僚の撮影室.〔〜透 tòu 视①〕
胸围 xiōngwéi ①胸囲.胸回り.バスト.→〔腰 yāo 围①〕 ②〔植〕樹幹の胸回り:根元から1.3mの所で測る円周.
胸无城府 xiōng wú chéngfu 〈成〉率直ほ(げん)淡である.
胸无大志 xiōng wú dàzhì 〈成〉志を持たない.
胸无点墨 xiōng wú diǎnmò 〈成〉少しも学問がない.無学である.→〔目 mù 不识丁〕
胸无宿物 xiōng wú sùwù 〈成〉物事を胸の中にとめておかない.〔为人爽直,〜〕性格がさっぱりしている.
胸腺 xiōngxiàn 〔生理〕胸腺(きょうせん).
胸像 xiōngxiàng 胸像.→〔半 bàn 身〕
胸臆 xiōngyì 〈文〉内心.胸の中.〔直 zhí 抒〜〕〈慣〉思っていることをずばりと言ってのける.
胸有成竹 xiōng yǒu chéngzhú 〈成〉竹を描く前に胸中にはすでに竹の絵ができ上がっている.成算があること:〔成竹在胸〕ともいう.

胸有丘壑 xiōng yǒu qiūhè 〈成〉見識が深く高い.→〔丘壑〕
胸宇 xiōngyǔ ⇒〔胸怀②〕
胸章 xiōngzhāng (胸につける)記章.徽章.バッジ.名札.
胸罩 xiōngzhào ⇒〔奶 nǎi 罩〕
胸针 xiōngzhēn ブローチ.〔她别着一枝翡翠〜〕彼女はひすいのブローチをしている.→〔别 bié 针②〕
胸中甲兵 xiōngzhōng jiǎbīng 〈成〉胸中に用兵の知謀をもっている.〔〜足以破敌〕胸中にある知謀は、敵を破るに十分である.
胸中鳞甲 xiōngzhōng línjiǎ 〈成〉内心が陰険残忍である.
胸中无数 xiōngzhōng wúshù 〈成〉確信がないこと.打算がないこと:〔心 xīn 中无数〕ともいう.
胸中有数 xiōngzhōng yǒushù 〈成〉成算があること:〔心 xīn 中有数〕ともいう.
胸椎 xiōngzhuī 〔生理〕胸椎.

〔兄〕 xiōng ①兄:ふつう〔哥 gē 哥〕という.〔弟〜〕兄弟. 〔令〜〕令兄(他人に対してその兄をいう). 〔家〜〕(他人に対して自分の兄をいう). ②親戚の中で同世代の年上の男性に対しての呼称:〔父〕父方のいとこ. 〔表〜〕父の兄弟の子以外のいとこ. ③男性の友人に対する敬称.〔仁 rén 〜〕〔老〜〕同前.〔李〜〕李さん.〔〜台〕〔吾 wú 〜〕〔我〜〕〔贈〕貴殿.貴兄.⑤〈挨〉→〔弟 dì〕
兄弟 xiōngdì 兄弟.〔〜二人〕兄弟二人.〔〜一般 bān 的〕兄弟同然(の).〔〜党〕中国共産党と友好関係にある他国の(共産)党.〔〜民族〕中国内の少数民族を親しんで呼ぶ呼称.〔〜阋 xì 墙〕〈成〉内輪げんかをする:〔〜阋于墙,外御其侮〕家庭内部の争いはあっても、外部からの侮りには共に防ぐ(詩経)→〔昆 kūn 仲〕
兄弟 xiōngdi ①弟:〔弟 dì 弟〕に同じ.〔〜媳 xí 妇(儿)〕弟の嫁.→兄.②親族.友人の自分より年少の男への親しみのある呼称.〔小〜,注意点儿〕き み!気をつけて.③〔回〕わたくし:友人または聽衆に対する(男性).〔〜我〕同前.→〔弟兄〕
兄妹 xiōngmèi 兄と妹.
兄嫂 xiōngsǎo 兄と兄嫁.
兄台 xiōngtái →〔字解③〕
兄长 xiōngzhǎng ①〈文〉兄.〔他是我家〜〕あれが家の兄だ. ②兄(にい):(男性の)同年輩の友人などに対する敬称.〔久闻〜大名〕〈挨〉お名前はかねがね承っております(初対面の挨拶)

〔芎〕 xiōng 〔〜䓖 qióng〕〔䓖穷〕〔䓖〕〔䓖䓖 jū 䓖〕〔植〕センキュウ:薬草名.〔川 chuān 䓖〕

〔雄〕 xiōng ①〔動植物の〕雄性(の).おす(の). 〔〜蚁 yǐ〕雄アリ.〔雌〜同株〕雌雄同株. ↔〔雌 cí〕 〔〜公 gōng②〕〔〜牡 mǔ〕 ②雄である.有力である.勇ましい.〔〜兵〕強兵.〔〜鹰 yīng〕勇ましい鷹. ③強力で能力的に高い人または国.〔称 chēng 〜〕雄をとなえる.〔英〜〕優れた人.英雄.〔两〜不并立〕〈成〉両雄は並び立たず.〔战国七〜〕〔史〕戦国の七雄:戦国時代の七つの強国(斉.楚.燕.韓.赵.魏.秦).④〈姓〉雄(ゆう).
雄辩 xióngbiàn 雄弁(である).〔事实胜于〜〕事実は雄弁に勝る.〔〜的事实〕説得力のある事実.
雄才大略 xióngcái dàlüè 〈成〉優れた才知と計画.
雄大 xióngdà 雄大である.
雄放 xióngfàng 豪放である.
雄飞 xióngfēi ①雄飛する. ②大いに勢を張る.→〔雌 cí 伏〕
雄风 xióngfēng 〈文〉①強風.疾風. ②威風.
雄蜂 xióngfēng 雄蜂(特に蜜蜂の):〔游 yóu 蜂〕ともいう.

xióng～xiū

雄关 xióngguān 険しく堅固な関所.
雄豪 xiónghào ①英傑. ②力強い.勇ましい.
雄厚 xiónghòu (実力・底力が)豊富(である).〔资本～〕資本が同前.
雄花 xiónghuā 圃雄花.
雄黄 xiónghuáng ＝〔中医 雄精〕〔鸡 jī 冠石〕〔石 shí 黄〕圖雄黄(ぉぅ).鶏冠石:天然に産する〔硫 liú 化砷〕(硫化砒素)の一種.有毒だが皮膚病や虫さされの薬また染料にする.〔～酒〕雄黄を入れた酒:端午の節句に飲む.〔～香〕回雄黄で作った線香(虫除け).〔～油〕回胡麻油に雄黄を溶かしたもの.口さされなどに用いた.→〔雌 cí 黄〕〔五 wǔ 毒①〕
雄浑 xiónghún 雄壮である.〔笔力～〕筆勢が力強い.
雄鸡 xióngjī おんどり:ふつう〔公 gōng 鸡〕という.
雄激素 xióngjīsù ⇒〔雄(性)激素〕
雄健 xióngjiàn (歩調・叫び声・歌声・書法・筆力・精神などが)雄壮である.〔～的斗士〕雄壮な闘士.
雄杰 xióngjié ①才知が抜きん出ている. ②英傑.傑物.
雄精 xióngjīng ⇒〔雄黄〕
雄劲 xióngjìng 力強い.〔落笔～〕〈慣〉書が力強い.〔气势～〕筆勢などに力強い.
雄赳赳 xióngjiūjiū たけだけしく勇ましいさま.〔雄纠纠〕とも書いた.〔～的士兵们〕勇ましい兵士達.
雄踞 xióngjù 〔雄居〕とも書く. ①どかっと腰を据える. ②〈喩〉抜きん出ている.
雄绝 xióngjué 実に雄壮である.
雄俊 xióngjùn 〔雄骏〕とも書く. ①優れている. ②英俊.
雄峻 xióngjùn 聳え立つ.雄大で険しい.
雄跨 xióngkuà 堂々と跨がっている.〔大桥～在长江上〕大橋が長江に堂々とかかっている.
雄劣 xiónglìe 〈文〉優劣.〔运动场上的裁判品评～〕運動場でのレフェリーの優劣の裁きとなる.
雄奇 xióngqí すぐれていて,かつ珍しい.
雄起 xióngqǐ 〈文〉勃起する. ②勃起する.
雄蕊 xióngruǐ 圃雄蕊(ずぃ).おしべ.→〔雌 cí 蕊〕
雄师 xióngshī 精兵.〔～百万〕精兵百万.
雄狮 xióngshī 〈文〉雄獅子.〈喩〉強大な民族・国家・有力な人.
雄视 xióngshì 威風をもって見下す.
雄图 xióngtú 雄大な計画.
雄威 xióngwēi 堂々とした(威風)
雄伟 xióngwěi ①(自然や建築物などが)壮大である.雄壮である.→〔宏 hóng 伟〕 ②(身体が)たくましい.
雄文 xióngwén 迫力ある著作.
雄武 xióngwǔ 雄々しい.
雄蟹 xióngxiè 魚圃おす蟹.〔尖 jiān 脐蟹〕ともいう.↔〔雌 cí 蟹〕
雄心 xióngxīn 雄壮な志.野心.〔～壮志〕〈慣〉大望・壮志.〔～勃 bó 勃〕〈成〉非常な意気込み.
雄性 xióngxìng 生命雄.雄性.
雄(性)激素 xióng(xìng) jīsù 生理男性ホルモン.↔〔雌 cí (性)激素〕
雄刈萱 xióngyìxuān ＝〔香 xiāng 茅〕圃オガルカヤ(カルカヤ)
雄甾酮 xióngzāitóng 薬アンドロステロン:男性ホルモンの一種.
雄镇 xióngzhèn 〈文〉①勢力のある諸侯. ②しっかりとおさえる.
雄峙 xióngzhì 雄大に屹(きっ)立する.
雄主 xióngzhǔ 偉大な君主.
雄壮 xióngzhuàng (人間や事物・音楽などが)勇ましい.盛んである.〔歌声～,响彻云霄〕歌声が雄壮

で雲の上まで響きわたる.
雄姿 xióngzī 雄壮で壮麗な姿.雄姿.〔英雄的～〕英雄の雄姿.〔～英发〕〈成〉雄々しく才気あふれるさま.

〔熊〕 xióng ①動クマ(総称).〔白～〕シロクマ.〔人～〕〔棕 zōng ～〕ヒグマ.〔狗～〕〔黒～〕ツキノワグマ.〔懒 lǎn ～〕ナマケグマ.〔马来～〕マレーグマ.②〈口〉臆病である.いくじがない.〔咱们这里没有～的〕おれたちのところにはいくじなしはいない.③〈口〉どやしつける.しかりつける.〔把儿子～了一顿〕子どもをどやしつけた.④〈姓〉熊(㋕)
熊白 xióngbái ⇒〔熊脂〕
熊包 xióngbāo 〈口〉いくじがない(人).役に立たない(人).〔熊蛋包〕ともいう.
熊胆 xióngdǎn 中医熊の胆(い):熊の胆嚢の乾燥品.〔～是一种名贵的中药〕熊胆は貴重で高価な漢方薬だ.
熊蛋包 xióngdànbāo ⇒〔熊包〕
熊蜂 xióngfēng 虫クマバチ.
熊果叶 xióngguǒyè 薬ウワウルシ:利尿剤の一種.
熊柳 xióngliǔ 圃クマヤナギ:つる性落葉低木.
熊猫 xióngmāo 動パンダ:〔大～〕ジャイアントパンダの通称.〔猫熊〕に同じ.
熊罴 xióngpí 〈文〉熊と羆(ひ).〈喩〉武士.勇士.〔～入 mèng 梦〕熊が腹に入った夢を見る.〈喩〉尊貴な子の生まれる前兆:他人の男児の出産を祝う語.〔～之祥 xiáng〕同前.
熊脾气 xióngpíqì 〈口〉悪いくせ.
熊人 xióngrén 〈方〉①人をいじめる. ②人を脅かす.③罵る.どやす.
熊市 xióngshì 商相場の下落・弱気の相場.ベアマーケット.→〔牛 niú 市〕
熊瞎子 xióngxiāzi 〈方〉熊.
熊心豹胆 xióngxīn bàodǎn 〈喩〉大胆である.無鉄砲だ.
熊熊 xióngxióng 火の燃え盛るさま.〔～烈 liè 火〕かんかんに燃え盛っている火.〔火焰～腾 féng 起〕火が赤々と燃え盛る.
熊样儿 xióngyàngr 〈方〉おずおずした様子.いくじなさま.
熊腰虎背 xióngyāo hǔbèi ⇒〔虎背熊腰〕
熊掌 xióngzhǎng 熊の手のひら(食材).→〔八 bā 珍〕
熊脂 xióngzhī ＝〔熊白〕熊の背の脂肪:色は玉のように白く,薬用される.

〔诇・詗〕 xiòng 〈文〉うかがう.さぐる.〔～问 wèn〕尋ねる.
诇察 xiòngchá 〈文〉探察する.〔～军情〕軍情を偵察する.

〔夐(敻)〕 xiòng ①〈文〉遙か 遠い.〔～古〕〈远〉遠い昔. ②〈姓〉夐(㋕)

xiu ㄒㄧㄡ

〔休〕 xiū ①休む.〔不眠不～〕不眠不休.〔退 tuì ～〕定年退職する. ②停止する.止める.やめる.〔问个不～〕しきりに問う.〔争论不～〕いつまでも論争している.〔万事～矣〕万事休す.万事終わりだ.〔誓 shì 不甘～〕絶対に泣き寝入りしない. ③やめよ.…するな.〔～得无礼〕無礼なことをするな.〔～想得逞 déchěng〕思い通りになると思うけない.〔闲话～题〕〈慣〉余談はさておき. ④回(夫が)妻を出す(離縁する).→〔休妻〕 ⑤〈文〉喜ばし

xiū

い.幸せである.〔～咎 jiù〕吉と凶.⑥〈白〉語気を補う助詞:〔了〕〔啊〕〔吧〕〔吗〕〔莫更问人～〕さらに人に尋ねるな.〔笑道渔翁太拙～〕漁翁がはなはだまずいでしょうと笑って言った.⑦〔姓〕(きゅう).

休班 xiūbān 非番になる.
休兵 xiūbīng ⇒〔息 xī 兵〕
休耕 xiūgēng 休耕(する).〔～地〕休耕地.〔～制〕農代田式農法の一種.
休怪 xiūguài〈白〉悪く思うな.〔～我翻 fān 脸无情〕わたしが知らぬ顔で不人情だと思って下さるな.
休会 xiūhuì 休会(する).〔暫 zàn 时～〕しばらく休会する.
休暇 xiūjià 休暇(をとる・を過ごす).〔到这儿来～的休暇を過ごすためここに来ているのだ.〔休了一个星期的假〕1週間休暇をとった.
休假日 xiūjiàrì ⇒〔休息日〕
休刊 xiūkān 休刊(する)
休克 xiūkè〈音訳〉①医ショック.〔～胰 yí 岛素～〕インシュリンショック.②ショックを起こす.
休猎 xiūliè 休猟(する)
休眠 xiūmián 休眠(する).冬眠(する).〔～期〕休眠期.〔～芽〕植休眠芽.〔～火山〕休火山.〔～断 duàn 层〕地休眠断層.〔～模式〕電算スリープモード.
休沐 xiūmù〈喻〉休暇をとる.
休牧 xiūmù 農休牧する.
休妻 xiūqī 妻を離縁する.〔出 chū 妻〕に同じ.
休戚 xiūqī〈文〉喜びと憂い.禍福.〔～相关〕〈成〉互いの喜憂・禍福がかかわりあう.〈客観的に〉互いの利害が一致すること.
休戚与共 xiūqī yǔ gòng〈成〉互いの喜憂・禍福を共にする(主観的に).→〔同 tóng 甘共苦〕
休憩 xiūqì 憩う.→〔休息〕
休市 xiūshì 経(市場の)取引の休止(をする)
休书 xiūshū〈文〉離縁状.〔立了一纸～与她〕三下り半を書いて彼女に与えた.
休庭 xiūtíng 法休廷(する)
休息 xiūxi ①〔歇 xiē 息①〕①〕休む(む).休憩(する).〔～了一日〕〔休假日に休む.〔～室〕休憩室.〔本公司星期一～〕弊社は月曜日は休業いたします.〔我们～一会儿再走吧〕少し休んでから出掛けよう.〔今天我～〕今日わたしは休みです.〔找个地方～〕場所を探してちょっと休憩しよう.〔明天我想～一天〕明日わたしは1日休みをとりたいです.②眠る.〔时间晚了,快点儿～吧〕もう遅くなったのだからはやく寝なさい.
休息字 xiūxizì 史1920年代湖南の農民協会が,協会を誹謗する言動のあったものに書かせた"あやまり証文".
休闲 xiūxián ①〈余暇を〉のんびり過ごす.〔～(产chǎn)业〕レジャー産業.〔～车 chē 〕RV.〔～服〕〔～装〕カジュアルファッション.カジュアルウエア.〔～公寓〕リゾートマンション.〔～胜地〕リゾート.〔～食品〕スナック菓子.〔～市场〕レジャーマーケット.〔～消 xiāo 费〕レジャー消費.〔～运动〕レジャースポーツ.〔难得～〕のんびり過ごすことめったにない.〔度 dù 假〕② 農(畑,田などを)休耕する.〔～地〕休耕地.
休想 xiūxiǎng 考えをやめる.思いとどまる.〔只要我活着,你跟和我女儿结婚〕私が生きている限り,君は娘と結婚できるなどと思わないでくれ.
休歇 xiūxiē 休む.
休休有容 xiūxiū yǒuróng〈成〉従容として迫らない.度量が大きいこと.
休学 xiūxué 休学(する).〔因病～〕病気休学する.

休养 xiūyǎng ①〔将 jiāng 养〕休養(する).静養(する).〔～所〕〔～地〕保養地.〔～所〕サナトリウム.療養所.〔病基本好了,再一一阵子自然就复原了〕病気はだいぶよくなったのだから,もう少し休養すれば完全に回復する.②民力を回復・発展させる.〔～生息〕〈成〉民力を養う.
休业 xiūyè =〔息 xī 业〕①休業(する).営業停止します.②〈学校で〉段階(課程)の学習を終える.〔～式〕修業式.
休渔 xiūyú 休漁(する).禁漁(する)
休战 xiūzhàn =〔停 tíng 战〕休戦(する)
休整 xiūzhěng（軍隊などが）休養をとり整備する.
休止 xiūzhǐ 休止(する).〔～符〕音休止符:〔全～符〕〔八分～符〕など.

[庥] xiū〈文〉(大樹が)陰をつくる.〈転〉保護(する).庇蔭(する)

[咻] xiū〈文〉大声で騒ぐ.やかましく騒ぐ.
咻咻 xiūxiū〈擬〉①ハーハー;あえぐ息の音.〔气得他～～地说不上话来〕彼は怒ってハーハーと息を荒くしてものも言えない.②ピヨピヨ;小動物の鳴き声.〔小鸭一地叫着〕アヒルの子がピヨピヨ鳴いている.〔小狗一地叫着〕小犬のクンクン鳴いている.

[鸺・鵂] xiū
鸺鹠 xiūliú 鳥①フクロウ(総称):〔鸮 xiāo〕〔枭 xiāo①〕に同じ.〔花头～〕スズメフクロウ.〔斑 bān 头～〕オオスズメフクロウ.②〈文〉ミミズクの古称:ふつう「猫 māo 头鹰」という.〔鸱 chī 鸺〕に同じ.

[貅] xiū →〔貔 pí 貅〕

[髹(髤)] xiū〈文〉漆を塗る.〔门窗漆 qī ～一新〕門や窓を漆で真新しく塗装する.

[羞(羞)] xiū (I)①はにかむ.きまりが悪い.〔害 hài ～〕同前.〔得面红耳赤〕恥じて耳まで赤くなる.〔得她一溜烟跑了〕恥ずかしくなって彼女はするりと逃げてしまった.②恥じ入らせる.恥をかかせる.→〔羞羞〕③恥.恥辱.〔遮 zhē ～〕照れ隠しをする.〔一洗国家百年之～〕国家百年の恥をすぐ.(II)古く〈饈〉の意味.
羞惭 xiūcán 恥じ(る).〔羞羞惭惭〕恥ずかしがるさま.〔面含～〕はにかんだ面もち.〔这件事我做错了,觉得非常～〕この事はわたしがやり損なったのだ,全く慚愧にたえない.
羞草 xiūcǎo ⇒〔含 hán 羞草〕
羞耻 xiūchǐ 恥ずかしい.恥じる.〔别不知～〕恥じることを知らなくてはいけない.
羞答答 xiūdādā 恥ずかしがるさま.〔羞羞答答〕同前.〔～地扭过头去〕照れて目をそらす.〔叫揭穿了秘密,脸上～的〕彼に秘密をすっぱぬかれて,はにかんだ.
羞刀难入(鞘) xiūdāo nán rù (qiào)〈喩〉ひっこみがつかない.
羞愤 xiūfèn 恥ずかしくて憤慨する.
羞花闭月 xiūhuā bìyuè ⇒〔闭月羞花〕
羞口 xiūkǒu 恥ずかしくて言い出にくい(話しづらい)
羞愧 xiūkuì 恥ずかしい.〔他认识到自己的错误,心里十分～〕彼は自分の過ちに気がついて心の中ですっかり恥じ入った.
羞明 xiūmíng 中医羞(しゅう)明.
羞赧 xiūnǎn〈文〉赤面する.
羞恼 xiūnǎo 恥ずかしくて腹立たしい.〔～成怒 nù〕

羞馑修

羞恼成怒〔恼羞成怒〕同前.

羞呢 xiūní はにかむ.もじもじする.

羞怯 xiūqiè はにかんでおずおずする.気恥ずかしい.〔老师一问,答不上来总不免羞怯怯的〕先生に聞かれて答えられないと,まごまごしてしまう.

羞人 xiūrén 恥ずかしく思う.恥ずかしがらせる.〔～答答〕恥ずかしがる.はにかむ.〔羞死人了〕穴があればいりたい.

羞辱 xiūrǔ 辱め(る).恥(をかかせる).〔你欲～我〕おれをなめる気か.〔宁 níng 死不受～〕死すとも辱めを受けない.

羞臊 xiūsào ①はにかむ.〔怎么这么不知～〕どうしてそんなに鉄面皮なのだ. ②恥をかかせる.

羞涩 xiūsè ①恥ずかしがって固くなる.〔～得很〕照れて身の置きどころがない.〔言语～〕きまり悪そうに言葉がにぶる.〔举止～〕臆してもじもじしている. ②→〔阮 ruǎn 囊羞涩〕

羞煞 xiūshà ⇒〔羞死〕

羞手羞脚 xiūshǒu xiūjiǎo 〈慣〉恥ずかしさにもじもじしているさま.

羞死 xiūsǐ =〔羞煞〕非常に恥ずかしい.

羞恶 xiūwù 〈文〉自分の不善を恥じ,他人の不善を憎む.〔无～之心,非人也〕(孟子)同前の心がなければ人間ではない.

羞臊 xiūxiào →〔羞羞〕

羞羞 xiūxiu 親しい人が小さい過ちを犯した時にそれを責め,または戒めるため,"恥ずかしくないのか"という意味でいう戯語.言う時に人さし指でほおを 2 回ほど軽くなでる.この動作を〔羞羞〕という.〔～！叫人比不上了〕それごらん,見くだされてしまったじゃないか.〔～！还说呢〕(子供などに向かっていやね (馬鹿はおやめ,恥ずかしくないの),まだ言っている.

羞痒觉 xiūyǎngjué くすぐったい感覚.〔小孩儿最怕～〕子供はくすぐったがり屋だ.

羞于启齿 xiū yú qǐchǐ 〈慣〉口に出すのも恥ずかしい.恥ずかしくてとてもしゃべれない.

羞与为伍 xiū yǔ wéiwǔ 〈成〉仲間になることを潔しとしないこと:韓信と樊噲の故事.〔羞与哙 kuài 伍〕ともいう.

〔馐・饈〕 xiū 〈文〉珍味:〔羞(Ⅱ)〕に同じ.〔珍～〕珍味.美味.

〔修(脩)〕 xiū（Ⅰ）①飾る.飾り整える. ②修理する.〔～房〕家屋を修理する.〔机车大～〕機関車の大点検修理. ③建築する.建造する.〔兴～水力工程〕水力工事をおこす. ④文章を作る.書物を編む.〔～本〕〔～表〕上奏文をしたためる. ⑤学ぶ.身を修める.教養を身につける.〔自～〕自修する. ⑥修行する.徳を積む.〔～福～德的人〕福徳を身につけている人.〔他的福是前世～的福は前世で修行したもの〕. ⑦[成正果]修行して悟りを得る. ⑦削り整える.(はさみなどで)切り揃える.〔～铅笔〕鉛筆を削る.〔～花木〕花や木を手入れする. ⑧修正主義的(である):〔～正主义〕の略.〔这么下去就会变～〕この状態が続けば修正主義的になる.〔反～〕修正主義反対. ⑨〈姓〉修.

（Ⅱ）〈文〉長い.伸びている.〔～髯 rán〕長いほおひげ.

修版 xiūbǎn 原版を修正する.

修补 xiūbǔ 修理し補う.補修する.〔修修补补〕つぎはぎする.〔～渔网〕魚網を繕う.

修长 xiūcháng 細長い.高い.〔身材～〕背が高い.

修长城 xiūchángchéng 〈喩〉マージャンをする.

修辞 xiūcí ①辞句を修飾する. ②修辞.レトリック.〔～格〕修辞法:比喻・夸張など.〔～学〕修辞学.

修道 xiūdào 〖宗〗修行をする.〔～院〕[道院]修道院.

修地球 xiūdìqiú 〈喩〉農業をする:[修理地球]ともいう.(冗談で言う)

修订 xiūdìng ①修正する.〔～条文〕条文を改正する. ②改訂する.〔～工作〕改訂の仕事.〔～版〕改訂版.〔～本〕修訂本.

修读 xiūdú 師について学ぶ.修学する.

修短 xiūduǎn 〈文〉〔～不齐〕長短不揃い.〔～合度〕長さがちょうどころあいである.

修复 xiūfù ①修復(する).〔～河堤 dī〕堤を修復する.〔～两国关系〕両国間の関係を修復する. ②〈文〉手紙で返答する.

修改 xiūgǎi ①改訂する.修正する.〔～宪法〕〔修宪〕憲法を改正する. ②改造する.リフォームする.

修盖 xiūgài 建築する.建てる.〔～住宅楼〕マンションを建てる.

修函 xiūhán ⇒〔修书①〕

修好 xiūhǎo ①〈文〉修好する(させる).〔重修旧好〕重ねて旧好を通ずる. ②善行を積む.〔～得 dé 好〕〈慣〉善をなせばよい報いがある.

修候 xiūhòu 〖牘〗手紙を書いて安否を問う.〔久未～〕久しくごぶさたしておりました.

修护 xiūhù 〈俗〉(肌などを)手入れする.〔～液 yè〕スキンケアローション.

修积 xiūjī 〈文〉徳を積んで善果を求めること.

修剪 xiūjiǎn (はさみで木の枝や爪またフィルムなど)切り整える.

修建 xiūjiàn 建造(する).施工(する).〔～铁路〕鉄道を敷設する.

修脚 xiūjiǎo =〔扦 qiān 脚〕足指の手入れをする:特に風呂屋で入浴後に〔～的〕(同前をする職人)が行う.〔～刀〕同前に用いる刃の薄いのみ形の小刀.

修井 xiūjǐng 井戸を作る.油井を作る.

修旧利废 xiūjiù lìfèi 〈慣〉古い物を修理し,廃物を利用する.

修浚 xiūjùn 浚渫(しゅんせつ)する.〔～河道〕川ざらいをする.

修理 xiūlǐ ①修理(する).修繕(する).〔～厂〕修理工場. ②はさみで切る.〔～果树〕果樹を剪定する. ③〈口〉懲らしめる.〔那小子,非～他一顿不可〕あいつ,一度やっつけないと気が治まらない.

修炼 xiūliàn 〖道教〗修養・鍛錬する.

修路 xiūlù 道路を修築する.〔～机〕スチームローラー.

修罗 xiūluó ⇒〔阿ā修罗〕

修眉 xiūméi 眉毛を整える:〔～毛〕ともいう.〔～镊niè子〕眉用の毛抜き.

修面 xiūmiàn ⇒〔刮 guā 脸〕

修庙 xiūmiào 廟を建造する.〔修五脏 zàng 庙〕〈喩〉思う存分飲み食いする.→〔打 dǎ 牙祭〕

修明 xiūmíng (政治が)公明である.

修睦 xiūmù 〈文〉むつまじくする.〔和邻邦～敦好〕隣国とむつまじくする.

修女 xiūnǚ 〖宗〗(カトリックの)修道女・シスター.

修配 xiūpèi 修理し部品の取り換え・補充をする.〔～厂〕整備工場.

修齐 xiūqí ⇒〔修身齐家〕

修齐治平 xiū qí zhì píng 〈成〉まず自身を修め,家庭を平穏にし,国を治め,しかる後に天下を太平にする:〔修身,齐家,治国,平天下〕(大学)の略.

修砌 xiūqì 建築する.建てる.

修葺 xiūqì ①草で屋根をふく. ②建物の修理をする.

修桥补路 xiūqiáo bǔlù 橋を修繕し道を補修する.〔转〕社会のために尽くす.

修容 xiūróng 〈文〉容儀を整える.〔～饼 bǐng〕プレ

修润 xiūrùn 加筆する。潤色する。〔这篇稿子请您给～一下〕この文章に手を入れて下さい.

修缮 xiūshàn 修繕する。補修する。〔～房屋〕家屋を修繕する.

修身 xiūshēn 回身を修める。〔～养性〕〖慣〗身を修め人格を磨く。〔～齐家〕〖修齐〗身を修め家を整える。→〖修齐治平〗

修史 xiūshǐ 史書を編纂する.

修士 xiūshì 圏(カトリックの)修道士.

修饰 xiūshì ①仕上げをする。飾りつけをする。〔～工gōng〕仕上げ工.〔～门面〕〖喩〗見かけを飾る。②おしゃれをする.おめかしをする.〔她～得很漂亮〕彼女はたいへんきれいにおめかしをしている.〔～外幅〕外観を飾る。③〔文章などに〕手を入れる.手直しする。〔这篇文章写得不够细腻,请您给～～〕この文章は描写が細やかではないので、お手を入れて下さい.④圏修飾.〔～语〕修飾語.

修书 xiūshū 〈文〉①～(修函)手紙を書く.②書物を編纂する.

修通 xiūtōng 路線が開通する.

修禊 xiūxì 回旧暦3月3日に水辺に行って邪気払いをすること.

修仙 xiūxiān 圏(道教で)仙術を修める.

修宪 xiūxiàn 憲法(を)改正(する).〔～修改宪法〕の略.

修心积德 xiūxīn jīdé 〖成〗心を修め徳を積む:人の苦しみを助け功徳を施す.

修行 xiūxíng ①圏修行(する).〔入山～〕山に入って修行する.②善行を施す.徳を積む.

修养 xiūyǎng ①修養する。〔他的～真好,要是我早就忍不住了〕彼の修養はたいしたものだ,わたしならもうとっくに辛抱ができなかった.②素養.教養.〔共产党员的～〕共産党員の修養.〔有很深的～〕深い教養がある.〔文学～〕文学的教養.

修业 xiūyè ①在学して学ぶ.〔～期满〕学業期間が終わる.②〈文〉身を修学業を積む.

修阴功 xiūyīngōng 回陰徳を積む.

修造 xiūzào 修理・建造する.修造する.

修整 xiūzhěng 修理し整える.〔～农具〕農具を手入れする.〔~果树〕果樹を剪定する.

修正 xiūzhèng 修正する.〔把它~好了再印〕それを修正してから印刷しよう.〔~案〕修正案.〔~液yè〕(塗 tú 改)修正液.

修正主义 xiūzhèng zhǔyì 修正主義:略して〖修⑧〗という.

修枝 xiūzhī 木の枝の剪定(をする)

修指甲 xiūzhǐjia マニキュア(する).〔全套～用具〕同前の用具のセット.〔修脚指甲〕ペディキュア(する)

修治 xiūzhì ①修理する.補修する.〔~中医生薬を調製する:〖炮 páo 制〗①に同じ.

修竹 xiūzhú 〈文〉長い竹.〔茂林～〕茂っている林とのびている竹.

修筑 xiūzhù 築く。築造する.〔~机场〕飛行場を造る.〔～铁路〕鉄道を敷設する.

修撰 xiūzhuàn 〈文〉著作する.

〔**脩**〕 xiū ①〈文〉干し肉.②囲弟子が師に支払う謝礼・給料:弟子入りの際に干し肉を持参した.→〖修〗

脩敬 xiūjìng 〈文〉謝礼.教師への報酬:〔脩金〕〖脩似 yí〗〔束 shù 脩〗〕

〔**蠨**〕 xiū 〈文〉ナナフシ:〔竹zhú 节虫①〕の古称.

〔**朽**〕 xiū ①(木などが)朽ちる.腐る.〔在柱子底下涂上煤黑油,免得~了〕柱の下が腐らないようにコールタールを塗る.②消えてなくなる:否定の形で用いる.〔永垂不~〕〖成〗事業や名声が長く世に残ること.③(人や事が)老朽する.衰える.〔老~〕年老いて衰える.④〈姓〉朽(きゅう).

朽败 xiǔbài 朽ちはてる.

朽才 xiǔcái 〔朽材〕とも書く.〖喩〗もはや役に立たないもの:謙遜したり,人を叱責するのに用いる.

朽蠹 xiǔdù 〈文〉①朽ちる.②虫に食われる.③害虫.

朽腐 xiǔfǔ 〈文〉①腐る.腐敗する.②腐ったもの(者).〔~之人不足与言〕腐敗した人間とはともに語るに足らない.

朽坏 xiǔhuài 朽ちて壊れる.〔房屋〕家屋が朽ちて崩れる.〔政治~〕政治が腐敗する.

朽烂 xiǔlàn 朽ちはてる.

朽迈 xiǔmài 〈文〉老いて朽ちる.老いぼれる.

朽木 xiǔmù 朽ちた木材.〖喩〗役立たず.〔~不可雕也,粪土之墙不可圬 wū 也〕〖諺〗馬鹿は死ななきゃ治らない.

朽虫 xiǔchóng 囲キスイムシ.

〔**宿**(**宿**)〕 xiǔ 〈口〉量詞.夜(晩)を数える.〔住了一~〕ひと晩泊まった.〔整宿整~没睡〕ひと晩中寝なかった.〔三天两～二泊三日. → sù xiù

〔**滫**〕 xiǔ 〈文〉米のとぎ汁.〔~潲suǐ〕〈文〉米のとぎ汁に食物を浸して柔らかくする(あくをぬく)こと.→〖泔 gān 水〗

〔**秀**〕 xiù ①(穀類植物の)花が咲く.穂が出る.〔麦子已经~穗儿suìr了〕麦の穂が出た.②〈文〉長く出ている.ぬきんでる.〔～立〕同前.③秀でる.優れている.〔优~〕優れている.〔挺tǐng～〕ひときわ優れている.④麗しい.秀麗である.〔山清水～〕山や水が清く美しい.〔眉清目~〕眉目秀麗である.⑤優れた人物.秀才.〔新~〕新たに出てきた才能のある人.⑥〈音訳〉見せ物.ショー.〔时装～〕ファッションショー.〔～味 wèi〕ショーの味わい.〔~约 yuē〕出演契約.→〖秀场〗⑦〈姓〉秀(しゅう).

秀拔 xiùbá 美しくぬきんでている.〔墨迹～〕水茎のあと(墨跡)が美しい.

秀才 xiùcai ①=〖秀士〗回科挙の科目の名.宋代では科挙受験者を〔～〕と称し,明・清代では府・州・県の学校に入学した者をいった.→〖科 kē 举〗〖生 shēng 员〗②書生.知識人.〔~人情纸半张〕〈諺〉書生の贈り物は紙の上のものである.〔~造反三年不成〕〈諺〉読書人の謀反は3年たってもできない.〔三年〕は〔十年〕ともいう.

秀场 xiùchǎng (ファッション)ショーの舞台.

秀出 xiùchū 群を抜いている.

秀而不实 xiù ér bùshí 花は咲いたが実をつけない.〈喩〉少し学んだだけで実際には成就しないこと.

秀发 xiùfà 〈喩〉(女性の)美しい髪.

秀慧 xiùhuì 優れて賢い.

秀劲 xiùjìn 力強く美しい.〔笔法～〕墨跡が力強い.

秀俊 xiùjùn 優れている.

秀丽 xiùlì 優れて美しい.〔长 zhǎng 得～〕容貌がきれいだ.〔字体~〕字体が優美である.〔那个女孩儿长得还算~〕あの女の子はまあきれいな方だ.

秀美 xiùměi 上品で美しい.〔长 zhǎng 得相当～〕容貌はかなりきれいだ.

秀媚 xiùmèi (女性が)美しく艶めかしい.

秀女 xiùnǚ 囲選ばれて宮中へ入った女官.〔选~〕同前を選ぶ.

秀气 xiùqi ①優雅である.上品で美しい.〔样子～〕姿が上品だ.〔文章～〕文章が上品で優れている.〔这么～的孩子实在好〕こんな可愛い子供は実にいい.②あかぬけしている.気がきいて

xiù

いる.
秀巧 xiùqiǎo ①優美で精巧である.②美しくて賢い.
秀色 xiùsè 美しい容貌や景色.〔~可餐 cān〕〈成〉(女性や風景の)極めて美しいさま:〔秀可餐〕ともいう.
秀士 xiùshì ①〈文〉徳行の優れた人.②⇒〔秀才①〕
秀挺 xiùtǐng すっきりと美しい.
秀外慧中 xiùwài huìzhōng〈成〉容貌が秀で,聡明である:〔秀外惠中〕とも書いた.
秀雅 xiùyǎ 美しくて上品である.
秀逸 xiùyì 美しくて洗練されている.〔风姿~〕容姿端麗である.

[绣・綉（繡）] xiù

①色とりどりであざやかである.②刺繍(する).縫い取り(する).〔刺 cì~〕同前.绒 róng~〕色糸刺繍.→〔扎 zhā 花①〕③刺繍製品.〔湘 xiāng ~〕湖南(長沙)の刺繍.〔苏~〕蘇州の刺繍.〔锦 jǐn ~山河〕〈喩〉美しい国土.④〔姓〕绣〕

绣补 xiùbǔ 回朝服につける刺繍のある〔补子②〕(官位を示す飾り)
绣次 xiùcì ⇒〔牧 zhuāng 次〕
绣墩 xiùdūn (庭園用の)太鼓形の磁器製の腰掛け:華麗な模様が描かれている.冬は刺繍した帽子のようなカバーをかぶせる.
绣房 xiùfáng〔绣阁〕〔绣楼〕〈文〉回 若い女性の居室.〔闺阁~〕同前.
绣腹 xiùfù →〔锦 jǐn 心绣口〕
绣阁 xiùgé ⇒〔绣房〕
绣工 xiùgōng(r) =〔绣活(儿)〕刺繍の仕事.
绣花(儿) xiùhuā(r) 刺繍を(する).〔~鞋 xié〕绣鞋〕刺繍した女性用布靴.〔~针 zhēn〕刺繍針.〔~枕 zhěn ~头.〈喩〉見かけ倒し.〔~枕头一包草〕同前で中身はわら.〈喩〉見たところ立派であるが内容(金や才学)が伴わないもの.
绣画 xiùhuà 刺繍の絵.
绣活(儿) xiùhuó(r) ⇒〔绣工(儿)〕
绣货 xiùhuò 刺繍を施した品.
绣口锦心 xiùkǒu jǐnxīn ⇒〔锦 jǐn 心绣口〕
绣楼 xiùlóu ⇒〔绣房〕
绣品 xiùpǐn 刺繍製品.
绣球 xiùqiú ①刺繍を施した絹製のまり.②函 ガクアジサイ:〔八 bā 仙花〕〔粉 fěn 团花〕に同じ.〔~花〕は白色大輪の花で変種.〔琼 qióng 花②〕ともいう.
绣球风 xiùqiúfēng 中医 陰金田虫(俗称).→〔股 gǔ 癣〕
绣闼 xiùtà 飾りたてた門.
绣像 xiùxiàng ①刺繍で描いた像.②回(章回小説の巻頭にある)人物の挿絵.〔~小说〕挿絵入りの章回小説.
绣鞋 xiùxié ⇒〔绣花(儿)鞋〕
绣眼鸟 xiùyǎnniǎo 區 メジロ:〔白 bái 眼鸟〕ともいう.
绣衣 xiùyī 刺繍した服.
绣制 xiùzhì 刺繍を作る(する)
绣字 xiùzì ①刺繍した文字.②文字を縫い表す.

[琇] xiù 〈文〉玉に似た美石.

[锈・銹（鏽）] xiù

①さび(が出る).〔长 zhǎng ~〕〔生~〕さびがつく.〔铁~〕鉄のさび.〔防~〕さび止め(をする).②腐 fǔ 食する.〔~损 sǔn〕腐食による損害.〔~住了〕さびついた.→〔锖 qiāng 色.

②さび状のもの.〔水~〕水あか.〔茶~〕茶しぶ.③函 さび(病).〔小麦杆~菌〕小麦のさび菌.
锈斑 xiùbān さび状の斑点.
锈病 xiùbìng 函 さび病.〔黄~〕黄さび病.〔赤~〕赤さび病.
锈菌 xiùjūn さび菌:さび病をもたらす真菌.
锈蚀 xiùshí 腐食する.

[岫] xiù ①〈文〉山のほら穴.②〈文〉山の峰.〔重峦 luán 迭 dié ~〕〈慣〉重なりあった山々.③〔姓〕岫〕

岫玉 xiùyù 鉱 蛇紋石.

[袖] xiù ①[~儿,-子] 服の袖.〔长~衬衫〕長袖のシャツ.②袖の中に入れる.〔~着手〕懐手をする.

袖标 xiùbiāo 腕章.〔带上~〕腕章をつける.
袖长 xiùcháng 袖丈.ゆきたけ.
袖搭 xiùdā [~儿,-子] 區 中国服の袖の袖口に近い方の半分:二幅の布を縫いあわせてある.
袖箍 xiùgū 腕章.
袖管 xiùguǎn 袖 [筒]
袖箭 xiùjiàn 回 武器の一種:袖に隠しておくばね仕掛けの円筒の中に矢を入れたもの.
袖交 xiùjiāo〈文〉会って手渡す.〔敬烦某某~××先生〕〔膳〕某を煩わして××先生に手渡しをお願いする:人に手渡すことを依頼した時に封筒面に書く文句.
袖口纽儿 xiùkǒuniǔr =〔袖扣(儿)〕〔袖纽〕カフスボタン.袖のボタン.
袖口(儿) xiùkǒu(r) =〔<口>袖头儿〕〔袖口纽儿〕
袖宽 xiùkuān 袖の幅(広さ)
袖里 xiùlǐ 袖の中.〈喩〉秘密裡.〔~有鬼〕袖の中でこそこそやっている.〈成汉〉袖の中で手を握り合って指で数を知らせ取引をする.〔~的花样儿〕袖の中でこっそりやろいろいろなこと.〔~的鬼招儿〕こっそりやるごまかしの手.〔~乾 qián 坤〕〈喩〉目くらましの幻術.
袖纽 xiùniǔ ⇒〔袖口纽儿〕
袖刃 xiùrèn〈文〉刃物を袖の中に隠し持つ.〔~寻仇〕刃物を隠し持って仇をたずねる.
袖手 xiùshǒu =〔褪 tùn 手〕手を出さない.関与しない.〔~旁 páng 观〕〈慣〉袖手(ばう)傍観する.高見の見物をする.〔旁观~〕ともいう.
袖套 xiùtào 腕カバー.
袖筒(儿) xiùtǒng(r) 袖:肩から袖口まで筒になっている部分.
袖头儿 xiùtóur ①〔<口>袖カバー:袖口の汚れを防ぐためにはめるカバー.②⇒〔袖口(儿)〕
袖香 xiùxiāng ①女子の袖口にただよう香気.②袖に挟んだハンカチ.〔红 hóng 香〕③⇒〔妾 qiè ①〕
袖章 xiùzhāng 腕章.〔臂 bì 章〕に同じ.
袖珍 xiùzhēn 袖珍(ばう).小型.〔~相投〕小型版.〔~字典〕ポケット字典.コンサイス字典.〔~录音机〕小型テープレコーダー.〔~电视〕ポータブルテレビ.〔~公园〕小公園.〔~本〕〔巾 jīn 箱本〕袖珍本.
袖子 xiùzi 服の袖.〔卷 juǎn 起~来干〕腕をまくって...

[臭] xiù ①におい.〔空气是无 wú 色无~的气体〕空気は無色無臭の気体である.〔无 wú 声无~〕音もにおいもない.〈喩〉相投ぼ〉〈成〉悪人同士が意気投合する.〔乳~未干〕〈成〉乳臭さが抜けきらないこと.②〈文〉(においを)嗅(きゃ)ぐ:〔嗅〕に同じ.〔~觉 jué〕嗅(きゃ)覚. → chòu

xiù～xū

〔溴〕 xiù 化臭素.ブロム:非金属元素.記号 Br. ハロゲン元素の一.→〔卤 lǔ 素〕

溴化 xiùhuà 化臭素化.〔~作用〕臭素化.〔~铵 ǎn〕臭化アンモニウム.〔~钾 jiǎ〕臭化カリウム.臭剤.〔~钠 nà〕〔溴钠〕臭化ナトリウム.ブロムナトリウム.臭ナ.〔~物〕ブロマイド.〔~银 yín〕臭化銀:写真原板の製造などに用いる.

溴水 xiùshuǐ 臭素水.

〔嗅〕 xiù (においを)嗅ぐ.〔你~~〕嗅いでみなさい.→〔闻 wén ⑤〕

嗅觉 xiùjué 嗅覚.〔政 zhèng 治~灵敏〕政治的嗅覚が鋭い.

嗅球 xiùqiú 生理においを感じる脳内の器官.〔嗅索〕によって伝達る.

嗅神经 xiùshénjīng 生理嗅覚神経.

〔宿（宿）〕 xiù 〈文〉(中国古代の天文学で)星座.〔星 xīng〕同前.→〔二 èr 十八宿〕→ sù xiǔ

〔褎（褏）〕 xiù 〈文〉袖〔袖〕に通じ用いられた.

xu ㄒㄩ

〔讦・訏〕 xū 〈文〉①誇張する. ②大きい.〔~策 cè〕大計画.

〔圩〕 xū =〔墟〕〈方〉市 (%);〔集 jí ④〕に同じ.〔~市〕同前.〔趁 chèn ~〕〔赶 gǎn ~赶圩〕市に行く〔赶 gǎn ~〕に同じ.→ wéi

圩场 xūcháng〈方〉市(のたつ場所)

圩期 xūqī 同上.

圩日 xūrì =〔圩期〕〈方〉市の立つ日.

〔吁〕 xū ①〈文〉嘆息する.〔长 cháng ~短叹〕〈慣〉青息吐息.〔轻~短叹〕〈慣〉軽ためいき.②〈文〉感動詞.驚きを表す.〔~,君何见之晚也〕ああ、きみ、何ぞきみゆるこての遅さ:もっと早く会っていればよかった.③〈姓〉吁(ㄒ) → yū yù

吁气 xūqì〈文〉ほっと安心する.〔吁一口气〕ほっと息をする.

吁吁 xūxū〈擬〉ハアハア:息の出る音.〔喘 chuǎn ~~〕ハアハアと息をはずませる.

〔盱〕 xū ①〈文〉目を見張る(って仰ぎ見る).〔睢 suī ~〕同前.②〔眙 yí〕江蘇省にある.〈姓〉盱(ㄒ)

盱衡 xūhéng〈文〉目を開き眉をあげる.〈転〉観察して分析する.

盱目环伺 xūmù huánsì〈成〉目を見開いてあたりをうかがう.

〔戌〕 xū ①いぬ:十二支の第11位.〔~狗 gǒu〕同前.→〔干 gān 支〕②順序の第11番目.③屋戌の刻:夜の7時～9時頃.〔初 chū 更〕に同じ.〔~刻 kè〕〔~时 shí〕同前.→〔五 wǔ 更〕④屋(方位)で西北.⑤〈姓〉戌(ㄒ) → qu

〔魆〕 xū ①暗い.〈地里〉くらがりと.→〔黑 hēi 魆魆〕

〔胥〕 xū〈文〉皮をはぎ取る音. → huā

〔须・須・鬚〕 xū（Ⅰ）〔須〕①…ばならぬ.…する必要がある:否定にはふつうに〔不必〕を用いる.〔必~〕必…(し)なければならない.〔无～複 xū 面倒なことをする必要はない.〔务～注意〕必ず注意しなければならない.②〈文〉待つ.〔~我片刻〕ちょっとの間待ちなさい.③〈白〉確かに.まさしく.〔我和你~是亲兄弟,又不是斯认义〕わたしときみはまさしく肉親の兄弟なのだ,義兄弟などではないのだ.⑤本来.もともと.〔俺~是亲手足,您~是亲姐姐,有什么话不投机〕おれたちはもともと肉親の兄弟であり,あなたたちはその嫁同志だ,口に出してはいけないことなどありますか.⑥とうとう.結局.〔今番~瞒过他也〕今度こそとうとう彼をだましおおせたぞ.①しかし:語気を転ずる時と強める時に用いる.〔这~不是我妒他,是自做出来的〕これはしかしわたしが彼をねたんだのではなくて,彼が自分でしてかしたのだ.⑥…だけれども.〔梧桐树~大,里空虚;井水~深,里无鱼〕青桐は大きいけれども中は空であり,井戸の水は深くても魚はいない.①おそらくは.④〈姓〉须(ㄒ)

（Ⅱ）〔鬚〕①(あご)ひげ.〔胡 hú ~〕口ひげとあごひげ.②動植物のひげ状のもの:虫の触角や花の芯.〔花~〕花のしべ.〔胡 hú 蝶~〕蝶のひげ.〔虾 xiā ~〕えびのひげ.

须疮 xūchuāng 中医皮膚病の一種.

须当 xūdāng 正に…せねばならぬ.〔大丈夫~如此〕大丈夫たるものはまさにこのようでなければならない.

须得 xūděi …で…でなければならない.〔~小心〕注意深くなければならない.

须发 xūfà ひげと頭髪.〔~皆白〕ひげも髪も真っ白だ.

须根 xūgēn =〔复 fù 根①〕植ひげ根.

须鲸 xūjīng 動鬚鯨(総称).〔长 cháng ~〕ナガスクジラ.

须眉 xūméi〈文〉①ひげと眉.〔~堂堂〕ひげや眉が堂々としている.〔~交白〕ひげも眉も真っ白である.②〈喩〉〔男子〕男子.〔~男子〕男子.〔~浊 zhuó 物〕品性の卑しい男.〔巾帼 guó 不让~〕〈喩〉男まさりである.

须弥座 xūmízuò (仏教の)須弥(ㄒ)座.須弥.〔须弥(山)〕仏教世界の中心にある山.

须菩提 xūpútí（仏教の)西方極楽(の別称)

须儿 xūr =〔胡子〕

须髯如戟 xūrán rújǐ〈喩〉(ㄈ)が戟(ㄐ)のようである(に硬い). ②〈転〉堂々たる男子.

须生 xūshēng ⇒〔老佬生①〕

须梳 xūshū ひげを梳くし.

须要 xūyào …しなければならない.…すべきである.…する必要がある.〔教育青年~有耐 nài 心〕青年の教育には辛抱強さがなければならない.→〔需要〕

须臾 xūyú〈文〉暫時.しばらく:古代,仏教で400回指をはじくのを1須臾(ㄒ)とし,30須臾を1昼夜とした.〔~不可离〕寸時も離れられない(離さない)

须知 xūzhī ①すべからく知るべし.知らねばならない.〔~稼 jià 穑之不易〕百姓の苦労を知らなければならない. ②心得.注意事項.〔开信用证~〕信用状開設心得.〔应考~〕受験上の注意事項.

须至 xūzhì 旧公文の末尾につけて,必ず宛名人に到達すべきものなのの意を表す.〔~照会者〕右ご照会まで.〔~咨 zī 复者〕右回答まで.

须子 xūzi =〔须儿①〕①ひげ状のもの.ひげ根.〔白鬚~〕さつまいものひげ.〔参 shēn ~〕ヒゲニンジン.毛人参:朝鮮人参のひげ根.〔老鼠~〕ねずみのひげ.〔蟋 xī 蟀~〕コオロギのひげ.

〔婿・媭〕 xū ①姉:楚国の言葉. ②人名用字(女性).〔吕 lǚ ~〕樊(ㄈ)噲の妻の名.

〔胥〕 xū（Ⅰ）〈文〉①すべて.全部.〔诸~备矣〕諸事全部備わった. ②待つ.〔少~〕ばらく待つ.〔~命〕命令を待つ.
（Ⅱ）①昔文書を扱う下級官史. ②地名用字.〔~湖〕太湖の周辺にある. ③〈姓〉胥(ㄒ)

胥后命 xūhòumìng〈文〉次の命令を待つ.〔~而发〕後命を待って出発する.

胥吏 xūlì ⇒〔书 shū 吏〕

[谞・諝] xū〔文〕①明知.才知. ②謀略.

[顼・頊] xū ①〔顓 zhuān ~〕⇒〔顓 (zhuān)〕:古代の皇帝. ②〔姓〕頊.

[虚(虛)] xū ①むなしい.空(そら)である.〔空～〕空虚である. ②虚心である.謙虚である.〔谦～〕同前.〔～心接收别人的意见〕虚心に他人の意見を受け入れる. ③弱点.すき.〔乘～而入〕油断に乗じる. ④衰弱している.〔身子~〕体が虚弱である.〔他这么一该吃点儿补药了〕彼はこんなに衰弱しては、栄養剤を飲まねばならない.うその.うそである.うそである.↔〔实 shí 会〕 ⑥むだである.むだにする.〔不～此行〕この行(こう)もむだではなかった.〔枪不～发〕むだ弾は打たない. ⑦空(から)にする.あけておく. ⑧おびえている.びくびくしている.〔你不要心～〕びくびくするな.〔胆～〕〔胆怯〕びくびくする.〔做贼心～〕どろぼうを働けば、心はいつもびくびくである. ⑨(政治思想や方針・政策上の)理論や方法.↔〔实 shí〕 ⑩星(ほし):〔二èr 十八宿〕の一. ⑪〔姓〕虚(きょ).

虚白 xūbái 〈文〉何もない.空白である.
虚报 xūbào うその報告をする.〔会计～开支〕会計がうその出納を報告する.〔～军功〕〈成〉軍功を大げさに報告する.→〔浮 fú 报〕
虚传 xūchuán 誤り伝わる.〔名不～〕〈成〉名に背かない.名声のとおりだ.
虚词 xūcí 〔語〕虚詞:実際上の意義を表さず、ただ文の構成を助ける働きをする語:接続詞・介詞・副詞・助詞・感動詞など.→〔实 shí 词〕 ②虚言.うそ.〔虚辞〕とも書く.
虚辞 xūcí 同上②.
虚存 xūcún ⇒〔虚拟内存〕
虚度 xūdù ①空しく歳月を過ごす.〔～光阴〕〔～年华〕〈慣〉いたずらに年月を送る. ②〈謙〉自分の年齢.〔我今年～四十岁〕40歳になりました.
虚发 xūfā むだに射る.あだ矢を放つ.むだ弾を打つ.〔弹 dàn 不～〕むだ弾は打たない.
虚浮 xūfú 浮薄である.うわっ調子である.しっかりしていない.〔～的生活态度が着実でない.〔～不实〕〈成〉うわべだけで誠意がない.〔这些油头粉面的～少 shào 年〕にやけた尻の軽い若者.
虚高 xūgāo 不当に高い.でたらめに高い.
虚根 xūgēn 〔数〕虚根.
虚功 xūgōng 骨折り損.〔做～〕徒労に終わる.
虚恭 xūgōng ①表面だけの尊敬方.〔～而心不诚〕うわべだけ丁寧で、心の中はまことなく. ②屁.おなら.〔出～〕おならをする.→〔出 chū 恭〕
虚构 xūgòu ①作りあげる.こしらえる. ②虚構.フィクション.〔～事实〕事実を虚構する.〔这是～出来的故事〕これは作り出したお話だ.
虚汗 xūhàn 冷や汗.脂汗.
虚耗 xūhào 空費する.無駄に消耗する.→〔徒 tú 耗国帑〕
虚华 xūhuá 〈文〉見かけの派手さ.
虚怀若谷 xūhuái ruògǔ 〈成〉虚心坦懐に大きく包容すること.
虚幻 xūhuàn まぼろし(である).
虚晃一枪 xūhuǎng yīqiāng 〈慣〉(やる気もないのに)槍(やり)をちらつかせる.〈喩〉はったりをきかせる.思わせぶりな言動をとる.〔～一刀〕ともいう.
虚火 xūhuǒ ①〔中医〕のぼせ:身体の衰弱により生じる熱性の病状. ②〈喩〉見せかけの活気.うわべだけの盛んさ.〔～红 hóng 火〕
虚己 xūjǐ 〈文〉己をむなしくする.私欲を離れる.

虚假 xūjiǎ 虚偽である.偽りである.〔～广告〕虚偽広告.不当広告.〔～账务〕裏帳簿.
虚价 xūjià 名目価格.虚価.
虚架子 xūjiàzi 〈喩〉見かけ倒し.見栄っぱり.〔摆 bǎi ～〕もったいぶる.〔别看他个子大,不过是个～,经常这儿疼那儿疼的没法儿大きくなって见かけだおしだ,いつもここが痛いの,あそこが痛いの.
虚骄 xūjiāo うぬぼれる.慢心する.〔~恃 shì 气〕〈成〉浮薄でおごりたかぶり.感情的なこと.
虚金本位制 xū jīnběnwèizhì 〔金汇兑本位制〕
虚惊 xūjīng 実害のない驚き.から騒ぎ.〔你们都受了～吧〕皆さんさぞびっくりなさったことでしょう.
虚开 xūkāi 不当に支払う.不当支出・架空支出する.→〔开支〕
虚空 xūkōng ①空虚である.〔实力～〕実力がない. ②〈文〉大空.虚空(こくう).
虚夸 xūkuā おおげさにする.大風呂敷を広げる.
虚劳 xūláo 〔中医〕長患いで体力が衰弱した症候. ②むだ骨折りをする.〔叫您～一阵,实在不过意〕むだ骨折りをさせて,たいへんすまぬ. →〔徒 tú 劳〕
虚痨 xūláo 〔中医〕結核を病み衰弱の著しい症状:ふつう肺結核をいう.
虚礼 xūlǐ 虚礼.
虚量 xūliàng 〔数〕仮定量.
虚龄 xūlíng ⇒〔虚岁〕
虚糜 xūmí 浪費する.
虚面子 xūmiànzi 見栄を張ること.うわべの体裁を作ること.
虚名 xūmíng 虚名.うわべだけの評判.〔徒有～,并无实学〕虚名だけで実際の学問はない.
虚拟 xūnǐ ①仮想(する).虚構(する). ②作り事(の).フィクション(の).〔～存款〕〔经〕粉飾預金.〔～社会〕仮想社会.〔～社区〕〔在线社区〕バーチャルコミュニティー.〔～现实〕バーチャルリアリティー.〔～鱼饵(ěr)〕ルアー.〔～人〕コンピューターグラフィックで作り出したバーチャル人体. ③〔電算〕バーチャル.〔～内存〕〔虚存〕仮想メモリー.
虚拟资本 xūnǐ zīběn 〔経〕擬似資本.
虚胖 xūpàng むくんでいる.水ぶとりしている.
虚飘 xūpiāo うわついている.うわずっている.
虚飘飘 xūpiāopiāo ふらふらするさま.〔病还没全好,下床来身子有些～的病気がまだすっかりよくなっていないので、ベッドからおりると体が少しふらふらする.
虚钱实契 xūqián shíqì 金銭の授受のない仮空の契約書.
虚情假意 xūqíng jiǎyì 〈成〉うわべだけの好意.〔～地应酬了一番〕うわべだけていねいに接待した.
虚让 xūràng 形式的に遠慮する.〔主人请他上座,他～了一下,就不客气地坐到主席席上去了〕主人が彼に上座を勧めると,彼は形だけの遠慮をしてずかずかと主席席に座った.
虚热 xūrè ①〔中医〕体が弱くて熱っぽいこと. ②うわべだけの活況.
虚荣 xūróng ①虚栄.〔～心〕虚栄心. ②見栄を張る.
虚弱 xūruò ①(体が)虚弱である.衰弱する.〔病后身子～〕病後体が衰弱した. ②(国力・兵力が)軟弱である.薄弱である.
虚设 xūshè 形式的にしつらえる.名目上設ける.〔形同～〕名ばかりの存在.
虚实 xūshí 虚と実.虚偽と誠実.〔探听～〕実情を探る.
虚饰 xūshì 嘘で飾りたてる.〔～矫情〕同前で心にも

xū

虚数 xūshù ①うその数.実態のない数. ②数虚数.
虚岁 xūsuì =[虚龄]かぞえ年.→[足 zú 岁].
虚谈 xūtán むだ話をする.〔一半天,没解决实际问题]長い時間ムダ話をしたが、実際の問題は何一つ解決し№ ない.
虚套(子) xūtào(zi) 紋切り型の儀礼.常套.つまらぬ体裁.〔没有～]実(じつ)がないわけではない.〔咱们免去这些～〕こんな虚礼はやめよう.
虚土 xūtǔ 〈方〉すきかえされた柔らかい土.
虚脱 xūtuō 医①虚脱:病人の心臓が急に衰弱して、体温が下降し脈拍が微弱になる現象. ②虚脱状態になる.
虚妄 xūwàng うそである.でたらめである.
虚伪 xūwěi 偽りである.真実でない.〔～拍 pāi 卖]さくらをつかって商品を叩き売りすること.
虚位以待 xūwèi yǐdài =[虚席以待][虚座以待]〈成〉座席を空けて待つ.
虚温 xūwēn 図 (温度計の示す温度と違う)実際の温度.
虚文 xūwén ①空文.常套語. ②虚礼.〔～浮 fú 礼]〔～俗 sú 套]紋切り型の儀礼.→[虚套(子)]
虚无 xūwú 虚無.〔～主义]虚無主義.〔～缥 piāo 渺]〈成〉茫漠として雲をつかむようである.
虚席以待 xūxí yǐdài ⇒[虚位以待]
虚衔 xūxián 名目上の職.肩書.
虚线 xūxiàn ①点線.破線.→[点 diǎn 线]〔实 shí 线] ②数虚数を含む方程式のグラフ.
虚像 xūxiàng 物虚像.
虚效 xūnxiào 見せかけの効果.
虚心 xūxīn ①素直(である).虚心(である).謙虚(である):心にわだかまりがない.〔～学习]謙虚に学習する.〔～受教]人の忠告を素直に聞く.〔～使人进步,骄傲使人落后]虚心は人を進歩させ、慢心は人を退歩させる.〔～平意]心或う憎仰悪感で なく、公平無私な態度. ②空(の):〔空 kōng 心 ②]に同じ.〔～塔 tǎ]国内部の階段で上ることのできる塔.
虚宿 xūxiù →[二 èr 十八宿]
虚悬 xūxuán ①懸案のままである.決着がついてない. ②欠員になっている.空席のままになっている. ③空想する.
虚言 xūyán 〈文〉①うそ.真実でない言葉. ②言葉だけ.口だけ.
虚掩 xūyǎn ①(戸を)合わせておくだけにする:かぎなどかけない状態.〔门～着](かぎかけずに)戸がしめただけにしてある. ②(上着のボタンをかけずに)襟を合わせる:ボタンやファスナーをかけない状態.
虚业 xūyè 虚業.
虚盈 xūyíng 粉飾利益.〔～实亏 kuī]見せかけの利益で中身は赤字.
虚应故事 xūyìng gùshì 〈成〉申しわけにする.いいかげんにあしらっておく.
虚有其表 xūyǒu qíbiǎo 〈成〉中身がなくて外見だけ立派なこと.見かけだおし.
虚与委蛇 xū yǔ wēiyí 〈成〉うわべばかり追従する.うわべばかり調子をあわせてごまかす.
虚愿 xūyuàn むない願い.〔竟成～〕ついにむなしい願いになってしまった.
虚造 xūzào でっち上げる.捏造する.〔向壁～]〈成〉根拠のない事をでっち上げる.勝手な妄想をする.
虚诈不实 xūzhà bùshí 〈慣〉虚偽のことを述べ真実を申し述べない.
虚张声势 xūzhāng shēngshì 〈成〉虚勢をはる.はったりをかける.〔是～,没有什么实力]まったくのはったりで、何ら実力はない.〔他一地喊捉贼,其实自

己心里怕得不得了]彼は虚勢を張ってどろぼうを捕まえろとどなったが、その実自分はびくびくものだった.→[故 gù 弄玄虚]
虚症 xūzhèng 中医虚症:身体虚弱で、無気力感・脱力感があり冷や汗・寝汗などが出る症状.
虚职 xūzhí 肩書だけで中身のない職.名目上のポスト.→[实 shí 职]
虚掷 xūzhì むだにする.空費する.〔觉得自己的一世劳碌并没有～](老・四・恒 2)自分の一生の苦労が決してむだではなかったと感じた.
虚衷 xūzhōng 同前.
虚肿 xūzhǒng 中医指で押して、もとに戻りにくい浮腫・むくみ.
虚字 xūzì ①〈口〉[虚字眼儿]国虚字:古文で、具体的な意味を持たず、独立して用いられない字.→[虚词①]〔实 shí 字]
虚字眼儿 xūzì yǎnr 同上.
虚足 xūzú 動(原生動物の)偽足.
虚左 xūzuǒ 同下.
虚左以待 xūzuǒ yǐdài =[虚左]〈成〉上座を残しておいて賢者を待つ:〔左为上]といわれ、左が上座である.〔承先生俯允屈就,我等～]ご就任のご承諾をいただきましたので、ポストをあけてお待ちしておりました.
虚座以待 xūzuò yǐdài ⇒[虚位以待]

[墟] xū ①廃墟.残跡.〔废～]同前.〔殷 yīn ～]殷の古都のあと. ②〈文〉村落. ③⇒〔圩] ④地名用字.〔井头～]国湖南省にある.
墟场 xūchǎng 方(～儿の立つ場所).定期市の開かれる場所:〔圩场]とも書く.→[集 jí 市]
墟里 xūlǐ =[墟落①]村落.
墟落 xūluò ①同上. ②墓地.
墟市 xūshì 国市場.

[嘘] xū ①ゆるやかに息を吐く.軽く息を吹きかける.〔~了一口气]ふうっと息を吐いた.〔把手～暖了]息を吹きかけて手を暖めた. ②〈文〉ためいきをつく.〔仰天而～]空を仰いでため息をつく. ③火あるいは蒸気の熱気を受ける.〔小心别叫开水壶～着手]やかんの湯気で手をやけどしないように.〔把紫菜在火上拿高了一一～]海苔を火に高くかざしてあぶりながら ④シッと制止する.シッシッと追い払う.〔大家把他～下去了]皆がブーイングして彼を追い払った. ⑤シーッ:感動詞.制止や警告.〔～!轻一点,屋里有病人]シーッ、静かに、病人がいるんだ. → shī
嘘寒问暖 xūhán wènnuǎn 〈成〉熱い息を吹きかけて人を暖めること.〔喩]他人の生活に温かく気を配ること.〔他非常关心我们的生活,～,无微不至]彼は非常に私たちの生活に小さいところまで気を配っている.
嘘哄 xūhōng ブーイングが起こる.
嘘枯 xūkū 枯れたものを息で吹き暖めて、蘇生させる.〔喩]失脚した人を褒めそやして再び立派な人にする.
嘘枯吹生 xūkū chuīshēng 〈成〉息を吹きかけて死んだものを生き返らせる.
嘘气 xūqì 息を吐く.
嘘声 xūshēng 反対や制止を表す声.〔她一出场,台下现众就报以一片～]彼女が登場すると、大向こうの観衆からブーイングが起こった.
嘘手 xūshǒu 手に息を吹きかけて暖める.
嘘唏 xūxī 〈文〉嘆息する.すすり泣く.

[歔] xū

歔欷 xūxī すすり泣く:〔嘘唏]に同じ.

xū～xǔ

[欻(歘)] xū〈文〉たちまち.突然.にわかに.〔～忽 hū〕同前.〔风雨～至〕雨風がにわかにやって来る. → chuā

[需] xū ①必要とする.求める.〔必～品〕必需品.〔～款甚巨〕巨額の金を必要とする. ②必要な金銭・品物.〔军～〕軍需.〔不时之～〕不時の必要.〔以应 yìng 急～〕急需に応ずる. ③〈文〉需(xū):六十四卦の一.
需求 xūqiú 必要.必要性.ニーズ.〔～量〕必要量.〔～膨 péng 胀〕需要インフレ.〔～弹 tán 性〕需要弹力性.
需索 xūsuǒ ねだる.要求する.〔～佣金〕手数料を要求する.〔官僚～钱钱〕官僚が賄賂を巻き上げる.→〔勒 lè 索〕
需要 xūyào 必要.必要.要求.〔不能满足儿童的～〕児童の必要を満足させ得ない.〔从四个现代化的～出发〕四つの近代化の必要から出発する.〔适应国家の〕国家の必要にこたえる. ②必要である.必要とする.〔～量太多 ～要求があまりにも多い.〔不～复 fù 杂的手续〕ややこしい手続きはいらない.〔～我们去解决〕我々が解決しなければならない.〔须要〕〔必 bì 要〕
需用 xūyòng 必要な金品.〔～日繁〕必要なものが日々多くなる.〔～经费〕必要经費.

[繻・繻] xū〈文〉①彩色した絹. ②古代,通行証に用いた帛(はく)

[徐] xú〈文〉①ゆるやかである.〔清风～来,水波不兴〕すがすがしい風がゆるやかに吹いて来て,波も立たない.〔火车～～地开动了〕汽車がゆっくりと動き出した. ②〈姓〉徐(じょ)
徐步 xúbù ゆったりと歩く.
徐福 xúfú ⇒〔徐市 (shì)〕秦の始皇帝の命で東海に不死の薬を求めたという伝説上の人.
徐光启 xúguāngqǐ 明末の人.上海生まれ.字は子先.イタリア人利馬竇(マテオリッチ)に天文学・数学・武器学を学ぶ.
徐缓 xúhuǎn ゆっくりである.ゆるやかである.
徐疾自如 xújí zìrú〈慣〉早くも遅くも自由自在である.
徐娘 xúniáng うばざくら.粋な年増女:〔半老～〕〔～半老〕の略.〔她虽～半老,但风韵犹存〕彼女はうばざくらで,色気はまだある.
徐庶进曹营 xúshù jìn cáoyíng (三国志演義で)徐庶が曹操の軍営に行く.〔一语不发〕默〕同前で,一語も発しない:うんともすんとも言わない.
徐图 xútú おもむろに計略を巡らす.時をえて計らってゆっくり取りかかる.
徐行 xúxíng〈文〉徐行(する)
徐徐 xúxú ゆっくりと.徐々に.〔幕～拉开〕しずしずと幕が開く.

[许・許] xǔ (Ⅰ)①許す.許可する.〔准 zhǔn ～〕〔允 yǔn ～〕同前.〔不～他去〕彼が行くのを許さない. ②承諾する.約束する.〔姑娘已～给人了〕娘は婚約している.〔～了一个愿〕願をかけた. ③ゆだねる.任す.捧げる.→〔许国〕 ④称賛する.〔称 chēng ～〕〔赞 zàn ～〕同前.〔～他的佳作だといってほめる. ⑤たぶん…だろう.おおかた.…かもしれない.〔明天～要下雨〕明日は雨が降るかもしれない.〔～是我记错了〕たぶんわたしの記憶違いでしょう.
(Ⅱ)①一定の程度を表す.→〔许多〕〔许久〕 ②〈文〉…ほど.…ばかり:おおよその数を表す.〔少～〕少しばかり.〔年二十～〕年は20歳ほど.〔这新字识得几～〕新しい字はどれほど覚えたか. ③このように.〔水清如～〕水がこのように清らかだ.
(Ⅲ)〈文〉場所.ところ.〔不知何～人〕どこの人か知らない.
(Ⅳ)①許:周代の国名.現在の河南省許昌の東一帯.→〔邘〕 ②〈姓〉許(きょ・)
许多 xǔduō たくさん.多い.〔～东西〕たくさんの物.〔增加了～〕たくさん増加した.〔许许多多的品种〕多くの種類.
许国 xǔguó〈文〉国家のために身命を捧げる.〔以身～〕同前.
许婚 xǔhūn 結婚の申し込みに応じる.婚約する:嫁方からいう.〔许嫁〕〔许聘〕〔许婆家〕〔许亲〕〈文〉许字〕ともいう.
许假 xǔjiǎ 休暇を許可する:ふつう〔准 zhǔn 假〕という.
许嫁 xǔjià ⇒〔许婚〕
许久 xǔjiǔ 久しく.長い間.〔～没见〕〔好久没见〕〈挨〉長い間お目にかかりませんでした.→〔好 hǎo 久〕
许可 xǔkě 承諾(する).許可(する).〔～证〕許可証.
许诺 xǔnuò 承諾する.承知する.
许配 xǔpèi 旧(親が娘の)婚約を許す.
许聘 xǔpìn ⇒〔许婚〕
许婆家 xǔpó·jiā ⇒〔许婚〕
许亲 xǔqīn ⇒〔许婚〕
许人 xǔrén (娘が)婚約する.
许身 xǔshēn ①身をささげる.〔～报国〕身をささげて国に報ずる. ②嫁ぐことを承諾する.
许愿 xǔyuàn ①神仏に願(元)をかける.↔〔还 huán 愿①〕 ②許諾を与える.約束をする.〔谁叫你当初～的,到时候就得还愿〕最初君が約束したりするもんだから,期限が来たらそれを履行しなければならないのだよ.
许字 xǔzì ⇒〔许婚〕

[浒・滸] xǔ 地名用字.〔～墅 shù 关〕〔～浦〕江蘇省にある.〔～湾 wān〕江西省にある. → hǔ

[邘・鄦] xǔ 現在の河南省許昌にあった春秋時代の国名:〔許(Ⅳ)①〕ともいう.

[诩・詡] xǔ〈文〉誇る.大言する.〔自～为第一〕第1位だと自慢する.〔自～有能〕自ら有能を誇る.

[栩] xǔ ①〔～～〕生き生きしているさま.〔～如生〕〔～～欲活〕〈慣〉今にも動き出しそうである.〔～～双蝶,穿花飞舞〕生き生きとした2匹の蝶が花の間を飛び舞っている. ②〈姓〉栩(く・)

[呴] xǔ〈文〉吹きかける.〔众～漂山〕〈喩〉群衆の力が巨大である.
呴嘘 xǔxū 口を開けて息を出す.

[姁] xǔ〔～～〕〈文〉なごやかでゆったりしたさま.

[湑] xǔ〈文〉①(酒を)濾す.またその酒. ②濁りない.澄んでいる. ③盛んである. → xù

[糈] xǔ〈文〉(祭神用の)穀物.〔饷 xiǎng ～〕旧軍隊の糧食.

[醑] xǔ ①〈文〉美酒.〔清～〕清酒. ②薬揮発性薬品のアルコール溶液剂.チンキ.〔芳 fāng 香氛～〕芳香アンモニア醑剂.〔樟 zhāng ～〕カンフル精(カンフルチンキ).〔亚 yà 硝酸乙酯～〕甘硝石精(亜硝酸エチル精).〔茴 huí 香氛～〕アンモニアウイキョウ精.→〔酊 dīng〕
醑剂 xǔjì 薬アルコール溶液剂.チンキ:単に〔醑②〕ともいう.

[盨・盨] xǔ 固盨:食器用の青銅器.殷(いん)を平たく長方形にしたもの

xǔ～xù

で,ふたと耳がある.→〔簋 guǐ〕

〔旭〕 xù ①〈文〉朝日.〔朝～〕同前. ②〈姓〉旭(きょく).

旭日 xùrì 朝日.〔～东升〕東の空に朝日が昇る.〔犹 yóu 如～东升,欣欣向荣〕旭日昇天の勢いでぐんぐん伸び栄える.

旭氏硬度 xùshì yìngdù ⇒〔萧 xiāo 氏硬度〕

〔序〕 xù (Ⅰ)①順序,次第.〔顺～〕①〔次～〕同前.〔工〕工事進行の順序.〔井 jǐng 然有～〕きちんと順序がたっている.〔前后有～〕前後の順序がきちんとしている.〔以长幼为～〕年齢順で順を決める. ②〈文〉排列の順序をつける.〔序.序文〕〔作一篇～〕序文を1編作る.→〔跋 bá (Ⅱ)〕 ④はじめのもの.正式に始まる前のもの. (Ⅱ)囨①母屋の両側の棟:〔厢 xiāng〕に同じ.〔东～〕東側の同前. ②地方に設けられた学校で:殷では〔庠 xiáng〕といい,周では〔～〕といった. ③〈姓〉序(じょ)

序跋 xùbá はしがきとあとがき.序文と跋文.
序齿 xùchǐ 〈文〉年齢順に決める.〔～一定座〕年齢順に座席を決める.
序次 xùcì ⇒〔次序〕
序号 xùhào 通し番号.順番号.序列番号.
序列 xùliè ①序列.〔战斗～〕戦闘序列. ②系統.系列.
序论 xùlùn 序論.イントロダクション.
序码 xùmǎ 序数.
序目 xùmù ①序文と目次. ②目次.
序幕 xùmù ①囲序幕.プロローグ. ②〈喩〉序の口.重大事の始まり.
序曲 xùqǔ ①囲序曲.→〔前 qián 奏曲〕 ②〈喩〉事の始まり.発端.
序时账 xùshízhàng 囲仕訳帳.日々の出納簿.
序数 xùshù 囲序数:事物の次第を表す数.→〔基 jī 数〕
序文 xùwén はしがき.序文:自序また他序がある.古くは本文の後につけ〔叙文〕とも書いた.
序言 xùyán 序文.前書き.〔叙言〕とも書いた.→〔前 qián 言①〕

〔芧〕 xù 囨クヌギの実.どんぐり.〔～栗 lì〕同前.→〔橡 xiàng 子〕 → zhù

〔垿〕 xù 囨建築物の東西の壁,多く人名用字.

〔洫〕 xù 〈文〉田の中の溝.濠(ごう).〔沟 gōu ～〕同前.

〔恤(卹・賉・邮)〕 xù ①〈文〉憂える.悲しむ. ②哀れむ.同情する.〔～其孤苦〕独りで難儀しているのに同情する.〔体～〕思いやる.同情する. ③〔孤児・未亡人などを〕救う.扶助する.〔～恤金〕 ④〈文〉顧慮する.気にする.〔内省 xīng 不疚 jiù,何一人言〕内に省みてやましくなければ,他人の言うことなど気にすることがあろうか. ⑤〈姓〉恤(じゅつ)

恤孤 xùgū 〈文〉孤独な人を哀れみ助ける.〔～怜贫〕孤独な人や貧窮者を救恤(きゅうじゅつ)する.
恤荒 xùhuāng 飢饉で困っている人を救助する.
恤金 xùjīn 遺族扶助料:〔抚 fǔ 恤金〕に同じ.公務で死んだ官吏・軍人の遺族への政府からの給与金.〔遺族～〕同前.
恤款 xùkuǎn 救恤(きゅうじゅつ)金.
恤老 xùlǎo 寄りどころのない老人を哀れみ救う.
恤怜 xùlián ＝〔恤怜〕哀れむ.同情する.
恤悯 xùmǐn 同上.
恤衫 xùshān 〔音訳〕シャツ.〔T ～〕〔T 恤〕T シャツ.→〔衬 chèn 衫〕

〔昫〕 xù 〈文〉暖かい.

〔煦〕 xù 〈文〉①暖かい.〔春光和～〕春はのどかで暖かい. ②あたためる.

煦伏 xùfú 〈文〉(鳥が卵を温めるように)子女または人材を育成すること.
煦煦 xùxù 〈文〉①暖かいさま. ②なごやかなさま.

〔叙(敍・敘)〕 xù ①述べる.言う.〔当面详～〕当面詳しく述べる.〔～会〕会って語る.〔～晤 wù〕会談する.〔请来一～〕どうぞお話しにおいでください.〔洁樽候～〕杯を清めてご来駕をお待ちしてあります:招待状の文句. ②記述する.〔记～〕記述する. ③(官職または功績を)評定する.〔～勋 xūn〕叙勲(じょくん). 〔奨〕功労を賞して栄典を与える. ④〈文〉序列(をつける).順序(をつける):〔序(Ⅰ)①②〕に同じ. ⑤〈文〉序.序文:〔序(Ⅰ)③〕に同じ. ⑥〈姓〉叙(じょ)

叙别 xùbié 別れのあいさつをする.〔临行～〕同前.
叙道 xùdào 〈口〉述べる.
叙功 xùgōng 〈文〉功績を評定する.
叙话 xùhuà 談話する.
叙家常 xùjiācháng 日常の瑣事を語る.世間話をする.
叙旧 xùjiù (親しい友人と)昔ばなしをする.〔话 huà 旧〕に同じ.
叙利亚 xùlìyà シリア.→〔阿ā 拉伯叙利亚共和国〕
叙亲 xùqīn 〈文〉親戚同士の語らいをする.〔話しあっている双方が〕親戚関係であることが分かる.
叙情 xùqíng 心情を語る.〔～诗〕叙情詩.〔和老友～话旧,也是人生一乐〕老友と心情を語り合い,昔話をするのもまた人生の楽しみの一つだ.
叙事 xùshì 事の次第を述べ記す.〔～诗 shī〕叙事詩.バラード.
叙授 xùshòu 官職を授ける.
叙述 xùshù 叙述する.〔～事情经过〕事件の経過を叙述する.
叙说 xùshuō 事の次第を述べる.口述する.
叙谈 xùtán 談話する.雑談する.
叙天伦 xùtiānlún 骨肉の情の細やかな表れ:〔～之乐〕ともいう.
叙文 xùwén ⇒〔序文〕
叙写 xùxiě 記述する.
叙言 xùyán ⇒〔序言〕
叙用 xùyòng 〈文〉(官吏として)任用する.〔着今各机关永不～〕各機関に命じて永久に登用せしめない.

〔漵(漵)〕 xù ①〈文〉水辺.浦. ②〔～水〕囲湖南省にある:〔序水〕は古名. ③〈姓〉漵(じょ)

〔畜〕 xù ①〈文〉家畜を飼う.牧畜する. ②〈文〉家族を養う.〔仰事俯～〕上は父母に仕え,下は妻子を養う. ③〈文〉蓄える:〔蓄①〕に同じ. ④〈姓〉畜(ちく) → chù

畜产 xùchǎn 畜産.〔～品〕畜産品.
畜牧 xùmù 牧畜(する).〔～场〕牧場.〔～业〕牧業.牧畜業.
畜养 xùyǎng (家畜・家禽(きん)を)飼育する.

〔滀〕 xù 地名用方.〔～仕 shì〕囲ベトナムにある. → chù

〔蓄〕 xù ①蓄える.〔～存 cún〕同前.〔储 chǔ ～〕貯蓄つる.〔积～〕蓄積する.〔含 hán ～〕含蓄(がある). ②剃り落さない.〔～须 xū〕ひげを蓄える(伸ばす). ③心に思っている.ひそかに考えている.〔～意破坏〕前から破壊の意思を持っていた. ④〈姓〉蓄(ちく)

xù 蓄酗勖鱮绪续壻絮

蓄艾 xù'ài 〈文〉あらかじめ蓄えておくよもぎ.〈喩〉平素から準備しておくこと:よもぎは長く乾かすほど薬効が大きい.

蓄財 xùcái 蓄財する.

蓄藏 xùcáng 蓄える.

蓄電池 xùdiànchí 蓄電池.バッテリー:俗に〔電瓶〕という.

蓄発 xùfà 髪を蓄える.髪を生やしておく.〔～还 huán 俗〕頭髪をのばして還(ﾞ)俗する.

蓄恨 xùhèn 積もる恨み.

蓄洪 xùhóng (洪水防止のために)河川がはけきれない水を一時的に一定区域に蓄える.〔～区〕遊水区.

蓄积 xùjī ①⇒〔储 chǔ 蓄〕 ②蓄える.ためる.〔水库可以~雨水と雨水をためることができる.〔～物 wù〕河川の沖積物.〔～量 liàng〕貯水量.

蓄谋 xùmóu ひそかにたくらむ.〔～已久〕前々から陰謀をめぐらす.

蓄能 xùnéng 貯藏能力.

蓄念 xùniàn =〔蓄意〕かねてよりの考え(をもつ).企ての下心、計画的に(やる):〔～〕は良い場合にも悪い場合にも用いるが,〔蓄意〕は悪い場合のみに用いる.〔～已久〕ⓐ久しく下心を持っている.ⓑ前々から念願している.

蓄锐 xùruì 鋭気を蓄えておく.

蓄势待发 xùshì dàifā 〈成〉満を持す.力をたくわえてチャンス到来を待つ.

蓄水 xùshuǐ 貯水(する).〔～池 chí〕貯水池.ため池.

蓄养 xùyǎng ①飼育する. ②蓄え育てる.蓄え養う.〔～精力〕精力を養う.

蓄意 xùyì ⇒〔蓄念〕

蓄怨 xùyuàn 積もり積もった恨み.

蓄志 xùzhì ①平生から志や願いを持っている. ②同前の願望.宿願.

〔酗〕 xù 〈文〉酒に酔う.乱酔する.

酗酒 xùjiǔ 酒をむさぼる.酒乱になる.〔～滋事〕〈慣〉酒に酔っって事件を起こす.〔～恣 zì 性〕酒に酔って暴れる.〔切忌~〕くれぐれも酒に溺れないように.

酗讼 xùsòng 〈文〉酒に酔って争う.

〔勖(勗)〕 xù 〈文〉励ます.〔～励 lì〕〈文〉激励する.〔以努力学习、锻炼身体相~〕学習の努力し、体を鍛えることに励んだ.

勖勉 xùmiǎn 〈文〉激励する.

〔鱮・鰱〕 xù 魚貝 ハクレン:〔鲢 lián〕の古名.

〔绪・緒〕 xù ①〈文〉絹糸の端. ②物事の糸口.初め.〔头~〕〔端~〕

端緒.目鼻.手がかり.〔已就~〕〈慣〉すでに緒についた(発足した). 〔千头万~〕〈成〉事柄が入りくんでいるさま. ③〈文〉余り.残り.〔～风〕余風.遺風. ④〈文〉やり残しの事業.〔续未竟之~〕やりかけの事業を続行する. ⑤尾を引く感情・気分.〔心～〕気持ち.〔情～高涨〕意欲が高まっている. ⑥〈姓〉绪(ｼｮ)

绪论 xùlùn 緒論.導論:〔导 dǎo 言〕に同じ.

绪言 xùyán 緒論.

绪余 xùyú 〈文〉残余.

〔续・續〕 xù ①続く.続ける.〔继 jì~〕継続(する).続ける.続き.〔接~〕続く.〔明日~演〕明日も引き続き上演する.〔~红楼梦后四十回的是高鹗〕紅楼夢の後の40回を続作したのは高鹗である. ②つぎ足す.補充する.〔炉子该～煤了〕ストーブに石炭をつぎ足さなくちゃ.〔茶淡了,～上点儿茶叶吧〕茶が出なくなった,お茶の葉を足しなさい. ③〈姓〉续(ｿﾞｸ)

续编 xùbiān 続編.

续当 xùdàng 質を続続する(こと):流れないよう利息だけ支払う.→〔赎 shú 当〕

续登 xùdēng 連載する.

续貂 xùdiāo →〔狗 gǒu 尾续貂〕

续跌 xùdiē 引き続き下落する(株価など).→〔下 xià 跌〕

续订 xùdìng ①継続して予約する. ②継続して取り交わす.

续断 xùduàn 植ナベナ:漢方薬として折れた骨に薬効のあることから.

续稿 xùgǎo 続稿.

续根草 xùgēncǎo ⇒〔莎 suō 草〕

续航 xùháng 航行を続ける.航続する.〔～时间〕航続時間.〔～距離〕航続距離:〔航程②〕の旧称.〔～力〕航続力.

续合同 xùhétong 契約を継続する.

续会 xùhuì 会議を続開する.

续集 xùjí 続集.続編:〔续编〕に同じ.

续假 xùjià 休暇を延ばす.または休みの休暇:〔因病未愈,～三天〕病気がまだ治らないので,引き続き三日間休暇をとる.

续借 xùjiè 続けて借りる.貸し出しを延長する.

续刊 xùkān 続刊(する).

续麻 xùmá 歌詞がすべて前句の尻とりをして語呂を合わせるもの.→〔顶 dǐng 真②〕

续篇 xùpiān 続編.

续聘 xùpìn 継続して任命する.

续祁 xùqí 〈故〉续祁(ｿﾞｸｷ)

续签 xùqiān (契約・協定の)延長の署名をする.〔期满~〕同前.→〔续合同〕

续娶 xùqǔ 〈方〉後 hòu 娶〕②〕〔胶 jiāo 续〕後妻を娶る.→〔续弦〕

续随子 xùsuízi 〔千 qiān 金子③〕〔小 xiǎo 巴豆〕 植ホルトソウ.クサルト.コハズ(小巴豆)は古名.

续添 xùtiān 追加する.

续闻 xùwén 後報.続報.

续弦 xùxián 〈喩〉後妻(を娶る).→〔断 duàn 弦②〕〔琴 qín 瑟〕

续续 xùxù 〈文〉引き続いて.休まずに.

续约 xùyuē 契約を継続する.またその契約.

〔壻〕 xù ⇒〔婿〕

〔絮〕 xù ①(ふわりとさせた)綿(ﾒ).〔棉~〕同前.〔被~〕ふとん綿. ②綿のようなもの.〔柳~〕柳絮(ﾘｭｳｼﾞｮ):柳の種の綿毛.〔芦~〕あしの花の綿毛. ③粗い真綿. ④(ふとんなどに)綿を入れる.〔～棉被〕ふとんに綿を入れる. ⑤くどくどしくしゃべり続けるさま.→〔絮叨〕 ⑥煩わしい.〔这些话都听~了〕こんなことは聞きあきた.→〔腻 nì ③〕 ⑦〈姓〉絮(ｼﾞｮ)

絮叨 xù·dāo ①くどくどしい.〔他说话真~,没完没了 liǎo〕彼の話しぶりはとてもくどくて,きりがない. ②くどくどと話す.〔絮絮叨叨不停地说〕だらだらとしゃべっている.

絮烦 xùfán =〔烦 fán 絮〕煩わしい.うるさい.〔家务事最～不过〕家庭のことほど面倒なことはない.〔这出戏我都听~了〕この芝居はわたしはもう飽きた.

絮聒 xùguō =〔陈谷啦,烂芝麻的~〕くどくどうるさい.〔~没完つまらぬこと(古い粟だとか,腐ったごまとか)をくどくどと言ってきりがない. ②〈口〉面倒をかける.(人を)煩わせる.

絮锅儿 xùguōr 〈方〉賭博を始める前に,各人が銭を出し合い,それを一か所にまとめておき,勝った者がその中から取り,銭がなくなるまでやること.

絮棉 xùmián もめん綿.のべわた.つめわた.

絮棉花 xùmiánhua 綿を入れる.
絮窝 xùwō（鳥獣が枯れ草や羽毛で）巣を作る.
絮絮 xùxù くどくどしゃべるさま.〔~不断地说着〕くどくどしゃべっている.
絮语 xùyǔ〈文〉①ひそひそ話し続ける.くどくど言う.②くどくどしい話.

〔**湑**〕xù〔~水河〕陝西省を流れる. → xǔ

〔**婿（壻）**〕xù ＝[聟] ①むこ.娘むこ.〔翁 wēng ~〕しゅうととむこ.〔~有半子之劳〕婿は実子の半分だけの義務がある. →〔女 nǚ 婿〕②回夫.夫~〕同前.〔妹~〕〔妹夫〕妹の夫.

〔**蓿**〕xu →〔苜 mù 蓿〕

xuan ㄒㄩㄢ

〔**轩·軒**〕xuān ①固垂れ幕のついた前部が高い車:大夫以上の貴顕が用いた.〔戎 róng ~〕兵車. ②〈文〉車の前部の高いところ.〔~轾〕③高い. ④〈文〉高くあがるさま.〔风神一举〕風釆が立派である. ⑤回窓のある廊下または小部屋:会堂・書斎・茶館・飲食店などの屋号に用いた.〔来今雨~〕北京中山公園内にある料理屋.→〔居 jū ⑦〕〔斋 zhāi (II)〕 ⑥〈文〉窓.門. ⑦〈姓〉軒(のき)
轩昂 xuān'áng ①意気が奮いあがる.〔器宇~〕〔气宇~〕〈成〉気品があり堂々としているさま. ②高くて大きい.
轩敞 xuānchǎng〈文〉建物が高くて広い.〔礼堂的大厅真夠~的〕講堂の大ホールは実に高くて広々としている.
轩房 xuānfáng〈文〉居間.
轩驾 xuānjià〈牘〉貴殿:相手の人の出遊・来訪などに用いる.→〔大 dà 驾①〕〔台 tái 驾〕
轩槛 xuānjiàn〈文〉欄干.手すり.〔二楼阳台~〕2階のバルコニーの欄干.
轩眉 xuānméi〈文〉眉を上げる.〔喻〕心がのびのびとしているさま.
轩冕 xuānmiǎn〈文〉(大夫以上の者の) 車と礼帽.〈喻〉貴顕.
轩丘 xuānqiū〈姓〉軒丘(のきおか).
轩然 xuānrán〈文〉①笑うさま.〔~大笑〕〈慣〉大声で笑う. ②高くあがるさま.〔~大波〕〈慣〉高い波.大きな風波.〈転〉大きなもめごと.
轩辕 xuānyuán ①黄帝の名. ②星の名.十七星あって北斗七星の北にある. ③〈姓〉軒轅(のきたが).
轩轾 xuānzhì〈文〉高低.〔轾〕は車の後部の低いもの.〔不分~〕高低優劣を分けられない.似たりよったりだ.

〔**宣**〕xuān （Ⅰ）①発表する.広く一般に告げる.〔心照不~〕〈成〉口には出さないが心は通じている.②水はけをよくする.→〔宣泄①〕 ③（天子が臣下を）召す.④〈姓〉宣(のき)
　（Ⅱ）〔~纸〕(画笺纸)の略.〔玉版~〕上等の同前.〔虎 hǔ 皮 pí ~纸〕白い斑紋入りの同前.
宣笔 xuānbǐ 安徽省宣城産の筆.
宣布 xuānbù 公表する.宣言する.言いふらす.
宣称 xuānchēng 言明する.公言する.→〔声 shēng 称〕
宣传 xuānchuán ①宣伝(する).〔~口号〕キャッチフレーズ.スローガン.〔~队〕宣伝隊.〔~交通规则〕交通法規を宣伝する.〔~车〕宣伝車.〔~弹 dàn〕宣伝ビラなどを入れ敵陣に打ち込む弾.〔~机器〕宣伝機関.マスコミ.〔~品〕宣伝用印刷物.〔~工具〕宣伝道具.〔~网〕宣伝網.②プロパガンダ.
宣传画 xuānchuánhuà ＝〔招 zhāo 贴画〕(スローガンと絵,あるいは絵だけの) ポスター.
宣读 xuāndú （大勢の前で）読み上げる〔决议文・志愿书・判决文・论文などを〕.〔当众~〕同前.〔~判决主文〕判决の主文を読み上げる.
宣抚 xuānfǔ （人民を）慰問し助ける.宣撫する.
宣告 xuāngào 発表する.宣告する.告げる.〔~独立〕独立を宣言する.〔~成立〕成立を宣言する.
宣剂 xuānjì 中医芳香性・刺激性がある生薬:胸や胃の鬱塞(うっそく)を散らすために用いる.しょうが・橘皮など.
宣讲 xuānjiǎng 宣伝し説明する.〔~税收政策〕税政について講演する.
宣教 xuānjiào 宣伝と教育.〔~委员〕宣伝教育委員.
宣教师 xuānjiàoshī 宣教師.牧師.
宣卷 xuānjuàn 回仏教の事跡を講釈すること. →〔宝 bǎo 卷〕
宣炉 xuānlú 明の宣德年間に鋳造された銅の香炉.
宣明 xuānmíng はっきり知らせる.
宣命 xuānmìng ①勅命.②勅命を伝える.
宣判 xuānpàn 法判决を宣する.〔~无罪〕無罪を言い渡す.
宣赦 xuānshè 大赦(恩赦・特赦)を宣布する.
宣示 xuānshì 一般に知らせる.大衆に示す.
宣誓 xuānshì 宣誓(する).〔~就职〕誓いを立てて就任する.〔~人〕手をあげて宣誓する人.
宣腿 xuāntuǐ 回雲南省宣威で産するハム:〔云 yún 腿〕ともいう.→〔火 huǒ 腿〕
宣泄 xuānxiè ①排水する.②〈文〉秘密がもれる(もらす).〔~机密〕同前.③感情を吐き出す.〔写篇文章骂骂他~怒气〕文章を書いて彼を罵りうっぷんを晴らす事.
宣叙调 xuānxùdiào 音叙唱.レチタティーボ.
宣言 xuānyán ①宣言(する).〔和平~〕平和宣言.②宣告(する).声明(する)
宣扬 xuānyáng 言いふらす.広く宣伝する.〔幸好他不知道,否则一出去就更糟糕 zāogāo 了〕幸いにして彼は知らないが,そうでなくて言いふらされでもしたらさらにまずかった.
宣窑 xuānyáo 明の宣德年間の官窯(で製した磁器)
宣于 xuānyú〈姓〉宣于(のきい)
宣战 xuānzhàn ①戦争開始の宣言(を発する). ②〈喻〉激烈な闘争を繰り広げる.
宣召 xuānzhào〈文〉(天子が臣下を)召見する.
宣旨 xuānzhǐ 詔勅を発する.
宣纸 xuānzhǐ 画笺紙.画仙紙.雅(が)〔宣纸:書画用の上質紙.安徽省宣城などから産出するでこの名がある.〔玉版宣〕上等の宣紙.→〔道 dào 林纸〕

〔**萱（蕿·蘐·藼·蘐）**〕xuān →〔萱草〕②〈文〉〔~堂〕(萱草を植えている建物)の略:多く母親の居室である北の棟.〈転〉母親.〔~亲 qīn〕〔椿 chūn ~〕父母.〈転〉母.
萱草 xuāncǎo 植ワスレグサ(ホンカンゾウ):根を薬用とし,花蕾を食用にする.〔丹 dān 棘〕〔疗 liáo 愁〕〔鹿 lù 葱②〕〔忘 wàng 忧②〕ともいう.〔重 chóng 瓣~〕ワスレナグサ(ヤブカンゾウ).→〔黄 huáng 花②〕〔金 jīn 针菜〕
萱堂 xuāntáng ＝〔堂萱〕〈文〉母上.御母堂:母に対する尊称.→字解②

〔**揎**〕xuān ①〈文〉袖をからげる.腕まくりをする.〔~拳将 luō 袖〕〈慣〉袖をまくり上げる:喧嘩の身構えをする.②〈方〉手で押す.〔~开

xuān～xuán

喧（諠） xuān
騒がしい.やかましい.〔～鳴 míng〕（鳥声が）さわがしい.〔鼓乐声〕音楽の音がやかましい.〔～啸 xiào〕（鼓が）わき返る.〔锣 luó 鼓～天〕〈慣〉銅鑼や太鼓の音が大きく響きわたる.

喧宾夺主 xuānbīn duózhǔ 客の声が主人の声を圧倒する.〔喩〕主客転倒すること.

喧聒 xuānguō 騒々しい.

喧哗 xuānhuá ①騒がしい.〔笑语～〕笑い声や話し声がにぎやかだ. ②騒ぐ.〔请勿～〕騒がしくしないで下さい：掲示用語.

喧阓 xuānhuī ⇒〔喧闹〕

喧叫 xuānjiào 大声で騒ぐ.

喧闹 xuānnào ①かまびすしく騒ぐ. ②やかましい.騒がしい.〔声音太～〕音が非常にやかましい.

喧嚷 xuānrǎng 騒がしくわめき立てる.

喧扰 xuānrǎo 騒がす.驚かす.

喧腾 xuānténg 騒ぎがわきかえっている.〔波浪～〕波がわきかえっている.〔广场上群众的欢呼声～起来了〕広場では群衆の歓声がわき立った.

喧阗 xuāntián 〈文〉やかましい.やかまびすしい.

喧哇 xuānwā ⇒〔牛 niú 哇〕

喧嚣 xuānxiāo ①騒々しい.〔～的车马声〕やかましい車馬の音.〔大声で叫ぶ.わめき立てる.〔～鼓噪〕がやがやと騒ぎ立てる.〔～一时〕ひとしきりひどい騒ぎだった.

喧笑 xuānxiào 大声で談笑する.

喧杂 xuānzá がやがやとやかましい.

喧噪 xuānzào ①音声がうるさく. ②大声をあげる.

煊 xuān
①〈文〉暖かい.〔喧（I）〕に同じ. ②〔姓〕煊(ﾂ)

煊赫 xuānhè 名声がとどろく.〔声名～〕同前.

瑄 xuān
固（祭礼用の）大璧.〔～玉 yù〕同前.

暄 xuān
（I）＝〔煊〕〈文〉暖かい.〔～暖〕同前.〔负 fù ～〕ひなたぼっこをする：〔口〕晒 shài 太阳〕に同じ.〔寒～〕寒暖のあいさつをする.
（II）①ふかふかしている.〔～面包〕同前のパン.〔～土（儿）〕柔らかい土.〔～土地儿〕表土がふわふわしている地面. ②〔方〕裕福である. ③〔方〕ふくれる.むくむ.

暄和 xuānhuo 柔らかい.ふっくらしている.

暄腾 xuānteng 〔方〕柔らかくて弾力がある.ふかふかしている.〔这馒头蒸得～〕このマントーはふっくらと蒸し上がっている.

谖・諼 xuān
〈文〉①偽る.欺く. ②忘れる.〔永矢弗～〕〈成〉長く忘れることがない.

煖 xuān
〈文〉暖かい.温暖である.→〔暖 nuǎn〕

禤 xuān
〔姓〕禤(ﾂ)

譞・譞 xuān
〈文〉知恵がある.賢い.

儇 xuān
〈文〉軽はずみでこざかしい.〔～薄 bó〕軽薄である.

懁 xuān
〈文〉性急である.〔～急 jí〕せっかちである.

翾 xuān
〈文〉かろやかに飛ぶ.

玄 xuán
①黒い.〔天地～冥 míng〕天地の奥深く暗いこと. ②はるか遠い. ③理が深い.〔这话真～〕奥深い. ④〔口〕疑わしい.あてにならない.〔这话真

～,不能信〕この話はまったくまゆつばものだ,信じられない.〔越说越～〕ますます話がわからなくなる.
⑤〈文〉北.〔～方〕北方.→〔玄武〕 ⑥〔姓〕玄(ﾂ)

玄奥 xuán'ào 深奥である.

玄蛤 xuángé ⇒〔蛤仔〕

玄关 xuánguān ①（仏教で）仏道に入る入り口. ②（住家の）入り口.玄関.

玄鹤 xuánhè ⇒〔灰 huī 鹤〕

玄狐 xuánhú 動ギンキツネ：〔银 yín 狐〕ともいう.

玄胡索 xuánhúsuǒ ⇒〔延 yán 胡索〕

玄乎 xuánhu 〈口〉深奥ではかりがたい.まかふしぎである.〔～其玄〕極めて玄妙なこと.→〔悬乎〕

玄黄 xuánhuáng 〈文〉①（天の）黒と（地の）黄：天地の色.〔天地～〕同前：『千字文(ｾﾝｼﾞﾓﾝ)』の第一句. ②天地.

玄机 xuánjī ①（道家や仏教で）深遠で微妙な道理.天意.天機. ②たくみな計画.巧妙な計略.

玄教 xuánjiào ＝〔玄门〕①道教（別称）：〔道 dào 教〕に同じ.

玄精石 xuánjīngshí 薬玄精石.透石膏：塩池から出る石膏で,薬用される.

玄理 xuánlǐ 深遠な道理.

玄门 xuánmén ①（仏教の）玄妙な法門：仏法. ②⇒〔玄教〕

玄秘 xuánmì 神秘的である.

玄妙 xuánmiào 深遠で微妙である.

玄鸟 xuánniǎo 鳥ツバメ：〔燕 yàn 子〕の別称. ②羽の黒い鳥.

玄青 xuánqīng ⇒〔元 yuán 青〕

玄色 xuánsè 色黒色（の）：光沢のある黒色.

玄参 xuánshēn 植ゴマノハグサ（またその近縁種）

玄孙 xuánsūn ＝〔元 yuán 孙〕玄孫.やしゃご：曾孙の子.俗に〔耷 dā 拉孙儿〕という.→〔孙①〕

玄天上帝 xuántiān shàngdì 道家の天帝.

玄武 xuánwǔ 玄武：伝説上の神で,〔二 èr 十八宿〕の北方の七宿.北方（後側）に配し水の神.亀と蛇の合体した姿をとる.→〔苍 cāng 龙①〕

玄武岩 xuánwǔyán 岩玄武岩.

玄想 xuánxiǎng ①幻想.空想. ②想像する.

玄虚 xuánxū ①（言葉が）疑わしい.空漠としている.〔他的话很～,咱们再打听打听吧〕彼の言うことはどうも疑わしいからさらに問い合わせてみよう. ②珍妙不可思議でとりとめのないこと.まゆつばもの.〔故弄～〕わざとはったりをきかせる.→〔蹊 qī 跷〕

玄学 xuánxué 玄学.①道家の学,すなわち老荘の哲学. ②哲観念論.形而上学.

玄言 xuányán 〈文〉魏晋の読書人で流行した玄理.

玄之又玄 xuán zhī yòu xuán 〈成〉玄妙不可思議である（老子）：〔玄而又玄〕ともいう.

痃 xuán
中国女性のへその両側の腹筋が弓なりにふくらむ病症. ②→〔横 héng 痃〕

还・還 xuán
古く〔旋〕に通じ用いた.〔～ hái huán〕

县・縣 xuán
〈文〉古く〔悬〕に通じ用いられた. → xiàn

悬・懸 xuán
①（空間に）掛ける.掛かる.ぶらさげる.〔如倒 dào ～〕さかさまにかけられて苦しんでいるのをほどいてやるようなものだ. ②（空中に）浮かせる.持ち上げる.〔～肘 zhǒu〕肘を上げる. ③掲示する.〔～为厉禁〕公示して厳しく禁止する. ④かけ離れている.非常に差がある.〔～如天壌〕天と地ほどの差. ⑤落着していない.懸案になっている.〔那件案子还～着呢〕あの事件はまだ解決がついていない.〔～而不决〕棚上げにする.〔这笔账～了好久,这个取引の掛けは長いことのびのびになっている.〔行 háng 市

xuán

太~了〕相場はまったく落ち着かない.⑥心配する.安心できない.〔空空である.根拠のない.〔~拟 nǐ〕推量する.⑧〔口〕危険である.危ない.〔在薄báo 冰上走真~〕薄氷の上を歩くのはまったく危ない.⑨〔姓〕(У)

悬案 xuán'àn 懸案.未解決の事件.〔~解 jiě 决〕目前を解決する.

悬臂 xuánbì 〔机〕①(クレーンの)ジブ(アーム・ひじ).〔起 qǐ 重臂〕に同じ.②(工作機械などの)ジブ(うで)

悬肠挂肚 xuáncháng guàdù ⇒〔牵 qiān 肠挂肚〕

悬车 xuánchē 〈文〉①(官吏が)定年退職する.〔~告老〕同前.②隠居する.

悬揣 xuánchuǎi 当て推量する.〔不能凭~办事〕当て推量で処理するわけにはいかない.〔~臆 yì 断〕当て推量で臆断する.

悬垂 xuánchuí ①ぶら下がる.垂れ下がる.〔~式〕〔悬式〕(モノレールの)懸垂式.②〔体〕(つり輪・鉄棒の)懸垂.〔十 shí 字~〕十字懸垂.

悬鹑 xuánchún 〈文〉尾羽の抜けたうずら.〈喩〉ぼろぼろの衣服.→〔鹑衣〕

悬胆 xuándǎn 〈文〉①あらゆる辛苦をなめて仇を報いようとすること.→〔卧 wò 薪尝胆〕②目鼻だちの整っているさま.

悬灯结彩 xuándēng jiécǎi 〈成〉(祝いの時)提灯を吊し,五色の布などで華やかに飾り立てること.〔~庆新年〕同前をして新年を祝う.

悬吊 xuándiào つるす.つり下げる.〔~着红灯〕赤提灯がぶら下がっている.

悬断 xuánduàn 〈文〉根拠のない臆断.

悬而未决 xuán ér wèijué 〔慣〕懸案となっている.

悬浮 xuánfú ①〔物〕懸濁:固体微粒子の浮遊状態.〔~液 yè〕〔悬浊液〕〔悬濁液〕〈膠体〉懸濁コロイド.②空中に浮かぶ.〔磁 cí ~列车〕リニアモーターカー.

悬隔 xuángé ①〈文〉かけ隔たっている.〔两地~〕〈慣〉両地が遠く隔たっている.②格差が大きい.〔贫 pín 富~〕貧富の同前.

悬钩子 xuángōuzi 〔植〕①〔山 shān 莓〕ビロウドイチゴ.またこれらの偽果の名:薬用にする.②ナガバモミジイチゴ.

悬谷 xuángǔ 〔地〕(氷河の作用で生じた)切り立った谷.

悬挂 xuánguà 掛ける(かる).ぶら下げる(がる).

悬棺葬 xuánguānzàng 石崖の横穴に納棺する葬儀.

悬河 xuánhé ①〔物〕天井川:〔地 dì 上河〕ともいう.②〈文〉急流.瀑布.滝.〔口若 ruò ~〕〈喩〉立板に水を流すような弁舌.

悬红 xuánhóng ⇒〔悬赏〕

悬弧 xuánhú 〈文〉弧(桑の木で作った弓)を懸ける:昔時,男子誕生の際,幸先を祝して弓を門前に懸けた.〈転〉男児の誕生.

悬壶 xuánhú 〈文〉(医者が)開業する.医者の看板を掛ける:昔時,医師の〔幌 huǎng 子〕(実物看板)として壺が用いられた.〔~行医〕同前.

悬乎 xuánhu 〔口〕危うい.確かでない.〔你也太~了,差点儿没掉下去〕君も危なかったな,もう少しで落ちるところだった.〔~玄乎〕

悬金 xuánjīn ⇒〔悬赏〕

悬绝 xuánjué 〈文〉隔たりが甚だしい.〔贫富~〕貧富の同前.

悬空 xuánkōng ①宙に浮く.②〈喩〉未解決のままである.

悬梁 xuánliáng 首を吊る.縊(ゝ)死する.

悬梁刺骨 xuánliáng cìgǔ 〈成〉苦学する:もとどり

をひもに結わえて梁にかけたり,また股にきりを刺して睡魔を追いやって勉学すること.

悬铃木 xuánlíngmù =〔法 fǎ 国梧桐〕〔洋(梧)桐〕〔植〕プラタナス.スズカケノキ(鈴かけの木):〔二球~〕をいう.

悬拟 xuánnǐ 〈文〉暫定的に擬す(仮定する).虚構する.

悬念 xuánniàn ①案じる.思いやる.→〔挂 guà 念〕②(文芸作品などの)サスペンス.〔~小说〕サスペンス小説.

悬瀑 xuánpù =〔悬水〕〈文〉滝.瀑布.→〔瀑布〕

悬欠 xuánqiàn 借金の返済を長引かせる.またその借金.

悬桥 xuánqiáo ⇒〔飞 fēi 桥〕

悬磬 xuánqìng 〈文〉古代の楽器の磬(ゝ)をかけたように垂木(な)や梁が空しくぶら下がっている.〔室如~〕〈喩〉貧しくて家に一物もないこと.

悬赏 xuánshǎng =〔悬红〕〔悬金〕懸賞金をかける.〔~征 zhēng 求〕懸賞募集する.

悬式瓷瓶 xuánshì cípíng 〔電〕懸垂碍子(ゝ).特別高圧用ピン碍子.

悬首 xuánshǒu さらし首にする.→〔号 hào 令②〕

悬殊 xuánshū 大差がある.かけ離れている.〔南北气候~〕南北の気候は大きな違いがある.

悬水 xuánshuǐ ⇒〔悬瀑〕

悬思 xuánsī ⇒〔悬想〕

悬丝诊脉 xuánsī zhěnmài 〔中医〕糸脈を見る:病人の腕にしばりつけた糸に伝わる脈拍で診察する.昔時,高貴な女性を診察する時に用いた.

悬索桥 xuánsuǒqiáo つり橋:俗に〔吊 diào 桥①〕という.

悬梯 xuántī 縄ばしご.

悬停 xuántíng (ヘリコプターの)ホバリング.

悬腕 xuánwàn =〔悬肘〕懸腕(ゝ):書法の一.腕を机より離して手の甲と肱(ゝ)とを同じ高さに保って字を書く法.→〔提 tí 腕〕〔枕 zhěn 腕〕

悬望 xuánwàng 心配し待ち望む.待ちあぐむ.

悬想 xuánxiǎng ①=〔悬思〕あれこれ想像する.②心にかける.

悬心 xuánxīn 懸念する.気掛かりになる.気にかける.〔~吊胆〕〈慣〉びくびくする.

悬崖 xuányá 懸崖(ゝ).切り岸.〔~绝 jué 壁〕〔~峭 qiào 壁〕〔~陡 dǒu 壁〕断崖絶壁.

悬崖勒马 xuányá lèmǎ 〈成〉切り立った崖に至って馬を引き止める.〈喩〉危険の一歩手前で踏みとどまる:〔勒马悬崖〕ともいう.〔~,幡 fān 然觉悟〕同前で翻然と悟る.

悬岩 xuányán 断崖.

悬疑 xuányí 疑問点.疑惑.〔~片 piàn〕サスペンス映画.ミステリー映画.

悬壅垂 xuányōngchuí 〔生理〕口蓋垂.懸壅垂:俗に〔小 xiǎo 舌〕(のどびこ.のどちんこ)という.→〔喉 hóu 结〕

悬针 xuánzhēn ①=〔蝌 kē 蚪〕②書法で,先のとがった「丨」の一筆.

悬肘 xuánzhǒu ⇒〔悬腕〕

悬浊液 xuánzhuóyè 〔化〕懸濁液:〔悬浮液〕ともいう.

〔旋〕

xuán ①巡る.巡らす.回転する(させる).〔天~地转 zhuàn〕天地がぐるぐる回る.〔盘 pán ~①〕旋回する.②もどる.帰る.〔凯 kǎi ~〕凱旋する.③〔-儿〕円.輪.渦状のもの.〔螺 luó ~①〕らせん.〔阳螺~〕〔阳螺〕ボルト.〔阴螺~〕ナット.〔老鹰在空中打~儿〕とびが輪をかいて飛んでいる.④〔-儿〕(頭の)つむじ.〔人们头顶上都有一个~儿〕人の頭のてっぺんにはみなつむじが一つある.⑤〈文〉まもなく.すぐ.直ちに.〔此病~发~愈〕この病気は急

旋漩璇选

に起こり急に治る. ⑥〈姓〉旋(ㄒㄩㄢˋ) → xuàn

旋臂钻床 xuánbì zuànchuáng 〖機〗ラジアルボール盤.

旋复花 xuánfùhuā =〔盗 dào 庚〕〔滴 dī 滴 金〕〔金 jīn 钱花②〕〖植〗オグルマ.

旋耕 xuángēng 〖農〗旋回耕作(する).〔~机〕旋回耕作機.

旋管 xuánguǎn 〖機〗らせん状の配管.

旋光性 xuánguāngxìng 〖物〗旋光性.

旋花 xuánhuā =〔鼓 gǔ 子花〕〖植〗ヒルガオ(及びその近縁種)

旋回 xuánhuí ①旋回する. ②〖地〗周期.〔造山~〕造山周期.

旋即 xuánjí すぐに.〔货物倾斜~沉下去了〕貨物船は傾斜するとすぐ沈没した.

旋卷 xuánjuǎn ぐるぐる巻き上がる.

旋开桥 xuánkāiqiáo 〔旋回開橋〕〔旋转桥〕に同じ.〔格构~〕ラチス旋開橋.

旋里 xuánlǐ〈文〉帰郷する.

旋律 xuánlǜ 旋律.メロディー.〔美妙的~〕美しいメロディー. →〔曲 qǔ 调〕

旋毛虫 xuánmáochóng 〖国〗旋毛虫.

旋木雀 xuánmùquè 〖鳥〗キバシリ.

旋钮 xuánniǔ（ラジオ・テレビ・機器などの）つまみ.〔大的是音量~〕大きい方がボリュームのつまみだ.

旋乾转坤 xuánqián zhuǎnkūn ⇒〔旋转乾坤〕

旋绕 xuánrào 回転する.ぐるぐる回る.巡る.

旋塞 xuánsāi =〔活 huó 栓〕〔旋嘴〕からん.コック.活栓.栓().蛇口:〔卡 kǎ 克〕〔考 kǎo 克〕はコックの旧音訳.〔消火~〕消火栓.〔阀 fá~〕バルブコック. →〔龙 lóng 头①〕

旋闪 xuánshǎn 体をひるがえす.くるりと身を返す.

旋梯 xuántī ①螺旋階段. ②回転塔.

旋纹 xuánwén 螺旋模様.くねくねした模様.〔看看你手指头上的~, 有几个簸箕几个斗〕指紋に流れがいくつ,うずまきがいくつあるか見てごらん.

旋涡 xuánwō ⇒〔漩涡〕

旋舞 xuánwǔ ひらひら舞う.ぐるぐる回って踊る.

旋翼 xuányì（ヘリコプターの）主ローター.〔~机〕オートジャイロ. →〔直 zhí 升机〕

旋凿 xuánzáo ⇒〔改 gǎi 锥〕

旋踵 xuánzhǒng〈文〉①きびすを返す.しりごみする. ②〈喩〉速い.間もない.〔~即近〕つかの間に消えてしまう.

旋转 xuánzhuǎn 回転(する).〔~泵 bèng〕ロータリーポンプ.〔~餐 cān 厅〕回転レストラン.〔~发动机〕〔转 zhuàn 缸发动机〕ロータリーエンジン.〔~耕 gēng 种机〕〖農〗ロータリーティラー(耕耘機).〔~门〕回転ドア.〔~球 qiú〕〖又〗（バレーボールなどの）回転のかかったボール:ドライブサーブ・スライスサーブなど.〔~式〕回転式.〔~体①〕〖数〗回転体.〔车轮~的速度就慢多了〕車輪の回転速度がぐっと下がった.〔飞机~着坠 zhuì 落了〕飛行機がきりもみ状態で墜落した.

旋转部 xuánzhuǎnbù ⇒〔转 zhuàn（动）子〕

旋转乾坤 xuánzhuǎn qiánkūn =〔旋乾转坤〕〈成〉天地をひっくり返す.天下の形勢を一変させる.

旋转桥 xuánzhuǎnqiáo 〖建〗旋開橋〔旋开桥〕に同じ.〔活 huó 动桥〕

〔**漩**〕xuán〔~儿〕うずまき.〔水打~儿〕水が渦を作っている(うずまいている)

漩涡 xuánwō〔旋涡〕とも書いた. ①〔~儿〕うずま き:〔涡儿〕ともいう.〔叫~给卷 juǎn 去了〕うずまき に巻き込まれた.〔~星系〕渦状星雲系. ②〈喩〉紛糾.ごたごた.

〔**璇（璿）**〕xuán〈文〉美しい玉.〔~玉〕同前.

璇玑 xuánjī 〖古〗①北斗七星の第1から第4までの星:〔魁 kuí 星①⑤〕ともいう. ②北極星. ③天文観測器,後の〔浑 hún 天仪〕にあたる.

璇玑图 xuánjītú 東晋の蘇蕙の作った回文詩の図. →〔回 huí 文①〕

〔**选・選**〕xuǎn ①選ぶ〔挑 tiāo ~〕選びとる.選択する.〔本文~自王教授的论文集〕本文は王教授の論文集から選んだ.〔~材料〕材料を選ぶ. ②選挙する.〔~代表〕代表を選ぶ.〔当~〕当選する.〔~战 zhàn〕選挙戦. ③選び出したもの.選ばれたもの.〔人~〕人選.〔毛~〕〖書〗毛沢東選集=〔毛沢東選集〕の略.〔一时之~〕ある時代における最上級のもの.〔诗 shī ~〕アンソロジー. ④〖田〗万以上の数を大きく数えていった.〔青钱万~〕銅銭幾万. ⑤〈姓〉選(ㄒㄩㄢˇ)

选拔 xuǎnbá =〔拔选〕選抜する.〔~人才〕人材を選抜する.〔~赛 sài〕選抜試合.トーナメント戦.

选报 xuǎnbào 選んで申し込む.選抜して報告する.

选本 xuǎnběn 撰集.

选编 xuǎnbiān ①（作品を）選び出して編集する. ②同前の書:多く書物の名に用いられる.

选标 xuǎnbiāo ①入札する. →〔投 tóu 标〕 ②目標・可能性を選ぶ.〔~承 chéng 包〕目標を選び引き受ける.

选才 xuǎncái 人物を選ぶ.

选材 xuǎncái 人材や材料を選ぶ.

选场 xuǎnchǎng ①〖工〗選炭の試験場. →〔考 kǎo 场〕 ②（劇）の有名な場面を選んだもの.

选唱 xuǎnchàng 歌曲を抜粋して歌う.

选出 xuǎnchū 選び出す.

选单 xuǎndān 〖電算〗メニュー:〔菜 cài 单②〕ともいう.

选登 xuǎndēng 選んで掲載する.

选点 xuǎndiǎn 拠点を選ぶ.〔~建站〕同前にしてセンターを開く.

选调 xuǎndiào 選抜し転属させる.

选定 xuǎndìng 選定する.

选读 xuǎndú ①抜き読みする. ②抜粋した文章を集めた読本:多く書物の名に用いられる.

选段 xuǎnduàn（歌や劇の中の）抜粋部分.

选发 xuǎnfā 選択して発表する.

选购 xuǎngòu 選択して買入する.〔供顾客~〕お客様に自由にお選びいただけます.

选集 xuǎnjí 選集.

选辑 xuǎnjí ①選んで編集する. ②同前の書:多く書籍の名に用いられる.

选家 xuǎnjiā 科挙の試験答案集の編集者:答案の八股文を民間で選集して刊行し,受験者の参考とした.

选介 xuǎnjiè 選んで紹介する.

选景 xuǎnjǐng ロケハン(ロケーションハンティング)（をする）. →〔拍 pāi（摄）外景〕

选举 xuǎnjǔ ①選挙(する).選出(する).〔~权 quán〕選挙権.〔~代表〕代表を同前. ②〈文〉官吏としての人材を中央に推挙すること. →〔科 kē 举〕

选刊 xuǎnkān 選んで刊行する.またその書物:多く書名に用いられる.

选考 xuǎnkǎo 選抜試験.

选矿 xuǎnkuàng 〖鉱〗選鉱(する)

选留 xuǎnliú 選択して残した.〔~研 yán 究生〕選抜によって大学院生を決める.

选录 xuǎnlù ①（文章を）選択して（全集や選集に）収録する. ②選考のうえ採用する. ③選んで録音（録画）する.

选煤 xuǎnméi 選炭する.

选美 xuǎnměi 美人コンテスト(をする).〔~大会〕ミスコンテスト.

选民 xuǎnmín 選挙民.有権者.〔~证〕選挙有資格証明書.

选派 xuǎnpài 選出し派遣する.〔~代表〕代表を同前.

选配 xuǎnpèi ①選んで組み合わせる.コーディネイトする. ②農優良種を交配する.

选票 xuǎnpiào ①投票用紙. ②得票数.

选聘 xuǎnpìn 選抜して聘用(する).

选区 xuǎnqū 選挙区.

选曲 xuǎnqǔ 選曲(する)

选取 xuǎnqǔ 選び取る.

选任 xuǎnrèn 選んで任用する.

选收 xuǎnshōu 選択して収録する.

选手 xuǎnshǒu 選手.

选送 xuǎnsòng 選抜して推薦する.→〔保bǎo送〕

选题 xuǎntí 題目(テーマ)を選ぶ.また選んだ題目.

选贤任能 xuǎn xián rèn néng〈成〉優秀な人・有能な人を選び仕事を任せる.

选线机 xuǎnxiànjī (ラジオの)選波器(チューナー)

选项 xuǎnxiàng ①事業項目を選ぶ. ②選択項目. ③電算 オプション.

选修 xuǎnxiū 選択して履修する(学ぶ).〔~俄é文〕ロシア語を同前.〔~课〕選択科目.→〔必bì修〕

选秀 xuǎnxiù スカウト

选样 xuǎnyàng 見本を選ぶ.またその見本.〔~调查〕サンプリング(をする)

选印 xuǎnyìn 選んで印刷する.

选映 xuǎnyìng 選択して上映する.

选用 xuǎnyòng 選んで使用する.

选育 xuǎnyù 選び育てる.

选择 xuǎnzé (する).〔~对象〕結婚相手を選ぶ.〔~权交易〕〔期权交易〕経オプション取引.〔~问句〕語選択疑問文.〔~题〕選択問題.

选址 xuǎnzhǐ ①場所を選ぶ.選んだ場所.〔~意见书〕土地使用意見書.

选种 xuǎnzhǒng 種子を精選する.種畜を選ぶ.

〔**烜**〕 xuǎn〈文〉盛大である.〔~赫hè〕〔赫~〕名声・勢力が大きい.

〔**晅**〕 xuǎn〈文〉①明る. ②乾燥している.

〔**癣・癬**〕 xuǎn 医伝染性の皮膚病(総称).〔顽wán~〕〔黄~〕黄癣(xuǎn).〔脚jiǎo~〕〈口〉香xiāng港脚〕足zú~〕水虫.〔头~〕〔金钱~〕田虫.

癣疥 xuǎnjiè 医ひぜん.かいせん.〔~之疾jí〕〈喩〉取るに足らぬ欠点.

〔**泫**〕 xuàn〈文〉水がしたたり落ちる(さま).〔~然流涕〕はらはらと涙を流す.〔花上露犹~〕花の露がこぼれ落ちる. ②〈姓〉泫(xuàn).

〔**炫(衒)**〕 xuàn (I)〔炫〕〈文〉光り輝く.〔~煌huáng〕同前.
(II)〔衒〕〈文〉てらう.自慢する.みせびらかす.〔自~〕自己宣伝する.〔以技不相~〕技術を自慢する.〔~鬻yù〕自ら売る.自分から宣伝する.

炫惑 xuànhuò〈文〉眩惑する.

炫技 xuànjì 奇をてらう芸(技)

炫丽 xuànlì まばゆく輝く.

炫目 xuànmù ⇒〔眩晕②〕まばゆい.まぶゆくする.

炫弄 xuànnòng ひけらかす.

炫奇 xuànqí〈文〉奇をてらう.〔~立异yì〕〈慣〉奇をてらい異をたてる.

炫示 xuànshì ひけらかす.誇示する.

炫天炫地 xuàntiān xuàndì〈喩〉大いにてらう.誇大に言う.

炫耀 xuànyào ①輝く. ②見せびらかす.〔好hào~的人〕見せびらかしを好む人.〔~武力〕武力をひけらかす.

炫异 xuànyì〈文〉奇をてらう.

炫玉贾石 xuàn yù gǔ shí〈成〉玉を見せびらかして石を売る:人の目をあざむいてだます.→〔挂guà羊头卖狗肉〕

〔**昡**〕 xuàn〈文〉日光.

〔**眩**〕 xuàn〈文〉①目がくらむ.まいがする.〔头晕yùn目~〕同前. ②迷って判断力がなくなる.〔勿wù为甘言所~〕甘言に惑わされるな.〔~于名利〕名利に目がくらむ.

眩光 xuànguāng ①物反射光. ②まぶしい光.

眩晃 xuànhuàng〈文〉目がくらむ.

眩惑 xuànhuò まどわされる.眩惑される.

眩目 xuànmù ①目がくらむ.目をくらませる. ②⇒〔炫目〕

眩晕 xuànyùn 医めまい(がする)

〔**铉・鉉**〕 xuàn ①〈文〉固鼎(カナエ)を担ぎあげるために耳に通す金具(みみづる). ②〈姓〉鉉(xuàn).

〔**券(劵)**〕 xuàn 建アーチ.せりもち:〔楦④〕〔碹〕に同じ.ふつう〔拱gǒng~〕という.〔打~〕〔发fā~〕アーチ形に築く.→quàn

〔**绚・絢**〕 xuàn あやがあって美しい.

绚烂 xuànlàn けんらんたる.きらびやかである.華やかである.

绚丽 xuànlì きらやかで美しい.〔~多彩〕多彩である.〔~多姿zī〕〈慣〉きらびやかで形が多様である.

〔**眴**〕 xuàn〈文〉目を動かす.〔~转zhuǎn〕目がくらくなる.

〔**旋・鏇**〕 xuàn (I)〔旋〕①ぐるぐる回っている.うずまいている.→〔旋风①〕 ②その場ですぐに.〔~做~吃〕作るあとからすぐ食べる.〔不要买了搁着,到用的时候~买就成〕買い置きしてはいけない,入用なその時に買って・作って〕・.(ちゃくと客が見えてから作ったのでは間にあわない.→〔现xiàn④〕
(II)〔鏇〕①(旋盤やナイフを)回して薄く削る.皮をむく.〔~床〕旋盤.〔用车床~零件〕旋盤で部品を切削する.〔把梨皮~掉〕梨の皮を(ぐるぐる回して)むく.②⇒〔暖〕→xuán

旋床 xuànchuáng ⇒〔车chē床〕

旋风 xuànfēng ①気旋風.つむじ風.〔~式访问〕つむじ風式の訪問. ②旋技の一.足を高く蹴上げるもの.旧劇では蹴上げた足を手でたたいて音をたてる.〔~装zhuāng〕(製本の)旋風葉(yè)〔~飘piāo风〕 ②大反響.ブーム.

旋工 xuàngōng 旋盤工.

旋盘 xuànpán ⇒〔车chē床〕

旋旋 xuàn…xuàn… ⇒字解(I)②

旋子 xuànzi ①銅製の盆. ⓐ酒のかんをつける道具:円形平底で,ふちはすきやき鍋式に底と直角になっているもの. ⓑ〔粉fěn皮(儿)〕を作るのに使う道具.熟湯の上に浮かべ,回しながら穀物を流し込むと丸く薄い膜が張る.これで〔粉皮(儿)〕をはがして細かく切り料理の材料にする. ②(武術や旧劇の所作で)片足を軸にして体を勢いよく回転させるこ

xuàn～xué

[渲] xuàn
渲染 xuànrǎn ①渲染(する):中国画法の一.輪郭のあるところを薄墨で塗り,周囲にむけて中心をはっきり浮き上がらせる.[烘 hōng 托②] ②誇張する.話に枝葉をつける.はやしたてる. ③[電算]レンダリング:数値データの画像化である.

[楦(楥)] xuàn
①靴や帽子(製造用)の木型.→[楦子] ②木型をはめて大きくする.[新鞋 shàng 的鞋要～一～]底を縫いつけたばかりの靴は木型にはめて広げなければならない. ③すき間をつめる.[把瓷器罐箱～好]磁器を入れる箱などにしっかりつめものをする. ④⇒[券]

楦头 xuàntou 同下.
楦子 xuànzi [楦头]靴や帽子の木型.

[碹(碫)] xuàn
①[建]れんがで:石.煉瓦などで築いた円形または弧形の建物.竖坑の筒壁.弧形の石橋.半円形の坑口の石壁または煉瓦壁など. ②アーチ形に築く.→[衬 chèn 砌][拱 gǒng (I)④]
碹胎 xuàntāi せりもちを築き上げる時の木製の枠.

[礥] xuàn ⇒[券]

xue ㄒㄩㄝ

[削] xuē
①削る.そぐ:合成語・成語は xuē と発音する.[删 shān～]削除する. ②減らす.→[削价] ③取り除く.→[削职] ④奪う.[剥 bō～] ⑤鋭い.[山高岭～]高く切りたった山. → xiāo
削壁 xuēbì 絶壁.[悬 xuán 崖～]慣]断崖絶壁.
削发 xuēfà 旧(仏教で)剃髪する.髪を剃り落として.[转]出家する.[～为尼]剃髪して尼になる.
削籍 xuējí ①官職を剥奪する.[～归农]免職して農に帰す. ②本籍・国籍を除去する.
削价 xuējià 価格を下げる.値引きする.[快下市的蔬菜一律～出售]もうすぐ最盛期が過ぎる野菜は全部値下げして売る.
削肩 xuējiān ⇒[溜 liū 肩膀①]
削减 xuējiǎn 削減する.[～经费]経費を削減する.
削平 xuēpíng ①平らに削る. ②平定する.[～叛乱]反乱を平定する.
削弱 xuēruò 弱まる(める).[购买力～]購買力が衰えている.[～敌人的势力]敵の勢力を弱める.
削瘦 xuēshòu やせ細っている.こけている.
削铁如泥 xuētiě rúní [慣]刀剣が鋭いさま.
削正 xuēzhèng [文]添削を加える:[削政]とも書く.[斧 fǔ 正][郢 yíng 正]に同じ.[恭请～]どうぞ御添削を願います.
削职 xuēzhí [文]免職する.→[削籍①]
削足适履 xuēzú shìlǚ [成]足を削って履き物に合わせる.〈喻〉無理に現状に合わせる:[削足適屡 jù]とも.[削 yuè 趾適屡]ともいう.

[靴(鞾)] xuē
[～子]長靴.ブーツ:編み上げ靴程度のものも含める.[皮 pí～]皮製の長靴.[长筒～]高統の長靴.[高勒儿 yàor～]長靴.ブーツ.[皂 zào～]黒繻子の長靴.[快～]底の薄い長靴.[马～]乗馬靴.[鞋 xié]
靴弟 xuēdì ⇒[靴兄]
靴夹 xuējiā [靴挟儿]名刺.書類などを入れる紙入れで長靴の胴に挟むもの.
靴筒(儿) xuētǒng(r) ⇒[靴靿①]
靴兄 xuēxiōng →[靴子②]

靴楦子 xuēxuànzi 靴型.
靴靿 xuēyào ①=[靴筒(儿)]長靴の胴.長靴の脛の周りの部分.[靿 wēng]は方言. ②靴の甲の部分.
靴䙓儿 xuēyēr ⇒[靴夹]
靴子 xuēzi ①長靴.ブーツ. 〈喻〉旧一人の妓女が数人の客と関係があること:その客同士を[靴友],客のうち年上の者を[靴兄],下の者を[靴弟]といった.[割 gē ～]友人の愛妓に手を出す.

[薛] xuē
①古国名.現在の山東省嶧県の地. ②〈姓〉薛(旧).
薛涛笺 xuētāojiān 八行の赤い色の便箋:唐代の妓女薛濤の創案したものといわれる.普通[八 bā 行笺]という.=[八 bā 行笺]

[穴] xué
①穴.洞穴.洞窟.[巢 cháo ～]巢窟.[虎 hǔ ～]虎の棲んでいる穴.[树～]樹木の穴.[蚁 yǐ～]蟻の巢.→[洞 dòng ①] ②墓穴.[墓 mù～]同前.→[窟 kū 窿①] ③[中医]鍼灸のつぼ.[经～]経穴(はり). [太阳～]こめかみ.→[穴道] ④量詞.種をまく穴を数える.[播下了10～种子]10穴の種をまいた. ⑤〈姓〉穴(旧).
穴宝盖(儿) xuébǎogài(r) あなかんむり:漢字部首の"宀"=[穴字头(儿)]ともいう.→[付録1]
穴壁 xuébì [文]壁に穴をあける.[～藏金]壁に穴をあけて金をしまい込む.
穴播 xuébō [農]点播(は).
穴虫 xuéchóng ⇒[老 lǎo 鼠]
穴道 xuédào ①=[穴位][中医]鍼灸(はりきゅう)のつぼ.[按～针灸 jiǔ]つぼに針やお灸をする. ②[经 jīng 穴]②身体の急所.[被人点了～]急所を突かれる.あて身をくう.[点开～](急所を突かれて仮死化したり,身動きができなくなったものに)活を入れる.
穴肥法 xuéféifǎ [農]株の周囲に穴を掘って肥料を施す方法.
穴居 xuéjū ①穴居(する).→[窑 yáo 洞] ②逃げ隠れる.
穴居野处 xuéjū yěchǔ [成]①穴窩に居住し原野で暮らす. ②〈転〉隠居生活:謙遜していう.
穴情 xuéqíng 墓地の地相.
穴鲨 xuéshā [魚貝]アナハゼ:カジカ科.
穴施 xuéshī ⇒[点 diǎn 施]
穴头(儿) xuétóu(r) 興行師(主).プロモーター.(商業公演などの)マネージャー.→[走 zǒu 穴]
穴位 xuéwèi ①⇒[穴道①] ②墓穴の位置.
穴隙 xuéxì すきま.
穴茔 xuéyíng [文]墓場.

[苆] xué
アンペラで穀物などの食糧を囲う.→[囤 dùn ①]
苆子 xuézi アンペラ(荒むしろ):きびがらや葦(あし)の"ひご"で編んだもの.収穫物を囲う[囤 dùn]を作るのに用いる.[荐子]とも書く.

[䁖] xué
〈方〉見て探す.[～么 me]同前.[一双贼眼不住地上下～]盗っ人まなこでしきりにきょろきょろ見回している.→[瞫摸]

[岇・㟥] xué
①〈文〉山上に大石が重なっている. ②地名用字.[～口]周浙江省にある.

[学・學(斈)] xué
①学習する.学ぶ.勉強する.[～不好]学んでも上達しない.[～技术]技術を学ぶ.[勤 qín～]勤勉に学ぶ. ②まねる.模倣する.[八哥能一说话]九官鳥は人の話をまねることができる.[化净跟人家～]彼は人のまねばかりしている.[这件事,他都一说给我听了]この話は彼がそっくりそのままわたしに話して聞かせてくれた. ③学問.学識.学科.[治～]学問をおさめる.[才疏～浅]浅学

xué 学

非才である.〔博～多能〕博学多才である.〔才～〕才学識.〔求～〕学問をする.〔経済～〕経済学.④学校.〔小～〕小学校.〔中～〕中学校.〔大～〕大学.〔上～〕④登校する.⑤学校に入る.⑤〈姓〉学(⁶)

学安 xué'ān 〔牘〕ご平安:学生に送る手紙の末尾の套句.〔硯 yàn 安〕に同じ.→〔安(I)⑤〕

学案 xué'àn 学派の源流を記載した書物の通称.〔明儒学案〕〔宋儒学案〕など.

学霸 xuébà 学界・教育界のボス.

学报 xuébào 学術報.〔物理～〕物理学報.

学博 xuébó 旧州県の学校の教官の称.

学步 xuébù ①(幼児が)歩きはじめる.よちよち歩きをする.②〈喩〉試行の段階にあること.人の後についていくこと.

学部 xuébù ①中国科学院・中国工程院の各学科の学術咨問機構.②旧中国社会科学院の前身,哲学社会科学院.③(一部の大学の)〔学院〕の下部組織.④清全国の教育事務を統轄する機関:現在の教育部に相当する.

学步邯郸 xuébù hándān ⇒〔邯郸学步〕

学潮 xuécháo 学校紛争.学生運動.〔闹 nào ～〕同前を起こす.

学车 xuéchē 自動車の運転を習う.〔在驾校～〕自動車学校で運転を学ぶ.↔〔教 jiāo 车〕

学成 xuéchéng 学業が成就する.

学童 xuédóng 旧学校の理事(者)

学而不厌 xué ér bùyàn 〈成〉あきることなく学ぶ(論語).〔～,诲人不倦,自己に対しては学んであかず,人に対しては教えて倦(³)まない.

学阀 xuéfá 学閥.

学法 xuéfǎ ①方法を学ぶ.模範とする.②学び方.学習方法.〔填 tián 鸭式的～〕つめ込み式の学び方.③法律を学ぶ.

学房 xuéfáng ＝〔学馆〕旧私塾(家塾)(俗称)

学非所用 xué fēi suǒyòng 〈成〉学んだ知識と実際の仕事がかけ離れていること.

学费 xuéfèi ①学費.授業料.〔交～〕授業料を納める.②〈喩〉代価.

学分 xuéfēn (大学の)規定された受講時間.単位.〔你今年拿到多少～〕きみは今年何単位取得したか,〔～制〕単位制度.

学风 xuéfēng 学風.校風.

学府 xuéfǔ ①学問研究の場所.学府.〔最高～〕最高学府.②〈文〉博学者に対する敬称.〔先生乃是当代～文宗〕先生は当代の碩(ଠ)学文豪である.

学富五车 xué fù wǔchē 〈成〉五台の車にのせるほど多くの書物を読み学問があること(荘子・天下).

学工 xuégōng ①工業を学ぶ.②史(文革時代に)学生などが工場に行って労働し,労働者から階級教育をうけたこと.

学宫 xuégōng ①⇒〔国 guó 子监〕②壮麗な大学・研究所・図書館など.

学乖 xuéguāi 学んで利口になる.〔我上了几次当 dàng 以后～了〕わたしは何回かだまされたので,後には利口になった.

学馆 xuéguǎn ⇒〔学房〕

学贯中西 xué guàn zhōngxī 〈慣〉国内外の学問を極める.

学规 xuéguī ＝〔学章〕学則.校則.

学棍 xuégùn 学術界・教育界のごろつき.

学海 xuéhǎi 〈喩〉学問の世界.〔～无 wú 涯〕学問はいくら学んでも終わりはない.

学好 xuéhǎo ①いいことを学ぶ.〔～不易,学坏不难〕〔～千日不足,学坏一日有余〕〈諺〉いいことを覚えるのはたやすくないが,悪いことはすぐ覚える.②上達する.マスターする.〔我一定要把汉语～〕わたしは必ず中国語をものにしなければならない.

学号 xuéhào 〔~儿〕学生番号.

学坏 xuéhuài 悪いことを習う.習って悪くなる.

学会 xuéhuì ①学術上の団体.学会.②習得する.学んで身につける.

学籍 xuéjí 学籍.〔开除～〕除籍し退学せしめる.

学监 xuéjiān 旧学生監.

学界 xuéjiè 学術界.教育界.〔在～服务〕教育界で仕事をしている.

学究 xuéjiū ①旧(科挙で)一種類の経書のみについて専攻する〔学究一经〕の受験生.〈転〉専攻の学問研究一筋の学究.②〈喩〉世事に疎いインテリ.〔老～〕世間知らずの学者先生.〔～气〕研究者かたぎ.

学科 xuékē ①学問の分野.〔～带头人〕同前の指導者.②(学校教育の)学科目.③軍学科.理論科目.→〔术 shù 科〕

学理 xuélǐ ①学理.学問上の原理や理論.②理学(道学)を学ぶ.③理科を専攻する.

学力 xuélì 学力.〔同等～〕同等の学力.

学历 xuélì 〔～教育〕学歴取得的教育.

学联 xuélián 〔中 zhōng 华全国学生联合会〕の略.

学龄 xuélíng 就学年齢:通常6,7歳.〔～儿 ér 童〕学齢児童.〔对～前儿童的广播〕学齢前の児童向けの放送.

学氓 xuémáng 旧学校を食い物にするごろつき.→〔职 zhí 业 yè 学氓〕

学庙 xuémiào ⇒〔孔 kǒng (子)庙〕

学名 xuémíng ①＝〔大 dà 名①〕〔~儿〕子供が学齢に達した時につける正式の名前.→〔小 xiǎo 名〕②学術名.学名.専門名.

学年 xuénián 学年.学習年度.→〔年级〕

学派 xuépài 学術上の派別.学派.

学期 xuéqī 学期.〔第一～〕前期:秋から翌年の春まで.

学前班 xuéqiánbān 学齢前の児童のためのクラス.

学前教育 xuéqián jiàoyù 学齢前の幼児教育.

学前期 xuéqiánqī 3歳から小学校入学までの時期.

学区 xuéqū 学区.通学区.

学人 xuérén 〈文〉学者.

学商 xuéshāng ①学習能力指数.→〔智 zhì 力指数〕②商学を専攻する.〈転〉経営者.

学舌 xuéshé ①口まねをする.口写しに言う.〔我什么都不会,要叫我跑腿～,可以给您办得好好儿的〕わたしは何もできないが,走り回って口写しに言うような仕事をさせて下さるなら,十分お役に立てるでしょう.②余計なことを人にしゃべる.ふれ回る.〔没有人把底细向她～〕彼女に内情をぺらぺらとしゃべる者はいない.③(人の意見の)受け売りをする.

学社 xuéshè 趣味のサークル.研究団体:多く社団の名として使われる.

学生 xuésheng ①学生.生徒.〔男～〕男の生徒・学生.〔~会〕学生会.〔～会〕学生会.〔~~会〕学生自治会.生徒会.〔~气〕学生っぽさ.〔~腔〕学生言葉・口調.〔~手册 cè〕(小中高の)通信簿.〔~运动〕学生運動.〔~证〕学生証.〔~装〕学生服.〔→学员②〕②後輩の先輩に対する自称.→〔受 shòu 业①〕③〈方〉男の子.

学时 xuéshí 授業時間.時限.

学识 xuéshí 学識.

学士 xuéshì ①〈文〉知識人.学者.〔文人～〕文人学者.②学士:大学卒業者に与えられる称号.〔～帽〕大学卒業者のかぶる角帽.〔～后〕未就

職の大卒者.→〔博 bó 士〕〔碩 shuò 士〕

学疏才浅 xuéshū cáiqiǎn 〈慣〉浅学非才である.

学术 xuéshù 学術.〔～会议〕学術会議.〔～界〕学術界.〔～性刊物〕学術的刊行物.〔～委员会〕大学・研究機関における学術活動の責任組織.

学说 xuéshuō 学説.

学台 xuétái ⇒〔学政〕

学堂 xuétáng 旧①学校. ②人相家が耳に近いところを指していう.聡明の相を見る部位.

学童 xuétóng 学童.

学徒 xuétú ①徒弟.養成工:年少労働者で特に契約を結んで〔师 shī 傅〕(師匠・親方)について技能習得を志願する者.〔学了三年的徒〕3年間徒弟奉公をした(年間を入れた).〔～工〕(見習工.→〔谢 xiè 师①〕 ②学徒.学問に精進する者. ③徒弟になる.でっちにいく.小僧になる.

学位 xuéwèi 旧〔学士〕〔硕士②〕〔博士〕がある.〔获得～〕学位を取る.〔～服〕ガウン.

学文化 xuéwénhuà 字をおぼえる.読み書き算数を習うこと.

学问 xuéwen ①学問. ②理屈.知識.〔有～〕知識がある.学がある.

学无常师 xué wú chángshī 学ぶには決まった師匠は無い.

学无止境 xué wú zhǐjìng 〈成〉学問には限りがない、所以人要活到老,学到老 学問には限りがないから,生きている限り学ぶべきである.

学习 xuéxí 学ぶ.(見)習う.勉強(する).〔～英文〕英語を勉強する.〔～辅导员〕学習指導員.〔～障 zhàng 碍〕学習障害.〔～班 bān〕研修会.セミナー.〔～桌(儿)〕(小中学生用)勉強机.〔～机 jī〕小中学生向けのパソコン.〔要向模 mó 范～〕模範を見習わねばならぬ.

学系 xuéxì ⇒〔系①②〕

学衔 xuéxián 大学や研究所で教育研究に従事する者の身分:例えば〔教授〕,〔副教授〕,〔讲师〕,〔助教〕(助手),また〔研究员〕,〔副研究员〕,〔助理研究员〕,〔实习研究员〕.

学校 xuéxiào 学校.〔～教育〕学校教育.〔～银 yíng 行〕学内銀行.

学兄 xuéxiōng 〔牍〕同窓の人に対する敬語.

学养 xuéyǎng 〈文〉学識教養.学問上の造詣.

学业 xuéyè ①学業.〔～成绩〕学校の成績. ②学識.

学以致用 xué yǐ zhìyòng 〈成〉学んで実際に役立てる.

学艺 xuéyì 技芸を学ぶ:武術・雑技・演技や手工芸を含む.

学友 xuéyǒu 学友同志の呼称.〔同窗～〕同窓の学友.同窓会.〔～同学 tóng xué〕

学有专长 xué yǒu zhuāncháng 専門の学問を身に付けている:〔学有所长〕ともいう.

学员 xuéyuán ①受講生:正規の学校以外の学習サークル・訓練クラスなどで学習する者.研修生. ②学生.→〔学生①〕

学园 xuéyuán 学園.

学院 xuéyuàn ①単科大学.単科高等専門学校.〔外国语～〕外国語学院.〔钢铁～〕鉄鉄学院.〔石油～〕石油学院.〔综合大学内の学院〕学部.〔对外汉语文化～〕対外漢語文化学院.→〔系 xì ①②〕

学院派 xuéyuànpài アカデミシャン:大学に籍を置く学者.

学运 xuéyùn 〔学生运动〕の略.

学杂费 xuézáfèi 学費と雑費:教材費・テスト代・清掃費など.

学章 xuézhāng ⇒〔学规〕

学长 xuézhǎng ①自分より年上で学問の優れている同窓,また一般の同窓に対する敬称.〔李大～尊 zūn 右〕〔牍〕李学兄お手元まで. ②旧大学各科の長.→〔校 xiào 长〕〔院 yuàn 长〕

学者 xuézhě 学者.〔～散 sǎn 文〕学術文化的エッセイ.

学政 xuézhèng 旧各省の教育行政長官.〔提 tí 督～〕の略:〔学台〕は通称.〔大 dà 宗师〕は尊称.→〔科 kē 举〕

学制 xuézhì 学制:国家の定める各種学校の組織体制や課程・修業年限などの規定.〔～浮 fú 动〕成績により大学と〔大专班〕(大学相当の専門学校)を入れかえる制度.

学子 xuézǐ 〈文〉学生.〔青年～〕青年学徒.

学字头(儿) xuézìtóu(r) 旧がく(学)のかんむり:漢字部首の"⺍".→付録1

学足三余 xuézú sānyú 〈成〉夜間・冬季・雨天など三つの余暇を利用して勉強を補うこと.

学嘴学舌 xuézuǐ xuéshé ①口真似をする. ②おしゃべりをする.ふれ回る.

〔敩・斅(敩)〕 xué 古く〔学〕に通じ用いられた.

〔鸴・鷽〕 xué 固雀よりやや大きく,色彩が美しく,鳴き声もよい鳥:〔灰 huī 雀〕(ウソ)の類.→ xiāo

〔趐〕 xué ①ぐるぐるまわる.うろうろする.左右に気を配る.〔他大门口～来～去〕彼は表門の前で行ったり来たりしている. ②途中から引き返す.〔～回来〕同前.

趐门嘹户 xuémén liàohù 〈慣〉近所でおしゃべりして歩くこと.

趐摸 xuémo 〈口〉探す.あさる.〔到早市去～点儿东西〕朝市へ行って物色する.→〔眬〕

趐子 xuézi 〔疢子〕

〔噱〕 xué 〈方〉笑う.〔发 fā～〕同前. → jué

噱头 xuétóu 〈方〉①ギャグ・面白さ.くすぐり:人を笑わせる言葉やしぐさ. ②滑稽である.おかしい.〔很～〕〔～极了〕全くおかしい. ③⇒〔花 huā 招(儿)②〕

〔雪〕 xuě (Ⅰ)①雪.〔下～〕雪が降る.〔～下得很大〕雪がとてもひどい.〔滑 huá～〕スキー(をする). ②雪のような(に).〔～白〕雪のように白い.③〈姓〉雪(せつ)
(Ⅱ)洗い落とす.すすぐ.〔沉冤昭～〕〈成〉長年の冤罪をはらす.

雪白 xuěbái 雪のように白い.真っ白である.〔～的 牙齿〕真っ白な歯.

雪板 xuěbǎn 動スキー板.スノーボード:〔滑 huá 雪 板〕に同じ.〔穿～〕スキー板をつける.

雪豹 xuěbào 動ユキヒョウ:〔艾 ài 叶豹〕ともいう.

雪暴 xuěbào 〈口〉猛吹雪(ふぶき).

雪崩 xuěbēng なだれ.

雪菜 xuěcài ⇒〔雪里蕻〕

雪藏 xuěcáng 〈方〉①冷蔵する.冷凍する.〔～猪 肉〕豚肉を冷凍する.→〔冷 lěng 冻〕 ②〈喩〉ほうっておく.隠しておく.

雪场 xuěchǎng スキー場.〔滑 huá～〕〔滑雪站〕同前.〔冰 bīng 场〕

雪耻 xuěchǐ 〈文〉恥をすすぐ.〔报仇～〕〈慣〉仇をむくい恥をすすぐ.

雪纯 xuěchún ユキシャコ.

雪道 xuědào 区(スキー場)の滑降コース.

雪地 xuědì 雪の大地.

xuě～xuè 雪鱈血

雪雕 xuědiāo 雪の彫刻.
雪堆 xuěduī 雪の吹きだまり.→〔雪窝(子)〕
雪纺绸 xuěfǎngchóu 〔紡〕シフォン織り;薄い絹織物.
雪峰 xuěfēng 雪のつもった峰.
雪肤 xuěfū ＝〔雪肌〕.〔玉 yù 肤〕〈文〉雪のように白い肌.〔冰肌～〕〔冰肌玉肤〕同前.
雪糕 xuěgāo 〔食〕①(〔冰棍〕より柔らかい)アイスキャンデー.②〈方〉アイスクリーム.〔冰激凌〕に同じ.〔～壳 ké〕アイスクリームサーバー.
雪鸽 xuěgē 〔鳥〕ユキバト.
雪姑 xuěgū ①⇒〔鹡 jí 鸰〕 ②→〔白 bái 雪〕
雪柜 xuěguì ⇒〔冰 bīng 箱〕
雪海 xuěhǎi 〈喩〉一面の雪.雪原.
雪恨 xuěhèn 恨みを晴らす.〔报仇～〕仇をむくい,恨みを晴らす.
雪花 xuěhuā 〔-儿〕雪.雪片.〔〈文〉霙 yīng〕ともいう.〔～膏 gāo〕化粧クリーム(総称).〔～酪 lào〕〔食〕シャーベット.→〔冷 lěng 霜〕
雪花梨 xuěhuālí ⇒〔雪梨〕
雪肌 xuějī ⇒〔雪肤〕
雪鸡 xuějī 〔鳥〕ヒマラヤセッケイ.チベットセッケイ.
雪茄 xuějiā 〔音訳〕シガー.葉巻(タバコ)〔卷 juǎn 烟②〕に同じ.〔吕 lǚ 宋烟〕〔香 xiāng 烟①〕ともいう.
雪窖 xuějiào 雪貯蔵庫.氷室(ひむろ).
雪窖冰天 xuějiào bīngtiān ⇒〔冰天雪地〕
雪景 xuějǐng 雪景色.
雪克壶 xuěkèhú 〔音義訳〕シェーカー.〔调 tiáo 酒壶〕に同じ.
雪梨 xuělí ＝〔雪花梨〕〔乳 rǔ 梨〕〔果〕果肉が白く柔らかい梨.
雪犁 xuělí 雪かき(機)
雪里蕻 xuělǐhóng 〔雪里红〕とも書く.〔菜〕セリホン.〔雪菜〕〔〈方〉春 chūn 不老①〕ともいう.冬期に採れる〔叶 yè 用芥菜〕(薬用からし菜)の総称.
雪里送炭 xuělǐ sòngtàn ⇒〔雪中送炭〕
雪利酒 xuělìjiǔ 〔音義訳〕シェリー酒;〔雪莉酒〕〔沙 shā 厘酒〕〔舍 shè 利酒〕〔些 xiē 利酒〕ともいった.
雪粒儿 xuělìr あられ.みぞれ.
雪莲 xuělián ①〔植〕セレンレンカ(雪蓮花);キク科トウヒレン属の多年生草本.新疆などに生ずる高山植物.白く香りの強い花をつけ,全株が薬用される.土地の男性はこの花を探し求めて好きな女性に捧げる.〔～花〕ともいう. ②⇒〔侧 cè 金盏花〕
雪亮 xuěliàng ①白く光っている.〔擦 cā 得～〕ピカピカに磨く.〔屋子里的电灯～〕部屋の電灯があかあかとともっている.②明白である.はっきりしている.〔人民的眼睛是～的〕人民の見る目には狂いがない.
雪柳 xuěliǔ ①〔植〕コバタゴ;〔稻 dào 树〕〔过 guò 街柳〕〔五 wǔ 谷树〕〔珍 zhēn 珠花〕ともいう.モクセイ科.→〔珍 zhēn 珠终线菊〕 ②〔旧〕棒に柳の葉のような白紙を付けたもの.葬式の際,儀仗のうち数人が持つ;〔雪柳花〕ともいう.
雪罗汉 xuěluóhàn ⇒〔雪人①〕
雪盲 xuěmáng 〔医〕雪盲.
雪泥鸿爪 xuění hóngzhǎo 〈成〉雪の上の雁の足あと.〈喩〉往事の痕跡;単に〔鸿爪〕ともいう.
雪片 xuěpiàn ①雪の一片一片.〔函电如～飞来〕〈文〉手紙や電報がたえまなく来る.②〈喩〉続々と来る手紙や電報.
雪橇 xuěqiāo (雪車)雪ぞり.〔～运 yùn 动〕〔スキー〕〔スポーツ〕〔ス ⇒〔リュージュ.
雪青 xuěqīng 薄紫(の).ヘリオトロープ(の).〔直接～〕〔染〕ジアミンヘリオトロープ.
雪球 xuěqiú 雪の玉.〔打 dǎ 雪仗〕(雪合戦)に使う.

雪雀 xuěquè 〔鳥〕ヒワ近縁種.
雪人 xuěrén ①＝〔雪罗汉〕.〔-儿〕雪だるま.〔堆 duī ～,打雪仗〕雪だるまを作り,雪合戦をする.②雪男;ヒマラヤに住むといわれる.〔〈音訳〉耶 yē 提〕(イエティー)ともいう.
雪乳酥胸 xuěrǔ sūxiōng 〈喩〉美女の豊胸のさま.
雪山 xuěshān 雪山.
雪上加霜 xuěshàng jiāshuāng 雪の上に霜が降りる.〈喩〉災いの上にさらに災いが加わる.泣き面に蜂.→〔祸 huò 不单行〕
雪糁(儿) xuěshēn(r) ⇒〔霰 xiàn〕
雪水 xuěshuǐ 雪どけ水.
雪松 xuěsōng 〔植〕ヒマラヤシーダー.ヒマラヤスギ.〔～油 yóu〕〔化〕セダーウッド油.
雪糖 xuětáng 〈口〉最上等の白砂糖.
雪天 xuětiān 雪の日.
雪条 xuětiáo ⇒〔冰 bīng 棍儿〕
雪兔 xuětù 〔動〕ユキウサギ.
雪窝(子) xuěwō(zi) 雪の吹きだまり.雪のくぼみ.→〔雪堆〕
雪鸮 xuěwú 〔鳥〕ユキホオジロ.
雪洗 xuěxǐ すすぎ清める.〔〈婉〉冤罪〕冤罪をすすぐ.
雪线 xuěxiàn 〔地〕雪線.
雪压 xuěyā 〔地〕積雪圧力.
雪雁 xuěyàn 〔鳥〕ハクガン.
雪燕 xuěyàn (料理用の)真っ白な燕の巣.→〔燕窝〕
雪野 xuěyě 雪原.
雪夜 xuěyè 雪の夜.〔～行军〕雪の夜行軍.
雪意 xuěyì 雪空.雪模様.
雪冤 xuěyuān 冤罪を晴らす.
雪原 xuěyuán 雪原.〔林海～〕〔慣〕樹海と雪原.
雪灾 xuězāi 雪害.雪による災害.
雪仗 xuězhàng 雪合戦.〔打～〕雪合戦をする.
雪杖 xuězhàng ⇒〔滑 huá 雪杖〕
雪兆丰年 xuě zhào fēngnián 〔慣〕雪は豊年のしるし(前兆)である.
雪中送炭 xuězhōng sòngtàn ＝〔雪里送炭〕〈成〉他人の困窮を救う.困った人に情を尽くす.
雪珠 xuězhū ⇒〔霰 xiàn〕
雪子(儿) xuězǐ(r) ⇒〔霰 xiàn〕

【鳕・鱈】xuě 〔魚貝〕タラ;ふつう〔鳕鱼 yú〕という.〔大 dà 口 鱼〕〔大头鱼〕〔鳘 mǐn 鱼〕は別称.〔～子〕たらこ.〔干 gān ～鱼棒〕だら.

鳕肝油 xuěgānyóu ＝〔鳘 mǐn 鱼肝油〕たら肝油.〔鱼 yú 肝油〕

【血】xuè ①血.血液.〔为国流～〕国のために血を流す.〔费许多心～〕多くの心血を費やす.〔用～汗挣 zhèng 来的〕血と汗で勝ち取ったもの.〔输 shū ～〕輸血(する).〔要验 yàn ～〕血液検査しなければならない.②肉親関係.血のつながり.〔～统〕血統.血筋.〔～缘〕血縁.③〈転〉血気.情熱.〔热～青年〕熱血青年.④〔中医〕月経.月のもの.〔～分〕同前.⑤〈姓〉血〔姓〕→xiě

血癌 xuè'ái 血液の癌.〔白血病〕の通称.
血案 xuè'àn 殺傷事件.殺人事件.
血霸 xuèbà ⇒〔血痞〕
血本 xuèběn 〔-儿〕〔旧〕(辛苦の結果得た)資本金・元手.〔～甩 shuǎi 卖〕出血大奉仕.〔要是亏了～买卖就不好支持下去了〕元手をすってしまっては商売をちょっと維持していけない.
血崩 xuèbēng ＝〔血山崩〕〔崩症〕〔中医〕子宮の大量出血.〔～症 zhèng〕同前.
血泵 xuèbèng 人工心肺;〔人工心肺机〕の通称.
血便 xuèbiàn 〔医〕血便.

血　　　　　　　　　　　　　　　　　　　　　　　　xuè

血饼 xuèbǐng ＝[血块][生理]血餅(もち)
血沉 xuèchén [医]血沈.赤血球沈降速度.
血诚 xuèchéng 〈文〉至誠.
血仇 xuèchóu 深い恨み:肉親を殺された恨み.
血防 xuèfáng 住血吸虫病の予防.[〜工作]同前の仕事.
血粉 xuèfěn 血粉:動物の血から製した粉状の肥料.
血疙瘩儿 xuēgējiār ⇒[血痂]
血蛊 xuègǔ [中医](挫傷・打撲などにより)血が腸にたまり腹部のふくれるもの.
血管 xuèguǎn [生理]血管:[血筋]は方言.[毛细〜]毛細血管.
血光之灾 xuèguāng zhī zāi ①⑤死んでも極楽浄土に行けぬ災い.家族が死に同じ時出産があった場合,その血が死者にふりかかるとする迷信.妊婦はその場所から遠く離れた土地に行って出産した. ②血生臭い事件.殺害事件.
血海 xuèhǎi ①〈喩〉血の海.[〜冤 yuān 仇]〈〜仇〉慣]深い恨み. ② [中医]血海(けっかい).④衝(ちゅう)脈.ⓑ肝臓.ⓒ経穴の名.
血汗 xuèhàn ＝[汗血①]血と汗.汗水.〈喩〉努力.苦労.[〜钱]苦労して得た金.[〜工资制度]賃金搾取制度.[〜工厂]労働条件が悪く,就労中の傷害保障のない工場.
血痕 xuèhén 血.血痕.
血红 xuèhóng 真っ赤である.血のように赤い.[〜的夕阳]同前の夕日.
血红蛋白 xuèhóng dànbái ＝[血色素][生理]ヘモグロビン:[血红朊 ruǎn]は旧称.
血红素 xuéhóngsù [化]ヘム.鉄ポルフィリン:蛋白質と結びついて[血红蛋白]になる.
血红细胞增长素 xuèhóng xìbāo zēngzhǎngsù [生理]エリスロポイエチン.EPO:赤血球系細胞の増加を促すホルモン.
血花 xuèhuā 血しぶきの跡.
血积 xuèjī [中医]
血迹 xuèjì 血痕.血の跡.[〜斑斑]血痕が点々としている.
血祭 xuèjì ＝[血祀]〈文〉いけにえを殺してその血を神に供えること.
血痂 xuèjiā ＝[方]血疙瘩儿](傷口の血がかたまってできた)かさぶた.
血检 xuèjiǎn [医]血液検査:[血液检查]の略.
血箭 xuèjiàn [中医]リンパ管の炎症で足部の毛穴から血を噴き出す病気.
血浆 xuèjiāng [生理]血漿.
血竭 xuèjié [中医]麒麟血:[麒qí麟竭]ともいう.[龙 lóng 血树](ドラセナ)の果実から得られる樹脂.漢方薬の原料などにする.
血筋 xuèjīn ⇒[血管]
血津儿 xuèjīnr 〈方〉赤むけになった部分.
血经 xuèjīng ①⇒[月 yuè 经] ②血液が混じっている精液.
血晶 xuèjīng [鉱]紅水晶.
血口喷人 xuèkǒu pēnrén 〈喩〉誹謗中傷する.→[含 hán 血喷人]
血库 xuèkù [医]血液バンク:[血液银行]ともいう.→[血站]
血块 xuèkuài ⇒[血饼]
血亏 xuèkuī ⇒[血虚][中医]貧血.
血痨 xuèláo [中医]咯血性結核.
血泪 xuèlèi 血涙.〈喩〉悲惨な境遇.[〜仇 chóu][〜账 zhàng]血涙をのんでいる深い恨み.肉親を殺されたかたき.

血量 xuèliàng 血液量.
血淋 xuèlín [医]尿に血が混ざり排尿時や下腹部に刺痛のある病症.(リン病ではない)
血流 xuèliú [医]血流.
血瘤 xuèliú [医]動脈瘤·俗に"血こぶ"という.
血流成河 xuèliú chénghé 〈慣〉戦争など大量殺戮のさま.
血流漂杵 xuèliú piāochǔ 〈成〉死傷者の多いさま.
血流如注 xuèliú rúzhù 〈慣〉血がひどく流れるさま.
血路 xuèlù 血路:危急をきりぬける道.[打开〜]血路を開く.
血脉 xuèmài ①[中医]気血が運行する通路. ②血統. ③〈喩〉嫡出の子.
血沫 xuèmò [-子]血の泡.[〜飞溅 jiàn]〈成〉血しぶきがとび散る.
血尿 xuèniào [医]血尿.
血浓于水 xuè nóng yú shuǐ 〈成〉血は水よりも濃し.身内の関係は他人より強い.
血泡 xuèpào [血豆.血の泡.
血盆大口 xuèpén dàkǒu 〈喩〉猛獣のバックリ開いた大きな口:[血盆]は古代祭祀用の血を入れた大皿.
血泊 xuèpō 血だまり.血の海.
血珀 xuèpò [鉱]深紅色の琥珀(こはく).
血气 xuèqì ①血気(けっき).血の気(け). ②気骨.侠気.[〜之勇]〈慣〉血気の勇.[〔方刚]〈慣〉血気盛り.
血铅 xuèqiān [医]血中鉛分濃度.
血亲 xuèqīn 血族.[直系〜]直系親族.
血清 xuèqīng [生理]血清.[〜病][医]血清病.[〜反应]血清反応.[〜疗法]血清療法.[打〜]血清注射を打つ.
血青素 xuèqīngsù [生理]ヘモシアニン.血素素.
血球 xuèqiú ⇒[血细胞]
血染 xuèrǎn 血で染める.〈喩〉命をかけて戦うこと.
血肉 xuèròu ①血と肉.[〜之躯]肉体.[〜模糊]血だるまになる. ②肉親.骨肉.[〜横 héng 飞]〈喩〉殺戮(りく)のむごたらしさ.[〜相连]〈喩〉切っても切れない親密な関係があること.
血色 xuèsè ①血の色.②血.顔のつや.
血色素 xuèsèsù ⇒[血红蛋白]
血山崩 xuèshānbēng ⇒[血崩]
血史 xuèshǐ 〈慘 cǎn 史〉
血书 xuèshū 血書.
血栓 xuèshuān [医]血栓.[〜症 zhèng]血栓症.
血水 xuèshuǐ 流れ出た血.また血の混じった水.[衬衫上渗出了〜]シャツに血がにじんだ.
血丝 xuèsī ①筋状の血. ②毛細血管.
血丝虫病 xuèsīchóng bìng ＝[丝虫病][医]糸状虫病.フィラリア症.
血祀 xuèsì ⇒[血祭]
血痰 xuètán [医]血痰.
血糖 xuètáng [生理]血糖.[〜葡 pú 萄糖]
血统 xuètǒng 血統.[〜论 lùn]血統論.
血头 xuètóu [-儿]売血ブローカー:[血霸]ともいう.
血透 xuètòu [医]血液透析(治疗)の略.
血污 xuèwū 血のついた汚れ.血の跡.
血吸虫 xuèxīchóng [虫]血吸虫:[寄 jì 生虫]の一.[〜病][〔口〕罗 luó 汉病][医]住血吸虫病.
血洗 xuèxǐ 〈喩〉殺戮する.
血细胞 xuèxìbāo [生理]血球:[血球]は旧称.
血象 xuèxiàng [医]血液像.
血小板 xuèxiǎobǎn [生理]血小板.
血腥 xuèxīng 血生臭い(さ).[〜统治]血生臭い支

配.〔~镇压〕血生臭い弾圧.〔~气 qì〕血生臭さ.血生臭いにおい.
血型 xuèxíng 生理血液型:〔你是什么~〕血液型は何型ですか.
血性 xuèxìng 不屈な気性.気慨.侠气.〔他是个~汉子,向来见义勇为〕彼は気慨のある人間で,かねがねから義を見ては勇敢に立ち向かうという人物だ.
血虚 xuèxū ⇒〔血亏〕
血循环 xuèxúnhuán 生理血液循環.
血压 xuèyā 生理血圧:血圧測定時の最高血圧(収縮期血圧)は〔收 shōu 缩压〕,最低血圧(拡張期血圧)は〔舒 shū 张压〕という.〔~高〕血圧が高い.〔~计〕血圧計.
血样(儿) xuèyàng(r) 血液サンプル.
血液 xuèyè ①生理血液.〔~兴 xīng 奋剂〕ドーピング用薬剤など.〔~透 tòu 析(治疗)〕〔口〕洗 xǐ 血〕血液透析.②〔喩〕主要な成分(力).〔石油是工业的~〕石油は工業の血液だ.
血衣 xuèyī 血染めの(血のついた)服.
血印 xuèyìn ①〔-儿〕血の跡.②(皮下出血による)あざ.
血友病 xuèyǒubìng 医血友病.
血瘀 xuèyū ⇒〔瘀血〕
血余 xuèyú 中医人の頭髪を蒸し焼きにしたもの:〔血余炭〕ともいう.止血.利尿に用いる.
血雨腥风 xuèyǔ xīngfēng 〔喩〕殺戮の凄惨を〔腥风血雨〕という.
血缘 xuèyuán 血縁.〔~关系〕血族関係.
血晕 xuèyùn 中医血振(り);産後出血過多のためくらめい. → xièyùn
血债 xuèzhài 血の償い.血の負債.〔~累累〕多くの人民を殺害した,累々たる血生臭い罪悪.〔这~我们一定要侵略者以血来偿 cháng 还〕この血の償いはどうあっても侵略者に血で償いをしてもらわねばならない.
血战 xuèzhàn 血戦(する).激戦(する)
血站 xuèzhàn 血液センター. →〔血库〕
血证 xuèzhèng 被害者の血痕のついた証拠品.〈転〉動かぬ証拠.
血脂 xuèzhī 医血中脂質:〔胆 dǎn 固醇〕(コレステロール),〔磷 lín 脂〕(磷脂質フォスファチド),〔游 yóu 离脂肪酸〕(遊離脂肪酸)などの総称.
血痔 xuèzhì 医出血のひどい痔疾.
血痣 xuèzhì 医あざ.血まめ.
血肿 xuèzhǒng 医血腫.
血蛛 xuèzhū 〔動〕アカガシ.
血渍 xuèzì 血の跡.血のしみ.
血族 xuèzú 血族.〔~结婚〕近親結婚.

〔谑・謔〕 xuè 〈文〉ふざける.冗談を言う.〔戏 xì ~〕同前.〔谐 xié ~〕諧謔(kaigyaku).
谑称 xuèchēng ふざけて…と呼ぶ.
谑而不虐 xuè ér bùnüè 〈成〉からかいはしても度を越していじめるようなことまではしない(してはいけない)
谑而近虐 xuè ér jìnnüè 〈成〉冗談と言うよりはいじめるといった感じが強い.
谑浪 xuèlàng 〈文〉ふざけちらす.ひょうきんである.

xun ㄒㄩㄣ

〔勋・勛(勳)〕 xūn ①手柄.功労.〔屡 lǚ 建奇 ~〕たびたび大手柄をたてる.②勲章.〔授~典礼〕勲章伝達式.③〈姓〉勲(xún)
勋功 xūngōng 勲功.いさお.手柄.
勋绩 xūnjì 功績.
勋爵 xūnjué ①勲功による爵位.②(イギリス)の貴族.勲功爵.
勋劳 xūnláo 功労.功績.〔~卓著〕功績がとびぬけている.
勋烈 xūnliè 勲功のある忠烈の士.
勋启 xūnqǐ 〈牘〉ご披見下さい:旧時,官吏にあてた封書の表の宛名の下に書く常套語.
勋业 xūnyè 〈文〉勲功.功業.〔不朽的~〕後の世まで残る立派な功績と事業.
勋章 xūnzhāng 勲章.〔授予~〕勲章を授与する.
勋状 xūnzhuàng 戦功を賞して与える文書.感状.

〔埙・塤(壎)〕 xūn 〔塤〕:古代の土製の吹奏楽器.卵形で,数個の孔があり,先端に吹き口がある.〔陶 táo ~〕同前.

〔荤・葷〕 xūn → hūn
荤粥 xūnyù ⇒〔獯鬻〕

〔焄〕 xūn 〈文〉①火気が立ちのぼる.②香気.

〔窨〕 xūn (他のものに)香りをつける.においをしみこませる:〔窨(I)③〕に同じ.〔茉 mò 莉花儿~的茶叶〕ジャスミンの香りをつけた茶の葉.〔赶~各类花茶〕急いで各種の香りを茶葉につける. → yìn

〔熏(薰・燻)〕 xūn （I）〔熏(燻)〕①くすぶる.いぶす.〔顶棚被烟~黑了〕天井が煙でくすぶって黒くなった.②燻製にする.〔~鱼〕燻製の魚.③香りをたきこむ.においをしみこませる:〔窨〕に同じ.
（II）〔熏(薰)〕①染まる.影響を受ける. →〔熏染〕〔熏陶〕.②においが鼻をつく.〔臭气~人〕臭気が鼻をつく. →〔呛 qiàng〕③〈文〉のどかである. →〔熏风〕④〈姓〉熏(xún) → xùn
熏肠 xūncháng 食腸詰めを糖蜜であぶり乾かしたもの.
熏醋 xūncù 黒酢:〔黑 hēi 醋〕に同じ.
熏蛋 xūndàn 燻製ゆで卵.
熏毒法 xūndúfá 園燻蒸消毒法.
熏风 xūnfēng 〈文〉暖かい(南)風.
熏化 xūnhuà 薫陶する.〔受老师的~〕先生の薫陶を受ける.
熏鸡 xūnjī 燻製の鶏肉.
熏烤 xūnkǎo 火でいぶる.
熏腊 xūnlà ⇒〔熏肉〕
熏笼 xūnlóng 〔熏炉〕にかぶせるかご状のふた:〔宫 gōng 熏〕に同じ.
熏炉 xūnlú 香を焚く火鉢(手あぶり)
熏陆香 xūnlùxiāng ⇒〔乳 rǔ 香〕
熏沐 xūnmù (神仏を拝する際に)香料を焚き沐浴する.
熏青豆 xūnqīngdòu 枝豆のさやをとり去ったものを煮て,塩とまぶし燻製にしたもの.江南地方の名物.〔青豆茶〕はこれに熱湯をついだもの.茶の代わりにする.
熏青鱼 xūnqīngyú ①燻製のにしん.②燻製のあおうお.
熏染 xūnrǎn 習い染まる.感化する:多く悪い方面から.〔~了不良嗜好〕悪い趣味に染まった.
熏肉 xūnròu =〔熏腊〕燻製の豚肉や牛肉.
熏陶 xūntáo 薫陶する(を受ける):多く善の方面から.〔~渐 jiàn 染〕〈成〉感化影響を受け漸次その風に染まる.

熏 xūnxí 風習に染まる.影響を受ける.〔青年们看电视,受眼下社会风气的~〕青年たちはテレビを見て現在の社会の気風に染まる.
熏心 xūnxīn →〔利 lì 欲熏心〕
熏鸭 xūnyā 燻製のアヒル.
熏衣草 xūnyīcǎo 圖ラベンダー:〔薫衣草〕とも書く.〔拉 lā 丁达〕は旧音訳.〔~油〕薬ラベンダー油.
熏银 xūnyín いぶし銀.〔~器皿 mǐn〕いぶし銀器.
熏鱼 xūnyú 燻製の魚.
熏蒸 xūnzhēng ①暑気がはなはだしい.蒸されるように暑い.〔暑气~〕蒸し暑い.②燻蒸する.③医燻蒸療法を施す.
熏制 xūnzhì いぶす.いぶして香りをつける:〔薫炙〕とも書く.
熏肘子 xūnzhǒuzi 燻製の豚足.

[**薫**] xūn 〈文〉香り草.またその香り.②〔姓〕.→〔薫Ⅲ〕
薫莸 xūnyóu 〈文〉香り草と臭い草.〔転〕善と悪.美と醜.
薫莸不同器 xūnyóu bù tóngqì 〔喩〕善(人)と悪(人)とは同じ所にいられない:〔薫莸异 yì 器〕ともいう.

[**獯**] xūn 〔~鬻 yù〕固 夏代の北方民族:〔荤粥〕とも書く.周代の〔狨 xiǎn 狁〕,戦国時代以降は〔匈 xiōng 奴〕と呼んだ.

[**纁・纁**] xūn 〈文〉浅絳(色).薄赤色.

[**曛**] xūn 〈文〉①残陽.残日.②夕暮れ.③薄暗い.〔天色~黒〕空がたそがれて暗くなる.
曛黑 xūnhēi 〈文〉夕暮れ.黄昏時
曛夕 xūnxī 〈文〉夕暮れ.

[**醺**] xūn 酒に酔っているさま.〔~~然〕同前.〔醉 zuì ~~〕ほろ酔い気分(で)
醺然大醉 xūnrán dàzuì 酒に大いに酔ったさま.〔喝得~〕酒と大いに酔った.

[**寻・尋(尋)**] xún ①探す.尋ねる.〔~一个地方儿〕場所がついた.②〈文〉引き続き.〔存问相~〕次々とあいさつに来る.③〈文〉ついで.間もなく.④固長さの単位:8尺を1寻といった.〔千~高岭〕千尋もの高さのある山の峰.→〔寻常〕
寻宝 xúnbǎo ①宝探しをする.②鉱脈を探す.
寻查 xúnchá 探し求める.
寻常 xúncháng ①普通である.ありふれている:古代,長さの単位で8尺を1〔寻〕,その倍を1〔常〕といい,〔寻〕普通に用いられる尺度.〔非同~〕普通ではない.②ふだん.いつも.
寻的 xúndì 軍自動誘導.〔~导 dǎo 弹〕目標誘導ミサイル.
寻短见 xúnduǎnjiàn (思いつめて)自殺する:〔寻短儿〕ともいう.〔短见是万万寻不得的(鲁・Q 4)〕自分から死のうなんて考えは決してしてはいけないよ.
寻芳 xúnfāng ⇒〔寻花〕
寻访 xúnfǎng 訪れる.尋ねる.〔~知情人〕内情に詳しい人を尋ねる.
寻风 xúnfēng 〈方〉(賊の一味が)見張る.〔~的〕見張り役の賊.
寻根 xúngēn 根源を尋ねる:特に祖先を探す.〔~之旅〕自分のルーツを発見する旅.〔~文学〕ルーツ文学.
寻根究底 xúngēn jiūdǐ 〈成〉根源をきわめる.根ほり葉ほり尋ねる:〔寻根问底〕ともいう.〔似你这样~,便是刻舟求剑,胶柱鼓瑟了(紅120)〕そんなに根ほり葉ほり尋ねるのは,愚かで気がかぬのだ.
→〔追 zhuī 根究底〕

寻购 xúngòu 探して買う.
寻呼 xúnhū 無線で呼び出す.〔~机 jī〕呼机〔BP机〕ポケ(ット)ベル.〔~台 tái〕呼台ポケットベルオペレーター.〔~小姐〕オペレーターガール.
寻花 xúnhuā →〔寻香〕花を探し求める.〈転〉花柳の巷に遊ぶ.〔~问柳〕〔问柳~〕〈成〉ⓐ春の風物を賞でる.ⓑ女遊びをする.→〔拈 niān 花惹草〕
寻欢 xúnhuān 楽しみを求める.〔~作乐 lè〕〈喩〉異性を求める.快楽を求める.
寻回 xúnhuí 搜しだして連れ戻す.
寻获 xúnhuò 探して(見つけて)入手する.
寻机 xúnjī 〈文〉機会を探す.
寻见 xúnjiàn 探しあてる.
寻究 xúnjiū 〈文〉追究する.
寻开心 xúnkāixīn ①楽しみを求める.②からかう.〔别拿我~〕ひやかすな.
寻乐 xúnlè 楽しみを求める.
寻门路 xúnménlù 糸口を求める.手引きを探す.つてを求める.〔~给他托信去吧〕つてを求めて彼のために頼んでやろう.
寻觅 xúnmì 尋ねる.探す.〔寻寻觅觅〕同然のさま.
寻摸 xúnmo 探し求める.〔东张西望地~什么呢〕あっちを見たりそっちを見たりして何を探しているのか.
寻亲 xúnqīn (行方不明・長年会ってない)親族を搜す.→〔探 tàn 亲〕
寻求 xúnqiú 探し求める.追求する.〔~真理〕真理を追求する.〔~知识〕知識を求める.
寻人 xúnrén (行方不明の)人を捜す・新聞などの広告に"人"の字をさかさまに書くことがある.これは〔倒 dào〕(さかさま)は〔到 dào〕(帰る)と同音で,尋ね人の帰るのを望んでおり,〔人(字)倒了〕すなわち〔人到了〕〔人回来了〕の意を表す.〔~服务〕(放送などによる)尋ね人のためのサービス.〔~启 qǐ 事〕尋ね人.
寻生 xúnshēng 〈方〉暮らす.生計を立てる.
寻声 xúnshēng 音(声)の後をたどる.
寻事 xúnshì いいがかりをつける.因縁をつける.〔~生非〕〈慣〉人のあらを探して問題を起こす.
寻死 xúnsǐ ①自殺をはかる.自殺を考える.〔~觅 mì 活〕(覓死觅活)〈慣〉死ぬや生きるの騒ぎをする.②⇒〔找 zhǎo 死〕
寻思 xúnsi 考える.思案する.〔独自~〕ひとり思い巡らす.〔我~着他应该到了,可是今天又没有〕彼から手紙が来るかと思っていたが,今日はやはりなかった.
寻索 xúnsuǒ 探す.探し求める.
寻味 xúnwèi 意味を味わう.意味を悟る.〔耐人~〕〈慣〉味わい深い.非常に意味がある.
寻问 xúnwèn 聞く.尋ねる.
寻物启事 xúnwù qǐshì 探し物広告.
寻隙 xúnxì ①あらを探す.いいがかりをつける.けんかを売る.〔~挑 tiǎo 衅〕言いがかりをつけて挑発する.②すきをうかがう.
寻香 xúnxiāng ⇒〔寻花〕
寻衅 xúnxìn 難癖をつける.挑発する.わざと事をかまえる.
寻宿儿 xúnxiùr 〈方〉宿を探す.泊まらせてもらう.
寻绎 xúnyì 〈文〉くり返し味わい研究する.
寻幽访胜 xúnyōu fǎngshèng 名勝を訪ねる.
寻章摘句 xúnzhāng zhāijù 〈成〉(文章の)片言隻語を取り出す.
寻找 xúnzhǎo ①探す.あさる.〔~失物〕なくした品物を捜す.②電算検索する.
寻枝摘叶 xúnzhī zhāiyè 〈成〉枝葉にこだわる.
寻址 xúnzhǐ 電算アドレッシング.アドレス指定.

xún

寻郚浔荨哷珣蟳鲟旬询郇洵恂荀崤珦桪紃巡

寻字头(儿) xúnzìtóu(r) 漢字部首の"ヨ".→付録1

寻踪 xúnzōng 後を追う.〔~索迹〕〈慣〉足取りを追って捜す.

寻租 xúnzū 超過利潤の追求.

食善美を尽くしたので人々は飽食した.〈喩〉盛宴.〔饱饫、无任感谢〕〈牘〉ご盛宴でご馳走を十分頂戴いたし、感謝にたえません.

[洵] xún
①〈文〉まことに.確かに.〔~属可贵〕実に尊ぶべきことである.②〔~阳 yáng〕地陕西省にある:現在は〔旬阳〕と書く.

[恂] xún
〈文〉①おそれる.〔~然 rán〕同前.②〔诚 jǐn〕誠実である.

恂恂 xúnxún〈文〉①うやうやしい.②おそれる.③配する.③⇒〔循循〕

[郚・鄩] xún
地名用字.〔斟 zhēn ~〕古国名.山東省潍坊の西南.

[浔・潯] xún
①(I)①〈文〉水辺.〔江〕.②地江西省九江(の別名).③〔~阳 yáng〕古水名:九江の北を流れる部分の長江.(II)寻.ひろ: hǎixún とも読んだ.〔海 hǎi 寻〕の旧称.

[荨・蕁(蘝)] xún → qián

荨麻疹 xúnmázhěn =〔风 fēng 疹块〕医じんましん:〔方〕鬼 guǐ 风疙瘩〕ともいう.

[荀] xún
①春秋時代の古国名:山西省新绛にあった.②〈姓〉荀(く).

[崤] xún → 〔鳞 lín 崤〕

[珦] xún
古玉の一種:〔~珇琪 yúqí〕ともいう.

[哷・噚] xún
ファゾム: yíngxún とも読んだ.〔英 yīng 寻〕の旧称.

[桪] xún
〔~邑 yì〕地陕西省にある:現在は〔旬邑〕と書く.

桪子(木) xúnzi(mù) 植コトネアスター.

[珣・珛] xún〈文〉①〈玉 yù〉につぐ美石.

[紃・紃] xún〈文〉丸打ちの紐.

[蟳・蟳] xún 魚貝イシガニ.→〔蝤 yóu 蛑〕

[巡(廵)] xún
①見回る.〔南~〕南部を巡視する(こと).〔~街 jiē〕町を巡邏(る)する.②量詞.同席の者に酒がひと回りすることに用いる.〔酒过三~〕酒が皆に3度回った.

[鲟・鱘(鱏)] xún 魚貝チョウザメ:ヘラチョウザメ科の総称.〔~鱼〕は古名.〔~鱼〕は通称.〔白~〕〔象~鼻〕鱼シナヘラチョウザメ.ハシナガチョウザメ.〔史氏~〕〔东北~〕魚アムールチョウザメ.〔~鱼子〕キャビア.

巡按 xún'àn 旧巡回して民情を視察する長官.〔巡按御史〕の略.

巡杯 xúnbēi 宴会の時、主人が順次客に酒を勧めること.

巡边员 xúnbiānyuán スラインズマン.線審:〔司 sī 线员〕ともいう.〔比赛裁判员和~〕試合の審判と線審.

[旬] xún
①旬(じゅん):十日間を1旬という.〔数shù〕~数旬.数十日間.〔卧 wò 病经~〕〈文〉病臥以来すでに十日が過ぎた.〔上~〕上旬.〔十月下~天~就冷了〕十月の下旬から寒くなるだろう.〔兼~〕二十日間.②10年を1旬という:多く老人の年齢に用いる.〔六~寿辰〕60歳の誕生日.③〈文〉〈年(月)の〉滿.④〈姓〉旬(じゅん).

巡捕 xúnbǔ ①パトロールして捕える.②旧地方長官の下で治安を司る官.③旧租界の警官.〔~房 fáng〕捕房③旧租界の警察署.

巡查 xúnchá 巡察する.見回る.〔查巡〕ともいう.

巡察 xúnchá 巡察する.

巡堤 xúndī 堤防の巡回をする.〔~查险〕同前.

旬报 xúnbào 旬報:十日に1回発行する新聞または報告書.

旬刊 xúnkān 旬刊.

旬年 xúnnián ①滿1年.②10年間.

旬日 xúnrì 十日間.

旬外 xúnwài 十日以上.

旬月 xúnyuè ①滿1か月.②滿10か月.

巡访 xúnfǎng 戸別訪問する.歴訪する.

巡风 xúnfēng 巡回して見張る.

巡凫 xúnfú ⇒〔白 bái 眉鸭〕

巡抚 xúnfǔ ①旧一省の民政・軍政長官.〔部 bù 院〕は別称.→〔总 zǒng 督〕②旧臨時に地方に派遣され民政・軍政を巡視する大臣.

[询・詢] xún
尋ねる.問い合わせる.〔详 xiáng ~〕詳細に問い合わせる.〔谘 zī ~〕相談をもちかけて意見を徴する.②照会をする.引き合いをする.〔探~资信〕資本信用などを照会する.〔查~货价〕値段の引き合いをする.

巡更 xúngēng 旧夜回り(する)

巡官 xúnguān 旧巡警の長.

巡航 xúnháng 巡航(する).〔~导 dǎo 弹〕軍巡航ミサイル.

询查 xúnchá 問い合わせて調べる.

询访 xúnfǎng 問い合わせて探し求める.

询及 xúnjí そのことに尋ね及ぶ.〔兹承~用特布复〕〈牘〉お尋ねがありましたので特にご回答申し上げます.

巡壶儿 xúnhúr 宴会の時、客席を順次に回して客が各自自分で酒をつぐお銚子.

巡回 xúnhuí 巡回する.〔~图书馆〕巡回図書館.〔~演出〕巡演劇巡回(移動)公演(する).〔~医疗队〕巡回医療隊.〔高尔夫球~赛 sài〕スゴルフツアートーナメント.

询价 xúnjià 引き合いを出す.〔~单〕商商品価格の照会リスト.

询明 xúnmíng 問い明らかにする.〔~究 jiū 竟〕結局のところを問い明らかにする.

巡检 xúnjiǎn 巡回検査(する)

巡警 xúnjǐng ①旧巡警.〔~阁 gé 子〕交番.→〔警察〕〔派 pài 出所〕②パトロール(巡邏)警官.

询盘 xúnpán 商引き合いを出す.

询商 xúnshāng 相談する.

询问 xúnwèn 質問する.問い合わせる.〔回答记者的~〕新聞記者の質問に答える.〔~处 chù〕〔问询处〕インフォメーション.案内所.→〔问讯〕

巡考 xúnkǎo 試験場内を歩いて不正行為を監視する:また同前の係官.→〔监 jiān 考〕

巡礼 xúnlǐ ①(聖地を)巡礼する.②名所旧跡を巡る.

[郇] xún
①地周の文王の封地.山西省臨猗の西.②〈姓〉郇(く).~ huán

巡逻 xúnluó 巡邏(する).パトロール(する).〔~兵〕巡邏兵.〔~队〕巡邏隊.〔~警察〕〔巡警②〕パトロール警官.〔~警车〕パト(ロール)カー.〔~艇〕パトロール艇.

郇厨 xúnchú 郇公に封ぜられた唐の韋陟の厨房:飲

巡哨 xúnshào 見回る.巡邏する.〔~艇 tǐng〕水上

警備艇.
巡視 xúnshì ①巡視する.見回る.〔总工会～员〕全国労働組合の視察員.②さっと見回す.
巡天 xúntiān 天空を巡遊する.
巡行 xúnxíng ①各地を巡視する.②通行する.
巡幸 xúnxìng 〈文〉(天子が)行幸する.
巡演 xúnyǎn 巡回公演(する)
巡洋舰 xúnyángjiàn 軍 巡洋艦.〔导 dǎo 弹～〕ミサイル巡洋艦.
巡夜 xúnyè ＝〔文〉行 xíng 夜①〕夜間巡察(する).→〔查 chá 夜〕
夜間パトロール(する).
巡医 xúnyī 巡回医療(をする)
巡弋 xúnyì (軍艦が)遊弋(する).海上をパトロールする.
巡游 xúnyóu ①巡遊(する).漫遊(する) ②巡視(する)
巡阅 xúnyuè 巡閲する.
巡展 xúnzhǎn 巡回展示(をする)
巡长 xúnzhǎng 旧 巡査部長.→〔巡警①〕
巡诊 xúnzhěn 巡回診療(する).〔义 yì 务～〕ボランティアの同醤.

〔循〕 xún
①(規則・順序などに)従う.よる.〔遵 zūn ～命令〕命令を遵(守)る.〔因～守旧〕〈成〉古い習慣にとらわれる.②巡る.循環する.③〈姓〉循(じゅん)

循法 xúnfǎ ①法律に従う.②一定の方法による.〔～炮制〕一定の方法によって同じように事を運ぶ.
循分 xúnfèn 〈文〉分に安んずる〔安 ān 分〕に同じ.
循规蹈矩 xúnguī dǎojǔ 〈成〉規律を守り,しきたりどおりにやる.〔转〕几帳面で融通が利かない.→〔规 guī 矩①〕
循环 xúnhuán 循環する.〔～系统〕循環系統.〔～制 zhì〕Xリーグ戦制.〔～经济〕循環経済.〔～往复〕〈慣〉循環反復する.〔～水〕循環水.〔～论 lùn〕(論理学の)循環論.〔～证 zhèng〕循環論証.〔～小数〕数 循環小数.〔～引擎 qíng〕機 サイクルエンジン.〔因～〕〈成〉因果は巡る.
循环器 xúnhuánqì 生理 循環器:〔行 xíng 血器〕〔血 xuè 行器〕は旧称.
循环赛 xúnhuánsài Xリーグ戦.総当たり戦:〔联 lián 赛〕に同じ.→〔淘 táo 汰赛〕
循吏 xúnlì 〈文〉遵法官吏.
循例 xúnlì 前例(慣例)に従う.〔～办理〕前例によって処理する.
循流 xúnliú 流れに従う.大勢に順応する.
循名责实 xúnmíng zéshí 〈成〉実が名に伴うようにする.名実相伴わせる.
循声 xúnshēng 声に従う.〔～而来〕声を頼りにして来る.→〔应 yìng 声②〕
循俗 xúnsú 俗な意見に調子を合わせる.俗受けする.
循序 xúnxù 順序を追う.〔～渐 jiàn 进〕〈慣〉順を追って漸進する.
循循 xúnxún ①順序の整然としたさま.〔～～善诱〕〈成〉順序を立てて善導する. ②規則をよく守るさまのためらって足ぶみするさま.
循照 xúnzhào …のとおりにする.〔～旧例〕旧例のとおりにする.

〔训・訓〕 xùn
①教え諭す.〔教 jiào ～〕同前.〔～他一回才好〕彼に一度言いきかせなければならない.〔受～〕教えを受ける.②教え.戒め.〔不足为～〕教訓とするほどのことではない.〔遗 yí ～〕遺訓.〔校～〕校訓:学校の基礎とする教え.③標準.規範.④解釈する.⑤訓練(する).〔培 péi ～〕訓練し養成する.〔军～〕軍事訓練(をする).⑥〈姓〉訓(じゅん)

训斥 xùnchì 訓戒する.譴(けん)斥する.〔又被～了一番〕またーくさりお説教をされた.
训饬 xùnchì 〈公〉訓令する.〔～部属,一体凛遵〕所属機関に訓令して,一律に遵守せられたい.
训词 xùncí 訓辞.訓戒を垂れる.教え諭す言葉.訓辞.
训导 xùndǎo 教え導く.
训诂 xùngǔ 訓詁(こ):現代の言葉で古書を解釈すること.〔～学〕訓詁学.
训话 xùnhuà 訓話(する).〔校长～〕校長が訓話する.
训诲 xùnhuì 〈文〉教え導く.訓誨する.
训诫 xùnjiè 〔训戒〕とも書いた.①教導と警戒.教え戒める.②法訓戒(処分)
训练 xùnliàn 訓練(する).〔军事～〕〔军训〕軍事訓練.〔～班〕…教室.研修会.〔～有素〕〈慣〉ふだんから鍛え上げている.
训令 xùnlìng 訓令(する):上級機関から下級機関への公文.
训蒙 xùnméng 児童を教え導く.
训人 xùnrén 人に説教する.〔他动不动就～〕彼は何かと言うとすぐ人を叱責する.
训示 xùnshì 教示(する).指図(する).訓示(する).〔我一定遵照您的～去办〕必ずあなたの指図に従います.
训释 shùnshì ①古書を解釈する.②注釈.
训条 xùntiáo 訓示的な条文.
训育 xùnyù 〈文〉訓育(する). ②旧(学校での)道徳教育.
训谕 xùnyù 〔训喻〕とも書く.〈文〉訓諭.
训责 xùnzé 訓戒し叱責する.説教する.
训政时期 xùnzhèng shíqī 蕃上皇または皇太后が政務を裁決したこと.②〔军训政时期〕

〔驯・馴〕 xùn
①従順である.おとない.〔～马〕おとない馬.②ならす.〔调 tiáo ～鸟兽〕鳥や獣を飼いならす.〔～～次第(に…になる).〔～至于此〕次第にここまで至った.

驯导员 xùndǎoyuán (軍用犬・警察犬などの)訓練士.
驯服 xùnfú ①飼いならす.手なづける.〔好容易才把它～下来〕やっとからした.②(動物が)おとない.従順である.〔这条狗～极了〕この犬は非常におとない.〔～工具〕喩 従順な人.
驯悍 xùnhàn (飼い)ならす.〔～记 jì〕劇 じゃじゃ馬ならし:〔莎 shā 士比亚〕(シェークスピア)の戯曲.
驯化 xùnhuà (動植物を)順化させる/飼育・栽培してなじませる.
驯良 xùnliáng 従順である.おとない.素直である.
驯鹿 xùnlù 動 トナカイ:俗に〔四 sì 不像〕という.②飼いならした鹿.
驯犬 xùnquǎn 犬を訓練する.〔～员〕(犬の)訓練士.ドッグトレーナー.
驯善 xùnshàn おとない.おとない.〔我爱这～的小猫儿〕わたしはこのおとない小猫が好きだ.
驯兽 xùnshòu 獣教を飼いならす.またその獣.
驯熟 xùnshú ①飼いならす.〔～的小狗〕人に馴れた小犬.②熟練している.〔技术～〕技術が熟練している.
驯顺 xùnshùn おとない.人に馴れている.
驯养 xùnyǎng (動物を)飼いならす.〔～老虎〕虎を飼いならす.またその虎.

〔讯・訊〕 xùn
①尋ねる.問い合わす.〔问～〕同前. ②取り調べる.審問する.〔审 shěn ～〕〔传 chuán ～〕召喚尋問する.③消息.通信.〔通～〕通信する.〔音～〕音信.便り.〔电～〕電信・電報によるニュース.〔特～〕特別通

信.〔通～社〕通信社.〔新华社～〕新華社電(新聞用語)
讯断 xùnduàn 尋問し判決を下す.
讯供 xùngòng 尋問して白状させる.
讯号 xùnhào ①電磁波信号. ②信号,合図.
讯实 xùnshí 尋問して,事実であることが分かる.
讯问 xùnwèn ①⇒〔审 shěn 问〕②安否を問う.〔～病况〕病状を尋ねる.
讯息 xùnxī 消息,たより→〔信 xìn 息〕

〔**汛**〕 xùn ①河川の季節ごとの増水.〔春～〕〔桃 táo 花～〕春の雪どけの増水.〔凌 líng ～〕流水期.〔潮 cháo ～〕満潮時.〔防～〕洪水を防ぐ. ②出回り期.〔渔 yú ～〕漁獲期.〔茧 jiǎn ～〕産繭期. ③〈姓〉汛(し)
汛期 xùnqī (河川の定期的な)増水期.〔长 cháng 江～〕長江増水期.
汛情 xùnqíng 増水期の水位の状況.洪水の(発生)状況.

〔**迅**〕 xùn ①すみやかである.すばやい.〔～跑〕疾走する.〔～雷不及掩 yǎn 耳〕すばやくて対処する暇がない. ②すばやく.迅速に. ③〈姓〉迅(じん)
迅电 xùndiàn ①ひらめく稲妻.〔来如～〕稲妻の如く速く来る. ②急電を発する.
迅即 xùnjí 〈文〉早速.直ちに.即座に.〔～答复切勿 wù 迟延〕直ちにご返事相成りたく,切に遅延しないようにお願いする.
迅急 xùnjí ⇒〔迅速〕
迅疾 xùnjí ⇒〔迅速〕
迅捷 xùnjié 〈文〉敏捷である.
迅雷 xùnléi にわかの雷.
迅流 xùnliú 急流.
迅猛 xùnměng すさまじい.〔～发展〕猛烈な勢いで発展する.
迅速 xùnsù =〔迅急〕〔迅疾〕迅速である.すばやい.〔动作～〕動作がすばやい.〔～作好各项准备工作〕早急にそれぞれ用意をして下さい.

〔**徇(狥)**〕 xùn ①〈文〉添い従う.打ち込む.捧げる.〔贪 tān 夫～财,烈 liè 士～名〕貪欲な者は財のために命をかけ,節操を尊ぶ者は名誉のために一身を捧げる. ②示しを行う,罰して衆に示す. ③古く〔殉①〕に通用した. ④〈姓〉徇(じゅ)
徇难 xùnnàn ⇒〔殉难〕
徇情 xùnqíng 〈文〉私情にとらわれる.〔～舞 wǔ 弊〕〈慣〉情実のため不正なことをやる.〔枉 wǎng 法～〕〈慣〉情実にとらわれ法を枉げる.
徇私 xùnsī 情実のため不正を働く.私利に惑わされる.〔～舞 wǔ 弊〕〈成〉私欲のために不正を働く.〔枉 wǎng 法～〕〈成〉私情にとらわれる.
徇于货色 xùn yú huòsè〈成〉金銭/財物や女色に溺れる.〔官吏～就会做出贪污的事来〕官吏が金銭や女色に溺れると不正事件を起こす.

〔**殉**〕 xùn ①わが身を犠牲にする.殉ずる. ②困陪葬する.
殉道 xùndào 道義のために命を捧げる.→〔殉教〕
殉国 xùnguó 国のため身を犠牲にする.〔以身～〕身を以って国に殉じる.
殉教 xùnjiào 殉教する.
殉节 xùnjié ①節操・節義のために身を捧げる.〔文天祥为一为国～的好男子/文天祥は国のために節に殉じた好漢である〕 ②回女性が貞節を守って死ぬ.特に亡夫に従って殉死すること.
殉利 xùnlì 金のために身を大事にする.
殉名 xùnmíng 名誉のために身を捧げる.
殉难 xùnnàn =〈文〉徇难〕(国や正義のために)難

に殉ずる.〔殉国难〕国難のため身を捨てる.〔飞机失事,全员～〕飛行機事故で全員犠牲となった.
殉情 xùnqíng 愛情のために自殺する.〔～而 ér 死〕愛のために死ぬ.
殉求 xùnqiú 追求する.〔以死来～真理的实现〕死をもって真理の実現を求める.
殉身 xùnshēn 命ને捨てる.
殉葬 xùnzàng 固[殉死者・陪葬品などを葬る.〔～品〕副葬品. 〈喻〉道連れとなって死ぬ:けなす意味.
殉职 xùnzhí 殉職する.〔因公～〕公務のため殉職する.

〔**逊・遜**〕 xùn ①=〔異①〕やめて位を譲る,及ばない.〔稍一等〕ほんの少しばかり劣っている.〔毫无～色〕いささかの遜色もない. ③謙遜する.さし控えて出しゃばらない.慎み深い. ④〔同前.〔出言不～〕言葉が不遜である.〔傲慢不～〕傲慢不遜である.〔出口不～〕言うことが生意気である.
逊国 xùnguó 〈文〉①国を譲る. ②〈喻〉内閣総理の辞職.
逊尼派 xùnnípài 宗(イスラム教の)スンニー派(イyī 斯兰教)(イスラム教の)多数派.〔哈乃斐派〕(ハニーファ派),〔马立克派〕(マーリク派),〔沙斐仪派〕(シャーフィイー派),〔罕百里派〕(ハンバル派)の4大法学派がある.少数派には〔什叶派〕(シーア派)などがある.
逊色 xùnsè 劣る.見劣りする.遜色がある.〔一点儿也不～〕少しも見劣りがしない.〔毫 háo 无～〕〈成〉いささかも遜色なし.
逊顺 xùnshùn へりくだり素直である.〔他的态度非常～〕彼の態度は非常に従順である.
逊位 xùnwèi 〈文〉位を譲る.退位する.
逊谢 xùnxiè 謙遜して辞退する.

〔**浚(濬)**〕 xùn〔～县〕河南省北部にある. →jùn

〔**巽**〕 xùn 〈文〉八卦の一.風に配し,物事をよく容れる徳を表す.→〔八 bā 卦〕〔卦 guà〕 ⑤東南の方向(たつみ)を表す. ②〈文〉従順である.やさしい.〔～言 yán〕穏やかな言葉.→〔逊①〕

〔**噀(潠)**〕 xùn 〈文〉①(液体を)口から噴き出す.〔～水〕水を噴き出す.〔～酒〕酒にむせて噴き出す. ②〈文〉沙 shā ～〕〔刺参 cìshēn 鱼 yú〕マナマコ.→〔海 hǎi 参〕

〔**熏(燻)**〕 xùn 〈口〉ガス中毒する.〔叫煤 méi 气～倒 dǎo 了〕ガスにあてられて倒れた.〔被煤气～着 zháo 了〕ガスにあてられた.〔～死〕ガス中毒で死ぬ. → xūn

〔**蕈**〕 xùn 植キノコ(総称):真菌の一類.〔香 xiāng ～〕〔香菌 jùn〕〔香菇〕シイタケ.〔松 sōng ～〕〔松菌〕マツタケ.〔毒 dú ～〕毒きのこ(総称).〔毒蝇～〕べにてんぐたけ.→〔菌〕
蕈毒碱 xùndújiǎn 薬ムスカリン.

Y

ya ㄧㄚ

〔**丫(丫・桠・椏)**〕 yā (I) 〔丫・桠

yā

丫 ①樹木などの分かれるところ.また.〔树 shù ~〕木のまた.〔脚 jiǎo ~缝儿〕足指のまたのところ.(Ⅱ)〔丫〕女の子.小娘.〔小~〕同前.

丫巴儿 yābar 〈方〉ものの分かれた所.また.〔树~〕木のまた.〔手~〕手のまたのところ.

丫杈 yāchà 〔丫叉〕とも書いた.①木のまた.②木のまたが重なりあっている.〔丫杈杈杈〕同前のさま.

丫环 yāhuan 〔丫鬟〕とも書く.旧中国,(女)の召使い.下女.小間使い.〔丫头②〕ともいう.

丫髻 yājì 古代の髪型の一:頭の上に髪をまとめて丫型に小さなまげを作る.多く若い娘が結う.〔丫角〕〔双 shuāng 髻〕ともいう.

丫角 yājiǎo 同上.

丫口 yākǒu ⇒〔垭口〕

丫头 yātou 娘.小娘:もと児童の髪型の一.2つに分けて耳の上で結った形から.〔这个~好机灵〕この娘はとても機転がきく.②⇒〔丫环〕

丫头片子 yātoupiànzi 〈方〉小娘.女中:自分の娘に対して愛称としても用いる.〔丫头片儿〕ともいう.

丫枝 yāzhī またになっている枝.

〔压・壓〕 yā
①(上から)力を加える.圧する.押さえ(つける).〔~碎 suì〕〔压坏〕押しつぶす.〔~了一下〕ぺしゃんこにする.〔身上~着一块大石头〕体に大きな石が重くのしかかっている.②鎮圧する.落ち着ける.〔~一~咳 ké嗽〕〔~革命〕革命を鎮圧する.〔这声音也~不住那弦子〕この音も三味線の音を押さえて消し去ることはできない.③優れている.重要である.→〔压卷〕④圧倒する.のり越える.〔~人一头〕人をのり越える.人の上に出る.⑤接近する.迫る.〔大军~境〕大軍が国境に迫る.〔太阳~树梢〕太陽が樹梢に沈む.⑥押しとどめる.ねかせておく.〔积~物资〕物資を利用せずにねかせておく.〔把信件~下来不送〕手紙をためておいて届けない.〔不~一吨货〕1トンの商品でもそのまま放っておかない.〔你别把钱白~着,投资吧〕金をむざむざねかせておかずに投資しなさい.⑦残る.〔~筐 kuāng的卖れ残り.⑧〔电〔电 diàn 〕電圧.〔气~〕気圧.〔血 xuè ~〕血圧.⑨=〔押Ⅱ〕→ yà

压案 yā'àn 事件(問題·告発など)をおさえておく.棚上げにする.

压板 yābǎn =〔压铁〕クランプ.抱締(ばさみ).とめ金.

压宝 yābǎo ⇒〔押宝〕

压逼 yābī 圧迫する.〔~感 gǎn〕圧迫感.

压扁 yābiǎn (押しつけて)ぺしゃんこにする.平らになる.

压鬓 yābìn 鬢(びん)どめ.

压仓 yācāng

压舱货 yācānghuò 底荷.バラスト:〔压舱物 wù〕ともいう.

压舱水 yācāngshuǐ バラスト.〔排出~申请书〕バラスト排水申請書.

压产 yāchǎn 生産を抑制する.〔~压库〕減産で在庫を減らす.

压场 yāchǎng ①場を圧する.〔以她的演奏~〕彼女の演奏は圧巻だ.②=〔压台〕(出し物)でとりをつとめる.〔~戏 xì〕最後に演じられる出し物·番組.

压车 yāchē ①車両が正常に運行できない.列車·自動車が遅れる.→〔堵 dǔ 车〕②⇒〔押车〕

压成本 yāchéngběn 〔压〕①コストを押さえる.②資金の回収に手間どる.

压秤 yāchèng ①目方がある.目方がかかる:〔压分两〕「目方平ら」ともいう.〔劈柴太湿,~〕まきが湿っているので秤で重さをささえる.

軽いに量る.

压船 yāchuán (天候不順や荷積み·荷下ろしに障害が生じて)船が足止めを食う.

压带轮 yādàilún ⇒〔导 dǎo 轮〕

压担子 yādànzi 〈喩〉重任を負う(負わせる)

压倒 yādǎo 押し倒す.圧倒する.〔~多数的票数〕圧倒的多数の票数.〔~优势〕圧倒的な優勢.〔~一切〕何よりも重要である.→〔东 dōng 风压倒西风〕

压道机 yādàojī ⇒〔压路机〕

压低 yādī 低める.縮める.〔~声音〕声を低くする.〔~物价〕物価を切り下げる.

压电 yādiàn 物圧電気.ピエゾ電気.〔~效应〕圧電気現象.〔~陶瓷〕セラミック.

压顶 yādǐng ①屋根·土壁のてっぺんをふさぐ.②〈喩〉頭を押さえつける.〔泰 tài 山~不低头〕泰山に頭を押さえつけられても頭をさげない:〔不低头〕〔不弯腰〕ともいう.

压锭锤 yādìng 〔纺〕減錘する.〔棉纺〕綿紡の減錘をする.

压兜儿 yādōur ポケットが完全にからにならないようにいつも残してある金.

压赌 yādǔ ⇒〔押赌〕

压队 yāduì =〔押队〕隊列の後部に位置して全部隊を監視督励する.

压锻 yāduàn 冚圧鍛.〔法〕プレス鍛造法.

压分两 yāfēnliǎng ⇒〔压秤①〕

压风机 yāfēngjī コンプレッサー.

压服 yāfú 力で屈服させる.〔压伏〕とも書いた.〔以武力~〕武力で屈服させる.

压港 yāgǎng ①港に滞貨する.②同前で船が港に足止めされる.

压杠子 yāgàngzi 〔轧 yà 杠子〕回拷問用具の一種:犯人を錘の上にひざまずかせ膝の裏側に棒をはさみ,その棒に重いものをのせたり人が乗って圧力を加えられます.〔踩 cǎi 杠子〕ともいう.→〔跪 guì 链子〕

压合座 yāhézuò ⇒〔压配合〕

压后阵 yāhòuzhèn 後詰めをする.後陣を守る.

压花(纹) yāhuā(wén) ⇒〔滚 gǔn 花〕

压货 yāhuò 滞貨する.

压机 yājī ⇒〔压(力)机〕

压级 yājí 等級を抑える.〔~压价〕等級を低目にして値段を押さえる.

压挤 yājǐ 押しつめる.圧搾する.〔~机 jī〕圧出機.

压价 yājià 値段を押さえる.〔~收购 gòu〕値を押さえて買い入れる.買いたたく.

压肩迭背 yājiān diébèi 〈喩〉人の雑踏するさま.

压金线 yājīnxiàn ⇒〔平 píng 金②〕

压惊 yājīng 不幸や危険などに遭った人に宴をはって慰めること.慰問のため見舞ったりすること.

压井 yājǐng 噴油を止める.

压静 yājìng 〔白〕静かにする.静粛にする.

压境 yājìng 敵が国境に迫る.

压卷 yājuàn 〔文〕圧巻:他のものより断然優れている作品.

压客 yākè (旅客)を泊める.

压孔机 yākǒngjī ⇒〔孔貫プレス〕

压库 yākù 〔压仓〕①在庫になる.②在庫を減らす.

压垮 yākuǎ 押しつぶす.

压款 yākuǎn ⇒〔押款①〕

压力 yālì ①〔~表 biǎo〕〔~规 guī 计〕〔压强计〕物圧力ゲージ.〔~锅 guō〕圧力釜(なべ):〔高压(饭)锅〕ともいう.〔大气(的)~〕大気の圧

yā 压

力.②(精神的な)圧力.圧迫.〔工作～〕仕事の重荷.〔给他们施加～〕彼らに圧力をかける.〔我感到有～〕プレッシャーを感じた.

压(力)机 yā(lì)jī 機プレス機械.パンチプレス:〔冲chòng床〕に同じ.〔用～轧yà平〕プレスで圧延する.

压力浇铸 yālì jiāozhù ⇒压铸
压裂 yāliè 鉱圧縮割れ.
压路 yālù 道路をローラーで固める.
压路机 yālùjī (道路工事などに用いる)ローラー車.ロードローラー.〔压道机〕〔汽qì辗(子)〕〈方〉轧yà道机〕ともいう.
压滤机 yālǜjī 機フィルタープレス.
压卵 yāluǎn〈喩〉(強いものが弱いものを)ぺしゃんこにする.〔～之势〕同前の勢い.
压轮机 yālúnjī 機ホイールプレス.
压模 yāmó ⇒〔模board〕
压木法 yāmùfǎ ⇒〔压条法〕
压派 yāpài 無理に命ずる.権威で押しつける.
压配合 yāpèihé =〔压座圧〕工プレスばめ.圧嵌合(あつかんごう).→〔配合③〕
压平头 yāpíngtóu ⇒〔压秤①〕
压迫 yāpò 圧迫(する).抑圧(する).威圧(する).〔被～民族〕被抑圧民族.〔肿瘤～神经〕腫瘍が神経を圧迫している.〔～者〕抑圧者.
压气阀 yāqìfá =〔保bǎo安阀〕
压气缸 yāqìgāng ⇒〔风fēng缸〕
压气机 yāqìjī ⇒〔压缩机〕
压气儿 yāqì(r)①気を落ち着ける.怒りを押さえる.〔你喝杯茶压压气吧〕お茶でも飲んで気持ちを落ち着けなさい.②息を殺す.
压强 yāqiáng 物圧力.単位面積あたりに受ける圧力.→〔帕pà斯卡〕
压强计 yāqiángjì ⇒〔压力表〕
压青 yāqīng 農野草や緑肥作物を畑に鋤き込んで肥料にする.
压入 yārù 工圧入.
压山 yāshān〔一儿〕太陽が西に傾く.〔太阳～就回来〕夕方には帰る.
压舌板 yāshébǎn 医圧舌子(ぜっし).
压声 yāshēng 声をひそめる.〔请你压着点儿声儿〕少し声を小さくして下さい.
压石 yāshí 重石.
压实 yāshí 圧力を加えて固くする.
压事儿 yāshì(r) ごたごたをおし鎮める.〔他老人家德高望重很能～〕あのご老人は徳望が高いのでもめごとをよくおさめる.
压水 yāshuǐ 手押しポンプで水を汲む.〔～井 jǐng〕手押し井戸.〔～机 jī〕〔～泵 bèng〕手押しポンプ.〔～花技术〕(水泳の跳び込み)ノースプラッシュ.
压岁 yāsuì 除夜に菓子や金を子供に与えること:旧時,竜が除夜に暴れないおまじないに,竜の形にくりぬいた穴あき銅銭に赤いひもを通し,ふとんの下に敷いた(押さえた)ことから,〔文>压胜④〕ともいう.〔～钱 qián〕除夜に家の年長者が子供に与える金.お年玉.〔～书〕同前の代わりとしての書籍.
压缩 yāsuō ①圧縮する.〔～空气〕圧縮空気.〔～饼干〕乾パン.〔(蔬)菜〕乾燥野菜.フリーズドライ野菜.②縮小する.縮める.〔支出を縮小する.〔把文章一~下〕文章を縮めて下さい.→〔電airportation〕
压缩机 yāsuōjī =〔压气机〕機エアコンプレッサー:〔押气机〕ともいう.〔气qì泵〕は通称.
压胎机 yātāijī 機タイヤプレス.
压台 yātái ⇒〔压场②〕
压堂 yātáng①〔一子〕劇(役者が登場して)場内が静

まりかえること.②〈口〉授業が延びること.
压塘 yātáng 養魚場に魚が売れ残る.
压题 yātí〔新聞·雑誌などの〕記事のタイトルを囲むカット.②⇒〔押題〕
条法 yātiáofǎ =〔压木法〕〔压枝法〕園取り木.
压铁 yātiě ⇒〔压板〕
压痛 yātòng 医指圧痛.
压凸印 yātū yìn (印刷の)エンボス.浮き出し.
压腿 yātuǐ 足の筋をのばす.〔练liàn～〕足の伸びをする.
压腕 yāwàn Ｓ(バスケットなど)スナップをきかせる動作.
压蔓儿 yāwàn(r)農蔓性作物(西瓜·落花生など)の蔓に一定間隔をおいて茎を土をかぶせる方法.
压误 yāwù 決裁文書が滞って遅れる.
压线 yāxiàn①Ｓ(陸上の)フィニッシュ:テープを切ること.②Ｓ(球技で)ボールがラインの上あるいはラインオーバーする.③(自動車などが)車線をオーバーする.
压箱底儿 yāxiāngdǐ(r)①旧嫁入りの時,持参金を箱に入れてやる.②〈喩〉軽々しく用いないとっておき(の物).〔～的本事〕とっておきの腕前.〔～的家当〕最後に残された財産.〔～(的)钱 qián〕〔箱底(儿)②〕〔押箱钱〕とっておきの金.いざというときに使う金.へそくり.→〔私房 sīfang〕〔体 tǐ己②〕
压压 yāyā〔黑 hēi 压压〕
压压实实 yāyā shíshí ぎっしりつまったさま.〔～地一箱子衣服〕箱いっぱいぎっしり詰まった服.
压延 yāyán 圧延(する).〔～机〕圧延機.〔～金属〕圧延金属.
压檐墙 yāyánqiáng ⇒〔女nǚ(儿)墙②〕
压腰 yāyāo①女性の腰の飾り物.②旧腰帯.③〈口〉(老人などが)財布の中に平生入れておく金.④⇒〔压岁〕
压一注 yāyīzhù ⇒〔押一注〕
压抑 yāyì①抑圧する.押さえる.〔～感情〕感情を抑制する.②重苦しい.〔～感〕重苦しさ.圧迫感.
压韵 yāyùn ⇒〔押韵〕
压载 yāzài バラスト.脚荷(あしに).底荷(そこに).〔～舱 cāng〕バラストタンク.〔～铁 tiě〕バラスト用の鉄塊:〔铁砣②〕ともいう.
压榨 yāzhà①圧搾する.〔～和煎熬〕圧搾して加熱.②〈喩〉搾取する.奪い取る.
压榨器 yāzhàqì ジューサー:〔榨汁器〕に同じ.
压寨夫人 yāzhài fūrén〈白〉あねご:山賊の頭目の妻.→〔山shān大王〕
压阵 yāzhèn①隊列の殿(しんがり)をつとめる.②その場を取り仕切る.
压镇 yāzhèn〈文〉鎮圧する.押さえつける.
压枝法 yāzhīfǎ ⇒〔压条法〕
压植 yāzhí 取り木をして植える.
压指 yāzhǐ 旧宴席の〔酒 jiǔ 令〕の一.
压制 yāzhì ①圧制する.圧伏する.〔不能～新生力量〕新人を押さえてはいけない.②プレス加工する.
压轴戏 yāzhòuxì ①劇(旧劇で)切り前の演目.②〈喩〉一般に最後にもってくるハイライトの出し物(プログラム).→〔压轴子〕
压轴战 yāzhòuzhàn (ゲームの)最後の一戦.
压轴子 yāzhòuzi ①劇(旧劇で)切り前:最後から二番目の出し物.〔大轴子〕(大切り.最後の演目)は〔送sòng客戏〕といい,軽い演目のものになるため,その間の〔～〕がハイライトの演目となる.②切り前を演じる.〔今天〔借东风〕～〕本日は"東風を利用する"(三国志演義中の一段)が切り前となる.
压铸 yāzhù =〔压力浇铸〕工ダイカスト(で作る)

压砖机 yāzhuānjī [機]ブロックプレス機.
压桌 yāzhuō ①中国料理で,宴を始める前からテーブルにずらりと並べておく盛り合わせのもの,またそれを並べ宴席を準備すること:肉類を主とする[冷lěng 盘],竜眼・落花生などを盛った[四鲜 xiān],果果を盛り合わせた[四鲜 xiān]などがある.開宴と同時に,果物は一時下げられて料理が運ばれる. ②宴席で,最後までてんぷらで食べる(人)
压桌菜 yāzhuōcài 一席の料理でメインとなる料理:例えば[鱼 yú 翅席]ならば[鱼翅](ふかのひれ)
压子息 yāzǐxī [旧]もらい子:子の生まれない人が,もらい子をすると自分の子が生まれるという迷信による養子をいう.

[呀] yā ①おや.ああ.感動詞.驚きの気持ちを表す.[〜,他又来了]おや,彼はまた来たの. [〜!不好了]ああ,これはたいへんだ. ②〈擬〉ギー:物体がこすれて出る音.[门〜一的一声开了]戸がギーッと開いた. → xiā ya

[鸦・鵶(鴉)] yā ①[鳥]カラス:ふつう[乌 wū〜]という. [老〜][老鸹 guā]は通称. [〜科]カラス科. [家〜]イエガラス. [地〜]サバクガラス. [寒〜]ニシコクマルガラス. 〈姓〉鸦(鵶)
鸦胆子 yādǎnzǐ ニガキモドキ:種子は薬用される.
鸦默雀静儿 yāmò qiǎojìngr 静かで物音一つしないさま.しーんとしているさま.
鸦片 yāpiàn アヘン.オピウム:[药 yào 土]は別称.吸引用のものは[〜烟][大 dà 烟]という. [雅 yǎ 片]とも書く. → [阿片]
鸦片战争 yāpiàn zhànzhēng [史]アヘン戦争:清朝が対英貿易でアヘンの輸入を禁止したことから起こった戦争(1840〜42)
鸦青 yāqīng [色]紅黒色(の).濃紺色(の)
鸦雀无声 yāquè wúshēng 〈喩〉ひっそりと静かなさま.

[押] yā (Ⅰ) ①(公文や契約書に)サインする.書き判(をする). [〜字][画 huà〜]同前. [花〜]書き判. 花押(ホカゥ). [签 qiān〜]署名し書き判をする. [〜文书]文書に署名する. ②差し押さえておく.抵当にする. [抵〜品]抵当品. [以提货单作〜]倉荷証券(貨物引換証)を担保とする. ③拘留する. [看 kān〜]留置監視する. [警察不问青红皂白地把我一起来了]警察は有無を言わせずわたしを拘束した. ④〈运 货物〉護送する.→[解 jiè] ⑤⇒[压]⑥〈姓〉押(シ)
(Ⅱ)=[压⑨]①詩賦の文末の字を同一(また近似)の韻母で揃える.→[押韵] ②(賭博で)賭ける.賭け金をはる. [我〜六]私は6にはる(賭ける)
押办 yābàn 拘留し処分する.
押宝 yābǎo =[压宝][旧]サイコロ賭博の一種:黒い壺の中にあるサイコロの数をあてる賭博.
押标金 yābiāojīn 入札保証金.
押差 yāchāi [旧]罪人を護送する役人.
押车 yāchē =[压车]車を護送する.車を宰領する.貨物車の上に乗る.
押船 yāchuán 船を宰領する.
押当 yādàng ①質入れをして金を借りる. ②小さな質屋. [〜铺][押铺](小 xiǎo押)同前.
押地 yādì [旧]土地を抵当に入れる. [〜据 jù]土地入質契約書.
押典 yādiǎn 質入れする:[押质]ともいう.
押赌 yādǔ =[压赌]賭博(をする)
押队 yāduì =[压队]
押缝 yāfèng 割り印を押す.→[骑 qí 缝印]

押赴 yāfù ⇒[押送]
押后阵 yāhòuzhèn =[压伍][压阵]後押さえをする.最後尾軍となる.殿軍(シン)となる.
押护 yāhù 道中を護送する.
押汇 yāhuì [経]荷為替を替(カゥ). [〜银行]買取銀行.割引銀行. [〜汇票](跟单汇票)荷為替手形.
押解 yājiè (犯人・捕虜など人や金・物などを)護送する.→[解 dì 前]
押金 yājīn =[押款③]敷金.保証金.手付金.前払金.デポジット.→[按 àn 金①][定 dìng 钱]
押禁 yājìn 抵当禁じる.
押款 yākuǎn ①=[压款]担保付貸付:[抵 dǐ 押放款]ともいう. ②同前の金を銀行や[钱莊]から借りる. ③⇒[押金] ④金銭を護送する.
押牌宝 yāpáibǎo [天 tiān 九(牌)]や[押宝]などのばくちをやる. [假使有钱,他便去〜](魯·Q2)銭があったら彼はすぐ〜賭博に使ってしまう.
押票 yāpiào ⇒[拘 jū 留证]
押期 yāqī 入質期限.
押契 yāqì 抵当証書.
押身子 yāshēnzi [旧]身を質に入れる:娼妓が妓寮へ入れられることに用いた.
押署 yāshǔ 花押する.署名する.
押送 yāsòng =[押赴][解 jiè 送](人や物を)護送する.押送する. [〜犯人]犯人を護送する. [〜现款]現金を護送する.→[护 hù 送]
押题 yātí =[压题②]やまをかける.
押头(儿) yātóu(r) ①=[当 dàng 头①]〈方〉担保品.質草. [拿什么做〜]何を抵当にするか. ②[旧]吏卒の頭目.
押尾 yāwěi 文書の末尾に花押(書き判)をする.
押伍 yāwǔ ⇒[押后阵]
押箱钱 yāxiāngqián →[压箱底(儿)②]
押一注 yāyīzhù (賭博で)はる.かける:[压一注]と書く. [注]は量詞. [孤 gū 注]
押运 yāyùn 宰領する.監督して輸送する. [〜一批救援物资]救援物資を護送する.
押韵 yāyùn =[协 xié 韵②]詩賦の文末の字に韻をふむ:[压韵]とも書いた.
押账 yāzhàng 借金の抵当(にする)
押阵 yāzhèn ⇒[押后阵]
押质 yāzhì 抵当にする.質入れする:[押典]に同じ.
押追 yāzhuī 拘禁して贓品(シウィ)を返還させる.
押租 yāzū [旧]土地や家を借りる時の敷金(を入れる).→[铺 pù 底②]

[鴨・鸭] yā [鳥]マガモ(総称):特に飼育種のアヒル. [〜子][家 jiā〜]アヒル. [〜科 kē]カモ目. [斑 bān 嘴〜]カルガモ. [绿 lǜ 头〜]マガモ. [白眉〜]シマアジ. [潜 qián〜]ハジロ. [野 yě〜]カモ. [板 bǎn〜][食]塩漬けにして干したあひる.
鸭步鹅行 yābù éxíng ⇒[鹅行鸭步]
鸭席席 yāchìxí あひる及びふかのひれを主要な料理とする宴会料理.
鸭蛋 yādàn ①=[鸭子儿]あひるの卵. [〜脸子 liǎnzi]ふっくらとした下膨れ顔. [〜青 qīng][色]薄青色(の). [〜圆 yuán(儿)][口]鸭圆儿]あひるの卵のような楕円. ②〈口〉(得点の)零点.ゼロ:[零 líng 蛋]ともいう. [得了个〜][吃了个大〜]零点をとった.
鸭鹘 yāgǔ ⇒[游 yóu 隼]
鸭虎 yāhǔ ⇒[游 yóu 隼]
鸭黄 yāhuáng 〈方〉あひるの雛.
鸭架汤 yājiàtāng [食][烤鸭](ローストダック)の骨をじっくり煮込んだスープ.
鸭脚板 yājiǎobǎn ①=[回 huí 回蒜] ②[植]イワタ

鸭脚(树) yājiǎo(shù) ⇒〔银 yín 杏〕

鸭绿江 yālùjiāng 固朝鮮語(さきょう)で:水の色があひるの頭のように青いことから.

鸭苗 yāmiáo 孵(ふ)化したてのあひるの雛.

鸭农 yānóng あひる飼育農家.

鸭蹼 yāpǔ あひるの水かき.

鸭儿广(梨) yāguǎng(lí) 梨の一種.非常によい香気がある.多汁で,甘いが酸味を帯びる.

鸭儿梨 yārlí 梨の一種.卵形で甘い.

鸭儿芹 yārqín 圖ミツバ(ゼリ).〔野 yě 蜀葵〕ともいう.

鸭绒 yāróng 加工したあひるの細毛.あひるのダウン.─被〕羽毛ぶとん.

鸭舌草 yāshécǎo 圖コナギ(ササナギ):水田中に生ずる一年生草本.濃青色で観賞用となる.

鸭舌帽 yāshémào 鳥打帽.ハンチング.

鸭头军 yātóucān ⇒〔鸭距车〕

鸭洗 yāxǐ あひるの丸煮の料理をのせて出す磁器の大碗.

鸭鱼 yāyú ⇒〔狗 gǒu 鱼①〕

鸭蛋圆 yāyuánr ⇒〔鸭蛋圆(儿)〕

鸭掌 yāzhǎng あひるの蹼(みずかき):食材.〔拌 bàn ～〕圖同前を水煮して骨をとり醤油とごま油で和えた〔凉 liáng 菜〕(前菜)

鸭跖草 yāzhīcǎo ＝〔鸭儿草〕〔蓝 lán 姑草〕圖ツユクサ(アオハナ・ツキクサ):感冒などの薬草.花は淡青色の摺染(すりぞめ)に用いる.

鸭肫 yāzhūn あひるの胃(砂肝):食材.〔鸭珍(儿)〕ともいう.

鸭子儿 yāzǐr ⇒〔鸭蛋〕

鸭子 yāzi 圖アヒル.〔～上踢 tī 死人〕〈喩〉あひるが人を蹴り殺すとはあり得ないこと.〔打～上架〕〔打～上树〕〈喩〉不可能なことを強いること.

鸭子草 yāzicǎo ⇒〔眼 yǎn 子菜〕

鸭(子)鱼 yā(zi)yú ⇒〔狗 gǒu 鱼①〕

鸭嘴笔 yāzuǐbǐ からすぐち:製図用具.→〔墨 mò 水规〕

鸭嘴兽 yāzuǐshòu 動カモノハシ.

〔垭・埡〕 yā 山と山の間の狭い道で,多く地名用字.〔黄桷 jué ～〕固重慶にある.

垭口 yākǒu ＝〔丫口〕尾根の鞍部(狭い道).コル.

〔哑・啞〕 yā 〔～～〕〈擬〉①カーカー:からすの鳴き声. ②アーアー:幼児の片言の声. →yǎ

〔雅〕 yā →yǎ

雅片 yāpiàn ⇒〔鸦片〕

〔牙(牙)〕 yá (Ⅰ)①歯.〔长 zhǎng ～〕〔生～〕出～〕歯が生える.〔拔 bá ～〕歯を抜く.〔补bǔ～〕歯をつめる.〔装假 jiǎ ～〕義歯を入れる.〔刷 shuā ～〕みがく.〔切 qiè ～〕〔门齿〕門歯.前歯.〔恒 héng ～〕〔智 zhì 齿〕永久歯.親知らず.〔臼 jiù 齿〕臼歯.〔尖 jiān ～〕犬齿.犬歯.糸切り歯.〔乳 rǔ ～〕乳歯.〔爆 bào ～〕出っ歯.そっ歯.〔虫 chóng ～〕むし歯.〔龋(うしょく)～〕う歯.痛い.②〈象 xiàng ～〉(象牙)〔象牙〕の略.〔章〕象牙の印鑑.③歯のような形をしたもの.〔～轮〕圖歯車.〔螺 luó 丝 ～〕圖ボルト(ナット)の山.〔牙子①〕④〈姓〉牙(が) (Ⅱ)旧仲買人.→〔牙行〕〔牙婆〕

牙白口清 yábái kǒuqīng〈喩〉言うことのはっきりしていること.〔牙清口白〕ともいう.

牙板 yábǎn ①⇒〔牙子条〕 ②象牙製の〔拍 pāi 板①〕(打楽器の一.拍子をとる板)

牙本质 yáběnzhī ⇒〔象 xiàng 牙质〕

牙表 yábiǎo ⇒〔乱 luàn 扣盘〕

牙拨 yábō 圖象牙製の三弦の撥(ばち)

牙车 yáchē ⇒〔牙床①〕

牙碜 yáchen ①(食物の中に砂があって)じゃりじゃりする.〔这窝头太～了,真没法吃〕このとうもろこしめの蒸しパンはじゃりじゃりして,どうにも食べられない. ②聞くに耐えない.歯が浮く.〔他的那些恭维话,听起来真叫人～〕彼のあのお世辞は歯が浮くようだ.〔亏你不怕～,说这些话〕よくもこんなそらぞらしいことが言えたもんだ.

牙齿 yáchǐ 歯.〔～打鼓〕〔～相打〕震えて歯がたたする.〔～上刮下来的钱〕〈喩〉食べるものもろくに食べず貯めた金.

牙齿草 yáchǐcǎo ⇒〔眼 yǎn 子菜〕

牙虫 yáchóng ①〈口〉虫歯の虫. ②虫ガムシ.

牙筹 yáchóu 象牙製の数とり棒.

牙船 yáchuán〈文〉将軍・司令官の乗っている船.旗艦.

牙床 yáchuáng ①〔-子〕歯茎.＝〔牙 yín〕(歯齦)〔牙龈〕(歯肉)の通称.中医牙车〕〔牙花(子)②〕〔〈方〉牙肉〕＝〔鸭颊 jiá 车①〕ともいう.〔上～〕上歯茎. ②象牙の装飾のあるベッド.

牙雕 yádiāo 象牙彫刻.象牙製品.

牙粉 yáfěn 圖歯みがき粉.→〔牙膏〕

牙风 yáfēng 中医歯痛.

牙缝 yáfèng〔-儿〕歯のすき間.

牙疳 yágān ①歯肉壊死性口内炎.→〔牙周炎〕 ②⇒〔走 zǒu 马〕疳〕

牙缸 yágāng 歯磨き用コップ.→〔刷 shuā 牙〕

牙膏 yágāo 練り歯みがき.→〔牙粉〕

牙根 yágēn 歯根.＝〔齿 chǐ 根①〕に同じ.

牙狗 yágǒu ＝〔公 gōng 狗〕

牙垢 yágòu 生理歯垢(しこう).プラーク.＝〔牙花(子)①〕(歯くそ)は俗称.

牙骨 yágǔ 生理顎骨.

牙关 yáguān 生理あごのつけ根.あごの関節.〔咬紧～〕歯を食いしばる.〔～紧闭〕④顎が堅く閉じる.⑤中医咀嚼筋痙攣.

牙冠 yáguān 医歯冠.

牙行 yáháng 旧仲買業(者).→〔牙子①〕

牙花(子) yáhuā(zi) 〈口〉①歯くそ:〔牙垢(こう)〕の俗称.〔〈方〉牙污 wū〕ともいう. ②⇒〔牙床①〕

牙慧 yáhuì〈喩〉他人の言葉や意見(見解).〔拾 shí 人～〕〈成〉他人の言葉をそのまま自分のものとして用いる.

牙祭 yájì ⇒〔打 dǎ 牙祭〕

牙节 yájié ⇒〔螺 luó 节〕

牙具 yájù 歯みがき用品.→〔洗 xǐ 漱用品〕

牙距 yájù ⇒〔螺 luó 距〕

牙科 yákē 医歯科.〔～大夫 fu〕〈口〉歯医者.

牙克西 yákèxī (ウイグル語で)よい.立派だ.すばらしい.〔雅 yǎ 克西〕〔亚 yà 克西〕とも書く.

牙口 yákǒu ①(家畜の年齢:歯の数で家畜の年を数える.〔这匹马四岁～〕この馬は4歳だ. ②〔-儿〕(大人の)歯でかむ力.〔人老了,～不济了〕わたしも歯の力がだめになちゃった.

牙侩 yákuài ⇒〔牙子①〕

牙鹿 yálù 雄鹿.

牙轮(儿) yálún(r) ⇒〔齿 chǐ 轮〕

牙买加 yámǎijiā ジャマイカ:正式名称は〔～共和国〕.カリブ海にある.首都は〔金 jīn 斯敦〕(キングストン)

牙门 yámén ①〈文〉軍営の門.〔牙旗〕を立てたとこ

牙伢芽岈玡铘蚜涯崖睚衙疋哑　　　　　yá～yǎ

ろから．②⇒〔衙門〕
牙牌 yápái ①マージャン牌，または象牙のカルタ．②⇒〔骨 gǔ 牌〕
牙鲆 yápíng 〖魚 yú〗ヒラメ．→〔比 bǐ 目魚〕
牙婆 yápó 〖旧〗(妾や遊女などの)人身売買の世話を□銭をとって生活を立てる女．
牙旗 yáqí 〈文〉(将軍・司令官の居る)軍営の前へ立てる大旗．
牙签 yáqiān ①〔-儿〕つまようじ．〔剔 tī ～〕同前．〔～筒 tǒng〕(つま)ようじ入れ．②こばぜ:〔书 shū 套〕すなわち帙(ち)をとめるためにつけられている象牙または骨製の小片．
牙钱 yáqián 〖旧〗ブローカーのとる手数料．→〔佣 yòng 金〕
牙钳子 yáqiánzi 〖虫〗昆虫類の牙(き)．
牙嵌 yáqiàn 象眼(する)
牙清口白 yáqīng kǒubái ⇒〔牙白口清〕
牙球 yáqiú 象牙球:ビリヤードで使用する紅白の玉．
牙人 yárén ⇒〔牙子①〕
牙肉 yáròu ⇒〔牙床①〕
牙色 yásè 〖色〗象牙色(の)．淡黄色(の)
牙石 yáshí ①〖生理〗歯石(せき)．②(道路の)縁石:〔缘 yuán 石〕に同じ．
牙刷 yáshuā 〔-儿，-子〕歯ブラシ:〔刷牙子〕ともいった．〔电动～〕電動歯ブラシ．
牙髓 yásuǐ ⇒〔齿 chǐ 髓〕
牙条 yátiáo ⇒〔齿 chǐ 条〕
牙痛 yátòng ①歯痛．②歯が痛む．
牙线 yáxiàn ①糸ようじ．デンタルフロス．②衣服の装飾糸．
牙锈 yáxiù 歯についた黄色い汚れ．
牙牙 yáyá〈擬〉幼児が言葉を言い始めた時の声．〔～学语〕〖成〗アーアーと言って言葉をまねる．
牙痒痒 yáyǎngyang 歯がゆさを感ずる:〔真叫人恨得～〕歯ぎしりしたいくらいしゃくにさわる．
牙医 yáyī 歯科医:〔牙大夫〕〔歯医者〕に同じ．
牙音 yáyīn 〖語〗(中国音韻学で)牙(が)音:〔普通話〕の g, k, ng など舌根音に属する．→〔七 qī 音①〕〔五 wǔ 音①〕
牙龈 yáyín 歯肉．歯齦(ぎん):〔齿 chǐ 龈〕ともいう．〔牙床〕〔齿茎〕は通称．〔～炎 yán〕〔齿齦炎〕〖医〗歯内炎．歯齦炎．
牙印 yáyìn 〔-儿〕歯のあと．歯形．
牙釉质 yáyòuzhì ⇒〔釉质〕
牙獐 yázhāng ⇒〔獐子〕
牙质 yázhì ①象牙製(の)．②⇒〔釉 yòu 质〕
牙周病 yázhōubìng 〖医〗歯周症．
牙周炎 yázhōuyán 〖医〗歯内炎．→〔齿 chǐ 槽膿漏〕
牙猪 yázhū〈方〉雄豚．
牙箸 yázhù ⇒〔象 xiàng 箸〕
牙子 yázi ①=〔〈文〉牙侩〕〔牙人〕〔市 shì 侩〕〖旧〗仲買人．ブローカー:俗には〔跑 pǎo 合儿的〕という．→〔经 jīng 纪人①〕②物のへりにつけた装飾の彫刻や凸起:〔牙儿〕ともいう．〔狗牙儿边〕ギザギザの縁飾り．〔马路～〕道路わき．路肩．→〔道 dào 牙(子)〕〔花 huā 牙〕

〔**伢**〕yá〈方〉子供．小児．〔～子〕〔小～〕〔儿〕同前．

〔**芽**〕yá ①〔-儿〕(木や草の)芽．〔出～〕〔发～〕
芽が出る．〔豆～〕豆もやし．〔柳～〕柳の芽．②〈喩〉物事の発端．消息不良 guǐ 于未～〕悪者をまだ芽ばえないうちに消滅させる．③芽のような形状のもの．〔肉～〕〖生理〗肉芽組織．
芽胞 yábāo 〖菌〗胞子〔孢子〕ともいう．〔芽胞〕とも書いた．②芽胞胞．

芽变 yábiàn 〖植〗枝変わり．芽条突然変異．
芽茶 yáchá 若芽からとった細い上等のお茶:〔旗 qí 枪〕〔雀 què 舌〕〔鹰 yīng 爪〕などが有名．
芽豆 yádòu ①水につけて短い芽を出したそら豆．②そら豆の皮をむいたもの．
芽接 yájiē 〖農〗芽つぎ:接木法の一．
芽韭 yájiǔ にらの若芽(食材)
芽孢 yábāo 〖菌〗芽鞘〖植〗子葉鞘(しょう)
芽生法 yáshēngfǎ 〖菌〗芽生生殖．出芽繁殖:下等動物の分裂生殖．
芽体 yátǐ ⇒〔芽体〕
芽眼 yáyǎn 〖植〗塊茎類(じゃがいもなど)の芽を出す凹形の部分．
芽枝菌 yázhīchóng ⇒〔黏 nián 虫〕

〔**岈**〕yá 〔嵖 chá～〕〖地〗河南省にある山．→〔岭 hán 岈〕

〔**玡(琊)**〕yá 〔琅 láng～〕〖地〗①山東省にある山．⑤安徽省にある山．

〔**铘·鋣**〕yá 〖化〗镆 āi (アインシュタイニウム)の旧名．

〔**蚜**〕yá 〖虫〗アブラムシ(総称):〔～虫〕は通称．〔棉 mián ～〕綿アブラムシ．〔麦 mài ～〕麦アブラムシ．
蚜虫 yáchóng =〔木 mù 虱〕〖虫〗アブラムシ．アリマキ:〔腻 nì 虫〕ともいう．→〔蝉 zhāng 螂〕
蚜螂 yáshī 〖虫〗クサカゲロウ(の別称):〔蚜虫〕の天敵．→〔草 cǎo (蜻)蛉〕

〔**涯**〕yá 〈文〉①水辺．水際．②へり．果て．極〔～〕〔天～海角〕慣〕天の限り海の果て．〔一望无～〕見渡す限り果てしがない．〔其乐 lè 无～〕その楽しみは限りがない．
涯岸 yá'àn ①水际．波打ち际．②〈転〉限り．果て．
涯际 yájì〈文〉限り．果て．〔漫 màn 无～〕〖慣〗果てしない．

〔**崖(厓·崕)**〕yá ①がけ．絶壁．〔山～〕山のがけ．②〈文〉へり．果て．限り．〔端 duān ～〕同前．③〈文〉高い．
崖岸 yá'àn ①きり立った岸．②〈文〉傲岸である．角立って人と和合しない．
崖壁 yábì 断崖．絶壁．
崖(壁)画 yá(bì)huà ⇒〔岩 yán 画〕
崖刻 yákè 岩に刻まれた文字．
崖略 yálüè 〈文〉概略．
崖木瓜 yámùguā ⇒〔文 wén 冠果〕
崖葬 yázàng 崖壁の穴に葬ること．→〔悬 xuán 棺葬〕

〔**睚**〕yá〈文〉まぶち．目尻と目がしら．
睚眦 yázì〈文〉①まぶち．〈喩〉怒ってにらみつける．目にかどを立てる．②些細な恨み．〔～之怨 yuàn〕同前．〔～必报〕〖慣〗些細な恨みでも仕返しをする．

〔**衙**〕yá ①〖旧〗官庁．役所．②〈姓〉衙(が)
衙吏 yálì 〖旧〗役所の下級官吏．
衙门 yámen =〔衙署〕〔牙门②〕〖旧〗役所．〔～化〕お役所的(になる)
衙内 yánèi〈文〉①〖唐〗禁衛官．②若殿:官僚の子弟．
衙署 yáshǔ ⇒〔衙门〕
衙役 yáyì 〖旧〗役所の下働き(男)

〔**疋**〕yǎ 古く〔雅①〕に通用した．→〔匹 pǐ〕

〔**哑·啞**〕yǎ ①〔瘖〕〖生理〗言葉が出ない．〔又聋又～〕耳も聞こえないし口も利(き)けない．〔聋 lóng ～〕聾唖(者)．

②声がかれている.〔嗓子喊~了〕叫んでのどがかれた.〔窓音沙~〕のどがかれる.のどがかすれる.③〔爆弾や砲弾など〕不発である.〔~鱼雷〕不発魚雷.④<擬>笑い声.〔笑声~~〕 ⑤〔姓〕啞(ǎ) → yā

哑巴 yǎba 唖者.口が利けない人:〔哑吧〕〔哑叭〕とも書いた.

哑巴吃黄连 yǎba chī huánglián 唖者が黄連(ｶﾞ)を飲む.〔~,有苦说不出〕<歇>苦くても口に出せない苦しみ.<喩>泣き寝入りしなければならない苦しみ:黄連は薬草で,苦味があり,健胃剤に用いる.→〔哑 gǔ 鲤鱼喉〕

哑巴吃饺子 yǎba chī jiǎozi 唖者がギョーザを食べる.〔~,肚子里(心中)有数儿〕<歇>口には言わないが腹では数がわかっている.<喩>口には出さねど腹ではちゃんと心得ている:〔饺子〕は〔扁食〕ともいう.

哑巴亏 yǎbakuī 口には出せぬ損失(苦しみ).馬鹿らしい目(損失).〔吃~〕むざむざ損をする.馬鹿の目にあう.

哑场 yǎchǎng ①演劇中ふいにすべての音声が中断する.②(会議などで)誰も発言しなくなる.座がしらける.

哑弹 yǎdàn ⇒〔哑炮〕

哑光 yǎguāng つや消し(の).〔~双股快抱纱〕つや消し双子スフ糸.

哑火 yǎhuǒ ①爆発しない.不発になる.②<喩>物音がしない.無言である.

哑酒(儿) yǎjiǔ(r) "酒令"も拳もやらず黙って飲む酒.〔喝~〕黙々と酒を飲む.→〔酒令〕〔划 huá 拳〕

哑剧 yǎjù 〔默 mò 剧〕劇.パントマイム.無言劇.

哑口无言 yǎkǒu wúyán <成>黙って物を言わない.うんともすんとも言わない.返事ができない.

哑铃 yǎlíng 〔又称〕ダンベル:体操用具.どびん型のものを〔壶 hú 铃〕という.〔~体操〕亜鈴体操.

哑门 yǎmén 〔中医〕後頭部にある針灸のつぼ.

哑谜 yǎmí 〔なぞ.なぞかけ言葉.②なぞ.容易に解けない事柄.〔打~〕なぞをかける.

哑默 yǎmò 黙る.

哑炮 yǎpào =〔哑弾〕不発弾:〔瞎 xiā 炮〕に同じ.〈口〉臭 chòu (炮)弾ともいう.

哑然 yǎrán <文>①唖然とする.〔事出意外,不觉~无声〕意外なことに,思わず唖然としばし声も出なかった.②ひっそりしているさま.〔全场~〕<慣>場内がしーんとしている.③笑い声の形容.〔~失笑〕<慣>思わず声をたてて笑う.

哑嗓 yǎsǎng ①〔~子〕かすれ喉.しわがれ声.〔他是~〕彼はハスキーボイスだ.②声がかすれる.しわがれる.

哑笑 yǎxiào 声をあげずに笑う.

哑语 yǎyǔ ⇒〔手 shǒu 语〕

症・瘂 yǎ ⇒〔哑〕

雅 yǎ (Ⅰ)〈文〉正しい.正統である.〔尔 ěr ~〕〔爾(ﾃ)〕雅.②風雅である.奥ゆかしい.みやびやかである.〔文~〕みやびやかである.〔他人佮~说は人柄がたいへん上品だ.〔高~〕気高くみやびやかである.〔淡~〕あっさりして奥ゆかしい.↔〔俗 sú ②〕 ③〈謙〉相手の言動を表す語につけて敬意を表する.〔久違~教〕ごぶさた申し上げておりました.④〈文〉詩の〔六 liù 义〕:諸国の民謡:"そうぞ"の詩の分類の一.朝廷の楽歌で〔小~〕と〔大~〕からなる.〔=変 biàn 风〕 ⑤〈文〉酒器.→〔雅量〕 ⑥〔姓〕雅
(Ⅱ)〈文〉①交わり.交際.〔无一日之~〕一面識もない.②平素.日ごろ.〔論语·述而〕子の常に言うところ.〔~善鼓琴〕もとより琴を善くした.③はなはだ.たいへん.〔~非所愿〕決して願ったところでは

はない.〔~以为美〕たいへん美しいと思う.

雅爱 yǎ'ài ご愛顧.お引き立て.

雅部 yǎbù →〔花 huā 部〕

雅淡 yǎdàn 上品であっさりしている.〔装 zhuāng 束~〕〈慣〉身なりが上品である.

雅典 yǎdiǎn 〔地〕アテネ〔希 xī 腊〕(ギリシア)の首都.

雅度 yǎdù 〈文〉上品な態度.

雅飞士 yǎfēishì ⇒〔雅皮士〕

雅观 yǎguān 見て上品である:多く否定に用いられる.〔要是叫人看见,不大~〕人に見られたらあまり体裁がよくない.

雅翰 yǎhàn 〈謙〉ご書面.貴翰.

雅号 yǎhào 〈謙〉〔雅豪〕は旧称.〔台 tái 甫〕に同じ.〔~是哪两字〕あなたの雅号は何とおっしゃいますか.→〔大 dà 号①〕 ②あだ名:冗談めいた言い方.

雅好 yǎhào 〈文〉高雅な嗜好.風雅な好み.

雅怀 yǎhuái 〈尊〉おぼしめし.

雅会 yǎhuì 〈謙〉〈文〉風流な寄り合い.

雅海 yǎhuì 〈謙〉ご御教訓.御教示.

雅集 yǎjí ⇒〔雅会〕

雅加达 yǎjiādá 〔地〕ジャカルタ:〔印 yìn 度尼西亚〕(インドネシア)の首都.〔椰 yē 域①〕は別称.〔巴 bā 达维亚〕(バタビア)は旧称.

雅间(儿) yǎjiān(r) ⇒〔雅座(儿)〕

雅鉴 yǎjiàn 〈謙〉ご高閲.ご高覧.

雅教 yǎjiào 〈謙〉ご教示.〔久違~憾甚〕久しく御(f)意を得ず略念に存じております.〔趨候~〕拝趨いたしご指数をいただきたく存じます.

雅洁 yǎjié すがすがしい.

雅静 yǎjìng ①〔~さっぱりしている.〔~的家具〕同前の家具.②しとやかである.〔端 duān 庄~〕(容姿が)端正でしとやかである.

雅隽 yǎjuàn 高尚で内容が深い.〔~的胸 xiōng 襟〕同前の心.

雅克特 yǎkètè →〔鄂 è 温克族〕

雅克西 yǎkèxī ⇒〔牙 yá 克西〕

雅库次克 yǎkùcìkè 〔地〕ヤクーツク:ロシアの東部シベリアの中央部にあり世界最寒の都市.

雅丽 yǎlì 上品で美しい.

雅利安族 yǎlì'ān zú アーリア人:ヨーロッパ三大種族の一.→〔閃 shǎn 族〕

雅量 yǎliàng ①寛大な気性.②大酒.酒量が多いこと:〔雅〕は大きい酒器.→〔海 hǎi 量①〕

雅皮士 yǎpíshì =〔雅飞士〕〈音義訳〉ヤッピー:1980年代アメリカの都会派の若手エリート.→〔嬉 xī 皮士〕

雅片 yǎpiàn ⇒〔鸦 yā 片〕

雅气 yǎqì 上品(である).優雅(である)

雅情 yǎqíng 〈謙〉ご厚情.

雅趣 yǎqù 風雅な趣.〔~盎 àng 然〕興趣が尽きない.

雅人 yǎrén 風流人.

雅士 yǎshì 〈文〉風雅な人.文人.読書人.

雅思 yǎsī 〈音訳〉アイエルツ(イギリスなどの)国際英語検定試験.IELTS.→〔托 tuō 福②〕

雅司病 yǎsībìng 〔医〕熱帯フランベジア.インド痘:一種の皮膚伝染病.

雅俗共赏 yǎsú gòngshǎng 〈成〉風雅な人も俗人もともに楽しめる:万人向きである.

雅玩 yǎwán ①〈文〉文雅な遊び.②ご覧:他人に書画や骨董その他愛玩用のものを贈る時に,〔× ×先生~〕と書く.

雅望 yǎwàng 〈文〉①ゆかしい名望.②〈謙〉ご希望.〔有负~,憾甚〕ご希望に背くことになり,申し訳

雅 轧 亚　　　　　　　　　　　　　　　　　　　　　　　yǎ～yà

ありません.
雅温得 yǎwēndé 地ヤウンデ:〔喀 kà 麦隆〕(カメルーン)の首都.
雅乌 yǎwū〈文〉からすの一種.→〔乌鸦〕
雅相 yǎxiàng 上品な相貌.
雅兴 yǎxìng〈文〉高尚な趣好だ.〔～不浅〕たいへんだ.熱心である.たいへん風流でいらっしゃる.〔无此～〕〈慣〉そのような高尚な趣味はない.そんなことをする気はない.
雅驯 yǎxùn〈文〉文辞が典雅である.
雅言 yǎyán〈文〉①古代の標準語.②道理にかなった言葉.
雅谊 yǎyì〈文〉ご厚意.
雅意 yǎyì ①〈文〉高雅な心.ご厚情.②〈尊〉ご尊意.ご意見.
雅誉 yǎyù 名声.高名.美名.
雅乐 yǎyuè〈文〉古郊廟・朝会などに奏せられた音楽.②典雅な音楽.
雅正 yǎzhèng〈文〉①模範的である.②まっとうである.〈謙〉他人に贈る詩文・書画に〔×× 先生～〕と書く:よろしくご訂正を願いたいとの意.→〔法 fǎ 正〕〔斧 fǔ 正〕
雅郑 yǎzhèng 古雅楽(正しい音楽)と鄭声(淫靡な音楽).→〔郑声〕
雅致 yǎzhi (風貌・色・装飾など)美しく上品である.〔～的花样〕渋い模様.
雅嘱 yǎzhǔ〈文〉他人にから頼まれて贈る書画に〔××先生～〕と書く:風雅なご委嘱の意.
雅篆 yǎzhuàn ⇒〔雅号〕
雅座(儿) yǎzuò(r)＝〔雅间(儿)〕座敷(個室)の席:料理屋などで〔散 sǎn 座(儿)②〕(広間・ホールの席)に対していう.〔单 dān 间儿①②〕ともいう.〔内设～〕奥に座敷あり(看板の文句)

〔轧・軋〕 yà（Ⅰ）①ひく.ローラーをかけく押さえるように動かす.〔～谷 gǔ 子〕穀物の上をローラーでひいて脱穀する.〔用汽碾 niǎn 子～平马路〕スチームローラーで道路をならす.〔～平〕プレスで平らにする.〔～毙 bì〕ひき殺す.〔～棉花〕綿を繰る.〔～成面儿〕ひいて粉にする.〔汽车～死了一个人〕自動車にひき殺された.②押しのける.排斥する.〔倾 qīng〕人を排斥する.③〈姓〉軋.（Ⅱ）〈擬〉ゴーゴー.ガーガー.ギーギー.ゴトゴト:車・機械・舟の櫓・飛行機の音など.〔车声～～〕〔机声～～〕機械の音が同前.〔哑 yā 哑〕⇒〔gá zhá〕

轧板机 yàbǎnjī 古マングル:金属板をローラの間に入れて圧搾する機械.→ zhábǎnjī
轧场 yàcháng 粉挽き場(で脱穀する)
轧道车 yàdàochē 線路点検動力車.
轧道机 yàdàojī〔方〕ロードローラー.ローラー車:〔压 yā 路机〕に同じ.
轧洞机 yàdòngjī 穴の打ち抜き器:形の廃棄などの場合に用いる.
轧盖机 yàgàijī 圧封栓機.
轧杠子 yàgàngzi ⇒〔压 yā 杠子〕
轧根儿 yàgēnr ⇒〔压根儿〕
轧光 yàguāng (紙・布を)つや出しする.〔研光〕に同じ.〔～机〕つや出し機.→ zháguāng
轧花 yàhuā 紡機械で綿を繰る.〔～厂〕〔轧棉厂〕紡綿繰り工場.〔轧(花)厂〕大小規模の同前.〔～机〕〔轧棉机〕コットンジン:繰り綿機の一種.→〔纺 fǎng 棉机〕
轧轹 yàlì〈文〉①車がきしる.②すれあう.不和になる.反目する.紛争する.
轧亮 yàliàng 圧力を加えて光沢を出す:壁塗りの

時,最後にこてをあててつやを出すこと.
轧马路 yàmǎlù ⇒〔压马路〕
轧棉厂 yàmiánchǎng ⇒〔轧花厂〕
轧棉机 yàmiánjī ⇒〔轧花机〕
轧碾 yàniǎn 粉を挽く石臼.
轧票机 yàpiàojī チケットパンチ.
轧票钳 yàpiàoqián ⇒〔剪 jiǎn 票铗〕
轧碎机 yàsuìjī ＝〔破 pò 碎机〕機破砕機.クラッシャー.
轧头盘 yàtóupán ⇒〔卡 qiǎ 盘〕
轧腰葫芦 yàyāo húlu 真ん中のくびれた瓢箪(ひょうたん)

〔亚・亞〕 yà（Ⅰ）①次ぐ.劣る:多く否定に用いる.〔你的体力不～于他〕君の体力は彼に劣っていない.→〔次 cì〕③②化亜:(無機酸)の酸素原子が比較的少ないこと.〔～硫酸〕亜硫酸.③〈姓〉亜(ア)（Ⅱ）〔亚〕(细亚)洲 zhōu〕(アジア)の略称.〔东南～〕東南アジア.〔～非〕アジア・アフリカ.〔～太地区〕アジア太平洋地域.

亚氨基 yà'ānjī 化イミノ基.→〔基③〕
亚当 yàdāng 人アダム:聖書にある人類最初の男性.→〔夏 xià 娃〕
亚得里亚海 yàdélǐyà hǎi 地アドリア海.
亚的斯亚贝巴 yàdìsīyàbèibā 地アディスアベバ:〔埃 āi 塞俄比亚〕(エチオピア)の首都.〔亚提司亚拔拔〕とも書いた.
亚丁 yàdīng 地アデン:〔也 yě 门〕(イエメン)の港湾都市.アラビア南部にある.
亚尔迭海特 yà'ěrdiéhǎitè ⇒〔阿る利加〕
亚加里 yà'èrjiālǐ ⇒〔碱 jiǎn ①〕
亚非会议 yàfēi huìyì 史アジア・アフリカ会議.AA 会議:1955年4月18～24日インドネシアのバンドン市で開催された.→〔万 wàn 隆会议〕
亚非拉 yàfēilā アジア・アフリカ・ラテンアメリカ.
亚非利加 yàfēilìjiā ⇒〔阿非利加〕
亚非人民团结委员会 yàfēi rénmín tuánjié wěiyuánhuì AA 連帯委員会.
亚砜 yàfēng 化スルホキシド.
亚根地纱 yàgēndì shā オーガンジー:薄地綿モスリンの一種.
亚寒带 yàhándài 図亜寒帯.
亚行 yàháng アジア開発銀行:〔亚洲开发银行〕の略.
亚急性 yàjíxìng 医亜急性.
亚甲基 yàjiǎjī 化メチレン基.→〔基③〕
亚甲(基)蓝 yàjiǎ(jī)lán ＝〔次 cì 甲蓝〕化メチレンブルー.
亚健康(状态) yàjiànkāng(zhuàngtài) 半健康.未病.
亚胶 yàjiāo ⇒〔明 míng 胶〕
亚姐 yàjiě ⇒〔亚洲小姐〕
亚锦赛 yàjǐnsài アジア選手権大会:〔亚洲锦标赛〕の略.
亚军 yàjūn (スポーツやゲームなどの)第2位.準優勝者.→〔冠 guàn 军〕
亚克西 yàkèxī ⇒〔牙 yá 克西〕
亚剌伯胶 yàlàbó jiāo ⇒〔阿拉伯胶〕
亚里士多德 yàlǐshìduōdé 人アリストテレス:〔亚里斯 sī 多德〕とも書く.ギリシアの哲学・科学者(紀元前384～322)
亚历山大大帝 yàlìshāndà dàdì 人アレクサンドロス大王(アレキサンダー大帝)
亚硫酐 yàliúgān ⇒〔二 èr 氧化硫〕
亚硫酸 yàliúsuān 化亜硫酸.〔～盐 yán〕亜硫酸塩.〔～酯 zhǐ〕亜硫酸エステル.〔～钾 jiǎ〕亜硫酸カリウム.〔～氢 qīng 钾〕亜硫酸水素カリウム.〔～

1919

yà～yān

氢钠]亜硫酸水素ナトリウム.〔～(盐)纸浆〕亜硫酸パルプ.

亚硫酰基 yàliúxiānjī 化スルフィニル基.

亚伦 yàlún 地ヤレン:〔瑙 nǎo 鲁共和国〕(ナウル共和国)の首都.

亚麻 yàmá 植アマ.またその種子・繊維:〔胡 hú hú ②〕(アカゴマ)は別称.アマ科一年草.茎の繊維でリンネルなどを織り,種子から油をとる.〔油用～〕油用アマ:亜麻仁油をとる.〔～厂〕亜麻紡績工場.→〔芝 zhī 麻①〕

亚麻布 yàmábù =〔细 xì 麻布〕紡リンネル.

亚麻仁油 yàmárén yóu 同下.

亚麻(籽)油 yàmá(zǐ) yóu =〔亚麻仁油〕〔胡 hú 麻仁油〕亜麻仁油.

亚马孙河 yàmǎsūn hé 地アマゾン川.

亚美利加 yàměilìjiā 地=〔阿 ā 美利加〕

亚美尼亚 yàměiníyà アルメニア:正式国名は〔～共和国〕.首都は〔埃 āi 里温〕(エレバン)

亚蒙尼亚 yàmóníyà ⇒〔氨 ān〕.

亚穆苏克罗 yàmùsūkèluó 地ヤムスクロ:〔科 kē 特迪瓦共和国〕(コートジボワール共和国)の首都:アフリカ西部ギニア湾に面する.

亚佩克 yàpèikè =〔亚太(地区)〕

亚乒赛 yàpīngsài アジア卓球選手権大会:〔亚洲乒乓球锦标赛〕の略.

亚乔木 yàqiáomù 植亜喬木.亜高木.

亚热带 yàrèdài 地亜熱帯.

亚如 yàrú〈文〉…の如し.…に似る.ちょうど…のようである.〔～天女一般〕まるで天女のようだ.

亚赛 yàsài〔亚似〕〈文〉…のようだ.…に似かよっている.…に匹敵する.〔～当年楚霸王〕当年の楚の覇王のようだ.

亚砷酸酐 yàshēnsuāngān 化無水亜ヒ酸:〔三 sān 氧化二砷〕(三酸化二ヒ素)に同じ.

亚砷酸 yàshēnsuān 化亜ヒ酸.〔～钠〕亜ヒ酸ナトリウム.

亚声速 yàshēngsù 物亜音速:〔亚音速〕は旧称.

亚圣 yàshèng 孟子(敬称):〔至 zhì 圣〕たる孔子につぐ聖人の意.

亚述 yàshù 地アッシリア.

亚似 yàsì =〔亚赛〕

亚松森 yàsōngsēn 地アスンシオン:〔巴 bā 拉圭〕(パラグアイ)の首都.

亚太(地区) yàtài (dìqū) アジア・太平洋(地域):〔亚洲〕と〔太平洋〕.〔亚(洲)太(平洋)经(济)合(作)组织〕アジア太平洋経済協力会議:〈音訳〉亜佩克〕(APEC.エイペック)に同じ.

亚铁 yàtiě 化第一鉄.

亚铁氰化钾 yàtiěqínghuàjiǎ ⇒〔黄 huáng 血盐钾〕

亚铁氰化钠 yàtiěqínghuànà 化フェロシアン化ソーダ(フェロシアン化ナトリウム).黄血ソーダ.

亚文化 yàwénhuà サブカルチャー.

亚细安 yàxì'ān〔音訳〕アセアン.ASEAN =東南アジア諸国連合.

亚细亚 yàxìyà〈音訳〉アジア.〔～洲 zhōu〕〔亚洲〕同前.

亚硝基 yàxiāojī 化ニトロソ基.→〔基③〕

亚硝酸 yàxiāosuān 化亜硝酸.

亚裔 yàyì アジア系移民の子孫でその国の国籍を持つ人.→〔华 huá 裔①〕

亚音速 yàyīnsù =〔亚声速〕

亚油酸 yàyóusuān リノール酸.

亚于… yàyú… …に次ぐ:多く否定文に用いる.

亚运 yàyùn アジア競技大会:〔亚洲运动会〕の略.〔～村 cūn〕同前の選手村.

亚种 yàzhǒng 亜種(略):生物分類学上の"種"の下

に属するもの.

亚洲 yàzhōu アジア:〔亚细亚〕に同じ.〔(～)四小龙〕台湾・香港・韓国・シンガポール・ニーズ(NIES.新興工業経済群).〔～小姐〕〔亚姐〕ミスアジア.

亚洲集体安全体系 yàzhōu jítǐ ānquán tǐxì アジア集団安全保障体制.

[揠・揠] yà〈方〉むりやり人に物を押しつけたり売りつけたりする.〔～卖mài〕むりに売りつける.〔～赊 shē 逼讨〕〈成〉物を人に押しつけて代金をたかる.

[娅・婭] yà ①〈文〉妻の姉妹の夫.あいむこ.→〔连 lián 襟 (儿)〕〔姻 yīn 娅〕②〈姓〉婭.

[氩・氬] yà 化アルゴン:希ガス元素.記号 Arまたは A.

[铔・錏] yà 化〔铵 ān〕(アンモニウム)の旧名.

[压・壓] yà → yā

压板 yàbǎn ⇒〔跷 qiāo 跷板〕

压根儿 yàgēnr〔口〕全然(…しない).根から(…しない).〔轧根儿〕とも書く.否定に用いられる.〔底dǐ 根儿〕に同じ.〔～就不知道〕彼は全然知らない.

压马路 yàmǎlù 街をぶらつく:〔轧马路〕とも書く.

[讶・訝] yà〈文〉いぶかる.怪しむ.〔惊jīng ～〕〔疑 yí ～〕同前.

讶然 yàrán〈文〉いぶかるさま.〔～失色〕〈慣〉驚き顔が真っ青になる.

讶异 yàyì〈文〉奇異に感じる.不思議に思う.

[迓] yà〈文〉出迎える.〔有失迎～〕〔牍〕不在にて失礼いたしました.

[砑] yà〈文〉(皮革・布・紙に)石のローラーをかけて光沢を出す.〔～皮子〕皮のつやを出す.

砑箔 yàbó (石の)ローラーで錫(す)を圧して錫箔を作ること.

砑墩儿 yàdūnr つや出し用の(石の)ローラー.

砑光 yàguāng (紙・織物などの)つや出しをする:〔轧光〕に同じ.〔～机〕つや出しローラー.〔～纸〕艶紙 (紙).

砑金 yàjīn 器物に金を塗り,磨きをかけてつや出ししたもの.

砑亮 yàliàng (石の)ローラーなどで押してつやを出す.

砑螺 yàluó ⇒〔紫 zǐ 贝〕

[猰(貖)] yà〔～㺄 yǔ〕固伝説中の人を食う怪獣.

[揠] yà〈文〉ひき抜く.

揠苗助长 yàmiáo zhùzhǎng〈成〉はやく成長させようとして苗を引っぱって伸す:急(セ)いては事を仕損じる.〔拔 bá 苗助长〕に同じ.

[呀] ya 語気助詞〔啊 a〕の直前の音節が a・e・i・o・üの場合(…)となる.〔快来～〕早く来なさいよ.〔原来是你～〕何だ,きみか.〔上哪儿～どちらへ？〕〔恐怕不行〕あの男かね,恐らくだめだろう.〔谈～谈～,谈了个通宵〕大いにしゃべって一晩中語り合った.→ xiā ya

yan 丨ㄢ

[奄] yān〈文〉①息絶え絶えである.〔～～〕同前のさま.②留まる:〔淹(II)③〕に同じ.③去勢する:〔阉①〕に通じて用いられる.

[淹(湮)] yān (I)〔淹(浥)〕水びたしになる.ひたる.溺(lèki)れる.〔庄稼全

淹 阉 崦 腌 恹 咽 烟　　　　　　　　　　　　　　　yān

都給水〜了]農作物がすっかり水びたしになった. →〔死〕
(Ⅱ)〔淹〕①しみる. ただれる:汗や涙が皮膚について不快を感じること.〔胳 gē 肢窩被汗〜得難受]脇の下が汗でべたついて気持ちが悪い. ②〈文〉深くて広い. ③〈文〉久しく留まる. 長びく.〔〜月]1か月を経る.
淹毙 yānbì ⇒〔淹死〕
淹博 yānbó 〈文〉(学識などが)深く広い.〔学問〜]同前. →〔渊 yuān 博〕
淹缠 yānchán ⇒〔黏 nián 缠〕
淹灌 yānguàn 〔農]貯留:水田のように水をためたままにする灌漑法.〔〜法]貯留法(水稲灌漑法)
淹煎 yānjiān 〈文〉順調にいかない. 余儀なくされる.
淹践 yānjiàn 水びたしになりだめになる. 台無しになる.〔这一场大雨把早稻都〜了]この大雨でわせの稲はみな水につかって台無しになった.
淹浸 yānjìn 水につかる.
淹留 yānliú 〈文〉滞在する. 逗留する.〔〜至今]今まで滞在している.
淹埋 yānmái (泥や土砂などで)埋める.〔道路被泥 ní〜住了]道が泥にのみこまれてしまった.
淹没 yānmò ①水びたしになる. 水につかる. 溺れる.〔桥底水〜了]橋が水につかってしまった. ②埋もれる. かぶせられる.〔他的讲话为掌声所〜]彼の話は拍手の音にかき消されてしまった.〔〜了才华]才能を埋もらせてしまった. →〔埋 mái 没〕
淹溺 yānnì 溺れる.
淹年 yānnián 年を重ねる.〔〜累月]長い年月.
淹湿 yānshī 水びたしになる. びしょぬれになる.
淹死 yānsǐ =〔文〕淹 毙〕〈文〉溺 nì 死〕溺死す る. 水死する.〔〜鬼]〔水 shuǐ 鬼②〕水死者.〔庄稼被〜了]収穫物が水につかってだめになった. →〔溺水〕
淹心 yānxīn 〈方〉やりきれない. つらい. 弱る.〔烟心〕とも書いた.〔老这么下雨真叫人〜]いつまでもこんなに降って, ほんとにやりきれない.
淹蹇 yānjiǎn 〈文〉長い逗留. ②有能でありながら運が向かず低い地位に甘んじているさま.〔〜屈 qū 才〕〈慣〉同前.

〔阉・閹〕yān ①(男性・雄が)去勢する. →〔割 gē 势〕〔劁 qiāo〕〔骟 shàn〕②〈文〉去勢した人. 宦官. →〔太 tài 監〕③〈姓〉閹(え)
阉割 yāngē ①去勢する:〔割 xíng]に同じ. ②〈喩〉骨ぬきにする.
阉官 yānguān 〈文〉宦官. →〔阉寺〕
阉鸡 yānjī ①おんどりを去勢する. ②同前のおんどり.
阉马 yānmǎ 去勢された馬:〔骟 shàn 马]に同じ.
阉人 yānrén 〈文〉去勢された人. 宦官.
阉寺 yānsì 〈文〉宦官. 去勢された宮人. →〔阉官〕
阉刑 yānxíng 囬男子の生殖機能を取り去る刑罰. →〔宫 gōng 刑〕〔幽 yōu 閉〕
阉猪 yānzhū ①豚を去勢する. ②去勢した豚.

〔崦〕yān
崦嵫 yānzī ①地甘粛省にある山. ②固日の落ちる所.〔日薄 bó〜]日暮れて陽が沈む.

〔腌(醃)〕yān 食漬け物にする. 漬ける:塩・砂糖・みそ・酒などに魚・野菜などを漬けこむ.〔用盐 yán〜]塩漬けにする. →上
腌菜 yāncài 漬菜. 漬物をつける.〔〜缸 gāng]漬物甕(ꜭ). →〔咸 xián 菜〕
腌货 yānhuò 塩漬物(製品).
腌鸡子儿 yānjīzǐr 囬生の鶏卵を塩漬けにしたも

のː〔腌(鸡)蛋〕〔咸 xián 鸡蛋]ともいう.
腌肉 yānròu 食肉の塩漬け(にする):〔咸肉]に同じ.
腌咸菜 yānxiáncài 野菜を塩漬けにする.
腌鱼 yānyú 食魚の塩漬け(にする)
腌制 yānzhì 塩漬け(にする)
腌渍 yānzì 漬ける.

〔恹・懨(懕)〕yān〔〜 〜〕〈文〉病み疲れるさま.〔病〜]同前.

〔咽〕yān 生理 咽 頭:〔〜 头]に同じ.〔鼻 bí 咽〕,〔口 咽〕と〔喉 咽]から成る. → yàn yè
咽喉 yānhóu ①生理咽喉. のど:咽頭と喉頭.〔〜炎]咽喉炎.〔〜疼痛]喉が痛い. ②〈喻〉要衝. 要害. 要衝.〔〜重 zhòng 地]〈喻〉要衝. 枢要の地.〔〜工程]〈喻〉重要なプロジェクト.〔这里是通往内地的〜要地]ここが内陸に通じる要衝である.
咽头 yāntóu 生理咽頭
咽峡 yānxiá 咽峡(口腔の深いところ)
咽炎 yānyán 医咽頭炎.

〔烟(煙・菸)〕yān (Ⅰ)〔烟(煙)〕①〔〜儿]煙.〔冒 mào〜]煙が立ちのぼる. 煙が出る.〔炊 chuī〜]炊事の煙. →〔烟窗〕②煙状のもの. 雲霧. もや. →〔烟霞〕①〔烟雨〕③けむる. 煙で目を刺激する.〔〜眼睛了]煙で目がしみる.〔〜子]すす. なべずみ.〔锅 guō〜]なべのすみ.〔松〜]松のすす:製墨用. ⑤〔煙草(製品).〔抽〜]〔吸〜]タバコを吸う.〔种几亩〜]幾畝かタバコを植える.〔烟袋〕〔烟叶〕⑥アヘン:〔鸦 yā 片〜]の略称.〔大〜]ともいう.〔禁〜]アヘンを禁止する. →〔烟土〕⑦〈姓〉烟(ぇ)
(Ⅱ)〔烟(煙・菸)〕植タバコ:〔〜草]は通称.〔〜叶]タバコの葉.
烟霭 yān'ǎi 〈文〉靄(ꭳ).〈転〉雲や霧のたちこめるさま.
烟标 yānbiāo タバコのラベル.
烟波 yānbō 烟波. もやのたちこめた水面.〔〜浩渺的海面]烟波(꭭)広々と漂える海面.
烟草 yāncǎo 植タバコ. またその葉.〔淡 dàn 巴菰]は音訳.〔〜公司〕〔〜市场]タバコ市場.
烟(草)夜蛾 yān(cǎo)yè'é 囬タバコガ.〔烟(草)青虫]ともいう.
烟尘 yānchén ①煙とほこり.〔满屋〜]〈慣〉部屋中ほこりだらけ. ②回のろしの煙や戦場の土ぼこり.〈喻〉戦火. ③回人家の密集地帯.
烟窗 yānchuāng 煙出し窓. 煙を出すために屋根にあけた窓.
烟床 yānchuáng〜〔烟榻]アヘンを吸う時のベッド.
烟囱 yāncōng ⇒〔烟筒〕
烟袋 yāndài =〔烟管]キセル:多く〔旱 hàn〜]〔刻みタバコを吸う雁首(ꜭ)の大きいキセル)をいう.〔〜杆儿]キセルのラオ(ꜭ).〔嘴儿 zuǐr]キセルの吸い口.〔〜锅 guō 儿]キセルの雁首.〔〜包]キセルについているタバコを入れる袋.〔〜油子]キセルのやに.〔〜水〕キセル.
烟道 yāndào (煙突の)煙道.
烟灯 yāndēng アヘン吸飲用の小さいランプ:〔灯花盒儿]ともいう.〔〜吸〕
烟蒂 yāndì ⇒〔烟头(儿)〕
烟碟儿 yāndiér (小)灰皿.
烟苑 yāndùn タバコの切り株.
烟斗 yāndǒu ①〔タバコのパイプ. キセル.〔〜丝 sī〕〔斗烟丝]きざみタバコ. パイプタバコ:〔烟丝]に同じ. ②アヘン用のキセルの雁首 →〔烟泡锅(儿)〕
烟毒 yāndú アヘンの毒.〔中 zhòng 了〜]アヘン中

yān 烟

毒症になった.→〔瘾 yǐn〕
烟赌 yāndǔ アヘンと賭博.
烟墩 yāndūn 〔旧〕烽火(のろし)をあげる台.
烟贩 yānfàn ①〔旧〕アヘンの売人. ②タバコ行商人.
烟匪 yānfěi アヘンマフィア.
烟粉 yānfěn 〔烟花粉黛〕の略.〈文〉①妓女:〔烟花②〕に同じ. ②男女間の愛. ③宋代の口語小説の一種:才子佳人を扱ったもの.→〔说 shuō 话⑥〕
烟感 yāngǎn 煙センサー.
烟杆儿 yāngǎnr キセルのラウ.→〔烟袋杆儿〕
烟缸 yāngāng 〔-儿〕(缶状の)灰皿.灰落とし:〔烟灰缸〕に同じ.
烟膏 yāngāo 〔-儿〕精製アヘン:〔烟土〕(未精製アヘン)の水浸液に水飴を加え熟成後,蒸発させたもの.→〔膏土〕
烟梗 yāngěng タバコの茎.
烟管 yānguǎn ⇒〔烟袋〕
烟馆 yānguǎn 〔旧〕アヘン窟.
烟鬼 yānguǐ ①アヘン中毒者. ②ヘビースモーカー.〔一天抽那么多香烟,真是个~〕1日にそんなにたくさんタバコを吸うとは,まったくニコチン中毒だね.
烟锅 yānguō 〈方〉キセルの雁首.→〔烟袋〕
烟海 yānhǎi 霧やもやのたちこめた海.〔浩如~〕〈喩〉書物や資料がこの上なく多いこと.
烟盒 yānhé 〔-儿〕タバコ入れ.シガレットケース.
烟荷包 yānhébāo 〈方〉〔腰に下げる〕刻みタバコ入れ.→〔烟袋〕
烟壶 yānhú 嘴(のみ)タバコを入れる小瓶.
烟花 yānhuā 〈文〉①霞の中の花.〈喩〉春景色.〔~三月〕〈慣〉春うららの3月.〔富贵如过眼~,转眼成空〕富貴は霞の中の花をたとえて見るようなもので,瞬時に無となる. ②〔旧〕妓女.芸妓.〔~女〕同前.〔~场〕花柳の巷. 〔~浪 làng 子〕放蕩者. 〔~柳巷 xiàng〕花柳の巷. ③花火:〔烟火 yān huǒ〕に同じ.
烟花粉黛 yānhuā fěndài ⇒〔烟粉〕
烟灰 yānhuī ①タバコの灰.〔~碟 dié〕〔~盘 pán〕(小皿のような)灰皿.〔~缸〕〔~儿〕〔烟缸〕缶状の灰皿.灰落とし. ②鍋底の黒い灰.
烟火 yānhuǒ ①〔煙と火.火の気(け)〕〔建筑工地严禁~〕工事現場では火の気厳禁. ②炊煙.人煙.〔动~〕炊事する.〔走了几里都不见~〕何里行っても人家が見えない. ③(道教)で火で煮たり焼いたりした食物.普通の食事.〔不食 shí 人间~食〕世間の煮て作った食物を食べない. 〔~气〕俗気.俗世間の煮て作った食物のさま.〔~中人〕〈喩〉俗世間の人. ④烽火(のろし).戦火. ⑤灯明・線香の火.〈喩〉後継.子孫.
烟火 yānhuo ⇒〔焰 yàn 火〕
烟碱 yānjiǎn 〔化〕ニコチン:〔尼 ní 古丁〕は訳音.
烟胶 yānjiāo 〔~(橡 xiàng 胶)〕牛皮を薰煙で鞣(なめ)す時,皮からにじみ出てかまど上に堆積する獣脂状物:頭癬などに塗る.
烟晶 yānjīng 〔鉱〕煙水晶.
烟景 yānjǐng 〈文〉①立派な景色.良い風景.〔三春~〕春3月の美景. ②雲霧の深いさま.
烟酒 yānjiǔ ①タバコと酒.〔~店〕同前を売る店.〔~税〕タバコ・酒税. 〔~不动〕タバコも酒もやりません.〔~不分 fēn 家〕タバコと酒は誰とでも分け隔てない:遠慮なく共に楽しむものだ.
烟具 yānjù ①喫煙用具. ②アヘン吸引用具.
烟卷儿 yānjuǎnr 〈口〉(紙巻)タバコ.シガレット:〔香 xiāng 烟〕に同じ.
烟卷头儿 yānjuǎntóur ⇒〔烟头(儿)〕
烟(卷)纸 yān(juǎn)zhǐ 巻きタバコ紙.ライスペーパー
烟客 yānkè ⇒〔烟民〕

烟窟 yānkū アヘン窟.→〔燕 yàn 子窠〕
烟龄 yānlíng 喫煙年数.
烟煤 yānméi =〔烟儿煤〕〈口〉黒 hēi 煤〕〔鉱〕軟炭.有煙炭:〔沥 lì 青炭〕〔瀝青炭・黒炭〕に同じ. 〔无 wú 烟煤〕〈口〉白 bái 煤〕に対していう.
烟苗 yānmiáo ①葉タバコの苗. ②〔罂 yīng 粟〕(ケシ)の苗.
烟民 yānmín スモーカー.喫煙者:〔烟客〕ともいう.
烟末 yānmò(r) タバコの粉末.粉タバコ.
烟幕 yānmù ①〔軍〕煙幕. ②〔農〕煙霧:防虫防霜などに用いる. ③〈喩〉虚偽の宣伝.〔他说这话就是放~迷惑人呢,你可别上当〕彼がこの話をするのはただ人を煙に巻こうとしているだけだから,その手に乗ってはだめだ.
烟幕弹 yānmùdàn ①〔軍〕発煙弾. ②〈喩〉虚偽の言動.〔小心别叫他的~给骗了〕注意して彼の煙幕弾にごまかされなさるな.
烟农 yānnóng タバコ農家.
烟盘 yānpán 〔-儿〕アヘン道具を置く盆.
烟泡儿 yānpàor アヘン玉:ランプで焼いて丸くキセルにつめてすぐ吸えるようになったアヘン.〔烧 shāo ~〕同前を作る.
烟篷 yānpéng 小蒸汽船の屋根:平らになっていて一般客を乗せる所.
烟屁股 yānpìgu ⇒〔烟头(儿)〕
烟票 yānpiào ⇒〔票②〕
烟铺 yānpù タバコ屋.
烟气 yānqì ①〈文〉煙と水蒸気.〔~笼罩着和平的山村〕もやが平和な山村を包んでいる. ②煙の臭い. 〔~薰人〕煙の臭いがむっと鼻をつく.〔~腾腾〕煙がもうもうと立ちこめたさま.
烟签 yānqiān アヘンを吸う時に用いる
烟扦子 yānqiānzi =〔烟签〕アヘンを吸う時に用いる鉄製の細い棒:一端は針,他の一端は耳かきのようになっている.耳かきの部分はアヘンをすくい吹にかざして練るのに用い,一方の針で〔烟斗②〕(雁首)につめたアヘン玉の真ん中に空気を通す穴をあけるのに用いる.
烟枪 yānqiāng 〔旧〕アヘン用のキセル:尺八のように長くて太い竹製のものが多い.→〔烟袋〕
烟儿 yānr たき火の煙.
烟儿煤 yānrméi ⇒〔烟煤〕
烟色 yānsè 〔色〕暗褐色(の).
烟水晶 yānshuǐjīng 〔鉱〕黒水晶:〔墨 mò 晶〕は通称.
烟税 yānshuì タバコ税.
烟丝 yānsī 刻みタバコ.パイプタバコ:〔烟斗丝〕ともいう.
烟酸 yānsuān 〔〈音義訳〉尼 ní 古丁酸〕〔化〕ニコチン酸(ナイアシン).→〔酸⑥〕
烟榻 yāntà ⇒〔烟床〕
烟炱 yāntái ⇒〔煤 méi 炱〕
烟摊(儿) yāntān(r) タバコの露店.
烟筒 yāntǒng =〔烟囱〕〔烟 囱〕〔烟 突〕.〔~帽 mào〕〔旧〕煙突の集風器.
烟头(儿) yāntóu(r) =〔烟蒂〕〔烟卷头儿〕〈口〉〔烟屁股〕吸いがら.〔请忽 wù 乱丢~〕むやみに吸い殻を投げないように〔掲示用語〕
烟突 yāntū ⇒〔烟筒〕
烟土 yāntǔ 未精製アヘン.生アヘン.
烟尾巴 yānwěiba 〔烟头(儿)〕
烟雾 yānwù 煙や霧・雲・もや.〔~弥漫〕煙霧が立ちこめる.〔~腾 téng 腾〕. 〔光化学~〕光化学スモッグ.〔~腾天〕霧がたちこめるさま. ⑤恐慌をきたし,大騒ぎすること.
烟霞 yānxiá ①〈文〉煙と霞.霞(かすみ). ②〈喩〉山水(景色). ③〈喩〉アヘンの煙.

yān～yán

烟 a
烟霞癖 yānxiápì ①自然の風景を愛する趣味.海山に遊ぶことを好む趣味. ②アヘン好き.→〔癮 yǐn 君子〕
烟酰胺 yānxiān'àn 化ニコチン酸アミド.→〔烟酸〕
烟消火灭 yānxiāo huǒmiè〈慣〉煙火のように消え失せる.〈喩〉事が終息する.
b
烟消云散 yānxiāo yúnsàn 〔=云消雾散〕〈喩〉あとかたもなく消え去ること.雲散霧消すること:〔烟消雾散〕ともいう.
烟心 yānxīn ⇒〔淹心〕
c
烟熏 yānxūn 煙でいぶす.くすぶる.〔他的脸像～的一般〕彼の顔は煙でいぶしたようだ.〔～火燎 liǎo〕〈慣〉煙でいぶし火でこがす:見た目が汚ないこと.
烟牙 yānyá〈俗〉〈方〉煙で黄色くなった歯.
烟蚜 yānyá ⇒〔桃 táo 蚜〕
d
烟叶 yānyè タバコの葉.葉タバコ.
烟癮 yānyǐn タバコを吸う習癖:旧時は、多くアヘンの吸飲癖をいった.〔犯～〕〔上～〕タバコ(アヘン)中毒になる.〔～发了〕タバコ(アヘン)を吸いたくてたまらない.
e
烟油(子) yānyóu(zi) タバコ(アヘン)のやに.〔带～的牙〕同前で黄色くなった歯.
烟友 yānyǒu〔タバコ(アヘン)飲み仲間.
烟雨 yānyǔ 霧雨.こぬか雨.〔～霏 fēi 霏〕霧雨の降りしきるさま.
f
烟云 yānyún ①煙と雲. ②スモッグ.〔～过眼〕〈喩〉物事の過ぎ去って留まらぬこと:〔过眼〕ともいう.
烟卷 yānzǎi〈方〉巻きタバコ.〔卷 juǎn 烟〕に同じ.〔～纸〕同前用の紙.
g
烟瘴 yānzhàng ⇒〔瘴气〕
烟支 yānzhī〈俗〉〔～粗大,味道纯正〕タバコの巻きが太く、味にまじりけがない.
烟柱 yānzhù 煙の柱.
h
烟子 yānzi すす.
烟嘴儿 yānzuǐr ①巻きタバコの吸い口.〔象牙～〕象牙のパイプ.〔香烟～〕シガレットホルダー. ②タバコのフィルター.〔～过 guò 滤嘴儿〕

胭(臙) yān 紅(ﾍﾞﾆ):化粧品.→〔胭脂〕
i
胭粉 yānfěn ベにおしろい.
胭红 yānhóng 色深紅色(の).〔冷风把双颊吹得～〕冷たい風でほっぺたが真っ赤になっている.
胭脂 yānzhi =〔臙脂〕回はお紅・口紅など、顔に塗る紅:中国画の顔料とする.〔擦 cā ～〕〔点～〕紅をつける.→〔口 kǒu 红〕
j
胭脂虫 yānzhichóng 回仙人掌(ｻﾎﾞﾃﾝ)に寄生する貝殻虫:洋紅の原料となる.
胭脂红 yānzhihóng 〔洋 yáng 红〕色カーマイン(カーミン)(の).深紅色(の)
k
胭脂红酸 yānzhihóngsuān 薬カルミン酸.
胭脂花 yānzhihuā 植サクラソウ(総称)
胭脂鱼 yānzhiyú 魚貝ナシノメリゴイ:長江などに生息するコイ.〔火 huǒ 烧鳊〕は俗称.
胭脂痣 yānzhizhì 生理赤いほくろ.赤あざ.

殷 yān〈文〉黒ずんだ濃い赤色.→ yīn yǐn
l
殷红 yānhóng 色暗紅色(の).〔～的血痕〕どす黒い血痕.〔～的鸡冠子〕暗紅色のとさか.

焉(焉) yān ①〈文〉ここ(に).そこ(に).〔～莫大～〕これにまさる楽しみなし.〔乐莫大～〕これにまさる楽しみなし.すなわち、〔必知乱之所自起,～能治之〕〔墨子·兼愛上〕必ず乱のよって起こる所がわかる,だからこれを治めることができる. ③〈文〉いずくんぞ.なんぞ.どこに:疑問を表す.〔有今日～〕今日がm
n

があろうか.〔～能如此〕どうしてこんなことでいいだろうか.〔入吾虎穴,～得虎子〕虎穴に入らなければ、どうして虎子を得ることができるか. ④〈文〉語気助詞.文末に置き語気を強める.〔因以为号～〕それでそういう号にした. 〔物莫自从～,物はどこから入るのだろう.〔又何虑～〕何の心配があろうか. ⑤〈文〉接尾語.形容詞などの後について状態を表す.〔潸 shān ～出涕 tì 涕涕として,涙を流す.〔少～,月出于东山之上〕しばらくして、月、東山の上に出づ.〔忽 hū ～在后〕忽焉(えん)として、後方(ﾎﾞ)にあり.〔溘 kè ～(=土砂)突然死去する. ⑥〈姓〉焉(ｴﾝ)

焉敢 yāngǎn 何ぞあえて…せんや.あえて…せず.→字解③
焉耳 yāněr いずくんぞ…すべけんや→字解③
焉乌 yānwū〈喩〉相似て誤り易いこと:字形が相似て誤り易いため.〔～难辨 biàn〕よく似ていてはっきり区別がつかない.→〔鲁 lǔ 鱼玄家〕
焉知 yānzhī いずくんぞ…知らんや.→字解③
焉支山 yānzhīshān 固甘粛省丹県の東南にある:〔焉支山〕〔胭脂山〕ともきる.漢の大将霍去病(ｶｸｷｮﾍｲ)がこの山を越え匈奴を破った.

鄢 yān ①史周代の国名:後世、鄭の地、現在の河南省にあった. ②〔～水〕湖北省にある. ③〈姓〉鄢(ｴﾝ)

嫣 yān〈文〉(女性が)なまめかしくあでやかである. ②色あざやかである.
嫣红 yānhóng〈文〉あでやかな赤色.〔姹 chà 紫～〕〈慣〉色あざやかなさま.
嫣然 yānrán〈文〉すばらしいさま.あでやかなさま.〔～一笑〕〈慣〉(女性が愛情たっぷりに)にっこり笑う.

阏·閼 yān〔～氏 zhī〕固匈奴の君主の単(于)の妻の称. → è → yīn

湮 yān〈文〉①没する.うずもれる.→〔湮灭〕 ②(土砂で)ふさがる.つまる.
湮灭 yānmiè 埋没する.世に埋もれる.隠滅する.〔古城之下～着许多历史古迹〕古都の地下には多くの歴史の古跡が埋もれている.
湮没 yānmò ①埋没する.〔～无 wú 闻〕〈慣〉埋もれてしまって名も知れない.〔要不是老兄提拔恐怕我已经～了〕あなたのお引き立てがなかったらわたしは埋もれてしまったでしょう. ②物対消滅.〔～光子〕消滅光子.

淹 yān〈文〉水びたしになる.→〔淹(I)〕に同じ.
→ yǎn

燕(鷰) yān ①史周代の国名:現在の河北省北部と遼寧省西部一帯の地. ②地河北省(の北部). ③〈姓〉燕(ｴﾝ)
→ yàn

燕都 yāndū 同下.
燕京 yānjīng =〔燕都〕北京の古称.〔～八景〕燕京(ｹｲ)八景:居庸叠翠(居庸関),玉泉垂虹(玉泉山),太液秋风(北海),琼島春阴(北海),翻门烟树(海淀),西山晴雪(香山),卢沟晓月(盧溝橋),金台夕照(河北省易県)をいう.
燕说 yānshuō ⇒〔郢 yǐng 书燕说〕
燕赵 yānzhào〔春秋時代の〕燕と趙:現在の河北省北部と山西省の東部.また河北省石家荘の周辺を指す.
燕脂 yānzhi ⇒〔胭脂〕
燕脂关 yānzhīguān ⇒〔美 měi 人关〕

阊·閻 yán〈姓〉閻(ｴﾝ)

言 yán〈文〉言う.話す.〔难～之隐〕言えない秘事.〔畅 chàng 所欲～〕言いたいことを余す所なく言う.〔不～而喻〕言わなくとも分かる.

yán / 言

言わずと知れた.〔直～不讳〕直言して憚らない. ②言葉.はなし.〔发～〕発言(する).〔闭口无～〕口を閉じて言葉はなし. ③言(ゲン).言(ゴン).〔一～难尽〕一言では言い尽くせない.〔一～为定〕一言で決める.〔我一～,我一语てんで発言する.〔胡～乱语〕出まかせ.〔美～几句〕うまく取り持つ. ④語数・漢字の数.〔五～诗〕五言詩.〔七～对联〕七言句の対になった掛け軸.〔此书有二十万～〕この書は20万字ある. ⑤〈文〉助詞.音節数の調節に使う. ⑥〈姓〉言(ゲン).

言必信,行必果 yán bì xìn, xíng bì guǒ 〈成〉言葉は誠実,行動は果断である(論語)

言必有中 yán bì yǒuzhòng 〈成〉口を開けば必ず適切なことを言う(論語)

言不二价 yán bù èrjià =〔言无二价〕掛け値なし.正札売り;広告の文句.→〔划 huà 一不二①〕

言不顾行 yán bù gùxíng 〈成〉言うことだけで実行が伴わない.↔〔言行相顾〕

言不及义 yán bù jíyì 〈成〉くだらぬことばかり話して,まともな話をしない

言不尽意 yán bù jìnyì 〈慣〉言葉で意を尽くせない:手紙の結尾の常套語.

言不应点 yán bù yìngdiǎn 〈慣〉言葉に信がおけない;〔言不应典〕とも書く.

言不由衷 yán bù yóuzhōng 〈成〉本心から出たのでない言葉を話す.心にも無いことを言う.

言出法随 yánchū fǎsuí 〈成〉法令を出したら,すぐさまそれに基づいて執行する:旧時の法令用語.

言传 yánchuán =〔言 kǒu 传②〕言伝え.〔只可意会,不可～〕心中で理解ができても言葉で伝えることはできない.〔～身教〕〔言教身传〕〈慣〉口で教えると共に身をもって手本を示す.→〔举止言谈 huì yì〕

言辞 yáncí〔言词〕とも書く.言詞.言葉.〔～恳切〕〈慣〉言葉に真心がこもっている.〔不善～〕言葉がぎこちない.

言定 yándìng〔言订〕とも書く. ①断言する. ②約束する.

言多语失 yánduō yǔshī 〈成〉多くしゃべると間違いが生じやすい:〔言多必失〕ともいう.

言而无信 yán ér wúxìn 〈成〉約束を守らない.言っただけで信用を守らない.

言而有信 yán ér yǒuxìn 〈成〉約束を守る.言ったからには信用を守る.

言规行矩 yánguī xíngjǔ 言行がきわめて真面目である.

言归于好 yán guīyú hǎo 〈成〉平和に立ち返る.仲直りする.〔双方～,握手言欢了〕双方仲直りし,握手して楽しく語り合った.

言归正传 yánguī zhèngzhuàn 〈慣〉余談はさておき.話は本題に戻る:講談・旧小説などによく用いられる.→〔闲 xián 话休提〕

言过其实 yánguò qíshí 〈成〉話が誇大で実際と合わない(管子)

言和 yánhé 講和する.仲直りする.〔停战～〕停戦して講和する.〔握手～〕④握手をして仲直りする.⑥(試合で)仲良く引き分けとなる.

言欢 yánhuān〈文〉談笑する.〔握手～〕〈慣〉手をとりあって楽しく語る.

言及 yánjí 言い及ぶ(ボす)

言简意赅 yánjiǎn yìgāi 〈成〉言葉が簡単で要領を得ている.

言教 yánjiào 言葉で教える.〔～身传〕〔言传身教〕言葉で論すだけでなく行動で導く.〔～不如身教〕実例は訓戒にまさる.

言近旨远 yánjìn zhǐyuǎn 〈成〉言葉は平易だが,意味は深長である.→〔言浅意深〕

言路 yánlù (政府また上級機関への)進言の道.〔广开～〕進言の道を広く開く.

言论 yánlùn 言論.〔～自由〕言論の自由.

言浅意深 yánqiǎn yìshēn 〈成〉言浅く意深し.→〔言近旨远〕

言情 yánqíng ①愛情を語る.愛情を描写する.〔～小说〕愛情小説恋愛小説. ②叙事.〔叙事～〕叙事と叙情.

言人人殊 yán rénrén shū 〈成〉言うところが人によって異なっている(史記):それぞれ意見が違うこと.

言如金石 yán rú jīnshí 〈成〉言語は金石のように確実である:決して間違いなし.→〔金石良言〕

言身寸 yánshēncùn〔白〕感謝する.ありがとう:〔谢〕の隠語.

言声儿 yánshēngr〔方〕言う.話す:〔言语 yu 一声(儿)〕の略.〔有事～〕用事があれば言って下さい.

言说 yánshuō 話す.言う.

言谈 yántán ①〈文〉話す.語る.〔不善 shàn ～〕弁がたたない. ②話す内容と態度.話しぶり.ものの言い方.〔～举止〕もの言いや立ち居振る舞い.

言听计从 yántīng jìcóng 〈成〉言葉は聞かれ計は用いられる:人をうのみに信用すること.

言外 yánwài 言外.〔意在～〕意味は言外にあり.〔～之意〕〔言下之意〕〈慣〉言わんとする所.言外の意味.

言为心声 yán wéi xīnshēng 〈成〉言葉は心の表れ(法言)

言无不尽 yán wú bùjìn 〈慣〉残すところなく全部話してしまう.〔知无不言,～〕知って言わざるなく,言って尽くさざるなし.

言无二价 yán wú èrjià ⇒〔言不二价〕

言下见义 yánxià jiànyì 〈成〉言えばすぐ意味がわかる

言下之意 yánxià zhī yì ⇒〔言外之意〕

言笑 yánxiào 〈文〉談笑する.

言行 yánxíng 言行.言葉と行動.〔～一致〕言行一致.〔～不一〕言行不一致.〔～录〕言行録.

言行相顾 yánxíng xiānggù 〈慣〉言行が一致するようにする.言ったことは実行する.↔〔言不顾行〕

言犹在耳 yán yóu zài'ěr 〈成〉人の言った言葉がまだ耳に残っている.

言语 yányǔ 言う言葉.話し言葉.〔～不合〕言葉に食い違いがある.意見が合わない.〔～道断〕〔仏(仏教)の無上の妙諦.言いようのない奥深い真理.→〔语言〕

言喻 yányù 〈文〉言葉で説明する:多く否定に用いる.〔不可～〕言葉では説明できない.〔难以～〕言葉で説明しにくい.

言语 yányu〔口〕話す.声をかける.〔你走的时候～一声〕きみ出かける時にひとこと声をかけてくれたまえ.〔你怎么不～〕なぜ口をきかないのか.

言责 yánzé ①臣下の君主に対する進言の責任.〔有～者,不得其言则去〕(孟子)言責ある者がその進言が当を得ない時はその地位を去るべきである. ②言責.言ったことに対する責任.

言者无罪 yánzhě wúzuì 〈成〉言う方に罪はない.〔～,闻者足戒〕同前で,それを聞く方が戒めとすればよい.

言者谆谆 yánzhě zhūnzhūn 〈成〉言う方は諄(ジュン)諄と言いきかせている.〔～,听者藐 miǎo 藐〕同前で,聞く方はうわの空である.

言之不预 yán zhī bùyù 〈成〉前もって言わない.予告がない.〔勿谓～〕前もって知らなかったとは言わせない:布告などに用いる.

言之成理 yán zhī chénglǐ 〈成〉言うことは道理にかなう.〔其持 chí 之有故,其～〕(荀子)主張は根

拠があり,同前.
言之无物 yán zhī wúwù 〈成〉言うところに中身がない.
言之有据 yán zhī yǒujù 〈成〉言うところには根拠がある.
言之有理 yán zhī yǒulǐ 〈成〉言うところには道理がある.
言之有物 yán zhī yǒuwù 〈成〉言うところに根拠があり,内容がある.
言之凿凿 yán zhī záozáo 〈成〉言うことに根拠があり信じられる.
言志 yánzhì 〈文〉心の声を伝える.
言中 yánzhòng 的中する:多く望ましくないことに用いる.〔不幸而~〕不幸にも的中した.
言重 yánzhòng ①〈文〉言葉が非常に丁重なこと.〔老兄~了,我实在不敢当〕貴方のご丁重なお言葉まことに恐れいります. ②言いすぎる.
言状 yánzhuàng 言葉で形容する:多く否定に用いる.〔不可以~〕言葉で表すことはできない.

〔檐(簷)〕 yán

[一儿] ①〔運〕軒(き).ひさし. 〔房 fáng ~〕屋~〕家の軒.〔廊 láng ~〕廊下の軒. ②〔器物の縁.覆いの裾:張り出しの部分.〔帽 mào ~儿〕帽子のつば.ひさし.
檐槽 yáncáo ⇒〔檐沟〕
檐滴 yándī =〔檐溜〕軒から落ちる雨だれ.
檐铎 yánduó ⇒〔檐铃〕
檐沟 yángōu =〔檐槽〕〔檐溜〕〔承 chéng 溜〕〔水笕〕〔水溜〕〔方〕水落 〔運〕軒い.横どい:縦どいは〔水落管〕という.
檐口 yánkǒu =〔檐头〕軒先.軒端. 〔~瓦〕軒先瓦.
檐铃 yánlíng =〔檐铎〕〔檐马〕〔檐铁〕〔铁 tiě 马(が)〕.铁鐸.軒鐸.軒先につるす風鈴.
檐溜 yánliù ⇒〔檐滴〕 ②⇒〔檐沟〕
檐漏 yánlòu 呼どい.
檐马 yánmǎ ⇒〔檐铃〕
檐铁 yántiě ⇒〔檐铃〕
檐头 yántóu ⇒〔檐口〕
檐下 yánxià 軒下.
檐子 yánzi 〔口〕軒.ひさし.

〔严・嚴〕 yán

①重々しい.厳肅である. 〔~肃〕荘厳である. ②厳格である.厳しい.〔老师要求很~〕先生は要求が厳しい. 〔规矩定得~〕規則は厳しく決められている.〔学生录取得很~〕学生の入学許可は非常に厳しい. =〔严格〕〔严厉〕 ③警戒.警備.〔戒 jiè ~〕戒厳. 〔解~〕戒厳令解除. ④ひどい.厳しい. ⑤〈文〉父:他人に対して自分の父を指す.〔家~〕わたくしの父.→〔慈 cí ④〕 ⑥ぴったりとしている.すきまがない.〔把瓶口封~了〕瓶の口を固く封じた.〔人都挤~了〕人がぎっしりつまった.〔他嘴~,能保密〕彼は口が堅いから秘密が守れる.→〔严紧①〕 ⑦〈姓〉厳(げん).
严办 yánbàn 厳重に処置する.厳罰に処す.
严查 yánchá ①厳重に取り調べる.〔~法办〕同前し法によって処罰する. ②隅から隅まで探す.
严惩 yánchéng 厳重に懲罰する.〔肇事人~〕騒動の張本人を厳罰にする.〔~不贷〕〔慣〕厳しく罰して容赦しない.
严饬 yánchì 厳しく戒める.厳しく命令する.〔~部属〕部下に厳令する.
严词 yáncí 厳しい言葉.きつい言葉:〔辞〕とも書く.〔~拒绝〕厳しい言葉で拒絶する.〔~责备〕きつい言葉で責める.
严慈 yáncí 厳しくも慈しみ深い. ②父母:〔严父慈母〕の略.
严打 yándǎ (犯罪などを)厳しく取り締まる.〔~活动〕集中取締り.
严冬 yándōng 厳寒の冬.
严防 yánfáng 厳しく防備する.〔~死守〕〔慣〕同前でしっかり守りを固める.〔~偷税漏税〕脱税・不正申告などを厳重に防ぐ.
严父 yánfù 厳父.父:自分の父の敬称.〔~慈 cí 母〕〔严慈〕自分の父母.
严格 yángé 厳格である.厳しい.〔~要求自己〕自分自身に厳しくする.〔~遵守〕厳格に守る.厳守する.〔~区分〕厳密に分ける.〔成品要通过~的检验〕製品は厳しい検査をするべきだ. ②厳しく行う.〔~法纪〕法律と規律の厳格な施行.
严固 yángù 強固である.
严管 yánguǎn 厳重に監督する.
严寒 yánhán ひどく寒い.〔天气~〕天気が同前.
严缉 yánjī 厳重に追求する.〔~逃犯〕逃走犯人を追いつめる.
严加 yánjiā 厳しくやる.〔~告诫〕厳しく戒める.〔~管束〕厳しく取り締まる.
严教 yánjiào 厳しく教える.
严谨 yánjǐn ①厳しい.謹厳である.〔他为人~〕彼は人柄が厳格だ.〔在同类辞书中最~的〕同種の辞書の中で最も厳密だ. ②ひきしまっている.〔文章结构~〕文章の構成が綿密だ.
严紧 yán·jǐn ①ぴったりしていてすき間がない.〔窗缝儿糊得挺~〕窓にすき間なく目張りがしてある. ②厳しくてゆるみがない.〔防守~〕厳重にゆるみなく防御する.
严禁 yánjìn 厳しく禁じる.厳禁する.〔~烟火〕火気厳禁.
严进宽出 yánjìn kuānchū 入る(入学)は難しく,出る(卒業)は容易である.
严究 yánjiū 厳重に取り調べる.〔~事故原因〕事故の原因を徹底的に調べる.〔~不贷〕徹底的に調べ容赦しない.
严峻 yánjùn いかめしい.厳しい.〔态度~〕態度が厳しい.〔~的考验〕厳しい試練.〔慈祥而又~〕やさしいが~ということは厳しい. ②緊迫している.〔形势~〕情勢が同前.
严苛 yánkē 酷薄である.
严可儿 yánkěyánr 〈方〉ゆとりがない.すきまがない.
严刻 yánkè 苛酷である.厳しい:〔严厉苛刻〕の略.〔~的责问〕厳しく責めて詰問する.
严控 yánkòng 厳しく抑制する(コントロールする).〔严格控制〕同前.
严酷 yánkù 厳しい.厳格である.〔~的教训〕厳しい教訓.〔~的现实〕厳しい現実. ②残酷である.冷酷である.はなはだむごい.
严厉 yánlì 手厳しい.厳しく激しい.〔~苛刻〕〔严刻〕苛酷である.〔~的批评〕厳しい批判.〔~地惩 chéng 罚〕手厳しく罰する.〔~谴责〕容赦なく責める.〔口气很~〕口調が厳しい.〔舆 yú 论的~谴责〕世論の厳しく激しいとがめ.
严令 yánlìng 厳しく命令する.またその命令.〔~侦破案件走私案〕麻薬密輸事件を解決せよとの厳しい命令を出した.
严密 yánmì ①厳密である.ぴったりしている.隙間がない.〔~防守〕厳密に守りを固める.〔这瓶酒封装得很~〕この酒はしっかり密封してある.〔在~的管理制度之下~〕厳密なる管理制度の下にあって…. ②詳しい.周到である.〔~地注视〕細大漏らさず注視する.〔~监视〕厳しく監視する.
严明 yánmíng ①厳肅で公正である.〔纪律~〕規律が厳肅ではっきりしている. ②厳しくはっきりさせ

yán 严芫延

严命 yánmìng 〈文〉①厳命(する).[～查]逮捕取り調べに命ずる.②父の命令.
严声 yánshēng 厳しい声.叱声.
严师 yánshī 厳しい先生.[～出高徒]〈慣〉厳しい先生の下から優秀な弟子が出る.
严实 yánshi 〈口〉①しっかりしている.きっちりしている.ぴったりしている.緊密である.[严严实实]同前の重畳形.[房门没关～]ドアをきっちりとかぶせた.②安全に隠している.
严守 yánshǒu ①遵守する.[～纪律]規律を順守する.②厳重に守る.[～机密]機密を同前.[～险道要口]要衝を堅く守る.
严霜 yánshuāng ひどい霜.〈喩〉厳しいこと.[～烈日]〈成〉厳しい試練に耐えた不屈の性格.
严丝合缝 yánsī héfèng 〈成〉隙間がしっかり合わさる.〈喩〉水を漏らさないさま.
严肃 yánsù ①重々しい.厳粛である.厳かである.[一脸～的样子]厳粛そのものの態度.[气氛很～]雰囲気が厳めだ.②まじめである.真剣である.[～点儿]神妙にしろ.③厳しくする.[～纪律]規律を厳格にする.
严肃文学 yánsù wénxué 純文学.[纯 chún 文学]ともいう.[通 tōng 俗文学][俗 sú 文学②]に対していう.
严肃音乐 yánsù yīnyuè 荘重な音楽.
严限 yánxiàn 期限を厳しく限定する.[～三天之内做完]厳しく3日を限って完成させる.
严刑 yánxíng 酷刑.[～峻 jùn 法]〈慣〉過酷な法律と刑罰.[～拷 kǎo 打]〈慣〉厳しい拷問にかける.
严严(儿) yányán(r) 厳密である(に).厳重である(に).[把罐子封得～]缶をしっかりと封する.
严以律己 yán yǐ lǜ jǐ 〈慣〉自己に厳しくする.[～,宽 kuān 以待人]同前で,他人には寛大にする.
严于律己 yán yú lǜ jǐ 自己を厳しく律する.
严阵以待 yánzhèn yǐdài 〈慣〉陣容を整えて(敵の)襲来を)待つ.
严整 yánzhěng 整然としている.[秩序～]秩序が同前.
严正 yánzhèng 厳正である.公明正大である.[～的立场]厳正な立場.[～声明]厳正な声明.厳正に声明する.[～警告]手厳しく警告する.[～指出]手厳しく指摘する.
严治 yánzhì 厳正に処理する.厳しく取締まる.
严重 yánzhòng 重大である.厳しい.甚しい.深刻である.[已经弄到十分～的程度]事態がかなり深刻な段階に立ち至った.[～违 wéi 约]重大な契約違反.[国际局势日趋 qū ～]国際情勢は日々緊迫しつつある.[～重大性.[病情～]病情は重い.[声明]重大な声明.[遭了～的打击]手ひどい打撃を受けた.[～急性呼吸系统综合征]図重症急性呼吸器症候群.SARS.[～传 chuán 染性非典型肺炎](新型肺炎)ともいう.[～犯规]図(水球の)メジャーファウル.

[芫] yán → yuán

芫荽 yánsui 植コエンドロ.コリアンダー(中国パセリ).セリ科.俗に[香 xiāng 菜](コウサイ)という.薬味にしたりそのまま生食したり,漬物などにする.
芫荽醇 yánsuichún ⇒[里 lǐ 哪醇]

[延] yán 延①延ばす.引き延ばす.[蔓 màn ～]蔓延する.②(時間を)長引く(かせる).延ばす.のびのびにする(なる).[迟 chí ～]遅延する.→[延期].③広がる.及ぼす.[～聘 pìn ①][请 qǐng ②] ④〈文〉至る.⑤〈姓〉延(え)
延挨 yán'āi 〈文〉ぐずぐず延ばす.

延安 yán'ān 地陕西省北部の都市:1937～47年まで中国共産党中央の所在地.中国革命の聖地とされる.[～精神]延安精神:解放を勝ち取るまでの自力更生と刻苦奮闘の精神.[～文艺座谈会]1942年5月,延安において毛沢東が講話をおこなった文学・芸術・座談会.
延爆 yánbào 爆発を遅らせる.[～装置]爆発遅延装置.
延宾 yánbīn 〈文〉客を招く.
延长 yáncháng (時間や距離を)延長する.延ばす.[～赛 sài]図延長戦.プレーオフ.[～线]延長線.[～期限]期限を引き延ばす.[～一百公里]百キロ延長する.
延长弹性 yáncháng tánxìng 物遅延弾性.
延迟 yánchí 延期する.延びる.[大会～召开]大会は開会が遅れる.[～到下周]来週に延期する.[～婚期]結婚式を延期する.
延宕 yándàng 〈文〉延ばす.長引かす.遅らせる.[宕延]に同じ.[所有问题应从速解决,切勿～时日]すべての問題は早く解決し,決して時日を延ばしてはいけない.
延点 yándiǎn 時間延長(労働時間の).→[加 jiā 点①]
延吨公里 yándūn gōnglǐ 延べトンキロ:鉄道用語.貨物運輸トン数とキロ数との延べ計算単位.1トンのものを1キロ運ぶことを1[～]という.[载 zài 重吨公里]ともいう.
延搁 yángē 引き延ばして捨ておく.[公事快办,不得～]公務は早く処理し,長引かせてはいけない.→[延宕]
延后 yánhòu 繰り延べる.後へ延ばす.
延胡索 yánhúsuǒ 植エンゴサク(延胡索)[玄 xuán 胡索][元 yuán 胡]ともいう.ケシ科の草.塊茎は鎮痛剤に用いる.
延胡(索)酸 yánhú(suǒ) suān =[反 fǎn 丁烯二酸]図フマール酸.
延缓 yánhuǎn 遅らせる.延ばす.[～偿付期]図債務支払猶予.モラトリアム.[～三个月]3か月延ばす.
延颈企踵 yánjǐng qǐzhǒng 〈成〉首を伸ばし,つま立ちして待つ:[延企][延颈举踵]ともいう.[大家都～地仰望您]皆が期待し切望しています.
延揽 yánlǎn 〈文〉(人材を)招致する.[～天下英雄豪杰]天下の英雄豪傑を招聘する.
延龄 yánlíng ⇒[延年]
延陵 yánlíng 〈姓〉延陵(えんりょう)
延龄草 yánlíngcǎo 植エンレイソウ(延齢草):ユリ科.
延蔓 yánmàn ①蔓延する.はびこる.②引き続いて絶えない.
延袤 yánmào 〈文〉長々と続く.[～不绝]長々と続いて絶えない.
延绵 yánmián 延々と続く.[长城东起山海关～数千里]万里の長城は東は山海関から延々と数千里に続いている.
延命菊 yánmìngjú ⇒[雏 chú 菊]
延纳 yánnà 〈文〉接見する.[～宾客]賓客を接待する.
延脑 yánnǎo ⇒[延髓]
延年 yánnián 寿命が延びる.[延龄][延寿]ともいう.[松鹤～]〈成〉松や鶴のように長寿であること.[～益 yì 寿][益寿～]〈成〉ますます寿命が延びる(祝詞)
延聘 yánpìn ①〈文〉招聘する.[～人才]人材を招聘する.[～一些学者来讲学]学者方をお招きして講義してもらう.→[聘请] ②招聘期間を延長す

延期 yánqī 延期(する).〔~举行〕举行を延期する.〔~炸 zhà 弹〕軍一定時間を経過した後に爆発する爆弾.〔~罚款〕経契約金引渡遅延に対する違約金.〔~付款〕経延(2)払い.〔~日步〕経延滞日步.

延企 yánqǐ〈文〉切望する.〔延颈企踵〕の略.〔~以待〕首を長くして待っている.→〔鹤 hè 企〕

延欠 yánqiàn ①支払いを延ばす.②未払い代金.

延请 yánqǐng 招聘する.〔~一位先生〕一人の先生を招聘する.

延人公里 yánrén gōnglǐ 延べ人員キロ:鉄道用語.乗客と距離との延べ計算の単位.通常 1 人を 1 キロ運ぶことを 1〔~〕という.〔旅 lǚ 客公里〕ともいう.

延烧 yánshāo 延焼する.〔大火~了好几家〕大火で多数の家が延焼した.

延伸 yánshēn 延びる.延ばす.〔公路一直~到江边〕自動車道はずっと河の所まで延びている.

延师 yánshī〈文〉師を招く.〔~任教〕師を招いて教授をしてもらう.

延时 yánshí 時間を延長する.〔~半小时〕30分間延長(する)

延首 yánshǒu 首を長くする.〔~以待〕慣首を長くして待つ.

延寿 yánshòu ⇒〔延年〕

延寿客 yánshòukè 菊の別名:〔延年客〕ともいう.

延髓 yánsuǐ 生理延髄〔延脑〕〔末 mò 脑〕ともいう.

延误 yánwù 長引く.遅延する:その結果差し支えを生ずる.〔~了期限〕長引いて期限に遅れる.〔CA157航班因天气关系—三十分钟〕CA157便は天候のため、予定より30分遅延する.

延禧 yánxǐ 喜びを迎える.幸福を招く:吉祥の語で多く壁に掲げる.

延线 yánxiàn 鉄延長線

延性 yánxìng 物延性.

延续 yánxù 長期継続(する).〔子孙就是生命的~〕子孙は生命の延長である.〔~到深夜〕深夜まで続いた.

延音 yánjīn 音楽テヌート:演奏記号.

延誉 yányù〈文〉良い評判が遠くまで広まる.〔~于海外〕名声が外国にまで広がる.

延展 yánzhǎn ①延べ広げる.延ばす.②物展延.展延性.

延滞 yánzhì 滞船する.〔~费〕デマレージ.滞船料.

延伫 yánzhù〈文〉首を伸ばして待つ.〔~恭 gōng 候先生〕首を長くしてあなたをお待ちしています.

〔**埏**〕 yán〈文〉①広い土地の辺際.果て.〔八~〕八方.②墓道. → shān

〔**蜒**〕 yán ①うねうねと長い.長さは.〔蜿 wān~〕蛇行しているさま.②→〔海 hǎi 蜒〕③→〔蚰 yóu 蜒〕

蜒蜒 yányán 屈曲しているさま.

蜒蚰 yányóu〈口〉動ナメクジ:〔蛞 kuò 蝓〕に同じ.

〔**筵**〕 yán ①圓竹のむしろ.〔转〕むしろの席.座席.②酒席.酒宴.〔喜 xǐ~〕祝賀の宴.〔~定〕宴席の予約をする.〔寿 shòu~〕誕生祝いの宴.

筵席 yánxí〈文〉宴席.〔~税〕宴席税.〔摆 bǎi 贺寿〕宴を設けて誕生日を祝う.

筵宴 yányàn〈文〉宴席.宴会.

〔**阽**〕 yán diàn の又音.

〔**妍**(**姸**)〕 yán〈文〉美しい.麗しい.〔百花争~〕百花咲き競う.〔争~斗艳 yàn〕成妍(か)を争い色を闘わす:非常に美しくあでやかなこと.

妍媸 yánchī〈文〉美と醜.〔不辨~〕〈成〉美醜の区別がつかない.

妍芳 yánfāng〈文〉美しくて香りがよい.

妍丽 yánlì〔美观〕〈文〉美麗である.〔百花~〕百花美しく咲きほこる.

妍美 yánměi 同上.

〔**研**(**研**・**揅**)〕 yán ①細かく磨(す)る.擂(す)り砕く.〔~成细末〕擂って粉にする.②深く究める.研究する.〔钻~〕学問を研究する.→〔研讨〕 → yàn

研钵 yánbō ⇒〔乳 rǔ 钵〕

研齿床 yánchǐchuáng 機ラップ盤(歯車用の)

研杵 yánchǔ 乳棒.

研船 yánchuán 薬研(やげん)

研读 yándú 熟読する.精読する.

研发 yánfā〔~小组〕研究開発グループ.〔~人员〕研究開発スタッフ.

研究 yánjiū ①研究(する).〔~历史〕歴史を研究する.〔~所〕研究所.〔~室 shì〕研究室.②検討(する).〔~一下吧〕検討してみましょう.〔我去找领导~~〕わたしは上司と検討してみます.→〔考 kǎo 虑〕

研究生 yánjiūshēng 大学院学生.大学院生.〔~院〕大学院.〔硕 shuò 士~〕修士院生.マスター在学生.〔~院〕大学院博士課程.

研究员 yánjiūyuán(科学研究機関の)研究員:大学の教授に相当し、〔副~〕は副教授に相当、〔助理~〕は講師に相当、〔研究实习员〕は〔助教〕に相当する.

研磨 yánmó ①研磨する.〔~粉〕みがき粉.〔~机〕研磨機.グラインダー.→〔磨床①〕②ひいて粉にする.

研墨 yánmò 墨を磨(す)る.

研判 yánpàn ①詳しく調べて判定する.②科学判定(する)

研商 yánshāng 検討し協議する.

研索 yánsuǒ 探究する.

研讨 yántǎo 研究討論(する).〔~怎样增进市民福利〕どのように市民の福祉を増進するかを深く検討する.〔~会〕研究討論会.シンポジウム.

研习 yánxí 習い究める.

研修 yánxiū 研修する.〔去国外~一年〕外国へ行って一年研修する.

研寻 yánxún 究め尋ねる.研究する.→〔研究①〕

研造 yánzào 同下.

研制 yánzhì =〔研造〕研究し製作する.〔研究制造〕の略.〔~新产品〕新製品を研究し開発する.〔~核武器〕核の開発.

〔**沿**(**沿**)〕 yán ①〈文〉流れに沿って下る.〔~袭〕②したがう.踏襲する.〔相~成习〕次第に習慣となる.〔这是多少年~下来的风俗〕これは長年しきたりになっている風俗である.③寄り添って.沿って.〔~着马路走〕道路に沿って歩く.〔~着社会主义道路前进〕社会主義の道に沿って行く.〔~顺 shùn 流〕④ふち取る.(衣服などに)へりをつける.〔袖口上一道边儿〕袖口に一道のへりを取る.⑤〔-儿〕辺.縁.へり.わき.〔前~阵地〕前辺の陣地.〔炕 kàng~〕炕(オンドル)のへり(わき).〔河~(儿)〕川ぶち.〔沟 gōu~儿〕溝のふち.〔帽~儿〕〔帽檐儿〕帽子のつば.ふち.

沿岸 yán'àn 沿岸.〔~贸易税〕〔转 zhuǎn 口税〕圓沿岸貿易税.

沿边 yánbiān ①辺.縁.②境界.〔~不靖 jìng〕国境不安.

沿边儿 yánbiānr レースを衣服の周囲に縫いつけ

yán

沿 る.レースで衣服の縁(ぶ)飾りをする.〔在旗 qí 袍上沿一道边儿〕"チーパオ"(ワンピースの女性中国服)に1本のレースで縁飾りをする.②糸で着物やふとんの縁を縫う.

沿波讨源 yánbō tǎoyuán 〈成〉手がかりをつかんで本末を究める.

沿才授职 yáncái shòuzhí 〈成〉才能によって職務を与える.→〔量 liàng 才录用〕

沿革 yángé =〔因 yīn 革〕沿革.移り変わり:〔沿〕は旧制に従うことをいい,〔革〕は旧制を改めることをいう.〔社会风俗的～〕社会風習の移り変わり.

沿海 yánhǎi ①沿海.沿岸.〔～管辖权〕沿岸国管轄権.②海に沿って(いる).〔～货轮〕沿岸貨物船.〔～城市〕沿海都市.海沿いの町.

沿江 yánjiāng 沿岸地帯:多く長江の沿岸をいう.

沿街 yánjiē ①通りに沿う(って).〔～叫卖〕売り声をあげながら町から町へと歩く.②通りの両側.〔～都是各种小摊〕同側には様々な露店が並んでいる.

沿阶草 yánjiēcǎo ⇒〔麦 mài (门)冬〕

沿篱豆 yánlídòu =〔扁 biǎn 豆〕

沿例 yánlì 旧例に従う.〔～而行〕前例どおり行う.

沿路 yánlù =〔沿途〕①沿道.〔～都种着花草〕沿道にはみな草花が植えてある.②道すがら.

沿门托钵 yánmén tuōbō 〈喩〉あちこち頼み回る.

沿儿 yánr 縁辺り.ふち.へり.

沿溯 yánsù 流れに沿うことと流れを遡ること.

沿条儿 yántiáor バイアステープ.

沿途 yántú ⇒〔沿路〕

沿袭 yánxí 踏襲する:昔からの制度・慣習に従う.〔～旧例〕旧例を踏襲する.

沿线 yánxiàn 沿線.〔铁路～的村镇〕鉄道沿線の町や村.

沿循 yánxún 沿う.従う.〔～惯例〕慣例に従う.

沿用 yányòng しきたりのまま用いる.〔～成规〕従来の規定どおりにする.

沿着 yánzhe →字解③

〔铅・鉛(鈆)〕 yán ①地名用字.〔～山〕江西省にある.②〈姓〉鉛(え)→ qiān

〔炎〕 yán ①きわめて暑い.→〔炎热〕〔炎夏〕②〈文〉炎が舞い上がる.③医 炎症.〔肺 fèi ～〕肺炎.〔盲 máng 肠～〕盲腸炎.④〈文〉権勢.〔趋 qū ～附势〕〈成〉権勢に媚びる.⇒〔炎凉〕→〔炎黄〕

炎魃 yánbá =〔旱魃〕〈文〉旱魃(ば).日照り.〔～肆 sì 虐〕大旱魃が猛威をふるまう.

炎帝 yándì 伝説上の古代の帝王.神農氏尧(ず)族の首長.三皇の一.

炎旱 yánhàn ⇒〔炎魃〕

炎黄 yánhuáng 炎帝神農氏と黄帝軒轅氏:漢民族の先祖.〔～子孙〕(转)漢民族.

炎凉 yánliáng 〈文〉①暑さと涼しさ.〈喩〉世の移り変わり.〔世态～〕人情の厚薄.人の盛衰.②時候の挨拶.〔叙 xù ～〕同前をする.

炎热 yánrè 炎熱(である).〔～难当〕〈成〉たまらない暑い.

炎日 yánrì 〔夏の〕暑い日.灼熱の太陽.

炎暑 yánshǔ =〔炎夏.暑気.〔～蒸人〕炎暑人を蒸す.夏の暑さ.

炎天 yántiān 〈文〉①夏の日.②南方.

炎夏 yánxià 〈文〉真夏.盛夏.

炎炎 yányán 〔夏の太陽や炎火の〕勢いの盛んなさま.〔其势～〕その勢いは火の燃えさかるようだ.

炎阳 yányáng 〈文〉灼熱の太陽.〔～天〕炎天.

炎症 yánzhèng 医 炎症.

炎肿 yánzhǒng 医 発熱して腫れる病.〔肺～〕〔胃～〕など.

〔岩(巖・巗・嵒)〕 yán ①岩.岩石.〔沉 chén 积～〕堆積岩.〔变质～〕変成岩.〔花岗～〕花崗岩.〔火成～〕火成岩.→〔石 shí〕②岩のごつごつした峰.③岩穴.山の洞穴.④〈姓〉岩(い)

岩岸 yán'àn 岩岸.

岩壁 yánbì 岩壁.

岩层 yáncéng 岩層.

岩茶 yánchá 〔乌 wū 龙茶〕

岩床 yánchuáng 岩床:〔层 céng 状侵入体〕ともいう.

岩洞 yándòng =〔岩穴〕岩窟.

岩鸽 yángē 鳥 ユキバト.

岩桂 yánguì 植 ウスギモクセイ.→〔木 mù 樨①〕

岩画 yánhuà 岩石や崖などに画かれた絵:〔崖 yá (壁)画〕ともいう.

岩浆 yánjiāng 岩漿(ぐろ).マグマ.〔～岩〕〔火 huǒ 成岩〕火成岩.

岩雷鸟 yánléiniǎo →〔雷鸟〕

岩羚 yánlíng シャモア:羚羊(の)類.

岩流 yánliú 溶岩流.

岩漠 yánmò 岩石が地表にさらけ出ている荒原.

岩盘 yánpán 岩盤(地質)

岩溶 yánróng カルスト:〔〈音訳〉喀 kā 斯特〕は旧称.〔～地形〕カルスト地形.

岩石 yánshí 岩石.〔～圈 quān〕岩石圏.〔～学〕岩石学.〔～锥 zhuī〕〔楔 xiē 钉〕ハーケン.ピトン(登山用具).〔石头①〕

岩心 yánxīn コア:〔岩芯〕とも書く.〔～筒〕コアバレル.

岩穴 yánxué ⇒〔岩洞〕

岩崖 yányá 崖.

岩盐 yányán 岩塩:〔矿 kuàng 盐〕〈文〉戎 róng 盐〕〔石 shí 盐〕ともいう.

岩羊 yányáng =〔石 shí 羊〕動 バーラル:山岳地帯に住む野生のヒツジ.

岩样 yányàng 岩石標本.

〔盐・鹽(盐・卜)〕 yán ①塩.〔食 shí ～〕〔食塩〕の通称.〔放些～〕塩を少々入れる.〔撒 sǎ ～〕塩をふりかける(まく).〔精 jīng ～〕精製塩.〔大 dà ～〕粗塩.②化 酸と塩基の一種の化合物.〔碱 jiǎn 式～〕塩基性塩.〔正～〕正塩.→〔盐基〕〔氯 lǜ〕

盐巴 yánbā 〈方〉食塩.

盐剥 yánbō ⇒〔氯 lǜ 酸钾〕

盐层 yáncéng 岩塩の層.

盐场 yánchǎng 塩田(海浜の)

盐池 yánchí ①塩水のたまる池(製塩のための).②⇒〔盐湖〕

盐分 yánfēn 塩分.

盐肤木 yánfūmù 植 ヌルデ.フシノキ.カツギノキ:ウルシ科の落葉小高木.葉脈上の瘤状の塊を〔五倍子虫〕という.→〔五 wǔ 倍子〕

盐肤子 yánfūzǐ =〔酸 suān 桶〕中医〔盐肤木〕(ヌルデ)の果実または種子:薬用にする.

盐工 yángōng 製塩労働者.

盐湖 yánhú 塩湖.鹹(ふ)湖:〔盐池①〕〔咸 xián 湖①〕に同じ.

盐花 yánhuā ①〔-儿〕ごく少量の塩.〔汤里搁点～〕スープに少量の塩を入れる.②⇒〔盐霜〕

盐基 yánjī 塩基:〔碱 jiǎn ①〕(アルカリ)の旧称.〔淡黄～〕オーラシン:〔碱性槐黄〕の旧称.〔～金黄〕化 クリソイジン:〔碱性菊橙〕の旧称.

盐碱地 yánjiǎndì アルカリ性の土地.
盐碱滩 yánjiǎntān アルカリ性の砂地.
盐碱土 yánjiǎntǔ [地]アルカリ性土壌.
盐井 yánjǐng 塩井(セイ):四川・雲南に多い.
盐矿 yánkuàng 岩塩鉱.
盐老鼠 yánlǎoshǔ ⇒[蝙 biān 蝠]
盐类 yánlèi [化]塩類.
盐粒 yánlì 粗塩の粒.
盐卤 yánlǔ 苦汁(にがり):〔卤〕[卤水①]に同じ.
盐绿 yánlǜ [中医]昔時の鉱物眼病性薬の名.
盐梅 yánméi 羹(あつもの)の味つけに必要な塩気と梅の酸味(尚書・説命):⟨喩⟩宰相たるべき人.
盐木 yánmù ⇒[琐 suǒ 琐树]
盐硇 yánnáo [化]塩化アンモニウム.→[氯 lǜ 化铵]
盐汽水 yánqìshuǐ 塩を含んでいるサイダー.
盐泉 yánquán 塩類泉:塩分を多量に含む鉱泉.
盐商 yánshāng 塩商人.
盐霜 yánshuāng =[⟨方⟩盐花②]表面に吹き出た塩こんぶなど.
盐水 yánshuǐ 塩水.ブライン.〔选种 zhǒng〕塩水に種子を入れ,沈んだものを選び出す方法.
盐税 yánshuì 旧塩税.〔盐课 kè〕ともいう.
盐酸 yánsuān 〔氢 qīng 氯酸〕塩酸.〔稀 xī ~〕希塩酸.〔~麻 má 黄碱〕[化]麻黄素[化]塩酸エフェドリン.〔~的宁〕塩酸ストリキニーネ.〔~吗 mǎ 啡〕塩酸モルヒネ.〔~可卡因〕〔~古 gǔ 柯碱〕塩酸コカイン.塩コカ.〔~奎 kuí 宁〕[药]塩酸キニーネ.塩規.〔~金霉 méi 素〕[药]オーレオマイシン.〔~硫 liú 胺素〕[硫胺(素)](ビタミンB$_1$)塩酸チアミン.塩酸サイアミン.〔~普 pǔ 鲁卡因〕[药]塩酸プロカイン.塩プロ.〔~奴 nú 佛卡因〕[奴夫卡因](ノボカイン)に同じ.〔~四卡因〕テトラカイン〔潘 pān 妥卡因〕(パントカイン)に同じ.
盐滩 yántān 塩田:製塩用海水や塩湖の水を干す砂浜.
盐田 yántián 塩田.
盐铁 yántiě 塩と鉄.製塩と製鉄.〔~之利〕同前の利益.〔~论〕[书]塩鉄論:漢の桓寛が書いた政論書.〔~使 shǐ〕官名,塩鉄の税を掌る.
盐土 yántǔ [农]塩分のある土壌.
盐坨子 yántuózi (塩田で)積みあげた塩の山.
盐枭 yánxiāo [旧]武装した塩の密売者.
盐硝 yánxiāo ⇒[芒 máng 硝]
盐腌 yányān 塩漬けにする(こと)
盐业 yányè 塩業.
盐引 yányǐn [明清]食塩の専売許可証.
盐余 yányú [史]塩税収入を担保とした外債の元利償還後の残金:[盐余款]の略.
盐灶 yánzào 塩を煮るかまど.
盐沼 yánzhǎo 塩の多い沼地.
盐砖 yánzhuān 塩を固めて煉瓦の形にしたもの.

[阎・閻] yán ①⟨文⟩横町や裏通りの木戸(門).〔闾 lǘ~〕村里の門.②⟨姓⟩阎(エン).
阎君 yánjūn ⇒[阎王①]
阎罗包老 yánluó bāolǎo 閻魔と包拯.⟨転⟩剛直な裁判官二人.
阎罗(王) yánluó(wáng) [宗]閻魔(王):[阎魔][琰yǎn 魔罗]〔琰魔逻闇(えんまらじゃ)〕ともいう.[阎王]〔(えんま様)〕は通称.
阎魔 yánmó 同上.
阎王 yánwang ①閻魔大王.閻魔様:[阎君][阎罗(王)]に同じ.[阎魔十王]同前の5番目の王〔冥 míng 王〕②⟨喩⟩性質の暴虐な人.凶悪人.〔活~〕おそろしい人.〔赛 sài~〕閻魔も顔負け.
阎王殿 yánwangdiàn 閻魔殿.⟨喩⟩極悪人の占拠している場所.
阎王好见,小鬼难缠 yánwang hǎojiàn, xiǎoguǐ nánchán ⟨諺⟩閻魔は面会しやすいが,小鬼の相手はしにくい.⟨喩⟩上のものは分かりがよいが,下っぱのものは始末が悪い.
阎王利息 yánwang lìxī ⟨喩⟩ひどい利息.超高利.
阎王债 yánwangzhài 同下.
阎王账 yánwangzhàng =[阎王债]⟨喩⟩高利(貸)の金.〔~利滚利,典房卖地带受气〕高利貸の金は利が利を生み,家を抵当に入れたり,土地を売却したりで,その恨みを引き出し.〔~可千万不得.那是上刀山下油锅的钱啊〕高利貸の金は決して借りてはならないは剣の山に上り,油の鍋に入るような金ですよ.

[颜・顏(顔)] yán ①顔の様子.顔の色.〔容~〕容貌.〔朱~赤い顔.〔和~悦 yuè 色〕⟨成⟩穏やかな顔つき,喜びの色.〔开一笑〕顔をほころばして笑う.→[脸 liǎn]②面目.体面.〔无~见人〕面目なくて顔向けができない.〔此人厚~,常喜自夸〕この人は厚かましくて常に尊大ぶっている.③色彩.色.〔五~六色〕⟨慣⟩いろいろな色.→[颜色]④⟨姓⟩颜(ガン).
颜料 yánliào 顔(ガン)料.塗料.絵具:[颜色 shai①]ともいう.
颜面 yánmiàn ①顔面.〔~骨〕[生理]顔面骨.〔~神经〕[生理]顔面神経.②体面.名誉.〔~攸 yōu 关〕名誉に関するところ.〔顾全~〕体面を重んずる.
颜容 yánróng 顔つき.
颜色 yánsè ①=[⟨口⟩颜色儿]色彩.色.〔走~〕色がさめる.〔你喜欢什么~的〕どんな色が好きですか.〔她的脸上有了笑~〕彼女の顔に笑みが浮かんだ.②容貌.表情.顔つき.〔她长 zhǎng 得有几分~〕なかなかきれいだ.③⟨口⟩怖い目.痛い目.ひどい目:〔给……看〕の形をとる.〔给侵略者一点~看看〕侵略者に目にものを見せる.
颜色 yánshai ①⇒[颜料]②⇒[染 rǎn 料]
颜色儿 yánshair ⇒[颜色①]
颜体 yántǐ 颜真卿の書体:[~字][颜字]ともいう.〔他是写与~的〕彼は颜真卿流の字を書く.

[沇] yǎn 〔~水〕旧川河名:[济jǐ水]の別称.

[兖(兗)] yǎn ①[古]九州の一.〔~州 zhōu〕②同前.ⓑ[地]兖州府:現在の山东省西府の地域.ⓒ山東省にある県.②⟨姓⟩兖(エン).

[奄] yǎn ⟨文⟩覆う.包む.〔~有四方〕四方を領す.②たちまち.急に.③古国名:殷の紂王を助けたため周に滅ぼされた.④yān
奄忽 yǎnhū ⟨文⟩たちまち.にわかに.
奄然 yǎnrán ⟨文⟩たちまち.忽(にわか)に然(しか)り.
奄奄 yǎnyǎn 息たえだえのさま.〔~一息〕⟨喩⟩息絶えんとするさま.〔气息~〕⟨慣⟩気息奄(エン)奄.

[掩(揜)] yǎn ①遮る.覆う.〔~土〕土でかぶせる.〔衣服可以~形御 yù 寒〕服は体を覆い寒さを防ぐことができる.〔~口而笑〕口を覆って笑う.②閉じる.同前.〔我马上就回来,把门~上就行了〕すぐ戻ってくるから,門を閉じるだけでいいです.→[虚 xū 掩]③⟨口⟩〔门・窗・箱など〕に物を挟む.〔关门住手了〕ドアを閉めて手を挟んでしまった.〔门门~住衣服了〕戸で服を挟んだ.④⟨文⟩不意打ちを受ける.→[掩袭]
掩鼻 yǎnbí 鼻を覆う.〔~而过〕鼻をつまんで通り過ぎる.〔令人~〕⟨喩⟩臭くてたまらない.

yǎn

掩 晻 罨 裵 弇 渰 儼 衍 剡 廞 琰 梗 厴 魘 黶 眼

掩闭 yǎnbì 閉じる.閉ざす.

掩蔽 yǎnbì ①隠蔽する.包み隠す.覆い隠す.〔找个~的地方〕身を隠す所を探す.〔树荫儿太少,~不住〕木陰が少ないので覆い隠しきれない. ②遮蔽物.〔~部〕シェルター.掩蔽壕.

掩藏 yǎncáng 包み隠す.覆い隠す.〔一人~,十人难找〕ひとりが隠してしまうと,10人でも探し出せない.

掩耳盗铃 yǎn'ěr dàolíng <成>耳を覆って鈴を盗む.<喩>自分を欺くこと.〔你这不是~,自己骗自己吗〕おまえこれは耳を覆って鈴を盗んだもので,自らを欺くものではないか.→〔掩目捕雀〕

掩覆 yǎnfù 隠す.

掩盖 yǎngài ①覆い隠す.〔用毯子~起来〕毛布でかぶせる. ②覆い隠す.〔撒谎~不了事实〕嘘では事実を隠しきれない.〔~真相〕真相を覆い隠す.

掩护 yǎnhù 掩護(する).〔在炮兵~之下攻击敌阵〕砲兵の掩護を受けて敵陣を攻撃する. ②ひそかに保護する.かくまう.かばう.〔~地下组织的同志〕地下組織の同志をかくまう. ③蔽遮(物).隠れみの.〔找一个~隐蔽起来〕隠れみのを探して人の目をくらます.

掩怀 yǎnhuái 服の袖を通さずに体にひっかける.

掩襟 yǎnjīn 前襟:中国服の前面部を〔襟〕といい,その重なった上の方をいう.

掩卷 yǎnjuàn <文>書を閉じる.〔~长叹 tàn〕(読んで好処に至れば)巻をおおって長嘆する.

掩口葫芦 yǎnkǒu húlú <喩>口を覆って笑うさま.

掩口 yǎnkǒu ⇒〔掩泣〕

掩埋 yǎnmái 埋める.覆う.埋蔵する.〔~尸体〕死体を埋める.

掩门 yǎnmén 門を閉ざす.戸を立てる.戸を締める.〔虚掩着门儿〕扉を閉めただけにしておく.→〔半bàn 掩门儿〕

掩面 yǎnmiàn <文>顔を覆う.顔を手で押さえる.〔~而泣〕顔を覆って泣く.

掩目捕雀 yǎnmù bǔquè 目を覆って雀を捕える.<喩>自己を欺く.→〔掩耳盗铃〕

掩旗息鼓 yǎnqí xīgǔ ⇒〔偃旗息鼓〕

掩泣 yǎnqì =〔掩泪〕〔掩涕〕<文>顔を押さえて泣く.しのび泣く.

掩人耳目 yǎn rén ěrmù 世人の耳目を覆い隠す.<喩>世間を欺く.

掩杀 yǎnshā <文>(敵の不意に乗じて)襲い殺す.奇襲する.〔~过来〕殺到して来る.〔出其不意一阵~〕不意に乗じて襲撃する.

掩饰 yǎnshì 不正・欠点などを)覆い隠す.ごまかす.カムフラージュする.〔他花亏空了报不上账,直拿话~〕彼は使い込みをやったが帳面にはあげられないので,しきりにごまかしを言う.〔求您给我~~吧〕取り繕って言って下さいよ.

掩体 yǎntǐ <軍>掩体(えん).〔单人~〕たこつぼ型の掩体壕.

掩涕 yǎntì ⇒〔掩泣〕

掩袭 yǎnxí <文>急襲する.

掩心 yǎnxīn 旧(鎧(よろい)につける金属製の)胸あて.〔~镜〕同前.

掩星 yǎnxīng <天>掩蔽.星食.

掩眼 yǎnyǎn 人目をくらます.〔~法〕目くらましの術.

掩衣 yǎnyī ⇒〔裵 jiā 裟〕

掩尾巴 yǎnyǐba 〔喩〕後ろを閉めろ!〔寒さの厳しい時,部屋の中へ入って戸を閉めない場合,室内の人が〔~了?〕(しっぽを挟まれたか),〔怕~是怎么了?〕(しっぽを挟まれるのを心配するか),(你的尾巴好好长啊!)(おまえのしっぽはえらく長いな!)と言う.'馬鹿の開けっぱなし'.

掩隐 yǎnyǐn 覆い隠す.

掩映 yǎnyìng 対照しあう.ひきたて合う.〔堤上红桃绿柳相互~〕堤の上の赤い桃と緑の柳がコントラストをなしている.

掩遮 yǎnzhē 覆い遮る.〔她躲在门后,用窗帘儿~起来〕彼女は門内深く身を避けた後,窓のカーテンで覆い遮った.

掩捉 yǎnzhuō 捕らえる.〔~小鸟儿〕小鳥を同前.

[晻] yǎn〔文〕薄暗い.〔~~〕暗いさま.→〔暗 àn〕

[罨] yǎn <文>①鳥・魚を捕る網. ②覆う.かぶせる.〔~法〕[中医]湿布する治療法.あん法.〔冷~〕冷あん法.〔热~〕あん法.

[裵・襲] yǎn 人名用字.〔刘 liú ~〕[人]五代の南漢の人.

[弇] yǎn <文>覆う.〔~陋 lòu〕見識が浅い.

[渰] yǎn <文>雲の湧きたつさま. → yān

[儼・儼] yǎn <文>①厳かである.いかめしい. ②真に迫っている.〔~若夫妇〕まるで夫婦のようである.

儼乎 yǎnhū <文>厳しさす.

儼然 yǎnrán <文>①厳かでいかめしいさま. ②きちんと整っているさま.〔屋舍~〕家屋がよく整っている. ③あたかも.まるで.〔装扮起来,~是一个老翁〕扮装するとまるで老人のようだ.

儼如 yǎnrú <文>さながら…のようである.

[衍] yǎn ①<文>広がる.広まる.〔推~〕推し広める.〔曼~〕はびこる.延びる. ②<文>あり余る.余計である:まちがって入り込んだ余分な字句など.→〔衍文〕 ③<文>低くて平たい土地や水中の沙州. ④<文>沼沢. ⑤<姓>衍(せん)

衍变 yǎnbiàn ⇒〔演变〕

衍化 yǎnhuà 発展し変化する:多く外的形式の変化をいう.→〔演化〕

衍射 yǎnshè [物]回折(する):〔绕 rào 射〕は旧称.

衍生 yǎnshēng ①[化]置換により複雑な化合物になる.〔~物 wù〕誘導体. ②派生する.増殖する.

衍文 yǎnwén 文中の誤植や余分の文句.文中のむだな字句.

[剡] yǎn <文>①鋭く削る. ②鋭い.〔~棘 jí〕尖ったいばら. → shàn

[廞] yǎn 〔~廖 yí〕<文>門のかんぬき.

[琰] yǎn <文>玉の一種.

琰圭 yǎnguī <文>上端の尖った圭(けい)

[梗] yǎn 古書で〔柰 nài〕(ベニリンゴ)のような実のなる樹.

[厴・厴] yǎn ①螺(にな・たにし・さざえ類)の貝殻の口の蓋(ふた). ②蟹の腹の下部の薄い殻.

[魘・魘] yǎn ①夢にうなされる.〔梦 mèng ~〕〔发 fā ~〕同前.〔叫 婆 pó 婆~〕悪魔に襲われた.→〔魘虎子〕 ②<方>寝言を言う.

魘虎子 yǎnhǔzi <方>〔口〕(迷信で)人の睡眠中を襲って魘(えん)させて苦しめるといわれる魔物.〔梦 mèng 婆婆〕などその類.〔叫~魘上了〕魔物にうなされた.

[黶・黶] yǎn ①〔~子〕黒痣(ぼくろ).黒あざ. ②暗い.

[眼] yǎn ①目.眼:ふつうで〔~睛〕という.〔一只 zhī ~〕片方の目.〔眯 mī ~〕目を細くする. ②<亲~见〕親しくその目で見る.〔~一

眼 yǎn

个!〕おめめをパチパチしてごらん.〔瞪 dèng ~〕目を見張る.〔看一~〕ちょっと見る.〔闪 shǎn 了一~〕ちらと見た.〔碍 ài ~〕目障り.〔[一儿]穴.〔钻 zuān 一个~〕(錐で)穴を一つあける.〔针~〕⑥針の穴.⑤注射の跡.〔筛 shāi(子)~〕ふるいの目.〔网 wǎng ~〕網の目.〔肚脐 ~〕へそ(の穴).〔耳朵~〕耳の穴.〔鼻子~〕鼻の穴.〔孔 kǒng ①〕③(碁の)眼:相手が打つことのできない場所.④斑竹の斑,硯石の斑点,碁盤の目,孔雀の尾尖の模様など.⑤量詞.⑥井戸を数える.〔一~井〕〔一口 kǒu 井〕一つの井戸.⑥瞥見の回数を数える.〔看了一~就走了〕ちらとひと目見てすぐ行ってしまった.⑥眼力.視力.⑦要点.かなめ.関節.〔节骨~〕肝心なところ.要点.〔腰~〕腰の脊椎骨の両側の部分.〔钱要花在节骨~上〕金を肝心な時に使わなければならない.⑧旧劇や伝統音楽の拍子.〔唱错了~〕〔板 bǎn 眼〕拍子を間違えた.〔板 bǎn 眼〕

眼巴巴 yǎnbābā ①熱望するさま.しきりに待ち望むさま.〔两位老人~地等着儿子,闺女回来过年〕老夫婦は息子や娘がお正月に帰省してくるのを首を長くして待っている.②みすみす.むざむざ:気はあせるが処処するすべもなく不本意な結果となるさま.〔我~地看着小猫要断气〕じっと小猫が息断えるのを見守るばかりだった.

眼白 yǎnbái ⇒〔白眼珠〕

眼胞 yǎnbāo

眼保健操 yǎn bǎojiàn cāo 目の体操.

眼边(儿) yǎnbiān(r) 目の周り.目のふち.〔红~〕眼の周りが赤い.〔烂 làn ~〕ただれ目.

眼病 yǎnbìng 眼病.

眼波 yǎnbō〈文〉まなざし:多く女性についていう.

眼不见为净 yǎn bújiàn wéijìng〈慣〉見ぬこと清し.見ぬが花.

眼不见心不烦 yǎn bújiàn xīn bùfán〈慣〉見なければ心を痛めることはない.知らぬが仏.

眼岔 yǎnchà〈方〉物を見違える:多く後に〔了〕を伴う.

眼馋 yǎnchán 見ればぞく欲しがる.うらやましがる.〔~吃不着〕見れば食べたいが口に入らない.〔一看东西就~〕物を見るとすぐ欲しくなる.

眼馋肚饱 yǎnchán dùbǎo 腹一杯であるのに見たものが欲しくなる.〈喩〉貪(汉)欲で飽くことを知らない:〔眼大肚小〕ともいう.

眼眵 yǎnchī〔口〕〔眼屎〕目やに.目くそ.〔出~〕目やにがでる.→〔眵〕

眼虫 yǎnchóng 〔动〕ミドリムシ.ユーグレナ:〔眼虫藻 zǎo〕ともいう.

眼瞅着 yǎnchǒuzhe〈口〉見ているうちに.みすみす:〔口〕〔眼瞧着〕〔眼看②〕に同じ.

眼穿 yǎnchuān〈文〉切望する.待ちこがれる.

眼疮(儿) yǎnchuāng(r)〔医〕ものもらい.めぼと:目のふちにできる腫れ物.〔麦 mài 粒肿〕

眼错不见 yǎncuò bùjiàn〈方〉眼を離す.うっかり見すごす.

眼大肚小 yǎndà dùxiǎo ⇒〔眼馋肚饱〕

眼大无神 yǎndà wúshén〈喩〉生気のない大きい目.

眼大心肥 yǎndà xīnféi ⇒〔眼空心大〕

眼袋 yǎndài〔生理〕垂れた下まぶた.目の下のふくらみ.

眼丹 yǎndān ⇒〔针 zhēn 眼〕

眼底 yǎndǐ ①〔生理〕眼底.〔~出血 xuè〕眼底出血.②目の中.〔登楼一望,全城景色尽收~〕楼に登って眺めれば全市の景色が一望の下にある.

眼底下 yǎndǐxià ⇒〔眼皮底下〕

眼点 yǎndiǎn〔动〕眼点:下等生物の感覚器官.

眼毒 yǎndú〈方〉①目力が強い.一度見たらなかなか忘れない.②そねむ.ねたむ.〔招人~〕いやな目で見られる.

眼风 yǎnfēng〈方〉流し目.目くばせ.

眼缝儿 yǎnfèngr (目を細めた時の)上下まぶたのひらき.

眼福 yǎnfú 目の正月.目の保養:面白いものなどを見て目を楽しませること.〔(不浅)大変目の保養になった.〔以饱~〕目を十分楽しませる.〔~不如口福〕〈慣〉花より団子.→〔耳 ěr 福〕〔口 kǒu 福〕

眼盖 yǎngài ⇒〔眼睑〕

眼高 yǎngāo ①目がきく.眼力がある.〔贵 guì 人~〕貴人は目がきく.さすがにお目が高い.ほめ言葉.②気位が高い.すべてを軽視する.〔少年气性,一切〕若者の気位は実に高い,何でも馬鹿に見える.③高望みである.

眼高手低 yǎngāo shǒudī〈喩〉望みは高いが実力は伴わない.

眼观六路 yǎn guān liùlù〈成〉八方に細心の気を配る:〔~,耳听八方〕同时.

眼光 yǎnguāng ①まなざし.視線.〔大家的~都集中到我身上来了〕みんなの視線がわたしに集中した.②眼力.見識.〔~高〕見識が高い.〔~短浅〕見識が浅い.→〔目 mù 光〕③目のつけどころ.着眼点.〔他的~高〕彼は眼が高い.〔他对古玩很有~〕彼は骨董に眼識が高い.④考え方.見方.〔这样的东西怕不对他的~〕このような品は彼の趣味に合わない(気に入らない)だろう.

眼红 yǎnhóng ①うらやましがる.やきもちをやく.目の色を変える.②血まなこになる.激怒する.〔仇人见面,分 fèn 外~〕〈諺〉仇に遭うと特别目が血走る.〔红眼〕

眼花 yǎnhuā 目がかすむ.〔我老了,~了〕わたしは年をとった,もう目がかすむようになった.〔头疼~〕頭がふらふらして,目がかすむ.

眼花耳热 yǎnhuā ěrrè〈慣〉①(目や耳に)煩わしくやかましい.見せられ聞かされて飽き飽きする.②目が回り耳がほてるる:酔った形容.

眼花缭乱 yǎnhuā liáoluàn〈慣〉様々の色彩を見て目がぼうっとする.

眼犄角儿 yǎnjījiǎor ⇒〔眼角(儿)〕

眼疾 yǎnjí〈文〉眼病.

眼疾手快 yǎnjí shǒukuài ⇒〔眼明手快〕

眼尖 yǎnjiān 目ざとい.〔小孩子~〕子供は目が早い.〔~腿 tuǐ 快〕〔~足疾〕非常にすばしこい.敏捷である.

眼睑 yǎnjiǎn =〔眼胞〕〔眼盖〕〔生理〕まぶた:ふつう〔眼皮(儿)〕という.→〔睑〕

眼见 yǎnjiàn ①親しく見る.まのあたり見る.〔~目睹 dǔ〕同じ.〔耳闻是虚〕〔耳听为虚,~为实〕〈諺〉親しく見たものは確かであるが,噂に聞いたことは当てにならない.②すぐに.見る間に.〔~就要开学了〕もうすぐ学校が始まる.

眼见得 yǎnjiànde 見る間に.〔病人~不行了〕病人は目に見えて悪くなった.

眼胶 yǎnjiāo アイジェル:化粧品.

眼角(儿) yǎnjiǎo(r) =〔眼犄角儿〕〈方〉〔眼梢(儿)〕〈文〉眼眦.まなじり.〔别拿~看人〕まなじりで(横目で)人を盗み見してはいけない.

眼睫毛 yǎnjiémáo まつげ.〈方〉〔眼眨毛〕〔睫毛〕ともいう.

眼界 yǎnjiè 眼力の及ぶところ.目に見える限り.眼界.視野.〔~窄 zhǎi〕眼界が狭い.〔到外国去开开~〕外国へ行って視野を広くする.

眼睛 yǎnjīng 目ざとい.〔行家~,打不了眼〕商売人

1931

yǎn / 眼

(プロ)は目が確かなので買い損なうことはない.→〔眼尖〕

眼镜 yǎnjìng 〔-儿〕眼鏡.めがね.〔戴 dài ~〕めがねをかける.〔配~〕めがねを作る.めがねの度を合わせて買う.〔老花~〕老眼鏡.〔用有色~看人〕色眼鏡で人を見る.〔~框(儿) kuàng(r)〕めがねの縁(5).〔~腿 tuǐ〕めがねのつる.〔~盒子〕めがねサック.〔隐形~〕〔无 wú 形~〕〔接触~〕コンタクトレンズ.〔~片〕眼鏡レンズ.〔~架〕眼鏡フレーム.〔~蛇 shé〕動アジアコブラ.〔~王蛇〕キングコブラ.〔~猴 hóu〕動メガネザル.

眼睛 yǎnjing ①目.〔一双~〕〔一对~〕両方の目.〔睁大~看〕目を大きく開けて見る.〔~睁不开〕目が開かない.〔花了~〕目がかすんだ(ぼうっとなった).〔~向上〕〈喩〉上司の方ばかり見て部下をばかにする.〔~向下〕〈喩〉常に大衆の方に目がいく.〔~出火〕怒って目がぎらぎらする.〔(里)没(有)人〕眼中无人〕眼中に人なし.②見る目.眼力.〔他没有~〕彼は人を見る目がない.

眼睛皮直打架 yǎnjingpí zhí dǎjià まぶたがしきりにけんかをする.〈喩〉しきりに眠気を催す.〔困得我~〕眠くてしかたがない.

眼睛树 yǎnjingshù ⇒〔白 bái 杨〕

眼开 yǎnkāi にこりとする.〔见钱~〕金を見てにっこと笑う.

眼看 yǎnkàn ①まのあたりに見る.目にする:多く〔着〕を伴う.〔我~着他长大的〕わたしはこの目で彼が成長するのを見た.②みすみす見ている.だまって見ている:ふつう〔着〕を伴う.〔口〕眼睁睁~、眼瞅着〕ともいう.〔这么重要的事,我怎么能~着不管呢〕こんな大事なことをわたしがどうしてかまわずほうっておけようか.③すぐに.見る間に.〔~就要过年了〕もうすぐ正月だ.〔~就要下雨了〕まもなく雨が降る.〔墙~就要塌了〕塀が今にも崩れそうだ.

眼科 yǎnkē 眼科.

眼空四海 yǎnkōng sìhǎi〈成〉眼中に四海なし:怖いもの知らず.〔目 mù 空一切〕ともいう.→〔眼中无人〕

眼空心大 yǎnkōng xīndà =〔胆大心肥〕〈喩〉傲慢である.

眼孔 yǎnkǒng 生理眼孔.

眼库 yǎnkù 医アイバンク.〔设立~〕アイバンクを設立する.

眼快 yǎnkuài 目ざとい.〔~手疾〕〔~足捷〕〈喩〉機敏なさま.

眼眶 yǎnkuàng 〔-子〕目のふち.目録(5):目の周囲一帯.眼窝の表面の部分.俗に〔眼圈(儿)〕という.〔~里含着泪水〕目に涙を浮かべている.〔~窝 wō〕まぶたのくぼみ.目のくぼみ.〔~陷下去了〕目が落ちこんでしまった.

眼泪 yǎnlèi 涙.〔流~〕涙を流す.〔笑出~来〕あまりのおかしさに涙が出る.〔~汪 wāng 汪〕目に涙があふれている.〔泪液〕

眼里 yǎnlǐ 眼中.〔他~没我〕彼はわたしを問題にしていない.〔~没人〕〈喩〉眼中(500)人無し.〔~揉 róu 不下沙子〕〈喩〉耐え忍べない.許せない.

眼力 yǎnlì ①目の力.視力.〔~差了〕視力が衰えた.②眼識.鑑別力.〔~高〕〔~好〕〔有~〕眼識が高い.〔先生好~,我实在佩服〕先生はお目が高い,本当に感服します.→〔眼光②〕

眼力见儿 yǎnlìjiànr 〈方〉目先がきくこと.気がきくこと.

眼帘 yǎnlián ①生理眼の虹彩(膜).→〔虹 hóng 膜〕②〈転〉目の中.視界.〔映 yìng 入~〕目に映る.視野に入る.

眼量 yǎnliàng 視野.〔放开~〕視野を広げる.

眼毛 yǎnmáo ⇒〔睫 jié 毛〕
眼眉 yǎnméi ⇒〔眉毛〕
眼蒙 yǎnméng ⇒〔眼罩(儿)①〕
眼迷心乱 yǎnmí xīnluàn〈慣〉心神が錯乱する.

眼面前 yǎnmiànqián 〔-儿〕〈口〉①すぐ手前のところ.〔铅笔就在~呢〕鉛筆は目の前に置いてあるではないか.②日常ありふれた.よく見かける.〔~的话〕普通の一般の(よく使う)言葉.〔好 hào 做~的〕やるだけの見せかけをやりたがる.

眼明手快 yǎnmíng shǒukuài =〔眼疾手快〕〈成〉非常に敏捷である.

眼膜 yǎnmó アイパック.目もと用パック(化粧品)
眼目 yǎnmù ①目.〔眩 xuàn 人~〕〈慣〉(光が)目にまぶしい.②スパイ.密偵.間者.〔在公司里安个~〕会社の中にスパイを入れる.

眼内压 yǎnnèiyā ⇒〔眼压〕

眼泡(儿) yǎnpāo(r) 〔-子〕まぶた.〔肉~〕はれぼったいまぶた.〔~哭 kū 肿了〕まぶたを泣きはらした.→〔眼皮(儿)〕

眼皮底下 yǎnpí dǐxià =〔眼底下〕そば.目の前.〔就在~,你还找不着〕目の前に(置いて)あるのに,なぜ見つからなかったのか.②目下.当面.〔以后的事以后再说,~的事要緊〕後の事は後回しにして目前の事をするのが肝要だ.

眼皮(儿) yǎnpí(r) まぶた:〔眼睑〕の通称.〔眼皮子①〕ともいう.〔单~〕一重まぶた.〔双 shuāng ~〕二重まぶた.〔上~〕上眼瞼〔眼泡儿〕上まぶた.〔下~〕〔下眼瞼〕下まぶた.〔上~找下~〕〔~打架〕〈喩〉眠くなる.

眼皮尖 yǎnpíjiān〈口〉目が鋭い.観察が鋭い.〈くあら探しをする.→〔眼尖〕

眼皮宽 yǎnpíkuān〈口〉交際が広い.知人が多い.〔您~,我求您给我打听点儿事儿〕あなたは顔が広いから,お願いですが尋ねてみてくれませんか.②度量が広い.〔好在您~,就饶他这一回吧〕幸いなことにはあなたは度量が大きいのだから,今度だけは彼を許してやって下さい.

眼皮子 yǎnpízi〈口〉①=まぶた.〔眼皮(儿)〕に同じ.②眼界.見識.世間.

眼皮子高 yǎnpízi gāo〈口〉見識がある.理想が高い.〔她~,什么都看不中 zhòng〕彼女は気位が高くて,何を見ても気にくわない.

眼皮子浅 yǎnpízi qiǎn〈口〉見識がない.ものの見方が浅薄である.〔他~,贪小便宜〕彼は目のつけどころが低く目先の利ばかり追う.→〔眼浅〕

眼气 yǎnqì ①目の色.表情.②〈方〉欲しがる.羨ましがる.

眼前 yǎnqián ①目の前.〔东西就在你~〕物はきみのすぐ目の前にある.〔远在天边近在~〕遠くは天のはて,近くは目の前にいるのがそうだ.②目前.目下.〔只顾~,不思日后〕ただ眼前のことだけを思い,将来のことを考えない.〔~虽然苦点,以后可大有希望〕目の前こそ苦しくとも,あとには望みが持てる.→〔目 mù 前〕

眼前欢 yǎnqiánhuān ①眼前の快楽.一時の快楽.②最も愛する人.目に入れても痛くない人.

眼前亏 yǎnqiánkuī 眼前の損失.直ちに受ける損失.〔好汉不吃~〕〈慣〉立派な男は今すぐに身に振りかかる損失はしない.わかりきった損を避けないのは馬鹿なことだ.

眼浅 yǎnqiǎn 考えが浅い.見識がない.
眼瞧着 yǎnqiáozhe
眼球 yǎnqiú ①生理眼球:俗に〔眼珠〕という.②〈喩〉視線.注意力.〔~效应〕注意力効果.注目度効果.

眼圈(儿) yǎnquān(r) 目の周りのまぶち:〔眼眶〕の

yǎn

通称.〔一夜没睡好,～发黑〕一晩中眠れなくて目の周りが黒くなっている.

眼儿 yǎnr →〔字解②〕

眼儿猴 yǎnrhóu 〈口〉①ピン:骰子(ﾀﾞｲｽ)の「一」の目. ②だめになる.死ぬ.〔他要～吧〕彼はだめになるだろうね.

眼热 yǎnrè 欲しがる.利に目がくらむ.〔眼儿热〕ともいう.〔我瞧着怪～的〕見ているとほしくてたまらない.〔看人有好东西就～〕人がよいものを持っているのを見て羨む.

眼色 yǎnsè ①眼力.見る目.〔他太没有～〕彼はあまりにも見る目がなさすぎる.〔他是有～的人〕彼はよく気のつく人だ. ②めくばせ.目つき.〔递dì～〕〔呈diū～〕めくばせする.〔我直给你使～,你还要说下去,果然惹rě得她生气了〕目くばせしきりにきみに目くばせしたのに,きみがまだ言い続けるので,果たせるか彼女を怒らせてしまった.

眼梢(儿) yǎnshāo(r) =〔眼角(儿)〕

眼神 yǎnshén ①目つき.まなざし.〔你看他那～,像是在想什么心事似的〕ほら,彼のまなざしを見て,何か心配事でもあるようですね. ②〔-儿〕〈方〉視力.〔上年纪了,～不好了,没花镜什么也看不见〕もう年だね,視力が弱くなった,老眼鏡がなければ何も見えない.

眼生 yǎnshēng 見慣れない.目新しい.〔这个字我看着～〕この字は僕はみたことがない:知らない.

眼时 yǎnshí 〈方〉今.目下.すぐ.

眼屎 yǎnshǐ 〈口〉目くそ:〔眼眵〕の俗称.

眼熟 yǎnshú 見覚えがある.見覚えがある.〔那个人我～,可他姓什么怎么也想不起来〕あの人には見覚えがあるが,姓はどうしても思い出せない.

眼竖眉横 yǎnshù méihéng 〈喩〉意地悪い顔つき.怒った目つき.

眼霜 yǎnshuāng アイクリーム:化粧品.

眼跳 yǎntiào まぶたがぴくぴく動く.〔～耳热〕同前で耳が熱くなる:旧時,良くない事が起きる前兆と信じられた.

眼纹 yǎnwén 目尻のしわ.

眼窝(儿) yǎnwō(r) 眼窩.目のくぼみ.アイホール.〔一宿 xiǔ 没睡,～都塌 tā 下去了〕一晩中眠れなくて目がすっかり落ちくぼんでしまった.〔～浅 qiǎn〕〈喩〉ⓐものの見方が浅い.ⓑ涙もろい.

眼下 yǎnxià 現在.今.

眼线 yǎnxiàn アイライン.〔画～〕〔描 miáo ～〕アイラインを引く.〔～笔 bǐ〕アイライナー. ②手先.監視(者).内通者.〔做～〕スパイをする.〔安ān～〕監視させる.〔～内 nèi 线〕

眼斜 yǎnxié 斜視(である).やぶにらみ(である).〔斜眼〕に同じ.〔～心不正,鼻歪嘴不端〕〈諺〉目鼻が歪んでいるのは心が正しくないからだ.

眼压 yǎnyā 医眼圧.眼内圧.〔眼内压〕ともいう.

眼药 yǎnyào 目薬.〔上～(水)〕〔点～(水)〕目薬をさす.〔～膏 gāo〕油状の目薬.

眼影 yǎnyǐng アイシャドー.〔～粉 fěn〕同前.〔～笔〕アイシャドーブラシ.

眼语 yǎnyǔ 〈文〉目の表情で意志を通ずること.目言(ごん).〔～心通〕目で気持ちが通ずる.目でものを言う.→〔眼色②〕

眼缘 yǎnyuán 一目見て気に入ること.意気投合すること.一目ぼれ.

眼晕 yǎnyùn 目まいがする.目がくらむ.

眼眨毛 yǎnzhǎmáo =〔眼睫毛〕

眼罩(儿) yǎnzhào(r) ①=〔眼蒙〕(家畜用)目隠し.眼帯.アイマスク. ②ゴーグル.風防眼鏡.〔防毒～〕防毒用ゴーグル.〔穿工防护服,戴上专门的～〕防護服を着て,専用のゴーグルをかける. ③目を額にかざす.〔打～〕同前.

眼睁睁 yǎnzhēngzhēng (ぽかんと)目をあけたまま見ているさま.〔～地把他放跑了〕みすみす逃がしてしまった.〔～被人抢走了〕見ていながら(むざむざ)奪い去られた.

眼中钉 yǎnzhōngdīng 〈喩〉目のかたき.〔你已经成为他们的～了〕君はもう彼らの邪魔ものとなったのだ.〔～,〈喩〉目の上のたんこぶ.

眼中人 yǎnzhōngrén 意中の人.思い人.

眼中无人 yǎnzhōng wúrén 眼中人なし.〈喩〉傲慢なこと:〔目 mù 中无人〕に同じ.→〔眼空四海〕

眼珠 yǎnzhū ①〔-儿〕〈口〉目の玉:〔眼球①〕の俗称.〔眼珠子〕ともいう.〔白～〕白目.〔黑 hēi ～〕黒目.→〔瞳 tóng 仁(儿)〕 ②眼光.眼力.見識.〔交这样儿的朋友,真是没～〕こんな友達と交わるなんてまったく人を見る目がない.

眼珠子 yǎnzhūzi ①同上. ②〈喩〉最愛の人や物.〔这个孩子是他妈的～〕これはおかあさんが目に入れても痛くない子だ.

眼拙 yǎnzhuō 〈謙〉眼が疎い.鑑識眼がない.〔恕 shù 我,一时想不起来了〕〈挨〉お見それしていて恐縮です,つい,ど忘れいたしまして.

眼眦 yǎnzì ⇒〔眼角〕

眼子 yǎnzi ①孔(あ). ②穴. ③〈方〉肛門.

眼子菜 yǎnzicài 植ヒルムシロ.ヒルモ(蛭藻).サジナ(匙藻):〔鸭 yā 子草〕〔牙 yá 齿草〕ともいう.水田に生ずる雑草.

眼子钱 yǎnziqián 〈方〉つまらぬ金(支出).無意味な金.死に金.〔净 jìng 花～,真是冤 yuān 大头〕むだ金ばかりで使って,ほんとにいい鴨(かも)だ.

〔偃〕 yǎn ①〈文〉仰向けに倒れる. ②〈文〉とどめる.停止する. ③〈文〉倒す. ④〈姓〉偃(えん)

偃傲 yǎn'ào 〈文〉傲慢である.おごり高ぶる.

偃戈 yǎngē ⇒〔偃武〕

偃革 yǎngé ⇒〔偃武〕

偃甲 yǎnjiǎ ⇒〔偃武〕

偃蹇 yǎnjiǎn 〈文〉①傲慢なさま. ②高いさま.

偃旗息鼓 yǎnqí xīgǔ =〔掩旗息鼓〕〈成〉①旗を伏せ鼓を止む.〈喩〉ⓐ休戦する.ⓑ秘密裡に行軍する. ②〈喩〉(批判や行動を)取りやめる.静める.

偃师 yǎnshī 周木偶師の名.〈転〉人形使い.傀儡師(くぐつし).

偃鼠 yǎnshǔ ⇒〔鼹鼠〕

偃松 yǎnsōng =〔伏 fú 松〕

偃卧 yǎnwò 〈文〉仰臥する.

偃武 yǎnwǔ =〔偃戈〕〔偃甲〕〈文〉戦争を止める.平和を来たす.〔～修文〕〈成〉戦を止めて文教を興す.

偃息 yǎnxī 〈文〉①休息する. ②停止する.

偃仰 yǎnyǎng 〈文〉伏したり仰いだりする.浮沈する.

偃月 yǎnyuè ①半弦の月.弓張月. ②弓張月のような形の眉:骨相上尊貴の相.

偃月刀 yǎnyuèdāo 固なぎなた:長い柄のついた三日月形の太刀.〔关 guān 公〕(関羽)が愛用したので〔关(公)刀〕ともいう.

〔鄢〕 yǎn 地名用字.〔～城〕河南省中部にある.

〔蝘〕 yǎn 〈文〉古書で蝉の類.

蝘蜓 yǎntíng 動タシロヤモリ:〔铜 tóng 石龙子〕ともいう.ヤモリの一種.→〔壁 bì 虎〕

〔鼹(鼴)〕 yǎn 動モグラ:ふつう〔～鼠〕という.

鼹鼠 yǎnshǔ =〔偃 鼠〕〔地 dì (拍)鼠〕〔地排 子〕

[地老鼠①][犁lí鼠][田tián鼠][隐yǐn鼠]動モグラモチ.ムグラモチ.③[皮布]動モールスキン:添毛織の一種.④~饮(yǐn)河,不过满腹[諺]もぐらが黄河の水を飲む,腹一杯飲んでも大した事はない.→需要には限りがある.→[土tǔ拨鼠][豚tún鼠]

[演] **yǎn** ①発展・変化する.→[演化] ②推し広める.③ある型にしたがって行う.④(劇などを)演じる.上演する.[三岔口~得好]三岔口(劇名)の演技はすばらしかった.[她~过西太后]彼女は西太后(の役)を演じたことがある.[他~曹操~活了]彼の演じた曹操は真に迫っていた.[这电影还没~过]この映画はまだ上映されていない.⑤<姓>演(ĕ)

演变 yǎnbiàn =[衍变]移り変わり(る).変遷(する).[一切事物都是在不断的~]すべての事物はたえず進展変化するものだ.[和平~]武力によらない政権転覆.

演兵 yǎnbīng 軍軍事演習.軍事教練.[~場]練兵場.

演播 yǎnbō 収録してラジオ・テレビで放送する.[~厅]収録スタジオ.

演唱 yǎnchàng 芝居や歌を演じる.歌う.[~会]歌唱会.

演出 yǎnchū 上演(する).興行(する).[戏xì剧观摩节目汇报]演劇コンクール形式の上演.[~戏剧]劇を演じる.[到农村~]農村で興業する.[~活动]公演活動.→[表biǎo演]

演对手戏 yǎn duìshǒuxì (二人の役者が)共演する.

演化 yǎnhuà 進展・変化(する):多く内在性質の変化を指す.[生物的~]生物の進化.[~论]進化論.→[衍化]

演技 yǎnjì 演技(力).[~精湛]演技が細かく優れている.

演讲 yǎnjiǎng 講演(する).演説(する):[讲演]に同じ.[~会]講演会.[巡回~]巡回講演.[~比賽sài]弁論大会.スピーチコンテスト.

演进 yǎnjìn 進展・変化する.進化する.

演剧 yǎnjù 演劇をする.[登台~]舞台に上がって芝居をする.→[演戏(ì)]

演练 yǎnliàn 教練(する).訓練(する)

演期 yǎnqī 公演期日(期間)

演示 yǎnshì 実演(する).実物で教える.プレゼンテーション(する).[新型软件~会]新しいソフトのデモンストレーション.

演双簧 yǎnshuānghuáng <喩>なれあいを演じる.ぐるになる.→[双簧]

演说 yǎnshuō ①演説(する).[~家]演説者.弁士.②論説.[一篇~]一つの論説.

演算 yǎnsuàn 演算(する).運算(する)

演替 yǎntì (ある地域の生物の)自然更新(する).遷移(する)

演武 yǎnwǔ 武芸を演じる.武芸の練習をする.[~場]演武場.[~厅]屋内の演武場.

演习 yǎnxí 実地訓練(をする).[军~]軍事演習.[实弹~]実弾演習.[消防~]消防訓練.[反恐怖~]対テロ訓練.

演戏 yǎnxì ①芝居をする.演劇をする.②ふりをする.[别~了]お芝居はよせ.

演夜潜逼 yǎnyè qiándūn <慣>夜間に乗じて出奔すること.

演义 yǎnyì ①道理や意義を述べて説き明かす(こと).②演義:歴史事実を潤色して通俗的に書いた章回小説:例えば[三国(志)]など.→[章zhāng回小説]

演艺 yǎnyì ①演芸.芸能.[~界][~圈 quān]芸能界:演劇・演芸・曲芸・サーカスなど.②実演.技芸.

演绎 yǎnyì ①(論理学の)演繹(する).[~法]演繹法.[~推理]演繹推理.↔[归guī纳] ②推し広める.③あらわす.展開する.

演员 yǎnyuán (映画・演芸・音楽などの)出演者.タレント:演技者・演奏者・俳優・歌手・ダンサーなど.[电影~]映画俳優.[女~]女優.[配音~]アテレコ声優.[替身~]スタントマン.[杂zá技~]曲芸の演技者.→[表biǎo演者][角jué色①][艺yì人]

演职员 yǎnzhíyuán (芸能団体の)演技者と職員(裏方)の双方.

演奏 yǎnzòu 演奏(する).[~二胡]二胡を演奏する.[~会]演奏会.[~家]演奏家.

[縯・縯] **yǎn** <文>延ばす.

[巘・巘] **yǎn** <文>険しい山の峰.[絶~](高山の)絶頂.

[甗] **yǎn** 固甗(ĭ):飯を蒸す器.[甑 zèng]と[鬲lì]を結合した形のこしき.[~锜qí]<文>こしきや釜のような形.→[釜fǔ①]

[厌・厭] **yàn** ①満ち足りる.[贪tān得无~]欲張って厭くことを知らない.→[履] ②飽きる.[看~了]見飽きた.③嫌う.憎む.いやがる.[不要惹人~]人にいやがられることをしてはいけない.[~其详]詳細説明をいとわない.[讨tǎo~]いやらしい.うるさい. ④<姓>厭(ĕ)

厌薄 yànbó <文>嫌って遠ざかる.軽蔑する.見下げる.

厌读 yàndú ⇒[厌学]

厌烦 yànfán 嫌がる.嫌う.あきあきする.[他到处惹rě人~]彼はいたるところで爪弾きされる.[真叫人~]ほんとにうんざりだ.

厌故喜新 yàngù xǐxīn ⇒[喜新厌旧]

厌恨 yànhèn 憎み嫌う.忌み嫌う.

厌教 yànjiāo 教えることを嫌える.

厌倦 yànjuàn 飽きていやになる.飽きる.[~自己的工作]自分の仕事に飽きてしまう.

厌绝 yànjué いやになって絶交する.

厌腻 yànnì うんざりする.あきあきする.嫌気がさす.

厌弃 yànqì 嫌って見捨てる.愛想をつかす.[遭人~]愛想をつかされる.[你为什么~他呢]君はどうして彼を嫌うのか.

厌气 yànqi <口>①嫌いである.いやである.[那个人~得很]あの男はいやらしい.[说出话来透tòu着~]言うことが嫌味たっぷりだ.②意地汚い.[你瞧他吃饭的样子多~]あいつの飯の食い方は何て意地汚いんだ.

厌食 yànshí 食欲不振である:[畏wèi食]に同じ.[减肥的结果,得了~症 zhèng]ダイエットを続けたせいか,拒食症になってしまった.

厌世 yànshì 現世を嫌う(こと).[~主义][悲bēi观主义]厭世主義.ペシミズム.→[悲观]

厌恶 yànwù 忌む.嫌う.反感をもつ.[我最~这些陈旧俗套]わたしはこんな虚礼しきたりが最もいやだ.

厌学 yànxué =[厌读]勉強嫌い(になる).[~情 qíng 绪]勉強に対する意欲のないこと.

厌氧微生物 yànyǎng wēishēngwù 嫌(ĕ)気性微生物.

厌妖 yànyù ⇒[魇妖]

厌战 yànzhàn 戦いを厭う.[~情绪]厭(ĕ)戦気分.

厌足 yànzú =[餍足]

yàn

〔饜・饜〕 yàn
〈文〉①満腹する.食べ飽く.〔必～酒食〕必ず酒食に飽く.②満足する.〔貪 tān 得无～〕欲張って満足することがない.→〔厌食①〕
- **饜飽** yànbǎo 〈文〉飽食する.充分に食う.飽きる.
- **饜饕** yàntāo ⇒〔饜我老饕〕
- **饜我老饕** yàn wǒ lǎotāo〔成〕飽きるほど自分の食欲を充たすことをいう.〔饜饕〕という.
- **饜妖** yànyù〔厌饫〕〈文〉食べ飽きる.
- **饜足** yànzú〔厌足〕〈文〉①飽くほど飲食する.②充分に満足する.

〔赝・赝〕 yàn
地名用字.〔～口〕浙江省にある.

〔彦〕 yàn
①文才德兼備の男.優れた男.〔俊 jùn ～〕同前.〔一时英～〕当代の英才.
〈姓〉彦(ヤン)
- **彦士** yànshì 〈文〉優れた人物.優秀な士.

〔谚・諺〕 yàn
諺(コトワザ).〔农 nóng ～〕農業に関する諺.〔古～〕古い諺.
- **谚语** yànyǔ 〔成 chéng 语〕〔俗 sú 语〕

〔喭〕 yàn
〈文〉①粗野である.荒だだしい.②弔問する:〔唁〕に通用する.

〔研(研)〕 yàn 古く〔砚〕に通用した.→ yán

〔砚・硯〕 yàn
①硯(スズリ).ふつう〔～台〕という.〔～歙 shè ～〕安徽省歙県県産の徽州硯ともいう.②〈喻〉同学.同窓生:旧時,同じ硯を使って学んだ間柄.〔同～〕同前.
- **砚安** yàn'ān 〔牍〕学生に送る手紙の結尾の常套語:〔学 xué 安〕に同じ.
- **砚北** yànběi〈文〉
- **砚池** yànchí 硯.とくに水を入れる部分.硯の海.〔～之交〕〈喻〉同窓.
- **砚滴** yàndī 硯用の水差し:〔水 shuǐ 丞〕に同じ.→〔砚水壶〕
- **砚弟** yàndì 旧年下の学友.
- **砚海** yànhǎi 大型の硯.〔墨 mò 海〕ともいう.
- **砚盒** yànhé ⇒〔砚台盒〕
- **砚屏** yànpíng 硯屏(ビョウブ):硯の向こう側に立てる小さい衝立て.
- **砚石** yànshí 硯石.
- **砚水壺** yànshuǐhú 硯用の水入れ(水差し):〔壺〕と分けるのは形による.
- **砚水盂** yànshuǐyú 同上.
- **砚台** yàntái 硯.
- **砚台盒** yàntáihé =〔砚盒〕硯箱.
- **砚瓦** yànwǎ 〔瓦製の〕硯.
- **砚席** yànxí ⇒〔砚友〕
- **砚兄** yànxiōng 旧年上の学友.→〔学 xué 兄〕
- **砚友** yànyǒu 〔砚席〕〈文〉学友.同窓生.→〔同 tóng 学②〕

〔咽(嚥)〕 yàn
①飲み込む.〔细嚼 jiáo 慢～〕よくかみくだいてゆっくり飲み込む.〔馋 chán 得他直～唾沫〕彼はくちをくしゃりにつばを飲み込む.〔吃得太饱了,再也一不下去了〕満腹で,もう飲み込めない(食べられない).〔狼吞虎～〕がつがつ食べる.→〔吞 tūn ①〕②〈喻〉〔言葉や怒りを〕腹に収める.〔把要说的话又～回去了〕言おうとしていた話をまたひっ込めてしまった.〔这口气我实在～不下去〕この腹の中は全くおさまらない.→〔咽 yè〕
- **咽气** yànqì〔口〕①息を引き取る.〔我去的时候儿他早就～了〕わたしが行った時は彼はもう死んでいた.②怒りをぐっと押さえる.

〔宴(醼・讌)〕 yàn（Ⅰ)〔宴(醼・讌)〕
①宴席.宴席.〔设～招待〕酒席を設けて接待する.〔赴 fù ～〕宴席に赴く.〔盛 shèng ～〕盛大な宴会.②酒食で客を歓待する.集まって食事をする.
（Ⅱ)〔宴〕〈文〉安らかで楽しい.→〔晏Ⅱ〕
- **宴安** yàn'ān 〈文〉安逸(を貪る).遊蕩(する).〔～鸩 zhèn 毒〕〈成〉安逸は酖毒(チンドク)に等しい.逸楽に耽(ふ)ければ大害を受ける.
- **宴尔(新婚)** yàn'ěr (xīnhūn) =〔燕尔(新婚)〕〈成〉おめでたい新婚.新婚ほやほや:〔新婚宴尔〕〔宴尔之乐〕ともいう.
- **宴会** yànhuì 宴会.〔举行～〕宴会をとり行う.〔～厅 tīng〕大宴会場.→〔酒 jiǔ 席①〕
- **宴集** yànjí 宴会に集(ツド)う.
- **宴客** yànkè 客を招いて宴を張る.
- **宴请** yànqǐng 宴を設けて客を招く.
- **宴席** yànxí 宴席.宴会.パーティー.
- **宴飨** yànxiǎng =〔燕享〕〔燕飨〕〈文〉天子が群臣と共に宴会をする.
- **宴饮** yànyǐn 〈文〉宴会をする.〔～宾客〕客を招いて同前.

〔晏〕 yàn
①〈文〉遅い.②〈文〉安らかで楽しい.〔海内～如〕海内は平穏である.→〔宴(Ⅱ)〕③〈文〉澄んでいる.清らかである.〔河清海～〕川は清く海は澄む.〔天清日～〕空は晴れ日は清し:天下太平のさま.④〈姓〉晏(アン)
- **晏驾** yànjià 〈文〉天子の崩御(婉語)
- **晏寝废食** yànqǐn fèishí〈成〉寝食を忘れる.
- **晏然** yànrán 安閑として.安らかに.
- **晏晏** yànyàn 〈文〉和やかなさま.和気藹々のさま.

〔堰〕 yàn
①〔~儿〕〔文〕堨〕せき.せきとめ.〔修 xiū 了两条～〕2本のせきとめを作った.〔打～〕せきとめる.〔塘 táng ～〕〔坝 bà ①〕
- **堰堤** yàndī〔牍〕〔修筑〕堰堤を築く.
- **堰闸** yànzhá ⇒〔闸门①〕

〔鷃・鷃(鴳)〕 yàn
〈文〉古書で小型の鳥.〔～雀 què〕同前.

〔艳・艶(豔・豐)〕 yàn
①きらびやかである.〔色彩鲜～〕色彩があでやかで美しい.〔鲜～夺目〕目がくらむばかりであり.あでやかである.〔百花争～〕〔慣〕百花が咲き競う.〔美～无双〕あでやかで美しいこと並びなし.②艶っぽい.なまめかしい.〔～尸 shī〕美女の死体.③〈文辞が〕華やかで美しい.④〈文〉うらやむ.うらやましい.⑤〈姓〉艶(エン)
- **艳称** yànchēng 〈文〉①称賛する.ほめそやす.②美しさで有名である.
- **艳词** yàncí 色気のある言葉.
- **艳段** yànduàn 劇艶段:宋の雑劇の体裁.本題に入る前に先導の一幕として演ずるもの.〔焰段〕とも書く.
- **艳服** yànfú 艶服:派手な衣服.〔盛 shèng 装～〕きらびやかな盛装.
- **艳福** yànfú 艶福(フク):美人に恵まれること.〔～不浅〕艶福がある.→〔耳 ěr 福〕〔口 kǒu 福〕〔眼 yǎn 福〕
- **艳歌** yàngē 〔艳曲〕情歌.恋歌.
- **艳红** yànhóng 真っ赤である.〔～的花朵〕真紅(ク)の花.
- **艳丽** yànlì なまめかしく美しい.色鮮やかである.〔～无比〕〔慣〕美しいこと比(ヒ)なし.〔～夺目〕〈慣〉目を奪うほど色鮮やかである.②文辞が艶麗

yàn 艳滟唁验焱焰

艳美 yànměi あでやかで美しい.
艳慕 yànmù 羨望する.
艳妻 yànqī 〈文〉美貌の妻女.〔~美姜 qiè〕〈慣〉美貌の妻女.
艳情 yànqíng 男女の愛情.〔~小说〕恋愛小説.
艳曲 yànqǔ ⇒〔艳歌〕
艳容 yànróng 〈文〉なまめかしい(粋な)姿.
艳色 yànsè 艶色.鮮やかな色.〔喩〕美人.〔~耀 yào 目〕あでやかで目を奪う.
艳诗 yànshī 旧恋愛詩.
艳史 yànshǐ 旧艶史.〔老王的~我早就知道〕王さんのロマンスは早くから知っている.
艳事 yànshì 艶聞.情事.〔风流~〕艶っぽい話.艶種.
艳俗 yànsú 派手で俗悪である.〔~艺 yì 术〕キッチュアート.
艳文 yànwén 〈文〉①辞句の非常に艶麗な文章. ②艶文.恋文.
艳闻 yànwén 艶聞.色っぽい話.
艳舞 yànwǔ エロチックダンス：ストリップショー・ヌードショーなど.
艳羡 yànxiàn 〈文〉羨望する.〔~不已〕非常に羨望している.
艳星 yànxīng 妖艶な女優.
艳雪晶莹 yànxuě jīngyíng 〔喩〕美人の玉の肌.
艳阳 yànyáng 明るい太陽.うららかな陽光.〔~天〕うららかな春の空.春日和.
艳冶 yànyě 〈文〉あでやかで美しい.〔容貌〕容貌が妖艶である.
艳遇 yànyù 男女の出会い.恋物語.〔电梯里的~〕(男女の)エレベーターの中の出合い.→〔桃 táo 花运〕
艳妆 yànzhuāng 〈文〉華やかな装い.〔浓抹 nóngmǒ〕〔浓妆艳抹〕〈慣〉派手な厚化粧.
艳装 yànzhuāng 派手な服装・化粧.

〔滟·灧(灎)〕 yàn
〈文〉水の流動するさま.〔~~〕水のきらきら光るさま.→〔潋 liàn 滟〕 ②〔~澦堆 yùduī〕四川省瞿唐峡の入口にある巨石.長江の難所とされていた.

〔唁〕 yàn
弔問する.悔やみを述べる.〔吊 diào~〕〔慰 wèi~〕同前.
唁词 yàncí 〈文〉弔辞.〔致~〕弔辞を述べる.
唁电 yàndiàn 哀悼の電報.弔電.
唁函 yànhán 哀悼の手紙.

〔验·驗(騐)〕 yàn
調べる.試す.検査する.試験する.〔检~〕検証する.〔查 chá 血、~尿 niào〕血液検査と検尿(をする). ②効果(がある).効きめ(がある).〔屡试屡~〕何べん試してもいつも効果がある.〔应 yìng~〕効く.お告げ通りになる.〔效~〕効験.効きめ.〔灵 líng~〕霊験. ③〈文〉証.しるし.あかし.証拠.〔证 zhèng~〕③証拠.
验便 yànbiàn 検便(する).〔检 jiǎn 验大便〕大便を検査する.〔验小便〕〔检验小便〕〔验尿〕尿検査をする.
验查 yànchá (説明が表示と一致するかを調べる)〔查验〕に同じ.〔~农 nóng 药〕農薬を同前.
验钞 yànchāo 偽造紙幣(を)識別(する).〔~机 jī〕偽札識別器.
验车 yànchē 車検をする.〔车检〕に同じ.
验秤 yànchèng ①秤の検査をする. ②(表示に対して)~.
验单 yàndān =〔验票①〕〔证明〕書類を検査する.〔~员〕検札係.〔~放行〕書類を調べて通過を許す. ②検査済証.検査結果表.
验电器 yàndiànqì 電検電器.〔单相功率~〕単相パワーハイテスター.
验方 yànfāng 中医(臨床経験による)よく効く既成の処方.
验放 yànfàng 検査の上通過させる.
验复 yànfù 〈文〉調べた上で返事する.〔请贵局查照~〕貴局での上ご返事を願います.
验关 yànguān 税関検査(をする.受ける).〔海关~〕税関の検査.
验光 yànguāng 視力検査する.検眼する.〔配眼镜先要~〕眼鏡を買うにはまず検眼せねばならない.〔~配镜〕視力検査して眼鏡のレンズを合わせる.
验规 yànguī 〔测 cè 规〕
验核 yànhé 検査照合する.〔进行~〕同前を行う.
验货 yànhuò 貨物検査を(する).〔~单〕商品検査済の証明書.
验看 yànkàn (目で見て)検査する.〔~指纹〕指紋を検査する.〔~证件〕(身分)証明書を検査する.
验明 yànmíng 調べて明らかにする.〔~死因〕死因を同断.〔~正身〕本人に相違ないことを確認する(その上で処刑する).
验票 yànpiào ①⇒〔验单〕 ②検札(する)
验讫 yànqì 検査済み(である)
验契 yànqì 旧民間にある〔卖 mài 契〕(不動産売買契約)または〔典 diǎn 契〕(不動産質入契約)を検査する.
验伤 yànshāng 傷の状態を調べる.
验墒 yànshāng 農畑地の水分を検査し測定する.
验尸 yànshī 法検死(する).検屍(する)
验视 yànshì 点検する.〔~内容〕内容を目でチェックする.
验收 yànshōu 検収する.調べて受け取る.〔~制度〕受入れ検査制度.〔交给国家~〕国に渡し検査して受け取ってもらう.
验算 yànsuàn (別の計算法で)検算(する).試し算(する)
验血 yànxuè =〔查 chá 血〕血液検査(をする)
验印 yànyìn 印鑑(を)照合(する)
验照 yànzhào 旅券・免許証・許可証を取り調べる.〔~放行〕旅券を取り調べて通過させる.
验证 yànzhèng ①=〔证验①〕検証する.〔~理论〕理論を実験で検証する. ②証明書を検査する.〔过海关时要~,请事先备好〕通関の時,関係書類のチェックがあるから,前もって用意して下さい.
验质 yànzhì 品質検査をする.
验资 yànzī 資産調査(をする).資金調査(をする)

〔焱〕 yàn
①〈文〉火花.火炎.〔~~〕きらきら輝くさま. ②〈姓〉(え)

〔焰(燄)〕 yàn
①炎.〔火~〕火炎.〔灯~〕灯火の炎.〔烟 yān-弥 mí 漫〕〈成〉あたりが煙や炎に閉ざされること. ②〔转〕気勢.気炎.〔气~万丈〕気炎万丈.
焰段 yànduàn ⇒〔艳段〕
焰鹤 yànhè 鳥フラミンゴ：〔大 dà 江鹤〕の別称.〔火 huǒ 烈鸟〕ともいう.
焰火 yànhuǒ =〔烟火 yānhuǒ〕〔烟花〕花火.打ち上げ花火.〔~仕掛け花火：空中へ打ち上げて花・文字などを表すものは普通〔空中~〕〔显花~〕という.→〔花 huā ⑮〕〔起 qǐ 花〕
焰口 yànkǒu 宗(仏教)で餓鬼が食を求めて火炎を吐くさま.〔放 fàng~〕施餓鬼をする.〔~经〕施餓鬼のお経:〔救救-饿鬼经〕の略称.→〔放焰口〕〔接 jiē 三〕
焰色反应 yànsè fǎnyìng 化炎色反応.

焰心 yànxīn 炎心.炎の中心部.

[焰・燄] yàn 〈文〉炎:〔焰①〕に同じ.

[雁(鴈)] yàn 〔鳥〕ガン.カリ(総称).〔鴻侶〕=ツバラガン.〔〜形目鴨科〕(動物学上の)ガンカモ目ガンカモ科.

雁帛 yànbó =〔雁封〕〔雁书〕〔雁帖〕〔雁足〕〈文〉書信.手紙:漢の蘇武の故事による.

雁齿 yànchǐ ①〈喩〉きれいに並んでいるさま.→〔雁行①〕 ②〔植〕シダの一種:〔羊 yáng 齿〕に同じ.

雁封 yànfēng ⇒〔雁帛〕

雁过拔毛 yànguò bámáo 飛び行く雁の羽を抜く.〈喩〉わずかなきっかけでも私利の足しにする.ぬけ目がない.

雁过留声 yànguò liúshēng 雁が飛び去って声を残す.〈喩〉死して名を残す.

雁行 yànháng =〔雁序〕①空飛ぶ雁の列.雁(犬)行.→〔雁齿①〕 ②〈喩〉兄弟.〔〜断序〕〔〜失序〕〔〜折翼〕〈喩〉兄弟のうちの一人が欠けること.

雁户 yànhù 〈文〉他地からの流民.

雁来红 yànláihóng 〔老 lǎo 少年②〕〔植〕ハゲイトウ:〔苋 xiàn ②〕の通称.→〔鸡冠花〕

雁落沙滩 yànluò shātān 葬式などの時に奏でる悲しい調子の曲:他に〔天鹅〕〔哭长城〕などの曲がある.

雁皮 yànpí 〔植〕ガンピ(総称):樹幹の内皮で雁皮紙(ﾞ)を作る.

雁书 yànshū ⇒〔雁帛〕

雁塔 yàntǎ 〔地〕雁塔寺(ﾋﾟ):唐代に玄奘法師の造営した長安(西安市)の慈恩寺内にある塔の名.同市の荐福寺にある〔小〜〕に対して〔大〜〕ともいう.〔〜题名〕⑳進士になった者雁塔に名を書き入れる:新しく進士となった者は曲江宴で雁塔に自分の名を題した.

雁帖 yàntiě ⇒〔雁帛〕

雁头 yàntóu 〔芡 qiàn 实〕

雁序 yànxù ⇒〔雁行〕

雁阵 yànzhèn 飛ぶ雁の隊列.

雁柱 yànzhù 〔琴柱(ﾞ)〕

雁足 yànzú ⇒〔雁帛〕

[赝・贋(贗)] yàn 〈文〉偽(ﾋﾞ)である.贋(ﾞ)物である.

赝本 yànběn 偽の書画.〔这幅画是〜〕この絵は贋作だ.

赝币 yànbì 偽造通貨.贋金(ﾞ):多くは偽の硬貨をいう.→〔伪 wěi 币①〕

赝钞 yànchāo 偽札:偽の紙幣を指す.〔伪 wěi 钞〕ともいう.

赝鼎 yàndǐng 〈喩〉偽物:斉が魯を伐つ,谗鼎(ﾞ)を要求したのに対し,魯が偽物を贈った故事による.

赝品 yànpǐn 贋物.贋(ﾞ)作.

赝造 yànzào 〈文〉贋造する.偽造する.

[堰] yàn ①⇒〔堰〕 ②〔方〕山あい.

[酽・釅] yàn (液体の色・香・味が)濃い.〔这杯茶太〜了,加点儿开水吧〕このお茶は出すぎている,お湯を足しなさい.→〔浓 nóng〕

酽茶 yànchá 濃い茶.

酽咕 yàngū 〔方〕あてこする.

[谳・讞] yàn 〈文〉罪刑を詮議する.〔定 dìng 〜〕罪刑を定める.

[燕(鷰)] yàn ①〔鳥〕ツバメ(総称).〔家〜〕ツバメ.〔金腰〜〕コシアカツバメ.〔小〜儿〕③つばめ.⑤小つばめ. ②古く〔宴〕に通用した.→yān

燕蝙蝠儿 yànbiānfúr ⇒〔蝙蝠〕

燕菜 yàncài ⇒〔燕(窝)菜〕

燕草 yàncǎo ⇒〔灵 líng 香草〕

燕巢幕上 yàncháo mùshàng 燕が幕の上に巣をかける.〈喩〉非常に危険な状態にあること:〔燕巢于幕〕ともいう(左伝).

燕翅席 yànchìxí 燕の巢と鳖(ﾞ)のひれの出る料理:最上等の宴席.→〔鱼翅席〕

燕尔(新婚) yàn'ěr (xīnhūn) ⇒〔宴尔(新婚)〕

燕颔虎颈 yànhàn hǔjǐng 〈喩〉〔武将の〕容貌の立派なこと:〔燕颔虎头〕ともいう.

燕好 yànhǎo 〈喩〉(夫婦)仲がむつまじい.〔〜之乐〕夫婦和合.

燕贺 yànhè 〈文〉(人の)新居の落成を祝賀する.新築落成の祝い:〔燕雀相贺〕の略.

燕鸻 yànhéng 〔土 tǔ 燕(子)〕ツバメチドリ(科の鳥)

燕口疮 yànkǒuchuāng 〔中医〕口唇ヘルペス:〔紧 jǐn 唇〕ともいう.

燕侣 yànlǚ 〈喩〉夫婦.〔〜双飞〕夫婦共稼ぎする.

燕麦 yànmài 〔植〕オートムギ.エンバク.マカラスムギ.またその種子:〔铃 líng 铛麦〕〔皮 pí 燕麦〕ともいう.〔〜片 piàn〕同前のひき割り.〔〜粥式Chinese〕〔麦(片)粥〕〔牛奶麦粥〕〔食〕オートミール.〔野 yě 〜〕チャヒキグサ.スズメムギ.(野生の)カラスムギ.→〔苋 yóu 麦〕

燕鸥 yàn'ōu 〔鳥〕アジサシ(総称)

燕雀 yànquè ①〔鳥〕アトリ(総称):〔花 huā 鸡〕ともいう. ②燕と雀.〈喩〉取るに足らぬもの.凡庸の徒.〔〜安知鸿鹄之志〕小人物には英雄の志はわからない.

燕雀处堂 yànquè chǔ táng 〈成〉安住して災いを忘れること.〈喩〉危険が及ぶのに気がつかないこと.

燕雀相贺 yànquè xiāng hè ⇒〔燕贺〕

燕瘦环肥 yànshòu huánféi 〈喩〉瘦せた人や肥えた人:それぞれの特色を持つ美人たち.

燕隼 yànsǔn 〔青 qīng 条子〕〔土 tǔ 鹘〕チゴハヤブサ:〔虫 chóng 鹞〕〔儿 ér 隼〕〔蚂 mǎ 蚱鹰〕は方言.

燕尾 yànwěi ①ツバメの尾.〔〜服〕〔服〕燕尾服.〔〜青〕⑱光沢のある黒色.〔〜鱼 yú 扁〕

燕窝 yànwō つばめの巢:イワツバメが海藻類を唾液で固めて作ったもので高級中国料理の材料.〔雪燕〕は白色の〔上燕〕,〔毛燕〕は下等品.〔〜汤〕つばめの巢を鶏などのスープで煮たあつもの.〔〜粥 zhōu〕つばめの巢入りの粥.→〔金 jīn 丝燕〕

燕(窝)菜 yàn(wō)cài つばめの巢の料理:〔燕窝〕を用いて作った高級料理.

燕(窝)席 yàn(wō)xí つばめの巢の料理の出る高級会席料理.→〔燕翅席〕

燕享 yànxiǎng ⇒〔宴飨〕

燕飨 yànxiǎng ⇒〔宴飨〕

燕鱼 yànyú ①⇒〔飞 fēi 鱼①〕 ②⇒〔鲅 bà〕

燕语 yànyǔ 〈文〉燕の声.〈喩〉世間話.おしゃべり.〔〜呢喃 nínán〕〈喩〉ペチャクチャおしゃべりする.〔莺 yīng 声〕⑥若い女性の魅力的な声.⑤春の美しい景色.

燕脂菜 yànzhīcài ⇒〔落 luò 葵〕

燕子 yànzi 〔家 jiā 燕〕のツバメの通称.

燕子花 yànzihuā 〔植〕カキツバタ:アヤメ科.

燕子矶 yànziji 〔地〕南京城北の観音山にあり,長江を俯瞰し,景色佳絶なところ:古来自殺者の多いところとして著名.

燕子窠 yànzǐkē ⑱アヘン吸飲館の別称.

[讌・醼] yàn 〈文〉皆で歓談する.→〔宴〕

[嬿] yàn〈文〉①美しい.②楽しい.

yang｜ㄤ

[央] yāng （Ⅰ）①中央.中心.[中～]同前.②〈姓〉央(ぉぅ).
（Ⅱ）求める.頼む.[到处～人帮忙]いたるところ援助を頼み回る.→[央告]
（Ⅲ）〈文〉完了する.[长乐未～]〈慣〉楽しみが尽きない.[夜未～]〈慣〉夜がまだ明けない.

央告 yānggao 懇願する.すがる.[我直～他,他还是不答应]わたしはしきりに彼にお願いしているが,まだ彼は聞いてはくれない.→[央托]
央行 yāngháng 中央銀行:中国では[中国人民银行]を指す.[(～)入市干预]同前の為替相場への介入.
央戗 yāngqiang〈方〉やっと支えている.もちこたえている:[央腔]とも書く.[他的病一一天是一天罢了]彼の病気は一日もてばそれだけ拾いものというものだ.
央求 yāngqiú 懇願する.頼み込む.
央人 yāngrén 人に頼む.[～作保]だれかに保証人になってもらう.一字解(Ⅱ)
央视 yāngshì [中zhōng国中央电视台]の略.[～六 liù套][中央电视台第六频道]CCTV6チャンネル.
央托 yāngtuō 懇願依頼する.懇願する.
央中 yāngzhōng〈文〉仲介人を頼む:公文書等に用いた.[～说合]仲立ちを頼んで話をまとめてもら

[泱] yāng〈文〉(水面の)広大なさま.[～～]ⓐ水の深く広いさま.ⓑ気概の大きいさま.[～大国]壮大な国家.堂々たる大国.

[殃] yāng ①災難.災い.[灾～]同前.遭zāo～]災いにあう.[～打了](迷信で)死神にとりつかれる:死者の霊のたたりにあう.②災いする.損なう.害する.[祸 huò 国～民]〈慣〉国と民とに災いをもたらす.

殃榜 yāngbǎng ⇒[殃书]
殃害 yānghài 災害を(及ぼす).[农作物受了～]農作物が災害にあった.
殃及 yāngjí そば杖を食う.巻き添えにあう.[～于田]災いが身に及ぶ.[～池鱼][城门失火,～池鱼]〈諺〉城門が焼けて池中の魚にまで災いが及ぶ.〈喩〉巻き添えをくうこと.
殃尽必昌 yāngjìn bìchāng〈慣〉祖先の残した悪因が尽きれば幸せになる:災難の後には繁栄が来る.→[苦kǔ 尽甜来]
殃煞 yāngshà 回死者の魂がもどってくる(きてたたりをする)
殃书 yāngshū =[殃榜][丧 sāng 榜]回人の死んだ時,陰陽家に頼んで死者の年齢やこの世に魂が災厄を持って帰る時などを書いてもらうの.

[秧] yāng①[-儿](植物の)苗.[树～]木の苗.[葡萄～]ぶどうの苗木.②稲の苗.[插 chā～]田植えをする.[分～]苗代の苗を数本ずつに分ける.③[-子]ある植物の茎.[瓜～]瓜のつる.[豆～]マメの茎.[白薯～]さつまいも茎.④[-子]飼育動物の生まれたばかりの子.[鱼～]稚魚.⑤〈方〉栽培する.飼育する.[～几棵树]数本の木を栽培する.[～一池鱼]一池の魚を飼う.[把它～大了]それを大きく育てた.〈姓(秧)
秧歌 yāngge 中国民間舞踊の一種:陕西・山西を中心とした北部農村で広く行われる.銅鑼と太鼓で伴

奏する.[～队 duì]同前を踊る一団.[扭 niǔ～][闹 nào～]同前を歌い踊る.[～剧 jù]同前の形式を取り入れた歌劇.
秧鸡 yāngjī 鳥クイナ(総称).[普通～]クイナ.[白喉斑～]オオクイナ.[冲绳～]ヤンバルクイナ.
秧龄 yānglíng 農苗齢.
秧苗 yāngmiáo 苗.若苗:ふつう水稲の苗をいう.
秧田 yāngtián ①苗田.苗代.②苗を植えたばかりの水田.
秧针 yāngzhēn (稲の)若芽.
秧子 yāngzi ①苗.②ある種の植物のつる.③ある種の動物の生まれたての子.[猪～]豚の子.④〈方〉ある種の人間を(軽んじて)いう.[病～]病(ぴょぅ)持ち.

[鸯・鴦] yāng 鳥オシドリ:特に雌をいう.→[鸳 yuān 鸯]

[鞅] yāng〈文〉むながい:古代,馬の首にとりつけて馬車を御するに用いた. → yàng
鞅掌 yāngzhǎng〈文〉忙殺される.[国事～]国事が繁忙である.

[旸・暘] yáng [阳]の古字.現在は[昜]の簡化偏旁として使われる.

[扬・揚(颺・敭)] yáng（Ⅰ）[揚](敭)上にあげる.高くもちあげる.[～尾]尾をふる.[～脖儿 bór]頭をあげる.[旗帜高～]〈成〉旗を高くあげる.[趾 zhǐ 高气～]意気揚々として得意さま.
（Ⅱ）[揚(颺・敭)]〈文〉舞いあがる.たちのぼる.[尘土～]ほこりが舞いあがる.②上の方へまきちらす.[簸 bǒ～]農箕(み)で穀物をあおって穀をとり去る.[～净 jìng]農箕:穀物を空中に投げ上げて風でほこりや穀を飛ばしきれいにする.③宣伝する.ほめたたえる.[宣～][彰 zhāng～]広く知らせる.[颂 sòng～]ほめたたえる.④容貌が美しい:多く否定に用いる.[其貌不～]〈慣〉顔が醜い.
（Ⅲ）①地江蘇省揚州.[～州菜][淮 huái～菜]同前一帯の料理.②〈姓〉揚(ぉぅ).
扬鞭 yángbiān 鞭をあてる.[～策 cè 马][～催 cuī 马]〈慣〉鞭をあてて馬を走らす.
扬波 yángbō 波立つ.波が高くあがる.[海不～]〈喩〉天下太平.
扬播 yángbǒ ⇒[簸扬]
扬长 yángcháng 大手をふって去るさま.[～而去]周囲にかまわずさっさと行ってしまう.
扬场 yángcháng [農]脱穀した穀類を機械あるいは木のスコップなどで空中に投げ上げ穀皮を風に乗せてとり去る:[扬风]ともいう.
扬长避短 yángcháng bìduǎn〈慣〉長所を発揮し短所を避ける.
扬长补短 yángcháng bǔduǎn〈慣〉長所を発揮し短所を補う.
扬尘 yángchén ①ほこりがあがる.[大风～]大風がほこりをまき上げる.②舞い立つほこり.
扬程 yángchéng 建揚程:ポンプで水をあげることのできる高さ(上下の水位差)
扬帆 yángfān 帆を揚げて出帆する.[～出海]帆を揚げて海上に出る.
扬幡招魂 yángfān zhāohún 旗を掲げて死者の魂を呼び戻す.〈喩〉消滅した物事を復活させようとすること.
扬花 yánghuā 農作物が開花し花粉を飛散すること.[抽穗～]出穂して花粉を飛び散らす.
扬基 yángjī [音訳]ヤンキー.[～债券]経ヤンキーボンド.ヤンキー債.→[美 měi 国佬]

yáng

扬炀玚杨旸疡钖羊

扬剧 yángjù 劇江蘇一帯の地方劇:もと揚州に始まり[維 wéi 扬戏]といった.

扬厉 yánglì〈文〉発揚する.勇往邁進する.[～铺 pū 张][铺张]〈慣〉仰々しく大げさにする.

扬眉吐气 yángméi tǔqì 〈喩〉得意然としたさま.意気高然たるさま.

扬名 yángmíng 名声を馳(は)せる.[～后世]後世に名を揚げる.[～四海]全国(全世界)に名を馳せる.

扬旗 yángqí ①旗をあげて特定の意志表示する.②(鉄道の)信号ブラケット:腕木式の信号機.

扬弃 yángqì ①圕止揚.[〈音訳〉奥 ào 伏赫变](アウフヘーベン)ともいう.②放棄する.[～旧辙]古いしきたりを打ち捨てる.

扬气 yángqi〈方〉横柄である.つっけんどんである.いばる.

扬琴 yángqín 圕洋琴(š).[打 dǎ 琴][铜 tóng 丝琴]ともいう.弦楽器の一種.台形の木箱に長短多数の銅弦を張り2本の小竹で打ち鳴らすもの.古く欧州から伝来し[洋琴②]と書いた.→[琴书]

扬清激浊 yángqīng jīzhuó ⇒[激浊扬清]

扬榷 yángquè〈文〉大要を挙げ述べる.

扬沙 yángshā 圕大気中の砂塵浮遊(を起こす):視界を混濁させるほどに至る.

扬善除恶 yángshàn chú'è〈慣〉勧善懲悪.

扬升 yángshēng (価格などが)上昇する.[物价～]物価上昇(する)

扬声器 yángshēngqì 拡声器.スピーカー:音声電流を音波に変える装置.(ラッパ形のものを)俗に[喇 lǎ 叭]という.[舌 shé 簧式～][电 diàn 磁式～]マグネチックスピーカー.[电动～]ダイナミックスピーカー.[永磁式电动～]パーマネントダイナミックスピーカー.[～装 zhuāng 置]スピーカーユニット.→[扩 kuò 音器]

扬手 yángshǒu 手を高くあげる.[～告别]手をふって別れを告げる.

扬水 yángshuǐ (ポンプで)水をあげる.[～池 chí 汲み上げた水の貯水池.[～站 zhàn][抽 chōu 水站]ポンプステーション.

扬汤止沸 yángtāng zhǐfèi〈成〉(釜の中の)湯をかき回して沸騰するのを止めようとする.[与其～,不如釜底抽薪]〈喩〉一時しのぎをするよりは,抜本的にやる方がよい.

扬威 yángwēi 威勢を示す.[耀 yào 武～]〈慣〉武を輝かし威を示す.

扬言 yángyán (故意に威嚇して)高言する.大言壮語する.

扬扬 yángyáng ⇒[洋洋②]

扬扬得意 yángyáng déyì ⇒[洋洋得意]

扬扬自得 yángyáng zìdé ⇒[洋洋自得]

扬誉 yángyù 称揚する.

扬州菜 yángzhōucài →[字解]Ⅲ①

扬子鳄 yángzǐ'è 圕ヨウスコウワニ.ヨウスコウアリゲーター:[鼍 tuó]の通称.

扬子江 yángzǐjiāng 地江蘇省の江都から鎮江にいたるまでの[长 cháng 江]をいう:[杨子江]とも書いた.(昔の鎮江でみた長江は揚子津に由来する).外国では長江全体を揚子江と呼ぶことが多い.

[炀・煬] yáng 〈文〉①金属を火で溶ける. → [烊①] ②火力が盛んである. → yàng

[玚・瑒] yáng 囸宗廟祭祀用の玉器. → chàng

[杨・楊] yáng ①圕ハコヤナギ属植物(総称).[山～](チョウセンヤマナラシ)[小叶～](テリハドロノキ)[青～](ナガバドロ)[辽～](ドロノキ・デロ),[钻天～](セイヨウハコヤナギ.ポプラ)など.また俗にヤナギ属植物の[蒲 pú 柳](コリヤナギ)を[～],[垂 chuí 柳](シダレヤナギ)を[垂～],ハンノキ属植物を[赤～](ハンノキ)ともいう.→[杨柳][白 bái 杨][柳 liǔ] ②〈姓〉楊(š)

杨曹 yángcáo →[水 shuǐ 杨酸曹]

杨贵妃 yángguìfēi 囚唐の玄宗の寵姫:美人の代表とされる.[玉环]③は幼名.→[贵妃②]

杨花 yánghuā 圕柳の綿状になって飛ぶ種子.[二月~满路飞]2月の柳の花,道に満ちて飛ぶ.[水性~]〈喩〉女性の移り気なこと.→[柳 liǔ 絮]

杨花萝卜 yánghuā luóbo 圕アカマルダイコン:皮が赤く中が白い小さい丸大根.

杨碱 yángjiǎn ⇒[二 èr 郎神]

杨剌子 yánglázi 圕[洋剌子]圕イラガの幼虫:果樹の葉を食う害虫.

杨柳 yángliǔ 圕[杨①](ハコヤナギ属植物)と[柳](ヤナギ属植物).[~科](植物学の)ヤナギ科.→[字解]① 〈口〉ヤナギ:[柳樹]に同じ. ⑧[垂 chuí(杨)柳](シダレヤナギ)の古称.

杨栌 yánglú 圕タニウツギ近縁種:スイカズラ科の落葉低木.

杨梅 yángméi 圕ヤマモモ:ヤマモモ科の常緑高木.[~洋桑甚儿]〈方〉イチゴ.⑧同卟.

杨梅疮 yángméichuāng〈口〉梅毒.特にその吹き出物:単に[〈方〉杨梅③]ともいう.[杨梅毒]

杨梅青 yángméiqīng ⇒[空 kōng 青]

杨木 yángmù 材木としてのヤナギ・ポプラ・ハンノキ.

杨氏模数 yángshì móshù 圐ヤング率(縦弾性係数)

杨树 yángshù →[字解]

杨桃 yángtáo ①⇒[阳桃] ②⇒[猕 mí 猴桃]

杨桐 yángtóng 圕サカキ.マサカキ.

杨枝净水 yángzhī jìngshuǐ (古代インドの)楊柳の枝と香水を供用する風習:賓客を迎える時,法事で菩薩を勧請(š)する時に行った.

杨枝水 yángzhīshuǐ 圐(仏教で)起死回生の甘露水.

杨枝鱼 yángzhīyú 圐ヨウジウオ:細長く偏平の小さい魚.→[海 hǎi 龙①]

杨子江 yángzǐjiāng ⇒[扬子江]

[旸・暘] yáng 〈文〉①日が昇る.[~谷](古書で)太陽の昇る所. ②(日の出の)太陽. ③晴天である.

[疡・瘍] yáng 医①腫物.潰瘍.[肿 zhǒng ~]腫物.[胃溃 kuì ~]胃潰瘍.→[疮 chuāng②] ②化膿する.ただれる.

[钖・鍚] yáng 囸馬の額につけた装飾の一種.盾の外側につけた金属の装飾.

[羊] yáng ①圕ヒツジ・ヤギ(類の略称).[公~]雄羊.[母~]雌羊.[山~]ヤギ.[羚 líng ~]カモシカ.[绵 mián ~]メンヨウ.[~有跪 guì 乳之恩]羊が跪いて飲んだ乳の恩を知る.動物でも親の恩を知る.②〈姓〉羊(š)

羊哀 yáng'āi 中医山羊(š)の胃中にある未消化の草:薬用される.→[狗 gǒu 宝][牛 niú 黄]

羊肠 yángcháng ①羊の腸.②〈喩〉曲がりくねった小道.[~小道]〈慣〉同劔の山道.[通过一条~小路]くねくねした小道を通る.

羊肠线 yángchángxiàn 羊の腸で作った糸:外科手術用の縫合糸やバドミントン用ラケットのガットに

yáng 羊佯洋

用いられる.単に〔肠线〕ともいう.
羊城 yángchéng 〖地〗広州市の別称:〔五 wǔ ~〕ともいう.
羊齿 yángchǐ 〖植〗シダ:〔绵 mián 马〕に同じ.〔~植物〕シダ类植物;〔蕨 jué 类植物〕の旧称.
羊灯 yángdēng 羊の形に作った提灯.
羊癫风 yángdiānfēng ⇒〔羊痫风〕
羊肚手巾 yángdǔ shǒujin 〔方〕〔白〕タオル.→〔毛 máo 巾〕
羊肚蕈 yángdǔxùn 〔编 biān 笠菌〕アミガサタケ(食用):〔羊肚菌〕〔羊肚菌 jùn〕にも同じ.
羊羔(儿) yánggāo(r) ①小羊. ②羊の胎児.
羊羹 yānggēng 〖食〗①ようかん. ②羊の肉を使ったスープを冷やピんして煮こごりとした料理.
羊倌(儿) yángguān(r) 羊飼い:〔羊官(儿)〕とも书く.〔小~〕羊飼いの子供.
羊毫 yángháo 羊の毛の筆.〔~笔 bǐ〕同前.→〔狼 láng 毫〕
羊胡子草 yánghúzicǎo 〖植〗ワタスゲ.
羊角 yángjiǎo ①ヒツジの角. ②<喻>つむじ風:〔旋 xuàn 风①〕→ yángjué
羊角菜 yángjiǎocài 〔白 bái 花菜〕
羊角锤 yángjiǎochuí 金槌の頭の一方が釘抜きになったの.
羊角葱 yángjiǎocōng 〔方〕古ねぎの根から出た若い芽.
羊角灯 yángjiǎodēng 羊の角を骨にした提灯:ともした時に透明さが出る.→〔牛 niú 角灯〕
羊角渡 yángjiǎodù ⇒〔望 wàng 江南〕
羊角风 yángjiǎofēng ⇒〔羊痫风〕
羊脚碾 yángjiǎoniǎn 〖機〗シープフットローラー(地ならし機):〔洋脚碾〕とも書く.
羊韭 yángjiǔ 〔麦 mài 冬〕
羊酒 yángjiǔ 羊の肉と酒:昔時,贈答や供物とした.
羊圈 yángjuàn =〔羊栏〕
羊角 yángjué 〈姓〉羊角(おう).→ yángjiǎo
羊蜡酸 yánglàsuān 〔癸 guǐ 酸〕
羊栏 yánglán =〔羊圈〕羊小屋.
羊陆之交 yánglù zhī jiāo <成>羊陸の交(まじわり):晋の将軍の羊祜が遠征して呉を伐(う)ったとき,敵将の陸抗が防御したが,各々徳信を尚(とうと)び,敵として相見えても尚厚い交わりのあることをいう.
羊麻 yángmá ⇒〔蔓 màn 于〕
羊马城 yángmǎchéng 〖城〗城外の堀の中に建てられた城壁:〔羊马墙 qiáng〕ともいう.
羊毛 yángmáo 羊毛.〔纯 ~ 标记〕ウールマーク.〔~毯 tǎn〕ウール絨毯.〔~出在羊身上〕羊の毛は羊の体からとられる.<喻>もとをただせば自分の身から出たもの.〔~衫 shān〕〖服〗ウールの(薄手の)セーター・カーディガン.
羊毛脂 yángmáozhī 〖化〗ラノリン.羊毛ロウ.羊毛脂.→〔无 wú 水羊毛脂〕
羊膜 yángmó 〖生理〗羊膜.→〔衣 yī 胞〕
羊奶 yángnǎi =〔羊奶①〕羊の乳.
羊排 yángpái 〖食〗厚切り羊肉の揚げ物.
羊皮 yángpí 羊の皮.シープスキン.〔披着 ~ 的狼〕羊の皮をまとった狼.<喻>偽善(者)
羊皮筏(子) yángpífá(zi) 空気を入れた羊の皮をつないで作った筏(いかだ):黄河上流で渡河に用いる.〔皮筏(子)〕ともいう→〔木 mù 筏〕
羊皮纸 yángpízhǐ ①パーチメント.羊皮紙.〔红~〕赤パーチメント.パーチメントペーパー:〔硫 liú 酸纸〕の別称.〔假~紙〕(模造羊皮紙)ともいう.
羊盘菲 yángpánfēi ⇒〔沙 shā 参〕
羊栖菜 yángqīcài 〖植〗ヒジキ:〔鹿 lù 尾菜〕に同じ.→

〔海 hǎi 藻①〕
羊群 yángqún ひつじの群.〔~里跑出骆驼来 luò tuō lái〕<慣>(一人だけ)並はずれていること.
羊群效应 yángqún xiàoyìng 付和雷同の反応:羊の群は一匹が動くと他もこれに倣うことから.
羊绒 yángróng =〔山 shān 羊绒〕〖紡〗:〔音訳〕开kāi 司米〕ともいう.〔~线〕カシミヤ毛糸.〔~围巾〕〖服〗カシミヤショール.〔~衫 shān〕〖服〗カシミヤセーター.
羊肉 yángròu 羊の肉.マトン.〔涮 shuàn ~〕〔涮锅子〕羊肉のしゃぶしゃぶ.〔~串 chuàn〕〖食〗シシカバブ.〔~铺 pù〕〈口〉床子〕羊肉店.
羊乳 yángrǔ ①⇒〔羊奶〕 ②〖植〗ツルニンジン:キキョウ科の蔓性宿根草.〔~花〕ともいう.
羊上树 yángshàngshù 〔方〕へそまがり.ひねくれ者.つむじまがり.あまのじゃく.
羊舌 yángshé 〈姓〉羊舌(しゃ)
羊水 yángshuǐ 〖生理〗羊水:〔胞 bāo 浆水〕に同じ.
羊踏破菜园 yáng tàpò càiyuán 羊が野菜畑を踏み荒らす.<喻>普段粗食の者がたまにごちそうを腹一杯つめ込む(んで胃がびっくりする)こと.
羊桃 yángtáo ⇒〔阳桃〕
羊蹄 yángtí =〔败 bài 毒菜〕〔鬼 guǐ 目③〕〔水 shuǐ 黄芹〕〔秃 tū 菜〕〖植〗ギシギシ:タデ科の多年生草本.〔~大黄〕ともいう.根の汁は疥癬(かいせん)の治療薬とす る.
羊头 yángtóu 羊の頭.〔挂~,卖狗肉〕<成>羊頭を掲げて狗肉を売る.<喻>見かけが立派で中身がこれに伴わないこと.
羊驼 yángtuó 〖動〗アルパカ.〔~呢 ní〕〖紡〗アルパカ.
羊痫风 yángxiánfēng =〔羊癫风〕〔羊角风〕癫癇(てんかん)の俗称.〔发~〕同病をおこす.
羊眼 yángyǎn ①羊の目(玉). ②眼鏡のフレーム.
羊眼螺丝 yángyǎn luósī ヒートン:環のついたネジ.
羊油酸 yángyóusuān ⇒〔己 jǐ 酸〕
羊杂(碎) yángzá(suì) 羊の内臓(食材):〔羊下水 shuǐ〕ともいう.
羊崽子 yángzǎizi 小羊.
羊枣 yángzǎo ⇒〔君 jūn 迁子〕
羊只 yángzhī 〔家畜としての〕羊.
羊脂酸盐 yángzhīsuānyán ⇒〔辛 xīn 酸②〕
羊脂玉 yángzhīyù 羊の油のような色で半透明の白玉(ぎょく).
羊踯躅 yángzhízhú =〔闹 nào 羊花〕〖植〗シナレンゲツツジ.→〔杜 dù 鹃③〕
羊质虎皮 yángzhì hǔpí <成>中身は羊で外側は虎の皮.<喻>こけおどしの見せかけ.

〔佯〕 yáng 詐(いつわ)る.まねをする.ふりをする.〔~做不知〕知らないふりをする.何食わぬ顔をする.しらばくれる.〔装 zhuāng ~〕詐り装う.ふりをする.

佯败 yángbài 負けたふりをする.
佯称 yángchēng 偽称する.嘘をつく.
佯动 yángdòng 〖軍〗陽動作戦する.見せかけの動きで相手を牽制する.
佯攻 yánggōng ①〖軍〗陽動攻撃をする. ②〖ス〗フェイント攻撃(をする)
佯狂 yángkuáng =〔阳狂〕〈文〉狂人のふりをする.
佯输诈败 yángshū zhàbài 〈慣〉負けたふりをする.
佯死 yángsǐ 死んだふりをする.→〔假 jiǎ 死〕
佯言 yángyán 嘘をつく.→〔诈 zhà 语〕
佯装 yángzhuāng ふりをする.装う:〔装佯〕に同じ.
佯醉 yángzuì 〈文〉酔ったふりをする.
佯作 yángzuò ふりをする.

〔洋〕 yáng ①盛大である.雄大である.→〔洋洋①〕〔洋溢〕 ②大海.〔海~〕海洋.〔太平

洋 yáng

~〕太平洋. ⑧外国(の).〔~出〕外国へ行く. 洋行する.〔留 liú ~〕旧外国留学(する). ④近代的(の). 現代化(された).〔~办法〕現代的なやり方.〔土 tǔ ⑥〕 ⑤旧銀貨.〔大~〕1元銀貨.〔小~〕1角銀貨. →〔洋钱①〕 ⑥〈姓〉洋〕

洋八股 yángbāgǔ 外国かぶれの型にはまった文章:五四運動以降の極端に欧化した文章. 新しい八股文. →〔八股②〕

洋白菜 yángbáicài ⇒〔结 jié 球甘蓝〕

洋白面 yángbáimiàn ⇒〔洋面〕

洋白铜 yángbáitóng ⇒〔白铜〕

洋版 yángbǎn 旧活版:木版・銅版に対していう.〔~书〕活字本.

洋办法 yángbànfǎ 現代的(近代的)なやり方. ↔〔土 tǔ 办法〕

洋保姆 yángbǎomǔ ①駐在外国人家庭の(中国人または外国籍の)家政婦. ②外国籍の家政婦.

洋本 yángběnběn 外国の書物.

洋标 yángbiāo 外国産を示すラベル・標識.

洋博士 yángbóshì 旧外国の博士号を持つ人.

洋布 yángbù 訪団機械織りの(上質の)平織布:カナキンやキャラコ.〔花~〕サラサ.〔土 tǔ 布〕

洋财 yángcái ①外国人からもうけた大金. ②〈転〉思わぬもうけ.〔发~〕ぼろもうけする.

洋菜 yángcài =〔洋粉〕〈口〉寒天:〔石 shí 花胶〕ともいう.〔琼 qióng 胶〕

洋舱 yángcāng 旧客船の特別 1 等室.〔房 fáng 舱②〕〔官 guān 舱〕〔统 tǒng 舱〕

洋插队 yángchāduì 〈口〉外国へ留学や働きに行く(人)

洋场 yángchǎng 旧租界地. また外国人の多くいる都市.〔十里~〕〔外滩〕(バンド)をいった.〔~恶少 èshào〕租界地の不良.

洋车 yángchē =〔〈方〉车仔〕〔〈方〉黄 huáng 包车〕〔〈方〉胶 jiāo 皮/车〕〕〔人 rén 力车①〕旧人力車:〔东 dōng 洋车〕ともいう.

洋瓷 yángcí ほうろう製の器.〔~盆〕ほうろうびきの洗面器. →〔珐 fà 琅〕

洋葱 yángcōng 〔圆 yuán 葱〕ともいう.〔~头〕〔葱头〕:その球状の鱗茎. →〔葱①〕

洋打工 yángdǎgōng 〈中国で働く〉外国人労働者.

洋大人 yángdàrén 外国人の役人・金持ち・ボス.

洋大头 yángdàtóu ⇒〔菊 jú 芋〕

洋倒(爷) yángdǎo(yé) 旧外国人仕入れ屋:中国に商品を仕入れにくるかつぎ屋.

洋地黄 yángdìhuáng =〔毛 máo 地黄〕植ジギタリス.〔酊 dīng 剂〕ジギタリスチンキ.〔~粉 fěn〕ジギタリス末.〔~毒町 dúdài〕薬ジギトキシン.

洋钉 yángdīng 旧釘:在来製法の釘に対していった.

洋法 yángfǎ 海外から導入した方式で.〔~生产方式〕現代的生産方式. ↔〔土 tǔ 法〕

洋房 yángfáng 西洋風家屋. 西洋館.

洋粉 yángfěn ⇒〔洋菜〕

洋服 yángfú 洋服:〔西 xī 服〕の旧称.

洋干漆 yánggānqī ⇒〔虫 chóng 胶片〕

洋橄榄 yánggǎnlǎn ⇒〔油 yóu 橄榄〕

洋镐 yánggǎo ⇒〔鹤 hè 嘴镐〕

洋狗 yánggǒu ①西洋犬. ②〈罵〉西洋かぶれした人間.

洋广货 yángguǎnghuò 旧洋品. 舶来品. 輸入品:外国品は多く広東を経て輸入された.〔洋广杂货〕輸入雑貨.

洋鬼子 yángguǐzi 〈罵〉毛唐:西洋人に対する蔑称.〔洋毛子〕ともいう.〔东~〕日本人への同前. →〔鬼子〕

洋行 yángháng 旧外国人が中国で経営する商社. または専門に外国商品を商売する中国の商社.

洋红 yánghóng ①染〔胭 yān 脂红〕(カーミン),〔~yī 品红①〕(フクシン)などの紅色染料. ②色淡紅色(の). 桃色. ローズピンクの〕

洋化 yánghuà 西洋化(する). 欧米化(する)

洋槐 yánghuái ⇒〔刺 cì 槐〕

洋灰 yánghuī セメント:〔水 shuǐ 泥〕の旧称.〔方〕水门汀〕〔西 xī 门 mén 土〕は音訳.〔~混凝 níng 土〕コンクリート.〔~地〕コンクリート舗装の床(地面).〔~路 lù〕コンクリート舗装道路.〔~筋〕〔钢 gāng 筋混凝土〕鉄筋コンクリート.〔~花砖建〕コンクリートタイル.〔~瓦〕モルタル瓦.

洋火 yánghuǒ 〈口〉マッチ:〔火柴〕の旧称.

洋货 yánghuò 洋品. 舶来品.〔~庄〕旧洋品店.

洋碱 yángjiǎn 〈方〉石鹸:ふつう〔肥 féi 皂〕という.

洋姜 yángjiāng 植キクイモ:〔菊 jú 芋〕の通称.

洋将 yángjiàng 旧〈喻〉ス外国人選手.

洋脚碾 yángjiǎoniǎn ⇒〔羊脚碾〕

洋教条 yángjiàotiáo ⇒〔洋框框〕

洋教头 yángjiàotou ス外国人監督・コーチ.

洋节 yángjié 外国伝来の記念日や祭祭日:〔圣 shèng 诞节〕(クリスマス)など.

洋姐 yángjiě 〔儿〕外国人の若い女性.

洋芥末 yángjièmò 食西洋からし. マスタード.

洋泾浜 yángjīngbāng 〔上海〕上海のフランス租界と共同租界との境界地点. 一帯は当時上海の商業の中心地区であった. あるいは上海租界の総称. ②同下.

洋泾浜语 yángjīngbāng yǔ (上海)ビジニイングリッシュ:上海にイギリス租界があった頃,中国人が英語の単語を中国語の語法によって並べて外国人との取引に使った一種の英語. 後には言語学でピジン(混合言語)の意に用いられる. 単に〔洋泾浜②〕ともいう.

洋井 yángjǐng (動力)ポンプで汲み上げる井戸:〔机 jī 井〕の旧称.

洋菊 yángjú ⇒〔大 dà 丽花〕

洋框框 yángkuàngkuang =〔洋教条〕外国かぶれのやり方.

洋葵 yángkuí ⇒〔天 tiān 竺葵〕

洋垃圾 yánglājī 外国から持ち込まれたゴミ.〈喻〉外国からの中古品や廃棄物.

洋刺子 yánglázi 〔洋捌子〕とも書く. ①ガラス瓶. ②⇒〔杨㭠〕

洋蓝 yánglán 染ベルリン青. ベレンス:顔料・染料の一種.

洋落(儿) yánglào(r) 〔洋捞(儿)〕とも書く.〈方〉①外国品. 输入品. ②意外なもうけ.〔得 dé ~〕〔捡 jiǎn ~〕ぼろもうけする. ただで手に入れる.→〔洋财〕

洋厘 yánglí 旧銀元(規定通貨)と銀両(重量)との換算時価:民国22年(1934)には銀 1 元に対し純銀 0.715両の比率と定められた.

洋梨 yánglí 植セイヨウナシ(西洋梨)

洋里洋气 yángli yángqì すっかり西洋風である. バタくさい. →〔土 tǔ 里土气〕

洋流 yángliú ⇒〔海 hǎi 流①〕

洋楼 yánglóu 西洋風ビルディング.

洋炉(子) yánglú(zi) 西洋式の暖炉. ストーブ.

洋驴 yánglǘ ⇒〔自 zì 行车①〕

洋麻 yángmá 〔槿 jǐn 麻〕 ②外国産の麻.

洋马 yángmǎ 西洋産の馬.

洋码子 yángmǎzi 〈方〉アラビア数字.

洋毛子 yángmáozi ⇒〔洋鬼子〕

洋莓 yángméi =〔荷 hé 兰莓〕

1941

yáng

洋面 yángmiàn ①海洋面.〔~运费〕海上運賃. ②=〔洋白面〕回製粉機でひいた小麦粉:在来の旧式製粉について いう.〔机 jī 器面〕に同じ.
洋名 yángmíng 横文字の名前.
洋囡囡 yángnānnān〈方〉西洋人形.→〔洋娃娃〕
洋奴 yángnú 西洋追随主義者.欧米かぶれ.〔~思想〕欧米至上思想.
洋牌 yángpái 外国の商標・ラベル.またアルファベットを使った外国風の商標.
洋盘 yángpán〈方〉①しろうと.事情に疎くだまされやすい人. ②輸入品.外国物.
洋炮 yángpào 回外国製の大砲.
洋盆 yángpén ⇒〔海 hǎi 盆〕
洋琵琶 yángpípa〔曼 màn 陀林〕
洋瓶 yángpíng〔子〕瓶.ガラス瓶.
洋漆 yángqī ⇒〔清 qīng 漆〕
洋气 yángqì ①ハイカラである.洋風である.↔〔土 tǔ 气①〕 ②バタくささ.洋風.
洋钱 yángqián ①回銀元の俗称:〔洋银〕ともいう. →〔银 yín 洋〕 ②回外国の金
洋枪 yángqiāng 回外国製の小銃.〔~队 duì〕囲外国式の銃を装備した軍隊:特に太平天国軍を破った常勝軍を指す.
洋腔 yángqiāng 外国なまりの.〔~洋调 diào〕バタくさい発音.
洋琴 yángqín ①⇒〔钢 gāng 琴〕 ②⇒〔扬琴〕
洋秋海棠 yáng qiūhǎitáng 围ベゴニア(総称).→〔秋海棠〕
洋取灯儿 yángqǔdēngr ⇒〔火 huǒ 柴〕
洋人 yángrén 回外国人:特に西洋人を指す.
洋乳香 yángrǔxiāng ⇒〔乳香②〕
洋伞 yángsǎn 回〔阳伞〕こうもり傘.
洋桑葚儿 yángsāngrènr〔口〕やまももの実.→〔杨梅①〕
洋嗓子 yángsǎngzi 西洋流の発声方法で歌う声:〔美 měi 声唱法〕(ベルカント)など.
洋纱 yángshā 勔①回機械製の綿糸:旧来の手紡ぎ糸に対して. ②極細の綿糸で織った布.〔薄~〕〔细~〕綿モスリン.
洋山芋 yángshānyù ⇒〔马 mǎ 铃薯〕
洋商 yángshāng 回中国において商業を営んだ外国商人.
洋参 yángshēn ⇒〔西 xī 洋参〕
洋什 yángshí 囲雑貨雑貨.
洋式 yángshì 洋風(の).洋式(の).西欧風(の):〔西 xī 式〕の旧称.〔~摔 shuāi 跤〕囚レスリング〔旧時の俗称〕
洋柿子 yángshìzi ⇒〔番 fān 茄〕
洋水龙 yángshuǐlóng 回洋式消防ポンプ.→〔水龙〕
洋水仙 yángshuǐxiān ⇒〔风 fēng 信子〕
洋松 yángsōng 回オレゴン松.米(¿)松.ダグラスファー:学名は〔花 huā 旗松〕
洋素馨 yángsùxīn ⇒〔夜 yè 来香③〕
洋桃 yángtáo ⇒〔阳桃〕
洋钿 yángtián〈方〉銀貨.
洋铁 yángtiě ⇒〔马 mǎ 口铁(皮)〕
洋铁罐 yángtiěguàn 囲缶詰用ブリキ缶.
洋铁桶 yángtiětǒng ブリキのバケツ.
洋桐 yángtóng ⇒〔悬 xuán 铃木〕
洋娃娃 yángwáwa 西洋人形.→〔洋囡囡〕
洋袜子 yángwàzi 回靴下.〔布 bù 袜〕(旧式の布靴下)に対して.
洋晚香玉 yáng wǎnxiāngyù ⇒〔香雪兰〕
洋为中用 yáng wéi zhōngyòng 外国のものを中国に役立てる.〔~,古为今用〕同時に,昔のものを現在に役立てる.

洋味儿 yángwèir バタくささ.欧米風.〔~عدا浓〕欧米臭が濃い.→〔洋气〕
洋文 yángwén 欧米の言語・文字.→〔外 wài 文〕
洋(梧)桐 yáng(wú)tóng ⇒〔悬 xuán 铃木〕
洋务 yángwù ①囲(清末の)外務.外国文化導入事業.〔~运 yùn 动〕囲洋務運動. ②回〔香港など〕での外国人相手のサービス業.
洋线 yángxiàn 舶来の糸類:カタン糸・ガス糸など.
洋香菜 yángxiāngcài →〔洋芫荽〕
洋相 yángxiàng →〔出 chū 洋相〕
洋硝 yángxiāo →〔氯 lǜ 酸钾〕
洋绣球 yángxiùqiú →〔天 tiān 竺葵〕
洋学堂 yángxuétáng 回清末に立てられた外国式学校.
洋荤 yángxūn ⇒〔蘑 mó 菇①〕
洋烟 yángyān 外国タバコ.洋モク.
洋芫荽 yángyánsui =〔洋香菜〕〔荷 hé 兰芹〕囲パセリ(オランダゼリ).→〔芫荽〕
洋洋 yángyáng ①広々としたさま.雄大なさま.非常に多いさま.〔~万言〕堂々たる文章.〔喜气~〕喜びにあふれている. ②=〔扬扬〕得意なさま. ③一部の単音形容詞の後に置き,その表す意味が広がりをもつことを強調する.〔喜~〕うきうきしている.〔暖~〕ほかほか陽気な.
洋洋大观 yángyáng dàguān〈喩〉非常に多くの見るべきものがあること.
洋洋得意 yángyáng déyì〔成〕非常に得意なさま:〔扬扬得意〕とも書く.
洋洋洒洒 yángyáng sǎsǎ ①(文章・談話などが)あふれるように続くさま. ②規模・勢いが盛大なさま.
洋洋自得 yángyáng zìdé〔成〕得意満面である.得意で鼻高々である:〔扬扬自得〕とも書く.
洋药 yángyào 回①回外国アヘン:〔土 tǔ 药〕(中国産のものに対していう. ②〔輸入された〕西用の医薬品.→〔西 xī 药〕
洋溢 yángyì 満ちあふれる.〔歌声~〕歌う声が盛んに響きわたる.〔礼堂里~着一团喜气〕式場には喜びが満ちあふれている.
洋银 yángyín ⇒〔洋钱①〕
洋油 yángyóu ①⇒〔煤 méi 油〕 ②輸入石油・ガソリン(総称)
洋芋 yángyù ⇒〔马 mǎ 铃薯〕
洋玉兰 yángyùlán ⇒〔荷 hé 花玉兰〕
洋樟脑 yángzhāngnǎo ⇒〔萘 nài〕
洋杖 yángzhàng →〔文 wén 明棍儿〕
洋针 yángzhēn 舶来の針.
洋纸 yángzhǐ 洋紙.西洋紙.
洋绸 yángzhòu 回絹ちぢみ.
洋烛 yángzhú 西洋のろうそく.
洋专家 yángzhuānjiā〈口〉①外国人の専門家(技術者など).〔外 wài 国专家〕の別称. ②(外国の技術などを書物から学んだ)大学・専門学校卒業者.
洋装 yángzhuāng ①⇒〔西 xī 服〕 ②(書籍の)洋式装幀(てい).〔~书〕回洋装本.↔〔线 xiàn 装〕
洋罪 yángzuì〔口〕ひどい目.散々な目.〔受~〕同前

[垟] yáng〈方〉田畑.〔翁 wēng ~填〕浙江省乐清市の東南にある.

[徉] yáng〈文〉①さまよう.行きつ戻りつする. →〔徜 cháng 徉〕〔彷 páng 徉〕 ②心が落ち着かない.

[烊] yáng〈方〉①金属を溶かす.〔~金〕金属のとけた液.→〔炀①〕 ②〈転〉とかす.とける.〔糖~了〕あめ(砂糖)がとけた.〔冰~了〕氷がとけた. → yàng

〔蚜〕yáng [-儿,-子]〈方〉〔虫〕コクゾウムシ(米食い虫)の類.〔强〜〕は古語.→〔米 mǐ 象〕

〔阳・陽〕yáng ①太陽.日光.〔~〔日 rì ①〕 ②明るい.↔〔阴 yīn〕〔古 gǔ〕 ③〔陰陽の〕陽.陽性(の).④山の南側.川の北側・陽光の当たる地形(側面).〔山の~坡〕山の南斜面.〔向~〕南向き.〔衡~〕=湖南省衡陽:衡山の南側にある.〔洛~〕=河南省洛陽:洛水の北側にある.⑤外に露出している.はっきり見える.あらわである.→〔阳奉阴违〕〔阳沟〕 ⑥(外側へ)突起している.〔~文的图章〕陽刻(彫った文字が突起している)の印章.⑦現世.この世.⑧男子の生殖器.→〔阳物〕 ⑨〔物〕プラス(陽・正)電気を帯びている.→〔阳正电〕 ⑩〈姓〉阳.

阳报 yángbào 陽報.明らかなる応報.目に見える報い.〔有阴德者必有〜〕陰徳あるものは必ず陽報あり.

阳成 yángchéng 〈姓〉阳成(ぴょうじょう)

阳春 yángchūn ①(うららかな)春.春の日.〔〜三月〕春の三月.〔十月の〜〕10月の小春日和.→〔阳月〕 ②〈文〉(民に対する)恩恵.恩沢.〔德政如~〕德政春の恵の如し.

阳春白雪 yángchūn báixuě 〔旧〕古代楚国の高尚な名曲の名.〔転〕高雅な文学や芸術作品.↔〔下里巴人〕

阳春面 yángchūnmiàn 〈方〉〔食〕かけうどん.素うどん:具の入っていないかけうどん.

阳地植物 yángdì zhíwù ⇒〔阳性植物〕

阳电 yángdiàn ⇒〔正 zhèng 电〕

阳电荷 yángdiànhé ⇒〔正 zhèng 电荷〕

阳电子 yángdiànzǐ ⇒〔正 zhèng 电子〕

阳奉阴违 yángfèng yīnwéi 〈成〉うわべは服従しているが,陰では従わないこと.かげひなたのあること.

阳刚 yánggāng 明るくて力強い.強くたくましい.〔~之气〕男らしさ.↔〔阴 yīn 柔〕

阳沟 yánggōu =〔明 míng 沟〕蓋をしていない溝.覆いのない下水溝.露溝.↔〔阴 yīn 沟〕

阳关 yángguān 四川の甘肃省の地において,漢代に関所のおかれたところ.玉門関の南にあったので陽関と呼ばれた.〔~道〕⑥同前の街道.⑤同下.

阳关大道 yángguān dàdào 四通八達の大道.大通り.正しい道.〔阳关道〕ともいう.〔你走你的阳关道,我走我的独木桥〕〔諺〕お互いにかまうことなく,それぞれ自分のやりたいことをすればいいのだ.

阳关三迭 yángguān sāndié 〈喻〉送別の歌:唐の王維の詩〔西出阳关无故人〕の一句は,後世〔〜曲 qǔ〕〔渭 wèi 城曲〕として楽府に入り送別の曲となった.これを3回繰り返して歌うものを〔〜〕という.

阳光 yángguāng ①陽光.太陽の光線.〔日 rì 光〕に同じ.〔~普照〕〈喻〉同前があまねく光り輝く.〔~权 quán〕〔采 cǎi 光权〕日照権.〔~浴 yù〕日光浴.②〈喻〉(若く)健康で生き生きしていること.〔~产业〕成長産業.③公開されていること.透明性のあること.〔~作业〕情報公開された作業.〔~公报〕公開された情報.〔~采购〕公開買付け.

阳光板 yángguāngbǎn ポリカーボネイト樹脂板.PC板.

阳光工程 yángguāng gōngchéng ①太陽エネルギー利用開発プロジェクト.②公正・公平・透明度の高いやり方.

阳极 yángjí =〔正 zhèng 极〕〔物〕陽極.正極.↔〔阴 yīn 极〕

阳间 yángjiān この世.現世.〔阳世〕に同じ.↔〔阴 yīn 间〕

阳界 yángjiè ⇒〔阳世〕

阳具 yángjù ⇒〔阳物〕

阳狂 yángkuáng ⇒〔佯狂〕

阳离子 yánglízǐ ⇒〔正 zhèng 离子〕

阳历 yánglì ①=〔西 xī 历〕〔新 xīn 历〕陽暦:正式には〔公 gōng 历〕という.〔~年〕陽暦年.⑥1月1日.元旦.〔~年 nóng 历〕=〔太 tài 阳历〕太陽暦.陽暦:同前はこの一種.→〔阴 yīn 历〕

阳螺旋 yángluóxuán 〔機〕ボルト.→〔螺旋〕

阳面 yángmiàn ①〔建物などの〕日差しのあたる方.日あたりの側.②[-儿]表面.表側.〔铜钱的〜是字儿,阴面儿は闷儿 mènr〕銅貨の表は字で裏は模様である.↔〔阴 yīn 面〕→〔正 zhèng 面②〕

阳明 yángmíng ①〈文〉光り輝いて明るいさま.②〔〜经 jīng〕〔中医〕主要経絡の一.→〔经脉〕

阳明学派 yángmíngxué pài 〔史〕明の王守仁(陽明)の樹立した学,すなわち〔王学〕の一派:知行合一を唱えた.

阳谋 yángmóu おおっぴらな謀略.

阳平 yángpíng 〔国〕中国語声調の一.〔普通话〕においては中ほどの高さから急に昇るように発音するもの:〔5 下 xià 平〕ともいい,ふつう〔第二声〕という.→〔四 sì 声〕

阳坡 yángpō 陽のあたる坂道.南面にあるスロープ.

阳畦 yángqí 陽日向に作った苗床.

阳起石 yángqǐshí 〔鉱〕陽起石(透緑閃石):〔光线石〕ともいう.中国医学では强精薬とする.

阳秋 yángqiū ⇒〔春 chūn 秋③〕

阳伞 yángsǎn =〔旱 hàn 伞〕〈方〉凉 liáng 伞〕日傘.パラソル.〔洋伞②〕は旧称.〔~效 xiào 应〕パラソル効果:粉塵などが太陽を遮断して起る気象の変化.〔雨 yǔ 伞〕

阳世 yángshì =〔阳间〕現世.この世.〔~(之)间〕同前.

阳寿 yángshòu 〈文〉寿命.

阳数 yángshù ⇒〔奇 jī 数〕

阳燧 yángsuì 〔旧〕日光を利用して火を起こす道具:銅で作られ,凹面鏡の作用がある.

阳遂足 yángsuìzú 〔動〕クモヒトデ(科):〔海 hǎi 盘车〕(ヒトデ)の一種.

阳台 yángtái =〔露 lù 台②〕バルコニー(2階以上の建物の).②ベランダ.→〔晒 shài 台①〕

阳桃 yángtáo =〔五 wǔ 敛子〕〔植〕ゴレンシ(五敛子):〔羊桃〕〔洋桃〕〔杨桃①〕とも書く.

阳痿 yángwěi 〔阳萎〕とも書く.〔医〕インポ(テンツ):〔阴 yīn 痿〕〔陰萎〕ともいう.

阳文 yángwén =〔阳字〕浮彫(陽刻)の文字.紋様.陽文:印章および器物に彫刻した文字の凸起しているもの.印章上のものは〔朱 zhū 文〕ともいう.〔~花〕浮彫にした模様.〔雕 diāo 〜〕同前を彫る.↔〔阴 yīn 文〕

阳物 yángwù =〔阳具〕男子の生殖器〔阴 yīn 茎〕の別称.

阳线 yángxiàn 〔経〕陽線:株価値動きをローソク形で図示する場合の用いる一方.↔〔阴 yīn 线〕

阳性 yángxìng ①〔医〕(検出試験・検査の)陽性.プラス.↔〔阴 yīn 性〕 ②〔語〕男性.〔~名词〕男性名詞.

阳性植物 yángxìng zhíwù =〔阳地植物〕〔喜 xǐ 光植物〕〔植〕陽生植物.↔〔阴 yīn 性植物〕

阳虚 yángxū 〔中医〕陽気(活力)が欠けている状態:顔色が青白い,汗が出やすい,食欲がないなど.→〔阴 yīn 虚〕

阳游子 yángyóuzǐ ⇒〔正 zhèng 离子〕

阳月 yángyuè 旧暦10月.→〔阳春③〕

阳韵 yángyùn 〔国〕(中国音韻学で)古漢語韻母の一類,音節末音がピンインで"m・n・ng"であるもの:入声(音節末音が"b・d・g"であるもの)および〔〜〕以外

阳仰养

を〔阴 yīn 韵〕という.
阳宅 yángzhái（陰陽家のいう）人の住む家.住居.住宅.〔阴 yīn 宅〕（墓地）に対していう.
阳症 yángzhèng 中医病状が活発で熱性を呈するもの.〔阴 yīn 症〕
阳字 yángzì ⇒〔阳文〕

[仰] yǎng ①仰ぐ.あおむく.〔～着捆〕上を向けておく.〔～起脸来〕顔をあおむける.↔〔俯 fǔ ①〕.→〔仰视〕〔仰天〕 ②仰ぎ慕う.敬う.〔久～大名〕〈挨〉久しくご高名を仰ぎ慕っています.〔敬～〕敬い慕う.〔人所共～〕人が皆尊敬している.→〔仰慕〕 ③依頼する.頼る.願う.頼る.すがる.〔～君助助〕君のご協力を願う.→〔仰赖〕 ④〈公〉⑧…すべし.…すべし:旧時,上級から下級に命令する下行文に用いた.→〔仰即〕 ⑥仰いで.敬って:下級から上級への上行文に用いた.→〔仰恳〕 ⑤〔姓〕仰（yǎng）
仰八叉 yǎngbachā 〈方〉あおむけ:〔方〕仰巴脚儿〕〔方〕仰壳（儿）〕ともいう.〔跌 diē 了个～〕〔摔 shuāi 了个～〕あおむけにぶっ倒れた.
仰脖 yǎngbó [-儿] 顔をあおむける.
仰承 yǎngchéng ①頼る.厚誼を受ける.〔～您的关照〕ご配慮をいただき.お陰さまで.②〈公〉承る.お引き受けする.〔～嘱托,立即着手〕〔嘱〕ご依頼を受け,直ちに着手する. ③迎合する.おもねる.
仰毒 yǎngdú 〈文〉服毒（する）.〔～自尽〕服毒して死ぬ.
仰浮 yǎngfú あおむけに泳ぐ（浮く）
仰感 yǎnggǎn 仰いで恩徳の厚さに感激すること.〔～大恩〕大恩を仰ぎ感激する.
仰观 yǎngguān 仰ぎ見る.〔～天文〕仰いで天文を見る.〔～天时俯 fǔ 察民情〕仰いでは天の時を見,俯しては民情を察する.
仰光 yǎngguāng 地ヤンゴン（ラングーン）:〔缅 miǎn 甸〕（ミャンマー）が本来である.
仰即 yǎngjí 〈公〉…せしむ.…すべし.…することを望む:上級から下級に命令する場合に用いた.〔～知照〕直ちに承知すべし.〔～遵照为理〕直ちに命令のとおり処理されたし.→字解④
仰给 yǎngjǐ 供給に頼る.供給を仰ぐ.〔～于人〕人の助けを仰ぐ.
仰角 yǎngjiǎo 数仰角.→〔俯 fǔ 角〕
仰镜 yǎngjìng 〈文〉鏡として仰ぐ.手本とする.模範とする.〔万流～〕万人が手本とする.
仰靠 yǎngkào ～にもたれる.頼る.もたれかかる.
仰壳(儿) yǎngké(r) ⇒〔仰八叉〕
仰恳 yǎngkěn 〈公〉仰いで～されるようお願い申し上げる:〔仰祈〕〔仰请〕に同じ.→字解④⑤
仰赖 yǎnglài 頼る.頼む.〔能源全～外国石油的进口〕エネルギー源は全て外国石油の輸入に頼っている.→〔依 yī 赖〕
仰面 yǎngmiàn あおむく.〔摔 shuāi 了个～跟头〕バランスをくずしてあおむけに倒れる.〔～朝 cháo 天〕〈慣〉あおむけに寝る（ひっくりかえる）
仰慕 yǎngmù ①敬慕する.〔～故人を追慕する.
仰攀 yǎngpān ⇒〔高 gāo 攀〕
仰棚 yǎngpéng ⇒〔天 tiān 花板〕
仰祈 yǎngqí ⇒〔仰恳〕
仰企 yǎngqǐ ①仰ぎ足をつまだてる.翹望(qiáowàng)する. ②敬望で望み見る.
仰请 yǎngqǐng ⇒〔仰恳〕
仰人鼻息 yǎng rén bíxī =〔仰息〕〈喩〉人の鼻息をうかがう.人の機嫌をうかがい頼る.〔有出息的总是不愿意～的〕骨っぷしのある人は他人の鼻息を気にしない.

仰韶文化 yǎngsháo wénhuà 史ヤンシャオ文化:新石器時代の文化で,河南省澠池県仰韶から発見された彩色土器により〔彩 cǎi 陶文化〕ともいう.→〔龙 lóng 山文化〕
仰摄 yǎngshè 仰角撮影.
仰身儿 yǎngshēnr ①体があおむけになる.〔头一昏～倒了下去〕急に目まいがしてあおむけに倒れた.②面(めん)をあげる.
仰食 yǎngshí 〈文〉寄食する.
仰视 yǎngshì 仰ぎ見る.
仰事俯畜 yǎngshì fǔxù 〈成〉仰いでは父母に事(こと)え俯しては妻子を養う.〈喩〉一家の生活を維持する.
仰首 yǎngshǒu 頭をあげる.首をもたげる.〔～伸 shēn 眉〕〈成〉首をあげ眉をのばす:意気軒昂なさま.〔～地提出抗辩〕強硬に抗弁する.
仰叹 yǎngtàn あおむいて嘆ずる.
仰躺 yǎngtǎng あおむけに寝る.
仰天 yǎngtiān 〈文〉天を仰ぐ.〔～大笑〕上を向いて大笑いする.〔仰不愧 kuì 于天,俯不怍 zuò 于人〕天地に恥じない.
仰头 yǎngtóu 頭をあげる.
仰望 yǎngwàng ①仰ぎ望む.〔～天文〕天文を観る.②〈文〉あがめ願う.〔～颁布〕頒布されんことを願う.
仰卧 yǎngwò あおむけに寝る.〔～起坐〕又仰臥姿勢で上半身を起こす腹筋運動.
仰屋窃叹 yǎngwū qiètàn 〈成〉天を仰いでひそかに嘆ず.〈喩〉途方にくれ何の策も施し得ないこと:〔仰屋太息〕〔仰屋兴 xīng 叹〕ともいう.→〔一 yī 筹莫展〕
仰息 yǎngxī ⇒〔仰人鼻息〕
仰药 yǎngyào 〈文〉毒を仰ぐ.〔～自尽〕服毒自殺（する）.→〔仰毒〕
仰泳 yǎngyǒng 又背泳.〔100公尺～〕100メートル背泳.
仰瞻 yǎngzhān ⇒〔瞻仰〕
仰仗 yǎngzhàng 頼る.頼みとする.〔～他们的援助〕彼らの援助に頼る.〔～大力〕あなたのお力にすがる.

[养・養] yǎng ①養う.扶養する.〔供 gōng ～〕〔赡 shàn ～〕同前. ②（家畜・鳥・虫を）飼育する.〔～鸡〕にわとりを飼う. ③子を生む（育てる）.〔生～〕生み育てる.〔～儿女〕子女を養育する.④（草木を）植え育てる.栽培する.〔～花儿〕花を育てる.花を植える. ⑤（髪やひげを）のばす.たくわえる. ⑥療養する.養生する.休養する.〔住院～病〕入院して療養する.〔保～〕保養する. ⑦栄養.滋養.〔营～失调 tiáo〕栄養失調. ⑧維持する.補修する.→〔养路〕 ⑨涵(かん)養する.修養する.〔学～功深〕学問・人格修養の努力を積んでいる. ⑩自分が生んだのではない.義理の.→〔养父〕〔养女〕 ⑪盛り立てる.育成する.助成する.〔以农～牧,以牧促农〕農業で畜産業を育成し,畜産業で農業の発展を促す. ⑫〔姓〕養（yǎng）
养兵 yǎngbīng 兵備をととのえる.〔～千日用兵一时〕〈諺〉平生から長いことかかって兵備をととのえておくのは,一朝ことある時の用意のためである.
养病 yǎngbìng 療養をする.静養する.〔他在医院里～〕彼は病院で療養している.
养不教 yǎngbùjiào 養って教えず.〔～,父之过〕（三字経）養育しても教育しないのは父の過ちである.
养蚕 yǎngcán 養蚕する.蚕を飼う.
养车 yǎngchē 車を所有し維持する.車の修理・手入れ（をする）.〔～户 hù〕（営業用）自動車の所有者.〔～不如租车〕自前で車を持つより借りたほうが安い.

养浠氧 yǎng

养成 yǎngchéng 育てあげる.養成する.身につける.〔~良好习惯〕良い習慣を身につける.
养成教育 yǎngchéng jiàoyù ①(専門業種の)技能養成訓練.②常識教育.人格形成教育.
养地 yǎngdì 圃(施肥や休耕などの方法で)地力を高める.
养儿 yǎng'ér 子どもを持つ.養い育てる.〔~方知父母恩〕子を持って知る父母の恩.〔~防老,积jī谷防饥〕子を養って老に備え穀物を積んで飢えに備える.<喩>事前に準備する.
养肥 yǎngféi (家畜を)飼って太らす.<転>(非合法の手段で)自分の懐を肥やす.
养分 yǎngfèn (栄)養分.
养父 yǎngfù 養父.
养汉 yǎnghàn <白>情夫をこしらえる.〔~老婆〕ⓐ間男(まおとこ)した人妻.ⓑ人の妻を罵る語.
养虎 yǎnghǔ 虎を飼う.<喩>将来の災いとなるのを知らずに禍根を育てること.〔~自害〕〔~伤身〕<成>悪人を放置してのさばらせて害を受ける.〔~食人〕<成>虎を飼って人を食わす.凶兵を養って人民を犠牲にする.〔~遗患〕<喩>悪人をそのままにしておいて災いを招くこと.
养护 yǎnghù ①保守点検をする.メンテナンスをする.〔公路~工作〕自動車路補修作業.②手当てをして保護する.
养花天 yǎnghuātiān 晩春の曇りがち小雨の天気:牡丹の開花に都合がよい.
养晦 yǎnghuì <文>引退して徳を養い時節を待つ.〔韬tāo光~〕光をぼうばらず力を外に見せない.
养活 yǎnghuo <口>①養う.扶養する.〔~一家子人〕一家中の人を養う.〔~不起〕(貧しくて)養うことができない.②(動物を)飼育する.〔~一个鸽子〕鳩を飼う.③<方>産み育てる.〔她昨天又~了一个大胖小子〕彼女は昨日またまるまる太った子供を産んだ.
养鸡场 yǎngjīchǎng 養鶏場.
养济 yǎngjì ①<白>養生する.静養する.〔病是好了,还得~~〕病気はよくなったが,まだよく養生しなければ.②保護し救済する.
养家 yǎngjiā 家族を養う.〔~糊hú口〕<慣>家族を養い生活する.
养精蓄锐 yǎngjīng xùruì <成>気力体力を養い充実させる.〔~,以逸待劳〕同前で敵の疲れを待つ.
养疴 yǎngkē <文>病気で療養する.
养寇 yǎngkòu <文>敵や悪人を攻めず放置する.→〔养虎〕
养老 yǎnglǎo ①老人をいたわり養う.〔~金〕(養老)年金.老齢者生活手当.〔~女婿xù〕(岳父母のための)入婿(にゅうむこ).②隠居する.
养老送终 yǎnglǎo sòngzhōng 生前によく仕え死後は丁重に葬ること.父母の生前没後に孝行を尽くすこと:〔养生送终〕〔养生送死〕ともいう.
养老院 yǎnglǎoyuàn →〔敬jìng老院〕
养廉 yǎngliàn 清廉な品性を養う.〔~银yín〕圃官吏の加給米.→〔俸fèng廉〕
养料 yǎngliào 滋養物.養分.〔吸收新的思想的~〕新しい思想の養分を吸収する.
养瘤成患 yǎngliú chénghuàn <成>病根を放置して苦難に陥る.〔现在不除根将来必~〕いま根拠をしておかなければ将来必ずのために災いを受けることになる.→〔养虎〕
养路 yǎnglù (鉄道や道路を)補修維持する.〔~处chù〕保線課.〔~工〕保線作業員.〔~费〕(保守のための)道路使用料.
养绿 yǎnglǜ 緑化・自然保護の活動をする.
养苗 yǎngmiáo ①苗を育てる.②稚魚を育てる.

养命 yǎngmìng 養生する.寿命を延ばす.
养母 yǎngmǔ ①養母.↔〔生 shēng 母〕②⇒〔鸨 bǎo 母〕
养目镜 yǎngmùjìng ①目にやさしいレンズを使った眼鏡.②⇒〔光 lǎo 光眼鏡〕
养女 yǎngnǚ 養女.→〔养子女〕〔童 tóng 养媳〕
养气 yǎngqì <文>①(儒家で)気を養う.〔我善养吾浩然之气〕(孟子)我はよく吾が浩然の気を養う.②(道家で)気力を練り養う.→〔炼 liàn 气②〕
养人 yǎngrén (環境や食物が)体にいい.健康によい.
养赡 yǎngshàn 養育する.扶助する.〔~家口〕家族を養う.
养伤 yǎngshāng 負傷の養生(治療)をする.
养身 yǎngshēn 保養する.養生する.〔~之法〕養生法.
养身父母 yǎngshēn fùmǔ <白>育ててくれた養父母(義父母).〔这是你生身父母,我是~〕(清平山堂话本・合同文字记)これはお前の生みの親,わたしは育ての親.
养神 yǎngshén ①心身を静養する(精神の休養).②圃心を養う.〔打坐~〕圃(仏教で)座禅して同前.
养生 yǎngshēng ①保養する.養生する.〔~有术〕よいやり方で養生をしている.〔~三转 zhuǎn 法〕頭・腰・膝をまげ,のばす健康法.②動物を飼う.
养熟 yǎngshú 飼い馴らす.
养树 yǎngshù ①木を手入れして育てる.②⇒〔歇 xiē 枝〕
养天地正气 yǎng tiāndì zhèngqì <文>天地の正気を養う.<喩>立派な精神を備えた人格を築きあげること.
养息 yǎngxī 保養する.休養する.
养小姘 yǎngxiǎopīn <口>若い娘を囲う.援助交際する.
养心 yǎngxīn <文>精神修養をする.
养性 yǎngxìng 品性を涵(かん)養する.
养畜 yǎngxù 飼育する.
养血 yǎngxuè 中医造血する.血液を増やす.
养颜 yǎngyán 顔の手入れをする.顔を美しく保つ.
养眼 yǎngyǎn ①目の手当てをする.②目の保養になる.
养阴 yǎngyīn 中医精力をつける.
养痈 yǎngyōng 癰疽(ようそ)(命とりの腫物)を放置する.〔~成患〕〔~遗患〕〔~贻 yí 患〕<喩>小さい災いを放っておくと大きな災いとなること.小事は大事.
养鱼池 yǎngyúchí ①生簀(いけす).②養魚池:〔鱼池〕に同じ.
养育 yǎngyù 養い育てる.〔~婴孩〕子供を養育する.〔不忘父母之恩〕父母の養育の恩を忘れず.
养真 yǎngzhēn <文>修養して身分をしっかり保つ.
养殖 yǎngzhí (水産物を)養殖する.〔~业 yè〕養殖産業.〔~家〕養殖業者.〔~场〕(魚介類の)養殖場.〔将来的渔业不能不向~渔业发展〕将来の漁業は養殖漁業へ進まなければならない.
养主(儿) yǎngzhǔ(r) 家畜の飼い主.
养子 yǎngzǐ (男の)養子.〔~女〕(男女の)養子.
养尊处优 yǎngzūn chǔyōu <成>高い地位に安住して贅沢に優雅に暮らす.

[浠・濴] yǎng <文>(水の)広々とはてしないさま.〔沆 hàng~〕〔莽 mǎng ~〕同前. → yang

[氧] yǎng 化酸素:非金属元素.記号O.空気中などに存在する状態のもの(O_2)は〔~气〕という.〔臭 chòu ~〕オゾン.

1945

yǎng～yàng

氧吧 yǎngbā 酸素バー.
氧苯肿 yǎngběnshèn 化オキソフェナルシン.
氧葸 yǎng'ēn ⇒[咕 zhān 吨].
氧割 yǎnggē ガス切断(する).酸素切断(する)
氧化 yǎnghuà 化酸化.〔～氮 dàn〕(一)酸化窒素.〔～剂 jì〕酸化剤.〔～硫 liú〕亜硫酸ガス.〔～铁 tiě〕酸化鉄.〔～物〕酸化物.〔～作用〕酸化作用.
氧化氘 yǎnghuàdāo 化酸化ジュウテリウム.→[重 zhòng 水]
氧化钙 yǎnghuàgài 化酸化カルシウム.→[石 shí 灰].
氧化汞 yǎnghuàgǒng 水銀の酸化物.酸化第2水銀.
氧化硅胶 yǎnghuà guījiāo ⇒[硅胶]
氧化乐果 yǎnghuà lèguǒ 化酸化ロゴール.〔~乐果〕
氧化铝 yǎnghuàlǚ 化酸化アルミニウム.→[矾 fán 土].
氧化镁 yǎnghuàměi =[苦 kǔ 土]化酸化マグネシウム〔マグネシア〕:特に[重 zhòng 质～]をいう.[轻 qīng 质～]假(*)マグネシア.
氧化碳 yǎnghuàtàn 炭素の酸化物.→[一 yī 氧化碳]
氧化锌 yǎnghuàxīn =[锌白][锌华][锌氧粉]亜鉛華(酸化亜鉛).〔～淀 diàn 粉〕亜鉛華澱粉.
氧化亚氮 yǎnghuà yàdàn =[一氧化(二)窒素:俗に[笑 xiào 气](笑気)という.
氧化焰 yǎnghuàyàn 化酸化炎:炎の外部の光の弱いところ.
氧疗 yǎngliáo 医酸素吸入治療法.
氧茂 yǎngmào ⇒[呋 fū 喃]
氧气 yǎngqì 化酸素(ガス):[氧]の通称.〔～机〕酸素ガス発生機.〔～瓶 píng〕酸素ボンベ.〔养气瓶〕とも書いた.〔～面罩〕酸素マスク.〔～顶吹转 zhuǎn 炉〕酸素上吹き転炉.〔～鼓 gǔ 风法〕酸素圧入法.
氧炔焊接 yǎngquē hànjiē =[口气 qì 焊]工酸素・アセチレン溶接.ガス溶接:[气焊接]の一種.
氧四环素 yǎng sìhuánsù ⇒[土 tǔ 霉素]
氧芴 yǎngwù 化ジベンゾフラン.
氧(杂)葸 yǎng(zá)'ēn ⇒[咕 zhān 吨]

[痒・癢] yǎng

①かゆい.かゆい感覚がある.くすぐったい.〔皮肤发～]皮膚がかゆい.〔挠 náo ～～〕〔儿〕〔抓 kuǎi ～~〕〔儿〕かゆいところをかく.②[何かやりたくて、あるいは物が欲しくて]うずうずする.〔不堪 kān 技～〕〈喩〉腕がどうにもむずむずする.腕が鳴る.

痒处 yǎngchù かゆいところ.
痒酥酥 yǎngsūsū 〈方〉かゆみがあるさま:[痒苏苏]とも書く.
痒痒 yǎngyang 〈口〉① かゆい.〔抓 zhuā ～〕〔挠 náo ～〕かゆいところをかく.②くすぐったい.〔胳～〕同前.③〈転〉もどかしい.じれったくなる.腕が鳴る.〔听你说得我心里一起来了]あなたの話を聞いて、心中もどかしくなってきた.〔还 hái 未上场两手就～〕出場する前から両手がむずむずしてじっとしておれない.
痒痒筋儿 yǎngyangjīn(r) 〈方〉体で最もむずむずしている筋.〈転〉人の最も気に入っているところ.〔说中 zhòng 他的～了]話が彼の好みの図星をついた.→[痒痒儿]
痒痒挠儿 yǎngyangnáor ⇒[老 lǎo 头儿乐①]
痒痒肉儿 yǎngyangròu(r) 体で最もくすぐったく感ずるところ(足のうら・腋の下など)

[烊・煬] yàng 〈文〉燃やす.焼く.あぶる.→ yáng

[怏] yàng 不満・不快なさま.

怏然 yàngrán 〈文〉①不愉快なさま.②尊大なさま.
怏怏 yàngyàng 〈文〉満足しないさま.楽しまないさま.〔～不乐〕心楽しまない.〔愤愤～地走开了]不愉快そうに立ち去った.

[鞅] yàng [牛 niú～] 牛の頸(音)木.→ yāng

[烊] yàng [打 dǎ～]〈方〉商店が一日の営業を終えて戸を閉める.〔从开门到晚上打～总是拥挤着顾客]朝から晩に戸を閉めるまで押しを押すなのお客さまだ.→ yáng

[恙] yàng 〈文〉病気.恙(ǎ).〔偶染微～〕ちょっとした病気をしています.〔贵～如何〕ご病気いかがですか.〔安然无~〕〈慣〉つつがなし.〔別来无～〕〈慣〉その後お変わりありませんか.〔抱～〕病気にかかっている.

恙虫 yàngchóng 虫ツツガムシ(科のダニ)
恙虫病 yàngchóngbìng 医つつが虫病:旧時,よく大水の引いた後に発生したので,[洪 hóng 水热]ともいう.

[样・樣] yàng

①形状.形.姿.〔模~〕形.〔图~〕図案.〔花~儿〕模様.〔你看这个～儿〕この形をごらんなさい.②〔人の見かけ.様子.〔他还是那个~子〕彼は相変わらずだ.③見本.雛形.模型.〔照～儿做〕雛形どおりに作る.〔小~子〕雛形見本.〔大~子〕実物大見本.〔货~〕商品見本.④[周囲の]様子.状況.有様.〔看～子,我们队要输的〕この調子だとうちのチームは負けるだろう.〔怎么~〕どんな様子ですか.⑤量詞.人・事物の種類に用いる:表面上、形式上の区別による.〔两～儿〕办法二つのやりかた.〔各~点心〕いろいろな菓子.〔各式各~儿〕の花草]各種各様の草花.〔宗 zōng 宗～~〕色々様々.→[种 zhǒng⑤]〔像~儿〕様(ỳ)

样板 yàngbǎn ①型板(碗).②[測 cè 規]③見本.模範.〔～学校〕モデル校.〔～房〕モデル住宅.〔～间〕モデルルーム.〔～田〕模範田.模範実験田.〔榜 bǎng 样〕
样板刀 yàngbǎndāo =[成 chéng 型 刀]工総型(穿)バイト.
样板戏 yàngbǎnxì 劇(文化大革命時代の模範劇.〔革命～〕同前:京劇の〔智取威虎山〕〔沙家浜〕〔海港〕〔红灯记〕〔奇袭白虎団〕〔龙江颂〕,バレエの〔红色娘子军〕〔白毛女〕の8種.
样报 yàngbào (新聞の)見本誌(刷)
样本 yàngběn ①カタログ.〔附呈~一册〕カタログ1冊を添えてさしあげます.〔一卡 kǎ〕サンプルカード.〔染彩〕色柄見本.〔来货与~不符,厂家应当赔偿]到着した品物はカタログと異なっている、メーカーは賠償すべきである.②(出版物の)見本刷り.
样本买卖 yàngběn mǎimài 見本取引.
样钟 yàngchōng 俵(ĭ)立てポンチ.
样钟眼 yàngchōngyǎn ⇒[中 zhōng 心眼]
样带 yàngdài ①デモテープ.②⇒[样条]
样点 yàngdiǎn サンプル地点.
样稿 yànggǎo (文章・図版の)見本原稿.
样货 yànghuò ①見本の品.→[样品]②見本と商品.〔货与～不一致〕見本と商品の品が一致しない.
样机 yàngjī (飛行機・機械・車輌などの)試作機.サンプル機器.
样件 yàngjiàn (部品の)サンプル.製品見本.
样刊 yàngkān 刊行物の見本.

样漾羕漾幺吆夭 yàng~yāo

样貌 yàngmào 様相.容貌.
样片(儿) yàngpiàn, ～ piānr 試写用フィルム.審査用フィルム.
样品 yàngpǐn =〔方〕样头〕〔货 huò 样〕品見本.サンプル(品).〔索取〕見本を請求する.〔邮件〕見本郵便物.→〔样本〕〔样仿①〕
样儿 yàngr ①形.様子.格好.〔不成～〕不成样子〕形をなさない.〔不成～〕〔不象样子〕同前.②颜色.表情.態度.ふるまい.善悪いずれにも用いる.〔瞧他那个～〕あのざまはどうだ.〔不没改～〕君は(样子が)変わっていない.③状況(の様子).④量詞.種類を数える.〔两～办法〕二つのやり方.→〔样子〕;字解.
样式 yàngshì 様式.型.タイプ.〔照这个～订做一双鞋〕この形のとおりに靴を注文して作る.〔～表〕電算〕スタイルシート.
样书 yàngshū 〔書籍 の〕見本刷.見本用の書籍.
样数(儿) yàngshù(r) 種類の数.
样态 yàngtài 様子.形態.
样条 yàngtiáo 印群落調査の帯状区域.〔样带②〕ともいう.〔样线〕は狭いものをいう.
样头 yàngtou ⇒〔样品〕
样相 yàngxiāng 様相.格好.
样型 yàngxíng 模型
样样(儿) yàngyàng(r) いろいろ.各種.いずれも.〔～齐全〕何もかもそろえてある.
样样宗宗(儿) yàngyang zōngzōng(r) 各種各様.
样张 yàngzhāng ①〔一枚物の〕見本刷.刷り見本.〔样纸〕.②服の型紙.〔衣服〕同前.
样纸 yàngzhǐ 同上①.
样子 yàngzi ①形.格好.体裁.〔这件衣服,～旧〕的服はデザインが古い.〔不成～〕〔不象～〕〔不象样儿〕形をなさない.めちゃくちゃだ.②颜色.表情.〔高高兴兴的～〕うれしそうな顔.〔故意生气的～〕わざと怒ったような表情をした.〔看他的～〕好像有什么挠人的事似的〕彼の様子では何か困ったことがあるようだ.③様子.情勢.〔看～要下雨〕雨が降りそうだ.〔一甲队可以得冠军了,这个样子看来A チームが優勝するだろう.④見本.雛型.〔货～〕商品見本.〔～货〕サンプル商品.<喻>形だけのもの.〔车 jiān〕見本陳列室.ショールーム.→〔样儿〕;字解.

〔漾・瀁〕 yàng 波うつ様子,波にゆれる様子.〔～〕同前. → yǎng

〔羕〕 yàng 〈文〉川の流れが長いさま.

〔漾〕 yàng ①波にゆれる.〔小船在水面上荡～〕小舟が水面にゆれている.②液体を吐き出す.水が溢れる.こぼれる.〔～酸 suān 水〕酸っぱい〔胃〕液が出る.〔河水都～到岸上了〕川の水が岸へあふれた.〔来晚了的人们被挤得直往院外～〕遅れて来た人はみな庭の外に押し出された.〔脸上～出了笑容〕顔に笑みをたたえている.③〈方〉小さい湖.〔北麻～〕江蘇省にある湖.
漾动 yàngdòng (水面,波紋が)揺れる.〔水波〕同前.
漾奶 yàngnǎi 溢(こ)乳する.〔小孩儿～了,快给他擦擦吧〕子供がお乳をもどした,はやく拭いてやりなさい.
漾漾 yàngyàng 水の揺れて動くさま.〔湖水～地现出一些波纹〕湖の水が揺れて波紋が現れる.
漾溢 yàngyì あふれる.あふれでる.

yao ㄧㄠ

〔幺(么)〕 yāo ①数字〔一 yī〕の別称:単用され複合語とはならず,また量詞を伴うこともない.サイコロや電話などで〔七 qī〕の混同を避けるために用いる.〔洞 dòng ～〕011〔電話番号〕.②〈方〉末っ子の.〔～儿ér〕末っ子.〔～叔 shū〕〔～爸 bà〕末の叔父.〔～妹〕末の妹.③〈文〉細かい.小さい.④ヨクト.記号 y:1 秭(ジ)分の 1 (10^{-24})を表わす.〔音訳〕～科托の略.⑤〔姓〕幺(ヨ)〔ㄠ ma me〕
幺蛾子 yāo'ézi 〈文〉悪巧み.〔出～〕悪知恵を働かせる.
幺儿 yāo'ér 〈方〉一番小さい男の子ども.〔他是我们家的小～〕彼はうちの一番下の弟です.②末っ子.
幺九牌 yāojiǔpái （マージャンで）〔数 shù 牌〕の中で 1,9牌,すなわち〔老 lǎo 头牌〕と〔字 zì 牌〕を合わせたもの.→〔短 duǎn 幺九〕
幺科托 yāokētuō →字解④
幺麽 yāomó 〈文〉微小にして言うに足らない.〔～小丑 chǒu〕<慣>微力でとるに足らない悪者.
幺小 yāoxiǎo 小さい.細かい.〔请恕他～无知〕この子はまだ小さくて何もわからないのですから勘弁して下さい.〔这么～的个东西〕こんな小さいもの.

〔吆(吆)〕 yāo 大声で叫ぶ.
吆号子 yāohàozi 胴突き(建築の時の地つき)の掛け声をかける.(集団の肉体労働で)声を合わせて歌う.〔打夯 dǎhāng 歌〕に同じ.
吆喝 yāohe ①(大声で勧誘して)呼びかける.声をかける.〔你一～准有人去〕きみが一つ声をかければきっと行く人があるだろう.〔你一～大家人会〕人に呼びかけて開会する.②物売りのふれ歩きを(する).〔～着卖〕ふれ歩いて売る.〔外头～着的是卖什么的〕外でふれ売りしているのは何屋さ.③役畜に声をかけて追いたてる.〔你一牲口叫快点儿走吧〕馬にどなりかけて少し速く走らせろ.④(叱って)どなりつける.
吆呼 yāohu 大声で叫ぶ.
吆唤 yāohuan 〈方〉①大声で呼ぶ.②叫び声.呼び声.
吆五喝六 yāowǔ hèliù <慣>①(賭博で)サイコロを振る時の掛け声.〔转〕にぎやかで騒々しいさま.〔～碰杯声好不热闹〕わいわいと乾杯する声がとてもにぎやかである.②(大声をあげて)威張りちらす.偉そうにふるまう.

〔夭(殀)〕 yāo (Ⅰ)〔夭(殀)〕若死にする.〔夭折〕
(Ⅱ)〔夭〕①〈文〉草木の茂っているさま.〔～桃 táo〕若くてみずみずしい桃.〔转〕若い女性の美しい容色.②→〔夭夭〕
夭矫 yāojiǎo 〈文〉①曲がっていて勢いがあるさま.②木の枝が曲がり伸びるさま.
夭殇 yāoshāng ⇒〔夭折①〕
夭逝 yāoshì ⇒〔夭折①〕
夭桃秾李 yāotáo nónglǐ 〈文〉女性の若くて美しいこと:花嫁に対する賛辞.
夭亡 yāowáng ⇒〔夭折①〕
夭夭 yāoyāo ①〈文〉愉快そうな和やかな顔.②若く美しい.年若くて美しいさま.
夭折 yāozhé =〔夭殇〕〔夭逝〕〔夭亡〕〈文〉若死(早死)にする.夭折する.②<喻>途中で失敗する.〔谈判中途～〕交渉が途中で失敗した.

yāo 妖約哟要喓腰

[妖] yāo ①ばけもの.妖怪.もののけ.〔女〜〕女のばけもの.→〔怪 guài ②〕〔鬼 guǐ ①〕 ②人を惑わす.怪しい.→〔妖言〕 ③美しい.優美である. ④なまめかしい.あだっぽい.怪しげに美しい.

妖道 yāodào ①妖術を使う道士. ②人を惑わす怪しげな方術.
妖法 yāofǎ 魔法.妖術.
妖风 yāofēng 妖怪が起こす風.〈転〉怪しげな風潮.
妖怪 yāoguài 妖怪.ばけもの.
妖精 yāojing ①怪物.妖怪. ②〈喩〉妖婦.色っぽい女性.
妖里妖气 yāoli yāoqì 〈慣〉なまめかしいさま.けばけばしくあでやかなさま.
妖媚 yāomèi 色っぽい.あだっぽい.
妖魔 yāomó 悪魔.妖怪.魔物.〔〜鬼怪〕妖怪や悪魔.〈喩〉悪人.敵.〔〜化〕化け物視する.悪魔扱いする.
妖孽 yāoniè 〈文〉①災いの種となる不吉なもの.魔物. ②〈喩〉悪人.悪の権化.
妖婆 yāopó 〈喩〉妖婦.
妖气 yāoqì ①なまめかしい様子.妖艶な気色.〔那个太太很〜〕あの奥さんはとても色っぽい. ②怪しい気配.薄気味悪さ.〔传说,那座宅子里有〜〕あの屋敷には妖気があると言われている.
妖娆 yāoráo 〈文〉なまめかしい.あだっぽい.〔〜作态〕なまめかしいしなをつくる.〔锦绣江南分外〜〕美しい江南がとりわけあでやかである.
妖人 yāorén 妖言・邪説をもって人を惑わす者.
妖术 yāoshù 妖術.→〔邪 xié 法〕妖術.魔法.
妖态 yāotài なまめかしい姿態.
妖物 yāowù 化け物.魔物.妖怪.
妖雾 yāowù (魔物の放つ)妖しく不気味な霧.
妖邪 yāoxié ①妖しく奇怪である. ②悪霊.〈喩〉
妖形怪状 yāoxíng guàizhuàng 〈慣〉人を惑わすような怪しげな様子または服装.
妖言 yāoyán 妖言.妖説.妖魔.〔〜惑 huò 众〕〈成〉妖言をもって衆人を惑わす.
妖艳 yāoyàn 妖艶である.あだっぽい.
妖冶 yāoyě 〈文〉なまめかしくて美しい.あだっぽい.

[约・約] yāo 〔口〕枡ではかる.目方ではかる.〔一一〜〕同前.〔光荣这玩艺儿不能论斤〜〕栄誉というものは目方ではかれるものではない. → yuē
约塔 yāotǎ 〔音訳〕(ギリシア文字) ιイオータ. → cha xī 腊字母

[哟・喲] yāo yo の又音. → yao yo yōu

[要] yāo ①求める.〔〜功〕功績による名誉とほ賞を要求する.→〔要求〕 ②〈文〉遮る.待ち伏せる.〔〜于途〕途中で待ち伏せる.〔〜击〕邀(yāo)撃する. ③強(し)いる.脅かす.脅す.〔〜约束(する).〔久〜不忘平生之言〕(論語)ずっと以前の約束でも,平素言っていた約束の言葉を忘れない. ④〈姓〉要(yāo) → yào
要功 yāogōng ⇒〔邀功〕
要击 yāojī ⇒〔邀击〕
要劫 yāojié ⇒〔邀劫〕
要买 yāomǎi ⇒〔邀买〕
要求 yāoqiú 要求(する).要望(する).〔提出〕要求を提出する.〔严格〜自己〕自分に厳しくする.〔他〜我们帮助他〕彼は我々に援助を求めている.〔满足群众的〜〕大衆の要求を満足させる.〔离党的〜还差得远〕党の求めるレベルにはまだまだだ.
要索 yāosuǒ 〈文〉無理強いして求める.〔〜钱财〕金

銭財宝を強要する.
要挟 yāoxié 強要する.脅迫する.ゆする.〔不甘受人〜〕おめおめとゆすり取られはしない.〔你越〜我,我越不答应〕きみが脅迫すればするほど,ぼくは承諾しない.
要约 yāoyuē ①法契約締結の申し出をする. ②盟約.約束.

[喓] yāo 地名用字.〔寨 zhài 子〜〕地山西省蒲県にある地.

[喓] yāo
喓喓 yāoyāo 〈文〉〈擬〉プンプン:虫の羽の音.

[腰] yāo ①腰.〔弯 wān 〜〕〔哈 hā 〜〕腰を曲げる.〔双手又〜〕両手を腰にあてる.〔撑 chēng 〜〕腰を支えてやる.後押しをする.〔水蛇〜〕細いなよなよした腰. ②衣服の腰周り.〔红裤子绿〜〕赤いズボンに緑の腰まき. ③腰の巾着.銭入れ.ポケット.〔〜里没钱〕懐に金はない.→〔腰包(儿)④ (事物の)中間.中ほど.〔山〜〕山の中腹.〔中〜〕中央部.真ん中のあたり.〔把这根棍子由半〜截开〕この棒を中ほどから二つに切る. ⑤中央部が狭くなった地形.〔海〜〕同前の海.〔土〜〕くびれた陸地形. ⑥〔一子〕〈方〉(食品としての)豚・牛・羊などの腎臓.また鳥類の精巣(腎臓とくっついている).〔猪 zhū 〜子〕豚の腎臓.→〔下水 xiàshui〕 ⑦〈姓〉腰〕
腰板(儿) yāobǎn(r) ①〔口〕腰.腰つき:腰から背にかけた部分.〔挺着〜〕上体をしゃんと起こす.〔〜不弯〕腰はぴんとしている.②老体.体格.〔〜硬实〕しっかりした体格をしている. ③〈喩〉担う気力・能力.〔〜硬 yìng〕土性骨がある.
腰包(儿) yāobāo(r) 〔口〕きんちゃく.腰につける銭袋.〔掏〜〕懐から金を取り出す.〔入〜〕懐に取り込む. →字解②
腰背 yāobèi ①腰と背中. ②頼りとする勢力.バック.→〔腰杆子②〕
腰部 yāobù 腰.腰部.
腰缠万贯 yāochán wànguàn 腰に万貫の銭をまとう.〈喩〉大金持ちである.→字解③
腰带 yāodài (腰にしめる)ひも.帯.ベルト.〔系 jì 上〜〕同前にしめる.→〔背 bèi 带①〕
腰袋 yāodài 腰にさげる物入れ袋.
腰刀 yāodāo 囲腰につけた刀.
腰房 yāofáng 建(伝統的家屋の)裏の棟へ通りぬけになっている中の部屋(の両側の部屋).→〔腰堂〕
腰杆子 yāogǎnzi 〔腰抔儿〕ともいう.①腰骨.〔〜挺 tǐng 直〕腰をまっすぐにのばす.背すじをぴんとする. ②〈喩〉後ろ盾.〔〜硬〕有力な後ろ盾が控えている.
腰骨 yāogǔ 中医背中の下部の五節:その下は尾骶骨に連なっている.
腰鼓 yāogǔ ①楽器の名:腰に結びつけ,両手にばちを持って打つ小形の太鼓.〔打〜〕同前を打つ.〔〜觚 jié 鼓〕 ②腰鼓を打ちながら踊る(陝(sh)北一帯の)民間芸能.〔〜舞 wǔ〕同前.〔〜队 duì〕同前の隊伍.→〔秧 yāng 歌队〕
腰锅 yāoguō 少数民族の使用するひょうたん形の鋳鉄のなべ.
腰果 yāoguǒ 植①カシュー.〔〜树 shù〕同前の木. ②カシューナッツ(カシューの実):〔鸡〜〕ともいう.
腰花(儿) yāohuā(r) 豚あるいは羊の腎臓に細かく切り目を入れたもの(食材).〔炒 chǎo 〜〕食豚の腎臓の炒めもの.
腰肌劳损 yāojī láosǔn 医腰筋過労.
腰脊骨 yāojǐgǔ 生理腰椎骨.
腰间 yāojiān 腰のあたり.
腰宽 yāokuān 衣服の腰幅.→〔腰围①〕

腰里横 yāolihèng 〈方〉(腰にさげた財布に)金があるので横柄にかまえること.

腰里硬 yāoliyìng ①=[板 bǎn (儿)带]堅褲(筒)の褲带の一種.[练 liàn 功]用の褲. ②回金を持っている.

腰门 yāomén 建[大门]を入って次の门:これを入れば中庭を隔ててつきあたりは正房である.[二 èr 门][重 chóng 门]に同じ.

腰牌 yāopái ①官腰に結びつけておいた入門証の札(ふだ).門鑑. ②(公共交通車両の側面の)行先標示板.

腰身 yāoshēn ①(見た感じの)人の腰周り.ウエスト(の大小).[~粗]腰が太い. ②→[腰围①]

腰酸背痛 yāosuān bèitòng 〈慣〉疲れて足腰が痛むさま.[腰酸腿疼]ともいう.

腰堂 yāotáng 建(伝統的家屋で)正房の後ろに[后 hòu 罩房]が2棟重なって並んでいる場合(正房とも3棟),中の棟[穿堂]すなわち真ん中の通りぬけられる部屋の両隣りの部屋をいう.→[腰房]

腰疼 yāoténg ①腰が痛む. ②腰痛.

腰腿(儿) yāotuǐ(r) 足腰の活動能力.[年纪虽老,~还好]年はとったが足腰はまだしっかりしている.[~不灵]足腰が弱い.[老来难买~健]年をとってからでは金を出しても足腰を丈夫にするのは無理である.

腰围 yāowéi ①ウエストの寸法(肉体の.衣服の):[腰身②]は中国服の寸法についていう.[用卷尺量 liáng ~]メジャーでウエストを測る.→[腰宽] ②腰をしめつける帯.

腰穴 yāoxué 同下①.

腰眼(儿) yāoyǎn(r) ①=[腰穴]腰の後部の脊椎骨の両側のくぼみ:穴位(つぼ)の一.位置は第4腰椎骨の下にあたる. ②〈喻〉要所.キーポイント.つぼ.

腰圆 yāoyuán →[膀 bǎng 大腰圆]

腰斩 yāozhǎn 〈文〉①固腰部から真っ二つに斬る刑. ②〈喻〉二つに切り離す.[被~的国家]真っ二つに引き裂かれた国家.

腰肢 yāozhī 足腰.体格.

腰椎 yāozhuī 生理腰椎.[~间盘突出症]椎间盘突出症[区][腰部]椎間板ヘルニア.[突~][脱 tuō]ともいう.

腰子 yāozi →字解⑥

[**唷**] yāo yō の又音.

[**邀**] yāo ①〈文〉出迎える.迎える. ②〈文〉得たいと求める.[~准]許可を得たい. ③招待する.[~他来]彼を招待する.[特~演员]特別招待出演.[应 yìng ~访问中国]招待を受けて中国を訪問する.→[聘 pìn] ④遮る.[中途~截 jié]途中で阻止する.→[邀击]

邀宠 yāochǒng ごまをする.ご機嫌をとる.

邀功 yāogōng =[要功]①恩賞の授与を求める. ②他人の功績を横取りする.[~过赏][~请赏]人の手柄を横取りして恩賞を願い出る.

邀击 yāojī =[要击]迎撃する.要撃する.

邀集 yāojí 多くの人を招き集める.

邀劫 yāojié =[要劫]追剥ぎ(をする).

邀截 yāojié 遮る.阻止する.

邀客 yāokè =[要客]客を呼ぶ.

邀买 yāomǎi =[要买](好餌で)人の気を引く.[~人心]歓心を買う.

邀请 yāoqǐng 招待(する).招請(する)[约 yuē 请]に同じ.[~赛 sài]招待試合.[~信]招待状.招聘状.[~展 zhǎn]招待展.→[聘请][延 yán 聘][招 zhāo 待]

邀赏 yāoshǎng 求めて恩賞を受ける.

邀约 yāoyuē 招待する(してその約束を得る)

[**爻**] yáo 爻(ぎ):易で算木に刻んである―([阳 yáng 阴]あるいは--[阴 yīn]の線をいい,その三つを組み合わせた形を卦(け)という.―――の三つずつの組合せは,一方だけの"三"を[乾 qián],"☷"を[坤 kūn]と呼ぶのを含めて8種類ある.この8種のどれか二つが組み合わさって易の64の卦ができる.→[八 bā 卦]

爻辞 yáocí "爻"の一つ一つの形の説明の言葉.

爻象 yáoxiàng ①易の卦の六爻によって表示される表象(意義).→[六 liù 爻] ②(地相·家相などの)吉凶.[这屋子布置的不合~]この部屋は配置が吉凶の方角に合っていない.

[**肴**(**餚**)] yáo 〈文〉魚·肉を用いた料理.[~菜]料理.[美酒佳~]うまい酒においしさかな(料理)

肴肉 yáoròu 食塩漬け肉:江蘇省鎮江のものは有名.

肴馔 yáozhuàn 〈文〉(宴席の)たくさんの料理.御馳(ち)走.

[**尧·堯**] yáo ①固陶唐氏.名は放勋.帝喾(こく)の子:伝説上,太古の聖天子の名.五帝の一.また[三圣②]の一.〈文〉高い. ③ヨタ.記号 Y:10^{24}を表わす.[~它 tā]の略. ④〈姓〉尧(ぎ)

尧舜 yáoshùn 囚尧(ぎ)と舜(しゅん):共に古代の聖天子.[~转]聖人賢人.

尧它 yáotā 一字解③

尧天舜日 yáotiān shùnrì 〈文〉尧舜の治世.太平の世.盛世.

[**侥·僥**] yáo [僬 jiāo ~]伝説中の小人.→jiǎo

[**峣·嶢**] yáo 〈文〉(山の)高く険しいさま.[嶕 jiāo ~]同前.

[**姚**] yáo ①〈文〉美しい.[~冶 yě]妖艶である. ②〈姓〉姚(ぎ)

[**珧**] yáo ①[江 jiāng 珧] ②固刀や弓を飾る貝殻.

[**铫·銚**] yáo ①固大きな鋤(すき). ②〈姓〉铫(ぎ) → diào tiáo

[**垚**] yáo 〈文〉山が高い.

[**轺·軺**] yáo [~车 chē]〈文〉固1頭立ての軽便な馬車.

[**陶**] yáo [皋 gāo ~]舜の時の下臣で刑官. → táo

[**窑**(**窰**·**窯**)] yáo ①瓦や陶磁器を焼く窯(かま).[一场~]焼き物製造場.[瓦 wǎ ~]瓦を焼く窯.[砖 zhuān ~]煉瓦工場.[瓷 cí ~]磁器を焼く窯.[木炭~]炭焼き窯. ②旧式の炭坑.[煤 méi ~]同前. ③山腹を掘って住宅とした横穴.→[窑洞] ④〈方〉妓楼.[~姐]妓女.[~子]妓女.[~姐][妓 jì]娼妓.[~姐儿]妓女.[~老板]妓楼の主人. ⑤〈姓〉窑(ぎ)

窑变 yáobiàn (陶磁器の)窯変.

窑顶 yáodǐng ①窯の天井部. ②[窑洞]の天井.

窑洞 yáodòng (山西·陕西·甘粛などにある)洞穴式住居.横穴式住居:[土 tǔ 窑]ともいう.

窑工 yáogōng ①陶磁器を造る職人. ②回採炭夫:俗に[煤 méi 黑子][煤 méi 黑子]ともいった.

窑黑儿 yáohēir 同上②.

窑户 yáohù ①窯業の経営者(職人). ②炭坑の所有者.

窑妓 yáojì 〈方〉娼妓.

窑匠 yáojiàng 陶磁器職人.

yáo

窑姐儿 yáojiěr 〈口〉妓女.女郎.
窑坑 yáokēng 煉瓦用などの土を採った後に残る穴.深み.洞.
窑筒子 yáotǒngzi 〔窑桶子〕とも書く.炭坑の坑道.
窑业 yáoyè 窯業.陶磁器製造業.〔~制品〕陶磁器·セメント·ガラスなど.
窑柱 yáozhù ①窯の中で使う柱状物. ②坑木:鉱山の坑道に用いられる支柱.
窑子 yáozi 〈口〉妓楼.女郎屋.〔逛~〕同前をひやかす.女郎買いをする.

〔谣·謠〕

yáo =〔繇③〕①民間歌曲.〔民~〕民謡.〔歌~〕歌謡.〔童 tóng~〕童謡. ②風説.デマ.〔造~〕デマをとばす.〔辟 pì~〕デマを暴く.デマであることを弁明する. ③〈姓〉謠（f）

谣传 yáochuán ①デマが飛ぶ.風説として伝わる.〔~不实〕不実のことを言いふらす. ②風説.デマ.うわさ.
谣风 yáofēng 〈文〉流言.〔行为端正则~自灭〕行いが正しければ謡言も自然に消滅する.
谣歌 yáogē 歌謡.民間の歌.
谣谎山 yáohuǎngshān 〔谣晃山〕とも書く.〈方〉大げさ,大げさに話す.大げさな話.大げさな話,大げさな話す.
谣言 yáoyán ①根拠のない噂.風説.デマ.〔造~〕デマを飛ばす.〔~惑 huò 众〕デマが衆人を惑わす.〔别信那些~〕そのようなデマを信じてはいけない. ②⇒〔风 fēng 谣〕
谣谚 yáoyàn 歌謡と諺語.
谣诼 yáozhuó 〈文〉①噂.デマ. ②誹謗中傷する.

〔遥〕

yáo ①（距離·時間が）遠い.はるかである.〔千里之~〕千里のかなた. ②〈姓〉遥（f）

遥测 yáocè 遠隔測定（する）.〔~计〕テレメーター.
遥感 yáogǎn 〔電〕リモートセンシング（する）.遠隔検出（する）.〔~器 qì〕リモートセンサー.〔~技术〕遠隔検出技術.
遥寄 yáojì 遠方へ送る（届ける）.
遥控 yáokòng =〔远 yuǎn 距离操纵〕リモートコントロール（する）.遠隔操縦（する）.〔~键 jiàn〕リモコンキー.〔~器 qì〕リモコン（機器）.〔受人~〕現場にいない人の指図のままに動く.〔~设施〕遠隔操縦装置.リモコン装置.
遥望 yáowàng はるかに見渡す.遠望する.
遥相呼应 yáoxiāng hūyìng 〈慣〉互いにはるか遠くから呼応する（答える）
遥想 yáoxiǎng ①（遠い以前のことを）回想する.〔~当年〕当時を回想する. ②（ずっと先のことを）見通す,予測する.〔~未来〕未来を予測する.
遥遥 yáoyáo （距離·時間が）はるか遠いさま.（程度の差が）非常に大きいさま.〔~相对〕はるか遠くに離れて向かい合っている.〔~领先〕はるかにひき離す.〔~无期〕前途遼遠である.
遥夜 yáoyè 〈文〉長夜.〔~深思〕長夜深く思う.
遥远 yáoyuǎn はるかに遠い.〔在那~的地方〕はるかかなたで(に).〔路途~〕道がとても遠い.〔~的将来〕遠い将来.
遥瞻 yáozhān 〈文〉はるかに望む:〔遥望〕に同じ.
遥指 yáozhǐ はるかかなたを指す.
遥祝 yáozhù 遠く離れた所から祝福する.

〔摇〕

yáo ①ゆさぶり動かす.揺れ動く.〔动~〕.〔~电话〕電話をかける.〔~元宵〕平かごで餡の玉をゆりころがし外側へもち米粉を付着させて〔元 yuán 宵〕を作る.〔~煤（球儿）〕 ②振る（手·首·尾などを）. ③（舟の櫓を）押し,また引く.〔~船〕舟をこぐ.→〔拨 bō ③〕〔划 huá (I)①〕

摇把（儿） yáobà(r) =〔摇柄〕〔摇杆〕〔摇手柄〕（機械の）クランクバー.（手回しの）ハンドル（取っ手）.操縦桿押（ぶ）.
摇摆 yáobǎi ①揺れ動く（かす）.〔池塘里的荷叶迎风~〕池はすの葉が風に揺れている.〔摇摇摆摆〕 ④歩くのに体がぐらぐら揺れるさま. ⑤平然と納得しているさま. ②（意志や感情が）動揺する.〔立场坚定,从不~〕立場がしっかりしていてぐらつかない.
摇摆舞 yáobǎiwǔ ゴーゴー（ダンス）.ロック（ンロール）ダンス.→〔摇滚乐〕
摇板 yáobǎn 〔劇〕（旧劇の）拍子の一種:ゆっくりした長い拍子で激情を表わす.→〔板眼①〕
摇宝 yáobǎo 〔压 yā 宝〕の賭博で〔宝盒儿〕を振ること.また本の賭博.
摇笔杆儿 yáobǐgǎnr 筆を動かす.原稿を書く:〔摇笔杆子〕ともいう.〔靠~过日子〕文筆家業をする.〔他是个~的〕彼は物書きである.
摇臂 yáobì 〔機〕揺れ腕.スイングアーム.〔~销 xiāo〕揺れ腕ピン.
摇表 yáobiǎo ⇒〔高 gāo 阻表〕
摇柄 yáobǐng ⇒〔摇把（儿）〕
摇彩 yáocǎi ⇒〔摇奖〕
摇颤 yáochàn 揺れ振る震える.
摇车 yáochē 〈方〉①〔~儿〕ゆりかご:〔摇篮①〕に同じ. ②〔旧〕糸繰り車.
摇船 yáochuán （櫓で）舟をこぐ.→〔划 huá 船〕
摇串铃儿的 yáochuànlíngrde 〔旧〕世間を渡り歩いた医者.流しの医者.→〔摇铃〕
摇床 yáochuáng ⇒〔摇篮②〕
摇唇鼓舌 yáochún gǔshé 〈慣〉弁舌を弄するさま.ぺらぺらまくしたてるさま（けなしていう）
摇旦 yáodàn →〔彩 cǎi 旦〕
摇荡 yáodàng 揺れ動く.〔荷花因风~〕はすの花が風でゆらゆら揺れている.
摇动 yáodòng ゆれる.ゆする.〔风刮得树直~〕風が吹いて樹が揺れている.→〔动摇〕
摇鹅毛扇 yáo émáoshàn 羽毛扇であおぐ.〈喩〉画策する:芝居·小説中で軍師が羽毛扇を持つことから:〔揺羽毛扇〕ともいう.
摇杆 yáogǎn ⇒〔摇把（儿）〕
摇鼓 yáogǔ(r) ⇒〔拨 bō 浪鼓（儿）〕
摇滚 yáogǔn ①ふらふら（ゆらゆら）動く. ②同上.
摇滚乐 yáogǔnyuè 〔音〕ロックンロール.ロックミュージック:〔摇滚②〕ともいう.
摇撼 yáo-hàn 揺り動かす.〔像蜻蜓撼石柱似的~不动他〕とんぼが石柱をゆすぶるようなもので,彼をゆすってもびくともしない.
摇晃 yáo-huàng 揺れる.ぐらぐらする.ゆすぶる.振り動かす.〔摇摇晃晃〕ゆらゆら揺れるさま.〔我写字呢,你别~桌子〕ぼくは字を書いているんだ,机を揺らすな.
摇会 yáohuì → 〔合 hé 会〕
摇惑 yáohuò 惑乱する.考えを動かし惑わす.〔别造谣言~人心〕謡言を言いふらして人心を惑わしてはいけない.
摇奖 yáojiǎng =〔摇彩〕くじまたは景品の札を手回し抽せん器より振り出す.〔彩票什么时候~〕宝くじはいつ抽せんですか.
摇篮 yáolán ①=〔摇车〕〔摇床〕ゆりかご.〔~曲 qǔ〕子守歌. ②〈喩〉物事の発展のはじめ.〔中国古代文化的~〕中国古代文化の発祥地.〔井岡山是革命的~〕井岡山は革命の揺籃である.
摇铃 yáolíng 鈴を振る.ベルを振り鳴らす.〔~儿的〕（化粧品や小間物などの）鈴を鳴らしながら売り歩いた行商人.
摇耧 yáolóu 〔農〕（播種器を振りながら）種子をまく.

摇橹猫瑶飖繇鳐杳咬　　　　　　　　　　　　　　　　　　　　yáo～yǎo

a →[橈]
摇橹 yáolǔ 櫓をこぐ．→[摇船][划 huá 桨]
摇落 yáoluò〈文〉凋(ちょ)落する．零落する．
摇煤(球儿)yáoméi(qiúr) 回豆炭を作る．→[煤黑子][煤球(儿)]

b 摇蜜 yáomì（蜂の巣を遠心分離機にかけて）蜜をとる．蜜の分離をする．
摇旗呐喊 yáoqí nàhǎn〈慣〉戦争の時に後ろで旗を振り前の助勢とすること．〈喩〉助勢する．提灯持ちをする．[在一旁一，地给人助威]かたわらで気勢をあげて応援する．

c 摇钱树 yáoqiánshù 金のなる木．[你当我是～呢？老来要钱]お前は始終金をもらいに来るが、おれのことを金づるとでも思っているのか．

d 摇晃儿 yáohuàngr 肩をゆすぶって得意そうに歩くさま．[他腰里揣俩钱儿就～的，真沉不住气]彼は少しばかりの金を持っていると大そうにも肩をゆすって得意になり、一向に落ち着かない．
摇纱机 yáoshājī 回綿糸巻取機．
摇色子 yáoshǎizi ⇒[掷 zhì 色子]

e 摇舌 yáoshé 物を言う．口舌をふるう．[很会～]口がうまい．
摇身一变 yáoshēn yībiàn〈慣〉（化物などが）体をひと揺りすりして変身する．〈喩〉態度・言行を一変すること．

f 摇手 yáoshǒu ①手を（左右に）振る．②否定（不可）の意を表す．[～示意]手を振って（だめだという）意味を表す．[药王一，无可救药]〈歇〉神農(薬の神様)が手を振るためだめだ，もう望みがない．⑤さよならの意を表す．②（手で回転する取っ手）ハンドル．→[摇把(儿)]

g 摇手柄 yáoshǒubǐng ⇒[摇把(儿)]
摇摊 yáotān 回さいころ賭博の一種：[幺 yāo][（一）][二][三][四]の四つを対象に金を賭けた後，4個のさいころを壺に入れて振る．その合計点数を4で

h 割って割り切れる場合は[四]の勝ち．割り切れない時は，残りの数しだいで[幺][二][三]のどれかが勝ちとなる．
摇头 yáotóu ①頭を横に振る．[～式电扇]首振り式扇風機．②転〉否定（不可）の意を示す．[直～不敢答应]しきりに頭を横に振って承諾しない．→[点

i diǎn 头]
摇头摆尾 yáotóu bǎiwěi ①動物が自然に身体を動かすさま．②転〉思い上がった様子．得意で調子に乗ったさま．[他作了几首歪诗，就～地得意起来了]彼

j は数首の駄句をひねっただけで，もう悦に入り得意になってきた．[我最看不上他那副～的样子]彼のいったり顔の態度が大嫌いだ．
摇头晃脑 yáotóu huàngnǎo〈慣〉一人で悦に入る．自らよしとしている様子になる．

k 摇头儿不算点头儿算 yáotóur bùsuàn diǎntóur suàn 頭を横に振るのは不承知（ノー）で，うなづくのが承知（イエス）だ．
摇头丸 yáotóuwán 薬エクスタシー：MDMAの俗称（覚醒剤の一種）．→[冰 bīng 毒]

l 摇腿 yáotuǐ 〈喩〉貧乏ゆすりをする．
摇尾 yáowěi =[摆 bǎi 尾]①尾を振る．②〈喩〉卑屈な態度で人におもねる．
摇尾乞怜 yáowěi qǐlián 犬が尾をふり哀れをこう．〈喩〉人に媚びて哀れを求める．

m 摇蚊 yáowén 回ユスリカ（科の昆虫の総称）
摇膝 yáoxī ⇒[摇腿]
摇醒 yáoxǐng 人を揺り醒ます．
摇摇摆摆 yáoyáo bǎibǎi →[摇摆①]
摇摇晃晃 yáoyáo huànghuàng →[摇晃]

n 摇摇欲坠 yáoyáo yùzhuì〈慣〉ぐらぐらして今にも落ちそうである．ふらふらして今にもつぶれそうである．[～的政权]崩壊寸前の政権．
摇曳 yáoyè なびき揺れる．揺れ動く．[白烟～机体坠落]白煙を曳いて機体は墜落した．
摇椅 yáoyǐ 揺り椅子．ロッキングチェア．→[安 ān 乐椅]
摇羽毛扇 yáo yǔmáoshàn ⇒[摇鹅毛扇]
摇轴 yáozhóu 機ロッキングシャフト．揺動軸．

[徭(傜)] yáo =[繇②]〈文〉賦役(えき)．
徭役 yáoyì =[徭役]賦役．[～制]賦役制度．[～劳动]賦役労働．[～经济]賦役経済．[～地租]労働地代．

[猺] yáo 画イタチ科の一部の動物．[黄鼬～]コウライイタチ：[青 qīng 鼬]の別称．[青 qīng ～]ハクビシン：[果 guǒ 子狸]の別称．

[瑶] yáo ①〈文〉美しい玉(ぎょく)．[琼 qióng ～]⑨美しい佩玉．⑥人からの贈り物・詩文・手紙など(尊称)．②〈文〉立派で貴重である．③ヤオ族：もと[猺]と書いた．→[瑶族]
瑶池 yáochí 仙境：伝説で西王母の住んでいた所．[～仙境]同前．[驾返～][牖]老年の女性の死を弔う語．
瑶函 yáohán =[瑶缄][牖]貴簡．お手紙：他人の手紙をいう尊称．[拜～的]貴簡拝誦いたしました．
瑶缄 yáojiān 同上．
瑶琴 yáoqín 回美玉をはめこんだ琴．
瑶台 yáotái〈文〉玉で飾った楼台．
瑶族 yáozú ヤオ族：中国少数民族の一，主として広西チワン族自治区・湖南・雲南・広東・貴州各省に分布する．宗教は多神教．[猺族]とも書いた．

[飖・䬍] yáo〈文〉風になびき揺れる．[飘 piāo ～][飘揺]同前．

[繇] yáo ①〈文〉草木の茂ったさま．②⇒[徭]③⇒[谣]→ yóu zhòu

[鳐・䱊] yáo 魚貝エイ（総称）．[斑 bān ～]ガンギエイ．[团扇～]ウチワザメ．[巨 jù ～]②巨大なエイ．ゾウカスベ．→[鳍 fēn][虹 hóng]

[杳] yǎo〈文〉深遠で影も形も見えない．
杳渺 yǎomiǎo [杳眇]とも書く．〈文〉遠く隔たっているありさま．遠くに遠ざかったようである．[～无凭]〈慣〉杳(よう)としてみつかりどころがない．何の手がかりもない．
杳然 yǎorán ひっそりと物音も無いさま．[音信～]〈慣〉音信が杳(よう)としてない．
杳如黄鹤 yǎo rú huánghè〈成〉行方不明である：[黄鹤一去不复返]（唐・崔顥：黄鶴楼詩）より出た言葉．[～一去无踪]出かけたきり行方がわからない．
杳无音信 yǎo wú yīnxìn〈慣〉杳として消息がない．[他走近以后，如石沉大海一般]彼が去ってから杳として消息がなく，あまりに石が大海に沈んだようだ．

[咬(齩・齩)] yǎo ①かむ．かみ切る．かみつく：口の外にあるものにかみつくこと．口の中にあるものをかむくだすのは[嚼 jiáo]．[～一口馒头]マントーを一口かむ．[狼～了猎人一口]狼は狩人にガブッとかみついた．[那条狗～人]あの犬は人にかみつく．[被蚊子～了，很痒]蚊に刺されてかゆい．[一手指头]指をくわえる．[这块肉太硬，不动]この肉は硬くて歯がたたない．②（ペンチや歯車などで）はさむ．かみ合う．[用螺丝钉～紧了]ねじ釘をきつくしめる．[用钳子～住]ペンチでしっかりはさむ．③くっ

Y

1951

ついている.くい込み合う.〔一辆~着一辆〕一両一両ぴたっとくっついている. ④追挙して放さない.あくまで攻めたてる. ⑤歯をくいしばる.唇をかんでこらえる.〔~着下唇不敢说〕下唇をかんでおかしさをこらえる.〔~得住〕耐えしのぶ.→〔咬牙②〕 ⑥〔責められて〕人を誣(ぶ)告する.巻き添えにする.〔被反革命分子~了一下〕反革命分子に巻き込まれた.〔他和我有仇,所以~我〕彼はわたしに恨みがあり,わたしを罪に陥れたのだ. ⑦断言する.言い切る.〔一口~定是他的〕彼のだときっぱり言い切る. ⑧〈口〉(字音)を正確に発音する.(字義)にこだわる.〔这个字我~不准〕わたしはこの字がうまく発音できない. ⑨犬がほえる.〔昨儿夜里狗~得厉害〕昨日夜半に犬がひどくほえた. ⑩〈方〉触れて損傷を生じる.〔漆 qī ~人〕うるしは人にかぶれを起こさせる.〔叫漆~了〕うるしにかぶれた.

咬扯 yǎochě あらぬかかわりをつけ人を巻き添えにする.〔我是清清白白的,你别~我〕わたしはうしろめたいことはない,人を巻き添えにしないでくれ.

咬春 yǎochūn 〔北京・天津で立春の日に生大根を食べる風習.→〔咬春〕

咬定 yǎodìng 断言する.言い切る.〔你又没证据,怎么能一口~是我干的呢〕おまえは証拠もないのに,どうしておれがやったと言いきれるのか.

咬定牙根 yǎodìng yágēn 〈喩〉歯をくいしばってじっと我慢する.〔~立志做人〕歯をくいしばりゆらぐことなく立派な人になろうという志を立てる.

咬耳朵 yǎo'ěrduo 〈慣〉耳うちする.〔有话大声儿说,干么~呀〕話があったら大声で言いなさい,どうしてひそひそ話すんだ.

咬钢嚼铁 yǎogāng jiáotiě 〈喩〉決然(毅然)としている.〔他~地拒绝了我,我再也不能和他好了〕彼はきっぱりと拒んだのだから,もう彼と仲良くはできない.

咬乖乖 yǎoguāiguai 〈方〉子供に頬ずりやキスする.〔抱着个白胖儿的小孩儿~〕色白の丸々とした子どもを抱いてチューする.→〔亲 qīn 嘴①〕

咬合 yǎohé (上下の歯や歯車と歯車間の)かみ合う.

咬架 yǎojià (動物が)かみ合って)けんかをする.

咬嚼 yǎojiáo かみこなす.〈転〉文章を子細に玩味する.〔仔细~一下口香糖〕ガムをかんでみる.〔仔细~话里的滋味儿〕話のおもしろさをこまかく玩味する.

咬紧牙关 yǎojǐn yáguān 〈喩〉歯をくいしばって我慢する.〔虽然没钱,~也挺过来了〕金がなくても歯を食いしばって我慢した.

咬劲儿 yǎojìnr =〔嚼 jiáo 头〕〈方〉歯ごたえ.歯あたり.〔这块烤鲅 yóu 鱼真筋道,来~吧〕この焼きするめはしこしこして歯ごたえがある,食べてごらんなさい.→〔筋 jīn 道〕

咬啮 yǎoniè かみつく.〈喩〉つきまとって離れず,何度も頼みなる.

咬秋 yǎoqiū 〔北京・天津で立秋の日に瓜を食べる風習.〔咬春萝卜 luó ト,~瓜〕〈諺〉立春には大根を食べ,立秋に瓜を食べる.

咬群 yǎoqún ①家畜がいつも同種のものとけんかをする. ②(特定の人が常に)仲間の者といがみ合う.仲間とけんかする.

咬人的狗不露齿 yǎorénde gǒu bùlòuchǐ 〈喩〉気づかせずに人を陥れること.

咬舌儿 yǎoshér〔咬舌子〕ともいう. ①舌がよく回らない.舌たらずである.〔他说话有点儿~〕彼は話す時,少したらずだ.〔那个大舌头,说话~,发音不清〕あの人は大舌で,話すときに舌が回らなくて,発音がはっきりしない. ②舌のもつれる人.舌足らずの人.〔大 dà 舌头〕

咬噬 yǎoshì かむ.〈喩〉心に食いつく.〔~着人们的心〕人々の心から離れない.

咬手 yǎoshǒu ①手を焼く.処置に苦しむ.〔寒などで〕手を刺すように感じる.〔冷风~〕寒風にあたると手が痛くなる. ③事件がおこる.問題になる.

咬尿脬 yǎosuīpāo →〔狗 gǒu 咬尿脬〕

咬文嚼字 yǎowén jiáozì〔咬文嗫 zā zì〕〔咬言嗫字〕ともいう.〈成〉 ①文字の文字面にむやみにこだわること. ②文章の内容を真に理解できないことまたもったいぶった言辞をむやみにありがたがること.〔要领会文章的精神实质,切忌~〕文章の精神を会得すべきで個々の字句にとらわれ過ぎてはいけない.

咬刑 yǎoxíng 拷問に耐える.→〔熬 áo 刑〕

咬牙 yǎoyá ①歯ぎしりをする.〔不是~就是说梦话〕歯ぎしりをするかと思うと,寝言を言う.〔~跺脚〕〈慣〉地団駄踏んで歯ぎしりする.〔~发狠〕〈慣〉歯ぎしりして怒る. ②歯をくいしばる(って我慢する).〔咬着牙挺 tǐng 过来了〕歯をくいしばってふんばる.〔明明知道吃亏,还是~答应了〕損することははっきりわかっているのだが我慢して承諾した.

咬牙切齿 yǎoyá qièchǐ 〈慣〉憤激して歯ぎしりする.〔~激恨して悔しがる.

咬言嗫字 yǎoyán zàzì ⇒〔咬文嚼字〕

咬一口 yǎoyīkǒu パクッとかぶりつく.かみつく.〔被疯狗突然地咬了一口〕突然狂犬にかみつかれた.〔贼~,入骨三分〕〈諺〉悪い奴にうその証言をされて同じ一味などと言われたら,容易なことでは身の証(あかし)が立たない.→〔咬解①〕⑥

咬字(儿) yǎozì(r) (台詞を)正確に発音する.〔吐 tǔ 字〕ともいう.〔这个电台广播员~真清楚〕このラジオ局のアナウンサーは,発音が非常にはっきりしている.〔他~都咬不清,怎么能当语文老师呢〕彼は字をはっきり読めないのに,どうして国語の先生になれますか.

咬字眼儿 yǎozìyǎnr (多く他人の)言葉尻をとらえる.言い方のあらを探す.〔挑 tiāo 字眼儿〕ともいう.

咬子 yǎozi 子供のおしゃぶり. ②〈口〉水・しらすの類. ③〈口〉(魚の)尾びれ. ④〈方〉蚊がさす.

咬嘴 yǎozuǐ ①舌がもつれる. ②[-儿]タバコ(キセル・パイプ)の吸口.

[窅] yǎo ①目がくぼんでいる. ②⇒〔窈①〕

[窈] yǎo ①=〔窅②〕〈文〉奥深く暗い.〔~深〕奥深い. ②→〔窈窕〕

窈冥 yǎomíng 〈文〉奥深い.之暗い.

窈窕 yǎotiǎo ①(女性が)美しくしとやかである. ②(山や谷・宮殿などが)奥深い.

[舀] yǎo (ひしゃくやおたまで)水などを汲む.すくう.〔用水杓 sháo 子~水〕同剥.〔用汤匙~汤〕さじでおつゆをすくう.〔用小勺儿~糖〕さじで砂糖をすくう.〔用粪杓子~粪〕糞びしゃくで糞をすくう.〔大海架不住民 piáo 儿~〕〈諺〉大海の水もひしゃくで汲みほせる.→〔坐 zuò 食山空〕

舀子 yǎozi ①〈口〉[舀儿]ひしゃく.〔水~〕〔水杓 sháo〕水ひしゃく.〔拿~舀水浇菜〕ひしゃくで水を汲んで野菜にかける.→〔瓢 piáo 子①〕 ②量詞.ひしゃく汲む量を単位として数える.〔两~水〕ひしゃくで2杯の水.

[疟・瘧] yào〔~子 zi〕〈口〉おこり:マラリアの俗称.〔发fā~子〕〈口〉打ちふる子〕おこりがおこる.マラリアの発作がある.→ nüè

[要] yào (I)①重要である.大切である.〔主~〕主な.重要な.〔紧~〕緊要な. ②重要

要

内容.かなめ.要点.〔提～〕〔摘 zhāi ～〕④要点をとり出す.⑤摘要.〔择～记录〕要点だけ記録する.
(Ⅱ)①〔入手を〕望む.要る.欲しい.〔东西太贵我～不起〕あまり高くて買えないんだ.〔这本书我还～呢〕この本はまだ要るんだ.②(人に)望む.頼む.注文する.〔他～我帮他写文章〕彼はわたしに文章を書くように頼んだ.③請求する.(自分に渡すよう)要求する.〔他跟父亲～多少都有〕彼はおやじさんからもらえばいくらでももらえる.④かかる.要る.必要である.〔～三天〕3日間かかる.⑤…したい.…するつもりだ:意志.希望を表す.〔我～学好中文〕中国語をマスターしたい.〔～成功先得吃苦〕成功しようとするならば,まず苦しまなくてはならない.⑥…せねばならない.…すべきである.〔你～知道〕きみは…を知らなばならない.きみによく言っておく…〔总一去一趟〕何としても一度行ってこなければならない.〔一定～这样做〕どうしてもこうしなければならない.〔～注意这个问题〕この問題に注意しなければならない.⑦!...しようとする.…しそうだ:動作.現象が間近に起ることを表す.〔天～黑了〕日が暮れようとしている.〔～下雨了〕雨が降りそうだ.〔这棵树～死了〕この木は枯れかけている.〔王先生今天～来的时〕王さんは今日来るはずだ.〔每天到十点钟就～睡觉〕每日10時に寝ることにしている.⑧(…の方が)…そうだ.比較した見当を示す.〔这样做～轻松一点儿〕こうやった方がちょっと楽そうだ.
(Ⅲ)①もし…ならば:〔～是〕に同じ.〔～不快做,就赶不上了〕早くやらなければ間に合わない.〔要想省饭钱,～暖粗布衣〕〈諺〉飽食しようと思うなら日常の飯がよく,暖かくしようと思うなら粗末な木棉衣がよい.②…するか,または…する.〔～…,～…〕の形をとる.③〔～么…,～么…〕に同じ.〔～就是升学,就是工作,两者当中选一个〕進学するか就職するかそのどちらかである.④不就洗海水浴,～就晒日光浴〕海水浴をするか,日光浴をするかどちらかだ.
→ yāo

要隘 yào'ài 要害.〔防守～〕要所を守る.
要案 yào'àn 重大事件.〔大～〕重大な重要事件.
要不 yàobù ①もしそうでなければ.さもなければ:〔要不然〕に同じ.〔快跑吧,～来不及了〕早く走って,でなきゃ間に合わないよ.〔她就是嘴不好,～怎么不招人喜欢呢〕彼女は全く口が悪いんだ,だからこそ人からかわいがられないのさ.②…か,または…か.〔～…,～…〕の形をとり,どちらかを選択する.〔～你做,～我做〕君がやるか僕がやるかだ.
要不得 yàobude 〔要不的〕とも書く.①求めてはならない.もらってはいけない.②いけない.だめだ.〔这种作风～〕そういうやりかたはいけない.〔这个人～〕この人はだめだ.〔昨天的菜已经馊 sōu 了,～了〕昨日の料理がもうにおいがする,だめになった.
要不然 yàobùrán ⇒〔要不①〕
要不是 yàobushì ①もしあったら,もし…がいなかったら.〔～他,谁能办得这么好〕あの人でなかったら誰がこんなにすばらしくなし遂げられようか.〔落在一个树权上,早就粉身碎骨了,～!木のまたに落ちなかったら,とっくに体が粉々になっているところだった.
要菜 yàocài ①料理を注文する.料理を指定して作らせる.②〈方〉偉そうな顔をする.指図がましいことを言う.
要参 yàocān 重要な参考資料:〔重 zhòng 要参资料〕の略.→〔参考〕
要冲 yàochōng 要衝(しょう).〔这里是本地的交通～〕ここは当地の交通の要地です.
要道 yàodào ①重要な道路.〔从前丰台是出入北京的～〕昔は豊台が北京へ出入りする要路の地点だった.②〈文〉重要な道理.

要得 yàodé 〈方〉よろしい.すばらしい.たいしたものだ:肯定・同意・称賛などを表す.〔你这两手儿真～〕きみのこの考えはまったくたいしたものだ.〔就这么办好了〕それはいい,ではそうしよう.〔日子越过越～生活〕はいよいよすばらしくなる.〔他们俩～〕彼ら二人は仲良くやっている.〔要不得②〕
要地 yàodì ①要地.②〈文〉高い地位.
要点 yàodiǎn ①〔話や文章の〕大切な箇所.要点.〔把握住～〕ポイントをしっかりとつかむ.②〔軍〕重要な拠点.〔战略～〕戦略要点.
要端 yàoduān 〈文〉要点.重要事項.
要犯 yàofàn 重要犯人(人)
要饭 yàofàn 乞食(物もらい)をする:〔讨 tǎo 饭〕に同じ.〔～的〕(討飯的)こじき.物もらい.→〔乞 qǐ 丐〕
要官 yàoguān 〈文〉要職.
要害 yàohài ①〔物事の〕要所.要害.〔～部门〕重要部門.〔～问题〕肝心な問題.②〔身体の〕急所.〔射中 zhòng ～〕急所に命中した.〔击中～〕急所をつく.
要好 yàohǎo 〈口〉①仲が良い.親密である.〔～的朋友〕親しい友人.〔他跟我很～〕彼はわたしとたいへん親しい.②向上心が強い.進取を競う.〔这孩子很～,从来不肯无故耽误功课〕この子はとても負けん気で,今まで理由なく勉強をさぼることはない.
要好看 yàohǎokàn 人の笑いものになる.醜態を演じる:反語表現として〔要…的好看〕の形をとる.〔(你)不会什么叫你唱什么,这才叫要咱们的好看呢〕できない歌を勧誘するのは,これじゃあまったく立つ瀬がないよ.〔要他的好看〕彼の顔がつぶれる.→〔好看④〕
要谎 yàohuǎng 〈口〉値段をふっかける.〔不～〕掛け値はしない.
要价(儿) yàojià(r) ①代價を要求する.〔～还 huán 价(儿)〕④掛け値を言ったり値切ったりする.口答えをする.あれこれ注文をつける.〔漫 màn 天～,就地还钱〕途方もなく掛け値を言い,ぎりぎりまで値切る:〔漫天〕は満 màn 天」ともいう.〔～讨 tǎo 价还价〕②〔交渉,取引きで〕要求.条件.〔他～不大〕彼の言い分はひどくない.
要件 yàojiàn ①大切な事柄.必要な物質.②重要書類.③〔法律的認定の〕重要条件.主たる要素.条件.
要津 yàojīn ①水陸交通の要衝.②〈喩〉顕要な地位.〔位居～,身负重任〕同前にあって重責を担う.
要紧 yàojǐn ①大切である.緊要である.重要である.〔一事〕〔一的事情〕緊要なこと.〔由谁做,那不～〕誰がやるかが重要ではない.②重大である.深刻である.由々しい.〔他只受了点儿轻伤,不～〕彼はちょっと軽傷を受けただけで,たいしたことはない.→〔打 dǎ 紧〕
要劲儿 yàojìnr 〈方〉①ひどい.〔冷得真有点儿～〕本当に寒くてたまらない.②発奮する.頑張る.負けん気を出す.〔小伙子挺～〕この若者はなかなか頑張る.③大事な(時).正念場.〔到了～的时候了〕正念場を迎えた.
要就 yàojiù →〔要呢④②〕
要诀 yàojué 秘訣.方法上の重要ポイント.
要客 yàokè 重要な客.〔迎接外国～〕外国の大切なお客様を出迎える.
要口 yàokǒu 〈文〉(出入する上で)要害の所.
要款 yàokuǎn ①必要経費.②金を要求する.借金の返済を求める.

yào 要药

要览 yàolǎn 要覧.多く書名に用いる.

要脸 yàoliǎn 恥を知る.面目を重んずる.〔否定や反語の形で用いる.〕〔不~的事,他也敢做〕恥知らずのことでも彼はやりかねない.〔你做这样的事~不~啊〕おまえはこんなことをして恥ずかしくないのか.→〔要面子〕

要领 yàolǐng ①要点.②(訓練上の)要領.基本(動作).〔掌握~〕こつをつかむ.

要路 yàolù ①交通上重要な地.〔必经之~〕必ず通過しなければならない要路.②重要な地位.

要略 yàolüè 要略.大要:多く書名に用いる.

要么 yàome 〔要末〕とも書いた.①でなければ.〔说不定忘在车上了,~你根本就没有带〕車の中に置き忘れたか,さもなくばもともとから持ってなかったのだ.→〔要不①〕②…か,さもなければ…だ:〔~…,~…〕の形をとる.〔~他来,~我去,明天总得当面谈一谈〕彼が来るか,わたしが行くか,いずれにしろ明日は会って話をしなければならない.→字解Ⅲ②

要面子 yàomiànzi 体面を重んじる.〔人都~〕人はみんなメンツを気にする.→〔爱ài 面子〕

要命 yàomìng ①命をとる.命をなくす.〔要钱没有,~倒是有一条〕金が欲しくてもないが,命ならくれてやる.〔不~的人〕向こう見ずの人.〔要了我的命也过不去〕どうしても通れない.②甚だしい:〔…得~〕の形で用いる.〔要死に〕〔疼得~〕ひどく痛い.〔嗳,好得~〕ほほぉ,実にすばらしい.③非常に困る.実に閉口する.〔这不是要我的命吗〕こりゃ全くたまらんぞ.〔眼看着到年底了,一点儿收入也没有,可真~〕年の暮れになっても,ちっとも収入がなくてまったく閉口してしまう.

要命鬼 yàomìngguǐ ①厄介者:多く子供に対していう.〔这孩子,夜里老不叫人睡觉,实在是~〕この子は晩に人を寝させない,ほんとに困りものだ.②命取りの神.厄病神.〔这讨债的~又来了〕この借金取りの厄の神がまたやってきた.

要目 yàomù (多く新聞・雑誌上の)重要な項目.〔本期的~〕本号の要目.

要强 yàoqiáng 負けず嫌いである.勝ち気である.〔~的人〕負けん気の人.〔太~了,把身体搞坏了〕頑張りすぎて体を壊してしまった.→〔好 hǎo 强〕〔好胜〕

要缺 yàoquē 旧重要な官職の欠員.〔政府里出了~,好些人都在钻 zuān 营活动〕政府に要職の欠員ができたので,大勢の人が手を回して運動している.

要人 yàorén 重要な地位にある人.VIP.〔政府~〕政府の要人.

要塞 yàosài 要塞.険要な地.〔~据点〕軍事拠点.→〔咽 yān 喉重(要)地〕

要事 yàoshì 重要な事柄.

要是 yàoshì 〈口〉もし.もしも…なら.〔你~不懂(的话),就去问他〕もしわからないなら,彼に聞いてみたらいい.→〔如 rú 果〕

要说儿 yàoshuōr 〈方〉条件・要求・文句をつける.〔我明白了,他不是不给办,是~呢〕なるほど,彼はしてくれないのではなく,条件があるのだた.

要死 yàosǐ =〔要命②〕(良い方にも・悪い方にも)死ぬほどである.ひどく…である:〔…得~〕の形で用いる.〔怕得~,吓得要死病〕ひどく恐れ,ひどく恨む.

要死不活 yàosǐ bùhuó 〈口〉半死半生のさま.死にそうなさま.

要死要活 yàosǐ yàohuó 〔慣〕死にもの狂いのさま.〔~地乱闹〕手のつけられないような大騒ぎをする.

要素 yàosù 要素.要因.因素.

要图 yàotú 〈文〉重要計画.

要闻 yàowén 重要なニュース.

要务 yàowù 要務.重要な業務.

要项 yàoxiàng 重要な事項.

要小钱 yàoxiǎoqián 小銭を恵んでもらう.〔~的〕物乞い.乞食.→〔要饭〕

要穴 yàoxué 中医(針灸の)重要なつぼ.→〔穴位〕

要言 yàoyán 要点を押さえた言葉.〔~不烦〕〈成〉言葉が要約されていて,くどくどしくない.

要样儿 yàoyàngr さまになるようにつとめる.〔他办起事来就是喜欢~〕彼は何かするときになるときまって体裁を繕いたがる.

要义 yàoyì 要義.要となる意義.

要员 yàoyuán 重要な人員.〔政府~〕政府要人.

要账 yàozhàng 借金や掛売りなどを請求する.〔三节~〕旧大みそか・端午・中秋の同前.

要职 yàozhí 重要な職務.要職.

要旨 yàozhǐ 要旨.主旨.

要著 yàozhù 重要な著作.

要字头(儿) yàozìtóu(r) 图よう(要)のかんむり:漢字部首の"西".→付録1

要子 yàozi ①(稲・麦を束ねる)ひねったわら.わらひも.②梱包用の帯(状のもの).〔铁~〕帯金.たが.鉄.

〔药・藥（葯）〕 yào

①薬.〔吃 chī~〕薬を飲む.〔服用西~〕西洋の薬を服用する.〔补 bǔ~〕滋養強壮剤.〔毒 dú~〕毒薬.②(有害動物)駆除剤.〔杀虫~〕殺虫剤.〔耗 hào 子~〕鼠捕り薬.③(火薬など)実用化学物質.〔火~〕〔炸 zhà~〕火薬.〔焊 hàn~〕はんだ付け用ペースト.④〈文〉薬で治療する.〔不可救~〕救いようがない.⑤毒殺する.毒薬で殺す.〔铜锈能~死人〕銅のさびは人を死に至らせる作用がある.⑥〈姓:藥(?)〉

药包儿 yàobāor ①薬の包み.②⇒〔药罐子②〕

药补 yàobǔ (薬で)滋養補給をする.→〔食 shí 补〕

药材 yàocái 中医①製薬原料.薬種.〔~学〕生薬(しょうやく)学.〔~行 háng〕薬種屋.

药草 yàocǎo 薬草.薬用植物.

药茶 yàochá ①健康茶.②中医薬材を茶の形にしたもの.

药厂 yàochǎng 製薬工場.

药船 yàochuán =〔药碾子 中医薬研(やげん)〕.→〔乳 rǔ 钵〕

药到病除 yàodào bìngchú 薬効の顕著なこと.〈転〉医療の適切なこと.

药典 yàodiǎn 薬局方.→〔局 jú 方〕

药店 yàodiàn 開業薬局.薬屋.

药吊子 yàodiàozi 漢方薬を煎じるのに用いる素焼の土瓶.

药饵 yào'ěr ①〈文〉薬餌(じ).薬品.②毒入りの餌(え).〔毒 dú 饵〕に同じ.

药方(儿) yàofāng(r) 処方.処方箋.〔这是那位大 dài 夫开的〕これはあのお医者さんが書いた処方(箋).

药房 yàofáng ①開業薬局:西洋医薬品・漢方薬製を扱う.→〔药铺〕②(病院・診療所内の)院内薬局.

药费 yàofèi 〔药钱〕薬代.

药粉 yàofěn ⇒〔药面〕

药膏 yàogāo クリーム状の薬.ぬり薬.軟膏.→〔膏药〕

药工 yàogōng 漢方薬品を扱う者.漢方薬の製造工.

药罐子 yàoguànzi ①薬土瓶.②=〔药包儿②〕.〔喩〕薬の問屋:しじゅう薬を飲んでいる薬弱な人.

1954

yào

〔他是个~,成年病歪歪的〕彼は薬飲みで、年中病気でふらふらしている. →〔病 bìng 包儿〕

药害 yàohài (農作物に対する)薬害.農業被害.

药行 yàoháng 旧薬種屋.薬問屋.

药衡 yàohéng 調剤計量法:〔药剂用衡制〕の略.薬を量る時の規準.→〔常 cháng 衡〕〔金 jīn 衡〕

药剂 yàojì (薬局方や処方により調剤した)薬剤.〔~师〕〔药师①〕薬剤師.〔~拌种〕農(播種前の)種子消毒.

药剂子 yàojìzi 薬の分量.〔~大〕薬の分量が多い.

药检 yàojiǎn ①薬品品質検査(をする). ②区ドーピングテスト(をする).

药箭 yàojiàn 毒矢.

药劲儿 yàojìnr 〈口〉薬の力.薬の効力.〔~一过,又疼起来了〕薬がきれたらまた痛み出した.→〔药力〕

药敬 yàojìng ＝〔药礼〕旧薬礼.医者に払う薬代.

药酒 yàojiǔ 薬用酒.薬酒:〔人参酒〕〔虎虎骨酒〕など多く高粱酒に各種の漢方薬材を加えて造ったもの.

药局 yàojú ①薬舗.薬屋.

药局方 yàojúfāng ⇒〔局方〕

药具 yàojù 薬品や医療器具:特に避妊用のもの.

药喇叭根 yàolǎbagēn 植ヤラッパ根(ヤラピ根):乾燥させて下剤とする.

药礼 yàolǐ ⇒〔药敬〕

药理 yàolǐ 薬理.〔~学〕薬理学.

药力 yàolì 薬の効能.〔~发作〕薬がまわる.効き目がでる.

药疗 yàoliáo 医薬物治療.→〔电 diàn 疗〕

药棉棍 yàomiángùn 綿棒:〔棉签儿〕に同じ.〔药棉棒〕ともいった.

药棉(花) yàomián(huā) 医(医薬用)脱脂綿.→〔脱 tuō 脂棉〕

药面 yàomiàn ＝〔药粉〕〔药末儿〕〔药散〕〔~儿〕粉薬.

药名 yàomíng 薬名.

药末儿 yàomòr ⇒〔药面〕

药捻儿 yàoniǎnr Ⅰ用＝〔药捻子①〕〔药线〕花火の導火線.口火,引火用の線.〔爆竹的~〕爆竹の導火線. ②同下④

药捻子 yàoniǎnzi ①同上①. ②傷口に差し込む薬をつけたこよりやガーゼ:〔药捻儿②〕ともいう.

药碾子 yàoniǎnzi ⇒〔药船〕

药农 yàonóng 薬草を栽培·採集する農民.

药片(儿) yàopiàn(r) 錠剤.タブレット.〔维生素B~〕ビタミンBの錠剤.

药品 yàopǐn 薬品.試薬.

药瓶 yàopíng 薬瓶.

药铺 yàopù 漢方薬店.〔到~去抓 zhuā 药〕漢方薬店へ行って生薬を調剤してもらう.→〔药房①〕

药签 yàoqiān ⇒〔棉 mián 签(儿)〕

药钱 yàoqián 〔药费〕

药曲 yàoqū 薬用麹(きく)

药散 yàosǎn ⇒〔药面〕

药膳 yàoshàn 薬薬膳(料理).〔~火锅〕薬膳鍋.

药师 yàoshī ①＝〔药剂师〕 ②〈文〉医師.薬師(くすし). ③仏教)の薬師如来.

药石 yàoshí 〈文〉①薬と砭(いしばり):ともに医療に用いるもの. ②転じ薬.薬物.〔病入膏肓(huāng)~无效〕病膏肓(こう)に入って薬石効なし.〔罔 wǎng 效〕薬石效なし. ③嘔忠言.忠告.薬石の言.〔进~之言〕忠告を与える.〔~成仇〕忠告したために恨まれる.

药水(儿) yàoshuǐ(r) 水薬(すい).水ぐすり.

药死 yàosǐ 毒殺する.〔~耗 hào 子〕猫を殺すためねずみを駆除する.

药膛 yàotáng 薬室:銃砲の弾丸をつめる部分.

药筒 yàotǒng 薬莢(きょう):銃·砲尾部に火薬を装填する黄銅製容器.俗に〔弹 dàn 壳①〕という.

药丸(儿) yàowán(r) 丸薬.

药王爷 yàowángye 薬の神様:神農氏や扁鵲.〔~摇手,无可救药〕敷同前が手を振る,もうだめだ,救いようがない.〔扁 biǎn 鹊〕〔神 shén 农(氏)〕

药味 yàowèi ①〔~儿〕薬の気味.薬の性質. ②中薬一つの処方に用いられる薬(総称).〔他开的~太多〕彼の処方に使う薬材が非常に多い.

药物 yàowù 薬物.〔~学〕薬物学.〔~过敏〕薬物アレルギー.〔~依 yī 赖〕医薬物依存(症).〔~牙膏〕薬用練り歯みがき.

药线 yàoxiàn ⇒〔药捻儿①〕

药箱 yàoxiāng ①薬箱(救急箱). ②(医者の)往診カバン.

药效 yàoxiào 薬の効果.

药械 yàoxiè ①農薬散布用具. ②医薬品と医療用器具.

药性 yàoxìng 薬の性質.

药学 yàoxué 薬学.

药液 yàoyè 薬液.

药瘾 yàoyǐn 薬物依存(症).薬物中毒(症)

药引子 yàoyǐnzi 中医主薬に配合して、主薬の効能を十分に生かせるための補助薬.

药用 yàoyòng 薬用する.〔~炭 tàn〕薬用炭(活性炭).〔~植物〕薬用植物.

药浴 yàoyù 〔~儿〕.薬用温泉(につかる)

药皂 yàozào 薬用石鹸.消毒石鹸:〔药肥皂〕ともいう.

药渣 yàozhā 〔~儿,~子〕煎じ薬のかす.

药栈 yàozhàn 旧薬種問屋.

药针 yàozhēn 注射針.〔打~〕薬を注射する.

药枕 yàozhěn 薬草を詰めた枕.

药疹 yàozhěn 医薬疹:薬剤の中毒による発疹.

药中甘草 yàozhōng gāncǎo 〈成〉大才ではないが必要なもの:甘草は強い作用のある生薬ではないが、たいていの処方に配合され薬の味と作用を調和させる重要な薬材.

药珠 yàozhū 薬用する真珠の粉末.

药资 yàozī 〈文〉薬代.→〔药费〕

〔钥·鑰〕 yào かぎ. → yuè

钥匙 yàoshi 鍵.キー:〔<方>锁 suǒ 匙〕ともいう.〔~环〕〔~扣 kòu〕〔~链 liàn(儿)〕〔~(挂)圈 quān(儿)〕キーホルダー.〔一串 chuàn(儿)~〕ひとまりの鍵.〔用~开锁〕鍵で錠を開ける.〔配 pèi ~〕スペアキーをつくる.

钥匙头儿 yàoshitóur 鍵の先端.〔把~拧折了,锁还没开开〕鍵の先がねじ折れてしまって,錠前はまだ開かない.

〔袎〕 yào 〈文〉長靴や靴下の胴の部分:〔靿〕に同じ.

〔靿〕 yào 〔~儿〕長靴·編上靴や靴下の胴の部分.〔带~的可练武的靴子のあるのを〔靴 xuē 子〕という.〔靴~儿〕靴の胴.〔高~儿袜 wà 子〕長靴下.ハイソックス.〔短~儿袜子〕靴下.ソックス.

〔鹞·鷂〕 yào 鳥ハイタカ(類総称).〔白尾~〕ハイイロチュウヒ.→〔鹞子〕

鹞鹰 yàoyīng 同下①

鹞子 yàozi ①鳥ハイタカ:〔鹞鹰〕ともいう. ②〈方〉〔纸 zhǐ ~〕ともいう,〔风 fēng 筝〕の別称.

鹞子翻身 yàozi fānshēn 劇(旧劇で)上体を大きく

【曜】 yào ①⇒[曜①] ②太陽(の光). ③太陽・月・星. ④回曜日. [日～]日曜日. [月～]月曜日. →[星 xīng 期②]
曜日 yàorì ⇒[曜日]

【耀(燿)】 yào ①＝[曜①]光が強くあたる. 輝く. 照り映える. [照～]同前. [光～夺 duó 目]光り映えて目を奪う. ②見せつける. ひけらかす. [炫 xuàn ～自己]自分をひけらかす. ③光栄. 栄誉. [荣 róng ～]同前. ④光芒. (ひとすじの)輝き. [姓]耀(き)
耀斑 yàobān 天太陽面爆発. 太陽フレア.
耀目 yàomù 目にまぶしい.
耀武扬威 yàowǔ yángwēi [成]①勇武を輝かし威勢を示す. ②得意満面なさま.
耀眼 yàoyǎn ①[曜眼]光に照らされてまぶしい. [光芒～]光がまぶしい.
耀祖光亲 yàozǔ guāngqīn [成]父母祖先の名を揚げる: [耀祖显 xiǎn 宗]ともいう.

【哟・哟】 yao yoの又音. →yāo yō yōu

ye | せ

【耶】 yē 訳音字. →yé
耶和华 yēhéhuá <音訳>エホバ. ヤハウェ: イスラエル人の神.
耶路撒冷 yēlùsālěng 地エルサレム: [以 yǐ 色列国](イスラエル)の首都. [特 tè 拉维夫](テルアビブ)は事実上の首都.
耶稣 yēsū [人]イエスキリスト: [耶苏]とも書く. [基 jī 督]ともいう. [～教 jiào](キリスト教)の新教. プロテスタント. [新 xīn 教]ともいう. [基督教]
耶稣会 yēsūhuì イエズス会: カトリック派. キリスト教旧教の一派. →[天 tiān 主教]

【伽】 yē 訳音字. [伽 qié～琴]箜篌伽倻(朝)琴: 朝鮮族の弦楽器名. 古代の箏に似る. →[箏 zhēng]

【椰】 yē 回ヤシ(総称): [～子]は通称. [～林]やしの林. [～树 shù]やしの木.
椰杯 yēbēi やしの実の殻を開き錫・銀などをはめて作った杯.
椰菜 yēcài →[花 huā(椰)菜]
椰城 yēchéng ①⇒[雅 yǎ加达] ②地海南省海口市の別称.
椰岛 yēdǎo 地海南省の別称: [琼 qióng 崖]は古称.
椰雕 yēdiāo やしの実の彫刻.
椰干儿 yēgānr コプラ: やしの果実の胚乳を乾燥したもの. [干椰(子)肉]ともいう.
椰花菜 yēhuācài →[花(椰)菜]
椰壳(儿) yēké(r) やしの殻(外皮). [～做的饭勺子]やしの殻で作ったしゃもじ.
椰瓢 yēpiáo ⇒[椰(子)瓢]
椰蓉 yēróng 食やしの果肉をつぶして, こし餡状にしたもの: 月餅(餅)によく用いる. [～包子]同前を餡にしたまんじゅう. [～月饼]同前の餡を入れた月餅. →[月 yuè 饼]
椰肉 yēròu やしの果肉.
椰水 yēshuǐ ⇒[椰汁]
椰油 yēyóu ⇒[椰(子)油]やし油.
椰雨蕉风 yēyǔ jiāofēng <慣>やしの雨, 芭蕉の風: 熱帯地方の気候風物の形容.
椰枣 yēzǎo ⇒[海 hǎi 枣]

椰汁 yēzhī やし(の実の中)の乳液. [椰水][椰子汁]ともいう. 甘い飲料となる.
椰子 yēzi 植ヤシ(総称). とくにココヤシ, またその実. [～酱 jiàng]ココナッツジャム. [～壳 ké]ココナッツの殻.
椰(子)瓢 yē(zi)piáo やしの殻を半分に割って作ったひしゃく. [拿～当水盂 yǎo 子]やしの二つ割りを水びしゃくに使う.
椰(子)油 yēzǐyóu ⇒[椰油]
椰子汁 yēzǐzhī ⇒[椰汁]

【掖】 yē ①さし入れる. さし込む. すき間にものをはさむ. [把东西～在怀里]品物を懐中にさし込む. [腰里～着枪]腰に銃をさし込んでいる. [把裤 kù 脚～在袜筒里]ズボンの下の中へはさみ込む. [由门缝里～进来一个纸条]1枚の書付けを門の隙間からさし込む. ②隠す. [不瞒 mán 着, 不～着, 有什么说什么]偽らず, 隠さず, ありのままを言う. →yè
掖藏 yēcáng 人目のつかぬ所にしまう. 隠す. [你把钱都～在哪儿了]お前は金をどこに隠したか. →[藏 cáng]
掖咕 yēgu <方>物を無造作に置く. いいかげんにつっこんでおく.

【暍】 yē <文>暑気あたり.

【噎】 yē ①食物が喉(②)につまる. 喉につかえる. むせる. [慢点儿吃, 别～着]ゆっくり食べて, 喉につまらないように. →[因 yīn 噎废食]
②息をつまらせる. 息がつげない. [风大, ～得气也透不过来]風が強いので(息がつまって)呼吸もできない. ③(相手の言葉をおさえつけて)口をつぐませる. (人の言葉を)封じこめる. [他的嘴 zuǐ 赛过小刀子, 一～得我说不出话来]彼の言い方はナイフよりきつくて, 息がつまるようわたしは話ができません. [一句话把他～到南墙根儿上去]一言で他人をぐうのねも出なくする. [噎人].
噎膈 yēgé ⇒[膈证]
噎人 yērén <口>ものを言うことをできなくさせる. 話の腰を折る. 相手を絶句させる. [她老爱拿话～]彼女はいつも(きついことを言って)他人の口をつぐませる. [他一句话he把人噎死]彼の一言は相手を絶句させしてる.
噎死鬼 yēsǐguǐ のどがふさがって死んだ者. [慢点吃, 小心别当～]ゆっくり食べなさい, 喉をつまらせて死んでしまわないように.
噎住 yēzhù のどがつまる. ふさがる. [他看见儿 ér 女不成材, 一口气～, 差点儿没死过去]彼は子供たちが役に立たないなるとカーッとなり息がつまって, もう少しで死ぬところだった. [吃得太急, ～了]急いで食べたのでつまってしまった.

【爷・爺】 yé ①<文>父親. →[爷娘] ②祖父. また祖父と同世代の親族の男性. →[爷爷] ③父親と同年輩または年配の男性に対する敬称(親近感をこめた称呼). [张～]張さん. [李四～]李さん(四男である人に対して). ④回主人・官吏に対する敬称. [王～]王族. 親王. [老～]旦那さま. [少 shào～]若旦那さま. お坊ちゃま. ⑤神仏に対する敬称. [老天～]おてんとさま. [土地～]土地の神様. うぶすな神.
爷们儿 yémenr [爷儿们①]ともいう. <口>①男. 殿方: 成年の男子. 単数にも用いる. [你白是个～了老～啦, 一点儿骨气都没有]あんたも少しも気骨がなくて, 男に生まれた甲斐がない. →[娘 niáng 们儿] ②亭主. 夫. [我们～] (うちの)主人. [她的～]彼女の亭主. ③横暴な男の自称. [咱 zá～]おれ.

爷邪铘耶揶也　　yé～yě

爷奶 yénǎi ①同下. ②〈方〉祖父と祖母.
爷娘 yéniáng ＝[爷娘①].[耶娘]両親.父.父母.[不闻～唤女声](木蘭辞)父母が娘の自分を呼ぶ声は聞こえない.
爷儿, ～'ér〈口〉老幼の者(たち):(男子の)年長者と目下の者を合わせ呼ぶ(指す).もと yé'ér と読んだ.父と子,父と娘,伯叔父とおいめい,祖父と孫・孫娘などのとりわわせをいう.その人数による[～俩 liǎ][～仨 sā][～几个]などという.[～们]④同前.⑤⇒[爷们儿].[娘 niáng 儿]
爷爷 yéye〈口〉(父方の)おじいさん:[老 lǎo 爹][爹 diē 爹][阿 ā 爹][阿爷][阿公]は方言.→[祖 zǔ 父]②祖父と同年輩の男性に対する呼称.③〈方〉一般に年配の男性に対する敬称.
爷爷公 yéyegōng 舅(きゅう)の父(夫の祖父)

[**邪**(衺)] yé〈文〉①疑問の語気助詞:…や.…か.[是～非～]是か非か.→[耶①]　②→[莫 mò 邪]　③[邪許]
→ xié

邪许 yéhǔ〈文〉えーほー！せーのー！よいしょ！:大勢で重いものを担ぐ時の掛け声.

[**铘・鋣**] yé →[镆 mò 铘]

[**耶**] yé〈文〉①疑問・反語・推測・感嘆などの語気を表す.[抑知而未能行～]あるいは知っていてもまだ行えないのか.[是～非～]是か非か.[知不足～]足ることを知らないのか.②古書で[爷]と通用する.→ yē
耶律 yélǜ〈姓〉耶律(やりつ)
耶娘 yéniáng ⇒[爷娘]

[**揶**(挪)] yé [～揄 yú]〈文〉からかう.嘲弄する.[在旧社会受污了～揄欺辱]旧社会ではいやというほどさげられいじめられた.→[挖 wā 苦][奚 xī 落]

[**也**] yě（Ⅰ）副詞として後の述語に意味を添える①…も.…もまた:二つ(以上)の事柄が同様であることを表す.[这个～好,那个～好]これもよい,あれもよい.[他去我～去]彼が行くなら(なら),わたしも行く.[他做得到我～做到]彼ができることなら,わたしだってやれる.[她会英语,～会汉语]彼女は英語もできるし,中国語もできる.[是……～]と同時に)また.[他是第一副总理,～是国防部长]彼は第一副首相であり,国防部長(大臣)でもある.③…としても.それでもなお.また.やはり…前提(仮定)のいかんにかかわらないことを表す.[即使事情多么～该有休息的时间]仕事はたくさんあっても休息の時間はあるべきだ.[我虽然没见过他,但～听人说过]わたしは彼に会ったことはないが,それでも人から話は聞いたことがある.④…さえも.やはり:否定に用い,極端さを強調する.[他什么～不会]彼は何もできない.[一句话～不懂]一言も分からぬ.[这件事连学者～不大了然]これは学者さえもあまりはっきりわかってはいない.[再多～没有我们多吧]もっと多いと言っても我々ほど多くはないよ.→[都 dōu ④]　⑤ともまあ:婉曲に,完全ではないがまずまずという意を表す.[这样办～好]こんなふうにやってもまあよかろう.[倒～罢了]まあまあよかろう.[～只好如此]まあこんな具合にしておくより仕方がない.[好在离家～不算远]幸い家からもまあ遠い方ではない.[身体～没有毛病]体もまあ病気はない.

（Ⅱ）〈文〉⑥…だ:古文に置き,以下のような語気を表す.④判断・解釈を表す.[此城可克～]この城は落とすことができる.[行不得～]できません.[不可不慎 shèn ～]慎しまざるべからざるなり.⑥感慨を表す.[是可忍～]忍ぶことができる.⑥疑問を表す.[此为谁～]これは誰であるか.②文中に

置き以下の語気を表す.④主題を提示する.[大道之行～,天下为公]大道の行わるるや,天下を公となす.[斯人～,诚笃好学]この人物たるや,誠篤にして学を好む.⑥語調を作る.[你говорите苦～不苦？]苦しいと考えますか,それとも苦しくないとお考えでしょうか.[不知是～不是]そうなのかそうでないのかわからない.

也罢 yěbà ①それでもよい.まあよかろう.ままよ.とにかく:不本意ながら承諾したり,あきらめたりする時に用いる.[～,买新的吧]よかろう,新しいのを買いなさい.[你不去～]きみが行かないのもままいいだろう.　②…であろうと.…であろうと.…でも…でも:二つ(以上)の事柄を並立させる.[去～不去～]行ってもいいし,行かなくてもいい.どっちにしても行かない.[听～看～,都觉得没有兴趣]聞く方であろうと,見る方であろうと全く興味はない.→[也好②][罢⑤]

也不见得 yě bùjiàndé それほどでもない.そのようにも見えない.[也未见得]ともいう.[汉语难是难,～太难]中国語は難しいことは難しいが,非常に難しいとも思えない.

也不怎么 yě bùzěnme ①どうしたわけか.[工厂～又停电了]工場はどうしたわけかまた停電してしまった.②なんということなく.[～我就睡着了]なんということなく寝入ってしまった.③別に…ではない.別に…とは思わない.[这件衣服～好]この衣服は別によくはない.

也好 yěhǎo ①結構である.もっともだ.[解释一下～少し説明するのもいいいね.[～,那就听你的让いよ,君の言うとおりにしよう.②…でも(しても)…でも(しても):[～……～]の形をとる.[学习～,劳动～,他都很积极]彼は勉強でも肉体労働でも熱心である.

也就 yějiù ①…も,さっそく.[那么咱们～随便坐坐吧]それでは我々も遠慮なく座りましょう.②それで.それはそれで.[一月二千块钱的薪水～算不少了]1か月二千元の月給はなかなか少なくはいえません.[比上不足,比下有余,～不错了]上と比べれば足らないが,下と比べたら余りがあるから,まあまあというところだ.[做官要做到厅局长～算到头儿了]役人も部局長になればもう行くとこまで行ったんじゃないの.

也就是 yějiùshì …だけのこと.…だからこそ:限定があることを強調する.[离过年一几天了]正月までもうわずか2,3日だ.[时间不长,～一两年]時間は長くない.1,2年だけだ.[～你肯答应,要是我呀,才不肯呢]きみだから承知したんだが,ぼくならば,とても承知しないね.

也就是说 yě jiùshìshuō（前の語句を受けて）つまり…でもある.…ということである.[他终于答应了,～心里很有把握]彼は結局引き受けたがそれは心中非常に自信があるということである.

也可 yěkě ①…もあろう.それもよかろう.[办～,不办～]やってもよかろうし,やらなくてもよかろう.[电影我是看～,不看～,无所谓]映画はわたしは見ても見なくてもいい,別にどうという事はない.

也门共和国 yěmén gònghéguó イエメン共和国:首都は[萨 sà 那](サヌア)

也是(的) yěshì(de) ほんとにもう:ぼやいたり,責めたりする気持ちを表す.[真 zhēn 是②]に同じ.[你～,这么大的雪你开什么车呀]ほんとにもう,こんな大雪に自動車を走らせるなんて(しょうがないやつか)

也似 yěsì …と同様.[她一见到妈妈就飞～地跑过来]彼女は母を見ると,すぐ飛ぶように走って来た.

也未见得 yě wèijiànde ⇒〔也不见得〕

也未可知 yě wèikězhī〈慣〉…かもしれない.〔不可因为他穷就小看了他,将来很有出息~呢〕彼が貧乏だと見くびってはいけない,将来は非常に出世するかもしれない.

也行 yěxíng …でもいい.…してもいい.〔你不来~〕あなたは来なくてもいい.〔不用钢笔,用铅笔写~〕万年筆で書かず鉛筆で書いてもよろしい.

也许 yěxǔ ひょっとすると(…かもしれない).〔~是吧〕そうかもしれない.〔~要下雨吧〕ひょっとすると雨が降るかもしれない.〔他~不来〕彼は来ないかもしれない(所定の時間前の場合).〔他~不来了〕彼は来ないことにしたのかもしれない(所定の時間にいくら待っても来ていない場合).→〔或 huò 许〕〔兴 xīng 许①〕

…也…也… yě…yě… …も…も.また:事柄の並列や対応を表す.〔会种地~会打铁〕彼は野良仕事もできれば,鍛冶もできる.〔你去我~去,你不我~去〕きみが行っても行かなくてもわたしは行く.〔他左想~不是,右想~不是〕彼はああでもない,こうでもないと思案に暮れた.

〔冶〕 yě（I）①金属を溶解する.〔陶 táo ~〕(锻 duàn ~)鍛える.→〔冶金〕②〈文〉鋳物師.〔良~〕優秀な同前.③〈姓〉冶(°)
（II）〈文〉(女性の身づくろいが)妖しくなまめかしい.〔艳 yàn ~〕なまめかしい.〔春山染~〕〈成〉春山がうっすらとあでやかだ.〈喩〉若い女性の色気.〔这个女的打扮得很矢 yāo ~〕この女性の装いは色っぽすぎる.

冶荡 yědàng ⇒〔冶游〕

冶葛 yěgé 植ヤカズ.コマントウ:マチン科の蔓性植物;全株に猛毒がある.〔钩 gōu 吻①〕の古称.〔为人狠恶,毒如~〕〈文〉人となり極悪で,~の毒冶葛のごとし.

冶航 yěháng〈文〉鍛冶(°)屋.〔铁 tiě 匠〕

冶金 yějīn 冶金(°_ん).〔~学〕冶金学.〔~工业〕冶金工業.〔~工厂〕金属精練工場.〔~焦 jiāo〕冶金用コークス.

冶丽 yělì〈文〉①なまめかしくて美しい.色っぽくてきれいである.②同前の女性.

冶炼 yěliàn 製錬する.溶融精製する.冶金(°_ん).〔~炉〕溶炉.〔~厂〕冶金工場.製錬所.

冶容 yěróng〈文〉①あでやかに装う.②なまめかしい.

冶铁 yětiě 製鉄(鋳造)する.

冶艳 yěyàn〈文〉艶麗(である).あでやか(である).〔~如花〕あでやかこと花のごとし.

冶游 yěyóu あで〔冶荡〕〈文〉花柳の巷で遊ぶ.〔性喜~〕生来の(女)遊び好き.

冶铸 yězhù 鋳物を鋳る.

〔野(埜・壄)〕 yě ①郊外.野外.野原.〔田~〕田野.〔林~〕林野.→〔野餐〕〔野火①〕②粗野である.野卑である.礼儀を知らない.下品である.〔这个人说话真~〕この人の話は本当に粗野だ.〔撒 sā ~〕野卑な振る舞いをする.乱暴する.〔土 tǔ ~〕③野生の(動・植物).→〔野菜〕〔家 jiā ~〕④勝手気ままである.野放しである.奔放的である.〔向来~慣了,一时也管不好〕従来野放図にしておいたのだから,急には締められない.〔整天地在外面~〕一日中外で勝手気ままに遊ぶ.〔放了几天假,心都玩~了〕しばらく休暇が続いたので気持ちよく遊びがついた.→〔野心〕〔野性〕⑤正式でない.無許可である.〔~导 dǎo〕モグリの旅行ガイド.⑥(朝廷または官に対して)民間.〔朝 cháo ~〕朝野.〔在~〕在野.民間にいる.〔下~〕官または政局から身を引き民間に下る.↔〔朝②〕⑦限界.範囲.〔视~〕視界.〔分~〕分野.区画.⑧〈姓)野(°)

野艾(蒿) yě'ài(hāo) 植ケショウヨモギ:キク科ヨモギ属の多年生草本.

野百合 yěbǎihé =〔佛 fó 指甲③〕〔狸 lí 豆②〕植タヌキマメ.

野稗 yěbài 植イヌビエ:一般的な雑草の一.家畜の飼料となる.

野菜 yěcài 食用できる野生の菜(°).山菜.〔马兰〕〔马齿苋〕〔苜 mù 蓿①〕など.→〔青 qīng 菜〕

野餐 yěcān ①野外でとる食事.ピクニックの食事.→〔郊 jiāo 游〕②野外で食事する.

野蚕 yěcán ①団クワゴ.ノガイコ.②野生カイコの総称.→〔天 tiān 蚕〕〔柞 zuò 蚕〕

野蚕丝 yěcánsī 柞(°)蚕糸.

野草 yěcǎo 野原の草.野草.

野草闲花 yěcǎo xiánhuā〈喩〉遊女.妓女.

野传 yěchuán 区〔野球の〕暴投.悪投.〔~球〕悪送球(によるボールデッド)

野炊 yěchuī 野外炊さん.飯ごう炊さん.

野的你 yědeňi〈罵〉やぼだね,きみは.→〔浪 làng ②〕〔美 měi 的你〕

野地 yědì 原野.荒野.〔~草 cǎo 地〕

野调无腔 yědiào wúqiāng〈喩〉粗野で無教育なさま.〔她~惯了,倒不在乎,父母可是看着她心焦〕彼女は放任されて育ち,本人はどうとも思わないが,両親は見ていて気が気ではない.

野丁香 yědīngxiāng 植ハクチョウゲ(白丁花).またシチョウゲ.

野蛾 yě'é ⇒〔凤 fèng 蝶〕

野鹅 yě'é 野生のがちょう

野鸽(子) yěgē(zi) ⇒〔原 yuán 鸽〕

野葛 yěgé ①植クズ:〔葛①〕に同じ.②⇒〔钩 gōu 吻〕

野狗 yěgǒu =〔野犬〕①野犬.野良犬.②動イヌディンゴ.

野菰 yěgū 植ナンバンギセル(キセルソウ,オモイグサ)

野广告 yěguǎnggào 街頭の(節度のない広告.

野果 yěguǒ 野生の果実.

野孩子 yěháizi 野育ちの子供.しつけの悪い子.地のままの子供.

野汉子 yěhànzi〈罵〉間男(_{おとこ}).〔姘 pīn ~〕男をくわえこむ.

野合 yěhé 野合する.私通する.

野鹤 yěhè ①野にすむ鶴.②〈喩〉隠士.

野狐禅 yěhúchán 宗(仏教で)外道(°)禅.野狐(°)禅.

野胡萝卜 yě húluóbo 植ヤブニンジン,また食用ニンジンの野生種(原種):竹林や陰地に生ずるセリ科草本.

野花(儿) yěhuā(r) ①野の花.野生の花.②〈転〉妻以外の女(愛人・情婦)

野茴香 yěhuíxiāng ①⇒〔马 mǎ 蕲〕②⇒〔蛇 shé 床〕

野火 yěhuǒ ①野火.野焼火.野焼きの火.〔~烧 shāo 不尽,春风吹又生〕(唐・白居易)野原の草は焚いても根は枯れず,春風が吹けばまた伸びる.〔燎 liáo 原〕野火が原野を焼く.②鬼火.狐火.〔鬼guǐ 火(儿)〕に同じ.

野货 yěhuò ①山野でとれる鳥や獣.②〈罵〉みだらな女.(亭主を盗む)どろぼう猫.

野鸡 yějī ①団キジ:〔雉 zhì ①〕の通称.〔项 xiàng 圈〕ともいう.②ストリートガール.街娼.〔打 dǎ ~〕女を買う.→〔私 sī 娼〕〈転〉もぐり.もぐりの.きちっとでない・無許可での商売(に).〔~汽车〕白タク.〔~大学〕回インチキ大学.もぐり大学.〔上~大学

野 yě

混张文凭,总比上查礼顿大学好些〕いかさま大学でろくに勉強もせずに卒業証書をもらっても、チャールストン大学に行くよりはましだ:〔查礼顿〕=〔家里蹲 dūn〕(家でじっとしている)を英語風にもじった文句(漫才のギャグ).〔~轮船〕もぐりの貸し汽船.〔~(小)店〕もぐりの小旅館.

野鸡脖儿 yějībór 〔方〕食用の韭(にら).
野鸡冠(花) yě jīguān(huā) 〔植〕ノゲイトウ:ヒユ科の一年生草本.〔青 qīng 箱〕に同じ.
野妓 yějì 〔俚〕街娼.→〔野鸡②〕
野祭 yějì ①山野で祭をする. ②清明節に墓参りをする.
野景(儿) yějǐng(r) 野外の景色.郊外の風景.
野韭菜 yějiǔcài 野生の韭.
野菊花 yějúhuā =〔苦 kǔ 薏〕〔植〕アブラギク.シマカンギク:〔野菊〕ともいう.
野决明 yějuémíng 〔植〕センダイハギ:マメ科.薬用さる.
野客 yěkè 〈文〉山野に住む人.〈転〉退官した人.〔~骚人就爱谈虎论政〕在野の政客や不平を抱いている人は政治を批判したり論じたりすることが好きである.
野兰 yělán 野生の蘭.
野老 yělǎo ①田野の老人. ②粗野で礼儀を知らない老人. ③〈転〉老人自身の謙称.
野驴 yělǘ 動野生ロバ.〔西藏~〕〔蒙古~〕新疆・チベットあるいは蒙古産の同前.
野绿豆 yělǜdòu カラスノエンドウ,またその近縁種:至る所に生えるマメ科の宿根草.→〔巢 cháo 菜〕
野骡子 yěluózi 動野生ラバ:旧時,湖南人を罵っていった.→〔京 jīng 巴〕
野骆驼 yěluòtuo 野生ラクダ.
野麻 yěmá ①野生の麻. ②⇒〔罗 luó 布麻〕
野马 yěmǎ ①草原ウマ:中国に現存する唯一の野生ウマ. ②〈喩〉粗野あるいは放胆な人を罵る語. ③〈喩〉無資格旅行ガイド.→字解⑤
野马脱缰 yěmǎ tuōjiāng 〈慣〉あっというまらに飛び出すこと.〔一放学他就像一似地欢蹦乱跳着跑出去了〕放課になると彼は馬がたづなを離れたように喜び飛びあがって外へ走って行った.
野马无缰 yěmǎ wújiāng 〈慣〉勝手気ままにしたいように振る舞うこと.〔你这么~地乱干可不成〕きみこんなにした放題の行動をしてはいけない.
野麦 yěmài ⇒〔雀 què 麦〕
野蛮 yěmán ①野蛮である.乱暴だ.無茶苦茶だ.〔~的屠 tú 殺〕残忍な大虐殺.〔~装 zhuāng 卸〕乱暴な積み下ろし.〔~行为〕蛮な行為. ②未開.文化が開けていないこと.
野猫 yěmāo ①動ヤマネコ:〔草 cǎo 原斑猫〕は別称. ②⇒〔豹 bào 猫〕 ③野良猫. ④⇒〔野兔(儿)〕
野牦牛 yěmáoniú 動(野生の)ヤク.
野模 yěmó 公認された組織に属さないファッションモデル.
野茉莉 yěmòlì 〔植〕エゴノキ
野牡丹 yěmǔdān 〔植〕ノボタン.
野木瓜 yěmùguā ムベ(トキワアケビ)
野男人 yěnánrén 情夫.〔野女人〕
野鸟 yěniǎo =〔野禽〕野生の鳥.野鳥.野禽.
野牛 yěniú 動野牛.〔印度~〕ガウル.〔美州~〕〔欧州~〕バイソン.〔~〕牦 máo 牛〕アメリカバイソン.
野女人 yěnǚrén 情婦.→〔野男人〕
野炮 yěpào 軍野砲.
野葡萄 yěpútao 〔植〕①ノブドウ. ②=〔蘡 yīng 薁〕エビヅル.

野漆树 yěqīshù 〔植〕①ハゼノキ(リュウキュウハゼ):ウルシ科の落葉高木.果皮から蠟をとるので〔木 mù 蜡树〕ともいう. ②ヤマハゼ:ハゼノキ近縁種.蠟をとる.
野气 yěqì ①荒々しさ.〔粗声〕粗暴なさま. ②野生味.野趣.〔~十足〕野生味あふれる.
野蔷薇 yěqiángwēi 〔植〕イバラ(ノバラ):〔多 duō 花蔷薇〕ともいう.
野禽 yěqín ⇒〔野鸟〕
野情 yěqíng ①山野または田舎の風情. ②野山にひかれる心.
野趣 yěqù 自然の情趣.田園の味わい.〔~横 héng 生〕田野の趣が存分に表れている.
野犬 yěquǎn ⇒〔野狗〕
野鹊子 yěquèzi ⇒〔喜 xǐ 鹊〕
野人 yěrén ①田田舎の人. ②在野の人.平民.庶民.〔~不问政〕野人は政を問わず. ③未開の人.野蛮な人. ④無教養の人.粗暴な者.
野人献曝 yěrén xiànpù 〈謙〉ささやかな貢献をする.
野人献芹 yěrén xiànqín 〈謙〉心ばかりの物をさしあげる.
野山参 yěshānshēn 野生のチョウセンニンジン.→〔人 rén 参〕
野山药 yěshānyào =〔野薯蓣〕ウチワドコロ:ヤマノイモ科の一種.→〔山药〕
野山楂 yěshānzhā 〔植〕サンザシ:〔山查①〕の別称.
野烧 yěshāo ⇒〔野火〕
野生 yěshēng (動物や植物が)野生(する).〔~的花草〕野生の草花.〔~动 dòng 物〕野生動物.
野食(儿) yěshí(r) ①(鳥獣が)野外であさるえさ. ②〈転〉本務以外の所得.まともでない収入.
野史 yěshǐ (正史と区別して)私人の書いた歴史.〔从~里找到许多珍貴的参考資料〕野史の中から多くの貴重な参考資料を探しあてる.→〔正 zhèng 史〕
野兽 yěshòu 野獸.野生のけだもの.
野鼠 yěshǔ ⇒〔田 tián 鼠〕
野蜀葵 yěshǔkuí ⇒〔鸭 yā 儿芹〕
野薯蓣 yěshǔyù ⇒〔野山药〕
野台子戏 yětáizixì 〔方〕野外に舞台を作って上演する芝居.
野天门冬 yě tiānméndōng ⇒〔百 bǎi 部〕
野头野脑 yětóu yěnǎo 〈慣〉野暮臭い.粗野である.
野兔(儿) yětù(r) =〔<方>野猫④〕野生のうさぎ.野うさぎ.〔~家 jiā 兔〕
野外 yěwài 野外.郊外.〔~作业〕野外作業.〔~工作〕フィールドワーク.野外調査:〔田 tián 野工作〕は旧称.〔~生 shēng 存〕野外で生きのびること.
野豌豆 yěwāndòu 〔植〕①イブキノエンドウ. ②ハマエンドウ. ③⇒〔巢 cháo 菜〕
野味 yěwèi ①狩猟の獲物. ②同前で作った料理.
野物 yěwù 野生動物.
野苋 yěxiàn =〔细 xì 苋〕〔猪 zhū 苋〕〔植〕イヌビユ(アオビユ):ヒユ科の一年生草本.
野小子 yěxiǎozi 〈罵〉野郎.やつ.〔哪儿来的~在这儿撒野!〕そこでわめいているのはどこから来た野郎だ.
野心 yěxīn 野心.身の程を知らぬ野望.〔~勃勃〕野心満々.〔~狼狼のような野心家.〔~家〕野心家. →〔狼 láng 子野心〕
野性 yěxìng 何物にも束縛されていない性格.放縱な性質.
野鸭 yěyā 動①=〔水 shuǐ 鸭〕カモ(総称)=〔凫 fú〕に同じ. ②マガモ=〔绿 lǜ 头鸭〕に同じ.
野亚麻 yěyàmá 〔植〕マツバナデシコ.マツバニンジン.

野宴 yěyàn 野外の宴会(をする).
野谚 yěyàn ⇒[俚 lǐ 语].
野雁 yěyàn ⇒[地 dì 鹋].
野燕麦 yěyànmài 〘植〙チャヒキガサ.カラスムギ.野生エンバク.→[燕麦].
野羊 yěyáng 〘動〙野生のヒツジ(総称).→[山 shān 羊].
野营 yěyíng 野営(する).露営(する).キャンプ(する).[～训练]野営と野外実地訓練.
野游 yěyóu ピクニックをする.郊外の散策(をする).
野芋 yěyù 〘植〙山芋.野生のサトイモ.→[芋头].
野浴 yěyù 野外で水浴する.露天の温泉に入る.
野鸳鸯 yěyuānyāng 〈喩〉正式の結婚をしない夫婦.野合の夫婦.姦通した男女.
野葬 yězàng 野葬:(インドの葬法の一つで)死体を林野の中に捨て禽獣に食わせるもの.
野灶 yězào 〘軍〙野営時の竈(ﾂﾞ).
野战 yězhàn 〘軍〙野戦.[～炮 pào]野砲.[～医院]野戦病院.
野战军 yězhànjūn 〘軍〙①野戦軍:[野战部队]ともいう.②解放戦争期の人民解放軍編成の最大の作戦単位.四つの軍団があり,中国人民革命軍事委員会に属した.
野丈人 yězhàngrén ⇒[白 bái 头翁③].
野芝麻 yězhīmá 〘植〙オドリコソウ(属の総称):シソ科の多年生本草木.
野雉 yězhì ①〘鳥〙キジ:[野鸡]に同じ.②〘旧〙妓女.娼妓.
野种 yězhǒng 〈罵〉馬の骨.父親の知れない私生子.ててなし子.→[孽 niè 种][业 yè 种].
野猪 yězhū 〘動〙イノシシ.→[猪]
野籽 yězǐ 〈罰〉野の種子.[～野草様様は宝]野生の種子・野生の草はいずれも貴重なものだ.

〔**业**・業〕 yè (Ⅰ) ①事業.業務.営業.業停止する.[企 qǐ～]企業.[停 tíng～]営業停止する.[歇 xiē～]休業する.[功～]手柄.[创～]創業(する).②産業.業種.業界.[工～]工業.[农 nóng～]農業.③仕事.職業.[职 zhí～]職業.[专 zhuān～]専業.[副 fù～]副業.[就～]仕事に就く.[转～]転業する.→[业余①]. ④学業.[荒废学～]学業を怠る.[修～]修業する(未卒業).[毕 bì～]卒業する.[始 shǐ～]始業する.[结 jié～]業を終わる.⑤財産(不動産).[家～]家産.[置～]⑥従事する.経営する.業とする.[～商]商売をする.[～业农]⑦すでに.[～经理]すでに整理済み.[～得复信]すでに返信を得た.→[已 yǐ⑦].⑧→[业业].⑨〈姓〉業(ﾕ̀).

(Ⅱ)〘佛〙(仏教の)業(ﾞ).カルマ.→[业报][业种].

业报 yèbào 〘佛〙(仏教の)業(ﾞ)報.悪業の報い.→[三 sān 业].
业大 yèdà ⇒[业余大学]
业海 yèhǎi 〘佛〙(仏教の)悪業(ﾞ)の海.業海.
业户 yèhù ①[工商]業の営業者.事業者.②家屋・田地などの不動産の所有者.
业荒于嬉 yè huāng yú xī 〈成〉学問・技芸などは遊んでいると退歩してしまう.→[业精于勤].
业火 yèhuǒ 〘佛〙(仏教の)業(ﾞ)火.
业绩 yèjì 業績.成果.[他已有相当的～]彼はかなりの業績がある.
业界 yèjiè 業界.
业经 yèjīng =[〈文〉业已]〈公〉すでに...した.[此事～解决]このことはすでに解決した.→[曾 céng 经][已 yǐ 经]
业精于勤 yè jīng yú qín 〈成〉学問・技芸は勤勉によって進む.→[业荒于嬉].

业内 yènèi 業界内(の).[不分～业外]業界の内外を分けない.
业农 yènóng 〈文〉農事を家業とする.[世代～]世々農を業とする.
业师 yèshī 〘旧〙師匠.師傅(ﾞ).恩師.[敝 bì～]わたしの先生.
业态 yètài 事業形態.経営形態.
业外 yèwài 業界外(の).
业务 yèwù 業務.実際面の仕事.専門業務.[～学习]業務の学習.[精通～]業務に精通する.[公司里～繁忙]会社の業務が繁忙だ.[经理决定～方针]支配人が業務方針を決める.
业校 yèxiào ⇒[业余学校]
业业 yèyè 〈文〉恐れ危ぶむさま.[兢 jīng 兢～]同前.
业已 yèyǐ ⇒[业经]
业因 yèyīn ⇒[业缘]
业余 yèyú ①業務の余暇で.勤務時間外.[～导dǎo 游]ボランティアガイド.[～学校][业校]勤労者が労働時間外に学習する学校.[～大学]〘业大〙労働時間外に学習する大学(各種本科大学を含む).[～教育]成人教育. ②アマチュアの.素人の.[～爱好者]アマチュア.[～剧 jù 团]アマチュア劇団.[～无线电爱好者]無線電～愛好者]ハム.アマチュア無線家.[～运 yùn 动员]アマチュア運動選手.↔[专 zhuān 业①]
业缘 yèyuán =[业因](仏教の)業因(ﾞ).因縁.[二人相会,总是有个～的]二人が会ったのは,すべて何かの業縁による.
业障 yèzhàng ①〘佛〙(仏教の)業障(ﾞ).罪業(ﾞ). ②〘旧〙年長者が子女などを叱責する言葉.[你这个～]この罰に当たりめ.→[孽 niè 障].
业者 yèzhě 業者.商売人.
业种 yèzhǒng 〈罵〉疫病神:災いの元となる業(ﾞ)を持つ者.[你们这两个～,这等了不了我了おれたち二人の極道者ぞ,おれを苦しめやがって.→[败 bài 家子(儿)][孽 niè 种]
业主 yèzhǔ ①営業主.事業主.[大～]大事業主. ②不動産の所有主.[分譲]マンション入居者.[～会]同前の自治会.

〔**邺**・鄴〕 yè ①〘史〙古地名.ⓐ春秋斉国(邑).ⓑ戦国趙国都名.現在の河北省臨漳県の西.ⓒ三国時代以後都城とされ十六国時代以後は北城となる.北城は①に同じ.南城は現在の河南省安陽県.②〈姓〉鄴(ﾞ).

〔**叶**・葉〕 yè ①[-儿,-子](草木の)葉.落ち葉.桑葉.[桑 sāng～]桑の葉.②花びら.[粉千～莲]八重咲きはすの花.[千～桃]八重咲きの桃の花. ③薄いひときれひときれのもの.[百～窗 chuāng]建てよろい戸.④〈文〉量詞.軽くて薄いものに用いる.[一～扁 piān 舟]一艘の小舟.⑤歴史上の時代・年代の相当当初分・時期.[由十九世紀末～至二十世紀中～]是偉大的歷史時代]19世紀の末期から20世紀の中ごろまでは偉大な歴史時代であった. ⑥⑦〈姓〉葉(ﾞ). ↔ xié

叶斑病 yèbānbìng 〘農〙斑葉病.斑点病.斑紋病.
叶柄 yèbǐng 〘植〙葉柄.野菜の葉.
叶菜 yècài 葉野菜.野菜の葉.
叶蝉 yèchán 〘虫〙ヨコバイ(総称):稲などの害虫.俗に[浮 fú 尘子]という.[黒尾～]ツマグロヨコバイ.
叶蜂 yèfēng 〘虫〙ハバチ(科のハチの総称):作物の害虫.
叶公好龙 yègōng hào lóng 〈成〉ひどく竜好きであった葉(ﾞ)公が,ある日本物の竜に出会って大いに驚いて逃げ出した(莊子).〈喩〉口先だけで心から愛

yè

好していないこと.うわべの形だけ愛する.よしあしもわからずに愛する.
叶红素 yèhóngsù ⇒[胡 hú 萝卜素]
叶猴 yèhóu 動リーフモンキー：オナガザル科の一属.
叶黄素 yèhuángsù 化ルテイン.キサントフィル.
叶基 yèjī ⇒[叶脚]
叶迹 yèjì 植葉跡：茎から葉に至る間の維管束.
叶脚 yèjiǎo ⇒[叶基]葉身と葉柄の接する部分.
叶金 yèjīn 薄く伸ばした金.金箔.→[金叶(子)]
叶筋(儿) yèjīn(r)〔描く時の〕葉の筋.
叶卷虫 yèjuǎnchóng 虫ハマキムシ：葉を巻いて中に棲む習性を持つ虫の総称.
叶蜡石 yèlàshí 鉱葉蠟石(ろうせき)・パイロフィライト：アルミニウムの硅酸塩鉱で、外観は滑石に似ててや柔らかみがあり、石筆などに用いる.→[冻 dòng 石]
叶绿素 yèlǜsù 植葉緑素.
叶绿体 yèlǜtǐ 植葉緑体.
叶轮 yèlún 機羽根車.[水~]水羽根車.[~泵 bèng]叶片ウイングポンプ.
叶落归根 yèluò guīgēn 葉は落ちて根に帰る.〈喩〉何事も結局は元に帰る.外地にあった人が最後に帰郷して落ち着く.[落叶归根]ともいう.
叶落知秋 yèluò zhīqiū 一葉落ちて秋を知る.〈喩〉一事が万事.一部を見て全般の流れを知る.[一 yī 叶知秋]
叶脉 yèmài 植葉脈.
叶螨 yèmǎn 虫葉につくダニ.
叶面施肥 yèmiàn shīféi 農葉面施肥：[根 gēn 外施肥]に同じ.
叶尼塞河 Yènísèi hé 固エニセイ川：シベリア中央部北極海に注ぐ川.
叶片 yèpiàn ①=[叶身]葉の平いた部分(主要部分). ②羽根(タービン・ポンプなどの).羽根.
叶鞘 yèqiào 植葉鞘.
叶肉 yèròu 葉葉肉：[叶片①]の葉脈以外の柔組織の部分.
叶身 yèshēn ⇒[叶片①]
叶虱 yèshī ハジラミ.
叶酸 yèsuān 化葉酸：ビタミンB複体の一.
叶甜菜 yètiáncài ⇒[叶用甜菜]
叶鞘 yèxiāo 植葉鞘(さや).
叶锈病 yèxiùbìng 農赤さび病.
叶序 yèxù 植葉序：对生・輪生・互生など葉の排列の順序.
叶芽 yèyá 植葉芽.[~繁殖]葉芽繁殖.
叶腋 yèyè 植葉腋：葉の付け根が茎との間に作る鋭角部分.
叶用甜菜 yèyòng tiáncài =[叶甜菜][方]厚 hòu 皮菜フダンソウ.
叶针 yèzhēn 植葉針：葉が針状になったもの.サボテンなど.
叶枝 yèzhī 農徒長枝(綿の木の)
叶轴 yèzhóu 植葉軸.
叶子 yèzi ①葉.葉っぱ.[树~]木の葉. ②⇒[叶子戏] ③[方]茶の葉：[茶叶]末尻.[粉茶]に对していている.
叶子板 yèzibǎn ⇒[挡 dǎng 泥板]
叶子戏 yèzixì 〔~儿〕[叶子格]ともいう.囲遊具(賭博用具):[纸牌](カルタ)の一種.
叶子烟 yèziyān 乾燥させた(未加工の)タバコの葉.

[页・頁] yè [本(ノート)として綴じる]一枚一枚の紙.[活 huó~]ルーズリーフ.[活~本]ルーズリーフ状の書物・画札など. ②量詞.②元来は木版の片面印刷された紙を数えた.印刷関係では現在も片面に印刷された)紙について用いる. ⑤(書物の)ページ：両面印刷であれば1枚の紙は2頁と数える.[前言在书的第一~]前書きは本の最初のページにある.→[篇 piān]

页码(儿) yèmǎ(r) ページ番号.ノンブル.
页面 yèmiàn ①ページ(面).紙面(構成). ②電算ウェブサイトのページ：[网 wǎng 页]に同じ. ③モニターの内容(内容)
页数 yèshù ページ数.
页心 yèxīn ①[书物]のど.折り目の部分：[版 bǎn 口][版心②]ともいう. ②余白を除いた紙面(誌面).[版心①]ともいう.
页岩 yèyán 鉱頁岩(がん):水成岩の一種.[油(母)~]オイルシェル.→[泥 ní 灰岩]

[曳(拽)] yè 引く.一生懸命にひっぱる.[老头儿~着车走]年寄りが車をひっぱって行く.[~光弹 dàn]曳光弾(えいこうだん).[弃 qì 甲~兵]〈成〉鎧を捨て、武器をひきずって逃げる.

曳把 yèba =[曳扯][方]面倒を見る.養う:[曳巴]とも書く.[我们好不容易把这个孩子~大了]我々はやっとのことでこの子を育て上げてきた.
曳扯 yèche 同上.
曳裾王门 yèjū wángmén〈成〉王侯の家に寄食する.[曳裾侯 hóu 门]ともいう.
曳引 yèyǐn 引く.

[夜(亱)] yè ①夜:深夜.夜ふけ.夜中など夜の遅い時刻をいうことが多く、ふつう[~里]という.[晚 wǎn (上)]は日暮・夕方をいう.[日日~~][日夜].[天大黑~]昼夜.昼となく夜となく.[昼~不停]昼も夜も(休まずに).[连~][连夜].[半~]夜半.夜中.[夙 sù 兴~寐 mèi]〈成〉朝早く起き夜遅く寝る.[熬 áo ~]夜ふかしする.↔[日 rì ②][昼 zhòu]. ②〈文〉夜歩き(する).[禁~]夜歩きを禁ず.夜間外出の禁止.→[夜行] ③〈姓〉夜.

夜班 yèbān 夜勤.夜間勤務.[值~]夜勤に就く.[~车]同前の便宜のために運行されるバス.
夜半 yèbàn 夜半.[~临深池]〈喩〉無鉄砲であること.→[盲 máng 人(骑)瞎马]
夜报 yèbào ⇒[晚 wǎn 报]
夜不闭户 yè bù bìhù ⇒[路 lù 不拾遺]
夜不成寐 yè bù chéngmèi〈成〉夜も眠ることができない:[夜不能寐]ともいう.
夜餐 yècān 夜食.
夜叉 yèchā〔梵〕夜叉(や).(凶相の)悪鬼.[~鬼]同前.[母~]〈喩〉凶悪な性質の女.[长 zhǎng 得跟~似的]夜叉のような恐ろしい顔をしている.
夜长梦多 yècháng mèngduō〈喩〉夜長ければ夢多し:時間が長くなると変化が生じやすい.事が長引くと問題が起こりやすい.[这件事咱们得赶快去办,省得~]この事は早いところやってしまうことが肝腎だ、長引いて問題の起こらないように.
夜场 yèchǎng (演劇や映画などの)夜の部.[~票 piào]同前の入場券.[~比赛]ナイター.↔[日 rì 场]
夜车 yèchē 夜汽車.夜行列車.[开~]〈喩〉夜ふかしする.
夜大(学) yèdà(xué) 夜間大学.
夜道(儿) yèdào(r) 夜道.[走~]夜道を行く.
夜蛾 yè'é 虫ヨトウガ.ヤガ科の虫(総称):作物の害虫.
夜梵花 yèfánhuā ⇒[紫 zǐ 茉莉]
夜饭 yèfàn [方]夕食.[~少吃口,活到九十九][諺]夕食をひかえ目にすれば長寿を保てる.
夜分 yèfēn〈文〉夜中.夜半.
夜工 yègōng 夜間労働.夜業.夜間就労.深夜作

yè 夜

業.〔打~〕〔做~〕夜業をする.→〔夜活〕〔夜作〕

夜光 yèguāng ①夜光(の).〔~石〕夜光の玉:金剛石の別称.〔~珠 zhū〕夜光の珠.②月光.〈転〉月.③蛍(の光)の別称.

夜光杯 yèguāngbēi 〈文〉夜光の杯:名玉で造った夜中に光を放つ酒杯.

夜光表 yèguāngbiǎo ＝〔夜明表〕夜光時計.

夜光虫 yèguāngchóng 虫 ヤコウチュウ.

夜光螺 yèguāngluó 魚貝 ヤコウガイ:〔夜光蝶螺〕の通称.

夜航 yèháng 夜の航海.夜間飛行.〔~(船)夜出帆する.夜船.夜航船.〔香港和九龙间的轮渡~到十二点半为止〕香港九竜間の夜間渡は12時30分限り.

夜合 yèhé ⇒〔合欢①〕

夜合花 yèhéhuā ＝〔夜香木兰〕植 トキワレンゲ:モクレン科の常緑低木.

夜合树 yèhéshù ⇒〔合欢①〕

夜猴 yèhóu 動 ヨザル.

夜壶 yèhú 〔便 biàn 壶〕〔尿 niào 壶〕夜間用便器(男子用).旧式のしゅびん(しびん).→〔马 mǎ 桶①〕

夜话 yèhuà 夜話(書名に使う).②＝〔夜谈〕夜ゆっくり語る.

夜会 yèhuì ①夜の酒宴.②夜の集い.夜の集会.

夜活 yèhuó 〔~儿〕夜業.よなべ.〔干 gàn~〕よなべをする.〔赶 gǎn~〕夜業に精を出す.→〔夜工〕

夜间 yè·jiān 夜間.〔~行车,注意安全〕夜間の運転,車に注意.

夜交藤 yèjiāoténg →〔何 hé 首乌〕

夜禁 yèjìn 夜間の交通禁止・通行止.晩上回家碰上了~〕家に帰り夜間の交通禁止にひっかかった.↔〔放 fàng 夜〕

夜惊 yèjīng 夜泣きする(小児が睡眠中におびえて).〔~症〕医 夜驚症.

夜景 yèjǐng 夜の景色.夜景.

夜静更深 yèjìng gēngshēn 〈成〉深夜の静寂のさま.〔到~的时候,有小偷儿出来活动〕深夜の人の寝静まったころになって,こそ泥が動き始める.

夜开花 yèkāihuā ⇒〔扁 biǎn 蒲〕

夜空 yèkōng 夜空.

夜啼郎 yètíláng 〔夜啼郎〕夜泣き坊主.夜泣きする幼児.〔天皇皇,地皇皇,我家有个~〕天の神様,地の神様,わしの家には夜泣き坊主がございます:幼児の夜泣きをあやしなだめるまじないの文句.

夜来 yèlái 〈文〉①昨夜来.つい今までの夜(の間).②夜になる.

夜来欢 yèláihuān 宵っ張り.〔报馆的编辑当久了得了个~的毛病,白天发困一到夜里就有精神〕新聞社の編集を長くやっていて宵っ張りの悪習がついてしまった,昼間眠たくて,夜になると元気がでる.→〔人 rén 来疯〕〔睡 shuì 虎子〕

夜来香 yèláixiāng 植①イエライシャン.ヤライコウ:ガガイモ科の藤状低木,またその花.花は黄緑色で清香があり,花茶に用いる.〔夜兰香〕〔夜香花〕ともいう.②=〔晚 wǎn 香玉〕③ヤコウボク(ヤコウカ):〔夜香树〕〔洋 yáng 素馨〕ともいう.ナス科低木,またその花.④⇒〔待 dài 霄草〕

夜来 yèlái 〈方〉昨日.〔昨 zuó 天〕に同じ.

夜阑 yèlán 〈文〉深夜.夜たけなわ.〔~人静〕夜が更けてしじまが訪れる.〔会一直开到~人静的时候〕会は深夜人の寝静まるころまでずっと続いた.

夜兰香 yèlánxiāng ⇒〔夜来香①〕

夜郎自大 yèláng zìdà 〈成〉身のほどをわきまえず尊大ぶる:漢代に,現在の貴州の西境にあった夜郎国の王が漢国の使者に夜郎と漢国が大きいか

と尋ねた故事による.〔刚念了两天半书,不知道学问的深奥,就~起来,怎么能有进步呢〕ちょっと本をかじっただけで,学問の深いのを知らず,身のほど知らずにいばっていたのでは,進歩なんかしませんよ.

夜礼服 yèlǐfú 礼服.→〔小 xiǎo 官衣〕

夜里 yè·lǐ 〈口〉夜中.真夜中.〔半~〕同前.→〔白 bái 天〕〔晚 wǎn 上〕〔子 zǐ 夜〕

夜里 yèli 〔~儿〕夜.昨日:〔夜儿(个)〕に同じ.〔~来〕昨日やっと来た.

夜鹭 yèlù 鳥 ゴイサギ:〈口〉灰 huī 汪子〉〈口〉水 shuǐ 汪子②〕ともいう.

夜落金钱 yèluò jīnqián ⇒〔午 wǔ 时花〕

夜盲 yèmáng 医 夜盲症.〔~症 zhèng〕ともいう.〔雀 qiǎo 盲眼〕〔畏 wèi 夜眼〕〈口〉(とりめ)は俗称.

夜猫虎 yèmāohǔ ⇒〔蝙 biān 蝠〕

夜猫子 yèmāozi ①鳥 ミミズク(フクロウ):〔猫头鹰〕の俗称.②〈喩〉夜更かしが好きな人.

夜猫子进宅 yèmāozi jìnzhái 〔歇〕〈喩〉みずく(ふくろう)が訪れてくる.〔~,无事不来〕同前で,やって来たからにはろくなことはない,どんなこと[悪事]でも起こりうる:中国では,死人があるとみずく(ふくろう)が鳴くと言われ不吉であるとされる.

夜明表 yèmíngbiǎo ⇒〔夜光表〕

夜明砂 yèmíngshā =〔天 tiān 鼠屎〕中医 こうもりの糞.〔蝙 biān 蝠屎〕の別称.各種の薬物を調合して[医方]の治療に用いる.

夜(明)珠 yè(míng)zhū 古代の伝説上の夜光の真珠.

夜幕 yèmù 夜のとばり.夜の闇.

夜尿症 yèniàozhèng ⇒〔遗 yí 尿〕

夜盆儿 yèpénr ⇒〔尿 niào 盆(儿)〕

夜勤 yèqín 夜勤:特に警察・医療関係者などの非常に備えた出勤.

夜禽类 yèqínlèi 鳥 夜禽類:フクロウなどの類.

夜曲 yèqǔ 音 ノクターン.夜想曲.

夜儿(个) yèr(ge) =〔夜里个〕〈方〉昨日:〔昨 zuó 天〕に同じ.〔他~来的〕彼は昨日来たのだ.

夜儿黑里 yèrhēili 〈方〉昨晩:〔昨 zuó 天晚上〕に同じ.

夜儿后晌 yèrhòushǎng 〈方〉夜半から夜明けまで.

夜色 yèsè 夜色.

夜膳 yèshàn 〈文〉夕食.晩餐.→〔晚 wǎn 饭〕

夜哨 yèshào 夜間歩哨.

夜深 yèshēn 夜が深まる.〔~人静〕夜がふけて人が寝静まる.

夜生活 yèshēnghuó (都会の)夜の生活.夜の遊び.

夜食摊 yèshítān 夜食専門店.夜の屋台.

夜市 yèshì 夜市.夜店.

夜视仪 yèshìyí (赤外線などを利用した)暗視装置(望遠鏡).

夜思 yèsī 〈文〉夜の思い.

夜摊儿 yètānr 夜店.

夜谈 yètán ⇒〔夜话③〕

夜啼 yètí 医 幼児の夜泣き症.

夜啼郎 yètíláng ⇒〔夜哭郎〕

夜头 yètóu →〔夜间.

夜晚 yèwǎn 夜.晩.

夜雾 yèwù 夜霧.

夜袭 yèxí 軍 夜襲.

夜香花 yèxiānghuā ⇒〔夜来香①〕

夜香木兰 yèxiāngmùlán ⇒〔夜合花③〕

夜宵(儿) yèxiāo(r) 夜食:〔夜消(儿)〕とも書いた.〔宵夜②〕に同じ.〔熬 áo 夜得 děi 预备点儿~〕夜ふかしするには少し夜食を準備しなくちゃ.

夜校 yèxiào 夜学:夜間の業余学校.〔进~学习〕夜

学に通って勉学する.
夜行 yèxíng ①夜歩き. ②夜道.
夜行动物 yèxíng dòngwù 夜行動物.
夜行军 yèxíngjūn 夜間行軍.
夜行人 yèxíngrén (旧小説中に出てくる)夜中に出る武侠(または盗賊)
夜行衣 yèxíngyī 同上の人の着る衣服.
夜宴包 yèyànbāo (女性の)礼装用バッグ.
夜夜 yèyè 夜ごと.毎夜.夜々.毎晩.
夜以继日 yè yǐ jì rì 〔慣〕夜を日について仕事を急ぐ.昼夜兼行でやる.〔~地努力工作〕夜を日について努力して仕事をする.
夜莺 yèyīng ①鳥ナイチンゲール. ②夜うぐいす.ロビン:文芸作品中で鳴き声の美しい小鳥.
夜鹰 yèyīng ①(夜游鸽)〔蚊 wén 母 mǔ〕鳥ヨタカ(科の鳥の総称)
夜游 yèyóu ①夜のそぞろ歩き. ②国夢遊病[~症 zhèng]という.
夜游鸽 yèyóugē ⇒〔夜鹰〕
夜游神 yèyóushén ①(迷信で)夜出て回り人々の善悪を閻魔庁報告する神.〔日 rì 游神〕②<喩>宵っぱり.夜ふかしする人.夜寝ないであちらこちらぶらつく人.〔夜游子〕
夜游子 yèyóuzi 〔夜游子〕とも書く.〔方〕夜中に出歩き遊ぶのが好きな人.〔~越到夜里越精神〕宵っぱりは夜ふけになればなるほど元気がでる.
夜战 yèzhàn ①軍夜間戦闘.夜戦. ②<喩>夜間の作業.〔秋收忙碌,大家挑灯~〕秋の収穫に多忙で,大勢が灯をつけて夜も仕事をする.
夜总会 yèzǒnghuì ナイトクラブ.
夜作 yèzuò,<ロ>~zuō 夜業.よなべ.〔打~〕よなべをする.

[**液**] yè 液.汁.〔汁 zhī ~〕汁液.液汁.〔血 xuě ~〕血液.〔溶 róng ~〕溶液.→〔浆 jiāng〕〔汁 zhī〕
液材 yècái ⇒〔边 biān 材〕
液氮 yèdàn 液体窒素.
液果 yèguǒ ⇒〔多如 duō 肉果〕
液化 yèhuà 物①(気体や固体が)液化(する).〔~(石油)气〕LPG.液化石油ガス.〔~天然气〕液化天然ガス.〔~酚〕フェノール水. ②医(有機体が病変にして)液化する.
液剂 yèjì 液剤.
液泡 yèpào ⇒〔溶 róng 胶〕
液晶 yèjīng 液晶.〔~显示(器)〕液晶ディスプレイ.〔~电视〕液晶テレビ.
液冷 yèlěng 機液体冷却(する).液冷.
液力 yèlì 機流体力.〔~制动器〕油圧(リック)ブレーキ.液圧(油圧)式ブレーキ.
液力活塞 yèlì huósāi 機液体ピストン.
液量 yèliàng ①液体の量.〔液量单位:ガロン・クォートなど.〕②度量衡の略.
液泡 yèpào 生命現象.液胞.
液态 yètài 物液態.液相.〔~燃料〕液体燃料.〔~空气〕液体空気(冷凍用).〔~气体〕液化ガス.
液(态)氨 yè(tài)ān 液体アンモニア.液体塩素.
液体 yètǐ 液体.〔~比重法〕液体の比重を測る浮き秤.〔~面包〕<ロ>ビール:〔啤 pí 酒〕の戯称.
液压 yèyā 機水圧.静水圧.〔~传动〕液体圧力による流体動力伝動.液圧伝動.〔~机〕機ハイドロプレス.液体(水・油など)圧伝動によるプレス機.
液状石蜡 yèzhuàng shílà =〔石 蜡 油〕〔白 bái 矿油〕〔白蜡油〕化流動パラフィン(パラフィン油)

[**掖**] yè ①人の腕もとをささえて支える.扶助する.〔~之使起〕人の腕もとをとって助け起す.助けて立ち上がらせる.〔扶 fú ~〕助ける.扶助する.手を

貸す.②抜擢する.引き立てる.〔奖 jiǎng ~〕奨励し抜擢する. ③かたわら.→〔掖门〕 → yē
掖门 yèmén (宮殿の)脇門.
掖庭 yètíng 〔文〕後宮にある妃嬪(ひん)の舎室.→〔宮 gōng 掖〕

[**腋**] yè ①生理腋(窝).〔~下〕腋の下. ②生物体の腋の形をした部分.〔叶~〕 植葉腋(えき).
腋臭 yèchòu 生理腋臭.〔狐 hú 臭〕に同じ.
腋毛 yèmáo わき毛.
腋窝 yèwō わきの下(の凹み).〔胳 gā 肢窝〕に同じ.
腋下腺 yèxiàxiàn 生理腋下腺.〔把~割掉就没有狐臭了〕腋下腺を摘出すればわきがはなくなる.
腋芽 yèyá 〔侧 cè 芽〕植腋芽.わき芽.

[**呹・嶪**] yè ①<文>月氏(だ)の.〔~下〕月氏の下. ②西域の国:大月氏の後裔.

[**擖・擪(擪)**] yè ①<文>手(指)で押さえる.〔~笛 dí〕笛を指で押えて吹く. ②布巾(ふきん)で軽く押さえて水を吸いとる. ③→〔七 qī 字法〕

[**饜・饜**] yè <同 前面>.〔痘 dòu ~〕あばた.

[**咽(嚥)**] yè (悲しみで)声がつまる.むせぶ.〔呜 wū ~〕〔哽 gěng ~〕むせび泣く.〔悲 bēi ~〕悲しみむせぶ. → yān yàn

[**烨・燁(爗・曄)**] yè <文>①(光が)明るく輝くさま. ②火の光,日の光.

[**晔・曄(暈)**] yè <文>①光るさま. ②盛んである.はつらつとしている.

[**谒・謁**] yè <文>①謁見する.前に出てお目にかかる.〔求~〕謁見を願う.〔拜~〕面会する.〔进~〕参上する. ②見国家主席〕国家主席に謁見する. ②参詣する.〔~陵 líng〕御陵を参拝する. ③官位氏名を記した名刺.〔~刺 cì〕同前.→〔刺〕
谒见 yèjiàn 謁見する.
谒庙 yèmiào (寺)廟を参詣する.

[**馌・饁**] yè <文>野良仕事をしている人に食物を送り届ける.

yī

[**一**] yī (I)①.一つ:単用・句の末尾・語句の中のまとまった数字の最後にきた時にはyǐと発音され,第4声の前ではyí,第1・2・3声の前では yì と発音される.すなわち〔~yī〕〔独 wéi yī〕〔~yì 百 ~ yī〕〔~~得~yīyīděiyī〕〔念~课yíkè〕〔~半 yíbàn〕〔~个 yíge〕〔~天 yìtiān〕〔~年 yìnián〕〔~点 yìdiǎn〕となる.ただし,〔十~月 yī-yuè〕〔~十~ yīshíyī〕となる.〔~个①〕〔~件事〕一つの事件. ②物の順序の1番目.〔第~〕同前.〔第~课〕第1課.〔~月 1月〕1月1日.〔~卷〕第1巻.〔星期~〕月曜日.〔~等第1等の功績. ③等しい.同じ.〔贵贱不~〕高いのも安いのもあり同じにする.〔咱们是~家人〕私たちは同一家の者だ.〔这不是~码事〕これは別の事柄だ. ④全体の.まるごと.〔出了~身汗〕体中汗が出た.〔~脸的雀斑颜中のそばかす〕〔~夏天~冬天~生〕全生涯. ⑤别(一つ).他(~).〔玉蜀黍~名玉米〕とうもろこしは別名を玉米という.〔这是起于中国的,~说是从西域传来的〕これは中国に発生したものといわれるが,别の説では西域から伝来

yī 一

したものともいわれる. ⑥一つ毎に. それぞれ. 〔用十辆卡车, 一辆车坐五十人〕10台のトラックを使い, 1台に50人ずつ乗る. ⑦ある一つ: 不特定の事物を指す. 〔(有)～天〕ある日. ⑧ひたすら. いつに. 〔～心～意地学习〕一途に勉強する. ⑨いきなり. ふいに. 〔～跳跳了过去〕ひと跳びで跳び越えた. 〔他往旁边～站, 再也不说什么〕彼はそばに立ったまま, それっきり何も言わなくなった. 〔～脚把它踢开〕ひと足でけっとばす. ⑩ちょっと. わずかに: 動詞と共に用いて, それが一回だけの短い動作であるか, または単にその動作をやってみるということを表す. ⓐ前後に同じ動詞(多くは単音節の動詞)を重ねた場合. 〔试～试〕ちょっと試してみる. 〔歇～歇〕しばらく休む. 〔让我闻～闻〕ちょっとにおいをかがせてくれ. ⓑ前が動詞, 後が動量詞である場合. 〔笑～声〕ひと笑いする. 〔看～眼〕ひと目見る. 〔商量～下〕ひと相談する. ⑪〈文〉ついに. 結局: 語調を強める. 〔～至于此〕ついに事ここに至った. ⑫〔～…就 jiù …〕の形で前句と後句の関係を表す. ⓐ…すると…である: 前句が前提となっていることを表し, 例外なく後句が行われることを表す. 〔～听见音乐就高兴〕音楽を聞くと楽しくなる. ⓑたまたま…すると, …する: 前句が仮定を表し後句が帰結を表す. 〔～有困难, 就着急〕たまたま困難に遭うともう焦りだす. ⓒ…すればすぐに. …しようものならそぐく: 前句と後句の事柄がほとんど間を置かず引き続いて行われることを表す. 〔天～亮就起来〕夜が明けるとすぐ起きる. 〔～看就明白〕見ればすぐわかる. 〔～听这话他就急了〕この話を聞くと彼はとたんに慌ててしまった.
(Ⅱ)→〔工 gōng 尺〕

- **一鞍一马** yī'ān yīmǎ 〈成〉一夫一妻のたとえ: 〔一马一鞍〕ともいう.
- **一把好手** yībǎ hǎoshǒu 腕前のある人. やり手. 〔一把手③〕に同じ.
- **一把手** yībǎshǒu ①仲間の一員. 〔你也算上～〕君も仲間の一人だ. ②賭博の時の一人. 〔三个人缺～, 凑不成牌局〕一人欠けて３人ではマージャンはできない. ③〈喩〉腕前のある人. やり手. 〔一把好手〕同前. 〔他是我们厂里的～〕彼は我々の工場で腕ききだ. ④ナンバーワン. トップ. 最高責任者: 〔第dì 一把手〕に同じ.
- **一把死拿** yībǎ sǐná ①〈方〉がむしゃらにしがみついて放さない. かたくなに一つのことを守る. がんこである. 〔只要一定下来, 就～, 说什么他都不肯通融〕ひとたび決定したらかたくなにそれを守り続け, 何を言っても融通がきかない. 〔她过日子是～, 一个份外的钱也不花〕彼女は実につつましく暮らしており, 余分な金は一銭もむだ使いしない.
- **一把抓** yībǎzhuā ①何もかも一手に引き受ける. 〔你还是老脾气, 什么事都～〕きみはいつもの癖で, 何でも自分でしないと気がすまない. ②仕事をする手順をわきまえないで, 何もかも一緒くたにすること. 〔眉毛胡子一～〕〈喩〉みそも糞も一緒くたにする.
- **一把子** yībǎzi ①多勢の人. 〔这～人是素不正业的这连中はみな平生正業を持っていない. 〔咱们～, 他们～, 比比谁行〕おれらの組と, あいつらの組とで, どちらがいちばんいいか比べてみよう. ②義兄弟の一組. 〔他们异姓哥儿仁拜拜仪〕我々異性の兄弟３人が義兄弟の杯を交わした. →〔拜 bài 把子〕
- **一把(子)年纪** yībǎ(zi) niánjì 相当の年齢. かなりの年輩. 〔你这～, 哪儿能走远路〕あなたのこのお年では, 遠道はできません.
- **一霸** yībà 強豪の一. 偉物(えらぶつ). 〔他是我们村儿里的～〕彼は我が村での偉物だ.
- **一百百** yībǎibǎi 〈方〉完全である. この上ない. 〔吃烧shāo 饼没有不掉芝麻粒儿的, 谁做事也不能～〕"烧饼"を食べるのにごまを落とさない人はない, 誰だって完璧にできるものではない. 〔他为人真是～, 的人はまったく申し分のない人だ. →〔一百〕
- **一百二十行** yībǎi'èrshí háng 各種の営業. 〔～, 行外还有行〕珍しい職業もあるものだ. 〔～, 行行出状元〕その道それぞれの達人がいるものだ.
- **一百公尺(赛跑)** yībǎigōngchǐ (sàipǎo) 🈩 100 米競走. 〔～百米赛跑〕ともいう.
- **一百岁** yībǎisuì 〈方〉幼児がくしゃみした時, 風邪にかからないようにと言うせりふ.
- **一百天** yībǎitiān 🈩 ①百日忌: 死後百日目に読経すること. ②子が生まれ百日目の祝い. →〔满mǎn月②〕〔洗 xǐ 三〕
- **一百一** yībǎiyī 充分である. この上ない. 〔年终奖金这么多, 你们公司的待遇真是～了〕年末のボーナスがこんなに多いとは, あなたの会社の待遇は申し分ないですよ. →〔一百〕
- **一百一十公尺高栏赛跑** yībǎiyīshígōngchǐ gāolán sàipǎo 🈩 110 米ハイハードル. 〔高栏〕
- **一败如水** yībài rúshuǐ 〈喩〉惨敗のさま.
- **一败涂地** yībài túdì 〈成〉一敗地にまみれる: 完全に失敗して再び立つことができない. 〔年轻时一败地まみれて再び立つことができない. ……以另干別的去, 老了要是栽个跟头, 可就没机会了〕若い時には一敗地にまみれてもまだ他のことをやれるが, 年をとってからもんどり打ったのではもう機会はない.
- **一般** yībān ①普通(である). 一般的(である). 〔～法〕🈩 一般法. 〔～人的～化〕一般人の一般化. 〔～化〕一般化(する). 〔～生产价格〕🈢 一般的生産価格. 〔～和个别相结合〕一般と個別の結合. 〔～地说〕一般的に言えば. 〔打扮得很～〕ごく普通のみなりである. 〔他一早出去, ～要到天黑才回来〕彼は朝早く出かけ, ふつう日が暮れるまで帰らない. →〔普 pǔ 通〕 ②〔方〉一边(儿)〕に同じ. 〔～大〕同じ大きさ. ③…と同じような(に). 〔铁～的事实〕鉄の如く確かな事実. 〔像亲妈～〕本当のお母さんのようだ. ④ある種の. 〔別有～滋味〕一種異なった味わいがある.
- **一斑** yībān 豹の体の模様の一つ. 〈喩〉全体の一部分. 〔很难了解全部, 只能略见～〕全部を理解することはたいへん難しい, ただその一部分を知り得るのみだ. →〔管 guǎn 中窥豹〕
- **一般犯规** yībān fànguī 〈(水球)のオーディナリーファウル. →〔严yán 重犯规〕
- **一般见识** yībān jiànshi (低レベルのものと)同じ考えになる. 同じく気持ちになる: 否定や反語に用いる. 〔你还跟他们～吗〕おまえまであいつらと同じような(つまらぬ)考えなのか. 〔別跟他～〕あんなやつと同じ考えでいちゃいかんよ.
- **一般来说** yībānláishuō 一般的に言う(えば…)
- **一般无二** yībān wú'èr 〈成〉同じものだ. 同一である. 〔赝 yàn 品和真品简直～, 一点儿也看不出来〕偽物と本物とが全く同じで, 少しも見分けがつかない.
- **一般一配** yībān yīpèi ①匹敵する. 同等である. 〔她虽名义上是妾, 却和大夫人～〕彼女は名は妾ではあるが, 本妻と肩を並べている. ②釣り合いがとれている. 〔这对儿新人倒是～的〕この若夫婦は似合いの夫婦だ. 〔一搭一挡〕
- **一板** yībǎn 反物一匹. 〔也有人拿回～～的土林布〕何反もダンスレン染の生地を持って帰る人もあった.
- **一板三眼** yībǎn sānyǎn ☰〔三眼板〕(旧劇や伝統音楽の)拍子の名: 〔慢 màn 板〕ともいう. 4拍子の1～3拍を〔单皮(鼓)〕を〔拍板①〕で軽く打つ. こ

一 yī

れを〔眼〕という.第4拍を〔拍板①〕で強く打つ.これを〔板〕という.

一板一眼 yībǎn yīyǎn ①(旧劇や伝統音楽で)一つ強く打つ拍子と一つ弱く打つ拍子（2拍子）.②〈喩〉言葉遣いや立ち居振舞いがきちんとしてはきはきしていること.〔他说话不紧不慢,～十分清楚〕あの人の話し方は速くもなく遅くもなく,ひと言ひと言にけじめがついて実にはっきりしている.③融通がきかないこと.〔他办事向来是～的,一点儿不马虎〕彼の仕事は従来から杓子定規で,少しの曖昧(ﾆ)さも無い.

一……半…… yī...bàn... 意味が同じか,または近い関係の二つの名詞を並べ,"少しばかり"の意味を表す.〔～鳞～甲〕取るに足らぬ事.〔～言～语〕一言半句.

一半（儿） yībàn(r) 半分:個体の半分.含有しているものの半分.〔多～〕(多い方の)半分.〔少～〕(少ない方の)半分.〔吃～剩～〕半分食べて半分残す.

一半天 yībàntiān 一日か二日.〈転〉すぐ.後刻.〔我们过～再去〕ぼくらは一両日してからまた行きましょう.

一半哲学 yībàn zhéxué 何事も半分で満足し,半分をよしとし,極端に走ることを戒める哲学.

一帮（儿） yībāng(r) 一組(の).仲間(の).〔他们都是～的〕彼らはみな仲間だ.〔那～也是咱们的人〕あの人たちも うちの仲間だ.

一膀之力 yībǎng zhī lì ⇒〔一臂之力〕

一包到底 yībāo dàodǐ 初めから終わりまで同じ者が請け負っていく.〔这事儿包您～吧〕このことは初めから終わりまであなたにお願いします.

一包（儿） yībāo(r) =〔一包子①〕ひと包み(の)

一褒一贬 yībāo yībiǎn ほめたりけなしたりする.

一包在内 yībāo zàinèi すっかり入っている.全部含まれている.〔学杂费～〕学費も雑費も全部含まれている.

一包子 yībāozi ①⇒〔一包(儿)〕 ②全部の.〔把封建时代所受的一委屈,全给抖落出来了〕封建時代に受けた不平全部を払い落とした.

一抱 yībào ひとかかえ.〔拿了～书来〕ひとかかえの書物を持って来た.

一报还一报 yībào huán yībào 因果応報のてきめんなこと.〔活该!这是～!〕ざまを見ろ,これこそ因果応報だ.

一背拉 yībēilā 〈方〉①一緒に混ぜて.込みで.〔～都买来了〕込みで買ってきた.②平均する.計算する.〔拿算盘～,赔 péi 了!〕そろばんにあたってみたら損失だった.

一辈 yībèi 〔一儿〕①同輩.〔我和他是～〕わたしと彼とは同輩です.②一世代.〔我们是父～子～的交情〕我々は父の代からの交際です.

一辈子 yībèizi 一生涯.〔～不愁吃喝了〕一生涯食に心配はない.〔～吃不完〕一生涯食うに困らない.

一本 yīběn ①〔一几〕1冊.〔～书〕1冊の本.〔～书主义〕1冊主義:著書を1冊だけ出版すれば名をあげることができるという考え方.②古書で,"他の版本"(別の1冊)の意に用いる.〔腰～作要〕原文の"要"の字は他の版本では"要"になっている.③〈文〉草木の一株.→〔棵 kē〕④〈スポ〉柔道の決まり手の一つ.

一本万利 yīběn wànlì 〈喩〉限りある資本で数々の利益をあげる.〔～的买卖〕利の多い商売.

一本正经 yīběn zhèngjīng 真面目という.まじめな.〔怪不得呢,他～问长问短的,原来是为了这个!〕道理で,彼が真顔でたたみかけてあれこれ聞くと思った.

一鼻孔出气 yībíkǒng chūqì =〔一个鼻孔出气〕

(儿)〕一つの鼻の穴で呼吸する.〈喩〉ぐるになって同調する.〔他们俩是～的,这两人是一つ穴のむじなだ.〔你们～,自然是护着他了〕きみらはぐるなんだもの,当然彼をひいきする.

一笔带过 yībǐ dàiguò ちょっと触れるだけで具体的に叙述しないこと.

一笔勾销 yībǐ gōuxiāo 〈成〉(以前のことを)一切帳消しにする.〔这笔帐早已～了〕この貸借はとうに帳消しにした.

一笔抹杀 yībǐ mǒshā 〔一笔抹煞〕とも書く.〈成〉軽々しく全部を否定する.抹殺する.〔他想把事实～,那是办不到的〕彼は事実を抹殺しようとしているが,それはできない相談だ.

一笔一画 yībǐ yīhuà 〔一笔一划〕とも書く.一画一画はっきりと書く.〔卷子必须～地写清楚〕答案は一画一画はっきりと書かなければならない.

一壁 yībì 〔一壁厢〕

一碧万顷 yībì wànqǐng 〈成〉海面の広々としているさま.

一壁厢 yībìxiāng 〈白〉①〔一壁〕〔一边厢〕一方では……する.他方……する.〔～动起山寨中鼓乐〕(水19)一方で山寨中の鼓楽を鳴らした.②一方では……し,一方では……する.また……しながら.〔姑娘～说着,～便把袖子高高槁起请大家说明〕女の子は話しながら袖をまくりあげてみんなに見てもらった.③〔旁 páng 边〕

一臂之力 yībì zhī lì =〔一膀之力〕〈成〉わずかばかりの助力.〔助你～〕きみに一臂の力を貸そう.

一边倒 yībiāndǎo ①一方に向かって倒れる.一方にのみ傾倒する.一方に味方する.②大きな差ができる.〔今日的比赛呈～的趋势〕今日の試合は大きな差が開いた.

一边（儿） yībiān(r) ①一方.片方.側.〔这～〕こちらの方.ここ.こちら側.〔那～〕あちらの方.あそこ.あちら側.〔胜利属于我们～〕勝利は真理のある私たちのものだ.〔我们和你们站在～〕我らはきみらに味方する.②……しながら:〔～……～……〕の形で用いる.〔边……边……〕と同じ.〔一面……一面……〕と同じ.〔～走～唱〕〔边走边唱〕歩きながら歌う.③⇒〔一般②〕④別のところ.よそ.〔去你～的吧!〕〈罵〉消え失せろ.〔～待 dāi 着去,别在这儿尽惹生气!〕よそへ行ってくれ,おまえがここにいてはおれはかんにさわるんだ.

一边厢 yībiānxiāng ⇒〔一壁厢①〕

一表 yībiǎo ①人の風采・態度の立派なことを表し,量詞のように用いる.〔我看他也是～人才〕わたしは彼もひとかどの人物だと思う.〔我看他这人～非凡,将来一定会有所成就〕彼のこの非凡さは将来必ずたいしたものになると思う.②簡単に述べる.〔把两家的渊源～而过〕両家のルーツを簡単に述べた.

一表三千里 yībiǎo sānqiānlǐ 〈慣〉いとこはとこは親戚で広く多い.〔家族大了,这么多的远亲也算不出是什么关系来,反正～,咱们就是表兄弟吧〕家族が大きくなると,関係などはっきり調べられるものではない,いずれにせよいとこの関係は広いんだ,我々はいとこ同士ということにしようよ.→〔表(I)⑥〕

一秉大公 yībǐng dàgōng 〈成〉行動が公正無私である.〔一秉至 zhì 公〕ともいう.

一并 yībìng 一緒に……的に.全部.〔～拿去〕一緒に持って行く.〔到期本息～奉上〕期限になれば,元利とも一緒にお返しします.

一病不起 yībìng bùqǐ 〈喩〉病いを得て亡くなる.

一拨（儿） yībō(r) 〔一拨子〕一組.一隊.〔～工人下班了〕一組の職工が仕事を終えた.〔～人马匆匆过去〕一隊の人馬が忙しく通り過ぎる.

一波三折 yībō sānzhé 文章に曲折・起伏があるこ

1965

yī

と.〈喩〉事にいろいろ変化や問題が起きること.
- 波未平, 一波又起 yībō wèipíng, yībō yòuqǐ 〈喩〉次々と問題が起きる.
- 拨子 yībōzi ⇒〔一拨(儿)〕
- 步 yībù 事の一段.きり.〔您缓我～,我就还 huán 上了〕もういっときお待ちください,そうすりゃすぐお返しします.〔我先走一了〕わたしは一足お先に行きます.
- 部 yībù ①〔書物の〕一組.ひとそろい.〔～书〕一組の本.〔～二十四史〕二十四史 1 部. ②映画 1 本. ③〈方〉〔機械や自動車の〕1 台.〔叫一汽车来〕自動車を 1 台呼びなさい.
- …不… yī…bù… ①一度…すれば決して…しない.〔一瞑～視〕眼目はたままである.〕. ②一つも…しない.〔一字一提〕一言も口に出さぬ.
- 步倒不开 yíbù dǎobukāi 〈喩〉金のやりくりがつかない.〔周 zhōu 转不开〕に同じ.
- 步到位 yíbù dàowèi 〈慣〉一挙に(目標・水準などに)到達する.すぐに(成果や効果が)獲得する.
- 步登天 yíbù dēngtiān 突然出世する.急に偉くなる.急に金持ちになる.〔半年不见他忽然一抖 dǒu 起来了〕半年も会わなかったら彼は突然偉くなった.
- 部分 yíbùfēn 一部分.いくらか.
- 不扭众 yī bùniǔzhòng 〈慣〉一人で多数の人をくじくことはできない.衆寡敵せず.〔一不拘 niù 众〕ともいう.
- 步裙 yíbùqún 服(スーツの)スカート.
- 步三摇 yíbù sānyáo 一歩に体を三たび揺する.もったいぶって歩くこと.〔他只要兜儿里有两个钱,走路就～起来了〕彼はふところに少しばかり金があると,歩くのでももったいぶる.
- 步一个脚印儿 yíbù yīge jiǎoyìnr きまじめである.責任感の強い.〔〈方〉一步一脚窩 wō〕ともいう.〔人在社会上生活需要一地往前走〕社会で生活するには着実でなければならない.
- 不沾亲, 二不带故 yī bùzhānqīn, èr bùdàigù 〈慣〉親戚関係もないし,故旧という縁故者でもない.〔咱们一的,我凭什么带你呢〕我々は親戚でも旧知でもない,どうして君を助けなけりゃならん義理があろうか.〔一沾亲带故〕
- 不做, 二不休 yī bùzuò, èr bùxiū 〈諺〉乗りかかった舟.毒食わば皿まで:元来〔第一莫 mò 作,第二莫休〕やらないのが一番よい,やるんだったら最後までやり通せの意.〔扳倒葫芦洒了油,～〕〔扳倒葫芦泼掉油,～〕〈歌〉ひょうたん(容器)をひっくり返して油をこぼした.やるなら徹底的にやれ.〔～,已戦也犯了,索性干到底吧!〕毒食わば皿まで,こうなった以上,いっそ徹底的にやろう.
- 裁终局 yīcái zhōngjú 涉紛争が起きたら仲裁機構の判断を仰ぎ,当事者はその決定に従い,改めて上級の仲裁機構や裁判所に訴えるのを避けること.
- 侧 yīcè 一方.傍ら.〔屋子的〕部屋の片側.
- 层 yīcéng 層をなしたものの一層.次々とたくさんある仕事・仕事.事の中の一端・事柄の一節.〔还一个我得 děi 考虑的是一〕もう一つ考慮しなければならないことは….〔底 dǐ 层②〕
- 差二错 yīchā èrcuò ちょっとした過ち.思わぬ手違い.〔她年轻时倒有人,或挑着眉眼花,～地就成了老姑娘了〕彼女は若い時には縁談を持ってくる人もあったが,えり好みすればほど目移りして,一有个～,请你马上通知我〕万一不意のできごとがあったら,すぐに知らせて下さい.
- 插手 yīchāshǒu 手を出す.参加する.〔他～我就退出〕もし彼が手を出すならわたしは脱退する.

- 刹那 yīchànà 〈喩〉ごく短い時間.一瞬間.
- 产 yīchǎn 第一次産業:農林業・漁業・採鉱業.
- 刬 yīchàn 〈方〉完全に.すべて.一切がっさい.〔一都是新的〕新しいものづくめだ.②〈白〉一途に.ひたすら.〔～地〕同前.→〔刻〕
- 场 yīcháng 1 度. 1 回.〔～雨〕1 回の降雨.〔～病〕1 度の病気.〔下一大雪〕大雪が 1 度降る.〔头～雪〕初雪.〔～官司〕1 度の訴訟.〔～大決战〕一大決戦.〔～春夢〕人生のはかない夢.〔狐假虎威,着来恐吓了他一度,虎の威を借りてうまく彼を脅かした.〔相好了～,同前.〈交〕った.
- 长两短 yīcháng liǎngduǎn 〈喩〉意外なできごと.万一の災い.〔我劝您投保人寿保险,万一有个～,妻子儿女也可以从孩儿几帮助〕生命保険にご加入をお勧めします,もしものことがあった場合,家家族が助かることになります.
- 场空 yīchángkōng むだに終わること.〔竹籃 lán 子打水,～〕〈歌〉かごで水を汲む・むだ骨を折る.
- 唱百和 yīchàng bǎihè 〈成〉一人の呼びかけに多くの人が応ずる.〔一倡百和〕とも書く.
- 唱一和 yīchàng yīhè 〈成〉一方が歌えば他方がそれに応える.なれ合いで調子を合わせる.
- 朝天子一朝臣 yīcháo tiānzǐ yīcháo chén 〈諺〉一朝の天子と一朝の臣:天子が代われば臣下もみな代わる.
- 尘不染 yīchén bùrǎn ①少しも悪習に染まらない.純真である.②非常に清潔で塵ひとつない.〔屋子里窗明几净,～〕窓が明るく机がきれいで部屋には塵ひとつない.〔不染纤尘〕
- 成 yīchéng 1 割.10分の 1.〔今年粮食产量增加～〕今年の食料総生産高は一割増すで.〔有～的回扣〕リベートは10パーセントだ.〔一折②〕
- 程 yīchéng 一丁場:元来はある駅站(㌸)から次の駅站までの間.〔転〕漢然とある一段の距離.〔送了一才彼依不舍地分了手〕しばらく見送って行って名残を惜しんで別れた.
- 成不变 yīchéng bùbiàn 〈成〉①一定不変のもの.〔任何事物都是不断发展的,不是一的〕いかなる事物も絶えず発展するもので,一定不変のものはない.②旧法を墨守し,頑固でそれを改めようとしない.→〔老恼(一)套〕
- 程子 yīchéngzi 〈口〉ある一くぎりの時間.しばらくの間.〔这一～很忙〕このごろはたいへん忙しい.〔回老家去住了一就回来了〕滞在していた.〔考虑了好一才决定下来〕長いこと考慮してやっと決定した.→〔一乍子〕
- 锐子性儿 yīchòngzi xìngr 〔一冲 chōng 子性儿〕〔一宠 chǒng 子性儿〕ともいう.一本気(である).いっこく(である).〔年青人多半是～〕若い者は大半の者が一本気だ.〔腹立つと自分でも抑えきれない.
- 筹 yīchóu 一本の計算棒.〈喩〉一手.
- 筹莫展 yīchóu mòzhǎn 一つの方法も考え出せない.何とも手立てがない.手の打ちようがない.
- 出 yīchū 剧一幕.〔～戏 xì〕同前.→〔出Ⅱ〕
- 杵子买卖 yīchǔzi mǎimài 〔一锤子买卖〕
- 触即发 yīchù jífā 〈成〉一触即発.
- 触即溃 yīchù jíkuì 〈成〉接触したとたんにひとたまりもなく崩壊してしまう.
- 处(儿) yīchù(r) ①一緒に.〔～走〕一緒に行く. ②一つのところ.③ 1 か所にある家屋:棟数の多少にかかわらず家屋 1 か所の家.〔房子〕1 か所の家(々)
- 传十, 十传百 yīchuánshí,shíchuánbǎi 次々と噂が大きくなって広まっていくこと.
- 串 yīchuàn 一橘(〓).一連.〔～钱〕一橘の銭.〔～珠子〕一連の真珠.

一 yī

一串红 yīchuànhóng 圃サルビア：〔撒 sǎ 尔维亚〕は音訳．〔西 xī 洋红〕ともいう．

一串文 yīchuànwén ⇒〔一吊（钱）〕

一床多活 yīchuáng duóhuó 一台の機械で多くの仕事をする／機械の能率を上げることを呼びかけたスローガン．→〔机 jī 床〕

一吹一捧 yīchuī yīpěng 一人はほらを吹き，一人はそれにお追従を言う．〔你看他们一～，说得多肉麻〕あいつらがしゃべっているのはほらとお追従の掛け合いで歯が浮くようだ．

一锤定音 yīchuí dìngyīn〈成〉銅鑼を一打ちに調子を定める：決定的なことを言う：〔一槌定音〕とも書いた．

一锤买卖 yīchuízi mǎimài〔一杆子买卖〕〈口〉一回限りの（取引）．〔商人如果不诚实，就是～商意人がもし誠実でなければ，それこそ一遍こっきりの取引になってしまう．

一次方程 yīcì fāngchéng 数 一次方程式：〔线 xiàn 性方程〕は旧称．

一次革命论 yīcì gémìnglùn 一回革命論：〔继 jì 续革命论〕（連続革命論）に対していう．

一次能源 yīcì néngyuán 一次エネルギー．

一次性 yīcìxìng 1回1回だけの．使い捨ての．〔～相机〕使い捨てカメラ．〔～筷 kuài 子〕〔卫 wèi 生筷〕割り箸．

一从 yīcóng ⇒〔自 zì 从〕

一蹴而就 yīcù ér jiù〈成〉一挙にしてできあがる．〔决不是～的，决不能性急〕決して一挙にしてできあがるものではないから，決して性急であってはいけない．

一寸光阴一寸金 yīcùn guāngyīn yīcùn jīn〈谚〉時は金なり．〔一寸金难买寸光阴〕時は金なりだが，金で時は買うことはできない．

一搭两用 yīdā liǎngyòng〔一打两用〕とも書く．〈方〉一つのものを二通りに用いる．〔这个机器又能收音又能录音，一，倒真方便〕この機械は聴き取りも録音もでき，一つで二つの用をし，なかなか便利だ．

一搭一档 yīdā yīdàng（漫才などで）掛け合いをする．→〔搭档〕

一答一和 yīdá yīhé〔一答一合〕とも書く．話し合う．同じことを二人でいう．〔一答一唱〕ともいう．〔电视里出现两个人一地说着〕テレビに二人出てきて問うたり答えたりしている．〔两个人一谈得别提多投机了〕二人は話がはずんで，実に気が合った．

一打趸儿 yīdǎdǔnr 一緒に．まとめて．〔这些货～都卖给你〕この品はまとめてあなたに売ろう．→〔打趸儿〕

一打一拉 yīdǎ yīlā たたいたり，抱きこんだりする．〈喻〉あめとむちのやりかた．

一大半 yīdàbàn 過半．大半．

一大堆 yīdàduī 山ほどある．山ほどの．

一大二公 yīdà èrgōng 規模が大きくて総合的な生産建設に好都合であり，集団所有制がさらに進むこと：人民公社の優れた点とされた．

一大清早 yīdàqīngzǎo ⇒〔一清早〕

一大套 yīdàtào 一連の大がかりな．〔～计划〕一連の大がかりな計画．

一大早 yīdàzǎo〈口〉早朝の：〔一清早〕に同じ．

一沓 yīdá 紙をのせて厚い一重ね：〔一叠 dié 子〕〔一达子〕ともいった．〔一沓儿〕ともいう．〔他攥 zuàn 着那～票子,呆呆的看着她（老·骆 9）彼はその（一重ねの）紙幣をつかんだままじっと彼女を見ていた．〔桌几上摆着～纸〕テーブルの上に紙が積んである．

一代 yīdài ①同一世代．②（期間の）代．〔～新风〕その時代の新しい精神．〔～新人〕新しい世代．〔下～〕若い世代．

一带 yīdài 一帯の地．〔这～是北京最热闹的地区〕この一帯は北京で一番にぎやかな地区です．

一带而过 yīdài ér guò（問題・話の内容に）軽く触れただけで先に進める．

一袋烟 yīdàiyān タバコ一服．〔～的工夫〕〔两 liǎng 袋烟的工夫〕一服する間．一寸の時間．

一箪一瓢 yīdān yīpiáo（飯を入れる竹製の容器一つとひしゃく一つの）貧乏な士人の生活：論語に見える顔回の故事．

一旦 yīdàn ①ひと朝．ある日．ある時：短時間を表す．〔毁 huǐ 于～〕一朝にして烏有（ǎ）に帰した．②ひとたび．他日．⑤已然に用いる：ある日突然の意．〔相处三年、一、别离,怎不令人依依〕3 年もの間生活を共にしていたんだから，一旦別れるとどうして名残を惜しまないことがあろう．⑥未然に用いる：もしこういう日があったらの意．〔国家～有事…〕ひとたび国家有事の際には…

一氮陆圈 yīdàn lùhuán ⇒〔哌 pài 啶〕

一担挑 yīdāntiāo ⇒〔连 lián 襟(儿)〕

一档子 yīdàng(zi)〔一档儿〕ともいう．〈方〉①事件・仕事などを数える．〔你说的跟他说的是～事〕きみの言うことと彼の言うこととは同じではない．②遊芸の種類を数える．〔唱～莲 lián 花落〕蓮花落を一つやる．

一刀两断 yīdāo liǎngduàn〈喻〉一刀両断．きっぱりときりをつける．〔我已经跟他～了〕彼とはもうきっぱりと関係を絶った．〔就是～,也还免不了藕 ǒu 断丝连〕よしんば一刀両断できっぱりとしても，やはり感情の絶ちがたいものがある．

一刀齐 yīdāoqí 同下．

一刀切 yīdāoqiē〈喻〉一律に処理する：〔一刀齐〕ともいう：多様な問題を単純に処理すること．〔解决复杂的问题,不能～〕複雑な問題を解決するのにはっきりと片付けてはいけない．

一刀一枪 yīdāo yīqiāng〈成〉独力で奮闘する．〔这分家业都是我～苦挣下来的〕この財産はみなわたしが独力で苦労して儲けたものだ．

一道(儿) yīdào(r) =〔一路③〕一緒に．ついでに．〔跟他～去〕彼と一緒に行く．〔～研究〕一緒に研究する．〔共产党则无论在任何一时期，均和人民大众站在～,反对帝国主义和封建主义〕（毛·矛）共産党はどんな時期でも，人民大衆と同じ側に立って，帝国主義と封建主義に反対する．

一得 yīdé 一つの取り柄．〔愚者千虑,必有～〕〈谚〉愚者も千慮すればかならず一得がある．〔～之见〕愚見．卑見（自己の意見を卑下していう）

一得之功 yīdé zhī gōng ちょっとした成功．〔不能满足于～〕これしきの成功には満足しない．

一得之愚 yīdé zhī yú〈成〉自分の見解を謙遜していう言葉．〔这是我的～,供你参考〕これはわたしの愚見ですが，ご参考までに．

一等兵 yīděngbīng →〔军 jūn 衔〕

一等一 yīděngyī 一番よい．最上等．〔他的人品真是～的〕彼の人品は最上等だ．→〔出 chū 尖(儿)①〕

一滴滴儿 yīdīdīr ⇒〔一点点儿〕

一地里 yīdìli〈白〉①ちょっとの間．しばらく．②一途に．しきりに．

一递一和 yīdì yīhé ⇒〔一答一和〕

一颠一倒 yīdiān yīdǎo 転んだり倒れたり．

一点点儿 yīdiǎndiǎnr〔一滴滴儿〕ほんの少しちょっぴり：〔一点儿①〕よりやや少ない感じを表す．

一点高升 yīdiǎn gāoshēng →〔划 huá 拳②〕

一点就着 yīdiǎn jiù zháo ちょっと火をつければすぐにつく．〈喻〉〔我知道她的性

yī 一

- **一点论** yīdiǎnlùn 一面的に問題を見,絶対的なものとして見る考え方.
- **一点儿** yīdiǎnr ①少し:不定量を表す.文頭にあるとき以外は〔一〕を省略しうる.すなわち〔一点儿东西〕〔一点儿也没买〕また,〔买了点儿东西〕〔好点儿了〕のようにする.〔便 pián 宜一的〕少し安いもの.〔念快~〕少し速く読む.〔有~事 shì〕少し用事がある.→〔有 yǒu 点儿〕 ②ほんの少し.ごく少ない:〔这么〕〔那么〕と連用してわずかな数量を表す.〔一〕を省略できる.〔我以为有多少呢,原来只有这么~〕どんなに多いかと思ったらこれっぽちなのか. ③少し(も):〔都〕,〔也〕と呼応して否定に用いる.〔一〕は省略されない.〔~都没有〕少しもない.〔~空儿 kòngr 都没有〕少しの暇もない.*〜",〔点上~〕"〜をつける.
- 🄻汉字笔画の点"、".
- **一点一滴** yīdiǎn yīdī 〈喻〉微少.わずか.〔~地积累资料〕少しずつ资料を寄せ集める.
- **一吊(钱)** yīdiào(qián) 🄳1000钱:时代や地域によって実際には一致していない.北京で制钱のあった时代には100文をいい,民国以降は铜货10枚をいった.〔一串文〕に同じ.〔贯 guàn ③〕
- **一丁** yīdīng 一字.〔不识~〕〔目不识丁〕一字も知らない.無学である.
- **一丁点儿** yīdīngdiǎnr 少し:〔一点儿①〕よりも語気が强い.
- **一丁丁(儿)** yīdīngdīng(r) 〈方〉ほんの少し.
- **一定** yīdìng ①[必 bì 定]きっと.必ず.是非とも.〔他~来〕彼は必ず来る.〔我想他~不会来〕彼はきっと来ないと思う.〔~得 děi 是这个样子了〕必ずこのようでなければならない.〔~要把淮河修好〕是非とも淮河の治水をやらなければならない.〔不~〕きっとそうだというのではない,必ずしもそうではない.→〔准 zhǔn (I)⑥〕 ②ある程度の.かなりの.相当の.〔作出了~的成绩〕かなりの成绩をあげた.〔有~的理由〕相当の理由がある.〔需要从这件事中得出一定的教训〕このことから何らかの教訓を引き出すことが必要である.〔这对~也有~参考价值〕これは~に対してもある程度の参考にする価値がある. ③一定の.特定の.〔一切文化属于一定的阶级〕一定の文化は特定の阶级に属している. ④定まった.必然の.〔~关系〕〔每天用药量是~的,不能随便增减〕一日の投薬量は決まっているので勝手に多くしたり少なくしたりしてはならない.
- **一定不易** yīdìng bùyì 一定不变.〔~之真理〕一定不变の真理.
- **一定恭喜** yīdìng gōngxǐ →〔划 huá 拳②〕
- **一定之规** yīdìng zhī guī 定まった規則.一定の規則.〈喻〉決まった考え.〔这种事情怎么办,得根据具体情况,没有~〕こういうことをどう処理するかは,具体的な事によるものであって,一定のきまりというものはない.
- **一动不动** yīdòng bùdòng 微動だにしない.
- **一动不如一静** yīdòng bùrú yījìng 出しゃばらない方がよい.
- **一动** yīdòng(r) ややもすれば.何かにつけて:〈文〉动辄 zhé〕〔动不动(儿)〕に同じ.〔~就骂人〕どうすると人を罵る.
- **一度** yīdù ①1度.1回.〔一年~的春节快到了〕1年1度の旧正月がもうすぐやって来る. ②いっぺん:かつての経験を表す.〔~失业〕かつて一度失業したことがある.
- **一肚子** yīdùzi 腹いっぱい(の).〔喝了~水〕たっぷり水を飲んだ.⑤水以外食べ物も飲み物もなかっ

た.〔~牢骚 sāo〕腹いっぱいの不平.〔~委屈〕たくさんの辛いこと.〔~的坏主意〕〔~坏水〕数多くの悪だくみ.〔~火儿〕〔~气〕たいへんな怒り.
- **一端** yīduān はし.一方. ②事柄の一端.一点.〔只此一~就可知其他了〕この一点でその他のこともわかる.
- **一段** yīduàn ①一节.一段.事のある一段落.工程の一段など.〔~路〕ある一段. ②场所をいくつか区切ったその一段.区域. ④一くぎり.〔~时期〕ある时期.ある期間.
- **一堆人** yīduīrén 大勢の人.群衆.〔~围着看耍 shuǎ 猴儿〕群衆が丸くなって猿芝居を見ている.
- **一对(儿)** yīduì(r) ①一对(ツ).〔~花瓶〕对の花瓶.〔~嘴~夫妻〕〔两口子〕〔两口子〕に同じ.〔不知怎么搞的,那~老打架〕どういうわけか分からないがあの夫婦はよくけんかする.
- **一对一** yīduìyī 一对一.同一条件(で). ②マンツーマン.個別対応.
- **一多半(儿)** yīduōbàn(r) 大半.大方.大部分.
- **一…而…** yī…ér… するとすぐに…:単音节の动词を用い,前の动作が非常に早く結果を生み出したことを表す.〔~怒~去〕かんかんになって立ち去る.
- **一而二,二而一** yī'ér'èr, èr'éryī 形式は異なっても趣旨は同じである.
- **一而再** yī'érzài 一再ならず.〔这种作法~也违反了决议〕このようなやりかたは一再ならず決議に違反している.
- **一而再,再而三** yī'érzài, zài'érsān ⇒〔再三再四〕
- **一耳朵** yī'ěrduo ちらと聞きかじる〔孙七爷听到了~,赶紧说:"四大妈!听!"(老·四·惶16)〕孙七は(それを)小耳にはさむと,急いで"四ばあさん,聞きな"と言った.
- **一二** yī'èr ①ひとつふたつ.〔除了~老年人,都不认识他〕一人二人の年寄りのほかは誰も彼を知っている人はない. ②少し.少しばかり.〔略知~〕少しばかり知っている.
- **一…二…** yī…èr… ①2音节の形容词を前後に分け,その意味を強調する:例えば〔干 gān 净〕をいう一干二净〕(きれいさっぱり)とするなど. ②二つの事柄を並列させる.〔~无資料~无設備〕材料もない設備もない.
- **一二九运动** yī'èrjiǔ yùndòng 🄷1935年12月9日北京の学生が行った抗日救国運動.
- **一二三** yī'èrsān 事柄の経緯.いきさつ.
- **一二制** yī'èrsān zhì 〔市 shì 制〕
- **一二四** yī'èrsì 〔一对夫妇,两个家庭,四位老人〕の略:〔一人っ子同士で〕夫婦になれば双方の家庭の面倒と両親四人の世話をしなければならない.
- **一发** yīfā ①ますます:〔益 yì 发〕に同じ. ②一緒にまとめて.同時に:〔你先把这些急用的材料领走,明天~登记〕まず急用の材料を受領して行きなさい,明日まとめて登録しよう.
- **一发而不可收** yīfā ér bùkěshōu 動き出したら止まらない.一度始めたら止めることができない.
- **一罚百戒** yīfá bǎijiè 〈成〉一罚百戒.→〔杀 shā 一儆百〕
- **一乏子** yīfázi 〔一垞子〕とも書く.〈方〉ひとしきり:ある一くぎりの期間.〔这~得 dé 流感的特别多〕近頃,インフルエンザにかかる人が多い.〔一阵〕
- **一发千钧** yīfā qiānjūn 〔千钧一发〕〈成〉一髪千鈞を引く:非常に危険をいう.韩退之が孟尚書にあたえた書簡中の〔其危如一发引千钧〕による.
- **一番** yīfān ①種類(の).〔另是~的味道〕また別のおつな味がある.〔別有一情趣〕また別のおもむきがある. ②ひとたび.ひとしきり:抽象的なことを

一 yī

一 数える.ただし〔二〕以上の数詞を用いることはない.〔干～事业〕事業を行う.〔要调查～〕ひとしきり調査してみる. ③倍になる.〔翻〕同訓.

一翻 yīfān (マージャンで,役によって)得点が倍になること:〔1翻〕なら4倍,〔三翻〕なら8倍になる.

一帆风顺 yīfān fēngshùn 〈喩〉事が順調に進むこと.追いてに帆をあげる.〔谈判进行得～〕交渉が順調に進む.

一反常态 yīfǎn chángtài 〔成〕打って変わる.〔他～过去懒惰的作风,忽然勤快起来了〕彼の行動は以前の怠けぐせに反して,急に真面目になった.

一饭不忘 yīfàn bùwàng 〈喩〉少しの恩義も忘れない.

一方 yīfāng ①片一方.一面. ② 一帯.〔称 chēng 霸～〕一方の覇を称える.〔水土养一人〕〈諺〉所変われば品変わる. ③→〔方⑩〕 ④薬の処方一.

一方地 yīfāngdì 〔旧〕東北での土地の面積を数える:36〔天地③〕にあたる.

一方面 yīfāngmiàn ①一方.一面. ②〔～……～……〕一方では……しながら……. 〔～工作,～学习〕仕事をしながら学習する.→〔一面③⑤〕

一飞冲天 yīfēi chōngtiān 〈喩〉一度やりだしたらすばらしい事をやる.

一分 yīfēn ①何らかの.〔多一个人多～力量〕人手が一人増えれば,それなりに力は強くなる. ②→〔分⑤〕

一分钱一分货 yīfēnqián yīfēnhuò 1銭に対しては1銭の品物:値段相当な品物.品質と値段が相当すること.

一分为二 yīfēn wéi'èr ①〔哲〕一が分かれて二となる:事物の運動・発展における対立面の分裂は不可避であるという考え方. ②積極面と消極面も見る.全面的に見る.〔对淘气的孩子也要～,要善于发现孩子身上的积极因素,加以引导〕いくらかできない子にも両面があり,子どもの持つ積極面を発見し導くことに巧みでなければならない.→〔合 hé 二而一〕

一分钟小说 yīfēnzhōng xiǎoshuō ⇒〔小小说〕

一风吹 yīfēngchuī 〈喩〉①全部帳消しにする. ②無差別に取り扱う.

一佛出世,二佛涅槃 yīfó chūshì, èrfó nièpán 〈諺〉(痛苦・悲しみ・あせりなど)生きるか死ぬかというほどひどい.後句は〔二佛升天〕また〔二佛朝天〕ともいう.→〔死 sǐ 去活来〕

一夫 yīfū 〔文〕①一人. ②孤独の男. ③夫ひとり.〔～多妻制〕一夫多妻の婚姻制度.〔～一妻制〕一夫一婦の婚姻制度.

一夫当关,万夫莫开 yīfū dāngguān, wànfū mòkāi 一兵が関を守っていれば,万兵でも破ることはできない.〈喩〉極めて要害の地:〔夫〕は〔人〕ともいう.

一府两院 yīfǔ liǎngyuàn 中央人民政府・最高人民法院・最高人民検察院を指す.

一改故辙 yīgǎi gùzhé 〔成〕古いしきたりを一切改める.

一概 yīgài すべて一緒に:事柄に対してのみ用いる.〔～而论〕一概に論じる.一緒くたに論ずる.〔我～不知〕私は一切知りません.〔～排斥〕一律に排斥する.→〔一律〕

一干 yīgān (その事件に関係のある)一組.一口の.一群の.〔～人〕関係者一同.〔～人犯〕犯人の一味.

一干二净 yīgān èrjìng きれいに.すっきり.きれいさっぱりと.〔把菜吃了个～〕料理をきれいに平らげた.〔把责任推得～〕責任を一切押しつける.

一杆进洞 yīgān jìndòng 〔ス〕(ゴルフの)ホールインワン.

一赶三不买,一赶三不卖 yīgǎn sānbùmǎi, yīgǎn sānbùmài 〈諺〉売る方がご機嫌をとれば買う方は買わないし,買う方がちやほやすると売る方は売らない.

一竿子(插)到底 yīgānzi (chā) dàodǐ 〈喩〉① 初一念を通して最後までやりとおす. ②幹部や政策が末端にまで入りこむ.

一个个 yīgègè ①一つひとつ.一人ひとり.〔他们家的女孩儿～的人材出众〕あのうちの娘さん達は一人ひとり(だれもかれも)人並み以上優れている.→〔个儿〕 ②次々に:〔一个接一个〕ともいう.〔封建君主都～倒了台〕封建君主は次々につぶれてしまった.

一个儿不个儿 yīgèr bùgèr ひとつもない.何もない.〔你还有几个？我～了！〕きみはまだいくつあるか,ぼくはひとつもない.

一个 yīge ①ひとつ.一般に広く用いられる.〔一面包半斤〕パン一つが250グラムである.〔～也没有〕一つもない. ②全体の.まるまる.〔～冬天都没出门几〕ひと冬じゅう門を一歩も出なかった. ③同じもの.〔～样子〕〔一～味儿〕〔一个俩是～〕彼ら二人は同じ考えだ. ④主語となる語の価値あるいは性質が軽蔑されるに値することを表す.〔～打架有什么看头儿〕けんかなんて,何がおもしろいのだ.〔～药也是胡吃的〕薬にしても何でもたらかに飲んでいるわけじゃないだろう. ⑤動作が素早く行われることを表す.〔我～扫覺地过去,他就摔 shuāi 倒了〕さっと足払いをかけると彼はひっくり返った.

一个巴掌拍不响 yīge bāzhǎng pāibuxiǎng 片方の手だけでは拍手はできない.〈喩〉争いは片方だけでは起こらない.双方に責任がある.

一个半个 yīge bànge 〈喩〉少し.若干.

一个鼻孔出气(儿) yīge bǐkǒng chūqì(r) ⇒〔鼻孔出气〕

一个槽里栓不下俩叫驴 yīge cáoli shuānbuxià liǎjiàolǘ 一つの飼い葉桶には2頭の雄ロバをつなぐことはできない.〈喩〉双方がたたみ合う(いがみ合う).

一个够 yīgegòu 十分に.さんざんに:〔个够〕ともいう.〔吃了～〕さんざんに食べた.

一个过儿 yīgeguòr ひととおり.〔把这封信看了～〕この手紙を1遍読んだ.〔把事情在心里掂了～〕事柄を1遍考えてみた.

一个和尚挑水吃 yīge héshang tiāoshuǐchī →〔和尚〕

一个箭步 yīge jiànbù 〈喩〉(歩き方が)さっと.すばやく.〔小李～蹿 cuān 上了正要开动的火车〕李くんは発車しようとしている汽車にさっと飛び乗った.

一个劲儿 yīgejìnr 終始.しきりに.止まることなく.〔～地纠 jiū 缠〕いつまでもうるさくつきまとう.

一个雷天下响 yīge léi tiānxià xiǎng 〈喩〉大きな権勢を有すること.〔您是～的人,可千万发不得怨啊〕あなたは大きな影響を与える実力のあるお方ですから,怒ってはいけません.

一个萝卜一个坑儿 yīge luóbo yīge kēngr 〈喩〉一本の大根は一つの穴を占める:各々がみな自身の仕事(職場)を受け持つ.

一个你一个他 yīgenǐ yīgetā お前たち二人(愛情をこめて叱る調子で).〔～,实在叫人不放心〕お前達二人ときたら全く人を心配させるのだ！.

一个赛一个 yīge sài yīge どれもこれも優れている.〔～地漂 piào 亮〕どれもこれも(一つひとつ)美しい.

一个碗不响,两个碗叮当 yīgewǎn bùxiǎng, liǎngewǎn dīngdāng 〈喩〉けんかは一方だけが悪いの

yī 一

ではない.→[两好合一好]

一个相 yīgexiàng 同じ姿.同じ形.⟨転⟩同じ人間.人間として同じ(である)

一个心眼(儿) yīge xīnyǎn(r) ①一本気の.[他忠心耿耿、~为集体〈体〉]彼は集団に対して一本気に一生懸命尽くす.[她是~的人](老・四・惺16)彼女は一つの事に熱中する(一途に思いつめる)たちの人だ.②一致である.融通のきく.[这个人、一点儿灵活性也没有]この人はすごく頑固で、ちっとも融通のきかない人だ.[我就是~、不会拐弯儿]わたしは頑固で曲り角で曲がることを知らない.③同意見.一致した考え.[我们大家都是~]われわれはみな同じ考えを持っている.

一个样(儿) yīgeyàng(r) 同じである:[一样]に同じ.

一个中心,两个基本点 yīge zhōngxīn, liǎngge jīběndiǎn 経済建設を中心とし、改革開放と四つの基本原則を堅持する:中国の特色ある社会主義を具体化したスローガン.→[四 sì 项(基本)原则]

一根筋 yīgēnjīn ⟨口⟩融通がきかない.

一更 yīgēng ⇒[初 chū 更]

一共 yīgòng 合計.全部で.[~有几个人]全部で何人いますか.[共合][总 zǒng 共]

一骨碌 yīgūlu ⟨口⟩ころりと寝返りを打つ:[一骨鲁]とも書く.[~翻身爬 pá 起来了]ころりと寝返りを打つとはね起きた.

一鼓 yīgǔ ⟨文⟩宵の口.日暮れどき:午後7〜9時頃.[初 chū 更]に同じ.→[鼓⑦]

一股劲(儿) yīgǔjìn(r) ⟨口⟩いっしぐらに.それとばかり.ひと息に.一気に.[~回来]まっしぐらに駆け戻る.→[一口气] ②⟨口⟩一つの力.合わさった力.

一股脑儿 yīgǔnǎor ⟨口⟩一斉(に).全部ひっくるめて:[一古脑儿]とも書いた.[把所有东西~全给他]あらゆるものをひっくるめて全部彼に与えた.→[通 tōng 通]

一鼓作气 yīgǔ zuòqì ⟨成⟩一たび鼓を打って勇気を起こす.一気に事を完成させる.[~地办完了]一気にやってしまった.

一官半职 yīguān bànzhí ちょっとした官職.[倘能得到~算是幸运]もしちょっとした官職にでも就けたら幸運だ.

一贯 yīguàn ①一貫する.一貫している.⟨~性⟩一貫性.[~制 zhì]一貫制.[世界人民~爱好和平]世界の人民は一貫して平和を愛する.[~政策]首尾一貫した政策. ②一さし.@紐・または串に通したもの一さし.[~千钱を~(钱)]と称した.

一贯道 yīguàndào 旧宗教の偽装をした反動的団体の一:[中 zhōng 华道德慈善会]ともいう.山東から起こり当初は[东 dōng 震堂]といった.

一跪三叩 yīguì sānkòu 旧儀重な礼:両膝でひざまづいて3度頭を下げて拝する.

一棍子打死 yīgùnzi dǎsǐ 一撃でたたきのめす.一気に全てを否定する.

一锅端 yīguōduān ⟨喩⟩根こそぎにする.全部かっさらう.全て居なくなる.洗いざらいくべる.

一锅粥 yīguōzhōu ⟨喩⟩ごちゃまぜ.めちゃくちゃ.[孩子们又笑又嚷,打打闹闹,乱成~]子供達は笑ったり騒いだりはしゃぎ回ったりで、まるで蜂の巣をつついたような騒ぎだ.

一锅煮 yīguōzhǔ ⟨喩⟩多くの事を同時に片づける.一緒くたにする:[一锅炖][一勺烩]ともいう.[本来有两个矛盾、应该分开解决、你却~]もともと二つの矛盾があるのだから別々に解決しなければならないのに、一緒くたにしてしまった.

一国两制 yīguó liǎngzhì 一国二制度.

一国三公 yīguó sāngōng ⟨喩⟩(命令が)不統一なこと.[出主意的人多,~,各有见解,昨天晚上还没决定]意見を出す人が多く、指示がまちまちで、それぞれ見解をもち、昨晩はまだ決着がつかなかった.

一裹脑(儿) yīguǒnǎo(r) ⇒[一斗 dǒu 篷]

一孩率 yīháilǜ (全夫婦中の)一人っ子夫婦の比率.

一行 yīháng [-儿]同業.なりわい.[他们这~、现在很缺]彼らのこの商売は現在非常に少ない.→yīxíng

一号 yīhào ①1号. ②一日(zh):旧暦の場合[初一]という. ③[-儿]⟨口⟩便所.トイレ.[上~去]便所へ行く.→[厕 cè 所]

一号电池 yīhào diànchí 単一型乾電池.単一.

一何 yīhé ⟨文⟩何と.実に:程度の甚だしいことを表す.

一黑早儿 yīhēizǎor ⟨方⟩未明のころ.空が白むころ.

一横 yīhéng 漢字筆画の横棒"一".[~一竖 shù]横"一"とたて"｜".

一哄而起 yīhòng ér qǐ ⟨慣⟩わっとばかりに立ちあがる.

一哄而散 yīhòng ér sàn ⟨慣⟩わっと声をあげて散り散りになる.

一哄而上 yīhòng ér shàng ⟨慣⟩わっと行動を起こす.

一呼百诺 yīhū bǎinuò ⟨成⟩一言呼べば百人の返事がある.⟨喩⟩部下や召使いの多い様子.

一呼百应 yīhū bǎiyìng ⟨成⟩一声かけるとわっと集まる.一人の呼びかけで多くの人が応ずる.

一忽儿 yīhūr ⇒[一会儿①]

一呼一应 yīhū yīyìng ⟨慣⟩相呼応する.

一壶千金 yīhú qiānjīn ⟨喩⟩つまらぬものでも時を得れば千金に値する

一狐之腋 yīhú zhī yè ⟨喩⟩珍貴なもの:史記の[千羊之皮不如~]に基づく.もともとは狐の腋の下の毛皮.

一化三改 yīhuà sāngǎi 社会主義的工業化と農業・手工業・工商業の社会的改造:重工業の優先発展を原則とする中国の第1次5年計画(1953〜57)から第2次5年計画(1958〜62)にかけてのスローガン.

一环扣一环 yīhuán kòu yīhuán しっかりと連結している:[一环套 tào 一环]ともいう.[工作要~]仕事は各段階でしっかり持続すべきだ.

一还一报 yīhuán yībào 報いを受ける.[骗 piàn 人的人终究叫人骗了,这也是~]人をだます人は結局人にだまされた、これも報いだ.

一晃 yīhuǎng [-儿]ちらっと動く.[窗外有人~就过去了]窓の外を誰かがちらっと動いて通り過ぎた.

一晃 yīhuàng あっという間.いつしか.[~就是新年了]いつの間にかもう正月だ.[~又有半年没见了]ちょっとの間と思っているうちにもう半年も会っていない.

一挥而就 yīhuī ér jiù ⟨成⟩ちょっと筆を動かせばすぐに(立派な文章が)できあがる.⟨喩⟩物事がたやすく成功すること.[~挥而成]ともいう.

一回 yīhuí 1回:一般に広く回数を数える.[~生二回熟]初対面のときには知り合いでなくとも2回目からは親しくなる.[~遭蛇咬,二回不趋 zǎn 草]1度へびにかまれたものは2度と草むらの中へ飛び込まない:1度でこりてびくびくする.

一回合 yīhuíhé ⇒[回合]

一回事 yīhuíshì =[一码事]①同一のこと.[你说的跟他讲的都是~]きみの言うのと彼の言うのと全く同じことだ. ②同じ仲間.[我跟他不是~]わたしは彼のようなたぐいじゃない. ③一つの事(問題・

一 yī

―会儿 yīhuìr ①〈一忽儿〉〈方 一歇〉しばらく.わずかな時間.〔~他来※〕彼はすぐ来る.〔等~〕⑧しばらく待つ. ②〈しばらくして〉…これから起こることに用いる. ②時間.〔好大~〕非常に長い時間.〔不大~〕ほどなく.あまり長くない時間. ③〔~…~…〕…したかと思う…する.…したり…したり.多く対立する事柄を表す.〔天气~晴~阴〕天気は晴れたかと思うとまた曇る.

―会子 yīhuìzi 〈方〉しばらくの間.〔他来了~了〕彼が来てからかなりの時間になる.

―伙儿 yīhuǒr 人の一団.一群.一組.〔我不和他们~〕わたしは彼らとは仲間ではない.〔他们俩~〕彼ら二人は仲間だ.〔罢工的工人们东一~西一~地谈论着〕ストライキ中の職工たちはこちらにひとかたまり,あちらにひとかたまりして談論している.〔逮着一贼~〕賊の一団を逮捕した.

―击入洞 yījī rùdòng 〈ゴルフの〉ホールインワン:〈一杆进洞〉に同じ.

―级 yījí ①1級(の).〔~市场〕圆発行市場.〔~方程式赛 sài 车〕〈オートレースの〉フォーミュラワン.F1. ②レベルの.〔省 shěng ~〕省レベル.〔校~的先进工作者〕(表彰される)大学の先進的な模範人物.

―极 yījí 〈俗〉↔〔多 duō 极〕

―己 yījǐ 自己.自分一人.〔~的荣誉〕自分一人の栄誉.〔~私利〕個人の私利.

―记耳光 yījì ěrguāng 〈慣〉一発びんたを食わした.

―技之长 yījì zhī cháng 〈慣〉一つの技.何かの技能.

―家儿 yījiār ①⇒〔一家子①〕 ②一組.仲間.味方.〔咱们俩~〕我々二人は仲間だ.

―家人 yījiārén 〔姓王的都是~〕王という姓の者は全部同族の者だ.〔不说两家话〕〈諺〉身内の者は他人行儀なことを言わない.〔大水冲了龙王庙,一家人不认得~了〕〈歇〉大水が竜王廟を水びたしにした,同族の者が同族の者を知らなかった:竜王は水の神様で,竜王廟はそれを祭ったところ,という意から同じ職業・畑のものがうっかり知らずにいることをいう. ②仲間.味方.

―家一户 yījiā yīhù 一家族一世帯. ②家ごと.〔每一地通知〕家ごとに知らせる.

―家之言 yījiā zhī yán 一派の言論.→見識のある言論.

―家子 yījiāzi ①=〔一家儿①〕一家.1軒.〔这~是由哪儿搬来的〕この家はどこから引っ越して来たのですか. ②家の人々.全家族.〔他们~都出去了〕あの家は家族全員外出しました.〔~团圆〕一家だんらんする.

―箭道(儿) yījiàndào(r) =〔一箭之地〕

―见即付 yījiàn jífù 圆〔即期汇票〕

―见倾心 yījiàn qīngxīn ⇒〔一见钟情〕

―见如故 yījiàn rúgù 〈成〉初対面で旧友のように親しむこと.

―见生情 yījiàn shēngqíng ⇒〔一见钟情〕

―箭双雕 yījiàn shuāngdiāo 〔一箭双鹏 péng〕ともいう.〈喩〉一石二鳥.〔娶了这位闊 kuò 小姐,又得人,又得财,可真是~了〕この金持ちのお嬢さんとの結婚で,妻と同時に財産を得たわけで,これはまさしく=〔一举两得〕〔一举两得〕

―箭之地 yījiàn zhī dì =〔一箭道(儿)〕矢の届く距離.〔喩〕目と鼻の間.ごく近いところ.〔往东去~,就是舍下了〕東にほんの少し行ったところがわたしの家です.

―见钟情 yījiàn zhōngqíng =〔一见倾心〕〔一见生情〕〈成〉一目ぼれ(する).〔西厢记所描写的爱情是~式的爱情〕西廂記に描かれている愛情は一目ぼれ式の愛情だ.

―将功成万骨枯 yījiàng gōngchéng wàngǔ kū〈成〉一人の将軍の勲功の陰には多数の兵卒が惨めな死を遂げている:〔一将成名万骨枯〕ともいう.

―角 yījiǎo ①一隅.〔院子的一~〕中庭の片隅. ②〔~儿〕一切れ:物の何分かの1.→〔角(II)〕

―脚踢 yījiǎotī 〈方〉万事切り盛りすること.一人で全てやること.

―街两巷 yījiē liǎngxiàng 隣り近所.〔吵得~都知道了,没人不笑〕騒ぎは隣り近所の人たちにも皆知られてしまい,皆から笑われている.

―截 yījié 物事の一部.〔说了前~就不说了〕前の一節だけを話して後は話すのをやめた.→〔半 bàn 截〕

―解 yījiě 唯一の答え.→〔多 duō 解〕

―介 yījiè 〈文〉①一人の.一介の:たいしたものではないという謙遜の,またはさげすみの意味を含む. ②少し.

―紧一松 yījǐn yīsōng ⇒〔一张一弛〕

―劲儿 yījìnr ①一息に.一気に.〔~地说:好!托福!〕一気で,"元気です.おかげさまで"と言う. ②続けざまに.しきりに.〔~干干干〕続けざまに死に物狂いでやった.〔~地颤 chàn 抖〕しきりに震えている.→〔一个劲儿〕

―经 yījīng ①一度…すれば.ひとたび…したら.〔~变乱,社会道德就低落下来了〕ひとたび変乱にあえば社会道徳は低くなる.〔这种理论~传到中国来,就在中国引起了极大的变化〕この理論がひとたび中国に伝わると,中国に非常に大きな変化が起こった. ②一種.〔他的居心是另~〕彼の考えはまるで別だ.

―径 yījìng ①まっすぐに.〔~找他来了〕まっすぐに彼を訪ねて来た. ②従来. ③一途に.じっと.〔~瞅 chǒu 着他的队长〕じっと彼の隊長を見つめている.

―…就… yī…jiù… …するとすぐ…. …したかと思うとすぐ….〔~学~会〕習うとすぐ覚える.〔~来~走〕来たかと思うとすぐ去る.

―就手儿 yījiùshǒur =〔就手(儿)〕

―举 yījǔ 一挙に.〔~消灭之〕一挙にそれを消滅する.〔~成名〕〈成〉一挙にして名をあげる. ②一つの動作.〔注意一动作〕一つ一つの動作に注意を注ぐ.

―举两得 yījǔ liǎngdé 〈成〉一挙両得.→〔一箭双雕〕

―句话 yījùhuà ①⇒〔一口价〕 ②一口.一言. ③一言で言えば.

―绝 yījué 唯一無二の.絶妙である.〔他的书法可以说是当代~〕彼の書法は当代で第一である.

―蹶不振 yījué bùzhèn 一度失敗したら二度と回復不可能である.〔如果不能一鸣惊人的话,那就也许~了〕もし一旗あげられなかったら,二度とは立ちあがれまい.→〔一败涂地〕

―决雌雄 yījué cíxióng 〈成〉雌雄を決する.優劣を決める.

―卡双号 yīkǎ shuānghào (携帯電話の)1枚のカードで2種類の電話番号を使用できるシステム.

―卡通 yīkǎtōng 多機能ICカード.〔~管理〕同時に用いた管理.〔~ICド〕多機能ICカード.

―开始 yīkāishǐ 最初から.〔这事从~就错了〕これは初めからおかしいようだ.〔~就建立了一个马列主义的党〕我々は最初からマルクス・レーニン主義の党を建設した.

―看二帮 yīkàn èrbāng 人の行いを観察しかつ助言する.〔对犯错的同志要~〕誤りを犯した人に対

yī 一

一刻 yīkè ひととき.わずかな時間.〔～也不应该放松〕片時もゆるがせにしてはならない.→〔刻④〕

一客不烦二主 yī kè bù fán èr zhǔ 一人で十分だ.〔～,您已经帮了这么大的忙,剩下这点儿小事儿就求您一总成全了吧〕一客は二主を煩わすですて,あなたがもうこんなにいへんご援助くださったのだから,残りの小さいこともどうかひっくるめてご援助ください.

一刻千金 yīkè qiānjīn〈成〉わずかな時間でも非常に貴重である.一刻千金.

一空 yīkōng 皆無.全くからになる.〔家里被抢劫～〕家の中は略奪されて全くからになった.

一孔之见 yīkǒng zhī jiàn〈喻〉狭い見識.わずかばかりの見識(多く謙遜していう)

一口 yīkǒu ①〔一几〕ひと口.〔把半碗酒～喝下去〕お碗半分の酒を一口で飲んだ.②〔言葉の発音や話しぶりが〕生粋(きっすい)である.〔他说～地道的北京话〕彼は本場の北京語を話す.③〈文〉口をそろえて言う.→〔交 jiāo 口①〕④ためらわずに.二つ返事で早速.〔～答应〕〔～应允〕二つ返事で承諾する.〔～否认〕きっぱりと否認する.頭から否定する.

一口吃个胖子 yīkǒu chīge pàngzi 〔一锹 qiāo 挖个井〕〈喩〉一口食べただけで太ろうと思う.物事を一気にやりとげたり,一気に習得しようとする.〔一口吃成一个胖子〕ともいう.〔一口不能吃个胖子(一口吃不成胖子),一锹 gāo 不能打眼井〕一口食べただけでは太れない,つるはしひとふりでは井戸は掘れない.

一口道破 yīkǒu dàopò ⇒〔一语道破〕

一口价 yīkǒujià〔一句话で〕掛け値なし.増値なし.ぎりぎりの値段.

一口两舌 yīkǒu liǎngshé〈慣〉①饒舌(じょうぜつ).②二枚舌.〔别信那些～的话〕あんな二枚舌を信用しちゃいけない.

一口气 yīkǒuqì〔一几〕①ひと息に.一気に.〔～把这篇文章读完〕息をつかずにこの文章を読み終わった.〔～跑到终点〕一気にゴールまで駆けた.②恨み.怒り.〔就因为～得的病〕憤慨のあまりになった病気.③意気地.意地.面目.〔双方为了争那～打起官司来了〕双方とも意地で訴訟をおこした.④息.息の根.生命.〔我还有～在,决不饶他〕おれの息のある間は絶対に彼を許さない.

一口咬定 yīkǒu yǎodìng 一途に言いきる.どこまでも言い張る.〔你又没有看见,怎么能～说他不行呢?〕きみは見もしないで,どうして彼がいけないとはっきり言いきれるのか.

一口钟 yīkǒuzhōng ⇒〔斗 dǒu 篷①〕

一块儿 yīkuàir ①共に.〔咱们～去〕わたしたち一緒に行きましょう.〔～工作〕一緒に仕事をする.〔凑在～〕一緒に集まる(集める).→〔一同〕②同じ所.〔他们过去在～上学,现在又在～工作〕彼らは以前同じ学校で学び,今また同じ所で働いている.③〈方②〉傍ら.〔那～〕あの辺.

一块钱官司 yīkuàiqián guānsī 一円訴訟:賠償の金額が主要な争点ではない訴訟.

一块石头落地 yīkuài shítou luòdì〈喩〉肩の荷がおりる.〔收到了录取通知书,总算～了〕合格通知を受け取ったらやっと安心した.

一匡天下 yī kuāng tiānxià〈成〉混乱した全国の情勢を正定する.

一拉溜儿 yīlāliùr〈方①〉このあたり.〔这～没有一个烟摊儿 tānr〕この辺にはタバコの露店は一軒もない.②一並び.一列.

一来 yīlái ①…してくると.〔这么～〕こうなってく

ると.②一つには….〔～,二来…〕一つには…,二つには….〔～东西好,二来价钱也便宜〕一つには品物がいいし,二つには値も安い.

一来二去 yīlái èrqù だんだんと.おいおいに.そのうちに.〔今天也念,明天也念,日子多了,～的就会〕今日も読み,明日も読むというふうに日数が重なれば,だんだんとできるようになります.〔～的大家都熟识了〕そうこうするうちに皆が知るようになった.

一篮子货币 yīlánzi huòbì 図バスケット通貨:〔一揽子货币〕ともいう.

一览 yīlǎn 便覧:物事を簡単に見わたして書きとめたもの.〔北京旅游～〕北京観光便覧.〔～表〕一覧表.

一览无余 yīlǎn wúyú〈慣〉ひと目ですべてのものがはっきりと見える.〔一览无遗 yí〕に同じ.④余す所なく見える.⑥簡単明瞭である.

一揽子 yīlǎnzi 一括.混合.何もかもごちゃまぜにすること.〔～建议〕ひっくるめ式提案:受け入れにせよ拒否にせよひっくるめてするという提案.〔～计划〕一切をひっくるめた計画.〔～货币〕〔一篮子货币〕図バスケット通貨.

一劳永逸 yīláo yǒngyì〈成〉一遍の骨折りのお陰で長く楽をする.一度苦労しておけば後は楽.

一垒(员) yīlěi(yuán)図〔野球などの〕一塁手.ファースト:〔一垒手〕ともいう.→〔游 yóu 击②〕

一类商品 yīlèi shāngpǐn 図一類商品:国家が統一買付け・統一販売している最も重要な商品.穀物・食用油・綿花:ガソリン・石炭など.

一类物资 yīlèi wùzī 図一類物資:計画経済の時代,国家計画委員会(1958年以降は国家発展計画委員会)が統一分配を実行している重要物資.鋼材・石炭・重油・自動車など.〔国家统一分配物资〕〔统配物资〕〔计划分配物资〕ともいう.

一冷一热 yīlěng yīrè 寒くなったり暑くなったり.〔天气～的,要心感冒啊〕寒かったり暑かったりだから風邪に用心しなさい.

一愣 yīlèng 驚く.びっくりする.〔～～〕ぽかんとするさま.〔这突如其来的消息,使得大家都～〕この突然の知らせで,皆びっくりした.

一理通百理彻 yīlǐtōng bǎilǐchè〈成〉一理に通ずれば後は皆わかる.

一力 yīlì 極力.全力を尽くす.〔这件事就求您～全了吧〕このことはどうぞ極力成功させてください.〔～担担〕④全力をもって引き受ける.⑥全力をもって保証する.

一例 yīlì ①一つの例.②一様に.〔～看待〕〔～相待〕一律に取り扱う.

一连 yīlián ＝〔方〕一连几儿〕ひき続き.続けざまに.〔这雨～下了三天〕この雨は続けざま三日も降った.

一连串 yīliánchuàn ひとつながりの.続けざまに.〔～恶è耗给他的打击,使他抬不起头来〕続けざまの凶報で,彼はひどくまいって頭を上げられない.〔电车猛 měng 一停,乘客 乎地都倒下了〕電車が急停車したので,乗客は将棋倒しになった.

一连气儿 yīliánqìr

一脸横肉 yīliǎn héngròu 恐ろしい顔つき.〔都是～,怒目而视的看他(鲁·Q9)〕皆が恐ろしい顔つきをして,目を怒らせて彼を見た.

一了百了 yīliǎo bǎiliǎo〈成〉大切な一部が解決すればほかは全部解決される.一つがよければ万事都合がよい.〔一旦纠纷都没关系,什么时候儿把债还清就～了〕これらのごたごたは何も問題ではない,そのうちに借金を返してしまえば万事都合がよくなる.

一鳞半爪 yīlín bànzhǎo ⇒〔东 dōng 鳞西爪〕

一○五九 yīlíngwǔjiǔ 図ジメトン:浸透殺虫剤の一

一 yī

種.

一流 yīliú ①同種類.〔他也是属于那〜的人〕彼はああいうようなものに属している手合いだ. ②第一等.〔〜的人物〕一流の人物.

一溜风 yīliùfēng 一陣の風のように.さっと.〔她刚来又〜地跑了〕彼女は今しがた来たが,また風のように行ってしまった.

一六〇五 yīliùlíngwǔ 薬 パラチオン:〔对duì 硫磷〕の通称.農薬の一種.

一溜儿 yīliùr 〈口〉①一带.〔这〜有邮局没有？〕この辺に郵便局はありませんか. ②一列,一行,一並び.〔这〜十间房是集体宿舍〕この一並びの10間ばかりの部屋は集団宿舎です. ③すばやく.さっと.

一溜歪斜 yīliù wāixié よろめき歩くさま.〔她挑着tiāo 着一挑儿水~地从河边走上来〕彼女は一担ぎの水を担いでよろよろしながら川辺から上がって来た.〔年底的电车上净是~的醉 zuì 的〕年末には電車の中はふらふらした酔っぱらいばかりだ.

一溜烟(儿) yīliùyān(r) 煙のように.さっと.〔他〜地溜 liū 出去了〕彼はするりとぬけ出て行ってしまった.

一龙一蛇 yīlóng yīshé 〈成〉運や権勢などがある時は盛んであり,ある時は衰える.浮沈があること.

一龙一猪 yīlóng yīzhū 〈成〉立派なものとつまらぬもの.〔一门子弟都有〜之别〕一門の子弟たちのうちにもいろいろな,つまらぬのもいる.

一路 yīlù ①道中 (うち).道すがら.〔我这次到贵国访问,〜经过了好几个国家〕今回お国を訪問するのに,いくつかの国々を通ってまいりました. ②同じ種類(の).〔他们都是一货〕やつらは同類だ. ③⇒〔一道(儿)〕 ④ずっと.ひたすら.〔我们队〜领先〕うちのチームがずっとリードしている. ⑤〔〜…,〜…〕一方では…し,一方では…する.〔〜走,〜说话〕話をしながら歩く.

一路福星 yīlù fúxīng 同上.

一路平安 yīlù píng'ān =〔一路福星〕〔一路顺风〕①〈挨〉道中ご無事で:旅立つ人を見送る時の挨拶.〔祝您〜！〕

一路顺风 yīlù shùnfēng 〈成〉①⇒〔一路平安〕②万事順調である.〔这次会谈〜〕今度の会談は同前.

一律 yīlù ①一様である.同じである.〔规格〜〕規格は一律である. ②すべてに:人に対しても用いる.〔〜不受〕一律にとらない.

一氯代乙酸 yīlǜ dàiyǐsuān 化 モノクロロ酢酸:〔氯乙酸〕ともいう.

一氯化汞 yīlǜhuàgǒng ⇒〔甘 gān 汞〕

一轮 yīlún 〈方〉①〔-儿〕一周,一回り.〔敬〜酒〕(主人が)客に酒を一回り勧める. ②一回りする.

一落千丈 yīluò qiānzhàng 〈成〉琴の高音が急に下がること〔唐・韩愈诗〕:境遇・職位・名声などが急速に大幅に落ちこむこと.〔我对他的信仰就〜〕彼への信奉がたちまち薄らいだ.

一马当先 yīmǎ dāngxiān 戦闘で先駆けする.〈喩〉真っ先に立ち向かうこと.〔干activities儿他总是〜〕仕事で彼はいつも率先してやる.

一马平川 yīmǎ píngchuān 馬が自由に疾走できるような平地.〈喩〉見渡す限りの平原.

一马勺坏一锅 yī mǎsháo huài yīguō 〈谚〉少数が全体に影響する:〔马约〕は糞をすくいとる長柄のひしゃく.〔咱们得把他表出去,省得让他〜〕あいつのため皆が迷惑しないように,あいつを追い出さねばならない.

一码事 yīmǎshì ⇒〔一回事〕

一马一鞍 yīmǎ yī'ān ⇒〔一鞍一马〕

一卖 yīmài 料理一品.一人前:料理屋で給仕人が

板前に対して言う言葉.〔再来〜凉拌海蜇〕くらげの和えもう一丁.

一脉相承 yīmài xiāngchéng 同じ宗旨や気風を受け継ぐ.代々同じ流れをくむ:〔一脉相传〕〔一脉相通〕ともいう.

一毛不拔 yīmáo bùbá 〈成〉〈喩〉一文の金も出ししぶる:もと他人のためには一本の毛を抜くような小事もしないこと〔孟子〕.〔瓷 cí 公鸡〕

一门儿 yīménr 〈方〉ずっと,一途に.ひたすら.〔〜往前挤〕一途に前へつめていった.

一门式服务 yīménshì fúwù ワンストップサービス.窓口一括サービス.〔一站式服务〕ともいう.

一门心思 yīmén xīnsi 〈成〉一心不乱に.一意専心に.〔一心一意〕

一米线 yīmǐxiàn 1 メートルライン.ウエイティングライン:空港の税関・駅・銀行などで床面に記してある次の受付を待つ人の位置を示す線.

一面 yīmiàn ①(物の)一面. ②一方.一方面.片側.〔〜之词〕〔〜之辞〕一方の言い分.片方の申し条.〔片 piàn 面〕 ③〔〜…,〜…〕…しながら…する:二つの動作が同時に進行することを表す. ⓐ単独で用いる時.〔说着话,〜朝窗户外面看〕話をしながら窓の外に目をやる. ⓑ連用する時.〔〜说话,〜看报〕話しながら新聞を見る.

一面之理 yīmiànzhīlǐ 一方の立場からだけの理.片方だけの言い分.

一面之交 yīmiàn zhī jiāo 一面識.ごく浅いつき合い:〔一面之雅〕〔一面之识〕ともいう.〔我和他只有〜,谈不上什么交情〕わたしは彼とちょっとした知り合いで,交際というほどのこともないのです.

一面之缘 yīmiàn zhī yuán 一回しか会ったことがない.ちょっとした知り合い.

一鸣惊人 yīmíng jīngrén 〈成〉ひとたび鳴けば人を驚かす.〔不鸣则已,〜〕(史記)やらなければそれまでのことだが,やれば人を驚かすようなことをやる. →〔一飞冲天〕

一明两暗 yīmíng liǎng'àn 建 家屋の間取りの一:一棟が三間の内で,外部への出入口は〔堂 táng 屋〕(中央の間)のみにあり,〔里屋〕(両わきの間)からは中央の間を通って出入りする構造のもの.3間のうちのどちらかの〔里屋〕をつぶして中央の間と一緒にして使うのを〔两明一暗〕という.

一命呜呼 yīmìng wūhū 〈成〉あの世へ行く.この世におさらばする.→〔呜呼〕

一模一样 yīmú yīyàng 〈惯〉そっくりそのまま.瓜ふたつ:〔一模活脱〕ともいう.〔他们弟兄俩长得~〕彼ら兄弟二人は瓜ふたつだ.

一亩三分地儿 yīmǔ sānfēndìr ごく狭い土地.〔我这〜养不活两口儿人,算不得什么地主〕わたしのこの狭い土地では二人を養うことさえできない,何が地主なんですすか.

一母同胞 yīmǔ tóngbāo =〔一奶同胞〕同じ母の兄弟.血を分けた兄弟.〔他们到底是〜的手足〕(老・惺25)彼らは何といっても血を分けた兄弟だ.

一幕 yīmù (劇)の一幕.〈喩〉断片.

一目了然 yīmù liǎorán 〈成〉一見して明らかである.明眼人看事情,自然会〜的〕見識のある人がものを見れば,もちろん一目瞭然です.

一木难支 yīmù nánzhī 〈成〉一木では支えがたい:一人では支えきれない.大きなことは一人ではできない.〔独 dú 木难支〕に同じ.〔不管怎么能干,也还是〜〕どんな有能な人でもやはり一人ではどうにもならない.〔众擎 qíng 易举,〜〕皆でやればたやすいが,一人ではどうにもならない.→〔一柱擎天〕〔孤 gū 掌难鸣〕

一目十行 yīmù shíháng 〈成〉一目で10行読みと

yī 一

- **る**:非常に読書力のあること.〔十行俱下〕ともいう.
- **一奶同胞** yīnǎi tóngbāo →〔一母同胞〕
- **一男半女** yīnán bànnǚ 1,2人の子供:子どもがいること.(生个~也是福气)一人か二人くらいの子どもを産むのもまた幸福だ.
- **一年** yīnián 一年.〔~四季〕年中.〔~之计在于春,一日之计在于晨〕一年の計は春にあり,一日の計は朝にあり.〔~一秋②〕
- **一年半载** yīnián bànzǎi〈成〉一年か半年ばかり.
- **一年到头** yīnián dàotóu 一年中.
- **一年生** yīniánshēng 圃一年性.〔~植 zhí 物〕一年生植物.
- **一念之差** yīniàn zhī chā〈慣〉ちょっとした間違いや心得違い.〔由于~造成大错〕ちょっとの考えの違いで大きな誤りをしました.
- **一鸟入林,百鸟压声** yīniǎo rùlín, bǎiniǎo yāshēng〈諺〉鶴の一声.〔果然~,他一出场大家全不言语了〕はたして鶴の一声で,彼が出場したらみな黙ってしまった.
- **捏捏儿** yīniēnier〈方〉一つまみの.わずかの.〔捆~盐就够了〕塩を少々入れれば充分だ.→〔一小撮(儿)〕
- **一诺千金** yīnuò qiānjīn〈成〉千金にも値する確かな承諾(史記).〈喻〉話が確かで信用が置けること.
- **一拍即合** yīpāi jí hé〈成〉すぐに一致する.簡単に調子を合わせる.
- **一派** yīpài ①一派.一家.一グループ.〔自成~〕おのずから一家をなす.②(空気・音声・情景など)あたり一面の.〔大好形勢〕形勢~大好〕大変よい情勢.〔你说的是~小孩子话〕君の言うことは全く子どもの言うことだ.〔~鼓乐声〕あたりに聞こえてくる鼓楽の音.〔~片〕
- **盘棋** yīpánqí(棋局の中の石(または駒)のように)連係一体となり計画的に行動する.チームワークをとる.〔大家搞农田基本建设,一定要有全面规划,...要全省、全县~〕みんなが農地の基本建設をするには、全面的な計画をたてる必要があり、...省全体、県全体が各々一体となって行動しなければならない.
- **一旁** yīpáng ⇒〔旁边(儿)〕
- **炮打响** yīpào dǎxiǎng 大砲一発鳴り響く.〈喻〉初めてやって大成功すること.
- **盆火** yīpénhuǒ〈喻〉非常に親しさよ.〔明是~,暗是一把刀〕表面は非常に親しんでいるが、腹の中には陰険だ.→〔笑 xiào 里藏刀〕
- **偏** yīpiān〈文〉①一面.片寄っている.〔~之论〕片寄った見方.〔~之见〕片寄った見解.
- **一片** yīpiàn ①全面.一面.〔~大海〕見渡す限りの大海原.〔~吵闹声〕あたり一面の騒がしい声.②純粋の本当の心.〔长安一月〕(唐・李白詩)長安を照らしている月光.
- **一片冰心** yīpiàn bīngxīn〈成〉心が純粋で名利に淡白なこと(唐・王昌齢詩)
- **一票到底** yīpiào dàodǐ フリー切符.全線乗り放題のチケット.②(テーマパークなどの)共通券.(提携している観光地の共通券).③(飛行機など)乗りつぎの場合でも手続不要であること.
- **一票否决权** yīpiào fǒujuéquán 欠かすことのできない条件.絶対的乃.
- **一票通(制度)** yīpiàotōng (zhìdù)(テーマパーク・バスなどの)パスポート(制):一枚の共通券ですべて入れる(乗れる)制度.
- **一瞥** yīpiē ①一べつする.ちらりと見る.②ひと目ちらっと見た情景:文章の標題などに用いられる.
- **一贫如洗** yīpín rúxǐ〈成〉赤貧洗うがごとし.極貧

- のさま:〔赤 chì 贫如洗〕に同じ.
- **一品** yīpǐn ①官階の最高のもの.〔~官〕同前.②精選のもの.特製のもの.〔~官燕〕精選された〔燕 yàn 窝〕(料理に用いる燕の巣)
- **一品高升** yīpǐn gāoshēng →〔划 huá 拳②〕
- **一品锅** yīpǐnguō ①圃寄せ鍋:各種の肉・野菜などを入れて煮ながら食べる料理.②同前用の鍋.
- **一品红** yīpǐnhóng ①=〔品红②〕〔复 fù 红〕jiǎn 性品红〕 (化) フクシン(マゼンタ).→〔洋 yáng 红①〕 ②圃ポインセチア.〔猩 xīng 猩木〕(ショウジョウボク)は別称:〔圣 shèng 诞花〕〔象 xiàng 牙红〕ともいう.
- **一瓶醋不响,半瓶醋晃荡** yīpíngcù bùxiǎng, bànpíngcù huàngdàng =〔满 mǎn 瓶不响,半瓶叮当〕〈諺〉瓶に酢がいっぱい入っていれば音はしないが、半分しか入ってないとバチャバチャ音がする:生かじりの者ほど知ったかぶりをする.〔一瓶子不满,半瓶子逛荡〕〔一瓶子不响,半瓶子晃荡〕ともいう.
- **一平二调** yīpíng èrdiào〔平调②〕食糧や現金分配の平均化と公共事業のための労働力・物資の無償調達:極端な平均主義.
- **一抔土** yīpóutǔ〈文〉ひとすくいの土:〔一抔黄土〕ともいう.〈喻〉価値がないこと.
- **一扑心儿** yīpūxīnr〈方〉(一つのことに)心から打ち込む.没頭する.一心不乱にやる:〔一扑纳心儿〕ともいう.〔小李~的爱上开拖拉机了〕李君はぞっこんトラクターの運転にほれこんだ.〔他无论做什么都是一扑纳心儿的〕彼は何をするにも打ち込んでやる.
- **一曝十寒** yīpù shíhán〈成〉一日さらし暖めて十日冷やす:三日坊主.努力の長続きしないこと(孟子・告子篇上).〔曝〕は〔暴〕とも書く.→〔三 sān 天打鱼,两天晒网〕
- **一齐** yīqí 一緒に.同時に.〔~动工〕同時に工事を始める.〔~去〕一緒に行く.〔~努力〕ともに努力する.②一様(に)
- **一齐众楚** yīqí zhòngchǔ〈成〉善人一人が数多くの悪人の中にいる:容易に悪に染まる.〔~不久就学坏了〕周りがよくないと結局悪くなる.
- **一起** yīqǐ ①同じ所に.一緒に.〔~去〕一緒に行く.〔堆在~〕一緒に積んでおく.〔住在~〕一緒に住んでいる.〔我们是~的〕わたしたちは一緒だ.②〈方〉みんなで.〔这些东西~多少钱〕これらの品物はみんなでいくらか.
- **一起一伏** yīqǐ yīfú 上がり下がりするさま.〔~很不稳定〕上がったり下がったり不安定だ.
- **一气** yīqì〈文〉天地の元気.②〔~儿〕ひといき.〔~儿跑一公里〕一気に1キロ走った.③しばらく.〔骂了~〕しばらく罵った.睡闹〕ひとしきりばか騒ぎをする.〔首先反对~〕まずひとしきり反対する.④一脈相通ずる.ぐるになる.〔串通~〕同前.
- **一气呵成** yīqì hēchéng〈成〉一気に文章を書きあげること.一息に成し遂げること.
- **一掐掐** yīqiāqia〈方〉ごく少ない.ごく細い.〔新娘一枝花,柳腰~〕(巴・家)花嫁は花のごとく、柳腰は極めて細い.
- **一掐儿** yīqiār ごく少ない.ちょっぴり.〔用不了多少,有~就够了〕いくらもいらない、ちょっぴりあればいい.
- **一千个** yīqiāngè 非常な(に).〔一没烟油,他就表示~不高兴〕タバコがきれると、彼は非常に不機嫌になる.
- **一千公尺赛跑** yīqiān gōngchǐ sàipǎo 囟(陸上の)1,000メートル競走:〔(一)千米赛跑〕ともいう.
- **一千零一夜** yīqiān língyīyè 圊アラビアンナイト.

一 yī

一　　千一夜物語:〔天 tiān 方夜譚〕ともいう.
一钱不值 yīqián bùzhí 〈成〉一文の値打ちもない.まったく取るに足らない.〔这种文章么〕こんな文章じゃ,ちっとも値打ちが無い.
一腔热血 yīqiāng rèxuè 満腔の熱血.
一锹挖个井 yīqiāo wāgèjǐng ⇒〔一口吃个胖子〕
一窍不通 yīqiào bùtōng 〈成〉その事については全然わからない.〔擤 gǎn 面杖吹火,~〕麵棒で火を吹く,同則.〔我对于做买卖的事~〕あたしは商売のことはちんぷんかんぷんだ.〔一窍(儿)通,百窍(儿)通〕一つわかれば全部がわかる.一事が万事である.
一切 yīqiè 一切.全部.すべて.〔调动~积极因素〕あらゆる積極的な要素を動員する.〔人民的利益高于~〕人民の利益は何よりも上回る.〔不是~都好,还有缺点和错误〕何もかもよくできているのではなくて,まだ欠点と誤りがある.→〔落空〕何も得ることがない.〔~险 xiǎn〕〔全 quán 险〕〔综 zōng 合险〕图 全危険担保.オールリスク.→〔所 suǒ 有①〕
一芹 yīqín 〈謙〉粗末な贈り物.〔献上薄礼〕粗品を差し上げます.→〔献 xiàn 芹〕
一清二白 yīqīng èrbái 〈慣〉極めて潔白である:〔清〕は〔青〕とも書く.〔事実証明他是~的〕彼が極めて潔白であることは,事実により証明されている.→〔小 xiǎo 葱拌豆腐〕
一清二楚 yīqīng èrchǔ 〈慣〉はっきりしている.きれいさっぱり.〔事情的经过已经~了〕事のいきさつはすでにはっきりしている.〔深深的印象,至今还记得~〕深い印象は今でもはっきりと覚えている.
一倾积愫 yīqīng jīsù 〔臆〕積もる思いを述べる.
一清早 yīqīngzǎor 早朝.〔一大清早儿〕〔一大早〕に同じ.〔他~就走了〕彼は朝早く出かけた.
一穷二白 yīqióng èrbái 〈成〉経済的には貧しく,文化・技術の面では立ち遅れている.一に貧窮,二に空白.〔我国~的面貌已经有了极大的改变了〕わが国の経済的に貧しく文化の遅れていた様相はすでに大いに改まってきた.
一秋 yīqiū ①ひと秋.②〈文〉一年.
一丘之貉 yīqiū zhī hé 〈成〉同じ穴の貉(むじな).同類の悪党.〔这几个坏蛋都是~〕これらのろくでなしはみな同じ穴の貉だ.→〔一鼻孔出气〕
一去 yīqù 行ったきり.片道.〔~中国就是三十年〕中国へ行ったきりで30年にもなる.〔~不复返〕行ったきり戻ってこない.永遠に過去のものとなる.〔~不返,杳 yǎo 如黄鹤〕行ったきりで帰らず,杳(よう)として黄鶴のごとくである.〔~不回头〕〔肉包子打狗,~不回头〕行ったきり帰らぬ.なしのつぶて.〔~五块钱,来回可以便宜点儿〕片道なら5元ですが往復なら少しお安くします.↔〔来 lái 回①〕
一圈儿 yīquānr ①周囲一周り.〔跑了~〕一周り(走って)回った.②マージャンで全員(4人)がひとわたり〔庄家〕(親)になること.
一犬吠形,百犬吠声 yīquǎn fèixíng, bǎiquǎn fèishēng 〔一犬吠形,万犬传声〕ともいう.〈諺〉一匹の犬が物の形を見てほえると,その声を聞いて多くの犬が皆ほえる.一人がでたらめを言い出すと,大勢の人が付和雷同して騒ぎ立てる.〔一人传虚,百人传实〕〔吠形吠声〕〔吠形吠声〕に同じ.
一瘸一点 yīqué yīdiǎn 足が不自由である.
一人 yīrén ①一人.〔~难教百人意〕〈諺〉一人では百人の意にかなうことは難しい.〔~不过二,两~不抵三人计〕〈諺〉一人では二人の知恵にも及ばない.〔做事~当〕〔做事一身当〕〈諺〉まいた種は自分で刈る.②一人分の.〔多高〕八の丈は己身の半ば.
一人称 yīrénchēng 语 第一人称.

一人传虚,百人传实 yīrén chuánxū, bǎirén chuánshí 〈諺〉一人が嘘八,百人が実伝する.
一人得道,鸡犬升天 yīrén dédào, jīquǎn shēngtiān 〈諺〉一人が出世するとろくでもない取り巻きが地位が上がる.
一人独吞 yīrén dútūn 一人占め.
一人拼命,万夫难当 yīrén pīnmìng, wànfū nándāng 〈諺〉決死の一人には万人がかかってもかなわない.
一任 yīrèn 一任期.〔做过~县长〕県長を一期務めた.②〈文〉任す.放任する.〔~花开花谢〕花が咲いて散るに任せる.→〔责 zé 成〕
一仍旧贯 yīréng jiùguàn 〈成〉何でもしきたりによって事を処理すること.ことなかれ主義の保守的な態度.
一日 yīrì ①一日.〔一年之计在于春,~之计在于晨〕一年の計は春にあり,一日の計は朝にあり.〔~游 yóu〕日帰り旅行.〔~鞋 xié〕一日しか持たない靴.〔~为师,终身为父〕〈諺〉一度師と仰いだら,終生自分の父のように大事にすること.②ある日.ある一日.〔将来有达到目的的~〕将来目的を達する日が来るだろう.
一日 yīrìdì ⇒〔一天地〕
一日九迁 yīrì jiǔqiān 〈喻〉昇進の早いこと.〔他留洋镀金回来当上了官,~没几年就升到司长了〕彼は外国へ留学してメッキして帰り役人になると,バタバタと昇進し何年もたないのにもう局長になった.
一日千里 yīrì qiānlǐ 〈成〉進行または進歩の非常に早いこと.
一日三秋 yīrì sānqiū 〈成〉一日千秋.思慕の切なること.
一日之长 yīrì zhī cháng 〈成〉少し勝っていること.〔我比他有~〕僕は彼に比べれば一日の長がある.→ yīrì zhī zhǎng
一日之雅 yīrì zhī yǎ ⇒〔一面之交〕
一日之长 yīrì zhī zhǎng 〈成〉少し年上.→ yīrì zhī cháng
一如 yīrú 〔一似〕全く同じである.〔~所闻〕まったく聞いた通りだ.〔~既 jì 往〕〈成〉すべて今までどおり.これからも変わることはない.
一扫而光 yīsǎo ér guāng 〈慣〉きれいに掃き清めるすっかりなくしてしまう〔一扫而空 kōng〕ともいう.〔把桌上的菜~〕テーブルに並べられた料理をすっかり食べてしまう.
一色 yīsè ①純一でまじりけのないもの.一色.〔青~〕青一色.〔水天~〕水と空が溶け合って一色となる.②同じ種類.一色.→〔色④〕
一霎 yīshà ほんのちょっとの間.〔~时〕同前.
一闪而过 yīshǎn ér guò さっと過ぎていく.注目しない.
一闪念 yīshǎnniàn ①脳裏にひらめく.②ひらめき.
一上 yīshàng 〈白〉すぐに.さっさと.〔~把酒和豆腐都吃了〕(水39)酒と豆腐をさっさと食べてしまった.
一上一下 yīshàng yīxià 上がったり下がったりする.上下する.
一勺烩 yīsháohuì ⇒〔一锅煮〕
一身 yīshēn ①己の身.ひとり.〔~系天下之安危〕天下の安危は一身にかかっている.重責を負っている.〔~不能当二任〕一つの身で二つの役は務められない.②体一面に.体中.全身.〔冷得起了~鸡皮疙瘩〕寒くて体中鳥肌が立った.〔出了~的汗〕汗びっしょりだ.〔~儿〕量詞.着物ひとそろい.〔~西装〕洋服ひとそろい.
一身两役 yīshēn liǎngyì 〈慣〉一人で二つの役を兼務する.〔一人二役〕〔一身而二任〕ともいう.
一身是胆 yīshēn shì dǎn 〈成〉極めて大胆で勇敢

yī

なこと:〔浑 hún 身是胆〕ともいう.
- **一神教** yīshénjiào 一神教.
- **一审** yīshěn 〔法〕第一審.
- **一生** yīshēng 一生.生涯.
- **一声不响** yīshēng bùxiǎng 〔一声不吭 kēng〕ともいう.一言も言わない.〔~地蹑 niè 足进门〕うんともすんとも言わずにこっそり入って来る.
- **一生九死** yīshēng jiǔsǐ ⇒〔九死一生〕
- **一失足成千古恨** yīshī zúchéng qiāngǔhèn〈諺〉一度のまちがいが一生の後悔になる.
- **一时** yīshí ①ある時.当時.〔此~彼~〕今は今,昔はあの時.〔~无出其右〕一時その右に出るものがない.②ちょっとの間.しばらくの間.〔~回不来〕ここしばらくは帰れない.〔~不能报答〕ちょっとやそっとで報恩はできない.③一時の.その時限りの.〔不过是一侥幸〕ほんの一時の僥倖(ぎょうこう)です.〔~高兴,唱了一首歌儿〕ふと調子に乗って歌をうたい歌った.〔不小心,出了个意想不到的错误〕一とした不注意から,思いがけないまちがいをでかした.〔~…,~…〕ある一定の時間内に交替することを表す.〔~晴,~雨〕時には晴れ,時には雨.〔~断,~续〕中断したり続いたり.
- **一时半会儿** yīshí bànhuìr =〔一时半刻〕〔一时半时〕ちょっとの間.しばらくの時間(では)(…しない).〔他们~不会走吧!〕彼はしばらくは出かけっこないでしょう.〔修铁道不是~就可以完成的〕鉄道の敷設はわずかの時間でできることではない.
- **一时半刻** yīshí bànkè 同上.
- **一时半时** yīshí bànshí ⇒〔一时半会儿〕
- **一石二鸟** yīshí èrniǎo〈成〉一石二鳥.
- **一石激起,千层浪** yīshí jīqǐ, qiāncéng làng 一 石を投じて大きな反響を巻き起こす.
- **一时间** yīshíjiān ①しばらくの間.②突然.
- **一时一刻** yīshí yīkè〈慣〉①時々刻刻.②短い時間.
- **一世** yīshì ①生涯.〔一生~〕一生涯.②一世.当代.〔~之雄〕時代の英雄.
- **一事** yīshì〈口〉(組織上·業務上)同一であること.同じ系統に属すること.〔我们和对面的饭馆是~〕向かいの料理屋もうちの系列です.
- **一是** yīshì〈文〉一切.委細.〔敬悉 xī ~〕〔謹〕委細拝承いたしました.
- **一事不再理** yīshì bùzàilǐ〔法〕一事不再理(ふさいり).
- **一世界** yīshìjiè〈方〉どこもかしこも.そこら中.
- **一式两联** yīshì liǎnglián 2枚1組(の).2枚ワンセット(の)
- **一视同仁** yīshì tóngrén〈成〉一視同仁.すべてのものを同様に見なすこと.
- **一事无成** yīshì wúchéng 一つの事すら成しとげられない.何事もできない.
- **一是一,二是二** yīshìyī, èrshìèr〈諺〉一は一,二は二.〈喩〉ごまかしをしない.きちんとしていること.
- **一手** yīshǒu ①一人.一人の手.〔这是他~造成的错误〕これは彼一人でしでかした間違いだ.〔~伪造〕一手に偽造する.②ある種の芸能または腕前.〔学得~好枪法〕立派に槍法を会得した.〔他能写~好字〕彼はうまい字を書く.〔露~给他看看〕腕前を見せてつけ.〔~儿〕手.計数.〔你少跟我来这~吧〕そんな手には乗らないよ.④両人一杯.一方,片方.〔~…~…〕の形で用いる.〔~交钱~交货〕一方では金を渡し一方では商品を渡す.金と物を引き換える.⑥〔商〕(株式の)100株.
- **一手包办** yīshǒu bāobàn〈慣〉一手に引き受ける.〔什么事他都~〕彼はどんな事でも引き受けてくれる.
- **一手货** yīshǒuhuò (直接メーカーから入れた)新品.→〔二 èr 手货〕
- **一手托两家** yīshǒu tuō liǎngjiā〈喩〉一人で両方の仕事をする.〔我在中间儿~对哪边偏了都不行〕わたしは中間について両方の事をやっているので,どちらに偏してもいけないのです.
- **一手一足** yīshǒu yīzú〔一手一脚〕ともいう.〈喩〉一人·一人.一人の力量所能及ぶ的〕一人や二人の力でやれることではない.
- **一手遮天** yīshǒu zhētiān〈成〉権力をかさにほしいままに振る舞い,衆人の耳目をふさぐこと.
- **一竖** yīshù 〔国〕漢字の縦の一本棒."丨".→付録1
- **一水儿** yīshuǐr〈口〉全部.一色.〔~新〕全部新しい.〔麦子长得~齐〕麦が一様に長くのびている.
- **一水之隔** yīshuǐ zhī gé 一筋の狭い水による隔り.〔一水相隔〕〔一水相连〕ともいう.〔中日两国只有~,来往便利〕中日両国は一衣帯水の隔たりがあるだけで行き来が便利である.→〔一衣带水〕
- **一瞬** yīshùn 一瞬間.瞬く間.〔~间〕同前.
- **一顺百顺** yīshùn bǎishùn 万事が都合よくなる.〔祝您~〕万事が都合よくなるようお祈りします.
- **一顺儿** yīshùnr〈方〉方向や順序がまっすぐにそろっている.〔新建的住宅小区,~都是朝南的楼房〕新しい団地の家はそろってみな南向きのビルだ.〔这两只手套是~的〕この手袋は両方とも左手(右手)だ.
- **一说** yīshuō 一説.〔~是〕一説である.
- **一丝** yīsī ほんのちょっとの.ごく少ない.〔~不苟 gǒu〕〈慣〉少しもいい加減にはしない.きちんとしている.〔~不挂 guà〕〈慣〉一糸もまとわない.素裸である.〔~一毫 háo〕ごくわずか.ひとかけら.〔他~一毫也不肯让步〕彼は1本の毛ほども譲歩しない.
- **一死了之** yīsǐ liǎozhī〈成〉死によってけりをつける.
- **一死儿** yīsǐr〈方〉どこまでも.是非とも.一途に.〔这个女的~非嫁给他不可〕この女はどうしても彼と一緒になるというのだ.
- **一似** yīsì ⇒〔一如〕
- **一俟** yīsì〈文〉…し次第.〔~需要,再行联系〕需要あり次第改めてご連絡申し上げます.
- **一岁口** yīsuìkǒu 当歳駒:ラバや馬などの年齢はその歯の数を数える.〔三岁口〕という.〔这匹马~只有〕この馬はまだ若歳だ.
- **一塌刮子** yītāguāzi〈方〉一緒くたに.全部.〔一个新毕业生下了内外科,外科,小儿科,妇产科等~包下来是很困难的〕一人の新卒ですぐ内科·外科·小児科·産婦人科など十把ひとからげに持つなんて難しい.〔一 guī 了包揽〕
- **一塌糊涂** yītā hútú でたらめ(に).むちゃくちゃ(に).めちゃくちゃ(に).〔屋子里乱得~〕部屋がめちゃくちゃに散らかってある.
- **一胎率** yītāilǜ 年間出生数における一人っ子率.
- **一摊子** yītānzi いろいろとたくさんあること.〔~的东西〕以下略
- **一潭死水** yītán sǐshuǐ〈慣〉はけ口のないたまり水:長年変化のないこと.
- **一体** yītǐ 一体(となる.である).〔成为~〕一体に.〔~化〕一体化(する).②みな同様に.全体に.〔~治罪〕同じように処罰する.〔合行布告,~周知〕ここに布告して全体に周知せしめる(旧告示用語)
- **一天** yītiān ①空一面.満天:ふつう〔满天〕〔~的星星〕空一面を指す場合,また日中のみを指す場合もある.〔请一假〕一日休暇をとる.〔下了~雨〕一日中雨が降った.〔~一夜〕一昼夜.③〈口〉一日中:〔整 zhěng 天〕の意.〔忙了~〕一日忙しかった.④ある日.〔~,他又

一 yī

来了]ある日,彼はまたやって来た. ⑤同じ日.〔他们俩是～生的]あの二人は同じ日に生まれた.

一天到晚 yītiān dàowǎn 朝から晩まで.毎日.〔～呆在家里]明けても暮れても家に閉じこもっている.

一天地 yītiāndì 〈方〉農地面積の単位.〔一亩 地〕〔一垧 shǎng 地]ともいう.一般には15〔亩 mǔ〕→〔垧〕

一条道儿走到黑 yītiáodàor zǒudào hēi 〈喩〉とことんやる.徹底的にやる.一途にやりぬく.一本気である.〔大家都劝他换个法子试试,他偏不听,还是一地下干去]皆は彼にやり方を変えてみようと勧めたが,彼はどこまでも聞こうとせず馬鹿の一つ覚えでやっていた.

一拾街 yītiáojiē ①特定の業種の店が集っている街.〔食品～]食品街.②社会活動上の特徴をもった街.

一条龙 yītiáolóng ①一匹の竜.〈転〉一列になる.〔十几辆汽车排成～]十数台の車が長蛇の列になる.②〈喩〉生産の各部分・企業各部門の一本化.〔～协 xié 作]タイアップ.〔～服务]一貫サービス.〔企业之间的大协作]企業間の一本化という大規模な協力. ③(マージャンで)一気通貫の役:1から9まで連続した同種の牌をもつ,すなわち,123,456,789の三つの順子を含んだあがりのことで,この9個以外は任意の組み合わせでよい.

一条泥鳅掀不起大浪 yītiáo níqiū xiānbuqǐ dàlàng どじょう一匹では大波は立たない.〈喩〉限られた力しか持たないものは大したことを起こせない.

一条腿儿 yītiáotuǐr 一本の足.

一条线拴俩蚂蚱 yītiáoxiàn shuān liǎ màzha 〈諺〉1本の糸で2匹のバッタをつなぐ:互いに関係を絶てない.くされ縁.〔～,跑不了他,也跑不了你]1本の糸につながれているくされ縁で,彼も逃げられないし,きみもとび出せない.

一条心 yītiáoxīn 一つの心.心を一つにする.〔大家都是～]みんなは心を一つにしている.

一停儿 yītíngr 何等分かに分けたうちの一つ:10等分の場合〔～]〔一成]に同じ.〔一点人马,三停儿只剩～了]人馬を点検して見ると3分の1しか残っていなかった.〔五停儿的～]5分の1.

一通百通 yītōng bǎitōng 〈成〉一つが通ると百が通る.一つうまくいけば万事すらすらと運ぶ.→〔一窍百了〕

一同 yītóng 一緒に.〔～欢渡新年]一緒に楽しくお正月を過ごす.→〔一块儿①〕

一统 yītǒng 統一する.〔～江山]天下を統一する.〔～天下]一人天下.

一通(儿) yītòng(r) ひとしきり:〔一阵]に同じ.

一头 yītóu ①頭全体(に).〔～白发 fà]白髪頭.〔招qiā 了些野花,插了～]野の花を摘んで頭じゅうにさした. ②[-儿]一端.はし.〔这～]こちらのはし. ③[-儿](相対する両派の一方).〔他站在我们这～]彼は我々の味方だ. ④頭一つ分の(高さ).〔弟弟比我还高～]弟の方が頭一つ背が高い. ⑤頭部の突然の動作を指す.〔～扑在娘怀里]いきなり母親の胸に倒れこんだ.〔～倒在床上]どさっとベッドに倒れこんだ. ⑥没頭する.打ち込む.〔～埋 mái 进资料堆里]資料に没頭する.〔前边几車,～撞过来]前方から車が来て,突然つきあたってきた. ⑦[-儿]片方で.一方で.〔～…,～…]つつ…する.〔～播橹,～唱歌]櫓をこぎながら歌を歌う.

一头计算 yītóu jìsuàn 片落ちの計算(利子計算の場合の).〔两 liǎng 头计算〕

一头沉 yītóuchén 〈口〉①えこひいきする.一方に

片寄る. ②片袖の事務机.

一头儿热 yītóurrè 〈口〉片思い:〔单 dān(相)思]に同じ.

一头雾水 yītóu wùshuǐ 〈喩〉頭の中がこんがらがってわけがわからなくなる.困惑するさま.

一吐为快 yītǔ wéikuài 思うことをずけずけ言って気晴らしとする.

一团和气 yītuán héqì 〈喩〉①和やかな空気に満ちている.大変和やかである.②是非をはっきりさせないなれあい的な態度.〔保持～]あいまいな雰囲気を保つ.

一团漆黑 yītuán qīhēi ⇒〔漆黑一团〕

一团糟 yītuánzāo めちゃくちゃにもつれていること.収拾がつかないこと.〔把事情搞得～]仕事をめちゃくちゃにしてしまった.

一推二靠三不管 yītuī èrkào sānbùguǎn 〈慣〉責任を他人に押しつけ,他人を頼りにし,自分は何もしない(無責任な態度)

一推了之 yītuī liǎozhī ①端に押しやり,それでよしとする.責任逃れをする.②まともに相手にしない.門前払いを食わせる.

一推六二五 yītuī liù'èrwǔ 同下.

一退六二五 yītuì liù'èrwǔ =〔一推六二五〕珠算の換算法の口訣の一:割る16は(0.0)625.〈転〉けっこむ.ひきさがる.責任逃れをする.〔退]を〔推]の意味にかける.〔他开始倒是很热心,现在～,打了退堂鼓了]彼は初めにはたいへん熱心だったが,現在は責任をそそ押しつけて引っ込んでしまった.

一碗水端平 yīwǎnshuǐ duānpíng 公平である:〔一碗水往平里端]ともいう.〔老天爷在上头,咱们可是～,谁也不许屈了谁]おてんと様が上にございっしゃる,わしらは公平にして誰にせよほかの人をいじめるようなことがあっない.

一万公尺赛跑 yīwàn gōngchǐ sàipǎo ⊠〕1万メートル賽競走]ともいう.

一网打尽 yīwǎng dǎjìn 一網打尽(にする)

一网情深 yīwǎng qíngshēn インターネット上の恋愛に深入りする.〔一往情深]のもじり.

一往情深 yīwǎng qíngshēn 〈成〉感情を一途に深まっていく.ひたすら憧れる.

一往无前 yīwǎng wúqián 困難を恐れす勇敢に前進する.〔本着死而后已的精神]"死して後已む"の精神に基づいて勇敢に前進したのであった.

一望无际 yīwàng wújì 〔一望无边]ともいう.〈成〉一望千里.見わたす限りはてしない.〔～的田野]見わたす限りの原野.

一苇可航 yīwěi kěháng 〈成〉葦の筏でも渡れるくらい川が狭いこと.

一味 yīwèi ①一途に.どこまでも.〔他～支吾,老不肯认]彼はどういうわけがいいかげんなことばかり言っていて,いつまでもやろうとしない.〔～读书]一途に勉強する.〔～盲目执行]ひたすら盲目的に実行する. ②漢方薬の一種を指す.〔～药]一種類の薬(漢方)

一文 yīwén 1文銭.銭1文.〔～不值]1文の値うちもない.〔～不名]一文無し.〔我口袋里已经～不名了]財布からもうからっぽだ.〔～钱怒 bī 倒英雄汉]英雄も1文に泣く.

一问三不知 yīwèn sān bùzhī 絶対に知らないと言う.とことんしらをきる.〔问他什么,都是～]何を聞いても,彼は知らぬ存ぜぬの一点張りだ.

一窝 yīwō [-儿,-子]子猫や子犬など一腹に生まれたもの.〔这只花猫和那只黑的是～儿]この三毛猫とあの黒猫とは一腹だ.

一窝蜂 yīwōfēng 蜂の巣をつついたような騒ぎ.〔大家～似的跑去看热闹了]わっと皆がかけ出してやじ馬見物に行った.

yī

一窝丝 yīwōsī ①〖食〗細い麵.そうめん.②回丸く束ねた髮型(女性の).

一无 yīwú 全然ない.何もない.[～所长 cháng]何も得意なものがない.[～所获]何も収穫がない.[～所见]全く目に入らない.[～所能]一つもできるものがない.[～所知]何もわからない.何も知らない.[他办事为人(～可取)]彼の行動や人柄は何の取り柄もない.

一无是处 yīwú shìchù 〈慣〉少しもいいところがない.何一つ取り柄がない:[无一是处]ともいう.[不能因为有缺点就说他(～)]欠点があったからとて,彼が少しもいいところがないと断定はできない.

一无所得 yīwú suǒdé 全然得るところない.[出了一趟国,流浪了几年,还是～]外国へ行き,数年間流浪しただけで,何も得るところはなかった.

一无所有 yīwú suǒyǒu 一物もない.無一物.[除了一身衣服以外,～]服一着のほか何もない.

一五一十 yīwǔ yīshí 〈成〉一部始終.少しも漏らさず元のまま.→[从 cóng 头到尾]

一物降一物 yīwù xiáng yīwù 〈慣〉どんなものでも必ずそれをおさえつけるものがある.上には上がある.達人にも苦手がある.

一误再误 yīwù zàiwù 〈慣〉たびたび間違う.再三誤りを犯す.[你要趁早儿悔改,不可～啊]きみは早く改悛しなければならない,たびたび間違っていたのではいけない,[一着 zhōng 不慎,～于终身]再三誤りを犯し,後には一生を棒にふる.

一息尚存 yīxī shàngcún 息のあるかぎり.生のある限り.[～我～就一定奋斗到底]わたしの息がある限り必ず最後まで奮闘する.

一席话 yīxíhuà 一席の話.[我听了他的～,才恍 huǎng 然大悟]わたしは彼の一席の話を聞いて初めてはっと悟った.

一席之地 yīxí zhī dì 〈慣〉わずかな場所.

一系列 yīxìliè 一連の.[采 cǎi 取了～措施]一連の措置を採った.[～的政策]一連の政策.[国内外～重大而迫切的問題]国内外の一連の重大かつ差し迫った問題.

一下 yīxià 〖一儿,-子〗①1度.1回.[打了～]1度打った.1回たたいた.[他敲了一钟,把大家都惊動了]彼はカーンと鐘をたたいて,みんなをびっくりさせ,目を覚まさせた.②ちょっと.すぐに.さっ(さ)と.[～就把他们从党内肃清了]一遍でさっそく彼らを党内から粛清した.[不能～肃成]一気に完成することはできない.③〔動詞の後につけて〕"ちょっと…してみる"の意味を表す.[看～]1回見る.ちょっと見る.[我先打听～]とにかくちょっと聞いてみよう.④いきなり.急に.とたんに.[天气～变冷了]天気は急に寒くなってきた.[～失脚掉了下去]とたんに足をすべらせて落ちた.

一显身手 yīxiǎn shēnshǒu 〈成〉腕前をあらわす.

一线 yīxiàn ①狭い.細い.わずかである.かすかである.[～光明]一筋の光明.[～生机〈書〉の望み].[你别灰心,前途还有～希望]落胆するな,前途に一縷の望みはある.②(職場や戦場での)第一線.最前線.[～员工]生産ライン従業員.

一线通 yīxiàntōng 〖電算〗(狭帯域)ISDN.

一厢情愿 yīxiāng qíngyuàn [一相情愿]とも書く.〈成〉一人決め.片思い一人よがりの考えで物事を処理すること.一方的な願望の基礎の上にうちたてる.→[厢房][两 liǎng 厢]

一向 yīxiàng ①このごろ.近来.最近.一貫して.[这～忙不忙?]近ごろはお忙しいですか.[您这～好啊]その後お元気ですか.②もともと.これまでずっと.[～如此]もともとそのようでした.[他～俭朴]彼は平素から質素だった.

一小半 yīxiǎobàn 半分足らず.

一小撮(儿) yīxiǎocuō(r) 少数の.ほんのひとつまみの.取るに足らぬ.[～法西斯匪徒]少数のファシストども.[这菜只要放～盐就够了]この料理には塩をちょっとつまんで入れれば十分だ.[土地成为～土地占有者的私有财产]土地が少数の土地所有者の私有財産になる.

一小儿 yīxiǎor 〈口〉子どもの時から:[从 cóng 小(儿)]に同じ.[他～就学外国话,所以讲得很好]彼は子供の時から外国語を学んでいるので,たいへんよくしゃべれる.

一笑了之 yīxiào liǎozhī 〈成〉一笑に付す.相手の言い分を無視する.

一笑置之 yīxiào zhìzhī 〈成〉何でもないように軽くあしらう.[他涵 hán 养很好,无论大家怎么取笑他,他总是～]彼は人間ができていて,みんながどんなに冷やかしても,いつも相手にしない.

一些 yīxiē ①若干の.少しばかり(の).なにがし(かの).いささか(の).ある種の.何らかの.[学习和掌握了～生产技能]いささかの生産技術を学び会得した.[有～但是不多]少しはあるけど多くはないよ.→[好 hǎo 些①]②いくつかの.[他曾担任过～重要的职务]彼はかつていくつかの重要なポストについたことがある.

一歇 yīxiē ⇒[一会儿①]

一些个 yīxiēge 少数の(個数で表し得るもの).[～人]少数の人.

一些些 yīxiēxiē ごく少し.ごく少数.[只要～就够]ほんのほんの少しでいい.

一蟹不如一蟹 yīxiè bùrú yīxiè 〈喩〉だんだんと劣ってくる.[世风不古,江河日下,～]世間の気風が軽薄化し,日ごとに悪くなる.

一泻千里 yīxiè qiānlǐ 〈慣〉川の水が勢いよく流れるさま.〈喩〉文章が奔放で速いこと.

一心 yīxīn ①心を一つにする.同じ気持ちになる.[万众～]大衆が心を一つにする.②一心に.専心.ひたすら.[～为人民服务]一心に人民に奉仕する.[他～要打倒对方]彼はひたすら相手を打倒しようとしている.

一新 yīxīn 一新する.[房屋修饰～]家屋は飾られてすっかりきれいになった.[令人耳目～]人々に新鮮な驚きを与えた.

一心为公 yīxīn wèigōng 〈慣〉全力で公のためにつくす.

一心向往 yīxīn xiàngwǎng ひたすら心をよせる.

一心一德 yīxīn yīdé ⇒[同 tóng 心同德]

一心一意 yīxīn yīyì 専心.一途に.心から.

一星半点儿 yīxīng bàndiǎnr ごく少し(の).些細な.[白念了几年书,得到不到～的好处]数年間むだな勉強をした,少しの得るもの得なかった.

一星儿 yīxīngr 〈口〉ごく些細な.ごく少し(の).

一行 yīxíng (旅行者の)一団.一行.[我们～十五人]我々一行は15人です.→[～háng]

一宿 yīxiǔ 一夜.一晩.[住了～]一晩宿泊した.

一言 yīyán 一言.ひとこと.[～不发]一言も言わない人,うんともすんとも言わぬ.[～为定]一言で約束する.必ずそうする(約束する際に用いる).[～难尽]一言では言い尽くせない.[～半语]ちょっとした言葉.[～半句]一言半句.[～九鼎]一言がずしりと重味のあること.[以～以蔽 bì 之]一言で概括して言うならば.[～一行 xíng]言うことやること.全ての言動.[～兴邦,～丧 sāng 邦]たった一言で国を興すこともあり,国を失うこともある.[既出,驷马难追]一度口に出したらもう取り返しがつかない.

一言堂 yīyántáng ①回[～]と書かれた商店に掛けられていた額:掛け値なしであることを表した.②〈喩〉

一 yī

独断.独裁.鶴の一声.〔～主〕お山の大将.ワンマン.〔只有加强集体指导,搞群言堂,不搞~,才能充分发挥集体智慧〕集団指導を強め,独断的ではなく,大衆に発言の場を与えることこそが,集団の知恵を十分に発揮させることができるのである.

一眼 yīyǎn ①ひと目で.〔～看中 zhòng〕ひと目で気に入った.②ざっと見る.一瞥する.〔抬头看了～就走了〕頭を上げてちょっと見ただけで行ってしまった.③井戸を数える.〔～井 jǐng〕一つの井戸.

一阳来复 yīyáng láifù ＝〔一阳生〕〈成〉(冬至に)陰が極まって陽が生ずる.発展幸運に向かう.〔～,万象更新〕同例:年の初めの枕言葉.

一阳生 yīyángshēng 同上.

一氧化二氮 yīyǎnghuà èrdàn ⇒〔氧化亚氮〕

一氧化铅 yīyǎnghuà qiān〔密 mì 陀僧〕

一氧化碳 yīyǎnghuà tàn 化 一酸化炭素.

一样 yīyàng 同じ.同様である.〔这个和那个～〕これとれは同じにだ.〔同是一个汉字,中日两国各有各的用法,意思也就不一了〕同じ漢字ではあるが,中日両国にはそれぞれの用法があって意味も異なっている.

一咬牙 yīyǎoyá 〈慣〉歯を食いしばる.心を鬼にする.

一叶蔽目 yīyè bìmù ⇒〔一叶障目〕

一夜夫妻百夜恩 yīyè fūqī bǎiyè ēn 〈諺〉夫婦の情愛の深いこと.〔夜〕は〔日〕ともいう.〔～,百日夫妇辈子亲〕同例.

一夜情 yīyèqíng 〈喩〉ゆきずりの情.

一叶障目 yīyè zhàngmù ＝〔一叶蔽目〕〈喩〉細かい物に目をとられて大きい物が見えない.〔～,不见泰山〕同例.

一叶知秋 yīyè zhīqiū 〈成〉小さな事象から事物発展の大勢を予測し得ること.〔一叶落而天下秋〕同前.〔他这次失败,从此就全完了〕一葉落ちて秋を知るだ,彼は今度の失敗で,もうだめになるだろう.〔一叶落知秋〕.

一一 yīyī ひとつひとつ.逐一.〔予以说明〕ひとつひとつ説明してあげよう.〔把事情的经过一告诉我〕事の経過を逐一話してください.

一……一…… yī…zài… 同義・類義,あるいは反義の単音節名詞・形容詞・動詞を前後に入れて熟語を作る.ⓐ全部の意を表す.〔～生～世〕一生一代.ⓑくわずかであることを表す.〔～草～木〕一木一草.草1本.ⓒ対照を表す.〔～山～水〕山と川.ⓓ関係を表す.〔～公～私〕公と利子.ⓔ動作の連続を表す.〔～歪～扭〕こっちへよろよろあっちへよろよろ.ⓕ二つの動作が相対応して行われることを表す.〔～问～答〕一問一答.ⓖ相反する方向や動作を表す.〔～来～往〕行ったり来たり.〔～长～短〕一長一短.

一衣带水 yī yīdài shuǐ 〈成〉一衣帯水.一本の帯のような水(河,海).河・海を隔てた隣国との親密な関係を表す.→〔一水之隔〕

一以贯之 yī yǐ guànzhī 〈成〉一つの理ですべてを貫く.終始一貫する.

一意孤行 yīyì gūxíng 〈成〉ひたすら自分の意見を通す.我意を通す.〔他完全不采纳大家的意见,只是～〕彼は全くみなの意見を採用せないで,ただ自分の意見を通す.

一应 yīyìng 全て.一切.〔～俱 jù 全〕〈成〉すべてのものがみなそろっている.

一拥 yīyōng ひと押しどっと.〔～而上〕群衆がどっと押し寄せていく.

一隅 yīyú 片隅.すみっこ.〔～之地〕僻地.〔～三反〕〈成〉一隅を聞いて十を知る.〔举 jǔ 一反三〕に同じ.〔隅反〕

一语道破 yīyǔ dàopò 〈成〉(複雑あるいは言いにくいことを)一言で喝破する.〔一口道破〕ともいう.

一语破的 yīyǔ pòdì 〈成〉一言でずばり問題点を言い当てること.〔一语中的 zhòngdì〕ともいう.

一语双关 yīyǔ shuāngguān 〈成〉一つの語が二つのことにひっかかりをもつ(両方の意味を持つ).→〔双关语〕

一元方程 yīyuán fāngchéng 数 一元方程式.

一元化 yīyuánhuà 〈動〉一元的なものとする.統一集中する.②一元化.

一元论 yīyuánlùn 哲 一元論.

一匝 yīzā 一周.〔人造卫星几个钟头就绕 rào 地球～〕人工衛星は数時間で地球を一周する.

一再 yīzài 何度も.重ねて.繰り返し.〔～提出抗议〕重ねて抗議を提出した.→〔屡 lǚ 次〕

一……再…… yī…zài… 動作をくり返し行うことを表す.〔一错 cuò ～错〕何度も間違える.〔一延 yán ～延〕何度も延期する.

一遭(儿) yīzāo(r) 1回.〔～生,两遭儿熟〕〈諺〉初対面では他人でも二度めは知人.初めは慣れていないが,繰り返してやれば慣れてくる.

一早(儿) yīzǎo(r) 〈口〉早朝.〔明儿～〕明日早朝.

一造 yīzào ①法 訴訟当事者の一方.〔～有理,～没理〕一方は理があるが,一方は理がない.②婚姻の相性を見る時,男の方を〔男造〕(乾 qián 造)といい,女の方を〔女造〕(坤 kūn 造)という.その一方を～という.③〈方〉農作物の1回の収穫.

一则 yīzé ①一項.一条.〔他摘出～新闻报道讲解时局〕彼は新聞記事を一項とり出して時局を解説する.②第一に.一つには.〔…～…二则〕項目をあげて説明する.〔～要慎重,二则要积极〕第一に慎重に,第二には積極的に.

一闸 yīzhá〔头 tóu 档〕(自動車の)第一段(ロー)のギヤによる速度.〔～起车,二闸上坡,三闸加快,倒 dào 闸任后退〕ローギヤで発車し,セカンドギヤで坂を上り,サードはずっとスピードが出る,ギヤを逆に入れればバックする.

一拃 yīzhǎ 親指と中指を直線にのばして測る長さ.〔一 kuān〕同前の幅.

一眨眼 yīzhǎyǎn まばたきを一つする間.一瞬間.〔～的工夫〕同前.

一斩齐 yīzhǎnqí ①整然たるさま.〔学生们都穿上了～的制服〕学生はみなそろいの制服を着ている.②一様に.一律に.

一战 yīzhàn〔第 dì 一次世界大战〕の略.→〔二 èr 战〕

一站式服务 yīzhànshì fúwù ⇒〔一门式服务〕

一张一弛 yīzhāng yīchí 〔一紧一松〕〈成〉張り切ったりたるんだり.働いたり休んだり.

一长(负责)制 yīzhǎng (fùzé)zhì 企業(工場)長単独責任制.

一掌金 yīzhǎngjīn 旧算法の名.手の指を算盤の代わりにして計算するやり方.

一丈青 yīzhàngqīng 〈白〉一端が耳かきになっている女性の簪(㋡).

一招 yīzhāo 同下.

一着 yīzhāo〔一招〕①方法.〔我没防他这～〕わたしは彼のこの一手に備えなかった.→〔花 huā 招(儿)〕②一手(碁などの).〔这～棋好厉 lì 害〕この手は厳しいね.〔一不慎,满盘皆输〕〈喩〉一石の打ち違いで全局が負ける.

一朝 yīzhāo 一朝(ᵃ).一時.〔～变泰 tài〕一時に運が開ける.

一朝被蛇咬,十年怕井绳 yīzhāo bèishé yǎo, shínián pà jǐngshéng 〈諺〉蛇にかまれたことのある人は,10年後に井戸のつるべの縄を見ても怖がる.

一招一式 yīzhāo yīshì (演武や武術の)型に忠実な

yī 一弌衣

動作.型通りにやる動作.→[招式]

一朝一夕 yīzhāo yīxī 〈喻〉短時日.一朝一夕.[非～之功]一朝一夕にできるものではない.

一折 yīzhé ① 囲 ひとくぎり.一節.一段落:元代雑劇の構成は原則として[一本四折]といわれ,一つの劇は4幕をもって構成されている.その一幕を[～]という.→[元 yuán 曲] ②全価格の10分の1.[打九折]9掛け,すなわち1割引き.→[一成]

一者 yīzhě 一つには……一つには……:項目を並べる.[一則]に同じ.

一針見血 yīzhēn jiànxiě 〈成〉そのものずばり.急所を突く.→[开 kāi 门见山]

一針一线 yīzhēn yīxiàn 〈喻〉極めてわずかな物.

一枕黄粱 yīzhěn huángliáng ⇒[黄粱(梁)梦]

一阵 yīzhèn [～儿,～子](連続動作のある時間続く)1回.1場.ひとしきり:[一通(儿)に同じ.[～雨]一陣の雨.[空谈～,东之高阁,并不实行]すべりするだけで,棚上げしてしまって,実行しない.→[一乏子]

一阵风 yīzhènfēng 〈喻〉①風のように.さっと:素早いさま.②ひとしきり:長続きはしないこと.

一整套 yīzhěngtào 〈喻〉系統的である.[～的战术]系統だった戦術.

一怔 yīzhèng ぎょっとする.はっとする.

一知半解 yīzhī bànjiě〈贬 或 或〉生かじり.生半可な知識.[全懂或全不懂都好み,就怕遇见个～的人,那可就麻烦了]すっかりわかっているか,何もわからないかはどちらもやり易い,一知半解の人間に会うとちょっとおそろしい.

一枝独秀 yīzhī dúxiù 〈成〉ひとりだけ他より抜きん出ていること.

一枝花 yīzhīhuā ①4個のさいころをなげて,1,2,3,4の数がでること.②〈喻〉(美貌の)妻.[家中还有～]家には妻もある.

一直 yīzhí ① まっすぐに.[～走]まっすぐに行く.②連続して.[这雨一下了两天]この雨はやみなく二日も降り続いている.③ずっと(に):物事の及ぶ範囲を表す.[全国从老人～到小孩儿几乎没有不知道的]全国で年寄りから子供まで知らない人はいない.

一纸空文 yīzhǐ kōngwén 全然役に立たない文書.

一致 yīzhì 一致(する).[言行～]言行一致.[完全～びったり一致する.[步调～]足並みがそろう.[～意见]コンセンサス.共通認識.[～指标] 経 一致指標.

一掷千金 yīzhì qiānjīn 〈成〉大金を投じて賭博をする.大金を浪費する.[一掷百万][千金一掷]ともいう.

一掷乾坤 yīzhì qiānkūn 〈成〉(八卦で)一か八(ば)か:天下を賭けての乾坤(けん)一擲(さ),大勝負をする.

一周儿 yīzhōur ① 一回り.②周り.③子どもが満1歳になったこと.[一周岁]ともいう.→[抓 zhuā 周(儿)]

一柱擎天 yīzhù qíngtiān 1本の柱で天を支える:一人で天下の重任に任ずる.→[一木难支]

一专多能 yīzhuān duōnéng 一つの專門技術(知識)に通じ,なおかつ他のことも多くできる(人).

一转眼 yīzhuǎnyǎn 短い時間.

一准 yīzhǔn 必ず.あくまで.絶対に.[我一回去]わたしは必ず帰る.[～去办,绝不拖]必ずやる.

一子兼桃 yīzǐ jiāntiāo (兄弟二人のどちらかしか子がない場合)その子に両家を継がせること.[一子两不祧][一房门守着一个]ともいう.

一字 yīzì ① [～儿]横一文字(に).[～摆 bǎi 开]一列に並ぶ.[～长蛇阵]うなうねと一列をなしているさま.②一字.一言.[～不差 chā]一字の違いもない.言葉のとおり.[～千金]文字・詩文の極めて立派なこと.[～一珠]〈喻〉玉をころがすようなよい歌声.

一字一板 yīzì yībǎn ①一言一言がはっきりしている.歯切れがいい.[说的～的清楚极了]歯切れがよくて非常にはっきりしている.②きちんとして乱れのないこと.

一总 yīzǒng ① [～儿]合計で.総計で.[共 gòng 总] ②全部.結局.[～是你的错儿]すべてきみのまちがいだ.

一坐窝儿 yīzuòwōr [方]①最初.初め.[这事～就不该那么办]このことは最初からそうしてはいけなかったのだ.②一気に.いっきょに.[还是～弄出来吧,一搁下又耽 dān 误日子了]一気にやってしまいなさい,一度中断するとまたのびのびになるから.

〔弌〕 yī 一の古体.[弌]は二,[弎]は三の古体.→[壹]

〔衣(衤)〕 yī ①衣服.着物:古制では[裳 cháng①](はかま)に対し上衣をいった.[穿 chuān ～吃饭][～食]衣食.[上～]上着.[大～]オーバー.[雨～]レインコート.[风～]晴雨兼用のコート.[外～]外套.[内～]肌着.[～足食]〈成〉着るものが豊かで食べるものも十分である.②(物の外側の)ころも.コーティング.[糖 táng ～]糖衣.[笋的～][～笋]竹 bāo 掉]笋の皮をむく.[肠～是中国的大宗出口货]腸詰用の羊腸は中国の大口の輸出品だ.③〈文〉着る.④中医 後産(ぎ).⑤〈姓〉(姓)衣.→yì

衣摆 yībǎi 図 服のすそ.

衣包 yībāo 囲 祖先を祭る際の紙の衣裳と[纸钱]を入れた紙袋.

衣胞 yībāo 胞衣(な).[中医胞衣][子衣]ともいう.[～要埋在院子里,别叫狗吃了]えなは庭に埋めて,犬に食われないようにすること.

衣被 yībèi 〈文〉①衣服と夜具.〈喻〉かばい守る.[～苍生]〈成〉人民を庇護する.②恩沢を施す.

衣钵 yībō ① 囲 (仏教の)師僧から弟子へ授けられる衣(え)と鉢.②〈転〉受け継ぎ伝える思想・学芸・技術など.[传 chuán 授～]同前を伝える.[～相传]次々と伝授する.[他继续了老师的～]彼は大変励んで先生の衣鉢を継いだ.

衣补(衤) yībǔ(r) 囲 ころもへん:漢字部首の "衤".[衣补旁]ともいう.→付録1

衣不蔽体 yī bù bìtǐ 〈成〉着物がぼろぼろだ.ぼろをまとう.

衣不解带 yī bù jiědài 〈成〉寝る時でも服を脱がないで忙しく休む間もないこと.多く看病で忙しいこと.

衣衩(衤) yīchà(r) 囲 ①袴・ズボンの裆(を)(股の部分).②中国服の両脇に入っている切り込み.または洋服のサイドベンツ:[开 kāi 衩(儿)]ともいう.

衣裳 yīcháng 囲 上衣とはかま.→ yīshang

衣橱 yīchú ⇒[衣柜]

衣带 yīdài 帯.腰ひも.

衣袋 yīdài 同下.

衣兜(儿) yīdōu(r) = [衣袋](服の)ポケット.

衣蛾 yí'é 国 イガ.

衣服 yīfu 着物.衣服.[～夹(子)]洗濯ばさみ.[～架(子)]洋服かけ.ハンガー.

衣冠楚楚 yīguān chǔchǔ 〈成〉身なりがきちんとしているさま.[看他穿得～的,怎么说话那么粗俗]うだい彼の身なりはきちんと紳士然としてるが,話すことはどうしてあんなに俗っぽいんだろうね.

衣冠墓 yīguānmù ⇒[衣冠冢]

衣冠禽兽 yīguān qínshòu [骂]獣に着物を着せたようなやつ.品性下劣にして行いが下品な者.[我拿

他当人看,谁知道他是个〜]彼を人として扱ったら,何とあいつはとんでもない下劣なやつだった.
衣冠冢 yīguānzhǒng 死者の衣冠を埋めた塚.〔衣冠墓〕ともいう.〔北京西山碧云寺有中山先生的〜]北京西山の碧雲寺に孫文先生の同前がある.
衣柜 yīguì ⇒〔衣橱〕箪笥(ダンス).
衣架 yījià ①[一儿]衣紋掛け.衣桁(イコウ).ハンガー.→〔衣服架(子)〕②柱型の帽子·外套(オウトウ)掛け:〔衣帽架〕に同じ.③体つき.スタイル.〔脸模儿,〜都过得去〕顔かたちも体つきもまあまあというところだ.
衣角 yījiǎo 上着の前すその両端.
衣襟(儿) yījīn(r)〔衣衿(儿)〕とも書いた.えり:〔衣裳襟儿〕.
衣锦还乡 yījǐn huánxiāng〈成〉故郷に錦を飾る.〔衣锦荣 róng 归〕ともいう.
衣扣 yīkòu 服のボタン.
衣裤 yīkù 上着とズボン.
衣来伸手,饭来张口 yīlái shēnshǒu, fànlái zhāngkǒu 生活の世話を他人に頼って自分はなにもしないさま:〔饭来张口,衣来伸手〕ともいう.
衣里儿 yīlǐr 服の裏地:〔衣里子〕ともいう.
衣料(儿) yīliào(r) 衣服の生地.
衣领 yīlǐng 着物の襟.
衣螺 yīluó ⇒〔蛾è螺〕
衣帽 yīmào 上着と帽子.〔〜架〕〔衣架②〕帽子·外套掛け.②〈転〉衣服.
衣帽间 yīmàojiān (ホテルや劇場などの)オーバー·帽子などの預り所.クローク(ルーム):〔存 cún 衣处〕ともいった.
衣牌 yīpái 囲銀貨の銀円に対する交換比率:上海の"銭荘"が毎日公表したもの.
衣衾 yīqīn 囲死者に着せる衣服及び夜具.〔他的病不行了,准备〜后事吧〕彼の病気はもういけない,着せかけるものを準備しよう.
衣裙 yīqún 服スカート.〈転〉ドレス.
衣衫 yīshān 服衣服.〔〜褴 lán 褛〕〔〜蓝 lán 缕〕衣服がぼろぼろなさま.
衣裳 yīshang〈口〉服.衣服:〔衣服〕に同じ.〔穿 chuān 〜]同前を着る.〔一件 jiàn 〜]1枚の服.〔〜钩 gōu(儿)]着物掛けのくぎ:〔〜架]同前衣紋掛け.衣桁(イコウ).ハンガー.〈喩〉見かけだおし.役たたず.→ yīcháng.
衣虱 yīshī 囲着衣につくしらみ.
衣食 yīshí 衣食.〔〜丰 fēng 足]衣食が十分に足る.〔〜无虞 yú〕〈成〉衣食に心配はない.〔足而后知廉 lián 耻]衣食を足らすことで廉恥を知る.〔〜父母]衣食を与えてくれる人:使用人が主人や上役のことをいった.
衣食茶水 yīshí cháshuǐ 衣食湯茶:家庭のきりもり.〔一家十口的〜都由长 zhǎng 孙媳一手操持了](老·四·惧1)一家10人の着物食物の切りもりは…すべて一番かしらの孫の嫁が一手に受け持っている.→〔油 yóu 盐酱醋〕
衣食饭碗 yīshí fànwǎn 飯の種.〔找工作不容易,得 děi 好好儿地护着〜]仕事を探すのは容易じゃない,飯の種は大切にしなくちゃいけないぞ.〔谁碴 chá 了我的〜,我跟他拼命]おれの飯の種をだめにする者は誰だろうと,命を賭けてやる.
衣食住行 yī shí zhù xíng 衣食住行:〔衣服〕〔饮 yǐn 食〕〔住〕はこれに〔行路〕(交通)を加えた.孫文(中山)はこれに〔行路〕(交通)を加えた.
衣饰 yīshì〈文〉衣服と装身具.
衣刷 yīshuā 衣服用のブラシ.
衣物 yīwù 着るものと身の回り品.
衣箱 yīxiāng 衣類箱.つづら.

衣香鬓影 yīxiāng bìnyǐng〈成〉麗しい女性の姿.〔跳舞场里〜往来徘徊]ダンスホールでは麗しい女性の姿が行きつ戻りつ踊っている.→〔钗 chāi 光鬓影〕
衣袖 yīxiù 袖.
衣鱼 yīyú ⇒〔蠹 dù 鱼〕
衣原体 yīyuántǐ 微生物:特にクラミジアをいう.
衣簪 yīzān 衣服と冠飾り:旧時の役人勤め.〔〜世家〕代々,官吏の由緒ある家柄.
衣装 yīzhuāng ①服装と持ち物.②身なり.身ごしらえ.
衣妆美 yīzhuāngměi いでたち.服装の美.
衣着 yīzhuó 身なり.服装:〔衣著〕とも書いた.〔穿 chuān 着〕に同じ.
衣租食税 yīzū shíshuì 租税により衣食する(者).〈喩〉官吏になる.役人勤めをする.

[依] yī 頼り(る).頼み(にする).〔无〜无靠〕頼りになるものは全くない.〔母子 zǐ 相〜为 wéi 命〕母と子が頼りにしあって暮らしをたてる.→〔靠 kào ③〕 ②…に依拠する(して).…に基づく(いて).〔〜照旧例办事〕しきたり·前例に従って事をなす.〔〜率计征〕率で計算して徴税する.〔〜次前进〕順々に前へ進む.〔〜我说…〕わたしの考えで言えば….③同意する.…に従う.〔你〜不〜?]言うとおりにするかね.〔这几个条件都〜了]このいくつかの条件はみな受諾します.〔您〜么呢?]どうです?彼が何で承知するのかな.〔百〜百顺]〈成〉言いなり放題になる.④〈姓〉依(イ).
依傍 yībàng 頼る.寄り添う.頼る.〔〜闽江]閩(ビン)江に沿っている.〔〜他人]人に頼る.②模倣する.〔这是一篇没有创 chuàng 造性的〜前贤的文章]これは創造性に欠け先賢を模倣した文章だ.〔〜前人]昔の人のまねをする.
依草附木 yīcǎo fùmù ①〈喩〉人の権勢を恃(タノ)む.〔〜有一地叽哦人,我不吃那套]媚を売って人を脅かすか,おれはその手はくわぬぞ.②〈喩〉いろいろな手づるに頼る.〔地攀亲尽戚拉关系]いろんな手づるで親戚の縁者だといってコネをつける.
依迟 yīchí 恋い慕う.思いをはせる.〔瞻 zhān 念丰采,不胜〜〇牍]貴方のおもかげを偲びつつ,しきりに思いをはせております.
依此类推 yīcǐ lèituī その他はこれによって類推する(ことができる).
依次 yīcì 順序に従う(って).〔〜就坐]序列どおりに座につく.〔〜办理]順次に処理する.〔排队〜购票]列を作って順序に切符を買う.
依从 yīcóng〔意見や指図〕に従う.〔事事〜]万事言うとおりにする.〔〜你的意见]きみの意見に従う.〔争他不过,只得〜了]逆らいかねてやむなく従った.
依存 yīcún 依存する.
依阿两可 yī'ē liǎngkě〈成〉言いなり放題ではっきりした考えがない.〔你这个老好人,什么都〜的]きみというこの人よしは,ご無理ごもっともで何事にもはっきりした考えがないよ.
依阿取容 yī'ē qǔróng〈成〉媚びへつらう.
依法 yīfǎ 法により.法に照らして.法の示す通りに.〔〜执行]法に照らして執行する.〔〜上诉]法により上訴する.〔〜惩办]法律によって罰せられるようにする.〔〜治国]法によって統治する.
依附 yīfù 頼りとしてつき従う.〔〜性]依存性.従属性.〔〜权贵]政界の実力者に付く.
依归 yīguī ①图〈仏教の〉帰依(する).〔〜佛祖]仏様に帰依する.②〈文〉帰着する.よる.よりすがる.〔以大家的意见为〜]みんなの意見を帰着するところする.

依葫芦画瓢 yī húlu huàpiáo 〈成〉単純に模倣する:〔依样(画)葫芦〕に同じ.

依旧 yījiù 相変わらず.元どおりである:〔照 zhào 旧〕に同じ.〔他~坐在那里看书〕彼は相変わらずぞって本を読んでいる.

依据 yījù 依拠(する).よりどころ(とする).〔~法〕法準拠法.〔~条 tiáo 约〕条約をよりどころとする(して).〔毫无~〕根拠がまるでない.→〔根 gēn 据〕〔基 jī 据〕

依靠 yīkào ①=〔依托〕②依拠する.頼りとする.〔~自己的力量…〕自分の力で….②頼りになる人や物.〔没有~〕〔无依无靠〕頼りとするものがない.

依克度 yīkèdù 〔鱼 yú 石脂〕

依赖 yīlài ①頼りにする.頼る.〔别~人〕人を頼りにしないで.〔你老帮助他就会养成他的~性〕きみがいつも彼を助けてばかりいては彼の依頼心を養ってしまうことになる.②依存する.〔~关系〕依存関係.〔工业和农业是互相~的〕工業と農業とは互いに依存している.

依老卖老 yīlǎo màilǎo ⇒〔倚 yǐ 老卖老〕

依礼 yīlǐ 礼儀(礼式)どおり(にする).〔凡事都要~而行〕すべて事は型通りにやるべきだ.

依恋 yīliàn 名残惜しい.恋々とする.〔不胜~〕非常に名残惜しい.〔回国时,对东京不已〕帰国の時には,東京にしきりと名残を惜しんだ.〔她对你这么冷淡,你还~个什么幼儿,彼女が君にだんなに冷たくしているのに,君は何でまだ恋々としているのか.

依律 yīlǜ 〈文〉法律に従う(って).〔逆伦之事~当斩〕人倫に背く事があれば,法律に従って斬罪に処す.

依米丁 yīmǐdīng 圏エメチン.

依凭 yīpíng 頼る.依拠する.②よりどころとする(もの,こと).〔有所~〕よりどころがある.

依期 yīqī =〔依限〕期限通り.期限に従い.〔~交税〕期限どおりに税を納める.〔~连运〕期日どおりすみやかに決算する.〔这批货一定可以~运到〕この商品はきっと期限どおりに輸送して到着させることができる.

依前 yīqián 〈文〉以前のとおり.〔风度~〕風格・態度は以前のとおりである.

依然 yīrán 相変わらず(である).〔~如故〕依然として元のままである.〔~故我〕〔故我~〕相変わらず元のままの自分である.あまり進歩していない.〔故国江山景物~〕故国の山河や景物は元のままである.

依人 yīrén 人に頼る.〔他的情人~小鸟似地偎 wēi 在他的身旁〕彼の恋人は小鳥のようにそばに寄り添っている.

依色林 yīsèlín ⇒〔毒 dú 扁豆碱〕

依山傍水 yīshān bàngshuǐ〔慣〕山や水に面している.

依时 yīshí 〈文〉予定どおり.〔该队~于今晚飞来〕そのチームは予定どおり今晩飛行機でやってくる.

依恃 yīshì 頼る.頼みにする.

依顺 yīshùn 従う.言うことを聞く.

依随 yīsuí 〈文〉…に従う(って行く).〔什么~丈夫〕なんでも主人に従う.

依托 yītuō よりどころ.頼り.〔在这人生地疏的地方,我只好以老兄为~了〕こんな見ず知らずの土地では,私あなたを頼りにするほかはありません.②⇒〔依靠①〕

依偎 yīwēi 寄り添う.ぴったりと体を寄せる:〔偎依〕ともいう.

依违 yīwéi 〈文〉どちらつかずではっきりしない.ためらう.〔~两可〕同時に両方にいい顔をして決心がつかない.〔言词无所~〕言うことがどっちつかずではっきりしたところがない.→〔模 mó 棱〕

依稀 yīxī ①ぼんやりと.かすかに.〔~还认得〕ぼんやりと見覚えがある.〔~记得〕ぼんやりと覚えている.②まざまざと.〔他虽然已经作古多年,可是他的为人却~仍在眼前〕彼が死んでから長い年月がたっているが,彼の人となりはまざまざと眼前にあるように感じられる.

依限 yīxiàn ⇒〔依期〕

依循 yīxún 従う.沿う.よりどころとする.

依样 yīyàng 型どおり.〔~而行〕型どおりにやる.〔~模仿〕型どおりにまねる.

依样(画)葫芦 yīyàng (huà) húlu〈成〉型どおりひょうたんを描く:創造性が無く型どおりにやる.〔小和尚~似地念经〕小僧が型のごとくに経を読む.

依依 yīyī ①慕い思う.〔不胜~〕思慕の情にたえない.〔~之情不时或应〕思慕の情は片時も忘れない.②恋々とする.〔~不舍 shě〕〈成〉恋々として思い切れない.〔~惜别〕〈成〉恋々として別れを惜しむ.〔~之感〕名残惜しむ気持ち.③〈文〉木の枝がなよやかに風になびくさま.弱々しげなさま.〔杨柳~〕楊柳が弱々しげに立っている.

依倚 yīyǐ 〈文〉頼む.頼る.〔你~谁的势力〕きみはだれの勢力を頼んでいるのか.〔~在我怀中〕わたしに頼っている.

依约 yīyuē 約束どおり.〔~履行〕約束どおり履行する.〔~而来〕約束どおりにやって来る.

依允 yīyǔn 承諾する.同意する.

依仗 yīzhàng よりかかる.頼りにする.〔生活有了~〕生活によりどころができた.〔她~着美貌讨人欢心〕彼女は美貌を頼みに人の歓心を買おうとする.

依照 yīzhào 従う.よりどころ.②…の通りに.…に従って.…によれば.〔~立法程序来说,它也是不合法的〕立法手続きから言っても,非合法なものである.〔~目前的情况…〕目下の情況に照らして….〔~遗嘱执行〕遺言のとおりに執行する.

依着 yīzhe 〔~〕によって(によれば).〔~我的意思,决不这么办〕わたしの考えでは決してこうはしない.②…の言うことを聞く.〔妈妈要是不~我,我就永远不宁宜〕(老舎・龍鬚溝)お母さんがわたしの言うことを聞いてくれなきゃ,わたしいつまでも帰らない.

依质论价 yīzhì lùnjià 商品の質による価格づけ.

[铱・銥] yī 〔化〕イリジウム:金属元素.記号 Ir.白金属の一.

铱金笔 yījīnbǐ イリジウムペン先つき万年筆:〔钢 gāng 笔〕ともいう.

[伊] yī (Ⅰ)①〈文〉助詞として主語や述語の前に置き,口調を整えるために用いる:実質的意味をもたため.〔~谁之力〕そもそも誰の力だろうか.〔下车~始〕到着早々.②〈姓〉伊(").(Ⅱ)①あの.かの.その.〔~年暮春〕その年の晩春に.②彼女,また,彼.〔看见~也一定要唾骂〕(魯・Q 3)彼女に会うと決まって悪口をあびせる.

伊比利山脉 Yībǐlì shānmài 囲〔ペリア山脈.

伊伯利胺 yībólìtuō =〔二 èr 氯二乙硫醚〕〔口〕芥jiè 子气〕〔口〕芥子瓦斯〕〔音訳〕囮 イペリット:〔伊泊赖特〕とも書く.

伊甸园 yīdiànyuán イデン エデンの園.→〔夏 xià 娃〕〔亚 yà 当〕

伊儿 yī'ér 因元代の四大汗国の一:イランを支配した蒙古王朝.のち〔帖木儿〕(チムール)に滅ぼされた.

伊尔库次克 yī'ěrkùcìkè 囲イルクーツク:シベリア南部にとある.

伊拉克 yīlākè イラク:正式国名は〔~共和国〕.首都は〔巴 bā 格达〕(バグダッド).〔~蜜 mì 枣〕ナツメヤシ,またその果実;〔海 hǎi 枣〕に同じ.

伊朗 yīlǎng イラン:〔伊兰〕とも書いた.正式国名は〔~伊斯兰共和国〕(イラン・イスラム共和国).首都

は〔德dé 黑兰〕(テヘラン).旧称〔波bō 斯〕(ペルシア)
伊犁 yīlí 〖地〗イリ:中国新疆ウイグル自治区西北部の都市.→〔迪dí化〕
伊里安岛 yīlǐ'ān dǎo 〖地〗イリアン島;〔美měi 拉尼西亚〕(メラネシア)諸島中の最大の島で〔新xīn 几内亚岛〕(ニューギニア島)ともよぶ.→〔巴 bā 布亚新几内亚〕
伊娄 yīlóu 〈姓〉伊婁(いろう)
伊吕 yīlǚ 〈文〉開国の元勲:殷の〔伊尹〕と周の〔吕尚〕の二人の名宰相.〔功lì~〕その功績は開国の元勲にも比することができる.
伊妹儿 yīmèir 〈音訳〉電E メール.電子メール:〔电diàn子邮件の俗称.
伊面 yīmiàn ⇒〔方 fāng 便面〕
伊耆 yīqí 〈姓〉伊耆(いき);〔祁〕とも書く.
伊人 yīrén 〈文〉(恋しい)あの人.あの人:多く女性を指す.〔~在何方？〕あの人はいずこにおわすやら.
伊始 yīshǐ 〈文〉…の始め(にあたり).〔开学~〕授業開始の初め(にあたって).〔建国~〕建国の初め(にあたって)
伊斯兰 yīsīlán 〈音訳〉イスラム.〔~食 shí 堂〕回民饭馆〔清 qīng 真饭馆儿〕イスラム食堂(イスラム教徒の経営する料理屋)
伊斯兰巴德 yīsīlánbādé 〖地〗イスラマバード:〔伊斯兰马巴德〕ともいった.〔巴 bā 基斯坦伊斯兰共和国〕(パキスタン・イスラム共和国)の首都.〔伊斯兰城〕は旧称.
伊斯兰教 yīsīlán jiào イスラム教:特に中国では〔清 qīng 真教〕.〔回 huí 教〕といった.〔回回教〕は軽んじた言い方.〔穆mù罕默德教〕(マホメット教)は別称.〔~教历〕〔回历〕〔回回历〕イスラム暦.
伊斯兰厅 yīsīlán tīng イスラム食堂;旅館・大食堂などに併設されているイスラム教徒用の食堂.
伊斯帕尼奥拉岛 yīsīpàní'àolā dǎo 〖地〗イスパニョラ島:西インド諸島中部の島.西側は〔海 hǎi 地〕(ハイチ),東側を〔多米尼加〕(ドミニカ)が占める.〔海地岛〕は旧称.
伊斯坦布尔 yīsītǎnbù'ěr 〖地〗イスタンブール:トルコ西部.ボスポラス海峡の港市.もと〔君 jūn 士坦丁堡〕(コンスタンノーブル)ともいった.
伊斯特尔节 yīsītè'ěr jié ⇒〔复 fù 活节〕
伊索(寓言) yīsuǒ (yùyán) 〖書〗イソップ(物語)
伊塔 yītǎ 〈音訳〉(ギリシア文字) η エータ.→〔希 xī 腊字母〕
伊威 yīwēi 〖田〗ワラジムシ(オメムシ):〔蚰威〕〔蛜蝛〕とも書く.
伊蚊 yīwén 〖田〗シマカ(総称).〔埃 āi 及~〕ネッタイシマカ:デング熱を媒介する.→〔蚊①〕
伊希焦耳 yīxījiāo'ěr 〈音訳〉〔鱼 yú 石脂〕
伊尹 yīyǐn 〖人〗殷初の名宰相.名は挚.湯王を助けて夏を滅ぼした.→〔伊吕〕
伊于胡底 yīyú húdǐ 〈文〉どこまで行ってとどまるのかわからない.〔每月入不敷出,长 cháng 此以往,不知~〕毎月支出超過で,このままいけば,どこまでゆくのかわからない.
伊郁 yīyù 〈文〉憂鬱である.〔~寡 guǎ 欢〕鬱々として楽しまない.
伊秩 yīzhì 〈姓〉伊秩(いちつ)

〔咿(吚)〕 yī

咿喇哇喇 yīlā wālā 〈擬〉ペチャクチャ:わからない言葉をしゃべる形容.〔外国人~地在说话〕外国人がペチャクチャしゃべっている.
咿喔 yīwō ①〈擬〉笑い声.②にわとりの鳴き声.③⇒〔咿呀②〕
咿唔 yīwú 〈擬〉読書の声:〔伊吾〕とも書いた.〔书~〕書の声がする.
咿呀 yīyā 〈擬〉①アーアーウーウー:幼児の言葉を習い覚えるころの声.②=〔咿喔③〕琴や櫓の音.〔櫓lǔ声~〕櫓の音がギーギーする.
咿咿 yīyī 〈擬〉①虫の音.②豚の鳴き声.

〔蛜(蛜)〕 yī 〔~蝛wēi〕〔~威〕〔伊威〕〖田〗ワラジムシ(オメムシ)

〔医・醫(毉)〕 yī

①医師.医学.医療.〔中~〕中国医学.汉方医学.〔西~〕西洋医.西洋医学.〔牙~〕歯科医.〔行 xíng~〕医者の業をする.〔~改〕医療(制度)改革.②(病気を)治す.〔有病早~病気があればすぐ治す;この人は a dài 夫~好了我的病〕この医者がわたしの病気を治した.〔~得病,不~得命〕診病気は治せるが運命はどうにもならない.〔他做什么事都是头痛~头,脚痛~脚〕あの男は何をするにも行き当たりばったりだ.→〔治 zhì ⑥〕③〈姓〉医(い)
医案 yī'àn ⇒〔病 bìng 历①〕
医保 yībǎo 〔医疗保险〕の略.健康保険.〔~卡 kǎ〕健康保証证.
医卜 yībǔ 〈文〉医者と卜者.医療と卜占.
医草 yīcǎo もぐさの別称.→〔艾 ài (I)①〕
医道 yīdào 医術:多くは中国医学に用いる.〔~高〕医道にすぐれている.
医德 yīdé 医者としての徳性.
医方 yīfāng 医師の処方(箋)
医风 yīfēng 医療業界の気風.
医官 yīguān 旧医官.また医者の尊称.
医护 yīhù 医療と看護.〔~人员〕同前の人員.医師と看護師.
医患 yīhuàn 医師と患者.
医技 yījì 医師の技術水準.
医家 yījiā 〈文〉医家.医学家.
医科 yīkē 医科.
医理 yīlǐ 医学上の理論.
医疗 yīliáo 〔~队〕医療隊.〔~超市〕〈喩〉患者が自分の希望によって医師や治療法・薬などを選択できるシステム.〔~事故〕医療事故.〔~站 zhàn〕診療所.〔~证〕医療証明書.
医龄 yīlíng 医師の経験年齢.
医盲 yīmáng 医学おんち.
医生 yīshēng 医者:〔大 dà 夫〕(一般)に)医者;〔郎 láng 中①〕は漢方医(旧称).〔江湖~〕〔蒙 měng 古大夫〕やぶ医(竹庵).〔坐堂~〕漢方薬店で脈をとって処方をする漢方医.
医师 yīshī 医師:高等医学教育を受け,または同等の学力を持ち検定に合格した者.〔主任~〕,〔副主任~〕,〔主治~〕〔医师①〕
医食同源 yīshí tóngyuán 医食同源.
医士 yīshì 医師:中等程度の医学教育を受け,または同等の学力があり,検定に合格した者.〔医师〕
医书 yīshū 医書:多く漢方医の医書に対していう.
医术 yīshù 医術.医療技術.
医托 yītuō 患者に無資格の医療機関などを推薦して利益を得る者.
医务 yīwù 医療関係の.〔~所〕〔~室〕医務室.保健室.〔~工作者〕医療に携わる者.〔~人员〕医務従事者:医師・看護師その他の医療従事者.
医学 yīxué 医学.
医学院 yīxuéyuàn ①医科大学.②(大学の)医学部.
医药 yīyào ①医療と薬品.医薬品.〔~费〕医薬費.薬代.〔~常识〕医薬の常識.〔~补助〕医薬手当.〔~同源〕医薬同源.〔~板块〕〖商〗医薬関連株.

分家〕〔~分离〕医薬分業(を行う).
医院 yīyuàn 病院.〔综合~〕総合病院.〔~感染〕〔院内感染〕院内感染.〔~实习〕臨床研修.→〔病 bìng 院〕
医治 yīzhì ①治療する. ②(一般に)癒す.〔~战争创伤〕戦争の痛手を癒す.
医蛭 yīzhì ⇒〔水 shuǐ 蛭〕
医嘱 yīzhǔ 医者の指示.

[**婴**] yī 〔~婗 ní〕〈文〉嬰児.

[**鹥・鷖**] yī 〈文〉かもめ.〔海 hǎi 鸥〕の古称.

[**繄**] yī 〈文〉ただ;文頭また文中に使う助詞.実質的意味はない.

[**黟**] yī 〈文〉①あざ. ②黒い.〔~珀 pò〕黒琥珀.〔~石〕黒い石.

[**祎・禕**] yī 〈文〉好い.

[**猗**] yī ①〈文〉感嘆の意を表す助詞.多くは文末につく.〔~兮 xī〕②〈文〉a:賛美を表す感動詞.〔~嗟 jiē 昌兮〕(詩経)美しく盛んなことよ.〔~欤 yú 休哉〕あなめでたし. ③〈姓〉猗(イ).
猗卢 yīlú 〈姓〉猗廬(ろ).
猗猗 yīyī 〈文〉①美しく繁茂しているさま. ②盛んなさま.

[**椅**] yī 植 イイギリ;〔山 shān 桐子〕の古称. → yǐ

[**欹**] yī 〈文〉賛美を表す感動詞;〔猗②〕に同じ. → qī

[**漪**] yī 〈文〉波紋.さざなみ.〔~涟 lián〕同前.〔清~〕清い小波.〔~澜 lán〕小波と大波.〈転〉波.

[**壹**] yī 〔一〕の大(だ)字;多く帳簿・文書中に用いる. →〔弌 dà 弌〕

[**揖**] yī ①〈文〉両手を胸元で組んで上下に動かす旧時の礼(をする).〔作~〕同前の礼をする.〔答~〕同礼(する).〔一~到地〕手を地に届くほど低くさげて恭しく礼をする.→〔拱 gǒng (I)①〕 ②〈姓〉揖(ゅう).
揖别 yībié 〈文〉挨拶をして別れる.
揖让 yīràng 〈文〉①古代,主・客が相対する時の礼. ②礼をもって譲る.〔~之风〕礼譲の気風.

[**噫**] yī ①〈文〉感動詞.ああ.〔~嘻 xī!〕同前;悲しみ,または嘆息.〔~!余过矣!〕ああ,われ誤てり. ②感動詞.驚きを表す.〔~,他怎么来了〕おやっ,彼はどうして来たんだ.
噫呜 yīwū 〈文〉嘆き悼む.〔~流涕 tì〕嘆き悼んで涙を流す.
噫嘻 yīxī 〔大 dà 号〕→字解|
噫嘘唏 yīxūxī 〈文〉あいやや;驚き怪しむ(悲しむ)声.

[**黟**] yī ①〈文〉黒ずむ(んでいる). ②地名用字.〔~山〕〔~县〕地ともに安徽省にある.

[**訑・訑**] yí → dàn
訑訑 yíyí ⇒〔訑訑〕

[**匜**] yí 固器の一種.鉢形で横に注ぎ口の突き出た,水を入れる容器;手や顔を洗うのに用いる.

[**訑・訑**] yí
訑訑 yíyí =〔池池〕〈文〉うぬぼれ満足するさま.

[**柂**] yí 植 ハコヤナギ(古名);〔椸〕に同じ.→ duò lí

[**貤・貤**] yí 〈文〉移動する. → yì

[**迆(迤)**] yí 〔逶 wēi ~〕〈文〉曲がりくねって続くさま. → yǐ

[**柂**] yí 植 ハコヤナギ(古名) → duò

[**酏**] yí 〈方音〉〈文〉黍(きび)粥.
酏剂 yíjì 薬 エリキシル(エリキサー)剤.

[**椸(箷)**] yí 着物掛け.衣架.

[**仪・儀**] yí ①儀式.〔司~〕(儀式を)司会する(人). ②贈り物.〔贺 hè~〕〔喜 xǐ~〕祝いの同前.〔吊 diào~〕お悔やみの同前.〔谢 xiè~〕お礼の同前.〔奠 diàn~〕〔香~〕香典.〔程~〕〔行 xíng~〕餞別. ③科学実験器械・模型の類.〔浑 hún 天~〕天球儀の一種.〔地~〕地球儀.〔化学~器〕理化学器械.〔航空~表〕航空計器. ④人の外容.風貌.〔~表〕 ⑤〈文〉心が傾く.〔心~〕其人心がその人の方に傾く. ⑥〈姓〉儀(ぎ).

仪表 yíbiǎo ①風采.格好.身なり.〔~非凡〕風采が立派である.〔~大方〕風采がおっとりしている.〔~堂堂〕堂々たる風采. ②(度数などを表示する)メーター類.計器.〔~厂〕計器工場.〔~工〕計量工.〔头一眼便看到~上印的中国字〕真っ先に目に映ったのはメーターに刻んである中国文字であった.
仪范 yífàn 〈文〉①手本. ②法則.
仪轨 yíguǐ 儀式を行う規則,手順,礼法のきまり;〔仪矩 jǔ〕ともいう.〈転〉宗教の儀式のきまり.
仪驾 yíjià 〈文〉皇后・皇太后の儀仗.
仪礼 yílǐ ①画 儀礼(ぎ). ②礼儀.礼節.〔不拘~〕礼儀にこだわらない.
仪门 yímén =〔宜门〕囲語 官署の大門の中にある二の門.
仪器 yíqì 測量・製図または物理化学実験用の各種の器具の総称.
仪容 yíróng 風采.〔仪表①〕に同じ.〔~秀丽〕風采が麗しい.
仪式 yíshì 儀式.〔举行交接~〕授受の儀式をとり行う.
仪态 yítài 〈文〉容儀.姿態.〔~万方〉〈成〉態度や動作がまことに端正である.
仪卫 yíwèi 〈文〉行列の儀仗や警備の士.
仪仗 yízhàng ①囲 帝王などが外出の時用いる旗・傘・扇・武器など. ②国家の儀式に用いる兵仗など.〔~队 duì〕儀仗隊.〔总统在机场检阅了迎宾~队〕大統領は空港で歓迎の儀仗隊を検閲した.→〔彩 cǎi 仗〕 ③パレード・デモ行進などの際に掲げるプラカードの類.

[**圯**] yí 〈文〉橋.〔~上〕橋の上.

[**夷**] yí (Ⅰ)囲 えびす;東方の蛮族の称.また広く異民族や外国人をさげすんでいった.〔东~〕東方のえびす.〔~情〕外国の事情.〔华 huá~〕中華と外夷.
(Ⅱ)①〈文〉平穏無事(である).〔化险为~〕危局をきりぬけて平穏にする.〔~大大难 nàn〕大難を平穏に落ちつかせる. ②〈文〉(町・家などを破壊して)平坦にする.〔~为平地〕土地を削って平らにする.廃墟にする.〔~平〕同前.〔烧 shāo~弹〕焼夷弾. ③〈文〉皆殺しにする.〔~灭 miè〕同前. ④〈姓〉夷(い).
夷城 yíchéng 〈文〉城を攻め破って,皆殺し焼き払いをする;〔屠 tú 城〕に同じ.
夷狄 yídí 囲 夷狄(てき);東方の蛮族と北方の蛮族.〈転〉少数民族.

yí

夷 yíjìng〈文〉蛮地.
夷戮 yílù〈文〉皆殺しにする.
夷然 yírán〈文〉平然たるさま.〔～不屑 xiè〕平然として気にかけない.
夷人 yírén〈文〉①野蛮人.蛮族. ②外国人.
夷坦 yítǎn〈文〉平坦である.
夷由 yíyóu〈文〉① 遅疑してためらう. ②〔鼯 wú 鼠〕(ムササビ)の別名.
夷族 yízú 固一族皆殺しの刑:一族とは〔三族〕〔九族〕がある.

〔荑〕 yí〈文〉畑の草を刈る.〔芟 shān ～〕同前. → tí

〔咦〕 yí あれ.おや:感動詞.いぶかしさを表す.〔～！这是什么〕ありゃー,これは何だい.

〔姨〕 yí ①母の姉妹関係を表す語.〔姨表兄弟〕〔姨母〕 ②妻の姉妹を表す語.〔大～子〕妻の姉.〔小～子〕妻の妹.→付録 5 ③母と同年輩の女性に対する呼称.〔阿 ā ～〕同前.
姨表 yíbiǎo ＝〔两 liǎng 姨〕いとこ:いとこのうち,〔姨母〕(母の姉妹)の子に当たる間柄.〜亲〕同前.〔～兄弟〕〔～弟兄〕〔两 liǎng 姨兄弟〕いとこ:母の姉妹の息子.自分より年長の者を〔～兄〕,その妻を〔～嫂 sǎo〕といい,また年少の者を〔～弟〕,その妻を〔表弟妇〕という.〔～姊 zǐ 妹〕〔～姐妹〕〔两 liǎng 姨姊妹〕いとこ:母の姉妹の娘.自分より年長の者を〔～姐〕,また年少の者を〔～妹〕という.→〔姑 gū 表〕;付録 5
姨夫 yífu 同下.
姨父 yífù 母の姉妹の夫.
姨姐 yíjiě 妻の姉:俗に〔大 dà 姨(子)〕という.
姨姥姥 yílǎolao〔姨婆〕②父母の姉妹.
姨妈 yímā ⇒〔姨母〕
姨妹 yímèi 妻の妹:俗に〔小 xiǎo 姨(子)〕という.
姨母 yímǔ ＝〔姨妈〕〔姨娘①〕〔方〕姨儿〕〔姨妈〕〔方〕阿ā姨①〕母の(既婚の)姉妹にあたる伯叔母.
姨奶奶 yínǎinai ⇒〔姨太太〕
姨娘 yíniáng ①⇒〔姨母〕②旧子女が父の妾に対する呼称.
姨婆 yípó ①⇒〔姨姥姥〕 ② しゅうとめの姉妹.→〔婆 pó 婆〕
姨儿 yír〔方〕母の姉妹に当たる伯叔母に〔姨母〕に同じ.〔大～〕最年長の同前.〔二～〕2番目の同前.〔小～〕年下の同前.〔老～〕一番末の同前.
姨太太 yítàitai ＝〔姨奶奶〕〔二 èr 房 ②〕〔二 奶(奶)〕〔小 xiǎo 奶奶〕〔小太太〕〔小姨奶奶〕おめかけ.二号さん:〔大太太〕(正妻である奥様)に対していう.〔小 老婆〕(めかけ),〔〈文〉妾①〕(そばめ.側室),〔〈文〉小夫人〕(二号夫人)ともいう.→〔妾 qiè 侍〕
姨姨 yíyí ⇒〔姨母〕
姨丈 yízhàng ＝〔姨父〕〔大～〕妻の姉.〔小～〕妻の妹.

〔胰〕 yí 生理すい臓:〔腺腺〕〔腺脏〕ともいう.〔脺 cuì〕は旧称.
胰蛋白酶 yí dànbáiméi ⇒〔胰朊酶〕
胰蛋白酶原 yí dànbáiméiyuán →〔肠 cháng 激酶〕
胰岛素 yídǎosù インシュリン:〔因 yīn 苏林〕は音訳.〔～注 zhù 射液〕インシュリン注射液.〔～休克〕インシュリンショック.
胰淀粉酶 yí diànfěnméi 化アミロプシン(膵液中のアミラーゼ)
胰酵素 yíjiàosù 同下.
胰酶 yíméi ＝〔胰酵素〕パンクレアチン:トリプシン,その他いろいろな酵素の総称.
胰朊酶 yíruǎnméi トリプシン:すい臓中の蛋白分解酵素.〔胰蛋白酶〕ともいう.
胰腺 yíxiàn →字解
胰液 yíyè すい液
胰脏 yízàng →字解
胰脂酶 yízhīméi 生理リパーゼ.
胰子 yízi〔豚・羊などのすい臓.②〔口〕石鹸:〔肥féi皂①〕に同じ.〔香〕化粧石鹸.〔药〕薬用石鹸.→〔香 xiāng 皂〕

〔痍〕〈文〉傷.〔伤 shāng～〕同前.〔疮 chuāng～満目〕至るところ被害を受けていること.

〔沂〕 yí 地名用字.〔～山〕〔～水县〕地ともに山東省にある.

〔诒・詒〕 yí ⇒〔贻〕

〔怡〕 yí ①〈文〉心が楽しくなる.和らぐ.〔心旷 kuàng 神～〕〈成〉心が広々と気持ちが和らぐ.②〈姓〉姓①
怡情养性 yíqíng yǎngxìng〈成〉穏やかな心を養う.〔山居可以～〕山住まいは穏やかな心を養うことができる.
怡然 yírán 喜び楽しむさま.〔～自得〕〈成〉心が和いで満足する.
怡色 yísè〈文〉喜色.和らいだ顔色.
怡颜 yíyán〈文〉和らいだ顔色.〔～悦 yuè 色〕和いだ顔とうれしそうな様子.
怡怡 yíyí〈文〉①和らぎ楽しむ.②なごやかである.〔兄弟～〕(論語)兄弟の仲が和やかである.

〔饴・飴〕 yí あめ.麦芽糖などの軟らかいあめ.〔～糖 táng〕〔糖～〕水あめ.〔甘之如～〕〈喩〉あめでも食べるかのように(ある事を)好む.

〔贻・貽〕 yí ＝〔诒〕〈文〉①贈る.〔～赠 zèng〕同前. ②後に留め残す.〔～笑大方〕〈成〉世間のもの笑いになる.〔～人话柄〕人に話の種を残す.
贻贝 yíbèi 魚具イガイ〔海 hǎi 红③〕は通称.肉を〔壳 qiào 菜〕といい,干物を〔淡 dàn 菜〕という.
贻害 yíhài 害を後に残す.〔下于人〕人に害を与える.〔～无穷〕〔贻患 huàn 无穷〕〈成〉限りない害を残す.
贻累 yílěi 他人に迷惑を及ぼす.災いを及ぼす.〔勿～他人〕他人に累を及ぼしてはいけない.
贻人口实 yírén kǒushí〈成〉人に話の種を残す.人に口実を与える.
贻误 yíwù 誤りを後に残す.誤らせる.〔～后学〕後人を誤らせる.
贻笑大方 yíxiào dàfāng〈成〉識者に笑われる.→〔取 qǔ 笑〕
贻训 yíxùn〈文〉後に残す教訓の言葉.

〔眙〕 yí 地名用字.〔盱 xū～〕地江蘇省にある. → chì

〔宜(宐・冝)〕 yí ①よい.適当であるふさわしい.〔适 shì～〕同前.〔～林〕林業に適する.〔～农 nóng〕農業に適する.〔他做这种工作很相～〕彼がこのような仕事をするのにかなわない.〔此病～用泻利之剂〕この病気は下剤を用いるのが適当だ. ②すべきである:〔暴雨将至,不～出游〕今にも豪雨を与えそうだから,外に出かけるのはよくない.〔今日诸事不～〕今日は諸事よろしからず(旧式のこよみの文句).〔事不～迟〕事をぐずぐずしてはならない.③〈文〉当然である.あたりまえである.〔～将剩勇迫穷寇,不可沽名学霸王〕(毛沢東詩)余力で窮した敵を進撃せよ,売名的な覇王(項羽)をまねてはならない.〔～其无往而不胜〕彼の行く所勝利を得るのは

yí　宜廙移簃宧頤

あたりまえだ．④〈姓〉宜．
宜春帖 yíchūntiě 固立春の日に〔宜春〕と書いて入り口や柱に貼った札．
宜家 yíjiā 夫婦むつまじい．一家が円満である．〔宜室〕（詩経）同前．＝〔家室〕
宜門 yímén ⇒〔仪门〕
宜母子 yímǔzǐ ⇒〔黎lí檬〕
宜人 yírén ①人によい感じを与える．〔～的气候〕快適な気候．②清五品の位の命婦の別称．→〔命mìng妇〕
宜于 yíyú …に適している．〔～休养〕保養に適している．

〔**廙**〕yí →〔廞yǎn廙〕

〔**移（迻）**〕yí ①移る(す)．移り動く（し動かす）．〔把所有器材转zhuǎn～到总厂〕あらゆる器材を本社工場へ移す．〔迁qiān～〕引っ越しする．〔斗dǒu转星～〕〈成〉星移り時変わる．②変える．〔坚定不～〕（志）を堅く変えない．＝〈姓〉移(")

移案 yí'àn 下級の裁判所から上級裁判所に訴訟を移す．
移本分利 yíběn fēnlì たこ配当（をする）：元金の一部を配当に振り当てること．
移宠 yíchǒng ＝〔迁 qiān 爱〕〈文〉寵愛を移す(して他を愛する)
移调 yídiào ⇒〔转zhuǎn调〕
移东补西 yídōng bǔxī〈成〉やりくりする：〔移东就西〕ともいう．
移动 yídòng 移動する．動く．〔～靶bǎ〕移動標的．〔～博bó客〕電算モブログ．〔～电话〔手机〕携帯電話．〔～通信〕移動通信．モバイル通信．〔～存储器〕電算モバイルストレージ．〔～因特网〕電算モバイルインターネット．〔～硬盘〕電算ポータブルハードディスク．〔船身开始～了〕船が動き出した．
移防 yífáng 防御陣地を移す．警備区域をかえる．
移风易俗 yífēng yìsú〈成〉風俗を改める：派手な浪費や迷信的な風習を改めること．
移骨 yígǔ ⇒〔迁qiān葬〕
移行 yíháng（印刷物や原稿などで）改行(する)．行がえ(する)．
移花接木 yíhuā jiēmù ①花を移植したり木を接いだりする．②〈転〉(こっそり)巧妙な手段を用いて)取り換え入る騙す．
移祸 yíhuò 災いを他人に転嫁する：〔嫁jià祸〕同じ．〔～他人〕同前．
移驾 yíjià ＝〔移玉〕〈牘〉御足労をいただく．〔敢煩～革命一谈〕どうぞ抽宅までお話しにおいで下さい．
移交 yíjiāo ①引き渡す．引き継ぎをする．〔～工作〕②仕事の引き継ぎをする．〔～同前〕．
移接典礼 yíjiē diǎnlǐ 授受式．〔在旧金山举行～〕サンフランシスコで引き渡し式を行う．
移解 yíjiè 犯人を移送する．→〔押yā送〕
移居 yíjū ⇒〔迁qiān居〕
移军 yíjūn 軍軍隊を移動する（させる）．〔～驻〕軍隊を移動させてよそに駐屯させる．
移录 yílù〈文〉書き写す．
移锚 yímáo 錨(いかり)を他所に移す．〔启qǐ碇〕錨を揚げて停泊所を変える．
移苗 yímiáo 苗を移植する．
移民 yímín 移民(する)．
移怒 yínù 八つ当たりする．〔跟我可没关系,你可别～于我〕わたしには関係ないから八つ当たりしないで．→〔迁qiān怒〕
移栖 yíqī 移り住む．〔长途～的候鸟〕長距離移住してきた渡り鳥．

移情 yíqíng ①情を移す．感情をかえる．〔～别恋〕別の男（または女）を愛する．他の男（または女）に目移りする．②感情移入する．
移入 yírù 繰り越す．〔存款～新折〕預金を新しい通帳に繰り越す．
移山 yíshān 山を移す．〈喩〉大事を成し遂げる．〔志可～〕志はまことに大きい．〔～填tián海〕〈喩〉神通力の強大なこと．
移山倒海 yíshān dǎohǎi〈喩〉人間の自然を征服する力の大きいこと．〔有～的气概〕天地を覆す勢いを持っている．
移审 yíshěn 因上級裁判所の審理に移る（される）
移师 yíshī〈喩〉転戦する．〔兵 pīng 兵球队已准备～名古屋作三场比赛〕卓球チームを次は名古屋に転戦し3回試合をする準備をしている．
移送 yísòng（人・物・文件などを）移し送る．転送する．〔移送犯人～法院〕犯人を裁判所に移送する．→〔押yā送〕
移提 yítí 犯人の身柄を引き取る．
移天易日 yítiān yìrì〈成〉国政の大権をないがしろにする(して奪う)．〔移天徙xǐ日〕ともいう．→〔偷tōu天换日〕
移位 yíwèi 位置がずれる．
移文 yíwén〈公〉まわし文：同一省内の同等官署間でやりとりする公文．
移项 yíxiàng 数移項(する)
移押 yíyā 押(う)送する．
移液管 yíyèguǎn ⇒〔吸 xī 移管〕
移译 yíyì〈文〉翻訳(する)．→〔翻 fān 译〕
移易 yíyì〈文〉変える．変更する．
移印机 yíyìnjī プリンター．
移用 yíyòng 流用する＝〔挪 nuó 用〕に同じ．〔这笔救灾款不得～〕この義援金は勝手に流用してはいけない．
移玉 yíyù ⇒〔移驾〕
移栽 yízāi 移植(する)．〔移植〕に同じ．
移葬 yízàng 改葬する：〔迁 qiān 葬〕ともいう．
移赠 yízèng 他人に移し与える．
移展 yízhǎn 出張展示をする．〔～广州〕広州へ同前．
移植 yízhí 移植(する)．〔～皮肤 fū〕皮膚を移植する．〔～秧苗〕稲の苗を移植する．
移住 yízhù 移住する．
移驻 yízhù 移動して駐屯する．
移装 yízhuāng 設備を移転して備える．
移樽就教 yízūn jiùjiào〈成〉酒肴を供してお教えをいただく．恭しくお教えを受ける．〈喩〉積極的に教えを請う．

〔**簃**〕yí〈文〉楼閣の側にある小屋：御殿と相連なる家屋．主に書斎の名に使われる．

〔**宧**〕yí 固部屋の東北の隅：東北は陽気の起こる所．万物を養うとされる．

〔**頤・颐**〕yí ①〈文〉あご．おとがい．ほお．〔发～〕ほおが腫れる．〔支～〕おづえをつく．〔解 jiě ～〕あごをはずす．笑う．→〔腮 sāi ～〕②〈文〉保養する．体を休める．〔～神〕心を養う．気を休める．③〈文〉顧(")：六十四卦の一．④〈姓〉顾(")

颐和园 yíhéyuán 北京の西郊にある名園：清の光緒年間に西太后が巨費を投じて造営させた．
颐使 yíshǐ〈文〉あごで指図する．人を自由に使う．
颐养 yíyǎng 養う(する)．〔～精神〕神気を養う．〔～天年〕天寿を養い守る．
颐指 yízhǐ〈文〉あごで指図する．〔～如意〕あごで思いのままに指図する．〔～气使〕〈成〉あごの先や顔色で威張って人を使うこと．

〔蛇(虵)〕yí〔委wēi～〕〈文〉①うねうね-yí〕に同じ.②人に愛想よくする.人におとなしく従う.〔逶迤wēi-yí〕に同じ.②人に愛想よくする.人におとなしく従う.〔虛xū 与委～〕うわべだけ愛想よく取り繕う.→ shé

〔遺・遗〕yí ①なくす.紛失する.〔～失〕同前.②抜かす(して脱落させる).[此句～数字]この文にはいくつかの字が抜けている.〔今后有祈不～,时惠函示～〕賡今後ともお忘れなく,折にふれお便り下さい.③後に残す.留める.〔不～余力〕余力を残さない(使い切る).〔文化～产〕文化遺産.④なくしたもの.落としたもの.〔路不拾～〕路上で落とし物があっても拾わない(ねこばばしない).〔补bǔ ～〕(書物の)補遺.⑤死者の残した.〔一笔 bǐ ～〕遺産.→〔遺孀〕⑥(大小便などを)うっかり漏らす.→ wèi

遺愛 yí'ài〈文〉後世に残した仁愛.
遺案 yí'àn 未解決の案件.
遺本 yíběn〈文〉遺言の上奏文.
遺表 yíbiǎo ＝〔遺疏〕〔遺折〕〈文〉臨終に書き残した上奏文.
遺產 yíchǎn ①遺産.残された財産.〔继承～〕遺産を継ぐ.〔～税 shuì〕(遺産)相続税.②文化の遺産.〔文学～〕文学の同前.
遺臭万年 yíchòu wànnián〔成〕悪名を長く後世に残す.↔〔流 liú 芳千古〕
遺傳 yíchuán 遺伝(する).〔～学〕遺伝学.〔～工程学〕遺伝子工学.〔～基因〕遺伝子.ジーン.〔～因子〕同前.〔～密 mì 码〕遺伝子暗号.遺伝子コード.〔～操 cāo 作〕遺伝子操作.〔～筛 shāi 查〕遺伝子スクリーニング.
遺存 yícún ①残る.②古代の遺物.〔石器时代的～〕石器時代の遺物.
遺毒 yídú 後まで残された害毒.〔铲 chǎn 除封建思想的～〕封建思想の残した害毒を取り除く.
遺風 yífēng 前から残っている風習.昔の面影.
遺腹子 yífùzǐ ＝〔遺孕〕父の死後生まれた子女:〔方〕暮 mù 生儿〕ともいう.
遺稿 yígǎo 死後に遺した詩文の草稿.遺稿.
遺孤 yígū 忘れ形見(の子供).遺兒.孤兒.
遺骨 yígǔ 遺骨.
遺骸 yíhái 遺骸.遺体.
遺害 yíhài ①後に残した害毒.後に害毒を残す.〔为自身利益～民族〕自分の利益のためにわが民族に害を残す.
遺憾 yíhàn ①遺憾(である).残念(である).〔觉得～〕残念に思う.〔我们～地通知您,～的是…〕…であることをご通知申し上げます.〔～的是…〕遺憾なことは…である.②悔恨.悔い.
遺恨 yíhèn 終世の遺恨(とする).〔～千古〕恨みを千古に残す.
遺患 yíhuàn 災いを残す.〔～无穷〕はかりしれない害を残す.
遺禍 yíhuò 後の人に災いを及ぼす.〔～于人〕同前.
遺迹 yíjì 遺跡.〔古代村落的～〕古代村落の遺跡.
遺教 yíjiào 遺訓.遺教.〔国父～〕国父(孫文)の遺教.
遺精 yíjīng 生理医 遺精(する).〔滑 huá 精〕〔泄 xiè 精〕〔中医走 zǒu 阳〕に同じ.→〔梦 mèng 遺〕
遺老 yílǎo ①先帝たちは前朝の遺臣.〔逊 xùn 清～〕滅びた清朝の遺臣.②〈文〉世事にたけ経験の深い生き残りの老人.
遺留 yíliú 残す.残しておく.〔～问题〕残された問題.〔～下的指纹〕残された指紋.
遺漏 yílòu ①＝〔遺落②〕(文字・言葉など)脱落する.〔第3页第2行中间～了两个字〕3ページの2行目ほどに2字脱落している.〔他回答得很完全,一点也没有～〕彼の返答は完璧でもれは全くない.②脱落.遺漏.③〈文〉(火)の過ち.失火.
遺落 yíluò ①落とす(してなくす).②⇒〔遺漏①〕③〈文〉…にとらわれない.〔～世事〕世事にとらわれない.
遺民 yímín ①新しい朝代に仕えずにいる前の朝代の人.②動乱で生き残った人々.
遺命 yímìng 遺命.〔遵 zūn 奉先父～〕亡父の死に際の言いつけをよく守る.
遺墨 yímò 故人の残した墨跡.
遺尿 yíniào 医 夜尿症;俗に〔尿床〕(寝小便)という.〔～症〕〔夜 yè 尿症〕同前.
遺篇 yípiān 死後残した詩や文章.
遺棄 yíqì ①投げて捨てる.②法 遺棄(する).〔～老幼〕老人や幼児を遺棄する.
遺缺 yíquē 欠員.〔他高升了,我去补他的～〕彼が昇進したのでわたしが行ってその穴を埋める.
遺容 yíróng ①死に顔.②生前の写真.遺影.
遺撒 yísǎ こぼれおちる.〔～废 fèi 物〕廃棄物を散乱させる.
遺少 yíshào 前朝に忠誠を守る若者.〔转〕若年で古い風気をよく守る者.〔旧教育制度培养了许多出窩儿地的～〕古い教育制度は多くの老人じみた古い風気をよく守る若者を作った.
遺失 yíshī 遺失(する).なくす.〔～作废 fèi〕紛失物を廃棄にする.
遺矢 yíshǐ〈文〉大便をする.
遺事 yíshì 死後に残されている事績:多く書名として使う.
遺世独立 yíshì dúlì〔成〕世間を離れて,ひとりで生活する.
遺書 yíshū ①遺書.②著者の死後に刊行された本.〔章氏～〕章氏の同前.③〈文〉散逸した本.
遺疏 yíshū ⇒〔遺表〕
遺屬 yíshǔ ⇒〔遺族〕
遺孀 yíshuāng〈文〉寡婦.〔李某的～〕李なにがしの未亡人.
遺體 yítǐ ①遺骸.遺体.なきがら.②(動植物の)遺骸.③〈文〉自分(の身体):父母の遺した身体の意.
遺忘 yíwàng 忘れる.失念する.〔至今尚未～〕今に至っても忘れられない.
遺聞 yíwén 残り伝わっている事柄.語り草.
遺物 yíwù 遺品.形見.
遺像 yíxiàng ＝〔遺影〕遺影:生前の写真・肖像.
遺訓 yíxùn 遺訓.
遺言 yíyán ⇒〔遺言〕遺言(ごん).
遺業 yíyè ①先人の遺した事業.②遺産.
遺影 yíyǐng ⇒〔遺像〕
遺願 yíyuàn 生前の願い.
遺孕 yíyùn ⇒〔遺腹子〕
遺澤 yízé〈文〉後世に遺した恩恵.余恵.余沢.
遺贈 yízèng 法 遺贈(する)
遺詔 yízhào (君主の)遺詔.遺敕.
遺照 yízhào 生前の写真.→〔遺像〕
遺折 yízhé ⇒〔遺表〕
遺址 yízhǐ 遺跡.
遺志 yízhì 遺志.〔继承～〕遺志を継ぐ.
遺囑 yízhǔ ①〔遺言〕遺言(ごん).②遺言状.〔～继 jì 承〕遺書による遺産の継承.→〔法 fǎ 定继承〕
遺著 yízhù 遺書.後世に遺した著書.
遺踪 yízōng 旧跡.遺跡.生前の事跡.
遺族 yízú 遺族:もとは名門の遺民をいった.〔抚 fǔ 恤 xù ～〕遺族を救恤(じゅ)する.
遺作 yízuò 遺作(未発表のもの)

〔疑〕

疑 yí ①疑う.〔半信半～〕〔～信参半〕〈成〉半信半疑.〔嫌 xián ～〕嫌疑.〔～虑 lǜ〕うたがい思いあぐむ.〔可～之点〕怪しい点.〔犯 fàn ～〕うたぐる.〔怀 huái ～〕疑いを抱く. ②疑わしい. ③疑心,疑念.〔质～〕疑わしい点を問いただす.〔存 cún ～〕疑念を残す.懸案として残す.

疑案 yí'àn ①疑わしい事件. ②懸案.
疑兵 yíbīng 軍疑いの部隊.〔出～制胜〕おとりの兵を使って勝ちを制する.
疑点 yídiǎn 疑わしい点.〔从这封信里,看出三个～〕この手紙から三つの疑わしい点を見出した.
疑东疑西 yídōng yíxī〈喩〉いろいろと疑う.〔你这么～的怎么能办大事呢〕きみのようにあれこれ疑ってばかりいてどうして大きなことができるものか.
疑窦 yídòu〈文〉疑窦.〔～丛 cóng 生〕疑念が続々と生ずる.
疑犯 yífàn 法容疑者:〔犯罪嫌(疑)人〕に同じ.
疑古 yígǔ 因伝説時代を解明する:夏・商・周を主な対象とする.〔～时代〕夏・商・周の時代.
疑鬼疑神 yíguǐ yíshén ⇒〔疑神疑鬼〕
疑惑 yíhuò 疑い(う).〔犯～〕疑いを抱く.〔～不解〕腑に落ちない.
疑忌 yíjì 疑いそねむ(こと).〔他太能干了,不免遭人～〕彼はあまりにやり手なので,人から疑われたりそねまれたりするのは免れない.
疑惧 yíjù 疑い恐れる(こと).〔心存～〕心から同前.
疑虑 yílǜ 疑い心配する(こと).〔不安〕疑いや心配で不安である.
疑谜 yímí 疑問のかたまり.〔解开～〕同前を解く.
疑难 yínán 疑わしく判断しにくい(こと).〔～病人〕同前の病人.〔～不解〕同前でわからない.〔遭受～〕同前に遭う.〔～杂症〕〈喩〉対応がしがたい事柄や問題.
疑神疑鬼 yíshén yíguǐ =〔疑鬼疑神〕〈喩〉やたらにあれこれと疑う.〔自从他受了那次打击以后老有点儿～的〕彼はあの時打撃を受けてからというもの,どうもやたらにあれこれと疑い深くなった.
疑似 yísì 疑わしい(の).〔～之词〕紛らわしい言葉.〔～之间〕定かでない状態.〔～病例〕医疑似症例.
疑团 yítuán 疑惑のかたまり.〔心里怀着个～〕心中疑いの気持ちをもっている.〔满腹～〕胸中一杯の疑念.
疑问 yíwèn 疑問.〔产生～〕疑問が生じる.〔毫 háo 无～〕何の疑問もない.〔一句～疑问文.
疑问号 yíwènhào ⇒〔问号①〕
疑心 yíxīn 疑う気持ち.〔～太重〕疑心が強すぎる.〔～生暗鬼〕〈成〉疑心暗鬼を生ず.〔让人起～〕人に疑いの気持ちを起こさせる. ②疑う.〔我常常～自己是不是错了〕常に自分は間違ったのではないかと思う.〔～自己的内心深いたち(が人)
疑凶 yíxiōng〈文〉容疑者.〔～仍然在逃,警方昨晚到处搜索〕容疑者は依然逃走中で,警察側では昨晩各所を捜索した.
疑义 yíyì 理解できぬ意味.疑問の点.〔毫无～〕いささかの疑義もない.
疑云 yíyún〈喩〉(もやもやした)疑いの心.〔驱散～〕同前を晴らす.
疑阵 yízhèn 軍企図の曖昧な布陣.〔故布～〕わざと敵を惑わす陣がまえを張る.
疑冢 yízhǒng にせの墓:盗掘を恐れて本物と同じように作ったもの.

〔嶷〕

嶷 yí 地名用字.〔九～山〕地湖南省にある.

〔嶷〕

嶷 yí〔～～〕〈文〉獣の角の鋭いさま.

〔彝〕(彝)

彝 yí ①固(酒を入れる)甕状の青銅製品.→〔彝器〕 ②〈書〉彝族. ③彝族規則,常規.〔～伦 lún〕不変の道徳.→〔彝族〕 ④〈姓〉彝(ˊ).
彝器 yíqì 固宗廟備え付けの鐘・鼎(ˊ)・樽・罍(ˊ)などの祭器(総称).
彝剧 yíjù イ族の歌劇.
彝文 yíwén イ族文字:音節文字の一.古く〔爨 cuàn 文〕といった.
彝族 yízú イ族:中国少数民族の一,四川・雲南・貴州・広西に居住する.古く〔爨 cuàn 族〕といった.

〔乙〕

乙 yǐ (Ⅰ) ①きのと:十干の第 2 位.〔～丑年〕きのとうしの年.→〔干 gān 支〕 ②順序の 2 番目.〔～级〕第 2 級. ③当事者の一方を表す.〔甲方对～方负责〕甲は乙に対して責任を負う.〔甲～两地〕甲乙両地.→〔甲 jiǎ(Ⅰ)④〕 ④旧商業用な文書では〔一〕を〔乙〕と書く.〔本合同甲乙各执一纸为凭〕この契約書は甲乙おのおの一通を保有して証拠とする.〔～～〕〔一一〕逐一. ⑤〈姓〉乙(ˊ).
(Ⅱ)→〔工 gōng 尺〕
(Ⅲ)〔ˇ〕の記号:旧時,文字の読み書きの停頓や脱字・差し替え字の挿入,返り点など.〔钩 gōu ～〕〔～乙钩①〕
乙苯 yǐběn 化エチルベンゼン.→〔苯〕
乙部 yǐbù 中国の書籍は経・史・子・集の四部に分けられ,史部を〔～〕という.
乙醇 yǐchún =〈方〉火 huǒ 酒①〔酒 jiǔ 精〕化アルコール(エチルアルコール.エタノール.酒精).〔二醇〕化グリコール(エチレングリコール)
乙二酸 yǐ'èrsuān ⇒〔草 cǎo 酸〕
乙方 yǐfāng 一字注解(Ⅰ)③
乙弗 yǐfú〈姓〉乙弗
乙肝 yǐgān 医〔乙型(病毒性)肝炎〕の略.B 型肝炎.
乙钩 yǐgōu ①〔ˇ〕の記号.〔对的画个～,不对的打个叉儿〕合っているのは v 印をつけ,合っていないのは×印をつける. ②字形雁〔～字形雁のかぎ.
乙基 yǐjī 化エチル基.〔乙烷基〕ともいう.
乙科 yǐkē 明清挙人の試験:進士の試験を甲科という.
乙醚 yǐmí 化エーテル.〔醚〕の通称.
乙脑 yǐnǎo 医 B 型脳炎.日本脳炎.
乙醛 yǐquán〔醋 cù 醛〕アセトアルデヒド.→〔醛〕
乙炔 yǐquē =〈口〉电 diàn 石气〕アセチレン.〔～二醇 cí 甾二醇〕〔雌素二醇〕エチニルエストラジオール.〔～标灯〕アセチレンシグナル灯.〔～基〕エチニル基.〔炔〕
乙酸 yǐsuān 化醋酸〔醋酸 cù suān〕は通称.〔～酐 gān〕無水酢酸.〔～乙酯 zhǐ〕酢酸エチル.
乙碳酸奎宁 yǐtànsuān kuíníng ⇒〔优 yōu 奎宁〕
乙烷 yǐwán 化エタン.〔乙烷基〕〔乙基〕エチル基〕烷〕
乙烯 yǐxī =〔生 shēng 油气〕化エチレン.〔四氯 lǜ ～〕四氯乙烯.〔～醇 chún〕ビニルアルコール.〔聚 jù ～〕②多～〕ポリエチレン.〔聚氯～〕ポリ塩化ビニル.〔聚四氟 fú ～〕〔特氟綸〕テトラフルオルエチレン(四フッ化エチレン.テフロン).〔～电线〕ビニ～电线.〔～基〕ビニル基.〔～基塑 sù 料〕〔塑料〕ビニール.〔～软管〕ビニール管.〔烯〕
乙烯苯 yǐxīběn 化〔乙烯～〕スチレン.〔～化油〕スチレン化油.
乙酰胺 yǐxiàn'àn 化アセトアミド.〔～肿 shèn〕〔～基羟 qiǎng 基苯苯肿酸〕医アセタゾール.
乙酰苯胺 yǐxiān běn'àn =〔安 ān 替非布林〕〔醋

cù xiānbǐng〕薬アセトアニリド(アンチヘブリン):解熱・止痛剤として用いる.
乙酰丙酮 yǐxiān bǐngtóng アセチルアセトン.
乙酰非那替丁 yǐxiān fēinàtìtīng ⇒〔非那西丁〕
乙酰脲 yǐxiānniào 〔化〕アセチル尿素.
乙酰水杨酸 yǐxiān shuǐyángsuān ⇒〔阿ā司匹sī林〕
乙酰纤维素 yǐxiān xiānwéisù アセチルセルロース.
乙型(病毒性)肝炎 yǐxíng (bìngdúxìng) gānyán ⇒〔乙肝〕
乙氨基苯脲 yǐǎnjī běnniào ⇒〔甘gān素〕
乙种粒子 yǐzhǒng lìzǐ =〔贝bèi塔tǎ粒子〕ベータ粒子.
乙种射线 yǐzhǒng shèxiàn 〔物〕β(ベーター)線:〔贝bèi塔tǎ射线〕ともいう.
乙状结肠 yǐzhuàng jiécháng 〔生理〕S状結腸:〔S状结肠〕ともいう.
乙字型钢 yǐzìxíng gāng Z型鋼:〔Z字钢〕ともいう.

〔钇・釔〕 yǐ 〔化〕イットリウム:希土類金属元素.記号Y.

〔已〕 yǐ ①やむ.終わる.〔相争不~〕互いに争ってやまない.〔终无~时〕いつまでも終わることがない.②すでに…した.もう…であった.〔时间~过〕時間はもう過ぎた.〔由来~久〕長い由来がある.↔〔未wèi(I)①〕→〔既jì①〕〔业yè⑦〕③〈文〉後で.しばらくして.〔当即应允,~又复fù〕即座に承諾したが、後でまた取り消した.〔~忽不见〕しばらくして急に見えなくなった.④〈文〉甚だしい.〔不为~甚〕極端なことはしない.無理強いはしない.⑤〈文〉語気詞.…のみ.⑥古書では〔以〕と通用される.〔~上〕以上.〔~下〕以下.〔自汉~后〕漢代より後.
已而 yǐ'ér〈文〉①すでにして.②ただ…だけのことだ.
已故 yǐgù すでに亡くなっている.
已婚 yǐhūn 既婚(の)
已极 yǐjí この上ない.〔凶xiōng恶~〕凶悪この上ない.
已经 yǐjīng すでに.もう:ある動作がすでに過去に属することを表す.ふつう文末に〔了〕を伴う.〔他~回去了〕彼はもう帰った.→〔曾céng经〕
已就 yǐjiù〈方〉すでにできあがった.〔~也~了〕ままよ,ならばなれ!
已决犯 yǐjuéfàn 〔法〕既決犯.
已然 yǐrán ①すでにそうなっている.②すでに.もう.
已往 yǐwǎng 以前.過去.〔~不咎jiù〕既往のことはとがめない.
已矣 yǐyǐ〈文〉絶望の詞.やんぬるかな.
已有年所 yǐyǒu niánsuǒ =〔多duō年所〕〔文〕すでに長い年月を経ている.
已知数 yǐzhīshù 〔数〕既知数.
已知项 yǐzhīxiàng 〔数〕既知項.

〔以(以・㕥・目)〕 yǐ (I) ①(…を)用いる(いて).〔~合成橡皮代替天然橡皮〕合成ゴムで天然ゴムに替える.〔~身作则〕自分の身をもって範を示す.②…に…を与える:多く〔给~〕の形を用いる.〔给我~力量〕わたしに力を与える.〔对青年~教育〕青年に教育を与える.青年の教育になる.〔给侵略者~致命的打击〕侵略者に致命的な打撃を与える.③…をもって.…を拠りどころとして根拠を表す.〔~…代表的资格发言代表の資格で発言する.〔不~人废言〕悪い人間の言ったことでも正しいことは尊重する.④…であるから.…によって…を表す.〔~精通英国情况,被任为驻zhù某国大使〕某国の事情に精通しているので、某国駐在大使に任命された.〔何~知之〕どういう理由でこれを知っているか.〔我以祖国有这样的英雄而自豪〕我々は祖国にこのような英雄がいることを自ら誇りに思う.⑤…により.そうして…:結果,あるいは結果に対する期待を表す.〔不从此言,~败其师〕この言に従わなかったので、その軍を敗戦に導いた.〔出言不慎,~招大祸〕発言が不謹慎のため、大禍を招いた.〔积蓄力量~待时机〕力を養って、そうして時機を待つ.〔遵守安全制度,~免发生危险〕保安制度を遵守し、それによって危険の発生を防止する.〔多买些书,~便随时参看〕随時見られるように少し余分に本を買っておく.⑥…のために:目的を表す.〔调动一切积极因素,~利于实现四个现代化〕すべての積極的な要素を動かして四つの近代化実現に役立たせなければならぬ.⑦而(に').そして.〔循原路~归〕元の道に沿って帰った.元の道も帰った.⑧〈文〉(時間的に)…の時において.〔中华人民共和国~1949年10月1日宣告成立〕中華人民共和国は1949年10月1日に成立を宣言した.〔进步甚速,良有~也〕進歩が非常に早かったのも、まことに理由があるのだ.⑩=〔为wéi③〕
(Ⅱ)場所を表す単音節の語の前に置いて時間・位置・方向あるいは数量の限界を表す.〔长江~南〕長江以南.〔十年~内〕10年以内.〔国境~外〕国境外.
以暴易暴 yǐbào yìbào〔成〕①支配者が変わってもその暴虐さは変わらない.②暴力に対して暴力を用いる.
以备 yǐbèi もって…に備える.〔~不测〕不測の事態に備える.〔多积蓄余粮,~荒年〕余剰穀物を蓄積して、凶作年に備える.
以便 yǐbiàn …するため.…できるように.〔尚需详示,~进一步具体研究〕さらに具体的に研究できるように,なお詳しくお知らせ下さい.→〔取qǔ便①〕
以诚相待 yǐchéng xiāngdài〔成〕真心をもって接する.
以辞害意 yǐcí hàiyì〔成〕文辞にこだわって本意を誤る.
以此 yǐcǐ これから.ここから.〔~类lèi推〕ここから類推する.
以次 yǐcì ①順に.順序によって:〔依yī次〕に同じ.〔~报上名来〕順に名を読み上げる.②次の.下の:〔以下〕に同じ.
以次充好 yǐcì chōnghǎo 粗悪品を良い品と偽る:〔劣liè充优〕ともいう.
以党代政 yǐdǎng dàizhèng 党が政府を代行する.
以德报怨 yǐdé bàoyuàn〔成〕徳を以って恨みに報いる.
以点带面 yǐdiǎn dàimiàn 点を面におし広める.一般化する.
以毒攻毒 yǐdú gōngdú〔成〕毒をもって毒を制する.〔~,以火攻火〕諺同前.
以讹传讹 yǐ'é chuán'é〔成〕間違いが次々と伝播すること.
以耳代目 yǐ'ěr dàimù〔成〕見ずに聞くだけで済む.自ら調べず人の言葉を信じる:〔以耳为目〕ともいう.
以罚代法 yǐfá dàifǎ 法の定める厳格な規定によらずその場限りの処罰で事を済ませる:〔以罚代刑〕(懲役刑によらず罰金で済ます)とともに法の執行がいい加減であることを表す.
以罚代管 yǐfá dàiguǎn 事故が発生した場合処罰するだけで、発生原因の糾明をしない.
以防不测 yǐfáng bùcè 不測の事態を防ぐ:〔以防万一〕ともいう.

yǐ / 以

以丰补歉 yǐfēng bǔqiàn 〈成〉豊年の年に蓄え凶作の年に備える.

以副养农 yǐfù yǎngnóng 副業で農業に力をつける.

以工代赈 yǐgōng dàizhèn 労役をもって救済に代える.仕事を与えて救済に代える.

以攻为守 yǐgōng wéishǒu 〈成〉攻撃をもって守備の手段とする.

以古非今 yǐgǔ fēijīn 〈成〉昔のものをよしとして,今のものを非とする.

以寡敌众 yǐguǎ dízhòng 〈成〉少数で多数にあたる.

以观后效 yǐguān hòuxiào 〈成〉改悛(しゅん)の情の有無を見る.

以官济私 yǐguān jìsī 〈成〉公職を利用して私利を計る.

以管窥天 yǐguǎn kuītiān 〈成〉管の穴から天のぞく:見識の狭いこと.

以后 yǐhòu ①今後.〔~有的是机会〕今後機会はいくらでもある.〔~有time间,来我家玩儿吧〕いつか暇ができたら,うちへ遊びに来て下さい.〔从今天~〕今日以後.②…以後.〔他走了~你才来的〕彼が行ってしまってからきみが来たんだ.→〔以来①〕〔往wǎng 后〕

以还 yǐhuán 〈文〉以来:過去のある時期以降.→〔以来①〕

以火救火 yǐhuǒ jiùhuǒ =〔以汤沃沸〕〔以汤止沸〕〈成〉火で火を消す:かえって逆効果をきたす.

以货易货 yǐhuò yìhuò 物々バーター(方式で取り引きする).物物交換:〔以货换货〕〔以物易物〕〔实shí 物交换〕〔用 yòng 货换货〕ともいう.

以及 yǐjí ①…および.…ならびに.→〔及④〕 ②…まで.〔由近~远〕近きより遠きに至るまで.

以己度人 yǐjǐ duórén 〈成〉自分の考えで他人を推し量る.

以假乱真 yǐjiǎ luànzhēn 〈成〉偽物を本物と偽り人を欺く.

以艰深文浅陋 yǐ jiānshēn wén qiǎnlòu 〈成〉難解な言葉で浅薄な内容を粉飾する.

以降 yǐjiàng …以降.

以近 yǐjìn 与える(道・鉄道などで,ある地点より近いこと.〔北京~的地方〕北京より近い所.↔〔以远〕

以儆效尤 yǐjǐng xiàoyóu 〈成〉悪を罰して戒めとする.

以静制动 yǐjìng zhìdòng 心を落ち着けはやる気持ちを抑える.

以来 yǐlái ①…以来.〔自今~〕昔から(今まで).〔有生~〕生まれてこのかた.→〔以后②〕 ②〈文〉…前後.約.〔望其年岁,不过三十一〕見たところ年は30ぐらいだ.

以老卖老 yǐlǎo màilǎo ⇒〔倚老卖老〕

以蠡测海 yǐlí cèhǎi 〈成〉ひさごで海水を汲むる.〈成〉浅見で事をはかる.見識が狭い:〔以蠡酌 zhuó 海〕ともいう.→〔管 guǎn 窥蠡测〕

以理服人 yǐlǐ fúrén 〈成〉道理によって人を従わせる.説得する.

以礼相待 yǐlǐ xiāngdài 〈成〉礼節を以て人と対する.

以力服人 yǐlì fúrén 〈成〉力ずくで人を従わせる.

以利(于) yǐlì (yú) …に都合のよいように.…の便になるように.

以粮为纲 yǐliáng wéigāng 食糧増産を経済施策の中心に置く.

以邻为壑 yǐlín wéihè 〈成〉隣国を壑とみなし,自国の洪水のはけ口とする:災いは隣人の方へ押しやる.

以卵击石 yǐluǎn jīshí 〈成〉力が及ばない.身のほど知らずのことをする.無理なことである:〔以卵投石〕ともいう.

以毛作净 yǐmáo zuòjìng 商風袋ごとの重量をその商品の重量にする(して計算する法)

以貌取人 yǐmào qǔrén 〈成〉容貌を見てその人物を判定する.

以免 yǐmiǎn …して…を免れる.…を免れるようにする.〔在合同上,~以后发生纠纷〕後でいざこざが起きないように,一切は契約書に書き出しておく.

以内 yǐnèi 以内.…よりも内.〔五十人~〕50人以内.〔本年~〕本年のうち(に)

以偏概全 yǐpiān gàiquán 〈成〉局部のことを全部とする.〔以偏赅 gāi 全〕ともいう.

以期 yǐqī もって…を期す.〔中西医结合治疗,~早日痊愈〕西洋医学と漢方医学を結びつけて治療し,早目に全快するのを期する.

以其昏昏,使人昭昭 yǐqíhūnhūn, shǐrénzhāozhāo 〈成〉己にはっきりしないことを人に分からせようとする.

以其人之道,还治其人之身 yǐ qírén zhī dào, huán zhì qírén zhī shēn 〈成〉悪に悪をもってやり返す.

以前 yǐqián ①…前に.…までに.〔你来~他就走了〕きみが来る前に彼は行ってしまった. ②以前.〔我~不知道,现在才知道〕以前は知らなかった,今初めて知った.

以强凌弱 yǐqiáng língruò 〈成〉強をもって弱をしのぐ.

以勤补拙 yǐqín bǔzhuō 〈成〉勤勉によって拙劣を補う.

以求 yǐqiú …するため(である).〔~一逞 chěng〕〈成〉悪事を果たそうとたくらむ.

以权谋私 yǐquán móusī 〈成〉権力を私益に用いる.

以人废言 yǐrén fèiyán 〈成〉人の好悪で正しい言を聞こうとしないこと:〔因 yīn 人废言〕に同じ.

以柔克刚 yǐróu kègāng 〈成〉柔よく剛にかつ.

以肉喂虎 yǐròu wèihǔ 〈成〉虎に肉を与えかえって害を受ける:悪人に恩を施しかえって害を被る.→〔养 yǎng 虎遗患〕

以色列 yǐsèliè イスラエル.正式国名は〔~国〕首都は〔耶 yē 路撒冷〕(エルサレム).事実上の首都は〔特 tè 拉维夫〕(テルアビブ)

以上 yǐshàng ①以上.これより上.ここまで. ②…より上.…より優れている.〔成绩在他~〕成績は彼以上だ.〔十万~〕10万以上.

以少胜多 yǐshǎo shèngduō 少数で多数に勝つ.

以身试法 yǐshēn shìfǎ 〈成〉法の規定を知りつつ法を犯す.

以身殉职 yǐshēn xùnzhí 身をもって職に殉じる.

以身作则 yǐshēn zuòzé 〈成〉自分自身手本を示す.〔言 yán 传身教〕

以升量石 yǐshēng liángdàn 〈成〉小人には君子を量ることができない.

以示 yǐshì もって…を表す.…を示す.〔从轻发落,~宽大〕軽く処罰して寛大さを示す.

以势压人 yǐshì yārén 権勢をもって人を圧迫する.→〔仗 zhàng 势〕

以手加额 yǐshǒu jiā'é 額に手を当てる:昔時の,喜びを表し祝意を表す動作.

以售其奸 yǐshòu qíjiān 〈成〉悪だくみの実現を図る.

以书养书 yǐshū yǎngshū 本を出版した利益で更に本を出版する:出版社が本業で経営すること.

以税代利 yǐshuì dàilì ⇒〔利改税〕

以苡钇尾矣迤酏苢蚁 **yǐ**

以太 yǐtài〈音訳〉物エーテル:〔以脱〕〔依yī打〕とも書いた.→〔醚 mí〕
以太网 yǐtàiwǎng 電算イーサネット:LANの規格.
以汤沃沸 yǐtāng wòfèi ⇒〔以火救火〕
以汤沃雪 yǐtāng wòxuě 湯をかけて雪を溶かす.〈喩〉極めて容易にできる事.
以汤止沸 yǐtāng zhǐfèi ⇒〔以火救火〕
以莛撞钟 yǐtíng zhuàngzhōng 草の茎で鐘をつく.〈喩〉能力が発揮できないこと.
以外 yǐwài 以外.…よりも外.〔除(了)…〜〕同前.〔办公室〜〕事務室以外.〔十天〜〕十日以上.
以往 yǐwǎng これまで.以前.既往.
以为 yǐwéi …と思う.…と考える.〔我〜不好〕ぼくはよくないと思う.〔原来是你,我〜是王先生呢〕何だきみだったのか,王さんだと思った.〔不〜然〕正しいとは思わない.そうだとは思わない.〔信〜真〕本当だと信じる.→〔认rèn为〕
以…为… yǐ…wéi… …をもって…とする.〔一工人阶级〜领导〕労働者階級が指導する.〔〜退tuì进〕〈喩〉負けて勝つ.这块地〜种花生为宜〕この畑は落花生を植えるのがよい.〔〜不〜贫穷〜耻〕貧困を恥としない.〔〜人〜本〕人間性を重んずる.
以文会友 yǐwén huìyǒu〈成〉文をもって友と交わり.〈喩〉知識分子の交わり.
以物易物 yǐwù yìwù ⇒〔以货易货〕
以下 yǐxià ①…以下.〔十四歲〜的儿童〕14歳以下の児童.②以下.これより下.これから以後.〔〜的话就不必提了〕これから先は言う必要はない.〔提他都不戏,他就更不用提了〕彼を持ち出してもだめだったのだから後のことはなおさら持ち出す必要はない.〔〜相同〕以下同じ.
以销定产 yǐxiāo dìngchǎn 売れ行きに応じて生産量を決める(こと)
以小人之心, 度君子之腹 yǐ xiǎorén zhī xīn, duó jūnzǐ zhī fù〈諺〉心の貧しい人が気高い人の心を推し量る.
以比心心 yǐxīn bǐxīn ⇒〔将 jiāng 心比心〕
以虚带实 yǐxū dàishí 思想・理論によって実際の仕事を導く.
以血洗血 yǐxuè xǐxuè〈成〉血で血を洗う:殺戮をもって殺戮に報いる.〔以血偿血〕ともいう.
以眼还眼, 以牙还牙 yǐyǎn huányǎn, yǐyá huányá〈成〉目には目を,歯には歯を.
以一当十 yǐyī dāngshí 一をもって十に当たる.少が多を制す.
以一儆百 yǐyī jǐngbǎi ⇒〔杀shā一儆百〕
以逸待劳 yǐyì dàiláo〈成〉鋭気を養って疲労する敵にあたる.
以远 yǐyuǎn 以遠:鉄道などで,ある地点より遠いこと.そこから先.↔〔以近〕
以怨报德 yǐyuàn bàodé〈成〉恩を仇で返す.
以正视听 yǐzhèng shìtīng〈成〉間違った見聞・見解を正す.誤った解説を訂正する.
以直报怨 yǐzhí bàoyuàn〈成〉正義をもって恨みに報いる.〔不必以德报怨,只要〜就够公平了〕德をもって恨みに報いる必要もない,正義をもって恨みに報いればよい.
以至 yǐzhì ①ひいては.さらには.…になるまで.〔生产效率提高几倍〜十几倍〕生産能率を何倍も高め,ひいては十何倍までも高めた.②非常に…での結果となる.…ということになる.〔形勢発展十分迅速,〜使很多人感到吃惊〕情勢が発展するのが非常に早いので,多くの人は驚いている.
以致 yǐzhì もって…を致す.そのために…という結果をもたらす:多くよくない場合に用いられる.〔他平日不用功,〜考試不及格〕彼は平生勉强しないので,そのために試験不合格という結果になった.
以珠弹雀 yǐzhū tánquè〈成〉真珠をもって雀を射る.〈喩〉物事の軽重を知らぬこと.→〔明 míng 珠弹雀〕
以壮观瞻 yǐzhuàng guānzhān 見栄を張る.体裁よく見せる.
以资 yǐzī もって…に資す.…の助けになるようにする.〔搜sōu集各种资料,〜研究〕研究の助けになるように各種の資料を搜し集める.〔〜鼓励gǔlì〕励ましの一助にする.〔〜代劳〕代工工事の勤労奉仕を金銭で免除してもらう.
以子之矛, 攻子之盾 yǐ zǐzhīmáo, gōng zǐzhīdùn〈成〉君の矛で君の盾を突く:相手の言論で相手の見解の矛盾を反駁すること.→〔矛盾〕

[**苡**] yǐ ①〔薏 yì 苡〕 ②〔苤 fú 苢〕

[**钇・釔**] yǐ 化イリニウム:〔钜 pǒ〕(プロメチウム)の旧名.

[**尾**] yǐ ①〈口〉(馬の)尻尾(の毛).〔马〜儿〕同前.〔马〜罗 luó〕馬の尾で作った漉(こ)し器.②こおろぎなどの尾部の針状のもの.〔三一儿〕尾部の針状のものが3本ある雌のこおろぎ. → wěi

尾巴(儿)yǐba(r)〈口〉しっぽ.尾.〔留个〜〕尾を残す.〈喩〉未完成の部分を残す.尾をひく.〔〜鱼yú〕"通りゃんせ"に似た子供の遊び.→ wěiba

[**矣**] yǐ〈文〉語気詞. ①完了あるいは過去になる.〔五年于兹 zī 〜〕現在まで5年になる.〔此事准备久〜〕このことは以前から準備してある.②決定または断言の語気を表す.〔如此則事危〜〕このようだとうりお手あげだ.〔暴风雨将至〜〕暴風雨が来る.③命令の語気を表す.〔行〜!前途且无限也〕行け,前途は無限だ.④感嘆の語氣を表す.〔久〜!吾不复梦見周公〕長いことだった,周公の夢を見たのも.⑤停頓の語気を表す.〔尽矣,未尽善〕美を尽くしているが,まだ善を尽くしていない.

[**迤(迆)**] yǐ〈文〉 ①方向を指し,…の方(へ).〔以(II)〕に同じ.〔天安门〜西〕天安門以西.②曲がって伸びていく. → yí

迤邐 yǐlǐ〈文〉〈つひ〉連なって続く.〔队伍沿着山路,〜而行〕隊列は山道に沿ってうねうねと続いて行進する.〔〜群山〕うねうねと続いた群山.
迤邐 yǐyǐ〈文〉連なりのびるさま.

[**酏**] yǐ yí の又音.

[**苢**] yǐ →〔苤 fú 苢〕

[**蚁・蟻(螘)**] yǐ ①虫アリ.〔蚂 mǎ 〜〕同前(総称).〔雌 cí 〜〕女王蚁.〔工〜〕働き蚁.〔兵〜〕兵隊蚁.〔白〜〕白蚁.②〈姓〉蚁(ぎ)

蚁蚕 yǐcán =〔蚕蚁〕
蚁垤 yǐdié =〔蚁封〕〔蚁冢〕蟻塚.蟻の巣.
蚁封 yǐfēng 同上.
蚁附 yǐfù ①蟻のように多く付き従うこと.②蟻のようにへばりついて上る(城壁などを)
蚁负粒米, 象负千斤 yǐ fù lìmǐ, xiàng fù qiānjīn〈成〉蟻は一粒の米を負い,象は千斤を負う:それぞれ能力に応じて尽くす.
蚁后 yǐhòu 女王蟻.〔雌 cí 蚁〕の別称.
蚁聚 yǐjù 群がり集まる.〔盗贼如〜〕盗賊どもが蟻のように集まっている.
蚁寇 yǐkòu 蟻のように集まった賊ども.
蚁溃 yǐkuì〈喩〉四散する.〔败兵像〜地四散奔跑〕敗残兵が蟻の巣を潰したように四散逃亡した.

蚁蛉 yǐlíng 囲クロキクシケアリ.
蚁命 yǐmìng 〈喩〉蟻のように軽い命.
蚁慕 yǐmù 〔贈〕敬慕する:蟻が羊の肉(なまぐさいもの)を慕って集まる(荘子)
蚁醛溶液 yǐquán róngyè ⇒〔甲jiǎ醛(溶)液〕
蚁酸 yǐsuān 囲〔甲jiǎ酸〕
蚁塔 yǐtǎ 塔形の蟻塚:〈口〉蚂mǎ蚁包〕ともいう.
蚁王浆 yǐwángjiāng 蟻から採った栄養素を漢方薬などに加えて作ったサプリメント.
蚁行 yǐxíng 〈文〉〈喩〉遅々として進まないこと.
蚁穴 yǐxué ①蟻の巣穴. ②〈喩〉大事をもたらすことのある小事.〔千里之堤, 溃jué～〕千里の堤も蟻の一穴から崩れる.
蚁蛛 yǐzhī 囲アリグモ.
蚁垤 yǐzhédié 〈文〉蚁垤〕.

〔舣・艤(檥)〕 yǐ 〈文〉(船出の仕度をして)船を岸につける.〔～舟以待〕舟仕度をして待つ.

〔蛾(蠶)〕 yǐ 〈文〉蟻〕:古書で〔蚁〕に通用した.〔～é

〔扆〕 yǐ ①〈文〉古代の一種の衝立(つい). ②〈姓〉扆(")

〔倚〕 yǐ ①寄りかかる.〔～着jī框kuāng站着〕門のかまちに寄りかかって立っている.→〔靠kào①〕 ②頼む. 笠に着る.→〔倚势〕 ③〈文〉片寄っている. 偏する.〔不偏不～〕偏していない. ④〈文〉…について.…に合わせて.〔～瑟sè而歌〕琴にあわせて歌う.

倚傍 yǐbàng ①寄りかかる.すり寄る.〔～在我身旁〕わたしのそばに寄り添う. ②〈文〉まねる.学ぶ.
倚财仗势 yǐcáizhàngshì 〈成〉金や権力を笠に着る.
倚草附木 yǐcǎofùmù 〈成〉何事でも他人に頼りがる.〔他一进入社会就想拉点儿人事关系,～地往上攀〕彼は社会へ出たらちょっとしたコネをつかまえて,それを頼りに出世しようとしている.
倚官仗势 yǐguānzhàngshì 〈成〉官の勢力を盾にする.〔～地作威作福〕官の勢力を笠に着て威張りちらす.
倚靠 yǐkào ①寄りかかる.〔全身～在墙上〕全身を壁に寄りかからせている. ②=〔倚仗〕〔倚托〕.すがる.〔有所～〕頼りにしているところがある.〔今后唯有～您老人家栽培了〕今後はあなたのお引き立てにおすがりするばかりです. ③官の勢力を笠に着て人民をいじめる. ④頼りとする人.
倚赖 yǐlài 頼る.頼りにする.〔振作起来,不要～人〕しっかりして人に頼るな.→〔依yī赖①〕
倚老卖老 yǐlǎomàilǎo 〈成〉年寄り顔してあつかましくみえる.年寄りぶって威張る:〔依yī卖老①〕〔以老卖老〕とも書いた.〔他是一位经验丰富的老专家,但从不～〕その方は経験に富むベテラン専門家であるが,年寄り風を吹かしていない.→〔老吃老做〕〔老气横秋①〕
倚马可待 yǐmǎkědài 〈成〉馬に寄りかかって待つ間に千万言の文章を書き上げる.文章を書くのが大変はやいこと.〔倚马千言〕ともいう.
倚门 yǐmén 〈文〉門に寄りかかる.〔～而望〕子を待つことの切なる.〔～卖笑〕〈喩〉売春すること.
倚势 yǐshì =〔倚恃〕〔仗zhàng势〕勢力を笠に着る.〔～凌líng人〕〔～欺qī人〕〈成〉権力を笠に着る.
倚恃 yǐshì ⇒〔倚靠②〕
倚躺 yǐtǎng 寝そべってよりかかる.〔～在床上神聊〕ベッドに寝そべっておしゃべりする.
倚托 yǐtuō ⇒〔倚靠②〕

倚仗 yǐzhàng (力や条件に)頼る.頼りにする:〔倚靠②〕に同じ.
倚重 yǐzhòng 信頼し重んずる.〔他很能干,所以深得领导的～〕彼は有能なので上部の信任が厚い.

〔椅〕 yǐ 〔～子〕(背もたれのある)椅子.〔藤téng～〕藤椅子.〔太师～〕〔大圈quān～〕曲泉(ぎょく).〔安乐～〕安楽椅子.〔折zhé叠～(子)〕折りたたみ椅子.〔躺tǎng～〕寝椅子.〔〈姓〉椅(")〕→yī

椅背 yǐbèi 椅子の寄りかかる部分.椅子の背もたれ.
椅垫 yǐdiàn 椅子に敷く座布団.
椅具 yǐjù 椅子(総称)
椅披 yǐpī 椅子の背もたれに掛ける装飾用の刺繍どしてある華麗な布:腰をかけるところには〔～〕の上に〔椅垫〕を敷く.慶事の時,また旧劇などに用いる.→围wéi桌
椅套 yǐtào 椅子のカバー.
椅屉儿 yǐtìr 椅子の尻のあたる部分の取りはずしのできるもの:片面はふとんがつけてあり冬季用とし,片面は籐が張ってあり夏季用となっているのが多い.
椅子 yǐzi (背もたれのある)椅子.〔～腿〕椅子の足.

〔旖〕 yǐ 〔～旎nǐ〕〈文〉(旗が)はためくさま.〔転〕おだやかで美しいさま.〔～旎风光〕やさしく美しい景色.

〔踦〕 yǐ 〈文〉力いっぱい支える:しっかりと膝をつく.→qī

〔齮・齮〕 yǐ 〈文〉咬む.かじる.〔～齕hé〕ⓐ同前. ⓑねたんで排斥する.

〔顗・顗〕 yǐ 〈文〉安らかである.

〔乂〕 yì =〔艾③〕〈文〉①治める.治まる.安らかである.〔海内～安〕国内が治まって安らかである. ②才徳の士.〔俊jùn～〕俊才.

〔义・義〕 yì ①正義.正しい道理.〔道～〕=〔道義〕.〔为～勇为〕〈成〉正義のためには勇敢にやる.→〔义不容辞〕 ②正義にかなっている.公益のためである. ③義理.情誼.〔信～〕信義.〔情～〕情誼.〔无情无～〕情け容赦なく. ④意味.〔字～〕字の意味.〔定～〕定義. ⑤義理の関係.〔结jié～〕義兄弟の契りを結ぶ.→〔干gān(义)〕 ⑥人工の.本物でない.〔～齿〕義歯.〔～肢〕義手(義足). ⑦〈姓〉義(")

义兵 yìbīng ①正義のために起こした軍隊. ②義勇兵.〔四方～四方に起こった.
义不容辞 yì bù róngcí 〈成〉大義名分上から見て辞退できない.義理上断われない.〔为了维护群众利益～地承担起了这个责任〕大衆の利益のために,大義名分から見て断わられずこの責任を負った.
义仓 yìcāng 囲凶年の為に備えて米穀を蓄蔵する共同の倉庫.〔开～赈zhèn灾〕備荒倉を開いて災害救済を行う.→〔常cháng平仓〕
义唱 yìchàng 慈善音楽会.チャリティ音楽会.
义齿 yìchǐ 入れ歯:〔假齿牙〕に同じ.
义地 yìdì 共同墓地.ⓐ旧時の貧民のための墓地. ⓑ宗族を中心とした墓地.→〔公gōng墓①〕
义弟 yìdì =〔契yì弟〕〔义(弟)的〕〔兄弟分の〕弟.兄弟の約束を交わした弟分.→〔干gān弟弟〕〔内nèi弟〕
义愤 yìfèn 正義のための憤怒.〔激jī于～〕同前のため心が激する.
义愤填膺 yìfèn tiányīng 〈成〉義憤が胸いっぱいに満ちている:〔义愤填胸〕ともいう.〔全国人民为,一致痛斥帝国主义的玩火行径〕全国人民は義憤が胸いっぱいで,一致して帝国主義の火遊び行為を痛烈に排撃している.
义父 yìfù 〔寄jì父〕義理の父.養父.→〔干gān

义刈艾议　　　　　　　　　　　　　　　　　　yì

参〕〔公 gōng 公①〕〔继 jì 父〕〔岳 yuè 父〕

义工 yìgōng ボランティア(活動).→〔志 zhì 愿〕

义和团 yìhétuán 困義和団:〔拳 quán 団〕は蒙称.清の末,〔扶 fú 清滅洋〕をスローガンにし反帝闘争を行った団体.もと〔义和拳 quán〕と称し,〔白 bái 莲教〕の一支派.女性部隊は〔红 hóng 灯照〕と称された.→〔庚 gēng 子之役〕

义甲 yìjiǎ 音琴爪.

义姐 yìjiě 姉妹の契りを交わした姉.→〔大 dà 姨子〕〔干 gān 姐姐〕

义举 yìjǔ 正義のためになす行為.〔首倡～〕先に立って義挙を行う.

义捐 yìjuān カンパ(する).義援活動(をする)

义绝 yìjué ①義理のため縁を絶つこと.②縁が絶れる(切れる).〔恩断～〕恩も縁も断絶してしまう.

义军 yìjūn 義兵.

义理 yìlǐ ①(文章などの)筋道.②→〔宋 sòng 学〕

义利 yìlì 正義と利益.〔～之辨 biàn〕同者を区別する.

义录 yìlù チャリティCD 制作をする.ボランティア活動で音楽を吹き込む.

义卖 yìmài 慈善バザー.〔举行～〕チャリティバザーを催す.

义妹 yìmèi 姉妹の契りを交わした妹.→〔干 gān 妹妹〕

义膜 yìmó 医義膜(?):ジフテリア患者の扁桃腺あるいは喉頭に生ずる白色薄膜.

义母 yìmǔ ＝〔寄 jì 母〕義理の母.養母.義理の母.→〔干 gān 妈②〕〔继 jì 母〕〔婆 pó 婆〕

义女 yìnǚ 義理の娘.養女.→〔干 gān 女(儿)〕

义拍 yìpāi チャリティオークション.→〔拍卖〕

义旗 yìqí 義兵を起こす義の旗:〔举～〕起 qǐ 义〕義兵を起こす.〔～一举,群起响 xiǎng 应〕正義の旗がひとたび挙がると,群起して相呼応した.

义气 yìqì 義侠心.男気(おとこぎ).〔有～〕男気がある.

义渠 yìqú ①因西戎(じゅう)の国名.②〈姓〉義渠(ぎ).

义乳 yìrǔ 服胸のパッド.

义赛 yìsài 因慈善試合.〔举办足球～〕サッカーのチャリティ試合を行う.

义师 yìshī 〈文〉正義のために起つ兵,軍隊.

义士 yìshì 〈文〉正義の士.

义手 yìshǒu 義手.

义疏 yìshū 経典の注釈本.

义塾 yìshú 旧公衆のために設けられた,学費を徴収しない私塾.

义粟仁浆 yìsù rénjiāng 〈喩〉慈善救済の物品.

义田 yìtián 一族中(または一村中)の貧窮者を救済するための共有の田地:多くは祖廟または村の財産として管理された.

义无反顾 yì wú fǎngù 〔义无返顾〕とも書いた.〈成〉することが正しければ顧みて二の足を踏む必要はない.後へは引けない.

义务 yìwù ①法義務.〔～兵役制〕徴兵制.義務兵役制.〔～教育〕義務教育.→〔权 quán 利〕　②義務(的).なすべき務め.〔～尽 jìn〕なすべき務めを尽くす.〔～职〕義務的職務.名誉職.③奉仕(の).無報酬(の).〔医疗 liáo 队〕医療奉仕団.〔～诊疗〕医疗 ボランティア診療.〔我来这儿帮忙,完全是～的〕わたしがここへお手伝いに来たのは,まったく奉仕なのです.

义务劳动 yìwù láodòng 勤労奉仕.〔今天在工地上,出现了一支～大队〕今日工事現場には一隊の勤労奉仕団が現れた.

义侠 yìxiá 正義を重んじ弱きを助け強きをくじく

人.男だての人.

义项 yìxiàng (辞書の)語義項目.

义形于色 yì xíng yúsè 〈成〉顔に正義を主張する厳粛な態度が表れる.

义兄 yìxiōng ＝〔方契 qì 兄〕〔如 rú 兄〕(義兄弟の).兄.兄弟の約束を交わした兄貴分.→〔干 gān 哥哥〕〔内 nèi 兄〕

义兄弟 yìxiōngdì ＝〔如 rú 兄〕〔异姓兄弟〕義兄弟.兄弟分:兄弟の約束を交わした間柄.〔把 bǎ 兄弟〕〔盟 méng 兄弟〕ともいう.→〔干 gān 哥儿(们)〕

义学 yìxué ＝〔公 gōng 学①〕旧義塾:義援によって設立された学費を取らない学校.

义眼 yìyǎn 義眼.

义演 yìyǎn 慈善公演.チャリティショー.〔举行～〕慈善公演を行う.

义映 yìyìng チャリティ映画上映.

义勇 yìyǒng 義勇.〔～队〕義勇隊.

义勇军 yìyǒngjūn 義勇軍.〔～进行曲〕義勇軍行進曲:中華人民共和国の国歌.田漢作詞,聶耳作曲.もとは映画〔风云儿女〕の主題歌.

义园 yìyuán 旧公共墓地.

义展 yìzhǎn チャリティ展覧会.

义战 yìzhàn 正義のための戦い.〔春秋无～〕春秋時代には正義のための戦いはなかった.

义诊 yìzhěn 無料診療(をする).診療奉仕(をする)

义正词严 yìzhèng cíyán 〔义正辞严〕とも書いた.〈成〉道理は正しく,言葉は厳格である:〔辞严义正〕に同じ.

义肢 yìzhī 義肢.

义枝 yìzhī 回つぎ穂:他の植物に継いだ枝.

义冢 yìzhǒng 旧無縁墓地.

义竹 yìzhú ⇒〔慈 cí 竹〕

义子 yìzǐ 義理の息子.養子.→〔干 gān 儿(子)〕

姊妹 yìzǐmèi 義理の姉妹.姉妹の約を交わした者同士.〔义姐 jiě 妹〕〔异姓姐妹〕ともいう.

义足 yìzú 義足.

〔刈〕 yì 〈文〉草や穀物を刈る:〔艾④〕に同じ.
　〔～麦 mài〕麦を刈る.

刈草 yìcǎo 草を刈る.草刈機:〔割 gē 草机〕ともいう.

刈除 yìchú 刈り取る.

〔艾〕 yì ①〈文〉懲らしめる.〔惩 chéng ～〕同前.②〈文〉悔やむ.→〔自 zì 怨自艾〕③⇒〔刈〕④⇒〔刈〕⇒ ài

〔议·議〕 yì ①議(する).協議(する).論議(する).〔会～〕会議.〔商～〕相談(する).〔决～〕決議(する).〔街谈巷 xiàng ～〕〈成〉巷間での論議.〔～了半天,还是没有结 jié 论〕長いこと協議したが,やはり結論は得られなかった.〔～而不決〕議するだけで決まらない.②評論(する).論評(する).〔评～〕同前.〔非 fēi ～〕〈文〉批判する.〔自报公～〕自分で案を出し皆で論評する.③意見.主張.〔提 tí ～〕提議(する).〔合理化建～〕合理化の建議.〔并无异～〕別に異議はない.〔～会〕〔～席 xí〕議席.〔～员 yuán〕議員.

议案 yì'àn 議案.

议标 yìbiāo 入札を審査する.→〔招 zhāo 标〕

议程 yìchéng 議事日程.式次第:〔议事日程〕に同じ.

议定 yìdìng 相談の上で決める.〔～书〕議定書.

议付 yìfù 協議して支払い.証拠書類に基づいて支払う.〔～货款〕代金を同前.〔～银行〕買取銀行:〔押 yā 汇银行〕ともいう.

议购 yìgòu 政府の商業部門と農民,また買い手と売り手の間で生産物・商品の買い付け交渉をする:

yì 议苅弋杙亿忆艺仡屹呓蓺

〔议价收购〕の略.

议和 yìhé 講和談判(する).

议会 yìhuì 議会.〔议院②〕〔国 guó 会〕ともいう.〔召开~〕議会を召集する.〔~党团〕議会党派.〔~制〕議会制.

议价 yìjià ①値段の交渉(をする).②協議価格.取り決め価格.自由価格.〔~粮〕自由価格食糧.〔~生〕金を積んで入学する(学績不振の)学生.→〔定 dìng 价②〕〔平 píng 价〕

议决 yìjué 議決する(される).〔~权 quán〕〔表 biǎo 决权〕議決権.

议论 yìlùn ①議論する.談論する.とりざたされる.〔~人〕人を批判する.〔~是非〕是か非かを議論する.〔~纷纷〕議論がいろいろである.〔不能不防着点人家~〕人からあれこれ言われるのを気をつけておかなくちゃいけない.②議論.〔公正的~〕公平な議論.〔~文〕〔论说文〕議論文.

议平 yìpíng 圖据え置き.〔息价~〕利息は据え置き.

议亲 yìqīn 〈文〉縁組の相談をする.

议事 yìshì 議事.〔~日程〕〔议程〕議事日程.式次第.

议售 yìshòu ⇒〔议销〕

议题 yìtí 議題.

议妥 yìtuǒ 相談がまとまる.

议销 yìxiāo ＝〔议售〕販売の取引をする.

议院 yìyuàn 〔议院〕議会.〔参见〕⇒〔议会〕

议长 yìzhǎng (議会の)議長.→〔主 zhǔ 席〕

议政 yìzhèng 政策論議する.〔参 cān 政~〕政治に参与し論議する.

议罪 yìzuì 〈文〉罪を審議する.

〔苅(刈)〕 yì 〈文〉刈り取る.〔刈〕に同じ.

〔弋〕

yì ①〈文〉糸をつけた矢.いぐるみ(で鳥を射る).②〈文〉捕える.〔~取〕同前.③地名用字.〔~阳〕圃江西省にある.〔~获〕〔~弋(も)〕

弋获 yìhuò 〈文〉①射てとる.②(盗賊などを)捕える.

弋腔 yìqiāng 同下.

弋(阳)腔 yì(yáng)qiāng 圖清代中期に江西省弋陽県から起こり都で流行した劇の調子の一.弦楽器を用いないのが特徴.→〔高 gāo 腔②〕〔京 jīng 腔②〕

〔杙〕 yì 〈文〉くい.牛馬などをつなぐため地面に立てた細い棒.→〔桩 zhuāng ①〕

〔亿・億〕

yì ①億＝数の単位.⑧万の万う.〔六~五〕〔六万五千万〕6 億 5 千万.〔~一千~元〕1 兆 1 千億元.⑥万の10倍.10万:この10倍は〔兆 zhào ③⑧〕という.→〔垓 gāi ③〕②〈文〉推し量る.推量する.〔臆②〕に通じる.〔则腰中 zhòng〕〈成〉推量がよくあたる.③〈姓〉億(おく).

亿测 yìcè ⇒〔臆测〕

亿劫 yìjié (仏教で)億劫(ごう):非常に永い年月.

亿万 yìwàn 億万.無数.〔~斯年〕無限に長い年月.〔~富翁〕何億の資産を持っている女性.

亿兆 yìzhào 〈文〉①億兆.無数.②〈喩〉万民.人民.

〔忆・憶〕

yì ①思い起こす.回想する.〔回~〕同前.→〔记〕〔记得〕②記憶する.③〈姓〉億(おく).

忆苦饭 yìkǔfàn 解放前の苦しい生活を味わうため,ぬかなどで作った食物.

忆苦思甜 yìkǔ sītián 〈成〉苦しかった過去を思い起こし(現在の)幸せをかみしめる:1963,4年ごろ提唱された運動.

忆述 yìshù 回想して述べる.

忆想 yìxiǎng 回想する.〔~往事〕往事を回想する.

〔艺・藝〕

yì ①芸.技能.技術.〔多才多~〕〈成〉多能多芸.〔手~〕うで.技術.〔园~〕園芸.〔工~〕工芸.②芸術.〔文~〕文芸.〔~考热〕芸術(系)大学・学部の受験ブーム.〔演~〕遊芸を演ずる.③＝〔蓺〕〈文〉植物を植える.〔树~五谷〕五穀を植える.〔~花〕花を植える.④〈文〉標準.規準.限度.〔其乐无~〕その楽しみ極まりなし.〔贪 tān 贿无~〕賄賂をむさぼるのに限度がない.⑤〈姓〉芸(げい).

艺霸 yìbà 芸術界のボス・大物.

艺不压身 yì bù yāshēn 〈成〉芸は重荷にはならない.芸は身を助く.〔~,学得越多越好〕芸は身を助くだ,いくら覚えてもじゃまにはならない.

艺德 yìdé 芸能人が守るべき道徳.モラル.

艺风 yìfēng 芸風(げい).

艺高胆大 yìgāo dǎndà 芸があれば大胆になる:〔艺高人胆大〕ともいう.

艺妓 yìjì 回芸妓.

艺林 yìlín ①学芸畑.芸術界:〔艺苑〕に同じ.〔~盛事〕学芸社会における盛事.②〈文〉典籍の精粋を集中した場所.

艺龄 yìlíng (芸能人の)演芸歴(年数)

艺盲 yìmáng 芸術おんち.

艺名 yìmíng 芸名.

艺人 yìrén ＝〔艺员〕①芸能人.芸人.→〔演 yǎn 员〕②〔手工艺の〕細工職人.

艺术 yìshù ①芸術.〔~标准〕芸術の規準.〔~家〕芸術家.〔~片〕〔~电影〕芸術映画.〔~品〕芸術作品.造型芸術品.〔~细胞〕〈喩〉芸術鑑賞能力や素養.〔~性〕芸術性.〔~院校〕芸術系大学.〔~照 zhào〕芸術写真.②芸術.技能.〔军事~〕軍事技術.③芸術的である.美的である.〔照片拍得多~〕写真の撮り方が実に芸術的だ.

艺术体操 yìshù tǐcāo 〔新体操〕＝〔新体操:〔韵 yùn 律(体)操〕(リズム体操・エアロビクスダンス)に同じ.〔艺体〕ともいう.

艺坛 yìtán 芸能界.芸術界.

艺徒 yìtú 芸能・技能の見習い.→〔学 xué 徒①〕

艺途 yìtú 芸能界への道.〔~多艰 jiān〕スターへの道は多難である.

艺文志 yìwénzhì 〈文〉①芸文志.②地方誌に載る詩文.

艺校 yìxiào 芸術学校.

艺员 yìyuán ⇒〔艺人〕

艺苑 yìyuàn 学問・芸術の社界:〔艺林①〕に同じ.〔~奇葩 pā〕〈文〉文芸界の優れた作品.

艺展 yìzhǎn 芸術展.

〔仡〕 yì 〔~~〕〈文〉①雄壮なさま.②高大なさま.→ gē

〔屹〕 yì 〈文〉(山が)高くそば立つさま.そそり立つさま.→ gē

屹立 yìlì 屹立(きつ)する.山のようにどっしりと立つ.〈喩〉揺れ動かない.〔魏 wēi 然~〕高く大きくそびえ立つ.〔~在大地上〕大地にしっかりと立つ.

屹然 yìrán 屹立したさま.〔~不动〕毅然として動かない.

〔呓・囈(讛)〕 yì 〈文〉うわごと(を言う):〔寱〕に同じ.〔梦 mèng ~〕同前.→〔呓话①〕

呓语 yìyǔ ①うわごと.寝言.②つじつまのあわない話.〔狂人~〕狂人のたわごと.

呓挣 yìzhēng 〈白身震いする.

呓桩 yìzhēng うわごと.

〔蓺〕 yì ⇒〔艺③〕

yì

〔**圣・睪**〕 yì
①〈文〉窺(うかが)う。②〔睪〕の簡化偏旁として用いられる：〔择〕〔译〕など。

〔**译・譯**〕 yì
①訳す.〔翻 fān ~〕⓪翻訳(する),⓪通訳(する).〔~成 zhí ~〕直訳する.〔~成日文〕日本語に訳す.〔文言~白话〕文語を口語に訳す.〔古诗今~〕古詩の現代訳(をする).〈姓〉譯(ヤク).

译本 yìběn 訳本.〔节 jié ~〕抄訳本.
译笔 yìbǐ 訳文(訳し方).〔~流畅〕訳文が流暢である.〔~枯涩 sè〕訳文がぎこちない.
译编 yìbiān 翻訳・編集をこちら.
译丛 yìcóng 翻訳本(の)シリーズ.
译电 yìdiàn 電報用数字を文字に直す.またその電文.
译稿 yìgǎo 翻訳原稿.〔~请附寄原文〕翻訳原稿は原文をつけておおりめ下さい.
译介 yìjiè 翻訳(して)紹介(する)
译码 yìmǎ ①コード,符号. ②解読する.〔~器〕機解読器,デコーダー.
译名 yìmíng 翻訳名.
译配 yìpèi (外国映画などに)アテレコする.〔~片〕吹き替え外国映画.
译释 yìshì 翻訳・説明する.
译述 yìshù 訳述(する)
译文 yìwén 翻訳文.
译序 yìxù 翻訳作品の序文.
译意风 yìyìfēng ＝〔音讯〕回 イヤホン：〔译语风〕ともいう.→〔耳儿 机②〕
译音 yìyīn ①音訳(する). ②訳音.
译员 yìyuán 通訳(者).〔女~〕女性通訳.→〔翻 fān ~〕〔通 tōng 译～〕
译者 yìzhě 訳者.翻訳者.
译制 yìzhì (外国映画などに)吹き替える.〔~影〕片吹き替え映画.〔国产（影)片~〕〔～影)片〕国産映画と吹き替え映画.→〔配 pèi 音〕
译注 yìzhù 翻訳し注釈を加える.
译著 yìzhù ①翻訳し著述する. ②翻訳書.
译作 yìzuò 翻訳作品.

〔**怿・懌**〕 yì
〈文〉喜ぶ.〔~悦 yuè〕同前.〔闻之不~〕それを聞いて喜ばなかった(機嫌が悪かった)

〔**峄・嶧**〕 yì
地名用字.〔~县〕〔~山〕地名〔限〕山東省にある.

峄山刻石 yìshān kèshí 秦始皇が山東省にある嶧山の石に秦の功績をたたえる文を刻まれた故事：原石は〔峄山碑〕といい,李斯の筆になるとされ,唐の郑文宝が摹して刻したもの.
峄(阳)桐 yì(yáng)tóng 江蘇省嶧陽に産する桐の木：琴の材料の良品.〈転〉人材.

〔**驿・驛**〕 yì
〔〕宿場：文書を騎馬で逓送するなどのために設けられた馬の乗りつぎ場所.現在は多く地名に用いられる.〔~吏 lì〕〔~官〕~丞 chéng〕同前の役人.〔龙泉 ~〕地四川省にある.

驿传 yìchuán 〔〕急飛脚(をたてる)
驿道 yìdào 〔〕公文書の伝達や役人が利用した街道.→〔驿站〕
驿递 yìdì 〔〕公文書の早馬による逓送,あるいは往来の官吏の送り迎えをすること.→〔铺 pù 递〕
驿动 yìdòng どきどきする.〔~不已〕同前.
驿馆 yìguǎn 〔〕＝〔驿舍②〕〔〕宿場の宿泊所.駅家〔〕
驿马 yìmǎ ①宿場馬. ②同下.
驿马星 yìmǎxīng ＝〔驿马②〕〔走 zǒu 星〕旅行者の運命を司るといわれる神.
驿舍 yìshè ⇒〔驿馆〕

驿亭 yìtíng 同下.
驿站 yìzhàn ＝〔驿亭〕〔馆 guǎn 驿〕〔〕駅站(えき).宿駅.〔驿道〕の要所要所に置かれた.

〔**绎・繹**〕 yì
〈文〉①生糸を紡ぐ. ②糸口をつかむ.糸口から推し究める.〔寻 xún ~〕同前.〔演 yǎn ~〕論理の規則によって必然的な結論を導き出すこと.〔以今~古〕現在から過去を考える.〔反复思 ~〕くり返し考えを進める. ③続いて絶えない.〔络 luò ~〕絶えることなく続く.〔车马往来络~不绝〕車馬の往来がずっと続いて絶えない.

〔**斁**〕 yì
〈文〉①飽きる.いやになる. ②盛んなさま. → dù

〔**抑**〕
(Ⅰ)①抑える.抑圧する.〔~强扶弱〕〔扶弱~强〕〈成〉強きを抑え弱きを助ける.〔貶 biǎn ~〕押さえて下げる.〔压 ~〕抑圧する. ②~抑〕同上.
(Ⅱ)〈文〉①それとも…か.〔果有此事乎？~传闻之非真耶？〕本当にそんなことがあったのか,それとも間違ったうわさなのだろうか. ②しかし.ただ….〔才非过人也,~努力不懈 xiè 而已〕才が人に優れているわけではないが,努力して怠らなかっただけだ.〔若非此坚强之组织为核心,~国家安全之不保,尚何建设之可言！〕もしもこの強固な組織が核心とならなかったならば,国家の安全は保たれないし,なおさら国家の建設など口にはできない.

抑挫 yìcuò 〈文〉屈辱.〔忍受~〕屈辱を忍ぶ.
抑或 yìhuò あるいは.または.〔易货方式~单面结汇均可〕バーター方式,あるいは片道決済いずれでも可.
抑菌作用 yìjūn zuòyòng 制菌作用.
抑平 yìpíng 抑制し平らにする.〔~物价〕物価をひき下げる.
抑压 yìyā 抑えつける.
抑扬 yìyáng 抑揚.起伏.イントネーション.〔~顿挫 dùncuò〕抑揚や休止(の具合が非常に良い)
抑郁 yìyù 憂うつ.うっ憤.うつ.〔~性神经病〕〔~症 zhèng〕医うつ病.
抑止 yìzhǐ 同下.
抑制 yìzhì ①＝〔抑止〕抑制(する).圧迫(する).〔~自己的感情〕自分の感情を抑える.〔~消费〕消費を抑制する.〔~油脂〕脂肪制限.→〔节 jié 制②〕〔限 xiàn 制〕 ②生理抑制.
抑制栅 yìzhìshān 電抑制グリッド(サプレッサーグリッド)

〔**亦**〕 yì
①〈文〉…も.〔生~我所欲也,义~我所欲也〕(孟子)生もまた我の欲するところであり,義もまた我の欲するところである.→〔也 yě (Ⅰ)①〕 ②〈文〉ただ….〔为公乎才,此何困难之有？〕きみはただ努力しないだけだ,何の困難なことがあろうか. ③〈文〉また.〔能文能武,~渔~农〕文を能くし武を能くし,漁猟もまた農業をする. ④〈姓〉亦(ヤク).

亦步亦趋 yìbù yìqū 〈成〉人が歩けば歩き,人が走れば走る：まねて行動する.追随する.〔步趋〕ともいう.
亦工亦农劳动制度 yìgōng yìnóng láodòng zhìdù 農民を工業労働に,労働者を農業労働に従事させる制度(季節性生産の企業に対して)
亦即 yìjí …もまた(…だ)
亦且 yìqiě〈文〉くわえらに.その上.
亦然 yìrán 〈文〉…もまたそのとおりである.
亦庄亦谐 yìzhuāng yìxié (話や文章が)重々しくもあり面白味もある.

yì

〔弈〕 yì ①〈文〉囲碁．〔〜林〕囲碁界．②〈文〉対局する．手合わせをする．〔〜棋 qí〕〔博 bó〜〕碁をする．〈姓〉弈〔〕

〔奕〕 yì ①〈文〉盛大である．②〈文〉重なる．③〈姓〉奕〔〕②〈文〉秀でる．

奕世 yìshì 〈文〉代々相続して絶えない．

奕奕 yìyì 〈文〉①大きなさま．②生き生きしたさま．〔神采〜〕容姿が生き生きしている．③さまようさま．〔忧心〜〕しきりに心配する．

〔衣(衣)〕 yì 〈文〉①服を着る(せる)．〔解衣 yī 一之〕服を脱いで着せかける．②包みかぶせる．→ yī

衣锦夜行 yìjǐn yèxíng 〈成〉錦の着物を着て夜行く：自分の栄華を人に知ってもらえないこと．〔衣绣 xiù 夜行〕ともいう．

衣人 yìrén 〈文〉①服を着せる．〔以衣 yī 一人〕人に服を着せる．②人によりかかり頼る．→〔依 yī 人〕

〔裛〕 yì ①〈文〉包みかぶせる．②浥し漏らす：〔浥〕に同じ．

〔裔〕 yì 〈文〉①子孫．后〜〕〔苗 miáo 〜〕後代．〔华 huá 〜〕中国人の子孫．③〈文〉国のはて．辺地．〔四〜〕四方の辺地．〔海〜〕海の辺地．④〈姓〉裔(yì)

裔孙 yìsūn 〈文〉遠い孫．

裔胄 yìzhòu 〈文〉遠い子孫．後裔(yì)

〔异(異)〕 yì ①異なる．同じではない．〔大同小〜〕〈成〉大同小異．ほかのよその．〔〜地〕よその土地．③特別である．珍しい．優れている．〔奇才〜能〕珍しい才能．優れた能力(を持っている人)．④奇異である．不思議である．怪しい．〔〜奇 qí〕奇異である．不思議である．〔情知〜〕異状のあることはわかっている．⑤別にする．分ける．別れる．〔离〜〕離婚する．〔同居〜爨 cuàn〕〔同居各炊 chuī〕同居していてかまどは別にする．⑥〔化〕イソ．iso-：異性体を表す接頭字．⑦〈姓〉异(")

异邦 yìbāng 外国．

异丙基 yìbǐngjī 〔化〕イソプロピル基．→〔基④〕

异步 yìbù 〔物〕非同期．アシンクロナス．〔〜电动机〕非同期モーター．

异才 yìcái 奇才．異才．

异彩 yìcǎi 特別の光彩．異様な光．〔大放〜〕大いに異彩を放つ．

异草 yìcǎo 珍奇な植物．〔満山都是奇花〜〕山いっぱいにふしぎな花や珍奇な植物が生えている．

异常 yìcháng ①尋常でない．並はずれている．〔神色〜〕ただならぬ表情．〔〜现象〕異常現象．〔他今天的行动有些〜〕彼の今日の行動は少々普通ではない．②特に．非常に．〔〜明显〕とてもはっきりしている．

异程接力 yìchéng jiēlì 〔又〕メドレーリレー．→〔接力①〕

异词 yìcí 異議．反対意見．〔两无〜〕両方とも異存はない．

异道 yìdào 〈文〉①別の行き方．②異なった議論や見解．③異なった方法．④別な方法．

异地 yìdì 他地．〔〜资金汇划〕他地への送金．→〔异乡〕

异丁烷 yìdīngwán 〔化〕イソブタン．

异丁烯 yìdīngxī 〔化〕イソブチレン．→〔烯〕

异读 yìdú 異読：同じ字の二つ以上の読み方のあること．〔〜词〕同前の単語．〔〜审 shěn 音〕〔又 yòu 音〕

异端 yìduān 異端：正統でない主張や教義．〔〜邪 xié 说〕異端邪説．

异服 yìfú 奇異な服装．〔奇装〜〕同前．

异构化 yìgòuhuà 〔化〕異性化．

异国 yìguó 他国．外国．〔〜情調〕異国情調．

异乎寻常 yìhū xúncháng 普通ではない．異常である．〔你不觉得他最近的态度有点〜吗〕きみは彼の最近の態度は少し普通ではないと思わないか．

异花传粉 yìhuā chuánfěn 〔植〕異花受粉：同種によって受精を〔异花受 shòu 精〕という．

异化 yìhuà ①〜する．〔〜作用〕異化作用．②〔語〕疎外．③〔語〕(音声上の)異化．

异己 yìjǐ 異分子．〔〜分 fēn 子〕同前．〔排除〜〕同前を排斥する．

异见 yìjiàn 異なる意見．〔〜人士〕意見の異なる人．

异教 yìjiào 異教．〔〜徒 tú〕異教徒．

异晴 yìjīng 〔化〕イソニトリル．〔卧 kǎ〕は旧称．

异径管节 yìjìng guǎnjié ＝〔方〕大头小〕〔方〕大小头〔機〕径違いソケット．→〔管接头〕

异军突起 yìjūn tūqǐ 〈成〉別な部隊が突然立ちあがる：新しい勢力が突然出現する．

异口同声 yìkǒu tóngshēng 〈成〉異口同音．

异类 yìlèi ①〔他民族の名〕．②〔動植物の〕異なった種類．③違う種類(のもの)

异路同归 yìlù tóngguī ＝〔异途同归〕〈成〉道は異なっても目的は同じ．〔异 shū 途同归〕ともいう．

异尼古丁酸联氨 yì nígǔdīngsuān lián'ān ⇒〔异烟肼〕

异曲同工 yìqǔ tónggōng ＝〔同工异曲〕〈成〉同工異曲：曲は異なっても巧みさは同じである．やり方は違っても効果は同じである．

异趣 yìqù 趣味を異にする．意見が合わない．〔我听他言谈〜，俗而无味，真不想再和他见面了〕彼の意見はわたしと合わず，俗で味がない，二度と彼と顔を合わせたくとは思わない．

异人 yìrén ①風変わりな人．異才の持ち主．②他人．③魔人．仙人．

异日 yìrì 〈文〉①他日．②以前．

异数 yìshù 特別の状況．特殊な状態．

异说 yìshuō ①奇怪な説(著作)．②珍しい説．③別の説．異説．

异俗 yìsú ①異なった風俗．②悪い風習・習慣．

异体 yìtǐ ①同一でない個体．〔〜受精〕〔動〕雌雄別体受精．②異なる形．

异体字 yìtǐzì 〔語〕異体字：意義を同じくし，字形を異にする文字．〔骈 pián 枝字〕ともいった．例えば〔蚁〕は简化字で正体字，〔蟻〕は繁体字，〔蜡〕は異体字．→〔别 bié 字〕

异同 yìtóng ①異同．異なる事と同じ事．〔中西文化之〜〕中国文化と西洋文化との異同．②〈文〉異議．

异途同归 yìtú tóngguī ⇒〔异路同归〕

异味 yìwèi ①格別の味．異なる珍味・美味．②〔-儿〕異様なにおい．普通でないにおい．〔〜刺 cì 鼻〕変なにおいが鼻をつく．

异位性皮炎 yìwèixìng píyán ⇒〔特 tè 应性皮炎〕

异文 yìwén 版本による字句上の異同，また同一の事柄の記載上の異同．

异闻 yìwén 珍聞．奇聞．

异物 yìwù ①〔医〕異物．②〈文〉死者．死人．〔化为〜〕死体となる．死ぬ．③〈文〉奇異な物．

异戊二烯 yì wǔ'èrxī ⇒〔甲 jiǎ 基丁二烯〕

异乡 yìxiāng 他郷．異郷．

异香 yìxiāng 異香．特殊な香り．

异想天开 yìxiǎng tiānkāi 〈成〉奇想天外：考えが大変奇抜なこと．

异相睡眠 yìxiàng shuìmián ⇒〔快 kuài 波睡眠〕

异心 yìxīn 〔异志〕ふたごころ．反逆心．〔阴蓄〜〕ひそかに反逆心を抱いている．→〔二 èr 心①〕

yì

异辛烷 yìxīnwán 化イソオクタン.→〔辛烷〕
异型 yìxíng 異形.〔~管〕異形管.
异形词 yìxíngcí 言語表記のぶれをもつ単語:〔关连〕と〔关联〕、〔马虎〕と〔麻胡〕など.
异性 yìxìng ①異性.②性質の異なる(反対の)もの.〔同性相斥,~相吸〕同性は拒み合い、異性は吸引し合う.↔〔同 tóng 性〕(の)
异姓 yìxìng 異なる姓.
异姓兄弟 yìxìng xiōngdì ⇒〔义兄弟〕
异姓姊妹 yìxìng zǐmèi ⇒〔义姊妹〕
异烟肼 yìyānjǐng 药イソニコチン酸ヒドラジド:〔异尼古丁酸联氨〕に同じ.〔雷 léi 米封〕(リミフォン)は商品名.
异言 yìyán 〔文〕異議.異.存.反対意見.〔两相情愿,各无~〕双方とも希望するところで、どちらにも異存はない(契約書用語)
异样 yìyàng ①異様である.特別である.〔有一种~的感觉〕一種の異様な感じ.②違い.〔我和他多年不见,但看不出他有什么~〕彼とは長い間会わなかったが、彼のところろあまりかわっていないようだ.
异义 yìyì 異義.〔同形~词〕同形異義語.
异议 yìyì ①別な議論.別な意見.②法異議.反対意見.〔提出~〕異議を提出する.
异于 yìyú …とは異なる.
异域 yìyù 異境:多く外国・異国をいう.
异志 yìzhì →〔异心〕
异重流 yìzhòngliú 地混濁流:密度流の一種.
异族 yìzú 異民族.外国人.

〔**漢**〕 yì 地名用字.〔漢~河〕河南省にある.

〔**廙**〕 yì 〈文〉恭しい.つつしみ深い.〔~~〕同前のさま.

〔**翼**〕 yì ①(鳥や昆虫の)つばさ.〔羽 yǔ ~〕同前.〔薄 bó 如蝉~〕ゼミの羽根のように薄い.〔飞机的银~〕飛行機の銀翼.→〔翅 chì 膀〕②〈転〉(左または右の)側.脇.〔左~友翼〕〔鼻 bí ~〕小鼻.〔由两~进攻〕両翼から攻め込む.③〈文〉助ける.補佐する.→〔輔 fǔ 翼〕補助する.〔~佐 zuǒ〕補佐する.④翼(ቲ).〔二十八宿の一.⑤〈文〉翌.〔~日日〕翌日翌日.⑥〈姓〉翼(ቲ)
翼侧 yìcè 军(陣形の)両翼:〔侧翼〕ともいう.〔左~友翼〕
翼翅 yìchì つばさ.〔展开~〕つばさを広げる.
翼戴 yìdài 〈文〉補佐して推し戴く(天子を).
翼护 yìhù 庇護する.かばう.〔~部下〕部下を同前.
翼门 yìmén 〈文〉正門の左右にある小門.
翼梢 yìshāo 〈飞行機の)翼端.〔~小翼〕同前の垂直翼.
翼手龙 yìshǒulóng 翼手竜:古世代ジュラ紀から白亜紀にかけて生存した化石爬虫類.
翼手目 yìshǒumù 动翼手目.コウモリ目:哺乳類の一.→〔蝠 fú〕
翼卫 yìwèi 又(ラグビー・サッカーなどの)ウイング.→〔前 qián 卫〕
翼宿 yìxiù →〔二 èr 十八宿〕
翼翼 yìyì 〈文〉①慎むさま.〔小心~〕小心翼翼とす.②秩序立ってきちんとしているさま.③盛んなさま.

〔**邑**〕 yì 固①国(都).〔~转〕都市.〔城~〕同前.〔通都 dū 大~〕〈成〉大都市.②県の別称.〔~令〕〔~宰 zǎi〕県の長官.〔~人〕同郷の人.

〔**浥**〕 yì 〈文〉浸す.湿す.〔露 lù ~衣襟〕〈成〉露が着物の襟を潤す.

〔**悒**〕 yì 〈文〉憂える.不安に思う.〔忧 yōu ~〕〔郁 yù ~〕憂うつ.〔~~不乐〕楽しまないさま.

〔**挹**〕 yì 〈文〉①汲む.〔~彼注兹 zī〕〔~彼注~〕成汲んでここに注ぐ:調節ならす.②重んずる.推奨する.〔奖 jiǎng ~〕〔推 tuī ~〕〔推重同前.③讓る.謙譲である.〔謙 qiān ~〕同前.
挹取 yìqǔ 〈文〉汲む.
挹注 yìzhù 〈文〉余っている所から不足している所へ補う.→〔字解①〕

〔**唈**〕 yì 〈文〉憂える:〔悒〕に同じ.

〔**貤・貤**〕 yì 〈文〉重複する.→ yí

〔**佚**〕 yì 〈文〉①安楽である.遁世する.隠れ住む.〔~民〕同前の人.③散失する.失う.④自堕落である.
佚名 yìmíng 氏名が残っていない.
佚失 yìshī (詩文などが)散逸する.
佚诗 yìshī =〔轶诗〕〔逸诗〕散逸した詩:特に詩経に採録されない詩.
佚事 yìshì =〔轶事〕〔逸事〕逸話.
佚文 yìwén =〔轶文〕〔逸文〕散逸した文章.
佚闻 yìwén ⇒〔轶闻〕

〔**泆**〕 yì 〈文〉①放縱である:〔逸⑥〕に同じ.②⇒〔溢〕

〔**轶・軼**〕 yì 〈文〉越える.抜きんでる:〔逸⑤〕に通じる.〔~材〕非凡な人.②〈文〉散逸する:〔逸②〕に通じる.③〈姓〉轶(ቲ)
轶诗 yìshī ⇒〔佚诗〕
轶事 yìshì =〔佚事〕〔逸事〕逸話.〔遗闻~〕隠れた史実.
轶文 yìwén ⇒〔佚文〕
轶闻 yìwén =〔佚闻〕〔逸闻〕逸聞(ቲ).〔~逸话〕

〔**昳**〕 yì 〔~丽 lì〕〈文〉美しい.〔容 róng 貌~丽〕顔かたちが美しい.→ dié

〔**役**〕 yì ①労働.強制的な労働.劳役.〔苦~〕強制労働.苦役.②兵役.〔兵~〕同前.〔现~〕現役.③力仕事をさせる.駆使する.〔奴 nú ~〕奴隷のように酷使する.④旧使用人.〔仆 pú ~〕下男.雑役夫.ボーイ.〔差 chāi ~〕〔衙 yá ~〕役所の属吏.〔校~〕(学校の)用務員.〔杂~〕雑役(夫).⑤戦役.〔(中日)甲午之~〕日清戦争.
役畜 yìchù 役畜:〔力 lì 畜〕に同じ.
役龄 yìlíng 兵役年齢.
役人 yìrén 〈文〉①役所の使用人.②他人を使役する.〔非乃~,乃役于人〕他人を使役するのではない、他人に使役されるのである.
役使 yìshǐ =〔役用〕①(家畜を)使役する.②(人力を)強制して使う.
役用 yìyòng 同上.
役租 yìzū 夫役(ቲ).〔实物代~〕物納で夫役にかえる.

〔**疫**〕 yì 医急性伝染病.流行病(総称).〔瘟 wēn ~〕同前.〔时 ~〕季節の同前.〔防~〕流行病を防ぐ.〔鼠 shǔ ~〕ペスト.〔检 jiǎn ~〕検疫(する)
疫病 yìbìng 疫病.はやり病(ኛ).→〔传 chuán 染病〕
疫港 yìgǎng 悪疫の流行指定港.〔~出口准许证〕悪疫の流行している港からの輸(移)出許可証.
疫疠 yìlì 〈文〉疫病:〔疫病〕に同じ.
疫苗 yìmiáo 医ワクチン.〔接种 zhòng〕〔注 zhù 射~〕〔打预防针〕予防注射(接種)をする.〔伤寒~〕チフス〜.〔狂 kuáng 犬病~〕狂犬病〜.〔卡 kǎ 介~〕〔卡介(菌)苗〕〔结 jié 核~〕BC

yì

Gワクチン.〔沙 shā 克(疫)苗〕ソークワクチン.→〔菌 jūn 苗〕
疫情 yìqíng 疫病発生·感染の状況.
疫区 yìqū 感染地域.

〔**毅**〕 yì 果断である.きっぱりとしている.〔坚 jiān ～〕毅然としている.〔刚 gāng ～〕剛毅である.
毅力 yìlì 気力.気魄.根気.〔他工作很热心,但没有～〕彼は仕事には熱心だが根気がない.
毅然 yìrán きっぱり(と).〔～决然地拒绝了他的要求 yāo 求〕きっぱりと彼の要求を拒絶した.
毅勇 yìyǒng 意志が強くて勇ましい.

〔**枻**(**栧**)〕 yì〈文〉①(舟 の)かい.→〔桨 jiǎng 〕②舷側.

〔**诣·詣**〕 yì〈文〉①参上する.詣(乎)で.〔～师问学〕師を訪れて学問のことを尋ねる.②学問·技術などを研究して到達した深い境地.〔造 zào ～〕同前.
诣府 yìfǔ〈文〉お宅に参上する.〔～拜访〕同前.
诣谒 yìyè〈文〉訪問する.

〔**鮨·鮨**〕 yì〔鱼 貝〕鱸形目ハタ科の魚(総称).〔鳜 guì 鱼〕(ケツギョ),〔青石 斑鱼〕(アオハタ),〔烟鲈 lú〕(クロハタ)など.〔燕 yàn 赤～〕ヒメコダイ,〔姬 jī ～〕ヒメハナダイ.〔～科〕ハタ科.

〔**易**〕 yì (Ⅰ)①容易である.たやすい.〔轻而一举〕〈成〉たやすくやり得る.〔～碎 suì〕壊れやすい.壊れ物注意.〔得来不～〕得るのはたやすくない.〔不 改革〕改革しないと.↔〔难 nán 〕②平和である.やわらかである.〔平～近人〕穏やかで人に親しまれる.→〔平 píng 易②〕③〈文〉軽視する. (Ⅱ)①変える.変わる.〔移风~俗〕古い風俗や習慣を改める.②交換する.〔～取〕同前.〔以物~物〕物々交換をする.〔贸 mào ～〕売買(する).貿易(する).〔～文〕同前.④易経の略:〔周 zhōu 易〕に同じ.④〈姓〉易(℟).
易爆 yìbào 爆発しやすい.〔易燃 rán ～〕燃えやすく爆発しやすい.
易卜生 yìbǔshēng〔人〕イプセン:ノルウェーの文学者(1828～1906).〔玩偶之家〕(人形の家)など.
易错题 yìcuòtí 間違いやすい問題.〔高考～〕大学入試の同前.
易地 yìdì ①転地する.〔～疗养〕転地療養する.②〈文〉立場を変える.〔～则皆然〕(孟子)立ち場を変えてみな同じだ.
易发 yìfā 発生しやすい.よく起こる.
易岗 yìgǎng (同じ工場,事務所内で)職場を変える.
易稿 yìgǎo (原稿,草案などを)書き直す.
易耗品 yìhàopǐn 消耗しやすい物品.
易回 yìhuí 商 見返り品を輸入する.〔～货物〕見返り輸入品.
易货 yìhuò 商 バーター(する).物々交換(をする).〔～贸易〕〔～交易〕バーター貿易(をする).〔～协定〕バーター協定.〔直接～〕直接バーター.〔～合同〕商 バーター契約.
易缴费 yìjiǎofèi (料金の)銀行引き落とし.
易经 yìjīng ⇒〔周 zhōu 易〕
易拉罐 yìlāguàn プルトップ缶.〔～饮 yǐn 料〕同前の飲み物.
易涝 yìlào 冠水しやすい.〔～田〕同前の水田.
易名 yìmíng ①改名する.〔改 gǎi 名〕に同じ.②名義を替える.③〈文〉帝王から贈られる諡(訔)をつける.
易燃 yìrán 燃えやすい.引火しやすい.〔～物〕引火しやすい物.

易人 yìrén ①人を換える.〔那儿的主任最近～了〕あそこの主任は最近更迭された.②穏やかで人あたりがよい.〔和霭 ǎi ～〕穏やかで親しみやすい.→〔字解(1)②〕
易熔(合)金 yìróng (hé)jīn 溶点の低い合金(総称).〔電気ヒューズなど〕.
易熔塞 yìróngsāi 〔锅 guō 炉塞〕機 可溶栓.溶栓(℟).
易如反掌 yì rú fǎnzhǎng〈成〉掌をかえすようにやさしい.赤子の手をひねる.
易事 yìshì 容易なこと.簡単にできること.〔并非～〕決して楽なことではない.
易手 yìshǒu ①手をかえる.②所有者が変わる.
易水 yìshuǐ ①商 品質·品位などの不足に対する補填(亿)金.②地 河北省易県西南を流れる川:戦国時代,衛の荆可が燕の太子丹のため秦王政(始皇)を刺すべく易水を渡して訣別した〔风萧 xiāo 萧兮～寒,壮士一去兮不复还〕で有名.
易位 yìwèi 場所を変える.〔～思考〕立場を変えて考える.
易性 yìxìng 性転換(をする):〔变 biàn 性〕ともいう.〔～癖 pǐ〕性同一性障害.
易学难精 yìxué nánjīng〈成〉入門はたやすいが上達は難しい.
易于 yìyú 容易に…できる.…しやすい.〔用这种练习方法~掌握〕このような練習方法では身につけやすい.
易赜 yìzé →〔赜〕
易辙 yìzhé〈喩〉やりかたを変更する.〔改 gǎi 弦易辙〕
易帜 yìzhì 旗幟(℟)物をとりかえる.〈喩〉政権や指導者などが更迭する.
易主 yìzhǔ 主が替わる.〔江山～〕〈喩〉朝代が替わる.

〔**埸**〕 yì〈文〉①田のあぜ.田畑の境界.②国境.辺境.〔疆 jiāng ～〕同前.

〔**蜴**〕 yì〔蜥 xī ～〕トカゲ.

〔**佾**〕 yì 古代楽舞の行列:8人で1〔～〕とした.〔八～〕64人編成の天子の楽舞.〔～生〕清孔子廟で楽舞を行う者.

〔**食**〕 yì 人名用字.〔郦 lì ～其 jī〕,〔审 shěn 〕~其 人 いずれも漢代の人. → shí sì

〔**独**〕 yì 〔林 lín ～〕〔猞 shē 猁(猕)〕動 オオヤマネコ.

〔**羿**〕 yì ①〔后 hòu ～〕人 夏の時代,東夷の有窮国の王.弓矢の達人.伝説で堯の時,10個の太陽が出たので命にょり9個を射落とした.〔夷 yí ～〕ともいう.〔嫦 cháng 娥〕はその妻.②〈姓〉羿(℟)

〔**益**〕 yì(Ⅰ)①利益の.得.〔利~〕同前.〔受~浅〕益を受けることが非常に多い.②益のある.有益.〔~友〕〔良 师 ～友〕良師益友.〔~虫 chóng〕益虫.〔~害 hài ①②〕③〈姓〉益(℟).(Ⅱ)①増加する.加える.〔日～强盛〕日々繁栄している.〔多～善〕多ければ多いほどよい.→〔愈 yù (Ⅱ)②〕②特に専家耐心指導し,工作尤見順利〕労働者たちは非常に努力し,加えて専門家の辛抱強い指導があったので,仕事は特に順調に進んでいる.②さらに.一層.ますます.加える.〔水势~深〕水勢が一層増す.〔仇恨~深〕恨みが一層深い.〔精~精〕〈成〉ますます磨きをかける.念には念を入れる.〔多～善〕多ければ多いほどよい.→〔愈 yù (Ⅱ)②〕③〈文〉益(℟):六十四卦の一つ.
益处 yìchu 益.利益.利点.〔没有～〕益がない.
益发 yìfā〔一 yi 发①〕いよいよ.一層.〔太阳下山了,再加上下了这么一场雨,~显得凉

益溢嗌缢镒鹢螠艗谊翊翌逸勚意 yì

快了]陽が落ちたし,その上こんなに雨が降ったのでいよいよ涼しくなった.→[越 yuè 发]

益母草 yìmǔcǎo 圓ヤクモソウ(メハジキ):ヨモギに似た薬草.[苦 kǔ 草②][苦 kǔ 菜]ともいう.[茺 chōng 蔚]が古称.

益鸟 yìniǎo 益鳥.↔[害 hài 鸟]

益寿 yìshòu 寿命が延びる.[延年~]同前.

益兽 yìshòu 益獣.

益生菌 yìshēngjūn 人体に有益な細菌.[乳 rǔ 酸菌]など.

益友 yìyǒu <文>有益な友人.良友.[良师~]よい先生とよい友人.↔[损 sǔn 友]

益智 yìzhì ①頭をよくする.知識を増す.[~玩具]頭脳おもちゃ.②⇒[龙 lóng 眼]. 圓ショウガ科ハナミョウガ属植物:果実を[~(仁 rén)]といい芳香性健胃剤とする.

[**溢**] yì =[泆②]①水があふれる.[洋~]横溢.[满则~]満つればあふれる.[海水~出堤岸]海水が堤からあふれ出る.[外~]外へあふれ出る.②表に出てくる.[~露 lù]発露する. ③度がすぎる.オーバーする.[~出]圖オーバーフロー.④⇒[镒]

溢洪道 yìhóngdào 洪水時の水はけ水路.余水路.

溢洪坝 yìhóngyàn 防水ダム.洪水を防ぐ堰堤.

溢价 yìjià 国(株式の)プレミアム.[升 shēng 水]ともいう.[~发行]プレミアム発行.

溢利 yìlì <文>余分の利益.

溢漏 yìlòu 漏出する.

溢满 yìmǎn 充満する.あふれ出そうになる.[~乡情]ふるさとの思いが満ちあふれる.

溢冒 yìmào あふれ出る.[下水道堵 dǔ 塞,污水~]下水道が塞がって,汚水があふれ出る.

溢美 yìměi 過分の賛美.褒め過ぎ.[~之词]同前の言葉.

溢目 yìmù <文>見尽くせない.見きれない.[好景~]好い眺めが多すぎて見尽くせない.

溢于言表 yì yú yánbiǎo <成>感情が言葉や表情.しぐさに表れ出る.

溢誉 yìyù <文>過分な賞賛.[承蒙~,愧不敢当]<謙>過分なおほめにあずかり,お恥ずかしい次第です.[过 guò 奖]

[**嗌**] yì <文>のど.[~不容粒]<慣>食物が少しものどを通らない.→ài

[**缢・縊**] yì <文>[~(绳-ひも)で]くびり殺す(しめ殺す).[~杀 shā][~死 sǐ]同前.[自~]首つり自殺する.→[勒 lēi 死①]

缢蛏 yìchēng 圓アゲマキガイ;[蛏子]は通称.

缢虫 yìchóng 釣りをつかえる蝶類の蛹(蛹'ギ)と'もいう.

[**镒・鎰**] yì 古代の重量単位名:24両(または20両)をいう.[溢④]とも書く.

[**鹢・鷁**] yì =[鹢①][鹢曰]<文>古書で白さぎに似た大形の水鳥;風によく耐えて飛ぶといわれ,船のへさきにその形を刻んだり書いたりした.[~首 shǒu][艦首]鹢首(ᄒ゙).同前のへさきを持つ船)

[**螠**] yì 圓ユムシ(類の総称):環形動物の一.[单 dān 环 huán ~][口海 hǎi 肠子]ユムシ;釣り餌に用いられる.

[**艗**] yì [~首 shǒu]<文>鹢(ᄒ゙)首:[鹢首]に同じ.

[**谊・誼**] yì よしみ.友情.[友~]友誼.[~友]気心のよくわかった友人.[交~]交情.[深情厚~]慣厚い友情.[~不可辞]情誼上断ちがたい.

[**翊**] yì <文>補佐する.[~赞 zàn][辅 fǔ ~]同前.[~戴 dài]補佐し推戴する.

[**翌**] yì <文>次の.翌.[~日]翼日]翌日.[~年]翌年.[~朝 zhāo]~晨 chén]翌朝.→[明 míng 年①][明天①]

[**逸**] yì ①走る.逃げる.[~奔 bēn][逃 táo ~]逃げる.[马~不能止]馬が逃げ出して止められない.逸脱する.世に知られない.[其书已~]その書はすでに散逸した. ③安逸である.のんきである.[安~]同前.[以~待劳]<成>十分に鋭気を養って,疲れた敵の来攻を待つ.[一劳永~]成一度苦労しておけばあとは長い間楽ができる. ④隠棲する.[隐 yǐn ~]同前.⑤抜きんでる.[超~]抜きんでている. ⑥放縦である.自由勝手である.[泆]に同じ.[淫 yín ~]淫蕩で放縦である.

逸才 yìcái 逸材.英才.[逸材]とも書く.

逸乐 yìlè <文>遊び楽しむ.

逸民 yìmín 国世を遁(ᄒ゙)れた人.また国が滅んだ後に新王朝に仕官しない人.

逸品 yìpǐn (書画や詩文の)逸品.

逸趣 yìqù 脱俗の趣致.雅趣.[不乏 fá ~]やや浮世離れしている.

逸群 yìqún 抜群(の)

逸散 yìsàn (液体・気体が)飛散する.

逸诗 yìshī ⇒[佚诗]

逸史 yìshǐ 散逸して正史に採録されていない事実を集めた歴史.

逸士 yìshì ①優れた人.②隠遁の士.

逸事 yìshì ⇒[佚事]

逸书 yìshū 名前のみが知られていて,実世に伝わらない書.

逸文 yìwén ⇒[佚文]

逸闻 yìwén ⇒[轶闻]

逸兴遄飞 yìxìng chuánfēi <成>世俗を超越して豪放である.

逸豫 yìyù <文>怠惰に遊び暮らす.

逸致 yìzhì <文>優れた趣向.雅致.

[**勚・勩**] yì ①<文>苦労する.②(器物の角などが)磨損する.すり減る.[螺丝扣~了]ネジが磨滅してあまくなった.

[**意**] yì ①考え.心.願い.[善 shàn ~]善意.[~愿]好意.[故~(地)][故(地)故意(に).わざと.[任~(地)]気まま(に).[随 suí ~]随意に.[一心一~]一心一意に気に入る.[~乱]慌てて心が乱れる.[称心如~]願いがかなう.[无~(之)中]思いがけなく. ②意味.意義.[取 qǔ ~]意味をとる.[寓 yù ~]意味を込める.[词不达~]言葉が意を尽くさない. ③意見.見解.[这一段话很有新~]この話にはなかなか新しい見解がある.[文中立~新颖 yǐng]文中の着想がユニークである. ④見込み.予想する.[自在~中]もとより予想していた(見込んでいた).[出其不~]予期していなかったときに. ⑤<姓>姓(ᄒ゙)

意表 yìbiǎo 意表.[出乎~之外][出人~]<成>意表外に出る.予想外なことになる.[意外]

意不相投 yì bù xiāngtóu <成>気持ちがぴったりしない.[几句话~,两个不欢而散 sàn]幾言か語ってみたものの気が合わずに,不愉快な気持ちのまま別れた.

意大利 yìdàlì イタリア;もと[义大利][伊 yī 大利]とも書いた.正式国名は[~共和国]. 国通称.首都は[罗 luó 马(ローマ)].[~实心面][~挂 guà 面]圓スパゲッティ;[细 xì 白面条]に同じ.

意到笔随 yìdào bǐsuí <成>思いのままにすらすらと筆が進む.[~地写出一篇小品文来]思いのわくまますらすらと一篇の小品文を書きあげる.

yì 意

意符 yìfú ⇒〔形 xíng 旁〕
意故 yìgù〈白〉意味.わけ.つもり.〔却不多将些酒出来与我吃,是甚～?〕(水29)それなのに酒をたっぷり出して飲ませてくれないとは,どういうわけなんだ.
意国 yìguó ⇒〔意大利〕
意合情投 yìhé qíngtóu〈成〉意気投合する.
意会 yìhuì 心で理解する.〔只可～,不可言传 chuán〕心で理解することはできても,言葉では伝えられない.
意见 yì·jiàn ①意见.見解.〔～簿 bù〕意見具申簿.意見帳.〔～箱 xiāng〕投書箱.〔～不合〕意見が合わない.〔～分歧〕見解がくい違う.〔大家有什么～,提一提〕皆さん何か意見があったら言って下さい.→〔见 jiàn 解〕②批判.不満.文句.(意见の)くい違い.〔提～〕批判をする.〔闹 nào ～〕不満を引き起こす.〔大家对你有～〕みんなあなたに対して意見をもっています.〔群众对领导的这种做法～很大〕大衆は指導部のこうしたやり方に大きな不満をもっている.→〔反 fǎn 映②③〕
意匠 yìjiàng（詩文・絵画・工芸などの）構想.工夫.趣向.意匠.デザイン.〔～新颖〕構想が清新だ.
意境 yìjìng（文学芸術作品での）境地.情趣.ムード.
意懒心灰 yìlǎn xīnhuī〈喩〉がっかりする.〔心灰意懒〕ともいう.
意料 yìliào 想像する.推し量る.思い及ぶ.〔出乎～〕意表をつく.予想外のことになる.〔我早就说这样不行,果然不出～〕わたしはとっくにこれじゃいけないと言ったが,はたして思ってたとおりになった.〔谁也～不到会出这种事〕誰だってこんな事件が起きようとは思わなかった.②予想.想像.〔～(之)中 zhōng〕想像範囲内.
意马心猿 yìmǎ xīnyuán ⇒〔心猿意马〕
意满心足 yìmǎn xīnzú ⇒〔心满意足〕
意念 yìniàn 考え.思い.〔心里起了个～〕心の中にふと考えが浮かんだ.
意气 yìqì ①気概.気合.意气込み.〔～高昂 áng〕意气軒昂.②气性.气持ち.心映え.〔哥们儿～〕(封建的な)義理人情.③一時的な感情.意地.〔闹 nào ～〕意地.
意气风发 yìqì fēngfā〈成〉意气盛んなさま.
意气相投 yìqì xiāngtóu〈成〉意气投合する.
意气用事 yìqì yòngshì〈成〉一時の感情で物事を処理する.〔意气行 xíng 事〕ともいう.
意趣 yìqù〈文〉意義とおもしろみ.〔深知静中的～〕静の中のおもしろみを深く会得している.
意识 yì·shí ①意識する.認識する.〔他～到事态的严重性〕彼は事態の重大さを認識している.〔不过是自己还没～到罢 bà 了〕ただ自分がまだ意識していないだけのことだ.②回意識.〔下～〕潜在意識.〔～形态〕观 guān 念形态〕イデオロギー.〔～流〕(文芸上の)意識の流れ.
意思 yì·si ①考え.气持ち.意志.〔他的～怎么样〕彼の气持ちはどうなんだ.〔我的～跟你一样〕わたしの考えはきみと同じだ.②意味.〔这个字是什么～〕この字はどういう意味ですか.③おもしろみ.〔这没什么～〕これは少しもおもしろくない.〔这个电影很有～〕この映画はとても面白い.④愛想.心ざし.気持ち.〔这不过是一点小～〕ほんのちょっとしたおしるしです.おしるしばかりです.〔不必送那么重的礼,一到了就行了〕そんなに立派な贈りものをするには及ばない,气持ちが届けばそれでよい.⑤模様.樣子.きまり.気配.〔他也有～和咱们一起去〕彼も私達と一緒に行きたい气配だ.〔天有点要下雨的～〕どうやら雨でも降りそうな气配だ.⑥〈白〉(考えが)はっきりしない.思い迷う.〔他只～,就丢开手了〕彼はただもう思い迷いながら(その事を)ほったらかしにしてしまった.
意态 yìtài ①姿.姿勢.樣子.②心の動き.心理状態.气持ち.
意图 yìtú 意図.企て.〔～不良〕意図がよろしくない.〔领会领导的～〕上司の意をくむ.→〔企 qǐ 图〕
意外 yìwài ①意外である.予想外である.〔出了～风波〕思いがけない騒動が起きた.〔严重的～事故〕思いがけない酷い事故.〔感到～〕意外だと思う.〔死 sǐ 亡〕事故や災害による死亡.②不慮の事故.〔发生～〕万一のことが起こる.
意外保险 yìwài bǎoxiǎn ⇒〔伤 shāng 害保险〕
意味 yìwèi ①味わい.趣.おもしろみ.〔富于文学～〕文学的な味わいが濃厚である.②(深い)意味.〔～深长〕意味深長である.③きざし.兆候.
意味着 yìwèizhe 意味する.〔这～什么呢〕これは何を意味しているのか.〔这一组数据～患者已经脱离了死亡的危险〕この一連のデータは,患者が峠を越えたことを意味している.
意下 yìxià 心中.胸の内.考え.〔你～何如〕きみの意中はどうかね.〔不放在～〕意に介しない.〔～颇为不满〕心中かなりこぶるす不満である.
意险 yìxiǎn 伤害保险〕〔意外保险〕の略.〔航 háng 空～〕航空傷害保険.→〔伤 shāng 害保险〕
意想 yìxiǎng 想像する.思う.〔有～不到的好处〕思いも及ばないよいところがある.
意向 yìxiàng 意向.心ばせ.思惑.〔～书〕意向書.〔～不明〕意図がわからない.〔共同的～〕共通の目的.
意象 yìxiàng (文学芸術作品での)イメージ.
意兴 yìxìng 興味.〔～索然〕興味索然.さっぱり興がのらない.〔～阑 lán 珊〕〈成〉意气も興味も衰えている.
意业 yìyè →〔三 sān 业〕
意义 yìyì ①(言葉や記号の)意味.〔这个词有几个～〕この語にはいくつかの意味がある.〔从这个～上说,也不一定错〕このような意味から言えば,必ずしも間違いとは限らない.②意義.価値.〔这是一件很有～的工作〕これは意義のある仕事だ.〔人生的～〕人生の意義.
意译 yìyì 意訳(する).ⓐ原文の一語一語にこだわらず訳す.↔〔直 zhí 译〕ⓑ原文の意味を別の言語に訳す.↔〔音 yīn 译〕
意犹未尽 yì yóu wèijìn 未練が残るさま.名残惜しいさま.
意欲 yìyù〈白〉(气持ちとしては)…したい.〔这一日偶至郊外,～赏鉴那野外风景〕(紅2)この日はたまたま郊外へ出て,野外の風景を楽しむつもりであった.
意愿 yìyuàn 願い.希望.〔尊重本人的～〕本人の意向を尊重して.
意韵 yìyùn 情趣.境地.〔别有～〕格别な味わいがある.
意蕴 yìyùn 奥深い意味・趣き.〔～深远〕含意が深い.
意在言外 yì zài yánwài〈慣〉意は言外にある.それとなくほのめかしている.
意旨 yìzhǐ（尊重すべき)意志.意図.主旨.〔遵从领导的～〕リーダーの意図を守る.〔违背父亲的～〕父の意志に背く.
意志 yìzhì 意志.〔～坚强〕意志が固い.〔～薄 bó 弱〕意志薄弱.〔不屈不挠的～〕不撓(náo)不屈の意志.〔～消沉〕意気消沈.
意中人 yìzhōngrén 意中の人.ひそかに思っている異性:特に恋人や結婚相手.

yì～yīn

[薏] yì
薏米 yìmǐ ＝[薏仁(米)]ハトムギの実.
薏仁(米) yìrén(mǐ) 同上.
薏苡 yìyǐ ハトムギ.シコクムギ.〔川 chuān 谷〕は別称.種子を数珠にするため俗に〔草 cǎo 珠儿〕ともいう.→〔薏苡仁〕
薏苡明珠 yìyǐ míngzhū ＝[薏苡之嫌]〈成〉後漢の馬援が交趾より帰る時,種子にする〔薏苡〕を後車に載せて来たのを,時の人が明珠であると上書して讒じ言したこと.〈喩〉無実の誣陷のそしりを受ける.
薏苡仁 yìyǐrén 中医ヨクイニン:はとむぎの種皮を除いた仁.漢方で利尿・炎症止め・皮膚の保湿・いぼりの薬として用いる.
薏苡之嫌 yìyǐ zhī xián ⇒[薏苡明珠]

[臆(肊)] yì
①胸.〔热泪沾 zhān〕熱い涙が胸元をぬらす.〔舒愤懑 mèn 于胸〕憤まんの情を胸一杯にひろげる.怒りで胸がむかむかする.②主観的に:自分だけの考えで(当て推量で)考える.〔脑 nǎo〕悩む.
臆猜 yìcāi 憶測(する).当て推量(する)
臆测 yìcè ＝[亿测]憶測(する).当て推量(する).〔不要以小人之心～一个君子下小人の考えでひとかどの君子のことを当て推量してはいけない.
臆断 yìduàn 当て推量で(断定する).憶断(する).〔片 piàn 面～〕一方的に同前.〔凭空 píngkōng～〕根拠もなしに同前.〔无从～〕当て推量しようにも手がかりがない.
臆度 yìduó ＝[亿度]憶測する.〔亿度〕とも書く.
臆见 yìjiàn 主観的な見解.
臆说 yìshuō 当て推量で言う.またその言説.
臆想 yìxiǎng 憶測の.[主观～]主観的な憶測.
臆造 yìzào 推測で(話を)作り出す.〔凭 píng 空～〕でっち上げる.〔你怎么能听信这种～的谎言呢〕きみはどうしてこんな作りごとの話をまに受けて聞くのか.→〔捏 niē 造〕

[癔] yì
癔病 yìbìng 医ヒステリー:〔音訳〕歇 xiē 斯底里①に同じ.中医癔症〔旧脏 zàng 躁症〕ともいう.
癔症 yìzhèng 同上.

[镱・鐿] yì 化イッテルビウム:希土類金属元素.記号 Yb.ランタノイドの一.

[鹢・鷁(鶂)] yì 〈文〉①⇒[鹢]②[～～]〈擬〉ガチョウの鳴き声.

[鹝・鷊] yì ①⇒[鹝]②⇒[吐 tǔ 绶鸡]

[肄] yì 〈文〉学習する.[～习 xí]同前.
肄业 yìyè 修業(修学)する:未卒業.〔～生〕中退生.〔毕 bì 业〕

[瘞・瘗] yì 〈文〉(死体あるいは副葬品を)埋める.埋葬する.〔～埋 mái〕同前.

[嫕] yì 〈文〉おとなしい.穏やかである.〔婉 wǎn～〕同前.

[翳(瞖)] yì 〈文〉①羽毛で作った華蓋.②覆い隠す.③かげ.陰.④中医そこひ.〔眼 yǎn～〕〔内 nèi 障〕

[熠] yì ①〔～〕明るく輝く.〔～耀 yào〕〔～煜 yù〕同前.[～～]同前のさま.

[馈・饐] yì 〈文〉饐(す)える.

[殪] yì 〈文〉①倒れ死ぬ.ことごとく死んだ.②倒す.殺す.[～敌 dí 兵尽～]敵兵shèn 众]倒した敵の数は非常に多かった.

[瞳] yì [～～]〈文〉空がどんよりとしているさま.

[懿] yì 〈文〉德行が立派である.[嘉言～行 xíng](女性の)よい言行.[～德 dé]立派な女德.[～见 jiàn]人様ご覧を願う:冒頭宛名の(に)つける.[某某夫人～鉴]のように女性に対して用いた.→[台 tái 鉴]
懿范 yìfàn 〈文〉(女性の)よきお手本.[～犹 yóu 存]よきお手本がまだ残っている.
懿旨 yìzhǐ 〈文〉旧皇太后または皇后の命令.

[劓] yì 〈文〉人名用字.

[劓] yì 固鼻をそぐ刑(に処する):[五刑]の一.[～刑 xíng]同前.[～肉 ròu 刑]

[癮(癮)] yì 〈文〉うわごと(を言う):[呓 zhēng]に同じ.[佯 yáng 做个～挣 zhēng]〈白〉うわごとを言うふりをする.

yīn イン

[因(囙)] yīn ①〈文〉借りる.頼る.[云冈石佛多～山岩为之]雲崗の石仏はたいていは山の岩に刻んである.[古屋老树相～依]老屋と古木が相依っている.〈喩〉しっくりくり合っている.②〈文〉元どおりなる.そのままやる.[陈 chén 陈相～]〈成〉①世が治まり,穀物が豊かなこと.⑤いたずらに旧習を墨守すること.③原因.事出有～事に起こるのは原因のため.→[果 guǒ(Ⅱ)①]④…のため,…という原因のため.[～故延期举行]事故のため延期する.[～病请假]病気のため欠勤する.⑤原因である.〔飞机不能按时起飞,是～天气的关系〕飛行機が時間通りに離陸できないのは天候に原因している.⑥それ故に.そこで.〔久客广东,～家鴐〕久しく広東へ来ていたので,そこに家を持った.〔此子生立春日,～名"春生"〕この子は立春の日に生まれたので"春生"と名づけた.⑦〈姓〉因.

因变量 yīnbiànliàng 数従属変数.→[函 hán 数]
因材施教 yīncái shījiào ＝[因人而施]〈成〉その人に適した教育をする.人を見て法を説く.
因陈 yīnchén ⇒[茵陈(蒿)]
因此 yīncǐ これによって.このために.だから.[他的话把大家逗笑了,室内的空气～轻松了很多]彼の話にみんなが笑いだしたので,室内の雰囲気がだいぶ和らいできた.
因地制宜 yīndì zhìyí 〈成〉その土地の事情に適合させる.[各地应该积极地～地为儿童建立一些校外教育设施]各地で児童のために積極的にその土地の事情に適合した校外教育施設を設けるべきである.
因而 yīn'ér そのために.それで.だから.[他们不可能再利用资本来唯 wéi 利是图,～失去了投机买卖的机会]彼らは二度と資本を利用して利益のみを追求するということはなくなり,そのために投機的取引のチャンスはなくなったのである.
因革 yīngé ⇒[沿 yán 革]
因公 yīngōng 公用で.公用で.[～外出]公務で出張をする.[～假 jiǎ 私]公の名で個人の利益を図る.[～殉 xùn 职]公務のため殉職する.
因故 yīngù 都合によって.故(?)あって.
因果 yīnguǒ ①原因と結果.[～关系]因果関係.[～图 tú][树 shù 图]樹形図.②仏(仏教で)因

yīn 因涸茵姻

果.因縁(૮ん).〔~律〕因果律.〔~报应〕因果応報.

因何 yīnhé〈文〉何故に.何ゆえに.

因祸得福 yīnhuò défú〈成〉災いを転じて福とする:〔因祸为福〕ともいう.→〔转 zhuǎn 祸为福〕

因间 yīnjiàn〈文〉間諜として用いる敵国人(孫子兵法)

因利乘便 yīnlì chéngbiàn〈成〉有利な機会に乗ずる.好都合である.〔拉丁字母在中国的历史基础和群众基础上使我们今天采用它有~的好处〕ローマ字は,歴史的基礎から見ても,大衆の立場から見ても,今日それを採用するということは願ったりかなったりである.

因陋就简 yīnlòu jiùjiǎn〈成〉粗末な物で間に合わせ節約する.

因明 yīnmíng 宗(仏教の)因明(みょう):古代インドに起こった仏教の論理学.

因纽特人 yīnniǔtè rén〔音義訳〕イヌイット:〔爱 ài 斯基摩人〕(エスキモー)は自称.

因人成事 yīnrén chéngshì〈成〉自立できず他人を頼りにして事をなす.

因人而施 yīnrén ér shī ⇒〔因材施教〕

因人而异 yīnrén ér yì〈慣〉人それぞれによって違う.人様々である.

因人废言 yīnrén fèiyán〈成〉言った人が誰かによってその価値を決める:〔以 yǐ 人废言〕に同じ.〔不~,而要实事求是〕実際に照して真理を追求し,誰が言ったかによって言ったことの価値を否定するようなことはしない.

因人设事 yīnrén shèshì〈慣〉ある人のために一定の仕事またはポストを設ける.

因人制宜 yīnrén zhìyí〈慣〉人によって適切に手配りする.

因时制宜 yīnshí zhìyí=〔随 suí 时制宜〕〈成〉時に応じて適宜処理する.〔应该~,灵 líng 活运用〕時勢に応じての適宜の処置をとり,円滑に運用すべきである.

因式 yīnshì ⇒〔因数〕数因数.因子.〔~分解〕因数分解.〔分解~〕因数分解する:〔劈 pī 因数〕ともいう.

因势利导 yīnshì lìdǎo〈成〉発展(情勢)に応じて有利な方向に導く.

因事制宜 yīnshì zhìyí〈成〉事に応じて適宜の処置を講ずる.

因数 yīnshù ⇒〔因式〕

因苏林 yīnsūlín ⇒〔胰 yí 岛素〕

因素 yīnsù ①(物事を構成する)要素・成分.〔积极~〕プラスの要素.②要因.原因.条件.〔客观~〕客観的な要因.〔人为 wéi ~〕人為的な要因.

因特网 yīntèwǎng 電算 インターネット:〔互 hù 联网〕〔英 yīng 特网〕ともいう.

因为 yīn·wèi ①…により.…のために.…であるから.原因・理由を表す.結果を表す〔所 suǒ 以〕と相対応して〔~…所以〕の形をとることが多いが,そのいずれか一方を略して用いることもある.また〔~…而〕の形をとることもある.〔他~这件事受到了表扬〕〔~这件事,他受到表扬了〕彼はこのことで(このことでは),表彰を受けた.〔~今天有病,我们能~这么点儿困难而撒手不干吗〕こればっちの困難のためにほったらかしておいてよいものか.②なにしろ.〔何となれば…:原因・理由を後から述べる.〔我今天没上学〕~病了〕ぼくは今日学校を休んだ,なぜならば病気だから.〔我今天(所以)没上学,是~病了〕ぼくが今日学校を休んだのは病気だからである.→〔由 yóu 于〕

因习 yīnxí 因習.古くから伝わった習わし.

因袭 yīnxí 従来のしきたりのままに従う.〔~旧规〕古い規則を踏襲する.

因小见大 yīnxiǎo jiàndà〈慣〉些細な事から大問題を発見する.

因小失大 yīnxiǎo shīdà〈慣〉小さなことにこだわって大切なことをしくじる.一文惜しみの百失い.→〔贪 tān 小失大〕〔为 wèi 小失大〕

因循 yīnxún ①旧習を守って改めない.〔~旧习〕〔~守旧〕〈成〉古い習慣を踏襲する.〔~惯例〕従来の慣例を守って改めない.②ぐずぐずする.いい加減にする.〔~识事〕〈慣〉ぐずぐずしていて事を仕損じる.〔~了事〕〔~敷衍〕〔~苟且〕いい加減にすます.

因噎废食 yīnyē fèishí〈成〉むせたことに懲りて食を絶つ.〈喩〉失敗を恐れて何もしないこと.

因应 yīnyìng ①順応する.〔~汇率的变动〕為替レートの変動に順応する.②臨機応変にやる.適切に対処する.

因由 yīnyóu(r)〈口〉事の起こり.わけ.きっかけ.もと.〔借~请到自己家来〕用事にかこつけて自分の家へ呼ぶ.

因缘 yīnyuán 宗(仏教の)因縁(ねん).②ゆかり.えにし.えん.〔他从小就跟文学结下了~〕彼は小さい時から文学とゆかりを持つようになった.

因之 yīnzhī〈文〉これ故に.従って.

因子 yīnzǐ ⇒〔约 yuē 数〕

[涸] yīn にじむ.しみ出る.〔湮〕〔氤〕①に同じ.〔油~了纸〕油が紙ににじんだ.〔这种纸不好,用钢笔和圆珠笔写字都~〕このような紙はよくない,万年筆で書いてもボールペンで書いても字が散る.

涸湿 yīnshī しみぬれる.じめじめする.〔汗水~了衣领〕汗がしみとおって襟が湿っている.

涸透 yīntòu しみとおる.〔伤口的血把绷带都~了〕傷口の血が包帯にまでしみ出てきた.

[茵] yīn〈文〉敷き物.しとね.〔~席 xí〕〔~褥 rù〕同前.〔芳草如~〕かぐわしい草が敷き物のようだ.②〈姓〉茵(いん)

茵陈(蒿) yīnchén(hāo) 植カワラヨモギ:茎葉を陰干しにして薬用する.〔茵陈〕〔因陈〕とも書く.

茵陈酒 yīnchénjiǔ かわらよもぎの茎葉と高粱に麹(こうじ)を加えて醸造した薬酒.

[姻(婣)] yīn ①婚姻.嫁とり婿とり.縁組み.〔联 lián ~〕同前.②姻戚関係.→〔姻亲〕③固婚の実家.

姻伯 yīnbó (姻戚関係で)①兄弟の妻の父.②姉妹の夫の父.→〔亲 qīng 家公〕

姻母 yīnbómǔ (姻戚関係で)①兄弟の妻の母.②姉妹の夫の母.→〔亲 qīng 家母〕

姻弟 yīndì 兄弟姉妹の配偶者の兄弟で自分より年少の者.

姻末 yīnmò 姻戚関係の親族の目上の人に対していう自称.

姻戚 yīnqī 同下.

姻亲 yīnqīn=〔姻戚〕姻戚関係の親族.→〔亲 qīng 家①〕

姻叔 yīnshū 兄弟姉妹の配偶者の父で自分の父より年少の者.〔~母 mǔ〕同前の妻.

姻兄 yīnxiōng (姻戚関係の親族で)兄にあたる者.兄弟姉妹の配偶者の兄弟で自分より年長の者.②嫁と婿の親同士の身分関係.→〔亲 qīng 家②〕

姻亚 yīnyà〔姻亚〕とも書く.〈文〉姻戚(婿と嫁と相み婿)関係の親戚.

姻缘 yīnyuán 夫婦の縁.〔千里 ~ 一线牵 qiān〕〔谚〕縁は異なもの味なもの.〔~棒打不散 sàn〕〔谚〕夫婦の姻縁は定まったもので棒で打っても切れるものではない.→〔因缘②〕

yīn

〔駰・駰〕yīn 〈文〉白色のまじった浅黒い馬.

〔絪・絪〕yīn

絪縕 yīnyūn ⇒〔氤氳〕

〔氤〕yīn 〈文〉雲霧煙気がたちこめたさま.

氤氳 yīnyūn 〔絪縕〕とも書く.〈文〉雲霧煙気がたちこめるさま.

〔裀〕yīn ①〈文〉あわせの着物. ②⇒〔茵①〕

〔銦・銦〕yīn 化インジウム:金属元素.記号 In.

〔阴・陰(陰)〕yīn ①暗い.〔～间〕あの世. ↔〔阳 yáng〕 ②→〔阴司〕 ②曇っている.〔天～起来了〕〔天～下来了〕曇りだした.↔〔晴 qíng〕 ③日陰.〔树～〕木陰.〔花～〕花の陰.〔背～(儿)〕日陰. ④(陰陽の)陰.陰性を有するもの.〔～历〕陰暦. ⑤〈文〉山の北面.または川の南岸.〔华 huà 山之～〕華山の北側.〔淮 huái 水之～〕淮水の南岸. ⑥外から見えない.隠れている.→〔阴沟〕〔阴谋〕 ⑦ひっこんだ(もの).→〔阴文〕 ⑧陰険である.公明正大でない.〔使～着儿 zhāor〕陰険な手段を弄する.〔不留神就被他～一下子〕注意しないと彼に一杯くわされる.⑨月.⑩日.〔月.月光.⑩〈文〉光陰.時間.〔爱惜光～〕時間を惜しむ. ⑪背面.碑 bēi～〕碑の背面. ⑫生殖器,特に女性器官.〔女～〕同前.〔下～阴部. ⑬陰電気を帯びている.→〔阴电〕〔阴极〕 ⑭〈姓〉陰(s)

阴暗 yīn'àn 暗い.陰気である.〔森林里～而潮湿〕森の中は暗くて湿っぽい.〔～的脸色〕暗い顔色.〔～面〕暗黒面.マイナス面.

阴部 yīnbù 生理陰部:〔阴器〕〔下 xià 部②〕〔下身 A sī 处②〕は別称.

阴惨 yīncǎn ①陰気で重苦しい.〔脸色～〕顔つきが重苦しい.〔这屋子有点儿～惨的〕この部屋は陰気でぞっとする.②陰惨である.〔荒凉～〕(景色が)荒れはてて目を覆うばかりである.

阴曹 yīncáo 〈文〉あの世.〔～地府〕閻魔の庁.→〔阴司〕

阴沉 yīnchén 曇っている.〔阴沉沉的天气〕どんより重苦しい天気.〔脸色～〕顔色が曇っている.不機嫌な顔である.

阴沉木 yīnchénmù =〔阴柃〕久しく地中に埋もれた木.埋もれ木.

阴处 yīnchù ①日陰.②暗い所.③隠し所.陰部.

阴错阳差 yīncuò yángchā ちょっとの不注意で間違いを起こすこと.事がくい違ってうまくいかないこと;〔阴差阳错〕ともいう.〔～地把事情弄糟了〕くい違いができて失敗した.

阴丹士林 yīndānshìlín 〈音訳〉染インダンスレン.〔～蓝〕インダンスレンブルー.〔～棕〕インダンスレンブラウン.〔～元青〕インダンスレン黒.〔～染 rǎn 料〕インダンスレン染料. インダンスレン染色布地.〔～布〕(士林布)同前.

阴道 yīndào 生理膣;〔膣 zhì〕は古称.〔隔膜膜状ペッサリー.→〔子 zǐ 宫托〕

阴道栓 yīndàoshuān 膣座剤.→〔栓④〕

阴德 yīndé 〔阴功〕陰徳.〔积 jī ～〕同前を積む.〔有～者,必有阳报〕(諺)陰徳のある者には必ず陽報がある.

阴地蕨 yīndìjué 植フユノハナワラビ.ヒカゲワラビ.トコワラビ:全草を薬用する.

阴电 yīndiàn ⇒阴電気.マイナスの電気.〔负 fù 电〕に同じ.

阴电荷 yīndiànhé ⇒〔负 fù 电荷〕
阴电子 yīndiànzǐ ⇒〔负 fù 电子〕
阴毒 yīndú 陰険・悪辣である.〔～损坏〕陰険・悪辣・残酷.狡猾.
阴风 yīnfēng ①陰気な風.薄気味悪い風.〔扇～,点鬼火〕陰で色々の手を使って扇動する.②冬の寒風.
阴府 yīnfǔ 冥土.黄泉.
阴干 yīngān 陰干しする.→〔晒 shài 干〕
阴功 yīngōng ⇒〔阴德〕
阴沟 yīngōu 有蓋溝.暗渠.下水道.〔暗 àn 沟〕に同じ.〔～里翻 fān 了船〕〈喩〉不注意で思いがけない失敗をすること.↔〔阳 yáng 沟〕
阴核 yīnhé 生理クリトリス;〔蒂 dì〕ともいう.
阴黑 yīnhēi 同下.
阴狠 yīnhěn =〔阴黑〕悪辣である.〔手段～〕手段が悪辣だ.
阴户 yīnhù ①〈文〉墓の入り口.②生理陰門;〔阴门〕〔牝 pìn 户〕〔〈口〉屄 bī〕ともいう.
阴画 yīnhuà →〔底 dǐ 片①〕
阴坏 yīnhuài 陰険である.意地悪である.〔为人～〕性格が陰険だ.
阴晦 yīnhuì 陰暗い.〔～曲 qū 折〕(文章の表現が)あいまいで入り組んでいる.
阴魂 yīnhún 亡霊.〔～不散〕〈喩〉たたりがある.
阴火 yīnhuǒ ①鬼火.②不知火;暗夜海上に遠く見える火.
阴极 yīnjí 〔负 fù 极〕電陰極.負(±)極.〔～射线〕陰極線.〔～射线管〕〔示 shì 波管〕〔显 xiǎn 象管〕(テレビ・オシログラフ・レーダーなどの)ブラウン管.↔〔阳 yáng 极〕
阴间 yīnjiān =〔阴界〕〔阴世〕冥土.あの世.↔〔阳 yáng 间〕
阴界 yīnjiè 同上.
阴茎 yīnjīng 生理陰茎.ペニス;〔阳 yáng 物〕〈口〉鸡 jī 巴〕〔玉 yù 茎〕〔屌 liáo〕ともいう.〔～勃 bó 起〕同前が勃起する.〔～套 tào〕避 bì 孕套〕コンドーム.
阴疽 yīnjū 中医初めは痛みがなく,後にひどく腫れる悪腫.
阴亏 yīnkuī ⇒〔阴虚〕
阴冷 yīnlěng ①(天気が)曇っていて寒い.②陰気で冷たい.〔颜色～〕(顔色が)陰険で冷酷である.
阴离子 yīnlízǐ ⇒〔负 fù 离子〕
阴历 yīnlì 〔旧 jiù 历〕〔农 nóng 历〕〔夏 xià 历〕旧暦.陰暦;〔太 tài 阴历〕(太陰暦)に同じ.〔～丁 dīng 酉年〕(旧暦の)ひのとのとりの年:2000年は丁酉にあたった.→〔阳 yáng 历〕
阴凉 yīnliáng ①日陰で涼しい.→〔荫 yìn 凉〕 ②〔～儿〕日陰(の涼しいところ).〔～地 dì 儿〕同上.〔找个～儿歌一歌〕日陰を探してひと休みする.
阴螺旋 yīnluóxuán ⇒〔螺母〕
阴霾 yīnmái 土ぐもり.もや:土砂が舞い上がり空が暗い状態.
阴毛 yīnmáo 生理陰毛.
阴门 yīnmén 生理陰門;〔阴户〕ともいう.
阴面 yīnmiàn ①日陰(の部屋).②〔～儿〕裏側.〔铜子儿的～〕銅貨の裏側.↔〔阳 yáng 面〕→〔背 bèi 面〕
阴谋 yīnmóu ①陰謀.秘計.〔～诡 guǐ 计〕陰謀術策.〔～家〕陰謀家.②陰謀を企てる.〔～暗杀〕暗殺計画をたくらむ.
阴囊 yīnnáng 生理陰囊;〔方〕卵 luǎn 囊〕ともいう.
阴匿 yīnnì ⇒〔阴蚀〕
阴盘(儿) yīnpán(r) 生理陰部(女性の).→〔阴部〕

yīn 阴

阴平 yīnpíng ①声調の一.〔普通话〕においては高い音で音頭音尾とも同一の高さに発音するもの.〔上 shàng 平〕〔第 dì 一声〕ともいう.→〔四 sì 声〕 ②古地名.甘粛省文県西北にあった.〔~偸 tōu 渡〕〈成〉魏の将軍の鄧艾が陰平をひそかに越えて蜀漢を攻めた故事.

阴坡 yīnpō 日の当たらない傾斜地.北面にあるスロープ.

阴气 yīnqì 陰気:万物を衰滅させる気.

阴器 yīnqì ⇒〔阴部〕

阴庆 yīnqìng ⇒〔阴寿〕

阴柔 yīnróu 内向的で柔順である.おしとやかである. ↔〔阳 yáng 刚〕

阴涩 yīnsè うっとうしい.〔天气〕天気が同前.

阴森 yīnsēn 陰惨である.不気味である.〔~的古庙〕薄暗くぞっとするような古い廟.〔山洞里阴森森地透着凉气〕洞窟の中は薄暗くひんやりとしている.

阴山背后 yīnshān bèihòu〈慣〉辺鄙でさびれたところ.〈喩〉無視されるところ.誰も気のつかないところ.

阴盛阳衰 yīnshèng yángshuāi 中医陰気すぐれて陽気衰う.〈喩〉俗に女性上位をいう.

阴虱 yīnshī 毛じらみ:〔毛 máo 虱〕の別称.

阴湿 yīnshī じめじめしている.〔~地〕同前のところ.

阴蚀 yīnshí 〔阴虱〕中医陰痒 (ようしょう) の重症なもの.

阴世 yīnshì 〔阴间〕

阴手 yīnshǒu 陰険な手段.〔下~害人〕陰険な方法で人を害する.→〔阴宫儿〕〔毒 dú 手〕〔死 sǐ 手〕

阴寿 yīnshòu ①=〔阴庆〕死んだ父母の〔整生日〕(60歳,70歳のような10年毎の誕生日)にお祝いをすること.②死者のあの世での年齢.

阴数 yīnshù ⇒〔偶 ǒu 数〕

阴司 yīnsī 地獄の閻魔庁の裁判所.→〔阴曹〕

阴私 yīnsī 他人に告げられない私事.内緒事.→〔隐 yǐn 私〕

阴死巴活 yīnsǐ bāhuó〈方〉①〈天气が〉うっとうしいさま.〈火の勢いが〉弱いさま.〔又不下雨,又不晴天,这么~的真叫人难受〕雨も降らないしまた晴れもしない,こんなにうっとうしい天気ではほんとにやりきれない.〔这个火炉子~的怎么做饭〕このコンロは火が弱くてご飯など炊けやしない. ②〈人が〉気息奄々のさま.

阴损 yīnsǔn ①陰で足を引っぱる. ②〈話や態度が〉手厳しい.辛辣である.陰険で毒がある.

阴所 yīnsuǒ ⇒〔阴沉木〕

阴天 yīntiān 曇天.くもり日.

阴挺 yīntǐng ①生理陰核. ②中医陰核肥大および子宮下垂.膣道あるいは小陰唇腫瘍などの疾病.

阴痿 yīnwěi ⇒〔阳 yáng 痿〕

阴文 yīnwén =〔阴字〕陰文:器物に彫り込んだ凹形の文字.刻文が沈んでいるもの,すなわち文字の部分がくぼんでいるもの.〔刻 kè~〕同前を彫る. ↔〔阳 yáng 文〕

阴险 yīnxiǎn 陰険(である).〔玩手~的手段〕陰険な手段を弄する.

阴线 yīnxiàn 陰線:下げ足(株式チャートの). ↔〔阳 yáng 线〕

阴笑 yīnxiào にたにた笑う.

阴性 yīnxìng ①物 (電極・化学試験紙・細菌試験などの) 陰性. ②〔阴历〕陰暦:陰暦による月. ④医 (ツベルクリン・ワッセルマン反応などの) 陰性.マイナス. ↔〔阳 yáng 性〕 ⑤非公然(の).〔~收入〕隠れた収入.闇収入.

阴性植物 yīnxìng zhíwù 植陰生植物:日陰もしくは日陰でも生育する植物. ↔〔阳 yáng 性植物〕

阴虚 yīnxū 中医陰液 (栄養に富む体液) が不足している状態.唇紅・口乾・午後の発熱・大便燥結を起こす.これにさらに貧血症の加わったものを〔阴亏〕〔阴血亏损〕という. →〔阳 yáng 虚〕

阴阳 yīnyáng ①陰と陽.〔~五行〕陰陽と木・火・土・金・水.→〔乾 qián 坤〕 ②〈転〉はっきりしない.どっちつかずである.〈発票〉記入金額が正と控えの受け取りで異なる不正受領書.〔~(着) 脸 liǎn〕どちらともつかぬ顔(をする).裏表がある(者).

阴阳八字 yīnyáng bāzì 旧生まれた年・月・日・時の干支 (天干・地支)・運命判断の根拠とした.

阴阳怪气 yīnyáng guàiqì 怪しげである.風変わりである.〔看不惯他那~的样子〕彼の得体の知れない様子は目障りだ.〔一脸的~〕ひどく陰険な顔つき.〔他这个人~的〕彼はつかみどころがないやつだ.

阴阳家 yīnyángjiā 〔阴阳(生)〕〔阴阳先生〕おんみょう家:方角を占ったり日の吉凶や星占いなどをする人.売卜者.

阴阳历 yīnyánglì 陰陽暦:陰暦と陽暦を総合して作った暦法.〔农 nóng 历〕(農暦) はその一種.

阴阳螺旋 yīnyáng luóxuán 機ボルトおよびナット.雄雌ねじ.

阴阳人 yīnyángrén =〔人妖④⑤〕半陽陰の人.ふたなり (の) 人.

阴阳(生) yīnyáng(shēng) ⇒〔阴阳家〕

阴阳水 yīnyángshuǐ 中医水と湯・川水と井戸水とをまぜたもの:薬をせんじたり飲んだりするのに用いる.

阴阳头 yīnyángtóu〈口〉頭髪の一部を刈り,わざと残した髪型.モヒカン刈りの辱めのためなど.

阴阳先生 yīnyáng xiānsheng ⇒〔阴阳家〕

阴痒 yīnyǎng 中医陰門瘙痒症. →〔阴虱〕

阴一套,阳一套 yīn yītào, yáng yītào 裏表がある.

阴翳 yīnyì 木陰.かげ.くもり.〔一缕不祥的~〕ひとすじの不吉なかげ. →〔荫 yìn 翳〕

阴阳沉沉 yīnyīn chénchén〈天气が〉陰うつに曇るさま. ②静まってひっそりしたさま.夜のふけるさま. →〔阴沉〕

阴影(儿) yīnyǐng(r) 影.暗い影:〔暗 àn 影〕ともいう.〔树的~〕木陰.〔肺部有~〕肺に影がある.

阴雨 yīnyǔ ①陰雨 (いんう).長雨.〔连~〕同前.〔~连绵〕長雨が続く. ②〈曇天で〉曇りまたは雨.

阴郁 yīnyù ①〈天気・雰囲気が〉うっとうしい. ②うつである.気がふさいでいる.〔心情~〕気持ちが憂うつだ.

阴云 yīnyún 雨雲.〔~密布〕一天かきくもる.

阴韵 yīnyùn →〔阳 yáng 韵〕

阴宅 yīnzhái (陰陽家のいう) 墓地:〔阳 yáng 宅〕は人の住む住居.

阴招儿 yīnzhāor 同下.

阴着儿 yīnzhāor〔阴招儿〕〈方〉陰険な手段.陰謀.姦計.〔竟使出写匿名信的~〕ついに匿名の手紙という陰険な手段を使い出した.

阴症 yīnzhèng 中医病状が消極的で外に現れない病気. ↔〔阳 yáng 症〕

阴识 yīnzhì 古銅に刻した陰文の文字. →〔阴文〕

阴鸷 yīnzhì〈文〉陰険で凶悪である.

阴骘 yīnzhì ①陰徳.〔这种伤~的事,可干不得〕このような道徳にもとり良心に反するようなことはやれない. ②〈文〉天がひそかに民を安定させること.

阴助 yīnzhù ①陰で助ける. ②神仏の加護.

阴转多云 yīnzhuǎn duōyún 曇りのち雲が多し (天気予報用語)

阴转晴 yīnzhuǎnqíng 曇りのち晴れ (天気予報用語)

阴状 yīnzhuàng 恨みつらみを述べ訴えてある自殺者の遺書.

阴字 yīnzì ⇒[阴文]

[荫・蔭] yīn〈姓〉蔭(氏) → yìn

[音] yīn ①音.声.[声~]同前.[口~]なまり.[杂~]雑音.[五~不全]音痴.②回音節.[单~词]単音節語.③消息.[回~]返信.[静待佳~]よいご返事をじっと待っております.④〈姓〉音(ぷ)

音比 yīnbǐ ⇒[音程]

音变 yīnbiàn 回前後の音の影響を受けて語音に変化を生ずること.[很 hěn 好]の[很]が第2声に変わること.→[音韵变化]

音标 yīnbiāo 音声記号.

音波 yīnbō [声 shēng 波]ともいう.

音测 yīncè 音声伝達の速度を利用して二点間の距離を測ること.

音叉 yīnchā 物音叉(さ).

音长 yīncháng 音長.音の長さ.

音程 yīnchéng =[音比]回音程:二つの音の開き.

音带 yīndài 録音テープ:[声 lù 音(磁)带]の略.

音调 yīndiào ①音調.音楽の調子.②⇒[声 shēng 调①]

音读 yīndú 音読.

音符 yīnfú 回音符.

音高 yīngāo 物音の高さ.

音耗 yīnhào〈文〉音信.消息.

音和 yīnhé 回(旧音韻学で)反切の上の字と、音を求めようとするその字とが双声すなわち同声同清濁であり、下の一字とその字とが畳韻すなわち同韻同等呼であること.

音画 yīnhuà ①大自然を表現した音楽.②(テレビ画面の)音と画像.

音簧 yīnhuáng 回(クラリネット・ハーモニカ・アコーディオンなどの)舌.リード:楽器で音を出す部分.

音阶 yīnjiē 回音階.スケール.

音节 yīnjié 回音節.シラブル.[~文字]音節文字:一字一音節の表音文字.例えば漢字や仮名.→[音素]

音控 yīnkòng ⇒[声 shēng 控]

音库 yīnkù いろいろな物音の録音を収蔵した場所.

音量 yīnliàng 音量.

音律 yīnlǜ ①音律.②⇒[乐 yuè 律]

音盲 yīnmáng 音痴.

音名 yīnmíng 音名:例えば中国古代の[十二律]、西洋のド・レ・ミ.→[多 duō 来米]

音片 yīnpiàn ⇒[唱 chàng 片(儿)]

音频 yīnpín ①可聴周波.②電算トーン.可聴帯域.

音品 yīnpǐn ⇒[音色]

音强 yīnqiáng [音势]物音の強さ.

音区 yīnqū 音域.

音圈 yīnquān 電(スピーカーの)ボイスコイル.

音儿 yīnr〈方〉①声.②意味.

音容 yīnróng〈文〉音声と容貌.[~宛 wǎn 在]あたかも声をじかに聞き、目の前に姿を見るようだ.[~笑貌 mào]声・顔と雰囲気.

音色 yīnsè =[音品]音色.ねいろ.

音诗 yīnshī 回音詩.

音势 yīnshì ⇒[音强]

音素 yīnsù 回単音:語音中の分析された最小の単位.[~文字]単音文字.音素文字:音素をもって表されている文字.[音节]

音速 yīnsù 物音速.[声 shēng 速]の旧称.

音位 yīnwèi 回音素.フォニーム:一つの言語の中で意味の異同を区別する最小の発音単位.[~学]音素論.音韻論.

音问 yīnwèn〈文〉便り.音信.

音系 yīnxì 回音系系統:中国語では[韵母][声调]

音箱 yīnxiāng ⇒[共 gòng 鸣箱]

音响 yīnxiǎng ①音響.②音響効果.③オーディオ.音響機器.[组合~]オーディオコンポ.

音像 yīnxiàng 音声と画像.[印刷品和~制品]印刷物とカセットテープ・ビデオテープ類.

音信 yīnxìn 音信.便り.[~全无]音信がない.

音序 yīnxù 発音順:ABC順,アイウエオ順等.

音学 yīnxué ⇒[声 shēng 学]音学.音韵学.

音讯 yīnxùn 音信.[你外出后久无~,母亲为你忧虑成病]おまえが家を出てからずっと便りがないので,お母さんは心配のあまり病気になった.

音义 yīnyì ①発音と意味.②回同義を説明した書物.

音译 yīnyì 音訳(する).↔[意 yì 译⑥]

音域 yīnyù 回音域.

音乐 yīnyuè 音楽.[~茶座](露店の)音楽喫茶.[~电视]音楽テレビ.MTV.[~会]音楽会.[~卡 kǎ]メロディー付きカード.[~疗法]⇒[治疗医]ミュージックセラピー.音楽療法.[~录音带]音楽テープ.[~门铃]ドアチャイム.[~喷 pēn 泉]音控喷泉]音楽と共に水が噴き出る噴泉.[~片]音楽映画.[~厅]ミュージックホール.

音乐歌剧 yīnyuè gējù 劇ミュージカル:[音乐剧]ともいう.→[歌剧]

音乐周 yīnyuèzhōu 音楽祭.音楽週間.[最近参加了全国第一届 jiè~的上海音乐会的演出]最近全国第1回音楽祭の児童音楽会に出演した.

音韵 yīnyùn 回音韻.[~学]音学②]音韻学.[~变化]音韻変化.

音障 yīnzhàng 物音速障壁.サウンドバリアー.

音值 yīnzhí 回(言語学の)音価.

音质 yīnzhì 回音質.音色.

音准 yīnzhǔn 音の高低の正確さ.

音樽 yīnzūn ⇒[彩 cǎi 筋]

[愔] yīn [~~]〈文〉①静まりかえっているさま.②言葉が少ないさま.

[喑(瘖)] yīn(Ⅰ)[喑(瘖)]〈文〉①声がかすれる.②声の出ない病.
(Ⅱ)[喑]⟨文⟩黙する.つぐむ.

喑默 yīnmò〈文〉ものを言わない.

喑哑 yīnyǎ〈文〉喉が枯れて声が出ないさま.音や声が小さくはっきりしないさま.→[哑巴]

[殷(慇)] yīn(Ⅰ)[殷]①〈文〉盛大である.②〈文〉富裕である.豊富である.
(Ⅱ)[殷]①殷(ん):朝代で.商が盤庚の時,遷都し[~]と改めた.商の後商の後.[商 shāng Ⅲ③]に同じ.~商同前.③〈姓〉殷(ん)
(Ⅲ)[慇](感情や気持ちが)厚い.深い.ねんごろである.~的も.

殷朝 yīncháo 因殷の朝廷.殷代.→字解図①

殷富 yīnfù 非常に富んでいる.

殷钢 yīngāng 口不変鋼.インバール.アンバー.

殷鉴不远 yīnjiàn bù yuǎn〈成〉殷朝の教訓は、遠くに求めずとも夏后の滅亡ということにある:[前人(の失敗)の教訓は眼前にある.詩経に[~,在夏后之世]とある.

殷契 yīnqì ⇒[甲 jiǎ 骨文]

殷切 yīnqiè 切なる(願い).強い(願い).[~的期望]切なる期望.

殷勤 yīnqín 丁寧(である).ねんごろ(である):[慇懃]とも書いた.[待客~]客を親切に扱う.[向领导献 xiàn~]上司の機嫌をとる.

殷实 yīnshí 豊か(である).富裕(である).[家道~]暮らし向きが豊かである.

殷墟 yīnxū 殷墟:殷の都の跡.現在の河南省安陽県.

殷墟卜辞 yīnxū bǔcí ⇒[甲 jiǎ 骨文]
殷墟文字 yīnxū wénzì ⇒[甲 jiǎ 骨文]
殷殷 yīnyīn 〈文〉切なる.ねんごろである.[~期待]切に期待する.[忧 yōu 心~]心配でたまらない.

殷忧 yīnyōu 〈文〉深い憂い.
殷轸 yīnzhěn 〈文〉勢い盛んである.

[滠] yīn 地名用字.[~溜 liù 乡]地天津市蓟県にある.

[㖏] yīn ⇒[洇] → yān

[堙(陻)] yīn 〈文〉①ふさぐ.ふさがる.[~塞 sè]同前.②築山.

堙没 yīnmò 〈文〉埋没する.
堙郁 yīnyù 〈文〉気持ちの鬱(うつ)結するさま.
堙窒 yīnzhì 〈文〉塞がって通じない.

[闉・闉] yīn ①固城門を援護するため外に半月形に築いた城壁.またその門.[瓮 wèng 城①]に同じ.[~闍 dū]同前.②〈文〉ふさぐ.

[禋] yīn 〈文〉固祭天の儀式.

[歅] yīn ①⇒[洇] ②人名用字.[九方~]囚春秋時代の人.馬の相を見てよくあてた.

[圻] yīn 〈文〉はて.限り:[垠]に同じ. → qí

[斷・斷] yín ①⇒[龂] ②[~~]〈文〉弁じて争うさま.

[吟(唫)] yín ①歌う.(詩を)吟詠する.②旧詩の詩体の一種.[秦 qín 妇~]五代蜀の韋荘の作.[白头~]漢の卓文君の作.③呻吟(しんぎん)する.④(ある種の動物が)鳴く.[龙 lóng ~虎啸]竜や虎がうなる.→[唫 jìn]⑤〈姓〉吟(ぎん)

吟唱 yínchàng 詩や歌をうたう.
吟读 yíndú 朗唱する.吟詠する.
吟哦 yín'é 調子をつけて読む.[~起他的随笔来]彼のエッセーを調子をつけて読む.
吟风弄月 yínfēng nòngyuè 〈成〉①詩を作り,詩を誦し,自然を楽しむ風流をこととする.②著作に内容がなく,単に花鳥風月を題材とすること.[全是~之作]全く無内容の作.

吟讽 yínfěng ⇒[吟诵]
吟猱 yínnáo [音揺り]の固:弾琴指法の一.指を顫(ふる)わしかすかに音を震わせること.
吟蛩 yínqióng ⇒[蛩 xī 蟀]
吟诗 yínshī 詩をやつて他の毎日の工作便是浇 jiāo 花,看书,画画和~](老·四·惶 2)彼の毎日の仕事といえば花に水をやること·本を読むこと·絵を描くことと詩を吟ずることである.

吟诵 yínsòng ⇒[吟讽]吟誦する.
吟味 yínwèi 吟味する.味わう.[他的诗不给别人看,而只供他自己~](老·四·惶 2)彼の詩は人に見せるものではなく自分で味わうためだけのものだ.

吟啸 yínxiào 〈文〉①歌を声高く吟ずる.②悲憤慷慨の声.
吟咏 yínyǒng (詩や歌を)吟詠する.

[垠] yín 〈文〉界.限り.はて:[圻]に同じ.[一望无 wú ~]一望はてしがない.

[银・銀] yín ①化銀:金属元素.記号 Ag.[白 bái ~]は通称.[胶 jiāo 态~]コロイド銀.②[币 bì]同前.③[元宝~]固馬蹄形の銀貨.→[银元]②貨幣に関係のある.[~行]銀行.→[银根] ④銀製の.[~器]銀製品.⑤色銀色(の).銀白色(の).→[银灰] ⑥〈姓〉銀(ぎん)

银白 yínbái 色銀白色(の)
银白杨 yínbáiyáng 植ウラジロハコヤナギ.
银杯 yínbēi 銀杯:第2位優勝者への賞杯.
银本位 yínběnwèi 経銀本位(制度).[~制]同前.
银冰 yínbīng 化硝酸銀.
银箔 yínbó =[银叶子]銀箔:銀を薄く打ちのばしたもの.またはそれを紙に貼ったもの.
银拆 yínchāi 旧上海で銀行が同業者間の貸借勘定に用いた[拆票](短期貸借手形)の銀千両に対する貸付日歩.
银蟾 yínchán ⇒[银兔]
银鲳 yínchāng 魚貝マナガツオ:[鲳鱼]は通称.
银弹 yíndàn 銀の弾丸.[喩]賄賂.[~外交]金銭外交.[~政策]買収政策.[他用~来收买他们]彼は賄賂で彼らを買収した.
银锭 yíndìng ①[一儿]馬蹄(ひづめ)形の銀塊:重量 1·2·3·5·10·50两の別があり,明清両時代に通貨として用いた.[银元宝]ともいう.②葬式または墓参の際に焼く銭:箔製の元宝銀形のもの.
银扣儿 yíndìngkòur 鍵ちぎりじめ:木または石の合わせ目·割れ目などでかすがいにするもの.両端が広く中がくびれて狭い.
银盾 yíndùn (賞品·贈り物などの)銀製の盾.
银耳 yín'ěr =[白 bái 木耳][雪 xuě 耳]植ギンジ.シロキクラゲ:乾燥し栄養剤として用いる.→[木 mù 耳]
银发 yínfà 白髪.[喩]高齢者.[~产品]高齢者向き商品.[~市场][银色市场]シルバー市場:高齢者を対象とする市場.
银粉 yínfěn ①銀粉.②⇒[铝 lǚ 粉]
银根 yíngēn =[头 tóu 寸③](金融市場における)貨幣流通状況.金回り.金融.[~太紧,生意难做啊]資金が窮屈になっているので商売がやりにくいですよ.[~紧 jǐn 缩]金融引き締め.[~松 sōng 弛]金融緩和.
银钩 yíngōu ①銀のすだれかけ.②書法の巧みで力のある形容.[铁画~]書に対するほめ言葉.
银柜 yínguì 金①ひつ2金箱:[银箱][钱 qián 柜]ともいう.→[保 bǎo 险柜][金 jīn 库①]
银桂 yínguì 植ウスギモクセイ.→[桂(I)②]
银汉 yínhàn ⇒[银河]
银行 yínháng 銀行.[版 bǎn 克](バンク)は旧音訳.[世界~]世界銀行.[~入账 zhàng]銀行振込.[~保函]銀行保証状.L/G.[~买价]銀行の外国為(外货)の買值.[~卖价]銀行の外国為替(外货)の売值.[~卡 kǎ]ⓐキャッシュカード.ⓑクレジットカード.[在~开户头]銀行に口座を開く.
银行团 yínhángtuán 旧中国の政治·経済借款に応ずるためいくつかの銀行が連合して組織した団体.[内国~][外国~]があった.
银号 yínhào 旧金融機関の一種:両替を本業として銀行業務を兼ねた.[钱 qián 庄]
银河 yínhé =[银汉]囚銀河:ふつう[天 tiān 河](天の川)という.[~系 xì]銀河系.
银红 yínhóng 色紅梅色(の).浅紅(の).鴇色(とき)(の)
银狐 yínhú 動銀ぎつね.[玄 xuán 狐]ともいう.
银花 yínhuā ①スイカズラの花蕾(つぼみ):薬用される.→[忍 rěn 冬①]②〈文〉灯.③銀の造花(のかんざし)
银环蛇 yínhuánshé 動タイワンアマガサ.
银灰 yínhuī 色銀ねずみ色(の).光沢のある灰白

银婚 yínhūn （の）西欧の風習で結婚25周年．→〖金 jīn 婚〗〖钻 zuàn 石婚〗

银货 yínhuò 現金と物品．〔~两交〕現金取引(をする)．〔~两讫 qì〕現金と物品の取引が共に完了した．

银奖 yínjiǎng 銀賞：〔银质奖〕ともいう．

银匠 yínjiàng 飾り職人．銀細工屋．〔~铺里打镴头〕銀細工屋で鑞(${}$)を打つ．〈喩〉お門違いでどんなに苦心しても成功しがたいこと．

银鲛 yínjiāo 魚類ギンザメ：〔带 dài 鱼鲨〕〈口〉海 hǎi 兔子〕ともいう．〔黑线~〕ギンザメ．

银角 yínjiǎo 旧1角または2角の銀貨．〔~子〕〈方〉同前．

银卡 yínkǎ シルバーカード．

银颗 yínkē 粒銀．

银矿 yínkuàng ①銀の鉱石．②銀鉱．

银莲花 yínliánhuā 植アネモネ．

银联卡 yínliánkǎ 銀連カード：〔中国银联〕(チャイナ・ユニオンペイ)発行のキャッシュカード．

银两 yínliǎng 旧〖两(Ⅱ)〗(テール)を単位として通用した銀貨．中国各地通用の本位貨幣で，一定の貨幣はなく，いわゆる〖马蹄银〗〖银锭〗として通用し，実際は〖元(Ⅲ)〗に換算することによって通用していた．1935年(民国23年)に〖废 fèi 两改元〗が実行されて廃された．

银铃 yínlíng ①銀の鈴．②〈喩〉聞きよい声．

银楼 yínlóu 旧貴金属店．金銀細工屋．

银幕 yínmù 映画のスクリーン．

银鸥 yín'ōu 鳥セグロカモメ．

银牌 yínpái 銀牌．銀メダル．第2位．→〖奖 jiǎng 牌〗

银盘 yínpán 〔~儿，-子〕①銀の皿．銀盤．②銀相場．

银票 yínpiào 旧銀行で発行した銀兌換紙幣．

银屏 yínpíng テレビのスクリーン．〈喩〉テレビ番組．

银器 yínqì 銀製品．

银企关系 yínqǐ guānxì 銀行と企業の関係．

银钱 yínqián 金銭．〔~存折〕〔~流水账〕現金出納帳．〔~账房〕出納係．

银鞘 yínqiào 旧〖马蹄银(元宝银)〗をつめた木箱：普通10錠(500両)を一鞘といった．

银球 yínqiú ピンポン玉(美称)

银色 yínsè ①色银色（の）．②銀の品位．→〖成 chéng 色〗③〈喩〉シルバー．高齢者．〔~浪潮〕高齢化の波．高齢化現象．〔~服务〕高齢者サービス．〔~市场〕〔银发市场]高齢者を対象とする市場．〔~人材〕専門職をもつ健康で働ける高齢者．

银杉 yínshān 植ギンスギ．

银饰 yínshì 銀製の装飾品．

银鼠 yínshǔ 動シロリス：吉林省の山中にいる．毛が短く色が純白で珍貴なものとされる．→〖小 xiǎo 毛〗

银丝 yínsī ①銀線．②白髪(美称)

银条 yíntiáo 棒銀．→〖金 jīn 条〗

银兔 yíntù =〔银蟾〕月の別称．→〖月 yuè 〕

银团 yíntuán 銀行シンジケート．〔~贷 dài 款〕商シンジケートローン．

银碗儿 yínwǎnr ⇒〖坩 gān 埚〗

银线 yínxiàn 銀糸．

银箱 yínxiāng ⇒〖银柜〗

银屑病 yínxièbìng 医乾癬：〔口〕牛 niú 皮癣①〕は通称．

银杏 yínxìng 植イチョウ．またその実(ギンナン)：〔白果果树〕〔公 gōng 孙树〕〔鸭 yā 脚(树)〕は別称．ギンナンは〔白果(儿)〕ともいう．

银须 yínxū （老人の)白いひげ(美称)

银盐 yínyán ①化銀塩．②(写真用語)ハロゲン化銀のエマルジョン．〔定影的作用是把未感光的~去掉,而使菲林上的影象固定下来〕定着の役割はまだ感光していないエマルジョンを取り去って，フィルムの上に写っている影像を固定することである．

银燕 yínyàn 〈喩〉飛行機：〔银鹰〕に同じ．

银洋 yínyáng ⇒〔银元〕

银样镴枪头 yínyàng làqiāngtóu 銀ぴかに見えても実はハンダで作った槍の穂先．〈喩〉見かけ倒し．こけおどし．

银叶子 yínyèzi ⇒〔银箔〕

银鹰 yínyīng ⇒〔银燕〕

银鱼 yínyú 魚類シラウオ：〔脍 kuài 残鱼〕は古称．〔大~〕チョウセンシラウオ．〔间 jiàn ~〕〈方〉面 miàn (丈)鱼〕〈方〉面条鱼〕〕長江一帯の同前．→〔白百鱼〕

银元 yínyuán =〔银洋〕响 xiǎng 洋〕旧1円銀貨：〔大 dà 洋〕は通称．〔银圆〕とも書く．

银针 yínzhēn 中医鍼(の)治療に用いる針．

银质 yínzhì 銀製(の).〔~奖 jiǎng 章〕銀バッジ．

银朱 yínzhū =〔猩 xīng 红②〕人工の辰砂．銀朱．→〖朱⑦〗

银装 yínzhuāng 銀色の装束．〈喩〉氷や雪の大地．銀世界．雪景色．〔~素 sù 裹〕同前．

银子 yínzi ①銀．②銀貨．〔~〕⇒〖金⑦〗

〖龈・齦〗 yín =〔龂〕生理齒茎.〔齿 chǐ ~〕〔牙 yá ~〕同前．→ kěn

〖狺〗 yín 〈文〉〔~~〕犬の吠える声．〔~狂吠〕犬が狂ったように吠える．

〖訚・誾〗 yín 〔~~〕〈文〉堂々と議論するさま．

〖淫(滛・婬)〗 yín (Ⅰ)〔淫(滛・婬〕①みだらである．猥褻(${}$)である．〔~心〕みだらな心．〔~戏〕みだらな芝居．②よこしまな性行為．〔奸~〕同前．(Ⅱ)〔淫(滛)〕①過度である．過分である．→〔淫雨〕②惑う(わす)．けがす．〔富贵不能~〕富貴も惑わすことはできない．③放縱(である)．〔乐而不~，哀而不伤〕楽しんで放縱にならず，悲しんで心を傷めない：すべてに節度のあること．

淫奔 yínbēn 男女が私通をする：多く女の方からの場合をいう．〔~之女〕同前の女．

淫祠 yíncí 〈文〉礼制から逸脱したやしろ．

淫辞 yíncí みだらな言葉．〔~悦 yuè 耳,不利于德〕〈文〉同前は耳に甘いが，徳に有害である．

淫荡 yíndàng ①(酒色などに耽って)身持ちの悪い．②淫蕩である．淫乱である．

淫风 yínfēng みだらな風俗．

淫疯症 yínfēngzhèng 色情狂：俗に〔花 huā 疯〕〔色 sè 鬼〕ともいう．

淫妇 yínfù みだらな女．身持ちの悪い女．

淫棍 yíngùn 色魔．ひひじじい：〔色 sè 狼〕に同じ．

淫画 yínhuà みだらな絵．→〔春 chūn 宫〕

淫秽 yínhuì みだらである．猥褻(${}$)である．〔~书画〕同前の書画．〔~物品〕猥褻物．ポルノ商品．

淫乱 yínluàn 淫乱である．淫猥である．

淫糜 yínmǐ 淫靡である．

淫溺 yínnì 〈文〉(道楽などに)溺れ込む．〔~之女〕同前の女．

淫巧 yínqiǎo 奇を衒(${}$)った．凝りすぎた．

淫辱 yínrǔ 陵辱する．

淫声浪语 yínshēng làngyǔ みだらな声．

淫书 yínshū エロ本．猥本．

淫威 yínwēi 〈文〉①大法則．②暴威．〔~逼 bī 人〕暴威で人を圧制する．

淫猥 yínwěi 淫猥である.
淫窩 yínwō 売春窟.
淫褻 yínxiè 猥褻(である).卑猥(である)
淫羊藿 yínyánghuò ＝[三sān枝九叶草][仙xiān灵脾]イカリソウ(碇草)及びその近縁種:メギ科の山野に自生する多年生草本.根および葉は薬用にされる.
淫佚 yínyì ①男女間のみだらなこと.②遊興に耽ること.[过奢～的生活]ぜいたくでみだらな生活をする.[淫佚][淫逸]とも書いた.
淫雨 yínyǔ 長期雨.[霪雨]とも書いた.
淫欲 yínyù 色欲.情欲.

[**霪**] yín 〈文〉霖雨.長雨.
霪雨 yínyǔ ⇒[淫雨]

[**寅**] yín ①とら:十二支の第3位.[～虎hǔ]同前.[～干gān支]順序の3番目.③〈文〉寅の刻:昔時,午前3～5時.[五wǔ更]に同じ.[～时][～刻kè]同前. ④回東北の方位. ⑤＝[夤yín]〈文〉つつしむ. ⑥回官吏の同僚.[同tóng～]同前.

寅吃卯粮 yín chī mǎoliáng [成]前借りして食いつないでいく:[寅支卯粮]ともいう.歳回りで寅(a)が翌年の卯(b)の食い物を食う意.[这这种人不敷出～的日子可不行啊]このような収入が支出に追いつつ～の借りして食っていくという暮らしではだめだ.
寅时 yínshí →字解③
寅兄 yínxiōng 回官吏が互いに用いた敬称.

[**夤**] yín ①〈文〉深い.→[夤夜] ②〈文〉畏れ敬う. ③⇒[寅⑤]
夤夜 yínyè 〈文〉深夜.[～来何干]深夜にここへ何しに来たか.
夤缘 yínyuán からみつく.よりすがる.〈喩〉賄賂を贈って官につく.[～通路]伝(c)を求めて賄賂を贈る.

[**崟(崯)**] yín [嵚qīn崟]
崟崟 yínyín 〈文〉①高くそびえるさま. ②繁茂するさま.

[**鄞**] yín ①回浙江省にある県. ②〈姓〉鄞(yín)さん.

[**蟫**] yín 〈文〉紙魚(d)→[蠹dù鱼]

[**嚚**] yín 〈文〉①愚かで頑固である. ②悪賢い.腹黒い.

[**尹**] yín ①〈文〉統治する. ②回地方長官の称.[府fǔ～]府知事.[道～]道知事.[京兆～][首都の長官.

[**引**] yín ①〈文〉弓を引く.[～弓gōng]同前. ②引っぱる.引き伸ばす.→[引颈] ③(例や証拠として)引く.引用する.また,その文.[从书里～了几句话]本から幾つかの文を引用した.[～原文]原文を引く.[～典diǎn故]故事を引用する. ④…に(対して)(…って)…する(させる.させられる).[一句话,～得大家笑起来]その一言で,皆が笑い出した.[我拿话～他,他居说出实话来了]わたしがかまをかけたら,彼は口をすべらせて本音を漏らしてしまった. ⑤招く.引き起こす.[用纸～火]紙で火を移す.[抛砖～玉][成]エビで鯛を釣る. ⑥手引きする.案内する.[～他到一间清静的屋子里]彼をさっぱりして静かな部屋へ案内する. ⑦離れる.去る.立ち下がる.→[引避] ⑧(霊柩をひっぱるため,白布で作った)引き綱.[发fā～]出棺する.→[引布] ⑨とじつけ縫い(をする).[～棉袄ǎo]わた入れをとじつける.[紉háng] ⑩導入するためのもの.導入部.序の口.〈度〉長さの単位:[市shì～]の略称.1[～]は10[丈

zhàng],15[～]は1[里lǐ]. ⑫[明回]食塩の計算単位:一袋100斤のもの50袋を1[～]といった. ⑬〈姓〉引(y)

引爆 yǐnbào ①起爆する.点火する[起qǐ爆]ともいう.[～地雷]地雷を爆発させる. ②発生する.引き起こす.[～事变]事変を勃発させる.
引避 yǐnbì 〈文〉①道を避ける(あける). ②地位を有能の士に譲る.[～让贤]同前.
引病 yǐnbìng ＝[引疾]〈文〉病気にかこつける.[～归田]病気を口実に帰郷する.[～告退]病気を口実に引退する.
引布 yǐnbù 葬列で,親族の者が中に入って行進するための白布を張り巡らした囲い.白布の両端を枢につないである.→[执zhí绑]
引柴 yǐnchái 回(火を起こすための)たきつけ:[引火柴]ともいう.
引产 yǐnchǎn 回(薬や鍼・手術で)分娩を誘発する.
引船就岸 yǐnchuán jiù'àn 〈喩〉ひっかかってくるように仕向ける.[～的计策]同前の計略.
引导 yǐndǎo ①誘導する.導く.→[导引] ②[军軍]ブート.[～文件]ブートファイル.
引盗入室 yǐndào rùshì ⇒[引狼入室]
引得 yǐndé [音訳]インデックス.＝[索suǒ引]
引动 yǐndòng (心に)触れる.(感情を)引き起こす.[这部电影～了我对往事的回忆]この映画は,私に昔の出来事を思い出させた.
引逗 yǐndòu ①おびき出す.誘い込む.[～鱼儿上钩]魚をおびき寄せて針にかからせる.[任凭怎么～,我硬是对赌博不感兴趣]誘い出しても,賭け事には一向に興味を感じない. ②からかう.かまう.怒らせる.[～妇女]女性をからかう(ひっかける)
引渡 yǐndù ①水面を渡るのを導く.〈喩〉手引きする. ②[法]引き渡す.[～犯人]犯人を引き渡す.[拒jù绝～]身柄引き渡しを断る.[～条约][法]犯罪人引渡し条約.
引而不发 yǐn ér bùfā [成]弓を引いて矢を発射しない(孟子).〈喩〉よく誘導し制御すること.
引发 yǐnfā ①引き起こす.[在信息时代将～的革命]情報化時代に起きる革命.[～读者研究的兴趣]読者の研究的興味をそそる. ②[化]開始.[～剂]誘引剤.
引风吹火 yǐnfēng chuīhuǒ 風を引っぱって火を吹かせる.人をそそのかして手をくわえさせる.
引港 yǐngǎng 水先案内(をする).[领lǐng港]ともいう.[～员][～的][～人]水先案内人.パイロット.[～船]水先案内船.[费fèi]水先案内料.
引古证今 yǐngǔ zhèngjīn [成]昔のことを引用して現在のことを証明する.
引航 yǐnháng 水先案内する.[引水②]は旧称.[引港]に同じ.
引吭高歌 yǐnháng gāogē [成]声を張り上げて歌う.
引号 yǐnhào 引用符(号).クォーテーションマーク:[标biāo点(符号)]の一種で,""' '『』「」など.[这一句要加～]この句には引用符をつける必要がある.[～到这儿为止]引用符はここで閉じる.
引河 yǐnhé ①(水量調節のために開削した)水路.放水路:[减河]ともいう. ②用水路を作る.[～入湖以调节水量]放水路で水を湖に導いて水量を調節する.
引黄 yǐnhuáng 黄河から取水する.
引魂幡 yǐnhúnfān ⇒[招zhāo魂幡]
引火 yǐnhuǒ 火がつく.点火する.[～物]引火物:火を引きやすいもの.[～柴]回引火柴.[～线

yǐn

xiàn]導火線.〔~点〕引火点.→〔燃 rán 点②〕
引火烧身 yǐnhuǒ shāoshēn 〈喩〉①自ら身を滅ぼすような途をたどる.②自分の欠点を自ら暴いて批判の材料を提供する.
引疾 yǐnjí ⇒〔引病〕
引见 yǐnjiàn ①引き合わせる.紹介する.〔托您给我~~〕わたしに紹介してください.②引見する.接見する.(~)拝謁させる.
引荐 yǐnjiàn 推薦する.
引醮 yǐnjiào ⇒〔醮子〕
引介 yǐnjiè 導入し紹介する.〔~国际展览〕国際展覧会に紹介し参加させる.
引进 yǐnjìn ①推薦する.②引き入れる.導入する.〔从外国一必要的先进技术〕外国から必要な先進技術を導入する.〔~外资〕外資を導入する.〔~专利〕ライセンスを取得する.
引经据典 yǐnjīng jùdiǎn 〈成〉(話をしたり文を書いたりするのに)経書の文句を引いたり、典故の根拠をおいたりする.
引颈 yǐnjǐng 〈文〉①首を差し伸べる.〔~受刑〕同前して刑を受ける.〔~待死〕同前して死を待つ.②=〔引领②〕首を長くする(して眺める·待ち望む).〔~而望〕切望する.〔~等候回音〕首を長くして返事を待つ.〔~眺 tiào 望〕首を伸ばして見渡す.
引咎 yǐnjiù 引責する.〔~引责〕に同じ.〔~自任,决不诿过于他人〕責任を自分で引き受け,過ちをなすりつけたりは決してしない.〔~辞 cí 职〕引責辞職する.
引开 yǐnkāi 引き離す.ばらばらにする.
引课 yǐnkè =〔引税〕囲諸塩(茶)税.→字解⑫
引狼入室 yǐnláng rùshì =〔引盗入室〕狼を部屋に引き入れる.〈喩〉悪人を招く.〔用人不当 dàng 犹如~〕人の採用が妥当でないと狼を部屋に引き入れるようなものだ.→〔开 kāi 门揖盗〕
引裂 yǐnliè 引き裂く.仲を裂く.
引力 yǐnlì ①=〔吸 xī 力〕囲引力:〔万 wàn 有~〕の略称.↔〔斥 chì 力〕②魅力.
引例 yǐnlì 例を引く.〔~证明〕例を引いて証明する.
引领 yǐnlǐng ①先導する.リードする.②⇒〔引颈②〕
引流 yǐnliú 医ドレナージ:外科手術によって病巣から排液させること.
引路 yǐnlù 道案内する.〔我道儿不熟,请你给我~〕わたしは道をよく知らないから道案内してください.〔我在前面~〕私が先に立って道案内しましょう.
引论 yǐnlùn 緒論·序論·導論:〔导 dǎo 论〕に同じ.
引聘 yǐnpìn (人材を)導入する.〔~优秀人才〕優れた人材を同聘.
引起 yǐnqǐ 注意を引く.(事件などを)引き起こす.〔~了人们的注意〕人々の注意を引いた.〔~一场灾 zāi 祸〕災禍をひき起こした.
引桥 yǐnqiáo 国上路橋.けた橋:橋梁にうつるまでの両端の部分.〔正 zhèng 桥〕(橋の本体)に対している.
引擎 yǐnqíng 〈音訳〉エンジン:〔发 fā 动机〕(発動機)のうち,特に〔蒸气机〕(蒸気機関),〔内燃机〕(ディーゼルエンジン)などをいう.〔单(汽)缸 gāng ~〕単シリンダー機関.〔汽 qì 油~〕〔汽油机〕ガソリンエンジン.〈音訳〉狄 dí 赛尔~〕〔柴 chái 油机〕ディーゼルエンジン.〔搜 sōu 索~〕〔電〕リサーチエンジン.〔马 mǎ 达〕
引擎油 yǐnqíngyóu ⇒〔机几油〕
引燃 yǐnrán 火をつける(燃やす)

引人入胜 yǐnrén rùshèng 〈成〉人を佳境に引き入れる.うっとりさせる.
引人注目 yǐnrén zhùmù 〈成〉注目を集める.脚光を浴びる.〔引人瞩 zhǔ 目〕ともいう.
引入 yǐnrù 導入する.引き入れる.
引入线 yǐnrùxiàn (鉄線の)引き込み線
引蛇出洞 yǐnshé chūdòng 〈成〉蛇を穴から誘い出す:隠れた悪人をおびき出す.
引申 yǐnshēn 意味を推し広める:〔引伸〕とも書いた.〔~义〕圀派生義:元来の字の意味を転じて他の意になったもの.→〔本 běn 义〕
引绳排根 yǐnshéng páigēn 〈成〉二人が力を合わせて他の者を排斥すること:〔引绳批根〕ともいう.
引述 yǐnshù 引用し述べる.
引水 yǐnshuǐ ①水流を導く.〔~灌 guàn 溉〕同前で灌漑する.〔~上山〕山の上まで灌漑用パイプをひっぱっていく.②⇒〔引航〕
引水人墙 yǐnshuǐ rùqiáng 〈喩〉自ら災いを招く
引税 yǐnshuì ⇒〔引课〕
引体向上 yǐntǐ xiàngshàng 又(鉄棒の)懸垂(㹂).(体操の)懸垂屈腕.
引退 yǐntuì 〈文〉(退官して)引退する.→〔退休〕
引为… yǐnwéi… (引きて)…となす.(それを)…とする.〔~怪事 应考えるべきである.〔应~今后的教训〕今後の教訓となすべきである.
引文 yǐnwén =〔引语〕引用文.
引线 yǐnxiàn ①針に糸を通す.〔~穿针〕同前.〔~缝衣〕針で着物を縫う.②手づるとなる.仲介する.③手引き.手づる.〔给人当 dāng ~〕人の手引きをする.〔找个~来〕誰か手づるを探してくる.④〈方〉縫い針.⑤導火線.
引向 yǐnxiàng 引き入れる.引き込む.〔把青年~正轨〕青年を正しい道に引き入れる.
引信 yǐnxìn ⇒〔信管〕
引言 yǐnyán 序言.前書き:多く他序.→〔序 xù 言〕
引以为憾 yǐn yǐ wéihàn 〈成〉それを遺憾に思っている.
引以为鉴 yǐn yǐ wéijiàn 〔慣〕それを戒めとする:〔引以为戒 jiè〕ともいう.
引以为荣 yǐn yǐ wéiróng 〈成〉それを光栄と思う.
引用 yǐnyòng ①引用する.〔~书中的词句〕本の中の語句を引用する.②任用する.〔~私人〕自分の縁故者を任用する.
引诱 yǐnyòu 誘引(する).〔不受金钱的~〕金銭の誘惑に弱い.
引语 yǐnyǔ ⇒〔引文〕
引玉之砖 yǐnyù zhī zhuān 玉を引き出すための瓦.〈喩〉(優れたものを生み出すための)誘い水.〔我这篇文章就算个~,以后请各位踊跃投稿,以使内容更加充实〕私のこの文章は誘い水ということにして,これからはみなさんふるって投稿し内容を立派にしてください.→〔抛 pāo 砖引玉〕
引援 yǐnyuán ①〈文〉援用する.〔~前例办理〕前例を援用して処理する.②援助する.応援を受け入れる:多く外国人選手を招くの意に用いる.
引责 yǐnzé ⇒〔引咎〕
引证 yǐnzhèng 例を引いて証する.
引致 yǐnzhì (結果として)…を引き起こす.…ならしめる.
引智 yǐnzhì 外部の知識·方法·人材を入れる.
引种 yǐnzhǒng 優良品種の導入.
引种 yǐnzhòng (優良種を)移植する.
引资 yǐnzī 資金を導入する.
引自 yǐnzì (…から)引用する.
引子 yǐnzi ①発端(章回小説で)の部分.②はしがき.前口上.糸口.〔我简单说几句略介个~,希望大家多发表意见〕私が簡単な話をして糸口としますの

yǐn

で(あとは)皆さんが大いに意見を発表してください. ③劇 dìng jù〔~服〕重要な役柄の役者が最初に舞台に現れたとき伴奏なしで歌う二句ないし四句どまりの戯詞.〔~定 dìng 诗〕 ④圖序券.イントロダクション.導入部.→〔前 qián 奏曲〕 ⑤中医(薬の作用を促進するために加えられる)副薬.〔药 yào ~〕同前.〔这剂药拿姜做~〕この薬はしょうがを副薬にする. ⑥⇒〔发 fā 面朱〕

引座 yǐnzuò ①席に案内する. ②(劇場などの)案内係.〔~员 yuán〕同前.

[吲] yǐn〔~哚 duǒ〕化インドール.〔氮 dàn(杂)茚〕ともいう.

[蚓(螾)] yǐn〔蚯 qiū ~〕団ミミズ.

[靷] yǐn 〈文〉(車を引く)革帯.

[饮・飲(飮)] yǐn ①飲む.〔喝 hē 而尽〕ぐっと飲み干す. ②酒を飲む.〔痛 tòng ~〕大酒を飲む.〔对 duì ~〕差しで飲む. ③〈冷 ~〉冷たい飲み物.清涼飲料. ④(心に)忍ぶ.含む.→〔饮恨〕 ⑤矢・弾を体に受ける.→〔饮羽〕 ⑥〔~子〕中医の病症名に用いられる.→〔痰 tán 饮〕 ⑦薄い痰. → yìn

饮冰茹蘖 yǐnbīng rúbò ⇒〔冰蘖〕
饮茶 yǐnchá 〈文〉ヤムチャ(広東・香港などで)お茶を飲みながら各種の〔点心③〕を食べること.
饮醇自醉 yǐnchún zìzuì〈成〉うま酒を飲んで自ら酔ってしまう.〈転〉人の高説をうかがっってすっかり感服(安心)してしまう.〔奉读华翰,若~〕贖お手紙を拝見してすっかり感銘(安心)いたしました.
饮弹 yǐndàn 弾丸を体に受ける.〔~身亡〕同前にて死亡する.〔~自尽〕同前で自殺する.→〔饮羽〕
饮恨 yǐnhèn〈文〉恨みを我慢する.〔~吞声〕恨みを飲み込んで黙っている.〔~而去〕恨みを忍んで立ち去る.〔~而终〕恨みを晴らすことができずに死ぬ.
饮灰洗胃 yǐnhuī xǐwèi〈成〉灰を飲んで胃を洗う.〈転〉生き方をすっかり改める.
饮料 yǐnliào 飲み料.飲み物.
饮料水 yǐnliàoshuǐ 飲料水.
饮片 yǐnpiàn 中医煎じ薬用に小さく切った漢方薬.→〔饮子〕
饮品 yǐnpǐn 飲み物.飲料.
饮泣 yǐnqì=〔饮血②〕〈文〉忍び泣く.涙をのむ.〔引得在场的成千男女~〕そのために場にいた幾千人もの男女が忍び泣いた.〔~吞声〕声をひそめ涙をのむ.
饮食 yǐnshí 飲食(をする).〔~俱废〕飲むものも食べるものもしなくなってしまう.〔~起居〕日常生活.〔~卫生〕飲食上の衛生.〔~不调〕飲食が不調である;腹の具合が悪い.〔~疗 liáo 法〕食餌療法.〔~业 yè〕飲食業.
饮水 yǐnshuǐ ①飲み水.飲用水:〔饮用水〕に同じ.〔~器 qì〕①浄水器. ②水を飲む.〔~不忘掘 jué 井人〕〈諺〉水を飲む時には井戸を掘ってくれた人の恩を忘れない.〔~思源〕〈成〉水を飲む時はその源を考える:もとを忘れてしまわない.
饮泣 yǐnxuè ①血を飲む. ②〔饮泣〕
饮宴 yǐnyàn〈文〉宴会.酒盛り.
饮用 yǐnyòng 飲む.飲用する.〔~啤 pí 酒〕ビールを飲む.〔~水〕①飲み水. ②飲用水.
饮羽 yǐnyǔ〈文〉矢羽まで体にのめり込む.〈喩〉弾が体に食い込む.
饮誉 yǐnyù 好評を博する.〔我国现代画~罗马〕が国の現代画がローマで大好評である.

饮鸩止渴 yǐnzhèn zhǐkě〈成〉鸩毒を飲むので渇きを止める.〈喩〉その場しのぎの非常手段をとる.
饮馔 yǐnzhuàn〈文〉飲食物.酒肴.
饮子 yǐnzi 中医飲子(び)〔汤 tāng 药〕(冷服する煎じ薬)の古名.

[殷(慇)] yǐn 〈文〉雷の音.〔~~ 其雷 léi〕殷々(いん)と雷がとどろく.
→ yān yīn

[隐・隱] yǐn ①隠す.覆い隠す.〔姑 gū ~其名〕ひとまずその名を秘しておく. ↔〔显 xiǎn □〕 ②隠れひそむ.世を隠す.〔~居〕圆隠棲(する). ③公開できない(こと).人に知られては困る(こと).〔难言之~〕言うに言えない隠し事.〔~藏 cáng〕
隐报 yǐnbào 真相を隠し報告しない.
隐蔽 yǐnbì (物の陰に)隠れる.いんぺいする.覆い隠す.〔在大树丛中,不易被发现〕林の茂みに隠れて発見されにくい.〔~资产〕含み資産.〔~所 suǒ〕圄部隊を掩蔽する場所.
隐避 yǐnbì 隠れ避ける.〔需要~一下〕しばらく隠れていなければならない.
隐藏 yǐncáng ①隠す.秘密にする.〔~文件〕文件を隠匿する. ②隠れる.
隐处 yǐnchù 秘事.隠し事.〔揭挑他的~〕彼の秘事をすっぱぬく.
隐遁 yǐndùn 隠遁する.世を捨て隠れる.
隐恶扬善 yǐn'è yángshàn〈成〉(他人の)悪事をかばい善行を称揚する.
隐伏 yǐnfú ひそかに隠れている.伏在する.〔~危机〕危機が伏在する.
隐睾 yǐngāo 医停留睾丸.潜牝睾丸.
隐含 yǐnhán 隠している.〔~着别的意思〕別の考えを含んでいる.
隐花植物 yǐnhuā zhíwù 圃隠花植物.→〔显 xiǎn 花植物〕
隐患 yǐnhuàn 表面に現れない災禍・欠陥・危険.〔~不除,于心不安〕同前が除かれないと心が落ち着かない.
隐讳 yǐnhuì 言うのを避けて隠す.包み隠しをする.〔~不言〕同前.〔朋友之间什么话都说,从不~〕友人の間では,どんな話も隠し立てせず話す.
隐晦 yǐnhuì (意味が)曖昧である.はっきりしない.〔这首诗写得十分~,不容易懂〕この詩は難解でわかりにくい.
隐疾 yǐnjí〈文〉人に言えない病気:性病など.
隐居 yǐnjū=〔潜 qián 居〕圆隠遁する.〔在山林~〕山林に隠棲した.
隐君子 yǐnjūnzǐ ①隠士.〔山林~〕山林に隠れ棲む同前. ②⇒〔瘾君子〕
隐亏 yǐnkuī 圖含み損.隠されている赤字.
隐括 yǐnkuò〈文〉①もとの文章に手を加える:〔檃 括②〕とも書く. ②概括する.
隐沦 yǐnlún〈文〉①(人物・才能などが)うずもれる.〔以兄之大才,终身~,岂不可惜〕あなたの大才をもってして,一生うずもれてしまうとは,何と惜しいではないか. ②〔隐士〕
隐埋 yǐnmái 隠蔽する.埋める.
隐瞒 yǐnmán 隠しだてする.〔~错误〕ミス(過ち)を同前.〔从自己的身の上を隠す.了真相を隠す.〔~不住〕隠しきれない.〔你不要再~了,我都知道了〕これ以上隠しだてするな,ぼくはもう知っているんだ.
隐秘 yǐnmì ①隠している.〔~不说〕秘密にして明らかにしない. ②秘め事.〔揭 jiē 破了他的~〕彼の秘めごとをすっぱぬく.
隐名 yǐnmíng 匿(とく)名(にする).〔~告密的大多不

yǐn～yìn

実) 匿名で密告するものの多くは真実でない.〔～信〕〔匿 nì 名〕匿名の手紙.

隐没 yǐnmò 隠れる.〔汽车渐渐 jiàn～在朦胧的夜色中〕自動車がだんだんとぼんやりした夜色の中に消え失せた.

隐匿 yǐnnì 隠して内密にする.〔～形迹〕形跡を隠す.

隐僻 yǐnpì (場所が)辺鄙でわかりにくい.〔～的小巷子〕同սの小さな路地.

隐情 yǐnqíng ①〈文〉事情を隠す. ②隠し事.〔其中必有～〕その間にきっと(何か)隠し事がある.〔男女～〕男女の不倫.

隐然 yǐnrán ぼんやりとしたさま.〔～可见〕かすかに見える.

隐忍 yǐnrěn 心中に耐え忍ぶ.〔～不言〕耐え忍んで言わない.〔～不露〕耐え忍んで, 外に表さない.

隐腮鲵科 yǐnsāiní kē オオサンショウウオ科(分類上の).〔鲵①〕

隐射 yǐnshè 暗に指す. ほのめかす. →〔暗 àn 射〕〔影 yǐng 射②〕

隐身 yǐnshēn 身を隠す.〔～法〕〔～术 shù〕〔障 zhàng 身法〕〔遮 zhē 身法〕雲隠れの術. 忍びの術.〔～技术〕〔隐形技术〕ステルス技術.〔别拿我当～草(儿)〕わたしをたてにしないで使うな.

隐士 yǐnshì ＝〔隐沦〕〔隐者〕隠者. 栄達を望まず世を逃れた人.

隐事 yǐnshì 秘事. 隠し事.

隐鼠 yǐnshǔ ⇒〔鼹 yǎn 鼠〕

隐私 yǐnsī 内緒事. わたくし事.〔这些刊物,其实以揭人～与色情为主〕これらの刊行物は, その実プライバシーとエロを暴くのが主だ.〔保护个人～〕個人のプライバシーを保護する.〔～权 quán〕法プライバシーの権利. →〔阴 yīn 私〕

隐痛 yǐntòng 他人に言えない苦しみ.〔抑 yì 不住心头的～〕心中のもやもやした苦痛を押さえきれない.

隐退 yǐntuì 隠退(する)

隐微 yǐnwēi ①かすかで(もやもやとして)はっきりしない(こと).〔要论思里头的～, 只可意会以外的微妙な点を論ずるとなると, 説明ぬきで心で理解するほかない. ②内緒事.〔揭发人的～〕人の内緒事を暴く.

隐纹 yǐnwén (紙などの)透かし.〔有～的纸〕透かし入りの紙.

隐贤 yǐnxián 〈文〉隠れたる賢人.〔山中有～〕山の中に隠れたる賢人がいる.

隐显墨水 yǐnxiǎn mòshuǐ あぶり出しインク. 隠顕インク.

隐现 yǐnxiàn 見え隠れする.〔水天相接,岛屿～〕海と空が相接し, 島が見え隠れする.

隐形 yǐnxíng 〈文〉姿を隠す.〔～飞机〕軍ステルス(戦闘・爆撃)機.〔～技术〕〔隐身技术〕ステルス技術.

隐形眼镜 yǐnxíng yǎnjìng コンタクトレンズ.〔角 jiǎo 膜〕接触镜〕の通称.

隐性 yǐnxìng 隠性(の).〔～杀手〕目に見えない危険や毒物.〔～收入〕副業による収入. 非公開の収入.〔～失业〕半失業.〔～就业〕卒業したばかりのアルバイト的な就職.〔～劳动〕表に現れない労働.〔～经济〕〔地 dì 下经济〕非合法的な経済.

隐姓埋名 yǐnxìng máimíng 成姓名を隠して人に知られぬようにする.〔从此～不同世事〕それから後は, 名前を隠して世間のことにはかかり合わなかった.

隐血 yǐnxuè 医潜血:〔潜 qián 血〕に同じ.〔～反应〕潜血反应.

隐逸 yǐnyì 〈文〉世間に隠れる(て名をあらわさない人). 世を捨てている(人).

隐隐 yǐnyǐn ①はっきりしない(ぼんやりとしている)さま.〔腹部～作痛〕腹部が何となく少し痛む.〔远外～有几声雷响〕遠くからかすかに雷鳴が聞こえてくる. ②見え隠れに(こっそりと).〔～地跟随他〕見え隠れにその男について行く. ③〈文〉憂えるさま. ④〈文〉重い車の進むさま.

隐忧 yǐnyōu 内憂. 秘めた憂い・苦痛.〔其言似有～〕その言うことには何か心配なことがあるようだ.

隐语 yǐnyǔ 隠語. スラング. 謎.

隐寓 yǐnyù 意味を中に隠し持っている(持たせている).〔有很深的意义～其中〕深い意味がその中に寓している.

隐喻 yǐnyù 修隱喩:〔暗 àn 喻〕に同じ.

隐约 yǐnyuē はっきりしない. ぼんやりしている.〔～可见〕かすかに見える.〔～其词 cf〕成〉言葉を濁す. 言葉の歯切れが悪い.〔歌声隐约约地从山头传来〕歌声がかすかに山から伝わってくる.

隐者 yǐnzhě ⇒〔隐士〕

隐衷 yǐnzhōng 人に言いたくない(告げられない)苦衷・内情.

[谚・讔] yǐn 〈文〉隠語. なぞ. →〔隐语②〕

[檃・櫽(檼)] yǐn

檃括 yǐnkuò 〈文〉①ため木. 板のゆがみをまっすぐに直す道具. ②⇒〔隐括①〕

[癮・癮] yǐn

中毒. くせ: 嗜好あるいは耽溺がひどくなった病的症状.〔烟 yān ～〕アヘン吸飲中毒. タバコの中毒. ニコチン中毒.〔喝酒的～太大〕アル中がひどい.〔上了～了〕中毒になってしまった.〔发～〕〔犯～〕禁断症状が現れる.〔过～〕堪(た)能する. 満足する. ②〈道楽に〉ひどく凝ること.〔赌～〕熱中すること. ③〔看电影片～〕映画を見て映画に夢中になってしまう.〔球～〕球技に夢中であること.

瘾君子 yǐnjūnzǐ アヘン吸飲者・ニコチン中毒者・麻薬中毒者.〔瘾君子②〕とも書く.〔烟瘾〕(アヘン中毒・ニコチン中毒)にひっかけていう.

瘾头 yǐntóu [–儿] 酒・タバコ・アヘンなどの中毒症状.〔~又上来了例の癖がまた出てきた.〔他的~不小〕彼の中毒の程度は相当なものだ. 彼の道楽の凝りようは相当なものだ.

[繄・繄] yǐn 〈文〉とじつける. くける. →〔纴 háng〕

[印(印)] yìn

[–儿, –子] 印(ぱ~)・跡. 痕跡.〔烙 lào ～〕焼き印.〔脚～儿〕足跡.〔衣服上有黑～〕服に黒い跡がついている. ②官印. 公印. 判(だ). 印章.〔盖 gài ～〕判を押す.〔骑 qí ～〕〔对口～〕割り印.〔接口～〕紙の続き目に押す印. ③印刷する.〔印(ぱ~)を押す. しるしを留める. 焼き付ける.〔这本书一了一千万部〕この本は10万部印刷した.〔排 pái ～〕植字と印刷.〔把相片多～几张〕写真を幾枚か余計に焼く.〔冲洗, 晒～, 放大〕(写真の)現像・焼き付け・引き伸ばし. DPE. ④ぴったり合う. 合う.〔心心相～〕心と心が相通ずる. お互いに深く理解している. ⑤〔～度〕の略.〔中～两国〕中・印両国. ⑥〈姓〉印(X)

印把子 yìnbàzi 印鑑のつまみ.〈転〉職権. 権力.〔你有一手在手就想胡作非为吗〕あんたは権職を握っているからとて, でたらめなことをしようというのかね.〔～掌 zhǎng 握在人民手中〕権力は人民の手に握られている.

印板 yìnbǎn 版木.

印本 yìnběn 印刷した書物. →〔抄 chāo 本①〕

yìn 印

印鼻 yìnbí ⇒[印钮]
印材 yìncái 印材.
印钞 yìnchāo 紙幣を印刷する.
印次 yìncì 印刷回数.
印地安 yìndì'ān〈音訳〉インディアン:[印第安]とも書く.[～人]同前.[阿美利加～]アメリカインディアン.[危地马拉是～语,就是森林国的意思]グアテマラはインディアン語で,森の国の意味である.
印地语 yìndìyǔ 図ヒンディー語.
印垫 yìndiàn スタンプパッド.スタンプインキ台.
印度 yìndù インド:[身juán毒](乾qián 笃]天竺]は古称.正式国名は[～共和国].首都は[新xīn 德里](ニューデリー).[～(斯)河]囤インダス川.[～洋 yáng]囤インド洋.
印度大麻草 yìndù dàmácǎo 囤インド大麻草:これから取れる麻薬をマリファナという.
印度教 yìndùjiào 図ヒンズー教:インド民間信仰と[占婆 pó 罗门教](バラモン教)が融合したもの.
印度棉 yìndùmián ⇒[树shù 棉]
印度尼西亚 yìndùníxīyà インドネシア:略して[印尼]という.正式国名は[～共和国].首都は[雅yǎ加达](ジャカルタ)
印度斯坦 yìndùsītǎn 囤ヒンドスタン.@インドのペルシア名.特にデカン高原北部を指す.⑥ヒンズー教徒の多いインド地域(イスラム教徒の多いパキスタンに対して)
印度雅利安族 yìndù yǎlì'ān zú インドアーリアン族:インドゲルマン,インドヨーロッパ族の総称.
印度支那半岛 yìndùzhīnà bàndǎo ⇒[中zhōng 南半岛]
印发 yìnfā 印刷して配布する.[～传单]ビラを同前.[～文件]通達文書を印刷して出す.
印工 yìngōng 印刷の技術.印刷の仕事.印刷の具合.[～、装订都很好]印刷・装丁ともに大変よい.
印盒 yìnhé 印盒箱.
印痕 yìnhén ⇒[痕迹]
印花 yìnhuā ①[～儿]捺染(なっせん)(する).[～(棉)布]捺染布.プリント地.[～染料]捺染染料.②収入印紙:[～税票]に同じ.領収証には印紙を貼らねばならない.[～税 shuì]印紙税.
印记 yìnjì ①印鑑.→[钤qián 记]②印(いん).押した印.[以检查所的～为凭]検査所の印を証拠とする.③心に刻む.[在脑子里]頭にきざまれている.④しるし.痕跡.マーク.
印迹 yìnjì 残した跡.痕跡.
印件 yìnjiàn 印刷物.コピー資料.
印鉴 yìnjiàn (登録した印鑑の)印影.印形(いんぎょう)
印矩 yìnjǔ 書・画に印を押す時に用いるT字形の木製のもの.直のつきが不良で押し直すとき正確にもとのところに押したり,いくつもの印を形よくきちんと押すためなどに用いられる.
印刻 yìnkè しっかり印象を与える.刻まれる.
印墨 yìnmò ⇒[印刷墨]
印模 yìnmú プリント.スタンプ.
印模纸板 yìnmú zhǐbǎn 紙型板紙.→[纸板]
印尼 yìnní インドネシア:[印度尼西亚]の略.
印泥 yìnní (印色)[芝zhī 泥]印肉.朱肉.
印尼盾 yìnnídùn ルピア:インドネシアの通貨単位.
印钮 yìnniǔ 印判のつまみになっている装飾.獅子,鹿などを刻するものがある.[印鼻].[印纽]とも書く.→[龟guī 纽]
印谱 yìnpǔ 印影を集め編集したもの.
印契 yìnqì ＝[(口)红hóng 契]①納税済みで役所の許可印の押された土地や家屋の契約書.②(不動産などの)登記済証.

印儿 yìnr 痕跡.跡.[脚～]足跡.
印染 yìnrǎn 押し染めする.プリントする.[～布]プリント.[～厂]捺(おう)染工場.プリント工場.
印入 yìnrù 印する.印象づける.[深深～脑中]頭に深く印象づけられる.
印色 yìnsè、～shai 朱肉.印肉:[印泥]に同じ.[～盒 hé(子)]印肉入れ.スタンプ台.
印绶 yìnshòu〈文〉官職を示す印とそれについている組紐.(転)官職.
印售 yìnshòu 印刷して売る:[印销]ともいう.
印书纸 yìnshūzhǐ 印刷用紙.
印数 yìnshù 印刷(冊・枚・部)数.
印刷 yìnshuā 印刷(する).[～机]印刷機械.[～厂]印刷工場.印刷所.[～墨 mò]印刷インク.[～品]印刷物.[～术 shù]印刷術.
印刷体 yìnshuātǐ 印刷体.活字体.↔[手 shǒu 写体]
印刷通用汉字字形表 yìnshuā tōngyòng hànzì zìxíngbiǎo 1964年5月,文化部と文字改革委員会から印行された6196字の簡化漢字の一覧表.→[汉字简化]
印水纸 yìnshuǐzhǐ ⇒[吸 xī 墨纸]
印台 yìntái スタンプ台:[打 dǎ 印台]に同じ.
印堂 yìntáng 眉間(みけん).印堂.[～发亮必走好运]眉間の色つやがよければ,きっと好運が訪れる.
印贴叶 yìntiēliè 〈音〉中国の音訳:[印的里]と もいう.[～根追亚]インテリゲンチア.→[知 zhī 识分子]
印头鱼 yìntóuyú ⇒[鲫鱼]
印文 yìnwén ①上官の印を押した文書.②印章の文字.
印务 yìnwù ①印刷に関する仕事.②印章を押す事務.
印玺 yìnxǐ〈文〉御璽(ぎょじ).御璽(ぎょじ)→[国 guó 玺]
印相 yìnxiàng (写真の)焼付[～纸]印画紙:とも書く.[～纸]印画紙.[软片冲洗完毕后,可以开始进行～工作]フィルムの現像がすむと,ようやく焼付の仕事にとりかかることができる.→[晒 shài 印]
印象 yìnxiàng 印象.[～派 pài]印象派.[～主义]印象主义.[深刻的～]深い印象.[好～]よい印象.[她給我留下了深刻的～]彼女は私に強い印象を与えた.
印信 yìnxìn 囚官庁で用いる印判類の総称:正方形の役所の印を[官 guān 印①],長方形のものを[关guān 防③],役人個人のものとして調製されて用いられたのを[钤qián 记①]個人の私用のを[私 sī 印].
印行 yìnxíng (書籍を)印刷して刊行する.出版する.
印油 yìnyóu スタンプインキ.
印有 yìnyǒu 印刷してある.プリントがある.
印张 yìnzhāng 新聞用紙の量を計算する単位:[平píng 板纸](新聞紙の大きさの用紙)を[两～]とする.
印章 yìnzhāng ①印章.→[图 tú 章①]②印形.押した印.
印证 yìnzhèng ①(事実と符合することを)証明する.裏付ける.[～材料已～过了]材料について照合済みだ.[通过实践,书本上的知识得到了～]実践を通して,書物の知識が実証された.②裏付け.証拠.[找到～]裏付けをとる.
印制 yìnzhì 印刷・製作する:商品としての印刷物を作る.
印字 yìnzì 字を印刷する.[～机器]印刷機械.[～馆]印刷所.[～房]・[～局]印刷屋.印刷室.
印子 yìnzi ①痕跡.跡.[脚～]足跡.②⇒[印子

印子局 yìnzijú 〔印子(钱)〕を貸す高利貸し.
印子(钱) yìnzi(qián) 〔折 zhé 子钱即〕(日ぎめ,あるいは,毎月ぎめで返す)高利貸(の借金):1回返すごとに通帳に印を押してしるしとした.〔借 jiè ～〕同前を借りる.〔使 shǐ ～〕同前を借りて使う.

〔**茚**〕 yìn 囮 インデン.〔氧 yǎng ～〕クマロン. 〔氮 dàn ～〕ピロール.

〔**鲫・鯽**〕 yìn 〔～鱼 yú 魚貝〕コバンザメ.コバンイタダキ:〔印头鱼〕ともいう.

〔**饮・飲(歠)**〕 yìn ①(家畜に)水を飲ませる.〔把驴 lú 接过来～～去〕ろばを受け取って水飲みに連れて行きなさい. ②〈文〉飲ませる.〔～之以酒〕これに酒を飲ませる. ③飲んで潤す. → yǐn

饮场 yìnchǎng 劇 (旧劇の舞台で)俳優が茶または水でのどを潤す所作.
饮马 yìnmǎ ①馬に水を飲ませる. 馬に水飼う.〔该～去了馬に水を飲ませに行かなくてはは. 〔～投钱〕〈成〉馬に水を飲ませる場合でも水中に銭を投じ礼とした(漢の黄子廉の故事):受けた恩義には必ず報いること. ②攻め寄せる(込む).〔长城～〕長城に攻め寄せる.〔～黄龙〕〈喩〉敵の本拠へ攻め入る.
饮嗓子 yìnsǎngzi のどを潤す.〔喝 hē 杯茶饮饮嗓子〕お茶を飲んでちょっとのどを潤す.
饮牲口 yìnshēngkou 家畜に水を飲ませる.

〔**胤**〕 yìn ①〈文〉(子孫が)受け継ぐ. ②後継.跡継(ぎ).〔～嗣 sì〕後裔.

〔**荫・蔭(廕)**〕 yìn ①〈文〉樹木が日を遮る.〔荫蔽〕 ②囮父祖の功労のお陰で子孫に特に官位を授けられること.〔～官〕同前で得た官職.〔恩 ēn ～〕国の祝典に授けられるもの.〔难 nàn ～〕戦死など国事に殉じたものの子弟に対するもの.〔父廕余～〕父廕のお陰. ③〈口〉日陰(である).陰(になっている).涼しく湿っている.〔那屋子太～的那屋はひんやりしている. → 〔树 shù 阴〕 → yīn

荫庇 yìnbì 旧庇護. かばいたて.〔托您的～〕お陰さまをもちまして….
荫蔽 yìnbì =〔荫翳〕①木陰で覆う. ②覆い隠す.
荫及 yìnjí (効用・利益・成果が)他に及ぶこと.
荫监 yìnjiàn ⇒〔荫生〕
荫凉 yìnliáng ひんやりと冷たい.〔冰窖 jiào 里～〕氷室の中はひんやりと冷たい.→〔阴 yīn 凉①〕
荫林 yìnlín 〈文〉樹木の茂っている森林.
荫生 yìnshēng 〔荫监〕旧祖先の遺功遺徳によって国子監に入学した「監生」.
荫翳 yìnyì ①⇒〔荫蔽〕 ②〈文〉(木が)茂っている. → 〔阴 yīn 翳〕
荫郁 yìnyù 〈文〉樹木が鬱蒼(うっそう)としているさま.

〔**垽**〕 yìn 〈文〉沈殿物.

〔**窨**〕 yìn 地下室.穴倉.〔地～子〕同前. → xūn

窨井 yìnjǐng マンホール.〔～盖 gài〕同前の蓋(ふた).

〔**慭・憖(憗)**〕 yìn 〈文〉願う.が えんずる.〔不～遗一老〕(左伝・哀公16年)一人の老人すら取り残したくない. ②欠ける.傷つく.〔两军之士,皆未～也〕(左伝・文公12年)両軍の士は,どちらもまだ傷を受けていない. ③〔～～〕恐しい(慎み深い)さま.

yīng

〔**应・應**〕 yīng (Ⅰ)①当然…しなければならない.〔理〕～如此〕理として当然このようでなければならない. → 〔其 qí(Ⅱ)④〕 ②…であるべきだ.…のはずだ.…だと思う.〔一切准备～已就绪 xù〕一切の準備はもう一緒についているはずだ.〔你对朋友的好意,不～有怀疑〕あなたは友人からの好意を疑うべきでない.
(Ⅱ)①答える.返事する.〔喊他他不～〕彼を呼んだが返事しない. ②承諾する.認める.〔我～了他的要 yāo 求〕わたしは彼の要求を承諾した.〔审 shěn 问的时候你都～了,现在又要翻供吗〕審理の時はきみはすっかり認めたのに,今になって口裏を返すのか. → 〔允 yǔn 〕〔许～〕承諾する. ③〈姓〉応(ぎ)
→ yìng

应当 yīngdāng 当然…すべきだ:〔应该〕に同じ.
应当应分 yīngdāng yīngfèn ⇒〔应分〕
应得 yīngdé 受けるべきである. 得るはずである.
应得元 yīngdéyuán 囮 インドカーボン:〔应得〕は音訳,〔元〕は黒の意.
应分 yīngfèn =〔应当应分〕当然本分としてなすべきである.〔奉养父母是子女～的事〕父母を養うことは子として当然のことである.
应付票据 yīngfù piàojù 圈 支払手形. ↔〔应收票据〕
应该 yīnggāi …すべきである.…しなければならぬ.〔应当〕ともいう.〔～如此〕当然かくあるべし.〔那是～的〕それは当然のことだ.
应继 yīngjì 当然嗣子となる資格がある.〔～分 fèn〕法相続人が相続すべき部分.
应届 yīngjiè 期限に到達した.卒業期の.卒業年次の.〔～毕业生〕卒業年次の学生.卒業予定学生.
应尽 yīngjìn 当然やるべきこと.当たり前であること.〔～的责任〕当然尽くすべき責任.
应名儿 yīngmíngr 名目(とする).名義上(である).〔～我是社长,实际上是他管事〕表向きはわたしが社長だが,実際は彼が采配をふるっている.
应声 yīngshēng 声に出して答える. → yìngshēng
应收票据 yīngshōu piàojù 圈受取手形. ↔〔应付票据〕
应税 yīngshuì 税金を払うべき.〔～收入〕課税対象となる収入.
应行事宜 yīng xíng shìyí 〈公〉当然なすべき事柄.
应许 yīngxǔ ①承諾する.〔他～明天来说〕彼は明日相談に来ることを承知した. ②許可する.許諾する.〔谁～他把写字台搬走的〕誰が彼に机を運んでいいと許可したんだ.
应有尽有 yīngyǒu jìnyǒu 〈成〉有るべきものは皆揃っている.何でも揃っている.〔那个超市里生活用品～〕そのスーパーでは,日常生活品なら何でも揃っている.
应允 yīngyǔn 承諾する.引き受ける.〔点头～〕うなずいて承諾する.

〔**膺**〕 yīng 〈文〉①胸.〔义愤填 tián ～〕〈成〉義憤が胸に満ちている. ②当たる.受ける.〔荣～勋 xūn 章〕勲章を授けられる光栄に浴する.〔身～重任〕重任に当たる. ③打つ.討伐する.〔～惩 chéng〕同前.

膺受 yīngshòu 〈文〉引き受ける.
膺选 yīngxuǎn 〈文〉当選する.〔～市长〕市長に当選する.

yīng 鹰英媖瑛锳霙莺

[鹰・鷹] **yīng** 〔鳥〕タカ(総称).〔老lǎo～①〕は通称.〔～科〕ハイタカ科.〔苍cāng～〕オオタカ.〔鹞yào～〕〔老鹞～〕〔雀què～〕ハイタカ.〔铁tiě～〕飞行機.

鹰鼻鹞眼 yīngbí yàoyǎn 〈喩〉貪欲で憎たらしい容貌.凶悪狡滑な面相.

鹰钩鼻子 yīnggōu bízi かぎ鼻.わし鼻.

鹰架 yīngjià ⇒〔脚jiǎo手架〕

鹰派 yīngpài タカ派:強硬策を取る(政治的)一派.↔〔鸽gē派〕

鹰犬 yīngquǎn (狩猟用の)鷹と犬.〈喩〉手先.走狗(ぞう).〔为人～〕他人の手先となる.→〔走zǒu狗〕

鹰式导弹 yīngshì dǎodàn 〔軍〕ホークミサイル.

鹰隼 yīngsǔn 鷹とはやぶさ.〈喩〉凶暴な人間や勇猛な人間.

鹰扬 yīngyáng 〈文〉鷹が空中を飛揚するように勇武なさま.

鹰洋 yīngyáng =〔英洋〕回(1円)銀貨:メキシコから輸入したもので,表面に鷹の絵が鋳られていた.〔墨mò银〕(メキシコドル)ともいう.

鹰爪 yīngzhǎo ①鷹の爪.②〈喩〉警察.司直の手.③茶の若芽.〔～龙lóng井〕同前の竜井茶:〔芽yá茶〕の一.④同下.

鹰爪花 yīngzhǎohuā 〔植〕オオソウカ.〔鹰爪④〕ともいう.花弁は〔花茶〕に用いる.

鹰嘴 yīngzuǐ ⇒〔胳gē膊肘儿〕

[英] **yīng** (Ⅰ)①〈文〉花.〔落～〕落花.②才の優れた人.〔群～大会〕優秀な人物の集まり.→〔英杰,英俊①〕③〈姓〉英(えい).(Ⅱ)英国の略称.〔～格兰gélán〕〔音訳〕イングランド.〔～吉利jílì〕〈音訳〉イギリス.

英镑 yīngbàng 磅:ポンド:イギリスの通貨単位.単に〔镑〕ともいう.〔集团〕ポンドブロック.〔～区〕ポンド地域.〔～绅士〕(「绅士」に冠して)ポンド成金.

英才 yīngcái 〈文〉優れた人材:多く青年を指す.⇒〔～教育〕英才教育.

英尺 yīngchǐ 〈度〉フィート(フート):長さの単位.1〔～〕は12インチで30.48センチにあたる.〔呎chǐ,yīngchǐ〕は旧合成略字.

英寸 yīngcùn 〈度〉インチ:長さの単位.フィートの12分の1.1〔～〕は2.54センチにあたる.〔吋cùn,yīngcùn〕ともいった.

英吨 yīngdūn =〔长cháng吨〕〔重zhòng吨〕〈度〉英トン.ロングトン:2240ポンド(1016.047キログラム)を1トンとする.→〔吨〕

英发 yīngfā 姿がさっそうとしている.〔雄xióng姿～〕姿がさっそうとしている.

英国 yīngguó イギリス.英国.〔～语〕英语.〔英文〕英語.→〔大dà不列顛及北愛尔兰联合王国〕

英豪 yīngháo 英雄や豪傑.英傑.

英华 yīnghuá 〈文〉①草木の美しいもの.②優れて美しいもの.〔～英国与中国…〕〔～词典〕英中辞典.④名誉.

英魂 yīnghún 英霊.優れた人の魂:〔英灵①〕に同じ.

英杰 yīngjié 〈文〉英傑.

英俊 yīngjùn ①才能が人より優れている.〔少shào年～〕年若く才能が優れている.②顔立ちが整って元気のある.あかぬけている.〔～的小伙子〕ハンサムな若者.

英里 yīnglǐ 〈度〉マイル:長さの単位.1〔～〕は1.6094キロメートル強にあたる.〔哩lǐ,yīnglǐ〕ともいった.

英两 yīngliǎng 〈度〉オンス:〔啢liǎng,yīngliǎng〕ともいった.現在は〔盎àng斯〕を用いる.

英烈 yīngliè 英雄.英烈.

英灵 yīnglíng 〔英魂〕ともいう.②英才.

英伦 yīnglún 〔地〕(英国の)ロンドン:ふつう〔伦敦〕という.

英美法 yīngměifǎ 〔法〕英米法.→〔大dà陆法〕

英名 yīngmíng 英名.英雄としての名声.

英明 yīngmíng 賢明である.〔～地指出〕賢明にも指摘している.〔～领袖〕賢明な指導者.

英模 yīngmó 戦功のある勇士や模範労働者.労働英雄と労働模範:〔英雄模范〕の略.

英亩 yīngmǔ 〈度〉エーカー:地積の単位.ヤードポンド法で4,840平方ヤード(4,047平方メートル),日本の4反24歩(1,224坪1合2勺).〔噉mǔ,yīngmǔ〕ともいった.

英年 yīngnián 青壮年.〔～早逝〕壮年で若死にすること.

英气 yīngqì 優れた豪放な気性.〔～勃勃〕〈成〉英気に満ちている.

英石 yīngshí (広東省)英(德県に産する)石:築山の装備に用いる.

英特耐雄纳尔 yīngtènàixióngnà'ěr 〔音訳〕インターナショナル:ふつう〔国guó际〕と訳す.

英特网 yīngtèwǎng ⇒〔因yīn特网〕

英文 yīngwén 英文.英語:〔英语〕ともいう.

英武 yīngwǔ 雄雄しい.

英雄 yīngxióng 英雄.〔～模mó范〕〔英模〕英雄と模範労働者.〔当不成～,变狗熊〕英雄になれすに熊になる:偉いことをやろうとしてかえって恥をかく.〔～好汉〕英雄豪傑.〔时势造～〕諺:時代が英雄を作る.〔～无用武之地〕英雄に腕をふるう場所なし.〔～所见略lüè同〕〈喩〉双方の意見は共に正しい(ほぼ同じである).②立派で雄雄しい.英雄的である.〔～形象〕英雄像.〔～气概〕英雄的気概.〔～主义〕英雄主義.→〔英勇〕

英雄气短 yīngxióng qìduǎn →〔儿ér女情长,英雄气短〕

英雄树 yīngxióngshù ⇒〔木mù棉〕

英寻 yīngxún 〈度〉ファゾム:水深の単位.1〔～〕は6フィート,1.83メートル.〔呯xún,yīngxún〕ともいった.

英洋 yīngyáng ⇒〔鹰洋〕

英勇 yīngyǒng 勇ましい.〔～就义〕勇敢に正義のために死す.〔～反抗〕勇敢に反抗する.〔～奋fèn斗〕勇敢に奮闘する.〔牺xī牲〕身を犠牲にして戦った.〔～善战〕勇敢でよく戦う.〔～杀敌〕英敵に敵と戦う.

英语 yīngyǔ 英語:〔英文〕に同じ.

英制 yīngzhì ヤードポンド法.

英姿 yīngzī 勇ましい姿.〔～飒爽 sàshuǎng〕〈成〉英姿颯爽(さっそう)たり.〔～迈mài往〕雄姿邁進する.

[媖] **yīng** 〈文〉女性の美称.

[瑛] **yīng** 〈文〉①玉(ぎょく)に似た美石.②玉のひかり.

[锳・鍈] **yīng** 〈文〉鈴の音.

[霙] **yīng** 〈文〉雪.みぞれ.あられ.→〔霰xiàn〕

[莺・鶯(鸎)] **yīng** 〔鳥〕ウグイス(総称).〔地～〕コビトサザイ.〔黄huáng～〕〔黑枕黄鹂〕コウライウグイス.〔大苇~〕オオヨシキリ.〔黄眉柳〜〕キマユムシクイ.〔棕北柳~〕メボソ.

莺歌燕舞 yīnggē yànwǔ 〈成〉④生気あふれる春の景色.⑤勢の盛んなさま.

莺迁 yīngqiān 〈文〉①官位の昇進を祝う詞.〔~高〕

位)高い官位にご昇進なさる. ②移転を祝う詞.〜之喜〕ご転宅の祝い.→〔乔 qiáo 迁〕

莺声燕语 yīngshēng yànyǔ 〈喩〉女性の話し声. 女同学们聊起天儿来,只听得一阵〜, 男同学们都陶醉了同桌儿的女子学生たちがおしゃべりを始めると, 嬌艶な話し声が聞こえるので男子学生はうっとりさせられた.

〔嬰・嬰〕 yīng

(Ⅰ)赤子(きゃ).赤ん坊.〔男〜〕男の赤ん坊.〔母〜〕母と赤子. 〔妇 fù 〜〕保健站母子保健センター.
(Ⅱ)〈文〉まといつく.まつわる.〔〜疾 jí〕病にとりつかれる.〔事务〜身〕雑務が忙しい.

婴儿 yīng'ér =〔婴孩〕嬰児.赤子.→〔娃 wá 娃①〕
婴儿车 yīng'érchē 乳母(ば)車.ベビーカー.〔婆 pó 婆车〕〔童 tóng 车③〕〔小 xiǎo 车③〕ともいう.
婴孩 yīnghái =〔婴儿〕
婴幼儿 yīngyòu'ér 乳幼児.

〔蘡・蘡〕 yīng

〔〜薁 yù〕〔植〕エビヅル(エビガズラ)

〔攖・攖〕 yīng

〈文〉①ぶつかる.接近する.〔〜怒 nù〕怒りに触れる.→〔攖鳞〕
②乱す.〔利害〜其心〕利害がその心を乱す.

攖及逆鳞 yīng jí nìlín 同下.
攖鳞 yīnglín =〔攖及逆鳞〕逆鳞に触れる.直諫(カシ)する.〔〜逆 nì 鳞〕

〔嚶・嚶〕 yīng

〈文〉鳥の鳴き声.〔〜〜〕〈擬〉④鳥のさえずり声.⑤さめざめ泣く声.

〔纓・纓〕 yīng

①〈文〉かぶり物のひも.②〈文〉飾りひも(帯).③〔−儿〕飾り房.房のような飾り.〔红〜枪〕水に染めた雨前で飾った槍.〔红〜帽〕同前の飾りをつけた帽子.④〔−儿〕(大根や葉のように)一か所から群がり出た葉.〔芥 jiè 菜〜〕からし菜の葉.〔萝 luó 卜〜〕大根の葉.⑤〈文〉むながい.〔鞅 yāng〕に同じ.〈転〉捕虜を縛る縄.〔请〜〕従軍を志願する.

纓络 yīngluò 飾り房.
纓鳃虫 yīngsāichóng 〔動〕ホンケヤリ:ケヤリムシ科.
纓子 yīngzi 房.房状のもの.〔纓儿〕ともいう.

〔瑛・瑛〕 yīng

〈文〉玉に似た石.

瑛珞 yīngluò 〔玉をひもにつないだ首飾り.
瑛珞木 yīngluòmù 〔植〕ヨウラクボク:インド原産,マメ科の熱帯植物.

〔櫻・樱〕 yīng

①→〔樱桃〕 ②→〔樱花〕

樱草 yīngcǎo 〔植〕サクラソウ.〔翠 cuì 南报春〕ともいう.
樱唇 yīngchún 〈喩〉美人の口.
樱花 yīnghuā 〔植〕①サクラ(総称).〔日本〜〕ソメイヨシノ.〔〜盛 shèng 开〕桜の花が満開になる. ②ヤマザクラ〔〜桃〕山桜桃.
樱桃 yīng-táo 〔植〕シナ(ノ)ミザクラ(中国実桜), その実.〔含 hán 桃〕は別称.〔欧洲甜〜〕〔洋〜〕セイヨウミザクラ:甘いサクランボ.チェリー.〔酸 suān 〜〕スミミザクラ.〔毛〜〕〔山〜〕ユスラウメ.〔〜口〕〔樱唇〕〈喩〉美人の口.
樱虾 yīngxiā 〔魚貝〕サクラエビ.

〔鸚・鹦〕 yīng

鹦哥 yīnggē =〔鹦鹉〕
鹦哥绿 yīnggē(r)lù 〔色濃いもえぎ色(の)
鹦哥儿嘴 yīnggērzuǐ =〔鹎 péng 鹎〕
鹦鹉 yīngwǔ オウム.インコ.〔〜哥〕は通称.〔能 néng 言鸟〕ともいう.〔灰〜〕ヨウムゼイゴク.〔虎皮

〜〕セキセイインコ.〔热〜〕オウム病.〔〜能言不离飞鸟〕オウムはものは言えてもやはり鳥だ.〔〜学舌〕〈成〉おうむ返し.人の話の受け売り.→〔陇 lǒng 客〕

鹦鹉螺 yīngwǔluó =〔海海 hǎi 螺盏〕オウムガイ.〔鹦鹉贝 bèi〕ともいう.

〔罂・罂(甖)〕 yīng 〔古〕腹が大きく口の小さい瓶.

罂粟 yīngsù 〔植〕ケシ:〔米 mǐ 囊花〕は別称.実から〔阿 ā 片〕をとる.
罂粟碱 yīngsùjiǎn 〔音訳〕〔怕 pà 怕非林〕〔薬〕パパベリン.
罂子桐 yīngzǐtóng =〔油 yóu 桐〕〔植〕オオアブラギリ.シナアブラギリ.→〔桐油〕

〔蓥・蓥〕 yīng 〔古〕口が小さく胴の大きな瓶(酒器)

〔迎(迊)〕 yíng

①迎える.〔欢 huān 〜〕歓迎する.〔出〜〕出迎える.〔失〜〕(留守をしていて)失礼したの意.またそのあいさつの語. ②…に向かって.…の方に.〔〜着困难〕困難にたち向かって行く.〔推开窗 chuāng 户, 春风〜吹进来〕窓を推し開けたら, 春風がまともに吹き込んだ. ③〈姓〉迎(ヨウ).

迎宾 yíngbīn 賓客を迎える.〔〜馆 guǎn〕迎賓館.
迎春(花) yíngchūn(huā) ①〔植〕オウバイ(黄梅):モクセイ科. ②早春に咲く花の異名:例えば〔玉 yù 兰〕(ハクモクレン), 〔连 lián 翘〕(レンギョウ), 〔榆 yú 叶梅〕(オヒョウウメ), 〔海海 hǎi 棠〕(カイドウ)など.
迎敌 yíngdí 敵を迎え撃つ.敵に当たる.
迎风 yíngfēng ①風を受ける(あたる).風になびく.〔这里〜, 特別凉快〕ここは風当たりがよくて, とても涼しい. ②⇒〔顶 dǐng 风〕
迎风招展 yíngfēngzhāozhǎn 〈慣〉(旗・のぼりが)風にはためく.
迎合 yínghé 迎合する.(他人の)意を迎える.→〔讨 tǎo 好①〕
迎候 yínghòu (ある場所まで)出迎える.
迎击 yíngjī 〔軍〕迎え撃つ.〔〜敌人〕敵を迎え撃つ.→〔接 jiē 仗〕
迎接 yíngjiē =〔文〕迎迓〕迎える.出迎える.〔前往机场〜的有外交部长以及其他政府官员〕飛行場に行って出迎えた者は外務大臣その他政府の役人であった.〔〜国高兴兴地〜五一节〕我々は喜んでメーデーを迎えようとしている.
迎来送往 yínglái sòngwǎng 〈慣〉出迎え見送る.送り迎えする.
迎面(儿) yíngmiàn(r) 向こうから.真正面からばったりと.〔〜碰 pèng 见了他〕彼にばったり出会った.〔〜走上去和他握手〕まっすぐ歩み寄って彼と握手する.
迎亲 yíngqīn =〔迎娶〕①旧婚礼の日, 新郎の家から親戚の者が花嫁を迎えに行うこと.
迎娶 yíngqǔ ①同上. ②妻をめとる.
迎刃而解 yíngrèn ér jiě 〈喩〉一刀両断に(容易に)解決する.〔找出问题的关键, 困难才能〜〕問題のキーポイントを探し出せれば困難は容易には解決しない.
迎送 yíngsòng 送り迎える(する).送迎する.→〔接 jiē 送〕
迎头赶上 yíngtóu gǎnshàng 努力して先頭に追いつく.〔快马加鞭, 〜〕スピードアップして相手に追いつく:生産競争などに用いられるスローガン.
迎头(儿) yíngtóu(r) 頭を突き合わせる.顔と顔が向き合う.〔问题来了一挡 dǎng 回去〕問題が起こったら真正面からぶつかって押し返す.〔〜碰着他

yíng 迎莹荧荣莹营萤

了〕出会いがしらに彼に出会った.〔～痛 tòng 击〕〔成〕出鼻をくじく.
迎香穴 yíngxiāngxué 中医小鼻の上部のへこんだ個所.按摩(ぁん)療法のつぼの一つ.→〔鼻 bí 翼〕
迎新 yíngxīn 〔動〕新人・新入者を歓迎する.〔～大会〕新人歓迎大会. ②新年を迎える.〔送旧～〕〔辞 cí 旧～〕旧年を送り,新年を迎える.
迎迓 yíngyà ⇒〔迎接〕
迎战 yíngzhàn 迎え撃つ.ホームグラウンドで試合する.
迎妆 yíngzhuāng 回婚礼の前夜,嫁入り道具が届けられるのを新郎の親戚・友人などが門の外で迎えること.

〔莹・瑩〕 yíng〔文〕墓.〔～地〕墓地.〔祖 zǔ～〕祖先の墓.

〔荧・熒〕 yíng〔文〕①かすかな灯火.弱々しい光.〔～然〕ともしびが一つ弱々しい光を投げかけている. ②ちらつく.惑わす.くらむ.→〔荧惑①〕③→〔荧光〕
荧光 yíngguāng 物蛍光(物質).〔～粉〕蛍光性物質の粉末.〔～体〕蛍光体.〔～染料〕蛍光染料.
荧光灯 yíngguāngdēng =〔日 rì 光灯〕蛍光灯.
荧〜屏 yíng〜píng =〔荧幕〕物蛍光スクリーン:X線透視・レーダーなどに用いる.〔電視～〕テレビスクリーン.
荧惑 yínghuò〔文〕①惑わす,とまどわせる.〔～人心〕人心を惑わせる. ②囚火星.
荧幕 yíngmù ⇒〔荧(光)屏〕
荧屏 yíngpíng ⇒〔荧(光)屏〕
荧荧 yíngyíng 光がかすかに閃くさま.〔灯光～如豆〕灯火かすかに閃く.

〔荣・榮〕 yíng〔～经 jīng〕回四川省にある. → xíng

〔莹・瑩〕 yíng〔文〕①玉に似た美しい石. ②透明で光る.〔晶～玉手〕〈喩〉女性のきれいな白い手.
莹洁 yíngjié 明るく清らかである.
莹莹 yíngyíng きらりと光るさま.〔緑～〕緑のつやつやしたさま.〔～的泪 lèi 光〕きらりと光る涙.

〔营・營〕 yíng ①〈文〉周囲に土を積んで住む. ②駐屯地.〔軍～〕〔轉〕兵営.〔军 jūn～〕同前.〔安～〕キャンプを張って宿営する.〔入～〕入営する. ③軍大隊:陸軍の編制. 3中隊を1大隊とする.旧時は中隊をいった.〔営～〕大隊長. ④建てる.造る.→〔营造〕⑤営む.はかる.経営する.〔～私〕私利をはかる.〔国～〕国家が経営する.国営(の).〔公私合～〕囚国と個人が合同で経営する. ⑥求める.→〔营生〕⑦〈姓〉営(ぇぃ)
营办 yíngbàn 引き受ける.請け負う.
营部 yíngbù 軍大隊本部. 軍営の司令部.→字解]
营地 yíngdì 軍野営地.〔～扎 zhā 营〕
营防 yíngfáng ①駐屯地(兵舎)の防卸. ②駐屯軍.
营房 yíngfáng 兵舎.
营工 yínggōng〈文〉労働力を売る.
营规 yíngguī 軍の規律.
营火 yínghuǒ キャンプファイヤー.〔～会〕同前を囲んでの集会.
营建 yíngjiàn 建造して運営する.→〔营造〕
营救 yíngjiù (力を講じて)救済する.〔他们正设法～那位朋友〕彼らはいま方法を講じてその友達の救済に努めている.
营垒 yínglěi (軍営と周りの)とりで.陣営.〔革命～〕革命陣営.→〔堡 bǎo 垒〕
营利 yínglì 利潤を求める.〔以～为目标〕営利を目的とする.
营林 yínglín (伐採以外の)林業を営むこと.
营盘 yíngpán 兵営:〔军 jūn 营〕の旧称.〔扎～〕キャンプを張って兵舎を作る.
营魄 yíngpò〈文〉魂魄(こんぱく).
营旗 yíngqí サマーキャンプの旗.
营区 yíngqū 軍隊の駐屯地.兵舎のある場所.
营生 yíng·shēng ①生計を立てる.生活を営む.〔船户们长年都在水上～〕船人たちは年がら年中水の上で生活している. ②〔一儿〕〈口〉生業・生計を立てる道.〔他近来干什么～呢〕彼は近ごろ何の商売をしてるのだね.
营收 yíngshōu 営業による収入:〔营业収入〕の略.
营私 yíngsī 私利を営む.〔～舞 wǔ 弊〕〈成〉私利を営み,不正なことをやる.
营卫 yíngwèi 中医飲食物の精気:〔营〕は血脈中に入り身体の運営と栄養にあずかり,〔卫〕は皮膚その他に分布され外部を防衛し体内諸臓器を保護する.〔～不和〕栄養不良と抵抗力減退.
营销 yíngxiāo 経営と販売.〔～策 cè 略〕〔～策划 huà〕マーケティング戦略.
营养 yíngyǎng ①栄養.〔～不良〕栄養不良.〔～素〕栄養素.〔富于～的食品〕富んでいる.〔～价值〕栄養価.〔～保健品〕栄養補助食品.〔～素补充剂〕サプリメント.〔一钵 bō〕圃苗を促成栽培するための鉢.〔～餐 cān〕栄養食.〔～品〕栄養品. ②栄養をとる.栄養をつける.
营业 yíngyè 営業(する).〔星期日照常～〕日曜日も平常通り営業する.〔～执照〕営業許可証.〔～中〕営業中.〔～时间〕営業時間.〔～利润〕営業利益.〔～种类〕営業科目.〔～税〕営業税.〔～员 yuán〕(商店の)店員.
营营 yíngyíng〈文〉利を求めてあくせくするさま.〔～青蝇〕青バエがあくせく飛び回る.〔市井～〕市井の人が利を追ってあくせくする.
营运 yíngyùn ①(船や車の)営業運転をする.運行する. ②営業する.商売する.〔～成本〕ランニングコスト.
营员 yíngyuán サマーキャンプなどの隊員.
营造 yíngzào ①建造(する).〔～厂 chǎng〕建築(建設)会社. ②計画的に造林する. ③創造する.創出する.〔～气氛〕雰囲気を作り出す.
营造尺 yíngzàochǐ 回標準建築用ものさし:清代の工部が用いたので〔部 bù 尺〕といい,また俗に〔鲁 lǔ 班尺〕ともいう.
营造(尺)库平制 yíngzào(chǐ) kùpíng zhì 回標準度量衡制度の名称:長さは営造尺1尺(32センチ)を単位とし,重量は庫平1両(37.301グラム)を単位とするもの.→〔库平〕
营寨 yíngzhài 回軍営.駐屯地.
营长 yíngzhǎng 軍大隊長.
营帐 yíngzhàng ①軍舎. ②幕舎.テント.

〔萤・螢〕 yíng 囲ホタル:〔～火虫〕は通称.
萤窗 yíngchuāng 同下.
萤窗雪案 yíngchuāng xuěàn〈成〉蛍の光と窓辺に積もった雪の明かりを灯の代わりにして苦学の功を積むこと:略して〔萤雪〕という.
萤光 yíngguāng ①=〔萤火①〕蛍の光.〈喩〉かすかな光. ②磷光.
萤火 yínghuǒ ①同上. ②. ②蛍の虫体:薬用にする.
萤火虫 yínghuǒchóng 囲ホタル.
萤石 yíngshí 鉱蛍石:〔弗 fú 石〕〔氟 fú 石〕〔硼 fú 石〕は旧称.
萤雪之功 yíngxuě zhī gōng〈成〉蛍雪の功:苦学

萤萦荧滢潆盈楹蝇嬴瀛籝赢郢颍颖   yíng～yǐng

して学問をやりとおす立派な行為.後の車胤が灯火の油に、蛍の光で、また孫康は窓の雪明かりで勉学したという故事による.

[萦・縈] yíng ①〈文〉纏う.絡みつく.まつわる. ②〈文〉めぐる.取り巻く. ③〈姓〉縈.
- 萦怀 yínghuái 心にかかる.気にかかる.
- 萦回 yínghuí ＝[萦纡]〈文〉ぐるぐる回る.旋回往復する.
- 萦麻 yíngmá ⇒[黄huáng麻]
- 萦绕 yíngrào まつわる.[那件事不断地～在脑中]あのことがしじゅう頭の中にこびりついている.
- 萦身 yíngshēn〈文〉体にまつわりつく.[羁jī身①]に同じ.[琐suǒ事～]雑用に取り紛れる.
- 萦思 yíngsī〈文〉思い巡らす.切に思う.[夜夜日夜思い巡らす.
- 萦系 yíngxì〈文〉気にかかる.
- 萦纡 yíngyū ⇒[萦回]

[荧・熒] yíng〔华huá～〕〘地〙四川省にある山.

[滢・瀅] yíng〈文〉清く透き通っている.→[汀tīng滢]

[潆・濚] yíng〈文〉水が渦巻く.
- 潆回 yínghuí（水が）渦巻き流れる.[潆洄]とも書く.

[盈] yíng ①満ちる.[有余～仓]穀物が倉に満ちている.[充～]充満する.[丰～]豊かである.[车马～门]門前に車馬が絶えない.人の出入りの多いこと.[恶贯满～]悪の限りを尽くす. ②余る.利益が出る.↔[亏kuī②] ③豊満である.[丰fēng～]同前. ④〈姓〉盈(さかり).
- 盈尺 yíngchǐ〈文〉1尺以上.[积jī雪～]積雪が1尺以上である.
- 盈眶 yíngkuàng（涙が）目にあふれる.[热泪～]熱い涙が目にあふれる.
- 盈亏 yíngkuī ①（月の）満ちることと欠けること. ②損益.[月底算～]月末に損益を計算する.[～清账]〘商〙バランスシート.
- 盈利 yínglì 利潤（があがる）.利益（を得る）.もうける.[赢利]とも書く.[营业～]営業利益.[获得①]に同じ.
- 盈满 yíngmǎn〈文〉充満する.
- 盈门 yíngmén 庭中にいっぱいになる.[宾bīn客～]来客がいっぱいになる.
- 盈千累万 yíngqiān lěiwàn〘喩〙きわめて多い.無数.[参加庙会的人～]お祭り見物の人は驚くほど大勢だ.
- 盈盈 yíngyíng〈文〉①水の浅く澄んださま. ②女性の姿態の軽やかなさま.[款kuǎn步～]軽やかにゆらく歩く.[～下拜]（女性が）しなやかにお辞儀をする. ③雰囲気にあふれているさま.[笑～]にっこりほほえむ.[喜xǐ气～]喜びにあふれている.
- 盈余 yíngyú〔赢余]とも書いた. ①黒字.余剰.剰余金.利益.[盈利]に同じ.[营业～]営業利益.営業剰余金.[～滚gǔn存]利益積立金.[结算本年度的～]本年度の剰余金を締めくくる. ②余りが出る.黒字になる.[～三百元]300元の黒字になる.

[楹] yíng 〘建〙邸宅の前に立てた丸い大柱:古い慣習で威信を表す. ②〘量〙詞.部屋を数える.→[间jiān④]
- 楹联 yínglián 大柱に掛ける[对duì联(儿)②]:普通、漆塗りの厚板に達筆な金泥で書かれる.

[蝇・蠅] yíng 〘虫〙ハエ.[苍cāng～]に通称.[灭miè～运动]ハエ絶滅運動.[挖wā～蛹]ハエのさなぎを掘り出す.[～蚋]イエバエ.[绿豆～]〔青～]キンバエ.[麻má豆

～][麻～]シマバエ（ニクバエ）.[地中海果～][海ミバエ]:柑橘類の害虫.[粪fèn～]クソバエ.[～蛹 yǒng][～蛆 qū]ウジムシ.
- 蝇拂 yíngfú ⇒[拂尘①]
- 蝇虎 yínghǔ 〘虫〙ハエトリグモ.[蝇狐]とも書く.
- 蝇拍 yíngpāi はえたたき.[苍cāng蝇拍子]に同じ.
- 蝇刷子 yíngshuāzi 同下.
- 蝇甩儿 yíngshuǎir〈方〉はえ追い.払子(ほっす):馬のしっぽの毛やしゅろの繊維などを束ねて作ったもの.ちり払いやハエを追うのに用いる.[拂fú尘①]に同じ.
- 蝇头 yíngtóu 〘喩〙微小.[～小楷 kǎi]極めて小さい楷書.[～小利][～微 wēi 利]蠅の頭のような小さい利.
- 蝇营狗苟 yíngyíng gǒugǒu ⇒[狗营蝇营]
- 蝇子 yíngzi 〘虫〙ハエ.[苍cāng蝇]に同じ.

[嬴] yíng ①〈文〉満ちる. ②〈文〉勝つ. ③〈姓〉嬴(さかり).

[瀛] yíng ①〈文〉大海.[～海]同前.[东～]〘喩〙日本. ②〈文〉池や沢の中. ③〈姓〉瀛.
- 瀛寰 yínghuán〈文〉①地球の水陸. ②[転]世界.
- 瀛洲 yíngzhōu（伝説中の仙人の棲む）東海中の神山.[小～]西湖中の小島.

[籝（籯）] yíng 〘古〙籠類の器具. ②箸入れかご.

[赢・贏] yíng ①利潤を上げる.儲ける. ②〔勝負に〕勝つ.[中国队又～了]中国のチームがまた勝った.[～了三分]3点勝った.↔[输 shū ④] ③[胜 shèng ②]手に入れる.獲得する.
- 赢得 yíngdé 勝ち取る.博する.[他这一手儿～了观众的喝 hè 彩]彼のこの一手は観衆の喝采を博した.
- 赢获 yínghuò 勝ち取る.
- 赢家 yíngjiā 勝った人.
- 赢利 yínglì ⇒[盈利]
- 赢面 yíngmiàn 勝てる可能性や比率.
- 赢余 yíngyú ⇒[盈余]

[郢] yǐng ①〘地〙春秋時代の楚の首都:現在の湖北省江陵県一帯の地. ②〘地〙南朝および宋代の州名:現在の湖北省武漢市武昌区. ③→[郢正]
- 郢书燕说 yǐngshū yānshuō〈文〉道理に合わないことをもっともらしく言う.牽強付会する:単に[燕说]ともいう.
- 郢正 yǐngzhèng ＝[郢斫]〈文〉詩文の添削を人に頼む:[斧fǔ正][削 xuē 正]に同じ.古代の郢人は斧をよく用いたことからこのように用いる.[敬求]謹んでご添削を願います.
- 郢斫 yǐngzhuó 同上.

[颍・潁] yǐng ①[～河]〘地〙河南から安徽を経て淮河に入る. ②〈姓〉颍(さかり).

[颖・穎（頴）] yǐng〈文〉①[稲や麦などの]穂先:[芒 máng]に同じ. ②物の末端のとがったところ.[短～羊毫(笔)]穂先の短い羊毛の筆.[～脱而出][脱～而出(～成)]（錐の穂先が袋を通して出るように）人に優れた才能のあること.抜群の才. ③聡明である.[聪 cōng～]同前. ④他と異なる.[新 xīn 特~]新しい、新奇な.
- 颖果 yǐngguǒ 〘植〙穎果(か).穀果:麦や稲の実のような[のぎ]のある穀物.イネ科植物の実.
- 颖花 yǐnghuā 〘植〙イネ科植物の花.
- 颖慧 yǐnghuì〈文〉とびぬけて賢い:多く少年を指

颖敏 yǐngmǐn ⇒[颖悟]
颖脱 yǐngtuō ⇒[脱颖]
颖悟 yǐngwù =[颖敏]〈文〉聪明怜悧(である):多く少年を指す.[～之才]同前の才.[自幼～]幼い時から聪明であった.
颖异 yǐngyì 〈文〉①抜きん出て優れている.②新奇である.斬新である.

[影] yǐng ①[-儿]影.[阴 yīn ～]日の影.[人～]人の影.[树～]木陰.[日～]日陰.[倒～]倒影.(如～随形)影の形に従うが如し.②[-儿]映像.印象.(没～(儿)]影も形もない.[望～而逃]姿を見かけて逃げてしまう.[后～(儿)]好像是他]後ろ姿は彼のようだ.③ぼんやりとした印象.[脑子里有点～]頭の中に少しぼんやりとした印象が残っている.④人や物の像.[摄 shè ～]撮影する.[画～图形]影像を描く.[小～]〈謙〉自分だけの写真.[合～]人と一緒に撮った写真.⑤他人のものを盗用する.他人の名義をかたる.⑥写真版にとる.⇒[影印]⑦映画.[电～(儿)].⑧影絵芝居.⇒[影戏][皮 pí 影戏] ⑨(物の背後や陰に)隠れる.隠す:[隐 yǐn]に同じ.[把棍子一在背后]棍を後ろに隠している.[他到树林子里～起来了]彼は林の中へ隠れた.⑩回祖先の画像.⑪模写する.臨模する.⑫〈姓〉影(エイ)
影本 yǐngběn ①=[影印本]写真印刷した書物.②⇒[影格(儿)]
影壁 yǐngbì ①目隠しの塀.⑥表門のすぐ外に立てられ[外 wài～],大きいのは[照 zhào 壁][照(壁)墙].古くは[罘 fú 思]といった.⑥表門を入ったすぐのところに立てられ,俗に[内 nèi～]という.②塑像などのある壁.③=[转 zhuǎn 影壁]
影城 yǐngchéng 映画の都.[好莱坞是一个很有名的～]ハリウッドは有名な映画都市である.
影带 yǐngdài ビデオテープ.録画テープ:[录 lù 像带]ともいう.
影帝 yǐngdì 映画界の帝王.[奥 ào 斯卡～]オスカーの主演男優賞受賞者.→[影后]
影调 yǐngdiào 映画の風格(格調)
影调剧 yǐngdiàojù 歌を基調にした影絵芝居の地方劇.
影碟 yǐngdié VCD.DVD.[～机 jī]ディスクプレーヤー.
影格(儿) yǐnggé(r) =[影本②](子供が初めて習字をする時に用いる)習字手本:下敷きにして上から写しとる.[打 dǎ～]すじをひいて下敷きを作る.→[字 zì 格(儿)]
影后 yǐnghòu 映画界の女王.→[影帝]
影集 yǐngjí 写真アルバム.[照 zhào 相簿]に同じ.
影迹 yǐngjì〈文〉影形(ぞう).行方.[～全无]行方不明.
影节 yǐngjié 映画祭.
影界 yǐngjiè 映画界:[电 diàn 影界]に同じ.
影剧 yǐngjù 映画・テレビ・演劇の総称.[～院 yuàn]同前用のホール.
影剧圈儿 yǐngjùjuānr 映画及び演劇界:[影剧圈儿 quānr]ともいう.
影楼 yǐnglóu 写真スタジオ:[照 zhào 相馆]のしゃれた呼び方.
影迷 yǐngmí 映画狂.映画ファン.→[迷③]
影片(儿) yǐngpiàn, ～piānr ①⇒[电 diàn 影片]②映画.
影评 yǐngpíng =[电 diàn 影批评]映画批評.
影人 yǐngrén 映画事業に従事する者.映画人.
影射 yǐngshè ほのめかす.暗に指す.[所谓"儒家卖国"是～,攻击周总理和国务院其他领导同志

"儒家は国を売る"ということは周総理と国務院のその他の指導者たちをそれとなり,攻撃しものである.→[暗 àn 射①][含 hán 沙射影][隐 yǐn 射]
影史 yǐngshǐ 映画史.
影视 yǐngshì 映画とテレビ.[～界]映画テレビ界.[～圈 quān]映画テレビ界.[～片]映画フィルムとテレビ放映用フィルム.[～文化]映像文化.
影坛 yǐngtán 映画界.[国际～]国際映画界.
影戏 yǐngxì ①影絵芝居:[皮 pí～]の略.[～人儿][～人子]影絵芝居の人型.②〈方〉映画.[馆]映画館:[电 diàn 影馆]に同じ.
影响 yǐngxiǎng [影響](する).[大有～]大いに影響がある.[用自己的模范行动去～群众]自分の模範行動で大衆を感化する.[烟吸多了会～身体的健康]たばこを吸いすぎると体に害がある.[快睡吧,别～明天的工作]明日の仕事に差し支えるといけないから早く寝なさい.[我～您休息吗]わたしはあなたのおやすみのところおじゃましました.②うわさの.根拠のない.[模糊～之谈]はっきりしないうわさの話.
影像 yǐngxiàng [影象]とも書いた.①画像.②影形.映像.
影写 yǐngxiě 下敷きを置いて写す.
影星 yǐngxīng [明 míng 星①]
影讯 yǐngxùn 映画情報.
影业 yǐngyè [电 diàn 影事业]映画事業.[～巨子]映画事業界の大立者.
影印 yǐngyìn 写真凸版印刷(をする).[～机]複写機.[～件]コピー(した)資料.→[珂 kē 罗版]
影印版 yǐngyìnbǎn [照 zhào 相版]
影印本 yǐngyìnběn ⇒[影本]
影绰绰 yǐngyǐng chuòchuò はっきりしないさま.見え隠れするさま.ぼんやりと見えるさま.[李振江女人～地又说了些小话,就吊着烟袋,一跛一跛地走了](周·暴)李振江の妻はそぼそと何かわからないことをしゃべってから,きせるをぶらさげ,町へ足がりながら行ってしまった.[～地看见一个小村儿]見え隠れに小さな村が見える.→[隐隐]
影友 yǐngyǒu 映画愛好者.→[影迷]
影院 yǐngyuàn ⇒[影文院]
影展 yǐngzhǎn ①写真展覧(会).②映画コンクール.映画祭.
影子 yǐngzi ①影.形.[连～都没有]影すらもない.影もない.少しもない.→[头 tóu 影]②姿.映像.[镜子里的～]鏡の中の自分の姿.[～内阁][预备内阁](在野内阁]シャドーキャビネット.影の内閣.[～战争]影の戦争.③ぼんやりとした印象.[这件事,我连～都不知道]このことはわたしはちっとも知らない.
影子模儿 yǐngzimúr〈方〉影.様子.形跡.それらしい节(tr).[那件事有点儿～]あの事は目鼻がついた.[你还有小时候的～]きみは子供のころの面影が残っている.
影子戏 yǐngzixì ⇒[皮 pí 影戏]
影踪 yǐngzōng 形跡.あとかた.

[瘿・癭] yǐng〈文〉①中医甲状腺腫など首すじにできる瘤.②樹木のこぶ.[～虫 chóng]同前の原因となる虫.③=[虫 chóng 瘿]

[应・應] yìng ①返答する.応答する.[答 dā～]返答する.承諾する.許可する.[呼 hū～]呼応する.[响 xiǎng～]応ずる.[山鸣谷～]山が鳴り谷が応ずる.[喻]反響がはやい.②応ずる.受け入れる.[以～急需]急用に応ずる.[供 gōng～]供給に応ずる.[供不～求]〈慣〉需要に応じきれない.③あしらう.応ずる.[随机～变]臨機応変.[果～其言]果たしてその言う通り

应 yìng

であった. ④適応する. 適合する. 符合する.〔得心 ~手〕〈慣〉思い通りになる. ⑤感応.(化学)反応. →〔应电流〕 → yīng

应变 yìngbiàn ①変に応じる. 機に応じて事に処する.〔~一揩 cuò 施〕緊急措置 こうじる.〔随 suí 机 ~〕〈成〉臨機応変. 機に応じて適切に対処する. ②囫ひずみ.(応力)変形.

应标 yìngbiāo 入札に応じる. 入札に参加する.

应潮 yìngcháo 時代の潮流に順応する.

应承 yìng·chéng 引き受ける. 承諾する.〔把事情~下来〕事を引き受けてしまった. →〔承应〕

应酬 yìngchou ①応待(する). 交際(する). つきあい(をする).〔~话〕交際用語.〔~费〕交際費.〔不会 ~〕交際が下手である. →〔寒 hán 暄〕 ②回個人間の宴会.

应从 yìngcóng 承諾し従う.

应答 yìngdá 応答(する).〔~如流〕応答がてきぱきしている.

应敌 yìngdí 敵に対抗する. 敵対する.

应典 yìngdiǎn 〔一儿〕〈方〉言ったことを履行する:〔应点〕とも書く.〔他说的话全不~〕彼の言うことは全く履行されていない.

应电流 yìngdiànliú 囫誘導電流:〔诱 yòu 导电流〕ともいう.

应对 yìngduì ①応対(する). 対応(する).〔善 shàn 于~〕応対が上手である. ②対応して受け答えする. ③対処(する).〔~时局〕時局に対処する. ③対聯の掛け合い. またその聯. →〔对联〕

应付 yìngfù ①善処する. 対処する.〔~自如〕柔軟に対処する.〔~裕 yù 如〕悠々と対処する.〔~局面〕局面を適切に処理する. ②いいかげんにあしらう. 格好をつける.〔~事儿〕同前. ③間に合わせる. 我慢する.〔这件衣服今年还可以~得过去〕この服は,今年ぐらいまではどうにか間に合わせることができる. →〔对 duì 付〕②

应工 yìnggōng 応募し採用されて働く.〔他最近刚刚~〕彼は近ごろ働きだしたばかりだ.

应合 yìnghé 適合する. ②声や態度で応じる.

应和 yìnghè (音声や行動などが)相呼応する.

应活儿 yìnghuór 仕事の注文に応じる.

应激 yìngjī 反応が強い(こと). 刺激に反応する(こと).〔~反应〕医ストレス反応.

应急 yìngjí 急場に間に合わせる.〔~消费〕同前の消費.〔~预 yù 案〕緊急事態のマニュアル. 手順書. 行動基準.〔采取~措施〕応急措置を取る.〔~贷款〕緊急融資.

应季 yìngjì 季節に向く. シーズンに合う:〔应节〕に同じ.

应接 yìngjiē ①応接する. 応じ受ける. ②相呼応する.

应接不暇 yìngjiē bùxiá〈成〉応接に暇(いとま)がない:もと〔山阴道上,~〕(世説新語・言語)山陰地方の道は山あり水あり景色の変化が応接に暇がないの意.

应节 yìngjié 季節向き.〔介绍~新衣料〕季節向きの新しい服地を紹介する.〔~戏え〕節季にやる劇:端午の"白蛇伝",七夕の"牛郎織女"など. →〔应时①〕

应景(儿) yìngjǐng(r) ①その場に適応する(した).〔~话〕その場に適当なあいさつの言葉.〔中秋节总得~回家团圆一下儿〕中秋節には世間並みに家へ帰って皆でだんらんせねばならない. ②時節に合っている.〔端午节吃粽子是~的事〕端午節にちまきを食べるのは丁度時節に合っている.〔~果品〕時節のくだもの.

应举 yìngjǔ 回科挙試験に参加する.

应考 yìngkǎo 試験を受ける. 受験する.〔~生〕〔投 tóu 考生〕受験応募者. 受験生. →〔应试〕

应口 yìngkǒu 答える.〔~而答〕即座に答える.

应力 yìnglì 囫応力. 内力.

应卯 yìngmǎo 囝(役所で卯の刻の)人員点呼に応える.〈喩〉顔を出す. いい加減にお茶をにごす.

应门 yìngmén〈文〉①開門の声に応じ門を開ける.〔没人~〕だれも門を開けない. ②門番(取り次ぎ)の書生.〔~之童〕同前.

应募 yìngmù 募集に応ずる.

应诺 yìngnuò〈文〉承諾言する.

应拍 yìngpāi (オークションに)入札する. 競売に参加する.

应聘 yìngpìn 招聘(しょうへい)に応じる. 募集に応じる.

应声 yìngshēng ①反響. ②声に応じる.〔~而至〕呼べばすぐ来る.〔枪声一响~倒 dǎo 地〕銃声が響くと同時に地に倒れた. → yìngshēng

应声虫 yìngshēngchóng 〈喩〉イエスマン. 太鼓持ち:何事にも人の言いなりになる人間.

应时 yìngshí 時勢に応じた. その時々の. 時節柄の.〔~瓜果〕時節のくだもの.〔~应景〕〈成〉その時その場にふさわしい. ②すぐに. ただちに.〔敌人一推门,地雷一就炸了〕敵が扉を押しあけたかと思うと,すぐに地雷が爆発した.

应时当令 yìngshí dānglìng ＝〔应时对景〕〈成〉時節に合う. 季節物向き.

应时对景 yìngshí duìjǐng 同上.

应市 yìngshì 市場の需要に応ずる. 市場へ出荷する.

应世 yìngshì〈文〉時勢の推移に適応する.〔~奇才〕時勢に適応した人物. 時世の求めている人物.

应试 yìngshì 受験する.〔~教育〕受験教育. →〔应考〕

应手 yìngshǒu ①手に入れる.〔材料不~〕材料が手に入らない. ②使いよい.〔这枝笔我用着不~〕この筆は使いづらい.

应诉 yìngsù 涵応訴する. 相手(原告)の起こした訴訟(裁判)を受けて立つ.

应县木塔 yìngxiàn mùtǎ 圜山西省応県にある木造塔. 遼代に建てられた中国最古の木造建築物.

应选 yìngxuǎn コンテストに応募する. 選考会に出場する. オーディションを受ける.

应验 yìngyàn 予言した通りになる. 効きめが現れる.〔他说的话~了〕彼の言うことは当たった.〔~良方〕効力顕著な良薬.

应邀 yìngyāo 招きに応じる.〔~出席了这次会议〕招きに応じてこのたびの会議に出席した.〔~参加开幕式〕招待に応じて開会式に参列する.〔~前往〕招きに応じて赴く.

应用 yìngyòng ①応用(する).〔~科学〕応用科学.〔~文〕応用文.〔~题 tí〕応用問題.〔~语言学〕応用言語学. ②使用(する). 運用(する). ③電算アプリケーション.〔~程序〕〔~软件〕アプリケーションソフトウエア.

应援 yìngyuán (軍隊が)応援(する)

应约 yìngyuē 約束に応じる. 約束を守る.

应运 yìngyùn 時運に応じて. 機会に順応して.〔~而生〕〈成〉天命に従って生まれる. 客観状況に応じて出現する.

应战 yìngzhàn ①応戦(する).〔沉着 zhuó ~〕落ち着いて応戦する. ②挑戦を受ける.〔~书〕応戦状:挑戦を受けたという返事. →〔挑 tiǎo 战①〕

应招 yìngzhāo 応募する.

应召 yìngzhào 召集に応ずる.〔~入营〕応集して入営する.〔~女郎〕〈口〉ステッキガール. コールガール.

应诊 yìngzhěn (医者が求めに応じて)診察する:〔接

yìng 应鹰映硬

jiē 诊]に同じ.

应征 yìngzhēng ①応募する.[~剧 jù bù]応募脚本.②徴兵に応じる.[~入伍]徴兵に応じて軍隊に入る.

应制 yìngzhì 旧皇帝の命に応じて(詩文を)作る.

[鹰] yìng ＜文＞応ずる.応答する:[应]に通じる.

[映(暎)] yìng ①映る.映り輝く.[水天相~]水と空が映り合っている.→[反 fǎn 映]②映す.照らす.[~雪读书]雪の光に映して読書する.③映画を映す.[放~]同前.[上~新片]映画を封切りする.[首~招待会]封切招待会.

映衬 yìngchèn ①映る.引き立つ.配合がよい.[衬映]ともいう.[红墙碧瓦,互相~]べんがら塗りの塀に青い瓦がよく映る.②(修辞上の)対比.

映带 yìngdài ＜文＞互いに映り合う.[湖光山色,~左右]湖と山の色が互いに映り合っている.

映期 yìngqī 上映期間.

映日 yìngrì ＜文＞日に照り映える.[旌 jīng 旗~]旗指(さ)し物が日光に照り映える.

映入眼帘 yìng rù yǎnlián 目に映る.

映山红 yìngshānhóng 圖ツツジ:[杜 dù 鹃②]の別称.→[满 mǎn 山红]

映射 yìngshè 反射する.照り映える.[阳光~在江面上]太陽の光が水面に照り映える.

映托 yìngtuō 引き立つ.際立つ.

映现 yìngxiàn 反映する.表す.[他的笑容时常~在我的脑子里]彼の笑顔がよく頭の中に浮かんでくる.

映象 yìngxiàng 映像.画像.投映.

映照 yìngzhào ①照り映える.②照応する.[互相~才能显出他的价值]互いに比較してみて初めて彼の価値が出てくる.

[硬] yìng ①硬い.[~化]硬化(する).[~核 hé]ハードコア.←[软 ruǎn①]②不屈である.硬骨である.[~汉]硬骨漢.[跟敵人~到底]敵と最後までわたりあう.③強硬である.強情である.[态度很~]態度が非常に強硬だ.[事実使人的心~起来了]事実が人の心を強硬にした.[拐个~弯]無理に曲がる.鋭く曲がる.[他嘴~不招]彼は強情で白状しない.④無理やりに.[~干]無理にやる.[~把他拖来]無理やり彼をひっぱってくる.[你~要这样是不成的]きみが無理にこうしようとするのはよくない.⑤融通がきかない.[~着心肠]情実を排する.冷酷である.心を鬼にする.[心肠儿~]冷酷である.⑥柔軟性のない.ぎこちない.不自然である.[态度生~]態度がぶっきらぼうだ.⑦実力がある.才能が優れている.質がよい.[谁的工夫最~]誰の技術が一番しっかりしているか.[货色~]品物がよい.[戏码儿~]劇団が立派で充実している.[技 jì 术过硬~]技術がしっかりしている.[腰里~,说起话来也仿佛理直气壮了]お金がたくさんあると,ものを言っても威勢がよくなったようだ.⑧＜方＞あくまで.どうしても.[她~要我来]彼女は私にどうしても行けと言っていた.

硬巴巴 yìngbābā ガチガチに硬いさま.[干 gān 得~的]干からびてガチガチだ.

硬搬 yìngbān 無理に運ぶ.無理に取り入れる.

硬板地 yìngbǎndì 地盤の硬い(丈夫な)土地.[再过二十天,这里全是~了]もう二十日もしたら,ここはどこも地盤の丈夫な土地になる.

硬邦邦 yìngbāngbāng がっちりしたさま.丈夫なさま.頑丈なさま.[硬梆梆][硬帮帮]とも書いた.[面包~的像石头一样]パンが石のようにカチカチである.[说硬话~的,好像要打架似的彼の話し方はごつごつしていて,けんか腰だ.[~的脸儿不发一

笑]ふくれっつらをしてにこりともしない.

硬棒 yìngbàng ①硬い.丈夫である.[这批材料~]この手の材料は丈夫だ.②(肉体が)丈夫である.頑丈である.[胳 gē 腿都那么结实~]腕や足がとても丈夫で,強い.③(人物や精神が)しっかりしている.(没有钱,不起来~金がないとしっかりできない.[別怕碰 pèng 钉子,越碰越~]やりこめられるのを恐れてはいけない,やられればやられるほどますます筋金が入るわけだから.

硬包装 yìngbāozhuāng ①硬い材料で包装する.②同前の包装容器.→[软 ruǎn 包装]

硬逼 yìngbī 無理に迫る.無理に押しつける.[~着他马上还债]彼に無理に迫って借金を即刻返させる.

硬笔 yìngbǐ 硬筆:毛筆に対してペンや鉛筆など.[~书法]同前による書き方.→[软 ruǎn 笔]

硬不吃,软不吃 yìng bùchī, ruǎn bùchī [成]煮ても焼いても食えない.手に負えない.[他这性子~,谁也扭不过他]彼の性格は手に負えない,誰も彼を押さえることはできない.

硬材 yìngcái ⇒[阔 kuò 叶树]

硬产品 yìngchǎnpǐn 質のよい製品.人気のある製品.

硬产业 yìngchǎnyè ①有力な産業.将来性のある産業.②ハードウエア産業.

硬撑 yìngchēng がんばる.無理にこらえる.[~着负担一家的生活]無理して一家の生活を支えている.[这个家全靠他一个人~了着]この家は全く彼一人の力でやっと支えている.

硬充 yìngchōng 無理して装う.[~行家]無理して玄人のふりをする.

硬磁盘 yìngcípán 電算 ハードディスク:[硬盘①]は通称.

硬打软泡 yìngdǎ ruǎnpào ⇒[硬磨软磨][慣]始め高飛車に出て後から柔らかくやる.[那件事他本来不答应,我跟他~,总算成功了]あのことは彼は元来承知しなかったのだが,わたしが始め高飛車に出て後から柔らかくやったのでやっと承諾した.

硬道理 yìngdàolǐ 不変の道理·法則.絶対優先事項.

硬的 yìngde ①旧(一元)銀貨:[银 yín 元]に同じ.[手里没~,准办不成]金がなけりゃ絶対にだめだ.②＜喩＞武器.[披着虎皮腰里别 bié 着~]軍服を着てピストルを持っている.②手荒なやり方.[软说不成就跟他玩儿~]柔らかく言ってだめなら強行手段をとる.

硬地网球场 yìngdì wǎngqiúchǎng ㊈(テニスの)ハードコート.→[草 cǎo 地网球场][红 hóng 土网球场]

硬顶 yìngdǐng ①頑固に逆らう.[你怎么对长辈说话这么~啊]きみはどうして目上の者に対してそんなにきつく反駁するんだ.②がむしゃらに耐える.[这件事本来没有把握,想不到~硬撞 zhuàng 地倒办成了]このことは本来自信がなかったのだが,やみくもにやってみたら,意外にうまくいった.

硬度 yìngdù (物体や水質の)硬度.硬さ.[原有~]原有硬度.[永久~]永久硬度.[暂 zàn 时~]一時硬度.[笔芯的~]鉛筆芯の硬さ.

硬腭 yìng'è 生理硬口蓋.[~]→[软 ruǎn 腭]

硬耳刀儿 yìng'ěrdāo(r) ⇒[单 dān 耳刀(儿)]

硬耳朵 yìng'ěrduo ⇒[单 dān 耳刀(儿)] ②他人の意見を聞き入れない人.

硬盖虫 yìnggàichóng 圖背が堅甲になっている虫.→[甲 jiǎ 虫]

硬干 yìnggàn 無理にやる.強いてする.[不好弄是不好弄,~一下儿试试吧]やりにくいけれど,一遍

硬 yìng

試してみよう.
硬钢 yìnggāng 〔工〕硬鋼:炭素0.5～1.0％を含む鋼.
硬杠杠 yìnggànggang 必要不可欠な条件.設定された事項.
硬弓 yìnggōng 強弓(きゅう).
硬功夫 yìnggōngfu 修練して得た立派な腕前(技術・わざ).
硬骨头 yìnggǔtou 〈喩〉①硬骨漢.剛直で品行方正な人.〔要发扬～精神,按期完成工作任务〕いかなる困難にも負けない精神を発揚して、期限までに仕事を終わらせる. ②極めて困難な任務.
硬骨鱼 yìnggǔyú 〔魚貝〕硬骨魚類.
硬广告 yìngguǎnggào 通常の広告:〔硬性广告〕ともいう.→〔软 ruǎn 广告〕
硬汉 yìnghàn 〔～子〕硬骨漢:意志堅固で利害のために節を曲げない男子.〔他是个顶天立地的～〕彼は独立独歩の気概ある硬骨漢だ.
硬化 yìnghuà ①(思想・態度などが)硬化する.こちこちになる.〔脱离群众,就会使自己的思想～〕大衆から離れると自分の考え方はこちこちした融通のきかないものになる. ②(物が)硬化する.〔动脉～〕医動脈硬化.〔生(橡)胶遇冷容易～〕生ゴムは寒さにあうと硬化する.
硬话 yìnghuà 強情な言葉.強硬な意見.頑固一徹な話.
硬化钢 yìnghuàgāng ⇒〔淬 cuì 火钢〕
硬(化)纸板 yìng(huà)zhǐbǎn ファイバーボード.ハードボード.
硬环境 yìnghuánjìng ハード環境.物質的な環境.→〔软 ruǎn 环境〕〔基 jī 础设施〕
硬件 yìngjiàn 〔電算〕ハードウェア:〔硬设备〕ともいう. ②〈喩〉基礎的なもの:生産・経営・科学研究などに用いる機械設備や資材など.→〔软 ruǎn 件〕
硬结 yìngjié ①硬く固まる. ②硬結.固まり.
硬撅撅 yìngjuējuē ①カチ堅い.ごつごつしている.〔他说话老是～的,一点儿不柔和〕彼は言葉がいつもごつごつしていて、少しも柔らか味がない.
硬扛 yìngkáng じっと我慢する.無理をして頑張る.→〔扛④〕〔硬挺〕
硬拷贝 yìngkǎobèi 〔電算〕ハードコピー.
硬科幻 yìngkēhuàn 純SF文学作品.
硬科学 yìngkēxué 自然科学.→〔软 ruǎn 科学〕
硬壳虫 yìngkéchóng →〔甲 jiǎ 虫〕
硬壳(儿) yìngké(r) 硬い殻.硬いカバー.
硬赖 yìnglài ①無理に人になすりつける.〔他把错儿～在我身上〕彼は誤りをぼくに無理に押しつけていく. ②頑として責任や過失を否認する.〔他～不知道〕彼はあくまでしらを切る.
硬朗 yìnglang ①矍鑠(かくしゃく)たる:老人の健康なこと.〔老爷子身子骨儿还挺～〕おじいさんはあいかわらず体がしっかりしている. ②はっきりしている.しっかりしている.
硬里子 yìnglǐzi 〔劇〕(京劇で)重要な役柄のわき役.→〔里子②〕
硬铝 yìnglǚ 〔冶〕〔机铝合金〕ジュラルミン:〔都 dū 拉铝〕〔都拉銘〕は旧音訳.
硬面 yìngmiàn ①硬い表面.〔～簿 bù〕硬い表紙の帳簿.〔～儿〕小麦粉をかたくこねた生地.〔～饽 bō 饽〕同folgend粉で作った蒸しパン.
硬磨软磨 yìngmó ruǎnmó ⇒〔硬打软泡〕
硬末子 yìngmòzi 無煙炭のかけら.
硬木 yìngmù 堅い木(き):檀・花梨など堅い質のよい木材.〔～木材〕堅木材.〔～家具〕堅木家具.→〔柴 chái 木〕〔红 hóng 木〕
硬目的 yìngmùdì 変更不可の目標.
硬派 yìngpài 無理に派遣する(行かせる).〔我并不

yìng

是～你去,可是去了多少总有好处吧〕わたしは行けと強いるわけではないが、行けば多少はためになることがあるでしょう.
硬盘 yìngpán 〔電算〕ハードディスク:〔硬磁盘〕に同じ.〔～驱动器〕ハードディスクドライブ. ②〔鉱〕硬い地盤.硬い未墾の土地.
硬碰硬 yìngpèngyìng 〈喩〉力をもって力に対抗する.〔～地对干 gàn 一场〕力ずくで張り合う.〔改山造田可是～的事〕山を切り開いて田畑を作るのは、実に至難の業だ.
硬皮 yìngpí ハードカバー.
硬片 yìngpiàn (写真の)乾板:〔干 gān 版〕に同じ.〔照 zhào 相～〕同前.→〔软 ruǎn 片〕
硬拼 yìngpīn 強硬な手段で立ち向かう.無理に挑む.
硬气 yìngqi ①筋金(が通っている).気骨(がある).強気(である).〔谁有理谁说话～〕理のあるものは言うことが強気だ. ②堂々としている.引け目を感じない.恥じない.〔自己挣的钱用着～〕自分が稼いだ金を使うのに気兼ねはいらない.
硬铅 yìngqiān ⇒〔巴 bā 氏合金〕
硬驱 yìngqū →〔硬盘驱动器〕
硬人才 yìngréncái 自然科学分野の人材.
硬任务 yìngrènwù ぜひともやり遂げなければならない任務.条件にしばられた任務.→〔软 ruǎn 任务〕
硬砂漠 yìngshāmò →〔戈 gē 壁〕
硬山顶 yìngshāndǐng 〔建〕両流れ屋根.
硬伤 yìngshāng ①痛手.深い傷. ②〈喩〉(文芸作品の)間違いな間違い、常識的な事柄のミス.
硬设备 yìngshèbèi ⇒〔硬件〕
硬生生 yìngshēngshēng ①強引に.むりやりに(に). ②硬い.ぎこちない.堅苦しい.〔～的说教〕堅苦しい説教.
硬石膏 yìngshígāo 〔鉱〕硬石膏:〔无 wú 水石膏〕ともいう.
硬石脂 yìngshízhī ⇒〔凡 fán 士林〕
硬是 yìngshì 〔方〕実に.本当に.〔这幅肖像画得～像得很〕この肖像画は実によく似ている.〔要办得好,～不简单〕上手に運営しようとすると容易じゃない. ②どうしても.むりやりに.断じて.〔我劝他不要去,他～要去〕行くなと忠告しても、彼はどうしても行くと言う.〔我也使劲儿抬了,～抬不起来〕力を入れて持ち上げてみたが、どうしても持ち上げられない.〔他们～不理〕彼らは一向に取り合ってくれない.
硬实 yìngshi 〔口〕(体が)頑丈である.〔身子骨还挺～〕体はまだまだ達者だ.
硬手(儿) yìngshǒu(r) ⇒〔能 néng 手〕
硬水 yìngshuǐ 硬水:〔苦 kǔ 水〕ともいう.↔〔软 ruǎn 水〕
硬说 yìngshuō こじつけて言う.言いくるめる.〔～这种增值是在商品流通中产生的〕この増加が商品の流通から生じてくるかのようにこじつけて言う.
硬糖 yìngtáng 〔食〕飴しあめ菓子.キャンデー.
硬套 yìngtào むりやりにあてはめる.〔生搬 bān ～〕無理に適用する.強引に当てはめる.〔把个罪名～在他头上〕何かの罪名を無理に彼に着せる.
硬条件 yìngtiáojiàn 資金・設備・インフラなど.
硬挺 yìngtǐng じっとこらえる.歯をくいしばって頑張る.〔有了病不要～着,要早点儿去治〕病気になったらじっとこらえないで、早目に医者に診てもらわなければならない.
硬通货 yìngtōnghuò 〔経〕ハードカレンシー.交換可能通貨.強い通貨:〔硬货币 bì〕ともいう.
硬头货 yìngtóuhuò ①〈喩〉力強いもの.有用なもの.値打ちのあるもの.〈転〉お金.〔钱是～〕お金は貴

硬投入 yìngtóurù 資金·設備などの投入(をする)
硬文化 yìngwénhuà 物質文化.
硬卧 yìngwò 普通寝台. 2 等寝台:〔硬席卧铺〕の略.
硬武器 yìngwǔqì 殺傷力の強い武器.
硬席 yìngxí〔列車の〕普通座席もしくは普通寝台:普通座席は〔硬座〕,普通寝台は〔硬卧〕ともいう.〔一车〕普通車(2等車).〔软 ruǎn 席〕
硬橡胶 yìngxiàngjiāo ＝〔黑 hēi 橡皮〕エボナイト.硬質ゴム:〔胶木〕は通称.〔硬(化)橡胶〕〔硬质胶〕〔硬质橡皮〕ともいう.
硬心 yìngxīn ①堅い心.頑固さ. ②心を鬼にする.堅く決心する.
硬心肠(儿) yìngxīncháng(r) ①冷酷な精神.頑迷な心理.無情. ②同前の人.
硬性 yìngxìng 硬性(の).変更不可能(の).〔～规定〕変更できない.
硬性摊派 yìngxìng tānpài 押しつけて割り当て(する).〔坚持自愿原则,防止～的现象〕希望割り当て原則を堅持し,同前の現象を防止する.
硬需求 yìngxūqiú 物質生活面の需求.
硬要 yìngyào 強硬に要求する.
硬玉 yìngyù 鉱硬玉ㄠ:アルカリ輝石の一.エメラルド緑色ないし緑白色.〔翡翠 fěicuì〕(ひすい)はこの種に属している.
硬战 yìngzhàn ⇒〔硬仗〕
硬张 yìngzhāng〈方〉強硬である.力のある.〔连句～话都不敢说〕一言も強硬な言葉を吐く勇気がない.
硬仗 yìngzhàng ＝〔硬战〕〔死 sǐ 仗〕①真正面からぶつかる戦闘.しのぎを削る戦い. ②骨の折れる仕事.容易ではない事柄.手強い任務.〔打(场)～〕同前の行を行う.
硬着头皮 yìngzhetóupí 押し強く(しようとすることなしに).目をつぶって,〔～跟朋友借钱〕心臓強く友人から金を借りる.〔～求情〕面の皮を厚くして頼み込む.
硬挣 yìngzheng〔正正〕とも書く.〈方〉①堅固である.堅い.丈夫である.〔这个纸～〕この紙は堅い. ②強い.ごつごつしている.〔找个～的搭档〕強い相棒を探す.〔要想演出好戏,不但得有好主角,班底也要～〕いい芝居をやろうとすれば,いい主役俳優が必要なばかりではなく,一座の基盤が充実していなければならない.
硬脂 yìngzhī ＝〔音訳〕斯 sī 蒂林 化ステアリン.
硬脂酸 yìngzhīsuān ⇒〔十 shí 八(碳)酸〕
硬纸板 yìngzhǐbǎn 板紙.〔马 mǎ 粪纸〕
硬指标 yìngzhǐbiāo 絶対的な目標.変更の許されない目標.
硬纸壳 yìngzhǐké 板紙.堅紙.ボール紙.
硬质 yìngzhì 硬質(である).〔～合金〕硬質合金.〔～塑料〕硬質プラスチック.
硬专家 yìngzhuānjiā 専門技術に強いが実務経験の無い者.
硬着陆 yìngzhuólù ハードランディング.強行着陸.
硬走(儿) yìngzǒuzhí(r) ⇒〔建 jiàn 之旁(儿)〕
硬作 yìngzuò 無理にやる.〔不会可别～〕できなければ無理にやるな.
硬座 yìngzuò →〔硬席〕

〔**媵**〕 yìng 固①花嫁に付き添って行く. ②花嫁について婚家で仕える下男·下女. ③妾.

yo | ㄧㄛ

〔**育**〕 yō →〔杭 háng 育〕 → yù
〔**唷**〕 yō 驚いた時やうっかりしていた(忘れていた)ことなどに気づいた時などに発する感動詞.〔啊 ā～〕喔 ō～〕と用いることもある.〔～,这是怎么了〕おや,これはどうしたんだろう.〔～,你也来了〕お一,きみも来たのか.〔～,怎么变成这样子了〕おや,どうしてこんなに変わったのかな.

〔**哟·喲**〕 yō〔又音〕yāo 感動詞.軽い驚きやいぶかしさを表す.〔啊～〕おや.ああ.→〔嗨 hāi 哟〕 → yāo yo yōu
〔**哟·喲**〕 yo 〔又音〕yāo 助詞.①讃美·激励などの気持ちを表す.文中あるいは文末の息の途切れるところに用いる.〔大家一齐用力～〕みな一斉に力を入れよう. ②語句や歌詞の中間の適当なところに添えて曲に合わせる字.〔王大妈说罢,喜～在心,三步折成两步～,行〕王おばさんは言い終わるとうれしさがさ,み上げて来て,3歩のところ2歩でさ,急いだんだ. → yāo yō yōu

yong   ㄩㄥ

〔**佣·傭**〕 yōng ①雇う(われる).雇われて働く.〔雇 gù～〕雇う. ②雇い人.〔女～〕中女. → yòng
佣保 yōngbǎo〈文〉雇い人.
佣耕 yōnggēng〈文〉雇われて耕作する.
佣工 yōnggōng 使用人.雇い人.雇用労働者.
佣仆 yōngpú 下男.
佣人 yōngrén 雇い人.召使い.

〔**拥·擁**〕 yōng ①抱く.抱える.〔～吻 wěn〕抱きしめてキスする. ②抱きかかえて持つ.たくさん持つ.保有する.持つ.〔我国～有丰富的矿产资源〕わが国は豊富な鉱山資源を有している. ③とり囲む(んで守る).わきから助ける.〔前呼后～〕〈成〉前後から掛け声も勇ましく大勢で守りたてる.〔～被而眠〕ふとんにくるまって眠る. ④押しかける.押し寄せる.〔一～而上〕どっと押し寄せる.〔～上前去〕どっと前へ押しかける.〔参观的人像潮水一般〕見物の人が潮のように押しかけてくる. ⑤押し合いへし合いする.混む.〔很多人一在一条小胡同里〕多くの人が路地で押し合いへし合いする. ⑥推挙する.擁護する. ⑦〔姓〕擁(ㄒ)
拥抱 yōngbào 抱擁(する)
拥被 yōngbèi 〔拥衾〕
拥车族 yōngchēzú マイカー族:〔有车族〕ともいう.
拥簇 yōngcù 大勢で取り囲む.
拥戴 yōngdài 擁護しおしいただく.推戴する.〔受人～〕人から推戴される.〔～领袖〕かしら(首領)を推戴する.〔众人都很～他〕皆は全員彼を推している.〔得到群众的～不是一朝一夕的事〕群衆の推戴を得ることは一朝一夕のことではない.
拥动 yōngdòng 取り囲みながら移動する.
拥堵 yōngdǔ 混雑(する).渋滞(する).→〔堵塞〕
拥趸 yōngdǔn〈方〉乂〔熱狂的〕ファン.サポーター.
拥干爱民 yōnggàn àimín〈成〉(人民は)幹部を擁護し,(幹部は)人民を愛する.
拥红偎翠 yōnghóng wēicuì〈喩〉美女に取り巻か

拥 痈 邕 滽 噰 庸 廊 墉 镛 鳙 雍 壅　yōng

拥护 yōnghù 擁護(する).支持(する).〔~者〕支持者.〔得 dé 到群众的~〕大衆から支持を得た.

拥彗 yōnghuì 〈文〉箒(ほうき)を手に持つ;掃き清めてお迎えする.〔~待客〕掃き清めてお客をもてなす.

拥挤 yōngjǐ 押し合いへし合いする.雑踏(混雑)する.混み合っている.〔星期天百货商店在星期日~〕日曜日のデパートはとても混んでいる.〔电车上~不堪 kān〕電車内は混雑でお話にならないくらいだ.〔~时间〕〔高 gāo 峰时间〕ラッシュアワー.

拥军 yōngjūn 軍を擁護する.〔~爱民〕〈成〉(人民は)軍を擁護し,(軍は人民を愛する).〔~优属 shǔ〕〈成〉(人民は)軍を擁護し,軍人の家族を優遇する.

拥立 yōnglì 〈文〉帝王を推戴する.

拥衾 yōngqīn =〔拥被〕布団にくるまる.〔冬日围炉~取暖〕冬は暖炉を囲み布団にくるまって暖をとる.

拥塞 yōngsè (混雑して)ふさぐ.閉塞する.押しつめる.

拥有 yōngyǒu 抱えて持つ(っている).たくさん所有している.保有する.持つ.〔~百万财富,不如一技在身〕諺>百万の富を持っていても,一技を身につけているのに及ばない.〔该厂~大量资金,稳渡年关是毫无问题的〕当該工場は大量の資金を持っているので,年の瀬を楽に越すことは問題はない.

拥政爱民 yōngzhèng àimín 〈成〉(軍は)政府を擁護し,人民を愛する.

拥阻 yōngzǔ 取り詰めて阻む.

[痈・癰] yōng 医絭(ᵗ).カルブンケル:〔疔 jiē〕(癤(ᵗ))が密集して多くの毛嚢が侵された皮膚に近い部位の化膿性炎症.悪性で多く首や背中にできる.〔腰 yāo ~〕腰にできる癰.→〔疽 jū〕〔养 yǎng 痈〕

痈疽 yōngjū =〔痈疸(ᵗ)〕:筋肉・関節・骨などの疾患から起こる難治性の腫れ物.②同下.

痈疡 yōngyáng =〔痈疸〕腫れ物(おでき)の大いもの.

[邕] yōng (广西的)南宁(别称)→〔~江〕趣広西にある.

邕剧 yōngjù 劇広西チワン族自治区内の広東語地区に流行する劇.

[滽(灉)] yōng 地名用字.〔~水〕趣江西省の古水名.〔~湖〕趣湖南省の古湖名.

[噰(雝)] yōng 〔~~〕〈文〉鳥の鳴き声.

[庸] yōng (Ⅰ)①常の.ふだんの.ありきたりの.〔~言〕よく言われる言葉.〔~行 xíng〕通常の(ふつうの)行為.〔凡 fán ~〕凡庸(である)
②〈姓〉庸(ᵗ)
(Ⅱ)〈文〉①必要とする:多く否定に用いる.〔毋~置 zhì 疑〕疑う必要はない.〔无~细述〕細かく述べる必要はない.②功績.〔酬 chóu ~〕同前に報いる.③どうして…か(や).何で…か(や).反問の語気を表す.〔~可废乎？〕どうしてやめることができようか.→〔岂 qǐ ①〕④=〔租 zū 庸调〕

庸暗 yōng'àn 〈文〉愚昧である.
庸才 yōngcái 凡才.能力のない人物.
庸常 yōngcháng 〈文〉並みである.平凡である.ありきたりである.
庸夫 yōngfū 平々凡々の俗物.〔~俗 sú 子〕同前.
庸何 yōnghé =〔庸讵〕〔庸遽〕〔庸孰〕いずくんぞ.どうして…か(や)
庸绩 yōngjī 〈文〉功績.
庸讵 yōngjù ⇒〔庸何〕

庸遽 yōngjù ⇒〔庸何〕
庸劣 yōngliè 〈文〉愚劣である.〔~愚 yú 顽〕同前.
庸碌 yōnglù 平凡(である).月並みである.〔庸庸碌碌〕平々凡々である.〔半生~〕半生を平々凡々と過ごす.〔~无能〕平凡で能力がない.
庸人 yōngrén 〈文〉凡人.〔~自扰 rǎo〕〈成〉凡庸であるためてきぱき処理できず,一人でばたばたする.→〔天 tiān 下本无事,庸人自扰之〕
庸孰 yōngshú ⇒〔庸何〕
庸竖 yōngshù 〈文〉凡人.
庸俗 yōngsú 下品である.俗っぽい.月並みである.〔~进化论〕俗流進化論.〔作风~〕やり方が下劣だ.〔趣 qù 味~〕趣味が下品である.〔~化〕卑俗化する.
庸医 yōngyī 蔽(ᵗ)医者.〔~杀人不用刀〕やぶ医者が人を殺すには刀などは用いない;やぶ医者は誤診でよく人を殺してしまう.
庸脂劣粉 yōngzhī lièfěn 〈喩〉愚かな女.〔这些~,我一个都看不上眼〕これらのくだらない女どもは,わたしはどれも気に入らない.
庸中佼佼 yōngzhōng jiǎojiǎo 〈成〉平凡人の中でやや優れた者を指す.〔全班只有他一个可算得是~〕クラス中で彼一人だけがまあまあ鶏群の一鶴と言える.→〔鸡 jī 群鹤(立)〕

[廊] yōng ①周代の諸侯国の一.現在の河南省汲県一帯にあった.②⇒〔墉〕

[慵] yōng 〈文〉物憂い.大(ᵗ)儀である.ものぐさである.〔~困 kùn〕同前.
慵惰 yōngduò =〔慵懒〕〈文〉ものぐさである.〔賦 fù 性~〕天性がものぐさである.
慵懒 yōnglǎn 同上.

[墉(隣)] yōng =〔廊②〕〈文〉城壁.高い塀(壁).とりで.〔垣 yuán ~〕めぐらした塀.〔崇 chóng ~〕高い塀.

[镛・鏞] yōng 古大鐘:楽器の一種.

[鳙・鱅] yōng 魚貝コクレン:〔~鱼 yú〕(花鲢 蘸)〔胖 pàng 头鱼〕ともいう.淡水魚で〔四大家魚〕の一.

[雍(雝)] yōng ①〈文〉和やかである.穏やかである.〔~合〕同前.②〈姓〉雍(ᵗ)
雍和 yōnghé ⇒〔雍睦〕
雍门 yōngmén ⇒〔姓〕雍門(ᵗ)
雍睦 yōngmù =〔雍熙〕〈文〉平和で和やかである.
雍丘 yōngqiū 〈姓〉雍丘(ᵗ)
雍渠 yōngqú 〔鹡 jī 鸰〕
雍容 yōngróng ゆったりとしている.〔~肃 sù 穆〕同前でもの静かである.〔~大雅 yǎ〕ゆったりとして堂々としている.〔~华贵〕おっとりとして美しい(女性の形容)
雍熙 yōngxī ⇒〔雍睦〕

[壅(壛)] yōng ①〈文〉塞(ᵗ)ぐ.滞らせる.②肥料や土を根元にかける(かぶせ)てやる.〔~肥 féi〕同前.
壅闭 yōngbì =〔壅滞〕〔壅蔽〕〈文〉塞がる.閉塞する.
壅蔽 yōngbì ①同上.②塞ぎ覆う.
壅门 yōngmén →〔瓮 wèng 城①〕
壅培 yōngpéi 培う:土や肥料をかける.
壅塞 yōngsè 塞がって通じない.
壅土 yōngtǔ ①(根元に)土をかける.②堆積した泥.
壅滞 yōngzhì ⇒〔壅闭〕

[臃] yōng ①〈文〉腫れる.②〈姓〉臃(ヨウ)

臃肿 yōngzhǒng ①体が太りすぎて行動が緩慢である.〔体态～〕体がぶくぶく太っている.②大きくてだぶだぶである.〔衣服穿得很～,太不好看〕服がだぶだぶでたいへん見苦しい.③組織・機構がふくれあがっている.〔机构～〕機構の過大膨張(拡張)

[饔] yōng 〈文〉①煮た食物(火を通した肉).②朝食.〔～飧 sūn〕朝食と夕食.

饔人 yōngrén 圀料理人:官吏名の一.
饔飧不继 yōngsūn bùjì 〈成〉食べものに事欠く.

[喁] yóng 〈文〉①魚が口を水面上に突き出してぱくぱくするさま.②〈喩〉欲望に慕うさま.熱烈に慕うさま.〔天下～, 莫不向慕〕天下すべてのものが渇望し敬慕しないものはない.
→ yú

[颙・顒] yóng 〈文〉①大なるさま.②慕う.待ち望む.〔～望 wàng〕同前.

[永] yǒng ①久しく長い.〔江之～矣〕長江の何と長いこと.②永く.とこしえに.〔～不掉 diào 队〕いつまでも落後しない.〔～不自满〕いつでも自己満足しない.〔～不忘本〕いつでももとを忘れない.③〈姓〉永(ボ)

永葆 yǒngbǎo 永く保つ.〔～青春〕永遠に青春を保つ.
永辈子 yǒngbèizi ①遠い子孫(まで).②〈喩〉永遠に.〔～不得翻身〕永久に苦しい生活から立ち上がれない.
永别 yǒngbié 永別(する).死の別れ(をする).〔～酒〕(死刑囚に飲ませてやる)この世との別れの酒.→〔永诀〕
永不叙用 yǒng bù xùyòng 旧(官吏に対して)永久に復職させない(という処分に処する)
永垂不朽 yǒngchuí bùxiǔ 〈成〉功勲が永く伝えられ,消え果てることがない.〔青史留名,～〕歴史に名が残り,同前.〔他的功业～〕彼の勲功は同前.〔人民英雄～〕人民の英雄は同前.北京天安門広場に建つ〔人民英雄纪念碑〕に刻まれた字.
永磁 yǒngcí 永久磁性の.〔～合金〕マグネット合金.
永存 yǒngcún 永くあとに残る(す)
永定河 yǒngdìnghé 地山西省から河北省を通り,海河と合する.河道が定まらず〔无 wú 定河〕といわれた.〔小黄河〕は別称.上流は〔桑 sāng 干河〕ともいう.
永感 yǒnggǎn ①永く感銘する.感激を永く持ち続ける.〔终身～〕一生涯感激する.〔～大德, 没 mò齿不忘〕ご高德を永く感銘し,生涯忘れない.②〈喩〉両親の死の悲しみ.〔～之丧 sāng〕(永久の悲しみを残す)両親の死.
永古 yǒnggǔ 永世.〔～流传〕永久に伝わっていく.
永恒 yǒnghéng 恒久(の).永久不変(の).〔～的友谊〕永久に変わらない友情.
永劫 yǒngjié 囮(仏教の)永劫(ゴウ).果てしなく長い時間.
永久 yǒngjiǔ 永久(の).永遠(の).〔～性〕耐久度.〔～牌儿 páir〕〈喩〉同一職場に長くいる人.〔～债券〕永久公債.〔～齿 chǐ〕生理永久歯.〔～中立国〕永世中立国.
永久磁铁 yǒngjiǔ cítiě ⇒〔磁钢〕
永诀 yǒngjué 〈文〉永久の別れを告げる).〔转〕死別(する).〔不料一别竟成～〕はからずも一別が永(エ)の別れになってしまった.→〔永别〕
永眠 yǒngmián 永眠(する)
永铭 yǒngmíng 永く心に刻みつく.永く感銘する.〔～肺腑 fǔ〕〔～在心〕〈惯〉永く心に刻む.
永年 yǒngnián ①長寿.②長い年月.
永生 yǒngshēng ①永久に生きながらえる(こと).〔为革命事业光荣牺牲的烈士们～〕革命事業のために尊い命をささげた烈士達は不滅である.〔～一生涯.〔～难忘〕一生忘れない.〔～永世〕永遠に.とこしえに.
永世 yǒngshì 一生涯.永世.〔～不忘〕永久に忘れない.〔～不得翻身〕永劫(ゴウ)に身動きできないようにする.〔～长存〕〈成〉とこしえに永らえる.
永逝 yǒngshì ①永遠に消え去る.②〈文〉永眠(する)
永无休止 yǒng wú xiūzhǐ 〈惯〉いつまでも休止することがない.
永续 yǒngxù 永続して.いつまでも.
永夜 yǒngyè 〈文〉長夜.
永逸 yǒngyì 永く安逸をむさぼる.〔一劳～〕〈成〉一度だけ苦労して後は永く楽な目をする.
永远 yǒngyuǎn 永遠(に).いつまでも.一向.〔～不变〕いつまでも.〔～这样〕いつでも.〔头上～剃 ti 得光光的头〕はいつでもぴかぴかに剃っている.〔～如此〕いつでもこんな調子です.
永宅 yǒngzhái 〈文〉墓地.
永志 yǒngzhì 永く記憶に残る.〔～不忘〕〈成〉同前で忘れない.
永昼 yǒngzhòu 〈文〉長い昼.
永驻 yǒngzhù いつまでもとどまる.〔春光～〕春の日が同前.
永字八法 yǒngzì bāfǎ 「永」の字に含まれる筆画のあらゆる(八つの)運筆法:侧(点)・勒(横画)・努(直画)・趯(钩)・策(斜画の上向するもの)・掠(長撇)・啄(短撇)・磔(捺)の八法.

[泳] yǒng 泳ぐ.〔游 yóu ～〕水泳(する).〔仰 yǎng ～〕背泳ぎ.〔蝶 dié ～〕バタフライ.〔俯 fǔ ～〕蛙 wā～〕平泳ぎ.〔自由～〕自由形.〔～坛 tán〕水泳界.〔～技 jì〕水泳技術.

泳程 yǒngchéng 水泳距離.
泳池 yǒngchí プール.〔~同前.
泳道 yǒngdào 囚(プールの)コース.〔～分道线〕コースロープ.〔～号数〕コースナンバー.〔～标示线〕コースライン.
泳渡 yǒngdù 泳ぐようにして渡る.
泳服 yǒngfú ⇒〔泳装〕
泳将 yǒngjiàng 水泳選手.〔游 yóu 泳健将〕に同じ.
泳镜 yǒngjìng 水中眼鏡.ゴーグル.
泳裤 yǒngkù 海水パンツ.
泳帽 yǒngmào 水泳帽.
泳气钟 yǒngqìzhōng 潜水具:重装備の堅くて重いもの.→〔潜 qián 水衣〕〔水 shuǐ 肺〕
泳星 yǒngxīng 名水泳選手.
泳衣 yǒngyī 同下.
泳装 yǒngzhuāng 水泳着.スイムウエア:〔泳服〕〔泳衣〕に同じ.〔～秀 xiù〕水着ショー.

[咏(詠)] yǒng ①歌う.詠じる.咏唱する.〔歌の一队〕唱歌队.合唱团.〔吟 yín ～〕口ずさむ.→〔唱 chàng ①〕詩を詠む(作る).〔～史 shǐ〕歴史を詩に詠む.〔～雪 xuě〕雪を同前.〔～梅 méi〕梅花を同前.

咏怀 yǒnghuái 心に思うことを詩歌に託し述べる.
咏桑寓柳 yǒngsāng yùliǔ 〈成〉ほかのことに託して思いを詠み込む.
咏诗 yǒngshī 詩を賦(ス)す.
咏史诗 yǒngshǐshī 歴史を詠んだ詩.
咏叹 yǒngtàn 詠嘆(する).〔～法 fǎ〕〔～调 diào〕圉アリア.詠嘆調.

yǒng～yòng

〔甬〕 yǒng 地①〔～江〕浙江省にある:〔鄞 yín 江〕ともいう.②寧波(別称).③〔剧 jù〕剧寧波芝居.
甬道 yǒngdào 〔甬路 lù〕ともいう.①庭を横切ってれんがまたは石を敷いて作った道.②渡り廊下.通路.③両側に土手を作って外から見るようになっている道路.

〔俑〕 yǒng ①陪葬に用いられた土製(素焼き,古くは桐の木)の人形.〔～人〕同前.〔陶táo～〕陶製の同前.〔泥 ní～〕泥製の同前.〔女～〕女の同前.〔兵马俑.兵士や馬の同前:秦始皇帝陵のものが有名.〔始作～者〕成①初めに俑のようなけしからんものを作った者:初めによくないことを始めた者.〔仲尼曰:始作～者其无后乎〕(孟子·梁惠王上)孔子は、初めに俑を作った者は、後継ぎが断絶するだろうと言った.→〔冥 míng 器〕

〔涌(湧)〕 yǒng ①(水や雲などが)わく(出る).〔泪如泉～〕涙が泉のように出てくる.〔风起云～〕風が起こり雲が湧きあがってくる.②<喩>急に勢いよく現れる.〔许多人从里面～出来〕多くの人が中からどっと出てくる.〔雨过天青,～出一轮明月〕雨あがり空が晴れて、明月がぱっと昇ってくる.③急に大きい波.〔一个大～拍打过来〕急に高い波がやってくる.〔湧〕
→ chōng

涌潮 yǒngcháo 満潮が河に逆流する現象:〔暴bào 涨潮〕〔怒 nù 潮〕ともいう.浙江省の銭塘江が有名.
涌荡 yǒngdàng 湧き返る.
涌动 yǒngdòng 湧き返る.〔心潮～〕心が激しく波立つ.
涌浪 yǒnglàng (ダムの放水、突風などにより)急激に勢いよく発生する波.
涌流 yǒngliú 湧き出て流れる.
涌泉 yǒngquán ①湧き出る泉.中医灸穴の一.足裏の中心(土踏まず)にある.
涌上心来 yǒngshàng xīnlái いろんな思いが湧き起こってくる:〔涌上心头〕ともいう.〔一阵思潮～〕一時にどっといろんな思いが湧き起こってくる.
涌现 yǒngxiàn (人や事物が)大量に出現する.勢いよく現れる.

恿(慂·惥) yǒng 〔怂 sǒng～〕あれこれ言って勧める.そそのかす.

〔蛹〕 yǒng 虫蛹(yǒng).〔蚕 cán～〕かいこの蛹.

〔踊(踴)〕 yǒng ①飛び跳ねる.踊る.〔～身投海〕身を踊らせて海に投ず.②喜び勇む.→〔踊跃②〕③古代,〔刖 yuè〕(脚を断ち切る刑罰)に処せられた者用の特製の履き物.
踊贵 yǒngguì <文>(物価が)騰貴する.
踊跃 yǒngyuè ①飛び上がる.踊りあがる.〔～欢呼〕飛び上がって喝采する.②喜び勇む(んで…する).〔～参加〕喜んで参加する.〔～认购公债〕喜んで公債を引き受けて購入する.〔听众～〕聴衆が大勢おしかける.

〔鲬·鯒〕 yǒng 鱼yú コチ(総称):〔～鱼〕とも通称.〔牛 niú 尾鱼〕とも称.〔鳄è～〕イネゴチ.〔短～〕ワニゴチ.〔瞳 tóng～〕トカゲゴチ.

〔勇〕 yǒng ①勇ましさ(い).勇気(ある).〔大～〕大なる(真の)勇気.〔有～无谋〕勇気だけあって知恵がない.〔智～双全〕知勇兼備.〔英～奋斗 fèn〕勇ましく(英雄的に)奮闘する.②思いがけない(よく).弾く(力).〔～于改过〕過ちを

改める.③唐〔臨時に募集する〕義勇兵.〔壮zhuàng～〕同前.〔乡 xiāng～〕同前.〔湘 xiāng～〕(太平天国軍を鎮圧するため曾国藩が募集した)湖南省出身者の義勇軍.〔淮 huái～〕(同前で)安徽省出身の義勇軍.④<姓>勇(誦).
勇挫 yǒngcuò 競い勝つ.せり勝つ.
勇夫 yǒngfū 勇ましい男.腕っぷしの強い男.
勇敢 yǒnggǎn 勇敢(である).
勇冠三军 yǒng guàn sānjūn 成全軍随一の勇猛(勇士).(气 qì 冠三军)に同じ.
勇悍 yǒnghàn <文>勇ましくて強い.
勇狠 yǒnghěn 勇猛である.
勇将 yǒngjiàng 勇敢なる将校.
勇决 yǒngjué <文>勇ましくて決断力がある.
勇力 yǒnglì 勇気と力.〔～过人〕衆にすぐれた同前.
勇略 yǒnglüè <文>勇ましくて知謀に富む.〔～过人〕人並み以上に同前である.
勇猛 yǒngměng 勇ましくて勢いがよい(よく)
勇气 yǒngqì 勇気.〔有～〕勇気がある.〔～十足〕勇気が満ち満ちている.〔鼓起～〕勇気を奮いおこす.
勇士 yǒngshì 勇士.〔招募～〕勇士を募集する.
勇退 yǒngtuì 勇退(する).〔激流～〕成<喩>難しい局面で思い切って勇退する.〔洁 jié 身～〕土つかずのうちに勇退する.〔及时～〕ちょうど潮時に勇退する.
勇往直前 yǒngwǎng zhíqián <慣>勇者邁進する.〔士兵们都～,没有一个退后的〕兵士達は皆勇往邁進し、後へ下がる者はない.
勇武 yǒngwǔ 〔文〕①勇猛(である).②勇士.
勇毅 yǒngyì 勇ましく意志が強い.
勇营 yǒngyíng 回義勇兵(兵舎).臨時に募集した民兵(の兵営)
勇于 yǒngyú …に勇敢である.…するだけの勇気がある.〔～负责〕責任を負う勇気がある.〔～自我批评〕自己批判するだけの勇気がある.
勇者 yǒngzhě ①勇ましい人.勇敢な人.〔～绝 jué 伦〕人並み優れて同前.〔～的兵卒〕同前の兵卒.②雄々しい.〔～的小舰乘风破浪横渡太平洋〕雄々しい小船が風に乗り波を越えて太平洋を横断した.

〔湧〕 yǒng <姓>湧(ゆう)→〔涌〕

〔用〕 yòng ①用いる.使う.〔～电 diàn〕電気を使う.〔一～当十〕〔以一当十〕成一騎当千.〔一个人就够了〕一人使えば(雇えば)それで十分だ.〔吃不尽～不完的财产〕食べ切れず使い切れないほどの財産.〔临时把食堂～做会场〕臨時に食堂を会場とする.〔要把三分之一的时间～于复习〕時間の3分の1を復習に使う.〔公～电话〕公衆電話.〔拿 ná⑧〕②必要(とする):多く否定に用いる.〔白天不～开灯〕昼間は電灯をつけなくてよい.〔不～再说了,已经明白了〕言わなくてもいい、わかった.〔那还～说〕それは言うまでもないことだ.〔为 wéi～甚 shèn 大〕<文>その必要のたやはなはだ大である.③用途.効果.効用.作用.働き.〔派 ～上 ～场〕役にたつ.使い道がある.〔多少总会有点儿～〕多少は役に立つだろう.→〔体 tǐ 用〕④召し上がる.〔请～点儿点心〕どうぞお菓子を少し召し上がれ.⑤費用.出費.〔零 líng～钱〕雑費.小づかい.〔省 shěng 吃俭～〕<成>食べるものを節約し、出費を倹約する.⑥…で(する).…のため.→〔风力发电〕風力で発電する.⑦<文>…によって.…で.…をもってして.このことによって.⑧<姓>用(ゆう)
笔用 yòngbǐ 〔文〕①筆の使い方.運筆.筆運び.〔～八法〕八つの運筆のしかた.→〔永 yǒng 字八法〕
用兵 yòngbīng 兵を使う.戦をする.〔～如神〕戦術が非常にうまい.〔养 yǎng 兵千日,一时に谚〕长

yòng

い太平の間わざわざ兵を養っておくのは、いざという時に役立つためだ:むだなようだことでも、平素から準備しておくのはいざという時のため.

用不了 yòngbuliǎo ①使い切れない.〔用得了〕は可能を表す.〔～这么多〕こんなに多くは使い切れない.②…かからない(いらない).〔～十分钟就可以到〕10分とはかからずに着きます.

用不着 yòngbuzháo 入用でない.必要ではない.〔这本书我现在～〕この本は今入用ではない.〔～现在就去〕今すぐに行く必要はない.〔咱们这样的交情～客气〕私達のようなこんな仲(気のおけない)おつきあいにご遠慮はいりません.↔〔用得着②〕

用材林 yòngcáilín 木材を採るために植林した森.

用餐 yòngcān —〔用膳〕〈敬〉食事を召し上がる.

用茶 yòngchá 〈敬〉茶を召し上がる.〔您请～〕どうぞお茶をおあがりください.

用场 yòngchǎng 〈方〉用途.使い道.〔派～〕使い道がある.

用处 yòngchu 用いどころ.用い方.〔有～〕用途がある.役に立つ.〔没～〕役に立たない.

用词 yòngcí 語を用いる.〔～不当〕語の使い方が適切でない.

用得着 yòngdezháo ①使える.役に立つ.②必要がある:多く疑問の形で用いられる.〔～那么生气吗〕それほど怒る必要があるのか.↔〔用不着〕

用典 yòngdiǎn 典故を引用する.

用度 yòngdù 費用.出費.

用法 yòngfǎ ①用法.用い方.②法律を用いる.〔守法～〕法を守り法を用いる.

用饭 yòngfàn 〈敬〉食事を召し上がる.〔请～吧〕どうぞ食事をお上がりください.→**进 jìn 餐**

用房 yòngfáng ①家屋を使う.②使用する家.〔居民～〕住民用家屋.

用费 yòngfèi 費用(を使う).→〔费用〕

用工 yònggōng 労働者を雇用する.〔～荒 huāng〕求人難.→〔工荒〕

用功 yònggōng (勉学に)励む.努力する.〔他在～呢〕彼は勉強に励んでいる.〔他很～〕彼はよく勉強する.

用光 yòngguāng 使い果たす.〔原料已经～了〕原料はもう使い果たした.→〔光〕

用户 yònghù 使用者.加入者.ユーザー.〔～程序〕ユーザープログラム.〔～代号〕ユーザーID.〔～电报〕テレックス.〔～接口〕〔～界面〕[电脑]ユーザーインターフェース.〔～满意度〕〔客户满意度〕顧客満足度.〔～注册 cè〕ユーザー登録.〔电话～〕電話加入者.〔网络～〕ネットユーザー.〔～是上帝〕お客さまは神さまです.

用汇 yònghuì 外貨を使う.〔～限 xiàn 制〕同前の制限.

用计 yòngjì 計略を使う(って)

用尽 yòngjìn 使い果たす.用い尽くす.〔～办法〕万策尽きる.〔～心机〕知嚢をしぼり尽くす.〔～心思〕あらゆる思案・熟慮を尽くす.〔把钱财～〕財産を使い果たす.

用劲(儿) yòngjìn(r) ⇒〔使 shǐ 劲(儿)〕

用具 yòngjù 用具.〔炊事～〕炊事用具.〔学习～〕学習道具.

用款 yòngkuǎn 出費.経費.費用.

用来 yònglái 用いてもって.用いると.〔凡是～扩大生产的建设,都叫基本建设〕およそ生産拡張のために行う建設はすべて基本建設という.〔油烟和松烟可以～做墨〕油煙と松のすすは墨を作るのに使うことができる.

用力 yònglì ⇒〔使 shǐ 劲(儿)〕

用量 yòngliàng 用量.

用料 yòngliào 使用材料.

用命 yòngmìng 〈文〉命令を遵奉する.〔士卒～〕兵士たちが命令に従う.

用脑 yòngnǎo 頭を使う.頭を働かせる.

用品 yòngpǐn 〔照 zhào 相～〕写真用品.

用钱 yòngqián 銭を使う.〔花 huā 钱〕に同じ.〔～如流水〕流水の如く銭を使う.

用情 yòngqíng 気を配る(って人を動かす).〔～专〕あまりに気のつかい方が一途である.〔不必过～〕そんな気づかいをする必要はない.

用罄 yòngqìng 〈文〉使い尽くす.

用人 yòngrén ①人手を必要とする.〔正是～的时候〕ちょうど人手が欲しかった所だ.②人を使う.〔不会～〕人の使い方を知らない.〔～不当 dàng〕人の採用を誤る.

用人 yòngren 旧召使い.使用人.〔女～〕お手伝いさん.

用膳 yòngshàn ⇒〔用餐〕

用舍行藏 yòngshě xíngcáng ⇒〔用行舍藏〕

用世 yòngshì 〈文〉世に用いられる.〔～之才〕世のために役立つ才能(人材)

用事 yòngshì ①〈文〉権力を握る.〔奸 jiān 臣～〕奸臣が同前.②(感情などに)まかせて事に当たる.事を処理する.〔意气～〕感情的に事をなす.〔感情～〕感情的になる.③〈文〉典故を引く.

用特 yòngtè 〔牘〕よって特に.このため特に.〔～函达〕このため特に書面でお知らせ申しあげる.

用途 yòngtú 用途.〔～很广〕用途が広い.〔很有～〕なかなか用途がある.→〔用处〕

用武 yòngwǔ 武力を用いる.戦争する.〔英雄无～之地〕英雄がその能力を発揮するチャンスがない.

用贤 yòngxián 〈文〉有能の士を登用する.

用项 yòng·xiàng 費用.〔观光旅游方面的～增多了〕観光に使う費用は増えた.

用心 yòngxīn ①気を(心を)用いる(って).苦心する(して).〔～念书〕努力して勉強する.〔～观察〕気をつけて観察する.→〔留 liú 心〕②下心.〔～歹 dǎi 毒〕下心がよくない.〔险恶～〕悪だくみ.用心.〔另有～〕別に下心を持っている.〔究竟他～何在?〕結局彼の下心はどこにあるのか.

用心良苦 yòngxīn liángkǔ 〈成〉心くばりや心配が並大抵でない.心くばりや苦心に念が入っている.

用刑 yòngxíng 責め道具を使う.〔旧日官衙～拷打,不知冤杀了多少人〕昔の役所では責め道具を使い拷問をくわえて,どれくらいの人を無実のまま殺してしまったかわからない.

用行舍藏 yòngxíng shěcáng =〔用舍行藏〕〈成〉認められ用いられた所信を行うし,用いられなければ身をひいて自分だけで修養に努める(論語)

用药 yòngyào 薬を用いる.

用以 yòngyǐ …を用いて(もって).〔这是～救济灾区的钱〕これは被災地の人を支援するのに使うお金である.

用意 yòngyì 心づかい.意向.意図.ねらい.下心.〔～何在〕ねらいはどこにあるのか.〔他送这件礼物～很深〕彼がこの贈り物をするには深い意味がこめられている.

用印 yòngyìn 〈文〉印章を押捺する.印をつく:丁重な言い方.

用邮 yòngyóu 郵便局を利用する.

用于 yòngyú …に使う.〔～文言〕文語に使う.

用语 yòngyǔ ①言葉を使う.言葉を運用する.〔～不当〕言葉づかいが当を欠く.②言葉.用語.〔贸易～〕貿易用語.〔日常～〕日常用語.〔学术～〕学術用語.

用之不竭 yòngzhī bùjié 〈成〉いくら使っても尽きる

用佣优忧　　　　　　　　　　　　　　　　　　　　　　yòng〜yōu

ことがない.〔取之无禁,〜〕(前赤壁賦)いくら取っても誰からも止められることはないし,いくら取っても尽きることはない.

用主(儿) yòngzhǔ(r) ①使い手.使い主. ②買い手.買い主.顧客.ユーザー.〔直接卖给〜,两不吃亏〕直接買い主に売ってのもので,どちらも損をしない.

用作 yòngzuò …として用いる:〔用做〕とも書く.〔〜药 yào品〕薬品に用いる.

〔佣〕 yòng 〔〜金 jīn〕〔〜钱 qián〕手数料.口銭.コミッション.マージン.→〔牙 yá钱〕

→ yōng

you　ㄧㄡ

〔优・優〕 yōu（Ⅰ）①優れて(勝って)いる.〔品学兼〜〕人品・学問ともに優れている.↔〔劣 liè〕 ②豊かである.十分である.〔彼〜为 wéi 之〕彼はこれが十分にやれる.〔待遇从〜〕待遇は十分にする. ③優遇する.〔拥 yōng 军〜属〕軍を支持し,軍人の家族を優遇する. ④〔姓〕優(⸺)

（Ⅱ）回役者.俳優.〔名〜〕名優.→〔优伶〕

优长 yōucháng 〈文〉長所.

优待 yōudài 優待(する).優遇(する).特別扱い(をする).〔〜券 quàn〕優待券.クーポン券.〔〜价格〕特別割引価格.↔〔薄 bó 待〕

优等 yōuděng 優等.〔〜成绩〕成績が優等である.↔〔劣 liè 等〕

优点 yōudiǎn 長所.優れている点.〔发扬〜〕長所を伸ばす.〔有哪些〜〕どれほど長所があるか.↔〔缺 quē 点〕

优二兴三 yōu'èr xīngsān 第 2 次産業の優遇と第 3 次産業の振興.

优抚 yōufǔ （戦没者の家族・傷病軍人・軍人の家族に対して）優遇(する).〔〜金〕同前の慰問金.〔〜军烈属的工作,他也积极地做〕軍人家族や革命烈士の遺族を優待慰問する活動を,彼は積極的になる.

优厚 yōuhòu ①手厚い.〔〜的礼遇〕手厚い取り扱い. ②(給料・待遇・手数料などが)たっぷりである.(優待されている).〔〜的薪水〕十分な(特別待遇の)給料.〔待遇〜〕待遇が十分である.

优弧 yōuhú 回優弧(半円周より大きい弧).→〔劣 liè 弧〕

优化 yōuhuà 適性化する.〔〜组zǔ合〕組み合わせを適性化する.またその組み合わせ.〔〜劳动组合〕企業再構築.

优惠 yōuhuì 有利(な).優待(の).優遇(の).特恵(の).〔〜价格〕優待価格.〔〜条件〕特恵の条件.〔〜待遇〕特恵待遇.〔〜贷款〕特恵借款.〔〜卡 kǎ〕優待カード.〔〜袋 dài〕お徳用パック.

优价 yōujià ①高価.いい値段.〔优质〜〕よい品物はよい値段. ②安価.割引き価格.〔〜销 xiāo 售〕格安販売.

优奎宁 yōukuíníng =〔碳 tàn 酸乙酯奎宁〕〔乙乙碳酸奎宁〕医エチル炭酸キニーネ(オイキニン)

优良 yōuliáng 優良である.立派である.〔〜的传统〕優れた伝統.〔〜汇 huì 率〕回原平形.〔艰苦朴素的〜作风〕勤勉素朴な優良の気風.

优劣 yōuliè 優劣.よしあし.〔分辨〜〕優劣を区分する.

优伶 yōulíng =〔优人〕〈文〉役者.俳優.〔演 yǎn 员〕

优洛托品 yōuluòtuōpǐn ⇒〔乌 wū 洛托品〕

优美 yōuměi 優美(である).〔风景〜〕景色が非常に美しい.〔〜的姿态〕みやびやかな姿態.

优盘 yōupán 電算USBメモリ:〔U 盘〕とも書く. →〔闪 shǎn 存〕

优婆塞 yōupósè →〔清 qīng 信士〕

优婆夷 yōupóyí →〔清 qīng 信女〕

优亲厚友 yōuqīn hòuyǒu 〈成〉身びいきする.

优缺点 yōuquēdiǎn 優れた点と欠点.長所と短所.

优人 yōurén ⇒〔优伶〕

优容 yōuróng 〈文〉大目に見る.寛大に許す.

优柔 yōuróu ①〈文〉穏やかでのびのびしている. ②〈文〉のびのびしている.ゆったり落ち着いている. ③ぐずぐずして決断力がない.〔〜寡 guǎ 断〕〈成〉優柔不断.

优生 yōushēng 優れた遺伝素質を持つ子供を生み育てる.〔〜学〕〔善 shàn 种学〕優生学.〔〜优育〕優良な子供を生んで立派に育てる:〔计划生育〕(産児制限)運動のスローガン.

优胜 yōushèng 優勝.〔〜者〕優勝者.

优胜劣汰 yōushèng lièdài 優勝劣敗.適者生存.

优势 yōushì 優勢.優位.〔占〜〕優位を占める.〔〜互补〕相互補完(する)

优属 yōushǔ 軍人家族に対して優待をする.

优死 yōusǐ 尊厳死.望ましい死〔安 ān 乐死〕に同じ.

优昙钵花 yōutánbōhuā 同下①.

优昙华 yōutánhuā ①=〔优昙钵花〕〔昙花②〕(仏教の)うどんげ:インドの想像上の植物で三千年に一度花を開くという.またその花の開く時は金輪明王が出現すると伝えられる. ②→〔草 cǎo (蜻)蛉〕

优渥 yōuwò 〈文〉手厚い(ねんごろである).〔待遇〜〕待遇が手厚い.〔宠 chǒng 命〜〕思し召しが手厚くねんごろである.

优先 yōuxiān 優先的にする.優先させる.〔有经验的〜录用〕経験者を優先採用する.〔对老年人,孕妇,小孩要〜〕老人,妊婦,子供は優先させなければならない.〔〜发展〕優先的に発展させる.

优先股 yōuxiāngǔ 商優先株.

优先权 yōuxiānquán 優先権.〔会员享 xiǎng 有〜〕会員は優先権を有している.

优秀 yōuxiù 優秀である.優れている.〔成绩〜〕成績が優秀である.〔〜商店〕模範店員.

优选 yōuxuǎn 優れたものを選ぶ.

优选法 yōuxuǎnfǎ ①最適方案選出法. ②電算最適化.

优雅 yōuyǎ 優雅である.上品である.

优异 yōuyì 特に優れている.〔品质〜〕品質が同前.

优游 yōuyóu 〈文〉悠々自適する.〔〜自在〕同前.〔〜岁月〕悠々と時を過ごす.

优于 yōuyú …に勝っている.…より優れている.〔〜对方〕相手より優位になる.

优育 yōuyù 優れた子供に育てる.

优裕 yōuyù 豊かである.余裕がある.〔生活〜〕生活が豊かである.

优遇 yōuyù 〈文〉優遇する.

优越 yōuyuè 立ち勝る.優れている.〔〜感 gǎn〕優越感.〔〜性〕優越性.優位性.〔环境比人〜〕環境が人より優れている.

优哉游哉 yōuzāi yóuzāi 〈成〉のんびりと暮らすさま.悠々自適の生活をするさま.

优质 yōuzhì 優れている質.〔〜钢〕上質鋼.〔〜产品〕高品質製品.〔〜优价〕高品質高価格.

优种 yōuzhǒng 優良品種.

〔忧・憂〕 yōu ①憂い(える).心配(する).〔担 dān 〜〕心配する.〔无〜无虑何の心配もない.〔国之士〕憂国の士. ②災難.心配事.〔结束了近百年来的内〜外患〕百

yōu 忧鄾耰攸悠呦呦幽

年このかたの内憂外患に終止符を打った．③親の死(にあうこと)．〔丁 ding ～〕父母の喪に服する(こと)．〔丁内～丁外艰 jiān ？〕ご不幸はお母さんでしたかお父さんでしたか．

忧愁 yōuchóu ①憂愁．憂い．②心配する．憂える．
忧烦 yōufán 心配していらいらする．
忧愤 yōufèn むしゃくしゃする．〔满怀～〕同前を胸いっぱいに抱く．〔～不平〕同前で心が静まらない．
忧国忧民 yōuguó yōumín 〈慣〉国家国民のためを思う．
忧患 yōuhuàn 憂い．煩い．〔饱 bǎo 经～〕心配ごとや苦しみをつぶさになめる．
忧煎 yōujiān 〈文〉心配していらいらする．
忧惧 yōujù 心配し恐れる．
忧虑 yōulǜ 憂慮(する)．
忧闷 yōumèn 気づまりする．憂鬱である．
忧戚 yōuqī 〈文〉悲しみ悼む．
忧容 yōuróng 〈文〉心配そうな表情．
忧色 yōusè 憂いを帯びた顔色．〔面带～〕顔に憂いの色がある．
忧伤 yōushāng 悲しみ悼む．〔他听到母亲病重的消息,极其～〕彼は母の病気が重いという知らせを聞いて,ひどく悲しみ心を痛めている．
忧思 yōusī ①憂慮する．〔日夜～〕日夜同前．憂愁の情．〔～忡 chōng 忡〕同前がしきりに起こる．
忧心 yōuxīn 心配する．〔令人～〕同前．心配な気持ち．〔～如焚 fén 〕〈喩〉ひどく心配する．〔～忡忡〕心配でたまらないさま．憂いにとざされたさま．
忧悒 yōuyì 〈文〉憂鬱(ᎪᎫ)である．
忧郁 yōuyù 憂鬱である．〔～成疾〕憂鬱から病気になる．〔～症 zhèng 〕医うつ病．

〔鄾〕 yōu 地周代の国名:現在の湖北省襄樊市の北部．

〔耰〕 yōu ①国農機具の一種．歯のついていない土かき．土塊を小さく砕いたり,播種後の土かぶせなどに用いる．②同前を用いて土をかぶせる．

〔攸〕 yōu ①〈文〉…するところ．〔性命～关〕命にかかわることである．〔～往咸宜〕行くところあり．〔责有～归〕責有つて帰すべきところあり．③〈文〉すなわち．〔风雨～除,鸟鼠～去〕〔詩経·小雅·斯干〕風雨も鳥やねずみも払いのけることができて家屋は堅固である．③〈喩〉建築が堅固である．④〈文〉はるかに遠いさま．④〈姓〉攸(ア)

攸攸 yōuyōu ⇒〔悠悠②〕

〔悠〕 yōu (Ⅰ)〔悠久〕②のどかである．のんびりしている．暇である．→〔悠然〕③〈方〉(はやる心を)落ち着ける．ゆっくりする．→〔悠着〕
(Ⅱ)空中に揺さぶる．揺り動かす．〔～来～去〕ぶらぶら揺れる．〔晃 huǎng ～〕ゆらゆらする．

悠长 yōucháng 長い(長く久しい)．〔～的岁月〕長い年月．〔～的汽笛声〕長い(響く)汽笛の音．→〔漫 màn 长〕
悠荡 yōudàng (空中に)揺れ動く．
悠忽 yōuhū 〈文〉①ぶらぶらと月日をむだに過ごすさま．②月日がむなしく経つ．〔悠悠忽忽〕同前のさま．
悠久 yōujiǔ 長く久しい．〔～的历史〕悠久の歴史．
悠谬 yōumiù 〈文〉とりとめがなく誤っている．根拠がなく誤っている．〔悠缪〕とも書く．〔言词～,难以置信〕言葉がとりとめなく誤っており信頼しがたい．
悠然 yōurán ゆったりとして(することの中に)楽しんるさま．〔～自得 dé 〕〈成〉ゆったりとして楽しむ．〔～神往〕うっとりさせられる．
悠停 yōutíng 〈方〉ゆっくりやる．急いだら出ないで大错儿〕ゆっくりやれば大きなまちがいはしない．

悠闲 yōuxián ＝〔幽闲①〕のんびり(している)．ゆったり(している)．〔踏着～的步子〕ゆったりした歩調で歩く．〔～自在〕ゆったりとしてとらわれることがない．
悠扬 yōuyáng ①はるかなさま．②のどかなるさま．〔隔水～午夜钟〕川を隔てて夜半の鐘がのどかに響いてくる．③音が高く低く伝わってくる．〔歌声悠扬十分悦耳〕歌声が高く低く伝わってきて,なかなか美しい．
悠悠 yōuyōu ①悠悠(と)．②はるかに遠い(く):〔攸攸〕とも書く．〔驱 qū 马～〕馬を駆って遠方まで行く．〔～外域 yù 〕はるか遠い外の土地．③〈文〉多いさま．〔～者皆是〕多くの者が皆こうである．④〈文〉とりとめがない(なく誤っている)．でたらめである．〔～之谈,宜绝智者之口〕でたらめな話を賢い人の口からはなくしたいものだ．
悠悠荡荡 yōuyōu dàngdàng ゆらゆらと．ふわりと:〔荡荡悠悠〕同前．
悠悠忽忽 yōuyōu hūhū ぼんやりと．ぼうっと．
悠悠球 yōuyōuqiú (遊具の)ヨーヨー：〔溜 liū 溜球〕ともいう．〔抖 dǒu ～〕〔拉 lā ～〕〔甩 shuǎi ～〕〔玩～〕同前をする．
悠游 yōuyóu 悠悠と(している)．ゆっくりと(動く)
悠远 yōuyuǎn ①遠く久しい．〔年代～が同前．②道のりがはるかである．〔～的旅程〕はるかな旅路．
悠着 yōuzhe 〈口〉手加減する．ひかえめにする．〔悠停 tíng 着〕ともいう．〔～点儿吧,身体第一呀〕むりをするな．身体が第一だ．〔你也得 děi ～来呀〕ぼつぼつやらなくちゃいけませんよ．

〔呦〕 yōu ＝〔哟〕感動詞．おや:驚きや急に思い出した時の声．〔～!怎么掉下去了〕おや,どうして落ちたのかな．

呦呦 yōuyōu 〈文〉クークー:鹿の鳴き声．〔～鹿鸣〕クークーと鹿が鳴く．

〔哟·约〕 yōu ⇒〔哟〕 → yāo yō yo

〔幽〕 yōu ①うす暗い．→〔幽暗〕②奥深い．ひっそりしている．ひそやかである．静寂である．〔～林〕深い林．④竹林の中にあって静かで雅趣がある．④隠れて,ひそかに．→〔幽会〕⑤〈文〉(人を)とじこめる．→〔幽闭〕⑥あの世．冥土．〔～冥 míng ④〕⑦古州名.現在の河南省北部と遼寧省南部一帯．⑧〈姓〉幽(ᎪᎫ)

幽暗 yōu'àn うす暗い．〔～的角落〕ほの暗い部屋の隅．
幽闭 yōubì ①閉じ込める．部屋に閉じこもる．〔～于斗室之中〕狭い部屋の中に閉じ込める．②国女性器を取り除く〔刑罰〕．→〔宫 gōng 刑〕〔阉 yān 刑〕
幽愤 yōufèn 人知れず心中に抱く憤り．うっ憤．
幽谷 yōugǔ 奥深い谷．
幽会 yōuhuì (男女が)密会する．あいびき．ランデブー：〔约了情人到公园去～,谈情说爱〕恋人を誘い公園に行って密会し愛をささやく．
幽魂 yōuhún 亡霊．〔～不散 sàn 〕幽霊が去らない(離れない)
幽寂 yōujì 〈文〉ひっそりとして寂しい．
幽禁 yōujìn 幽閉する．軟禁する．
幽径 yōujìng ひっそりとした小道．
幽静 yōujìng 奥深く静かである．静寂である．〔～的山林别墅〕静寂な山林の別荘．〔夜色分外～〕夜の景色がことのほかもの静かである．
幽居 yōujū 隠遁(ᎪᎫ)する．ひっそりと住む．
幽灵 yōulíng 亡霊．幽霊．

幽美 yōuměi ひっそりと美しい.
幽門 yōumén ①[医学][下 xià 腺]ともいう.[～螺 luó 杆菌]ピロリ菌.→[贲 bēn 门] ②あの世への入り口. ③静かなたたずまいの門.
幽眇 yōumiǎo 〈文〉精微である:[幽빼]とも書く.
幽冥 yōumíng 〈文〉①冥土と現世.[～隔 gé 世]冥土と現世が相隔たる.[～永隔]死別すれば現世では永遠に再び会えないこと. ②夜と昼.[～相継]夜から昼へとうつりかわる. ③賢愚(善悪).[人有一愚賢之分]人に賢愚の別がある.
幽冥 yōumíng 〈文〉くらい.疎い.[～而莫知其源]知識がなくてその起こりを知らない. ②冥土.
幽默 yōumò 〈音訳〉ユーモア.諧謔(かいぎゃく).ユーモラスである.[这人真～]この人は実にユーモラスだ.[他不懂得～]彼はユーモアを解しない.[～感 gǎn]おかしみ.おかしさ.[～地说]ユーモラスに言う.
幽僻 yōupì もの寂しく辺鄙である.
幽期 yōuqī 〈文〉密会の約束.[別误了～]密会の約束をたがえてはいけない.→[幽会]
幽情 yōuqíng 心の奥底に潜んでいる気持ち.[一缕 lǚ ～]ひとすじの同情.
幽囚 yōuqiú 監禁する.
幽趣 yōuqù 〈文〉静かな趣味.
幽人 yōurén 〈文〉隠遁して暮らしている人.[～雅士]隠遁して暮らしている風雅の士.
幽深 yōushēn ①奥深くひっそりしている. ②深い意味を持っている.[文中有很～的哲理]文の中に非常に深い哲理を持っている.
幽思 yōusī ①〈文〉静かに思いにふける.熟考する.思案する. ②ひそやかな想い.[发人～]人に同情を起こさせる.
幽邃 yōusuì 〈文〉(山水や宮殿などが)奥深くひっそりしている.
幽婉 yōuwǎn [幽宛]とも書く.(作品などが)奥深い味わいがある.
幽微 yōuwēi ①(音やにおいなどが)かすかである.ほのかである. ②〈文〉奥深く精緻である.
幽闲 yōuxián ⇒[悠闲] ②同下.
幽娴 yōuxián (女性が)もの静かである.しとやかである:[幽闲②]とも書く.
幽香 yōuxiāng ほのかな香り.かすかな香り.
幽敻 yōuxiòng 〈文〉奥深い.
幽雅 yōuyǎ 奥ゆかしく上品である.[庭园布置得很～]庭園の配置がたいへん品がいい.
幽咽 yōuyè 〈文〉①すすり泣きの声. ②かすかな水の流れる音.
幽音 yōuyīn [中国音韻学]無声子音.
幽忧 yōuyōu 〈文〉憂い悲しむ.悲しみ悼む.
幽幽 yōuyōu ①音や光などがかすかなさま. ②〈文〉奥ぶかい.
幽远 yōuyuǎn はるかに遠い.[～的太空]はるかな空.[～的岁 suì 月]はるかな歳月.
幽怨 yōuyuàn 内心に秘められた恨み:多く女性の愛情に関するものを指す.[一腔 qiāng ～]満腔の恨み.

[麀] yōu 〈文〉牝鹿(めじか).

[尤(尢)] yóu ①〈文〉特に優れた(人).特にはなはだしい(人).[无耻之～]無恥の最たるもの. ②とりわけ.格別に.[～须注意]特に注意がいる. ③恨みとがめる.[怨天～人]〈成〉天を恨み人を恨む. ④とが.罪.非.[效 xiào ～]人の悪を見習う.[～而效之]人の非をとがめつつ,自らもその非をなす. ⑤〈姓〉尤(ゆう).

尤伯杯赛 yóubóbēi sài [又]ユーバー杯大会:[世界女子羽毛球团体锦标赛](世界女子団体バドミントン選手権大会)の別称.

尤其 yóuqí とりわけ.中でも特に.[～重要]とりわけ重要である.[他的功课都很好,～是语文]彼は成績がないん,特に国語がいい.[我们班上的同学都热爱学习,～是小李]我々のクラスの連中はみな勉強家だが,李君はとくにだ.[我喜欢画画,～喜欢画风景画]わたしは絵を描くのが好きだが,とりわけ風景画を描くのが好きだ.[今天的戏很好,最后一出～精彩]今日の芝居はとてもよかったが,一番最後の一つはとりわけすばらしかった.→[更 gèng 加]

尤甚 yóushèn とりわけ(さらに)ひどい.[贩毒的罪比杀人～]麻薬密売の罪は殺人よりももっとひどい.

尤为 yóuwéi 特に.中でも.[那个影星在中国～有名]あの映画スターは中国でも特に有名だ.[此时情景～可怖 bù]この時のありさまはとりわけおそろしかった.

尤物 yóuwù 〈文〉①特異の(きわだった)人や物. ②〈喩〉優れた美貌の女性.尤物(ゆうぶつ).[她真是一个天生的～啊]彼女は実に天性の美女だ.

尤异 yóuyì 〈文〉特に異なっている.特出している.

[犹・猶] yóu ①〈文〉まるで…のようである.[虽死～生]死んでも生きているのも同然である.[过～不及]〈成〉過ぎたるはなお及ばざるがごとし.[～缘 yuán 木求鱼也](孟子・梁惠王上)木によりて魚を求めるよう(にむだ)なことである.[～好 hǎo 像](如 rú 同)] ②なおかつ.なおまだ.[困兽～斗,况怨敌乎](左伝・宣公)けだものでさえ追いつめられて戦うのである,いわんや怨敵に言た方向からのはさ当然のことである.[冯先生甚贫～有一剑耳](史記)馮先生は非常に貧乏ではあるが,まだ剣がある(だけでもよい). ③〈姓〉猶.

犹大 yóudà [人]ユダ.[転]裏切り者.
犹且 yóuqiě 〈文〉かつまた.その上にも.
犹然 yóurán 〈文〉①なおかつ. ②もとのまま.依然として.
犹如 yóurú 〈文〉なお…の如し.…のようである.
犹太复国主义 yóutài fùguó zhǔyì シオニズム:もと[锡 xī 安主义]とも訳した.→[以 yǐ 色列]
犹太教 yóutàijiào ユダヤ教:[以 yǐ 色列教]ともいった.
犹太人 yóutàirén ユダヤ人.
犹言 yóuyán 〈文〉また…と言うがごとし.
犹疑 yóuyí =[游移](ゆうい).躊躇(ちゅうちょ)する.[～不定]不決心でためらって決心がつかない.[他还是～不定,拿不准主意]彼はまだ躊躇してはっきりした考えがつかないでいる.[了半天才吞吞吐吐地说了~]長いことためらったうえで,やっとぽつりぽつりと言った.→[犹豫]
犹有 yóuyǒu なお…がある.[小孩儿做错了～可说,大人做错就不可饶恕了]子供がやり損なったのなら,まあまあということもあるが,大人がやり損なうのはいけない.
犹鱼得水 yóu yú déshuǐ ⇒[如 rú 鱼得水]
犹豫 yóuyù 躊躇する.ためらう.決しかねる.[～不定]ためらって決心がつかずかねる.[～不决]迷って決心がつかない.[谈了半天,对方老是犹豫豫,只好作罢 bà 了]長いこと話し合ったが相手がぐずぐずばかりいるので,やむなく打ち切った.→[犹疑]
犹之 yóuzhī 〈文〉あたかも…と同様である.[～农场应该有科学试验的场所]ちょうどあたかも農場が科学実験の場所を持たねばならないのと同様である.
犹之乎 yóuzhīhū 〈文〉…のようである.[这岂不～揠 yà 苗助长 zhǎng 吗]これでは苗を引き抜いて生長を促進しようとするようなものではないか.

yóu

犹自 yóuzì〈文〉まだ.依然として.〔众人都散 sàn 了了,唯有他～留连〕人々はみな散っていったのに,彼だけがまだ未練がましく残っている.

〔疣(肬)〕 yóu 医 いぼ.〔肉 ròu 赘〕中医 →〔～目〕〔～子〕ともいう.〔癔 hóu 子〕は通称.→〔赘 zhuì〕〔赘〕ⓐいぼ.ⓑ〈喩〉よけいなもの.〔臀 tún ～〕猿の尻の厚い皮.→〔癥〕

〔莸・蕕〕 yóu ①植 カリガネソウ(総称):クマツヅラ科.悪臭がある. ②〈喩〉悪いもの.〔薫 xūn ～〕香りのよいものと臭いもの.〈喩〉善人と悪人.

〔鱿・魷〕 yóu 〔～鱼 yú〕魚貝 スルメイカ.〔红 hóng ～鱼〕ケンサキイカ.〔乌 wū 贼〕

〔由〕 yóu ①経由する.経由する.通る.〔必～之路〕必ず経由すべき道.〔～他家门面走〕彼の家の前を通って行く.〔邮局寄去〕郵便局を(通じて)送る.郵送する. ②…より.…から:起点や経由点を表す.〔～哪儿来〕どこから来たのか.〔～今天开始〕今日から始める.〔～高而下〕高いところから下る(落ちる・下りる).→〔从 cóng(II)①〕〔打 dǎ(II)〕 ③…によって.…をよりどころとして.〔～此可知〕これによって知り得る. ④原因.理由.いわれ.子細.…の件.〔原～〕いわれ.〔理～〕理由.〔事～〕事のわけ.事の子細. ⑤…に原因する.…にいわれがある.〔他的病是～干太劳累得的〕彼の病気はあまりに苦労したのが原因だ.〔他这回的失败,完全是～于个人主义在那儿作祟〕彼の今回の失敗は,全く個人主義に災いされたことが原因だ. ⑥よる.従う.任せる.頼る.…のままにする.〔～他去〕彼が行くに任せる.〔信马～缰 jiāng〕馬の足の向くままに目的もなく行く.〈喩〉放任する.任せる.〔～你〕信ずるか否かはきみに任せる.〔不～分说〕有無を言わせない.弁解を許さない. ⑦守る.遵守する.〔率 shuài ～旧章〕従来のものを守って行う. ⑧…により…される.…が…する:あることを行う主体を表す.〔筹款是～他负责的〕資金調達は彼が責任を負う.〔一切～您主持〕あなたが一切をきりもりする. ⑨〈姓〉由(う°)

由表及里 yóubiǎo jílǐ 表面から内面に及ぶ.現象から本質に及ぶ.

由不得 yóubude 思わず…する.…せずにはおられない.〔不由得①〕に同じ.〔上起瘾 yǐn 来～又抽起来了〕病みつきになったら,また吸わずにはおられなくなった.〔～大笑起来〕思わず大笑いしてしまった. ②…の思うとおりにならない.任すことができない.〔自己作主〕自己で考えを決めるわけにいかない.〔此事～你〕この事はきみの思うとおりにはゆかない.

由此 yóucǐ ①=〔由是〕これによって.従って.〔～弄出许多错误〕これによってたくさんの間違いを起こした. ②ここから.〔～前进〕ここから前進する.

由此及彼 yóucǐ jíbǐ〈慣〉これからあれへと波及する.

由此看来 yóucǐ kànlái〈慣〉このことから見ると(考えると).〔～,这个人倒是不坏〕このことから見ると,この人はまあ悪くはない.

由此可见 yóucǐ kějiàn〈慣〉このことから(…が)わかる.〔～,完成这项研究具有重要意义〕このことからこの研究を完成することの重要性がわかる.

由打 yóudǎ〈口〉…から.〔～昨夜到今晚,整下了一天的雨〕昨夜から今晩まで,まる一日雨が降った.〔～街上开来我就没出去过〕街から帰ってからわたしは外出したことはない.→〔自 zì 从〕

由得 yóude 思いのままになる.〔这种事,怎么能～小孩儿呢〕このような事は,子供の勝手にはさせられるものか.

由点到面 yóudiǎn dàomiàn 点から面へ(押し広める).→〔以 yǐ 点带面〕

由己 yóujǐ 自分の勝手になる.〔公事在身概不～〕公の用事をもっていると,何事も自分勝手にならない.〔身不～〕自分の体が思うがままにならない.

由来 yóulái ①由来.いわれ.〔这消息是有～的〕このお知らせ(ニュース)にはいわれがあるんだ. ②もとから.初めから.〔～已久〕〈慣〉昔からそうだ.今に始まったことではない.

由浅入深 yóuqiǎn rùshēn〈慣〉易しいところから難しいところに入る.

由人 yóurén 人の思う通りになる.〔～摆 bǎi 布〕人の取り計らいの通りになる.〔成败由己不～〕成功・失敗は自分次第で人のままにはならない.〔天时不～〕天の時というものは,人の思う通りにはならない.

由上而下 yóushàng érxià 上から下へ(下がる)

由是 yóushì ⇒〔由此①〕

由…所… yóu…suǒ… …によって…される.〔这完全是～帝国主义的侵略本性～决定的〕これはまったく帝国主义の侵略本性によって決定されたのである.

由头(儿) yóutou(r) 口実.言いがかり.〔不过是一种～〕一種の口実にしかすぎない.〔乘客们借这～吵 chǎo 起来了〕乗客たちはそのことをきっかけに騒ぎだした.

由土到洋 yóutǔ dàoyáng 在来の方法から新式の技術に至るまで.

由吾 yóuwú ⇒〔由吾〕(う°)

由下而上 yóuxià érshàng 下から上へ(上がる)

由性(儿) yóuxìng(r) 気ままに(する).〔她从小娇 jiāo 生惯养～惯了〕彼女は幼い時から甘やかされて気ままに慣れている.

由由 yóuyóu〈文〉①ゆったりしているさま.〔～自得〕ゆったりして満足げである. ②ためらうさま.〔神色～〕ためらいの色がある.

由于 yóuyú …によって.…のために.〔～雨水缺乏,电力也不够且人员が少ないため,電力も足りなくなった.→〔因 yīn 为〕

由衷 yóuzhōng 衷心から.心から.〔确 què 是～之言〕確かに真心からの言だ.〔言不～〕言葉が心から出ていない.

〔邮・郵〕 yóu ①郵便.〔～费〕郵便料金.〔～票〕郵便切手.〔～品〕郵便物.〔～员〕郵便局員の品性.②郵便で送る.〔～一张相片 piàn 来〕郵便で写真を1枚送ってくる.→〔寄 jì〕 ③〈姓〉郵(う°)

邮包(儿) yóubāo(r) 小包郵便.〔用～寄 jì〕小包で送る.→〔包裹〕

邮编 yóubiān 郵便番号:〔邮政编码〕の略.

邮差 yóuchāi ⇒〔邮递员〕

邮车 yóuchē 郵便車.

邮程 yóuchéng 郵送距離.

邮储 yóuchǔ 郵便貯金.

邮船 yóuchuán=〔邮轮〕①定期旅客船. ②郵便船.

邮戳(儿) yóuchuō(r) 郵便スタンプ.消印.

邮袋 yóudài 郵袋.郵便行嚢.

邮递 yóudì 郵送(する).〔～清单〕メーリングリスト.〔～协议〕電軍 メール受信用プロトコル.POP.

邮递员 yóudìyuán=〔绿 lǜ 衣使者〕郵便配達人.〔投递员〕に同じ.旧時は〔邮差〕〔信 xìn 差①〕といった.

邮电 yóudiàn 郵便と電信.〔～局〕郵便(電信)局.

邮发 yóufā 郵便局を通じて発行(配達する).〔～合 hé 一制〕郵便の配達と新聞の配達業務を一つにし

邮油   **yóu**

ている(中国独特の)制度.
邮费 yóufèi 郵送料.郵便料金.
邮购 yóugòu 通信購入(する).通販(する).〔~商店〕オンラインショップ.
邮花 yóuhuā ⇒〔邮票〕
邮汇 yóuhuì 郵便為替で送金する)
邮集 yóují 切手帳.
邮寄 yóujì 郵送(する).〔~儿童〕ⓐ大人の付き添いなしで乗り物に乗る児童.ⓑ(航空会社などの)子供の一人旅をサポートするサービス.
邮简 yóujiǎn エアログラム.航空書簡:〔航 háng 空~〕ともいう.
邮件 yóujiàn 郵便物.〔航 háng 空~〕航空郵便物.〔快 kuài 递~〕速達郵便物.〔~软件〕〔~程序〕メールソフト.電子メールプログラム.〔~炸 zhà 弹〕メール爆弾.
邮局 yóujú 〔机 jī 关〕郵便局:郵便業務のほか,定期刊行物などの予約購読及び販売もする.
邮局信箱 yóujú xìnxiāng ⇒〔邮政信箱〕
邮路 yóulù 郵便路.郵送コース.
邮轮 yóulún (郵船)
邮迷 yóumí 切手マニア.→〔集 jí 邮〕
邮票 yóupiào 〔~方/细花〕郵便切手.〔纪念~〕記念切手.〔~市场〕切手市場.〔特材~〕紙以外の素材で作った切手.
邮品 yóupǐn 郵趣アイテム:収集の対象としての切手など.
邮人 yóurén 切手愛好家.切手収集家:〔集 jí 邮爱好者-友]ともいう.
邮市 yóushì (収集品としての)郵便切手売買(市場).郵趣市場.
邮售 yóushòu 通信販売する.
邮送 yóusòng 郵送する.
邮亭 yóutíng 簡易郵便局.郵便局出張所.
邮筒 yóutǒng 郵便ポスト:〔信 xìn 筒(儿)〕に同じ.
邮务 yóuwù 郵便事務.
邮箱 yóuxiāng ①郵便(差出)箱.ポスト:〔信 xìn 箱〕ⓐに同じ.②メールボックス.
邮驿 yóuyì 旧公文書逓送の受け渡し場(宿場)
邮友 yóuyǒu ペンフレンド.〔与他建立~关系〕彼とペンフレンドになる.
邮运 yóuyùn 郵送(する)
邮展 yóuzhǎn 切手類の展示会.
邮折 yóuzhé 記念切手シートの一種.
邮政 yóuzhèng 郵便行政.〔~储 chǔ 金〕〔储蓄〕郵便貯金.〔~快件〕速達郵便.〔~汇款〕郵便送金.〔~编码〕郵便番号.〔~特快专递〕エクスプレスメール.EMS.
邮政局 yóuzhèngjú ⇒〔邮局〕
邮政信箱 yóuzhèng xìnxiāng ⇒[邮局信箱]〔信箱②〕(郵便局)の私書箱.
邮资 yóuzī 〔信 xìn 资〕〈文〉郵送料.〔~总付料金別納郵便.〔国内~已付〕国内郵送料は支払い済み.→〔邮费〕

〔**油**〕 yóu ①(植物性・動物性・鉱物性の)油・油脂・脂肪(総称).〔一桶 tǒng ~〕油一缶.〔打~〕油を買う.ⓑ〈方〉搾油(する).〔抹 mǒ ~〕油を塗る.〔上~〕油(ペンキ)を塗る.ⓑ油をさす.〔植 zhí 物~〕植物油.〔食 shí 用〕食用油.〔芝麻 zhīma ~〕〔麻~〕〔香 xiāng ~〕②ごま油.〔菜~〕(な)たね油.〔花生~〕〔生~〕落花生油.〔猪 zhū ~〕〔脂 zhī 油~〕ラード.〔奶 nǎi ~〕バター.〔鱼肝~〕肝油.〔矿 kuàng ~〕重油.〔原 yuán 油〕原油.〔重 zhòng ~〕重油.〔润 rùn 滑~〕潤滑油.〔机 jī 器~〕〔机械~〕マシン油.ⓑ(俗).機械油.〔机~〕〔引 yǐn 擎~〕

エンジンオイル.〔汽缸~〕タービン油.〔马 mǎ 达~〕モーターオイル.〔锭 dìng 子~〕スピンドル油.②濃い液状の調味料.エキス.〔酱 jiàng ~〕醤油.〔卤 lǔ 虾~〕塩辛にした小えびのすり身からしぼった調味料.③〈喩〉うまい汁.利益.〔揩 kāi 油(不正をして)金をごまかす.うまい汁を吸う.→〔油水(儿)②〕④〈喩〉馬力.〔加~(儿)〕馬力を出す.がんばる.⑤油(ペンキ)を塗る(ぬってる).油だらけにする.〔这门刚~过〕この戸はいま塗ったばかりだ.〔留神~了衣服〕服に油がつかないように注意せよ.⑥ずる賢い.(事情によく通じて・不実で)ずるい.〔这个人太~了〕この人間は非常にずる賢い.〔別看他年轻,可是相当~〕彼は若いけれど,なかなかずる賢い.〔老~子〕(老~条)こすっからい奴.したたか者.要領のよすぎる者.〔~腔滑调〕⑦〈姓〉油(●)

油泵 yóubèng 〔机〕給油ポンプ.オイルポンプ.→〔水 shuǐ 泵〕
油表 yóubiǎo 油量計.
油饼 yóubǐng ①〔农〕(植物の種子から搾油した後の)厚板状に固めた油かす.〔油枯〕〔枯 kū 饼〕ともいう.→〔豆 dòu 饼〕 ②〔~儿〕〔食〕ヨウピン:〈方〉麻叶(儿)〕ともいう.〔油条①〕に似た円形の食品.
油驳 yóubó 給油船
油布 yóubù 桐油を塗った防水布.→〔油漆布〕
油彩 yóucǎi ドーラン.〔涂上深棕色的~〕濃いとび色のドーランを塗る.→〔粉 fěn 彩〕
油菜 yóucài 〔植〕①アブラナ:アブラナ科植物.〔芸 yún 薹〕は古名.〔青 qīng 菜③〕ともいう.②アブラナ科野菜.とくに〔青 qīng 梗菜〕(チンゲンサイ)を指す.
油菜籽 yóucàizǐ 〔油菜子〕とも書く.アブラナの種子:〔菜子(儿)①〕に同じ.
油藏 yóucáng 埋蔵石油.
油槽 yóucáo ⇒〔油囤〕油タンク.油槽.
油槽船 yóucáochuán ⇒〔油轮〕
油槽(汽)车 yóucáo (qì)chē ⇒〔油罐(汽)车〕
油层 yóucéng 〔地〕油層.石油地層.
油茶 yóuchá ①〔植〕アブラツバキ.オオシマサザンカ:その種子からとった油を〔茶油①〕という.〔~树〕〔茶(子)树〕同前の木.②⇒〔油炒面儿〕
油茶面儿 yóucháaànr 同上.
油炒面儿 yóuchǎomiànr =〔炒面儿〕〔油茶面儿〕〔食〕小麦粉に〔牛骨髓油〕または(中国を加えてきつね色に)炒り,これに白糖またはくるみの実のくずを混ぜ合わせたもの.これに熱湯・砂糖を加えてくず湯のようにしたものを〔油茶②〕という.
油船 yóuchuán ⇒〔油轮〕
油锤 yóuchuí ハンマー.鉄槌(ぶち)
油葱 yóucōng 〔植〕⇒〔芦 lú 荟〕
油淬火 yóucuìhuǒ 〔冶〕油焼きいれ.
油灯 yóudēng (なたね油などの)ともしび.油ランプ.→〔灯盏〕
油滴天目 yóudī tiānmù (黒色の釉(⑦)薬を使った)天目茶碗.
油底子 yóudǐzi (油の容器の底にたまるねばり気のある油.〈方〉油脚子〕ともいう.
油点草 yóudiǎncǎo 〔植〕ヤマホトトギス:ユリ科の多年生草本.葉に油滴状の斑点がある.
油电门 yóudiànmén ⇒〔油炸豆腐〕
油豆腐 yóudòufu ⇒〔油炸豆腐〕
油断路器 yóu duànlùqì =〔油(浸)开关〕回路遮断器.→〔断路器〕
油囤 yóudùn ⇒〔油槽〕
油坊 yóufáng (〔油房〕:植物油をしぼる作業場で,〔榨 zhà 油〕して(油をしぼって)売る店.
油风 yóufēng ⇒〔斑 bān 秃〕

yóu

油封 yóufēng 〘機〙オイルシール.
油干灯尽 yóugān dēngjìn ①油が切れて灯火が消える.〈喩〉深夜になる.〔俩人谈到～才去睡觉〕二人は深夜まで話し込んでやっと寝た.②〈喩〉命のともし火がつきる.〔这人已经一快归西了〕この人はもうすぐにともし火がつきて息を引き取ります.
油橄榄 yóugǎnlǎn 〘植〙オリーブ,またその果実:モクセイ科.〔橄榄〕は通称.〔洋 yáng 橄榄〕は別称.果実は〔齐 qí 墩果〕ともいう.オリーブ油は〔橄榄油〕
油钢 yóugāng 〘工〙油で〔淬 cuì 火〕(焼き入れ)をした鋼
油膏 yóugāo ①軟膏.②グリース:〔滑 huá 脂〕の別称.〔泵 bèng〕→〔注油泵〕グリスポンプ.〔乳 rǔ 头〕〘機〙グリスニップル.
油工 yóugōng 塗装工.ペンキ工.
油垢 yóugòu 油あか:〔油渍〕に同じ.
油瓜 yóuguā ⇒〔猪 zhū 油果〕
油管 yóuguǎn オイルパイプ.
油罐 yóuguàn オイルタンク.石油貯蔵タンク.〔～(汽)车〕〔油槽(汽)车〕タンクローリー.
油光 yóuguāng つやつや(ぴかぴか)している.〔梳了一条～的大辫子〕つやつやした長いおさげを結っている.〔地板擦得～〕床板がぴかぴかに拭いてある.
油(光)锉 yóu(guāng)cuò 目のごく細かいやすり.
油光水滑 yóuguāng shuǐhuá つやつやと滑らかである.〔一头的头发〕つやつやで滑らかな髪.〔把地板打磨得～〕床板をぴかぴかに磨きあげる.
油光铮亮 yóuguāng zhēngliàng つるつるぴかぴか.〔～的秃头顶〕つるつるに禿(は)げた頭のてっぺん.
油馃子 yóuguǒzi ⇒〔油条〕
油耗 yóuhào (車や機械の)燃費.〔这种车～太大〕この車はガソリンを食いすぎる.
油耗子 yóuhàozi 〈喩〉石油の闇取引や密輸を行う者.
油乎乎 yóuhūhū 脂っこい.
油壶 yóuhú 油入れ.〔拿～来给自行车膏 gào 油〕油入れを持って来て自転車に油をさしてくれ.
油壶子 yóuhúzi ⇒〔汽 qì 化器〕
油葫芦 yóuhúlu 〈方〉エンマコオロギ.
花(儿) yóuhuā(r) ⇒〔油星〕スープなどの表面に浮く油.
油滑 yóuhuá 丸くおさめる.八方うまくやる.→〔流 liú 滑〕
油画 yóuhuà 油絵.
油环 yóuhuán 〘機〙オイルリング.
油荒 yóuhuāng 石油恐慌.石油危機.オイルショック
油晃晃 yóuhuǎnghuǎng 油でぴかぴか光るさま.てかてかに光るさま.〔一副～的黑脸〕てかてかに光った黒い顔.
油灰 yóuhuī ①=〔〈方〉油腻子〕〔白 bái 油灰〕〔水 shuǐ 丹〕〔桐 tóng 油灰〕パテ:ガラスの窓枠とガラスとのすきまにつめ,または器具の穴を充填するのに用いる.桐油と石膏または緑豆の粉をこねたもの.②〘機〙スラッシュ.
油伙儿 yóuhuǒr ⇒〔二 èr 把刀②〕
油机 yóujī ⇒〔火 huǒ 油汽机〕
油鸡 yóujī 〘鳥〙コーチン:にわとりの優良品種.→〔柴 chái 鸡〕
油迹 yóujì ①油のしみ.〔～斑 bān 斑〕油の飛んだしみの跡がいっぱい.②〘工〙脂きず:ゴムやプラスチックを成型する時,滑剤によってできるシミやキズ.
油剂 yóujì 〘薬〙油剤.
油加利 yóujiālì ⇒〔桉 ān 树〕
油煎 yóujiān 油で炒める.
油煎火燎 yóu jiān huǒ liǎo 居ても立ってもいられ

ないさま.
油尖头 yóujiāntóu ⇒〔喷 pēn 油嘴〕
油匠 yóujiàng ⇒〔油漆工⑤〕
油脚 yóujiǎo 〈方〉あげ玉.天かす.油かす:揚げ物の残りかすや油の搾りかす.②⇒〔油底子〕
油(浸)开关 yóu(jìn)kāiguān ⇒〔油断路器〕
油井 yóujǐng 油井(ゆせい).石油を採取する井戸.
油锯 yóujù 動力鋸(のこ).チェーンソー.
油枯 yóukū ⇒〔油饼⑤〕
油库 yóukù 石油タンク.
油矿 yóukuàng ①地下埋蔵石油.石油を採取する所.②油田.
油拉八唧 yóulā bājī 〈方〉①(着衣などが)油だらけ.②(食物が)油っこい.
油蜡 yóulà パラフィンワックス.
油老虎 yóulǎohǔ 〈喩〉①燃料を大量に消費する大型車・機械・企業など.②権益を独占する石油会社.
油亮 yóuliàng てらてらに光る.〔刚下过雨,树叶子都～～的〕雨が降ったばかりで樹木の葉はてらてらと光っている.
油料 yóuliào 搾油原料.〔～作物〕搾油用の作物:大豆・胡麻・ひまわりなど.②燃料用の油.
油令 yóulìng ①⇒〔油胀圈〕〔刮 guā 油胀圈〕〘機〙オイルリング.②⇒〔管 guǎn 套节〕
油龙 yóulóng 原油の美称(噴出する原油や,輸送のパイプラインをたとえて)
油篓 yóulǒu いばらの枝あるいは竹で,口を小さく腹を大きく編み,豚の血あるいは桐油を塗った紙を貼った容器:油や酒類を貯えるのに用いる.
油漏子 yóulòuzi 油漏斗(ろうと).
油路 yóulù アスファルト道路:〔柏 bǎi 油(马)路〕の略.
油绿 yóulǜ 〘色〙(光沢のある)濃緑(の).〔～的麦苗〕濃緑の麦の苗.
油轮 yóulún ⇒〔油槽船〕〔油船〕タンカー.油槽船.
油码头 yóumǎtóu 石油積み出し埠頭.
油麦 yóumài ⇒〔油麦菜〕
油麦菜 yóumàicài ⇒〔莜麦菜〕
油毛毡 yóumáozhān ⇒〔油毡〕
油门 yóumén [～儿]〈口〉アクセル.〔踩～〕アクセルをふむ.〔加大～〕スロットル.スロットルバルブ.〔加大～〕速度をはやめる.〔开足～〕フルスピードを出す.
油面 yóumiàn ①〔莜麦面〕②油で小麦粉をこねたもの.→〔松 sōng 饼〕
油苗 yóumiáo 油脈.石油の鉱脈.
油磨刀石 yóu módāoshí ⇒〔油石〕
油膜轴承 yóumó zhóuchéng 油膜(まく)軸受.
油墨 yóumò 印刷インク.〔印刷〕同前.
油(母)页岩 yóu(mǔ)yèyán 〘鉱〙オイルシェール:石油を含有する水成岩.乾留して頁岩油を採取する.
油泥 yóuní ①油あか.汚れ.油垢(あか).〔把自行车送到车铺去擦～〕自転車を店に持っていって油汚れを磨いて(落として)もらう.〔您的手表该擦～了〕あなたの腕時計は掃除をしなくちゃならない.〔一脸的～〕顔中の～
油腻 yóunì ①油っこい.〔我不敢吃太～的东西〕わたしはあまり油っこいものは食べられない.〔～油汪汪①〕〔素 sù 净②〕②垢.〔衬 chèn 衫领子上有～〕ワイシャツのえりに垢がついている.
油腻子 yóunìzi ⇒〔油灰①〕
油盘 yóupán 〘機〙油受け.
油皮(儿) yóupí(r) 〈方〉(体の)皮.皮膚.〔手上蹭 cèng 了一点儿～〕手の皮を少しむいた.②〔豆 dòu 腐皮〕湯葉.
油票 yóupiào (統制経済期の)食料油やガソリンな

油 yóu

どの購入券.
油品 yóupǐn 石油製品.
油瓶 yóupíng ①油を入れる瓶. ②〈喻〉(女性側の)連れ子.〔拖 tuō ～〕連れ子を連れる(で再婚する).
油漆 yóuqī ①ペンキ.オイルペイント.〔～料〕ペイント類塗料.〔～工〕⑧塗装作業.⑥塗装工.〔～匠〕〔漆工〕ともいう.〔～未干〕ペンキぬりたて注意. ②ペンキを塗る.〔～得很好〕塗装がなかなかよい.
油漆布 yóuqībù =〔漆布〕①(ワニスなどを塗った)油布:テーブルかけ用. ②レザークロス:装本用. →〔油布〕
油气 yóuqì ①オイルガス.〔～溚 tǎ〕オイルガスタール. ②石油と天然ガス.〔～井 jǐng〕同前の油井(⑪).〔～田〕同前の産出地帯.
油钱 yóuqián ①燃料費. ②光熱費.
油枪 yóuqiāng ①⑳オイルガン. ②⇒〔滑 huá 脂枪〕
油腔滑调 yóuqiāng huádiào 〈喻〉上っ調子で実の伴わない話ぶり.話が軽薄なさま.〔你看他那副～的样子,能信任吗〕どうだね,彼のあの上っ調子で実のない態度は,信用がおけるかね.
油区 yóuqū 産油区.
油儿 yóur 〈口〉うまい汁:〔油水(儿)②〕ともいう.〔你吃肥的,让我们沾 zhān 点儿～就行〕きみが油(もうけ)の多いところはとって,わたしたちに少しあからせてくれればいい.
油然 yóurán ①油然として:感情などが自然にわき起こるさま.①〔兴趣～而起〕興味が油然として起こる. ②雲などが盛んにわきおこるさま.〔～作云〕雲が勢いよくわき立つ.
油糅 yóuróu 油なめし(をする)
油润 yóurùn 油気がありつややか.〔面色～起来〕顔色が油性になってくる.
油色 yóusè 油絵の具.
油砂 yóushā ⑳オイルサンド:〔石 shí 油砂〕ともいう.〔～型芯〕油を粘着剤として作った砂鋳型の心(k).油じん.
油杉 yóushān ⑫ユサン:松科シマモミ属植物.〔台湾～〕タイワンシマモミ.
油石 yóushí =〔油磨刀石〕⑳〔油砥石〕(ь):天然または人造研磨料で作った研磨工具.使用前に油を滲(ぃ)ます.
油饰 yóushì 桐油(ペンキ)を塗る(ってある)
油刷 yóushuā ペンキを塗る.〔把房屋一新〕建物にペンキを塗ってすっかりきれいにする.
油水(儿) yóushuǐ(r) ①油気.栄養分.脂肪分.〔吃的饭里没～,面有菜色〕食べるものに栄養分がないので顔が青い色をしている. ②〈喻〉もうけ.うまい汁.〔这买卖没多大～〕この商売はたいしてうまいもうけはない. →〔抽 chōu 头儿①〕
油丝 yóusī ⇒〔游丝①〕
油松 yóusōng ⑫マンシュウクロマツ.
油酥 yóusū ⑬油でこねた小麦粉をかりかりに焼いた(饼)または菓子類.〔～烧饼〕同前のシャオビン.
油酸 yóusuān =〔十 shí 八烯酸〕⑯オレイン酸(油酸).〔～汞 gǒng〕オレイン酸水銀.油酸汞.
油莎草 yóushāchǎo〔油莎豆〕ともいう.⑭カヤツリグサ(科植物)の一種:根茎は生食・榨油・飼料などに用いる.
油桃 yóutáo ⑫桃の一種.栽培種で果皮に毛のないもの.
油田 yóutián 油田.
油田伴生气 yóutián bànshēngqì ⇒〔油型气〕
油田气 yóutiánqì ⇒〔油型气〕

油条 yóutiáo ①=〈方〉油馃子〕〔油炸鬼〕〔油炸桧〕〔油炸果(儿)〕〔油炸粿〕⑪〔炸 zhá 油条〕練って発酵させ塩味を加えた小麦粉を長さ30センチ程度のひも状または縄状のものにして油で揚げたふわふわした食品.大別される.円形のものは〔油饼②〕という. ②ずるい(人物).〔他这人～极了〕彼という人物は非常にずるい.〔老～〕したたかな注意.
油条钻头 yóutiáo zuàntou =〔麻 má 花钻(头)〕
油桐 yóutóng =〔荏 rěn 桐〕⑫オオアブラギリ(シナアブラギリ):トウダイグサ科の高木.果実から〔桐油〕を製する.〔桐油树〕は通称.〔罂 yīng 子桐〕ともいう.
油桶 yóutǒng オイル缶.ドラム缶.
油头粉面 yóutóu fěnmiàn ①回娼妓・淫売婦. ②〈喻〉厚化粧(をした容貌).軽薄な風采:男女共に用いる.
油头滑脑 yóutóu huánǎo 悪賢い.要領がよくてずる賢い.
油汪汪 yóuwāngwang ①油のたっぷりした.〔菜做得～的料理〕油っこい. →〔油腻①〕 ②つやつやした.油光りした.
油污 yóuwū 油汚れ.
油香 yóuxiāng ⑬イスラム教徒の食物の一種:小麦粉を熱湯で練り,食塩を加え餅状にして油で揚げたもの.
油箱 yóuxiāng オイルタンク.油だめ.
油香钱 yóuxiāngqián 〈方〉賽銭:〔香钱②〕に同じ.
油鞋 yóuxié ⑪桐油を塗った雨天用の布靴:底に鋲(びょう)をうった.→〔钉 dīng 鞋〕
油星 yóuxīng ⇒〔油花(儿)〕
油型气 yóuxíngqì 石油随伴ガス:〔油田气〕〔油田伴生气〕ともいった.
油性 yóuxìng 油性.〔～皮肤〕脂性肌.
油压 yóuyā ⑩オイルプレッシャー.〔～机〕油圧機.〔～泵 bèng〕油圧ポンプ.シリンダー(印刷機械など).〔～千斤顶 dǐng〕オイルジャッキ.
油烟 yóuyān 油煙:〔油烟子②〕ともいう.製墨用に油を燃やしてとるす.
油烟子 yóuyānzi ①調理油や油ランプの使用で生ずる煙(による汚れ). ②同上.
油盐店 yóuyándiàn ⑪食料雑貨店:油・塩などから日用雑貨にいたるまでを取り扱う小売店.
油盐酱醋 yóu yán jiàng cù 油・塩・みそ・酢:食生活必需品のこと.〔柴〕〔米〕〔茶〕を合わせて〔七件事〕という.→〔开 kāi 门七件事〕
油眼 yóuyǎn 注油孔.
油椰子 yóuyēzi ⇒〔油棕〕
油页岩 yóuyèyán ⇒〔油(母)页岩〕
油印 yóuyìn ⑬謄写版印刷(する).〔～机 jī〕〔誊 téng 写版〕謄写版:やすり版を〔钢 gāng(笔)板〕,鉄筆を〔铁 tiě 笔〕〔钢(铁)笔〕,原紙を〔蜡 là 纸②〕〔钢版蜡纸〕〔誊写版纸〕〔誊写蜡纸〕という.〔～文 wén 件〕謄写印刷物.〔～小报〕謄写版刷りの小新聞.〔～铅 qiān 印〕〔石 shí 印〕
油油 yóuyóu ①草木がつやかなさま.〔禾 hé 黍～〕〔～稻やきびが青々としている.〔绿～的麦田〕緑濃い麦畑. ②水の流れるさま.〔江水～〕川が流れている. ③自然であるさま.〔～然充满生气〕大地がおのずと生気に満ち溢れている.
油浴 yóuyù ⑮油浴.
油渣 yóuzhā ①油のしぼりかす. ②〔-儿〕豚の脂肉を煮て豚油をとった残りのかす:食用にされる.
油渣饼 yóuzhābǐng ⇒〔豆 dòu 饼〕
油渣果 yóuzhāguǒ ⇒〔猪 zhū 油果〕
油渣机 yóuzhājī ⇒〔柴 chái 油机〕

油炸 yóuzhá 油で揚げる.〔～的面食〕同前の小麦粉食品.〔～豆腐〕㊥油揚げ.〔～鬼 guǐ〕〔～桧 guì〕〔～果(儿)〕〔～餜(儿) guǒ(r)〕㊥中国風揚げパンの一種.〔油条①〕の別称.
油毡 yóuzhān 〔油毛毡〕㊧(屋根ふき用)アスファルトルーフィング.〔柏 bǎi 油纸〕〔屋 wū 顶(焦)油纸〕ともいう.〔～砖 zhuān〕リノタイル.
油胀圈 yóuzhàngquān ⇒〔油令①〕
油针 yóuzhēn 油性注射薬.
油脂 yóuzhī 油脂.〔～麻花〕〔～模 mó 糊〕油で汚れたさま.
油纸 yóuzhǐ 油紙:桐油を塗った防湿用紙.〔亚麻～〕アマ油紙:傷口などの包帯に用いる.
油质 yóuzhì 油質(の).油性(の).〔～颜 yán 料〕油性顔料.〔～青霉 méi 素〕㊸油性ペニシリン.〔～普鲁卡 kǎ 因〕油性プロカインペニシリン.
油种子树 yóuzhǒngzǐ shù ⇒〔毛毛榉〕
油注子 yóuzhùzi 油差し.
油渍 yóuzì 油あか.〔油垢〕に同じ.
油子 yóuzi 〈方〉事情によく通じてずる賢い人間.古ねずみ.〔他们都是～了,算盘精得厉害〕彼らは古ねずみばかりで,そろばんのはじきかたはえらく細かい.〔京 jīng 油子〕〔老 lǎo 油条〕②黒くてねばねばしたもの.やに.→〔膏 gāo 药油子〕〔烟 yān 袋油子〕
油棕 yóuzōng =〔油椰子〕㊘アブラヤシ:果実から椰子油をとる.西アフリカ・ブラジル産.
油嘴 yóuzuǐ ①口がうまいこと.ぺらぺらしゃべること.〔他没一点儿真本事,就仗一张一对见就是张着手腕もなく,ただ口ばかりであちこちしゃべりまくっているだけだ.②同前の人.
油嘴滑舌 yóuzuǐ huáshé =〔<方>咩 hua 哗 fu 吊嘴〕〈喩〉口がうまくて実がない.〔光的办不成事啊〕口先だけうまくて事は成功できないよ.

[柚] yóu → yòu
柚木 yóumù ㊥チークノキ:〔梯リ克〕は音訳.船・車・家具などの製造に用いられる.

[铀・鈾] yóu ㊸ウラン:放射性希土類金属元素.記号U.アクチノイドの一.

[蚰] yóu
蚰蜒 yóuyán ㊤ゲジゲジ:俗に〔草 cǎo 鞋虫〕〔钱 qián 串子④〕〔钱龙①〕〔入 rù 耳①〕ともいう.②→〔蜈 wú 蚣〕
蚰蜒草 yóuyáncǎo ⇒〔锯 jù 齿草〕

[鲉・鮋] yóu ㊁カサゴ・オコゼ(科の魚の総称).〔赤 chì ～〕ハオコゼ.〔毒 dú ～〕〔鬼 guǐ ～〕オコゼ.オニオコゼ.〔虎～〕ミシマオコゼ.〔簑 suō ～〕ミノカサゴ(総称)

[斿] yóu 〈文〉①旗の上につけるリボン.②泳ぐ.〔游(I)①〕に通じる.

[游(遊)] yóu (I)〔游〕①泳ぐ.〔你能～多远〕どのくらい泳げますか.〔～到对岸〕対岸へ泳いで行く.→〔游泳〕②河流の一部分.〔上～〕上流.〔下～〕下流.③〈姓〉游(?)(II) 〔遊〕①…に遊ぶ.〔闲 xián ～〕ぶらぶらと遊んで回る.②動き回る.一か所に固定しないで.常に移動する.→〔游民〕〔游牧〕 ⑧他地へ行く.旅をする.〔自助～〕個人旅行.〔远～〕遠い土地へ行く.→〔游子 zǐ〕 ④交際する(して教えを受ける).〔交～〕〔从吴君～,获益甚多〕呉氏に教えを受けて,すこぶる得るところがあった.
游伴 yóubàn 遊び友だち.旅の連れ.
游标 yóubiāo ①㊸副尺.遊標:〔<音訳>佛 fó 逆(バーニア)ともいう.②照尺の一部.→〔表 biǎo 尺〕⑧⇒〔光 guāng 标〕
游(标)尺 yóu(biāo kǎ) chǐ ㊤ノギス:単に〔卡尺〕ともいう.副尺付きの金属製尺で,物の厚さ,球や穴の直径を測る.
游标卡钳 yóubiāo kǎqián ㊨バーニアカリパス.滑りカリパス.
游程 yóuchéng 観光の日程.ツアースケジュール.
游船 yóuchuán ⇒〔游艇①〕
游春 yóuchūn 春を楽しむためぶらぶら歩く.
游词 yóucí ⇒〔光 guāng 标〕
游荡 yóudàng 遊蕩する.遊びほうける.〔一天到晚无所事事,到处～〕朝から晩まで何もやることがなく,一日中ぶらぶらしている.
游点 yóudiǎn 観光スポット.
游冬 yóudōng ⇒〔苦 kǔ 菜〕
游动 yóudòng (固定しないで)あちこちに動く.
游方 yóufāng 行脚(㊲)(する).〔～僧〕行脚僧.
游舫 yóufǎng ⇒〔游艇〕
游蜂 yóufēng ⇒〔雄 xióng 蜂〕
游港 yóugǎng ①港で遊ぶ.港でぶらつく.②香港に旅行する〔出 chū 游香港〕の略.
游逛 yóuguàng 歩き回って見物する.ほっつき歩く.
游魂 yóuhún さまよってよるべもない亡霊.〔流浪了一生,死后也是～,没个归宿〕一生流浪すれば,死んでからもよるべのない亡霊になってしまって,落ち着くところがない.
游击 yóujī ①ゲリラ.〔打～〕ゲリラ戦をやる.〔～队 duì〕ゲリラ隊.〔～战〕ゲリラ戦.〔～习 xí 气〕ゲリラ戦的な(平時には通用しない)やりかた.②〈ス〉(野球の)ショート(ストップ).遊撃手:〔～手〕ともいう.→〔一 yī 垒〕
游记 yóujì 旅行記.〔格 gé 列佛～〕㊨ガリバー旅行記:英国のスウィフト作の長篇風刺小説.
游迹 yóujì ①観光した足跡.②流動する.ゆれ動く.
游家 yóujiā 旅行愛好者.旅好き.
游街 yóujiē (罪人を)街に引き回す.〔～示众〕同前の公衆に示す.(表彰・宣伝のため,英雄・模範を)街に引き回す.
游客 yóukè 観光客.
游览 yóulǎn 遊覧(する).〔～长城〕万里の長城を見物する.〔～客车〕遊覧バス.〔～区〕遊覧区.
游廊 yóuláng いくつかの建物を連ねる長い廊下.渡り廊下.回廊.
游乐 yóulè 遊び楽しむ.〔～园 yuán〕〔～场 chǎng〕遊園地.
游离 yóulí ①㊸遊離(する).〔～电子〕自由電子.〔～基 jī〕遊離基.〔～态 tài〕遊離態.②〈喩〉他から離れて存在する.浮く.〔他既不属该 shǔ 于这一派,又不属于那一派,是一个～分子 fènzǐ〕彼はこの派でもなくあの派でもなく,遊離してしまった分子だ.
游历 yóulì 遊歴する.旅行して回る.〔到各地去～长 zhǎng 长见识〕各地に遊歴して見識を広める.
游猎 yóuliè 各地を猟をして回る.
游侣 yóulǚ 旅の連れ.旅の友.
游轮 yóulún 遊覧船.観光船.
游民 yóumín 正業のない人.〔无业～〕ルンペン.
游目 yóumù ⇒〈〉眺め渡す.〔～四方〕四方を同前.
游牧 yóumù 遊牧(する).〔～民族〕遊牧民族.〔～生活〕遊牧生活.
游幕 yóumù ㊨富省の顧問役(随員)となる(なってその任地について行く).→〔幕友〕
游憩 yóuqì ⇒〔游息〕
游禽 yóuqín 水鳥(の総称).游禽.

游人 yóurén 物見遊山の人.遊覧客.〔～止步〕遊覧者立ち入り禁止.
游刃有余 yóurèn yǒuyú〈成〉料理人が上手に包丁を操って自由に肉を切る.〈喩〉余裕をもって…する.〔以他的能力应 yìng 付这事是～的〕彼の能力をもってすれば、この件に対処するのは容易なことだ.
游散 yóusàn 場所を固定せず分散する.
游僧 yóusēng 雲水.托鉢(はつ)僧.
游山玩水 yóushān wánshuǐ〈成〉海山に遊ぶ.観光する.
游手好闲 yóushǒu hàoxián〈成〉ぶらぶら遊んでいて仕事をしない.〔～不务正业〕同樣できちんとした仕事に精を出さない.
游水 yóushuǐ 泳ぐ.→〔游泳〕
游说 yóushuì ①〈文〉遊説する.→〔说 shuì 客〕②勧誘する.口車にのせる.口説く.
游丝 yóusī ①=〔油丝〕機(時計などの)ひげぜんまい.②=〔飞 fēi 丝〕空中に浮動しているクモの吐いた糸:多く比喩的に用いる.
游隼 yóusǔn =〔花 huā 梨鹰〕〈方〉鸭 yā 鹘〕〈方〉鸭虎〕图 ハヤブサ.〔〈方〉黑 hēi 背花梨鹞 yào〕ともいう.
游艇 yóutǐng ①=〔游船〕〈文〉游舫〕遊覧船.②ヨット.〔快 kuài 艇〕
游玩 yóuwán ①遊びに出かける.出かけて遊ぶ.②遊戯(する)
游息 yóuxī =〔游憩〕遊びと休息(をとる)
游戏 yóuxì 遊戯(する).〈做〉ゲーム(遊戯)する.〔玩儿～机〕テレビゲームをする.〔～软件〕ゲームソフト.〔～虫〕ゲームおたく.〔～结束〕ゲームオーバー.〔～中心〕ゲームセンター.〔～机〕〔游艺机〕ゲーム機.〔几个孩子正在大树底下～〕子どもたちが大きな木の下で遊んでいる.
游戏规则 yóuxì guīzé 遊び(ゲーム)のルール.〈転〉競走のルール.戦いのやり方.
游侠 yóuxiá 俠客.男伊達(だて)
游仙诗 yóuxiānshī 固 仙境になぞらえて心情を述べた詩.
游线 yóuxiàn (旅行社などが設定した)ツアー.観光コース.
游乡 yóuxiāng ①(罪人を)村に引き回す.〔戴高帽子～〕長三角帽をかぶせて村を引き回す.→〔游街①〕②農村を行商する.
游庠 yóuxiáng〈文〉旧(秀才の試験に合格して)学校に入る.
游心 yóuxīn〈文〉思いを深く遠く馳せる.
游星 yóuxīng ⇒〔行 xíng 星〕
游行 yóuxíng ①各所を巡り歩く.②(祝賀・記念・示威のために隊を組んで)街頭を行進する.デモ行進(パレードをする.〔～示威〕デモンストレーション)をする.示威行進する.〔～队伍〕デモ隊.〔结 jié 队～〕隊を組んで行進する.
游兴 yóuxìng 遊んでみようという興味.うきうきした気持ち.行楽気分.〔老风今日～不浅〕〈白〉兄貴は今日はなかなかうきうきした気持ちになっておられる.〔趁 chèn 着～踏月而归〕興に任せて、月の光を踏んで帰宅する.
游学 yóuxué 田 遊学(する).留学(する).〔他少年时代曾～远方〕彼は若いころに遠い所へ遊学したことがある.
游言 yóuyán =〔游辞〕〈文〉根拠のない言葉.デマ.〔～可畏〕人の噂は怖い.〔莫信～同前のために傷つけられる.
游冶 yóuyě〈文〉(色恋にふけって)遊ぶ.〔～郎〕同前の男.
游医 yóuyī 旧 流しのもぐりの医者.〔江 jiāng 湖～〕渡

り歩きの医者.〈転〉もぐりの医者.資格のない医者.
游移 yóuyí ①移動する.動いている.②⇒〔犹疑〕
游弋 yóuyì ①〈文〉(軍艦が偵察行動をとりながら海面を)巡航する.②水を泳ぐ.
游艺 yóuyì 遊芸.演芸.〔～会〕演芸会.→〔文 wén 娱〕
游艺机 yóuyìjī ⇒〔游戏机〕
游泳 yóuyǒng 水泳(する).泳ぎ(ぐ).〔～衣〕〔泳装〕水着.〔～池〕プール.遊泳場.〔～裤 kù〕〔～裤衩 chǎ〕海水パンツ.〔～帽 mào〕水泳帽.〔～比赛〕水泳競技.
游勇 yóuyǒng〈文〉敗残の兵士.〔散兵～〕同前.
游游荡荡 yóuyóu dàngdàng ぶらぶら遊ぶさま.〔～地走了过来〕ぶらぶら歩いて来る.
游鱼 yóuyú 回遊している魚.
游园 yóuyuán ①公園(または庭園)で遊ぶ.②公園などで祝賀行事を行う.〔～会〕園遊会.〔～晚会〕園遊の夕べ.
游资 yóuzī ①遊資.遊び金.〔市面～充斥〕市場に遊休資金がだぶついている.②ホットマネー.〔热 rè 钱〕に同じ.〔导～于正轨〕ホットマネーを正道に乗せる.
游子 yóuzǐ〈文〉旅人.さすらい人:家または故郷を離れ他所にいる人.〔～思乡〕旅人が故郷を思う.
游子 yóuzi ⇒〔圞子〕
游踪 yóuzōng〈文〉遊歴の足跡.〔～无定〕同前と一定していない.
游走 yóuzǒu ①ぶらつく.②遊走性の.〔～性关节痛〕医 遊走性関節痛.

[蛴] yóu 〔蜉 fú～〕虫カゲロウ.

[㳠] yóu =〔澉〕〈文〉水の流れるさま.〔～～〕同前.

[莜] yóu
莜麦 yóumài =〔油麦〕〔元 yuán 麦〕田 ハダカエンバク:山西省・内蒙古自治区に産する〔燕 yàn 麦〕(オートムギ)の近縁種:牧草にし、また穀粉を食用にする.〔～面〕〔油面①〕同前の粉.→〔麦片〕
莜麦菜 yóumàicài キクチシャの一種:〔〈方〉油麦菜〕とも書く.→〔苦 kǔ 苣菜〕

[澉] yóu ⇒〔㳠〕

[逌] yóu =〔悠〕〈文〉ゆったりとくつろぐさま.〔～然 rán〕同前.〔～尔 ěr 而笑〕にっこり笑う.

[楢] yóu 田 材質の軟い木.

[猷] yóu〈文〉=はかりごと.計画.〔鴻 hóng ～〕大きな同前.

[輶・輏] yóu〈文〉①軽便な車.〔～车 chē〕同前.〔～轩 xuān〕天子の使者の乗る軽便な車.②軽い.

[蝤] yóu 〔～蛑 móu〕〔口 hǎi 蟳蟹〕〈文〉蟹 jié〕魚 ガザミ:ワタリガニ科の大形のカニ.甲殻が杼(ひ)に似ているので〔口 suō 子蟹〕ともいう.→ qiú

[櫾] yóu 田 薪を積んで燃やす(儀式)

[繇] yóu〈文〉古書で,〔由〕と同じく用いる.→ yáo zhòu

[籅] yóu 〔～子〕おとり:〔囮 é 子〕に同じ.〔游～〕とも書く.〔鸟 niǎo ～〕小鳥(を捕るため)のおとり.→〔鸟媒〕

[友] yǒu ①友.友人.〔好～〕〔好朋 péng ～〕良き友.〔旧 jiù ～〕旧友.〔老～〕〔老朋～〕老朋～〕古くからの友人.〔女～〕ガールフレンド.〔军师

yǒu 友有

益~〕良い先生とためになる友人. ②仲間.〔~军〕友军. ③親しい.仲がいい. ④〈文〉友とする.〔择善 yì 人而~之〕人を選んで友とする. ⑤〈姓〉友(ゆう).

友爱 yǒu'ài 友愛.友情.〔团结~〕団結と友愛.
友伴 yǒubàn 友達.友人.友.
友邦 yǒubāng 友邦.善隣の国.
友弟 yǒudì =〔友生②〕〈文〉門弟に対する師の自称.
友好 yǒuhǎo ①友好(的である).〔~关系〕友好関係.〔在~的气氛中进行谈话〕打ち解けた雰囲気の中で話をする.〔用很~的眼光看了我一眼〕非常に敵対的なまなざしでわたしを見た. ②友好的にする.仲良くする.〔~相处〕〔~往来〕お互いに友好的に交わる. ③〈文〉親友.〔生前~〕生前の親友(故人にとって).
友军 yǒujūn 味方の軍隊.友軍.
友邻 yǒulín ①仲良しの近隣. ②仲良く隣接している.
友朋 yǒupéng 朋友.友人.
友情 yǒuqíng 友情.〔深厚的~〕厚い友情.〔客串 chuàn〕=〔出演 yǎn〕友情出演する.
友人 yǒurén 友人.友達.〔国际~〕外国の友人.
友善 yǒushàn 〈文〉仲が良い.〔素相~〕日頃親しくつきあっている.
友生 yǒushēng ①〈文〉友人. ②⇒〔友弟〕
友协 yǒuxié 友好協会の略称.〔中日~〕〔中国日本友好协会〕中日友好協会.
友谊 yǒuyì 友誼.よしみ.親善.〔~(比)赛 sài〕親善試合.〔~商店〕もと友誼商店:外国人向けのデパート.
友于 yǒuyú 〈文〉兄弟.

[有] yǒu（Ⅰ）ある.いる:存在を表す.否定には〔没 méi ~〕または〔没〕を用いる.〔那里 ~十来个人〕あそこに10人くらいいる.〔~我呢,都交给我吧〕わたしがいる,みんなわたしに任せなさい.〔中国~十三亿人口〕中国には13億の人口がいる.〔~办法〕解決策がある.〔~困难〕困難がある.〔没(~)意见〕=〔无 wú ①〕②ある.持っている:所有を表す.否定には〔没~〕または〔没〕を用いる.〔他~一本书〕彼は本を1冊持っている.〔我~经验〕わたしには経験がある.〔我~时间〕わたしは暇がない.〔他~着艺术家的气质〕彼は芸術家の風格を持っている.〔~话好好儿说〕話があったらちゃんと言え. ③発生·出現を表す:否定には〔没~〕または〔没〕を用いる.〔~病了〕病気になった.〔形势~了新的发展〕情勢に新しい発展があった.〔~了两回,就保不住没(~)第三回〕2度あったことは3度目がないとは保証できない. ④長さや重さが一定程度あることを表す.〔雪下得~一公尺厚〕雪は1メートルも積もった.〔他高~175厘米,体重~65公斤〕彼は背丈は175センチ,体重は65キログラムある. ⑤大きい·多いことを表す.〔~学问〕学問がある.〔很~经验〕経験がたいへん豊かだ.〔已经~三点半了〕もう3時半になった.→〔有日①〕〔有日子①〕 ⑥一部の動詞の前に置いて謙譲を示す.→〔有劳〕〔有请〕〔有托〕 ⑦不特定の物事·はっきりわからない物事を表す.〔~一天〕ある日.〔~时候〕ある時.〔~人不赞 zàn 成〕不賛成の人もある.〔~地方不对〕間違ったところに存在する. ⑧はい.居ります:返事の言葉.〔~！〕(名前を呼ばれて)はい！居ります！ ⑨〈姓〉有(ゆう). → yòu

（Ⅱ）〈文〉接頭語に用いる.〔~夏〕夏朝.〔~众〕民衆.

有碍 yǒu'ài 害がある.邪魔になる.〔~交通〕交通の邪魔になる.〔~健 jiàn 康〕健康によくない.〔~观瞻 zhān〕〈成〉備えあれば憂いなし.外観を損ねる.

有案可稽 yǒu'àn kějī 〈成〉文書に記録されている.照合する記録文書がある.〔有案可查〕ともいう.
有案可援 yǒu'àn kěyuán 〈成〉引用できる事例がある.〔只要~,公事就好办得多〕同example例がありさえすれば,公事の仕事はずっとやりやすい.
有把佽伙 yǒubǎjiāhuǒ 〈方〉やり手である.腕がある.〔想不到他办事办得这么好,真~〕彼がこんなに(事を)処理できるとは思わなかった,まったくやり手だ.
有把刷子 yǒubǎshuāzi 〈方〉才能·手腕がある.〔这个人干活~〕この男の仕事やりはすばらしい.
有板有眼 yǒubǎn yǒuyǎn 劇(旧劇で)歌い方が伴奏の拍子によく合っている.〔喩〕(人の言動に)そつがない.きちんと筋道にかなっている.〔他说话来~〕彼は立派に筋道を立てて話をしている.→〔一 yī 板一眼〕
有背 yǒubèi 〈文〉…に違反する.〔~常理〕通常の道理に反する.
有备无患 yǒubèi wúhuàn 〈成〉備えあれば憂いなし.
有悖于 yǒubèiyú …にもとる(そむく·反する).〔~德德 dé 义〕徳義にもとる.
有鼻子有眼儿 yǒubízi yǒuyǎnr 〈喩〉表現が真に迫っている.〔他说得~,好像他亲眼见了〕彼の話しぶりは真に迫っていてまるで彼がその目で見たようだ.
有变 yǒubiàn 変化が出る.〔局势~〕状況が変わった.
有别 yǒubié 区別がある.〔男女~〕男女の別がある.
有病 yǒubìng ①病気である.〔神经病(精神病)〕をいう. ②〈喩〉ちょっとおかしい.〔花那么多钱就买这么一个杯子,你~啊〕こんなグラス1箇に大金をはたきりして,気でもおかしくなったかね.
有槽滑轮 yǒucáo huálún 機溝プーリー.
有槽活塞 yǒucáo huósāi 機溝ピストン.
有差 yǒuchā 〈文〉違いがある.異なる.
有茬儿 yǒuchár 〈方〉感情が食い違っている.仲たがいしている.〔茬〕は〔碴〕とも書く.〔他跟我~〕彼とわたしとは気まずくなっている.〔他们俩~,请客不能一起请〕彼ら二人は仲たがいしているので,お客として呼ぶには一緒には呼べない.
有产阶级 yǒuchǎn jiējí 有産階級.
有偿 yǒucháng 有償(の).有料(の).〔~服务〕有料サービス.〔~新 xīn 闻〕取材枕元から金品を受け取り書いた記事.金品をもらって書くちょうちん記事.〔~配股〕〔~增资〕有償増資.
有车族 yǒuchēzú マイカー族:〔拥 yōng 车族〕に同じ.
有成 yǒuchéng 〈文〉成功する.完成する.見込みがある.〔三年~〕3年で完成する.〔我看此事~〕この事は見込みがあるとわたしは思っている.
有尺水, 行尺船 yǒu chǐshuǐ, xíng chǐchuán 〈喩〉環境に応じて事をする.無理をせずに事を進める.
有刺铁丝 yǒucì tiěsī =〔带 dài 刺铁丝〕有刺鉄線:〔蒺 jí 藜丝〕〔棘 jí 铁线〕ともいう.
有待 yǒudài …する必要がある.…の余地がある.〔还存在许多缺点~克服〕まだ多くの欠点があるので,克服しなくてはならない.〔~来日解决〕解決はこれからのことになる.
有得 yǒudé 会得するところがある.〔有心得〕ともいう.
有的 yǒude ある人(もの):多く繰り返しの形で用いる.〔园里的花,~红,~白〕花園の中の花は,赤いものもあれば白いのもある.
有的没的 yǒude méide あること(もの)ないこと(もの).〔~说瞎话〕あることないことでたらめに言う.

有 yǒu

〔把～都算在里头〕いっさいがっさい計算に入れる.
有的是… yǒudeshì…　…いくらでも(たくさん)ある.〔他家里～钱〕彼のうちには金もないくらでもある.〔这种东西,我家里～〕この種の品ならわたしの家にいくらでもある.

有底 yǒudǐ　①=〔方〕有根②〕(知りぬいていて)自信がある.〔心里~,一点儿都不害怕〕よくわかっているので,何も怖くない.〔只要您一答应,我就～了〕あなたのほうさえ承諾きえすてくれれば,よくわかってますので自信があります.②金ある.財産がしっかりしている.〔他不做事不要紧,家里～〕あの人は仕事をしなくてもかまわない,うちが金持ちなのだ.

有的放矢 yǒudì fàngshǐ〈成〉的があって矢を放つ:ちゃんと目的があって行動する.話す事.なす事皆ぴたりとの射ている.↔〔无 wú 的放矢〕

有点儿 yǒudiǎnr　①少しある.〔你想要的话,这儿还～富 fù 余的〕もしきみが要るなら,ここにもう少し余分がある.〔腕里～水〕お腕の中に水が少しある.②少し.いささか:程度の甚じくないことを表す.意のままにならない気分を示すことが多い.④後に消極的.否定的な語を伴う.〔他稍微～后悔〕彼はいささか後悔している.〔～累了〕ちょっと疲れた.〔头～疼〕頭が少し痛い.〔这个问题提得～太突然〕この問題の提案はあまりにも突然だった.〔我～害怕〕わたしは少し怖い.〔你不觉得疼吗?〕きみ,痛くないかい.ちょっと.⑤〔～不…〕の形で,後に積極的.肯定的な意味の語を伴う.〔不～踏实〕いささか心配している.〔这个人真～不懂事〕こいつはほんとにわからず屋だ.〔稍微～不满意〕いささか～不满意⑫〕=〔yī 点儿①〕

有方 yǒufāng　法にかなって(しっかりして)いる.〔教子 jiàozǐ～〕子のしつけ方が法にかなっている.〔领导～〕導き方がよい(しっかりしている).↔〔无 wú 方〕

有房族 yǒufángzú　持ち家)族.マイホーム族.

有份 yǒufèn〔~儿〕〔有分〕とも書く.①資格·権利がある.〔这笔买卖我也～〕この商売ではわたしにも取り分(をもらう資格)がある.②責任がある.〔直接的我负责,间接的我也～〕直接的なことはわたしが責任を負うが,間接的なことでもわたしに責任がある.

有缝钢管 yǒufèng gāngguǎn〔工〕溶接鋼管.

有服 yǒufú　①=〔有孝〕喪に服している.〔恕我～在身,不能出门回拜〕わたくし,喪に服しておりますのでお礼のあいさつにおうかがいできませんが,お許しくださいませ.②喪に服する血縁関係にある.〔是～的,还是无服的?〕近いお身内ですか,それとも〔服丧関係のないような〕遠いお身内ですか.

有福不在忙,无福跑断肠 yǒu fú bù zài máng, wú fú pǎoduàn cháng〈諺〉果報は寝て待て:〔无福跑断肠,有福不用忙〕といっも.

有辐轮 yǒufúlún〔機〕スポーク車輪.輻輪(ぶりん).

有福同享 yǒufú tóngxiǎng〈成〉よいことがあれば一緒に享受する.〔～,有难同当〕楽も苦も共にする.〔难(祸 huò)〕ともいう.

有感 yǒugǎn　感想がある:多く詩文の標題に用いる.

有根 yǒugēn〔～儿〕根拠がある.基礎がしっかりしている.〔别看他是个小孩子,可～着呢〕彼は子供でもしっかりしていますよ.〔嘿!你～！〕ほう,すごい.〔有底〕.

有根有梢 yǒugēn yǒushāo ⇒〔有头有尾〕

有功 yǒugōng　功績がある.〔～人员〕功労者.

有钩条虫 yǒugōu tiáochóng〔虫〕ユウコウジョウチュウ.↔〔无 wú 钩条虫〕

有关 yǒuguān　①関係がある.〔和国家的命运～〕国の命運にかかわる.〔她跟这件事有～吗〕彼女はこの件と関係がありますか.〔各～方面〕関係各方面.

…にわたる.…に及ぶ.〔商量～工作的问题〕仕事についての問題を相談する.

有光 yǒuguāng　つやをつけた.光沢のある.〔～人造丝[紡]〕つや出しレーヨン.〔～纸〕(蜡 là 图纸)エナメルペーパー.

有鬼 yǒuguǐ　やましい.(怪しい)ことがある.

有轨电车 yǒuguǐ diànchē　路面電車.→〔无 wú 轨电车〕

有过之(而)无不及 yǒu guò zhī (ér) wú bù jí〈成〉勝るとも劣らず:"劣らず"に力点を置いた言い方.

有害 yǒuhài　有害(である).〔～垃 lā 圾〕有害ごみ.

有恒 yǒuhéng　(意志が強くて)長続きする.〔学贵～〕〈成〉学問には長続きするということが大切だ.

有话即长,无话即短 yǒu huà jí cháng, wúhuà jí duǎn　いろいろなことを述べておりますと長くなりますが,はしょってしまいますれば話は簡単.さてきてこうしますうちに:旧小説用語.〔即は〔则 zé〕ともいう.

有会子 yǒuhuìzi〈口〉ずいぶん長い時間だ.〔有会儿〕ともいう.〔他出去可～啦〕彼が出かけてからずいぶん時間がたった.

有机 yǒujī〔化〕有機(の).〔～发光二极管〕有機発光ダイオード.〔～肥 féi 料〕有機肥料.〔～合成〕有機合成.〔～化合物〕[化]有機化合物.〔～化学〕有機化学.〔～农 nóng 业〕有機農業.〔～染料〕有機染料.〔～食 shí 品〕(绿lǜ 色食品)有機食品.自然食品.オーガニック食品.〔～酸 suān〕[化]有機酸.〔～体〕(机体)有機体.〔～物〕[化]有機物.〔～质 zhì〕有機質.↔〔无 wú 机〕〔绿色〕

有机玻璃 yǒujī bōli　有機ガラス:〔丙 bǐng 烯树脂〕(アクリル樹脂)製ガラスをいう.俗に〔不 bù 碎玻璃〕といった.

有机可乘 yǒujī kěchéng〈成〉乘ずる機(会)がある.

有加无巳 yǒujiā wúyǐ〈成〉とどまるところなくますます度が加わってくる.ますます発展する.

有价 yǒujià　有価.〔～证 zhèng 券〕有価証券.

有肩螺钉 yǒujiān luódīng　圈頭の大きさが大小数段階になっているねじ釘.

有间 yǒujiān〈文〉①異なる.同じでない.②心が離れる.〔诸侯～矣〕(左伝·昭公)諸侯の心が離れてしまった.

有僭 yǒujiàn〈挨〉上座に失礼します.高いところで失礼します.〔～,～!〕同前.

有鉴于此 yǒu jiàn yú cǐ〈成〉この点を考慮に入れ(れて):〔有鉴及此〕(有见于此)ともいう.〔～他才早做准备的〕彼はこの点を考えに入れたからこそ早くから準備したのである.→〔鉴于〕

有奖 yǒujiǎng　景品付き(の).〔～储蓄〕割増金付き貯蓄.〔～贺年片〕お年玉付年賀はがき.〔～销售〕景品付き販売.

有讲究 yǒujiǎngjiū(r)〈方〉ちゃんとしたきまりがある.〔喝日本茶时,怎么坐着,怎么端碗,怎么喝都～〕日本茶を飲むには,どう座り,どう茶碗を持ち,どう飲むかなどちゃんと決まりがある.

有讲(儿) yǒujiǎng(r)〈方〉わけがある.いわくがある.〔这么做是～的〕こうするのはわけがあってのことだ.

有嚼头 yǒujiáotou ⇒〔有咬劲儿〕

有教无类 yǒujiào wúlèi〈成〉どのような人(いかなる人)も等しく教育を与える.

有节 yǒujié　折り目が正しい.けじめある.節度がある.

有今儿(个)没明儿(个) yǒu jīnr(ge) méi míngr(ge)〈諺〉今日あって明日はない.明日の命

yǒu / 有

ははからむれぬ.

有劲 yǒujìn ①[-儿](たくましくて)力がある. ②力が出てくる. おもしろくなってくる.〔大家可～了〕皆はすっかり元気づいてきた. ③効き目がある.〔治腰痛,膏药比按摩更～〕腰痛には,マッサージより貼り薬の方が効き目がある.

有旧 yǒujiù〈文〉旧交がある.〔往日～〕同前.

有救 yǒujiù 助かる望みがある.危険から脱出できる望みがある.

有据 yǒujù 根拠がある.

有抗 yǒukàng 抗生物質が含まれている.〔含 hán 有抗生素〕の略.

有孔材 yǒukǒngcái ⇒〔阔 kuò 叶树〕

有孔虫 yǒukǒngchóng 動ユウコウチュウ.

有空儿 yǒukòngr〈口〉暇な時がある.暇になる.〔今晚～吗〕今晚暇ですか.

有口皆碑 yǒukǒu jiē bēi〈成〉すべての人にほめたたえられる.→〔口碑载道〕

有口难辩 yǒukǒu nánbiàn〈喩〉ぬれぎぬを着せられるも弁解できない.

有口难分 yǒukǒu nánfēn〈喩〉(疑いをかけられたりして)申し開きが非常に難しい.

有口难言 yǒukǒu nányán〈喩〉〈口〉に出して言えない(苦しい気持ち・立場).〔有苦难言〕に同じ.

有口无心 yǒukǒu wúxīn =〔有嘴无心〕〈成〉口は悪いが悪気はない.〔他向来是～,你不要介意〕彼はもとから口は悪いが悪気はないんだから,気にするなよ.→〔心直口快〕

有苦难言 yǒukǔ nányán ⇒〔有口难言〕

有愧 yǒukuì 恥ずかしく思う.〔心中～〕心中恥ずかしく思う.

有来无回 yǒulái wúhuí〈成〉来ることがあっても戻ることがない.〔敌人来了,就叫他们～〕敵が来たら生かしては返さない.

有来有往 yǒulái yǒuwǎng〈成〉①つきあう.交際する. ②対等に行動する.

有赖于 yǒulàiyú …に頼る. …いかんにかかる.〔今后的努力～〕今後の努力いかんにかかっている.

有劳 yǒuláo ①…にお骨折りをかける. ②〈挨〉ご苦労ですが…. 〔～各位了！〕皆さんご苦労でした.〔～你替我把这封信寄了吧〕ご苦労ですがこの手紙を出してください.〔劳驾〕

有落儿 yǒulàor〈方〉食っていける.生活していける.〔流浪了多年,回到家里算是～了〕長い年月流浪をしたが,家に帰りついたらどうやら落ち着いた.

有了 yǒule ①⇒〔有孕〕②そうだ(思いだした)

有累 yǒulèi …を煩わせる.〔这件事情～您了〕この件については,どうもご面倒をおかけしました.

有棱有角 yǒuléng yǒujiǎo〈慣〉でこぼこしているさま.角立っているさま.〈喩〉鋭気や才が外に現れること.

有礼 yǒulǐ ①礼儀深い.〔别看他年纪小,见了人很～〕彼は若いが,人にはなかなか礼儀正しい. ②〈白〉ごあいさつをする.

有理 yǒulǐ ①道理がある.理にかなっている.〔～,就这么办吧〕しごくもっともだ,ではそうしょう.〔～走遍天下,没理寸步难行〕〈諺〉道理にあっておれば あまねく天下を回ることができる(どこに行っても通用する).〔衙 yá 门口八字开,无钱莫进来〕〈諺〉どこのお役所の門でも八の字に開けてあるが,道理があっても金がなければ入ってはだめだ. ②数〔有理(の).〔～函数〕有理関数. 〔～数〕有理数.〔～式〕有理式.〔～分式〕有理分式.

有里有面儿 yǒulǐ yǒumiànr ⇒〔里外辙儿〕

有力 yǒulì ①力がある.力強い.〔一般来说,人都是右手～〕一般的に言えば,人はみな右手に力がある:力

利だ.〔措施～〕対策はなかなか力強い.

有利 yǒulì 有利(有益)である.〔～无弊 bì〕〔～无害〕〈反〉有益かつ無害である.〔～于人民〕人民に有利である.〔～可图 tú〕取れる利がある.〔有一利必有一弊〕〈諺〉利あらば必ず弊もある.

有例可援 yǒulì kěyuán =〔有例在先〕〈成〉前例がある.〔这事是～的〕その事には前例がある.

有力气 yǒulìqì 力がある.

有例在先 yǒulì zàixiān ⇒〔有例可援〕

有脸 yǒuliǎn ①顔(面目)が立つ.恥を知る.〔"人～,树有皮",哪有不知羞耻的呢！〕人は恥を知り,木には皮があるというが,だれだって恥を知ってるさ.〔你干 gàn 这种事还觉得～吗〕おまえはこんなことをしていて,顔が立つとでも思っているのか. ②寵愛を受けている.ひきたてられている.〔挑 tiāo 剩下的才给你,你还充～呢〕選り残りをおまえにくれてるだけなのに,それでもひきたててもらっているつもりでいるのか.

有两下子 yǒuliǎngxiàzi =〔有一套②〕なかなか腕(実力)がある.〔他真～〕彼はすごい腕だ.〔要没～能答应吗〕腕に自信がなかったら引き受けたりするものかね.

有量 yǒuliàng ①〈文〉限りがある. ②(酒が)いける.〔他很～,多喝几盅不要紧〕彼は酒はなかなかいける,多少余計に飲んでも大丈夫だ.

有零 yǒulíng …あまり:端数がつくこと.〔八百～〕8百あまり.〔挂 guà 零〕

有令不行,有禁不止 yǒulìng bùxíng, yǒujìn bùzhǐ 命令しても従わず,禁止しても無視する.

有陆不登舟 yǒulù bùdēng zhōu〈諺〉徒歩で行けたら舟に乗るな:君子危うきに近寄らず.〔～,但分 dànfēn 得已,谁愿意去冒险呢〕君子危うきに近よらず,何とかなることなら誰が冒険なんかしてみたいものかね.

有帽螺钉 yǒumào luódīng (圈丸头)(螺)ねじ:ねじの頭がねじと一体になっているもので,別にナットを必要としない.

有眉目 yǒuméimù 目鼻がつく.〔那件事进行得有点儿眉目了〕あの件は少し目鼻がついた.

有门儿 yǒuménr〈口〉望みがある.見込みがある.〔上回我托您的事～没有？〕このあいだお願いしたことは望みがありますか.〔事情商量得～了〕ことは相談してみたところどうやら見込みがある.〔我看～〕見込みがありそうだと思うよ.

有面子 yǒumiànzi 顔が利く.

有名 yǒumíng 有名(である).〔赫 hè 赫～〕よく知られて有名である.〔这个学校～〕この学校はとても有名です.〔～的人〕有名な人物.

有名无实 yǒumíng wúshí〈成〉名前(名目)だけで実質(内容)がない.有.名.無.実.〔我这个官儿是～的〕私のこの官職は名前だけのものだ.

有命 yǒumìng 天命で決まっている.〔生死,富贵在天〕〈成〉生死は天命,富貴も天の定め.

有模有样 yǒumú yǒuyàng〈慣〉さまになっている.

有目共睹 yǒumù gòngdǔ〈成〉すべての目が見て(知って)いる.衆目が認める.〔这个事～,瞒 mán 不了人〕このことは衆目の認めるところで人をだませるものじゃない.

有目共见 yǒumù gòngjiàn〈成〉誰でも一見して分かる.〔～的真理〕誰にでも分かる真理.

有目共赏 yǒumù gòngshǎng〈成〉見る者がみな賞賛する.

有奶便是娘 yǒunǎi biànshì niáng〈慣〉乳あればすなわち母.〔要是～,不是太功利主义了吗〕もし利益を与えてくれる人であれば誰でも尊敬するのであれば,あまりにも功利的じゃないだろうか.

有 yǒu

有难同当 yǒunàn tóngdāng →〔有福同享〕

有你不多,没你不少 yǒunǐ bùduō, méinǐ bùshǎo〈喩〉いてもいなくてもたいした支障はない.〔告诉你,～,别自以为了 liǎo 不起〕きみに言っておくが,きみがいようといまいとたいした支障はないんだ,自分だけで偉そうに思っちゃいけない.

有你的 yǒunǐde〈方〉やっぱりあんただ(は偉い).〔好!～,我算服你了〕うまい!やはりきみだ,きみには感心させられる.

有你没我 yǒunǐ méiwǒ〈喩〉どちらかが勝ち残れば,どちらかは打倒される.〔双方矛盾很尖锐,几 jī 乎到了～的地步〕双方の対立はきわめて先鋭で,まるで食うか食われるかという状態だ.

有年 yǒunián ①〈文〉〔适逢～民生无忧〕ちょうど豊年に際会して民の暮らしは心配がない. ②多年.〔他在本地居住～,各方面都很熟悉〕彼は当地に多年居住し,各方面のことをよく知っている.

有盼(儿) yǒupàn(r) =〔有想儿〕〈口〉望みがある(持てる).〔有盼头(儿)〕ともいう.〔战争一结束就～〕ひとえば戦争が片づけば望みが持てる.

有品 yǒupǐn 品がある.〔小而～〕小さいが上品.

有凭有据 yǒupíng yǒujù ちゃんとよりどころ(根拠)がある.〔他说的～〕彼の言うことは同断.

有破有立 yǒupò yǒulì〈成〉古いものをぶち壊し,新しいものを打ち立てる.

有谱儿 yǒupǔr 心づもり(成算)がある.心中に一計あり.

有期 yǒuqī 間近である.〔后会～!〕いずれ(近く)またお目にかかりましょう.

有期徒刑 yǒuqī túxíng 図有期刑.

有其父,必有其子 yǒu qífù, bì yǒu qízǐ〈成〉この父にしてこの子あり:血は争えない.→〔父是英雄,儿好汉〕

有起色 yǒuqǐsè 以前よりよくなってくる.好転する.〔他的病这样子算～了〕彼の病気がこのようなら,だいぶ良くなっているのだ.〔市面～了〕市況が景気よくなった.

有气(儿) yǒuqì(r)〈口〉怒る.怒気をおびる.むかつく.〔干么 gànmá 这么～?谁惹你了〕どうしてそんなに怒っているのか,誰が怒らせたのだ.

有气无力 yǒuqì wúlì〈成〉息づかいだけで声に力がない:元気のないさま.〔病得～,说几句话都要得慌〕病気がひどくて声に力がなく,ちょっとしゃべってもたいへん疲れる.

有钱 yǒuqián 金がある.〔～的人〕〔～的主儿〕金持ち.〔～出钱,有力出力〕〈成〉金のある人は金を負担し,労力のある人は力を提供する.〔～大十辈儿 bèir〕〈諺〉金があれば地位もぐんと高くなれる.〔~花在刀刃儿上〕〈諺〉金は生かして使うもの.〔～难 nán 买背后好〕〈諺〉いくら金があっても,陰でまで人からよく言われるようにはなかなかできないものだ.〔～难买命〕〈諺〉金があっても命は買えない:寿命は金ではどうにもならない.〔～难买心头愿 yuàn〕〈諺〉金があっても,念願どおりにはならないものだ.〔～能使鬼推 tuī 磨〕〔钱可通神〕〈諺〉金があれば鬼にひき臼をひかせることさえできる.地獄の沙汰も金次第:〔能使〕は〔使得〕ともいう.

有前劲,没后劲 yǒu qiánjìn, méi hòujìn〈喩〉初め脱兔のごとく,のち処女のごとし:初めの意気込みが持続しない.〔要事事全盘打算,可别～〕事をなすには全般的に見積もりをつけなくちゃ,初め意気込んで後しぼりになるようじゃいけない.→〔虎 hǔ 头蛇尾〕

有腔无调 yǒuqiāng wúdiào〈喩〉歌の調子がなっていない.調子っぱずれである.〔左嗓子的人唱起歌来～〕のどの調子のおかしい人が歌うと調子がめちゃくちゃだ.

有情 yǒuqíng ①(主として男女間で)愛情を抱く.恋慕う.〔～人〕愛情を持っている人.恋慕う者. ②趣きがある.面白い.

有情趣儿 yǒuqíngqùr おもしろい.〔拣 jiǎn 那～的唱一段给老太太听〕そのおもしろいのをひとくだり歌って老母さまにお聞かせしておくれ.

有顷 yǒuqǐng〈文〉しばしの後.〔沉默,客人起身告辞〕しばしの沈黙ののち来客は立っていとまごいをした.

有请 yǒuqǐng ①〈挨〉(…に)おいでいただきたい.お会いしたい.〔～赵先生〕趙さまにおいでいただきたい(お会いしたい). ②お呼びです.〔秘书长!局长～〕秘書長!局長がお呼びです.

有求必应 yǒuqiú bìyìng〈成〉㊀祈願に対して神仏の感応が必ず得られること. ②求むれば(められれば)必ずかなえられる(承諾する).〔他是好好先生,向来～〕彼はお人よしで,もともと頼まれればいやとは言えない方だ.

有趣(儿) yǒuqù(r) おもしろい.興味がある.〔有意思?〕に同じ.〔这玩意儿真～〕このおもちゃ(もの)は本当におもしろい.

有染 yǒurǎn〈喩〉関係を持つ:多く男女の不倫を指す.〔他否认和老板的前妻～〕彼は店主の前妻と肉体関係があることを否認した.

有扰 yǒurǎo〈挨〉お邪魔します(した).ご迷惑をかけますした.

有人 yǒurén ①人がいる.ふさがっている.〔这儿～!〕あいてません.入ってます:空席でないこと,また部屋などの使用中を指す. ②〔转〕ちゃんとした(しっかりした)人がいる.〔他所以能成功,因为手下～〕彼が成功できたのは部下にしっかりした人がいたお陰だ. ③〈転〉後ろ楯がある.〔人家背后～,你惹得起吗〕先方には後ろ楯が控えているんだ,きみなんかちょっかいだせるものか. ④ある人が….だれか が….〔～曾经 jīng 来过啊〕あきしにれた来会にいた.

有人家儿 yǒurénjiār〈口〉娘に結婚相手が決まる.〔姑娘～了吗〕娘さんはもう話は決まりましたか.

有人缘(儿) yǒurényuán(r) 人好きがする.人づきあいがよい.〔～的人占 zhàn 便宜,到处受欢迎〕人好きのする人は得だ,どこでも歓迎される.

有日 yǒurì〈文〉①幾日も(日を経つ).〔耽 dān 搁～〕幾日も暇取る. ②(いつかは)その日がある(来る).〔出头～〕いつかは頭角を現す日が来る. ③不自由のない時代.裕福な時代.安穏な時.〔常将～思无日,莫到无时思有时〕〈諺〉楽にいて苦を思え,苦にいて楽を思うな.

有日子 yǒurìzi ①長い(久しい)間.〔咱们～没见面了〕わたしたち長く会いませんでしたね. ②日(期日)が決まる.〔你们家办喜事～了没有?〕お宅の結婚の日取りは決まりましたか.

有如 yǒurú =〔有若〕…のような様子である.〔～一座活火山〕活火山のような様子である.

有若 yǒuruò 同上.

有色 yǒusè 有色(の).〔～玻 bō 璃〕色ガラス.〔～眼镜〕色めがね. ⓑ〈喩〉先入観.〔～人种〕有色人種.〔～釉〕色ぐすり.〔～金属 shǔ〕非鉄金属.→〔黑 hēi 色金属〕

有伤 yǒushāng〈文〉傷つけるところがある.〔～风化〕公序良俗を傷するところがある.

有商量 yǒushāngliang〈方〉話し合いの余地がある.〔如果你能让一步,我们才～〕もし君がちょっとひかえてくれれば話し合いの余地がある.

有上顿,没下顿 yǒushàngdùn, méixiàdùn〈慣〉食うや食わずである.〔二妹妹也的 dí 确可怜,～的〕(老舍・離婚)二妹妹も確かに気の毒だ,食うや食わずだからな.

yǒu / 有

有身子 yǒushēnzi ⇒〔有孕〕

有神 yǒushén 生き生きとしている.〔他眼睛〜〕彼は目が生き生きとしている.

有神论 yǒushénlùn 有神論.〔无 wú 神论〕

有生 yǒushēng ①〔生を受ける(生まれ出る).〔〜以来头一次〕生まれてこのかた初めて. ②生きている.〔〜之年〕生命のあるうち.生きている間.

有声 yǒushēng ①〈文〉声がする.聞こえてくる. ②(映画の)発声:〔无 wú 声〕(無声)に対していう.〔〜电影(儿)〕発声映画.トーキー.〔〜片 piān〕〔〜片儿 piānr〕トーキーフィルム.↔〔默 mò 片〕

有声读物 yǒushēng dúwù オーディオ・ビジュアル作品.

有生力量 yǒushēng lìliàng ①軍隊:特に人員・馬匹.〔消灭敌人的〜〕敵の戦力を消滅する. ②活力に満ちた後継者.

有声有色 yǒushēng yǒusè 〈喩〉(演技・おしゃべり・ジェスチャーなどが)生き生きとしている.〔这场戏表演得〜〕この芝居の演技はなかなかうまい.〔他很有口才,说起故事来〜,十分动人〕彼はとても口が達者で,物語を始めると真に迫ってなかなか人をひきつける.

有声杂志 yǒushēng zázhì CD付き雑誌.

有胜于无 yǒu shèng yú wú 〈成〉枯木も山のにぎわい.無いよりまし.

有失 yǒushī 〈文〉失う.間違いが起こる.失敗する.〔〜体统〕面目がつぶれる.

有时 yǒushí 時には:〔有时候〕〔有的时候〕ともいう.〔难免 miǎn 有时候准备得不够充分〕時には準備が十分でないことだってありうる.

有识 yǒushí 〈文〉識見をもつ.〔〜之士〕有識者.先見の明のある人.

有时有会儿 yǒushí yǒuhuìr 〈方〉一定の時というものがある.〔开会也得 děi,不能不分昼夜地老开〕会を開くにしたってちゃんと時間というものがあり,昼夜の別なしにしょっちゅう開くなんてことはできない.

有始无终 yǒushǐ wúzhōng ⇒〔有头无尾〕

有史以来 yǒushǐ yǐlái 有史以来.

有始有终 yǒushǐ yǒuzhōng ⇒〔有头有尾〕

有事 yǒushì ①用事がある.〔我今天〜,改日再去拜访〕今日は用事がありますから,いつかまたお訪ねします. ②(意外な)事が起こる.(面倒な)事が起こる.〔今天晚上看来不会〜了〕どうやら今夜は何事もなさそうだ. ③(何か)わけがある.〔这里头〜〕そこには同前.事がある(見つかる).〔既然〜做了,生活就不会成问题了〕職が見つかったんだら,生活の方は問題になりっこない.

有恃无恐 yǒushì wúkǒng 〈成〉頼りになる所があって恐れない.〔遇上这样大的事还不着 zháo 急,定是〜了〕こんな大事件になってもうろたえないところをみると,きっとどこに頼むところがあるのだろう.

有事无事 yǒushì wúshì 用事があってもなくても.何ということなしに.何かにつけて:〔有事没事〕ともいう.〔他们〜地都多在胡同里走两趟,希望看到她〕(老・四・惶 24)彼らは用事があってもなくても,なるべく路地の中を歩き回って彼女を見ようとする.

有首尾 yǒushǒuwěi 〈白〉(ひそかに)気を通わせる.つながりがある.ぐるになっている.〔你们都和他〜,却放他自在〕(水 51)おまえたちは彼と気を通わせているから彼を勝手をさせているのだ.

有数儿 yǒushùr ①数がわかっている.数が限られている.〔〜的几个人〕少数の人.〔拿来的货,你〜没有?〕持って来た商品は,きみ数はわかっているかね.②〈喩〉わかっている.のみこんで(承知して)いる.成

算がある.〔他虽然不说,心里可〜〕彼は言わないけれど,心の中では見当がついている.〔我知今人怎么样,您心里总有个数儿吧〕わたしがどんな人間であるかは,あなたちゃんとおわかりのことでしょう. →〔无 wú 数②〕

有谁 yǒushuí ①誰が〜するか.〔自己的难处〜能代替?〕自分の困っていることを誰に代わってもらえるだろうか(代わってもらえない) ②誰かが.〔〜说了一句〕誰かがひとこと言った.

有说有道 yǒushuō yǒudào あれこれしゃべる.〔他见人〜的〕彼は人の顔さえ見れば何だかんだとしゃべる.

有说有笑 yǒushuō yǒuxiào しゃべったり笑ったりする.〔刚才〜的,怎么一会儿就恼了〕今しゃべったり笑っていたというのに,どうしてちょっとの間に機嫌を悪くしたのか.

有司 yǒusī 〈文〉役人.

有素 yǒusù ①素養がある.素質がある. ②〈文〉知り合いである. →〔素⑥〕

有损 yǒusǔn 損がある.〔〜(于)健康〕健康を損なう.〔〜无益〕〈成〉損があって得が(になら)ない. ↔〔有益〕

有所 yǒusuǒ 多少.いくらか(…するところがある).ある程度(…がある,…する).〔〜提高〕ある一定の向上がある.〔工作〜进展〕仕事に(ある程度の)進展がある.〔我对此一保留〕彼はこの決議に対する意見を多少留保している.〔〜不同〕多少違うところがある.

有蹄类 yǒutílèi 動有蹄(ゅぅぃ)類.

有天没日 yǒutiān méirì 同下.

有天无日 yǒutiān wúrì =〔有天没日〕〈喩〉①道理が影をひそめる:社会が暗黒なこと. ②途方もなくでたらめなこと.

有条不紊 yǒutiáo bùwěn 〈成〉条理が整然として乱れない.〔她很能干,把家庭料理得〜〕彼女は非常にやり手で,家庭をよくきり回して少しも乱れさせない.

有条有理 yǒutiáo yǒulǐ 〈成〉つじつまが合う.〔到底是有学问的人,说起话来〜〕何といっても学問のある人と,話す道理整然としている.

有头儿 yǒutóur 〔口〕糸口が見つかる.ひとまず見込みがたつ.〔这可〜了〕これでひとまず見込みはついた.

有头无尾 yǒutóu wúwěi =〔有始无终〕〈成〉しりきれとんぼ.やりかけて終わりをちゃんとしない.〔办事不能〜,总得有个交代〕仕事にはりきれとんぼでいけない,どうしてもきくりというものがなくちゃいかん.〔要老是〜的,下次谁还敢信任?〕いつもしりきれとんぼだとやっていけば,今度は誰が信用するだろうか. →〔虎 hǔ 头蛇尾〕

有头绪 yǒutóuxù 目鼻がつく.〔找房子的事〜了吗〕家を探すの事は目鼻がついたか.

有头有脸(儿) yǒutóu yǒuliǎn(r) 〈喩〉①面目が立つ.〔这回事办得总算〜〕今回の事はとにかく面目が立った. ②〔〜的这几个人都是社会上〜的〕の幾人かはどれも世の中で顔の利く連中だ.

有头有脑 yǒutóu yǒunǎo 〈喩〉ちゃんと一人前の(人).〔〜的人怎么会做出这样的糊涂事呢〕ちゃんとした人がどうしてこんなばかなことをしでかしたのか.

有头有尾 yǒutóu yǒuwěi =〔有根有梢〕〔有始有终〕〈成〉始め終わりがちゃんとしている.ちゃんとしたくくりがつく.〔无论做什么都应该〜〕何事をなすにも筋を通すべきである.〔他做起事来〜,靠得住〕彼がやりだせば始め終わりがちゃんとしていて,非常に

有 yǒu

信用がおける.
有完没完 yǒuwán méiwán 〈口〉きりがない.〔你～哪〕まったくきりがないな.
有望 yǒuwàng 希望が持てる.〔事成～〕〔成〕(その)事の成功は望みがある.
有为 yǒuwéi 立派なことをなす.有為である.〔～之材 cái〕有為の人材.〔他是个～的青年〕彼は立派なことをなす(であろう子)青年だ.
有味儿 yǒuwèir ①〔料理が〕おいしい.味がよい.〔这只鸡炖 dùn 得真～〕この鶏の煮込みはとてもおいしくできている.②におぃがする.臭い.〔这屋里～,快开开窗户吧〕この部屋は臭い,早く窓を開けなさい.③〔歌や書などの芸能・技能が〕うま味がある.…味がある,らしさがある.〔那话还有点人情味儿∥的言葉にはまあ,少し人間味がある.〔这出戏还是马连良唱得～〕この芝居はやはり馬連良の歌に限る.
有文必录 yǒuwén bìlù 〈成〉耳にした〔聞いた〕ことは必ず書き取っておく.〔新闻记者不一定总是～〕新聞記者が必ずしも同断とは限らない.
有无 yǒuwú ①あるのとないの.ありやなしや:口頭語では〔有没有〕という.〔～必要〕その必要ありやなしや.〔有无(á).〕〔易货方式的贸易就是两国互通～〕バーター方式の貿易はつまり2国間で相互に有無相通ずることである.
有…无… yǒu…wú… ①一方があって他方がない.〔～珠〕〇眼識がない.②前者はあるけれど後者はなくなる.→〔有恃无恐〕あるようなないような.〔有意无意〕
有了 yǒule 〈喩〉おめでたである:妊娠する.〔他爱人～了〕あの人の奥さんおめでただそうですね.→〔有孕〕
有戏 yǒuxì 希望が持てる.見込みがある.→〔有门儿〕
有隙 yǒuxì 〈文〉すきがある.〔～可乘〕乗ずべきである.
有闲 yǒuxián 有閑.暇がある.〔～阶层〕有閑階級.
有限 yǒuxiàn ①有限(の).限り(が)ある.〔我们的能力は有限であり限りがある.②〈いくばくもない.少ない.知れたものである.〔贵得～〕〔值段が〕高いといっても知れたもの.〔差 chà 得～,不必计较了吧〕違っているといっても知れたものだ,とがめだてするには及ぶまい.
有线电报 yǒuxiàn diànbào 有線電報.
有线电话 yǒuxiàn diànhuà 有線電話.
有线电视 yǒuxiàn diànshì ケーブルテレビ.CATV.
有限公司 yǒuxiàn gōngsī 有限会社.〔股份〕株式会社.〔有限责任公司〕有限責任会社.→〔无 wú 限(责任)公司〕
有线广播 yǒuxiàn guǎngbō 有線放送.
有线通信 yǒuxiàn tōngxùn 有線通信.
有想儿 yǒuxiǎngr ⇒〔有盼(儿)〕
有孝 yǒuxiào 喪に服している.〔有服①〕に同じ.〔恕我～,今年不给您拜年了〕服喪中で今年は正月にごあいさつにはうかがいませんからあしからず.
有效 yǒuxiào 有効(である).ききめがある.〔～距 jù 离〕有効距離.〔～服务区〕(携帯電話の)サービスエリア.〔～需 xū 求〕圄有効需要.〔这个药很～〕この薬はなかなかききめがある.〔～分蘖 niè〕匮有効分蘖(り).〔～期 qī〕有効期限.〔～期限〕有効期間.〔～射程〕有効射程.
有效(直)径 yǒuxiào (zhí)jìng ⇒〔节 jié 径〕
有些 yǒuxiē ①少しある.点数的東西要不了 liǎo 多少,～就行〕とりあえずのわりあいは余計にはいらない,少しあればよい.②少し.いささか.〔他～害怕〕彼はいささか怖がっている.③一部のある.〔今天

来参观的人～是从外地来的〕今日見学に来た人たちの一部はよそから来た人だ.→〔有点儿〕〔一 yī 些〕
有心 yǒuxīn ①考え(気持ち)がある(を起こす).〔～无力〕気はあるが力がない.〔从此就～要杀他,这時から,彼を殺そうという気を起こした.②気にとめる.〔言者无意,听者～〕何げなしに言った言葉でも,聞く人はそれを心にとめる.③⇒〔故 gù 意〕
有心人 yǒuxīnrén ①志ある人.真剣になってやる人.〔天下无难 nán 事,只怕～〕〈諺〉志ある人でありさえすれば,天下に難いことはない.〔天下无难不倒 dǎo ～〕〈諺〉真剣にやる人を,やり込めくじくことはできない.→〔怕 pà ④〕②腹に一物もある人.〔他是个～,要多小心来往〕彼は腹に一物もある男だから気をつけてつきあわねばならない.
有心胸 yǒuxīnxiōng 気骨がある.〔他从小儿就～〕彼は小さい時から気骨があった.
有心眼儿 yǒuxīnyǎnr 気が利く.〔那姑娘很～〕あの娘はなかなか気が利く.→〔长 zhǎng 心眼儿〕
有信儿 yǒuxìnr 沙汰がある.決まる.〔您的喜事～了吧?〕あなたのおめでたは決まりましたか.
有形 yǒuxíng 有形である.目に見える.〔～贸易〕商品輸出入.〔～资产〕有形財産.
有型 yǒuxíng 〈口〉きまっている.かっこいい.〔～有款 kuǎn〕ぴしっときまっていること.
有形损耗 yǒuxíng sǔnhào =〔物 wù 质 损 耗〕匮物質的磨滅.→〔无 wú 形损耗〕
有幸 yǒuxìng 幸運にも.幸いなことに.
有性生殖 yǒuxìng shēngzhí 匮有性生殖.
有性杂交 yǒuxìng zájiāo 匮有性交雜.
有序 yǒuxù 秩序がある.ルールのある.
有血有肉 yǒu xuè yǒu ròu 〈喩〉〔文芸作品が〕生き生きとしている(真に迫っている).
有言在先 yǒuyán zàixiān 〈成〉先に言明してある.〔咱们不是～吗〕先にはっきりと言ってたじゃないか.
有眼不识荆山玉 yǒuyǎn bùshí jīngshān yù 〈喩〉眼識がない.〔这么好的东西他不识货,真是～〕こんなよい品を彼は見分けがつかないなんて,まったく見る目がない.→〔荆璞〕
有眼不识泰山 yǒuyǎn bùshí tàishān 〈諺〉眼がありながら泰山を見てもそれと知らない.〈転〉偉い人を見分けられない.〔对不起,是我～〕すみません,お見それいたしました.
有氧操 yǒuyǎngcāo 匳有酸素運動.エアロビクス:〔有氧运动〕〔吸 xī 氧健身运动〕ともいう.→〔健 jiàn 美操〕
有咬劲儿 yǒuyǎojìnr =〔有嚼头〕歯ごたえがある.歯あたりがよい.→〔咬劲儿〕
有要没紧 yǒuyào méijǐn たいして重要でない.急ぐような急がないような.〔有要无紧〕ともいう.〔我不等,他～地看朋友,谁知多咱来〕わたしは待たないよ,あの男はたいしたことでもないのにぶらりと友達を訪ねてるんだから,いつ来るか知れたもんじゃない.
有爷娘生,没爷娘管 yǒu yéniáng shēng, méi yéniáng guǎn 生まれても育ててもらえるような親はない.〔可怜这个～的孩子〕哀れでかまってくれる親のない子.
有一搭没一搭 yǒuyīdā méiyīdā あれこれと.何とはなしに.気ままかせ.〔～地闲聊着〕あれこれと話題を探して無駄話をしている.〔留在局里～干点啥 shá 得了〕局にどうでもいいことをしに行っていたらいいよ.
有一得一 yǒuyī déyī 〈喩〉あるだけ全部.ありのまま.〔把这回事～地全对他说了〕今回のことをいさいがっさい彼に言ってやった.
有一两手 yǒu yīliǎngshǒu 腕のある(人).切れる

yǒu

(人).仕事がてきぱきとできる(人).〔这个人还真～〕この人はなかなかのやり手だ.

有一手 yǒuyīshǒu 〈喩〉やり口が水際立っている.腕がある.〔他处 chǔ 理纠 jiū 纷真～〕彼はもめごとの処理に水際立っている.

有一套 yǒuyītào ①自分自身の得意なやり方がある.〔他抓生产～〕彼は生産管理に同前. ⇒〔有两下子〕

有一无二 yǒuyī wú'èr 〈成〉(一つあって)二つとない.

有益 yǒuyì 有益である.役立つ.〔适当的运动～于健康〕適当な運動は健康によい.〔~无损〕〈成〉得があって損がない.損にならない.↔〔有損〕

有意 yǒuyì ①⇒〔故 gù 意〕②その気がある.〔您要是~,咱们可以合作〕あなたにもしその気があれば,わたしたち協力してやっていけます.

有意识 yǒuyìshí 意識的である.〔这是一种~的举动〕これは一種の意識的な行動である.〔他～地指出了自己的缺点〕彼は意識的に自分の欠点を指摘している.

有意思 yǒuyìsi ①意味がある.〔那有什么意思〕それが何か意味があるんですか.②おもしろい.興味がある.〔这篇小说很~〕この小説は大変おもしろい.③気に入る.好きになる.〔他们俩一来二去的就有了意思了〕彼ら二人はそうこうしているうちに気に入ってきた.④…する気がある.〔他～去中国旅行〕彼は中国へ旅行に行く気がある.

有意无意 yǒuyì wúyì 何ということなしに.ひょいと.〔他～地打开了收音机〕彼は何ということなしにラジオのスイッチを入れた.

有意栽花花不活 yǒuyì zāihuā huā bùhuó〈諺〉世の中はままならぬものだ:〔活〕〈俗〉〔开〕ともいう.〔~,无心插柳柳成荫 yīn〕そのつもりになって花を植えてみても咲かないかと思うと,何げなく柳は茂って思いもかけないくらいに茂っている.

有勇无谋 yǒuyǒng wúmóu〈成〉勇気はあるが知謀がない.〔~不能成大业〕勇気だけで知恵がなければ大きな仕事はできない.

有用 yǒuyòng 役に立つ.〔那盒子别扔,留着还～呢〕その箱は捨てるな,とっておけばまた役に立つ.

有用功 yǒuyònggōng 有効の仕事.

有…有… yǒu…yǒu… ①単音の同義・類義語を並立させて,それがそろっていること・完全であることを強調する.また複音語を二語に分割して併立させたもの,例えば〔有滋味儿〕を〔~滋～味儿〕としたものもある.〔~尽～让〕〈喩〉へりくだって他人をたてる.②単音の反義・対義語を並立させて,その双方とも存在し,または可能であることを強調する.〔~始~终〕ちゃんとしめくくりがつく.

有余 yǒuyú ①余り(余裕)がある.〔绰 chuò 绰～〕〈成〉余裕しゃくしゃくである.〔这一大锅饭十个人吃还~〕この大鍋いっぱいの飯なら,10人食べてもまだ余る.②~余り.〔十年~〕十有余年.10年余り.

有冤无处诉 yǒuyuān wúchù sù〈成〉無実の罪をきせられながら訴えるところがない.

有缘 yǒuyuán 縁がある.〔~千里来相会,无缘对面不相逢〕〈諺〉縁があればいつからでも来て会うが,縁がなければ向かい合っていてさえ巡り会えない:〔对面不相逢〕は〔咫 zhǐ 尺也难逢〕ともいう.〔他们一见如故,真是~〕彼らは初対面でもう古いつきあいみたいに親しくやっているが,本当に縁があるんだな.

有约 yǒuyuē 約束がある.〔明天~〕明日は同前.

有孕 yǒuyùn =〔口〕有了〕〔有身子〕妊娠している.〔她一结婚後,～了〕彼女は結婚するとすぐ妊娠した.〔她这阵子胃口不大好,可能是～了吧〕彼女は近ごろ食欲があまりよくないが,ひょっとすると妊娠かもしれない.→〔有喜〕〔怀 huái 孕〕

有则改之，无则加勉 yǒu zé gǎi zhī, wú zé jiā miǎn〈成〉誤りがあれば改め,なければ更に努力する.

有增无减 yǒuzēng wújiǎn〈成〉増える一方.〔各工厂的产量～〕各工場の生産量は増える一方である.

有章可循 yǒuzhāng kěxún 守るべき規則がある.

有张有弛 yǒuzhāng yǒuchí〈成〉①張りきったりゆるんだり. ②働いたり休んだり.

有招儿 yǒuzhāor よい手がある.うまい方法がある.〔他总是～〕彼はいつもさえている.

有朝一日 yǒu zhāo yīrì〈成〉いつかある日.いつの日か.〔梦想～成为富翁〕いつの日か金持ちになることを夢みる.

有辙 yǒuzhé〈喩〉方法がある.手がある.

有着 yǒuzhe 有している.持っている:複音詞の抽象名詞の前によく用いられる.〔~共同的利益〕共通の利益がある.〔双方～不可回避的责任〕相手側は避けられない責任を持っている.

有争议 yǒuzhēngyì 異見がある.

有枝(儿)添叶(儿) yǒuzhī(r) tiānyè(r) ⇒〔添枝加叶〕

有职无权 yǒuzhí wúquán 職務上の地位はあるが実際の権力がない.

有志 yǒuzhì 志がある.意気地がある.〔～之士〕有志.志のある者.〔~不在年高(低)〕〈諺〉志がありさすれば,年齢の老若にかかわらず成し遂げることができる.〔~不在年高,无志空活百岁〕同前.

有致 yǒuzhì 風趣に富んでいる.

有志者事竟成 yǒuzhìzhě shì jìngchéng〈諺〉一念天に通ず.やる気さえあれば事はいつか成功する:〔有志竟成〕ともいう.

有种 yǒuzhǒng〈口〉勇気がある.肝っ玉がある.〔～的то出来,站在太阳底下让大家瞅瞅看〕度胸のあるやつは立ち上がってお日様の下で皆に見せろ.〔~行!~!〕ⓐよし,すごい.ⓑもういいよ,ばかばかしい:反語.→〔种〕

有助于 yǒuzhùyú …の助けになる.…に役立つ.〔~加强联系〕関係強化に役立つ.

有准儿 yǒuzhǔnr 意志が堅い.自信がある.確か(確実)である.〔他是～的人,别人的意见不左右他〕彼は意志の堅い人だから,他人の意見では動かない.〔他不慌不忙的是心里～的〕彼がゆっくり落ち着いているのは,内心自信を持っているからだ.

有滋有味儿 yǒuzī yǒuwèir ①(料理が)非常においしい.味がよい.〔会做菜的人把白菜、豆腐也做得～〕料理の上手な人は白菜や豆腐なんかでも非常においしく作る. ②〈喩〉…に興がのる.〔看戏看得～〕芝居見物にすっかり興に乗る.③〈喩〉暮らしが楽である.生活がおもしろい.〔他生活得～〕彼は楽々と暮らしている.

有嘴无心 yǒuzuǐ wúxīn ⇒〔有口无心〕

有罪 yǒuzuì〔法〕有罪(である).〔~推定〕〔法〕推定有罪.〔被告判决～〕被告は有罪と判決された. ②〈挨〉すみません.恐縮千万です.〔~~,实在不敢当〕本当にすみません,恐縮千万です.

有作为 yǒuzuòwéi なす(貢献する)ところがある.〔他是～的青年,别人不大为青年だ.〔有理想的人都希望将来在社会上有一番作为〕志のある人は誰でも将来社会でひとかどの貢献をしたいと願う.

有主意 yǒuzhǔyi ためにすることがある.考えがあってのことである.→〔居 jū 心〕

〔铕・銪〕 yǒu〔化〕ユーロピウム:金属元素.記号 Eu.

〔酉(酉)〕 yǒu ①とり:十二支の第10位.〔~鸡 jī〕同前.②10番目.③〔旧〕夕方の午後5～7時.〔~方〕西の方角.⑤〈姓〉酉(씨)

酉刻 yǒukè 同上.

酉时 yǒushí 〔旧〕暮れ六つ:午後5～7時:〔酉刻〕に同じ.

酉字旁(儿) yǒuzìpáng(r) 〔旧〕日読みのとり.酒づくり:漢字部首の一.→付録1

〔卣〕 yǒu 〔卣〕銅製酒器の一種.紅茶ポットをやや低く(太く)し、提げ手をつけたような形をした蓋つきのもの.

〔羑〕 yǒu 〔~里 lǐ〕古地名.現在の河南省湯陰県の地にあり、殷の紂王が周の文王を閉じ込めたところ.

〔莠〕 yǒu 〈文〉①〔植〕エノコログサ:〔狗 gǒu 尾草〕.②〈喩〉悪人.〔~言 yán〕悪口.〔良~不齐 qí〕〈成〉善悪(良悪)まちまち.玉石混淆.

〔牖〕 yǒu 〈文〉窓.〔蓬 péng ~茅椽 chuán〕〈喩〉安普請の住まい.

〔黝〕 yǒu ①青黒い.②黒味を帯びて(黒ずんで)いる.〔黑~~〕〔黑油 yóu 油〕黒ずんでいるさま.

黝暗 yǒu'àn 真っ暗である.暗い:〔黝暗〕とも書く.

黝黑 yǒuhēi 黒ずんでいる.真っ暗である.〔胳 gē 膊晒得~黑〕腕が黒く日に焼けている.

黝青 yǒuqīng 青黒い.

〔又〕 yòu ①また.(重ねて)また.…(しては)また.その上また.(同じことまた異なることの)継続または累加を表す.〔你~来了〕お前また来た.〔一次~一次地〕一度また一度と.〔我国选手~创 chuàng 新记录了〕わが国の選手はまたも新記録を作った.〔看了~看〕見た上にまた見る:しきりに見る.〔非徒无益,而~害之〕〈文〉ただ無益なばかりでなく,害を与えることにさえなる.→〔还 hái ②〕〔再 zài①〕②…(でもあり)また…(でもある).二つ(以上)の事柄を対立させたり,強調する.〔起来累得慌,躺着~闷得慌〕起きていると疲れるし,寝ているのも退屈だ.〔~快~好〕早くもあり良くもある.〔~庄严~漂亮〕厳かでもあり,美しくもある.〔~香~甜~热和 huo〕香りもよく甘くもありほかほかに温かくもある.〔~会念、~会写〕読みも書くのもできる.〔~想走~舍 shě 不得走〕行きたくもあり名残惜しくもある.→〔也 yě (I)①〕③何も別に.とりたてて.何も:否定や反語に用いって語調を強める.〔你~不是小孩子,还不懂这个?〕何もすまだ子供でもあるまいし,それがわからないのか.〔~没说你,你生什么气呀〕何もお前を叱っているのではあるまいし,何に腹をたてているのか.④いった.いったいぜんたい:強調を表す.〔下雨~有什么关系?〕雨が降ったって関係ないじゃない.⑤整数に端数がついていることを表す.〔有 yǒu〕に同じ.〔一~四分之一〕1と4分の1.〔一年~三个月〕1年3か月.⑥〈姓〉

又称 yòuchēng また…ともいう.別名…ともいう.〔因此~他默 yōu 默大师〕そういうわけで彼はユーモア大師とも呼ばれる.

又臭又硬 yòuchòu yòuyìng 頑固でぶっきらぼうである.偏屈である.〔那人做了坏事,就是不承认,真是~,〕あの人は悪いことをやったのにどうしても認めない,本当にぶっきらぼうで,いやらしい.〔茅厕的石头,~〕〈歇〉便所の石は臭くて硬い:偏屈である.

又搭上 yòudāshàng ⇒〔又加上〕

又搭着 yòudāzhe ⇒〔又加上〕

又红又专 yòuhóng yòuzhuān 思想の面も,専門の面も,どちらも優れている.→〔红专〕

又及 yòují〔牘〕追伸.追って:〔再 zài 及〕に同じ.

又加上 yòujiāshàng =〔又搭上〕〔又搭着〕さらにえて.その上に.おまけに:〔再 zài 加上〕に同じ.〔他本来身体就不好,~平时日夜劳累就病倒 dǎo了〕彼はもともと体がよくないところに,さらに加えて,平素過労のために病気で倒れてしまった.

又兼 yòujiān〈文〉またその上.

又叫 yòujiào …とも呼ぶ(いう).〔月历~月份牌〕めくり暦のことをカレンダーとも呼ぶ.

又名 yòumíng ①またの名.②またの名を…という.〔红楼梦~石头记〕紅楼夢はまたの名を"石頭記"ともいう.

又一次 yòuyīcì またもや.またまた.〔这~证明了我国在东方国家中有着数 shǔ 以亿计的朋友〕わが国が東方各国の中に億をもって数える多くの友人を有していることをまたもや証明したものである.→〔再 zài 一次〕

又音 yòuyīn〔語〕またの音:漢字は1字1音が原則であるが、さらに異なった第2・第3の音があり、どれも同義である場合に第2・第3の音を俗に〔~〕という.〔异 yì 读〕

又…又… yòu…yòu… …でもあるし,…でもある.…もすし,…もする.〔~好~便 pián 宜〕(品が)良くもあり,値段も安い.〔~说~笑〕しゃべったり笑ったりする.〔~惊~喜〕驚きもし,喜びもする.驚喜する.〔~要马儿跑~要马儿不吃草〕〈諺〉馬は走ってしいし,また飼い葉は食わないでほしい:良い方がよいが,かといってそのためにもとをかけたくはない.〔~要吃~怕烫 tàng〕〔~想吃肉,~怕烫嘴〕〈諺〉食うことはくはあるし,口をやけどするのは怖い.ふぐは食いたし命は惜しに〔~嗜 yè〕

〔右〕 yòu ①右(の).〔靠~走〕右側を歩く.↔〔左 zuǒ①〕②西方:古代、南面を基準にして西方をいう.〔山~〕山西(省)の別称.〔江~〕江西(省)の別称.③高い方の地位:古代,官位において"右"が"左"より高いとされていた.〔~职 zhí〕高位の官職.〔~姓 xìng〕貴族.〔~族〕名族.〈文〉尊ぶ.→〔右文〕⑤(政治・思想・学術上の)右(の).右翼(の):保守的(の).反動的(な).〔~派〕右傾.⑥〈文〉神仏の加護を与える:〔佑①〕に同じ.⑦〈姓〉右(씨).

右边 yòubiān(r) 右の方に(い)

右側 yòucè 右側.〔饭店的~〕ホテルの右.

右耳刀(儿) yòu'ěrdāo(r) =〔大 dà 耳刀〕(儿)〔大耳朵②〕〔正 zhèng 耳刀〕(儿)おおざた:漢字部首の"阝".〔右耳旁 páng〕ともいう.〔双 shuāng 耳刀〕(儿)は〔左 zuǒ 耳刀〕(儿)(こざた)を含めた言い方.〔耳刀〕(儿)は〔单 dān 耳刀〕(儿)(ふしづくり"卩"も含めた総称.→付録1

右耳朵 yòu'ěrduo 右耳.

右锋 yòufēng〔スポ〕(サッカーなどで)ライトフォワード:〔右前锋〕〔右边锋〕

右行 yòuháng ①右の行(ぎょう).②〈姓〉右行(씨).→〔纵行〕

右击 yòují〔電脳〕右クリックする.〔~菜单〕同例のメニュー.

右列 yòuliè〔旧〕武官:皇帝の御前では文官が左に武官が右に着席したことからいう.

右面 yòumian 右(の)

右派 yòupài 〈政〉右派.右翼.〔反 fǎn ~斗争〕反右派闘争.〔~分子 fènzǐ〕右派分子:1957年整風運動の際,社会主義制度・中国共産党の指導・政府の政策に対して批判的な者,その同調者を右派分子に規定した.文革後ほとんどが名誉回復なされた.↔〔左 zuǒ 派〕

yòu

右契 yòuqì ⇒〔右券〕
右傾 yòuqīng 右傾(の).右翼(的である).保守(的である).〔~分 fēn 子〕右傾分子.〔~观点〕右翼的な観点.〔~机会主义〕右翼日和見主義.↔〔左 zuǒ 倾〕
右券 yòuquàn ＝〔右契〕①契約書(割り符)の右半分.〔~转〕契約.②〔~转〕確実な事柄.↔〔左 zuǒ 券〕
右师 yòushī〈姓〉右師(う)
右史 yòushǐ ①→〔左 zuǒ 史〕 ②〈姓〉右史(う)
右手 yòushǒu ①右手.右方.右手:〔右边(儿)〕に同じ.〔往~拐 guǎi〕右の方へ(角を)曲がる.〔会长坐~第一个座儿〕会长が右手の上座についた.
右首 yòushǒu 右侧.右の方:多く席についていう.
右文 yòuwén 〈文〉文を尊ぶ.
右文说 yòuwénshuō 〔漢字の形声字において多く声旁は字の右の部分にあり,義を示すとする説.例えば,浅・銭・残の戋は少ないという意味.〔右文②〕ともいう.
右武 yòuwǔ 〈文〉武を尊ぶ.
右舷 yòuxián 右舷.
右行 yòuxíng ①右手へ行く.〔出门~十几米就到外に出て右手へ十数メートル行くと着く.②右に寄る.〔车辆靠 kào~〕車は右側通行する.〔~háng〕
右翼 yòuyì ①〔軍〕右翼. ②〔转〕(学術・思想・政治などの)右翼.③〔又〕(球技の)ライトウイング.→〔翼 卫〕〔左 zuǒ 翼〕
右宰 yòuzǎi 〈姓〉右宰(う)
右转 yòuzhuǎn ①右へ転ずる.右折する.〔向~!〕右向け右(号令).②右傾する.

〔佑(祐)〕 yòu
①神仏の加護を与える:〈文〉右⑥〕に同じ.〔保 bǎo~〕同前.〔乞 qǐ 神佛~〕神仏のご加護を願う.〔老佛爷(老天爷)!保~,保~吧!仏様(お天道さま),お助けください.〔天~〕天佑.天の助け.②〈姓〉佑(う)

〔幼〕 yòu
①幼い.あどけない.〔年~的时候〕幼いころに.〔年~失学〕幼いころに学問を受け損ねる.↔〔老 lǎo ①〕 ②幼儿:〔幼儿〕の略.〔~班 bān〕幼児クラス.〔男女老~〕男女老少.老人や幼児(に至るまで). ③生まれた(生えた)ばかりの.→〔幼虫〕〔幼苗〕④〈姓〉幼(う)
幼虫 yòuchóng 幼虫.
幼雏 yòuchú 雛(ひな)
幼畜 yòuchù 家畜の幼いもの.
幼儿 yòu'ér 幼児.〔~教育〕〔~园〕幼児教育.〔~师范〕〔幼师〕幼児教育専攻.
幼儿园 yòu'éryuán 幼稚園.〔幼稚園〕は旧称.〔托儿所和~有了很大发展〕託児所と幼稚園には非常に大きな発展があった.→〔托 tuō 儿所〕
幼风 yòufēng 〈文〉男色の好み.
幼功 yòugōng (演技者が)幼時に身につけた演技力.
幼教 yòujiào ⇒〔幼儿教育〕
幼林 yòulín 植林したばかりの林.
幼蒙 yòuméng 〈文〉幼稚で無知である.
幼苗 yòumiáo 【農】若苗(さ)
幼年 yòunián 幼年(の時期)
幼女 yòunǚ 幼女.②女の末子.
幼弱 yòuruò 幼くひ弱である.
幼师 yòushī ⇒〔幼儿师范〕
幼时 yòushí 幼時.幼少の頃.
幼体 yòutǐ 母体から離れたばかりの小さい生物.
幼童 yòutóng 幼童.
幼托 yòutuō〔幼儿园〕(幼稚園)と〔托儿所〕(託児所)

幼小 yòuxiǎo 幼少(である).〔那时候,我还~〕そのころ,わたしはまだ幼小だった.
幼学 yòuxué ①幼児が初めて学問を始めること.〔年在九~〕同前の年齢である. ②〔書〕〔琼 qióng 林〕の略:旧時の初学者用に編まれた文章を作るための教科書.言葉の用い方を教えるため,千字文や三字経などと同じく用いられた.
幼芽 yòuyá 【農】若芽(わか)
幼鱼 yòuyú 幼魚.稚魚.
幼稚 yòuzhì 幼い.幼稚である.未熟である.〔~可笑〕子供っぽくばかげている.たわいない.〔他这想法太~了〕彼のその考え方はあまりに幼稚だ.
幼稚病 yòuzhìbìng 小児病.〔列宁写了《共产主义左派的~》一书〕レーニンは『共産主義における左派小児病』という本を書いた.
幼稚园 yòuzhìyuán ⇒〔幼儿园〕
幼株 yòuzhū【植】(種子植物の)幼株.
幼子 yòuzǐ ①末子.末っ子.一番下の息子. ②幼い息子.

〔蚴〕 yòu
【虫】〔绦 tāo 虫〕(サナダムシ)や吸血虫の幼虫.〔毛 máo~〕有毛幼虫.〔尾 wěi~〕有尾幼虫.

〔有〕 yòu
〈文〉また.その上:まとまった数に端数をつけるとき用いる.〔又⑤〕に同じ.〔十一三年〕十有三年.13年.〔七十~七人〕77名.→ yǒu

〔侑〕 yòu
①〈文〉酒食を勧める.〔~酒〕酒を勧める.〔歌以~食 shí〕座興に歌を歌って酒食を勧める.〔舞剑以~觞 shāng〕剣舞をして杯(酒)を勧める.

〔宥〕 yòu
①〈文〉許す.寛恕する.〔~罪 zuì〕罪を許す.〔宽 kuān~〕〔原~〕寛大に許す. ②〈文〉補佐し助ける.〔~弼 bì〕同前. ③〈姓〉宥(う)
宥减 yòujiǎn 【法】〔刑罰を〕軽減する.
宥免 yòumiǎn 〈文〉大目に見て許す.

〔囿〕 yòu
〈文〉①(動物を飼育する)囲い.鹿 lù~〕鹿の囲い. ②束縛される.拘束される.〔为旧说所包~〕古い説にすっかり捕らわれてしまう.
囿限 yòuxiàn 限定される.拘泥(でい)する.〔永远~〕永遠に捕らわれる.
囿于 yòuyú …に制約される.〔~成见〕先入観に捕らわれる.〔~小成〕小成に甘んずる.

〔狖〕 yòu
古書で,猿の一種.

〔柚〕 yòu
【植】①ザボン,またその果実:〔~子〕は通称.〔红~〕果肉の紅紫色の同前. ②〔西 xī~〕〔葡 pú 萄~〕〔酸 suān~〕グレープフルーツ. ③〔又〕ユズ:古はこの意味で用いられた.→ yóu
柚子 yòuzi 【植】ザボン:果肉の白いものを〔文 wén 旦〕(ブンタン)という.

〔釉〕 yòu
【陶】〔~上(か)〕薬.〔~灰〕〔~料〕〔~药〕:色とりどりの美しい絵柄を描いた陶磁器の上薬.〔挂 guà~〕〔上~〕上薬をかける.〔他脸上像挂了一层黑~〕彼の顔は黒い上薬をかけたように真っ黒だ.
釉工 yòugōng ①施釉工.絵付け師. ②施釉.上絵付け.
釉面 yòumiàn 上薬の塗ってある表面.〔~砖 zhuān〕陶磁器製タイル.〔这个厂出产的瓷砖,~光滑〕この工場でできるタイルは,上薬を塗った面のつやがよい.〔瓷 cí 砖〕
釉上彩 yòushàngcǎi 上絵付けをする.
釉陶 yòutáo 上薬をかけた土器.
釉下彩 yòuxiàcǎi 下絵付けをする:〔青 qīng 花①〕ともいう.
釉质 yòuzhì ①〔牙 yá 釉质〕〔牙质②〕【生理】(歯の)

エナメル(ホウロウ)質:〔珐 fà 琅质〕に同じ.

〔鼬〕 yòu 〔鼬科〕イタチ科の動物(総称).古語では〔鼪 shēng〕という.〔黄 huáng ~〕〔~ 鼠 shǔ〕イタチ.チョウセンイタチ:〔黄鼠狼〕は通称.〔白~〕エゾイタチ.ヤマイタチ.〔艾 ài ~〕〔艾虎②〕ケナガイタチ.〔香 xiāng ~〕〔香 鼠〕ヒメイタチ.〔青 qīng ~〕〔蜜 mì 狗〕コウライケエリテン.〔臭 chòu ~〕スカンク.〔紫 zǐ 貂〕クロテン.
  鼬獾 yòuhuān 動シナイタチアナグマ:〔猵 méi 子〕は別称.
  鼬鲨 yòushā 魚イタチザメ.
  鼬鼠 yòushǔ 一字解

〔诱・誘〕 yòu ①誘う.いざなう.おびき寄せる.〔引 yǐn ~〕同前.〔~ 敌之计〕敵をおびき寄せる計画.〔为坏人所~〕悪人におびき出される.→〔约 yuē ③〕 ②教え導く.〔循 xún 循善~〕じゅんじゅんとよく教え導く.→〔劝 quàn ①〕 ③結果を招く.→〔诱致〕
诱逼 yòubī 〔诱迫〕おびき出して迫る.
诱变 yòubiàn 遺伝子操作をする.
诱捕 yòubǔ おびき出して逮捕する.
诱虫灯 yòuchóngdēng 誘蛾灯〔诱蛾灯〕ともいう.
诱导 yòudǎo ①〔诱导 (する).②〔引 yǐn 导①〕電诱导.インダクション.〔~ 圏 quān〕感 gǎn 应圈〕感応コイル.[動]诱导:動物の胚の一部が他者の分化を起こす作用.
诱致 yòudì 軍敵を誘い寄せる.
诱饵 yòu'ěr 誘いのえさ.〔这不过是使受援国承担军事义务的一种~而已〕これは援助を受けた国が军事上の義務を受け持つための一種のえさに過ぎない.
诱发 yòufā ①誘導・啓発する.②誘発させる.〔~ 癌 ái 症〕がんを誘発する.
诱供 yòugòng 誘導尋問で(またはわなをしかけて)自白させる.
诱拐 yòuguǎi 誘拐(する).
诱惑 yòuhuò ①誘惑(する).ひきつける.②魅惑(する).〔窗外是一片~的景色〕窓の外は見わたす限り人を魅了する景色だ.
诱奸 yòujiān 誘いかけて肉体関係をもつ.
诱骗 yòupiàn ①誘惑してだます.②だまし.ごまかし.
诱迫 yòupò ⇒〔诱逼〕
诱人 yòurén 人を誘い込む.心を引きつける.〔厨房里飘来一股~的肉香〕台所からおいしそうな肉料理のにおいが漂ってきている.
诱杀 yòushā おびき出して殺す.
诱使 yòushǐ 誘惑して…させる.(…するように)誘う.〔~ 上当〕誘惑してわなにかかるようにする.
诱降 yòuxiáng 敵の投降を誘う.
诱胁 yòuxié 金銭で誘い暴力で脅す.
诱掖 yòuyè 〔文〕引き立て導く.
诱因 yòuyīn 誘因.〔病的 ~〕病気の誘因.
诱引 yòuyǐn いざない.引き付ける.
诱致 yòuzhì 〔文〕(悪い結果を)招く.

yu ㄩ

〔迂〕 yū ①ぐるりと曲がる.遠回りする:〔纡①〕に同じ.〔~ 回山路〕〔山曲路〕〕山道もぐるりと曲がっている.〔~ 回前进〕迂回して前進する. ②(言行・見解が)古くさい.〔~ 论 lùn〕迂遠(え)な議論.〔你这话太~了〕きみの言うことはほんとうに古くさい. ③回りくどい.ぐずぐずしている.〔破了案,你又来 ~〕(鲁 · Q9)事件が片がついたのに,またくどく理屈を並

べる.〔~ 人〕くどい人.くどく理屈を言う人.
迂诞 yūdàn 〔迂诞〕(言わ妄)でたらめである.
迂夫子 yūfūzǐ 世事に疎い読書人.→〔书 shū 呆子〕
迂腐 yūfǔ 世事に疎い.古い観念にとらわれて融通がきかない.
迂缓 yūhuǎn 緩慢である.回りくどい.〔动作 ~〕動作が緩慢である.
迂回 yūhuí ①迂回する.遠回りをする:〔纡回〕とも書いた.〔~ 曲折〕迂回し,曲がりくねっている.〔~ 手法〕回りくどい手段.②軍敵の側面を根方から包囲する.迂回する.〔~ 作战〕迂回作戦.〔~ 到敌人背后〕迂回して敵の後ろに出る.
迂见 yūjiàn 迂遠な見解.古くさい意見.
迂阔 yūkuò 現実とかけ離れている.〔~ 之论〕現実離れの意見.
迂陋 yūlòu 世事に暗く愚かなこと.時代遅れである.
迂曲 yūqū 曲がりくねっている.〔~ 的山路〕曲がりくねった山道.
迂儒 yūrú 世事に暗く融通のきかない学者.
迂远 yūyuǎn 世事に暗く融通性・適応性がなくて役立たない.まわりくどい.実際に合わない.
迂执 yūzhí 古くさくて頑固である.頑固で融通がきかない.
迂拙 yūzhuō ぐずぐずしていて気が利かない.

〔吁〕 yū 〈擬〉ドウドウ:馬を止めたり鎮めたりする時の掛け声.〔吁 dā〕 → xū yù

〔纡・紆〕 yū 〈文〉①曲がりくねる.遠回りする:〔迂①〕に同じ. ②結ぶ. ③抑える.
纡回 yūhuí ⇒〔迂回〕
纡行 yūxíng 〈文〉回り道する.
纡徐 yūxú 〈文〉ゆっくり行動する様子.
纡尊降贵 yūzūn jiànguì ⇒〔屈 qū 尊俯就〕

〔於〕 yū 〈姓〉於(ﾊ) → wū yú

〔淤〕 yū ①泥が沈澱してふさがる.〔这条河一住了〕この川は泥でふさがった.〔~ 了好些泥〕泥が沢山つまった. ②(川や溝に)沈澱した泥.へどろ.〔河~〕川底に沈澱している泥.〔沟 gōu ~〕溝にたまった泥. ③鬱(ﾂ)血(ﾂ)=〔瘀〕に同じ. ④泥の沖積した州.〔~ 沙人〕同前. ⑤液体が沸騰して溢れ出る.〔米汤~出来了〕ご飯を炊いていたら噴きこぼれてきた.
淤斑 yūbān 皮下出血のあざ.
淤溉 yūgài 泥水を田に引いて灌漑(ﾅ)と施肥との効を治める.
淤灌 yūguàn 洪水の時に田畑を灌漑して,洪水で流れてくる土砂や養分によって土壌を改良すること.
淤黄河 yūhuánghé 黄河の旧河道:清の咸豊年間,現在の河流に変わる以前に河南から江蘇を経て黄海に注いでいた河道.
淤积 yūjī 土砂が沈澱してたまる.
淤埋 yūmái 土砂でうずする.
淤没 yūmò 〈方〉ぐずぐずする.てきばきしない.
淤泥 yūní ①沖積した泥.②へどろ.
淤浅 yūqiǎn 泥がたまって浅くなる.
淤肉 yūròu 〔瘀肉〕
淤塞 yūsè 泥でふさがる(水道や溝などが)
淤沙 yūshā 沈澱して積もった土砂.
淤土 yūtǔ 沈澱された土砂.
淤血 yūxuè 鬱血(する).→〔瘀血〕
淤涨 yūzhǎng (水中で)泥が堆積する.
淤滞 yūzhì ①土砂や泥で流れが滞る.停滞する.②中医局部的に血流が滞ること.
淤阻 yūzǔ (河川が)砂泥でふさがる.

〔瘀〕 yū =〔淤③〕鬱血(する).〔打得~住血了〕打って鬱血した.打ったところが内出血した.
瘀脓 yūnóng 医たまっている膿.
瘀热 yūrè 中医鬱血による熱症.
瘀肉 yūròu 〔淤肉〕中医瘡腫の腐乱した肉.
瘀伤 yūshāng 血のにじんだ打撲傷.内出血.
瘀血 yūxuè =〔淤血〕中医血液が停滞して流れない病変.→〔淤血〕

〔于〕 yú ①〔於〕①①…にて.…で.…に:時間または場所を表す.〔汽车停~门口〕自動車が門の前に止まっている.〔他生~1900年〕彼は1900年に生まれた.→〔在 zài ⑤〕②終点や到達・帰着点を表す.〔不得晚~今年年底〕今年年末にしなくてはいけない.③動作の方向を表す.〔嫁祸~人〕災いを他人に転嫁する.〔旧的要素让位~新的要素〕古い要素が新しい要素に地位を譲る.④…から,…って:動作の出発点を表す.〔拯 zhěng 民~水火之中〕民を水火の中から救う.〔业精 jīng~勤,荒~嬉 xī〕〈諺〉学問は勤勉によって精通し,逸楽によってだめになる.〔决定~努力的程度如何〕努力の程度如何によって決まる.〔取 cóng 〔从〕②〕〔自 zì 自〕⑤動作の原因を表す.〔惩 chéng~前次之失败,制定了具体办法〕前回の失敗にこりて具体的方法を制定した.〔鉴~世界大势推移〕世界大勢の推移にかんがみ.⑥…に対して.〔仰不愧~天,俯不怍~人〕仰いでは天に恥じず,俯しては人に恥じない.〔空气之~人,犹水之~鱼也〕空気の人に対する関係は,水の魚に対する関係のようなものだ.→〔对 duì ①〕〔向 xiàng ①〕⑦~される:動作を表す語の後に用いて受身を表す.〔见爱~人〕人に愛される.〔受制~人〕人に制せられる.〔兵败~陈涉,地夺~刘氏〕兵は陳渉に破られ,地は劉氏に奪わる.⑧比較を表す.〔苛政猛~虎〕悪政は虎よりも猛し.〔霜叶红~二月花〕霜葉は二月の花より紅なり.〔含酸不低~45%〕含酸量が45パーセントより低くはない.⑨常に動詞・形容詞の後におかれて,その示す状態が如何なる方面においてであるかを表す.〔精~理论而疏~实际〕学理に明るいが実際方面は疎い.〔今敌众寡 guǎ,难~持久〕今敵は多く味方は少ない,持久は困難である.〔其民勇~私斗而怯~公战〕その民は私闘には勇敢だが,公戦には臆病だ.⑩近寄る.瀕する.〔殖民主义瀕 bīn~死亡〕植民地主義は死に瀕している.〔是不亦近~以五十步笑百步乎〕これまた五十歩をもって百歩を笑うに近からずや.⑪"…に対して"の意味をもつ.動詞・形容詞の接尾語:〔属~国家财产〕国の財産に属する.〔急~完成任务〕任務の達成を急ぐ.⑫〈文〉古代の詩文に用いられた虚字.→〔于飞〕〔于归〕⑬〈姓〉于⁽²⁾.
于飞 yúfēi 〈文〉夫婦相和合する.〔凤凰~〕同前(詩経)
于归 yúguī 〈文〉嫁に行く.〔之子~〕同前(詩経)
于今 yújīn ①現在に至るまで.…以来.〔北京一别,~五年〕北京で別れて以来,もはや 5 年になる.②現在.今.〔~为烈 liè~〕今は更にひどい.〔这个城市建设非常快,~已看不出旧有的面貌]この都市は建設が非常に速く,今ではもう昔の姿は残っていない.
于思 yúsāi 〈文〉ひげの多いさま.
于是 yúshì =〔口于是乎〕ここにおいて.そこで.
于是乎 yúshìhū 同上.
于事无补 yúshì wúbǔ (例の)事には何の役にも立たない.
于心不忍 yúxīn bùrěn 我慢できない.

于于 yúyú ①ぶらぶらとやって来るさま.②満足しているさま.

〔邘〕 yú 周代の国名.現在の河南省沁陽市あたり.

〔玗〕 yú 〈文〉玉に似た美石.

〔盂〕 yú [-儿]口の大きい鉢や碗;液体を入れるコップ.〔洗手~〕フィンガーボール.〔漱 shù 口~〕うがいコップ.
盂兰盆会 yúlánpén huì 佛(仏教の)盂蘭盆会.〔盂兰盆〕は梵語の音訳で"倒懸"の意.旧暦 7 月15日すなわち中元節の日に百味を盆に盛って三宝に供え,祖先を"倒懸"の苦から救い,冥福を祈る行事.〔盂盆(胜)会〕ともいう.

〔竽〕 yú 箇竽⁽³⁾:古代の楽器.笙の大きなもの.→〔滥 làn 竽充数〕

〔与・與〕 yú ⇒〔欤〕→ yǔ yù

〔玙・璵〕 yú 〈文〉美しい玉(⁵).

〔欤・歟〕 yú =〔与〕〈文〉疑問・反問・感嘆を表す助詞:口頭語の〔吗〕〔呢〕にあたる.〔其言不足信~〕その言は信ずるに足らないだろうか.〔岂不善~!〕どうしてよくないことがあろうか.〔归~!〕帰らんかな.〔此诚大智大勇也~!〕これこそまことに大知大勇ではなかろうか.

〔旟・旟〕 yú 〈文〉隼を描いた古代の軍旗.

〔予〕 yú 〈文〉我.我:〔余(I)①〕に同じ.〔~将远行〕われまさに遠く行かんとす.〔~取~求〕わたしから思う存分とり上げる.→〔我 wǒ ①〕
〈姓〉予⁽²⁾

〔伃〕 yú →〔婕 jié 妤〕

〔妤〕 yú →〔婕 jié 妤〕

〔余・餘〕 yú (I)〔余〕①〈文〉われ:〔予⑴〕に同じ.→〔我 wǒ ①〕 ②〈姓〉余⁽²⁾
(II)〔餘〕①余る.残る.〔还~十万元〕なお10万元余る.②余剰.〔不但够用,而且有~〕充分であるばかりではなく,余りさえある.〔其~的〕その他のもの.③端数.〔五百有~〕500余り.〔中国面积有九百~万平方公里〕中国は面積が900余万平方キロメートルある.④以外.以後.〔业~〕本職以外のアマチュアの.〔茶~饭~〕食後のひととき.⑤感激する.〔拜领之~,感激不尽〕頂戴いたしまして感激にたえません.→〔馀〕

余白 yúbái 余白.
余波 yúbō 名残.余波.〔那场纠 jiū 纷的~还没有平息〕あのいざこざのほとぼりはまだ冷めていない.
余存 yúcún ①残り.残余.残高.②残る.
余党 yúdǎng 残党.
余地 yúdì 余地.ゆとり.〔没有商量的~〕相談をする余地はない.
余毒 yúdú 余毒.〔肃 sù 清~〕余毒を清める.
余额 yú'é ①圈残高.〔存款~〕預金残高.②欠員.
余风 yúfēng 〈文〉遺風.
余甘 yúgān 植アンマロク.ユカン(油甘):インド産トウダイグサ科の落葉高木,菴摩勒の別名.
余割 yúgē 数コセカント.
余辜 yúgū 余罪.
余光 yúguāng ①残光.②余命.③余緑(ぉく).おかげ.
余晖 yúhuī 残光.残照.〔余辉〕とも書いた.

yú

余 狳 馀 畲 艅 於 鱼

余悸 yújì 事後まだ残っている恐怖.〔心有～〕心が未だにびくびくしている.
余角 yújiǎo 〘数〙余角.
余烬 yújìn ①余燼.燃えさし;〔烬余〕に同じ.〔纸烟～〕タバコの吸いさし. ②<喩>戦争や災害の後の残存物.〔劫后～〕災難後のほとぼり.
余款 yúkuǎn 剰余金.
余力 yúlì 余った力.〔不遗～〕余力を残さない.全力を尽くす.
余利 yúlì ①利益.純益. ②旧剰余利益.→〔官利 guān lì〕〔红 hóng 利①〕
余沥 yúlì <文>残り酒.〈転〉ちょっとした分け前.
余粮 yúliáng 自家消費分を除いてなお余った穀物.余剰の食糧.〔～区〕食糧余剰地区.↔〔缺 quē 粮〕
余量 yúliàng 剰余量.余地.
余料 yúliào 半端ものの材料.使い残し.<口>役に立たぬもの.
余留 yúliú 留っている.残っている.
余脉 yúmài 本山脈から枝分かれした山並み.
余年 yúnián 余命.余生寿命.晩年.
余孽 yúniè 残っている悪勢力・悪要分子.〔残渣～〕<成>同前.〔封建～〕封建的な残存勢力.
余怒 yúnù 余憤.
余平 yúpíng ⇒〔平余〕
余钱 yúqián 残った金.
余切 yúqiē 〘数〙コタンジェント.
余庆 yúqìng 子孫にまで及んだ祖先の恩沢.↔〔余殃〕
余丘 yúqiū <姓>余丘(きゅう).
余权 yúquán (かつて持っていた)権力のなごり.
余缺 yúquē ①剰余と不足. ②欠員;〔余額②〕に同じ.
余热 yúrè ①(生産活動で発生する)余熱.〔利用发电厂的～供暖〕発電所の余熱は暖房に利用される. ②定年退職者の能力や働き.
余容面陈 yú róng miànchén <牘>あとで面会の上申し上げます:〔余容面叙〕ともいう.
余色 yúsè 〔补 bǔ 色〕
余生 yúshēng ①残存命.〔虎口～〕虎口を逃れた命.〔劫后～〕災難から生き残った命. ②晩年.余生.
余剩 yúshèng 余剰.
余矢 yúshǐ 〘数〙余矢(し).
余数 yúshù 〘数〙余数.
余唾 yútuò <喩>人がしゃべった話.くだらぬ話.
余外 yúwài <方>そのほか.その他.
余威 yúwēi あり余った威勢.余勢.
余味 yúwèi 後味.余韻.〔诗句虽短,～无穷〕詩は短いが,余韻は限りなくある.
余暇 yúxiá ⇒[余闲]
余下 yúxià ①残す.残る. ②余す.余る.
余弦 yúxián 〘数〙コサイン.
余兴 yúxìng ①尽きない興味. ②余興.
余殃 yúyāng 子孫にまで及ぶ災い.↔〔余庆〕
余音 yúyīn <文>余音.〔～缭绕〕〔～绕 rào 梁〕<文>ⓐ(歌声や演奏の)余音が漂う.ⓑ(作品から)感銘を受ける.
余勇可贾 yúyǒng kěgǔ <文>勇気があり最後まで怠らない.充分な余力を残している.
余裕 yúyù <文>余裕(がある).ゆとり(がある).〔～的时间〕ゆとりある時間.〔～的精力〕あり余る精力.〔一个精力〕あり余る精力.〔这何年是衣食の心配がなくなったばかりでなく,しかもゆとりができてきた.
余韵 yúyùn 余韻.
余震 yúzhèn 余震.

[**狳**] yú →〔犰 qiú 狳〕

[**馀・餘**] yú ①〔余〕の繁体字:ただし〔余〕を用いると紛らわしい時はこの字を用いる. ②<姓>余(よ).→〔余〕

馀勇可贾 yúyǒng kěgǔ <成>発揮できる余力がある:〔余勇可贾〕に同じ.

[**畲**] yú 〘农〙開墾して3年たった熟田.→〔畲 zī ①〕 → shē

[**艅**] yú 〔～艎 huáng〕<文>古代の大型の木船.

[**於**] yú ①⇒〔于〕 ②〔～陵 líng〕古地名.現在の山東省雛平の東南. → wū yū

[**鱼・魚**] yú ①うお.さかな:一部の水生動物を含める.〔海～〕海魚.〔河～〕川魚.〔淡 dàn 水～〕淡水魚.〔鳄 è ～〕ワニ.〔鱿 yóu ～〕スルメイカ.〔鲤 lǐ ～〕鯉.〔钓 diào ～〕魚を釣る.〔捞 lāo ～〕網で魚を捕る.〔摸 mō ～〕魚を手さぐりで捕まえる. ②<姓>魚(ぎ)

鱼白 yúbái ①⇒〔鱼肚白〕 ②魚の精液.
鱼鳔 yúbiào =〔<口>鱼 泡〕〔气 qì 胞〕〔鱼 貝〕(魚)の浮き袋.ふえ:単に〔鳔①〕ともいう.→〔鱼肚〕
鱼饼 yúbǐng 〘食〙魚の肉をつぶし,豆腐,野菜を入れて作った餅(ピン)→〔饼〕
鱼叉 yúchā ⇒〔渔叉〕
鱼池 yúchí 養魚池;〔养 yǎng 鱼池〕に同じ.
鱼翅 yúchì ふかのひれ(食材).〔～席〕同前の料理の出る宴会料理:これが出る料理は上等なものとされる.〔鲨 shā 翅〕
鱼虫(儿) yúchóng(r) 〘虫〙ミジンコ(魚のえさになる):〔红 hóng 虫〕〔金 jīn 鱼虫〕〔水 蚤 zǎo〕ともいう.
鱼床子 yúchuángzi ⇒〔鱼店〕
鱼唇 yúchún サメの口の周りの部分:食材で煮込みに用いる.
鱼刺 yúcì 魚の小骨.〔～图 tú〕〔树 shù 图〕樹形図.
鱼店 yúdiàn 魚屋:〔<方>鱼床子〕〔鲜 xiān 鱼行〕ともいう.
鱼冻(儿) yúdòng(r) 魚の煮こごり.→〔冻儿〕
鱼毒 yúdú 〘植〙荒 yuán 花(フジモドキ)の別称:葉を煮た汁を水中に入れると魚が死ぬことから.
鱼肚 yúdǔ =〔鱼胶①〕にべ:魚の浮き袋などから製したにかわ.
鱼肚白 yúdùbái =〔鱼白〕魚の腹のような白色.多く夜明けの空を形容する.〔天边出现了～〕空が白み始めたぽわっと白くなった.
鱼饵 yú'ěr 魚のえさ.釣り餌(え).
鱼販(子) yúfàn(zi) 魚の行商人,または露店の魚小売商.→〔鱼店〕
鱼粉 yúfěn 魚粉.フィッシュミール.
鱼竿 yúgān ⇒〔渔竿〕
鱼肝油 yúgānyóu 肝油.〔鳕 xuě 肝油〕(たら肝油)など.
鱼缸 yúgāng 魚を入れて飼う(陶器・ガラスなどの)缸(がめ).水槽.
鱼糕 yúgāo 〘食〙蒲鉾.
鱼钩 yúgōu ⇒〔渔钩〕
鱼狗 yúgǒu ⇒〔翡 fěi 翠②〕
鱼鼓 yúgǔ ⇒〔渔鼓〕
鱼贯 yúguàn 魚が群がり連なって進むこと.連なって前進すること.〔～而入〕
鱼虎 yúhǔ ①〘鱼 貝〙ハリフグ.ヤツメフグ. ②〘鸟〙カワセミ.
鱼花 yúhuā ⇒〔鱼苗〕
鱼货 yúhuò 魚類品.魚貝品.

yú 鱼

鱼酱 yújiàng [食]ナンプラー.
鱼胶 yújiāo ①⇒[鱼肚] ②<方>魚の浮き袋:特に[黄魚]の浮き袋をいう.
鱼具 yújù ⇒[渔具]
鱼口疮 yúkǒuchuāng ⇒[横 héng 痃]
鱼篮 yúlán =[鱼篓]魚を入れる手籠.びく.
鱼雷 yúléi [军]魚雷.[〜(快)艇 tǐng]魚雷艇.
鱼类 yúlèi 魚類.
鱼帘子 yúliánzi 建て干し網:河海の浅いところへ簾または網.それを立て,潮がひいた後,そこに置き去りにされた魚を捕らえる.
鱼鳞 yúlín ①魚の鱗.[〜鞋 xié](中国靴の)両側にうろこ模様のある子供靴.[〜坑 kēng](貯水または植林のため山のはだに掘った,点々としてうろこのような)穴.[〜松 sōng]チョウセントラヒ:トラヒ属. ②<喩>ものの多くて密集していること.
鱼鳞癣 yúlínxuǎn [医]魚鱗癬:四肢・頭・顔などの表皮が増殖してざらざらした魚鱗状あるいは蛇皮状になる皮膚病.[蛇 shé 皮癣]ともいう.
鱼龄 yúlíng 魚齢.
鱼龙 yúlóng ギョリュウ(魚竜).イクチオザウルス:化石動物の一種.
鱼龙混杂 yúlóng hùnzá <喩>①良い人と悪い人とが入り混じっていること.②良い物と悪い物が混ざり合っていること.
鱼笼子 yúlóngzi 魚を捕る"うけ":竹で編んだもので長さは円筒形に作り川の中に置き,魚が入るには自由であるが,一旦入れば出られないように作ったもの.
鱼篓 yúlǒu ⇒[鱼篮]
鱼露 yúlù 魚ソース.魚で作っただし.
鱼卵 yúluǎn 魚卵.はらこ.
鱼卵石 yúluǎnshí [鉱]状岩.魚卵石:温泉に溶解した炭酸カルシウムが沈澱し,砂礫(ﾚｷ)を核として魚卵形になったもので,大きいものは豆粒ほどもあり,また[豆 dòu 石]ともいわれる.
鱼米之乡 yúmǐ zhī xiāng [成]土地が肥沃で物産の豊富な地:多く江南地方を指す.
鱼苗 yúmiáo =[鱼花]孵化(ﾌｶ)したばかりの稚魚.→[鱼秧(子)]
鱼目混珠 yúmù hùnzhū [成]魚の目を真珠として偽る.玉石混交:偽物を本物として見せかけることのたとえ.
鱼囊草 yúnángcǎo ⇒[茨 cí 藻]
鱼泡 yúpào ⇒[鱼鳔]
鱼皮 yúpí ①魚の皮.②魚皮の乾燥品:食材で[龙鼋 lóngdǔn]と称するフカの類の皮.
鱼片儿 yúpiànr ①魚の肉をやや小さめに薄く切ったもの.[生〜]刺身.②焙った干し魚を薄く切ったもの.[烤 kǎo〜]同前の焼きもの.
鱼漂 yúpiāo ⇒[渔漂]
鱼品 yúpǐn 魚類品.魚貝類品.
鱼鳍 yúqí 魚のひれ.
鱼钳 yúqián [機]モンキーレンチ.→[扳 bān 子]
鱼情 yúqíng 魚類に関する情報・状況:[渔情]ともいう.
鱼鳅菜 yúqiūcài ⇒[马 mǎ 兰①]
鱼儿 yúr 小さい魚.[小〜]小魚.[金〜]金魚.
鱼肉 yúròu ①<喩>[〜百姓]=[〜(松)][鱼松]魚の田麩(ﾃﾞﾝﾌﾞ).[〜冻儿 dòngr][鱼冻儿]魚の煮凝り.②魚と肉.③<転>思うままにする.食い物にする.[人为刀俎 zǔ 我为〜]生殺与奪の権利を人に握られて,similの思うままにされる.[勾结官府,〜农民,霸 bà 占农民田产]役人と結託し農民を食い物にし,農民の田畑を横領する.
鱼虱 yúshī [虫]チョウ.ウオジラミ.エルガシルス:魚の寄生虫.
鱼食 yúshí 魚のえさ.
鱼石硫酸铵 yúshí liúsuān'ǎn ⇒[鱼石脂]
鱼石螈 yúshíyuán イクチオステガ:デボン紀後期の両生類.
鱼石脂 yúshízhǐ =[鱼石硫酸铵][磺 huáng 基鱼石油酸铵][伊 yī 希思耳][依 yī 克度][薬]イクタモール(イヒチオール).
鱼市 yúshì 魚市場.
鱼书 yúshū <文>手紙.
鱼水 yúshuǐ 魚と水.<喩>①魚と水のような密接な関係.[〜难分]魚と水とは互いに離れ難いものである.[〜相得]魚と水の如く互いに助け合い仲がよい.[〜之情]水魚の交わり.⑤[旧]君臣・夫婦の間柄にたとえる.[〜和谐 xié]同前の仲のよいこと.
鱼死网破 yúsǐ wǎngpò <喩>闘って共倒れになる.
鱼松 yúsōng 魚の田麩(ﾃﾞﾝﾌﾞ):=[鱼肉松].→[肉 ròu 松]
鱼孙 yúsūn [姓]魚孫(ﾕｿﾝ).
鱼塘 yútáng ①<文>漁獲した魚を生かしておく小さい池.②養魚池.
鱼藤 yúténg [植]デリス(トバ):マメ科の藤本低木で,その根は多量の毒成分を含む.華南地方では捕魚にも用いる.
鱼头 yútóu ①魚の頭.②<喩>魚の頭は食うのに面倒であることから,煩雑困難なことにたとえる.[择〜]困難なことを処理する.
鱼丸(子) yúwán(zi) =[鱼圆][食]魚の肉をつぶして作っただんご:"みすれ"にして食べる.
鱼网 yúwǎng ⇒[渔网]
鱼尾 yúwěi ①魚の尾.②=[燕 yàn 尾][鱼尾]木版本の毎ページの折り目の印.その上[明刻本]または下(宋・元版)に書名などが印刷されている.
鱼尾板 yúwěibǎn (レールの)継目板:レールのつぎ目を両側から押さえ,ボルトで固定されている鉄板.
鱼尾纹 yúwěiwén 目尻の小じわ.
虾 yúxiā 魚とエビ.②水産物.
鱼鲜 yúxiān 魚貝などの水産食物.→[海 hǎi 鲜][鲜鱼]
鱼线 yúxiàn 釣り糸.
鱼香肉丝 yúxiāng ròusī [食]細切り肉の唐辛子炒め:四川料理の一種.
鱼腥草 yúxīngcǎo ⇒[蕺 jí 菜]
鱼汛 yúxùn [渔汛]とも書く.漁期:清明から大暑までを[夏汛],立秋までを[秋汛],重陽から年末までを[冬汛]という.
鱼雁 yúyàn <文>手紙:古く魚の腹中や雁の足で運んだことから.[他们之间曾一往还]彼ら二人の間には手紙のやりとりがあった.
鱼秧(子) yúyāng(zi) =[鱼栽][鱼种]稚魚.幼魚:孵化(ﾌｶ)して放魚するほどになったもの.[买鱼苗,养〜,鱼苗]孵化したばかりの稚魚を買って,それを飼育して成魚にする.→[鱼苗]
鱼鹰 yúyīng [鸟]①[鸬鹚 lú cí](カワウ)の通称.②[鹗 è](ミサゴ)の通称.
鱼油 yúyóu 魚類や鯨などからとった油.
鱼游釜中 yúyóu fǔzhōng <成>危険が目前に迫っていること.境遇が極めて危険なこと.
鱼圆 yúyuán ⇒[鱼丸(子)]
鱼源 yúyuán ①魚群の集まる場所.②魚類資源.
鱼跃 yúyuè 魚が跳ねる(ような)動作.[〜滑 huá 垒][R](野球の)ヘッドスライディング.[〜救球][R](サッカーの)横へ飛び上がるセービング.
鱼栽 yúzāi ⇒[鱼秧(子)]
鱼种 yúzhǒng ⇒[鱼秧(子)]

鱼渔臾谀萸腴舁禺隅喁嵎愚 yú

鱼子 yúzǐ 魚の卵.[～酱/㲉]魚のはらこなどの塩漬け.
鱼子兰 yúzǐlán 植チャラン(近緑種):センリョウ科植物.[鱼兰][米mǐ兰][米仔兰][树兰]は別称.

〔渔・漁(㪺)〕 yú ①〈文〉魚を捕る.[竭jié泽而～]〈成〉池を干して魚を捕る.〈喩〉根こそぎ取ってしまい,永久の策を顧みない.②〈文〉(不当な利益を)漁る.[～民/百qīn～百姓]人民を搾取する.→[渔利]③〈姓〉漁(°).

渔霸 yúbà 漁師のボス.悪徳網元.[～头]同前.
渔叉 yúchā ＝[鱼叉]やす:魚を刺して捕える漁具.
渔产 yúchǎn ①漁業生産.②水産物.
渔场 yúchǎng 漁場.
渔船 yúchuán 漁船.
渔村 yúcūn 漁村.
渔妇 yúfù 漁師の妻.
渔改 yúgǎi 漁業改革.[渔业改革]の略.
渔竿 yúgān ＝[鱼竿]釣竿:[钓diào竿(儿)]に同じ.
渔港 yúgǎng 漁港.
渔歌 yúgē 船歌.漁師の歌.
渔工 yúgōng 漁業労働:調理・通信・雑用も含めた船上の仕事.
渔钩 yúgōu ＝[鱼钩]釣針.
渔鼓 yúgǔ 固伝統音楽の打楽器の一種.[鱼鼓]とも書く.[道dào筒]/[竹zhú琴①]ともいう.6～10センチ位の竹筒の底に豚または牛の皮を張ったもので,これを伴奏に用いる謡い語り演芸の[道dào情]の別称.常に[简jiǎn板]と合わせ奏する.
渔鼓道情 yúgǔ dàoqíng ＝[道情]
渔火 yúhuǒ いさり火.
渔家 yújiā 漁師またはその家庭.
渔具 yújù 漁具:[鱼具]とも書く.
渔捞 yúlāo (大規模な)漁労.
渔利 yúlì ①〈文〉利をあさる.[坐～]〈成〉坐して漁利を得る.②〈文〉不当な利益.[坐～]〈成〉坐して漁利を得る.
渔猎 yúliè ①魚を捕ることと鳥獣を捕ること.②〈文〉略奪する.③〈文〉貪欲に求める.女色を漁る.
渔轮 yúlún 漁労用汽船.→[拖tuō网渔轮]
渔民 yúmín 漁民.
渔农 yúnóng 養魚業の農民.
渔漂 yúpiāo ＝[鱼漂]浮き:[漂儿]/[浮fú子]ともいう.
渔情 yúqíng =[鱼情]
渔区 yúqū 漁区.
渔人 yúrén ＝〈文〉漁師.[～得利][～之利][渔翁得利]〈成〉漁夫の利.[鹬yù蚌相争,～得利]〈成〉シギとハマグリが争って同前.
渔色 yúsè 女色をあさる.
渔网 yúwǎng 魚網.魚を捕る網:[鱼网]とも書く.
渔翁 yúwēng 老漁夫.
渔翁得利 yúwēng dé lì →[渔人]
渔汛 yúxùn ＝[鱼汛]
渔阳 yúyáng 古地名.現在の北京と天津の間.[～掺càn]古代の鼓曲の一種.
渔业 yúyè 漁業.[～改革]/[渔改]漁業改革.
渔政 yúzhèng ①漁業に関する事柄.②漁業関係の行政.
渔舟 yúzhōu 〈文〉漁船.

〔臾〕 yú [须xū～]〈文〉しゅゆ.しばしの間.暫時.

〔谀・諛〕 yú 〈文〉へつらう.おもねる.[阿ē～]同前.[～词cí]お世辞.→

[谄chǎn]

〔萸〕 yú →[茱zhū萸]

〔腴〕 yú ①(人が)肥えている.[丰fēng～]ふくよかである.③肥沃である.[膏gāo～]同前.[～土]肥沃な土地.
腴田 yútián 肥沃な田.→[肥féi田①]

〔舁〕 yú ①〈文〉①(共同して物を)担ぐ.[～夫]かごや物を担ぐ者.②積装する.→[抬tái②]

〔禺〕 yú ①(古書で)猿の一種.②〈文〉区域.③地名用字.[～山]固浙江省にある.[番pān～]広東省にある.④〈姓〉禺(°)
禺谷 yúgǔ 固(伝説上で)日の落ちる場所(山海経)

〔隅〕 yú 〈文〉ほとり.そば.[海～]海のほとり.海辺.②すみ.角[～.[植zhí树于场院之四～]木を庭の四方のすみに植える.③孤独で不遇である.機会を得られずに落胆する.⑤孤独で不遇である.[向～而泣]〈喩〉絶望して泣く.[一～之见]一方に偏した見解.[负～顽抗]〈成〉険要の地によって頑強に抵抗する.
隅反 yúfǎn 〈文〉類推する:一隅を知って他の三隅を推知する意.[举jǔ一反三]

〔喁〕 yú 〈文〉①声が相和する.②ひそひそ声.[～～私语]ひそひそ私語する. → yóng

〔嵎〕 yú 〈文〉山の入りくんだところ.

〔愚〕 yú ①愚かである.ばかである.頭がにぶい.[～钝dùn]同前.[大智若～]〈成〉大智は愚の如し.②愚弄する.ばかにする.だます.[～弄人]人を愚弄する.③〈文〉わたくし(の):自己の事柄に用いる.[～晚]〈謙〉わたくし:目上の者に対していう.→[拙zhuō②] ④〈姓〉愚(°)
愚笨 yúbèn 頭がにぶい.ばかである.→[愚鲁]
愚不可及 yú bùkějí 〈成〉たいへん愚かである.話にならない愚かさ(論語)
愚痴 yúchī 愚かしい.
愚蠢 yúchǔn ばか.愚かである.[～无知]〈成〉愚かで知識がない.[这种做法真～]こんなやり方はほんとにばかだ.↔[聪cōng明②]/[糊hú涂②]
愚弟 yúdì ＜〈文〉①同輩に対する謙称.
愚公移山 yúgōng yíshān 〈成〉愚公(ɡ̄)山を移す:昔時,愚公が毎日子々孫と共に,道をふさぐ家の前の山を切り崩した.隣りの智叟はこれを見て嘲笑ったが,愚公は子々孫にまでやれば出来ないことは無いとしてやまなかった.天帝がこれに感じて山を取り除かせたという説話(列子・湯問).〈転〉志ある者はついに成るというたとえ.毛沢東に同じ題の文章がある.→[老fǎo三篇]
愚见 yújiàn ＝[愚意]〈謙〉愚見.
愚陋 yúlòu 〈文〉愚かである.
愚鲁 yúlǔ 愚かである.ばかである.
愚昧 yúmèi ＝[愚蒙]愚かで道理に暗い.[～无知]無知蒙昧.[～消费]迷信や悪智などにもとづく消費:葬式や結婚式など.
愚氓 yúméng 愚かな人.
愚蒙 yúméng ⇒[愚昧]
愚民 yúmín ①愚かな人民.②人民を愚かにする.[～政策]愚民政策.
愚弄 yúnòng ばかにする.愚弄する.
愚懦 yúnuò 愚かで臆病な.
愚人 yúrén 愚者.ばか者.[～节jié]エイプリルフール.万愚節.四月一日:[四月傻shǎ瓜]ともいう.
愚顽 yúwán 〈文〉愚鈍で頑固である.
愚妄 yúwàng 〈文〉愚鈍で高慢である.
愚兄 yúxiōng 〈謙〉わたくし:自分より若い友人に対

している.
愚者 yúyì ⇒[愚見]
愚者 yúzhě 愚か者.愚かな人.〔～暗于成事,智zhì 者见于未萌〕〔～暗察成事,智者见未萌 méng〕〈諺〉愚昧(まい)の者は事実に現れてもまだ気がつかず,知者(ɤ̄)はまだ兆しもないうちに看破する.〔～千虑,必有一得〕〈喩〉愚かな人といえども,熟慮すれば何か得るところがある.〔～千虑,亦 yì 有一得〕〔～千虑,或 huò 有一得〕ともいう.↔〔智 zhì 者〕
愚直 yúzhí ばか正直(である).
愚忠 yúzhōng 盲目的な忠誠.〔～愚孝 xiào〕ただ一筋に忠孝を思うこと.
愚拙 yúzhuō ①愚かで拙劣である. ②〈謙〉愚生.拙者.わたくし.

[齵・齵] yú 〈文〉歯並びが悪い.〈喩〉ふぞろいである.〔～差 cī〕〔参 cēn 差不齐〕すべて物事のくいちがうさま.

[髃(髃)] yú 中医肩の前部.前肩.

[俞] yú ①[～允 yǔn]〈文〉応諾する.②〈姓〉俞.②→yù

[渝] yú (Ⅰ)〈感情や態度が〉変わる.変える.〔忠诚不～〕忠誠心は変わらない.〔始终不～〕終始変わらない.
(Ⅱ)①[地重慶の別称).〔成～铁路〕成都重慶間の鉄道.②〈姓〉渝.

[愉] yú 喜ぶ.楽しむ.〔歆〕に同じ.〔面有～色〕顔に喜びの色が表れている.②〈姓〉愉(ɤ̄)
愉快 yúkuài 気持ちがよい.うれしい.愉快である.〔我今天很～〕ぼくは今日は非常に愉快だ.〔渡过～的日子〕楽しい日々を過ごす.〔祝你旅途～〕〔挨～〕よい旅.
愉色 yúsè 楽しそうな顔.
愉悦 yúyuè ①愉悦.②喜ぶ.悦に入る.

[逾(踰)] yú (Ⅰ)〔逾(踰)〕越える.超過する.とび越える.〔～三日之期〕3日間という期限を越える.〔年～花甲〕年齢は60歳を越えている.〔足不～户〕〈成〉一歩も外へ出ない.
(Ⅱ)〔逾〕いよいよ.さらに.一層.〔～甚 shèn〕一層なはだしい.
逾常 yúcháng ①尋常でない.②常態を越える.〔欣喜～〕非常に喜ぶ.有頂天になる.
逾分 yúfèn 本分を越える.
逾恒 yúhéng 〈文〉常態を越す.常態を逸脱する.〔饮酒～〕酒を飲んで大虎(虎)になる.
逾期 yúqī〔逾限〕期限切れ(になる).〔～未办〕期限が切れたが未処理のままである.
逾限 yúxiàn 同上.
逾越 yúyuè とび越える.〔不可～的鸿 hóng 沟〕越えられないギャップ.〔～常规〕常規を逸する.

[蒏] yú →[山 shān 蒏酸]

[揄] yú ①〈文〉ひく.ひっぱる.提起する.〔～扬〕ほめたたえる.②[揶 yé 揄]

[喻] yú ①〈文〉喜ぶ.楽しむ:古く(愉①)に通じて用いられた.②[新 xīn 喻][地江西省にある:現在は[新余]と書く.一〈姓〉喻.

[萮] yú ①地名用字.[昆 kūn～山][地山西省東部にある.②[～山 shān 萮菜]

[瑜] yú ①〈文〉美玉.優れたもの.立派なもの.②長所.〔瑕 xiá～互见〕〈成〉欠点も長所もある(文章など).〔瑕不掩 yǎn～〕〈成〉非常に優れた所で,多少の欠点は問題にならない.③〈姓〉瑜.

瑜伽 yújiā 〈音訳〉ヨガ:梵語.ヒンドゥ教で修養法の一種.〔～派〕とも書いた.〔～派 pài〕インドの仏教·哲学の流派の一.

[榆] yú ①植ノニレ(シナニレ):〔～树 shù〕〔白 bái～〕〔～家〕:ニレ属の植物の総称.落葉高木.木材は堅く家具を作る.②〈姓〉榆.
榆白皮 yúbáipí 榆の白い内皮:薬用される.
榆耳 yú'ěr 榆に生えるきのこ:〔木 mù 耳〕(キクラゲ)の一種.
榆荚 yújiá ⇒[榆钱(儿)]
榆木 yúmù 榆の木材.
榆木疙瘩 yúmù gēda 榆のこぶ.〈転〉頑固で保守的な人.
榆木脑瓜 yúmù nǎoguā 〈喩〉〈罵〉石頭.融通のきかない人.
榆皮面儿 yúpímiànr 榆の白皮を粉にしたもの:〔榆面〕ともいう.
榆钱(儿) yúqián(r) 〈口〉榆の実:丸くて銭に似ている.〔榆荚〕ともいう.
榆树 yúshù 一字解[榆]
榆叶梅 yúyèméi 植オヒョウウメ:バラ科の低小高木.

[覦・覦] yú →[觊 jì 覦]

[歆] yú 〈文〉①歌.②悦ぶ.楽しむ.〔愉①〕に同じ.

[窬] yú 〈文〉塀を乗り越える.〔穿 chuān～之盗〕壁に穴をあけたり,塀を乗り越えたりして盗む盗賊.

[褕] yú ①[襜 chān～]〈文〉丈の短い平服.②〈文〉美しい.〔～衣〕美しい服.

[蝓] yú →[蛞 kuò 蝓]

[潏] yú ⇒[泽 zé 泻]

[娱(娱)] yú ①楽しむ(み).〔欢～〕喜で楽しむ.〔极视听之～〕目や耳の楽しみを極める.〔文～活动〕文化娯楽活動.レクリエーション. ②楽しませる.〔聊以自～〕いささか自ら楽しむ.〔自～自乐〕一人楽しむ.
娱记 yújì 芸能面の担当記者.芸能レポーター:〔娱乐记者〕の略.
娱乐 yúlè 娯楽.楽しみ.〔～场〕娯楽場.〔～城 chéng〕娯楽センター.ゲームセンター.〔～圈 quān〕芸能界.〔～片 piàn〕娯楽映画.
娱目赏心 yúmù shǎngxīn 目を楽しませ心を喜ばせる.
娱悦 yúyuè ①愉快である.楽しい.〔十分感到～〕非常に愉快である.②楽しませる.〔～身心〕心身を楽しむ.

[虞(虞)] yú (Ⅰ)〈文〉①憂え(る).おそれ(る).心配(する).〔衣食无～〕衣食の心配はない.〔不洁则有生病之～〕不潔だと病気になるおそれがある.②予想する.〔不～〕予想しない.不測の.〔时刻准备,以防不～〕予想しておいて不測に備える.③欺く.だます.〔我无尔诈,尔无我～〕〔左伝宣15〕わたしはあなたをだまさぬから,あなたもわたしをだますな.
(Ⅱ)①史朝代の名:伝説上の皇帝舜が建てた.〔～舜 shùn〕五帝の一.②固周代の国名:現在の山西省平陸県一体にあった.〔晋 guó 虞之号〕:ともに周代諸侯国.〈喩〉近接した二国.③〈姓〉虞(ɤ̄)
虞美人 yúměirén ①植ヒナゲシ.グビジンソウ:〔丽 lì 春花〕ともいう.〔赛 sài 牡丹〕は雅名.②[人秦末,項羽の愛妾の〔虞姬 jī〕の美称.→[垓 gāi 下

歌
虞丘 yúqiū〈姓〉虞丘(ぐゅう)

[雩] yú ①[書]雨乞い祭り. ②[～都 dū][地]江西省にある県:現在は[于都]と書く.

[輿・舆] yú (Ⅰ)①多人数の.衆人の. ━論 yú lùn 輿論(ぇん).世論. ②〈文〉土地.→[輿图]
(Ⅱ)〈文〉①車.人・物を載せる部分.[～马]車馬.[舍～登舟]車を下りて船に乗る. ②(俗).[肩jiān ～](肩で担ぐ)輿.

舆地 yúdì〈文〉地.土地:天に対していう.
舆丁 yúdīng 同上.
舆夫 yúfū ═[〈文〉舆丁]〈文〉かごかき.
舆论 yúlùn 公衆の意見.世論.[～界]マスコミ界.
舆情 yúqíng 民情.民衆の気持ち.
舆图 yútú〈文〉地図.
舆志 yúzhì〈文〉地志.地理書.

[与・與] yǔ (Ⅰ)①与える.やる.贈る.[给 jǐ ～][给予]同前.[赠～]贈与する.[将土地还 huán ～农民]土地は農民に返す.→[给 gěi①] ②つき合う.交わる.[相～]互いに付き合う.[～国]同盟国. ③助ける.賛助する.[～人为善]人とともに善をなす. ④〈姓〉与(ょ)
(Ⅱ)…とかかわりを表す.[～他无关]彼とは関係ない.[～困难作斗争]困難にたち向う. ②…と….および.[中国～日本]中国と日本. → yú yù

与此同时 yǔcǐ tóngshí これと同時に.
与此相反 yǔcǐ xiāngfǎn これに反して.
与夺 yǔduó 与えることと奪うこと.[生杀～之权]〈喩〉絶対の権力.

与否 yǔfǒu …かどうか.[他同意～尚未可知]彼は賛成するかどうかがまだわからない.
与共 yǔgòng 共にする.[生死～]生死を共にする.
与国 yǔguó〈文〉親善関係を結んでいる国家.友好国.
与民更始 yǔmín gēngshǐ 民衆とともに出直す.
与其 yǔqí …する(である)よりは:多く〈～…宁 nìng可…〉[～不如…]…の形で用いられる.[～读论语不如看小说]論語を読むよりは小説を読んだ方がよい.[礼～奢也宁俭]〈文〉礼というものはぜいたくにするよりはむしろ倹約にした方がよい.
与人方便,与己方便 yǔrén fāngbiàn, yǔjǐ fāngbiàn〈諺〉他人によくしてやれば,それがいつか自分に返ってくる.情けは人の為ならず:[与己]は[自己]ともいう.
与人为善 yǔrén wéishàn →字解[与]③
与日俱增 yǔrì jùzēng〈成〉日一日と増える.[得流感的病人～]流行性感冒にかかった患者数が日一日と増える.
与时俱进 yǔshí jùjìn 時代と共に前進する.
与世长辞 yǔshì chángcí〈成〉逝去する.世を去る.
与世隔绝 yǔshì géjué 世の中から遠く隔たっている.
与世无争 yǔshì wúzhēng〈成〉世や他人と争わない:現実を避ける場合に使われる.
与众不同 yǔzhòng bùtóng〈成〉普通のものとは異なる.際立っている.

[屿・嶼] yǔ 小さい島.[岛 dǎo ～](大小の)島々.[鼓 gǔ 浪～][地]福建省厦門市に属する島.[檳 bīng 榔～][地](マレー半島の)ペナン島.

[予] yǔ 与える.…してやる.してくれる.[给 jǐ ～][给与]与える.[免 miǎn ～][法]免除.[授～]授与.[授与与する].[～以适当照顾]適当に配慮をしてやる.[～以批判]批判する.[希～合作]
认为荷]〈牘〉ご確認くださらんことをお願いします.[生杀～夺之权]生殺与奪の権.→[与(Ⅰ)①]
予人口实 yǔrén kǒushí 人に非難される口実を与える.
予以 yǔyǐ 与うるに…をもってする.…を与える.[～便利]便宜を与える.[～照顾]配慮を加える.[～表扬]表彰する.

[宇] yǔ ①〈文〉軒.軒下.ひさし.〈喩〉家屋.屋~]家屋.[楼 lóu ～]ビル(総称). ②上下四方をひっくるめた無限の空間.[寰 huán ～]地球.全世界. ③人の器量.器つき. ②気字.風采.[眉～]眉目(ぼく)の間.[聡 cōng 慧之气,现于眉～]聪明な気が眉間(みじ)にあらわれている.[芝 zhī ～]〈牘〉他人の容貌をいう語.[久违芝～]久しくお目にかかりませんでした.[气～]気概.[气～轩昂]気品があり堂々としてるさま. ④[地]地層単位の一:地質単位の[宙 zhòu ②]に当たる. ⑤〈姓〉宇(う)
宇航 yǔháng 宇宙飞行[宇宙航行]の略.[～员]宇宙飞行士.[～服]宇宙服.[～技术]宇宙飞行技术.[～器 qì]宇宙飞船[宇宙飞行船].→[航天]
宇内 yǔnèi〈文〉天下.全世界.
宇普西隆 yǔpǔxīlóng〈音訳〉(ギリシア文字)ʊイプシロン.→[希 xī 腊字母]
宇文 yǔwén〈姓〉宇文(ぶん)
宇宙 yǔzhòu ①[哲]世界.[～观 guān]世界観.人生観. ②宇宙.コスモス.[～尘 chén][天]宇宙塵.[～人]宇宙人.[～射线][物]宇宙放射線.[～速度][物]宇宙速度:[第一～]から[第三～]まである.→[航 háng 天](空 kōng 间 ②]][太 tài 空]
宇宙飞船 yǔzhòu fēichuán 宇宙飞船:[宇航器]ともいう.[载 zài 人～]有人宇宙船.
宇宙火箭 yǔzhòu huǒjiàn 宇宙ロケット.[载 zài 人～]有人宇宙ロケット.
宇宙空间 yǔzhòu kōngjiān 宇宙空間.→[外 wài 层空间]

[伛・傴] yǔ〈文〉①背や腰をかがめる.[～转]うやうやしいさま.[～背 bèi]同前. ②龟背(ぶ).丹背.
伛偻 yǔlǚ〈文〉背をかがむ.[穿行山洞,～而行]ほら穴を背をかがめて歩く.→[佝偻 gōu·lóu]

[羽(羽)] yǔ (Ⅰ)①鳥の毛または翼. ②鳥や虫の羽. ③鳥類の通称.[～族 zú]〈文〉同前.
(Ⅱ)①〈文〉古代の音符で,[五音 ①]の一.七音音階(ド・レ・ミ)のラに相当. ②〈姓〉羽(う)
羽虫 yǔchóng〈国〉ハジラミ.ハムシ:鳥類に寄生する.[～虱]ともいう.
羽蝶兰 yǔdiélán ⇒[石 shí 兰]
羽缎 yǔduàn ⇒[羽绫缎][羽毛缎]綾羽二重:绵織物の一種.絹のような光沢があり,多く裏地として用いられる.
羽冠 yǔguān [鳥]羽冠.
羽化 yǔhuà ①羽化(か)する:さなぎが成虫になって羽が生えること. ②〈転〉仙人になること. ③〈転〉人が死ぬこと.
羽量级 yǔliàngjí [スポ][次 cì 轻量级](フェザー級)の旧称.→[体 tǐ 重分级]
羽林军 yǔlínjūn ⇒[御 yù 林军①]
羽绫缎 yǔlíngduàn ⇒[羽缎]
羽毛 yǔmáo ①(鳥の)羽.羽毛. ②鳥類の羽と獣類の毛.[～未丰 fēng]〈成〉羽毛がまだ充分にのびていない:経験が浅いこと.条件がそろわず,また勢力が弱いことにたとえる. ③〈喩〉人の声望.[爱惜～]名声を大事にする.

yǔ 羽雨语

羽毛缎 yǔmáoduàn ⇒〔羽缎〕
羽毛球 yǔmáoqiú 〖スポ〗①バドミントン.②シャトルコック.羽根.→〔板 bǎn 羽球〕
羽毛扇 yǔmáoshàn ⇒〔羽扇〕
羽绒 yǔróng ①鳥の腹や胸の綿毛.②ダウン.〔~服 fú〕ダウンジャケット.
羽纱 yǔshā 〖紡〗綿あるいは絹と毛のまぜ織りで作った薄い生地.主に服の裏地に用いられる.
羽扇 yǔshàn 〔羽毛扇〕〔翎 líng 扇〕羽扇うちわ.羽扇(ぁ).〔~纶 guān 巾〕羽毛扇と黒絹のひものついた冠状の頭巾.〔転〕堂々として威風あるさま.〔摇羽毛扇的〕〈喩〉参謀役をつとめる人.知恵袋:蜀の諸葛孔明は常に羽扇を手にしていたところからいう.
羽士 yǔshì 〔文〕道士.
羽书 yǔshū 〖旧〗鶏の羽をさして至急の意味を表した手紙.→〔鸡 jī 毛信〕
羽坛 yǔtán 〖スポ〗バドミントン界.
羽檄 yǔxí 〖旧〗鶏の羽をさして至急の意味を表した檄文(ぜ).
羽衣草 yǔyīcǎo ⇒〔著 shī(草)〕
羽翼 yǔyì ①翼.羽.②〈喩〉左右にあって補佐する人,または力:多くけなす意味に用いる.〔广 guǎng 有~〕〔慣〕手先が大勢いる.〔~丰 fēng 满〕〔成〕充分活躍するだけの実力がつく.
羽状复叶 yǔzhuàng fùyè =〔鳍 qí 叶〕〖植〗羽状複葉.
羽状冠毛 yǔzhuàng guānmáo 〖植〗羽状冠毛:タンポポ,薊(ぉ)など.

〔雨〕 yǔ ①雨.〔下了一场大~〕大雨が降った.〔叫~淋 lín 湿了〕雨にぬれた.〔求~〕雨乞いする.〔牛毛~〕細雨.細雨.小雨.〔过云~〕通り雨.〔暴 bào ~〕暴雨.豪雨.〔连阴~〕連雨.〔苦~〕作物に害のある雨.〔及时~〕〔喜~〕恵みの雨.②〔姓〕雨.〔~〕雨.
雨伯 yǔbó 〔文〕雨の神.→〔风 fēng 伯〕
雨布 yǔbù 防水布.
雨层云 yǔcéngyún 〖気〗乱層雲:〔雨云〕は通称.
雨春蝉 yǔchūnchán 〖虫〗ハルゼミ.→〔蝉①〕
雨搭 yǔdā (入口・窓につける)雨よけ(日よけ).
雨带 yǔdài 〖気〗雨域.
雨地 yǔdì 雨の降っている所.
雨点(儿) yǔdiǎn(r) 〔雨珠儿〕雨粒.雨のしずく.
雨刮器 yǔguāqì 〔雨刷〕(自動車の)ワイパー.
雨果 yǔguǒ 〖人〗ユーゴー:〔器 xiāo 俄〕とも書いた.フランスの作家(1802~1885).〔悲惨世界〕(レ・ミゼラブル)など.
雨过天青 yǔguò tiānqīng 同下.
雨过天晴 yǔguò tiānqíng 〔成〕雨があがり晴れる.〈喩〉好転する.暗黒の時代が過ぎ去り光明が現れる:〔雨过天青〕ともいう.
雨后春笋 yǔhòu chūnsǔn 〔成〕雨後の竹の子.
雨后送伞 yǔhòu sòngsǎn 雨が止んでから傘を届ける.〈喩〉後の祭り.〔木 mù 已成舟〕〔贼 zéi 走关门〕
雨虎 yǔhǔ →〔海 hǎi 兔〕
雨花石 yǔhuāshí 〖鉱〗南京の雨花台一帯に産する瑪瑙(ぁ)の一種.
雨季 yǔjì 雨季.
雨夹雪 yǔjiāxuě みぞれ:〔雨雪〕ともいう.
雨脚 yǔjiǎo 雨足(ぁ).
雨景 yǔjǐng 雨の降る景色.
雨久花 yǔjiǔhuā 〖植〗ミズアオイ.
雨具 yǔjù 雨具.
雨裤 yǔkù 防水ズボン.
雨量 yǔliàng 〖気〗雨量.〔~计〕〔~器〕雨量計.〔~

站〕(雨量・気温・風力・風向などの気象データを測量する小規模の)気象センター.
雨林 yǔlín 〖気〗雨林.〔热带~〕熱帯雨林.
雨淋 yǔlín 雨にぬれる.〔一日晒()成()雨にぬれた日にさらされる.〈転〉艱難辛苦する.〔风餐~〕〔风餐~〕〈喩〉苦労する.
雨露 yǔlù 雨と露.〈喩〉恩沢.
雨帽 yǔmào 雨よけ帽.レインハット.
雨幕 yǔmù 雨の幕.
雨披 yǔpī 雨合羽.
雨前 yǔqián 穀雨(4月20日ごろ)の前に摘んだ茶の名.
雨情 yǔqíng 降雨情況.
雨区 yǔqū 〖気〗降雨地区.
雨伞 yǔsǎn 雨傘.こうもり傘.→〔阳 yáng 伞〕
雨散云收 yǔsàn yúnshōu 〔云收雨散〕〈喩〉①骨肉離散すること.②時移り事情が変わる.③性交が済む.→〔云雨〕
雨声 yǔshēng 雨の音.
雨势 yǔshì 雨の勢い.
雨刷 yǔshuā 〔雨刮器〕
雨水 yǔshuǐ ①〔二十四节气〕の一.2月19日または20日に当たる.②雨みず.雨水(ぃ).〔~调和〕降雨(量)が適当である.〔今年~足〕今年は降雨量が充分だ.
雨水管 yǔshuǐguǎn ⇒〔水落管〕
雨丝 yǔsī 細い雨.
雨凇 yǔsōng 雨氷:樹幹・樹枝・電線・電柱・灌木林・雑草などの雨滴が凍結したもの.
雨天 yǔtiān 雨天.〔下~〕雨降り.〔~顺延〕〔遇雨顺延〕雨天順延.
雨蛙 yǔwā 〖動〗アマガエル:〔树 shù 蛙〕ともいう.→〔蛙〕
雨雾 yǔwù 霧雨.
雨鞋 yǔxié 雨靴.
雨星儿 yǔxīngr ①霧雨(きぅ).②雨のしぶき.
雨靴 yǔxuē (雨の日にはく)長靴.レインシューズ.
雨雪 yǔxuě 〔雨夹雪〕
雨燕 yǔyàn 〖鳥〗アマツバメ.→〔金 jīn 丝燕〕
雨衣 yǔyī レインコート.〔~布〕〔防 fáng 水布〕防水布.
雨意 yǔyì 雨気.雨模様.〔阴云密布,大有~〕空一面の雨雲で,今にも雨が来そうだ.
雨云 yǔyún 〔雨层云〕の通称.
雨珠儿 yǔzhūr ⇒〔雨点(儿)〕
雨字头(儿) yǔzìtóu(r) 〖国〗雨かんむり:漢字部首の名.→付録 1

〔语・語〕 yǔ ①しゃべる.話す.〔不言不~〕黙ってものを言わない.〔低声细~〕ささやく.〔汉 hàn ~〕漢語(中国語).〔外国~〕〔外国话〕〔外~〕外文〕外国語.③〖語〗語.単語.熟語.〔~汇 cí〕〔句 jù 语〕④〈文〉諺語.成語.〔~曰:唇亡齿寒〕ことわざに曰く,"唇亡びて歯寒し".⑤言葉の代わりをする手段.〔手~〕④手まね.②手話.〔旗 qí ~〕手旗信号.⑥〈姓〉語.(ˇ)→ yù
语病 yǔbìng 語弊.言葉の矛盾.〔不让他这句话也有瓦儿~〕だが彼のその話の中にもやや語弊がある.
语词 yǔcí 〖語〗①単語.連語(フレーズ):単に〔语③〕ともいう.→〔词〕词組〕②(旧文法用語で)〔谓 wèi 语〕にあたる.〖文〗文語の虚詞.
语调 yǔdiào 〔~儿〕語調.イントネーション.
语段 yǔduàn 文段.パラグラフ.
语法 yǔfǎ ①〖文〗文法.〔文 wén 法②〕は旧称.〔~书〕文法書.〔~学〕文法論.②文法研究.用語法.〔描

写〜]記述文法.
语感 yǔgǎn 語感.言語感覚:言葉の与える感じ.また言葉から受ける感じ.
语汇 yǔhuì 語彙.ⓐある言語の語の総体.ⓑ一作品中また一個人の語の総体.→[词 cí 汇]
语境 yǔjìng コンテクスト.文脉.言語のシチュエーション.
语句 yǔjù 語句.言葉.語と文.[〜重音]圏プロミネンス.
语料 yǔliào 言語材料.
语料库 yǔliàokù コーパス.特に電子データ化した言語材料を指す.
语流 yǔliú 言語の流れ.
语录 yǔlù 語録.ⓐ対話体作品.[柏拉图〜]プラトン対話篇.ⓑ旧仏教・儒教などの教義を説いた言葉を集めた記録.学者・賢人などの言を俗語文で記録したもの.ⓒ〈転〉一般的に発言・論文などの抜粋を編したもの.
语气 yǔqì ①語気.口調:断定.継続.疑問.驚嘆などを表す語の調子.[〜词]ともいった.[〜助词]语助词]語気助詞;[吗 ma][吧 ba][了 le][呢 ne][啊 a][呀 ya][的 de]など.→[助 zhù 词] ②調子.ムード:話者の心的態度.→[口 kǒu 气①]
语塞 yǔsè 言葉につまる.
语声(儿) yǔshēng(r) 話し声.[听不出谁的〜来]だれの話し声なのか[聞いて]わからない.
语势 yǔshì 語の発音の強弱関係.
语丝派 yǔsīpài 1924年北京で創刊された週刊誌[语丝]をめぐる魯迅・孫伏園・周作人・銭玄同・劉半農・林語堂・兪平伯・顧頡剛などの文学者のグループ.1926年以降,反動派に弾圧され同誌は停刊したが直ちに上海で復刊.1930年同人間の思想分化により廃刊した.いずれも新しいものの創造と古く有害なものの打破を主張した.
语速 yǔsù 話す速度.
语素 yǔsù ⇒[词 cí 素]
语素义 yǔsùyì 圈形態素義:形態素としての意味.
语态 yǔtài 圈ボイス.
语体 yǔtǐ 語体.[〜色 sè 彩]文体のニュアンス.[口头〜]口頭体.[〜文][白 bái 话文]白話文.[书面〜]文語体.
语委 yǔwěi [国家语言文字工作委员会]の略.
语文 yǔwén ⓐ言葉と文字.[小学〜]小学校の国語(教科書).[〜文献学・小学・訓詁学など].[〜老师]国語教師.[〜教育]国語教育.[〜词典]言語辞書.ⓑ言語と文学の略称.
语无伦次 yǔ wú lúncì 〈成〉話に秩序がない.話の筋が通らない.
语系 yǔxì 圈語族.[汉藏 zàng〜]シナ・チベット語族.
语序 yǔxù 語順.[词 cí 序]に同じ.
语焉不详 yǔ yān bùxiáng 〈成〉言葉が簡単すぎて意を尽くさない.
语言 yǔyán 言語.ふつう書き言葉も含めていうが,狭義では文字を含めない.[〜学]言語学.[数 shù 理〜学]数理言語学.[〜不通]言葉が通じない.[〜规范化]言語規範化.[用〜来表达]言葉で言い表す.[文学〜]文学言語.[〜文字]話し言葉と文字.→[言语]
语义 yǔyì =[词 cí 义]圈語義.語意.[〜学]意味論.
语意 yǔyì 言葉の意味.
语音 yǔyīn ①話し声.発音. ②(言語の)音声.[〜识 shí 别](コンピュータによる)音声認識.[〜信箱][電郵]ボイスメール.[〜学]音声学.
语用 yǔyòng 言語使用.[〜论]語用論.

语源 yǔyuán 語源.[〜学]語源学.
语支 yǔzhī 語派.
语种 yǔzhǒng 語彙の種類.
语重心长 yǔzhòng xīncháng 〈成〉言葉がねんごろで意味が深長である.[〜地说]気持ちを込めてねんごろに話す.
语助词 yǔzhùcí ⇒[语气词]
语族 yǔzú 圈語派.[印欧语系印度〜]印欧語族インド語派.

[圄] yǔ [囹 líng〜][囹圄 yǔ]〈文〉牢獄.

[峿] yǔ →[岨 jǔ 峿]

[敔] yǔ〈文〉敔(ぎょ):古楽器の名.伏虎の形をしており,背中がギザギザになっており,それを木でこすり音を出す.音楽を止める合図に用いる.→[柷 zhù]

[铻・鋙] yǔ →[鉏 jǔ 铻] → wú

[麌・麕] yǔ →[鉏 jǔ 铻]

[俣] yǔ [〜〜]〈文〉(身体が)大きくて立派(である)

[禹] yǔ ①夏禹:夏を開いた帝王の名.[大〜]は通称.洪水を治めて大功があった.[三 sān 圣](三王)の一. ②[姓]禹(う)
禹韭 yǔjiǔ =[麦 mài 冬]
禹域 yǔyù 古代中国の地.〈転〉中国.
禹行舜趋 yǔxíng shùnqū 〈喩〉よく規律を守るが,何も新しいものを生み出さないこと.

[偊] yǔ〈文〉独りで行くさま.

[鄅] yǔ 史周代の国名:現在の山東省臨沂市あたり.

[瑀] yǔ〈文〉玉に似た石で,人名用字.

[庾] yǔ ①古(穀物を野外積みする)屋根のない倉. ②[大〜岭]圏江西と広東との境界をなしている山脈. ③[姓]庾(ゆ)

[瘐] yǔ ①〈文〉獄死する.[〜死]同前. ②[姓]瘐(ゆ)
瘐毙 yǔbì〈文〉(囚人が)獄死する.

[圉] yǔ 古馬を飼育する(所).[圈 juàn〜]厩舎.[〜人]馬を飼う人.馬飼い.

[貐(㺄)] yǔ →[猰 yà 㺄]

[窳] yǔ〈文〉①粗悪である.劣である. ②悪い.腐敗している.[〜陋 lòu 不堪 kān]貧弱きわまる.
窳败 yǔbài〈文〉悪くする.だめになる.
窳惰 yǔduò〈文〉怠惰である.
窳劣 yǔliè〈文〉粗末である.

[与・與] yù あずかる.参与する.[预②]に同じ.[参 cān〜]同前.
→ yú yǔ
与会 yùhuì 参会する.[预会]とも書いた.[〜国]参会国.
与闻 yùwén 参与して(その内情が)分かる.[预闻]とも書く.[〜其事]そのことに関与する.

[玉] yù ①玉(ぎょく):半透明で硬度の高い石.[白〜]白玉. ②(玉のように)純白である.美しい.[〜手]玉のような手.〈尊〉旧時,相手の身体や行為に用いた.[〜体]お体.→[愚 yú 玉] ④〈姓〉玉(ぎょく)
玉柏 yùbǎi =[玉遂][千 qiān 年柏]種マンネンスギ:ヒカゲカズラ科の植物.

yù 玉

玉版 yùbǎn 宣紙(画仙紙)の上等品:〔～宣〕ともいう.→〔宣 xuān 紙〕

玉杯 yùbēi 玉製の杯.

玉帛 yùbó〈文〉宝石や絹布などの贈り物:古代,国際間の礼物として使われた.〔化干戈为～〕戦争を友好に化する.

玉步 yùbù〈文〉(他人の)歩行.〔请移～,是感〕<謙>おいでいただければ感謝にたえません.

玉不琢, 不成器 yù bùzhuó bùchéng qì 玉も磨かないと器とならない(三字経).<喩>人は鍛えなければ役にたつ人間にならない.

玉蟾 yùchán ⇒〔玉兔②〕

玉蝉花 yùchánhuā 园 ハナショウブ(の一種):〔花 huā 菖蒲〕ともいう.

玉成 yùchéng〈尊〉成就するよう助力する.〔深望～此事〕この事の成功にご助力のほど切にお願い致します.

玉带 yùdài 园玉で飾った帯:高官の礼装具の一.唐宋では三品以上,明清では一品以上.

玉帝 yùdì =〔玉皇大帝〕道家で,上帝の敬称.→〔上 shàng 帝〕

玉雕 yùdiāo 玉の彫刻.

玉肤 yùfū ⇒〔雪 xuě 肤〕

玉圭 yùguī ⇒〔玉 的 圭〕

玉桂 yùguì 园 ケイ.トンキンニッケイ〔桂②〕に同じ.〔～油〕桂皮油.桂皮油.肉桂油.

玉虎 yùhǔ〈文〉①井戸の轆轤(ろ)仕掛.②虎の形に彫刻した玉の飾物.

玉环 yùhuán ①〔玉 の 環〕.②⇒〔玉兔②〕③⇒〔杨 yáng 贵妃〕

玉皇大帝 yùhuáng dàdì =〔玉帝〕

玉肌 yùjī〈文〉白く美しい肌.

玉茧 yùjiǎn =〔玉蚕 功蚕〕に同じ.

玉蛟(子) yùjiāo(zi) ⇒〔玉米〕

玉洁冰清 yùjié bīngqīng<喩>非常に清らかできれいなこと:〔冰清玉洁〕ともいう.

玉筋鱼 yùjīnyú 魚貝 イカナゴ(コウナゴ):〔沙 shā 钻〕ともいう.幼魚は白く透き通っているので〔面 miàn 条鱼〕(シラウオ)の名がある.

玉茎 yùjīng ⇒〔阴 yīn 茎〕

玉镜 yùjìng ⇒〔玉兔②〕

玉扣纸 yùkòuzhǐ 厚手の毛辺紙.

玉兰 yùlán 园 ハクモクレン.ハクレン.ビャクレン,またその花:〔白 bái ～〕は通称.〔木 mù 笔③〕や木兰②.〔望 wàng 春～〕〔迎春(花)②〕は別称.乾燥した花蕾は〔辛 xīn 夷〕といい薬用する.

玉兰片 yùlánpiàn 干した若い竹の子の薄切り(食材)

玉立 yùlì〈文〉①貞潔.②優美で気高い.〔亭亭～〕(女性や立木の)すらっと美しく立つさま.

玉轮 yùlún ⇒〔玉兔②〕

玉麦 yùmài ⇒〔玉米〕

玉貌 yùmào ⇒〔玉 的 貌〕〈文〉①玉のように美しい容貌.②<尊>ご容貌.

玉门 yùmén ①〈文〉宫城.②⇒〔产 chǎn 门〕

玉门关 yùménguān 圃 甘粛省敦煌西北にあった関.漢の武帝が設けた.西域に出る関門.

玉门精 yùménjīng ⇒〔天 tiān 名精〕

玉米 yùmǐ =〔棒 bàng 子①〕〔稔 bàng 头〕〔包 bāo 谷〕〔包 米〕〔方 包 粟〕〔苞 bāo 谷②〕〔苞 萝 ②〕〔苞 bāo 黍〕〔苞 粟〕〔老 lǎo ～〕〔粟 sù 米 ②〕〔珍 zhēn 珠 米〕 国 トウモロコシ:〔玉蜀 黍 ②〕は学術名.〔玉菱(子)〕〔玉麦〕〔大 liù 谷〕は別称.〔～面〕とうもろこしの粉.〔～芯(儿)xīn(r)〕〔～轴 zhóu〕トウモロコシの芯.〔～油〕コーン油.

玉米花 yùmǐhuā 园〔-儿〕ポップコーン:〔包 bāo 米花〕〔苞 bāo 米花〕〔爆 bào 米花〕〔爆～〕ともいう.

玉米螟 yùmǐmíng 虫 アワノメイガ:〔玉米钻 zuān 心虫〕は通称.

玉米糁儿 yùmǐshēnr とうもろこしのひき割り:〔玉米面〕(とうもろこし粉)ほど細かくなく,粥を作るのに用いる.

玉米纤维 yùmǐ xiānwéi ゼイン繊維.

玉面狸 yùmiànlí ⇒〔果 guǒ 子狸〕

玉女 yùnǚ〈文〉①<尊>ご令嬢.②美女.淑女.③仙女.④⇒〔菟 tù 丝子〕

玉佩 yùpèi 玉製の装身具.

玉披 yùpī =〔玉展〕〈謙〉親展.直接:書簡の封筒の表に書く.

玉器 yùqì 玉製の器具または工芸品.

玉清 yùqīng ⇒〔上 shàng 清〕

玉磬 yùqìng 玉製の磬:<古>楽器名.

玉人 yùrén〈文〉①美人.②玉製の人形.

玉容 yùróng ⇒〔玉貌〕

玉容油 yùróngyóu 顔に塗るクリームの旧称.→〔润 rùn 面霜〕

玉乳 yùrǔ ①〔玉髓〕②<喩>(若い女性の)乳房.

玉汝于成 yù rǔ yúchéng〈成〉玉を賞(″)でると同様にあなた方を大切に思い立派になることを願う(詩経・大雅):〔汝〕は〔女 rǔ〕とも書く.あなたの意.

玉蕊花 yùruǐhuā ⇒〔西 xī 番莲②〕

玉润珠圆 yùrùn zhūyuán ⇒〔珠圆玉润〕

玉搔头 yùsāotóu =〔玉簪〕

玉色 yùshǎi〈方〉色薄青で(色)の

玉山果 yùshānguǒ =〔榧 fěi 子①〕

玉石 yùshí ①硬玉.②玉と石.〔～俱焚 fén〕〈成〉よい玉もつまらない石もともに焼け滅びる:善悪ともに害を受ける.〔～混淆 xiáo〕〈成〉玉と石と入り交じる:善悪の別がない.〔～同柜 guì〕〈成〉賢愚ともに一所に入り交じる.

玉蜀黍 yùshǔshǔ ⇒〔玉米〕

玉树 yùshù ①⇒〔槐 huái ①〕②=〔琪 qí 树〕珊瑚や玉で作った飾りものの木.③人材.見込みのある若者.→〔兰 lán 玉〕〔桉 ān 树〕=カヤプテ.カユプテ:フトモモ科の熱帯植物.〔加 jiā 〔白 bái 千层〕ともいう.

玉树油 yùshùyóu ①⇒〔桉 ān 叶油〕②=〔白 bái 柴油〕カヤプテ(カユプテ)油.

玉髓 yùsuǐ ①〔玉乳①〕②玉髓(5ヾ).カルセドニー:石英の一種.

玉遂 yùsuì ⇒〔玉柏〕

玉碎 yùsuì ⇒〔玉 的 美しく砕けること.<喩>潔死.価値のある犠牲.↔〔瓦 wǎ 全〕

玉笋 yùsǔn<喩>①才能ある人の多いこと.②秀麗な群嫁.③美人のかけぞいし足または手.

玉堂金马 yùtáng jīnmǎ =〔金马玉堂〕

玉体 yùtǐ〈文〉①尊体.②美女の体.

玉兔 yùtù<喩>①月:〔白 bái 兔〕の美称.②(伝説に)月に棲む兎.<喩>月の別称:〔玉蟾〕〔玉环〕〔玉镜〕〔玉轮〕ともいう.〔～东升〕月が東の空に昇る.

玉玺 yùxǐ 玉製の印璽(″).〈転〉天子の御(″)璽.

玉延 yùyán ⇒〔薯 shǔ 蓣〕

玉珧 yùyáo ⇒〔江 jiāng 珧〕

玉液 yùyè〈文〉(道士の飲む)仙人になり昇天できる飲み物.<転>美酒.〔琼 qióng 浆～〕〈成〉同前.

玉音 yùyīn〈謙〉ご来信.ご返信の尊称で高貴な人の言葉.ご返事.〔恭候～ご返事をお待ちしております.③〈転〉天子のお言葉.

玉宇 yùyǔ ①美しい宫殿.②空.宇宙.

玉簪 yùzān ①=〔玉搔头〕玉のかんざし.②同下.

yù

玉簪(花) yùzān(huā) ＝[白鶴仙]植 タマノカンザシ:ユリ科多年生草本.

玉展 yùzhǎn ⇒[玉拔]

玉照 yùzhào〈尊〉お写真.

玉枕 yùzhěn ①(骨相学で)後頭部の骨の隆起した所. ②玉の枕.

玉竹 yùzhú 植 アマドコロ:〈又〉葳 wēi 蕤 ①⑤ともいう.

玉柱纹 yùzhùwén (観相学で)掌心の直紋が中指に通っているもの.

玉镯 yùzhuó 玉の腕輪.

[钰・鈺] yù〈文〉①珍しい宝物. ②硬い金属.

[驭・馭] yù〈文〉①車馬を御する.〔驾 jià ～〕同前.〔御(I)①〕 ②支配する.統(ﾌ)べる.

驭手 yùshǒu〈文〉(馬車の)御者:[御手①]とも書いた.

[吁・籲] yù 要求や願いを叫ぶ.〔呼 hū ～求 qiú〕援助を求める. →xū yū

吁请 yùqǐng 請願する.

吁天 yùtiān〈文〉天に訴える.

[芋] yù 植 ①サトイモ:〔～头〕は通称.〔莒 jǔ〕は古名.〔野～〕野生のサトイモ.タロいも. ②植 サトイモ類.〔甘 gān 薯 shǔ〕ともいう.〔方洋～〕〔马 mǎ 铃薯〕じゃが芋.→〔薯 shǔ〕 ③〈姓〉芋.

芋角 yùjiǎo食 里芋の粉(と小麦粉)をこねて作った皮で海老・豚肉などの餡を包んだ〔饺 jiǎo 子〕(ギョーザ)によく似た広東地方の食品.

芋艿 yùnǎi 同下.

芋头 yùtou [芋艿]植 サトイモ,またその根茎:〔蹲 dūn 鸱〕は古名.〔～母子 mǔzi〕親いも.〔子儿～〕子いも.〔方小さつまいも:〈方〉山芋〕ともいう.〔甘 gān 薯〕の別称.

[聿] yù〈文〉①筆. ②これ.ここに:発語の助詞.〔～修厥 jué 德〕ここに徳を修む.

[谷] yù〔吐 tǔ ～浑〕因 古国名:現在の青海地方にあった小国. → gǔ

[浴] yù ①湯あみする.浴びる.体を洗う.〔海水～〕海水浴.〔盆 pén ～〕(浴槽に)入浴する.〔淋 lín ～〕シャワー(を浴びる). ②〈姓〉浴.

浴场 yùchǎng (露天の)水泳の場.

浴池 yùchí ①湯船.大きな浴槽:銭湯のような大きなもの.→[浴盆][池堂] ②浴場:多く公衆浴場の名称などに用いられる.→[澡 zǎo 堂]

浴佛 yùfó→[灌 guàn 佛]图 (仏教の)花祭り.灌仏会(ｴ).

浴缸 yùgāng 浴槽.バスタブ.→[浴盆]

浴巾 yùjīn 浴用タオル.バスタオル.→[面 miàn 巾]

浴疗 yùliáo 入浴療法.

浴盆 yùpén 浴槽.湯船:[澡 zǎo 盆]に同じ.

浴室 yùshì ①(家庭の)浴室.風呂場.湯殿(ど). ②公衆浴場.

浴血 yùxuè 血を浴びる.〈喩〉戦闘の壮絶なさま.〔～奋 fèn 战〕(慣)血を浴びて奮戦する.

浴液 yùyè ボディーソープ.

浴衣 yùyī バスローブ.ゆかた.

[峪] yù 谷.〔～口〕谷の入り口.〔马兰～〕囲河北省にある.〔万里长城,西起嘉 jiā ～关,东到山海关,长两千三百多公里〕万里の長城は,西は嘉峪関から東は山海関まで全長2300余キロある.

[欲(慾)] yù(I)[欲(慾)]欲.欲望.〔求知～〕知識欲.〔食 shí ～〕食欲.

(II)[欲]①…したいと思う.願う.望む.〔工～善其事,必先利其器〕仕事をうまくやろうと願うならば,まず道具をとぎすまさなければならない. ②まさに…しようとしている.やがて…になりそうだ.〔摇摇～坠 zhuì〕ゆらゆらして今にも落ちそうだ. ③〈文〉必要である.〔胆～大而心～细〕大胆でしかも細心であることが必要だ.

欲要不能 yùbà bùnéng〈成〉やめたくてもやめられない.〔我的笔没有停止过,我心中的喜悦使我～〕わたしの筆は停止したことがない,わたしの心の中の喜びがわたしをやめたくてもやめさせない.

欲待 yùdài ＝[欲要]〈文〉…しようとする.〔～飞去欠双翼〕(董厢)飛んで行こうとすれば羽根がない.

欲盖弥彰 yùgài mízhāng〈成〉隠そうとしてかえって馬脚を現す.隠そうとするほど現れる.

欲海 yùhǎi 图 (仏教の)欲:[欲河][欲堑 qiàn]ともいう.

欲壑 yùhè〈喩〉貪欲.〔～难填 tián〕〈成〉欲望の谷は埋めがたい.欲望にはきりがない.

欲火 yùhuǒ 激しい情欲・性欲.

欲加之罪,何患无辞 yù jiā zhī zuì, hé huàn wú cí〈成〉罪を着せようとするなら,口実の心配はいらない:口実はいくらでもできる.

欲绝 yùjué 死にたいと思う.〔伤 shāng 心～〕悲しくて死を願う.

欲哭无泪 yùkū wúlèi〈成〉泣くに泣けない:失意・悲しみの大きいさま.

欲念 yùniàn 欲望.

欲擒故纵 yùqín gùzòng〈成〉後でがっちり捕らえるために,まずわざと放す.

欲求 yùqiú 欲求(する)

欲取姑与 yùqǔ gūyǔ〈文〉取らんと欲せばしばらく与えよ(老子)〔欲取先予〕ともいう.〔极具阴毒的,～的诡计〕極めて陰険悪辣な,取らんとせばまず与えよという詭計….

欲速则不达 yùsù zé búdá〈成〉せいては事を仕損ずる.急がば回れ.

欲望 yùwàng 願望.意欲.

欲言又止 yùyán yòuzhǐ〈成〉言おうとして口を閉ざす.〔欲说还 huán 休〕ともいう.

欲要 yùyào ⇒[欲待]

[裕] yù ①(物が)豊かである.満ち足りる.〔富 fù ～〕同前.〔充 chōng ～〕余裕がある. ②〈文〉豊かにする.〔富民～国〕〔～民〕国を富まし人民を豊かにする. ③〈姓〉裕(ﾕ).

裕固族 yùgùzú ユグル族:中国少数民族の一.甘粛省肃南裕固族自治区に居住する.宗教はチベット仏教.

裕国便民 yùguó biànmín〈成〉国を豊かにし,民に便益を与える.〔裕国利民〕ともいう.

裕后光前 yùhòu guāngqián〈成〉子孫を富まし先祖の名をあげる.

裕如 yùrú ①満ち足りている.〔生活～〕生活が同前. ②ゆったりしている.〔应 yìng 付～〕応待がおちついている.

[鹆・鵒] yù ①→[鸲 qú 鹆] ②〈姓〉鹆(ﾕ).

[饫・飫] yù〈文〉飽く.足る.満腹する.〔饱饭〕〔餍 yàn ～〕いっぱい飲み食いする.〔～闻 wén〕聞き飽きる.→[饱]

[妪・嫗] yù〈文〉おうな.老婦人.〔老～〕老婆.〔翁 wēng ～〕翁(ｵｷﾅ)と嫗(ｵｳﾅ).老翁と老女.→[嫗 ǎo] ②〈姓〉嫗(ｳ).

[育] yù ①子を産むる.〔生～〕同前.〔生儿 ér ～女〕子女を産むる.〔节 jié ～〕産児制限する(す

る) ②養育する.育てる.〔保~〕保護し育てる.〔封山~林〕伐採を禁止し,樹木を育てる.〔曾 céng生一子,惜其不~〕子を一人産んだが,惜しいことにはその子は育たなかった. ③教育(する).〔教 jiào育〕同前. 〔体~〕体育.〔德 dé~〕德育. ④<姓>育(yù) → yō

育才 yùcái 人材を育てる.
育雏 yùchú ひなを育てる.
育儿 yù'ér 嬰児・幼獣を育てる.〔~袋 dài〕動(カンガルーなどの)育児囊(2)
育肥 yùféi 肥育する.
育林 yùlín 造林する.植樹する.
育龄 yùlíng 出産可能年齢.〔~妇女〕出産適齢女性.
育苗 yùmiáo ①農作物の苗を育てる. ②稚魚・幼魚を育てる.
育秧 yùyāng ①苗を育てる. ②稚魚を育てる.
育婴堂 yùyīngtáng 旧孤児院.→〔孤 gū 儿院〕
育种 yùzhǒng ①育種. ②人工的に新しい品種を育成する.

〔淯〕 yù 〔~河〕地 河南省にある.

〔堉〕 yù <文>肥沃な土壤.

〔雨〕 yù <文>(雨や雪が)降る.〔~雪 xuě〕雪が降る. → yǔ

〔郁・鬱(鬱・欝)〕 yù (I) 〔郁〕①香気のかぐわしいさま.〔馥 fù ~〕同前. ②<姓>郁(yù)
(II)〔鬱(鬱・欝)〕 ①結ぼれてふさがる.滯る.こもりふさがる.沈滞する.〔~闷〕抑うい・不舒〕同前.〔天色阴~〕空が重苦しく曇っている. ②繁茂している.物事が盛んである.〔~勃 bó〕同前.〔~葱 cōng〕〔葱~〕〔樹木のこんもり茂るさま.

Y

郁闭 yùbì 植鬱閉(うっ)〕森林で樹木がすき間がない状態.〔~度〕鬱閉度.
郁愤 yùfèn うっ積した怒り.抑え積もった怒り.
郁积 yùjī 同上.
郁结 yùjié =〔郁积〕<文>気がふさがり憂鬱なこと.
郁金 yùjīn 〔植ハルウコン,またその根茎:根は薬用とする.〔姜 jiāng 黄〕(ウコン)や〔莪é术〕(ガジュツ)の根もまた〔~〕という.
郁金香 yùjīnxiāng 植チューリップ,またその花.
郁李 yùlǐ 〔植ニワウメ,コウメ.〔车 chē 下李〕〔常cháng 棣①〕〔棠 táng 棣②〕は古称.〔~仁〕〔~子zǐ〕同前の核:緩下・利尿などに用いる.
郁烈 yùliè 濃厚である.強烈である.〔~的香味〕強い香気.
郁垒 yùlěi 旧正月に門の扉に貼る門神の一,右に貼られるもの.左に貼られるのを〔神 shén 荼〕という. →〔门 mén 神〕
郁闷 yùmèn 気がふさぐ.憂うつである.
郁热 yùrè 蒸し暑い.
郁血 yùxuè 医鬱血(うっ)
郁悒 yùyì <文>気がふさぐ.憂うつである.
郁郁 yùyù <文>①文彩の盛んなさま.〔文采~〕文章が素晴らしい. ②草木が茂っているさま.〔~苍cāng 苍〕〔~葱 cōng 葱〕〈成〉草木の茂っているさま. ③憂うつなさま.〔~不乐〕〔~寡欢〕〈成〉うつうつとして楽しまない.
郁滞 yùzhì 鬱=〕結する.〔血 xuè 液〕~〕鬱血する.

〔昱〕 yù <文>①明るい. ②輝く.照らす.

〔煜〕 yù <文>輝くさま.盛んなさま.〔煜 yì ~〕同前.

〔语・語〕 yù <文>告げる.〔不以~人〕人に告げてはならぬ. → yǔ

〔俞〕 yù ①⇒〔愈(II)②〕 ②→〔腧 shù〕 → yú

〔谕・諭〕 yù ①(上から下へ)知らせる.諭す.〔劝 quàn ~〕<文>勧告する. ②旧同前の文書·指示:特に皇帝の詔.〔~知〕同前. 〔~旨 zhǐ〕皇帝の詔令.〔手~〕上から下へ命令を受けて処理する.〔圣 shèng〕聖諭.〔奉~办理〕命令を受けて処理した. ③たとえる:古く〔喻③〕に通じ用いられた. ④<姓>谕(yù)

〔喻〕 yù ①諭す.言いきかす.〔晓 xiǎo ~〕諭す.〔~之以理〕道理をもって諭す.〔不可理~〕道理で諭してもわからない. ②悟る.知る.〔不言而~〕(言うまでもなく分かる.〔家~户晓〕<成〉どの家の人も知っている.家毎によく知らせる. ③たとえる.〔比~〕同前.〔妙 miào ~〕適切なたとえ.→〔比bǐ 方〕 ④<姓>喻(yù) → yú

喻示 yùshì 表している.はっきり示す.
喻世 yùshì 世に知らしめる.
喻义 yùyì 語比喻義.

〔愈(癒・瘉)〕 yù (I)〔癒・瘉〕(病気が)治癒する.〔足疾已~〕足の病気はもうよくなった.〔痊 quán ~〕全快する.
(II)〔愈〕①まさる.〔彼~于此〕あれはこれよりよし.〔女与回孰~〕(論語・公冶長)なんじと顔回とはどちらがまさるか〕いよいよ.ますます.〔~…~…〕の形で用いる.〔越 yuè ~越…〕に当たる.〔俞①〕に同じ.〔我方~战~强〕わが方は戦えば戦うほど強くなる.〔~多~好〕多ければ多いほどよい.→〔益 yì (II)②〕 ③<姓>愈(yù)

愈疮木 yùchuāngmù ユソウボク.グアヤク:常緑高木.木材は家具を作る.心材から採る樹脂などの場合は〔愈创木〕と書く.〔愈创木酚〕化グアヤコール:クレオソートから抽留し,低温処理して得る薬品.健胃整腸剤.〔~树脂 zhī〕グアヤク樹脂:グアヤクゴムを作る.酸化剤などの試薬.
愈合 yùhé 医癒合(する)
愈加 yùjiā ますます.いっそう.〔<口>更 gèng 加〕に同じ.〔~兴旺起来〕ますます盛んになってくる.
愈益 yùyì ますます.〔斗志~坚强〕闘志がますます堅くなる.
愈…愈… yù…yù… …すればするほど…….であれば あるほど….〔~来~多〕ますます多くなる.〔~演~烈 liè〕(状況)がますます厳しくなる.→字解(II)②

〔狱・獄〕 yù ①牢獄.刑務所.〔监 jiān 狱〕監獄.〔人~〕〔坐~〕入獄する.〔越 yuè ~〕脱獄する.〔下~〕投獄する. ②犯罪事件.訴訟事件.〔断 duàn ~〕罪を裁く.〔冤yuān ~〕冤罪事件.〔文字~〕文字(じ)の獄.筆禍.

狱霸 yùbà 受刑者のボス.牢名主.
狱警 yùjǐng 刑務所看守.
狱吏 yùlì 旧刑務所の小役人.獄吏.
狱医 yùyī 監獄医.刑務医.
狱卒 yùzú <旧>獄卒.獄丁.

〔彧〕 yù <文>はなやかで美しいさま.

〔域〕 yù ①境界内の土地.〔领 lǐng ~〕領域.領分.〔区 qū ~〕区域. ②国の領域.〔~外〕国外.域外.〔~内〕国内.域内. ③範囲.〔音~〕音域.〔電算〕ドメイン.

域名 yùmíng 電算ドメイン名.

[阈・閾] yù ①〈文〉敷居.〔门 mén ～〕同前. ②限界.範囲. ③〔生理〕阈(ʏù):刺激を感じ始める時の刺激量.〔～值 zhí〕限界値.阈值.〔视～〕視界.

[棫] yù 〈文〉ヘンカクボク:〔蕤 ruí 核〕の古名.

[罭] yù 〈文〉小魚を捕る目の細い網.

[蜮(魊)] yù （Ⅰ）[蜮(魊)]〈文〉水中から砂を口に含んで人を射て災いを与えるとされる怪獣.→〔鬼 guǐ 蜮〕〔射 shè 工〕射影①. （Ⅱ）[蜮]穀類の苗の害虫.〔螟 míng ～〕同前.

[鹆・鵒(鵒)] yù 〈文〉鳥の速く飛ぶさま.

[预・預] yù ①あらかじめ.事前に(の).〔天气～报〕天気予報. ②=〔与〕参加する.参与する.〔参 cān ～〕参加し携わる.〔这件事你是～闻的〕これきみは携わったのだ.〔不必干 gān ～〕関与するには及ばない. ③〈姓〉預(ょ).

预案 yù'àn 事前の対応策.
预摆 yùbǎi 〈又〉(ハンマー投げの)回転前のスイング.
预报 yùbào 予報(する).〔天气～〕天気予報.
预备 yùbèi 準備する.予定する.用意する.〔豫备〕とも書いた.〔～晚饭〕夕飯の支度をする.〔～铃〕予鈴.発車ベル.〔～功课〕授業の下調べをする.〔～,跑 pǎo〕よーい,ドン!競走のスタートする時などに用いる.〔他～中午到北京〕彼はお昼出発するつもりだ.〔～役 yì〕阵予備役.〔～队 duì〕阵予備隊.〔稍～,放!〕撃て,撃て(号令).〔～期 qī〕候補.実習い.期間.→〔准 zhǔn 备〕
预卜 yùbǔ 予断(を下す).〔难以～〕予断を下しがたい.
预测 yùcè 予測(する).〔对局势的～〕情勢の予測.
预产期 yùchǎnqī 阵出産予定日.
预储 yùchǔ 予め備蓄する.
预存话费 yùcún huàfèi (携帯電話の)通話料先払い(する).
预订 yùdìng 予約(する).〔我们～的教科书刚才送来了〕我々が予約した教科書が今送られて来た.
预定 yùdìng 予定(する).〔～时间〕予定時間.〔这个工程～在明年完成〕この工事は来年度完成する予定だ.
预定字 yùdìngzì ⇒〔预约字〕
预断 yùduàn 予断(する)
预防 yùfáng 予防(する).〔～传染病〕伝染病を予防する.〔～火灾〕火災を予防する.〔～受潮湿气を防ぐ.〔～措施〕予防措置.〔～接种 zhǒng〕予防接種.〔为主〕予防第一.〔打～针 zhēn〕予防注射をする.〔～疫 yì 苗〕
预分 yùfēn あらかじめ分配する.
预付 yùfù 前払い(する).前渡し(をする).前貸し(をする).〔～款 kuǎn〕前払金.〔～远洋提单〕運賃前払い船荷証券.〔～工 gōng 资〕賃金前払い.
预感 yùgǎn ①予感(する).〔她～到将要有一场激烈的争论〕激しい論争が起こると彼女は予感した. ②予感.〔我有一种不祥的～〕わたしは不吉な予感がした.
预告 yùgào 予告(する).予言(する).〔～片 piàn〕(映画の)予告編.〔新书～〕新刊予告.
预购 yùgòu 予約購買付.〔～票〕前売り券.
预估 yùgū 事前の見積り(をする).〔～的价格总是多少有点出入的〕前もって見積った価格はどうしてもいくらかの食い違いがある.

预后 yùhòu 阵予後.
预会 yùhuì ⇒〔与会〕
预计 yùjì ①あらかじめ見積る. ②予想(される)見込み.〔～达到十万元〕10万元に達すると予想される.〔～明年三月完成〕明年3月完成の見込み.
预检 yùjiǎn 事前審査(する)
预减 yùjiǎn 阵減益予測(する)
预见 yùjiàn 予見(する).〔科学的な～〕科学的な予見.〔～性〕予見性.
预交 yùjiāo 前納する.前渡しをする.
预借 yùjiè 前借りする.
预警 yùjǐng 発生を前もって警告する.〔～(飞)机〕阵啃戒機.
预决算 yùjuésuàn 予算と決算.
预考 yùkǎo 足切り試験:本試験前の予備的な試験.
预科 yùkē (大学などの)予科.
预亏 yùkuī 赤字予想.赤字(を)見込(む):〔预计亏损〕の略.↔〔预盈〕
预料 yùliào 予想(する).見込み(む).〔对销 xiāo 路的～〕売れ行き予想(む).〔预想〕
预留 yùliú あらかじめ残しておく.
预埋件 yùmáijiàn 阵(コンクリート構造で鉄筋など)あらかじめ埋め込む金具.
预谋 yùmóu 事前に謀る.〔这是有～的行动〕これは事前に謀議した行動だ.
预期 yùqī 予想する.期待する.〔达到了～的目的〕予期していた目的に達した.
预期寿命 yùqī shòumìng 予測平均寿命:〔平均～〕ともいう.
预签合同 yùqiān hétóng あらかじめ署名した契約.〔上年～的交货额已占46.5%〕前年あらかじめ署名した契約の荷渡し高はすでに46.5パーセントを占める.
预染 yùrǎn 阵下染め.
预热 yùrè ①予熱(する).〔～器 qì〕阵予熱器.〔～锅 guō 炉〕阵予熱ボイラー. ②事前準備(する)
预赛 yùsài 〈又〉(競技の)予選.
预设 yùshè 事前に取りつける.
预审 yùshěn ①阵予審.→〔公 gōng 判①〕 ②(コンクール・競技などの)予備審査(する)
预示 yùshì あらかじめ示す(こと).予知(する).前ぶれ(する).〔乌云～着大雷雨的到来〕黒雲は激しい雷雨が来ることを予告している.
预收 yùshōu 前納で受け取る.
预售 yùshòu 前売り(する).〔戏票自月底三十一日起～〕切符は月末31日から前売りされる.
预算 yùsuàn 阵予算.〔～配分〕予算配分.〔～拨 bō 款〕予算拨付.〔～赤 chì 字〕予算上の赤字.〔～外〕予算外. ②見積り.
预闻 yùwén ⇒〔与闻〕
预习 yùxí 予習(する)
预先 yùxiān あらかじめ.事前に:〔事 shì 先〕に同じ.〔～声明〕あらかじめ声明する.〔～通知〕事前に通知する.
预想 yùxiǎng 予想(する).〔乐观的～〕希望の観測.→〔预料〕
预行 yùxíng 予行(する).〔～警报〕戒警報.予行警報.
预选 yùxuǎn ①予備選挙(する). ②予選(する).〔～赛 sài〕阵予選.
预研 yùyán 事前研究(をする).
预演 yùyǎn 予行演習(する).試演(する).リハーサル(をする).
预盈 yùyíng 黒字予想.黒字(を)見込(む).

yù

↔[预亏]
预应力 yùyìnglì 物 プレストレス.[~混 hùn 凝土]建 プレストレストコンクリート.
预约 yùyuē 予約(する).[~保险单]経包括予定保険証券.
预约字 yùyuēzì ＝[预定字] 電算 予約語.
预增 yùzēng 増益見通(する)
预展 yùzhǎn (展覧会の開幕前の)特別招待.特別公開.
预兆 yùzhào ①前兆.兆し. ②前兆を示す.兆す.
预征 yùzhēng 前もって徴収する.
预支 yùzhī 経前貸.[~信用状]前貸信用状.
预知 yùzhī 予知する.
预制 yùzhì あらかじめ作ってある.プレハブ.[~板]プレハブ板.[~(构)件]経プレハブ構造用材.
预置 yùzhì あらかじめ用意する.
预祝 yùzhù (…を)祈る.(…あれと)念じる.[~大成功]会議の成功を祈る.

[**滪・澦**] yù →[滟 yàn 滪堆]

[**蓣・蕷**] yù →[薯 shǔ 蓣]

[**豫**] yù (Ⅰ) ①〈文〉喜ぶ.[面有不~之色]顔に不快の色を浮かべている. ②〈文〉安らか.安んじる.[不~]病気.[逸 yì ~]遊び楽しむ. ③〈文〉あらかじめ備える. ④〈文〉豫(ｱ):六十四卦の一.
(Ⅱ) 地 河南省の別称.→[汴 biàn ①]
豫剧 yùjù 劇 河南省に最も流行する地方劇の名:[河 hé 南梆 bāng 子]ともいう.

[**菀**] yù 〈文〉植物の茂っているさま. → wǎn

[**尉**] yù → wèi
尉迟 yùchí 〈姓〉尉遅(ｦｸ).[~敬德]囚唐代の大将軍.名は恭,[胡 hú 敬德]とも呼ぶ.[门神]この人の像といわれる.
尉犁 yùlí 地 新疆にある県.

[**蔚**] yù ①地名用字.[~县]地 河北省にある. ②〈姓〉蔚(ｳﾂ). → wèi

[**熨**] yù 中医 薬物に熱を与え,その熱で患部をなでる治療法.[酒~]上等の焼酎を温め,布につけて患部を拭く療法.[葱 cōng ~]ねぎを細かく切ったものを炒め,絹に包んで患部を摩擦する療法. → yùn
熨帖 yùtiē [熨贴]とも書いた. ①適切である.ぴったりだ.[这个词用得很~]この語は使い方がぴったりだ.[表演~自如]演技が自由自在である. ②心が平穏である.[这一番诚恳的谈话,说得他心里十分~]真心のこもった話を聞いて,彼はすっかり気分が落ち着いてきた. ③〈方〉仕事が完全にうまく片付く.[还没有做~呢]まだよくできあがっていません.

[**寓(庽)**] yù ①住む.居住する. ②住所.仮住まい.[公~]アパート. ③託することである.かこつける.[这个故事,~有深意]この物語には深い意味がある.[~教于课程之中]教育を授業の中に宿らせる. ④〈文〉目を通す.[~目同前.→[过 guò 目] ⑤〈姓〉寓(ｸﾞｳ).
寓处 yùchù ⇒[寓所]
寓邸 yùdǐ 政府高官の住まい.
寓公 yùgōng ①因他郷に寓居している大官. ②国土を失って他国に寄寓している者.
寓寄 yùjì (…に)ことよせて託す.かこつして伝える.
寓教于乐 yùjiào yúlè 〈成〉楽しみながら学習する.
寓居 yùjū 寓居する.仮住まいする.
寓木 yùmù ⇒[寄 jì 生木]
寓情于声,以声抒情 yùqíng yúshēng, yǐshēng shūqíng 〈成〉情を声に託し,声で情を述べる.
寓所 yùsuǒ ＝[寓处]住まい.住所.住所.
寓言 yùyán ①他の事にかこつけて言う言葉. ②たとえ話.寓話. ③寓言法:修辞法の一.
寓意 yùyì 他にかこつけて意をほのめかす.
寓于 yùyú …に存在する.…に含まれる.[矛盾的普遍性~矛盾的特殊性之中]矛盾の普遍性は矛盾の特殊性の中に含まれている.

[**遇**] yù ①巡り会う.出会う.[途中相~]途中で出会う.[百年不~]百年に一度も会えない. ②もてなす.待遇する.[待 dài ~]待遇(する).[优~]優遇(する). ③機会.[机 jī ~][际 jì ~]境遇.場合. ④〈姓〉遇(ｸﾞｳ).
遇便 yùbiàn 都合の良い時に.ついでに.
遇刺 yùcì 刺殺される.暗殺される.
遇挫 yùcuò 挫折する.失敗する.
遇到 yùdào 出会う.ぶつかる.[~困难]困難にぶつかる.
遇害 yùhài 殺害される.殉難する.
遇合 yùhé ①〈文〉巡り会う. ②意気投合する.男女または友人などが契り合う.
遇见 yùjiàn 出会う.遭遇する.[真想不到在这儿~你了]ここで出会うなんて奇遇だね. → [碰 pèng 见]
遇救 yùjiù 救われる.
遇难 yùnàn ①罹災する.遭難する. ②(事件・事故で)殺される.死亡する.
遇巧 yùqiǎo 折よく.ちょうど.
遇事 yùshì 出来事に遭う.[~生风]〈成〉問題を引き起こす.事を好む.
遇险 yùxiǎn (人や船舶などが)危険に遭う.[~信号][海 hǎi 难信号]海難信号.

[**御・禦**] yù (Ⅰ)[御]＝[驭①]〈文〉①〈文〉馬を御(ｷﾞｮ)する.車馬を扱う. ②〈文〉統(ｽ)べる.統御する.[振长策制~宇内]長策をふるって宇内を統べる. ③旧皇帝に関することを示す.[~驾亲征]皇帝が自ら出征する.[告~状]直訴する. → [衔 xián (Ⅱ)]
(Ⅱ)[禦]防ぐ.抵抗する.[防 fáng ~]同前.[共~外侮]協力して外国の侮辱を防ぐ.
御宝 yùbǎo 皇帝の印.→[玉玺]
御笔 yùbǐ 皇帝の親筆.
御菜 yùcài ⇒[落 luò 葵]
御赐 yùcì 皇帝からの賜りもの.恩賜.
御道 yùdào 皇帝の御成(ナﾘ)道.
御敌 yùdí 敵を防ぐ.
御风 yùfēng 風に乗る.[~而行 xíng]風に乗って進んで行く.[喩]事が順調に進むたとえ.
御寒 yùhán 防寒(する)
御花园 yùhuāyuán 皇帝用の花園
御黄李 yùhuánglǐ ⇒[李①]
御驾 yùjià 皇帝の車駕.[〈喩〉皇~]皇帝.
御览 yùlǎn ①御(ｷﾞｮ)覧:皇帝がご覧になること. ②皇帝の読まれる書物.
御林军 yùlínjūn ＝[羽 yǔ 林军]囲皇帝の近衛軍:[禁 jìn 军]ともいう.[〈喩〉最高統治者.
御柳 yùliǔ 植 ギョリュウ.
御马 yùmǎ ①馬を御する.馬に乗る. ②天子が乗る馬.
御女 yùnǚ 〈文〉①古代の女官. ②女性と性交する.
御批 yùpī 〈文〉皇帝の裁定.

yù～yuān

御前 yùqián ①皇帝の前.御前. ②皇帝の身近に付き従うこと.〔～总 zǒng 管〕侍従長.
御膳 yùshàn 天子の食事.〔～房 fáng〕皇帝の食事を調製する厨房:単に〔膳房〕ともいう.
御史 yùshǐ 御史.ⓐ周代は文書・記録を司る.ⓑ秦漢代は秘書と検察を司る.ⓒ後漢以後はおもに弾劾を司る.清代では〔侍 shì 御〕の別称.〔～台 tái〕御史のいる役所.
御史大夫 yùshǐ dàfū 囯御史の長官:俗に〔都 dū 老爷〕ともいった.→〔司 sī 空①〕
御试 yùshì 〈文〉皇帝自ら行われる進士の試験.
御手 yùshǒu ①⇒〔驭手〕 ②〈文〉家畜係の兵士.
御侮 yùwǔ 〈文〉侮りを防ぐ.
御窑 yùyáo 囯宫中の磁器を作った所.
御医 yùyī 侍医.〔太医院是清代一办公的衙署〕"太医院"は清代の侍医が勤務する役所である.
御用 yùyòng 帝王の使用の.②統治者の使用の:風刺の意味でいう.〔～工会〕御用組合.〔～团体〕御用団体.〔～文人〕御用文学者.
御寇 yùkòu 皇室の侮辱.御寇.
御者 yùzhě 〈文〉①御者(馬車の). ②侍従の者:〔侍 shì 从〕に同じ.
御制 yùzhì 囯皇帝の作った.〔～诗 shī〕同前の詩.
御座 yùzuò ⇒〔宝 bǎo 座①〕

[**粥**] yù 〈文〉①養う.育てる. ②売る.〔鬻〕に同じ.→ zhōu

[**鬻**] yù =〔粥②〕〈文〉売る.〔～画 huà〕絵を売る.〔～文为生〕売文生活する.〔卖 mài 官～爵〕賄賂をもらって官職を授ける.〔卖儿 ér～女 zǐ〕子女を売る.

[**矞**] yù 〈文〉めでたい前触れの彩雲.

[**潏**] yù 〈文〉①水が湧き出るさま. ②〔～河〕囲陝西省にある. → jué

[**遹**] yù 〈文〉遵守する.従う.

[**燏**] yù 〈文〉火の光.

[**鷸・鹬**] yù 囷シギ(総称).〔丘 qiū～〕ヤマシギ.〔细嘴滨～〕ハマシギ.
鷸蚌相争 yùbàng xiāngzhēng 〈成〉〔鷸と蚌(ぱ)とが争う.〈人、渔 yú 人(渔翁 wēng)得利〕同前で、二つとも漁夫に捕られる.漁夫の利.
鷸鸵 yùtuó ⇒〔几 jī 维鸟〕

[**鳙**] yù 圐魚〕タナゴ(総称).→〔鳑 páng〕

[**誉・譽**] yù ①名誉.誉れ.〔名～〕名誉.〔荣 róng～〕栄誉.〔满全国〕名誉が全国に満ちている. ②ほめる.たたえる.〔称 chēng～〕ほめる.〔～为英雄〕英雄だとほめる. ③〔姓〕誉(よ)
誉称 yùchēng ①称賛する.〔被～为名山〕名山と称賛される. ②美称.
誉望 yùwàng 〈文〉名望.
誉为 yùwéi …と称えられる.〔被～圣人〕聖人と称えられる.

[**毓**] yù ①〈文〉生み育てる.→〔钟 zhōng 灵毓秀〕 ②〔姓〕毓(い)

[**隩**(**隩**)] yù 〈文〉河岸の湾曲したところ. → ào

[**薁**(**薁**)] yù →〔蘡 yīng 薁〕

[**燠**(**燠**)] yù 〈文〉暖かい.暑い.〔天气热 rè〕(天気が)暑い.〔寒 hán～〕寒暖.

yuan ㄩㄢ

[**宛**] yuān 〔大～〕囡古代の西域の代表的な国:現在の中央アジアにあった.〔～马〕同前の馬.〈転〉駿馬. → wǎn

[**帵**] yuān 〈文〉①頭巾. ②→〔缩 fán 帵〕

[**眢**] yuān 〈文〉①目がつぶれて落ちくぼんでいる. ②井戸が涸(か)れている.〔～井〕涸れ井戸.

[**鸳・鴛**] yuān 囷オシドリ.〔双～戏 xì 水〕つがいのオシドリが水と戯れている.→〔鸳鸯〕
鸳侣 yuānlǚ 〈文〉配偶者.夫婦のたとえ.
鸳鸯 yuān-yāng 囷オシドリ:〔匹 pǐ 鸟〕に同じ.〔鸳〕は雄、〔鸯〕は雌といわれる.〔一对～〕つがいのオシドリ:雌雄が常に離れることがないので、夫婦あるいはその他の〔対〕なしているものに例えられる.〔～谱 pǔ〕結婚の契約書.婚書.〔～楼〕新婚夫婦のための建物.〔～名片〕夫婦二人の氏名・肩書を印刷してある名刺.〔～椅 yǐ〕(儿 zuò(r)〕ロマンスシート. ②〔～火锅 guō〕囷内が二つに分けられている〔火锅〕
鸳鸯蝴蝶派 yuānyāng húdié pài 清末から民初にかけ盛んであった文学の一派.主として低俗な恋情を素材としたもの.掲載した雑誌名から〔礼 lǐ 拜大派〕ともいう.
鸳鸯剑 yuānyāngjiàn ⇒〔雌 cí 雄剑〕
鸳鸯藤 yuānyāngténg ⇒〔忍 rěn 冬①〕

[**鹓・鵷**] yuān 〔～鶵 chú〕〈文〉鵷雛(ㄐㄩˊ):想像上の鳥で鳳凰の一種.

[**箢**] yuān 〔～箕 ji〕〔～篼 dōu〕〈方〉竹かご:物を盛る器.

[**鸢・鳶**] yuān 囷トビ.〔老 lǎo 鹰①〕は通称.〔方〕老～〕〔鹞 yào 鷹〕ともいう.
鸢飞鱼跃 yuānfēi yúyuè 〈成〉とびが飛び、魚が跳ねる:天地万物が天地間に行われる化育によって生をとげ、生を楽しむこと.
鸢色 yuānsè 囼とび色(の).茶褐色(の)
鸢尾(花) yuānwěi(huā) =〔紫 zǐ 蝴蝶③〕〔紫罗兰②〕囼イチハツ:アヤメ科の多年生草本.

[**冤**(**宽・寃**)] yuān ①無実の罪(を受ける).不当な扱い(をする).〔呜～叫屈〕〈成〉不公平だと主張する.〔伸～〕〔雪～〕冤罪を晴らす.〔含～负屈〕〈成〉無実の罪を着せられて悔しい思いをする). ②仇.かたき.恨み.〔有~报～〕恨みがあればそれを晴らす. ③損をする.間尺に合わない.ばかをみる.〔老远的到飞机场去接他,他没有来,真一！〕遠いところを飛行場まで迎えに行ったが,彼は来なかった.馬鹿を見た.〔买假 jiǎ 货,太～了〕偽物を買って馬鹿を見た.〔他死得太～〕彼は馬鹿げた死に方をした. ④〈方〉(冗談にだます.ばかにする.人を担ぐ.〔可别~人〕人を担いではいけない.
冤案 yuān'àn 冤罪(裁判)事件.
冤仇 yuānchóu 仇敵.恨み.〔结下了～〕かたきとなる.恨みをかう.
冤大头 yuāndàtóu =〔大头④〕〈方〉寿 shòu 头①好(ㄏㄠˇ)い鸭.お人よし.おめでたい人:多くの人におだてられて金を使わされる世間知らず.〔要是净上当,不成了一个吗〕だまされてばかりいるのでは,好い鸭になったというわけじゃないか.〔拿他当 dàng

冤鬼 yuānguǐ ①冤罪(ざい)で死んだ者の亡霊. ②ば者.

冤魂 yuānhún 旧冤罪で死んだ人の魂.

冤家 yuānjiā ①かたき.〔同行 háng ～〕同業者は仇だ.〔地主、恶と霸是农民的～〕地主・ボスは農民のかたきだ. ②憎からしいやつ;戯曲・歌謡中に多く用いられた、恨めしい、悩みや苦労の種だがそれでも愛している人で、別れられぬ愛人・恋人・夫・妻に対する愛称.

冤家对头 yuānjiā duìtóu ①腐れ縁. ②仇敵の間柄. →〔对头 tou ①〕

冤家路窄 yuānjiā lùzhǎi〔諺〕かたきはよく出あうもの:〔窄〕①〔狭〕たらえる.〔哪知道、～、排戏的时候、我们又不期而遇〕かたきは必ず巡りあうというが、舞台げいこの際、私どもはまた思いがけなく会った. →〔狭 xiá 路相逢〕

冤家宜解不宜结 yuānjiā yíjiě bùyìjié〔諺〕恨みは解くべきで結ぶものではない.

冤假错案 yuānjiǎcuò àn 無実・でっち上げ・誤審などの事案.

冤苦 yuānkǔ 無実の苦しみ.

冤孽 yuānniè 恨みと罪障.〔～病〕長びいて治療の困難な病、業病(ごうびょう).〔～债 zhài〕前世から負わされている債務.

冤钱 yuānqián =〔冤枉钱〕むだな金. ばからしく使われた金.〔花～〕むだ金を使う.〔买这么不结实的东西、真是花～〕こんな壊れやすいものを買うなんて全くむだ金だ.

冤情 yuānqíng 冤罪を着せられた辛い思い. 無実の罪の実情.〔这个案件、其中恐怕有～〕この事件にはおそらく冤罪を着せられた思いがこもっている.

冤屈 yuānqū ①無実の罪. 冤罪.〔谁受了这样的～、心里也是不好受〕誰にせよこんなぬれぎぬを着せられたら、気持ちはやりきれない. ②無実の罪を着せる(られる).

冤头 yuāntóu かたき. 敵.

冤枉 yuānwang ①冤罪をかける. 無実の罪を着せる(られる).〔～别人〕他人に冤罪をかける.〔～好人〕善人に疑いをかける.〔没他的事、你别～他〕彼の関係したことではない、そんなにむやみに彼を悪く言うものではないよ. ②〔冤罪を被って〕くやしい. いまいましい. 無念である.〔你说～不～？〕なあ、ひどいじゃないか. ③むだをする. 損をする.〔明明人不花～钱〕しっかりした人は、むだ金は使わない.〔走了～路〕むだ足を踏んだ.

冤枉钱 yuānwangqián ＝〔冤钱〕

冤有头、债有主 yuān yǒutóu, zhài yǒuzhǔ〈喩〉①敵、味方の区別を明らかにする. ②ものにはすべて根元・原因がある.

冤狱 yuānyù 冤罪の裁判事件.〔平反～〕冤罪の裁判を再審理して正す. 無実の罪を晴らす.

冤冤相报 yuānyuān xiāngbào 互いに恨みを報い合う.

〔渊・淵〕 yuān ①淵(ふち). 水の深くたたえたところ.〔鱼跃于～〕魚が淵に踊る.〔天～之别〕〈喩〉非常に懸隔がある. ②深い. ③〈姓〉淵(さん).

渊博 yuānbó 深く広い.〔他的学问～〕彼の学問は広く深い. →〔淹 yān 博〕

渊海 yuānhǎi〈喩〉内容が深くて大きいもの.

渊默 yuānmò〈文〉深く静まりかえっている.

渊泉 yuānquán〈文〉深い泉.〈喩〉思慮深いこと.

渊儒 yuānrú〈文〉大学者. 深い学問のある学者.〔老先生真是一代～〕老先生は実に一代の大学者である.

渊深 yuānshēn〈文〉(学問や計りごとが)奥深い. 非常に深い.

渊薮 yuānsǒu〈喩〉ものの集まる所:〔渊〕は魚の集まる所、〔薮〕は獣の集まる所.〔人文～〕人材・文化の集まる場所.〔罪悪的～〕罪悪のはきだめ.

渊鱼丛爵 yuānyú cóngjué〔成〕暴君が人民を仁君のもとに追いやれば、あたかもわが身から魚を淵に追いやり、はやぶさがすずめを草むらへ追い込むようなものである〔孟子・離婁〕.

渊渊 yuānyuān〈文〉①静かで深いさま. ②鼓の音.

渊源 yuānyuán 淵源.〈喩〉源.〔家学～〕家代々伝わった学問はその源は深い.〔历史～〕歴史的根源.

渊远 yuānyuǎn〈文〉非常に長い.〔几代世交、～流长、关系到底不同〕数代にわたる交際で、長いなじみだから、その間柄は普通のものとは違う.

〔悁〕 yuān〈文〉①怒る. ②憂える. → juàn

悁忿 yuānfèn〈文〉立腹する.

悁悁 yuānyuān〈文〉①気がふさぐさま. ②怒るさま.

〔蜎〕 yuān〈文〉①〔孑孓 jiéjué〕(ぼうふら)の古称. ②〔～の這(は)う〕うさま. ③虫の這(は)う.

〔元〕 yuán（Ⅰ）①初めの. 第１の. →〔元年〕②首位の. かしらの.〔状～〕科挙制度の進士の首席. ③主要の. 基本の. もとの.〔～始〕④元素. 要素. →〔维 wéi 用〕〔一 yī 论〕⑤一つのまとまった物を示す.〔単～〕単元. ⑥数元.〔～～次方程〕一元一次方程式.

（Ⅱ）①因元(代)：朝代名〔1279～1363年〕. 蒙古帝国を建てた〔成 chéng 吉思汗〕（チンギスハン、太祖）の孫の〔忽 hū 必烈〕（フビライ、世祖）が南宋を滅ぼして建てた. ②〈姓〉元

（Ⅲ）元(代)：⑧中国の基本通貨の単位. 法律上では〔～〕と規定する.〔人民币〕では〔圆⑧〕を用いる.〔块 kuài ③〕は口語版. 10〔分⑩〕が１〔角⑩〕、10〔角⑩〕が１〔～〕.〔3根５～〕3本で５元です. ⑥また広く外国貨幣の単位にあてて用いる.〔美～〕米ドル.〔日～〕日本円.〔欧 ōu ～〕ユーロ.

元板 yuánbǎn →〔板眼〕

元宝 yuánbǎo ①貨幣：金銀を錠状に鋳たもの. ②〔馬蹄～〕銀：宝銀.〔马 mǎ 蹄银〕に同じ. ③神仏に供える錫箔で作った元宝. →〔纸 zhǐ 钱(儿)〕

元宝锭 yuánbǎodìng 食鶏卵と砂糖を小麦粉でこね合わせ∞の形をした型に入れ、中に餡を入れ焼いた菓子. →〔八 bā 吉 jí 饼儿〕

元宝螺丝(帽) yuánbǎo luósī(mào) 金蝶ナット. つまみナット.

元宝城 yuánbǎoqì 旧マンシュウタイヤ.

元宝汤 yuánbǎotāng ⇒〔馄 hún 饨〕

元本 yuánběn ①原始. もと.〔究其～〕そのもとをきわめる. ②商元金. 元本.〔归还～〕元金を返済する. ③元代の刊行書.

元旦 yuándàn 元旦. 元日：新年の最初の日. 古くは〔阴 yīn 历〕（旧暦）でいった.〔民国以降は〔春 chūn 节〕を指し、西暦では〔新年〕を用いた.〔文〕〔端 duān 日〕〔文〕〔四 sì 始〕ともいう. 口語で〔正 zhēng 月初一〕〔大年初一〕ともいう. 現在は西暦の一月一日を指す. →〔除 chú 夕〕

元豆 yuándòu ⇒〔大 dà 豆〕

元恶 yuán'è ①=〔元凶〕〈文〉悪党の首魁. ②大悪人. ③悪の根源.

元沅芫园鼋员 yuán

元古代 yuángǔdài 地原世代:地質年代の第二代.
元胡 yuánhú ⇒[延 yán 胡索]
元件 yuánjiàn 机エレメント.コンポーネント.機素.素子.部品:若干的[零 líng 件]からできている取り換え可能な部分.[电子~]電子部品.→[部 bù 件①][零 líng 件]
元君 yuánjūn 旧女仙人への尊称.道教の尊者(女).[碧霞~]泰山の女神.[金母~]西王母の別称.→[西 xī 王母][真 zhēn 君]
元老 yuánlǎo 元老:名望·年齢·官位の高い老人.[政界~]政界の元老.[京剧界~]京劇界の元老.
元罗虫 yuánluóchóng 蜗牛(かたつむり)の別称.
元麦 yuánmài ①⇒[青 qīng 稞(麦)] ②⇒[莜 yóu 麦]
元煤 yuánméi ⇒[原煤]
元谋人 yuánmóurén 中国最初期の人類の化石:1965年雲南省元謀で発見された.[元谋猿 yuán 人]ともいう.
元年 yuánnián 元年.
元配 yuánpèi ⇒[原配①]
元气 yuánqì ①人の精気.天地の気.生命力.[~旺盛]元気旺盛.[大伤~]気勢が大いにそがれる.[恢复~]元気(活力)を回復する. ②固万物の根源.
元器件 yuánqìjiàn 部品及びその組み合わせ:[元件][零 líng 件]
元青 yuánqīng =[元色][玄 xuán 青]色黒(の).[直接~]因ダイレクトブラック.
元曲 yuánqǔ =[元剧(戏)]元の[杂 zá 剧]と[散曲]をいう.馬致遠の漢宮秋,王実甫の西廂記などが有名.
元日 yuánrì ①元旦.元日:[元旦]に同じ. ②<文>吉日.
元戎 yuánróng 固最高司令官の乗る兵車.[転]司令官.
元色 yuánsè ⇒[元青]
元始 yuánshǐ 因万物の本元.
元首 yuánshǒu ①元首:国家の首長. ②君主.天子. ③<文>頭.
元书纸 yuánshūzhǐ 習字用紙の一種:浙江省富陽·蕭山などに産する.色は薄黄で紙質が粗い.原料は石竹.→[毛 máo 边纸]
元帅 yuánshuài ①→[军 jūn 衔] ②固元帥.総大将.
元素 yuánsù ①要素. ②数元.元素.要素:集合の~. ③化元素.化学元素.[~符 fú 号]元素記号.[~周期表]元素周期表.
元孙 yuánsūn ⇒[玄 xuán 孙]
元夕 yuánxī ⇒[元宵节]
元宵 yuánxiāo ①同下. ② =[浮 fú 圆子][圆 yuán 子①]食餡入りだんご:旧暦1月15日,[元宵节]の日に神に供える食物.[山楂](さんざし)·[芝麻](ごま)·[核桃](くるみ)などに砂糖を加え餡玉にして,[糯 nuò 米](もちごめ)の粉をまぶした の.煮たものを[煮~],油で揚げたものを[炸 zhá ~]という.→[播 léi 沙団]
元宵节 yuánxiāojié =[元夕][元宵①][<文>元夜]元節:旧暦1月15日を[上 shàng 元节]といい,この日に各家の灯籠をかけて祝ったので[灯节][灯宵]ともいう.→[三 sān 节④]
元凶 yuánxiōng =[元恶]
元勋 yuánxūn 偉大な勲功.首位の勲功(のある人).[开国~]開国の元勲.
元夜 yuányè ⇒[元宵节]
元音 yuányīn 语母音:[母 mǔ 音]ともいう.[辅音](子音)に対していう.→[韵 yùn 母]
元鱼 yuányú ⇒[鼋鱼]
元元 yuányuán <文>①根本.原始. ②人民.
元元本本 yuányuán běnběn ⇒[原原本本]
元月 yuányuè ①旧正月. ②正月.1月.

[沅] yuán 地名用字.[~江 jiāng]地貴州に発し湖南省に入る. ②<姓>沅(げん).

[芫] yuán → yán
芫花 yuánhuā =[鱼 yú 毒]植フジモドキツチサクラ.チョウジザクラ:落葉低木で,紫の花を開く.花蕾と根を薬用とする.根と葉は有毒で,魚をとるのに用いられる.
芫青 yuánqīng =[青娘子]虫ツチハンミョウ科の昆虫ミドリツチハンミョウその他:薬用にする.→[斑 bān 蝥][葛 gé 上亭长]

[园·園] yuán ①[~儿]園.畑:野菜·果樹·花などの植えてあるところ.[菜 cài ~]野菜畑.[花~]花園.[葡 pú 萄~]ぶどう園. ②遊覧·休息·娯楽などの目的に応じた施設や場所.[公~]公園.[动物~]動物園.[戏(子)~]劇場.[幼儿~]幼稚園. ③墳墓周囲の場所の特別な呼称.[烈士陵~]革命烈士の墓園. ④<姓>園(えん).
园地 yuándì ①植物を栽培する所.[农业~]農業用地. ②<喩>活動する範囲.[艺术~]芸術の世界.[自己的~]自己の世界. ③(新聞·雑誌で)コラムの名称.[学术~]学術欄.
园丁 yuándīng 植木職.園芸家.園丁:畑·園などを管理する人.[転]教師:特に小学校の先生.
园儿 yuán'ér 幼稚園の子ども.幼稚園児.
园林 yuánlín (観賞遊覧用の)樹木の茂っている庭.[~艺术]造園芸術.→[城市~]ガーデンシティー.
园陵 yuánlíng 帝王の墳墓.御陵.
园圃 yuánpǔ 農園.菜園.
园区 yuánqū 工業団地.
园所 yuánsuǒ [幼 yòu 儿园](幼稚園)と[托 tuō 儿所](託児所).
园田 yuántián 野菜畑.[耕地~化]農業の園芸化.
园艺 yuányì 園芸:蔬菜(そさい)·花木などを植える技術.[~师 shī]園芸士.
园囿 yuányòu <文>動植物園.
园子 yuánzi ①園.庭園. ②⇒[戏 xì 园子]

[鼋·黿] yuán [~鱼]は通称.→[鳖 biē ①]
鼋鸣鳖应 yuánmíng biēyìng <成>大すっぽんが鳴くと普通のすっぽんがこれに応じて鳴く.<転>あい感応すること.
鼋鱼 yuányú =[元鱼][老 lǎo 鼋][绿 lǜ 团鱼]动オオスッポン:俗に[癞 lài 头~]ともいう.→[鳖 biē ①]

[员·員] yuán ①人や物の数.<転>~人.~員.人員. ②[教~]教員.[职 zhí ~]職員.[战斗~]戦闘員.[指挥~]指揮者.[服 fú 务~]服務員.[售 shòu 货~]販売員.[售票~]切符売り(係).[理发 lǐfà ~]理髪師.[运 yùn 动~]スポーツ選手.[讲 jiǎng 解~]説明者.ナレーター.[裁 cái 判~]審判.レフェリー.[审shěn 判~]裁判官.[检 jiǎn 察~]検事.[保 bǎo 育~]保育士.[守 shǒu 门~]ゴールキーパー.[评píng 判~]審査員.[演 yǎn ~]俳優.出演者.[播 bō 音~]アナウンサー. ②団体の組成分子.[会~]会員.[党~]党員.[成~]構成員.メンバー.[定~]定員. ③量詞.武将を数える.[一~猛将]勇将一人. ④幅.ひろさ.[幅 fú ~]同前. ⑤古書に[圆]と通用する. → yún yùn

Y

yuán 员陨圆

员额 yuán'é 員数.定員.〔～已満〕定員に達した.
员工 yuángōng 従業員.職員と労働者.〔鉄路～〕鉄道関係の従業員.〔教职～〕学校の教員・職員・労働者.→〔职 zhí 工〕
员利针 yuánlìzhēn 中医牛の尾のように先が太くなっている鍼(はり):〔圆利针〕とも書く.
员司 yuánsī 〈文〉旧時の中下級官吏.
员外 yuánwài ①〔员外郎〕の略称.②〈白〉財産や地位のある者につける尊称.
员外郎 yuánwàiláng =〔员外①〕〔副 fù 郎〕滑官名の一:〔员外〕の定員外として各部に設けられた.〔郎中②〕の次に位するもの.

〔陨・隕〕 yuán 〈文〉幅.幅員.〔幅 fú～〕〔幅员〕同前.→ yǔn

〔圆・圓〕 yuán ①丸い.〔皮球是～的〕毬(まり)は丸い.②國円.円周.〔画一个～〕円を描く.③球状の.〔滚～〕〔滴溜～〕まん丸い.④整っている.充分である.完全である.納得のいく.〔这话说得不～〕この言葉にはぬかりがある.この話は充分に言い表されていない.〔得一满的结果〕満足な結果を得る.→〔圆全〕⑤円滑にする.すらすらとやる.〔这个人做事很～〕,面面倶りり,行き届いている.この人は仕事をひじょうに如才なく(スムーズに)やり,行き届いている.⑥〔声が〕まろやかである.〔歌声が〕美しい.〔字正腔～〕発音も正確だし調子もまろやかだ.⑦丸い硬貨:現在は〔元〕と書く.⑧銀貨.〔铜〕銅貨.⑨國元(げん):中国の基本通貨の単位.ふつう〔元①④〕と書く.1〔～〕は10〔角 jiǎo⑪〕〔〈口〉毛 máo①④〕,100〔分①⑩〕にあたる.〔人民币〕では〔～〕を用いる.〔日～〕〔日元〕日本円.⑨<姓>圆<え>

圆白菜 yuánbáicài ⇒〔结 jié 球甘蓝〕
圆柏 yuánbǎi →〔桧 gui〕
圆笔 yuánbǐ 運筆の一種:篆書に用いられる運筆で筆の穂先が筆画の中央にある用筆.〔偏 piān 笔〕〔中 zhōng 锋②〕
圆场 yuánchǎng その場を丸くおさめる.仲裁する.〔不容易给他～〕彼のためにその場を丸くおさめてやるのは難しい.
圆成 yuánchéng まっとうする.人を助けて成功させる.丸く治める.調停する.
圆唇元音 yuánchún yuányīn 圓唇を突き出して丸くして発音する母音:普通话の "o""u""ü".
圆葱 yuáncōng 〔洋 yáng 葱〕
圆醋栗 yuáncùlì 圃セイヨウスグリ(マルスグリ).棒やすり.
圆雕 yuándiāo 美[彫刻した]立体像.
圆顶 yuándǐng 半球形の頭部.〔～教堂〕天蓋式の教会.〔～帽〕前ぶのついた帽子:いわゆる人民帽.
圆嘟嘟 yuándūdū 丸々としたさま.〔～的面孔〕丸い顔.
圆饭 yuánfàn 旧結婚の翌日新夫婦が同席で食事すること.
圆房 yuánfáng 旧〔童 tóng 养媳〕を正式に息子の嫁とすること.
圆坟 yuánfén 埋葬後三日目にする墓参り.〔等过了～,至近的亲戚才回去〕同前がすんでから近親者は帰る.
圆钢 yuángāng 工丸鋼.マーチャントバー:〔圆铁〕は旧称.→〔钢材〕
圆蛤 yuángé 魚貝ハマグリ.
圆根 yuángēn ①⇒〔内 nèi 圆角〕②⇒〔芜 wú 菁〕
圆鼓鼓 yuángǔgǔ はちきれんばかりに丸々としているさま.
圆骨隆冬 yuángǔ lōngdōng ⇒〔圆滚抡敦〕

圆刮板 yuánguābǎn ⇒〔车 chē 板〕
圆光 yuánguāng ①宗(仏教の)後光(ごう).②丸い鏡.③易者の用いる一種の占い術.
圆规 yuánguī 〔两 liǎng 脚规〕コンパス.ぶんまわし.十圆①〕
圆滚滚 yuángǔngǔn 〈口〉丸々としているさま.
圆滚抡敦 yuángǔn lūndūn 〈方〉丸々しているさま:〔圆骨隆冬〕〔圆嘟嘟〕.〔这孩子穿得～的〕この子は着ぶくれして丸々している.
圆果 yuánguǒ ⇒〔圆寂〕
圆裹噜嘟 yuánguǒ lūdū ⇒〔圆滚抡敦〕
圆号 yuánhào 樂ホルン.フレンチホルン:〔法 fǎ 国号〕に同じ.
圆和 yuánhé 〈白〉丸くおさめる.→ yuánhuo
圆合脸儿 yuánhéliǎnr ⇒〔圆脸〔儿〕〕
圆弧 yuánhú 國円弧(きゅう):円周の一部分.
圆滑 yuánhuá 円滑である.調子がいい.人当たりがいい,角立たない.〔～世故〕如才なくて世ずれていう.〔为人～〕八方美人で調子がいい.〔政治家的手腕哪有不～的〕政治家の手腕には円転滑脱でないものはない.
圆谎 yuánhuǎng 嘘をうまく言い繕う.
圆浑 yuánhún ①(声が)まろやかで潤いがある.②〔詩文が〕味わい深く飾り気がない.
圆活 yuánhuó まろやかである.〔声音～〕声がまろやかだ.②すらすらとうまくいく.〔字解⑤〕
圆和 yuánhuo 〈方〉如才がない.→ yuánhé
圆寂 yuánjì =〔圆果〕宗(仏教の)涅槃(ねはん).円寂.
圆径 yuánjìng 國円の直径.
圆锯 yuánjù ⇒〔圆盘锯〕
圆括号 yuán kuòhào 丸かっこ"( )":〔圆括弧〕〔小xiǎo 括号〕ともいう.→〔括号〕
圆辣椒 yuánlàjiāo ⇒〔柿 shì 子椒〕
圆利针 yuánlìzhēn ⇒〔员利针〕
圆脸〔儿〕 yuánliǎn(r) =〈方〉圆合脸儿〕丸顔.
圆领 yuánlǐng 〔-子〕丸えり.丸くび.〔～衫 shān〕丸くびシャツ:Vネックなる〔鸡 jī 心领〕〔尖 jiān 领儿〕
圆溜溜 yuánliūliū 〈口〉まん丸いさま.
圆笼 yuánlóng おかもち:料理を宴会に出前する時に入れて運ぶ容器.
圆颅方趾 yuánlú fāngzhǐ =〔圆头方足〕丸い顔に四角な足.〈喩〉人類.
圆满 yuánmǎn 完全に整っている.納得のいく.〔～的答案〕非の打ちどころのない答案.〔～的結果〕満足のいく結果.〔～结束〕滞りなく終わる.〔～完成任务〕見事任務を全うする.
圆梦 yuánmèng ①旧夢判断をする:〔详 xiáng 梦〕ともいう.②夢が実現する.
圆木 yuánmù 丸太.→〔原木〕
圆盘耙 yuánpánbà 農円盤式耕転機.丸ハロー:〔耙〕はまぐわで土塊をくだく道具.
圆盘锯 yuánpánjù =〔圆锯〕丸鋸(きょ)
圆圈 yuánquān(r) ①圈点.〔在语词中用得毁贴的地方顶了几个～〕語の用い方がぴったりなところにいくつかの圈点をつけた.②丸.輪.〔围成一个～〕輪になってとり囲む.
圆全 yuánquán 〈方〉十分である.〔这事办得～〕この事はうまくやった.
圆缺 yuánquē ①(月の)満ち欠け.②〈喩〉成功と失敗.
圆融 yuánróng 円満である.〔处 chǔ 世～〕うまく世に処していく.
圆润 yuánrùn ①つやつやしている.〔面庞 páng ～〕顔が丸つやがある.②豊かで潤いがある.〔～的歌

yuán

喉)まろやかでつやのある喉(歌声).〔他的书法～有力]彼の書法は柔らかみがあってしかも力強い.
圆实 yuánshí 丸々として充実しているさま.〔～的葡 pú tao〕つぶの良いぶどう.
圆熟 yuánshú 円熟している.熟練している.老練である.
圆水虫 yuánshuǐchóng 虫 マルミズムシ.
圆台 yuántái 数〔圆锥台〕の略称.
圆套规 yuántàoguī ⇒〔环 huán 规〕
圆跳虫 yuántiàochóng 虫 マルトビムシ(地蚤)/ノミに似ているので〔地 dì 蚤〕の別名がある.なす・瓜類・馬鈴薯の稚苗などの害虫.
圆铁 yuántiě 丸鉄.→〔圆钢〕
圆通 yuántōng 性格が円満で我見に拘泥しない.融通がきく.
圆筒 yuántǒng 機 円筒.シリンダー.〔～轴 zhóu〕機 ドラムシャフト.
圆头方足 yuántóu fāngzú ⇒〔圆颅方趾〕
圆头钳 yuántóuqián 機 丸ペンチ.
圆舞曲 yuánwǔqǔ 音 ワルツ.円舞曲:〔<音訳>华 huá 尔兹〕に同じ.
圆心 yuánxīn ①数 円心:円の中心点.〔～角 jiǎo〕数 円心角.②宗 (仏教の)〔圆寂〕を求める心.
圆形 yuánxíng 円形(の)
圆周 yuánzhōu 数 円周:平円外囲線.〔～率 lǜ〕円周率.π.パイ.〔～角 jiǎo〕円周角.
圆珠笔 yuánzhūbǐ ボールペン:〔原子笔〕は旧称.
圆柱 yuánzhù 円柱.
圆柱面铣刀 yuánzhù píngmiàn xǐdāo ⇒〔平面铣刀〕機 平削りフライス.
圆柱体 yuánzhùtǐ 数 円柱体.
圆柱(形)齿轮 yuánzhù(xíng) chǐlún ⇒〔正 zhèng 齿轮〕
圆柱形规 yuánzhùxíng guī シリンドリカルゲージ.
圆锥 yuánzhuī 数 円錐体.
圆锥花序 yuánzhuī huāxù ⇒〔花序〕
圆锥台 yuánzhuītái 数 円錐台:〔圆台〕ともいう.
圆锥(形)齿轮 yuánzhuī(xíng) chǐlún ⇒〔伞 sǎn 齿轮〕
圆桌 yuánzhuō 丸テーブル.〔～会议〕円卓会議.
圆桌面(儿) yuánzhuōmiàn(r) 四角いテーブルの上にのせる宴会用の円形の板.⇒〔圆桌〕
圆子 yuánzi ① ⇒〔元宵②〕②〔方〕だんご:〔丸 wán 子②〕.

〔身〕 yuán 〔～毒 dú〕漢代におけるインドの古称.〔天 tiān 竺〕→ shēn

〔垣〕 yuán ①〈文〉低い垣根.壁.〔城 chéng ～〕城壁.〔隔 gé ～有耳〕〈成〉壁に耳あり.②〈文〉街.都市.〔省 shěng ～〕省都.③〈姓〉垣(えん)
垣墙 yuánqiáng〈文〉垣.囲い.

〔爰(爰)〕 yuán ①〈文〉そこで:〔于 yú 是〕にあたる.〔出游既归,～记其概〕旅行から帰った,そこでその概略を記す.②〈文〉どこ.③〈姓〉爰(ぇん)

〔溪〕 yuán 〔潺 chán ～〕〈文〉水の流れるさま,またその音.

〔援〕 yuán ①(手で)ひく.とりつく.とり上げる.〔攀 pān ～〕(何かを)つかんでのぼる.〔～笔疾书 jí〕筆をとってすらすらと書く.②引く.根拠となるものを引きぬいてくる.引用する.〔～引古书为证〕古書を引いて証拠とする.〔～例办理〕前例によって処理する.〔有例可～成〕成〉よりどころとする前例がある.③助ける.援助する.応援する.〔救 jiù ～〕救援する.〔支～〕支援する.〔英法接受美～〕英仏は米国の援助を受け入れた.〔～款 kuǎn〕援助金.義援金.〔孤立无～〕孤立無援.

援笔 yuánbǐ〈文〉筆をとる.字を書く.
援兵 yuánbīng 援兵.援軍.
援建 yuánjiàn 建設を援助する.
援救 yuánjiù 救援に行く.応援する.
援军 yuánjūn 援軍.
援例 yuánlì ①例をひく.②慣例によって.前例に従って.〔～实行〕前例に従って実行する.
援手 yuánshǒu〈文〉救援(の手).救助(の手)
援外 yuánwài 対外援助する.外国を援助する.
援引 yuányǐn ①援用する.〔～条文〕条文を引用する.〔～经典〕経典を援用する.②人を推薦(任用)する.〔～贤能〕有能の士を引っぱる.
援用 yuányòng 援用する.〔～成例〕慣例を引用する.
援助 yuánzhù 援助(する).〔经济～〕経済援助.〔～受难者〕被災者を援助する.〔完善～〕フォローアップをする.〔后续～〕アフターケアをする.

〔媛〕 yuán ①→〔婵 chán 媛〕②〈姓〉媛(えん)

〔袁〕 yuán〈姓〉袁(えん)
袁大头 yuándàtóu 旧 民国初年に鋳造された袁世凱の肖像の入った 1 元銀貨:〔袁象币〕〔袁头银元〕〔大头②〕〔人洋〕〔首 shǒu 银〕ともいった.〔孙 sūn 头(儿)〕

〔猿(猨・蝯)〕 yuán 動 サル:ふつう〔类 lèi 人～〕(ヒトニザル)すなわち〔猩猩〕(オランウータン),〔大猩猩〕(ゴリラ),〔黑犯猩〕(チンパンジー),〔长臂～〕(テナガザル・ギボン)などをいう.広義には〔猴 hóu ①〕と区別がない.〔白眉～〕フーロックテナガザル.〔狭鼻～猴〕狭鼻猿.
猿臂 yuánbì〈文〉猿臂(ぴ).〈喩〉長いひじ.
猿鹤虫沙 yuán hè chóng shā〈成〉周の穆王が南征した時,将士猿となり鶴となり,兵は虫となり砂となって全滅してしまった故事.〈喩〉戦死すること.
猿猴 yuánhóu サル(総称).〔～类 lèi〕(動物学上の)猿猴類.
猿人 yuánrén〔原人〕原人:ピテカントロプス・シナントロプスなどホモ属の化石人類.またアウストラロピテクスなど猿人も含めていう.〔北京～〕〔中国～〕ペキン原人.→〔古 gǔ 人〕〔新 xīn 人⑥〕

〔辕・轅〕 yuán ①〈文〉轅(ぇん).腕木.〔驾～〕ながえをつける.②旧 軍営の門.旧時には役所の(表門)をいった.〔行～〕官吏の旅中の臨時行所.③〈姓〉轅(ぇん)
辕骡 yuánluó〈文〉ながえをつけているラバ.
辕马 yuánmǎ〈文〉ながえをつけた馬.→〔拉 lā 套①〕
辕门 yuánmén 旧〔(ながえを交差させた)軍営の門.のちには役所の表門.
辕下驹 yuánxiàjū〈喩〉経験が少なく才能も乏しい人.

〔圜〕 yuán〈文〉①天.〔～则 zé〕〔～宰 zǎi〕同前.②丸い:〔圆①〕に同じ.〔～丘 qiū〕旧 天子が天を祭った円形の壇:後世の〔天 tiān 坛〕に同じ.③円形の硬貨.→〔圆②〕④監獄.〔～土〕牢獄.→ huán

〔原〕 yuán (I) ①根本.始源.〔本～〕根源.〔溯～探本〕〔推本溯～〕〈成〉根源を探る.〔推～〕原因を追究する.②もとの.最初の.始まりの.根本的である.未加工の.〔中国～人〕中国猿人ペキン原人.④もともと.本来.元来.〔～是一個〕もともと…である.〔～就不该做〕元来なすべきではなかったのだ.〔一班人马～元のままの顔ぶれ.〔～作者〕原作者.〔搁回～地方去〕元のところへ戻してお

Y

yuán / 原

く.〔～有三十人,今年发展到五百人〕もとは30人だったが,今年は500人に発展した. ④〈姓〉原(ゲン)
(Ⅱ)了解する.許す.〔情有可～〕事情に許すべき点がある.
(Ⅲ)⇒〖塬〗

原案 yuán'àn 最初の案.もとになる案.
原板 yuánbǎn 最初のファイル.〔板眼〕
原版 yuánbǎn 原版.④印刷用の活字を組み合わせたもの.⑥もとの版.〔～书〕原版で印刷した書物.
原被两造 yuánbèi liǎngzào 〖法〗原告と被告.→〖两造〗
原本 yuánběn ①原本(書類などの).↔〔副 fù 本①〕 ②底本〔传 chuán 抄本〕に対していう.③初版本.初刻本に〔重 chóng 刻本〕(再版本,復刻本)に対していう.④原書:〔翻译本〕(翻訳本)に対していう.⑤元来.もともと.〔原来①〕に同じ.〔我～是不同意的〕わたしはもとより反対したのです.
原材料 yuáncáiliào 原料と材料.
原蚕 yuáncán 夏蚕(ゴ):その年の2回目の蚕.
原唱 yuánchàng ①新曲をはじめて歌う(吹き込む). ②同前の歌手.
原虫 yuánchóng ⇒〖病 bìng 原虫〕
原初 yuánchū 原始.源初.
原处 yuánchù 元の所.〔归回～〕元のところへ帰る.振り出しに戻る.
原创 yuánchuàng 初めて作り出す.〔～性〕創造性.〔大学生～电影〕大学生がオリジナル制作した映画.→〖独 dú 创〗
原导体 yuándǎotǐ 〖発〗発電機の蓄電用金属棒.
原地 yuándì ①元の所.②その場.〔～休息〕その場で休息(する).〔～踏步〕その場にふみとどまっている:そのままの状態でいる.〔～踏步走〕(体操号令)足ぶみ進め!
原点 yuándiǎn ①起源の地点.基点.②〖数〗原点.〔坐标～〕座標原点.〔向量～〕ベクトル原点.
原电池 yuándiànchí 一次電池.
原定 yuándìng すでに定めた.〔执行～计划〕すでに決定したプランを実行する.
原动机 yuándòngjī 原動機.
原动力 yuándònglì =〔主 zhǔ 动力〕①〖機〗機械を運転させる大もとの力.②物事の活動を起こす根本の力.原動力.
原发性 yuánfāxìng 〖医〗原発性の.〔～免 miǎn 疫不全综合症〕原発性免疫不全症候群.
原封(儿) yuánfēng(r) 元の封のままで開封しない.元のまま.〔～烧 shāo 酒〕同前の焼酎.〔～封口も開けずにそのまま返す.〔～不动〕(成)封も切ってない.手も触れずに元のままである.
原辅材料 yuánfǔ cáiliào (製品の)主な材料と補助の材料.
原富 yuánfù 〖書〗国富論:アダム・スミスの『国富論』を清末に厳復が翻訳した訳名.
原稿 yuángǎo 下書き.原稿.→〔底 dǐ 稿〕〔稿①〕
原告 yuángào 〖法〗原告:〔～人〕ともいう.
原鸽 yuángē 〔野 yě 鸽(子)〕〖鳥〗カワラバト.→〔鸽〕
原故 yuángù 〔缘故〕
原核生物 yuánhé shēngwù 〖生命〗原核生物.
原话 yuánhuà 元のままの言葉.元の話.〔～不是这样说的〕元はこんな話ではない.
原鸡 yuánjī ヤケイ.セキショクヤケイ:ニワトリの原種.〔茶 chá 花鸡〕ともいう.
原籍 yuánjí =〔本 běn 籍〕原籍:先祖代々の出身地.→〔籍贯〕〔寄 jì 籍〕〔客 kè 籍①〕〔祖 zǔ 籍〕
原价 yuánjià 原価.仕入れ値.

原件 yuánjiàn ①元の文件.原物.オリジナル:コピーに対して.〔毛主席著作的所有～由中共中央办公厅负责收集,保存〕毛主席著作のすべての原物は中共中央弁公庁にて収集・保管する.②手を触れてない物.そのままの物.
原旧 yuánjiù 〈方〉①元のとおりの.本来の:〔原来①〕に同じ.②依然そのまま:〔仍 réng 旧〕に同じ.
原矿 yuánkuàng (未加工の)原鉱石.
原来 yuánlái ①元々.元.〔元来〕とも書いた.〔他还住在～的地方〕彼は依然元の所に住んでいる. ②…というのは.…だから.なるほど:理由を後から打ち明けて言う.〔怪不得他这么高兴,～生了个儿子〕どうりで彼は愉快そうにしていると思った,なるほど男の子が生まれたのか.
原来如此 yuánlái rúcǐ 〈慣〉なるほどね.なるほどうですか.
原理 yuánlǐ 原理.〔基本～〕基本原理.
原粮 yuánliáng 殻つきの穀物.未加工の穀物.
原谅 yuánliàng 許す.諒とする.〔请～我吧〕〈挨〉どうかお許し下さい.
原料 yuánliào ①原料.②素材.
原路 yuánlù 元の道.〔还是由～回去〕やはり元の道を通って帰る.
原麻 yuánmá 原麻.未加工の麻の繊維.
原毛 yuánmáo 原毛.
原貌 yuánmào 本来の姿.元の様相.
原煤 yuánméi 塊炭・粉炭の混合している選別してない石炭:〔元煤〕とも書いた.
原蜜 yuánmì 未加工の蜂蜜.
原棉 yuánmián 原綿:収穫したばかりでまだ打っていない綿.
原名 yuánmíng 原名.元の名.
原木 yuánmù 原木.丸木.丸太.→〔圆木〕
原判 yuánpàn 〖法〗原判決.一審の判決.
原配 yuánpèi ①=〔元配〕最初の妻.②その器具に本来付属した部品.
原坯 yuánpī 白地(ゴジ):窯に入れてない素地.
原片 yuánpiàn (文学作品などをもとにした)最初の映画.
原起 yuánqǐ ⇒〔原先〕
原人 yuánrén 〔狼人〕
原任 yuánrèn 前任(の).元の.〔～首相〕元首相.〔他～副主任,现调任为主任〕彼は前に副主任をやり,今は主任だ.→〔前 qián 任〕
原色 yuánsè 原色.②:赤・青・黄:色の三原色.⑥赤・緑・青:光の三原色.〔基 jī 色〕ともいう.
原审 yuánshěn 〖法〗第一審.原裁判.
原生 yuánshēng 原生(の).〔～动物〕原生動物.プロトゾア.〔～原形質.プロトプラズム.
原声带 yuánshēngdài マスターテープ.
原生林 yuánshēnglín ⇒〔原始林〕
原始 yuánshǐ ①元々.本来.〔～一股〕〖商〗新規公開株式.〔～积累 lěi〕〖経〗原始的蓄積.〔～盘 pán〕マスターディスク.〔～群 qún〕〖原〗原始社会の初期の原始的集団.〔～社会〕原始社会.原始共産体.〔～资本〕原始資本.〔～资料〕第一手資料.第一次資料.〔讲话的～记录稿〕講演の元の筆記原稿.〔报销用的～凭证〕清算用の元の領収書.〔究其～,始知情有可原〕その起こりを究明してみて初めて同情すべき事情があることがわかった. ②最古の.未開発の.未開化の.〔～森林〕〔原生林〕原生林.〔～生活〕原始生活.〔～时代〕原始時代.③〈文〉初めをたずねる.
原始公社 yuánshǐ gōngshè 〖歴〗原始共同体.〔～制度は階級出現以前の社会制度〕原始共同体制度

yuán

は,階級社会以前の社会制度である.
原诉 yuánsù 〔法〕起訴後に更に訴訟請求をした時のもとの訴訟.→〔新 xīn 诉〕
原索动物 yuánsuǒ dòngwù 〔動〕原索動物.→〔脊 jǐ 索动物〕
原汤 yuántāng ①中国料理で材料(主に鶏や豚など)を煮たあと残った濃い汁.②ゆで汁.
原田 yuántián 〈方〉高原の田畑.
原铁体 yuántiětǐ ⇒〔铁素体〕
原为 yuánwéi もとは…である.〔他~我校系主任〕彼はもとはわが校の学部長だ.
原委 yuánwěi いきさつ.事のてん末.〔应该向群众说明这件事的~〕大衆に事の一部始終を説明すべきです.
原文 yuánwén ①(翻訳の)原文.〔这段译文和~的意见有出入〕この訳文は原文の意味とずれがある.②(引用の)原文.〔需要注明所引~的出处〕引用された原文の出典を明記する必要がある.
原物 yuánwù 元のもの.
原先 yuánxiān ①以前(には).〔他~不喜欢写字,现在已经成了业余作家〕彼は以前書くのが好きではなかったが,今ではアマチュア作家だ.②=〔原起〕初め.〔照~的计划做〕初めの計画に従ってやる.
原薪 yuánxīn 元来の給料.〔原职~〕もともとの職務と給料.
原形 yuánxíng 元の形.原形.〈転〉正体:そしる意に用いる.〔现出了~〕正体を現した.
原型 yuánxíng 元の型.元の模型.特に文学作品のモデル.
原形毕露 yuánxíng bìlù 〈慣〉化けの皮が全部はがれる.〔不管你装得多么好,终有一天要~的〕いくら良く見せかけても,その化けの皮がはがれる日が必ずやってくる.
原盐 yuányán 未精製塩.工業塩.
原样(儿) yuányàng(r) 元の様子.
原野 yuányě 平野.原野.
原液 yuányè 原液.
原业主 yuányèzhǔ 質主または抵当主.
原意 yuányì ①元の意味.本来の意義.②初めの考え.
原因 yuányīn 原因.起こり:〔元因〕とも書いた.→〔起 qǐ 因〕
原由 yuányóu ⇒〔缘由〕
原油 yuányóu 〔鉱〕原油.→〔石 shí 油〕
原有 yuányǒu 在来の.固有の.以前からある.〔先尽着用~的材料吧〕まず,できるだけ以前からある材料を使いなさい.
原宥 yuányòu 〈文〉了承し許す.〔敬祈~,有任感荷〕〈牘〉ご諒恕をいただければ感謝にたえません.
原原本本 yuányuán běnběn 一部始終.いっさいがっさい.委細:〔源原本本〕〔元元本本〕とも書いた.〔你把这回的事一地方他说一说〕君は今回のことを彼に一部始終よく話しなさい.
原赃 yuánzāng 盗品.贓品(ぞう).
原则 yuánzé 原則.〔~问题〕原則の問題.〔~分歧〕原則的な食い違い.〔按~办事〕原則の通りやる.〔~上〕原則上(の).〔坚持~〕原則を守りぬく.〔放弃~〕原則を放棄する.原則を破る.〔~性〕原則性.原則的な.〔~性强的人〕厳格に原則を守っている人.
原汁 yuánzhī 原液.〔~原味〕〈喩〉本来のもの.純粋のもの.
原值 yuánzhí 元の価値.
原职 yuánzhí 元の職業や職務.
原纸 yuánzhǐ 原紙:各種の紙を加工するための元の紙.
原址 yuánzhǐ 元の(引っ越す前の)住所.
原种 yuánzhǒng 原種.
原主(儿) yuánzhǔ(r) 元の主人.前の所有主.〔将失物交还~〕遺失物を元の所有者に返す.
原著 yuánzhù 原著.②同前の原著.
原住民族 yuánzhù mínzú 先住民族:〔原住民〕は旧称.
原装 yuánzhuāng ①製造元で組み立て済み(の).〔~彩电〕メーカー組み立てのカラーテレビ.②(製造元で)包装したままの.未開封の.
原状 yuánzhuàng 元の状態.〔恢复~〕原状を回復する.
原子 yuánzǐ 〔物〕原子.〔~尘 chén〕(核爆発からの)放射性降下物.放射能の塵.〔~堆 duī〕〔~反应堆〕〔~核反应堆〕原子炉.〔~价〕〔电价②〕化合价〕原子価.〔~量 liàng〕〔~质量〕正式には〔相对~质量〕という.〔~潜 qián 水艇〕原子力潜水艦.〔~团 tuán〕〔化〕原子団.〔~武器〕〔軍〕原子兵器.核兵器:〔核 hé 武器〕に同じ.〔~序数〕〔~序〕〔化〕原子番号.〔~钟 zhōng〕原子時計.
原子笔 yuánzǐbǐ ⇒〔圆珠笔〕
原子弹 yuánzǐdàn 原子爆弾.→〔核 hé 武器〕〔氢 qīng 弹〕
原子核 yuánzǐhé 〔物〕原子核:〔质 zhì 子〕(陽子・プロトン)と〔中子〕(中性子・ニュートロン)からなる.〔~反应堆〕〔原子堆〕〔原子反应堆〕原子炉.
原子能 yuánzǐnéng 原子力.原子(核)エネルギー:〔核 hé(子)能〕ともいう.〔和平利用~〕原子力を平和的に利用する.〔~发电站〕〔核 hé 电站〕原子力発電所.
原子质量单位 yuánzǐ zhìliàng dānwèi 〔物〕原子質量単位.amu:原子や原子核の質量を表す単位.
原罪 yuánzuì 〔キリスト教で〕原罪.
原作 yuánzuò ①(翻訳・改作の)原作.②唱和する詩文の最初の篇.

〔源〕 yuán ①みなもと.水源.〔泉~〕泉の源.〔河~〕川の源.〔黄河~头〕黄河の水源地.②(物事の)源.出所.〔来~〕起こり.起源.〔新闻的来~〕報道の出所.ニュースソース.〔货~〕商品の供給源(原産地).③〈姓〉源(げん)
源流 yuánliú 水源と流れ.起源と発展.〔文学的~〕文学の源流.
源泉 yuánquán 源泉.源.
源头 yuántóu 水源.源.〔民歌是文学的一个~〕民謡は文学の源の一つだ.
源于 yuányú …に起源する.〔~以下事实〕以下の事実からきている.
源源 yuányuán 連続して絶えないさま.〔~而来〕〈慣〉後から後から続いて来る.〔~不断〕〈慣〉後から後からと続いて尽きない.
源源本本 yuányuán běnběn ⇒〔原原本本〕
源远流长 yuán yuǎn liú cháng 源は遠く,流れは長い.〈喩〉歴史・伝統が長いこと.
源自 yuánzì …から生まれる.…から始まる.→〔起 qǐ 源②〕

〔塬〕 yuán =〔原(面)②〕西北地区の黄土層地帯に見られる台状の地.四方は雨または川で直角に削りとられている.

〔嫄〕 yuán 人名用字:〔姜 jiāng~〕伝説で周朝の祖先の后稷の母の名.

〔羱〕 yuán 〔~羊〕〔北亚山羊〕〔動〕アイベックス:〔原羊〕とも書く.

〔螈(蚖)〕 yuán 〔蝾 róng~〕〔動〕イモリ.〔~膏 gāo〕〈文〉同前で作った膏薬.

[缘・緣] yuán ①〈文〉沿っていく.たどっていく.〔~を溪行〕谷川に沿って行く. ②〈文〉(…)に基づく.(方法・理由など).〔何到此?〕どんな理由でここへ来たか.〔耳而知声,~目而知形〕耳によって声を知り,目によって形を知る. ③わけ.理由.〔无~无故〕何の理由もなく. ④縁.ゆかり.〔因 yīn ~〕同前.〔旧缘〕咱们能在这儿见面,算是有~ がここでお目にかかれたとは,まったくご縁があるというものですね.〔投~〕好かれる.うまがあう. ⑤よじ登る.〔攀 pān ~〕同前. ⑥缘故情实にすがる. ⑥へり.ふち.〔外~〕外側のへり.外緣.〔帽 mào ~〕〔帽沿儿〕帽子のへり.
缘簿 yuánbù ⓘ(寺院への喜捨を勧誘する)奉加帳.喜捨簿.→〔化 huà 缘〕
缘此 yuáncǐ〈文〉これによって.このゆえに.
缘分 yuánfèn 因縁.ゆかり.〔也是前世的~〕これも前世の因縁だ.
缘故 yuángù 由.原因.理由:〔原故〕とも書いた.〔有什么~吗〕何かわけがあるんですか.
缘何 yuánhé〈文〉どうして.どんな理由で.
缘木求鱼 yuánmù qiúyú〈成〉木によって魚を求む(孟子·梁惠王上):〈方向や方法を間違えれば労しても功のないこと.→〔求 qíu 马唐肆〕
缘起 yuánqǐ ①事の由来.物事の起因.理由.〔这次纠 jiū 纷~于这块土地的所有权问题〕今回のトラブルこの土地の所有権によるものだ. ②はしがき.序言.趣意书.〔成立学会的~〕学会成立の趣意書. ③〈仏教で〉一切の事物はすべて縁によって生起するという理論.
缘石 yuánshí (车道と步道の間の)縁石:〔牙 yá 石〕に同じ.
缘由 yuányóu 由来.原因.理由:〔原由〕とも書いた.

[橼・櫞] yuán →〔枸 jǔ 橼〕

[远・遠] yuǎn ①遠い.久しい:距离·时间が長いこと.〔~得〕遠く離れている.〔大(老)的来一趟〕遠路はるばる来る.〔道儿~〕〔路~〕道が遠い.〔永~〕永久(に).↔〔近 jìn〕 ②疎遠である.関係が近くない.〔他们两人亲戚关系不算~〕彼ら二人の親戚関係は遠い方ではない. ③遠ざける.遠のく.〔他为人刻薄,所以朋友们都~着他〕彼は冷酷な性質だから,友人たちはみな遠ざかっている.〔敬而~〕〈慣〉敬して遠ざける. ④(程度)の差が大きい.はるかに違いがある.〔差得~〕ひどく違いがある.〔我的学问~不如他〕わたしの学問は遠く(とても)彼に及ばない.〔~比那件事严重〕はるかにそれよりも重大だ.〔不是极少数人的事〕とうてい極少数の人の問題にとどまるものではありません. ⑤〈口〉極めて多い.〔每年用大车往家里搬的钱就~了去了〕毎年荷車で家へ運び込んだお金はずいぶんたくさんなものだ. ⑥〈姓〉遠(ὲn)
远播 yuǎnbō 遠くへ伝わる.
远程 yuǎnchéng 遠距離の.〔~运输〕遠距離輸送.〔~探测〕遠隔探知.〔~航行〕遠距離航海. ②〔访问〕⑴⑵リモートアクセス.〔~教 jiào 育〕遠隔授業·教育.〔~导 dǎo 弹〕長距離ミサイル.
远处 yuǎnchù 遠いところ.
远传 yuǎnchuán →〔短 duǎn 递〕
远大 yuǎndà 大である.
远道 yuǎndào 遠路.〔~而来〕はるばるやってくる.
远地点 yuǎndìdiǎn ⓘ遠ーイースト.
远东 yuǎndōng 極東.ファーイースト.
远渡重洋 yuǎndù chóngyáng =〔远涉重洋〕〈成〉

遠く外国へ渡る:道のりが遥か遠いさま.
远方 yuǎnfāng 遠方.遠いところ.〔~的来客〕遠来の客.
远房 yuǎnfáng 遠縁の親戚.〔~叔父〕遠縁のおじさん.
远非 yuǎnfēi 全く…ではない.〔~如此〕まるでこれとはちがう.
远隔 yuǎngé 遠く隔てられている.
远古 yuǎngǔ 大昔:〔太 tài 古〕に同じ.
远光灯 yuǎnguāngdēng (车の)ハイビーム.
远海 yuǎnhǎi 遠洋.
远航 yuǎnháng 遠くへ航行する.
远红外线 yuǎn hóngwàixiàn ⓘ遠赤外線.
远怀 yuǎnhuái〈文〉遠方にいる人を思う.〔堪慰~〕〈牘〉はるばる国の地より御安心下さるようお願いします.
远嫁 yuǎnjià 遠方に嫁ぐ.
远见 yuǎnjiàn 将来の見通し.遠大な見識.遠見.〔~卓 zhuó 识〕〈成〉優れた見識と高い見識.〔那些外交家显然无此~〕あの外交家明らかに将来の見通しがない.〔很有~〕先见の明がある.
远郊 yuǎnjiāo 遠い郊外:〔远郊区〕ともいう.
远交近攻 yuǎnjiāo jìngōng〈成〉遠交近攻の策:遠い国とは修好し,近い国へは進攻し,漸次遠きに及ぼして天下を平定する政策.戦国末,秦はこの政策で六国を併呑した.
远近 yuǎnjìn ①距離の遠近.②関係の親疎.亲戚有~親戚にも遠近の別がある.
远景 yuǎnjǐng ①前途(の).将来(の).長期(の).〔太空旅行的~〕宇宙旅行の未来図.〔灿烂 cànlàn 的~〕輝かしい前途.〔~规 guī 划〕〔~计划 huà〕〔长 cháng 远规划〕長期計画.→〔前 qián 景〕 ②(撮影の)ロング(ショット).↔〔近 jìn 景〕
远距离操纵 yuǎnjùlí cāozòng ⇒〔遥 yáo 控〕
远客 yuǎnkè 遠来の客.
远来的和尚会念经 yuǎnláide héshang huì niànjīng〈諺〉遠方から来た僧の読むお経は有難味を感ずる:よそから来たものはよくて見える.
远离 yuǎnlí ①遠く離れる.②遠ざける.
远路 yuǎnlù ①遠い道のり.〔~无轻担〕=〔无轻载 zài〕:遠い道のりに軽い荷はない:軽い仕事も長くやると負担に感じる.〔~客人〕遠方の客.
远虑 yuǎnlǜ 遠くおもんばかること.周到な考慮.〔深谋~〕深謀遠慮.〔人无~,必有近忧〕遠い将来のことを考えに入れておかないと目の前に必ず思いがけない憂いが起こる.
远略 yuǎnlüè ①⇒〔远谋〕 ②〈文〉遠隔の地を略取する.遠方に手柄を立てる.
远门 yuǎnmén ①〔~儿〕遠出.〔出~〕家から遠いところへ行く. ②遠い一族.〔~亲〕遠い親戚.
远谋 yuǎnmóu =〔远略〕〔远图〕遠大な計画.
远南 yuǎnnán 極東及び南太平洋地域.
远期 yuǎnqī ⓘ先物(取引).〔~外汇〕先物為替.〔~合同〕先渡契約.〔~信用证〕期限付信用状.
远亲 yuǎnqīn 遠縁の親戚.遠くにいる親戚.〔~不如近邻〕遠くの親戚より近くの他人.
远去 yuǎnqù ①遠ざかる.〔人影渐渐~〕人影はだんだん遠ざかっていった. ②〈方〉(他と比べて)はるかに…である.〔他比我差得~了〕彼はわたしよりずっと劣る.
远日点 yuǎnrìdiǎn ⓘ远日点.
远涉重洋 yuǎnshè chóngyáng ⇒〔远渡重洋〕
远视 yuǎnshì ①遠く将来を見る.長い目でみる. ②遠视:〔~眼 yǎn〕ともいう.→〔视①〕
远水不解近渴 yuǎnshuǐ bùjiě jìnkě〈諺〉遠いとこ

远水不救近火 yuǎnshuǐ bùjiù jìnhuǒ〔諺〕遠いところにある水は近いところの火事を消すことはできない.〔远水救不了 liǎo 近火〕ともいう.
远颂 yuǎnsòng〔贕〕遠方より祝する.はるかに祝意を表す.〔一起医绥 suí 和〕ご起居の平安をはるかにお祝い申し上げます.
远孙 yuǎnsūn ⇒〔系 xì 孙〕
远眺 yuǎntiào 高い所から遠望する.眺望する.
远图 yuǎntú ⇒〔远谋〕
远途 yuǎntú 遠路(の).長途(の)
远望 yuǎnwàng 遠望する.
远销 yuǎnxiāo 遠く他省・他国に販売する.〔~国外〕国外へ売る.
远行 yuǎnxíng 遠い所へ行く.遠出する.
远扬 yuǎnyáng ①遠く伝わり広まる.〔臭名~〕悪名高い. ②〔文〕遠方へ逃走する.高飛びする.〔闻信~〕風聞を耳にして高飛びした.
远洋 yuǎnyáng 遠洋.〔~轮(船)〕遠洋船舶.〔~航行〕遠洋航海.
远因 yuǎnyīn 遠い原因.間接的な原因.↔〔近 jìn 因〕
远游 yuǎnyóu 遠くへ出かける.
远缘杂交 yuǎnyuán zájiāo〔生理〕遠縁交雑.
远远 yuǎnyuǎn〔-儿〕遠く から.はるかに.〔~地看〕はるかに見る.〔~地听见〕遠くに聞こえる.
远在天边,近在眼前 yuǎn zài tiānbiān, jìn zài yǎnqián〔慣〕目と鼻の先にある.
远征 yuǎnzhēng 遠征する.〔~军〕遠征軍.
远支(儿) yuǎnzhī(r) 血族関係の薄い支派.
远志 yuǎnzhì ①大きな志. ②〔植〕オンジ(イトヒメハギ):根を去痰薬にする.茎葉部を〔小 xiǎo 草①〕という.〔瓜 wěi 瓜〕は古名.〔瓜 guā 子金②〕
远走高飞 yuǎnzǒu gāofēi〔慣〕遠くへ行く.遠くへ去る.〔犯人已经~了〕犯人はもう高飛びしてしまった.
远足 yuǎnzú 遠足.徒歩旅行.〔~队 duì〕同前のグループ. →〔郊 jiāo 游〕
远族 yuǎnzú 血族関係の薄い親戚.
远祖 yuǎnzǔ 遠い先祖.高祖(祖父の祖父)以上の祖先.

[**苑**] yuàn ①〔文〕鳥獣を飼育したり,樹木を植えたりした場所:多く帝王の御苑を指す.〔御 yù ~〕同前.〔鹿 lù ~〕鹿苑(ぎ).〔~囿 yòu〕昔時,皇帝が動物や鳥を放し飼いにしたところ.園囿(淡). ②〔文〕(学芸の)集まるところ.〔文~〕文壇.文学者の仲間.〔艺 yì ~〕芸術の社会.芸術家の仲間. ③〔姓〕姓(^)

[**怨**] yuàn ①恨む.不満を持つ.〔结 jié ~〕恨みを持つ.恨みを受ける.〔抱 bào ~〕〔埋 mán ~〕恨みを持つ.不満を口にする.〔以怨报~〕〔以〕徳をもって恨みに報いる. ②とがめる.恨む.責める.〔不~别人~自己〕他人をとがめないで,自分を責める.〔这不~他,~我〕これは彼が悪いのでなくて,わたしが悪いのだ.〔别~命不好〕運命が悪いと責めるな.
怨不得 yuànbude ①恨みえない.責められない.〔这件事~老李,都怪我〕このことは李さんが悪いんじゃないな,みなわたしが悪いのだ. ②もっともである.道理のったのも道理だ.〔~你没去,原来你有病了〕きみが行かなかったのも道理だ,なるほど病気だったのかね.
怨毒 yuàndú〔文〕ひどく恨む.
怨怼 yuànduì〔文〕恨む.憎む.
怨愤 yuànfèn〔怨忿〕とも書く.恨み憤る.
怨府 yuànfǔ〔文〕恨みの集まる所.衆人の恨みの的.
怨怪 yuànguài 恨んで責める.
怨恨 yuànhèn ①=〔文〕怨望〕恨む.憎む.〔他~自己把一个很好的机会错过了〕彼はよい機会を逃したことを自分自身に対して恨んでいる. ②恨み.〔怀着万分的~〕心中大きな恨みを抱いている.
怨骂 yuànmà 恨み罵る.
怨女 yuànnǚ〔文〕結婚適齢期を過ぎた未婚の女性.〔~旷 kuàng 夫〕同前と婚期を逸した男性.
怨偶 yuàn'ǒu〔文〕①不幸なつれあい. ②仲の悪い夫婦.
怨气 yuànqì 恨みや不平の表情または気持ち.〔~冲 chōng 天〕恨みが天をつく.恨みの甚だしいさま.不平たらたらのさま.不満だらけのさま.
怨色 yuànsè〔文〕恨めしげな顔色.
怨声 yuànshēng〔文〕怨声.不平の声.〔~載 zài 道〕〔成〕怨声が道に満ちている:不平の声をいたるところに聞く.
怨天尤人 yuàntiān yóurén〔成〕天を恨み人をとがむ:あらゆるものを恨む.
怨望 yuànwàng ⇒〔怨恨①〕
怨言 yuànyán 恨み言.不平.〔毫 háo 无~〕何の不平もない.
怨艾 yuànyì〔文〕恨む.
怨尤 yuànyóu〔文〕恨みとがめる気持ち.

[**院**] yuàn ①〔-儿〕塀に囲まれた中の空地.家屋に囲まれた中庭:〔方〕天 tiān 井①〕に同じ.〔空~〕中庭の空地.〔~墙〕屋敷の周囲の塀.〔前~〕母屋の前にある中庭.〔前庭后~〕母屋の前の庭と後の中庭.〔大杂~〕一つの中庭を囲んだ家屋に数家族が住んでいるところ.〔独~〕一つの中庭を囲んだ家屋に一家族だけで住んでいるところ.〔场 cháng ~〕脱穀場. →〔四 sì 合房(儿)〕;付録 6 ②政府の機関・法廷・寺院・映画館などの公共施設または多くの人の出入りするところ.〔寺~〕寺院.〔电影~〕映画館.〔国务~〕国務院.〔科学~〕科学院.〔法~〕裁判所. ③病院.〔~病〕専門病院.〔~~病院〕〔住~〕入院する.〔出~〕退院する. ④学校.〔学~〕単科大学.単科高等専門学校. ⑤〔旧〕囲い妓館.〔行 háng ~〕同前.⑥〔姓〕姓(\`).
院坝 yuànbà 垣根で囲った屋敷や庭. →〔院落〕
院本 yuànběn ①〔旧〕雑劇の脚本:妓館を〔行 háng 院〕といい雑劇を演じた. ②〔旧〕〔諷〕短劇・雑劇・伝奇など.
院画 yuànhuà〔旧〕朝廷の画院で描かれた絵画.
院君 yuànjūn〔旧〕命 mìng 妇〕(封号を受けた女性)の称.
院考 yuànkǎo 科挙の試験で各地方で〔童 tóng 生〕を集めて行う試験. →〔科 kē 举〕
院落 yuànluò 家屋内の空き地.中庭.〔方圆不到一百公尺的~〕広さ100メートルもない家.
院内感染 yuànnèi gǎnrǎn〔医〕院内感染:〔医 yī 院感染〕ともいう.
院墙 yuànqiáng 屋敷周囲の塀.
院士 yuànshì 科学技術と工学各分野に於ける国が規定した最高の学術称号.
院所 yuànsuǒ 大学や研究所.
院塞 yuàntào〔旧〕〔諷〕庭子)
院系调整 yuànxì tiáozhěng 1952年4月,全国規模で行われた大学と学部・学科の全般的な調整.
院线 yuànxiàn 上映館チェーン.〔~制〕同前のシステム.
院校 yuànxiào〔院〕と〔大学〕の総称.〔高等~〕単科大学と総合大学.
院长 yuànzhǎng ①病院長. ②(単科)大学学長.

学院長.単科高等専門学校校長.
院子 yuànzi ①=〔(方)院套〕周囲を建物で囲まれている庭.中庭.〔天 tiān 井〕①〔庭 tíng ②〕　②〈白〉しもべ・下男・庭男・下働きなどに対する丁寧な言い方.→〔差 chāi 拨②〕

〔垸〕 yuàn (湖南・湖北省などの沿岸・湖沼地帯における)堤防:〔~子〕は通称.〔堤 dī ~〕に同じ.〔修 xiū ~〕堤防を築く.〔~田〕沖積によってできた水辺の良田.

〔衏〕 yuàn →〔行 háng 院〕

〔媛〕 yuàn 〈文〉美女.〔才~〕才媛(え).才女.〔令~〕ご令嬢(ほ).〔贤 xián ~〕賢婦人.→ yuán

〔瑗〕 yuàn 瑗(ホル)古代装身具の一種.大きな穴があいた薄くて丸い玉(ホル)

〔掾〕 yuàn 固属官(総称).〔~属 shǔ〕同前.〔~吏 lì〕属吏.

〔愿・願〕 yuàn (Ⅰ)〔願〕①希望する.願う.〔~情〕心から希望する.〔~心・情~〕心から願う.〔自觉自~〕自ら買って出る.〔~早日实现真正的和 hé 平〕真の平和が早く実現することを希望する.②願い.望み.〔心~〕念願.〔志~〕志願.③(神仙にかける)願(ホル).〔许~〕願をかける.〔还 huán ~〕祈願満了してお礼参りをする.願ほらきする.(Ⅱ)〔愿〕〈文〉善良で謹み深い.〔谨 jǐn ~〕謹み深い.〔诚~〕正直である.→〔乡 xiāng 愿〕

愿打愿挨 yuàndǎ yuàn'ái 相対ずく.納得ずく.〔坑人？我卖他买，~嘛人をだますだって．こちらが売って，相手が買うんだから，おおいこじゃないか．

愿望 yuàn·wàng 願望.願い.〔终于实现了~〕願いはついにかなった．〔主观~〕希望的観測．

愿心 yuànxīn ①心底からの願い:〔心愿〕に同じ．②固(仏教の)衆生救済の心．

愿意 yuàn·yì 希望する．…したいと願う．喜んで…する．〔他自己～去〕彼自ら進んで行こうというのだ．〔问题在于你～不～学习〕問題は勉強する気があるかどうかだ．〔我不～理他〕あんな男なんかかまいたくない．→〔乐 lè 于〕

愿者上钩 yuànzhě shànggòu →〔姜 jiāng 太公钓鱼〕

yue ㄩㄝ

〔曰〕 yuē 〈文〉①いわく．言う．〔子～，学而时习之，不亦说 yuè 乎〕孔子は，学んで時にこれを習うのは，これまたうれしいことではないか，と言われた．②…と言う．…と呼ぶ．〔名之～农民学校〕名づけて農民学校と言う．

〔约・約〕 yuē ①約する．約束する．〔～好日期〕期日をちゃんと約束する．〔不～而同〕(約束したわけでもなかったのに)期せずして一緒に．〔我和他～好了明天一起上那儿去〕わたしは彼と明日一緒にそこへ行こうと約束した．②制約する．束縛する．拘束する．〔制～〕制約する．③誘う．まねく．〔特～特别招待．〔~几个朋友看桃花去〕友人を一人誘って桃の花を見にいく．〔咱们！他一块儿去吧〕彼を誘って一緒に行きましょう．④約束:契約・協定・条約など．〔对日和～〕対日講和条約．〔和平公～〕平和憲章．〔卫生公～〕衛生規定．〔条～〕条約．〔商～〕通商条約．〔草～〕仮条約．〔订 dìng ～〕締め結ぶ．〔违 wéi ～〕約束にたがえる．〔有～在先に～約束がある．⑤固約分する．約す．〔～分～

(する).〔十分之五可以～成二分之一〕10分の5は2分の1に約することができる．⑥つづめる．倹約する．〔节 jié ～〕節約する．⑦簡単である．簡潔である．〔由博返～〕広博から簡要へ返る．⑧おおよそ．〔大～〕同前．〔重～三斤〕重さは凡そ3斤．〔有三百人〕おおよそ300人いる．⑨〈文〉はっきりしない．かすかである．〔隐 yǐn ～〕同前．→ yāo

约旦 Yuēdàn 〈文〉正式国名:約旦哈希姆王国〔ヨルダン・ハシミット王国〕．首都は〔安 ān 曼〕(アンマン)

约定 yuēdìng 約束(して定める)．〔遵 zūn 守～〕約定(ミセ)を守る．

约定俗成 yuēdìng súchéng 〔成〕習わしがしだいに定まって，広く一般に承認されたものとなる．〔约而未定，俗而未成〕ならわしはあるが定まってはいず，一般的になってはいるが認められてはいない．

约法 yuēfǎ 固暂定憲法:辛亥革命後制定された〔中华民国临时～〕など．

约法三章 yuēfǎ sānzhāng 〔成〕法三章:漢の高祖が関中に入って，〔杀人者死,伤人者及盗抵罪〕という三つの約束事制定した故事．また，皆で簡単なことを何点か約束し，それを守ることをいう．

约访 yuēfǎng ①訪問の予約を取る．②予約の上で訪問する．

约分 yuēfēn 國約分(する)．→〔通 tōng 分〕
约稿 yuēgǎo ①原稿を依頼する．②依頼された原稿．

约翰牛 Yuēhànniú〔音義訳〕ジョン・ブル:英国人に対するあだ名．

约合 yuēhé おおよそ…に当たる．〔1万日元～650元人民币〕1万円は約650人民元にあたる．

约会 yuē·huì ①会う約束をする．〔我和他～好了明天上南京去〕わたしは彼とあす南京に行く約束をした．②[~儿]会う約束.デート.アポイントメント.〔我今天有个～今日は約束がある．〔我和他定了～〕彼と会う約束をした.

约集 yuējí 誘い集める.
约计 yuējì ①大ざっぱな計算.概算．②おおよそ．
约见 yuējiàn 時間を約束して会う.アポイントメントを取る.
约据 yuējù 約定書.契約書．
约克夏猪 Yuēkèxià zhū 〈音義訳〉(ブタの)ヨークシャー種.
约略 yuēlüè ①大略.あらまし．②おおよそ．
约摸 yuēmō 〔约莫〕とも書く．①ざっと見当をつける．〔你～着有什么时候见了〕だいたいのところ何時くらいだ．②およそ.だいたい．〔～有一米八高〕およそ1メートル80くらいある．

约期 yuēqī ①約束の期日．〔误了～〕約束の期日をまちがえた．②期日を約定する．〔～会谈〕日を決めて会談する．③契約の期限．〔未满～期限がまだきていない．

约请 yuēqǐng 招待(する)；〔邀 yāo 请〕に同じ．
约时 yuēshí ①約束の時間．②時間の約束をする．→〔约期〕
约束 yuēshù ①取り締まる．しつける．〔连他父亲都～不了 liǎo 他〕彼の父親でさえ戒められない．②制約する．制限する．〔法律～力〕法的拘束力．→〔管 guǎn 束〕

约数 yuēshù ①[~儿]おおよその数．概数．②固約数．〔最大公～〕最大公約数．→〔倍 bèi 数〕
约谈 yuētán 会談を予定する．
约同 yuētóng 〈文〉誘って一緒に行く．…と一緒になる．〔～两个朋友一块儿去〕2,3人の友人を誘いあって一緒に行く．

约写 yuēxiě 原稿を依頼する．

约言 yuēyán ①約束の言葉. ②約言する.約(ちぢ)めて言う.
约诊 yuēzhěn 予約診療する.
约制 yuēzhì 制約する.抑える.〔～不住内心的激愤〕内心の憤激を抑えきれない.

[彏] yuē 〈文〉尺度.〈喩〉標準.〔矩jǔ～〕準則.

[彠・彠] yuē 〈文〉①尺度. ②はかる.→〔约yāo〕

[哕・噦] yuě ①〈擬〉ゲーッ:嘔吐の声.〔一的一声吐tù了〕ゲーッと吐いた. ②〈口〉吐く.もどす.へどが出る.〔他直干gān～,要吐吐不出来〕彼はしきりにむかつくだけで,吐こうとしても吐けない. → huì

[月] yuè ①月:[～亮]は通称.〔白bái兔②〕[太tài阴①]〔银yín蟾〕[银兔]〔玉yù兔②〕は別称.〔赏 shǎng ～〕〔赏(⁽⁾)～〕でる.月見をする. →[月球]. ②(年月の単位の)月.〔大～〕(旧暦)大の月.〔这(个)～〕〔本～〕今月.〔上(个)～〕〔先上.上一ㄒ~〕先月.〔下(个)~〕〔下～〕〔下下～〕再(さ)来月. ③毎月の.〔～产量〕月間生産量. ④(月のように)丸い. →[月琴].

月白 yuèbái 青白い.→〔浅qiǎn 蓝〕
月白风清 yuèbái fēngqīng 〈成〉月は冴えわたり,風はすがすがしい:静寂で美しい夜景.
月半 yuèbàn 月の半ば.
月报 yuèbào ①月例報告.月表.〔～表〕同前.月報.月刊紙.[新华~]〔画〕新華月報.
月饼 yuèbing 圕月餅(旧暦8月15日に食べる餡入りの菓子.〔广东～〕広東地方の同前. →〔椰 yē 蓉〕
月产 yuèchǎn 月産.〔～量〕月産量.
月长石 yuèchángshí ⇒〔月石①〕
月城 yuèchéng 〈文〉城門の外に半円形に突出して築かれている副城.〔月墙〕[瓮 wèng 城①]に同じ.
月初 yuèchū 月初め.〔每月～〕毎月初めに.
月大 yuèdà 大の月である:陽暦で31日ある月,また陰暦で30日ある月.〔下月～〕来月は大の月だ.
月旦 yuèdàn 〈文〉①毎月の初日. ②人物評.月旦評(げっ).
月底 yuèdǐ 月末:[月末]に同じ.
月洞门 yuèdòngmén ⇒〔月亮门(ㄦ)〕
月度 yuèdù 月間.〔～运输量〕月間輸送量.
月娥 yuè'é ⇒〔月里嫦娥〕
月费 yuèfèi 毎月の費用.月料金.
月份牌(ㄦ) yuèfènpái(r) カレンダー. →〔月历〕[年 nián 历②]〔日 rì 历〕
月份(ㄦ) yuèfèn(r) ①[月分(ㄦ)]とも書いた.かなりまとまった長さの時間.〔有～了〕相当の日がたった. ②…月分.〔三～的已经领到〕3月分は3月に受領した.〔八～生产量〕8月の生産高. ③妊娠の月数.〔这孩子～不足〕この子は月足らずです.
月府 yuèfǔ ⇒〔月宫〕
月工 yuègōng 月ぎめの労働者.雇われ人.
月宫 yuègōng ⇒〔月府〕嫦娥の住む月の中の宫殿:〔广 guǎng 寒宫〕ともいう.〔转〕月.
月供 yuègòng ローンの返済月額.毎月の支払い定額.
月光 yuèguāng ①=[月色]月の光. ②給料を月内で使い切る.〔～族 zú〕同前の人.
月桂 yuèguì 圕①ゲッケイジュ(ローリエ).〔～树shù〕同前の木.〔～(叶 yè)油〕月桂油. ②⇒〔天tiān 竺桂〕
月桂酸 yuèguìsuān =[十 shí 二酸]ラウリン酸.
月黑天 yuèhēitiān 月のない(暗闇の)夜.闇夜:〔月黑夜〕ともいう.

月华 yuèhuá ①〈文〉月影.月の光. ②⇒〔月晕〕
月会 yuèhuì 月例会.〔召开执委～〕月例執行委員会を開く.
月季(花) yuèjì(huā) 圕コウシンバラ(庚申ばら):[月月红①][胜 shèng 春①][瘦 shòu 客]は別称.〔芳香月季〕マイカイ. →〔蔷 qiáng 薇〕
月季票 yuèjìpiào 定期券:1か月・3か月・半年のものなど. →〔月票〕
月间 yuèjiān 月々.〔～吃租 zū 子〕旧月々家賃をとりたてて暮らしをたてること.
月见草 yuèjiàncǎo ⇒[待 dài 霄草]
月结 yuèjié 月末の決算.月末決算報告.
月经 yuèjīng =[经水][中医 经血][口]红 hóng 潮②][信 xìn 水①][血 xuè 经 ⇒[生理]月经.〔～病〕月经不順の病.〔～棉塞 sāi〕タンポン.
月经带 yuèjīngdài 月経帯:[陈姥 chénlǎo 姥][陈妈妈][骑 qí 马布][骑马带子]は俗称.
月就日将 yuèjiù rìjiāng ⇒〔日就月将〕
月均 yuèjūn 月平均(する)
月刊 yuèkān 月刊物.〔双～〕隔月刊出版物.
月考 yuèkǎo 毎月行う小試験.
月窠儿 yuèkēr [月科儿]とも書く.〈方〉生まれて1か月未満の嬰児.〔这～里的孩子就会笑了〕生まれてまだ1か月にもならない子どもも笑った.
月阑 yuèlán ⇒〔月晕〕
月老 yuèlǎo ⇒〔月下老人〕
月鳢 yuèlǐ =[张 zhāng 公鱼] 魚貝 タイワンドジョウ(ライギョ).カムルチー. →〔鳢〕
月历 yuèlì 月めくりの暦・カレンダー.〔双～〕2か月毎にめくる式のカレンダー. →〔月份牌(ㄦ)〕[年 nián 历②]〔日 rì 历〕
月利 yuèlì 月利.〔～七厘〕毎月千元につき7元の利子. →〔利率〕[年 nián 利]
月例 yuèlì ⇒〔月钱〕
月里嫦娥 yuèli cháng'é 月の中の嫦娥(仙女の名):[月娥]に同じ.〈喩〉美人.
月亮 yuèliang 月.〔～圆缺〕月の満ち欠け.〔～上来了〕お月さんが上った.〔月亮ながめる.〔～长毛,大雨淘淘〈諺〉月に暈(かさ)がかかると大雨が降る. →字阁①
月亮地(ㄦ) yuèliangdì(r) 月光に照らされているところ.月あかり:[月明地]ともいう.
月亮马儿 yuèliangmǎr 旧中秋(旧暦8月15日)の月見に用いる月の宮殿の絵を印刷した紙. →〔月宫〕
月亮门(ㄦ) yuèliangmén(r) =[月洞门]〔月门〕れんが塀で作った(丸く)りぬいた門:屋敷内の門で,ふつう門扉をつけない.
月龄 yuèlíng 幼児の月齢.
月令 yuèlìng 月々の様子(変化):旧暦のある月の気候と生物との季節的関係.〔说的不合～〕言うことが季節に合わない.
月轮 yuèlún 丸い月.
月落 yuèluò 月の入り.
月麻 yuèmá =[二 èr 月花]
月满则亏,水满则溢 yuèmǎn zé kuī, shuǐmǎn zé yì 〈諺〉満ちれば欠ける世の習い.
月貌 yuèmào 〈喩〉美貌.〔～花容〕月のかんばせ,花の姿.〈喩〉美人.
月门 yuémén ⇒〔月亮门(ㄦ)〕
月面 yuèmiàn 月面.〔～图〕月面図.
月秒 yuèmiǎo 〈文〉月末.〔该货至迟～必须交到〕あの品物は遅くとも月末には必ず引き渡さなくてはならない. →〔月底〕
月末 yuèmò 月末:[月底]に同じ.
月偏食 yuèpiānshí →〔月食〕

yuè 月刖玥玥钥蚏乐

月票 yuèpiào 定期券;乘車券・公園入場券など,1か月間通用のものを指す.〔车〕乘車券と定期券.→〔月季票〕

月婆 yuèpó ①[-子]〈口〉産婦. ②〈方〉産婆.

月钱 yuèqián ①月々の(毎月の)費用;〔月费〕に同じ. ②=〔月例〕回(家族・徒弟・使用人に渡す)月々の小遣い銭.〔月例钱〕同前.

月墙 yuèqiáng ⇒〔月城〕

月琴 yuèqín 囲月琴:〔琵 pí 琶〕より小さく,胴も円形で扁平.四弦八柱の弦楽器.→〔阮 ruǎn (咸)〕

月球 yuèqiú 囚月(学術用語):月は通称.〔~火箭〕月ロケット.〔~站 zhàn〕月面基地.

月全食 yuèquánshí →〔月食〕

月嫂 yuèsǎo (女性の)出産・育児ヘルパー:産休1か月のお手伝い.

月色 yuèsè ⇒〔月光〕

月石 yuèshí 囚月〔长石〕鉱月長石:長石の白色微透明で藍色の光沢あるもの.→〔长石〕 ②〔硼 péng 砂〕の別称.

月食 yuèshí 〔月蚀〕とも書いた.囚月食.〔月全食〕皆既月食.〔月偏食〕部分月食.→〔食相〕

月收 yuèshōu 毎月の収入.

月朔 yuèshuò 〈文〉旧暦の朔日($\overset{\text{つい}}{\text{たち}}$).

月台 yuètái ①(駅の)プラットホーム;〔站 zhàn 台〕に同じ.〔~票 piào〕(駅の)入場券.〔二号~〕2番ホーム.〔开往北京的快车由第一~开车]北京行きの急行列車は1番ホームより発車いたします. ②〈文〉宮殿の入り口の台.バルコニー. ③〈文〉月見櫓〔ろ〕を貫でるため新たに築かれた台.

月坛 yuètán ①囮もと北京阜城門外にあり,皇帝が月を祭ったところ. ②囿(仏教の)露台.

月贴 yuètiē 月々の手当.

月头儿 yuètóur ①〔月初め〕;〔月初〕に同じ.→〔月尾〕 ②満1か月:多くは月勘定による支払い日のくることをいう.〔到~了,该交水电费了〕もう月になったから水道代と電気代を払わねばいけない.

月望 yuèwàng 満月(になる).望月($\overset{\text{もち}}{\text{づき}}$).

月尾 yuèwěi 月末.月の終わり.→〔月头儿①〕

月夕 yuèxī 〈文〉①中秋(旧暦8月15日)の夜. ②月末. ③〔花朝 zhāo~〕〈喩〉麗しい日々.

月息 yuèxī →〔月利〕

月下 yuèxià 〈文〉月の光のさすところ.→〔俦 chóu〕〈喩〉恋人.愛人.

月下老人 yuèxià lǎorén 縁結びの神.月下氷人.媒酌人.仲人:〔月下老(儿)〕〔月老〕〔冰 bīng 人〕ともいう.

月下香 yuèxiàxiāng ⇒〔晚 wǎn 香玉〕

月饷 yuèxiǎng 回月給.

月相 yuèxiàng 月の姿・形.

月薪 yuèxīn 月給.月俸.→〔工 gōng 资〕

月牙桥 yuèyáqiáo 太鼓橋.三日月形の橋.→〔拱 gǒng 桥〕

月牙(儿) yuèyá(r) 〔月芽(儿)〕とも書いた.〈口〉三日月;旧暦の月初めの夜の月.〔新 xīn 月④〕〔新月〕に同じ.

月夜 yuèyè 月夜.

月盈 yuèyíng 〈文〉満月になる.

月月红 yuèyuèhóng 回〔月季(花)〕 ②職場または個人の仕事が月ごとに優秀であること.

月晕 yuèyùn =〔月华②〕〔月闱〕〔风 fēng 虹〕囚月暈($\overset{\text{つき}}{\text{がさ}}$):月の周囲に現れる各色のついた夜中心の光環.〔~而风,础 chǔ 润而雨〕〔諺〕月がさがあると風,土台石が湿ると雨.→〔风圈〕

月照 yuèzhào 〔~(牍)〕ご覧を願います.〔务祈~〕どうぞご覧願います.

月之… yuèzhī… 〈文〉今月の.〔谨定于~十二号午〕六句钟洁樽 zūn 候光〕本月12日午後6時,一献(え)差し上げたくご光来下さるようお待ち申しております.

月支 yuèzhī ①毎月の支出(をする). ②同下.

月氏 yuèzhī 〔月支〕とも書く.囚月氏($\overset{\text{げっ}}{\text{し}}$):古代の国名.甘粛・青海のあたりにあり,漢のころ匈奴のために追われて西遷し,〔大~〕と呼ばれた.

月中 yuèzhōng ①月の半ば(の1日または数日). ②月の中.〔~折桂〕〈成〉桂冠を勝ち取る.

月终 yuèzhōng 月末:〔月末〕に同じ.〔~报表〕月末報告表.

月子 yuèzi ①産後約1か月.産褥($\overset{\text{じょく}}{\text{ }}$)期.〔坐~〕産褥期にある.〔~病〕〈口〉産褥熱の通称.〔她还没出~彼女はまだ産褥になっている. ②出産の時期.〔她的~是明年二月初〕彼女のお産は来年の2月初めだ.→〔产 chǎn 褥〕

[刖](跀) yuè 囲脚を断ち切る刑(に処する).〔~ 刑 xíng〕同前. →〔肉 ròu 刑〕

刖趾适履 yuèzhǐ shìlǚ ⇒〔削 xuē 足适履〕

[玥] yuè 〈文〉①動揺する.②切断する.

[玥] yuè 囚伝説中の名玉.

[钥・鑰] yuè 〔篇②〕〈文〉① 錠前. ②鍵. → yào

[蚏] yuè 〔蜢 péng 蚏〕

[乐・樂] yuè ①音楽.〔音~〕同前.〔奏 zòu~〕音楽を奏する.〔西~〕西洋音楽.〔管弦~〕管弦楽. ②〈姓〉楽($\overset{\text{がく}}{\text{ }}$). → lè

乐吧 yuèbā 音楽バー.ライブバー.

乐棒 yuèbàng 囲指揮棒.タクト.

乐池 yuèchí 囲オーケストラボックス.バンドボックス.

乐段 yuèduàn →〔乐素〕

乐队 yuèduì 楽隊.楽団.〔军 jūn~〕軍楽隊.〔西 xī~〕洋楽を奏する楽団.〔中~〕中国の楽器で中国の伝統的音楽を奏する楽団.〔~队員〕バンドマン.〔~指挥〕バンドマスター.指揮者.

乐府 yuèfǔ ①囮國歌曲を司る役所.〔转〕楽府が集めた詩歌.〔乃立~采诗夜诵〕(漢書礼楽志)すなわち楽府を立て詩を採集して夜誦せしむ. ②〔转〕同前の形式を模した詩歌.

乐感 yuègǎn 音楽のセンス.音感.

乐歌 yuègē 伴奏つきの歌曲.歌曲.

乐户 yuèhù 囲①歌舞音曲に携わる者:罪人の妻女を官に収容し,賎業につかせたもの.②妓館.妓楼.

乐妓 yuèjì 歌妓.

乐节 yuèjié →〔乐素〕

乐句 yuèjù 囲フレーズ.→〔乐素〕

乐理 yuèlǐ 囲楽理.音楽理論.

乐律 yuèlǜ =[音 yīn 律]囲楽律.

乐迷 yuèmí 音楽ファン.音楽愛好家.

乐评 yuèpíng 音楽に関する評論.〔~人〕音楽評論家.

乐谱 yuèpǔ 楽譜.〔~台〕〔~架〕譜面台.

乐器 yuèqì 楽器.〔打击~〕打楽器.

乐曲 yuèqǔ 楽曲.

乐师 yuèshī プロの楽士($\overset{\text{がくし}}{\text{ }}$).

乐式 yuèshì 音楽の構成の形式.楽式.

乐手 yuèshǒu 楽器演奏者.

乐素 yuèsù 囲楽曲の最小単位:〔~〕が集まって〔乐节〕(楽節)となり,〔乐句〕(楽句・小楽節)となり,さらに〔乐段〕(楽段・大楽節)となり,集まって〔乐曲〕となる.

乐栎轧岳说悦阅钺越　　　　　　　　　　　　　　　yuè

乐坛 yuètán 音楽界.楽壇.
乐团 yuètuán （専業的）楽団.
乐舞 yuèwǔ 伴奏付きの舞踏.
乐音 yuèyīn 〚音〛楽音（がく）.→〔噪 zào 音①〕
乐语 yuèyǔ ①音楽に合わせて歌う詩歌. ②〚書〛役者が芝居の始まる前に述べる挨拶のこと上. ③〚書〛作曲家が譜面に臨時に書きつける記号.
乐员 yuèyuán 楽団員.バンド（オーケストラ）メンバー.
乐章 yuèzhāng 〚音〛楽章.

〔栎・櫟〕 yuè 〔～阳 yáng〕陝西省にある古地名. → lì

〔轧・軋〕 yuè 〚古〛車の梶棒の端のくびきを支える部分.

〔岳（嶽）〕 yuè （Ｉ）〔岳〕①妻の父母また妻のおじ.〔叔～〕〔尊～〕妻の叔父. →〔岳父〕 ②〔姓〕岳(がく). （Ⅱ）〔嶽〕〚古〛高山に.もとは〔东～〕(泰山)，〔西～〕（華山），〔南～〕（衡山），〔北～〕（恒山），〔中～〕（嵩山）の〔五～〕をいった.

岳坟 yuèfén 岳飛の墓：浙江省杭州市にある南宋の名将岳飛を祀る〔岳（王）庙〕の中にある.
岳父 yuèfù ＝〈文〉岳 公〉〈文〉岳 翁〉〔岳 丈〕〈口〉老丈人〕〈文〉外 wài 父〕〈文〉外舅〕〔丈 zhàng 人〕妻の父.岳父(がく).しゅうと(ぎみ)
岳父母 yuèfùmǔ 妻の両親.
岳公 yuègōng ⇒〔岳父〕
岳家 yuèjiā 妻の実家.
岳（老）大爷 yuè(lǎo) dàyé ＝〔岳丈爷〕妻の父の父.
岳庙 yuèmiào →〔岳坟〕
岳母 yuèmǔ ①⇒〔丈 zhàng 母娘〕 ②南宋の忠臣の岳飛の母.
岳王庙 yuèwángmiào →〔岳坟〕
岳翁 yuèwēng ⇒〔岳父〕
岳丈 yuèzhàng ⇒〔岳父〕
岳丈爷 yuèzhàngyé ⇒〔岳(老)大爷〕

〔说・說〕 yuè 〔悦〕に通じ用いられた.〔学而时习之,不亦～乎〕(論語・学而)学びて時にこれを習う,またたのしからずや. → shuì shuō

〔悦（悦）〕 yuè ①悦ぶ.うれしがる.〔喜 xǐ ～〕同義. 〔大～〕大いに悦ぶ. ②悦ばせる.うれしがらせる. ③〔姓〕悦(えつ).
悦从 yuècóng ⇒〔悦服〕
悦耳 yuè'ěr 耳を楽しませる.耳に快い.〔～的声音〕快い声(音)
悦服 yuèfú ＝〔悦从〕悦んで(心から)服従する.〔悦伏〕とも書く.
悦目 yuèmù 目を楽しませる.美しい.〔天空几抹晩霞,鲜明～〕空に映える幾筋かの夕焼けが鮮やかできれいだ.
悦情 yuèqíng ＝〔悦心〕〈文〉心を悦ばせる.うれしい.
悦色 yuèsè 喜色.喜ばしい顔色.〔和 hé 言～〕〈成〉穏やかな言葉と優しい顔つき.
悦心 yuèxīn ⇒〔悦情〕

〔阅・閱〕 yuè ①閲読する.〔～读 dú 书报〕本や新聞を読む.〔订～一期刊〕雑誌を定期購読する.〔翻～文件〕書類にざっと目を通す. ②観察する（し調べる）.〔～其成败之由〕その成功·失敗の根元を調べてみる. ③検閲する.〔～兵〕閲兵（する）. ④経る.経過する.〔已～三月〕もう３か月になる. ⑤〔姓〕閲(えつ).
阅办 yuèbàn ⇒〔阅处〕
阅报 yuèbào 新聞を読む.〔～室 shì〕新聞閲覧室.

阅报栏 yuèbàolán 新聞揭示板：〔报栏〕ともいう.
阅兵 yuèbīng 閲兵（する）.〔～式〕閲兵式.→〔观 guān 兵〕
阅操 yuècāo 演習（操練）を検閲する.
阅处 yuèchǔ ＝〔阅办〕読んで(提起された問題を)処理する.
阅读 yuèdú 閲読する.〔～报纸〕新聞を同前.〔～器 qì〕〔～机〕ビューアー.スキャナー.〔条形码～器〕バーコードスキャナー.〔车票～器〕自動改札機.
阅卷 yuèjuàn ①試験答案を採点する. ②記録文書を調べる.
阅览 yuèlǎn 閲覧（する）.〔～室〕閲覧室.
阅历 yuèlì ①経験（する）.見聞（する）.〔～世事〕世事を経験する. ②経歴.履歴.閲歴. 〔～浅〕経歴が浅い.〔～很深〕経験が深い.〔有～的人〕世間をよく知っている人.苦労を積んだ人.
阅纳 yuènà 観察して理解する.〔自我～〕自己認識（する）
阅批 yuèpī 書類を読んで指示する.
阅世 yuèshì 〈文〉世間の経験を積む.〔～渐深〕世の中の事をよく広く知る.
阅悉 yuèxī 〔牍〕拝誦いたしました.
阅月 yuèyuè 〈文〉ひと月経過する.

〔钺・鉞（戉）〕 yuè 〚古〛戦斧(せんぷ)：兵器の一種.多く儀仗に用いる.〔斧fǔ～〕〈文〉①おのとまさかり. ⑤（斬首の）重刑.

〔越〕 yuè （Ｉ）①上を越える.渡る.〔爬 pá 山～岭〕山また山を越える.〔～海〕海を渡る.〔～过铁路去〕鉄道線路を越えて行く. ②経過する.〔穿～〕通り抜ける. ③度を超す.分に過ぎる.順序を踏まない.〔～限〕限度を越す.〔卓 zhuō～〕卓越する.〔优 yōu～〕優越する. ④〈文〉落ちる.落とす.〔陨 yǔn～〕転落する.失職する. ⑤揚げる.発揚する.〔声音清～〕声の調子が高い.〔激～〕激高する. ⑥〈文〉奪う.略奪する.〔杀人～货〕人を殺して物を奪う. ⑦〔～……～……〕であれば,いよいよ…する.〔条件发展に従って程度がますます（いよいよ）…することを表す.〈文〉愈 yù〕〔愈～〕に同じ. 〔～快～好〕速ければ速いほどよい. 〔脑子～用～灵〕頭は使えば使うほど回転がよくなる.
（Ⅱ）①周代末期の諸侯国名：〔于 yú～〕ともいう. ②浙江省東部,また紹興一帯をいう.〔～剧〕〚劇〛浙江省の地方劇. →〔越南〕 ④〔姓〕越(えつ).
越次 yuècì 〈文〉階級または順序をとび越える.
越冬 yuèdōng 越冬する.〔回遊〕魚類が越冬のため暖流のところへ回遊すること.〔～作物〕過冬作物〕畑にあるままで冬を越す農作物：小麦・油菜など.
越发 yuèfā ＝〔益 yì 发〕①いよいよ.さらに.一層.〔过了中秋,天气～凉快了〕中秋節が過ぎて天気が一層涼しくなった. ②…すればするほど.ますます.〔越〕あるいは〔越是〕と呼応して用いる.〔观众越多,他们演得～卖力气〕見物人が多ければ多いほど,彼らは演技に精を出す.
越凫楚乙 yuèfú chǔyǐ 〈成〉越人は水鳥だと言い,楚人はいや燕だと言う.〔喩〕同じものに対しても人によって違う見方が出てくること.
越瓜 yuèguā ⇒〔菜 cài 瓜〕
越轨 yuèguǐ 常軌を逸する.〔～的行为〕常軌を逸した行為.
越过 yuèguò ①（予定や制限を）超える. →〔超 chāo 过〕 ②通り越す.〔～国境〕国境を越える.
越货 yuèhuò 〈文〉財物を略奪する.
越级 yuèjí 順番を越えて上へ進む.〔～上告〕上の部

門へ直訴する.
越加 yuèjiā ますます.
越椒 yuèjiāo ①カラスノサンショウ:〔食 shí 茱萸〕に同じ. ②〈姓〉越椒(ǎ).
越界 yuèjiè ①境界線を越える. ②越境する. ③又ファウル.
越境 yuèjìng (非合法な手段で)越境する. 国境を越える. [~污染]越境污染.
越橘 yuèjú 植コケモモ(苔桃):[红 hóng 豆树②]は別称.
越剧 yuèjù 劇越劇:浙江省嵊県(古代の越の地)に発した[落地唱书调]から発展した地方劇. [绍 shào 兴戏②]ともいう. [梁祝][碧玉簪][盘夫]などがある.
越来越… yuèláiyuè… いよいよもって. [~起劲 jìn]ますますもって元気が出てくる(興が増してくる). →字解(I)⑦
越勒 yuèlè 〈姓〉越勒(ǎ).
越礼 yuèlǐ 常軌をはずれる.
越列密树胶 yuèlièmì shùjiāo エレミゴム:カンラン科植物からとる芳香性樹脂.
越南 yuènán ベトナム:正式国名は[~社会主义共和国], 首都は[河 hé 内](ハノイ). [~共产党][越共]ベトナム共産党.
越鸟 yuèniǎo ①〈文〉南方の鳥. [~巢 cháo 南枝]越の鳥は他国に在れば, 南方にある故国を慕って南枝に巣を構える. 〈喩〉故郷の忘れ難いこと. [孔 kǒng 雀]〈くじゃく〉の別名.
越权 yuèquán 権限を越える. [~行为]越権行為.
越是 yuèshì …であればあるほど(ますます)後に[越]または[越发]を置く. [~着急, 越容易失败]あせればあせるほど失敗しやすい.
越桃 yuètáo [栀 zhī 子](クチナシ)の別称.
越王蛇 yuèwángshé [两 liǎng 头蛇①](双頭の蛇)の別称. [越王约发]ともいう.
越王头 yuèwángtóu [椰 yē 子](ヤシ)の別称.
越王余算 yuèwáng yúsuàn [白 bái 珊 shān 瑚](シロサンゴ)の別称. [珊 shān 瑚]
越王约发 yuèwáng yuēfà ⇒[越王蛇]
越位 yuèwèi ①又(ラグビー, サッカーなどで)オフサイド. [中区越位]センターラインオフサイド. [攻区蓝线~]ブルーラインオフサイド. →[出 chū 界] ②自分の職位を越える.
越野 yuèyě 山野を越える. [~车]オフロード車. [~滑 huá 雪][雪上马拉松(比赛)]又クロスカントリースキー. [~赛 sài]又オフロードレース. [~跑 pǎo]クロスカントリー.
越狱 yuèyù 脱獄(する). [~潜逃]脱獄して逃亡する.
越…越… yuè…yuè… …であればあるほど…である. [~多~好]多ければ多いほどよい. →字解(I)⑦
越职 yuèzhí 職権を越える.
越雉 yuèzhì 鸟[鹧 zhè 鸪](シャコ)の別称.
越质诘 yuèzhìjié 〈姓〉越質詰(きつ).
越俎代庖 yuèzǔ dàipáo [成]出すぎたことをする. 出しゃばる(莊子·逍遙遊):[祖]は祭器を管理する者, [庖]は調理人. →[代庖]

[**樾**] yuè 〈文〉木陰, また木陰を作る樹.

[**粤(粤)**] yuè 地①広東省の別称. [闽 mǐn ~]福建と広東. [~江]珠江. [~回]広東·広西の別称. [两~]同前. [~东]広東. [~西]広西.
粤菜 yuècài 広東料理. →[中 zhōng 国菜]
粤方言 yuèfāngyán 图粤(ǎ)方言:[粤语]に同じ. [广 guǎng 东话]は通称.
粤港 yuègǎng 地広東と香港.
粤剧 yuèjù 劇広東劇:[广 guǎng 东戏]ともいう. 広東·広西·海南諸島に流行する.
粤犬吠雪 yuèquǎn fèixuě 〈喩〉見識が狭く何でもないことも不思議に思うこと.
粤绣 yuèxiù 広東刺繡.
粤语 yuèyǔ ⇒[粤方言]

[**跃·躍**] yuè ①跳ぶ. はねる. [一~而为世界上第一流的国家]一躍世界における第一流の国となる. [飞~前进]飛躍的に前進する. ②〈姓〉躍(ぐ).
跃变 yuèbiàn 激変する.
跃层(式住宅) yuècéng (shì zhùzhái) 建メゾネットタイプマンション:[复 fù 式住宅]ともいう.
跃动 yuèdòng 躍動する.
跃进 yuèjìn ①とんで出る. とび出す. ②躍進する. 飛躍的に発展する.
跃居 yuèjū [一躍…になる. [~世界第一]一躍世界第1位になる.
跃马 yuèmǎ 〈文〉馬を疾走させる. [~扬鞭]馬を走らせ鞭をあげる.
跃迁 yuèqiān 物遷移.
跃然 yuèrán ありありと. 躍如と. [义愤之情, ~纸上]義憤の気持ちがありありと紙上に現れている.
跃升 yuèshēng 一気に上る.
跃跃 yuèyuè 〈文〉待ちかねて心がはやるさま. [~欲试][~成]腕が鳴る. 手ぐすね引く. →[蠢 chǔn 蠢欲动]
跃增 yuèzēng 飛躍的に増加する. 激増する.

[**龠**] yuè [籥①]固楽器の一種:笙に似た笛. (Ⅱ)固容量の単位:[二~]が[一合 gě]にあたる.

[**瀹**] yuè ①〈文〉(河道の)流れをよくする. [疏 shū ~河道]河道を切りひらいて水を通す. ②煮る. [~茗 míng]お茶を沸かす.

[**爚**] yuè ①〈文〉①火の光. ②煮たり焼いたりする.

[**籥**] yuè ①⇒[龠(I)] ②⇒[钥]

[**鹙·鸑**] yuè [~鸷 zhuó]固①鳳の別称. ②大型の水鳥の一種.

[**篗(籰)**] yuè [子]〈方〉糸を巻きつける糸枠.

[**黦**] yuè 〈文〉黄色がかった黒色.

yun ユン

[**晕·暈**] yūn ①頭がくらくらする. 目がくらむ. [头 tóu ~]同前. ②気絶する. [~过去]同前. [吓 xià ~了]驚いて気絶する. [~死复苏]気絶してまた蘇生する. → yùn
晕倒 yūndǎo 気絶して倒れる.
晕得忽儿的 yūndehūrde [晕打忽儿的]とも書く. 〈方〉ぼんやりしているさま. ぼうっとしているさま. [一个人成天~, 怎么搞工作]一日中ぼうっとしていてどうして仕事ができようか. [他又喝得一了]彼はまた酔っぱらってもうろうとしている.
晕乎 yūnhu ぼうっとする. ぼんやりする. [晕乎乎] [晕晕忽忽]同前のさま.
晕厥 yūnjué [昏 hūn 厥]
晕头 yūntóu 〈方〉うすのろ. ぼんくら. お人よし.
晕头搭脑 yūntóu dānǎo [晕头打脑]とも書く. 〈方〉ぼんやりしているさま.
晕头晕脑 yūntóu yūnnǎo 頭がふらつく. 頭がぼうっ

yūn～yún

晕 とする.〔你这么~的,还干gàn得出什么活儿来〕ぼやっとしていたら何の仕事もできないが.
晕头转向 yūntóu zhuànxiàng ＝〔昏 hūn 头转向〕頭がくらくらして、方角もわからなくなる.頭が混乱して何だかわからなくなる.〔这两天忙得我~〕この2,3日忙しくて頭がくらくらする.
晕眩 yūnxuàn 目がくらむ.

[荤] yūn〔千 qiān 年～〕囷 オモト:〔万 wàn 年青①〕の別称.

[缊・縕] yūn →〔氤 yīn 氲〕→ yùn

[煴] yūn 〈文〉とろ火.うずみ火.火炎のない火.炭火.〔~火〕同前. → yùn

[氲] yūn〔氤 yīn ~〕〔絪缊〕〈文〉雲霧や煙の漂うさま.

[贇・贇] yūn 〈文〉美しい.すばらしい.

[云・雲] yún（Ⅰ）〔雲〕名雲:〔~彩〕通称.〔白~〕白雲.〔万里无~的好天气〕一点の雲もない良い天気. ②地 雲南省:〔滇 diān ①〕は別称.〔~贵〕雲南省と貴州省. ③〈姓〉雲(ど)
（Ⅱ）〔云〕〈文〉①言う.いわく.〔据~〕言うところによると.話によれば.〔古语有~:…〕古語に"…"と言ってある.〔人~亦~〕成 人の見解に従う.〔不知听~何を言っているのか分からない. ②ある.〔虚心倾耳以听,庶几~得〕虚心に傾聴すれば得たるあり(得るところがあった)というに近し. ③このようである.〔子之言~〕『り』の言(こ)いの ④語気助詞.〔我军士气甚盛~〕わが軍の士気ははなはだ盛んである.
云璈 yún'áo古代の楽器:形は〔云锣〕(うんら)に似ており,十三面が一架にかけられている.
云板 yúnbǎn 雲版(ﾊﾞﾝ):〔云版〕とも書いた.旧時,合図をするのにたたいた雲形の鉄板あるいは青銅板.→〔点 diǎn (Ⅱ)①〕
云豹 yúnbào 動ウンピョウ(雲豹):〔猫 māo 豹〕〔鱼 yú 纹豹〕は別称.
云鬓 yúnbìn 〈文〉女性のふさふさとした美しい髪.
云彩 yúncai〈口〉雲.〔满天的~〕空一面の雲.
云层 yúncéng 層雲.〔飞机在~上面飞行〕飛行機は層雲の上を飛ぶ.
云茶 yúnchá 〔石 shí 苈〕
云豆 yúndòu 〔芸豆〕
云端 yúnduān 雲の頂.〔月亮挂在~〕月が雲のてっぺんにかかっている.
云朵 yúnduǒ 雲のかたまり.
云尔 yún'ěr〈文〉"しかいう":文末に置いて、上述のとおりであることを表す.〔是何足以言仁义也~〕これ何ぞもって仁義を言うに足らんやという.
云发 yúnfà 女性の豊かな美しい髪.
云房 yúnfáng 僧侶や道士の居室.
云海 yúnhǎi 〔雲海.②〕物の多いたとえ.
云汉 yúnhàn ⇒〔天 tiān 河〕
云何 yúnhé 〈文いかん.いかに.どうして.〔不有舟车,~得达〕舟車なくてどうして達し得ようか.→〔如 rú 何〕
云集 yúnjí ⇒〔云聚〕雲の如く(多く)集まる.〔各地代表~首都〕各地の代表が次々に首都に集まる.
云际 yúnjì 雲の上.〔耸 sǒng 入~〕雲の上にそびえる.
云鬟 yúnhuán〈文〉(女性の)黒髪.
云笺 yúnjiān 〈文〉貴簡:他人の手紙をいう.
云脚 yúnjiǎo〔雲の垂れたさま.雲の動いていくさま〕
云锦 yúnjǐn ①阝高級な錦織の一種. ②図錦縁.

云聚 yúnjù ⇒〔云集〕
云谲波诡 yúnjué bōguǐ〈文〉雲のあざむき,波のあざむき.〔喩〕事物の変化の計り知れないこと:〔波谲云诡〕ともいう.
云开日出 yúnkāi rìchū〈成〉暗雲が去って光明を見ること:〔云开雾 wù 散〕ともいう.
云里翻 yúnlǐfān 劇旧劇の立ち回りで、2回続けて高くとんぼを返ること.
云量 yúnliàng 図雲量.
云龙风虎 yúnlóng fēnghǔ 気相通ずる者が,互いに感応すること,〈転〉聖主が賢臣を得ること:〔云从龙,风从虎〕(易経)の略.
云锣 yúnluó =〔九 jiǔ 音锣〕〔九 云 锣〕壴 雲鑼(ﾗｳ):民族楽器の一種.音律の異なる鉦(とぐ)を縦・横に3個ずつ計9個,さらに中央列の上にもう1個で,合計10個吊りさげたもの.左手で全体を持ち上げ右手の小槌で打ち鳴らす.
云猫 yúnmāo 動マーブルキャット:〔石 shí 斑猫〕は別称.
云幕灯 yúnmùdēng 図雲照灯.
云母 yúnmǔ 石雲母.マイカ.〔~带 dài〕電マイカテープ.
云南白药 yúnnán báiyào ⇒〔白药①〕
云泥 yúnní 雲と泥.〔喩〕懸隔の大きいこと.〔~之别〕〔云壤之别〕〔天 tiān 壤之别〕〈成〉雲泥の差.
云霓 yúnní〈文〉①雲と虹. ②〈転〉雨の降る兆候.〔若大旱之望~也〕大旱に雲霓(ﾆ)を望むが如くである.日照り続きに雨雲を期待するようだ.
云片糕 yúnpiàngāo 食 米の粉にミルクと砂糖を加えて作った長方形の薄い菓子.
云气 yúnqì 薄霧.霞.霧.
云雀 yúnquè =〔力 bái 白鸟〕〔百 bǎi 翎雀〕〔朝 cháo 天柱〕〔大 dà 鷚〕〔告 gào 天鸟〕〔告天子〕〔叫 jiào 天鸟〕〔叫天雀〕〔天子〕〔天 tiān 鷚〕〔噪 zào 天〕ヒバリ. → 〔百灵〕
云壤 yúnrǎng 雲と土.天地.〔~之别〕〔云泥之别〕〈成〉非常に違うこと.→〔天 tiān 壤之别〕
云散 yúnsàn 雲散する.〔喩〕離れ離れになること.消え失せること.〔旧友~〕旧友が離れ離れになる.〔烟消~〕跡形もなく消え失せる.
云散风流 yúnsàn fēngliú ⇒〔风流云散〕
云杉 yúnshān 囷①トウヒ(総称):マツ科植物. ②エゾマツ.
云山雾罩 yúnshān wùzhào 〔云苫雾罩〕とも書く.〈成〉雲の山に霧がたちこめる:曖昧でつかまえどころがない.まるで要領を得ない.
云石 yúnshí ⇒〔大 dà 理岩〕
云实 yúnshí 囷ジャケツイバラ:種子・葉・根を薬用にする.
云收雨散 yúnshōu yǔsàn ⇒〔雨散云收〕
云松 yúnsōng 囷 ヒマラヤスギ.
云孙 yúnsūn 自己から第9世の孫.→〔孙①〕
云堂 yúntáng 寺院の客殿.参詣人の控え所.
云梯 yúntī ＝〔钩 gōu 梯〕〔钩援〕旧攻城用の高梯子.雲梯(ﾃｲ). 〔楼 lóu 车〕 ②はしご車の梯子. ③山の桟道と石段.
云天 yúntiān 高空.
云头 yúntóu ①雲.雲形模様. ②〔儿〕雲形模様.〔~鞋 xié〕前面に雲形模様のついている靴.
云图 yúntú 図雲の形態や状況を示す図.
云土 yúntǔ 雲南産のアヘン.
云团 yúntuán 図雨雲の塊.雲団.
云腿 yúntuǐ ⇒〔宜 xuān 腿〕
云吞 yúntūn 〔馄 hún 饨〕
云屯 yúntún 雲の如く集まり,たむろする.〔~鸟散 sàn〕〔喩〕団結の固くないさま.

yún 云沄芸妘纭耘匀昀畇

云外 yúnwài 〈文〉雲の外.高空.〔忘在九宵～去了〕すっかり忘れてしまった.
云谓字 yúnwèizì ⇒〔动dòng词〕
云雾 yúnwù ①雲霧.雲と霧. ②〈喩〉ⓐ遮蔽(しゃへい)物や障害物.あるいは、はっきりしないもの.真相在～中]真相は依然としてはっきりしない. ⓑ憂い顔.〔满脸～〕同前.
云霞 yúnxiá 雲と霞.彩雲.
云想衣裳花想容 yún xiǎngyīcháng huā xiǎngróng 〈喩〉女性の身なり・容貌の美しいこと(李白・清平調).
云霄 yúnxiāo ①空.高空.空の果て.〔响彻～〕高空まで響きわたる.〔直上～〕空の果てまで高くあがる. ②〈喩〉高位.
云消雾散 yúnxiāo wùsàn 〈成〉雲散霧消(うんさんむしょう):ⓐ快晴になる. ⓑ跡形もなく消え去る.〔烟 yān 消云散]に同じ.
云心月性 yúnxīn yuèxìng 〈喩〉無欲恬淡な性質.
云形板 yúnxíngbǎn 雲形定規(じょうぎ).→〔直zhí尺〕
云行雨施 yúnxíng yǔshī 雲が空に流れて雨となり恩沢を万物に施す.〈喩〉恩沢を下々に与える.
云崖 yúnyá 雲にそびえる崖.
云烟 yúnyān ①霧や水蒸気.〈喩〉消失しやすい事.〔～过眼〕〈喩〉その場限りで長く心に留めないこと:〔烟云过眼〕ともいう. ②雲南産のタバコ.
云翳 yúnyì ①暗雲.〔蓝天上没有一点～〕青空には雲影がひとつもない. ②〔医〕角膜翳(ほん).
云英 yúnyīng 雲母の青味を帯びた白色のもの.
云游 yúnyóu 放浪する:多くは僧侶の行脚することに.〔～僧sēng〕行脚僧.雲水.〔～四海〕各地を行脚する.
云雨 yúnyǔ ①雲と雨.〈喩〉恩沢. ②〈喩〉男女の情交.〔巫山～〕巫山に同前.〔尤云㐮tì雨〕情交の激しいさま.〔巫wū山〕
云云 yúnyún 〈文〉うんぬん.しかじか:長い文句を省略して代用する語.
云遮雾障 yúnzhē wùzhàng 〈成〉雲や霧でばっきり見えない.
云蒸霞蔚 yúnzhēng xiáwèi 〈成〉景物がきらびやかで美しいさま.〔云兴霞蔚〕ともいう.
云中白鹤 yúnzhōng báihè 〈喩〉雲間をかける白い鶴:高尚な人のたとえ.
云竹 yúnzhú 〔石shí竹〕

〔**沄·澐**〕yún (Ⅰ)〔沄〕①〈文〉水が逆巻く.〔～～〕同前のさま. ②〈姓〉澐〕.
(Ⅱ)〔澐〕〈文〉長江の大波.

〔**芸·蕓**〕yún (Ⅰ)〔芸〕① 〔植〕ヘンルーダ:通称〔～香〕.強い匂いがあり書籍の防虫用にされた.〔～阁gé〕〈文〉書斎.〔芸香〕 ②古書で〔耘〕に通用する. ③〈文〉〔～〕多いさま. ④〈姓〉蕓〕
(Ⅱ)〔蕓〕→〔芸豆〕→〔蕓薹〕

芸编 yúnbiān ⇒〔芸帙〕
芸草 yúncǎo ⇒〔芸香〕
芸窗 yúnchuāng 〈文〉書斎.
芸豆 yúndòu 〔云豆〕とも書いた. 〔植〕インゲンマメ:〔菜càl豆〕の別称.
芸蒿 yúnhāo 〔植〕〔柴chái胡〕(サイコ)またはその苗の別称.
芸黄 yúnhuáng 濃黄色.〈转〉草木の凋落するさま.
芸薹 yúntái 〈文〉油菜(総称).→〔油yóu菜〕
芸香 yúnxiāng =〔芸草〕〔植〕ヘンルーダ:全株に強い匂いがあり防虫などに利用されまた薬用もある.
芸香帒 yúnxiāngdài ⇒〔芦lú丁②〕
芸芸 yúnyún 〈文〉盛んなさま.多数のさま.〔～众zhòng生〕④〔仏教で〕あらゆる生物. ⓑありふれた人々.〔～之众～〕失業者たちが多くの失業者.

芸帙 yúnzhì =〔芸编〕〈文〉書籍.

〔**妘**〕yún 〈姓〉妘(うん)

〔**纭·紜**〕yún 〔～～〕〔纷fēn～〕(言葉・事情などが)入り乱れてまとまりがないさま.

〔**耘**〕yún 除草する.〔～田〕〔～地〕田畑の除草をする.〔耕gēng～〕耕す.→〔芸②〕

耘锄 yúnchú 〔農〕除草・中耕用のまぐわの(馬鍬)
耘耥 yúntāng 〔農〕稲田の除草をする.

〔**匀**〕yún ①等しくならす.平均させる.〔大小要～〕大きさを平均させねばならない.〔把颜色涂yán tú～〕色をむらなく塗る(まんべんなく塗る).〔咱们～着吃〕我々は均等に分けて食べよう.〔先拌bàn～了再吃〕よくかきまぜてから食べる. ②平均している.つりあいがとれている.〔均jūn～〕同前.〔大小不～〕大きさが不揃いだ.〔工作分配得很～〕仕事の割り当てがたいへん平均している. ③一部分を分けてやる.融通する.やりくりをつける.〔～不开工夫〕〔～不出工夫来〕時間の融通がきかない.〔你先～给他10斤大米吧〕まず彼に米10キロを融通してやりなさい.

匀称 yún·chèn つり合いがとれている.平均(均勢)がとれている.〔匀行称yúnxíngchèn〕前のさま.〔大小配合～〕大小の配合がうまくつり合っている.〔长zhǎng得～〕容貌が整っている.→〔妥tuǒ帖〕
匀兑 yúnduì 分けてやる.融通する.〔一个真穷qióng,一个真阔,～～好不好〕一人は大貧乏,一人は大金持ち,双方を平均してならしたらどうかな.
匀乎 yúnhuo〔匀乎hu〕①均等にする.加減する.よくまぜ合わす. ②濃淡や大小などがちょうどいい.〔这个浆糊打得真～〕この糊の濃さはちょうどいい.
匀净 yúnjìng まんべんなく.平均している.そろっている.〔这一把面抻chēn得～〕この手ちうどんは伸(の)ばし方がとても～して平均している.〔种子撒～了才好〕種子はまんべんなく播かねばならない.
匀脸 yúnliǎn =〔匀面〕おしろいを顔に平均に塗る.〔探春一面～,一面向平儿冷笑〕(紅55)探春は顔におしろいをはたきながら平児に冷笑した.
匀溜(儿) yúnliu(r) 〈口〉①大きさや濃度を平均させる.〔这～个儿〕大きさを平均させる.つぶをそろえる. ②(濃淡や大小が)適度である.〔这粥熬áo得真～〕この粥はちょうどいい濃さだ. ③手頃である.〔这个太瓜,我要～的〕これはあまりにも大きい,手頃のがほしい.
匀面 yúnmiàn ⇒〔匀脸〕
匀实 yúnshi ①むらがない.〔颜色涂得挺～〕絵の具の塗り方に大変むらがない.〔方～]たっぷり.十分な.〔人侵了个～〕この人間は馬鹿もいいとこだ.
匀速 yúnsù 〔物〕等速.〔～运动〕等速運動.
匀调 yúntiáo =〔匀贴〕〔方〕〔匀停〕調和がとれている.適当である.〔眉眼长zhǎng得很～〕目鼻がよく整い調和がとれている.〔吃东西要～〕食べ物は適量でなければならない.
匀贴 yúntiē 同上.
匀停 yúntíng =〔匀调〕
匀妥 yúntuǒ 均等で調和している.
匀整 yún·zhěng 平均がとれ整っている.きちんとしている.

〔**昀**〕yún 〈文〉太陽の光.

〔**畇**〕yún 〔～～〕〈文〉田畑が平らに整っているさま.

yún～yùn

a **[筠]** yún 〈文〉①竹の皮. ②竹.〔松 sōng～〕松竹.〔～篁〕竹叢.
[䞓] yún ①〈文〉金. ②人名用字.〔jūn とも読む.
[员・員] yún 人名用字.〔伍 wǔ～〕春秋の人. → yuán yùn
[郧・鄖] yún ①春秋時代の国名:現在の湖北省安陸市、または湖北省十堰市鄖県. ②〈姓〉鄖(ん).

c **[涢・溳]** yún 〔～水 shuǐ〕湖北省にある.
[筼・篔] yún 〔～筜dāng〕〈文〉篔簹(とう):水辺にはえる大竹.太さが平均しており,節の間が長く,矢筒を作るのに用いた.

d **允** yǔn (Ⅰ)許す.応ずる.応答する.承諾する.〔不～所请〕申请の件を許可しない.〔应 yīng～〕応諾する.
(Ⅱ)誠実である.公平である.〔判断公～〕裁きが公平だ.
e 允差 yǔnchā ⇒允许偏差
允承 yǔnchéng 〈文〉承諾する.
允从 yǔncóng 〈文〉応諾して服従する.
允当 yǔndàng 正しく道理にかなっている.
允诺 yǔnnuò 承諾する.引き受ける.〔欣然～〕喜んで引き受ける.
f 允许 yǔnxǔ 許可する.応諾する.〔请～我讲几句话〕はなはだ僭越ですがひと言お話し申し上げます.〔～类商品〕許可類商品.
允许偏差 yǔnxǔ piānchā 許容誤差.
允准 yǔnzhǔn 〈文〉承諾する.許可する.

[狁] yǔn 〔猃 xiǎn～〕图西北の部族名.

[陨・隕] yǔn ①=〔硕〕空から落ちる.墜落する.〔～坠 zhuì〕(物体が)上から落ちる. ②〔殒〕→ yuán
h 陨落 yǔnluò (隕石などが)落下する.
陨灭 yǔnmiè ①空から落ちて消えてなくなる. ②命を落とす:肉体は亡き者し,〔生命～,精神永存〕生命は尽きようとも,精神は永遠に残る.
陨石 yǔnshí 因石質隕石.アエロライト.〔石隕星〕ともいう.〔～雨〕隕石雨:隕石が雨の如く落下してくること.
i 陨铁 yǔntiě 因隕鉄:〔铁陨星〕ともいう.
陨星 yǔnxīng 因隕石:地球上に落下した流星の燃え残り.〔石～〕〔石质隕石:〔铁～〕〔隕鉄〕隕铁.〔石铁～〕石鉄隕石.〔～学〕隕石学.
j 陨越 yǔnyuè 〈文〉①転び落ちる. ②〈転〉失職する.失敗する.〔幸免～〕幸いにも大過がなかった.

[殒・殞] yǔn =〔陨②〕〈文〉死ぬ.亡くなとす.
k 殒灭 yǔnmiè ⇒〔陨灭②〕
殒命 yǔnmìng =〔殒殁〕〈文〉死ぬ.命を落とす.
殒殁 yǔnmò
殒身 yǔnshēn 〈文〉命を落とす.

[硕・磒] yǔn ⇒〔陨①〕

[孕] yùn ①はらむ.妊娠する.身ごもる.〔怀 huái～〕妊娠(する).〔避 bì～〕避妊(する).〔包～〕内に妊娠している. ③含む.包含する.〔包～〕包含する.はらむ.
m 孕畜 yùnchù 妊娠中の家畜.
孕妇 yùnfù 妊婦.〔～专座〕妊婦専用席.〔～服〕〔～装 zhuāng〕マタニティードレス. → 〔双 shuāng身子〕
n 孕激素 yùnjīsù 生理黄体ホルモン.卵胞(ほう)ホルモン:女性ホルモンの一.

孕检 yùnjiǎn 妊娠検診する.
孕期 yùnqī 妊娠期間.〔卫生〕妊娠中の衛生. → 〔产 chǎn期〕
孕妊 yùnrèn 〈文〉妊娠する.
孕穗 yùnsuì 穂孕(はら)み.
孕酮 yùntóng 生理プロゲステロン:主要な黄体ホルモンの一.
孕吐 yùntǔ 图恶阻(ǒ):俗に〔喜 xǐ病〕という.〔方〕害 hài口〕〔害喜〕〔闹 nào喜〕つわる.つわりになる.
孕育 yùnyù ①はらむ.懐胎する. ②包蔵する.はぐくむ.〔～文明〕文明をはぐくむ.〔～着新的危机〕新たな危機をはらんでいる.

[运・運] yùn ①(事物が)巡る.移動する.運行する.運動する.〔四季～行〕四季が移り変わる.〔星球在太空中～转〕星が天空を運行する. ②(物を)運ぶ.運送する.〔搬 bān～〕運搬する.〔～了一车的货票で1台分の商品を運送した.〔陆 lù～〕陸上運送.〔水～〕水上運送.〔客～〕乗客輸送.〔春～〕春節前後の交通ラッシュ. ③動かす.巡らす.用いる.〔治天下可～之掌上〕天下を治めて,これを掌上に巡らすことができる. ④運勢.運命.命 mìng～〕同前.〔好～〕幸運.〔背 bèi～〕不運.悪運.〔走～〕運が向く.〔转 zhuǎn～〕運が向く. ⑤運送する. ⑤〈姓〉運(ん).
运笔 yùnbǐ 運筆する.筆を使う:〔行 xíng笔〕に同じ.
运钞车 yùnchāochē 現金輸送車.
运程 yùnchéng 運送距離.
运筹 yùnchóu 計画を巡らす.画策する.〔～帷 wéi幄〕本陣内ではかりごとを巡らす.後方の司令部で作戦計画を練る.
运筹学 yùnchóuxué オペレーションズリサーチ.
运单 yùndān 貨物送り状.運送状.〔货 huò物～〕の略.〔货物托运单〕ともいう.
运道 yùndao ⇒运气 qi①
运抵 yùndǐ (荷物が)運送して到着する.
运动 yùndòng ①物運動(する).〔加速～〕加速運動.〔～负 fù荷〕運動量. ②スポーツ(をする).運動(をする).〔～处 chǔ方〕運動処方.〔～服〕スポーツウエア.ユニホーム.〔～会〕運動会.〔健 jiàn将〕国家选手に与える称号.〔～量 liàng〕图運動量.〔～迷 mí〕スポーツ狂.〔～衫〕スポーツシャツ.〔～袜 wà〕スポーツ用靴下.〔～鞋 xié〕運動靴.トレーニングシューズ.〔～医学〕スポーツ医学.〔～饮 yǐn料〕スポーツドリンク.〔田径～〕陸上競技.〔我每天早上一早(小时)わたしは毎朝30分運動します〔你平常做什么～〕普段はどんなスポーツをやりますか. ③組織された大規模な政治・生産・文化などの大衆の行動.〔五四～〕五四運動.〔文化大革命运动.〔政治～〕政治运动. ④運動する.働きかける:他人に対し宣伝・遊説をしたり,あるいは請託などによりある目的を達しようとする行為.〔那些议员差不多都是花钱～来的〕あの議員たちはほとんどみな金を使って運動してきたのだ. → 〔活 huó动〕
运动场 yùndòngchǎng 運動場.運動競技場. → 〔操cāo场①〕
运动神经 yùndòng shénjīng =〔传 chuán出神经〕生理运动神经.〔～元病〕因ALS.筋萎縮性側索硬化症:俗に〔卢 lú伽雷病〕(ルーゲーリック病)ともいう.〔渐 jiàn觉 jué神经〕
运动员 yùndòngyuán スポーツマン(選手).運動競技出場者.〔业 yè余〕アマチュアスポーツ選手.〔将 jiāng同国田径～进行第一次友谊比赛〕中国の陸上競技選手と第1回の親善試合をする.

yùn 运酝均韵

运动战 yùndòngzhàn 〔軍〕機動戦:正規兵団の流動的進攻作戦.

运费 yùnfèi 運賃.〔~在内〕〔~付讫〕運賃込み.運賃当方払い.〔~在外〕〔~到付〕運賃先方払い.運賃后払い.

运河 yùnhé =〈文〉漕 cáo 渠〕〈文〉漕沟〕運河.

运货 yùnhuò 荷物を運送する.〔~卡 kǎ 车〕貨物運送トラック.

运货单 yùnhuòdān 日送り状.積荷目録.→〔发 fā 货〕单〕

运货证书 yùnhuò zhèngshū ⇒〔提 tí 单〕

运价 yùnjià 運送料金.運賃.

运斤成风 yùnjīn chéngfēng 〈成〉名匠の神技:郢(ĕ)人がその鼻の先に白粉を塗り、工匠に斧をもって斬らせたところ白粉を削り取ったが鼻は傷つけられなかった(荘子)

运距 yùnjù 輸送距離.→〔运程〕

运力 yùnlì 輸送〔运能〕

运粮河 yùnliánghé ⇒〔漕 cáo 河〕

运量 yùnliàng 輸送量.〔运输量〕ともいう.

运灵车 yùnlíngchē ⇒〔灵车〕

运命 yùnmìng 〈文〉運命.

运能 yùnnéng =〔运力〕輸送(能)力:〔运输能力〕の略.

运气 yùnqì (拳の修練をする時)身体の一部に全精神全力を集中すること.〔把气运到胳 ge 膊上全精神全力を集中する〕.〔外练筋骨皮,内运一口气〕外は筋骨を練り、内は精神を練る.

运气 yùnqi 運気.運命.運勢.〔~好〕運がいい.〔~背〕運が向かない.〔~旺〕運が強い.〔~走〕運が向く.〔~好~,歪打正着 zháo〕運がいい時はゆがんだでたらめてもまぐれでうまくいく.〔不济 jì〕運が悪い.②運がいい.幸福だ.〔你真~!〕きみはほんとに調子がいいぞ.

运球 yùnqiú 〔又〕(バスケットボール・ハンドボールなどの)ドリブルする.(ホッケーの)スティックでパックを運ぶ.〔~突破〕ドリブルで守備をぬけること.〔两次~〕ダブルドリブル.

运输 yùnshū 運送(する).輸送(する).〔~工具〕運輸手段.〔~网〕輸送網.〔~标志〕荷印.シッピングマーク.〔~船港〕船積港.〔~量〕輸送量.〔~业〕運輸業.〔~机〕輸送機.〔~舰 jiàn〕輸送船.〔~线 xiàn〕輸送ライン.運輸ライン.→〔运送〕

运数 yùnshù 運命.運.

运思 yùnsī 〈文〉想を練る:多く詩文を作る時を指す.

运送 yùnsòng 運搬する.運ぶ.〔~肥料〕肥料を運ぶ.

运算 yùnsuàn 運算(する).演算(する).〔~部件〕〔~器〕〔電算〕演算部.演算装置.

运土机 yùntǔjī 土石運搬機(トロッコなど)

运销 yùnxiāo 運送し販売する.〔~各地〕各地へ同前.〔~国外〕国外に売りさばく.

运行 yùnxíng ①運行する:多く星や車・船などを指す.〔人造卫星的~轨道〕人工衛星の運行軌道.〔列车~正常〕列車の運行が正常である.②稼働する.進行する.〔~成本〕ランニングコスト.〔~率〕稼動率.

运行图 yùnxíngtú ①列車・バスなどの乗り物のダイヤ編成.②時刻表:〔列 liè 车时刻表〕に同じ.

运营 yùnyíng 運営する.経営する.操業する.〔~成本〕ランニングコスト.

运用 yùnyòng 運用する.〔~之妙存于一心〕〈文〉戦略の妙は用いる者の働かせ方一つである.〔~自如〕自由自在に操る.〔灵活~〕臨機応変に活用する.

运载 yùnzài 搭載・運搬(する).〔~量〕積載量.〔~工具〕運搬道具.〔~火箭〕キャリアロケット:人工衛星・人工惑星を発射するロケット.〔~技术〕運搬技術.

运渣车 yùnzhāchē バラス用車.ホッパー車.

运转 yùnzhuǎn ①〔物〕中心をめぐって継続前進する.決まった軌道上を運行する.〔行星都绕着太阳~〕惑星はみな太陽を巡って運行する.②運転(する).稼動する.〔~率 lǜ〕稼働率.〔机器~正常〕機械が正常に動いている.③(機構・組織で)業務を展開する.

运作 yùnzuò (仕事・業務を)展開する.機能する.運用する.

[酝・醖] yùn ①〈文〉かもす.酒を醸造する.〔良~佳酿〕〈慣〉美酒.→〔酿 niàng〕②転.酒.

酝酿 yùnniàng ①酒をかもす.醸造する.→〔发 fā 酵〕②(事が次第に)醸成される.〔空气·情势·气运)はらむ.〔这场大辩论~已久〕今回の大論争はずっと前から起こうとしていた.③下相談する.非公式の予備討議(論議・協議)する.(研究や考えを)煮つめる.考えを練る(が練られる).〔~候选人名单〕選挙候補者名簿を討議する.〔那个问题还没~好〕あの問題はまだ煮つまっていない.

[均] yùn 古書で〔韵〕に通用された.→ jūn

[韵(韻)] yùn ①〈文〉心地よい音.きれいな音声.〔琴~悠扬〕琴の音が悠揚としている.〔松声~〕風にそよぐ松や竹の葉音.②〔圙〕韵(ɾ)漢字音で頭子音以外の部分.〔押 yā ~〕韻を踏む.〔顶~〕各語の初めに同韻字を用いること.→〔声 shēng③〕③〔詩・歌・文墨に関すること.風雅こと.情趣.〔风~〕あでやかな容姿.愛嬌.〔~致〕風雅な趣.④〈姓〉韻(ɾ)

韵白 yùnbái 劇①(旧劇で)韻を踏み、整っているせりふ.②〔京 jīng 劇〕で伝統的な韻を踏んだせりふ.→〔京白②〕

韵彩 yùncǎi 音色.風格.

韵调 yùndiào 〔圙〕音韻.調子.

韵符 yùnfú 〔圙〕母音を表す記号.→〔韵母〕

韵度 yùndù →〔韵母〕

韵脚 yùnjiǎo ①〔圙〕一音節の後半部すなわち母音の部.②詩賦の句末(聯末)に用いる韻字.

韵客 yùnkè =〔韵人〕〈文〉風流人.

韵律 yùnlǜ 韻律:詩の押韻(㎽)の形式.〔~(体)操〕〔又〕新体操.エアロビクスダンス.リズム体操.

韵螺 yùnluó 〔魚貝〕ラダマシ:殻は紡錘状で近海の岩礁に吸着している.

韵母 yùnmǔ 〔圙〕漢字字音の〔声母〕(頭子音)以外の部分:〔韵头〕(介母音)〔中心母音〕〔韵尾〕(末音)に分かれる.例えば漢字音字母で jiao の i は〔韵头〕、a は〔韵腹〕、o は〔韵尾〕.↔〔声 shēng 母〕→〔元 yuán 音〕

韵目 yùnmù (韻書中の)韻目(ɾ)

韵人 yùnrén →〔韵客〕

韵士 yùnshì →〔韵客〕

韵事 yùnshì ①文雅風流なこと.②ロマンス情態に富むこと.

韵书 yùnshū 韻によって分類した字引.または音韻に関する書物.

韵头 yùntóu →〔韵母〕

韵尾 yùnwěi →〔韵母〕

韵味 yùnwèi 優雅な味わい.〔唱得有~味〕歌に風雅な味がある.

韵文 yùnwén 韻文.韻を踏んだ文:〔散 sǎn 文〕に対していう.〔~韵事〕詩賦・文章・歌曲などの風流なこ

韵 yùnyǔ 韻語.
韵辙 yùnzhé 歌曲の歌詞に用いる韻:〔辙⑤〕に同じ.
韵致 yùnzhì 風流の趣.

[**贠(貟)**] yùn 〈姓〉貟(ﾕﾝ):員の古体字.

[**员・員**] yùn 〈姓〉員(ｲﾝ) → yuán yún

[**郓・鄆**] yùn ①春秋の魯の邑名:現在の山東にあった. ②〔～城 chéng〕地山東省にある.〈姓〉鄆.

[**恽・惲**] yùn 〈姓〉惲.

[**晕・暈**] yùn ①因太陽や月の周りにできる暈(ｶｻ).〔～轮 lún〕〔日～〕〔くロ〕日枷 jiā〕太陽の暈.〔月～〕〔くロ〕月枷〕月の暈.〔月～而雨〕〈諺〉月にかさは雨. ②物の周囲のぼんやりした部分.くま.〔灯～〕灯光のくま.〔墨 mò～〕墨のにじみ.〔血 xiě～〕打撲による皮下出血. ③頭がくらくらする.目まいがする.(船・車などに)酔う.〔发 fā～〕同前.〔头有些～〕少し目まいがする.〔眼～〕目まいがする.〔一坐船就～〕船に乗るといつも酔う. → yūn
晕场 yùnchǎng (会場や舞台に慣れず)あがる.場の雰囲気にのまれる.
晕车 yùnchē 車酔い(する)
晕池 yùnchí 風呂にのぼせる.湯にあたる.
晕船 yùnchuán 船酔い(する)
晕高儿 yùngāor 〈口〉高い所に上ると心臓がおどり頭がくらくらする.高所恐怖症にかかる.〔恐 kǒng 高症〕に同じ.
晕机 yùnjī 飛行機に酔う.
晕轮效应 yùnlún xiàoyìng (心理学で)ハロー効果:〔暈圏效応〕に同じ.
晕圏效应 yùnquān xiàoyìng 同上.
晕纹 yùnwén 地地形の傾斜度を表すために描く日暈(ｶｻ)形の線.
晕旋 yùnxuán 目まいがする.
晕血 yùnxuè, ~xiě 血を見ると目まいがする.血に弱い.
晕针 yùnzhēn 中医鍼(ﾊﾘ)を打ったあとの不快な症状.

[**愠**] yùn 〈文〉怒る.〔人不知而不～〕(論語・学而)人からみとめられなくても腹を立てない.
〔微 wēi~〕少々腹立たしい.
愠怒 yùnnù 〈文〉怒る.腹を立てる.
愠色 yùnsè 〈文〉怒色.〔面有～〕顔に憤怒の色が見える.

[**缊・縕**] yùn 〈文〉①新しいのと古いのとを合わせた真綿. ②くず麻. ③奥深い:〔蕴〕に通じて用いる. → yūn
缊袍 yùnpáo 〈文〉古い真綿や麻くずを入れて作った綿入の中国服.〈転〉粗衣.

[**熨**] yùn 〈文〉(こて・火のしをあてて)物を平らにする.しわのばす:〔熨〕に同じ. → yūn

[**韫・韞**] yùn ⇒〔蕴①〕

[**蒀**] yùn ⇒〔蕴①〕 → wēn

[**蕴・蘊**] yùn ①=〔韫〕〔蒀〕〈文〉含む.蔵する.〔石中～玉〕〈文〉石の中に玉を蔵している. ②〈文〉奥深い(所).〔精 jīng～〕精密で深い. ③〈姓〉蕴(ｳﾝ)
蕴藏 yùncáng 蓄積されている.深く蔵する.〔～胸中〕深く胸にしまっておく.〔～着大きな積極性〕大きな積極性を秘めている.〔～量〕〔蕴量〕埋蔵量.
蕴涵 yùnhán 〔蕴含〕とも言く. ①〈文〉(…を)含む.内容としてもつ:〔含 hán 蕴〕に同じ. ②(論理学)含意:二つまたは二組の命題において,一方から他方が論理的に推論できる関係.
蕴和 yùnjī (内部に)集まり蓄積される.
蕴藉 yùnjiè 〈文〉(言葉・文字・精神など)含蓄がある.洗練されている.〈転〉含蓄あるほほえみ.〔风流～〕〈成〉優美で見栄を張らない.
蕴聚 yùnjù 厚く含み重なる.
蕴蓄 yùnxù ①(内に)積み蓄える. ②同前の感情・思想・学問・才芸など.
蕴意 yùnyì 含意.〔～深刻〕深い意味がある.
蕴孕 yùnyùn はらむ.

[**熨**] yùn (火のしやアイロンをかけて)平らにのす.のばす:〔文〕熨〕に同じ.〔用～斗～平〕同前.〔这件衣服～过了〕この服はアイロンをかけた. → 烫 tàng ③ → yù
熨斗 yùndǒu 火のし.こて.アイロン:〔熨头〕〈文〉麟 lín 首〕烫 tàng 斗〕は旧称.〔电 diàn～〕電気アイロン. → 〔钴 gǔ 鉧〕〔铬 lào 铁〕
熨烫 yùntàng アイロンをかける.

Z

za ﾂｧ

[**扎(紮・紥)**] zā ①縛る.くくる.(たばねて)結ぶ.〔结 ～结紮〕する.くくる.〔～绑 bǎng〕縛る.くくる.〔上口袋嘴儿了〕⓶袋の口をくくる.〈喩〉飯(ﾒｼ)の食い上げになる.八方ふさがりになった.〔～架子〕骨組みを作る.足場を組む.〔～了一个彩牌楼〕五色の布で飾にした〔牌楼〕を作った.〔～带子〕帯をむすぶ. ②〈方〉量詞.縛ったり,束ねたりしたものをえる.〔一～儿挂面〕そうめん一把.〔一～韭 jiǔ 菜〕にら一束. → zhā zhá
扎彩 zācǎi (祝祭のとき)五色の絹を結んで装飾にする.〔～匠〕〔彩匠〕同前をする職人. → 〔彩活〕
扎筏子 zāfázi 〈方〉うっぷんを晴らす.〔哪儿来的气,拿我～〕何で腹を立てているのか知らないが,わたしにあたってうっぷんを晴らすのだ.〔干什么摔碗～呢〕どうして碗をたたきこわしてうさばらしするのだ.
扎裹 zāguǒ ①〔包んで〕くくる.縛る. ②着るもの履くものなどの面倒をみる.苦労して育てる.〈転〉しつける.〔由小～这么大,容易吗!〕小さい時から面倒をみてこれだけ育てててやったんじゃないの,容易なことじゃないよ,ほんとに. ③〈白〉お化粧をする.身仕度する.〔～停当,一直前往〕身ごしらえをしてまっすぐに行った.
扎花儿 zāhuār 造花細工(をする). → zhāhuā(r)
扎脚手架 zājiǎoshǒujià 足場を組む.
扎靠 zākào 劇(京劇で)武将がよろいをつけ背中に左右に1本ずつ斜めに旗指物(ﾊﾀ)を負うこと. → 〔软 ruǎn 靠〕
扎染 zārǎn 染絞り染め.
扎腿 zātuǐ ①ズボンのすそを縛る. ②すそを縛ったズボン. → 〔散 sǎn 裤脚〕
扎伊尔 zāyī'ēr 地ザイール. → 〔刚 gāng 果⑥〕

[**匝(帀)**] zā 〈文〉①量詞.めぐり. ②周り.まわり.〔一～〕周.ひと回り.〔绕 rào 树三～〕樹を3回りする. → 〔周 zhōu

⑤）．②取り巻く．巡らす．〔密 mì 密～～〕〈喩〉びっしりと取り巻くさま．③満ちる．すべてにわたる．→〔匝地〕

匝道 zādào （高速道路の）ランプウエー・インターチェンジ．〔～口〕同前の出入り口．

匝地 zādì 〈文〉地にあまねし．地上いたるところにある．

匝旬 zāxún 〈文〉満十日．

匝月 zāyuè 〈文〉満1か月．

[咂] zā ①〈口〉味わう（って食べる）．〔～滋 zī 味〕味わう．②吸う．すする．

咂不透 zābutòu 〈方〉意味をはかりかねる．〔这个意思,我～〕この意味は,わたしにはわかりかねる．→〔吃 chī 不透〕

咂酒 zājiǔ 〔青 qīng 稞（麦）〕（はだか麦）から作った醸造酒．②酒をする．〔咂了一口酒〕酒を一口する．

咂摸 zāmo 〈口〉よく味わう．じっくり考える．〔～了半天才回过味儿来〕長いこと味わってみてやっとほんとの味がわかった（長いこと考えて,やっと意味がわかった）

咂儿 zār =〔咂儿咂儿〕〔咂儿〕〔咂嘴头儿〕〈方〉乳首：〔乳 rǔ 头①〕に同じ．〔给他～吃〕乳を飲ませる．

咂儿咂儿 zārzar ⇒〔咂儿〕

咂舌 zāshé 舌うちする．→〔咂嘴〕

咂头儿 zātóur ⇒〔咂儿〕

咂咂儿 zāzātóur ⇒〔咂儿〕

咂奶头儿 zānǎitóur ⇒〔奶 nǎi 嘴〕

咂嘴 zāzuǐ 〔～儿〕舌を鳴らす．舌うちする：羨慕・賛美・嘆賞・嘆惜・驚き・くやしさを表す．〔刘老老此时点头～念佛而已〕（紅6）劉ばあさんこの時はうなずいたり舌うちしたり念仏を唱えたりするだけだった．

[拶] zā 〈文〉（強く要求して）迫る．〔～逼〕〔逼 bī ～〕同前．

[囋・囐] zā →〔腌 ā 臢〕

[杂・雜（襍・襍）] zá ①雑多である．いろいろさまざまである．ごたごたしている．〔复 fù ～〕複雑（である）．〔工作太～〕仕事がいろいろさまざまである．②混ぜ入れる．混合する．混ざる．〔掺 chān ～〕〔夹 jiā ～〕〔难免这种～着別的成分〕どうしても他の成分が混じってくる．〔把坏的～在好的里头〕不良品を良品に混ぜる．③非正規の．非正統の．→〔杂牌军〕④⑩複素環式化合物で環の炭素が外の元素に入れ代わっていることを示す．〔氮 dàn（～）苯〕〔吡 bǐ 啶〕ピリジン．

杂八凑儿 zábacòur 〈方〉ごたごたの寄せ集め．〔这桌菜是～,不能跟馆子里的酒席比〕このテーブルの料理は寄せ集めだから,料理屋の料理とは比較にならない．

杂拌儿 zábànr ①砂糖漬けや干し果物の盛り合わせ：〔山楂 zhā〕〔糖冬瓜〕〔果脯〕など数種の菓子を混合したもの．②ごた混ぜの寄せ集めもの．

杂病 zábìng ⇒〔杂症〕

杂草 zácǎo 雑草．いろいろな草．野草．

杂陈 záchén 雑然と並ぶ（べる）．ごたごたに陳列されている．

杂处 záchǔ 雑居する．混在して共に住む．〔五方～成〕諸方の者が入り混じって居住している．

杂酚油 záfēnyóu ⑩フーゼル油．〔醇④〕

杂凑 zácòu （いろいろな人や物事を）寄せ集める．〔只好～吧〕しかたなく,寄せ集めでいこう．〔～成章〕寄せ集めで文章にする．

杂豆(儿)米 zádòu(r)mǐ （おかゆ用に）いろいろな豆をまぜた米．

杂肥 záféi （自然材料による）雑多な肥料．

杂费 záfèi ①雑費．こまごました出費．②学校で学生から徴収する雑費．

杂酚油 záfēnyóu ⇒〔木 mù 馏油（酚）〕

杂酚皂液 záfēn zàoyè ⑩リゾール液：〈音訳〉来 lái 苏儿〕に同じ．

杂感 zágǎn ①まとまった系統を持たぬ感想．雑感．②同前の文体．

杂工 zágōng 雑役夫．

杂骨 zágǔ （食材とする,動物の）もろもろの骨．

杂合菜 záhécài ⇒〔杂和菜〕

杂合面儿 záhémiànr ⇒〔杂和面儿〕

杂烩 záhuì ①⑩各種の材料をとり混ぜて煮た料理．ごった煮．〔～菜〕同前．〔荤～〕肉類が入ったごった煮．〔素～〕野菜類けが入ったごった煮．②寄せ集め．〔这本语法书是个大～,把各派观点凑在一起了〕この文法書は手当り次第各派の観点を寄せ集めたものだ．

杂活(儿) záhuó(r) 雑役．

杂货 záhuò 雑貨．〔～铺 pù〕～店雑貨屋．〔～摊 tān〕露店の雑貨屋．

杂和菜 záhuocài ⑥残り物を寄せ集めた料理：〔杂合菜〕ともいう．

杂和面儿 záhuomiànr とうもろこし粉に少量の大豆粉を加えた混合粉：〔杂合面儿〕ともいう．

杂记 zájì ①雑記．〔～本〕～簿.雑記帳．②雑文．

杂技 zájì 曲芸．軽業．⑩アクロバット・サーカス：〔戏 xì 法（儿）〕〔魔 mó 术〕（奇術．手品）,〔口技〕（物まね）,〔走钢丝〕（綱渡り）,〔车技〕〔曲（の）の総称．〔～团〕サーカス団．曲芸団．〔表演～〕同前を上演する．→〔戏 xì 剧①〕〔马 mǎ 戏〕

杂家 zájiā ①〈文〉雑家：『漢書芸文志』による九流の一．〔～观点〕雑学的な．雑学者の(ほめていう)

杂交 zájiāo （動植物が）交雑(する)．〔～种〕雑種．〔～水稻〕ハイブリッド米．

杂居 zájū 雑居する．〔民族～的地方〕民族雑居の地区．

杂剧 zájù ⑲雑劇：晩唐・宋・元における演劇の一．元代のものはきわめて最も優れており,ふつう〔元雑剧〕を指す．→〔艳 yàn 段〕〔元 yuán 曲〕

杂拉骨董儿 zála gǔdongr 〔杂拉咕咚儿〕とも書く．〈方〉あれこれわたたとんだものの多いさま．〔他一肚子～的学问〕彼はなんでも雑学がある．

杂粮 záliáng 雑穀：米・小麦を除くその他の穀物．〔五谷～〕米・麦及びその他の穀物．→〔粗 cū 粮〕

杂料 záliào 種々雑多な材料．

杂乱 záluàn 乱雑(である)．雑然としている．

杂乱无章 záluàn wúzhāng 〈成〉乱雑できちんとしていない．〔那坪做就显得太零碎,太～了〕そうやるとひどくこま切れのようになってしまってあまりに乱雑で形にならない．

杂毛 zámáo まじり毛．ぶち毛．→〔花 huā ⑦〕

杂面 zámiàn ①〔小 xiǎo 豆〕や〔绿 lǜ 豆〕(ぶんどう豆)などを混ぜていったい粉．②同上．

杂面条(儿) zámiàntiáo(r) =〔杂面②〕小豆の粉．ぶんどう豆の粉などを混ぜて作った麺．

杂木 zámù 雑木．

杂念 zániàn 雑念：打算的な考えを指す．〔私心～〕同前．

杂牌 zápái 〔～儿〕①=〔杂色④〕非銘柄(の).雑小メーカー(の)．〔～货〕無名メーカー品．②非正規の．

杂牌军 zápáijūn ①非正規軍．雑小軍団．地方小軍閥軍．→〔正 zhèng 规军〕②〈喻〉無名アマチュア

杂 砸 咋 咱 　　　　　　　　　　　　　　　　　　　　　　　zá

チーム.素人集団.
杂品 zápǐn 雑品.日用品.〔~店〕こまもの屋.
杂评 zápíng 雑評.
杂七杂八 záqī zábā〈成〉雑多である.非常に乱雑である.〔~地摆了一桌子〕机いっぱいに乱雑に置いてある.
杂然 zárán ①入り混じっている.雑然(と).②みな.〔~相许〕(列子·湯問)多くが賛成である.
杂糅 zárou いろいろなものが混じっている.錯雑している.〔古今~〕新旧入り混じっている.
杂色 zásè ①種々雑多な色.さまざまの色.②まじった色.雑色.③役者·俳優の端役:伶令などの役.④⇒〔杂牌①〕
杂食 záshí 雑食(する):肉や野菜を取りまぜて食べる(こと).〔~性 xìng〕雑食性.〔~(性)动物〕雑食(性)动物.→〔单 dān 食性〕
杂史 záshǐ〔正 zhèng 史〕に属さない史書:ある事の始末を記述したもの、または一時的な見聞を記述したものや私人の書いた歴史.→〔野 yě 史〕
杂事 záshì 雑用.雑事.
杂书 záshū ①旧科学の試験に直接関係のない書物.②自分の専門分野に関係のない書籍.
杂耍(儿) záshuǎ(r)種々の見世物芸:大道や寄席などでやる手品や足芸·講釈·謡ものなど.〔~馆 guǎn 子〕見世物小屋.⇒〔杂技〕〔把 bǎ 戏〕
杂税 záshuì ①旧法外の(正規でない)税金.〔苛捐~〕苛酷な税と同額.②雑多な税金.
杂说 záshuō ①(正統の学説以外の)いろいろな説.②俗事·怪事の話·物語.
杂碎 zásui ①煩わしくこまごましたこと.②〔食〕(豚以外の)牛·羊などの食べられる部分を他の物といっしょに煮る料理.〔羊~〕羊の臓物の(同前)〔牛~〕牛の臓物の(同前)
杂损益 zásǔnyì〔商〕(会計上の)雑損益.
杂沓 zátà〔杂遝〕とも書いた.ごった返す(物音)
杂谈 zátán 雑談する.
杂文 záwén 雑感文:一定の分類形式に属さない〔散 sǎn 文②〕.多くは文学的論説.
杂务 záwù 雑務.雑用.
杂物 záwù 雑多な物.
杂项 záxiàng 正規(主要)外の項目.〔~开支〕雑支出.
杂性花 záxìnghuā〔植〕両性花と,雌花·雄花の単性花を同株に持つ場合をいう:サイカチ·トチノキ·トネリコ·カキの類.→〔两 liǎng 性花〕
杂学 záxué ①雑多な学説(を学問とする人).②〔杂书①〕の学問.
杂言诗 záyánshī 詩体の名:一首の詩の中に三言·四言·七言などを取り混ぜて作ったもの.
杂役 záyì 旧雑用.小用.②雑役夫.走り使い.
杂音 záyīn 雑音.ノイズ:生理器官や機器などの不正常な音声.〔心脏~〕心臓の雑音.→〔噪 zào 声〕〔噪音〕
杂用 záyòng 諸入費.雑費.
杂院儿 záyuànr 数世帯分雑居する中庭を取り囲む屋敷.〔大杂院儿〕とも言う.→〔独 dú 门独院〕
杂症 zházhèng〔中医〕各種の内科的の病気:〔杂病〕に同じ.
杂质 zázhì 混合物.夾雑物.〔水中含有~〕水には夾雑物が含まれている.
杂志 zázhì ①雑誌.〔~书〕ムック.→〔期 qī 刊〕②雑記.
杂种 zázhǒng ①(動植物の)雑種.混血.あいのこ.②〔骂〕畜生.〔~羔 gāo 子〕母親が淫奔で誰の種かわからぬ子:人の名誉を傷つけるののしりの言葉.

杂著 zázhù 種々の文をかき集めた著作.雑多な形式の文体.
杂字(本儿) zázì(běnr)旧常用字を集めて身近なテーマを一つの形式の韻文につづり,暗唱するのに便利にしたもの:初学の子供の字の勉強に用いられた.→〔小 xiǎo 书(儿)〕

[砸] zá

①(重い物が落ちて来て)ぶつかる.(重くのっかって)つき当てる.〔~核桃〕クルミを割る.〔~煤 méi〕石炭を割り砕く.〔~地基〕地面をつき固める.胴つきをする.〔~开门冲进去〕門をつき破って暴れこむ.②(ぶつけて)打ち割る·割れる.〔玻璃杯~了〕グラスが割れた.③(事を)ぶち壊す(される).めちゃめちゃにする(なる).台なしにする(なる).〔这件事办~了〕この仕事はし損なった.〔头一次唱戏幸而没唱~〕初めて京劇を唱ったが幸い失败しなかった.〔买~了〕買い損なう(つまらぬ物を高く買うなど).〔他的饭碗~了〕〈喩〉仕事を失なって〕あいつはおまんまの食い上げになった.
砸扁 zábiǎn たたいて平たくする.(上から物が落ちて)ぺちゃんこになる.〔砸瘪 biě〕ともいう.
砸地脚 zádìjiǎo ⇒〔砸根底〕
砸兑 záduì〈方〉確かかどうかを問いただす.〔那件事你可跟他一~好了,别又变卦〕あの事は彼に確かめておきなさいよ、また気が変わると困るから.
砸饭碗 záfànwǎn〈喩〉飯にはぐれる.職を失う.〔你不怕砸了饭碗?〕いま,食いぶちをなくすのが恐くはないの.
砸根底 zágēndǐ ≡〔砸地脚〕地固めをする.
砸锅 záguō〔口〈喩〉〕どじをふむ.台なしにする.へまをする.〔这么简单的事我会办~了,真倒霉〕あろうことかこんなたやすいことをし損なって,まったく馬鹿を見た.
砸锅卖铁 záguō màitiě〈成〉ありったけの物を持ち出す.身を投げうつ.
砸夯 záhāng 地突き(胴突き)する:〔夯〕は太い丸太で作った短い柱状の地固めの道具.縄あるいは木の柄が数本ついてて数人がそれを持って打ちおろす.〔打 dǎ 夯〕ともいう.⇒〔砸硪〕
砸烂 zálàn 細かに打ち砕く.めちゃめちゃにたたきつぶす.
砸牌子 zápáizi 看板を傷つける.〈転〉信用を失墜する.
砸伤 záshāng 落下物で傷を負う.おしひしがれて負傷する.
砸手 záshǒu〈方〉失敗する.
砸死 zásǐ ①(重い物でたたかれて)打ち殺す(される).②つぶされて死ぬ.圧死する.〔房子塌 tā 了~人了〕家がつぶれて人が死んだ.
砸碎 zásuì 打ち砕く.叩きつぶす.
砸帖 zátiě〔子〕(電算)他のサイトやブログに意見をはりつける.〔~党 dǎng〕同前を好んで行う人.
砸碗花儿 záwǎnhuār ⇒〔打 dǎ 破碗花花〕
砸硪 záwò 地固めする:〔硪〕は地固め用に縄を多数結びつけた石あるいは鉄塊で,大勢がぐるりを取り囲んで縄を引き上げ,取り下ろして,地固めする.〔打 dǎ 硪〕ともいう.→〔砸夯〕

[咋(咠)] zá

〈方〉なぜ.どうして.〔~办〕〔~整 zhěng〕どんな〔~样〕んな.〔你~不去〕お前はどうして行かないのか.〔你看这事该~办〕君これはどうしたらいいと思うか.〔也不~的〕何でもない.病気でもない.へっちゃらだ.〔一说~办〕言う通りにやる.→〔怎么〕〔整 zhěng ⑥〕→ zé zhā

[咱(喒·嗒·偺·偺)] zá → zán

咱家 zájiā〈白〉おれ.おいら:少し偉ぶった口調.旧

小説・戯曲によく用いられる. → zánjiā

zai ㄗㄞ

[灾(災・栽・甾)] zāi ①災難.〔旱 hàn～〕干害.〔火～〕火災.〔洪水幸未成～〕洪水は幸いに災害までにはならなかった.〔闹水～〕水害を引き起こす.〔受～〕災難を被る.〔預防虫～〕虫害を予防する.〔防～〕災害予防をする.〔～毁 huǐ〕罹災して破壊される. ②災い.不幸.〔～厄 è〕災難.災い.〔招～惹祸〕(自分が原因で)災禍を引き起こす.〔天～人祸〕〈成〉天災人災. → 甾 zī

灾变 zāibiàn 災害(と異変)
灾点 zāidiǎn 災害地点.
灾分儿 zāifènr 〈方〉ちょっとした災難.〔这也是注定该有这点儿～〕これもそのくらいの災難が運命として定まっていたものだろう.
灾害 zāihài 災害.
灾患 zāihuàn 災害.災難.
灾荒 zāihuāng 水害・干害などによる不作.凶作.飢荒.〔闹～〕(災害や凶作による)飢饉が起こる.
灾祸 zāihuò 災い(天災や人災)
灾劫 zāijié 災い.災禍.災難.
灾民 zāimín 被災者.
灾难 zāinàn 災難.不運.〔～片〕パニック映画.〔～深重〕災禍が非常に深刻でひどい.〔财〕災難に際して(乗じて)もうけた金.
灾年 zāinián 災害を受けた年.
灾情 zāiqíng 罹災状況.〔～严 yán 重〕罹災状況がひどい.
灾区 zāiqū 被災地区.
灾星 zāixīng ①〈不吉な出現をした〉災いの星. ②災いの元凶(人や物事)
灾殃 zāiyāng 〈文〉災難.災厄.
灾异 zāiyì 天変地異.

[甾] zāi 〔～醇 chún〕〔～固 gù 醇〕化ステロール(ステリン).〔～族化合物〕一体(化合物)〕ステロイド.〔胆 dǎn ～醇〕コレステリン.〔～体激 jī 素〕〔～类激素〕ステロイドホルモン.

[哉] zāi 〈文〉①反問の語気を表す.〔如此而已,岂有他～〕これだけのことである,何でほかのことがあるだろうか.〔燕雀安知鸿鹄之志～〕燕雀がどうして鴻鵠の考えていることがわかろうか. ②疑問の語気を表す.〔谓之何～〕(詩経・北門)これを何というか. ③感嘆の語気を表す.〔壮～此行〕壮なるかなこの行(こう).〔呜乎哀～〕ああ悲しいかな. ④…しよう.してやろうかね.〔吾其试～〕(尚書・堯典)一つ試してみようかな.

[栽] zāi ①植えつける.栽培する.〔～树 shù〕樹木を同前. ②植え込んで増える差す.〔～刷子毛〕ブラシの毛を植えつける. ③─儿]苗.稻 dào～〕稲苗.〔树～〕木の苗.〔桃 táo ～〕桃の苗. → 〔苗 miáo ～〕 ④倒(下に)ころぶ.ひっくりかえる.もんどりうつ.〔～了一交〕スッテンころんだ.〔敌机正燃 rán 烧着～了下来〕敵機はちょうど燃え頭から落下してきたところだ. ⑤〈喩〉失敗する.しくじる.〔这一下子他算～了〕こんどは彼は失敗したことになる(といえる). ⑥無理に着せつける.(無実の)罪を人に陥れる.〔～赃 zhāng〕冤罪を着せる.〔在领导面前一上我几句〕リーダーの前でわたしのせいであるようなことをしゃべった.〔硬～我是强盗〕わたしが強盗だときっぱり着せつける.
栽播 zāibō 苗を植え種をまく.
栽插 zāichā (苗などを)植える.
栽倒 zāidǎo よろけて倒れる.ころぶ.
栽跟头 zāigēntou =〔栽斤斗〕〔栽筋斗〕①ひっくり返る.(つまずいて)倒れる.もんどりうつ. ②〈喩〉失敗する.しくじる.ぶざまなことをする.〔我的现在大太了〕これはほどえない失敗をしちゃった.
栽花 zāihuā ①花を植える.花を栽培する. ②〈方〉種痘をする.
栽斤斗 zāijīndou ⇒〔栽跟头〕
栽筋斗 zāijīndou ⇒〔栽跟头〕
栽毛 zāimáo (ブラシに)毛を植える.毛を挿す.(刷毛などに)植をする. →字解②
栽面 zāimiàn 〈方〉顔をつぶす.メンツをなくす.
栽培 zāipéi ①植え培う.培養する.栽培する.〔～果树〕果樹を栽培する. ②〈喩〉人材を養う.教育する. ③〈喩〉(官界において)世話したり,面倒を見てくれる.〔今后还望张课长多多～〕今後も張課長さんのごひきたてを願います.
栽绒 zāiróng 紡起毛した織物:ビロードやコールテンなど.
栽丝 zāisī ⇒〔双 shuāng 头螺栓〕
栽秧 zāiyāng 苗を植える.
栽赃 zāizāng 盗品または禁制品をこっそり他人の家や荷物の中に入れておいて罪を着せる.罪のない人にぬれぎぬを着せる.〔～陷 xiàn 害〕ぬれぎぬを着せて人を陥れる.
栽植 zāizhí ①植える.〔～葡 pú 萄〕ぶどうの苗を植える. ②〈喩〉人材を養成する.
栽种 zāizhòng 栽培する.植える.〔～花卉 huì〕花を栽培する. →〔播 bō 种②〕
栽桩子 zāizhuāngzi 杭(くい)を打ち込む.
栽子 zāizi 苗.幼苗.〔树～〕植木.

[仔] zǎi ①⇒〔崽①〕 ②〈方〉(男の)若者:軽んじた言い方.〔打工～〕出稼ぎの若者.〔肥 féi ～〕でぶえとっちょ. → 〔zī zǐ〕
仔裤 zǎikù 俗ジーンズ.ジーパン.〔牛 niú ～〕の略.
仔衣 zǎiyī 俗ジージャン.ジーンズジャケット.
仔装 zǎizhuāng 俗ジーンズルック.

[宰] zǎi (Ⅰ)①主となってつかさどる.〔主～〕同前. ②固長.おさ.かしら:官名に使う.〔县～〕県の長官.〔家 zhǒng ～〕墓守. ③〈姓〉宰(さい)
(Ⅱ)①屠殺する.家畜を殺す.〔屠 tú ～〕同前.〔杀猪～羊〕豚や羊を殺す.〔～一口猪〕豚を1頭殺す. ②〈口〉暴利をむさぼる.高い値段をふっかける.ぼったくる.〔～客〕〔～人〕客に同前.
宰父 zǎifǔ 〈姓〉宰父(さいほ)
宰割 zǎigē 分割する.切りとる:侵略・抑圧・搾取などにたとえる.〔任意～〕意のままに蹂躙(じゅうりん)する.
宰人 zǎirén 高値をふっかける.ふんだくる.〔那个商店太～了〕あの店はひどくぼる.
宰杀 zǎishā 家畜を屠殺する.〔屠 tú 宰〕に同じ.〔～牲畜〕同前.
宰牲节 zǎishēngjié =〔牺 xī 牲节〕俗犠牲祭:イスラム教の祭りで〔古尔邦(节)〕(グルバーン)ともいう.イスラム暦12月10日に牛・羊・らくだなどを殺して神にささげる.
宰相 zǎixiàng 宰相.総理大臣. →〔肚里能撑 chēng 船〕〈諺〉宰相の度量はさおをさして船を進められるくらいに大きい(度量が大きい)
宰制 zǎizhì 統轄支配する.

[载・載] zǎi (Ⅰ)年.〔抗 kàng 战八～〕抗(日)戦8年.〔三年五～〕四五年.〔一年半～〕1年や半年.
(Ⅱ)①記載する.〔记～〕同前.〔登 dēng ～〕掲載する(される).〔～明 míng〕明記する.〔～入史册〕歴史に記載する. → zài

〔崽〕 zǎi 〈方〉①〔-儿〕(動物の)子:〔仔①〕に同じ.〔猪 zhū ~〕豚の子.〔下~〕子を産む.②〔-儿〕息子.

崽子 zǎizi 〈黌〉畜生め.〔兔 tù ~〕〔猴儿 hóur ~〕同前.〔细 xì ~〕回西洋人に使われる者に対する同前.

〔再(再・冄)〕 zài ①再び.二度.重ねて.さらに.もっと:(今までの)動作を更に継続することや回数を重ねること.第二回目をいうこともある.〔~而三〕再三.〔一~表示〕何度も表す.〔~也吃不下去了〕もうこれ以上食べられない.〔~没有比这个好的〕ほかに(もう)これよりよいのはない.〔还要~练习〕もっと練習しなければならない.②これ以上….したら.この上また…したら.〔~喝就要醉了〕これ以上飲んだら酔っぱらってしまう.〔~不走可迟到了〕もうすぐ出かけないと遅れる.③…した上で….してすぐに:ある動作が終わった後または一つの動作が行われる.〔先买了票~说〕先にキップを買ってからのことにしよう.〔雨停了~走〕雨がやんでから出かけよう.〔太晚了,明天~去吧〕もう遅すぎる,明日行ったら.→〔又 yòu ①②〕④もっと:程度が加わることをいう.〔~大一些就好了〕もう少し大きければよい.〔~好没有〕この上よいもの(こと)はない.この上なくよい.→〔更 gèng〕⑤もっと(いくら)…でも:後に〔也 yě〕を置く.〔天气~坏,今天也(都)要赶回村去〕天気がどんなに悪くなっても,今日はどうしても村へ帰らなくちゃならない.〔工作~忙也要坚持学习〕仕事がいくら忙しくても学習を続ける.〔~苦~累也要搞好〕いくら苦しくてきつくても,立派にやらなければならない.⑥それから.そのうえ.それに:別のことを追加・補充すること.〔~说吧〕それから.その次が.⑦〔文〕二度繰り返す.再びする.現状が更に続く.〔青春不~〕青春は二度と来ない.〔良机难~〕いいチャンスは二度とは得難い.→〔重 chóng ①〕⑧〈姓〉再(さ)

再拜 zàibài 〔牘〕再拝.

再版 zàibǎn 再版する.重版する.旧時,第二次印刷をも指した.〔这本书已经~三次了〕この本はもう3回再版された.〔那套全集不久就要~了〕あの全集の再版ももうすぐだ.

再保险 zàibǎoxiǎn 国再保険:〔分 fēn 保〕ともいう.

再不(然) zàibù(rán) それでなかったら….さもなくば….〔我打算让老吴去一趟,~让小王一块儿去,俩人好商量〕呉君は行ってもらおうと思うが,なんなら王君にも行ってもらおうか,二人の方がうまく相談し合えるから.

再出口 zàichūkǒu 再輸出(する)

再次 zàicì ①再び.もう一度.〔~出现〕再び現れる.②さらに.〔首先,其次,~…〕まず,その次に…,さらに….

再贷款 zàidàikuǎn 国中央銀行の商業銀行に対する貸付け.

再度 zàidù 再度(の).〔机构~调整〕機構が再度整理統合される.

再犯 zàifàn ①国再犯(する).②再侵入する.③ぶり返す(病気など)

再会 zàihuì 再会(する).→〔再见〕

再婚 zàihūn 再婚(する)

再及 zàijí ⇒〔又 yòu 及〕

再加上 zàijiā·shàng (一度加えた上)さらに.おまけに.〔又加上〕に同じ.〔且 qiě 复〕

再嫁 zàijià (女性が)再婚する.〔改 gǎi 嫁〕に同じ.→〔再醮〕

再见 zàijiàn 〈挨〉またお目にかかります.さようなら.ではまた:再会の期日を言わずに別れる時の一般的な言いかた.→〔回 huí 头见〕

再醮 zàijiào 旧(寡婦が)再婚(する).→〔再嫁〕〔后 hòu 婚〕

再教育 zàijiàoyù 再教育(する).〔对干部进行~〕幹部に再教育を行なう.

再接再厉 zàijiē zàilì〈成〉(一回一回)ますます励む.ますますがんばる:〔厉〕は〔励〕〔砺〕とも書いた.〔望你们~取得优异的成绩〕ますますがんばって,優れた成績をかちとるよう希望している.→〔百 bǎi 折不挠〕

再结晶 zàijiéjīng 国再結晶.

再进口 zàijìnkǒu 輸出した物を輸入する.逆輸入する.

再就业 zàijiùyè 再就職(する)

再利用 zàilìyòng 再利用(する).〔(资源)回收~〕資源のリサイクル(をする)

再平 zàipíng 区①再び引き分ける.②アゲインジュース:ジュースは〔平分〕

再启 zàiqǐ 〔牘〕再白.追伸:手紙の追加文の冒頭用語.

再起 zàiqǐ ①再発(する).再現(する).〔防止边境冲突~〕国境衝突の再発を防ぐ.②再起する.〔东山~〕成力をもり返す.→〔卷 juǎn 土重来〕

再娶 zàiqǔ (男性が)再婚する.

再认识 zàirènshi 再認識する.

再三 zàisān 再三.たびたび.何度も.〔~强调它的重要性〕再三その重要性を強調する.〔他~地求我〕彼は再三わたしに頼んだ.〔这件事我~嘱咐过他〕このことは再三彼に言いつけておいた.〔~婉 wǎn 拒〕幾度も断りを述べる.〔考虑~〕再三考慮する.

再三再四 zàisān zàisì ═〔一 yī 而再,再而三〕再三再四.くり返し.しょっちゅう.〔他~写信来要求〕彼はしょっちゅう手紙をよこして請求して来る.〔这样~地无理取闹,不是故意捣蛋是什么〕こんなに何回もむちゃなことをして騒ぐのは,わざと混乱させているのでなくて何であろうか.→〔三番两次〕

再审 zàishěn ①再審する.→〔提 tí 审〕②再審査する.〔请求~〕再び審査することを要求する.

再生 zàishēng ①(死んだ人が)生き返る.②生理再生:〔重 chóng 生②〕に同じ.〔~障碍性贫血〕医再生不良性貧血.AA.〔~稻〕圃切り株からまた生えた稲.稲のひこばえ.③(廃物を)再製(する).再生(する).〔~布〕再生布.〔~毛(织)ーン.〔~水〕再生水.〔~纤维〕再生繊維.〔~橡 xiàng 胶〕〔~胶 jiāo〕再生ゴム.〔~纸 huán 魂纸〕再生紙.〔~资 zī 源〕リサイクル資源.

再生产 zàishēngchǎn 国再生産(する)

再生父母 zàishēng fùmǔ ═〔重 chóng 生 父 母〕〔喻〕命の恩人.

再世 zàishì ①来世.②生き返る.復活する.

再衰三竭 zàishuāi sānjié〈成〉再起できない.士気が衰えて,もう元気を奮い起こすことができない.

再说 zàishuō ①もう一度言う.再び言う.〔我没听清楚,请您~一遍〕はっきり聞こえませんでした,もう一度言ってください.②あとのことにする.その上で決める.〔买了车~〕車を買ってからのことにしよう.〔明天~吧〕明日のことにしよう.→字解③そのうえ.それに.〔他也没有能耐〕~他又没有这能力〕彼は能力もないし,それに抜け出せなかった.〔偏 piān 巧她不能去,~一来生病,~也没法溜出去〕あいにく彼女は行けなくなった,病気になったし,それに抜け出せなかった.→字解

再四 zàisì 〈白〉何度も.しょっちゅう.→〔再三再四〕

再贴现 zàitiēxiàn 国中央銀行の(商業)手形割引.

再现 zàixiàn 再現する.

zài　再在

再続前緣 zàixù qiányuán 〈成〉再びよりをもどす.元のさやにおさまる.

再也 zàiyě これ以上….二度と….永遠に:ふつう後に否定詞がつき,二度と…しない.もうこれ以上…しない.〔~不来了〕彼はもはや二度と来ない.

再议 zàiyì さらに議論する.相談を続ける.

再一次 zàiyīcì もう一度.再度.重ねて.〔~表示由衷的谢意〕重ねて心からの謝意を表明する.→〔再次〕〔又 yòu 一次〕

再有 zàiyǒu ①(現状)に加えてさらにある.〔~半年就成功了〕あと半年あれば成功する.②さらに.その他.

再造 zàizào 生き返らせる.新たに命を得る.〔恩 ēn 同~〕〈諺〉命の親.

再则 zàizé その上.それに加えて.更に.

再者 zàizhě ①更に.その上:〔再则〕に同じ.〔~也没有位子坐〕その上座席もない.②〔贖〕なお.その.

再植 zàizhí 再植(する)

[在(左)] zài ①存在する.生きている.〔留得青山~,不怕没柴烧〕〈諺〉青山がありさえすれば薪の心配はない:根本の力さえ存在しさえすれば,いつかは目的が達せる.〔父母还健 jiàn ~,祖父已经不~了〕父母はまだ健在です,祖父はもう亡くなりました.②…にある.…にいる:位置を示す.〔书~桌子上〕本はテーブルの上にある.〔学生们旧~教室里〕学生たちはまだ教室にいる.〔~校学生人数〕在学の学生徒数.③…に属している.地位にある.〔他还~外交部〕彼はまだ外務省に(勤めている).④(問題のかぎが)…にある.…かどうかにある.〔事~人为 wéi〕〈成〉事の成否は人がやるかどうかにある.〔兵不~多而~精〕〈諺〉兵が役に立つかどうかは,数の多さではなく,精鋭であるかどうかにある.⑤…で.…において:行為・動作の場所・時間・状況を表す介詞.〔~工厂做工〕工場で仕事をする.〔住~郊区〕〔~郊区住〕郊外に住む.〔~地上跳〕地面でとびはねる.〔跳~地上〕(他の場所から)地面にとびおりる.⑥時間を表す.〔专车~下午一点到达〕専用列車は午後1時に到着する.〔参观改~星期~〕見学は月曜に変更された.〔~同学们的帮助下,我的中文水平提高得很快〕同級生の援助のお陰で,我的中文水準はぐんぐん伸びた.〔事情是~这样的情況之下进行的〕事態はこのような状況の下に進行したのである.⑦しつつある.…している:動詞の直前におき持続状態を表す.〔工人~吃饭呢〕彼はちょうど食事中である.〔工人・劳动者〕労働者が働いている.〔我们~进行现代化建设〕我々は現代化建設を進めている.→〔正 zhèng 在〕⑦〈姓〉在(ざい)

在案 zài'àn 〈公〉手続きを終了して保存書類中にあり.記録に残されている.〔记录~〕記録にとどめられている.→〔备 bèi 案〕

在帮 zàibāng (旧)組(青帮・紅帮などの秘密結社)に入っている.

在编 zàibiān (組織の)正規人員である.〔~人员〕常勤職工.正規職人.

在草 zàicǎo 〈文〉臨月である.出産が間近である.→〔坐 zuò 月子〕

在册 zàicè 名簿に載っている.

在场 zàichǎng その場にいる.〔事情发生的时候,他也~〕事件が起きた時,彼もそこに居合わせた.

在朝 zàicháo ①朝廷に仕えている.官職にある.②政府側または与党側にある.↔〔在野〕

在党 zàidǎng 在党である:特に中国共産党に所属すること.

在读 zàidú 在学する.〔~生〕在学生.

在迩 zài'ěr 〈白〉(…iu)間もない.間近にある.

在孵企业 zàifū qǐyè (育成中の)ベンチャー企業.→〔孵化器〕

在岗 zàigǎng 在勤している.

在官 zàiguān 〈文〉官途についている.〔~言官〕〈成〉役人は役所のことを言う.立場に応じて物を言う.

在行 zàiháng (事情に)詳しい.〔他是老资格的东洋留学生,什么都~〕(茅・霜 7)彼は古い日本留学生で何でもみな詳しい.〔我不~,所以失败了〕ぼくはその道にくらくて失敗したんだ.→〔内 nèi 行〕

在乎 zàihu ①…にある:〔在于〕に同じ.〔易卜生的长处就~他肯说老实话〕イプセンのよいところは,まじめな話をしようとする点である.②問題にする.気にする:多く否定に用いる.〔满不~〕全く平気だ.〔我不~钱〕おれは金のことなど問題にしない.〔他什么都不~〕彼は何も気にしない.

在即 zàijí 差し迫っている.近く…である.間もなく始まる.〔年关~〕年の瀬が差し迫っている.〔毕业~〕卒業が間近だ.

在家 zàijiā ①家にいる.在宅している.〔他不~〕彼は留守です.②〔靠父母,出外靠朋友〕〈諺〉父母へ頼り,外では友人に頼る.〔~千日好,出外一时难〕〈諺〉何と言っても家の生活が一番よい.〔~是老虎,出门是豆腐〕〈諺〉内弁慶の外むずみ.〔~敬父母,何必远烧香〕〈諺〉家にいて孝行すれば遠く神仏に詣でる必要はない.②=〔居 jū 家④〕(仏教)で家:妻子と共にいてまだ仏道に入らない世俗の人.〔~人〕一般人.在俗の人.

在建 zàijiàn 建築中.建設中.〔~工程〕施工中の工事.

在教 zàijiào ①宗教を信仰する.②イスラム教徒である.イスラム教を信仰する.→〔伊 yī 斯兰教〕

在劫难逃 zàijié nántáo 〈成〉厄運は逃れられない.〔轮~〕どうしても避けられない成行きにあること.

在理 zàilǐ ①理にかなっている.理がある.〔你别看他年轻,说话,做事可都~〕彼は若いけれど,言うこと為すこと理にかなっている.②同上.

在理教 zàilǐjiào 〔在礼教〕とも書く.(仏)清初の白蓮教の支派:在大士(羊宿菩薩)を教祖としたので〔白 bái 衣道〕〔白衣教〕ともいう.〔在理〕とは儒・仏・道三教に通じる理があるとの意.明の遺臣爾来如の組織した反清の秘密結社だで,禁アペン・禁酒などの戒律を守り,〔一心灭满清〕を唱えた.〔在理②〕〔在家理〕〔在理门(儿)〕ともいう.

在内 zàinèi その内にある.その内にも含む.〔连房带饭都在其内,内部屋代も食費もみなその内に含まれている.〕↔〔在外③〕

在聘 zàipìn 招聘期間中(である).任期中(である)

在谱 zàipǔ 〔~儿〕(話が)事実と符号する.一般的の常識に合っている.

在旗的 zàiqíde (清)旗人の籍に在るもの,すなわち満州人をいう.

在前 zàiqián ①前面にある(いる).②先立って…である.先に…する.〔吃苦~〕先に苦労がある.

在任 zàirèn 任官中である.

在苫 zàishān 〈文〉父母の喪に服すること.→〔寝 qǐn 苫枕块〕

在世 zàishì 存命である.〔父亲~的时候〕父が存命であった頃.〔我母亲已经不~了〕母はもう生きていません.

在室 zàishì (旧)女子が嫁でないこと.

在手 zàishǒu 手の内にある.

在数 zàishù ①運命がもう決まっている(いて逃れられない).〔~难逃〕同前.②勘定(範囲)のうちに含

まれる.
在所不 zàisuǒbù…〈慣〉…する所は無い;否定的態度を強調する.〔~计 jì〕意としない.問題にしない.〔~惜 xī〕惜しくも何ともない.〔就是赴汤蹈火也~辞〕たとえ水火へ赴くことをも辞せず.
在所难免 zàisuǒ nánmiǎn 〈慣〉どうしても免れ難いことだ.
在堂 zàitáng (父)母が健在である.〔父母~〕父母がいます.〔老夫人~吗〕お母様はご健在ですか.
在逃 zàitáo 逃亡中である.〔~犯〕逃走中の犯人.〔~未获 huò〕逃走中でまだ捕まらない.
在天之灵 zàitiān zhī líng 天にまします(死者の)霊.
在外 zàiwài ①外出している.②外国にいる.外地(地方)に出ている.③その中に含まれていない.〔工钱~〕工賃は含まれていない.↔〔在内〕
在望 zàiwàng ①〈文〉視野に入る.見える(位置にまで来た).〔遥看东方,富士~〕はるかに東方を見れば富士山が見える.②(いい事・望んでいる事が)目の前にある.間近い.もうじき実現される.〔丰收~〕豊作が間近い.
在位 zàiwèi ①〈文〉(天子として)在位する.②地位にいる.在任する.在職する.
在握 zàiwò 握っている.掌中に在る.〔全局在胸,胜利~〕〈成〉大局を掌握し勝利は手中に在る.
在下 zàixià〈白〉わたくし.小生:自称の謙詞.〔~也这么想〕私もそう思います.
在先 zàixiān ①以前に.前に.②あらかじめ.先ず:〔预 yù~〕同じ.③先に(…の行為がある).〔有话~〕〔有言~〕前もって断ってある.先に話がかかっている.
在线 zàixiàn 電算 オンライン.〔~拍卖〕ネットオークション.〔~订票〕オンラインでチケットを予約する.
在校 zàixiào 在校している.
在心 zàixīn 心にかける.心にかかる.〔我所托的这件事,请您给我在点心心〕わたしのお頼みしましたこと,どうぞよろしくお願いします.〔怀恨~〕心中に恨みを持つ.
在学 zàixué 在学中である.
在押 zàiyā 法 監禁中(である).拘留中(である)
在野 zàiyě ①野に仕えずに)居る.在野(の).②〔~党〕野党:〔执政党〕(与党)に対して.↔〔在朝〕
在业 zàiyè 在職中である.職に就いている.〔~人〕就業労働者:〔失业工人〕に対していう.→〔在职〕
在一棵树上吊死 zài yīkē shùshàng diàosǐ〈喩〉一つのことにこだわって視野が狭く,可能性を活かせないこと.適性のないことをがんばり続けて自ら窮すること.
在意 zàiyì 意に介する.心に置く.気にかける.気に留める:多く否定に用いる.〔不~〕気にしない.〔你以为这是不要紧的事就不~了吗〕きみはこれはつまらぬことと思って気にもとめなかったのか.〔他的话说过头了,你别~〕彼は言いすぎたのです,気にしないで下さい.〔这件事,请您给我在点儿意〕この事は〔介 jiè 留 liú 意〕
在于 zàiyú ①…にある.即ち…である:事物の本質の所在・内容を示す.〔问题~做不做,不~能不能〕問題はするかしないかであって,できるできないではない.②…によって決まる.決定的な点のありかを表す.〔去不去~你自己〕行く行かないは君自身の考えで(決めるのだ).
在在 zàizài〈文〉いたるところ.どこもここも.〔~皆有〕どこにもここにもある.〔~可虑 yú〕いたるところ危険である.〔到 dào 处〕〔处 chù 处〕
在职 zàizhí 在職中である.職務を持っている.〔~干部〕現職幹部.〔~培训〕現職研修.〔~博 bó 士生〕社会人博士課程院生.→〔在业〕
在制品 zàizhìpǐn 経 仕掛かり品:製造途中で商品とはならないもの.〔半 bàn 成品〕〔半制品〕
在座 zàizuò その席にいる.在席する.同座している.〔~的(人)〕在席者.居合わせる人.〔~诸位〕ご出席の皆様.

〔**载・載**〕zài ①積み込む(んで運ぶ).載せる.〔运字 yùn ~〕積んで運ぶ.〔满~而归〕〈成〉満載して帰る.大収穫をあげて帰る.〔车~斗量 liáng〕〈成〉(車で運び,ますで計るほど)多い.②(道路に)充ち満ちる.〔怨声~道〕恨みの声が巷(ちまた)にあふれる.〔风雪~途〕風雪が道に吹き荒れる.〈喩〉道中難儀するさま.③〈姓〉载(さい) → zǎi
(Ⅱ)〈文〉かつ.また:〔~…~…〕の形で,二つの動作の進行を表す.〔~歌~舞〕
载波 zàibō 電 キャリア(ウェーブ).搬送波.〔~电话机〕搬送電話.〔~增音机〕キャリアリピータ.
载畜量 zàichùliàng 農 一定面積で放牧できる家畜数.
载道 zàidào 〔载途〕道にあふれる.満ちる.〔欢 huān 声~〕喜びの声が道にあふれる.〔口碑~〕宣伝される.巷間に満ちあふれる.
载歌载舞 zàigē zàiwǔ〈成〉歌いかつ踊り,心から楽しむさま.
载荷 zàihè ⇒〔荷载②〕
载货 zàihuò〔装 zhuāng 货〕
载货证券 zàihuò zhèngquàn ⇒〔提 tí 单〕
载脚 zàijiǎo 運賃.
载客 zàikè 旅客を乗せる.旅客を運ぶ.
载流子 zàiliúzǐ 電 キャリア(電流担体)
载频 zàipín 電 搬送周波数.
载人 zàirén 人を乗せる.〔~宇宙船〕有人宇宙船.
载送 zàisòng 運送する.輸送する.
载体 zàitǐ ①にない手.②物 キャリア.→〔载流子〕③化 担体.保持体.④伝達手段(資料).〔信息的~〕コミュニケーションの媒体.
载途 zàitú ⇒〔载道〕
载位 zàiwèi スペース.船腹:船・車などの荷を積む空間.〔由于航行班次増加,~将較为寛裕〕航海の回数が増えたので,スペースも比較的のゆとりがある.→〔舱 cāng 位②〕〔吨 dūn 位②〕
载誉 zàiyù〈文〉栄誉を担う.〔~归来〕栄誉を担って帰還する.
载运 zàiyùn (車両・船などで)運送する.輸送する.〔本市公共汽车每天~将较为宽裕航海的バスは毎日約10万人の乗客を輸送する〕.→〔运载〕
载纸 zàizhǐ 商 貨物送り状.〔发 fā(货)单〕〔送 sòng(货)票〕に同じ.〔运 yùn 货单纸〕ともいう.
载重 zàizhòng 積荷(する).重量物を積む(こと).〔~汽车〕貨車.〔口卡 kǎ 车〕トラック.〔~量〕(最大)積載量.〔~吨 dūn〕商船の総トン.→〔排 pái 水量④〕
载重吨公里 zàizhòngdūn gōnglǐ ⇒〔延 yán 吨公里〕

〔**俄・儎**〕zài ①(船・車に積んである)荷物.積み荷.〔卸 xiè ~〕荷おろしをする.〔过~〕荷を積みかえる.②〈方〉1隻の船に搭載し得る量:船1杯分を1〔~〕という.

zān ㄗㄢ

〔**糌**〕zān〔~粑 bā〕食 ハダカムギを炒って碾(ひ)いた粉.香煎(ぎ):〔酥 sū 油茶〕あるいは

〔青稞酒〕でこね団子にして食べる.チベット族の主食.→〔青 qīng 稞(麦)〕

〔簪・簮〕 zān 同下.→ cǎn

〔簪〕 =〔簮〕①〔-儿〕かんざし:〔-子〕は通称.〔金-〕黄金のかんざし.〔玉 yù -〕玉(ぎょく)のかんざし.②髪にさす.〔把一朵花~在头上〕一輪の花を髪にさす.〔-花〕〔戴 dài 花〕花を冠や髪につける.
簪缨 zānyīng 〔文〕①貴人の冠の飾り.②〈転〉貴人.
簪子 zānzi かんざし:〔搔 sāo 头②〕ともいう.

〔咱(喒・偺・偺・儧)〕 zán わたしたち.〔-俩〕おれたち二人.→〔咱们〕 ②〔口〕わたし.おれ.おいら.③〔方〕とき.ころ(ごろ).〔早晚(儿)zǎowǎn(r)〕の省略.〔这~〕今ごろ.〔那~〕あの頃.〔多~〕いつ(ごろ) → zá
咱家 zánjiā ⟨口⟩おれのうち.わが家.→ zájiā
咱们 zánmen わたしたち:〔我们〕(あるいは〔我〕)と〔你们〕(あるいは〔你〕)とを包括したいいかた.日本人が日本人に対しては〔~日本人〕といい得るが,中国人に対しては〔我们日本人〕としかいえない.〔你们是广东人,我们是河北人,~都是中国人〕あなたたちは広東人,わたしたちは河北人,我々はみな中国人です.〔本是自己人,何必这么客气〕同じ仲間うちの者ばかりなのに,何でそんなに遠慮することがあろうか.→〔俺 ǎn 们〕〔我 wǒ 们〕.

〔拶(桚)〕 zǎn 〔文〕〔拶子〕で拷問する.〔~指 zhǐ〕〔~夹 jiá〕同前.〔把她拖下去~起来〕(十五贯)女をひきずりだして痛めつけよ.→ zā
拶子 zǎnzi 固刑具の一.5本の細い木棒を手指の間にはさみ,ひもで引き締める.

〔咎〕 zǎn ⟨姓⟩咎(え)

〔噆〕 zǎn 〔文〕①ふくむ.口にくわえる.②かむ.くう.〔蚊虻〜肤 fū〕(荘子・天運)蚊やあぶがくう.

〔攒・儧(儹)〕 zǎn 蓄える.ためる.貯蓄する.〔积~〕同前.〔~钱〕金を貯める.〔~邮 yóu 票〕切手を集める.〔~钱罐儿 guàn(r)〕貯金がめ:〔闷 mèn 葫芦罐儿〕に同じ.〔几年来~下了不少钱〕彼はこの数年で少なからぬ金を蓄えた.→〔攒 cuán 钱〕 → cuán
攒积 zǎnjī ためる.一つ一つ集める.

〔趲・趱〕 zǎn ⟨白⟩①急ぐ(いで行く).〔紧~了一程〕道を急いだ.②急いで(…する).〔-造〕急造する.
趱程 zǎnchéng ⇒〔趱路〕
趱路 zǎnlù =〔趲程〕〔趱行〕旅を(道を)急ぐ.急行する.
趱行 zǎnxíng 同上.
趱运 zǎnyùn 急送する.〔把军需品连夜~到前方去〕軍需品を夜もぶっ続けて前線へ急送する.

〔暂・暫(蹔)〕 zàn 一時.ひとまず.〔职务由别人~代〕職務は一時ほかの人が代わる.〔此书~印两万册〕本はさしあたり差２万冊印刷する.〔~不答复〕今しばらく返答を見合わせる.〔工作~告一段落〕仕事が(ひとまず)一段落する.→〔权 quán ⑦〕②時間が短い.〔为期短~〕期間は短い.〔久 jiǔ -〕

暂存 zàncún 当座預け(にする).一時預け(つ)
暂定 zàndìng 暫定的にきめる.〔会期~为十天〕会期は暫定的に10日ときめる.〔~办法〕暫定的方法

(处置.条例.规则).〔~议程〕暂定的会議事項または議事日程.
暂缓 zànhuǎn しばらく猶予する.暂定的に延ばす.
暂免 zànmiǎn ①一時逃れ(る).②当座の間処置しない(ことを許す).
暂且 zànqiě =〔权 quán 且〕しばらく.暫時.〔您~在这儿等一等〕ここでしばらく待っていてください.〔这话~不提〕この話はしばらくお預かりとして….→〔姑 gū 且〕
暂缺 zànquē (役職・商品などが)一時的に空白になる.〔本第五章 ~ 第5章は一時ブランクにしておく.
暂设 zànshè 仮設する.一時的に設置する.
暂时 zànshí しばし.暫時.〔困难是~的〕困難は一時的なものだ.〔~休会〕臨時休会.〔~利益和长远利益〕一時的利益と長期的利益.→〔暂且〕
暂署 zànshǔ 臨時代理(する)
暂停 zàntíng ①一時中止.一時停止する.〔~键 jiàn〕電算ポーズキー.②⊃タイムアウト.
暂星 zànxīng ⇒〔新 xīn 星①〕
暂行 zànxíng (法律や約定で)暂定施行(の).〔~办 bàn 法〕暂定措置.〔~章程〕暂定規則.〔~条例〕暂定条例.〔~契 qì 约〕 = 〔~合 hé 同〕(临 lín 时合同)仮契約.
暂用 zànyòng 暫定的に用いる.
暂寓 zànyù ①仮寓(する).②⟨喩⟩この世.人生.
暂住 zànzhù 一時滞在(する).〔~人口〕一時滞在の人口.〔~证〕(公安派出所発行の)暂時滞在証.

〔錾・鏨〕 zàn ①〔-子〕たがね.のみ.〔油槽~油みぞりたがね.②〔金石に〕彫る.刻む.彫刻する.〔~上几个字〕字をいくつか刻みつける.→〔凿 záo〕
錾菜 zàncài =〔龙 lóng 牙菜〕植キセワタあるいはヤクモソウ近縁種:シソ科の草本.若い芽を食用される.
錾刀 zàndāo 細工たがね:金銀彫刻用彫刻刀.
錾花 zànhuā 金や石に模様を彫刻する.〔~的首饰〕同前の装身具.
錾子 zànzi (金石彫刻用の)たがね.のみ.

〔赞・贊(賛・讚)〕 zàn （Ⅰ）〔·贊(贊)〕①補佐する.支持する.助ける.〔参 cān ~〕④⟨文⟩協贊する.⑤参事官.②⟨文⟩謁見する.③引き連れる.案内する.⟨転⟩儀式を司会する.→〔贊礼〕
（Ⅱ）〔讚〕①たたえる.ほめる.〔称 chēng ~〕称贊(する).〔~不绝口〕⟨成〕口をきわめてほめる.②⟨旧⟩贊(び):詩文の一.絵に題を書き,あるいは人や事物を批評したりたたえたりする内容のもの.韻文が多い.

〔贊语〕
赞比亚 Zànbǐyǎ ザンビア:正式国名は〔~共和国〕.首都は〔卢 lú 萨卡〕(ルサカ).もと(北)ローデシアといった.
赞成 zànchéng ①贊成(する):〔同 tóng 意〕に同じ.〔我~他的看法〕わたしは彼の見方に贊成する.②⟨文⟩援助して完成させる.
赞辞 zàncí 贊辞.〔贊一辞〕贊辞を呈する.
赞歌 zàngē 贊歌.
赞和 zànhè 贊同する.
赞礼 zànlǐ (冠婚葬祭の)儀式の司会をつとめる(者).→〔司 sī 仪〕
赞美 zànměi ほめたたえる.〔~歌〕〔~诗〕宗贊美歌.=〔称 chēng 贊〕
赞佩 zànpèi 贊賛して感服する.〔表示~〕敬服の意を表する.
赞 zàn ⟨方⟩ぐち.不平・不満の言葉.〔这老头子竟甩 shuǎi ~〕この年寄りは恨み言ばかり並べて

zàn~zàng

る.
赞善 zànshàn 善を賞賛する.〔隐恶è～是一种美德〕悪しきを隠し,善をたたえるのは一種の美徳である.
赞赏 zànshǎng 賞賛(する).〔极力～他的品质〕口をきわめて彼の人柄を称賛する.
赞颂 zànsòng ほめたたえる.〔～祖国的锦绣山河〕祖国の麗しい国土をたたえる.
赞叹 zàntàn 感心して褒めたたえる.〔～不已矣〕しきりに賛嘆する.
赞同 zàntóng 賛同(する).〔学校的这个决定,得到了全体家长的～〕学校のこの決定は保護者全員の賛同を得た.
赞羡 zànxiàn うらやみ慕う(あこがれる).〔看见人家都毕了业,心里又～又懊恼〕人がみな卒業したのを見ては,心中いいなあうらやんだり悩んだりする.
赞襄 zànxiāng <文>助け協力する.
赞许 zànxǔ ほめたたえる(良いと認める).〔发出了～声〕"いいぞ"の声がかかった.〔此为全国五十万用户不～的〕この点は全国50万の使用者から賞賛とお認めをいただいている点である.
赞扬 zànyáng ほめたたえ広く知らせる.〔受到～〕賞賛を受ける.〔～好人好事〕善い人と良い行為をほめたたえる.
赞语 zànyǔ 称賛のことば.賛詞.
赞誉 zànyù ほめたたえる.ほめたたえ.
赞助 zànzhù 賛助する.〔～费 fèi〕協賛費.〔～商〕〔～企qǐ业〕スポンサー.協賛企業.〔～生〕〔捐juān 资生〕別枠入学生;高い学費を払った者〔得到～〕賛助を得る.〔行善之事人人皆乐于～之〕善を行うということは,人々が皆喜んで賛助することである.

[**鄼·酇**] zàn 〔～县〕現在の湖北省老河口市西北にあった古県名. → cuó

[**灒·瓚**] zàn <方>(水やどろが)はねとぶ.〔～了一身水〕体中に水のはねがかかった. → [溅 jiàn]

[**瓒·瓚**] zàn 祭祀用の酒を汲む玉(ぎょく)のしゃくし.

zang ㄗㄤ

[**赃·贓(臟)**] zāng ①盗品(の).不正に得た(品).収賄(の).〔贼～〕盗品.強奪物.〔分～〕盗品を分ける(の).〔车 chē〕盗難車.〔追 zhuī～〕盗品を追求して取り立てる.〔窝 wō～〕盗品を隠匿する.〔栽 zāi～〕他人のところに盗品をわざと隠してその人に罪をなすりつける.〔贪 tān～〕賄賂をむさぼる.②<姓>臟(ぎょう)
赃官 zāngguān 収賄役人.汚職官吏.〔～污吏〕貪官污吏同前.
赃款 zāngkuǎn 盗んだ金.不正に取得した金.猫ばばした金.受領賄賂.
赃物 zāngwù 不正取得物.贓品.盗品.受け取った賄賂.
赃证 zāngzhèng 盗品·賄賂の証拠.〔～俱在〕不正取得の証拠物件が揃っている.

[**脏·髒**] zāng 汚い.汚れている.〔肮āng～〕同前.〔～东西〕汚いもの. → zàng
脏病 zāngbìng 汚い病気;性病を指す.
脏弹 zāngdàn [軍]ダーティボム:劣化ウラン弾·クラスター爆弾·放射能爆弾など.

脏点子 zāngdiǎnzi 汚点.汚れ.汚れの斑点.
脏房 zāngfáng 縁起の悪い家;変死人や不吉なことのあった家.
脏话 zānghuà 口汚いことば.下品なことば(話)
脏活儿 zānghuór 汚くてきつい肉体労働.
脏净 zāngjìng 汚いのときれいなの(汚いかきれいか).汚さ.〔难道你连～都不知道吗〕まさか,おまえは汚いかきれいかもわからないのか.
脏乱 zāngluàn 汚くて乱雑である.〔～差 chà〕同前に加え劣っている.
脏水 zāngshuǐ 汚水.下水.〔～沟〕下水溝.
脏土 zāngtǔ 汚い土.土ぼこり.ごみ.
脏污 zāngwū ①汚い(た物).②垢のついた.汚い.
脏兮兮 zāngxīxī 〔脏稀稀〕とも書く.<方>ひどく汚らしい.
脏心 zāngxīn <方>汚い心.邪悪な性根.〔～烂làn肺〕<喩>破廉恥な心.
脏字(儿) zāngzì(r) <喩>汚い言葉.口汚い罵り.下品な物言い.〔说话别带～〕話に下品な言葉使いがあってはいけない.〔他从不吹牛,更没有半个～〕彼はほらを吹いたこともないし,まして野卑な言葉を口にしたこともない. → [骂 mà 话]

[**牂**] zāng <文>①雌の羊.②〔～～〕草木のおい茂っているさま.③〔～牁 kē〕漢代·隋代の郡·県名:現在の貴州省遵義市一帯.

[**臧**] zāng <文>善い.〔其言也微而～〕その言葉はさりげないが立派である.〔谋国不～〕国の運営計画が当を得ない. →〔臧否〕②古奴婢.③古書で〔藏 cáng〕に通じ用いる.④<姓>臧(ぎょう)
臧获 zānghuò <文>奴婢.
臧否 zāngpǐ <文>①よしあし.可否.②よしあしを批評する.〔～人物品评.人物評.
臧善 zāngshàn <文>善良.
臧孙 zāngsūn <姓>臧孫(ぎょう)

[**驵·駔**] zǎng <文>壮健な馬.立派な馬.〔～侩 kuài〕博労(ぎょう).<転>仲買人. → zǔ

[**脏·臟**] zàng ①内臓.〔～器 qì〕[医]臟器:胃·腸·肝臟·脾臟などの器官. → zāng 〔中医〕肝·腎など内部が組織で充実している臟器. → zāng
脏腑 zàngfǔ 〔中医〕心·肝·脾·肺·腎の五臟と胃·胆·三焦·膀胱·大腸·小腸の六腑〔五脏六腑〕ともいう.
脏躁症 zàngcāozhèng → [癔 yì 症]
脏象 zàngxiàng 〔中医〕臟器の状態:臟器の生理学的機能と病理学的変化の外部への現れ.

[**奘**] zàng <文>大きい.壮大である:多く人名に用いる.〔玄 xuán～〕[人]玄奘(ぎょう)三藏法師:唐代にインドから経文を将来して翻訳した.俗に〔唐 táng 僧〕〔唐三藏 zàng〕という.②言葉がぶっきら棒で,態度がぎごちない. → zhuǎng

[**藏**] zàng (Ⅰ)①倉(そう).大量の物資が貯蔵·集積されている所.〔库 kù～〕倉庫.②(仏教·道教の)経典を納めた書棚.また経典の総称.(Ⅱ)チベット.〔西～〕同前.〔青～铁路〕青海チベット間の鉄道. → cáng
藏獒 zàng'áo [動]チベタン·マスティフ.チベット犬.
藏胞 zàngbāo チベット同胞.
藏报春 zàngbàochūn [植]カンザクラ:サクラソウ科の多年草.
藏传佛教 zàngchuán fójiào [宗]チベット仏教.ラマ教. → [喇 lǎ 嘛教]
藏红花 zànghónghuā [植](チベット)サフラン:鎮静などの薬用. →〔番 fān 红花〕

藏经 zàngjīng 〘宗〙①大蔵経の略. ②経典. 経文(書庫に入っている). ③仏教の経文.
藏蓝 zànglán 〘色〙赤みがかった青色(の)
藏历 zànglì チベット暦:チベットにおける伝統的な暦.〔阴 yīn 历〕の一種.〔〜年〕チベットの正月(最大の節句)
藏羚 zànglíng 〘動〙チルー. チベットカモシカ:毛はシャトゥーシュと言われる高級毛織物となる.
藏密 zàngmì ⇒〔喇 lǎ 嘛教〕
藏民 zàngmín チベット族の人.
藏葡萄 zàngpútao チベット産の〔梭 suō 子葡萄〕(干しぶどうにする小粒な種なしのもの)
藏青 zàngqīng 〘色〙濃紺色(の).〔〜哔 bì 叽〕(制服などにする)紺サージ.
藏青果 zàngqīngguǒ ⇒〔河 hē 子〕
藏酋猴 zàngqiúhóu ⇒〔短 duǎn 尾猴〕
藏文 zàngwén 〘語〙チベット文字:表音文字で左から右へ横書きする.
藏戏 zàngxì 〘劇〙チベット地方劇:多く仮面をつけて演じる.
藏香 zàngxiāng チベット産の香:仏前に供えて焚(た)く.
藏学 zàngxué チベット学.
藏羊 zàngyáng 〘動〙チベット羊.
藏药 zàngyào チベットの伝統的な薬剤.
藏医 zàngyī チベット伝統医学. ②同ırlı的医者.
藏原羚 zàngyuánlíng 〘動〙チベットガゼル.
藏语 zàngyǔ チベット語.
藏族 zàngzú 〘名〙:中国少数民族の一. 主としてチベット自治区・四川・青海・甘粛・雲南などに居住する. 宗教は喇嘛(?)教.

〔葬(葵・塟)〕 zàng 葬る.〔埋 mái〕

〜.〕埋葬する.〔土〜〕土葬(する).〔火〜〕火葬(する).〔水〜〕〔海〜〕④水葬(する).⑤〔海上での〕散骨する.〔在公墓〕公共墓地に葬る(られる).→〔追 zhuī 悼〕
葬礼 zànglǐ 葬礼. 葬儀.〔葬仪〕に同じ.
葬埋 zàngmái 埋葬する.
葬身 zàngshēn 遺体を葬る.〈転〉死ぬ.〔〜之地〕死んで身を埋めるところ.〔死无〜之地〕(肩が狭くて)死んでも身を葬る場所がない.〔鱼腹〕〈喩〉溺れて死ぬ.
葬式 zàngshì ①葬り方. その作法. ②葬式.
葬送 zàngsòng 葬り去る. ほうむる.〔白白地〜了一条性命〕あたら一つの命を全くむだに葬り去ってしまった.→〔断 duàn 送〕
葬仪 zàngyí ⇒〔葬礼〕
葬玉埋香 zàngyù máixiāng 〈喩〉美人を埋め葬る. 惜しくも美人が亡くなる.

zao ㄗㄠ

〔遭〕 zāo (Ⅰ)(不幸・不利なことに)遭う. ぶつ

かる.〔〜到人民的回击〕人民の反撃にあう.〔〜暗算〕闇討ちにあう.〔〜人暗害〕暗殺される.〔陰謀に陥れられる.
(Ⅱ)①〈文〉周りを巡る.②〔-儿〕量詞:周り回りの数を数える.〔用绳子绕 rào 了几〜〕ひもで数回卷きつけた.〔到外面转了一〜〕表を一回りした.⑤度数を表す.〔一生, 两〜熟〕(一回生, 二回熟, 習わぬは慣れよ).〔对初对面では他人でも二度めは知人.〔〜〜, 儿〕毎回. 毎度.〔他到北京还是头一〜〕彼が北京へ行くのが初めてだ.〔X)姓之(?)
遭报 zāobào 罰があたる.
遭到 zāodào (…に)目に遭う(あわせる). 出会う.

〔〜百年不遇的洪水〕百年に一度もないような大洪水に見舞われた.
遭逢 zāoféng 巡りあう. 遭遇する. …の時に当たる.〔〜意外的事情〕思いがけないことに巡りあう.〔〜盛世〕ちょうど繁盛の年代に当たる.
遭害 zāohài ①害に遭う. ②殺害される.
遭际 zāojì 〈文〉①境遇.〔死者的〜和他截然不同〕死者の境遇は彼とはまるで違っていた. ②遭遇する.〔高俅自此〜端王, 每日跟随, 寸步不离〕(水2)高俅はここで端王に会ってからは, 毎日ぴったりとつきまとっていた.
遭劫 zāojié 悪運(災難)に遭う.〔〜在数 shù〕悪運に巡り合うのも本人の因縁である.
遭难 zāonàn 遭難する.〔不幸〕不幸にも遭難した(亡くなった)
遭抢 zāoqiāng 略奪にあう. 強奪にあう.〔赵家〜了〕趙家が略奪された.
遭事 zāoshì 災難に遭う.〔他家遭了事〕彼の家は災難に遭った.
遭受 zāoshòu (不幸・不運に)遭う. 受ける. 出くわす.〔〜水灾〕水害に遭った.
遭数 zāoshù 回数→字解(Ⅱ)②;〔次 cì 数〕
遭瘟 zāowēn ①疫病にかかる. ②〈転〉ひどい目に遭う.〔…阿Q这回可遭了瘟〕(鲁・Q2)阿Qはこんどはひどい目に遭った.
遭殃 zāoyāng 災難. 不幸に遭う.
遭遇 zāoyù ①遭遇する:敵や不幸なことに出くわす.〔〜战〕遭遇戦. ②境遇:多く不幸なできごとを指す.〔〜不好〕運が悪い.〔她过去的〜真可怜 lián〕彼女の過去の境遇は実に哀れだった.→〔际 jì 遇〕
遭灾 zāozāi 災害にあう. 災難にあう.
遭罪 zāozuì 難儀をする. 苦しむ.〔过这样的日子真〜〕こんな毎日を送るのはほんとに苦しい.〔遭老罪了〕ひどい目に遭った.

〔糟(蹧)〕 zāo (Ⅰ)〔糟〕①酒や酢のかす.

〔酒 jiǔ 〜〕酒かす.〔醋 cù 〜〕酢のかす. ②かす漬けの(にする).〔醋 cù 〜〕朽ちている.〔这块木头〜了〕この木は朽ちている. ④(状況や状態が)悪い. ひどい. まずい.〔他的身体很〜〕彼の体は非常に悪い.〔这件事办〜了〕これはやり損なったなあ.〔〜了!我忘了〕しまった, 忘れていた.
(Ⅱ)〔糟(蹧)〕損なう. こわす. だめにする.
糟鼻子 zāobízi ⇒〔酒 jiǔ 糟鼻(子)〕
糟蛋 zāodàn 〘食〙あひるの卵のかす漬け:〔鸭 yā 蛋〕(あひるの卵)を〔酒糟〕(酒かす)と〔食盐〕(食塩)で漬けて作る.→〔松 sōng 花(蛋)〕
糟豆腐 zāodòufu 〘食〙酒かす漬けの豆腐:紅こうじを入れない〔豆腐乳〕
糟改 zāogǎi 〈方〉皮肉る. けなす.〔你别〜我了〕冷やかすなよ.→〔改④〕
糟糕 zāogāo めちゃくちゃである. むちゃくちゃである. だめになる. すこぶるまずい(事がだめになって収拾がつかない状態).〔这件事可〜〕この事は実に悪い.〔今天忘了带雨伞〜了〕しまった, きょうは傘を持ってくるのを忘れた.→〔尴 gān 尬〕
糟害 zāohài 〈方〉損なう. 害する. 荒らす.〔野兎一庄稼〕野ウサギが農作物を荒らす.〔〜身子〕体を壊す.
糟践 zāojiàn 〈方〉①むだにする. 粗末にする.〔别〜东西〕物を粗末にしてはいけない.〔好好的个孩子〜了, 他多妈怎能不懊恼呢〕せっかく育てた子供をだいなしにされて, 子供の両親はさぞ嘆き苦しんでいるだろう.〔小孩子常〜花儿〕子供ときたらいつも花をめちゃめちゃにする. ②踏みつけにす

糟凿早 zāo~zǎo

る.いじめ傷つける.〔~人〕人をばかにする.〔谁也不要~谁〕だれもが他人を損ねてはいけない.→〔作 zuò 践〕

糟糠 zāokāng 糟と糠.〈喩〉粗末な食事.〔~之妻〕糟糠の妻:貧困を共にしてきた妻.

糟老头子 zāolǎotóuzi 〈方〉老いぼれ.じじ.

糟了 zāole →字解(I)④

糟(螃)蟹 zāo(páng)xiè 食 酒かすに漬けたかに.

糟粕 zāopò ①(酒などの)絞りかす.②〈転〉つまらないもの.〔弃其~,取其精华〕滓を捨てて粋を取る.〔精 jīng 华〕

糟钱(儿) zāoqián(r) 〈方〉①汚い金.不正なことをして得た金.②むだな金.〔破费几个~〕いくらかのむだ金をかけてしまう.

糟肉 zāoròu 食 かす漬けの肉.②肉かす漬けにする.

糟踏 zāo·tà 〔糟蹋〕とも書く.①(人を)踏みつける.踏みにじる.侮辱する.(女性を)暴行する.〔~本地干部〕その土地の幹部を侮辱する.〔他存心~我〕彼は故意にわたしを侮辱する.②壊す.損なう.粗末にする.むだにする.〔不要~东西〕ものをむだにしてはいけない.〔因为生活不规律,所以把身体~坏了〕生活が不規則なので体を壊した.

糟蟹 zāoxiè ⇒〔糟(螃)蟹〕

糟心 zāoxīn 気がふさぐ.気を腐らす.〔这件事办得~了〕この事でほんとにいやなしょっちゃった.

糟朽 zāoxiǔ 腐ってくずれる.〔那个房子~了〕あの家はひどく朽ちてしまった.

糟鸭 zāoyā 食 あひるの酒かす漬け.

糟鱼 zāoyú 食①かす漬けの魚.②鹹魚(しお魚)を小切りにして酒に漬けて密封し随時取り出して食べるようにしたもの.

[凿・鑿] záo (I)①[~子]鑿(ノミ).たがね.[扁 biǎn ~]刃の平たいのみ.[狭~]刃の狭いのみ.[圆 yuán ~]まるたがね.[平 píng ~]ひらたがね.②(のみ・たがねなどで)掘る.孔をあける.〔~眼〕同前.→〔凿井〕[鏨 zàn]③〈文〉(のみで掘った)柄(ホゾ)穴.→〔凿枘〕(II)〈文〉確かで明らかである.〔确 què ~可靠〕確実で信用できる.

凿穿 záochuān 孔をうがつ.〔~岩石层〕岩石の層に孔を開ける.

凿船虫 záochuánchóng 虫 フナクイムシ.

凿井 záojǐng 井戸を掘る.〔打 dǎ 井〕〔挖 wā 井〕ともいう.〔~机〕井戸掘り機.→〔掘 jué 井〕

凿开 záokāi 開削(開鑿)する.

凿空 záokōng こじつける.〔~之论〕根拠のない議論.

凿木鸟 záomùniǎo 鳥 キツツキ:ふつう〔啄 zhuó 木鸟〕という.

凿枘 záoruì 〈文〉①枘(ほぞ)穴と枘.〔凿内〕ともいう.〈喩〉ぴったり合う.②方〔圆凿圆枘〕〔圆凿方枘〕の略.四角い枘穴と円い枘.〈喩〉しっくりしない.うまく適合しない.食い違う.

凿通 záotōng ①孔を穿つ(あける).②トンネル道などを切り開ける.貫通する.〔那条隧道费了一年的工夫才~了〕あのトンネルは1年かかってやっと貫通した.

凿岩机 záoyánjī 削岩機.

凿眼 záoyǎn [-儿]孔を掘る.

凿凿 záozáo 〈文〉確かである.間違いがない:〔言之~〕いう所が確かな話である.

凿子 záozi のみ.

[早] zǎo ①朝(の).〔清~〕早朝.〔从~到晚〕朝から晩まで.〔一~(儿)〕早朝.起きぬけ.↔〔晚 wǎn〕→〔朝 zhāo ①〕②(ある時刻よ

り)早い(く).早めに.〔时间还~〕時間はまだ早い.〔~点儿走吧〕少し早めに出かけよう.③(ある時期の)始まりの頃.早い時期の時点.→〔早期〕〔~前に.とっくに.〔这已经是很~的事了〕これはもうずいぶん以前のことだ.〔我~知道了〕わたしはとっくに知っていた.⑤〈挨〉〔你~~!〕〈挨〉おはようございます.⑥〔姓〕早(ザ)

早安 zǎo'ān 〈挨〉おはよう.〔各位听众~!〕お聴きの皆さん,おはようございます.〔~續〕よい朝をお過ごし下さいますよう:書簡末尾に添える語.→〔安(I)⑤〕

早班 zǎobān [-儿]①(就業の)早番.〔~车〕〔早车〕朝早く動くバス(あるいは電車).→〔晚 wǎn 班〕〔中 zhōng 班①〕②[旧]早いですね!朝のあいさつに.また早く来た相手に.〔您~啊〕お早いですねえ!

早半响(儿) zǎobànshǎng(r) ⇒〔上 shàng 半天(儿)〕

早半天儿 zǎobàntiān(r) ⇒〔上 shàng 半天(儿)〕

早报 zǎobào ⇒〔晨 chén 报〕

早搏 zǎobó 医 心臓の早期収縮.

早餐 zǎocān 朝食:〔早饭〕に同じ.

早操 zǎocāo ①朝の操練(演習).②朝の体操.〔做~〕朝の体操をする.

早茶 zǎochá ①早期に摘んだ新茶.②朝の軽い食事:〔茶点〕に同じ.

早产 zǎochǎn 医 早産(する).〔~儿 ér〕早産児.〔流 liú 产〕

早场 zǎochǎng 劇 午前の興行.〔~电影〕(映画館)午前中の放映映画.

早潮 zǎocháo 朝の潮.

早车 zǎochē 朝早く出る(着く・通る)列車(バス):〔早班车〕ともいう.→〔首 shǒu(班)车〕

早晨 zǎochen 早朝.

早出晚归 zǎochū wǎnguī〈慣〉朝早く出て夜遅く帰る:勤勉に刻苦して働くさま.

早春 zǎochūn 早春.初春.

早稻 zǎodào 農 早熟の稲.わせ.

早点 zǎodiǎn ①朝食べる点心:〔早茶②〕ともいう.→〔点心〕②早めに.

早饭 zǎofàn =〔早餐〕〔早点〕〈文〉早膳〕朝めし.朝ごはん.朝食.

早慧 zǎohuì (人の知恵が)早熟である.〔~儿童〕知力早熟児童.

早婚 zǎohūn 早婚.↔〔晚 wǎn 婚〕

早间 zǎojiān 朝.早朝.〔~新闻〕朝のニュース(番組).

早觉 zǎojiào 朝寝.〔睡 shuì ~〕朝寝坊をする.→〔睡懒觉〕

早教 zǎojiào 〔早期教育〕(幼児教育)の略.

早就 zǎojiù とっくに.早くに.〔~知道〕とっくに知っている.先刻承知.〔~做得了〕とっくにできあがっている.〔~准 zhǔn 备好了〕とっくに準備し終わった.

早局 zǎojú 旧 昼間の宴会.〔今儿我有个~〕今日はわたしは昼間の宴会がある.

早蕨 zǎojué 植 サワラビ.

早老 zǎolǎo 年より老(フ)けている.〔~(年)性痴 chī 呆〕医 若年性老人性痴呆症.〔阿兹海默病〕

早莅 zǎolì =〔早临〕〈續〉はやばやのご光臨.〔~为荷 hè〕お早めのおいでをお願い致します.

早临 zǎolín ⇒〔早莅〕

早恋 zǎoliàn 早熟な恋:小・中・高校生の恋.

早年 zǎonián ①(ずっと)以前.先年.往年.②若い頃.〔~间〕同前.〔他~曾在东京留学〕彼は若い頃,東京へ留学したことがあります.

早盘 zǎopán 商 前(ゼン)場:〔早市②〕に同じ.→〔盘⑥〕

早期 zǎoqī 早期.初期.〔鲁迅~作品〕魯迅の初期

の作品.〔～诊断〕早期診断.〔～白话〕早期の口語文(唐·宋から近代までの口語にもとづく書き言葉).〔～肺 fèi 癌〕早期肺癌.

早起 zǎoqǐ ①早起き(する).〔～三光,晚起三慌〕〔三天一早,三朝顶一工〕〔谚〕早起きは三文の得. ②〈方〉朝.早朝.→〔早晨〕

早秋 zǎoqiū 初秋.

早日 zǎorì ①以前.〔～的风景〕昔の風景. ②早々と.一日も早く.早期に.〔～完工〕早期完成.〔祝你～恢复健康〕一日も早くご健康になられるようお祈りします.

早膳 zǎoshàn ⇒〔早饭〕

早上 zǎoshàng 朝.〔～好〕〈挨〉おはようございます.→〔晚 wǎn 上〕

早市 zǎoshì ①朝市.朝の商い. ②画(取引所の)前(𡧃)場;〔早盘〕ともいう.〔～收盘〕函前(𡧃)引け.→〔前 qián 市〕

早逝 zǎoshì 若死に(する).早死に(する)

早熟 zǎoshú ①早熟(である).〔～的孩子〕ませた子供. ②〈農〉の生育が早い.〔～作物〕わせの作物.

早衰 zǎoshuāi 早く老衰する.

早霜 zǎoshuāng 初霜.晚秋の霜.

早睡 zǎoshuì 早寝(する).〔～早起〕早寝早起き(する)

早死 zǎosǐ ①早死する. ②ずっと以前に死んだ.

早晩 zǎowǎn ①おそかれ早かれ.(迟到~)遅刻早退.

早树 zǎoshù 〈方〉早退.

早晚 zǎowǎn 朝晚.〔～凉起来了〕朝夕は涼しくなってきた. ②遲かれ早かれ.〔多～〕いつ(ごろ). 〔他～是要来的〕いずれ来るはずだ. ②ごろ. 〔你哪里去了,这一才来〕きみはどこへ行ってたのか,今ごろ来るなんて. ④いつか.いつ.彼は早晚家に来るので,到時候我跟他说吧〕彼がいつか家に来るかぎりで,そのとき彼に言う.

早晚晨昏 zǎowǎn chénhūn〈文〉日暮れと明け方.

早霞 zǎoxiá 朝やけ.〔～不出门,晚霞晴千里〕〈谚〉朝やけの時は(天気が悪くなるから)外出は差し控えろ,夕やけ(の翌日)は遠くまで晴れわたる.↔〔晚 wǎn 霞〕

早先 zǎoxiān 以前.昔.〔看你写的字,比～好多了〕君の字を見ると,以前よりずっとうまくなったね.

早泄 zǎoxiè 早漏(する)

早夭 zǎoyāo〈文〉若死にする.

早 zǎo ①とっくに.すでに.はやくに.とうの昔から.〔你要的东西,我～给你准备好了〕君の欲しい物はとうに準備しておいたよ.→〔早就〕 ②〈方〉以前.前.〔现在大家用钢笔或圆珠笔写字,～都用毛笔〕今でこそみんなはペンかボールペンで字を書いているが,以前は筆を使ったものだ.

早育 zǎoyù 〔早婚で〕若年出産·育児をする.

早早儿 zǎozǎor はやばやと.早くから.〔要不,明天～来〕来るなら,早いとこ明日おいでなさい.

早造 zǎozào わせの農作物.

早占勿药 zǎo zhān wù yào〈成〉早く全快する:〔喜 xǐ 勿勿药〕に同じ.〔吉人天相 xiàng～,您也不必忧 yōu 虑〕よい人は天が助けるので,あなたのご病気はすぐによくなります.ご心配の必要はありません.

早着呢 zǎozhene〈口〉まだまだだ.まだ先は長い.〔这座楼房刚打基础,离完工还～〕このビルは基礎打ちをしたばかりで,完成にはまだまだだ.

早轴子 zǎozhóuzi 画出し物のうち最初の芝居(三番叟に当たる).→〔轴子〕

早自习 zǎozìxí 授業開始時間前の自習(をする)

〔枣·棗〕 zǎo ①画ナツメの果実を〔～〕〈方〉～子〕という.大形の果肉の多い成熟果実を乾燥したものを〔大～〕〔干 gān～〕〔红～〕といい,食用や薬用にする.〔蜜 mì～〕画なつめの蜜づけ. ②ナツメの木. ③〈姓〉棗(𡥌)

枣茶 zǎochá なつめ茶.

枣尺蠖 zǎochǐhuò 画ナツメシャクトリムシ;〔枣步曲〕〈方〉枣尺〕ともいう.→〔尺蠖〕

枣脯 zǎofǔ 画なつめの砂糖漬け.〔果 guǒ 脯〕

枣核(儿) zǎohé(r),〈口〉～húr なつめの果核(堅い内果皮):その中身の仁を薬用する.

枣红 zǎohóng 画なつめ色(の).えんじ(の)

枣花儿 zǎohuār →〔八 bā 件儿〕

枣猫 zǎomāo 画なつめにつく一種の虫;薬用される.

枣木 zǎomù 画なつめ材.〔～棒槌〕〈方〉なつめの木で作った洗濯用のたたき棒.〔喻〕こちこちの堅物(𥿠).こちこちの融通のきかない男.がんこ者.

枣泥 zǎoní 画なつめあん.〔月饼有种种馅儿的,什么豆沙馅儿的,～馅儿的,火腿馅儿的都有〕月餅にはいろいろなあんがあります,小豆あんや,なつめあんや,ハム入りなどいろいろあります.

枣(儿)糕 zǎo(r)gāo 画なつめの実をちりばめた蒸し菓子.

枣仁(儿) zǎorén(r) なつめの〔枣核(儿)〕の内の柔らかな肉.または俗に果肉の部分をいう.

枣肉 zǎoròu (皮と種を除く)なつめの果肉.

枣树 zǎoshù 画ナツメの木.

〔蚤〕 zǎo ①画ノミ.〔跳 tiào～〕〈口〉乞 gè～〕は通称.〔狗 gǒu～〕画イヌノミ.〔水～〕動ミジンコ. ②早い:古書で〔早〕②に通用した.〔～天 yāo〕早世(早死)する.

蚤休 zǎoxiū 画〔重 chóng 楼金线〕〔紫 zǐ 河车〕ドクセキシクバネソウ.またその根茎:ユリ科の植物.鎮咳·抗菌·解毒に用いる.

〔澡〕 zǎo (体を)洗う·すすぐ.沐浴する.入浴する.〔洗 xǐ～〕同前.〔洗(一)个～〕〔洗～〕する.一風呂浴びる.〔洗海水～〕〔洗海水浴 yù〕海水浴をする.

澡盆 zǎopén〔浴 yù 盆〕風呂おけ.バスタブ.

澡堂 zǎotáng〔洗 xǐ 澡堂〕〔洗澡塘〕〔～子〕風呂屋.銭湯.〔澡塘〕とも書く.〔淋 lín 浴〕(シャワーバス),〔池 chí 浴〕(同前浴場),〔盆 pén 浴〕(一人用の西洋式バス)などがある.

澡塘 zǎotáng ①(銭湯の)湯ぶね.湯槽:〔浴池〕ともいう. ②同上.

〔繰·繰(絛)〕 zǎo 古玉飾を通すひも.→〔璪〕→ qiāo sāo

〔璪〕 zǎo 古〔王冠の前に垂らす〕玉の飾;玉に五色の絹糸を通して作ったもの.〔繰〕に同じ.

〔藻〕 zǎo ①画〔植物〕藻類の総称.また広く水中に成長する緑色の植物を指す.〔水～〕水生藻類.〔海 hǎi～〕海藻. ②〈文〉模様.あや.美しい言葉.文詞.〔辞 cí～〕言葉のあや.詩文の美しい語句. ③〈姓〉藻(𥭐)

藻翰 zǎohàn ①〈文〉きれいな文章. ②転〕貴簡.

藻花 zǎohuā ⇒〔藻华〕

藻绘 zǎohuì ①(美しい)模様.〔転〕言葉.文詞. ②美しく修飾する.

藻井 zǎojǐng 画彩色井桁天井:天井が多くの方形の小さい枠でできており,一枠ごとに絵や模様が描かれているもの(宮殿·寺院など)

藻类 zǎolèi 画〔～植物〕藻類植物.

藻丽 zǎolì〈文〉華麗である:特に表現のあや.言葉の美しいこと.

藻饰 zǎoshì〈文〉(文章などに)飾り繕う.

藻酸 zǎosuān 化アルギン酸.

[缲・繰] zǎo ⇒[璪] → sāo

[灶・竈] zào ①かまど.へっつい.[～台]ともいう.[砌qì～]かまどを築く.[煤 méi 气～]ずスコンロ.[～口]=[～门]かまどのたき口.②台所.キッチン.厨房.[上～]白〕食事の仕度をする.料理をする.[在学生～吃饭]学生食堂で食事をする.[职工～]職員・労働者のための賄い(所).③回かまどの神.→[灶王爷]

灶火 zàohuo =[灶口]①かまど.[生～]かまどに火をおこす.[～坑 kēng]かまどの火を燃す所(空間と底部).[～眼(儿)]かまどのたき口.[～口]②同前.⑤かまどのかまをかける所.火口.→[炉 lú 眼] ②[方]台所.

灶鸡 zàojī ⇒[灶马]
灶间 zàojiān 台所.
灶具 zàojù 炊事用具.
灶君 zàojūn 回かまどの神様.[灶王爷]に同じ.[新築]かまどの同前.
灶马 zàomǎ =[灶鸡]回カマドウマ(総称):コオロギに似て、羽がなく、鳴かない.[灶蚂]とも書く.
灶马(儿) zàomǎ(r) =[灶王马儿]かまどの神の画像:夫妻一対のものもある.
灶披间 zàopījiān [方]台所(のある部屋).→[厨 chú 房]①[上 shàng 海话楼房]
灶儿上的 zàorshàngde 料理人.板前.コック.[掌 zhǎng 灶(儿)的]に同じ.味つけを受けもつ料理人.ふつう[大 dà 师傅]という.→[案 àn 儿上的][厨 chú 子][二 èr 把刀]
灶神 zàoshén かまどの神様.[灶王爷]に同じ.
灶台 zàotái ①かまど.一字解①②かまどの上の物を置く所.
灶膛 zàotáng かまどの火を焚く部分.
灶头 zàotou [方]かまど.くど.へっつい.[～间]台所.
灶王 zàowáng ⇒[灶王爷]
灶王脸 zàowángliǎn [喻]黒い顔.
灶王马儿 zàowángmǎr ⇒[灶马(儿)]
灶王爷 zàowángyé =[灶君][灶神][灶王]かまどの神様:毎年、旧暦の12月23日に天に上って一家の過去一年間のよしあしを玉皇大帝に報告するとされている.→[过 guò 小年][祭 jì 灶][送 sòng 灶]
灶屋 zàowū [方]台所.
灶心土 zàoxīntǔ [中医]かまどの[灶火坑]の中心の最も火熱を受ける部分の底にできる土:別名[伏 fú 龙肝]ともいう.鎮嘔.止血薬とされる.
灶沿儿 zàoyánr かまどの上のへり.

[皂(皀)] zào (Ⅰ)①(色)黒色(の).黒い.[青 红 ～ 白]青・赤・黒・白.=[黑 hēi]①[皂白]②〈文〉役所の使い走り.下僕:黑衣を着て従事した.③〈文〉牛・馬の飼い葉槽.[～栃 li 马同槽]「牛馬 jì 同～,优(徒)杀が同じ槽で食う:賢者も愚者も同列(待遇)である.→[皂隶]
(Ⅱ)①[植]トウサイカチ.[～英 yīng]は通称. ②石鹸:旧時,さいかちの煮汁を洗濯に使った.[肥～][胰 yí 子]石鹸.洗濯石鹸.[香 xiāng ～]化粧石鹸.[药 yào ～]薬用石鹸.
皂白 zàobái 黒白(ぼ).〈喩〉成否.善悪.[不分～][不分青红～]理非曲直をわきまえない.[～分明]是非善悪はわけられない.
皂刺 zàocì =[皂针]皂莢(ばく)の枝のとげ:薬用される.
皂矾 zàofán ⇒[绿 lǜ 矾]
皂甙 zàogān [化]サポニン.=[皂草苷][皂角苷][皂素]ともいう.[皂武 dài]は旧称.サイカチの実に含まれる.
皂化 zàohuà 回鹸化.
皂黄 zàohuáng メタニルイエロー=[酸性～]同前の一種.
皂荚 zàojiá =[皂角] [植]トウサイカチ.またその果実:昔時,果実は莢(ぎ)ごと打ち砕いて,洗濯に用いた.
皂角 zàojiǎo 同上.
皂隶 zàolì =[皂役]回役所の下僕.使い走り.
皂片 zàopiàn ①回さいかちの小片(洗濯用). ②フレーク石けん.
皂青 zàoqīng 回暗い紺色(の)
皂树 zàoshù [植]キラヤ(セッケンボク):バラ科の常緑樹.
皂素 zàosù ⇒[皂甙]
皂土 zàotǔ =[浆 jiāng 土] [鉱]ベントナイト.
皂物 zàowù [染]植物性黒色染料材の一種.
皂洗 zàoxǐ [紡]ソーピング.
皂役 zàoyì ⇒[皂隶]
皂针 zàozhēn ⇒[皂刺]

[唕(啫)] zào →[罗 luó 唕]

[造] zào (Ⅰ)①製造する.作製する.[～船]船を造る.[人～纤 xiān 维]人造繊維.[本地～]当地製.[～预算]予算を作製する.[营 yíng ～]造営する.②でっちあげる.作りごとで欺く.[～谣]デマを流す.嘘言をばらまく.[捏 niē 造]嘘をつくりあげる.③〈文〉発端を開く.[国家肇 zhào ～]国の始まり.→〈文〉[造始]
(Ⅱ)①至る.行く.[登峰～极]〈成〉最高峰に達する. ②(深い)境地に達する.[他还要在研究生院深～]彼はさらに深く研究しようとしている.[深～求精]〈成〉深く精妙なレベルに至る. ③仕立てる.養成する.[可～之才]同前に値する人材.→[造就] ④〈文〉訴訟の当事者.[甲 jiǎ ～][甲方.→[两 liǎng 造] ⑤〈文〉時代.[満清～]満清の末年.
(Ⅲ)①[口]④(作付けした農作物の)実り.[早～]わせ(作).[晚～]おくて. ②量詞:収穫回数を表す.[一年三～皆丰收]今年の3回の収穫はみな豊作だった.

造爱 zào'ài 愛を営む.愛を交わす.
造币 zàobì 造幣する.[～厂]造幣工場.
造冰 zàobīng 製氷する.
造册 zàocè (帳簿や統計文書など)綴じて冊子にする.
造成 zàochéng ①作りあげる.[在党内一个生动活泼的政治局面]党内に活発で生き生きとした政治局面を作る.[～與论]世論を作る.②(結果として好ましくないことを)醸成する.もたらす.引き起こす.[这种情况怎么～的]これはどうしてこんなことになったのか.[给教育事业～了严重的损失]教育事業に甚大な被害をもたらした.
造城 zàochéng 〈喩〉(農地をつぶしたり古い家屋を取り壊したりして)豪華ビルにする.
造次 zàocì 〈文〉一～=[草次]回[取 qǔ 次②]倉卒(である).急きあわてて(いる).[～之間]慌ただしい中に. ②軽率(である).みだりに(する).[不可～]むやみなことをしてはいけない.[不敢～遇]無遠慮に訪ねはしない.
造次颠沛 zàocì diānpèi 〈成〉(切迫して拠り所がない)危急存亡の時.
造端 zàoduān 〈文〉①事の発端を開く.始まり. ②問題を起こす.
造反 zàofǎn 謀反(ば)を起こす.逆らう.[～派]文革中の現状反対派.[～有理]謀反はするのは正

zào~zé

しい(文革中のスローガン).[秀才~,三年不成]<諺>秀才(科挙の合格者)の謀反は3年かかっても成功しない:読書人は本を読むだけで,事を運ぶことはとてもできないこと.

造访 zàofǎng <文>家を訪ねる.訪問する.[登 dēng 門~]参上する.

造福 zàofú 幸福にする.[~人民]人民に幸福をもたらす.

造府 zàofǔ =[造谒][牘]参上する.[日昨~,適値公出,帳甚]昨日参上しましたところ折りあしくご不在で,はなはだ残念でした.→[到 dào 府]

造化 zàohuà <文>造化(の神).大自然.[~主]造物主:造物主.

造化 zàohua <口>幸福.運.運命.[我们没有这么大~]我々はそんなたいした幸福には恵まれちゃいない.[你真是好~]ほんとにお幸せですね.[~不浅]運がよい.

造假 zàojiǎ 偽物を製造する.[制 zhì 假]ともいう.[举 jǔ 报~]偽物造りを告発する.

造价 zàojià (建築物・鉄道・道路・自動車・船舶・機械などの)製作費.工事費.[~高]製作費が高い.

造景 zàojǐng 人工的に景観を造る.植え込みや築山・施設の配置で美しい眺めを造る.→[景观]

造就 zàojiù ①作りなす.養成する.[~人材]人材を養成する.→[培 péi 养②] ②⇒[造诣]

造句 zàojù 文を作る.センテンスを作る.[~法][句法]シンタックス.構文法.統語法.→[作 zuò 文]

造林 zàolín 造林(する).[植树~]木を植えて,造林する.

造瘘 zàolòu 医手術で[瘘管②](人工導管)を体にとりつけること.[膀胱~]膀胱フィステル形成(する).

造陆运动 zàolù yùndòng 地造陸運動.

造谟 zàomó <方>[造谣]もいう.筋の通らないことをいう(言う).[怎么能知道呢,你这不是~吧]どうしてそんなことがわかるものか,それは作りごとじゃないのか.

造孽 zàoniè 宗(仏教で)罪作りをする.罰当たりのことをする.[作 zuò 孽]ともいう.[~钱]不正で稼いだ[罰当たりの]金.

造桥虫 zàoqiáochóng ⇒[桑 sāng 尺]蠖.

造山运动 zàoshān yùndòng 地造山運動.

造市 zàoshì マーケティングする.

造势 zàoshì (意図的に)情勢を作り出す.雰囲気作りをする.

造物 zàowù 造化の神.[造化]ともいう.[~主]基(キリスト教で)造物主.

造像 zàoxiàng ①像を作る.②塑像.彫像.

造星 zàoxīng (メディアで)スターが生まれる(を作る).[~节目]スターへの登竜門となるラジオ・テレビ番組.

造型 zàoxíng ①[造形]とも書く.造形(する).イメージを作る.[~艺术][美术]空間芸術]造形芸術:絵画や書も含む.②造り出された物の形.[这些玩具も一般には簡単だが,但生动有意]このおもちゃは造りは簡単だが,おもしろくて心が動く.③⇒[型 工]

造型机 zàoxíngjī 工造型機.

造型砂 zàoxíngshā ⇒[型砂]

造血 zàoxuè ①生命造血(する).[~药 yào]医造血剤.増血剤.[~干细胞]造血幹細胞:髄液や臍帯血に含まれる.[~喻](組織などを)活性化する.

造言 zàoyán 同下.

造谣 zàoyáo デマをとばす.[~言][造言]ともいう.[~惑众]デマを流して事を起こす.[~中 zhòng 众][造言惑众]デマで人を中傷する.

造谒 zàoyè ⇒[造府]

造诣 zàoyì =[造就②]造詣(撃):学問や芸術で到達している境地.[他在力学方面有很深的~]彼は力学における造詣が深い.

造意 zàoyì <文>①首唱する.②故意にする.③構想する.

造影 zàoyǐng 医放射線写真.ラジオグラフィー.

造园 zàoyuán 造園.

造纸 zàozhǐ 製紙(する).[~(工)厂]製紙工場.

造字 zàozì ①文字を作る.②活字を作る.

造罪 zàozuì ①罪を犯す.[~方]罰当たりをする.→[造孽]

造作 zàozuò ⇒[做 zuò 作]

[愺] zào [~~]<文>言動の篤実なさま. d

[篒] zào <文>副(ś)の付けたりの.[~室 shì]側室.そばめの別称.→[妾 qiè]

[噪(譟)] zào (I)[噪]<文>①(虫や鳥がやかましく)鳴く.[蝉 chán~]蝉が鳴く.[群鸦乱~]群をなした烏が鳴き騒ぐ.②(名声が)評判になる.広く伝わる.(II)[譟]大声で騒ぐ.騒々しくする.[鼓 gǔ ~][聒 guō ~]同前.[名一时]名声が一時期世間に響く.

噪声 zàoshēng ①騒音.雑音.[噪音①]は旧称.[~污染]騒音公害.[~级 jí]騒音レベル.[~対策]騒音対策.②電ノイズ.[~电平表]ノイズ計.

噪天 zàotiān [云 yún 雀](ひばり)の別称.

噪音 zàoyīn ①非楽音.噪音.[~乐 yuè 音] ②⇒[噪声①]

[燥] zào ①(暑くて)乾燥している.カサカサしている.[~风]乾いた風.[天旱 hàn 得厉害,太~了]ひどい日照りで乾燥しきっている.[高粱可以种 zhòng 在高山~地]高粱は高燥な土地に作る(作付けする)ことができる.②中医六淫の一.[~邪 xié]乾燥の病因.

燥热 zàorè ①(かんかんと照りつけて)暑い.②暑くて乾燥している.

燥湿 zàoshī 乾燥と湿気.[~各宜]<成>同前がほどよい.

[趮] zào ⇒[躁]

[躁] zào =[<文>[趮]]気が短い.せっかちである.いらいらする(して落ち着かない).怒りっぽい.[焦 jiāo~]いらだち焦る.[暴 bào~]性急で怒りっぽい.[狂~]ひどい焦り.[不骄不~]おごらず焦らず.[性子~]気が短い.[烦~]気がしゃくしゃくする.[急~]せっかちである.

躁动 zàodòng ①いらだって動き回る.[心中~]心中いらだつ.②絶えずはね回る.ばたつく.

躁汗 zàohàn 慌てて冷や汗を出す.[急 jí 了一身~]慌てて汗をびっしょりかいた.

躁急 zàojí 気がいら立つ.

躁进 zàojìn 焦って事を進める.焦って行動する.

躁狂 zàokuáng 精神マニア.[~症]躁病.

躁性 zàoxìng せっかちな(性質).[他的~还没改过]彼のせっかちはまだ改まっていない.

ze ㄗㄜˊ

[则・則] zé (I)①模範.標準とし,のっとるべき法式.法度.規範.制式.定式.[以身作~](成)身をもって範とする.[楷 kǎi~]<文>規範.[准~]<文>従うべき規範:[法 fǎ (I)

则泽择袢责 zé

③〕に同じ．④〈文〉のっとる．従う．手本とする：〔效 xiào 法〕〔遵 zūn 照〕の意で，範に倣う〕こと．〔所借谓语，至今学者が〕唱えられた諸説は今に至るまで学者が手本としている．〔～先烈之遗风〕亡くなった烈士の遺風を手本とする．⑤規定された条文．定められた法令．規則．〔总～〕総則．〔附～〕附則．〔细～〕細則．〔通～〕通則．〔章～〕条文法則．〔学生守～〕学則．⑥量詞．文章・ニュース・問題（試験）などの段落・項目を数える．〔试题三～〕試験問題3問．〔笑话两～〕笑話2題．〔中央电视台六套播出的一～广告〕中央テレビ局6チャンネルで流したコマーシャル．〔～条 tiáo～〕 ⑤〔姓〕则(ⅰ)
(Ⅱ)〈文〉すなわち．つまり．〔判断（断定）を表す．〔乃 nǎi ①〕に同じ．〔此～吾之过也〕これはわたしの誤りに他ならぬ．②〈文〉…するとすぐに．…となると共に．密接した（時間的・順序的）前後関係を表す．〔手掌冬天～干毅〕冬になると手にひびわれができる．③条件・原因に応じて生ずる結果を示す．〔君子不重 zé 不威〕〔论语・学而〕君子は重々しくなければ威厳がない．〔技术一旦革新，生产～随之増长〕技術が革新されると生産はそれにつれて伸びる．④〈文〉対比・照応を表す．〔进～可攻，退～可守〕進むなら攻めるし，退くなら守るのだ．〔昔日乃奴隶，今～不然〕昔は奴隷だったが今はそうでない．〔下官此去，至多一年，少～半载〕今回の赴任は長ければ1年，短くて半年だ．〔雨少～防旱，雨多～防涝 lào〕雨が少なければ日照りを防ぎ，雨が多ければ大水に備える．⑤〔一～〕〔二～〕〔再 zài～〕列挙する．〔一～无经验，二～欠钻 zuān 研〕一つには経験がないし，一つには研鑽を積んでいない．⑥〈文〉ではあるが：譲歩・逆接を表す．〔多～多矣，但质量仍不佳〕多いことは多いが，品質がどうも良くない．⑦〈白〉ただ…ばかり．〔你这厮，～吃酒不办公事〕この野郎，酒ばかりくらっていて仕事をせんじゃないか．→〔则索〕

则不 zébù〈白〉ただ…だけでなく．…に止まらない．〔～路人愁，鸟也倦飞腾〕（词林摘艳6）旅人が愁うるのみならず，鳥もまた飛ぶに倦みぬ．

则刀（儿） zédāo(r) ⇒〔立 lì 刀(儿)〕

则个 zége〈白〉ただ…のことだけ．文末助詞．〔之个〕〔子个〕とも書く．〔扬志道：愿闻良策～〕（水17）楊志は良策をうかがいましょうと言った．

则管 zéguǎn〈白〉ただ…するだけ．ただ．〔姐姐怎么～听这琴〕姉さんどうしてこの琴ばかり聞いているのですか．→字解⑦

则好 zéhǎo〈白〉ちょうどよい．是非なく．→字解⑦

则剧 zéjù〈文〉楽しむ．慰みものにする．〔恶è作剧〕

则例 zélì（古い法令や法案などに準拠して作った）定例．

则甚 zéshèn〈白〉どうする．何をする．〔作 zuò 甚〕に同じ．

则声 zéshēng 声を出す．〔不要～！〕声を出すな．

则索 zésuǒ〈白〉ただ…するよりほかしかたがない．〔我～哀告你个媒婆做个方便者〕（元・玉镜台）どうしてもおまえにお願いし，何とか仲立ちのいい手立てを考えてもらわなくては．→字解⑦

则 zéxiào 〈文〉手本とする．見習う．→〔效 xiào 法〕

〔泽・澤〕 zé

①沢．（水草の茂る）沼．〔深山大～〕〈成〉深い山大きい沼．〔霞zhèn～〕⾥太湖の古称．〔竭～而渔〈喻〉〕とことんまで搾取する．〔沼～〕沼沢．②潤っている．〔雨～〕〈文〉雨水．〔润 rùn～〕潤いやつや．③光．光沢．色つや．〔色～〕色つや．〔光～〕光沢．④恩恵．恵み．情け．人の恵み．〔恩 ēn～〕恵

みの潤い．〔德 dé～〕德化の恵み．⑤ゼタ．記号Z：10^{21}を表す．〔～它〕の略．〔～〕〈文〉下着．内着：〔袢〕に通用した．⑦〈姓〉泽．

泽边（儿） zébiān(r) 漢字部首の"氵"．→付録1

泽国 zéguó〈文〉①水郷．沼沢の多い国．②氾濫地区．〔沧＊～〕氾濫地区になった．

泽及枯骨 zéjí kūgǔ〈成〉恩沢が広く朽ちた骨にまで及ぶ．

泽及四方 zéjí sìfāng〈成〉恩沢を四方に及ぼす．多くのものに恵みを施す．

泽兰 zélán ⾥ヒヨドリバナ：キク科でフジバカマの近縁種．〔山 shān 兰〕ともいう．

泽鹿 zélù ⇒〔坡 pō 鹿〕

泽漆 zéqī ⾥トウダイグサ（スズフリバナ）：毒草．〔漆茎〕〔猫 māo 儿眼睛草〕ともいう．

泽它 zétā→字解⑤

泽塔 zétǎ〔音訳〕（ギリシア文字）ζゼータ．→〔希 xī 腊字母〕

泽泻 zéxiè ⾥サジオモダカ：根を利尿薬とする．〔蔦 xī〕〔蒲～叶〕は古名．〔长 cháng～〕アギナシ（オトガイナシ．トバェグワイ）．〔窄 zhǎi 叶～〕ヘラオモダカ．

泽鹞 zéyào ⇒〔白 bái 头鹞〕

〔择・擇〕 zé

①選ぶ．〔不～手段〕手段を選ばない．〔饥不～食〕〈成〉飢えては食を選ばず．〔选 xuǎn～〕選択する．②〈姓〉择(ⅰ) → zhái

择地 zédì 場所を選ぶ．土地を選ぶ．

择肥而噬 zéféi ér shì〈成〉肥えたのを選んで食う：金持ちで選んでたかり，金をおどし取る．

择吉 zéjí =〈方〉择 zhái 日子〕⾥吉日を選ぶ．良い日柄を選ぶ．〔～开张〕吉日を選んで開業する．

择交 zéjiāo 友を選ぶ．

择邻 zélín〈文〉近隣を選ぶ．良い環境を選ぶ．

择木 zémù〈文〉（仕える）主人を選ぶ．

择偶 zé'ǒu 同下．

择配 zépèi =〔择偶〕配偶者を選ぶ．

择期 zéqī 期日を選ぶ．

择善而从 zéshàn ér cóng〈成〉よいものを選んで善から学ぶ．正しい意見を聞き分けて取り入れ，実行する（論語・述而）

择校 zéxiào 學校を選ぶ：寄付金を出し特権的によい学校に入ることをいう．〔选 xuǎn 校〕に同じ．

择业 zéyè 職業を選ぶ．

择优 zéyōu 優秀者・優れている人を選ぶ．〔～录取〕優秀者を選んで採る（採用する）．〔～录用〕優秀な者を採用する．

择友 zéyǒu 友を選ぶ．〔交朋～〕〈成〉友は選んで交わる．

〔袢・襻〕 zé 〈文〉下着．内着．

〔责・責〕 zé

①要求する．責任を持ってやらせる．〔～其一年完成〕1年で責任を持って完成させる．②責める．とがめる．〔～人要宽，己jǐ要严〕人を責めるには寛大で，自分を責めるのは厳しくあれ．〔斥～〕責めつける．叱りつける．③詰問する．つめよる．→〔责难〕④むち打つ．責め打つ．責め罰する．〔杖～〕むち打ち罰する．⑤任務．義務．義務．責任．〔职 zhí～〕職務上の責任．〔尽 jìn～〕責任を尽くす．〔对人民负～〕人民に対して責任を負う．〔爱护花木，人人有～〕花樹の保護はみんなの責任．〔各有专～〕おのおの専門の義務がある．

责备 zébèi 責める．とがめる．〔不应该只一味地～孩子〕ただ一途に子供を責めるだけではない．〔受到良心的～〕良心のとがめを受ける．→〔谴 qiǎn

zé～zéi

責)．
責編 zébiān〔責任編輯〕の略．
責成 zéchéng（人や組織を指定して）一任する．〔～他去办理〕彼に責任を持ってやらせる．
責打 zédǎ 責めたたく．
責对 zéduì〈文〉質問する．問いただす．〔请转向该号～以明真象〕なにとぞ該店にお問い合わせの上真相を明すて下さい．
責罚 zéfá 処罰する．懲罰する．
責付 zéfù 法被告人の身柄を身寄りの者に預け応召出廷の責任を負わせる．
責怪 zéguài とがめる．責め立てる．恨む．
責課 zékè〈文〉納税の責任を負わせる．課税する．
責令 zélìng 命令を下し，責任を持ってやらせる．〔～加班加点完成此项任务〕残業をしてもこの仕事を終わらせるよう命じた．
責罵 zémà 責め罵る．どなりつける．→〔叱 chì 罵〕
責难 zénàn なじりとがめる．なじり責める．なじり非難する．
責权利 zéquánlì 責任と権力と利益．
責任 zérèn 責任．〔担负～〕責任を負う．〔追究～〕責任を追究する．〔他不负～〕彼は責任を負わない．〔这是我们应尽的～〕これは我々が当然果たすべき責任だ．〔～重〕責任が重い．〔～人〕責任者．〔～编辑〕〔責編〕編集責任(者)．〔～状〕責任を持ってやりとげる文書(言葉)
責任感 zérèngǎn〔責任心〕責任感．〔～很强〕責任感が強い．〔提高～〕責任感を高める．
責任事故 zérèn shìgù 職務怠慢による事故．業務上過失事故(財産の損害や人間の死傷など)
責任田 zérèntián 農(農民)請負農地．→〔承 chéng 包〕
責任险 zérènxiǎn 責任保険．賠償責任保険．〔投保～〕同前の保険に入る．
責任心 zérènxīn →〔責任感〕
責任制 zérènzhì 責任管理制度．〔承包生产～〕請負生産責任制．
責望 zéwàng〈文〉①とがめ恨む．②要求し期待する．
責问 zéwèn 詰問する．とがめ問う．〔～事故发生的原因〕事故の発生した原因を詰問する．→〔质 zhì 问〕
責无旁贷 zé wú pángdài〈成〉自分で負うべき責任は，他人におしつけられない．
責务 zéwù〈文〉責務．
責有攸归 zé yǒu yōu guī〈成〉責任は負うべき人がある．自分の責任は自分が取らなければならない．

[啧・嘖] zé ①〈文〉(大勢が)言い争ったり，しゃべったりするさま．②〔擬〕賞賛・うらめしさ・さげすみなどを表す舌打ちの音．〔～！他真能干〕すごいすごい！彼は実によくやる．〔～！他们的官僚主义怎么到了这种地步〕チェッ，あいつらの官僚主義はどうしてここまでやるのだ．〔～嘴 zuǐ〕舌打ちする．
啧有烦言 zé yǒu fányán〈成〉多くの人が不満を述べている．しきりに非難の声がある．
啧啧 zézé〔擬〕①褒めはやしたり，さげすんだりする声．〔名声～〕啧啧（zé）たる名声がある．〔～称羡〕〈成〉しきりに褒めそやす．〔不已〕褒めたたえる．⑤しきりにぶつぶつ言う．②〈文〉チッチッ：鳥の鳴き声．

[帻・幘] zé 固髪を包む一種の頭巾．〔巾 jīn〕同前．

[箦・簀] zé〈文〉①簀(す)．すのこ：竹・葦などを編んで作った蓆(むしろ)．②寝台の上に敷く敷物．〔～床〕病人の寝床．

〔易 yì～〕同前を取り換える．〈喩〉臨終を迎えていること．

[赜・賾] zé〈文〉精緻深奥なこと．〔探～索 suǒ 隐〕〈成〉奥深いものを探り，隠れているものを究明する．

[咋] zé〈文〉(ぐっと)嚙む．→ zǎ zhā
咋舌 zéshé〈文〉舌が回らない．固ずを呑む．驚いたり恐れたりして言葉の出ないこと．

[迮] zé ①〈文〉逼迫する．②〈文〉慌ただしい．③〈文〉狭い．④〈姓〉迮(ぜ)．

[笮] zé〈姓〉笮(ぜ)．→ zuó

[舴] zé〔～艋 měng〕〈文〉小舟．

[齰・齰(齚)] zé〈文〉嚙む．

[仄] zè（Ⅰ）①〈文〉傾く．一方に寄る．〔～倾 qīng〕同前．〔日～〕日がかげる．日が傾く．→〔仄〕圖漢字字音の〔平 píng 仄〕の〔仄〕：〔侧〕とも書く．→〔仄声〕圖ゼプト．記号 z：100垓（10^{21}）分の 1 (10^{-21}) を表す．〔～普托〕の略．（Ⅱ）〈文〉狭い．せせこましい．〔～狭 xiá〕同前．〔～路〕狭い道．②不安に思う．心やましい．〔歉 qiàn～〕すまなく思う．恐縮する．

仄普托 zèpǔtuō 一字解〔仄〕
仄声 zèshēng 圖〔仄声〕：〔侧声〕とも書く．古漢語声調の〔平 píng 仄〕における〔上 shàng,shǎng 声〕〔去 qù 声〕〔入 rù 声〕の 3 種．もっぱら詩の声調韻律のため〔平声〕と対応して用いられる．→〔四 sì 声〕

仄韵 zèyùn〔仄声〕の韻に属する字．〔～诗 shī〕同前を用いる詩．

[昃] zè〈文〉日が南中を過ぎる．〈転〉かげる．傾く．かたよる．〔日仄〕の合成字．

[侧・側] zè ⇒〔仄(Ⅰ)②〕→ cè zhāi

zei ㄗㄟ

[贼・賊] zéi（Ⅰ）①盗賊．泥棒．盗人．〔捉 zhuō 住了一个～〕泥棒を一人捕まえた．〔昨天晚上他们家里饱～了，可是没丢东西〕昨晚彼らの家に泥棒が入ったが，物はとられなかった．〔小～〕〔毛～〕〔毛贼〕〔小偷儿 tōur〕小泥棒．こそどろ．〔大案～〕大泥棒．〔外～好拦，家～难防〕〈諺〉外からの賊は防ぎ易いが，家内の賊は防ぎにくい．〔千天做～，必有一日败〕〈諺〉長く賊を働き続けることはできない，彼はいつかは失敗する．②(国家の)敵．反逆者．世の人を害する大罪人．〔～军〕賊軍．敵軍．〔卖国～〕売国奴．〔工～〕労働者階級の裏切り者．〔奸～〕奸(χ)賊．③よこしまである．邪悪である．〔～心②〕邪念．④〔口〕狡猾である．ずる賢い．〔他可真～〕彼はほんとにずるい．〔又～又坏〕ずるくて悪い．⑤〔方〕するどい．敏感である．〔他的眼睛真～，一下子就看见我了〕彼の目は本当にすばしこい，すぐにわたしを見つけた．⑥〈文〉害する．損なう．〔～仁者谓之～，～义者谓之残〕仁を損なうものを賊といい，義を損なうものを残という．〔戕 qiāng～身体〕体を損ねる．⑦〈文〉一種の害虫．〔蟊 máo～〕稲などの苗の害虫．〈転〉人民に害をなす悪人．
（Ⅱ）〔口〕非常に．〔～奸 jiān〕非常にずるい．〔～冷〕ひどく寒い．〔～大〕とても大きい．〔～漂亮〕すごくきれいだ．

zéi～zěn

贼冰 zéibīng 〈方〉つるっと人を滑らす氷.路上の土に隠れた氷.
贼出关门 zéi chū guān mén ⇒[贼去关门]
贼船 zéichuán 盗贼船.〔喩〕悪事をする集団.[上～]盗贼団に加わる.
贼盗 zéidào ⇒[贼犯]
贼店 zéidiàn 旧 どろぼう宿:悪人が旅人を害して物品を奪う目的で開いたほこり屋.→[黑 hēi 店]
贼犯 zéifàn =[贼盗]盗贼.窃盗贼.
贼匪 zéifěi 匪贼.
贼风 zéifēng 中医 すきま風:各種の病因となるもの.[头痛恐是受～吹了]頭が痛いのは悪い風にでもあたったのかな.[灌 guàn ～]すきま風が入る.
贼骨头 zéigǔtou 泥棒根性のしみ込んだやつ.やくざ者.[他是个天生～,净偷人家的东西]彼は生まれつき泥棒根性野郎で,人の物を盗んでばかりいる.
贼鬼 zéiguǐ ずるい.悪賢い.[～溜 liū 滑]〈慣〉狡猾極まりないこと.
贼喊捉贼 zéihǎn zhuōzéi 〈成〉盗人が他人を盗人呼ばわりする(ことで人目をあざむく).[一种拙劣的～的伎俩]自分の非を人の罪と見せかけようとする拙劣な細工.
贼话(儿) zéihuà(r)〈方〉盗み聞き.[听 tīng ～]ひそかに盗み聞きする.→[偷 tōu 听]
贼寇 zéikòu 強盗.贼.侵略者.
贼亮 zéiliàng ぎらぎら光る.[把皮鞋擦得～～的皮靴をピカピカに磨く.
贼溜溜 zéiliūliū 〈方〉(目つきが)きょろきょろしているさま.[那家伙眼珠子～地直转,又在打什么坏主意了]うさんくさい目付きで右を見左を見,あいかわらず何かたくらんでいる.
贼眉鼠眼 zéiméi shǔyǎn ⇒[贼头贼脑]
贼腔 zéiqiāng やくざな物言い(物腰)
贼情 zéiqíng 立件された事案における贼の行状.
贼去关门 zéi qù guān mén〈諺〉泥棒が逃げてから戸をしめる:後の祭り.[贼出关门][贼走关门]ともいう.→[雨 yǔ 后送伞]
贼人 zéirén ①盗人.泥棒.②悪者.[～心虚 xū]〈成〉悪事を働いた者は発覚を恐れて心ここにあらずとなる.
贼肉 zéiròu 〈喩〉ぷよぷよとぶよぶよとした贅肉:成金になって急に太ってきたりするのを罵っていう.
贼死 zéisǐ 程度が耐えがたいほどであることを表す.[一场球踢 tī 下来,把人累个～]サッカーを1ゲームやると全身くたくたになる.
贼忒忒 zéitètè 目つきのよくないさま.[那一双眼睛～地,难道我还看不出]あの二つの疑り深い目つきの悪さといったら,わたしだってどんなやつかわからないわけはありませんよ.
贼头贼脑 zéitóu zéinǎo =[贼眉鼠眼]〈成〉①(人目を盗んで)こそこそするさま.②落ち着かないさま.[他～的疾走]彼はそわそわと急いで歩いた.
贼娃子 zéiwázi 〈方〉こそどろ.②盗贼.
贼窝 zéiwō [～儿,~子]贼の棲家(が).贼の巣窟.
贼心 zéixīn ①盗人根性.[～不死]盗人根性が直らない.一向に改めようとしない.よこしまな心.②悪人らしい考え.よこしまな心.
贼星 zéixīng 流れ星:[流 liú 星]は俗称.
贼眼 zéiyǎn たくらみのある目.ぎょろぎょろとあたりを見回す目つき.
贼咬一口,入骨三分 zéi yǎo yīkǒu, rù gǔ sānfēn〈諺〉悪人の毒牙にかかるとひどい深手を負う.
贼赃 zéizāng 藏品.盗品.
贼子 zéizǐ 〈文〉悪.悪徒.悪人.[乱 luàn 臣～][贼臣乱子]臣.逆贼.
贼走关门 zéi zǒu guān mén ⇒[贼去关门]

鲗・鯽 zéi〔乌 wū～〕魚貝 イカ:[乌贼]の別称.

zen ㄗㄣ

怎 zěn どうして.なぜ.[～能做好]どうしてうまくやることができようか.[～没责任心呢]どうして責任感がないのか.
怎长怎短 zěncháng zěnduǎn どうこうだ.これこれしかじか.いかんせん….→[怎的]
怎的 zěnde [怎得][怎地]とも書く.〈白〉①どうして.なぜ.[和尚~不见](儒2)和尚はどうして見えないない(のか.[你等想当我犯怎地]おまえらはおれをじゃまして どうしようというのか.②どのように.[只见一个先生入来,～打扮](清平山堂話本)すると,一人の人が入ってきましたが,どんないでたちかと申せば….[我就不去,看你能拿我～]わたしはどうしたって行きません,さあどうする気.
怎敢 zěngǎn… どうして…しましょうか.…するのですか.[~怠 dài 慢]おろそかにするものですか.[~违 wéi 命]どうして命に背くものですか.
怎好 zěnhǎo… とても…はできない.[如今~和他提呢]今となってどうして彼に話を持ち出せよう.
怎么 zěnme ①なぜ.どうして.どんなわけで.[你~不去]きみはなぜ行って行かないんだ.→[为 wèi 什么]②なぜ(どうして)…しようか(…はできない):反語を表す.[哪 nǎ 儿～]の語気は弱い.[平常不用功、能考及格吗]平素勉強せずにいて,どうして試験に合格できようか(できるはずがない).[~会没有呢]ないことがあろうか(ある).[~学习的呢]どのように勉強するのか.[您的汉语是~学的]あなたの中国語はどんなふうに学ばれたのですか.[~~来的]どこから(何に乗って)来たのか.[这个字~念]この字はどう読むか.どういう発音ですか.[这件事~办好]この件はどうしたらよいだろうか.[~着数行]どうでもよい(どこにもおいてもよい).[~卖]いくらか(どんな売り方をするのか).[~走]どうやって行くか(歩くのか車に乗るのかなど).[~走这个道顺で行くか.④どのようにしても,いかに…しても.[～～也(都)…]の形で方法のないことを示す.[我~劝他,他都不听]わたしがいくら忠告しても彼は聞き入れない.[~也睡不着]どうしても寝付かれない.[~也找不到]どうしても見つからない.⑤どんな:名詞の前に置かれる場合で,名詞との間にそれの量詞を必要とする.[~个人]どんな人.[~个吃法]どのようにして食べるのか.[~回事]どういうことか.何ということか.[~什 shén 么]⑥どうした(って).何だ(って).⑦文頭や(あるいは独立して)間投表現を作る.[~?你还要强 qiāng 词夺理吗]何だって,お前はまだ無理なことを言い張ろうというのか.[~奇 qí 怪]あれ,おかしいぞ.⑦述語となる.[你～了]どうしたの.⑦どうです.いかが.[~? 你试一试看吧]どうだね,きみ一つやってみたまえ.[~? 您要租 zū 吗]どうです,借りますか.⑧大して.別段に.とりたてて:否定に用いて程度の少なさを表す.[我~~不饿]わたしはそれほどひもじくない.[我认识他,可没~说过话]わたしは彼とは面識はあるが,あまり言葉を交わしたことはない.

怎么得了 zěnme déliǎo 何というひどいことであろう.本当に困ったことだ.一体どのようにして済ませよう.
怎么样 zěnmeyàng ①いかがですか.どうですか.[他的病～]彼の病気はどうですか.[我和你合作~]わ

zěn～zēng

たしがきみと協力してはどうだろう.〔你看～〕ほれごらん.どうだね.〔～了〕明言しえない動作や状況の代わりに用いる.④否定内容の表現で使う.〔不～〕たいしたことはない.〔他画得也并不～〕彼の絵はそんなにうまくない.或は絵はまあまあだ.〔有点错误,也不好～他〕子供だから,ちょっと過ちがあったとしても,どうするって言うわけにもいくまい.〔你能把我～〕おまえはわたしにどうこうできるものか.⑤…とかなんとか;類例を代行する.〔要是本人实在匀 yún 不出工夫来参加或者～～～〕もし本人がいろいろと時間をさいて参加することができないとかなんとかいう場合には…

怎么着 zěnmezhe〔方〕怎着〕ともいう.①動作や状況を問う疑問代詞.時には詰問의で用いる.どうです.〔～,您的朋友都来齐了吗〕ときにどうですか,お友達の方々はみな来ておられますか.⑥どうする.どうであるか.〔我们都报名参加了,你打算～〕ぼくたちみな,申し込みを参加することにしましたが,あなたはどうするつもりですか.〔你觉得这件事～好〕これをどうするのがよいと思いますか.②不定の行為·状況を示す代詞.③連用して同一であることを言う.〔人在许多场合不能想～就～〕人は多くの場合したいようにするというわけにはいかない.⑤…とかなんとか…でも.〔难道我这胳膊没有你这壶值钱～〕おれのこの腕におまえのその茶瓶ほどの値打ちもないとでも言うのか.〔怎么样①②〕①どうしても.どんなことがあっても.〔～…也～〕という形をとる.〔～也得去一趟〕どうしても1回足を運ばねばならない.

怎奈 zěnnài〔白〕いかんせん.(なにぶん…なので)どうしようもない.→〔无 wú 奈〕

怎能 zěnnéng… どうして…できよう.〔怎么能～〕に同じ.→〔岂 qǐ 能〕

怎生 zěnshēng〔白〕どう.どのように(するか.してぞも).〔～是好〕

怎样 zěnyàng ①どんな.どのような(性質·方法·状況·原因).〔～的人〕どういった人.⑥〔学习〕どのように勉強するのか.②どうして.不定の状態·漠然とした状態,また任意の様子を表す.〔～说也说不尽〕どんなに言っても言い尽くせぬ.③どうですか.いかがですか.〔怎么样①〕に同じ.

怎着 zěnzhe ⇒〔怎么着〕

[谮·譖] zèn〈文〉中傷する.〔～人〕人を同前.〔～言〕同前の言葉.

zēng ㄗㄥ

[曾(曾)] zēng ①血縁関係で,二世代間において隔たる関係を表す:例えば〔祖 zǔ 父〕の父を〔～祖父〕といい,〔～孙〕の子を〔～孙〕という.②〈文〉なんと.どうしたことか:〔强者田以千数,弱者～无立锥之居〕强い者は千を数えるほどたくさんの田を持っていたが,弱い人民したなればすら立てるような狭い土地さえなかった.→〔竟 jìng 〕③古書で,〔增〕に通用する.④〔姓〕曾(ず)→céng

曾孙 zēngsūn ①孫の子.ひ孫.曾孫.〔～孙〕ひ孫の妻.②孫より後の世代の血族の総称.→〔孙〕

曾孙女 zēngsūnnǚ ひ孫娘.

曾玄 zēngxuán 〔曾孙〕〔～〕という.〈転〉後の子孫.

曾祖 zēngzǔ 〔曾祖父〕祖父の父.曾祖父.ひいじ.ひいじいさん.〔曾祖王父〕ともいう.

曾祖父 zēngzǔfù 同上.

曾祖母 zēngzǔmǔ 祖母の母.ひいばば.ひいおばあさん.

[鄫] zēng ①古国名.禹の後裔の封地.春秋時代莒に滅ぼされた.現在の山東省蒼山県の西北.②古地名.春秋時代鄭に属した.現在の河南省柘城県の北.

[憎] zēng 憎む.嫌う.〔面目可～〕顔つきが憎らしい.〔爱～分明〕成〕愛憎がはっきりしている.

憎称 zēngchēng 憎しみを表す呼び方:例えば侵略者を〔鬼 guǐ 子〕というなど.→〔称(I)②〕

憎恨 zēnghèn 強く恨む.〔～敌人敌を憎む.

憎恶 zēngwù 憎悪(む)する.〔损人利己,令人～〕我利我利亡者で,人の憎悪を招く.

憎厌 zēngyàn 憎み嫌う.〔惹 rě 人～〕人から憎み嫌われる.

[增] zēng ①増える.加わる(える).〔生产倍～〕生産が倍増する.〔技术革新后产量猛～〕技術革新以後,生産量が急激に増えた.〔有～无减〕増える一方だ.②〔姓〕增(ず)

增白 zēngbái 色をより白くする.〔～剂〕増白剤.ホワイター.→〔漂 piǎo 白〕

增编 zēngbiān ①編成を増やす.増員する.→〔撤 chè 编〕〔缩 suō 编〕②〔書籍〕増補する.

增拨 zēngbō 配分の枠を追加する.増加支出する.〔决定～军费〕軍事費の増加支出を決定する.

增补 zēngbǔ 不足を補う.〔～本〕増補本.

增仓 zēngcāng 囲持株を買い増す.

增产 zēngchǎn 増産(する).〔～粮食〕食糧を増産する.〔～节约〕増産と節約.〔不增产～不人增产をしても人は増やさない.↔〔减 jiǎn 产〕

增粗 zēngcū 太くなる.太さを増す.〔下肢～多半是静脉血栓形成所致〕脚部が太くなるはその大半が静脈の中で血栓ができたために起こる.

增大 zēngdà 増大(する)

增贷 zēngdài 貸付け(金)を増やす.借入れ(金)を増やす.

增调 zēngdiào 再配置する.いっそうの再編をする.

增订 zēngdìng ①〔著作など〕内容を豊富にする.増訂する.②追加注文(する)

增多 zēngduō 増えて多くなる.増す.〔日益～〕日ましに多くなる.

增防 zēngfáng 防衛力を増やす.

增肥 zēngféi 体重を増やす.↔〔减 jiǎn 肥〕

增幅 zēngfú 増加幅.上げ幅.②増幅する.〔～器〕圈アンプ(増幅器)

增高 zēnggāo ①(いっそう)高くなる.高まる.かさむ.〔农业产量～〕農業の生産額が増す.〔运费～〕運賃がかさむ.②高める.

增光 zēngguāng =〔增辉〕いっそう誉れを増す(面目を施す).輝きを加える.〔为国～〕国の誉れを高める.

增广 zēngguǎng 増し広げる.〔～知识〕知識を拡大する.

增辉 zēnghuī ⇒〔增光〕

增加 zēngjiā 増える.増す.増加する.〔～值 zhí〕増加数値.〔～一倍〕倍増する.2倍になる〔增加①〕.〔～生产〕生産を増やす.〔～工资〕賃金を増やす.〔～信心〕自信を増した.〔好像浑身~了力量〕まるで体中の力が増したようだ.↔〔减 jiǎn 少〕

增减 zēngjiǎn 増減(する)

增进 zēngjìn 増進する(させる).〔～友谊〕友情を深める.〔见面少,反而～了他们的感情〕会う機会の少ないことがかえって二人の気持ちを高めた.↔〔减 jiǎn 退〕

增开 zēngkāi (バスなど)増発する.増便する.

增缯罾矰综铛甑赠 zēng～zèng

増刊 zēngkān 増刊(する)
増亏 zēngkuī 赤字が増える.損失が拡大する.
増量 zēngliàng ①増分.②数量を増す.またその量.
増派 zēngpài 増派する.〔~部队〕部隊を増派する.またその部隊.
増配 zēngpèi ①配分を増す.②配備を増す.
増設 zēngshè 増設(する).
増强 zēngqiáng 強める.高める.〔~信心〕自信を強める.〔~党的团结〕党の団結を強める.〔~识别真伪的能力〕真偽を見分ける能力を高める.〔~人民体质〕人民の体質を強くする.
増强塑料 zēngqiáng sùliào 強化プラスチック.
増容 zēngróng 容量を拡大する.〔~费〕戸籍転入費:(農村からの)流動人口受け入れの手続き料.
〔电力~〕(引き込み)電力増量(をする)
増色 zēngsè (彩りや趣などを)加える.魅力を添える.
増删 zēngshān (文章を)増減する.添削する.
増设 zēngshè 増設する.
増生 zēngshēng ＝〔増殖②〕増殖(する):生物体組織の量的増加.〔骨質~〕医骨の増殖.
増收 zēngshōu ①増収する.〔~节jié 支〕収入を増やし,支出を抑える.②余分に取る.
増寿 zēngshòu 寿命が延びる(を延ばす).長生きする.
増速 zēngsù 速度を加える.加速する.
増塑剤 zēngsùjì 化可塑性増強剤.
増添 zēngtiān 増し加える.〔浑身~了克服困难的力量〕体中に困難を克服する力が増した.〔~麻烦〕余計に面倒をかける.
増温 zēngwēn 温度を上げる.
増效剤 zēngxiàojì 効果増強剤.共力剤.
増修 zēngxiū ①増築する.②増訂する.③履習を増す.
増选 zēngxuǎn ①編目を加える.②選出を増やす.
増压 zēngyā 圧力をかける.圧力を高める.
増页 zēngyè 増ページ(する)
増益 zēngyì ①伸びる.増す.②电利得.ゲイン.〔~控制〕利得制御.
増音机 zēngyīnjī 电中継器.
増印 zēngyìn 印刷部数を増やす.
増盈 zēngyíng 増益(する)
増援 zēngyuán 増援(する).〔~部队〕増援部隊.
増灶 zēngzào →〔減 jiǎn 灶〕
増长 zēngzhǎng (価値が)増す.伸びる.成長する.〔~率〕増加率.成長率.〔~幅度〕伸び幅.〔工业每年平均~速度是百分之十三点五〕工業の各年平均の成長率は13.5％である.〔控制人口的~〕人口の増加を抑制する.〔日益~〕日に日に高まる.
増涨 zēngzhǎng 上がる.伸びる.〔股值~〕株価が上がる.
増征 zēngzhēng 増税する.徴収額を増やす.
増支 zēngzhī 支出(が)増加(する).〔~減利〕支出が増えて利益が減る.
増値 zēngzhí ①価格が上がる.②値が上がる.価値が増す.〔~平価切り上げ〕.〔贬biǎn 值〕→〔付加価値.〔~税〕付加価値税.
増殖 zēngzhí ①増殖する(させる).繁殖する(させる).〔~耕牛を繁殖させる.〔~財富〕財産を増やす.②⇒〔増生〕
増殖线 zēngzhíxiàn 生咽頭扁桃腺.
増至 zēngzhì …にまで増える.〔日产~五吨〕日産量は5トンに増えた.

増重 zēngzhòng 重量を増す.
増砖添瓦 zēngzhuān tiānwǎ ⇒〔添砖加瓦〕
増资 zēngzī 増資する.資本金を増やす.〔~扩产〕増資して生産を増やす.

〔缯・繒〕 zēng ①固絹織物(総称).〔~彩cǎi〕色絹.五色の絹.
②〔姓〕繒(ぞ) → zēng

〔罾〕 zēng (魚捕り用の)四手(もっ)網.→〔扳bān 罾〕

〔矰〕 zēng 〔~缴zhuó〕固(いぐるみ)用の矢:〔缴〕(絹糸のひも)をつけた矢を射出して鳥に当て,ひもでからめ捕るのに用いた.

〔综・綜〕 zèng〈文〉機(で),伸ばしてから経糸を交互に上下に分けて隙間を作る装置.綜(~).〔钢丝~〕扣針金綜絖(ぞぅ).針金製綜. → zōng

〔铛・鐺〕 zèng〈口〉(器具などが磨かれて)ぴかぴかしている.てかてかしている.〔~光〕〔~亮liàng〕〔甑亮〕同前.〔~光瓦亮〕〔甑光瓦亮〕同前のさま.

〔缯・繒〕 zèng〈口〉くくる.しばる:〔扎zā ①〕〔捆kǔn ①〕に同じ.
→ zēng

缯绷 zèngbeng〈方〉(柔らかいものを引っ張って)ぴんと張る.〔这个鼓皮绷 bēng 得真~〕この太鼓の皮はよくぴんと張ってある.〔这鼓面儿多~〕この太鼓の皮はたいへんしっかり締めて張ってある.

〔甑〕 zèng ①固こしき:米蒸し用の土器:〔鬲lì〕にのせて蒸す.〔~子〕せいろ(木製).③蒸留器.〔曲颈qūjǐng ~〕レトルト.

甑尘釜鱼 zèngchén fǔyú〈成〉米蒸し器がほこりっぽくなり,釜の中に魚が生じてくる:貧しい暮らしをする.
甑光瓦亮 zèngguāng wǎliàng てかてかと光るさま:〔甑亮〕〔铛亮〕とも書く.〔玻璃窗擦得~的〕窓ガラスはぴかぴかに磨かれている.
甑亮 zèngliàng てかてかと光る:〔铛亮〕に同じ.〔~的黑毛〕黒光りする毛.
甑儿糕 zèngrgāo 固米の粉に砂糖・小豆・なつめなどを入れて蒸した菓子.
甑子 zèngzi 米蒸し器.せいろ.→字解②

〔赠・贈〕 zèng 贈る.(人に)差し上げる.〔~交〕同前.〔奉~〕差し上げる.〔捐juān ~〕(義捐)寄贈する.〔随本期杂志~地图一张〕本号の雑誌に付録として地図を進呈します.
赠别 zèngbié〈文〉物や詩文などを贈って送別する.
赠答 zèngdá 品物や詩文を贈ったり,それに対して答えたりする(こと)
赠给 zènggěi 贈る.
赠款 zèngkuǎn ①金銭を寄贈する.②同前の金銭.
赠礼 zènglǐ 贈り物(をする)
赠票 zèngpiào ①チケット(入場券)を贈呈する.②招待券.
赠品 zèngpǐn ①贈り物.プレゼント.②(購買者の)進呈の品.景品.
赠券 zèngquàn ギフトカード.
赠书 zèngshū ①書籍を贈呈する.②進呈書.
赠送 zèngsòng 贈呈する.贈る.〔~礼物〕プレゼントする.〔~中日大辞典一千册〕中日大辞典を千冊贈呈する.
赠言 zèngyán 言葉を贈って励ます.〔临别~〕別れに際しての同前.
赠饮 zèngyǐn (宣伝のために)試飲してもらう.飲み物を贈呈する.

赠予 zèngyǔ 〔贈与〕とも書いた.贈与する.
赠阅 zèngyuè （自著・自社の出版物を）贈呈し見て（読んで）もらう.〔～图书〕④書籍を寄贈する.⑤寄贈された書籍.

zha ㄓㄚ

〔扎（紮・紥）〕 zhā （Ⅰ）〔扎〕①つき刺す（針・とげなどでぶすっと刺す）.〔树枝儿把手～破了〕木の枝でをつき刺した.〔～一锥子不冒血 xiě〕一锥子で不出血来〕〈喩〉無神経.ひどく無口.厚顔の極み.→〔螫 shì〕②〈喩〉冷たくて骨が痛い.この水は刺すように冷たい.〔手里攥 zuàn 着冰,不嫌～得慌吗〕氷をつかんでいたら冷たくて手が切れそうではないか.③〈口〉潜り込む.（頭を）突っ込む.狭いところへ無理に入る.〔～进去〕もぐり込んでいく.〔一头～下水去〕ドブンと水の中へ飛び込んだ.〔找个旮 gā 儿儿～〕隅っこの片いところに身をひそめる.〔净在家里～着〕家に引っ込んでばかりいる.〔～在人群里〕人ごみの中に潜り込んでいる.〔小孩儿～在母亲怀里〕子どもが母の懐に頭を突っ込んでいる.
（Ⅱ）〔紮・紥〕駐屯する.〔安营～寨〕（軍隊が）テントを張り,駐屯する.
（Ⅲ）〔扎〕①広口のビン.ジョッキ.②量詞.ジョッキの生ビールを数える.〔～ zā zhá〕

扎刺 zhācì 刺（が）ささる.〔手上～了〕手上扎了根刺〕手にトゲが刺さった.
扎堆 zhāduī(r) 〈方〉（人が）集まる.むらがる.
扎耳 zhā'ěr(duo) 〔聞いて〕耳が痛い.耳ざわりである.聞きづらい.〔刺 cì 耳〕に同じ.〔他说的话有点儿～〕彼の言うことは少し耳ざわりだ.
扎耳朵眼儿 zhā ěrduoyǎnr 耳飾り（ピアス）をはめる穴を耳たぶにあける.
扎根 zhāgēn ①〔-儿〕（植物が）根をおろす.根を張る.〔茄秧好像在几根～〕ナスの苗は生きがよさそうだ.②〈喩〉根づく.根をおろす.根ざす.〔作家应～于群众之中〕作家は大衆の中に根をおろさなければならない.→〔洞 dòng〕
扎工 zhāgōng 回（農民同士が組織的に）労働力を融通すること.〔一队 duì〕陝甘寧辺区の合作社以前の集団的労働互助組織.
扎固 zhāgu ①〔扎古〕〔扎裹〕とも書く.〈方〉①対処する.取り扱う.こらしめる.〔我们要商议怎么～他〕彼に対してどういう処置をとるか相談せねばならない.②（身なりを）整える.めかしこむ.〔快～～吧〕早く身づくろいをしなさい.
扎乎 zhāhu 〔扎呼〕とも書く.〈方〉①大声で騒ぎたてる.②大げさにする.派手にやる.〔一点小事就～开了针のようなことを棒のようにする.
扎花 zhāhuā(r) 〈方〉刺繡（する）.→ zāhuār
扎拉锁扣 zhā lā suǒ kòu 〔扎拉挑绣 tiǎoxiù〕ともいう.針仕事（総称）：4種の針仕事のやり方.
扎喇扎哄 zhālā zhāhōng 〔扎喇扎哄〕〔扎里扎哄〕とも書く.〈方〉大げさに騒ぎたてるさま.〔你～地干什么,别大きさわぎをたててどうしたんだ.
扎猛子 zhāměngzi 水くぐりを（する）.（水中で）頭をつっこむ.〔他会～〕彼は水中にもぐることができる.→〔潜 qián〕〔跳 tiào 水〕
扎脑门儿 zhānǎoménr 〈方〉広い額（の人）.
扎蓬棵 zhāpéngkē ①圕ハリヒジキ.②〈喩〉乱れた髪.
扎啤 zhāpí 生ビール：〔生 shēng 啤〕に同じ.
扎枪 zhāqiāng ①槍(の).特に〔红 hóng 缨枪〕をい

う.〔～头子〕同前の穂先.②槍を使う.槍を練習する.
扎煞 zhāsha ⇒〔挓挲〕〔口〕（ぴんと真っすぐに）伸ばす.広げる.〔～着两只胳膊打哈哈〕両手を（左右に）伸ばしてあくびする.〔他～着两只油手,哪儿也不敢碰〕彼は油だらけの両手を広げて,どこにも触れずにいる.
扎伤 zhāshāng 突き刺さしてけがをさせる.
扎实 zhāshi ①実際的である.地についている.着実である.堅実である.〔办得扎扎实实的やり方が堅実である.〔作风～,不浮躁〕やり方は堅実で,上っ調子でない.②丈夫である.しっかりしている.〔捆得不～〕しっかりとばってない.〔他的数学基础比较～〕彼は数学の基礎がわりとしっかりできている.
扎手 zhāshǒu ①（とげなどで）手を刺す.〔扎了手〕手にとげが刺さった.②〈喩〉手を焼く.手に余る.〔这件事很～〕これには全く手を焼く.〔那个人有点儿～〕あの人はいささか手ごわい.→〔棘 jí 手〕〔硪 zá 手〕
扎窝子 zhāwōzi ①（鳥が）巣ごもりする.〔鸡净～〕にわとりがずっと巣にはいって出てこない.②〈喩〉家の中にくすぶる.〔他总～,不到外边儿去找事情〕彼は家にばかりくすぶっていて,外へ出て仕事を探そうとはしない.
扎鞋底 zhāxiédǐ 幾重にも重ねた布で作った靴底を麻糸でしっかりと細かく縫いとじること；〔方〕纳 nà 鞋底〕に同じ.
扎心 zhāxīn 人の心を傷つける.〔你跟他说的那句话一定扎了他的心了吧〕きみが彼に言ったあの一言はきっと彼の痛いところをついただろう.〔这话听着实在～〕この話は聞いてでまったくぐきっとする.
扎牙 zhāyá 歯が生える.
扎眼 zhāyǎn ①目を刺激する.〔走出牢门,感到阳光～〕牢の門を出ると,日光が目にちかちかする.②〈方〉見て変に感ずる.目障りである.〔这颜色太～〕色がけばけばしい.③つき刺す（して穴をあける）.
扎营 zhāyíng 宿営する.野営する.駐屯する.〔他们爬了三千米,下午已在那里～了〕彼らは3,000メートル登り,午後はもうそこで幕営した.→〔安 ān 营〕〔拔 bá 营〕
扎针 zhāzhēn 中国鍼は治療（をする）.〔中国的大夫很多不会～〕中国の医者で鍼治療のできない人はほとんどいない.

〔吒〕 zhā 神話に多く見られる人名.〔哪 né ～〕毘沙門天の王子.仏法を守る武神.→〔咤 zhà〕

〔挓〕 zhā

挓挲 zhāsha ⇒〔扎煞〕

〔咋（喳）〕 zhā 大声で騒ぐ.→ zǎ zé

咋呼 zhāhu 〔咋乎〕〔咋唬〕とも書いた.〈口〉①わめく,わなりたてる.〔看他～得实在不像样〕見ろ,彼のどなり方ときたらまったくひどい.②見せびらかす.ひけらかす.虚勢を張る.〔那人太爱～,不札实〕あの人はひどい見栄っばりでまじめではない.

〔查（查）〕 zhā ①〔楂〕②〈姓〉查(さ) → chá

〔渣〕 zhā ①〔-儿〕かす.しぼりかす.〔豆～〕豆油のしぼりかす.〔豆腐～〕おから.〔油～儿〕豚の脂身を煮てラードをとったかす.②くず.粉末.〔煤 méi ～（儿）石炭くず.石炭ガラ.〔面包～儿〕パン粉.パン屑.③〔-儿〕〔棉 mián〕〈方〉綿.〔点心～（儿）掉了一地〕菓子のくずが床一面に落ちている.③

zhā~zhá

<姓>渣(ㄗㄚ).

渣滓 zhāzǐ ①かす.おり.〔锅里的药澄 dèng 出来了,净剩~了〕鍋の中の薬はうわずみを取っておりけが残った.②<喻>人間のくず:盗賊.詐欺師.無頼漢など.〔社会~〕世の中のくず.

渣子 zhāzi かす.くず.〔煤 méi~〕石炭のかす.

〔揸(擖・戲)〕zhā

①<白>(指 先で)つまむ.つかむ.→〔撮 cuō〕 ②<口>手指を広げる.

〔喳〕zhā

①<擬>鳥の鳴く声.〔喜鹊~~地叫〕かささぎがギーギーと鳴く.〔喀嚓~〕かささぎがギャーギャーと鳴く. ②<古>召使いが主人に対して用いた丁寧な返事.→〔喳 chā〕→ chā

〔楂(樝)〕zhā

=〔查〕〔楂〕①〔山 shān ~〕サンザシ(オオサンザシ.ミサンザシ),またその果実:果実は食用または薬用される.②〔榠 míng~〕カリン.カラボケ,またその果実:〔木 mù 瓜〕の古名.→ chá

〔浧〕zhā

地名用字.〔~河〕〔~山〕ともに湖北省にある. → shē zhà

〔哳〕zhā →〔啁 zhāo〕

〔齇(鼇)〕zhā

鼻の上の赤いしみ.〔酒 jiǔ~鼻〕酒渣鼻〔酒糟 zāo 鼻子〕赤鼻.ざくろ鼻.

〔扎〕zhá

①→〔扎挣〕 ②〔挣 zhēng~〕もがく.〔垂死挣~〕死に瀕してあがく.〔事到如今怎么挣~也来不及了〕今となってはいくらがいても間にあわない. → zā zhā

扎挣 zházheng <口>(肉体の苦痛をこらえて)無理をする.がまんする.無理にがんばる.〔病剛好就~着上课去〕病気がよくなったばかりなのにもう無理をして授業に出る.〔我肚子疼得厉害,可真~不住了〕わたしは腹がすごく痛くて本当にがまんできなくなった. →〔挣 zhēng 扎〕

〔札(劄・剳)〕zhá

（Ⅰ）① 固 木札.木簡:文字を書記すのに用いた木片:〔牍 dú 〕に同じ.→〔竹 jiǎn 简〕②書簡.手紙.〔书~〕〔信~〕同前.〔大~〕〔华 huá~〕貴信.お手紙.〔接读来~〕手紙を受け取って拝見しました. ③<文>さね:よろいの 1 枚 1 枚の鉄片. ④<文>疫病で死ぬ.〔夭 yāo~〕若くして同前.
（Ⅱ）〔劄・剳〕①備忘.筆記.覚え書き. ②〔-子〕<文>(下級官庁あて)公文の一種.

札饬 zháchì <公>文書で命令する:上級官庁が下級官庁に訓令を発する.

札复 záfù <公>旧下級官庁から公文で回答する.

札记 zhájì 読書メモ.覚え書き.〔史记~〕史記の読書メモ.→〔笔 bǐ 记〕〔摘 zhāi 记〕

札谕 záyù 国公文書で通達する

札子 zházi →〔字解(Ⅱ)②〕

〔轧・軋〕zhá

🛠 圧延する. → gá yà

轧板机 zhábǎnjī 🛠 板圧延機. → yàbǎnjī

轧材 zhácái 🛠 圧延材料.ビレット.

轧钢 zhágāng 🛠 鋼鉄の圧延(をする).〔~厂 chǎng〕圧延工場.〔~设备〕圧延設備.

轧钢机 zhágāngjī 🛠 =〔轧钢〕

轧光 záguāng 🛠 平滑仕上げ. → yàguāng

轧辊 zhágǔn 🛠 圧延ローラー.〔~机〕圧延ローラー(機械).〔淬 cuì ~液〕圧延ローラー液.

轧机 zhájī 🛠 =〔轧钢机〕(ローラー)圧延機.

轧制 zházhì 圧延(する)

〔闸・閘(牐)〕zhá

①せき.水門.〔水~〕同前.〔船~〕ダムなど水位差のある所で船を通すための水門.〔开~放水.〕水門を開いて水を放出する.〔节制~〕水量調節水門.〔拦水~〕水門. ②せき止める.(流れを)閉じる.〔把水~住〕水をせき止める. ③(車の)ブレーキ.制動機.〔这种~的ブレーキは甘い(きかない).〔安全~〕緊急停止装置.〔带~〕〔带轫 rèn〕バンドブレーキ.〔绕 rào 丝~〕コイルブレーキ.〔脚踏~〕足踏みブレーキ.フットブレーキ.〔手~〕ハンドブレーキ.〔机动~〕機動ブレーキ.〔空气~〕〔气轫〕エアブレーキ.〔链~〕チェーンブレーキ.〔捏 niē ~〕(自転車の)ハンドブレーキをぐっとつかんでブレーキをかける.〔踩~〕(自動車のフットブレーキなどを)踏んでブレーキをかける.〔刹车〕④大型スイッチ.開閉器.ブレーカー.〔拉~断电〕ブレーカーを切って電気を止める.→〔开 kāi 关〕⑤<姓>閘(ㄗㄚ).

闸板 zhábǎn 〔堰板(堰)〕水門の扉. ②雨戸.窓の戸.

闸带 zhádài 🛠 ブレーキバンド.

闸刀(开关) zhádāo (kāiguān) ⇒〔刀形开关〕

闸阀 zháfá バルブ.

闸盒(儿) zháhé(r) 🛠 安全器.ヒューズボックス.

闸口 zhákǒu 水門口.

闸流管 zháliúguǎn 🛠 サイラトロン:放電管の一種.

闸门 zháméi ①=〔堰 yàn 闸〕閘門(ㄗㄚ). ②🛠 絞り.弁.節気弁.スロットルバルブ.

闸门阀 zháménfá ゲートバルブ.

闸皮 zhápí ブレーキ制動片・ブレーキシュー:車輪を止めるゴム片または鉄片.

闸桥 zháqiáo 開閉橋.

闸瓦 zháwǎ 🛠 制輪子.ブレーキパッド. →〔块 kuài 状和〕

〔炸(煠)〕zhá

①油で揚げる.てんぷらにする.フライにする.〔这种鱼~了才能吃〕この種類の魚は揚げないと食べられない.〔干 gān ~〕から揚げする.あるいは粉をまぶして揚げる.〔软 ruǎn ~〕(フライでてんぷらのように)ころもをつけて揚げる.→〔油 yóu 条〕②<口>野菜を熱湯にとおす.〔把菠菜~一下〕ほうれんそうを熱湯にとおす.→〔焯 chāo〕→ zhà

炸八块儿 zhábākuàir 食鶏のから揚げ:〔八块鸡〕ともいう.〔童 tóng 子鸡〕(若鶏)をぶつ切りにし油で揚げた料理.

炸豆腐 zhádòufu 食豆腐を油で揚げたもの.油揚げ:〔油 yóu 炸豆腐〕に同じ. →〔豆腐〕

炸糕 zhágāo 食揚げ餅:もち米の粉をこねたもので小豆あんを包み褐色になるまで揚げたまんじゅう.

炸货(儿) zháhuò(r) 食油で揚げた食品(総称):〔麻 má 花(儿)〕や〔油 yóu 条〕など.

炸酱 zhájiàng ①食味噌を肉・生姜・ねぎなどと一緒に炒める. ②食油で炒めた味噌. →〔炸酱面〕

炸酱面 zhájiàngmiàn 食〔拌 bàn 面〕(麺)に具や調味料を混ぜ合わせ食すものの一種:麺に〔炸酱②〕,〔黄 huáng 瓜丝(儿)〕(細切りのきゅうり),〔绿 lù 豆芽〕(ぶんどう豆のもやし),〔黄豆芽〕(青大豆を水につけて芽の出かかったもの)などを混ぜあわせる.

炸焦 zhájiāo ①からっと揚げる. ②揚げ焦がす.

炸溜 zháliū 油で揚げたものをあんかけにする料理法.〔~丸子〕肉だんごを揚げてあんかけにする料理.

炸麻花 zhámáhuā →〔麻花(儿)①〕

炸面圈 zhámiànquān 食ドーナツ:〔油 yóu 炸面包圈〕ともいう.

炸牛排 zhániúpái 食ビーフカツレツ.

炸茄盒 zháqiéhé 食なすの肉詰め揚げ(もの)

炸肉饼 zháròubǐng 食こねた小麦粉の皮に肉を包み込み油で揚げたもの. →〔馅 xiàn 儿饼〕

②コロッケ.
炸三角 zhásānjiǎo 〔食〕小麦粉で薄い皮を作ってあん(豚ミンチ,ニラ,調味料などをこねたもの)を三角形に包み,油で揚げたもの.
炸薯条 zháshǔtiáo(r) 〔食〕フライドポテト:じゃがいもやさつまいもを棒状に切って油で揚げたもの.
炸土豆片 zhá tǔdòupiàn 〔食〕ポテトチップ.
炸丸子 zháwánzi 〔食〕(豚の)肉だんごのから揚げ.
炸虾 zháxiā 〔食〕車えびを大きく切っててんぷらにしたもの.
炸虾球 zháxiāqiú 〔食〕ひき肉とえびでだんごを作り,パン粉をまぶし油で揚げた料理.
炸油条 zháyóutiáo ⇒〔油条①〕
炸鱼 zháyú 〔食〕魚のてんぷら.魚フライ. → zhàyú
炸元宵 zháyuánxiāo 〔食〕〔元宵②〕を油で揚げたもの.点心の一種. →〔点 diǎn 心〕
炸猪排 zházhūpái 〔食〕豚(ぶた)カツ.

[铡・鍘] zhá ①押し切り:まぐさを切る道具.〔狗 gǒu 头~〕〔虎 hǔ 头~〕〔龙 lóng 头~〕圀刑具の押し切り:それぞれ死刑囚の身分の低い者・普通の者・高い者別に用いた.②押し切りで切る.〔~草〕草を切る.〔~草机〕まぐさを切る機械.〔把手~了〕同じ刃の道具で手を切った.〔~死〕圀(刑具の)押し切りで殺す.→〔铁 fū ①〕
铡床 zháchuáng 〔插 chā 床〕圀竪削り盤.
铡刀 zhádāo 押し切り.

[喋(嘒)] zhá 〔嘍 shà~〕〔~呼 xiá〕〈文〉魚や水鳥が集まって餌をついばむ音. → dié

[扠(扠)] zhǎ ⇒〔拃〕 → chā

[苲] zhǎ 〔~草 cǎo〕圀モ(藻)〔金 jīn 鱼草〕(キンギョソウ),〔聚 jù 藻〕(キンギョモ),〔金鱼藻〕(マツモ)などの総称.

[拃(搩)] zhǎ =〔扠〕親指と中指(または小指)を開いて物の長さを測ること.〔用手把那块木板~一~〕手で板の幅または長さを測る.②量詞.咫(が):同前のようにして測った長さ.〔这块布有三~宽〕この布の幅は3咫ある.

[砟] zhǎ 〔~子〕小さな塊.塊.塊.〔道~〕道路に敷く砂利.〔煤 méi~〕〔焦 jiāo ~〕石炭がら.または,切り込み炭.〔炉灰~〕ストーブの灰に混じっている燃え残りの石炭. →〔煤核儿〕→ zuò

[鲊・鮓] zhǎ ①=〔鲝〕甾魚を塩とこうじで漬けたもの:現在の〔腌 yān 鱼〕(塩漬けの魚)に当たる. ②塩その他の調味料を加えた米の粉・小麦粉に野菜を混ぜたもの:保存食とする.〔~辣 là 椒〕赤いトウガラシの同前.
鲊肉 zhǎròu ⇒〔米 mǐ 粉肉〕

[眨] zhǎ まばたきをする.〔眼睛也不~一~〕まばたき一つしない.〔眨眼①〕
眨巴 zhǎba 〈口〉目をぱちぱちする.〔~眼儿〕〔眨眛 mi 眼儿〕①同前. ⑥〈喩〉ちょっとの間(に)
眨眼 zhǎyǎn ①まばたきする. 〔~一眨眼人形〕. ②〈喩〉瞬間.〔一~的工夫〕一瞬間.ちょっとの間(に)

[鲝・鮺] zhǎ ①⇒〔鲊①〕 ②地名用字.〔~草滩 tān〕囮四川省にある.

[乍] zhà ①…したばかり.…しはじめ.〔~看好〕ちょっと見はいい.〔~一看〕一見したところ.〔~认 rèn 识的〕知り合ったばかりの(人).〔他新来~到的,摸不着门道儿〕彼は来たばかりの新米なので,勝手が行きません. ②たちまち.にわかに.不

意に.急に.〔~晴 qíng ~阴〕照ったり曇ったり.→〔忽 hū(I)②〕 ③〔梦〕広げる.広がる.(毛髪などが)乱れる.〔~着头发〕髪をばさばさにして.〔~着胆子进去〕無理に(思い切って)入る. ④〈姓〉乍(ə)
乍翅儿 zhàchìr (鳥が)羽根を広げてばたばたする.〈転〉反抗して騒ぐ:〔炸翅儿〕〔乍刺儿 cir〕とも書いた.
乍得 zhàdé チャド:正式国名は〔~共和国〕.アフリカ中央部にある.首都は〔恩 ēn 贾梅纳〕(ンジャメナ)
乍富 zhàfù 急に金持ちになる(なった人).にわか金(になる).→〔暴 bào 发户〕
乍开头 zhàkāitóu 最初.
乍冷乍热 zhàlěng zhàrè〈慣〉暑かったり寒かったり.〔天气~,最容易得病〕寒いかと思うと急に暑くなる天気はいちばん病気にかかりやすい.
乍毛 zhàmáo 〔方〕反抗する.たてつく.おとなしくしない.〔他要敢~,我敲断他的脊梁骨〕あいつがたてついたりしたら,あいつの背骨をうち折ってやる.
乍猛的 zhàměngde 〔方〕突然.出しぬけに.〔~进了屋,觉者怪熟的〕突然部屋に入ったら馬鹿に暑く感ずる.
乍然 zhàrán 〈文〉突然.〔~相遇〕急に会う.
乍尾巴 zhàwěiba しっぽをたてる.〈転〉脅す.〔~绝对不可能得到群众的信任〕脅しではぜったいに民衆の信任を得ることはできない.→〔翘 qiào 尾巴〕
乍乍的 zhàzhàde 〔方〕不意に.突然.〔一听见放炮的声音吓 xià 了我一跳〕突然爆竹を聞いてびっくりした.

[诈・詐] zhà ①偽る.だます.ペテンにかける.〔欺 qī ~〕欺きごまかす. 〔~财〕恐喝して金銭をゆする.〔兵不厌 yàn ~〕成戦争では詭計を用いてもかまわない. ②装う.偽装するふりをする.〔~装 pīng 疯〕かまをかける.〔用话~了他一~,就都说出来了〕彼に鎌をかけたところ,早速うっかりしゃべってしまった.
诈败 zhàbài 〈口〉負けたふりをする.
诈称 zhàchēng 詐称する.
诈赌 zhàdǔ いかさまばくちをする.いかさまを使う.
诈唬 zhàhu わざと脅しつける.
诈骗 zhàpiàn 騙(ə)る.騙り取る.〔~钱财〕金銭を騙り取る.〔~犯〕詐欺犯.〔~罪〕詐欺罪.
诈晴 zhàqíng (長雨が)しばらく晴れる.
诈取 zhàqǔ 詐取する.だまし取る.
诈尸 zhàshī ①(迷信で)死体が入棺の前に突然むっくり起き上がること.〔尸变〕ともいう. ②顛狂(ǎ)に騒ぐ.〔大家这么安安静静的,干吗 má 你~啊〕皆こんなに静かにしているのに,どうしてばかみたいに騒ぐんだ.
诈死 zhàsǐ 死んだふりをしてだます.
诈降 zhàxiáng 偽りの降参(をする)
诈语 zhàyǔ 偽り(の話).〔这是~,别听他的〕これは偽りだ,彼の言うことを聞いちゃいけない.
诈作不知 zhàzuò bùzhī 知らぬふりをする.

[炸] zhà ①破裂する.割れる. ②爆発する.爆発的に増える.〔冰~了〕氷が割れた.〔玻 bō 璃瓶子里灌开水容易~〕ガラス瓶にお湯を入れると割れやすい. ②(火薬で)爆破する.〔爆弹~〕爆撃する.〔用~药~碉 diāo 堡〕爆薬でトーチカを爆破する.〔轰 hōng ~〕爆撃する. ③〈口〉激怒する.怒ってどなる.雷を落とす.〔这家伙又~了〕彼はどうしてまた怒ったのか.〔听着这种暴行大家都气~了〕このような暴行を聞いてみな激怒した. ④〈喩〉驚いて散らばる.〔枪 qiāng 声一响,鸟儿都~窝了〕ズドーンと一発,鳥がばっと飛

zhà～zhāi

んで行った．→〔炸窝〕　⑤〈口〉あせもが急にかゆくなってきた．〔痱 fèi 子～了〕あせもが急にひどくなってきた．→ zhá

炸沉 zhàchén 撃沈する．〔军舰被水雷～，险些葬身鱼腹〕軍艦が水雷に撃沈されたので，危うく魚腹に葬られるところであった．

炸翅儿 zhàchìr ⇒〔乍翅儿〕
炸弹 zhàdàn 爆弾．〔扔～〕爆弾を落とす．
炸点 zhàdiǎn 爆発地点．
炸锅 zhàguō〈喩〉鍋をひっくり返したような騒ぎになる．
炸毀 zhàhuǐ 爆破する．
炸雷 zhàléi 激しい雷．
炸裂 zhàliè 破裂する．爆破する．
炸庙 zhàmiào〔炸妙〕とも書く．〈方〉つまらない何でもないことに大騒ぎをする．→〔自 zì 寻烦恼〕
炸群 zhàqún 動物の群れがぱっと散る．四散する．
炸伤 zhàshāng 爆発の負傷（をする・させる）
炸市 zhàshì〔市〕に集まった群衆が散り散りになる．〔喩〕（新商品・特売などによって）市場に火がつく．
炸死 zhàsǐ 爆死（する）
炸胎 zhàtāi ⇒〔爆 bào 胎〕
炸窝 zhàwō（蜂や鳥の群れが）驚いて巣の周りを飛び回って騒動する．〈喩〉群衆が驚いて騒動する．
炸响 zhàxiǎng 爆発音．炸裂音．
炸烟儿 zhàyānr〈方〉怒る．かんしゃくを起こす．〔他这回又～了，真是动不动就生气〕彼は今度も腹を立ったかといえばすぐ憤慨する．
炸药 zhàyào 爆薬．爆破用の火薬．〔～筒 tǒng〕爆薬筒．〔～包〕爆薬包．〔黄 huáng 色～〕黄色火薬．〔甘 gān 油～〕〔胶 jiāo 质～〕ダイナマイト．〈音義訳〉达 dá 纳～〉〈音訳〉达纳马特〕ともいう．
炸鱼 zhàyú 爆薬を水中に投じ魚をとる（こと）．→ zháyú
炸狱 zhàyù 囚人が騒動を起こして脱獄する．

〔**柞**〕 zhà 地名用字．〔～水〕⑩陕西省にある県．→ zuò

〔**痄**〕 zhà〔～腮 sāi〕医おたふくかぜ．〔流 liú 行性腮腺炎〕（流行性耳下腺炎）の通称．

〔**蚱**〕 zhà

蚱蝉 zhàchán 虫クマゼミ．〔马 mǎ 蝉〕〔知了 zhīliǎo〕ともいう．
蚱虫 zhàchóng 同下．
蚱蜢 zhàměng 虫ショウリョウバッタ．オンブバッタ（総称）．〔蚱 zhà 蟲〕ともいう．〔口〉春 chōng 米即〕（コメツキバッタ）は別称．→〔蝗 huáng 虫〕

〔**榨（搾）**〕 zhà（Ⅰ）〔榨〕しぼり器．〔油～〕油をしぼる道具．搾汁〔器〕（Ⅱ）〔搾〕（油・酒など）液汁をしぼる．〔～甘蔗〕サトウキビをしぼる．〔～汁 zhī 器〕〔绞 jiǎo 果子器〕〔压～器〕ジューサー．
榨菜 zhàcài ①❀カラシナの茎用種．〔大 dà 心菜〕の一種．〔芥 jiè 菜〕〔〈文〉蟹 jí 蘯〕〔包 bāo 菜〕〔多 duō 头菜〕〔奶 nǎi 奶菜〕〔青 qīng 菜头〕は方言．②食ザーサイ:同前の根茎を塩漬にしたもの．四川省涪陵なのが有名．
榨床儿 zhàchuáng(r) 甘蔗などの汁をしぼる器具．
榨汁 zhàjí（甜菜・甘蔗など）砂糖しぼりの季節．
榨取 zhàqǔ しぼり取る．搾取する．
榨油 zhàyóu 油をしぼる．〔～机〕搾油機．

〔**醡**〕 zhà〈文〉酒しぼりの道具．〔～酒 jiǔ〕酒をしぼる．→〔榨(Ⅰ)〕

〔**跓（踤）**〕 zhà

跓跓 zhàzha〈方〉(赤ん坊が)よちよち歩く(き)．〔这孩子才一周儿就满地～了〕この子はやっと一誕生になったばかりなのにもうあっちこっちとどこへでも歩き回るよ．

〔**咤（吒）**〕 zhà 叱る．どなる．〔叱 chì ～〕同前．〔叹 tàn ～〕嘆息する．→〔吒 zhā〕

〔**蛇**〕 zhà ⇒〔海蜇 hǎizhé〕

〔**栅（柵）**〕 zhà 柵．囲い．矢来．〔～栏(儿)〕同前．〔木～〕木の柵．〔铁 tiě～〕鉄柵．〔铁路～栏(儿)〕鉄道踏切の柵．→ shān
栅栏(儿) zhàlán(r)（鉄・竹木などの）柵．囲い．矢来．フェンス．〔～门儿〕〔栅门〕柵形の門．丸太造りの扉のある門．
栅门 zhàmén ⇒〔栅栏门儿〕

〔**奓**〕 zhà 広がる．広げる．散らばる．〔乍〕に同じ．〔头发～着〕髪の毛がぼさぼさである．〔～翅(儿)〕chì(r)〈喩〉反抗して騒ぐ．→ zhā shē

〔**碴**〕 zhà〔大 dà 水～〕⑩甘肃省にある．

〔**溠（溠）**〕 zhà〔～水〕⑩湖北省にある川．

〔**蜡（禓）**〕 zhà〔～祭 jì〕周代，年末に行う祭祀の一種．〔大～〕〔八～〕天子の行う同前．

〔**霅**〕 zhà〔～溪 xī〕⑩浙江省吴興（現在の湖州市）の別称．

〔**馇・餷**〕 zha →〔饹 gē 馇（儿）〕→ chā

zhāi 业 艻

〔**侧・側**〕 zhāi〈口〉傾ける．よろっろっとする．→ cè zè
侧棱 zhāileng〈口〉(体を)横にあずける．脇を下にする．
侧歪 zhāiwai〈口〉傾く．曲がる．

〔**斋・齋（仝）**〕 zhāi（Ⅰ）①精進する．物忌みする．→〔斋戒〕　②精進料理．〔吃～〕同前を食べる．③(僧侣・道士に)飯を施す．布施をする．〔～僧 sēng 布道〕同前．〈姓〉斋(斉)．（Ⅱ）部屋:書斎・商店・宿舎・寮など．〔书～〕書斎．〔东～〕東寮．〔第二～〕第 2 寮．〔信远～〕北京の〔酸 suān 梅汤〕の専門店．〔荣宝～〕北京瑠璃廠の書画文房具骨董店．→〔居 jū 了〕〔轩 xuān ⑤〕
斋道 zhāidào 道士に施与する．
斋饭 zhāifàn ①托鉢し布施してもらった飯．②寺院の精進料理．③（イスラム教の）断食明けにとる食事．
斋果 zhāiguǒ お供え物．
斋醮 zhāijiào 加持祈禱(をする)
斋戒 zhāijiè ①回斎戒沐浴(する)．②⇒〔封 fēng〕
斋居蔬食 zhāijū shūshí 閑居して粗末な食事をする．〈喩〉恬淡（きん）と無欲に過ごすさま．
斋七 zhāiqī ⇒〔累 lěi 七〕
斋期 zhāiqī ①断食の期間．②斎戒と精進料理を食べる期間．
斋祈 zhāiqí〈文〉斎戒のため籠る部屋．②寄宿舎．
斋舍 zhāishè ①〈文〉斎戒のため籠る部屋．②寄宿舎．

③=[斋屋]〈文〉読書の部屋.
斋坛 zhāitán ①困帝王が天を祭る壇. ②僧侶・道士などの読経する壇.
斋堂 zhāitáng ①寺院の食堂. ②〈転〉寺院.
斋屋 zhāiwū ⇒[斋舍③]
斋月 zhāiyuè ①=[善 shàn 月] 困(仏教で)正月・5月・9月:これらの月には特に物忌みし言行を慎み修行する. ②イスラム暦ラマダン(9月)
斋主 zhāizhǔ 困(仏教の)④斋(⑤)の施し主. ⑥仏事を営む家長.

[**摘**] **zhāi** ①(手でつまんで)とる. はずす. もぐ. [~帽 mào 子行 xíng 礼]帽子をとっておじぎをする. [~眼镜(儿)]メガネをはずす. [从树上~果子]木から果物をとる. [~棉花]綿の実を摘みとる. [把灯泡~下来]電球をはずす. ②かいつまむ(んで). 抜粋する(して). [从诗集里~了几首精彩的]詩集から優秀な作品を幾篇か抜粋した. [此句~自人民日报]この言葉は人民日報によるものだ. →[择 zhái] ③〈口〉金を融通する(してもらう). [东西借]あちこち借り回る. [~几个钱救急]金をいくらか借り急場をしのぐ.
摘报 zhāibào ①要点を報告する. 抜粋して報道する. ②(文章・記録・報告などの)抜粋報告. [外媒~]海外マスコミの抜粋記事.
摘编 zhāibiān ①文章の要点などを抜き出して編集する. ②同前の資料.
摘抄 zhāichāo ①要点を抜き書きする. ②同前の資料.
摘除 zhāichú 取り除く. 摘出する. [肿瘤~手术]腫瘤を削除する手術.
摘挡 zhāidǎng (自動車で)ギアをニュートラルにする.
摘登 zhāidēng (発言・文章などを)抜粋し掲載する.
摘顶 zhāidǐng 囲官吏の制帽の頂上につけた玉を罰として取りあげる:役人を免職にする.
摘东补西 zhāidōng bǔxī 〈喩〉一方から借金して一方に返金する. あちこちから借金してやりくりする. [拆 chāi 东墙补西墙]に同じ.
摘兑 zhāiduì [摘对]とも書く. 一時, 金を融通してもらう:[拆 chāi 兑]に同じ. [先跟您摘个肩儿吧]とりあえずきみから一時融通してもらっておくとしよう. [如果接不上, 由别处儿~几块钱先用着]つなぎができないなら, とりあえずそから何元か借りて間に合わせておけ.
摘发 zhāifā 要点を発表する. 抜粋して発表する.
摘冠 zhāiguàn 同前.
摘桂 zhāiguì 〈喩〉優勝する:[摘冠]に同じ.
摘花 zhāihuā 花を摘む. 花をとる.
摘记 zhāijì ①摘記. 摘録. →[札 zhá 记] ②要点を記録する. かいつまんで書く.
摘肩儿 zhāijiānr [摘尖儿]とも書く. 〈方〉一時, 金を融通してもらう. [您跟您摘个肩儿吧]とりあえずきみから一時融通してもらっておくとしよう.
摘借 zhāijiè あちこちから金を借りまくる:[东 dōng 摘西借]ともいう. [~无门]借りようにも借りるところがない.
摘录 zhāilù ①抜き書き. 摘録. ②抜き書きする. 摘.
摘帽子 zhāimàozi ①帽子をとる. →[脱 tuō 帽] ②〈喩〉悪名(悪評)を払い落とす. レッテルをはがす. 名誉回復する. [非摘了不好的帽子不可]落伍という悪名を払いのけなければいけない. →[戴 dài 帽子②]
摘牌 zhāipái ①営業許可証などをとりあげる. ②(証券取引などの)資格を停止する. ③(競技で)メダルを獲得する. ④⇒[转 zhuǎn 会]
摘取 zhāiqǔ つかみ取る. もぎ取る.
摘示 zhāishì 一部を選んで示す.
摘桃子 zhāitáozi 〈喩〉人の成果を横どりする. 成果を奪い取る. [这次试验, 他没出一点力, 现在倒跑来~了]今度の実験に彼は力を少しも出さなかったが, 今になってその成果を奪い取ろうとしている.
摘心 zhāixīn ①[喩義しんする]. ②気を落とす. 落胆する. 傷心する. [老来丧子 sàngzǐ 这才叫~呢]年とってから子を亡くすなんて, これこそ気落ちするものだ.
摘要 zhāiyào ①要旨にまとめる. 要点をつかむ. 概要を作る. ダイジェストする. [现将该文内容~如下]その文の内容の要点をまとめると, 次の通りである. ②摘要. 要旨. 要点. ダイジェスト. [谈话~]談話の要旨. [报告~]報告の要点.
摘译 zhāiyì 抄訳(する). →[节 jié 译]
摘引 zhāiyǐn ①摘録し引用する. ②摘録引用文.
摘由 zhāiyóu ①公文書の主な内容を摘録する. ②官公庁で, 往復文書に裁定を下すために作成する要略説明書.

[**宅**] **zhái** ①住宅. 住居. [住~]住宅. [家~]住宅. ②住宅. 住居. 家庭. [~电 diàn]自宅. [~电话. [深~大院]〈成〉大邸宅. [李~]李氏宅. →[府 fǔ ④] ②〈文〉墳墓. [卜 bǔ ~]墓地のよしもとを占う.
宅邸 zháidǐ 邸宅. [那里汇集了名人的~]そこには有名人の邸宅が集まっていた.
宅地 zháidì 住宅用地.
宅第 zháidì 〈文〉邸宅.
宅基 zháijī ①宅地. 敷地. [~地]宅地. 自宅地:建造・居住の専用権をもつ土地. ②門第. 家柄.
宅眷 zháijuàn [白家族]:多く婦女子を指す.
宅里 zháilǐ 囲お屋敷:使用人が主家を指す.
宅门 zháimén ①邸宅:屋敷の大門. ②[~儿]同前の家族. [~(的)车]お抱え車. 自家用車. [~里的少爷小姐]お屋敷の坊ちゃんお嬢さん.
宅舍 zháishè 〈文〉住宅.
宅院 zháiyuàn 庭園・中庭を持つ邸宅. 〈転〉豪邸.
宅子 zháizi 住まい. [他们家~很大]彼の家は大きい. [又~就有好几所, 这么说也不算财主]住まいだけでも幾棟もあるんだからお金持ちと言えないことはないだろう.

[**择**] **zhái** 〈口〉選ぶ. よる. [~好日子]吉日を選ぶ. [把菜~一~]野菜の葉の良くないところをよってちぎり捨てる. →[摘 zhāi ②] → zé
择不开 zháibùkāi ①選び出せない. より分けられない. [我忙得一点儿工夫也~]忙しくて少しの時間も融通がきかない. [~身儿]体があかない. ②抜けられない. 逃れられない. [他们俩是~的一对儿]彼らは切っても切れない間柄だ.
择菜 zháicài (調理の下ごしらえで)野菜の食べられない部分をより分ける.
择刺 zháicì (魚を食べる時)小骨をとり出す.
择干净(儿) zháigānjing(r) 責任逃れを言う. 逃げ口上を言う.
择工夫 zháigōngfu 時間を都合する. 暇を作る.
择尖儿 zháijiānr 〈喩〉いいものを先に選びとってしまう. [你们~, 光剩下不爱吃的, 人家不愿意呀]いいものだけ先にえり食いしてしまったら, あとはまずいものばかり残って, みんなはいやがるぞ.
择空儿 zháikòngr 暇をみつける.
择毛(儿) zháimáo(r) 〈方〉あら探しをする. →[吹 chuī 毛求疵]
择日子 zháirìzi いい日を選ぶ. 吉日を選ぶ:[择 zé 吉]に同じ.

择翟窄鈬债祭瘵寨搴占沾　　　　　zhái～zhān

择食 zháishí　より食いする。うまいものだけを食う。自分の嗜好に合ったものだけを選んで食う。〔什么吃的都行,他不～〕どんな食べ物でもいいんです,あの人は好ききらいはありません。

择手货 záishǒuhuò　〈方〉選び残した悪い品物。えり屑。〔除了我谁买这～〕わたし以外に誰がこのえり残しを買うものか。→〔剔 tī 庄货〕

择席 zháixí　場所が変わるとよく眠れない。〔～的毛病〕よそに泊まると寝つきが悪いくせ。

择鱼头 zháiyútou　〈方〉魚の頭骨をとる。〈喩〉困難なことを整理する。〔是打起官司来,这个鱼头还得你自己去择呀〕裁判沙汰にでもなれば,その結末はやはりきみが片をつけねばならんのだよ。

[翟] zhái　〈姓〉翟(テキ)　→ dí

[窄] zhǎi　①狭い。〔狭 xiá ～〕〔～小〕同前。〔宽～〕広さ。〔这房子又小又～〕この家は小さくて狭い。〔道路～〕道が狭い。②度量が狭い。気が小さい。〔心太～〕心が狭量すぎる。〔心眼儿～,想不开〕量見が小さくてよくよくしている。↔〔宽 kuān①〕③ゆとりがない。貧しい。〔～门～户〕貧しい家。〔以前的日子过得很～〕以前の生活は苦しかった。④〈姓〉窄(サク)

窄巴 zhǎiba　〈方〉①狭苦しい。〔窄憋 bie〕〔窄别〕ともいう。〔这屋子太～了〕この部屋はあまりに狭苦しい。②〈生活に〉ゆとりがない。〔他近来有点儿～〕彼は近ごろちょっと困りかけている。

窄带 zhǎidài　〔電〕ナローバンド。→〔宽 kuān 带〕

窄幅 zhǎifú　①〔紡〕細幅。〔～布〕ナローフロース。〔窄面儿布〕ともいう。〔宽 kuān 幅〕②〔商〕(相場の)変動幅が少ないこと:〔小 xiǎo 幅〕ともいう。

窄轨 zhǎiguǐ　⇒〔狭 xiá 轨〕

窄溜溜 zhǎiliūliū　ひどく狭い(細い)さま。〔～的一条纸〕同前の紙。

窄狭 zhǎixiá　〔狭窄〕ともいう。

窄小 zhǎixiǎo　狭くて小さい。

窄韵 zhǎiyùn　〔圖〕文字の少ない韻:韻字のグループのうち少ない字数しか持たない韻部。

[鈬] zhǎi　〔～儿〕〈方〉〔食器・果物・着物の〕傷と,欠けたあと。〔这苹 píng 果没～儿〕このリンゴにはいたみがない。〔碗 wǎn 上有点儿～儿〕どんぶりに欠け跡がある。→〔渣 zhā 儿〕

[债·債] zhài　①負債。借金。〔借 jiè ～〕〔负 fù ～〕借金。→〔还 huán ～〕借金を返済する。〔放～〕金を貸しつける。〔讨 tǎo ～〕貸し金を催促する。〔公～〕公債。〔欠 qiàn ～ 一身〕ひどい借金をする。②〈喩〉お返し(返報)すべき借り。〔血 xuè ～〕血の負債。

债户 zhàihù　借り主。金を借りた人。→〔债务人〕
债款 zhàikuǎn　借金。借款。
债权 zhàiquán　⦅法⦆債権。〔～人〕債権者。
债券 zhàiquàn　(国家・団体・会社などが発行する)債券・公債・国債などの総称。
债市 zhàishì　⦅商⦆債券市場。債券相場。
债台 zhàitái　〈喩〉負債の山。〔～高筑〕〔成〕負債が山ほどある。借金で首が回らぬ。
债务 zhàiwù　①債務。〔～人〕債務者。②債務のある人。
债项 zhàixiàng　負債。借財。
债主 zhàizhǔ　貸し主。金を貸した人。→〔债权人〕
债转股 zhàizhuǎngǔ　⦅商⦆債権株式化。デッドエクイティースワップ。DES。

[祭] zhài　〈姓〉祭(サイ)　→ jì

[瘵] zhài　〈文〉病気。やまい:多く肺病を指す。〔痨 láo ～〕肺病。

[寨(砦)] zhài　(Ⅰ)〔寨(砦)〕①防御用の木柵。とりで。防寨。〔山～〕山のとりで。〔～门〕とりでの門。②軍営。とりで。〔营 yíng ～〕安営扎 zhá ～〕同前を築く。③⓪柵(囲い)を巡らした村の部落。〔柴寨〕同前の部落の囲い。〔李家～〕李一族の同前。⓫雲南などの地の少数民族の部落。〔～老〕同前の長(長)。④山賊の住みか。山寨。
(Ⅱ)〔寨〕〈姓〉砦(サイ)

寨主 zhàizhǔ　⓪①山賊のかしら。②村落の長。部落長。
寨子 zhàizi　①柵。囲い。②同前をめぐらした村落。

[搴] zhài　〈方〉(衣服のボタンなどの付属物を)縫いつける。かがりつける。〔把花边～上〕レースを縫い付ける。〔～纽 niǔ 襻儿〕(中国服の)ボタンを縫い付ける。

zhan　ㄓㄢ

[占] zhān　①占う。〔～卜⓪〕同前。②〈文〉口ずさむ。〔对月有怀,因而口～五言一律〕(红1)月を眺めて感慨を催したので五言律詩一首を口ずさんだ。③〈姓〉占(セン)　→ zhàn

占卜 zhānbǔ　(亀の甲や銅銭などで)占う。〔～吉凶〕吉凶を占う。→〔算 suàn 命〕

占灯花 zhāndēnghuā　灯花を占う:旧時,灯火が急に明るくなったりまたたいたりするので吉凶を占った。

占断 zhānduàn　占って吉凶を断ずる。
占卦 zhānguà　(八卦で)占う。〔打 dǎ 卦〕〔算 suàn 卦〕ともいう。→〔～先生〕占い師。
占课 zhānkè　占う。〔起 qǐ 课〕に同じ。〔你可以占它一课,倒看看这次的彩票有点儿边儿没有？〕今度の宝くじは少し見込みがあるかどうか占ってみたらば。

占梦 zhānmèng　夢判断する。
占三从二 zhānsān cóng'èr　3度占ってみて多く出た卦に従う。〈喩〉多数の説に従う。
占筮 zhānshì　〈文〉占う。
占算 zhānsuàn　占う。
占星 zhānxīng　星占い(する):生まれた日の星まわりで運命判断すること。〔～术 shù〕占星術。

[沾(霑)] zhān　(Ⅰ)〔沾(霑)〕①(水・油・泥などに)つく。つける。ぬれる。汚れる。〔～湿 shī〕ぬれる。〔～油〕油がつくで汚れる。〔～泥 ní〕泥がつく(で汚れる)。〔～蘸 zhàn〕②しみつく。しみこむ。〔味儿～在身上〕においが身にしみつく。
(Ⅱ)〔沾〕①ちょっと触れる。〔～口〕ちょっと口にする。〔脚不～地〕足は地に触れない。〔滴酒不～〕一滴の酒も飲まない。②関係する(をもつ)。かかり合う。かかり合いがついている。〔朋友们都不敢～他〕友人たちは誰も彼にかかり合わない。〔～上嫌疑〕嫌疑をかけられる。③(思想や気風・習慣などに)染まる。かぶれる。〔～染恶习〕悪習に染まってしまう。〔说话～点儿土音〕言葉に幾分地方なまりがある。④(分け前や恩恵に)あずかる。あやかる。〔大家都～了他的光了〕誰もかれも彼のおかげにあずかれた。⑤よろしい。〔让他去～不～？〕彼を行かせていいか。彼に行ってもらっていいか。⑥古書で〔觇 chān〕に同じ。

沾包 zhānbāo　〈方〉①そばづえをくう。関係する。足をつっ込む。〔你说吧,不能怪你,你要不说呀,有事可得～〕(周・暴11)おっしゃいよ,あんたを悪くは思やしないから,もし言ってくれなきゃ,何かあった時巻き

zhān

添えを食っちまうじゃないか.②ひどい目に遭う.

沾边(儿) zhānbiān(r) ①ちょっと手をつける.やや接触する.かかり合いになる.〔她数强说了几句,也是空空洞洞,沾不上边儿〕彼女はしょうことなしにちょっと話したものの,内容もなくとりつく しまもなかった.〔关于这个问题,他不愿意～〕彼はこの問題でかかり合いになりたくないのだ.②真実に近い.水準に近づいている.〔他唱得还～儿〕彼の歌はまあまあだ.

沾补 zhānbǔ （利益で）潤う.潤す.〔每人～点儿比没有强〕みんながいくらかずつでも潤いがあればないよりましだ.

沾光 zhānguāng （あやかって）お陰を被る.〔连我也～不少〕(连我也沾了不少光)私まで少なからずお陰を被った(ずいぶんあやかりました).〔在这件事上我们大家都沾了您的光〕この件についてはずいぶんあなたのお世話になりました.〔他都是沾了他岳父家的光才有今天〕彼は妻の実家のお陰を被ったからこそ今日の地位を得たのだ.〔～得済 déjì〕(成)人のお陰を被って助けられる.

沾花惹草 zhānhuā rěcǎo ⇒〔拈 niān 花惹草〕

沾襟 zhānjīn 〔沾衿〕とも書く.〈文〉涙が襟を潤す.

沾洽 zhānqià 〈文〉①(雨が降って）十分に潤す.〔农亩～〕畑地が十分に潤う.②満足する.〔莫 mò 不～〕満足せざるなし.③あまねく行き渡る.〔威 wēi 惠～〕恵沢あまねく行き渡って助けられる.

沾亲 zhānqīn （浅い）親戚関係がある.〔～带故〕〈成〉親戚や親友としての関係がある.〔一不～,二不带故〕親戚関係でも少しもひっかかりがない.〔过去的私营工厂的职员多半是跟老板～带故的〕以前の私営工場の職員は大半が経営者と縁故関係のある者だった.

沾染 zhānrǎn ①染まって悪くなる.悪化を受ける(て悪くなる).〔～恶习〕悪い習慣に染む.〔～上一些不好的习惯〕少々良くない慣習に染まる.②うつる.感染する.〔创口了细菌〕傷口にばい菌が入った.→〔感 gǎn 染〕③手をつける.男女関係がある.〔他们两个有点儿～,这两个人是少々怪しい.〔公家的钱我们是不能～分毫的〕公金には我々は少しも手をつけることはできない.

沾惹 zhānrě （事にからみあう.相手になる.〔她是有名儿的母老虎,～不得〕彼女は有名なきつい女だ,ちょっかい出しちゃいかん.

沾润 zhānrùn ものを受ける.他人の利益の分け前を受ける.〔这回也叫我们～点儿吧〕今度はおれたちにも儲けさせてくれよ.

沾手 zhānshǒu ①手で触る.手に触れる.〔雪花一～就化了〕雪片は手に触れるとすぐ溶けてしまう.②〈転〉手をつける.手をつっこむ.かかわる.割り込む.〔这件事你不～为好,你还是不要跟他们沾手之手〕この事にきみは関係しない方がよい.〔怕沾他的手〕彼にかかわり合うのを恐れる.

沾水 zhānshuǐ 水にぬれる.水につかる.〔这货物一～就不值钱了〕この品はちょっとでも水にぬれると値打ちがなくなる.

沾嫌 zhānxián =〔沾疑〕①嫌疑を受ける.〔我怕～,所以得离远这点〕濡れ衣を着せられるのが恐いから少し遠ざかっていなければならない.②誤解を招きやすい.〔这话有点儿～,还是不说好〕この話は少し誤解を受けやすいから,やはり言わない方がよい.

沾衣 zhānyī （汗や雨などが）服をぬらす.（油や泥などが）服につく.

沾疑 zhānyí ⇒〔沾嫌〕

沾沾自喜 zhānzhān zìxǐ 〈成〉自分で得意になって喜ぶ.うぬぼれる.〔～于一得之功和一孔之见〕わずかな成功と狭い考えですっかり一人よがりになる.

沾滞 zhānzhì ①事にかかわり過ぎる.融通がきかない.

〔有人说他太～,其实他是个认真做事的人〕人が彼があまりに事にかかわり過ぎると言うが,実際は真面目に仕事をする人だ.

〔呫〕 zhān 〔～哗 xīn〕〔～哒〕〔氧 yǎng 杂〕意〕⇒キサンテン.〔～哒酮 tóng〕キサントン.

〔毡・氈（氊）〕 zhān 〔一子〕⇒毛氈(毡).フェルト.〔擀 gǎn ～〕羊毛を簾状のものに巻き込み同前をする.〈喩〉（毛皮や頭髪などが）からみ合って板状になること.〔炕 kàng ～〕オンドル用の（に敷く）フェルト.〔油～〕アスファルトルーフィング.②〈姓〉氊(毡)

毡包 zhānbāo ⇒〔房房〕

毡坊 zhānfáng 毛氈製造場.

毡房 zhānfáng パオ.ゲル.=〔毡包〕〔毡帐〕に同じ.蒙古人などの住む天幕製の移動家屋.

毡匠 zhānjiàng 毛氈織りの職人.

毡笠 zhānlì ラシャ帽子.

毡帘 zhānlián (冬用の)毛氈ののれん.

毡帽 zhānmào ①縁が横へ張らずに上へ折り返しになっているラシャ帽子.②（ラシャの)中折れ帽.

毡呢 zhānní ⇒フェルト.〔～便 biàn 帽〕フェルト鳥打ち帽.〔～帽〕（縁のある）フェルト帽.

毡绒 zhānróng 絨毯(毡)⇒蒙古産純羊毛製の厚いもので,炕(オンドル)または床に敷くのに用いられる.

毡靴 zhānxuē 毛氈(フェルト)の防寒靴.

毡衣 zhānyī 厚い毛織りの衣服.

毡帐 zhānzhàng ⇒〔毡房〕

毡状滤纸 zhānzhuàng lǜzhǐ フェルト状濾紙.→〔滤纸〕

毡子 zhānzi =〔毛 máo 毡〕⇒①毛氈.フェルト.②同前の厚い毛布.ケット.オンドルや床に敷く.

〔粘〕 zhān ①くっつく.ねばりつく.ねばりつく.〔粘牙①〕②くっつける.はりつける.〔胶～剂〕接着剤.〔把те йou 票～上〕切手をはる.〔用浆jiàng 糊～在一起〕糊で一緒にはりつけておく.→〔黏 nián〕→ nián

粘不住 zhānbuzhù ひっつかない.〔用浆 jiàng 子～〕糊ではっつかない.

粘虫胶 zhānchóngjiāo （虫をとる）とりもち.→〔粘鸟胶〕

粘胶 zhānjiāo のり.〔用～贴上〕のりでくっつける.

粘连 zhānlián ①くっつく.②医 瘾着する.〔肠cháng ～〕腸瘾着.③かかわりがある.

粘鸟胶 zhānniǎojiāo ⇒モチノキその他の植物の皮からとれる粘性物から作る.→〔粘虫胶〕糨chī〕

粘手 zhānshǒu 手にねばりつく.

粘贴 zhāntiē ①（のりで）はりつける.②電算 はりつける.

粘牙 zhānyá ①歯に粘りつく.〔麦芽糖吃起来有点～〕水飴は少し歯に粘りつく.②〈方〉言いづらい(人ぎきが悪くて).〔这句话连照样说一遍都觉得～〕この言葉は口ごもまねて言うだけでさえ口に出しにくい.→〔碍 ài 口〕

〔旃（旜）〕 zhān （Ⅰ）〈文〉文末助詞.〔之zhī 焉 yān〕の合音.意味もこれと文末の強調の語気を合わせたもの.〔勉 miǎn ～〕〔勉之焉〕勉めよ.〔慎 shèn ～〕気をつけよ.(Ⅱ)①固曲げた柄に垂れ下げた旗.②古書で〔毡〕に通用する.

旃檀 zhāntán 植 ①=〔檀檀〕ビャクダン.〔檀香〕の古称.②ナツツバキ.〔紫 zǐ 茎〕の別称.

〔栴〕 zhān

栴檀 zhāntán ⇒〔旃檀〕

zhān～zhǎn

〔詹〕 zhān 〈姓〉詹(セン)

〔谵・譫(讝)〕 zhān 〈文〉①しゃべりちらす.多言である.②(熱にうかされて)うわごとを言う.〔发～〕同前.
谵妄 zhānwàng 国譫妄(センモウ)
谵语 zhānyǔ うわごと(を言う).たわごと.〔说～〕〔发～/发谵〕うわごとを言う.

〔嘫〕 zhān 〈文〉口数が多い.よくしゃべる.

〔瞻〕 zhān ①仰ぎ見る.〔观 guān ～〕眺め(る).〔马首是～〕〈成〉みなが頭(かしら)の先導にぴったり一致して従う.権威者に迎合する.〔得～风范,获 huò 益良多〕〔赠〕あなたにお目にかかれて,たいへん得るところがありました.②〈姓〉瞻(セン)
瞻顾 zhāngù 〈文〉①世話する.面倒をみる.〔须彼此～〕お互いに面倒をみなければならない.②前を見てさらに後ろを見る.優柔不断である.〔徘 pái 徊～〕決断がつかない.
瞻韩 zhānhán 〈成〉名声を慕い望む:李白が韓荊州に出した手紙に〔生不用封万户侯,但愿一识韩荊州〕とあったのによる.〔久切々,获睽御幸〕〔赠〕久しくお会いしたいものと思っていましたが,まだその機会を得ません.
瞻礼 zhānlǐ ①カトリック教の宗教祭日.②カトリック教徒は日曜日を〔主 zhǔ 日〕とし,月曜日から順順に〔～二〕〔～三〕などと称する.③(神仏を)礼拝する.
瞻恋弗舍 zhānliàn fúshě 〈成〉思い慕って忘れられない.名残り惜しい:〔恋恋不舍〕に同じ.
瞻念 zhānniàn 将来のことを思う.展望する.〔～前途〕前途を考える.
瞻前顾后 zhānqián gùhòu 〈成〉①前を見たり後ろを見たりする.②注意が行き届いている.熟慮する.〔他总是～,什么主意都不敢拿〕彼はいつもビクビクしていて,どんな考えも自分では立てることができない.③優柔不断である.ビクビクして前後を見回す.〔他总是～,什么主意都不敢拿〕彼はいつもビクビクしていて,どんな考えも自分では立てることができない.
瞻情顾意 zhānqíng gùyì 〈成〉親身になって(心から)気にかけてやる.
瞻山斗 zhānshāndǒu 泰山・北斗を仰ぎ見る.〈喩〉大家に謁する.〔得一～,平生之愿足矣〕大家に謁することができれば平生の願いはかなったことになる.
瞻望 zhānwàng 望み見る.将来を見る.展望する.〔～前途〕前途を眺めやる.
瞻徇 zhānxùn 私情にとらわれる.〔～情面〕情実にとらわれる.
瞻仰 zhānyǎng ≡〔仰瞻〕①仰ぎ見る.〔～遗容〕遺容を拝する.〔～了鲁迅先生的墓〕魯迅先生の墓をお参りした.〔～墨宝〕あなたのお書きを拝見する.〔那可是稀 xī 罕的东西,我要～〕あれは珍しい物です,拝見させてください.

〔邅〕 zhān 〈文〉①行き悩む.〔～迍 zhūn〕〔屯～〕困窮して思うようにならない.②たち戻る.

〔饘・饘(饘)〕 zhān 〈文〉濃いかゆ.おじや.

〔鹯・鸇〕 zhān 鸇古書で,はやぶさに似た猛禽のたぐいをいう.

〔鳣・鱣〕 zhān 国チョウザメのたぐい.また,鯉.〔鳣 huáng〕〔鲟 xún〕→ shàn

〔斩・斬〕 zhǎn ①断る(断ち切る):刃物で斬る.〔拔 pī 荆～棘〕〈成〉困難を克服し障害を乗り越える.②斬罪.〔处 chǔ ～〕同罪に処する.〔方〕ゆすりたかる.ふっかける.④〈姓〉斬(ザン)
斩仓 zhǎncāng 国(株などを)損切りする:買った値より低い値段で売る.
斩草除根 zhǎncǎo chúgēn 〈喩〉根本原因を取り除く.禍根(または弊害)を根絶する:〔剪 jiǎn 草除根〕に同じ.
斩衰 zhǎncuī 古代,〔五 wǔ 服〕中の最も重い服喪:粗い麻布を用い,すそのふちはくけ縫いをしないで着用する.
斩钉截铁 zhǎndīng jiétiě 〈喩〉(快刀乱麻を断つように)あいまいな所がないこと.〔说得～〕きっぱりとした言い方だ.〔他一地表示,坚决完成任务〕必ず任務を完成すると彼は断乎として表明した.
斩断 zhǎnduàn 断ち切る.〔我们有充分的信心と力量～他的魔爪 zhǎo〕我々にはその魔手を断ち切るのに十分な信念と力がある.
斩犯 zhǎnfàn 斬罪(死罪)に決まった犯人.
斩获 zhǎnhuò ①戦果をあげる:古く戦争で敵の死者と捕虜を得ること.②〈転〉(試合などの)成績(をあげる).成果(をあげる)
斩假石 zhǎnjiǎshí ⇒〔剁 duò 斧石〕
斩奸 zhǎnjiān 奸臣または悪人を除く.
斩尽杀绝 zhǎnjìn shājué 〈成〉皆殺しにすること.
斩首 zhǎnshǒu ①首を斬る.〔～示众〕見せしめに同前.②斬首の刑.
斩刑 zhǎnxíng 斬首の刑.
斩一刀 zhǎnyīdāo 〔口〕ぼられる.ふんだくられる.
斩罪 zhǎnzuì 斬罪.

〔崭・嶄(嶃)〕 zhǎn ①〈文〉高い.抜きん出る.②とくに.とても.たいへん.〔皮鞋擦得～亮〕革靴がぴかぴかに磨かれている.③〈方〉すばらしい.〔滋味真～〕特にすばらしい味だ.→ chán
崭露头角 zhǎn lù tóujiǎo 〈成〉とびぬけて頭角を現す.
崭然 zhǎnrán 〈文〉とびぬけて.ひときわ優れて.
崭新 zhǎnxīn とびきり新しい:〔斩新〕とも書いた.〔他换了～的衣服〕彼は新しい(できたばかりの)服に着替えた.

〔䁐・䁐〕 zhǎn 〈方〉まばたきする.

〔飐・颭〕 zhǎn 〈文〉風にそよぐ.〔清风～水〕すがすがしい風が水に波を立てる.

〔盏・盞(琖・醆)〕 zhǎn ①杯.小さな杯.玉杯.〔～酒杯.酒 jiǔ ～〕同前.〔玻 bō 璃～〕ガラスのコップ.②量詞.灯火に用いる.〔这屋子里得安两～(电灯)〕この部屋には(電灯)を2個つけねばならない.

〔展〕 zhǎn ①延べる.延べ広げる.〔舒 shū ～〕伸ばす.広げる.〔伸 shēn ～〕伸びて広げる.〔～一读〕本を広げて一読する.〔愁等眉不～〕心配そうな顔つきをする.〔舒 shū 眉～眼〕顔をほころばせる.〔发 fā ～〕発展する(させる).②〈転〉繰り広げる.発揮する.〔大いに～侵れた才能を大いに発揮する.〔一筹 chóu 莫～〕〈成〉なんとも手のほどしようがない.③延ばす.伸ばす.〔～缓 huǎn〕延期する.猶予する.〔会议～期延期する.〔～期会议は延期する.④展覧する.〔～出〕展示する.〔预～〕展覧会前の特別招待.⑤展覧.展示.⑥〈姓〉展(テン)
展板 zhǎnbǎn 展示パネル.
展播 zhǎnbō 特集して放映・放送する.
展布 zhǎnbù 〈文〉①意見を陳述する.②腕を振るう.〔～经纶 lún〕手腕を振るう.
展成法 zhǎnchéngfǎ ≡〔渐 jiàn 展法〕国創成法:

切削方法の一.
展翅 zhǎnchì 羽根を広げる(て飛ぶ).〔~高飞〕〔~飞翔 xiáng〕翼を広げて高く飛ぶ.
展出 zhǎnchū 陳列展示する.〔~中国商品〕中国商品を展示する.
展地 zhǎndì ①展覧会の開催地.②(作品,商品などの)展示スペース.
展点 zhǎndiǎn 展覧地点.場所.
展读 zhǎndú ⇒〖展诵〗
展馆 zhǎnguǎn ①展覧会場のパビリオン.②〔展览馆〕の略称.
展柜 zhǎnguì 展示ケース.陳列棚.ショーケース.
展缓 zhǎnhuǎn 延期する.猶予する.〔行期一再~〕出発の日が延び延びになっている.〔限期不得~〕期限を延ばすわけにはいかない.
展会 zhǎnhuì 展覧会.展示会.
展技 zhǎnjì〈文〉〈喩〉才能を十分に発揮する.〔~一足〕同前.
展卷 zhǎnjuàn〈文〉本を開く(いて読む)
展开 zhǎnkāi ①広げる.〔~翅 chì 膀〕羽を広げる.〔把地图~〕地図を広げる.②展開する.繰り広げる.〔~部〚简〛展開部.〔~式〕〚语〛展開式.〔~竞赛〕競争を繰り広げる.〔这次斗争是围绕着这个问题~的〕今回の闘争はこの問題を巡って展開されたのである.
展宽 zhǎnkuān (道路などの)幅を広げる.拡幅する.
展况 zhǎnkuàng 展覧会の状況.
展览 zhǎnlǎn 展覧(する).展示(する).〔~(会)〕展覧会.〔~馆〕展覧会館.〔~馆②〕展覧会館.〔~新型机床〕新型の工作機械を展示する.〔看~〕参観~〕展覧会を見学する.〔农业成就~〕農作物展示〔中国贸易商品~〕中国商品見本市.
展露 zhǎnlù はっきりと現れる.現す.〔~才华〕才能を現す.
展卖 zhǎnmài ⇒〖展销〗
展眉 zhǎnméi 眉を開く.〈転〉喜ぶ.
展品 zhǎnpǐn 展示品.出品:〔展览品〕ともいう.
展评 zhǎnpíng (展示物を)展示批評する.
展期 zhǎnqī ①延期(する).〔总理访华将~进行〕総理の訪中を延期することにした.②(展覧会などの)会期.〔此次美展,~为一个月〕今回の美術展の会期は1か月である.
展区 zhǎnqū 展示区(画).展示ゾーン.展示ブース.
展商 zhǎnshāng 展示参加企業.
展神经 zhǎnshénjīng〖生〗外転神経.〔外 wài ~〕同前.
展示 zhǎnshì 広げて見せる.はっきりと示す.〔这个规划给我们~了美好的前景〕このプランは私たちにすばらしい未来をはっきりと示している.
展事 zhǎnshì 展示イベント.
展室 zhǎnshì 展示室.
展诵 zhǎnsòng =〔展读〕〈牍〉手紙を(広げて)読む.貴簡拝誦.
展台 zhǎntái ①展示台.②展望台.
展厅 zhǎntīng 展示ホール.
展团 zhǎntuán 展示会参加代表団.
展望 zhǎnwàng 展望(する).予測(する).〔~未来〕未来を展望する.〔~前景〕同前.〔国际形势~〕国際情勢を展望する.〔登上山顶~四周景色〕山の上に登って四方を展望する.〔八十年代的~〕80年代の展望.
展位 zhǎnwèi 展示ブース.展示用の小間.
展限 zhǎnxiàn 期限を延ばす.
展现 zhǎnxiàn 展開する.まざまざと現れる.〔新局面~在我们眼前〕新局面が我々の眼前に展開している.

展销 zhǎnxiāo =〔展卖〕展示即売(する).〔家电用品~会〕家庭電気製品の展示即売会.
展性 zhǎnxìng〖物〗(金属などの)展.性.→〔延 yán 性〕
展延 zhǎnyán (期日などを)延ばす.〔~半年〕半年延ばす.〔~至…〕…まで延ばす.
展演 zhǎnyǎn エギジビションを行う.特別公演する.
展眼舒眉 zhǎnyǎn shūméi〈成〉のびのびした穏やかな顔つき.
展样 zhǎnyàng ①(人柄が)明るくあっさりしている.快活である.(やり方が)さっぱりしている.〔真是大户人家的姑娘,又~又大方〕(紅67)まったく大家の娘さんだ,明るく快活でおっとりしている.②(造作・配置などが)落ち着いて立派である.〔屋里摆bǎi 得挺~〕室内の配置がとっても立派である.
展业 zhǎnyè 営業活動を展開する.業務を発展させる.〔多く保険業務をいう〕
展映 zhǎnyìng 映画を特集上映する.
展转 zhǎnzhuǎn ⇒〖辗转〗

〖**搌**〗zhǎn 軽く拭く.軽く押さえる(て水分を拭きとる).〔纸上落了一滴墨 mò,快拿吸墨纸~一~吧〕紙にインクが一滴落ちた,早く吸い取り紙で吸い取りなさい.〔把眼泪~一~〕涙をそっと拭く.〔用药棉花~一~〕脱脂綿で押さえるようにして拭きとる.
搌布 zhǎn·bù =〔擦 cā 桌布〕ぞうきん.布巾(きん).〔拿~来把桌子擦干净〕ぞうきんを持ってきてテーブルをきれいに拭きなさい.→〔抹 mā 布〕

〖**辗・輾**〗zhǎn → niǎn
辗转 zhǎnzhuǎn〖展转〗とも書いた.①転々と伝わる.転々と人手を経る.曲折を経る.間接的になる.〔~托人〕次々と人に(人から人へと)頼む.〔~流传 chuán〕人から人へと伝わって耳に入る.〔~到了陕 shǎn 北〕転々として陕西省北部にまで行った.②寝返りをうつ.〔~反侧 cè〕〈成〉(心中に心配事があり)眠れなくて)何度も寝返りをうつ.

〖**皽**〗zhǎn〈文〉皮膚の薄い膜.

〖**黵**〗zhǎn〈方〉汚れる.汚れがつく.〔这种布颜yán 色暗,禁 jīn ~〕この種類の布は色がくすんでいるから汚れが目立たない.

〖**占(佔)**〗zhàn ①占據する.占有する.力ずくで自分のものとする.占める.守る.〔攻 gōng ~〕攻略する.〔霸 bà ~〕横取りする.②ある地位を占め,あるいはある状態に居る.〔~优势〕〔~上风〕優勢を占める.〔赞成的~多数〕賛成者が多数を占めている. → zhān
占地 zhàndì ①一定区画の土地を占める.②占められる土地.地积.〔~面积〕敷地面積.
占地方 zhàndìfang 場所を取る.場所をふさぐ.〔这件行李太太,~〕この手荷物は大きすぎて,場所を取る.
占房 zhànfáng ①部屋を占拠する.②〈方〉子供が生まれる:生まれて一間を占める.〔~了没有?〕生まれたかね.
占酒 zhànjiǔ ⇒〖杜 dù 松(子)酒〗
占居 zhànjū 地位を占める.〔~首位〕トップに立つ.
占据 zhànjù 占拠する.占める.
占理 zhànlǐ 道理がある.道理に基づいている.〔破话儿先说为的是先~〕文句を先に言っておくのは,後になって理屈が言えるように先手を打っておくためだ.
占领 zhànlǐng 占領(する).〔~军 jūn〕占領軍.
占便宜 zhànpiányi ①うまい汁を吸う.〔占小便宜〕小利をむさぼる.〔人家(便宜人)の利益を我が物にする.〔大伙儿受罪,他一个人~〕皆はひどい目にあ

っているのに彼一人だけがうまい汁を吸っている.→〔捞 lāo 稻草〕.〔撇 piē 油儿〕〔取 qǔ 巧〕②〔立場や事情が都合よく〕有利である.得である.〔他个子 gèzi 高,看戏~〕彼は背が高いから,芝居を見るのには有利だ.

占上风 zhànshàngfēng 風上に立つ.優越な地歩を占める.優勢である.〔那一次办交涉也是他们~〕あの交渉なども彼らが有利な立場だった.

占守 zhànshǒu 占領して守る.

占位子 zhànwèizi 場所をとる.席をとる.〔找人~〕人に(頼んで)席をとっておいてもらう.

占戏 zhànxì 出演する場面.〔她~最多〕彼女の出る場面が一番多い.

占先 zhànxiān 先を越す.先鞭をつける.〔他无论做什么事情老想~〕彼は何をするにしても人の先を越そうとする.→〔抢 qiǎng 先〕

占线 zhànxiàn 線がふさがる.(電話の)話し中.〔我给他打了好几次电话,都~〕彼に何度も電話をかけたが,ずっと話し中だ.

占相应 zhànxiāngying〈方〉得をする.うまい汁を吸う.〔占便宜〕に同じ.

占小便宜,吃大亏 zhàn xiǎopiányi, chī dàkuī〔諺〕一文惜しみの百失い.安物買いの銭失い.

占压 zhànyā（資金・物資などを）抱えこんで遊ばせておく.〔货款〕商品代金を同前.〔~地下电缆〕地下ケーブルを占有して動かさない.

占用 zhànyòng 占有して使用する.占用する.

占优 zhànyōu 優位にたつ.優勢である.

占有 zhànyǒu ①占拠する.占める.〔~权 quán〕占有権.〔从前地主~这个村子的绝大部分土地〕以前は地主がこの村のほとんどの土地を占有していた.②占める.〔农业在国家经济中~重要地位〕農業は国家経済の中で重要な地位を占めている.③しっかりつかむ.把握する.保有する.〔科学研究必须~大量材料〕科学研究はたくさんの材料を持たなければならない.

占着茅坑不拉屎 zhànzhe máokēng bù lāshǐ〈喩〉糞つぼを占めながらも糞(くそ)をしない.職位を占めながらも,仕事をしないこと.

占住 zhànzhù 不法占拠する.不法に居住する.

〔战・戰〕 zhàn (Ⅰ) ①戦い.戦争.〈転〉生産向上のためまたは種々の競技のために行う競争.〔世界大~〕世界大戦.〔经 jīng 济~〕経済戦.〔棋 qí~〕碁の試合.〔备 bèi ~〕戦争に備える.戦争準備をする.〔挑 tiǎo~〕戦をしかけてくる(挑む).挑戦する.〔应 yìng~〕応戦する.〔开~〕開戦する.〔宣 xuān~〕宣戦布告(をする).〔作~〕作戦行動をとる.〔停 tíng~〕停戦(する).②戦う.闘争する.競う.勝負する.〔激~了两天〕二日間激戦した.〔连~连胜〕連戦連勝する.〔百 bǎi~百胜〕百戦百勝する.〔不~而胜〕戦わずして勝つ.不戦勝.〔~必胜,攻必取〕戦えば必ず勝ち攻めれば必ず占領する.〔为祖国而~〕祖国のために戦う.〔勇~洪水〕洪水と勇敢に戦う.〈姓〉戦.

(Ⅱ) 震える(る).〔打~〕震える.〔打冷~〕〔打寒~〕ぶるぶる身震いする.〔冷得直打~〕寒くてしきりに震える.〔胆~心惊〕恐れおののく.→〔战战兢兢〕

战败 zhànbài ①戦争で打ち負かす.〔~敌 dí 人〕敵を打ち破る.②戦争で負ける.〔~国〕敗戦国.〔在和孙行者的格斗中铁扇公主~了〕孫悟空との戦いに鉄扇公主は負けた.

战报 zhànbào 戦況報告.戦争記事.〈転〉生産や防災などの場合にその成果・状況を報道するもの.〔生产~〕.〔防汛~〕は工場や役所が出す公報.

战备 zhànbèi 戦備.〔一级~〕最高の臨戦体制を指す.〔~物资〕戦備物資.

战表 zhànbiǎo 挑戦状.宣戦布告書.〔战书〕に同じ.〔下~〕同割を発す.

战场 zhànchǎng ①戦場.②〈喩〉現場.

战车(车) zhànchē ①軍用車.軍用車両.②〔坦 tǎn 克(车)〕(タンク).戦車の旧称.③〔古〕兵車.〔兵 bīng 车〕に同じ.

战船 zhànchuán〔旧〕兵船.→〔军 jūn 舰〕

战刀 zhàndāo 騎兵用の軍刀.〔马 mǎ 刀①〕に同じ.

战地 zhàndì 戦地.〔~采访〕戦場で取材すること.従軍報道すること.

战抖 zhàndǒu 震える.〔颤 chàn 抖〕に同じ.

战斗 zhàndòu ①〔軍〕戦闘:具体的な作戦行動をいう.〔~舰 jiàn〕軍艦.〔~员 yuán〕兵士.〔一員非戦闘員〕.〔激烈的~〕激しい戦い.②闘争する.戦う.やりあう.〔~岗位〕戦闘の持ち場.労働や運動の持場.〔~的口号〕闘争のスローガン.

战斗机 zhàndòujī ＝〔战机③〕戦闘機.〔歼 jiān 击机〕の通称.

战斗力 zhàndòulì ①〔軍〕戦闘能力.②(一般的な政党・組織などの)戦闘力.

战端 zhànduān ⇒〔兵 bīng 端〕

战犯 zhànfàn 戦争犯罪人.

战防炮 zhànfángpào ⇒〔反 fǎn 坦克炮〕

战俘 zhànfú 戦争捕虜.〔遣 qiǎn 返~〕捕虜を送り返す.

战歌 zhàngē ①軍歌.②広く士気を奮い立たせるための歌・曲.

战功 zhàngōng 戦争の功績.戦功.〔立~〕戦功を立てる.

战鼓 zhàngǔ ①古代の陣太鼓.②〈喩〉戦いの合図.

战国 zhànguó〔史〕時代区分の一:紀元前475年~同221年まで.〔~七雄〕魏・趙・韓・斉・秦・楚・燕.〔春秋~〕春秋戦国時代.

战果 zhànguǒ 戦果.〔赫赫~〕赫赫(かっかく)たる戦果.〔~辉煌〕戦果が輝かしい.

战壕 zhànháo ①塹壕(ざんごう).〔~丘 qiū〕胸 xiōng 墙〕同前の前に積み上げた土.

战后 zhànhòu 戦後.

战火 zhànhuǒ 戦火.戦争.〔~纷飞〕戦火が飛び散る.

战祸 zhànhuò 戦禍.

战机 zhànjī ①〔~成熟〕戦機が熟する.〔捕 bǔ 捉~〕戦機をつかむ.〔贻 yí 误~〕遅れて戦機を失う.②軍事機密.〔泄 xiè 露~〕軍事機密を漏らす.③⇒〔战斗机〕

战绩 zhànjì ①戦績.戦果.②試合の成績.

战舰 zhànjiàn〔軍〕軍艦(総称).

战将 zhànjiàng 将軍.いくさの大将.

战捷木 zhànjiémù〔植〕デーツパーム.ナツメヤシ.→〔海 hǎi 枣〕

战局 zhànjú 戦局.

战具 zhànjù 武器.兵器.

战况 zhànkuàng ⇒〔战情〕

战力 zhànlì 戦力.

战例 zhànlì〔軍〕戦争の先例.

战栗 zhànlì 戦慄する.おののき恐れる.〔颤栗〕とも書いた.

战利品 zhànlìpǐn 戦利品.

战列舰 zhànlièjiàn〔軍〕軍艦.主力艦.〔主 zhǔ 舰〕に同じ.

战乱 zhànluàn 戦乱.

战略 zhànlüè ①戦争の全般的・基本的な計画と方略.〔~战术〕に対していう.〔~包围〕戦略的包囲.〔~导 dǎo 弹〕戦略ミサイル.〔~反攻〕戦略的反

zhàn 战站

攻.〔~防御〕戦略的防御.〔~物資〕前のための物質.戦略物資. ②転〕同前のための兵力移動. ②全体的・全局面的指導方針.〔~対話〕戦略的対話.

战马 zhànmǎ 軍馬.

战殁 zhànmò〈文〉戦没する:〔阵 zhèn 亡〕に同じ.

战木 zhànmù ⇒〔海 hǎi 枣〕

战袍 zhànpáo ①〈文〉戦士の服.②(ボクシング選手などが)試合に臨む際におるガウン.

战平 zhànpíng 引き分けになる.同点になる.

战旗 zhànqí 軍戦旗.

战前 zhànqián 戦前.

战勤 zhànqín 戦線支援活動:直接軍隊の作戦を支援するための各種の勤務.物資や傷病兵の輸送・道案内・立哨・交通の保持・捕虜の護送など.

战情 zhànqíng ≒〔战况〕戦況.試合の様子.

战区 zhànqū 軍戦区.〔~导 dǎo 弹〕戦域ミサイル. →〔军 jūn 区〕

战犬 zhànquǎn 軍用犬.

战胜 zhànshèng ①打ち勝つ.勝利を収める.〔~敌 dí 人〕敵に打ち勝つ. ②克服(する).〔帮 bāng 助农民们~自然灾害〕農民たちを助けて自然災害を克服させる.〔战胜困难に打ち勝つ.

战时 zhànshí 戦時.→〔平 píng 时〕

战时保险 zhànshí bǎoxiǎn ⇒〔兵 bīng 险①〕

战史 zhànshǐ 戦史.

战士 zhànshì ①兵士:戦闘に参加する兵員.〔解放军〕解放軍の兵士.→〔兵 bīng②〕 ②ある種の闘争・事業に従事する人.〔白衣~〕医師と看護師.〔无产阶级~〕無産階級戦士.

战事 zhànshì 戦争に関する各種の活動.戦争.

战书 zhànshū 宣戦布告書.〔战表〕ともいう.→〔哀 āi 的美敦书〕

战术 zhànshù ①軍戦術:戦闘を行う原則と方法.〔~导 dǎo 弹〕戦術ミサイル. ②個別的・具体的な事柄を行う方法.→〔战略〕

战死 zhànsǐ 戦死(する)

战天斗地 zhàntiān dòudì〈成〉大自然と闘争する.自然界の異変によって起きた災害と闘う.〔广大农民千方百计防寒抗旱,坚持不懈地~〕おびただしい農民があらゆる手段で、冷害や干ばつを防ぎ,自然界のもたらした災害に対して,終始たゆまず闘いぬいた.

战位 zhànwèi 戦う場所.ポジション.職位.自己の立場.

战无不胜 zhàn wú bùshèng〈成〉無敵である.必勝不敗である.戦えば必ず勝つ.

战线 zhànxiàn ①軍戦線.〔~太长〕戦線が長すぎる.〔缩短~〕戦線を短縮する. ②転〕生産・政治思想上の一定目的のために組織される力.〔农业~〕農業戦線.〔钢铁~〕鉄鋼業戦線.〔文芸~〕文芸戦線.〔思想~〕思想戦線.→〔前 qián 方②〕

战役 zhànyì 軍戦役(えき):一定戦略目標を実現するため,統一的作戦計画により,一定の方向と時間内に進める作戦行動全体.

战鹰 zhànyīng〈喩〉(味方の)戦闘機.軍用機.

战友 zhànyǒu ①戦友.〔老~〕古くからの戦友.〔亲密~〕親密な戦友. ②転〕同僚.仲間.

战云 zhànyún〈文〉戦争の気配.戦雲.〔~密布〕戦雲が低く垂れこめている.

战战兢兢 zhànzhàn jīngjīng〈成〉戦々恐々たる.びくびくする.〔如临深渊,如履薄水〕(詩経・小雅・小旻)戦々恐々として深い淵に臨んだがごとく,薄い氷の上を歩むがごとくである.〔地拿在手里〕小心翼々と持ち上げた.〔~就致业业〕

战争 zhànzhēng 戦争.〔~爆发了〕戦争が勃発し

た.〔发动~〕戦争を起こす.〔进行~〕戦争を遂行する.〔结束~〕戦争を終える.〔~状态〕戦争状態.〔~边缘政策〕戦争瀬戸際政策.〔~贩 fàn 子〕戦争屋.死の商人.〔~疯 fēng 子〕〈狂 kuáng〉戦争狂.〔~叫嚣 xiāo〕戦争ムードを作りあげるために騒ぎ立てる.〔~罪 zuì 犯〕〔战犯〕戦争犯罪人.

战争险 zhànzhēngxiǎn ⇒〔兵 bīng 险①〕

〔站〕 zhàn

（Ⅰ）①立つ.直立する.〔~起来〕立ち上がる.〔门口~着一个看门的〕門に番人が立っている.〔~岗〕勤務に立つ.〔在这儿~着干什么〕ここに立っていてどうするんだ.〔会水的同志~出来〕泳ぎのできる方は前に出てください. ②立ち止まる.〔不怕慢,只怕~〕遅いのはまだいいが,止まってはいけない.〔~一住〕!止まれ.〔等车~住车下〕車が止まってから降りなさい.车还没有~稳,他就跳下去了〕車がまだすっかり止まらないのに,彼は飛び降りて行った. ③肩を持つ.味方する.〔~在朋友这一边说话〕友人の側に立って(の肩をもって)ものを言う.〔工人们自然~在工会一边了〕労働者はもちろん労働組合の側に立っている. ④〈姓〉站(ō)

（Ⅱ）①〈文〉宿駅.→〔驿 yì 站〕 ②停車場.停留所:乗客の乗車・下車,貨物の積み下ろしのために停車する場所.〔~点①〕同前.〔火车~〕停車場.駅.〔汽车~〕自動車.バスの停留所.〔北京~〕北京駅.〔起点~〕起点駅.始発駅.〔前一~〕前の駅.〔下一~〕次の駅. ③(ある業務のために設けられた)機関.機構.事務所.ステーション.〔~点②〕同前.〔兵~〕兵站.〔粮~〕糧食の移動調整や管理などをする機関.〔供应~〕供給センター.〔保健~〕保健所.〔医疗~〕診療所.〔水电~〕水力発電所.〔拖 tuō 拉机~〕トラクターステーション.トラクター修理場.

站标 zhànbiāo ①駅名標示板. ②電脑ウェブサイトのロゴマーク.

站不住 zhànbuzhù ①立っていられない.立ち止まっていられない:〔立 lì 不住〕に同じ. ②＝〔站不住脚②〕成り立たたない.通用しない.論拠がしっかりしない.〔你提出的理由是~〕きみの申し立てた理由は成り立たない.〔这种说法是~的〕こんな言い方は通用しない.〔他的主张~〕彼の主張は成り立たない. ③〈方〉(塗ったりついたりした色が)さめる.落ちる.〔这颜色~〕この色はさめやすい.→〔站住〕

站不住脚 zhànbuzhùjiǎo ①忙しくて足が止められない. ②同上②.→〔站住脚〕

站得高看得远 zhàndegāo kàndeyuǎn〈成〉高い所に立てば遠くが見える:識見のある人は遠いおもんぱかりがある.

站点 zhàndiǎn ①→〔字解(Ⅱ)②〕 ②→〔字解(Ⅰ)③〕 ③電脑サイト.ウェブサイト.

站队 zhànduì ①整列する.立ち並ぶ.列を作る.〔入场时请站好队〕入場するときは整列してください. ②立場に~站错了〕〔你站错队了〕あなたは立場を間違えた.

站缸沿儿 zhàn gāngyánr〈方〉かめのふちに立つ.〈転〉中立する.どちら側にもつかない.二股をかけて.人の難儀をそらぬ顔で見ている.〔这事你甭跟他要主意,他现在是个~的人〕このことは彼の知恵を借りる必要はない,彼は今のところどちらの味方でもないから.

站岗 zhàngǎng ①(兵や警官が)立ち番する.步哨に立つ.〔~见张り.步哨. ②見張りに立つ.当直する.→〔岗②〕

站柜台 zhànguìtái ≒〔站栏柜〕店先に立つ.カウンターの前に立つ.〔~的〕従業員.店員.

站脚 zhànjiǎo ①立脚する.脚を踏みしめる.〔~的

地方.立場.立脚点.寄りどころ.足がかり.〔不論什么事我们自己不留住个的地方〕何事によらず自分の立場は残しておかねばならない.→〔站住〕 ②…側につく(応援する).〔来～助威的人很多〕こちら側について応援する人が非常に多い.

站开 zhànkāi 立ち退く.
站栏柜 zhànlánguì ⇒〔站柜台〕
站立 zhànlì 立つ.
站笼 zhànlóng 旧刑具の一種：〔立 lì 枷〕ともいう.籠形で罪人を中に入れ首だけ外に出せるようになっている.
站牌 zhànpái 停留所の標識.
站票 zhànpiào (劇場や乗り物などで)立ち見の切符.立ち席の切符.〔我们来得太晚了,只好买这个吧〕来るのが遅すぎたから立ち見の切符を買うしかない.
站人银圆 zhànrén yínyuán 旧香港で鋳造された1円銀貨：表面に杖を持った人の立像がある.〔站人(儿)〕〔立 lì 人之〕〔杖 zhàng 洋〕ともいう.
站容 zhànróng 駅の景観・姿.
站哨 zhànshào 立哨(する).→〔巡 xún 哨〕
站台 zhàntái プラットホーム：〔月 yuè 台①〕は旧称.〔～票 piào〕〔月台票〕(駅の)入場券.〔2号～〕2番ホーム：2番線と3番線のホーム.
站稳 zhànwěn ①＝〔站住②〕踏みしめる.しっかり立つ.(体操で)着地がきまる.〔站不稳〕足もとがふらつく.足が定まらない.〔～立場〕立場を固める.②(動いているものが)停止する.〔等车～了再下〕车が停止するまで車から降りてはいけない.
站务员 zhànwùyuán ＝〔站员〕駅員.
站相 zhànxiàng 立っている姿勢.〔站有～,坐有坐相〕立つ場合きちんとした立つ姿勢,座る場合きちんとした座る姿勢を取る.
站像 zhànxiàng 立像.→〔坐 zuò 像〕
站(一)站儿 zhàn(yi)zhanr 〔口〕ちょっと立ち止まる.〔～再走〕ちょっと立ち止まってまた歩いて行く.
站员 zhànyuán ⇒〔站务员〕
站长 zhànzhǎng 駅長.〔副 fù 〕助役.
站直 zhànzhí しゃんと立つ.
站住 zhànzhù ①止まる.立ち止まる.〔～!〕止まれ(号令).〔表～了〕〔表停 tíng 了〕時計が止まった.→〔立 lì 定〕②⇒〔站稳①〕③安定する(させる).保持する.〔他新的工作岗位总算～了〕彼の新しい仕事のポジションがまず安定した.〔看今年的成绩,他们的事业就算～了〕今年の成績から見ると,彼らの事業は立ちゆけると見ていい.④たたずむ.いつく.⑤(理由などが)成り立つ.〔这个论点很站得住〕この論点は全く成り立つ.⑥〈方〉(ついた色などが)落ちない.さめない.
站住脚 zhànzhùjiǎo ①止まる.〔他～,叫了一辆出租车〕彼は止まって,タクシーを1台呼んだ. ②足場を固めることができる.〔他一直流浪,最近好容易才在这个镇上站住了脚〕彼は放浪したあげくやっとこの町に住みつくことができた.③(理由など)成り立つ.成立する.〔他的理由能站得住脚〕彼の理由は成り立ち得る.→〔站住〕

〔**组・組**〕 zhàn 〈文〉ほころび(を繕う)
〔**栈・棧**〕 zhàn ①倉庫業・運送業・問屋業などを兼営した宿場：号号を冠して〔…～〕と呼ばれた.〔客～〕旅館.〔货 huò ～〕倉庫.〔粮 liáng ～〕穀物問屋.〔悦 yuè 来～〕悦来旅館(館名). ②桟道.〔蜀 shǔ ～〕蜀の桟道.→〔桟道〕 ③〈文〉家畜を飼う囲い.〔马 mǎ ～〕馬の囲い.〔羊 yáng ～〕羊の囲い. ④〈姓〉桟(を).

栈单 zhàndān 旧倉庫預り証.
栈道 zhàndào ＝〔桟阁〕桟道：険しい山の傾斜面に板と柱でさじきを組むようにして開いた道.
栈房 zhànfáng ①倉庫. ②宿屋.→〔客 kè 栈〕
栈费 zhànfèi ＝〔栈租〕旧倉敷料.倉庫料.
栈阁 zhàngé 〔桟道〕
栈桥 zhànqiáo ①(港湾の)桟橋. ②駅・自動車道路・鉱山・工場などで貨物の運搬または人の往来のために一段高くしてある橋のような構築物.
栈租 zhànzū ⇒〔桟费〕

〔**轏・輚**〕 zhàn 〈文〉古代の寝台車.〔～辂 lù〕同前.

〔**绽・綻**〕 zhàn ほころび(る).〔～了线がほころびた.〔脸上～出了笑容〕笑顔を表す.〔花蕾 lěi ～放〕花のつぼみがほころびて開く.〔被打得皮开肉～〕なぐられてなま傷ができた.〔破～〕破綻(な).ぼろ.

绽放 zhànfàng 花が開く.〔百花～〕百花が咲きそろう.
绽开 zhànkāi ほころびる(び開く).〔接缝～了〕縫い目がほころびた.〔花蕾 lěi ～〕つぼみがほころびる.
绽裂 zhànliè ほころびが裂ける.
绽露 zhànlù 現れる.〔～出笑容〕笑顔が現れてくる.
绽线 zhànxiàn 糸(が切れて)ほころびる.靴下が伝線する.→〔跳 tiào 丝〕

〔**湛**〕 zhàn ①(学識・技芸が)深い.〔学识～深〕学識が深い.〔精～〕精(な)しい. ②青く澄む.〔池水清～〕水(みず)の水が清く青く澄みきっている. ③〈姓〉湛(たん).

湛恩 zhàn'ēn 〈文〉深いご恩.
湛蓝 zhànlán 紺碧の大空.〔～的湖水〕紺碧の湖水.
湛露 zhànlù 〈文〉①厚い露. ②〔喩〕主君の深いご恩.
湛绿 zhànlǜ 色深緑(の)
湛清 zhànqīng 澄みきった.〔～的湖水〕同前の湖.
湛深 zhànshēn 〈文〉奥深い.〔在物理学方面造詣～〕物理学に造詣が深い.

〔**辗・輾**〕 zhàn 〈文〉古代の兵車.

〔**颤・顫**〕 zhàn (手足が)わななく.〔战～〕(II)に同じ.〔吓 xià 得浑身乱～〕びっくりして全身わわなと震える.〔打～〕震える.わななく.〔打寒 hán ～〕身震いする.〔心惊肉～成〕驚いて身震いする. → chàn
颤栗 zhànlì ⇒〔战栗〕

〔**蘸**〕 zhàn ちょっとつける.さっと含ませる.〔～酱 jiàng 油吃〕しょうゆをつけて食べる.〔～糖吃〕砂糖水で等～得太多了〕インクをあまりたくさんつけるな.〔～水钢笔,价钱很便宜〕つけペンは値段がたいへん安い.→〔沾 zhān (I)①〕

蘸火 zhànhuǒ ⇒〔淬 cuì 火〕
蘸礼 zhànlǐ ⇒〔洗 xǐ 礼〕
蘸湿 zhànshī 湿す.〔最好把绳子～了再捆 kǔn〕繩をぬらしてからしばるがよい.
蘸水 zhànshuǐ 水に浸す(して湿す).〔～钢笔〕つけペン：インクをつけて書くペン.

zhang ㄓㄤ

〔**饟・饢**〕 zhāng 〔～ 饾 huáng〕〈文〉①ねじり飴. ②小麦粉で作った食品の一種.

zhāng

〔张・張〕 zhāng ①〈文〉(弓を)張る.↔〔弛 chí ①〕②張り広げる.広げる.開ける.〔~弓〕弓を張り広げる.〔~嘴 zuǐ〕口を開ける.〔把手~开〕手をぱっと広げる.〔~翅 chì 膀儿〕羽を広げる.〔~帐 zhàng 子〕蚊帳を吊る.幕を張る.③張りつめている.〔紧 jǐn~〕緊張する.〔工作要有一有弛 chí ,才能持久〕仕事をする時にはりきみして仕事をし,休むべき時は休んでこそ,長く持ちこたえられる.④拡大する.おおげさにする.広げる.〔虚~声势〕虚勢を張る.〔明目~胆〕大っぴらにやる.⑤するがままである.〔嚣 xiāo~〕はびこる.〔乖 guāi~〕自分勝手でひねくれている.⑥見回す.見張る.〔东~西望〕きょろきょろ見回す.⑦慌てる.〔慌 huāng~〕同前.〔~皇失措〕慌てふためいてうろうろする.⑧飾り付ける.陳列する.設ける.〔~灯结彩〕提灯(ちょうちん)を吊るし五色の布で飾る.〔大~筵席〕大宴会を行う.⑨店を張る.商売を始める.〔开~〕開店.〔关~〕閉店.〔新~〕新開店.〔重 chóng~〕再び開店する.⑩量詞.〔纸・毛皮・机・椅子・ベッドのような広い表面を持っているものを数える.〔一~纸〕1枚の紙.〔两~画〕2幅の絵.〔四~桌子〕テーブル(机)四つ.〔一~床〕ベッド1台.〔弓・口などを数える.〔一~弓〕弓一張.〔一~嘴〕口一つ.〔農具や楽器を数える.〔三~步犁〕すき3台.〔一~古琴〕古琴一面.⑪〔白〕わざと格好を作って見せ,またはごまかしを言って人をだます.→〔张致〕⑫张(zhǎng)〔二 èr 十八宿〕の一.⑬〈姓〉张(zhǎng).
- **张榜** zhāngbǎng 掲示する.発表する.〔~公布〕掲示して発表する.
- **张本** zhāngběn あらかじめ素地を作っておく.伏線を張る.〔他对这事件,究竟打算怎样一个~〕彼はこの事について,結局どんな計画があるのだろうか.
- **张陈** zhāngchén 陳列する.〔室内~得十分讲究〕室内は陳列が極めて行き届いている.
- **张大** zhāngdà 〈文〉拡張する.〔~其词〕おおげさに言う.
- **张胆** zhāngdǎn 気を張り勇気を出す.〔明目~〕おおっぴらに(する).公然と(する).〔明目~地干坏事〕おおっぴらに悪事を働く.
- **张刀** zhāngdao 〔张道〕とも書く.〈方〉①気を配る.〔什么事他都~〕彼はどんなことでも気を配る.②浮薄で落ち着きがない.〔那个小伙子太~没一点沉稳气,要紧事不能交他办力〕あの若者はまったくうわついてちっとも落ち着きがなく,大事なことは任せられない.
- **张灯** zhāngdēng 提灯(ちょうちん)を吊るす.〔~结彩〕〔悬灯结彩〕提灯を吊るし五色の布で装飾する.
- **张弓** zhānggōng 弓に弦(つる)を張る.
- **张公鱼** zhānggōngyú ⇒〔月 yuè 鳢〕
- **张挂** zhāngguà 掛け軸などを広げて張り掛ける.掲げ出す.
- **张冠李戴** zhāngguān lǐdài 〈慣〉張の帽子を李がかぶる.〔喩〕ちぐはぐなこと.
- **张果老** zhāngguǒlǎo →〔八 bā 仙〕
- **张皇** zhānghuáng 〈文〉慌てる.〔~失措〕慌てふためいてうろうろする.〔神色~〕顔色が慌てている.
- **张家长李家短** zhāngjiā cháng lǐjiā duǎn 〈慣〉あれやこれやと人の噂をすること.
- **张开** zhāngkāi 開く.すき間ができる.〔降落伞自动~〕パラシュートが自動的に開く.〔张不开口又不能~〕口が切れない.物も言えない.〔~嘴 zuǐ〕口を開ける.〔~手〕握った手を開く.〔鞋底~了〕靴の底に裂け目ができた.靴がぱくぱくしている.
- **张口** zhāngkǒu 口を開ける.ものを言う.意見を言う.〔你一~闭口说要改正错误,就是不见行动〕君は

口を開けば誤りを直すと言うくせに,行動には移さない.〔叫我难 nán 于~〕(そうしたら)私は意見が出しにくくなる.
- **张口结舌** zhāngkǒu jiéshé =〔张嘴结舌〕〈成〉どぎまぎしてものが言えない.しどろもどろになる.ぐうの音も出ない.舌がもつれる.〔他被我问得~地说不出话来〕わたしに聞かれて,彼はどうしても言葉がつまって何も言えなかった.→〔钳 qián 口结舌〕
- **张狂** zhāngkuáng 勝手放題.わがまま気まま.〔看他~得简直不像话〕彼のあのわがままきままの様子ときたら,まったくもうお話にならない.
- **张力** zhānglì ①〔物〕張力.〔表面~〕表面張力.→〔牵 qiān 引力〕②⇒〔拉 lā 力〕
- **张罗** zhāngluo ①処理する.用意する.工面する.手の用意をしなければならない.〔你总得~下钱来〕君はどうでも金を工面しなければならない.〔有关人员四处~,东拼西凑〕関係者が各所を探し,手あたり次第集めている.②接待する.世話をやく.〔我不会~客人〕わたしは客の接待がへただ.〔您别~,我们自己来下さいますな.〔大家吃饭,我~〕みなの食事の世話をやく.〔小孩子多了,一个人~不过来〕子供が多くて,一人では手が回らない(世話しきれない)
- **张目** zhāngmù ①目を見張る.〔~注视〕目を見張って注視する.②提灯を持つ.お先棒を担ぐ.〔为某人~〕ある人のお先棒を担ぐ.③→〔助 zhù 我张目〕
- **张儿** zhāngr 俗に10元札をいう:100元札は〔棵 kē ③〕
- **张三李四** zhāngsān lǐsì 張家の三男坊,李家の四男坊:熊公八公.誰も彼も.ねこも杓子も.〔不管~,一律不准进〕誰それの区別なく,一律に入ってはいけない.
- **张势** zhāngshì 〈白〉偉ぶる.ひけらかす.〔姑娘,你别太~了!你满家子第一等,诸的妈妈奶奶不伐着主子哥儿奶奶儿得些便宜?〕(红73)おねえさん,あなたもあんまり嵩(かさ)高に物をおっしゃらないでよ,こちらのお屋敷をずっと統べてごらんなさい,どなたのお乳母さんにしろご主人の若様やお嬢さまのお陰を被って懐を肥やしていない人が居りますか.→〔摆 bǎi 架子〕
- **张天师** zhāngtiānshī →〔五 wǔ 斗米道〕
- **张贴** zhāngtiē 貼り出す.〔~标 biāo 语〕標語を貼りつける.
- **张王李赵** zhāng wáng lǐ zhào "张"や"王"や"李"や"赵"など最も数の多い姓.〈転〉ふつう一般の人.誰でもかれでも.
- **张网** zhāngwǎng 網を張る.〔渔人~捕鱼〕漁師が網を張って魚を捕る.
- **张望** zhāngwàng ①見渡す.見張る.〔四面~不见人影〕周りを見渡したが人影もない.②(すき間などから)のぞき見する.のぞく.〔探头~〕首をのばしてのぞく.
- **张心** zhāngxīn 〈方〉気を使う.心配する.苦労する.〔张神〕ともいう.〔过这样的日子,真叫人~〕こんな生活をしているとほんとに気疲れする.→〔劳 láo 神〕
- **张宿** zhāngxiù →〔二 èr 十八宿〕
- **张牙舞爪** zhāngyá wǔzhǎo 〈成〉牙をむき出し爪をふるう(って敵対する):威力を示し人を威嚇する.ものすごい剣幕を示す.〔~,气势汹汹〕同前でものすごい剣幕.
- **张扬** zhāngyáng 言いふらす.大声を出して人に知らせる.〔这件事还没有做最后决定,不要~出去〕この事はまだ最終的に決まっていないから,口外しないようにしなさい.

张致 zhāngzhì〔张智〕とも書く.<白>わざと格好を作って見せる.ごまかしを言って人をだます.体裁を作りごまかしを言う.〔不吃便说不曾吃,有这等~的じゃなかったら食べなかったと言えばいいに,こんなごまかしをしなくてもいい.

张嘴 zhāngzuǐ ①口を開ける.口を開く.〔他~就没有好话〕彼は口を開けばろくなことは言わない.〔~伤人〕口を開けば人の悪口ばかりだ.②〈転〉頼み込む.借金の申し込みをする.〔他是不轻易跟人~的〕彼はめったに人に頼みごとをしない.〔我和他没有多大交情,他竟张跟我~〕わたしと彼とは別れくもないのだが,彼はあろうことかわたしに借金を申し込むのだ.

张嘴结舌 zhāngzuǐ jiéshé →〔张口结舌〕

[章] zhāng（Ⅰ）①⑤条文.規則.〔约法三~〕法三章:漢の高祖が関中に入って法令3か条を規定した故事.②楽曲詩文の章.段落.〔乐yuè~〕楽章.〔下笔成~〕成書きおろせばそのまま立派な文章になる.③⑥文体の一.大臣の上奏文.〔奏 zòu ~〕上奏文.④条理.きまり.〔杂乱无~〕乱脈で筋が通っていない.〔顺理成~〕筋が通ってきちんとしている.⑤章程.規約.規則.おきて.〔党~〕党規約.〔有何~可循〕従うべきおきてがある.→〔章程〕⑥量詞.詩文・音楽などのひとくぎりを数える.〔第一~〕第1章.〔第一乐~〕第1楽章.⑦<姓>章.
（Ⅱ）①標識.徽章.バッジ.〔徽 huī ~〕同前.〔臂 bì ~〕腕章.〔胸 xiōng ~〕胸つける徽章.〔领~〕えり章.〔肩~〕肩章.②印章.印鑑.〔图 tú ~〕同前.〔盖 gài ~〕捺印する.〔印~〕印鑑や姓名を刻した印章.〔公~〕公印.

章草 zhāngcǎo 章書の一種.隶書の筆使いを留め,各字は独立し続け書きしない.多く上奏文に用いた.→〔草书〕

章程 zhāngchéng 規則.規定.憲章.

章程 zhāngcheng〔方〕まとまった考え.意向.〔现在我该怎么办,我没了~了〕今ではどうすべきか,わたしはこといった考えはなくなってしまった.〔咱得快定个~呀〕我々は早く対策を決めなければならない.

章仇 zhāngchóu〈姓〉章仇(ちょうきょう).

章法 zhāngfǎ ①（文や絵の）構想.構図.作り方.②<喩>仕事の手続き.順序.〔乱了~〕仕事の段取りが混乱した.

章回小说 zhānghuí xiǎoshuō〔章回体〕(回数を分けて記述する文体)の伝統的長篇小説:旧時の白話小説はすべてこの式による.毎回の始めに内容の標題をつける.〔话 huà 本〕の発展したもの.

章节 zhāngjié 章節.

章句 zhāngjù ①章節と句読.②章句の分析と解釈.

章台 zhāngtái ①戦国時代,秦が建てた宮殿の名:現在の陝西省西安市長安県故城にあった.②⑥長安の街路名の一.〔~<文>花柳街.

章鱼 zhāngyú〔鱼 yú〕タコ.〔八 bā 带鱼〕〔八脚鱼〕〔射 shè 踏子〕〔石 shí 拒〕〔蛸 xiāo 〕は別称.

章则 zhāngzé 規約.規則.

章子 zhāngzi〔方〕判.はんこ.

[鄣] zhāng 圆諸侯国名.現在の山東省泰安市東平県東.

[漳] zhāng ①地名用字.〔~河〕⑪山西に源を発し,〔卫河〕に注ぐ.〔~江〕⑪福建省にある川.②<姓>漳(しょう).

[彰] zhāng ①明らかである.顕著である.〔功绩昭~〕<成>功績が顕著である.〔欲盖弥~〕<成>覆い隠そうとすればするほどいよいよ明らかになる.②表す.表彰する.〔表~〕同前.〔以~其功〕これによってその功績を表彰する.〔~善瘅 dàn 恶〕<成>善を表彰し,悪を懲らす.③<姓>彰(しょう).

彰明较著 zhāngmíng jiàozhù〈成〉非常に明らかである:〔彰明昭著〕ともいう.〔你的罪行~,不必再狡 jiǎo 辩了〕おまえの罪ははっきりしているのだ,これ以上言い逃れようとしてもだめだ.

彰示 zhāngshì 明示する.顕示する.

彰显 zhāngxiǎn はっきりと見せる.顕著である.

彰彰 zhāngzhāng〈文〉明らかである.

[獐(麞)] zhāng 動キバノロ:〔~子〕は通称.〈文〉麕 jūn に同じ.〔香 xiāng ~〕ジャコウジカ.

獐头鼠目 zhāngtóu shǔmù〈成〉頭がとがって骨ばり,目がひっこんで丸いもの:多く人相の悪いずるそうな顔つきの悪人をいう.

獐牙菜 zhāngyácài 圆センブリ(総称).→〔当 dāng 药〕

獐子 zhāngzi 動キバノロ(ガショウ,クジカ):〔河 hé 鹿〕〔牙 yá ~〕ともいう.

[嫜] zhāng〈文〉しゅうと.〔姑 gū ~〕圆しゅうとしゅうとめ.

[璋] zhāng 固儀式の時に手に持った玉:形は〔圭〕を二つ割りにしたもの.→〔弄 nòng 璋〕

[樟] zhāng 植クスノキ:〔~树 shù ~〕は通称.〔香 xiāng ~〕ともいう.〔沉 chén 水 ~〕アツバクスノキ.→〔楠 nán〕

樟蚕 zhāngcán 動テグスサン.フウサン(楓蚕):栗・白楊などの葉を食害し,黄褐色のまゆを作る.これから〔天蚕丝〕(てぐす糸)をとる.

樟木 zhāngmù 樟の木材.〔~箱〕クスノキで作った(衣類をしまう)箱.〔~油〕樟木油.クス油.

樟脑 zhāngnǎo 薬カンフル.樟脑(しょうのう):〔潮 cháo 脑〕ともいう.〔~醋 xǔ〕〔~精〕〔~酊 dīng〕カンフル精(カンフルチンキ).〔~丸〕樟脑球.〔~油〕カンフル油.

[蟑] zhāng

蟑螂 zhānglang = 〔茶 chá 婆 子〕〔飞 fēi 蠊〕〔蜚 fěi 蠊〕〔富 fù 贵虫〕〔偷 tōu 油婆〕圆ゴキブリ(総称).→〔三 sān 害〕〔蚜 yá 虫〕

[长・長] zhǎng ①年上である(年齢が比較して).〔他是年~〕彼は年上だ.〔他比我~两岁〕〔他~我两岁〕彼がいつつ年上だ.②(親族関係で)目上である.〔~子 zǐ〕長男.〔~兄〕一番上の兄.〔~辈〕(男性の)友人などに対する尊称.〔叔 shū 叔比侄子一辈〕叔父はおいより一世代上だ.③首長.かしら.〔家~〕家長.〔站~〕駅長.〔校~〕校長.学長.〔师~〕師団長.〔社~〕(合作社・人民公社・会社の)社長.〔机~〕(飛行機の)機長.④長になる.長にする.〔派李先生~某校〕李先生を任命して某校に長とする.⑤生える.出る.〔~出来〕〔出出来〕(葉や芽などが)出てくる.〔生产一寸,福利一分〕生産が上がれば,福利も増える.〔手上~了一个疮〕体におできができた.〔~包〕こぶ.腫れ物.おできがでる.〔~芽了〕芽が出た.〔院子里~草了〕庭に草が生えた.〔你没~耳朵吗〕耳がないのか.⑥成長する.育つ.〔比原来~了三公分〕前よりは30センチ育った.〔这个孩子已经~这么高了〕この子はもうこんなに大きくなった.〔这个女孩儿~得很好看〕この女の子は器量がたいへんよい.〔这片瓜全~病了,一个瓜也没结〕このウリ畑ではウリの葉っぱが一つも実をつけない.⑦増加する.進展する.〔学问~〕学問が伸びた.〔~力气〕力が出る.強くなる.〔头发

~长 cháng 了]髪が伸びた. → cháng zhàng

长辈 zhǎngbèi 目上の者.年長·年輩の人：[老lǎo 辈①]に同じ.→[前 qián 辈][上 shàng 辈]

长膘 zhǎngbiāo （家畜が）肥え太る：[上 shàng 膘]

长醭儿 zhǎngbúr （酒·酢·醬油などの）かびが生える.

长潮 zhǎngcháo ⇒[涨潮]

长大 zhǎngdà 育つ.成長する.[他是在中国~的]彼は中国で育ったのだ.[你~了,想干什么]大きくなったら何をやりたいのか.

长嫡 zhǎngdí 〈文〉嫡子.長男.

长房 zhǎngfáng =[长门][大 dà 房]長男の家庭.[她是~的媳妇儿]彼女は総領の嫁だ.→[次 cì 房]

长高 zhǎnggāo 高くなる.高さが伸びる.

长个（儿） zhǎnggè(r) 身長が高くなる.→[个儿]

长官 zhǎngguān 旧（政府·军の）長官.司令長官.また一般官吏に対する尊称.[~之志][成]鶴の一声.おかみの一存.

长行市 zhǎngháng shì 〈方〉①相場が上がる. ②〈転〉つけあがる.いばる：[涨行市]とも書く.[他有靠山更长起行市来了]彼は後ろ楯がついたのでいっそうつけあがりだした.[越央求她,她越~]頼めば頼むほど彼女はつけあがる.

长合 zhǎnghé （傷あとなどが）きれいにくっつく.きれいに接着する.

长机 zhǎngjī 军（編隊飛行で）隊長機：[主 zhǔ 机]ともいう.

长价儿 zhǎngjiàr ⇒[涨价]

长见识 zhǎngjiànshi 知識が進歩する.見識が高くなる.

长进 zhǎngjìn （学問や品行などの面で）進歩する.[他念了这些日子的书,丝毫没有~]彼はこんなに長いこと勉強していたのに,まるで進歩しない.[~在用功不用功]上達するかしないかはすべて努力するかしないかにかかっている.→[不bù 长进①]

长劲（儿） zhǎngjìn(r) 力が強くなる.体力がつく.[小伙子不多吃点儿怎样~呢？]いい若い衆がたくさん食べもしないでどうして力がつくかね.

长就 zhǎngjiù [生就的骨头 长成的~的筋,一时改不过来]生まれつきの性分から,ちょっとやそっとではなおらない.

长老 zhǎnglǎo ①高齢者.長老. ②名僧. ③宗 キリスト教やユダヤ教の長老.

长老会 zhǎnglǎohuì 宗（プロテスタントの）長老（派）教会.

长脸 zhǎngliǎn 面目をほどこす.鼻を高くする.

长毛 zhǎngmáo 毛が生える.かびが生える.[这两天一直下雨,馒头都~了]この数日ずっと雨ばかり降っているので,マントーにかびが生えた.→cháng máo

长霉 zhǎngméi ⇒[发 fā 霉①]

长门 zhǎngmén ⇒[长房]

长男 zhǎngnán 長男：[长子]に同じ.

长年 zhǎngnián ①老人. ②〈方〉船主. → chángnián

长女 zhǎngnǚ 長女. → [女儿①]

长脾气 zhǎngpíqi 癖をだす.いばる.いい気になる.[宠 chǒng 得她都~了]寵愛（ちょうあい）を受けて彼女はすっかりつけあがっている.

长亲 zhǎngqīn 世代の上の親戚.

长嫂 zhǎngsǎo 〈文〉丘 qiū 嫂]兄嫁（長兄の嫁）.[~如母]兄嫂は母と同じ.

长上 zhǎngshàng ①目上（世代）の者. ②上司.

长势 zhǎngshì （植物の）育ち具合.[那么好的长~,她不理]彼女のあの見事な作物の成長ぶりを

目もくれなかった.

长孙 zhǎngsūn ①長子の長男. ②一族の中の最年長の孫. ③〈姓〉長孫（ちょうそん）

长相（儿） zhǎngxiàng(r) 容貌.顔だち：[长象（儿）]とも書く.

长心 zhǎngxīn 〈方〉思慮が出てくる.考えが出てくる.気を回すようになる：[~眼儿]という.[不是小孩儿了,得~啊]子供じゃないんだから気をつかわなければいけない.→[有 yǒu 心眼儿]

长兄 zhǎngxiōng 一番上の兄.長兄：[大 dà 兄②]に同じ.

长锈 zhǎngxiù さびる.[铁器就是爱~]鉄製品はさびやすい.→[起 qǐ 锈]

长眼 zhǎngyǎn 目が利く.目を利かす.見分ける.鑑別する.[要买这路货,总得~]この種のものを買うなら,しっかりと目を利かせなければいけない.

长尾巴 zhǎngyǐba 〈方〉しっぽが生える.[喻]（子供が）誕生日を迎える.[今天你~]今日はお前の誕生日だ.

长者 zhǎngzhě 〈文〉①年長者.年齢·世代の上の人. ②徳のある高齢者.

长子 zhǎngzǐ 長男. → chángzi

[涨·漲] zhǎng （水が）満ちる.あふれる. ①（水位や物価が）高くなる.[水位~了二尺]水位が2尺高くなった.[河水暴~]川の水がにわかに増した.[水~船高]水が増せば船も高くなる.[喻]土台になっているものの地位が高まれば,そのもの自身の地位もそれに従って高くなる.[行市~] 給料を上げる.[房钱比往年~了一倍]家賃は先年より倍も高くなった.[河里的水~高了]川の水が増した.[物价~起来了]物価が騰貴してきた. → zhàng

涨潮 zhǎngcháo 気満潮（になる）：[长潮]とも書いた. ↔[落 luò 潮]

涨跌 zhǎngdiē ⇒[涨落②]

涨风 zhǎngfēng 商（相場の）騰勢.強気相場. ↔[跌 diē 风]

涨幅 zhǎngfú 値上がりの幅.[食用油的~恐怕也有限]食用油の値上がりの幅も恐らく大したことはない.

涨价 zhǎngjià =[长价儿]値上がり（する）.騰貴（する）.[这回台风一过,建筑材料又该~了]この台風が通りすぎると,建築材料はまた値上がりせずにはすまい. → [跌 diē 价]

涨落 zhǎngluò ①潮の干満.河水量の増減. ②=[涨跌]（物価や相場などの）騰落.上がり下がり.騰貴と下落.[行市~]相場の騰落.

涨钱 zhǎngqián ①値段が上がる.[茅台酒涨了多少钱]茅台酒はどのくらい上がりましたか. ②給料があがる：[涨工资]ともいう.[这次我的工资涨了六十块钱]今度わたしの給料は60元上がった.

涨势 zhǎngshì 値上がり気配.

涨水 zhǎngshuǐ 水が満ち溢れる.水が張る.[河里~了]川の水量が増した.[倾盆大雨,马路上~了]どしゃ降りで道に水があふれた.

涨停板 zhǎngtíngbǎn 商（相場の）ストップ高. ↔[跌 diē 停板]

涨溢 zhǎngyì 〈文〉あふれる.

[仉] zhǎng 〈姓〉仉（ちょう）

[掌] zhǎng ①手のひら：[手~][巴]同前.[鼓 gǔ ~]拍手する.[了 liǎo 如指~]〈成〉手のひらを指すように明らかである.[易如反~]〈成〉手のひらを返すように容易である.[摩拳擦~]手のひらをを擦（こす）すりつける.[~状叶]図 掌状の葉. ②（動物の）手

足の裏.〔熊 xióng ～〕熊の手のひら.〔鴨 yā ～〕あひるの水かき.〔马～〕馬のひづめ.〔马蹄铁.马～②〕同前.〔钉 dìng ～〕蹄鉄をつける. ④〔-儿〕靴の底.〔钉 dìng ～一块儿前一儿〕靴の前底を補修する. ⑤→〔舵②〕.〔～舵〕操舵する. ⑥→〔灯②〕ランプをつける. ⑥管理する.主管する.〔～大权〕大権を掌握する.〔～财政〕財政を司る. ⑦平手打ちをする.〔～嘴〕. ⑨〈姓〉掌(しょう).
掌班 zhǎngbān 旧①〔芝居の一座の〕頭取.座頭.〔～的〕同前. ②妓楼の主人.
掌鞭 zhǎngbiān 〈方〉馬車の御者.〔～的〕.
掌秤 zhǎngchèng 計量係.
掌厨 zhǎngchú 調理を受け持つ.〔掌锅〕ともいう. →〔掌勺儿〕.
掌灯 zhǎngdēng ①灯火を手に持つ. ②ランプをつける.〔上 shàng 灯〕ともいう.〔～的時候〕夕方.
掌舵 zhǎngduò ①→〔把 bǎ 舵〕〔操 cāo 舵〕舵のかじを取る.〔喩〕方向を定める. ②船の舵手.かじ取り.〔～的同前.〔～人〕かじ取り.リーダー.
掌骨 zhǎnggǔ 生理掌骨.
掌故 zhǎnggù 〔歴史上の人物や歴史的事実の〕逸話.エピソード.
掌管 zhǎngguǎn 管理する.主管する.〔～家业〕家業を管理する.〔各种事务都有专人～〕どの事務にもそれぞれの主管者がいる.
掌柜(的) zhǎngguì(de) ①旧商店の支配人.店主.番頭.〔二～〕二番番頭.〔内～〕番頭のおかみさん.〔股份～〕利益配当に預かる番頭.→〔老 lǎo 板①〕. ②旧宿六.〔我们家～〕うちの宿六.
掌锅 zhǎngguō →〔掌厨〕.
掌颊 zhǎngjiá ⇒〔掌嘴〕.
掌控 zhǎngkòng 完全に支配する.コントロールする.
掌礼 zhǎnglǐ →〔六 liù 礼〕.
掌理 zhǎnglǐ 処理する.〔～业务〕業務を処理する.
掌橹 zhǎnglǔ 櫓をこぐ.
掌门(的) zhǎngmén(de) 〔流派・学派・宗派などの〕宗家(そうけ).家元.
掌权 zhǎngquán 権力を握る.
掌扇 zhǎngshàn =〔障 zhàng 扇①〕祝いの儀式に用いる長柄のうちわ.
掌上电脑 zhǎngshàng diànnǎo 電算パームトップ型パソコン.携帯情報端末.PDA.
掌上机 zhǎngshàngjī テレビゲーム機:〔手 shǒu 掌(游戏)机〕ともいう.
掌上明珠 zhǎngshàng míngzhū =〔掌上珠〕〔掌中珠〕〈成〉父母が非常にかわいがっている女の子.掌中の珠.〔喩〕非常に珍貴なもの.
掌上珠 zhǎngshàngzhū 同上.
掌勺儿 zhǎngshǎor 料理屋で料理を専門に受け持つ.〔～的〕〔掌灶(儿)的〕コック.板前.
掌声 zhǎngshēng 拍手の音.〔～如雷〕拍手の音がとどろく.
掌纹 zhǎngwén 手のひらの筋.手紋.〔～学〕手相学.→〔指 zhǐ 纹〕.
掌握 zhǎngwò ①自在に操る.マスターする.〔～技术〕技術をものにする.〔～理论〕理論に精通する.〔～原则〕原則を把握する.〔～动向〕動向を了解する. ②方向を把握する.支配する.〔～会议〕会議を主催する.〔～方向〕方向を把握する. ③手中に入れる.〔～时机〕チャンスを掴む.〔～政权〕政権を握る.
掌鞋 zhǎngxié 〈方〉靴底を継ぎあてする.
掌心 zhǎngxīn ①手のうち.手のひら.たなごころ. ②〈喩〉勢力範囲.
掌印 zhǎngyìn ①印章を管掌し事務を主持する. ②〈喩〉政権を握る.

掌灶(儿) zhǎngzào(r) 〔料理屋・食堂・ホテルなどで〕料理を専門に受け持つ.〔～的〕〔掌勺儿的〕料理番.コック.板前.→〔厨 chú 子〕〔灶儿上的〕
掌中珠 zhǎngzhōngzhū ⇒〔掌上明珠〕
掌珠 zhǎngzhū 〔掌上明珠〕
掌状复叶 zhǎngzhuàng fùyè 植掌状複葉.
掌子 zhǎngzi 〔碴子〕鉱山または炭坑内の広くなっている採掘の作業現場.切羽(きりは):〔一面〕〔工 gōng 作面〕ともいう.
掌嘴 zhǎngzuǐ =〔文〕〔掌颊〕頬をひっぱたく.びんたをくらわす:〔打嘴巴〕に同じ.→〔巴 bā 掌②〕.

〔**碴**〕 zhǎng
碴子 zhǎngzi →〔掌子〕

〔**丈**〕 zhàng (Ⅰ)①〈度〉丈(じょう)=長さの単位.〔市 shì ～〕の略称.〔(市)尺 chǐ〕の10倍.〔(市)引〕の10分の1.1.10メートルの3分の1に当たる.〔平方(市)～〕平方丈. ②〔土地を〕測量する.〔那块地还没～呢〕あの土地はまだ測量をしていません.〔清～〕詳しく測量する.
(Ⅱ) ①旧老年男子に対する尊称として用いた.〔老～〕ご老人.おじいさん. ②親戚の者の夫:〔丈夫 fu〕の略.〔姨～〕おじ(父の姉妹の夫).〔姨丈〕おじ(母の姉妹の夫).〔姐 jiě ～〕姉の夫.〔妹 mèi ～〕妹の夫. ③妻の父母の称.〔口～老人 ren〕妻の父.〔口～母娘〕妻の母.→〔岳 yuè 父母〕
丈地 zhàngdì 土地を測量する.
丈二和尚 zhàng'èr héshang 1丈2尺もある坊主.〔～，摸不着头脑〕〈歇〉同前の頭はなでることができない:事が突然すぎて,何が何だか分からない.
丈夫 zhàngfū 成人男子. ①〔～气概〕男子の気概.男らしさ.〔大～〕大丈夫.ますらお.〔男子汉大～〕男らしい大丈夫.〔～一言,驷 sì 马难追〕〈諺〉男の一言は取り返しがつかぬ.〔做事不二过〕〈諺〉一度の過ち恥にならぬ.
丈夫 zhàngfu 夫(おっと).亭主.〔1944年,她死了～〕1944年に彼女は夫に死別した.
丈量 zhàngliáng 土地を測量する.〔～土地〕同前.→〔步 bù 弓〕〔皮 pí 尺〕
丈六金身 zhàngliù jīnshēn ①仏〔仏教で〕仏像の別称. ②大きな仏像.
丈母 zhàngmu 同下.
丈母娘 zhàngmu·muniáng =〔丈母〕〈文〉〔岳 yuè 母①〕妻の母.
丈人 zhàngrén 古代の老年男子の尊称.
丈人 zhàngren 妻の父:〔岳 yuè 父〕の通称.〔老～〕ともいう.

〔**仗**〕 zhàng ①兵器(総称).〔仪 yí ～〕儀仗隊の持つ兵器.儀仗.〔明火执～〕〈成〉たいまつをつけ,武器を手にする:公然と悪事を働くこと(多くは略奪することを指す). ②〈文〉(武器を)持つ.〔仗刀～剑〕剣を持つ. ③頼む.〔依 yī ～〕同前.〔这么大的事情,不能只～一个人〕こんな大仕事は一人にだけ頼るわけにはいかない.〔～着有点技术,就不肯钻 zuān 研了〕ちょっとばかり技術を持っていることを鼻にかけ,深く研究しようとしない.〔狗～人势〕犬が主人の勢を頼りに人に吠える.〔喩〕虎の威を借る諷. ④戦争.戦闘.〔打～〕戦争をする.〔打了胜～〕戦争に勝った.〔敌人连吃败～〕敵は連敗を喫した.〔这一～打得挺漂亮〕この戦い(戦争あるいはスポーツ試合など)は実に鮮やかなものだった.
仗胆 zhàngdǎn ⇒〔壮 zhuàng 胆〕
仗剑 zhàngjiàn 〈文〉①剣を杖につく. ②剣を持ってそばから離さない.

zhàng 仗杖帐账胀涨障

仗马 zhàngmǎ 〈文〉①儀仗の馬. ②〈転〉自分の身に災いがかかることを言わない者:儀仗の馬は温順であるところからいう. 〔～寒蝉〕=无声〕〔寒蝉 hánchán ～〕〈成〉恐れはばかって言わない. 〔噤 jìn 若寒蝉〕

仗身 zhàngshēn ⇒〔后 hòu 盾〕

仗势 zhàngshì 勢いに頼る. 勢力を笠に着る:〔倚 yǐ 势〕に同じ. →〔凭 píng 陵〕〔以 yǐ 势压人〕

仗恃 zhàngshì 頼む. 頼りにする. …を笠に着る.

仗腰眼子 zhàngyāoyǎnzi =〔仗腰子〕〔方〕後押しする. 後援する. 〔有～的〕後援者がある. 頼りになる. 〔不管是谁给他～,有理就不怕他〕誰が彼の後押しをしようと,理があれば恐れることはない.

仗腰子 zhàngyāozi 同上.

仗义 zhàngyì ①大義を重んずる. ②義理を守る. 〔那就不～了〕それでは義理を欠いてしまう. 〔～疏 shū 财〕〔疏财～〕〈成〉義を重んじ財を軽んずる. 〔～执 zhí 言〕〈成〉正義により公正な言論をする.

〔杖〕 zhàng

①つえ. 〔拐 guǎi ～〕同前. 〔手～〕ステッキ. 〔扶～而行〕杖をついて歩く. 〔～棒. 棍棒. 〔擀 gǎn 面～〕麺棒. 〔拿刀动～〕刀や棒を振り回す. 〔沙人沙汰になる. ⑤〈文〉手に持つ. 〔～策 cè〕杖を持つ. ④固杖で打つ刑. →〔杖刑〕

杖朝 zhàngcháo 固80歳になって,参内の際に杖をつくことが許されたこと. 〈転〉80歳.

杖期 zhàngqī 〈文〉夫が妻のために,また子が庶母のために服する(忌服)喪:期間は1年間. 〔～夫 fū〕同前の夫.

杖刑 zhàngxíng 〔杖刑(ぶっ)〕. 〔杖杀〕同前で死に至らしめること. →〔打 dǎ 板子〕〔五 wǔ 刑②〕

杖阳 zhàngyáng ⇒〔站 zhàn 人 rén 墩〕

杖子 zhàngzi ①⇒〔障子〕 ②障壁. 〔大～〕地河北省にある. 〔宋～〕地遼寧省にある.

〔帐・帳〕 zhàng

①蚊帳. とばり. 〔～子〕同前. 〔床～〕ベッドカーテン. 〔蚊 wén ～〕かや. 〔纱 shā ～〕紗のとばり. 〔圆顶～〕西洋式の丸かや. ②固(行軍のための)幕営. 陣舎. テント. 〔中军～〕〔虎 hǔ ～〕(大将の居る)中央の幕舎. 〈転〉司令部. ③もと〔账〕に通じ用いた.

帐顶 zhàngdǐng 蚊帳の天井. 〔倒 dǎo 在床上看着～出神〕ベッドの上に横たわって蚊帳の天井を見てぼんやりしている. →〔帐顶儿〕

帐儿 zhàng'ér ⇒〔帐顶儿〕

帐钩 zhànggōu 蚊帳などの釣り手.

帐帘儿 zhànglánr =〔帐额〕〔帐围〕〔帐檐〕蚊帳の周囲の垂れている部分:天井にあたる部分を〔帐顶〕という. →〔走 zǒu shuǐ〕

帐幔 zhàngmàn 幔幕. とばり.

帐幕 zhàngmù 幕幕.

帐内 zhàngnèi 〈文〉①幕の内. ②〈転〉幕僚.

帐篷 zhàngpeng =〔帐幕〕テント. 天幕.(キャンバスなどで作った)露天式の日除け.

帐屏 zhàngpíng 布製の衝立(だて).

帐围 zhàngwéi ⇒〔帐帘儿〕

帐檐 zhàngyán ⇒〔帐帘儿〕

帐子 zhàngzi ①旧式ベッドの几帳:ベッドの四周に布を垂れ下げたもの. ②⇒〔蚊 wén 帐〕 ③とばり. 垂れ幕.

〔账・賬〕 zhàng

①貸借勘定. 〔～目①〕同前の項目. ②貸借勘定を記入した帳簿. 〔记～〕記帳する. 〔查～〕帳簿を調べる. 〔算～〕決算する. 〈転〉決着をつける. ③債務. 掛勘定. 〔欠 qiàn ～〕掛けのつけ. 〔要～〕〔讨～〕掛けを請求する. 〔清～〕帳消しにする. 〔年～〕1年払い. 〔1年1回払い〕. 〔月～〕月払い勘定. 〔放～〕金を

貸し付ける.

账本 zhàngběn =〔账簿〕〔-儿〕帐簿. 家計簿.

账簿 zhàngbù 同上.

账册 zhàngcè 帐簿類(総称)

账单 zhàngdān 計算書. 勘定書. 裏付け.

账底 zhàngdǐ ①記帳の根拠となる書類原本(領収書・チケットなど) ②決算の結果.

账房 zhàngfáng =〔柜 guì 房〕〔柜上〕旧帐場. 会計室:金銭を出納する所. 〔～员〕会計係. ②会計係. 〔～先生〕同前に対する敬称.

账号 zhànghào 〔-儿〕口座番号. 〔账户〕に同じ.

账户 zhànghù ①口座. 〔开～〕口座を設ける. ②取引先(の口座). 〔互相开立～〕互いに相手の口座を設ける. 〔勘定科目. 収支の明細. 〔=〔账号②〕电算〕アカウント. 〔邮件～〕メールアカウント.

账款 zhàngkuǎn ①帐簿上の資金. ②預金残高. ③支出総額. ④帐簿と金銭.

账面(儿) zhàngmiàn(r) 同下④

账目 zhàngmù ①勘定口座. 勘定科目. 〔～单〕勘定定書. =〔账面. 帐面づら. 勘定. 〔～不清〕帐面づらははっきりしない. 〔清理～〕勘定を精算する. 〔公布～〕帐面づらを公表する. →〔账单〕

账尾 zhàngwěi 勘定の差引. 補足.

账务 zhàngwù 会計事務. 帐簿上の仕事.

账项 zhàngxiàng 勘定科目:〔账目①〕に同じ.

账折 zhàngzhé 通帳.

账主 zhànzhǔ 〔-子〕債権者. 貸主. 〈→〔债 zhài 主〕

〔胀・脹〕 zhàng

①膨脹する. 〔物体热～冷缩〕物体は熱すれば膨脹し,冷やせば収縮する. 〔气球一起来,飞到天上去了〕気球が膨れて上空へ上がっていった. ②腹が張る. 〔吃多了,肚子～〕食べすぎて腹が張っている. →〔腹 gǔ 胀〕 ③皮膚が腫れる. むくむ. 腫れぼったい(感覚上). 〔手指 zhǐ 头发～〕指が腫れる. 〔头昏脑～〕頭のおされたような,堅くだるような気がする.

胀肚 zhàngdù 腹が張る. 〔牛肉吃多了～,少吃点儿牛肉吃得多会腹が張る,控え目に食べない.

胀库 zhàngkù 在庫で満杯になる.

胀满 zhàngmǎn ⇒〔臌 gǔ 胀〕

胀圈 zhàngquān ⇒〔活 huó 塞胀圈〕

胀胎 zhàngtāi 中腹脹心構え.

胀痛 zhàngtòng 腫れて痛む.

胀闸 zhàngzhá (自転車の)エクスパンションブレーキ.

〔涨・漲〕 zhàng

①(水分を吸収して)膨れる. 膨脹する. 〔豆子泡一了〕豆が(水分を吸い込んで)膨れた. ②増す. 充満する. 頭に血がのぼる. 〔～红了脸〕顔が紅潮した. 〔头昏脑～〕頭に血がのぼってくらくらする. ③(量目・金銭などの)超過する. 〔把布一量,～出了半尺〕布を測ってみたら半尺(17センチ)多かった. ～ zhǎng.

〔障〕 zhàng

①妨げる. 隔てる. 〔一叶 yè ～目〕〈成〉一枚の葉に目を遮られる. ②ついたて. 仕切り. 〔花～〕②装飾のついた屏風. 〔纱～〕紗のついたいたて. 〔屏 píng ～〕衝立. 屏風.

障碍 zhàng'ài ①妨げ(る). 邪魔(する). 妨害(する). 〔～物〕障害(物). 〔设置～〕障害(物)を設ける. 〔排除～〕障害を排除する. 〔没有不可逾越的～〕乗り越えることのできない障害はない. 〔～赛 sài 跑〕区障害物競走. ⇒〔阻 zǔ 碍〕

障板 zhàngbǎn ⇒〔阻 zǔ 板〕

障蔽 zhàngbì 〈文〉遮り覆う. 〔～视线〕視線を遮る.

障扇 zhàngshàn ⇒〔掌 zhǎng 扇〕

障身法 zhàngshēnfǎ ①護身術. ②雲隠れの術.

障眼 zhàngyǎn 人の眼をごまかす.〔~法〕遮 zhē 眼法〕人の眼をくらます方法.
障翳 zhàngyì ①⇒〔掌 zhǎng 扇〕 ②〔文〕隠蔽する. ③〔文〕陰. くもり. 人の眼にさえぎられないところ.
障子 zhàngzi 〔杖子①〕アシなどで編んだ垣. 群生するかん木. 植え込み. 〔灰砖高墙的下边,是柳树~〕石灰を塗った高塀の袂は柳の植え込みだ.〔篱 lí 笆~〕まがき.

〔幛〕 zhàng 慶弔の際に贈る掛けもの:〔~子〕は通称.〔喜 xǐ ~〕お祝いに贈る同前.〔寿 shòu ~〕誕生祝いに贈る同前.〔祭 jì ~〕〔挽 wǎn ~〕葬式のとき贈る同前. →〔幛子〕

幛光儿 zhàngguāngr 〔幛子〕の表にピンでとめて慶弔の文字を書いた方形の紙:慶事のものは赤い紙のへりを金色でふちを取り,凶事のものは白い紙のへりを藍色でふちどったもの.この方形の紙を◇形にとめる.→〔纵 zòng 金〕

幛料子 zhàngliàozi 〔幛子〕の材料:綿布・絹・繻子(ｼｭｽ)・緞子(ﾄﾞﾝｽ)などを用いる. 慶事には赤,凶事には白・藍・黒などを用いる. →〔幛光儿〕

幛子 zhàngzi 冠婚葬祭に際し贈る掛けもの:式場の壁面に掛けて飾る. 大きさは普通で約2メートルで,一幅(ﾌｸ)あるいは二幅の絹や綿布などを用い,表に祝いあるいは悔みの文字を切りぬいたもの(金紙を用いる)が貼りつけてある.

〔嶂〕 zhàng 〔文〕屏風のように切り立った険しい山.〔层峦叠~〕〔成〕幾重にも重なった険しい山々.

〔瘴〕 zhàng 瘴(ﾁｬｳ)気.

瘴疠 zhànglì 亜熱帯湿潤な地方の風土病:〔瘴气病〕〔瘴热症〕〔瘴疫〕悪性マラリアなど熱性風土病)をいう.〔春~〕〔青草~〕旧暦2,3月の頃の同前.〔黄 huáng 梅~〕4,5月の同前.〔新水~〕6,7月の頃の同前.〔黄茅~〕8,9月の頃の同前.〔雨霾烟〕南方の気候の極めて悪いさま. →〔烟 yān 瘴〕

瘴气 ={瘴山 瘴 瘴瘴}瘴(ﾁｬｳ)气:中国西南各省など暑熱の地の山地に生じる湿熱の気. 毒性があり〔瘴疠〕の病因とされた.

zhao ㄓㄠ

〔钊・釗〕 zhāo ①〔文〕勉励する. ②〔姓〕钊(ﾁｬｳ)

〔招〕 zhāo (Ⅰ)①手招きする.〔~手叫来〕手招きしてだれかを呼ぶ. ②引き起こす. 結果を招く.(その結果)…になる.〔~人疑 yí 惑〕人の疑いを招く. 人に疑われる.〔~人生气〕人を怒らせる.〔~他骂人〕その結果彼が悪口を言うことになる.〔我没~谁惹 rě 谁〕わたしは誰の気に障ることもしなかった. ③募る.〔~不满学生〕〔~新兵〕の定員未満である. ④からかう. からかって…させる.〔把小孩儿~哭了〕子供をからかって泣かせた. ⑤〔虫などが〕つく.〔~虫子〕虫がつく.〔~苍 cāng 蝇〕蠅がたかる. ⑥〔方〕(病気が)伝染する.〔这种病~人〕この病気は伝染する.〔~了病了〕病気がうつった. ⑦人の注意を引く看板や幟(ﾉﾎﾞﾘ)の類.〔市~〕同前.〔布~〕〔~子〕布に書いた広告の幟. ⑧〔姓〕招(ﾁｬｳ).
(Ⅱ)①自白する. 自白する.〔把罪状~出来〕罪状を自白する.〔不打自~〕拷問しないのに自白する.〔你从实~来吧〕(魯・Ｑ９)おまえ本当のことを白状しなさい.
(Ⅲ)①〔武術·碁·将棋など〕手. 手法. ②手段.

方法:〔着②〕に同じ.

招安 zhāo'ān =〔招抚〕回招撫する. 恩赦を公布して帰順させる.
招办 zhāobàn 学生募集事務室:〔招生办公室〕の略.
招标 zhāobiāo 入札募集する. 請負入札者を募る.
招兵 zhāobīng 兵士を募集する. ⇒〔~买马〕兵を募り軍馬を買い入れる. 戦争の準備をする.〔喩〕人を集めて勢力を張る.
招财进宝 zhāocái jìnbǎo〔成〕金もうけを祝う語.
招待 zhāodài ①=〔邀 yāo 请〕招待する. 招請する. 呼ぶ.〔~外宾〕外国のお客さんを招待する. ②接待する.〔没有什么~的〕〔挨~〕たいしたもてなしもできませんでした.〔~客人〕客をもてなす.〔~会〕レセプション.〔~会〕国慶日の国慶節のレセプション.〔记者~会〕記者会見.〔~券〕招待券. →〔接 jiē 待〕
招待所 zhāodàisuǒ (機関・企業体などが設けた)宿泊施設. 宿泊所·寮.
招法 zhāofǎ ⇒〔着法〕
招翻 zhāofān 怒らせる.〔你别把我~了〕おれを怒らせるなよ.
招飞 zhāofēi 飛行士·航空学生を募集する.
招风 zhāofēng 人の注目を引いて問題を引き起こす. 風当たりが強い.〔惹 lán 火〕〔成〕物議をかもし. 悶着を起こす:〔招风惹 rě 草〕〔招风惹雨〕ともいう.
招抚 zhāofǔ ⇒〔招安〕
招工 zhāogōng 人夫·職工労働者を募集する.
招供 zhāogòng 自供する. 罪状を白状する. 供述する.
招股 zhāogǔ =〔集 jí 股〕〔募 mù 股〕株式を募集する.〔~章程〕株式募集規定.
招呼 zhāohu ①呼ぶ. 招く.〔有人~你呢〕誰かがあなたを呼んでいますよ. ②言いつける. 指図する.〔~他这样做〕彼にこういうふうにやらせる. ③合図する. 知らせる.〔他来了,跟我打个~〕彼が来たら一声知らせて下さい.〔请你~他一声儿〕どうぞ彼に一言知らせて下さい. ④世話する. 接待する. 応接する.〔您别~~〕〔我~一下儿〕こちらのユーザーにちょっと応接していてくれ. ⑤あいさつする. 会釈する. 注意をうながす.〔因为没工夫说话打个~就过去了话をしている暇がなかったので,あいさつしただけで行ってしまった. ⑥〔方〕気をつける. 注意する.〔~闹肚子〕腹を壊すといけないよ.〔他们俩茬 chá 了一上了〕彼ら二人は意見が合わなくてけんかになった.
招花惹草 zhāohuā rěcǎo ⇒〔惹草拈花〕
招魂 zhāohún ①死者の霊を呼び戻す.〔~幡 fān〕〔引魂幡〕回出棺の際,先頭で喪主が持つ死者の霊を迎える旗.〔~〕〔喩〕打倒された反動勢力を復活させようとすること.
招祸 zhāohuò 災いを招く.
招集 zhāojí 招集する. 募集する.〔~队伍〕部隊を集める.〔~股东开股大会〕株主を招集して株主総会を開く. →〔召 zhào 开〕
招架 zhāojià 防ぎ支える. 抵抗する. 受け止める. 相手する. 身構える.〔他的力气真大,我~不住〕あの男は力が強いので,かなわない.〔这一拳确实使他难以~〕この一発は確かに彼を手も足も出せなくした.
招接 zhāojiē〔白〕付き合う. 交際する. ②接待する.
招军买马 zhāojūn mǎimǎ ⇒〔招兵买马〕
招考 zhāokǎo 志願者を募って試験をする.〔~新生〕〔招生〕新入生募集する(をする).〔~徒工〕見習工を募集する.
招徕 zhāolái 招き寄せる. 呼び集める. 顧客を引く.

zhāo / 招

〔～生意〕商売を広める.〔～顾客〕顧客を獲得する.〔～术〕人寄せ戦術.

招揽 zhāolǎn 招き寄せる.呼び寄せる.〔～生意〕得意先を広げる.〔～游客〕観光客を集める.

招领 zhāolǐng ①公示して払い下げる.②遺失主に通知して遺失物の受領をさせる.〔失物～处〕〔拾известия～处〕遺失物預り所.

招录 zhāolù 募集し採用する.

招骂 zhāomà 人に罵られるようなことをする.悪口を言われる.しかられる:〔招人骂〕〔找 zhǎo 挨骂〕ともいう.

招满 zhāomǎn (応募者が)定員に達する.〔未～〕定員人数に達していない.

招猫逗狗 zhāomāo dìgǒu 〈方〉猫をじゃれさせて犬をからかう.〈喩〉人にふざける:〔招猫逗狗〕ともいう.〔这么大岁数儿了,老是～的,一点儿也不规矩〕いい歳をして人にふざけてばかりいて、全くだらしがない.

招门纳婿 zhāomén nàxù ⇒〔招女婿〕

招募 zhāomù 募る.→〔征 zhēng 求〕

招纳 zhāonà 募集採用(する)〔招聘〕

招女婿 zhāonǚxù ＝〔招门纳婿〕〔招婿〕〔招赘〕婿をとる.〔招赘婿〕入り婿をとる.〔舍不得把女儿嫁出去只好～〕娘を嫁にやるのがいやだから婿をとりよりほかはない.→〔入 rù 赘〕

招牌 zhāopái ①看板.文字を書いたもの.〔金字～〕金看板.〔挂～〕看板を掛ける.〔打出～〕看板をあげる.〔砸 zá ～〕〈喩〉名誉を失墜する.〔～菜〕看板料理.→〔幌 huǎng 子①〕　②〈喩〉題.名義.名目.〔打着革命的～,干着反革命的勾当〕革命の看板を掲げていながら,反革命の悪だくみをやっている.

招盘 zhāopán 旧商店の什器・商品・土地・建物などを譲り渡す(継続して経営してもらう).→〔顶 dǐng 盘(儿)〕

招聘 zhāopìn (公に)招く.招聘する.募集する.〔～外国专家〕外国人専門家を公募する.〔～会〕就職セミナー.〔～市场〕職業紹介・斡旋所.

招亲 zhāoqīn ③父母の同意も媒酌もなく,ひそかに結婚すること.

招权纳贿 zhāoquán nàhuì 〈成〉権勢を握って賄賂を取る.

招儿 zhāor 考え.方法.方策:〔着儿〕に同じ.〔花～〕巧妙な手段.〔你出的～好!〕それはいい考えだ.〔你有什么～使出来吧!〕君に何かいい考えがあるだろう.〔我一点～也没有了〕わたしは全く方法がなくなった.

招惹 zhāo·rě ①(言葉・行為によって)問題・面倒などを引き起こす.自ら招く.〔我随便的一句话,倒～出麻烦来了〕わたしのちょっとした一言が,意外にも面倒を引き起こした.〔～方〕相手にする.かかわりあう.〔这个人～不得〕この人にはうっかりかかわりあえない.〔～人,他,不知道他在生谁的气〕誰も彼にかかわりあわなかったのに,彼は誰だかで怒っているのかわからない.

招认 zhāorèn 罪を承認する.白状する.〔始终他不肯～〕どうしても彼は白状しようとしない.

招商 zhāoshāng 企業を誘致する.〔～引资〕同前で資金を導入する.〔～广告〕広告を利用して企業・投資を誘致する.

招生 zhāoshēng 学生(生徒)募集(をする).〔招收新生,定员〕～一名 míng 额〕学生(生徒)募集定員.〔～办公室〕〔～招〕入試管理事務室.

招式 zhāoshì 〔招势〕とも書いた.(舞踊や演技の)型.わざ.見得.〔水袖的～有一百多个〕袖口の長い白絹を扱う型は200いくつかある.

招事 zhāoshì 面倒を引き起こす:〔惹 rě 事〕に同じ.〔他爱多嘴,998 是おしゃべりで,よく面倒なことを引き起こす.〔～惹 非〕同下.

招是惹非 zhāoshì rěfēi 〈成〉面倒を引き起こす:〔招事惹非〕とも書く.

招收 zhāoshōu (学生・見習工・職員などを)募集し採用する.〔这所大学去年～了九百名学生〕この大学は去年学生900名を採用した.

招手(儿) zhāoshǒu(r) 手招きする.さし招く.手をふって合図する.(手をふって)あいさつをする.〔他～叫我呢〕彼は手招きしてわたしを呼んでいる.〔他老远的向我～〕彼は遠方からわたしの方へ向かって手招きをした.〔～停 tíng〕〔小公共〕〔小巴〕〔中巴〕小型乗り合いバスの愛称.

招数 zhāoshù ①武術の手・型.〔摔跤 shuāijiāo 的～〕相撲の手.②〈喩〉方法.策.計略:〔着数②〕とも書く.〔跟城里人学了好多～〕町の人からいろいろな手を習った.〔既然是大夫,必定有些人所不知道的～〕医者であるからには,きっと少しは人の知らないようなやり方があるだろう.

招说 zhāoshuō 人にしかられるようなことをする.〔你别～了,一说话就讨人嫌〕人にいやがられるようなことはよせ,ちょっと口を出せばもう人に嫌われるんだから.

招贴 zhāotiē ＝〔招子①〕(壁などに貼られた)広告.ポスター.張り紙.張り札.〔～画 huà〕〔宜 xuān 传画〕ポスター.(絵入り)宣伝ビラ.

招贤 zhāoxián 優秀な人材を招く.〔～纳士〕〈成〉同前.

招降 zhāoxiáng 降伏を呼びかける.〔～纳叛 pàn〕〈成〉④降服を勧め反逆者の帰順を受け入れる.⑥悪人をかき入れる.

招笑(儿) zhāoxiào(r) 〈方〉人を笑わせる.〔并没有新鲜～的〕珍しくて人を笑わせるようなものは何もない.〔"大个子"三个字把祥子～了〕(老·骆 2)"大きいの"と言われて祥子は思わずにっこりした.

招婿 zhāoxù ⇒〔招女婿〕

招选 zhāoxuǎn 選んで選ぶ.

招眼 zhāoyǎn 人の目を引く.人の注意を引く.

招宴 zhāoyàn 招宴.

招摇 zhāoyáo ①人目を引く.〔这件事铺张起来太～,还是简单些办好〕このことは大きくやろうとすると,人目を引きすぎるから簡単にやる方がよい.②見せびらかす.仰々しくする.③横行する.〔徘 pái 徊～〕うろつきまよう.

招摇过市 zhāoyáo guòshì 〈成〉人目を引くように見せびらかして街を通る.ひけらかす.〔～,自吹自擂,确实迷惑了不少人〕大いにひけらかし,自己宣伝して間違いなく多くの人を惑わした.

招摇撞骗 zhāoyáo zhuàngpiàn 〈成〉大げさに人の目を引くようにして財物を騙し取る.人目を引きつけてペテンにかける.

招引 zhāoyǐn ①招く.〔～顾 gù 客〕客を寄せ集める.②誘う.いざなう.〔用饵 ěr ～〕餌で誘い寄せる.

招用 zhāoyòng 募集して雇う.

招灾 zhāozāi 災禍を招く.〔～惹 rě 祸〕〔惯〕同前.

招展 zhāozhǎn ①はためく.ゆれ動く.〔旗杆上有奥林匹克会旗迎风～〕旗竿にはオリンピックの旗が風にはためいている.〔打扮得花枝～〕きらびやかに着飾る.②展示会の参加・出品を募る.イベントの誘致をする.

招纸 zhāozhǐ 〈方〉ポスター.貼紙.広告.

招致 zhāozhì ①(人材を)集める.招致する.②(結果を)招く.〔～失败〕失敗を招く.

招赘 zhāozhuì ⇒〔招女婿〕

招昭啁着朝嘲 zhāo～zháo

招子 zhāozi ①⇒[招貼] ②のぼり旗の広告. ③計略.策略.[招儿]：招.[~儿]処刑される囚人が背中につけた罪状・氏名を書いた名札.
招租 zhāozū 〈家屋・設備などの〉借り手を求める.またその広告(文句).[~帖儿]⇒[启事]貸家札.

[昭] zhāo
①明らかである.②〈文〉はっきりと表す.表明する.③〈姓〉昭(しょう).
昭告 zhāogào 〈文〉明らかに告げる.[~天下]明らかに天下に告げる.
昭然 zhāorán きわめて明らかである.[事理]事理ははっきりしている.[~若揭 jiē]日や月を掲げて行くように明らかである.〈喩〉真相が暴露されること.
昭示 zhāoshì 〈文〉公示する.明示する.
昭雪 zhāoxuě 冤罪をすすぐ.[~冤 yuān 案]同前.[~平反][平反昭雪]〈成〉冤罪をすすぎ,名誉を回復する.→[洗 xǐ 雪]
昭彰 zhāozhāng 明らかに現れる.明白になる.[这个人落这么个结果,可真是天理~]この男がこんな結果に落ちたというのは,全く天理が明らかに現れたものです.[罪恶~]罪悪が明らかに現れている.
昭昭 zhāozhāo 〈文〉①明るい.②明らかである.[黑白~]白黒ははっきりしている.
昭著 zhāozhù 顕著である.著しい.[功绩~]功績が顕著である.[臭 chòu 名~]悪名高い.

[啁] zhāo
[~哳 zhā]〈文〉小さな声や音が混じり合っている.[嘲哳]とも書いた.[语音~哳]ややや話し声がする.→ zhōu

[着(著)] zhāo
①[~儿]着・将棋の手.[高~儿][好~儿]うまい手.好着(ざく).妙手.②策.方法.考え.[招(III)]に同じ.[硬(~子)强硬策.高飛車.[软~子]柔軟な手段.懷柔策.[坏人使出毒~儿来]悪人があくどい策略を使ってくる.[没~儿]うまい手がない.[失了一~儿]一手を誤った.[这一~厉害]この策はとてもすごい.[要花~儿](あの手この手と)小細工する.③〈口〉入れる.[~点儿盐]塩を少々加える.④〈口〉(同意を表す)そうだ.そのとおり.[~啊!这样正好]そうだ,そうするのがちょうどよい.→ zháo zhe zhuó
着法 zhāofǎ ⇒[招法]①碁の手数.②武術の型・構え.
着儿 zhāor ⇒[招儿]
着数 zhāoshù ①碁の手数(すう).②⇒[招数②]

[朝] zhāo
①朝.[~——夕]〈成〉一朝一夕.⇒[早 zǎo①] ②一日.[今~]今日.[明~]明日.
朝不谋夕 zhāo bù móuxī 〈成〉旦夕に迫る.事が急迫していて明日をも知れない.[朝不保夕][朝不及夕][朝不虑夕]ともいう.
朝发夕至 zhāofā xīzhì 〈成〉朝たって夕方には着く.〈喩〉交通が便利なこと.旅行が順調であること.
朝欢暮乐 zhāohuān mùlè 〈成〉朝な夕なに楽しむ.
朝晖 zhāohuī 朝日(のきらめき)
朝会 zhāohuì 小中学校などで毎朝児童生徒を集めて訓話や報告などをする朝礼. → cháohuì
朝斋暮盐 zhāojī mùyán 〈成〉朝はニラを食べ,夕飯には塩をなめる:極めて貧しい生活.
朝九晚五 zhāojiǔ wǎnwǔ ①9時から5時までの仕事(をする).②サラリーマン.→[上 shàng 班族]
朝菌 zhāojùn ①=[朝生②]植ヒトヨタケ(一夜茸)の一種.
朝令夕改 zhāolìng xīgǎi 〈成〉朝令暮改(ちょうれいぼかい):[朝令暮 mù 改]ともいう.
朝露 zhāolù 〈喩〉短い命.はかなさ.
朝气 zhāoqì 生き生きした気性・精神.活気うつぼつ

たる元気.[~蓬勃 péngbó][~勃勃]〈成〉努力前進の精神がうつぼつとしている.[他们是富有の年轻一代]彼らは生気にあふれている若い世代である.→[暮 mù 气]
朝乾夕惕 zhāoqián xītì 〈成〉勤勉小心で朝夕怠らず.
朝秦暮楚 zhāoqín mùchǔ 〈成〉朝には秦に仕え,夕には楚に付く.〈喩〉節操がないこと.変わり身が早いこと.
朝日 zhāorì 朝日.→[朝陽]
朝三暮四 zhāosān mùsì 〈成〉朝三暮四(荘子・齐物論).〈喩〉変り身の早いこと.
朝生 zhāoshēng ①=[朝菌②]植ムクゲ:[木 mù 槿]の別称.[~寿]〈文〉人の命の短いたとえ.②⇒[朝菌①]
朝生暮死 zhāoshēng mùsǐ 〈喩〉生命の極めて短いこと.
朝思暮想 zhāosī mùxiǎng 〈慣〉朝な夕なに思い慕う.いつも心にかけている.[朝思暮恋 liàn]ともいう.
朝夕 zhāoxī ①朝から晩まで.②始終.[朝夕 mù]〈贖〉朝夕案じております.[~相处]いつも一緒にいる.親しくつきあっているさま.③短い時間.→[朝不謀夕]
朝霞 zhāoxiá 朝焼け.朝がすみ.
朝阳 zhāoyáng 朝日.[~产业]〈喩〉成長産業.→[夕 xī 阳]:cháoyáng
朝蝇暮蚊 zhāoyíng mùwén 〈成〉小人(ぼう)のはびこるさま.
朝朝暮暮 zhāozhāo mùmù 〈文〉毎日・毎朝.[~暮暮]日夜.時々刻々.

[嘲(謿)] zhāo → cháo
嘲哳 zhāozhā ⇒[啁哳]

[着(著)] zháo
①届く.触れる.当たる.つく.[上不~天,下不~地,下下ちらりんである.[~霜的麻叶]霜にあたった麻の葉.②受ける.感ずる.[~慌]慌てる.[~风]風にあたる.[~凉]風邪をひく.③(火が)つく.[火~上来了](石炭ストーブの)火がついてきた.[~火了]出火だ.火事だ.④〈口〉寝つく.[一上床就~了]ベッドに横になるとすぐ寝つく.⑤…しあたる(…しあてる):動詞の後に置いて動作が目的物に付着したは到着し,目的を達成・成就したことを表す.[找 zhǎo~了]探しあたった.見つかった.[睡 shuì~]寝つく.[猜 cāi~](判じ物)を当てる.[这会儿吃不~青菜]当地では野菜が(なくて)食べられない.[他个子矮,够不~]彼は背が低くて届かない.[不 bù 着]⑥(充分に,極度に)…する.[累 lèi~了]疲れ果てた.[把我气~了]わたしをものすごく怒らせた.[~下劲]中腰がひっかかる.首尾よくいった.[没想到真预备~了]意外にも準備の甲斐があった.[你可来~了,我们刚喝上酒]きみ,いいところへ来た,ちょうど飲み始めたところです.[没想到今天行市这么大落,昨天的货算是卖~了]今日こんなに相場が下がるとは思いがけなかった,昨日の品物は全くうまく売った. → zhāo zhe zhuó
着比 zháobǐ 〈方〉①例えば.②もし.[~我真走了,你怎么办?]もしぼくが本当に行ってしまったら君はどうする.
着边 zháobiān [~儿]関係がある:多く否定に用いる.[你说得不~]きみが言ってるのは関係がない.
着床 zháochuáng 〈医〉着床.
着道儿 zháodàor 〈方〉人の策略に陥る.[他着了这个妓女的道儿,结果弄得家破人亡]彼はこの妓女の手管にかかって,しまいには家も身も滅ぼしてしまっ

2115

着地儿 zháodìr （よりどころがあって）確実である．〔他说话不~〕彼の言う事は確かでない．→ zhuódì

着风 zháofēng 風にあたる．〔你的病刚好了，着不得风〕きみの病気はよくなったばかりだし、風にあたってはいけない．

着慌 zháohuāng 慌てる．〔先准备好，省得到了时候儿~〕先に準備しておこう、その時になって慌てなくてもいいように．

着火 zháohuǒ 火事になる．失火する．〔~了！〕起qǐ 了！〕〔失 shī 火了！〕火事だ．

着火点 zháohuǒdiǎn 発光点．〔燃 rán 点〕の通称．

着急 zháojí 慌てる．気をもむ．〔别~〕焦るな．〔着什么急啊，他会来的〕何をむきになるのか、彼は来るに違いない．〔小刘丢了钥匙，正在那儿~呢〕劉さんは鍵をなくして、今慌てているところですよ．→〔猴 hóu 儿急〕

着家 zháojiā 家にいる．〔他整天不~〕彼はいつも家にいない．

着凉 zháoliáng ＝〔受 shòu 凉〕風邪をひく：〔伤 shāng 风〕に同じ．

着忙 zháománg 慌てふためく．泡を食う．

着迷 zháomí （…）夢中になる．ファン（マニア）になる．〔他对跳舞着了迷了〕彼はダンスに夢中になってしまった．→〔入 rù 迷〕

着魔 zháomó 悪魔に魅入られる．〈転〉夢中になる．心を奪われる．

着三不着两 zháosān bùzháoliǎng 〔成〕間が抜けている．肝心のところが抜けている．〔你这个人做事老是这么~的〕あなたというやつのすることときたら、いつもこんな間が抜けているんだ．

着雨 zháoyǔ 雨がかかる（雨にぬれる）．〔这大米~了，有些发霉了〕このお米は雨にぬれてしまって少しカビている．

着着 zháozhāo 〈方〉十分に．よくよく．〔睡得~地〕ぐっすり眠っている．

着真儿 zháozhēnr 〈方〉真面目（に）．事実通り（に）．〔说话不~〕言うことが真面目でない．

[爪] zhǎo

① 鳥獣の爪．〔虎 hǔ~〕虎のつめ．〔鹰 yīng~〕タカのつめ．→〔牙②〕党 dǎng 羽〕〔狗 gǒu 腿子〕喩 悪党の手先．②鳥獣の足．〔前~〕前足．〔张牙舞~〕〈成〉牙をむき出して爪を振るう〕たけり狂って敵対けするさま．〈姓〉爪(号)．→ zhuǎ

爪哇 zhǎowā 〔地〕ジャワ（島）：南洋諸島．大スンダ列島東南部の島．旧時，〔阇 dū 婆〕といった．〔~红茶〕ジャワ紅茶．〔~貒 měng〕動 ジャワマングース：〔红 hóng 頬貒〕〔树 shù 鼠〕は別称．〔~转〕〈転〉遠方〕〔那怒气直钻 zuān 到~国去了〕(水24)あの憤概はどこへやら消しとんでしまった．

爪哇猿人 zhǎowā yuánrén →〔直 zhí 立猿人〕

爪牙 zhǎoyá ①禽獣の爪や牙：武勇の臣にたとえる．②〈喩〉手下．悪党の手先．→〔字眼①〕

爪印 zhǎoyìn つめ跡．痕跡．〈喩〉仕事の痕跡：〔爪痕 hén〕ともいう．

[找] zhǎo

（Ⅰ）①探す．〔你~什么东西〕きみは何を探しているのか．〔~工作〕仕事を探す．〔~职を探す．〔不容北〕行く方向も見つけられない．ちんぷんかんぷんである．〔他住的地方很难~〕彼の住んでいるところはたいへん探しにくい．〔~遍了也没~着 zháo〕全部探したが見つからなかった．〔怎么~也~不着〕どんなに探しても探しあたらない．②訪ねる．会う．〔你~谁呀〕だれにご用ですか．〔我妈妈~你有事〕母さんがあなたにご用があるそうです．〔自~〕自ら求める．〔自ら招く〕．〔自~麻烦〕自分から面倒を招

く．〔自~苦吃〕自ら求めて苦しんでいる．〔侵 qīn 略军跑来~死〕侵略軍は死にに行っやって来た．〔你没说，你怎么往自己身上~〕きみのことを悪く言っているのではないのに、どうして自分のことにとるのか．

（Ⅱ）①つり銭を出す．〔~钱〕同前．〔~尾数〕残高勘定を支払う．〔~给您一块六〕1元 6角のおつりです．〔两不~〕足し前もお釣りもないこと．足しも余りもないこと．〔十块钱~得开吗〕10元でおつりがもらえるか．〔没有零钱，怕一不开小钱がないのでつり銭が出せないかもしれません．②不足を補う．→〔找齐〕

找别扭 zhǎobièniu 難題を吹っかける．うるさくする．〔不愉快な目に遭う〕〔可以叫她不跟你~，可以叫她不跟你~〕かはさがきちんに難題を持ちかけないようにできる．〔自~〕自分でわざわざつまらない目に遭う．気まずい思いをする．→〔找不自在〕

找病 zhǎobìng 自分から求めて苦しむ．取り越し苦労をする．

找补 zhǎobu 〈口〉補いをつける．埋め合わせをする．〔饭没吃饱，得~点儿〕充分に食べなかったのでもう少し食べよう．〔不够~〕足りなければ補充する．

找不自在 zhǎobuzìzài ①自分からつまらない目に遭う．悩みの種を作る．自業自得である．〔明知人家不欢迎，何必赶上去~〕人に歓迎されないことを知っているくせに、なぜわざわざ自分で不愉快な目に遭いに行くのか．②けんかなどで相手を脅す言葉："おぼえておれ"といったような意味に用いる．〔你要是这么不识抬举的乱嚼~的乱嚼言うなら、ひどい目にあわせるぞ．→〔找别扭〕

找差距 zhǎochājù 足りないところ・差を探す．〔找到了和先进单位的差距〕進んでいる事業場より足りないところをみつけた．

找茬儿 zhǎochár あげ足をとる．あらを探す．〔找岔儿〕〔~抓 zhuā 苍儿〕〔找碴儿〕ともいう．〔没茬儿~〕何も欠点なしのにあれこれあらを探す．

找对头 zhǎoduìtou かたきを探す．相手を探す．〔他见人就骂，简直是~呢，此方人は見れば毒づき、まるでかたきを探しているようだ．

找对象 zhǎoduìxiàng （結婚）相手を見つける．配偶者を求める．→〔找主儿〕

找碴子 zhǎofēnzi ①隙間をみつける．〈喩〉口実をみつける．あら探しをする．

找借口 zhǎojièkǒu 口実を探す．〔找各种借口不来上课〕いろいろな口実をつけて授業に出ない．

找落儿 zhǎolàor 〔找着落儿〕〈方〕①落ち着き先・身を寄せるところを探す．〔他正~呢，有这么好的事怎么会不去〕彼はちょうど落ち着き先を探しているところだ、こんないい仕事があればどうして行かないことがあろうか．②始末をつける．決着をつける．〔我出门没准方向，正~呢〕外出はしてみたが、はっきりした目的地もなく、今ちょうどどこがいいかと考えているところだ．

找乐儿 zhǎolèr 遊ぶ．楽しむ．楽しみを求める．→〔找乐子〕ともいう．

找零（儿） zhǎolíng(r) つり銭を出す．

找路子 zhǎolùzi ⇒〔寻 xún 门路〕

找麻烦 zhǎomáfan ①自ら求めて難儀をうるさくする．難癖をつける．〔我找你麻烦〕②にうるさくからまさつく．③迷惑をかける．面倒をかける．〔不要给人家~〕人に迷惑をかけてはいけない．

找门路 zhǎoménlù つてを求める．手づるを探す．

找米下锅 zhǎomǐ xiàguō 〈喩〉自力で積極的に開拓（解決・完成）する．↔〔等 děng 米下锅〕

找朋友 zhǎopéngyou ①友人を訪問する．②友人を探す．③つきあう相手を探す．

找便宜 zhǎopiányi 少しでもうまいことをしようとする.〔转〕もっけの幸いと女性をからかう.
找平 zhǎopíng 平らにする.平均にする.でこぼこを直す.
找婆家 zhǎopójiā 娘の嫁入り口を探す.
找齐 zhǎoqí ①とりそろえる.でこぼこを切りそろえる.〔篱 lí 笆墙成了,顶上还得~〕まがきはできたが,まだ上を切りそろえなくちゃ.②つけ足す.補足する.〔今儿先还你一部分,差多少明儿再~〕今日はまず一部分返しておいて,不足分は明日補います.
找气(儿)生 zhǎoqì(r)shēng わざわざ仕事からいろいろなことを考えて腹を立てる.自分で勝手に怒る.
找钱 zhǎoqián つり銭を出す.〔不用~了〕つり銭はいらぬ.→〔找头①〕
找窍门(儿) zhǎoqiàomén(r) 勘所を見つける.こつを見い出す.〔动脑筋,~〕頭を使ってこつを見つける.
找人 zhǎorén ①人を探す.②人を訪問する.
找事 zhǎoshì ①職を求める.就職口を探す.〔他每天出去~〕彼は毎日外出しては仕事を探している.②もめ事を起こす.故意に問題を起こす.〔没事~〕平地に波瀾を起こす.
找赎 zhǎoshú 〈方〉つり銭を出す.
找死 zhǎosǐ 死にたがる.〔他老不戒烟,这不是~吗〕彼はいつまでもタバコをやめないが,それじゃ自殺行為だ.〔你~吗!〕死んでしまうぞ.(このばかやろう)
找台阶(儿) zhǎotáijiē(r) 下に降りる階段を探し求める:きっかけを探す.抜け道を探す.〔你趁早几找个台阶儿吧,不然将来就不好下台了〕早いうちに身を退くことを考えなさい,でないと後になったらのっぴきならないことになりますよ.
找头 zhǎotou 〈口〉①つり銭.②余分のもうけ.〔这里头有点儿~呢〕そこんとこに少し余分のもうけがあるのだ.
找碴儿 zhǎochár 無理やり文句をつける.無理にあら探しをする.〔〈方〉找邪火〕ともいう.
找寻 zhǎoxún 搜し尋ねる.探す.見つける.
找寻 zhǎoxún 〈方〉あらを探す.いいがかりをつける.〔你受了别人的气,干吗~我呢〕他の人のことで気を悪くしたのに,何もわたしに難癖をつけなくてもいいじゃないか.
找辙 zhǎozhé 〈方〉①手段·方法を見つけ出す.②過失を繕いごまかす.口実を探す.〔你再也~不说不出个道理来〕だれ!!おまえがいくらうまいこと言ってごまかそうとしてもそうはいかん.
找正 zhǎozhèng ⇒〔校 jiào准〕
找主儿 zhǎozhǔr 配偶者を求める.買い手を求める.〔我们姑娘岁数也大了,有合适的,您给找个主儿吧〕うちの娘も歳もだいぶ行きましたからね,いい方がありましたら婿さんを探して下さい.〔我这架钢琴想~卖出去〕このピアノは買い手を探して売り払いたい.→〔找对象〕
找着落儿 zhǎozhuóluòr ⇒〔找落儿〕

〔沼〕 zhǎo 沼.〔池 chí~〕沼.〔泥 ní~〕泥沼.〔水 shuǐ池(子)①〕
沼地 zhǎodì 沼地.
沼气 zhǎoqì 〈口〉坑 kēng 气〕化メタンガス:〈音訳〉瓦 wǎ 斯〕ともいう.〔~池〕メタンガスプール.→〔甲 jiǎ 烷〕
沼虾 zhǎoxiā =〔青 qīng 虾〕魚科テナガエビ:分類学上では〔长 cháng 臂科〕(テナガエビ科).
沼泽 zhǎozé 沼沢地.沼池.〔~地〕同前.〔~土〕沼土.
沼渣 zhǎozhā メタンガスを発生させた後の残渣:肥料·飼料に用いる.

〔召〕 zhào (I)①呼び寄せる.招集する.〔号 hào ~〕呼びかけ(る).②〈姓〉招〔る〕.(II)〈音訳〉(蒙古語で)寺院:多く内モンゴル自治区の地名に用いられる.〔罗 luó 布~〕内モンゴルに.
召顶 zhàodǐng 家の権利を譲り受ける人を求める.→〔顶⑨〕
召对 zhàoduì 圃天子に召されて奉答する.
召唤 zhàohuàn 呼び出す.呼ぶ.呼びかける:多く比喩に用いる.〔新的生活在~着我们〕新しい生活が我々を招いている.
召回 zhàohuí 召還する.呼び戻す.〔~大使〕大使を(本国に)召還する.②回収する.〔~制度〕リコール制度.〔汽车~〕自動車リコール.
召集 zhàojí 呼び集める.招集する.〔~代表大会〕代表大会を招集する.〔~人〕幹事.世話人.主催者.
召见 zhàojiàn ①下級の者を呼び出して謁見する.見見する.②(外務省)が外国の駐在大使を呼び出して会談する.〔~外交使节〕外交使節を召見する.
召开 zhàokāi (会議などを)招集する.開く.〔明天我们要~局里的大会〕あす我々は局内大会を開く.
召之即来 zhàozhī jílái 呼びよせられると,ただちに来る.〔~,来之能战〕呼びかけがあれば馳せ参じ,役に立つようにする.

〔诏·詔〕 zhào 〈文〉①告げる.戒める.教え導く.〔为人父者,必~其子〕(庄子·盗跖)父たるものは必ずその子を教え導く.②天子の命令.みことのり.〔下~〕みことのりを下す.
诏敕 zhàochì 詔勅.天子のみことのり.
诏令 zhàolìng ①文体の一:上から下に告げる文.みことのりの類.②皇帝の命令(を発布する)
诏书 zhàoshū 詔書:皇帝から臣民に下される布告.

〔照(炤)〕 zhào ①(光が)照る.照らす.〔正~〕順光になる.〔正〕になる.〔月亮~得如同白昼一样!!〕月が照って真昼のようだ.〔拿手电筒~一~〕懷中電灯で照らして見る.〔阳光普~大地〕陽光はあまねく大地を照らす.〔回光返 fǎn ~〕〈成〉灯火が消える前にひときわ明るくなること.〈喩〉死亡前に一時の小康を得ること.〔假票子对着阳光~一~就看出来了〕偽札は光線に透かして見るとすぐわかる.②太陽の光線.日光.〔夕~〕夕日.〔残~〕夕日の光.③明白である.分かっている.〔心~不宣〕互いが暗黙のうちに了解し合う.④鏡に映す.写真に写す.撮影する.〔~镜子〕鏡に映す(して見る).〔~了一张相 xiàng〕写真が1枚写した.⑤公·通信する.〔知~〕通知する.ご承知ありたし.⑥写真.肖像.〔拍 pāi ~〕写真を撮る.〔拍了一张~〕写真を1枚写した.〔小~〕肖像.写真.〔近~〕近影.⑦対する.向かう.見る.ねらう.〔~敌人开枪〕敵に対して発砲する.〔~着脑门子砍了一下〕脳天めがけて斬りつけた.〔~脸上打了一巴掌〕真っ向から平手打ちをくらわした.⑧見守る.世話する.〔~料〕〔~顾③〕ひいきにする.⑨つきあわせる.照らし合わせる.→〔查 chá 照〕⑩鑑札.免許証.〔执 zhí ~〕許可証.免許証.証明書.〔护~〕旅券.パスポート.〔牌~〕営業許可証.⑪……に~……のとおりに.〔~上回那么样办〕前回のとおりにやる.〔~一样子做〕見本どおりに作る.〔~着办〕そのとおりにやる.〔~章办理〕規定によってあつかう.〔他没有道理,我信わせてもいえば,彼には道理がない.〔~常工作〕平常どおり仕事をする.〔~你说,…〕きみの言うとおりだとすると….

照搬 zhàobān 〔照抄②〕まねする.踏襲する.〔国外的经验是要学习的,但不能机械~〕海外の経験

zhào 照

は学ぶべきものだが,ひきうつすだけではいけない.

照办 zhàobàn 規定どおりに処置する.申し越しのとおりにする.

照本儿 zhàoběnr 原価に照らして.原価どおりに.〔～卖〕元値で売る.

照本宣科 zhàoběn xuānkē〖成〗経本どおりに道士が経を読む.紋切り型にやる.

照壁 zhàobì ⇒〔影 yǐng 壁①〕

照(壁)墙 zhào(bì)qiáng ⇒〔影 yǐng 壁①〕

照常 zhàocháng 平常どおり(である).〔～营业〕平常どおり営業する.〔～上课〕平常どおり授業がある.〔一切～〕一切が平常通りである.

照抄 zhàochāo ①そのままに写し取る.〔原样～〕元来の様式のままに写し取る.②〔照抄〕

照尺 zhàochǐ ①〔測量具〕土地の高低を測量するのに用いる器械.②〔銃砲の〕照準器の照尺.

照此 zhàocǐ このようにして.これによると.〔～看来〕これによって見ると.そうだとすると.〔～进行〕このとおりに進行させる.〔～类推〕このとおりに類推する.〔～下去〕

照得 zhàodé〈公〉冒頭に用いた語:"陳者""さて"などにあたる.

照登 zhàodēng もとのまま掲載せる.〔原文～〕原文のまま載せる.

照度 zhàodù〖物〗照度:単位は〔勒 lè(克斯)〕(ルクス).→〔亮 liàng 度〕

照兑 zhàoduì 照合の上,手形の支払いをする.

照发 zhàofā ①このまま発信(発表)する:多く公文書の最終決裁に用いる.②元どおりに支給する.〔照常发给〕同前.〔工人生病期间工资～〕労働者が病気になった時も賃金は元どおり支給される.

照房 zhàofáng ⇒〔后 hòu 罩 zhào 房〕

照拂 zhàofú 世話をする.面倒を見る.配慮する.

照付 zhàofù 額面どおり支払う.そのとおり支払う.

照顾 zhào‧gù ①注意を払う.配慮する.〔～全局〕全局に気を配る.〔～到青年的特点〕若者の特徴に注意を払う.②世話をする.面倒を見る.〔～老人〕老人の世話をする.〔～困难户〕生活困窮者の面倒を見る.〔工厂对我们～得无微不至〕工場はかゆい所へ手の届くように我々の世話をしてくれる.〔～不到〕世話が届かない.〔～过多〕世話をやきすぎる.→〔照料〕〔关 guān 照①〕〔张 zhāng 罗②〕〔周 zhōu 旋②〕③ひいきにする.配慮する.〔领导特別～〕上司が彼をとてもひいきにする.

照管 zhàoguǎn 世話をする.管理する.〔～买卖〕商売の世話を見る.〔～孩子〕子供の面倒を見る.〔这事没人～〕この事は誰も世話をやく人がいない.

照葫芦画瓢 zhàohúlu huàpiáo ひょうたんをまねてひさごを描く.〈喩〉見よう見まね.→〔照猫画虎〕

照护 zhàohù 世話をする.看護する.

照会 zhàohuì ①〔外交用語〕照会する.覚え書を送る.②口上書〔照会〕

照价 zhàojià (規定)価格どおりに.〔～收买〕定価購入.

照旧 zhàojiù 元どおり.相変わらず.依然として:〔依 yī 旧〕に同じ.〔这部辞典虽已修订,体例～〕この辞典は増訂をしたが体裁は従来のままである.

照看 zhàokàn 気をつけ世話をする.見守る.〔我出去一下,请你给我～着门〕わたしは出掛けますから,戸締りに気をつけて下さい.〔～孩子〕子供の世話をする.

照理 zhàolǐ ⇒〔按 àn 理〕

照例 zhàolì 前例どおり.例により.いつも通り.〔他醉了的話,～饭是吃不下去的〕(周·暴)彼は酔ったら普通ならご飯は食べられない.

照料 zhàoliào 世話をする.面倒を見る.〔～病人〕病人の面倒を見る.〔～家务〕家事をする.〔经过他的精心～,不到五十天的时间就恢复了健康〕彼の心を込めた看護によって,50日もたたない間にすっかり健康を回復した.

照临 zhàolín (日·月·星の光が)照らす.〔曙 shǔ 光～大地〕あけぼのの光が大地を照らす.

照猫画虎 zhàomāo huàhǔ 猫をまねて虎を描く.〈喩〉〔照葫芦画瓢〕

照门 zhàomén (鉄砲の)照門〔照準具〕

照面儿 zhàomiànr ①顔を見せる.顔を出す.〔等了半天,大家都不～,真叫人着急〕長い時間待ったが,誰も来ず全くいらいらさせられた.〔你近来怎么老没～〕きみはこのごろどうして少しも顔を見せないのか.〔互不～〕互いに顔を合わせない.②偶然に顔が向きあいになったりまたは出くわしたことを〔打了个～〕という.〔在车站和他偶然打了个～〕駅で彼とばったり出会った.

照明 zhàomíng 照明(をつける).〔～弹 dàn〕照明弾.〔舞台～〕舞台照明.〔～设备〕照明設備.〔～灯 dēng〕照明灯.

照排 zhàopái 写真植字.写植は〔照相排字〕の略.〔～机〕写植機.

照片(儿) zhàopiàn,～piānr ⇒〔像 xiàng 片(儿)〕

照墙 zhàoqiáng ⇒〔影 yǐng 壁①〕

照三星 zhàosānxīng →〔划 huá 拳②〕

照射 zhàoshè 照射(する).〔阳光～不到的地方〕日の射さないところ.

照实 zhàoshí 実際どおり.ありのまま.〔～说〕正直に言う.

照数 zhàoshù 数のとおり.全額.〔～收到〕全額領収ずみ.〔～奉还 huán〕数量どおりお返しする.

照说 zhàoshuō ⇒〔按 àn 说〕

照头 zhàotóu 銃砲の照星頂.→〔准 zhǔn 星〕

照相 zhàoxiàng〔照像〕とも書く.写真(を撮る).撮影(する).〔～〕〔照片〕(1枚1枚の)写真.〔～的〕写真師.カメラマン.〔～雕刻〕写真彫刻.〔～馆〕写真館.〔～机〕〔照像机〕〔相机〕〔匣相匣子〕写真機.カメラ.〔～望远镜〕写真望遠レンズ.〔彩 cǎi 色～〕カラー写真.天然色写真.〔数码～机〕デジタルカメラ.〔照了一张相〕写真を1枚撮った.〔～拍 pāi 照〕〔摄 shè 影〕

照相版 zhàoxiàngbǎn =〔影 yǐng 印版〕(印刷の)写真版.→〔珂 kē 罗版〕

照相簿 zhàoxiàngbù アルバム.〔照相本儿〕〔照相册〕〔相本儿〕〔相册〕〔影 yǐng 集〕ともいう.

照相纸 zhàoxiàngzhǐ 印画紙〔相纸〕

照样(儿) zhàoyàng(r) ①型どおり.元どおり.そっくりそのまま.これまでどおり.〔这样的上衣～再拿一件〕これと同じような上着をもう1枚ほしいのですが.〔～做〕これまでどおりにする.〔搁在谁身上也～着急〕誰がそうなったって同じように気をもむ.②あいかわらず.いつものように.やはり.但し.〔天气尽管很冷,工地上～热火朝天〕天気がどんなに寒かろうと工事場はいつものように天をつく熱気につつまれている.

照妖镜 zhàoyāojìng 妖魔の正体を照らし出す魔力の鏡.〔就像一面～把反动派的真面目照得清清楚楚〕魔法の鏡のように,反動派の正体をはっきり映し出してしまった.

照耀 zhàoyào 照り輝く.強く照らす.〔阳光～着大地〕太陽が台地に強く輝いている.〔他就是我们各项工作的灯塔〕それは我々の一切の事業を導く灯台である.

照叶林 zhàoyèlín〖植〗照葉樹林.

照影子 zhàoyǐngzi〈方〉疑いの気持ちが起こる.疑心が起こる.〔大家都看他,看得他直～〕みなが彼を

見るので,彼はしきりに疑心を起こしていた.
照応 zhàoyìng 相呼応する.示し合わせる.〔前后～〕前後相呼応する.〔互相～〕互いに示し合わせる.
照应 zhàoying ＝〔关 guān 照①〕世話をする.面倒を見る.斡旋する.とりまく.这是张先生,您～着点儿こちらは张さんです,どうぞよろしく願います.〔事情多人太少,我一个人恐怕～不到〕用事は多く,人手が少なすぎて,わたし一人ではおそらくお世話が行き届きますまい.
照允 zhàoyǔn 〈公〉申し越しのとおり承諾する.
照章 zhàozhāng 規則どおりである.〔～办 bàn 事〕規則どおりに処理する.
照直 zhàozhí ①まっすぐに.〔～走〕まっすぐに行く.②正面から.偽らずに.〔一说〕素直に言う.
照主 zhàozhǔ (許可証などの)本人.持ち主.
照准 zhàozhǔn ①照準する.ねらう.めがける.〔瞄 miáo 准(儿)〕に同じ.〔他的头朝下去了)弹弹頭上めがけて打ちおろした.〔一仪〕照準器.②〈公〉願いのとおり許可する.

[兆] zhào (Ⅰ)①前兆.兆し.〔吉 jí～〕吉兆.〔不吉之～〕〔不祥之～〕不吉の兆し.〔先～〕〔预 yù～〕〔朕兆～〕〔征 zhēng～〕前兆.②兆(す).〔瑞〕雪～丰年〕雪は豊年の兆し.③〔姓〕兆(き)
(Ⅱ)①〈数〉数の単位.ⓐ100万.ⓑ100万の万倍を億とし,そのまた万倍:〔一万一千亿亿〕(１兆１千億元)のようにいう.ⓒ10万を億とし,10億を兆という.→〔垓 gāi ③〕②メガ.記号 M:各種の単位を表す語と連用し,その百万倍すなわち10^6を示す.→〔吉 jí(咖)〕ギガ.
兆吨 zhàodūn 〈数〉メガトン.
兆伏(特) zhàofú(tè) 〔电〕メガボルト.
兆赫 zhàohè 〔电〕メガヘルツ.〔兆周〕〔义音译〕米 mǐ 加周波〕は旧称.
兆候 zhàohòu 〔征 zhēng 候〕
兆民 zhàomín 〈文〉庶民.万民.〔君临～〕万民に君臨する.
兆欧 zhào'ōu 〔电〕メガオーム:電気抵抗の単位で100万オームのこと.〔一～半瓦〕１メガオーム２分の１ワット.
兆欧计 zhào'ōujì 〔电〕メガー.絶縁抵抗計:〔高 gāo 阻表〕に同じ.
兆头 zhàotou 兆候.〔坏～〕悪い兆し.〔这也许是个好～〕これはあるいはよい兆候かもしれない.
兆瓦 zhàowǎ メガワット.
兆周 zhàozhōu ⇒〔兆赫〕
兆字节 zhàozìjié 〔电算〕メガバイト.

[旐] zhào 〈文〉旐(き):亀と蛇を描いた古代の旗.旧時,出棺の際,先頭に黒色の同前を立てた.

[鮡・鮡] zhào 〔鱼贝〕コメギバ:ナマズに似た淡水魚.

[赵・趙] zhào ①古国名:戦国七雄の一.現在の河北省西部・南部および山西省北部・中部の地.②〔姓〕赵(き)
赵璧 zhàobì ⇒〔连 lián 城璧〕
赵不肖 zhàobùxiào 〈方〉ずらかる.逃げ出す.〔赵〕〔肖〕を取って２个蔫 niān 出溜儿地～了呢?〕彼はどうしてこっそりずらかったのだろう.→〔溜 liū 之大吉〕
赵(公)元帅 zhào(gōng) yuánshuài 福の神:伝説中の赵公明(赵玄壇)は金銭をつかさどる神としてまつられる.〔財 cái 神(爷)〕ともいう.
赵宋 zhàosòng 〔史〕宋.赵匡胤の建国した宋朝:〔刘 liú 宋〕(南朝の宋)に対していう.

赵体 zhàotǐ 〔書〕書家の赵孟頫の書体.
赵昱 zhàoyì ⇒〔二 èr 郎神〕

[笊] zhào 〔篱 li〕長い柄のついた網杓子または"ざる":物を水中からすくい上げるのに用いる.竹・柳の枝・針金などで作られている.→〔筐 pǒ 箩〕

[棹(櫂・艗)] zhào 〈文〉①〔舟の〕かい.②こぐ.〈転〉舟.〔归 guī～〕舟を帰す(が帰る)

[罩(罩)] zhào ①魚・鶏を捕らえる竹籠.〔渔 yú～〕うけ.〔鸡～〕鶏かご.②〔-儿〕覆い.カバー.〔灯～〕電灯の笠.シェード.ランプのほや.〔紗～〕蠅帳.〔口～(儿)〕マスク.〔被～儿〕布団カバー.〔胸～(儿)〕ブラジャー.③〔-儿〕(服の上に着ている)外衣.〔外～儿〕同前.④軽く覆う(ふんわりかぶせる).霧などがたちこめる.〔把这个拿玻璃罩儿～上〕これにガラスの覆いをかぶせなさい.〔外面再～上一件长服〕上にもう１枚服を羽織る.〔夜雾笼～全城〕夜霧が全市を包んでたちこめている.
罩褂儿 zhàoguàr ⇒〔罩衣〕
罩裤 zhàokù ズボン(普通は綿入れや毛皮のズボン)の上にはくズボン.
罩袍 zhàopáo(r) =〔袍罩儿〕上っ張り:長い中国服の上に着る.→〔罩衣〕
罩棚 zhàopéng よしず張り.
罩衫 zhàoshān ⇒〔罩衣〕
罩袖 zhàoxiù =〔套 tào 袖〕〈方〉袖カバー.
罩衣 zhàoyī =〔罩褂儿〕〔方〕罩衫〕綿入れの上に羽織るひとえのこと.〔棉袄～〕同前.
罩子 zhàozi 覆い:〔罩儿〕ともいう.〔玻 bō 璃～〕ガラスのカバー.

[肇(肇)] zhào 〈文〉始める.〔～始 shǐ〕同前.②引き起こす.〔～致 zhì 事故的发生〕事故を引き起こす.③〔姓〕肇(き)
肇端 zhàoduān 〈文〉①発端.最初の起こり.②⇒〔肇始〕
肇祸 zhàohuò 椿(ふ)を引き起こす.災いを招く.
肇始 zhàoshǐ =〔肇端〕始める.開始する.
肇事 zhàoshì 事件(を引き起こす).〔～者〕同前の張本人.
肇因 zhàoyīn 〈文〉起因する.

[曌] zhào 〔照〕に同じ.唐の武則天が自分の名として作った文字.〔武 wǔ～〕武則天の名.

zhe ㄓㄜ

[折] zhē 〔口〕①ひっくり返る.→〔折跟头〕②(内容物を)空ける.傾けて出す.ひっくり返してこぼす.〔把一筐 kuāng 梨都～了〕手かごいっぱいの梨をみな空けた.③(二つの容器で交互に)移し替える:熱い液体を他の容器に移し替え,また元の容器に移し替える(くりかえす).〔这茶太烫,给孩子～一～吧〕このお茶は熱すぎる,子供には移し替えて冷ましてやりなさい.→ shé zhé
折个儿 zhēgèr ⇒〔折过儿〕
折跟头 zhēgēntou とんぼり返りを打つ.もんどりを打って(倒れる).つまずいて倒れる.転ぶ:〔翻 fān 跟头〕に同じ.〈方〉折斤斗〕〈方〉折筋斗〕ともいう.
折过儿 zhēguòr =〔方〕折个儿〕上下をひっくり返す.〔净看一面儿不行,再看看〕片側だけ見たんじゃだめだ,ひっくり返してもう一度見てみろ.
折斤斗 zhējīndǒu ⇒〔折跟头〕
折筋斗 zhējīndǒu ⇒〔折跟头〕
折箩 zhēluó 〈方〉〔宴席など主として上等な〕料理の

残り物を集めたもの.食べ残し.

折腾 zhēteng 〈口〉①〔苦しくて〕寝返りをうつ.〔你好好地睡一觉,别来回~了〕ごろごろしないで,静かにひと眠りしなさいよ. ②くり返しする.〔他把这个破机器~出毛病来了〕彼はこのおんぼろ機械をいじくり回して故障させてしまった. ③難儀をする.責め痛めつける.〔经不起这么~〕こんなに痛めつけられては耐えられない.〔半夜里一起来了〕夜中に苦悶し始めた.〔一得瘦成一把骨头了〕病気にさいなまれて骨ばかりになった.〔别来回地~了〕そんなに行ったり来たり難儀をしなさんな.〔你还上什么大学?瞎~〕まだ大学に通う必要があるのか,むだな苦労だよ. ④やたらに騒ぐ.やみくもに手をつける.〔不~〕ごたごたしない.〔小孩儿瞎 xiā ~〕子供が騒ぎたてる.〔不能再乱~了〕二度と失敗してはならない. ⑤浪費する.むだ使いする:〔踢 tī 蹬①〕に同じ.〔他把百万家当都~完了〕彼は百万の財産をすっかり浪費してしまった.

[蜇] zhē ①〔毒針で〕刺す.〔手叫胡蜂~了〕手をスズメバチに刺された. ②刺激する.〔~眼睛〕目を刺激する.目がヒリヒリ痛む.〔这种药水擦在伤口上~得厉〕この薬は傷口に塗るとひどくしみる. → zhé

[遮] zhē ①遮る.隠す.〔~太阳〕日光を遮る.〔~风〕風を遮る.〔~住视线〕視線を遮る.〔横~竖拦〕前から横から引き止める. ②隠しだてする.くらましける.〔手大~不过天来〕〈諺〉手はいくら大きくても天を遮ることはできない:物事はいくら隠しだてしたところでばれるものだ. ③止める.阻む.〔~道〕道を阻む.

遮蔽 zhēbì 覆い隠す.〔这个地方没什么~,很危险〕この場所は〔むき出しで〕何も隠れるものがなく非常に危ない.〔事实~不住的〕真実は隠し通せるものではない.

遮藏 zhēcáng 包み隠す.〔这事是~不了的〕この件は覆い隠せるものではない.

遮场面 zhēchǎngmiàn その場のしのぎをする(を取り繕う).〔他怕办不下去,姑且用这个办法来~〕彼はこのままやってはいけないと思い,ひとまずこの方法で取り繕うことにした.

遮丑 zhēchǒu ①醜いのを覆い隠す.臭い物に蓋をする.〔脸黑的人穿件黑衣服倒能~〕顔の黒い人が黒い服を着るとかなり醜いをカバーできる. ②⇒〔遮盖②〕

遮挡 zhēdǎng ①遮り止める.阻止する.〔~寒风〕寒風を遮る.〔窗户透风,拿一张纸~~〕窓のところに風が通るので,紙をあてがってふさぎなさい. ②遮蔽物.〔草原上没有什么~〕草原には(目を)遮るものがない.

遮断 zhēduàn 遮断する.〔~器 qì〕⚡遮断器.ブレーカー. →〔开 kāi 关①〕

遮盖 zhēgài ①覆い隠す.遮る.〔~相貌的丑陋〕容貌の醜いのを同時に隠しだてをするよさ.〔无论怎么~也~不住〕どんなに包み隠そうとしても包み隠せない.〔我这件事情做得太不对了,请你给我~~〕これは私としますがまずいことをしました,どうか穏便ではお願いします.

遮光 zhēguāng 光を遮る.〔~板〕遮光板.〔~罩 zhào〕(写真機の)レンズフード.

遮护 zhēhù 遮り守る.〔用挡 dǎng 牌~〕楯で防ぎ守る.

遮拦 zhēlán ①遮り止める.阻止する.〔决了堤的水,毫无~地涌 yǒng 进村里〕せきを切った水が何も遮り止めるものもなく激しい勢いで村に流れ込む. ②遮るもの.

遮脸 zhēliǎn =〔遮面〕顔を隠す.

遮亮 zhēliàng 〔一儿〕光線を遮り止める(で暗くする).〔你别遮我的亮,躲开一点儿〕きみ光を遮らないで,少しよけてくれたまえ.

遮瞒 zhēmán ⇒〔遮掩②〕

遮蒙 zhēméng 覆う.覆い隠す.

遮面 zhēmiàn ⇒〔遮脸〕

遮莫 zhēmò 〔遮末〕とも書く.〈白〉ままよ.よしんば.あるいは.おおよそなどの意に用いられる.

遮目鱼 zhēmùyú 魚サバヒー.ミルクフィッシュ:〔白 bái 鳞鳎〕〔虱 shī 目鱼〕ともいう.

遮篷 zhēpéng 雨覆い・日除けの覆.

遮诠 zhēquán 逆の面から理を説く.

遮人耳目 zhē rén ěrmù 〈成〉人の耳目を覆い隠す.

遮饰 zhēshì ごまかし取り繕う.〔办错了事没法这~〕事をやり損なって何とか取り繕おうとする.

遮说 zhēshuō 話を取り繕う.かばう.〔你替他~也没用〕きみが彼をかばってやってたってだめだよ.

遮天蔽日 zhētiān bìrì 〈成〉びっしりと空一面を覆おいさま.

遮天盖地 zhētiān gàidì 〈成〉天地を覆うほど(軍勢が)多いさま.(風雨が)激しいさま.

遮羞 zhēxiū ①(体の)前を隠す.恥ずかしい所を覆い隠す.〔~布〕同前の布. ⓑ〈喩〉ぼろ隠し.隠れみの.〔遮丑②〕をきまり悪そうとする.〔~解嘲〕人のあざけりを避けるため体裁のいい事を言って照れ隠しする.

遮檐 zhēyán (帽子の)つば.日除けのひさし.

遮掩 zhēyǎn ①覆う.たちこめる.〔遮遮掩掩〕同前のさま.〔远山被雨雾~,变得朦胧了〕遠くの山々が雨や霧に覆われ朦朧(móng)としてきた. ②=〔遮瞒〕覆い隠す.隠しだてする.〔~错误〕過ちを覆い隠す.〔怕是~不住,早晚要露 lòu 出马脚来〕おそらく隠しきれず,いつかきっと馬脚を現すことだろう.〔这事情~不下去了,人家都知道了〕この事はこのまましおおせるものじゃない,皆わかっているのだ.

遮眼法 zhēyǎnfǎ =〔障 zhàng 眼法〕

遮阳 zhēyáng ①日光を遮る.日覆い.〔~板〕日除け板. 〔~帽〕日除けのつばのある帽子.〔~镜〕サングラス.〔~伞 sǎn〕日傘.パラソル.

遮阳篷 zhēyángpéng 金属の骨組にビニールを張った大型の傘状の日よけ.

遮阴 zhēyīn 日光を遮る.日陰をつくる:〔遮荫〕とも書いた.

[嗻] zhē →〔咋 chē 嗻〕 → zhé

[螫] zhē 〈口〉(蜂・さそりなどが)刺す.〔被马蜂~了一下〕熊蜂に刺された. → shì

[折・摺] zhé ①〔折る.折れる.折り取る.〔~骨〕骨折(する).〔~下疯枝来〕徒長枝を折り取る.〔不可攀 pān ~花木〕花や木を折るべからず(掲示用語). ②若死にする.〔天 yāo ~〕〔夭死〕同前. ③損失をこうむる.打撃を受ける.〔损 sǔn 兵~将〕〈成〉将兵を失う.〔挫 cuò ~而不〕〔百~不挠 náo〕〈成〉重なる挫折にも屈しない. ④曲げる.屈する.〔曲~〕折れ曲がる. ⑤割引く(く).〔打一扣〕割引く.〔打八~〕8掛けにする. 2割引きする.〔七五~〕7掛け半. 2割5分引き.〔对~〕5掛け. 5割引く.〔不~不扣〕〔不打一扣〕割引きなし. ⑥戻って来る.引き返す.〔每月总要~回几次〕毎月どうしても数回は戻ってくる.〔转 zhuǎn ~〕方向転換をする. ⑦引き当てる.換算する.〔这个~多少钱〕これはいくらに当たるか.〔一个牛工~两个人工〕牛1頭の作業は人間の2人分に換算される. ⑧感服する.〔心~〕

折 zhé

同前. ⑨折れ:漢字の筆画"乙・フ・乚"など.〔横 héng～〕"フ".→〔笔 bǐ 画〕〔钩 gōu 之〕⑩元雑劇の一くぎり:一幕一場にあたる.〔元朝的戏剧一般四～就是一本戏〕元代の戯曲はふつう四幕で一つの芝居になっている.→〔折子戏〕〔出 chū (Ⅱ)〕⑪〔姓〕折(し).

(Ⅱ)〔摺〕①折りたたむ.〔把纸～起来〕紙を折りたたむ.〔一叠两～(儿)〕2枚に折る.〔转〕足して2でわる式に処理する.〔一子〕折り本(状のもの).〔奏 zòu ～〕回上奏文である.〔存～〕預金通帳.→〔折子〕→ shé zhē

折半 zhébàn 半分に減らす.半値にする.〔按市价～出售〕市価の半値で売る.

折变 zhébiàn （株券・家産などを）金に換える.売って金に換える.〔变卖〕に同じ.〔房子、地都～了还不够还 huán 债的〕家や土地をみな金に換えてもまだ借金を返すには足りない.

折兵 zhébīng 兵を(戦闘で)失う.〔赔 péi 了夫人又～〕⟨諺⟩得をしようとして逆に元も子もなくしてしまう.損の上に損を重ねる:呉の孫権の妹を蜀の劉備に嫁ぐことを口実に劉備を騙す計をたてた周瑜の裏をかいて、孔明が花嫁をつれて帰ったばかりか、呉の軍勢を打ち破った故事(三国演義).

折成褶 zhéchéngzhě 国アコーディオンプリーツ.

折尺 zhéchǐ ⇒〔折(叠)尺〕

折冲 zhéchōng〈文〉(外交折衝により)敵を制し勝利を収める. 外交折衝する:古代、攻めて来た戦車を止め元へ戻させること.〔御侮〕外交交渉で外侮を防ぐ.〔尊 zūn 俎〕⟨成⟩外交交渉にあたる:〔尊俎〕は古代の食器.宴席に喩える.

折族 zhécú →〔族〕

折带皴 zhédàicūn 美(中国画)皴(じょ)法の一種:平行した黒い線を用いて石を描く法.

折刀 zhédāo 折りたたみナイフ.ジャックナイフ.〔折叠刀〕ともいう.

折抵 zhédǐ 相当する.

折叠 zhédié 折りたたむ.〔～式〕折りたたみ式(の).〔～刀〕〔折刀〕同前のナイフ.〔～椅 yǐ〕〔折椅〕同前のいす.〔～床〕同前のベッド.〔～伞〕〔折伞〕同前の傘.〔～衣服〕服をたたむ.〔把被褥～整齐〕ふとんをきちんとたたむ.

折(叠)尺 zhé(dié)chǐ 折尺.折り畳み式メジャー.〔木制～〕木製の同前.〔不锈钢～〕ステンレスの同前.

折断 zhéduàn 折って切る.

折兑 zhéduì (金銀をその含有量・重量によって)換算して兑換する.

折返 zhéfǎn 折り返す.〔又～到火车站去了〕また折り返して駅へ行った.

折服 zhéfú ①屈服する.説得する.〔强词夺理不能～人〕屁理屈では人は説得できない.→〔说 shuō 服〕②信服する.〔信 xìn 服〕に同じ.〔他至今～〕彼は今に至ってやっと心から従う.〔大为～〕大いに心服する.

折福 zhéfú (不当な享楽をし、または不正な財物を取ると)福を減らす.〔転〕罰が当たる.〔这么浪费不但～,还要破家〕こんなに浪費してはいけないばかりじゃなく、家まで落ちぶれさせることになる.

折付 zhéfù 換算して支払う.

折干(儿) zhégān(r) 物の代わりにお金を贈る.〔送东西太麻烦,不如一倒好〕品物を贈るのはどうも面倒だ、むしろお金であげる方がよい.

折股 zhégǔ 国股に分ける.〔転〕出資分に換算する.

折光 zhéguāng 国光の屈折.〔一度〕ディオプター(ディオプトル).〔～指数〕光屈折率.〔～仪 yí〕屈折計.

折桂 zhéguì〈文〉郷試に合格する.〈喩〉(大学の試験で)優秀な成績をとる.→〔科 kē 举〕

折合 zhéhé 換算(する).相当する.〔1美元～多少日元〕1ドルは日本円でいくらに当たるか.〔当时一个工分约～一斤小米〕当時、賃金実物標準単位で1点はアワ1斤に相当していた.

折痕 zhéhén 折り目.畳み目.

折花攀柳 zhéhuā pānliǔ ⇒〔拈 niān 花惹草〕

折回 zhéhuí 引き返す.〔奉中央之命由归国途中～的上級机関の命令で帰国の途中で引き返した.〔昨天到杭州去了,今天～来的〕昨日は杭州に行って今日引き返してきたのだ.

折戟沉沙 zhéjǐ chénshā〈成〉(武器の)えだほこが折れ泥の中に沈む.〈喩〉惨敗のさま.

折价 zhéjià ①(実物を)金に換える.金になおす.〔商品～处理〕商品は現金に換算して処理する.⑤割引きして処分する.②割引きする:〔折扣〕に同じ.

折角冈 zhéjiǎofǎ 国肘冈.

折节下士 zhéjié xiàshì〈成〉自分をまげて人にへりくだる.

折旧 zhéjiù 国(固定資産の)減価償却(をする).〔～费〕減価償却費.〔～基金〕減価償却積立金.〔～率〕国減価償却率.→〔摊 tān 提〕

折扣 zhékòu 国〔折价②〕に同じ.〔～价格〕割引価格.〔～单〕割引表.〔～商店〕ディスカウントストア.〔能不能稍微打点儿～〕少し割引きしてもらえませんか.〔他的话要打着点～听〕彼の話は少々割引きして聞かなくちゃ.〔扣头〕〔回 huí 扣〕

折款 zhékuǎn 金銭に換算する.金銭に評価する.→〔折价〕

折柳 zhéliǔ〈文〉柳の枝を折る.〈転〉送別する.

折门 zhémén 国アコーディオンドア.折り戸.

折磨 zhé.mó〔～磨时〕①さいなみ.苦しみ.試練.②さいなむ.苦しめる.痛めつける.虐げる.〔受～〕苦しみをなめる.辛い目にあう.〔不受～不成佛〕〈成〉試練を経なくては仏にはなれない.→〔夹 jiā 磨〕

折辱 zhérǔ〈文〉屈辱(を与える).

折伞 zhésǎn 折りたたみ傘.〔折叠伞〕ともいう.

折色 zhésè →〔本 běn 色〕

折杀 zhéshā もったいない.ばちがあたる.〔折受〕に同じ.〔这真是～我了〕〈挨〉まことに恐れ入ります.

折扇(儿) zhéshàn(r) 扇.扇子(さ).→〔团 tuán 扇〕

折伤医 zhéshāngyī 中医接骨医.

折射 zhéshè ①(光の)屈折(する).〔～透鏡〕屈折レンズ.〔～望远镜〕反射望遠鏡.②反映する.うつしだす.〔新词汇～新变化〕新語は新しい変化を反映する.

折实 zhéshí ①実物換算する:実際の貨幣価値の変動に合わせて計算する.〔～公债〕実物の価格で勘定する公債.→〔折实单位〕②割引きして実際の価額に合わせること.割引値.

折实储蓄 zhéshí chǔxù〔折实貯畜〕ともいう.国特定の農作物(米や小麦など)で計算して預け入れ(栗何斤というように)、払い出しの時の市場価格に換算して支払われる貯金:貨幣価値の変動から守るため.

折实单位 zhéshí dānwèi 国実物に換算した単位:一定の種類と量の食糧・衣料・燃料・食用油など生活必需品の価格を単位とし、それを基準に預入額を記帳する貯蓄方式.解放初期に実施された.→〔工 gōng 分②〕

折收 zhéshōu 割引きして受け取る.〔～未满限期票〕支払期日前の手形を割引きして受け取る.

折寿 zhéshòu 若死する:回迷信で享楽や優遇が度を越したり、目上の者をないがしろにしたりした報いで寿命を縮めること.

zhé～zhě

折受 zhéshou〔方〕(過分な待遇を受けて)恐縮する。恐れ入る。〔先生亲自迎出门来,岂不～我了〕先生が自ら入口までお出迎えくださって下さるとははちがあたります。

折水 zhéshuǐ 貨幣または有価証券が市場で法定価格または額面価格以下に下落すること.

折算 zhésuàn 換算する。引き当てて計算する。〔～起来这是不上算〕換算してみるとやはり割が悪い。

折损 zhésǔn ①欠損(する).②(相手を)痛めつける.やっつける.

折头 zhétou =〔扣 kòu 头〕〈方〉値引き.おまけ.

折文 (儿) zhéwén(r) 国すいにょう.ふゆのかんむり.漢字部首の"夂".〔出 chū 头 (儿) 夂〕〔冬 dōng 字头 (儿) 〕〔没 méi 脚夂〕ともいう. →付録 1

折席 zhéxí 人を招待するかわりに、その費用に当たる金銭を贈ること.

折线 zhéxiàn ①折り目.折った線.〔裤 kù 子的～〕ズボンの折り目.②数折れ線.

折烟板 zhéyānbǎn 機そらせ板.

折腰 zhéyāo〈文〉①腰を折る.へりくだる.②国のために尽くす.

折页 zhéyè ①(製本で)折り.②本のページを折る.③折り畳みのパンフレット.

折椅 zhéyǐ =〔折叠椅〕折りたたみ式椅子.〔钢～〕スチール製の同前.

折账 zhézhàng 借金を物で帳消しにする.〔折帐〕とも書いた.

折纸 zhézhǐ ①紙を折る(りたたむ).②折り紙:子供の遊戯の一種.〔叠 dié 一张～〕.

折中 zhézhōng 折衷する.中をとる.〔折衷〕とも書いた.〔～方案〕折衷案.〔～主义〕折衷主義.

折皱 zhézhòu しわ.〔脸上的～〕.

折资 zhézī 图資本として見なす.〔投労～〕投下労働力を同前.

折子 zhézi ①旧上奏書.②旧折り本式の通帳.帳簿.〔房～〕家賃受け取りの通帳.③折り本:折り畳み式の本(広げれば長くなるもの).④〈口〉預金通帳.

折子钱 zhéziqián ⇒〔印 yìn 子(钱)〕

折子戏 zhézixì 劇(旧劇で)本来全幕を通して演じる劇のうち一折(=一幕)(一段)のみ独立して演じる劇;〔本 běn 戏〕で作(一幕)(一段)のみ独立して演じる劇;〔单 dān 折戏〕ともいう.

折罪 zhézuì 罪を償う.〔将功～〕功をたてて罪を償う.

〔哲（喆）〕zhé ①事理に明るく賢い.〔明～〕同前.②賢人.〔圣 shèng ～〕聖哲.

哲夫 zhéfū〈文〉知謀に富む人.〔～成城,哲妇倾 qīng 城〕(詩·大雅·瞻卬)知謀ある男子は城を築き,賢女は城を倒す:女賢しゅうて牛売り損なう.

哲妇 zhéfù →〔哲夫〕

哲理 zhélǐ 哲理.

哲罗鱼 zhéluóyú 魚貝アムールイトウ.〔虎 hǔ 嘉鱼〕ともいう.

哲人 zhérén〈文〉明哲の人.

哲嗣 zhésì ご令嗣:〔令 lìng 嗣〕に同じ.

哲学 zhéxué 哲学.〔～家 jiā〕哲学者.

〔晢（晣）〕zhé〈文〉明るい.輝く.

〔蜇〕zhé 動クラゲ:〔海 hǎi ～〕は通称.〔水 shuǐ 母①〕ともいう.〔～皮 pí〕クラゲの傘の部分(食材).〔～头〕画クラゲの口腔部(口と触手の部分).→蛰

〔箦〕zhé〔一子〕〈方〉粗く編んだ竹席(がきも)

〔辄·輒（輙）〕zhé〈文〉①…するとすぐ.じ.〔浅尝～止〕〈成〉少し試みてはやめる.深入りしない.②いつも.…のたびに.〔每思往事,～慚 cán 愧不胜〕過去のことを思い出こすたびに、慚愧の念にたえない.③ややもすれば.往々.〔动～得咎 jiù〕何かにつけてとがめを受ける.

〔蛰·蟄〕zhé 動①(虫類が)冬ごもりをする.〔入～〕冬ごもりに入る.〔惊 jīng ～〕〔启 qǐ ～〕啓蟄(セミ):二十四節気の一.〔～雷 léi〕初鳴りの春雷.②〈喩〉ひきこもる.〔～処 chǔ〕同前.

蛰伏 zhéfú ①冬ごもりする.〔青蛙～了〕蛙が冬眠した.②〈喩〉ひきこもる.

蛰居 zhéjū ひきこもる.蟄居する.〔～乡野〕田舎に隠居する.

〔詟·讋〕zhé〈文〉おびえる.〔～服〕恐れて従う.→〔慑 shè〕

〔摺〕zhé 〔折(II)〕の繁体字:〔折〕を用いると紛らわしい時にはこの字を用いる.〔～折りたたむ.〕～折り本.

〔谪·謫(讁)〕zhé〈文〉①官職を降ろされる.官吏が処罰を受ける.〔被～〕同前.〔贬 biǎn ～〕官等を落として遠方に左遷する(される).②とがめなじる.〔众 zhòng 人交～〕皆がこぞって同前.③仙人が処罰を受ける:天上から下界へ降ろされる.

谪降 zhéjiàng〈文〉①官職を降ろされる.左遷される.②(仙人が罰を受けて)人間界に墜落する.〔～人间〕同前.

谪居 zhéjū〈文〉遠地へ左遷されて住む.流刑される.〔苏东坡曾～黄州〕蘇東坡は左遷されて黄州へ流されたことがある.

谪戍 zhéshù〈文〉罪によって辺境に送られ,軍役に服す.

谪仙 zhéxiān〈文〉人間界に流された仙人.〈喩〉超俗的な文人:例えば李白や蘇軾.

〔磔〕zhé〈文〉①古代,八つ裂きにする:神に犠牲をささげる.また刑罰処する.〔オ～〕同前.〔～于市〕街の中で同前(せられた).②(書法の)右おさえ"乀":〔捺 nà 3)〕同前.

〔辙·轍〕zhé〈文〉①車輪の跡.わだち.〔车～〕同前.〔顺舊旧～走〕古いやり方をたどって行く.〔如出一～〕〈成〉同じ筋から出たようによく似ている. →〔覆 fù 辙〕②車の通る道.車道.③車両運動の方向.コース.路線.軌道.〔上下～〕上り線と下り線.〔顺～（儿）〕順コース.〔呛 qiāng ～(儿)〕逆コース.〔火车出了～了〕汽車が脱線した.〔你这样的行动似乎有点儿出～吧〕おまえのような行動は少し脱線気味だね. →〔出（出)轨〕④〈口〉筋道.方法.手段.きまり.あて.多く〔没〕〔有〕の後に置かれる.〔他要那么弄,我一点儿也没有〕彼がそうしようものなら,ぼくはどうしようもない.〔你以为我没～了吗？没罪事ぼくにはしかたがないと思っているのか,そんなことはないよ. ⑤〔-儿〕戏曲中の韻を踏んだ部分:〔韵 yùn ～〕に同じ.〔～口(儿)〕同前.〔合～〕同前が合っている.〔(儿)不对〕同前がまちがっている.

辙叉 zhéchā (鉄道の)轍叉(叉).フロッグ:車輛がレールの切れ目からはいれないようにする装置.

辙口 (儿) zhékǒu(r) →字解 *

辙乱旗靡 zhéluàn qímí〈文〉敗戦のさま.

辙窝儿 zhéwōr 車の通った跡にできた穴.

〔者（者）·考〕zhě ①動詞·形容詞などの後に置かれて,…する者,…な者などの性質を有する者,またはあ

者锗赭褶这　　　　　　　　　　　　　　zhě～zhè

る動作をする人や事物を表す.〔作～〕作者.〔记jì～〕記者.〔读dú～〕読者.〔劳láo动～〕勤労者.〔学xué～〕学者.〔强qiáng～胜shèng利〕勝利者.〔合格～〕合格者.〔优胜~优勝者.〔前qián～〕⑧前者.⑥前（）には.以前には.〔二人～必居其一,唯利是是图~〕利益のみ追求する人たち.〔恩将仇报～流〕恩を仇で返すやつら.②数詞の後に置かれて,前述のいくつかの事物のことを指す.〔两一缺一不可〕二つにどちらかが欠けてもだめだ.⑨方位を表す語の語尾として用いられる.〔近jìn～〕近ごろ（は）.〔前～〕さきごろ（は）.⑥前者.〔古～〕昔（は）.〔<文>〕というもの.〔～とは:主語の後に置かれて,断定·判断の主体をはっきりさせる.〔仁～也,义～宜也〕仁とは人なり,義とは宜なり.〔赵～良将也〕廉頗という人は,趙の立派な大将であった.④<文>文末の助詞.祈使·命令などの語気を表す:元雑劇などによく用いられる.〔且慢～〕まあ待て.〔路上小心在意～〕途中ゆめゆめ気をつけたまえ.⑤<白>〔～个〕ここ.〔～番〕今度.〔～边〕こっち.⑦<姓>者（k）

[锗・鍺] zhě 🜱ゲルマニウム;金属元素.記号Ge.〔鉬ri～〕は旧名.

[赭(赭)] zhě 茶褐色（の）.〔～土〕赤土.〔～衣〕赤衣（紅褐色の獄衣.〔<文>木も草も生えない〕〔～山〕はげ山.

赭黄色 zhěhuángsè 茶褐色（の）:〔黄褐色の〕ともいう.

赭石 zhěshí ①⾃然赭石.代赭石:赤土状の赤鉄鉱.顔料の原料として用いられる.②代赭（k）:顔料とする赤色粉末.〔～色〕代赭色（）．

[褶(襥)] zhě ①[～儿]〔衣服の〕ひだ.しわ.折り目.〔衣服上净是～儿〕服はしわだらけだ.〔百～裙qún〕プリーツスカート.〔大衣的腰身儿拿个～儿〕オーバーの腰の周りにひだをとる.〔这张纸有好多～子〕この紙はしわがいっぱいだ.〔满脸都是～儿〕顔中しわだらけだ. → dié xí

褶曲 zhěqū ⇒〔褶皱①〕

褶纹冠蚌 zhěwén guānbàng ❶カラスガイ:〔扯chě 旗蚌〕〔湖 hú 蚌〕〔鸡jī 冠蚌〕ともいう.→〔蚌〕

褶皱 zhězhòu ①〔褶曲〕褶曲（）:造山運動によってできる.〔～山脉〕褶曲山脉.②顔のしわ.

褶子 zhězi ①ひだ.折り目.たたみじわ.②顔のしわ. → xízi

[这・這] zhè ①これ.それ:近称「これ」,中称「それ」,遠称「あれ」とそろっていない.口頭語では単独は名詞の前に置く時,zhèと発音し,助数詞または助数詞を伴った数詞の前に置く時 zhèi と発音する.⑧空間的·時間的に対比して近い感じのする事·物·人·時·所を指す時〔～〕を,遠い感じのするものを指す時〔那nà〕を用いる.⑥話し手の関係範囲内,および現に話し手と聞き手の間に話題に上がっているそれらのものを指す時〔～〕を用い,以外のもの,例えば,第三者に関することなどを指す時〔那〕を用いる.主として主語·限定語として用いられ,単独で目的語となる例は稀である.〔～是我的笔〕これは筆だ.〔～不行〕これはいけない.〔～怎么办〕これどうしたらよいか.〔是～个,还是那个?〕これですか,それですか.〔～是别人的事,我们没关系〕これは他人のことだ,我々とは関係ない.〔你～是对谁说呢?〕おまえのその態度はだれに対して言ってるのだ.〔那是清朝末年的事,这是民国以后的事〕あれは清朝末年のころのことで,

これは民国に入ってから後のことだ.②この.その:あとの名詞に直接結びつく時はやや文語的.口頭語では間に数量詞が入ることが多い.時と発音する.〔～人〕この人.〔～个人〕この人（r）.〔他们～几位是新来的〕この数人は新しく来られた方々です.〔～事〕この事.〔～のことときたらもう.それはそれはもう.〔再加上牛车走得～慢哪!〕おまけに牛車の進み方ののろさときたらもうひどいものだぜ.〔瞧你～麻烦!〕面倒くさい人だな.→〔这一②〕④この時.今:後に〔就〕〔オ〕〔都〕などを伴う.〔他～才明白厂长的意思〕彼はこの時になって工場長の言葉が分かった.〔我～就去〕今すぐ行きます.→〔这就〕⑤〔那〕と対に用い,あれやこれやと特定しない事柄を表す:この場合を除きふつう目的語の時は〔～〕の形では用いない.〔问东问西,看看～,看看那,一点儿不专心〕あれこれと尋ねたり,見たりして,少しも専念しない.〔这了会场,～也看,那也看,一双眼睛忙不过来〕会場に着くと,あちこちと見て目が回る忙しさだ. → zhèi

这般 zhèbān 〔この（ような）.これらの.〔～人〕このような人たち.〔～こんな（に）〕〔如此～〕こうこうしかじか.

这辈子 zhèbèizi この世.今生.

这壁（厢）zhèbì(xiāng) こちら.〔这里〕ともいう.

这边 zhèbiān ①この辺.このあたり.②こっちの方.こっち側.…の側.…に味方する.〔铁路的～〕鉄道線のこちら側.〔站在政府～〕政府の側につく.

这不结了 zhèbujiéle <方>それでいいじゃないか.それで終わりじゃないの.

这才 zhècái ①これでやっと.今やっと.〔～放下心来〕これでやっと安心できる.〔我等了他两小时他～来〕彼を2時間も待って,今やっと来た.②これこそ.〔他来我也到了,～算凑巧呢〕彼が来たころにわたしも着いた,これこそちょうど一緒だった.

这程子 zhèchéngzi <口>近ごろ.このごろ.〔这些日子〕に同じ.

这次 zhècì 今度.今回. →〔这回〕

这搭(儿) zhèdā(r) <白>ここ:〔敢问～是何处〕お尋ねするが,ここはどこでござるか.

这当(儿) zhèdāng(r) ちょうどその時.この時.今さ.〔他正上厕所～来了一位客人〕彼がちょうど便所に入っている時,来客が入ってきた.〔恰巧～电灯忽然灭了〕ちょうどその時に電灯が突然消えた.

这等 zhèděng <白>この種の.この類の.かくのごとき.〔～样〕同前.〔何等学士～费心〕何でそのようなお心づかいを学士様にさせることがありましょうか.

这点儿 zhèdiǎnr ①こればかしの（）.この少しばかり（の）:後に名詞を伴う時は〔的〕を置かない.また小さな個体を指すことはできない.〔～薄礼请您收下〕ほんのつまらないものですが,どうぞ納めください.〔我只有～了.〕<口>〔～の話でしかない.<口>〔这点儿〕②ここ.〔～人多,咱们到那边儿去坐〕ここは人が込んでいるから,向こうへ行って腰をおろそう.

这番 zhèfān 今回の.このような:後に名詞が来る.〔～好意〕今回の好意.

这个 zhège ①これ（この）.それ（その）:〔这一个〕ともいう.〔～地步〕ある段階.この現在.〔～好〕これはなかなかよい.〔～比那个长〕これはあれより長い.〔我攒钱就是为的～〕わたしがお金をためるのはこのためだ.〔～杯子是你的吧〕このカップはきみのだろう.②動詞·形容詞の前に置かれて誇張を表す.〔你看孩子～哭啊〕ごらんなさい,子供がどんなに泣いて.〔名古屋的8月,～热啊,你根本受不了〕名古屋の8月,その暑さは,あなたなら絶対耐えられない.③…え-.…えーっと.〔～言葉の接ぎ穂に用いる〕

这(个)星期 zhè(ge) xīngqī 今週.〔这(个)礼拜〕

zhè 这柘浙蔗

ともいう.〔文〕本 běn 周〕〔本星期〕は固い言い方.〔下星期〕〔下礼拜〕〔〈文〉下周〕来週.〔上星期〕〔下礼拜(ﾟ)〕来週.〔上星期〕〔上礼拜〕〈文〉上周〕先週.〔上上星期〕〔上上礼拜〕先々週.

这(个)月 zhè(ge)yuè 今月.〔〈文〉本 běn 月〕に同じ.〔下(个)月〕〔下月〕来月.〔下下月〕再来月.〔上(个)月〕〔〈文〉前月〕先月.〔上上月〕先々月.

这哈儿 zhèhar ⇒〔这块儿〕
这号 zhèhào こんな.このような.〔~人〕こんな奴.〔这闺女真有点决心,原来是打的~主意呀〕この娘は少しは決心ができていた,もともとこのような考えだったのだ.
这回 zhèhuí 今回.今度.〔~他是下了决心了〕今度こそ彼は決心した.〔这次〕
这会儿 zhèhuìr 今.このごろ.〔这会子〕ともいう.〔~雨停了〕今は雨がやんでいる.〔~他已经到家了吧〕今時分彼はもう家に着いているだろう.〔去年~我正在广州〕去年の今ごろ,僕は広州市にいた.
这就 zhèjiù ①これでもう….〔~好了〕これでよい.②これからすぐ.〔~去〕今すぐ行く.
这块(儿) zhèkuài(r) =〔这哈儿〕〈口〉ここ.この辺.
这里 zhèli ⇒〔这儿〕①
这么 zhème ①このような(に).こんな(に):性質・状態・方式・動作・程度などを指し,強調または誇張する〔这书〕わし書いた.〔~好的东西,你怎么不喜欢呢〕こんな良いものをどうして嫌いなのか.〔只有~大〕ほんのこれくらいの大きさだ.〔用~短(的)时间完成了~多的工作〕こんな短い時間でこんなに多くの仕事を完成させた.〔有~回事〕そんなことがあった.〔没(有)~容易〕こんなにやさしくはない.〔~细细一打听才明白了〕こう詳しく問い合わせてみてやっとわかった.〔~不好那么不对地找碴儿 chár〕ここが悪いあそこがなっていないという具合に(ああだこうだと)あら探しをする.〔~~走〕〈方〉こっちの方.〔我是在那儿换车往~来的〕わたしはあそこで乗りかえてこっちへやって来たのです.③数量詞と連用して,数量の多さを指す.利息就在~一分上下〕利息はまず1割内外ということです.〔有~五六十亩地〕まずこれが5,60ムーの土地がある.④こうする.そうする:ある種の動作や行為を指す.〔~好不好〕こうしたらどうですか.→〔这么着〕
这么点儿 zhèmediǎnr これっぽっち(のもの).ほんの少しばかり(のもの).〔这么一点儿〕ともいう.〔就~啊,太少了〕こんなちょっぴりか,少なすぎるね.〔~路还用坐车吗〕こればかりの道を車に乗るのか.〔~的象牙上刻了那么多山水人物〕こんな小さな象牙に,あんなにたくさんの風景や人物を彫刻した.
这么个 zhèmege こんな:〔这么一个〕の略.〔~人〕こんな人.
这么些 zhèmexiē こんなに.そんなに:多いまたは少ないことを強調する.〔~人坐得下吗〕こんなに大勢の人で座りきれるかね(多いことの強調).→〔这么点儿〕
这么样(儿) zhèmeyàng ⇒〔这样(儿)〕
这么一来 zhème yīlái =〔这样一来〕こんなわけで.こうなると.〔这个事情~非打起来不行〕この件はこうなってくるとけんかにならずには治まらない.
这么着 zhèmezhe このように(する).こんなに(する).〔~我就没参加〕かくしてわたしは参加しなかった.〔我想~〕わたしはこう思う.〔~好不好?〕こんな~いかがですか.
这其间 zhèqíjiān この間(ﾆ)
这儿 zhèr 〈口〉①ここ.そこ:基本的には〔这里〕に同じ.比較的近い所を指す.〔我打算在~开一个饭馆〕わたしはここで料理屋を開くつもりだ.②今.

の時:〔打 dǎ〕〔从 cóng〕〔由 yóu〕などの後に置かれる.〔打~以后我再不喝酒了〕以後,二度と酒を飲まない.
这山望着那山高 zhèshān wàngzhe nàshān gāo〈慣〉こちらの山から見ればあちらの山が高い.よそのものはよく見える:〔着〕は〔见〕ともいう.
这厮 zhèsī〈白〉こいつ.〔~无礼!〕こいつ,無礼な.
这天 zhètiān ①この日:〔这一天〕ともいう.②この天候.
这头儿 zhètóur こちらの端.こっちの方.
这晚儿 zhèwǎnr〈方〉今どき.近ごろ.〔~什么都讲民主了〕近ごろは何でも民主的ということをやかましく言うようになった.
这下 zhèxià このたび.今度のこと.これで.そこで.〔别瞧他过去那么神气,~可出洋相了〕前の鼻息は大変なものだったが,彼の今度のざまはなんだ.
这厢 zhèxiāng〈白〉ここ:〔这壁(厢)〕ともいう.
这些 zhèxiē これら(の).〔~是什么人〕これらの人はどういう人ですか.〔~日子〕このごろ.近ごろ.〔~年来〕ここ数年来.〔~是你教的吗〕これらは皆きみのか.〔现在只有~〕今はこれだけしかない.〔我们的意见就是~〕我々の意見は以上です.
这样(儿) zhèyàng(r) =〔这么样(r)〕①このような(に).こんな風に(に):性状・程度・方式や動作・情況を指す.〔~的人〕こんな人.〔大家都应该像他~努力工作〕みんな彼のように仕事を懸命にやるべきだ.②このようにする.このようである.〔~,就可以少犯错误〕こうすれば,誤りを犯すことが少なくなる.〔~是对的〕こんな~的なでいいのだ.
这样一来 zhèyàng yīlái ⇒〔这么一来〕
这一 zhèyī ①この一つ(の):複音の抽象名詞の前に置き,前文を再度述べるのに使う〔~事实〕この事実.②このように:動詞や形容詞の前に置き,語気を強める.〔你~胖,我都认不出来你了〕きみがこんなに太ったのでまるで見分けがつかなかったよ.〔你~说我就明白了〕そう言われればよく分かります.
这一阵 zhèyīzhèn このごろしばらく.このごろ:〔这(一)阵子〕〔这阵儿〕ともいう.〔她~在屋里干什么呢?〕近ごろ彼女は家でなにをしているのか.
这咱 zhèzan〈方〉今.今度.〔这早晚(儿)〕ともいう.〔你怎么~才来〕おまえはどうして今ごろ来るのか.〔这早晚儿了,怎么还没回来〕こんな時間になったというのにどうしてまだ帰ってこないだろう.
这阵儿 zhèzhènr ⇒〔这一阵〕
这宗 zhèzōng この種類(の).この手(の).〔~货销路不好〕この手の商品は売れゆきが思わしくない.

〔柘〕 zhè ①植ヤマグワ.ノグワ.ハリグワ.〔~树 shù〕同前の木.〔~浆 jiāng〕同前の実のジュース.〔~蚕 cán〕同前で飼うかいこ.②〈文〉ヤマグワ(の).〔~黄 huáng〕野桑の皮からとれる黄色染料.〔~袍 páo〕同前で染めた上衣:旧時,皇帝の着た〔袍〕.

〔浙(淛)〕 zhè ①〔浙江省にある〕銭塘江の古称.〔~江〕同前.②浙江の略.〔~赣 gàn 铁路〕浙江江西間鉄道.〔~东〕浙江省東部の地.③〈姓〉浙(ﾆ)
浙菜 zhècài 浙江料理.

〔蔗〕 zhè 植サトウキビ:〔甘 gān~〕は通称.〔果 guǒ~〕食べる同前.〔糖 táng~〕蔗糖用の同前.〔~田〕サトウキビ畑.
蔗酒 zhèjiǔ サトウキビ汁で作る酒.
蔗农 zhènóng サトウキビ農家.
蔗糖 zhètáng ①化蔗糖.②サトウキビで作った砂糖.
蔗渣 zhèzhā サトウキビの絞りかす.バガス.

2124

zhè〜zhēn

〔嚊〕 zhè
かしこまりました。はい：旧時，婢僕が主人あるいは来客に対して用いた応答の言葉．→ zhē

〔鷓・鶐〕 zhè
鷓鴣 zhègū 鳥シャコ〔越 yuè 雉〕は別称．キジ科の鳥．その鳴き声を古く〔行 xíng 不得也哥哥〕と表現したので，古詩文では故郷を憶う意を表す．
鷓鴣菜 zhègūcài 植マクリ．カイニンソウ（海人草）：幼い虫下しに用いられる．〔美 měi 舌藻〕は別称．

〔蟅〕 zhè
蟅虫 zhèchóng 中医〔地 dì 鱉〕（シナゴキブリ．オメムシ）の雌虫を乾燥したもの：解毒その他に用いる．

着（著） zhe
①…しつつある．…している：継続する動作を表す動詞の後に置いて，継続・進行を表す．〔知道〕など継続的な状態を表す動詞，存在を表す〔在〕，あるいは〔吃飽〕など持続した状態となっている結果補語を伴った形の動詞句などには用いられない．また逆に〔消滅〕〔丢〕などや〔来〕〔去〕など継続・進行を表さない動詞，あるいは〔能〕など能願動詞にも用いられない．ただし〔有〕には用いられる．〔吃〜飯〕食事をしている．〔他还活〜呢〕彼はまだ生きている．〔你等〜吧〕きみ待っていたまえ．〔那个小孩儿跑〜跑〜突然跌倒了〕その子供は走っていたが，ふいにけつまずいて転んだ．〔有〜重大的意义〕大きな意義を有している．②…しつつ．…しながら．して（…する）：動詞の後に置いて，後続の動作の方式・手段を表したり，動作の進行中に別の動作が出現することを表す．〔笑〜说〕笑いながら言う．〔走〜去〕歩いて行く．〔说〜玩儿〕冗談に言って戯れてみる．遊びで言っている）．〔闹〜玩儿〕戯れをする．〔看〜办〕見計らってやる．〔别戴〜帽子吃饭〕帽子をかぶったままで食事するな．〔瞪〜眼睛看眼をむいてにらみつける．③…してみると．…したところでは：動詞の後に置いて，条件を表す修飾成分となる．〔抬 tái 〜很沉〕担いでみるとたいそう重い．〔容易做〜难〕言うはやすく，行うは難し．〔吃〜好吃〕食べてみるとおいしい．④…してある．…したままになっている：一時的に終わって静止の状態に移る動詞について，その状態の継続を表す．〔正〕〔在〕〔正在〕を前に置くことはできない．〔他在椅子上坐〜〕彼はいすにかけている．〔门开〜呢〕戸は開いてますよ．〔墙上挂〜油画〕壁に油絵がかかっている．〔他穿〜一身新衣服〕彼は新しい服を着ている．⑤とても．なかなか：形容詞の後に置いてその程度が高いことを表す．多くは〔呢〕を伴う．〔哩〕は方言．〔难〜呢〕とても難しいです．〔好〜呢〕とてもいいです．〔这小孩儿聪明〜呢〕この子はとても利口です．〔这种花我们那儿多〜呢〕この種の花はうちの方ではいくらでもある．〔他那个态度啊横〜呢〕やつのあの態度ときたら横柄なんですよ．〔今天态度好〜呢〕今日はとてもやさしいです．〔讲究〜呢〕なかなか凝ってるんです．⑥動詞・形容詞の後に置き命令・注意を表す．多く後に〔点儿〕を伴う．〔过马路看〜点儿〕大通りを渡るときは気をつけて見てね．〔快〜点儿〕早くしなさい．⑦若干の動詞の後に置き，次の動詞と一種の手段・方式・目的のような関係にする．〔沿〜墙走〕壁にそって歩く．〔急〜上班〕急いで出勤する．〔就〜灯光看书〕灯光のそばに寄って本を読む．→ zhāo zháo zhuó
着哩 zheli → 字解⑤
着呢 zhene → 字解⑤

zhei ㄓㄟ

〔这・這〕 zhèi
〔这 zhè〕の口語音．→ zhè

zhen ㄓㄣ

〔贞・貞〕 zhēn
（Ⅰ）①堅固で揺るぎない．節操がある．〔坚〜不屈〕〈成〉断固として屈しない．②旧女性の貞操．貞節．〔节妇〜女〕同前の同義．（Ⅱ）占う．〔卜 bǔ 〜〕同前．
贞卜文字 zhēnbǔ wénzì ⇒〔甲 jiǎ 骨文〕
贞操 zhēncāo ①貞節．②旧女性の貞操．
贞妇 zhēnfù ＝〔贞女〕旧貞婦：夫が死んで再婚しない女性．
贞节 zhēnjié ①貞節．節操．②旧（身を落としたり再嫁しないなど）女性に要求された道徳の観念．〔〜牌 pái 坊〕寡婦の貞節を顕彰する牌楼．
贞洁 zhēnjié 旧（女性の）貞操が固い．純潔である．
贞静 zhēnjìng 貞淑である．
贞烈 zhēnliè〔文〕（女性が）死んで貞節を守りぬく．
贞女 zhēnnǚ ⇒〔贞妇〕
贞桐花 zhēntónghuā 植ヒギリ：クマツヅラ科．

〔侦・偵（遉）〕 zhēn
ひそかに探る．うかがう．〔〜知〕探り知る．
侦办 zhēnbàn 捜査のうえ処理する．
侦查 zhēnchá（検察・警察が）捜査する．
侦察 zhēnchá ①偵察する．〔〜员〕偵察員．〔〜兵〕斥候兵．〔〜敌情〕敵情を偵察する．〔〜机〕偵察機．〔〜卫星〕スパイ衛星．
侦获 zhēnhuò 刑事事件を捜査して解決する．
侦缉 zhēnjī 捜査して捕縛する．〔〜队〕捜査隊．捜査チーム．②刑事．〔办 bàn 案的〕
侦结 zhēnjié（事件の）調査（捜査）を終了する．→〔结案〕結案
侦控 zhēnkòng 捜査し監視する．
侦破 zhēnpò 捜査して事件を解決する．〔很难〜的陈案〕長い間，犯人を挙げられない事件．
侦探 zhēntàn ①探偵．偵察する．②探偵．スパイ．〔〜小说〕スパイ小説．探偵小説．〔〜片〕探偵映画．スパイ映画．→〔特 tè 务〕
侦听 zhēntīng（情報を）傍受する．盗聴する．〔〜器〕盗聴器．〔〜台〕傍受ステーション．
侦悉 zhēnxī 偵察して情報を得る．
侦讯 zhēnxùn 取り調べる．尋問する．〔〜笔录〕尋問調書．

〔浈・湞〕 zhēn
〔〜水〕地広東省にある．

〔帧・幀（幁・幀）〕 zhēn
①画．幅．表装された絵画．〔装 zhuāng 〜〕表装を（をする）．②量詞．表装された書画を数える．〔一〜画〕一幅 fú 画．一幅の絵画．
帧频 zhēnpín 電算フレームレート：動画の画面表示速度（1 秒当たり枚数）．単位は fps.

〔祯・禎〕 zhēn
〔文〕幸い．めでたい．〔〜瑞 ruì〕吉兆．〔〜祥〕吉祥．

〔桢・楨〕 zhēn
①固土塀を築く時に両端に立てた木柱．〈喩〉柱となる人材．〔〜干 gàn〕中核となる人材．中心人物．②〈姓〉楨（zhēn）.

〔真(眞)〕 zhēn ①まこと(の).真実(の).本当(の).偽りのない.〔～话〕本当の話.〔千～万确〕(成)非常に正確である.絶対にちがいない.〔这是～的〕これは本物だ.これは本当だ.〔信以为～〕(成)本当だと信じる.真実だと思い込む.〔去伪存～〕(成)虚偽を捨て去り真実を残す.↔〔假 jiǎ ①〕〔伪 wěi ①〕 ②はっきりしている.確かである.〔看不～〕はっきり見えない.〔听得很～〕はっきり聞こえる. ③実際に.まことに.確かに.〔～好〕確かにいい.〔～棒 bàng〕〈口〉とてもいい.〔～香〕まことにいいにおいだ.〔他～来吗〕彼は確かに来るか.〔你～有两下子〕きみは実に才覚がある. ④本来のありさま.元の姿.真面目.〔传 chuán ～〕ファクシミリ.〔逼 bī ～〕真とせまる.〔传间失～〕伝聞が真実からそれている. ⑤漢字字体の"楷書"の別称.〔～书〕同前.→〔楷 kǎi ②〕〔姓〕真(しん).

真才 zhēncái 真の才能.〔～实学〕(成)本当の才能と学識.

真草隶篆 zhēn cǎo lì zhuàn 楷書·草書·隷書·篆書.〔他真是个大书法家,～没有不会的〕彼は確かに大書家だ,楷·隷·隷·篆どれでも書けないものはない.→〔字 zì 体〕

真唱 zhēnchàng (歌手が)実際に声を出して歌う.ライブ.またその歌.→〔假 jiǎ 唱〕

真诚 zhēnchéng 真心がこもっている.誠実である.〔～的友谊〕誠意あふれる友情.〔态度是～的〕態度は誠実だ.〔他对我～相习〕彼はわたしに真心をこめて忠言した.

真传 zhēnchuán (直伝の)奥義.秘伝.

真丹 zhēndān ⇒〔震 zhèn 旦〕

真刀真枪 zhēndāo zhēnqiāng 〈成〉正真正銘(の).うそもいつわりもない.真剣勝負(の):〔真刀真砍 kǎn〕ともいう.

真的 zhēnde ①本当に.〔他～来了〕ほんとに彼は来た. ②本物.〔是～,是假的〕本物か偽物か.

真谛 zhēndì 真理.真の意義.最高の真理.真諦.〔希臘芸术的～〕ギリシア芸術の真髄.

真鲷 zhēndiāo 〔魚貝〕マダイ:〔〈方〉加 jiā 吉鱼〕ともいう.

真分数 zhēnfēnshù 〔数〕真分数.

真格的 zhēngéde 〈口〉①ほんとのところ.まじめな話.実際のこと.〔动～〕本気で実行する.〔说～,我去行不行〕まじめな話,わたしが行ってもいいかね.〔别闹着玩儿了,说～吧〕ふざけるんじゃないよ,まじめな話をしよう. ②さて.ところで.そうだ.〔哎,～,我说你的那件事怎么样了〕うむ,そうだが,きみに頼んだあの件はどうなんだね.

真个 zhēngè 〈方〉確かに.実際.

真功夫 zhēngōngfu 本来の手並み.〔他们不是完全靠～取胜的〕彼らは完全に本来の手並みで勝ったのではない.

真果 zhēnguǒ 植真果:子房と種子からなっている普通の果実.イチゴやリンゴのような〔假 jiǎ 果〕(偽果)に対していう.

海海豚 zhēnhǎitún ⇒〔海豚〕

真货 zhēnhuò 本物の(商品).↔〔假 jiǎ 货〕

真迹 zhēnjì 真筆.真跡.肉筆.〔这幅画彩色精印,几乎与～无异〕この絵は色も精密に印刷されほとんど真筆と変わりがない.

真假 zhēnjiǎ 真偽.〔～难辨〕真偽が区別しがたい.

真叫 zhēnjiào 〈口〉…である.〔那～好〕これは本当にいい.〔他～聪明〕彼は本当に利口だ.

真金 zhēnjīn 本物の黄金.〔～不怕火炼〕(諺)本物は試練を恐れない.正しい者は何ものも恐れない.

真经 zhēnjīng 回(宗教の)正統の教典.〈転〉手本.教え.〔取 qǔ ～〕役に立つ知識を学びとる.

真蕨 zhēnjué 植シダ類のワラビを含む亜門.

真君 zhēnjūn 回尊者.道教の神仙.→〔元 yuán 君〕

真菌 zhēnjūn 植真菌(類):カビ·酵母·キノコなど.〔～感染〕医真菌感染.〔～霉 méi 菌〕〔细 xì 菌〕

真空 zhēnkōng ①物真空.または真空に近い状態.〔～处理〕真空処理.〔～包装〕真空パック. ②〈喩〉外界(社会)と隔絶した環境(空間).

真空管 zhēnkōngguǎn ⇒〔电 diàn 子管〕

真腊 zhēnlà 史古国名:現在の〔東 jiǎn 埔寨〕(カンボジア)の地.

真理 zhēnlǐ 真理.〔坚持～〕〔维护～〕真理を守る.

真面目 zhēnmiànmù 真面目.ほんとうの姿.真相.本性.〔这件事暴露了诈骗犯的～〕この事は詐欺師の正体をあばき出した.

真名实姓 zhēnmíng shíxìng ほんとうの姓名.

真命 zhēnmìng 〔文〕天命(を受けた).〔～天子〕天命を受けて即位した天子.

真皮 zhēnpí ①=〔下 xià 皮①〕生理真皮:表皮の下の皮. ②本革.本物の皮.→〔人 rén 造革〕

真品 zhēnpǐn 本物.

真凭实据 zhēnpíng shíjù 〈成〉真実の証拠.確証.〔这儿有～,你还敢抵赖 dǐ lài 吗〕ここに動かぬ証拠があるのに,お前はまだ言い逃れをしようというのか.

真枪实弹 zhēnqiāng shídàn 〈成〉本物の銃と実弾.〈喩〉ⓐ本物(実戦)さながら.ⓑ本物そのもの.

真切 zhēnqiè ①真心がこもっている.〔演员演得～动人〕俳優の演技は心がこもっていて,人を感動させる. ②はっきりしている.一点のくもりもない.〔看得～〕形がはっきり見える.〔听得～〕はっきり聞こえる.

真情 zhēnqíng ①実情.〔～实况〕本当の状況.〔问不出～来〕実情を聞き出せない. ②真心.真情.〔～实话〕偽りのない言葉.〔流露～〕本心が現れる.

真确 zhēnquè 確かである.真実である.〔～的材料〕確かなデータ. ②はっきりしている.〔记得很～〕はっきり覚えている.

真人 zhēnrén ①宗(道教·仏教の)奥義を極めた人:〔长春～〕(金末元初の成吉思汗の称号)など. ②実在の人物.〔～真事〕〈成〉実在の人の本当にあったこと.

真人不露相 zhēnrén bùlòuxiàng 〈諺〉能ある鷹は爪を隠す.

真溶液 zhēnróngyè 化真溶液.

真鲨 zhēnshā 〔魚貝〕メジロザメ(総称)

真善美 zhēnshànměi 真善美.

真实 zhēnshí 真実である.本当である.〔～情况〕本当の事情.〔～的感情〕偽りのない感情.〔～性〕真実性.

真是 zhēnshì 〈口〉①実に,本当に:強調を表す.〔看他的样子,～老了〕彼の様子を見てごらん.本当に年を取ったなあ. ②まったく:不満や不快を表す.〔这客人～,十二点了还不走,人家要睡觉了〕この客ときたらもう～,12時なのにまだ帰ろうとはしない,もう寝たいのに.〔雨整整下了三天,～的雨は三日間も降り続けてまだ止みそうもない,ほんとうに困る.

真书 zhēnshū 楷書:〔楷 kǎi 书〕に同じ.→字解⑤

真数 zhēnshù 数真数.

真率 zhēnshuài ありのままで飾り気がない.

真丝 zhēnsī 純絹糸.生糸.

真伪 zhēnwěi 本物と偽物.〔～莫辨〕真偽を見分けるすべがない.

真相 zhēnxiàng 真実の情況.真相.〔～大白〕真相

が完全に明らかになる.〔了解～〕本当のことが分かる.

真心 zhēnxīn まごころ.〔～诚意〕〔～实意〕同前.〔～话〕本音.腹蔵のない話.〔～悔改〕本心から悔いる.

真性 zhēnxìng ①〈文〉本質的性質.天性.②真性(の).〔～霍乱〕医真性コレラ.

真凶 zhēnxiōng 真犯人.元凶.〔辨biàn～〕真犯人を割り出す.→〔元 yuán 恶〕

真意 zhēnyì 真意.本意.

真影 zhēnyǐng 祭祀の時に掛ける祖先の画像.

真有你的 zhēnyǒunǐde 〈口〉貴方には負ける.お手上げだ.参った.〔～,我怎么说也说不过你〕きみにはかなわない、どんなにしても言い負かすことはできない.〔是吗？〕ほんとか.さすがですね.

真赃 zhēnzāng 盗んだ現品.盗品(原物).〔～实犯〕〈成〉真犯人と盗品原物:犯罪の動かぬ証拠.

真章儿 zhēnzhāngr〔方〕①真の姿.結果.いきさつ.〔得说出个～来〕実際のところをはっきり言わねばならない.②実際の行動.結果を出す力.〔可以看出～来〕実力のほどを目で見ることができる.〔这件事我得跟他较个～〕この件でわたしは彼と実力の腕比べをしなければならない.

真着 zhēnzhao〔方〕はっきりしている.〔这张画印得不～〕この絵は印刷が鮮明でない.

真真 zhēnzhēn 確かに.確実に.〔我听得～的,肯定是枪声〕わたしははっきり聞いたのだ、確かに銃声だ.

真正 zhēnzhèng ①真正の.正真正銘の.本物の.〔～的英雄〕真の英雄.〔～的意图〕真の意図.②ほんとうに.確かに.真に.〔人民～成了国家的主人〕人民が真に国家の主人となった.

真知 zhēnzhī 真の知識.正しい認識.〔～灼 zhuó 见〕〈成〉確実な透徹した見方.

真挚 zhēnzhì 真摯である.真面目である.誠実である.〔态度～〕態度が真面目だ.〔～的友谊〕真心のこもった友情.

真珠 zhēnzhū 中国真珠.→〔珍珠〕

真珠柏 zhēnzhūbǎi〔桧guì〕

真主 zhēnzhǔ 宗アラー:イスラム教の神.〔安ān 拉〕は音訳.

[禎] zhēn 〈文〉吉祥.めでたい前兆.

[针・針(鍼)] zhēn ①針.〔～线〕針と糸.〔幼～〕針と糸を通す.〔绣花～〕刺繍針.②針状のもの.ピン.〔别～〕安全ピン.〔胸～〕ブローチ.〔曲别～〕回紋～〕ペーパークリップ.〔大头～〕とめ針.まち針.〔松～〕松葉.〔～叶树〕針葉樹.〔表上有时～、分～、秒～〕時計には時針と分針と秒針がある.③中国鍼(治療).〔～治〕鍼で治療する.〔～灸 jiǔ 疗liáo 法〕鍼灸療法.④注射(針・液).〔打～〕注射する.〔防疫～〕予防注射.⑤量詞.針目・縫い目の数や注射の回数を数える.〔缝了三～〕三針縫った.⑥〔姓〕针(し)

针鼻儿 zhēnbír ⇒〔针眼(儿)①〕

针砭 zhēnbiān ①固鍼や砭(へん)による治療法:〔砭〕は古代の石針.②＝〔箴砭〕戒める.批判する.〈喩〉誤りを発見または指摘してこれを正す.〔痛下～〕厳しく戒める.

针布 zhēnbù 紡剣布(ぎ)

针插(儿) zhēnchā(r) ⇒〔针扎儿〕

针刺 zhēncì 中鍼(はり)を刺す.〔～麻má 醉〕〔针麻〕針麻酔.

针打 zhēndǎ 電算ドットプリンター:〔针式打印机〕の略.

针对 zhēnduì（対象）にぴたりと合わせる.対象を正確に絞る.〔会议是～这些情况召开的〕会議はこの状況に焦点をあてて開かれた.〔～现实〕現実に集中して対応する.〔～性〕的性性.

针锋相对 zhēnfēng xiāngduì〈成〉針の先が向かい合う.〈喩〉鋭く対立する.真っ向から対立する.相対立して譲らない.〔展开了～的斗争〕真っ向からの闘争を展開する.〔两个人的意见～〕二人の意見は鋭く対立している.

针感 zhēngǎn 中医（鍼(は)治療で）針を刺された時のずしんとくる感覚.

针(儿) zhēn(r) ⇒〔顶 dǐng 针(儿)〕

针管 zhēnguǎn ＝〔针筒〕注射器(の管部)

针槐 zhēnhuái ⇒〔刺 cì 槐〕

针剂 zhēnjì 注射液(薬).

针尖(儿) zhēnjiān(r) 針の先.

针尖儿对麦芒儿 zhēnjiānr duì màimángr〈成〉針の先が麦の芒(のぎ)に出会う.〈喩〉真っ向から対立するさま.〔～,谁也不让谁〕真っ向から対立していて、どちらも譲らない.→〔针锋相对〕

针脚 zhēnjiao〔縫い目（のあと）.〔棉袄上面有一道一道的～〕綿入れの表にとじめが縞のようになっている.〔顺着线头找～〕〈喩〉手掛かりをたどって探索すること.②縫いものの針目の大きさ:針目と次の針目の間の距離,度合い.〔～大〕縫い目が粗い.〔～又密又匀〕縫い目が細かくそろっている.

针芥相投 zhēnjiè xiāngtóu〈成〉性情が互いに引かれ合う.意気投合する:磁石は針を吸いつけ、琥珀は芥を吸いつけることから.

针灸 zhēnjiǔ 鍼と灸による治療.はりきゅう.〔铜人〕同前練習用の銅製の人形.

针孔 zhēnkǒng ①匮ピンホール.〔～摄 shè 影机〕ピンホールカメラ.②針の穴.③針を刺してできた穴.

针粒 zhēnlì 針状の粒.

针麻 zhēnmá ⇒〔针刺麻醉〕

针砂 zhēnshā 中医針を作る時に磨(す)り落とされた鋼鉄の粉末:〔铁 tiě 针砂〕ともいい薬用される.

针术 zhēnshù 鍼を体に刺して治療する法.

针筒 zhēntǒng ⇒〔针管〕

针头 zhēntóu 注射針.

针头线脑 zhēntóu xiànnǎo(r) 裁縫に用いる針や糸などこまごましたもの.日用のこまごました物.

针尾鸭 zhēnwěiyā〔尖 jiān 尾鸭〕鳥オナガガモ.

针线 zhēnxiàn ①〔～包〕（携帯用の）針や糸の入れもの.〔～盒〕裁縫箱.〔～活儿〕（裁縫や刺繍などの）針仕事.

针形叶 zhēnxíngyè 針状の葉:マツ.モミなど.

针鼹 zhēnyǎn〔针 cì 鼹〕動ハリモグラ.

针眼(儿) zhēnyǎn(r)①〔针鼻儿〕(糸を通す)針の穴.②（注射）針を刺してできた穴(傷口).

针眼 zhēnyan＝〔眼月〕〔偷 tōu 针眼〕医ものもらい.めいぼ〔麦 mài 粒肿〕(麦粒腫)は医学用語.〔害～〕ものもらいができる.

针叶树 zhēnyèshù 圃針葉樹.〔～材〕〔无孔材〕軟材〕針葉樹材.↔〔阔 kuò 叶树〕

针鱼 zhēnyú ＝〔鱵〕

针扎儿 zhēnzhār〔针插(儿)〕針さし.針山.

针毡 zhēnzhān〔如 rú 坐针毡〕

针织 zhēnzhī 編機り.メリヤス(織り).ニット(編み).〔～衫〕ニットのセーター.〔～厂〕メリヤス工場.〔～品〕メリヤス製品.ニット製品.→〔棉 mián 毛衫〕

针黹 zhēnzhǐ〔针指〕とも書く.〈文〉裁縫手芸.→〔针线〕

[珍(珎)] zhēn ①宝石（のように貴重なもの）.〔奇～异宝〕〈成〉同前.②珍

しい.珍貴である.〔~籍〕珍本.〔~邮 yóu〕〔~票〕珍しい切手.③珍重する.⑤珍蔵する.〔~存 cún〕秘蔵する.〔自~自愛〕〈成〉自分自身を大切にする.→〔珍重〕 ④珍味.ごちそう.〔山~海味〕〈成〉山海の珍味.〔八 bā 珍〕⇒〔珍 zhēn〕

珍爱 zhēn'ài 大切にする.愛惜する.いとおしむ.

珍宝 zhēnbǎo 珍しい宝物.真珠や宝石.貴重なもの.〔如获~〕宝物を得たようだ.

珍本 zhēnběn 珍本.稀覯(ɡ)本.善本.

珍藏 zhēncáng ①大切に保存する.〔~密敛〕同上.②愛蔵の宝物.秘蔵品.

珍贵 zhēnguì 珍重する.大切である.〔金贵〕に同じ.〔的参考资料〕得難い参考資料.〔~文物〕貴重な文化財.〔他们的幸福は什么都~〕彼らが幸福であることは何ものにもかえ難い宝だ.

珍品 zhēnpǐn 貴重な品.珍品.〔蒙赐~感谢感谢〕珍しいものを頂戴して有難うございます.〔艺术~〕貴重な芸術品.

珍奇 zhēnqí 珍しくて見慣れない.珍しくて貴重である.〔熊猫は~的动物パンダは珍しい動物である.

珍禽 zhēnqín 珍しい鳥類.〔~异 yì 兽〕〈~奇兽〕珍しい禽獣.

珍摄 zhēnshè 〈文〉摂生する.養生する.いたわる.〔公务繁忙,务请善自~〕〈牘〉公務多端の折からご自愛専一にお願いします.

珍视 zhēnshì 珍重する.尊重する.大切にする.〔~今天美好的生活〕恵まれた今日の生活を愛惜する.〔我们两国人民必须~友好团结〕我々両国民は必ず友好団結を大切にしなければならない.

珍玩 zhēnwán 珍しい愛玩物.珍貴な骨董品.

珍闻 zhēnwén 珍しいニュース.〔世界~〕世界のトピックス.

珍物 zhēnwù 〈文〉①珍貴なもの.珍しい美食. ②吉祥物.

珍稀 zhēnxī 貴重で数少ない.〔中国独有的~瀕 bīn 危动物〕中国固有の希少絶滅危惧動物.

珍惜 zhēnxī 〔~时间〕〔~人材〕人材を大切に扱う.〔~时间〕〔珍分惜秒〕時間を大切にする.

珍馐 zhēnxiū 〔珍羞〕とも書く.〈文〉珍奇な食べ物.珍しいご馳走.〔~美味〕珍味.美味.

珍异 zhēnyì 〔~〕〈文〉珍奇である.②珍奇(貴)な物.

珍永 zhēnyǒng ⇒〔万 wàn 象②〕

珍重 zhēnzhòng ①珍重する.大事にする.〔~友情〕友情を大切にする.②体を大切にする.自重する.〔互道~〕互いに相手に体を大切にするよう言葉を交わす.〔保 bǎo 重〕

珍珠 zhēnzhū 真珠.〔假~〕模造真珠.〔~(母)贝〕真珠貝(海産の).〔~蚌 bàng〕(淡水の)真珠貝.〔~婚〕真珠婚.〔~奶茶〕タピオカ入りミルクティー.→〔真珠〕

珍珠菜 zhēnzhūcài 植 オカトラノオ:サクラソウ科の雑草.〔延叶~〕シマギンレイカ.

珍珠粉 zhēnzhūfěn =〔木 mù 薯淀粉〕タピオカ:キャッサバ(熟産の一種のいも)から作る澱粉.

珍珠花 zhēnzhūhuā =〔珍珠绣线菊〕

珍珠鸡 zhēnzhūjī 〔珠鸡〕

珍珠兰 zhēnzhūlán =〔珠兰〕〔金 jīn 粟兰〕植 チャラン(茶蘭)

珍珠莲 zhēnzhūlián ①植 イタビカズラ〔络 luò 石③〕ともいう.②⇒〔宝 bǎo 盖草〕

珍珠梅 zhēnzhūméi 植 ホザキナナカマド:バラ科の落葉低木.

珍珠米 zhēnzhūmǐ ⇒〔玉 yù 米〕

珍珠母 zhēnzhūmǔ 中医 真珠蚌〕などの貝殻粉:ひきつけ・たちくらみなどに効用あり.

珍珠霜 zhēnzhūshuāng パールクリーム(化粧品)

珍珠粟 zhēnzhūsù 植 トウジンビエ:イネ科.雑穀になる.

珍珠绣线菊 zhēnzhū xiùxiànjú 植 ユキヤナギ:〔珍珠花〕〔喷 pēn 雪花〕ともいう.

珍珠岩 zhēnzhūyán 鉱 パーライト.真珠岩.

〔胗〕zhēn 鳥類の胃(砂嚢)〔肫 zhūn〕に同じ.〔胗 zhūn〕は方言で〔鸡~〕鶏の同上.〔鸭 yā ~〕鴨の同前.〔~肝(儿)〕胃と肝臓.→〔下水 xiàshuǐ〕

〔砧(碪)〕zhēn たたく物をのせる木または石.金属の台.床:きぬた.まな板・鉄床・金敷など.〔~子〕同前.〔~上肥肉〕まな板の豚肉.〔喩〕飼食(è)になるばかりの状況.→〔椹〕

砧板 zhēnbǎn 木のまな板.

砧杵 zhēnchǔ 〈文〉きぬたとたたき棒.洗濯.

砧锤 zhēnchuí (重量がある)大型ハンマー.

砧刀 zhēndāo 厚手の刃物.出刃包丁.

砧骨 zhēngǔ 生理 砧骨(ᴢʜēɴɢǔ):耳の中の聴骨.→〔听 tīng 小骨〕

砧木 zhēnmù (接ぎ木用の)台木.→〔接 jiē 穂〕

砧石 zhēnshí きぬた石.

砧子 zhēnzi 字解.

砧座 zhēnzuò 鉄 金敷台.アンビル.金床.

〔葴〕zhēn →〔酸 suān 浆〕

〔箴〕zhēn 〈文〉①針.②戒める.忠告する.〔以勤勉相~〕勤勉であるように戒める.③古 文体の一種:戒めを主とするもの.→〔箴言②〕

箴砭 zhēnbiān ⇒〔针砭②〕

箴规 zhēnguī 訓戒.

箴谏 zhēnjiàn 戒めを諫める.忠告する.

箴言 zhēnyán ①戒めの言葉. ②固 箴(k̄)言.戒めの格言.

〔鯺・鱵〕zhēn 魚貝 サヨリ(総称):〔~鱼〕〔针鱼〕は通称.〔単 dān 针鱼〕ともいう.

〔溱〕zhēn 古代の川の名.現在の河南省にあった. → qín

〔蓁〕zhēn → qín

蓁蓁 zhēnzhēn 〈文〉草木の繁るさま.〔桃之夭夭,其叶~〕(詩経・周南・桃夭)桃の木が若々しく葉も繁る.

〔榛〕zhēn 〔~狉〕〈文〉草木の深く茂るさま.未開のさま.〔榛狉〕とも書いた.

〔榛〕zhēn 植 ハシバミ.またその実:実は食用され,搾油される.〔榛子〕〔~树〕同前の木. ②〈文〉繁茂する樹木.

榛栗 zhēnlì ⇒〔榛子②〕

榛仁 zhēnrén 〔~儿〕はしばみの実の核の中身.

榛子 zhēnzi ①植 ハシバミ(通称). ②=〔榛栗〕はしばみの実.一字解.

〔臻〕zhēn 〈文〉至る.及ぶ.到達する.〔渐~佳境〕漸次佳境に入る.〔已~成熟〕すでに成熟するに至った.②〈姓〉臻.

〔斟〕zhēn ①(酒・茶を)杯につぐ.碗につぐ.〔~酒〕酒をお杯につぐ.〔~茶〕茶をお茶碗につぐ.〔~満一杯酒〕酒をなみなみとつぐ.〔把茶~上〕お茶をつぐ.〔自~自饮〕一人静かに飲む.手酌で飲む.→〔倒 dào 2〕 ②汁の多い物. ③…〔斟酌〕

斟问 zhēnwèn 〈方〉問いかける.〔你再~一下他究竟他明儿来不来〕彼はあすは来るのかどうかを念を押しておきなさい.

斟酌 zhēnzhuó =〔估 gū 量〕(適否を)考慮する.(取捨を)慎重に考える.斟酌(ɴ﴾)する.〔请您再~〕

zhēn～zhèn

~〕どうぞもう一度ご考慮を願います.〔这件事由你
～着办吧〕この件は熟慮してやってくれ.

[椹] zhēn 〔口〕物を受ける台：〔砧〕に同じ.
→ shèn

[甄] zhēn ①〈文〉見分ける.より分ける.審査する.②〈文〉陶器を作る.③〈姓〉甄(ｹﾝ)
甄拔 zhēnbá 選抜する.
甄别 zhēnbié 審査弁別する.選別する.見分ける.〔～人才〕人材を品定めする.〔～考试〕選抜試験.
甄审 zhēnshěn (優劣や真偽を)弁別し審査する.
甄选 zhēnxuǎn 審査し選抜する.
甄用 zhēnyòng 選抜して任用する.

[诊・診] zhěn (病気を)診察する.〔出～〕往診(する).〔门mén～〕外来診察(する).ⓑ宅診(する).〔初～〕初診.〔复~〕再診.〔会～〕(二人以上の医師が)立ち合い診断.
诊察 zhěnchá ＝〔诊检〕〔诊视〕診察する.
诊断 zhěnduàn 診断する.〔～书 shū〕診断書.
诊费 zhěnfèi 診察費.
诊检 zhěnjiǎn ⇒〔诊察〕
诊例 zhěnlì ①診察料の規定.②診察・治療例.
诊疗 zhěnliáo ＝〔诊治〕診療する.〔～室〕診察室.診療室.〔～费〕診察料.〔～所〕診療所.
诊脉 zhěnmài ＝〔按 àn 脉〕〈方〉〔把 bǎ 脉〕〔看 kàn 脉〕〈方〉〔搭 dā 脉〕医脉を見る.脈をとる.〔中医〕号 hào 脉.〔中医〕切 qiè 脉に同じ.〔请大 dài 夫〕医者を呼んで診てもらう.→〔看 kàn 病〕
诊室 zhěnshì ⇒〔诊疗室〕
诊所 zhěnsuǒ ①⇒〔诊疗所〕②個人経営の医院.
诊治 zhěnzhì ⇒〔诊疗〕

[纾・紾] zhěn 〈文〉ねじる.曲げる.ひねる.

[轸・軫] zhěn ①〈文〉車台底部の枠となる横木.〔转〕車.〔停 tíng ~〕車をとめる.②〈文〉悲しむ.悲しみ痛む.③〔轸(ｼﾝ)〕:〔二 èr 十八宿〕の一.
轸悼 zhěndào 〈文〉悲嘆する.哀悼する.
轸怀 zhěnhuái 〈文〉悲痛し心にかける.
轸念 zhěnniàn 〈文〉悲しんで偲ぶ.
轸宿 zhěnxiù →〔二 èr 十八宿〕
轸恤 zhěnxù 悲しみやり哀れむ.
轸子 zhěnzi 弦楽器の弦を巻きつける軸.

[疹] zhěn 〔医〕皮膚に多くできる炎症性の小粒.〔~子 zi〕しか：〔麻 má ~〕の通称.〔出~子〕はしかが出る.

[袗] zhěn 〈文〉①ひとえ(物を着る).②派手で美しい.〔～衣〕きれいな服.

[畛] zhěn 〈文〉田のあぜ.畑の間の小道.〔转〕境.〔～界 jiè〕境界.〔民族团结,不再有~域之分〕民族が団結して,もう分け隔てられることはない.
畛域 zhěnyù 境界.

[枕] zhěn ①枕(ﾏｸﾗ).〔羽毛~〕羽根枕.〔气～头〕空気枕.〔竹~〕竹の枕.〔凉~〕夏用の涼しい枕：竹・蓆・陶器などで作られている.〔高～无忧〕〈成〉(高枕で)何の心配もないさま.②枕(ﾏｸﾗ)にする.〔～木〕枕木.〈文〉接近している.〔～北大江〕北は長江に接している.〔～山面海〕山を背に海に面する.〈喩〉平坦が無い地形.
枕边之言 zhěnbiān zhī yán (妻の)寝物語.妻の〔枕边风〕〔枕边言〕〔枕房风〕〔枕头风〕〔枕头状〕ともいう.〔听～〕同軍を採り上げる(まに受け

る).→〔私 sī 房话〕
枕戈待旦 zhěngē dàidàn 〈成〉戈(ﾎｺ)を枕にして夜明けを待つ：寝る時にも警戒を怠らないこと.〔枕戈以待〕(十分用心して敵を待つ)ともいう.
枕骨 zhěngǔ 〔生理〕後頭骨：後頭部に突出している骨.
枕藉 zhěnjiè 〈文〉①(ござなど)下に敷いて枕にする.②互いに枕して横たわる：折り重なって倒れる.〔敌人伤亡～,全军覆没〕敵は折り重なって死傷し,全軍潰滅した.
枕巾 zhěnjīn 枕の上に敷くタオル.枕の当て布.
枕块 zhěnkuài むしろに寝て,土塊を枕にする：親の喪に服すること.〔寝苫 qǐnshān 枕块〕の略.
枕流漱石 zhěnliú shùshí 〈成〉風雅な暮らしをする.②負け惜しみを押し通す：晋の孫楚が隠居して"枕石漱流"の暮らしを送りたい,と言うべきところを〔枕流漱石〕と誤り,その上そのままで押し通したという故事による.
枕木 zhěnmù ＝〔道 dào 木〕鉄道の枕木.
枕套 zhěntào 枕カバー.〔枕头套〕ともいう.
枕头 zhěntou 枕.〔读者把很厚的小说叫做"～",意思是说厚可以用来当～睡觉〕読者は部厚い小説を"まくら"と呼んだりするが,それは部厚いので寝るときの枕がわりになる,という意味である.→字解
枕头席儿 zhěntouxír ＝〔枕席〕②〕枕ござ：枕にかけて清涼感を出す.
枕头状 zhěntouzhuàng 妻が夫に寝物語で他人を中傷すること.〔告～〕同前をする.〔枕边之言〕
枕腕 zhěnwàn 細字を書く時,左手首または物を右手首の下に当てる書法.→〔提 tí 腕〕〔悬 xuán 腕〕
枕席 zhěnxí ①〈喩〉寝具.寝床.②〔枕头席儿〕
枕箱 zhěnxiāng 〔旧〕旅行に用いた枕兼用の布張りの小箱.
枕芯 zhěnxīn 〔枕心〕とも書いた.枕の中身(詰物)：ソバがら・木綿わた・蒲の穂の綿など.〔～芯〕ともいう.

[缜・縝] zhěn ＝〔缜②〕(思想などが)緻密である.細密である.細かい.
缜密 zhěnmì ＝〔缜致〕細密である.疎漏がない.〔心思～〕考えが周到緻密である.〔～研究〕綿密な研究.
缜致 zhěnzhì 同上.

[稹] zhěn ①〈文〉草木が叢生する.②⇒〔缜〕

[鬒(鬙)] zhěn 〈文〉黒髪がふさふさしている.〔～发 fà〕同前の髪.

[圳(甽)] zhèn ①〈方〉田のほとりの溝.〔～沟 gōu〕同前.②〔深 shēn ～〕〔地〕深圳(ｼﾝｾﾝ)：広東省にある市.〔深～特区〕深圳経済特別区.

[阵・陣] zhèn (I)①軍隊の戦闘体形・配置.陣立て.陣構え.陣形.〔一字长蛇 shé ～〕一の字形の長蛇の陣.〔地雷～〕地雷原.②戦場.陣地.〔临～指挥〕戦場で指揮をとる.〔～姓〕陣(ｼﾞﾝ).
(II)①量詞.ひとしきり続いた事あるいは動作を数える.〔吹来一～风〕一陣の風が吹いて来た.〔枪响了一～〕銃声がしばらくの間聞こえた.〔下了一～雨〕雨降った.〔众人同时发出了一～的拍手〕~〔气 qì 口〕
②〔～儿,~子〕ある短い時間.しばらくの時の間.〔他病了一～子〕彼はしばらく病気をした.〔这～忽然雨停了〕さっきから急に雨がやんだ.〔这～儿好点儿〕このところちょっといいです.
阵地 zhèndì 〔军〕陣地.〔～战〕陣地戦.②〈喩〉重

zhèn

要な活動の場.
阵法 zhènfǎ 陣取の法則.布陣の戦術.
阵风 zhènfēng 疾風(ふう).突風.
阵脚 zhènjiǎo 陣頭.〔転〕態勢.足並み.〔他们队采用快攻法打乱了对方，连续射入两球〕彼らの チームは速攻法をとって相手方の足並みを乱し，連続 2回シュートを決めた.〔一切按计划办，千万不要乱了〕一切計画通りにやるべきであって，足並みを乱してはいけない.
阵没 zhènmò 戦死(する).→〔阵亡〕に同じ.
阵容 zhènróng ①軍隊の配置.陣容.②〈喩〉人員の配置.顔ぶれ.スタッフ.〔～整齐〕顔ぶれがそろっている.
阵式 zhènshì ①列の並べ方.②同下②
阵势 zhèn‑shì ①囲陣形.陣立ての様子.陣地の状況.②=〔阵式〕情勢.形勢.場面:重大な局面.緊迫した場面.〔看这～,来头不小〕いまの様子では，ものすごい勢いじゃないか.〔没见过大～〕晴れの場や重大な場に出たことがない.重大な局面に出会ったことがない.〔享过福,见过～〕ぜいたくもしたし，豪華な場面に顔を出したこともある.〔快三十年没见过这个～了〕(老・四・惼 8)30年近くもこんな場面に出会ったことがない.
阵痛 zhèntòng ①囲陣痛.②〈喩〉産みの苦しみ.
阵头雨 zhèntóuyǔ ⇒〔阵雨〕
阵图 zhèntú 古代の陣形図.陣形図.
阵亡 zhènwáng 戦死する.〔阵没〕〔战殁〕に同じ.〔～将士〕戦没将兵.
阵线 zhènxiàn 戦線:多く比喩的に用いる.〔抗日统一～〕抗日統一戦線.〔～分明〕対峙の状況(戦線)がはっきりしている.
阵型 zhènxíng 区(サッカーなどの)陣型.フォーメーション.〔三五二～〕352フォーメーション.→〔阵势〕
阵雪 zhènxuě ひとしきり降る雪.
阵营 zhènyíng 陣営.集団.勢力.
阵雨 zhènyǔ =〔阵头雨〕短時間にひとしきり降って止む雨.通り雨.にわか雨.
阵仗 zhènzhàng ①〔-儿〕(重大な)場面.形勢.局面.〔大～儿〕同前.②布陣.陣容.〔阵势〕に同じ.
阵子 zhènzi ①ひとしきり.時間.〔这一～〕近ごろ.〔那一～〕あのころ.

〔纼・紖〕 zhèn 〈文〉牛をつなぐ綱.〔～子〕方家畜をつなぐ縄.

〔鸩・鴆（酖）〕 zhèn (I)〔鸩〕伝説上の一種の毒鳥:その羽毛を酒にひたしたものを鸩(ちん)酒といい，飲めば死ぬといわれる.(II)〔酖〕①毒酒.〔饮～止渴〕成〕鸩を飲んで渇をいやそうとする:目前の利益のために後に来る大害を顧みない.②〈文〉(毒酒)で毒殺する.→〔酖 dān〕
鸩毒 zhèndú ①鸩の毒.猛毒.〔宴安～〕成〕享楽を貪るは鸩毒を飲むに等しい.②〈文〉毒酒.鸩毒で毒殺する.

〔振〕 zhèn ①振る.〔～铃〕鈴を振る.〔～笔疾书〕筆を振るって書きつく.〔～翅 chì〕羽ばたく.②振るい起こす.〔士气大～〕士気大いに振るう.〔精神不～〕元気がない.③囲救う.救恤する:〔赈〕に通用される.〔～恤 xù〕文〕救済する.
振拔 zhènbá 〈文〉(困難な境遇から)抜け出す.奮起して自立する.〔及早～〕早いうちに抜け出す.
振臂 zhènbì 手を振り上げる(激高・発奮するさま).〔一呼～〕高呼〕手を振りあげて(高らかに)叫ぶ.
振旦 zhèndàn ⇒〔震旦〕

振荡 zhèndàng ①振動する.②電(電圧・電流の)周期的変動.振動.発振.〔～器〕発振器.バイブレーター.オシレーター.〔～电路〕発振回路.
振捣 zhèndǎo 振動・撹拌させる.〔～器〕(コンクリート)ミキサー.〔～棒〕振動のための棒.
振动 zhèndòng 囲振動する.〔～频率〕振動周波数.〔简谐～〕単振動.〔～计〕振動計.〔～提示〕(携帯電話の)バイブレーター.マナーモード.
振动幅 zhèndòngfú ⇒〔振幅〕
振奋 zhènfèn ①奮い立つ.元気を出す.〔士气～〕士気が奮う.②奮い立たせる.〔～人心〕人々の心を奮い立たせる.〔～精神〕精神を奮い起こす.
振幅 zhènfú 〔振动幅〕〔摆 bǎi 幅〕囲振幅.振動して往復する幅.
振毫 zhènháo ⇒〔挥 huī 毫〕
振济 zhènjì ⇒〔赈济〕
振铃 zhènlíng ①〈文〉鈴を振る.②(電話などの)ベルが鳴る.→〔电 diàn 铃〕
振聋发聩 zhènlóng fākuì 〈成〉耳の聞こえない者にも響く.言葉や文字で人々の目を覚まさせる:〔振聋起聩〕〔发聋振聩〕ともいう.
振刷 zhènshuā 振作する.鼓舞する.〔～精神〕奮い立たす.
振兴 zhènxīng 振興する.〔～实业〕実業を興す.〔～中华〕中華を振興する
振振有词 zhènzhèn yǒu cí 〈成〉もっともな理由があるが如く盛んに言い立てる.大いに雄弁をふるう:〔振振有辞〕とも書く.〔～地陈述理由〕理由をまくし立てる.
振作 zhènzuò ①振作する.奮い起こす.〔～精神〕精神を奮い立たせる.〔马上～起来〕すぐに奮起する.②元気がある.〔士气～〕士気が高揚している.〔不太～〕元気があまりない.

〔赈・賑〕 zhèn 財物・食料などを与えて救済する.〔～助 zhù〕〈文〉同前.〔以工代～〕救済物資の代わりに仕事を与える.→〔振④〕
赈济 zhènjì =〔振济〕(財物・食料などで)罹災者を救済する.〔～米〕救済米.
赈捐 zhènjuān 救済のための寄付.
赈款 zhènkuǎn 救済金.義捐金.
赈灾 zhènzāi 罹災者を救済する.

〔震〕 zhèn ①〈文〉雷.②震動する.震う(わ).〔玻璃被～碎了〕震動でガラスが割れた.〔房子～塌了〕家は地震で倒れた.〔雷声～耳〕雷の音が耳に響く.〔一天一声响〕天を震わすような音がとどろきわたる.震えあがらせる.〔名～全球〕名声全世界にとどろく.④激しい情動がある.(感性が激しく)高ぶる.〔心头一～〕(頭が)かっとなる.〔～怒〕激怒する.⑤囲強く震える.〔～区 qū〕地震被災地域.〔～灾 zāi〕震災.〔抗～〕地震に対処する.〔余～〕余震.⑥八卦の一.雷を意味する.→〔八 bā 卦〕⑦〔姓〕震(しん).
震波 zhènbō 囲地震波.
震颤 zhènchàn ①震動する.震える.②囲体の震え(振戦)(を起こす).〔～病〕同前の病気.〔～麻痺 mábì〕〔音義訳〕帕 pà 金森病〕パーキンソン病.
震旦 zhèndàn =〔真丹〕インドにおける中国の呼称:〔秦 qín〕の転訛で.→〔支那 zhīnà〕
震荡 zhèndàng 揺れ動く.激動する.とどろく.揺らかす.〔爆炸声～得大厅里的ごう音が大空にとどろかす.〔～病毒〕電算サッサーワーム.
震动 zhèndòng ①震え動く.震動する.〔大地突然～起来〕大地が突然震動し始めた.〔他的身子微微～了一下〕彼の体がかすかに震えた.②(世人に)衝撃・ショックを与える.〔这个血的教训～了全国〕

震朕揕瑱镇丁正怔征　zhèn～zhēng

の血の教训は全国に衝撃を与えた．[他的意见引起了～]彼の意见は激しい反响を呼んだ．[我受到很大的～，一夜没有睡好觉]ぼくにはとてもショックだったので，一晚中よく眠れなかった．

震耳 zhèn'ěr 耳を震わす(音响などが)．[～欲聋]〈成〉耳をつんざくばかり；音の大きいことを形容する．

震撼 zhèngǎn (地震时の)振动の体感．

震古铄今 zhèngǔ shuòjīn〈成〉(事业または功绩が伟大で)古人を惊かせ，现代の人の目に辉いて立派なこと．[铄]=[烁]とも言く．

震撼 zhènhàn 震撼する(させる)．[～全球]全世界を震撼させる．[～大地]大地を揺さぶる．[～人心]人心を惊かす．[～性的]超特価．激安価格．

震级 zhènjí ⇒[地dì 震震级]

震惊 zhènjīng ①非常に惊く．[大为～]同前．②惊かせる．びっくりさせる．[～世界]全世界を惊愕させる．

震怒 zhènnù 激怒する．愤激する．

震情 zhènqíng 地震に关わる情况．[～速sù 报]地震速报．②地震の灾害状况．

震慑 zhènshè 震えあがらせる．震え上がる．惊きおびえる．

震悚 zhènsǒng〈文〉惊きのあまり震える．非常に惊く．

震天动地 zhèntiān dòngdì〈成〉天地を揺るがす．天地をどよめかす．[震天骇 hài 地]ともいう．[欢呼声～]欢呼の声が天地をどよめかす．

震天价响 zhèntiānjiàxiǎng 天にもとどろくほどである．[～响]天をも揺るがすように响く．

震险 zhènxiǎn [地震保险]の略．

震响 zhènxiǎng ①响きわたる．[在耳边～]耳もとで同前．②同前の声．

震音 zhènyīn ［音］トレモロ．

震源 zhènyuán 震源，震源地．

震中 zhènzhōng ［地］震央．

[朕] **zhèn** ①〈古〉私．②(秦以后)皇帝の自称．→[寡guǎ 人]③〈文〉兆し．前ぶれ．前兆．[～兆 zhào]同前．

[揕] **zhèn**〈文〉刀で刺す．[持短剑～其胸]短剑を持ってその胸を刺す．

[瑱(瑱)] **zhèn**〈文〉古代の玉の首饰り．

[镇·鎭] **zhèn** (Ⅰ)①(重みで)押さえる．→[镇尺] ②安定している．落ち着いている．→[镇静]③(厳しい态度で)抑え镇める．[他～不住人]彼は人を抑えきれない．[学生们爱闹，总得让老师来～着他们]学生たちはよく骚ぐので，どうしても先生に镇めてもらわねばならない．④(症状を)抑える镇める．→[镇痛]⑤(武力で)镇压する．制圧する．→[镇压]⑥武力で守る．驻屯する．[～边]〈文〉辺境を守备する．→[坐zuò 镇]⑦驻屯地．[军事重～]军事上重要な所．⑧比较的大きな町．また町．[城～]都市と町．⑨行政单位の一：[乡 xiāng]〔民族乡]とならんで[县 xiàn]の下で，人口が多く，ある程度商工业が行われているところ．[～长zhǎng]同前の首长．⑩食物を(氷で)冷やす．[冰～汽水]氷で冷やしたサイダー．⑪[姓zhèn]．(Ⅱ)①〈方〉常に．いつも．[七年～相随]7年间いつもずっと従っていた．②一定の时间の全部を表す．[一日]终日．一日中．

镇尺 zhènchǐ 物差し形の文镇．

镇定 zhèndìng ①镇定する．镇める(精神・内乱などを)．②镇抚する．镇めている．落ち着いてある．[神色自若]〈成〉泰然自若としているさま．

镇反 zhènfǎn 革命分子(分子)を镇压する．[镇压反革命]の略．

镇服 zhènfú 镇压する．服従させる．

镇吓 zhènhè 同下．

镇唬 zhènhu =[镇吓]胁しつける．[你不～着点儿，他更不怕了]少し胁しつけてやらないと彼はいっそうずうずうしくなる．

镇价菜 zhènjiàcài 野菜一般の値上がりを抑える野菜；特に白菜．その充分な供给が野菜価格を安定させる．

镇静 zhènjìng ①静にさせる．落ち着かせる．[咱们先～一～，慢慢儿再说]まあ落ち着いて，それからゆっくり话しましょう．[～药 jì]镇静剂．②落ち着いている．冷静である．[～地回答]落ちついて答える．[依然一如常]依然としてふだんのように落ち着いている．

镇静钢 zhènjìnggāng ［エ］キルド钢．

镇流器 zhènliúqì ［电］安定器．バラスト．

镇守 zhènshǒu (驻兵して)守备する．[～边塞]辺境の要塞を守备する．

镇痛 zhèntòng ［医］痛みを止める．[～剂 jì]镇痛剤．痛みどめ．

镇物 zhèn·wù ［旧]迷信で魔よけに使うまじないの品．[下～]同前のものを置く(つるす・贴る)

镇星 zhènxīng〈文〉土星の别称．

镇压 zhènyā ①镇める．抑える．镇压する．弹圧する．[～反革命]镇反］反革命を镇压する．②〈口〉(反革命分子を)处刑する．死刑に处する．[首犯解放后被～了]主犯は解放后に处刑された．③ある种をまいた后のうねや植えた苗の株の间の土を押さえつける．

镇宅 zhènzhái ［旧]家の魔よけ(をする)．[～符]同前の魔よけの护符．

镇纸 zhènzhǐ 文镇．

镇子 zhènzi〈方〉町(の中心部)．农村の商业地区．

zheng　ㄓㄥ

[丁] **zhēng** [～～]〈文〉〈拟〉①まさかりで木を伐るトウトウ(チョウチョウ)という音．②琴の音．碁石．将棋の驹を打つ音．→dīng

[正] **zhēng** [～月]①[元月]①は1年の一番目の月の意．[～节]〈方〉春节．[～月初一]正月一日．旧历の[大年初一][年初一]にあたる．[～旦 dàn]旧正月の元日．[元旦]は新历の元日．[～朔 shuò]〈文〉旧历の一月一日．[～岁 suì]旧历の1月．[新～]①旧历で)新年(の正月)．[八月十五云遮月，～月十五雪打灯]〈谚〉中秋の月には云がかかり，正月の灯笼の节句には雪が灯笼に降りかかる月には雪，花に风．→zhèng

[怔] **zhēng** ①おじけ恐れる．②[呸～yì-zheng]寝ぼけ．ⓑ寝ぼけてする行动・言う言叶．[呸～呸～zheng]〈方〉ぼうっとして(ぼう~と走る)．→ zhèng

怔忡 zhēngchōng ［中医]心悸．动悸．心脏が踊り，脉打つこと．②惊きや不安で(ぼんやりすること)．

怔营 zhēngyíng〈文〉恐れるさま．[惶 huáng 怖～]うろたえ恐れる．恐れて慌てふためく．

怔忪 zhēngsōng〈文〉惊き恐れる．

[征·徵] **zhēng** (Ⅰ)[征]①(军队が)远方へ行く．[长 cháng ～]远征する．ⓑ→[二 èr 万五千里长征]②征伐する．[出～]出征する．[南～北战]〈喻〉各地に転戦

zhēng　　　　　　　　　　　　　　　　　　　征症钲争

する．
（Ⅱ）〔徵〕①徴集（召集）する．〔应 yìng ～〕応召する．②取り立てる．〔开～〕徴収を開始する．〔横暴敛〕重税を取り立てる．③徴用する．〔～地 dì〕土地を徴用する．④募る．〔～文〕文を募集する．〔～求意见〕意見を募り求める．
（Ⅲ）①〈文〉証する．証拠だてる．〔足～其伪〕その偽りであることを証するに足る．②兆し．現われ．〔特～〕特徴．〔败～〕敗戦の兆し．〔象 xiàng ～〕象徴．→〔徵 zhǐ〕

征鞍 zhēng'ān 〈文〉①出征途上の馬．②旅人の乗馬．
征兵 zhēngbīng （国家が）徴兵する．〔～制〕徴兵制度．
征尘 zhēngchén ①遠路の旅にかぶった砂ほこり．②〈転〉旅の苦難．
征程 zhēngchéng 長旅の道程．
征答 zhēngdá 回答を求める．良策を募る．
征调 zhēngdiào （人や物を）徴用する．調達する．
征订 zhēngdìng 予約注文を取る．〔～报刊〕刊行物の予約を取る．
征发 zhēngfā 回（軍夫や軍需品を）徴発する．
征伐 zhēngfá ⇒〔征讨〕
征帆 zhēngfān 〈文〉遠方へ行く舟．
征夫 zhēngfū ＝〔征客〕〈文〉遠方に旅行する人．
征服 zhēngfú ①征服（する）．〔～自然〕自然を征服する．②心服させる．共鳴させる．
征稿 zhēnggǎo 原稿を募る．原稿募集をする．
征歌 zhēnggē 歌を募集する．
征购 zhēnggòu 買い上げる．〔国家～粮食〕国家が食糧を買い上げる．〔～粮〕供出食糧．
征管 zhēngguǎn 徴収し管理する．徴税し管理する．
征候 zhēnghòu ＝〔征象〕〔征兆〕〔兆 zhào 候〕兆候．兆し．〔病人已有好转的～〕病人には快方の兆しが見えている．
征婚 zhēnghūn 結婚相手を募集する：新聞広告などに用いる．
征稽 zhēngjī 料金・税金を正しく徴収する．〔稽征〕に同じ．〔交通～所〕自動車道路料金徴収所．
征集 zhēngjí ①訪ね集める．広く募る．〔～资料〕公開し（聞いて回って）資料を集める．〔～文物〕文物を集める．募集する．〔～志愿者〕ボランティアを募集する．
征剿 zhēngjiǎo 征伐する．
征缴 zhēngjiǎo 徴税し収納する．
征客 zhēngkè ⇒〔征夫〕
征敛 zhēngliǎn 税金を取り立てる．
征粮 zhēngliáng （国家が）食糧を供出させる．
征募 zhēngmù 募る．募集する．〔～士兵〕兵士を募集する．
征聘 zhēngpìn 募って採用する．招聘する．〔～家庭教师〕家庭教師を募る（って来てもらう）
征迁 zhēngqiān （政府が）土地家屋を収用して移す．〔～户〕同前の住民．
征求 zhēngqiú ①＝〔求讨〕徴（ぶん）し求める．広く求める．〔～群众意见〕大衆の意見を広く求める．②募集する．〔～报纸订户〕新聞の予約購読者を求める．→〔招 zhāo 募〕
征取 zhēngqǔ ①徴収する（受け取る）．取り立てる．②人に求める（て得る）．〔～意见〕意見を求める．
征瑞 zhēngruì 〈文〉瑞兆．めでたい兆候．
征士 zhēngshì 〈文〉朝廷の召し出しがあっても応じない隠士．②出征の兵士．
征收 zhēngshōu （税金を）徴収する．〔～营业税〕営業税を徴収する．〔～公粮〕回農業税としての食糧

征属 zhēngshǔ 出征者家族．
征税 zhēngshuì 徴税する．
征讨 zhēngtǎo ＝〔征伐〕〔讨伐〕討伐（する）
征途 zhēngtú ①征途．長い旅路．長い道のり．〔踏上～〕同前につく．②喩長い努力の過程．〔四化～〕四つの現代化の道のり．
征文 zhēngwén 公開で文章を求める．文を募集する．〔～启事〕文章募集（広告，公示）
征象 zhēngxiàng ⇒〔征候〕
征信 zhēngxìn 信用調査をする．クレジットチェックをする．〔～录〕(公益財団の)決算報告書．〔～所〕興信所．〔～系统〕信用リスク管理システム．
征询 zhēngxún （意見を）求める．〔时常用谦虚的言词～别人的意见〕常に謙虚な言葉を用い，他人の意見を求める．
征验 zhēngyàn ①根拠・裏付となる事実．〔这事没有～〕この事は根拠がない．②事実と符合する．裏付けられる．
征衣 zhēngyī 〈文〉①出征する時の軍服．②旅衣（ごろも）．旅装．
征引 zhēngyǐn 〈文〉①召し出して任用する．②文献資料から引く（いて証する）．〔～书目〕引用書目．
征用 zhēngyòng 収用する．徴用する．〔～土地〕土地を収用する．
征战 zhēngzhàn 征戦する．出征する．
征召 zhēngzhāo 募集する．徴集する．
征召 zhēngzhào ①召し出す．（兵を）召集する．〔～入伍〕召集して入隊させる．〔响应～〕召集に応ず る．②〈文〉官職を与える．
征兆 zhēngzhào ⇒〔征候〕
征子 zhēngzǐ （囲碁の）シチョウ．

[**症・癥**] zhèng 中医 腹部にかたまりのできる病気．→ zhēng
症结 zhèngjié 中医 ①腹部にできるしこり．腫瘍．②喩物事の核心．障害．困難な問題の核心．〔找出～所在,事情就好办了〕問題のありかを探し出せたら，ことはやりやすい．

[**钲・鉦**] zhēng 固 楽器の一種：〔钟〕に同じ．銅製で握り柄があり打って音を出す．小形のものを〔铙 náo〕（にょう）という．軍を進めるには〔鼓 gǔ〕を用い，軍を止まらせる合図に〔钲〕を鳴らした．→ zhēng

[**争（爭）**] zhēng ①（獲得あるいは実現させようとして）がんばる．競う（合）う．〔～冠军〕優勝を競う．〔分秒必～〕1分1秒を争う．〔大家～着发言〕皆が争って発言した．〔～（当）先进〕先進的であることを競う．〔不～一时的胜败〕一時の勝敗は争わない．〔～着抢着〕われがちに．〔～包〕競争請負いする．②（相手を否定）打倒しようと）争う．〔斗 dòu ～〕闘争する．〔明～暗斗〕〈成〉陰に陽に争う．③言い争う．口論する．いさかいをする．〔意气之～〕意地になって口論する．感情的な争い．〔没有问题了,不要再～了〕問題はなくなったのだ，これ以上言い争うな．④〈方〉差がある．足りない．不充分だ．少しで．〔总数还～多少〕総数でまだどれくらい足りないか．〔高低～多少〕どれだけの違いがあるものか（大して違わない）．〔～些儿当面错过〕もう少しでさようという時にやり損なうところだった．〔～一点儿〕もう少しで．⑤〈白〉どうして．いかでか．〔要是有情～不哭？〕情あらばいかで泣かずにおられよう．→〔怎 zěn 么〕

争霸 zhēngbà ①覇権を争う．〔我们决不～〕我々は決して覇権を争わない．〔～战〕覇権争いの戦．②覇者たらんと競う．〔～战〕区タイトルマッチ．
争办 zhēngbàn （催事・イベントなどの）開催や誘致を競う．

争辩 zhēngbiàn 言い争う.論争する.論駁(ばく)する.〔无可~的事实〕言えぬ事実.〔据理~〕理詰めで論争する.

争标 zhēngbiāo 〔又〕選手権を争う.〔~队伍〕同前のチーム.→〔锦jǐn标〕

争长论短 zhēngcháng lùnduǎn〈成〉小さなことをあれこれと言い争う;〔争长竞短〕ともいう.

争吵 zhēngchǎo 言い争う.口論する.いさかいする.口げんかする.〔~不休〕言い争って止めない.〔无谓的~〕何の意味もない口論.→字解③

争持 zhēngchí 固執し争って後へは引かない.〔~不下〕同前で譲ろうとしない.

争宠 zhēngchǒng 寵愛を得ようと争う.

争创 zhēngchuàng 争って成果(業績)をあげる.

争得 zhēngde〔白〕何とか…し得ない.〔~朱颜依旧〕何とか花のかんばせをもとのようにできないものか.→字解⑤

争斗 zhēngdòu けんかする.なぐりあう.〔两人~, 没人劝quàn解〕両人が争闘しているのになだめてわける者がいない.②(相手を)押さえ込む.やっつける.→〔斗争〕

争端 zhēngduān 争いの発端.〈転〉紛争.〔国际~〕国際紛争.〔边界~〕国境紛争.

争夺 zhēngduó 奪取する(しようと争う).奪い合う.〔~主动权〕主動権を奪い合う.〔~霸权〕覇権を奪い合う.〔~战〕争奪戦.〔~球〕ボールを取り合う.

争分夺秒 zhēngfēn duómiǎo 分秒を争う.一刻を争う.

争风吃醋 zhēngfēng chīcù〈成〉恋のさや当てをする.

争购 zhēnggòu 争って買う.〔~国库券〕争って国債を購入する.

争冠 zhēngguàn トップを争う.

争光 zhēngguāng 誉(ほま)を競う.面目を施す(そうとがんばる)〔为国~〕国の名誉のためにがんばる(成し遂げる)

争衡 zhēnghéng 優劣を比べる.勝敗を争う.

争竞 zhēngjìng〔方〕こだわり争う.言い争う.〔~工钱〕賃金のことで同前.

争口气(儿) zhēng kǒuqì(r)〔争一口气〕ともいう.①がんばって面目を施す.気を吐く.名を上げる.〔这回我们得到锦标可夺了这口气了〕今度は我々が優勝して面目を施した.②自分を曲げずにがんばる.〔事情已到这个地步,这口气儿我可争不过来了〕事すでにかくの如き状態にはいくら意地でもこれ以上がんばれない.

争脸 zhēngliǎn 気を吐く.面目を施す;〔争面子〕に同じ.〔这姑娘,真给咱半边天~〕この娘はほんとうにわたしたち女性のために気を吐いてくれる.

争论 zhēnglùn 争いを論じる.言い争う.〔展开~〕論戦を展開する.〔~是非〕是非を言い争う.〔我不~〕僕は言い争わない.〔停止~〕論争をやめる.②論じ.口論じ.

争面子 zhēngmiànzi ⇒〔争脸〕

争名 zhēngmíng〈文〉名誉を争う.〔~夺duó利〕名利を争う.

争鸣 zhēngmíng ①鳥獣などが競って鳴く.②人々が争って意見を発表する.〈喩〉学術上の論争をすること.→〔百花齐放〕

争奈 zhēngnài〔争耐〕とも書く.〈白〉いかんせん….→〔无wú奈〕;字解⑤

争闹 zhēngnào 口喧嘩する.口論する.

争拗 zhēngniù 双方が言い争る.

争奇斗妍 zhēngqí dòuyán〔争奇斗艳yàn〕ともいう.〈成〉珍らしさと美しさを競う:主に草花や女性について用いる.→〔争妍〕

争气 zhēngqì ①負けん気を出す.がんばる.〔他自己不~,却怪人家〕彼は自分がふがいないくせに人のせいにする.〔~产品〕非常にがんばって出来た(優れた)製品.⇒⇒〔争口气(儿)①〕 ③〈方〉腹をたてる.

争强 zhēngqiáng =〔争胜〕〔争雄〕勝とうとしてがんばる.〔~好hào胜〕〈成〉相手に勝とうとする.

争抢 zhēngqiǎng ①奪い合う.奪い取る.②先を争って求める.

争求 zhēngqiú ⇒〔征求〕

争球 zhēngqiú〔又〕①(ハンドボールの)レフェリースロー.②(バスケットボールの)ジャンプボール.

争取 zhēngqǔ 獲得する.勝ちとる.がんばって…する.…を目ざして努力する.〔~时间〕時間をきりつめる.時間をかせぐ.〔~亚洲和平〕アジアの平和を勝ちとる.〔~胜利〕勝利を奪いとる.〔~主动性〕主動性を奪いとる.〔~做好工作〕断じて仕事を成し遂げるようがんばる.〔~达到指标〕がんばって目標を達成する.〔明天~照这样再作一个〕明日がんばってこういうのをもう一つ作ろう.

争权夺利 zhēngquán duólì〈成〉権勢や利益を奪い合う.

争忍 zhēngrěn〔白〕どうして…をがまんできようか.

争上游 zhēngshàngyóu 競って先進的な模範となる.

争胜 zhēngshèng ⇒〔争强〕

争先 zhēngxiān 先を争う.〔~恐后〕〈成〉遅れまいと先を争う.〔~购买〕先を争って買う.〔~发言〕先を争って発言する.→〔抢qiǎng先〕

争相 zhēngxiāng 競って.我勝ちに.〔~发言〕我先に発言する.

争些 zhēngxiē〔白〕危うく.もう少しのところで.〔~个〕同前.〔险xiǎn些(儿)〕;字解④

争雄 zhēngxióng ⇒〔争强〕

争妍 zhēngyán あでやかさを競う.〔~斗艳yàn〕〈成〉同前.

争议 zhēngyì ①議論し争う.論争する.〔~片〕物議をかもす問題作(映画).〔无可~〕議論の余地ない.〔对文件的内容没有~,有~的是题目的写法〕文書の内容については異議ないが,論議し争っているのは表題の書き方だ.②議論.異議.論争.〔有~的人物〕論議的のとなる人物.

争誉 zhēngyù 栄誉を競う.

争战 zhēngzhàn 戦う.戦争する.相争う.〔双方~〕両方が戦う.

争执 zhēngzhí ①固執して争う.論争する.争う.各持己见,~不下〕どちらも自分の意見に固執し引き下がらない.②論争.意見の相違.

争嘴 zhēngzuǐ ①口論する.言い争る.〔这个问题,往往引起~〕この問題はややもすれば論争を引き起こす.②〈方〉食べ物の多少を争う.食べ物を取り合う.〔他知道老父亲并不~〕(老·四·惺15)彼は老父が別にガツガツはしないということを知っている.

[挣] zhēng → zhèng

挣扎 zhēngzhá 力んで(必死になって)持ちこたえる.がんばる.あがく.もがく:〔方〕挣歪 wai〕ともいう.〔~起身〕もがくようにして起き上がる.〔他病了,可还~着工作〕彼は病気になったがんばって仕事をしている.〔最后的~〕最後のあがき.〔敌人在做垂chuí死~〕敵は死に際のあがきをしている.〔鸡拍着翅chì膀~〕鶏が羽をばたつかせてもがく.→〔打dǎ挣〕

[峥] zhēng

[狰] zhēng

狰狞 zhēngníng（容貌が）凶悪である.〔面目～〕面構えが凶悪である.〔～可畏〕凶暴で恐ろしい.

[睁] zhēng

（目を）開く.（目を）見張る.〔明～眼露 lù〕明白な事.〔～眼看〕〔～开眼看〕目を開けてる．目が半ば～半ば閉じている.〔困 kùn 得眼睛都～不开了〕眠たくて目も開けていられなくなった.

睁眼瞎(子) zhēngyǎnxiā(zi) ①字を知らぬ人.非識字者. ②（眼前のものが見えない）間抜けだ.目が節穴である.

睁一眼,闭一眼 zhēng yīyǎn, bì yīyǎn 〈喩〉見て見ないふりをする.大目に見る.たいがいで済ます:〔睁一只眼,闭一只眼〕〔睁一只眼,合一只眼〕ともいう.〔这年头儿,不论干什么都得～〕この頃では何をするにもほどほどで済まさざるをえない.

[铮・錚] zhēng ①⇒[铊] ②→[铮 qín 瑟 sè] ②→[风 fēng 铮]

铮从 zhēngcōng〈文〉〈擬〉金属の触れる音:〔铮铮①〕に同じ.

铮铮 zhēngzhēng〈文〉①〈擬〉金属の触れ合って（打ち合って）出る音.〔～作响 xiǎng〕カンカンと音をたてる. ②きわだって優れていること.〔铁中・庸 yōng 中佼佼〕〈喩〉どこにあっても傑出する人物.そうそうたる人物.

[筝] zhēng ①固筝(ジ):5弦に始まり唐・宋の時13弦になる.現在では18,21,25弦とある.ふつう〔古 gǔ～〕という.日本の琴に似る.→〔琴 qín 瑟 sè〕 ②→[风 fēng 筝]

[髯] zhēng 〔～髯 níng〕〈文〉髪の乱れたさま.

[烝] zhēng 〈文〉①多い.大勢の.→[烝民] ②ゆげが立ち昇る. ③固冬の祭祀. ④固目上の女性と関係を持つ.

烝尝 zhēngcháng〈文〉冬の祭祀と秋の祭祀.

烝民 zhēngmín ⇒[蒸民][蒸庶][蒸黎]〈文〉庶民.→[黎 lí 民]

烝庶 zhēngshù 同上.

烝烝 zhēngzhēng ⇒[蒸蒸]

[蒸] zhēng 蒸す.（水蒸気で）熱を通す.〔～馒 mán 头〕マントーをふかす.〔～～～就能消毒〕熱気を通してやれば消毒できる. ②熱気が立ち上る.蒸発する.

蒸箅 zhēngbì [-子] 蒸籠(ジ)の底の簀(ヂ).〔～坏了,笼屉帽儿还可以用〕同縁は壊れているが蓋はまだ使える.

蒸饼 zhēngbǐng 食発酵させた小麦粉に味つけをして蒸して作った〔饼〕.〔烙饼〕に対していう.→[饼①]

蒸不熟,煮不烂 zhēng bùshú, zhǔ bùlàn 蒸しても煮ても火が通らない.〈喩〉（人が言うことを聞かなくて）始末に負えない.

蒸发 zhēngfā ①蒸発（する）.〔～皿 mǐn〕蒸発皿.〔～器〕固蒸発器.〔～塔〕固蒸発塔.〔～量〕〔～气体〕蒸発ガス. ③〈喩〉消滅する.〔那家公司一夜之间突然～了〕あの会社は一夜のうちに突然消えてしまった.

蒸饭 zhēngfàn ①ご飯を蒸して炊く. ②同前のご飯.→[焖 mèn 饭]

蒸锅 zhēngguō 蒸し器.

蒸饺 zhēngjiǎo [-儿] 食蒸しギョーザ.

蒸馏 zhēngliú 蒸留（する）.〔～酒〕蒸留酒.〔～水〕蒸留水.〔～瓶 zèng〕〔曲 qū 颈甑〕レトルト.

蒸笼 zhēnglóng せいろう:〔这屋里～似的,热得都出不来气儿了〕この部屋はせいろうのようで,暑くて息がつまりそうだ.

蒸民 zhēngmín ⇒[烝民]

蒸馍 zhēngmó ⇒[馒 mán 头①]

蒸木油 zhēngmùyóu ⇒[木馏油(酚)]

蒸呢 zhēngní 蒸気で毛織物をなめす.スチーム仕上げをする.

蒸浓 zhēngnóng 〔蒸缩〕（煮沸する）濃縮する.

蒸气 zhēngqì 物蒸気.〔水～〕水蒸気.〔苯 běn～〕ベンゼンの揮発ガス.

蒸汽 zhēngqì 水蒸気.〔水 shuǐ 蒸气〕の通称.〔～浴 yù〕サウナ.

蒸汽锤 zhēngqìchuí ⇒[汽锤]

蒸汽锅炉 zhēngqì guōlú ⇒[锅炉]

蒸汽机 zhēngqìjī ⇒[汽机①]〔气机〕蒸気機関.→[涡 wō 轮]

蒸汽凝气瓣 zhēngqì níngqìbàn スチームフィルタ

蒸汽涡轮(机) zhēngqì wōlún(jī) 蒸気タービン:〔《音義訳》蒸汽透平〕〔汽轮(机)〕に同じ.

蒸食 zhēngshi 食蒸して作った食品（総称）.→[包 bāo 子]〔馒 mán 头〕

蒸庶 zhēngshù ⇒[烝民]

蒸缩 zhēngsuō ⇒[蒸浓]

蒸腾 zhēngténg ①水蒸気が立ち上る.〔热气～〕〈喩〉熱気が立ち上る. ②固（葉から）水分が蒸散する.〔～作用〕蒸散作用.

蒸蒸 zhēngzhēng〔烝烝〕とも書いた.〈文〉ことの盛んに起こるさま.〔日上〕〔蒸すのさし昇るように〕勢いよく起こる.日増しに高まる.〔生产建设～日上〕生産と建設が日増しに発展する.

蒸煮袋 zhēngzhǔdài レトルトパックに入れて茹でたりできる食品包装袋.〔～食品〕レトルト食品.

[鲭・鯖] zhēng 〈文〉魚と肉を一緒に煮た料理.→ qīng

[拯] zhēng 救う.救助する.〔～民于水火之中〕民を水火の苦しみ（非常な苦しみ）の中から救い出す.

拯救 zhěngjiù 救い出す.〔～受苦受难的人们〕苦難にあえぐ人々を救い出す.→[接 jiē 济]

拯溺 zhěngnì 〈文〉溺れている人を助ける.救済する.

拯恤 zhěngxù 〈文〉救い恵む.〔拯伤恤亡〕死傷者を救恤(ヅ)する.

[整] zhěng ①整っている.きちんとしている.〔字体工～〕字が丁寧で整っている.〔衣冠不～〕身なりが乱れている. ②整える.正す.〔把衣服～一～〕服装を整える. ③修理する.手を入れる.→[整旧] ④全部の.丸々の.全て揃った.〔买～瓶的〕（瓶入りのものを）箱ごと買う.〔～一车〕一車一全部.→[整体] ⑤こらしめる.やっつける.〔被他们～了〕彼らにいためつけられた.〔这下该老子～你了我们～他个够〕きょうとこそ俺様がきゅうとこそ番だ. ⑥方やる.する.作る.手を出す.手に入れる.〔不小心会～出乱子来〕気をつけないととんでもないことをしでかすかも知れない.〔这东西下手～起来,并不难〕これは手を下してやって見ると,べつに難しくもない.〔绳子～断了〕縄が切れてしまった.〔谁把玻璃～碎了〕誰がガラスを割ったのか.〔到三只狐 hú 狸〕狐を3匹捕まえた.→[弄 nòng ②] ⑦端

整 zhěng

数・半端のない.〔～十年〕まるまる10年.〔下午3点～〕午後3時きっかり.⑧〔～儿〕〔口〕きりのない数.端数のない数(金額)：〔整数①〕と同じ.〔有零儿有～儿〕こまかな数もまとった数もある.

整版 zhěngbǎn 新聞や書物などの全ページ.

整备 zhěngbèi (軍隊などの組織を)改善整備する.

整倍体 zhěngbèitǐ 〔生理〕正倍数体.

整本 zhěngběn ①1冊の本全体.②一そろいの本.③〔劇〕全幕通しの〔脚本〕：全幕通して演じる劇のこと.〔全 quán 本〕ともいう.〔～牡丹亭〕同前の"牡丹亭"(芝居の名).→〔折 zhé 子戏〕

整编 zhěngbiān (軍隊などの組織を)改編し整える.編成替えをする.

整鬓 zhěngbìn 〔劇〕手で鬢(びん)の毛をなでつけるしぐさ.

整饬 zhěngchì ①きちんと整える.整頓する.〔～纪律〕規律を正す.②きちんとしている.整然としている.〔服装～〕服装がきちんとしている.〔军容～〕軍容が整然としている.

整出 zhěngchū 作る.作り出す.→〔做 zuò 出〕

整除 zhěngchú 〔数〕整除する.割り切れる.

整存 zhěngcún まとまった金額を預け入れる(貯金する).〔～零取〕(貯金の)まとまった金額を預け入れ,小口に引き出す.〔～整取〕(貯金の)まとまった金額を預け入れ,全額を引き出す.

整党 zhěngdǎng 党内の思想・活動姿勢・組織の)整頓(する).→〔清 qīng 党〕

整地 zhěngdì 〔農〕(作付けのため)整地する.地ならしをする.〔～中的耕地.

整点 zhěngdiǎn ①揃え点検をする.②(時刻の)正(ドʔ)時.〔～新闻〕同時放送のニュース(番組).定時ニュース.

整锭 zhěngdìng 〔旧〕完全な形の〔元 yuán 宝〕(馬蹄銀)：〔整银子〕ともいう.

整队 zhěngduì 隊伍を整える.整列する.〔～出发〕整列して出発する.

整队配合 zhěngduì pèihé 〔又〕(サッカーの)フォーメーション.〔不管各个人技术还是～,都比对方略胜一筹〕個人技能でもフォーメーションプレーでも相手より一段と勝っている.

整趸零卖 zhěngdǔn língmài 大口に仕入れて小売りする.

整顿 zhěngdùn 整える.正す.粛正する：多く組織・規律・作風などについていう.〔～纪律〕規律を整える.〔～作风〕(従事する人々の)姿勢を正す.〔～三风〕党風・学風・文風を整える.→〔三风整顿〕

整发 zhěngfà ①ヘアセット.②(髪を)セットする.→〔理 lǐ 发〕

整风 zhěngfēng 思想・作風を整頓する.〔～运动〕1942年延安での〔整三风〕(学風・党風・文風の三風整頓運動)をいう.その後人び批判と自己批判により思想・活動態度を改善する運動もいう.

整复 zhěngfù 〔医〕整形し回復させる.〔面颊～手术〕ほおの整形手術.

整改 zhěnggǎi 整頓し改善する.

整个(儿) zhěnggè(r) 全体(の).一まとめ(の).全…..るのまま(の).〔～过程〕全過程.〔～世界〕全世界.〔教 jiào 育儿童是～社会的责任〕児童を育てつけることは社会全体の責任である.〔～看来,搞得还不错〕全体から見れば,やった結果はやはりよかった.

整躬率物 zhěnggōng shuàiwù 〔成〕わが身を正しくして部下を統率して行く.

整固 zhěnggù 調整し安定させる.〔高位～〕〔商〕高値の持ち合い(になる).〔～黄金价格〕金の価格を調整して安定させる.

整合 zhěnghé ①整理統合する.再編する.②〔地〕整合.

整话 zhěnghuà まとまった語.〔说不出一句～来〕まとまったことがひとつも言えない.

整机 zhěngjī ①組み立ての完成した機器(全体).②〔機械〕(を)整備(する)

整纪 zhěngjì 規律を正す.

整洁 zhěngjié きれいに整えられている.小ざっぱりしている.〔屋子里收拾得非常～〕部屋の中はたいへんきちんと片づけられている.〔衣着～〕身なりが小ざっぱりしている.

整经 zhěngjīng 〔紡〕整経する.

整旧 zhěngjiù 古い物を修理する.〔～如新〕〈成〉古い物を修理して新品のようにする.

整军经武 zhěngjūn jīngwǔ 〈成〉軍備を調える.

整垮 zhěngkuǎ ぶち壊す.(活動力の)息の根を止める.完全に打ちのめす.〔反対派的人有的强行compiled者,有的被～〕反対派の人たちはむりやりに追い出されたものもあるし,とことんまでやられたものもある.

整块 zhěngkuài 〔～儿〕(ひとかたまり)まるごと.まる一块.〔只能～卖〕全部一括でしか売れない.

整理 zhěnglǐ 整理する.整頓する.〔～机 jī 器〕仕上げ機械.〔～家务〕家事を同時に.〔～行装〕旅装を調える.〔～记录〕記録を整理する.〔～资料〕資料を整理する.〔古籍～〕古書を校訂したり句読点を打ったりすること.

整脸 zhěngliǎn 〔方〕むっつり屋.無表情な人.仏頂面(ちょう).〔他是个～,总也没说没笑〕彼はいつもまじめくさった顔で,とんとしゃべったり笑ったりしたことがない.

整料 zhěngliào ある製品を作るのに十分な材料.一個分のひとまとまりの材料.

整流 zhěngliú 〔電〕整流(する).〔～装置〕整流装置.〔～带〕整流帯.〔～极〕整流極.〔～器〕整流器.〔～子〕整流子.

整年 zhěngnián まる一年：〔成年②〕に同じ.〔～累挨月〕年がら年中.→〔长 cháng 年〕

整年价 zhěngniánjie 〔整年家〕とも書く.〈方〉一年中：〔整年〕に同じ.

整批 zhěngpī 全部一緒に.大口にまとめて.一括して.〔考虑～办理的新办法〕一括処理の新しい方法を考える.

整票 zhěngpiào ①正価の切符.普通の大人の切符：子供・軍人などの割引切符に対していう.②高額紙幣.

整齐 zhěngqí ①整っている.整然としている.〔摆得很～〕きちんと並べて(おいて)ある.〔打扮得整整齐齐〕一分のすきもなくきちんとした身なりをする.②整える.〔～步调〕歩調をそろえる.③大小,長短ほぼ同一で,そろっている.〔出苗～〕苗の生え方がそろっている.→〔齐 qí 截〕

整千整万 zhěngqiān zhěngwàn 〈喻〉多数の.何千何万という.〔～的人〕大勢の人.何万という人.

整钱 zhěngqián 端数のない(大きい)金額.

整儿 zhěngr ⇒〔整块〕

整人 zhěngrén 人をいじめる.人をひどい目にあわせる.〔这是要变着法儿压人,～哪〕これは形を変えて人を押さえつけ,人をいじめようというのだ.→字解⑤

整日 zhěngrì まる一日.〈方〉〔～价 jie〕〈方〉〔～家 jiā〕とも言う.〔～整夜〕まる一昼夜.→〔整天〕

整容 zhěngróng ①容貌を整える.美容整形する.〔～医生〕整形医師.〔～术〕(美容)整形手術.〔～镜〕姿見.等身大の鏡.②理髪・顔そり.美容(をする).③〔劇〕(京劇で)武芸のたしなみある女役が頭から額にかけて垂らしている飾り：

zhěng〜zhèng

毛糸の丸い玉に小さな鏡がさがっている.④遺体を清め整える.〔〜工〕遺体の容貌を整える作業員.送り人.

整身 zhěngshēn ①全身.〔〜像〕全身像.→〔半bàn 身〕 ②〈文〉身なりを正す.きちんとする.またその姿.

整生日 zhěngshēngrì (50歳とか60歳などの)端数のない年齢の誕生日:それ以外の誕生日は〔散 sǎn 生日〕〔小生日〕という.

整式 zhěngshì 数整式.

整饰 zhěngshì 整え飾る.きれいに美しくする.

整售 zhěngshòu まとめて売る.まるごと売る.

整数 zhěngshù ①=〈方〉整儿〕まとまった数.はしたのない数.〔凑 còu 成〜〕集めてきりのいい数にする.→〔成 chéng 数〕〔零 líng 数〕 ②数整数.→〔小 xiǎo 数〕

整水器 zhěngshuǐqì 浄水器.

整死 zhěngsǐ ①いじめ殺す.〔我爹让他给〜了〕ぼくのおとうちゃんはあいついにいじめ殺された.②徹底的にやりこめる.

整肃 zhěngsù ①〈文〉厳粛である.〔法纪〕法規が同前.②引きしめ整える.威儀正しい.〔〜衣冠〕衣冠を正す.③粛清(する).追放(する).〔解除〜〕パージを解く.

整速轮 zhěngsùlún 等速度調節ギア(歯車)

整套 zhěngtào ①ひとそろい.一セット(の).全部(の).〔〜设备〕全 quán 套設備.⑪設備一式,一揃いの設備(の全部).〔〜〜家具〕家具一セット.〔他有〜想法〕彼はあれこれまとめた考え方を持っている.→〔全 quán 套〕

整体 zhěngtǐ (一つの集団または物事の)全体.〔〜利益〕全体の利益.〔分不开的〜〕分割できない統一体.〔〜上看,没错〕全般的に見れば,まちがいはなかった.〔〜厨 chú 房〕システムキッチン.〔〜浴室〕ユニットバス.〔〜观念〕事物を一つの総体としてとらえる考え方.中医身体各部を有機的全体の一部分とする考え.

整体结构 zhěngtǐ jiégòu ①全体の構造.構造全体.②一体構造

整天 zhěngtiān まる一日.一日中.〔〜整夜〕一日一晩.四六時中.〔〜咳 kē 嗽〕ずっとせきをしている.→〔成 chéng 天〕

整天价 zhěngtiānjie〔整天家〕とも書く.〈方〉一日中.

整托 zhěngtuō ⇒〔全 quán 托〕

整尾 zhěngwěi 魚の一尾まるのまま.

整形 zhěngxíng 医整形する.〔〜外科〕整形外科.〔〜美容手术〕美容整形手術.→〔整容〕

整休 zhěngxiū ①整え休む.②全日休(する).

整修 zhěngxiū 修理する.〔〜水利〕水利の改修工事をする.〔〜房屋〕家屋を修繕する.

整宿(儿) zhěngxiǔ(r) ⇒〔通 tōng 宿〕

整训 zhěngxùn (人員の)整頓と訓練(する).〔〜干部〕幹部を再教育・訓練する.

整夜 zhěngyè =〔竟 jìng 夜〕まる一晩.夜じゅう.

整页 zhěngyè ページ全体.全紙.

整银子 zhěngyínzi〔整锭〕

整月 zhěngyuè まるひと月.

整还田 zhěngzhái huántián (農村で)一戸建てを集合住宅にし,空いた土地を農地に戻すこと:〔退tuì 宅还田〕ともいう.

整张 zhěngzhāng 全紙.(紙など)1枚まるごと.

整整 zhěngzhěng ちょうど.きっちり.まるまる.〔〜住了三天〕ちょうど3日間泊まった.〔〜有一百个〕きっちり100個ある.〔〜增加一倍〕ちょうど倍に増える(2倍になる)

整枝 zhěngzhī 農整枝・せん定(する)

整治 zhěngzhì ①処置する.修理する.〔车子出了毛病都是他自己〜〕車が故障した時にはいつも彼が自分で修理する.〔他们〜了低洼地和宅边荒地〕彼らは低湿地と宅地沿いの荒地を整地した.②痛い目にあわせる.こらしめる.〔我非得〜〜他〕どうしても彼を一つこらしめてやらねばならない.〔他太淘 chāng 狂了,要好好地〜他一下〕あいつはひどく増長しているから,いっぺんこってりやっつけてやらぬといかん.

整注 zhěngzhù ⇒〔孤 gū 注〕

整装 zhěngzhuāng 服装を整える.旅の仕度を調える.〔〜待发〕成服装を整え,出発を待つ.〔〜待命〕成〜装備を調え,下命を待つ.

整庄 zhěngzhuang〔整桩〕とも書く.〈方〉まとまっている.ばらばらでない.〔事情〜就好办〕仕事はまとまっていた方がやりやすい.

[正] zhèng ①(位置・方向が)正しい.偏していない.〔〜南〜北〕真南真北.〔〜前方〕まっすぐ前(の方に).〔把帽子戴〜〕帽子をまっすぐにかぶりなさい.〔这相片挂得不〜〕この写真はゆがんでかけてある.→〔歪 wāi〕〔斜 xié ①〕 ②(位置が)真ん中の.〔〜院 ①〕中庭.〔〜房〕③表の.正面の.④〔〜面反面〕表面と裏面.〔〜反两方面的经验〕正面(成功)と反面(失敗)の両方の経験.④正当である.節操がある.〔公〜〕公正である.〔〜理〕正しい道理.〔品行端〜〕品行方正である.〔刚 gāng〜〕剛直である.〔行得〜,走得直〕行いが正しく,歩む道もまっすぐである.⑤(色や味に)まじり気がない.純正である.〔〜红〕純紅色である.〔味儿不〜〕におい(味)が変じた.〔颜色不〜〕色がおかしい.〔这块兰布布颜色〜〕この紺色の布は色は純正である.⑥きまりにかなう.規準に合う.⑦(位置を)正しくする.〔他〜〜帽子,走了出去〕彼は帽子を正して出ていった.⑧(思想・行動を)正す.〔〜人心〕人の心を正しくする.⑨(間違いを)直す.正す.〔改〜〕改正する.〔校〜错误〕誤字を正す.〔以〜视听〕もって見聞を正す.〔请你给我〜一〜音〕わたしの発音を直して下さい.⑩主要な.正となる:付帯的でないこと.〔〜主任〕正主任.〔〜科长〕正課長.〔〜室〕正夫人.〔〜印〕正印.→〔副 fù 印 ②〕〔主 zhǔ ②〕 ⑪(幾何の形の各辺・各角・各面が)等辺・等角・等面(の).〔〜方形〕正方形.〔〜六角形〕正六角形.⑫数(負に対する)プラスの.〔〜〜比例〕〜数数比ふ負けて〕負正負得 dé 〜〕負数に負数をかけると正数になる.⑬(時刻が過不足なく)ちょうど…時.〔〜午〕正午.〔〜〜〕整⑧〕⑭ちょうど.きっちり.まるで.正に.まさしく.〔〜对面〕ちょうど真向かい.〔〜合适〕ぴったりである.〔〜是他〕正に彼だ.〔来的〜是时候〕いいところに来た.〔你的话〜中 zhòng 要害〕あなたの話はまさしく急所を突いている.〔问题〜在这里〕問題は正にここにある.〔他说的〜对我的意思〕彼が言った話はまさにわたしの考えにぴったりだ.→〔整 zhěng ⑦〕⑮ちょうど…している.…しているところに.〔他〜在吃饭〕彼がちょうど食事している,〔那时外面〜下雨时,外ではちょうど雨が降っていたところだった.→〔正在〕 ⑯〈姓〉正(じょう). → zhēng

正白 zhèngbái〔八旗旗〕⑤純白の.

正版 zhèngbǎn 正規版:著作権に基く版.〔〜软件〕正規のソフト.→〔盗 dào 版〕

正榜 zhèngbǎng 旧郷試における合格者の正式正格(公示)をいう.〔〜副 fù 榜〕〔科 kē 举〕

正北 zhèngběi 真北.

正本 zhèngběn 正本.原本.〔条约的〜和副本〕条約の正本と写し.〔副 fù 本〕 ②(書物などの)

正
zhèng

原版.初版. ③〈文〉根本を正す.[～清源的解决办法]根本的な改革(改案)する解决方法.
正比 zhèngbǐ ①比例・正の相関関係. ②[数]正比例.[～例lì]同商.
正编 zhèngbiān 正編.→[续 xù 编]
正步 zhèngbù [军]正規の步調.[～走]步調とれ!
正裁判 zhèngcáipàn [又]主審:[主 zhǔ 裁判]ともいう.[副 fù 裁判]
正餐 zhèngcān 正餐(さん).ディナー.正式な午餐または晩餐.
正册 zhèngcè ①帳簿·文献の正編:[副 fù 册][另 lìng 册]に対していう. ②[旧]良民の戸籍.
正茬 zhèngchá [農]輪作の中での主な作物.
正产 zhèngchǎn 正常出産.
正常 zhèngcháng 正常である.[～状态]正常な状態.[～股利]普通配当.[经]普通配当.[～进行]あたりまえに取り行う.[按～]正常に復する.[不～的关系]男女間の不正常な(よこしまである)関係.
正常化 zhèngchánghuà ①正常化する. ②[工](金屬熱加工の)焼鈍(どん).やきなまし.
正长石 zhèngchángshí [鉱]正長石.カリ長石の一.→[长石][钾 jiǎ 长石]
正长岩 zhèngchángyán [鉱]閃長岩.
正衬 zhèngchèn →[反 fǎn 衬]
正齿轮 zhèngchǐlún =[方]圆 yuán 柱(形)齿轮][直 zhí 齿轮][机]歯車.スパーギア.
正出 zhèngchū ⇒[嫡 dí 出]
正词法 zhèngcífǎ [語]正書法:単語や発音表記の書き方の规则.
正大 zhèngdà 正大である.何ら恥じることのない.[～光明][成]公明正大:[光明正大]ともいう.
正旦 zhèngdàn [劇]①女形:[青 qīng 衣 yī]ともいう.旧劇で,賢妻,節婦などに扮する主役の女役.→[正生][旦(II)]
正…… zhèngdāng 正……ちょうど……の時にあたる.[～其时](今が)正に(なすべき)その時である.→zhèngdàng
正当年 zhèngdāngnián ①少壮有為の年齢. ②ちょうど年ごろ.
正当时 zhèngdāngshí ちょうどいい時節.[秋分种麦～]秋分の頃は麦をまくのに丁度よい時期だ.
正当中 zhèngdāngzhōng ちょうどまん中:[正中]ともいう.
正当 zhèngdàng ①正当である.合理合法である.[～防卫]正当防衛.[～的要求]正当な要求.[如无～理由,不准请假]正当な理由がなければ休暇は許可しない. ②(人柄が)きちんとしている.端正である.[为人～]品行方正. → zhèngdāng
正道 zhèngdào ①大通り.幹線道路.[从～走远一点儿]大通りから行くと少し遠くなる. ②[喻]正道.正しい道:[正路①]と同じ.→[邪 xié 道]
正道 zhèngdao ⇒[正派]
正灯 zhèngdēng "元宵"当日をいう:前日を[试灯],翌日を[残 cán 灯]という.[元 yuán 宵节]
正点 zhèngdiǎn ①(運航上の)定刻.定時.[～行车]車を予定時間通りに運行する.[～到达]定刻に到着する.→[晚 wǎn 点][误 wù 点] ②[口](女性の容貌が)流行にぴったり合っている.仕草に水際立っている.
正电 zhèngdiàn =[阳 yáng 电][物]陽電気(正電気).↔[负 fù 电]
正殿 zhèngdiàn (宮廷などの)正殿(本殿).↔[便 biàn 殿]
正电荷 zhèngdiànhé [物]正電荷.ポジティブチャージ:[阳 fù 电荷]ともいう.↔[负 fù 电荷]
正电子 zhèngdiànzǐ =[阳 yáng 电子][物]陽電子.ポジトロン:[阳 yáng 电子]ともいう.[～发射断层扫描][医]ポジトロン断層撮影法:癌の診断にも利用される組織検査法の一.
正丁酸 zhèngdīngsuān [化]酪酸.
正断层 zhèngduàncéng [地]正断層.
正多边形 zhèngduōbiānxíng [数]正多角形:[正多角形]ともいう.
正儿八经 zhèng'érbājīng ⇒[正经八百]
正耳刀 zhèng'ěrdāo(r) [言]=[右 yòu 耳刀(儿)]
正二八摆 zhèng'èrbābǎi ⇒[正经八百]
正法 zhèngfǎ ①〈文〉正しい法則(きまり). ②処刑(死刑を執行)する.[就地～]その場で処刑する.
正反 zhèngfǎn 正と反.肯定と否定.賛成と反対.
正反合 zhèngfǎnhé [哲]正反合.
正反应 zhèngfǎnyìng [化]プラスの反応.物質生成に向かう反応.
正犯 zhèngfàn 正犯.主犯.→[从犯]
正方 zhèngfāng ①[数]④正方.真四角.[～形 xíng]正方形.③正立方. ②[一体]正立方体. ②(弁論·ディベートで)肯定派.賛成派.→[反 fǎn 方]
正房 zhèngfáng =[正屋][上 shàng 房]③屋][堂 táng 屋][建]母屋·本屋:[四合房(儿)]の正面の棟をいい,原則的には北側(の中央)にあり南向きである.→[妻 qī 房]
正份儿 zhèngfènr 〈口〉①もともと.本分のこと.[～你就不机灵,还装傻]もともとおまえはりこうじゃないのに,馬鹿のまねをしなくたってさ. ②ちょうど……のところに.
正风 zhèngfēng きちんとしている気風.
正佛 zhèngfó 本尊.
正负 zhèngfù ①[数]正と負.[～数]正数と負数. ②陽と陰.プラスとマイナス.[～电气]陽電気と陰電気.[～电子对撞机][物]衝突型加速器.電子·陽電子コライダー.
正高 zhènggāo [正高级]の略.上級職の中で更に高級の職総称:[副高级](副教授·副研究員など)に対して教授·主任研究員などをいう.
正告 zhènggào 厳正に告げる.厳しく申し渡す.
正割 zhènggē セカント:[西 xi 根]は旧音訳.
正格 zhènggé 〈方〉①まじめである.偽りのない.[咱们谈～的]まじめな話をしましょう.→[正经①]
正宫 zhènggōng ①=[六 liù 宫②] ②[旧]皇后:[～娘 niáng 娘]の略.[东 dōng 宫][西 xī 宫]と区別していった.
正鹄 zhènggǔ 〈文〉①弓の的(の真ん中にある黒点). ②[転]正しい目標.
正骨 zhènggǔ [中医]骨つぎをする.整骨する.[～科]接骨科.整骨科.
正观音 zhèngguānyīn [圣 shèng 观音]
正规 zhèngguī 正規である.[～学校]正規の学校.[～化]正規化する.[～教育]正規の教育.[～军]正規軍.→[杂 zá 牌军]
正轨 zhèngguǐ 正常な軌道.正当な筋道.[走上～]事がらが正しい軌道に乗って動きはじめている.[纳入～]正しい道筋に入れる.[逸出～]正道を踏みはずす.
正果 zhèngguǒ ①=[圣 shèng 果](仏教で)本当の悟り.悟道.成就.[终成～]ついに成就があった. ②あるべき帰結.
正好 zhènghǎo ①ちょうどよい.[他来得～]彼の来方はちょうどよかった(ちょうどよく来た). [这项帽子我戴～]この帽子はわたしにはちょうどよい. ②=[恰 qià 好]ちょうどよく.折よく(あしく).[下班的时候,～下大雨]退社の時刻によく大雨でした. [我到办公室的时候～老王也在那儿]わたしが事務室についたところ,折よく王さんもそこにいた.
正号(儿) zhènghào(r) プラス符号"+".↔[负

fù 号(儿)] →[加 jiā 号]
正荷 zhènghè 電正の電荷.
正极 zhèngjí ⇒[阳 yáng 极]
正交 zhèngjiāo 数直角(垂直)に交わる.
正脚背踢球 zhèngjiǎobèi tīqiú 区(サッカーの)インステップキック.
正教 zhèngjiào 宗ギリシア正教(会).東方教会:[东 dōng 正教].
正襟危坐 zhèngjīn wēizuò 〈成〉襟を正して正座する.かしこまって座る.
正经 zhèngjīng 图[十 shí 三经]の別称.[~正史]十三经と二十四史.
正经八百 zhèng·jīng bābǎi [正经八摆]とも書いた.<ド>①まじめであること.ちゃんとしていること.[吃不上~的面条](ろくでもないものばかりで)まともなうどんは食べられない:[正儿八经][正儿八巴经][正二八摆]と[正经八本][正经八道][正经八经][正南巴北]ともいう.
正经 zhèngjīng ①真面目である.まともである.[不~]④不真面目である.まともでない.①(女)小人だらである.[正正经经地]まともに真面目に.文句なく立派に.[~人]真面目な人.まっとうな人.[~话]真面目な話.[~的]規準に合っている.正式である.[~货]まともな品.[他现在没有~工作]彼は今まともな仕事がない.[他的中文不是~学的]彼の中国語はちゃんと学んだのじゃない.[把钱用在正经地方]金を正当な所に使う.<方>確かだ.本当の.[这黄瓜长得还~不错呢]この胡瓜(ﾎﾟ)は本当によく成長している.
正净 zhèngjìng →[净(II)]
正剧 zhèngjù 劇正劇.ドラマ:近代の演劇形式で悲劇·喜劇の両方の要素を持つ.
正角(儿) zhèngjué(r) [正脚]とも書く.劇(旧劇の)主役.
正军(户) zhèngjūn(hù) 元明軍務に徴される者.壯丁:2,3戶で一人を出した.金を出して兵役を免れる者を[貼 tiē 軍(戶)]という.
正楷 zhèngkǎi =[正书][正体②](正体)の楷書.→[楷书]
正考官 zhèngkǎoguān 旧科挙の正試験官.→[考官]
正客 zhèngkè 主賓.↔[陪 péi 客]
正课 zhèngkè ①(学校などで)主要な課目:国語·算数·外国語など.②旧正規の租税.
正蓝 zhènglán 色鮮やかな青色(の).
正离子 zhènglízǐ =[阳 yáng 离子]物陽イオン.カチオン:[阳游子]も使う.↔[负 fù 离子]
正理 zhènglǐ 正しい道理.[这样办倒是~]そうやるのがまあ正しい道理というもんだ.
正梁 zhèngliáng 棟木(ﾟ)=[脊 jī 檩]に同じ.
正路 zhènglù ①正道.正しい筋道(順序).[那孩子不走~]あの子は道はずれのことをしている.②まとも.立派な.[~货]まともな品.規格品.→[地道①]
正论 zhènglùn 正論.
正门 zhèngmén 正門:[便 biàn 门][后 hòu 门]①[角 jiǎo 门(儿)]に対していう.[~正道]まっとうな手段·やり方.
正面 zhèngmiàn ①正面.[~图][主視图]正面図.[大楼的~有八根大理石的柱子]ビルの正面には8本の大理石の柱が立っている.→[側 cè 面];字解③.②表.[牛皮纸的~比较光滑]クラフト紙の表は比較的なめらかだ.→[背 bèi 面];字解③.③外観となる面.話の表面(ﾐ)ｻﾞ.[不但要看问题的~,还要看问题的反面]問題の表面を見るだけでなく,その裏も見なければならない.④

好ましい面.積極的な面.[~经验]肯定的な経験.[~报道]プラスイメージの報道.[~教育]積極的な面からの教育.↔[反 fǎn 面]⑤直接に.[有意见~提出来]直接意見を出す.
正面人物 zhèngmiàn rénwù 肯定される人物(像).価値を体現する人物.→[反 fǎn 面人物][中 zhōng 间人物]
正名 zhèngmíng 名を正す.大義名分を明らかにする.[~定分 fèn]〈成〉名分を明らかにする.
正南巴北 zhèngnán bābèi ⇒[正经八百]
正扭 zhèngniǔ →[八 bā 病]
正拍 zhèngpāi 区(テニスなどの)フォアハンドで打つ.
正牌 zhèngpái [-儿]本物.銘柄品.[~货]銘柄商品.
正派 zhèngpài =〈方〉正道 dao まじめである.きちんとしている.品行の正しい.[~的人~人,从来不做坏事]彼はまじめな人で悪いことをしたことがない.[她是不~的女人]彼女はふしだらな女だ.[作风~]態度がきちんとしている.
正片(儿) zhèngpiàn, ~piānr ①ポジフィルム(ポジ).→[正像①][负 fù 片]②(映画の)複写プリント.[拷 kǎo 贝②]ともいう.③(映画の)本編:同時上映の短編や予告編などに対していう.
正品 zhèngpǐn (工業製品の)規格品.合格品.純正品.[~马 mǎ 瑙]規格品に合っためのう.[~率]合格品率.→[次 cì 品][副 fù 品]
正妻 zhèngqī ⇒[妻]
正气 zhèngqì ①正しい気風.公明正大な態度.[~上升,邪 xié 气下降]正しい気風が勢いを増し,よこしまな気風がおとろえる.②正しさを貫く気概.信念を曲げない気概.③中医生命機能(総称)
正桥 zhèngqiáo 建橋梁本体.本体の橋:両端に地上高架部を持つ橋の構造で,川などをまたぐ架橋部.→[引 yǐn 桥]
正巧 zhèngqiǎo ちょうど.折よく(あしく).あいにく.[他来的时候~我在家]彼が来た時,ちょうど家にいた.[他~不在]~あいにく留守していた.→[正好][恰 qià 好]
正切 zhèngqiē 数タンジェント.
正寝 zhèngqǐn 〈文〉正式の居室:古代,祭祀や儀式を行う部屋.→[内 nèi 寝][寿 shòu 终正寝]
正取 zhèngqǔ 正式採用(する.になる).→[备 bèi 取][录 lù 取]
正确 zhèngquè 正しい.事実や規準に合っている.[~路线]正しい路線.[他的发音又清楚又~]彼の発音はすっきりしていて正確だ.[声调不太~]声調はあまり正確ではない.[~对待]正しく扱う.[这个提议是很~的]この主張はまことに道理にかなっている.→[准 zhǔn 确]
正然 zhèngrán 〈文〉ちょうど.まさに.
正人 zhèngrén 正しい人.まじめな人.[~君子zǐ]⓪聖人君子.人格者.
正人先正己 zhèngrén xiān zhèngjǐ 〈成〉人を正す前に自分を正せ.→字解⑧
正日(子) zhèngrì(zi) (式)当日.
正如 zhèngrú ⇒[恰 qià 如]
正三角形 zhèng sānjiǎoxíng 数正三角形:[等 děng 角三角形][等边三角形]ともいう.
正色 zhèngsè ①〈文〉(青·黄·赤·白·黑など)純色.[~片]オルソ(整色性)フィルム.②厳しい顔つき(を示す).[~拒绝]厳しく拒絶する.
正身 zhèngshēn (替え玉でなく)本人.[验 yàn 明~]調べて本人であることを明らかにする.→[本 běn 人]
正生 zhèngshēng 劇(旧劇で)男役の主役:忠臣·賢

正

zhèng

相などに扮する役.〔正旦〕の対.
正矢 zhèngshǐ 数正矢(ぜい):余弦との和が1となる数.
正史 zhèngshǐ 正史:史記・漢書など(国家事業として編纂された)紀伝体の歴史書〔二十四史〕をいう.
→〔稗 bài 史〕〔私 sī 史〕〔外 wài 史〕〔野 yě 史〕〔雑 zá 史〕
正式 zhèngshì 正式(の・に).〔~访问〕公式訪問.〔~职工〕正社員.正規職員.〔~婚姻〕正式の婚姻.〔脱离~关系〕正式に関係を離脱した.〔~网站〕電車オフィシャルサイト.公式サイト.〔~声明〕公式声明.公式に声明する.〔~邀请〕正式招請(する).〔我的日语不是~学的〕わたしの日本語は正式に勉強したのではない.
正视 zhèngshì ①(逃げずに)正視する.まともに見る.〔应当~现实〕現実を正視しなければならない.②正面から見る.→〔图〕〔正面图〕立面図.
正事 zhèngshì 〔~儿〕まともな事.まじめな事柄.〔~要紧〕本来の仕事が大切だ.
正室 zhèngshì ⇒〔妻 qī〕
正适 zhèngshì ①ぴったり適合する.②時期がよくかなっている.
正是 zhèngshì 正に(ちょうど)…である.正にそのとおりだ.〔~时候儿〕ちょうど予定の時間(ころあいの時間)である.〔~这样〕まったくその通りだ.〔不是别人、~他〕ほかの人でなく、まさに彼だった.〔~我们需要的那种〕正にこれが我々の欲しかった種類だ.→字解⑭
正手 zhèngshǒu ①主たる人.主要当事者.→〔副 fù 手〕②きき手:右手の人が多い.③国(テニスなどの)フォアハンド.→〔反 fǎn 手③〕
正书 zhèngshū 正楷.
正数 zhèngshù 数正数.↔〔负 fù 数〕
正税 zhèngshuì ①本税:〔附 fù 加税〕に対していう.②回主要な税.
正态分布 zhèngtài fēnbù 数正規分布:〔高 gāo 斯分布〕(ガウス分布)ともいう.
正太太 zhèngtàitai ⇒〔大 dà 太太〕
正堂 zhèngtáng ①(最も主要な部屋である)中央の広間.②府県の長官の称.
正题 zhèngtí 本題.主題.〔转入~〕本題に入る.〔离开~〕本題からそれる.
正体 zhèngtǐ ①規範とされる字体(漢字).〔~字〕正字.〔反〕正体字.(漢字の)楷書体に〔正楷〕に同じ.③(表音ローマ字)の印刷体.
正厅 zhèngtīng ①中央ホール.②劇場の正面さじき.
正统 zhèngtǒng ①国(封建王朝の)皇統.②(党派・学派・宗派等の)嫡流.〔~派〕正統派.③正統である.〔思想很~〕考え方がオーソドックスである.
正头娘子 zhèngtóu niángzi ⇒〔大 dà 太太〕
正头香主 zhèngtóu xiāngzhǔ ①当主.〔你父亲一死,你就是~〕お父さんが亡くなれば、きみが当主だ.②〈転〉当事者.
正途 zhèngtú ①正しい筋道.まっとうな生き方.②試験に及第して任用したものの称.〔~出身〕試験を受けて採用になった経歴.→〔捐 juān 班出身〕
正文 zhèngwén 〔~儿〕①(書物の)本文.②〈方〉まじめ(さ)
正握 zhèngwò 国(鉄棒の)順手.オーバーグリップ:〔反 fǎn 握〕は逆手.〔反〕~かた逆手.
正屋 zhèngwū ⇒〔正房〕
正午 zhèngwǔ 正午.午後零時:〔中 zhōng 午〕〔方〕晌 shǎng 午〕ともいう.
正误 zhèngwù ①(文字などの)正と誤.②(文字の)誤りを正す.〔~表〕〔勘 kān 误表〕正誤表.

正弦 zhèngxián 数サイン.〔~波〕正弦波.〔~曲线〕正弦曲線.〔~板〕機サインバー.
正相反 zhèngxiāngfǎn 正反対である.ちょうど反対である.〔方向~〕方向は正反対だ.
正像 zhèngxiàng 正しい映像.陽画.
正像 zhèngxiàng ①(写真の)正像.陽画.ポジティブ.↔〔负 fù 像〕②⇒〔好 hǎo 像〕
正相眠 zhèngxiàng shuìmián 生理ノンレム睡眠:〔慢 màn 波睡眠〕に同じ.
正形儿 zhèngxíngr 〔方〕まともさ.あるべき姿.〔这么大了还没~〕こんなに大きくなってまだ子供みたいだ.
正凶 zhèngxiōng 法(殺人事件の)主犯.↔〔帮 bāng 凶②〕
正言 zhèngyán 〈文〉①正しい言葉.道理に合う話.②直言する.③言葉がおごそかである.〔~厉色〕〈成〉言葉を正し厳しい態度をとる.→〔正颜厉色〕
正盐 zhèngyán 化正塩.中性塩:〔中 zhōng 性盐〕ともいう.
正颜厉色 zhèngyán lìsè 〈成〉厳しい顔つきをする.〔~地谴责对方〕厳しい顔つきで相手をとがめる.→〔正言〕
正眼 zhèngyǎn まともに(対応する態度で)見ること.
正阳门 zhèngyángmén 北京内城の正門:俗に〔前 qián 门〕という.→〔里 lǐ 九外七〕
正业 zhèngyè 正業.まともな仕事.〔不务~〕まともな仕事をしない.
正义 zhèngyì ①正義(の).〔~感〕正義感.〔主持〕(社会の)正義を守る.〔伸张〕正義を広める.〔~的事业〕正義の事業.②〈文〉正しい意味.〔史记~〕史記正義.
正音 zhèngyīn ①正しい字音.②発音の誤りを正す.③標準となる発音.
正用 zhèngyòng 正当な使いみち.
正圆 zhèngyuán 正円(真円)
正在 zhèngzài ~…している.いまちょうど…中である.〔他~吃饭呢〕彼はちょうどどはんを食べている.〔事态~进一步发展〕事態はますます進んでいる.→字解⑮
正则 zhèngzé 正則(の).正規(の).〔~投资〕匪正当な貨物投棄:危険に際し、荷主の承認のもとに貨物を海中に投ずること.
正张 zhèngzhāng 回新聞の主ページ(ニュース記事の載るページ):文芸やコラム記事を扱う〔副张儿〕に対していう.
正支 zhèngzhī 直系の家筋:〔长 zhǎng 房长子〕(長男家の長男)をいう.
正直 zhèngzhí (性質が)まっすぐである.節操正しい.〔~无私〕公正で私心がない.〔为人~〕人柄が正しくまっすぐだ.
正值 zhèngzhí ちょうど…の時にあたる(あたって).〔~桃花盛开的时分〕ちょうど桃の花が咲きほこっている時にあたる(あたって)
正职 zhèngzhí ①正の職位:補佐の副に対していう.→〔副 fù 职〕②本業.〔副业〕
正中 zhèngzhōng 真ん中.中央:〔正当中〕ともいう.
正中下怀 zhèng zhòng xiàhuái 〈成〉まさに望んでいたとおりになる.〈転〉まさに思うつぼ.ちょうど希望どおり.〔这倒正中了彼の思うつぼ〕
正转 zhèngzhuàn 正規の向きに回転する:時計の針の場合は右回り.↔〔反 fǎn 转〕
正传 zhèngzhuàn ①(語り物の)本文.本筋.〔言归~〕〈成〉話は本筋にたち戻る.②正式の伝記.
正装 zhèngzhuāng 服正装.→〔休 xiū 闲装〕

zhèng

正字 zhèngzì ①楷書の別称:〔楷kǎi书〕に同じ.②正字.標準字形:〔正体字〕ともいう.〔~法〕正書法.→〔俗 sú 体〕②字形を正す.

正宗 zhèngzōng 正統(の).本場(の).〔少林拳的~传 chuán 人〕少林寺拳法の正統の伝承者.〔~的川菜〕本場の四川料理.

正座 zhèngzuò ①〔-儿〕劇場の舞台正面の席.②⑤皇席が座る椅子.③乗り物の正規の座席.

〔证・證〕 zhèng
①証明する.あかす.〔论~〕論証する.〔考~〕考証する.あかし.証拠.証明書.〔身份~〕身分証.〔通行~〕通行証.〔以此为~〕これを証拠とする.〔物~〕法物証.③中医症状(発熱や下痢など):その現れ方(陰証・虚証・表証など),脈くだりなどが適応する症候群(葛根湯症・小柴胡湯症など).〔病 bìng ~〕同則.

证词 zhèngcí 証言.証明する説明.⇒〔证言〕

证候 zhènghòu ①⇒〔症候①〕②〈転〉あかし.しるし.

证婚 zhènghūn 結婚式に立会い証明人となる.〔~人〕婚礼立会人.

证监会 zhèngjiānhuì ⇒〔中 zhōng 国证券监督管理委员会〕

证件 zhèngjiàn (身分・経歴などの)証明書.証拠書類.

证交所 zhèngjiāosuǒ 〔证券交易所〕の略称.

证据 zhèngjù 証拠.よりどころ.〔~确凿〕証拠が確実である.〔~不足〕証拠が不足である.

证明 zhèngmíng 証明(する).〔~人〕証人.②証明書.証明の手紙.〔医生~〕(届けなどに付ける)医者の診断書.

证明书 zhèngmíngshū 〔凭 píng 证〕証明書.証文.〔健康~〕健康証明書.〔成绩~〕成績証明書.〔原产地~〕原産地証明書.

证明信 zhèngmíngxìn (所属機関が出す)証明信書.

证券 zhèngquàn 歯有価証券.〔~交易所〕証交所〕証券取引所.〔~市场〕証券市場.〔~承销商〕〔~包销商〕アンダーライター.引受業務.〔~组合〕ポートフォリオ.分散投資の組合せ.

证人 zhèngrén ①法証人.→〔人证〕②(広く)証明する人.

证实 zhèngshí 事実であることを証拠だてる.〔得到~〕実証できた.

证书 zhèngshū 証書.証明書.〔结婚~〕結婚証明書.〔毕业~〕〔毕业文凭〕卒業証書.

证物 zhèngwù 法証拠物件.→〔物证〕

证言 zhèngyán 法証言.

证验 zhèngyàn ①⇒〔验证①〕②実際の効果.〔已经有了~〕すでに効果が上がっている.③証拠.あかしとなる物.

证章 zhèngzhāng 身分を証明するバッジ.

证照 zhèngzhào ①証明書か許可書(総称).②証明書に貼る顔写真.

〔怔〕 zhèng
〔方〕ぼんやりする.ぽかんとする.〔~一~〕同前.〔~~的さま.〔~住了~了半天〕しばらくぽかんとしている.→ zhēng

〔政〕 zhèng
①まつりごと.政治.〔专 zhuān ~〕独裁.→〔政权〕〔政务〕②政権.〔当~〕政権に当たる.〔执 zhí ~〕政権を握る.③政府機関の主宰する行政(事務).〔财~〕財政.〔民~〕民政.〔邮~〕郵政.〔党~分工〕党政と行政の分業.④団体や家族の切り回し.〔校~〕校務.〔家~〕家政.⑤〈姓〉政(セ)

政弊 zhèngbì 政治の弊害.

政变 zhèngbiàn 政変.〔发动军事~〕クーデターを起こす.

政柄 zhèngbǐng 〈文〉政治上の権力.政権.

政策 zhèngcè 政策.〔落实~〕政策を(確実に)実行する.〔放宽~〕政策による制限を緩める.〔掌握~〕政策を把握する.〔上有~,下有对策〕中央(政府)に政策があれば,地方(庶民)にはそれに対する策がある.〔~性亏损〕政府の政策によってもたらされた収支の欠損.

政出多门 zhèng chū duōmén 〔成〕政治中枢の統一的指導力が弱い:指示・命令がばらばらで,不統一なこと.

政党 zhèngdǎng 政党.

政敌 zhèngdí 政敵.

政法 zhèngfǎ 政治と法律.

政风 zhèngfēng 政府機関や政務担当者の仕事ぶり.態度.

政府 zhèngfǔ 政府.国家行政機関.〔中国~〕中国政府.〔中央~〕中央政府.〔地方~〕地方政府(地方自治体・庁舎).〔~贷款〕政府借款.〔~采购〕政府調達.〔~上网工程〕政府オンライン化プログラム.〔~主管部门〕主務官庁.

政纲 zhènggāng 政綱.

政工 zhènggōng ⇒〔政治工作〕

政躬 zhènggōng 〈文〉(大官に対して)あなたのご健康.

政纪 zhèngjì 行政上の規律.行政官の服務規定.

政绩 zhèngjì 官吏の政務上の業績.

政见 zhèngjiàn 政見.政治上の主張.〔持不同~者〕異なる政治見解を持っている人.

政教 zhèngjiào ①思想・政治教育.②〈文〉政治と宗教.政教分離.〔~一合一〕政教一体.

政界 zhèngjiè 政界.

政局 zhèngjú 政局.

政客 zhèngkè 政客.

政令 zhènglìng 政府の公布する法令.

政略 zhènglüè 国益.

政论 zhènglùn 政治評論.〔~家〕政治評論家.〔~文〕政治評論(論文)

政派 zhèngpài 政治上の派閥.

政企 zhèngqǐ 行政と企業.〔~分开〕同前の分離.

政区 zhèngqū 行政区:省(自治区・直轄市)・市(地)・县(区)・乡(镇)及び特別行政区がある.

政权 zhèngquán ①政権.〔傀儡~〕かいらい政権.〔夺取~〕政権を奪取する.②政権機関.〔政权机关〕ともいう.

政社合一 zhèngshè héyī →〔人 rén 民公社〕

政审 zhèngshěn 政治(的経歴)などの審査.

政事 zhèngshì 政治にかかわる業務.政務.

政坛 zhèngtán 政界.

政体 zhèngtǐ =〔政治制度〕政体:国家政権の組織形態.→〔国 guó 体〕

政通人和 zhèngtōng rénhé 〈成〉よい政治が行われ,人民の気持ちはやわらぐ.

政委 zhèngwěi →〔政治委员〕

政务 zhèngwù 政務.〔~繁忙〕政務が忙しい.〔~公开〕行政事務の公開.

政务院 zhèngwùyuàn 政務院:中国建国初期の国家最高行政機関.1954年国务院と改められた.

政协 zhèngxié ⇒〔中 zhōng 国人民政治协商会议〕

政学系 zhèngxuéxì 史民国初年のころの張群・黄郛ら国民党内の右翼政客グループ.

政要 zhèngyào 政府の要人.〔日本~〕日本の政府委員.

政治 zhèngzhì 政治:イデオロギー・思想などを指して使うこともある.〔~避 bì 难〕政治亡命.〔~标

biāo zhǔn〕政治的判断の基準.〔～表现〕政治的な態度と行動.〔～犯〕〔政工〕政治工作.政治指導業務.〔～家〕政治家.〔～解决〕政治の解决.〔～路线〕政治路線:政治目標に向かう行動準則.基本姿勢.〔～面目〕〔面貌〕本人の政治的立場・態度・社会的関係や政党・政治団体の所属.〔～骗子 piànzi〕政治屋.政治ペテン師.〔～权 quán 利〕政治上の権利.〔～体制〕政治体制.〔～文明〕(人類の)政治的成果:政治体制や法律・行政体系を含む.〔～性〕政治性.〔～学〕政治学.〔～运动〕政治運動:〔运动〕は略称.〔关心～〕政治に関心を持つ.

政治挂帅 zhèngzhì guàshuài〔成〕政治がすべてのものに優先する.政治第一:1958年に〔三面红旗〕時期と〔文革〕時期に強調されたスローガン.

政治教导员 zhèngzhì jiàodǎoyuán 中国人民解放軍の大隊級の政治工作(指導)員:通称[教导员].

政治委员 zhèngzhì wěiyuán 政治委员:略して[政委]ともいう.中国人民解放軍の[团](連隊)以上の部隊,あるいは一部の独立[营](大隊)の政治工作(指導)員.

政治协理员 zhèngzhì xiélǐyuán 人民解放軍・人民法院・人民检察院に必要に応じて設置される政治活動を行う人员.

政治协商会议 zhèngzhì xiéshāng huìyì ⇒〔中zhōng 国人民政治协商会议〕

政治指导员 zhèngzhì zhǐdǎoyuán 中国人民解放軍の中隊級の政治工作(指導)員:通称[指导员].

政治制度 zhèngzhì zhìdù ⇒〔制度〕

〔症(證)〕zhèng 病症.病気.〔病～〕同前.〔急 ～〕急病.〔痨 láo ～〕肺結核.〔对～下药〕病状に応じ処方する.→〔证③〕

症候 zhèng·hòu ①=〔证候〕①症状.病状.〔～群 qún〕医症候群.シンドローム.②病気.疾病.疾患.

症状 zhèngzhuàng (病気の)症状.病状.

〔钲・鉦〕zhèng 囮〔镄 fèi〕(フェルミウム)の旧名. → zhēng

〔郑・鄭〕zhèng ①囚春秋時代の国名:現在の河南省新鄭県一带.②〔姓〕鄭.(5)

郑声 zhèngshēng 固鄭の民謡:淫靡な音楽とされた:〔郑音 yīn〕ともいう.

郑学 zhèngxué 経学の流派の一.後漢の鄭玄(xuán)を祖とする.

郑重 zhèngzhòng 厳かで丁重である.〔～声明〕厳重に声明を出す.

郑重其事 zhèngzhòng qíshì〔成〕厳粛に物事に対処する.軽はずみにしない.重んじて行う.

〔诤・諍〕zhèng〔文〕直言して諫める.面と向かって忠告する.

诤臣 zhèngchén〔文〕君主を諌める家臣.

诤谏 zhèngjiàn〔文〕まっすぐ諫言する.忠告する.

诤言 zhèngyán〔文〕遠慮のない諫言.忠告の言葉.

诤友 zhèngyǒu〔文〕率直に諫めてくれる友人.

〔挣〕zhèng ①必死で束縛を抜ける.もがき脱け出す.〔他又扯 chě 绳 shéng ～开〕縛られた縄を振りほどく.〔硬～也没用〕無理でもむだだ.②働いて稼ぐ.力を費やして手に入れる.〔～外水〕副収入を稼ぐ.〔一个月～九百元〕月に900元稼ぐ.〔～多少花多少〕稼いだだけ使ってしまう.〔～面子〕努めて面目を保つ.→〔赚 zhuàn ①〕

挣绷 zhèngbeng〔方〕必死になって(縛られた縄から)抜ける.もがく(いてあばれる).〔他把绳子～开了〕彼は懸命になって縛(ばく)の縄から抜けた.

挣吃挣穿 zhèngchī zhèngchuān 衣食の費用を働いて稼ぎ出す.

挣揣 zhèngchuài ⇒〔挣闯〕

挣命 zhèngmìng 死ぬまいともがく.必死になってもがく.〔富人争名,穷人～〕金持ちは名誉のためにあくせくするが,貧乏人は生きるためにもがく.

挣钱 zhèngqián 金を稼ぐ.〔～养家〕金を稼いで家族を養う.→〔称 chèn 钱〕〔赚 zhuàn 钱〕

挣脱 zhèngtuō ふんばって脱げる.脱け出す.〔～枷 jiā 锁〕もがいて桎梏(しっこく)から脱け出す.

挣项 zhèngxiang 稼ぎ(の金高).〔每月～是不少,可是工作很忙〕每月の稼ぎは少なくないのだが仕事は大変忙しい.

〔挣・掙〕zhèng〔～闯 chuài〕〔白〕懸命にこらえる.もがく:〔挣揣〕ともいう.

〔铮・錚〕zhèng〔方〕(器物が)ぴかぴか光っている.〔玻 bō 璃擦得～亮〕ガラスがぴかぴかに拭いてある. → zhēng

zhi 业

〔之〕zhī (Ⅰ)〔文〕行く.至る.〔先生将何～?〕先生はいずこに行かんとするや.(Ⅱ)〔文〕①これ.それ.あれ:動詞あるいは介詞の目的語としてのみ用いられる.〔置～不理〕それを放置する.相手にしない.〔与～谈判〕これと談判する.〔言～有理〕それを言うのに道理がある.〔助～就学〕これ(彼)を助けて就学せしめる.②〈文〉この.その:指示代詞として名詞を限定する.〔～子〕この人.〔～子于归〕この子いま嫁ぐ.③語尾に用い,語気を整える.〔沛 pèi 然下雨,则苗浡然兴～矣〕雨沛然として降れば苗は浡然として起きる.〔不觉手之舞～,足之蹈～〕思わず手舞い足踊る:こおどりして喜ぶ.大変うれしいさま.④:…の.限定語に複音節の()と中心語の間に用いて,修飾関係を表す.⑥所属関係を表す.〔钟鼓～声〕鐘・大鼓の音.〔以子～矛,攻子～盾〕君の矛で君の盾を突く.⑥一般の修飾関係を表す.〔光荣～家〕名誉の家.〔无价～宝〕莫大な価値のある宝.〔意料～中〕予想通りの.〔十分～九〕十分の九.〔北大是中国著名大学～一〕北京大学は中国の有名な大学のひとつである.→〔的 de〕⑤主述構造の間に用いて,修飾関係を持つ語句に変える.〔战斗～激烈,难以想像〕闘いの激しさといったら想像もできないほどである.〔如水～就下〕水の低きに就くが如くである.〔兴～所适,到哪儿算哪儿〕興の趣くところ,どこに到ってもそれはそれである.

之后 zhīhòu (…の)後:時間または場所を表す.〔三天～〕三日後.〔他们走在队长～〕彼らは隊長の後ろを歩いている.②その後.以後:単独で文頭に用いる.〔～,开始了整风运动〕その整風運動が始まった.

之乎者也 zhī hū zhě yě〔喻〕文語をもったいぶって使うこと.学者ぶった固苦しい言い回しをすること.〔他又一起来了〕彼はまた文語口調をやり出した.→〔等 děng 因奉此〕

之极 zhījí (…の)極みである:程度の高いことを表す.〔无耻～〕もがいて破廉恥である.

之际 zhījì (…の)際.(…の)時.

之间 zhījiān (…の)間.範囲の内.〔26℃到30℃～〕26度から30度の間.

之类 zhīlèi ①…の類.…と類例のもの.〔鱼肉～的食物〕魚や肉の類の食物. ②=〔之流〕(…の)たぐ

zhī

い.やから.〔小偸、流氓~〕こそ泥とかチンピラとかのたぐい.
之流 zhīliú 同じ②.
之内 zhīnèi （…の範囲の）内.〔五年~〕5年以内.
之前 zhīqián ①（…の）前:時間または場所を表す.〔吃饭~要洗手〕ご飯の前には手を洗わなければならない.〔他们在队旗~举手宣誓〕彼らは隊旗の前で手を挙げて宣誓した.②その前.以前:文頭に用いる.→〔之后〕
之上 zhīshàng （…の）上.〔城门~〕城門の上.
之首 zhīshǒu （…の）第一位.〔万恶è~〕〈成〉諸悪の頭(かしら).
之所以 zhīsuǒyǐ （…の）理由は:〔是因为〕〔是由于〕などが後ろで呼応する.〔他~成功、是因为他十分勤奋〕彼が成功したのは、大へん勤勉であるからだ.
之死靡它 zhīsǐ mǐtā 〈成〉死んでもその志を変えない:〔至 zhì 死靡他〕ともいう.
之外 zhīwài （…の範囲の）外.〔一年~不再免费保修〕1年を過ぎたら無料修理はいたしません.
之下 zhīxià （…の）下.
之一 zhīyī （…の）一つ.〔三大文明~〕三大文明の一.
之中 zhīzhōng ①…の内側.（…の）中.②…の進行中.…しているところ.〔在百忙~〕お忙しい中.
之子 zhīzǐ →〔字解②〕
之字路 zhīzìlù 曲がりくねった道路.

〔**芝**〕 zhī 〖植〗ヒジリダケ(マンネンダケ)：〔灵 líng 芝〕の古名.①古書で〔芷 zhǐ〕を指す.→〔白 bái 芷〕②古書で〔兰 lán〕と並称される香草.→〔芝兰〕④〈姓〉芝〔l〕
芝艾 zhī'ài 〈喩〉貴賎.賢愚.〔~俱尽〕〔玉石焚〕貴重なものもつまらぬものも共に消滅する.
芝草 zhīcǎo ⇒〔灵 líng 芝①〕
芝加哥 zhījiāgē 〖地〗シカゴ.
芝兰 zhīlán 〈文〉芝蘭(らん).〈喩〉徳行の高いこと.才質の美しいこと.友情の厚いこと.環境の良いこと.
芝兰室 zhīlánshì 〈文〉美しい環境の感化力をたとえる:〔芝兰之室〕ともいう.
芝兰玉树 zhīlán yùshù ⇒〔兰玉〕
芝麻 zhīma ①=〔胡 hú 麻①〕〖植〗ゴマ、またその種子:〔脂麻〕とも書いた.単に〔麻(I)②〕ともいう.〔胡麻①〕は学名.〔大豆〕〔落花生〕〔油菜〕と並ぶ中国4大採油作物.また〔油菜〕〔荞 qiáo 麦〕とともに3大蜜源植物の一.〔~开花节节高〕ごまの花は上へ上へとさかんに咲いていく.〈喩〉社会的地位や生活水準が段々に高くなること.→〔亚 yà 麻〕②〈喩〉小さなもの（こと）.〔~大的事〕ごま粒のように細かい事.とるに足らぬ事.〔~官(儿)〕〔~绿 lǜ 豆官〕下っ端役人.
芝麻饼 zhīmabǐng ①〈食〉餡を入れ両面にごまをふりかけて焼いた菓子.②油をしぼった後のごまのかすを固めて焼いたもの(肥料)：単に〔麻(砧)饼〕ともいう.
芝麻酱 zhīmajiàng =〔麻酱〕〈食〉ゴマペースト.ごまをすりつぶしたもの.〔澥 xiè ~〕同před前にこれに水を少しずつ加えて薄くする.〔~面 miàn〕ゆで麺にこれと〔酱油〕〔醋 cù〕をかけ混ぜ合わせたもの：〔麻酱面〕ともいう.〔~烧 shāo 饼〕〔烧饼〕の一種：〔麻酱火烧〕ともいう.
芝麻秸(儿) zhīmajiē(r) ごまがら：〔芝麻秸杆儿〕ともいう.ごまの実をたたき落とした後の幹をいう.旧時、正月に〔松柏枝(儿)〕とともに門に掛けられ、後に焼かれる.
芝麻烧饼 zhīma shāobing 〈食〉ごまをふりかけた〔烧饼〕

芝麻糖 zhīmatáng =〔麻糖〕〈食〉あめ菓子の一種：ごまを飴で固めて細い棒状や板状などの形にしたもの.
芝麻盐 zhīmayán ごま塩(すりごまに塩を加えたもの)
芝麻油 zhīmayóu ごま油：〔麻油〕に同じ.〔香 xiāng 油〕〔小磨(儿)香油〕ともいう.
芝眉 zhīméi ⇒〔芝宇〕
芝泥 zhīní ⇒〔印 yìn 泥〕
芝宇 zhīyǔ =〔芝眉〕〈牍〉ご尊顔.→〔眉 méi 宇〕

〔**氏**(**氏**)〕 zhī ①〔大）月 yuè ~〕〔大）月支〕〖固〗トルコ族の国名:現在の甘粛省北方にあり、のち西方に移った.②〔阏 yān ~〕古代〔匈 xiōng 奴〕の〔单 chán 于〔君主〕〕の妻.→ shì

〔**浺**〕 zhī 〔~河〕〖地〗河北省南部にある.

〔**祇**〕 zhī〈文〉敬う.慎む.〔~候光临.〕〔牍〕慎んでご光臨をお待ちいたします.〔~颂台安〕慎んでご清祥をお喜びする.

〔**胑**〕 zhī →〔胼 pián 胑〕

〔**跂**〕 zhī →〔胼 pián 胑〕

〔**支**〕 zhī （Ⅰ）①全体から枝分かれした部分.〔分~〕支系.分岐.→〔支部〕②分散する.ばらける.→〔支离〕③行かせる.指図する(して…にやる).〔他们因为有秘密要商量就把服务员~走了〕彼らは秘密に相談しなければならないので、ボーイをはずさせた.→〔支使〕④（金銭を）支払う.受け取る.〔收~相抵〕収支が均衡する.〔每月~五百元的薪水〕月給500元を受け取る(支給する).〔预~一百元〕100元を前借り(前払い)する.⑤量詞.ⓐ部隊・隊伍を数える.〔一~军队〕一隊の軍隊.一つの勢力.〔一支文工队〕一隊の文芸工作隊.ⓑ棒状をなしたものを数える：〔枝②ⓑ〕とも書く.〔一~花〕一茎(茎)の花.〔一~蜡 là 烛〕ろうそく1本.〔一~步枪五百〕步枪500挺.〔一~铅笔〕鉛筆1本.〔一~香烟〕タバコ1本.〔一~牙膏〕チューブ入り歯みがき1個.ⓒ電灯の明かるさで(ワット)〔您要多少~光的何ワットの灯がご入用ですか.ⓓ繊維製品の太さ.番手.〔60~纱〕60番手綿糸.→〔支数〕ⓔ歌曲・楽曲を数える.〔两~新的乐曲〕2曲の新しい楽曲.
（Ⅱ）①（支柱などで）支える.つっかいをする.〔用棍子~起来〕棒でつっかいをする.〔~帐篷(ポールを立て)テントを張る.〔~窗户〕(窓わくを上の蝶つがいで支えられている)突きあげ窓を開ける(支えておく).〔~撑 chēng〕〔顶 dǐng ⑥〕②支持する.支援する.〔~农 nóng〕農業・農民を支援する.〔我~持你的意见〕ぼくは君の意見を支持する.③持ちこたえる.(崩れないよう)こらえる.〔乐不可~〕うれしくてたまらない.〔体弱不~〕体が弱いので耐えられない.④（上や外へ）ぴんと伸ばす.立てる.延ばす.〔~着耳朵听〕耳をそば立てて聞く.〔由上月~到本月，计划还订不出来〕先月から今月に延ばしても、計画はまだできていない.⑤〈姓〉支〔l〕
（Ⅲ）十二支 (子, 丑, 寅, 卯, 辰, 巳, 午, 未, 申, 酉, 戌, 亥)を〔地支〕〔支〕という：〔甲, 乙, 丙, 丁, 戊, 己, 庚, 辛, 壬, 癸〕を〔天干〕といい、〔天干〕に〔地支〕を配して年月日を表す.〔甲午〕〔辛亥〕など.
支边 zhībiān 辺境(西藏・青海・新疆など)の開発を支援する：〔支疆 jiāng〕ともいう.
支部 zhībù 党や団体の末端組織.支部.〔~生活〕支部の日常活動.〔~书记〕〔支书〕支部の責任者.キャップ.〔~委员会〕〔支委会〕(党などの)支部

支 zhī

委員会.
支差 zhīchāi 旧雑事の勤めをする.徴用に応じて働く.
支撑 zhī·chēng ①支える.つっかいをする.〔用文柱~着板墙〕杭で板壁を支える. ②持ちこたえる.なんとか支え保つ.〔他~着坐起来,头还在发晕〕彼はなんとかこらえて〔起き上がったが,まだひどくめまいがする.〔一家的生活由他一人~〕一家の生活を彼一人で支える.
支承 zhīchéng 支える.重さに耐える.
支持 zhīchí ①持ちこたえる.がん張る.支える.〔两腿~不住了〕両足は持ちこたえられなくなった.→〔顶 dǐng 住〕 ②支援(する).後押しをする.〔得到群众的~〕大衆の支持を受ける.〔工人的合理化建议〕労働者の合理的な提案を支持する.〔精神上的〕精神上の支持. ③電電サポート.〔支援〕ともいう.
支持器 zhīchíqì 機械.受け.〔歪轮~〕カムホルダー.〔牵力滑轮~〕テンションプーリーホルダー.
支出 zhīchū ①支出.支払い.〔一大笔~〕多額の支出.↔〔收 shōu 入②〕 ②支出する.支払う.
支绌 zhīchù 〔文〕金繰りがつかない.〔经费~〕経費が足りない.
支点 zhīdiǎn ①物支点. ②(活動・理論などの)中心.鍵となる点.
支店 zhīdiàn 〔分 fēn 店〕より小規模.
支队 zhīduì 軍①支隊.分遣隊.〔游击~〕ゲリラ分遣隊. ②臨時に組織される部隊.〔先遣~〕先遣部隊.
支对 zhīduì ①対処する. ②(お茶を濁して)答える.〔无言~〕無言で答える(答の言葉を発しない)
支付 zhīfù 支払う.支給(する).給付(する).〔~手段〕支払い手段.〔~方式〕支払い方法.〔~协定〕支払協定.〔~保证支票〕商支払保証小切手.
支根 zhīgēn ⇒〔侧 cè 根〕
支工 zhīgōng 労働者を支援する.
支行 zhīháng (銀行などの)支店.出張所:〔分行〕より小規模.
支颊 zhījiá ~〔文〕頤頰杖をつく.
支架 zhījià (構造を下から)支える. ②支える枠組.台.
支解 zhījiě ⇒〔肢解〕
支借 zhījiè ①金を借りる.前借りする. ②金を貸し付ける.
支局 zhījú 支局:〔分局〕より小規模.
支具 zhījù 医義足・義手・松葉杖・ギプスなど医療補助用具.
支款 zhīkuǎn ①(金銭)の受け取り・支払いをする. ②同額の金.
支款凭信 zhīkuǎn píngxìn ⇒〔信用状〕
支棱 zhīleng 〔口〕①立てる.直立する.ぴんと立つ.〔~着耳朵〕耳を立てる.耳をそばだてて.〔花儿~起来了〕花が盛りよがって来た.〔枝叶都支支棱 lēng 棱的樹木もぴんと張りきっている.
支离 zhīlí ①ばらばらである.そろっていない.〔~破碎〕ちりぢりばらばらである. ②(言葉や表現が)くどくどと煩わしい.まとまりがない.〔言语~〕話の筋道が立っていない.
支流 zhīliú ①支流.〔汉水是长江的~〕漢水は長江の支流である. ②〔喩〕副次的なもの.〔看问题要分清主流和~问题の本質と二次的な面を見分けなければならない.
支炉(儿) zhīlú(r) 〔炙 zhì 炉(儿)〕焙洛(儿)に類ろ穴のあけてある素焼きの瀬戸物の板で,烙 lào

zhī

饼)を焼くのに用いる. →〔铛 chēng〕
支路 zhīlù 支線道路.バイパス.
支脉 zhīmài 地(山脈の)支脈.
支那 zhīnà 旧シナ:インド・ギリシア・ローマなどにおける中国の呼称:〔秦 qín の転訛. ②〔震 zhèn 旦〕
支派 zhīpài 分派.支派:〔流 liú 派〕に同じ.
支派 zhīpai 指図する(して行かせる).〔不要乱~人〕むやみに人を指図してはいけない.
支配 zhīpèi ①支配する.指図する.〔思想~行动〕思想は行動を左右する.〔前边的动词~后边的名词〕前の動詞は後の名詞を支配する. ②段取りをつけて,割りふる.割り当てる.按配する.〔合理地~时间〕合理的な時間を割りあてる.〔~生产队的劳动力〕生産隊の労働力を割り振る.
支票 zhīpiào 小切手.チェック.〔~簿〕~本〕小切手帳.〔~票据〕函振り出し控え.〔保付~〕〕保証兑现(する)小切手.小切手.〔横线~〕〔划 huá 线~〕〔平行线~〕〔转 zhuǎn 账~〕線引小切手.横(の)線小切手.〔记名~〕〔抬头人~〕記名小切手.〔空 kōng 头~〕函空手形小切手. ⑤〔~换取手形.〔旅行~〕旅行小切手.トラベラーズチェック.〔无记名~〕〔见票即付~〕持参人払小切手.〔开~小切手を振り出す(切る).→〔票据①〕
支气管 zhīqìguǎn 生理気管支.〔~炎 yán〕医気管支炎.
支前 zhīqián ⇒〔支援前线〕
支渠 zhīqú 用水路の支流.→〔干 gàn 渠〕
支取 zhīqǔ (金銭)を受け取る.引き出す.〔~工资〕賃金を受け取る.〔~预金〕預金を引き出す.
支使 zhī·shǐ (あれこれ)命令する.指図する.〔~人〕人に命令する.〔把他~走〕彼を去らせる.〔钱~的〕金がそうさせたのだ.〔勤快人干活儿不等人~〕てきぱきした人は他人から言いつけられてから仕事をするようなことはない.
支书 zhīshū 〔支部书记〕の略称.
支数 zhīshù (糸の太さの)番手.→字脚(I)⑤④
支腾 zhīténg 〈方〉①持ちこたえる.間に合わせの始末をする.〔失业以后还得~着,真不容易〕失業してからもあれこれ持ちこたえているというのは,まったく容易ではない. ②繰り延べる.棚上げにする.
支(~)螺丝 zhī(~)wú 〔~螺 luósī〕〔固 gù 定螺钉〕
支委 zhīwěi 〔支部委员〕の略称.
支委会 zhīwěihuì 〔支部委员会〕の略称.
支吾 zhī·wú 言葉を濁す.ごまかしを言う.むにゃむにゃ言ってやり過ごす.逃げ口上を言う:〔支唔〕〔枝梧〕〔枝捂〕とも書いた.〔~其词〕〈成〉言葉をあいまいに言う.〔~了 liǎo 事〕言い逃れを言って済ましてしまう.〔~不过去〕言い逃れられない.〔一味~〕言い逃れようとばかりする.〔言语~,非常可疑〕言うこと逃げ腰で,全く怪しい.〔他~了几句,急急忙忙地走了〕彼はひとことふたこと茶を濁してそそくさと去った.〔用话~着他〕言葉で彼をごまかす.
支现 zhīxiàn (カードで)現金を引き出す.
支线 zhīxiàn (交通機関路線の)支線.〔~航空〕支線エアライン.コミューター航空.↔〔干 gàn 线〕
支训 zhīxùn (軍事)訓練や演習を支援する.〔拥军~〕(民間が)軍の訓練を支援する.
支颐 zhīyí ⇒〔支颊〕
支银 zhīyín 函①(銀行側が)現金を支払う. ②(預金者が)現金を受け取る.
支银凭信 zhīyín píngxìn ⇒〔信用证〕
支应 zhīyìng ①(供給のために)やりくりする.きりもりしてまかなう.〔那时候,光是吃饭,也~不下来〕あの頃は,食うだけでもやりくりがつかなかった.〔~糧草〕糧秣(まう)をあてがう. ②対応する.対処する. ③あしらう.いい加減に扱う.〔把他~回家去

zhī

了)彼をあしらって家へ帰らせた. ④当番をする.詰めて応接する.〔~门户〕留守番をする.〔留一个人~门〕門番に一人残しておく.

支援 zhīyuán ①支援する.援助する.〔捐钱～灾区人民〕金を寄付して,被災者を助ける.〔～农业〕農業を支援する.〔～前线〕〔支前〕前線(部隊)を援助する(こと).②電サポートする:〔支持〕ともいう.

支原体 zhīyuántǐ 生命マイコプラズマ.

支账 zhīzhàng 口座に振り込む.口座から引き落とす.

支招儿 zhīzhāor 横から助言をする.人のために知恵を出す:〔支着儿②〕とも書く.〔你别胡～,他自己有办法〕くだらない入れ知恵をするな,彼には彼の考えがある.→〔招儿〕

支着儿 zhīzhāor ①〔碁などで〕助言する.〔我们俩下一盘棋见个高低,诸位千万别～,我俩二人は一局面んで腕比べをしますからみなさん絶対に助言無用です.⇒〔支招儿〕

支拄 zhīzhù (金銭以外で)支援する.援助する.→〔资 zī 助〕

支柱 zhīzhù ①つっかい棒.支柱.〔用一根～顶在墙上〕つっかい棒をあてがって壁の上に固定した.〔～产业〕基幹産業.②〈喩〉支えとなるもの.中堅.〔他是一家的～〕あの人は一家の大黒柱だ.〔～产业〕基幹産業.→〔基 jī 干产业〕

支子 zhīzǐ (長子以外の)庶子.→〔别子 biézǐ〕

支子 zhīzi ①五徳(ξ).〔火支子〕ともいう.②支えるもの.受け台.③自転車スタンド.

支嘴儿 zhīzuǐr 〈方〉助言する.入れ知恵する.〔只替他们出个主意支支嘴儿〕彼らのために考えを出して助言してるだけだ.

支座 zhīzuò 建支え座.台.

[吱] zhī

〈擬〉固い物がこすれたり,ふれたりするときの不快な音.〔嘎 gā～〕ギシッ.〔咯～〕ギギー.〔咕 jī～咯 gē～〕ギシギシ(という音).〔喃nán 喃～咕 gū〕小声でぶつぶついう.→zī

吱嘍嘍 zhīlōulou 〈方〉鋭くきしむ音.ギリギリ:不快な鋭い音.〔院门一～一声开了,不知是哪一个出来了〕中庭の扉がギーと音がしてあくと,誰かが知らぬが出て来た.

吱扭 zhīniū 〈擬〉物がこすれてだす音.〔这个抽屉一拉就～～地响〕この引き出しは引き出す時にギーギー鳴る.

吱吱喳喳 zhīzhī chāchā 〈擬〉がやがや.ぺちゃくちゃ.

吱吱嘎嘎 zhīzhī gāgā 〈擬〉きしぎし:門や車がこすれる音.

[枝] zhī

①〔-儿〕木の枝.〔树 shù～〕同上.〔本固～荣〕〈成〉基礎がしっかりしていると細部まで充実をる.②量詞.ⓐ(花のついた)枝を数える.〔一～梅花〕一枝の梅の花.〔两～花〕ふた枝の花.ⓑ⇒〔支⑴⑶〕.③〈姓zhī〕→qí

枝杈 zhīchà 小枝.分かれ出た枝.

枝刺 zhīcì =〔枝针〕植茎针.枝针.茎刺:植物の枝に生えるトゲや針.〔皂荚 zàojiá〕(サイカチ)などの木にある.

枝繁叶茂 zhīfán yèmào 〔慣〕枝葉が茂る.

枝干 zhīgàn (樹木の)枝と幹.

枝接 zhījiē ⇒〔嫁 jià 接〕

枝节 zhījié ①〔喩〕根本でないこと.余分なこと.余計なこと:〔枝叶〕ともいう.〔枝枝节节〕ささいなこと.②〈喩〉派生した面倒.煩わしい事.〔～问题〕派生して起きた面倒.〔别生～〕別に厄介な事が起こった.

枝解 zhījiě ⇒〔肢解〕

枝枯病 zhīkūbìng 農枝枯れ病.

枝蔓 zhīmàn ①枝やつる.②〈喩〉くどくどしい.煩わしい.〔文字,不得要领〕文章がくどくど要領を得ない.

枝梢 zhīshāo こずえ.

枝条 zhītiáo 木の枝.細く長い枝.

枝头 zhītóu 枝の先.枝の上.

枝丫 zhīyā 小枝:〔枝桠〕も書く.〔枝杈〕に同じ.

枝叶 zhīyè ①枝と葉.〈転〉根本でないこと.余分なこと:〔枝节〕に同じ.〔砍倒大树,还怕～不死〕〈諺〉幹を伐ってしまえば,枝葉は生きられない.頭目を倒してしまえば子分など問題にならない.②〈喩〉子孫.

枝针 zhīzhēn =〔枝刺〕

枝子 zhīzi 枝.〔干树～〕枯れ枝.

[肢] zhī

①手足.四肢.動物の足:両手と両足をいう.〔四～〕という.〔上下～〕上下肢.〔四～无力〕手足に力がない.〔猴儿前～长,后～短〕猿は前足が長く,後足は短い.④〈文〉(人体の)腰部.〔腰yāo～〕腰(の部分)

肢端肥大症 zhīduān féidàzhèng 医末端肥大症.先端巨大症.

肢解 zhījiě 四肢をばらばらにする古代の極刑.〈喩〉ばらばらにする.解体する.〔～一个国家〕国家〈四分五裂させる〕:〔支解〕〔枝解〕とも書いた.

肢体 zhītǐ ①四肢と軀幹.身体.〔～行动〕実力行動:言論行動に対してデモなどをいう.②四肢.手足.

[䴓·鳾] zhī

䴓 zhīxī ⇒〔松 sōng 䴓〕

[汁] zhī

〔-儿〕汁.汁液.〔果～儿〕果汁.〔葡pú 萄～〕グレープジュース.〔乳～〕乳(ξ).乳汁.〔肉～〕肉汁.〔墨 mò～〕墨汁.→〔浆 jiāng〕〔液汁〕

汁儿 zhīr 汁.〔这种果子,～很多〕この果物は汁が多い.

汁水 zhīshuǐ(r) 〈方〉汁.液.

汁液 zhīyè 汁液.汁.〔水果～〕果物の汁.

[只·隻] zhī

①一つの.単独の.わずかな.〔片言～字〕わずかな言葉や文字.②量詞.ⓐ対(ξ)の一方を数える.〔一～眼睛〕片方(片方)の目.〔一～手袋〕一つの手袋.〔一～脚〕両足.〔两～手〕両手.→〔对 duì〕〔双 shuāng④〕.ⓑ動物・鳥獣を数える.〔一～羊〕羊1匹.〔一～猫〕猫1匹.〔一～鸡〕にわとり1羽.ⓒ器具などを数える.〔一～手表〕腕時計1個.〔一～竹篮〕竹かごーつ.ⓓ船を数える.〔一～船〕船1艘.→〔艘〕

只鳞片甲 zhīlín piànjiǎ 〈成〉物事の切れ端.

只身 zhīshēn 単身.〔～赴任〕単身赴任.〔～独往〕一人で行く.

只言 zhīyán わずかの言葉.片言(ξ).〔～片语〕〈成〉一言半句.片言隻(ξ)語.

只眼 zhīyǎn ①片目.隻眼.独眼.②〈文〉卓見.〔独具～〕〔别具～〕〈成〉独自の見解を持っている.③佛(仏教で)大自在天神のもつ第三の目.

只影 zhīyǐng 孤影.独り影.

只字 zhīzì 一つの文字.一言.〔片言～〕一言半句.〔~不提〕(起きた事や人などに)一言も触れない.〔~未吐〕全く言わない.口を割らない.

[织·織] zhī

①布を織る.〔～布〕同前.〔～机〕織り機.〔～品〕織り物.②編む.〔～毛衣〕セーターを編む.〔打 dǎ⑴⑷〕③〈喩〉交錯する(こと).〔几个想法交～在一起〕い

织卮栀知　　　　　　　　　　　　　　　　　　　　　　　zhī

ろいろな考えが一緒に織りまぜられている(錯綜している). ④〈姓〉織.

织补 zhībǔ　着物の穴を生地の織り方に合わせて繕う.

织布 zhībù　布を織る.〔～机〕國織機.ルーム.〔～厂〕織布工場.

织布娘 zhībùniáng　⇒〔草 cǎo 螽〕

织布鸟 zhībùniǎo　國ハタオリドリ(総称)

织带 zhīdài　リボン.〔～机〕國リボン織機.

织机 zhījī　國紡織機.

织锦 zhījǐn　錦繡.ⓐ彩色模様織り出しの緞子(ず).ⓑ風景・人物・花卉(き)・書画その他の図案などを織り出した絹織物:蘇州・杭州地方の特産品.〔～缎 duàn〕同前の緞子.

织毛线 zhīmáoxiàn　編み物をする.〔～针 zhēn〕毛衣针]毛糸編み針.

织呢厂 zhīníchǎng　毛織物工場.

织女 zhīnǚ　①國はた織り女.②同下.

织女星 zhīnǚxīng　天織女星.〔织女〕ともいう.

织房 zhīfáng　〔纺 fǎng～〕織場.

织染 zhīrǎn　紡織と染色・捺染.

织纹 zhīwén　①織り模様.②模様織りする.〔织文〕とも書く.

织物 zhīwù　織物(総称)

织造 zhīzào　(織機を用いて)織る.

〖卮(巵)〗 zhī　因さかずき:円筒形の酒杯.〔～酒〕1杯の酒.〔白玉～〕白玉の杯.〔漏 lòu～〕漏るさかずき.〔转～〕利権が外へ流れ出る.→〔卮言〕

卮言 zhīyán　〈文〉①定見のない言葉.②支離滅裂な言葉.③〈謙〉自分の著作をいう.

卮子 zhīzi　⇒〔栀子〕

〖栀(梔)〗 zhī　〔～子〕國クチナシ.またその実:〔卮子〕とも書く.実は染料・薬材になる.〔～方〕黄 huáng 枝〕〔越 yuè 桃〕は別称.〔～花〕くちなしの花.

〖知〗 zhī　①知る.知っている.〔毫 háo 无所～〕少しも知らない.〔不～去向〕行方が分からない.〔略～一二〕多少知っている.〔无所不～〕知らないことはない.②知識.〔无～〕無知(である).〔求～〕旗を求める.③知らせる.〔通～〕通知する.〔示～〕牘〕指示し通知する.④知人.知己.〔相～〕知り合い.〔故~〕古い友人.⑤〈文〉主管する.〔～县〕知県.

知白守黑 zhībái shǒuhēi　〈成〉心中是非を知っていても知らぬふりをする態度:道家の思想.

知彼知己 zhībǐ zhījǐ　⇒〔知己知彼〕

知宾 zhībīn　⇒〔知客②〕

知不道 zhībudào　〈方〉知らない:〔不知道〕に同じ.

知耻 zhīchǐ　恥を知る.〔～近乎勇〕(中庫)恥を知るは勇に近い.→〔恬 tián 不知耻〕

知春 zhīchūn　⇒〔怀 huái 春〕

知错改错 zhīcuò gǎicuò　〈慣〉誤りだと分かったらすぐ改める:〔知错就改〕ともいう.

知单 zhīdān　國招待される客の名を連ねた略式の招待状:使いの者が持って回り,出欠を記入してもらう式のもの.ふつう出席する時(出欠を保留する時にも用いることがある)は承知の意で,〔知〕〔敬知〕また〔敬陪〕と書き,欠席する人は〔谢〕〔心領〕〔谢〕と書く.→〔请 qǐng 帖〕

知道 zhīdào　①知る.知っている.〔我～〕わたしは知っている.〔我不～〕わたしは知りません.〔你怎么～〕どうしてわかったのか.どうして知っているのか.〔这件事不能让他～〕この事は彼に知らせてはいけない.〔谁～〕誰が知っているか.誰が知っているものか.ⓑ誰が知ろう.意外にも.豈(gǐ)はからんや.→〔认 rèn 识

②〕　②わかる.理解する.了解する.〔你不要再犯这种错误,一～回去吧〕二度とこういう間違いをしてはいけない,わかったら帰りなさい.〔我～了〕わかりました.→〔了 liǎo 解〕

知底 zhīdǐ　子細を知る.〔不～〕子細を知らない.→〔知根知底〕

知法犯法 zhīfǎ fànfǎ　〈成〉故意に法を犯す.

知非 zhīfēi　〈文〉①間違いを悟る.②50歳:〔～之年〕ともいう.〔年五十,而知四十九年非〕50歳になり以前の49年間の間違いを知った(淮南子).→〔知非之年〕

知风草 zhīfēngcǎo　國カゼグサ(ミチシバ):イネ科の多年生雑草.

知府 zhīfǔ　國圉府知事:府の長官.→〔府⑤〕

知根知底 zhīgēn zhīdǐ　〈成〉子細を知る.

知古今儿 zhīgǔjīnr　〈方〉物知り.〔老太太是个～〕おばあさんは物知りです.〔～也似的〕何でもかんでも知っているようだ.

知过 zhīguò　過ちを悟る.〔～必改〕過ちを悟れば必ず改める:〔知错改错〕ともいう.

知好歹 zhīhǎodǎi　事のよしあしをわきまえる.〔不～〕物事のわきまえがない.

知会 zhīhui　〈口〉声をかけて教える.〔有事～我一声〕何かあれば知らせて下さい.

知几 zhījī　事の機微を予知する.機運を見てとる.

知己 zhījǐ　①=〔知交〕知り合う知る人.懇意の人.〔～不言谋〕知己の間ではお礼など言わない.〔拉起～来〕親友としてつき合い始める.〔视为～〕と認める.②自分をよく理解してくれる.〔～人〕(人)の自分をよく理解する言葉.〔～的朋友〕深交ある友.〔士为～者死〕〈文〉士は己を知る人のために死ぬ.

知己知彼 zhījǐ zhībǐ　=〔知彼知己〕〈成〉己を知り,彼を知る.〔～,百战不殆 dài〕敵を知り己を知っておれば何回戦っても負けることはない(孙子·謀攻):〔～,百战百胜〕ともいう.

知交 zhījiāo　⇒〔知己①〕

知觉 zhījué　①知覚.②感覚.感じ.〔没有～了〕感じがしなくなった.→〔感 gǎn 觉〕

知客 zhīkè　①國知客(し):禅寺の接待係の僧.〔～僧〕〔典客〕ともいう.〔之内洋〕とも.②=〔方〕知客]國婚礼・喪式などの接待係.

知冷知热 zhīlěng zhīrè　〈喻〉相手に対する思いやりが極めて深いさま.

知类 zhīlèi　〈文〉類推する.

知了 zhīliǎo　國セミ:〔蝉 chán ①〕の通称.とくに〔蚱 zhà 蝉〕(クマゼミ)をいう.〔馨 jì 了儿〕〔吉了〕は方言.

知名 zhīmíng　①有名である.〔～人士〕知名の人.〔海内～〕全国的に名高い.〔～度很高〕知名度が高い.〔著 zhù 名〕　②名を知っている.〔～不具〕わたしの名はご存じだから略します:手紙の封書などに書く.また〔名内洋〕とも.

知命 zhīmìng　=〔知天命〕①天命を知る.②50歳:〔知天命之年〕ともいう.〔五十而知天命〕(孔子)50歳にして天命を知った(論語·為政)に由来する.〔而 ér 立〕

知母 zhīmǔ　=〔地 dì 参〕國ハナスゲ:根菜を知母(ぼ)といい薬用する.

知难而进 zhīnán ér jìn　〈成〉困難を知りながらも前進する.〔知难而上〕ともいう.

知难而退 zhīnán ér tuì　〈成〉困難であることを知って退く(左伝).困難にたじろぐ.

知难行易 zhīnán xíng yì　知るは難く行うは易い:孫文の基本学説で,儒家の〔知易行难〕に対立する.→〔知行合一〕

2145

知其一, 不知其二 zhīqíyī,bùzhī qí'èr 〈諺〉一を知って二を知らない.物事の一面だけしか理解しないこと.〔只知其一,不知其二〕〔知一不知二〕ともいう.

知青 zhīqīng 知識青年.〔知識青年〕の略.中等以上の学歴や知識を持つ青年.〔~文学〕文化大革命に参加し,都会から農村に移った若者の苦悩と挫折を主に描いた文学作品.

知情 zhīqíng ①事情を知る.〔~不挙〕犯罪(事情)を知りつつ通報しない.〔~底侭〕内情を知りつつ保証の全責任を負う(人).〔~人〕内情を知っている人.〔~权〕法知る権利.〔~同意〕インフォームドコンセント.②(人の厚意に)感謝の気持ちを持つ.

知情达理 zhīqíng dálǐ 〈成〉人情と道理をわきまえる.

知趣 zhīqù 物分かり(察し)がよい.気が利く.〔不~〕分からず(屋).

知人 zhīrén 人の品格才能などを見極める.〔有之明〕人を見る目がある.〔~论世〕〈成〉人物や世情を論ずる.〔~善任〕〈成〉人を見る目があり上手に任用する.〔~知面不知心〕〈諺〉人は見かけによらぬものの.

知事 zhīshì 旧官名.府県の長官:民国では〔县~〕と同義.〔知府〕〔知县〕〔知州〕

知识 zhīshi 知識(のある).〔~分子 fènzǐ〕インテリ.知識人.〔~面〕知識の広さ.〔~网络〕知的ネットワーク.〔~阶级〕知識階級.〔~青年〕知識青年.〔~界〕知識層.〔~贬 biǎn 值〕知識(人)の不当な評価.

知识产权 zhīshi chǎnquán 法知的財産権.知的所有権.〔~法〕知的財産権法.

知识产业 zhīshi chǎnyè →〔知识经济〕

知识经济 zhīshi jīngjì 知識基盤経済:その産業を〔知识产业〕といい,情報産業,教育産業,科学研究,通信・放送などを指す.

知书达礼 zhīshū dálǐ 〈成〉教養があり,礼節をよくわきまえている.

知书达理 zhīshū dálǐ 〈成〉教養があり事理に通じている.

知疼着热 zhīténg zháorè 〈成〉相手の身になって思いやる:多く夫婦間についていう.

知天命 zhītiānmìng 啐50歳.

知无不言 zhī wú bùyán 〈成〉知っていることは何でも言う.全部話す.〔~,言无不尽〕同前で,言うことは残さず言う.

知悉 zhīxī 〈牘〉承知する.承る.〔示示~〕ご来示は承知いたしました.〔均已~〕すでに何もかも知っている.〔无从~〕知る由もない.

知县 zhīxiàn ①困県の長官:〔知某事〕の略.②明清県知事の正式官名.→〔大 dà 令①〕

知晓 zhīxiǎo 分かる.知る.承知する.

知心 zhīxīn 人の心を知る.〔~朋友〕気心を知り合った友人.〔~深く理解し合っている人.〔~电话〕悩み相談ホットライン.〔跟你说~话吧〕ここは腹を割っていう話だがね.→〔过 guò 心②〕〔酒 jiǔ 肉〕

知行合一 zhīxíng héyī 〈成〉知ること行うことは一つのことである:王陽明の実践的唯心論.→〔知难行易〕

知羞草 zhīxiūcǎo ⇒〔含 hán 羞草〕

知音 zhīyīn 〈文〉①音律に精通した人.②自分を本当に理解する人.知己:古代,伯牙は琴の巧者で,友人の鍾子期はそのよき理解者であった.鍾子期の死後,伯牙は自分の琴を知る者は他にないとして,以降再び琴を弾くことはなかった(列子).

知友 zhīyǒu 知友.心友.

知遇 zhīyù 良く評価し厚遇する(される).〔甚~

之恩〕知遇の恩に深く感謝する.

知照 zhīzhào 〈公〉〈下級に対する文面中で相手が〉承知する.〔令行~〕命令のとおりご承知相成りたし.②知らせる.共有認識を持たせる.〔~他一声〕彼に一声知らせておく.

知州 zhīzhōu 明清州知事:〔州牧〕の別称.

知足 zhīzú 足るを知る.〔不~〕満足ということを知らない.飽くことを知らない.〔~常乐〕〈成〉足るを知るものは常に幸福である.

[枳] zhī 〔槟 bīn ~〕地ベントレ:ベトナム南部メコンデルタにある.

[蜘] zhī

蜘蛛 zhīzhū 国クモ(総称):〔蛛蛛〕は通称.〔社 shè 公②〕〔网 wǎng 虫〕ともいう.〔~丝〕くもの糸.〔~网 wǎng〕〔蛛网〕〔蜘网〕くもの巣.〔~结网〕〔~织网〕くもが巣を張る.〔~人〕喩スパイダーマン:高層ビルによじ登る人.

蜘蛛抱蛋 zhīzhū bàodàn ハラン(葉蘭):ユリ科の常緑草本.

蜘蛛痣 zhīzhūzhì 医クモ状母斑.クモ状血管腫:〔蜘蛛状血管痣〕の略.

[脂] zhī ①動植物性の油.〔油~〕油脂.〔松~〕松やに.〔~肪 fáng〕〔真 zhēn ~〕脂肪.②(化粧用の)紅(⑥).〔~胭 yān ~〕同前.

脂蛋白 zhīdànbái 生リポタンパク質:コレステロールなどを含む球状粒子.→〔胆 dǎn 固醇〕

脂肪肝 zhīfánggān 医脂肪肝.

脂肪瘤 zhīfángliú 医脂肪腫.

脂肪酶 zhīfángméi 生理リパーゼ.→〔酶〕

脂肪酸 zhīfángsuān 化脂肪酸:〔脂酸〕ともいう.〔不饱和~〕不飽和脂肪酸.〔〈口〉脑 nǎo 黄金(DHA.ドコサヘキサエン酸)〕はその一つ.

脂粉 zhīfěn ①紅とおしろい.②〈転〉女性.〔~气〕女っぽさ.

脂膏 zhīgāo ①脂肪.②人民の汗と脂.膏血.〔民脂民膏〕同前.

脂光石 zhīguāngshí イーレオライト:玉の一種.

脂环烃 zhīhuánjīng 化脂環式炭化水素.

脂麻 zhīma ⇒〔芝麻〕

脂肭 zhīnǜn ⇒〔膃肭〕

脂油 zhīyóu 〈口〉ラード.〔~饼〕食ラードを使って鉄板で焼いた中華風のパイ.〔~馅(儿)〕食ラードと砂糖で作ったあん.→〔板 bǎn 油〕

[搘] zhī 〈文〉支える.

[榰] zhī 〈文〉(柱の下の)土台.石据え.→〔柱 zhù 石〕

[稙(植)] zhī (穀物の)早播(は)き(の).〔~获〕早穫(り)(の).〔~わせ(の).〔~谷 gǔ 子〕早播きの粟.〔白玉米~〕白とうもろこしの早生(せ).

[执・執] zhí ①〈手に〉持つ.執る.〔~棒 bàng〕圓タクトを振る.〔手~红旗〕手に紅旗を持つ.②司る.掌握・担当する.〔~教〕〔~政〕③固執する.固持する.〔固~〕固執する.こだわる.〔争~〕争いこだわる.〔各~一词〕各自に主張があって譲らない.〔~意〕④実行する.執行する.〔~弟子礼〕弟子の礼をとり行う.〔~执法①〕⑤証明書.憑証.〔回~〕〔收~〕受領証.⑥〈文〉捕らえる.〔战败被~〕戦いに敗れて捕らえられる.〔~罪犯人〕犯人を一人逮捕した.⑦〈文〉同志.親友.〔父之~〕父の友人.⑧〈姓〉執(ちょう).

执白 zhíbái (碁で)白番.白をとること:〔执黑 hēi〕は黒番.黒をとること.〔~中盘负〕白の中押し負け.

执笔 zhíbǐ 執筆する.文章を書く.
执鞭 zhíbiān ①〈人の乗る車の御者として〉鞭をとる.〈転〉仕える.労を執る. ②教鞭をとる:〔执教①〕に同じ.
执别 zhíbié ⇒〔握 wò 别〕
执裁 zhícái 図ジャッジする.審判する.〔对他的~有意见〕彼のジャッジに不満がある.
执导 zhídǎo 圏演出する.〔由她~的〕彼女が監督を担当した.→〔导演〕
执罚 zhífá 処罰する.
执法 zhífǎ 法を執行する.〔~人员〕法の執行者.〔~如山〕断固として法を執行する.〔犯法〕法の執行者(警察・司法・税務などの関係者)が①犯罪を行う.②違法な仕方で執行する. ②図審判を担当する.
执绋 zhífú 送葬する.原意は棺をひく〔绋〕(つな)を手に持つこと.〔发 fā 引〕ともいう.→〔引 yǐn 布〕
执纪 zhíjì 紀律を守る.規則通りにする.〔~不严〕紀律がゆるんでいる.
执教 zhíjiào ①教鞭をとる:〔执鞭②〕に同じ. ②図コーチを担当する.
执柯 zhíkē〈文〉媒酌する.
执两用中 zhíliǎng yòngzhōng〈成〉両端を執っての中庸を行う.時宜に応じて偏しない.
执迷不悟 zhímí bùwù〈成〉頑迷で悟らない.〔他们如果~,必将引起极其严重的后果〕彼らがもし誤りに固執して非を悟らなければ必ず重大な結果をひき起すであろう.
执泥 zhínì 固執する.こだわる.拘泥する.
执牛耳 zhíniú'ěr 盟主になる.主導権を握る.
执拗 zhíniù 片意地を張る.意固地である.頑固である.〔脾气〕性質がかたくなである.
执票人 zhípiàorén 圏手形持参人:小切手の場合額面金額の受取人となる.
执勤 zhíqín 職務に当たる.勤務する.
执事 zhíshì〈文〉①(随員として)事をとり行う.またその人.執事.家令.〔彩 cǎi 伏〕 ②〈転〉手紙の宛名の下に添えて書く脇付(𦜝)の語:〔左 zuǒ 右 ④〕に同じ.相手を敬って直接にその名を指さず,侍者に取り次ぎを請う意.
执事 zhíshi 圓嫁入りや葬式などに用いた旗・傘などの用具.〔打~的〕(嫁入り・葬式などの時の)儀式用具を持つ人夫.
执委 zhíwěi〔执行委员〕の略.〔~会〕執行委員会.
执先 zhíxiān 先手をとる.優勢に立つ.〔开局他~,中局占绝对优势,棋迷认为他必操胜算〕初め彼が先手をとり中盤では絶対の優位を占めたので,将棋ファンは彼にきっと勝算があると思っていた.
执行 zhíxíng ①執行する.実施する.〔~命令〕命令を執行する.〔~政策〕政策を実施する.〔判决〕判決を執行する.〔~主席〕(議長団から選出された)持ち回りの議長.〔~委员(会)〕〔执委(会)〕執行委員(会).〔董 dǒng 事会〕理事会.〔電翼執行.〔可~文件〕EXEファイル.実行(可能)ファイル.
执刑 zhíxíng 刑を執行する.
执行庭 zhíxíngtíng 涅①執行裁判所. ②強制執行の申し立てについて審議する法廷.
执业 zhíyè〈文〉弟子の礼をとって教えを受ける. 〔弁護士・医師・会計士などが〕開業(営業)する.
执业医师 zhíyè yīshī 医師資格を持つ医者.
执一 zhíyī〈文〉一事に固執する.執着する.
执拗 zhíyòu 考えをしっかり持って,意を堅持して,〔~不肯〕固く承諾しない.〔~不收礼品〕贈り物を固く断わる.〔~要去〕どうしても行くと言い張る.
执友 zhíyǒu〈文〉同志の友.親友.
执掌 zhízhǎng 管掌する.実権を握る.〔~大权〕大

権を握る.
执照 zhízhào 許可証.鑑札.〔~牌〕同前.〔驾驶~〕運転免許証.〔施工~〕施工許可証.〔領有~〕許可証を受領している.〔发给~〕免状を発給する.→〔护 hù 照〕〔牌 pái 照〕
执政 zhízhèng ①政務をとる.〔~能力〕執政能力. ②政権を握る(人).執政.〔~党〕与党.政党:〔野党〕(野党)に対して.〔~者〕政権を握る者.
执著 zhízhuó〔执着〕とも書く.執着する.粘り強くやる.→〔固 gù 执〕

〔絷・縶〕 zhí 〈文〉①馬の足をしばる.〔~马〕馬をつなぐ. ②拘禁する. ③しばる.〔~足 zú〕足をしばる. ④引き綱.

〔直(直)〕 zhí ①まっすぐである.〔笔~〕まっすぐ.〔这棵树长得挺~〕この木はまっすぐ伸びている.〔~走〕まっすぐに行く.〔飞机~冲蓝天〕飛行機はまっすぐ青空へ飛んでいった.〔~直线〕 ②まっすぐにする.ぴんと伸ばす.〔~起腰来〕腰をまっすぐに伸ばす.〔~着脖子叫〕首を伸ばして(大声で)呼ぶ. ③縦の.正面方向(前後)の.垂直の.〔~行 háng〕縦の行.縦書き.〔由上到下~念念〕上から下へ縦に読む.〔~着拿〕縦に持つ.〔屋子很大,一里有五米,横里有十四米〕部屋は大きくて縦(奥行き)は5メートル,横(間口)は14メートルある.↔〔横 héng〕 ④国漢字の筆画の「|」:〔竖 shù〕〔③〕に同じ.→〔笔 bǐ 画〕 ⑤(人の性質が)正直である.率直である.〔嘴 zuǐ~〕思ったことを遠慮なく(まっすぐ)言う.〔心~口快〕〈成〉性格が率直で思ったことをむっすぐ言う.→〔直性子〕 ⑥正しい.理の通っている.公正である.〔曲~〕不正と正しいこと.〔理~气壮〕理が通り意気盛んである. ⑦かじかむ.凝る.〔手指都冻~了〕手の指が寒くてかじかんだ.〔两腿发~〕両足がこわばる.〔~着眼睛等着〕一心に見つめ待っている.〔~着脖子〕じかに.〔~通直通北京〕北京へ直通する. ⑨ずっと引き続いて.絶え間なく.〔看着他~笑〕彼を見てしきりに笑っている.〔他~干了一天〕ずっと続けざまに1日やった.〔~下了三天的雨〕ずっと3日も降りつづけた.〔近来股票的行市~跌〕このごろ株の相場が下がるばかりである.〔冷得~哆嗦〕寒くて震えが止まらない. ⑩全く.そっくり.まるで.〔简 jiǎn~〕同前.〔他的脾气~像孩子一样〕彼の性質はまるで子どもと同じだ.〈姓~直〉→〔坐 yī 直〕

直白 zhíbái 率直である.〔~地说〕率直に言う.
直报 zhíbào ①直接報告する.直接報道する. ②直接告発する:〔直接举报〕のこと.
直奔 zhíbèn 直進する.〔~火车站〕まっすぐ駅に向かう.
直逼 zhíbī まっすぐ迫る.
直笔 zhíbǐ〈文〉事実の通りに書く.→〔曲 qū 笔〕
直柄 zhíbǐng 柄(軸)の太さまたは厚みが根元から先端まで同じであるもの.〔~钻 zuàn 头〕圏ストレートドリル.→〔锥 zhuī 柄〕
直拨 zhíbō (電話の)直接ダイヤル通話(の).〔~电话〕同前の電話.ダイヤルイン.
直播 zhíbō ①圜じかまきする:苗床に幼苗を育てることなく,直接畑に播種すること.〔~造林〕同前の造林.〔~播种 zhòng〕圏. ②放送する.〔现场~〕現場からの生中継(する).〔~室〕生放送のスタジオ.→〔录 lù 播〕
直布罗陀海峡 zhíbùluótuó hǎixiá 題ジブラルタル海峡.
直槽钻头 zhícáo zuàntou 〔直丝钻头〕圏刃がまっすぐな溝をきているドリル.
直肠 zhícháng 生理直腸.〔~癌 ái〕医直腸癌(がん)

直肠子 zhíchángzi 〈口〉まっすぐな性格(の人).一本気.〔我是个~,说话不会拐弯儿〕私は率直な性分なので,話があれば単刀直入に言う.〔直性子〕

直陈 zhíchén 率直に言う.直言する.→〔直说〕

直尺 zhíchǐ 直定規.→〔云 yún 形板〕

直齿轮 zhíchǐlún ⇒〔正齿轮 zhèng chǐlún〕

直翅目 zhíchìmù 昆虫類直翅目(ちょくしもく):バッタやコオロギなど.

直矗矗 zhíchùchù まっすぐに立っているさま.

直达 zhídá 直通する.〔~车〕直通バス(列車).〔~东京〕東京まで直通する.〔~运输〕直通運送.〔~快车〕(直通)急行列車.

直打直 zhídǎzhí 〈方〉①まっすぐに.〔从这儿~地就能到前门大街〕ここからまっすぐ前門大街に通じている.②きっぱりとしている.〔~地问〕はっきりと聞く.→〔直截了当〕

直待 zhídài …になるまでずっと待つ.…になってから.〔~玉兔东升〕月が東の空に昇るまで待つ.〔~冰消雪化〕氷がとけ,雪がとけてから.

直裆 zhídāng 〈ズボンの〉股上.

直捣 zhídǎo (敵の本営を)直接攻撃する.まっすぐ攻撃をかける.

直到 zhídào ①(ずっとないまま)…の頃になる.〔~现在还没见回信〕いまだ返事がない.②直通する.

直道事人 zhídào shìrén 〈成〉私心なく人に接する.

直瞪瞪 zhídèngdèng ⇒〔直勾勾〕

直抵 zhídǐ 直接到着する.乗り換えなしで到着する.→〔直达〕〔抵达〕

直点点 zhídiǎndiǎn ⇒〔直个点儿〕〈方〉休みなく.一途に.ひたむきに.〔~说不歇着〕ひっきりなしにしゃべりたてている.〔我~央告他〕ひたむきに彼に懇願した.

直叮叮 zhídīngdīng じっと見つめるさま.凝視するさま.

直裰 zhíduō 服の背中の縫い合わせがすそまで通っていて,袖や胴身のゆったりした服:古代は退朝後の普段着であったが,後に僧や道士の服になった.

直发 zhífà まっすぐに伸びた髪.自然のままの髪.

直放 zhífàng (途中停車·寄港などなく)直行する.まっすぐに向かう.〔~船〕直航船.〔~器〕(携帯電話中継)リピーター.

直飞 zhífēi 飛行機で直行する.〔~东京〕東京へ直行する.

直感 zhígǎn 直に感じること.直接の感覚.

直杠杠 zhígànggàng 棒のようにまっすぐなさま.〔~地躺着〕棒のようにまっすぐ(硬直して)横たわっている.

直割刀 zhígēdāo 機ストレートカッター.

直个点儿 zhígediǎnr ⇒〔直点儿〕

直根 zhígēn 植直根:まっすぐ下へのびる太い根.ゴボウ·ダイコンなど.→〔主 zhǔ 根〕

直贡 zhígòng 紡ベネシアン,サテンドリルなどのあやじゅす類.〔~呢 ní〕ベネシアン.〔棉~呢〕同前の綿織り.→〔礼 lǐ 服呢〕

直供 zhígòng 直接供給(の).産地直送(の)

直勾勾 zhígōugōu =〔直瞪瞪〕〔~地〕1か所をじっと(うつろに)見つめているさま.〔~地看着前方〕目をすえて前方を見ている.〔两只眼睛~的像疯子似的两眼は1か所をぼんやり見つめて,まるで正気を失ったようだ.

直观 zhíguān 直観.〔~教 jiào 学〕実物教育.視聴覚教育.〔~教具〕同前に使う教具.

直管 zhíguǎn 直接管理する.直轄する.→〔直属〕〔直辖〕

直棍儿 zhígùnr 〈方〉正直者.〔人家真是个~〕あの人は全くの律義者だ.

直航 zhíháng (船舶·航行機などが)直航する.〔希望早日实现空中~〕直通航空路線の早期実現を望む.

直呼 zhíhū (敬称をつけずに)呼びすてにする.

直话 zhíhuà 正直な言葉.直言.〔我向来好说~,请您不要见怪〕わたしはもともとはっきり物を言うのが好きですから,どうぞお気を悪くなさらないで下さい.

直话直说 zhíhuà zhíshuō 〈慣〉単刀直入に言う.

直击 zhíjī 〈喩〉現場取材によりそこから生放送する.

直谏 zhíjiàn 直諫(ちょっかん)する.直言していさめる.

直僵僵 zhíjiāngjiāng 〈方〉硬直しているさま.〔~地躺在地下地面に硬直して横たわっている.

直角 zhíjiǎo 数直角.〔~尺〕三角定規.〔~板〕三角定規(直角三角形式のもの).〔~三角形〕数直角三角形.〔勾 gōu 股形〕は旧称.

直角弯管 zhíjiǎo wānguǎn 〔矩 jǔ 管〕

直接 zhíjiē 直接(の·に).〔~标价法〕経自国通貨による値付け.〔~材料〕直接材料.〔~肥料〕農直接肥料.〔~工资〕経現在は〔基本工资〕という.〔~经验〕哲直接経験.〔~税〕直接税.〔~推理〕(論理学の)直接推理.〔~选举〕〔直选〕直接選挙.〔~易货〕商直接バーター取引.〔~影响〕直接の影響.直接に影響する.〔下了班~到这儿来了〕仕事がすんでから直接ここへ来た.〔说得太~了〕話がストレートすぎる.〔~阅读外文书籍〕じかに外書を読む.↔〔间 jiàn 接〕

直接汇率 zhíjiē huìlǜ 直接為替相場:外貨1単位に対する自国通貨の額.↔〔间 jiàn 接汇率〕

直接教学法 zhíjiē jiàoxuéfǎ 直接教授法:外国語の教授において自国語を用いずに教授する方法.

直截 zhíjié ①簡単明白である.〔~地把我逼得要死〕(文明小史16)まったくわたしを死ぬほどに苦しめた.

直截了当 zhíjié liǎodàng 〔直接了当〕〔直捷了当〕とも書いた.率直簡明である.直截(ちょくせつ)である.単刀直入である.ざっくばらんに言う.〔~地说〕端的に言う.〔说话不~〕話が回りくどい.→〔拐 guǎi 弯抹角〕

直径 zhíjìng 数直径.→〔半 bàn 径〕

直撅撅 zhíjuējuē 〔直蹶蹶〕とも書く.〈方〉まっすぐつっぱっているさま.

直觉 zhíjué (心理学で)直覚.直観力.〔~主义〕哲直観主義.直覚主義.

直快 zhíkuài (直通)急行列車.〔直达快车〕の略.→〔特 tè 快〕

直来直去 zhílái zhíqù ①まっすぐ行ってまっすぐ戻る.〔就是偶然的上一趟街,她也总是~不敢贪热闹〕(老·四·偏24)たまに町へ出たりすることがあっても,彼女はまっすぐ行ってすぐ戻って来るだけでぶらぶら見物するようなことはまずない.②〈転〉直情径行.心のままに飾らず行動すること.〔他就是那么个一的人,说什么都不绕弯〕彼はそういう直情径行の人間で,どんなことでも遠回しに言ったりしない.

直冷式 zhílěngshì 直冷式(の)

直愣愣 zhílènglèng 目がすわって呆然としているさま.

直立 zhílì 直立する.〔~茎 jīng〕植直立茎.〔~人〕〔爪 zhǎo 哇猿人〕直立猿人.ピテカントロプス·エレクトゥス.〔~着一棵树〕木が一本立っている.

直隶 zhílì 〈文〉直接隷属する.〔~省〕河北省の旧称.

直溜溜 zhíliūliū まっすぐなさま.〔~地站着别动〕きちんと立って動くな.

直流 zhíliú 電直流(の).〔~电〕直流電流.〔~输

shū 电〕直流送電.
直馏 zhíliú〔(石油分留の)〕直留.
直溜(儿) zhíliū(r) まっすぐである.〔这条线画得不～〕この線はまっすぐに引けていない.〔～的棍子〕まっすぐな棒.
直露 zhílù 端的に表わす.じかに現われる.
直落 zhíluò〈方〉ずっと続いて.続けざまに.〔～三局取胜荷兰〕ばたばたと3セット連続して奪いオランダに勝った.
直眉瞪眼 zhíméi dèngyǎn〈成〉①眉毛をつり上げ,目を見張って怒るさま.②あっけにとられて目を丸くするさま.
直面 zhímiàn 直面する.直視する.〔～人生〕避けることなく人生に向かう合う.
直恁 zhínèn〈白〉ついにこのように.とうとうこのように.
直碾碾 zhíniǎnniǎn ぐずぐずしているさま.のらりくらりとしたさま.〔你看他～的样子,也不知道是愿意干gàn不愿意干〕どうだいのだらだらした様子は,しているのかしたくないのか分かりゃしない.
直娘贼 zhíniángzéi〈白〉ばか.ろくでなし.〔他妈的〕に類する.〔骂道"～!"〕このばか者と罵った.
直拍 zhípāi〔図〕(卓球の)ペンホルダーグリップ.→〔握wò拍〕
直脾气(儿) zhípíqi(r) →〔直性子〕
直亲 zhíqīn →〔直系亲属〕
直情径行 zhíqíng jìngxíng〈成〉思うとおりに直ちに行うこと.
直拳 zhíquán〔図〕(ボクシングの)ストレートパンチ.
直入公堂 zhírù gōngtáng〈成〉案内も請わずにずかずかと入る.〈転〉物事を単刀直入に処理する.→〔开kāi门见山〕
直上直下 zhíshàng zhíxià ①傾斜が急である.突き立っている.〔绝壁chán岩〕絶壁が切り立っている.②上から下まで(すべて)
直升机 zhíshēngjī ヘリコプター:〔直升旋xuán翼(飞)机〕ともいう.→〔喷pēn气(式飞)机〕
直视 zhíshì 直視する.〔～前方〕じっと前を見つめる.②直面する.
直受儿 zhíshòur〈方〉①いじめを受けても反抗しないこと.〔那姑娘只有～,其的娘はただ黙って耐え忍ぶだけである.②礼を受けるだけで答礼しないこと.〔他给你磕kē头,你就～吗〕彼がきみに叩(ぬ)頭をしているのにきみはそれを受けるだけか.
直书 zhíshū〈文〉偽りなく書く.〔秉bǐng笔～〕〈成〉筆をとって事実のままに書く.→〔直笔〕
直抒 zhíshū 率直に述べる.〔～胸 xiōng 臆jī〕〈慣〉胸中を同前.〔～己jǐ见〕〈成〉自分の考えを同前.
直属 zhíshǔ 直属する.直属の.〔～部队〕直属部隊.〔国务院～机关〕国務院直属の機関.〔这个大学～教育部〕この大学は教育部に直属している.
直率 zhíshuài 率直である.→〔率真〕
直爽 zhíshuǎng〔爽直〕率直である.はきはきしている.〔性格～〕性格が開けっぴろげである.
直说 zhíshuō 直言する.思ったまま言う.斟酌(斟)く～言う.〕〔有话请～〕遠慮なく話してください.
直丝钻头 zhísī zuàntou →〔直槽钻头〕
直梯 zhítī エレベーター:エスカレーターと区別すろいい.→〔电diàn梯①〕
直体 zhítǐ〔図〕(体操などの)伸身.〔～旋〕(体操の)伸身ひねり.〔～姿势〕(水泳の飛び込みの)伸身(のV型).→〔空kōng中姿势〕
直挑挑 zhítiāotiāo すらっと伸びているさま.〔～的身材〕同前の体つき.
直挺挺 zhítǐngtǐng まっすぐにぴんとしたさま.こわばってしんとしたさま.〔他躺在地～的,像是死了

似的〕彼は地面にまっすぐにのびて寝ているのでまるで死んだようだった.〔～的尸首〕硬直した死体.
直通 zhítōng 直通する.直接に通じる.〔这条铁路～广州〕この鉄道は広州に直接通じる.〔～电报〕テレックス.〔～电话〕直通電話.〔～率lù〕〔経〕生産全過程合格率:品質管理評価の方法.
直通通 zhítōngtōng 率直であるさま.はっきりしているさま.→〔直统统〕ともいう.
直统统 zhítǒngtǒng 同上.
直筒子 zhítǒngzi あけっぴろげな人.単純な人.〔～脾pí气〕正直でわだかまりのない性質.〔我生来の～,不会曲曲弯弯地〕わたしは生来一本気の男で婉曲なことはできないのです.→〔直性子〕
直系军阀 zhíxì jūnfá〔因〕民国初期,冯国璋・曹锟・吴佩孚を頭とする〔北洋军阀〕系の一派.直隸派.
直系亲属 zhíxì qīnshǔ〔法〕直接関係親族:親と子と配偶者.〔直系亲〕〔直亲〕ともいう.
直辖 zhíxiá 直轄する.〔～市〕(国家中央)直轄市:北京市,上海市,天津市,重慶市.
直线 zhíxiàn ①〔数〕直線の.一直線の.〔～联系〕直接の連絡.〔生产～上升〕生産が直線的に上昇する.〔～球〕〔図〕(野球の)ⓐ直球.ⓑライナー(打球)
直销 zhíxiāo〔因〕直販(する).直売(する).〔～代理店〕系列直販店.
直心眼儿 zhíxīnyǎnr 実直な気持ち.一本気(な人)
直性(儿) zhíxìng(r) 同下.
直性子 zhíxìngzi →〔直脾气(儿)〕〔直性(儿)〕(性質,気持)飾り気のない(人).さっぱりした(人).〔他是个～的人〕彼は率直な人だ.
直须 zhíxū〔竟jìng须〕〈白〉結局.やはり(必要だ).〔你先也是安眉带眼的好人,～要我开口应〕(水28)おまえも一人前の人間だのに,やっぱり俺が言ってやらねばならないのか.
直选 zhíxuǎn 直接選挙(する).→〔直接选举〕の略.
直言 zhíyán 遠慮なく言う.思っているまま言う.〔～不讳huì〕〈慣〉直言してはばからない.〔恕shù我～〕ずけずけけずけずけ言うのが悪いかも.
直言贾祸 zhíyán gǔhuò 直言すると災いを招く.〔因为怕～,所以对反动统治者的暴行,只好敢怒而不敢言〕直言すると災いを招くことを恐れて,反動統治者の暴行に対し,ただ内心憤るだけであえて口に出して言うことはしない.
直眼 zhíyǎn〈方〉目をかあんとあける.〔出了人命就把他直了眼了〕死人が出たので皆びっくりして呆然とした.
直腰 zhíyāo ①腰を伸ばす.〔她直直腰,拍打拍打土〕彼女は腰を伸ばしてほこりをはらった.〔等等儿,我先直直腰儿吧〕待って,わたし(労働の姿勢で固まった)腰を先に伸ばすから.②〔姿势,気力が〕しゃんとする.〔劳动人民现在当了家做了主,直起了腰,抬起了头〕勤労人民は今では国家の主人公になり,堂々と胸をはっている.
直译 zhíyì 直訳する.↔〔意yì译ⓐ〕
直音 zhíyīn〔図〕(中国音韻学で)反切の案以前における漢字音を表す法で,同音の同音の字をもって表すもの.例えば〔直音职〕(直は職の音)のような標音方法をいう.
直邮广告 zhíyóu guǎnggào ダイレクトメール.
直指 zhízhǐ ①まっすぐ指す(目指す).②直接名指しする.〔矛头～所领导〕所のリーダーを名指しで攻撃する.
直至 zhízhì そのまま…になる.…に至る.〔～胜利〕〔勝勢を保って〕勝利に至る.→〔直到①〕

【值(値)】 zhí ①価値.価格.〔二物之～相等〕二つのものの価値が相等し

い. ②数値. 値(ねう).〔絶対〜〕絶対値.〔比〜〕比の値.〔商品の価値的な〕価格.相当する.値する.〔这双皮鞋一十五块钱〕この皮ぐつは15元です. ④価値がある.(…する)値打ちがある.〔买得〜〕買う価値がある.〔不一分钱〕一文の値打ちもない.〔不〜一提〕問題にする価値がない.取りたてて言うほどの価値がない.〔不〜得一看〕見る価値がない. →〔值钱〕〔值(时)〕 ⑤〈文〉(時)…にあたる.…に出会う.〔不巧正一外出〕あいにくだが,ちょうど外出中だった.〔〜此伟大的时代…〕この偉大な時代にあたって….〔此场合一〕この場合にあたっては一.〔国庆节恰〜星期日〕国慶節はちょうど日曜日にあたる. ⑥番が回ってくる.→〔值班〕
值班 zhíbān 〔勤務の〕当番に当たる.当直をする.〔今天谁〜〕今日は誰が当直かね.〔值夜班〕夜勤にあたる.〔值白班〕日勤にあたる.〔〜室〕当直室.〔〜员〕当直員.宿直員.→〔当 dāng 班〕〔交 jiāo 班〕〔歇 xiē 班(儿)〕
值不当 zhíbudàng 〔方〕引き合わない.価値がない.重要でない.〔〜的〕ともいう.〔〜为这么点儿事生气〕こんなつまらないことで怒る必要はまったくない. →〔值当〕
值不值 zhíbuzhí 〔方〕ややもすれば.どうかすると.〔他是个好人,就是〜喝醉了酒骂人〕彼はいい人間だが,ややもすれば酒に酔って人を罵ることがある.
值车工 zhíchēgōng 〔〜的〕⇒〔挡 dǎng 车〕
值乘 zhíchéng 〔列車・船・飛行機に〕乗務する.〔〜人员〕乗務員.
值当 zhídàng 〔口〕値打ちがある.相当する.引き合う.〔这么点儿事,不〜劳您一驾〕これくらいのことに,ご足労をかけるには及びません.〔你〜那么着急〕そんなに気をもむにはあたらないじゃないか. →〔值不当〕
值得 zhí·dé ①(…するに)値する.値打ちがある.〔他的行动〜表扬〕彼の行動は表彰に値する.〔〜我们认真研究〕我々が真面目に研究するに値する.〔不〜去看〕見にいくのに値しない.見にいくだけの値打ちがない.〔深思〕深く考えるに値する.〔不〜〕〔值不得〕値しない.〔〜买〕買っても損はない. ②値段相応である.引き合う.〔花三十块钱也〜〕(買うのに)30元出しても惜しくはない.→〔值不当〕
值岗 zhígǎng 順番が回ってきて見張り番をする.当番勤務に就く.〔〜的武装警察〕見張りの武装警官.
值个儿 zhígèr =〔值注儿②〕〔方〕…する値打ちがある.〔死得太不〜了〕なんとも命のかけ甲斐がない.
值更 zhígēng 〔方〕夜の当番をする.〔〜的〕夜勤者.→〔值宿〕〔值夜〕
值注儿 zhíguòr ①〔方〕当たりさわりなく過ごす.〔这一次无功无过活下了个〜〕今度は功もなく過もなく無難に努めただけだ. ②⇒〔值个儿〕
值机 zhíjī 搭乗窓口業務に当たる.〔〜柜台〕搭乗手続きカウンター.
值年 zhínián 旧一族のその年の祭祀をつとめる.年番にあたる.
值钱 zhíqián 値打ちがある.〔这个不值什么钱〕これは何の値打ちもない.〔〜的东西〕かね目のもの.
值勤 zhíqín (部隊・治安・交通要員が)当番で勤務する.当直する.〔〜员〕当直員.〔今天晚上该我〜〕今晩はわたしが当直だ.
值日 zhírì ①当直日.当直する.〔〜生〕(学校で)生徒がする)日直.当直.〔〜官〕(その日の)当番士官.
值守 zhíshǒu 当番の見張り勤務をする.
值宿 zhísù 宿直する.
值星 zhíxīng 軍①週番を努める.〔〜官〕交替士官.週番士官.〔〜连长〕週交替中隊長. ②当番.
值夜 zhíyè 夜勤(をする)
值遇 zhíyù 〈文〉遭遇する.偶然に会う.
值月 zhíyuè ①当番の月. ②月番を努める.
值长 zhízhǎng 当直責任者.
值重 zhízhòng 〔方〕大切である.〔人一上了年岁,就看孩子们一了〕(梁・紅10)人は年をとると子供を大切なものだと思うようになる.
值周 zhízhōu 週(当)番をつとめる.

〔埴(埴)〕 zhí 〈文〉粘土.〔埏 shān 〜 为器〕粘土をこねて器を作る.〔〜土〕粘土質の土地.

〔埴(埴)〕 zhí 〈文〉粘土:〔埴〕に同じ.

〔植(植)〕 zhí ①植物.〔〜检 jiǎn 查〕→〔植被〕 ②(苗や木を)植栽する.〔种 zhòng 〜〕栽培する.〔〜树〕植樹する.〔〜树造林〕同時して,森をつくる.〔密〜〕密植(する). ③(人材を)養成する.〔扶 fú 〜〕育成する.〔培〜人才〕人材を養成する. ④打ち立てる.樹立する.〔植党营私〕 ⑤医(組織・器官を)移植する.→〔植皮〕 ⑥〈姓〉植(しょく)
植保 zhíbǎo ⇒〔植物保护〕
植被 zhíbèi 地植被.植生.〔〜图〕植生図.
植床 zhíchuáng 農苗床:〔苗 miáo 床〕ともいう.
植党营私 zhídǎng yíngsī 〔成〕徒党を組んで私利をはかる.→〔结jié 党营私〕
植根 zhígēn 根をおろす.〔〜于民族土壤〕民族の土に根おろしする.〔〜不坚 jiān〕〔成〕基礎がまだしっかりしていない.
植苗 zhímiáo 苗木を植える.
植皮 zhípí 医皮膚移植(する)
植入 zhírù ①医(医療機器を体内に)埋め込む. ②(広告効果のある要素をテレビドラマなどに)埋め込む.
植树 zhíshù 植樹する.〔〜节〕植樹デー:毎年3月12日.
植物 zhíwù 植物.〔〜保护〕〔植保〕植物保護.〔〜激 ji 素〕植植物ホルモン.〔〜群 qún 落〕植物群落.〔〜人〕植物人間.〔〜纤 xiān 维〕植物繊維.〔〜学〕植物学.〔〜碱〕アルカロイド:〔碱 jiǎn ③〕に同じ.〔〜油脂 zhī〕植物油脂.〔〜园 yuán〕植物園.
植物性神经 zhíwùxìng shénjīng 生理自律神経:〔zi 主神经〕〔内 nèi 脏神经〕ともいう.〔〜紊 wěn 乱〕医自律神経失調症.→〔交 jiāo 感神经〕
植物油 zhíwùyóu 植物油:〔青 qīng 油〕〔子 zǐ 油〕は俗称.
植株 zhízhū 植植物生体.株.

〔殖(殖)〕 zhí ①増える.繁殖する.〔繁 fán 〜〕〔増 zēng 〜〕同前. ②〈文〉利殖(する).〔财〕同前.〔货〕財貨の利殖(をする). → shi
殖产 zhíchǎn 財産を増やす.
殖民 zhímín 植民する.〔〜地〕植民地.〔〜地国家〕殖民地国.〔〜政策〕植民政策.〔〜主义〕植民地主義.

〔侄(姪・妷)〕 zhí [〜儿,〜子]①おいめいは〔〜女(儿)〕同世代近親の男性の子の称で詳しくいう場合以下の使い分けがある.ⓐ兄弟の子.夫の兄弟の子. ⓑ父方のいとこ(男子)の子〔(堂)〜(おい),〔(堂)〜女〕(めい)という. ⓒ父の姉妹すなわち〔姑母〕の息子の子を〔(姑)表〜〕(おい),〔(姑)表〜女〕(めい)という. ⓓ母の兄弟なわち〔舅父〕の息子の子を〔(舅)表〜〕(おい),〔(舅)表〜女〕(めい)と

侄职跖撷踯蹢止 **zhí～zhǐ**

いう.母の姉妹すなわち[姨母]の息子の子を〔姨表～〕(おい),〔[姨]表～女〕(めい)という.ⓒ妻の兄弟の子を〔内～〕(おい),〔内～女〕(めい)という.〔舎～〕舎～女〕他人に対して自分のおいまたはめいをいう卑称.〔叔～〕おじとおい.〔姑～〕おばとおい.〔亲～〕肉身のおい.〔远房～〕同族遠戚のおい.〔小～〕ⓐ友人に対して自分の〔～儿〕をいう.ⓑ男子が父の親しい友人に対して用いる自称. ②親しい(男性の)友人の子.→[甥 shēng] ③〈姓〉侄(tǒ)

侄妇 zhífù 〔文〕おいの嫁.
侄女(儿) zhí·nǚ(r) ①兄弟の娘.めい.→字解①②親しい友人の娘.
侄(女)婿 zhí(nǚ)xù (男の兄弟の子である)めいの婿.
侄甥 zhíshēng おい達:兄弟の子と姉妹の子を合わせていう.
侄孙 zhísūn おい(男兄弟の)の男の子.〔～女〕おいの女の子.
侄外孙 zhíwàisūn めいの男の子.〔～女〕めいの女の子.
侄媳妇(儿) zhíxí·fù(r) おい(男兄弟の子)の妻.
侄婿 zhíxù ⇒[侄(女)婿]

[职・職(䴏・戠)] zhí ①職務.職責. 〔任～〕職につく.〔尽～〕職責を果たす.〔失～〕職務を果たさない.〔有～有权〕職務とそれに相応する職権を持っている.〔②(生活のための)職.〔求～〕職を探し求める.→[职业①]〔工 gōng 作〕③職業上の地位.ポスト.〔就～〕就任する.〔在～〕在職する.〔兼～〕兼職する.〔撤 chè ～〕免職する. ④〈文〉ただ…のみ.〔两而不同,～此而已〕両者の相異はただこれだけである. ⑤回小職:所属上司や所属上級官庁に対する自称.〔～于上月返京〕小職は先月帰京しました. ⑥〈姓〉职(tǒ)

职别 zhíbié 職種.職務の別.
职场 zhíchǎng 職場.→[岗 gǎng ②]
职称 zhíchēng 職務上の名称.〔他的～是讲师〕彼の職称は講師である.
职大 zhídà 〔职工大学〕の略. ②〔职业大学〕の略.
职代会 zhídàihuì 職員労働者代表大会:〔职工代表大会〕の略.
职分 zhífèn 職務上の本分.役目. ②官職.職分.
职蜂 zhífēng ⇒[工 gōng 蜂]
职岗 zhígǎng 職場.職務現場.
职高 zhígāo 〔职业高中〕の略.
职工 zhígōng ①従業員:(管理)職員と労働者.〔我们厂的～〕わたしたちの工場の従業員.〔～学校〕学校の職員と用務員.〔双～〕夫婦共働き.〔固定～〕常勤職員.〔大～〕〔职大②〕企業(業界)内職員教育方式.〔～入股 gǔ〕回従業員持株制.〔～训 xùn 练〕従業員への職業訓練.〔～员 yuán 工〕②労働者.〔～会〕回労働組合.〔～运动〕労働運動.労働組合運動.→[工人]
职官 zhíguān 回官吏(総称)
职级 zhíjí 職務上の級別.職階.
职教 zhíjiào 〔职业教育〕の略.
职介 zhíjiè 〔职业介绍〕の略.〔～所〕職業紹介所.〔～中心〕職業紹介センター.
职能 zhínéng ①(充分发挥各部门的～)それぞれの部門の役割を十分に果たさせる. ②機能.効用.〔货币的～〕貨幣の機能.
职评 zhípíng 勤務評定.昇任審査.
职权 zhíquán 職権.〔行使～〕職権を行使する.〔～

范围〕職権の範囲.〔乱用～〕職権を乱用する.
职守 zhíshǒu 職務.職責.仕事の現場(の責任).〔不得擅 shàn 离～〕無断で職場を離れてはいけない.
职司 zhísī 〈文〉職務を主管する.
职位 zhíwèi 職務上の地位.職位.
职务 zhíwù 職務.〔解除～〕職務を解く.〔～工资〕職務手当.〔～发明〕職務上の発明.〔～侵占罪〕職務上横領罪.〔～作品〕職務上の創作品.
职衔 zhíxián ①官位・職階の名称.肩書き. ②職掌と官位(軍位):例えば〔中校团长〕中佐・連隊長が〔連隊長〕は〔职〕で役目,〔中佐〕は〔衔〕で官位.
职校 zhíxiào 〔职业学校〕(職業(専門)学校〕の略.日本の職業高校に相当する.
职业 zhíyè ①職業.〔～病〕職業病.〔～大学②〕省·市立の職業短大.〔～道德〕職業道徳.〔～高中〕職業高校.〔～化〕職業化.〔～技术教育〕[职教]職業技術教育.〔～介绍所〕[职介所]職業紹介所.〔～培 péi 训〕職業訓練.〔～学校〕[职校]職業(専門)学校:初級中学卒業生が対象.〔～装〕囻ビジネスウエア. ②プロの.専業の.〔～运动员〕プロスポーツ選手.→[工 gōng 作]
职业学生 zhíyè xuéshēng 回学生の身分を持って調査・扇動などに従事した秘密工作員.
职员 zhíyuán ①職員:行政管理や事務担当の職員. ②スタッフ.〔演～表〕映画の出演・製作者一覧.
职责 zhízé 職務上の責任.〔属于主任的～范围〕主任の責務の範囲内に入っている.
职掌 zhízhǎng 〈文〉①職務として主管する. ②同前の仕事.

[跖(蹠)] zhí 〈文〉①足の裏.足の指のつけ根の部分.〔～骨〕[生理]蹠(しょ)骨.足のひらを形作る骨.→[脚 jiǎo 掌] ②踏む. ③[人]伝説上の大盗賊:〔盗 dào ～〕は通称.後には一般的に盗人.
跖犬吠尧 zhíquǎn fèiyáo 盗跖(きょ)の犬は堯(ぎょう)にも吠える.〔喻～〕善悪をわきまえず盲目的に主君に忠を尽くすこと.ⓑ賢人をねたむこと:〔桀 jié 犬吠尧〕〔桀(けつ)〕と同じ.

[撷] zhí 〈文〉拾い上げる.摘み取る.〔～取 qǔ〕同前.〔～舍 shě〕取捨.〔～拾 shí 故事〕昔話を収集する.

[踯・躑] zhí
踯躅 zhízhú 〔踯跔〕とも書いた.〈文〉徘徊する.〔～街头〕街をさまよう.→[山 shān 踯躅]〔羊 yáng 踯躅〕

[蹢] zhí → dí
蹢躅 zhízhú ⇒[踯躅]

[止] zhǐ ①停止する.止まる.〔停 tíng ～〕停止する.〔中～〕中止する.〔适可而～〕ほどよいところで止める.〔不达到目的不休～〕目的を達しなければ止めない.〔血流不～〕出血が止まらない. ②止める.阻む.〔制～〕制止する.〔禁～〕禁止する.〔劝～〕勧めて止めさせる.〔行人～步〕これより先通行止めとする. ③…までとする.〔至〕現在までのところ.〔从一月一日起,至一月七日为～,共七天〕1月1日から1月7日まで,7日間. ④ただ.だけ.〔他去中国不一次了〕彼が中国に行ったのは1回だけではない.→〔只①〕〔仅 jǐn〕 ⑤〈姓〉止(し)
止步 zhǐbù 進むのを止める.〔～不前〕立ち止まって進まない.〔闲人～〕〔闲人免进〕無用の者立ち入り

禁止.〔游人～〕これより先遊覧者(見学者)通行止.
止跌 zhǐdiē 回下げ止まる.
止兑 zhǐduì 回兑换停止する.手形割引を停止する.
止付 zhǐfù 回支払い停止する.〔～通知〕支払い停止通知.〔那支票已被～了〕その小切手はすでに支払い停止になった.
止戈为武 zhǐgē wéiwǔ〔成〕戦を止め得ることこそ真の武である:『左伝』を援用して〔武〕の字の構成を説明している『説文解字』の語.
止回阀 zhǐhuífá 回逆止め弁.チェックバルブ.
止回皮带 zhǐhuí pídài 回チェックストラップ.
止境 zhǐjìng 果て.止まり尽きる所.〔学无～惯〕学問には終わりがない.〔科学的发展是没有～的〕科学の発展には止まる所がない.
止咳 zhǐké 咳を止める.〔～药〕咳止め薬.
止渴 zhǐkě 渇を癒す.〈転〉満足する.
止水 zhǐshuǐ 流れない水.たまり水. →〔死じ水①〕
止痛 zhǐtòng 痛みを止める.〔～药〕鎮痛剤.
止推轴承 zhǐtuī zhóuchéng 回軸向き軸承.スラスト軸承.→〔颈 jǐng 轴承〕
止息 zhǐxī やむ.〔社会发展,永无～〕社会は止まることなくどこまでも発展していくものだ.
止泻 zhǐxiè 医止瀉(しゃ).下痢止め.〔～剂〕〔～药〕下痢止め(薬)
止行 zhǐxíng ⇒〔蒺 jí 藜①〕
止血 zhǐxuè 止血する.〔～绵〕止血綿.〔～药〕止血剤.〔～针〕止血用の注射.〔～钳 qián〕止血鉗子(さん).

〔**沚**〕 zhǐ〈文〉(海・川の)中州.〔洲 zhōn～〕同前.〔等 wān～〕囲安徽省蕪湖市にある.

〔**址**(**阯**)〕 zhǐ 建物の場所.所在地.〔住～〕住所.〔地～〕住所.所在地.〔校～〕学校所在地.〔厂～〕工場の所在地.〔旧～〕元の所在地.遺跡.〔新～〕新しい所番地.引っ越し先.〔遗 yí～〕(建造物などの)遺跡.

〔**芷**〕 zhǐ〔白 bái～〕植 ビャクジ,またその近縁種:セリ科の多年生草本.薬材としてビャクシ(白芷)と称し,感冒頭痛などに根を薬用する.〔芝 zhī～〕ともいう.〔兰 lán～〕ヨロイグサ.〈転〉芳草の総称. ②〈姓〉芷.

〔**祉**〕 zhǐ〈文〉幸福:旧式書簡文で先方の幸福を祝福する語.〔顺颂时～〕謹んで時節柄ご幸福をお祈り申し上げます. →〔安 ān (I)⑤〕

〔**趾**〕 zhǐ〈文〉①足の指.〔～头 tou〕〔脚～〕〔脚～头〕同前.〔蛙 wā的后肢有五～〕蛙の足には5本の指がある. →〔脚 jiǎo 指头〕 ②足:くるぶしから下をいう.〔脚～同じ.〔请移玉～〕〔贱～〕どうぞおでかけ下さい.〔圆颅 lú 方～〕丸い頭と四角な足.〈喩〉人間.

趾高气扬 zhǐgāo qìyáng〔成〕意気揚々として得意なさま.〔地方大发议论〕鼻息も荒く大いに議論をぶった.
趾骨 zhǐgǔ 生理趾(し)骨.
趾甲 zhǐjiǎ 足指のつめ.

〔**只・祇(祇・秖)**〕 zhǐ ①ただ.…だけ.わずかに.単に:範囲を限定する.〔～有一个人～つだけある.〔别人都到了,～有他没来〕ほかの人はみな来たが,ただ彼だけが来ていない.〔三年的工作,～用几个月就完成了〕3年分の仕事をわずか数か月でやってしまった.〔～我一个人在家〕僕ひとりだけ家に居る. ②〈姓〉祇(き). →〔祇 qí〕 → zhī
只不过 zhǐbuguò ただ…にすぎない.〔这～是一种猜测〕これは一種の推測にすぎない.

只此一家 zhǐ cǐ yījiā ただこの一店(がある)だけ:〔～,别无分店〕～,別に分店はの略.商店が他に支店のないことを示し,のれんを騙(だま)るものを防ぐ.〔只此〕とも書く.
只此一遭 zhǐ cǐ yīzāo ただこの一回(がある)だけ.〔～,下不为例〕同前で,今後の例とはしない.
只当 zhǐdàng ①さしあたり…ことにする.〔～我没说〕わたしは何も言わなかったことにする(今言ったことは勘弁して下さい).〔你～没那么回事似的,还照常跟他交往〕そんなことはなかったと思って今までどおり彼とつきあっていなさい. ②と判断する.…と思い込む.
只道 zhǐdào …とばかり言う.ただ…とばかり考える.〔我～是王先生〕わたしは王さんだとばかり思っていた.
只得 zhǐdé =〔白〕只索〕ただ…するより外ない.やむなく.非是ない.〔只好〕に同じ.〔～给他道歉了〕やむなく彼に謝った.〔阿Q没有法,一另外想出报复的话来〕(鲁・Q2)阿Qはやりようがなかった,何とかして別に報復の言葉を考え出すほかはない. →〔不 bù 得不〕
只读存储器 zhǐdú cúnchǔqì 電算読み出し専用メモリー.ROM(ロム)
只顾 zhǐgù ①…にのみ気をとられる.…にかまける.〔～自己〕ひたすら自分のことばかり考える(しようとする).②…一方面不行了,还要顾及其他方面〕単にある一面ばかりに気をとられてはいけない,さらに別の面に考えを及ばせなくてはいけない.
只管 zhǐguǎn ①…だけ…にする.一心に…する.〔～读书,不顾一切〕ただ一心に勉強するだけで,その他は一切顧みない. ②かまわずに…する.どしどし…する.〔有话～说,不必顾虑〕なんでもかまわずにどしどし言いなさい. →〔尽 jǐn 管〕〔自 zì 管〕
只好 zhǐhǎo やむなく…するより外ない.〔车票买不到,桂林旅行～作罢〕列車の切符が手に入らないので,桂林の旅行はやむなくとりやめることにする.〔～简单一点儿了〕簡単にするより外しかたがない.
只会 zhǐhuì ただ…できるのみ.
只见 zhǐjiàn ①ただ…が見える.〔～树木,不见森林〕木が見えるだけで森が目に入らない.〈喩〉(問題・事柄などの)一部分のみを見,全体を見ないこと. ②ふと見ると.ふと気づいたのは.
只可 zhǐkě ただ…するだけだ.〔～意会,不可言传〕心で理解できるだけで,言葉では言い表せない.
只能 zhǐnéng できることは…だけ.…するほかない.〔革命纪律～加强,不能削弱〕革命の規律は強化するほかなく,弱めてはいけない.
只怕 zhǐpà おそらく.たぶん…だ.
只认衣衫不认人 zhǐrèn yīshān bùrèn rén〈諺〉服装で人を判断する.人を見るのに見かけにばかり頼る.
只是 zhǐshì ①ただ…だけだ.ただ…にすぎない.…以上でもない.〔他一口头上说说而已〕彼は口先だけにすぎない. ②ただ…するばかりだ.ひたすら…するだけだ.〔大家问他是什么事,他一笑,不回答〕みんなが彼に何が起こったのかと聞いても,彼はただ笑うばかりで答えない. ③だが.しかし.ただ.〔我想去看,～没时间〕見には行きたいのだが,時間がないのだ.〔心里有好多话要说,～嘴里说不出来〕腹の中に言いたいことが山ほどあるんだが,しかし,どうしても口には出てこない.〔这条裙子很漂亮,～短了一点儿〕このスカートは綺麗だが,ただちょっと短い.
只索 zhǐsuǒ ⇒〔只得〕
只限于 zhǐxiànyú …に限る.…以外は(いけ)ない.〔这种药～外用〕この薬は外用に限る.
只消 zhǐxiāo …だけが必要だ.〔只需要〕の意.〔～

坐一边就行了ただ横に座っているだけでよい.

只许 zhǐxǔ …だけを許す(許される).〔~州 zhōu 官放火,不许百姓点灯〕〈諺〉役人は放火しても許されるが,人民はあかりをつけることも許されぬ.〈喩〉(権力者は)自分はいたいことを何でもするが,人には正当なことでも自由を許さない.

只要 zhǐyào …でさえあれば,…しさえすれば:多く後に〔就〕を置き,その条件さえあればある結果が必ず生じることを表す.〔~有法子,我就试试〕方法がありさえすればやってみます.〔~不下大雨,我也去〕大雨が降らない限りわたしはやはり行きます.〔~功夫深,铁杵磨成针〕〈諺〉強い気持ちで努力しさえすれば,鉄の棒を研いで針にすることができる.

只因 zhǐyīn ただ…のため.〔~交通不便,所以我不去〕交通が不便なばかりに私は行かない.

只有 zhǐyǒu ①…してこそ初めて:不可欠の条件を示し,その結果は多く後の〔才〕〔方〕などより呼応した形で表わされる.〔~这样做,才能解决问题〕こうしてこそ,初めて問題が解決できる.②…だけがある.〔~他是去南京的,别人都是去上海〕彼だけが南京へ行って,あとの者は上海へ行く.〔~剩 shèng 男没剩女〕〈諺〉女にすたれものなし.③ただ…よりほかはない.〔这么说,我只有走了?〕そう言われれば,わたしは行くよりほかはないでしょう.→〔只能〕

只争朝夕 zhǐzhēng zhāoxī〈成〉寸刻を惜しむ.

只知其一,不知其二 zhǐzhī qíyī, bùzhī qí'èr 〈諺〉一を知るだけで二を知らない.〔知其一,不知其二〕

〔枳〕

枳 zhǐ ①植カラタチ.〔枸 gōu 橘〕〔臭 chòu 橘〕に同じ.②⇒〔枳椇〕

枳棘 zhǐjí カラタチとイバラ:ともに棘 ( ) があるので悪人や悪環境のたとえとされる.

枳椇 zhǐjǔ =〔口〕鸡 jī 爪子②〔拐 guǎi 枣〕植ケンポナシ:クロウメモドキ科の落葉高木.

枳壳 zhǐqiào 中薬枳殻①や〔香橼〕(シトロン)などの成熟果実を薬材としたもの.→〔枳实〕

枳实 zhǐshí 中医枳実①.同上の未熟果.

〔咫〕

咫 zhǐ〈文〉周代の尺度で8寸を〔一~〕した.②〈転〉距離の近いこと.

咫尺 zhǐchǐ〈文〉距離の近いこと.〔近在~〕目と鼻の先にある.〔~天涯 yá〕〔天涯~〕~山河〕〔万里④〕〈成〉すぐそこにいても会えないこと.〔~千里〕〔~万里⑥〕〈成〉画面は小さいが描かれた景色は広い.〔~(间)の間〕一寸先も見えない.〔~之间〕咫尺(( ))の間( )

〔轵・軹〕

轵・軹 zhǐ〈文〉①車の軸の先端.②=〔轵②〕③〔首蛇〕両頭の蛇.〔~城〕地河南省済源市にある町.

〔旨〕

旨 zhǐ（Ⅰ）〈文〉美味である.うまい.〔甘 gān~〕同前.〔~酒〕うまい酒.〔菜肴 yáo~且多〕料理が味もよく量も多い.
（Ⅱ）①=〔恉〕意味.趣旨.目的.〔主~〕〔宗~〕主旨.〔谕~〕勅論.②皇帝の命令.指示.〔圣 shèng~〕皇帝の命令.〔谕~〕勅論.

旨甘 zhǐgān〈文〉美味(な物)

旨趣 zhǐqù =〔恉〕主旨.意義.考え.

旨要 zhǐyào 要旨.意図:〔指要〕とも書く.

旨意 zhǐyì 趣意.意味.趣旨.意図.〔按着主子的~办事〕ボスの思惑通りにやる.

旨在 zhǐzài …を旨とする.その目的は…にある.〔本计划~促进产业的现代化〕本計画は,産業の現代化促進を旨とする.

〔恉〕

恉 zhǐ ⇒〔旨(Ⅱ)①〕

〔指〕

指 zhǐ ①手の指.〔手~〕〔手~头〕同前.〔大拇 mǔ~头〕親指.〔首屈一~〕〈成〉(指折り)第一に数えられる.第一.〔天黑得伸手不见五~〕外は鼻をつままれるほど分からぬほどの真っ暗闇だ.②指で指示する.〔时针正~十二点〕時計の針がちょうど12時を指示している.③指示す.意味する.〔这~的是什么〕これは何を指して言っているのだ.〔暗~〕それとなくにおわせる.④指摘する.人に考え方を示す.〔~出明确的方向〕明らかな方向を指示する.→〔指点〕⑤批判する.叱責する.→〔指斥〕⑥(髪が上向きに)まっすぐになる.逆立つ.〔怒发 fà 上~〕怒って髪が逆立つ.〔令人发~〕人を激怒せしめる.⑦頼る.あてにする.→〔着老~什么过日子〕何で暮らしをたてているか.〔~着他养活〕彼に養われている.〔~佛穿衣,赖 lài 佛吃饭〕(僧侶が)人に頼りそのお陰で衣食する仏をだしに利益を得る).〔实~你能够出个好主意〕きみが何かいい考えを出してくれるだろうとそれを実は当てにしている.⑧量詞.指の横幅ほどの広さ.〔下了五~雨〕手の幅ほどの深さに雨が降った.〔有三~宽〕指3本ほどの幅がある.

指北针 zhǐběizhēn 羅針儀:コンパス.→〔指南针〕

指臂 zhǐbì 手の指と腕.〈喩〉役に立つ助手.〔~之效〕心の主従の力がかみ合う効果.〔~之助〕〈成〉人の有効な助力.

指标 zhǐbiāo 目標.指標.〔増产~,这几天就下来了目標はこの数日中に定められるだろう.

指拨 zhǐbō 指示す.教える.〔他很聪明,一~就明白了〕彼は頭がいいから教えるとすぐわかる.

指驳 zhǐbó 欠点を突き反駁する.

指不胜屈 zhǐ bù shèngqū〈慣〉(指折り数えても)数が多くて数えきれない.

指不定 zhǐbudìng〔口〕断言できない.確かではない.

指陈 zhǐchén〈文〉指摘し説明する.〔~得 dé 失〕得失をいちいち指摘する.

指称 zhǐchēng ①(ある言い方を)名として呼ぶ.②指摘して述べる.〔~对方公司违约〕相手方会社の違約を同前.

指斥 zhǐchì〈文〉指摘して責める.取り上げて批判する.

指出 zhǐchū 指摘する.〔社论~任何国家都无权干涉他国的内政〕どの国でも他国の内政に干渉する権限はないと社説は指摘している.

指代 zhǐdài 代わりとして指す.間接的の表現で言及する.〔~不明〕何の代わり(として指すの)か不明.

指导 zhǐdǎo 指導(する).〔~作用〕(思想・理論などの)指導的役割.〔~方针〕指導方針.〔~思想〕指導的の思想.〔~性计划〕指導的計画.〔从四岁起便在母亲的~下学习钢琴〕4歳の時から母親の指導の下にピアノのレッスンを始めた.→〔辅 fǔ 导〕〔领 lǐng 导〕

指导员 zhǐdǎoyuán 指導員:特に〔政治~〕を指す.→〔辅 fǔ 导员〕

指点 zhǐdiǎn ①指摘する.指摘して正す.指導する.〔要有不妥当的地方,请您给~〕もし適当でない点がありましたらどうか指摘下さい.→〔指正〕②非難する.あげつらう.〔不要在背后对别人的工作指指点点〕人の仕事に対して険でやとやかく言ってはいけない.

指点信标 zhǐdiǎn xìnbiāo (航空機の)マーカービーコン.無線位置標識.

指疔 zhǐdīng 中医手の指にできる疔( ):部位により〔蛇 shé 头疔〕〔蛇眼疔〕などという.

指定 zhǐdìng 指定する.決める.〔~小张到南京出差〕張さんが南京へ出張するよう決める.〔到~的地方集合〕指定された場所に集まる.〔~价(格)〕植

zhǐ 指

指し値.
指东打西 zhǐdōng dǎxī〈成〉陽動作戦を用いて敵の裏をかく;〔指东击jī西〕〔声东击西〕ともいう.
指东话西 zhǐdōng huàxī〈成〉あれこれと無関係のことを言う、あちらそちらへと話があちこちにとぶ:〔指东道西〕〔指东说西〕ともいう.
指肚 zhǐdù 指の腹.
指法 zhǐfǎ ①〖劇〗(演技における)手指の所作.②楽器・パソコンなどを扱う指の使い方.
指缝 zhǐfèng 指と指の間の隙間.
指腹为婚 zhǐfù wéihūn 〖旧〗胎内にあるうちから親同士が婚約を取り交わすこと:〔指腹为亲〕ともいう.
指供 zhǐgòng〖法〗①誘導して(真実でないことを)自供させる.②証人が被告にかかわることを証言する(して証拠を提供する)
指骨 zhǐgǔ 〖生理〗指骨(とっ).〔拇mǔ指~〕親指の骨.
指顾 zhǐgù〈文〉指さしふりむく;短い時間.〔在~之間〕あっという間.
指画 zhǐhuà ①指さす、手まねをする.〔病人指画画地要说什么,可是舌头动弹不了〕患者は指差しながら何か言おうとしているが,しかし舌を動かせない.②〖美〗指に墨や絵の具をつけて描くこと,また同前の絵.指頭画.→〔指印〕
指环 zhǐhuán〈方〉戒jiè指(儿)
指挥 zhǐhuī ①指図する.〔~刀〕指揮刀.〔~灯〕ⓐ交通巡査の持つ赤青の電灯.ⓑ交通信号.〔~部〕司令部.指揮部.〔~所〕指揮所.〔~室〕空港(航路)管制室.〔~员〕〖軍〗中国人民解放軍の指導幹部(総称).ⓑリーダー.〔~官〕〖軍〗指揮官.②〖音〗指揮する.〔~家〕〔乐团~〕楽団の指揮者.〔~棒bàng〕指揮棒.〔合唱由他~〕合唱は彼が指揮する.③指揮者.コンダクター.〔总zǒng~〕総指揮者.
指鸡骂狗 zhǐjī màgǒu〈成〉他事にことよせて人を罵る.あてこする:〔指桑骂槐〕に同じ.
指极星 zhǐjíxīng〖天〗北斗七星の末端にある〔天枢〕〔天璇〕(大熊座のα・β)をいう.2星の延長線上に北極星がある.
指甲 zhǐjia 手足の爪.〔修~〕(マニキュアなど)指の爪の手入れをする.
指甲刀 zhǐjiadāo 爪切り.
指甲盖儿 zhǐjiagàir〈口〉爪(の肉)
指甲花 zhǐjiahuā〔凤fèng仙花〕(ホウセンカ)の俗称:爪を染めるのに用いた.〔指甲草〕ともいう.
指甲心儿 zhǐjiaxīnr 指の先端の爪と肉との接しているところ.
指甲油 zhǐjiayóu マニキュア(液).〔涂tú~〕マニキュアを塗る.
指尖 zhǐjiān 指先.
指教 zhǐjiào 教示する.教え導く.〔望多多~〕どしどしご指教願います.〔敬请~〕どうぞよろしくご指導をお願い申し上げます.〔聆听~〕ご指教を拝聴致します.→〔请qǐng教〕
指靠 zhǐkào 頼る.当てにする.〔这件事就~你了〕この事はあなたが頼りだよ.
指控 zhǐkòng 責任を指摘して訴える.〔提出~〕告発する.
指令 zhǐlìng ①指示する.命令する.②公文の一種:上級から下級へ指示命令するもの.〔接到上级~〕上級機関の命令を受ける.〔~性〕(政府)の命令的.〔~性计划〕国家制定法令化計画.③〖電算〗インストラクション.命令.〔~代码〕命令コード.〔~系统〕コマンドシステム.
指路 zhǐlù 道(順)を示す.〔~灯〕誘導灯.〔~牌〕道標.〔~明灯〕〔~喩〕道しるべの灯.

指鹿为马 zhǐlù wéimǎ〈成〉故意に是非を転倒する.白を黒と言う.
指脉 zhǐmài ⇒〔切qiè脉〕
指迷 zhǐmí 迷いから教え導く.過ちを諭す.
指名 zhǐmíng 指名する.〔~人guàn〕(敬意を払わず)名指しする.〔~要我发言〕発言するよう指名された.〔~(地)批评〕名指しで批判する.〔~(地)攻击〕名指しで攻撃する.
指明 zhǐmíng 明示する.〔~出路〕活路を指し示す.
指南 zhǐnán 手引き.案内.〔旅游~〕観光案内.〔大学升学~〕大学進学案内.〔行动~〕行動指南.
指南车 zhǐnánchē〖旧〗指南車.〔南车〕〔司sī南车〕ともいう.
指南针 zhǐnánzhēn ①=〔〈方〉定dìng南针〕羅針盤:〔罗luó盘〕〔向xiàng盘〕ともいう.→〔指北针〕②指針となるもの.
指派 zhǐpài (指名して)派遣する.受け持たせる.〔~他当领队〕彼を派遣して引率させた.
指认 zhǐrèn (指摘して)確認する.
指日 zhǐrì〈文〉数日不で.まもなく.〔~告罄qìng〕まもなく払底(ち)するだろう.〔~可待dài〕近い将来その実現を期待し得る.→〔不bù日〕
指桑骂槐 zhǐsāng màhuái〔指桑说槐〕〈成〉あてこすって罵る.あてこすりを言う:〔指鸡骂狗〕に同じ.→〔拜shuāi簧〕
指山卖磨 zhǐshān màimò〈成〉石山の下で石日の商売:可能性はあるが性急で実際的ではない考え.
指实掌空 zhǐshí zhǎngkōng〈成〉書道の筆の持ち方で,掌に鶏卵を入れられるくらいに指に力を入れ筆を持つこと:〔指实掌虚〕ともいう.
指使 zhǐshǐ 指図する.そそのかす.〔这一定是他~的〕これはあいつがやらせたに違いない.
指示 zhǐshì ①指し示す.示して見せる.〔~箭jiàn〕方向(順路)を示す矢印.〔~生物〕(環境汚染度)指標生物.〔~剂〕〖化〗指示薬.〔~灯〕パイロットランプ.〔~人〕(手形の)指図人.〔~代词〕〖語〗指示代名詞.②指示(する).指図(する):上級から下級への.〔接到新~〕新しい指示を受けとる.〔按~办事〕指示にしたがって処理する.
指事 zhǐshì 〖図〗〔六书①〕の一:形を模することのできない抽象的な概念を示す,符号を組み合わせる造字法.例えば一線の上方に一点を画した"上"とし,下方に一点を画した"下"とする種類の文字をいう.
指示器 zhǐshìqì =〔示功器〕インジケーター.〔压力~〕指圧計.〔水压~〕水圧表示器.
指手画脚 zhǐshǒu huàjiǎo〔指手划脚〕とも書いた.〈成〉手ぶり身ぶりを加えて(大げさに)話す.ⓐ話に熱中するさま.ⓑ勝手に批判したり,でたらめに命令をすること.
指书 zhǐshū 指頭に墨をつけて字を書くこと.→〔指画②〕
指数 zhǐshù ①〖数〗指数.累乗の次数.〔~函hán数〕指数関数.→〔负fù指数〕②指数:100を基準値として指標する数.〔生活~〕生活費指数.
指算 zhǐsuàn 指を折って数える.
指套 zhǐtào 指サック.〔橡xiàng皮~〕ゴムの同前.
指天画地 zhǐtiān huàdì〈成〉はばからずに言いたい放題を言う.〔当着众人~地大骂〕大勢の前で勝手気ままなことを言って罵る.
指天誓日 zhǐtiān shìrì〔指天发誓〕ともいう.〈成〉神に対して誓う.天地神明に誓う.
指天说地 zhǐtiān shuōdì ありとあらゆる事を話す.
指头 zhǐtou〈口〉手足の指.〔〈口〉手~〕〔手指〕手の指.〔〈口〉脚jiǎo~〕足の指.〔~印子〕〔指印〕指紋.〔~肚儿bù dùr〕指の腹.〔十个~不一

指厂 指酯 抵 纸　　　　　　　　　　　　　　　　　　zhǐ

般儿齐〕〔十个～有长短〕〈谚〉10本の指でも长い短いがある：同じ兄弟でもいろいろ违っている．十人十色．事物にいろいろ差别があるのたとえ．

指望 zhǐ・wàng ①切望する．ひたすら期待する．頼りに思う．〔他人～着他的孩子〕彼は自分の子だけを頼りにしている．②见込み．希望．〔他的病已经没有～了〕彼の病気はもう望みはない．

指纹 zhǐwén 〔～〔脑 luó 纹〕〔螺 luó 纹〕②指纹（の跡）．〔取 qǔ～〕指纹を取る．〔按～〕按指印〕拇印を押す．→〔指印〕

指向 zhǐxiàng ①目指す．指向する．指す．〔矛头～谁〕矛先は誰に向けられているか．〔指针～南方〕针は南を指している．②指す方向．

指要 zhǐyào ⇒〔旨要〕

指引 zhǐyǐn 示し导く．手引きする．〔猎人～他们通过了原始森林〕彼らは猎师に导かれて原始林を通り抜けた．

指印 zhǐyìn 〔～儿〕①指纹（の跡）．②〔拇〕印：〔手shǒu 印②〕に同じ．〔按 àn～〕〔打～〕拇印を押す．→〔指印〕

指语 zhǐyǔ 〔固〕指文字．→〔手 shǒu 语〕

指责 zhǐzé 指摘して责める．〔对他们的缺点不是说服，而是采取一个的方式〕彼らの欠点に対しては，言い闻かせてわからせるのではなく指摘して责める方式を采る．〔妄加～〕むやみに责めたてる．

指摘 zhǐzhāi 指摘して批判する．非难する．吐责する．〔时常遭受～与责骂〕しょっちゅう突っ込まれたり叱られたりしている．〔严 yán 加～〕厳しく非难する．〔无可～的〕非の打ちどころがない．

指战员 zhǐzhànyuán 将兵：〔指挥员〕（指挥官）〔战斗员〕（兵士）の総称．

指掌 zhǐzhǎng 掌（たなごころ）を指す．ⓐ〈喻〉极めて明らかである．〔了 liǎo 如～〕〈成〉掌を指すようにはっきりしている．ⓑ〈喻〉容易にできる．〔视上第如～〕科举试验の合格はたやすいことと考える．

指仗 zhǐzhàng 頼りにする．頼る．〔他～着什么过日子呢〕彼は何を頼りに生活していくのか．

指针 zhǐzhēn ①〔计器・时计の〕指针．针．〔罗盘的～〕罗盘盘の指针．②针针．案内．手引き．〔行动的～〕行动の指针．〔電算〕ポインター．

指正 zhǐzhèng ①誤りを指摘し订正させる．②〈谦〉吐正（をお愿いする）：自分の作品（や意见）を人に批评してもらう际に用いる．本の见返し・扉などに〔××先生～〕などと书いて赠る．〔不对的地方请大家～〕间违っているところがあったらみなさんどうか订正して下さい．

指证 zhǐzhèng 证拠を指し示す．证言する．

〔酯〕 zhǐ 〔化〕エステル：〔爱 ài 司能〕〔耶 yē 司脱〕は音訳．〔～化〕エステル化．〔醋 cù 酸乙～〕酢酸エチル：〔乙 yǐ 酸乙～〕は商品名．〔～酸酰アミル．〔醋酸丁 dīng～〕酢酸ブチル．〔苯běn 甲酰苄 biàn ～〕安息香酸ベンジル．〔甘 gān 油三硝酸～〕トリニトログリセリン．〔聚 jù ～〕ポリエステル．

酯树胶 zhǐshùjiāo エステルゴム．

〔抵〕 zhǐ 〈文〉(手のひらで)たたく．〔～掌zhǎng〕手のひらをたたく．手のひらを打ち合わせる．

抵掌而谈 zhǐzhǎng ér tán 〈成〉うちとけて话す．

〔纸・紙(帋)〕 zhǐ ①纸．〔信～〕便笺．〔吸 xī 墨～〕吸い取り纸．〔宜～〕画仙纸．〔稿儿～〕原稿用纸．〔包装～〕包装纸．〔滤 lǜ～〕滤纸．〔蜡 là～〕〔誊写版用〕原纸．〔牛皮～〕クラフト纸．〔石蕊 ruǐ（试）～〕リトマス试验纸．〔油～〕油纸．〔一令 lǐng～〕半连の纸（全纸500枚をいう）．〔～里包不住火〕〈谚〉では火を包めない：真相は必ず明らかになる．②纸钱．〔烧 shāo～〕〔死者を祭るとき〕纸钱を燃やす．③量词．文书の枚数や通数を数える．〔一～公文〕公文1通．〔合同共三～〕契约书合计3通．〔各执一～为凭〕证拠として各自1通を保有する．④〈姓〉纸（し）

纸板 zhǐbǎn 〔板纸〕厚纸．ボール纸．〔～箱〕ダンボール箱．

纸版 zhǐbǎn 〔纸模子〕〔纸型〕印刷の纸型．〔打～〕纸型を作る．

纸本 zhǐběn 书画のかかれている材料が纸であるもの．→〔绢 juàn 本〕

纸笔 zhǐbǐ 纸と笔．〔～难言〕〈成〉笔纸には述べられない（尽くしがたい）．

纸币 zhǐbì 纸币．〔软 ruǎn 币〕〔钞 chāo 票〕ともいう．〔贬值〕〔固〕纸币の过剩発行による価値の下落．

纸箔 zhǐbó ①金属箔を貼った纸．②⇒〔纸钱（儿）〕

纸厂 zhǐchǎng 製纸工场．

纸窗 zhǐchuāng 纸を貼りつけてある窓．

纸袋 zhǐdài 〔～子〕纸袋．

纸带 zhǐdài 纸テープ．〔胶粘～〕粘着テープ．〔～穿孔机〕纸テープ穿孔机．自动パンチ机．〔～阅读机〕テープ读み取り机．パンチテープリーダー．

纸电池 zhǐdiànchí 超薄型电池．纸状电池．

纸幡 zhǐfān 〔固〕纸の旗：葬式の时に用いた．

纸饭碗 zhǐfànwǎn 〈喻〉不安定な働き口．心もとないたずき．→〔铁 tiě 饭碗〕

纸工 zhǐgōng 纸细工．ペーパークラフト．

纸贵洛阳 zhǐ guì luòyáng ⇒〔洛阳纸贵〕

纸盒 zhǐhé 纸箱．ボール箱．

纸鹤 zhǐhè 折り鹤．

纸花串 zhǐhuāchuàn ペーパーフラワーモール．纸製の花をつらねたもの．

纸花（儿） zhǐhuā(r) 纸の造花．ペーパーフラワー．

纸黄金 zhǐhuángjīn 〔固〕特别引出权．SDR：〔特别提款权〕ともいう．

纸浆 zhǐjiāng 製纸用パルプ．〔牛皮～〕クラフトパルプ．→〔木 mù 浆〕

纸巾 zhǐjīn 纸タオル・纸ナプキン・ティッシュペーパーなど（総称）

纸筋石灰 zhǐjīn shíhuī 〔建〕一種のしっくい：藁(わら)泥に消石灰をまぜてこねたもの．

纸锞 zhǐkè ⇒〔纸钱（儿）〕

纸老虎 zhǐlǎohǔ 〈喻〉张子（ぼり）の虎：外面は強そうでも见かけだおしで実力のないこと．〔帝国主义和一切反动派都是～〕帝国主义と一切の反动派はすべては张子の虎である．

纸篓（子） zhǐlǒu(zi) ⇒〔烂垃纸篓〕

纸马（儿） zhǐmǎ(r) 〔神 shén 马儿〕神马（あるいは神仙の像）の印刷してある纸：旧俗で祭祀の时に燃やす．马などの形に作るものもある．→〔纸人纸马〕

纸媒 zhǐméi ペーパーメディア．印刷メディア：〔印 yìn 刷媒介〕に同じ．

纸煤（儿） zhǐméi(r) ⇒〔火 huǒ 纸媒儿〕

纸面 zhǐmiàn 纸の表面．纸による表面．纸面．

纸冥子 zhǐmíngzi 〔固〕

纸模子 zhǐmúzi ①⇒〔纸版〕 ②纸製の型．③纸で作った模型．④型纸．

纸捻儿 zhǐniǎnr ①纸．②⇒〔火 huǒ 纸〕

纸尿袍 zhǐniàobāo 纸おむつ：〔纸尿布〕ともいう．〔纸尿裤 kù〕はパンツ型のもの．

纸牌 zhǐpái 花札．カルタ．トランプなど．→〔扑 pū 克〕

纸片(儿) zhǐpiàn(r) 紙片.紙きれ.
纸钱(儿) zhǐqián(r) =[纸箔②][纸锞]紙銭:錫箔紙や金箔紙などで銭形に作ったもの.死者または鬼神を祭る時にこれを焼く.→[冥 míng 钞]
纸人纸马 zhǐrén zhǐmǎ 紙製の人形や馬:特に葬式に用いるもの.
纸上电泳 zhǐshàng diànyǒng [化]ペーパーエレクトロホレシス.纸電気泳動.
纸上谈兵 zhǐshàng tánbīng 〈喩〉机上の空論.畳の上の水練.
纸绳 zhǐshéng 紙縄(なわ).→[纸捻儿]
纸条儿 zhǐtiáor (簡単な書き留めをした貼り紙などに用いる)細長い紙.
纸头 zhǐtóu 〈方〉紙.一字解]
纸团(儿) zhǐtuán(r) 紙つぶて.①[捻 niǎn 成]同前にまるめる.
纸箱 zhǐxiāng (大型の)紙の箱.段ボール箱.
纸型 zhǐxíng ⇒[纸版]
纸烟 zhǐyān ⇒[香 xiāng 烟①]
纸样 zhǐyàng (裁縫用の)型紙.
纸鹞 zhǐyào ⇒[风 fēng 筝]
纸鱼 zhǐyú ①紙で作った魚. ②⇒[蠹 dù 鱼]
纸鸢 zhǐyuān ⇒[风 fēng 筝]
纸张 zhǐzhāng 紙.紙類.紙商品.
纸质 zhǐzhì 紙を材料とする.紙製(の).[~教材]同新の教材(テープ),[~光盘](ディスク)などに対していう.[~词典]紙の辞典:[电 diàn 子词典]に対していう.
纸醉金迷 zhǐzuì jīnmí 〈喩〉豪華奢侈な生活:[金迷纸醉]ともいう.

[芷] zhǐ 国ヨロイグサ:セリ科の多年草.[白 bái 芷①]に同じ.=chǎi

[黹] zhǐ ①〈書〉針仕事.[针 zhēn 黹]同前.
黹敬 zhǐjìng 結婚祝いに手回り用品を買う代として新郎に贈る金.

[徵] zhǐ 古代の音符で[五音②]の一.→[征 zhēng]

[至] zhì ①(…にまで)至る.[无微不~]至れり尽くせり.かゆいところへ手が届くようだ.[北京~上海]北京より上海に至るにまで).[从早~晚]朝から晩まで.[自始~终]初めから終わりまで.始終.[自~以~][自~而~]…から…まで.[自古代以~现代][自农村~现代]古代から現代まで.[自~以~]中[自~以~]中[自~而~]中[自 そから…まで.[自~至~]中[自~以~]中[自~而~]…から…まで.[自~至~]中[自~以~]中[自~而~]…から…まで. ③たいへん.非常に.至って.→[至善至美] ④極点.冬~冬至.[夏~]夏至.[感念之~]感激の至り.
至爱 zhì'ài ①最も愛する.[~的人]同前の人. ②至愛のものだ.最愛の人.
至宝 zhìbǎo この上なく貴重な宝物.[如获~]鬼の首でも取ったかのようだ.[国家的~]国の至宝.
至不济 zhìbujì 少なくとも.一番悪くても.最低限.[~也够生活]最低限でも生活するには足りる.
至诚 zhìchéng =[至誠].誠意.真心.[~如神]至誠は神の如し.[~于~]真心をもってしたのだ.[至诚]実である.親切である.真心がある.[~的朋友]忠実この上ない友人.[三番五次地来请透着~]何べんも呼びに来てくれるところに真心がこもっている.
至迟 zhìchí =[至晚]遅くとも.[~也得两点钟到那儿]遅くとも2時にはあちらに着かなければならない.
至此 zhìcǐ ①ここで.これをもって.[文章~为止]文章はここで終わりとする(終わりにする).[~,故事才进入正题]ここまで来てやっと話が本題に入るのだ. ②今になって. ③この時になって.

程度・状態になる.[事已~,无可奈何]ことここに至っては,どうしようもない.
至大至刚 zhìdà zhìgāng 〈成〉強大の極みである.
至当 zhìdāng 〈文〉極めて妥当である.
至多 zhìduō 多くとも.せいぜい.[看样子,她~也不过三十岁]あの様子では,彼女は30歳をこえてはいないだろう.
至高无上 zhìgāo wúshàng 最高至上(の).[~的权力]最高権力.
至公 zhìgōng 極めて公平である.[~无私]至って公平無私である.
至关重要 zhìguān zhòngyào 極めて重要である.
至好 zhìhǎo ①至って親しい.[~的朋友]親友. ② ⇒[至交]
至极 zhìjí この上なく.[可恶~]憎らしいかぎりである.[反动~]反動きわまりない.
至交 zhìjiāo =[至好]
至今 zhìjīn 今に至るまで.未だに.今なお.[他回家后~还没有来信]あの人は郷里に帰ってから未だに便りをよこさない.[屈原的生卒年代,~没有定论]屈原の生没年については,今なお定論がない.
至乐 zhìlè 〈文〉最上の楽しみ.
至理 zhìlǐ 最高の道理.至理.[~名言]〈成〉まことに理にかなった名言.
至盼 zhìpàn 切に希望する.[祈赐回音,是所~][赠]ご返事下さるよう切に希望いたします.
至戚 zhìqī 同下.
至亲 zhìqīn =[至戚]最も近い親戚.[~好友]近親者や親しい友人.[骨肉~]肉親の間柄.[~瓜葛]近親者累世の親友など深いつながりのある間柄.
至情 zhìqíng 至情.まごころ.極めて真実である情.
至若 zhìruò ⇒[至于②]
至善至美 zhìshàn zhìměi 完ぺきである.完全無欠である:[尽 jìn 善尽美]ともいう.
至上 zhìshàng 至上である(地位や権力についていう).[顾客~]お客様第一.[人民利益~]人民の利益が第一である.
至少 zhìshǎo 少なくとも.[~得花一万元]少なくとも1万元はかかる.[从这儿到学校,~要半个小时]ここから学校までは,少なくとも30分はかかる.
至深 zhìshēn 最も深い.[交情~]友情が最も深い.
至圣 zhìshèng 孔子に対する尊称:[~先师]の略.これに次ぐ者の意で,孟子を[亚 yà 圣]という.
至死 zhìsǐ 死ぬまで.[~忘不了你的恩情]死んでもあなたのご恩を忘れられない.[~不悟]終生悟らない.[~不渝]死んでも変わらない.[~不变]死ぬまで変わらない.[~不屈]最後まで屈服しない.
至晚 zhìwǎn ⇒[至迟]
至为 zhìwéi 〈文〉大いに(…する).きわめて(…である).[~欢迎]大いに歓迎いたします.
至小 zhìxiǎo 最も小さい.小さくとも.
至性 zhìxìng 〈文〉生まれつき誠実な性質.
至言 zhìyán 道理を極めた言葉.至言.
至要 zhìyào 最も重要である.このうえなく大切である.[幸勿迟延是为~]〈赠〉必ず遅延しないように願います.
至矣尽矣 zhìyǐ jìnyǐ 至れり尽くせり.完全である.周到である.[他办得~了]彼の処置は至れり尽くせりだ.[我的话已经说到~了]わたしはもうこれ以上話すことはない.
至意 zhìyì 〈文〉誠意.
至友 zhìyǒu =[至好②][至交]〈文〉最も親しい友人.[多年的~]長年の親友.
至于 zhìyú ①(…の状態)になる.(…の結果)になる.(…の局面)に至る.④単に程度を示す.[大而~

zhì

一个国家,小而~一个家庭)大は一つの国家、小は一つの家庭に至るまで.⑤反語として用いる.〔要是早请大夫看,何~病成这样〕もっと早くお医者に見てもらっていたらこんなにひどくはならなかったのに.〔这么说吧,~发脾气〕こんなちょっとしたことで怒ることはないよ.⑥〔不~〕の形で用いる.〔比从前少了许多,可是还不~灭亡〕以前に比べると非常に少なくなったが,しかしまだ滅亡というほどではない.〔他不~自杀吧〕彼はまさか自殺はしまい.②=〔文〕至若…に至っては…については.…となると:話題を変えて提示する時に用いる.〔~这种学问我是一无所知〕この種の学問ということになるとわたしはさっぱりです.〔种花,他是内行〕花作りとなると彼は専門家だ.

至嘱 zhìzhǔ 〈文〉くれぐれも願う.〔是为为~〕〈牘〉くれぐれもお願い申し上げます.

至尊 zhìzūn ①この上なく尊い.②旧皇帝または宗教信仰上の祖師.

[**厔**] zhì 〔盩 zhōu ~〕陝西省西安市にある県:現在は「周至」と書く.

[**郅**] zhì ①〈文〉至って.極めて.〔~治之世〕でよく治まっている世.②〈姓〉郅(し)

[**桎**] zhì 〈文〉足かせ:〔~梏 gù〕拘束.〔解~〕束縛となるものから脱出する.〔摆脱~梏〕手かせ足かせから逃れる.束縛から脱出する.

[**轾·輊**] zhì 古代の車で屋根の後部のやや低くなっているもの:前部の高くなっている車〔軒 xuān〕に対していう.〔轩~〕〈喩〉高低.

[**致·緻**] zhì (I)〔致〕①与える.送る.〔~函李部长〕手紙を李部長に出す.〔~各界的公开用信〕各界に送る公開状.②表す.表現する.表わす.〔此~敬礼〕ここに敬礼をいたします.〔向新郎新娘~以热烈的祝贺〕新郎新婦に心からお祝いを申し上げる.〔~致贺〕あいさつを申し上げる.→〔致辞〕招来する.結果をきたす.実現する.〔~病原因〕病気になった原因.〔因公~伤〕公務のため負傷する.〔措辞晦涩,易使人误解本意〕言葉使いが難しくてわかりにくいから,人に本意を誤解されることになる.④(力・意志などを)尽くす.注ぐ.集中する.〔专心~志〕〔惯~意专心する.一心不乱になる.〔~致力)⑤興味.趣味.趣.おもむき.〔兴 xīng ~〕興味.〔错落有~〕ふぞろいに入り混じっていて趣がある.〔景~〕⑥〈姓〉致(ち).
(II)〔緻〕細密である.緻密である.〔~密〕〔精 jīng ~〕〔细~〕同前.

致哀 zhì'āi (死者に)哀悼の意を表す.

致癌 zhì'ái 発癌させる.〔~物质〕医発癌物質:略して〔~物〕ともいう.

致病 zhìbìng 発病させる.〔~菌〕医病原菌:〔病菌〕に同じ.

致残 zhìcán 障害が残る.後遺症を残す.→〔伤 shāng 残〕

致词 zhìcí 〔致辞〕とも書く.言葉を述べる.挨拶をする.〔由主席~〕主席が挨拶の言葉を述べる.〔开幕词〕開会の辞を述べる.〔致贺词〕祝詞を述べる.〔致祝酒词〕乾杯の音頭をとる.〔致谢词〕謝辞を述べる.〔致欢迎词〕歓迎のあいさつを述べる.〔致答词〕答辞を述べる.

致悼 zhìdào ⇒〔志悼〕

致电 zhìdiàn 電報を送る.

致富 zhìfù 財をなす.〔脱贫~〕貧困を脱して裕福になる.

致公党 zhìgōngdǎng →〔中 zhōng 国致公党〕

致函 zhìhán 〈文书〉(…に)手紙を送る.

致贺 zhìhè 祝意を表する.

致幻药 zhìhuànyào 幻覚剤:〔致幻剂 jì〕ともいう.

致祭 zhìjì 祭祀を取り行なう.死者を弔い祭る.

致敬 zhìjìng 敬意を致す.敬意を表する.〔我以中国人民的名义,向你们~〕中国人民の名において,あなたがたに敬意を表する.〔向革命烈士~〕革命烈士に敬礼.

致力 zhìlì 尽力する.〔余~国民革命凡四十年〕(孙文遗嘱)国民革命に尽力することおおよそ40年なり.〔~于世界和平〕世界平和に力を注ぐ.

致密 zhìmì 緻密である.〔~的观察〕入念な観察.〔结构~〕構造が緻密だ.

致命 zhìmìng ①命にかかわる.〔~伤 shāng〕致命傷.〔~要害〕決定的な急所.〔~处〕急所.〔~的打击〕致命的な打撃.〔~的弱点〕命取りの弱点.②命を投げ出す.生命を賭する.〔君子以~遂 suì 志〕君子は命をすててその志を遂げる.

致歉 zhìqiàn 謝罪の意を表す.〔登报~〕新聞に謝罪文(広告)を載せる.

致伤 zhìshāng 負傷する(させる).〔车祸〕交通事故で人を負傷させる(人を負傷が出る)

致使 zhìshǐ (…という)結果を引き起こす.(…に)ならしめる.〔搞了多年平均主义,~工人积极性不高〕長年平均主義をやってきたため,労働者の働く意欲が少なくなった.

致仕 zhìshì 〈文〉官を辞する.退官する.

致书 zhìshū ⇒〔致函〕

致死 zhìsǐ 死を招く.死に至る.致死.〔~量〕(薬の)致死量.〔因伤~〕傷のために死亡に至る.

致突变原 zhì tūbiànyuán 医突然変異原.

致谢 zhìxiè 謝意を述べる.

致以 zhìyǐ …を申し上げる.…を表する.〔~衷心的祝贺〕心から祝意を表する.〔~歉意〕恐縮の意を表する.

致意 zhìyì 挨拶をする.気持ちを伝える.よろしくと伝える.〔您替我向他~吧〕彼によろしくお伝え下さい.〔挥手~〕手を振って挨拶する.→〔问 wèn 好〕

致用 zhìyòng 役立つようにする.実用に供する.〔学以~成〕勉強して実践活用する.②〈文〉用途を十分に発揮させる.

致远 zhìyuǎn 遠くにまで達する.後世にまで影響を及ぼす.〔无学难以~〕学問がなければ将来にまで成果が伝わりにくい.

致灾 zhìzāi 災難を招く.

致志 zhìzhì 志す(して専心する).〔专心~于革命〕専ら革命に心を傾けた.

[**窒**] zhì ふさぐ.ふさがる.

窒碍 zhì'ài =〔滞碍〕〈文〉障害.差し支え.〔~难行〕障害があって実行し難い.

窒扶斯 zhìfúsī ⇒〔伤 shāng 寒①〕

窒闷 zhìmèn 息詰まるようである.風通しの悪い.

窒塞 zhìsè つまる.ふさがる.

窒息 zhìxī ①息がつまる.窒息する.〔~而死〕窒息して死ぬ.〔令人~的气氛〕息詰まるような雰囲気.②〈喩〉行き詰まる.

[**铚·銍**] zhì 〈文〉①短い鎌.②稲の穂を刈る.また刈った稲の穂.

[**蛭**] zhì 動ヒル(総称).魚・貝類・人畜などに吸着して血を吸う.〔蚂 mǎ 蟥ⓐ〕は通称.〔水~〕〔医 yī 用~〕チスイヒル.〔山~〕ヤマヒル.〔鱼~〕ウオヒル.

蛭石 zhìshí 鉱蛭石(せき).バーミキュライト.

[**膣**] zhì 膣:〔阴 yīn 道〕の旧称.

[**蛭**] zhì →〔蟪 lóu 蛭〕→ dié

zhì

〖忮〗 zhì 〈文〉嫉妬する.そねむ.〔~心〕嫉妬心.

〖识・識〗 zhì 〈文〉①記憶する(している).②記号.標号:〔志(Ⅱ)②〕に同じ.〔标 biāo ~〕〔帜zhì~〕標識.目印.〔款 kuǎn ~〕〔款识〕④古代の青銅器に鋳刻してある文字.②書画の落款(らっかん)と題字.記述する.〔附 fù ~〕付~ shí

〖帜・幟〗 zhì ①〈文〉旗.のぼり.〔幡 fān ~〕〔旗 qí ~〕同前.〔独树一~〕〈成〉独自の旗印を揚げる・独自の一派をうち立てる.②〈文〉しるし.目印.標識.③〈姓〉帜(じ)

〖志(誌)〗 zhì (Ⅰ)〔志〕①志.意志.決意.〔~立~〕立つ志を立てる.〔有~竟成〕〈成〉志さえあればそれは結局実現される.〔~望〕志望.抱負.〔心怀大~〕〔胸怀大~〕心中大望を抱く.〔得~〕志を得る.望みが実現される.②〈方〉量る.〔用秤 chèng ~~〕はかりで量る.④〈姓〉志(し)(Ⅱ)〔誌〕〈文〉①記する.〔~喜 xǐ〕賀意を記す.喜びの意を表す.〔永~不忘〕〈成〉永く記して忘れない.②(文字による)記載.記録.〔北京~〕北京に関することを記載した書.〔县~〕県の歴史を記したもの.県史.〔三国~〕三国志.〔杂~〕雑記.③記号.標号.〔识②〕に同じ.〔标~〕標識.

志哀 zhì'āi 哀悼の意を表する.〔下半旗~〕半旗を揚げて哀悼の意を表する.

志大才疏 zhìdà cáishū 〈成〉志は大きいが、才能は足りない:〔才疏志大〕ともいう.

志悼 zhìdào 〈文〉哀悼の意を表する.〔致悼〕

志得意满 zhìdé yìmǎn 〈成〉思いがかなって得意になる.

志怪(小说) zhìguài (xiǎoshuō) 怪異小説:魏晋六朝時代の小説の代表的ジャンル.

志节 zhìjié 志と節操.

志留纪 zhìliújì 🄐 シルル紀(シルリア紀).〔~系〕シルル系(地層)

志气 zhì·qì 気骨.気概.意気地.意気込み.〔有~〕気骨がある.〔没~〕意気地がない.〔昂扬~〕意気稜々(りょうりょう)たるさま.

志趣 zhìqù 志向.興味.好みの考え方.〔~相投的朋友〕気の合った友だち.

志士 zhìshì 節操の堅く、大志を抱く人.〔~仁人〕(論語・衞霊公)大志を抱き、人類に貢献する精神の持ち主.

志书 zhìshū 地誌.府県誌.

志同道合 zhìtóng dàohé 〈成〉志を同じくする.同志である.

志向 zhìxiàng 志すところ.意気込み.抱負.

志行 zhìxíng 〈文〉志と行い.意志と品行.

志学 zhìxué 〈文〉①学問に志す.②15歳:『論語』の〔吾十有五而志于学〕(われ十五にして学に志す)による.

志愿 zhìyuàn ①希望.願望.志望.②〔~兵〕志願兵.〔~者〕ⓐ志願者.ⓑボランティア.〔~书〕願書.〔~军〕志願兵.義勇軍(軍).③志願する.自ら望む.〔~建设大西北〕大西北地区の建設を志願する.

志在必成 zhìzài bìchéng 〈成〉必ず成し遂げると決心する:〔志在必得 dé〕ともいう.

志在千里 zhìzài qiānlǐ 〈成〉遠大な志を抱く:〔志在四方〕ともいう.

志子 zhìzi 〈方〉物差し・秤の代用となるもの:〔制子〕に同じ.

〖梽〗 zhì 🄐 ~木山 湖南省にある.

〖痣〗 zhì ①ほくろ.あざ.〔黑~〕〈文〉黑子ほくろ.〔红~〕赤あざ.→〔记 jì ⑥〕〔瘩 wù〕②

〖豸〗 zhì ①〈文〉足のない虫:うじむし・みみずなど.〔虫 chóng ~〕虫(総称).②→〔獬 xiè 豸〕③〈姓〉豸(ち)

豸旁(儿) zhìzìpáng(r) 🄐 むじなへん・漢字部首の"豸".〔豹 bào 字旁(儿)〕に同じ.→付録1

〖治〗 ①治める.管理する.〔~国〕国を治める.〔山伏水~〕〈成〉山林を保全し、水害を無くす.〔~兵〕軍備を整える.〔~洪〕洪水を治める.〔~淮 huái〕淮(が)河の活水管理.〔~黄〕黄河の活水管理.〔自~〕自ら治める.自治を行なう.②治まる.太平である.安定している.〔国家大~〕国が大いに治まる.〔长~久安〕長く治まって平安である.〔~乱 luàn〕治乱.③研究する.〔统~〕統治する.④〔~学〕学問を修める.〔专~近代史〕近代史を専攻する.〔以马克思主义的观点~中国文化史〕マルクス主義の観点から中国文化史を研究する.④処罰する.〔~~处 chù 〕以前、これ家伙不~他一下是不会老实的〕あいつを一つこらしめてやらないと、おとなしくなりっこない.→〔整 zhěng 治〕⑤(害虫を)駆除する.〔~蝗 huáng〕いなごの害を防除する.〔~蚜 yá 虫〕油虫を駆除する.⑥治療する.〔病已经~好了〕病気は(手当をして)もう治った.〔不~之症〕不治の病.〔医 yī ②〕⑦旧地方政府所在地.〔省〕省政府所在地.〔县〕県庁所在地.⑧〈姓〉治(ち)

治安 zhì'ān 社会の治安秩序.治安.〔~巡逻〕治安パトロール.〔扰乱~〕治安を攪乱する.〔维持~〕治安を維持する.

治保 zhìbǎo 治安を守る.社会の平安・秩序を保持する.

治本 zhìběn 根本を処理する.根本を改善する.→〔治标〕

治标 zhìbiāo 末端を改善する.応急処置をする:〔标〕は〔标末〕すなわち末梢.〔~不治本〕対症の処置にとどまって根本的な措置をとらない.→〔治本〕

治病 zhìbìng 病気を治療する.〔治不好的病〕治りにくい病気.〔治得了 liǎo 病,治不了命〕〔諺〕病気は治せるが、寿命は治せない.〔~救人〕〔喩〕欠点・誤りを指摘し、人を立ち直らせる.

治虫 zhìchóng 害虫を駆除する.

治服 zhìfú 抑え伏せる.〔他治不服自己的老婆〕彼は自分の女房を抑えられない.〔~了黄河〕黄河を征服した.

治国 zhìguó 国を治める.国事を処理する.〔~安邦〕国と治む邦を安んずる.〔~安民〕国を治め、民を安心させる.

治家 zhìjiā 〈文〉家のことを治める:〔齐 qí 家〕に同じ.

治假 zhìjiǎ にせ物を取り締まる.

治具 zhìjù ⇒〔夹 jiā 具〕

治理 zhìlǐ ①管理する.治める.〔~家务〕家の切り回しをする.〔~国务〕国務を処理する.②改造する.処理する.〔~河流〕河川の管理・手当てをする(治水工事をする).〔三废~〕廃ガス・工場廃水・固形廃棄物の処理.

治疗 zhìliáo 治療(する).〔住院~〕入院して治療を受ける.〔接受~〕治療を受ける.〔~效果〕治療効果.

治乱 zhìluàn 無秩序を正す.②安定と混乱.

治疟碱 zhìnüèjiǎn ⇒〔奎 kuí 宁〕

治贫 zhìpín ⇒〔治穷〕

治气 zhìqì 〈方〉①心の修養をする.②腹いせをする.怒りをぶちまける.

治穷 zhìqióng 貧困を退治する.貧困解消政策を行う:〔治贫〕に同じ.

治丧 zhìsāng 葬儀をする.〔~费〕葬式の費用.〔~委员会〕葬儀委員会.

治沙 zhìshā 砂漠を治める.砂漠を制御する.〔～規划〕砂漠改造計画.
治山 zhìshān 山の植生・植林を守る.
治世 zhìshì 〔文〕①太平の世. ②世を治める.
治水 zhìshuǐ 治water.水利・洪水防災のための河川管理をする.〔～工程〕治水工事.
治丝益棼 zhìsī yìfén〈成〉もつれた糸をほぐすのに糸口を見付けないとかえって混乱する.解決の方法が誤っていると問題がますます複雑になること.
治所 zhìsuǒ 固地方長官の役所.
治外法权 zhìwài fǎquán ①治外法権. ②領事裁判権の通称.
治污 zhìwū 対策をとり環境汚染を抑える.
治学 zhìxué 学問を研究する.〔～态度严谨〕学問研究の態度が厳しい.
治印 zhìyìn 印鑑を彫る.〔～艺术〕印刻芸術.
治愚 zhìyú 社会の無知を無くす.啓蒙する.
治愈 zhìyù 治癒する.治療により病気が治る.〔～率〕全快率.
治装 zhìzhuāng 旅装を調える.
治罪 zhìzuì 処罰する.〔依法～〕法律に照らして刑罰に処する.

〔帙(袠・裹)〕zhì ①〔文〕帙(ちつ).書・画・書籍を包むカバー.→〔夹 jiā 板〕② ②〔同前でセットになった〕書物. ③量詞.線装本(糸とじ本)を数える.

〔绖・絰〕zhì〔文〕縫う.ほころびを繕う.

〔秩〕zhì（Ⅰ）〔文〕順序.秩序.〔～然不紊 wěn〕秩序正しく整然としている.〔～序依次而进〕整然と順次進む. ②〔文〕固官吏の品級.〔～禄〕俸禄.等級.（Ⅱ）〔文〕十年.〔六～正寿〕60歳の誕生日.〔七～志禧〕70歳のお祝い.
秩然 zhìrán〔文〕秩然たるさま.
秩序 zhìxù 秩序.順序.〔～单〕式次第.配置(指示)一覧表.〔遵 zūn 守～〕秩序を守る.〔社会～〕社会の秩序.〔～入场〕順序よく入場する.〔建立～〕秩序を立てる.

〔智〕zhì ①賢い.さとい.聡明である.〔大～大仁〕大いなる知と仁のある人.〔足～多谋〕知恵にたけている.〔擒 qín 抢匪〕計略を用いて強盗を逮捕する.〔情急～生〕〔穷极～生〕窮すれば通ず.〔吃一堑 qiàn,长一～〕〈成〉どぶにはまるような失敗をするごとに賢くなる. ③〈姓〉智〕
智残 zhìcán〔脳の生理的欠陥や傷害による〕知的障害.
智齿 zhìchǐ 〔智牙〕医理知歯.知恵歯;俗に〔尽头牙〕〔親しらず〕という.
智斗 zhìdòu 頭を使って戦う.知恵くらべの戦いをする.〔武 wǔ 斗〕
智多星 zhìduōxīng〈喩〉知恵にたけた人.知恵者:もともと〔水浒伝〕の呉用のあだ名.
智慧 zhìhuì 知恵.
智慧板 zhìhuìbǎn ⇒〔七 qī 巧板〕
智库 zhìkù ⇒〔智囊团〕
智力 zhìlì 知力.知能.〔～测验〕知能検査.〔～产业〕知識産業.〔～开发〕知力開発.〔～商数〕智商.知能指数.IQ.〔～投资〕教育投資.〔～引进〕外部(外国)からの人材導入.〔～障碍〕〔智障〕知的障害.
智利 zhìlì チリ:正式国名は〔～共和国〕.首都は〔圣 shèng 地亚哥〕(サンティアゴ).〔～硝(石)〕硝酸钠〕チリ硝石.
智龄 zhìlíng 知能年齢.精神年齢.

智略 zhìlüè 知恵と策略.才略.
智谋 zhìmóu 知恵と謀略.〔人多～高〕人が多ければ知謀が出る.三人寄れば文殊の知恵.
智囊 zhìnáng 知恵袋.知恵者.ブレーン.〔～团 tuán〕〔脑 nǎo 库〕〔智库〕シンクタンク.→〔参 cān 谋〕〔顾 gù 问〕
智能 zhìnéng 知識と才能.知恵と能力.〔～材料〕インテリジェント材料.〔～犯罪〕知能犯罪.〔～化〕(人工)知能化.〔～卡 kǎ〕〔集 jí 成电路卡〕ICカード.〔～型〕(人工)知能型.〔～终端〕電算インテリジェント端末.〔～大楼〕〔～大厦〕インテリジェントビル.〔～武器〕インテリジェント兵器.
智巧 zhìqiǎo オ知にたけ機敏である.〔～舌敏〕オ知があって抜け目なく,弁舌もたつ.
智取 zhìqǔ 知恵を働かせて手に入れる.〔只可～,不可强攻〕(強力な敵に対しては)知謀をもって奪うべきで,力をもって攻めすぎることではない.
智人 zhìrén ホモサピエンス
智弱 zhìruò 知恵遅れ.
智商 zhìshāng ⇒〔智力商数〕
智术 zhìshù〔文〕知略.→〔权 quán 术〕
智牙 zhìyá ⇒〔智齿〕
智勇双全 zhìyǒng shuāngquán〈成〉知勇兼備である.〔文 wén 武全才〕
智育 zhìyù 知育.
智圆行方 zhìyuán xíngfāng〈成〉知恵は欠けたところがなく,行いは正しい.
智障 zhìzhàng 知的障害〔智力障碍〕の略.
智者 zhìzhě 知恵者.賢人.〔～千虑,必有一失〕〈諺〉どんなに知恵のある人でも千に一つのまちがいはあるものだ.弘法にも筆の誤り. ↔〔愚 yú 者〕
智珠在握 zhìzhū zàiwò〈成〉すぐれて聡明で,何事にも自在に対応すること.

〔彘〕zhì〔文〕豚.〔～肩 jiān〕豚の肩肉.

〔雉〕zhì（Ⅰ）①鳥キジ(総称).〔野 yě 鸡①〕は通称.〔～鸡 jī〕同前.〔白冠长尾～〕オナガキジ.〔黑颈长尾～〕ビルマカラヤマドリ.〔黑头角～〕ハイイロジュケイ.②〔～褐色（灰褐色）に塗った賭博用具で,負け札:勝ち札は黒色.（Ⅱ）城壁の面積を表す単位.高さ1丈,長さ3丈を1〔～〕とする.
雉堞 zhìdié 城壁の上の外側につけられた低い壁.→〔堞墙〕
雉鸡 zhìjī →字解（I）①
雉鸠 zhìjiū ⇒〔山 shān 斑鸠〕
雉尾小生 zhìwěi xiǎoshēng 京劇で冠に雉の尾をつけている若い武将の役.〔小生①〕

〔制・製〕zhì（Ⅰ）〔製〕①服地を裁断する（服を作る）.〔裁 cái ～〕同前. ②製造する.〔特～〕特製(の).〔汽车～厂〕自動車製造工場.〔～浆 jiāng 厂〕パルプ工場. ③〔文〕著述(する)
（Ⅱ）〔制〕①規定する.〔因地～宜〕〈成〉その土地に適したように定める.〔～礼作乐〕〈成〉儀礼や音楽を制定する. ②制度.規定.〔全民所有～〕全人民所有制.〔八小时工作～〕8時間労働制. ③制限する.拘束する.抑える.〔限 xiàn ～〕制限する.〔受～〕〔掣肘 zhǒu〕を受ける.〔压～〕圧迫して制止する.〔节～〕〔調節し制限する.〔管 guǎn ～〕管理し制限する.〔以毒～毒〕毒をもって毒を制す. ④〈姓〉制(ちい)〕
制版 zhìbǎn 製版(する).またその版.
制备 zhìbèi 印調製する.調合する.
制币 zhìbì ①国家で制定した貨幣. ②貨幣を製造する.→〔造 zào 币〕

制表 zhìbiǎo 表(を作成する)
制表键 zhìbiǎojiàn 〖電算〗タブキー.
制冰 zhìbīng 製氷する.
制播 zhìbō 番組を制作し放送する.
制裁 zhìcái 制裁(する).〔给予法律～〕法律の制裁を加える.〔受到～〕制裁を受ける.
制成品 zhìchéngpǐn 既製品.完成品.製品.→〔半bàn 成品〕
制导 zhìdǎo 誘導(する).ガイド(する).コントロール(する).〔～系统〕誘導システム.〔～导弾〕誘導ミサイル.
制订 zhìdìng 策定(する).作成(する).〔～学习计划〕学習計画を立てる.
制定 zhìdìng 定める.制定(する).〔～政策〕政策を立てる.
制动 zhìdòng 〖機〗制動(する).ブレーキ(をかける).〔紧急～〕急ブレーキ(をかける).〔~阀 fá〗ブレーキ弁.〔～火箭〕逆推進ロケット.〔～器〗制動機.ブレーキ:〈口〉刹 shā 车③に同じ.〔～踏板〕(自動車の)ブレーキペダル.
制度 zhìdù 制度.〔運営の枠組みときまり.〕〔政治～〕政治制度.〔社会～〕社会制度.〔作息～〕仕事と休憩の時間制規定.〔管理～〕管理制度.管理システム.〔规章～〕規則と制度.〔健全～〕制度を改善・整備する.
制伏 zhìfú 屈服させる.服従させる.〔制服②〕とも書く.
制服 zhìfú ❶制服.ユニホーム.〔～呢 ní〕厚手のラシャ.〔～布〕❷同上.
制高点 zhìgāodiǎn 〖軍〗(視野の広い)要害の高地.要衝を扼(☆)する高地.の軍事施設.
制诰 zhìgào 〈文〉天子の詔勅.
制革 zhìgé なめし革を作る.皮革加工をする.〔～厂〕皮革製作所.
制海权 zhìhǎiquán 〖軍〗制海権.
制衡 zhìhéng 牽制し合って平衡を保つ.〔权力～〕権力のチェックアンドバランス.
制黄 zhìhuáng ポルノ商品を製造すること.〔～贩黄〕ポルノ作品を製造・販売する.
制剂 zhìjì 〖薬〗薬材を加工・調合して作った薬剤.
制假 zhìjiǎ にせブランド品を作る.
制件 zhìjiàn ⇒〔作 zuò 件〕
制空权 zhìkōngquán 〖軍〗制空権.
制冷 zhìlěng 低温を作る.冷却する.〔～机〕冷凍機.
制霉菌素 zhì méijūn sù 〖薬〗ナイスタチン:抗生物質の一.
制片 zhìpiàn 映画(を)制作(する).〔～人〕映画プロデューサー.→〔导 dǎo 演〕
制品 zhìpǐn 製品.〔化学～〕化学製品.〔乳～〕乳製品.→〔产 chǎn 品〕〔成 chéng 品〕
制钱 zhìqián 〔旧〕〖古 guān 钱儿(钱)〗明・清代に流通した(管制の)銅銭.
制曲 zhìqū 麹(ぢ)をつくる.〔～工艺〕同前の技法.
制热 zhìrè 加熱(温)する.(エアコンで)暖める.
制胜 zhìshèng 勝ちを占める.〔出奇～〕人の意表に出て勝ちを制する.
制式 zhìshì 型式.規格.規格.〔全～电视机〕マルチシステムテレビ.〔～器材〕規格器材.
制售 zhìshòu 製造販売(する)
制糖 zhìtáng 製糖する.
制图 zhìtú ①製図(する):多く建築・機械設計用のものをいう.②地図作製.
制宪 zhìxiàn 憲法を制定する.〔～会议〕同前の会議.
制销 zhìxiāo ①〖機〗コッターピン.軸の止め金.②製造販売(する)

制药 zhìyào 製薬する.〔～厂〕製薬工場.
制宜 zhìyí 〈文〉適宜の処置をとる.臨機応変に対応する.
制义 zhìyì ⇒〔八 bā 股①〕
制御器 zhìyùqì ⇒〔控 kòng 制器〕
制约 zhìyuē 制約する.〔互相～〕互いに制約しあう.
制造 zhìzào ❶製造する.作る.〔～机器〕機械を作る.〔～化肥〕化学肥料を製造する.〔～的过程〕製造の過程.〔～厂〕製造工場.〔～业〕製造業.〔～商〕メーカー.製造業者.❷〈好ましくないものを〉作り出す.かもす.〔～舆论〕世論を作り出す.〔～干部和群众的对立〕幹部と大衆との対立をことさら引き起こす.〔～阴谋〕陰謀を巡らす.〔～事端〕事件を引き起こす.〔～混乱〕混乱を生む.〔～紧张空气〕緊張した雰囲気をかもし出す.〔～分裂〕分裂を起こさせる.〔～矛盾〕矛盾をつくりだす.〔～借口〕口実をでっち上げる.
制止 zhìzhǐ 制止(する).やめさせる.
制种 zhìzhǒng 優良品種を実用化する.
制子 zhìzi ①ものさし(はかり)の代用物:〈方〉志子に同じ.〔剪一段绳子做～〕縄を切ってものさしにする.②重量を計るのに用いた器具.
制作 zhìzuò 制作する.創作する.〔～家具〕家具を作る.

〚**狾(狾)**〛 zhì 〈文〉①犬が狂っていること.②狂犬.猛犬.③〈喩〉人が凶暴(勇猛)であること.

〚**质・質**〛 zhì (Ⅰ) ①物質.物の実体.〔铁～的器具〕鉄材で作った器具.〔木～的〕木の.〔流～的〕流動体の.〔实～〕実質.②性質.質.本来の性質.元来の性質.〔变质〕変質する.〔这种纸一很坚硬〕この種の紙の質は非常に硬い.③品質.質(のよしあし).〔～次价高〕品質は悪いのに値段は高い.④質朴である.素朴である.→〔质朴〕
(Ⅱ) 問いただす.詰問する.〔～责 zé〕問いただして責める.→〔质疑〕
(Ⅲ) ①質に入れる.抵当に入れる.→〔质当〕②質草.抵当物.〔以此物为～〕これを質草にする.〔以人为～〕人質(にすると言うこと).
质变 zhìbiàn 〖哲〗質の変化.↔〔量 liàng 变〕
质当 zhìdāng 〈文〉①質に入れる.抵当に入れる.②質屋:〔质库〕に同じ.
质地 zhìdì ①(物の)質.性質.品質.〔～精美〕きめ細かく美しい.〔这种竹子一坚韧,可以作工艺品〕この竹は強靱な性質を持っているから工芸品を作るのに使える.②(人の)品性.素質.
质典 zhìdiǎn 質入れする.〔～库〕質屋.
质点 zhìdiǎn 〖物〗質点.→〔质量①〕
质对 zhìduì ⇒〔对质〕
质感 zhìgǎn 質感.実感.〔～的表现〕実感的表現.
质管 zhìguǎn 品質管理(する):〔品质管理〕の略.
质价 zhìjià 品質と値段.
质检 zhìjiǎn 品質検査(する):〔质量检查〕の略.
质监 jiān 〔～部门〕品質管理関連部門.
质库 zhìkù 質屋:〔质当②〕〔质典库〕ともいう.〔当 dàng 铺〕の別称.
质粒 zhìlì 〖生命〗プラスミド:細菌の核外遺伝子.
质量 zhìliàng ①〖物〗〖化〗質量.〔～数〕質量数.〔相对分子～〕相対分子質量.②品質.〔价格合理,～稳定〕値段は公正で,品質は安定している.〔～保证〕品質保証.〔～差〕質が悪い.〔～并重〕質も量も重視する.〔以～为本〕質を第一とする.品質本位.〔～指标〕品質指定標準.〔～工程〕工事のできばえ.→〔品 pǐn 质②〕〔数 shù 量〕〔重 zhòng 量〕

质 碩 锧 踬 炙 㨖 峙 痔 畤 栉 陟 鸷 贽 挚 鸷 掷　　zhì

质料 zhìliào 原料.材料.
质膜 zhìmó 生命細胞膜.形質膜.
质难 zhìnàn 問いただし非難する.
质朴 zhìpǔ 素朴(である).〔他为人～正直〕あの人は実直だ.〔文字平易～〕文章がわかりやすく素朴だ.
质谱 zhìpǔ 物質量スペクトル.〔～仪 yí〕物質量分析器・マススペクトロメーター.
质权 zhìquán 法質権(はん):先に該当物件の保有を債権者に移す点で〔抵 dǐ 押权〕と異なる.
质实 zhìshí 〈文〉①質実である.飾り気がなく真面目である.②真実である.事実に基いている.
质数 zhìshù ⇒〔素 sù 数〕
质体 zhìtǐ 物色素体.プラスチド.
质问 zhìwèn なじる.責める.詰問する.〔群众愤怒地～他〕みんなは怒って彼を問いつめた.〔她们提出了～〕彼女達は詰問した.
质心 zhìxīn 物質量中心.
质询 zhìxún 詰問(する).尋問(する)
质押 zhìyā 〈文〉入れる.抵当として受け渡しする.②(債権者に渡した)担保.抵当.
质言 zhìyán 〈文〉①事実を言う言葉.②正直に言う.
质言之 zhìyánzhī 〈慣〉ありのまま言う.ずばりと言う.
质疑 zhìyí 疑惑を質(ただ)す.質問する.
质疑问难 zhìyí wènnàn 質問して答えてもらう.疑わしきを質し,討論する.
质数 zhìyīnshù 物素因数.
质优 zhìyōu 質のよい.〔～价廉〕品質がよく値段が安い.
质证 zhìzhèng 法証人尋問する.証拠調べをする.
质直 zhìzhí 〈文〉純朴実直である.公平無私である.
质子 zhìzǐ ①物陽子(プロトン).〔～加速器〕陽子加速器.→〔yuán 子核〕 ②〈文〉人質.子供の人質.

〔碩・礩〕 zhì 〈文〉柱の台石.柱石.

〔锧・鑕(櫍)〕 zhì 〈文〉①金床.金敷き.②古代,斩首用の刑具:〔铡 zhá 刀〕(押し切り)の台に相当するかなこい状の台.〔惨遭斧 fǔ ～之诛〕無残にも斩首刑を受けた.

〔踬・躓〕 zhì 〈文〉①つまずいてころぶ.〔颠 diān ～〕つまずいてひっくり返る.②物事が中途で頓挫する.挫折する.〔屡 lǚ 试屡～〕何べんやっても失敗する.

〔炙〕 zhì ①〈文〉火であぶる.②〈文〉よく焼けた肉.〔亲～〕〈喩〉親しく人と接してその感化を受けること.→〔脍 kuài 炙人口〕 ③〈文〉中医薬材を液汁と共にあぶり,液汁を薬汁にしみこませること.〔～甘草汤 tāng〕火であぶった甘草の煎じ薬.④〈姓〉炙(き).
炙烤 zhìkǎo ①火であぶる.焼く.②(日照りの)灼熱(とう).
炙烈 zhìliè 焼きつくようである.〔～的火焰〕同前の炎.
炙炉(儿) zhìlú(r) 〔支 zhī 炉(儿)〕
炙热 zhìrè 〔～的阳光〕焼けつくような陽射し.〔～的情感〕激しい感情.
炙手可热 zhìshǒu kě rè 〈喩〉それで手をあぶれば熱くなる:権勢を得て気炎の盛んなこと.〔～的权势〕飛ぶ鳥も落とす勢の権勢.〔～的大明星〕日の出の勢いの大スター.
炙鸭 zhìyā 〔烤 kǎo 鸭〕
炙子 zhìzi (羊)肉をあぶるのに用いる鉄網.

〔㨖〕 zhì 〈文〉蓄える.備蓄する.

〔峙〕 zhì 〈文〉そばだつ.屹立する.〔～立〕同前.〔对～〕ⓐあい対して立つ.ⓑ対峙する.
→ shì

〔痔〕 zhì 医痔:〔～疮〕は通称.〔内～〕内痔核.〔外～〕外痔核.〔核 hé〕痔核.〔吮 shǔn 痂舐(じゃく)〕〈成〉権力の者にへつらう(者)
痔疮 zhìchuāng 医痔.痔疾.
痔漏 zhìlòu 医痔瘘:〔痔瘘(lòu)〕〔肛 gāng 瘘〕〔中医〕偏 piān 漏〕ともいう.

〔畤〕 zhì 〈文〉天地神明と古代帝王を祭る場所.

〔栉・櫛〕 zhì 〈文〉①くし(総称).→〔篦 bì 子〕〔梳 shū 子〕 ②くしけずる.くしでとかす.〔发 fà〕同前.→〔梳头〕
栉板动物 zhìbǎn dòngwù 動有栉(し)動物.
栉比 zhìbǐ 〈文〉くしの歯のように立ち並んでいる.→〔鳞 lín 比〕
栉比鳞次 zhìbǐ líncì 〈成〉軒を並べるさま:〔鳞次栉比〕に同じ.
栉风沐雨 zhìfēng mùyǔ 〈喩〉暇なしに奔走し苦労するさま:〔沐雨栉风〕ともいう.
栉沐 zhìmù 〈文〉髪を梳かし,顔を洗う.身支度をする.
栉鳞 zhìlín 動櫛鳞(りん):鳞の一部のこぎり状になったもの.
栉水母 zhìshuǐmǔ 動クシクラゲ.
栉水虱 zhìshuǐshī 動ミズムシ:ワラジムシ目.

〔陟〕 zhì 〈文〉①のぼる.のぼす.〔～降 jiàng〕上下し罰すること.〔黜 chù〕官を上らせ貫することと罰すること.〔黜 chù 陟〕免職と昇進.
陟厘 zhìlí ①⇒〔水 shuǐ 苔〕 ②⇒〔侧 cè 理纸〕

〔鸷・鷙(隲)〕 zhì 〈文〉①雄馬.②定める.②高低を決める.〔评～〕〔阴～〕天がひそやかに人民の安定をはかること.③のぼる:〔陟〕に通じる.

〔贽・贄〕 zhì 〈文〉贽:古代,初めて年長者を訪問する時に送る礼物.〔～见礼〕〔～敬 jìng〕〔～仪 yí〕同前.〔见〕同前.①師を初めて訪問する.〔执 zhí ～〕えを贈って弟子の礼を執る.

〔挚・摯〕 zhì ①誠実である.真面目である.〔诚～〕同前.〔态 tài 度恳～態度が誠実である.②〈姓〉挚(し)
挚爱 zhì'ài 〔文〕真の愛情.②ひたむきに愛する.
挚诚 zhìchéng 誠実である.
挚友 zhìyǒu 〈文〉親友.

〔鸷・鷙〕 zhì ①〈文〉(鹫・鷹などの)猛禽.〔鸟 niǎo〕同前.②性質の凶猛なこと.〔～悍 hàn〕荒々しい.〔～鸟不群〕忠正の士は世俗に合わない.③〈姓〉鸷(し)

〔掷・擲〕 zhì ①ほうる.投げる.〔投～〕〔～还 huán〕同前.〔弃 qì ～〕投げ捨てる.〔手榴弹～远比赛〕手榴弾投擲競争.〔咬 yǎo 牙～〕歯を食いしばって(資)金を投ずる.→〔扔 rēng ①〕
掷标枪 zhìbiāoqiāng 区槍投げ.
掷骰 zhìcǎi ⇒〔投色子〕
掷弹筒 zhìdàntǒng 軍擲弾筒.
掷地有声 zhìdì yǒushēng 〈成〉地上に投げると音がよく響きわたる.〈喩〉言葉や詩文がすばらしく,気迫に満ちていること.
掷点子 zhìdiǎnzi さいころ遊びをする.
掷还 zhìhuán =〔掷回〕(牘)返却する.返す:自分に返してもらいたいの意味の謙語.〔前请审阅之稿,请

早日〜为荷]先日審査をお願いした原稿を至急ご返却下さるようお願いいたします.

掷回 zhìhuí 同上.

掷界外球 zhì jièwàiqiú 図(バスケットボール・ハンドボール・ラグビー・サッカーの)スローイン.

掷老羊 zhìlǎoyáng 旧さいころ遊びの一: 6個のさいころを同時に投げて、そのうちの同点のものが3個出るまで投げ、その同点の3個を除いた残りの3個の合計点の多少によって勝負を決める.→赶猴儿]

掷链球 zhìliànqiú 図ハンマー投げ.

掷瓶 zhìpíng 艦船などの進水命名式にシャンパンを色紐でくくって投げ砕く儀式.

掷铅球 zhìqiānqiú =[推 tuī 铅球] 図砲丸投げ.

掷色子 zhìshǎizi =[方]掷骰子]さいころをふる: [掷采]〔吊 diào 猴儿②]ともいう.

掷石子 zhìshízǐ ひそかに害を与える.

掷手 zhìshǒu →[投 tóu 手]

掷铁饼 zhìtiěbǐng 図円盤投げ.

掷骰子 zhìtóuzi →[掷色子]

掷下 zhìxià 〈文〉[謙]お返しいただく、お渡しいただく.[请交来人〜]どうぞ使いの者にお渡し下さい.

掷子 zhìzi 旧長方形の重い石に柄をつけた投擲具.

[**滞・滯**] zhì 滞る.停滞する.流通しない.

滞碍 zhì'ài ⇒[窒碍]

滞背 zhìbèi 売れ行きがよくない.[推销〜商品]同前の商品を売りさばく.

滞呆 zhìdāi ⇒[呆滞]

滞付 zhìfù 支払いが遅れる.

滞港 zhìgǎng 港に滞船している.

滞洪 zhìhóng 洪水をくい止める.[〜区]遊水池.

滞后 zhìhòu ①足踏み状態にある.[指标]遅行指標. ②[性]停滞性. ヒステリシス. 履歴現象.

滞缓 zhìhuǎn ①遅い.緩慢である.[经济发展〜]経済発展が緩慢である. ②遅らせる.遅らせる.

滞货 zhìhuò ①売れ行きのよくない品物. ②売れ残りの品物.

滞留 zhìliú 滞在する.停滞する.とどまって動かない.

滞纳 zhìnà 滞納する.[〜金]滞納金.

滞泥 zhìní 固執している.

滞粘 zhìnian [滞碾]とも書く.[方]ぐずぐずしている.てきぱきしない.[别〜、要做事就快做吧!]ぐずぐずするな、やるならさっさとやれ!

滞期费 zhìqīfèi 滞船料.

滞涩 zhìsè 滞る.はかどらない.[涩滞]ともいう.

滞销 zhìxiāo 滞貨(する).[〜商品]〔〜货]棚ざらし.売れ行きが悪い品物.[发生了暂时的货物〜]一時的に商品の販路が行き詰まった.

滞压 zhìyā 売れ残りが多い.売れ行きが悪い.滞る.[〜商品]売れ行きの悪い商品.[〜资金]滞っている資金.

滞债 zhìzhài 经不良債権.

滞胀 zhìzhàng 经スタグフレーション.

滞针 zhìzhēn 中医鍼治療中の針が皮膚の痙攣などで動かなくなること.

滞重 zhìzhòng (動きが)重苦しい.滞っている.

[**滍**] zhì [〜水]古水名.現在の河南省にあった.[〜阳 yáng]地河南省にある.

[**廌**] zhì ⇒[豸 zhì]

[**置(置・寘)**] zhì ①置く.放置する.[〜于案上]机の上に置く.[安〜](人・物)を配置する.[搁〜]放っておく.[搁置しておく.[漠然〜之]かまわずに放っておく.冷淡で取りあわない.[难〜可否]可

否の処置をしにくい. ②設立する.設置する.設ける. [〜设][設置(する). [装〜]備えつける. ③[不動産または比較的高価で耐久性のあるものを]購入する.買いそろえる.[〜买][购]同前.[添 tiān 〜]新たに家具を買った.[〜些家具]家具を少し調える.[〜了产业了]不動産を買った.[差价〜房]持ち家下取り購入.

置办 zhìbàn 買い備える.購入する.

置备 zhìbèi 購入する.買い備える.[〜必需用品]必需品を購入する.→[购 gòu 置]

置辩 zhìbiàn 〈文〉抗争する.弁論する.弁論する:否定文に用いる.[不容〜]弁解する余地のない事実. [不屑〜]弁論する価値がない.

置产 zhìchǎn 不動産を買う.

置辞 zhìcí ①言葉の言い方.→[措 cuò 词] ②言い訳け.[不能置一辞]一言の言い訳もできない.

置地 zhìdì 土地を買い入れる.

置放 zhìfàng 置く.置いておく.

置换 zhìhuàn ①化置換. ②置き換える.[A与B〜]AとBとを同前(AをBに同前)

置喙 zhìhuì 〈文〉口をはさむ.横やりを入れる.口出しする:多く否定に用いる.[不容〜]横やりを入れてはいけない.差し出口は許さない.

置买 zhìmǎi →[字解]

置评 zhìpíng 批評する:多く否定に用いる.[不拟〜]論評するつもりはない.

置若罔闻 zhì ruò wǎngwén 〈成〉知らないふりをする.聞かないふりをする.

置身 zhìshēn 身を置く.[〜于学界]学界に身を立てる.[〜其间]⑧身をその間に処す.⑥従事する.局に当たる.[〜其外][〜事外]身を局外に置く.[〜无地]身の置きどころがない.

置信 zhìxìn 信を置く.信用する.手に乗る: 否定に多く用いられる.[不可轻易〜]うかつには乗れない.

置业 zhìyè [置产]不動産を購入する.[〜公司]不動産会社: [房 fáng 产公司]に同じ.

置疑 zhìyí 疑いを抱く: 多く否定に用いられる.[无可〜]疑う余地がない.[不容〜]疑いをさしはさまない.

置于 zhìyú 置く.[〜不顾 gù][置之不顾]〈成〉無視する.[置生死于不顾]生死のことを顧みない.[置身于群众之中]自分を大衆の一員とする.

置之不理 zhìzhī bùlǐ 〈成〉ほったらかしておく.とりあわない.

置之不问 zhìzhī bùwèn 〈成〉問わずにおく.問題として取り上げない.

置之度外 zhìzhī dùwài 〈成〉度外視する.気にかけない.[把生死〜]命を度外視する.

置之脑后 zhìzhī nǎohòu 〈成〉頭にとめておかない.忘れてしまう.→[忘 wàng 在脖子后头]

置之死地 zhìzhī sǐdì 〈成〉死に追いやる.息の根を止める:[置(之)于死地]ともいう.[必欲〜而后快]人を死地に追い込まずにすまない: [〜而后生]〜而后存]死地において戦ってこそ敵を破り自らが生きられる.自らを死地において後に生きる.

置诸高阁 zhùzhū gāogé 〈成〉書棚へ放置しておく:[置之于高阁]ともいう.放っておかしにすること.

置主 zhìzhǔ 不動産の買い主.

置锥之地 zhìzhuī zhī dì ⇒[立 lì 锥之地]

[**稚(穉・穉**)] zhì ①幼い.いとけない.[〜子]幼児. [幼 yòu 〜]幼い.幼稚である.子どもっぽい.[〜气]〜嫩]〜拙]. ②子供.児童. ③[方]作物を植える時期が遅い. ④[姓]稚(⁵)

稚虫 zhìchóng 虫不完全変態をして成虫になる昆虫の幼虫.

稚嫩 zhìnèn ① か弱い.か細い. ② 幼い.未熟である.
稚朴 zhìpǔ 幼く純朴である.子供らしい.
稚气 zhìqì 稚气:[孩 hái 子气]に同じ.[一脸~]稚気満面.
稚趣 zhìqù 天真爛漫な様子.
稚弱 zhìruò 幼くて弱々しい.
稚鱼 zhìyú 稚魚.
稚拙 zhìzhuō 稚拙(さ)(である)

[寘(寘)] zhì 〈文〉① 障害にぶつかる. ② つまずく.[跋 bá 前~后]進むことも退くことも困難なこと.進退きわまる.

[瘈] zhì 〈文〉精神が正常でなくなる. → chì

[觯・觶] zhì 〈文〉古代の酒器.

[擿] zhì ⇒[掷] → tī

zhong ㄓㄨㄥ

[中] zhōng ① 中(の・に).うち(の・に).中央(の・に):位置は中央・中間であること.またある範囲内の位置にあること.[当 dāng ~]まん中(に).中心(.).心の中(で).[在家~养病]病気のため家で養生する.[在山~伐木]山の中で木を伐採する.[华~]華中.中国の中央部.[居~调 tiáo 停]仲裁する.②[上・中・下の"中".中程度(の).[~级]中級(の).[~等货]~档货]中等品.[~士]軍曹.[~尉]中尉.[~校]中佐.[~将]中将. ③ 偏っていない.不偏不倚である.[适shì~]ほどよい.④ 適する.合う.具合がよい.[看不~用]見かけはよいが,役に立たない. ⑤ …中.…しているところ.動詞の後に置き動作が進行中であることを表す.[三峡大坝在建设~]三峡ダムは建設中である.[在战斗~成长]戦闘の中で成長する.[第二版正在印刷~]第2版は今ちょうど印刷中. ⑥ 仲介人.[作~]仲介人になる.⑦〈方〉よい.[~!]よろしい.[这个法子不~]このやり方はいけない.⑧ 中国.[日两国~]日中両国.→[汉 hàn ①][华 huá ③] ⑨[姓]中(ミ^ｳ). → zhòng
中巴 zhōngbā 中型バス.
中八件儿 zhōngbājiànr →[八件儿]
中八样儿 zhōngbāyàngr →[八件儿]
中班 zhōngbān ①[-儿](3交替制のうちの)"中番".[〈方〉小 xiǎo 夜半](半夜勤). [~晚wǎn班(儿)][早 zǎo 班]). ②(幼稚園の)年中組(満4歳から)
中板 zhōngbǎn →[钢 gāng 板]
中办 zhōngbàn [中央办公厅](中国共産党中央委員会事務局)の略.
中饱 zhōngbǎo [中肥]両者の間に立って利を得.金銭を横領する.着服する.[~私囊 náng]〈成〉私腹を肥やす.[~之徒]私腹を肥やすやから.
中保 zhōngbǎo 貸借の際,両者の中間に立会う人と保証責任を負う人.仲介人と保証人.
中表 zhōngbiǎo いとこ(はとこ)関係:祖父あるいは父の姉妹有るいは母の兄弟姉妹の子供との関係.[~亲 qīn](表亲)同前の関係の親戚.[~婚]いとこ同士の結婚.→[表兄弟][表姊妹]
中波 zhōngbō 〖電〗中波.MF.
中饽饽 zhōngbōbo →[八 bā 件儿]
中部 zhōngbù 中部.中央部.
中不溜儿 zhōngbuliūr 中ぐらい.普通.並(で).[中溜儿]ともいう.[他在班上成绩不是最好的,只是~]彼はクラスで成績がトップの方でなく,真ん中の方だ.
中餐 zhōngcān 中国料理.[~西吃]中国料理を西洋料理のように食す:料理を個別に提供するなど.
中草药 zhōngcǎoyào 〖中医〗生薬:民間の薬草と漢方処方薬.
中策 zhōngcè 中程度の計略.並の策略.→[上shàng 策][下 xià 策]
中层 zhōngcéng ① 中層.中間層.[~干部]同前の幹部.[~管理人员]中間管理職. ②(奥の大庭を隔てて3棟平行に建てた家の)棟:[正zhèng 房①]と[后 hòu 院(儿)①]の間.
中产阶级 zhōngchǎn jiējí ①中産階級. ②[民族资产阶级]を指した:[中等资产阶级]の略.
中常 zhōngcháng 平常.普通.[~年景]平年作.→[平 píng 常]
中长跑 zhōngchángpǎo [中距离赛跑](中距離競走)と[长(距离赛)跑](長距離競走)
中长期 zhōngchángqī 中長期(の).
中长纤维 zhōngcháng xiānwéi 〖纺〗中長繊維.
中场 zhōngchǎng 〖スポ〗(サッカーの)ミッドフィルダー.MF.[~休息] [半场休息]ハーフタイム.
中朝 zhōngcháo ①〈文〉中朝.中原王朝:清代,中国を指した.②〈文〉朝廷(内部)[朝中]に同じ.③[朝中]と[朝朝]
中程导弹 zhōngchéng dǎodàn 〖軍〗中距離ミサイル.IRBM.[中导]ともいう.
中成药 zhōngchéngyào 〖中医〗(散薬・錠剤などの)漢方薬製剤.→[煎 jiān 药]
中辍 zhōngchuò 〈文〉中止する.中途でやめる.
中词 zhōngcí ⇒[中项]
中档 zhōngdàng 中級(の).中等(の).[~货][中等货]中級品.
中道 zhōngdào ①〈文〉中庸の道. ②[~而废]中途でやめる(になる)
中稻 zhōngdào 〖農〗中手:早稲の次に実る稲.
中等 zhōngděng ①〈~城市〉[~城市]中等都市.[~货][中档货]中等品.[~身材]中肉中背.[~品质]平均中等品質.[~教育]中等教育.[~技术学校]中等技術学校.[~专 zhuān 科学校][中专]中等専門学校.
中低档 zhōngdīdǎng 中下等(の).
中点 zhōngdiǎn ① 〖数〗中点. ②[中国点心]の略.中国の菓子・軽い食事など.
中东 zhōngdōng 〖地〗中東:アジア東南とアフリカ東北を含む地帯.→[近 jìn 东][西 xī 东]
中端 zhōngduān 中級(の).中価格(品).ミドルランク(品).[~品]同前.
中短波 zhōngduǎnbō 〖電〗中短波.
中断 zhōngduàn ① 中断する.(会谈~了)会談は中断した. ②〖電算〗割り込み.インタラプト.
中队 zhōngduì 〖軍〗:小隊より小,大隊の指揮下にある.②軍隊では[连 lián ⑥]に相当する組織.
中耳 zhōng'ěr 〖生理〗中耳:[鼓 gǔ 室]ともいう.[(化脓性)~炎]〖中医〗耳脓][〈方〉耳(朵)底(子)]〖医〗中耳炎.
中幡 zhōngfān 直立させた幟(ぷ)を頭・肩・腕の上など自由自在に移し変えながらいろいろな芸当をやる技芸.[要 shuǎ ~][~幡]同前をやる.→[杂 zá 技]
中饭 zhōngfàn ⇒[午 wǔ 饭]
中非 zhōngfēi ①〖地〗中央アフリカ:アフリカ中央一帯.②[中非共和国]中央アフリカ共和国)の略.首都は[班 bān 吉](バンギ).→[罗 luó 得西亚]

③中国とアフリカ.

中肥 zhōngféi ⇒〔中饱〕

中分 zhōngfēn 頭髪を真ん中から分ける.またその髪型.

中锋 zhōngfēng ①[又](球技の)センターフォワード.→〔前qián 锋〕 ②(筆書きの時)筆鋒をまっすぐにおろすこと.→〔圆 yuán 笔〕

中缝 zhōngfèng ①〔折り目〕新聞紙の折り目の空白になっているところ.見出しや広告を載せる. ②木版本の毎頁の中間の縦の部分:洋装本の〔书口〕(前小口)にあたる.その反対側は綴じられる部分.→〔鱼 yú 尾〕 ③〔衣服の〕背縫いの部分.

中伏 zhōngfú =〔二 èr 伏〕三伏の中の十日間.→〔三 sān 伏〕

中孚 zhōngfú 〈文〉中孚($_{fú}^{フ}$):六十四卦の一.

中服 zhōngfú ⇒〔中装〕

中高层住宅 zhōnggāocéng zhùzhái 中高層住宅.

中高档 zhōnggāodǎng 中高級(の)

中耕 zhōnggēng [農]中耕(する).〔～机〕同様用の耕耘(こううん)機.

中共 zhōnggòng〔中国共产党〕の略.〔～中央〕中国共産党中央委員会の略.〔党 dǎng 中央〕ともいう.

中冓 zhōnggòu 〈文〉部屋の奥深いところ.寝室.〔～之言〕ピロートーク.わいせつな話.

中古 zhōnggǔ ①[因](中国の時代区分上の)中古:魏・晋・南北隋・唐まで.→〔上 shàng 古〕 ②封建時代.

中官 zhōngguān 〈文〉①宮内官. ②⇒〔宦 huàn 官①〕

中观经济 zhōngguān jīngjì メゾ経済.〔宏 hóng 观经济〕(マクロ経済)と〔微 wēi 观经济〕(ミクロ経済)の中間.

中规中矩 zhōngguī zhōngjǔ 規則やきまりからはみ出そぎっちんとしていること.

中国 zhōngguó 中国:〔中华〕〔中土〕〔中原〕〔中夏〕〔中州〕〔神 shén 州〕は別称.〔～人〕中国人.〔～话〕=〔中国语〕. ②〔中华人民共和国〕の略.〔人民～〕〔新～〕同前の別称.

中国菜 zhōngguócài 中国料理:〔南菜〕といわれる〔淮 huái 扬 菜〕〔扬州 菜〕,〔苏 sū 菜〕など〕,〔广东菜〕(〔粤 yuè 菜〕)ともいう.〔福建菜〕なども含める)及び〔北菜〕といわれる〔河南菜〕〔山东菜〕(〔鲁 lǔ 菜〕ともいう),〔北京菜〕(〔京菜〕ともいう),更に混合型の〔四川菜〕(〔川菜〕ともいう)があり,4(あるいは5)の〔菜系〕に大別する.→〔菜④〕

中国工农红军 zhōngguó gōngnóng hóngjūn =〔工农红军〕中国労農赤军.紅軍:1927年8月1日南昌事件により誕生した中国共産党の指導する軍隊.抗日戦争及び第2次国内革命戦争の時期には〔八 bā 路军〕〔新 xīn 四军〕と称し,1947年に〔中国人民解放军〕と改称.

中国工艺美术大师 zhōngguó gōngyìměishù dàshī〔中国〕人間国宝.

中国共产党 zhōngguó gòngchǎndǎng 1921年7月1日,上海で創立した.長期にわたる革命闘争を経て,1949年中華人民共和国を樹立し,以後そのの中心勢力となる:〔中共〕は略称.単に〔党〕といえば〔～〕を指す.

中国共产主义青年团 zhōngguó gòngchǎn zhǔyì qīngniántuán 1920年に〔中国社会主义青年团〕として発足,1925年に〔～〕と改称,1949年に〔中国新民主主义青年团〕(略称〔青年团〕)として再発足,1957年再度〔～〕と改称.中国共産党の指導の下にある先進的青年の組織:〔共青团〕と略称.〔中国青年⑥〕ともいう.機関紙〔中国青年报〕,雑誌〔中国青

年〕をもつ.

中国国民党 zhōngguó guómíndǎng 中国同盟会・国民党・中華革命党を前身とし,孫文(中山)を指導者として1919年10月成立した.第2次世界大戦後〔中国共产党〕に敗れて台湾に逃れた:単に〔国民党〕ともいう.

中国国民党革命委员会 zhōngguó guómíndǎng gémìng wěiyuánhuì 抗日戦後,国民党左派が1948年1月に組織した愛国民主党派の一:〔民革〕は略称.

中国红十字会 zhōngguó hóngshízìhuì 中国赤十字社.

中国话 zhōngguóhuà〔口〕中国語.=〔汉 hàn 语〕

中国画 zhōngguóhuà〔国画〕ともいう.

中国结 zhōngguójié 中国結び:民間伝統工芸(品)の一.

中国科学院 zhōngguó kēxuéyuàn 1949年成立.中国の学術研究の指導機関.1977年哲学社会科学部門が分離し,〔中国社会科学院〕が成立した.科学技術研究部の指導機関である:〔中科院〕は略称.〔～院士〕同前の学術称号.→〔工 gōng 程院〕

中国林蛙 zhōngguó línwā ⇒〔哈 hā 士蟆〕

中国民主促进会 zhōngguó mínzhǔ cùjìnhuì 1945年末,上海で結成された愛国民主党派の一:〔民进〕は略称.

中国民主建国会 zhōngguó mínzhǔ jiànguóhuì 1945年末,黄炎培らが結成した愛国民主党派の一:〔民建〕は略称.

中国民主同盟 zhōngguó mínzhǔ tóngméng 1941年〔中国民主政团同盟〕として発足,1944年〔～〕と改称.新中国成立後は愛国民主党派として活動:〔民盟〕は略称.

中国人民保卫世界和平委员会 zhōngguó rénmín bǎowèi shìjiè hépíng wěiyuánhuì 1950年,抗米援朝と世界平和運動を指導するために設けられた組織.→〔世界和平理事会〕

中国人民对外友好协会 zhōngguó rénmín duìwài yǒuhǎo xiéhuì 中国人民と外国との国際的な友好を推進する大衆団体:〔中国人民对外文化协会〕は旧称.

中国人民解放军 zhōngguó rénmín jiěfàngjūn =〔人民解放军〕〔解放军〕中華人民共和国の軍隊.1927年8月1日に建軍され,以前には〔红 hóng 军①〕または〔中国工农红军〕〔八 bā 路军〕〔新 xīn 四军〕などと呼ばれた:1947年〔～〕と改称.〔～军旗〕〔八一军旗〕中国人民解放军军旗:赤地に黄色の星と八一の文字が隅に入る.陸海空全军に共通.→〔人民解放战争〕

中国人民解放军建军节 zhōngguó rénmín jiěfàngjūn jiànjūnjié =〔八 bā 一(建军)节〕〔建军节〕1927年8月1日の南昌蜂起による建軍を記念する日.

中国人民解放军军歌 zhōngguó rénmín jiěfàngjūn jūngē:もと〔八 bā 路军进行曲〕といった.

中国人民抗日军事政治大学 zhōngguó rénmín kàngrì jūnshì zhèngzhì dàxué 延安に設立された中国共産党幹部の養成学校:〔抗大〕は略称.〔抗日军政大学〕は通称.

中国人民政治协商会议 zhōngguó rénmín zhèngzhì xiéshāng huìyì 全国人民民主統一戦線の組織形態.1949年9月に旧政治協商会議にかえて北京で開催して〔共同纲领〕を採択し,中央人民政府を選出し,中華人民共和国が成立した.以後,活動を停止した一時期を除き,国家建設事業など重要事項についての建議案提出をはじめとする諸活動を行い,全体大会を毎年1回開会する.1982年新しい

中　　　　　　　　　　　　　　　　　　　　　　　　　　　　　zhōng

〔～章程〕を制定：〔政协〕は略称.
中国人民志愿军 zhōngguó rénmín zhìyuànjūn　1950年10月から1958年10月まで〔抗美援朝〕のために組織された軍隊.
中国社会科学院 zhōngguó shèhuì kēxuéyuàn　1977年〔中国科学院〕より分離，哲学社会科学研究の指導機関.
中国通 zhōngguótōng　中国通：中国の事情によく通じた人.
中国同盟会 zhōngguó tóngménghuì　1905年末(光緒31)孫文(中山)らが黄興・宋教仁らの〔华兴会〕，章炳麟・蔡元培らの〔光复会〕と合同し，東京で結成した革命団体：単に〔同盟会〕ともいう.〔驱逐鞑虏，恢复中华，建立民国，平均地权〕を政治綱領とし，辛亥革命を遂行し，1911年中華民国を成立させ，翌年8月〔国民党〕に改組した.
中国统筹委员会 zhōngguó tǒngchóu wěiyuánhuì　旧チンコム(チャイコム). 対中国輸出統制委員会：〔对duì 华出口管制委员会〕ともいう.
中国新民主主义青年团 zhōngguó xīnmínzhǔzhǔyì qīngniántuán　→〔中国共产主义青年团〕
中国银行 zhōngguó yínháng　中国銀行：中国に於ける中央銀行.
中国语拼法拉丁化运动 zhōngguóyǔ pīnfǎ lādīnghuà yùndòng　→〔拉丁化新文字〕
中国猿人 zhōngguó yuánrén　中国 猿 人：〔北běi 京猿人〕と〔蓝 lán 田猿人〕の旧称.
中国证券监督管理委员会 zhōngguó zhèngquàn jiāndū guǎnlǐ wěiyuánhuì　証券取引を管理する政府機関：〔证监会〕は略称.
中国致公党 zhōngguó zhìgōngdǎng　もと〔洪hóng 门〕(致公堂)〕という在米華僑の会党を前身とし，1925年以来〔～〕と称し，愛国民主党派の一.
中国中央电视台 zhōngguó zhōngyāng diànshìtái　CCTV. 中国中央テレビ局：〔中央电视台〕〔中央台②〕(中央テレビ局)は略称.
中国绉纱 zhōngguó zhòushā　→〔绉纱〕
中国芝麻 zhōngguó zhīmá　→〔芝麻〕
中国字 zhōngguózì　中国の文字，すなわち漢字.
中国左翼作家联盟 zhōngguó zuǒyì zuòjiā liánméng　〔左联〕
中国作家协会 zhōngguó zuòjiā xiéhuì　1953年，従来の〔中华全国文学工作者协会〕を改組し結成された：〔作协〕は略称.
中果皮 zhōngguǒpí　[植]中果皮.
中行 zhōngháng　①〔中国銀行〕の略.〈姓〉中行(zhòng)
中号 zhōnghào　[～儿]中サイズ. Mサイズ. M号.
中和 zhōnghé　①中和. ⓐ[化]酸とアルカリを混ぜた時，その各々の特性を失うこと. ⓑ異性のものが融合してその特性を失うこと：例えば毒素が血清などにより，その特性を失う.〔～法〕中和法.〔～作用〕中和作用.〔ⓒ[电]等量の陰陽電気が，ある種電気現象を呈さないようになること. ②中和させる. 中和する.
中华 zhōnghuá　中華：古代では黄河流域一帯を指し，後に中国全土を指す.
中华白海豚 zhōnghuá báihǎitún　[動]シナウスイロイルカ：クジラ目イルカ科.〔白华②〕〔华白豚〕ともいう.
中华道德慈善会 zhōnghuá dàodé císhànhuì　⇒〔一 yī 贯道〕
中华龙鸟 zhōnghuá lóngniǎo　シノサウロプテリクス：ジュラ紀後期から白亜紀前紀の恐竜の一.
中华民国 zhōnghuá mínguó　中華民国：1912年10月10日，孫文(中山)が臨時初代総統として成立.

中华民族 zhōnghuá mínzú　中華民族：漢族をはじめとする各民族の総称(少数民族を含む).→〔少 shǎo 数民族〕
中华民族解放先锋队 zhōnghuá mínzú jiěfàng xiānfēngduì　1936年から中国各地で成立した青年の救国団体：〔民先(队)〕は略称.
中华全国妇女联合会 zhōnghuá quánguó fùnǚ liánhéhuì　1949年4月成立，〔中华全国民主妇女联合会〕と称し，1957年〔～〕と改称. 女性団体の全国組織：〔妇联〕〔全国妇联〕は略称.
中华全国青年联合会 zhōnghuá quánguó qīngnián liánhéhuì　1949年5月4日成立，〔中国共产主义青年团〕を中心とする各青年団体の連合体.〔全国青联〕は略称.
中华全国文学艺术界联合会 zhōnghuá quánguó wénxué yìshùjiè liánhéhuì　文学芸術従事者の連合体.〔全国文联〕〔文联〕は略称.
中华全国学生联合会 zhōnghuá quánguó xuéshēng liánhéhuì　1949年3月成立. 大学などに組織されている〔学生会〕の連合体：前身は1919年6月，上海で成立した〔中华民国学生联合总会〕. 略称〔全国学联〕〔学联〕.
中华全国总工会 zhōnghuá quánguó zǒnggōnghuì　中国労働組合の全国的指導機関. 1925年5月，広州で開かれた第2回全国労働大会で成立：〔全总〕は略称.
中华人民共和国 zhōnghuá rénmín gònghéguó　中華人民共和国：首都は〔北běi 京〕(ペキン).〔中华人民共和国〕1949年10月1日成立. 当時の国家主席(元首)は毛沢東, 国務院総理(首相)は周恩来.
中华鲟 zhōnghuáxún　[魚貝]カラチョウザメ.→〔鲟〕
中浣 zhōnghuàn　中旬：〔中旬〕に同じ.
中级 zhōngjí　中級. 中等.〔～班〕中級クラス.〔～人民法院〕中級人民法院.
中技 zhōngjì　中等技術学校の略.
中纪委 zhōngjìwěi　〔中国共产党中央纪律检查委员会〕の略.
中继线 zhōngjìxiàn　中継線.
中继站 zhōngjìzhàn　①(運送・無線通信・テレビなど)の中継所. 中継ステーション. ②[電算]リピータ ー：〔中继器〕ともいう.
中坚 zhōngjiān　①中堅(の).〔～分子 fènzǐ〕中堅分子.〔～力量〕中堅となる力. ②(ラグビー・サッカーなどの)センターハーフバック.→〔中卫①〕〔翼 yì 卫〕
中间 zhōngjiān　=〔〈口〉中间儿〕①中心. 真ん中.〔船停在河～〕船は川の中ほどにとまっている.〔广场～〕広場の中央. ②なか. うち.〔那些树～有一半是李子树〕それらの木のうちの半分はスモモの木だ. ③途中. 間.〔从我家到工厂，～要换车〕我が家から工場まで行くのに途中で乗り換えなくてはならない.
中间层 zhōngjiāncéng　[気]中間圏.
中间分子 zhōngjiān fēnzǐ　中立的態度をとる人.
中间路线 zhōngjiān lùxiàn　穏健で改良主義的な方法・方針：〔第dì 三条道路〕(第三の道)ともいう.
中(间)轮 zhōng(jiān)lún　⇒〔惰duò 轮〕
中间派 zhōngjiānpài　中間派(の人)
中间人 zhōngjiānrén　仲人. 仲介人：〔中人①〕ともいう.
中间人物 zhōngjiān rénwù　中間の人物.→〔正 zhèng 面人物〕
中间商 zhōngjiānshāng　仲買商. ブローカー.
中间宿主 zhōngjiān sùzhǔ　[動]中間宿主. 中間寄

主.
中間体 zhōngjiāntǐ 囮中間物.中間体.
中間儿 zhōngjiànr ⇒〔中间 jiān〕
中将 zhōngjiàng →〔军 jūn 衔〕
中焦 zhōngjiāo ①〔三 sān 焦〕
中介 zhōngjiè 仲介(する).〔~人〕仲介者.〔~组织〕仲介組織.〔~公司〕仲介会社.斡旋業者.〔~离子 lízǐ〕囮メソメリーイオン.〔~现象〕囮メソメリズム.〔~子 zǐ〕囮中性中間子.
中界 zhōngjiè 中間の境界線.真ん中を仕切る線.
中景 zhōngjǐng 劇ミディアムショット:〔远 yuǎn 景〕(ロングショット)に対して.
中九 zhōngjiǔ →〔上 shàng 九①〕
中局 zhōngjú (チェス·将棋で)中盤:〔开 kāi 局〕序盤.〔残 cán 局〕終盤.→〔中盘〕
中距离 zhōngjùlí 中距離.〔~导弹〕軍中距離ミサイル.〔~(赛)跑〕囫中距離競走.〔~跑〕囸中距離競走.〔~投篮〕囸(バスケットボールの)ミドルシュート.
中涓 zhōngjuān ⇒〔宦 huàn 官①〕
中军 zhōngjūn ①〈文〉本営.〔~帐 zhàng〕本営·司令部. ②〈文〉部将. ③囸(サッカーの)センターフォワード.→〔中锋〕
中楷 zhōngkǎi 中字の楷書.
中看 zhōngkàn 見かけ(見てくれ)はよい.〔~不中用〕同前で役に立たない.〈喻〉見かけ倒し.〔~不中吃〕同前で味はまずい.〈喻〉見かけ倒し.
中考 zhōngkǎo ①高校入試. =〔高 gāo 考〕 ②中間テスト.
中科院 zhōngkēyuàn ⇒〔中国科学院〕
中空 zhōngkōng ①中空:地上から1000ｍ～7000ｍの空. ②中が空である.〔塔 tǎ 心~〕塔の内部は同前.
中裤 zhōngkù 服クロップドパンツ.
中馈 zhōngkuì 〈文〉①食事のきりもりをすること. ②〈转〉妻.
中栏 zhōnglán 囸ミドルハードル.
中牢 zhōngláo ⇒〔少 shào 牢〕
中老年 zhōnglǎoniān 中年と老年.
中肋 zhōnglèi 植葉の主脈.
中立 zhōnglì 中立(の).〔~国〕法中立国.〔~区〕中立地带.〔不偏 yī〕中立でどちらにも片寄らない.〔保持~〕中立を保つ.
中量级 zhōngliàngjí 囸ミドルウエート.→〔体 tǐ 重分级〕
中流 zhōngliú ①川の中流(川幅の中程).→〔中游①〕 ②中等.中位.〔~社会〕中流社会.
中流砥柱 zhōngliú dǐzhù =〔砥柱中流〕〈成〉独立不撓で節義を曲げないこと.〈喻〉中核をになう人または集団.大黒柱:砥柱(山)は三門山ともいい,黄河の中流河南省と山西省の間にあり,昔禹が治水の時この山をはさんで河水を分流させたという.水中にあって柱のように見えるのでこの名がある.
中溜儿 zhōngliūr ⇒〔不溜儿〕
中路梆子 zhōnglùbāngzi →〔晋 jìn 剧〕
中路(儿) zhōnglù(r) 中等の.普通の.〔~货比这个便 pián 宜〕中等品はこれより安い.
中略 zhōnglüè 中略(する).
中落 zhōngluò 中途で没落する.〔家道~〕家境~〕家運が同前.→〔中兴〕
中脉 zhōngmài 植中央脉.
中满 zhōngmǎn 中医胸腹部が脹ること.
中美洲 zhōngměizhōu 囮中央アメリカ.〔~共同市场〕中米共同市場.
中棉 zhōngmián 植キダチワタ.インドワタ.
中拇指 zhōngmǔzhǐ →〔中指〕
中南 zhōngnán 囮河南·湖北·湖南·広東·海南省と広西壮族自治区一帯を指す.
中南半岛 zhōngnán bàndǎo 囮インドシナ半島:〔中印半岛〕〔印 yìn 度支那半岛〕ともいう.
中南海 zhōngnánhǎi 囮北京の中心部にある湖,またその辺り一帯:中海と南海の総称.北海と合わせて三海という.以前は故宮の一部であったが,解放後国務院の所在地,また党中央·政府の首脳などの住居になっている.
中脑 zhōngnǎo 生理中脳:脳幹の一部.
中年 zhōngnián 中年(の):40～50歳の年頃.〔~男子儿〕中年の男子.→〔壮 zhuàng 年〕
中农 zhōngnóng 中農:富農と貧農の中間にある農民.
中欧 zhōng'ōu 囮中央ヨーロッパ.
中盘 zhōngpán (囲碁で)中盤.〔~认输 shū〕中押し負け.〔~胜〕中押し勝ち.
中跑 zhōngpǎo 中距離競走.中距離レース:〔中距离(赛)跑〕の略.
中篇小说 zhōngpiān xiǎoshuō 中編小説.
中频 zhōngpín ①中間周波数. ②300～3000キロヘルツの周波数.
中期 zhōngqī 中期.〔二十世纪~〕20世紀の中葉.〔~股利〕〔~股息〕経中間配当.〔~决算〕中間決算.
中气 zhōngqì ①〔二 èr 十四节气〕のうち,月の後半に当たる12節気.中医中気:脾胃の気. ③役者の肺活量.
中千世界 zhōngqiān shìjiè →〔大 dà 千世界〕
中青年 zhōngqīngnián 青壮年:中年から青年までの男女.
中秋(节) zhōngqiū(jié) =〔秋节〕〔团 tuán 圆节〕中秋节:旧暦8月15日の節句:〔八 bā 月节〕〔八月十五〕ともいう.〔春 chūn 节〕(旧正月)とともに民間で最も重要な日.2008年から国の祝日.〔人逢喜事精神爽,月到中秋分 fēn 外明〕〈諺〉人はよろこびに会うと爽快になり,お月様は中秋になるととりわけ明るく輝く.→〔三 sān 节〕〔仲秋〕
中区 zhōngqū 囸(アイスホッケーの)ニュートラルゾーン.
中圏 zhōngquān 囸(ラグビー·サッカーなどの)センターサークル.〔~开球〕キックオフ.
中人 zhōngrén ①紹介者.立見人.証人:〔中间人〕ともいう.〔写字据时得找个~〕証書を書く時は,証人を立てなければならない. ②〈文〉(体格·容貌·知力など)通常の(並の)人.
中沙群岛 zhōngshā qúndǎo 囮マッカルスフィールド.
中山服 zhōngshānfú ⇒〔中山装〕
中山国 zhōngshānguó 春秋時代の国の一:現在の河北省定県·平山県一帯.
中山狼 zhōngshānláng 古代の寓話で明雑劇"中山狼伝"に見える狼.〈喻〉恩を仇で報いること.忘恩の徒.→〔东 dōng 郭先生〕
中山装 zhōngshānzhuāng =〔中山服〕服男子の中国式礼装:孫文(中山)が制定したので,この名がある.
中殇 zhōngshāng 〈文〉若死に:12歳～15歳の間に死ぬこと.→〔下 xià 殇〕
中上层 zhōngshàngcéng 中層と上層.
中生代 zhōngshēngdài 囮中生代.
中生界 zhōngshēngjiè 囮中生層.中生界.
中生植物 zhōngshēng zhíwù 植中生植物.
中师 zhōngshī 〔中等师范学校〕の略.
中石器时代 zhōngshíqì shídài 中石器時代.
中士 zhōngshì →〔军 jūn 衔〕
中世 zhōngshì (時代区分上の)中世:中国ではふ

中 zhōng

つう[中古①]をいう.

中式 zhōngshì 中国式(の).中国風(の).[~服装]伝統的な中国の服装.[~快餐 cān][中快餐]中華料理のファーストフード.

中试 zhōngshì (生産に入る前の)中間検査(する). → zhòngshì

中世纪 zhōngshìjì 中世紀.

中式盐 zhōngshìyán ⇒[中性盐]

中枢 zhōngshū 中枢(きゅう).中心.中核.[~神经 生理]中枢神経.

中水 zhōngshuǐ 再生(処理)水.リサイクルウォーター.

中水期 zhōngshuǐqī ⇒[平 píng 水期]

中水位 zhōngshuǐwèi 平常水位.

中碳钢 zhōngtàngāng 工中炭素鋼.

中堂 zhōngtáng ①母屋.本宅.本堂.②正房の[外屋门](中央の客間)の正面に掛ける幅広のかけ軸(書または画):その両わきに[对 duì 联(儿)]を掛けることも多い.

中提琴 zhōngtíqín 楽ビオラ.[〈音義訳〉]中音梵 fàn 哦玲][〈音訳〉]维 wéi 哦拉]ともいった.→[小 xiǎo 提琴]

中天 zhōngtiān 中天.天心.中空.

中听 zhōngtīng 聞き方が良い.聞いて心地よい.[推销员的话是说得很~]セールスマンの言うことはきまって聞こえが良い.[不~][文]不入耳]聞きづらい.

中停 zhōngtíng →[三 sān 停]

中统 zhōngtǒng 史中国国民党中央執行委員会調査統計局の略:特務機関の一.[~特务]同前の秘密工作員.[→军 jūn 统]

中途 zhōngtú 中途.途中.[途中]ともいう.[~辍 chuò 学]中途で学問をやめる.[~改行]途中で職業を替えする.[~停局](囲碁などの)中押しし.[~港]寄港地.[~录用]中途採用.

中途岛 zhōngtúdǎo ミッドウェー島:[米 mǐ 德韦岛][密 mì 特威岛]は音訳.

中土 zhōngtǔ [文]①中国の国土.②中原の地.

中外 zhōngwài 中国と外国.[~闻名][~成]国内外に名が響いている.[古今~]古今東西.

中外比 zhōngwàibǐ ⇒[黄 huáng 金分割]

中脘 zhōngwǎn 中医胃の中央部.

中晚期 zhōngwǎnqī 中期と後期.

中微子 zhōngwēizǐ 物中性微子.ニュートリノ.

中卫 zhōngwèi [又]①(サッカー・ハンドボールなどの)センターハーフ.②[中坚](ウオーターポロの)ハーフバック.

中尉 zhōngwèi →[军 jūn 衔]

中位数 zhōngwèishù 数メジアン.中央値.

中文 zhōngwén 圕中国語:特に漢民族の言語と文字すなわち[汉 hàn 语]を指す.[中国话]は多く話し言葉をいう.[~信息处理系统]中国語情報処理システム.

中午 zhōngwǔ 正午.昼.[方]晌 shǎng 午][正 zhèng 午]に同じ.

中西 zhōngxī 中国と西洋.[~医]中国医(学)と西洋医(学)./[~合璧 bì]中国式と西洋式の折衷.

中下游 zhōngxiàyóu 中下流(河川の)

中线 zhōngxiàn ①数中線.②[又](球技の)ハーフライン.センターライン.[过~]クロッシングセンターライン.→[端 duān 线]

中项 zhōngxiàng (論理学の)媒名辞:[中词]ともいう.

中消 zhōngxiāo →[三 sān 消]

中宵 zhōngxiāo ⇒[中夜]

中小型 zhōngxiǎoxíng 中型と小型.[~企业]中小企業.

中校 zhōngxiào →[军 jūn 衔]

中心 zhōngxīn ①中央.真ん中.[在草地的~有一个八角亭]芝生の真ん中に八角形の亭がある.[~线 xiàn]センターライン.②中心.核心.[~工作]中心になる一環.[~环节]中心になるかなめ.[~人物]中心人物.[~任务]中心となる重要任務.[~问题]中心をなす重要問題.[~思想]中心思想.主題.[~地]中心地.[政治~]政治中心.③センター.[文化~]文化センター.[原子能科学实验~]原子力科学実験センター.[日语培训~]日本語研修センター.

中心岛 zhōngxīndǎo ①アイランドキッチン.②(道路交差点の)ロータリー.

中心规 zhōngxīnguī 機センターゲージ.→[规①]

中心角 zhōngxīnjiǎo 数中心角.

中心角尺 zhōngxīn jiǎochǐ ⇒[求 qiú 心矩尺]

中(心)径 zhōng(xīn)jìng 中径.[~节 jié 径]

中新世 zhōngxīnshì 地新世界第3紀地層.

中心体 zhōngxīntǐ 物中心体.

中心眼 zhōngxīnyǎn (男性)[中央的](女性)以外の中心.[方]顶 dǐng 尖眼]顶针眼.[方]样 yàng 铳眼]機沈頭ボルト打ち込み穴.

中心语 zhōngxīnyǔ 語中心語.被修飾語.→[定 dìng 语①][状 zhuàng 语]

中心钻(头) zhōngxīn zuàn(tou) 機センタードリル.心(た)立て錐.

中兴 zhōngxīng 中興する.[家境~][家運が同前.→[中落]

中型 zhōngxíng 中型.[~机器]中型の機械.

中性 zhōngxìng ①化中性.[~肥料]中性肥料.[~耐火材料]中性の防火材料.②語中性.[~词]④若干の言語で名詞などの分類区分の一:[阳 yáng 性](男性)・[阴 yīn 性](女性)以外の単語.⑤襃贬(fěn)に偏らない単語.③無性差.

中性点 zhōngxìngdiǎn 電中性点.ニュートラルポイント.

中性化 zhōngxìnghuà ①化中性化(する).②(ファッション・言動・思考など)無性化(する)

中性岩 zhōngxìngyán 化中性岩.

中性盐 zhōngxìngyán 化中性塩.[中式盐]ともいう.[正 zhèng 盐][正塩]に同じ.

中性焰 zhōngxìngyàn 完全燃焼の火炎.

中休 zhōngxiū (仕事や行事などの)中間休憩.

中修 zhōngxiū 中程度の修理(をする).→[大 dà 修]

中袖衫 zhōngxiùshān 服五分(ぶん)袖.

中宣部 zhōngxuānbù [中国共产党中央宣传部]の略称.

中学 zhōngxué ①中学校.[高 gāo(级)中(学)](高等学校)を含む.→[高中]②中国の伝統的学術.→[西 xī 学]

中学生 zhōngxuéshēng 中高生.

中雪 zhōngxuě [気]1日の降雪量が2.6~4.9ｍｍの雪.

中旬 zhōngxún 中旬:[中浣]ともいう.

中亚 zhōngyà 地中央アジア.

中央 zhōngyāng ①中央(の).②[~政府]中央政府.[~气象台]中央気象台.[~集权]中央集権.[~预 yù 算]国家予算.[党~]党中央.→[地方 dìfāng].②[物·场所の]中央.真ん中.[房间~放着一张桌子]部屋の真ん中に1脚のテーブルが置いてある.[~厨 chú 房]セントラルキッチン.[~空调 tiáo]セントラルエアコン.

中央处理机 zhōngyāng chǔlǐjī 電算セントラルプ

zhōng 中忠

ロセッサー:計算機の本体部分.〔中央処理器〕ともいう.

中央电视台 zhōngyāng diànshìtái ⇒〔中国中央电视台〕

中央控制 zhōngyāng kòngzhì [電算]セントラルコントロール.

中央人民广播电台 zhōngyāng rénmín guǎngbō diàntái 中央人民放送局:〔中央台①〕ともいう.

中央商务区 zhōngyāng shāngwùqū [圏]中央ビジネス地区(街)

中央税 zhōngyāngshuì 中央税.国税.

中央苏区 zhōngyāng sūqū [史]中央ソビエト区:第二次国内革命戦争の時期における革命根拠地の一.江西省南部・福建省境界一带.瑞金に〔中華ソ維埃共和国临时中央政府〕をおいた.

中央台 zhōngyāngtái ①〔中央人民广播电台〕の略.〔~中央电视台〕

中央银行 zhōngyāng yínháng [圏]中央銀行:〔央行〕は略称.〔~贴现率〕公定步合.→〔中国银行〕

中药 zhōngyào 漢方薬:〔国 guó 药〕ともいう.〔~材〕漢方薬材.〔~房〕ⓐ漢方薬局.漢方薬局:〔~店〕〔~鋪 pù〕ともいう.ⓑ病院内の漢方薬の薬局.↔〔西 xī 药〕

中叶 zhōngyè 中葉.中期.〔唐代~〕唐代中期.

中夜 zhōngyè =〔中宵〕〈文〉夜半:〈文〉宵 xiāo 中〕に同じ.

中医 zhōngyī =〔国 guó 医〕ⓐ中国伝統医術.漢方医学.〔~学〕中国医学.漢方医学.〔~药〕中国伝統の医学と薬学.〔~院〕中国医学病院.ⓑ漢方医.〔~医生〕〔~大 dài 夫〕同前.↔〔西 xī 医〕

中音 zhōngyīn [音]中音.〔男~〕バリトン.〔女~〕メゾソプラノ.〔~萨克管〕アルトサックス.〔~号〕アルトホルン.→〔高 gāo 音〕

中印半岛 zhōngyìn bàndǎo ⇒〔中南半岛〕

中庸 zhōngyōng ①中庸.〔~之道〕中庸の道.〔~思想〕中庸思想.②〈文〉凡庸である.③[書]中庸:大学・論語・孟子と合わせて〔四 sì 书〕という.

中用 zhōngyòng 役に立つ:多く否定に用いる.〔中看不~〕〈喩〉見かけ倒し.〔一点儿的都没有〕一つも役に立つのはない(いない).〔这个人真不~〕こいつは本当に役に立たない(なまけ者だ).

中游 zhōngyóu ①〈文〉川の中流.〔黄河~〕黄河の中流.→〔中流①〕②〈喩〉先頭にも立たず落伍もしない状態.〔~思想〕どっちつかずの考え.〔甘居~〕〈成〉並の状態に甘んじる.

中雨 zhōngyǔ [気]並雨.

中原 zhōngyuán 中国の中央地域:黄河中流域から下流(河南省・山东省西部・河北省南部・山西省南部)にかけての地.〔~逐鹿〕〔逐 zhú 鹿~〕〈成〉中原に鹿を逐(お)う.〔~喩〕群雄が立ち上がって天下を争う.

中元节 zhōngyuánjié =〔七 qī 月 十五〕旧暦 7 月 15 日の節句.→〔鬼 guǐ 节〕〔三 sān 元④〕〔下 xià 元节〕〔元节〕

中岳 zhōngyuè ⇒〔嵩 sōng 山〕

中云 zhōngyún [気]中層雲.

中允 zhōngyǔn 公正である.〔貌似~〕うわべだけ公正のようである.

中灶 zhōngzào →〔大 dà 灶〕

中张牌 zhōngzhāngpái →〔短 duǎn 幺九〕

中诏 zhōngzhào =〔中旨〕〈文〉宮中から発せられる詔.詔勅.

中正 zhōngzhèng 公正.公平.

中直机关 zhōngzhí jīguān 〔中国共产党中央直属机关〕の略.

中止 zhōngzhǐ 中止(する)

中旨 zhōngzhǐ ⇒〔中诏〕

中指 zhōngzhǐ =〔中拇指〕〔将 jiàng 指①〕〈方〉三 sān 拇指〕〔三指〕中指.→〔指头〕

中州 zhōngzhōu [地]河南省一带の旧称:古代,〔九 jiǔ 州〕〔漢・豫・雍・揚・兗・徐・梁・青・荆〕の中の豫州を指す.〔~韵〕[圏]近代戲曲韻文の依拠となっている中州方言を基礎とする韻母.

中轴 zhōngzhóu 中軸.物の中心を貫く軸.〈転〉物事・位置の中心.活動の中心.

中轴子 zhōngzhóuzi 〔中青子〕とも書く.[劇](旧劇中華:番組の中ほどに組まれる人気のある演(だ)し物.〔武 wǔ 戏〕(立ち回り物・戦記物)が選ばれる.→〔大 dà 轴子〕

中专 zhōngzhuān 〔中等专科学校〕(中等専門学校)の略.

中转 zhōngzhuǎn ①(途中で別の列車・バスなどに)乗り換え(積み換え)ること.〔旅客~〕〔货物~〕がある.〔~站〕乗り換え駅.②(商品や貨物を)転売する.〔~环节〕中間流通段階.

中装 zhōngzhuāng =〔中服〕中国の旧式の服装.→〔中山装〕〔西 xī 装〕

中缀 zhōngzhuì [圏]接中辞.→〔词 cí 缀〕

中资 zhōngzī 中国本土サイドの資本.

中子 zhōngzǐ [物]中性子.ニュートロン.〔~星〕[天]中性子星.〔~弹〕[軍]中性子爆弾.〔~刀〕[医]中性子照射器.〔~态〕中性子状態.〔~疗 liáo 法〕中性子捕捉療法.→〔原 yuán 子核〕〔子⑬〕

〔忠〕 zhōng

①忠実(である).忠誠(である).〔~心的效〕=〔效~〕忠義を尽くす.〔~于祖国,~于人民〕祖国に忠であり,人民に忠である.②〈姓〉忠(の).

忠臣 zhōngchén 忠臣.

忠诚 zhōngchéng 忠実で真心がある.〔~老实〕忠実で真面目である.〔~谋国〕忠実に国家のために考える.〔对人民无限~〕人民に限りない忠誠を尽くす.

忠肝义胆 zhōnggān yìdǎn〈成〉心底から忠誠である.

忠告 zhōnggào 忠告(する).〔一再~〕再三忠告する.〔接受~〕忠告を受け入れる.〔对你的~〕あなたに対する忠告.

忠骨 zhōnggǔ 忠義に倒れた者の遺骨.〔青山埋~〕青山に同前を埋める.

忠果 zhōngguǒ [圏]橄榄①](カンラン科カンラン)の別称.

忠厚 zhōnghòu ①真心があって情が厚い.〔为 wéi 人~〕人柄が同前である.②真面目で温厚である.

忠魂 zhōnghún 忠魂.

忠良 zhōngliáng ①誠実で公正である.②〈文〉同前の人.

忠烈 zhōngliè (国家のために)忠義を尽くし命を捧げる.また,その人.

忠实 zhōngshí 忠実である.〔~可靠〕忠実で信頼できる.〔~的信徒〕忠実な信徒.〔~厚道〕忠実で情に厚い.②真実そのままである.正確である.〔~的记录〕正確に記録する.〔~于原文〕原文のとおり.

忠恕 zhōngshù 思いやる.

忠顺 zhōngshùn 忠実,従順である.〔~的奴仆〕忠実な召使い.

忠孝 zhōngxiào 忠義と孝行.

忠心 zhōngxīn 忠心.忠誠な心.〔~耿 gěng 耿〕〈成〉誠心誠意である.

忠言 zhōngyán 忠言.〔良药苦口,~逆 nì 耳〕〈諺〉良薬は口に苦く,忠言は耳障りである:〔良药苦口利于病,~逆耳利于行〕ともいう.

忠义 zhōngyì ①忠義.②忠臣.忠義の士.

忠 盅 钟 锺 衷 舯 忪 终　　　　　　　　　　　　　　　　　　zhōng

忠勇 zhōngyǒng 忠勇(である). 〔多么～啊何と忠勇なことよ.
忠于 zhōngyú …に忠を尽くす. 〔～事业〕事業に忠を尽くす.
忠贞 zhōngzhēn 忠誠で操守が固い. 〔～不贰 èr〕～不屈 yú〕〈成〉忠誠で二心はない. 〔～不屈〕〈成〉困難を排して忠誠を全うする.
忠直 zhōngzhí 忠実で正直である. 実直である.

〔**盅**〕 zhōng ①〔-儿〕小さな酒杯または茶碗:ふつう円筒形でつまみのついていないもの. 〔酒jiǔ～(儿)〕杯. 〔小盅〕小さい酒. 〔湯飲み茶碗.〕 ②量词.酒や茶の杯数を表す. 〔酌 zhēn 一～酒〕酒を1杯つぐ.〔喝两～酒〕酒を2,3杯飲む. 〔喝两～去〕ちょっと一杯やりに行く.
盅子 zhōngzi 杯.小碗.

〔**钟·鐘·鍾**〕 zhōng （Ⅰ）〔鐘〕①打楽器の一種. ②つり鐘. 梵鐘. 〔敲 qiāo〕〔打～〕鐘を鳴らす.〔警 jǐng ～〕警鐘. ③時計のうち,腕時計・懐中時計や携帯用のものを除く大型のもの. 〔挂guà ～〕掛け時計. 〔闹 nào ～〕目覚まし時計. 〔坐 zuò ～〕置き時計. →〔表 biǎo Ⅱ〕 ④時間.時刻. 〔一秒 miǎo ～〕1秒間. 〔五分～〕5分間. 〔一刻～〕15分間. 〔半点～〕30分間. 〔一点～〕①1時. ⓑ1時間. 〔下午四点～〕午後4時. →〔钟头〕 （Ⅱ）〔鍾〕〔鐘〕に同じ. 〔盅Ⅰ〕に同じ. （Ⅲ）〔鍾〕①(感情などを)一ヶ所に集める. 〔～爱〕寵愛する. 〔～美〕美を一ヶ所に集める. ②量词.古代のはかりの単位. 〔一～〕〔六斛 hú 四斗〕に当たる. ③〈姓〉鍾(しょう).
钟爱 zhōng'ài (子供や目下の者を)寵愛する.
钟摆 zhōngbǎi 時計の振り子.
钟表 zhōngbiǎo 時計の総称. 〔～店〕〔～行 háng〕〔～铺 pù〕時計店. 〔～匠〕〔表匠〕時計修理士. 時計工.
钟不撞不鸣, 鼓不敲不响 zhōng bùzhuàng bùmíng, gǔ bùqiāo bùxiǎng 〈谚〉すべて物事は原因があってこその結果がある.
钟点(儿) zhōngdiǎn(r) 〈口〉①時刻. 〔到～了, 快走吧〕もう時間だ, 早く行こう. ②時間: 〔钟头〕に同じ. 〔等了一～他还没来〕1時間も待ったが, 彼はまだ来ない. 〔～工〕〔小时工〕アルバイト.パート(タイマー).時給工. 〔～房〕時間貸し部屋.
钟鼎 zhōngdǐng 鐘や鼎〔cháng〕: 〔鐘鼎〕文: 〔金 jīn 文〕の別称. →〔钟鸣鼎食〕
钟鼓 zhōnggǔ 鐘と太鼓. 〔喩〕音楽. 〔～楼 lóu〕寺の鐘鼓楼.
钟馗 zhōngkuí 〔鐘馗〕: 伝説上の疫病神除け・魔除けの武神. 〔钟葵〕とも書く. 〔喩〕悪と勇敢に戦う人.
钟离春 zhōnglíchūn 〔人〕戦国時代, 斉の醜女の名. 出身地の名をとって〔无 wú 盐〕ともいう. →〔刻 kè 画无盐〕
钟灵毓秀 zhōnglíng yùxiù 〈成〉自然環境が美しければ優れた人物が育つ. 〔毓〕は〔育〕に同じ.
钟楼 zhōnglóu ①鐘をつく堂. 鐘楼. →〔鼓 gǔ 楼〕 ②高層建築の屋上に設けた時計台.
钟鸣鼎食 zhōngmíng dǐngshí 〈成〉鐘を鳴らし鼎を並べて食事をする. 〔喩〕繁栄富貴な暮らしをする.
钟鸣漏尽 zhōngmíng lòujìn ①暮れ. 夜. ②〈喩〉晩年.
钟琴 zhōngqín 〔颤 chàn 音琴〕チャイム.
钟情 zhōngqíng 愛情をそそぐ. 愛する. 好きになる. 〔一见～〕〈成〉一目ぼれする.
钟乳石 zhōngrǔshí 〔石钟乳〕〔石乳〕〔冰 bīng 柱石〕の旧称.

钟声 zhōngshēng 鐘の音.
钟头 zhōngtóu 〈口〉時間: 〔钟点①〕に同じ. 〔半个～〕半時間. 〔一个～〕1時間. 〔一个半～〕1時間半. →〔小 xiǎo 时①〕

〔**锺**〕 zhōng →〔龙 lóng 锺〕

〔**衷**〕 zhōng ①真心. 内心. 〔由～的感谢〕心からの感謝. 〔一言〕心からの言葉. 〔言不由～〕〈成〉言うことが真心でない. 〔他有他说不出来的苦～〕彼には彼の口に言えない苦衷がある. 〔无～〕いささかも心を動かされない. 極めて冷淡である. ②真ん中である. 片寄らない. 〔折 zhé ～〕両方のよいところを取る. ③〈姓〉衷(ちょう).
衷肠 zhōngcháng 〈文〉真心. 胸中.意中. 〔一诉～〕胸の中を打ち明けてみる. 〔互述～〕胸中を語り合う.
衷怀 zhōnghuái 〈文〉真意.
衷情 zhōngqíng 真情. 心の奥の感情. 〔久别重逢, 互诉～〕久しぶりに再会して互いに心から語り合う.
衷曲 zhōngqǔ 〈文〉真情. 衷情.
衷心 zhōngxīn 心から. 〔表示～的祝贺〕心からの祝意を表します. 〔～拥护〕心から支持する.

〔**舯**〕 zhōng 〈文〉船体の中央部.

〔**忪(忪)**〕 zhōng →〔怔 zhēng 忪〕→ sōng

〔**终·終**〕 zhōng ①終わり(る). 〔全曲qǔ 已～〕全曲がすでに終わった. 〔告～〕終わりを告げる. 〔自始至～〕初めから終わりまで. 〔年～总结 jié〕年末の総決算(総括). 〔始如一〕終始一貫する. ↔〔始 shǐ ①〕 ②(人が)死ぬ〔善～〕. 〔临 lín ～〕①臨終. ⓑ死に臨む(んで). 〔送～〕臨終に侍る. ③始まりから終わりまでの. 一定の時間(期間)の間中. 〔～日①〕一日中. 〔～生〕終生. 一生涯. 〔～年①〕一年中. ④ついに. ついには. 〔～有一日要发现的〕⑧いつかは見つかる(探しあたる)日がある. ⓑいつかは, ばれる日がある. 〔～将见效〕いつかは効き目が現れてくる. 〔～必成功〕いつかは成功することが決している. 〔不能到达山顶〕とうとう山頂まで至ることができなかった. ⑤〈姓〉终.

终不成 zhōngbuchéng 〈白〉まさか…こともあるまい. 〔心里慌了道, ～今日当真要打死我!〕(初刻拍案驚奇17)心に慌てて言った, まさか今日ほんとに殺されるわけでもあるまい.
终场 zhōngchǎng ①団科挙の試験の最後の1回. ②(事の)結末. 結局. ③(芝居などが)跳ねる. (スポーツ試合が)終わる.
终点 zhōngdiǎn ①終点. 〔～站〕終着駅. ②〔文〕決勝点. ゴール. ゴールインする. 〔～线 xiàn〕ゴールライン: 〔起 qǐ 跑线〕(スタートライン)に対している.
终端 zhōngduān 電算端末. ターミナル. 〔～适配器〕ターミナルアダプター. 〔～机〕端末機. 〔～设备〕端末設備.
终而复始 zhōng ér fù shǐ ⇒〔周 zhōu 而复始〕
终非…上策 zhōngfēi… 〈文〉つまりは(決して)…ではない. 〔～上策〕決して最上の方策ではない.
终古 zhōnggǔ 〈文〉永遠(に). 永久に. 〔这虽是一句老话, 却令人感到～常新〕これは言い古された言葉だけど, 人々に新しい感じを与える.
终归 zhōngguī 結局は. 帰するところ(は). 〔～无效〕とどのつまりは無効に終わった. 〔这件事一会圆満解決的〕この件は結局円満解決することになる. →〔总 zǒng 归〕

终极 zhōngjí 究極.最後.〔~目的〕究極の目的.
终将 zhōngjiāng ついには.最後には.〔胜 shèng 利~属于我们〕勝利は最後には我々のものだ.
终结 zhōngjié 終結(する).〔会议以后开始聚餐〕会議が終わってから会食が始まった.
终究 zhōngjiū つまるところは.結局(は).〔一个人的力量~有限〕一人の力には所詮限りがある.
终久 zhōngjiǔ いつかは.しまいには.〔~要失败〕いつかは失敗する.→〔终究〕
终局 zhōngjú 終局.結末.結末.
终老 zhōnglǎo〈文〉生涯を終える.〔他也愿意~中国〕彼も中国で晩年を終えたいと願っている.
终了 zhōngliǎo 終了(する).〔比赛~〕試合が終了する.
终南捷径 zhōngnán jiéjìng〈喩〉仕官の近道.立身出世の近道:唐の盧蔵用は仕官の機をねらおうと、長安に近い終南山にわざと隠れ仕した.果たして召されて仕官した.
终年 zhōngnián ①一年中.〔山顶~积雪〕頂上では一年中雪をかぶっている.②享年.死んだ年.〔享 xiǎng 年〕に同じ.〔郭沫若先生因病去逝,~86岁〕郭沫若氏は病を得て死去した,享年86歳.
终盘 zhōngpán 〔大引け.②(碁などの)終盤.
终曲 zhōngqǔ 音フィナーレ.
终日 zhōngrì =〔竟 jìng 日〕終日.一日中.〔参观者~不断〕参観者が朝から晩まで途切れずに続く.〔~最终即.料无~〕たぶんいつまでも絶えないだろう.
终身 zhōngshēn 終身.一生涯.〔把~献给了科学〕生涯を科学にささげた.〔~大事〕一生の大事.〈喩〉(男女の)結婚問題.〔~教育〕生涯教育.〔~制〕(人事の)終身制度.〔我和她青梅竹马,暗诉~〕彼女は幼なじみで,心に結婚すると決めていた.
终审 zhōngshěn 法最終審.最終公判.
终生 zhōngshēng 一生涯.〔奋斗~〕終生奮闘を続ける.〔~难忘〕生涯忘れない.
终霜 zhōngshuāng 気最後の霜.おそ霜.
终丝 zhōngsī 生理脊髄の末端器官.
终宿主 zhōngsùzhǔ 動終宿主.
终岁 zhōngsuì〈文〉年中.
终天 zhōngtiān ①終日.一日中.〔~发愁〕終日悩む.〔~不停地写〕一日中絶え間なく書き続ける.②〈文〉終生.一生.生涯.〔~之恨〕一生の恨み.
终席 zhōngxí 閉会(になる).お開き(になる).〔我今天还有一个会,不能等到~〕わたしは今日はもう一つ会があるので,お開きまでいられません.
终宵 zhōngxiāo〔~夜〕〈文〉終夜.一晩中.〔~失眠〕一晩中眠れない.
终须 zhōngxū =〔终要〕〈文〉終わりにはきっと.結局のところ.いつかはきっと.〔~有反应〕いつかはきっと報いがある.
终选 zhōngxuǎn 最終選挙・選考.
终要 zhōngyào ⇒〔终须〕
终夜 zhōngyè ⇒〔终宵〕
终于 zhōngyú ついに.結局.〔经过三年的努力,~夺得了金牌〕3 年間の努力のおかげで,ついに金メダルを取った.〔盼望的日子~来到了〕待ち望んでいた日がついにきた.
终止 zhōngzhǐ ①終わる.やめる.〔~协议〕協議をやめる.②音終止.〔~符 fú〕終止符.
终制 zhōngzhì 古父母の死後の 3 年の喪が明けること.

〔柊〕 zhōng ①〔~叶 yè〕〔棕 zōng 叶〕植クズウコン:薬剤とする.葉は〔棕 zòng 子〕(ちまき)を包むのに用いる.②〔~树〕植ヒイラギ:モクセイ科の常緑小高木.

〔蓯・蓯〕 zhōng〔~葵 kuí〕ツルナ(ツルムラサキ):〔落 luò 葵〕の別称.

〔螽〕 zhōng〔~斯 sī〕虫キリギリス(総称).〔绿~〕〔布氏~〕虫キリギリス.〔宽翅~〕クダマキモドキ.〔~斯衍 yǎn 庆〕〈喩〉多子多孫を祈る語:キリギリスは群生するため.→〔草 cǎo 螽〕

〔肿・腫〕 zhǒng 腫れ(る).腫れ物(できる).〔浮 fú ~〕〔水~〕むくみ.水腫れ.〔红~〕赤腫れ.〔癌 ái ~〕ガン腫.〔发~〕腫れかでていた.〔冷得脸都冻~了〕冷たくて顔が凍えて腫れあがった.〔脸上~了一块〕顔にひところ腫れ物ができた.
肿大 zhǒngdà 腫れあがる.むくむ.
肿块(儿) zhǒngkuài(r) 皮膚にできるかたまり.
肿瘤 zhǒngliú 医腫瘍.〔恶性~〕悪性腫瘍.
肿眼泡 zhǒngyǎnpào〔大 dà 眼骡子〕魚貝イネゴチ.
肿疡 zhǒngyáng ①〈文〉癰(よう)のまだ化膿しないもの.②できもの.
肿胀 zhǒngzhàng (身体組織の)腫脹が起きる.腫れあがる.

〔种・種(種)〕 zhǒng ①植種子.種(た).〔撒 sā ~〕播bō ~〕種をまく.〔选 xuǎn ~〕種を選別する.②(生物学の)種(しゅ).〔培~〕種をつける.交配する.〔传 chuán ~〕種を保存する.〔绝 jué ~〕種が絶える.③種族.人種.〔白~人〕白色人種.④(生物分類学上の)種(しゅ).〔小麦は单子叶植物禾本科小麦属的一~〕小麦は単子葉植物のイネ科コムギ属の一種である.→〔属 shǔ ②〕⑤種類.種別.〈量〉量詞.種.人事物の種類を数える:内容上,実質上の区別による.〔十~杂志〕10種類の雑誌.〔两~思想〕二つの考え.〔三~看法〕3種類の見方.〔这~人不好对付〕この種の人とは扱いにくい.〔有各~各样的点心〕さまざまな食べ物がある.〔有好些~〕ずいぶんいろいろな種類がある.⑦〔口语意.肝と玉.〔有〕没(有)〕と連用される.〔你有~!〕おまえなかなか度胸があるな.〔没(有)~胸〕胸がない.⑧〈姓〉種(しょう).→ chóng zhǒng
种别 zhǒngbié 種別.
种差 zhǒngchā (論理学で)種(しゅ)差.
种畜 zhǒngchù 種畜.〔~场〕種畜牧場.種畜場.
种蛋 zhǒngdàn =〔种卵〕種卵.
种肥 zhǒngféi 農種肥(たね).合肥(ごえ).肌肥(はだごえ).
种根 zhǒnggēn 植種子根.
种间 zhǒngjiān 種間.〔~杂交〕種間交雑.異種交配.〔~竞争〕異種間競争.
种类 zhǒnglèi 種類.
种卵 zhǒngluǎn ⇒〔种蛋〕
种麻 zhǒngmá ⇒〔苴 jū 麻〕
种马 zhǒngmǎ 種馬.
种苗 zhǒngmiáo ①農種苗.〔(養殖用)動物の子ども:稚魚・ひよこなど.
种内 zhǒngnèi 同種(の).種内(の).〔~进化〕種内進化.
种牛 zhǒngniú 牛牛.〔<方>脚 jiǎo 牛〕ともいう.
种皮 zhǒngpí 植種皮.〔子 zǐ 壳〕ともいう.
种禽 zhǒngqín 種鳥.
种球 zhǒngqiú 球根.
种群 zhǒngqún 生命個体群.
种仁 zhǒngrén 植種仁の核.仁.
种属 zhǒngshǔ 種別類属.
种条 zhǒngtiáo 繁殖用の樹木の枝木.
种姓(制度) zhǒngxìng(zhìdù) 史カースト(制度):古代インドの世襲の階級制度.〔婆罗门〕(バラモン

种冢踵中仲　　　　　zhǒng〜zhòng

一僧侶·学者),〔刹帝利〕(クシャトリヤ)王族·武士),〔吠舍〕(バイシャ=平民),〔陀罗〕(シュドラー奴隷)の四姓を根幹とする階級組織.→〔贱 jiàn 民②〕

种鱼 zhǒngyú〔养殖用〕稚魚.

种原论 zhǒngyuánlùn 圖種の起源:〔达 dá 尔文〕(ダーウィン)著.

种质 zhǒngzhì 種子の品質.

种种 zhǒngzhǒng いろいろ(な).〔有~不便〕いろいろ不便がある.〔凡此~,不一而足〕およそこのような事はさまざまあってこれに限らない.〔~传说〕いろいろなうわさ.

种子 zhǒngzi ①種子.種.〔~田〕～地種子をとるための田畑.〔革命的~〕革命の種.〔撒 sǎ播~〕種をまく. ②図シード.〔~选手〕シード選手.〔~队〕シードチーム.

种族 zhǒngzú 人種.種族.〔~主义〕レイシズム.人種(差別)主義.〔~歧 qí 视〕人種差別.〔~隔离〕アパルトヘイト.→〔人 rén 种〕

[冢(塚)] zhǒng (Ⅰ)〔冢〕①塚:高く盛り上げた墓.〔古~〕古い同前.〔青 qīng ~〕國王昭君の墓.〈転〉墓.→〔坟 fén①〕.〔衣 yī 冠冢〕②〈文〉山の頂.〔山~〕同前. ③〈文〉大きい.

(Ⅱ)〔冢〕〈文〉長.かしら.〔~宰 zǎi〕〔太 tài 宰〕周宰相:(六卿)の一,後代の〔宰相〕同前.〔~嫡 dí〕〔~嗣 sì〕〔~息 xī〕〔~子 zǐ〕長子.嫡男.〔~妇 fù〕〔大 dà 妇〕同前の妻.

冢孙 zhǒngsūn 〈文〉一番上の孫.嫡孫.

冢莹 zhǒngyíng 〈文〉墓地.

冢中枯骨 zhǒngzhōng kūgǔ〔喩〕無用(無能)の人.〔行 xíng 尸走肉〕

[踵] zhǒng 〈文〉①くびす(きびす):〔<口>脚 jiǎo (后)跟〕(かかと)と同じ.〔举~而观〕〈成〉伸びあがって眺める.〔摩 mó 肩接~〕肩がすれあいくびすが触れあう.〈喩〉大勢がひしめきあうさま.〔~~〕頻繁に行き交うさま. ②〈文〉足を運ぶ.自ら赴く.〔~诣 yì〕同前.〔~门致谢〕〔~门致歉〕〔~谢 xiè〕親しく(自ら)訪れて謝する. ③〈文〉後をつける.引き続く.〔~其后〕その後に続く.〔~至~〕跡をつけて(…)に行く.

踵见 zhǒngjiàn 〈文〉(目上の人に)何度も会う.

踵接 zhǒngjiē ⇒〔接踵〕

踵决肘见 zhǒngjué zhǒuxiàn はきものが破れ,(着物が破れて)ひじが露出する.〈喩〉身なりが貧相である.→〔捉 zhuō 襟见肘〕

踵门 zhǒngmén〈文〉親しく足を運ぶ(訪れる)

踵事增华 zhǒngshì zēnghuá〈成〉前の事業を引き継いでさらに拡張発展させる.

踵武 zhǒngwǔ〈文〉先人の足跡を踏んで進む.〔~前贤〕〔~前哲〕先賢に習習う.

踵趾相接 zhǒngzhǐ xiāngjiē〈喩〉人がひっきりなしに続く(いて訪れる)→〔前 qián 后脚儿〕

[中] zhòng ①(的)(目的のもの)に当たる.命中.〔百发百~〕〈成〉百発百中.〔一枪都打了7靶 bǎ 子红心〕3発とも的の真ん中の赤い丸に当たった.〔命~〕命中(する).〔正~下怀〕〈成〉まさにわが意を得る.〔~了头奖〕1等に当たる. ②あてられる.受ける.〔臂 bì 上~了一枪〕腕に弾を1発うけた.〔~了敌人的计谋〕敵の計略にかかる. ③〔煤气~〕ガス中毒にかかる. ③動作が目的に到達し当たることを表す.〔猜~了谜语,可以得奖〕なぞなぞを言い当てれば,賞がもらえる.〔说~〕〔说得~〕言い当てる.→ zhōng 気に入る.

中标 zhòngbiāo 落札する.〔得 dé 标〕に同じ.

中彩 zhòngcǎi くじに当たる.〔彩票〕

中弹 zhòngdàn 弾が命中する.〔在冲锋的时候~阵亡〕突撃の時に弾に当たって戦死した.

中的 zhòngdì ⇒〔中鹄〕

中电 zhòngdiàn ⇒〔触 chù 电〕

中毒 zhòngdú ①中毒(する).毒に当たる(毒を盛る).〔食物~〕食中毒(にかかる).〔酒精~〕アルコール中毒(になる).〔煤气~〕一酸化炭素中毒(になる).〔中了假名士的毒〕にせ名士にいかれる.〔电算〕ウイルスに感染する.

中风 zhòngfēng ≡〔卒 cù 中〕中医中風(ちゅうぶ).

中鹄 zhònggǔ ≡〔中的〕①(的)に当たる.〔妙射~〕見事な射かた(シュート)で的に当たる. ②〈転〉要点をつく.

中寒 zhònghán 中医風寒に侵される.

中计 zhòngjì 計略にかかる.〔别中了敌人的计〕敵の計略にかからるな.

中奖 zhòngjiǎng くじや賞(金)に当たる.〔号码 mǎ〕当せん番号.〔中头奖〕1等賞(金)に当たる.

中举 zhòngjǔ〈文〉(科挙の試験で)郷試に及第す る.→〔科 kē 举〕

中肯 zhòngkěn ①要点をついている.的を射ている.適切である.〔说得~〕話が要点をついている.→〔肯綮〕②物臨界(の)

中魔 zhòngmó 魔物につかれる.

中签 zhòngqiān 抽せんにあたる.くじにあたる.〔~率 lǜ〕当せん率.

中伤 zhòngshāng (人を)中傷する.〔造谣~〕根も葉もないことを言って人を中傷する.〔恶语~〕口汚く中傷する.

中试 zhòngshì〈文〉官吏登用試験に及第する.→zhōngshì

中暑 zhòngshǔ 中医中暍〕〔<方>发 fā 痧①〕暑気にあたる.暑気あたりの病気になる).〔触 chù 暑〕〔受 shòu 热)に同じ.〔情绪~〕精神的な暑気当たりで脱力感·無感動·無関心など.→〔日 rì 射病〕

中邪 zhòngxié 邪悪にあたる.たたる.

中选 zhòngxuǎn 選に入る.選抜される.

中暍 zhòngyē ⇒〔中暑〕

中意 zhòngyì 気に入る.〔难道一个~的也没有吗〕まさか一つも気に入ったのがないというのじゃあるまいな.〔这么办你~不~〕こうやったら,きみは気に入るかね.

[仲] zhòng ①囯兄弟姉妹の順序の2番目を表す.〔~兄〕2番目の兄.〔伯~之间〕〈喩〉 ⓐ差がいくらもない. ⓑ勢力が伯仲している.→〔伯 bó ②〕 ②旧暦中一季の2番目を表す.→〔孟 mèng ②〕 ③中間に立つ.→〔仲裁〕 ④〈姓〉仲(ちゅう)

仲胺 zhòng'àn 生命第2級アミン.

仲裁 zhòngcái 仲裁する.〔~人〕仲裁人.〔~程序 chéng 序〕仲裁手続き.→〔公 gōng 断①〕

仲长 zhòngcháng〈姓〉仲長(ちょうちょう)

仲春 zhòngchūn 春の2番目の月:旧暦2月.

仲冬 zhòngdōng 冬の2番目の月:旧暦11月.

仲父 zhòngfù〈文〉父の兄弟のうち年長順で2番目にあたる伯父(叔父)

仲家 zhòngjiā ⇒〔布 bù 依族〕

仲秋 zhòngqiū 秋の2番目の月:旧暦8月.→〔中 zhōng 秋(节)〕

仲氏 zhòngshì〈文〉2番目の弟(妹)

仲孙 zhòngsūn〈姓〉仲孫(ちゅうそん)

仲夏 zhòngxià 夏の2番目の月:旧暦5月.

[种·種(種)] zhòng〔種(を)まく.(苗)を植える.〔~(上)麦子〕小麦を同前.〔播 bō 种〕種をまく.播

zhòng

种 zhòng 〔我～着四亩地〕わたしは4ムーの田(畑)を耕作している.〔移～〕移植(する).②医接種する.〔接～牛痘〕痘苗を接種する.→種 tóng
→ chóng zhǒng

种地 zhòngdì =〔种田〕①農作をする. ②植え付けする.

种痘 zhòngdòu 医種痘をする:〔种花②〕〔种牛痘〕に同じ.〔痘疮〕.

种豆得豆 zhòngdòu dédòu →〔种瓜得瓜〕

种毒(儿) zhòngdú(r)〈方〉人から嫌われる.〔这是多以种的毒儿,招他这么恨你〕きみはいつ彼からこんなに恨まれることをしたのかね.

种瓜得瓜 zhòngguā déguā〈慣〉瓜を植えれば瓜がなる.因果応報.〔～,种豆得豆〕ともいう.

种花 zhònghuā ①〔-儿〕花を植える. ②〔-儿〕医種痘をする:〔种痘〕に同じ. ③〈方〉綿花を植える.

种祸 zhònghuò〈文〉災いの種をまく.

种牛痘 zhòngniúdòu ⇒〔种痘〕

种树 zhòngshù 木を植える.

种田 zhòngtián 〔种地〕

种养 zhòngyǎng 耕作と飼育と.〔～业〕(広義の)農業.

种药 zhòngyào 薬草を栽培する.

种植 zhòngzhí 植栽する. 栽培する.〔～果树〕果樹を植える.〔～园〕農園. プランテーション.〔～业〕(広義の)農業(耕作のみ)

种庄稼 zhòngzhuāngjia 作物を作る. 農作をする.〔～的〕農民.

[蚛] zhòng〈文〉虫にかまれる. 刺される.

[众·衆(眾)] zhòng

①(人数が)多い. たくさんの. 大勢の.〔人多勢～〕人数が多く勢いもよい.〔寡 guǎ 不敵～〕衆寡敵せず. ↔〔寡①〕②衆人. 人々.〔民～〕民衆.〔群 qún ～〕〔大～〕大衆.〔听～〕聴衆.〔观～〕観衆.〔谣 yáo 言惑～〕〈慣〉デマで人々を惑わす. ③〈姓〉衆(ǔ).

众多 zhòngduō 非常に多い.〔为 wéi 数～〕その数たるや多数である.〔物产丰富,人口～〕物産が豊富で人が多い.

众寡 zhòngguǎ 数の多いのと少ないのと.〔～悬 xuán 殊〕〈慣〉人数に天地の差がある.

众好必察 zhònghǎo bìchá〈成〉多くの人のよしとするところでも,念を入れて考察した後に決断する.

众口 zhòngkǒu 多くの人の口(言).〔～铄 shuò 金〕〈成〉多くの人の言うことはしまいには人を動かす: 讒言(の恐るべきたとえ.〔～如一〕〔～一词〕皆の言うことが一致する.〔～难调 tiáo〕〈成〉多くの人の口に合うような料理を作るのは難しい.〈喩〉全ての人を満足させるのは容易でない.

众目 zhòngmù 多くの人の目.〔～所见〕〈慣〉衆目の見るところ.〔～昭彰〕〈成〉衆目のはっきり認めるところ. 皆がよく知っている.〔～睽 kuí 睽〕〈成〉多くの人が目をみはって見ている:〔万 wàn 目睽睽〕ともいう.

众怒 zhòngnù 衆人の怒り.〔～难犯〕〈慣〉大衆の怒りは侮れぬ.

众叛亲离 zhòngpàn qīnlí〈成〉人々に背かれ, 親しい者からも見捨てられる: 孤立しているさま.

众擎易举 zhòngqíng yìjǔ〈成〉大勢で持ち上げれば, 容易にあがる.〈喩〉皆で協力すれば成就する.

众人 zhòngrén 衆人. 大勢の人. みんな.〔～拾柴火焰高〕〈諺〉みんながまきを拾って燃やせば炎が高くなる.〈喩〉皆が力を合わせすれば, よい結果が出る.

众生 zhòngshēng 仏(仏教の)衆生. 生きもの.〔芸 yún 芸～〕多くの衆生(生きもの).〔～相 xiàng〕〈喩〉人々のそれぞれ異なった表情や態度.

众矢之的 zhòngshǐ zhī dì〈成〉衆矢の的(ǐ).〈喩〉非難の対象. 攻撃の目標.〔成为～〕大勢の非難の的となる.

众庶 zhòngshù〈文〉大衆. 庶民.

众数 zhòngshù ①数並数. 最頻(ǐ)値. ②〈姓〉衆数(ǐ)(ǔ).

众说 zhòngshuō 諸説.〔～纷纭〕〈成〉諸説がまちまちである.〔～不一〕同前.

众所周知 zhòng suǒ zhōuzhī〈慣〉誰もが知っている.〔这是～的事实〕これは周知の事実だ. →〔人 rén 所周知〕

众望 zhòngwàng 衆人の期待・信頼.〔～所归〕〈成〉衆望の帰するところ.〔不负～〕みんなの期待に背かない.

众心成城 zhòngxīn chéngchéng ⇒〔众志成城〕

众星捧月 zhòngxīng pěngyuè〈成〉多くの星が月をとりまいている.〈喩〉とりまきよりそう(ってかしづく).ちやほやする:〔众星拱 gǒng 月〕ともいう.

众志成城 zhòngzhì chéngchéng =〔众心成城〕〈諺〉衆が心を合わせてやれば城のように堅固になる. 一致団結すればどんな困難も克服できる.

众子 zhòngzǐ 嫡長子以外の子.〔嫡 dí 子②〕

[重(柔)] zhòng

①重い.〔铁比木头～〕鉄は木より重い.〔举～若轻〕重いものを軽々と差し上げる.〔载 zài ～汽车〕トラック. ↔〔轻 qīng ①〕②重さ.〔有多～?〕どのくらいの重さがあるか.〔一斤～〕重さは1斤ある.〔称称～〕重さを測ってみる.〔～一百吨 dūn〕重さは100トンある.③程度が甚だしい.〔任务很～〕任務がたいへん重い.〔礼轻人意～〕〈成〉贈物は軽くても,贈る人の気持ちは大きい.〔工作烦 fán ～〕仕事が厄介である(骨が折れる).〔病～〕病気が重い.〔颜色太～〕色が濃すぎる.〔口音～〕訛が深い.〔批评得很～〕批判がなかなか厳しい.〔话说～了〕話は厳しすぎる. ④重要である.〔军事～地〕軍事上重要視する.〔身负～任务〕重い責任を担う.〔重视する.〔不应该～男轻女〕男尊女卑はすべきでない.〔～洋轻土〕外国のものを重んじ,中国在来のものを軽視する.〔～然诺〕〈文〉承諾を重んずる.〔以友情为～〕友情を重んじている.〔敬～〕敬う.〔看～〕重くみる.〔尊～〕尊重する.⑥慎重である. 容易に…しない.〔慎～〕慎重である.〔郑 zhèng ～〕厳粛である.〔自～〕自重する. ⑦〈文〉難しとする.〔上～违大臣正议〕(漢書・孔光伝)帝は大臣たちの正義を無視しにくかった. ⑧〈文〉非常に.〔似～有忧者〕何か大変心配なことがあるようだ. ⑨〈文〉加える.〔人马疲劳,～以天大寒〕人・馬ともに疲れ弱り,そのうえ天気をひどく寒い. ⑩化重(ǐ).〔氢 dàn 化合物〕ジアソ化合物.〔碳 tàn 酸盐〕重炭酸塩. ⑪〈姓〉重(ǔ). → chóng

重办 zhòngbàn 重く罰する.

重磅 zhòngbàng 重量のある. 重い.〔～炸弹〕軍重量爆弾.

重宝 zhòngbǎo〈文〉穴あき銅銭.〔乾元～〕唐代の同前.〔咸丰～〕清代の同前. →〔通 tōng 宝〕

重臂 zhòngbì 〔阻之力臂〕

重兵 zhòngbīng 大軍. 強力な軍勢.〔～把守〕大軍で守備する. →〔轻 qīng 兵〕

重病 zhòngbìng 重病.〔得了～〕重病にかかった.〔身染～〕重病にかかる.

重彩 zhòngcǎi ①重い色彩. ②(名誉の)重傷.〔～号〕同前の傷を受けた兵.

重残 zhòngcán 重度の身体障害(者)

重曹 zhòngcáo ⇒〔碳 tàn 酸氢钠〕

zhòng

重车 zhòngchē ①重量物を積んだ車.②動力機が相当大きな負荷を負っていること:その逆を〔空kōng 车〕という.
重臣 zhòngchén 重臣.
重酬 zhòngchóu 手厚い報酬(をする)
重处 zhòngchǔ 重く罰する.
重创 zhòngchuāng ひどい損傷を負わせる.〔敌军〕敵にひどい損傷を与える.〔经济受到～〕経済が手痛い損害を受けた.
重唇音 zhòngchúnyīn ⇒〔双 shuāng 唇音〕
重挫 zhòngcuò 大打撃を受ける.大きく挫折する.
重大 zhòngdà 重大である.〔责任～〕責任が重い.〔关系～〕関係するところ重大である.〔意义～〕重大な意義がある.〔～损失〕重大な損失.
重担(子) zhòngdàn(zi) 重荷.重任.〔担起～〕重任を担う.〔负有～〕肩に重荷を負っている.〈喩〉重任を負っている.
重地 zhòngdì 重要な場所.要害.要地.〔军事～〕軍事要害.〔施工～〕工事の要地.
重点 zhòngdiǎn ①重点.要点.主要点.〔建设的～〕建設の重点.〔把～放在农业上〕重点を農業におく.②主要な.重要な.〔～工程〕重要な工事.〔～大学〕重点大学.〔～项目〕重点プロジェクト.③重点的に.〔～介绍〕重点的に紹介する.〔～推广〕重点的に推し広める.〔～发展〕重点的に発展させる.④⇒〔阻 zǔ 力点〕
重读 zhòngdú =〔重念〕強く発音する(読む).〔这个字要不要～〕この字は強く読むべきですか.→ chóngdú,⇒〔轻 qīng 读〕
重吨 zhòngdūn 〔英 yīng 吨〕
重罚 zhòngfá 重く罰する.
重犯 zhòngfàn 重罪犯.
重负 zhòngfù 重い負担.重荷.〔如释～〕重荷を下ろしたようだ.
重铬酸钾 zhònggèsuānjiǎ =〔红 hóng 矾钾〕化 重クロム酸カリウム.
重铬酸钠 zhònggèsuānnà =〔红 hóng 矾钠〕化 重クロム酸ナトリウム.
重工业 zhònggōngyè 重工業.↔〔轻 qīng 工业〕
重荷 zhònghè 重い負担.重荷.
重话 zhònghuà 耳障りな話.聞くに耐え難い言葉.
重活(儿) zhònghuó(r) 重労働.〔干～〕力仕事をする.
重机枪 zhòngjīqiāng 重機関銃.〔重机关枪〕ともいう.
重疾 zhòngjí 〈文〉重い病気.〔先生幼年曾罹 lí ～〕先生は幼時,重病を患われたことがある.
重价 zhòngjià 高価な値段.〔～收买〕高値で買い付ける.〔～征求〕高額で募る.〔不惜～〕高い代価も惜しまない.
重剑 zhòngjiàn 又〔フェンシングの〕エペ.→〔击 jī 剑〕
重奖 zhòngjiǎng 高額な奖金·赏品(を与える).〔给 jǐ 予～〕同前を与える.
重介子 zhòngjièzǐ 物 重中間子.
重金 zhòngjīn 大金.巨資.〔～收买〕大金で買う.
重金属 zhòngjīnshǔ 化 重金属.
重晶石 zhòngjīngshí 鉱 重晶石.バライト.
重礼 zhònglǐ 金額の張る贈り物.
重力 zhònglì 物 重力.〔地 dì 心引力〕ともいう.〔～波〕重力波.〔月球～〕月の重力.〔～水〕重力水.〔～仪〕重力計.
重利 zhònglì ①高利.〔盘～〕高利でしぼりとる.〔莫大的利润〕.〔牟取～〕高利利潤を貪る.③〈文〉利害得失を重要視する.
重量 zhòngliàng ①重重量:単位は〔牛 niú 顿〕(ニュートン).②重さ.目方.〔～尺码单〕重量容積証明書.
重量级 zhòngliàngjí 又 重量級.
重名 zhòngmíng 〈文〉①名誉を重んじる.〔众人重利廉士～〕衆人は利を重んじるが清廉の士は名を重んじる.②盛名.名声.→ chóngmíng
重念 zhòngniàn ⇒〔重读〕
重判 zhòngpàn 法 重刑に処す.
重炮 zhòngpào 重砲.↔〔轻 qīng 炮〕
重器 zhòngqì 〈文〉①国の宝物.〈転〉天下.②〈喩〉傑出した人材.
重汽油 zhòngqìyóu 重質ガソリン.重(質)揮発油.
重氢 zhòngqīng 化 重水素.〔氘 dāo〕(デューテリウム)の旧称.〔三重水素:〔氚 chuān〕(トリチウム)の旧称.→〔氢〕
重情 zhòngqíng ①厚意.②情を重く見る.
重拳 zhòngquán 重いパンチ.〈喩〉強力な措置.
重任 zhòngrèn 重任.重責.〔身负～〕身に重要任務をおびる.→ chóngrèn
重伤 zhòngshāng 重傷.⇒〔重彩〕
重商主义 zhòngshāng zhǔyì 経 重商主義.
重赏 zhòngshǎng ①大きな褒賞(hǎng).〔～之下必有勇夫〕〈諺〉重賞の下弱卒なし:酬いられることが大きければ誰もが喜んでやる.②高額の懸賞.
重身子 zhòngshēnzi ①身重(xx)になる.妊娠する.②妊婦.
重视 zhòngshì 重く見る.重視する.〔当局很～这个问题〕当局はこの問題をなかなか重視している.〔这个意见受到有关部门的～〕この意見は関係部門から重要視されている.
重水 zhòngshuǐ 化 重水.→〔氧 yǎng 化氘〕
重碳酸铵 zhòng tànsuān'ǎn 化 重炭酸アンモン.炭酸水素アンモニウム;俗に〔食 shí 溴粉〕という.
重碳酸钠 zhòng tànsuānnà ⇒〔碳酸氢钠〕
重碳酸盐 zhòng tànsuānyán 化 重炭酸塩.
重听 zhòngtīng 耳が遠い.〔他有点儿～〕彼は少し耳が遠いようだ.
重头 zhòngtóu ①要(xx)となる.重要な.〔～货〕目玉商品.〔～文章〕重要な文章.〔～戏 xì〕劇(旧劇で)歌やしぐさに技量を要求される難しい出し物.⑤〈転〉重要な仕事.山場.最高潮.重要な部分.③〔-儿〕重(の物).〔我抬～〕僕が重い方を持つ.
重托 zhòngtuō ①任の重い依頼.②死に臨んでの重要な頼み.
重望 zhòngwàng 大きな期待.〔他不负人民的～〕彼は人民の大きな期待に背かない.
重武器 zhòngwǔqì 軍 重兵器:ロケット砲·高射砲など.
重孝 zhòngxiào 旧 最も重い喪:父母の死去した時に着る喪服.〔穿 chuān ～〕同前に服する.
重心 zhòngxīn ①物 重心.②数 (三角形の)重心.②物事の中心.主要部分.〔掌握住～〕勘どころを押さえる.〔不能转移工作的～〕仕事の重点を変えてはいけない.
重型 zhòngxíng 大型(の).強力(である).〔～卡 kǎ 车〕大型トラック.〔～坦克〕重タンク.
重压 zhòngyā 重圧.〔承受双重～〕二重の重圧に耐える.
重要 zhòngyào 重要である.〔～人物〕重要人物.〔～性〕重要性.
重药猛剂 zhòngyào měngjì 効力の強い薬.〈喩〉猛烈な手段.荒療治.
重音 zhòngyīn ①語 アクセント.ストレス.②音 強音.→ chóngyīn
重用 zhòngyòng 重用する.〔～坏人〕悪人を重用す

る.〔得到～〕重用される.
重油 zhòngyóu ①重油.→〔石 shí 油〕 ②タール油.
重于泰山 zhòngyú tàishān〔成〕泰山より重い.〔人固有一死,或重于鸿毛〕(司馬遷・報任安書)人もとより一死あり,あるいは泰山より重く,あるいは鴻毛より軽し.〔喩〕人の死に軽重のあること.
重元素 zhòngyuánsù 化重元素. ヘビーエレメント.
重灾 zhòngzāi 被害甚大な自然災害.〔～区〕激甚災害地域.
重载 zhòngzài ①重い積載物. ②〈転〉重い責任(任務).
重责 zhòngzé ①重任. ②厳しく責める. ③ひどくこらしめる.
重镇 zhòngzhèn ①(軍事上またはその他の)重要都市.〔派军驻守边陲 chuí ～〕軍を派遣して辺境の重要都市に駐屯し守らせる. ②重鎮.〔社稷 jì～〕国家の重要な地位を占める人.
重症监护病房 zhòngzhèng jiānhù bìngfáng 医集中治療室. ICU.
重资 zhòngzī 多額の費用(資金).
重子 zhòngzǐ 物バリオン.重粒子.
重罪 zhòngzuì 法重罪.↔〔轻 qīng 罪〕

zhou ㄓㄡ

[州] zhōu ①古代の行政区画名:古代は高山大河に分けて区域を〔九～〕あるいは〔十二～〕に分けた.明・清では四百余州に分けられた,民国に至り廃された. ②〔自治〕現行民族自治行政区画の名:省あるいは自治区に属し,その下に県あるいは市がある. ③都市名に用いられる.〔潮～〕〔广～〕〔杭～〕〔苏～〕など.
州官放火 zhōuguān fànghuǒ 州の長官の放火.〈喩〉お役人の勝手なふるまい.〔只许~, 不许百姓点灯〕〈諺〉州官の放火は大目にみて,民衆には明かりをつけることも許さない:統治階級の専制ぶりをいう.
州考 zhōukǎo →〔科 kē 举〕
州里 zhōulǐ ①古行政単位.二千五百世帯を〔州〕とし,二十五世帯を〔里〕とした. ②〈文〉郷里.郷土.
州闾 zhōulǘ ①古州と閭:末端行政単位. ②〈文〉郷里.
州牧 zhōumù 古州の長官.
州县 zhōuxiàn 古州と県:地方行政区画. ②〔知州〕(州知事)と〔知县〕(県知事)

[洲] zhōu ①大陸の区画の名称.〔亚 yà ～〕アジア州.〔欧 ōu ～〕ヨーロッパ州.〔北美 měi～〕北アメリカ州.〔南美〕南アメリカ州.〔非～〕アフリカ州.〔大洋～〕大洋州. ②江河の中州(なかす).〔三角～〕三角州.〔沙 shā～〕砂州. ③〈姓〉洲(しゅう).
洲际 zhōujì (ヨーロッパ州・アフリカ州など)州と州の間の.州間の.〔～际④〕
洲际导弹 zhōujì dǎodàn 軍大陸間弾道ミサイル. ICBM.〔洲际飞弹〕〔洲际火箭〕などともいう.
洲渚 zhōuzhǔ 〈文〉中州.

[鼎] zhōu〔～～〕〈文〉トートーッ:にわとりを呼ぶ声.

[舟] zhōu ①〈文〉ふね.〔小～〕小舟.〔一叶扁～〕一艘の小舟.〔轻～〕軽舟.〔船 chuán～〕. ②〈姓〉舟(しゅう).
舟车 zhōuchē〈文〉船と車:旅路を指す.〔～劳顿〕旅先で疲れる.
舟次 zhōucì〈文〉船旅.→〔车 chē 次〕〔旅 lǚ 次〕
舟楫 zhōují〈文〉①舟とかじ.〔～往来〕〔～之利〕舟運の便. ②〈転〉国家の艱(かん)難を救う賢臣.
舟桥 zhōuqiáo 舟橋(ふなばし).ふなはし.
舟人 zhōurén →〔舟子〕
舟师 zhōushī ①〈文〉水軍.海軍. ②同下.
舟子 zhōuzi〔舟人〕〔舟师〕②〈文〉ふなびと.船頭.〔撑 bàng 人〕〔船 chuán 家〕〈水 shuǐ 夫②〉

[侜] zhōu〔诗〕〈文〉欺く.〔~张 zhāng〕〔诗张〕同前.

[辀・輈] zhōu〈文〉車のかじ棒.〈転〉車.

[鸼・鵃] zhōu →〔鹘 gǔ 鸼〕

[诌・謅] zhōu でたらめを言う.〔胡 hú～〕〔瞎 xiā～〕同前.〔不要胡～〕でたらめを言うな.〔这是他～出来的,不是真的〕これは彼がでたらめに作りあげた話で本当のことではない.

[周(週)] zhōu(Ⅰ)〔周(週)〕①全部にわたる.あまねく.〔～身〕全身.〔众所～知〕〈慣〉大衆に広く知られている. ②完全(である).十分である.〔招待不～〕接待が不十分だ.〔耳目难~〕監督不行き届き. ③周囲.〔四~〕周り.〔圆 yuán~〕数円周. ④ひとまわり:ぐるっと回り巡る場合.〔~武王发〕1年.〔三十一年纪 jì 念〕30周年記念.〔一~岁〕まる1歳.〔前外三~半跳〕区(フィギュアスケートの)トリプルアクセル.〔地球绕 rào 太阳一~是一年〕地球が太陽を1周することが1年である. ⑤週.〔星 xīng 期①〕ともいう.〔一~〕1週間.〔~刊〕週刊.〔上~〕先週. ⑥電周波.サイクル.→〔周波〕
(Ⅱ)救済する.→〔周济〕
(Ⅲ)〔周〕①史朝代名.④姓は姬(き).西伯(文王)の子の発(武王)が殷を滅ぼして建てた.紀元前11世紀から紀元前771年までを〔西～〕,以後,紀元前256年までを〔东～〕という. ⑥→〔北 běi 周〕 ⑥→〔后 hòu 周〕 ⑧〈姓〉周(しゅう).
周报 zhōubào 週刊の紙誌.週報.ウイークリー.
周边 zhōubiān ①周辺.周囲.〔～业务〕周辺業務. ②数多辺形の周.
周遍 zhōubiàn 行き渡る.〔～性〕普遍的.
周波 zhōubō 電周波.サイクル:単に〔周⑥〕ともいう.〔一~钟〕電波時計.→〔波长〕〔赫 hè 兹〕
周长 zhōucháng 数円周(の長さ).ペリメーター.
周程张朱 zhōu chéng zhāng zhū (宋の道学家)周敦頤・程顥・程頤・張載・朱熹.
周到 zhōudào よく行き届く.周到である.〔你想得真~〕きみはほんとによく気がつく(考えが周到だ).〔服务～〕サービスが行き届く.
周而复始 zhōu ér fù shǐ〈慣〉一巡してまた始めに戻る.〈喩〉絶え間なく回ること:〔终而复始〕ともいう.
周公 zhōugōng 人周の文王の子,武王の弟.名は旦:武王の子の成王を補佐し,制度・礼楽を定め周王朝の基礎を築いた.孔子の理想とした聖人で,〔三圣〕の一.
周忌 zhōujì =〔周年②〕一周忌.〔做～〕同前の法会を営む.
周济 zhōujì 救済する〔赒济〕とも書いた.〔～穷人〕貧乏人を救済する.
周角 zhōujiǎo 数周角.
周节 zhōujié ピッチ:歯車の一つの歯の中心線から,次の歯の中心線までの距離をピッチ円上の弧で測った長さ.→〔节圆〕
周刊 zhōukān 週刊(の新聞・雑誌などの出版物).

周捆啁赒诪粥盩妯轴　　　　　　　　　　　　　　　zhōu～zhóu

a →[日 rì 刊]
周郎 zhōuláng [人](呉の将軍)周瑜:たいへん音楽を愛好した.[～顾曲](～成)劇に精通していること.[～癖]<喩>音楽や芝居の嗜好.
周密 zhōumì 綿密である.よく行き届いて落ち度がない.[～的调查]周密な調査.
b **周末** zhōumò 週末.ウイークエンド.[～旅行]週末旅行.[～晚会]週末パーティー.
周年 zhōunián ①満1年.周年.[建国三十五～]建国35周年.[开办五～庆 qìng 祝]創業5周年記念.②(配給用の)[周忌]
c **周皮** zhōupí [植]周皮.
周票 zhōupiào 週定期券.
周期 zhōuqī 周.期.サイクル.[～表][理]周期表.[～律][理]周期律.[～彗 huì 星][天]一定の周期で軌道を巡る彗星.[～性精神病]周期性精神病.
d **周全** zhōuquán 周到である.行き届いている.[计划订得很～]計画の立て方が周到だ.
周日 zhōurì ①日曜日.[礼拜天][星期日][星期天]に同じ.②一日の周期.日.周.[～视差][天]日周視差.[～运动][天]日周運動.
e **周身** zhōushēn 全身.[浑 hún 身]に同じ.
周生 zhōushēng [姓]周生(しゅう̥せい).
周岁 zhōusuì ①満1歳.[不满～的孩子]満1歳に満たない子.②満年齢.[足 zú 岁]に同じ.
f **周天** zhōutiān ①天.空全体:天と地の間のすべて.②[天]天体がその軌道を一周すること.
周围 zhōuwéi 周囲.周り.[屋子是菜園]家の周りはまわり.[～的环境]周囲の環境.[～的人]周りの人.[～情况]周りの事情.
g **周围神经** zhōuwéi shénjīng [生]末梢神経.
周详 zhōuxiáng 周到・詳細(である).[～报道]周到・詳細に報道する.
周薪 zhōuxīn 週給.
h **周恤** zhōuxù <文>人に情けをかけて救済する.
周旋 zhōuxuán ①やり合う.相手になる.対抗する.[在战场上～]戦場でわたりあう.②応対する.世話する.かまう.[您这么一～,我十分の愿挨 ái]何のおかまい下さると,わたしはかえって具合が悪くなりました.[～话]客をとりもつ言葉.[～裕如]<成>悠々と応対ができる.③旋回する.巡る:[盘 pán 旋]に同じ.
i **周延** zhōuyán (論理学の)周延.
周严 zhōuyán 周到である.厳密である.
周阳 zhōuyáng <姓>周陽(しゅうよう).
j **周易** zhōuyì [書]易経の別称.
周游 zhōuyóu 周遊する.遍歴する.[～世界]世界を周遊する.[～列国]列国を周遊する.
周瑜打黄盖 zhōuyú dǎ huánggài [歇]周瑜が黄蓋をたたく.[～,一个愿打一个愿挨 ái]何のかまいもなく.一方はたたきたく,一方はたたかれたい:呉の周瑜がなれ合いで黄蓋をたたき,まんまと魏の曹操をだまして赤壁で大勝した(三国演義).
k **周缘** zhōuyuán 周縁.周り.ふち.[车轮的～]車輪の周り.
l **周遭** zhōuzāo ①周り.周囲.[寒夜里一听不见虫鸣,也看不到火虫]寒い夜などのあたりでは虫の鳴き声も聞こえず,蛍の火も見えない.②量詞.ぐるっと周りした回数.[跑了个～]周り駆け回った.
m **周章** zhōuzhāng <文>①慌てふためく.[狼狈～]同前.②手間.苦心.[此事颇费～]この事はなかなか骨が折れる.
周折 zhōuzhé 曲折.手間.手数.[大费～]大変手数がかかる.[几经~]幾曲折があって.
n **周正** zhōu·zhèng 端正である.きちんとしている:[端

duān 正①]に同じ.[把椅子都摆～了]椅子を全部きちんと据えなさい.[容貌～]容貌が端正だ.
周知 zhōuzhī 周知する.広く知らせる.[一体～]一般に広く知らしめる.
周到 zhōudào <文>周到である.
周转 zhōuzhuǎn (資本など)運転する.回転する.やりくりする.融通する.[加速资金～]资金の運転を速める.[～性质商品]流動性预金.[～不开]やりくりがつかない.[～不灵]やりくりが活発でない.[～房]臨時に留保してある家.[～(资)金]回転資金.[～粮 liáng 食](配給用の)回転食糧.[～期 qī(资)金]の運転期間.[～率 lǜ](資金)回転率.

[**捆**(**㨨**)] zhōu ①<口>重い物の一端を片方から支える.倒れたものや傾いたものを持ち上げる:[挡 chōu II]に同じ.[他一生气把饭桌～了]彼は怒って食卓をひっくり返した.②あばれ出す.明るみに出す.

[**啁**] zhōu →zhāo
啁啾 zhōujiū <文>チッチッ.チュンチュン:鳥の鳴く声.[啁啾]ともいう.
啁啾 zhōujiū 同上.

[**赒・賙**] zhōu
赒济 zhōujì ⇒[周济]

[**诪・譸**] zhōu <文>呪う.②⇒[侜]
诪张 zhōuzhāng <文>あざむく.偽物をつくる.

[**粥**] zhōu かゆ.[～.米.粟.オートミールなどで煮たもの.[熬 áo ～]粥を煮る.[喝～]粥をする.[小米(儿)～]粟がゆ.[绿豆～]緑豆(入り)の粥.[生鱼～]<方>さしみを入れた粥.↔[干 gān 饭][稀 xī 粥]→yù
粥厂 zhōuchǎng 旧 官庁または慈善家が貧民にかゆを施した施設.
粥少僧多 zhōushǎo sēngduō [狼 láng 多肉少]<喩>人が多すぎて分け前が少ない:[僧多粥少]ともいう.
粥样硬化 zhōuyàng yìnghuà [医]アテローム.粉瘤(ふんりゅう).粥腫(しゅくしゅ).

[**盩**] zhōu <文>山の湾曲した所.[～屋 zhì]陕西省にある県.現在は[周至]と書く.

[**妯**] zhóu [～娌]嫂(あによめ)と弟嫁.相(あい)嫁.[她们俩是～娌]彼女ら二人は相嫁だ.[～娌不和]嫁同士が仲が悪い.→[姐 jiě 们儿②]

[**轴・軸**] zhóu ①車軸.[车～]同前.②(機械の各種車輪を取り付ける)軸.シャフト.[轮 lún ～]輪軸:車軸と車輪.③[-儿]巻き物・掛け軸の軸木.[画～]軸物の画の軸木.④[中～](中・中线)中央.中軸線.⑤量詞.巻き物や軸に巻いてある糸などを数える.[古画三～]古画3本.[两～儿线]二巻きの糸.[买一～画儿]軸を1本買う.
轴衬 zhóuchèn ⇒[轴瓦]
轴承 zhóuchéng [機]軸受け.ベアリング:[培 péi 林]~]は音訳.[滚动～]ころ軸受け:[滚珠～(球)]玉軸受け.ボールベアリング.[滚针～]針状軸受け.[～拔送器]ベアリング引拔器.[～合金]ベアリング用合金.[~油]润滑油.軸受け油.ベアリンググリース.[～箱]軸受箱.
轴端隙 zhóuduānxì =[串 chuàn 动][窜 cuàn 动]遊隙.
轴对称 zhóuduìchèn [数]軸対称.
轴轭 zhóu'è 車軸用かせ.
轴锢 zhóugù 鍔.留め輪.
轴架 zhóujià シャフト台.軸ブラケット.

zhóu~zhòu

轴接手 zhóujiēshǒu ⇒〔联 lián 轴节〕
轴颈 zhóujǐng 囗軸頸.ジャーナル.
轴孔 zhóukǒng ①車軸の穴. ②ゲージ穴.
轴流泵 zhóuliúbèng 軸流ポンプ.
轴率 zhóulǜ 囗軸比.
轴马力 zhóumǎlì 軸馬力.
轴皮气(儿) zhóupíqi(r) 〈方〉片意地.へそまがり.
轴儿线 zhóurxiàn 糸巻きに巻いてある糸.カタン糸.
轴台 zhóutái 囗軸台.軸受け台.
轴套 zhóutào 囗軸受けブッシュ.
轴头 zhóutóu ①囗クロスヘッド(ピン). ②掛け物などについている軸木.
轴瓦 zhóuwǎ =〔轴衬〕滑り軸受け.軸受け入り =〔衬 chèn 瓦〕
轴系 zhóuxì 囗駆動軸.
轴辖 zhóuxiá ⇒〔车 chē 辖〕
轴线 zhóuxiàn ①心線.囗軸心.アクシス. ②囗軸.
轴箱 zhóuxiāng 囗軸箱. ⇒〔轭 è〕軸箱くびき.
轴向 zhóuxiàng 軸方向. ⇒一式圧縮机. 囗軸流圧縮機.
轴销 zhóuxiāo 囗シャフトピン.
轴心 zhóuxīn ①⇒〔轮 lún 轴〕 ②巻き物の軸.③枢軸.〔~国〕枢軸国.第二次世界大戦前から大戦後にかけて日・独・伊を中心に同盟関係を結んだ国.→〔联 lián 合国②〕
轴心线 zhóuxīnxiàn ⇒〔轴线〕
轴支架 zhóuzhījià 囗軸受け台.
轴子 zhóuzi ①〔掛け軸〕の軸木.十字架③. ②囗〔弦楽器の〕糸巻き.

〔碡〕 zhóu ⇒〔碌 liù 碡〕

〔肘〕 zhǒu ①ひじ.〔~(垫)布〕肘あて.〔掣 chè ~〕阻止する.制肘する.〔悬 xuán ~写大字〕懸腕で大字を書く. ②豚のもも肉.→〔肘子②〕〔酱 jiàng 肘子〕
肘板 zhǒubǎn (椅子の)肘掛け.
肘关节 zhǒuguānjié 生理肘関節.
肘管 zhǒuguǎn 囗肘継手(つぎて):L字型のもの.→〔管接头〕
肘花儿 zhǒuhuār 〈方〉食豚の肘の肉をしょうゆと香料を加えて煮たもの.
肘节 zhǒujié 囗肘.
肘窝 zhǒuwō ひじ関節の内側.
肘腋 zhǒuyè 〈文〉①ひじと脇. ②転ごく近いとこ.〔~相交〕喩非常に親しい間柄.
肘腋之患 zhǒuyè zhī huàn 〔成〕身近の災い.身近で起こった災害.
肘子 zhǒuzi ①〈口〉ひじ.〔胳 gē 膊~〕同前. ②=〔方〕蹄 tí 髈〕〈方〉前足③〕豚のもも肉.〔水晶~〕食豚のもも肉を塩味で煮たもの.

〔帚（箒）〕 zhǒu ほうき.〔笤 ~ = tiáozhou〕同前.〔炊 chuī ~〕ささら.〔敝 bì ~自珍〕〔成〕つまらぬ物でも自分にとっては宝.
帚草 zhǒucǎo ⇒〔地 dì 肤〕
帚星 zhǒuxīng ⇒〔彗 huì 星〕
帚子黍 zhǒuzishǔ 圃ホウキモロコシ.

〔纣・紂〕 zhòu （Ⅰ)〈文〉馬のしりがい.〔~棍 gùn〕馬・ロバなどにつけるしりがい.→〔鞘 qiū〕 (Ⅱ)囚紂(き®)殷朝最後の王.暴虐無道で周の武王に滅ぼされた.

〔荮・葤〕 zhòu 〈方〉①わらで包む.わらでくるむ. ②量詞.〔茶碗・皿など〕荒縄でくくったものを数える.〔一~碗 wǎn〕ひとしばりの碗.

〔侜・翢〕 zhòu 〈白〉①利発である.さと打扮得体态又~〕装った姿形も美しい.

〔㤚・懰〕 zhòu 〈方〉かたくなである.頑固である.強情である.〔~脾 pí 气〕頑固な性格.

〔绉・縐〕 zhòu 紡ちぢみ:絹織物の一種.〔湖 hú ~〕浙江省湖州産のちりめん.
绉布 zhòubù 綿縮(⊕). クレープ. 〔~状 lù 纸〕クレープ状縕紙.
绉缎 zhòuduàn 紡サテンクレープ.
绉纱 zhòushā 紡 =〔泡 pào 泡纱〕クレープジョーゼット. ちりめん. クレープ. デシン. 〔法 fǎ 国~〕〔双绉〕クレープデシン:平織布地の一種で,女性用の服地.元来フランスのリヨンで中国(シン)のりめんに似せて織られたもの.〔机器印花~〕マシーンプリントデシン.
绉纸 zhòuzhǐ クレープペーパー.
绉子 zhòuzi 圃縮縕(⊕)類:強撚糸を用いて縮緬効果を出した織物の一種.

〔皱・皺〕 zhòu ①しわ. ②しわを寄せかめる.〔把眉头一~〕眉をぐっとしかめる.〔衣服出一了〕服にしわが寄った.
皱巴巴 zhòubābā しわくちゃの.しわだらけの.〔皱皱巴巴〕ともいう.〔父亲穿着~的T恤衫〕父はしわくちゃのTシャツを着ている.
皱襞 zhòubì 〈文〉しわ.ひだ.
皱鼻 zhòubiè 狭い.狭苦しい.〔皱憋〕とも書く.〔这屋子太~〕この部屋はたいへん狭苦しい.→〔窄 zhǎi 巴①〕
皱唇鲨 zhòuchúnshā 魚貝ドチザメ.〔九 jiǔ 道箍九道鲨〕ともいう.
皱痕 zhòuhén しわの跡.〔~累 lěi 累〕同前の多いさま.〔~面料〕細かいしわのある布地・服地.
皱眉 zhòuméi 眉をしかめる.〔~头〕ともいう.
皱胃 zhòuwèi 囗しわ胃:反芻類の胃の第四室.
皱纹(儿) zhòuwén(r) しわ.〔他上了岁数儿了,脸上净是~〕彼は年をとって,顔がしわだらけだ.〔这个棚褛净净是~〕この天井はしわだらけに貼ってある.
皱折 zhòuzhé 〔服・スカートの〕ひだ.〔满是~的西服,怎么能穿出去〕しわだらけの洋服を着て行けるものか.
皱褶 zhòuzhě ⇒〔褶皱〕

〔胄〕 zhòu 囗名門の後裔.〔~裔〕:〔胄②〕に同じ.

〔宙〕 zhòu ①〈文〉無限の時間.過去・現在・未来の限りない時間.〔宇 yǔ ~〕宇宙. ②地質年代単位で:生物の進化と化石の発見状況から〔太古~〕〔元古~〕〔显 xiǎn 生~〕に分ける.地層単位の〈字〉に相対する.〈灾〉宙(き®)
宙斯 zhòusī ゼウス:ギリシア神話で最高神.

〔轴・軸〕 zhòu → zhóu
轴子 zhòuzi 劇(旧劇で)特に華やかににぎやかな出し物.〔~プログラムの中ほどの出し物.〔压 yā ~〕切り前:後から2番目.〔大~〕大切り.

〔胄〕 zhòu ①(甲)(具)のかぶと.〔甲~〕よろいかぶと. ②(王侯貴族の)子孙.後裔.〔贵 guì ~〕〔华 huá ~〕同前.

〔咒（呪）〕 zhòu ①祝う.祈る. ②(他人に)災厄がふりかかるよう祈る.呪う.〔你这不是~人吗〕きみそれは人を呪っているのではないか.〔~骂〕人を罵る. ③まじない.呪文.〔念了几句~〕呪文を一言二言唱えた.〔~语〕〔符~〕まじないの言葉.呪文.〔大悲~〕千手陀羅尼(の

咒昼味酎甃僝繇騄籒朱誅侏　　　　　　　　　　　　　　　　　　　　　　　　　　　　zhòu～zhū

別名):仏教の経文の名.
咒骂 zhòumà 呪い罵る.呪いの言葉で罵る.
咒术 zhòushù まじない.
咒水 zhòushuǐ 神に供えた水:神に誓いを立てる時に飲む.
咒语 zhòuyǔ 呪文.まじないの文句.
咒诅 zhòuzǔ 呪う.呪詛する.〔～社会〕社会を呪う.

〔昼·畫〕 zhòu 昼.日中.〔～夜不停〕日夜停止しない.〔灯光如～〕とともしびの光がまるで昼のようだ.〔～长夜短〕昼が長く,夜が短い.〔照得如同白～〕白昼のように照らす.↔〔夜 yè ①〕
昼长圈 zhòuchángquān ⇒〔夏 xià 至线〕
昼短圈 zhòuduǎnquān ⇒〔冬 dōng 至线〕
昼分 zhòufēn〈文〉正午.
昼寝 zhòuqǐn〈文〉昼寝:口頭語の〔睡 shuì 晌觉〕〔睡午觉〕に同じ.
昼思夜想 zhòusī yèxiǎng〈成〉寝ても覚めても思う:〔昼思夜梦〕ともいう.
昼夜 zhòuyè 昼夜.日夜.〔～不停〕〔～不息〕昼夜休みなし.

〔咮〕 zhòu〈文〉くちばし.

〔酎〕 zhòu〈文〉①濃い酒.②〔～金〕諸侯が皇帝の宗廟の祭のために差し出した献金.

〔甃〕 zhòu〈方〉①井戸の内壁の煉瓦.②敷石を積む.石畳にする.

〔僝〕 zhòu →〔僝 chán 僽〕

〔繇〕 zhòu〈文〉占いの文句.→ yáo yóu

〔骤·驟〕 zhòu ①(馬が)速く走る.〔驰 chí～同前.②にわかに.突然に.〔气温～降 jiàng〕気温がにわかに下がる.〔～变 biàn〕突然変化する.〔狂 kuáng 风～起〕〈成〉狂風がにわかに起こる.③急速である.非常に速い.〔暴风～雨〕〈成〉強い風と速い雨.暴風雨.
骤起 zhòuqǐ 突然起こる.〔狂澜~〕突然波が荒れ狂う.
骤然 zhòurán にわかに.突然に.不意に.〔～提速〕突然スピードアップする.
骤增 zhòuzēng 突然増える(増やす)

〔籒(籕)〕 zhòu〈文〉読書する.閲読する.
籒文 zhòuwén 固〔大篆 dàzhuàn〕の別称:秦代の書体の一.現存する石鼓文の書体.周の宣王の太史の籒(zhòu)が創作したものといわれる.〔籀书〕ともいう.

zhu ㄓㄨ

〔朱·硃〕 zhū（Ⅰ)〔朱〕色朱色(の).〔近～者赤,近墨者黑〕〈諺〉朱に交われば赤くなる.②〈姓〉朱(zhū)（Ⅱ)〔硃〕朱砂.
朱笔 zhūbǐ 朱筆.
朱陈 zhūchén〈文〉婚姻を結ぶこと:昔時,徐州古豊県に朱・陳2姓の村があって,世々両家の間で婚姻を結んだという.〔共结～〕同前.〔～之好〕親戚のよしみ.
朱唇 zhūchún〈文〉朱い紅唇.〔～皓 hào 齿〕赤い唇と白い歯:美人の形容.〔小 xiǎo 红花〕
朱顶雀 zhūdǐngquè =〔贮 zhù 点红〕圏ベニヒワ(の亜種).〔白 bái 腰～〕ともいう.
朱红 zhūhóng 色プルシアン(色).朱のような赤(の)
朱鹮 zhūhuán 圏トキ(の).〔朱鹭〕〈方〉红 hóng 鹤]は

別称.
朱蕉 zhūjiāo ⇒〔铁 tiě 树②〕
朱槿 zhūjǐn 圏ハイビスカス.ブッソウゲ(扶桑花):〔赤 chì 槿〕〔佛 fó 桑〕〔扶 fú 桑①〕〔日 rì 及②〕は別称.→〔木 mù 槿〕
朱卷 zhūjuàn〈文〉朱筆謄写答案:清代の郷試・会試の答案は,これを朱筆で謄写して渡し,受験者の筆跡を利用できないように公正を期した.原答案を〔黑 hēi 卷〕という.
朱兰 zhūlán ⇒〔白 bái 芨〕
朱鹭 zhūlù ⇒〔朱鹮〕
朱门 zhūmén 朱ぬりの大門.〈転〉富貴の家.素封家.〔～酒肉臭,路有冻死骨〕(杜甫·詠懐詩)金持ちの家には酒肉や骨が腐るほどあるというのに,道路には凍死者の骨がある.
朱墨 zhūmò ①朱と墨.〔～套印〕朱墨の二色刷り.②朱ずみ.
朱鸟 zhūniǎo ⇒〔朱雀〕
朱批 zhūpī 朱筆.朱で書き入れた評語など.
朱漆 zhūqī 朱のうるし.〔～一家具〕朱塗りの家具.〔～大门〕朱塗りの門.〔～描金神龛〕朱地に金蒔絵の厨子(ず)
朱雀 zhūquè ①=〔红 hóng 麻料儿〕圏マシコ(総称).②朱雀(ジャク):〔二十八宿〕中の南方の七宿.〔朱鸟〕という.→〔苍 cāng 龙①〕③道教の神で,南方(前側)に配す.
朱砂 zhūshā =〔丹 dān 砂〕圏辰砂(じん).朱:古く湖南省辰州府の産出品が有名で〔辰 chén 砂〕ともいう.
朱砂笺 zhūshājiān 朱砂を塗った最上等の赤い紙:〔春联(儿)〕や〔对联(儿)②〕に用いる.
朱砂痣 zhūshāzhì〔赤いほくろ.赤あざ.②京劇の有名な外題の一.
朱桃 zhūtáo ⇒〔毛 máo 樱桃〕
朱文 zhūwén 印章の陽文:〔阳 yáng 文〕に同じ.↔〔白 bái 文③〕
朱颜 zhūyán〈文〉紅顔:〔红 hóng 颜〕に同じ.〔～鹤发 fà〕〈成〉童顔白髪の老人.
朱谕旨 zhūyùzhǐ〈文〉(地方官からの密奏に対し)皇帝の朱が入った諭旨.
朱竹 zhūzhú ⇒〔铁 tiě 树〕

〔诛·誅〕 zhū〈文〉①罪ある者を殺す.討伐する.〔罪不容～〕罪が大きくて殺してもまだその罪は償えない.〔其心可～〕その心根は殺してやりたいほどだ.〔伏～〕死刑に伏する.〔族～〕族誅.族殺.②責める.とがめる.〔予以笔～〕文章で責めかえられる.筆誅を加える.〔口～笔伐〕言論や文章で誅伐を加える.
诛除 zhūchú =〔诛锄〕誅滅する.
诛锄 zhūchú〈文〉①雑草などを根から取り除く.②同上.
诛除异己 zhūchú yǐjǐ〈成〉自分と合わないものを誅滅する.
诛伐 zhūfá〔诛伐(する).〔难逃舆 yú 论的～〕世論の攻撃は免れがたい.
诛戮 zhūlù〈文〉有罪の者を死刑に処する.
诛灭 zhūmiè 誅し滅ぼす.
诛求 zhūqiú〈文〉厳しくとり立てる.搾り取る.〔苛敛～〕〔无厌〕同前以前で飽くことを知らない.〔～无已〕〈成〉同前でやまない.
诛杀 zhūshā 誅殺する.
诛心 zhūxīn〈文〉人の悪意を指摘する.人の意図・動機を追及する.〔～之论〕〈成〉不正行為の動機を暴き批判する論.

〔侏〕 zhū

2177

zhū

侏罗纪 zhūluójì 〘地〙ジュラ紀.
侏罗系 zhūluóxì 〘地〙ジュラ系.
侏儒 zhūrú 体が並外れて小さい人.小びと.〔~症 zhèng〕〘医〙侏儒(症).小人症.
侏儒柱 zhūrúzhù ⇒〔樽 bó 柱〕

[邾] zhū ①周代の国〔邹 zōu ①〕の古名. ②〈姓〉邾(k.)

[洙] zhū 〔~水〕〘地〙山東省曲阜市にある〔泗水〕の支流.〔~泗 sì〕洙水と泗水:孔子講学の地.〔~転〕孔子の学風.〔~泗之风〕孔子の学風.

[茱] zhū 〔~萸 yú〕〘植〙シュユ(チョウセンゴシュユ).→〔食 shí 茱萸〕〔吴 wú 茱萸〕.

[珠] zhū ①珍珠.たま.〔真 zhēn ~〕〔珍~〕真珠.〔夜明 ~〕夜光の珠.→〔明 míng 珠暗投〕 ②〔~儿〕珠のような丸いもの.〔眼~〕目玉.〔水~〕水玉.水滴.〔滚 gǔn ~儿〕ベアリング. ③〈文〉まろやかである.〔~喉婉转〕〈成〉たまを転がしたような声:声が滑らかで抑揚があること. ④〈姓〉珠(k.)

珠蚌 zhūbàng 〘鱼贝〙カワシンジュガイ:貝殻から〔珍珠母〕という漢方薬を作る.
珠宝 zhūbǎo 珠玉や宝石(の装飾品)
珠贝 zhūbèi ⇒〔珠母贝〕
珠茶 zhūchá 玉茶:茶の葉をひねって丸い形にしたもの.
珠串(儿) zhūchuàn(r) 真珠の首飾り(ネックレス)
珠翠 zhūcuì 真珠と翡翠(の装飾品).〔~满头〕〈成〉女性が宝石類で飾り立てること.
珠峰 zhūfēng 〔~山〕〔珠穆朗玛峰〕 ②〈喩〉傑出した人物.高い目標.
珠盖皮 zhūgàipí 子羊の毛皮:毛が縮れて玉になっている.
珠冠 zhūguān 珠玉や宝石で飾り立てた帽子.
珠光宝气 zhūguāng bǎoqì 真珠や宝石で飾りたてている.〔~的年轻夫人〕同前の若奥様.→〔珠围翠绕〕
珠光体 zhūguāngtǐ 〘工〙パーライト:〔珠粒体〕〔波 bō 来体〕は旧称.
珠红 zhūhóng 〘色〙スカーレット(の一種).〔酸性~〕〘染〙ナフタリンスカーレット(の一種)
珠花 zhūhuā 〔珠子花儿〕真珠で花形に飾られた髪飾り.
珠还合浦 zhūhuán hépǔ →〔合浦珠还〕
珠玑 zhūjī 〈文〉ゆがんだ真珠を〔玑〕という.〈喩〉優れた詩文.〔满腹~〕詩文を善くすること.〔字字~〕一字一字が珠玉のごとく麗しい.
珠鸡 zhūjī 〔珍 zhēn 珠鸡〕〘鳥〙ホロホロチョウ.
珠江 zhūjiāng 〘地〙広東省広州市南から虎门を経て広東湾に注ぐ〔粤 yuè 江〕旧称.
珠兰 zhūlán →〔珍珠兰〕
珠泪 zhūlèi 〈文〉玉のように落ちる涙.
珠粒体 zhūlìtǐ ⇒〔珠光体〕
珠帘 zhūlián 〔水 shuǐ 精帘〕珠を連ねて作ったすだれ.
珠联璧合 zhūlián bìhé 〈成〉①〔人材や美しいものなどの〕貴重なものが一ヶ所に集まる.〔~的转〕新婚カップルを祝う語.→〔郎 láng 才女貌〕
珠母贝 zhūmǔbèi =〔珠贝〕〘鱼贝〙クロチョウガイ.②〔珍 zhēn 珠(母)贝〕アコヤガイ.
珠穆朗玛峰 zhūmùlǎngmǎ fēng チョモランマ.エベレスト峰:〔珠峰①〕ともいう.〔埃 āi 非尔士峰〕は音訳.
珠儿 zhūr たま.〔算 suàn 盘~〕そろばんのたま.〔水~〕水滴.水玉.〔汗~〕汗の玉.〔眼~〕目玉.〔露水~〕露のような.
珠三角 zhūsānjiǎo 〘地〙珠江デルタ:〔珠江三角州の〕略.→〔长 cháng 三角〕
珠算 zhūsuàn 珠算.たま算.
珠胎 zhūtāi ①真珠の殻中にあるもの. ②妊娠.〔~暗结〕〈喩〉不義の子を宿す.
珠头珠脑 zhūtóuní 真珠ラシャ:長い毛(文)をかき出し玉状に縮めた毛織物.主に外套用とする.
珠围翠绕 zhūwéi cuìrào =〔翠绕珠围〕〈成〉名門女性の豪華な装い.〈喩〉多くの美女にかしずかれること.
珠玉 zhūyù ①〈文〉真珠と玉. ②珠玉の詩文. ③→〔下 xià 币〕
珠圆玉润 zhūyuán yùrùn =〔玉润珠圆〕〈成〉珠玉のように丸くて潤いがある.④文章の円熟していること.⑤歌声のよいこと.
珠子 zhūzi ①真珠の玉. ②丸い小さな粒状のもの.〔汗~〕〔汗珠儿〕汗の粒(玉)
珠子花儿 zhūzihuār →〔珠花〕

[株] zhū ①切り株.〔根~〕根株.〔守~待兔〕〈喩〉労せずして利を得ようとすること. ②植物の株.〔幼~〕若い株.〔株距〕 ③量詞.植物を数える.〔松柏千~〕松柏千本.〔一~玫瑰〕一株のバラ.
株距 zhūjù 〘农〙株間.〔~不匀,底肥不足〕株間は平均せず,元肥も足りない.
株块 zhūkuài ①切り株と土塊. ②〈喩〉役にたたぬもの.
株连 zhūlián 連座する.巻き添えになる.〔搞~〕巻き添えにする.〔~坐罪〕連座させられて罪を問われる.〔~无辜〕無実の人を巻き添えにする.〔连累〕
株守 zhūshǒu 〈文〉古い考えに固執して融通がきかない.→〔守株待兔〕
株型 zhùxíng 植物の成長形態による類型.
株选 zhūxuǎn 〘农〙すぐれた株を残して良い種子を得ること.

[铢・銖] zhū ①〘旧〙重量の単位:〔一两 liǎng〕の24分の1.〔五~(钱)〕漢代の銅銭. ②〈文〉ごく軽いもの.→〔锱 zī 铢〕 ③〈文〉なまくら. ④パーツ:タイの通貨単位名.〔泰 tài ~〕同前.
铢积寸累 zhūjī cùnlěi 〈喩〉少しずつ蓄積する:物事の達成が容易でないこと.〔积累寸~〕ともいう.〔这笔资金是~地攒 zǎn 起来的〕この資金はこつこつと貯めたものだ.
铢两 zhūliǎng 〈喩〉微細なこと.〔~悉称〕〈成〉微細なところまで非常によくつりあいがとれている.〈喩〉甲乙を付け難い.

[蛛] zhū 〘虫〙クモ:〔蜘蛛 zhī ~〕の略.
蛛丝 zhūsī くもの吐き出す糸.〔~马迹〕くもの糸と馬の足跡.〈喩〉かすかな手がかり.
蛛网 zhūwǎng ⇒〔蛛蛛网〕
蛛蛛 zhūzhu 〈口〉くも:〔蜘 zhī 蛛〕に同じ.〔~网 wǎng〕〔蛛网〕くもの巣に同じ.

[诸・諸] zhū (I)①もろもろの.たくさんの.〔江北~省〕揚子江以北の諸省.〔众 zhòng ①〕 ②これらのこと.〔~希原谅〕一切ご諒恕下さい. ③〈姓〉诸(k.)
(II)①〈文〉これ:〔之 zhī〕と同じく用いる.〔不忍食~〕これを食うに忍びない. ②〈文〉これ:〔之于〕〔之乎〕の音のつまったもの.〔付~实施〕実施に付する.〔付~实践〕実践に付する.〔有~?〕そういうこともあるかな.
诸般 zhūbān さまざまの.いろいろな.
诸多 zhūduō 〈文〉数多い.多くの.〔~妨碍〕いろいろ差し障りがある.〔~不便〕いろいろ不便である.

zhū

诸凡 zhūfán 〈文〉すべて.万事.
诸葛 zhūgě 〈姓:諸葛(ﾖﾘ)〉
诸葛菜 zhūgěcài 〈方〉[植]カブラ:〔大 dà 头菜①〕の別称.
诸葛灯 zhūgědēng =〔孔 kǒng 明灯〕②〕四角い手提げ灯.
诸葛亮 zhūgěliàng ①[人]字は孔明.三国時代蜀の丞相.劉備の〔三顧茅廬〕に感じ,知謀をもってよく補佐した.②〈喻〉知謀にたけた人.知恵者.〔~会〕衆知を集める会議.献策会議.
诸公 zhūgōng おのおの方.多く男性に対していう.〔~意下如何〕諸公のお考えはどうか.
诸宫调 zhūgōngdiào 語り物文学の一種:宋・金・元代に広く行われた.異なる〔宮調〕(古代の楽曲)の歌を集め,間にせりふを挿入した長編のうたいもの.琵琶を伴奏楽器とした.
诸侯 zhūhóu 〔封建時代の列国の君:〔守 shǒu 臣〕は別称.〔~国〕諸侯の支配する国.②〈喻〉軍政の権力を握る地方の支配者.地域分裂主義者.
诸君 zhūjūn 皆さん.諸君:自分と同年代の人たちを呼ぶのに使う.
诸亲好友 zhūqīn hǎoyǒu 諸々の親戚と親しい友人達.
诸如 zhūrú すべて例えば.〔~…等等,举不胜举〕例えば…のように枚挙にいとまない.〔~此类〕〈成〉かくのごときものものしろ.これに類したもの.
诸色 zhūsè 各種の.さまざまの.〔~人等〕各種各様の人々.
诸事 zhūshì あらゆる事.〔~遂 suí 心〕〈慣〉万事思いのままになる.
诸位 zhūwèi 諸君.皆さん:不定の多人数に対しての敬称.〔在座的~先生:〕ご列席の皆様.〔~请别客气〕皆さんご遠慮なく.〔敬告~读者〕読者諸氏へ謹んで申し上げます.→〔各 gè 位〕
诸子百家 zhūzǐ bǎijiā [史]春秋戦国時代にそれぞれ一家としての言説を唱えて立った多くの学者,学派またその著作:諸子には孔子・老子・墨子・韓非子などが,百家には儒家・道家・墨家・法家・名家・陰陽家・縦横家・農家・雑家・小説家などがあげられる.

〔猪（猪・豬）〕 zhū ①[動]ブタ.〔公~郎〕おす豚.〔母~〕〈方〉~母〕めす豚.〔野~〕いのしし.→〔豕 shǐ〕〔豨 xī〕 ②〈姓〉(者)

猪八戒 zhūbājiè 猪〔八〕戒:『西遊記』の登場人物の一.〔老 lǎo 猪〕は別称.単に〔八戒②〕ともいう.〈転〉(豚の化け物の八戒のように)醜くて意地きたない好色漢.〔~吃人参果〕〈喻人参果〉が"人参果"を食う.〔~吃人参果,不知其味〕同音で,味もわからない:ありがたみがわからない.猫に小判.〔~要耙子 pázi〕〈諺〉八戒が熊手を使う:自分に合った道具や方法を使う.熊手は猪八戒の得意な武器.〔~照镜子〕八戒が鏡に顔を映す.〔~照镜子,里外不是人〕八戒が自分の前で,そちらもこちらも人間の面相ではない.〈転〉⑧人に合わす顔がない.⑥板ばさみになる.
猪膘肉 zhūbiāoròu ⇒〔琵 pí 琶(猪)肉〕
猪草 zhūcǎo 豚の飼料にする青くさ.
猪场 zhūchǎng 養豚場.
猪丹毒 zhūdāndú 豚丹毒.
猪肚儿 zhūdǔr ブタの胃〔食材〕
猪肝 zhūgān ①豚のレバー〔食材〕.②〈喻〉(困って)どぎまぎした顔色〔顔つき〕.
猪哥 zhūgē ⇒〔公 gōng 猪〕
猪鬈 zhūgé 豚の皮.
猪狗 zhūgǒu 〈罵〉人でなし.
猪狗臭 zhūgǒuchòu ⇒〔狐 hú 臭〕
猪狗食 zhūgǒushí 豚や犬のえさ.〈喻〉粗末な食べ物.
猪倌（儿）zhūguān(r) 豚飼い.
猪獾 zhūhuān [動]ブタバナアナグマ.→〔獾〕
猪脚 zhūjiǎo 豚の後足:〔猪后脚〕ともいう.②豚足〔食材〕.〔~姜 jiāng〕薬膳の一種.
猪圈 zhūjuàn 〔猪栏〕豚小屋.
猪栏 zhūlán 同上.
猪郎 zhūláng ⇒〔公 gōng 猪〕
猪苓 zhūlíng =〔豕 shǐ 苓〕〔豨 xī 苓〕[植]チョレイマイタケ:単に〔苓〕ともいう.利尿剤として薬用される.
猪笼草 zhūlóngcǎo [植]ウツボカズラ:食虫草の一種.
猪猡 zhūluó 〈方〉〈転〉とんま.ばか〔罵語〕
猪母 zhūmǔ ⇒〔母猪〕
猪脑袋 zhūnǎodai ①〈喻〉頭が悪いこと.②〈罵〉ばか.あほう.
猪脑子 zhūnǎozi 豚の脳〔食材〕
猪扒 zhūpá [食]ポークステー.
猪排 zhūpái [食]ポークチョップ.豚カツ.ポークカツレツ〔炸 zhá ~〕ともいう.
猪皮 zhūpí 豚皮.
猪婆龙 zhūpólóng ⇒〔鼍 tuó〕
猪肉 zhūròu =〔大 dà 肉〕①豚肉:単に〔肉〕と言えばふつう豚肉を指す.〔~铺〕=〔杠〕豚肉屋.〔咸~〕〔熏 xūn ~〕〔腊 là ~〕ベーコン.②〔~铺的幌子,难说真假〕〈歇〉(旧時の)肉屋の実物模型の看板:本物なのかどうか分らない.
猪舌（头）zhūshé(tou) 豚の舌〔食材〕.→〔口 kǒu 舌〕
猪食 zhūshí 豚の飼料.
猪手 zhūshǒu ①豚の前足:〔猪前蹄〕ともいう.②豚足〔食材〕.
猪蹄 zhūtí 〔-儿,-子〕①豚の足.②豚足〔食材〕.
猪头 zhūtóu 豚の頭.〔~肉〕豚の頭の肉〔食材〕
猪娃 zhūwá 〔-儿,-子〕⇒〔小~〕小豚.
猪尾（巴）zhūwěi(ba) 豚のしっぽ.
猪瘟 zhūwēn 豚(ｼ)コレラ.
猪窝 zhūwō ①豚小屋.②〈喻〉汚い家.
猪痫 zhūxián ⇒〔肾 shèn 痫〕
猪苋 zhūxiàn ⇒〔野 yě 苋〕
猪血 zhūxiě ①豚の血.②[食]豚の血に塩を加え蒸して固まらせたもの.
猪牙花 zhūyáhuā [植]カタクリ.
猪殃殃 zhūyāngyāng [植]ヤエムグラ:豚が食べると病気になるの意.
猪腰子 zhūyāozi 豚の腎臓〔食材〕
猪油 zhūyóu =〈方〉大 dà 油〕〈方〉荤 hūn 油〕豚の油.ラード.〔脂 zhī 油〕ともいう.
猪胰果 zhūyíguǒ [植]オオデネコボチャ:〔油瓜〕〔油渣果〕ともいう.種子に多量の油を含有する.
猪鱼 zhūyú ⇒〔马 mǎ 面鲀〕
猪仔 zhūzǎi 旧〕外国に売りとばされて苦役に従事した労働者.
猪崽 zhūzǎi 〈方〉小豚.
猪脂膏 zhūzhīgāo [中医]豚の脂肪:薬材名.
猪爪 zhūzhuǎ 〔-儿,-子〕豚の足:前のは〔前爪〕〔猪前蹄〕〔猪手〕,後のは〔后蹄〕〔猪后爪〕〔猪脚〕という.
猪鬃 zhūzōng 豚の背中の硬長毛:ブラシなどの材料にする.→〔鬃②〕
猪鬃草 zhūzōngcǎo ⇒〔铁 tiě 线蕨〕

〔潴（瀦）〕 zhū 〈文〉①（水がたまる.〔~积 jī〕同前.〔停 tíng ~〕(汚水が)滞る.②水たまり.

潴留 zhūliú [医]尿閉.尿路の閉塞.〔尿 niào ~留〕

zhū~zhú

同前.

[楮・櫧] zhū カシ(樫)の類.[〜栎 lì]ウライガシ(変種)

[橥(櫫)] zhū ①〈文〉家畜をつなぐくい. ②→[楬 jié 橥]

[朮(朮)] zhú 〘植〙オケラ:菊科植物.[苍 cāng 〜]ソウジュツ:白または淡紅色の花.この根茎を利尿・発汗・健胃薬として用いる.[白〜]ビャクジュツ:紫紅色の花.根が大きく白色を呈する.健胃薬として用いられる. → shù

[竹] zhú ①〘植〙タケ:[〜子]は通称.[〈文〉明 míng 玕]は別称.[斑 bān 〜]ハンチク.[淡 dàn 〜]ハチク.[毛〜]モウソウチク.[紫 zǐ 〜]シチク(クロチク).[势〜]长い竹.[势 shì rú 破 〜 〜]破竹のような勢い.[胸有成〜]〈成〉成算があること.⑧〘簫や笛など〙竹製の楽器.⑧[姓]竹(たけ).

竹板 zhúbǎn タケ:2枚(または7枚)の竹板をかち合わせて音を出す(カスタネットに類する)楽器;俗に2枚のものを[呱 guā 哒板儿],七枚の竹の小片を穴を通して作られたものを[节子板]という.[〜儿]大衆的な演芸の一種:芸人が片手で[呱哒板儿]を打ち,片手で[节子板]を打ちながら調子をとって語る. →[拍 pāi 板]

竹编 zhúbiān 竹細工(工芸)

竹鞭 zhúbiān ①竹の地下茎:この幼芽がたけのこ. ②竹の鞭.

竹帛 zhúbó 〘古〙竹帛(ちくはく).文字を書いた竹簡・絹. 〈転〉典籍.[著之〜]〈成〉書物を著す.[功垂〜] 〈成〉功を竹帛に垂る:歴史に残る偉業.

竹柏 zhúbó 〘植〙ナギ:マキ科の常緑高木.

竹布 zhúbù アイリッシュ布地:綿織物の一種.[白〜]同前の白い布.

竹材 zhúcái 材料としての竹.竹材料.

竹菜 zhúcài 〘植〙セントウソウ(草人参):多年生の雑草.

竹蛏 zhúchēng 〘魚貝〙マテガイ(カミソリガイ):[马 mǎ 刀]は別称.

竹床 zhúchuáng 竹製の寝台.

竹凳 zhúdèng 竹製の腰掛け.

竹雕 zhúdiāo 竹の彫刻品.

竹钉 zhúdīng 竹くぎ.

竹兜(子) zhúdōu(zi) 登山用の竹かご:四川省では[滑 huá 竿 儿]という.

竹筏 zhúfá 竹の筏.

竹夫人 zhúfūrén =[竹夹膝][竹奴][青 qīng 奴]竹(ざ)夫人:竹で編んだ抱きまくら. →[凉 liáng 枕]

竹竿(儿) zhúgān(r) 竹ざお.[把衣服晾在〜上]服を竹ざおに干してはならない.

竹杠 zhúgàng →[敲 qiāo 诈]

竹篙 zhúgāo 船をこぐ竹ざお.

竹管 zhúguǎn ①竹管.[〜乐器]竹管楽器. ②竹で作ったとい.樋.

竹黄 zhúhuáng [竹簧]とも書く.竹工芸品の一種:竹の青皮を削り,内面を外にして木胎に貼りつけて,山水・人物・花鳥などを描いたもの.[翻 fān 黄][翻簧]ともいう.[〜工艺]同前.

竹鸡 zhújī =[竹鹧鸪][泥 ní 滑滑] 〘鳥〙コジュケイ.

竹荚鱼 zhújiáyú =[刺 cì 鲅][山 shān 鲐鱼] 〘魚貝〙マアジ.[〜鲹 shēn]

竹夹膝 zhújiāxī ⇒[竹夫人]

竹简 zhújiǎn 竹簡(ちくかん):文字を書き記すのに用いられる竹製の札.長さ2尺4寸ほどで1枚に40字墨書きすることされていたという.[青 qīng 简]ともいう. →[觚 gū ②][汗 hàn 青 ②][木 mù 简][漆 qī 书]

竹节 zhújié 竹の節.

竹节虫 zhújiéchóng 〘虫〙①ナナフシ:細長い竹の節や枝に似る.擬態の例として有名.[蠐 xiū]は古称. ②⇒[蛣 jié]

竹节钢 zhújiégāng 〘工〙異型棒鋼:鉄筋コンクリートの骨材として用いるデコボコをつけた鋼材.

竹刻 zhúkè 竹の彫刻.

竹筐 zhúkuāng 竹かご.

竹篮 zhúlán [〜子][〜打水,一场空] 〈歇〉ざるで水を汲む:むだ骨折りになる.

竹篱笆 zhúlíbā 竹の垣根.竹で作ったまがき.

竹笠 zhúlì 竹で編んだ笠.

竹帘画 zhúliánhuà 竹の掛け軸に描いた絵.

竹帘(子) zhúlián(zi) 竹すだれ.

竹林 zhúlín 竹やぶ.[〜七贤]

竹林七贤 zhúlín qīxián →[七贤]

竹楼 zhúlóu 竹で建てた家:[傣 dǎi 族]などの家.

竹篓 zhúlǒu 竹かご.

竹马 zhúmǎ ①[〜儿]春驹:竹ざおにまたがって馬に乗った様子をして遊ぶ.[骑 qí 〜]春驹(竹馬)ごっこをして遊ぶ.[〜之交]幼友達. ②民間歌舞に用いられる馬の形をした道具.→[高 gāo 跷][青 qīng 梅竹马]

竹麦鱼 zhúmàiyú ⇒[鲂 fáng 鲱]

竹萌 zhúméng ⇒[竹笋]

竹篾 zhúmiè 竹ひご.

竹奴 zhúnú ⇒[竹夫人]

竹排 zhúpái 竹いかだ:竹材を組んだもの.これを河に流し,各地に運搬する. →[木 mù 排]

竹批儿 zhúpīr 竹で細くそいだもの.

竹皮 zhúpí =[〈文〉箨 tuò]竹(筍)の皮.

竹器 zhúqì 竹製の器具.

竹签 zhúqiān [-儿,-子]①竹べら.→[串 chuàn 子①] ②竹製のつまようじ(状のもの).→[牙 yá 签①]

竹浅儿 zhúqiǎnr 竹で編んだ大きな浅い入れ物.

竹琴 zhúqín ①⇒[渔 yú 鼓] ②⇒[道 dào 情]

竹茹 zhúrú 〘中医〙竹の外皮の青いところを削り去り,その下の内皮を削り取った細い糸状・帯状物:止吐・解熱・黄胆などに用いる.

竹实 zhúshí [箬 ruò 竹](クマザサ)その他竹類の実:形は小麦に似ており食用する.

竹荪 zhúsūn 〘植〙キヌガサタケ:[〈口 kǒu 仙 xiān 人帽]ともいう.[网 wǎng 伞菌]は学名.

竹笋 zhúsǔn 竹の子:[〈文〉竹萌][笋①]ともいう.

竹榻 zhútà 竹の寝台.

竹筒 zhútǒng 竹筒.[〜倒豆子]〈喩〉心の内をすっかり打ち明けること.

竹头木屑 zhútóu mùxiè 〈成〉木のくずでも小さな用はなす.

竹席 zhúxí 竹で編んだ蓆(むしろ).

竹筱 zhúxiǎo 細竹の枝.

竹熊 zhúxióng ⇒[猫 māo 熊]

竹叶 zhúyè ⇒[竹の葉.②同前の煎じ汁.

竹叶椒 zhúyèjiāo =[秦 qín 椒①]フユザンショウ(冬山椒):ミカン科の常緑低木.

竹叶青 zhúyèqīng =[竹绿色]の.②[竹叶酒:[汾 fén 酒]に竹の若葉や多数の漢方薬を配した薬酒.青緑色を帯びている.③=[青竹蛇][青竹丝]〘動〙アオハブ:クサリヘビ科の毒蛇.[焦 jiāo 尾巴]ともいう.

竹芋 zhúyù 〘植〙クズウコン:根茎から[结 jié 粉](澱粉)を製する.

竹舆 zhúyú 竹のこし.竹の轎(きょう):[竹轿 jiào][逍 xiāo 遥子]ともいう.

竹鹧鸪 zhúzhègū ⇒[竹鸡]

竹枝词 zhúzhīcí 竹枝(たけえ):楽府(がふ)の一.民歌の

色彩の濃厚な旧詩本.形式は七言で,始めは男女の愛情を歌うものが多かったが,後には地方の風土・人情などを歌うのに用いられた.

竹紙 zhúzhǐ 竹の繊維で作った紙:薄くて色は白く,紙面にひっかけるような感じがする.〔~毛 máo 边纸〕

竹字头(儿) zhúzìtóu(r) 圖たけかんむり:漢字部首の"⺮".〔竹立头(儿)〕ともいう.→付録1

竹子 zhúzi 竹(通称).

〔**竺**〕 zhú ①〔天 tiān ~〕天竺(⁶̈):古代,インドを指した. ②〔姓〕竺〈̈〉.

〔**舳**〕 zhú 〈文〉ふなじり. ①〔舳 wěi〕に同じ.〔~舻 lú〕ともへさき.〈喩〉同前が接する多数の船.〔~舻相衔 xián〕〔~舻相继〕〈成〉多くの船が連なっていること.〔~舻千里〕同前.

〔**烛·燭**〕 zhú ①蠟燭(⁵̈)〔蜡 là〕と同前.〔小心火~〕火の用心:揭示用語.〔洞房花~〕华燭の典. ②量詞]ワット.燭光:電球の明るさの単位.〔四十~(光)的电灯〕40ワットの電灯.→〔烛光②〕 ③〈文〉照らす.見通す.〔火光~天〕火の手が空を赤く染めた.〔洞~其奸〕奸計を見破る. ④〔姓〕燭.

烛光 zhúguāng ①ろうそくの光.〔共进~晩餐〕ろうそくの光をともして夕食を共にする. ②燭光:光度の旧単位.ほぼ〔瓦 wǎ (特)〕(ワット)に相当する.現在は〔坎 kǎn (德拉)〕(カンデラ)を用いる.1〔~〕は1.0067カンデラ.〔六十~的电灯泡〕60燭光の電球.〔米~〕ルクス.〔勒 lè (克司)〕同前.

烛花 zhúhuā ①丁子頭(⁵̈):ろうそくの燃えさしの頭にできる塊. ②灯火の炎.

烛火 zhúhuǒ 灯火.ともしび.

烛泪 zhúlèi ろうそくの先の溶けて流れる蠟:〔流 liú 泪〕ともいう.

烛临 zhúlín 〈文〉照り輝く.

烛煤 zhúméi ⇒〔烛炭〕

烛数 zhúshù 数える.

烛台 zhútái 燭台.

烛炭 zhútàn ≡〔烛煤〕燭(⁶̈)炭.

烛芯 zhúxīn 蠟燭(⁶̈)のしん:〔烛心〕とも書く.

烛夜 zhúyè 〈文〉ニワトリの別称.

烛照 zhúzhào 〈文〉照らす.〔阳光~万物〕太陽の光が万物を照らす.〔~数 shù 计〕あかしで照らし,数え計る.〈喩〉細かく,正しく予測すること.

〔**蠋**〕 zhú 圖イモムシ:蛾·蝶など鱗翅類の幼虫.

〔**躅(躅)**〕 zhú 〈文〉①足踏みする.〔蹢 jú 躅〕躊躇する.足ぶみする.うろうろする.〔~蹑 zhí~躑 zhí~〕ためらう.〔~踯〕踯~躅〕〈成〉別れに臨んで去り難い同前. ②足跡.跡.事跡.功業.〔继先遗~成〕先の遺業を受け継ぐ.〔车覆而后改~〕前の車が覆ったのを見てその後を改める.前人の失敗を戒めとしてその後を改めていく.→〔脚 jiǎo 印(儿)〕

〔**逐**〕 zhú ①追い払う.駆逐する.〔驱 qū ~出境〕国境の外へ追い出す. ②追いかける.〔追 zhuī ~〕追っかけ回す.〔相~为戏〕追っかけ合って遊ぶ.〔随 suí 波~流〕成り行きに任せる. ③順次に.一つひとつ順を追って決める.〔~日检查〕毎日検査する.〔~条说明(する)〕〔~见起色〕だんだん盛んになる. ④〔姓〕逐(⁷̈).

逐北 zhúběi 〈文〉敗敵を追撃する.

逐步 zhúbù 一歩一歩.次第に.〔经济形势守~好转〕景気はしだいに好転するだろう.〔~开展〕一歩一歩と繰り広げられる.〔~形成〕しだいに形成されていく.〔~推广〕一歩一歩と推し広める.〔~步步〕

逐出 zhúchū 〈文〉追い出す.追放する.

逐次 zhúcì 〈文〉次第に.順次に.漸次.

逐个 zhúgè 順々に.一つひとつ.〔~加以考查〕一つひとつ研究する.

逐户 zhúhù 戸ごとに.一軒ごとに.〔~检查〕一軒一軒検査する.

逐级 zhújí 級ごとに.一級一級:上から下へ,また下から上へ.

逐渐 zhújiàn ≡〔文〕积 ji 渐〕漸次.しだいに.だんだんと.〔~发展〕だんだんと発展する.〔天色~暗下来〕空の色あいは次第に暗くなってきた.

逐句 zhújù 文ごとに.一文一文に.〔~翻译〕一文ごとに訳す.

逐客令 zhúkèlìng 固〔秦の始皇帝が下した〕客を追い払う命令.〔~〕客を追い出す.

逐利 zhúlì 利益を追求する.〔争名~〕〈成〉名利を追う.

逐鹿 zhúlù 逐鹿(⁶̈).〈喩〉政権取得の争い.〔~中原〕〔中原~〕〈成〉中原(⁸̈)に鹿を逐(ʳ) う.〈喩〉天下争いをする.〔群雄~〕群雄が天下争いをする.

逐末 zhúmò 〔本末を追求する.商業を営む:農を本とし商を末とした.→〔末利〕〔末业〕

逐年 zhúnián 年々と.年を追って.逐年.〔产量增加〕生産高は年々増加する.

逐日 zhúrì 日を追って.一日一日と.〔合格率~提高〕合格率は日に日に高くなってくる.

逐祟 zhúsuì 圓除夕に爆竹を鸣らし悪霊を追い払う.

逐条 zhútiáo 一条ごとに.条を追って.〔~审议〕逐条審議(する).〔~加以~〕一条一条駁論を加える.

逐项 zhúxiàng 一つひとつ.一件一件と.

逐一 zhúyī 逐一.一つひとつ.〔~指示〕逐一指示を与える.〔这几个问题要~加以解决〕それらの問題をいちいち解決しなければならない.

逐月 zhúyuè 月々と.月を追って.

逐字逐句 zhúzì zhújù 〈慣〉逐字逐語.〔~加以解释〕一字一句ごと解説を添える.〔~地翻译〕一字一句翻訳する.

〔**瘃**〕 zhú 〈文〉手足のしもやけ.〔冻 dòng ~〕〔方〕しもやけ.→〔冻疮〕

〔**劚·劚(劚)**〕 zhú 〈文〉①大きな鋤(農具). ②切り倒す.

〔**主**〕 zhǔ ①主人(客に対して).〔宾~〕客と主人.〔这儿是~,你到这儿来是客〕ここでは主人で,きみはここへ来たら客.↔〔宾 bin ①〕〔客 kè ①〕 ②所有者.〔业~〕産業・企業の所有者.〔房~〕家の所有者.〔这东西没~儿〕これは持ち主がない.〔物归原~〕〈慣〉物を元の持ち主に返す. ③圓(奴僕や使用人の)主人・主.〔~仆〕 ④当事者.本人.〔事~〕事件の被害者.〔失~〕落とし主.〔卖~儿〕売り主. ⑤圓イスラム教やキリスト教での"神".→〔主力〕 ⑥主たる責任を負う.主管する.司~〔~主办〕 ⑦主な.基本的な.〔以当前任务为~〕目前の任務を主とする.→〔正 zhèng ⑩〕 ⑧主張する.決定する.〔道家~住自然〕国家は放任自然を重んずる.〔~战派〕戦争を主張する派.〔~和〕平和を主張する.〔婚姻自~〕結婚は自分で決める.自分で~.予知する.〔~阴雨,晩霞~晴〕朝焼けは雨の前兆,夕焼けは晴れの前兆. ⑩自己の意識上の.自分の確固たる.→〔主观〕〔主见〕 ⑪〈文〉位牌.〔神~〕同前. ⑫〔姓〕主(⁸̈).

主板 zhǔbǎn ≡〔主机板〕圓メインボード.マザーボード.

主板市场 zhǔbǎn shìchǎng 圓主要証券取引市

zhǔ 主

场:〔一 yī 板市场〕(一部上場市場)ともいう.→〔二 èr 板市场〕

主办 zhǔbàn 主催する.〔~单位〕主催団体.〔展销会由商业局~〕展示即売会は商業局で主催する.

主笔 zhǔbǐ ①〔新聞・雑誌の〕主筆.編集長. ②文章作成の責任者.

主币 zhǔbì =〔本 běn 币〕〔本位貨幣〕経 本位貨幣.〔辅 fǔ 币〕

主编 zhǔbiān ①主となって編集する. ②編集長.編纂主任.〔副~〕副編集長.

主辩 zhǔbiàn 〔ディベートの〕主弁士.

主宾 zhǔbīn ①主賓.主要な客.〔~席〕メインテーブル. ②主人と客.主客.

主播 zhǔbō メインキャスター.

主簿 zhǔbù 固 役所の文書や書類を管理する官.

主裁判 zhǔcáipàn 又 主審.アンパイア.

主产 zhǔchǎn 〔~国〕主産国.

主场 zhǔchǎng 又〔プロサッカーなどで〕ホーム.本拠地.〔比赛 sài ~〕ホームゲーム.→〔客 kè 场〕

主场 zhǔchǎng 图 リードボーカル.

主持 zhǔchí ①主となって行う.主宰する.〔~人〕司会者.キャスター.〔会议由国务院副总理~〕会議は国務院副総理が司会する. ②主張する.擁護する.〔一力~〕全力をもって守る.〔~公道〕公正を擁護する.〔~正义〕正義を主張する. ③寺の住職(になる).〔住 zhù 持〕

主厨 zhǔchú ①調理を担当する. ②コック長.シェフ.

主创 zhǔchuàng ①(作品の)制作責任を持つ.〔~人员〕制作メインスタッフ.中心メンバー. ②作品の制作責任者.

主词 zhǔcí 〔論理学で〕主辞.主語.→〔宾 bīn 词〕

主次 zhǔcì 本末.軽重.〔分清~〕本末を見きわめる.〔~不分〕本末を区別しない.軽重をわきまえず,何もかも一緒くたにする.

主从 zhǔcóng ①主人と従者. ②主要なものと付随的なもの.

主存(储器) zhǔ cún (chǔqì) 電算 メインメモリー.

主打 zhǔdǎ 売り物にしている.看板にしている. ②主役.主要部分.

主带 zhǔdài マスターテープ.→〔母 mǔ 带〕

主单位 zhǔdānwèi 度量衡の基本単位.

主刀 zhǔdāo ①医〔手術を〕執刀する.またその執刀医.〔李医生~〕李医師が執刀する. ②〈転〉中心となって担当する.

主导 zhǔdǎo ①主導する.〔~作用〕主導の作用.〔~思想〕主導の思想. ②主導.〔以农业为基础,工业为~〕農業をもって基礎とし,工業を主導とする.

主调 zhǔdiào ①基調. ②⇒〔主旋律〕

主动 zhǔdòng ①自発的である.〔处于~地位〕積極的な地位に立つ.〔~式〕語 能動式.主動式:〔被动式〕に対していう.〔~精神〕能動的な精神.〔~帮助別人〕自発的な人を助ける. ②主導的である.〔~权〕イニシアチブ.主導権.〔争取~〕主導権を勝ち取る.〔~性〕主導性.主導的.↔〔被 bèi 动〕 ③電〔車輪の〕伝動力.〔~齿 chǐ 轮〕〔~机关〕電 駆動歯車.〔~齿轮装置〕駆動装置.〔~轴 zhóu〕工 駆動軸.

主动力 zhǔdònglì ⇒〔原 yuán 动力〕

主动轮 zhǔdònglún ⇒〔动轮〕

主动脉 zhǔdòngmài 生理 大動脈.〔~弓〕〔动脉弓〕大動脈弓.

主动轴箱 zhǔdòngzhóuxiāng ⇒〔司 sī 机台⑤〕

主队 zhǔduì 地元チーム.ホームチーム.→〔客 kè 队〕

主发动机 zhǔ fādòngjī 機 メインエンジン:〔主机②〕ともいう.

主伐 zhǔfá 主伐:伐期に達した樹木を伐採すること.

主罚 zhǔfá 又〔サッカーなど〕ペナルティー.〔~任意球〕フリーキックを与える.

主犯 zhǔfàn 法 主犯.→〔从 cóng 犯〕

主峰 zhǔfēng 主峰.最高峰.

主夫 zhǔfū 主夫.〔家庭〕家事をする男性:〔主男〕ともいう.

主辅 zhǔfǔ 主要なものと補助的なもの.本業と付帯事業.

主父 zhǔfù 〈文〉女中や妾の主人に対する称. ②〈姓〉主父($\frac{1}{2}$)

主妇 zhǔfù 主婦.〔家庭~〕家庭の主婦.

主干 zhǔgàn ①植 幹部. ②主要な決定の作用をする力.主力.

主干道 zhǔgàndào 幹線街路.

主干线 zhǔgànxiàn 主本線.主要な交通路線.

主岗 zhǔgǎng 主要なポスト.また同前の人.

主稿 zhǔgǎo ①主となって案文を作成する. ②起草者.

主根 zhǔgēn 植 主根.主軸となった根.→〔直 zhí 根〕

主公 zhǔgōng 旧 大臣の君主に対する称.奴隷の主に対する称.

主攻 zhǔgōng 軍 重点の攻撃. ②専攻する.専門にする.

主攻手 zhǔgōngshǒu 又〔バレーボールの〕メインアタッカー.

主顾 zhǔgù (商売の)お得意.〔老~〕上得意.→〔顾客〕〔顾主〕

主观 zhǔguān ①哲 主観.〔~愿望〕主観的の希望.〔~世界〕主観的の世界.〔~唯 wéi 心主义〕主観的観念論.〔~主义〕主観主義. ②主観的である.〔他看问题太~了〕彼は物の見方が主観すぎる.↔〔客 kè 观〕

主观能动性 zhǔguān néngdòngxìng 主観的能動性.〔发挥~〕自覚的な積極性を発揮させる.

主管 zhǔguǎn ①主管する.管轄する.〔~部门〕主管部門. ②主管(する人)

主光轴 zhǔguāngzhóu ⇒〔主轴②〕

主航道 zhǔhángdào 主要航路.

主婚 zhǔhūn 結婚式を主宰する.〔~人〕婚礼の主宰者.

主机 zhǔjī ①機械本体. ②機 メインエンジン:〔主发动机〕に同じ. ③〔主义〕主機.〔长 zhǎng 机〕ともいう. ④電算 ホストコンピュータ.

主机板 zhǔjībǎn ⇒〔主板〕

主祭 zhǔjì 主祭する.

主见 zhǔjiàn 定見.自分の考え.〔有~〕自分の考えを持っている.〔没~〕はっきりした定見を持たない.

主讲 zhǔjiǎng 講義や講演を主任する.

主将 zhǔjiàng ①一軍の司令官. ②主将.→〔队 duì 长②〕

主焦点 zhǔjiāodiǎn =〔焦点①〕〔烧 shāo 点②〕物 焦点.フォーカス.

主焦煤 zhǔjiāoméi コークス.→〔焦煤〕

主叫 zhǔjiào 電話をかける側.〔~方〕同前.↔〔被 bèi 叫〕

主教 zhǔjiào 宗(カトリック教の)主教:高級教職者.

主教练 zhǔjiàoliàn 又 ヘッドコーチ.

主句 zhǔjù 語(複文で)主文.

主角(儿) zhǔjué(r) ①劇 主役:〔主脚(儿)〕とも書く.→〔配 pèi 角(儿)〕〔戏 xì 子〕 ②中心人物.

主考 zhǔkǎo ①試験を主管する.〔～官〕回科挙の主任試験委員.→〔同 tóng 考官〕 ②主(任)試験官.→〔监 jiān 考〕
主客 zhǔkè ①主人と客.〔～场面〕又ホームアンドアウェイ方式. ②主客.→〔主宾②〕
主课 zhǔkè 主な授業課目.
主理 zhǔlǐ 責任を持って処理する.
主力 zhǔlì 主力.〔～部队〕主力部隊.〔～队〕主力チーム.〔～舰 jiàn〕〔战列舰〕军主力艦.〔～军〕主力軍.
主粮 zhǔliáng (その土地生産の)主要食糧.
主流 zhǔliú 主流.本流.〔干 gàn 流〕は学術用語. ②<喩>主流.〔分清成绩和缺点,～和支流〕成績と欠陥,主流と支流を見分ける.
主楼 zhǔlóu 本館.
主路 zhǔlù 主要な道路:ほぼ並行している補助的な道路に対していう.
主麻 zhǔmá 宗(イスラム教で)毎週金曜日に行われる礼拝.〔～日〕同前の日,すなわち金曜日.
主谋 zhǔmóu 〈法〉首謀者. ②主謀者となる.
主母 zhǔmǔ 〈文〉①妾が本妻に対する呼呼. ②婢僕が女主人に対する称呼.
主脑 zhǔnǎo ①首脳者. ②事物の主要部分.
主内 zhǔnèi 内のことについて責任を負う:家庭内,組織内,国内など.↔〔主外〕
主拍 zhǔpāi 競売主.競売の主催者.→〔拍卖〕
主仆 zhǔpú 主人と僕という.
主桥 zhǔqiáo メインブリッジ:アプローチ(導入橋)に対して橋の本体部分をいう.
主渠道 zhǔqúdào メインルート.主な筋道.
主权 zhǔquán 主権.〔～国家〕主権国.〔拥有～〕主権を有する.
主儿 zhǔr ①主人. ②ぬし.人.〔买～〕買う人.買い手.〔去看的～很多〕見に行った人が非常に多い.〔像他这样爱管闲事的一真少有〕彼のようにおせっかいな人は全く少ない. ③嫁ぎ先.〔还没～呢〕同前はまだいない.
主人 zhǔrén ①客に対して)主.主人.ホスト. ②(使用人に対して)雇い主.主人. ③(財産や権力の)所有者.主.〔房子的～〕家屋の所有者.〔国家的～〕国家の主人公.
主人公 zhǔréngōng (小説・劇などの)主要人物.主人公.
主人翁 zhǔrénwēng ①(国や組織の)主人.主人公.〔～态度〕主人公の態度.〔～思想〕主人公としての思想.〔人民由革命前的被压迫者变成为国家和社会的～〕人民は革命前の被圧迫者から国家および社会の主人公に変わった.〔文学作品などの)主人公. ③<文>客がその家の主人に対する時の尊称.
主任 zhǔrèn 主任.〔委员会～〕委員会主任.〔班～〕クラス担任.〔车间～〕職場主任.〔～委员〕主任委員.〔～裁判员 yuán〕〔野球の〕主審.
主日 zhǔrì 宗(キリスト教の)安息日.日曜日.→〔安 ān 息日〕
主上 zhǔshàng 回お上.天子さま.
主哨 zhǔshào 又(サッカーやバレーボールなどで)主審をする責任を持ってホイッスルを鳴らすことから.
主食 zhǔshí 主食(飯・麺類など).↔〔副 fù 食〕
主使 zhǔshǐ そそのかす.教唆する.
主事 zhǔshì ①旧官名. ②責任者となる.主管する.
主视图 zhǔshìtú ⇒〔正 zhèng 面图〕
主帅 zhǔshuài ①主将. ②又監督.
主诉 zhǔsù 医主訴.
主踢 zhǔtī (サッカー・フットボールなどで,ペナル

ティーキックを)代表となって蹴る.
主题 zhǔtí (作品の)中心思想.主題.テーマ.〔博 bó 览会的～〕博覧会のテーマ.〔～公园〕テーマパーク.〔～词〕@表題.タイトル.⑥キーワード.〔～歌〕主題歌.テーマソング.
主体 zhǔtǐ ①主体.主な部分.〔～税〕(税制の中の)主な税.〔建筑的～〕建物の主体. ②回(客体に対する)主体.〔～意识〕主体性.
主外 zhǔwài 外のことについて責任を負う:家庭外,組織外,国外など.↔〔主内〕
主谓 zhǔwèi 回主語と述語.〔～谓语句〕主述述語文.〔～结构〕主述構造.〔～句〕主述文.
主文 zhǔwén 法(判決の)主文.
主席 zhǔxí (会議の)議長.〔～台〕議長団席.〔～团 tuán〕議長団.主席:国家・政党・団体・企業などの最高指導者.〔党～〕党の主席.〔国家～〕国家主席.〔～执 zhí 行董事〕(会社などの)最高執行役員.COD.〔宴会の時の)主人の席.
主线 zhǔxiàn (作品の)大筋.あらすじ.
主项 zhǔxiàng ①(論理学の)主部:記号Sで表す.〔谓 wèi 项〕(述部)に対していう. ②主な項目・種目.
主销 zhǔxiāo 主に販売する(している).〔产品～美国〕製品は主としてアメリカ向けに販売している.
主心骨(儿) zhǔxīngǔ(r) ①定見.確たる考え.対策.〔他没～,人家说东就东,说西就西〕彼は定見がなく,他人が東といえば東,西といえば西だ. ②よりどころ.頼みの綱.中心となるもの(人).〔我们先生不在家就没～,这件事我可不能作主〕主人が留守ですので,このことは手前の一存ではできません.
主星 zhǔxīng 天主星.→〔双 shuāng 星〕
主刑 zhǔxíng 法主刑:それ自体独立して科することができる刑.→〔从 cóng 刑〕
主修 zhǔxiū 専攻する.
主旋律 zhǔxuánlǜ 音主旋律.主調:〔主调②〕に同じ.
主汛期 zhǔxùnqī 気洪水の最も発生しやすい時期.河川が最も増水する時期.
主演 zhǔyǎn 主演(する).〔这部电影由她～〕この映画は彼女が主演する.〔他是那部片子的～〕彼はあの映画の主役だ.
主要 zhǔyào ①主要である.主である.〔～人物〕主要な人物.〔主として,おもに〕.〔城市的发展～还是依靠社会经济的进展〕都市の発展は,主として社会経済の進展に頼っている.
主业 zhǔyè 主業.主たる業務.本業.
主页 zhǔyè 電算ホームページ.〔个 gè 人～〕個人の同前.
主义 zhǔyì ①主義.〔马克思列宁～〕〔马列～〕マルクス・レーニン主義.〔现实～〕現実主義.リアリズム.〔浪漫～〕ロマン主義. ②一定の社会制度や政治経済体系.〔社会～〕社会主義. ③考え方.やり方.〔本位～〕本位主義.縄張り主義.〔主观～〕主観主義.
主意 zhǔyi ①確たる考え.定見.〔没有～〕定見がない.〔打定～〕腹を決める.〔拿不定～〕腹が決まらない.〔有了～〕はっきりした考えがある. ②考え.知恵.意向.〔你的这个～好〕君のこの考えはいい.〔好～！いい考えだ.〔出～〕案を出す.〔打～〕知恵をしぼる.〔定是有人给你出的～〕誰かがきみに入れ知恵をしたのだろう.
主因 zhǔyīn 主要な原因.
主营 zhǔyíng 主に経営する.
主语 zhǔyǔ 回主語.→〔句 jù 子成分〕〔谓 wèi 语〕
主宰 zhǔzǎi ①主宰する.支配する.牛耳る.掌握す

主责 zhǔzé 主な責任.〔负～〕同前の負う.

主战 zhǔzhàn ①戦争を主張する.②主な戦闘力を担っている.〔～部队〕主戦力部隊.

主战场 zhǔzhànchǎng 主戦場.

主张 zhǔzhāng ①主張.言い分.意見.〔各有各的～〕それぞれの言い分がある.②主張する.自己の意見により決定する.〔这件事,我不能作～〕これは一存では決められない.〔自作～〕自分の考えにより決める.〔我们～平等互利〕我々は平等互恵を主張している.〔他～马上动身〕彼は直ちに出発すると言い張っている.

主震 zhǔzhèn 地主震:前震・余震に対していう.

主政 zhǔzhèng 政務を司る.

主枝 zhǔzhī 大きな枝.主枝.

主旨 zhǔzhǐ 主要な意義.主眼.主旨.

主治 zhǔzhì ①主となって治療を担当すること.〔～医生〕〔～大夫〕主治医.〔～医师〕医師の職称の一.〔医师〕の上,〔副主任医师〕の下.②薬の主な効き目.

主轴 zhǔzhóu ①主軸.スピンドル.②=〔主光轴〕(光学の)主軸.光軸.

主子 zhǔzi 旧主人.旦那.〈転〉親分.ボス.

〔拄〕 zhǔ (杖)をつく.(杖などで体を)支える.〔～颐 yí〕〈文〉手であごを支える.煙杖をつく.〔～拐 guǎi 棍儿〕杖をつく.〔～着双拐走〕松葉杖をつく.〔他没管到了该立起来的时候没有,一着地就慢慢立起来,腿已有些发木〕(老·骆19)彼は立つべき時が来たかどうかなどはかまわず,地べたに手をついてのろのろと立ち上がった,足はもうだいぶしびれが切れていた.

〔麈〕 zhǔ 鹿の一種:その尾に〔拂 fú 尘〕(払子)を作った.〔～尾〕払子(ダ).〔挥 huī～〕〈文〉ほこりを払う(はたく).〔～谈〕払子をふって悠々と談ずる.

〔讠·讠〕 zhǔ 〈文〉知恵.

〔渚〕 zhǔ 中国の中州.〔张 zhāng～〕〔社 shè～〕ともに江蘇省にある.

〔煮（煑）〕 zhǔ ①煮る.炊く.ゆでる.〔～饭〕飯を炊く.〔～面条〕麵をゆでる.〔白～鸡〕味付けせずに煮た鶏肉.〔～黄 jiǎn〕煮繭.〔～在锅里一个味儿〕〈諺〉一つ穴の貉(ど).〔～熟 shú 了的鸭 yā 子飞了〕〈諺〉ゆでたあひるが飛んでいった.〈喩〉不可能なことが可能になった.②〈姓〉煮(ぼ·).

煮饽饽 zhǔbōbō →〔饺 jiǎo 子〕

煮(大)红 zhǔ(dà)hóng 臣赤の一種.〔直接～〕コンゴーレッドの一種.

煮豆燃萁 zhǔdòu ránqí 〈成〉マメを煮るのにマメ殻を燃やす.〈喩〉兄弟が害し合う.→〔七 qī 步成诗〕

煮沸 zhǔfèi 沸騰させる.沸騰まで加熱する.

煮鹤焚琴 zhǔhè fénqín ⇒〔焚琴煮鹤〕

煮(大)红 zhǔhóng ⇒〔煮(大)红〕

煮鸡蛋 zhǔjīdàn ①ゆで卵.②卵をゆでる.

煮饺子 zhǔjiǎozi →〔饺子〕.〔～〕ギョーザをゆでる.〈喩〉芋の子を洗うよう.混雑する.

煮酒 zhǔjiǔ 〈文〉酒にかんをする.〈転〉酒を飲む.

煮茗 zhǔmíng zhǔ 〈文〉真綿を入れる.また真綿入れの着物.②蓄える.③ふろ.④棺を覆う赤い布. → chǔ

〔属·屬〕 zhǔ 〈文〉①つながる.接する.〔连～〕同前.〔使者相～于道使者がきびすを接する.②(注意や期待を)集中する.傾ける.③詩や文章を作る.〔～文〕文を作る.④頼む〔嘱〕に通用する.〔～托〕依頼する.

⇒ shú

属草 zhǔcǎo ⇒〔属稿〕

属辞比事 zhǔcí bǐshì 〈成〉言葉を綴って史実を並べる.〈喩〉文章を書く.

属稿 zhǔgǎo 〔属草〕執筆する.文章を起草する.

属纩 zhǔkuàng 〈文〉臨終間際の人の鼻孔の上に真綿を置く(息の絶えたのがわかるようにする).〈転〉臨終.

属目 zhǔmù ⇒〔瞩目〕

属书 zhǔshū 〔頼まれて〕書(詩文)を書く:〔××先生〕などと自分の署名の前に書く.謙遜しない言い方.→〔指 zhǐ 正②〕

属托 zhǔtuō ⇒〔嘱托〕

属望 zhǔwàng 〔嘱望〕

属意 zhǔyì 夢中になる.一つのことに心を寄せる.

属垣有耳 zhǔyuán yǒu'ěr 〈成〉壁に耳あり.

〔嘱·囑〕 zhǔ 頼む.命ずる.言いつける.〔遗 yí ～〕遺言.〔叮 dīng ～〕くれぐれも言いきかせる.

嘱笔 zhǔbǐ (手紙のついでに)書くことを頼む.〔家母～致候（嫡）〕母からもよろしくとのことです.→〔命 mìng 笔〕

嘱咐 zhǔ·fu 言いつける.言いふくめる.言いきかせる.〔再三～〕くれぐれも言っておく.〔我～过他〕彼によくよく言っておいた.②頼む.

嘱托 zhǔtuō =〔属托〕依頼する.頼む.〔他把这件事～给朋友了〕彼はこの事を友人に頼んだ.〔此事～你〕この事をあなたに頼むことにした.

〔瞩·矚〕 zhǔ 〈文〉視る.見つめる.

瞩目 zhǔmù 見つめる.注目する.瞩目する:〔属目〕とも書いた.〔举世～〕世界中が注意して見る.〔令人～〕衆目を集める.

瞩望 zhǔwàng ①嘱望する.②注視する:〔属望〕とも書いた.

〔亠（宁）〕 zhù ①⇒〔伫〕 ②⇒〔贮〕

〔伫（佇·竚）〕 zhù =〔亠①〕〈文〉たたずむ.立ち止まる.

伫候 zhùhòu =〔伫俟〕〈文〉立って待つ.②期待する.〔～回音〕返事をお待ちしています.

伫结 zhùjié 〈文〉懐かしむ感情.思い入れ.

伫立 zhùlì 〈文〉立っている.〔～凝思〕たたずんで思いを凝らす.

伫俟 zhùsì ⇒〔伫候〕

〔苎（苧）〕 zhù 閩 チョマ(苎麻):〔～麻〕は通称.②⇒〔芋〕

苎麻 zhùmá 閩 ナンバンカラムシ(ラミー).またその繊維.〔薮 sǒu ～〕カラムシ(アオ・チョマ).〔～布〕ラミーの布.→〔苎 níng〕

〔纻·紵〕 zhù 〈文〉〔苎麻〕(ナンバンカラムシ)で織った布.

〔贮·貯〕 zhù =〔亠②〕蓄える.貯蓄する.〔～蓄 xù〕同前.

贮备 zhùbèi ①蓄える.備える.〔～粮食〕食糧を蓄える.②貯蔵品.

贮藏 zhùcáng ①貯蔵する.②埋蔵する.

贮存 zhùcún 蓄えて置く.貯蔵する.

贮点红 zhùdiǎnhóng ⇒〔朱 zhū 顶雀〕

贮积 zhùjī 貯蔵する.

贮量 zhùliàng 埋蔵量.
贮蓄 zhùxù 〔储 chǔ 蓄〕
贮运 zhùyùn 貯蔵・運搬(する)

〔助〕 zhù
助ける.手伝う.援助する.〔帮 bāng ～〕同前.〔互～〕助け合う.〔协 xié ～〕協力する.〔～我一臂之力〕ひとはだ脱いでくれる.〔拔刀相～〕〈成〉助太刀する.

助残 zhùcán 障害者を介護する.〔～日〕身体障害者援助デー:毎年5月の第三日曜日.
助产 zhùchǎn 医(妊婦の)出産を助ける.〔～士〕助産師.→〔接 jiē 生婆〕
助词 zhùcí 語助詞:構造助詞〔的,地,得〕など),アスペクト助詞(〔了,着,过〕など),語気助詞(〔呢,吗,吧,啊〕など)に分けられる.
助导 zhùdǎo ⇒〔助理导演〕
助动车 zhùdòngchē 原動機付自転車.原付.→〔摩 mó 托车〕
助动词 zhùdòngcí 語助動詞:〔能 néng 愿动词〕ともいう.可能・当然・願望などを表す〔能,会,可以,该,得,要,愿意〕など.
助读 zhùdú 学習を助けること.
助工 zhùgōng ⇒〔助理工程师〕
助攻 zhùgōng 軍助攻:〔主攻〕(本攻撃)を助けるための攻撃.
助滑 zhùhuá ㋉(スキーの)助走.
助剂 zhùjì 化補助薬剤.補強薬剤.
助教 zhùjiào ①(大学の)助手.→〔教授②〕 ②教育を援助する.
助桀为虐 zhùjié wéinüè ⇒〔助纣为虐〕〈成〉悪人を助けて悪事をなすこと:桀は夏の最後の王,纣は商の最後の王で,ともに暴君として有名.
助老 zhùlǎo 高齢者を世話する.
助理 zhùlǐ 補佐(する).助手(として勤める).〔～人员〕補助員.〔部长～〕部長(大臣)補佐.〔～导演〕(映画などの)助監督.アシスタントディレクター.〔～工程师〕〔助工〕技師補:技術者職称の一.〔工程师〕より低いが〔技术员〕より高い.〔～研究员〕〔助研〕研究助手:研究員研究者職称の一.〔副研究员〕より低く〔实习研究员〕より高い.
助力 zhùlì 助け(る).助力(する).〔～车〕小形原動機付自転車.〔助动车〕より軽便なものを指す.
助跑 zhùpǎo ㋉助走.〔～道〕助走路.
助燃 zhùrán 化燃焼を助ける.〔～剂〕燃焼促進剤.
助人为乐 zhùrén wéilè 〈成〉他人を助けることを楽しみとする.
助熔剂 zhùróngjì 〔熔剂〕化融剂.
助手 zhùshǒu 助手.補佐.
助听器 zhùtīngqì 補聴器.
助推 zhùtuī 推進を助ける.助長する.〔谁在～房价上涨〕だれか住宅価格の値上がりをあおっているのか.〔～火箭 jiàn〕ブースターロケット.〔～助长〕
助威 zhùwēi 声援する.景気を添える.〔这次的足球赛全校都为～〕今度のサッカーの試合には全校を挙げて応援に行く.→〔拉 lā 助队〕〔声 shēng 援〕
助我张目 zhù wǒ zhāngmù 〈成〉他人の助けを得て意気ますます盛んなこと.
助兴 zhùxìng 興を添える.〔唱支歌～〕1曲歌って興を添える.
助学 zhùxué (資金を出して)勉学を援助する.〔～金〕就学助金.育英金.→〔奖 jiǎng 学金〕
助研 zhùyán ⇒〔助研究员〕
助养 zhùyǎng 扶養・援護を援助する.里親になる.
助浴 zhùyù 入浴の介護をする.
助战 zhùzhàn 戦闘に協力する.〔请求～〕援軍を請う.②応援する.助勢する.
助长 zhùzhǎng (悪い傾向や現象を)助長する.〔～了不良的风气〕良からぬ気風を助長した.
助阵 zhùzhèn 応援する.力づける.
助纣为虐 zhùzhòu wéinüè ⇒〔助桀为虐〕

〔住〕 zhù
①住む.居住する.〔我～在上海〕わたしは上海に住んでいる.〔你家～在哪儿〕どちらにお住まいですか.②宿泊する.泊まる.寝る.〔～一个晚上〕一晩泊まる.〔你在上海～多少日子〕きみは上海で何日泊まるか.〔～旅馆〕ホテルに泊まる.〔十岁上就～长工〕10歳でもう作男として住み込んだ.③停止する(させる).止まる.止める.〔风～了〕風がやんだ.〔炮竹声～了〕爆竹の音がやんだ.〔不～地点头〕しきりにうなずく.→〔停 tíng (I)①〕④動詞の後に置き,不動作・確実性・安定性を表す.〔站～了脚〕歩みをとめる.〔记～〕しっかりと覚える.〔拿～〕しっかりと持つ.〔愣 lèng ～了〕あっけにとられた.〔小孩儿一会儿也闲不～〕子どもはちょっとの間もじっとしてない.〔禁 jīn 不～〕耐えきれない.

住笔 zhùbǐ (書道で)筆をとどめる.↔〔落 luò 笔〕
住步 zhùbù 歩みを止める.
住舱 zhùcāng (汽船・軍艦などの)居住船室.
住持 zhùchí 寺の住職(になる):〔主 zhǔ 持③〕ともいう.一道 道教寺の管理者たる道士:〔当 dāng 家的③〕ともいう.
住处 zhùchù ①住んでいる所.住所. ②住む所.泊まる所.
住地 zhùdì 住んでいる土地.
住店 zhùdiàn 宿に泊まる.→〔下 xià 店〕
住读 zhùdú 学校の寄宿舎に入って勉強する.〔～的〕〔～生〕寄宿生.寮生.→〔走 zǒu 读〕
住房 zhùfáng ①住宅.住まい.〔～问题〕住宅問題.〔城市～还很紧张〕都市の住宅はまだ不足している.〔～公积金〕住宅積立金.〔～超市〕住宅展示販売場.〔～信贷〕住宅ローン.
住户 zhùhù =〔住家②〕住人.居住者.所帯.〔这个大院里有三家～〕この屋敷の中には3所帯住んでいる.〔～用电要注意安全〕居住者は電気の安全に注意.
住家 zhùjiā ①住んでいる.居住している.〔在郊区～〕郊外に住んでいる. ②⇒〔住户〕
住居 zhùjū 〔居住〕
住局 zhùjú 〔小 xiǎo 局〕
住口 zhùkǒu →〔住嘴〕
住民 zhùmín 住民.居民.
住娘家 zhùniángjiā (結婚している女性が)実家へ帰ること.→〔回 huí 门〕
住声 zhùshēng 泣くのをやめる.〔死人是哭不活的哟,都～!我们得办事!〕(老・四・惶17)死んだ人は泣いたとて生き返りはしませんよ,皆泣くのはやめなさい,お弔いをしなければなりませんからな.
住手 zhùshǒu =〔停 tíng 手〕手を止める.休めて仕事を止める.〔～!他大声喊〕やめろと彼はどなった.
住宿 zhùsù 泊まる.宿泊する.〔歇 xiē 宿〕に同じ.〔安排～〕宿泊の世話をする.宿の手配をする.〔为旅客介绍～〕旅客のために宿所を紹介した.〔登记～手续〕宿泊手続.〔～条件〕宿舎の設備.〔在学校～〕学校に〔寄宿する〕.〔～费〕宿泊費.〔～费 jì 费〕
住所 zhùsuǒ 住んでいる場所.所在地.→〔住址〕
住闲 zhùxián 居候をする.→〔赋 fù 闲〕
住校 zhùxiào (学内の)寮に住む.→〔～生〕〔住读生〕〔寄 jì 宿生〕寄宿生.寮生.〔走 zǒu 读生〕通学生.
住院 zhùyuàn 入院(する).〔～费〕入院費用.〔～治疗〕入院して治療を受ける.〔～部〕(病院内の)入院部門.〔住了三天院〕3日間入院した.→〔入 rù 院〕

zhù

院①〕〔出 chū 院〕

住宅 zhùzhái 住宅.〔~区〕住宅(専用)地区.〔私人~〕マイホーム.個人住宅.

住址 zhùzhǐ 住所.所番地.→〔住处①〕〔地 dì 址①〕

住嘴 zhùzuǐ ＝〔住口〕話をやめる.口をつぐむ.〔~!赶快给我滚〕だれ(やかましい),とっとと出て行け.

〔注(註)〕 zhù

(Ⅰ)〔注〕①注ぐ.注入する.流し込む.〔把铅~在模子里〕鉛を型に流し込む.〔大雨如~〕大雨がまるで水を流すようだ. ②(精神や視線などを)注ぐ.傾注する.→〔注目〕〔注视〕 ③賭博の賭け銭.〔下~〕銭を賭ける.〔孤~一掷〕最後に残ったものを賭ける=一か八かの勝負をする. ④量詞.金銭・取引を数える.〔跟他不过做了一两〔交易〕彼とは1,2回取引をしただけだ.→〔笔 bǐ〕⑤〕
(Ⅱ)〔註〕①注.注釈.〔加~〕注を加える.→〔疏 shū (Ⅱ)②〕 ②注釈する.注をつける.〔~上声调符号〕声調符号をつける.③書きとめる.登録する.

注册 zhùcè 登記(する).登録(する).〔~费〕登記料.〔~商标〕登録商標.〔商业~〕商業登記.〔~公司〕登録済み会社.〔~银行〕登録銀行.〔~会计师〕公認会計師.〔新生报到~从九月一日开始〕新入生の入学手続きは9月1日から始まります.→〔登 dēng 记〕

注定 zhùdìng ①(運命により)決まっている.〔命中~〕同前.〔前生~的〕前世の宿縁により決まったこと. ②(必然的に)~されている.決定づけられている.〔侵略者~要失败〕侵略者は必ず失敗する運命にある.

注脚 zhùjiǎo 同下①.

注解 zhùjiě ＝〔注释〕①＝〔注脚〕注釈. ②注釈する.

注明 zhùmíng はっきり注記する.

注目 zhùmù 注目する.〔引人~〕人の注目を引く.〔~礼〕(軍隊で)目礼する.

注儿 zhùr 注解.〔连正文儿带一齐读〕本文と注を一緒に読む.

注入 zhùrù ①流入する. ②注入する.つぎ込む.

注射 zhùshè 注射する.俗に〔打 dǎ 针〕という.〔~液 yè〕注射液.〔~器〕注射器.〔~剂 jì〕〔针 zhēn 剂〕注射薬.〔静脉~〕静脈注射.〔皮下~〕皮下注射.〔肌 jī 内~〕筋肉内注射.〔~预防针〕予防注射をする.→〔口 kǒu 服①〕

注射模塑法 zhùshè mósùfǎ 〔化〕射出成型.

注视 zhùshì 注視する.〔他目不转睛地~着窗外〕彼はまばたきもせず窓の外を注視している.

注释 zhùshì ⇒〔注解〕

注疏 zhùshū 〈文〉注釈:注および注に注を加えた疏.〔十三经~〕など.

注水 zhùshuǐ ①注水する:石油採油水攻法. ②水増しする.〔~肉〕水増し肉.

注塑 zhùsù 〔工〕鋳型に流し込む.〈転〉思想・精神などを注入する.

注文 zhùwén 注釈の語句.

注销 zhùxiāo 取り消す.無効にする.〔这笔账~〕の勘定は帳消しにする.〔~户口〕戸籍を取り消す.〔~支票〕取り消し小切手.

注意 zhùyì 注意(する).用心(する).〔~身体〕体に気をつける.〔~安全〕安全に気を配る.〔提请~〕注意を促す.〔~倾听〕注意深く聞く.〔~事项〕注意事項.〔~力〕注意力.〔谁也没有~到这一点〕この点には誰も気がつかなかった.〔~,别感冒了〕かぜをひかないように気をつけなさい.〔你要~,恐怕这里面有文章〕用心しなさい,何かがありそうだ.

注音 zhùyīn (文字・符号などの)発音を示す.〔~字母〕〔~符号〕注音字母:(汉 hàn 语拼音方案)施行以前に使われた発音表記方法.正式には〔国 guó 音字母〕という.民国7年11月教育部から公布され全国に使用された.また〔国语罗马字〕〔国語ローマ字〕を注音字母第二式と称したが,ほとんど実用されなかった.→本辞典裏表紙

注油机 zhùyóujī 注油機.オイラー.

注重 zhùzhòng 重んずる.重視する.〔~实际〕実際を重んずる.〔~外语〕外国語を重視する.〔不~研究现状〕現状を研究することを重視しない.〔总得~信用〕信用を重んじなければならない.

注资 zhùzī 資金を投入する.金をつぎ込む.

注子 zhùzi〈白～酒の燗に〉をする瓶.燗徳利(とっくり).

〔驻・駐〕 zhù

①〈文〉止める.とどまる.〔~足聆听〕〈成〉足を止めて聞く. ②駐在する.〔~兵〕兵を駐留させる.〔~华大使馆〕中国駐在大使館.

驻跸 zhùbì ＝〔驻辇〕〈文〉天子の車駕を駐める.

驻波 zhùbō 〔物〕定常波.定在波.スタンディングウエーブ.

驻地 zhùdì ①駐屯地. ②(地方行政機関の)所在地.

驻防 zhùfáng 駐屯して防備にあたる.

驻军 zhùjūn ①軍隊を駐留させる. ②駐留している軍隊.

驻留 zhùliú とどまる.駐留する.

驻辇 zhùniǎn ⇒〔驻跸〕

驻守 zhùshǒu 鎮守する.駐屯して防備する.〔部队~一个村子里〕部隊はある村に駐屯している.

驻屯 zhùtún 駐屯する.

驻外 zhùwài 外国に駐在する.〔~机构〕同前の機関.〔~使节〕外国駐在使節.

驻颜 zhùyán〈文〉容色を衰えさせないこと.〔她天生丽质,又~有术〕彼女は天性の美人であり,また容色を衰えさせない方法をわきまえている.

驻在国 zhùzàiguó (外交官の)駐在国.

驻扎 zhùzhá 駐屯する.

驻足 zhùzú 立ち止まる.足を止める.〔~不前〕二の足を踏む.〔~引颈〕〈成〉立ち止まって首を長くして見る.

〔炷〕 zhù

①〈文〉灯心.〔灯~将尽〕灯心が燃え尽きようとしている. ②〈文〉焼く.燃やす.〔以火~艾〕もぐさに火をつける. ③量詞.火をつけた線香・沈香を数える.〔烧一~香〕線香を1本ともす.

炷香 zhùxiāng 線香をたく.〔烧 shāo 香〕に同じ.

〔柱〕 zhù

①〔~子〕柱.〔顶梁~〕はりを支える柱.大黒柱.〔支~〕支柱.〔胶~鼓瑟 sè〕〈成〉琴柱(ことじ)をにかわづけにして瑟(ひつ)を鳴らす.〈喩〉融通のきかないこと. ②柱形のもの.〔水~〕水の柱.〔冰~〕氷柱.〔水银~〕水銀柱. ③〈姓〉柱(ちゅう).

柱脚石 zhùjiǎoshí ⇒〔柱石〕

柱廊 zhùláng 〔建〕柱廊.列柱.コロネード.

柱螺栓 zhùluóshuān 〔工〕〔双 shuāng 头螺栓〕

柱面 zhùmiàn 〔数〕柱面体.

柱塞 zhùsāi 〔機〕棒ピストン.プランジャー.〔唧 jī 筒~〕ポンプの棒ピストン.

柱身 zhùshēn 柱体.柱身.

柱石 zhùshí ＝〔柱脚石〕柱石.礎石:柱の土台となる敷石.〈喩〉国家の重任を背負う人.

柱头 zhùtóu ①〔建〕柱の上部. ②〔植〕柱頭:花柱の先端部.

柱状节理 zhùzhuàng jiélǐ 〔地〕柱状節理.

柱子 zhùzi 柱.

zhù

〔疰〕 zhù
疰夏 zhùxià 中医小児の夏ばて.→〔苦kǔ 夏〕

〔砫〕 zhù 〔石 shí 〕…四川省にある:現在は〔石柱〕と書く.

〔蛀〕 zhù 木·書籍·着物·米などを食う虫(総称):〔~虫〕は俗称.〔~米 mǐ 虫〕〈罵〉ごくつぶし.〔~虫〕が食う.虫がつく.〔木板~了一个窟 kū 窿〕板に虫食い穴があいた.〔~空了的大树〕虫くいの大木.

蛀齿 zhùchǐ =〔蛀牙〕虫歯:〔虫 chóng 吃牙〕に同じ.〔龋 qǔ 齿〕(う歯)の俗称.

蛀虫 zhùchóng ①木食い虫·蠹魚〈 〉·こくぞう虫などの俗称:〔蛀木虫〕ともいう.②〈転〉(組織内で)ひそかに害を与える者.

蛀蚀 zhùshí 虫が食う.〔用箱子把地板撬 qiào 开后,发现木板已被~一空〕のみで床板をこじ開けてみると,板が一面虫に食われていることがわかった.

蛀心虫 zhùxīnchóng =〔钻 zuān 心虫〕シンクイムシ:二化螟虫などの幼虫.

蛀牙 zhùyá ⇒〔蛀齿〕

〔苎〕 zhù =〔苧②〕ヤガラ〔荆 jīng 三稜〕の古称.
— xù

〔杼〕 zhù 〔杼〈 〉機〈 〉を織る時,緯〈 〉を通わせる道具.〔机 jī 〕に同じ.〔竹~〕竹の杼.〔梭 suō 〕②⇒〔筘 kòu〕

杼轴 zhùzhóu 〈文〉文章の構想.

〔祝〕 zhù ①祈る.〔~你健康〕ご健康をお祈り申し上げます.〔~你成功〕ご成功をお祈りします.〔~你们幸福〕お幸せに.〔~你一路平安〕途中ご無事で.→〔祝愿〕 ②喜び祝う.〔庆 qìng ~〕同前.〔敬~〕お祝いを申し上げる.〔~寿〕を祝する. ③发 fà 文身〕髪を短く切り,体に入れ墨をする. ④〈姓〉祝〈 〉

祝词 zhùcí 〔祝辞〕とも書く.①〔祝辞〕〔致~〕祝辞を述べる.②祭文.祝詞〈 〉.

祝祷 zhùdǎo (神仏に)祝い祈る.

祝典 zhùdiǎn 祝いの儀式.

祝福 zhùfú 祝福する.幸福を祈る.〔请接受我诚恳的~〕私の心からの祝福をお受け下さい. ②旧大晦日に天地を祭り幸福を祈る風習.

祝告 zhùgào 祈る.祈禱する.

祝贺 zhùhè 祝う.祝賀する.〔~你们超额完成了计划〕皆さんが目標を超過達成したことをお祝い申します.〔~节日〕祝日を祝う.〔表示热烈的~〕熱烈な祝賀の意を表します.〔致以节日的~〕祝日のお祝いを申し上げる.

祝捷 zhùjié 祝勝.〔~大会〕祝勝大会.

祝酒 zhùjiǔ 祝杯を挙げる.乾杯の音頭をとる.〔~歌〕乾杯の歌.〔国宴出席宴会并~〕総理は宴会に出席し同前.〔致~词〕宴会でのあいさつをする.乾杯の辞を述べる.

祝融(氏) zhùróng(shì) 伝説上の火の神の名:〔祝诵 sòng (氏)〕ともいう.

祝寿 zhùshòu (高齢者の)誕生祝いをする.→〔拜 bài 寿〕

祝颂 zhùsòng 祝う.〔宾主相互~〕主客が互いに祝いあう.

祝英台 zhùyīngtái 人物語中の女主人公.相愛の梁山伯と添いとげられのち梁山伯の墓参りをし慟哭すると墓が開き祝英台は中に入り梁と一緒に葬られた.〔文芸上,愛する男に純愛を捧げた献身的な女性像.

祝愿 zhùyuàn ①願いを込めて祈る.〔~贵国繁荣昌盛〕貴国が繁栄するようお祈りします. ②祈り.願い.

〔柷〕 zhù 〈文〉祝〈 〉:古楽器の名.四角の桶の中に左右に動く柄をつけ,音楽を始める時の合図に鳴らすもの.→〔敔 yǔ〕

〔著(著)〕 zhù ①あらわれる.明らかである.著しい.顕著である.〔~明〕顕著である.〔昭~〕著しい.〔成绩卓~〕業績が優れている. ②著す.明らかにする.示す.〔颇~成效〕相当の成績を上げる.書物を書く.〔他~了不少的书〕彼は本をたくさん書いた. ④著作物.〔名~〕有名な著作.〔新~〕新しい著書.〔译 yì ~〕訳著. ⑤代々居住している人.〔土~〕同前.
→ zhuó

著称 zhùchēng 有名である.〔以其秀丽~于天下〕その秀麗さで天下に知られている.

著录 zhùlù (著作の中に)記録(する)·記載(する).〔见于古人〕古人の著作の中に記録されている.

著名 zhùmíng 有名である.名高い.著名な.〔~人物〕著名な人物.〔~学者〕著名な学者.〔杭州龙井(茶)很~〕杭州の龍井茶は有名である.→〔驰 chí 名〕

著述 zhùshù =〔撰 zhuàn 述〕著述(する)

著文 zhùwén 文章を書く.

著译 zhùyì ①本を書いたり翻訳したりする. ②同じ作品.

著者 zhùzhě 著者.作者.

著之竹帛 zhùzhī zhúbó 書物に書き著される.〈喩〉歴史に名が載せられる.

著作 zhùzuò 著作(する).〔毛主席的~〕毛主席の著作.〔~权 quán〕著作権.〔~权人〕著作権者.〔~人〕著者.〔~等身〕著書の多いこと.

〔箸(箸·筯)〕 zhù 〈文〉箸.〔举 jǔ ~〕箸を手にする.〔象 xiàng ~〕象牙の箸.→〔筷 kuài 子〕

〔翥(翥)〕 zhù 鳥が飛ぶ.

〔筑·築〕 zhù (I)〔築〕建築する.築く.〔~建〕建築(する).〔构~〕構築する.〔~堤〕堤防を造る.〔~坝〕ダムを造る.②堤防を造る.〔~土构木〕土木.〔把我们的血肉~成我们新的长城〕我らの血と肉で新しい長城を築こう:中国国歌の一節.
(II)〔筑〕①筑…楽器の一種.琴に似て弦を竹のばちでたたく. ②貴陽の別称. ③〈姓〉筑〈 〉

筑方城 zhùfāngchéng 〈喩〉マージャンをする.

筑巢引凤 zhùcháo yǐnfèng 〈喩〉巣を作って鳳凰が飛んでくるを待つ.〈喩〉条件を整えて投資を呼びこむ.基盤整備をして外資を引き入れる.

筑底 zhùdǐ 商(相場)の底値を固める.〔~行情〕底値固めの市況.

筑埂机 zhùgěngjī あぜ·うね立て機.

筑路 zhùlù 道路(鉄道)を修築する.

筑室道谋 zhùshì dàomóu 〈成〉家を建てるのに通りの人に相談する.〈喩〉異論が多くて事が運ばない.〔~,三年不成〕一定見がないのでいつまでたっても埒があかない.→〔作 zuò 舍道边〕

筑造 zhùzào 建造する.〔~铁路〕鉄道を敷設する.

〔铸·鑄〕 zhù 〔铸鍋〕鋳鍋〔~一口铁锅〕鉄鍋をひとつ鋳る.

铸币 zhùbì ①貨幣を鋳造する.〔~局〕造幣局:〔造币厂〕の旧称. ②鋳造貨幣:〔金 jīn 属货币〕に同じ.

铸成 zhùchéng 鋳て造る.〈転〉引き起こす.〔由于粗心大意,~了严重错误〕いい加減にやったために,ついにたいへんな誤りを引き起こした.

铸成大错 zhùchéng dàcuò 〈成〉誤って大きな銭を造ってしまう:大きい誤りをする〔错〕は〔错刀②〕で古銭の一種.〔小毛病不改,难免以后~〕小さ

铸错 zhùcuò 〈文〉重大な過ちをすること.→[铸成大错]

铸锭 zhùdìng インゴット(鋳塊)を作る.[~车间]同前の職場.

铸钢 zhùgāng 鋳鋼.

铸工 zhùgōng ①鋳造:[翻 fān 砂①]は通称. ②同前に従事する人.鋳物工.

铸件 zhùjiàn 鋳物.

铸剑为犁,马放南山 zhù jiàn wéilí, mǎ fàng nánshān 〈喩〉軍需産業を平和産業に切り替える.

铸就 zhùjiù 鋳造する.〈転〉(抽象的)努力・知恵などを重ねて大きな事業・記録物などを完成する.成し遂げる.

铸模 zhùmú ⇒[砂 shā 型]

铸石 zhùshí 鋳造石.

铸铁 zhùtiě 鋳鉄.[生 shēng 铁]の一種.[铸造铁]ともいう.[洗 xiǎn 铁]は旧称.

铸型 zhùxíng 鋳型.

铸造 zhùzào 鋳造(する).[~厂][翻砂厂]鋳造工場.→[浇 jiāo 注]

铸字 zhùzì 活字鋳造(する).[~机]ライノタイプ.

zhua ㄓㄨㄚ

【抓】 zhuā ①搔く.ひっかく.[~痒痒]かゆいのを搔く.[这猫爱~人]この猫はよく人をひっかく.[脸上~了一道口子]顔にひっかき傷が一筋できた. ②〈物を〉つまむ.握る.[~一把 bǎ 米]米をひとつまみする. ③〈要点を〉押さえる.力を入れる.強化する.おろそかにしない.[~住要点]要点をつかむ.[现在必须首先~农业生产]今のところまず農業生産を強化すべきである.[~思想教育]思想教育に力を入れる.[他~不起这件事实]彼にはこのことをやる力がない.[学校不~教学,~什么]学校が教学に注意を払わないで,何をやるというのか. ④〈心を〉引きつける.[这样的表演~不住观众]こんな演技では観客はつかめない. ⑤捉える.捕まえる.[~特务]特務を捕らえる.[~犯人]犯人を捕まえる.[老鹰~小鸡儿]鷹がひよこをさらう. ⑥〈方〉泡をくう.慌てる.[遇见此事就~]彼は何か事があると慌てる.[几天里就把工作~完了]数日間で仕事をバタバタとやり終えた.

抓辫子 zhuābiànzi 〈喩〉弱点をつかむ.[揪 jiū 辫子]に同じ.[被人抓住了辫子]人に弱みを握られた.

抓膘 zhuābiāo (家畜を)太らせる.肥育する.[放青~]草の茂る季節に家畜に十分食わせて太らせる.[现在正是~的时候]今がちょうど家畜を太らせる時だ.→[蹲 dūn 膘(儿)]

抓捕 zhuābǔ つかまえる.逮捕する.

抓彩 zhuācǎi くじ(福引き)を引く.→[摸 mō 彩]

抓茬儿 zhuāchár ⇒[找 zhǎo 茬儿]

抓差 zhuāchāi ①[囚人を捕まえて使役する:[抓公差]ともいう. ②〈転〉俗に本職以外の仕事をやらせる(やらせられる)こと.

抓大头 zhuādàtóu ①=[抓老翻]鴨(が)にする. ②あみだくじを引く(いて誰のおごりかを決める)[~と書いたくじを引きあてた人がおごる.→[冤 yuān 大头]

抓点 zhuādiǎn (経験を把握するため)ある地点に力を入れること.[~带面の慣]ある地点で得られた経験を全面的に推し広める.

抓典型 zhuādiǎnxíng (全面的に推し広めるために)典型的な人物・こと・地点の経験あるいは教訓を把握する.

抓丁 zhuādīng =[抓壮丁]壮丁を徴発する:[拉 lā 丁①]に同じ.[~扩军]壮丁を徴発し軍備を拡張する.→[抓夫]

抓斗 zhuādǒu 圈グラブ.つかみ.[~挖土机]グラブ掘削機.[~起重机]グラブクレーン.

抓赌 zhuādǔ 賭博場に手入れをする.[抄 chāo 赌]ともいう.

抓耳挠腮 zhuā'ěr náosāi 耳をかいたりあごをなぜたりする.〈喩〉@ひどく焦り慌てるさま.じれったがっているさま.[急得~]いらいらしてじれったがっている. ⑤うれしくてじっとしていられないさま.[老太太喜欢得~地说,这可真没想到]お婆さんはじっとしていられないほど喜んで,これは本当に思いがけなかったことだと言った.

抓饭 zhuāfàn 食ポロ(ピラフ):米に羊肉・にんじんなどを混ぜて炊いた飯.ウイグル族などのごちそう.手でつまんで食べる.

抓飞子 zhuāfēizǐ ⇒[抓子儿]

抓夫 zhuāfū 人夫を徴発する:[抓伕]とも書いた.[拉 lā 夫]に同じ.→[抓丁]

抓纲 zhuāgāng かなめ(原則)をつかむ.[~治国]同前で国を治める.

抓革命,促生产 zhuā gémìng, cù shēngchǎn 革命に力を入れ,生産を促進する:[文革]時代(1966～1976年)のスローガンの一.→字解③

抓哏 zhuāgén (道化役や漫才師が)ギャグを使って笑わせる.→[哏]

抓公差 zhuāgōngchāi ⇒[抓差①]

抓工夫 zhuāgōngfu 暇(時間)を工面する.時間を作る.[~复习功课]暇を盗んで学課を復習する.[~当面儿谈谈]暇を見てじかに話してみよう.

抓乖卖俏 zhuāguāi màiqiào 〈成〉利口そうなところを見せたり,こびへつらったりする.

抓瘊 zhuāhù ⇒[握 wò 扬器]

抓会 zhuāhuì 賴母子(たのもし)のくじを引く(引きあてて落とす).→[抓钱会]

抓获 zhuāhuò 捕まえる.

抓髻 zhuājì [髽髻]とも書く.回あげまき:女の子の髪型の一種.両耳の上にふさを結ったもの.[抓鬏 jiū]ともいう.[~夫妻]若年の夫婦.[那个小女孩子头上梳了两个~]あの女の子は頭をあげまきに結っている.→[丫 yā 髻][总 zǒng 角]

抓尖儿 zhuājiānr 〈方〉真っ先にやる.我勝ちにする:[抢 qiǎng 先(儿)]に同じ.[什么事情他老要~]どんなことでも彼はわれ先にとやる.[~卖快]人より真っ先にやって,早いところを見せる(て人にとり入ろうとする).

抓紧 zhuājǐn ①しっかりつかむ. ②力を入れる.引き締める.切りつめてやる.[~时间调查]時間を切り詰めて調査をする.[~生产]生産をないがしろにしない.[在工业方面,必须首先~电子工业]工業方面では,まず電子工業に力を入れなければならぬ.[如果教育工作抓不紧,就也会发生贪 tān 污贱费等情况]教育指導がおろそかになれば,汚職や浪費などというようなことまでも引き起こす可能性がある.

抓阉儿 zhuājiūr くじを引く:[抽 chōu 签(儿)②][拈 niān 阄儿]に同じ.[<ロ>抓纸阄儿]こよりのくじを引く.→[撇 piē 兰]

抓鬏 zhuājiū [髽鬏]とも書く.回あげまき:[抓髻]に同じ.

抓举 zhuājǔ 区(重量あげの)スナッチ.引きあげ.→[举重]

zhuā～zhuān

抓空儿 zhuākòngr 〈口〉暇を見つける.〔～谈一谈〕暇を見つけて語り合う.〔抓空(子)〕ともいう.
抓老赶 zhuālǎogǎn ⇒〔抓大头①〕
抓挠 zhuānao 〔方〕①掻く.②いじくり回す.〔你别～东西〕おまえはここで何をいじくり回しているのか.③けんかする.つかみ合う.〔他们俩一起来了〕彼ら二人はつかみ合いを始めた.④てんてこ舞いでやる.慌てふためく.大忙しでやる.〔一下子来了这么多的人吃饭,大师傅怕―不过来吧〕いちどきにこんなに大勢の人がご飯を食べに来たので,コックさんがてんてこ舞いしても間に合わないぞ.⑤〔-儿〕主張.自信.確信.よりどころとなるもの.根拠.〔没～〕頼りどころがない.
抓牛鼻子 zhuāniú bízi 〔喩〕問題を解決するにはもっとも肝心なところから着手する.
抓弄 zhuānòng ものにする.もうける.〔一天～不少的钱〕1日に相当稼ぐ.〔趁这好机会～～〕このチャンスにひともうけしよう.
抓拍 zhuāpāi →〔摆 bǎi 拍〕シャッターチャンスをとらえて撮影する
抓破脸 zhuāpòliǎn 〈口〉(感情が爆発して)不仲が表面化する.正面衝突する.〔我和他～了〕彼と正面衝突しちゃった.〔还是好好商量,一～反而不好办了〕よく話しあってみる方がよい,いったんやりあってからはむしろかえって始末が悪い.
抓钱会 zhuāqiánhuì 無尽.頼母子(な)講.→〔上 shàng 会〕〔使 shǐ 会〕
抓钱 zhuāqián 金を手に入れる:〔抓银〕ともいう.
抓取 zhuāqǔ つかんでとる(急いでひっつかむ)
抓人 zhuārén 人を捕まえる.
抓绒 zhuāróng 〔服〕フリース:〔摇 yáo 粒绒〕に同じ.
抓伤 zhuāshāng ひっかき傷.爪でかかれた傷あと.
抓台出发 zhuātái chūfā 〔泳〕(水泳で)手をスタート台の位置におくスタート.
抓逃 zhuātáo 逃走犯を捕らえる.
抓土撒烟(儿) zhuātǔ rǎngyān(r) ⇒〔撒 sǎ 土撒烟〕
抓瞎 zhuāxiā ①口泡をくう.慌てふためく.〔早早儿准备好,别等到临走的时候别～〕早く準備しておいて,出発の時に慌てないようにしなさい.→〔瞎抓〕
抓药 zhuāyào ①〔处方箋を持って漢方薬店で〕薬を買う.〔抓一服 fù 药吃〕同前の薬を飲む.〔漢方薬局または病院内の〕漢方薬を調合する.→〔配 pèi 药〕
抓早儿 zhuāzǎor 〈方〉早いうちに.早めに:〔趁 chèn 早儿〕に同じ.〔～出发,趁凉快到回来了〕早いうちに出かけて,暑くならないうちにもう戻る.
抓周(儿) zhuāzhōu(r) 〔風〕初めての誕生日に,赤ん坊の前にいろいろな物を並べ,赤ん坊がどれを手にとるかを見てその子の将来を占う行事:〔试 shì 儿〕〔试周〕〈文〉〔睟 zuì 盘〕ともいう.
抓住 zhuāzhù 捕まえる.つかみとる.〔～不放〕捕まえて放さない.〔犯人被～了〕犯人は捕まえられた.〔～重点〕重点を押さえる.〔～时机〕チャンスをつかむ.②引きつける.〔演员的表演～了观众〕役者の演技は,観客の心をとらえた.
抓壮丁 zhuāzhuàngdīng ⇒〔抓丁〕
抓子儿 zhuāzǐr 〔=抓飞子〕いしなご:杏の核,小石などをまいておき拾って空中に投げて受けて遊ぶ子供の遊び.→〔揭 dǎo 包儿〕
抓总儿 zhuāzǒngr 〈口〉仕事の全体に責任をもつ.
抓 zhuāzǒu 引っ張っていく.連行する.

〔挝・撾〕 zhuā ①〈文〉たたく.打つ.〔～鼓 gǔ〕太鼓をたたく.〔～门〕戸をたたく.〈白〉つかむ:〔抓②〕に同じ.→ **wō**

〔树・檛(簻)〕 zhuā 〈文〉(馬の)むち.

〔髽〕 zhuā

髽髻 zhuāji ⇒〔抓髻〕
髽鬏 zhuājiu ⇒〔抓鬏〕

〔爪〕 zhuǎ ①〔-儿〕〈口〉鳥獣の足:多くはとがっている.〔鸡～〕鶏の足.〔犬～〕犬の足.〔踩了猫～〕猫の足を踏んだ.②〔-儿〕爪のようなもの.道具の足.〔这个锅有三个～儿〕この鍋には3本の足がある.〔四～儿锅〕四つ足の鍋.〔～圈〕爪.ボール.ラチェット:逆転の防止・荷重の保持・送りの目的に用いられる機械部品.〔绞车〕ウインチの爪.〔弹 tán 簧～〕スプリングの爪. → zhǎo
爪尖儿 zhuǎjiānr 豚の足の先:食材.
爪轮起子 zhuǎlún qǐzi 〔機〕ラチェットドライバー.棘輪(きょくりん)螺旋回し.
爪子 zhuǎzi 動物の足(爪のある).→字解①

zhuai ㄓㄨㄞ

〔拽(擻)〕 zhuāi ①〈口〉投げつける.放る.〔把球～过去〕ボールを投げやる.②放棄する.〔把英文～本身了〕英語は放ってしまう(ってやらない).③〈方〉腕なえ(になる).〔～子〕同前の人.〔右胳臂～了〕右の腕がなえている:伸ばしたり動かしたりできない. → zhuài

〔转〕 zhuǎi 〈口〉もったいぶって文語を使う.〔臭 chòu ～〕鼻もちならぬほど学をひけらかす. → zhuǎn
转文 zhuǎiwén, zhuǎn～ =〔跩文〕〔掉 diào 文〕〈口〉文語をひけらかす.難解な語句をふり回す.〔他爱～〕彼は文語を使う.〔他又～起来了〕彼はまた面倒くさい言葉使いを始めた.→〔掉书袋〕

〔跩〕 zhuǎi 〈方〉動きがぎこちない.よたよたと歩く.重そうに歩く.〔～啊～地〕〔一～(儿)地～一～地〕ひょこひょこと.〔鸭 yā 子～一～一地走着〕あひるがひょこひょこ歩いている.
跩文 zhuǎiwén ⇒〔转文〕

〔拽(擻)〕 zhuài ぐいと引く.引っぱる.〔生拉硬～〕④無理やりに引っぱる.こじつけて引用する.〔往怀里～〕手元の方へ引っぱる.〔硬往外～〕外の方へ引っぱり出す.〔~出来〕引っぱり出す.〔~不住〕引っぱり止められない. → zhuāi

zhuan ㄓㄨㄢ

〔专・專(耑)〕 zhuān (Ⅰ)〔耑〕①専心する.専念する.〔用心太～〕あまりに一つの仕事に熱中しすぎる.②精通する.非常に詳しい.〔～门〕専門(の・に).〔~营各种汽车零件〕各種自動車の付属品の取り扱う.③もっぱら.特別の(に).〔～爱看电影〕もっぱら映画を見るのが好き.〔～治肝炎〕もっぱら肝炎の治療に用いる.④ひとりじめにする.ほしいままにする.〔～卖〕専売(する).一手販売(する).→〔斷②〕
(Ⅱ)〔专〕姓〈攵〉専(せ)
专案 zhuān'àn ある特定の事件.特捜事件.〔～组〕特別査問グループ.特捜班.
专版 zhuānbǎn 特集:多く新聞についていう.
专才 zhuāncái 専門的人材.エキスパート.

zhuān

专差 zhuānchāi ①特に人を派遣する．②特に差し向ける使いの者．③専任者．

专长 zhuāncháng 特技(である)．得意(としている)．〔按各人~组织几个研究小组〕各人の得意得意によっていくつかの研究グループを組織する．〔学有~〕専門知識を身につけている．〔发挥~〕得意な技能を生かす．→〔特 tè 长〕

专场 zhuānchǎng ①(特定の観客のために行う)特別興行．〔儿童~〕児童のための特別公演．②ある一種類の出し物による特別興行．〔单口相声~〕落語・漫談単独口演．

专车 zhuānchē 特別車．専用車．〔乘坐~抵达首都〕特別車に乗って首都に到着する．

专诚 zhuānchéng ①特別に．わざわざ：ついでではなく．〔~拜访〕わざわざ訪問する．②誠実で専一である．〔对爱情~〕愛情には同前．

专程 zhuānchéng わざわざ行く(来る)．〔~去杭州游览〕わざわざ遊覧のため杭州へ行く．〔~赶来〕わざわざ急いでやってくる．

专此 zhuāncǐ 〔~赠〕〔~奉…〕まずは…まで：〔专泐…〕ともいう．〔~谢〕まずは右お礼まで．〔~奉达〕右お知らせまで．〔~奉复〕右ご返事まで．〔~奉候〕右おうかがいまで．〔~奉贺〕右お祝いまで．〔~奉询〕右ご案内まで．〔~奉托〕右ご依頼まで．〔~奉唁 yàn〕右おくやみまで．

专电 zhuāndiàn 特電：通信社提供のものと区別していう．〔某报社北京~〕某新聞社北京特電．

专断 zhuānduàn 専断(でやる)．〔~独行〕独断専行〈慣〉独断専行．

专访 zhuānfǎng ①独占インタビュー(をする)．②独占記事．〔写~〕同前を書く．

专稿 zhuāngǎo ある特定のテーマについての原稿．

专攻 zhuāngōng 専攻(する)．〔他是~水利工程的〕彼は水利土木を専攻しているのです．

专馆 zhuānguǎn (かけもちでない)お抱えの家庭教師．〔~先生〕同前の先生．

专管 zhuānguǎn もっぱら…を担当する．〔税收~员〕収税員．〔税 shuì 收管理员の旧称．

专柜 zhuānguì (特定商品の)専用売場．

专函 zhuānhán 〔~赠〕(その用件のために)特に書いた手紙．〔特用~奉复〕特にこの手紙で回答申しあげます．

专号 zhuānhào 特集号．特別号．〔陶渊明研究~〕陶渊明研究特集号．

专横 zhuānhèng 専横(である)．〔态度~〕専横なふるまい．〔~跋扈〕〈成〉横行跋扈(bá)する．

专户 zhuānhù 専用の口座．〔设赈 zhèn 灾~〕罹災者救済の専門口座を設ける．

专机 zhuānjī 専用機．特別機．

专集 zhuānjí 一作家の作品の特集．②書籍の特集．〔出版西餐烹 pēng 调法的~〕西洋料理調理法の特集を出版する．

专辑 zhuānjí 書籍・録音・録画の作品の特集．→〔特 tè 辑〕

专家 zhuānjiā ＝〔专门家〕専門家．エキスパート．〔科学问题要听取~的意见〕科学的問題については専門家の意見を聞くべきだ．〔~门诊〕専門家が外来を担当すること．〔生物学~〕生物学の専門家．〔外国~〕外国人専門家．

专刊 zhuānkān ①特集号．特集欄．〔有的报纸还发表了社论和~〕なおある新聞には社説と特集を発表したものもある．→〔副 fù 刊〕②学術検討会などの特定の問題に関する研究業績を出版した単行本．→〔集 jí 刊〕

专科 zhuānkē ①専門科目．〔~医生〕専門医．②〔专科学校〕の略．

专科学校 zhuānkē xuéxiào 専門教育をする単科大学：〔旧专门学校〕ともいった．修業年限は普通2年または3年．〔专科〕②略称．〔~生〕同前に在学中の学生．→〔大 dà 专〕

专控 zhānkòng 〔专项控购〕

专款 zhuānkuǎn 指定項目のみに使える金．特別支出金．〔~专用〕特別支出金はその項目にのみ使用する(流用を許さない)

专栏 zhuānlán (新聞・雑誌などの)特別欄．コラム．囲み記事．〔~作家〕特別欄執筆者．コラムニスト．

专动… zhuānlè… 〔专此…〕

专力 zhuānlì (ある仕事に)力を注ぐ．力を傾ける．〔他正~于教材研究〕彼はテキストの研究に力を注いでいる．

专利 zhuānlì 特許．パテント．〔给~十五年〕15か年の特許権が与えられる．〔~法〕[法]特許法．〔~权〕[法]特許権．パテント．

专列 zhuānliè 専用列車：〔专用列车〕の略．运煤~〕石炭運送列車．

专论 zhuānlùn 特定のことについて論じる文章．

专卖 zhuānmài 専売(する)．一手販売(する)．〔~店〕同前の店．フランチャイズ店．〔~品〕専売品．〔~公司〕専売公社．

专美 zhuānměi 〈文〉栄誉を一人占めにする．〔我们决不让他~〕我々は決して彼だけをよい子にさせはしない．

专门 zhuānmén ①専門(の・に)．〔~教育〕専門教育．〔~研究印尼语〕インドネシア語を専門に研究する．〔~委员会〕委員会．しきりに．そればかり．特に．〔他~做让人嫌的事〕彼は他人にいやがられることばかりしている．〔这是~为外宾服务的〕これは特に外国人客のためのサービスです．

专门家 zhuānménjiā ⇒〔专家〕

专名 zhuānmíng [語](人名・地名など)固有名称．〔~号〕固有名詞記号：句読符号で固有名詞を表す線：〔私 sī 名号〕自称．古典などで国名・地名・人名・団体名・朝代名などの下(縦書きの時は横)にいる．〔~标 biāo 点符号〕

专区 zhuānqū [旧]中国全国行政区画の単位の一：〔省〕と〔县〕との中間に位し，省または自治区が必要に応じ設けた．1975年に〔地 dì 区〕と改称．現在は大体〔市〕となった．

专权 zhuānquán 権力を一人で掌握する．

专群 zhuānqún 専門家と大衆：〔专家与群众〕の略．〔~结合〕同前の結び付き．

专人 zhuānrén ①(ある仕事の)専任者．責任者．〔指定~负责〕責任者を指名する．②(ある目的のために)臨時に派遣される人．〔派~给他送去〕特に使いを出して彼に届けてやる．

专任 zhuānrèn 専任する．専任している．〔~教授〕専任教授(をする)．→〔兼 jiān 任〕②〔客 kè 座〕②

专擅 zhuānshàn ①権力を一人でもつ．〔独裁~〕独裁する．②(命を待たずに)わがまま勝手なことをする．

专升本 zhuānshēngběn 〔专修科〕から〔本科〕に編入する．〔~考试〕同前の試験．

专史 zhuānshǐ 特定の分野に関する歴史：民族史・文学史・経済史など．

专使 zhuānshǐ ①特命全権大使(公使)．②特派使節．

专署 zhuānshǔ ⇒〔专员公署〕

专属 zhuānshǔ 専属する．〔~经济区〕[法]領海線から200カイリ以内の区域．

专司 zhuānsī 〈文〉専門に担当する(者)

专题 zhuāntí 特定テーマ(課題)．〔~报告〕同前についての報告(をする)．〔~片〕テレビ特集番組．ドキ

zhuān～zhuǎn

ュメンタリー特集.
专文 zhuānwén 特定の問題についての論文.
专务 zhuānwù〔文〕もっぱら…に努める.
专席 zhuānxí 特別席.専用席.〔情侣～〕ペアシート.ロマンスシート.
专线 zhuānxiàn ①〔鉄道の〕専用線路.引き込み線.②〔通信の〕専用回線.〔军用～〕軍事用専用回線.
专项 zhuānxiàng 特定の項目の.〔～资金〕特定項目資金.〔～控购〕〔专控〕購買について制御される(もの)
专心 zhuānxīn 専念する.一心にする.〔～一意〕〔～致志〕〔～致意〕〈成〉一意専心.→〔潜 qián 心〕
专修 zhuānxiū 専門に研修する.〔～科〕(大学の)専修科.
专业 zhuānyè ①職業(の).専門(の).プロ(の).〔～剧团〕職業劇団.〔～队伍〕専門家の陣営.〔～户〕特定の業務をする農家.〔～村〕同前の村落.〔～军士〕職業軍士:中国人民解放軍における階級の一.〔养猪～户〕養豚農家.〔～化〕専業化(する).〔～歌手〕プロ歌手.↔〔业余②〕 ②専門の業務.専攻.〔～课〕(大学・高専の)専攻科目.〔外语系六个～〕外国語学部には専攻(学科)が六つ設けている.〔我的～是中国经济〕わたしの専門は中国経済です.
专页 zhuānyè (新聞や雑誌の)特集ページ.
专一 zhuānyī 一意専心している.〔心思～〕一途に思い込む.
专营 zhuānyíng もっぱら経営する.〔～商店〕専門店.
专用 zhuānyòng 専用(する).〔～电话〕専用(特別)電話.
专有 zhuānyǒu 独自に持つ.〔～财产〕固有財産.〔～技术〕固有技術.
专员 zhuānyuán ①(在外使館の)専門の役人.アタッシェ.武官.〔商务～〕コマーシャルアタッシェ.→〔随 suí 员②〕 ②［省・自治区人民政府から派遣された専区,現在の［地区〕の責任者者.〔～公署 shǔ〕〔专署〕省人民政府の派出機関.
专责 zhuānzé もっぱら…を担当する.〔负有～〕個別責任を負う.
专辄 zhuānzhé〔文〕勝手に(行う).ほしいままに(する)
专政 zhuānzhèng 独裁(をする).〔无产阶级～〕プロレタリア独裁.〔～机关〕独裁を行う機関:裁判所や公安部などを指す.→〔独 dú 裁〕
专任 zhuānrèn 専任(の).〔研究所内暂分五个组,设十个～研究员〕研究所内にはとりあえず五つの班に分けて専任研究所員10名を置く.〔～搞这个工作〕専従でこの仕事をやる.
专指 zhuānzhǐ 特定のものに対する.〔这是～他的〕これは彼だけに対してのことだ.
专制 zhuānzhì ①専制する.〔～政体〕専制政体.〔～制度〕専制制度.〔～主义〕専制主義.〔一党～〕一党独裁.〔君主～〕君主専制.〔～政治〕デスポティズム.暴政. ②専断的である.独断的である.〔～织〕専門に製作する.〔～尼龙鱼网〕ナイロン魚網を専門に作る.
专注 zhuānzhù もっぱら心意を注ぐ.〔～心神〕精神を集中する.
专著 zhuānzhù 専門著作.
专座 zhuānzuò 専用席.〔老幼病残孕～〕老人・幼児・病人・障害者・妊婦専用席.

〔姇・嫥〕 zhuān〈文〉①もっぱら.②愛くるしい.

〔胘・膞〕 zhuān〈方〉鳥の胃.〔鸡 jī～〕(にわとりの胃.→〔胗 zhěn〕

〔砖・磚(甎・塼)〕 zhuān ①煉瓦.甎瓦.〔耐 nài 火～〕耐火煉瓦.〔瓷 cí～〕タイル.〔镁 měi～〕マグネサイト煉瓦.〔泥 ní～〕ローム煉瓦.〔云 yún 石～〕ドロマイト煉瓦. ②煉瓦状のもの.〔冰 bīng～〕(角形の)アイスキャンディー.〔金～〕煉瓦状の金塊.
砖茶 zhuānchá =〔茶砖〕(磚)茶:茶の葉を蒸して煉瓦状に固めたお茶.雲南・チベット・内蒙古などの地区で常用される.〔紧 jǐn 压茶〕の一種.
砖厂 zhuānchǎng 煉瓦製造所.〔砖场〕とも書く.
砖地 zhuāndì =〔砖墁地〕
砖雕 zhuāndiāo 煉瓦に絵や模様を彫刻した芸術.また,そのような工芸品.
砖垛 zhuānduǒ 煉瓦の小積み.
砖构建筑 zhuāngòu jiànzhù ブロック建築.
砖混结构 zhuānhùn jiégòu 建煉瓦とコンクリートの構造;(混は〔混凝土〕(コンクリート)のこと.
砖墁 zhuānmàn 煉瓦敷きの.〔～地〕(砖地)煉瓦を敷きつめた床または地面.〔～院子〕同前の庭.
砖坯 zhuānpī 焼く前の煉瓦の生地.
砖墙 zhuānqiáng 煉瓦塀.
砖石 zhuānshí 煉瓦と石材.〔～结构〕建煉瓦と石材の構造.
砖头 zhuāntóu 煉瓦のかけら.〔～瓦块〕同前と瓦のかけら. ②煉瓦.
砖瓦 zhuānwǎ 煉瓦と瓦.〔～行 háng〕煉瓦・瓦販売店.〔～房〕煉瓦造りの家.瓦屋根の家.〔～匠〕〔瓦匠〕左官.〔～厂〕煉瓦・瓦製造所.
砖窑 zhuānyáo 煉瓦焼きがま.

〔颛・顓〕 zhuān ①〈文〉愚か(である).②古ほしいままにする:〔专(I)④〕に通用した.〔～兵〕兵権を欲しいままにする. ③〈姓〉顓(⺛)
颛孙 zhuānsūn〈姓〉顓孫(ｻﾝ)
颛顼 zhuānxū 伝説上の古代の帝王名:一説には黄帝の孫で〔共 gòng 工氏〕と帝位を争った人.
颛臾 zhuānyú 地春秋時代の国名:現在の山東省費県あたり.

〔转・轉〕 zhuǎn ①(方向・位置・形勢などが)変わる.変える.〔风～偏西北方向了〕風が西北方向に変わった.〔前方战事一趟激烈]前線の戦闘が熾烈化した.〔形势～变了〕形勢が変わった.〔向左～!〕左向け左.〔向后～!〕回れ右.〔～过脸来〕顔をこちらへ振り向ける.〔～口过来〕口調(ロぶり)を変える(が変わる).〔～过性来〕機嫌が直る.〔晴～多云〕晴のち雲多し:天気予報用語.〔出口～内销〕輸出向けを国内向けにかえる.〔好～〕好転する. ②(間に立って)取り次ぐ.渡す.伝える.〔～送〕取り次いで送り届ける.転送する.〔请～办公室(电话)を事務室へ回して(つないで)下さい.〔由朋友～去一封信〕友人の手で手紙を届けてもらう.〔把他的话～达给大家〕彼の話をみなに伝えてやる. ③〈姓〉转(⺛) → zhuǎi zhuàn
转氨酶 zhuǎn'ānméi 生命トランスアミナーゼ:〔转氨基酶〕
转败为胜 zhuǎnbài wéishèng〈成〉敗戦を転じて勝利にする.負けを勝ちに変える.
转包 zhuǎnbāo ①丸投げ(する).〔工程～是违法的〕工事の丸投げは違法である. ②下請けする(させる).〔外 wài 包〕に同じ.
转报 zhuǎnbào 取り次いで報告する.
转臂起重机 zhuǎnbì qǐzhòngjī 機ジブ起重機.→

zhuǎn 转

[起重机]

转变 zhuǎnbiàn 転変する.変える.[他的思想也逐渐地～了]彼の思想もだんだん変わってきた.→[改 gǎi 变]

转播 zhuǎnbō ①中継放送する.[～台]中継局.[卫星～]衛星中継.[实况～]実況中継放送.[电视台除了播送电视节目以外,还常常～舞台上的表演或球场上的比赛]テレビ局ではテレビ番組を放送するほか,時々舞台の演技や球場の試合を中継放送する.②他局の番組を放送する.

转侧 zhuǎncè ①輾転反側する.②ゴロリと横になる.

转产 zhuǎnchǎn 製品の種類を変更する.

转抄 zhuǎnchāo 転写する.

转车 zhuǎnchē (バスや電車を)乗り換える.→[换 huàn 车]

转呈 zhuǎnchéng〈公〉(文書を)取り次いでもらって提出する.

转饬 zhuǎnchì〈文〉上官からの命令を取り次ぎ伝える.〔所属 shǔ〕部下に同断.

转储 zhuǎnchǔ ①一旦預金する.[汇 huì 款～]為替を同断.②[電算]ダンプ.

转船 zhuǎnchuán ①他の船に積み換える.②船に積み換える.

转存 zhuǎncún 預け換える.

转达 zhuǎndá 伝言する.取り次ぐ.[请向他～我的问候]どうぞ彼によろしくお伝え願います.

转贷 zhuǎndài ①又貸し(する).貸し出しの仲介をする.(資金・建物などを)又借り(する).→[转借][转租]

转倒 zhuǎndǎo (家屋・店舗などを)又譲りする.再譲渡する.

转道 zhuǎndào 回り道をする.[～青岛回北京]青島へ寄って北京へ帰る.

转递 zhuǎndì 取り次ぐ.又渡しする.

转调 zhuǎndiào [音]変調する.移調する:[变 biàn 调②][移 yí 调]ともいう.

转动 zhuǎndòng (体や物の一部分が)動く(を動かす).向きを変える(変わる).[不能～同前できない.[地方小～不开]場所が狭くて身動きできない(向きを変えられない).→zhuàndòng

转而 zhuǎn'ér (動作や行為を)転じて.反対に.[～表示赞成]一転して賛成の意を表す.[～一想]ひるがえって考えてみると.

转发 zhuǎnfā ①(文書などを下部に)伝達する.転送する.②転載する.③(通信などを)中継する.転送する.

转风 zhuǎnfēng 風向きが変わる.[～驶 shǐ 舵][看风驶舵]〈成〉風向きを見て舵をとる.臨機応変で要領よくふるまう.

转干 zhuǎngàn (労働者が)昇進して幹部になる.

转岗 zhuǎngǎng 職種を変える.仕事を変える.

转港 zhuǎngǎng ⇒[转口①]

转告 zhuǎngào 話を取り次ぐ.かわって伝える.伝言する.[你的意见,我已经～他了]きみの意見はすでに彼に伝えた.

转钩 zhuǎngōu [機]接手(?ﾞ).連結器.カプラー.カプリング.[连 lián 结器]ともいう.

转股 zhuǎngǔ [経](資本準備金から)株式を配当する:[转增股本]の略.→[送 sòng 股]

转关系 zhuǎnguānxi (党や団体の人事異動で)所属関係を変更する.

转轨 zhuǎnguǐ ①軌道を修正する.②〈喩〉これまでのやり方を変える.転換する.

转过年 zhuǎnguònián 翌年になって.年を越してから.[我是八三年去的,～就回来了]わたしは1983年に行って,すぐ翌年に帰って来た.

转行 zhuǎnháng ①転職する.→[转业①][改 gǎi 行].②(文字を書くのに)行を変える.

转户 zhuǎnhù (他の金融機関に)口座を移す:[户]は[账户]の略.

转化 zhuǎnhuà ①[哲]化する.[～为物质力量]物質的な力に転化する.②転化する.変わる.変転する.[社会风气的～推移]世の中の気風の移り変りと変化.

转化糖 zhuǎnhuàtáng [化]転化糖.

转化温度 zhuǎnhuà wēndù [化]転化温度.

转圜 zhuǎnhuán ①挽回する.取り戻す.②(間で)取り持つ.調停する.とりなす.[你给他从中～]きみが彼だためにわきから取り持ってやってくれ.

转换 zhuǎnhuàn ①転換する.[～期 qī]転換期.[～话题]話題を変える.[～语法]変形文法.[～公司债][経]転換社債.[電算]コンバートする.

转换器 zhuǎnhuànqì [電]①転換器.コミュテーター.②コンバーター.

转会 zhuǎnhuì 所属を変える.移籍する.[～制]トレード制.[有偿～]金銭トレード.

转活 zhuǎnhuó 転じて活発になる.[股市交易～]株式取引が活発化する.

转祸为福 zhuǎnhuò wéifú〈成〉災いを転じて福となす.→[因 yīn 祸得福]

转机 zhuǎnjī ①転機:多くよい方向への.[病情有～]病気は良い兆しが見えてきた.[以此为～]これを転機にする.②飛行機を乗り継ぐ:[换 huàn 机].[先乘六点半的班机飞往东京,然后～去纽约]まず6時半の便で東京へ行き,それから乗り継いでニューヨークへ行く.

转基因 zhuǎnjīyīn [生命]遺伝子組み替え.[～食品]同前の食品.

转寄 zhuǎnjì (郵便物を)転送する.

转嫁 zhuǎnjià ①再嫁する.②(負担・損失・罪名などを)転嫁する.[把责任～给别人][将责任～于人]責任を他人に転嫁する.

转架机车 zhuǎnjià jīchē ボギー機関車.

转肩 zhuǎnjiān [囲]肩代わりする.

转交 zhuǎnjiāo (代わって)手渡す:[烦 fán 交]はていねいな表現.[王先生～李先生收](郵便で)王さん方に李さん.[黄宅～王庆瑞先生台启](郵便で)黄様方気付王慶瑞様.[请将这张便条～小王]この書き置きを王くんに渡してください.

转角 zhuǎnjiǎo ①[一儿]曲がり角(を曲がる).②角度を変える.[～沙发]リクライニングソファー.

转借 zhuǎnjiè 又借り(貸し)する.

转镜仪 zhuǎnjìngyí ⇒[经 jīng 纬仪]

转科 zhuǎnkē (患者が病院内で自分の治療する)科を換える.

转口 zhuǎnkǒu ①=[转港](陸揚げ貨物の)積み替えをする.中継ぎをする.[～报单]再輸出検査願書.[经港～]香港経由で中継ぎをする.[～港]中継港.[～贸易]中継貿易.三国間貿易.[～商埠 bù]中継貿易港.②口ぶりを変える.改まって言う.

转口税 zhuǎnkǒushuì ⇒[沿 yán 岸贸易税]

转款 zhuǎnkuǎn 代金の授受(をする).金銭の受け渡し(をする).決済(をする).

转脸 zhuǎnliǎn ①顔を背ける(向きを変える).[她转过脸去擦(ㄝ泪)彼女は顔を背けて涙をふいた.[他～就走了]彼はぷいと行ってしまった.②[一儿]〈喩〉ちょっとの間(に).[刚还在这儿,怎么～就不见了]たった今までここにいたのに,どうしてちょっとの間にいなくなったんだろう?

转捩点 zhuǎnlièdiǎn ⇒[转折点]

转录 zhuǎnlù ①(録画・録音テープやフロッピーを)

ダビングする．②〈转〉(特許権を侵害して)コピー商品をつくる．[～药品]模造した偽薬品．

转卖 zhuǎnmài 転売する．又売りする．

转年 zhuǎnnián 〈口〉①年が変わる．翌年になる．[转过年来就暖和了]年が変われば暖かくなる．②来年．翌年．

转念 zhuǎnniàn 考えを変更する．気が変わる．考え直す．[一一想,还是去吧]考え直してみると,やはり行くことにしようと思った．

转暖 zhuǎnnuǎn 暖かくなる．

转蓬 zhuǎnpéng 〈文〉〈喩〉落ちぶれて漂泊する．

转晴 zhuǎnqíng 晴天になる．〈喩〉顔付きが晴れ晴れとなる．

转求 zhuǎnqiú 人づてに頼む．

转儿 zhuǎnr …連発．[六~手枪][六连发手枪]6連発ピストル．

转让 zhuǎnràng 譲渡(する)．[～,出售或用其它方式来处 chǔ 置]譲渡・売却あるいはその他の方法を用いて処分する．[技术～]技術譲渡．技術提携．

转入 zhuǎnrù ①移る．変わる．転じる．[由防御～反攻]守りから反撃に転ずる．②繰り越す．繰り入れる．

转身 zhuǎnshēn ①体の向きを変える．②〈转〉あっという間に．瞬く間に．[刚才он还在这儿吧,一~没了]彼はここにいるかと思ったもういなくなった．

转生 zhuǎnshēng 同下．

转世 zhuǎnshì 〈转生〉生まれ変わる．転生する．[像神仙一般]神様が生まれ変わったと同様である．[～灵童园](チベット仏教の)転世活仏は三老爷~](茅・霜9)良材はそっくり3番目の旦那の生まれ変わりだ．→[托 tuō 生]

转手 zhuǎnshǒu ①〈~儿〉手を翻す．[一~的时~ちょっとの間(に)．②(商品などが)人の手を経る．転売する．[~货没什么大利儿]取り次ぎ品は大した利益はない．[~就赚钱]手を通すだけでもうかる．

转售 zhuǎnshòu 転売(する)

转述 zhuǎnshù ①(人の言葉を)伝える．代わって述べる．[我不过是~主任的话而已,没有什么的]主任の言葉を伝えたにすぎない．②(文章や報告などの内容を)伝える(叙述する)

转瞬 zhuǎnshùn 目をまばたく(間)．[～之间]ちょっとの間(に)．瞬間(に)．→[瞬息]

转送 zhuǎnsòng ①転送する．取り次ぐ．②(贈り物などを)別人にあげる．貰い物を人にやる．[转赠]に同じ．

转塔车床 zhuǎntǎ chēchuáng ⇒[六 liù 角车床]

转体 zhuǎntǐ 〚スポ〛ひねり(をきかす)．ターン(する)．[跳tiào水](水泳での)ひねり飛び込み．→[跳水]

转天 zhuǎntiān 日が変わる．翌日になる．→[转年①]

转贴现 zhuǎntiēxiàn 圓(手形の)肩代わり割り引き．

转托 zhuǎntuō 人を介して頼む．

转弯〈儿〉zhuǎnwān(r) ①角を曲がる．[一~就到]角を曲がったらすぐ着く．[一抹 mò 角〈儿〉][拐guǎi 弯抹角〈儿〉]道が曲がりくねっているさま．[汽车~开进了村子]車は曲がりくねった道を通って村にきた．②遠回しに言う．[有什么意见就痛快说,别这么~的话]があるなら変に遠回しに言わずにはっきり言ってもらどうだ．③転換させる．[转弯子]ともいう．[我这个死脑筋,连这个弯也没转过来]おれってのほんとうに頭がかちかちって,こんな事一つを変えるにも頭が回らないでだ．

转弯子 zhuǎnwānzi 〈喩〉(考えや立場を)変える．改める．[转弯〈儿〉③]に同じ．→ zhuànwānzi

转旺 zhuǎnwàng 好調へ向う．いい方向に変わる．

转危为安 zhuǎnwēi'ān〈成〉(情勢や病状が)危急から転じて安泰となる．

转文 zhuǎnwén ⇒[转zhuǎi 文]

转系 zhuǎnxì (大学で)転学部(学科)する．

转向 zhuǎnxiàng ①方向を変える．[～架jià]ボギー台車．[台tái车①]ともいう．[～灯]ウインカー．(車の)方向指示灯．②転向する:政治上の立場を変えること．③方向を変えて向く．[把话题～我]話を私の方へ向けた．→ zhuànxiàng

转向轮 zhuǎnxiànglún ⇒[驾 jià 驶盘]

转型 zhuǎnxíng ①(社会構造・政治制度・価値観など)転換する．②モデルチェンジする．生産品種を変える．

转学 zhuǎnxué 転校(する)

转眼 zhuǎnyǎn ①目(視線)を移す．②〈喩〉ちょっとの間(に)．またたく間(に)．[一间][～的工夫]同前．[人生在世～百年]人生はあっという間に百年が過ぎてしまう．[一就瞧不见了]ちょっとの間にも見えなくなった．

转业 zhuǎnyè ①職業を変える．転業する．②解放軍の幹部から退役して別の職業につくこと．[～军人]同上の退役軍人．

转移 zhuǎnyí ①移動する．移る．移し．[部队~了]部隊は移動した．②方向/方針を転換する．立場を変える．[把全部器材~到安全地带]すべての器材を安全地帯に移し．[～目标]人の関心をそらす．[～视线]視線を移す．変化する．[时代～]時代が移り変わる．[不以人的意志为～]人の意志によって変わるものではない．③医転移する．[癌~到肺部]がんが肺に転移した．

转义 zhuǎnyì 圓転義．

转译 zhuǎnyì 重訳する．

转引 zhuǎnyǐn 再引用する．孫引きする．

转阴 zhuǎnyīn ①〚気〛曇りに変わる．[晴~]晴れのち曇り(天気予報)．②医(ウイルス・細菌の反応検査で陽性反応から)陰性反応に変わる．③〈喩〉(顔の表情が)くもる．不機嫌になる．

转音 zhuǎnyīn 音がなまる．音が変わる．

转院 zhuǎnyuàn ①(入院患者が)他の病院に移る．②(大学で)学部を換える．

转运 zhuǎnyùn ①中継運送(する)．[～公司]運送会社．[～站]中継業務．[～站zhàn]中継ステーション．→[运转①]②運気が開ける．

转韵 zhuǎnyùn 〈文〉韻文で若干の語ごとに韻を変えること．[换 huàn 韵]に同じ．

转载 zhuǎnzǎi 転載する．[～人民日报的社论]人民日報の社論を転載する．

转载 zhuǎnzài 荷物を積み換える．

转赠 zhuǎnzèng もらった贈物をそのまま他人に贈る．[转送②]に同じ．

转战 zhuǎnzhàn 転戦する．[～南北]南北を転戦する．

转账 zhuǎnzhàng ①[划 huà 账]振替(える)．[以～的办法订货]振替で注文する．[～传票]振替伝票．[～汇款]振替送金．[～支票]振替小切手．

转折 zhuǎnzhé ①(情勢や方向の)変化する．転換する．[一点][转换点,转挠点,转回点,折り返し点．[人的出现是自然界发展最大的~之一]人間が現れたことは自然界の発展における最も大きな変化の一つである．②転じる．[文章や言葉の勢いを)転じる．②圓逆接．→ zhuànzhé

转辙机 zhuǎnzhéjī 転てつ器．転路器．ポイント．[转辙器][分 fēn 道 dào 岔〈儿〉①][路 lù 岔〈儿〉①]は通称．

转折亲 zhuǎnzhéqīn〈方〉親戚関係が無いのに無理に結ばれた親戚．

转诊 zhuǎnzhěn 転院する．病院を換える．

转正 zhuǎnzhèng 本採用になる.本工・職員になる.正式のメンバーになる.

转症 zhuǎnzhèng 病状が変わる.

转制 zhuǎnzhì 機構・制度などを改める,体制を変える:〔转变机制〕の略.

转注 zhuǎnzhù 🈔転注:〔六 liù 书①〕の一.ある字の意義を他の意に転用すること.例えば〔恶è〕(悪い)と読んで"憎む"の意に用いるなど.

转字 zhuǎnzì 🈔接続詞:〔连 lián(接)词〕の旧称.

转租 zhuǎnzū (土地・家屋を)又貸しする.〔~给别人〕他の人に貸する.

〔传・傳〕 zhuàn ①📻経書に解釈をつけたもの:〔春秋左氏~〕など.②伝記.〔自~〕自叙伝.〔鲁 lǔ 迅~〕魯迅氏.〔为烈士作~〕烈士のために伝記を作る.③人物本位の歴史・故事を演述した小説:〔水浒 hǔ~〕など.④🈔旅行手形.→ chuán

传记 zhuànjì 伝記.〔~片 piàn〕伝記映画.

传略 zhuànlüè 略伝.

传赞 zhuànzàn 伝記のあとにつけられた評論(賛辞)

〔转・轉〕 zhuàn ①(軸を中心として)回転する.ぐるっと回る.〔轮子~得很快〕輪が速く回っている.〔团 tuán 团~〕ぐるぐる回る.②(周囲を)回る.立ち寄る.〔在门口来~〕入口でぶらぶらしている.〔没事也不来我们这里~~?〕用事がなければわたしたちのとこへも寄らないか.③〈方〉量詞.回る回数を数える.→ zhuǎi zhuǎn

转把 zhuànbǎ (オートバイの)グリップ.〔油门~〕スロットルグリップ.

转胞 zhuànbāo 🈔妊娠尿閉.

转笔刀 zhuànbǐdāo 〔~儿〕鉛筆削り.

转拨器 zhuànbōqì ⇒〔拨号盘〕

转窗 zhuànchuāng 回転窓.

转刀儿 zhuàndāor 〔转笔刀〕

转动 zhuàndòng ぐるぐる回る(回す).回転する.〔~辘轳〕ろくろを回す.〔~旋 xuán 钮〕つまみを回す.→ zhuàndòng

转(动)子 zhuàn(dòng)zi =〔旋 xuán 转部〕①(発電機などの)回転子.↔〔定 dìng 子〕②(蒸気タービンの)軸車.

转缸发动机 zhuǎngāng fādòngjī 〔旋 xuán 转发动机〕ロータリーエンジン.

转号盘 zhuànhàopán ⇒〔拨 bō 号盘〕

转晃 zhuànhuàng 〈方〉ぶらぶら歩き回る.〔在市场里~了半天什么也没买〕市場を長いことぶらついたが何も買わなかった.

转筋 zhuànjīn 〈口〉こむら返り(を起こす).〔腿肚子~〕ふくらはぎがつった.→抽 chōu 筋(儿)

转矩 zhuànjǔ 〔扭 niǔ 矩〕トルク.

转铃 zhuànlíng (自転車の)回転式ベル.

转炉 zhuànlú 〔吹 chuī 风炉〕🈔転炉.

转轮 zhuànlún 🈔回転車輪.

转轮手枪 zhuànlún shǒuqiāng 回転式連発ピストル.リボルバー.

转每分 zhuànměifēn 🈔回転毎分:周波数,回転数の単位.

转门 zhuànmén 🈔回転ドア.

转磨磨 zhuànmómo(r)〈方〉①うろうろ回る.ぐるぐる回る.②子供の遊びの一.一箇所に立ったままぐるぐる回る.

转磨 zhuànmò 〈方〉ぐるぐる回る.うろたえる.まごつく.おろおろする.〔急得直~〕焦ってすっかりまごつく.〔找不着地方,转了半天磨了〕場所がわからず長いころうろうろした.→〔打 dǎ 转(儿)〕

转脑子 zhuànnǎozi =〔动 dòng 脑筋〕頭を働かす.

转盘 zhuànpán ①ロータリー.〔人民路的两端是两个~〕人民路の両端はそれぞれロータリーになっている.②〔蓄音機などの)回転盤.③(機関車の方向転換に用いる)転車台.④(曲芸の)皿回し.

转圈 zhuànquān 〔一儿,一子〕①輪を描いて回る.周りを回る.〔我~看了一遍,一个熟人也没有〕周りを見ても知らない人ばかりだ.②回り道をする.③周囲.周り.

转日莲 zhuànrìlián ⇒〔向 xiàng 日葵〕

转数 zhuànshù 🈔回転数.〔~表 biǎo〕積算回転計.

转速 zhuànsù 回転速度.〔~表〕回転速度計.

转胎(儿) zhuàntāi(r) 🈔出産の時,胎児が生まれる方向に回り動くこと.

转台 zhuàntái ①回り舞台.②(食卓の上に置く)ターンテーブル.

转梯 zhuàntī 螺旋階段.

转弯子 zhuànwānzi 遠回しに言う.〔转着弯子骂人〕遠回しに人の悪口を言う.→ zhuǎnwānzi

转向 zhuànxiàng 方角がわからなくなる.迷う.〔晕 yūn 头~〕頭がぼうっとして方向を見失う.→ zhuǎnxiàng

转椅 zhuànyǐ 回転椅子.

转影壁 zhuànyǐngbì 〈方〉隠れる.逃げ隠れする.隠して言わない.〔没准儿他和我~〕彼はわたしに隠しだてしようとするかもしれない.〔有话直说,别跟我~好不好〕話があったらまっすぐ言いなさい,気がねしないでくれないか.〔你竟和我~,今儿可让我碰上了〕おまえはわたしから逃げ隠ればかりしているが,今日は見つかったぞ.

转悠 zhuànyou 〈口〉①行ったり来たりする.ぶらぶら歩き回る.〔也写〕とも書いた.〔在大街上~了半天〕街を長いこと歩き回った.②ぐるぐる回る.回転する.〔眼珠子直~〕目玉をきょろきょろさせる.

转折 zhuànzhé 〈口〉①思案.機知.〔这孩子~不小〕この子はよく思案がある.②ゆとり.融通.〔娘儿们到眼底没一〕女たちはしょせんゆとり・融通がない.③〔转轴〕たくらみ(む).〔别看他不言语,心里又~呢〕あいつ口じゃ言わないが心じゃたたくらんでいるんだから気をつけろよ.〔别跟我使~〕おれにたくらみをしかけるな.〔他什么坏杂碎都有,~不着呢〕彼はありとあらゆるよからぬ考えがあって,~理てい大したもんだぞ.→ zhuǎnzhé

转轴 zhuànzhóu ①🈔回転軸.②同上[転折]

转字盘 zhuànzìpán (金庫などの)文字盤.ダイヤル.〔拨 bō~〕同前をよみ→〔拨号盘〕

转子 zhuànzi 〔转(动)子〕

转子流量计 zhuànzi liúliàngjì 浮遊式流量計.

〔啭・囀〕 zhuàn 〈文〉(鳥が)さえずる.〔啼 tí~〕同前.〔莺 yīng 啼鸟~〕(鶯)うぐいすや小鳥がさえずる.〔~鸣 míng〕さ~〔~叫 jiào〕さ~

〔沌〕 zhuàn 〔~河〕🈔湖北省にある.→ dùn

〔瑑〕 zhuàn 〈文〉玉器の浮き彫り(模様)

〔篆〕 zhuàn ①〔篆〕:漢字の字体の一種.〔小~〕小篆.〔大~〕大篆.②〈文〉篆書で書く.〔~额 é〕碑の上に篆書で書く.③〈文〉篆字体の官印.〔接〕®印形.〔~章〕印章.〔接~〕職務引継ぎ(をする).〔卸 xiè~〕職を辞する.④他人の名字に対する敬称.〔雅 yǎ~〕〔台 tái~〕雅号.〔号 hào(l)③〕〔字 zì ③〕

篆刻 zhuànkè ①~印を刻する.〔~家〕てん刻家.②~刻.てん字彫刻.

zhuàn～zhuāng

篆书 zhuànshū 圖篆書．〔篆体〕〔篆文〕〔篆字〕ともいう．

〔赚・賺〕 zhuàn ①〔商売で〕もうける．利潤を得る．〔有～无赔〕もうけしても損することはない．〔～头(儿)〕もうけ高．〔～五万块钱〕5万円もうけた．↔赔 péi
②〔挣 zhèng〕 ③〈方〉〔一儿〕かせぐ．→ zuàn
赚回 zhuànhuí（損金などを）取り戻す．
赚利 zhuànlì もうける（る）．利益（を得る）
赚钱 zhuànqián 金でもうける．もうかる．↔赔 péi 钱 →〔挣 zhèng 钱〕
赚取 zhuànqǔ （利益を）得る．もうける．〔～外汇〕外貨を手に入れる．
赚(儿) zhuàn(r) もうけ．利益．〔这买卖没多大～〕この商売はたいしたもうけはない．

〔馔・饌〕 zhuàn ＝〔篹①〕〔籑②〕〈文〉食べ物．飲食物．〔用～〕飲食する．〔肴 yáo～〕料理．〔盛 shèng～〕上等で豊富な料理．〔～具 jù〕食器．

〔撰（譔）〕 zhuàn ＝〔篹②〕〔籑①〕①文章を作る．〔～文一篇〕文章を一篇作る．〔编 biān～〕編纂(さん)する．
撰安 zhuàn'ān 〔文 wén 安〕
撰稿 zhuàngǎo 原稿を書く．
撰祺 zhuànqí〔文安〕
撰述 zhuànshù ＝〔著 zhù 述〕
撰文 zhuànwén 文章を書く．
撰写 zhuànxiě 文章を書く．
撰著 zhuànzhù 著述する．著作する．

〔篹〕 zhuàn ①⇒〔馔〕 ②⇒〔撰〕 → zuǎn

〔籑（籑）〕 zhuàn ①⇒〔撰〕 ②⇒〔馔〕 → zuǎn

zhuang ㄓㄨㄤ

〔壮・壯〕 zhuàng〈姓〉壮(ぞ) → zhuàng

〔妆・妝(粧)〕 zhuāng ①化粧する：旧時，女性の装飾品の意．〔梳 shū 一台〕化粧台．②〔女性の〕装い．〔俳優の〕扮装：〔装①⑤〕に同じ．〔卸 xiè～〕化粧を落とす．メーキャップを落とす．③嫁入り道具．〔发～〕同前を送り出す．〔送～〕同前を送り届ける．〔迎～〕同前を迎える．→〔妆奁②〕
妆扮 zhuāngbàn ⇒〔装扮〕
妆次 zhuāngcì ＝〔妆阁〕〔妆前〕〔妆侍〕〔妆台②〕〔绣 xiù 次〕〔赙〕女性に用いる敬称：男性の場合は〔足 zú 下〕などを用いる．〔贤 xián 姊大人～〕姉上様御許(おんもと)へ．
妆点 zhuāngdiǎn ⇒〔装点〕
妆阁 zhuānggé ⇒〔妆次〕
妆奁 zhuānglián ①化粧道具．②嫁入り道具：〔嫁 jià 妆〕に同じ．〔他上赶着结这门亲就是图的那份好～〕彼がしきりとこの縁談をまとめたがっているのはあの立派な嫁入り道具が目当てなのだ．→〔陪 péi 嫁〕〔送 sòng 妆〕
妆前 zhuāngqián ⇒〔妆次〕
妆饰 zhuāngshì ①化粧する．めかす．〔稍加～〕ちょっと化粧する．②化粧したさま．着飾ったさま．→〔装饰〕
妆侍 zhuāngshì ⇒〔妆次〕
妆束 zhuāngshù ⇒〔装束〕
妆台 zhuāngtái ①化粧台．②⇒〔妆次〕

〔庄・莊(荘)〕 zhuāng（Ⅰ）①〔一儿〕部落．村落．〔村〕同前．〔石家～〕圏石家莊(河北省)．②圃封建領主・貴族が領有した領地．荘園．〔～田①〕〔～园①〕同前．圃昔の，皇帝の，の荘園．④圃取引規模の大きい店．〔钱～〕圃経営の金融業．〔茶问屋．〔绸缎～〕絹織物屋．④〔賭け事やゲームの〕親元．〔坐～〕親になる．〔~姓〕荘〕（Ⅱ）落ち着いて重々しい．〔端 duān～〕端荘で落ち着きがある．〔有～有谐 xié〕きりっとしたところもありユーモラスでもある．
庄佃 zhuāngdiàn 圓小作人．
庄户 zhuānghù 農家．〔～人〕～人家〕農民．百姓．
庄家 zhuāngjiā ①〔マージャンや賭博の〕親．ディーラー．→〔连 lián 庄〕 ②〈転〉圖投機筋．仕手筋．
庄稼 zhuāngjia 農作物：主として稻・小麦・雑穀など．〔种 zhòng～〕農作物を作る．〔收～〕作物を収穫する．〔～地〕耕作地．田畑．〔～人〕〔～汉 hàn〕老儿〕農夫．〔～活儿〕百姓仕事．〔大～〕〈方〉とうもろこし・あわ・高梁．→〔作 zuò 物〕
庄客 zhuāngkè 圃①作男(ぞ)．②商品仕入れのため常時あるいは一定期間）駐在する者：〔号 hào 客〕〔水 shuǐ 客①〕ともいう．→〔坐 zuò 在①〕
庄票 zhuāngpiào 圃〔钱 qián 庄〕の発行した手形．→〔票据①〕
庄田 zhuāngtián ①圓領地．荘園．②田地．田畑．
庄头 zhuāngtóu 圃①田畑の番人．②荘園の管理人．
庄严 zhuāngyán 荘厳である．〔～的气氛〕荘厳な雰囲気．〔～地宣誓〕厳かに誓う．
庄园 zhuāngyuán ①圃荘園．〔～主〕荘園主．荘園所有者．②大規模経営の農園．
庄员 zhuāngyuán 圓荘園で働く小作人．
庄院 zhuāngyuàn 圓田舎にある大邸宅．
庄重 zhuāngzhòng 端正で落ち着きがある．荘重である．重々しさがある．
庄主 zhuāngzhǔ ①荘園主．②大商店・問屋の所有者．〔茶荘園主〕お茶問屋の主人．
庄子 zhuāngzǐ ①人圃荘子．戦国時代の思想家．宋の出身．名は周．〔老子 lǎozǐ〕と併称される道家の代表者．〔南华 huà 华真人〕は敬称．②書名．〔(～)南华经〕ともいう．→ zhuāngzi
庄子 zhuāngzi ①〔口〕村．→字解① ② 田舎の大きな住宅．

〔桩・樁〕 zhuāng ①〔一儿〕杭(ぐ)．棒杭．〔～橛 jué〕くい．柱．〔～柱〕くい．柱．〔打～〕くいを打つ．〔～锤〕ハンマー．〔木～〕木のくい．〔桥～〕〔拴 shuān 马～〕馬をつなぐくい．②量詞．事柄を数える一つ．〔一个事件〕一つの事柄．〔この～买卖〕この商売．〔～～件 jiàn 件〕すべての事．
桩子 zhuāngzi （地面に立っている）くい．棒くい．

〔装・裝〕 zhuāng ①装い．服装．いでたち．〔服 fú～〕服装．〔军 jūn～〕军服．〔冬～〕冬の服装．〔春～〕春着．〔童 tóng～〕子ども服．〔古～〕〔古装〕昔の服装．〔行 xíng～〕旅じたく．〔整～出发〕旅仕度を調えて出発する．②装丁．〔平～〕並装丁．〔精～〕上等な装丁．〔线～书〕和とじ本．③詰める．収める．扮する．〔～成小孩儿〕子供に扮する．〔～货〕荷物を詰め込む．〔～箱〕箱詰めにする．〔～船〕船に積み込む．〔～袋〕袋詰めにする．④扮する．ふりをする．〔～聋作哑 yǎ〕聞こえず話せないふりをする．〔～洋人〕外国人に扮する．〔～样子〕見せかけ．〔～假话〕同前．〔～不知道〕知らないふりをする．〔不懂 dǒng～懂〕わからないのにわかるふりをする．〔出一付可怜相〕かわいそうなふりをする．⑤俳優の衣装や化粧．〔上～〕俳優が同前をつける．〔下～〕〔卸 xiè～〕同前をとる．⑥装備する．据え込む．組み付ける．〔机器已经～好了〕

zhuāng

機械の据え付けはもうできた.〔~电脑〕(パーツを買って)コンピューターを組み立てる.〔~电话〕電話を取り付ける.⑦(入れ物に)詰め込む.しまい入れる.積み込む.〔~不下〕詰めきれない.〔~火药〕火薬を詰める.〔瓶 píng ~〕ビン詰め.〔五斤~〕5斤入り.⑧〔姓〕装〔=〕

装扮 zhuāngbàn〔妆扮〕とも書く.①装う.身ごしらえする.=〔打 dǎ 扮①〕②装い.身ごしらえ.③変装する.偽装する.〔~成一个商人〕商人に化ける.→〔化 huà 装〕

装备 zhuāngbèi 装備(する).装置(する).艤(ぎ)装(する)

装裱 zhuāngbiǎo 表装する.表具する.

装病 zhuāngbìng 仮病(を使う)

装车 zhuāngchē 車に積み込む.車に載せる.

装船 zhuāngchuán 船積み(する).〔~费〕船積み費用.〔~发票〕船積送り状.〔~单据〕船積書類.

装大 zhuāngdà〔方〕偉ぶる.偉そうなふりをする.

装点 zhuāngdiǎn〔妆点〕とも書く.①飾りつける.しつらえる.〔~门面〕家屋や店の外側を装飾する.②飾りつけるもの.しらえるもの.

装订 zhuāngdìng 装丁(する).〔~器 qì〕〔订书器〕ホッチキス.

装发 zhuāngfā 荷造り(して)発送(する)

装疯卖傻 zhuāngfēng màishǎ =〔装憨卖傻〕〈成〉馬鹿や阿呆のまねをする.

装裹 zhuāngguo〔装老〕①死んだ人に着せる衣裳.経かたびら.→〔寿 shòu 衣〕②同前を着せる.

装憨卖傻 zhuānghān màishǎ ⇒〔装疯卖傻〕

装糊涂 zhuānghútu とぼける.しらばくれる.〔你知道得很清楚,还装什么糊涂呢〕君はよく知っているくせに何をしらばくれているのか.〔他还不知道吗?~呢〕彼が知らんはずはない,とぼけているのさ.

装潢 zhuānghuáng ①飾りつける.しつらえる.〔~得很大方,给我们留下了深刻印象〕装飾が落ち着いていて,深い印象を残した.〔彩车~得非常漂 piào 亮〕花車の飾りつけが大変きれいだ.②表装をする.〔墙上挂着一幅新~的山水画〕壁に新しく表装した山水画がかけてある.③(包装・外装などの)飾りつけ.〔这套茶具的~很讲究〕この茶器のしつらえはなかなか凝っている.

装幌子 zhuānghuǎngzi ⇒〔装门面〕

装货 zhuānghuò〔载 zài 货〕貨物を積み込む.荷を積む.〔~单据〕船積書類.〔落 luò 货〕〔起 qǐ 货〕

装货清单 zhuānghuò qīngdān ⇒〔发 fā (货)单〕

装机 zhuāngjī ①機械を設置する.②(備え付けた)機械の設備:主に電力関係に用いる.〔~容量〕設備容量.

装甲 zhuāngjiǎ ①装甲.〔~兵〕装甲部隊.〔~列车〕装甲列車.〔~车〕装甲車.〔铁 tiě 甲车〕ともいう.〔~舰 jiàn〕〔~巡洋舰〕〔铁甲舰〕装甲巡洋艦.②防弾鋼板.

装假 zhuāngjiǎ ①遠慮する.〔我不会~〕わたしは遠慮できないたちです(はいたしません).②…のふりをする.〔这个人爱~〕この人はよく見栄を張る.この人はよくとぼける.

装具 zhuāngjù〔军〕装具.

装酷 zhuāngkù〈口〉格好をつける.粋(いき)がる.

装老 zhuānglǎo ⇒〔装裹〕

装殓 zhuāngliàn 納棺する.

装聋 zhuānglóng 聞こえないふりをする.見て見ぬふりをする.〔对他们只好~就是了〕彼らには知らないふりをするほかはない.〔他不会~卖傻 shǎ〕彼は気がつかないようにしたり格好だけをつくることはできない.〔~作哑 yǎ〕聾唖者を装う.〔他对于这个问题一作

哑,若无其事〕彼はこの問題に対しては知らんぷりをして,そんなことがあったかという顔をしている.

装满 zhuāngmǎn ①満載する.②いっぱい詰める.

装门面 zhuāngménmiàn =〔装幌子〕うわべを飾る.見栄を張る.体裁を繕う.〔壮 zhuàng 门面〕

装模作样 zhuāngmú zuòyàng〈成〉気取る.もったいぶる.〔别~了,不懂就承认不懂,老老实实地从头学起〕もったいぶるな,わからないならわからないと白状して,おとなしく初めから習うことだ.〔捏 niē 酸假醋〕

装胖 zhuāngpàng 太ったふりをする.〈転〉金持ちのふりをする.〔我知道他的底细,再怎么~也不行〕わたしは彼の内幕を知ってるんだ,どんなに体裁を繕ったってだめさ

装配 zhuāngpèi 組み立て(る).取りつけ(る).艤(ぎ)装(する).〔~工〕同前の労働者.〔~机器的零件〕機械の部品を組み立てる.〔~式房屋〕プレハブ(住宅).〔~车间〕組み立て作業場.→〔配合〕

装配线 zhuāngpèixiàn ⇒〔组 zǔ 装生产线〕

装腔 zhuāngqiāng〈口〉もったいぶる.〔装什么腔!〕もったいぶるな.

装腔作势 zhuāngqiāng zuòshì〈成〉①もったいぶる.キザにふるまう.〔作腔作势〕ともいう.〔我认为那个演员~,演得有些过火〕ぼくはこう思うんだ,あの俳優はもったいぶりすぎて演技がちょっと大げさすぎる.②ふりをする.ゼスチャーを見せる.

装傻 zhuāngshǎ しらばくれる.とぼける.〔~充愣 lèng〕〈成〉とぼけたふりをする.

装设 zhuāngshè 設置する.据え付ける.

装神弄鬼 zhuāngshén nòngguǐ〈成〉①神や化け物を装う.②詭計を弄する.〔你们别和我~〕おまえたちおれに手管を使うのはよせよ.

装饰 zhuāngshì ①装飾する.飾る.〔她不爱~〕彼女はおしゃれをしない.〔她不会~〕彼女は着飾りがへただ.〔~橱 chú 窗〕ショーウィンドウを飾りつける.〔~图案〕装飾図案.〔~音〕圄装飾音.〔~布〕装飾布.〔~品〕同前.〔室内~〕室内装飾品.→〔妆饰〕

装束 zhuāngshù〔妆束〕とも書く.①装う.身ごしらえする.②身なり.身ごしらえ.〔~入时〕服装がモダンだ.〔工人~的人〕労働者風の人.③〔文〕旅仕度をする.

装死 zhuāngsǐ 死んだふりをする.〔这个刁女人,到现在还在~卖活,同我玩这一套〕(曹禺·蜕变)このろくでなしが,今でも大げさに死ぬの生きるのと,ぼくを脅かすんだ.

装蒜 zhuāngsuàn〈口〉=とぼける.知らんぷりをする.しらばくれる.かまととぶる.〔你还问吗?别~了〕まだ聞くのか,とぼけちゃいけないよ.〔你~!还不起来?〕(周・暴16)とぼけるな,まだ起きないのか.②もったいぶる.偉ぶる.〔你别在这儿~了〕ここでそんなにもったいぶる.〔你装什么蒜〕何をもったいぶるんだ.〔装大头蒜〕ひどくもったいぶる.

装孙子 zhuāngsūnzi〈喩〉哀れみ深そうなふりをする.→〔孙子②〕

装填 zhuāngtián ⇒〔填充①〕

装现 zhuāngxiàn 圄正貨現送(する)

装箱 zhuāngxiāng 箱に詰める.

装相(儿) zhuāngxiàng(r)(同情や好意を得るために)装う.振りをする.体裁を繕う.→〔样子子〕

装卸 zhuāngxiè ①積み下ろし(する).〔在~过程中造成洒、漏现象〕積み下ろしの過程内でこぼれたり漏れたりする現象を引き起こす.〔~工人〕貨物積み下ろし労働者.②組み立てたり分解したりする.〔~自行车〕自転車を同前.

装熊 zhuāngxióng〈口〉弱味を見せる.〔在敌人面

前,我能～吗]敵の面前でおれが弱味を見せられるものか.
装修 zhuāngxiū ①改装する.改修する.[～门面]門や戸(店舗)をリフォームする.[～阶段](建築の)仕上げ段階.②(壁塗りや窓·戸·電灯·水道の取り付けなどの)付帯工事.内装.[这房子的~很讲究]この家の造作(ᠵᠠᠤ)は吟味してある.
装佯 zhuāngyáng 〈方〉とぼける.しらばくれる:[～/伴装]ともいう.
装样子 zhuāngyàngzi みえを張る.体裁を飾る.→[装相](儿)
装妖作怪 zhuāngyāo zuòguài〈成〉いろいろな変わった格好をする.
装运 zhuāngyùn 積み込んで輸送する.→[启 qǐ 运]
装载 zhuāngzài (荷物·人を)積み込む.のせる.[～量]積み荷量.積載量.[～货物]積み荷をする.[～机]パワーシャベル.
装着玩儿 zhuāngzhewánr〈方〉見せかける.[他不是真病,是～呢]彼はほんとの病気ではない,そのふりをしているだけなのだ.[～/装幌子]ともいう.
装帧 zhuāngzhēn (書·画·書籍などの)装丁·装飾.[书籍的～设计]書物装丁のデザイン.
装置 zhuāngzhì 取り付け(る).装置(する).据え付け(る).[冷风设备已经～好了]冷房設備は取りつけ終わった.[自动控制～]自動制御装置.[保险～]→[安 ān 装]
装作 zhuāngzuò 装する.ふるまう.ふりをする.装う:[装做]とも書いた.

[奘] zhuàng 〈方〉太く大きい.[～胳 gē 膊]太い腕.⑥〈喩〉手ごわい相手.[身高腰～]背が高く胴が太い.[这棵树真～]この木は周りが太い. → zàng

[壮·壯] zhuàng ①強健である.たくましい.丈夫である.[年轻力～]年が若く力も強い.[身体~]体はとても強健(である).[强~]強壮である.[健 jiàn ~]壮健である.[庄稼长得很~]作物がとても勢いよく育っている.②盛んである.雄壮である.[雄 xióng ~][理直气~]道理がまっすぐで(正しいので)意気盛んである(臆しない).[~志]雄大な志.③力をつける(がつく).盛んにする.強める.強くする.大きく(強く)見せかける.[~起胆子]勇気を奮い起こして.→[壮胆]④〈文〉壮年.働き盛り.[三十日有室]男は30歳を壮という,働き盛りがある.⑤量詞.一穴に据える灸の数.[每次要施三~]一つのつぼに5灸ずつ据える.⑥→[壮族] → zhuāng

壮场面 zhuàngchǎngmiàn 見栄を張る.[撑 chēng 场面]に同じ.→[壮门面]
壮大 zhuàngdà ①壮大にする.堂々たるものとする.[～自己的队伍]自分の陣営を大きくしていく.②強大である.盛んである.[和平力量日益～起来]平和の力が日に日に強大になる.
壮胆 zhuàngdǎn 胆を大きくする.元気をつける.勇気をつける.[想靠这本书～,尝试一下]この本に頼って大胆になって一つ試してみたい.[喝酒真～,有天大的事都不怕]酒を飲むと気が大きくなって,どんなに大きなことが起こっても怖くない.[如果路上有个什么事,人多可以～]もし途中で何かあっても,人数が多ければやはり心強いというわけです.
壮丁 zhuàngdīng 旧壮丁:成年に達して兵役や労役にあたる男子.[抓 zhuā ~][抓丁][拉丁]壮丁を拉致living.
壮工 zhuànggōng 肉体労働者.人足.雑役人夫:専門技術を持たず,比較的単純な作業に従事する者.[小 xiǎo 工](儿)は旧称.
壮观 zhuàngguān 壮観(である)

壮汉 zhuànghàn 壮年の男子.力のある男.
壮怀 zhuànghuái〈文〉雄大な志.盛んな心意気.
壮健 zhuàngjiàn 壮健である.→[健壮]
壮锦 zhuàngjǐn チワン族女性の手織りの錦.[~包]同時代で作ったカバン.
壮举 zhuàngjǔ 壮挙.偉大な行動.[二万五千里长征是伟大~]2万5千里の長征は偉大な壮挙である.
壮阔 zhuàngkuò ①広々として雄大である.[太平洋波澜～]太平洋は波浪が雄大だ.②壮大である.[规模～]規模が大きい.
壮劳力 zhuàngláolì 身体強健な労働者:一般に肉体労働者を指す.
壮丽 zhuànglì 雄大で美しい.壮麗である:規模が大きくて立派なさま.[山河～]山河が壮麗である.
壮烈 zhuàngliè 壮烈である.[~牺牲]壮烈な最期だ.
壮美 zhuàngměi 力強くて美しい.
壮门面 zhuàngménmiàn 外見を飾る.体裁を繕う.[衣裳要穿好的,就是~]よい着物を着たがるのは,外見を飾ることだ.→[装 zhuāng 门面]
壮苗 zhuàngmiáo 農丈夫な苗.
壮年 zhuàngnián 壮年.働き盛り.[~有为的时候]働き盛りでこれからという時.→[中 zhōng 年]
壮士 zhuàngshì 壮士.[~断(解)腕]〈成〉壮士は生きるために自ら傷ついた腕を切り落とす.〈喩〉局部を犠牲にして大局を守る.
壮实 zhuàngshi (体が)がっちりしている.たくましい.[把身体锻炼得很～]体をすごくたくましく鍛える.
壮图 zhuàngtú〈文〉壮大な計画.壮志.
壮文 zhuàngwén チワン族の文字.
壮戏 zhuàngxì 劇チワン族の伝統劇の一.
壮乡 zhuàngxiāng チワン族の村:広西チワン族自治区を指すこともある.
壮心 zhuàngxīn〈文〉大志.[~不已]〈成〉年はとっても壮心は衰えない.
壮行 zhuàngxíng 旅立つ人を盛大に送る.[他举起酒杯说,谢谢为我~]彼は杯を挙げ,私のために壮行会を開いて下さりありがとうと言った.
壮秧 zhuàngyāng 丈夫な苗.強い苗.[~肥 féi]苗を強くする肥料.
壮阳 zhuàngyáng (男性の)精をつける.精力を盛んにする.[~药 yào]強精薬.
壮勇 zhuàngyǒng〈文〉①たくましく勇敢である.②血気盛んな人.壮年の男子.兵士.
壮语 zhuàngyǔ チワン族の言葉.
壮月 zhuàngyuè 旧暦8月(の別称).
壮志 zhuàngzhì 雄大な志(望).壮志.[~凌云]〈成〉壮志雲をしのぐ.[~未酬 chóu]大志をまだ実現させていない.
壮族 zhuàngzú チワン族:中国少数民族の一.広東·广西·雲南省などに居住する.もと「僮族」と書いたが1965年「~」と改めた.

[状·狀] zhuàng ①形.形状.外観.[形~]形状.[奇 qí 形怪~]〈成〉珍しい形や様々な様子.怪奇な形.[惊 jīng 恐万~]〈成〉驚きのあまりひどく取り乱す.②事情.状況.なりゆき.[列举罪~]罪状を列挙する.③同前を記載した文(書).[行~]行状.④訴状.告訴状.[供 gòng ~][状 sù ~]告訴状.[告~]訴える.告訴する.[~告某人]告訴状を呈出して某を訴える.⑤表彰や委任など一定の書式の証書.[奖励~][赏状~][委任~]委任状.⑥形容する.描写する.説明する.[不可名~]名状することが

状況 zhuàngcí ③[名詞](旧称)[疏 shū 状词]ともいえす.→[状语]　②⇒[状子]
状告 zhuànggào 訴状を出して告訴する.
状棍 zhuànggùn 三百代言.
状况 zhuàngkuàng 状况.状態.様子.[经济～恶化]経済状况が悪くなる.[身体～]健康状态.[改变落后的～]遅れた状况を改善する.
状貌 zhuàngmào 様子.容貌.
状态 zhuàngtài 状態.[固体～]固体状.[～词 cí]⑤状態詞.⑤語ではあらわしにくいということなどの点で,一般の形容詞と異なる.[雪白][白花花]など.[精神～很好]精神状态がいい.[竞技～不佳]競技状態はよくない.
状语 zhuàngyǔ ③[副]副詞性修飾語.連用修飾語.状況語.→[句 jù 子成分]
状元 zhuàngyuán ①=[廷 tíng 魁]⑤科挙の最高の試験であった[殿 diàn 试]で,第1位の成績で合格した[进 jìn 士]になった者:[殿元①][大 dà 魁①][魁 kuí 甲][龙 lóng 头①][龙首②]ともいう.[～会 huì 元][解 jiě 元][科 kē 举]　②[喩]ある業種のなかで成績の最もよい人.③[喩]入試などの試験で第1位の(人).[文科～]文系試験の第1位.
状元饼 zhuàngyuánbǐng [食](枣 zǎo 泥)(なつめの実のあんこ)を入れ,表に[状元]という文字を焼きつけた(飾りつけた)餅.→[大 dà 八件儿]
状元糕 zhuàngyuángāo [食]米の粉に砂糖を混ぜ,回形にした回形の用いた靴の回形をした靴底:白い木綿布を重ね縫い合わせたもの.
状元红 zhuàngyuánhóng ①=[绍 shào 兴酒]　②[植]オシロイバナ.[紫 zǐ 茉莉]の別称.③[文さいころ遊びの一種:さいころ5個を一度に投げ,全部が1点(1点は赤く色どられている)になる場合を[～]といい,最高点となる.→[掷 zhì 骰子]
状纸 zhuàngzhǐ ⑤裁判所所定の訴状用紙.
状子 zhuàngzi =[状词]訴状.

[僮] zhuàng → tóng
僮族 zhuàngzú ⇒[壮族]

[撞] zhuàng ①つく.打つ.[～钟]鐘をつく.②衝突する.ぶつかる.[汽车把手推车一倒 dào 了]自動車が手押し車をはねて倒した.[当时的正在鬼鬼祟祟地拿东西,被老王一见了]この男がちょうどびくびくしながら物を盗んでいたところを,王さんにばったり見つかった.[莽 mǎng ～]そこつむこうみず.③つきあたる.突込んでくる.かけこんでくる.[从门外一进一个人来]外から一人の人がかけこんできた.[跌 diē 跌～～走进门来]こけつまろびつ門の中に入ってきた.[横冲 chōng 直～]〈成〉④(车などが)あっちからもこっちからも走ってくる.[冲～]人の気にさわる(って怒らせる).④試してみる.やってみる.[去～～看]やってみる.
撞车 zhuàngchē ①车が衝突する.[～事故]車の衝突事故.[～试验]自動車衝突実験.②重なること.ぶつかり合うこと.競合する(こと)
撞锤 zhuàngchuí ⇒[夯 hāng 锤]
撞大运 zhuàngdàyùn 大運に巡り合う.②運まかせでやってみる.あたってみる.[这回他们可是拿人命去～]今度こそ彼らは危険を顧わず運まかせでぶつかってくるだろう.
撞倒 zhuàngdǎo ①突き倒す.②〈方〉出会う.
撞翻 zhuàngfān 衝突してひっくり返す.ぶつかりくり返す.

撞归 zhuàngguī ⑤珠算の帰除法の名.[～诀 jué]同前の九九.
撞红 zhuànghóng ⑤月経中の性交.また性交の翌日に月経を見ること:迷信で男性が不慮の災難に遭う.
撞坏 zhuànghuài 衝突して壊れる(壊す)
撞击 zhuàngjī 衝突する.ぶつかる.[波浪～着岩石]波が岩石にぶつかる.
撞机 zhuàngjī 飛行機が(空中)衝突する.[～事件]飛行機の衝突事件.
撞见 zhuàngjiàn ばったり出会う.[又没有私弊,～人怕什么]やましいところもないのに誰かにばったり出会っても平気だ.→[碰 pèng 见][遇 yù 见]
撞客(儿) zhuàngkè(r) ⑤(病気の原因と思われる)狐につかれる.物の怪(ﾃ)につかれる(てうわごとを言う):[撞磕(儿)]とも書く.[又笑又闹的,大概是～了]笑ったり暴れたりしてるところをみると,たぶん狐につかれたんだろう.
撞木钟 zhuàngmùzhōng [白]①頼みに行って相手にされない(断られる).[为这件事求人撞了木钟,没意思]このことで頼みに行って断られたんだが,ばかげた話で.②だまして引き受け金を巻き上げる(られ).[京城那里是个有人很多]官24都にはこの種の金を巻き上げる人間がとても多い.
撞骗 zhuàngpiàn いたる所でかたりをする.見回して詐取の機会を探す.
撞墙 zhuàngqiáng 壁につきあたる.行きつまる.[碰 pèng 壁]に同じ.
撞丧 zhuàngsāng 〈骂〉運の悪いことに出くわす.ろくでもないことにかかわる.[不知他又上哪儿一去了]彼はまたどこをほっつき回っていることやら.
撞衫 zhuàngshān 服(デザイン・色柄など)が他人とかち合う.
撞锁 zhuàngsuǒ ①留守に訪問する(してむだ足を踏む).②自動式錠.[～(簧)锁]
撞线 zhuàngxiàn ⑤テープを切る.[他直奔 bèn 终点,第一个～]彼はまっすぐゴールに飛び込み一番にテープを切った.
撞针 zhuàngzhēn (銃などの)撃針.
撞钟 zhuàngzhōng 鐘をつく.

[幢] zhuàng 量詞.建物の棟数を数える.→[座 zuò]、→chuáng

[戆・戆(戆)] zhuàng 〈文〉ばか正→gàng
戆大 zhuàngdà 〈方〉いっこく者.ばか.融通のきかないかたくなな者.
戆眼子 zhuàngyǎnzi いっこくな人間.[他是个～,人家说是,他偏说不]あいつはいっこくな人間で,人がイエスと言えば彼はことさらにノーと言う.
戆直 zhuàngzhí 愚直である.[他为人～]彼は人となりが愚直である.

zhui ㄓㄨㄟ

[隹(隹)] zhuī 〈文〉尾の短い鳥.

[骓・騅] zhuī 〈文〉①あしげ(白黒雑色)の馬.[～马]同前.[乌 wū ～]黒馬.②雎:秦末,楚の項羽の愛馬の名.項羽の垓下歌に[～不逝兮可奈何]とある.

[椎] zhuī ①[生理]椎骨(ｺﾂ).脊椎(ｾｷ).　②〈文〉魯鈍である.→ chuí
椎骨 zhuīgǔ =[脊 jǐ 椎骨][生理]椎骨.
椎间盘 zhuījiānpán =[软(ﾅﾝ)～][生理]椎間板.[～突出症][腰～突出病]⑤椎間板ヘルニア.[突]は[脱

椎轮 zhuīlún〈文〉①輻(ﾔ)のない車輪.②〈喩〉事物を始めたばかりで完全でないこと.
椎体 zhuītǐ 〔生理〕椎体.

〔锥・錐〕

锥 zhuī ①〔-子〕きり.〔用～子扎 zhā〕〔用～子钻 zuān 窟窿 kūlóng〕きりで穴をあける.②きり状の先の尖ったもの.〔改～〕〔杆 gǎn～〕ねじ回し.ドライバー.ドリル.〔冰～〕つらら.〔圆 yuán 一体〕円錐体.③〔きりで〕えぐる.穴をあける.もむ.さし込む.〔～心〕胸をえぐる.
锥把儿 zhuībàr 錐(ﾂ)の柄.
锥边(儿) zhuībiān(r) 〔属〕ふるとり:漢字部首の"隹".→付録1
锥柄 zhuībǐng 〔機〕①テーパーシャンク.②勾配軸.
锥虫 zhuīchóng =〔口〕睡 shuì 病虫〔虫〕トリパノゾーマ.住血鞭毛虫.〔～肿胺 shèn'àn〕〔薬〕トリパルサミド.→〔砷 shēn〕
锥处囊中 zhuī chǔ nángzhōng〈成〉きりが袋の中に置かれる.才能ある人はすぐに頭角を現す.
锥刀之末 zhuīdāo zhī mò〈喩〉ささやかな利益:〔锥刀之利〕ともいう.
锥度 zhuīdù 〔物〕テーパー(度).〔～规 guī〕〔斜 xié 度规〕〔機〕テーパーゲージ.
锥股 zhuīgǔ〈喩〉発奮して努力する:蘇秦が眠気に誘い錐を股に突きさして勉学に励んだという故事.
锥坑钻头 zhuīkēng zuàntou〔機〕座ぐり用錐.〔方〕康 kāng 得深〕(カウンターシンク)は音訳.→〔划 huá 口〕〔绞 jiǎo 心钻 (头)〕
锥孔 zhuīkǒng 錐で穴をあける.
锥销 zhuīxiāo 〔機〕テーパーピン:くさびピン,または小さい車軸の留金(弦).
锥形 zhuīxíng 〔機〕テーパー:工具あるいは部品の横断面が先端に向かって漸次細くなる型のもの,またその部分.〔～绞刀〕テーパーリーマー:円錘形の穴を掘る工具.〔孔绞刀〕〔機〕テーパーピンリーマー.
锥形轮 zhuīxínglún 円錐輪.
锥眼 zhuīyǎn ①錐で穴をあける.②錐であけた穴.
锥子 zhuīzi きり.

〔追〕

追 zhuī ①追う.追いかける.〔急起直～〕急ぎ立ちあがってまっしぐらに追う.〔我们要一并超过先进国家〕我々は先進諸国に追いつき,またそれを追い越さねばならない.〔~不上〕追いつけない.②ただす.追及する.③あとを振り返る.回顧する.〔～念〕振り返って懐かしむ.④あとから補う.追加する(して…する).〔～授"特级英雄"的光栄称号〕特級英雄の称号を追贈する.⑤追い求める.追究する.〔～名逐利〕名利を追求する.⑥(異性)に言い寄る.
追奔逐北 zhuībēn zhúběi =〔追亡逐北〕〈成〉逃げる敵を追撃する.敗走する敵に追い打ちをかける.
追本溯源 zhuīběn sùyuán〈文〉物事の根本を探求する.事件の発生の原因を尋ねる:〔追本穷 qióng 源〕〔追根寻源〕ともいう.〔他的钻研精神很好,对重大的问题总是~,不搞彻底不等罢休〕彼の研究の心構えはたいへん良い,重大な問題については必ずその根本を探求し,徹底的に究明せずにはおかない.→〔追根究底〕
追逼 zhuībī ①追いつめる.ひどく責めたてる.〔～敌人〕敵を追いつめる.②無理にとりたてる.〔～欠款〕借金を無理にとりたてる.
追兵 zhuībīng 追撃部隊.
追补 zhuībǔ ①追加する.〔～预算〕予算を追加する.②償う.
追捕 zhuībǔ =〔追拿〕追って捕らえる.追いかけて捕まえる.

追查 zhuīchá 後から調査する.追及する.〔～责任〕責任を追及する.
追偿 zhuīcháng ①追徴弁済する(させる).②とりたてる.賠償させる.
追惩 zhuīchéng (違法·不正行為を)事後追及し処罰する.
追悼 zhuīdào 追悼する.〔～烈士〕烈士を追悼する.〔～会〕追悼会.→〔葬 zàng 礼〕
追吊 zhuīdiào 死者とその人を弔う.
追堵 zhuīdǔ 追いつめ塞き止める.
追访 zhuīfǎng 追跡取材する.
追肥 zhuīféi 〔農〕追肥(をする).
追风 zhuīfēng 流行を追いかける.
追封 zhuīfēng 〔旧〕死後に爵位を贈る.
追风逐电 zhuīfēng zhúdiàn〈喩〉きわめて速いさま.
追福 zhuīfú =〔追荐〕追善(供養)
追赶 zhuīgǎn 追いかける.〔～小偷〕泥棒を追いかける.〔～队伍〕列を追いかける.
追根究底 zhuīgēn jiūdǐ =〔追根问底〕〈成〉根掘り葉掘り尋ねる.根源をきわめる.真相を追究する:〔究根问底〕〔拔 bá 树寻根〕〔盘 pán 根问底〕に同じ.〔对于研究中产生的每一个问题,他都从不放过,非～,弄个明白不可〕研究しているうちに生ずるどの問題についても,彼はなぜやりだしたことはなく,徹底的に追究し明らかにせずにはおかない.→〔刨 páo 根〕问底(儿)〕〔寻 xún 根究底〕
追根(儿) zhuīgēn(r) 根掘り葉掘り尋ねる.とことん追及する.〔刨 páo 根儿〕に同じ.
追根问底 zhuīgēn wèndǐ ⇒〔追根究底〕
追根寻源 zhuīgēn xúnyuán ⇒〔追本溯源〕
追光灯 zhuīguāngdēng スポットライト.投光器.
追怀 zhuīhuái 追憶する.懐かしむ.〔～往事〕往事を追懐する.
追欢买笑 zhuīhuān mǎixiào 花柳の巷に遊ぶ.
追还 zhuīhuán 追いつめて返させる.
追回 zhuīhuí 取り戻す.請求して回収する.〔～赃 zāng 物〕盗まれた贓品を取り戻す.〔～借款〕(貸していた)借金を取り戻す.
追悔 zhuīhuǐ 後悔する.〔～莫及〕後悔しても及ばない.
追击 zhuījī 追撃する.〔～战〕追撃戦.〔～敌人〕敵を追撃する.
追缉 zhuījī〈文〉(犯罪者を)追跡して捕らえる.
追记 zhuījì ①追記する.〔～往事〕往事を追記する.②列記する:死後はその記憶を頼りに殊勲の軍人·部隊など公報に載せること.〔～特等功〕死後特殊勲を列記する.
追加 zhuījiā 追加する.〔～预算〕追加予算する.〔～投资〕投資額を増やす.
追歼 zhuījiān 追撃してせん滅する.
追荐 zhuījiàn ⇒〔追福〕
追剿 zhuījiǎo 追撃掃討する.
追缴 zhuījiǎo ①追加納させる.→〔缴纳〕.②追加没収する.→〔缴获〕③取り戻す.返上させる.→〔缴回〕
追截 zhuījié 追いついて遮り止める.〔～摩托车〕オートバイに追いついて停車させる.
追究 zhuījiū 追及する.つきとめる.〔～责任〕責任を追及する.〔严加～〕厳しく追及する.
追款 zhuīkuǎn (貸したり出資した)金を取りもどす.借金を取り立てる.
追拿 zhuīná ⇒〔追捕〕
追念 zhuīniàn 追想(する).追慕(する)
追捧 zhuīpěng 持ち上げる.高く評価する.

追平 zhuīpíng [ス](得点を)追いつきタイにする.
追启 zhuīqǐ =[追申]〈牘〉追而…;追って書き.
追求 zhuīqiú ①探し求める.追求する.[～真理]真理を探求する.[～进步]進歩のために努力する.[～利润]利益を求める.②求愛する.恋愛する.[他是个俊俊美的人物,～她的人也不在少数]彼女は器量のいい女だったから,彼女に求愛する男も少なくなかった.
追认 zhuīrèn 追認(する).[～他为中国共产党党员]彼は(亡くなってから)中国共産党員として追認する.[加以～]追認する.
追杀 zhuīshā 逃げる相手を追いかけて殺す.
追申 zhuīshēn ⇒[追启]
追授 zhuīshòu 追贈する:死後に(位階などの)称号を授与する.[追贈]に同じ.[～一级战斗英雄号]死後に一等戦闘英雄の称号を授与する.
追述 zhuīshù =[追叙]①[追申②]追述する②過去のことを思い出しながら語る.[～往事]過去のことを語る.
追思 zhuīsī 追想(する).[～曲 qǔ]追想曲.
追诉 zhuīsù 囮訴追する;[诉追]ともいう.[超过～时效]公訴期限が切れて時効となる.②⇒[追述]
追溯 zhuīsù さかのぼる.[~从前]以前にさかのぼる.[可～性]トレーサビリティ.[～到很久远的年代]遠く古い年代までさかのぼる.
追随 zhuīsuí 追随する.後に付き従う.[～潮流]大勢に追随する.[～错误路线]まちがった(政治)路線に追随する.[～者]追随者.
追索 zhuīsuǒ ①(返済などよう)催促する.督促する.[～权 quán]囮債還請求権.②跡をたどって探す.③追求する.探し求める.
追逃 zhuītáo 逃亡犯を[追跡逮捕(する)]
追讨 zhuītǎo 借金の返済を迫る(せきたてる)
追亡逐北 zhuīwáng zhúběi ⇒[追奔逐北]
追尾 zhuīwěi 追突する.[发生～事故]追突事故が発生する.
追想 zhuīxiǎng 追想する.昔を懐かしむ.[～往事]昔の事を追想する.
追星 zhuīxīng 追っかけをする:芸能人やアイドルを追いまわす(こと).親衛隊やグルーピーになる(こと).[～族]追っかけ族.[发 fā 烧友]
追叙 zhuīxù ①⇒[追述] ②[倒 dào 叙]
追寻 zhuīxún 跡をたどって探す.跡を尋ねる.
追忆 zhuīyì 追憶する.[含着泪～过去的苦难]涙のうちに過去の苦難を追憶する.
追赃 zhuīzāng 盗品(不正品・賄賂など)を追及する(取り戻す)
追赠 zhuīzèng ⇒[追授]
追账 zhuīzhàng 借金(掛け売り)を催促する.
追征 zhuīzhēng 追徴する.
追逐 zhuīzhú ①互いに勢を競う.追いつ追われつする.②追求する.求める.[为了～利润而进行生产]利潤追求のために生産を行う.③追いかける.[～野兽]野獣を追いかける.
追踪 zhuīzōng 足跡を追う.[～调查]追跡調査する.追究する.[沿着脚印～野兽]足跡をたどって獣のものを追跡する.

[坠・墜] zhuì 〈文〉落ちる.墜落する.①落ちる.②〈喩〉衰える.[摇摇欲～]ぐらゆら揺られて今にも落ちそうである.[～入陷 xiàn 阱]落とし穴に落ち込む.③垂れ下がる.ぶらさがる.[丰满的稻穗～下头去]よく実った稲穂が頭を垂れている.[挂伸下面～着一个摆]かけ時計の下の方には振り子が下がっている.[果子把树枝～得弯弯的]枝もたわわに果物がなっている.③[～儿]つり下げるもの.下げ飾り.ペンダント.

坠地 zhuìdì 〈文〉①生まれ落ちる.[呱 gū 呱～]おぎゃあと生まれる.②地に落ちる.③〈喩〉衰える.
坠胡 zhuìhú ⇒[坠子④]
坠环 zhuìhuán 下げ飾りの輪.
坠毁 zhuìhuǐ (飛行機などが)墜落して壊れる.
坠楼 zhuìlóu 階上から落ちる.
坠落 zhuìluò 墜落する.[飞机～]飛行機が墜落する.[照明弹慢慢～下来]照明弾がゆっくりと落ちてくる.
坠马 zhuìmǎ 馬から落ちる.落馬する.
坠琴 zhuìqín ⇒[坠子④]
坠入 zhuìrù 陥る.[～深渊]深淵に落ち込む.
坠胎 zhuìtāi [墯 duò 胎]
坠子 zhuìzi ①器物の飾りにつけてつけるおもり状のもの.[扇 shàn ～]扇の下げ飾り.②耳飾り.イヤリング.[耳 ěr 坠]に同じ.→[耳环] ③圙河 hé 南～]の略.河南省を中心に北方各地で行われる民間謡物芸術の一種.④同前に用いられる楽器;胡は桐木張り,弓で弾く2弦の楽器.[坠胡][坠琴]ともいう.

[缀・綴] zhuì ①(糸と針で)つづり合わせる.縫い合わせる.[～上几针]幾針か同前.②〈文〉つづり合わせる.綴る:多く文字・文章についていう.[～辑 jí]編集する.[～字成文]字を綴り合わせて文章を作る.③飾る.あやを添える.[点～]同前.④→[词 cí 缀]
缀合 zhuìhé 組み合わせる.綴り合わせる.
缀文 zhuìwén 〈文〉文章を作る.文をつづる.

[锥・錣] zhuì 〈文〉馬の鞭の先端につけてある鉄針.

[醊] zhuì 〈文〉酒を地に灌(そそ)で神を祭る.

[惴] zhuì 〈文〉恐れる.びくびくする.[～～]同前のさま.[～～不安]びくびくして不安である.[～栗 lì]恐れおののく.

[缒・縋] zhuì (人や物に)縄をかけて降ろす.縄につかまって降りる.[～下去]同前.[～绳 shéng]同前の縄.[～城而下]縄にすがって城壁を下りる.[用一根麻绳～身而下]麻縄にすがって下りる.

[腏] zhuì 〈文〉足が腫れる.足がむくむ.

[赘・贅] zhuì ①余計(である).むだ(である).[～言 cí][～语 yǔ]余計な言葉.[～芽 yá]圙無駄な芽.[累 léi ～]煩わしく余計なもの.[语不多～]くどくどしいことは言わない.[～方](余計なもの)つきまとう.ぶら下がる.[这孩子总～着我]この子はわたしにつきまとってばかりいる.②入り婿になる.→[赘婚]
赘陈 zhuìchén ⇒[赘述]
赘句 zhuìjù ⇒[冗 rǒng 词赘句]
赘瘤 zhuìliú ⇒[赘疣]
赘冗 zhuìrǒng ⇒[赘余(である).余分(な)
赘肉 zhuìròu ①贅肉(ぜい).②囮肉のこぶ.脂肪のこぶ.
赘述 zhuìshù =[赘陈][赘叙]むだ(余計)なことを述べる.くだくだしく言う.[不必一一～]いちいちくどくどしく言う必要はない.
赘文 zhuìwén 〈文〉むだな文句.余計な文句.
赘物 zhuìwù 〈文〉余計な(余分な)もの.
赘叙 zhuìxù ⇒[赘述]
赘婿 zhuìxù 入り婿;[入 rù 舍女婿]ともいう.→[招 zhāo 女婿]
赘言 zhuìyán 〈文〉①余計な言葉.余計なことを言う.[不再～]これ以上余計なことを言わない.
赘疣 zhuìyóu ①いぼ.[瘊 hóu 子]は通称.[赘瘤]

ともいう.〔肉 ròu 贅〕は医学用語. ②〈喩〉無用な(余分な)もの.
贅余 zhuìyú 〈文〉余計である.余分である.

zhun ㄓㄨㄣ

[屯] zhūn 〈文〉①困難(である). ②行き悩むさま. ③〈文〉屯($\frac{zh}{n}$):六十四卦の一. 艱難で進み悩むさま. → tún

屯艰 zhūnjiān ⇒[屯难]
屯困 zhūnkùn 〈文〉困難する.〔天灾人祸, 万民~〕天災と人禍で万民が困難する.
屯难 zhūnnàn =[屯艰]〈文〉困難. 災難.〔天降~〕天が災難を下す.
屯邅 zhūnzhān ⇒[迍邅]

[迍] zhūn 〈文〉困窮(する)

迍邅 zhūnzhān =[屯邅]〈文〉①行き悩む. ②志を得ない.

[肫] zhūn ①鳥類の胃(砂袋):食材.〔胗 zhēn〕に同じ.〔鸡 jī~〕ニワトリの同前.〔~肝(儿)〕[飲]同割をたれで煮たもの(前菜)→〔下水 xiàshui〕 ②〈文〉切実である. ねんごろである.真摯(である):〔谆〕に同じ.

[窀] zhūn 〔~穸 xī〕〈文〉①埋葬する. ②墓穴.〈転〉墓.

[谆・諄] zhūn 〈文〉ねんごろに(熱心に)言い聞かせる:〔肫②〕に同じ.〔~恳 kěn〕ねんごろに頼む.

谆切 zhūnqiè 〈文〉(言うことが)ねんごろである.
谆请 zhūnqǐng 〈文〉切に願う.
谆嘱 zhūnzhǔ 〈文〉うるさく頼む(言いつける)
谆谆 zhūnzhūn ねんごろに言い聞かせるさま.〔~告诫 jiè〕諄々の教え悟す. 口をすっぱくして戒める.〔~教导〕諄々と教える.〔~言之〕その言うことはねんごろなものである.〔言者~, 听者藐藐〕諄々として言い聞かせているのに, 聞く方はうわの空である.

[衡(衡)] zhūn 〈白〉ほんとに. まことに. 純粋に.

[准・準(準)] zhǔn〔準(I)·准(準)〕①標準. 基準. 水準. よりどころ.〔标~〕同前.〔水~〕水準. レベル.〔以此为~〕これを標準とする. ②によって. …通りに.〔~前例处理〕前例にならって処理する. ③準じた. 準….〔~晶体〕準結晶体.〔~尉〕准士官:下士官と士官の間に位する軍階.〔~独立国〕準独立国. ④確かである. 間違いない. 正確である.〔务请~时到会〕必ず正確な時間に会議にご出席お願い申し上げます.〔钟走得不~〕時計が正確でない.〔他投球很~〕彼は投球が正確だ.〔对~〕ぴったりとあてがう. ⑤確信. 多く〔有〕,〔没有〕の後に置く.〔有~儿〕確信がある.〔没~儿〕確信がない. ⑥必ず. きっと.〔明天~去〕明日は必ず行く.〔后天不~能去〕あさっては行けないかも知れない.〔任务~能完成〕任務は必ず完成し得る.→〔一 yī 准〕 ⑦回〔zī 文〕(同級官庁間の往復文書, すなわち〔平行(公)文〕)を受け取る.〔为答复事:~贵局咨开···〕お手紙拝見いたしました. 貴局からの答文を受け取りましたが, それによれば, ….→〔此准〕〔接 jiē 准〕 ⑧〈文〉鼻.〔隆~〕高い鼻柱.
(II)〔准〕許可する.〔批 pī~〕批準する. 許可する.〔他考虑了一下联了〕彼はしばし考えてから許可した.〔不~迟到或早退〕遅刻や早引きは許さない.〔不~你胡说八道〕出まかせを言うのは許さない.〔不~随地吐痰〕所かまわず痰(たん)を吐いては

いけない.→〔许 xǔ①〕
准保 zhǔnbǎo きっと(保証する).〔~没错儿〕決して間違いない.〔~得心应 yìng 手〕きっと思い通りにいく.→〔管 guǎn 保〕
准备 zhǔnbèi ①準備(する).〔~金〕準備金.〔~运yùn 动〕〔~活动〕準備運動. ウォーミングアップ.〔作好~〕準備を調える.〔有~〕用意がある.〔毫无思想~〕心構えは全然ない.〔~考试〕受験の準備をする.〔作最坏的~〕最悪の結果に備える. ②予定する. 計画する. …するつもりだ.〔你~什么时候出发〕いつ出発する予定ですか.〔昨天我本来~去看你, 因为临时有事没去成〕実はきのう君のところへ行こうと思っていたのだが, 出がけに用事ができたのでだめになってしまった.→〔打 dǎ 算〕
准此 zhǔncǐ 回(〔平行(公)文〕)〔同級官庁間の公文書)で〕…の件了承した.〔…等由~〕…の趣(おもむき)は了承しました.→〔字解〕⑦:〔奉 fèng 此〕〔据 jù 此②〕
准得 zhǔnděi きっと. 必ず.〔一会儿~刮风〕しばらくするときっと風が吹く
准点(儿) zhǔndiǎn(r) 時間どおりに.〔上班没有~, 下班也没有~〕出退勤時間がまちまちだ.
准定 zhǔndìng きっと.
准高速 zhǔngāosù 準高速道路.
准稿子 zhǔngǎozi 確たる考え(つもり).〔还没有~〕まだはっきりとした考えがない.
准根(儿) zhǔngēn(r) 確たる根拠.〔说话没有~〕話がいかげんだ.
准核证 zhǔnhézhèng 生産·販売許可証.
准话 zhǔnhuà まことの(確かな)話.
准假 zhǔnjià 休暇申請を許可する.
准将 zhǔnjiàng [军]〔军 jūn 衔〕
准斤准两 zhǔnjīn zhǔnliǎng 〈慣〉正確な目方ではかる.〔那个肉铺子卖的是~〕あの肉屋の商売は量目が正確だ.
准距 zhǔnjù (測量)スタジア.
准考证 zhǔnkǎozhèng 受験票.
准门 zhǔnmén 照門. 照門と照準器の一部. 銃身の手前にある照尺の後のV形または凹形にくぼんだところ.→〔准星〕〔表 biǎo 尺〕
准脾气 zhǔnpíqì =[准性情]移り気でない性質.〔没~〕移り気でない.
准平原 zhǔnpíngyuán [地]準平原.
准谱儿 zhǔnpǔr ちゃんとした目安.〔哪儿找去? 我也没有~〕どこへ探しに行くかって, ぼくもどこと定めているわけじゃない.
准迁 zhǔnqiān 移転を許可する.
准确 zhǔnquè 確実(である). 確か(である). 正確(である):規定·準則·実情などに合致すること.〔估计的数目是~的〕見積った数が正確だ.〔~的统计〕正確な統計.〔~度 dù〕精度. 精密度.→〔正 zhèng 确〕
准儿 zhǔnr きまり. 一定の規準. はっきりした考え. 確かな方法. きまりきった法則.〔他来不来没~〕彼が来るかどうかはっきりしたところはない(わからない).〔他说的话没~, 你不必去管他〕ちゃんとした考えがない. 〔那人说话没个~〕あの人の言うことはいつも確かじゃない.
准日子 zhǔnrìzi 確かな日取り.〔还没定好~呢〕はっきりした日取りはまだ決まってません.
准人 zhǔnrù 入ることを許可する:加入·入会·入国など.
准绳 zhǔnshéng 水準器と墨縄.〈喩〉規準. 標準. よりどころ.
准时 zhǔnshí 正確な時間(に). 時間どおり(に). 定刻(に).〔即请~驾临~随〕つきましては定刻にご来臨をいただきたく存じます.→〔按 àn 时①〕

zhǔn~zhuō

准是 zhǔnshì きっと…である.〔～在说瞎话〕きっとうそをついているのだ.
准数(儿) zhǔnshù(r) 確かな数量.
准头(儿) zhǔntou(r) 〈口〉確かさ.正確さ.〔别忙,还没～呢〕慌てるな,まだ確かなことはわからないのだ.〔枪法挺有～〕射撃の技が非常に確かだ.
准尉 zhǔnwèi →〔军 jūn 衔〕
准线 zhǔnxiàn 〔数〕(放物線の)準線.
准信(儿) zhǔnxìn(r) 確かな便り.
准星 zhǔnxīng 照星:銃口の上部についている三角形の小さい鉄.これと〔准门〕(照門)と目標とを一直線に置いて照準する.
准行 zhǔnxíng 〈口〉きっとうまくいく.
准性情 zhǔnxìngqíng ⇒〔准脾气〕
准许 zhǔnxǔ 許可(する).同意(する).〔允 yǔn 许〕
准予 zhǔnyǔ 〈公許可を与える.許す.〔～免税〕免税にする.〔～休假两天〕二日間の休暇を許可する.〔～毕业〕卒業を認可する.
准则 zhǔnzé 準則.標準となる規則.〔服从集体利益,任何时候都是我们行动的～〕集団の利益に従うことは,いかなる時でも我々の行動の規範である.
准准(儿) zhǔnzhǔn(r) 確かに.

[埻] zhǔn 〈文〉的の中心.

zhuo ㄓㄨㄛ

[拙] zhuō ①つたない.へたである.拙劣である.不調法である.〔笨 bèn ～〕同前.〔恕 shù 我眼～〕お見それいたしました.〔～于言辞〕〈成〉口下手である.〔手～〕不器用である.〔勤能补～〕器用よりもまめ.〔藏 cáng ～〕〈謙〉(自分のまずい技量(作品)は)しまっておく.〔弄巧成～〕〈成〉うまく立ち回ろうとしてかえってまずいことになる.②〈謙〉わたくしの:自己の考えや文章に用いる.〔～译 yì〕拙訳.→〔愚 yú ③〕
拙笨 zhuōbèn ①愚鈍である.②下手である.不器用である.不手際である.〔字写得～〕字がまずい.〔口齿～〕口下手である.→〔笨拙〕
拙笔 zhuōbǐ 〈謙〉拙筆.拙文.
拙稿 zhuōgǎo 〈謙〉拙稿.
拙计 zhuōjì 拙劣な計画(はかりごと).
拙见 zhuōjiàn 〈謙〉拙見.〔依我～莫若如此〕愚見ではこうするしかないと思います.→〔高 gāo 见〕
拙荆 zhuōjīng =〔拙妻〕〈謙〉愚妻〔贱 jiàn 内〕に同じ.〔内 nèi 人〕〔妻 qī〕
拙口笨舌 zhuōkǒu bènshé ⇒〔拙嘴笨腮〕
拙劣 zhuōliè 拙劣(である).〔文笔～〕文章がまずい.〔～的表演〕拙劣な演技.〈転〉拙劣なやり方.猿芝居.〔～的手法〕まずい手法.
拙鸟 zhuōniǎo 〔鸽 gē 子〕(ハト)の別称.
拙妻 zhuōqī ⇒〔拙荆〕
拙巧 zhuōqiǎo 巧拙.巧妙と拙劣;〔巧拙〕ともいう.
拙涩 zhuōsè 拙劣でわかりにくい.〔译文～〕訳した文章は拙劣でわかりにくい.
拙手笨脚 zhuōshǒu bènjiǎo 〈成〉動作がのろく鈍い.
拙志 zhuōzhì 愚かな考え.→〔寻 xún 短见〕
拙著 zhuōzhù 〈謙〉拙著.
拙嘴笨腮 zhuōzuǐ bènsāi =〔拙口笨舌〕〈成〉口下手.話し下手;〔拙嘴笨舌 shé〕〔笨嘴拙舌〕ともいう.
拙作 zhuōzuò 〈謙〉(詩文の)愚作.小生の作品.

[桌(棹・槕)] zhuō 〔～儿〕①テーブル.机.〔方～〕四角テーブル.〔圆～〕円テーブル.〔八仙 ①～〕一辺に二人がすわる角テーブル.〔二屉 tì ～〕引き出し２本つきの机.〔书～〕読書机.〔炕～〕オンドルの上に置く低い座机.〔餐～〕〔饭～〕食卓.ちゃぶ台.〔供～〕供物机.〔台 tái ⑩〕②量詞.会席料理を数える.〔一～燕 yàn 窝席〕つばめの巣の料理の出る中国料理１テーブル.〔定一～饭〕料理を１卓をなした料理.〔来了三～客人〕３卓分(30人前後)の客が来た.→〔棹 zhào〕
桌案 zhuō'àn 机(総称):〔桌〕は角または円のテーブル,〔案〕は長方形のテーブル.
桌布 zhuōbù テーブルかけ.テーブルクロス:〔台 tái 布〕に同じ.
桌灯 zhuōdēng ⇒〔台 tái 灯〕
桌帘 zhuōlián ⇒〔桌围(子)〕
桌面 zhuōmiàn 〔～儿〕①テーブルの表(板).〔圆 yuán ～〕ともいう.通常の方形のテーブルに,中国料理を食べるため臨時にはこみこんで,丸い大きなテーブルにするためのもの.または実際の丸テーブル.〔～是大理石的〕テーブル(の面)は大理石だ.②〈転〉表向き.公開.〔上不了～〕表立った話には至らない.〔拿到～表に出して正々堂々と話し合う.③〔電算〕デスクトップ.
桌面儿上 zhuōmiànrshang 〔慣〕公の場.〔～的人物〕顔の売れた(誰でも知っている)人物.〔～的话〕表向きの話.
桌票 zhuōpiào 〔商〕交換手形.〔更 gēng 现〕手形の割引.
桌屏 zhuōpíng 机の上に置く小さな衝立.
桌球 zhuōqiú ⇒〔台 tái 球〕
桌裙 zhuōqún ⇒〔桌围(子)〕
桌上钻床 zhuōshàng zuànchuáng 〔機〕卓上ボール盤.
桌毯 zhuōtǎn (厚地の)テーブル掛け.
桌围(子) zhuōwéi(zi) =〔桌帘〕〔桌裙〕(冠婚葬祭の時用いる)四角いテーブルの前面にぶらさげる飾り.undefined幕.テーブルスカート:〔桌帷(子)〕とも書く.〔桌围椅披〕同創といすカバー.
桌牙子 zhuōyázi テーブルの周囲の彫刻物.
桌椅 zhuōyǐ テーブルと椅子.〔～板凳 dèng〕家具一般の総称.
桌子 zhuōzi 机.テーブル.〔～腿 tuǐ〕テーブルの足.

[倬] zhuō 〈文〉①明らかである.②〈文〉大きい.〔～依 yī 乡〕回雲南省にある.

[焯] zhuō 〈文〉光り輝く.明らかである.→ chāo

[捉] zhuō ①捕らえる.捕まえる.〔捕 bǔ ～〕〔～拿 ná〕同前.〔～住了〕捕まえた.〔～贼〕泥棒を捕える.〔～蚂 mà 蚱〕バッタを捕まえる.〔猫～耗子〕猫が鼠を捕まえる.〔生擒 qín 活～〕生けどりにする.②つかむ.握る.〈転〉要点をつかむ.〔～笔作书〕筆をとって書をかく.〔～不住要点〕要点がとらえられない.
捉捕 zhuōbǔ ⇒〔捉拿〕
捉大头 zhuōdàtóu 〔口〕好い鴨にする.馬鹿にする.〔被人捉了大头〕人に馬鹿にされた.〔这古董是假 jiǎ 的,叫人～了〕この骨董は偽物だ,つかませられた.
捉刀 zhuōdāo 〈成〉〈文を〉代作する.代筆する:曹操が匈奴の使を引見する時,家来を代役に立て,自分は刀を執って侍立し,あとで使の感想を探った.使者は魏王はたいへん堂々と立派だが,刀を持って侍立していた者は真の英雄だ,と言った(世説新語.容止)
捉对 zhuōduì 一対一.ペアになる.

zhuō～zhuó

捉黄脚鸡 zhuō huángjiǎojī ⇒〖美 měi 人计〗
捉奸 zhuōjiān 姦通の現場を押さえる.〔～双,捉贼贼赃〕〈諺〉姦通を押さえるには男と女を,泥棒を捕まえるには盗品を押さえねばならぬ.
捉蚊龙 zhuōjiāolóng 遊戯の一種:数名の子供が一列縦隊につながり,鬼役の子供がその一番あとの子を追いかけて捕まえる遊び.〔(老 lǎo 鹰)捉小鸡儿〕〔狼 láng 捉山羊〕〔猫 māo 捉老鼠〕ともいう.
捉襟见肘 zhuōjīn jiànzhǒu =〔头 tóu 齐脚不齐〕〔左 zuǒ 支右绌〕着物が小さく襟をかきあわせると肘が出てしまう.〈喩〉やりくりが難しい.あちら立てればこちらが立たず.辻褄が合わせにくい.〔捉襟肘见〕〔捉衿见肘〕ともいう.
捉迷藏 zhuōmícáng ①目隠し鬼.鬼ごっこ.かくれんぼ:子供の遊び.〔捉藏猫〕〔捉藏猫〕〔藏猫(猫)〕〔藏蒙哥儿〕〈方〉躲 duǒ 猫(猫)〕〔蒙 méng 老瞎〕ともいう.〔哪国的小孩子都喜欢玩儿～〕どこの国の子供でもみんな鬼ごっこをして遊ぶのが好きだ.②〈喩〉言うこと,行うことがつかまえどころがなく,真意がわからず人を困らせること.〔你直截了当地说吧,不要跟我～了〕ずばり言ってもらいたいね,鬼ごっこはやめてくれよ.
捉摸 zhuōmō ①推測する.見当をつける.推し量る.つきとめる:多く否定に用いる.〔别人的心很难～〕他人の気持ちはなかなかつかみにくい.〔不可～〕見当のつけようがない.〔～不透〕〔～不定〕〔捉摸〕〔捉摸〕はっきり見通しがつかない.②…しようとする.〔他总～要多赚钱〕彼はいつもたくさんの金をもうけようとしている.
捉拿 zhuōná =〔捕捉〕捕まえる.〔～逃犯〕高飛びの犯人を捕まえる.〔将犯人～归案〕犯人を逮捕し,法により裁く.
捉弄 zhuōnòng なぶる.もてあそぶ.からかう.手玉にとる.〔～乡下人的商人〕田舎者をからかう商人.〔小人家～了〕やられた.〔～摆 bǎi 弄〕
捉小鸡(儿) zhuōxiǎojī(r) ⇒〖捉蛟龙〗
捉妖 zhuōyāo 妖怪を捕らえる.
捉贼 zhuōzéi 賊を捕らえる.
捉贼捉赃 zhuōzéi zhuōzāng〈成〉泥棒を捕まえるには盗品を押さえよ:〖捉贼要赃〗ともいう.→〖捉奸捉双〗

〔桌〕 zhuō〈文〉(筺)つか.つかばしら.うだつ:梁(はり)の上に立てて棟木を支える短い柱.

〔涿〕 zhuō 地名用字.〔～州〕〔～鹿 lù〕(縣)とも に河北省にある.

〔锗·鎯〕 zhuō〈方〉掘る.〔～玉米〕とうもろこしの根を掘りかえす.

〔灼〕 zhuó ①焼く(焦がす).〔心如火～〕〈成〉心中煩だたしくて火に焼かれるようである.〔皮肤被火～伤〕皮膚が火で焼けただれた.②光り輝く.〔目光～～〕眼光がきらきら光る.③〈転〉明らかである.

灼艾分痛 zhuó'ài fēntòng〈成〉兄弟の仲が良いこと:宋の太宗が病気で灸をすえた時,太宗が熱がるのを見て兄の太祖も自分に灸をすえて痛みを分かち合った.
灼见 zhuójiàn 明敏な観察.〔真 zhēn 知～〕〈成〉達識で明察せる見解.正確で透徹した見解.
灼热 zhuórè 焼けつくように熱い.〔～的太阳〕灼熱の太陽.
灼伤 zhuóshāng やけど(する).〔带有～痕迹的人〕やけどの跡のある人.
灼烁 zhuóshuò〈文〉光り輝く.〔灯火～〕灯火があかあかと輝く.
灼痛 zhuótòng ①焼けるような痛さ.〔感到一阵～〕猛烈な痛みを感じた.②ひどく痛む.ひどく憎む.

灼灼 zhuózhuó〈文〉きらきら光るさま.〔目光～〕目がきらきら光る.

〔酌〕 zhuó ①(酒を)酌(く)む.つぐ.〔自～自饮〕一人で(独酌で)酒を飲む.→〖斟 zhēn〗②宴会.酒宴.酒食.〔便～〕〈小〉手軽な一席.略式の酒宴.〔喜～〕祝いの一献.〔略备菲～,恭候驾临〕〈謙〉粗末な酒肴を用意し,おいでをお待ち申します.〔薄～的(薯)〕する.〔～同前.〔～予答复〕斟酌して(適宜)回答する.
酌办 zhuóbàn 事情を酌量して処理する.
酌定 zhuódìng 斟酌して決定する:〔酌夺 duó〕〔酌度 duó〕ともいう.
酌复 zhuófù〈牘〉しかるべく返事をする.〔专此布复并希～〕まずは右で返事まで,あわせて何ぶんのご回答を賜りたく.
酌改 zhuógǎi 適宜改める.
酌核 zhuóhé〈文〉斟酌を(し)して審査する.
酌加 zhuójiā〈文〉斟酌して適宜追加する.
酌减 zhuójiǎn 斟酌して適宜量を減らす.
酌量 zhuóliàng 斟酌して処理する.酌量する.〔～着办〕見計らって処理する.
酌情 zhuóqíng 事情をくむ.情状を酌量する.〔～处chǔ 理〕〔～办理〕事情を酌量して処理する.
酌收 zhuóshōu 事情を酌量して収める.
酌用 zhuóyòng ①適宜に用いる.②適宜服用する.
酌予 zhuóyǔ〈文〉事情を斟酌して…して上げる(下さる).〔价格上当～优惠以酬雅意〕ご厚意に報いるため値段の点は勉強させていただきます.

〔茁〕 zhuó ①(植物が)すくすくと伸びる.〔～～〕〔～然〕同前のさま.②〈転〉たくましく(がっしりして)丈夫である.
茁实 zhuóshí〈方〉(器物や身体が)がっしりして強い.〔这房子的骨架很～,这家の木組はたいへんがっしりして強い.〔小伙子们一个个都像熊一样～〕若者たちは誰もかれも熊のようにたくましい.
茁长 zhuózhǎng すくすくと育つ.たくましく成長する.
茁壮 zhuózhuàng すくすくと育つ.たくましく成長する.〔～成长 zhǎng〕すこやかに成長する.〔一片片绿油油的麦苗～地生长起来〕見渡すかぎり真っ青な麦がすくすくと伸びてくる.〔棉花长得很～〕綿の木がすくすくと勢いよく伸びている.

〔卓〕 zhuó ①(直立て)高い.〈転〉優れている.〔超 chāo ～〕とび抜けて優れている.〔～然不群〕卓越してたぐいがない.②〈姓〉卓(たく).
卓别林 zhuóbiélín 〘人〙チャップリン:イギリス生まれの喜劇俳優.〔卓別麟〕〔卓別灵〕とも書いた(1889～1977)
卓裁 zhuócái =〔卓夺〕〈牘〉卓抜な(優れた)決断:あなたのご決心(決定)
卓夺 zhuóduó 同上.
卓尔不群 zhuó'ěr bùqún〈成〉卓越してたぐいがない.
卓见 zhuójiàn 優れた見解.卓見.
卓绝 zhuójué ずば抜けて優れている.〔英勇～〕英勇無双である.〔艰苦的斗争〕言語に絶する苦難の闘争.
卓立 zhuólì ①高く直立する.②一つだけとびぬけて立つ.
卓论 zhuólùn 優れた議論(意見)
卓荦 zhuóluò〔卓跞〕とも書く.〈文〉特に優れている.卓越している.〔英才～〕才能がずばぬけて優れている.
卓然 zhuórán ずば抜けているさま.ぬきんでているさま.
卓识 zhuóshí 優れた考え.卓見.〔远见～〕〈成〉鋭い見通し.優れた見識.

卓效 zhuóxiào 卓効.
卓异 zhuóyì 衆にぬきんでる.
卓有成效 zhuó yǒu chéng xiào〔成〕とび抜けた成果がある.〔～的努力〕とび抜けた成果をあげる努力.〔绿化工作～〕緑化の仕事は成果がひときわである.
卓越 zhuóyuè ずば抜けて優れている.〔～的成就〕優れた成果.〔～的贡献〕この上ない貢献.
卓著 zhuózhù きわだって顕著である.〔成效～〕〔功绩～〕〈成〉功績が同前.

[浊・濁] zhuó ①濁っている.〔混 hùn～〕同前.〔这两条河一清一～〕この二つの川は一方は澄み一方は濁っている.〔激 jī～扬清〕〈成〉悪を非難し善を賞揚する.↔〔清 qīng(I)①〕 ②〈世が〉乱れ(汚れ)ている.〔～世②〕乱世. ③〈転〉〈人が〉愚かである.〔～人〕愚か者. ④〈声が〉だみ声である.〔说话～声～气的〕話し声がだみ声でげすっぽい.
浊富不如清贫 zhuófù bùrú qīngpín〔宁 nìng～〕〈成〉汚れた富より清い貧乏.
浊浪 zhuólàng 濁っている波.
浊流 zhuóliú ①濁流. ②〈喩〉下劣な人.
浊世 zhuóshì〈喩〉①世間. ②乱世.または退廃した世間. ③〔仏教の〕濁世(ぼく)
浊水 zhuóshuǐ 濁っている水.
浊物 zhuówù〈白〉馬鹿者.愚か者.〔指着武大脸斗骂道,混沌～〕武24)武大の顔を指してわけのわからん愚か者だと罵った.
浊音 zhuóyīn 圖濁音.有声音:〔带 dài 音〕に同じ.〔浊声〕ともいう.〔普通话〕では,母音と m・n・l・r と -n、-ng などの子音 がこれに当たる.また伝統的には〔全浊〕すなわち,有声の〔塞音〕〔塞擦音〕と②次清すなわち,有声の〔鼻音〕〔边音〕及び〔半元音〕に分ける. ↔〔清 qīng 音③〕

[镯・鐲(鋜)] zhuó ①〔装身具の〕輪.〔玉～〕玉の同前.〔金～〕金製の同前.〔手 shǒu～〕腕輪.〔钗 chāi～〕かんざしと腕輪. ②固軍中で用いられた小さな鐘に似た楽器.
镯子 zhuózi 手(足)につける輪.ブレスレット(装身具)

[斫(斲・斱・斱)] zhuó〈文〉① やおのなどで〕切る.断ち切る.〔～为两半〕二つに切る. →〔砍 kǎn～〕 ②切り削る.〔～木为舟〕木を削って舟を作る.
斫鼻 zhuóbí〈喩〉技が卓越している(荘子)
斫雕为朴 zhuódiāo wéipǔ〔成〕華美を去って質実に就く.
斫断 zhuóduàn〈文〉断ち切る.
斫轮老手 zhuólún lǎoshǒu〔成〕(その道の)経験豊富な熟達者(荘子)
斫丧 zhuósàng〈文〉(酒色におぼれて)体を損なう.〔吸食鸦片～身体〕アヘンを吸飲して同前.

[浞] zhuó〈文〉ぬれる.ぬらす.〔～湿 shī〕ぬれる.湿る.〔让雨～了〕雨にぬれた.

[诼・諑] zhuó〈文〉そしる.中傷・誹謗する.〔谣 yáo～〕讒(ざん)言する.

[啄] zhuó ①〔くちばしで〕つつく.ついばむ.〔小鸡一出壳儿 kér 即能～食〕ひよこは殻から出るとすぐ食べものをつつくことができる. ②たたく.〔～门〕ドアをノックする. ③書法に〔撇 piě ～〕(はらい)の短いもの.→〔永 yǒng 字八法〕 ④〔～～〕〔剥 bō～〕〈文〉コツコツ. ⑤戸を叩く音. ⑤小鳥がつつく音.
啄木鸟 zhuómùniǎo ①鳥キツツキ:〔凿 záo 木鸟〕

ともいう.〔鴷 liè〕は古名. ②〈喩〉覆面監視員・調査員.
啄食 zhuóshí ついついて食う.

[琢] zhuó ①玉を磨く(彫り磨いて加工する).〔雕 diāo～〕同前.〔切磋 cuō～磨〕〈成〉細かいに彫り刻んで加工する.〔精雕细～〕〈成〉細かいに彫り刻んで加工する.〔玉不～,不成器〕〈成〉玉は彫り磨かねば器にはならない.人も修養せねばものにならない. ②〈転〉詩文の文句を練る.〔修～诗文〕同前.
→ zuó
琢句 zhuójù〈文〉文章を練る.
琢磨 zhuómó ①〔玉や石を〕磨く.〔这样精巧的东西,工人们是怎么～出来的〕こんな精巧なものを労働者たちはどう磨いて作ったのでしょう. ②〈転〉詳細に研究する.(文章などに)磨きをかける.鍛え上げる. → zuómo

[椓] zhuó ①男性生殖器を切りとる刑:〔宫 gōng 刑〕に同じ.〔～人〕同前を受けた人.〔剟 yì,耳 èr,～,黥 qíng〕〔書経・呂刑〕鼻をそぐ刑,耳を切る刑,男性器を切りとる刑,顔に入れ墨をする刑. ②〈文〉叩く.撃つ.〔～之丁 zhēng 丁〕〔詩経・周南〕樹木をちょうちょうと叩く.

[着(著)] zhuó(I)①身に着ける.着用する.〔身～制服〕制服を着ている.〔衣～不尽〕衣食がきちんとしている.〔吃～不尽〕衣食にこと欠かない. ②触れる.つく.〔附～〕付着する.〔说话不～边际〕言うことが際限(つかみどころ)がない. →〔着陆〕〔着眼〕 ③付着させる.つける.〔不～痕迹〕跡形も残さない.不痕. 〔着色〕 ④帰着するところ.あて.あてめて.〔寻找无～〕探して探したらない.〔衣食无～〕衣食のあてがない.
(Ⅱ)遣わす.派遣する.〔～人来取〕人を取りによこしなさい. ②〈公〉～させる:命令の語気を表す.〔即施行直ちに施行せしめよ.〔某某～其免职〕某はその職を免ず. → zhāo zháo zhe
着笔 zhuóbǐ 筆を下ろす.書き始める.
着鞭 zhuóbiān〈喩〉むちをつける.〔着先鞭〕先鞭をつける.人より先がけて手をつける.…に努力する.
着床 zhuóchuáng 医着床(する)
着地 zhuódì ①地面にとどく. ②着地する. ③地面にぶつかる.地面に打ちつける. → zháodìr
着花 zhuóhuā 花をつける(を咲かせる).〔不～〕花をつけない.
着火点 zhuóhuǒdiǎn → zháohuǒdiǎn
着力 zhuólì ①力を入れる.〔～于培养人才〕人材の養成に力を注ぐ. 〔一定～去做〕必ず努力いたします.
着令 zhuólìng 命令する.
着陆 zhuólù ①着陸する.〔飞机～〕飛行機が着陸する. ②区(スキージャンプの)着地.
着落 zhuóluò ①=〔下 xià 落①〕行方.ありか.落ち着き先.〔遗失的东西,还没有～〕なくした物はまだ行方がわからない. ②あて.見込.見込み.この笔经费还没有～〕この経費はまだあてがつかない.〔漫 màn 无～〕とりとめがなく,決着をみない. ③帰属する.落ち着く.〔这件事就～在你身上了〕この事はきみが責任を持つことになった. ④〈白〉滞りなく片づける.
着墨 zhuómò 筆を下ろす.書き始める.〔大处 chù～大处落 luò 墨〕〈成〉大局に着眼する.
着儿 zhuóér → 〔下 xià 棋〕
着人 zhuórén 人に(をして)…させる.〔～去接他〕人に彼を迎えに行かせる.
着色 zhuósè 着色する.〔～玻璃〕色ガラス.
着实 zhuóshí ①確かに.本当に.心から.〔～感谢心から感謝する.〔地让您费心了〕本当にお心づ

かいかけました.〔他的字写得～不錯〕彼の字は本当にきれいだ.〔～有本事〕本当に腕がある.❶心里～有点难过〕心中非常に苦しい.②ひどく.きつく.〔～地训了他一顿〕うんと叱りつけてやった.

着手 zhuóshǒu 着手する.取りかかる.手をつける.始める.〔那件事已一办理了〕あの事はもうやり始めた.〔从调查研究～〕調査研究から着手する.〔～準备/準備にかかる〕→〔入 rù 手〕〔下 xià 手〕

着手成春 zhuóshǒu chéng chūn 〔着手回春〕ともいう.〈喩〉瀕死の病人もいっぺんに治す:医者の腕がよいのをたたえる言葉.〔妙 miào 手回春〕に同じ.

着想 zhuóxiǎng …のためを思う.…のために考える:前に〔为 wèi〕〔替 tì〕〔从 cóng〕などを伴う.〔应该为子孙后代〜〕子孫の世代のためを考えるべきだ.〔我这是为你〜才那么说的〕わたしはあなたのためを思えばこそ、そう言ったのです.

着眼 zhuóyǎn 眼をつける.着目する.〔～点〕着眼点.〔(从)大处 chù 〜，(从)小处着手〕大所に着目し、小所から着手する.〔～于今后的发展〕今後の発展に眼をつける.〔～未来〕未来に着目する.

着意 zhuóyì 心をこめる.念を入れる.〔作家～刻画的人物〕作家が心を込めて描いた人物.

着重 zhuózhòng 力を入れる.重きを置く.重視する.〔～指出〕強く指摘する.〔～点〕重点.力点.〔只～形式〕形だけを重視する.

着重号 zhuózhònghào 圈句読符号の一.強調符号で、強調する文字の下につける"."→〔标 biāo 点符号〕

着装 zhuózhuāng ①服装.身なり.②衣服や装備を身につける.→〔穿 chuān 装①〕③警官・軍人などの職業によって規定された服装.制服.〔～规定〕制服に関する規定.

〔**著(著)**〕 zhuó 〔着〕の本字.→ zhù

〔**禚**〕 zhuó〈姓〉禚(ゾ)

〔**鸑・鷟**〕 zhuó〔鸑 yuè 〜〕圈伝説中の瑞鳥:鸭よりやや大きい水鳥.

〔**缴・繳**〕 zhuó 圈射あてた獲物をたぐりよせるため矢につけた絹紐.→ jiǎo

〔**濯**〕 zhuó ①洗う.すすぐ 洗う.〔洗 xǐ 〜〕同前.〔～足〕足を洗う.〔～手〕手を洗う.②〈姓〉濯(タク)

濯缨濯足 zhuóyīng zhuózú〔成〕尊敬されるのも軽蔑されるのもその人のあり方次第である.〔沧 cāng 浪之水清兮,可以濯我缨;沧浪之水浊兮,可以濯我足〕(孟子・離婁上)滄浪の水が清ければ冠のひもを洗うことができるし、濁っていれば足を洗うだけのことである.

濯濯 zhuózhuó〈文〉草木がなく、すっかり禿げわたっているさま.〔童 tóng 山〜〜〕〔成〕禿げ山は草木がなくすっかり禿げわたっている.

〔**擢**〕 zhuó〈文〉①抜く.→〔擢发难数〕②抜擢(選抜)する.→〔擢用〕

擢发难数 zhuófā nánshǔ〔成〕(罪悪が)髪の毛のように多くて、数えられない.

擢升 zhuóshēng〈文〉抜擢する.〔他的军衔 xián 自大校〜为少将〕彼の階級が大佐から少将へ抜擢された.

擢用 zhuóyòng〈文〉抜擢して任用する.

zi ㄗ

〔**仔**〕 zī〔～肩 jiān〕〈文〉負担.責任.重荷.〔卸 xiè ～肩〕重荷をおろす.離職する.→ zǎi

〔**孖**〕 zī〈文〉①ふたご.双生児.②茂り伸びる:〔滋(I)①〕と通用する.→ mā

〔**孜**〕 zī

孜然 zīrán 圈クミン、またその実:香辛料の一種.ウイグル語の音訳.

孜孜 zīzī〈文〉努め励む:〔孳孳〕とも書いた.〔～不倦 juàn〕〔成〕うまずたゆまずする.〔～以求〕懸命に探し求める.〔~矻 kū 矻〕せっせと働くさま.〔~兀 wù 兀〕懸命に努力するさま.〔日夜〕日夜骨身を惜しまない.

〔**齊・齊(齊)**〕 zī 固〈衣服の〉すそ.〔～衰 cuī〕麻で作り裳を縫いあわせた喪服で〔五服①〕の第二等の喪の形式.→ jī qí

〔**吱**〕 zī①〈擬〉チー.キー:ねずみなど小動物などの鳴き声.〔嗞②〕に同じ.〔老鼠～的一声跑了〕ねずみがチウと鳴いて逃げた.②声をたてる:多く否定で用いる.〔他连一声都没~〕彼はものも言わなかった.→ zhī

吱溜 zīliū ⇒〔嗞溜〕

吱声 zīshēng ①声をたてる:多く否定で用いる.〔当时没一个人～〕その時一人として声を立てるのはなかった.

吱歪 zīwāi〈方〉仕事に疲れてくたくたになる.

〔**咨**〕 zī①＝〔谘〕はかる.問う.相談する.②〈公〉旧時、同級官庁間および隷属関係のない団体と官庁の間にやりとりされる公文書:〔～文①〕〔～移〕同時に交渉する.→〔饬 chì ~〕

咨报 zībào 公文書で報告する.

咨呈 zīchéng 旧制各部院、各地方最高官署から中央政府に出す文書、または国務総理および各特任官から副総統に送る公文.

咨复 zīfù（同級機関の間で）公文書で回答する.

咨会 zīhuì ⇒〔咨照〕公文書で照会する.

咨请 zīqǐng 公文書で申請する.

咨文 zīwén ①公文書＝〔字解②〕②(一部国家の大総統の)教書.

咨询 zīxún〔谘询〕とも書いた.①意見を徴する.諮問する:多く行政当局が顧問やそれに類する人から、または委員会から意見を徴すること.〔～机关〕諮問機関.②コンサルティング.〔～(服务)公司〕〔口点 diǎn 子公司〕コンサルタント会社.〔～产业〕コンサルタントなど情報を提供する産業.

咨议 zīyì〔谘议〕とも書いた.①他人の意見を問い求める.②〈文〉①相談する.②他人の意見を問い求める.③官名.顧問官:南北朝以来、清・民国などでもこの官を置いた.

咨照 zīzhào ⇒〔咨会〕

咨政 zīzhèng（政府の）政策決定のための諮問=〔谘政〕とも書いた.

〔**姿**〕 zī ①形.姿.容姿.〔雄 xióng ~〕立派な姿.②様子.姿勢.おもむき.

姿媚 zīmèi〈文〉姿があでやかなさま.〔姿姿媚媚〕同前のさま.

姿容 zīróng 容貌.見目.器量.〔～秀美〕〈成〉姿が美しい.

姿色 zīsè（女性の）美しい容貌.容姿.器量.〔有几分～〕かなりの器量よし.

姿势 zīshì 姿勢.格好.運動のフォーム.型.〔姿式〕

zī

とも書いた．〔起跑的〜很好〕スタートのフォームが上手だ．

姿态 zītài ①姿．姿勢．身のこなし．〔壁画上的仕女〜优美〕壁画の中の美女の姿が美しい．②態度．身振り．様子．〔他恢复了原有〜〕彼はもとの姿にもどった．〔以崭新的〜出现在运动场上〕真新しい姿でグラウンドに現れた．

〔资・資〕 zī ①=〔赀〕財物．財貨．資金．〔物〜〕物資．②資本．金銭．費用．〔工〜〕労働賃金．〔车〜〕車賃．〔邮〜〕郵便料．〔投〜〕投資する．③(資金・物質面で)助ける．〔~敌行为〕利敵行為．→〔资助〕④天賦の性．資質．〔天〜聪明〕天性の素質が聡明である．⑤資格．経歴．〔德〜历〕徳才と資格・経歴．⑥〈文〉供する．資する．役立てる．〔以〜比较〕比較の助けになる．〔可〜参考〕参考になる．〔特颁奖状，以〜鼓励〕特別に賞状を授与し，奨励する．⑦材料．〔谈〜〕話題．→〔资料②〕⑧〔姓〕資(り)

资本 zīběn ①[经]資本．〔公积金〜〕資本準備金．〔~积累〕資本蓄積．〔~集中〕資本の集中．〔~家〕資本家．〔~周转 zhuǎn 期间〕資本の回転期間．②(商工業を営むための)元手．資金．営業の出資額．〔外国〜〕〔外资外国資本．〔~转〕(自分の利益のための)資本．〔你怎么能把集体取得的成绩作为个人的〜〕君はどうして集団が成し遂げた業績を自分のための資本とすることができるのか．

资本主义 zīběn zhǔyì 資本主義．〔~国家〕資本主義国家．〔~制度〕資本主義制度．〔~社会〕資本主義社会．

资不抵债 zī bù dǐzhài 負債が資産を上回る．

资财 zīcái 物資と器材．資材．

资财 zīcái 資財．

资产 zīchǎn ①資産．財産．②[经]資本資産：企業の実物資産と金融資産．〔~簿记〕簿記上の資産．

资产负债表 zīchǎn fùzhàibiǎo 貸借対照表．バランスシート．〔~平衡表〕〔收 shōu 支平衡表〕ともいう．〔~损 sǔn 益计算书〕

资产阶级 zīchǎn jiējí 資産階級．ブルジョアジー．〔~革命〕ブルジョア革命．↔〔无 wú 产阶级〕

资产评估 zīchǎn pínggū 企業資産に対する評価．

资敌 zīdí 敵を利する．敵を助ける．〔~罪〕[法]利敵罪．

资方 zīfāng 資本家側．経営者側．〔劳方和〜〕労使(資)双方．〔~劳 láo 方〕

资费 zīfèi (郵便・電信などの)料金．〔邮政〜〕郵便料金．〔手机〜〕携帯電話料金．

资格 zīgé ①資格：学識・才力あるいは位階・学位など社会上の身分．〔取得律师〜〕弁護士の資格を取る．〔没有〜入会〕入会する資格がない．②(事業あるいは職務上経歴した)年功．貫禄．〔~浅〕閲歴・年功が浅い．貫禄が足りない．〔老〜〕〔老~老古株である．年功を積んでいる．〔摆 bǎi 老〜〕先輩風を吹かす．

资金 zījīn [经]資金．〔~冻 dòng 结〕資金の凍結．

资力 zīlì ①資力．財力．〔~雄 xióng 厚〕資力潤沢．②天性と能力．

资历 zīlì 資格と履歴．〔~浅〕年功が浅い．

资料 zīliào ①必需品．〔生产~〕生産手段．〔生活~〕消費財．②データ．資料．〔参考~〕参考資料．〔~室〕資料室．〔~片 piàn〕〔~片儿 piānr〕資料とする映画．〔~数 shù 据〕

资深 zīshēn 古参(の)．老練(の)．

资审 zīshěn 資格審査(する)．

资望 zīwàng 資産と人望．地位と名望．

资信 zīxìn (企業・個人の)資金能力に関する)社会的信用．〔~调查〕信用調査．

资讯 zīxùn 資料．情報．→〔信 xìn 息〕

资源 zīyuán 資源．〔~丰富〕資源が豊かだ．〔矿物~〕鉱物資源．〔水力~〕水力資源．〔人力~〕人的資源．

资政 zīzhèng ①〈文〉国政に対して助言する．②[史]官職名．宋代の資政殿大学士，元・明・清の資政大夫の略．また民国初年，総統府に置いた．③政治顧問．アドバイザー．

资质 zīzhì ①性質．素質．天稟．②(企業の業務上の)能力．力量．

资助 zīzhù 金銭を出して助ける．〔~该国政府水坝 bà 建设工程〕その国の政府のダム建設工事に出資して援助する．〔~贫 pín 困学生〕貧しい学生に経済的援助をする．

〔谘・諮〕 zī ⇒〔咨①〕

谘询 zīxún ⇒〔咨询〕
谘议 zīyì ⇒〔咨议〕

〔粢〕 zī [固]祭祀に供えた穀物．→ cí

〔赵(趑)〕 zī

赵趄 zījū 〈文〉①足を引きずる．②ためらう．〔~不前〕進もうとしてためらうさま．難行するさま．

〔兹(玆)〕 zī 〈文〉①ここに．今．〔~定于七月一日下午九时举行第五十届毕业典礼〕7月1日午前9時第50回卒業式を挙行する．〔~启者〕〔牘〕ここに申し上ぐれば．拝啓．陳者(啓)．〔~因〜〕〜により．〔三载 zǎi 于~〕現在まで3年になる．②これ．この．〔~事体大〕これは重大な事件だ．〔登~楼〕この建物に登る．→〔念 niàn 兹在兹〕③年．〔今~〕今年．〔来~〕来年．→ cí

兹查 zīchá 〈公〉ここに査するに．さて：発語の辞．

兹奉 zīfèng 〈公〉ここに〜を奉ず：上司または上級機関から命令または公文を受けた時に用いる．

兹其 zījī ⇒〔锱銖〕

兹罗提 zīluótí 〈音訳〉ズロチ：ポーランドの通貨単位名．1〔~〕は100〔格罗希〕(グロゼイ)

〔滋(滋)〕 zī (I)①生える．出る．〔花草~生〕芽が出た．〔草花が芽を出した．〔~生〕生じてくる．②増える．増す．繁殖する．〔~益〕〔繁 fán ~〕同前．〔树德~〕〔成~〕徳を積むのは多いほどよい．③引き起こす．〔~事〕事を起こす．〔~滋事〕④美味．〔有~有味〕〔~~味わい深い．→〔滋补〕

(II)〈口〉噴射する．噴き出す．〔从水管子往外~水〕水道管から外へ噴き出す．〔用水唧筒~水〕水鉄砲で水をつき出す．〔这个喷水管的水~得有一米多高〕この噴水管の水は1メートルあまりも噴きあげている．

滋补 zībǔ 滋養になる．〔~药品〕強壮剤．〔~身体〕体を強壮にする．

滋蔓 zīmàn 〈文〉(草が)はびこる．蔓延する．〔湖中水藻~〕湖に藻がはびこっている．〔病毒~〕ウイルスが蔓延する．

滋毛儿 zīmáor 〈方〉①いがぐり頭．ぼさぼさ頭．〔我还没梳头呢，这~栗子似的怎么见客人〕まだ髪をといていないし，こんなぼさぼさ頭でどうしてお客さんに会えようか．②⇒〔髭毛儿〕

滋扰 zīrǎo 〈文〉攪(かく)乱する．騒擾を起こす．

滋润 zīrùn ①湿っている．しっとりとしている．〔地皮儿~〕地面がしっとり湿っている．②潤す．湿す．しっとりさせる．〔喝点水，~嗓子〕水を少し飲んでのどを潤す．〔擦 cā 上护肤霜，~皮肤〕クリームを塗って皮膚をしっとりさせる．③〈口〉気持ちがよく

zī～zǐ

て満足である.〔今天这顿饭吃得真～〕今日のごはんはとても口あたりがよくおいしかった.

滋生 zīshēng ①＝〔孳生〕繁殖する.〔污水坑是蚊蝇～的地方〕汚い水たまりは蚊や蝿がよく繁殖するところだ. ②引き起こす.面倒をみる.〔～事端〕問題を引き起こす.

滋事 zīshì 事を面倒にする.紛議を起こす.〔～生問題〕問題を引き起こす.

滋歪 滋歪 zīwāi zīwāi 〈方〉へたへたとなる.ふうふう言う.〔才挑一百多斤就把他压得～的〕百斤あまり担ぐと,もうふうふう言っている.

滋味(儿) zīwèi(r) ①味わい.味.〔～不错〕味はなかなかいい.〔吃得有滋有味儿的〕大変おいしそうに食べている. ②気持ち.〔真不是～〕いやなくたまらない気持ちだ.〔听到这些话,我心里不是～〕そういうのを聞いて,わたしはいやな気持ちになった.〔挨饿的那个～,可不好受了〕飢える目にあった時の気分はとてもたまらなかった.

滋息 zīxī ⇒〔孳息②〕

滋芽 zīyā ＝〔孳芽〕芽を出す.芽をほころばす.〔滋出芽儿来了〕芽を出し始めた.→〔发 fā 芽〕

滋养 zīyǎng ①滋養.栄養.〔～品〕滋養となる食品(薬品). ②栄養をつける.〔～身体〕体に滋養をつける.

滋阴 zīyīn 中医 陰虚証を治療すること.

滋育 zīyù 繁殖する.育てる.

滋长 zīzhǎng ①生長する.〔万物～〕万物は生長する. ②生じる.はびこる:多く抽象的なことに用いる〔我们许多机关で～了官僚主义作风〕我々の多くの役所に官僚主義的なやり方がはびこっている.

滋滋 zīzī →〔美 měi 滋滋〕

[嗞(嗞)]

zī ①〈擬〉シュー.ジュー:水が噴き出したり,油が揚げたりする音.〔锅里油烧得热热的,青菜一下去～地响出声来〕鍋の油が熱してきた時,菜っ葉を入れるとジャーという. ②⇒〔吱①〕

嗞溜 zīliū するっ.つるり:動作の素速いさま.〔吱溜〕に同じ.

[嵫(嵫)]

zī 〔崦 yān ～〕地 甘粛省にある.

[孳(孳)]

zī 繁る.繁殖する.〔繁 fán ～〕同前.

孳蔓 zīmàn 〈文〉繁殖しはびこる.〔蝗虫～〕いなごが繁殖する.

孳乳 zīrǔ 〈文〉①繁殖する(哺乳動物が). ②派生する.

孳生 zīshēng ⇒〔滋生〕

孳息 zīxī ①〈文〉生長する. ②＝〔滋息〕法 収益.果実:〔天然～〕〔法定～〕がある.

孳芽 zīyā ⇒〔滋芽〕

孳育 zīyù 〈文〉①生殖繁殖する. ②生み育てる.

孳孳 zīzī ⇒〔孜孜〕

[镃・鎡(鎡)]

zī 〔～基 jī 〕〔～錤 jī 〕〈文〉古代のすきの類(農具).〔兹其〕とも書く.

[赀・貲]

zī ①＝〔資①〕〈文〉計算する:ふつう否定に用いる.〔不～〕計算できない.〔转～〕無数である.〔所費不～〕費やすところ莫大である.〔价值不～〕価値は計算できない. ②⇒〔資①〕

[訾]

zī ①⇒〔赀①〕 ②〈姓〉訾(ˇ) → zǐ

[觜]

zī 觜(ˇ)〔二èr 十八宿〕の一.〔宿 xiù〕同前. ②〈文〉みみずくの頭のとがった毛. → zuǐ

[龇・齜(呲)]

zī 歯をむき出す.〔～牙 yá〕同前.→〔呲 cī〕

龇牙咧嘴 zīyá liězuǐ〈成〉①歯をむき出して口をゆがめる:凶悪な形相. ②歯をくいしばる:多く苦痛の表情.〔冻得～〕寒くて歯をくいしばる.

[髭]

zī ①〈文〉口ひげ.〔短～〕短い同前.→〔胡 hú 须〕 ②髭が立つ.〔头发～着〕いがくり頭をしている.→〔髭髭着〕

髭鲷 zīdiāo 魚貝 ヒゲダイ.〔条 tiáo 纹～〕海海猴〔铜 tóng 盆鱼〕ともいう.

髭毛儿 zīmáor 毛を逆立てて怒る.〔他一听这话,当时就～了〕彼はこのことを聞くや否や髪を逆立てて怒った.〔反正是你的错儿,你别～了〕いずれにしてもきみのミスだから怒るな.

髭髭着 zīzīzhe 毛髪が立っている.毛髪をざんばらにしている.〔刚起来,头发～,眼泡儿浮肿着〕今起きたばかりで,髪はばらばらだし,まぶたははれぼったくなっている.

[淄]

zī ①⇒〔缁〕 ②〔～河〕地 山東省にある.

[菑]

zī〈文〉①開墾し始めの田地. ②草を刈る.

[缁・緇]

zī ＝〔淄①〕〈文〉黒い.黒色.〔涅 niè 而不～〕黒に染めても染まらない.〔喩〕高潔なこと.

缁黄 zīhuáng 旧 僧侶の黒い衣と,道士の黄色い帽子.

缁流 zīliú〈文〉出家.法師.僧侶.

缁衣 zīyī〈文〉黒い衣服.墨染めの僧衣.

[辎・輜]

zī 古〔幌(ˇ)车〕車. ②軍需品を積上同前的.

辎重 zīzhòng 軍〔弾薬・糧秣・資材などの前線に送る)軍用品.輜重(ちょう).〔～部队〕輜重部隊.

[锱・錙]

zī ①古 重量の単位: 6〔铢 zhū〕が 1〔～〕,4〔～〕が 1〔两〕. ②〈喩〉僅少な量.わずかな金銭.→〔锱铢〕 ③〈姓〉锱(ˇ).

锱铢 zīzhū〈文〉ごく微細なもの.〔～必较〕〈成〉小さなことでも目くじら立てる.勘定高い.

[鲻・鯔]

zī 魚貝 ボラ.〔～鱼 yú〕は通称.〔方〕白 bái 眼 ②〔方〕乌 wū 鱼 ③〕ともいう.卵巣から〔～鱼 zǐ 干〕〔乌鱼子 zǐ〕からすみが作られる.

[鼒]

zī〈文〉上がすぼまり口の小さい鼎(ˇ)

[子]

zǐ（I）①男の子:もともとは子々を指したが,現在は男の子だけを指す.〔父～〕父と息子. ②人.〔男～〕男.〔女～〕女. ③学問のある人.男子の美称.〔孔～〕孔 ④〈呼〉きみ.〔～以为谁〕だれだとかですか. ⑤＝〔以为奚〕きみはどう考えますか. ⑤古 図書分類〔经,史,集〕の第 3 番目.〔～部〕 ⑥種.蚕 cán ～〕蚕種.〔鱼～〕魚の卵.〔鸡～儿〕鶏卵.〔鱼在水里～〕魚は水の中で卵を産む.→〔蛋 dàn〕 ⑦種.種子.〔瓜～儿〕瓜の種.〔花～儿〕〔花籽儿〕花の種.〔大麻～的実.〕〔仁 rén Ⅲ〕 ⑧小さい粒状のもの.〔棋～儿〕碁石.〔枪～儿〕銃弾.〔石头～儿〕小～.〔苯 lóu〕碁石など. ⑨〔儿〕銅銭.銭.〔铜～儿〕銅貨.〔一个～儿不值一文〕一文の値打ちもない. ⑩派生した.〔体(对する)の～〕〔分～〕分. ⑪幼い.〔～鸡〕若鶏.〔～猪〕子豚.⑫粒子.〔质 zhì ～〕陽子.プロトン.〔中～〕中性子.〔核 hé ～〕核子.ニュークレオン.〔电～〕電子.エレクトロン.〔光～〕光子.フォトン.〔介～〕中間子. ⑬〔儿〕量詞.かせ.束:つまむでつまめ

2207

zǐ 子

るぐらいの分量の糸などのような細長いものを数え る．⑪〔~儿〕挂面十束のそうめん．⑭〈姓〉子(し) (Ⅱ) 固 爵位の第4位：〔公〕〔侯〕〔伯〕に次ぐ．〔~ 爵 jué〕子爵．

(Ⅲ)ね：十二支の第1位．〔~鼠 shǔ〕同前．→ 〔干 gān 支〕 ②1番目．③旧時の時刻．午後11 時~午前1時頃．〔~刻〕〔~时〕〔~夜〕深夜九ツ. 三更．〔~五 wǔ 更〕⑤北．→ zi

子部 zǐbù 漢籍の伝統的な分類法〔经史子集〕の 一：〔丙 bǐng 部〕ともいう．諸子および一家言をなす 著書を包括する．〔四 sì 部〕

子不嫌母丑 zǐ bùxián mǔchǒu〈諺〉生物は皆その 本に報ずる天真の良心がある．〔~，狗不嫌家贫〕子 は母が醜くても嫌わず，犬はその家が貧しくても嫌わ ない．

子车 zǐchē〈姓〉子車(しゃ)．
子城 zǐchéng（大城に所属している）小城：外城に 包まれている〔内城〕や二の丸・内廓・城門の外に付 属している〔月城〕など．〔~壕 háo〕小城の内堀．
子程序 zǐchéngxù 電算副(サブ)プログラム.
子丑寅卯 zǐ chǒu yín mǎo〈喩〉筋の通っているこ と．物の道理：多く否定に用いる．〔没说出个~〕〔说 不出个~〕言うことがしどろもどろだ．→〔地 dì 支〕
子畜 zǐchù 幼い家畜.
子代 zǐdài（生物）子の世代．→〔亲 qīn 代〕
子弹 zǐdàn 銃弾〔枪 qiāng 弹〕の俗称．〔~带 弹 药带．〔~壳 ké〕弹丸の薬莢．〔~头〕⒜弹頭．⒝ 弹頭型の．〔~汽车〕同前の車．〔~列车〕同前の高 速列車．新幹線列車.
子堤 zǐdī ⇒〔子埝〕
子弟 zǐdì ①子弟：弟・息子・おいなど．父兄または父 老に対していう．〔~兵〕幹部の子弟．②若い後 輩．〔误人~〕人の子弟（若者）を誤らせた.
子弟兵 zǐdìbīng 人民解放軍に対する愛称.
子弟书 zǐdìshū 清代に盛んに行われた曲芸の一種： 〔鼓 gǔ 词〕の一支流にで，乾隆時代八旗の子弟から 起こった．〔清音~〕ともいう.
子法 zǐfǎ 法 ①憲法を母法とする他の法．②一国の 法律で他国または他民族の法を継承して作った法 律．↔〔母 mǔ 法〕
子烦 zǐfán 妊娠時における精神の煩悶．
子房 zǐfáng 植 子房：雌蕊の下部のふくれた部分，中 に胚種があり，受精後は種子となる．
子服 zǐfú〈姓〉子服(しふく)．
子盖 zǐgài ①棺桶の内側の蓋．②植 子囊胞子を包ん でいる薄い膜.
子宫 zǐgōng 生理 子宫．〔~癌 ái〕子宫癌．〔~颈 jǐng〕子宫頸部．〔~内膜〕子宫内膜．〔~外孕〕子宫 外妊娠．〔~下垂〕子宫下垂．〔~帽〕〔~托 tuō〕ペッ サリー.
子公司 zǐgōngsī 子会社．
子规 zǐguī ⇒〔杜 dù 鹃①〕
子鸡 zǐjī ⇒〔仔鸡③〕
子姜 zǐjiāng〔紫姜〕〔茈姜〕しょうがの始出の若 い根茎．先が带紫色，食用および薬用される．
子金 zǐjīn 利子．利息．→〔母 mǔ 金〕
子京 zǐjīng ⇒〔紫荆木〕
子爵 zǐjué〈字解Ⅱ〉
子壳 zǐké 種の殼．子房：ふつう〔种 zhǒng 皮〕とい う．
子口 zǐkǒu ⇒〔契 qì 口①〕
子粒 zǐlì ⇒〔籽粒〕
子麻 zǐmá ⇒〔苴 jū 麻〕
子棉 zǐmián ⇒〔籽棉〕
子庙 zǐmiào ⇒〔祖 zǔ 庙〕
子民 zǐmín〈方〉人民．大衆．

子母 zǐmǔ ①母子・親子・大小（の関係）．〔~牛〕親 牛と子牛．〔~印〕大きい印の中に小さい印がはめ込 まれているもの．〔~环 huán〕大きな環が小さな環を 貫き組み合わさっているもの．重環．〔~扣儿 kòur〕 スナップホック〔按 àn 扣儿〕〔〈方〉摁 èn 扣儿〕 〔〈方〉揿 qìn 钮〕ともいう．②元金と利子．③→ 〔母相权〕
子母弹 zǐmǔdàn〔榴 liú 霰弹〕
子母法 zǐmǔfǎ ⇒〔百 bǎi 分法〕
子母句 zǐmǔjù ⇒〔包 bāo 孕句〕
子母绿 zǐmǔlǜ ⇒〔祖 zǔ 母绿〕
子母相权 zǐmǔ xiāngquán ①由 大小2種の貨幣 を相助けて共に通行させること：子は軽い，母は重い 銭．物価があがり貨幣価値が下落した時は重い貨幣 をつかい，大小2種を通行させ，大を母（本位的）に 小を権（補助的）に扱う，戦国時代に考えられた法． ②〈転〉銭貨に母子の関係がある.
子母钟 zǐmǔzhōng 親子時計：親時計からの信号に より子時計を駆動する時計システム．
子母竹 zǐmǔzhú 電〔慈 cí 竹〕
子目 zǐmù（書籍や条例などの総綱目の中の）細目． 分目．科目．
子囊 zǐnáng 植〔子囊菌類の〕子囊.
子埝 zǐniàn =〔子堤〕溢水を防ぐため，堤防の上に さらに築いた堤防.
子女 zǐnǚ ①子女．息子と娘．②息子または娘．
子盘 zǐpán 複製レコード（ディスク）
子平术 zǐpíngshù〈文〉星命の術：五代（あるいは 宋）の徐子平がこの術に精通していたことをいう.
子器 zǐqì 植 子器．子実体：地衣類（菌類と藻類との 共生体）などの生殖器．中に胞子をもつ.
子钱 zǐqián 旧 利息．〔〈方〉~家〕金貸し．↔〔母 mǔ 钱〕
子儿 zǐr ①子供の遊びに使うガラス玉やおはじきの 類．②旧 銅貨〔铜 tóng 〜〕の略．③小銭．〔省几 个〜〕僅かな金を節約する.
子时 zǐshí ⇒〔子夜〕
子实 zǐshí ⇒〔籽实〕
子兽 zǐshòu ⇒〔仔兽〕
子书 zǐshū 子部（諸子百家）の書.
子叔 zǐshū〈姓〉子叔(しとく)．
子嗣 zǐsì〈文〉跡取り息子．
子嗽 zǐsòu 中医 妊娠咳き：一種のつわり症状．
子孙 zǐsūn 子孫．後裔．〔~后代〕子孫の後代．後の 世代．〔~满堂〕〈成〉孫が繁栄すること．〔子子孙 孙〕子々孫々．後代まで.
子孙柏 zǐsūnbǎi〔桧 guì 柏〕（イブキとコノテガシ ワ）の別称．古人はこの2種を同一植物とした.
子孙饽饽 zǐsūn bōbo 旧 結婚式を済ませた新郎・新 婦が部屋に戻って形式的に食べる小さい〔水饺 儿〕〔子孙饺子〕ともいう．特に半煮えに作ってあ り，新婦はこれをちょっと形式的にかむ程度ですぐ捨 て，付き添いの者が〔生不生？〕と問いかけるのに 対して〔生〕と答える．〔生〕は，"生煮え"と，子供が "生まれる"にかける.
子孙娘娘 zǐsūn niángniang ①子授けの神様．→ 〔娘娘庙〕②〈喩〉子供をよく生む女性．
子孙桶 zǐsūntǒng〈方〉嫁の家で嫁入り道具と一 緒に送る〔马 mǎ 桶〕（室内用便器）．
子孙万代 zǐsūn wàndài〈慣〉子孫の万代（まで）． 〔~传下去〕子孫の万代まで伝わっていく．→〔鞭 biān 炮②〕
子午 zǐwǔ ①〔十二支の〕子(ね)と午(うま)：方向では 子は正北，午は正南．時刻では子は夜の12時，午は 正午．②〈姓〉子午(しご)
子午莲 zǐwǔlián ⇒〔睡 shuì 莲〕

zǐ

子午卯酉 zǐ wǔ mǎo yǒu 〈喩〉全部.初めから終わりまで.一部始終.〔他一句也没漏,～都说出来了〕彼は一言も漏らさずみな話した.
子午沙鼠 zǐwǔ shāshǔ 動モンゴルスナネズミ.
子午线 zǐwǔ xiàn 回子午線.経線：〔子午圈〕经 jīng 线②〕ともいう.
子午仪 zǐwǔyí 子午儀：天体が子午線を経過するのを観測するための器械.
子息 zǐxī 〈文〉①子女.子供たち.家を継ぐ子女のあるなしについていう.②利子.
子细 zǐxì ⇒〔仔细①〕
子系统 zǐxìtǒng 電算サブシステム.
子弦 zǐxián (胡弓などの)一番細い糸.→〔弦(II)②〕
子痫 zǐxián 医子癇(ん).
子虚 zǐxū 〈文〉作り話.架空のこと.〔事属～〕まったく架空のことである.〔～乌 wū 有〕仮設または仮託で実際にはないこと.根も葉もないこと.
子婿 zǐxù ①⇒〔女 nǚ 婿〕 ②〈文〉岳父母に対する娘のこの自称.
子悬 zǐxuán 中医妊婦の病気の一種：妊娠4,5か月以後,胎児が上にあがって心臓を圧迫するために起こる.
子药 zǐyào 弾丸(たま)と火薬の略称.
子叶 zǐyè 圃子葉：種子が発芽する時,胚から最初に出る幼葉.
子夜 zǐyè =〔子时〕〈文〉子(ウ)の刻.深夜：昔時,午後11時から午前1時頃.〔丙 bǐng 夜〕〔三 sān 更〕に同じ.→〔半 bàn 夜〕〔五 wǔ 更〕
子衣 zǐyī =〔種皮.仮種皮：ニクズク・リュウガンなどの種子を包む特殊な付属物.②⇒えな：〔衣胞(儿)〕の別称.
子音 zǐyīn ふつう〔辅 fǔ 音〕という.↔〔母 mǔ 音〕
子油 zǐyóu ⇒〔籽油〕
子油 zǐyóu ⇒〔仔油〕
子曰诗云 zǐyuē shīyún 〔诗云子日〕
子月 zǐyuè 旧暦11月(の別称)：北斗七星の柄が,初昏に子 zǐ の時刻(正北)を指す月.
子侄 zǐzhí 息子や甥.
子肿 zǐzhǒng 中医妊娠浮腫.
子虚 zǐxū

[仔] zǐ ①家畜·家禽の子.→〔仔猪〕〔仔鱼〕 ②細かい.小さい. → zǎi zī
仔虫 zǐchóng 昆虫の孵化した(かえった)ばかりのもの.
仔畜 zǐchù 家畜の子.
仔鸡 zǐjī ニワトリのヒナ：〔子鸡〕とも書く.
仔密 zǐmì 目がつんでいる.念入りである：織物類の織目の細かいこと.〔手工很～〕非常に手が込んでいる.〔这双袜子织得很～〕この靴下は目が細かに織れている.
仔兽 zǐshòu 生まれたばかりの動物の子：〔子兽〕とも書く.
仔细 zǐxì ①細心である.詳細である.注意深い：〔子细〕とも書いた.〔～看〕細かに見る.〔仔仔细细地做〕丁寧にやる.〔～地检查〕とくと調査する.②気をつける.用心する.〔你～拿着〕気をつけて持ちなさい.〔～你娘知道了〕お前の母親に見つかったようにせ〕俭 jiǎn 省〕に同じ.〔他花钱很～〕彼は金づかいが非常につましい.〔过日子～〕暮らしがつましい(倹約である).
仔鱼 zǐyú 稚魚.ふ化したばかりの魚：〔子鱼〕とも書く.〔稚 zhì 鱼〕に同じ.
仔猪 zǐzhū 子ブタ：〔子猪〕とも書く.

[虸] zǐ 〔～蚄 fāng〕〈方〉ヨトウムシ：〔黏 nián 虫〕の別称.
[籽] zǐ 植物の種.〔花～儿〕花の種.〔菜～儿〕野菜の種.〔菜～油〕菜種の油.
籽饼 zǐbǐng 植物の搾り糟(ぞ).
籽粒 zǐlì 穀粒：〔子粒〕とも書く.
籽棉 zǐmián 実棉(ぬ).シードコットン：〔子棉〕とも書く.
籽儿 zǐr 種子.種.〔花～儿〕花の種子.
籽实 zǐshí 農(マメや穀類の)実(種)：〔子实〕とも書く.
籽油 zǐyóu 植物性油：〔子油〕とも書く.→〔清 qīng 油〕

[耔] zǐ 〈文〉土をかける.〔耘 yún 〕除草し根に土をかける.

[姊(姉)] zǐ 〔姊〕：〔姐 jiě ①〕に同じ.〔～妹 mèi〕姉妹.⑤同年代の親しい間柄にある女同士の称呼.②ねえさん：自分より年上の若い女性への称呼.
姊妹篇 zǐmèipiān 姉妹篇.

[秭] zǐ ①秭(し)：古代の数の単位.億の十倍,万倍,千倍をいう.→〔亿 yì ①〕 ②〔～归 guī〕圃湖北省名.

[笫] zǐ 〈文〉竹製のベッドの簀(すのこ).〔転〕寝台.〔床～之言〕寝物語.

[茈] zǐ ①〔～草〕 ②〔～湖口〕圃湖南省にある. → chái cí
茈姜 zǐjiāng ⇒〔子姜〕

[呰] zǐ 〈文〉①そしる：〔訾〕に同じ.②ひ弱い.

[啙] zǐ ①〔～窳 yǔ〕〈文〉気力がない.怠ける. ②〔訾〕

[紫] zǐ ①色紫(の).〔玫 méi 瑰～〕ばら色(の).〔葡 pú 萄～〕ぶどう色(の).〔茄 qié 花～〕なす紺(の).②〔姓〕紫(し)
紫贝 zǐbèi 魚貝タカラガイ(科の貝類)：ハナマルユキ(花丸雪)・ホシダカラ(星宝)など.昔時,貨幣として使用した.加熱粉砕して薬用(眼薬)にもする.〔砑 yà 螺〕〔文 wén 贝〕ともいう.
紫贝反应 zǐbèi fǎnyìng 化ムレキシド反応：尿酸またはその誘導体を硝酸につけたし蒸発乾燥させアンモニアを加えると紫色を呈する.
紫背苇鹕 zǐbèi wěihú ⇒〔水 shuǐ 骆驼〕
紫菜 zǐcài 植ノリ(海苔).ムラサキノリ：〔甘 gān ～〕の通称.→〔海 hǎi 苔〕
紫草 zǐcǎo 圃ムラサキ.ネムラサキ：〔茈①〕は古称.多年生本草木.根を乾かし刀傷・火傷などに薬用する.また紫色の染料に用いた.
紫草茸 zǐcǎoróng ⇒〔虫 chóng 胶〕
紫癜 zǐdiàn 医紫斑.〔～疯 fēng〕中医紫斑病.〔白 bái 癜风〕
紫貂 zǐdiāo 動クロテン：〔黑 hēi 貂〕ともいう.
紫丁香 zǐdīngxiāng 圃リラ.ライラック(近緑種).→〔丁香②〕
紫萼 zǐè 圃紫花をつけるギボウシ：ユリ科の多年生草木.
紫羔(儿) zǐgāo(r) 蒙古羊の一種：淡黒で根元が紫の羊毛をもつ.
紫蛤 zǐgé 魚貝ワスレガイ.
紫姑 zǐgū 圃便所の神様：〔坑 kēng 三姑〕ともいう.
紫毫 zǐháo ①濃い紫色のうさぎの毛.②同前で作った筆.
紫河车 zǐhéchē 中医胎盤・胎膜を乾煉したもの：強壮強精などに用いる.〔河车②〕ともいう.→〔胞 bāo 衣〕
紫红 zǐhóng 色蘇芳(すおう)色(の)

紫蝴蝶 zǐhúdié ①⇒[蝴蝶花] ②植ヒオオギ:根茎は解熱・解毒薬に用いる. ③⇒[鸢 yuān 尾(花)]

紫狐皮 zǐhúpí チベット産のきつねの毛皮.

紫花 zǐhuā ①江南地方に産する綿花. [~布]昔同前で織った布. ②色淡赫色(の). 淡紅色(の)

紫花地丁 zǐhuā dìdīng 植ノジスミレ(近縁種):薬用にする.

紫(花)苜蓿 zǐ(huā)mùxu ⇒[苜蓿①]

紫花桐 zǐhuātóng 植キリ:冈 gāng 桐. [毛 máo 泡桐]ともいう. →[白 bái 桐]

紫姜 zǐjiāng ⇒[子姜]

紫酱 zǐjiàng 色ぶどう色(の). [直接~]染ジアミンボルドー. [~培 péi 司]染エリーガーネットベース.

紫胶 zǐjiāo ⇒[虫 chóng 胶]

紫金 zǐjīn =[紫磨]紫磨金:最も質のよい金.純粋の精金.

紫金牛 zǐjīnniú 植ヤブコウジ.アカダマの木.

紫堇 zǐjǐn 植ムラサキケマン.

紫禁 zǐjìn 王宮.宮城:星座の紫微垣を帝居になぞらえ,宮城を[~]といった. [~城]北京の故宮の別称.→[故 gù 宫]

紫茎 zǐjīng 植ナツツバキ(総称);[斨 zhān 檀②]は別称. [天目~]テンモクナツツバキ.

紫荆 zǐjīng 植①=[方]紫珠②]ハナズオウ:マメ科の落葉低木. [~皮][中医]内 ròu 皮②]の皮:薬用される. ②ランノキ.ムラサキソシンカ(バウヒニア);[羊蹄甲][洋 yáng 紫荆]ともいう. [~旗]香港特別行政区の旗.

紫荆木 zǐjīngmù 植カイナンアカテツ;[方]子京]ともいう. [山榄科](アカテツ科)植物.

紫珏 zǐjué =[紫其]

紫里薅青 zǐlǐ háoqīng [紫里蒿青]とも書く. <方>①強く打った時などに皮膚に残る紫色の跡.紫色に見える皮下出血.脳袋上撞了个~的大包]頭をひどくぶつけて大きな紫色のこぶをつくった. ②どす黒い色. [这件衣料~的不好看]この生地はくすんでいて汚い.

紫柳 zǐliǔ 植[杞 qǐ 柳].

紫罗兰 zǐluólán 植コアラセイトウ,またその花. ②=[鸢 yuān 尾(花)]

紫米 zǐmǐ 雲南・広西などに産する紫色の米. →[白 bái 米]

紫磨 zǐmó ⇒[紫金]

紫茉莉 zǐmòlì =[状 zhuàng 元红②]植オシロイバナ(ユウゲショウ);[白 bái 粉花][草 cǎo 茉莉][胭yān 脂花][夜 yè 繁花]は別称.

紫泥 zǐní <文>印泥:昔時,泥で書簡を封ずるのに用いた. [~书]天子の御書.または詔書.

紫萍 zǐpíng シハイ(紫背)ウキクサ:ウキクサ科の一年生水草. →[浮 fú 萍]

紫萁 zǐqí [紫蕨]植ゼンマイ:シダ類ゼンマイ科の草本. [薇 wēi 蕨]は古称.

紫气 zǐqì <文>瑞祥の気. [~东来]<文>同前が東から来る.

紫蜣螂 zǐqiāngláng ⇒[独 dú 角仙]

茄子 zǐqiézi [植ナスふつう[茄子]という.

紫色 zǐsè 色紫色の.

紫砂 zǐshā 紫砂. [宜兴~壶]宜興産の同前の急須.

紫杉 zǐshān =[赤 chì 柏松]植イチイ(アララギ)

紫石英 zǐshíyīng 同下.

紫水晶 zǐshuǐjīng =[紫石英]鉱紫水晶.

紫苏 zǐsū 植シソ. [~子 zǐ]シソの実. [~油][荏 rěn 油]荏(え)の油.

紫穗槐 zǐsuìhuái 植コマツナギ:マメ科の落葉灌木.

紫檀 zǐtán 植シタン:材質は固く重く良質の家具材となる.

紫绷 zǐtāng 暗紫色(の):多くの人の顔色をいう. [~脸 liǎn]赤黒い顔色.

紫藤 zǐténg 植シナフジ. [多花~][藤萝]フジ(ノダフジ). =[藤]

紫铜 zǐtóng =[赤 chì 铜][<方>红 hóng 铜①]純度の高い銅:真鍮に対していう. [黄 huáng 铜]

紫外线 zǐwàixiàn [紫外光][黑 hēi 光]ともいう. →[红 hóng 外线][化 huà 学线]

紫菀 zǐwǎn =[紫苑][返 fǎn 魂草]植シオン:キク科の多年生草本.根を薬用にする.

紫葳 zǐwēi [紫威]とも書く. 植ノウゼンカズラ:[凌 líng 霄花]は通称. [<口>鬼 guǐ 目①][陵 líng 时][陵苕][<文>茇 tiáo]は別称.

紫薇 zǐwēi ⇒[百 bǎi 日红]

紫蟹 zǐxiè 魚貝カワガニ.

紫羊绒 zǐyángróng 紡ブラウンカシミヤ.

紫药水 zǐyàoshuǐ ⇒[龙 lóng 胆紫]

紫衣 zǐyī ①植アカゴケ:地衣類の一種. ②旧天子の公服.の紫色の裂装.

紫鱼 zǐyú 魚貝チビキ・タルミ科の魚.

紫榆 zǐyú 植ニレ科落葉小高木:紫檀に似て器材に適する.

紫玉兰 zǐyùlán ⇒[木 mù 兰①]

紫鸳鸯 zǐyuānyāng ⇒[㵦 xī 鶒]

紫菀 zǐyuàn =[紫菀]

紫云菜 zǐyúncài スズムシソウ:キツネノマゴ科の多年草.

紫云英 zǐyúnyīng =[红 hóng 花草][<方>花草]植レンゲ(ソウ).ゲンゲ.

紫芝 zǐzhī ⇒[灵 líng 芝①]

紫珠 zǐzhū ①植ムラサキシキブ.ミムラサキ. ②⇒[紫荆①]

紫竹 zǐzhú =[黑 hēi 竹][墨 mò 竹①][乌 wū 竹]植シチク.クロチク.

[訾] 訾 zǐ =[訾①][呰①]<文>そしる.悪口を言う.中傷する. → zī

訾毁 zǐhuǐ <文>けなす.悪口を言う.ののしる.非難する.

訾议 zǐyì <文>他人の欠点をあげつらう. [不苟~]軽々しく人の悪口を言わない. [无可~]非の打ちどころがない.

訾陬 zǐzōu <姓>訾陬(し):

[梓] 梓 zǐ ①植キササゲ:ノウゼンカズラ科の落葉高木.材質が良く用途が広い.果皮は利尿薬にする. [~树 shù]は通称. [楸 qiū ①] ②<文>木工品を作る. →[梓匠] ③<文>版木に刻む. [~行][付~][上~]出版する. ④<文>故郷. [桑 sāng ~][乡 xiāng ~]同前.

梓宫 zǐgōng <文>皇帝・皇后の棺:昔時,棺は[梓](キササゲ)の材で造った.

梓匠 zǐjiàng <文>木工職人と大工職人.

梓里 zǐlǐ <文>郷里.故郷.

梓乡 zǐxiāng <文>故郷.

梓行 zǐxíng <文>出版する.刊行する.

[滓] 滓 zǐ ①液体の中に沈殿する物.おり.かす. [碎墨渣~]墨のかす. →[渣 zhā ①] ②<文>にごり.汚れ. [垢 gòu ~]あか.

滓秽 zǐhuì <文>汚れ. ②汚い.

[字] 字 zì ①字. [文~]④文字.⑤文章. [汉~]漢字. [常用~][常用字]. [异 yì 体~]異体字. [罗 luó 马~][拉丁~马~][识 shí ~]文字が読める. →[词 cí ②][句 jù ①] ②<转>字音. [咬~儿清楚]発音がはっきりしている. →[字正腔圆] ③字体. [篆 zhuàn ~]てん字. [字(体)]. [简化~]簡体字. [黑体~]ゴチック活字

字 zì

(体).〔斜体~〕イタリック活字(体).④書法の作品.〔~画〕書画.⑤〔あざな(とする).〕孫文,号中山〕孫文はあざなを逸仙,号を中山という. →〔号 hào(I)③〕⑥書き付け.証文.〔立~为证〕証文を,証拠とする.〔~儿(2)〕⑦㊤女性の嫁入りが決まる.〔许 xǔ ~〕嫁入り先を決める.〔~人〕嫁入り(先が決まる).〔待~闺中〕嫁入りロの決まるのを待っている.〔未~〕まだ嫁入っていない.未婚の.⑧<姓>字(じ).

字处理软件 zìchǔlǐ ruǎnjiàn 〔電算〕ワープロソフト.

字典 zìdiǎn 字典.字引き:字を見出しにしてその形・音・義を解説する書.→〔词 cí 典〕

字典纸 zìdiǎnzhǐ 辞書用の薄い紙.インディアペーパー:〔圣 shèng 经纸〕ともいう.

字调 zìdiào ⇒〔声 shēng 调②〕

字缝 zìfèng 字と字の間.字間.

字符 zìfú 〔電算〕文字符号.キャラクター.〔~串〕文字列.〔~集〕キャラクターセット.

字幅 zìfú 条幅や横幅などの書作品.

字干 zìgàn 字が,漢字の本体となる部位.

字格(儿) zìgé(r) 習字の手本とする字の書いてある下敷.〔描写~〕下敷をなぞって字を習う.→〔影 yǐng 格(儿)〕

字号 zìhào 活字のポイント:〔字级〕に同じ.

字号 zìhao ①商号.屋号.<転>店.〔老~〕しにせ.〔大~〕大きな店.②<方>評判.名声.

字画 zìhuà 〔一儿〕書画.

字汇 zìhuì ①字書.語彙.小字典.②→〔词 cí 汇〕

字级 zìjí →〔字号 hào〕

字迹 zìjì 筆跡.書法.書体.〔~工整〕筆跡がよく整っている.〔~模糊〕筆跡がはっきりしない.

字架 zìjià 活字のケース掛.

字节 zìjié 〔電算〕バイト:記憶容量の単位で,1単位として扱われる一組のビット.

字句 zìjù 文字と語句.〔~通順〕文章の通りが良い.

字据 zìjù 証文:領収証.契約書.借用証文など.〔借款~〕借用証文.〔租房~〕家屋借用の証文.〔立~〕証文を書く.

字库 zìkù 〔電算〕フォントセット.フォントグループ.

字块(儿) zìkuài(r) 文字カード:文字を覚えるのに用いる.

字里行间 zìlǐ hángjiān 文章中のここかしこ(に)

字码儿 zìmǎr →〔数 shù 字①〕

字谜 zìmí 文字のなぞかけ.文字によるなぞ:例えば,王安石の〔贺〕〔资〕字のなぞに,〔目字加两点,不作贝字猜;贝字欠两点,不作目字猜〕〔賀〕の字に二の点を加え,貝の字にはならないものをあててみよ.貝の字に二つ点がなくて,目の字にはならないものをあててみよ〕とある.

字面(儿) zìmiàn(r) 字面(ず).文中の文字.〔单从~上讲,没有那个意思〕字面だけから解釈すればそういう意味になる.→〔字眼(儿)〕

字模 zìmú 活字の母型:〔铜 tóng 模①〕に同じ.

字母 zìmǔ ①文字の音を表す符号.音標文字:仮名・梵字・洋字などの音をつづる母体となる文字.アルファベットなど.〔~表〕アルファベット表.〔~词〕ローマ字表記の語:〔O 形腿〕,〔DVD〕など.〔拉丁~〕ローマ字.②〔中国音韻学〕で声母を表すのに用いる36字:唐の僧,守温がインドの梵文の音理に基づいて漢字の声母の代表字として考案したといわれる30字母が宋代に6字母が加えられて成立した.→〔拼 pīn 音字母〕〔注 zhù 音字母〕

字幕 zìmù ①旧劇で歌詞を掲げる字幕.スーパー:テレビ・映画のタイトル.また山劇で歌詞を掲げる字幕.

字喃 zìnán 〔圖〕チュノム:ベトナム語(話し言葉)の漢字をもとに作られた文字.

字纽 zìniǔ 〔圖〕〔中国音韻学〕で唐・宋代,反切に用いた双声・畳韻の字.→〔反 fǎn 切〕

字排 zìpái 旧同族中で同世代の者の名に同じ頭字(または尾字)を用いる形式.例えば,清の光緒帝と同世代の者は〔载~〕,宣統帝と同世代の者は〔溥~〕である.

字牌 zìpái (マージャンで数字がつかない)文字パイ:東・南・西・北の〔四风牌〕と中・発・白の〔三元牌〕.→〔数 shù 牌〕

字盘 zìpán ①(時計などの)文字盤.ダイヤル.→〔拨 bō 字盘〕②(印刷所の)活字箱.植字用ケース.〔大写~〕大文字入り植字用ケース.〔小写~〕小文字入り植字用ケース.

字频 zìpín 字の使用頻度.

字儿 zìr ①字.〔他的~不怎么样〕彼の字はたいしたものではない.→〔字眼〕②書きつけ.書いたもの.(簡単な)証文:名刺や紙片に手紙あるいは証文がわりに書いたもの.〔写个~〕同節を書く(作成する).〔留个~〕メモを書きしておく.〔便 biàn 条〕③硬貨の表側:金額を表示してある方.↔〔囚 mèn 儿〕④<方>学問.〔你别看他不言不语儿的,~可深了〕彼はだまってはいるが,学問はたいへん深い.⑤[囲]運:〔八~〕の略.〔碰上这个好机会,算他走~〕こんないいチャンスにめぐりあったとは,彼は運に巡り会ったものだ.

字势 zìshì 字の筆勢.〔~生动〕筆勢が躍動している.

字书 zìshū 六書によって文字を分析し解釈した"说文"のような書物.または文字を形によって分類し解釈を加えた"玉篇"のような書物.→〔六 liù 书〕

字素 zìsù 文字を構成する素材.

字体 zìtǐ ①字体:〔宋 sòng 体〕〔楷 kǎi 体〕〔仿 fǎng 宋体〕〔黑 hēi 体〕や〔篆 zhuàn 书〕〔草书〕〔行 xíng 书〕など.②書体.〔王(王)体〕王義之の書体.〔颜(字)体〕顔真卿の書体.③字の形.〔電算〕フォント.

字条(儿) zìtiáo(r) (簡単な通信や伝言を書いた)書きつけ.口上書.〔留个~〕メモを残す.

字帖儿 zìtiěr 書きつけ:人に何かを知らせるために紙片に書きつけたもの.→〔字儿②〕〔字条(儿)〕〔帖 tiě ①〕

字帖 zìtiè 習字の手本:名人の書を模し,拓本や印刷にしたものが多い.〔帖〕

字头 zìtóu ①頭文字.〔C~货轮〕頭文字Cの貨物船.②同下.

字头(儿) zìtóu(r) 〔圖〕①(漢字部首の)かんむり.〔竹~〕竹かんむり.→付録1 ②(辞典などで)親文字.見出しの字.

字无百日功 zì wú bǎirìgōng 〈成〉字は百日の練習では物にならない.〔~,没有十年八年的工夫,怎么能成为书法家呢〕字はなかなか上達しないものというが,8年や10年勉強しないで(しただけで),どうして書家などになれようか.〔~,你们继续练习下去,一定会有进步的〕字は続けて習えばきっと上手になる.

字形 zìxíng 文字の形.

字序 zìxù 〔圖〕(辞典などで)漢字の配列.

字眼(儿) zìyǎn(r) 字句の語句.言葉遣い.〔~浅〕表現が月並みだ.〔挑 tiāo ~〕言葉尻をとる.

字样 zìyàng ①規範となる字形.字の手本.②字句.〔并无此种~〕こういう字句はない.〔书的扉頁上写有"赠阅"的~〕本の扉には"贈閲"という字句が書いてある.

字一色 zìyīsè (マージャンで)東・南・西・北,白板・緑発・紅中の7種の牌だけであがる役.役満貫の一.

字义 zìyì 字義.文字の意味.〔这个字的～怎么解释〕この字の意味はどう解釈しますか.

字音 zìyīn ①字音.②発音.

字源 zìyuán 文字の起源・字の源流.

字斟句酌 zìzhēn jùzhuó〈成〉推敲に推敲に推敲を重ねる.言(X)をまたない.〔(口)自不必说〕ともいう.

字正腔圆 zìzhèng qiāngyuán〈成〉発音は正確で調子はゆったりとしている〔歌唱・朗読・せりふなど〕.

字纸 zìzhǐ 字の書いてある紙.〔～篓(儿)lǒu(r)〕ちりかご.紙くずかご.〔敬惜〕反古(ご)紙を大切にせよ〕旧時紙屑籠などに書いて貼りつけた.→〔惜 xī 字纸〕

字字珠玉 zìzì zhūyù〈成〉一文字一文字が宝石のようである(すばらしい文章):〔字字珠玑 jī〕ともいう.

牸 zì〈文〉(動物の)めす.〔畜 xù～牛〕雌の牛を飼育する.→〔雌 cí〕〔母 mǔ ③〕〔牝 pìn〕

自 zì (I)～自己(の).自分(で・から).〔亲～〕自ら.自分で.④おのずと.おのずから.当然.もちろん.〔脱离群众，～将失败〕大衆からかけ離れては，おのずといつかは失敗することになろう.〔～当努力〕当然努力すべきである.〔公道自在人心〕正義というものはおのずから人の心の中にある.〔久別重逢，～有许多话说〕久しぶりの再会だから，自然話にでることは山ほどある.③接頭辞:単音節動詞の前に置き，動作が自発性のものであることを表す.→〔自杀〕④〈姓〉自(じ)
(II) (時・場所について)～より(から).〔译 yì ～〕～から訳す.〔寄～〕～から(郵便物を)寄こす.〔～上而下〕上から下へ(押しつける).〔～尔 ěr〕〈文〉近ずから始める.〔～天而降的突然出現了〕だしぬけに現れた.〔～北京到莫 mò 斯科有直达火车〕北京からモスクワまでは直通列車がある.→〔从 cóng〕①〔由 yóu ②〕

自爱 zì'ài 名誉・体面を重んずる.自重する.〔你别不～〕きみ自重しろよ.

自傲 zì'ào 傲慢である.〔居功～〕〈成〉自己の功績を鼻にかける.

自拔 zìbá (苦痛や罪業から)自ら脱却する.〔不能～〕自ら抜け出せない.

自白 zìbái (自分の意志を)表明(する).〔～书〕自供書.

自保 zìbǎo ①自己防衛(をする).②自己保険(をかける)

自报 zìbào 自分から申告する.〔～公议〕〈成〉(自分の評価を)自分で申告し全員で決定する.〔～家门〕〈喩〉自己紹介する:旧劇などで初登場して自分の名乗りをあげること.

自爆 zìbào 自ら爆発する.〔～装置〕自爆装置.

自曝 zìbào (秘密・からくり・不正・不法行為などを)自ら明らかにする.

自暴自弃 zìbào zìqì〈成〉破れかぶれになる.やけになる.

自卑 zìbēi 自ら卑下する.〔不自满，也不～〕自己満足しもしなければ，卑下もしない.〔～感〕卑屈感.劣等感.〔～心理〕自らを卑下する心理.

自备 zìbèi 自分で用意する.〔碗 wǎn 筷～〕茶碗と箸は自前です.

自比 zìbǐ ⇒〔自况〕

自毙 zìbì 自分で自分を滅ぼす.〔作法～〕〈成〉自分のやり方が自分に引っかかる.

自闭症 zìbìzhèng 医自閉症.

自便 zìbiàn 自分のよいようにする.〔听其～〕自分の都合のよいようにさせる.〔请～〕ご自分のよいようにしてください.〔咱们～吧〕ⓐお互い都合のよいようにしましょう.⑤ここで別れましょう.

自变量 zìbiànliàng 数自変数.独立変数:〔自变数〕ともいう.

自不待言 zì bù dàiyán〈成〉もちろん言うまでもない.言(X)をまたない.〔(口)自不必说〕ともいう.

自不量力 zì bù liànglì ⇒〔不自量力〕

自裁 zìcái〈文〉自殺(する).自決(する)

自残 zìcán 自分の体の体を損ねる.仲間同士・内部の間で痛めつけあう.

自惭形秽 zì cán xínghuì〈成〉他人に及ばないのでひけ目を感じる.

自测 zìcè 自分で測る.

自查 zìchá 自己点検する.

自产自销 zìchǎn zìxiāo 自分で生産したものを自分で売る.

自嘲 zìcháo 自嘲する.

自沉 zìchén ①入水自殺する.→〔投 tóu 水〕②(艦船を)自ら沈没させる.

自称 zìchēng ①自ら名乗る.〔本人～逍 xiāo 遥派〕本人は無関心派だと自称している.②(大袈裟に)吹聴する.公言する.

自乘 zìchéng 数二乗(する)

自成体系 zìchéng tǐxì (独立して)自ら自分なりの体系を作りあげる.〔自成系统〕ともいう.

自成一家 zìchéng yījiā〈成〉(他人を模倣せずに)自ら一派をなす.

自持 zìchí 自制する.自ら抑制する.〔他不能～〕彼は自分の欲望の念を抑えることができない.

自筹 zìchóu 自ら(資金などを)調達する.

自出机杼 zìchū jīzhù〈成〉独創的な味のあるものを作り出す.

自出心裁 zìchū xīncái〈成〉自分で新工夫を案出する.

自吹自擂 zìchuī zìléi〈成〉自己宣伝をする.自画自賛する.〔擂〕は太鼓をたたく.〔这家伙专好 hào ～，其实是绣花枕头，没有什么能耐〕あいつは自己宣伝ばかりしているが，その実は刺繡した枕で(外見だけきれいで)何もとりえはないのだ.

自此 zìcǐ これより.これから:〔从 cóng 此〕に同じ.

自从 zìcóng ～より.～から:〔～开办以来已有六十年的历史〕創立以来すでに60年の歴史を有する.

自忖 zìcǔn 自ら推し量る.自分で考える.

自打 zìdǎ〈口〉～から〔自从〕〔由 yóu 打〕

自大 zìdà 自ら尊大ぶる.たかぶる.天狗になる.〔夜郎～〕〈成〉身のほど知らずで偉そうにする.〔骄傲～〕傲慢で，自ら尊大ぶる.〔自高～〕〈成〉尊大ぶる.〔狂妄～〕天狗になる.→〔拿 ná 大〕

自当 zìdāng もとより(当然)～する.〔～再与你联系〕当然もう一度貴方にご連絡いたします.〔～先行寄上〕もちろん前もってお送り申し上げます.〔既知过错～悔改〕過ちを悟った以上，悔い改めねばならない.

自导 zìdǎo (映画などを)自ら監督する.

自得 zìdé ①自ら得る.自分で感じる.〔～其乐 lè〕〈成〉自分で楽しむ.②得意になる.〔颇 pō 为～〕大いに得意がる.〔洋洋～〕〈成〉得意満面である.

自动 zìdòng ①〔自分から動く(行動する).〔～参加〕自発的に参加する.〔～发起募捐〕寄付金の募集を自ら発起する.〔～撤 chè 回〕自分から撤回する.②ひとりでに.自然に.〔～熄灭〕ひとりでに火が消える.〔水～地往下流〕水は自然に下の方に流れる.③自動的な.オートマチック.〔～变速箱〕圏オートマチックトランスミッション.〔～步枪〕自動小銃.〔～车〕モーターサイクル.モーター自動二輪車.〔～车床〕自動旋盤.〔～导 dǎo 航〕自動誘導装置.

自　　　　　　　　　　　　　　　　　　　　　　　　　　　zì

ビゲーションシステム.〔～工厂〕オートメーション工場.〔～化〕オートメーション化(する).〔～换片器〕オートチェンジャー.〔～机床〕自動工作機械.〔～控kòng制〕〔自控①〕🄜自動制御.オートマチックコントロール.〔～门〕自動ドア.〔～手表〕自動巻腕時計.〔～提款机〕〔～柜员机〕ATM.現金自動預払機.〔～(生产)线〕トランスファー・マシン.〔～声讯台〕電話の自動案内.〔～手表〕自動巻腕時計.〔～手枪qiāng〕オートマチック拳銃.〔～售shòu货机〕自動販売機.〔～售票机〕自動切符(切手)販売機.→〔被bèi动〕

自动词 zìdòngcí ⇒〔不bù 及物动词〕
自动扶梯 zìdòng fútī ＝〔电diàn动扶梯〕エスカレーター：〔滚 gǔn 梯〕は通称.
自动快门 zìdòng kuàimén ⇒〔自拍器〕
自动楼梯 zìdòng lóutī エレベーター：〔电 diàn梯〕は通称.
自动排浇机 zìdòng páijiāojī ⇒〔排印机〕
自动炮 zìdòngpào 🄬自走砲.
自动卡盘 zìdòng qiǎpán ＝〔方〕自来爪头〕〔方〕三脚轧头〕〔方〕三爪(卡)盘〕🄜自動チャック.
自动铅笔 zìdòng qiānbǐ シャープ(ペンシル)：〔活动铅笔〕〔活心铅笔〕とも通称.
自动倾御(式载货)汽车 zìdòng qīngxiè(shì zài huò) qìchē ⇒〔自卸汽车〕
自动闸 zìdòngzhá 自動ブレーキ.〔车床上的～就会使卡盘停止〕旋盤の自動ブレーキでチャックを停止させることができる.
自渎 zìdú 〈文〉自慰：〔手shǒu淫〕に同じ.
自发 zìfā 自発的な.自然発生的な.〔群众的～要求〕大衆の自発的な要求.〔～性〕自発性.〔～势力〕自然発生的な勢力.
自肥 zìféi 私腹を肥やす.着服する：〔肥己〕に同じ.
自费 zìfèi 自費.自弁.〔～留学〕自費留学.〔～电话〕発信人払いの電話.〔这次旅行是～(的)〕今度の旅行は自費である.〔～生〕自費学生.
自焚 zìfén 自らその身を焼く.〔玩火者,必～〕火遊びする者は必ず自ら身を焼け死ぬ.
自分 zìfēn 〈文〉自ら推量する.〔～不足以当重任〕わたしなどには重任は担当できないと思う.
自封 zìfēng ①自ら高くとまる.〔～为专家〕専門家だと言ってお高くとまる.②自ら制限する.抜け出せない.→〔故 gù 步自封〕
自奉 zìfèng 〈文〉自らを養う.〔～甚 shèn 俭〕質素に生活する.
自负 zìfù ①自負(する).天狗(になる).〔这个人很～〕この人は大変うぬぼれている.＝〔自豪〕②(責任を)自分で負う.〔文责〕文責筆者に在り.〔～盈 yíng 亏〕〕〕損益を自己の責任で負うこと.
自甘 zìgān 自ら願う.自ら甘んずる.〔～受罚〕自ら甘んじて処罰を受ける.
自感应 zìgǎnyìng 🄬自己誘導：〔自感〕ともいう.
自高自大 zìgāozìdà 自ら尊大にする.うぬぼれる.
自告奋勇 zìgào fènyǒng 〔成〕進んで困難なことに当たろうと奮起する(して申し出る).
自个儿 zìgěr ＝〔自己个儿〕〔口〕⇒自身：〔自家儿〕とも書いた.
自耕 zìgēng 自ら耕す.自作する.〔～农 nóng〕自作農.
自供 zìgòng 自白する.自供する.〔～状〕自供書.→〔白〕
自古 zìgǔ いにしえから.〔～至今〕昔から今まで.〔～以来〕古来.昔から.
自顾不暇 zìgù bùxiá 〈成〉自分のことで手いっぱい(他人を顧みる暇がない).〔他～,没有力量帮助别人〕彼は自分のことで手いっぱいで他人のことを助け

ることはできない.
自顾 zìgù只 自分の利益ばかりを計って他人のことはかまわない.〔老西儿拉胡琴儿,～〕〔歇〕山西人が胡弓を弾く,自分勝手に：胡弓の音はziguzi, ziguzi と聞こえるように.
自管 zìguǎn 〔方〕ひたすら.他にかまわずに：〔管自〕ともいう.〔你～放心吧〕きみ,さあ安心しなさい.
自汗 zìhàn 🄰日中に暑くもないのに汗の出る症状.→〔盗 dào 汗〕
自豪 zìháo 自ら誇る.〔感到～〕自ら誇りに思う.〔他是我们国家引为～的科学家〕彼は我が国が誇りとする科学者である.〔为超过先进国家而～〕先進国を追い越したことを誇りとする.
自护己短 zìhù jǐduǎn ⇒〔护短〕
自花传粉 zìhuā chuánfěn 🄐自家授粉：〔自家授粉〕ともいう.
自画像 zìhuàxiàng 自画像.
自己 zìjǐ ①自己(の).自分(で).〔我～去〕わたしは自分で行く.〔～动手〕自分でやる.〔瓶子不会～倒的〕びんがひとりでに転がり落ちるはずはない.〔～～〕自慢する.〔～跌 diē 倒～爬 pá 起来〕〔諺〕自分がまいた種は自分で刈る.②(わけへだてなく)親しい.身内の.〔～弟兄〕兄弟の間柄.→〔亲 qīn 自〕
自给 zìjǐ 自給(する).〔～自足〕自給自足(する).〔～有余〕自給してなお余りがある.〔～户〕自給農家.
自己人 zìjǐrén ＝〔自家人〕内輪の人.ごく懇意の間柄.〔咱们是～〕お互い懇意の間柄ですよ.〔都是～,不用客气〕みな親しい間柄だから,遠慮はいらない.
自记纸 zìjìzhǐ 🄘自動記録用紙.
自己个儿 zìjǐgèr ⇒〔自个儿〕
自家 zìjiā 自分の家.自分.自身.
自家人 zìjiārén ⇒〔自己人〕
自检 zìjiǎn ①自分で気をつける.自制する.②自分でチェックする.自己点検する.
自荐 zìjiàn 自己推薦する.→〔毛 máo 遂自荐〕
自交 zìjiāo 🄕🄐①自殖.②近親交配.
自解酶 zìjiěméi 🄗🄐自家酵素.→〔酶〕
自戒 zìjiè ＝〔自警〕自ら戒める.自分で注意する.
自今 zìjīn 〈文〉今から.
自矜 zìjīn 〈文〉自慢する.
自尽 zìjìn 自殺(する).〔悬梁～〕首をくくって自殺をする.
自经 zìjīng 〈文〉首つりする.首をつる.
自刭 zìjǐng ⇒〔自刎〕
自警 zìjǐng ⇒〔自戒〕
自净 zìjìng 自浄作用.〔～作用〕同前.
自纠 zìjiū 自分で正す.〔自查～〕自分で検査して自分で直す.
自咎 zìjiù 〈文〉自らをとがめる.自己反省する.〔深感～〕どうも心中やましいところがある.
自疚 zìjiù やましく思う.
自救 zìjiù 自分を(で)救う.〔生产～〕生産によって同前.
自居 zìjū 自ら任ずる.自ら…と思っている：多く悪い意味に用いる.〔以先进～〕自分では先進であると思っている.〔以功臣～〕自分で功臣になった気分で

自决 zìjué 自ら決定する.〔～权 quán〕自決権.〔民族～〕民族自決.②自殺(する).自決(する)
自觉 zìjué ①自分で感ずる.〔我～无愧 kuì〕わたしは自分自身に恥じるところはないと思う.〔癌 ái 症早期,患者自己往往并不～〕癌の早期は往々にして患者本人が自覚しない.②自覚的である.能動的である.〔提高～性〕自覚性を高める.〔还不够～〕まだ

zì 自

自觉が足りない.〔他是个最～的战士〕彼は最も自覚した戦士だ.〔～地遵 zūn 守纪律〕自覚的に規律を守る.〔～自愿〕慣〕自ら進んでやる.〔～的行动〕自覚した行為.

自绝 zìjué ①自ら断つ(遠ざける).〔～于人民〕自ら人民と手を切る. ②自ら破滅する.

自掘坟墓 zìjué fénmù〈成〉自ら墓穴を掘る.自ら身の破滅の道に進む.

自控 zìkòng ①オートマチックコントロール.自動制御:〔自动控制〕の略. ②セルフコントロール.自己の制御:〔自我控制〕の略.

自苦 zìkǔ 苦労する.忍耐する.〔从风里雨里的咬牙,从茶饭里的,才赚 zhuàn 出那辆车了〕(老·骆)雨風のなかでがんばりや平生の生活をきりつめて,やっとあの車の金を稼ぎ出したのだ.

自夸 zìkuā 自慢する.誇る.〔老王卖瓜,自卖～〕〈歇〉王さんが瓜を売る.自分で売りながら甘い瓜だと自分でほめる:自画自賛する.手前味噌.

自郐以下 zìkuài yǐxià〈成〉それ以下は語るに足りないこと.

自宽 zìkuān〈文〉自分で自分を慰める.

自况 zìkuàng =〔自比〕〈文〉他人を自分とひき比べる.

自愧 zìkuì 自ら恥じる.〔～不如〕他人に及ばないのを自ら恥じる.

自拉自唱 zìlā zìchàng 自分で(胡弓などを)弾いて自分で歌う.〈喩〉ひとりよがりでいい気になる.やにさがる.

自来 zìlái もともと.本来.〔～旧〕元から古びている.

自来白 zìláibái 閩月餠の一種:丸く平たく色は白っぽく,外側がパイ状のぼろぼろした菓子.→〔自来红①〕〔大 dà 八件儿〕

自来红 zìláihóng 閩月餠の一種:表面に蜂蜜などを,円を描くようにかけて焼き,こんがりと焦がしたもの.北方における最も普通の月餠.→〔自来白〕〔大 dà 八件儿〕 ②親の血筋をひいて生まれつき思想的にしっかりしているとする考え:文革期に強く主張された.

自来火 zìláihuǒ〈方〉①マッチ:〔火柴①〕の旧称. ②ガス:〔煤 méi 气〕の旧称. ③電灯.

自来水 zìláishuǐ〔一儿〕水道(の水).〔～管〕水道管.〔～厂〕浄水場.

自来水笔 zìláishuǐbǐ 万年筆:〔钢 gāng 笔②〕ともいう.

自来轧头 zìlái yàtóu ⇒〔自动卡盘〕

自理 zìlǐ ①自分で処理する.〔生活～〕自活できる.〔那个老人生活已不能～〕その老人はもう自活できない.自弁する.〔伙食费～〕食事代は自己負担とする.

自立 zìlì 自立する.独立する.〔孩子有了工作,可以～了〕子供は就職し,独り立ちできるようになった.

自励 zìlì 自分で自分を励ます.

自力更生 zìlì gēngshēng 自力更生(する)

自量 zìliàng 分を知る.己を知る.〔不～〕身の程を知らない.

自了汉 zìliǎohàn 自分のことばかり考え,大局を顧みない者.

自料 zìliào ①(客の)持ち込みの材料:多くは仕立ての場合に用いる.〔～加工〕〔来料加工〕持ち込みの材料を加工する.

自流 zìliú ①おのずから流れる.〔～灌 guàn 溉〕圜自流の水流による灌漑法.〔～井〕自噴井(戸).アルトワ式井戸.→〔管 guǎn 井〕 ②なりゆきのままに.〔听其～〕〔放任～〕なすがままに任せる.

自留 zìliú 自分のために保存する.〔～畜 chù〕個人保有の家畜.〔～地〕個人保有農地.〔～山〕果実·薪炭·薬草などをとる個人所有の山林.

自流主义 zìliú zhǔyì 成り行き主義.→〔尾 wěi 巴主义〕

自律 zìlǜ 自制する.自ら律する.〔～价 jià〕自主規制価格.〔～协议〕関係者間の協議.

自卖自夸 zìmài zìkuā〔老 lǎo 王卖瓜〕

自满 zìmǎn うぬぼれ(る).自己満足(する).得意(になる).〔～骄 jiāo 傲〕.

自勉 zìmiǎn 自ら励ます.

自鸣得意 zìmíng déyì〈成〉自分で自分の得意のことを述べる.太平楽を決めこむ.ひとりよがりになる.

自鸣钟 zìmíngzhōng 時報時計:音楽などで時刻を知らせる時計.

自命 zìmìng 自ら任ずる.自任する.〔～为时代的先驱者〕時代の先駆者と自任する.〔～不凡〕〈成〉自分で自分は偉いと決めこむ.

自磨刀儿 zìmódāor〈方〉①言う通りにする.〔这件事,我～了,你怎么办都成〕この事はすべて任せた,すきにしたらいい. ②こっそりと.人に知らせずに.

自谋 zìmóu 自分で求める.〔～出路〕自分の生計を自分で立てる.

自馁 zìněi 自分から気を腐らせる.げっそりする.自信をなくして落胆する.〔你别～〕君,気を落とすな.

自恁 zìnèn〈白〉…してもかまわぬ.

自拍机 zìpāijī セルフ方式証明写真撮影装置.

自拍器 zìpāiqì =〔自动快门〕(カメラの)セルフタイマー.

自喷井 zìpēnjǐng 自噴井.

自欺欺人 zìqī qīrén〈成〉自らを欺き,人をもだます.

自谦 zìqiān 自らへりくだる.謙遜する.

自戕 zìqiāng〈文〉自傷(する)

自强 zìqiáng 自ら努力して向上する.自分を強くする.〔～不息〕同前してたゆまない.

自轻自贱 zìqīng zìjiàn〈成〉自身を卑下する.

自取 zìqǔ 自ら取る(求める).〔～灭亡〕自ら滅亡を招く.〔～其咎〕自業自得.

自然 zìrán ①自然.天然.〔～保护区〕自然保護地区.〔～辩 biàn 证法〕自然弁証法.〔～村〕自然村.部落.〔～地理学〕自然地理学.〔～段〕段落.〔～对数〕数〕自然対数.〔～法〕法〕自然法.〔～法则〕自然法則.〔～光〕自然光.〔～规律〕自然法則.〔～界 jiè〕自然界.〔～经济〕自然経済.〔～景观〕自然景観.〔～科学〕自然科学.〔～力〕自然の力.〔～美〕自然美.〔～数〕数〕自然数.〔～物〕自然物.〔～现象〕自然現象.〔～选择〕生命自然淘汰.〔～灾 zāi 害〕天災.〔～主义〕自然主義.〔～资 zī 源〕天然資源.〔大～〕大自然.〔习惯成～〕慣れて当たり前のことになる.→〔天 tiān 然〕 ②本来のまま(で).ひとりでに.自然(に).〔～粮〕もみつきの穀物.〔功到～成〕誘々努力が一定のところまで積めばひとりでに成功するのだ.〔到时～明白〕時が来ればおのずとわかってくる.③当然.もちろん.〔那是～的,您还用说吗〕それはもちろんです,おっしゃるまでもありません.→ zìran

自燃 zìrán 囮自然発火.

自然而然 zìrán érrán〈成〉ひとりでに.おのずと.

自然人 zìránrén 琺自然人:〔法 fǎ 人〕に対していう.

自然属性 zìrán shǔxìng 人が生まれながら持っている属性:国籍·人種·宗教·出身階層など.

自然 zìran むりをしてない.のびのびとしている.癖がない.素直である.〔他的汉语说得很～〕彼のしゃべる中国語はかなり自然である.→ zìrán

自认 zìrèn 自認する.〔～晦 huì 气〕不運に対して文

自 zì

自如 zìrú ①物事に動じない。〔自若〕に同じ。②思いのままにできる。自由自在だ。〔运用～〕思いのままに応用する。〔操 cāo 作～〕自由自在に操作する。

自若 zìruò〔文〕物事に動じない。泰然としている。平気である。〔神色～〕泰然たる態度をしている。〔傲 ào 睨～〕尊大で平然と人を見下す。〔谈笑～〕普通どおりに談笑する。

自扫门前雪 zìsǎo ménqiánxuě ひとり門前の雪を掃く。〔喩〕他人のことにかまわない。〔～，各顾 gù 各〕同前。

自杀 zìshā 自殺（する）

自伤 zìshāng 自ら傷つける。

自身 zìshēn 自身.本人.〔~难保〕〈成〉自分のことすら保たれない。

自审 zìshěn 自己審査する。

自生催化 zìshēng cuīhuà〔化〕自触作用.

自生自灭 zìshēng zìmiè〈成〉自生し自滅する。

自食其果 zìshí qíguǒ〈成〉自分の罪悪の結果を自分が受ける。自業自得。まいた種は刈りとる。→〔自作自受〕

自食其力 zìshí qílì〈成〉自分の力で生活する。〔使他们在劳动中改造成为～的公民〕彼らを労働を通じて改造し，自分の力で生活する公民たらしめる。

自食其言 zìshí qíyán〈成〉言ったことに責任を持たない。食言する。

自始至终 zìshǐ zhìzhōng〈成〉初めから終わりまで。

自是 zìshì〔文〕①自ら是とする。ひとりよがりである。気ままにする。〔以以为是〕同前。〔～某非〕自分の間違っていることを（悟らず），良いと思ってしまう。②当然だ。もちろん。〔久别 cháng 逢，～高兴〕久しぶりに会ったのでもちろんうれしかった。

自恃 zìshì ①おごりたかぶる。〔～高明〕自分で偉いと思い鼻にかける。②頼みにする。笠に着る。〔～功高〕自分の功績が大きいことを頼みにする。

自视 zìshì 自分で（自分を）…と決めこむ。〔～甚高〕自分で自分を偉いと決めこむ。

自首 zìshǒu 自首（する）。〔投案〕同前。〔～变节〕自首して裏切る。→〔请 qǐng 罪〕

自赎 zìshú 自分の埋め合わせをする。罪滅ぼしをする。〔立功～〕〈成〉功績を立てて同前。

自述 zìshù ①自ら述べる。②自ら述べた伝記。

自树一帜 zìshù yīzhì〈成〉自ら一派を開く。〔自成一家〕

自私 zìsī わがまま。自分勝手。〔~利〕エゴイズム。利己主義。〔那个人太～〕あの人は大変利己的だ。

自思自叹 zìsī zìtàn〈成〉自分で（何かで）考えてはため息をつく。〔那个女人老在那儿～〕あの女性にいつもそこで自分で思い出しては自分で嘆いている。

自诉 zìsù〔法〕自訴（する）。〔～人〕同前の人。

自讨 zìtǎo（その必要がないのに）自ら求める。〔～苦吃〕〔～其苦〕〈成〉自ら難儀を求めるような〔軽率なことをする。余計な世話をやく。〔～没趣 qù〕自らつまらない結果を招くようなことをする。→〔自找〕

自体移植 zìtǐ yízhí 自家移植。

自投罗网 zìtóu luówǎng〈喩〉④自ら落とし穴にかかる（災いを招く）ようなことをする。⑥自ら死への道をたどる。

自外 zìwài 身を圏外に置く。〔～于亲友〕親戚や友人から距離を置く。

自为阶级 zìwéi jiējí 対自的階級。→〔自在阶级〕

自卫 zìwèi 自分を守る。自ら守る。自衛する。自己防衛する。〔～反击〕自衛のための反撃。〔～权〕〔法〕自衛権。

自慰 zìwèi ①自分で自分を慰める。〔聊以～〕何とか自分を慰める。②自慰。オナニー。

自刎 zìwěn =〔自刎身首とはねる〕(て死ぬ)

自问 zìwèn ①自ら問う。〔～自答〕自問自答（する）。②自分で推し量る。自省する。〔我～无愧〕わたしは自分で考えてみて恥じるところがない。〔我～是花过不少力气的〕自慢ではないが，わたしは全力を尽くした。

自我 zìwǒ ①自分・自己：2 音節の動詞の前につけ，自発性を表す。〔～表现〕自己表現（する）。〔～标榜〕自己宣伝する。〔～吹嘘 xū〕自分で吹聴する。手前味噌を並べる。〔～批评〕自己批判する。〔～陶 táo 醉〕自己陶酔（する）。〔～牺 xī 牲精神〕自己犠牲の精神。②固自我。〔～安慰〕自己満足（する）。〔这只不过是一种～〕これは一種の自慰に過ぎない。

自我解嘲 zìwǒ jiěcháo〈成〉照れ隠し（をする）。〔这不过是一种无聊的～而已〕これはただ閑人の照れ隠しにすぎない。

自我介绍 zìwǒ jièshào 自己紹介（する）。〔新老师上课之前，照例要～〕新任の先生は例としてまず授業を始める前にひとくさり自己紹介をすることになっている。

自我作古 zìwǒ zuògǔ〈成〉前例などに拘泥しないで，自ら新しい機軸を出す。〔自我作故〕ともいう。

自习 zìxí 自習（する）。〔～小组〕自習グループ。

自相 zìxiāng 相互。味方同士で。互いに：2 音節の動詞の前につける。〔内战等于～残杀〕内戦は味方同士で殺害し合うのと同じだ。〔你说的岂不～矛盾吗〕きみの言うことはそれ自体に矛盾があるじゃないか。〔～惊扰〕味方同志で騒ぎ立てる。

自销 zìxiāo 生産者が直接販売する。

自小 zìxiǎo 幼少より。〔从 cóng 小（儿）〕に同じ。

自卸汽车 zìxiè qìchē ダンプカー。〔自动倾卸（式载货）汽车〕〔自卸卡 kǎ 车〕〔倾 qīng 卸汽车〕に同じ。

自新 zìxīn 誤りを改めて直す。生まれ変わる。〔悔 huǐ 过～〕〈成〉過ちを改めて心根を一新する。

自信 zìxìn ①自信を持つ。自ら自信がある。〔他～能完成这个任务〕彼はこの任務をやり遂げる自信がある。〔她对自己的记忆力很～〕彼女は自分の記憶力に自信がある。〔缺 quē 乏～〕自信が足らない。〔充满～地说〕自信に満ちて言う。→〔自信心〕

自信心 zìxìnxīn 自負心。〔～不足〕自信不足。〔～很强〕自負心が強い。

自行 zìxíng ①自分で。自ら。自発的に。〔～解决〕自分で解決する。〔～处理〕自分で処理する。〔～设计制造〕自分で設計し製造する。②固固有運動。

自行车 zìxíngchē ①=〔方〕单 dān 车②〔方〕脚 jiǎo 踏 tà 车〕〔方〕洋炎车〕自転車。〔～拖 tuō 车〕自転車用牽引車。〔骑 qí ～〕自転車に乗る。〔蹬 dēng ～〕自転車をこぐ。②固自転車競技。

自行火炮 zìxíng huǒpào 自走砲。

自行其是 zìxíng qíshì〈成〉自らいいと思ったことをする。自分勝手にする。〔独 dú 行其是〕ともいう。

自省 zìxǐng〔文〕①反省する。〔不断～〕絶えず反省する。

自修 zìxiū ①自習（する）。〔下午有两小时～的时间〕午後は2時間ほどの自習時間がある。②独学する。③〔英语～课本〕英語自修読本。

自许 zìxǔ〔文〕自負するところがある。→〔自负①〕

自诩 zìxǔ〔文〕自慢する。ほらを吹く。→〔自夸〕

自序 zìxù 自序。〔自序文〕〔自叙文〕ともいう。書く。

自叙 zìxù ①自分の経歴を述べる。②自叙伝。③同上。

自选 zìxuǎn 自分で選択する。〔～动作〕〔スポ〕フリースタイル。自由演技。

zì 自

自选商场 zìxuǎn shāngchǎng =〔超 chāo 级市场〕〔超市〕スーパー（マーケット）：〔自选市场〕ともいう.

自学 zìxué 自修(する).独学(する).〔每天～一个小时〕毎日1時間自分で勉強する.〔～考试〕〔自考〕(独学者のために行われる)大学卒業資格の検定試験.

自寻烦恼 zìxún fánnǎo 自分で悩みごとの種を作るようなことをする.

自言自语 zìyán zìyǔ〈成〉ひとり言を言う.

自养 zìyǎng 回自養.独立(自主)栄養.無機栄養.〔～生物〕自家栄養生物.〔～植物〕自家栄養植物.

自已 zìyǐ 自分で抑える.自ら絶ち切る.〔不能～〕同前ができない.

自以为得计 zì yǐwéi déjì 自分ではしめたと思っている.

自以为是 zì yǐwéi shì〈成〉独りよがりである.自分で自分が正しいと思う.

自抑 zìyì〈文〉自ら抑える.〔～心〕自制心.〔～力〕自制力.

自缢 zìyì〈文〉縊死(する)

自应 zìyīng〈文〉もちろん…すべきである.→〔自当〕

自营 zìyíng 自ら経営する.

自用 zìyòng ①独りよがりである.〔刚愎〈成〉片意地で独りよがりだ. ②個人で使用する.私用する.

自由 zìyóu ①自由.〔～打工族〕フリーランサー.フリーター.〔～电子 diànzǐ〕物自由電子.フリーエレクトロン.〔～港自由貿易港.フリーポート.〔～基〕化遊離基.フリーラジカル.〔～记者〕フリー(ランサー)の記者.〔～价格〕自由価格.〔～恋爱〕自由恋愛.〔～贸易〕自由貿易.〔～散漫〕規律の弛緩しただらしない.〔～诗 shī〕自由詩.〔～体操 cāo〕[区]床競技.〔～王国〕自由の王国.〔～演员〕フリー(ランサー)の俳優.〔～泳 yǒng〕[区](水泳の)自由形.フリースタイル.〔～职 zhí 业者〕自由業者.〔～撰 zhuàn 稿人〕フリーライター.〔～〕拘束のない様子.自由なさま.〔～平等的权利〕自由平等の権利. ②思いのまま(に).思う通りに(に).〔谁都可以～啊〕誰でも希望者は自由に参加できます.〔下午没有安排,～活动〕午後は予定がなく,自由時間です.〔日子过得很～〕のんびりと暮らす.

自由化 zìyóuhuà〔～花 huā 样滑〕(フィギュアスケート)のフリー演技.

自由民 zìyóumín 史自由民:〔自由人〕に同じ.

自由人 zìyóurén ①〈第 dì 三人〉 ②同上.

自由市场 zìyóu shìchǎng 自由市場:個人経営者が集まり販売活動を行う市場.多く〔农贸市场〕を指す.

自由碳 zìyóutàn =〔石 shí 墨碳〕グラファイトカーボン.

自由主义 zìyóu zhǔyì ①自由主義.リベラリズム. ②勝手気ままな考え.〔反对～〕放任主義に反対する.

自有 zìyǒu おのずから…がある.当然.…も.もとより…がある.〔～公论〕おのずと世間の批評がある.〔～天知〕おのずと天が裁きをつけてくれる.

自幼 zìyòu 幼いときから.

自娱 zìyú〈文〉自分で楽しむ.〔～自乐〕同前.

自誉 zìyù 自分で吹聴する.うぬぼれる.

自圆其说 zìyuán qíshuō〈成〉自分の説をうまくこじつけようとする.〔不能～,露出了破绽〕うまいことこじつけることができないで,ぼろが出た.

自愿 zìyuàn 自ら志願する.自由意志でする.自発的にする.〔～回国〕自ら帰国を希望する.〔～原则〕 自ら納得して進んで申し出る原則.納得原則.〔群众的～〕大衆の自由意志による志願.〔自愿～〕 自分の自由意志に基づく.〔出于～〕自分の意志で.自分から進んで.〔～互利原则〕自由意志と相互利益の原則.

自怨自艾 zìyuàn zìyì〈成〉自ら悔しがる:もとは自分で自分の非を悔い改めるの意.

自在 zìzài 自由である.気ままである.〔逍遥～〕思うままにして,のんびりしている.

自在阶级 zìzài jiējí 哲即自的階級:自己の歴史的任務を自覚していない,感性的認識の段階にあるプロレタリア階級.〔自为阶级〕(対自的階級)に対している.

自在 zìzai のびのびとしている.くつろいでいる.〔无忧无虑的日子过得挺～〕心配もなく気を使うこともなく,しごくのびのびと暮らしている.〔这种椅子,坐着很～〕この椅子がたいへん気持ちがいい.

自责 zìzé 自分のことを自分で責める.

自招 zìzhāo 自白する.〔不打～〕叩かれるまでもなく自白する.

自找 zìzhǎo 自ら招く(求める).〔你～嘛〕自分から求めたことじゃないか(自業自得じゃないか).〔～苦吃〕自分から求めて苦しいめにあう.〔～打〕〔自打〕

自斟壶 zìzhēnhú つるをつけ土瓶のようにした銚子.

自斟自饮 zìzhēn zìzhuó〔自斟自饮〕〔自酌自饮〕ともいう.〈成〉①一人で酒をついで飲む.独酌する. ②〈転〉自分で取り決める.勝手に取り計らう.

自知之明 zìzhī zhīmíng 己を知っている聡明さ.自分を正しく見ている.〔～〕同前の意.

自治 zìzhì 自治(を行う).〔～机关〕民族自治権を行使する機関.〔～旗〕内蒙古自治区の中に蒙古族以外のほかの少数民族の多数居住する地方の,県に相当する行政単位.〔～区〕少数民族の多数居住する地方の第一級行政単位,省に相当する：广西壮 zhuàng 族～区〕(内蒙古～区〕〔宁 níng 夏回族～区〕〔西藏～区〕〔新疆维吾尔～区〕がある.〔～权〕自治権.〔～县〕民族自治県.〔～州〕(自治区と自治県の中間に位する)民族自治州.

自制 zìzhì ①自製(する).〔本店～月饼〕当店自製の月餅. ②自制(する).〔不能～〕自制できない.

自重 zìzhòng ①自重する.〔太不～了〕ちっとも自重することを知らない. ②自重(zhòng)〕機械・車両・船舶・建築物自身の重さ.→〔干 gān 重〕〔净 jìng 重〕

自主 zìzhǔ 自主的に行う.自ら決定する.〔婚姻～〕結婚は本人の意志で決める.〔不由～〕思うに任せない.思わず…という気にはいられない.〔～权〕(民族)自主権.〔～神经〕(植物性神経)生理自律神経.〔～游 yóu〕個人ツアー.

自助 zìzhù 自分で自分を助ける.自分でやる.〔～助人〕自らも助かり他人をも助けてやる.〔天助～者〕天は自ら助くる者を助く.〔～银行〕キャッシュコーナー,ATM など.〔～洗衣店〕コインランドリー.〔～餐 cān〕バイキング式食事.セルフサービス式の食事.

自专 zìzhuān〈文〉自分の勝手にする.〔不敢～〕自分勝手なまねをしない.

自传 zìzhuàn 自伝.

自转 zìzhuàn ①自ら回転する. ②天自転.〔～周期〕同前の運動周期.↔〔公 gōng 转〕

自酌自饮 zìzhuó zìyǐn ⇒〔自斟自饮〕

自兹 zìzī〈文〉これから.

自自黑儿 zìzìhēir 鳥ホトトギス(〔杜 dù 鹃〕の別称.

足 zìzú ①自己満足(する). ②自給自足(する).〔自给 jǐ～〕同前.〔～户〕同前の農家.

2216

zì～zōng

自尊 zìzūn 自分を尊重する。〔～自愛〕自尊自愛する。〔～心〕自尊心。〔伤害～心〕自尊心を傷つける。〔～心很强〕自尊心が強い。

自作 zìzuò 自分でする。自分で…となす。〔～聪 cōng 明〕自分で賢いという。〔～主张〕一存で決める。自主的に決める。〔～多情〕自分勝手にほれ込む。〔～自受〕〈成〉自業自得.

〔恣〕 zì ①ほしいまま(に).気ままに。〔～杀牲 xī 禽〕みだりに禽獣を殺す。②〔一儿〕〈方〉気持ちよい.

恣情 zìqíng わがままである。放恣である。〔～作乐〕気ままに楽しむ。〔～纵 zòng 欲〕〈成〉欲望を思いのままに逐げてはばからない.

恣肆 jiāohèng ～〕〈成〉不遜(^{ソン})で放縦だ。②豪放である。〔文笔～〕文筆が豪放だ.

恣睢 zìsuī 〈文〉思いのままでたらめな行動をする。〔暴戾 lì ～〕暴逆で同前.

恣行 zìxíng 〈文〉わがままにふるまう(行動する)。〔～同前．〔～无忌〕向こう見ずにふるまう。ふらちにふるまう.

恣意 zìyì 〈文〉ほしいまま(に)．気ままに．〔～妄〕勝手気ままにふるまう.

〔剚(傳)〕 zì 〈文〉①刀を刺し込む(突きさす)．②地面に物を刺し込んで立てる。〔一刃 rèn 〕刀を物に刺し込む.

〔渍・漬〕 zì ①浸る。漬ける。漬かる。〔麻麻を水につける(て皮を柔らかくし、むきやすくする)．〔白衬衫被汗水～黄了〕白いシャツが汗で黄色くなった。→〔沤 òu 〕②(油や泥などが)こびりつく。〔机器一停就会～上油泥〕機械が止まると油がこびりついてしまう。〔他每天勤加清理,机器里一点油泥也不～〕彼は毎日よく掃除してきれいにしているので機械には少しも油汚れがついていない。〔烟斗里～了很多油泥〕キセルにやにがこびりついた。③あか。〔油～〕油垢。〔茶～〕茶しぶ。④水たまり。〔防洪排～〕洪水を防ぎ,たまり水を排出する。水防ダム.

渍涝 zìlào (田畑に)水がたまる(つかる)

渍水 zìshuǐ ①水たまり。たまり水。冠水する。(田畑などが)水につかる．〔～坑〕水づかりの品物.

渍渍 zìzì 汗・涙・湿気などのひどいさま。〔湿 shī ～〕湿り気がひどい.

〔眦(眥)〕 zì ①まなじり。目じり。目の辺．〔内～〕〔大眼角〕目の鼻に近い方の端。目頭．〔外～〕〔小眼角〕目の耳に近い方の端。目じり。〔目～尽裂〕〈成〉目をいからせ憎しみをもって見る。→〔眼 yǎn 犄角儿〕

〔骴〕 zì 〈文〉鳥獣の肉のついた残骨。腐りかかった屍体(^{かばね})．〔掩 yǎn 胳埋～〕〈成〉骨や屍体を埋める.

〔胾〕 zì 〈文〉大きく切った肉。ししむら．小さく切ったものは〔脔 luán 〕という.

〔子〕 zi 接尾字．ⓐ名詞につける。〔桌～〕テーブル．〔椅～〕椅子．ⓑ一部の動詞・形容詞につけてを名詞化する。〔贩 piàn ～〕かたり。かたりをする者。〔贩～〕行商人。〔胖～〕でぶ．ふとっちょ。〔矮 ǎi ～〕ちび．〔刷～〕はけ。〔垫～〕座ぶとん。クッション。〔出了乱～〕騒動を引き起こした。ⓒ人あるいは物の名の後ェに加えて軽蔑、あるいは嫌悪の情を表す。〔不过一条小河沟～〕たかだかどぶじゃねえか。〔破盆～烂加罐～等乎干什么～〕こんな壊れた鉢だのかんだの、そんなもの何にするか。〔花了几百块～何百元も使った。〔这孩～〕(小娘)。ⓓ量詞につける。〔先打听一下～〕先にちょっと聞い合わせる。ⓔ意味の差別化を表す：例えば〔出门〕(外

出する)と〔出门～〕(嫁入りする)，〔花〕〔花〕と〔花～〕(乞食)など。→ zǐ

zong ㄗㄨㄥ

〔宗〕 zōng （Ⅰ）①祖先．〔祖 zǔ ～〕同前．〔列祖列～〕歴代の祖先。②宗族・血族．〔同～〕同族。③派別．宗派．流派．〔正～〕正統派．④主要。根本．大元．〔开～明义〕〈成〉真っ先に綱要を述べる．〔不失其～〕基本を逸してはいけない。⑤模範として尊ぶ．手本とする。〔他们唱工～的是梅派〕彼の(京劇の)歌の芸は梅(蘭芳)流だ。⑥尊びがあつめられる人。手本とする人．〔诗～〕模範として尊ばれる詩人。⑦量詞．ひとまとまりの事物を数える．〔这～东西〕この種のもの。〔一货物〕一種の商品。〔一心事〕ひとつの心配事。〔一大～款项〕大口のお金．〔大～出口货〕大口の輸出品．⑧〔姓〕宗(^{ソウ})．（Ⅱ）因チベットの旧行政単位：チベット全体に53の〔～〕(チベット語の砦)があった。1960年〔县 xiàn ①〕に改めた.

宗伯 zōngbó ①〈文〉学芸が非常に優れ，人からあがめられる人。②圓宗室の事務を掌る官：〔六卿〕の一．③〔姓〕宗伯(^{ソウハク}).

宗祠 zōngcí 一族の祖先を合祀する廟：〔家 jiā 祠〕に同じ.

宗法 zōngfǎ ①宗法(^{ソウホウ})．家父長制。〔～制度〕宗法制度．〔～社会〕宗法社会．〔～式〕家父長制的．〔～式经济〕家父長制経済．②手本とする。〔他的画儿～徐悲鸿〕彼の絵は徐悲鴻を手本としている.

宗藩 zōngfān 〈文〉皇室から分封された諸侯.

宗匠 zōngjiàng ①名匠．巨匠．大家：学問・芸術などで優れた業績があり、世人の尊敬を受けている人．〔画坛～〕画壇の巨匠．〔一代～〕一代の大家。②徳望ある教育者.

宗教 zōngjiào 宗教.

宗喀巴 zōngkābā →〔喇 lǎ 嘛教〕

宗庙 zōngmiào (天子や諸侯の一族)祖先の祭ってあるところ.

宗派 zōngpài 宗教・学術などの流派．〔～情绪〕縄張り根性．セクト感情．〔～活动〕分派活動．〔搞～〕派閥を作る．〔～斗争〕派閥闘争．〔～主义〕〔小団体主义〕セクト主義．分派主義.

宗谱 zōngpǔ 一族の系譜.

宗亲 zōngqīn ＝〔内 nèi 亲〕同一祖先の親族．一族．→〔外 wài 亲〕

宗社 zōngshè 〈文〉宗廟と社稷(^{ショク})．王室と国土．〔转〕国家.

宗师 zōngshī 〈文〉模範たる人。師匠.

宗室 zōngshì 王族。宗王の一族.

宗祀 zōngsì 先祖の祭り.

宗祧 zōngtiāo 〈文〉家督．〔继承～〕〔～继承〕家督相続.

宗徒 zōngtú ⇒〔使 shǐ 徒〕

宗兄 zōngxiōng 同族または同姓のもので自分より年上の同輩(同世代)の人に対する称.

宗仰 zōngyǎng 〈文〉あがめ尊ぶ。尊重する。尊敬する．〔海内～〕天下に敬慕される.

宗正 zōngzhèng 〔姓〕宗正(^{ソウセイ}).

宗政 zōngzhèng 〔姓〕宗政(^{ソウセイ}).

宗侄 zōngzhí 同族の後輩.

宗旨 zōngzhǐ 根本理念．主要な目的(意図)

宗主 zōngzhǔ ①本家。②尊敬の的となる人。盟主．〔～国〕属国に対し宗主権を持っている国家．〔～权〕宗主権.

宗子 zōngzǐ 嫡子.

zōng～zǒng

宗宗件件 zōngzōng jiànjiàn 種々さまざま.
宗族 zōngzú 同一祖先の人々.一門.一族.
宗祖 zōngzǔ 〈文〉祖先.

[综・綜] zōng
まとめる.総合する.〔～合〕同前.〔错 cuò ～〕複雑に入り組む.交錯する.錯綜する. → zèng

综观 zōngguān 総合して見る.〔～全局〕全面を総合して見る.
综合 zōnghé 総合(する).〔～报导〕総合的な報道.〔～(病)征〕〔～(病)症〕症候群.シンドローム.〔～管理系统〕トータルシステム.〔～国力〕総合国力.〔～户头〕総合口座.〔～考察〕広範な調査.〔～利用〕総合的に利用する.〔～数字广播〕ISDB.綜合デジタル放送.〔～性〕大学〕総合大学.〔～业务数字网络〕電算 ISDN.総合デジタル通信網.〔～语〕屈 qū 折语〕〔言語学の〕屈折語〔～治理〕総合的に治安を維持する.
综核 zōnghé 〈文〉まとめて考究する.
综合平衡 zōnghé pínghéng 全体の均衡:各分野におけるバランスのとれた発展.
综计 zōngjì ⇒〔总 zǒng 计〕
综括 zōngkuò ⇒〔总 zǒng 括〕
综揽 zōnglǎn ⇒〔总 zǒng 揽〕
综上所述 zōngshàng suǒshù 以上述べたところを総合する(と).
综述 zōngshù 総合して述べる.
综艺 zōngyì バラエティー.〔～节目〕〔综合节目〕バラエティー番組.〔～演 yǎn 出〕〔综合演出〕バラエティーショー.

[棕(椶)] zōng
①植 シュロ.→〔棕榈〕②シュロの毛(繊維).③色 茶色(の).ブラウン(の).〔直接～〕ジアゾブラウン,ナフタミンブラウン.〔阴丹士林～〕インダンスレンブラウン.

棕绷(子) zōngbēng(zi) 寝台用のシュロ縄製の網.
棕编 zōngbiān シュロの工芸品.シュロ細工.
棕床 zōngchuáng 〔棕绷(子)〕を張った寝台(セット).〔棕绷床〕ともいう.
棕垫 zōngdiàn シュロ製の敷物.
棕黑 zōnghēi 色 とび色(の)
棕黄 zōnghuáng 色 シュロの皮の色(の)
棕榈 zōnglú 植 シュロ.トウジュロ〔～口〕棕树〕ともいう.〔～油〕同前の中果皮を搾った油脂:〔棕油〕
棕榈酸 zōnglúsuān =〔软 ruǎn 脂 酸〕〔十 shí 六 酸〕パルミチン酸.
棕榈竹 zōnglúzhú ⇒〔棕竹〕
棕毛 zōngmáo 〔棕皮〕シュロの葉鞘の繊維:シュロ毛.縄・はけなどを作る.また焼いて止血薬にする.
棕皮 zōngpí 同上.
棕色 zōngsè 茶色(の).〔～云团〕気 汚染雲.
棕色人种 zōngsè rénzhǒng ⇒〔棕种(人)〕
棕绳 zōngshéng 〔シュロ 縄.②=〔白 bái 棕绳〕〔吕 lǚ 宋索〕コイヤーロープ:やし皮の繊維で作ったロープ.マニラ縄・しゅろ縄と混同される.
棕树 zōngshù ⇒〔棕榈〕
棕刷(子) zōngshuā(zi) シュロ製ブラシ.
棕笋 zōngsǔn =〔棕鱼〕シュロの花:春期茎から黄色の苞を出す.苞の中には魚の卵のようなものが列をなしている.
棕笤帚 zōngtiáozhou シュロぼうき.
棕熊 zōngxióng 動 ヒグマ:〔棕色〕をしているのでこの名がある.〔黑 pí 熊〕ともいう.〔人 rén 熊〕〔马 mǎ 熊〕は別称.
棕叶 zōngyè ⇒〔栟 zhōng 叶〕
棕油 zōngyóu →〔棕榈〕

棕鱼 zōngyú ⇒〔棕笋〕
棕种(人) zōngzhǒng(rén) 褐色人種:〔棕色人种〕〔澳 ào 大利亚人种〕(オーストラロイド)ともいう.〔人种〕
棕竹 zōngzhú =〔棕榈竹〕植 カンノンチク:ヤシ科植物.〔筋 jīn 头竹〕ともいう.矮 ǎi〔～〕〔竹棕〕シュロチク.

[腙] zōng
化 ヒドラゾン.→〔糖 táng 二腙〕

[踪(蹤)] zōng
足あと.足跡.〔追 zhuī ～〕追跡する.〔行～〕行方.〔失～〕(人または物の)行方がわからない.〔跟～〕こっそり人の後をつける.跡を追う.〔无影无～〕〔成～〕跡形もない.

踪迹 zōngjì 足あと.跡形.〔～渺 miǎo 茫〕跡形知れず.
踪影 zōngyǐng 跡形.〔毫 háo 无～〕〔～皆 jiē 无〕〈慣〉跡形がまるでわからない.

[鬃(騣・騌・鬷)] zōng
①馬のたてがみ.〔马～〕同前.②豚の背および腹の剛毛(刷毛の材料).〔猪 zhū ～〕同前.

鬃毛 zōngmáo 馬・豚などのたてがみ.
鬃刷 zōngshuā 豚の剛毛で作った刷毛・ブラシ.

[从・椶] zōng
〔鸡 jī ～〕植 モリクロハタケ:食用キノコの一種.

[枞・樅] zōng
〔～阳 yáng〕地 安徽省にある. → cōng

[总・總(揔・縂)] zǒng
①統(す)べる.締めくくる.総括する.集める.〔～起来说〕総括して言う.②(而言)之同前.〔两笔账～到一块儿〕二つの勘定を一緒に締めくくる.〔～共三万元〕合計3万元.→〔共 gòng ①〕②全体の.全部の.総括的な.全面的な.〔～产量〕総生産量.〔～反攻〕総反撃.〔～崩溃〕全面的な崩れ.③(全体を概括した)かしらの.根本の.指導的な.〔～工程师〕技師長.〔～司令〕司令.〔～社长〕⑤李技師長.④いつも.いつまでも.常に.ずっと.〔无论失败多少次,~不灰心〕何回失敗しても常に落胆しない.〔他～能虚心听取群众意见〕彼はいつでも虚心に大衆の意見を聞くことができる.〔他~不肯答应〕彼はあくまでうんと言わない.〔那孩子~是规规矩矩的〕あの子はいつも行儀がよい.⑤つまり.結局は.どのみち.とにかく.〔孩子~是孩子〕子供はやはり子供だ.〔他们～是要失败的やつらはしょせん失敗に終わるさ〕〔以后~会知道的〕いずれそのうちにわかるさ.〔他~会来的〕彼はどっちみちやって来る.〔我~得去〕わたしはどのみち行かねばならない.⑥おおよそのところ(…だろう).たぶん(…だろう).〔看样子她~有三十多岁〕どうやら彼女は少なくとも30歳を過ぎているようだ.〔他还没来,~是有什么事情吧〕彼はまだ来ないが,おそらく何か用ができたのだろう.

总罢工 zǒngbàgōng ⇒〔大 dà 罢工〕
总编(辑) zǒngbiān(jí) 編集長.→〔主 zhǔ 编②〕
总表 zǒngbiǎo メインメーター.→〔分 fēn 表〕
总部 zǒngbù 本部.総司令部.〔联合国～〕国連本部.
总裁 zǒngcái ①旧 中央編集機構の主管官員と官吏登用試験を主宰する大臣.②(政党)の総裁.(企業や団体の)首脳.
总参 zǒngcān 〔中国人民解放军总参谋部〕の略.
总参谋长 zǒng cānmóuzhǎng 軍 総参謀長:〔总长①〕は略称.
总产 zǒngchǎn 経 総生産.〔～值 zhí〕総生産額.

总称 zǒngchēng 総称.
总成 zǒngchéng （部品などの）組み立て.→〔装zhuāng配〕
总代表 zǒngdàibiǎo 総代.
总代理 zǒngdàilǐ ＝〔独dú家代理〕総代理人（店）.一手代理.独占代理店.→〔代理商〕
总的 zǒngde 総じて.総体的に.〔～趋势〕全般的な趨勢.〔～来说〕〔～说来〕〔～来讲〕総じて言えば.〔～来看〕全体としてみれば.〔斗争的～利益〕闘争の総体的利益.
总得 zǒngděi どうしても…しなければならない.〔我一去一趟〕わたしはどうしても一度行ってこなければならない.→〔必bì须〕
总电门 zǒngdiànmén （電気の）元スイッチ.主開閉器.〔我去把～也关上,省得把电线引着zháo了〕電線に引火しないようにスイッチの元を切ってきます
总动员 zǒngdòngyuán 総動員（する）
总督 zǒngdū ①＝〔督堂〕〔督宪〕〔督院〕邇 1 省または数省の民事・軍務を統制する最高長官.〔两广～〕広東広西両省の最高長官.→〔督标〕②（植民地の）総督.
总队 zǒngduì 邇〔团 tuán〕（連隊）や〔师 shī〕（師団）に相当する組織.
总吨位 zǒngdūnwèi 総トン数.
总额 zǒng'é 総額.〔存款～〕預金高.
总而言之 zǒng'éryánzhī 〈慣〉概言すれば.要するに.つまるところ:略して〔总之〕ともいう.
总方针 zǒngfāngzhēn （党や政府の）総方針.
总分 zǒngfēn 図総得点.
总该 zǒnggāi どうしても…すべきである.…のはずだ.〔这个时候～来了〕今時分は必ず来るはずだ.
总纲 zǒnggāng 大綱.
总工 zǒnggōng 〔总工程师〕の略.技師長.
总攻 zǒnggōng 軍総攻撃.
总工会 zǒnggōnghuì 〔中 zhōng 华全国总工会〕の略.
总公司 zǒnggōngsī 本社:〔分 fēn 公司〕（支社・支店）に対する本店・本社.
总共 zǒnggòng 合計（で・する）.全部（で・にする）:〔共总〕ともいう.〔～多少钱〕合計いくらですか.→〔一 yī 共〕
总管 zǒngguǎn ①全面的に管理する.〔～教学工作〕教学の仕事を全体的に処理する. ②マネージャー.元締め.総括者. ③回執事.大番頭. ④機メインパイプ.
总归 zǒngguī つまり.結局.〔困难～是可以克服的〕困難は結局克服できるものだ.〔骗他～不好〕彼をだますのはやっぱりよくない.
总行 zǒngháng （銀行などの）本店.総本店:〔分行〕（支行）に対していう.
总合 zǒnghé 総計.合計.→〔总共〕
总和 zǒnghé 総計.〔五年产量的～〕5 年間の生産総額.〔知识的～〕知識の集大成.
总后 zǒnghòu 〔中国人民解放军总后勤部〕の略.
总后方 zǒnghòufāng 軍最高司令部の置かれた後方.
总后台 zǒnghòutái 後ろで糸を引く黒幕の首領.→〔后台〕
总汇 zǒnghuì ①（川の流れが）集まる.合流する. ②集まり.集まるところ.集めたもの.
总会 zǒnghuì 総会:公益社団法人などの最高機関.
总机 zǒngjī 代表電話.電話交換台.
总集 zǒngjí 多くの人の作品を集めたもの.↔〔别 bié 集〕

总计 zǒngjì ＝〔综 zōng 计〕総計（する）:〔合 hé 计〕に同じ.〔有五万个零件～合计 5 万の部品がある.→〔一 yī 共〕
总价 zǒngjià 総価額.
总监 zǒngjiān 総監督.〔舞 wǔ 台～〕舞台監督.
总角 zǒngjiǎo 〈文〉あげまき.〈転〉未成年男女:古代,未成年の時は,髪を左右に分けて頭上にわがね,角状に両輪を作った.〔～之交〕〔竹 zhú 马之交〕〔竹马の友.→〔丱 guàn 角〕〔青 qīng 梅竹马〕
总结 zǒngjié ①総決算する.〔账目要一次〕帳簿は 1 回総決算しなければならない. ②締めくくり（る）.全体的な結論（を出す）.総括（する）.要約（する）.概括（する）.〔～报告〕総括報告.〔写～〕総括書を書く.〔他是一个熟悉现场的技术员,善于～经验〕彼は現場に明るい技術者で,経験をまとめるのがうまい.→〔小 xiǎo 结〕
总经理 zǒngjīnglǐ 総支配人.社長.〔王总（经理）王社長.
总开关 zǒngkāiguān （機械・電気製品などの）メインスイッチ.〈喩〉基準となる拠り所.行動の出発点.
总括 zǒngkuò ＝〔综 zōng 括〕すべくくる.総括する.すべくくって言う.〔～起来说〕総括して言えば.簡潔に述べれば.→〔概 gài 括〕
总览 zǒnglǎn 全面的に見る.
总揽 zǒnglǎn ＝〔综 zōng 揽〕総攬する.一手に握る.
总理 zǒnglǐ ①全体を統轄する. ②政府首脳.首相.総理（大臣）.〔周～〕周（恩来）総理. ③回（政党.機関・企業の）最高責任者.
总量 zǒngliàng ①総量.〔～控制〕総量規制. ②⇒〔毛 máo 重①〕
总领队 zǒnglǐngduì 総監督.→〔总监〕
总领事 zǒnglǐngshì 総領事.〔～馆〕〔总领馆〕総領事館.
总路线 zǒnglùxiàn （党や政府の）総路線:一定期間内における根本的な指導方針.〔社会主义建设～〕史 1958年,〔鼓 gǔ 足干劲〕〔力 lì 争上游〕〔多 duō 快好省地建设社会主义〕のスローガンで表された.→〔三 sān 面红旗〕
总论 zǒnglùn 総括的な論.論述を総括するもの.→〔绪 xù 论〕
总目 zǒngmù 総目次.→〔目次〕
总能 zǒngnéng 総エネルギー.
总评 zǒngpíng 〔年终～〕年末の総評価.
总其成 zǒng qí dàchéng 〈成〉各方面の事務をすべくくる.
总鳍鱼 zǒngqíyú 魚貝硬骨魚網総鳍（*）類の魚:〔矛 máo 尾鱼〕（シーラカンス）など.
总起来看 zǒngqǐláikàn 〈慣〉まとめて見れば.総括して言うと.
总社 zǒngshè 本社:〔分 fēn 社〕に対していう.→〔总公司〕〔总行〕
总绳 zǒngshéng （網の）太綱.
总是 zǒngshì →字解④⑤⑥
总收入 zǒngshōurù 総収入.
总书记 zǒngshūjì 総書記.→〔书记〕
总数 zǒngshù 総計.
总司令 zǒngsīlìng 総司令官.最高司令官.
总算 zǒngsuàn ①やっと.どうやら.何とか.〔～松了一口气〕やっとほっとした.〔没丢性命,～万幸了〕命をなくさなかったのは,とにもかくにも非常な幸いだった. ②まあまあ….ほぼ…なほうだ.〔一个外国人汉语能说成这样,～不错了〕外国人としてはだけ中国語が話せれば,結構いいほうだ.
总台 zǒngtái ①（ホテル・レストランなどの）フロント.帳場. ②（通信施設の）親局.

总体 zǒngtǐ 総体(の).〔～规划〕総体的な企画.〔～战〕総力戦.〔～上来说〕～上说｜全体的に言えば.

总体设计 zǒngtǐ shèjì ⇒〔系 xì 统设计〕

总统 zǒngtǒng 大総統.大統領.〔～府〕総統府.〔～咨 zī 文〕大統領教書.〔～套 tào 房〕(高級ホテルの)豪華なスイートルーム.

总头目 zǒngtóumù 大首領.大親分.ドン.

总图 zǒngtú =〔组 zǔ 合图〕全図.機械あるいは構造の全貌を示す図.→〔分 fēn 总图〕

总危机 zǒngwēijī 経 全般的危機.

总务 zǒngwù ①総務.〔～处〕総務局.〔～科〕庶務課:〔庶 shù 务科〕は旧称. ②総務担当者.

总线 zǒngxiàn 電算 バス.〔～系统〕バスシステム.

总销 zǒngxiāo 元締めとなるピン:〔总销钉〕ともいう.

总星系 zǒngxīngxì 天 メタギャラクシー.全宇宙.

总悬浮颗粒物 zǒngxuánfú kēlìwù 総浮遊粒子状物質.

总要 zǒngyào ①〈文〉統率する.統括する. ②〔政務を総攬する=〕結局のところ.どうせ.つまり.〔老李,不要心急.你的拳头～发一次利市〕(茅·子14)李君,焦るんじゃない.あんたのげんこつはいずれ大いに役立たせてもらうよ.

总盈余 zǒngyíngyú 総益金.

总则 zǒngzé 総則.

总责 zǒngzé 全責任.すべての責任.

总站 zǒngzhàn ターミナル.中央ステーション.

总长 zǒngzhǎng ①〔总参谋长〕の略. ②史 北洋軍閥政府の各部の長.

总账 zǒngzhàng ①圃 勘定元帳.元帳. ②帳簿を締めくくる(こと).総決算(する).〔总结账目〕同前.

总政 zǒngzhèng 〔中国人民解放军总政治部〕の略.

总政策 zǒngzhèngcè 基本政策.

总之 zǒngzhī それでは.つまり:〔总而言之〕の略.

总支 zǒngzhī 総支部委員会:〔党 dǎng 总支部委员会〕・〔(共青)团总支部委员会〕の略.

总值 zǒngzhí 総金額.〔生产～〕生産総額.〔贸易～〕貿易総額.

总重 zǒngzhòng ⇒〔毛 máo 重〕

总装 zǒngzhuāng 全ての部品を組み立てる.

总状花序 zǒngzhuàng huāxù 植 総状花序.

〔偬(偬)〕 zǒng →〔倥 kǒng 偬〕

〔纵・縱〕 zòng（I）①縦(の):南北方向・前後方向の.物の長い辺と平行の.〔这个桌面一边五尺,横边三尺〕このテーブルの面は縦が5尺,横が3尺だ.↔〔横 héng ①〕 ②昔から今までの.→〔纵观②〕 ③軍 軍隊の編制単位の一.→〔纵队〕 ④〔姓〕姓(の).（Ⅱ）①釈放する.放つ.〔欲擒 qín 故～〕〈成〉捉えるために先にわざと放ったらかしておく. ②放つ.〔～矢〕矢を放つ. ③(気持ちのままに)任せる.放任する.〔～声大笑〕遠慮なく大声で笑う.不能に～着他们胡闹〕彼らがばらばらに騒ぎしているのをほうっておくわけにはいかない.〔娇 jiāo ～〕甘やかして任せておく. ④たとえ…であろうと.〔～不能有大贡献,也可以有些成绩〕たとえ大いなる貢献はできなくても,多少の成績はあげられる.=〔纵使〕;〔纵然〕. ⑤踊る.はねる.〔将身一～,就上了房了〕身を躍らせて〔飞身一～〕.〔他腿一发力,向前～出几步〕足の力を入れて身を躍らせる.〔将身一～,就上了房了〕身を躍らせたかと思うともう屋根にとびあがった. ⑥〈方〉しわがでる.〔纵皱〕.

纵比 zòngbǐ 歴史的比較.時間的比較.↔〔横 héng 比〕

纵兵殃民 zòngbīng yāngmín 〈成〉兵を放任して人民を苦しめる:〔纵兵扰民〕ともいう.

纵波 zòngbō 縦波(船の進行方向から来る波).=②物 縦波.

纵步 zòngbù ①大股で速く.〔～向前走去〕大股で前へ進んでいく. ②前へ飛び出す歩調.〔一个～跳到左人面前〕ぱっと敵の前へ飛び出す.

纵盗 zòngdào 盗賊を放任する.

纵赌 zòngdǔ 賭博を放任して取り締まらない.

纵断面 zòngduànmiàn ⇒〔纵剖面〕

纵队 zòngduì 軍①縦隊. ②解放戦争中の軍中編成の一:〔军 jūn ②〕に相当する.

纵匪殃民 zōngfěi yāngmín 〈成〉匪徒(ひと)のなすがままに放任して民に災いする.

纵隔 zònggé 生理 縦隔.

纵观 zòngguān ①ざっと見回す.気ままに見る.→〔览览〕 ②歴史的に見る.

纵贯 zòngguàn 縦に貫く.南北に貫く.

纵横 zònghéng ①縦横(に).たてよこ(に).〔～交错的水平坑道和垂直坑道〕縦横に交差している水平坑道と垂直坑道.〔道路～〕道路が縦横に走る.〔～驰骋〕阻むものなく自由に走り回る.勇敢に戦う. ②勝手気ままに.縦横無尽に.〔～谈〕多角的に論じる:多く文章の題名とする.〔笔意～〕筆致が奔放である.〔～十一个省〕11省を駆けめぐる. ④〈文〉合縦(がっしょう)と連衡(れんこう).

纵横捭阖 zònghéng bǎihé 〈喻〉政治団体の間で縦横無碍(むげ)の手段をとる.権謀術策を使う.

纵横驰骋 zònghéng chíchěng 〈成〉①縦横に駆けめぐる. ②文章が奔放自在である.

纵横家 zònghéngjiā ①史 戦国時代に国家を縦(燕・赵・楚・韩・魏・赵)六国が連合して秦に抗する説),または横(六国の連合を解体して秦に服する説)に連合すべきを主張遊説した策士:〔纵衡家〕とも書く.〈文〉〈転〉説客.策略家.

纵横字谜 zònghéng zìmí =〔填 tián 字谜〕クロスワードパズル.

纵虎归山 zònghǔ guīshān 〈成〉虎を放って山へ帰らせる.〈喻〉危険なものを野放しにする.向こう見ずなことをする.

纵火 zònghuǒ 火をつける.火を放つ.〔～犯〕放火犯.〔～弹 dàn〕燃 rán 烧弹 軍 焼夷弾.

纵或 zònghuò たとえ…であろうと.よしんば…でも.〔～有研究的人也都不是本国人〕よしんば研究する人はあっても,みな自国の者ではない.

纵金 zòngjīn ちぢみになっている金箔または金色紙.〔～字〕同前の金箔または紙を用いて字を切りぬいたもの.→〔幛 zhàng 光儿〕

纵酒 zòngjiǔ 酒におぼれる.

纵览 zònglǎn 縦覧する.あまねく見る.〔～四周〕周りを見渡す.〔～群书〕群書を読みあさる.

纵令 zònglìng ①⇒〔纵使〕 ②放任する.〔不得～坏人逃脱〕悪人を逃してはならない.

纵论 zònglùn 思いのままに論じる.放談する.〔～天下大事〕天下の大事について放談する.

纵马 zòngmǎ 〔辔をゆるめて〕馬を走らせる.

纵目 zòngmù ⇒〔纵眺〕〈文〉眺めをほしいままにする.〔目の届く限りを眺める.〔～四望〕同前.

纵剖面 zòngpōumiàn =〔纵断面〕縦断面.

纵切机 zòngqiējī 工 スライバー.〔梳毛用～〕梳毛コーマー用スライバー.〔～罐〕スライバーケース.

纵情 zòngqíng 思いのままに.手放しで.〔～歌唱〕思う存分歌う.〔～欢乐〕心ゆくまで楽しむ.〔～欢呼〕手放しで喜ぶ.⇒〔任 rèn 情〕

纵然 zòngrán ⇒〔纵使〕

纵容 zòngróng 容認する.放任する.

纵身 zòngshēn 反動をつけて跳び上がる.身を躍らせる.〔～一跳〕同前.

zòng～zǒu

纵深 zòngshēn ①縦の深さ.②縦に深い.〔～发展〕奥深く発展する.

纵使 zòngshǐ =〔纵令①〕〔纵然〕たとえ…でも.〔～有好老师教你你,你自己也得用功〕たとえよい先生が教えてくれたところで,自分でも勉強しなければならない.

纵说 zòngshuō 同下.
纵谈 zòngtán 〔纵说〕気ままに話す.
纵眺 zòngtiào ⇒〔纵目〕
纵向 zòngxiàng 縦向(の).縦割(の).↔〔横 héng 向〕
纵言 zòngyán 〈文〉縦横に議論する.
纵欲 zòngyù 肉欲をたくましゅうする.肉欲のおもむくままに従す.
纵坐标 zòngzuòbiāo 数縦座標.

[疭・瘲] zòng →〔瘛 chì 疭〕

[粽(糭)] zòng
粽子 zòngzi 巨ちまき;葦の葉または笹の皮にもち米を包んで蒸したもの,5月の節句に食べる.楚の屈原が汨羅江に身を投じたのを世人が悼(X)み,せめて河中の魚のその死骸(X̣)を傷つけないようにと竹の葉に飯を包んで水中に投じたことからという.→〔筒 tǒng 粽〕

[豵] zòng 〈方〉雄豚;〔公 gōng 猪〕の別称.

zou ズヌ

[邹・鄒] zōu ①周代の諸侯国名;山東省鄒県一帯の地.〔邾 zhū ①〕は古名.〔～县〕地山東省にある.②〔姓〕鄒(Ȥ)

邹鲁 zōulǔ 鄒(孟子の生まれた地)と魯(孔子の生まれた地).②〔喻〕文教の盛んな地.
邹屠 zōutú 〔姓〕鄒屠(Ȥ)

[驺・騶] zōu ①〔文〕貴族に仕えた〕車馬を管理する者.②〔姓〕騶(Ȥ)
驺从 zōucóng 巨貴族の行列に騎馬でつき従う者.

[诹・諏] zōu 〈文〉①相談する.諮(Ȥ)る.〔咨 zī ～〕相談にかける.〔～访〕〈文〉問い尋ねて相談する.②相談して選ぶ.〔～吉〕吉日を選ぶ.

[陬] zōu 〈文〉①隅(Ȥ).〔～隅 yú〕片隅.〔山～海隅〕〔山～海澨 shì〕〔喻〕遠い辺鄙(G̊)なところ.②山の端(Ǫ).山のふもと.〔山～〕同前.③〔～月〕旧暦正月の別称.

[缌・緅] zōu 〈文〉黒味がかった紫色.

[鲰・鯫] zōu 〈文〉①雑魚(Ȥ).②小さいさま.〔～生〕〔謙〕小生.わたくし.

[郰(陬)] zōu 春秋時代の地名,今の山東省曲阜県境近くにあり,孔子の生地.

[走] zǒu ①歩く.歩行する.歩む.〔这孩子已经会～了〕この子はもう歩けるようになった.〔下雨天路上很不好～〕雨降りの日には道がとても歩きにくい.〔一着去得一刻钟〕歩いて行けば15分かかる.②走る.〔奔〕かける.走る.Ⓑ奔走する.Ⓒ離れる.去る.立ち去る.〔咱们～吧〕出発しましょう.〔你什么时候～〕君いつ出かけ(出発し)ますか.〔我不放你～〕おまえを行かさぬぞ.④行き来する.交際する.〔～亲戚〕親戚を訪ねる(訪ねる).〔家里儿,今日一天～不下来〕軒数が多いから,今日一日では

回りきれない.〔他们两家从前～得很亲密〕彼ら両家は非常に親しくつきあっていた.〔你和你那位亲戚为什么不～动了〕君はあの親しい人とどうして行き来しなくなったんだ.⑤動く(かす).移動する(させる).〔钟不～了〕時計が動かなくなった.〔这步棋～错了〕この(碁)の一手は打ち損ねた.〔汽车～了两个小时〕車は2時間走った.〔～了一批货〕一口の荷を出荷した.⑥経由する.〔可以从这个门～〕この門から出てよい.⑦もれる.もらす.〔车胎～气〕タイヤの空気がぬける.〔～电〕電気がもれる.漏電する.〔～漏风声〕うわさをもらす.〔～了火〕銃が暴発してしまった.〔说～了嘴〕(話をしていて)うっかり口をすべらせてしまった.⑧元の姿がなくなる.だめになる.変色する.〔味儿～了〕香りがぬけた.〔这衣服～样儿了〕この服はすっかり型が崩れてしまった.〔把念念～了〕音を読み違えた.⑨死ぬ;婉語.⑩(運に)巡り合う.〔～好运〕好運に目前.⑪<中医>表れる;薬効や症状が出ること.〔～肝经〕肝臓(を通る経脈)に効く.〔～皮肤〕皮膚に出る(表れてくる).〔～小便〕小便として出てします.⑫〈文〉自分のことを卑下していう.〔下～〕やつがれ.わたくしめ.⑬〔姓〕走(Ȥ)

走矮子 zǒu'ǎizi (京劇などで)暗闇の中を姿勢を低くして中腰で歩き回るしぐさ(をする)
走板 zǒubǎn ①巨(旧劇で)調子がはずれる:役者の(唱)(うた)が伴奏とはずれたりすること.→〔板 bǎn 眼〕②~儿(転)(話が)脱線する.〔这人说话爱～〕この人はよく拍子もないことを言う.
走背运 zǒubèiyùn 不運にぶつかる.運が悪い.
走笔 zǒubǐ 〈文〉素早く書く.〔～疾书〕ペンを走らせて書き流す.
走避 zǒubì 離れ避ける.
走边 zǒubiān ①巨(京劇の武劇で)道路のへりを疾走するさま;夜間潜行することを表す.②衣服のへりを細かの縫う.
走遍 zǒubiàn あまねく歩く.
走镖 zǒubiāo 旧護衛付きで旅をする.→〔保 bǎo 镖〕
走表 zǒubiǎo メーター(の指針)が動く.
走步 zǒubù ①歩く.②囚(バスケットボールの)トラベリング.
走步式 zǒubùshì 囚(走り幅跳びの)はさみ跳び.→〔跳 tiào 远〕
走不开 zǒubukāi ①その場を立ち去ることができない.〔我正忙呢,～〕ちょうど忙しくて,立ち去ることができない.〔走得开〕は可能を表す.②狭くて車を通すことができない.〔胡同儿太窄 zhǎi,～车〕露地が狭すぎて車を通せない.
走岔 zǒuchà ⇒〔走错〕
走场的 zǒuchǎngde 巨芝居の舞台係.道具方.
走船 zǒuchuán ①〈文〉船足の速い船.〔预备～〕早船を準備する.②船が動く.
走错 zǒucuò =〔走岔〕道を行きまちがえる.〔～路〕同前.
走刀痕 zǒudāohén ⇒〔刀痕〕
走刀量 zǒudāoliàng 囮送り.
走道 zǒudào 通路.廊下.步道;戸外・室外で人の通る所.〔院中电灯虽不很亮,可是把一照得相当的清楚〕(老・四・愠20)庭の電灯はあまり明るくはないがかしりはっきりと通路を照らしている.
走道儿 zǒudàor ①道を行く.歩く.〔孩子刚会～〕子供は歩けるようになったばかりだ.②〈方〉再婚する.
走低 zǒudī (相場・価格・数値などが)下がる.振るわない.↔〔走 dīan〕
走电 zǒudiàn ⇒〔漏 lòu 电〕
走调儿 zǒudiàor (歌などの)調子がはずれる:〔跑

zǒu 走

pǎo 调儿)に同じ.〔唱歌爱～〕歌を歌うと調子がはずれる.

走动 zǒudòng ①歩いて動く.少し動いて運動する.〔出去～～好〕少し外で歩いたほうがいい. ②親戚・友人間で行ったり来たりする.付き合う.〔那两家常常～〕あの両家はよく付き合っている.

走读 zǒudú 通学する.〔～生〕通学生.〔～官〕〈喩〉任地に住まない干部.→〔寄jì宿②〕〔住zhù读〕

走法 zǒufǎ ①歩き方. ②(将棋の)指し手・打ち方.

走方步(儿) zǒufāngbù(r) ゆったりとした歩調で歩く.

走方郎中 zǒufāng lángzhōng 〈方〉田舎回りの漢方医.

走访 zǒufǎng 訪問する.往訪する.インタビューする.〔～学生家长〕学生の父兄を訪ねる.

走分量 zǒufènliàng 目方(目量)が減る.

走风 zǒufēng 消息を漏らす.→〔走漏①〕

走钢丝 zǒugāngsī (曲芸の)ワイヤの綱渡り(をする):〔踩钢索〕ともいう.→〔走索(子)〕〔杂zá技〕

走高 zǒugāo (相場・価格・数値などが)上がる.↔〔走低〕

走高了脚 zǒugāole jiǎo 〈喩〉(地位があがって)気位が高くなる.〔人家现在有一不认得我们了〕あの人は今では出世してわたしたちには見向きもしなくなった.

走狗 zǒugǒu =〔狗腿子〕〔腿tuǐ子②〕手先.犬.走狗(ぞう).〈喩〉悪人の手足になり悪事を働く者.〔他给军阀当～〕彼は軍閥の走狗だ.〔那些地主的～现在也情况声没迹了〕それらの地主の手先も現在では声をひそめ姿を消してしまった.→〔跑pǎo腿(儿)的⑤〕

走官 zǒuguān →〔坐 zuò 官〕

走过场 zǒuguòchǎng 〈喩〉うわべを繕う.お茶をにごす.→〔过场〕

走旱路 zǒuhànlù ①陸路を行く. ②〈喩〉男色.→〔走水路〕

走好 zǒuhǎo 〈挨〉ゆるゆると(お気をつけて)お帰りください:人を送る時の言葉.〔路～！〕〔一路～〕と同前.⑤(死者に対して)安らかに眠られんことを.

走好运 zǒuhǎoyùn ⇒〔走红①〕

走合 zǒuhé →〔磨 mó 合〕

走红 zǒuhóng ①=〔走好运〕〔走红运〕運が良い.好運に巡り合う. ②受けが良い.人気がある.

走红运 zǒuhóngyùn ⇒上.

走后门(儿) zǒu hòumén(r) 〈喩〉コネを使う.手口を使う.〔坚决反对和杜绝循私舞弊和～等不正之风〕私情による不正と裏取引などの不正な風潮に断固反対し抑止する.→〔关 guān 系户(儿)〕

走话 zǒuhuà 〈白〉(秘密の)話をもらす.〔把…不能～的人安插在园里〕(红74)秘密の話をもらす恐れのない者を大観園に配置しておく.

走黄 zǒuhuáng ①中医疔(チョウ)の悪化症状の一. ②回犬を用いて狩りをする:〔黄犬〕(赤イヌ)

走会 zǒuhuì 縁日で余興の催しをする.

走婚 zǒuhūn 通い婚(少数民族などの).

走火 zǒuhuǒ ①発火する.失火する.〔手枪～儿了〕ピストルが暴発した.〔仓房走了火〕倉庫から火が出た. ②漏電で火がつく.〔电线～引起火灾〕コードの漏電で火事が起こる.→〔走水 shuǐ 火 ③〕 ③血がのぼる.かっとなる.熱中しすぎる.〔～入魔〕や みつきになる.夢中になる. ④大げさになる.ひどくなる.度を過ぎる.

走货 zǒuhuò ①商品を輸送する. ②⇒〔走私〕

走江湖 zǒujiānghú 世間を渡り歩く:各地を歩き回って芸人や香具師などをして世渡りすること.→〔跑 pǎo 江湖〕

走脚步 zǒujiǎobù 回(旧劇で)俳優が舞台で音楽に合わせてしぐさをすること.

走街串巷 zǒujiē chuànxiàng 〔成〕街をうろつき回る:〔串街走巷〕に同じ.

走绝路 zǒujuélù ①行きづまる.窮境に立つ.〔他现在真是走上绝路了〕彼は今まったく行きづまっている. ②〈喩〉自殺する.

走开 zǒukāi ①立ち去る.退散する.避ける.〔你～！别跟我捣乱〕お前はよそに行ってくれ,ぼく(の仕事)をめちゃめちゃにするな.→〔起 qǐ 开〕

走来走去 zǒulái zǒuqù 行ったり来たりする.歩き回る.〔这个孩子～地老不闲着〕この子は歩き回ってちっともじっとしていない.

走廊 zǒuláng ①渡り廊下.→〔廊子〕〔回 huí 廊〕 ②回廊.細長い地域.〔河西～〕回甘肃省にある細長い地域:〔黄河〕の西にあたる.シルクロードの一部.

走老路 zǒulǎolù 踏みならされた道を歩く.〈喩〉古いやりかた(おきまり)に従う.

走了和尚走不了庙 zǒule héshang zǒubuliǎo miào =〔跑 pǎo 了和尚跑不了庙〕〈諺〉坊主は逃げても寺まで逃げることはない.どのみち逃げられない:〔跑了今天跑不了明天〕ともいう.

走漏 zǒulòu ①漏れやす:〔走露〕とも書く.〔～风声〕秘密を漏らす.〔～消息〕情報を漏らす.→〔走风〕 ②密輸などをして脱税を謀る:〔走私漏税〕の略.部分的に紛失する.

走路 zǒulù ①歩く.〔练习～〕歩行練習をする.〔～要走人行道〕歩く時は歩道を歩こう. ②離れる.立ち去る.

走路子 zǒulùzi ⇒〔走门子〕

走马 zǒumǎ ①馬をやる(を行く).〔平原～〕平野で馬を走らせる. ②〈喩〉急ぐ.急いで…する.〔～联姻〕急いで姻戚関係になる. ③よく歩く馬.

走马灯 zǒumǎdēng ①回り灯籠.〈喩〉人や物事がめまぐるしく変わること.次から次へといろいろな手を使うこと.

走马观花 zǒumǎ guānhuā ⇒〔走马看花〕

走马换将 zǒumǎ huànjiàng 〈喩〉人事交流をする.

走马看花 zǒumǎ kànhuā =〔走马 观花〕〔跑pǎo 马观花〕〈成〉大ざっぱに見る.粗略に見て表面的な理解をする.〔还只是～地看了一部分〕まだ大ざっぱに一部分を見ただけである.→〔下 xià 马看花〕

走马上任 zǒumǎ shàngrèn 〈成〉官史に就任する.

走马(牙)疳 zǒumǎ (yá)gān 〔牙疳〕中医頬部壊死.牙床(歯齦)と頬部の急性潰瘍.

走麦城 zǒumàichéng 〈喩〉窮地に陥る:〔三国演义〕関羽は麦城に敗れて殺されたことから.

走门串户 zǒumén chuànhù 〈慣〉あちこちを訪れて話し回る:〔走家串户〕ともいう.→〔串〕

走门子 zǒuménzi コネを使う.手ずるを使う.権勢者の門に出入りする(ご機嫌を伺う):〔走门路〕〔走路子〕ともいう.

走南闯北 zǒunán chuǎngběi 〈成〉各地を駆け巡る(遍歴する)

走内线 zǒunèixiàn 相手の奥向(おく)や縁故者たちに働きかけて頼み込む.〔～,牺牲色相,巴结上司等等的官场丑闻〕相手の奥向に工作したり,女が体を提供したりして上役にとり入ったりするなどの官界のスキャンダル.→〔内线〕

走娘家 zǒuniángjiā 嫁が実家へ帰ったりしばらく滞在したりする:〔回娘家〕ともいう.

走拧 zǒunǐng 行き違いになる(違った方向に行ってしまう).〔他们俩～了〕彼ら二人は行き違いになった.〔走错〕

走脾经 zǒupíjīng 中医脾臓を通る経脈に効く.〔这

走 zǒu

药吃了~]この薬を飲めば脾経に効く.

走偏 zǒupiān 間違った方向に向かう.

走票 zǒupiào 〖旧〗〔票友(儿)〕(しろうとや役者)が頼まれて劇に出演する.アマチュアとして出演する.

走棋 zǒuqí (碁石または将棋などの)駒を動かす.

走气 zǒuqì (空気·ガスなどが)漏れる.⇒〔跑 pǎo 气〕に同じ.〔车胎~〕タイヤの空気がぬける.〔瓦斯~〕ガスが漏れる.

走腔 zǒuqiāng (音程などの)調子が狂う.〔~走调〕調子がはずれである.

走强 zǒuqiáng 盛んになる.

走俏 zǒuqiào (急な需要で)商品の売れ行きがよい.〔出现了家用电器~的局面〕家電製品の売れ行きがよい状況となっている.

走亲访友 zǒuqīn fǎngyǒu 〖成〗親戚や友人の家を訪れる.

走亲戚 zǒuqīnqi ①親戚づきあいする.②親類回りする.〔他一去了〕彼は親戚訪問に行った.

走禽 zǒuqín 〖動〗走禽(類):ダチョウなど.

走热 zǒurè ①流行になる.②(商品の)売れ行きがよくなる.

走人 zǒurén 〈口〉去る.立ち去る.〔叫他~〕彼を立ち去らせる.

走人家 zǒurénjiā 〈方〉①親戚や友人の家を訪れる.②(嫁に行った娘が)実家に帰る.

走肉行尸 zǒuròu xíngshī ⇒〔行尸走肉〕

走(软)绳 zǒu(ruǎn)shéng ⇒〔走索(子)〕

走弱 zǒuruò (相場が)値下がりする.低落する.→〔走低〕

走散 zǒusàn ①四方へ去ってしまう.②見失う.はぐれる.

走色 zǒushǎi 色がさめる(あせる)

走扇 zǒushàn (戸や窓がガタガタになって)たてつけが悪くなる.

走墒 zǒushāng ⇒〔失 shī 墒〕

走上一家 zǒushàng yījiā 再婚する.〔往 wǎng 前走⑤〕ともいう.〔邻居都劝她~〕近所の人はみな彼女に再婚を勧める.〔再 zài 醮〕

走身子 zǒushēnzi 〈方〉遗精(する).〔中医走阳①〕〔遗 yí 精〕に同じ.

走神儿 zǒushénr うっかりする.集中できない.〔他近来常~〕彼は近ごろときどきぼんやりしている.

走绳 zǒushéng ⇒〔走索(子)〕

走失 zǒushī ①迷子になる.行方不明になる.失踪する.〔小孩儿~了〕子どもが迷子になった.②元の形や意味)を失う.食い違う.〔翻译第一不要~了原意〕翻訳はまず原意と食い違ってはだめだ.

走时 zǒushí ①時計の針が動く.〔这块表~准确〕この時計は正確に動いている.②〈方〉ときの巡り合せがよい.幸運である.〔走时气〕〔走红〕〔走运〕ともいう.

走势 zǒushì ①(相場などの)動き.趨勢.〔各货~连续翻升〕各商品値段の趨勢は糺騰している.②〖地〗走向.層向.

走兽 zǒushòu 獣類.けだもの.〔飞禽~〕〈慣〉鳥けだもの.

走熟 zǒushú 通り慣れている.〔这条道儿我~了〕わたしはこの道は歩き慣れている.〔~了的路子〕通い慣れたやり方.

走水 zǒushuǐ ①水が漏る.〔房顶~了〕天井から水が漏れている.②水の流れ.〔渠道~很通畅〕用水路の水がスムーズに流れる.③〈転〉火事になる.〔回 huí 禄〕と同じく忌み言葉.〔~了!〕火事だ.→〔失 shī 火〕〔着 zháo 火〕

走水路 zǒushuǐlù ①水路を行く.②〈喩〉男女の性交.→〔走旱路〕

走水石 zǒushuǐshí 下等品の〔猫 māo 眼石〕

走油 zǒutáoyóu ⇒〔白 bái 蚁油〕

走水 zǒushui 〈方〉(カーテンなどの上端につける)飾り垂れ.

走私 zǒusī =〔走货②〕密貿易する.(海外と)闇取引する.〔~漏税〕密輸して脱税をはかる.

走榫子 zǒusǔnzi 〔走笋子〕とも書く.ゆるむ.ガタが来る.〔~病気ならずで元気がなくなる.

走索(子) zǒusuǒ(zi) =〔走(软)绳〕綱渡り(をする).〔走纲索〕〔走钢丝〕ワイヤの綱渡り(をする).→〔空 kōng 中乞人〕

走台 zǒutái ①〖劇〗ステージリハーサルをする.②(モデルなどが)舞台を歩く.

走桃花运 zǒutáohuāyùn 〈喩〉艶福に恵まれている.ロマンスが多い.

走题 zǒutí ⇒〔跑 pǎo 题〕

走廷(儿) zǒutíng(r) ⇒〔建 jiàn 之旁(儿)〕

走投无路 zǒutóu wúlù 〖成〗行き詰まる.万策尽きる.八方ふさがり.お手あげになる.〔她被赶出家门后,~,投河自杀了〕彼女は家を追い出されてからは、頼って行くところもなく、川へ身投げした.

走脱 zǒutuō (危難を抜けて)逃れる.

走歪道儿 zǒu wāidàor 邪道を行く:ばくち・アヘンなどをおぼえること.〔走邪道〕〔走邪路〕ともいう.〔你千万别~〕お前は決して横道にそれるな.

走弯路 zǒuwānlù 回り道をする.〔学习前人的经验,尽量少~〕先人の経験を学んで、できるだけ無駄をしないようにする.

走弯儿 zǒuwānr 〈方〉ぐれる.悪い方へそれる.〔这孩子真有出息,一点儿~都没有〕この子はほんとにしっかりしている、少しもぐれるようなことがない.

走为上计 zǒu wéi shàngjì ⇒〔三 sān 十六计,走为上计〕

走味(儿) zǒuwèi(r) うま味が抜ける.滋味が悪くなる.〔茶叶早已经~了〕この茶は保存が悪くもう香りが抜けている.〔他的北京话走了味儿了〕彼の北京語は(長く北京を離れたりして)くずれている.

走无常 zǒuwúcháng 地獄の役人の名:迷信で,路上でこれに会った人は人事不省になり,蘇生してのち地獄の状況をつぶさに語り得るという.→〔无常〕

走下坡路 zǒu xiàpōlù 落ち目になっている.下り坂になっている.〔学习一天天~〕勉強の(成績)が日に日に落ち目になっている.

走险 zǒuxiǎn 危険なことをする.山をはる.

走向 zǒuxiàng ①…に向かって進む.〔胜利〕勝利へ進む.〔~反面〕反面に向かって行く(発展する).②(向かっている)方向.向き.走向.方位.〔山脉的~〕山脈の方向.〔矿脉~〕鉱脈の方位.

走解 zǒuxiè 〈文〉馬の曲乗り(をする者)

走心 zǒuxīn ①気が散る.他の事に気をとられる.〔他做事老是~〕彼は仕事するのにいつも気が散っているりる.②気が変わる.

走心经 zǒuxīnjīng 〈方〉心にかける.気に病む.〔他很会~の人の心理をよく察して行動する.〔他尽~老想不开〕彼は気に病んでばかりいて一向にあきらめがつかない.

走星 zǒuxīng 〔驿 yì 马星〕

走形(儿) zǒuxíng(r) 元の形状を失う.形が崩れる.〔地理〕地形が変わる.

走形式 zǒuxíngshì 取り繕う.お茶を濁す.形式的に行う.

走穴 zǒuxué =〔跑 pǎo 穴〕(役者などが)所属外で仕事をしてかせぐ.〔明星~〕スターが同前.

走眼 zǒuyǎn ⇒〔打 dǎ 眼②〕

走阳 zǒuyáng 〖中医〗遗精(する):ふつう〔遗 yí 精

という.②精液が漏れて止まらない病気.
走样(儿) zǒuyàng(r) ①(型が)崩れる.[尼龙织品,不出褶皱也不~]ナイロン織物は,しわもよらず型も崩れない.②元の形を失う.[这事让他给说~了]彼の説明では事実を曲げてしまった.
走一步看一步 zǒuyībù kànyíbù その場その場で考えてやる.様子を見ながら事を進める:[走一步是一步]ともいう.
走音 zǒuyīn 調子をはずれる.音階をはずす.[他唱得~了]彼は調子はずれに歌っている.
走油 zǒuyóu ①油がにじみ出る.油が抜ける.②(食材を)油で揚げる.油に通す:[过 guò 油]ともいう.
走圆场 zǒuyuánchǎng ⇒[跑 pǎo 圆场]
走运 zǒuyùn [得 dé 时之]運がよい.運が向く.
走账 zǒuzhàng 帳面に載せる.[这笔钱不~了]この金を帳面に載せないでおく.
走着瞧 zǒuzheqiáo 様子を見る.成り行きを見る:[走着看]ともいう.[咱们~](誰が正しいのか)あとでわかる.今に見ていろ.[骑驴看唱本,~]<歇>馬に乗って歌の本を見る:成り行きを見る.[先别下断语,咱们~吧]しばらく断案は下さないでおいて,まず様子を見よう.
走正道儿 zǒu zhèngdàor 正道を歩む.[你得~,别走邪道儿]まともに仕事をし,悪いことに手を出してはいかん.
走之(儿) zǒuzhī(r) しんにゅう:漢字部首の"辶(辶・辵は旧部首)".[走之旁(儿)][牵 qiān 走之(儿)][软 ruǎn 走之(儿)]ともいう.[小~][建 jiàn 之旁(儿)]は"廴".→付録1
走资派 zǒuzīpài [走资本主义道路的当权派](資本主義の道を歩む実権派)の略.[~方]<方>御用組合の指導者.
走字午 zǒuzǐwǔ <方>運がよい.ついている.
走字儿 zǒuzìr <方>好運に巡り合う.運がよい.
走走 zǒuzou ①歩いたりする.[走 xiē 腿][~停 tíng 停]歩いたり止まったり(して長い道のりを歩く).②お互いに行ったり来たりする.[有空 kòng 儿常到我这里~]暇がおありでしたらいつでもいらっしゃい.
走卒 zǒuzú ①回使い走り.②<喩>悪人の手先.
走嘴 zǒuzuǐ ①口をすべらす.秘密をもらす.[那件事是机密,可千万别说~了]あれは極秘事項ですから決して口をすべらすな.②言い間違える.
走作 zǒuzuò 本来の規範から外れる.

[奏] zòu ①(音楽を)奏する.奏でる.鳴らす.[~国歌]国歌演奏![伴~]伴奏(する).[合~]合奏(する).[小提琴独~]バイオリン独奏.[前~曲]前奏曲.②奏する.生ずる.表する.遂げる.[大~奇功]奇功を奏する.→[奏效]③回天子に言上する.[姓](奏)
奏本 zòuběn 上奏書.→[题 tí 本]
奏参 zòucān [奏劾]<文>上奏して弾劾する.
奏对 zòuduì <文>ご下問に奉答する.答申する.
奏功 zòugōng ⇒[奏效]
奏劾 zòuhé ⇒[奏参]
奏捷 zòujié 勝利をおさめる.勝利を得る.
奏凯 zòukǎi ①凱歌を奏する.②優勝する.勝利をおさめる.[~军除获金牌外,并有奖金]優勝者は金メダルのほか賞金がもらえる.
奏鸣曲 zòumíngqǔ 国奏鳴曲.ソナタ.[小~]ソナチネ.
奏请 zòuqǐng <文>奏請する.
奏曲 zòuqǔ 楽曲を奏でる.
奏疏 zòushū 上奏書.
奏响 zòuxiǎng <喩>鳴りものを響かせて宣伝する.
奏效 zòuxiào 一奏功]効果(効力)が現れる.[立即~][立刻~]ただちに効を奏する.[这个办法能

~吗]この方法でうまくいくのか.
奏乐 zòuyuè 演奏する.音楽を奏でる.
奏章 zòuzhāng =[奏折][表 biǎo 章]国上奏文.
奏折 zòuzhé 同上.
奏准 zòuzhǔn <文>奏上して許可を受ける.

[揍] zòu ①打つ.なぐる.ひどい目にあわせる.[非~他一顿不行]あいつ,一度なぐってやらんといかん.②<方>なぐられる.割れる.[东西~了]物が壊れた.[看不留神把茶碗~了]注意しないと茶碗を割っちゃうぞ.
揍扁 zòubiǎn たたきのめす.[~了他才怪]おれはこの男をたたきのめさずにはおかない.
揍死 zòusǐ こっぴどくなぐる.やっつける.[你不说实话,我就~你]ほんとのことを言わないとひどい目にあわせるぞ.

zu ㄗㄨ

[租] zū ①国租税.地税.→[赋 fù(I)①] ②貸し賃[借り賃].賃貸料.[房~][房钱]家賃.[车~]車の損料.[加~]貸し賃を上げる(が高くなる).[交 jiāo ~]借り賃を納める.[地~]地代.小作料.[减~减息]小作料と利子を軽減する.→[贳 lìn] ③賃貸借りする.[房租太贵,我们~不起]家賃が高すぎて,借りられない.[出~汽车]タクシー.ハイヤー.④賃貸する.[~出]貸し出す.[招 zhāo ~](土地・家屋などの)借り手を求む.[~书店][那所房子~给谁了]あの家はだれに貸したのか.→[贳 dài ①][借 jiè(I)①] ⑤[姓]租(*)
租车 zūchē 車を賃貸する.[~公司]レンタカー会社.
租船 zūchuán =[租轮]用船する.(船を)チャーターする.[~合同][~合约]用船契約.
租底 zūdǐ 回店舗を借り受ける.→[铺 pù 底]
租地 zūdì 土地を借用する.[~券 quàn]国土地貸借契約書.
租地基 zūdìjī 敷地を賃用する.
租佃 zūdiàn (土地・山林・水域などを)貸し出す.[~制度]小作制度.[~人]小作人.[久久小作].
租房(子) zūfáng(zi) 家屋を賃借する.[~人][~的]借家人.[~住]借家して住む.
租户 zūhù (土地・家屋などの)借受人.借主.↔[业主]
租价 zūjià 賃貸の価格.
租界 zūjiè 回租界.外国人居留区.[英~]英国租借地.[公共~](各国)共同租借地.
租借 zūjiè ①借用する.[~地]租借地.②賃貸しする.
租金 zūjīn =[租钱]賃貸料.貸借料.[这房子的~是每月一千元]この家の借賃は月額1000元だ.
租据 zūjù 不動産賃貸借契約証.
租粮 zūliáng =[租米]小作米.
租赁 zūlìn ①貸し出す.リースする.[~业]レンタル業.リース業.[~服务]レンタルリースサービス(業).[~车]レンタカー.[~贸易]国リース貿易.②賃貸する.借り受ける.[~合同]賃貸借契約.→[租借]
租轮 zūlún ⇒[租船]
租米 zūmǐ ⇒[租粮]
租期 zūqī 賃借期間.
租契 zūqì 不動産賃貸借契約証書.
租钱 zūqián ⇒[租金]
租让 zūràng 賃貸して譲る.
租税 zūshuì 国税.租税.

租菹足卒　zū～zú

租限 zūxiàn　賃借期限.
租庸调 zūyōngdiào　囲唐代の税法.
租用 zūyòng　賃借りして使用する.[～家具]家具をリースする.[～礼堂]貸し式場(ホール).
租约 zūyuē　賃貸借契約.[住客不履行～条件时,业主有权收回楼房]居住者が賃貸借契約証書に決められた条件を履行しない場合,家主は家屋を回収する権利がある.
租折 zūzhé　旧土地家屋賃借の通帳.
租种 zūzhòng　土地を借りて耕作する.[他现在～我的地]彼は今ではわたしの畑を小作している.
租主 zūzhǔ　土地・家屋などの貸し主.↔[租户]
租子 zūzi　〈口〉地代.小作料.[收～]地代を取る.[吃～](靠~生活)小作料で暮らす.

[菹(葅)] zū　〈文〉①野菜の漬け物.塩漬けの野菜. ②(野菜や肉を)みじんにする.[～菜]野菜を同前. ③曲古代に肉を砕いて肉を味噌のようにした酷刑. ④水草の多い沼沢地.

[足] zú　(Ⅰ)①足(人や動物の):特に足首をいう.[画蛇添～]成⇒蛇足を添える.→[脚 jiǎo] ②(器物の)脚.[三～鼎]3本足のかなえ. ③又サッカー.[～彩 cǎi]〈球彩票〉サッカーくじ.[女～]女子サッカー(チーム).→[足球]
(Ⅱ)①足りる.満ち足りる.[満 mǎn ～]満足する(させる).満たす.充 chōng ～]十分に足りている.[不知～]足る(満足)ということを知らない.[酒饭饱]成酒も飯も十分にいただいた.[劲头十~]意欲は旺盛である.[～不了]人数が足りない.[皮鞋的气已经打～了]ボールの空気はもう十分に入った. ②十分に.たっぷり.[～走了一天]たっぷり1日は歩いた.[下了有五指雨,地上足足が手の指の深さぐらい地面にしみる雨が降った.[～吃～喝]たらふく飲み食いする.[分量约 yāo ～点儿]掛け目は十分に量ってくれよ.[加～劲儿]十分に力を入れる. ③…するに足る.…するだけの価値がある:多く否定に用いられる.[不～挂齿]歯牙にかけるに足らない.[何~道]何が言うほどのことがあろうか.[微不~道]成わずかで言うに足らない.
足本 zúběn　完本.ノーカット本.削除残欠のない本.
足不逾户 zú bù yúhù　[足不出户]ともいう.(家から)出かけない.
足秤 zúchèng　目方がたっぷりある.
足赤 zúchí　純金.24K.[足赤金][足金][赤金][十 shí 足金]ともいう.[这戒指是～的]この指輪は純金だ.
足额 zú'é　①定員に達する. ②満額.額面通り.
足敷 zúfū　〈文〉十分である.足る.[月间薪水～用]毎月の給料で必要な費用は十分足りる.
足跗骨 zúfūgǔ　生理足の甲の骨:[足跗骨]とも.[跗 fū 骨]の別称.
足弓 zúgōng　〈文〉纏足した脚.[缠 chán 足]
足够 zúgòu　十分に足りる.十分である.[～他一个人吃的]彼は一人で食うには十分だ.[城里内外の名胜古迹很多,一连四五天的]城の内外の名所旧跡は多く,たっぷり4,5日見物するだけある.
足迹 zújì　①足あと.→[脚 jiǎo 印(儿)] ②(転)足跡.[～遍天下]足跡は全国にわたっている.
足尖 zújiān　爪先(芝). 足の指の先.[～开扇]足の指で扇を扱う曲芸.[～舞 wǔ]トゥダンス.
足趼 zújiǎn　[足にできる]たこ.→[趼]
足见 zújiàn　見てとれる.[～其能干有为]よってその有能であることがわかる.→[可 kě 见]
足跟 zúgēn　⇒[足跟]
足可 zúkě　〈文〉十分…できる.[足以]に同じ.

足疗 zúliáo　中医足の裏の按摩法.
足陌 zúmò　→[短 duǎn 陌]
足钱 zúqián　→[短 duǎn 陌]
足球 zúqiú　又蹴球.サッカー.フットボール(また,そのボール).[美式～]アメリカンフットボール.[～队]サッカーチーム.[～队员]サッカー選手.[～迷]サッカーファン.[～彩票][足彩]サッカーくじ.
足三里 zúsānlǐ　中医三里:膝下外側の針灸のつぼ:万病に効く.[要穴]重要なつぼ)の一.
足色 zúsè　(金・銀などの)含有量の十分な.純粋の.100パーセントの.→[成 chéng 色]
足数 zúshù　数が十分である.
足岁 zúsuì　満年齢:[周 zhōu 岁]に同じ.[这孩子已经七~了]この子はもう7歳になった.[他实际年十七岁,未满十六]その者は現在17歳,満では16歳に満たない.→[虚 xū 岁]
足坛 zútán　サッカー界.[～名将]サッカー界の花形選手.
足纹 zúwén　⇒[足银]
足下 zúxià　〈贖〉足下.貴下.
足校 zúxiào　サッカースクール:[足球学校]の略.
足心 zúxīn　〈文〉足底の中心.足の裏.→[脚 jiǎo 心]
足兴 zúxìng　十分楽しむ.興を尽くす.[没有酒未免有点不～]酒がないといささかもの足りない感じがしないわけではない.
足衣 zúyī　⇒[袜 wà 子]
足以 zúyǐ　十分に(…できる).[这些事实～说明问题]これらの事実は問題を十分説明している.[不～说服人]説き伏せるのには不十分である.
足银 zúyín　=[足纹]純銀.[足色之银][烂 làn 银]ともいう.
足月 zúyuè　(胎児が)月満ちる.[～产]同前の出産.→[小 xiǎo 产][早 zǎo 产]
足征 zúzhèng　〈文〉十分に証明する.[～他不是好人]彼がよい人でないことを十分に証明している(できる)
足趾 zúzhǐ　〈文〉つま先.→[脚 jiǎo 尖(儿)]
足智多谋 zúzhì duōmóu　成知恵が十分にあり計略に富む.
足足 zúzú　まるまる.十分に.[他们从台后今天已经一~年了]彼らが総辞職してから今日でちょうど丸1年になる.[～够用了]十分使用するのに足りる.十分に間に合う.

[卒(莝・卆)] zú　(Ⅰ)①兵卒.[无名小～]無名の小卒.[士～]下士官と兵. ②囲役所の下級の使用人.[隶 lì ～]同前.[走～]走り使い.使い走り(使用人)⑥手下.下役. ⓒ追従者. ③歩(キュ):中国将棋の駒の一種.[卒子②] ④固昔100人をいった:兵25人を[行 háng ⑩]5人を[伍 wǔ ①]といった. ⑤〈姓〉卒.
(Ⅱ)〈文〉①終える.終了する.[～赌 dǔ]最後まで見る.[一件事～之をやり終える. ②死去する:古代,大夫の死をいった.[去岁病～]昨年病気で死去した.[～年七十有五]亡くなった歳は75であった.[生～年月]生死の年月. ③ついに.最後に.[～能成功]最後には成功することができる.
→ cù
卒哭 zúkū　田人が死ねば時を定めず哭するならわしがあり,これを終えること:その後は朝夕の定時に哭する.[土三月同前,是月也]士は三月で葬り,この月に無時の哭が終わる.
卒乗 zúshèng　〈文〉兵卒と兵車.喩軍隊.
卒岁 zúsuì　〈文〉①一年を過ごす. ②一年間.
卒伍 zúwǔ　〈文〉軍隊.
卒业 zúyè　〈文〉業を終える.卒業する.→[毕 bì 业]

卒子 zúzi ①兵卒. ②(中国将棋の)卒(ち):歩(ふ)に相当する. 〔~过河,意在吃帅〕《諺》歩(ふ)が敵陣へ切り込むのは,敵の"王将"をやっつけようというのだ.→〔象 xiàng 棋〕

[崒(崪)] zú 《文》険しい.

[族] zú ①〖姓を同じくする親族. ⓐ家庭を中心とする狭い範囲の同族. 〔家〕家族. 〔烈士遗〕戦没者遺族. ⓑ広い範囲で血縁関係をもった同姓親属. 〔~人〕同前に属する者. 〔他们本是同~〕あの人たちは元は一族なんだ. →〔九 jiǔ 族〕 ②種族,民族. 〔民〕民族. 〔种 zhǒng ~〕種族. 〔汉~〕漢民族. ③共通の属性をもつ大分類. 族. 〔脂 zhī 肪~化合物〕脂肪族化合物. 〔水~〕水中に生活する動物. 〔语~〕語族. 〔工薪~〕サラリーマン族. 〔打工~〕出稼ぎ族. ④〖固〗刑罰の一:一族を皆殺しにする刑. →〔族灭〕 ⑤《文》群がり集う.

族伯 zúbó 同族中,父と同輩で父より年上の男子.
族弟 zúdì →〔族兄弟〕
族规 zúguī 家族内または同族間の規約.
族老 zúlǎo 同族の長老.
族类 zúlèi 同族同士. ②同類の人.
族灭 zúmiè 〖固〗一族を皆殺しにする酷刑.
族内婚 zúnèihūn 内婚(制). 族内婚.
族谱 zúpǔ 同族の家系譜.
族权 zúquán 族長の権力. 親族権.
族群 zúqún エスニックグループ.
族人 zúrén 同族の者. 一族につながる人.
族叔 zúshū 同族中,父と同輩で父より年下の者.
族孙 zúsūn 〔族兄弟〕の孫.
族外婚 zúwàihūn 外婚(制). 族外婚.
族姓 zúxìng ①一族を継ぐ者:同姓異姓を含める. ②門地. 家柄.
族兄 zúxiōng →〔族兄弟〕
族兄弟 zúxiōngdì 同族中,高祖父を同じくする同輩の男子:年長者を〔族兄〕,年下の者を〔族弟〕という.
族裔 zúyì 同族あるいは同じ民族の子孫.
族长 zúzhǎng 同族中の最年長者. 宗法社会の族長.
族侄 zúzhí 同族中,自分と同輩の者の子.
族子 zúzǐ 〔族兄弟〕の子.
族姉妹 zúzǐmèi 同族中,自分と同輩の女子.
族祖父 zúzǔfù 同族中,祖父の同輩の男子.
族祖母 zúzǔmǔ 同族中,祖父のいとこの妻.

[镞・鏃] zú 《文》矢じり. 〔箭 jiàn ~〕同前. ②鋭い.

[诅・詛] zú 《文》①呪い(う). 〔~祝 zhù〕神に願をかけて呪う. ②誓いをたてる. 〔~盟 méng〕誓約する.

诅咒 zǔzhòu ①人に災いあれと祈る. ②呪う. 悪口雑言する.

[阻] zǔ ①はばむ. 妨げる. 〔劝 quàn ~〕やめるように勧める. 〔通行无~〕通行には差し支えなし. 妨害ないに通行できる. 〔为风雨所~〕風と雨に阻まれる. 〔风雨无~〕風が吹いても雨が降っても支障なし:晴雨にかかわらず挙行. 〔拦 lán〕② 支障. 差し障え. ③《文》険しい. 〔道~且长〕(诗经)道険しく且つ長し.

阻碍 zǔ'ài 阻害する. じゃまする. 妨げる. 〔~交通〕交通を妨げる. 〔没有~〕障害がない.
阻板 zǔbǎn 〔障 zhàng 板〕そらせ板.
阻挡 zǔdǎng 中に障る. 遮る. 阻止する. 〔汽车大雪~,未能前进〕車は大雪に阻まれて一向に進まなかった. 〔~不住〕〔~不了〕押しとどめることができない. 〔~不住的潮流〕阻むことのできない潮流. →〔阻挠〕
阻断 zǔduàn 防ぎ止める. 絶つ. 〔~作用〕ブロック作用. 〔~了他的去路〕彼の行く手を遮った.
阻扼 zǔ'è 《文》抑止する. くい止める. 阻止する: 〔阻扼〕とも書く.
阻隔 zǔgé 阻隔する. 分離する. 切り離す. 〔山川~〕山河に隔てられる.
阻梗 zǔgěng ①ふさいで通らない. 〔肠 cháng ~〕〖医〗腸閉塞. →〔阻塞〕 ②妨害する.
阻化剂 zǔhuàjì 〖化〗抑制剤.
阻击 zǔjī 〖軍〗(敵の進撃や増援などを)阻止する. 食い止める. 〔~战〕同前の戦い.
阻截 zǔjié 阻む. 遮る. 阻止する. 〔围攻~〕進路を遮って包囲攻撃する.
阻绝 zǔjué 障害で途絶する. 止まる. 〔交通〕交通が止まる.
阻抗 zǔkàng 〖電〗インピーダンス. 阻抗.
阻拦 zǔlán =〔拦阻〕妨げる. 阻止する. 抑制する.
阻力 zǔlì ①〖物〗抵抗力. 抗力. 〔空气~〕空気抵抗. 〔~点〕作用点: 〔重 zhòng 点〕とは旧称. 〔~伞 sǎn〕減速用パラシュート. 〔~线〕抗力張線. →〔电 diàn 阻〕 ②障害. 妨害. 〔克 chóng 重〕数々の障害.
阻力臂 zǔlìbì 〖物〗この作用点と支点の間の距離: 〔重 zhòng 臂〕は旧称.
阻留 zǔliú 留まらせる. 留まるよう阻む.
阻难 zǔnàn 難癖つけて阻む. 〔多方~〕いろいろ難癖つけて阻む.
阻挠 zǔnáo 阻み妨げる. じゃまする. 妨害する. 〔百般~〕あれこれと邪魔をする. 〔~实施这项计划〕この計画の実施を妨げる.
阻尼 zǔní 〖物〗減衰. 減幅. 〔~振 zhèn 动〕減衰振動. 〔无~〕振幅不変.
阻凝剂 zǔníngjì 凝固防止剤.
阻燃 zǔrán 消火する. 〔~剂〕消火剤.
阻塞 zǔsè ①ふさぎ止める. 〔交通~〕交通渋滞(する). →〔堵 dǔ 塞〕 ②〖医〗閉塞(す). 〔~性〕閉塞性. →〔梗 gěng 塞〕
阻雨 zǔyǔ 《文》雨に阻まれる.
阻止 zǔzhǐ 阻止する. 制止する. 食い止める. 〔~敌军前进〕敵軍の前進を阻止する. 〔~事情的恶化〕事情の悪化を阻止する. 〔~发言〕発言を制止する.
阻滞 zǔzhì 障害のために停滞する.

[组・組] zǔ ①〔~成一队〕組織して一つの隊を作る. 〔改~〕改組する. ②少人数の一単位. 班. グループ. 小組織. 〔读报~〕皆で集まって新聞を読むグループ. 〔钻 zuān 探~〕探鉱班. 〔审音小~〕字音審定小委員会. 〔~员〕組員. グループのメンバー. ③(同じ主題の)一組の(文芸作品). 〔~诗〕一組の詩. 〔一~画〕一組の絵. ④量詞. (物の組み合わせセット). 〔两~电池〕二組の電池.

组氨酸 zǔ'ānsuān 〖薬〗ヒスチジン: 〔间 jiān 二氮茂丙氨酸〕とも.
组胺 zǔ'àn ⇒〔组(织)胺〕
组办 zǔbàn 組織し実施する. 〔~讨论会〕シンポジウムを企画実行する.
组编 zǔbiān まとめ編成する. 〔~演出节目〕上演プログラムを編成する. 〔~场〕(铁道の)操車場. ヤード.
组成 zǔchéng 組織して作る. 構成する. 結成する. 〔这个委员会是由几名委员~的〕この委員会は数名の委員で結成したのである. 〔一个~部分〕一つの構成部分. 〔~句子〕文を構成する.
组词 zǔcí 〖语〗単語を構成する. →〔造 zào 句〕
组锉 zǔcuò ⇒〔什 shí 锦锉(刀)〕

zǔ

组蛋白 zǔdànbái 化塩基性の強い蛋白質.
组雕 zǔdiāo 組になっている彫刻作品.
组队 zǔduì 隊を組む.
组方 zǔfāng 医(複数の薬剤を)処方する.組み合わせ調合すること.〔~药 yào 方(儿)〕
组分 zǔfēn 化ビルダー.成分.
组稿 zǔgǎo (編集者が)執筆を依頼する.
组歌 zǔgē 組曲.組歌.〔长征~〕組曲"長征".
组阁 zǔgé ①内閣を組織する.②<喩>(指導者グループの)人員構成をする.
组合 zǔhé ①組み合わせ(る).〔~服装〕トータルコーディネイト.〔~柜 guì〕ユニットたんす.〔~家具〕ユニット家具.〔~式〕ユニット.〔~音响〕ステレオコンポ.〔词组है词的〕連語は単語の組み合わせである.〔四库全书是由经、史、子、集这四部~而成的〕四庫全書は経·史·子·集の4部が組み合わされてできている.②数組み合わせ.コンビネーション.
组合矩尺 zǔhé jǔchǐ =〈方〉什 shí 锦角尺〕組み合わせ曲尺(ʂ).
组合图 zǔhétú ⇒〔总 zǒng 图〕
组画 zǔhuà →字解③
组际 zǔjì チーム(サークル)対抗(の).〔~足球赛〕チーム(サークル)対抗サッカー試合.
组件 zǔjiàn 組立部品.アセンブリー.
组建 zǔjiàn (団体·機関などを)立ち上げる.組織する.
组拼 zǔpīn 合成する.
组曲 zǔqǔ 音組曲.
组诗 zǔshī 同一テーマの詩を集めたもの.
组态 zǔtài 物配位.配置.
组团 zǔtuán 団体を組む(チーム·劇団·代表団などをつくる).〔以中国香港的名义~参加国际体育活动〕中国香港の名前で国際スポーツ大会に参加する.
组委会 zǔwěihuì 〔组织委员会〕の略.
组舞 zǔwǔ (同じ主題の)組になっているダンス.
组训 zǔxùn 組織的に訓練する.
组长 zǔzhǎng グループ長.組長.組長.
组织 zǔzhī ①組織する.案配する.企画する.構成する.〔~人力〕人手を手くり案配する.〔~生产〕仕事の案配をする.〔~一个晚会〕夜の集いを企画する.〔这篇文章一得很好〕この文章は構成がよくできている.〔把群众的力量~起来〕大衆の力を組織する.〔休息时,大家学习111休み時間に,みんなで学習している.〔~委员会〕〔组委会〕組織委員会.〔~实施好下岗职工的再就业工程〕リストラされた労働者の再就職プロジェクトを計画·実施する.〔到底是一起来力量大〕やはり団結すれば力は大きくなる.②組織.団体.機構.〔华沙条约~〕ワルシャワ条約機構.〔石油输出国~〕石油輸出国機構.OPEC.〔党团~〕共産党や青年団の組織.〔~生活〕(共産党や青年団などの)定期的な組織活動.〔~问题〕組織的な問題.〔多くは入党の問題を指す.〕〔~关系〕共産党や青年団のメンバーの組織所属.また同前を示す証明書.〔~观念〕組織のメンバーとしての意識.③組み立て.構成.〔~严密〕構成がしっかりしている.〔~松散〕構成が散漫である.〔~性〕組織性.④紡りかた.〔平纹~〕平織り.平(خ)纹~〕しゅす織り.⑤生命組織.〔细胞~〕細胞組織.〔神经~〕神経組織.

组(织)胺 zǔ(zhī)àn =〔间 jiān 二氮茂乙胺〕医ヒスタミン.〔抗~剂〕抗ヒスタミン剤.
组织处分 zǔzhī chǔfēn 組織の成員の不当な行為に対し指導部が調査の上で決定した懲戒処分.
组织工程 zǔzhī gōngchéng 医組織工学.
组织疗法 zǔzhī liáofǎ 医組織療法.
组织上 zǔzhīshàng (人によって構成される)政治組織.〔请一考虑我的困难〕わたくしの困難を組織の方に配慮して下さるようお願いします.
组织相溶性抗原 zǔzhī xiāngróngxìng kàngyuán 生命ヒト組織適合性抗原.HAL.
组织液 zǔzhīyè ①生命組織液.②動植物の組織から浸み出る液体の薬.
组装 zǔzhuāng (部品を,完成品に)組み立てる.〔~工人〕組み立て工.
组装生产线 zǔzhuāng shēngchǎnxiàn =〔装配线〕アセンブリーライン.流れ作業配置(態勢).組み立て手順.

[祖]

祖 zǔ ①祖先.先祖代々.〔远 yuǎn ~〕遠い祖先.〔六世~〕さかのぼって6代目の祖先.②父(母)の父母.〔曾~〕曾祖父.〔伯~〕祖父の兄.③開祖.鼻祖.創業者.〔毕昇乃我国排版印刷术之~〕畢昇はわが国の活版印刷術の開祖である.〔黑色火药系一切炸药之~〕黒色火薬はあらゆる爆薬の最初のものである.④〈姓〉祖(*)
祖辈 zǔbèi ①祖先.先祖:〔上 shàng 辈②〕に同じ.②祖父(母)の代(の人たち)
祖本 zǔběn ①(同一である本の)最初に刻印されたもの.②(拓本の)最初の刷り.
祖妣 zǔbǐ 〈文〉亡くなった祖母.
祖产 zǔchǎn 先祖伝来の財産.
祖传 zǔchuán 祖先伝来(の).〔~秘方〕父祖伝来の処方.
祖代 zǔdài 先祖代々.〔小可一打造军器为生〕(水21)手前は先祖代々武器の鍛造を業といたしております.→〔祖辈辈〕
祖德 zǔdé 祖先の遺徳.
祖奠 zǔdiàn 〈文〉出棺前夜の弔い.
祖法 zǔfǎ 先祖から伝わった掟(ಒ)
祖坟 zǔfén 祖先の墳.
祖父 zǔfù 父方の祖父:ふつう〔爷 yé 爷〕という.〔外~〕母方の祖父.
祖父母 zǔfùmǔ 祖父母.
祖姑 zǔgū 〈文〉①祖父の姉妹:〔姑祖母〕に同じ.〔~丈〕〔姑丈〕祖父の姉妹の夫.②夫の祖母.
祖国 zǔguó 祖国.〔热爱~〕祖国を愛す.〔~的怀抱〕祖国のふところ.
祖籍 zǔjí 本籍:他省から移って来た人の元の省の〔原 yuán 籍〕をいう.→〔寄 jì 籍〕
祖饯 zǔjiàn 〈文〉はなむけ(送別)をする.
祖舅 zǔjiù ⇒〔舅祖(父)〕
祖居 zǔjū ①先祖がかつて住んでいたところ.②祖以以来住む(住んでいる土地)
祖考 zǔkǎo 〈文〉①亡くなった祖父.②先祖.
祖率 zǔlǜ 〈文〉数南北朝の祖冲之によって算出された円周率:近似值3.1415926と3.1415927の間にある.
祖庙 zǔmiào 〈文〉祖先を祀る社·廟.
祖母 zǔmǔ 父の母.父方の祖母:〔奶 nǎi 奶〕は通称.〔令 lìng ~〕あなたのお祖母さま.〔家 jiā ~〕うちの祖母.〔外~〕母方の祖母.
祖母绿 zǔmǔlǜ 鉱深藍と深緑との中間の緑色の緑柱石:色のやや淡しいのがエメラルド.
祖上 zǔshàng 祖先.〔~是江西人〕祖先は江西の出身だ.
祖神 zǔshén 道路の(旅立ちの)神.道祖神.
祖师 zǔshī ①学派·宗派·結社の創始者.開祖.②旧手工業の業種の開祖:〔祖师爷 yé〕ともいう.
祖述 zǔshù 〈文〉①見習う.〔~尧舜,宪 xiàn 章文武〕〈成〉尧舜の道を見習い,文王武王の制に依る.②祖述する.

zǔ～zuān 祖俎駔钻

祖孙 zǔsūn 〖祖父から孫.〔～三代〕同前の3代. ②祖父(母)と孫.〔～二人〕祖父(母)と孫の二人.

祖武 zǔwǔ 〈文〉祖先,先人の功業の足跡.

祖先 zǔxiān 先祖.祖先.〔〈文〉先祖①〕に同じ.〔祭祀~〕ご先祖を祭る.〔始祖鸟是鸟类的～〕始祖鳥は鳥類の先祖だ.

祖筵 zǔyán 〈文〉送別の宴:〔祖宴 yàn〕ともいう.

祖业 zǔyè ①祖先伝来の家産.祖先の功績. ②祖先から伝わり営んでいる事業.

祖遗 zǔyí 祖先が遺しておいたもの.

祖荫 zǔyìn 祖先の功労により子孫に与えられる官職等の特権.

祖茔 zǔyíng 〈文〉祖先の墓.墓地.

祖帐 zǔzhàng 〈文〉(郊外の路傍で)送別の宴を張る.〔転〕送別する.

祖制 zǔzhì 国を建てた帝王の遺した制度.

祖宗 zǔzong ①代々のご先祖:特に古い先祖.〔~板子〕祖先の位牌.〔~匣 xiá 子〕位牌入れの箱.〔我的(老)～!〕ご後生だから.〔おやまあ!〕〔我的~!〕②民族の先祖.

祖祖辈辈 zǔzǔ bèibèi 先祖代々.〔我家~都是农民〕家は代々農民だ.

〔俎〕 zǔ 〔俎俎〕:祭祀あるいは宴会の時,供物・食物をのせる三宝に似た長方形の台.〔～豆 dòu〕俎(殳)と豆(高脚つきの蓋つき碗).ⓑ祀る.〔樽 zūn ～〕酒器と俎.〈喻〉酒宴. ⓒまな板.〔刀～〕包丁とまな板.〔～上肉〕ⓐまな板の上の肉.ⓑ〈喻〉踏み躙(にじ)られる人や国.〔越 yuè 俎代庖〕⑤〈姓〉俎(く)

〔駔・駔〕 zǔ 〈文〉絹紐. → zǎng

zuan ｽﾞｭｱﾝ

〔钻・鑚(鑽)〕 zuān ①(尖(sen)った物で)穴を開ける.〔～一个眼儿〕穴を一つ開ける.〔～木取火〕火きりをもんで火を取る. ②入り込む.もぐり込む.〔～山洞〕ほら穴の中に入り込む.〔～到水里〕水に潜る. ③掘り下げて研究する.追究する.研究学問不要只～书本儿〕学問を研究するのには,本を読むだけではいけない. ④人に取り入る.→〔钻营〕⑤〈姓〉鑚(さん) → zuàn

钻地风 zuāndìfēng イワガラミ(近縁種):山地の落葉藤本.

钻缝 zuānfèng 〔-儿〕隙を探して潜り込む.

钻狗洞 zuāngǒudòng 犬の出入りする穴から出入りする.〈喻〉ⓐこそこそよろしくないことをする(遊郭に通うなど).ⓑ裏から勢力家にうまく取り入る.

钻故纸 zuāngùzhǐ 〈喻〉古書ばかり読んでいる.わかりもせず役にも立たないことを勉強(研究)する:〔~堆〕ともいう.

钻锅 zuānguō 劇(旧劇で)役者が本来の持ち役とは別の役を演じるため臨時に勉強すること.→〔反 fǎn 串①〕

钻火 zuānhuǒ 火鑚(ひきり)でもんで火を取る.〔~得冰〈成〉ⓐ反対の結果になる.ⓑありえない不合理なこと.

钻挤 zuānjǐ 〈方〉潜り込んだり押しあったりする.〈転〉うまく立ち回る.うまくチャンスをつかむ.

钻进 zuānjìn 潜り込む.〔人群里〕群衆の中に潜り込む.〔～风雨的老鼠,两头受气〈歇〉ふいごの中に入ったねずみ,両方からいじめられる.

钻劲(儿) zuānjìn(r) 探究しようとする気力.打ち込む心.〔在学术上有~〕学問の探究に熱中する.

钻井 zuānjǐng,zuàn～ 掘削する:ボーリングして油田や天然ガス採掘用の井戸を掘る.〔海洋~〕(石油の)海洋掘削.〔~船〕掘削船.〔~队〕ボーリング隊.掘削チーム.〔~平台〕機(石油)プラットフォーム.〔~机〕鑿(さく)井機.井戸掘り機械.

钻孔 zuānkǒng =〔钻眼(儿)〕〈口〉冲 chòng 孔〕〔打 dǎ 孔〕〈口〉打眼〕①〔~口〕打孔〕穴を開ける.打ち抜く.〔~机 jī〕パンチングマシン. ②開けた穴.

钻空子 zuānkòngzi 隙に乗じる.油断につけ入る.弱味につけ込む.たくみに口実とする.〔钻这个空子搞了很多的钱〕この弱みにつけ込んでたくさんの金をまきあげた.〔要提高警惕,别叫敌人~〕注意して警戒し備えなくては,敵につけ込まれてはいけない.

钻篱菜 zuānlícài 図(仏教で)鶏肉の別称:〔般 bō若汤〕(酒),〔水 shuǐ 梭花〕(魚)などと同じく僧侶の隠語.

钻路子 zuānlùzi 〈方〉コネをみつける.ってをたぐる.

钻门子 zuānménzi 権勢に取り入る.

钻谋 zuānmóu →〔钻营〕

钻木 zuānmù 木をすり合わせて火種をとる.〔~取火〕同前.

钻牛角尖 zuān niújiǎojiān 〈成〉牛の角に潜り込む:つまらないことをどうにもならないことを追求すること.狭い見方で固執すること.〔钻牛(犄 jī)角〕ともいう.

钻皮出羽 zuānpí chūyǔ 〈成〉皮をこすって羽毛を生やす.〈喻〉偏愛する.人を飾り立てる.

钻圈儿 zuānquānr (曲芸の一種)輪くぐり.

钻沙 zuānshā 砂に潜る.〈喻〉隠れて姿を見せない.

钻山 zuānshān 〔房 fáng 山〕(家の横壁)をくり抜いて隣接する建物と出入りできるようにすること:一般には〔厢 xiāng 房〕に多い.

钻探 zuāntàn 試錐する.試掘する.〔地質~〕地質のボーリング調査.〔~队〕ボーリング隊.〔~机〕〔钻 zuàn 机①〕ボーリングマシーン.ドリリングマシーン. →〔探井〕〔探矿〕

钻天柳 zuāntiānliǔ 圃ケショウヤナギ.→〔垂 chuí(杨)柳〕

钻天杨 zuāntiānyáng =〔笔 bǐ 杨〕〔美 měi 国 杨〕圃セイヨウハコヤナギ.〔~树〕同前.〔白 bái 杨〕

钻头不顾腚 zuāntóu bùgù dìng 〈方〉〈諺〉頭隠して尻隠さず.

钻头觅缝 zuāntóu mìfèng 〈成〉あらゆる手段を講じ(何とかして)取り入ろうとする.

钻透 zuāntòu ①錐で穴を通す.〔这个窟 kū 窿还没~〕この穴はまだ通っていない. ②〈転〉見通す.見通している.〔这个道理想必您也~了〕この道理はあなたもお見通しのことと思います.

钻心 zuānxīn 心にきりで刺さるように感ずる.骨身にしみる.〔疼 téng 得~〕ひどく痛む.きりきり痛む.

钻心虫 zuānxīnchóng →〔蛀 zhù 心虫〕

钻穴逾墙 zuānxué yúqiáng 〈成〉世のきまりの穴抜けをする.〈喻〉姦通する.

钻研 zuānyán (学問を)研究する.探究する.〔深入~〕深く研究する.〔刻苦~〕懸命刻苦して研究する.〔~业务〕業務を研鑽する.〔～技术〕技術を研鑽する.

钻眼(儿) zuānyǎn(r) ⇒〔钻孔〕

钻验 zuānyàn ⇒〔试 shì 钻〕

钻营 zuānyíng 〔钻谋〕上手に(人に)取り入る.うまく立ち回って得をしようとする.〔他真会~〕彼は実にぬけ目なく立ち回る.〔旧社会里人不会~就永远出不了头〕旧社会では,人に取り入らなければ,永久に出世はおぼつかなかった.

钻凿 zuānzáo 〈文〉うがつ.掘る.

zuān～zuǐ

〔躜・躦〕 zuān 上に(前に)勢いよく動く。とびまわる。〔跳跳～～〕ぴょんぴょん前に進む。〔燕 yàn 子～天〕つばめが空をすいすいと飛ぶ。

〔缵・纘〕 zuǎn〈文〉受け継ぐ。相続する。〔～先烈之业〕先烈の遺業を受け継ぐ。

〔篹〕 zuǎn ⇒〔篡(I)〕→ zhuàn

〔籑（饌）〕 zuǎn ⇒〔篡(I)〕→ zhuàn

〔纂（鬢）〕 zuǎn （I）〔篡〕〈文〉(書物の内容を)集め組む。寄せ集める。編纂する。〔编〕編集する。〔～著 zhù〕編集し著作する。〔篡〕〔籑〕に同じ。(II)〔鬢〕〈口〉(女性の)まげ。えり首のところでまんじゅうの型に束ねたもの。〔～儿〕同前。〔把头发挽 wǎn 个～儿〕髪をかりねてまげに結う。

纂辑 zuǎnjí〈文〉編集する。
纂述 zuǎnshù〈文〉(資料を集め整理して)著述する。
纂修 zuǎnxiū ①編纂する。編集する。②編集者。

〔钻・鑽（鑚）〕 zuàn ①錐(きり)。ドリル。〔电～〕電気ドリル。〔麻花～〕ねじぎり。〔螺 luó 旋～〕螺旋バイト。②(同前で)穴をあける。③金剛石。ダイヤモンド。〔～	石はイヤリング・プレスレットなどの装身具。→ zuān

钻床 zuànchuáng 圈ボール盤。ドリリングマシン：〔机 jī 床〕(工作機械)の一種。〔旋 xuán 臂～〕揺臂～ラジアルボール盤。〔多轴～〕多軸ボール盤.
钻杆 zuàngǎn ドリリングの柄。ドリルロッド.
钻工 zuàngōng ドリリング工.
钻机 zuànjī ①掘削機。ボーリングマシーン:〔钻 zuān 探机〕に同じ。②リグ。ドリルマシン。〔安装～〕同前をすえつける.
钻尖 zuànjiān ドリルの刃.
钻戒 zuànjiè ダイヤの指輪.
钻井 zuànjǐng → 〔钻 zuān 井〕.
钻具 zuànjù ドリル工具。掘削装置.
钻模 zuànmú 圈ドリルジグ。孔あけジグ：工作物をとりつけて、作業を正確容易にする取り付け具.
钻石 zuànshí ①鉱 ダイヤモンド：〔金 jīn 刚石〕ともいう。〔～婚〕西欧の風習で結婚60周年の称。②(宝石の)ダイヤモンド・人造宝石・ルビー・サファイアなど。〔这块表是17钻〕この時計は17石だ。③〈喩〉非常に貴重なもの。〔～纤 xiān 维〕カシミヤ.
钻塔 zuàntǎ 鉱ボーリングやぐら。掘削やぐら.
钻台 zuàntái 圈ドリル・ボーリングの台座。プラットフォーム。→〔钻 zuān 井平台〕.
钻铤 zuàntǐng 圈ドリルカラー.
钻头 zuàntóu ①〔划 huá 钻〕圈(リーマータップ・ねじれ錐ビなど)のドリル穴下。ドリルビット：ボール盤の回転する主軸にとりつけられる切削刃工具。〔～径 jìng 规〕錐計。ドリル計。〔锥 zhuī 坑～〕皿もみきり.
钻头套 zuàntóutào 圈錐柄接手：〔钻套〕に同じ。ドリル刃をドリルチャックにはめ込む時の接ぎ手.
钻压 zuànyā 圈ビットウエイト.
钻针 zuànzhēn ①〔レコードプレヤー用の〕ダイヤモンド針。→〔唱 chàng 针〕②〔穿孔用の〕ダイヤモンド錐刃.
钻紫 zuànzǐ 色コバルトバイオレット(の)

〔赚・賺〕 zuàn〈口〉だます。いっぱい食わす。かつぐ。ふざけてだます。〔～弄 nòng〕人をかつぐ。〔～人〕人をだます。〔他是～你呢,你别上 dàng〕彼はきみをだましているんだぞ、ペテンにかかるな。〔你小心别挨 ái 了～〕用心して一杯食わされないようにしなさい。→ zhuàn

〔攥（揝）〕 zuàn〈口〉つかむ。握る。〔～着不撒 sā 手〕つかんで(手を)放さない。〔～住〕つかみとめる。つかまえる。〔手里～着一把汗〕手に汗を握る。心配・不安を表す。〔一把死～住(他的手)〕(紅77)彼の手をぐっとしっかりつかんだ。〔～拳头〕げんこつを握って(握りこぶしで)人をなぐる。〔把菠菜～干〕ほうれん草をぐっと握って水気をきる。

攥拳头 zuànquántóu げんこ(こぶし)を握る。
攥仁猜俩 zuànsā cāilǐǎ〈慣〉手に三つ握っていながら、二つじゃないかと思い込む。〈喩〉疑い深いくあれこれと思い迷う。〔他那个人是～的,跟他说实话他也疑惑〕彼は疑い深い男で、ほんとのことを言っても疑う。

zuǐ ㄗㄨㄟ

〔咀〕 zuǐ〔嘴〕の俗字. → jǔ
〔脧〕 zuǐ〈文〉男児の生殖器. → juān
〔觜〕 zuǐ 古書で、〔嘴〕と同じく用いた. → zī

〔嘴（觜）〕 zuǐ ①口・くちばし(通称)。〔人的～〕人の口。〔鸟 niǎo ～〕鳥のくちばし。〔三张～〕三人の口の中に入れる。〔一里含着一块糖〕口の中に飴を含んでいる。〔张(开)～〕口を開ける。〔努 nǔ ～〕口をとがらくちびるとがらせて合図する。〔她抿 mǐn 着～笑了〕彼女は口をすぼめて笑った。〔亲 qīn ～(儿)〕キスする。〔闭 bì ～〕口を閉じる。〔挂 guà 在～上〕(よく)口の端に掛ける。(いつも)口に出して言う。→〔口 kǒu①〕②〔～儿〕器物のくち。ばし形の)口。〔瓶～(儿)〕びんの口。〔茶壶～〕急須の口。〔烟袋～〕キセルの吸い口。③〔～儿〕くちのように突き出た地形。〔沙 shā ～〕陸から水面に突き出た砂州。〔山～(子)〕突き出た形の山麓。④口を使って述べること。〔多～〕口数が多い。〔碎～子〕くどくどしゃべる。〔这个人～不好,喜欢说长道短〕この人は口が悪くて、何かと言うのが好きだ。→〔口 kǒu②〕⑤口のきき方。生活。〔想法子顾～才行〕なんとか生活のことを考えなくちゃならん。

嘴巴匙子 zuǐbā chízi〈方〉張り手。びんた。〔给他一个～〕彼に張り手を一つくらわせてやる。
嘴巴架子 zuǐbā jiàzi (ひっぱたかれる)ほおをのせる台。〈喩〉なぐられるのがあたりまえの、憎々しい顔つき。〔凶眉恶眼,天生的～〕凶悪な目つきをしており、生まれついての憎々しい顔つきである。
嘴把式 zuǐbǎshì〈方〉口上手の人。口だけは上手で実の伴わない人.
嘴巴子 zuǐbàzi〈方〉ほお：ほっぺたから口にかけての部分。〔嘴巴〕に同じ。
嘴巴 zuǐba ①ほお。ほっぺた。口の近く：〔嘴巴 bā 子〕ともいう。〔～骨〕あごの骨。〔打一个～〕給一个～〔抽四个～〕横つらを一つぴしゃりとぶつかったん。このあたりをたたくこと。〔给你两～!〕ほっぺたを二つ三つひっぱたくぞ。③口。〔他好传 chuán 舌,～不好〕彼は言いふらすのが好きで、口が悪い。〔她～会说话呢〕彼女は口はなかなかうまいんだ.
嘴巴皮(子) zuǐbāpí(zi) ⇒〔嘴唇〕
嘴笨 zuǐbèn 口下手(である)
嘴鼻 zuǐbí〈方〉フンといった顔つき：悪感情や軽蔑

をあらわす表情.〔人家倒优待你,你反做如此~〕人がかなり優遇されているのにきみは反対にそんなフンといった態度をする.

嘴边 zuǐbiān [-儿] ①口のへり.口もと. ②口の先.〔刚才我的话就在~上〕さっきわたしは言葉がすぐ口先まで出かかっていた.

嘴不值钱 zuǐ bùzhíqián 〈喩〉多弁である.つまらないことをよくしゃべる.

嘴岔(子) zuǐchà(zi) 〈方〉口(くちびる)の両端:〔嘴岔儿〕ともいう.〔嘴角〕に同じ.

嘴馋 zuǐchán 口がいやしい.食べ物にいやしい.

嘴敞 zuǐchǎng 〈口〉考えなしにどんどんしゃべる.口にしまりがない.→〔嘴快②〕

嘴吃屎 zuǐchīshǐ 〔嘴啃泥〕

嘴臭 zuǐchòu ①耳ざわりなことを言う. ②口臭がある.

嘴唇 zuǐchún [-儿] くちびる:〔~嘴巴(子)〕ともいう.〔咬着~不说话〕くちびるをかんでものを言わない.〔~厚 hòu〕〈喩〉口下手.話し下手.

嘴打人 zuǐdǎrén 〈方〉言葉に愛想がなくきつくて人の気持ちを傷つける.

嘴大舌长 zuǐdà shécháng 〈喩〉多弁.おしゃべり.好んであげつらう.

嘴刁 zuǐdiāo ①食べ物に文句が多い. ②〈方〉ずけずけ言う.口が達者である.口が悪い.

嘴兜子 zuǐdōuzi (牛馬の)轡(くつわ).

嘴毒 zuǐdú 毒舌である.口が悪い.

嘴对不心 zuǐ duìzhe xīn 〈方〉口と腹が合っている.本音を吐く.〔嘴不对心〕口と腹は別.本音を吐かない.

嘴钝 zuǐdùn 〈白〉口下手である.

嘴乖 zuǐguāi 口ぎわの言い方がかわいい.人に好感を与る物言いをする.多くは子供についていう.

嘴犄角儿 zuǐjījiǎor 〈方〉唇の両端:〔嘴角〕に同じ.

嘴急 zuǐjí むさぼり食べる.がつがつする.〔等熟了再吃,别—啊〕煮えてから食べなさい,そうがつがつしないで.〔对不起!我们太~啦,没有等您〕あなたをお待ちしないでやり始めて,ごめんなさい.

嘴甲 zuǐjiǎ 〈方〉(鳥の)くちばし.

嘴尖 zuǐjiān ①口が悪い.言葉が辛辣である. ②味覚が鋭い. ③〔口が悪い〕好き嫌いがある.

嘴强 zuǐjiàng 〈方〉強情である.意地づくの物言いをする.〔嘴硬〕に同じ.→ zuǐqiáng

嘴角 zuǐjiǎo 口角:〔嘴角(子)〕に同じ.〔~上带笑〕口もとに笑みを浮かべている.

嘴紧 zuǐjǐn 口が固い:〔嘴严〕ともいう.

嘴啃泥 zuǐkěnní 〈方〉つんのめる(顔を地面に打ちつける).〔嘴吃屎〕ともいう.

嘴快 zuǐkuài ①早口(でしゃべる). ②(思うことを)すぐ口に出す.〔他~,总给人添麻烦〕彼は口が軽くて,よく人に迷惑をかける.〔~心直〕心はまっすぐで,思ったことをすぐ口に出す:〔心直~〕〔心直口快〕ともいう.

嘴懒 zuǐlǎn 口無精である.↔〔嘴勤〕

嘴冷 zuǐlěng 思いやりのないことを言う.

嘴里 zuǐli ①口の中. ②口で言うこと,口.〔~不干净〕口で言うことが汚い.〔~含着热茄子〕〈喩〉発音がはっきりしない.

嘴脸 zuǐliǎn ①顔.つら.顔つき.容貌.表情.〔他那副 fù~就像爹〕彼のあの顔つきは父親にそっくりである.〔她那张~,怎么打扮也好看不到哪儿去〕彼女のあのきつい顔つきでは,どんな化粧も美しくなりそうにも思えない. ③面相(悪い意味で用いる).〔一副丑恶~〕醜いつら構え.〔我这样的~,可真不好去见他巴〕こんな私のようなブスは,彼に会いになんて全く行けはしない. ④(人の自分に

態度.颜色.〔你也该看得出人家的~〕(茅·霜5)きみも人が自分をどう見ているかわからなければいけない.〔求人就得看人的~〕人に頼む時は(相手の)顔色を見なくちゃならない.

嘴皮子 zuǐpízi 〈口〉唇.〈転〉口のききかた.口の悪達者.〔~厉害〕口がきつい.〔~练 liàn 出来了〕口がうまくなってきた.〔斗 dòu ~〕口げんかをする.〔耍 shuǎ ~〕口先だけでうまいことを言う.へらず口をたたく.

嘴贫 zuǐpín くどくどとしゃべる.同じ事ばかり言う:〔嘴频〕とも言た.

嘴欠 zuǐqiàn 〈方〉あてこすりを言う.人に余計なちょっかいを入れる.人の気にさわることを言う.

嘴强 zuǐqiáng 口が達者である:〔口 kǒu 强〕に同じ.〔~身手弱 ruò〕〈諺〉口先だけの強がりで中身がないこと.→ zuǐjiàng

嘴巧 zuǐqiǎo 口先がうまい.口上手である.〔~舌 shé 能〕同前.

嘴勤 zuǐqín 口まめである.〔~腿 tuǐ 懒〕口はまめだが,足ぐばら:口だけで実行は二の次.〔~问金马驹〕〈諺〉話をすることを避けていたら何も得られない.↔〔嘴懒〕

嘴圈儿 zuǐquānr 口の周り.

嘴儿来嘴儿去 zuǐrlái zuǐrqù 〈方〉①同じことを繰り返し繰り返し言う. ②言い合う.負けずにやり合う.

嘴儿挑(着) zuǐrtiǎo(zhe) 〈方〉人聞きのいいことを言う.耳あたりのいいことを言う(人の気を引く).〔那个人的话,听万别信,他是专门~,实在什么也给你办不到〕あいつの言葉は絶対に信じてはだめだよ,彼はただ口先ばかりで実は何もきみにしてくれはしないよ.〔狗掀 xiān 帘子,~〕犬がすだれをかかげて口でひっぱる:口先だけのこと.

嘴软 zuǐruǎn 強いことが言えない.物言いがはきはきしない.〔吃人家的~,(拿人家的)手软〕①他人から何らかの恩恵を受けていると,強いことが言えない.②(相手におとなしく出られると情にほだされて)強いことが言えなくなってしまう.→〔吃 chī 软不吃硬〕〔手 shǒu 软〕

嘴骚 zuǐsāo 〔嘴骚〕とも書く.口が悪い.〔那个娘儿们怎么那么~啊〕あの女はなぜあんなに口汚いのだろう.

嘴上说好话,脚下使绊儿 zuǐshang shuō hǎohuà, jiǎoxia shǐ bànr 〈諺〉うまいことを言っている一方で,足もとでは足ばらいをかけている.

嘴上无毛,办事不牢 zuǐshang wúmáo, bànshì bùláo 〈諺〉(ひげも経験もない)若い者は仕事がしっかりできない.

嘴松 zuǐsōng 口が軽い.

嘴碎 zuǐsuì ①口数が多い.おしゃべりである.くどい.〔~唠叨 láodāo〕くどくどと小言を言う.〔你怎么这么~,不怕讨人嫌?〕きみはどうしてそう口数が多いんだ,人に嫌われるぞ.→〔嘴贫〕

嘴损 zuǐsǔn 〈方〉言葉に遠慮会釈がない.ひどいことを言う.

嘴甜 zuǐtián 聞いて心地良いことを言う.耳ざわりの好い事をう.

嘴头(儿) zuǐtóu(r) 〈方〉口.口先.〔话就在~可一时说不出来〕言葉が口まで出かかっているんだが,ちょっと言えない(出てこない).

嘴头子 zuǐtóuzi (物を言う)口.口先.話しぶり.〔那孩子模样儿手儿都好,就只~利害些〕(紅·101)あの子は器量も腕もいいのだが,ただ口が少しきつすぎる.〔他~真行〕彼はほんとに口がうまい.

嘴稳 zuǐwěn 物言いが慎重である.口が重い.〔嘴不稳〕〔嘴不严 yán〕口が軽い.

嘴凶 zuǐxiōng 言うことが激しい.口汚い.
嘴丫子 zuǐyāzi 〈方〉唇の両端の部分.
嘴严 zuǐyán 口が固い.口外しない:〔嘴紧〕に同じ.〔～心不坏〕口が固く気立ても悪くない.
嘴硬 zuǐyìng 言うことが強情である.強情をはる.弱音を吐かない.意地で言い通す.
嘴杂 zuǐzá 言うことがさまざまある.〔人多～是好事〕人が多くなればそれだけうわさもたつ.
嘴脏 zuǐzāng ①口が汚れている.②言うことが汚ない.
嘴正手歪 zuǐzhèng shǒuwāi〈慣〉口先ばかり立派で実際の行為がよくない.〔～的人不能相信〕口先だけで行いがいいかげんな人間は信用できない.
嘴直 zuǐzhí 直言する.まっすぐ言う.〔～心快〕〔心直口快〕〈慣〉口はまっすぐでやかましいが、腹はあっさりしている.
嘴壮 zuǐzhuàng 食欲が盛ん(になる).(何でも)食べられる.〔别看他病了这么些日子、～、不要紧〕彼はこんなに長く病んでいるが、食欲が盛んだからまだ大丈夫だ.〔他比我～〕彼はわたしより食が進む.
嘴子 zuǐzi〈方〉(器物の)口.

[晬] zuì〈文〉嬰児のひと誕生.→〔抓 zhuā 周〕(ㄦ).

[醉(醉)] zuì ①酔う.飲んだ酒がききすぎの状態になる.〔～酒〕同前.〔喝～〕飲んで酔っぱらう.〔无～不得难兄难弟～〕〔无酒三分～〕〈慣〉飲みもしないうちからもう三分がたは酔っている:ばかな人間が愚にもつかぬことを言う.〔一解千愁〕〈諺〉酔えば、あらゆる心のうさが晴れる.②酔わせる.〔～人不～人心〕酒は人を酔わせるが人が勝手に酔っぱらう、女色が人を迷わすわけじゃないが人が自分から迷ってしまう:酒色に惑わされるのはすべてその人間が悪いのだ.③ふける.耽溺する.度を超えて愛好する.〔心～〕心酔する.〔陶 táo ～〕陶酔する.④酒漬けにしたもの.〔～虾〕〔酒漬けのえび〕〔醉蟹〕
醉笔 zuìbǐ ⇒〔醉墨〕
醉鬼 zuìguǐ 酔っぱらい.飲んだくれ.
醉汉 zuìhàn 酔っぱらい.
醉话 zuìhuà ①⇒〔醉言〕②〈喩〉でたらめの言葉.
醉酒饱德 zuìjiǔ bǎodé〈成〉お酒もたっぷりいただいたし、ご恩徳も十分にいただいた:〔既醉以酒,既飽以德〕(詩経)の略で、宴会後に、招いてくれた主人に述べるお礼の言葉.
醉客 zuìkè ①酔客.②〔芙 fú 蓉〕(フヨウ)の別称.
醉雷公 zuìléigōng 酔っぱらった雷様:何につけても筋の通らない口出しや小言をせずにはすまない人の称.〔～,胡霹 pī〕〈喩〉酔った雷様がでたらめに雷を鳴らす〔胡批 pī〕に通じ、でたらめに批判するが、見当違いの意見を述べるの意.
醉侣 zuìlǚ〈文〉酒飲み仲間.
醉马草 zuìmǎcǎo 〔植〕スイバ:砂丘低地の湿ったところなどに生育するマメ科の植物.
醉骂 zuìmà 酔って人を罵る.
醉猫儿 zuìmāor〈方〉酔いどれ.泥酔者.〔喝醉了、不是乱唱就是胡吵、竟闹～〕酔うとやみに歌うがどなるかいつも大虎になる.
醉墨 zuìmò =〔醉笔〕酔余の興に乗じて書いた書や画.
醉拳 zuìquán 〖醉拳〗:中国武術の一.動作が酔っぱらいに似ている.
醉人 zuìrén ①(酒で)酔わせる.②(人を)陶酔させる.うっとりさせる.
醉生梦死 zuìshēng mèngsǐ〈成〉何のなすこともなく空しく生涯を送る.夢うつつに一生を送る.
醉圣 zuìshèng〈喩〉酒豪.たいした酒飲み:唐代に李白を言う敬称.
醉态 zuìtài 酒に酔ったさま.醉態.
醉翁之意 zuìwēng zhī yì 酔った年寄りの心.〈喩〉本心(ねらい)は他にある.敵は本能寺にあり.〔～不在酒,在乎山水间也〕(欧陽修・醉翁亭記)による.
醉乡 zuìxiāng 酔の境地.酔いごこち.〔沉入～〕酒に酔って陶然となる.
醉蟹 zuìxiè〘酒漬けの蟹〙.
醉心 zuìxīn 心酔する.夢中になる.没頭する.〔～欧化〕西洋かぶれがする.〔他～于教育改革〕彼は教育改革に没頭している.
醉兴 zuìxìng 酒興〔兴致〕.
醉醺醺 zuìxūnxūn 酒気を帯びたさま.ほろ酔い加減.
醉言 zuìyán =〔醉话①〕〔醉语〕酒の上でのたあいもない話.
醉眼 zuìyǎn 酔ってとろんとした目.〔～朦 méng 胧〕酔眼朦朧.
醉意 zuìyì 酔っぱらい気分.〔稍有～〕ほろ酔い気分.〔多少带着～地说〕幾分酔っぱらい気分で話す.
醉鱼草 zuìyúcǎo 〔植〕フジウツギ:フジウツギ科の落葉低木.茎葉に毒があり、河に入れて魚を捕る.
醉语 zuìyǔ ⇒〔醉言〕
醉枣 zuìzǎo 酒漬けのなつめ:〔酒 jiǔ 枣〕ともいう.

[最(冣·寂)] zuì ①最も.〔～先〕一番先.一番先に.〔～有眼力〕いちばん目が利く(眼識がある).〔～新消息〕最新のニュース.不应该忽略〕最もゆるがせにすべきでない.→〔顶 dǐng〕〔很 hěn〕〔极 jí ②〕〔太 tài ④〕.②最たるもの.最.〔～大的要求〕あるいは最小というように極端なものをいう.〔世界之～〕世界ナンバーワン.〔以此为～〕これをもって最たりとなす.
最爱 zuì'ài 最愛のもの·こと.
最初 zuìchū 最初.一番初め.〔～不习惯,现在好了〕初めは慣れなかったが、今は慣れてきた.〔我～认识他是在中学时代〕わたしが初めて彼と知り合ったのは中学時代だった.
最大尺寸 zuìdà chǐcùn →〔极 jí限尺寸〕
最大公约数 zuìdà gōngyuēshù 〔数〕最大公約数.
最低 zuìdī 最も低い.最低(である·の).〔～工资〕最低賃金.〔～熔 róng 合金〕共融合金.低溶融合金.〔～限 xiàn 度〕最低限度.ミニマム.
最多 zuìduō 最も多い.最多(の).多くとも.〔仲裁費用、～不可以超过争议金额的百分之一〕仲裁費用は多くとも争議金額の1パーセントを超過してはならない.〔～挨一顿说,没啥了 liǎo 不起〕せいぜい叱られるぐらいで、たいしたことはない.
最高 zuìgāo 最も高い.最高(の).〔～人民法院〕〔高法〕(中国の)最高裁判所.〔～人民检察院〕〔高检②〕(中国の)最高検察庁.〔～峰〕最高峰.〔～纲领〕最高綱領.〔～限度〕最大許容量.マキシマム.
最好 zuìhǎo ①最も良い.〔～的〕最も良いもの.②最も良い(願わしい)ことは…….に越したことはない.〔～你亲自动,打发别人去,恐怕不恰当〕きみが自分でやった方がよい、人を行かせるのは穏当じゃあるまい.
最后 zuìhòu 最後(の·に).〔～五分钟〕最後の5分間.〔～一场面ラストシーン,〔生命的～一息〕命の最後の一瞬.〔～胜利〕最後の勝利.〔～还是南京队输了〕結局やっぱり南京チームが負けた.〔～祝在座的各位身体健康,我此时此刻正以在席的方々のご健康を祈ってたくしがこのあいさせいご在席

ただきます.
最后通牒 zuìhòu tōngdié 最後通牒(ちょう):〔哀āi 的美teみ书〕に同じ.
最坏 zuìhuài 最も悪い.〔那个家伙~〕あいつが一番悪い.〔~的结果〕最悪の結果.
最惠国 zuìhuìguó 最惠国.〔~条款〕同上を規定した条款.〔~待遇〕最惠国待遇.
最佳 zuìjiā 最適(である).最良(である).〔~女主角奖〕最優秀主演女優賞.〔~资源分配〕最適資源配分.〔~产量〕最適生産量.〔~作品〕すばらしい作品.
最简公分母 zuìjiǎn gōngfēnmǔ 圀次数の最も低い共通分母.
最简式 zuìjiǎnshì 化分子式:〔实shí验式〕に同じ.
最近 zuìjìn 最近.近ごろ.近いうち:現在に近い過去から,近い未来までを指す.
最可爱的人 zuì kě'àide rén ①最愛の人.②1950年の〔抗美援朝〕の時,中国人民志願軍兵士への愛称.
最轻量级 zuì qīngliàngjí 区最軽量級.
最为 zuìwéi 最も…である:2音節の形容詞・動詞の前に置く.〔~了 liǎo 解我们的人〕いちばんよく我々を理解している人.
最小尺寸 zuìxiǎo chǐcùn →〔极jí限尺寸〕
最小公倍数 zuìxiǎo gōngbèishù 数最小公倍数.
最小公分母 zuìxiǎo gōngfēnmǔ 数最小进分子母.
最终 zuìzhōng 最後(の).最終.〔~产品〕完製品.仕上がり品.〔~目的〕究極目的.
最重量级 zuì zhòngliàngjí 区最重量級.

〔**蕞**〕zuì〔文〕〔~尔 ěr〕(地域が)小さい.狭くるしい.〔~芮ruì〕(小さなもの)より集まる.

〔**罪**(**辠**)〕zuì ①罪.犯罪.罪悪.犯罪.〔犯fàn~〕罪を犯す(有~)有罪(である).〔无~〕無罪(である).〔贪污~〕汚職の罪.②過失.過誤.あやまち.〔归~于人〕過失の責任を(他)人に負わせる.③罪の認定刑罰.〔死 sǐ ~〕死刑.〔判 pàn ~〕刑の判决を下す.④罰する.責める.とがめる.〔自己的~自分を責める〕.⑤苦しみ.難儀.〔遭 zāo ~〕同前に遭う.→〔受 shòu 罪〕
罪案 zuì'àn 犯罪事件.
罪不容诛 zuì bù róngzhū〈成〉罪が重くて,死刑に処してもまだ償いがつかないほどである:極悪の罪である.
罪错 zuìcuò 罪行と過誤.
罪大恶极 zuìdà èjí〈成〉罪悪はきわめて大きい.
罪恶 zuì'è 罪悪.重大な罪行.〔~累累〕〈成〉罪業を重ねる.〔~滔天〕〈成〉この上ない罪悪.〔~昭彰〕〔~昭著〕〈成〉罪悪が誰の目にも明らかである.
罪犯 zuìfàn 罪人:多く有罪が確定した犯罪者をいう.〔战争~〕戦争犯罪人.〔纵火~〕放火犯.
罪该万死 zuì gāi wànsǐ〈成〉罪,万死に値する:罪悪のきわめて大きいこと.
罪过 zuì·guò ①悪いこと.罪なこと.間違い.〔以往的~〕過去の罪.〈谦〉恐れ入ります.いたみ入り用いる.失礼いたしました:やましさを感じた時に用いる.〔~~!〕〔哎!恐縮〔~,~,怎么让您老人家给我端茶〕これは,これは(どうも,どうも),お年寄りにお茶を運んでいただいて恐れ入ります.③〈白〉とがめる.罰する.④〈方〉かわいそうである.
罪己 zuìjǐ 罪を己に帰す.自分を責める.〔~诏〕責任を一身に引き受け自分を責める詔勅.
罪咎 zuìjiù〈文〉罪ととが.
罪魁 zuìkuí 元凶.首魁.張本人.〔~祸 huò 首〕〈成〉同前.⑦災いの大元.
罪戾 zuìlì〈文〉罪過.罪悪.

罪满 zuìmǎn 服罪期間が満ちる.
罪名 zuìmíng 罪名.〔横加许多莫须有的~〕やたらとでっちあげの罪名を着せる.〔罗织~〕でっちあげの罪を着せる.
罪孽 zuìniè〈仏教で〉罪業.〔~深重〕罪が深い.
罪愆 zuìqiān〈文〉罪過.過ち.
罪情 zuìqíng 犯罪の状情.
罪囚 zuìqiú 罪人.
罪人 zuìrén ①〈文〉人を罪に落とす.②罪人.
罪上加罪 zuìshang jiāzuì〈成〉罪に罪を重ねる.罪の上塗り.
罪行 zuìxíng 罪悪行為.犯罪行為.〔~严重〕罪行が非常に重い.
罪刑 zuìxíng 罪と刑罰.
罪衣 zuìyī 獄衣.
罪因 zuìyīn 罪悪の原因.
罪尤 zuìyóu〈文〉とが.過ち.
罪有应得 zuì yǒu yīngdé〈成〉罰せられるのが当然である.当然の報い.
罪责 zuìzé ①罪責.〔开脱~〕罪責を免れる.〔~难逃〕罪責を免れがたい.②罪科.
罪障 zuìzhàng 囚〈仏教で〉極楽往生の妨げになる罪業.
罪证 zuìzhèng 犯罪の証拠.〔~确凿〕犯罪の証拠は確かである.
罪状 zuìzhuàng 罪状.〔查明~〕罪状を明らかにする.〔罗列~〕罪状を並べる.

〔**楒**(**樆**)〕zuì〔~李lǐ〕植スモモの一種,またその果実:浙江省桐郷県・嘉興県一帯に産するのが有名.

zun ㄗㄨㄣ

〔**尊**(**尊**)〕zūn ①尊い.〔~卑 bēi〕尊貴と卑賤.目上と目下.→〔尊贵〕〔尊长〕②尊ぶ.〔~老爱幼〕年寄りを大切にし幼い者を可愛がる.〔师~爱徒〕師は弟子を愛する.③〈尊〉相手のことを述べる時に添える.〔~姓大名〕お名前.〔~府①〕お宅.→〔尊便〕④雷地方官による尊称.〔县~〕県知事様.〔府~〕府知事様.⑤量詞.神仏の像,また大砲を数える.〔一~佛像〕一体の仏像.〔一~大炮〕一門の大砲.⑥国酒器の一種:〔樽〕に通用する.
尊便 zūnbiàn〈牍〉ご都合.〔悉听~〕一切あなたのご都合に任せる.
尊裁 zūncái〈牍〉ご裁断.貴意.〔悉听~〕すべてあなたのご裁断にお任せします.
尊称 zūnchēng ①尊んで呼ぶ.〔~他为老师〕彼を先生と尊称する.②尊称.〔从前小姐是~〕昔は"小姐"というのは尊称であった.
尊崇 zūnchóng 尊崇する.あがめる.〔~孔子〕孔子を崇拝する.
尊大人 zūndàrén〔尊府②〕〔尊公〕〔尊君〕尊翁:父母や父上に〔尊堂〕〔令 líng 尊〕に同じ.
尊范 zūnfàn〈牍〉尊顔.〔获 huò 瞻~〕ご尊顔を拝する機会を得る.〔仰瞻~〕尊顔を仰ぎ拝する.お目にかかる.
尊奉 zūnfèng 尊ぶ.敬う.尊敬する.
尊夫人 zūnfūrén〈尊〉(あなたの)奥さん.
尊府 zūnfǔ ①=〔尊门〕お宅.②⇒〔尊大人〕
尊庚 zūngēng ⇒〔尊寿〕
尊公 zūngōng ⇒〔尊大人〕
尊管 zūnguǎn〈尊〉貴家の執事の方.あなたの使用人.

尊 zūnguì ＝〔高 gāo 贵③〕身分が高い(貴い).〔～的客人〕お客様.
尊号 zūnhào 皇帝·皇后などに対する尊称:〔太上皇〕(現皇帝の父君),〔尊太后〕(同前の后),〔太皇太后〕(現皇帝の祖母上)などの尊称.
尊纪 zūnjì ＝〔尊价〕〔尊〕ご使用人.(あなたの)お使いの者:〔父③盛 shèng 仆〕に同じ.
尊家 zūnjiā 〔尊驾②〕〔尊〕おたく.あなたさん:まのあたり相手にいう.冷やかし気味で言う場合がある.
尊驾 zūnjià ①⇒〔台 tái 端〕 ②同上.
尊价 zūnjiè ⇒〔尊纪〕
尊敬 zūnjìng ①尊敬する.〔～老师〕先生を尊敬する.〔～长辈〕年輩の人を尊敬する. ②尊敬すべき.〔～的,校长先生〕尊敬する学長先生.
尊君 zūnjūn ⇒〔尊大人〕
尊阃 zūnkǔn 〈文〉(あなたの)奥様.ご令閨.ご令室.
尊邻 zūnlín 〈文〉貴下のご近隣.
尊门 zūnmén ⇒〔尊府①〕
尊命 zūnmìng 〔尊〕貴下のお仰せ(お申し付け).
尊前 zūnqián 〔牍〕御前.
尊亲(属) zūnqīn(shǔ) ①親属で目上の人. ②〈尊〉相手の親属.
尊容 zūnróng 〔尊〕ご尊顔:多くそしっていう.
尊孺人 zūnrúrén 〈文〉ご令室.ご夫人.
尊上 zūnshàng ①目上の人を尊ぶ. ②上長の者. ③〔尊〕他人の父母に対する敬称.
尊师 zūnshī ①弟子が師を尊ぶ.〔～爱生〕〔成〕師を尊び生徒をかわいがる.〔～重 zhòng 道〕師を尊び,その道徳学問を重じる.〔～重教〕師を尊び,教育を重視する. ②道士に対する尊称.
尊示 zūnshì ＝〔尊谕〕
尊寿 zūnshòu ＝〔尊庚〕〈文〉〈尊〉貴下のご年齢.
尊属 zūnshǔ ＝〔尊族〕尊族.
尊堂 zūntáng ＝〔尊母〕.御母堂.
尊翁 zūnwēng ⇒〔尊大人〕
尊显 zūnxiǎn 地位が高く名があらわれている.
尊姓 zūnxìng 〈尊〉あなたのお姓.〔贵 guì 姓〕〔～大名〕ご姓名.尊名.
尊兄 zūnxiōng ①〈尊〉お兄上:〔令 lìng 兄〕に同じ. ②〔牍〕兄(に):友人同士友にいう言い方.
尊严 zūnyán 尊厳である.おごそかである.〔～的讲台〕荘厳な講壇.〔尊〕不可侵であること(身分や地位).〔法律的～〕法律の尊厳.
尊议 zūnyì 〈文〉〈尊〉御説.貴下の仰せ.〔便如～〕貴下の仰せの通りに.
尊意 zūnyì 〈尊〉お考え.
尊右 zūnyòu 〈尊〉貴下のお手元.〔奉呈～〕あなたに進呈いたします.
尊寓 zūnyù 〈尊〉お宅.
尊长 zūnzhǎng ①親族中の目上の人. ②(一般的に)目上の人.先輩.
尊者 zūnzhě ①〈尊〉父兄. ②図(仏教で)和尚に対する尊称.
尊重 zūnzhòng ①尊重する.敬う. ②重んずる.重視する.〔～别人的意见〕人の意見を尊重する.〔～少数民族的风俗习惯〕少数民族の風俗·習慣を尊重する. ③重々しく落ち着いている.うわついない.〔请检～些〕!きちんとしなさい.うわついな.
尊纂 zūnzuǎn 〈尊〉ご尊名.→〔雅 yǎ 号①〕
尊族 zūnzú ⇒〔尊属〕
尊祖 zūnzǔ 〈尊〉御祖父上(相手側の).
尊俎 zūnzǔ ＝〔樽俎〕

[遵] zūn ①(指示あるいは規則に)従う.守る.〔～……述之〕……に沿って(をたどって). ②〔姓〕. ③〔父〕〔～大路而行〕大通りを行く.

遵办 zūnbàn 命令(注文)通りに処理する.
遵从 zūncóng 従う.〔～指示〕指示に従う.
遵奉 zūnfèng いただき守り行う.遵奉する.
遵纪守法 zūnjì shǒufǎ 規律·法令を遵守する.
遵命 zūnmìng 〈謙〉命令(仰せ)に従う.承知いたしました.かしこまりました.〔～～!〕かしこまりました.→〔从 cóng 命〕〔恭 gōng 敬〕
遵期 zūnqī 〈文〉期日を守る(って)
遵守 zūnshǒu 従い守る.遵守する.〔～纪律〕規律を守る.〔～时间〕時間を守る.〔～公共秩序〕公共の秩序を守る.〔～国家法令〕国家の法令を守る.〔～自己的诺言〕自分ではいと言ったら必ずする.
遵信 zūnxìn 〈文〉従い信じる.〔～佛教〕仏教を同前.
遵行 zūnxíng 従い行う.遵奉して行う.〔～先父遗训〕亡夫の遺訓を守る.
遵循 zūnxún 〈文〉従う.〔～客观规律〕客観法則に従う.〔～老师教导〕師の教え導きに従う.
遵养时晦 zūnyǎng shíhuì 〈成〉隱棲して時世を待つ.〔遵时养晦〕
遵义会议 zūnyì huìyì 囲1935年,中国共産党が〔二 èr 万五千里长征〕の途中,貴州省遵(zūn)義で開催した会議.毛沢東を先頭とする中央委員会が指導権を確立し党の方針を大転換した.
遵章 zūnzhāng 規則に従う(って).〔～守纪〕規則に従い,紀律を守る.
遵照 zūnzhào (……の通りに)従い守る.従う.〔～法令〕法令の通りに遵守する.〔～办理〕〈公〉仰せの通りに処理する.〔～医嘱〕医者の指示に従う.
遵嘱 zūnzhǔ 言いつけに従う.

[樽(罇)] zūn ①酒酒の容器:〔尊⑥〕とも書く.〔～俎 zǔ〕〔～俎〕酒の容器と肉を盛る器.〔转〕酒宴.〔决胜于～俎之间〕酒宴(穏やかな外交折衝)の間に勝敗を決める. ②〈方〉〔玻 bō 璃～〕ガラス瓶.〔～颈 jǐng〕瓶 píng 颈⑨瓶の首.ボトルネック.

[鐏·鐏] zūn 〈文〉(槍·矛などの)いしずき.

[鳟·鱒] zūn 魚貝①〔赤 chì 眼～〕カクアカメ. ②〔虹 hóng ～〕ニジマス.

[僔] zǔn 〈文〉①集まる. ②へりくだり譲る.

[撙] zǔn 節約する.〔钱要～着用〕お金は節約して使うべきだ.〔～下来买书〕節約してためて本を買う.

撙节 zǔnjié 節約する.切り詰める.倹約する.〔～财用〕出费を節約する.〔怎么～着办也得一千块钱〕どんなに切り詰めてやっても千元はかかる.
撙省 zǔnshěng 節約する.〔这笔钱是省吃俭用~出来的〕この金は食べるのを節約し,使うのをつましくして,作り出したものだ.

[噂] zǔn 〔～沓 tà〕〈文〉集まってしゃべる.

[拶] zùn 〈文〉(指で)押す.押さえる.

zuo ㄗㄨㄛ

[作] zuō ①仕事場(ば).細工(ざ)場.〔瓦 wǎ～〕瓦焼きのかま場.〔木～〕木工場.〔石～〕石工の仕事場.〔小ер qi ～〕指物(もの)細工場.〔五行 háng 八～〕〔喩〕各種の手仕事(職人) ②〈方〉(悪いことを)する. → zuò
作瘪子 zuōbiězi ⇒〔喴瘪子〕

作嘬昨笮捽琢左

作坊 zuōfang （手工業の）工場（ば）.作業場.仕事場：〔大方→作坊〕〔方→作坊场〕〔作坊头子〕〔作坊头儿〕ともいう.〔豆腐~〕豆腐屋の仕事場

作害 zuōhài〈方〉害する.だめにしてしまう.

作头 zuōtóu〈方〉職人頭.請け負い仕事の頭（かしら）

作妖 zuōyāo〈方〉わるさをする.ひっかきまわす.

[嘬] zuō〈口〉唇で吸う.器具を使って吸いたり.口をすぼます.〔小孩儿~奶nǎi〕子供が乳を吸う.〔把病人的脓血~出来〕病人のうみを吸い出す. → chuài

嘬瘪子 zuōbiězi〔作瘪子〕とも書く.〈方〉①ざまの悪いことになる.顔が立たない.②〔人の批判や怠慢で〕立往生する.へらへらっちもいでない.〔看他垂头丧气的,准是~了〕しょげているようだが,きっと人にやりこめられたのだろう. →〔碰 pèng 钉子〕

嘬不住粪 zuōbuzhù fèn〈方〉〔自慢したくて〕腹にしまっておけない.〔瑞丰~,开始说他得到科长职位的经过〕（老·四·惶30）瑞豊は言いたくてうずうずして課長の地位を得た経過を話し始めた.

嘬不住劲儿 zuōbuzhù jìnr〈方〉落ち着いていられない.

嘬腮 zuōsāi〈方〉〔歯のない老人などの〕くぼんだ頬.

嘬筒 zuōtǒng ⇒〔拔 bá 火罐儿①〕

嘬牙花子 zuō yáhuāzi〈方〉悩んでいる.困っている.

嘬子 zuōzi〈口〉吸い出し器.

[昨] zuó ①きのう.昨日〔～〕.〔～会面〕昨日もう会った.〔～年〕昨年の昔.②〈文〉過去の時を表す.〔～者〕過去.〔光景如～〕そのありさまは昔のままである.

昨晨 zuóchén 昨朝.昨日の朝.

昨非 zuófēi〈文〉過去の過ち.昔日の非.〔今是～〕〔～今是〕〈成〉今以前の（自分の）間違いがわかる.

昨儿(个) zuór(ge)〈方〉きのう.

昨日 zuórì 昨日.

昨天 zuótiān きのう.昨日.〔～晚上〕〔昨晚〕きのうの晩.〔～早上〕きのうの朝.

昨晚 zuówǎn 昨晚.〔昨天晚上〕に同じ.

昨夜 zuóyè 昨夜.〔昨天夜里〕ともいう.

昨叶何草 zuóyèhécǎo ⇒〔瓦 wǎ 松〕

[笮(筰)] zuó 竹の綱.〔～桥 qiáo〕竹の綱を編んでかけた吊り橋. → zé

[捽] zuó〈方〉ひっつかむ.手でつかむ.手で握って）ひきとめる.〔俩人打在一起,他～人的头发〕二人はけんかを始め,彼は相手の髪の毛をひっつかんだ.〔小孩儿～住大人的衣服〕子供が大人の服をつかんでひっぱる. →〔揪 jiū〕〔抓 zhuā〕

[琢] zuó → zhuó

琢磨 zuómo ①思案する.よくよく考える.吟味する.〔我也常这么~,却太让人当有效有奇的吊桥〕〔这件事还得～〕このことはもっと吟味してみなければならない.〔等我一个窍 qiào 门儿〕どれ,いい方法を考え出してあげよう.②〈方〉人をおとしめるばかりにする.からかう）ことを考える.〔心眼紧 zhǎi,专～人〕尻の穴が小さくて,人のあらばかり探している. → zhuómó

[左] zuǒ ①左（の）.〔向～转 zhuǎn!〕左向け左〔号令〕.〔坐在～边儿〕〔坐在～首〕左側へ座る.〔靠～边通行〕〔右 yòu①〕②東方:古代,南面を基準として東方を〔～〕といった.〔山～〕太行山の東（山東省をいう）.〔江～〕長江以東の地（江蘇省をいう）.③低い地位:古代,官位において右を高く,左を低く見なした.ただし,

接客と車馬では逆. →〔左迁〕 ④かたわら.そば.〔迎不道～〕道のかたわらで逆送する. →〔左右〕 ⑤よこしまである.不正である.ねじけている.〔脾 pí 气～〕根性がまがっている.〔他把心安～了〕あいつの心はねじけている.〔～道〕邪道:妖術や巫術など.⑥食い違う.合わない.反対である.思うようにいかない.〔两人意见相～〕意見が違う.〔想～了〕考え違いをした.〔那人"～"得厉害]〕あいつは極左だ. 〔～派〕左派.〔～倾〕 ⑧〈文〉証拠.〔证 zhèng ~〕証左.〔~证〕〔证证〕証拠. ⑨〈姓〉左〔ʳ〕.

左膀右臂 zuǒbǎng yòubì〈喻〉有力な側近や助手.

左臂投手 zuǒbì tóushǒu〔野〕サウスポー.左投げ（左きき）の投手.

左边(儿) zuǒbian(r) 左.左の方.左側.〔靠 kào ~走〕左側通行（する）

左不 zuǒbu〈方〉どのみち.いずれにしても.どうせ.要するに.とにかく.〔～就是这么点儿事,我给您办他了〕どのみちこれっぽっちのこと,わたしが代わりにやってあげますよ.

左不过 zuǒbuguò〈方〉…に過ぎない.〔没什么,～有点头痛〕大したことはない,ただ頭痛がするだけだ.

左侧 zuǒcè 左側.

左丞 zuǒchéng 因秦漢以来歴代設けた官名:清末には左右丞を置き侍郎〔各部の次官〕の副とした.民国初年には国務卿を補佐させた.

左道旁门 zuǒdào pángmén（宗教·学術などで）邪道.よこしまな道.〔旁门左道〕ともいう.

左的 zuǒde〈方〉悪いもの.逆のもの.間違ったもの.〔这块钱是～〕この銭は偽物だ.

左耳刀(儿) zuǒěrdāo(r)〔語〕こざとへん:漢字部首の"阝".〔左大耳〕〔左活耳刀(儿)〕〔左耳穿刀(儿)〕〔左耳朵〕ともいう.〔双 shuāng 耳刀(儿)〕は〔右 yòu 耳刀(儿)〕（おおざと）を含めた言いかた.〔耳刀(儿)〕は〔单 dān 耳刀(儿)〕（ふしづくり"卩"）も含めた総称. →付録1

左改右改 zuǒgǎi yòugǎi いろいろと変える.種々変更する.〔~怎么也改不好〕手を替え品を替えてもうまくいかない.

左顾 zuǒgù ①左を顧みる.左を見る.②〈文〉目下の者を顧みる:人がおさしたことを感謝していう.〈転〉ご光来.〔承蒙～深为感荷 hè〕〔饶〕ご光来を蒙って感謝に堪えません.

左顾右盼 zuǒgù yòupàn〈成〉①あたりをきょろきょろ見回す.〔他一路上,欣赏沿途的美丽景色〕彼は道中ずっと左右に目をやって沿線の美しい景色を鑑賞した.〔他,像是在找人〕彼はあちらこちらを見て,誰かを捜しているようだ.②心が動揺していて定見のないこと.

左国太史公 zuǒ guó tàishǐgōng 因左伝·国語および〔司馬遷の〕史記.

左降 zuǒjiàng 高官から低い官職に落とされる.左遷される.〔〈文〉左迁〕ともいう.

左强 zuǒjiàng〈方〉ねじけた根性.ひねくれた性分.

左近 zuǒjìn 付近.近所.〔学校~没有商店〕学校の近くに商店はない.

左匡栏(儿) zuǒkuānglán(r) ⇒〔三 sān 匡栏(儿)〕

左来右去 zuǒlái yòuqù〈慣〉①ああだこうだと引き延ばす.②あれこれ引き回す.

左拦右挡 zuǒlán yòudǎng〈慣〉一生懸命引き止める.〔~拦了半天,他还是走了〕一生懸命引き止めた.

左联 zuǒlián〔中国左翼作家联盟〕の略.1930年3

左 zuǒ

月上海で発足した文学団体.魯迅を中心に50余名の作家が参加,《北斗》《文学月報》などを刊行して活発な活動を展開した.厳しい弾圧を受けたのち,抗日統一戦へ統合されていき,1936年初,発展的に解消した.

左邻右舍 zuǒlín yòushè 〈慣〉隣り近所.近隣.両隣り.

左龙右凤 zuǒlóng yòufèng 左に竜,右に鳳凰.〈喩〉優秀な人材:『三国演義』の臥竜(諸葛孔明)と鳳雛(龐統)による.

左轮(手枪) zuǒlún (shǒuqiāng) =〈音義訳〉莲lián 蓬枪]回転式拳銃.リボルバー.〔手持~一支〕手にリボルバー1挺を持つ.

左螺纹 zuǒluówén =〈×方〉倒 dào 牙]〈×方〉反 fǎn 扣]〈×方〉反山]圈左回りねじ山.〔~麻花钻]左ねじれドリル.

左面 zuǒmiàn 左側.左の方.

左派 zuǒpài 左派・革新派(に属する人)

左脾气 zuǒpíqì =[左性子]ひねくれ根性.つむじまがり.強情者:〔左皮气]とも書いた.〔他是这么~的人,你越劝他越不听〕彼はこういうひねくれた人間だ,言えば言うほど聞きはしない.

左撇子 zuǒpiězi 左利き.左ぎっちょ.→[左手①]

左契 zuǒqì ⇒[左券]

左迁 zuǒqiān 〈文〉職を降ろされる.左遷される:〔左降〕[迁谪]

左倾 zuǒqīng ①左傾(する).革命的・進歩的である.〔~思想〕左傾思想.②教条的に左派である:一般に「左」のように引用符をつけて書く.〔~机会主义〕左翼日和主義.〔~路线〕左翼路線.〔~冒险〕左翼冒険.↔[右 yòu 倾]〔赤 chì 化]

左丘 zuǒqiū 〈姓〉左丘

左券 zuǒquàn =[左契]圈二分した契約書の左の方.〈転〉証拠.証書.〔操~〕〔成〕確実(大丈夫)である.自信がある.〔~在握〕〔操左券]

左人 zuǒrén 〈姓〉左人(さん)

左衽 zuǒrèn 固(着物を)左前に着る:夷狄(いてき)の服装として軽蔑された.〔披 pī 发~]髪をふり乱し左前に着物を着る.〈喩〉文化の遅れた北方・東方の蛮族の装束を指す.

左刃刀 zuǒrèndāo ⇒[左手刀]

左嗓子 zuǒsǎngzi 声がかん高くて,低い落ち着いた音の出ないこと.またその人.〔~没法儿学声乐]音痴では声楽をやりようもない.

左闪右晃 zuǒshǎn yòuhuàng 〈慣〉すばやくよける:〔左闪右拐 guǎi]ともいう.

左师 zuǒshī ①固官名.②〈姓〉左師(ん)

左史 zuǒshǐ 固官名.君主の側に居てその行動を記録した官.〔右 yòu 史]は君主の言語を記した官.

左视眼 zuǒshìyǎn ①利き目が左であること.②〈喩〉左翼的観点(で見る)

左氏春秋 zuǒshìchūnqiū ⇒[左传]

左手 zuǒshǒu ①左手.左の手.〔~得 dé 力]〔~劲儿]左手がきく.左利きである.→[左撇子] ②左側.左の方.左手.〔左首]に同じ.〔请您~坐〕どうぞ左の方におかけください.

左首 zuǒshǒu (座席の)左側:〔左手②]に同じ.

左手刀 zuǒshǒudāo =[左刃刀]圈左回り工具.

左书 zuǒshū 〔左手で書いた字.〕[佐书]

左思右想 zuǒsī yòuxiǎng 〈慣〉いろいろと考える.あれこれと思い巡らす.→[千 qiān 思万想]〔穷qióng 思极想]

左袒 zuǒtǎn 〈文〉左の肩を肌ぬぎする.〈転〉一方を味方する:漢の高祖が亡くなったあと,功臣周勃が呂氏の乱を平らげようとした時,呂氏に付く者は右の肩をぬぎ,劉氏(漢王室の姓)に付く者は左の肩をぬげと軍中に命令したところ,みな左袒した(史記・呂太后本紀).→[右袒]

左提右挈 zuǒtí yòuqiè 〈慣〉互いに助け合う.支え合い協力する.

左徒 zuǒtú 固供奉(②)・諷諫(ふうかん)を司る官:〔屈原尝为楚怀王~〕屈原は楚の懐王の「左徒」であった.

左图右史 zuǒtú yòushǐ 〈喩〉蔵書が豊富なこと.

左推右拖 zuǒtuī yòutuō 〈慣〉言いのがれる.

左外野 zuǒwàiyě 区(野球などの)レフト.左翼手:〔右外野]ライト.〔中外野]センター.

左舷 zuǒxián 左舷.

左行 zuǒxíng 左手に(書いて)いく:書道で左から右へ書くやり方.〔~文字]左から書き始める文字.

左性子 zuǒxìngzi ⇒[左脾气]

左旋 zuǒxuán ①囲左巻き.左回り:朝顔のつる・あけびのつるなどが時計とは反対の方向に回ること.②囮左旋.

左宜右有 zuǒyí yòuyǒu よからぬところなく,もたざるところなし.〈喩〉どんな職を任せても適している.

左翼 zuǒyì ①匣左翼.②〈転〉(学術・思想・政治などの)左翼.③区(球技の)レフトウイング.=[右yòu 翼]

左拥右抱 zuǒyōng yòubào 〈慣〉左右に擁し抱く:〔两手是花.…地简直魂儿飞到天外去了〕両手に花ですっかり夢中になっている.

左右 zuǒyòu ①左と右.(校门)~]校門の両側.〔~有两行垂柳]両側にはしだれ柳が並んでいる.②そば.かたわら.③侍従.側近.〔屏 bǐng 退~〕人払いをする.④(転)侍史.〔~相手のことをうやまって添える脇付の語.〔××先生~]のように用い]る.⑤〈文〉助ける.補佐する.⑥従う.⑦左右する.思うままにする.〔大局]大局を左右する.〔一棵大树必须和大伙结成防风林,才能~得住大风,而免于被风所~]一本の大木も多くのものと結合して防風林とならなければ風に左右されることを逃れる.⑧身分の上下,尊卑を区別する.⑨(数量詞のあとについて)~ばかり.~ほど.内外・時間・年齢・距離・数量などに用いる.〔三点~]3時ぐらい.〔二十岁~]20歳ぐらい.〔身高一米八~]身長1メートル80ぐらい.→[开 kāi 外]〔上 shàng 下②]⑩どのみち.どうせ.いずれにしても.〔~闲着无事]どのみち暇で用事はありません.〔~是这样]どのみちこうだ.→[反 fǎn 正①]

左…右… zuǒ…yòu… 動作が繰り返し行われることを強調する.〔一题,一题,出了不少题〕この問題,あの問題とたくさんの問題を出した.〔~一句一句地问个不停]次から次へと質問して絶えることがなかった.〔~等也不来,~等也不来]待っても待っても来ない.〔~也不是,~也不是]これもだめ,あれもいけない.どうやってもうまくいかない.

左右逢源 zuǒyòu féngyuán 〈成〉①随所に水源を得る:造詣が深く手近な物が学問修養の源泉となって尽きない.②事がみな順調にいく.(物事が)あたりさわりなく運ぶ.

左右开弓 zuǒyòu kāigōng どちらの手でも弓を射ることができる.〈喩〉②左へも右へも同一の動作を繰り返すこと.区(卓球で)フォアハンドからもバックハンドからもスマッシュすること.③同時にいくつかの仕事をすること.

左右手 zuǒyòu shǒu 左右の手.〈喩〉最も頼りとする助手.最も頼りになる部下.腹心の人.股肱(ここう).片腕.〔游 yóu 击队是正规军的~]ゲリラ部隊は正規軍の片腕である.

左膀右臂

左右祖 zuǒyòutǎn 〈喩〉どちらか一方に加担する.〔勿 wù 为~]〔不为~]どちらにも味方しない.→

[左祖]

左右为难 zuǒyòu wéinán 〈慣〉板ばさみになる.ジレンマに陥る:〔左右两难〕ともいう.〔这两个里选谁好呢,真叫我~〕この二人のうちどっちを選んだらいいのか,本当に板ばさみになって困っている.

左证 zuǒzhèng ⇒〔佐证〕

左支右绌 zuǒzhī yòuchù 〈成〉こちらを立てればあちらが立たない.力量不足で対応しきれないこと.

左支右吾 zuǒzhī yòuwú 〈成〉①両方を支えとどめる.いろいろやりくりして間に合わせる. ②言を左右にする.言うことが前後で食い違う.

左转 zuǒzhuǎn 左方に転向する.

左传 zuǒzhuàn 〖書〗春秋左氏伝の略称:左丘明が作った『春秋』(魯国の歴史)の伝.〔左氏春秋〕ともいう.〔~癖 pǐ〕同ının愛讀癖.〔春 chūn 秋③〕

左座驾驶 zuǒzuò jiàshǐ (自動車の)左ハンドル操作.

〔佐〕zuǒ ①助ける.添える.補佐する.〔輔 fǔ ~〕同前. ②〈文〉補佐役.副.〔僚 liáo ~〕(役所の)補佐官.〔县 xiàn ~〕副知事.〔軍~〕軍医·輜重官のような非戦闘員で補助的な軍務を担当する官員.〔技~〕囚技手補.〔技 jì 正〕③〈姓〉佐(さ)

佐餐 zuǒcān 〈文〉おかずにして食事する.食事の添え物とする.〔~酒〕食事に出される酒.〔下 xià 饭〕

佐贰 zuǒ'èr 囚補佐の官:唐代では郎官を補佐する御史,清代では知府などを補佐する州同·州判·県丞·主簿など.

佐剂 zuǒjì 補剤.

佐理 zuǒlǐ 〈文〉手伝って片付ける.補佐する.助け処理する.〔~人〕補佐員.補佐官.

佐吏 zuǒlì 〈文〉補佐官.補佐の役人.

佐吏 zuǒlì ⇒〔佐吏〕

佐料 zuǒliào ⇒〔作 zuò 料①〕

佐膳 zuǒshàn 〈文〉食事のおかず.

佐书 zuǒshū 〔左书②〕隷書の別称:篆書の繁を助ける意味.また隷卒の用いる字の意味ともいう.〔佐隸〕ともいう.

佐证 zuǒzhèng 〔左证〕証拠.証明.証拠書類.〔河南西平发现远古养畜实物~〕河南省の西平で古代の養畜の実物の証拠が発見された.

佐治 zuǒzhì ①〈文〉補佐協力して治める. ②囮地方官.地方行政を管理する官.〔~员〕補佐官.

佐助 zuǒzhù 助ける.手伝う.支える.

〔撮〕zuǒ 量詞:ひとつまみ.ひとふさ:毛髮など群がっているものを数える.〔剪下一~子头发〕ひとつまみの毛髮を切り落とす.〔腮下着一~黑毛儿〕あごの下にひとむらの黒い毛を生やしている.⇒ cuō

〔作〕zuò ①起こる.生じる.現れる.〔一鼓~气〕元気を奮い起こす.〔变色而~〕色をなして立ちあがる.〔振~精神〕元気を奮い起こす.〔兴 xīng 风~浪〕〈成〉波風を起こす. ②働く.生産する.製造する.〔农~物〕農作物.〔深耕细~〕耕し念入りに仕事する. ③制作(する).創作(する).〔杰 jié~〕傑作.〔精心之~〕心のこもった立派な作品.〔近~〕近作.最初の作.〔着 zhù~〕著作. ④実行する.遂行する.行う.〔请他一次报告〕彼に一度報告してもらう.〔了很大的努力〕非常な努力をする.〔官僚主义~风〕官僚主義的態度.〔自~自受〕〈成〉自業自得. ⑤…とする(なる).…となす.…に当たる(当てる).〔认贼~父〕〈成〉仇敵に父とする悪人を頼りにする.〔~主席〕主席となる.〔你别~客!〕どうぞご遠慮なさらないように.〔~邻舍〕隣合わせになる.〔人民~主

人〕人民が主人となる.〔以身~则〕〈成〉自ら模範となる.模範を示す. ⑥〔~模 mó 范〕同前.ふりをする.装う.〔装腔~势〕装模~样〉〈成〉もったいぶる.体裁を作る.〔~撒 sā 网打鱼的姿势〕網をうつ格好をする.→〔做〕⇒ zuō

作案 zuò'àn (窃盗·強盗などの)犯罪行為をする.〔~时被捕〕現行犯として逮捕された.〔这个家 jiā 伙又~了〕こいつまた悪事を犯した.

作罢 zuòbà とりやめる.やめにする.中止する.〔既然双方都不同意,这件事就只好~了〕双方とも反対であるからには,この事はやめにするより仕方がない.→〔吹 chuī ⑥〕

作伴(儿) zuòbàn(r) 〔做伴(儿)〕とも書く.連れになる.同伴する.〔就 jiù 伴(儿)〕に同じ.〔母亲生病,需要有个人~〕母が病気になったので,誰かが付き添わねばならない.→〔伴儿〕

作保 zuòbǎo 保証人になる.〔~的〕〈保〉保証人.

作弊 zuòbì 不正·欺瞞(ぎ)の手段でする.インチキをやる.〔通同~〕ぐるになってごまかしをする.〔考试时~〕試験のときにカンニングをする.〔舞 wǔ 弊〕.

作壁上观 zuò bìshàng guān 〈成〉高見の見物をする.〔我们决不能置之不理,~〕ほったらかして高見の見物をすることは絶対にしてはならない.

作别 zuòbié 〈文〉別れを告げる.別れる.

作成 zuòchéng まとめ上げる.成就させる.〔你要~我,我重重地谢你〕もしわたしを助けて成功させてくれたら(願いをかなえてくれたら)うんとお礼をするよ.

作词 zuòcí 作詞.歌詞を作る.

作答 zuòdá 答える.

作歹 zuòdǎi 悪事をなす.〔为非~〕〈成〉あらゆる悪いことをする.

作蠹旗儿 zuòdàoqír 〔坐蠹旗儿〕とも書く.〈喩〉当事者.責任者.事に当たる者:〔蠹旗〕は一軍の統率者の旗印.〔你这事虽不在行,到底还算个~〕〈児12〕おまえはこの事について不案内だけども,結局責任者なんだから.

抵作 zuòdǐ 抵当にする.

作对 zuòduì ①対抗する.敵対する.反対行動をとたてつく.目のかたきにする.難癖をつける.〔策动该国同邻国~〕この国が隣国と対抗するよう策動する.〔埋 mán 怨天气和他~〕天候が彼にたてついていると恨みを言う. ②〈文〉配偶者になる.〔真塔 kān 与妹子~〕ちょうど妹にふさわしい配偶者である.

作对手 zuòduìshǒu 相手になる(する):〔作对头〕〔作对子〕ともいう.

作恶 zuò'è 悪事をする.〔~多端〕〈成〉悪事ばかり働く.ありとあらゆる悪事を働く. ②〈文〉憂鬱になる.

作恶人 zuò'èrén ①悪をなす人.恨まれ者となる.〔你要拉不下脸来拦他,我拦他,我不怕~〕きみが断れないなら僕が断る,僕は悪者になるなど平気だ.

作伐 zuòfá 〈文〉仲人となる.仲をとりもつ.→〔说 shuō 媒〕

作法 zuòfǎ ①〈文〉法律を定める.規則を作る.〔~自毙 bì〕〈成〉法を制定して自分が掛かり合いになる.人を陥れるために作ったために自分がかかる.〈喩〉自縄自縛.自業自得:〔自作自受〕に同じ. ②囚(道士などが)術をほどこす.術をつかう. ③文章の作り方.→〔做法〕

作反 zuòfǎn 謀反する:〔造 zào 反〕に同じ.

作废 zuòfèi 廃棄する.やめにする.無効になる.〔入场券过期~〕入場券は期限をすぎたとたんに自分のほうでは自分が効かなくなる.

作风 zuòfēng (画家·小説家などの)作風.〔作家各有各的~〕作家にはそれぞれ作風がある. ②風

作 zuò

格.气概.气风.〔～正派〕品行方正である. ⑧〔仕事や世に処する〕態度.やり方.やり口.行き方.〔一生硬〕やり方が一本調子だ.〔这是一种严重的本位主义～〕これは自己本位もはなはだしいやり方である.〔改善领导～〕指導のしかたを改善する.〔工作～〕仕事の仕振り.〔整顿～〕仕事・活動のやり方を整え正す.

作福作威 zuòfú zuòwēi ⇒〔作威作福〕

作梗 zuògěng 妨げる.じゃまだてする.陰で反対する.〔从中～〕間に入ってじゃまだてをする.

作古 zuògǔ〈文〉物故する(婉語)

作怪 zuòguài 悪さをする.おかしなことをする.たたる.〔他不接受大家的批评是由于他的错误思想在～〕彼が皆からの批判を聞かないのは彼の間違った思想が災いしているのだ.〔离远点,少在这儿～〕あっちへ行っておれ,ここで騒いじゃいけない.〔兴 xīng 妖～〕〈成〉悪事を働き悪影響を広げること.

作馆 zuòguǎn ⇒〔坐馆〕

作耗 zuòhào〈白〉暴れる.事を起こす.気ままな悪さをする.わがままに振舞う.

作画 zuòhuà 絵を描く.

作家 zuòjiā ①作家.著述家. ②〈文〉勤倹して家を興す.→〔起 qǐ 家〕

作家协会 zuòjiā xiéhuì →〔中 zhōng 国 作 家 协 会〕

作假 zuòjiǎ ①似せる.偽造する.→〔打 dǎ 假〕②手(手段)を使う.細工をする.しらばくれる.ねこをかぶる.〔~骗 piàn 人〕しらばくれて人をだます.〔你那两儿我们还不知道？还作什么假！〕君のことは私ども皆知っているんだ,ごまかしてもだめだ. ③率直でない.ざっくばらんでない.遠慮する.〔我随便吃,我不会～,遠慮なくいただきます,お行儀のいいことはできません.

作价 zuòjià 値踏みする(した価格).〔这种商品～太低〕この種の商品の価踏みはあまりにも低い.〔～出售〕値段をつけて売りさばく.〔～赔 péi 偿〕値踏みして賠償.

作奸犯科 zuòjiān fànkē〈成〉悪をなし法を犯す.

作茧 zuòjiǎn まゆを作る.〔结 jié 茧〕に同じ.〔自缚 fù〕〈成〉カイコが糸を吐いて繭を作り,自分を中に閉じ込める.〔自绳自缚.自業自得.

作件 zuòjiàn ＝〔工 gōng 件〕〔工 作 件〕〈方〉生 shēng 产③〕〔制 zhì 件〕製作の対象物:多くは機械で加工作業をする部品をいう.

作践 zuòjian,〈口〉zuó～〔口〕踏みつける.だめにする.〔～东西〕物をだめにする.〔一说话就～人,嘴 zuǐ 怎么这么损呢〕ちょっとしゃべればすぐ人を,どうしてこんなに口汚いのか.〔叫他给～死了〕彼にいじめられて死んだ.→〔糟 zāo 践〕

作劲 zuòjìn ①力を入れる.力を出す.がんばる. ②協力する.支える.助力する.〔他真给你～〕彼は本当にきみを助けてくれる.

作客 zuòkè ①〈文〉他の地に寄寓する.〔～他乡〕異郷に寄寓する. ②客となる.他家を訪れる.〔做客〕とも書く.〔我是给您帮忙儿来的,不是～来的〕わたしは手伝いに来たのであって,客に来たのではない.

作乐 zuòlè 楽しみごとをする.楽しみとする.〔寻 xún 欢～〕〈成〉同前.〔打牌～〕トランプやマージャンをして楽しむ.

作脸 zuòliǎn ①〈方〉誉れを競う.意気込む.負けん気を起こす. ②面目を施すようにする.誉める.

作料 zuò~liào,〈口〉zuó～ ①＝〔佐 zuǒ 料〕〔~儿〕〈方〉調味料・薬味:油・塩・醤油・酢・葱・蒜 (suàn)・生姜 (jiāng)・花椒 (jiāo)・茴香 (xiāng) など.〔调 tiáo 料〕に同じ.〔～架紊味入れ. ②〈文〉こまごました材料.

作乱 zuòluàn 乱を起こす.武装反乱する.

作美 zuòměi〔做美〕とも書く.好都合にしてやる.願いをかなえさせる:多くは否定に用いる.〔那天天公不～,风很大〕あの日はお天道さまが意地悪くて,風がとても強かった.→〔不 bù 作美〕

作麼 zuòmó 同下.

作麼生 zuòmóshēng ＝〔怎麼〕〔白〕どうして.なぜ:宋儒の語録あるいは見え,禅問答で用いる"そもさん".〔則 zé 麼〕〔子 zǐ(甚)麼〕ともいう.

作难 zuònán ①困る.当惑する.〔他更作了难〕彼はいっそう当惑した.〔这事真真叫我～〕この事は本当にわたしを困らせた. ②困らせる.難題を持ちかける.難癖をつける.〔从中～〕間に入って邪魔立てする.→〔为 wéi 难〕

作难 zuònàn〈文〉反乱を起こす.反抗する.

作鸟兽散 zuò niǎoshòu sàn →〔鸟兽〕

作孽 zuòniè〔佛教で〕罰当たりをしでかす.罪作りをする:〔造 zào 孽〕に同じ.〔呵！我们女人真～呀〕(丁・我)ああ,わたしたち女は本当に罪だこと.

作弄 zuònòng からかう.愚弄 (gǔ) する.〔你別～人〕人を担いじゃいけない.

作呕 zuò'ǒu ①吐き気がする.むかつく.〔令人～〕吐き気もよおさせる. ②〈転〉極度に嫌悪する.へどが出そうになる.

作派 zuòpài 人に見せかける様子.振 (zhèn) った態度:〔派头〕に同じ.

作陪 zuòpéi 陪席する.お相手をする.おつきあいをする.相伴する.〔出席～〕出席しておつきあいをする.〔被请去～〕招請されて...

作品 zuòpǐn 作品.著作物.〔文艺～〕文芸作品.〔音乐～〕音楽作品.

作畦 zuòqí【農】田畑を小さく仕切る.〔～机〕培土プラウ.

作气 zuòqì 元気を出す.〔一鼓～〕気合を入れて元気を出す.

作腔作势 zuòqiāng zuòshì ⇒〔装 zhuāng 腔作势〕

作情 zuòqing〈方〉仲に立って取り計らう.〔双方都不肯说价钱,只好由我～了〕どちらも値段をおっしゃらないから,しかたないのでわたしからほどよく取り計らいましょう. ②感心する.心服する.〔做出事来,得让人～〕仕事をするなら,人からなるほどと言われるようなしなければならない. ③もったいぶる.〔这么点儿屁 pì 事,还～什么〕こんなつまらないことに何を格好つけるか.

作曲 zuòqǔ 作曲(する).〔～家〕作曲家.

作人 zuòrén〈文〉人材を養成(任用)する.

作色 zuòsè 顔色を変える.怒りを顔に表す.〔愤然～〕〈慣〉憤然として色をなす.

作舍道边 zuòshè dàobiān〈成〉〈ちばしをはさむ人が多くて成功がおぼつかないたとえ:〔道路のわきに家を建てようとして往来の人の意見を聞いていると家はいつまでもできあがらないこと.→〔筑 zhù 室道谋〕

作甚 zuòshèn〈白〉何をする.どうする.何にする:〔則 zé 甚〕に同じ.〔还理他～〕いまさら彼をかまってどうするか.

作声(儿) zuòshēng(r)〔做声(儿)〕とも書く.ものを言う.声を出す(咳をする)

作诗 zuòshī 詩をつくる.

作势 zuòshì 振りをする.勢いを見せる.姿勢をとる.〔举起手来,～要打〕手をふり上げて,たたくふりをする.〔装腔～〕もったいな態度をする.格好をつける.思わせぶりをする.からいばりをする.もったいぶる.

作收 zuòshōu ①【商】取引(を)終了(する).→〔盘 pán ⑥〕〔收盘①〕②終わる.結末を告げる:〔收～〕

作手 zuòshǒu〈文〉工芸や詩文,書画の名手.

2237

作数 zuòshù 勘定ができる.実現の見通しが立つ.効力ありと認める.〔怎么昨天说的,今天就不~了〕どうして昨日言ったのに,今日になってできないのか.→〔算 suàn 数②〕

作耍 zuòshuǎ <白>冗談を言う.ふざける.〔休要~〕(水21)おふざけをなさいますな.〔适因小女啼哭,引他出来~〕(紅1)いましがた娘が泣いていましたので,連れて出てあやしていたのです.②遊ぶ.遊興する.〔尽情地~〕心行くまで遊びに興ずる.

作死 zuòsǐ <口>自分から死ぬはめになるようなことをする.自らののっぴきならないようなことをする.飛んで火に入る.〔他闹肚子,还那么胡吃,简直是~〕彼は腹を壊しているのにまだあんなにがつがつ食べている,まったく自分から身を縮めているようなものだ.

作速 zuòsù <文>速やかに.速く.〔~动手〕速やかに着手する.〔~赐复〕〔牘〕至急ご返事賜りたし.

作酸 zuòsuān ①嫉妬する.焼きもちをやく.→〔吃 chī 醋 (捻酸)〕 ②胸やけする.〔烧 shāo 心②〕に同じ.〔因为年糕吃多了,今天有点儿~〕正月餅を食べ過ぎたので,今日は少し胸が焼ける.

作祟 zuòsuì ①〔幽霊などが〕出る.祟(たた)る.〔狐狸精~〕キツネの化け物がたたりをする.②〔悪人や悪い思想が〕事をなして事の進行などを妨げる.悪影響をする.煩わす.〔是个 gè 人主义在~〕個人主義が害しているのだ.

作态 zuòtài しなをつくる.思わせぶりをする.気どる.きざな態度をする.〔我讨厌她的扭怩~〕彼女のきざな身振りにはいらいらさせられる.

作田 zuòtián 田を作る.農作をする.→〔种 zhòng 庄稼〕

作痛 zuòtòng 痛む.痛みを生じる.〔腹部隐隐~〕腹がなんとなく痛む.

作图 zuòtú 作図をする.

作外 zuòwài <白>遠慮する.他人行儀にする.→〔见 jiàn 外〕

作威作福 zuòwēi zuòfú 〔=作福作威〕<成>賞罰を行う.権勢を張る.〈転〉権力・地位を笠に着る.〔~,欺圧人民〕人民を圧迫する.

作为 zuòwéi ①しわざ.行為.行い.〔不端〕行いが正しくない.〔临他的~可以看出他的态度〕彼の行いからその態度を識別することができる.②成績.成果.貢献.なすべきこと.〔他精明能干,将来一定有所~〕彼は聡明で能力があるから,将来きっとものになるだろう.〔他是个有为的人〕彼は見込みのある人間だ.〔无所~〕無為に日を過ごす.③〔因〕作為(さ).〔~不作为〕…とする.…にする.〔~罢论〕やめにする.やめる.〔~无效〕無効とする.〔~借口〕言い訳とする.〔红色常〕革命の象徴〕赤色はふつう革命のシンボルとされる.⑤…として.…であって:ふつう否定に用いない.〔~一个基地,并不是非常重要的基地而对他太是重要なものではない.〔他的个人爱好 hào,别人用不着去干涉〕彼個人の趣味だから,他の者が口を出す筋ない.〔煤~能源是最便宜的〕石炭がエネルギー源として一番安い.

作伪 zuòwěi 欺瞞行為をする.偽物を作る:多くは文物・著作についていう.

作文 zuòwén ①文章を書く.文章を作る.→〔造 zào 句〕 ②(学生が練習として書いた)作文.文章.

作物 zuòwù =〔农 nóng 作物〕農作物.

作息 zuòxī 仕事と休息.〔~时间表〕同前の時間割.〔他们坚持正常的~制度〕彼らは決められた業と休息の時間制度をよく守っている.

作戏 zuòxì ①芝居をする.②人をだますための作り事をする.行いを決められる.

作响 zuòxiǎng 音がする.

作协 zuòxié →〔中 zhōng 国作家协会〕

作兴 zuòxīng <方>無理もないとする.正当なことである,もっともである.許すことができる.差し支えないとされている:多く否定に用いる.〔可不~骂人〕人を罵ってはいけない.…する可能性がある.〔看这天气,~要下雨〕このぶんでは雨になるだろう.②流行する.

作秀 zuòxiù 〔做秀〕とも書く.①実演する.出演する.ショーをする.②キャンペーン活動をする.派手で人目を引く活動をする.パフォーマンスをする.③格好だけのする.ふりをしてだます.ぺてんにかける.

作训 zuòxùn 訓練に当たる.

作押 zuòyā 抵当にする.〔要有~的东西,就可以借到钱〕抵当物件があれば金を借りられる.

作业 zuòyè ①作業をする.従事する.〔~计划〕〔结束〕〔電算〕ジョブの終了.エンドオブジョブ.〔~控制语言〕〔電算〕ジョブ制御言語.〔分段~〕段階別にする作業.〔流水~法〕流れ作業.〔机械化~〕機械化作業.〔带电~〕電線に電気が通っている状態で作業すること.〔~组 zǔ〕作業グループ.作業班.②宿題.練習課題.〔家庭~〕同前.〔布置〕〔留~〕宿題を出す.〔批改~〕宿題を添削する.〔上次留的~做好了吗〕この前宿題にしたところをやりましたか.〔~本〕練習ノート.

作揖 zuòyī, <口>zuō~ 両手を胸元に組んで上下に動かす礼をする.〔打 dǎ 拱〕

作艺 zuòyì 芸人をやる.

作俑 zuòyǒng <文>俑(よう)を作る.〈転〉悪例を作る.〔始 shǐ ~者〕成の同前の者.

作用 zuòyòng 作用(する).役割(をする).働き(をする).機能(を果たす).影響(する).効果(がある).〔好~〕よい作用.〔坏~〕悪い役割.〔反~〕反作用.反対効果.〔副~〕副作用.〔化学~〕化学作用.〔起~〕影響を及ぼす.効果を生ずる.役割を果たす.機能を発揮する.〔…に影響を及ぼす.〔对于性格的形成起着极大的~〕性格の形成にきわめて大きな働きをしている.〔他的行动在群众当中起了带头~〕彼の行動は群衆の中で率先垂範の働きをした.〔起着越来越重要的~〕ますます重要な役割を演じている.

作用力 zuòyònglì 〔物〕(物体に)作用する力.

作冤 zuòyuān (自らわざわざ)ペテンにかかる.わなにはまる.馬鹿を見る.

作乐 zuòyuè <文>①奏楽する.演奏する.②楽律を定める.〔制礼~〕礼楽の制度を制定する.→ zuòlè

作则 zuòzé 〔以 yǐ 身作则〕

作战 zuòzhàn 作戦(する).戦争(する).〔~手段〕戦争手段.②〔喩〕争う(い).闘争(する)

作者 zuòzhě 作者.筆者.

作证 zuòzhèng 証明する.証拠だてる.証人になる.〔出庭~〕〔法〕法廷へ出て証人になる.

作主 zuòzhǔ 〔做主〕<成>①主人公となる.〔当家~〕<成>一家の主人公となる.②自分の考えで処理する.責任を持って決定する.〔这我不能~〕これは私の一存では決められない,〔得请示科长,就是不要紧的事也作不了主〕彼は一から十まで課長へお伺いをたてねばならず,つまらぬ事でも自分では決められない.

作准 zuòzhǔn ①現実の有効性がある.確実性がある.〔作数〕に同じ.〔写好的字据都可以不算,那还能这东西能~吗〕ちゃんと書いた証文さえ反古 (ほご)にしているから,ほかに何かあてになるものがあろうか.②許す.認める.承認する.〔~本文〕認証された本文.

作作有芒 zuòzuò yǒumáng <成>光を四方に放つ.

〔阼〕 zuò ①〔古〕正庁の東側のきざはし:賓客に接する時や祭祀の際に,主人が立つ場所.〔~

zuò

阶 jiē]同前. ②〈文〉天子の位.〔践 jiàn ~〕帝位につく.

[怍] zuò 〈文〉恥じる.〔慚 cán 〕〔愧 kuì 〕同前.〔仰不愧于天,俯不~于地]成〕仰いでは天に恥じず,俯しては地に恥じず.〔心にやましいところがなければ,何に対しても恥じることがない.

[岝] zuò 〔~山〕地 山東省にある.

[祚] zuò 〈文〉①福.〔国の〕福運. ②帝位.〔践 jiàn ~〕践祚(ぞ).帝位. ③年.年代.

[柞] ①植 ブナ科植物(総称):コナラ・カシワなど.〔~树〕は通称. → 〔栎 lì〕 ②クスドイゲ:イイギリ科.〔~木〕同前. → zhà

作蚕 zuòcán 植 サクサン(作蚕):〔家蚕 jiā cán〕(カイコ)より大きく〔柞树〕(コナラ・カシワなど)の葉を食べる.このまゆから取った糸で〔柞(丝)绸〕を作る.〔~蛾 é〕サクサンガ:〔天 tiān 蚕 蛾〕(ヤママユガ)の一種.幼虫は緑色,北方ではよくこの幼虫を飼う. → 〔蓖 bì 麻蚕〕〔野 yě 蚕〕

作蚕丝 zuòcánsī サクサンの吐く糸:〔柞(丝)绸〕の原料となる.
柞绸 zuòchóu ⇒〔柞丝绸〕
柞茧 zuòjiǎn サクサンの繭.
柞栎 zuòlì 植 カシワ・ナラガシワ.
柞木 zuòmù 植 クスドイゲ. → 字释②
柞树 zuòshù ⇒ 字释
柞丝绸 zuòsīchóu ⇒〔柞绸〕紡 けんちゅう:〔柞丝〕で織った布.〔茧 jiǎn 绸〕は旧称.

[胙] zuò 〈文〉神に供えた肉.ひもろぎ:祭祀の終わりにまいた酒肉など.

[砟] zuò 〔~硌 luò〕〈文〉山石が凸凹しているさま. → zhǎ

[酢] zuò 〈文〉①客が返杯をする(主人に酒をつぐ).〔~酒〕同前.〔酬 chóu ~〕杯のやりとり.交歓.〔招待外宾,酬~甚苏外国のお客様を招待して交歓しはなはだ愉快であった.②神仏にお礼の祭りをする. → cù

[坐] zuò ①座る.腰かける.居る.〔请~〕どうぞおかけください.〔~下来谈吧〕腰かけて話しましょう.〔车上很挤,没有位子~〕バス(電車)がたいへん込みあって座れない.〔座位~满了]どの座席にも人が座った.〔上我家来~~〕うちに遊びに来て下さい.〔再~一会儿吧〕もうしばらくいいでしょう. ②(建物が)~に向く.〔那座大楼是~北朝南〕そのビルディングは北側にあって南向きだ. → 〔坐标〕〔坐落〕 ③乗り物(移動する船・車・飛行機など腰かけて乗るもの)に乗る.〔我是~船去的]わたしは船で行ったのです.〔你~了一汽车,累了吧〕あなたは 1 日バスに揺られてお疲れですね. → 〔乘 chéng 〕〔搭 dā 〕
④騎 qí〕〔上 shàng(I)⑥〕 ④座席:〔座I〕に同じ.〔~儿〕同前.〔各归原~〕おのおのの元の席につく. ⑤ある場所に居る. → 〔坐馆〕 ⑥治める.つかさどる. → 〔坐江山〕 ⑦罪する(せられる).〔连~〕連座する.犯罪の巻き添えになる.〔以杀人之罪~〕殺人罪に処断される. ⑧放置しておく.〔~失良机〕いたずらに好機を逸する.〔~收成果〕いながらにして成果をあげる. ⑨(なべ・かまなどを)火にかける.〔一壶开水吧〕やかんで湯をわかしなさい.〔快把锅~上]はやく鍋をかけなさい. ⑩(結果として病気などに)…になる.〔开头儿是不要紧的,现在已经~下病了〕はじめはたいしたことはなかったのだが今ではついに寝込んでしまった. ⑪(重さや力がかかって)めりこむ.傾く.押し下げる(ら)れる.〔往后~了〕塀が後方に傾いた.〔炮的~力不小〕大砲の反動は大きい. ⑫(実が)なる. ⑬〈文〉

果〕 ⑬〈文〉…のために.…という理由で.〔~此解职〕このため免職にする. ⑭〈文〉故なく.自然に.

坐班 zuòbān 〔一儿〕(毎日)勤務する.(定時に)出退勤する.
坐班房 zuòbānfáng 牢に入る.
坐板疮 zuòbǎnchuāng 中医 臀部にできるできもの.
坐北朝南 zuòběi cháonán 建物が〔院子〕または道路の北側に建てられ南向きになっているもの:伝統的な位置.
坐臀 zuòbì 尻や股の筋肉.
坐便器 zuòbiànqì 洋式トイレの便座.
坐标 zuòbiāo 座標.〔纵 zòng ~〕縦座標.〔横 héng ~〕横座標. → 〔图 tú〕グラフ線図. → 〔镗床〕機 ジグ削孔機.
坐不安席 zuò bù ānxí 〈成〉落ち着いて席に座ることはできない.〔喩〕(気になることがあって)いても立ってもいられない.
坐不垂堂 zuò bù chuítáng 〈成〉瓦が落ちてくると危ないので軒近くに座らない:用心して身を守る.
坐不窥堂 zuò bù kuītáng 〈成〉きょろきょろ辺りを見廻さない.〔喩〕居住まい正しく厳粛なさま.
坐财 zuòcái ①労せずして財をなす. ②旧 婚礼の翌日新婦が"炕"(中国式オンドル)から下に降りないこと.
坐参 zuòcān ⇒〔打 dǎ 禅〕
坐草 zuòcǎo 〈喩〉〔坐蓐〕陣痛が起きる.分娩する.
坐禅 zuòchán ⇒〔打 dǎ 禅〕
坐场白 zuòchǎngbái ⇒〔定 dìng 场白〕
坐唱 zuòchàng (語り唱いの芸で)演者が座って演じること.
坐唱曲艺 zuòchàng qǔyì → 〔黔 qián 剧〕
坐吃 zuòchī 何もしないでの食. ぶらぶらしている.居食いする.〔可以~一辈子〕一生座っていて食える.
坐吃山空 zuòchī shān kōng 〈成〉座して食わらば山をもむなし.いくら財産があっても仕事をしないとなくなる:〔坐吃山崩 bēng〕〔坐食山空〕ともいう.〔~,立吃地陷〕同前.
坐痴 zuòchī 〈文〉体はじっとしていても雑念が動いてやまない.
坐处 zuòchù 座る場所.腰をおろすところ.〔地方小没有~〕場所が狭くて座る場所がない.
坐床 zuòchuáng ①⇒〔坐帐〕 ②宗 (チベット仏教で)転生霊童が後継となるための儀式.
坐春风 zuòchūnfēng 〈喩〉師の適切な教訓・薰陶.
坐次 zuòcì → 〔座次〕
坐催 zuòcuī 居催促をする.腰をすえて待ち相手をせかす.
坐大 zuòdà 次第に強大になる(がままにさせておく).〔使孙策~,遂并江东〕(後出師表)孫策をむざむざと強大にし,ついに江東を井呑させてしまった.
坐待 zuòdài ⇒〔坐等〕
坐纛旗儿 zuò dàoqír ⇒〔作纛旗儿〕
坐等 zuòděng 静かに座って待つ.手をこまねいて待つ.何もせずに待つ.〔四化~是不会来的〕四つの近代化は手をこまねいて待っていてもやってくるはずがないのだ.
坐地 zuòdì ①住みつく.根を下ろす. ②その場で.〔~分配〕その場で山分けする.
坐地分赃 zuòdì fēnzāng 泥棒の頭が家にいて手下の者が盗んできた盗品の分け前をとる.〔喩〕自分は手を下さずに他人の得たものをかすめ取ること:〔坐地分肥 féi〕ともいう.
坐地虎 zuòdìhǔ 〈喩〉地まわり.ごろつき.地元のやくざ:〔地头蛇〕に同じ. → 〔坐家虎〕
坐地户 zuòdìhù その土地の者.土着の人.土地っ子.

坐地儿 zuòdìr 同下.
坐(地)窝儿 zuò(dì)wōr =〔坐地儿〕〈方〉①初め.そのもともと.その初め.〔他～就不会〕彼はそもそもどうやっていいか方法を知らなかった.②即座にた.だちに.〔～就办妥了〕その場でちゃんと処理した.
坐垫(儿) zuòdiàn(r)（椅子の上に置く）クッション.座布団.〔座垫(儿)〕とも書く.〔铺 pū～〕〔垫上～〕同前.〔海绵～〕スポンジ入りの同前.→〔靠 kào 垫〕〔褥 rù 垫(子)〕〔软 ruǎn 垫〕
坐定 zuòdìng ①腰を落ち着ける.〔～了一想…〕落ち着いて考えて見ると.②〈文〉やすやすと平定する.③〈白〉きっと.間違いなく.
坐墩 zuòdūn ①〔陶器製で鼓形の〕腰掛け.→〔绣 xiù 墩〕
坐蹲儿 zuòdūnr〈方〉①しりもち〔屁 pì 股蹲儿〕に同じ.②（豚肉・牛肉などの）ランプ.ともも.
坐而论道 zuò ér lùndao 王公,大臣が帝王に侍して政事を論ずる.〈喩〉空論を壮語する.
坐法 zuòfǎ 法を犯して罪せられる.→〔坐罪〕
坐跟 zuògēn〈方〉靴のかかとを踏みつぶすこと.〔鞋 xié～了〕靴のかかとを踏みつぶした.
坐更 zuògēng 寝ずの番をする.寝間に詰め控える.
坐功 zuògōng ①〔道教で〕静座修行する.②持久力.耐久力.
坐骨 zuògǔ=〔凥 kāo 骨〕〔生理〕座骨:〔耻 chǐ 骨〕〔骼 qià 骨〕とともに〔髋 kuān 骨〕〔寬骨〕をなす.〔～神经〕座骨神経.
坐贾 zuògǔ ⇒〔坐商①〕
坐关 zuòguān〔仏教で〕堂にこもり座禅修行する〔闭 bì 关〕ともいう.
坐官 zuòguān 役所にふんぞりかえっている高級官僚.→〔走 zǒu 官〕
坐观成败 zuòguān chéngbài〈成〉他人の成敗を冷ややかに見ている.ほらが峠を決めこむ.高見の見物をする.
坐馆 zuòguǎn=〔作馆〕〔旧〕家庭教師をする.〔教 jiāo 馆〕に同じ.
坐果 zuòguǒ 果物が実る.
坐耗 zuòhào 居ながらにして費やす.空費する.〔～家产〕家財をむざむざ費やす.
坐红椅子 zuò hóngyǐzi〈喩〉試験にびりで及第する.旧時,試験の点数順に氏名を掲示し,最後の合格者の氏名の後に朱筆で区切りを入れた.〔坐红板凳〕ともいう.〔很 gěn 感〕
坐花 zuòhuā ①〔植〕花柄 (gěng) のない花.②〈文〉花の中に座る.〔坏琼 qióng 筵以～〕（李白·春夜宴从弟桃花园序）玉のむしろをしいて同前.
坐化 zuòhuà〔仏教で〕座化 (huà) する:僧侶が座ったまま生前が如く成仏すること.
坐怀不乱 zuòhuái bùluàn〈成〉道心堅固:異性がふところに〔膝に〕座っても心が乱れないこと.
坐机关 zuòjīguān 機関で働く（こと）
坐骥 zuòjì ⇒〔坐骑〕
坐家 zuòjiā〈方〉居住する.家に住む.〔～裁缝〕家で裁縫の仕事をする.〔～女儿〕〔～闺女〕未婚で家にいる娘.
坐家虎 zuòjiāhǔ〈喩〉内弁慶.→〔坐地虎〕
坐监 zuòjiān ⇒〔坐牢〕
坐江山 zuòjiāngshān 厄にあたる.→〔煞①〕天下をとる.
坐礁 zuòjiāo 船が暗礁に乗り上げる.→〔搁 gē 浅①〕
坐交椅 zuòjiāoyǐ〈喩〉指導者の位につく.→〔交椅〕
坐轿子 zuòjiàozi ①かごに乗る.②〈喩〉いいポストにつく.
坐禁闭 zuòjìnbì 監禁謹慎処分を受ける.

坐井观天 zuòjǐng guāntiān〈喩〉井の中の蛙 (かわず)：見識の狭いこと.
坐具 zuòjù ①〔僧の用いる布団.②座席.座る物.〔找一个～〕椅子を一つ探す.
坐开 zuòkāi ①離れて〔席をあけて〕腰掛ける.②座りきれる.〔人多椅子少,坐不开〕人が多く椅子は少なくて座りきれない.〔一桌人坐得开十个人〕1卓に10人は座れる.
坐科 zuòkē 〔剧〕〔科班(儿)〕（旧式俳優養成所で）訓練を受けること.〔他是～出身的〕彼は"科班"出身だ.
坐扣 zuòkòu〈方〉(お金を貸す時利息を)その場で差し引く:〔坐地(儿)扣〕ともいう.
坐困 zuòkùn 包囲されて行う場する.窮地に陥る.活路が見いだせない.〔～山中〕山中に立てこもる.
坐腊 zuòlà ①=〔夏坐〕〔腊坐〕〔剧〕（仏教で）僧が夏の90日間修行すること.夏安居(居).②〈喩〉苦境に陥る.困らせる.困難にぶつかる.〔你这不是叫我～吗〕そうしたらおれが困るじゃないか.〔这件事我可坐了腊了〕このことで僕はてこずってしまった.
坐牢 zuòláo =〔坐监〕収監される.入獄する.〔他坐了三年牢,刚刚出来〕彼は収監されて3年,最近ようやく釈放された.
坐冷板凳 zuò lěngbǎndèng〈喩〉長期間,閑職につけられる.長い間冷や飯を食わされる.長い間孤独で苦しい仕事を続ける.
坐力 zuòlì 〔剧〕反動力.後座.〔无～炮〕〔军〕無後座砲.無反動砲.
坐立不安 zuòlì bù'ān〈成〉立っても座ってもいられない.落ち着かない.気をもむ.そわそわする.もじもじする.→〔坐卧不安〕
坐落 zuòluò（場所が）位置を占めている.…にある.〔～在西四左近的地方〕家は西四に近いところを占めている.
坐马 zuòmǎ〈文〉①騎乗用の馬.②〔旧〕先駆けの騎馬.③〔旧〕袖無しの乗馬服の一種.
坐没坐像,站没站像 zuò méi zuòxiàng, zhàn méi zhànxiàng〈喩〉立ち居ずまいのぶざまなこと.行儀の悪いこと:〔像は「相」とも書く.
坐坡 zuòpō ①〈方〉体を後ろにいきんで反らす.（馬が）後足に体重をかけて踏んばる.〔打～〕体を後ろに反らす.②〈喩〉積極性を失う.後ろ向きになる.
坐骑 zuòqí =〔文〕〔坐骥〕騎乗用の馬:広く乗用の役畜も指す.
坐汽车 zuòqìchē 自動車に乗る.〔坐十一号汽车〕テクシーで行く.徒歩で行く:ふざけたい方.11は2本の足を表す.②〔转〕尻餅をつく.〔路上の石头长着青苔滑溜溜的,一不小心就要～〕道路の石は青苔が生えてつるつるしているので,うっかりすると尻餅をつく.
坐鞧 zuòqiū 馬のしりがい（馬具）:〔坐秋〕とも書く.
坐热 zuòrè 席を温める.〔杨秘书一到柏树沟,就摆出一副貴人忙的神态,板凳没～,就说了县里要开会的事〕楊秘書は柏樹溝にやってきやいなや,貴人多忙とはこんなもんですよとばかりにわざと忙しいふりをして,腰をかける間もなく,県で大会が開かれることを告げた.
坐褥 zuòrù ⇒〔坐屉〕
坐煞 zuòshà 厄にあたる.→〔煞①〕
坐山雕 zuòshāndiāo〔秃 tū 鹫〕
坐山观虎斗 zuòshān guānhǔdòu〈喩〉（漁夫の利をねらって）高見の見物をする.
坐商 zuòshāng ①=〔〈文〉坐贾〕店舗をかまえた商人.↔〔行 xíng 商〕 ②〈喩〉殿様商売（消費者のやってこないこと）
坐失 zuòshī みすみす失う.〔～时机〕みすみすよい機

zuò

会を失す.〔终于~良机〕ついに同前.
坐石 zuòshí ①石に腰を下ろす.またその石. ②台石(石碑などの).
坐食 zuòshí 座食する.〔~劳金〕何にもせずに手间贾うう.→〔死 sǐ 吃〕
坐食山空 zuòshí shān kōng ⇒〔坐吃山空〕
坐视 zuòshì 座视する.傍观する.〔~不理〕见ているだけで相手にしない.〔~不救〕座视して救いの手を伸ばさない.
坐收渔利 zuòshōu yúlì 〈成〉渔夫の利を居ながらにして得る.〔坐收渔翁之利〕ともいう.
坐守 zuòshǒu (決死の覚悟で)座って守る.その場を离れない.そこを守って动かない.〔~穷苦〕じっと贫乏暮らしをする.
坐睡 zuòshuì 座って眠る.座り寝する.
坐索 zuòsuǒ =〔坐讨〕座り込んで催促(する).→〔坐催〕
坐胎 zuòtāi 妊娠する.
坐探 zuòtàn 敌の机関・団体などに潜入させてある密侦.〔插 chā 签儿的〕〔内 nèi 线〕
坐堂 zuòtáng 〈文〉①旧官吏が政庁(役所)で公务を处理し事件を裁く.②佛(仏教で)禅僧が禅堂で座禅をする.③中医汉方薬店で汉方医が诊察する.〔~先生〕同前の汉方医.
坐讨 zuòtǎo ⇒〔坐索〕
坐天下 zuòtiānxià →〔坐江山〕
坐头 zuòtou〔白〕座.座るところ.〔放了桌凳~〕(水28)机や腰掛けが置いて座を作ってある.
坐忘 zuòwàng 〔座忘〕とも书く.道(道教で)静坐して无我の境に入る.
坐位 zuòwèi ⇒〔座位〕
坐窝儿 zuòwōr 〈方〉(地)窝儿.
坐卧不安 zuòwò bù'ān 〈成〉落ち着かない.そわそわする.〔坐卧不宁〕〔寝 qǐn 食不安〕ともいう.→〔坐立不安〕
坐无车公 zuò wú chēgōng 〈成〉宴会の场が寂しい;席に贵宾がいないために寂しく感ずること.〔车公〕は宋の车胤.宴席を盛り上げるのに长けていた.
坐误 zuòwù みすみす机会を失う.〔因循〕ぐずぐずして机会を失う;〔坐失〕に同じ.
坐席 zuòxí (宴会などに)席に着く;広く宴会に出席すること. ②⇒〔座席〕
坐喜 zuòxǐ 妊娠する.
坐夏 zuòxià ⇒〔坐腊①〕
坐享其成 zuòxiǎng qíchéng 〈成〉自分は苦劳もしないで甘い汁を吸う.うまい汁を吸う.人の劳苦の结果を横取りする.
坐像 zuòxiàng 座像;座っている像.→〔立 lì 像〕
坐小月子 zuò xiǎoyuèzi〈方〉①流产する.早产する.②(流产后の)产褥にある.
坐性 zuòxìng 座っている耐久力.じっと我慢している忍耐力.
坐药 zuòyào ⇒〔栓 shuān 剂〕
坐叶 zuòyè 植无柄叶.
坐夜 zuòyè 〔伴 bàn 宿〕
坐椅 zuòyǐ 椅子.座席.(自転车の)补助椅子.
坐以待毙 zuò yǐ dàibì 〈成〉座して死を待つ.
坐以待旦 zuò yǐ dàidàn 〈成〉寝ずに夜明けを待つ.夜明けまでまんじりともしない.
坐印儿 zuòyìnr 高利贷しの先取り利息.〔刨 páo ~同前を取り引く〕〔印子(钱)〕
坐拥百城 zuòyōng bǎichéng 〈喩〉藏书の多いさま.
坐拥厚资 zuòyōng hòuzī 〈成〉大金持ちで苦劳を知らないこと.
坐浴 zuòyù 医座浴.腰汤.

坐月子 zuòyuèzi =〔喝 hē 粥③〕〔猫 māo 月子〕产褥についている(1ヵ月の间).〔他家儿上媳~忌生人〕彼の家の嫁は产褥についていて知らない人には会わない.→〔出 chū 月子〕
坐赃 zuòzāng ①〈方〉赃)物・禁制品をこっそり他人の所に置いて罪を着せる. ②〈文〉污赃を受ける.污职を断罪される.
坐帐 zuòzhàng =〔坐床①〕旧婚礼の日に新郎新妇が部屋に入り"炕"(中国式オンドル)に座って互いに礼をかわすこと.
坐诊 zuòzhěn 医师が薬店など场所を固定して诊察する.→〔坐堂〕
坐镇 zuòzhèn 长官が自ら镇守する.〈喩〉腰をすえる.〔首长亲自~指挥〕长官自ら阵头指挥している.
坐支 zuòzhī (企业など営业体の売上金や手持ち现金による)支払い.
坐致 zuòzhì 〈文〉劳せずして得る.〔~厚利〕劳せずして巨利を得る.
坐庄 zuòzhuāng ①生产地に驻在して商品の仕入れ・贩売をする. ②マージャンで连続して〔庄家〕になる. ③居座る.主人公となる.〔两党轮流~〕两党がかわるがわる政権をとる. ④商(株式などの)投机売买をする.
坐姿 zuòzī 座る姿势.
坐罪 zuòzuì 罪に问う.刑罚に处す.罪を得る.

[座] zuò ①座席.〈儿〉同前.〔客~〕客席.〔女~〕女子席.〔订 dìng ~儿〕(剧场などの)席を买う(予约する).〔满~〕满席.〔~位〕自転车のサドル. ②〔~儿〕台.台座.物を置く台.〔瓶 píng ~〕花瓶など瓶の台.花台.〔塔~〕塔の台座.〔底~〕台座.下に敷いてある敷石. ③〔~台〕台座.〔床 ~ 〕床~〕旋盘台座.〔砧 zhēn ~〕アンビル台.金敷台.〔锅炉~〕ボイラー基座. ④因星座.〔大熊 xióng ~〕おおぐま座. ⑤〈尊〉团长.组织や部门の长.〔局~〕局长さん. ⑥量词.山・建筑物・桥・大砲など一般に地面に固定された移动不可能のどっしりした物を数える.〔两~大山〕二つの大きな山.〔一~大楼〕一つのビル.〔两~桥〕二つの桥.〔几~大砲〕几门かの大砲. ⑦〈姓〉座(ざ).
座舱 zuòcāng ①旅客机の客室. ②戦闘机の操纵室.
座厕 zuòcè 洋式便座.腰かけ式便座.〔坐便器〕ともいう.
座车 zuòchē (寝台车に対して)座席车.
座次 zuòcì 席次.席顺.〔坐次〕とも书く.
座灯 zuòdēng (〔元 yuán 宵节〕の时)地に置いて饰る灯笼.动物の形などに作る.(机の上などで使う)スタンド.
座垫(儿) zuòdiàn(r) ⇒〔坐垫(儿)〕
座号 zuòhào 〈儿〉座席番号.
座机 zuòjī ①専用机.チャーター机.〔总统~〕大统领专用机. ②固定电话.→〔手 shǒu 机〕
座驾 zuòjià ある特定の人が乗る自动车.〔经理~〕社长専用车.→〔座机①〕
座前 zuòqián 〔牍(赠)座前(笺)〕=目上の者に対し送る手纸の冒头につける常套语.〔姑母大人~〕御おばう上様御许.
座圈 zuòquān 机玉轴受けの玉が走る溝轮.
座儿 zuòr ①=〔字解〕①② ②客.〔见了~,他还想拉〕(老・骆)お客さんを见かけると彼はやはり(人力车を)引こうとした.
座伞 zuòsǎn 旧仪仗の伞.
座上客 zuòshangkè 着座し主人の尊敬を受けているお客.招かれた客.招待客.
座谈 zuòtán 座谈(する).恳谈(する).〔~会〕恳谈

会.座談会.〔请大家来~一下形势〕みなさんに来ていただき、情勢についてご懇談してもらいます.

座套 zuòtào シートカバー.ソファーカバー.

座头 zuòtou 〈方〉席.座席.→〔坐头〕

座位 zuòwèi 〔坐位〕とも書く.①座席.座る位置:映画館や劇場では会場中央から奇数番が左、偶数番が右が多い.②座具.腰かけるもの.

座无虚席 zuò wú xūxí〔成〕空いている座席がない.大入り満員になる:〔座无空 kòng 席〕ともいう.

座席 zuòxí =〔座席〕=〔座位①〕に同じ.

座下 zuòxià〈文〉座下.猊(ゲイ)下:僧王、教主への敬称.

座右铭 zuòyòumíng 座右の銘.

座钟 zuòzhōng 置き時計.→〔挂 guà 钟〕

座主 zuòzhǔ 旧科挙の試験官:合格者は自分を〔门生〕と称し、主任の試験官を〔~〕と称した.→〔科 kē 举〕

座子 zuòzi ①台.台座.→字解② （自転車などの）サドル:〔鞍 ān 座②〕〔车 chē ~〕に同じ.

[唑] zuò 訳音字.〔噻 sāi ~〕チアゾール.〔咔 kǎ ~〕カルバゾール.〔吡 bǐ ~〕ピラゾール.〔四~〕テトラゾール.

[做] zuò ①物を作る.こしらえる.製造する.〔~衣服〕服を作る.〔~桌子〕テーブルを作る.〔~鱼〕魚を料理する.魚料理を作る.②書く.文を作る.〔~诗〕詩を作る.③（仕事・活動等）をする(やる).行う.従事する.携わる.〔~工作〕職務を遂行する.〔~手术〕(动手术)手術をする.〔他的报告~得很好〕彼の報告は大変よかった.〔这种事我~不来〕こんな事は私にはできない.〔这点儿事我~得了liǎo〕これくらいの事なら私はやりえます.〔~办bàn①〕〔干gàn ②)①〕 ④とり行う.内祝いをする.→〔做生日〕做寿 ⑤担当する:身分・資格などについていう.〔~学生〕学生になる.〔~学者〕学者になる.〔~主席〕議長になる.〔~母亲〕母となる.〔~父母的〕父母たるもの.〔~领导〕指導者になる.⑥（…の）関係にはいる.〔~朋友〕友人になる.〔~对头〕敵対関係になる. ⑦…とする.…に当て…として使う.〔当 dàng ~~〕…とみなす.〔把他看~英雄〕彼を英雄とみなす.〔北京人管蕃茄叫（~）西红柿〕北京の人はトマトを"西红柿"と言う. ⑧劇所作.しぐさ.②（…の）ふりをする.〔…を)装う.〔~鬼脸〕おどけた顔をする.

做爱 zuò'ài セックスする.情を交す（婉語)

做白 zuòbái 俳優の所作とせりふ:〔科 kē 白〕に同じ.→〔白(I)⑥〕〔唱 chàng 功〕

做伴(儿) zuòbàn(r) ⇒〔作伴(儿)〕

做本金 zuòběnjīn 元手とする.資本(金)とする.

做菜 zuòcài 料理をする.肉を料理する.

做操 zuòcāo 体操をする.〔做广播(体)操〕ラジオ体操をする.

做厂 zuòchǎng 〈方〉工場労働者になる.

做出 zuòchū 作り出す:…してある結果を出す.〔为 wèi 和平事业~更大的贡献〕平和運動のためにより大きな貢献をする.〔~了今天的决定〕本日の決定をする.

做大 zuòdà ①〈白〉尊大ぶる.威張る.つけあがる.→〔摆 bǎi 架子〕 ②大きくなる(する).大規模になる(する).③团正妻になる.→〔做小〕

做单九 zuòdānjiǔ →〔单九〕

做到 zuòdào 成し遂げる.（目的などを）達する.〔做不到〕そこまではできない.〔说到就要~〕言ったことはちんとやる.〔我保证~〕ちゃんとやりとげて見せます.〔~绝对不对〕絶対に,不行為など少しでもしないようにする.〔~决してやさしいことではない.〔要求~精益求精〕精なる上にも精なるレベルに実際に達して行うことが求められる.

做得 zuòdé ①することができる.してもよろしい. ②よろしい.かまわない.〔使 shǐ 得②〕に同じ.

做东 zuòdōng 人を招待する.おごる.〔~道(主)同席.〔今天我~〕今日はぼくがおごります.〔午餐由他~〕昼食会は彼が主人役をする.→〔赌 dǔ 东(道)〕〔请 qǐng 客〕

做法 zuòfǎ 〔作法④〕とも書く.やり方.作り方.〔~不大好〕やり方があまりよくない.

做饭 zuòfàn ①御飯を炊く.食事のしたくをする.〔~的〕飯炊き:〔炊 chuī 事员〕の俗称. ②〈方〉女房.家内.〔俺家~的〕うちの女房.

做工 zuògōng ①力仕事をする.肉体労働をする:〔做活儿〕に同じ. ②〔~儿〕仕上げぶり.仕事のできばえ.〔~精巧〕つくりが精巧である. ③⇒〔做功(儿)〕

做公的 zuògōngde 〈白〉御用の筋.お上(( )の仕事の者.

做功(儿) zuògōng(r) ①=〔做 派①〕〈方〉打ち工〕団芝居のしぐさ.所作(ゲサ):〔做工③〕とも書く.〔唱工(儿)〕（うた)に対していう.〔~戏 xì〕同前のみで〔唱〕のない芝居. ②物理(力)が物体に仕事をなす:力を物体に加えて、その位置を移動させる.〔~系数〕仕事率.→〔功〕

做官 zuòguān 〔~儿〕役人になる.官途につく.〔~的役人.〔~当老爷〕役人になり旦那風を吹かす.〔为宦〕〔成〕官途につく.出世する.

做鬼 zuòguǐ ①=〔搞 dǎo 鬼〕インチキをする.不正なことをする.ごまかしをやる.〔他考试的时候常常~〕彼は試験の時はいつも不正をやる. ②死ぬ.亡くなる.

做鬼脸(儿) zuò guǐliǎn(r) おどけた顔付きをする.あかんべえをする.

做海 zuòhǎi 〈方〉漁をする.〔老马是个半渔半农的贫农,又下田又~〕馬さんは半漁半農の貧乏農家で、畑もすれば漁もする.

做好看 zuòhǎokàn ⇒〔做面子〕

做好人(儿) zuòhǎorén(r) ①仲立ちになる.調停する.〔他们说翻了,你去做个好人儿圆圆场吧〕彼らは仲たがいをした、きみが調停してやってきよう行きなさい. ②機嫌を取る.〔他多精酬,专会献殷勤~〕彼はぬけ目なくご機嫌取りがうまい.

做好做歹 zuòhǎo zuòdǎi〈成〉様々な理由や方法で手を尽くして話す.

做活 zuòhuó ⇒〔做眼①〕

做活局子 zuò huójúzi からくりで人をだます.→〔活局子〕

做活儿 zuòhuór =〔做工①〕〈口〉干 gàn 活儿〕力仕事をする.肉体労働をする.〔在厂里~〕工場で働いている.〔做针线活儿〕針仕事をする.〔办 bàn 事〕

做旧 zuòjiù 古物にみせかける.→〔仿 fǎng 古〕

做绝 zuòjué とことんやる.あまりにひどくやる(ってもう後戻りできない).〔好话说尽坏事做〕うまい事は何でも言い、悪行の限りを尽くす.〔你算~了〕あなたのやり方はあまりにもひどいじゃない.

做客 zuòkè ⇒〔作客②〕

做了皇帝想登仙 zuòle huángdì xiǎng dēngxiān 皇帝になったら今度は仙人になりたいと思う.〈喩〉人の欲望には限りがないこと.

做礼拜 zuòlǐbài 宗(キリスト教徒が)日曜日の礼拝に出かける.

做买卖 zuòmǎimai 売買する.商売する.〔~的〕商売人.

做满月 zuòmǎnyuè ⇒〔办 bàn 满月〕

做媒 zuòméi 仲人をする.媒酌をする:〔说 shuō 媒〕に同じ.
做美 zuòměi ⇒〔作美〕
做梦 zuòmèng ①夢を見る.〔～也想不到〕夢にも考え及ばない.〔做噩 è 梦〕悪夢を見る. ②空想する.夢声に出す.〔别як~〕夢のようなことを言う.〔白日～〕白昼夢.
做面子 zuòmiànzi 見栄を張る.顔を立てる:〔<方>做好看〕に同じ.
做派 zuò•pài ①⇒〔做功(儿)①〕 ②もったいぶる.もったいをつける.構えた態度をとる.〔他全靠一维持个虚 xū 架子〕彼はもったいぶった態度だけで体面を維持している.→〔作派〕
做七 zuòqī 〔理 lǐ 七〕回人の死後 7 日ごとに49まで供養をすること:〔办 bàn 七〕に同じ.〔满 mǎn 七〕(四十九日の満期)までこれを続ける.→〔七中〕
做亲 zuòqīn ①縁組みをする. ②親戚関係を結ぶ.
做圈套 zuòquāntào わなをかける.
做人 zuòrén ①身を処する.(人や物に対して)振る舞う.〔会～〕人あしらいがうまい. ②人間らしくする.正しい人間になる.痛改前非,重新～〕前非を改めて,真人間に生まれかわる.
做人家 zuòrénjia〔<方>〕(家計の)やりくりがうまい.〔会～〕同ални.
做人情 zuòrénqíng ①人に便宜をはかる.情をかける. ②人にふるまう.つけ届けする.→〔人情③〕
做生活 zuòshēnghuó〔<方>〕力仕事をする.
做声(儿) zuòshēng(r) ⇒〔作声(儿)〕
做生日 zuòshēngri〔办 bàn 生日〕誕生祝いをする:〔<方>做生〕ともいう.
做生意 zuòshēngyi 商売をする.
做事 zuòshì ①勤務している.勤める.〔弟弟在银行~〕弟は銀行に勤めている. ②仕事をする.事を処理する.事を運ぶ.〔他～一向细致〕あの人は事をするにいつも用心深い.→〔办 bàn 事〕
做世界 zuòshìjie〔<方>〕盗みや強盗を働く.〔这时秩序极乱,于是造成扒手~的最佳机会〕この時,秩序は混乱しスリにとって最もよい稼ぎの機会となる.
做手 zuòshǒu ①職人.働き手. ②画所作.特に手を使う身振り.
做手脚 zuòshǒujiǎo ①手段を弄する.手を使う. ②ひそかに奸計を巡らす.陰で悪事をたくらむ.
做手势 zuòshǒushì 手まねをする.手振りをする:〔打 dǎ 手势〕に同じ.
做寿 zuòshòu (老人の)誕生祝いをする:〔做生日〕〔办 bàn 寿〕に同じ.〔大 dà~〕(60歳,70歳,80歳などの時に)誕生を盛大に祝う.→〔拜 bài 寿〕〔整 zhěng 生日〕
做题 zuòtí 練習問題をやる.
做通 zuòtōng 納得させるまでやり遂げる.〔他没能~那个学生的思想工作〕彼はあの学生の考えを変えることができなかった.
做头发 zuòtóufa ヘアスタイルを作る:(女性が)整髪する.〔修指甲,三天两头要跑美发厅〕髪をセットしたり,マニキュアをしたりするために,三日にあげず美容室へ行く.
做头 zuòtou ⇒〔加 jiā 工余量〕
做文章 zuòwénzhāng ①文章を作る. ②考えを練る.もくろむ.方策を巡らす.…を問題にする.〔今年要增产就得在"合理"两字上~〕今年増産しようとするなら"合理化"ということで考えを練らなければならない.〔综合利用,大有文章可做〕総合利用ということは大いに考えねばならないことだ.〔他心里做着什么文章〕彼は何を考えているのだろう.〔文章②③〕 ③<喩>言いがかりをつける.難癖をつける.

做戏 zuòxì ①(劇などを)演じる. ②<喩>わざと見せかけをする.故意に見せつける.
做小 zuòxiǎo 旧妾になる.〔什么人家儿都可以给,就是不~〕どんな家にでも(嫁に)やりますが,妾はいけません.→〔做大③〕
做小伏低 zuòxiǎo fúdī〔成〕卑屈になって丸くおさめる:〔伏低做小〕ともいう.
做秀 zuòxiù ⇒〔作秀〕
做学问 zuòxuéwèn 学問に励む.
做眼 zuòyǎn ①=〔做活〕(囲碁で)目をつくる(つくって生きる). ②<口>情況をさぐる.見張りをする.〔这酒店却是梁山泊新添设~的酒店〕(水47)この酒屋は梁山泊が新しく設けた見張りの酒屋である.
做一天和尚撞一天钟 zuò yītiān héshang zhuàng yītiān zhōng <諺>和尚になったからには務めて鐘をつく:行き当たりばったりに事をなす.その日暮らしで過ごす.→〔得 dé 过且过〕
做贼 zuòzéi どろぼうをする.〔～的没活庆八十的〕どろぼうで80歳まで生きるようなものはいないものだ.
做贼心虚 zuòzéi xīnxū〔成〕盗人を働けば心がびくびくする.→〔不 bù 打自招〕〔不攻自破〕
做针线 zuòzhēnxiàn (裁縫や刺しゅうの)針仕事で生計を立てる.
做主 zuòzhǔ ⇒〔作主〕
做作 zuòzuo =〔造 zào 作〕振る舞いにけれんがある.わざとらしくする.見えを張る.〔太～了反而交不着 zháo 真朋友〕あまりわざとらしいことをやっていると,かえって本当の友達付き合いはできないものだ.〔一点也不～〕不自然なところは少しもない.

日本語索引

五十音順に配列した。
日本語の後の**数字は本文所載のページ**，**ローマ字**はそのページの**行**を示す。
親字・見出し語また**例文中**からローマ字表記の語を含む約**1万7千語**を採録した。

日 本 語 索 引

あ

ああ　3g　1266k　1772d　2022d
あーあ　7d
アーアー　1916i　1917g　1983a
アーカイブファイル　360l
ああ神様　1669j
アーケード　600k
アースする　861e
ああだこうだ　811b　1603m
アーチ　1412k　1902f
アーチェリー　1520e
アーチ型　600b
アート紙　517j　1695h
アートメイク　1762l
アーム　99e
アームチェア　532d
アーメン　2n
ああも言いこうも説く　699b
アーモンド　104c
アール　596f
R&B　865k
RV　1888k
アーン　1267g
藍　1006i
IMF　651f
IELTS　1918l
相変わらず　1982a
IQ　2159l
愛嬌　1802a
愛好する　1801g
相呼応する　289g
合い言葉　972c
アイコン　1706k
あいさつ　323n
ICカード　796a　2159b
IC基板　1827f
ICBM　2174l
アイシャドウ　323c
相性　1199m
愛称　1241f
愛人を作る　1870m
アイス　118c
合図　1873m　2113g
アイスキャンデー　118d　2191b
アイスキューブ　493d
アイスクリーム　118d　1906a
アイスジャー　118c
アイススケート　1090a
アイスバーン　119i
アイスピック　299k
アイスペール　119c
愛すべき中国　374f
アイスホッケー　118f
相前後して　1365h

愛想よくする　1987a
アイソトープ　1694h
愛想笑い　1287e　1288e
愛想をつかす　1934i
あいつ　421j
相次いで　410i
アイディア　370c
IDカード　110c　623f　1886e
IDD　342g
相手になる　2236i
相手をする　2237f
アイデンティティー　1444m
哀悼　368l　902m　2158e
アイドリング　968k　1149c
アイドル　1267k
アイナメ　1098e
あいにく　139f　1305d
相似で誤り易い　1923c
愛のしがらみ　1401j
相乗り　1313c
アイバンク　1932i
アイペックス　2065n
相棒　20lj　1692c
あいまい　666i　1103m　1795a　2010i
アイラッシュカーラー　868m
アイランドキッチン　2167c
アイロニー　489c
アイロン　1024b　1656k　2077d
アインシュタイン　9c
会う　830a　831g　885j
アウシュビッツ　20a
アウトソーシング　1754o
アウトプット　1581i
アウフヘーベン　1939c
あえぐ　273m　1351m
亜鉛　1873d
青あざ　1393b
葵　989g
青インク　1006g
青蛙　1585j
青蟹　1118b
アオキ　1659e
仰ぎ見る　1944h　2103c j
青桐　1780i
あおぐ　1497h
青白い　33b　2069e
青空　173f　1006c
青田買い　1390c
青天井　505f
青二才　711h　750k

アオノリ　664h
青緑色　99m
アオミドロ　1597k
仰むきに寝る　1769g
あおむく　17k
あおむけ　1944i
アオムシ　167l　1198i　1390g
あおる　1498a
垢　607f　1772l　2032k
あかあかと　1605j
赤あざ　1923k
アカウント　2112c
赤貝　666c
赤蛙　660l
あかぎれ　303g　931g
あがく　2133l　2141j
赤子　2015c
アカデミー　431c
アカザ　291c
アカウム　1038h
赤字　1553a　1704c
アカシア　291c
アカショウビン　509k
赤ちゃん　1725k　1845f
赤チンキ　706c
暁の星　220j
アカトンボ　244f
あかぬける　1309c　1844i
あか裸　244b
赤鼻　2097e
赤身の肉　1576h
上がり下がり　1348g　1974i
上がり目　406e
あかりを消す　375l　1189n
あがる　267f
明るい　1196f
あかんべいをする　2242g
あかんべえ　645g
赤ん坊　1725l
空き　969m
飽きが来る　1243a
空巣出し　1090j
秋の景色　1407ej
秋の気配　1407f
秋の収穫　1407m
秋の実り　1408a
空き部屋　1820d
飽きもせず（しゃべる）　1753m
空き家　969a
明らかである　1197d　1823j
明らかにする　196g
あきらめる　1444ef　1613c　1837c
飽きる　1242i

（…し）飽きる　1501i
アキレス腱　586l　835j
あく　755e　1312h
アクアマリン　662k
悪意をいだく　460m
悪賢い　821di　1824f
悪臭　764g
悪習　1798m　1799h
悪習に染まる　1429h
悪習を絶つ　873g
握手して別れる　1770k
悪循環　460b
アクション映画　315k　425b　1174l
アクションスター　1786c
アクションドラマ　1785i
悪事をする　2236i
悪事をまねる　1856g
悪心　341f
悪心を抱く　1499j
あくせく　83e
あくせく　1014i
あくせくと働いて半生を送る　1111i
アクセサリ　542h
アクセサリー　1573f
アクセス　304f
アクセス（する）　498h
アクセル　2032l
アクセルを踏む　807i
悪銭　1859l
アクセント　2173m
悪玉コレステロール　145k　381f　1062b
あくどい　459n　1252l
悪党の巣窟　1768f
悪徳大地主　1709a
悪人　1885m
あくび　312i　316h　659i　1370e
悪筆　1707n
悪癖　1302m
悪友　488e
悪戯　606g　1634g
悪辣　2003a d
悪霊　1048i
アクリル　121i　894e
アゲインジュース　2081d
あけっぱなし　205d
開けっぴろげ　2149k
あけっぴろげな人　2149b
あげつらう　2153l
アゲハ蝶　527g
アケビ　1212a
あける　366e
開ける　318g
上げる　584l　917b　1642g　1938l
あご　956b
アコーディオン　993l

あこが～あなを

あこがれる　1569 c
あこがれる　1838 d
アコヤガイ　2178 l
麻　1132 j
朝　2115 i
あぜ　801 b　1790 l
　2045 i　2158 m
朝市　2088 i
浅いつき合い　1973 f
朝顔　1363 j
朝顔の花一時　1647 g
朝から晩まで　1977 a
浅黄色　1236 k
嘲り笑う　1499 b　1856 i
あざける　1498 m
浅瀬　1370 e
浅漬け　73 j　1285 e
あさって　712 d
朝っぱら　335 d
朝寝坊　2087 j
浅はか　544 e　1673 e
麻ひも　1133 m
朝まだき　928 f　1085 a
アザミ　807 e
朝焼け　1809 b　2088 h
アサリ　582 f
あさる　1905 g
あざわらう　1679 g
あざ笑う　779 j
アシ　1107 c　1752 l
足　1715 h　2189 b d
　2225 f
（イカ・タコなどの）足
　1739 g
味　973 l　1757 l
アジア　1920 a k
足あと　855 d　2218 b c
アシカ　663 n
味がある　372 l
味がいい　1564 n
味が薄い　1397 k
味がおかしい　659 c
足がくたびれて痛くだるい
　854 h
足掛け　1245 h
味かげん　1784 f
足がだるい　1716 i
味がよい　608 e　1165 h
　1819 j　1832 l　2042 j
足首　855 c　1716 b
　1739 d
味気ない　555 e　621 i
　1161 b
足腰　1949 e
足腰がきかない　1949 e
足さばき　854 i
アシダカグモ　199 a
　1802 i　1844 k
明日は明日の風が吹く
　875 l
足手まとい　296 i　1674 f
アジト　976 i　1768 l
足止めをくう　1913 l
アシナガバチ　749 i
　1135 d
足に任せる　1783 e
足の裏　854 l　855 b
足の甲　531 b　854 a
葦の簾　1753 a
足の指　855 g

　1289 j
足払い　57 h
足場をかける　309 k
足びれ　854 f
足踏みする　455 b　1640 b
あしらう　2143 n
アジる　616 c
味い　1757 g　2207 c
味わい深い　1909 j
　2206 i
味わう　2078 d
足をかける　1554 c
足を取られる　1216 h
足を引きずる　1425 l
味をひきたてる　1666 n
足をひっぱる　1720 k
足を踏みはずす　1541 n
足をふんばる　188 g
味をみる　201 j　1314 l
　1315 m
預かってもらう　805 k
小豆　244 c
あずき餡　430 b
あずき色　243 g
アストラカン　567 l
　1641 g
アスパラガス　1546 n
明日といわず明日とも身　1711 j
アスピリン　2 m
アスファルト　43 h
　1045 c
アスファルト道路　694 h
　2032 g
アスベスト　1547 c
あずまや　1687 k
あぜ　390 d　588 l　1102 l
ＡＳＥＡＮ　1920 k
汗臭い　670 l
汗しらず　511 a
アセチレン　1988 j
アセテート　299 c
アセトアルデヒド　1988 l
汗びっしょり　1268 g
　1975 m
あぜ道　1205 k
あせも　511 a　1346 a
焦る　794 b　849 l　1347 j
汗をかく　670 k
アセンブラー　761 c
遊ばせておく　1821 a
遊び金　1820 i
遊び紙　741 k
遊び盛り　1798 e
遊び仲間　1115 f　1454 i
遊び人　469 k
遊びほうける　1646 j
遊び回る　645 c
アダージョ　1452 i
亜大陸　290 l
与える　584 l　2051 m
あたかも　1457 f　1839 k
温かい　1760 d
暖かい　1264 a
暖かい色調　1264 i
暖かみ　1264 n　1265 a
温まる　1264 b
温めなおす　757 m
温める　1760 g
暖める　700 k
アタッシェケース　596 g
アタッチメント　542 f

あたってみる　1294 b
あだ名　767 g　1346 d
　1803 g
あたふた　794 i　1150 d
アダプター　861 b　862 g
頭　1229 a
頭がいい　624 m
頭が切れる　678 c　981 e
頭隠して尻隠さず　619 f
頭がくらくらする　1702 c
　2072 j
頭がはげる　1705 i
頭が働く　1868 f
頭からかぶる　1173 c
頭が回転が速い　1084 c
頭のてっぺん　1509 k
頭の中　1229 e
頭割りにする　931 m
頭を痛める　1700 h
頭を掻く　1228 f
頭を下げる　573 h　1141 n
頭を使う　2026 n
頭を働かせる　1229 n
頭をはっきりさせる
　1882 m
頭をひっこめる　1718 b
頭をもたげる　1379 m
アダム　1919 e
新しい　1819 j
新しくできる　1875 k
あたり　1098 b
あたり一面　1146 m
　1616 i m
あたりかまわず　421 f
当たりくじの賞金　165 i
当たりくじ番号　841 l
あたり散らす　475 i
　476 k　1488 k　1588 e
あたり年　334 c
あたりまえ　551 b　770 l
あたりを見回す　1614 b
アダルトグッズ　227 a
　1883 a
仇をうつ　545 c
あちこち　266 k
あっ　1798 d
暑い　1928 n
熱いうちに　1434 d
熱い飲みもの　1435 b
圧延ローラー　649 k
扱う　175 h
悪化する　1716 f
厚かましい　152 c　1676 e
厚紙　2155 b
暑苦しい　485 i
厚化粧　1259 n　1708 c
あっけにとられる　892 g
　2185 d
あっさりしている　354 e
　1626 h　1918 l
あっと　1478 f
会って語る　1896 b
あってもなくてもいい
　959 e

あっという間　1617 c
アップリケ　135 a　1682 d
アップロード　1511 m
厚ぼったい　713 f
集まる　921 m　1339 b
　1718 f
厚み　133 h
集める　1007 j　1058 h
　1718 e
あつらえる　418 m
圧力　1914 g
あて　2204 k
あてこすり　291 m　527 c
あてこする　17 d　1524 n
当て推量　180 c　2001 k
あてずっぽう　608 a
　1807 c
あてにする　2153 c
　2154 k
あでやか　1785 b　1820 c
　2133 h
あてレコ　446 a　1290 l
　1995 m
後味　712 b　759 k
後足で蹴る　1073 j
後押し　712 m　1948 c
アドオン　183 k
あとがき　1577 c
跡形　1880 b　2218 d
後から効く　710 k
あどけない　2044 h
後始末　1500 f
あとずさりする　1635 b
あとずさりする　1425 h
あとで　135 c
跡取り　1834 i
後につく　1753 n
後に残る　2024 i
後の祭り　272 d　838 d
　1135 l　2052 k　2093 h
後は野となれ山となれ
　656 j
アトピー　1662 e
後回し　5 i
後戻り　759 i　995 f
　1425 a
アドリブ　74 d
アドレス　391 m　1741 l
アドレナリン　1529 c
アトロピン　3 b
跡をつける　1250 l
穴　964 k　1931 a
アナーキズム　11 e
穴あき練炭　526 n
穴埋め式問題　1675 k
アナウンサー　137 b
穴があれば入りたい
　1889 h
アナグマ　740 f
穴蔵　859 c　1709 f
あなた　1249 l　1251 e
あなたのお気持ち　1868 i
侮りおごる　1786 h
侮り罵る　1148 j
侮る　849 c　1397 j
アナリスト　514 c
アナログ計算機　800 i
穴を開ける　322 m　2228 b
穴を埋める　436 b
穴を開ける　2228 h

2

兄弟子 1542 c
アニメーション 423 m
アニメとコミック 424 h
あにじめ 1485 b
姉 2209 d
あねご 1914 i
姉さん女房 870 a
アネモネ 320 h 2007 d
あのー 459 b 1769 a
　　1787 d 2123 m
あの頃 1218 e
あの手この手 729 i
　　730 e
あの人 1437 f
あの世 1791 h 2003 g
アハ 3 l
アパート 597 e 2058 l
暴き出す 190 j 439 a
　　2175 d
暴く 863 i 1697 c
あばずれ 288 i
あばた 431 g
あばた面 1134 i
あばたもえくぼ 1401 c
アハハ 659 i 1798 g
あばら骨 1030 c
アパルトヘイト 581 d
　　2171 f
暴れ馬 671 d
アパレル産業 537 d
アピールする 715 j
アヒル 1915 i 1916 c
アブ 1172 l 1255 a
あぶく銭 535 k 700 j
アブサン 976 m
アフターケア 586 i
　　2063 d
アフターサービス 537 m
　　711 l 1576 j
油 あぶら 2034 d
油揚げ 2034 a 2097 i
脂がのっている 110 j
油差し 733 l
油蟬 1198 d
油っこい 1242 h
　　2032 g l
油で揚げる 2097 g
油虫 1917 c
油屋 2031 m
アブラヤシ 2034 f
油をきす 2031 l
油をしぼる 2099 m
アプリケーション 2019 k
あぶる 952 e
アフレコ 711 l
あふれる 2110 e
あべこべ 1146 m 1830 l
阿片 2 f 703 e 1915 f
阿片中毒者 645 e
阿片を吸う 1793 d
阿呆 86 l
アポイントメント 2068 g
阿呆 340 m 1492 g
　　1611 f
阿呆鳥 1874 a
阿呆くさ 1303 a
アポロ 1 f 1644 i
あま 113 i
尼 1238 m
甘い 1675 f

甘い菓子 1675 i
甘い汁を吸う 1012 b
甘いラブソング 1180 e
甘える 635 b 848 j
　　1467 l
雨蛙 1724 d 2052 g
雨傘 1480 j
甘いじめ 1467 l
雨 あま 1811 m
甘酒 908 a 1015 c
甘くする 500 m
甘くておいしい 1675 l
甘くてくどい 1675 a
甘酒 908 a 1015 c
甘酢あんかけ 1653 c
甘酸っぱい 1629 b
甘鯛 494 k
雨だれ 1098 d
アマチュア 1960 e
甘ったるい 1089 l
雨燕 879 m
雨粒 あま 2052 m
雨どい 825 b
天の川 1811 m
あまのじゃく 1254 f
甘やかす 250 c 635 h
　　848 j 1023 f
あまり…ではない 150 j
あまり 1713 j
あまりよくない 1370 l
　　1544 l
アマリリス 599 e
余る 1539 e
アマルガム 600 a
アミ 948 l
網入りガラス 1129 m
あみだくじ 904 b 1312 d
　　2188 m
網棚 1880 m
網戸 1490 j l
アミノ酸 12 m 15 j
　　1628 g
網袋 1024 b 1741 g
編み物 2145 d
アミラーゼ 404 e
網を打つ 1467 k 1741 c
アミン 15 j
編む 312 e
アムネスティインターナショナル 335 j
飴 あめ 1985 l
アメーバ 2 m
アメ公 728 g 1024 j
雨粒 あめ 396 k
飴と鞭 325 m
飴煮 28 d
雨にぬれる 1079 l
雨の多い年 1025 k
雨の音 2052 l
雨のしぶき 2052 h
アメフラシ 664 k
雨模様 2052 l
雨模様続き 1054 c
アメリカ崇拝 250 k
アメリカンフットボール
　　562 b
アモルファス金属 506 d
怪しい 1859 c
怪しむ 1613 i 2004 c
あやつ 421 j
操り人形 990 e
操る 43 c 175 k

あやとり 483 a
過ちを改める 552 e
過ちを悟る 2145 d
過ちを認める 1444 i
誤り 456 j
誤りと見落とし 308 l
アユ 1834 e
歩み合う 724 a
歩み寄る 2127 h
アラー 10 m 716 h
　　2127 h
洗い熊 745 h
洗いざらい 1691 c
　　1800 a
洗いすすぐ 1702 i
洗い流す 246 e 360 h
あらかじめ 2057 k
あら探し 1677 c
粗塩 1928 i
争う 428 i
新たに 294 m
改めて 294 i
あらぬ疑い 620 b
あらぬ噂 529 m
アラビアゴム 1585 b
アラビアンナイト 1670 e
　　1974 n
粗挽き小麦粉 175 f
アラベスク 1150 a
あらまし 624 m
あらまし 328 g 2068 i
荒物 1495 f
あらゆる 1637 b
あらゆる業種 1335 f
粗利益 1153 g
あられ 118 b 1829 c
　　1843 m 2014 l
あらを探す 1677 f
　　1909 k 2116 g
蟻 1139 l 1991 j
アリア 2024 h
あり余る 200 l
ありがとう 2072 e
有り合わせ 107 d
ありえない 143 d
ありか 1637 d 1813 d
　　2204 k
ありがたやありがたや
　　1864 e
ありがとう 1924 c
ありきたり 51 h 491 d
アリクイ 1553 i
アリゲーター 461 j
　　1723 l
アリジゴク 1489 m
アリストテレス 1919 l
ありてい 294 d
ありとあらゆる 2154 m
蟻の巣 1767 n
ありのまま 1550 l
　　2041 m 2118 f
アリババ 2 h
アリマキ 178 g
ありもしない 1206 j
ありゃ 1985 c
歩いて渡る 1520 g
　　1652 h
あるいは 1875 m
アルカリ 828 a
アルカリ金属 828 g

アルカリ土壌 1822 m
歩き方 1065 f
歩き出す 1346 c
歩きにくい 1525 e
アルキメデスの原理 1 k
歩く 1284 f
アルコール 907 f 1988 e
アルコール検知器 180 j
アルコール中毒 2171 b
アルコール分解 283 m
アルコール類 283 i
アルジャジーラ 2 b
アル中 645 c 907 m
　　908 e
アルツハイマー病 1 m
アルデヒド樹脂 921 m
アルト 1262 h
アルトサックス 632 h
　　1469 c 2168 g
アルトホルン 2168 g
アルバイト 1606 h
アルバイト学生 589 i
アルパカ 1940 f
アルバム 1838 j 1839 k
　　2118 l
アルファ線 815 e
アルプス山脈 1974 n
アルペン種目 571 a
アルミ鍋 565 e 1115 j
アルミニウム 1115 c
アルミニウム粉 74 c
アルミホイル 1115 i
あれ 461 l 660 m 1985 c
アレグロ 794 l
あれこれ 471 l 1335 c
　　2041 l
あれこれ考える 1837 d
あれだね 1218 h
あれほどたくさんの
　　1219 c
あれも人の子 1455 b
アレルギー 106 b 657 n
あろうことか 901 d
アロエ 1107 i
アロハシャツ 1816 a
アロマ 1832 l
アロマセラピー 495 m
泡 1204 a
粟 613 d 1064 d 1627 a
あわせ 19 i 814 a
合わせて 1521 a
合わせる顔がない 1779 k
慌ただしい 172 m 292 i
あわてない 146 d
慌てふためく 173 b
　　747 h
慌て者 1157 f
慌てる 1157 f
アワビ 72 d 905 g
哀れな末路 957 c
哀れみを乞う 1345 f
哀れんでいたわる 1056 g
アワをする 322 g
泡を食う 1150 k 2189 h
餡 1828 l
餡入りだんご 2061 k
アンインストール 1863 j
安価 1056 c
餡かけ 602 n 1090 m
　　1371 g

あんか～いじめ

飴かけうどん　319h　1109h
暗記する　1207k
暗渠　1529b 2003c
暗愚の君主　765f
アングラバンク　390l
アンクルサム　1495e
アンクレット　854c
アングロサクソン　18d
アンケート　1766a
アンコウ　13g 376j
暗号　1179m 1180l
暗号化　808c
アンコール　489k 856h
アンコールワット　1781a
暗殺者　1488d

暗殺する　1879h
暗算する　1868d
暗唱する　1208a
暗証番号　1416h
アンズ　1882m
安全かみそり　68e
安全基準マーク　1118e
安全スイッチ　442m
安全地帯　11a
安全な肉　502k
安全な野菜　502l
安全ピン　115c
安息香酸　86j
安息日　2183h
アンソロジー　1542d 1901c
アンダースロー　381m

アンダーハンドレシーブ　403k
アンダーライン　567c 699f
アンダーラインを引く　316k
アンチウイルスソフト　495i
アンチテーゼ　488e
アンチノックガソリン　949f
アンチョビー　664i 1667k
安定　1013a
安定生産　1765d
アンデス山脈　10k
アンテナ　1673f

アンテナとアース　1670a
アンドゥ　217l
案内所　266a 1766i
案内状　1403r
案内図　1558a
按配する　1329m
アンバランス　147k
アンプル　10g
按分比例　14d
アンペア　10d 11h
アンペラ　1753a 1903j
アンペラ小屋　1903j
あんぽんたん　1740j
あんまん　63d
アンモナイト　916k
アンモニア　12j
アンモニア水　13a

い

居合わせる　2082m
言い当てる　161c 1605f
言い争い　211k 1517a
言い争う　850m 2133b
言い表せない　1603c
いいえ　137k
EMS　651l 1625g 1661k
言い返す　741m
いい顔をする　584k
言いがかりをつける　874k 1094d 1909m 2243n
いい加減　297m 666i 1135n 1795c
E型肝炎　1788n
好い物　1216m 2059m 2202l
言いきかせる　2184f
言いきる　1605f 1952e
いい具合　679l
いい子いい子　64l
いい事　508e 676j
イーサネット　1991a
EC　1267c
イースター　545c
イースト菌　859b
言い出す　1666b
言いつける　515i 575c 844l 2113g
ED　130i 1883g
言いなりになる　1751l
言いなり放題　537j
いいにおいをかぐ　1764n
いいにせよ悪いにせよ　30e
言い逃れ　1653e
言い張る　822d
言いふらす　206g 1535k 2108m
言い負かす　1603d
言い負かせない　1603f
Eメール　402d 1983c
いいもの　676j
EU　1266k
イヴ　1816m
言う言葉がない　1775j
言うことを聞く　1685j
言う筋合いではない

1603j
言うところによれば　920m
言うに言われぬ　1188m
言うに堪えがたい　1538j
言うのをはばかる　761i
言うはしから忘れる　1631d
言うべきでない　356l
言うでもない　152j
言うまでもなく　114a
言う間もなく　1604b
家蚊　203m 813h
家柄　1169d 1437d
家柄がつりあう　1169d
家の財産　1606k
家蝿　814a
イエローカード　751e
イエローページ　752l
家を恋しがる　1060a
硫黄　1093l
イオン　1037f
イカ　1207d 1772m
意外にも　901e 1579h
以下同じ　1814f
いかがわしい　1633b
威嚇する　1746c
いかだ　478a
鋳型　1879f
イカナゴ　2054h
いかなる　1445a
いかにも　625l 1823b
いかにももっともらしい　1493g
胃カメラ　1758a
怒り　1261c
怒りが燃え立つ　1429d
錠綱　1155e
怒りを抑える　1443f
怒りを和らげる　1841g
怒る若者　518k
いかんともしがたい

1205g
遺憾の意を表す　370f
行き当たりばったり　1807m 1983d
生き生きしている　771m 1526k 1531h 2040d
生き写し　771e
生きかけ　1507i
勢いが出る　1508l
勢いにのった人　704j
息がつまる　2157h
行き来する　1002h
息切れする　273j
息苦しい　113f
意気消沈　1507k
行き先表示板　494d
いきさつ　1412c 2065c
意気すぎた行為　656h
息たえだえ　1929k
行き違いになる　2222m
行きづまり　927d
行きづまる　992d 1404g 1495m 2222a
粋である　1381b
意気投合する　29f
行き止まり　1879c
いきなり　252c 928i
息のあるかぎり　1978f
異議はない　1993k
行きはよいよい　1600m
息も絶え絶え　1335k
異議　1997e
生きるか死ぬかの分かれ目　627l
生きる望み　1532j
息をかける　659h
息をゼイゼイわせる　1353g
息をつまらせる　1956f
息を吐きかける　659g
息を引き取る　1935m
息を吹きかける　743h
イグアノ　1077f
イグアノドン　1389g
居食いする　2239g
育英資金　2185l
イグサ　1081m
戦をする　2025m

アンテナとアース　1670a
アンドゥ　217l
案内所　266a 1766i
案内状　1403r
案内図　1558a
按配する　1329m
アンバランス　147k
アンプル　10g
按分比例　14d
アンペア　10d 11h
アンペラ　1753a 1903j

いくじがない　1228l 1351d 1887b
いくじなし　1023h 1160c 1768d
育児嚢　2056b
いくじのない男　1266b
行く手を遮る　1005b
いくら　643e
いくらでも　453b
いくらかでも　2037a
いくらまけるか　1430d
池　1594m 1653j
生け垣　1118b 1585c
いけす　1653f 2048d
生け捕る　912f 1389k
生け花　183h
イケメン　1590f 1852h
(酒が)いける　2038e
意見が合わない　1924l 1996f
囲碁　1570j
意向　1837k
イコール　379d
いこじになる　436b 490m
囲碁将棋マニア　1342b
遺骨　1565i
囲碁の寄せ　631i
委細承知　778i
委細面談　1186e
いさかい　1230n
イサキ　785i
いざこざ　520k 656l
いさむ　1513b
いささかも　1608e
勇ましい　1887m 2014i
いさめる　1423f
意志　2000l
石頭　1612b
意識不明　765i
いじり回す　616b
いじくる　44i 616j
意志決定システム　925a
石segment　1671b
石ころ　1548a
縊死する　1610k
意地になる　429k
いしぶみ　75l
いじめ殺す　2136d
いじめられる　1351k

いじめ～いのい

1575 c
いじめる 133 b 1338 b
　1453 h 2121 g 2135 l
イシモチ 752 b
医者 1983 i
石弓 1261 m
石弓の矢 1261 n
…以上 940 f
以上のとおり 1457 a
偉丈夫 989 b
異常プリオン 921 j
衣食 234 k 1980 e
　1981 i
衣食の足りている 1760 l
衣食満ち足りる 520 e
いじる 483 j 1259 h
意地悪 2003 e
意地悪で口汚ない 820 n
意思を表す 111 g
意地を張り合う 1642 j
椅子 1992 a
イスカ 846 f
イスラム 1983 e
イスラム教徒 1215 e
いずれにせよ 489 e
　699 m
威勢 720 l
イセエビ 1101 k 1806 e
以前どおり 1456 h
依然として 1446 f
いそいそと 1882 e
急いで 560 f 883 m
急いでも 883 a 1474 e
居候をする 2185 m
忙しい 292 l
急がば回れ 1254 b
急ぎ足 1471 n
イソギンチャク 662 l
遺族扶助料 1896 l
イソゴカイ 850 f
いそしむ 903 c
イソップ物語 1983 i
磯釣り 783 a
イソメ 850 f
痛い 1252 l
イタイイタイ病 615 f
痛いところを突く 397 d
偉大な志 707 h
偉大な事績 1752 j
板紙 2022 k
委託処理 1754 d
委託販売 230 f 806 i
　1719 l
居丈高 1538 h
いたずら 460 d 1657 n
いたずらっ子 61 g
イタチ 751 i 2045 n
イタドリ 721 k
板ばさみ 810 c 2236 a
痛み 1502 e
痛む 739 d
至る所 108 b 1147 e
　1558 g
至れり尽くせり 80 n
　2156 l
異端 1281 b
市 796 j 1556 i 1894 f
いちいち 1044 l 1678 h
一員 1964 h

一応のきまり 1005 e
1月 2061 a
一か八か 276 e
一眼レフカメラ 349 l
イチゴ 177 m 1162 h
イチゴジャム 177 m
一時しのぎ 1653 e
　1732 g
一時代を画する 735 d
一時の安楽をむさぼる
　1698 l
一時ファイル 1080 l
一途に 1971 g 1977 j
一団 1971 c
一段落する 441 e
一難去ってまた一難
　1366 c
一日一日 2181 g
1日3食 169 f
一日中 1976 m 2170 l
1日平均 1447 l
位置について 583 f
一人前 138 a 582 g
　1421 c
一年中 199 b 2170 d
一の位 583 e
一番 1509 j
一番くじ 1700 f
一番前 881 f
（順序の）1番目 814 k
一番悪くても 2156 k
市日 796 i
一姫二太郎 1817 l
一部始終 293 b 294 j
　585 h 1555 i 2065 k
市へ出かける 560 d
一枚上手 1341 l
1万ドルそこそこ 1737 f
一面識もない 1626 a
一面的 1307 l
一面に漂う 1309 i
一面の 1307 c
一面の春景色 1275 g
一網打尽 1823 k
一文なし 146 k 1779 j
一文の値打ちもない
　1975 a
いちゃいちゃする 995 e
一躍人気者になる 300 b
意中の人 1933 b
イチョウ 2007 m
胃腸 201 f
一覧払い約束手形 793 m
一律に処理する 1967 g
一流製品 1194 c
一両日 1965 d
一連の 1978 g
一連の問題 1052 d
1割 1966 f
1割引き 1980 b
1割増し 809 l
一家円満 1986 a
一括 1972 d 2135 h
いつかまた 560 l
いつくしみ育てる 462 d
一刻も猶予できない
　794 k
一刻を争う 2133 f
一戸建ての家 349 c

いつごろ 1218 a
一酸化炭素 1164 b
一酸化炭素中毒 2171 b
一式 1420 m 1421 g
一周 1979 c
一緒 1965 l
一生 82 i 1533 d
一生涯 1319 f
一緒な 192 b 1970 m
一緒に 1692 k 1967 h
　1972 j 1974 g
一心に 2152 f
一睡もしない 1213 h
一寸先は闇 1435 j
一斉射撃 1273 k 1339 l
一斉測定 1332 g
一斉調査 1332 k
一斉に立ち上がる 1427 k
一石二鳥 1971 l
一セット 2136 f
いっそう 589 c 807 l
一掃する 1393 f 1411 g
　1484 g
いっそのこと 1638 g
いった 903 m
行ったきり 1975 i
言ったことはやる 1604 d
　1605 n
煎ったナッツ 212 f
一致した考え 1970 c
一致する 445 h
流連する 318 j
一徹 2136 j
一手専売 63 d 433 d
　2190 e
言ってみれば 1604 d
いつでも 452 g 1218 a
一等航海士 328 c
1等車 1700 j
1等賞 1700 i
1等賞 1700 c
1等寝台 1464 e
一刀のもとに殺す 1073 b
一等品 815 f
いつの間にか 1779 e
　1970 k
いっぱい 1146 k
いっぱい食わす 2229 m
一発の銃弾 1048 c
一般人 36 f
一般のユーザー 326 e
一匹狼 276 e
一品料理 1845 k
一歩一歩 2181 g
一方通行 350 b d
一歩前進 886 e
一本化 641 f 1977 d
一本気 1966 j 1970 a
　2148 k
一本立ち 257 d
いつまでも終わることがな
　い 1989 d
いつも 202 l 1021 b
　1164 m 1743 a
いつも通り 2118 m
いつもの手 635 l
いつものように 1742 d
　2118 k
偽り 1752 i

イデー 112 i
イデオロギー 629 d
　1609 c 1878 g 2000 k
居ても立ってもいられない
　137 k
遺伝子 786 c 1987 f
遺伝子組みかえ 786 d
遺伝子コード 1987 f
遺伝子操作 2045 d
移転する 1361 m
糸 1116 k
意図 2000 l
井戸 1596 j
緯度 1753 c
イトウ 2122 k
移動させる 1265 k
移動する 587 h
移動販売 1091 m
糸切り歯 1423 m
糸口 1827 l k
糸口が見つかる 2040 i
いとけない 2162 l
いとこ 577 l 609 b
　1654 l 1985 d
糸こんにゃく 1203 e
井戸さらい 1657 i
いとしいもの 1866 k
いとし子 64 m
糸底 386 k
イトトンボ 430 k
井戸へ身を投げる 1681 m
いとわない 152 l
糸をひく 1363 a
糸を巻く 1432 m
糸をよる 1246 g
田舎くさい 1709 m
田舎なまり 1385 l
　1829 f
田舎者 1829 d
イナゴ 371 c 748 l
稲穂 1498 f
いななく 1610 h
稲光が走る 398 g
稲わら 1429 j
意にかなう 222 c
イニシアル 1573 b
イニシエーション 226 m
胃にもたれる 224 g
　304 g
イニング 915 l
犬 604 h
戌 1892 j
イヌイット 2002 d
犬かき 605 k 1283 c
犬がほえる 1952 c
犬くぎ 369 a
犬の散歩 177 i
犬販売業者 605 c
イヌワシ 405 l 605 f
　877 a
稲こき 371 a
居眠りする 956 m
いの一番 1673 l

猪 1960 g	イモムシ 2181 i	祝いを述べる 1801 n	651 j 1741 e 2002 j
命 1198 k 1850 j	イモリ 1450 n 2065m	祝う 1404 c 2187 i	インターネットカフェ 26 l
命あってのものだね 678 l	いや 7 a 660m	いわく 395 l	インターネットユーザー 1827 g
命がけで 1160 e 1856 l	嫌々ながら 1444m	イワシ 1489 g 1761m	インターフェイス 861 i
命からがら 1658 l	嫌がらせを言う 1725 e	言わなくてもいい 2025 j	872 l
命知らず 1740 d	嫌がらせをする 1734 c	イワヒバ 923 h	インターフェロン 556 l
命にかかわる 2157 c	嫌がられる 1659 g 1823 a	いわゆる 1637 h	インターン 831m 1551 f
命より金 1518 l	嫌がる 288 f 1934 g	いわれ 1002 f	インタビュアー 164 j
命を落とす 1621m 2075 h	違約する 1594 e	印鑑 1706 i l	インタビューする 498 b 2222 c
命をかける 1564 e 1579 l	嫌気がさす 1823 d	インカムゲイン 1637 g	インタラクティブ 723 d 844 l
命をつなぐ 438 c	早い 833 l	インキュベーター 531 e	インタラプト 2163 k
命を投げ出す 1325 d 2157 c	卑しい根性 1167 h	インク 565 j 1206 j 1207 j	いんちき会社 1596 c
命を許す 1431 k	卑しい商売 175 j	インクジェットプリンター 1291 a	インチキをする 574 c 1260 e 1587 j 2236 d
井の中の蛙 896m 2240 a	癒し系グッズ 1401 b	インクリボン 1207 a	2242 f
イノベーション 276 k	嫌というほど 66m	1486 d	インディアン 2012 a
祈る 365 j 2187 h	嫌になる 1242 l	険険 1865 l 2003 e	インディカ米 199 k
位牌 1212 l 1274 i 1528 e	いやはや 1769 j	険険なやりくち 433 f	1817 k
いばら 893 h	イヤホン 465 k	隠元豆 103 n 167m 2074 l	インディゴ 404 g
威張る 819 c	嫌み 291 l	インコ 1786 g 2015m	インデックス 2008 e
違反する 1749 a	嫌みを言う 521 i	隠語 693 e 1179 l	インテリ 435 f 2012 f 2146 k
いびきをかく 317 b 666 a 708m	嫌ぐらい 1424m 1454 g 1659 j 1934 f	インゴット 419 c	インテリ気質 1577 g
いぶかしい 1219 k	いよいよ 2071 k	インサイダー取引 1234 j	隠匿する 1606 a
いぶかる 143 k 189m	いらいらする 477 j 485 c 1171 l	インジケーター 2154 i	イントネーション 407 j 2052m
いぶす 1908 f	イラガ 291 l	インシュリン 1985 l	イントラネット 1233 h
異分子 1996 b	イラクサ 1367 c	印象づける 2012 a	イントロダクション 2010 a
イペリット 872 c	いらだつ 1865 m	印象に残る 1461 c	インナー取引 627 k
異変が起こる 1531m	イリコ 693 b	飲食店 632 e	印肉 2012 b
いぼ 2030 a 2200 n	入り婿 2200m	飲食業 235 e	インバーターエアコン 105 i
違法ルート 754 h	医療奉仕団 1993 l	因数 2002 h	インパルス 1144 i
今 1456 c	威力と権勢 1746 b	員数を合わせる 296 k	印判屋 961 i
いまいましい 1351 i 1768 l	イルカ 664 l	インスタントコーヒー 933 h 1625 k	インフォームドコンセント 2146 e
いまさっき 838 l	イルミネーション 165 b 376 a 399 k	インスタント食品 493 g	インフォメーション 1910m
いましがた 1564m	入れ替え戦 67 n	インスタント宝くじ 621 c	インプット 1581m
今どき 1456 d	入れ替える 445 j	インスタントラーメン 493 g 793 c 1285 h	インプットコード 188 b
今に至るまで 2156 d	入れ墨 1250 h	インストラクション 2154m	インフラ 786 b
今に見ていろ 379 f	入れ歯 817 c	インスピレーション 1084m	インフルエンザ 1091 d 1093 a
いま風の 1550 b	色 1929 g	インスピレーションを刺激 する 267 g	インフレ 460 k 1293 h
今や 493 h	色糸 729 l	隕石 1548 h 2075 i	インフレーション 1690 d
今をときめく人物 1823 g	いろいろと 40 d 1988 c	引責する 2009 e	インボイス 474 i 1143 e
忌明け 263 h	いろいろな 40 i 2171 b	インターセプト 443 d 1375 i	インポテンツ 1943 i
意味ありげ 1527 c	色が合わない 147 l	インターチェンジ 723m 2078 a	引用する 2008 j
忌み嫌う 1823 e	色が落ちる 1516 e	インターチェンジランプウェー 369 j	飲料に適した水 1675 b
忌み避ける 802 l	色がさめる 1717 c 2223 d	インターナショナル 651 c 2014 e	陰暦 2003 j
イミテーション 499 g	色がはげる 1721 l	インターネット 393 c	韻を踏む 158 j
忌む 761 f	色柄見本 1946 k		
イメージキャラクター 1315 f 1878 i	色恋ざた 1659 d		
イメージ図 1558 a	色仕掛け 1518 l		
イメージチェンジ 551 k	色とりどり 1784 c		
いもち病 371 h	色目 1167 l		
芋づる式 27 i	色めがねで見る 1341 c		
	祝いの酒 1801m		

う

ウィークポイント 133 c	422 e	ウインナーワルツ 982 c 1752 g	ウェアハウスストア 777 j
ウィークリー 2174 h	ウインチ 574 a 1114 f	ウィンブルドン選手権大会 1761 h	ウエイトリフティング 917 g
ウイキョウ 760 f	ウィンドウ 275 h 1560 j	ウー 1772 a	上から見おろす 540 i
ウイスキー 1746 j	ウインドサーフィン 481 c	ウールマーク 282 i 1940 y	植木鉢 728 d
ウイルス 1431 i 432 j 1117 l 1488 a 2171 l	ウインドブレーカー 496 a 523 e	ウーロン茶 1771 c	植木屋 725 l
ウィンウィン 1593 f	ウインナーソーセージ 1847 j	うーん 1267 l	ウエスト 1949 l
ウインカー 2193 a			植えつける 820 a 2080 k
ウインタースポーツ			

6

ウェットスーツ 1369 k 1599 f
ウエットティッシュ 1544 b
ウェットリース 1544 c
ウエディングケーキ 867 m
上には上がある 1374 l 1672 k
上の世代 1817 a
ウエハース 1746 l
ウェブサイト 1741 k 2106 h
ウェブサイト管理人 52 g
ウェブページ 1741 k 1961 b
ウォーキング 835 g
ウォーキングメジャー 180 l
ウォーターシュート 246 f
ウォーターフロント 13 k 1434 e 2201 b
ウォーミングアップ 1434 e 2201 b
ウォール街 731 c
ウオッカ 534 c
魚の目 785 h 1454 g
ウォン 669 d
（チャンスを）うかがう 1617 k
うがつ 268 j
うかつである 339 g 1540 k
浮き 534 j 536 k 1308 g
うきうきしている 1026 f 1942 k
浮き草 1321 k 1597 j
浮き袋 113 b
（魚の）浮き袋 2047 e
浮世 218 d
ウグイス 2014 l
請け合う 61 c 633 b
受け入れる 164 l
受け売りする 449 l
請け負う 61 l
受けがいい 625 c
受け口 367 i
請け出す 759 a 1582 e
受付 623 e
受付料 623 b
受取 759 f
受取証 1567 b
受取手形 2013 i
受け取る 860 h
受ける 1574 l
動き出す 1346 c
うごめく 1458 a
ウコン 838 l
兎 813 g 1711 e
うさを晴らす 1840 m
うさんくさい 1089 l 1878 k
ウジ 1414 a 2017 a
牛小屋 1255 i
丑年生まれ 1583 h
後 78 f
後ろ盾 182 f 1948 j
後ろ手に 758 m
後ろ頃 710 j
後ろ向きに歩く 368 j

1234 k
後ろめたい 17 f 124 a 646 b 1371 m
うず 1767 i
薄い色 1370 d
うずうずする 1946 j
薄衣 348 e
薄雲 2073 m
薄暗い 9 k 2028 j
うすのろ 86 l 283 h 467 l
ウスバカゲロウ 847 j
渦巻 1901 m
渦巻形 1277 h
うずみ火 385 a
薄める 245 l
鶉 13 m 283 f
薄ら寒い 1034 f 1063 a 1397 d
嘘 816 b 1807 l
嘘か真か解らない 108 e
嘘だらけ 1974 j
嘘発見器 180 h
嘘八百 753 e
嘘を言う 1467 l 1604 b
嘘をつく 753 b 1250 b
歌う 1266 m
疑いない 1779 b
疑いの心 1858 l
うたかた 1285 in
疑わしい 1899 n 2162 h
歌声が響く 1071 j
うたたね 449 k
うだつがあがらない 1159 b
内々に 1607 i
内海 662 h
打ち切る 994 f
打ち砕く 301 b
内ゲバ 323 k
打ち捨て 1355 e
打ち解ける 985 e 1452 i 1648 h 1858 j
内に有している 1859 h
うちのひと 13 c
打ち振る 428 b
内弁慶 1768 m 2240 l
内ポケット 1040 n
内幕 694 l 1235 e
内幕を暴露する 997 d
内また 1233 d
打ち破る 783 f 1325 l
宇宙空間 1644 a
宇宙実験室 1671 l 1644 a
宇宙ステーション 674 g 1644 a
宇宙船 503 j 2051 g
宇宙船カプセル 674 f
宇宙飛行 1876 c
宇宙旅行 1876 c
有頂天になる 1309 m
うちわ 1499 m 1712 g
内輪話 1606 g
内輪もめ 708 i 1694 f
うつ 318 d
討つ 1377 l
鬱 1995 h
うっかりする 1539 d 1550 a
うっかりミス 1779 b

美しい 932 j 1311 b 2071 j
鬱血 2046 a
写し 207 m
訴え出る 231 f
うっちゃらかす 1590 a
うつつをぬかす 1177 a
うっとうしい 1168 b 2004 c i
うっとりする 361 b
鬱病 1995 h 2028 g
鬱憤 1768 j
鬱憤を晴らす 259 b 518 k
うつらうつら 1600 i
移り変わり 1928 b 1934 c
移り気 2201 i
移る 1165 l 1986 c
腕 576 m 1568 a
腕がにぶい 1568 g
腕きき 373 i 1247 i
腕立て伏せ 540 f
腕時計 1568 b
腕のある人 1964 g 2041 n
腕の力 1569 c
腕前 260 k 592 k 1523 j 2021 b
腕前を見せる 1823 l
腕捲りする 1125 c
雨天決行 1780 g
ウド 1708 g
うどの大木 1240 a
うどん 1186 b
うどんを打つ 217 g
ウナギ 37 d 1035 l 1145 h
うなされる 1930 k
うなじ 131 d 1086 h 1838 k
うなずく 398 a
うなだれる 540 l
ウニ 661 j
うぬぼれる 141 c 849 c 2213 j 2214 h
うね 1096 e
うねうねと 1980 n
うねり 1011 c
うねる 1819 e
奪い返す 454 j
奪う 1375 b
姥桜 1895 h
雨氷 2052 f
うぶ毛 668 l 675 i 1449 c
産土神 1708 l
旨い具合に 1884 e
旨いことをする 1416 m
旨い汁を吸う 874 h 942 b 1659 e 2104 m
旨い物 508 e
馬が合う 1647 m 1702 h 1831 a 2066 b
馬が合わない 264 i
うまくいく 1295 f 1830 n
うまくやれない 1260 a
馬小屋 924 a
馬使い 1134 c

ウマヅラハギ 1137 e
馬のいななき 1138 b
馬のひづめ 2111 a
馬の骨 1960 f
旨み 1675 e
旨味が抜ける 2223 h
厩 910 l
生まれ変わる 1719 k
生まれ故郷 85 l 1434 j
生まれつき 1532 a d
馬をひく 1098 h
膿 1259 e
海千山千 1023 d
生み育てる 1944 l
ウミタナゴ 662 c 807 l
ウミホタル 661 l
生む 194 m 1531 b 1809 c
有無を言わせない 153 f
梅 1162 i
埋め合わせる 1176 d
うめく 1522 h
埋め草 135 h
ウメモドキ 1131 k
恭しい 598 h 1215 b
敬い慕う 1944 c
うやむや 146 c j
紆余曲折 2175 m
右翼 2044 a
裏表 486 c
裏表のある人 1066 k
裏切り者 1279 k
裏社会 694 k
ウラジロ 1040 j
裏帳簿 696 d 712 e
裏通り 79 f
裏取引 627 g 711 g
占い 134 e 643 l
占い師 1876 g
占う 2101 e
裏表紙 524 j
恨み 253 b 1754 m 1806 j
裏見返し 525 b
恨みを買う 373 m
恨みを根にもつ 801 d 1859 m
恨みを晴らす 1906 e
恨みをもつ 697 k
恨む 1145 g 2067 a
裏門 711 f
うらやましがる 1828 c 1931 h
瓜 619 h
売上高 1144 l
売上帳 1843 b
売り惜しみ 1796 a
売り声 856 k
売り言葉に買い言葉 559 l
売りさばく 1715 g
売りつくし 1664 e
瓜のつる 1938 l
瓜畑 620 h
売り払う 1722 a
瓜二つ 1973 i
閏月 1465 l
閏年 1465 l
閏日 1465 l
潤す 1465 a

うるさ～えろち

煩くからむ 364 e	うろうろする 1905 f	上辺は立派 112 i	うんざりする 484 l
煩くする 1208 g	鱗 1078 j	上辺を繕う 2222 g	1242 l
漆 1338 e	うろたえる 474 b 747 h	上前 1701 j	運針 392 c
漆かぶれ 1338 g	うろつく 1277 g	上前をはねる 372 k	運送距離 2075 f
粳（米） 896 h	上書き 547 l	960 m	運賃 2076 b 2083 f
得るところない 1978 c	浮気 562 h 604 c	上まぶた 1507 c 1511 e	運転手 935 l 1607 k
憂える 254 a	浮気女 360 k	1932 d	運転マナー 213 h 818 m
嬉しい 572 n 740 i	うわごと 716 l	うん 1238 g	運転免許証 1274 j
982 f 1802 d	噂 1556 g 1847 a	うんうん 697 l 965 k	2147 a
うれしそうにする 1882 f	噂をすれば影 1603 k	ウンカ 505 b	運動場 175 l
売れ筋 1433 k	噂話 1636 i	運が強い 1743 d	運動のフォーム 2205 n
売れ筋商品 1564 d	噂をすれば影 1603 k	運が向く 634 j 701 k	うんともすんとも言わない
売れっ子 330 b	噂をたてる 501 l	1295 k 2076 g	142 m 145 l 1207 i
売れっ子ダンサー 1787 k	上澄み液 1395 a	運がよい 2224 c	1976 b
売れ残り品 1539 c	上っ調子 1893 h	運が悪い 143 j 155 a	運筆法 1336 e
売れ行き 216 l 2057 m	上っぱり 1731 l	364 d 2221 f	運命 1198 j
売れ行きがいい 1381 d	上の空 941 b	運休する 1687 b	運命のいたずら 460 d
売れ行き不振 1843 d	上辺 1158 j	運行ダイヤ 102 m	779 h
2162 f	上辺がよい 1730 c	うんざり顔 924 m	運よく 1884 i
	上辺だけの親切 1439 h		

え

柄 30 m 559 g	エース 1488 e	S状結腸 1989 c	エプロン 1750 n
エアーポケット 968 g	エーテル 1988 i 1991 a	SP 66 h	F1 1971 e
エアクリーナー 263 b	笑顔 1450 g	エスペラント 191 g	F1グランプリ 331 b
エアコン 967 b	得難い 1226 f	1558 f	エペ 783 f
エアコン病 1034 a	得難い人 876 l	エゾギク 302 n	エベレスト 4 l 458 i
エアコンプレッサー	液化する 1252 h	エゾゼミ 725 h	1802 b 2178 l
1351 h	役牛 588 e	得体の知れない 1613 h	エボナイト 1840 g
エアバッグ 11 l 1041 d	液晶ディスプレイ 1963 h	枝豆 429 d	2022 c
エアハンマー 441 m	エキス 888 b 894 k	枝道 369 j	エホバ 1956 f
エアブラシ 1290 f	エキスパート 493 f	エチケット 1039 e g	エボラ出血熱 4 k 261 c
エアブレーキ 525 a	673 k 1582 k 2189 n	エチレン 1988 k	笑み 1857 m
523 k 2097 b	エキスパンダー 1059 h	エツ 528 c 803 b	エミュー 464 e
エアログラム 2031 c	液体 1093 f	X脚 1728 c	M&A 123 d 606 k
エアロビクス 2041 i	液体窒素 1963 h	X線 8 k	1566 m
エイ 706 g 1951 h	役畜 1883 d	X線写真 1304 c	MF 2163 m
AM放送 1678 k	駅伝 861 j	閲見する 888 m	Mサイズ 2165 j
映画 392 c 1304 c	えぐい 998 c	エッジ 117 l 729 j	MD 638 c
2018 m	エクスタシー 1883 e	エッジボール 159 l	MDMA 1951 k
映画コンクール 2018 h	1951 k	エッセイ 800 n 1631 e	エメラルド 509 k 564 i
映画スター 1197 f	えぐる 1767 h 1857 j	エッセンス 894 k	1118 e
映画製作 2160 j	えぐる 1732 d	エッチング 1553 a	エメラルドグリーン
永久歯 697 i	えげつない 1634 m	悦に入る 1526 e	286 j
永久に 1737 j	エゴイズム 2215 j	エッフェル塔 4 m	エラー 308 c
営業許可証 1274 j	エコー 758 j	エディプスコンプレックス	偉くなる 1966 d
営業する 2016 h	エコー波 209 i	1060 c	偉そうなさま 333 e
影響を及ぼす 1543 m	エコー波 756 j	エデンの園 1027 f	偉そうに 1255 j
2238 d	エコカー 741 j 1118 h	1982 l	1275 f 1527 j
エイズ 7 a	エコノミークラス 597 j	エドガースノー 1610 f	選ぶ 1676 l 1901 k
エイズ予防 495 g	1332 f	会得する 763 k	偉物 1964 m
衛星 1755 j	えこひいき 456 k 713 d	えな 1980 g	襟 131 e 1086 g
衛星中継 401 m	1304 h 1650 b 1977 n	エナメル靴 1838 l	エリート 647 m 821 a
ATM 646 f 2213 b	エゴマ 1623 c	エナメル質 2045 a	896 g
2216 k	エコマーク 742 f 1118 g	エナメル線 1827 j	襟首 131 h
栄転 408 d 1450 e	エコロジー 1533 f	NGO 393 g 506 a	襟込みする 1677 g
1506 l	餌 466 i 2045 f	エネルギー 266 g 598 b	エリゼ宮 8 l
（ボートの）エイト 23 i	えさにありつく 237 h	1237 b	襟巻 1750 d
AP通信社 1165 m	エジソン 8 b	エネルギー不滅の法則	Lサイズ 329 j 1847 h
エイプリルフール 2049 m	会釈する 1543 n	1571 i	L/C 67 f
APEC 1920 j	SF 954 l	絵の腕前 736 l	エルニーニョ 458 h
永眠する 1390 e	SOS 714 j 898 g	絵の具 736 m	996 c
栄養ドリンク 136 k	エスカレーター 2213 m	エノコログサ 605 g	エレクト 130 i
栄養分 2033 j	エスキモー 2002 d	蝦 1681 c 1806 c	エレクトーン 1388 c
栄養補助食品 2016 m	S極 1224 b	エピソード 183 j 269 e	エレジー 4 k 76 f
えー 456 e 1238 m	エスケープ 1658 e	397 c	エレベーター 1530 f
1787 d 2123 m	Sサイズ 1847 h	蝦ぞり 75 g	2149 l 2213 d
エーカー 2014 h		蝦のむき身 1442 c	エロス 8 a
エーゲ海 8 g		エピローグ 1753 g	エロチック 1834 e
エージェント 342 e		FM放送 639 l 1679 l	エロチックダンス 1936 e

エロ本 2007m
円 1418 c 1419 e
塩化ビニル 1119 d
縁起がいい 792 b
縁起が悪い 151 a 1483 j
延期する 743 i 1926 c 2103 l 2104 h
縁起のいい 98 m 792 a
縁起物 792 k
婉曲である 1754 d
遠距離 1359 l 2066 l
縁起をかつぐ 1416 d
縁組み 226 g 1388 j
円形脱毛症 49 l
エンゲージリング 416 e
演劇界 920 n

エンゲル係数 462 j
えんこする 1282 m
縁故を頼る 1719 e
冤罪 1906 g 2060 h 2115 c
エンジニア 589 f
エンジュ 738 l
援助交際 59 g 1945 g
演じる 1934 b
エンジン 473 f 780 i 2009 l
塩田 1646 b
豌豆 1037 c
遠心力 1037 c
遠征する 261 g
宴席 1519 g 1799 c
塩素 1119 h
演奏する 2224 a

エンターキー 756 l 1426 d
エンダイブ 977 k
縁談 138 m 190 h 766 l 1666 e
延着 1789 j
延長戦 809 a 878 j 1926 c
エンディングタイトル 1307 b
塩田 1646 b
豌豆 1037 c
エンドライン 439 c
エントロピー 1503 m
縁日 1189 e
縁日に行く 640 l 761 k

縁の下の力持ち 236 l
円盤 122 c 1683 a
円盤投げ 2162 d
鉛筆削り 923 a
燕尾服 1736 k
艶福 1935 l
エンブレム 212 l 756 g
艶聞 507 m 1659 d
閻魔 1198 a 1929 m
閻魔コオロギ 1109 k
閻魔帳 801 f
縁もゆかりもない 22 h
遠慮会釈 146 a
遠慮しない 145 k 881 l
遠慮する 2196 k

お

オアシス 1119 g
おい 4 d 461 h 660 l 1265 m 1727 h
甥 1534 g 1730 b 2150 l
おいおい 696 h
追いかける 2200 k
オイカワ 1077 d
老いこむ 1019 g
おいしい 1833 i 2041 h 2042 j
追い出す 1246 f
追いつかない 1000 i
追いつき追い越す 560 f
追いつけない 2199 i
追いつめる 89 i 1925 f 2199 l
老いの繰言 203 l
老いの涙 699 b
追い剥ぎ 865 m 866 a 1112 f
追いはぎする 1005 a
追い払う 1430 i
老いぼれ 421 j 1018 a f
老いぼれる 79 d 1015 j 1018 b
老いらくの恋 749 j 1736 k
オイルシール 2032 k
オイルショック 746 h 2032 j
オイルタンク 2033 f
オイルフェンス 1005 k
応援団 995 e
奥義を極める 631 g
横死 506 g 1742 a
往時 1446 l
黄色人種 752 e
往診 261 f 2129 c
応接する 2113 h
応接間 762 h
黄体ホルモン 2075 m
横断歩道 698 d
王手をかける 838 g
嘔吐する 1711 b
凹凸レンズ 18 k
往年 2087 m
オウバク 748 k
往復切符 1001 i
往復する 318 c 1742 k
欧米風 1942 a
横暴 111 h 1373 m

1885 i
オウム 1786 g 2015 m
オウムガイ 2015 a
鷹揚 328 h 937 e
横領する 1646 a
オウレン 750 b
オウンゴール 1771 c
お偉方 76 i
おお 1266 h 1769 f 2022 h
大雨 1399 m
大慌て 1150 e
おーい 1267 g
多い 639 g
覆い 2119 c
OECD 890 f
覆い隠す 94 j 1172 l 1930 c
お157 326 l
OS 175 l
大親分 918 d
おおかた 21 g
狼 1010 c
多かれ少なかれ 776 k
オーガンディ 127 b
大きさ 337 m 582 j
大きなお世話 633 e
O脚 1715 j
オークション 856 d 901 j 1271 l
大口 228 b 334 m 340 d
大口をたたく 326 l 980 k
多くとも 247 a 2156 a
多くの人の口 2172 k
オーケストラボックス 2070 g
大ごちそう 335 b
大酒飲み 1645 l
大ざっぱ 175 b 340 f 1103 l
大皿 1277 b 1278 g
大騒ぎする 483 l
大山椒魚 1240 h 1725 k
お教え 1195 m
大鹿 1177 h
大勢の人 1964 h 1968 c
仰せに従う 294 i
大空 173 f
オーソリティ 330 i
オーダーメイド 438 d

大台 329 j
大鷹 173 m 405 l
大旦那様 332 h
おおっぴら 596 n 1943 d
オーディオ 2005 a
オーディションを受ける 2019 i
オーデコロン 727 f
大通り 1136 m 2137 j
オオトカゲ 918 h
オート三輪 1475 k
オードトワレ 354 d
オートバイ 1201 h
オードブル 1845 k
オートマチック 2212 m
オートマチックギヤ 242 l
オートミール 1142 e
オーバーオール 591 d
オーバーコート 339 d 1730 k
オーバーステイ 209 e
オーバースロー 822 j
オーバーネット 658 n
オーバーフロー 1999 e
オーバーヘッドキック 75 h
オーバーヘッドシュート 1085 d
オーバーホール 338 m 826 e
オーバーライン 261 e
オーバーラップ 411 e
大ばか者 330 m
大白鳥 336 h
オオバコ 214 a
大判 333 h
大引け 1567 c
オープニングタイトル 1307 b
大ぶろしき 536 f
大風呂敷 1893 d
オープン 701 e 952 a
オープンカー 205 d 857 a 1293 k
オープン競技 595 i
大部屋船室 1697 c
オーボエ 1591 f
大ぼら 330 g 662 g
大ぼら吹き 278 c
大ぼらをふく 979 k

大まかを吹く 215 h
大まけ 172 c 325 h 330 l 827 i 1338 k
大またに 336 g 993 g
オオマテガイ 361 m
大晦日 264 d 1245 k 1790 h
大見出し 325 j
オーム 1266 k
大昔 2066 b
大目に見る 62 f 294 k 1431 k 1451 k 1586 l 1643 c
大文字 338 c
大門 2100 g
大安売り 331 k 501 i
オーラ 520 k
オール 841 h
オールスターキャスト 1428 k
オールドミス 1016 k 1017 k
オールバック 325 k 1699 f 1837 g
オーロラ 77 k 791 k
おがくず 921 h 948 h
おかげ 874 f 988 h
お陰で 452 k 1944 m 2102 c
おかしい 437 n 1857 k 2036 f
おかず 548 g
おかずなし 33 f
おかっぱ 1339 a
オカピ 779 e
おかまいなく 145 k
おかみさん 1236 f
岡目八目 357 d
おかもち 2062 i
おから 2096 m
オカリナ 1657 c
おき 16 b
オギ 383 e
起上こぼし 139 e
起き上がる 1347 h
オキアミ 1078 k
置き換える 2162 d
置きざりにする 1498 g
オキシドール 658 h 1593 d
置き手紙 1093 l

置き時計 2242 c
お気に入り 9 a 64 k 685 j
オギャー 550 g 610 c
お客様 619 a 1506 n 2182 g
置く 43 k 577 c
奥様 1644 d
憶測 2001 g
オクタント 22 f
おくて 370 l
お国言葉 1829 c
お国なまり 1710 i
奥の手 61 k 925 n 928 g
奥の部屋 1041 e 1235 j
おくび 66 f
臆病 352 h 1228 m 1385 b 1584 h
奥行 886 h
オクラ 989 h 1407 e
送り状 474 l 2076 b
贈り物 1984 c 2095 l
贈り物をする 1439 h
送る 2157 f
おくるみ 61 i
遅れる 998 l 1789 f
おこげ 550 h 576 f 649 i
おこし 1178 h
興す 1875 k
オコゼ 2034 j
怒った顔 1450 j
怒ってかっとなる 774 d
行い 2238 h
行う 886 b
お好み弁当 1289 i
オゴノリ 837 i
おこされにあずかる 588 k
おごられず焦らず 143 j
怒らせる 1432 k 2113 j
おこり 1265 b 1952 m
おこりが出る 477 e
おごり高ぶる 20 l 849 d 876 c 2215 g
怒り出す 772 h
怒りっぽい 772 m 2090 i
怒る 1229 d 1347 h 1351 b 2039 h 2207 c
おごる 1403 c
押し合い込み 73 h
抑え込み 72 m
抑え止める 461 m
お先に 1514 h 1769 d
お先棒を担ぐ 2108 e
お下げ 101 h 109 a
お里が知れる 85 d
幼い 2163 n
幼さ 661 f
幼な友達 2180 d
納める 855 m
おさらいをする 546 i
おじ 1655 e i
押し合いへし合い 956 i 1714 i 2023 b
押し開ける 1286 j
おじいさん 1016 e 1957 c
教える 849 m
教えを請う 1659 a

惜しがる 1868 e
おじぎ 915 c
オジギソウ 667 d
押し切り 2098 d
おしくらまんじゅう 799 c
おじけづく 267 f 314 c 352 f
おじさん 129 e 325 m 1021 h 1579 g
お静かに 900 b
推し進める 1714 a
おしっこ 1249 f
押しつぶす 1913 e
押しとどめる 970 a
オシドリ 2059 h
推し量る 1073 l 1241 f
おしべ 1464 e
おしぼり 1543 h
おしめ 1249 m
おしめり 1550 m
おしゃぶり 1221 c
おしゃべり 22 i 737 m 983 b
おしゃべりする 945 a 995 h
おしゃれをする 1890 c
おじゃん 87 m 574 m 980 j 1733 k
おしょうがん 56 e
汚職官 2085 k
汚職腐敗 541 c 1646 k
おしろいをつける 1543 i
白粉をつける 1328 c
オシロスコープ 1557 i
尾白鷲 38 c
押す 462 i
雄 594 b 1210 l
おずおずする 160 f 266 f
オスカー 20 h 890 c
お吸い物料理 357 a
雄ねじ 1127 l
おすすめ 1395 i
オスマン帝国 20 h
雄ろば 596 a
お世辞 599 d
おせっかい 453 h
汚染食料 432 m
汚染する 1429 k
お膳立 43 e
悪臭 665 i 1801 c 2075 h
襲う 1388 b
遅れ早かれ 776 e
遅くとも 2156 l
お粗末 668 c
おそるおそる 1635 n
恐れ入ります 141 j 2232 k
恐れおののく 1866 f
恐れ従う 1759 h
恐れる 665 g 920 d 969 k 1270 l 1816 h
恐ろしい 958 f 1816 b
恐ろしい顔つき 1972 l
恐ろしい人 1929 a
オゾン 1945 n

オゾン水 771 j
お大尽 332 b
お互いさま 92 k
お高くとまる 569 l 2213 i
お宅 540 l
お尋ね 529 c
お尋ねします 1403 h
おだてたりすかしたり 678 i
おだて惑わす 1498 h
おだてる 299 j 1294 b
おたふくかぜ 466 c 1469 l
オタマジャクシ 428 b 955 n
穂か 1317 m 1760 b
穏やかな表情 1500 l
おち 61 j
落ち合う 762 c
落ちこぼれ 409 f
落ち込む 1828 l
落ち着いている 1765 l 2131 c
(汚れが)落ちない 1810 b
落ちぶれる 1070 h 1309 k 1325 g
落ち穂拾い 1552 h
落ち目 2223 i
お茶づけ 186 j
お茶をにごす 296 c
落ちる 1129 c
お追従 1137 j
追っかけ 614 l 2200 h
おっかなびっくり 1456 g
おっくう 1628 g
オックスフォード 1255 g
オッズ 1288 j
おったまげる 1815 m
おっちょこちょい 53 j
追って書き 2200 a
夫 2111 h
オットセイ 663 n 1726 k
おっとりしている 1984 e
追っ払う 560 g
おでき 1259 c
おでこ 1229 m 1365 k
お手伝い 3 h
お天気屋 1782 l
お天道様 1022 f 1670 k 1671 a 1744 h
おてんば 817 m 998 b 1657 m 1852 b
音 1535 h 1836 h
弟 1886 g
おどかす 1815 m 1816 b
音が止む 1131 g
お得意 962 k 2182 g
おどけ顔 1711 h 2242 i
男 1223 b
男やもめ 632 j
男らしさ 1943 g
脅かす従う 1859 g
落とし穴 482 f 897 a
陥れる 965 b 1209 a
お年玉 1914 l
落とし物 148 i
落とし主 1541 m
落とし文句 696 h
落とす 419 l

訪れる 1378 a
大人 335 m
おとなしい 1089 k 1442 k 1763 e
おとなしく 84 i 624 l
大人びた 1846 h
お供をする 528 h 1286 j 1287 c
劣らない 151 i
おとり 1249 a 1988 h 2035 m
踊りあがる 2025 k
踊り子 1787 h
踊り下手 721 m
劣る 1919 c
衰えたれる 1588 k
脅かす 892 h
驚き怪しむ 893 i
驚く 892 m
驚くべき 893 e
音をたてる 1835 g
オナガ 755 c
同じ 1979 d
同じ穴のむじな 690 i
同じ大きさ 1964 h
オナモミ 923 k
おなら 1303 a 1893 j
おならをする 261 g 501 k
オニオコゼ 646 f
オニグルミ 1495 b
鬼ごっこ 174 e 2203 c
鬼の念仏 1152 g
鬼火 2003 f
オニヤンマ 1135 e
オニユリ 923 c
おねえさん 1021 f
おのずと 2212 f
おばあさん 1016 e 1019 m 1024 j 1221 f
尾羽打ち枯らす 755 a
おはぐろ 1250 f
おばさん 3 h 129 l 333 e 1019 h
お恥ずかしい 832 k
尾羽 1082 f
お払い箱 81 l 1711 l
おびき出す 2008 f
お人よし 2059 m
帯をしめる 345 e 803 i
オファー 70 f 258 c 2139 c
オフィス 52 g
オフィスビル 1862 g
オフサイド 261 a 2072 h
オフシーズン 354 k
オブジェクト 447 c
オフショア 1036 a
オプション 1902 e
オフセット印刷機 166 f
オブラート 837 k 1178 e
オフライン 1037 k 1722 j 1815 a
オフロードレース 2072 h
おべっか 1271 l
おべっかを言う 44 j
おべっかを使う 528 k 1143 d

お

OPEC　2227 k
オペラ　578 b
オペラハウス　578 c
オベリスク　493 f
オペレーター　737 l
オペレッタ　578 b　1847 g
覚書　80 h　865 b
覚えやすい　800 l
オホーツク海　460 h
おぼしめし　462 e
溺れる　1610 j　1921 f
おぼろ月　354 f
お盆　186 c
お前ときたら　946 k　1380 c
おまけ　310 d　1431 h
おまけする　37 g　1431 h
おまけに　2043 a　2081 m
お待たせしました　378 j
お守り札　536 e
おまる　1555 b
お見合いパーティー　1426 k
お見送りはけっこう　150 e
お見それする　2202 g
オミナエシ　45 k　749 h
おむすび　492 h
オムライス　355 g
オムレツ　1463 k
汚名　1555 b
オメガ　20 e
おめかけ　1985 j
おめかしする　159 j　313 f　623 f
お目が高い　1932 l
おめがねにかなう　1504 b
おめでた　1801 a　2041 f
おめでたい　1404 a
おめでたい日　1802 e
おめでとう　599 d　1801 m　1802 l
お面　816 d
重い　2172 f
思い上がった態度　1275 f
思い上がる　255 k　1382 k　1743 j
思いがけない　1074 a　1343 h　1521 m
思いがけなく　1159 a　1999 j
思い切る　473 h
思い焦がれる　1181 k
思い出す　1837 f

思いっきり　502 a　699 j
思い通りになる　1602 i　1633 d　2030 c
思い止まる　1888 l
思い悩む　1379 g
思いのまま　2030 m
思い巡らす　1609 d
思い合う　911 m
思いもよらない　1344 a　1521 m
思いやり　8 i　1586 k
思いをはせる　1808 i
思う　1240 f
思う　1247 g
思う存分　1174 c　2220 m
思うままにする　1632 e
おも舵　455 g
面舵一杯　1146 a
おもしろい　1418 h　2039 a
おもしろがらせる　431 c
おもしろくない　976 a
おもしろみ　887 i　1026 j　2000 l　2157 i
表通り　331 h　863 j　1365 d
表門　333 c　1366 b
重荷　238 f　2173 c
おもねる　456 k
重み　876 i
趣がない　622 c
おも湯　1178 a　1652 c
(釣用の)おもり　220 h
思わず　14 n　153 h
思わせぶり　618 a　1143 h
重んずる　840 d　1356 k　2172 h　2186 b
おや　3 d　4 d　660 m　1267 i　1915 c　1985 c　2022 c d　2028 g
親　1385 l
親会社　1209 f
親切　1541 j
親方日の丸　649 g
お役所仕事　597 e
親孝行　1855 h
親子鑑定　1387 k
おやじ　1024 e
おやすいこと　676 e
おやすみ　12 l　1736 h
おやつ　653 h
おやつを買う　1141 g
親の脛かじり　236 j　964 k

親の七光　541 h
親不孝　1242 k
女形　353 e
おやまあ　624 m　1769 j　2228 m
親や兄に仕える　1855 f
親指　333 l　1210 f
親指を立てる　1522 k
（マージャンで)親を続ける　1054 m
お湯　940 h
お湯の沸いたやかん　719 g
泳ぎがうまい　1599 a
およそ　484 c
及ばない　137 j
及び　790 f
オラトリオ　1393 d
オランウータン　1877 l
檻　219 a　2210 l
檻　485 i　836 e
折り合う　911 m
折悪しく　958 g　1305 g
オリーブ　1007 f　2032 b
オリーブ色　186 g　562 c
オリーブ油　562 c　2032 b
オリオン座　1076 h
折り返し点　2193 l
おりこうちゃん　624 k
オリジナル制作　2064 f
おりしも　1380 f
折しも　1358 a
折りたたみ傘　1480 j　2121 f
折りたたむ　2121 f
オリヅルラン　406 g
折り本　892 a　2121 b
折り目　2122 d　2123 g　2164 b
折って　296 f　958 b　1305 g　2058 g　2138 m
オリンピック　20 c
オルガン　522 k
オルガンを弾く　166 h
オルガン　23 h
おれ　13 c
お礼まいり　741 c
お膳　1701 g
折れ線　2122 f
オレンジ　916 m
オレンジジュース　233 f　916 j　1819 l
愚か　1109 b　1734 g

2204 d
愚か者　283 f　645 a
卸売　1296 g
卸値　1296 l
おろす　455 k　1074 c
おろち　1151 m
お笑い　183 m
お笑い草　1604 l
お笑い種　832 b　1856 j n
お笑いスター　574 j　1857 k
終わり　1405 e　2169 f
終わる　95 i　933 g　1733 i
音域　2005 k
恩返し　69 e
音楽界　2071 a
音楽発表会　629 c
音楽療法　2005 e
音響　2005 a
温室　725 i
恩知らず　544 f
音信　1188 k　1841 l　1874 e
恩人　462 h a
オンス　18 e　2014 m
音声ガイド　1111 i
温泉卵　1653 i
温暖　1760 b
温暖前線　526 j　1264 l
音痴　2005 i
御中　596 k
オンデマンド　14 l
穏当適切　1723 e
音響自体　434 j
おんどり　595 a　783 j
オンドル　950 i
女仙人　1816 l
女っぽい　1248 h
女の子　1853 h
温風機　1264 k
陰陽師　1587 c
陰陽家　2004 c
オンライン　1057 b　2083 g
オンライン検索　826 c
オンラインショップ　2031 a
恩を仇で返す　236 l　237 j
恩を着せる　1144 f

か

蚊　1764 c
カーカー　459 d　1724 b　1916 i
ガアガア　550 e　620 c
ガーガー　1919 i
かーきち　212 e
KGB　960 k
カーゴリスト　777 h
カースト　2170 c
ガーゼ　1490 i
カーソル　637 k
カーチェイス　503 h
かーっとなる　1968 a

カーディガン　940 b　1154 d
カーテン　275 h　1056 b
カーテンコール　1864 a
ガーデンシティー　2061 b
カーテンレール　275 i
カード　934 b
カードキー　497 l　1169 j
カード収集マニア　796 g
カード族　240 m
ガードマン　66 h
カード目録　1307 a
カードリーダー　435 a

カートリッジ　1207 c
カードを切る　1800 g
カードを差し込む　1587 j
カートン紙　934 i
カーナビシステム　1354 b
カーニバル　810 e
カーネーション　947 n　1548 i
カーネギーホール　934 a
カービン銃　934 i
カーブ　1412 g　1732 g
カーペット　1650 e
カーボン　1650 b

カーボン紙　546 j
カーボンファイバー　1650 m
カーマニア　212 e　1734 m
カーラリー　1354 a
カーリング　118 e　1090 l　1489 m
カール　187 c
カールスカウト　1696 b
カーレース　1470 e
櫂　841 h
買い上げる　2132 f
怪異　1085 g

怪異小説　2158 g
買い入れる　1141 d m
絵画　736 i
ガイガー計数管　553 f
ガイガー計数管　800 f
甲斐がある　150 f
買いかえる　744 m
外貨獲得　276 e
外郭団体　1731 n
外貨準備　1729 g
快活　1593 l　2104 c
貝殻虫　872 d
会議が多い　762 b
皆既日食　1448 l
改行　1665 d
改行する　1347 c　1681 i
開業する　623 j
開襟シャツ　222 a
買い食い　1141 h
会計　2112 b
会計係　159 j　1608 h
会計検査　188 a　1528 n
会計ソフト　163 d
会計窓口　735 a
解決がつかない　1072 a
解決する　1072 n
戒厳　900 b
蚕　171 e　812 d　1482 e
会合　921 g
外国為替　1729 g
外国人居住者　1729 c　1730 i
外国タバコ　1942 d
外国なまり　1942 e
外国に居留する　1378 e
外国ラジオ局　1730 j
解雇する　579 g
骸骨　976 f
蚕の蛹　2025 i
買い頃　375 e
開墾する　964 a　1723 j
開催する　917 g
害される　1216 a
概ар　1122 e
解散する　1481 j
改葬する　1998 m
海産物　662 b
碍子　928 f
買い占め　63 i
懐柔する　790 b
外柔内剛　1181 c
改悛する　1418 c
街娼　1093 d
甲斐性がない　1159 b
解消する　277 j
会食　762 g　921 c
外食する　491 h　1728 j　1730 e
回想　187 i
改心する　1800 j
会心の作品　373 g
海水パンツ　2024 j　2035 h
概数　2068 l
害する　1501 h
会席料理　1421 m
カイゼル　942 g
開戦する　937 b

海藻エキス　1666 g
回想する　1994 n
改装する　2197 a
会則　763 f
海賊　661 k
拐帯する　625 l
解体する　190 g
買いたたく　1913 j
買いだめする　787 d
階段　1104 d　1664 m
会談する　922 d
回虫　760 h
外注　1728 n
害虫駆除　2158 h
懐中電灯　1568 m
懐中時計　738 i
貝塚　87 k
買い付ける　164 k　606 j
かいつまむ　306 m　2100 c
かいつまんで言う　554 j　826 c
買い手　2027 a
開廷する　940 l
海底トンネル　662 a
快適　1708 c
外敵　1729 c
ガイド　345 d
回答　312 k　757 c
解凍　871 k
解答　312 g　870 b
カイドウ　664 i
ガイドブック　363 j
ガイドライン　363 l
買い取る　1140 h
かいな　576 m
飼い馴らす　1911 g　1945 l
海人草　2125 b
飼い葉桶　176 a　1204 m
外泊　1730 i
買い控え　970 e
回復する　546 g
外部メモリー　1728 c
開放宣する　1726 f
買い増す　135 e
快眠　666 f
皆無になる　1484 j
改名する　1998 m
壊滅する　760 h
海綿動物　452 k
買物かご　1006 m
外用　1728 n
概要　328 h
傀儡政権　1752 e
快楽を求める　1909 n
街路樹　1879 i
街路標識　1112 g
買う　606 c
飼う　1759 l
ガウス　571 i
カウボーイ　1256 n
ガウン　199 m
カウンセリング　1867 a
カウンター　275 g　646 e
カウントダウン　367 l
カエサル　942 f
返し縫い　1338 a
替え玉　1157 a　1372 g

替え玉受験　1669 a
かえって　366 g　487 c　1425 d
カエデ　1356 b
返り咲く　468 e
帰り荷　760 b
帰りのキップ　756 n
省みる　1882 c
変える　1998 g
蛙　659 m　1724 c
蛙の子は蛙　977 k　1100 c
帰るべき家がない　641 d
火炎瓶　1429 c
顔　1058 a
顔色　1186 g　1352 m　1527 k
顔色が真っ青　754 c
顔色を変える　552 b
顔が売れている　1700 m
顔が利かない　1059 i
顔が利く　1058 g
顔がにている　668 d
顔がほころぶ　280 m　941 h
顔キップ　398 c
家屋　498 f　2185 g
カオス　767 n
顔つき　1281 e　1526 m　1527 i　2230 l
顔に泥を塗る　1203 e
顔のしわ　2123 i
顔向けできない　23 m
顔文字　1764 g
香り　1757 i　1833 f
香りがよい　1833 f
香りをつける　1908 e
顔をこわばらせる　50 c
顔をしかめる　666 e
顔を出す　2118 b
顔を立てる　250 l　584 j　619 b　1143 l　1504 a　2243 b
顔をつぶす　923 h　1203 c　1502 l
かかあ天下　1270 j
瓦解する　1980 j
ガガイモ　1126 h
抱えて持つ　2023 e
カカオ　958 i
科学音痴　955 b
科学界　955 f
科学捜査　803 g
価格どおり　2118 k
価格メカニズム　818 g
蚊が刺す　1764 d
案山子　178 h
かかげる　1042 b
欠かせない　1514 k
かかと　586 b　854 j
かがむ　540 c
かがめる　1413 e
輝かしい　637 k　691 k　755 m
係　889 m
かかり合う　1029 m
係長　614 e
かかりつけ　1071 h
かかわらない　151 m
かかわりなく　142 f
牡蠣　674 l　1048 g

柿　1557 d
鍵　1955 i
餓鬼　1711 k
かき集める　295 h　296 a　1313 c
鍵穴　1636 g
書き写す　1111 h
掻き落とす　620 j
牡蠣殻　1048 g
かき氷　71 i
書き言葉　1577 l
書き込み　476 c　1862 b
柿渋　1557 d
書き初め　935 c
書き損じ　45 d
餓鬼大将　778 h
書き出す　938 f
かき玉スープ　355 l
書き付け　347 j　2211 h　1678 l
カキツバタ　1937 l
書留郵便　623 c
書きとめる　1111 l
書きなぐる　730 i　1260 k
書き並べる　1074 j
かぎ針　604 f
カギホック　604 g
かき混ぜる　768 f　777 k　853 k
かき回す　853 h
かき乱す　1228 i　1431 h
下線　1814 i
華僑学校　732 e
牡蠣養殖場　1048 h
歌曲　1415 a f
歌曲ファン　578 e
限りがない　1776 f
劃　2152 m
搔く　1484 e　2188 f
家具　812 f
嗅ぐ　1764 i　1892 b
額　104 m
ガクアジサイ　1891 l
架空人物　1781 d
架空名義預金　734 a
学がある　1905 e
かくかくしかじか　1035 g
角形　1615 h
角刈り　50 g　1319 c　1699 f　1714 e
核軍縮　689 d
学芸畑　1994 c
格差　183 a
角砂糖　33 m　494 i
格式を重んじる　840 k
隠し事　2010 e
隠しだて　174 k
確実である　1545 k
隠している　2010 m
隠し持つ　1077 a
かくしゃくたる　2021 j
学者ぶった　1543 b
各種職業　1470 m　1782 e
確証　1685 m
学は　174 i
角錐　1032 k
隔世の感　753 h
確たる考え　2183 l　2201 e

確たる根拠　2201 f	カゲロウ　536 b　2035 f	カジュアルファッション　1888 k	ガソリン　1354 a
楽団員　2071 b	籠　985 l　1102 a　1105 a	カシューナッツ　1948 l	ガソリンスタンド　1354 c
拡張って　1723 l	加工済み食糧　226 c	荷重負担　230 k	肩　822 d
拡張スロット　992 l	加工済みパック野菜　899 k	ガジュマル　1452 c	型　1209 i　1295 k　1879 k　1947 c
格付け機関　1320 j	加工前の素材　1286 f	箇条書き　1678 c	ガタ　608 h
確定する　1131 h	苛酷　954 c	過剰防衛　496 j	硬い　2020 k
角テーブル　374 m	苛酷でむごい　1265 f	華燭　1055 m	片意地を張る　2147 g
カクテル　785 c	籠の鳥　1102 f	過食症　1646 i	片田舎　1405 l
カクテルドレス　1736 h	囲みを解く　1750 b	かしら　48 j	片思い　350 a　1831 j　1977 m
カクテルパーティー　907 d	禍根　1251 m	頭　58 c	片親違い　581 k
カクテルを作る　602 d　1679 g	傘　1480 j	頭文字　2211 i	肩書き　1701 k
格闘技　1480 f	火災　1671 f	かじりつく　1815 j	ガタが来る　2223 h
学年　1244 k	火災保険　775 g	かじる　964 i	カタカタ　550 i　576 i　608 g　620 a　1268 k
核の抑止　690 i	かさかさしている　557 f	柏　720 a	ガタガタ　1795 b
楽譜　1333 d	風上　1506 e	家事をきりもりする　240 l　1073 i	かたき　2060 b
学部　1803 j	家中　497 e	火事を出す　1347 h	かたき同士　1065 f
額縁　736 l	カサゴ　721 j　932 l　2034 j	かじを取る　2111 d	かたき役　35 h
核分裂　1075 h	カサコソ　1797 m	かす　2097 a　2210 l	かたくなである　611 d　617 a　929 j　1254 d　1613 h
核兵器　2065 m	カササギ　1426 h　1802 f	貸す　873 f	堅く守る　1426 e
核兵器発射ボタン　689 c	がさつ　296 l	ガス　1164 m　1350 j	カタクリ　2179 i
格別　1088 f	がさつな人　1151 j	数多くの　1358 g	片栗粉　1712 j
かくまう　16 c　1768 l　1930 k	笠に着る　2112 b	かすか　1397 k	ガタゴト　1608　779 k
額面　1185 f　1424 e	かさぶた　274 f　809 j	かすがい　914 c　1139 l　1269 b　1684 h	形だけの遠慮　1893 k
学問の世界　1904 m	風見鶏　1631 a	ガスコンロ　1164 a	形をなさない　1947 b g
学問の造詣　1577 i	風向き　523 b　1837 k	2089 a	カタ　550 d
格安　294 f	風向きが変わる　105 k	カスタネット　1835 l	片付けられている　2135 b
格安食品市場　380 h	飾り気のない　1331 b　2149 l	ガス中毒　1912 j　2171 m	片付けられる　641 h j　1552 k
核融合　689 m　1433 h	飾り提灯　165 b	カステラ　568 a	カタツムリ　1768 c　1769 c
確率論　554 k	飾りつけた結婚式用の自動車　165 l	かす漬　2086 h	型どおり　1456 g　1982 b　2118 j
閣僚会議　159 l	飾りつける　396 h　2196 g	数取り棒　253 c	型通り　962 k
隠れみの　753 n	飾りブローチ　725 f	数の多いさま　1360 b	時　305 g
隠れる　174 i	傘をさす　1480 j	ガス配管　633 g	刀をふるう　755 l
隠れんぼ　174 e	華氏　732 a	ガスパイプライン　1581 l	肩に担ぐ　948 m
かぐわしい香り　1396 k	樫　1540 c　2115 h	ガス爆発　1106 a	肩ぬぎをする　636 m
欠け　769 k	家事　950 e	カスピ海　661 l　1041 b	カタバミ　298 h
掛け合い　1967 h	カシオペア　1817 a	ガスボンベ　565 j　1351 l	片ひざをつく　1798 d
掛け合い漫才　446 a	貸方　541 m	ガスマスク　432 l	固太り　1454 j
掛け合う　862 a　1357 k	かじかむ　425 f　839 g	かすむ　724 k	かたまる　1427 c
家計費　1501 d	カジキ　1342 g　1372 m	ガスメーター　1351 i	片道　1975 i
家計簿　1448 i	貸金庫　68 g	かすめとる　1109 m	片道は空荷　501 l
かけうどん　1184 h	火事現場　772 c	ガス溶接　1352 b	傾く　1414 k　2239 m
掛け売り　624 b　1516 h	賢い　1084 f	かすり傷　731 c　1309 i	傾ける　179 k
掛け売りお断り　554 f	賢い妻　1894 i	かすれる　1490 m	片目　2144 l
影絵芝居　1300 b	可視光線　958 d	数をあたる　396 d	固めの杯　844 c
かけがね　1073 g	貸し越し　1704 e	数を数える　1583 f	語り口　35 k
過激派　790 b	かしこまりました　2233 b	苛性ソーダ　954 f	騙り取る　456 l　1307 m　1308 k
掛け声　680 f	貸ししぶる　1795 k	カゼイン　556 b　1025 k	語り物　1415 l
賭け事　132 d	かしずく　528 m　1562 d	稼ぐ　2141 c	カタル　934 g
掛け言葉　1591 g	貸し倒れ　341 l　365 n　747 c	カセットテープ　686 g	騙る　457 b　1156 b　2098 l
掛け軸　1677 m	過失　655 f	風通しの悪い　2157 k	カタログ　416 f　1946 j
駆け出し　1854 k　1871 k	貸付　501 a	風にあたる　2116 a	傍ら　1280 d
駆け出す　1467 j	過失傷害　1790 d	風に逆らう　949 k	肩をいからす　1620 f
駆けっこ　1470 k	かじ取り　2111 d	風にそよぐ　1317 c	肩をすくめる　600 k　1620 f　1635 g　1859 f
陰でこそこそとする　645 a	家事に追われる　813 i	風をはらむ　426 m	肩をそびやかす　1620 e
掛け値　1893 a	家事に縛られる　1804 b	風邪をひく　1062 l　1502 b　2116 d	肩を並べる　123 a h　822 f
掛け値なし　417 m　900 a　1924 c	火事になる　2223 m	風を防ぐ　949 k	肩を持つ　1304 r　2106 a
掛け布団　81 e	貸し主　2101 l	河川　837 a	カタン　576 l　620 a
陰干し　1069 k	カジノ　436 l	画素　1840 b	花壇　725 a
駆け回る　1283 k	火事の燃え残り　772 l	仮装　734 c	ガタン　639 b
欠け目　971 a	火葬場の煙　318 a	仮装する　57 j　816 f	
かけら　188 l　1455 j　1633 g	カシミヤ　940 h　1940 b	火葬場従業員　516 c	
掛ける　622 j　1900 i	カシャ　933 e	教えていす　1630 f	
欠けるところがない　1733 m	鍛冶屋　1684 g	数え年　1893 a	
	貸家札　498 e	数えられない　1583 c	
		家族団欒　1336 k	
		家族を養う　1945 c	

ガタンゴトン　779 k
加担する　1305 m
かちあっている　246 i
徒歩　157 l
勝ち戦　1538 k
カチカチ　2020 n
かちかちに硬い　58 i
がちがちの規則　1611 g
家畜　812 i 1532 d
家畜がやせる　1129 l
家畜の背で運ぶ　1722 e
カチッ　933 f
ガチッ　620 a
勝ち取る　2017 g
勝ち抜き戦　214 f
勝ち抜く　1538 b
ガチャ　933 e
ガチャガチャ　730 a
　779 k
ガチャン　357 f 985 k
　1268 j
カチューシャ　934 j
鵞鳥　457 f 809 k
勝ちを急ぐ　795 k
カチン　58 h
カチンコ　1271 h 1521 h
且つ　464 k
勝つ　323 m 1470 d
　2017 k
カツオ　822 b
カツオドリ　691 e 822 c
がつがつする　2230 c
がつがつ食べる　1010 a
がっかりした様子　754 c
がっかりする　20 e
　1062 l 1352 d 1715 e
　1862 k 2000 e
活気　895 i 1533 d
楽器　634 e
活気がない　1611 f
　1612 d
活気づく　1348 n
担ぐ　691 k 1676 n
脚気　854 f
括弧　993 a
かっこいい　979 m 1275 f
　1590 d 2041 e
カッコウ　156 c 437 b
格好がいい　608 f 1564 f
　1815 g
学校がひける　502 n
滑降コース　1905 m
格好つける　428 i 1216 c
　2196 l
学校紛争　1904 e
学校へ行く　1511 d
格好良さを競う　91 e
括弧でくくる　992 m
かっこ悪い　145 l
喝采　165 g
喝采する　1294 d
喝采をおくる　856 k
活字　1364 f
活字体　1668 e
滑車　1114 d
ガッシュ　1595 l
合宿　797 c
褐色　691 c
がっしり　449 b

滑走　733 i
カッター　163 c
カッターシャツ　222 e
合致する　1355 c
活着する　2145 m
がっちりした体格　1948 l
勝手気まま　502 c 1554 a
勝手に　899 b 1501 n
　1607 d
カット　70 d 443 d
　1753 b
GATT　627 l
ガット　627 k
カットグラス　126 k
　405 d
かっとなる　772 h 1001 j
　1401 c 1508 k
活版印刷　1364 e
…カップ (杯)　74 l
カップ麺　74 k 1735 l
カップル　1401 k
合併する　122 f
合併買収　123 d
かつら　480 i 817 j
桂　1054 j
活路　259 a
渇を癒す　2152 h
糧　1552 m
過程　1708 d
家庭教育　858 i
家庭内のいざこざ　812 h
家庭訪問　812 a
家庭を捨てる　1312 b
カテーテル　363 d
カテーテル治療法　872 e
カテキン　463 k
カテゴリー　491 k
我田引水　1143 m
カデンツ　731 m
角　787 h
…かどうか　1563 j
可動橋　770 g
角立っている　2038 j
蚊取り線香　1764 c
カトリック　909 f 1673 j
カトレア　934 i
かどわかす　625 f
角を曲がる　1204 j
　2193 h
金網　1685 a
家内　1235 f
金切り声　820 i
金具　1783 e
金釘流の字　1092 j
悲しい　1628 i
悲しく思う　1868 j
悲しむ　1502 f
金槌　279 j 1568 i
カナディアンカヌー
　731 k
カナブン　877 k 1372 k
要となる　2173 h
金物　1783 d
必ずしも　152 f 1756 c
かなり　1830 g 1968 g
カナリヤ　879 l
蟹　1281 k 1864 h
果肉　1454 k
蟹の甲羅　1281 f

がにまた　1126 g 1715 j
蟹みそ　1864 k
カヌー　731 e
金がある　2037 b
かねがね　1626 m
金食い　236 l
金気　1695 e
かね尺　916 l
金遣いが荒い　336 f
鐘つき堂　2169 l
加熱分解　1076 a
過熱報道　1433 h
金づる　162 h
かねてからの怨み　1624 k
　1627 j
金で抱きこむ　746 a
金で話をつける　1141 b
金と女　1368 m
金の出どころ　1001 e
金のなる木　1951 c
金の草鞋で　314 h
金ばなれがいい　1568 k
金目のもの　1805 j
金持ち　916 l 1022 k
　993 e 2037 c
金持ちになる　472 f
金持ちの子弟　1359 h
金持ちマダム　548 m
金持ちも嫌う　993 k
金を集める　1058 k
金を貸し出す　499 h
金を貸す　503 h 874 m
金を稼ぐ　2141 b
金を借りまくる　2100 k
金を借りる　874 m
金をくずす　1325 b
金を使う　260 k 728 j
　1092 k 1326 b
金をつぎ込む　2186 c
鐘をつく　2198 l
金を都合する　296 c
金をばらまく　1468 d
金を引き出す　1416 g
金をひねりだす　798 g
金をもうける　162 j
化膿する　1248 k 1259 c
　1939 j
可能性が大きい　339 k
河馬　688 l
カバー　1659 m
カバーガール　525 k
かばいだて　62 i
カバディ　934 e
かび　36 f
黴が生える　1163 l
　2110 h
黴臭い　1163 a
加筆する　1890 a
画鋲　1706 m
黴る　475 f
カブ　1126 f 1780 k
　2179 a
株　613 e
家風　1169 d k
カフェ　185 d
カフェイン　185 h 933 j
カフェオレ　1221 f
株価下落　409 j
株券　613 h

カプサイシン　998 m
株式会社　596 f
株式株　613 i
株式相場　613 h
株式配当　2192 l
株式ブーム　524 i
株式募集　2113 f
株式申込書　1444 a
株式を支配する　970 f
カフスボタン　1891 f
かぶせる　974 k 1786 l
カプセル　847 k
カプセルホテル　1769 j
下部組織　1813 k
カプチーノ　933 i
甲　815 f
甲羅　714 h
甲虫　247 m
株主　613 i
株主になる　168 d 1460 e
株主配当　703 f
株主をやめる　1716 e
かぶら矢　1516 j
かぶる　1172 k
花粉症　725 k
カペイカ　576 f
壁紙　1618 l 1375 l
壁にぶつかる　413 h
カポジ肉腫　934 f
か細い　1811 e
か細い声　1804 n
カボチャ　619 h 1224 h
南瓜の種　34 i 620 l
　1224 h
ガマ　659 m 1003 j
　1724 m
蒲　1833 e
釜揚げうどん　650 e
かまう　603 b 632 k
カマキリ　1010 b 1655 h
がま口　1368 a
かまける　2152 j
かます　176 m
竈　1641 l 2089 m
かまとと　2196 f
竈のたき口　1108 m
かまどを別にする　1996 g
かまびすしい　176 k
蒲鉾　2047 l
我慢する　88 j 113 e
　839 d 961 a 1574 l
　2097 g
我慢できない　113 i
　1443 k
我慢できる　375 d
かみ合う　1281 i 1952 h
髪が逆立つ　2153 b
髪が縮れる　915 c
かみがみ　997 m
紙切虫　815 l
紙くず　511 k
紙くずかご　2212 b
かみ砕く　850 h
神様　1022 f 1526 c
かみそり　621 e 1668 m
紙タオル　2155 j
神棚　944 f
神頼みする　1409 l
かみつく　1952 e
紙つぶて　2156 c

紙づまり 1357 b
紙テープ 2155 e
紙ナプキン 2155 i
雷が落ちる 1297 m
雷様 1498 j
神の思し召し 480 j
髪の毛がよだつ 1620 i
神のみぞ知る 1673 d
紙パック牛乳 1773 j
髪をとく 1580 h
髪をなでつける 1192 j
髪を巻く 1656 m
髪を分ける 513 k
カム 51 l
噛む 916 h
がむしゃらに 86 h 297 k
　1145 b 297 k
カムチャッカ 943 m
カムフラージュ 1930 j
亀 643 c 1771 b
甕 566 c 1767 k
亀の甲 1771 b
亀の甲羅 643 c
カメノテ 643 a
カメムシ 255 e
カメラシャッター 982 m
カメラテスト 1559 b
カメレオン 98 k 105 k
仮面 816 i
鴨 534 m 1915 j
鴨居 1162 f
カモシカ 1082 l
…かもしれない 80 j
　1757 c
鴨になる 2188 l
カモノハシ 1916 h
カモミール 558 h
カモメ 663 a 1267 f
蚊帳 1764 f
ガヤガヤ 650 m 730 m
　803 e 1724 a
がやがや 780 a 2144 i
がやがや騒ぐ 208 d
　700 h 1430 l
がやがやする 1120 i
　1231 g
カヤック 1300 i
カヤの実 509 h
粥 1177 b 1794 g 2175 f
痒い 292 e 1946 m
痒い所に手が届く 1484 c
　1484 f 1946 k
痒い所をかく 1228 f
粥をすする 2175 f
粥を煮る 2175 f
歌謡 1950 e
かようしかじか 1035 g
か弱い 2163 a
か弱い力 1976 b
殻 860 b 957 a 1298 d
…から 2030 d
カラー写真 166 e
カラーディスプレイ
　166 b m
カラープリント 166 g
カラオケ 934 j
カラオケボックス 1059 f
からかう 320 h 431 k
　940 g 1679 e 1680 j
　1803 n 1909 b

ガラガラ 701 l 714 j
　730 m 1077 k 1114 e
　1795 b
ガラガラ声 329 b
がらがらしている 297 k
カラカラと笑う 550 e
カラカラになる 849 e
ガラガラヘビ 1836 l
がらくた 1326 e
からくり 915 b
空元気を出す 1376 m
空騒ぎ 33 j 1893 c
からし粉 872 b
カラシナ 553 c 872 l
烏 1772 c
烏瓜 621 a 1740 c
烏貝 868 a
烏口 1207 j 1772 b
ガラス玉 1093 k
烏の豌豆 209 l
ガラス瓶 2233 g
烏蛇 693 c
からすみ 2207 i
ガラスをはめる 10 b
からせき 1622 n
体 1524 d
体が丈夫だ 1524 e
体がもたない 154 d
体つ 1146 f
カラタチ 604 i 2153 e
体つき 1523 m 1668 b
体に合う 959 b
(環境や食物が)体にいい
　1945 b
体を突っぱる 321 k
体を曲げる 593 l
体を横にする 179 h
身体を寄せ合う 1746 g
ガラッ 550 a 620 e
　997 j
カラット 935 m 960 a
空になる 1972 c
カラマツ 705 b
絡まる 1431 k
絡みつく 671 k 852 l
がらりと変える 105 c
ガラン 1100 i
ガラン 639 d 985 k
　1009 k
カランカラン 412 d
ガランガラン 639 d
　730 b 1652 f
がらんとしている 965 n
　966 j
雁 1937 a
借り受ける 230 m
カリウム 815 j
借方勘定 874 i
カリカチュア 527 c
ガリガリ 1590 c
仮契約 685 h
仮住まい 2058 l
かりそめ 1113 k
刈り取る 578 b
仮い 1559 m
借り主 2101 j
ガリバー旅行記 2034 m
ガリ板 565 h
カリフラワー 558 j

729 m
仮埋葬 1406 j
狩人 319 b
花柳の巷 1096 g
借りる 873 e
ガリレオ 809 e
カリン 1115 m 1211 f
刈る 1713 m
軽石 535 h 1202 i
カルカヤ 824 l
カルキ 1547 g
軽くしばる 1007 j
軽くなる 1398 a
軽く拭く 2104 d
カルシウム 553 e
カルシウム剤 553 h
カルシウム不足 553 f
カルスト 1928 f
カルタ 614 h
カルテ 124 f
カルテル 934 h
カルト集団 1859 c
カルマ 1960 j
カルメラ 850 e 1285 l
カルメン 934 m
カレイ 91 i 411 a
カレー(粉) 549 k
カレーペースト 549 l
カレーライス 549 l
かれこれ 582 b
枯れしぼむ 1754 j
(水が)涸れる 869 c
カレンダー 623 b 1244 b
　2069 j
過労 655 h
過労死 657 f
かろうじて 676 i 838 j
カロテン 717 k
軽やか 1398 c
カロリー 934 l 1434 b
ガロン 808 b
かわいがってもらう
　1574 l
かわいがる 925 a 1516 g
　1662 m
かわいそう 958 l
乾いている 554 h
カウ 1109 e
カワウ 1598 k 1640 a
乾かす 1069 a
カワガニ 1864 i
川淡いをする 1889 h
皮ジャンパー 1299 b
為替 761 d
為替手形 761 m
為替送金 761 j
カワセミ 302 b 509 k
為替レート 448 l 761 l
為替を組む 1690 c
代わって扱う 343 a
変わっている 582 i
革砥 567 h
カワニナ 108 m 687 n
　1127 l
カワムツ 1077 d
カワヤナギ 1806 b
瓦葺職人 1725 g
瓦葺の家 1725 g
瓦を葺く 1726 a
変わり目 845 f

代わる 342 m
変わる 104 k
河を渡る 802 i
缶 636 l 1685 m
癇 558 c
ガン 1009 k 1292 a
雁 1937 a
願 2068 e
簡易郵便局 2031 g
缶入りビスケット 1686 b
関羽廟 1786 i
官営 629 g
岩塩 987 f
棺おけ 162 d 631 m 632 a b
干害 671 a 2080 b
感慨 562 f
灌漑 1414 i
考え 905 a 1837 m
　2114 i
考える 1602 l
考えを起こす 1349 m
考えを決める 1217 b
考えをさらけ出す 1068 k
考えを練る 2076 e
　2243 l
感化する 563 e
管轄と隷属 1697 j
勘がよい 51 c
カンガルー 327 e 343 k
感化を受ける 1908 m
カンカン 356 m
かんかん 1887 h 2090 h
かんかんに怒る 1261 i
　1335 a
かんかんになる 705 n
柑橘類 559 c
観客席 946 l
環境アセスメント 742 k
環境にやさしい 1118 g
環境保全 1118 c
環境ホルモン 1031 c
缶切り 937 b
元金と利子 2208 b
元金を保証する 67 d
歓迎会を開く 861 b
関係がない 2037 m
関係がない 554 l 1775 b
関係三者 1472 k 1476 c
関係者一同 554 g
関係筋 1112 l 1439 k
関係する 1520 e
環形動物 741 l
関係のない人 1281 e
関係をつける 622 n
　861 m
感激にたえない 1537 m
還元する 758 a
頑固 1254 d 1969 b
感光 74 f
観光案内 363 j
観光スポット 897 i
　2034 k
監獄 334 m
看護師 722 i
頑固に逆らう 2020 j
頑固者 1015 a 1254 f
　1613 e
完済 1393 b
かんざし 2084 a

かんさ～きしゃ

鑑札　2147 a
換算する　2121 a　2122 b
幹事　762 m
ガンジー　558 e
監視カメラ　401 n
感じが悪い　1659 j
監視する　943 d
乾湿球温度計　557 d
漢字表示　669 m
間者　1234 g h
癇癪　558 d e　774 b　1301 m
癇癪玉　1589 c
癇癪持ち　1351 h
癇癪をおこす　116 d　1507 k
感謝祭　562 i
感謝に堪えない　1780 k
患者の家族　745 m
感傷　1502 d
勘定　65 l
頑丈　1012 h
勘定口座　2112 d
干渉する　184 g　1766 l
鑑賞する　1082 a　1869 b
勘定する　1140 e　1630 a
間食　236 a　1083 e
閑職　2240 a
感じる　562 g
歓心を買う　1141 a　1415 j　1621 e
関心をはらう　628 b
冠水する　1025 l　1596 d
間接的原因　2067 e

間接的表現　2153 i
がんぜない　1173 f
完全　1733 n
感染地域　1387 m　1429 k　2102 h
感染する　1998 a
勧善懲悪　1939 c
完全武装　691 k　1420 a
完全無欠　1733 m　1778 a
カンゾウ　558 c
観相家　1878 l
乾燥機　700 l
乾燥室　700 l
観相術　1838 g
乾燥する　2090 g
簡素化する　894 l
眼帯　1933 m
寛大な処分　133 c
かん高い声　820 m
閑談する　2111 a
簡単な酒宴　107 k
簡単に言えば　828 m
感嘆符　562 m
簡単明白　2148 g
関知しない　1206 b
寒中水泳　423 a
浣腸(する)　635 k
姦通する　226 b
貫通する　425 l
感づく　926 a
缶詰　636 b
貫徹する　634 f
噛んで含めるように言う　412 h

カンテラ　1135 h
寒天　1406 e　1547 d
感電する　398 h　400 g　1346 h
カント　947 c
感動させる　789 f
勘所　1382 b　1953 b
がんとして　1554 m
広東料理　2072 m
かんなぎ　1773 g
鉋仕上げ　894 k
鉋をかける　71 h　620 h
カンニングペーパー　1152 d　1845 h
カンニングペーパーを作る　322 c
カンニングをする　2236 d
カンヌ映画祭　402 e
かんぬき　1170 b
閂　198 c　1170 g
閂をかける　1590 c
寒の戻り　367 c
観音開き　1066 i
完敗する　1581 j
乾杯の音頭　2157 l
カンパチ　1542 b
干ばつ　671 d
頑張る　1261 h　2133 i
頑張れ　808 m　809 a
看板　109 m　110 h　2114 f
乾パン　1914 l
看板にする　1567 j
缶ビール　636 c　1686 k
完備している　1339 k

願開きする　2068 j
カンフー　592 k
カンフー映画　592 k　1786 a
感服する　1288 j
乾物　554 j　556 d
カンフル　2109 g
完ぺき　2156 g
漢方薬　554 i
漢方薬店　1955 i
ガンマ　549 j
干満　2110 i
甘味　1675 e
冠鷲　405 l
丸薬　1955 a
含有する　666 d
関与しない　1891 i
元来　2064 d
陥落する　1122 m
観覧席　556 m
眼力　1043 h
管理職員　1881 f
管理する　632 g
管理部門　1881 h
簡略にする　294 b
顔料　1206 j
官僚タイプ　1351 k
官僚の習性　1799 e
官僚ブローカー　630 b
寒冷前線　526 j　1032 j
還暦　726 j　1319 c
関連する　1803 l
歓を尽くす　884 m
棚をつける　450 f　1656 l

き

気　1526 i
ギア　1272 c
気合いが入る　772 j
ギアチェンジ　744 j
気圧の谷　381 i
ギアを入れる　622 j
キー　14 j
ギー　730 m　1915 d
キーキー　780 e　1266 a
ギーギー　576 i　1919 i　1983 a　2097 c　2144 h
聞いたふうな事　206 a
キーッと音を立てる　160 j
生糸　171 e
キーポイント　742 f
キーボード　836 a
キーホルダー　1955 j
キール　1099 e
キーワード　627 f
キウイ　779 e
キウイフルーツ　1176 v
消え去る　1841 h
義援金　2130 i
記憶にとどめる　867 b
擬音　1241 k
ギガ　792 k
気が合う　446 b　581 b　683 l　1703 c
奇怪　644 f
機械音痴　781 f
奇怪な事件　1343 c
機会を失う　2241 h

着替えの服　745 e
気が利く　769 h　1381 b　2041 k
規格化する　231 g　735 e
ギガサイクル　1360 l
着飾る　269 k
気が静まる　1317 i
機が熟す　227 h
気がせく　747 j　1866 b
気が高ぶる　948 l
気が散る　2223 k
気が転倒する　1526 i
気が長い　1883 j
気兼ねする　618 n
ギガバイト　792 m
気がふさぐ　254 f　435 m　1352 j　2087 e
気がふれる　767 a
気が短い　2090 j
気がめいる　485 e
気がゆるむ　1862 j
気が弱い　1385 b
旗艦　1342 m
義眼　817 b
気管支　2143 e
機関車　780 i
祈願する　1340 b
帰還船カプセル　174 a
基幹労働者　614 k
義眼を入れる　1834 n
聞き飽きる　607 l
ギギー　381 i　2144 h
危機管理　523 g

聞き出す　1651 h
聞き違える　189 h
きき手　2139 f
危機の症状　1745 e
聞き慣れない　466 i
聞き慣れる　1581 l
聞き耳をたてる　179 j
効き目　592 h
効き目がある　634 h
棄却する　131 e
企業グループ　1349 k
義侠心　1993 g
義侠心を起こす　1112 e
義兄弟　555 m　1172 l
義兄弟の契り　1992 h
飢饉　1062 c
飢饉を切りぬける　746 g
キクイムシ　438 l　1043 m
聞く所によると　921 j
キクラゲ　465 a　1211 b
貴兄　1022 j
義兄　43 f
喜劇映画　732 m
既決犯　1989 l
期限　1748 h
機嫌が悪い　1401 m
期限切れ　2050 j
危険と災難　158 f
期限を切る　1026 k　1826 k　1827 c
期限をつける　960 j

機嫌を取る　2242 i
記号　109 e
気候風土　1598 b
稀覯本　1794 j　2128 b
聞こえがよい　1575 j
聞こえる　1459 n
ぎこちない　20 h　1533 k
気骨　615 c　2158 h
気骨がある　2041 m
気骨のない人　1463 e
木っ切　478 e　1495 l
既婚　1989 h
ぎざぎざ　1424 e
気さく　619 f　1631 c
気さくで親しみやすい　1320 c
兆し　804 e　1788 c
刻みタバコ　1922 j
キジ　1958 m　2159 h
生地　1074 b　1185 g
技師　589 f
ギシギシ　550 h　576 i　2144 h
儀式のきまり　1984 f
気質　1301 h
期日　1449 c
期日どおり　1456 k
キジバト　131 j　904 c
岸辺　1331 h
義姉妹　556 i
きしめん　623 g
記者　1018 d
記者会見　801 g

喜捨する 1026 i
義手 817 g
寄宿する 805 l
寄宿生 2185 f m
気象学 1788 d
気性が強い 1075 a
起床する 1347 h
偽称する 1940 k
偽証する 1773 b
儀仗隊 1984 j
起承転結 1346 e
机上の空論 2156 b
儀仗兵 1039 j
気色 1186 g
喜色満面 1802 e
擬人 1241 i
キス 238 c 1387 m 1803 a
きず 1152 l
汽水湖 55 g
黄水晶 896 m
黄水仙 200 e
奇数と偶数 350 d 787 a
奇数日 349 l
傷口 971 g 973 k 1566 h
傷口がふさがる 685 c
傷だらけ 1358 k
傷つける 170 a 1502 e
きずな 1257 l
傷もの 285 a
(商品の)傷物 170 a
帰す 641 f
記する 2158 d
帰省休暇 1651 h
規則をゆるめる 1618 n
期せずして一致する 16 m
気絶 79 m
季節工 58 f
気絶する 96 i 2072 k
季節性鬱病 804 i
季節の変わり目 804 c
季節の初物 1819 l
季節はずれ 486 c 1131 b
季節風 1549 h
季節労働者 714 d 804 i
キセル 1921 k
偽善 817 b
毅然として 1998 b
競う 901 f 926 h
偽造カード 693 m
偽造貨幣 1752 k
奇想曲 1632 b
偽造紙幣 817 d
寄贈する 923 d 2095 i
奇想天外 1547 h
偽造ブランド品 1752 b
規則 2091 b
義足 817 j
規則に従う 2233 e
基礎を作る 384 l
北 76 i
ギター 792 f 1098 e
機体 1523 g
鍛える 1958 e
来た順 1818 d
気立て 1301 n 1868 e
汚い 2085 m
汚いやり方 606 k
汚らしい 1771 f
機知 2194 h

帰着する 642 j
忌中 1885 j
忌中の家 1482 g
議長 2183 c
記帳する 801 e 1815 e
貴重な言葉 879 f
貴重品 1805 i
几帳面 1911 f
記帳漏れ 1106 g
キチン 779 a 815 n
きちんとしている 93 j 438 l 1976 k 2135 d
きつい 251 b 1048 j
きつい気性 773 l
きつい言葉 1925 m
喫煙者 1922 b
気づかい 627 f
きっかけ 936 m
気疲れする 1526 h
気づく 476 g
キックオフ 939 l 2166 i
きつく締める 882 h
キックバック 757 m
きつく結ぶ 1027 j
ぎっくり腰 1498 i
気つけ薬 1396 g
喫茶店 185 a 186 m
ぎっしりつまる 1914 f
生粋 282 c
喫水線 1598 k
ぎったんばっこん 1377 l
キッチンアート 1936 d
きっちりと 1926 b
キッチン 264 i
キツツキ 1075 f 2087 j 2204 n
切手シート 1660 g
切手帳 796 f
切手マニア 2031 e
きっと 95 c 1968 f 2201 d
きっと…になる 375 e
きつね色になる 849 a
狐の皮ごろも 719 l
きっぱり 964 c 1998 b
きっぱりしている 1072 j
きっぱりと否認する 1972 e
切符 1421 l
気つい 1352 h
切符売り場 266 n
吉報 1426 h 1802 c
詰まり 155 h
詰問する 1665 n 2092 h
規定演技 643 f
汽笛が鳴る 855 l
機転 1867 j
機転に富む 591 j
起動する 937 f
危篤 575 e 1745 g
気どって歩く 1640 m
キニーネ 989 j
気に入らない 957 a
気に入らない人 1602 a
気に入る 446 h 946 a 947 h 2171 h
気にかかる 623 i
気にかけない 1536 h
気にかける 403 b 891 e

925 b 1363 b 2083 m
気にさわる 2198 k
気にする 237 c 628 g 1095 a 2082 c
気にするな 872 h
木に竹を接ぐ 1256 g
気になる 623 i
絹のハンカチ 1608 l
杵と臼 265 l
記入する 1675 i
記念アルバム 179 f
疑念がある 1865 h
記念切手 802 b
記念スタンプ 802 a
機能性疾患 630 j
機能不全 592 f
きのえ 814 j
きのえね 815 g
気のおけない 1682 e
気のおけない宴会 107 g
気のきかない 1385 c
キノコ 609 l 933 a 1202 l 1912 b
キノコ類 1616 g
木の叉 188 m 1585 k 1913 b
木の幹 1585 h m
気のりがしない 147 d
気は心 620 m
キハダ 748 k
奇抜なこと 729 i
騎馬民族 1134 e
黄ばむ 491 a
気晴らし 941 d 1273 m
きびがわら 860 d
忌引休暇 1482 h
きびきび 1389 g
厳しい 932 m 998 c 1080 k
厳しい試練 1925 h
厳しく叱る 1698 j
機敏 770 e
寄付 922 m 2130 h
義父 806 a
気風 1353 m
寄付金 922 j
寄付金を募る 1214 d
ギプス 894 c
ギプスコルセット 1547 k
ギフト 1039 h
着られず 2082 l
気分 515 e 1401 m 1609 f
希望 1280 a g 2068 h
基本給 386 g 1611 e
基本賃金 785 j
ギマ 1471 l
気前がよい 328 i 948 f 1570 j
生むしろ 1551 i
気まずい思い 559 g
気まずくなる 490 c 683 i 1502 k
決まったイメージ 418 g
決まった職業 1024 m
決まった道 505 m
気ままに 1446 b 1590 l 2030 g
気ままに話す 2221 b

きまり 417 i 643 l 2201 k
きまりが悪い 1204 f 1256 f
決まりきった事 203 j
決まり文句 961 e 1017 j 1132 m 1660 m
機密文書 782 m 1762 k
気脈 1535 j
義務を尽くす 229 f
記名小切手 1643 f
記名する 1362 l
きめ細かい 1180 f 1805 n
決める 315 j 925 j
気持ち 1867 c 2000 m 2207 c
気持ちが大きい 205 g
気持ちがおさまる 1759 l
気持ちが通いあう 1831 m
気持ちがくさる 1402 k
気持ちがよい 1832 l
気持ちよく眠る 1832 l
肝っ玉 352 k
肝をつぶす 1483 c
疑問をもつ 322 j
ギャーギャー 645 f 1266 a 1724 a
ギャグ 586 f 1857 c
客室 174 d
客室乗務員 1848 h
逆噴進ロケット 2160 l
虐待する 345 i 977 e
逆手 488 h
逆する 486 l
逆引き辞書 368 a
逆風 1373 e
逆戻りする 1732 f
逆流する現象 2025 f
客を送り出す 1621 k
きゃしゃ 848 f
気安く近づく 1660 b
キャスター 865 i
キャスター付バッグ 995 b
キャタピラ 1117 f
却下する 1296 b
客観的情勢 1878 e
キャッシュ 1826 a
キャッシュカード 1665 i 1825 l 2006 j
キャッシュコーナー 2216 k
キャッシュバック 489 l
キャッシュメモリ 571 k
キャッチフレーズ 1188 h 1898 m
キャッチャー 862 j
キャップ 93 d 1157 h
キャビア 1910 f
キャプテンマーク 444 c
キャベツ 581 j 867 k
伽羅 1343 c
ギャラ 1307 g
キャラクター 2211 d
キャラクターグッズ 792 k
キャリアウーマン 1374 l

キャリアロケット 2076 a	急落する 1464 l	兄弟分 577 e	キョン 750 h 798 h
キャリパールール 934 a	キュウリ 619 h 749 l	夾竹桃 811 k	893 c
キャリパス 934 d	丘陵 1085 l	蟯虫 38 i 1228 l	嫌い 1934 j
ギャロップ 982 a	給料 1872 f	胸中をさらけ出す 846 h	嫌う 581 c 888 i 1659 i
キャロン語 810 f	給料の格付け 1321 j	共通科目 595 d	1823 f
キャンセル 217 i 1416 e	給料を上げる 809 h	共通語 601 h	きらきら 1605 j
キャンセル待ち 379 h	給料をもらう 1086 e	共通点 601 h	きらきら光る 172 e
キャンディー 1653 h	1088 a	共通認識 601 i	301 i 1068 h m 1195 c
1654 c	旧暦 2003 j	強敵 899 c	気楽である 1734 i
キャンパス 1856 j	旧暦12月8日 999 c	共同経営 686 a	きらびやか 1902 g
キャンピングカー 497 f	9割9分 905 b	共同経営者 684 i	1935 i
2167 i	急を救う 793 n	共同コミュニケ 594 g	ぎらり 1195 j
キャンプ 1960 b	キュッキュッ 550 f	共同声明 1057 h	嫌われもの 1738 g
キャンプファイヤー	キュリー 793 k	共同で 684 b 776 d	桐 2199 a
1736 h 2016 l	キュロットスカート	興に乗る 1002 b 1882 j	錐 2229 e
(ビリヤードの)キュー	1427 l	享年 2170 d	きり上げる 1566 c
1410 g	今日 2115 j	競売(する) 1271 l	きり上げ絵 826 m
灸 7 i 906 l	凶悪残忍 1885 e	競売の主催者 2183 f	切り落とす 578 a
救援センター 96 n	凶悪な顔つき 699 j	脅迫状 1026 f	霧がかかる 1789 l
嗅覚 1892 c	脅威となる 606 a	脅迫する 1859 g i	義理がたい 607 m
休学 1688 h	教会 858 m	共犯者 1692 b 1693 a	霧が出る 1809 n
休暇を許可する 1895 c	業界 673 k	強弓 852 d	きりがない 101 k 1159 a
休暇をとる 1403 j	業界語 672 m	凶暴 1373 g	1160 f 2041 a
休暇を延ばす 1897 d	業界内 1960 a	共謀する 602 h 1208 e	切り株 184 m 1586 a
休閑地 1124 f	強化ガラス 301 l 565 c	興味 1882 g h	2178 d
九官鳥 1071 b 1401 d	俠客 1786 b	業務上死亡 590 l	霧が深い 1789 l
球技 1472 i	強化する 808 g	業務組織 781 g	切り刻む 455 l
救急車 910 m	教化する 1423 i	共鳴 1693 i	切り傷 579 b
救急センター 794 f	経帷子 1574 e	教養科目 595 d 1762 m	ギリギリ 576 l 2144 h
救急絆創膏 274 j	教科書 1212 e	強要する 1859 k	ぎりぎり 564 l
休業 1688 i 1960 a	強化プラスチック 565 d	器用よりもまめ 2202 g	きりきり痛む 2228 k
究極 2170 a	2095 c	郷里 813 j	キリギリス 650 l 2170 a
休航する 1687 f	俠気 1808 i	行列する 1272 k	ぎりぎりまでやる 146 h
休講にする 1688 a	狭軌 1178 h	強烈なシュート 899 e	切りこみ 938 h
救済会 2130 i	経木 1212 e	興を添える 851 l	斬り殺す 944 i
救済する 2130 h 2174 l	行儀 1441 j	ギョーザ 851 l	霧雨 1923 e 2052 h
休止状態 1600 c	協議価格 1994 b	ギョーザをゆでる 2184 l	ギリシア正教 422 d
休日出勤 807 e	橋脚 449 d 1379 d	許可証 2147 a	786 c
吸収する 1793 h	供給(する) 799 h	許可する 2075 f 2201m	ギリシア文字 1793m
急所 398 c	供給が需要に応じきれない	虚偽の申告 1752 k	キリスト 786 c
宮城 2210 d	598 g	漁業労働 2049 e	切り倒す 944 i
旧正月 2061 a	狂牛病 524 n	曲芸 1587 j 2078 f	きりっとした表情 822 f
休職 1688 g	教義を樹立する 1585 g	玉石混淆 1100 a	切り詰める 944 f 2233 j
急所を突く 324 c 1384 e	狂大 524 l	曲馬 1803 d	錐で穴をあける 2199 f
救助を求める 1409 d	恐慌 1745 k	玉杯 2054 a	錐で穴を通す 2228 j
求人難 590 c	凝固剤 768 l	局面状況 915m	切りとり線 1344 g
求心力 1838 c	強固にする 599 l	極力 40 d	義理に欠ける 1097 e
急逝 185 c	恐妻 1233 c	虚構 817 e	きりのない 19 c
窮すれば通ず 795 a	教材 963 k	巨像の目 1014 m	切り開く 769 d
1401 e 2159 i	凶作 1371 b l	居住する 2185 e	切り回す 61 g
急性伝染病 1761 l	凶作の年 746 f	醸出する 256m	きりもみ状態 1901 k
1997 k	興を削ぐ 621 e 1418 h	拒食症 1934 k	切り盛りする 29 j 318 l
休息する 1688 d	1485 k	去勢する 1378 g 1499 h	気力 895 i
急ターン 795 e	協賛する 1858 h	1921 i	気力をふりしぼる 300 l
及第 951 i	教室 963 a	虚勢を張る 1217 b	気力づく 799 d
旧宅 618 a	ギョウジャニンニク	2108 b	麒麟 199 c 897 c
旧知の 617 f	579 e	巨大 31 b	麒麟児 1078m
仇敵 447 k 2059 l	恐縮に思う 658 j	巨大ダム 325 e	麒麟草 510 f
給電する 990 d	供述 972 b	巨頭 162 l	麒麟と鳳凰 1078m
キュート 571 f 975 b	行商人 777 g 1846 l	巨乳 125 l	切る 997 b f 1382 a g
急に上がる 809 h	教職 235 l	(映画の)巨篇 334 b	1713m
牛乳 1255 a 1820 f	強制する 1376 i	巨万の富 1737 l	ギルド 595m 786 g
急場 1745 k	競争心理 901 k	許容誤差 2075 f	きれいご 1311 f
キューバ糖 1488 l	兄弟 1886 f	許容する 1451 e	きれいさっぱり 556 j
急病 73 c 123 l	兄弟姉妹 870 c	清らかな心 119 i	894 i 1969m
給仕する 1488 c	兄弟弟子 1542 e	きょろきょろ 2108 c	きれいにくしけずる
急ブレーキ 795 c	兄弟間同 1401 e	2194 j	1580 e
旧弊 1708 m	兄弟の仲を裂く 1037 a		切れにくい 100 l
急用 795 d	兄弟弟子 295 g		切れ端 1812 k
給与物資 799 j			

妓楼 197 a	気をつけ 1047 h	近距離ミサイル 886 k	均等にする 2074 g	
キロカロリー 1359 k	気をつける 1510 m	(トランプの)キング	金と銀 748 h	
記録 2158 e	1853 j	1019 f 1740 j	金時計 876 e	
キログラム 595 f	気をとられる 618 l	金券 1311 m	ギンナン 2007 m	
キロサイクル 1360 k	機を逃がさずする 790 d	金庫 68 g	銀杏 34 j	
キロバイト 1361 a	気をもませる 1353 e	近郷近在 1616 a	筋肉 782 l	
キロヘルツ 1358 i	気をもむ 619 c 904 g	銀行支払 870 h	金の延べ棒 879 c 1677 c	
キロボルト 1358 g	1453 e 2116 c	銀行振込 2006 j	キンバエ 1119 e 1392 k	
キロメートル 595 f	気をゆるめる 1864 g	金庫係 1607 m	金箔 879 m 1961 b	
1359 f	筋萎縮 782 m	キンコン 1373 i	金縁眼鏡 879 l	
キロリットル 1360 k	筋萎縮性側索硬化症	禁食 873 j	キンマ 918 g	
キロワット時 1726 h	2075 l	近所 2234 l	金蒔絵 878 e	
議論 2133 i	金運 162 l	近親交配 2213 h	吟味する 2234 k	
議論が沸く 415 e	禁煙 802 d 873 l	謹慎処分 2240 n	勤務評定 951 j	
議論の余地はない 148 l	銀河 100 a 1876 l	禁制品 1749 e	筋無力症 782 l	
きわまる 791 m	キンカン 877 m	金銭 162 l	キンメダイ 879 l	
きわめて 791 k 1525 b	金環食 742 l 1447 c	キンセンカ 880 i	金メダル 623 k	
きわめる 884 j	1448 l	金銭出納簿 1092 d	金メッキ 1095 f	
木を植える 1585 g	看香板 880 b	金銭を騙り取る 2098 i	キンモクセイ 347 l	
気を落ち着ける 218 h	緊急 1545 h	勤続年数 590 m	647 a 872 k	
1914 f	緊急援助 1376 k	禁断症状 2011 g	金融界のボス 162 l	
気を落とす 279 l 1233 a	緊急融資 2019 j	禁断の果実 888 f	金融ひきしめ 1873 f	
気をきかせる 1548 f	金魚草 880 e	巾着 689 b	キンラン 878 g	
気を鎮める 1220 l	金魚鉢 880 e	謹聴する 1399 g	勤労奉仕 1993 m	
気をつかう 510 b 1014 l	金魚藻 922 k			

く

グアム島 626 j	クーポン券 2027 f	くじける 307 d 916 f	癖 1152 l 1301 m 2011 i	
杙 1212 m	食うや食わず 54 f 450 b	串刺し 198 a 269 g	愚息 1423 d	
悔い改める 196 l	2039 m	くじに当たる 165 h	くそっ 830 k 1638 f	
食い意地の張った人	クーリエ 1874 k	2171 e	クソムシ 1010 b	
193 f	偶力 1044 e	クジャク 968 m	くだくだ 2200 l	
(トランプの)クイーン	クール 1032 i	クジャクサボテン 1089 d	くだくだしい 1324 l	
1740 v	クールアイランド 1032 f	くしゃみ 1291 g	1633 m	
食いしん坊 1646 a	クエン酸 918 e 1628 h	苦情を言う 1625 c	くたくたになる 1647 l	
1657 l	クオーク 979 l	駆除する 136 f 1488 j	砕ける 1334 f	
クイズ番組 901 g	苦界に身を沈める 1122 l	2158 c	くたばる 1733 k	
食い違い 259 l	苦学する 825 a	クジラ 242 i 893 c	くたびれる 477 g	
食い違う 1253 g 1721 j	釘 413 f	くじを引く 217 b 252 e	果物の砂糖漬 653 i	
クイック 440 h	釘抜き 1368 h	2188 k	果物のシロップ 654 a	
クイックスパイク 440 h	苦境 992 i	葛 581 l	果物の不なり年 1858 b	
クイックターン 1365 a	釘を抜く 1346 f	ぐず 87 b 1019 n 1160 c	果物鉢 879 m	
ぐいと引く 2189 l	九九 905 b 1848 l	1455 e	果物屋 1595 g	
食い止める 2226 h	くくりつける 1487 j	くすぐ 1798 f g	果物や干もの 556 k	
クイナ 1938 a	1491 i	ぐずぐず言うな 510 i	くだらない 1776 g	
グー 1548 a	くくる 991 i 1590 d	ぐずぐずする 240 h	くだらない映画 1008 g	
空気入れ 320 m	愚見 94 l 2202 i	1208 l 1243 a 1321 l	くだらぬ話 2047 l	
空気がぬける 1862 k	クコ 805 e	くすぐったい 1889 k	(列車の)下り 1815 e	
空気が漏れる 1493 f	臭い 255 n 1498 d	1946 k	口 2229 f	
空気銃 1352 k	2041 e	くすぐったがる 580 d	グチ 752 b	
空気抜き 520 k	臭い物には蓋 1786 k	くすぐる 430 l 580 d	口当たり 236 e 972 b	
空気リベッター 1156 g	クサカゲロウ 178 g	クッス 1328 l	口当たりがよい 958 j	
空気を入れる 320 k	くさくさする 113 j	くず鉄 511 h 1633 k	1593 r j	
グウグウ 608 l 714 m	臭くてたまらない 1929 n	くずとうもろこし 188 j	口裏合わせ 1698 b	
KKK 1475 i	腐っても鯛 1325 m	くず米 188 j	口がいやしい 193 c	
空港ビル 714 b	クズやカス 115 l	薬 227 g 1954 e	2230 c	
空港ラウンジ 714 c	くさび 820 l 928 f	グズリ 1010 k	口がうまい 728 i 762 k	
偶数 1591 e	草ぶきの家 1155 m	薬の効力 1955 c	1380 e m	
偶像崇拝 47 a	草ぼうぼう 746 m	薬箱 1808 d	口がおごっている 973 l	
ぐうたら 341 g	草むら 177 l 295 h	薬指 1615 g 1777 a	口が軽い 1765 m 2230 k	
空中ケーブル 819 f	鎖 1060 k	薬をつける 1511 f	口がきつい 2230 b	
1637 l	腐れ縁 2060 c	ぐずる 1074 g	口上手 1237 j 1499 l	
空中ブランコ 968 h	くさや 820 l	崩れ落ちる 1325 g	口数 282 k	
グーチョキパー 83 c	くじ運 166 c	1639 d	口数が多い 2229 i	
クーデター 930 a 1786 d	くじく 1257 d	崩れる 1645 h	2230 j	
2140 g	くしけずる 1103 e	(型が)崩れる 2224 e	口がすっぱくなる 972 l	
空費する 987 d 1742 j	1580 e	くず綿 34 d	口が達者 2230 v	
1893 k 2240 h			口がもつれる 1432 a	
クーポン 112 j				

口から出まかせ　101 k
　1631 g　1632 j
口が悪い　1634 m
汚い　2230 i
汚い言葉　2085 a
汚く言う　1139 f
汚く罵る　1390 k
口げんかする　211 c
　926 f　972 m　2230 h
口答えする　415 f　740 i
　741 e
口コミ　1112 f
口ごもる　234 d　860 k m
　1337 g　1458 i
口先がうまい　108 g
　2230 d
口先が巧み　733 m
口先だけ　966 e
口過ぎの稼ぎ　768 b
口づけする　1386 b
　1765 h
ぐちっぽい　1125 k
口で言い表せない　1188 e
口止めする　436 g
口止め料　525 h
クチナシ　2145 c
口に合う　447 m　685 c
　1564 a
口に押しこむ　1228 i
口に出して言えない
　1603 a
口パク　816 f　1752 k
くちばし　2229 f
くちばしを入れる　184 m
唇　2230 d
唇で吸う　2234 b
口笛を吹く　972 k　1516 g
　1857 b
口ぶり　737 g　972 g
口下手　87 d　2229 m
口紅　282 h
口まね　1904 j　1905 d
口もとをゆがめる　1312 g
口調がよい　1602 b
口を開ける　1618 b
口をきわめて罵る　1618 b
口をすすぐ　1587 i
口を滑らす　　　　32 f
　977 d　1517 c　1604 g
　1605 j
口を滑らす　1106 j
　1327 f　2224 h
口をすぼめる　2234 b
口をそろえる　845 k
　1339 f
口を出す　658 c
口をつぐませる　1956 m
口をつぐむ　436 g　927 e
口をつける　1812 e
口をとがらす　925 i
口を開く　1312 m
口をへの字にする　1312 m
口をゆがめて泣く　1074 f
口をゆすぐ　1619 b
靴型　1903 b
クッキー　1412 d　1852 e
クックッ　459 d　576 i
　608 j
グツグツ　608 i
掘削機　2229 g

掘削する　2228 a
靴下　1726 b　1955 l
靴下が伝線する　2107 e
靴止め　1726 c
クッション　1462 m
　2240 b
屈身　1413 g
ぐっすり眠る　558 a
ぐっすり寝る　695 h
靴ずれ　319 m
ぐったりする　1647 l
くっつく　2102 k
くってかかる　436 d
靴の甲　1861 k
屈服させる　2160 f
靴べら　1861 d
くつわ　1136 d　1290 c
クツワムシ　499 b
句点と読点　919 k
くどい　1242 h　1897 l
駆動力　1714 b
くどくど　1125 f　1898 a
くどくど言う　213 c
　1584 c　1633 e　2230 b
くどくどしい　1314
　1897 k　2144 a
国に尽くす　922 f
ぐにゃぐにゃしている
　1795 g
クヌギ　1051 i　1133 k
　1840 m
くねくねした小道　1939 m
くねらせる　1256 d
くねる　1256 c　1730 l
首　131 a　897 c
首飾り　1838 a
首かせ　809 j
首にする　163 k
首輪　1887 b
首をつる　1506 l　1900 m
首を長くして待つ　692 d
首を伸ばして見る　217 e
首をはねる　944 l
首をひっこめる　1635 m
九分九厘　905 d
区別　2036 f
区別する　1411 m
くぼみ　964 k　1724 k
くぼむ　18 l
熊　1887 b
熊笹　1494 d
クマゼミ　2099 i
熊手　1269 k m
隅取をする　727 a
熊鷹　693 h
クマバチ　579 i
組　547 g
グミ　1653 h
組曲　1660 g
組み体操　411 g
組み立て家屋　770 c
組立部品　2227 e
汲み取る　791 d
組版する　1272 e
組みひも　1656 m
クミン　2205 c
(酒を)酌む　2203 a
工面する　253 n　1260 h

雲　2073 h
蜘蛛　2146 c
雲形定規　2074 b
雲つくばかりの大男
　111 g
供物のおさがり　601 k
雲の上　2073 l
蜘蛛の巣　2146 d
曇り　2004 i
曇りがち　453 g
くやしい思い　1754 l
悔やみを述べる　1936 i
倉　2085 k
暗い　2003 c
グライダー　1835 e
クライマックス　568 f
　628 c
(引き算で)位を借りる
　874 g
グラインダー　1491 h
クラウチングスタート
　449 f
クラクション　997 k
暗くなる　472 k
グラグラ　608 i　730 m
ぐらぐらする　771 b
　1950 j
クラゲ　1597 m　2122 l
暮らし　1448 k　1449 e
　1549 l
グラジオラス　1652 b
クラシック音楽　612 m
暮らしにくい　1226 j
暮らし向き　770 d
暮らしを立てる　235 j
暮らしをみる　1501 b
暮らす　437 n　438 d
　655 c
グラス　126 l
クラス担任　48 m
グラスファイバー　127 d
クラッカー(電算)　665 l
クラッカー(食品)　996 d
クラッカー(食品)　1623 g
　1822 h
ぐらつく　472 f　770 b
クラッシャー　1919 l
クラッチ　1036 k　1251 j
クラッチペダル　1036 k
クラブ　920 b　1162 m
(ゴルフの)クラブ　1410 g
グラフ　1706 k
クラブ活動　96 a
クラフト紙　2155 m
クラブメンバー　444 b
クラブを振る　755 l
グラム　960 g
クラリネット　383 k
　632 k
クランクアップ　96 a
クランクイン　938 a
クランクバー　1950 m
グランドオペラ　328 j
グランドピアノ　565 k
栗　1051 m
クリアフォルダー　1704 j
クリアランスセール
　1393 l
グリース　1465 k
クリーニング屋　1800 e

クリーム色　1178 n
クリームファンデーション
　517 a
繰り入れ　648 m
クリーンエネルギー
　866 c　1394 f
グリーンカード　1118 j
グリーン車　1464 f
　1799 b
グリーンピース(団体)
　1118 j
グリーンピース(豆)
　1392 g
グリーンベルト　864 j
　1118 g
クリーンルーム　900 a
繰り返し　798 b
繰り返す　547 k　1001 h
クリカボチャ　877 j
くりくり丸い　1089 l
クリケット　51 e
グリコーゲン　1654 b
繰越金　648 l
繰り越す　868 j　1986 a
くりごと　1132 m
クリスタル　896 d
クリスマス　353 l　1537 b
クリスマスイブ　1316 b
クリスマスカード　934 b
グリセリン　121 l　283 j
　559 h
クリック　349 e　397 i
クリップ　115 d　1357 d
グリップ　1770 m
グリニッジ時　580 f
栗のいが　1051 b
グリンピース　1392 g
佝僂　1129 k
ぐる(になる)　1693 i
クルー　232 m
グルーピー　614 l
グループ　49 b　796 l
　1855 b　2226 j
クルクル　1031 g
グルグル　780 c
ぐるぐる振り回す　1122 m
ぐるぐる巻き　58 l
くるくる回る　611 h
　1090 i　1712 j
ぐるぐる回る　1431 m
　1770 e　1794 b
苦しい時の神頼み　795 c
　1821 b
苦しみにあう　236 f
グルタミン酸ソーダ
　613 g
グルテン　613 l　1185 c
　1462 k
クルド族　611 j
ぐるになる　274 h　602 h
　776 j　845 c
くるぶし　625 k　739 b
　854 l
車椅子　1124 i
クルマエビ　1252 b
車庫に入る　742 f
車酔い　2077 f
車を売る　598 j
くるみ　690 g　1658 g
グルメ　237 c

ぐるりと見る	1616 k
暮れ	2169 l
クレー	503 m
グレードアップ	1530 a
グレートデーン	327 e
クレープ	2176 j
グレープフルーツ	1330 g, 2044 j
クレームをつける	1703 j
クレーン	406 h
クレオソート	515 i, 1211 f
クレオソート丸	1732 l
暮れ方	59 l
くれぐれも	451 j, 1529 l
グレゴリオ暦	580 e
クレジット	343 m
クレジットカード	1874 m, 2006 j
クレゾール	515 i, 815 c, 1002 e
クレゾール石鹸液	1164 d
クレソン	429 f, 1598 n
クレパス	517 f
クレムリン	960 d
クレヨン	999 m
クレンザー	1418 c, 1772 k
クレンジングクリーム	866 a, 1863 l
黒あざ	1391 l
黒い	692 j, 1899 m
苦労する	1872 k, n, 2214 c
玄人	673 b, 1234 b
クローク(ルーム)	1981 l
クローズアップ	1662 l
クローズドサーキット	95 l
クローズドループ	95 m
クローバー	1479 k
グローブ	515 b, 1570 k
グローランプ	755 l
クロール	868 k, 1269 k
クローン	546 h, 960 e
黒雲	1772 l
黒砂糖	705 j
黒字	2017 k
黒字見込	2057 n
黒酢	1908 h
グロス	1255 l
クロスカントリー	2072 j
クロスワードパズル	1676 k, 2220 b
クロダイ	405 j
クロヅル	692 a
クロバエ	1049 a
黒光りする	1771 a, 1772 n
クロマトグラフィー	1486 c
クロマニョン人	960 g
黒目	1392 i
黒眼鏡	1207 f
クロレラ	1851 i
クロロホルム	577 d, 1119 j, 1134 l
鍬	264 c
グワーン	985 j
鍬入れ式	1327 g
加える	807 c
銜える	405 f, 1822 g
詳しい	1834 e
クワックワッ	459 d
クワッグワッ	620 c
桑の実	1483 b
(虫に)食われる	412 g
軍拡	992 h
軍艦	832 b, 2105 c
クンクン	1888 e
ぐんぐん	1346 k
軍事	120 l
軍事援助	931 a
群衆	1436 g
軍縮	163 g, 929 m
ぐんじょう色	530 f
軍人	930 g
軍人と人民	930 e
軍人の家族	930 b
燻製にしん	1908 l
君側の奸	1519 j
軍隊将棋	930 g
軍隊と警察	930 a
軍隊と政府	931 c
軍隊の位階	930 a
軍隊の制度	120 l
ぐんなりする	1647 l
ぐんにゃり	1089 k
軍服	931 e
軍用	930 j, 2106 d
軍用ラッパ	929 l
君臨する	570 g

け

毛穴	670 a
ケアレスミス	297 i, 1267 e
敬意を表する	2157 a
経過する	2030 c
慶賀する	1404 h
警官	1438 k
計器	799 i, 1984 e
景気のピーク	125 g
敬具	290 b
経験(する)	891 d
経験者	657 f
経験と鍛練	1045 d
蛍光スクリーン	2016 e
迎合する	527 j
蛍光ペン	637 a
経済モデル	890 b
警策	60 b
警察	1190 e
警察官	594 e
警察犬	898 f, 1423 l
警察用車両	898 j
計算違い	1540 j
計算に入れる	1630 a
計算問題	1630 b
刑事	2125 h
形式上	1194 b
形式的	631 a
形式と内容	2108 b
掲示する	2108 b
掲示板	595 c
刑事物(映画)	898 k
芸術界	1994 d
芸術界のボス	1994 c
芸勢力	1994 g
軽食	890 l
形勢	1562 g
蛍雪の功	1228 b
継続	268 l
軽率	917 k, 1158 a
携帯電話	1569 j, 1986 g
携帯に便利	107 i
慶弔電報	1040 c
ケイトウ	784 h
毛糸の股引	1153 d
軽トラック	1397 h
芸能界	1418 e, 2050 i
競馬狂	1137 e
競馬シーズン	1136 c
刑期	1877 f
閨閥関係	1427 j
経費	1842 i
警備員	66 h
景品付き	1731 i, 2037 j
敬服する	1759 b
軽蔑する	94 a, 1312 b
軽便鉄道	1852 f
警報	898 g
敬慕する	1387 e
刑務所	2069 j
契約社員	685 h
契約を継続する	1897 i
鶏卵の白身	1395 a
経理	1233 a
計略	2115 a
計量カップ	1064 g
敬礼する	1880 l
痙攣	644 b
径路	1708 e
刑を言い渡す	1877 f
ゲージ	644 b
ケース	667 m
ゲーツ	1724 a, 2069 k
ゲーテ	578 a
ゲートウェイ	1741 h
ゲートボール	1170 a
ゲートル	654 k
ケーブル	667 l
ケーブルカー	1007 b
ケーブルテレビ	2041 i
ケーブルワイヤ	566 l
ゲームオーバー	2035 f
ゲームおたく	2035 f
ゲームセンター	2050 i
ゲーム理論	132 g
毛織物	1153 h, 1240 d
毛皮	1299 k
毛皮をなめす	1842 a
激減する	1464 l
激戦する	666 h
激増する	1465 b
撃沈する	2099 a
激怒する	1214 d
劇の筋	920 m
下剤	1862 c
ケシ	2015 b
ゲジ	1368 c
消印を押す	554 c
けしかける	616 c, 789 a, 1697 d
消しがたい印象	1192 i
けしからん	5 m, 142 l
ゲジゲジ	2034 j
消しゴム	1840 j
消し炭	1650 l
けじめ	512 i
ゲシュタポ	553 m
化粧クリーム	1906 d
化粧する	187 b, 1203 m, 2195 h
化粧道具箱	902 i
化粧直し	136 b
化粧用クリーム	573 m
化粧れんが	730 j
化粧を落とす	1863 k
消す	95 h
(火を)消す	1796 j
下水道	1814 k, 2003 c
下司っぽい	508 k
削り取る	195 g, 579 d
削りならす	196 a
削る	1713 m, 1889 k
けた	1081 d
下駄	788 l
気高い	1511 i
毛玉	1348 m
けだるい	1628 h
けちい	1314 d
けちけちする	970 a
けちである	1081 g, 1851 b
ケチャップ	481 a
けちをつける	64 l, 1483 k
けちん坊	162 i, 1571 c, 1683 m
ゲッ	1724 a
欠員	917 f, 1424 j
欠員補充	1676 b
血液検査	1936 h
血液サンプル	1908 c
血液透析	1800 k
血液バンク	1907 l
決壊する	925 n
結果をきたす	2157 h
血管	1144 f
月間	2069 i
決起大会	1564 m
月谷	2070 j
ケツギョ	648 k
穴居	1903 g
結局	366 a, 641 m, 901 k, 1231 l, 1980 b
結核	137 k
結合双生児	1054 k
結構である	1957 f
結婚祝い	165 i, 902 m
結婚詐欺	1308 g
結婚媒酌師	766 c
結婚式	766 g
結婚紹介所	1426 k
結婚披露宴	792 g
結婚披露宴	1802 e

けっこ～こうざ

結婚を誓う　418 k
決済　1072 a
決裁する　1296 b
決算残高　868 h
決算する　2112 m
決勝戦　635 c
決勝ラウンド　925 i
血色がよい　704 l
決心がつく　1217 c
げっそりする　2214 e
けったい　152 m
結着がつく　417 c
結着をつける　1129 j
血中脂質　1908 h
決定的シュート　878 l
欠点　189 l　284 m　1152 l　1424 l
ゲットー　797 j
潔白　1393 l
げっぷ　66 f　581 g
げっぷが出る　7 b　316 e
月賦払い　15 b
欠乏する　1424 h
結末　1491 m
月末　2070 h
月面着陸　377 l
結論　443 a　1377 k
下手物食い　1565 c
毛唐　1941 m
解毒　45 f
下男下女　1260 g
毛抜き　1250 j　1368 h
懸念する　351 m
下の下　1814 m
ゲノム　786 c
けばけばしい　329 m　727 l
けば立つ　1348 c
下品　75 f　833 l
下品な人　1815 k
ケプラーの法則　939 l
ゲボッ　933 j
ゲマインシャフト　595 e
煙でいぶす　1923 c
煙で目がしみる　1921 f
ケヤキ　918 b

ケラ　609 m　998 d
下落した株価　1118 d
下落する　409 j
ケラケラ　586 m
ゲラ刷り　857 l　1154 c
蹴り disabling する　268 l
下痢する　437 j　1815 m
下痢止め　2152 e
ゲリラ　2034 f
ゲリラ戦　323 c
ゲリラ部隊　107 h
けりをつける　1630 a
蹴る　1664 e
ゲル　1252 g　2102 c
ゲルマン人　1447 l
下劣　75 i　1812 h　2023 c
ケロイド　50 j　274 j　1501 k
ケロケロ　620 c
険しい　428 b
(弦楽器の)弦　1388 c　1822 b
権威主義　1746 h
牽引する　1720 j
検疫済み肉　68 c
原価　225 l
見解　840 m
言外の意　737 m
原価計算　690 e
喧嘩する　317 d　428 l　1256 f
弦楽器　593 h
喧嘩両成敗　583 l
喧嘩をやめる　1468 b
検閲する　636 e　1936 c
元気　895 k
元気が出る　1001 k
元気がない　1159 i　1243 l
元気な老人　1021 i
研究課題　940 h
元凶　2232 m
嫌疑を受ける　2102 k
元気を出す　428 l
現金化する　106 i
現金自動預払機　646 f

現金出納帳　1825 k
現金で現物を買う　1825 g
現金の護送　1915 f
現金への引き替え　448 l
現金を引き出す　2143 k
検出する　207 m
権限　1419 b
言語　2053 k
肩甲骨　815 i
健康食　67 c
健康保険証　1849 j
原稿を書く　1950 c
原稿を作る　574 a
建国記念日　652 m
原告と被告　471 h　1067 m
言語障害　860 l
げんこつ　1020 f　1051 b　1230 h　1423 i
言語データベース　285 l
現在の事件　1825
検査員　826 g
県境　1909 m
検索エンジン　1622 k
検索する　1909 m
検査済み　187 f　1354 d
検査する　187 m　1936 j
検札する　1936 m
剣山　725 j
研鑽する　2228 l
検死　1539 i
見識がある　1932 h
見識が狭い　633 f　1808 c
堅実である　2096 k
原子爆弾　355 b
研修　886 c
厳粛な顔つき　1048 h
犬儒主義　1423 a
原書　2064 b
懸賞金付き指名手配　726 l
原子力　690 a　2065 f
原子力発電　690 a
原子力発電所　2065 f
原子炉　489 b　2065 f
原紙をきる　961 b
献身的　1743 m

原水爆禁止　889 a
現世　875 f　1943 g
原生林　1019 b
源泉徴収する　974 j
建造する　1875 m　1889 f
現像する　1800 g
謙遜する　1364 m
献体　598 d
倦怠感　924 n
現代劇　737 b
現代語訳　875 j
現代的手法　1941 a
現地　911 m
現地ガイド　389 n
建築(する)　2187 h
建築職人　1726 c
現地人　1710 k
けんつくを食わす　1375 e
限定する　913 l
見当　2204 b
検討(する)　1927 e
見当をつける　319 a
限度額　1827 a
ゲンノショウコ　1017 i
現場監督　1087 c
現場手当　589 h
現物　1825 g
現物給与　1551 e
見物する　629 a
見物人　946 f
ケンブリッジ大学　834 l
見聞がせまい　440 l
権謀術数　1419 c　1584 h
減棒する　827 i
原本　2064 c
玄米　175 l
研磨材料　1202 l
懸命になる　1313 h
倹約する　882 m　970 g
権利　1419 c
権力　1419 c
権力機関　781 c
権力を譲る　1575 k
言論と軍隊　1065 d

こ

子　2209 i
碁　1750 m
コア　1928 g
コアラ　951 a　1585 k
(色が)濃い　1524 b
濃い　1937 k
語彙　285 k
濃い色　17 b
恋がたき　1400 l
小石　1548 k
碁石　1342 g
恋し合う　1831 j
濃いスープ　1259 k
故意ではない　1779 e
請い願う　1793 l
恋人　1401 b
恋人同士　1115 f
恋文　1401 f
濃い緑　1390 l
濃い目の液体　839 m
コイル　1418 d　1827 h

恋患い　665 d
恋を語らう　1400 e
コイン式　1702 k
コインランドリー　2216 k
好意　1166 h　1400 m
行為　606 k
広域ネットワーク　640 e
後遺症　2157 k
強引　671 k
降雨情況　2052 c
耕耘機　482 b
幸運な人　706 g
幸運の星　538 e
光栄　1450 h
高エネルギー　571 a
効果　1936 j
郊外　1115 f
後悔しても間に合わない　140 l
後悔する　760 l　1611 d　2199 i

光化学スモッグ　637 i
効果がない　146 g
合格者掲示　472 m
合格する　790 g　951 h n
合格ライン　1111 f
広角レンズ　640 i
狡猾　645 a
高カロリー　571 f
厚顔　1019 k
強姦する　821 a　1374 c
交換条件　62 h
香気　2056 f
好機に乗じる　222 g
号泣する　198 e
高級品　568 f　777 i
興行師　1903 i
工業団地　2061 h
好機を逃す　1061 g
公金　595 j　630 c
拘禁する　923 n　1408 b

公金を使い込む　1265 e
航空書簡　2031 h
合計　600 e　799 h　1697 d　1980 b　2219 h
後継者　710 f
合計する　601 c　1103 i
公言する　1534 m
ゴウゴウ　1102 m
高校生　573 c
恍惚　1527 l
硬骨漢　2021 c
口　721 k　2112 c
交際　844 c
香楽　1832 e　1926 l
交際する　1742 l
交際費　2019 c
子宮　1771 k
絞殺する　852 k　1027 j
交差点　844 f　1546 d
口座番号　2112 c
口座を開く　937 h

降参する 537 i	2124 l	肥える 508 e	誤解を招く 2102 l
鉱山労働者 987 a	郷に入らば郷に従え	声をかぎり 959 h	コカイン 612 b 958 g
工事 589 d	1632 b 2	声をそろえる 1694 b	木陰 1585 l 2003 d
麹 1412 f	購入する 2162 b	声を出す 965 j 2237 l	五掛け 447 l 1784 i
工事現場 589 h	購入申込人 1444 a	声をたてる 1429 f	ご家族 65 a 924 l
孔子様 1238 l	公認会計士 981 i	声を張りあげる 502 k	小型 1891 k
皇室 747 f	高熱 571 d	声をひそめる 1914 i	小型乗用車 1848 e
口実 285 e 1719 e	更年期障害 587 m	ご遠慮なく 137 b	小型バス 1844 l
2030 e	コウノトリ 636 k	呼応する 1836 k	枯渇する 1914 j
口実にする 1518 f	工場 2234 a	ゴーカート 934 h	コガネムシ 815 d 877 a
1711 k	勾配 1323 j 1860 b	コークス 850 e	1372 e
口実を探す 2116 i	交配する 324 e	ゴーグル 521 d 1933 m	五か年計画 1783 d
口実をもうける 1714 g	購買力 607 a	ゴーゴー 701 l 1919 i	コカノキ 612 b 958 g
孔子と釈迦 968 g	香ばしいにおい 1309 e	1950 b	コガモ 1118 g
孔子と老子 968 f	後半 53 e 1810 b d	ゴーゴリ 653 k	小柄 1782 f
孔子の弟子 1335 i	交番 567 a	コース 1284 f	互換性 823 a
孔子の墓地 968 j	抗ヒスタミン剤 15 k	ゴーストライター 1372 f	子機 512 m
好事魔多し 1201 k	802 g 949 l	コーダ 1753 g	語気 972 h
格子模様 1249 a 579 j	合否カード 408 a	コーチ 858 f 859 b	ご機嫌を伺う 947 c
講釈 1605 d	高品質 569 c	コーチン 846 d 905 m	1403 g 1766 k
公衆電話ボックス 737 h	幸福 1472 f 2090 e	2032 l	ご機嫌をとる 528 k
高周波 571 e	降伏する 1835 i	コーディネーター 1859 a	1143 d 1659 l
公衆便所 179 k 594 l	交付する 499 h	コーデュロイ 1032 a	小切手 2143 e
絞首台 852 l	興奮留 291 d	コート 1731 a	ゴキブリ 509 j 1010 b
厚情 1102 a	公平でない 1304 e	コード 102 g 342 g	2109 l
強情 843 d e	公平な心 1319 j	1464 f 1827 k	呼吸 1119 a
向上心 1507 i	公平な態度 121 i	コート紙 1695 h	呼吸する 1119 g
交渉する 1357 m	後方宙返り 710 l	コートチェンジ 744 h	胡弓 717 k
強情を張る 843 e 1255 h	弘法にも筆の誤り 2159 g	コードネーム 342 l	呼吸を整える 1060 e
高所恐怖症 2077 g	傲慢 849 i 986 b	コードレス 1777 g	故郷 1703 b
更新する 587 a	光明 1672 k	コーナーキック 851 e	ご教示をいただく 230 a
降水確率 554 k	巧妙な手段 568 e	コーパス 2053 c	1403 l 1656 l
講ずる 164 h	公務員 591 m	コーヒー 933 g	ご郷里 646 l
公正 2168 m	公務執行妨害 497 l	コーポレーション 596 j	漕ぐ 730 c
構成 867 e	被る 1173 a 1574 i	コーラ 958 l	ごく 791 l 926 k
豪勢 521 e	公明正大 1097 f	コーラン 612 e 889 h	極悪非道 1406 a
校正刷り 1154 c	蝙蝠傘 1480 j	890 e	国営 629 g
校正する 857 c 943 j	閘門 273 a	氷 117 l 1085 l	こくがある 283 l 1259 h
抗生物質 949 k	拷問する 952 d	氷が溶ける 117 l	国外追放 1370 a 1412 l
功績 914 k	拷問部屋 1877 j	ゴーリキー 569 e	ゴクゴク 569 k
酵素 1163 i	紺屋の白ばかま 1144 l	氷砂糖 119 a	国際エキスプレスメール
高速ブロードバンド	公用 593 m 2001 m	氷で冷やす 119 a	651 l
571 k	広葉樹 993 k	高燥 570 c 1581 e	国際音声記号 651 h
皇太子 1645 a 1740 m	強欲 1646 l	凍る 1506 a	国際関係 651 l
交替する 853 m 844 a	甲羅 553 m 815 m	ゴール 1100 a 1410 l	国際航路 651 l
講談 1604 j	高麗鶯 1035 k	2169 j	国際飛行ルート 673 l
膠着語 1246 i	高麗蝦 447 b	ゴールキーパー 1572 c	国産品 651 f
紅潮 706 h	高利 2173 m	コールタール 850 i	告示 1350 k
交通渋滞 436 d 588 f	小売りする 1083 e	1164 h	酷使する 856 j
2226 h	小売店 402 g	ゴールデンウィーク	酷暑 1091 g 1434 k
交通標識 1112 f	高利の金 1929 c	750 f	極上 1507 f
好都合 1306 k	拘留する 634 g 1217 l	ゴールデンタイム 1549 h	ごく少し 1978 j
皇帝 747 i	合流する 761 g	ゴールデンレコード	国魂レベル選挙 338 a
公定価格 630 m	校了 1394 e	876 i	穀象虫 613 m 1943 m
肯定派 2137 d	校了ゲラ 1396 i	ゴールドカード 877 m	告訴する 2198 a
皇帝ペンギン 394 j	効力がなくなる 1541 e	ゴールドカラー 878 g	黒檀 1771 e
好敵手 384 f 447 e k	考査する 951 c 2118 g	ゴールドメダリスト	小口 1854 m
鋼鉄インゴット 565 m	2128 m	373 k	ごくつぶし 907 m
後転 710 a	高齢化現象 2007 j	ゴールネット 1170 k	国内資本 1236 l
香典 404 h 902 m 1984 d	口論する 1642 h 2133 j	コールマネー 190 c	国内の政事 1235 i
好転する 1348 n 2039 g	講和する 394 b 1924 k	ゴールライン 439 m	国内販売 1235 h
行動 112 h 1881 m	香をたく 1243 l 1428 k	ゴールを守る 29 a	告発する 825 h 970 b
坑道 1950 a	護衛隊 1755 a	コオロギ 1412 m 1797 b	告発ホットライン 917 h
強盗 975 l	声がかすれる 1483 l	ゴーン 356 m 639 b	黒服ふき 50 e
合同 1694 f	声が出ない 364 h	コカ 569 l	極秘 927 i
高等学校 569 j	声が野太い 296 e 1767 a	ゴカイ 664 c 1489 b	黒白 1770 a
口頭試問 951 k	声がよく通る 1069 k	誤解 307 c 1471 c	国富論 2064 k
行動パターン 1881 m	声に出す 1642 b	1727 c 1789 l	穀物 613 c
強さを働く 1880 k	越えて渡る 980 e	子会社化する 870 f	穀物倉庫 173 c
こうなると 1972 n		誤解を解く 870 a	穀物の苗 682 m

ゴクラクチョウ 791 g	コサイン 2047 k	小銭を恵んでもらう 1954 a	骨董品 612 k
穀類と豆類 682 n	小作 403 d	午前 1504 c	骨董屋 611 i
国連公用語 592 a	コサック 577 h	跨線橋 981 a	ゴッドファーザー 858 b
ごくわずか 1976 l	こざっぱり 1918 g	小僧 1847 b	ゴットン 985 k
苔 1392 l	小ざっぱりしている 2135 h	護送艦 1058 e	骨牌 614 h
コケコッコー 550 e 608 f 1769 f	小皿 410 f i 1278 f	護送する 875 d	こっぴどく 255 b
こけつまろびつ 2198 j	(食物の)腰 881 d	こそげる 620 e 934 b	コップ 566 h
焦げる 718 d 849 d 1073 f	こじ開ける 1382 1 k	こしあん 380 b	こつを見つける 2117 d
ココ 1769 f	誤字あて字 115 f 307 l	こそこそ 184 c 646 b 1584 h 2093 k	ゴツン 956 a 1295 i
午後 1504 d 1810 d	こしあん 380 b	こそこそ隠れる 174 l	鏝 773 c 1203 g 2077 m
後光 637 j	輿入れする 657 l	こそこそささやく 846 d	固定給 564 g
小声 1381 d	腰が落ち着かない 341 a	こそこそ逃げる 300 m	小手調べ 262 d
小声でつぶやく 697 e	腰掛け 379 k 449 g	こそこそ話す 1607 b	5点(満点での) 1782 f
ココココと鳴く 608 g	腰かける 2239 h	ご尊名 1641 m	孤独 347 h 610 i
ここしばらく 1976 l	腰が強い 995 h	古代のロマン 612 f	五徳 773 c
心地よい 982 m 1578 k 1649 d 1675 l m	腰が引ける 1852 e	答える 2013 c	ゴトゴト 608 h 1919 i
ココナッツの殻 1956 a	腰が太い 1949 c	ごたごた 699 h 1121 d	ことごとく 1797 l
心 1866 a 1867 h 1999 i	こじき 1953 c	ごたごたする 515 k	コトコト煮る 608 i
心意気 1352 j	五色のテープ 165 n	ごたつく 1120 b	琴柱 1388 l
心がける 2083 g	腰くだけ 1795 k	こだま 488 i 758 i 759 i	言づかる 1513 f
心が千々に乱れる 1071 i	こしけ 33 k	こだまする 757 c 759 c	ことづけ 973 b
心が通じる 1867 h	ご時世 1245 m	こだわらない 144 j	言づける 345 a 1513 j
心が動揺する 1865 m	後日 552 c 1447 b	固執する 1241 b	事なかれ主義 1409 c
心が広い 984 i	ゴシック 577 j 695 f	コタンジェント 2047 j	事なかれ主義者 1270 m
心から 2030 h 2169 e 2204 m	ゴシック建築 577 j	コチコチ 51 h 382 n 550 d	異なった意見 1340 l
心から好む 1865 j	こじつける 270 c 542 d 2021 k	こちこちになる 2021 d	異なる 1341 b 1997 e
心から願う 1402 d	固執する 1241 b	コチコチの頑固者 1734 j	事のあらまし 1121 j
心変わり 1731 i	ゴシップ 22 n	ご馳走になる 1431 f 1504 k	ことのほか 82 g
心遣い 9 c	腰抜け 615 c	ごちゃごちゃ 780 b 811 b	言葉 285 c 288 c 2053 k
心強い 358 c	腰痛 1750 b 1949 c	ごちゃごちゃしている 486 c 1120 g	言葉甘く 558 a
心ならず 1749 i	五十肩 822 h	ごちゃまぜにする 1453 g	言葉がつかえる 860 n
心にかける 738 a f 1056 f 1804 d	こじゅうと 609 a	語調 1373 m	言葉尻を攝える 970 k 1952 h
心にかなう 1633 d	5種競技 1784 i	誤審判決 1279 h	言葉巧み 1049 d
心に刻む 961 a 1195 b	5種の味 1784 e	個人経営者 583 c	言葉づかい 840 m
心に留める 1451 i	故障 1152 l	個人総合 582 n	言葉つき 408 l
心に表裏がない 112 e	胡椒 849 c	個人保有 2214 m	言葉で傷つける 1217 e
心にもない 1749 i	故障車 124 f	こすい 1588 e	言葉で形容する 1925 d
心根 201 k 387 d 1865 a i	故障する 1540 h	コストダウン 842 e	言葉で伝える 1924 f
心のうさを晴らす 734 l	後生だから 2228 d	コストパフォーマンス 1883 c	言葉に窮する 1159 c
心の中をさらけだす 1128 c	小商店 1333 f	コストを押さえる 1913 g	言葉に刺がある 820 l
心の教育 1868 m	小商人 1851 f	コスプレ 926 a	言葉の意味 285 j
心の働き 1867 e	小商売 1845 l	コスモス 1408 f	言葉を操る 175 i
心の持ち方 265 f	こじらす 1260 g	コスモポリタニズム 1558 c	言葉を慎しむ 873 k
心の汚れ 1334 i	腰を下ろす 410 g	こする 730 d 1201 b 1453 l	言葉を濁す 2143 h
心ばかりのもの 1854 f	腰をかがめる 1732 h	こすれる 1383 h	言葉を述べる 2157 k
心ゆくまで 884 c 937 m 1698 i 1867 l	腰を伸ばす 2149 j	戸籍 721 i	言葉を弄ぶ 1734 h
心ゆくまで見る 66 j	古人 1366 l	こせこせする 790 m	子供 1848 k
快からず思う 217 l	故人 1611 f	小銭 1611 f	事もあろうに 901 d 1305 e
心を欺く 1167 c	個人経営者 583 c	小銭にくずす 1326 c	子供ができる 372 i
心を合わせる 1340 a	コストダウン 842 e		子供っぽい 661 f 752 i
心を落ち着ける 1319 j	コストパフォーマンス 1883 c		子供のおしゃぶり 1952 h
心を鬼にする 1443 j	コストを押さえる 1913 g		子供の時から 1978 b
心を傷つける 2096 f	コスプレ 926 a		子供のひきつけ 892 j
心をこめる 896 d 2205 e	コスモス 1408 f		子供らしい 2163 a
心を悩ます 485 m	コスモポリタニズム 1558 c		子供をあやす 430 l 708 f
心を揺さぶる 701 i	こする 730 d 1201 b 1453 l		子供を生む 1674 a
古今未曾有 1553 k	こすれる 1383 h	骨髄移植 563 h	子供をしつける 633 c
ござ 178 f 1497 g	戸籍 721 i	骨髄バンク 615 a	子供をとりあげる 862 g
胡坐 1713 g	こせこせする 790 m	こっそり 1377 f 1526 m 1698 k	ことりともしない 1535 k
小細工 730 e	小銭にくずす 1326 c	こっそり戻る 757 b	診 203 d 1935 k
		ごった煮 339 g 2078 m	断る 1425 b 1713 j 1863 l 1864 b
		ごっちゃになる 196 j	ゴトン 377 m 576 z 608 h 639 c
		小包郵便物 62 b	粉 1184 z
			粉薬 1480 k

粉々に壊す 1794 l
こなごなに裂く 1610 a
コナジラミ 517 b
粉ひき小屋 1247 a
粉みじん 1795 l
粉ミルク 1220 l
粉ミルクを溶く 245 g
粉を挽く 1919 a
コナンドイル 538 f
コニャック 557 c
こぬか雨 1153 j 1805 k
　　1813 l
コネ 1112 l 1170 g
　　1171 c
こね合わせる 56 k
コネがある 628 b
コネクション 1053 l
コネクター 860 m
こねまぜる 769 k
ごねる 1588 i 1776 a
ごねる人 413 i
コネを使う 2222 i k
コネをつける 59 f 628 b
　　995 c
この上ない 927 l 1544 h
　　1964 c
この上もない 1777 d
このごろ 2124 h
この para 2123 i
コノシロ 291 j 807 b
この節 464 j
このたび 1837 h
このために 1756 d
この父にしてこの子あり
　　541 e
この手(の) 2124 j
コノテガシワ 43 f
子のない家庭 927 l
コノハズク 703 a
好ましい面 2138 a
このままで失礼します
　　155 m
好みに合う 446 h
好みに合わない 1112 c
好みはうるさい 680 i
好む 1801 j
この野郎 679 d
この世 1439 l 1943 m
　　2123 e
後場 1556 g
小走り 1850 i
コハダ 807 c
小鼻 90 c
後場の出来値 1813 a
コバルトブルー 612 k
碁盤 1342 b 1750 m
コバンザメ 2013 b
コピー 546 h 952 a
コピー印刷機 546 c
コピー商品 1752 m
　　2193 a
コピー食品 499 h
子羊の皮 567 l
こびと 1844 k
媚び諂いの言葉 1167 l
媚び諂う 1676 b
誤謬 1199 c
こびりつく 2217 a
こぶ 61 b 1095 d
ごぶさた 993 g

コブシ 1210 h
拳 1423 a i
拳を握る 1770 m
ご婦人がた 544 b
五分袖 2167 j
子豚 2209 m
小太り 1121 k
コブラ 1517 d
コブラ 1956 k
語弊 2052 l
ご返杯 757 j
誤報 1789 l
ゴボウ 60 a 1254 a
こぼす 1468 a
コホッ 933 j
小骨をとり出す 2100 k
こぼれ落ちそうな涙
　　1030 g
こぼれる 1468 f a
こま 1722 g
ゴマ 2142 b
ごま油 2142 b
こま落とし 982 h
細かい 1083 b
細かい雨 2052 l
細かい金にくすす 744 f
細かい仕事 1804 j
細かく観察する 1528 j
細かく詮索する 876 g
ごまかされる 1431 l
ごまかし欺く 1172 f
ごまかしてやりすごす
　　1698 l
ごまかす 363 e 724 m
　　767 j 1145 l 1930 j
細かな計算 1805 l
細々した 1334 h 1848 a
細々と 1805 e
細々とした事 382 c
ごま塩ひげ 725 a
小間使い 1853 g
ゴマフアザラシ 661 b
ゴマペースト 2142 l
小間物屋 2079 a
細やか 1805 f
困らせる 1226 d 1227 m
　　2237 c
困り果てる 450 h
困る 1748 f 2237 b
ごまをする 1949 k
コマンド 1199 i
コマンドシステム 2154 m
ごみ 764 h 993 g
込み合う 5 i
込み入っている 485 n
小道 899 g
コミッション 2027 b
ごみのバイオ処理 993 h
ごみ箱 511 l 654 c
　　758 l
ごみ分別 513 l
小耳にはさむ 656 b
コミューン 596 c
コミュニケ 594 g
ごみを捨てる 1399 k
ゴム 847 l 1299 c
　　1840 e
ゴム印 284 b

ゴム管 632 g
小麦 1849 k
小麦粉 36 a 556 g
　　1184 f
小麦粉と白米 1062 i
小娘 750 k 1154 b
ゴム長靴 572 l
ゴムなわ跳び 1681 g
ゴム紐 1618 m
ゴムボート 1840 i
ゴムまり 1300 b 1409 m
　　1840 i
こむら返り 251 d 2194 j
こめかみ 2201 b
COMECON 890 g
コメコン 890 g
ご飯が炊けた 258 f
ご飯のおかずにする
　　911 k
ご飯をかきこむ 1811 m
コメツキバッタ 247 j
　　807 a 974 g
コメツキムシ 974 f
米のとぎ水 559 m
米をとぐ 1657 m
コメントする 112 f
ごめんなさい 1014 d
五目並べ 1784 k
小文字 1853 j
子持ち 371 a
子持ち鮒 1763 b
ごもっとも 228 h
肥やしをかける 519 b
小指 1850 m 1854 d
暦 1045 m 1448 a
こより 1246 b 2155 m
コラーゲン 847 f
ご来駕 1413 n
こらえきれない 19 a b
　　143 m 1442 l
こらえる 1442 k
娯楽センター 2050 l
懲らしめる 232 c 1286 b
　　2134 l 2136 b
こらし 660 b
こらっ(どなる) 1430 k
コラム 1005 c 2190 b
ごらん 1240 f
コリアンダー 1630 j
　　1926 l
壊れてしまった 1569 d
こり固まった考え 1735 a
小利口 645 j
五里霧中 1172 h
ご利益 68 l
コリント 338 f 1877 l
五輪旗 1782 k
コリント式 955 a
凝る 840 e
コルク 1463 e 1590 k
コルク栓抜き 939 m
コルセット 883 f
コルネット 440 k 679 e
コルホーズ 797 b
これ以上 2082 a
これから 293 g
これからすぐ 2124 h

コレクション 174 f
コレクター 174 m
コレクトコール 81 e
　　445 a 542 b 1574 f
コレステロール 352 a
これっぽっち 2124 i
これで 911 e
これによって 2001 j
　　2030 j
こればかしい(の) 2123 j
これはこれは 677 e
　　1769 k
これまで 1837 i
これまでどおり 2118 j
コレラ 779 a 1491 c
ら 2124 d
頃 590 b
ゴロ 388 l 648 b
頃合い 773 k
頃おい 821 g
語呂がよい 1601 e
転がる 482 j
ゴロゴロ 608 l 701 l
　　780 c 1102 m 1114 e
　　1298 c 1328 j
ころころ肥えている
　　648 c
ころころ転がる 611 i
ころころする 648 g
殺し屋 1488 l
殺す 1487 h
ごろつき 38 j 469 k
　　1092 k 1776 a
ごろつき集団 1712 l
コロッケ 1136 j 2098 a
コロナ 1448 c
コロニー 1448 c
転ぶ 1589 m 2080 k
　　2119 l
衣 1980 e
衣替え 744 e 804 c
コロラトゥーラ 2154 h
コロラチュラソプラノ
　　1262 c
ごろりと横になる 365 a
コロンブス 577 d
声色 817 d 972 c
怖がる 1759 e
こわばる 840 b 2147 b
壊れやすい 1998 f
碁を打つ 1341 b
子を授ける 1622 b
子を作らない 153 l
子をはらむ 547 d
紺色 65 c
婚姻を結ぶ 1690 b
　　1691 g
コンガ 947 i
今回 289 b 2123 h
　　2124 c
根気 199 b 1998 b
　　2241 k
根気強い 1222 a
困窮する 903 d f 992 h
根拠がある 585 c
根拠のない話 1002 a
コンクール 331 g 1201 h
　　1321 l 2018 h
コンクールに参加する
　　169 j

コンクリート 768 l 1692 j
コンクリート釘 1597 c
コンクリートを流し込む 848 i
コングロマリット 596 j
婚家 1324 h
根元 585 c
今後 293 g 1990 d
混合ダブルス 54 l 768 e
混合物 2079 l
コンサルティング 2205 j
コンシェルジェ 1039 i
今生 289 l 875 f 2123 e
根性 203 c
根性が悪い 1159 k
根性まがり 2234 a
コンジローマ 820 h
コンセンサス 1980 l
コンセント 184 a 439 l
コンソメ 1652 d
コンタクトレンズ 861 c

1932 b 2011 k
魂胆 914 g
こん畜生 459 e 1132 l 1638 f
コンツェルン 947 g
コンテキストメニュー 1510 l
コンテスト 331 b 1321 m
コンテナ 797 k
コンテナ船 777 c
コンデンサー 1252 l
コンテンツ産業 1235 h
コント 1850 k
今度の電車 1656 e
ゴンドラ 407 g
コントラバス 78 k 381 l
コントロールキー 970 i
コントロールする 175 c
コントロールタワー 780 h 1639m
コントロールパネル

970 i
こんな 2124 b
困難 823 c
困難を恐れる 1759 d
コンニャク 1203 e
コンニャク芋 1203 e
混入物 811 j
コンバートする 2192 d
コンパートメント 61 f 63 d
コンパイルする 102 c
コンバイン 947 g
コンパクト 517 d
コンパス 643 b 1126 e 2062 a
コンビ 309 d
コンピーター 948 b
コンビニ 107 a k 493 d
コンピューター 800 g
コンピューターウイルス 106 c 124 l 400 l
コンピューターおたく

337 g
コンピューターネットワーク 800 h
昆布 661 i
コンプレックス 1369 d 1401 l
コンプレッサー 1913 f
コンベヤーシステム 271 a
梱包材料 313 g
コンポスト 444 b
コンマ 430 l
婚約解消 1716 h
婚約不履行 766 d 1003m
混乱させる 1844 e
混乱する 1334 e
婚礼立会人 2140 e
婚礼の招待状 1802m
こんろ 774 e
困惑の色 1226 i

さ

サーカス 1138 a 1803 d 2078 f
サークル 1882 i
サーサー 1622 f
ザーザー 714 k 997 k 1490 e 1795 a
ザーザー降る 339 a
ザーサイ 2099 l
SARS 271 f 1926 k
サーッ 1468 l 1587 c 1609 i 1610 a 1622 e 1627 j
ザーッ 730 l a
サーバー 537 l
サービスエリア 2041 l
サーブ 475 l
サーフィン(する) 246 l
サーブ権 970 f
サーベル 783 j 1135 e 1288 k
サーモスタット 698 l
サーモン 643 l 1467 k
サーモンピンク 233 d
サイ 1797 h
最悪の結果 2232 a
細雨 1255 n
菜園 167 k 1331 j
サイエンス 1470 k
在学する 2082 m
災禍を招く 2114 l
再起動 249 h
在勤する 2082 n
採掘する 935 f
サイクロトロン 759 h
サイクロン 1353 g
財源 1368 g
在庫 978 f
最高執行役員 2183 d
最高記録 1870 g
最高潮 413 m
最高の道程 2156 m
最高 979 a 2231 k
在庫品 304 c
さいこムービー 1867 a
さいころ 1493 e

賽子遊び 2161 m
賽子をふる 2162 c
再婚 468 g
(女性が)再婚する 819 i
幸先が良い 939 c
財産 812 l
採算が取れる 1629 c
採算に合う 731 c
財産を整理する 1393 b
財産を増やす 2150 a
財産を分ける 1796 c
妻子 813 k
再試合 249 k
最終回 1203 k
最終決定 416 i
最終公判 2170 i
最終審 2170 g
最重要事 1573 f
催春剤 498 l
最上 1967 k
菜食 237 m 1581 e
菜食主義者 1626 d
在職中 2083 n
最初の一歩 1346 c 1738 j
最初の妻 2064 h
最新流行 1550 k
サイズ 241 i
再生ゴム 1840 f
再生紙 587 a 741 a 2081 j
賽銭 1833 f
最先端 820 b
最先端技術品 570 e
最先端領域 1367 g
サイダー 1354 n
最大許容量 2231 k
在宅介護 813 m
在宅勤務 914 k
在宅就労 813 c
裁断を下す 442 h
最低価格 1347 l
最低 2156 k
最低限度 1348 b 2233 i
最低新記録 1870 e

財テク 1042 a
採точка競技 316 b
採点する 1279 k
サイト 2106 i
サイドアウト 258 g
サイドカー 100 e 1475 j
サイドチェンジ 744 h
サイドビジネス 471 g
サイドミラー 487 e 711 k
サイドライン 101 k 439 m
サイトを開く 941 k
災難 453 g 2080 c
罪人 2232 j
才能 563 l
才能ある人 1689 k
賽の目に切る 411 a
再発(する) 2081 m
財閥 1102 m
サイバネティクス 970 l
再版(する) 250 e
裁判(する) 1528 b
裁判官 479 f
裁判所 480 h
裁判長 1687 f
再評価する 248 l
財布 1368 g 2
サイフォン 706 f
再放送 129 f 248 c
催眠剤 301 f
債務 788 i
債務支払猶予 1926 h
材木 162 b
採用する 1111 k
在来 1710 n
材料 162 c
ザイル 1090 l
サイレンを鳴らす 522 f
サイロ 1393 d 1696 k
幸いである 1749 n
幸いに 1884 g
財をなす 2157 m
サイン 2139 a

サインペン 1362 f
サウスポー 2234 c
サウナ 515 g 1482 l 1800 g 2134 d
サウンドカメラ 1111 i
…さえ 660 h
遮り止める 2120 a
遮る 358 e
さえずり 1249 d
さえずる 855 k
坂 1323 g
サカキ 1939 g
逆さまつげ 364 a
逆さまにする 970 b
探す 1323 g
杯につぐ 2128 l
盃をもらう 46 m
逆立ち(する) 1216 k
差ができる 1965 f
魚 1161 m 1616 g 2047 c
魚釣り 278 h
魚のうろこを剥ぐ 1716 k
魚の小骨 2047 h
魚の塩干物 999 m
魚の卵 2049 a
魚の田麩 2048 l
魚の煮凝り 2047 h 2048 l
魚の骨 614 l
魚をとる 1012 g
さかねじを食わす 488 k
さかのぼる 2200 e
差が開く 995 a
差が広がる 993 m
坂道 1323 m
逆らう 1241 k 1373 k 1749 n 1785 l
左官 1239 b
盛ん 197 a 486 d 1538 e
左官こて 1726 a
盛んにキャンペーンをする 340 g
盛んに立ちのぼる 1663 l
サギ 1113 a
さきおととい 334 l

さきおととし 334 l	差しあげる 231 a	察しがよい 2146 c	サプリメント 135 l 539 e
先ごろ 1365 b	差し押さえる 524 e	雑支出 2079 i	差別 1341 a
詐欺師 750 g 1308 h	975 h	雑種 2078 h 2079 i	サポーター 476 f 2022 m
サギソウ 1113 b	桟敷 946 l	殺傷事件 1906 l	サポート 2143 d 2144 b
サキソホン 1469 e	挿し木する 184 e 1361 j	殺人鬼 1885 a	サボタージュ 344 a
先取りする 209 d	差し込み口 184 a	殺人事件 1199 b 1438 i	1768 k
先に述べる 1366 e	差し込みソケット 1357 h	1885 c	さほど 122 h
先のちびた筆 1705 j	差し込む 1956 c	さっそうと 2014 j	サボる 941 a 987 e
先払い 1817 h	差し障り 1362 k	雑多である 2078 h	ザボン 916 a 2044 i
先ぶれ 1818 k	差し障りがない 1777 a	雑談する 1819 j 1820 j	ざま 373 l
先物 1337 b	差し障りとなる 622 c	雑である 297 g	サマースクール 1816 j
先物取引 2066 k	指し示す 284 c	さっと 284 h 715 g	サマータイム 1447 a
先行き 1365 f	差し迫る 89 d 794 j	778 m 997 j	1816 k
作業グループ 589 l	1429 a	ざっと 175 d 296 l	ざまを見ろ 551 b
作業手袋 1827 i	差出人 806 c m	ざっと洗う 1590 m	サミット 526 d
作業能率 590 m	差し出す 1665 g	ざっとかがる 603 k	寒い 1062 k
先を争う 1376 k	差し出る 57 e	ざっと見積もる 1153 h	寒気 1033 h
先を争って買う 1375 l	差し支える 497 g	ざっと見回す 2220 h	サムネイル 1635 j
先を越す 2105 c	差し出口 183 i 309 f	ざっと目を通す 297 f	サメ 847 l 1491 e
詐欺をする 1881 d	指し値 2154 a	1121 h	さもなくば 2081 i
柵 2099 d	差し引き 1041 h	雑なできばえ 175 e	(豆類の)さや 814 a
作柄 1243 i 1245 i	差引勘定 216 m	雑念を払う 1567 g	鞘 430 l
削岩機 2087 l	差し引く 1283 c	さっぱり 1593 l	莢豌豆 1732 k
ザクザク 1490 e	刺身 2048 j	さっぱりした人 1698 e	白湯 37 l
サクサクしている 87 a	指物師 1851 b	さっぱりしている 1468 j	白湯 35 i
1393 j 1618 b 1623 n	詐称する 644 g	さっぱりしてうまい	さようなら 2081 m
搾取する 620 l 621 k	座礁する 577 h 850 e	1395 k	さ来年 711 j
削除キー 1497 k	(蚊などが)刺す 412 c	さっぱりする 555 b	さらう 932 k
削除する 1497 j	刺す 2120 d j	雑費 2025 l	サラウンド 742 k
作付け 129 b	砂州 1370 e	札びらを切る 984 l	さらけ出す 426 j 1106 e
作付けする 184 j	授かり婚 529 g	サツマイモ 559 a 1582 m	1421 k
さくら 1719 i	サスペンション 565 i	雑用 1814 g	サラサラ 194 c 1468 j
桜 2015 k	サスペンス映画 1900 j	さて 1383 e 2126 j	1490 e 1627 m 1638 e
さくらになる 322 f	サスペンダー 75 h	査定 1320 g	1796 f
サクランボ 2015 l	さまたげ 182 l	サディズム 1543 a	ざらざら 296 d
策略 1419 b	刺すように冷たい 2096 c	砂糖 1553 g 1653 f	ざらざらする 1152 h
探りを入れる 1651 e	座席 1758 k 2241 f	サトウカエデ 1654 j	さらし飴 1488 l
ザクロ 1095 a 1547 a	2242 b	サトウキビ 559 i 2124 l	さらし者 1558 c
策を練る 1836 c	挫折する 116 a	砂糖漬け 539 i 1180 h	さらし木綿 1596 i
酒 907 b 1479 c	させる 856 b 1088 j	里親になる 2185 m	サラダ 1486 e
鮭 333 h 643 d	1430 e 1553 n 2030 h	里帰りする 758 a	サラダドレッシング
下げ足 1309 l	左遷 103 b 842 h	里方 1248 e	1486 g
酒がきつい 907 h	座禅 314 h	悟る 1882 a	さらに 248 l 589 a
酒かす 2086 h	座禅する 192 m	サドル 13 f	660 f 2081 j m
酒癖 908 a	誘い水 2009 j	サナダムシ 1656 m	皿回し 1588 m
酒徳利 908 i	サソリ 1368 g 1858 c	2044 d	サラミソーセージ 999 h
下げ止まる 2152 a	定めがない 1774 k	サナトリウム 1888 a	ざらめ 1491 i
酒の肴 14 k 907 g	サタン 1467 h	サニタリーウエア 866 c	サラリーマン 1397 a 1643 j
1812 b	札 1274 i 1310 h 1368 l	鯖 1289 j 1643 j	サラリーマン族 1505 g
叫ぶ 855 j 856 b 1430 k	1622 h	捌く 52 j 265 a 1842 i	2226 e
裂け目 769 e 973 h	ザッ 267 i	さばけている 940 a	サリチル酸 1628 i
酒焼けの鼻 908 g	殺意 1488 d	錆が出る 1534 b 1891 m	サリン 1489 h
裂ける 621 d 1297 m	札入れ 1311 c 1368 g	寂しい 805 b	猿 708 l 1176 a 2063 h
避ける 454 j	撮影する 1270 k	座標 2239 c	笊 26 l
提げる 1077 j	サッカー 1664 k 2225 a	錆る 1349 d 2110 c	ざる碁 255 m 1178 m
酒をかもす 2076 d	サッカーくじ 2225 e	寂れている 1033 k	猿知恵 645 j
酒を飲む 1812 b	サッカーグラウンド	サファイア 564 l 1006 g	サルノコシカケ 717 e
酒を断つ 802 m	1119 e	1077 b	サルビア 1792 f 1967 a
ザザーッ 1587 a	殺害される 2086 b	サファリジャケット	サルベージ船 318 f
些細 1411 b 1978 k	殺害する 2086 j	1329 h	猿も 1589 b
座禅 1590 j	サッカー選手 1197 f	サブシステム 2209 c	サルモネラ菌 1489 l
サザエ 923 g 1127 l	サッカン 1654 g	サブタイトル 548 i	ざれごとを言う 767 f
1450 m	ザックザック 160 l	1162 l	サロン 1489 i
支える 224 b 386 m	サックス 1469 c	座布団 1462 e m 2240 b	騒がしい 1120 j 1230 l
ササゲ 838 j	ざっくばらん 318 i	サブプライムローン	(鳥声が)騒がしい 1899 a
ささげ持つ 438 m	1590 m 2148 h	290 e	騒ぎ 1561 f
ささげる 1828 e	雑穀 297 j	サフラン 481 j	騒ぎたてる 700 g 1416 j
ささら 2176 k	さっさと歩く 795 k	サブマリン 469 l	
サザンカ 186 a	察しがいい 1548 d	サブリミナル広告 1369 b	
さじ 241 i			

さわぎ～しきゅ

騒ぎを起こす 1431 g
騒ぐ 1230 m 1231 f
ざわざわ 714 j 1587 a
　1627 m
ざわめいている 176 m
さわやかである 1593 k l
さわり 1381 e
障り 1493 c
3LDK 1475 f
傘下 1342 f
賛歌 1620 g
参会する 2053 l
3階建て 181 c
残額 1753 e
産学協同 195 a
三角定規 1474 l
山岳地帯 1496 a
酸化防止剤 68 a
産業スパイ 591 e 890 a
残業する 807 c
サングラス 1644 i
　2120 h
参詣者 1833 l
酸欠 1425 e
産気づく 345 k
讒言 193 a 760 e
珊瑚 1497 c

三交替 1470 i 1471 a
サンコウチョウ 1059 j
参考にする 874 j
残酷な世の中 720 i
三顧の礼 1473 n
山菜 1958 b
散財させる 1326 b
サンザシ 1225 a 1496 j
三叉路 189 a 1471 e
さんざん 66 m 171 n
　1969 l
三々五々 1477 c
さんざんな目にあう
　1574 j
賛辞 1620 c
3次元 1478 i
3次元空間 1478 i
三者 1479 h
38度線 1470 h
三十六計 1477 c
産出する 194 n
3種の神器 1472 e
残暑 1407 f
山椒 727 a 849 b 1388 i
山椒魚 334 d 1240 m
　1850 b
参照する 168 k 169 b m

産褥期 2070 c
三色スミレ 1477 e
サンスクリット 492 g
三途の川 1198 i
三世 1477 c i
賛成する 2084 k
酸性雨 1629 g
酸素 1945 m
酸素マスク 1793 h 1946 a
酸素ボンベ 1946 g
酸素マスク 598 e
三大格差 1472 a
残高 2046 l
サンタクロース 1537 b
サンダル 1063 c d
　1639 b
三段式ロケット 1474 d
賛嘆する 1650 g 1869 e
三段跳び 1474 f
三ちゃん 1098 c
サンデー 1537 a
サンドイッチ 811 h
　1476 f
3度の食事 1471 a
サンドペーパー 565 l
　1491 m
残忍 696 e

三人寄れば文殊の知恵
　1473 f 2159 a
サンバ 1482 c
産婆 862 g 1567 a
ざんばら髪 1481 g
残飯 167 g 1539 b
賛美（する） 1650 h
讃美歌 1537 f
三百代言 2198 a
産婦 2070 a
山腹 1496 c
産婦人科 195 g 544 a
サンプリング 165 b
　252 e 1416 g 1902 f
サンプリング測定 251 b
サンプリング調査 251 b
サンプル 1559 c 1946 m
散歩する 1098 l
秋刀魚 1407 j
三枚肉 1782 k
三面記事 1464 g
産卵する 1590 b 1809 c
　1815 i
残留効力 170 n
残留農薬 170 e
サンルーフ 205 j
3連覇 1475 e

し

痔 2161 b
試合開始 940 c
試合を終える 1796 c
ジアスターゼ 404 e
　1163 i
指圧 1714 d
SEATO 421 h
シアン 1402 k
思案する 1609 i 1909 n
CIF 365 i
シーア派 1546 m
C&F 63 l
CEO 1573 j
CATV 96 c 2041 j
GNP 652 h
CO₂ 471 m
COD 2183 d
C型肝炎 121 g
飼育する 1617 e 1759 h
　1944 i
シーザー 942 g
じい様 595 g
じいさん 1022 h
シーシー 675 m 1792 k
シージャックする 866 g
シーズー 1792 k
シーズン 1538 h
シーソー 1377 d
椎茸 933 h 1202 i
　1912 k
虐げる 1085 l
シーツ 81 a 275 d 347 j
　1462 g
シーツ 1544 d 1894 i
CD 206 b 637 g 789 k
CTスキャン 442 j
　800 j
GDP 652 j
CDブック 1278 j
CDプレーヤー 789 j

CD-ROM 638 c
シード 1123 k 2171 c
シートベルト 11 a
シートメタル 52 h
しいな 92 e
ジーパン 1256 a
GBコード 650 d
ジープ 792 d
シーム 861 j
シームレスパイプ 1775 h
シーラカンス 796 g
　2219 j
強いる 1025 m
仕入価格 885 h
仕入れる 606 j 1296 k
ジーン 1987 f
寺院 1039 h 1617 f
ジーンズ 1256 a 2080 g
しーんとした 1524 f
寺院の食堂 2100 a
シェアウエア 601 b
自営業者 583 c
自衛の反撃 2215 m
シェイプアップ 1627 l
シェーカー 1906 f
シェークスピア 1491 k
シェークハンドグリップ
　699 f
シェーバー 401 k
ジェット気流 794 j
ジェットコースター
　658 c
ジェネレーションギャップ
　342 k 603 h
シェパード 604 i 692 f
　1010 i
シェフ 1541 k
シェラックワニス 248 d
シェリー酒 1906 h
ジェンダー 1519 a

塩 1928 i
塩かげん 1822 j
塩辛い 1822 h
塩漬け 1660 d 1921 a
　1929 j
塩漬け肉 1949 b
シオニズム 2029 h
ジオラマ 1636 a
萎れる 319 h 475 b
　1754 k
時価 14 d
シガー 809 g 1906 m
歯科医 1917 h
死骸 1539 a
次回 1812 m
市街区 228 l
仕返しする 317 a 740 k
　758 l
死角 1151 i
自覚（する） 926 g
四角四面 643 k 1031 h
視覚的イメージ 1560 h
四角張る 88 i
しかし 142 m 353 a
　958 k 1428 e 2152 l
耳下腺 1418 b
自家倉庫 1236 f
仕方がない 1159 i
　1775 a
地固めする 672 m 2079 k
…しかねる 7 i
しかと記憶する 1384 e
じかに 899 a
直播きする 2147 l
しかも 1694 c
しかるべき 530 e
叱りつける 243 a 681 i
　1139 c 1522 h
しかる 1275 i
叱る 1370 c

シガレットホルダー
　1923 h
次官 229 l
時間 589 n 1549 k
　2169 a
時間が過ぎる 655 b
時間通り 2201 e m
時間に遅れる 1789 j
時間払い賃金 800 c
時間労働 800 c
時間をかせぐ 2133 e
時間をずらす 189 g
時間を費やす 1202 f
時間を作る 2188 g
時間をつぶす 1201 l
　1841 m
時間を早める 1666 g
士気 930 i 1555 h
シギ 2059 h
磁気嵐 287 e
磁気カード 934 c
色紙 730 h
指揮者 2070 h
色情狂 645 e
直訴する 575 d
しきりに 1624 c 1927 k
ジギタリス 1941 j
敷地面積 2104 j
敷きつめる 1149 b
磁気テープ 287 f
直伝する 1386 f
敷き並べる 1149 b
士気に欠ける 120 b
四季の果物 1616 c
時季の野菜 296 j
時間はずれ 656 n
敷布 81 a
敷布団 1462 g
色魔 2007 k
支給 1550 j

子宮外妊娠 599 g	自在スパナ 769 d	子孫 1187 f 1810 f	失火 1671 f
市況 1557 j	視察する 188 b	舌 1517 j	十戒 873 b
始業式 1039 e	自殺する 440 l 2213 i 2215 c	シダ 928 e 1940 a	質が劣る 189 i
事業者 1960 k	自殺をはかる 1610 k	したぁご 1809 m 1811 k	しっかり覚える 2185 c
死去する 642 k 1564 h	1909 h	死体 1539 h 1612 i	しっかり支える 415 l
しきりに 155 a 1969 k 1971 e	四散する 2099 d	字体 2211 g	しっかりしている 822 m
仕切り板 580 j	シシカバブ 273 a 952 m	時代 1245 g m	1012 m 1525 a 1926 b
仕切る 580 h	1940 c	時代遅れ 221 g 657 e	しっかりつかむ 2188 k
時機を待つ 378 d	事実を曲げて書く 1260 a	1131 d 1710 c	しっかりつなぐ 1590 c
資金 2021 l	シジミ 1824 k	慕い思う 925 a 1982 c	しっかりねじる 1507 h
資金導入 2009 m	支社 512 g	死体が野ざらしになる	しっかり持つ 2185 c
敷く 403 k 1329 a	自社株買い 757 h	73 d	実感する 1087 m
（掛け軸の)軸木 2176 f	磁石 1225 a	時代劇 612 h	地突き 389 d 2079 d
ジグザグ 1518 f	死者の霊 1611 f	死体損壊 760 j	失脚させる 47 b
しくしく泣く 976 k	自首 1702 j	時代の好み 1550 a	失脚する 980 l
しくじり 1106 i	刺繍 292 c	時代の奔流 707 l	実業界 1503 e
しくじる 45 b 574 c 1230 j	歯周炎 1917 j	したい放題 1618 d	失業する 566 k
ジグソーパズル 1313 m	四十肩 822 m	死体を解剖する 1327 m	シックハウス 1563 c
試掘 1560 c	シジュウカラ 335 h 1496 a	1539 l	シックハウス症候群 124 m 1870 f
ジグモ 410 l	刺繍製品 1891 h	時代を画する 735 g	じっくり 2078 d
シクラメン 1817 b	支出する 941 j	下請け 1728 d	しっくりいかない 140 j
ジクロルボス 383 g	思春期 281 g	舌っ足らず 2078 f	しっくりこない 140 l
刺激する 2120 d	子女 463 f	下書き 314 g 315 d	しっくりしない 1464 i
しけたにおい 211 b	師匠 1541 h	舌がしびれる 1133 d	しつけ糸 88 b
湿気る 1574 l	自棄 467 j	舌がもつれる 867 l	しつけが悪い 1540 k
試験 951 i	詩情溢れる 1543 b	…したからには 805 a	失血する 1541 d
次元 1069 i 1751 g	支障がない 1774 d	下着 222 h	しつけと教育 478 k
試験管 1559 b	視床下部 1481 b	下着類 1235 m	しつける 1679 d h 2068 l 2077 j
試験監督 824 e	私情にとらわれる 2103 i	支度金 10 i	失言 972 c
試験紙 1560 a	市場メカニズム 1556 j	舌こき 621 h	実権を握る 1217 f
試験答案 924 i	事情をくむ 2203 e	下心 1732 m 2026 h	しつこい 1242 n
試験にびりで及第する 2240 i	辞職する 1814 c	下地 384 k 385 d	実行 2147 k
事件の全容 1420 e	辞職願 288 g	親しい 1830 b	実行する 1131 l
試験の答案 924 f	私書箱 2031 k	親しい友人 1241 g	しつこくする 1348 c
事件発生 260 i	指示を仰ぐ 1403 g	親しみがある 1386 j	しつこくつきまとう 1727 g
試験問題 1559 h 1667 d	地震 388 g 391 i	親しみがわく 1386 f	昵懇 1241 g
試験を受ける 950 k	自信 1874 f	したたか者 1019 k	実際 1341 a
事件を解決する 1325 f	自信がない 1868 b	舌たらず 1952 m	失страする 1541 h
死後 1523 i	地震シェルター 391 i	滴り落ちる 1079 j	シッシッ 308 j 1894 i
持碁 682 n	地震速報 2131 k	したたる 382 k 1656 a	実質賃金 1551 k
志向 2158 h	自信を失う 1541 m	したたるように濃い緑 100 f	実質的損失 1552 f
嗜好 1758 c 1799 d	静かである 1318 m	下っ端役人 2142 k	十種競技 1545 i
時候 1511 h	しずく 396 j	下ばき 222 a	実証 1551 h
自業自得 551 b 653 c	しずしず 1895 j	下歯茎 1815 h	実証する 169 j
思考力 1609 i	システム 1804 g	下働き 1847 n	実情に即쳤い 1551 d
時刻 2169 i	システム入れ換え 578 h	下火になる 1414 i	叱正 2155 i
地獄の沙汰も金次第 162 j 2039 k	システム工学 1804 h	シタビラメ 1256 a 1517 i 1861 e	質素 1331 d
時刻表 48 h	システム終了 627 e	舌べら 1517 j	失踪する 2223 i
地獄耳 1601 a	システムダウン 359 g 1804 g	したむ 98 g	疾走する 83 b
自己資本 434 h	ジステンパー 1423 b	自堕落 746 k	質素で飾り気がない 1331 d
自己紹介(する) 2215 d	ジストマ 469 b	シダレヤナギ 279 m	シッダールタ 1565 g
自己推薦する 2213 h	地滑り 733 j	舌を出す 1522 f 1711 h	知ったかぶり 54 l 816 a
自己中心 85 m	市井 864 e	地団駄踏む 1681 l	知ったこっちゃない 423 j
仕事 1561 d m	時世 1245 m	質入れ 1915 m	
仕事が完了する 933 h	自制する 2212 f	質草 360 b	知ったことか 646 h
仕事がひける 1810 k	施設 1519 b	質草をとる 396 c	実地検証する 943 j
仕事と休息 1549 h	自然科学 2021 i	質に入れる 395 j 2160 h	実地調査する 943 e
仕事に就く 168 f	慈善 1500 i	七面鳥 22 a 773 n	十中八九 1545 m
仕事の打ち合わせ 1057 m	慈善試合 1993 h	質屋 395 k 2160 l	実直 666 j k
仕事のできる人 1195 m	慈善事業 286 k	質屋の客 359 i	地焼き 1430 b
仕事のやり直し 489 m	自然食品 2037 f	シチュー 588 j	実弟 1209 m
仕事を替える 552 f	自然に 2212 d	地銭き 415 m 1377 h	知っていた 1855 e
仕事を首になる 320 i	自然の要害 1824 h	視聴覚教育 400 j	失点(する) 1539 l
しこり 62 b	慈善バザー 1993 e	自重しない 1541 b	執刀する 2182 i
事故を起こす 256 h	シソ 1623 c 2210 m	自重する 2212 f	じっとこらえる 2021 l
子細 1338 c	歯槽膿漏 242 f	室 821 h	じっとしている 1552 l
	しそこなう 1105 k	失恋 1742 c	
		私通する 603 b	

しっと〜しゃし

嫉妬心　298 l
嫉妬する　234 l
じっと見すえる　882 h
じっと見つめる　2148 g
しっとり　1465 n　2206 m
じっくり　1543 k l
実の　1386 n
実の子　1387 k
実は　114 f　1605 e
ジッパー　995 i　996 d
失敗は成功の母　1539 g
実費　1550 j
執筆する　2184 b
疾風怒濤　986 g
尻尾　1753 i　1991 e
(馬の)尻尾　1991 f
失望する　1063 a　1704 c
七宝焼　898 a
尻尾を振る　1589 d
尻尾を巻く　811 j　1753 k
失明する　1807 i
しつらえる　157 i
実利的　1551 b
質量不変　1571 i
実力者　334 a
実力のないチーム　1466 i
失礼ですが　1014 d
実を言えば　1021 f
仕事　175 l
…していただく　230 e
指摘する　2153 i k
　　2155 e
…してみる　945 g
…してやられる　234 b
　　2203 g
…して…を免れる　1990 h
支店　512 g　2143 h
自転車　2215 j
自転車預り所　304 d
自転車のサドル　2241 f
自転車をこぐ　378 e
自動改札機　2071 b
自動車　1353 n
自動車教習所　818 f
自動車サーキットレース
　　204 d
自動車に乗る　2240 i
指導する　1086 k
自動パンチ機　2155 e
自動販売機　1576 e
自動誘導　1909 j
児童を教え導く　1911 d
…しとげる　365 c
しとしと　194 c　1638 f
　　1796 g　1799 g
じとじと　1543 i
しとやか　1579 k　1762 g
　　2029 h
…しないように　945 j
…しながら…　100 c
　　1383 d
品切れ　1721 h
しなければならない
　　375 d　506 f　1892 h
品定めする　1314 l
　　1315 b
シナジー効果　1859 b
萎びた大根　586 m
萎びる　191 b　555 b
　　556 a　1243 i

しなやか　1249 i
シナリオ　920 i
科をつくる　1484 e
　　1645 f　2238 f
死に至る　2157 f
死にかけている　279 f
　　1710 b
歯肉　1917 i
シニシズム　1423 b
老舗の看板　1020 i
死にそう　375 a
死にそこない　1016 g
(政治上の)死に体　840 a
師に就く　1542 e
死に水を取る　1622 a
自任する　2214 c
死人に口なし　1613 b
死ぬ　289 b　734 e　758 e
　　1160 e　1461 b
地主と小作人　420 c
死ぬまで　2156 i
地熱エネルギー　390 j
自然薯　1496 d
師の教え　1542 e
忍び難い　1226 d h l
忍びない　1518 f
シノロジスト　670 b
芝居小屋　1803 g
自賠責保険　1479 j
支配人　891 c
芝居の筋　1803 b
芝居の入場券　1803 b
芝居用の衣裳　1803 i
芝居を見る　1686 f
芝刈り機　172 f
自白する　601 g　844 m
自爆テロ　1440 h
しばし　1383 l　2084 c
…しはじめ　2098 m
始発　1572 e
始発駅　1346 h
自発的　2182 k
始発バス　1700 d
始発列車　1700 d
芝生　177 l　178 c
支払い　2143 g
支払い済み　2162 f
支払い済み　542 e
支払い停止　2152 b
支払手形　542 b　2013 f
支払いをする　935 e
　　936 d　941 h
支払う　542 a
しばらく　762 l　1419 e
　　2084 b l
しばらくして　341 g
しばらくの間　762 m
自腹を切る　1657 f
縛る　1027 d　2077 g
四半期　804 g
地盤沈下　1639 l
地にひれ　356 j
持病　618 d　1016 b
　　1624 l　1627 d
しびれ　97 e
しびれ薬　1173 g
しびれる　475 l　1132 l
　　1210 e
渋い　1486 e

渋柿　75 k　1486 f
私服　107 h
私腹を肥やす　507 m
　　2213 g
私腹を肥やす役人　1606 f
私物化する　734 g
ジフテリア　34 b　800 f
　　949 l
シフト勤務　1123 d
渋味　1486 f
自分　2215 b
自分勝手　2030 a　2212 m
自分の口で　1386 m
紙幣　94 d　1462 f　2155 c
自閉症　610 l
地べた　391 b
四辺形　1613 g　1614 m
自弁する　2214 j
四方　1613 g　1615 d
　　2175 f
司法解剖　479 l
時報サービス　70 e
死亡通知　541 i　1885 e
萎む　45 c　405 g　1755 a
(カメラの)絞り　638 f
絞りかす　2087 b　2096 m
絞り染め　2077 l
絞り取る　1622 j　2099 m
絞る　798 h　852 j
　　1252 f h　2099 k
資本家　162 b
資本金　1906 l
姉妹　870 b
しま織り　1096 f
始車書　760 l
しまった　739 l　2086 i
始末に負えない　2134 l
シマヘビ　167 e
しま模様　1678 k
締まりがない　1619 j
地回り　390 b　1302 f
　　2239 m
自慢する　1605 g　2214 g
シミ　438 g　1577 k
しみ　1712 l n　2187 c
地味　1020 a　1626 h
しみ込む　1390 i　1529 e
しみじみ　964 e
しみつく　2101 j
しみこんだ　970 d　1081 f
しみとおる　1529 m
　　2002 g
しみとり　1417 l
地味な三色　1021 d
地味な服　1626 l
シミュレーション　1200 h
市民サービス　107 a
事務机　1641 f　1862 g
事務を執る　1862 f
指名手配する　789 g
　　1690 e
指名払い小切手　1444 i
締め切る　868 j
絞め殺す　458 m　852 d
シメジ　788 k
じめじめする　211 c
湿っぽい　210 l　1544 n
湿り　1465 g
湿り　1543 g

湿り気　210 k
湿る　490 e
(帯を)締める　803 i
四面を見わたす　742 m
霜　1593 a
下座　1813 k　1814 g
下座につく　316 m
地元　388 b
霜焼けする　425 e
指紋　2155 b
指紋照合　690 l
ジャー　2207 g
ジャーク　917 m　1688 i
ジャージー　1491 j
　　1805 b
しゃあしゃあ　333 i
シャープ　1530 l
シャープペンシル　771 h
　　1363 l　2213 e
シャーベット　1906 l
シャーマン　1469 e
シャーロックホームズ
　　1773 l
謝意　1863 j
ジャイナ教　1344 h
ジャイロスコープ　760 b
　　1722 h
謝意を述べる　1198 d
シャガ　197 i　719 b
ジャガー　1166 l
ジャカード織　1665 d
社会契約　1191 l
社会的身分　517 m
社会的名士　1821 d
社外取締役　433 l
じゃが芋　429 e　1136 i
　　1708 n
しゃがみこむ　449 m
邪気を払う　559 m
…弱　1466 e
しゃくし　1514 c
蛇口　1100 l　1590 l
　　1597 a　1901 f
弱点　1466 l　1698 g
尺取虫　241 h　778 a
　　1482 f
弱肉強食　339 m
しゃくにさわる　1268 l
釈放する　1565 c
シャクヤク　37 e　1514 c
借家人　497 m
射撃　1372 c
ジャケット　810 l
邪険にする　1468 g
シャコ　609 l　1806 l
社交(がうまい)　1728 l
シャコウジガニ　1520 l
社交辞令　204 i
ジャコウネコ　1084 h
ジャコウネズミ　256 b
シャコガイ　215 b　1414 j
(車を)車庫から出す
　　500 c
シャコバサボテン　1865 b
じゃじゃ馬　1209 j
じゃじゃ馬ならし　1911 i
写真　2118 g
写真アルバム　2018 j

写真屋　632 n
写真を撮る　1271 g
ジャズ　929 a
ジャスミン　1204 c
　　1626 i
ジャスミン茶　1204 d
謝絶する　289 f
車体　1523 g
社長　891 c　2219 d
シャツ　1896 m
若干　1466 j　1969 g
ジャッキ　1359 d
借金　551 f　780 j
借金する　1370 n　1697 f
借金だらけ　1147 f
借金取り　1659 k
借金を返す　436 b　1073 a
借金を踏み倒す　1003 e
しゃっくり　316 d　459 c
　　581 g
ジャッジ　163 j　2147 b
シャッター　923 f
シャッターチャンス
　　1376 c f
シャットダウン　627 e
邪道　1281 b　1727 h
　　2223 e
シャトル外交　269 d
シャトルバス　269 d
しゃなりしゃなり　1257 b
しゃにむに　1120 m
　　1145 l　1613 d
ジャブ　291 h
しゃぶしゃぶ　1591 a
　　1940 c
しゃぶる　1635 b
シャベル　196 b　1378 g
　　1685 e　1819 f
しゃべる　260 e
しゃぼん玉遊び　278 b
邪魔　317 k　556 l
　　853 c　1789 f　2226 f m
邪魔になる　2036 m
ジャム　291 k
しゃもじ　1513 l　1514 c
砂利　1489 f　1548 j
　　2098 i
車両　214 m
車輪　609 h
車輪ブレーキ　1444 a
シャルル　187 c
謝礼　902 n
しゃれたデザイン　985 k
しゃれている　1275 f
　　1381 k
じゃれる　1467 k
シャワーを浴びる　1079 m
　　1800 n　2055 i
ジャンク　1489 d
ジャンクフード　993 i
シャングリラ　1833 e
ジャングル地帯　295 m
じゃんけん　83 e　160 b
　　730 k
シャンデリア　406 k
　　675 j
しゃんと　1567 m
しゃんとしない　154 b
ジャンパー　810 m

ジャンパースカート
　　1054 c
上海語　722 b
シャンパン　1832 c
シャンプー　1800 m
　　1832 d
ジャンプショット　1702 k
ジャンプする　1663 k
ジャンプ台　1681 h
種　2170 f
手淫する　1129 i
シュー　2207 g
ジュー　2207 g
周囲　494 h　1615 g
獣医　1576 g
自由演技　2215 n
秋海棠　1407 n
就学年齢　1904 e
収support見積もり　608 j
週刊　2174 n
臭気　764 g
祝儀　1039 j
就業開始　1506 l
宗教学校　891 g
就業規則　591 g
シュークリーム　1285 f
終結する　868 a
集結する　408 h
ジューサー　2099 k
秀才　568 b
銃殺刑　1372 f
銃殺する　1372 h
修士　1606 f
習字　1060 j　1799 k
終始変わらない　1457 k
重視する　570 h
終日徹夜　884 f
十姉妹　1542 n
ジュージュー　267 j
従順　230 a
住所　2186 a
就職　203 l
十字路　1546 b d
十字を切る　736 g
囚人　1408 e
衆人の怒り　2172 l
ジュース　915 k　1317 h
修正する　857 n
自由席　1481 l
集積回路　796 n
重責を担う　822 d
重曹　1650 l　1852 m
渋滞する　184 g　436 a
重大ミス　329 c
醜態をお目にかける
　　1828 f
住宅　2100 e
住宅展示会　498 j
住宅難　497 j　746 h
住宅ローン　2185 g
集団　796 l
集団内乱闘　1863 g
周知の事実　2172 c
集中治療病棟　1661 g
終電　1203 b
充電する　1346 h
重点プロジェクト　2173 e

シュート　319 b　635 j
　　1520 f
シュート（バスケットの）
　　1520 e　1702 k
しゅうと　595 g
柔道界　1453 i
修道士　1890 b
修道女　1889 k
シュートが入る　1326 j
　　1327 h
習得する　1904 b
舅姑　596 j　609 e
舅と婚　1898 b
姑　1324 f j
柔軟性　1084 c　1453 i
十二支　391 l
収入　885 g　886 n
収入　886 f
収入印紙　2012 b
就任　912 l　1445 i
住人　2185 h
十能　196 b　772 e
収納ケース　646 a
十のうち九まで　1545 e
集配送センター　1788 j
終バス　1203 k
周波数チャンネル　1314 g
18金　937 m　1335 c
従犯　1859 h
十分足りる　881 j　2225 h
10分の2　471 a
周辺装置　1731 a
シューマイ　1512 j
充満する　1176 i
重要　1953 j　2172 h
重要さ　1399 e
収容所　797 j
収容する　229 i　1451 a
重要な消息　1764 j
重要なポイント　876 m
修理する　1552 g　1889 i
重量のある　2172 k
重労働　2173 i
樹海　1078 h
儒学と老荘学　1458 c
守旧（の人）　1020 j
需給率　598 b
儒教　968 l
授業が終わる　1812 g
授業要旨　963 e
授業をさぼる　987 a
　　1377 b　1658 c l
祝祭日　865 l
祝日　1856 f
縮図　1636 d
熟す　1581 k
熟睡する　219 m　666 g
　　1675 c
粛清する　233 a
宿題　813 e　963 e
宿直する　2150 m
祝典　1404 d
熟年婚　1790 i
熟練者　1380 i
殊勲　1343 e
樹形図　1585 k
受験する　169 e　2019 k
受験生　951 i

受験の替え玉　1372 k
受験票　2201 h
受験料　951 f
酒豪　2231 a
珠江デルタ　2178 n
ジュゴン　1441 k　1457 l
主宰する　2182 e
種子　2170 e　2209 h
樹脂　847 a
種々さまざま　583 m
衆生　2172 n
衆生を済度する　1332 c
主食作物　340 m
主審　2137 b
受信機　862 l
主人公　891 c
受信箱　1566 e
主人役　2242 e
数珠　1587 e
入水自殺　2212 h
数珠つなぎ　268 k
酒精　283 k
守銭奴　1571 c
種族　1315 g
手段を弄する　1734 k
　　2243 i
手中に納める　1770 l
シュッ　284 h　778 m
　　1609 c
ジュッ　267 j
出演料　256 i
出荷する　256 j
出棺　256 e　1346 m
　　1347 m
出勤簿　1362 l
出家する　966 k
出向する　624 c
出航する　1350 g
熟考する　1477 f
出血（する）　1534 i
出産休暇　195 f
出産予定日　2057 h
出資金　613 l
出資募集　1214 c
出資者　421 a
出場取止　1688 d
出身がいい　585 g
出生地　634 f
出席いたします　902 k
出席をとる　397 b
出世する　474 b　1530 l
出廷する　365 g
出典　396 f
出入国検査　100 k
出発　1350 b　1450 h
出発ロビー　257 c
出費　729 m　940 m　2026 j
出塁　1508 h
種痘　1254 i
受動喫煙　470 h
主導権を握る　2147 f
主導する　2182 j
朱と墨　2177 d
ジュネーブ条約　1448 f
首脳会談　526 d
シュノーケル　1369 j
種の起源　1788 h
酒杯をあげる　1402 k
主犯　1572 l　2139 c
樹氷　1210 j　1585 a

1789 a
寿命が延びる 1926 l
寿命を縮める 298 a
呪文 1248 k
呪文を唱える 1773 k
主役 2182 m
腫瘍 2170 l
需要供給 598 a
主要である 1749 g
授与する 292 e
ジュラ紀 2178 a
ジュラルミン 1115 h 2021 k
酒乱 907 k
狩猟 1076 e
受領書 1566 i
受領する 1522 j
シュレッダー 1633 m
シュロ 117 k 2218 f i
寿老人 1574 c
手話 1571 d 2052 l
受話器 1686 e
手腕をふるう 1543 e
旬 804 c 1291 h
純金 900 m 2047 b
純SF文学作品 2021 i
春画 280 c
巡回移動公演 1910 k
巡回車 1091 l
巡回展示 1911 d
巡回図書館 1910 l
春菊 1695 a
准教授 548 c
純金 243 j 894 c g 2225 l
順ぐり 5 l
準決勝 54 l
準決勝戦 546 a
巡航ミサイル 1910 j
巡査 1438 k
ジュンサイ 282 c 1138 g
殉死する 294 f
準々決勝 53 m
順々に 2181 a
順に 1896 b 2159 h
純焼酎 34 d
順序に従う 1981 l
順序を飛び越える 1077 c
浚渫 1793 m
浚渫船 932 m
順調に運ぶ 1689 l
順手 2139 l
順に 1989 l
順応する 2002 c
旬の物 1819 l
旬の野菜 1549 d
順番が来ない 1123 e
順番札をもらう 1086 l
準備委員会 253 m
準備する 1241 e
純文学 1926 e
しょいこ 26 m
しょいこむ 29 l
掌握する 1215 m
傷痍軍人 1450 k
焼夷弾 1429 c
上映館チェーン 2067 m
省エネ 865 i
上演(する) 1934 e
消火 910 a

生姜 838 j
障害児学校 539 d
紹介者 2166 i
障害者 170 a
照会する 1910 a
消火器 1189 d
小額紙幣 1850 l
消化する 960 e
消火する 1328 e
小学校 1853 e
正月用品 1244 k
正月料理 1243 i
浄化フィルター 1117 m
召喚される 15 h
召喚尋問 1911 m
定規 643 e
情識 1401 a
使用期限が短い 441 b
蒸気動力ローラー 1354 k
情義に合わない 1227 c
将棋の駒 1342 g
上級幹部 563 k
状況 1401 h
上京する 541 j 888 j
将棋をさす 1341 k
上下 386 d
笑剿 1231 k
衝撃波 1352 l
証券アナリスト 614 e 834 c
証券類 1424 f
証拠 1322 b g
正午 1504 e
じょうず 907 l
証拠隠滅(する) 760 l
将校 929 g
紹興酒 1224 d 1516 a
猩紅熱 708 l
証拠書類 1424 f
証拠物件 2140 j
錠剤 1955 i
小才がきく 1846 e
詳細を尽くす 1834 i
称賛(する) 64 m
称賛と奨励 810 d
上司 2110 m
情事 523 j
正直である 766 j
正直のこうべ 1492 b
上梓する 542 l
情実 1401 j
小資本 1845 i
使用者 721 m
商社 1503 e
乗車拒否 919 c
情趣 1402 f
商習慣 891 i
消臭剤 264 d
常習犯 635 d 787 j
上述 1508 k
照準を定める 1187 l
証書 1322 d 1355 l
上場(する) 1509 a
上場株 1509 a
情状酌量 2203 e
ショウジョウバエ 654 j
精진落とし 871 a 937 c
精進潔斎する 29 e
上申書 122 e

昇進する 571 f
精進料理 1626 d f
(…が)上手 1500 h
小数点 396 l
小数点以下 1753 i
称する 223 h
生ずる 185 m
小生 391 k
情勢 897 f 915 m 2130 d
醸成される 2076 m
肖像 1440 i
醸造酒 750 i
上奏文 1889 j
消息通 1841 l
消息を待つ 1686 h
消息をもらす 520 g
小隊 1272 a
招待(する) 1949 m
招待試合 1949 m
招待する 1403 a i 1683 f
招待状を出す 1403 e
招待する 1403 b 2113 h
正体を現す 2065 f
卓 779 k
承諾する 2075 e
商談が整う 1357 c
冗談じゃない 115 j
商談する 1534 e
冗談にする 1605 e
冗談話 1734 f
冗談を言う 940 g 1418 h 1734 d 1803 e
冗談を言って笑わせる 296 g
承知する 310 n 2146 i
焼酎 35 f 468 k 1512 g
情緒 1400 j
詔勅 2117 f
情緒不安定 125 c
商店 1333 k
上等 896 j 1509 g
衝動買い(する) 246 b
…しようとする 346 l 838 h
衝突防止レーダー 98 e
商取引 523 h
情に厚い 1525 i
性に合わない 1302 c
小児科 463 e
情にもろい 1867 h
少年 1696 e
正念場 944 m
樟脳 2109 g
上納する 1507 e
小の月 1854 l
商売 672 j 1534 e 1970 b
商売変え 1681 j
勝負がつかない 1538 a
商売する 1502 j 2242 m 2243 m
商売人 1534 f
商売の極意 1141 i
商売する 1534 f
商売を始める 941 f 1460 i
上腕 99 d
上半身裸になる 243 m

消費(する) 680 j
消費者 1506 k
消費者ローン 343 m
商標 109 m 679 b 1274 k
商品 777 j
上品 1890 m 1918 a
商品受取証 1566 b
商品券 342 b 1039 k 1503 m
商品ブランド 1315 j
商品見本 1947 h
ショウブ 197 l 1330 h
勝負 1581 c
情夫 1945 e 1959 l
情婦 1959 m
丈夫 617 b 822 m 2096 c
勝負する 436 i 858 e
正札 818 e 1196 i
正札売り 1924 d
滋養物 1945 l
成人する 209 g
丈夫で元気 721 c
性分 1884 g
招聘する 2132 k
城壁 1029 c
小便 1630 d
小便する 1249 h 1467 e
情報 1841 l 1874 c
消防車 910 a
消防ホース 1596 m
情報を探る 291 m
抄本 828 f
錠前 624 h
錠前屋 1636 m
枝葉末節 1281 l 1805 m 1848 e
賞味期限 69 d
証明書 1322 e
正面衝突 1831 l 2189 d
正面図 1366 e 1560 e
正面跳び 648 m 1681 h
消耗品 1841 e
生薬 178 l
抄訳(する) 2100 d
条約 597 f
乗用車 1853 a
将来の見通し 2066 e
将来を見る 2103 i
昇竜 1663 j
上流家庭の子弟 1350 k
勝利を得る 371 h 778 g
勝利を収める 1537 k
じょうろ 1468 i
鐘楼 2169 l
滋養をとる 885 j
初演 1573 l
ショー 947 e 1890 g
女王蟻 1991 e m
ショーウィンドー 264 b
女王蜂 526 m 1209 f 1740 h
ジョーカー 337 i 1852 l
ジョークをとばす 211 l
ショーケース 2104 c
ショートカット 982 d
ショートカットキー 1433 n
ショートコート 440 g
ショートショート 1748 b

1853 h
ショートトラック 440 g
ショートパス 440 e
ショートプログラム 440 a
ショートメッセージ 441 j
ショービニズム 1490 k
ショーをする 440 j
暑気あたり 1502 c
1575 f 2171 g
暑気にあたる 1582 g
ジョギング 835 d 1149 a
職員と労働者 2151 j
職がある 2040 j
食が進む 1811 a
職業紹介センター 2151 m
食事 491 d 492 e
植字工 825 f
食事時 491 k
食事と宿泊 1501 c
食事の後片づけ 1735 k
食事も忘れる 1743 h
食事をする 491 d
食事をし損なう 1789 h
食事をとる 885 k 1552 a
触診する 1171 h
職責を尽くす 1541 k
食卓 2202 a
食中毒 2171 c
食道 1552 f
職人 1588 d
職場 591 j
触媒分解 1076 a
職場手当 567 b
食費 776 j 1501 d
食品雑貨 1553 k
植物性食用油 1626 j
植物の種 2209 a
植毛する 2150 k
職務上横領罪 2151 b
職務上の名称 2151 h
植毛する 2080 c
食用蛙 1724 d
食用の海苔 661 g
食欲 1758 b
食欲が盛ん 2231 d
食欲を催す 940 j
食糧 1062 f
食糧と飼料 1204 m
食糧を供出する 2132 j
職を失う 2079 e
職を求める 2117 d
処刑する 2131 f
しょげ returns 308 l
女傑 1343 e
しょげる 1243 j 1715 g
1776 g
徐行する 1149 e
所在 2242 e l
書斎 1235 j 1762 g
所在がない 1776 f
如才無しい 1728 l
助産師 2185 k
女史 1263 i
書式 580 k
女子サッカー 1262 g
叙事詩 1553 i
女子シングル 1262 g

女子ソフトボール 1262 h
女子ダブルス 1263 k
女子テニス 1263 b
女子バスケットボール 1262 l
女子バレーボール 1262 c
助手 2185 g
処女 1696 a i
書信 667 d
初心者 326 e
女性 544 h
女性運 1658 m
女性トップ棋士 1341 m
女性ホルモン 288 m
除雪機 1485 k
初戦 262 b
序奏 2010 a
女装する 1222 j
除草する 2074 b
書体 2211 g
除隊する 1717 k
初対面の客 1532 c
除虫菊 263 c
食器 1735 m
食器洗い 2096 f
食器乾燥器 701 l
食器戸棚 1735 j
食器類 983 m
ショッキングな事件 74 m
ショック 246 g 1888 d
ショックを与える 2130 n
食券 492 b
しょっちゅう 202 c
2081 g
しょっぱな 940 c
ショッピングセンター 333 l 607 c
ショッピングプラザ 1503 a
ショッピングモール 1503 g 1843 m
書道 126 g 1577 k
初七日 1701 i
処罰(する) 232 a
初版 2064 c
ショパン 1840 f
ジョブの終了 2238 d
序文 1667 a
処方 1954 m
処方箋 495 b
しょぼしょぼする 476 m
庶民 42 h 218 a
署名する 1362 a l
書面 93 k
所有権 195 k
所有権者 85 n
書類ケース 525 g
書類をとじ込む 1046 k
ショルダーバッグ 822 c 980 m
女郎買い 1310 a
ジョロウグモ 1129 m
書をよくする 589 k 1500 c
ジョンブル 2068 f
地雷探査 1651 l
シラウオ 2007 c
白髪 2006 h
白髪染め 1770 l
白樺 735 k

白髪まじり 173 b
しらくも 38 m
白地 2064 h
素地 2064 h
不知火 2003 f
知らぬが仏 465 g
知らぬふり 2098 k
しらばくれる 1940 j
2237 f
シラミ 1543 e g
しらを切る 387 d 2021 j
知らんぷり 484 c 817 h
しり 1718 d
尻 1303 d
知り合い 1831 h
知り合う 1831 h
シリーズ 1804 c
シリーズ本 1660 j
シリカゲル 642 m
尻軽女 1011 c
尻切れとんぼ 1780 f
尻込みする 1717 d
1759 f
シリコン 642 j 643 c
シリコンバレー 613 c 642 j
尻だこ 97 n
自律神経 2150 i
尻の穴が小さい 1869 b
試料 1559 l
飼料 1552 c
視力 1043 h
尻をたたく 298 d
尻をまくる 1467 l
シリング 1818 f
汁 2144 h
シルエット 179 m
汁かけ飯 1652 l
シルク 1608 a
シルクスクリーン 1608 m
シルクハット 1039 f
シルクロード 253 l 611 g 1608 a
知る権利 2146 c
しるしをつける 312 f
汁そば 1652 k
シルバー事業 33 k
シルバープロジェクト 1790 i
じれる 794 e
シロアリ 39 i
(碁石の)白石 39 k
白兎 2054 k
素人 1729 d
素人芝居 1310 e
素人を欺く 1338 i
白かび 134 d
白くてやわらかい 517 k
シロクマ 77 f
白黒ぶちの猫 692 b
白タク 692 l
シロップ 1654 f m
白っぽい 173 a
シロナガスクジラ 1006 k
白ながす 33 d 404 c
(碁で)白番 2146 m
しわ 1764 b 2176 i
しわがれ声 1483 k
1918 i

しわくちゃ 555 g l
2176 e
しわくちゃになる 251 c
仕分ける 513 b
しわ止めクリーム 497 b
しわ取りクリーム 827 m
しわ取り用化粧品 263 l
地割れ 931 j
死を悼む 1564 i
字を覚える 1721 h
1905 d
芯 719 l 1364 c d
1869 i
ジン 437 g
人家 1441 f
進学する 1530 k
芯がかたい 967 j
新株配当 1621 f
新株発行 992 g
しんがり 1753 j
進化論 1934 g
新規作成 1870 c
新機軸 1872 m
ジンギスカン 952 m
蜃気楼 1451 k 1529 m
新記録 801 j
心筋 1866 m
心筋梗塞 1866 e
シンク 1800 i j
寝具 1329 h 1770 a
真空パック 1463 f 2126 h
シンクタンク 1229 j 1609 e 2159 m
シングルス 348 l
シングルスカル 349 k
シングルベッド 275 a
シングルマザー 350 a
シンクロナイズ 1692 e
シンクロナイズドスイミング 26 j 729 l 1598 d
陣形 2130 c
人件費 1872 g
人工 1992 l
人工衛星 1441 k 1755 j
人工頭脳学 970 k
人工惑星 1881 i
深刻 1953 k
(税関)申告書 1522 f
深刻ぶる 1734 m
申告漏れ 1105 m
新婚夫婦 1236 l
新婚夫婦の部屋 425 i
審査(する) 951 h
人災 1436 m
人材 1435 k
人材スカウト業 1076 c
人材バンク 1435 k
診察する 945 h 1321 k 1379 k 2129 d
診察費 2129 d
人事異動 1361 h
紳士協定 932 i
シンジケート 1872 l 2007 l
寝室 1769 l
人事の任免 361 m
紳士服 1223 c
信者になる 1460 b
神社仏閣 1189 h

しんじ〜すくー

真珠 2128 j	心臓 1869 a	陣とり 1649 g	1927 i
伸縮自在 1237 f j	人造ダイヤ 1599 k	シンドローム 2141 g	進歩する 2110 g
人種差別 2171 d	心臓いく 2022 h	シンナー 1833 k	進歩的人物 1752 f
真珠の首飾り 2178 f	親族 1385 l	真に迫る 271 h 1121 n	新仏 1870 i
真珠の玉 2178 f	身体 2144 f	2126 c	シンボル 1839 e
辛勝(する) 1824 c	進退 1417 f	信念 1874 i	シンボルマーク 756 g
真情 2169 d	身代 812 k 1960 i	新年のよろこび 281 c	しんを腐敗する 1704 b
身障者用トイレ 170 c	寝台 1770 b l	シンパ 1693 c	親密にする 1386 l
伸身 2149 l	進退窮まる 1367 b	心配係 1031 b 1865 k	人民 42 h
(前途有望な)新人 1870 l	身体検査 1622 a	1867 l	人民の膏血を吸い取る
心身症 1524 b	(碁で)死んだ石 1613 a	心配する 351 l 1270 b	1793 f
人身売買 1437 c	寝台車 1769 j	2027 m 2028 f	身命を捧げる 922 k
人身売買業者 1436 l	身体障害者 170 a 1501 n	心張り棒 414 a	身命を捨てる 1912 k
新人類 1088 l	新体操 1994 g	シンバル 1228 k 1695 i	尋問調書 2125 j
進水式 1814 j	身体と気力 1668 e	審判 163 i	深夜勤務 339 b
信ずる 1831 c	人体に有益な細菌 1999 b	真犯人 2127 b	親友 1180 l
真性コレラ 2127 b	身代をつぶす 1326 k	心不全 1588 n	信用が高い 1875 e
申請する 1403 e 1522 e	シンタックス 919 l	神仏に願をかける 1895 f	信用状 67 f
親戚 1337 b 1520 a	死んだふり 2196 i	人物描写する 1862 e	信用状を発行する 941 i
親戚関係がある 2102 f	診断書 2140 g	新富裕層 125 n	信用調査する 2132 b
親戚関係を結ぶ 867 j	心中 305 l 2000 e	新聞 71 f	信用できる 953 g
親戚づきあいする 2223 d	寝台車 752 b	新聞コンセルン 71 c	信頼できる保証人 1723 b
親戚や知人 1386 e	心中の怒り 1866 m	新聞雑誌 271 b	辛辣な皮肉 820 d 1797 b
シンセサイザー 402 e	心中やましい 1868 a	新聞紙上 69 k	侵略者 975 m
親切 1434 c 1538 i	慎重 241 h	新聞に載る 377 c 830 j	侵略する 1387 k l
親切が仇になる 1513 e	沈丁花 1465 h	ジンベイザメ 893 d	尽力する 1856 b 2157 b
親切気 962 f	シンデレラ 754 j	辛抱する 18 l	森林地帯 1078 m
新鮮で柔らかい 1820 g	親展 2054 e	辛抱強い 1222 a	
神仙と妖怪 1085 g	神童 1342 m	シンポジウム 1659 z	

す

(砂)州 1646 b	推測する 1715 j	数倍勝る 1537 l	好き嫌い 680 d
(水中の)州 1685 h	吸い玉 27 c 1793 k	スープ 1652 b	好き嫌いが激しい 193 d
巣 956 e f 1767 m	水中ミサイル 1103 i	ズームレンズ 105 b	すき 1103 i
素足 639 d	垂直離着陸飛行機 279 a	スエード革 1449 h	過ぎ去る 1564 b
水泳(する) 2035 b	スイッチ 936 l 1257 d	据え置き 1994 d	ズキズキ痛む 292 a
水泳着 2024 k	スイッチオン 686 d	スエズ運河 1623 i	すきっ腹 969 k
水泳選手 2024 i	スイッチバック 1442 i	すえた臭い 1622 e	すきっ腹をかかえる
水泳の達人 1595 f	スイッチを入れる 318 h	据え付け(る) 2197 g	682 g
西瓜 619 h 1791 c	出納係 633 k	末っ子 2044 b	透きる 233 b 896 b
水害 1596 a 1599 a	出納帳 2007 h	すえる 1622 c	1704 b
水害地 707 l	吸いとる 1600 k	スカート 1427 g	スギナ 1766 a
スイカズラ 1443 c	すいとん 1307 c	スカーフ 1700 j	すきにつけ込む 969 k
西瓜の種 620 l 1791 c	吸いふくべ 773 d	1701 g l 1750 j	すきま 357 m 810 i
吸いがら 1699 m 1834 k	ずいぶん…しても 1431 i	頭蓋 1109 f	隙間 969 d 1076 k
水銀 599 m	水兵シャツ 662 a	スカイダイビング 1681 e	隙間 1925 l
水銀柱 600 b	水泡 1597 m	スカウト 1876 l 1902 f	すきま風 2093 c
水耕栽培 1778 l	水蜜桃 1180 l	スカウトマン 1651 a	すき間がない 1925 h
随行者 1631 j	スイミングプール 239 c	素顔 900 d	スキャナー 1485 c
吸い込む 1793 c	睡眠剤 11 c	透かし 2011 i	2071 k
水死する 1242 f	睡眠不足 1424 d	透かし彫り 1106 b	スキャン 1485 b
水質汚染 1598 l	水門 1599 b 2097 m	すがすがしい 1395 c e	スキャンダル 255 f
水準 1597 h	水流のうずまき 1767 k	姿見 901 m	スキューバ 1595 k
水上運送 2075 d	水力タービン 1597 e	姿を隠す 174 m	スキンクリーム 1465 d
炊事用具 2089 d	水路 1598 a	スカッシュ 99 k	1593 l
水上警備艇 1910 n	粋を集める 763 k	すが入る 948 h	スキンケア 722 l
水晶体 896 g	枢軸 2176 e	鬆が入る 947 e	スキンケアローション
炊事をする 1347 g	数日前 1367 e	すがりつく 24 b	1889 e
水棲動物 1599 l	スースー 1794 j	すがる 1938 c 1992 i	スキンローション 1465 d
推薦合格 81 k	スーツ 1660 j	スカンク 256 h 2045 b	(すき櫛)ですく 97 c
水洗式便器 252 i	スーツケース 1570 l	素寒貧 668 h 1404 j	すぐ 1046 l
推薦状 1714 j	1666 c	1405 g	ズク 975 a
推薦する 2009 b	素うどん 638 k	スカンポ 1628 l	すくい上げる 1012 g
水素 1399 l	スーパーアイドル 1852 e	鋤 264 c 1038 h	スクイズ 1375 g
水槽 2047 l	スーパースター 208 j	杉 1096 b	救い出す 2134 i
水素エネルギー 1399 l	スーパー銭湯 1801 a	スキー 733 f	巣くう 1277 k
	スーパーマーケット 208 k	スキー板 1905 j	スクーター 1397 f
	スーパーマン 505 e	スキーヤー 1200 j	1850 j 1853 n
		すき返す 1281 k	スクープ発表 433 d

スクールバス 1855m
すぐ口に出す 2230j
すぐさま 1631f
すくすくと育つ 2203h
すくって運ぶ 769j
少ない 1794c 1824m
少なくとも 1514l
すぐに 1137i
スクラッチ 621c
スクラッチくじ 793k
スクラップ 826m 1633l
スクラブ 1202b
スクランブルエッグ 212g
スクランブルをかける 1431i
スグリ 1051m
スクリーン 1214j 2007f h
スクリーンセーバー 1322e
スクリュー 1128h 1714m
スクリュードライバー 553f
優れた考え 2203m
すぐれた見識 570a
優れた才能 161b
優れて美しい 1890k
優れる 197e
スクロールバー 648b
スケート 732c
スケート靴 119h
スケート靴のエッジ 361h
スケートボード 732d
スケートリンク 117f
スケープゴート 1669d
すげ笠 1155k
ずけずけ言う 913h
スケッチ 1625m 1626a
スケッチ画 794c
スケッチブック 1862b
すげない 587e 696k
すけべじじい 1021e
スコア 2092b
スコアブック 801f
すごい 2092b
少し 1475e 1968a
少し足らない 1425d
少しばかりの金 1072m
少しも…ない 1072m
過ごす 438f
スコップ 196b 1683h 1684f 1819f
巣ごもりする 2096e
スコラ哲学 485l
すごろく 1592g
すさまじい 1912g
筋 370c 1096k
すじがいい 1860b 1861b
筋が通らない 840i 1042l
筋論 994h
筋向かい 1860d
ずしりと重い 219b
筋を違える 1257c
ズシンズシン 377n
煤 695i 1164g 1643h 1921f

鈴 1082e
スズカケノキ 1900a
ススキ 1150h
スズキ 1109j
すすぎ 384b
涼しい 1062k 1063h
ススッ 1794m
鈴の中にある金属製の玉 1082e
鈴虫 878f 880l
スズメ 1133i 1426b
勧めて止めさせる 2151l
スズメバチ 330e 716j 749i
スズメバチの巣 1135e
すずやか 1596j
スズラン 932c
硯 1206m 1935j
すすり泣く 1894m
すすりの水入れ 1594l
スターター 475b
スターチ 839b
スタート 1461m
スタートボタン 940d
スタートメニュー 940d
スタートライン 1348j
スターリン 1610a
スタグフレーション 1293h 1688m
すたすた 28f
すたすた行く 795h
スタッカート 443f
スタッフ 1437i 2130c 2151f
すだれ 1056b
すだれを巻き上げる 923h
スタンド 946l
スタントマン 1661i 1669b 1934b
スタンバイ(する) 346b
スタンプパッド 1207k
スチーム 1264e
スチーム暖房 1597m
スチームハンマー 441m
スチールサッシ 455l
スチール写真 920d 1307l
スチールワイヤー 566h
すっからかん 244g 798g 1705j
すっかり 324f 1146e
すっかりさびれる 1394l
すっかりダメにする 1725h
すっかり除く 360g
すっかり忘れる 906i 1446b 1744m
すっくと立つ 416f
ずっしりと重い 1611j
スッス 1795a
すってんてん 343e
ずっと 1973g
ずっといい 451e
すっぱだか 244g
素っ裸 637e
すっぱ抜く 268m 284c 863j 1680b
スッポン 114d 2061i j
素手 967k

ステーキ 1454i
捨ておく 1312a
捨てがたい 1518f
捨て子 1354j 1355a
ステゴドン 834i
捨て去る 1355a
ステッカー 110d
ステッキ 649m 1571f 1607h 2112e
ステップ 158k 854f 1787b
素手で打つ 33j
捨てて顧みない 1311j
捨ててしまう 1446b
棄てられた妻 1499a
捨てる 1354b
ステルス技術 2011e
ステンシル 1106h
ステンドグラス 126n
ステンレス 152b
ステンレススチール 565f
ストア学派 1610b
ストーカー 586i
ストーブ 774e 1264d
ストーブに火をつける 1102b
ストーリー漫画 1870b
ストッキング 200l
ストップウォッチ 111f 1134g 1182d 1283m
ストップ高 2110l
素泊まり 555j
ストライキ 30g 589i 1693e
ストライク 678e
ストライド 157c
ストラクチャードプログラミング 867b
ストラップ 623c
ストリーキング 1128a
ストリートガール 1093d 1958m
ストリートチルドレン 1091j
ストリートミュージシャン 1143d
ストリーミング 1091g
ストリーミングメディア 1092d
ストリキニーネ 481m
ストリップショー 1128b
ストレートパンチ 2149f
ストレートパンツ 1696m
ストレス 2173m
ストレッチ運動 1522l
ストレッチパンツ 1648k
ストレプトマイシン 1061c
ストロー 1142i 1793k
ストローク 731g
ストロボ 1498m
ストン 1329h
砂 1488k
砂あらし 1489a d
素直 1894m
砂肝 785a
砂地 1490m
スナック菓子 1888m
スナッチ 917m

スナップ 1077a 1171e
スナップ写真 982j
砂時計 1489j
砂場 1489e
砂浜 1490i
砂袋 1489e
スナメリ 838b
ずぬけている 208a 1705h
すね 899c 1852j
すねる 404j
頭脳おもちゃ 1999c
頭脳トレーニング 1059i
スノータイヤ 496e
スノーボード 733f 1905j
スパークプラグ 773b
スパートをかける 1174h
スパイ 410a 1234g 1662j 2125i
スパイ衛星 2125j
スパイクシューズ 413g 1681m
スパイ写真 410m
スパイする 989g
スパイダーマン 2146d
スパイ防止 1437a
スパイ容疑 1662a
スパゲッティ 1999m
すばしこい 1084g 1569k
スパナ 47g
ずば抜けた人物 1437h
ずば抜けている 27g 257c
ずば抜ける 115a 2203k
スパムメール 993i
すばやく 836n
ずばり 555l
ずばりと言う 1869f
すばる 1156a
スピーカー 1939f
スピーチコンテスト 1934h
スピードアップ 938k
スピードガン 180a
スピードスケート 571f
スピロヘータ 1128i
スフィンクス 1542f 1610b
ずぶぬれ 1544h
スプリング 1648g
スプリングキャンプ 281e
スプリンクラー 1468i 1841b
スペアパーツ 80b
スペアミント 1094a
スペースキー 969h
スペースシャトル 674g 1644b
(トランプの)スペード 695e
すべからく知るべし 1892j
スペクトル 638c
スペクトログラフ 1521j
スペシャルゲスト 1662b
すべすべ 296c 638i
滑ってころぶ 733c

すべて 1691 e 1697 l 1980 b	すみませんが 485 c 818 l 1014 d	1472 m	…するはしから 1902 i
すべての人 1739 k	スミレ 883 b	すり替える 300 f 407 l 1699 c	スルメイカ 2030 a
すべりが悪い 1486 f	すみれ色 883 c	すりガラス 1152 m	ずる休み 987 f
滑り台 733 b	墨をする 1202 m	すりこ木 280 b 1029 e	スレート 1546 c
スベリヒユ 1135 a	スメドレー 1553 h	1927 c	すれっからし 998 e
滑る 732 c 1089 g	図面 1706 f	スリット 188 m 935 g	1023 d
スポーク 213 m 538 m	角力 1074 g	スリッパ 1720 i	スレッド 1827 a
スポークスマン 477 b	相撲 847 k 1328 b	すりにご注意 883 d	…すればするほど 2056 j
スポーツ界 1668 i	スモッグ 1923 f	刷り見本 1947 d	スレンダー 614 k
スポーツカフェ 1410 b	スモモ 1040 i	スリム化 128 l 442 i	スローイン 2162 c
スポーツ刈り 305 j	すももの木 1040 b	すりむく 1375 d	スローオフ 939 l
スポーツくじ 1667 k	素焼きの器 1726 e	スリラー映画 893 k	スローガン 972 c 1898 k
スポーツ施設 204 d	素焼きの壺 1725 h	すりを取り締まる 319 j	スロープ 1860 k
スポーツ選手のマナー 1470 e	…すら 1511 l	する 730 e	スローモーション 1149 h k
スポーツ賭博 436 e	スラー 1054 d	ずるい 404 j 732 c 852 b 1003 b 2033 b	スローモーションショット 902 i
スポーツバー 1410 a	スライド映写機 743 h	ずるい手 733 d	スロットマシン 1018 g
スポーツマンシップ 1668 f	スライド価格 732 j	スループット 1690 a	スワヒリ語 1610 g
図星 944 a	ずらかる 938 g	ずる賢い 405 c 624 m 821 l 2031 b 2092 k	座り込みストライキ 901 a
スポットライト 921 e 1520 k	スラグ 566 b 987 f 1108 g 1452 a	ずる賢い悪者 32 h	座りこんでだだをこねる 324 d
すぼめる 1192 k	ずらす 307 h	する気がない 1779 b	巣を移す 1265 d
ズボン 979 a 1854 c	すらすら 1601 g	ずるける 1699 f	巣をかける 310 e 818 m
スポンサー 2085 f	すらすら読める 1508 b	ズルズル 1794 j	ずんぐり 6 f
スポンジ 663 j 1285 k	スラブ 104 a	ずるずる引く 1720 c	ずんぐりむっくり 1282 a
ズボン吊り 75 h	スラム街 1314 c	するために 1347 m	寸志 902 a 1388 f
スマッシュ 252 g 975 g	すらりとした 1381 a	するっ 1705 l 2207 h	ずんずん伸びる 181 a
すまない 1371 l	すらりと背が高い 1804 i	鋭い 820 k 1797 h	済んだはさておき 1742 m
角 787 d	すり 1096 b 1269 g	鋭く鳴く 1857 d	住んでいる所 2185 e
住みつく 2239 l	スリーサイズ 1478 l	…するとは限らない 95 d	すんでのところで 1824 l
墨つぼ 1207 a	３Ｄアニメ 1478 i	…するな 1887 m	スンニー派 1912 e
	スリープモード 1888 e	…するに及ばない 490 d 687 c	
	スリーポイントシュート		

せ

誠意 1328 b	製鋼する 1060 c	ぜいぜい 965 k	生物の進化 1934 g
精液 1620 a	正誤表 943 i	精製する 1665 j 1666 h	製粉 1208 j
正価 1420 k	正彩がある 1311 c	清掃員 67 i	精粍 1887 h
政界 2140 j	製作費 2090 e	成層圏 1318 f	正方形 1614 g
正確 2202 a	正座する 647 k	清掃する 1393 h	性暴力 1884 a
正確で適切 1426 b	性差別 1883 a	生息する 1516 c	聖母マリア 1138 l
聖歌隊 207 b	生産意欲 788 b	盛大な儀式 1102 e	精米 1246 k 1805 h
勝下丹田 1352 a	青隴カリ 1402 e	声帯模写 803 j	生命 1883 k
生活する 1449 f	生産現場 775 k	ぜいたく 1516 c	姓名 2233 h
生活手当 1532 h	清算する 868 j 1073 a	聖地 210 i	生命傷害保険 1439 c
生活に慣れる 656 i	(会社を)清算する 1395 k	聖地 1565 d	生命保険 1440 d 1574 k
生活のあて 1024 m	精算する 70 l	聖地巡礼 210 i	生命力 2061 e
生活保護家庭 1661 l	成算がある 114 b 2040 n	整地する 1317 m	正門 1366 b
聖火リレー 773 i	誠実 2161 i	精緻で美しい 895 g	誓約する 1348 e
税関 627 i 662 j	政治評論 2140 m	成長する 2109 h	西洋菓子 1791 k
税関検査 1936 b	政治腐敗 1890 c	生長ホルモン 790 h	西洋かぶれ 2231 c
生気 1534 d	政治亡命 2140 n	成長ホルモン 1534 m	静養する 1944 l
正規版 2136 l	政治屋 2140 l	精通する 1260 k	西洋人形 1942 l
正業のない人 2034 l	静粛に願います 732 k	性的魅力 1883 e	性ален 1486 c
制御が失われる 1540 f	聖書 889 h	性転換 1883 e 1998 m	清涼剤 1396 g
税金 922 m 1600 e	性性 1884 a	静電気 900 e	清涼ぬり薬 1738 e
整形外科 614 d 853 g	星条旗 728 g	精度 2201 k	勢力範囲 2111 m
整形する 853 g	製紙用パルプ 2155 h	正統 2140 e	西暦 595 k
整形美人 1441 h	清書する 1501 k	正道 2138 h	西暦紀元 597 f
生計の道 1024 l	精神異常 895 d	性同一性障害 1998 m	整列 946 l
生計を立てる 1208 l	成人教育 1960 m	制動をかける 1488 c	整列する 2106 k 2135 k
清潔 556 j 899 e	誠心誠意 1551 h	精読 1804 g	蒸籠 1102 b 1669 c 2134 b
生検 772 e	清新である 1872 g	清貧に安んずる家 1395 c	セイロン 1798 a
制服 1584 m 1827 g	精神的負担 1609 g	製品見本 1946 m	生を受ける 2040 a
制限時速 1827 c	精神を集中する 11 j 1252 l	西部劇 1256 a	生を楽しむ 1026 m
制限する 1826 k		西部劇映画 1791 h	ぜいを尽くす 1454 l
性交 844 f		政府筋の情報 630 g	精をつける 2197 i
精巧 1804 n	せいぜい 326 d	生物工学 499 d	

せーた～ぜんぶ

セーター 1154 d
せーの 660 b 673 g 697 c
セーフティーバント 1508 i
セーラー服 1598 i
セールスポイント 1143 h
セールスマン 1715 e
背泳ぎ 2024 g
世界各地 1784 k
世界ナンバーワン 2231 g
せかせか 1150 d
せがれ 1846 h
セカンドギヤ 1979 d
咳 957 d d 2097 m
席 1780 h
赤外線 705 c
赤外線フィルム 705 c
咳こむ 1352 l
石材 1546 f 1547 n
積載能力 230 j
積載量 2076 a
席次 1193 i
石筍 1547 m
席順 2241 j
セキセイインコ 721 e
急き立てる 301 a
石炭 1163 j
石炭くず 1863 m
石炭の燃え殻 1108 g
せきとめる 1935 g
席につく 1461 f
席にはべる 1286 j
責任 2091 l
責任者 2190 j
責任逃れ 822 e 1269 d
責任を持つ 2091 k
赤貧洗うがごとし 1563 d
石油タンク 2032 b
石油貯蔵タンク 2032 d
石油パイプライン 633 g
セキュリティ要員 10 e
赤痢 703 f
セキレイ 797 j 1082 j
席を温める 2240 k
席をとる 2105 b
セクシー 1883 e
セクシャルハラスメント 1484 l 1884 c
セクショナリズム 983 h
セクター 50 m 1499 f
セクト主義 627 b 2217 i
世間 2204 g
世間知らず 141 k 144 a 1514 e
世間話をする 216 a 1896 e
世間を見下す 21 c
…せぎるはなし 1205 d
…せぎるを得ない 139 k
セ氏(温度) 1521 k
世事をわきまえる 423 l
ゼスチャー 1561 l
せせこましい 915 f
世代関係 672 h
世帯を持つ 1047 d
背たけの半分 55 a
セダン 857 n
雪害 1906 g
切除治療 579 e

せっかち 1154 f 2090 l
せっかちすぎる 175 g
接近する 5 b 953 j 1080 d 1913 g
セックスする 1506 a
セックスレス結婚 1779 g
赤血球 705 f
石鹸 508 l 1834 g 1985 b 2089 l
絶賛上映 1435 e
切実 794 m 1384 b i
接種 2113 c
せっせっせ 317 d
節操 2125 d
接続詞 1052 m
節足動物 865 h
セッター 467 i
接待 595 j
絶対 1360 d
接待する 2113 c
絶対的権力 2051 f
拙宅 1519 m 1769 a
切断する 869 i
接着剤 847 f 1245 l 1707 j
折版 2122 f
設定 1519 m
セット 227 k 915 l
セットアップ 1519 f
窃盗事件 1384 f
セット売り 991 l 1290 g
節度がない 1774 k
説得（する） 1604 a
セットプラン 1660 g
セットポイント 915 f
切ない 491 g
切なる 2005 m
切に 959 m
切に希望する 2156 e
切迫する 1324 l
せっぱつまる 992 j
セッフ 1257 l 1488 d
絶版 51 l
接吻する 1387 f
絶望 1903 g
絶望しない 1865 m
切望する 1379 c
絶望する 1868 c
節約する 294 a 825 m 865 m 883 n 2233 j
拙劣 1780 l
瀬戸物 286 g 1657 d
背中 78 e 799 l
ゼニアオイ 884 c
ゼニゴケ 390 e
銭を使う 2026 b
背伸び 1370 f
背伸びする 1370 m
セパタクロー 1663 h
セパレートコース 512 l
ぜひ 198 h 1789 g
ぜひとも 1968 f
背骨 2101 g
狭い 2101 g
狭い裏通り 1105 h
セミ 193 f 2145 g
セミクジラ 1113 i

セミコロン 512 j
セミの抜け殻 193 l
ゼムクリップ 1412 g
せむし 604 l
責める 1275 f 2067 k 2091 k
セメント 1597 c 1941 b
背もたれ 953 h j
ゼラチン 1195 l 1596 e
セラミックス 952 h 1657 b
セリ 1597 m
ゼリー 425 d
ゼリー菓子 1464 c
せり勝つ 2025 b
セルフコントロール 2214 b
セルフサービス 2216 k
セルフタイマー 2214 f
セルロイド 1129 b 1441 g 1470 i
セルロース 2167 c
セレナーデ 1854 a
セレブ 1519 m
ゼロ 1081 b 1082 h
セロハン紙 1470 h 1704 j
セロハンテープ 127 g
セロリ 1388 d
世話する 292 h 1562 f 2113 h 2119 d
世話になる 1503 f
世話もの 1763 b
世話をやく 1014 d
栓 1597 m
線 370 k
繊維 1819 h
前衛 1365 m
仙果 1439 f
前科 15 k
前回 1506 b
旋回する 1278 b
宣教師 858 k
専業主夫 1132 n
選挙公約 901 m
占拠する 1277 k
選挙に立候補する 169 j
選挙民 1902 a
前後 1510 b
線香代 1833 f
線香をあげる 1510 k
全コース 1420 i
センサー 270 h
戦災 120 k
洗剤 1417 c 1800 l
潜在意識 1369 b
潜在力 1562 g
センザンコウ 269 b
戦事 1571 m
全紙 1421 a
煎じ薬 1652 c
戦死する 2130 f
船室 174 d
先旨 1367 j
前借り 2057 c
前進の部分 1367 a
戦場 2129 k
善事をなす 1499 j
先人 1366 l 1817 b
全身 767 b 1147 k

1784 d 2175 e
専心する 1797 m 2189 k
全身像 2136 a
全身麻酔 1134 j
扇子 1499 m
潜水艦 1369 k
潜水具 2024 j
潜水夫 1461 m
占星術 2167 c
先生と学生 1542 f
先生になる 849 a
全世界 742 h 1614 b 1784 k 2051 b
宣戦布告書 2106 g
先祖 1505 n
戦争 120 c
戦争捕虜 2105 e
戦争屋 2106 a
喘息 1351 n 1855 j
千そこそこ 1360 f
先祖代々 2227 f 2228 e
センター 2167 c
センターフォワード 2164 a
センターライン 659 g 2167 c
船体 1523 g
全体主義 791 l
洗濯ばさみ 1800 m
善玉コレステロール 1062 b
先端 884 i
センダン 1060 g
センチ 1035 m
センチメートル 1036 c
センチメンタリズム 562 j
センチメンタル 1500 f
前兆 1818 k 2119 e
疝痛 852 e
剪定 1890 f
前転 648 d 1365 a
前進 1365 e 2066 f
銭湯 595 e 2088 h
戦闘機 821 e
戦闘最前線 775 k
戦闘的スローガン 2105 e
先頭に立つ 1680 f
戦闘を始める 322 a
セントラルキッチン 2167 m
セントラルコントロール 2168 j
セントラルプロセッサー 2167 n
千に一つ 1359 d
仙人修行 1060 g
仙人になる 980 k 1816 j
栓抜き 908 j 1128 b 1349 b
千年万年 1360 d
前場 1556 g
浅薄 531 g
洗髪料 1800 l
選抜する 1901 g 2171 k
前半 1365 e
旋盤工 213 n
扇風機 522 d
潜伏する 1140 f 1242 l
全部そろう 1420 g

ぜんぶ～そよそ

全部で 1690 h
全部ひっくるめて 1970 g
センブリ 2109 d
全ページ 2135 k
餞別 902 a 1984 d
占卜用のくじ 1084 j

ゼンマイ 2210 k
全幕通し 85 c
洗面する 635 h
全面的 1421 j
占有率 518 k
前立腺 1366 a

善隣 1215 b
前例 908 m
先例どおり 1019 a
前例に従う 1911 i 2063 h
洗礼を受ける 1087 k

1575 b
先例を開く 938 c
栓をする 1469 b
線を引く 735 k

そ

粗悪品 290 h 673 a
粗悪品を良い品と偽る 1989 i
象 337 l 1839 h
相愛の夫婦 462 f
相違 1830 a
僧衣 1220 g
そういったものではない 114 n
相違ない 1778 g
総入れ歯 1834 a
造園芸術 2061 b
憎悪する 1229 e 1790 a 2094 c
騒音 2090 f
造花 728 i 924 i
増加支出 2094 a
象嵌 1356 k 1834 a c
葬儀 2086 m
早期退職 1717 j
ソウジ 745 i
創業者の二代目 470 g
操業停止 1687 k
葬儀を営む 1482 e
葬儀をする 2158 m
雑巾 159 i 1132 d 2104 f
ぞうきんがけ 1720 l
送金する 806 d
送金高 761 j
総決算 2219 f 2220 f
倉庫 444 a 2085 k 2107 a
総合口座 2218 i
総合デジタル通信網 2218 i
綜合デジタル放送 2218 i
倉庫型マーケット 172 l
相互不可侵条約 723 b
相互不干渉 723 a
相殺する 387 g 1065 m
造作もない 1478 f
捜査令状 1622 l
増資 2095 a
葬式 37 h 260 i 1482 m
喪失感 1540 i
総じて 2219 b
走者 1284 c
操縦桿 1950 a
躁状態 986 f
草書体 176 l
双生 1119 h
総勢を繰り出す 1399 e
騒々しい 1844 c
想像する 2000 j
相続権 805 j
相続人 229 m
曾祖父 594 c
そうだ 2126 j
壮大 1887 i
そうだとも 137 c

957 d f
相談所 1766 e
相談する 1502 k 1503 i 1603 g
早朝 1396 e 1975 g
送電 1581 i
相当する 386 h 683 l
掃討する 1394 d
相当な腕前 1064 i 1067 m
相当なもの 959 c
騒動を起こす 1697 g
総得点 2219 f
そう長くない 56 k
遭難信号 882 m
相場 1277 d 1556 g
相場が下がる 673 i
掻爬する 621 b
ソウハチ 411 a 572 f
増発する 2094 n
そうは問屋が卸さない 1165 b
相場の急上昇 428 h
相場を張る 175 f
増ページ 992 b
聡明 293 h 1192 j 2216 f
そうめん 623 g
総目次 2219 f
臓物 1814 m
贈与税 990 f
ゾウリムシ 177 j
総力あげて 1705 k
僧侶と道士 1487 n
僧侶の戒律 1487 c
造林する 2056 m
送信器 1621 h
添え木 810 a
添えもの 1289 k
ソーサー 185 j
ソース 1490 h 1679 d
ソーセージ 201 d 999 h
ソーダ 828 b 1623 f 1650 k
ソーダ水 1623 g
ソート 1273 l
ソープオペラ 508 m
ソーラーカー 1644 j
粗菓 296 m
俗気 1421 f
即時でき上がり 1046 k
俗人 1624 h
足ényi 2011 j 2012 m
俗世間 484 l 1036 f
俗っぽい 1624 a
俗っぽさ 1624 b
側転 179 j
束縛 809 j

俗物化 1788 e
続報 1897 h
側面図 1560 f
ソケット 184 a 376 f
そこそこ 29 c 1510 b 1700 a
そこで 2046 m
損なう 1326 i
底値 385 i
そこひ 1236 g
そこら 21 k
そこら中 1616 m
素地 385 c
組織犯罪を取り締まる 316 l
粗酒 1596 b
訴訟事件 1620 m
訴訟になる 1620 m
訴訟をおこす 631 g
そしる 1620 m
粗製の岩塩 1710 f
礎石 786 m 1027 k
祖先 2217 b
注ぐ 635 i 2157 h
そそぐ 177 d 1070 k
そそかしい 178 m 296 b 747 l 1110 e 1154 g 1865 f
そそのかす 50 e 299 k 616 c 1498 a 1620 c 1635 g 1679 b 1680 f 2154 g
そそり歩く 454 d
育つ 2110 b
疎通を欠く 603 a
そつがない 23 c
即興詩 793 l
卒業証書 1763 c
ソックス 441 b 1726 c f
そっくり 96 j
属国 543 f
率直 2149 b
率直無類 2148 h
率直な話 1068 f
率直に述べる 2149 j
そっと 1398 g
ぞっとする 142 e 314 c 667 m 1132 m 1348 c 1620 i
そっぽをむく 409 m
袖 1891 d
袖丈 1891 d
袖をまくり上げる 1125 b 1736 c
袖をまくる 1737 j
外からの侮り 1786 c
外側 1728 h 1729 h
外付け 1731 m
外に言いふらす 1731 m

外また 23 l
外回りする 1285 g
ソナー 1535 h
供える 601 f
ソナチネ 1854 m 2224 l
ソネット 1545 e
そねむ 160 e
そのうち 2081 l
その上 987 k 1729 k
その上で 464 c
そのうち 560 l 906 d
そのうちの一つ 1341 j 1428 g
その後 1341 j 2141 k
その実 1341 a
その節 1218 j
その他 1341 b
そのため 2001 k
その次 1341 i
そのつど 757 e
その場で食わない 1514 f
その通り 1219 j 2115 h
その時 1218 f
その場しのぎ 2120 h
その場で 2239 l
その場を丸くおさめる 2062 h
その日暮らし 768 h
その前 2142 h
そのまま 911 d
そのまま転身する 1661 b
その道に明るい 423 e
そのわけ 1637 b
ソバ 1378 l
そばかす 49 c 1426 e
そば粉 1378 m
そば杖を食う 75 j 239 l 1938 i
そびえ立つ 928 m
ソビエト 1623 g
ソファー 1489 k
ソフトウエア 617 i 800 b 1463 k
ソフトコピー 1463 m
ソフトドリンク 1464 h
ソフトパワー 1463 m
ソフトモード 1029 i
ソプラノ 572 i 1262 b
素朴 2161 a
粗末な贈物 1747 e
粗末に扱う 308 b
粗末な人 833 i 2086 m
染まる 1458 b
ソメイヨシノ 1753 b
染付け 1391 h
染物屋 1429 m
そもそも 328 c
粗野 94 b
そよ風 522 l 682 j 1463 b
そよそよ 1249 h

1796 f g 1799 g
そよそよ吹く 533 e
空 173 j
そらで言う 1622 c
空飛ぶ円盤 503 l
そらとぼける 816 g
そら泣き 555 d
空の果て 1670 a 2074 c
ソラマメ 171 g
そらみろ 1240 g
空模様 1672 j
そり 1378 h
反り返る 1379 m
ソリッドタイヤ 1551 i
そり跳び 1688 j
そりゃ 1238 f

そりゃそうだ 1602 i
素粒子 785 j
それからのこと 2081 l
それ自身 583 h
それぞれ 583 h
それだからこそ 1751 j
それだったのこと 1456 c
それで 1769 a
それどころではない
618 k
それとなく 16 a
それならそれでいい
372 h
それほどでもない 1957 d
それ見た事か 276 i
それみろ 371 j

ダーウィニズム 311 n
ダーウィン 2171 b
ダークホース 694 g
タアサイ 1639 i
ターザン 1645 d
ダージリン紅茶 330 d
ダース 311 f
タータンチェック 580 i
ターニングポイント
625 m
タービン 1123 i 1767 j
ターミナル 2220 f
ターミナルアダプター
2169 k
ターミナルケア 1080 j
1500 l
ターミナルステーション
1579 c
タール 850 i
ターン 483 i 2193 j
タイ 405 i
大悪人 2060 m
体当たり精神 276 j
タイアップする 1289 c
第一人者 989 d
第一面 1700 e
ダイエットする 827 g
ダイオキシン汚染 468 k
体温を測る 1559 j
大概 451 k
対外援助 2063 b
体格 614 c
体格が堂々としている
1781 h
大学教育 568 k
大学卒業資格認定試験
568 k 570 d
退化する 1716 f
耐火粘土 774 k
戴冠式 808 d
台木 2128 e
大気汚染 967 a
大気圏外 1643 h
大気圏外飛行物体 674 g
耐久性がある 1222 c
大極殿 321 h
退去させる 1370 a
大金 1359 a
代金 818 d
大金横領犯 918 d

そりゃそうだ の続き
代金着荷払い 777 a
代金着荷渡し 777 a
大工 1211 k
第9 78 d
大軍 2172 l
対決する 447 m
大言壮語 1939 i
対校試合 803 m
対抗する 2236 k
大黒柱 414 m 1642 b
2186 j
太鼓橋 2070 k
太鼓腹 1306 j
太鼓をたたく 1029 e
大根 134 k 1126 a
大根おろし 1126 l
大根の葉 2015 h
大災害 681 h
滞在する 341 h
大差がある 1900 e
タイサンチク 1100 k
第三の波 393 j
ダイジェスト 165 e
1764 b 2171 c
ダイジェスト版 1497 m
大事件 1672 d
大事にしたものだ 60 i 143 m
958 a 1072 g
対質 448 c
大して 2093 l
大事な瀬戸際 859 l
大事な娘 1197 d
大事にする 1795 j
大衆 1428 g
大衆性 1438 b
体重を増やす 2094 i
タイショウエビ 447 b
大丈夫 137 d
大小便 106 h 467 b
598 h 1555 a
帯状疱疹 194 e
退職する 577 i 1717 h l
大志を抱く 1886 b
耐震 950 e
耐震構造 1950 e
耐震シェルター 950 e
大豆 1487 b
大豆イソフラボン 327 a
大切にする 9 a 2128 f h
怠惰 1864 g
大体 189 m 785 g

ダイダイ 342 h 1628 n
大体同じ 189 j
代々伝わる 1558 h
代々的にやる 325 j
代々の 541 g
大体の基準 1332 k
大胆かつ細心 352 l
台依 386 i
タイツ 979 i 1726 f
大デュマ 340 h
態度 112 h
大道芸 29 i
大統領 340 e 2220 a
体得する 1667 l 1668 n
台所洗剤 1800 a
台所用具 264 j
タイトスカート 1696 m
タイトルバー 110 d
タイトル防衛 1755 c
タイトルマッチ 883 m
2132 m
台無し 443 g 980 i
1260 b 2086 m
ダイナマイト 74 l
2099 g
ダイナモ 473 c
ダイナモメーター 180 k
大なり小なり 776 e
第二子出産許可枠 470 l
第二次性徴 548 l
タイフレア 1956 c
大容量メモリー 663 b
代理 341 m
大陸間弾道弾 355 c
大陸間弾道ミサイル
2174 l
大量に売る 1282 f
体力 1523 j
体力がつく 2110 h
体力の消耗 1704 f
タイル 2044 l 2191 a
タイルを貼る 286 c
ダイレクトメール 1503 h
2149 l
大悪星 338 i
田植え 184 l 514 h
タウナギ 751 e 1501 g
タウリン 12 m
ダウン 2052 n
ダウンジャケット 377 e
2052 b
ダウンロード 1815 g
耐えがたい 1225 j

損害賠償 1638 c
尊顔 2232 l
損切りする 2103 a
尊敬に値する 957 h
尊敬の念を起こす 1347 c
孫悟空 335 l 709 e
尊氏 175 d
損失 988 g 1498 e
損失を埋める 309 l
損傷クレーム 1625 c
忖度する 160 d
尊重する 1356 e
ゾンデ 1651 e m
存命 2082 l
損をする 1517 a

た

タイムトンネル 1549 g
タイムマシン 781 j
1549 c
タイムリー 527 i
タイムレコーダー 318 g
題目に合う 1384 h
タイヤ 1641 e 1730 j
ダイヤ 48 h
（トランプの）ダイヤ
493 i
代役 1669 a
タイヤ痕 215 c
タイヤチェーン 496 e
ダイヤの指輪 2229 h
ダイヤモンド 877 f
2229 h
ダイヤル 2194 j 2211 g
ダイヤルアップ接続
127 k
ダイヤルを回す 127 k
太陽 1446 j 1644 g
太陽が沈む 1913 g
太陽儀 1064 l
耐用期間 1573 k
太陽電気発電パネル
637 j
太陽電池 399 e
太陽フレア 1956 c

耐えきれない　890 a　1226 c	タケ　2180 c	たたる　1859 h	竜巻　1099 l
絶えず　1549 f	…だけ　2152 n	ただれ目　1008 j 1931 f	堅　1586 c
耐えられない　148 d 881 i 1574 k	竹串　1361 k	ただれる　1939 j	タデ　1073 c
	竹細工　1190 b	だだをこねる　1467 e i l	立女形　1392 k
耐える　881 h 890 d 1222 b 1442 k	竹細工師　1190 c	他地　1996 l	立て替える　403 l
	竹ざお　558 k l 573 c	立ち上がる　1347 i	たてがみ　1077 e
楕円形　200 l	2180 j	立ち上げる　937 f	竪坑　896 k 1586 c
タオル　1153 b 1569 b	竹すだれ　2180 c	立ち居振る舞い　1879 k	たてつく　387 b
タオルケット　1153 b	竹の子　1634 g	立ち入り禁止　2151 n	たてつけが悪い　2223 g
タカ　2014 a	竹のひご　1190 c	タチウオ　345 c 362 g	たて続けに　861 j
たが　611 l	竹のふし　864 d	837 g	建て坪　835 f
だが　2152 l	竹ぼうき　1485 c	立ち襟　1047 a	建て直す　482 e
…だが　464 b	竹やぶ　2180 c	立ち遅れる　1135 j	たてよこ　1586 c
高足踊り　166 k	凧　523 m	立泳ぎ　167 c	立てる　2143 k
互いに　92 j 723 e	蛸　1843 l 2109 k	立ち枯れ病　298 i	…だというのに　324 k
1829 j	蛇行する　1927 j	たちこめる　2119 d	妥当　1765 j
互いに攻め合う　445 f	凧のうなり　524 a	立ち止まる　1046 m	多動性障害　451 i
互いに帳消しにする　1065 d	蛸配当　1986 e	2107 h 2186 h	妥当を欠く　1539 j
	凧をあげる　428 c	立ち退き料　1361 e	たとえ　912 e 1445 f
多角経営　453 i	他言無用　144 i	立ちのく　217 k	1630 f
高く険しい　2134 a	山車　1470 f	タチバナ　916 m	例えば　91 j 1050 l
多角的に論ずる　2220 e	出し惜しみ　1081 e	たちまち　450 g 1402 l	たとえる　91 i 1303 l
打楽器　2070 l	確かさ　2202 a	1602 f	たどん　1164 b
高飛び　2067 h	確かである　1426 k	立ち回り　936 e 1785 h	棚　819 a
たがね　566 g 2084 h	確かな証拠　1197 a	1721 k	棚上げにする　1913 i
2087 g	1426 c	立ち見の切符　2107 c	棚卸し　340 b 1277 b i m
高根の花　568 e	確かな消息　1426 f	立役　1786 k	1395 j
高望みする　571 b	確かな日取り　2201 l	立つ　2106 b	棚からぼた餅　504 a
鷹の爪　703 n	確かに　1426 k 2127 f	卓球　1316 g	1807 b
高ぶる　789 g	だしの素　1757 l	タックスヘイブン　98 i	店子　497 m
高見の見物　1891 i	出し物　1519 d	脱獄　1658 k	たなごころ　1570 j
タガメ　1674 a	多重プログラミング　451 c	脱獄する　2056 h	2111 m
だから　617 i k 1637 j		脱字と誤字　1722 h	棚ざらし　2162 j
2001 j k	多種多様　1782 h	ダッシュ　1312 a 1327 b	たなびく　1309 g
宝くじ　166 a	多少にかかわらず　1774 l	脱出する　1658 b	谷　1494 k
宝物　64 d	多色刷り　1660 j	達人　1281 e 1437 e	ダニ　1147 l
たかる　182 h 457 b	足一つ　807 d	脱税する　1106 c	他人行儀　1728 b
タガログ語　1638 e	多数を占める　914 i	1699 h	他人に学ぶ　1435 l
滝　1333 n	助け起こす　192 e	達成できない　1459 m	他人に利用される　1050 l
抱き合わせる　310 f	助けてくれ　910 e	立つ瀬がない　1159 h	他人のあら探しをする
抱きかかえる　1104 l	ダスターコート　523 e	脱線する　257 h 644 k	1677 b
たきぎ　191 i 1872 b	ダストシュート　732 j	1605 b 1721 g	他人の欠点を数えあげる
タキシード　1736 h	多勢に無勢　1476 j	たった今　564 i k	1584 b
抱きしめる　2022 h	たそがれ　765 l	たったそれくらい　1219 c	狸　676 i 690 i
他郷　1731 f	ただ　353 a	タッタッ　310 i 576 i	狸寝入り　817 g
炊く　2184 l	ダダイズム　311 l	ダッダッ　310 i	種じかけ　624 h
抱く　1104 m	たたき　1473 j	ダッタン　310 i	種つけ　2170 f
たぐい　49 b	たたき上げ　1710 l	タッチアウト　267 a	種なし　1775 f
類　2141 m	たたき落とす　1589 j	タッチスクリーン　267 k	種なしスイカ　1791 k
たくさん　145 e 1895 a	たたき切る　944 d	（水泳で）タッチする	種の殻　2208 l
タクシー　261 j 382 b	たたき消す　1328 m	267 a	種の皮　2208 l
タクシーに乗る　314 k	たたきつぶす　2079 h	タッチタイピング　1151 d	種々　371 j
タクシーの回送料金　967 j	たたき割る　1297 l	タッチネット　267 c	種をまく　1468 h 1815 f
	たたく　251 d 973 m	タッチパネル　267 k	2170 h
卓上カレンダー　15 f	1328 m 1377 l	タッチペン　267 k	田のあぜ　1248 b 1674 i
ダクト　427 l	ただごとではない　506 m	脱腸　1845 g	楽しい　1165 g
タクトを振る　2146 k	正しい　1563 b 2138 i	タッチライン　101 j	楽しみ　1026 k 1027 g
宅配業　1625 g	正しいようで正しくない	タッチング　540 a	楽しむ　1416 e
タグボート　271 m	1617 g	立っていられない　154 n	頼み込む　1345 i 1938 e
1720 e j	ただ…だけ　881 i 884 l	タツノオトシゴ　663 g	頼む　1489 h 1409 k
たくましい　2197 g	1751 e 2152 k	1100 a	1562 l 1938 e
たくましくなる　260 e	直ちに　1046 l	脱皮する　1716 f l	たのもし　761 l
巧みな言葉　1380 g	ダダ　308 m	1721 k	束　312 e
たくらむ　1706 d	ただで　32 l	タップダンス　1664 f l	タバコ　1921 g
たぐる　362 a	ただでやる　1620 l	たっぷりある　520 c	タバコ入れ　689 b
蓄え　1045 g 1832 j	ただ取りする　39 f	ダッフルコート　339 d	タバコ吸うべからず
貯える　303 l	ただ…にすぎない　2152 m		
蓄える　1897 a 2184 m	ただ…のみならず　139 a		

たばこ〜ちくし

139 j
タバコのフィルター 1923 h
タバコ被害訴訟 574 l
タバコも酒もやらぬ 423 a
タバコを止める 442 e
田畑 1674 c
タピオカ 1212 l 2128 k
旅支度 1881 k
度度 1116 g
旅の道連れ 1116 c
多病 1471 h
ダビング 1290 l
ダビングする 483 k 545 i 2193 a
タフィー 1459 l 1643 f
タブー 802 l 888 j 1624 k
タブキー 2160 a
だぶだぶ 507 f
だぶ屋 1310 l
たぶらかし惑わす 615 c
ダブルクリック 397 i 1591 l
ダブルス 1591 l
ダブルスタンダード 1591 g
ダブルスチール 1699 d
WWW 1421 m
ダブルディグリー 1593 c
ダブル幅 984 b
ダブルベッド 275 c
食べ飽きる 365 c
食べきれる 375 j
タペストリー 99 l
食べ尽くす 235 c
食べつけない 145 c
食べっぷり 237 h
食べてがある 1704 h
食べる 169 e
多忙 41 e
たま 355 b 382 m 1409 m 2178 c
たまげる 236 a 409 h
卵 355 b
卵入りチャーハン 1212 e
卵の殻 784 c 1120 k
卵を産む 1811 c
卵を抱く 72 l
卵をゆでる 2184 l

チアガール 995 f
チアノーゼ 473 b 1393 e
チー 2205 e
チークダンス 1682 h
チークノキ 2034 h
小さい時から 1349 a
小さくて丸い 1732 k
小さな子ども 1725 e
チーズ 556 b 1221 c
チーター 1076 f
チーム 444 j
チェーホフ 681 b 1355 d
チェーン 996 d
チェーンストア 1054 d
知恵者 2159 a
ちぇっ 739 l 1132 j

だまされる 1506 g 1575 b
魂を失う 1740 b
だまし討ちにする 17 h
だまし取る 625 f
だます 237 c 708 e 985 f 986 g 1307 m 1338 a 2098 a
たまたま 1267 h 1295 d
玉突き 1642 i
玉ねぎ 292 n 1941 m
玉虫色 1498 d
たまらない 608 a 747 f
たみくさ 1015 c
だみ声 297 k 2204 h
ダム 30 i 1004 m 1594 b 1596 a
たむし 1078 k
駄目 151 j
ため息をする 1650 i
ため池 965 i
為書き 1508 c
ため込む 1718 l
試す 202 a
駄目にする 2086 i
為にならない 1774 c
駄目になる 97 i 1733 k 2086 k
ためらう 240 c 253 i 2029 k
ためらわずに 1972 e
ためる 1897 g 2084 h
たもあみ 358 d
たやすく 1398 m
頼りにする 2112 e 2155 h
頼る 1321 j 1719 a 1944 b j
タラ 1192 j 1906 i
たらい 1597 g
盥 1291 l
たらい回し 1714 b
ダライラマ 311 c
堕落する 541 g 1541 A 1716 f
たらこ 1906 i
だらしない 148 a 997 a 1025 e 1586 l
だらだら坂 743 e
だらだらしている 1008 g 1720 b

1286 d 1356 a
チェック 187 l 493 c 2143 c
チェックアウト 1716 c
チェックマーク 603 d
知恵の輪 905 i
知恵袋 2052 e
チェリー 2015 l
チェレスタ 565 i
チェロ 336 g
知恵をしぼる 852 a
近い 1471 k
近い将来 1197 b
違いない 1217 l
誓う 1172 g
知覚 1528 b

タラップ 532 e 1822 f
足りない 439 g 1514 h
足りる 607 m
だるい 218 j 476 b 924 k k
タルカムパウダー 1594 b
タルト 654 h
だるま 139 e
たるむ 257 g 1618 b
足るを知る 2146 b
たれこみ 1827 j
誰それ 1209 g 1521 l
誰もかもれも 1439 l 2108 g
…だろう 82 j 551 e
タワー 1639 f
タワービル 1639 f
たわ言 1175 c
戯れ 1803 d
俵 1596 a
タン 1256 c
単位 1904 j
タンカー 2032 b
断崖 1496 a 1903 g
段階請負 181 f
単科大学 1905 f
短距離プール 440 c
タンク 1649 j
タングステン 1772 g
タンクローリー 636 a
断言する 1924 h
タンゴ 1651 g
断固 822 i
団子 1713 i
炭鉱 1164 j
団子虫 1584 i
炭酸ガス 471 m
単三乾電池 1782 e
炭酸ソーダ 1623 f
タンジェント 2138 c
断食(する) 889 c
断食明け祭 941 c
短所 1897 j
端緒 1897 j
誕生祝い 1573 f 2243 j
誕生日 353 m 1533 g
男色 784 j
男女の出会い 1936 g

近ごろ 887 b 2123 g
地下資源 389 l
地下道 965 b
血が流れる 1656 h
血がのぼる 2222 l
地下排水 667 j
地球 207 h 868 i 887 e
チガヤ 36 g
力 887 g 1044 k
力がある 2038 a m
力がいる 510 k
力がぬける 476 a
力が入らない 1134 k
力仕事 99 f 297 f 769 c
力強い 372 k 1887 c
力持ち 332 a

単身 2144 k
単身赴任 2144 k
たんす 1781 l
ダンス 1681 l 1787 d
ダンスパーティー 1787 d
ダンスホール 1681 l 1787 j
端正 1320 k 2175 m
男性ホルモン 1887 c
団体 2227 g
だんだん 836 h 1972 a 2181 b
段々畑 1664 d
団地 796 l
段違い平行棒 568 m
短調 1846 a
丹頂鶴 347 j 692 a
ダンテ 353 l
探偵 2125 i
担当者 889 l
担当する 413 h
単刀直入 939 d 2148 b
弾道ミサイル 355 l
段取りをつける 2143 c
旦那様 339 a
単に 348 j
タンニン 347 j
堪能する 658 j
淡白 1393 k
単発 348 b
タンバリン 615 f 1082 k 1569 h
断筆する 524 g
ダンピング 1400 f
ダンプ 2192 e
ダンプカー 1400 j 2215 g
タンブリング 482 l
ダンベル 1082 d
暖房する 1674 e
段ボール 1726 a
タンポポ 1330 m
端末 2169 k
タンメン 1652 k
弾薬庫 355 l
段 181 h 919 m
団欒 1713 c
鍛錬する 1059 f 1202 k

力を入れる 1554 j
力をこめて押す 1483 f
力を出す 1347 b 1812 l
力を抜く 1619 a
力を奮う 518 l
痴漢行為 506 c
地球 742 h
地球型惑星 1031 a
地球サミット 390 f
稚魚 1938 m 2048 k 2209 m
蓄音器 1094 i
ちぐさ 40 h
畜舎 403 c
畜生 1132 k 1638 f 1769 m

蓄膿症 1149 f
ちぐはぐ 2108 k
乳首 1221 j 1459 e
竹夫人 2180 j
チケットパンチ 1919 k
チシャ 918 i 1767 l
血だまり 1323 k
血だらけ 1862 l
血だるま 1907 h
チタン 1645 i
父 1024 e
乳が出る 1813 l
ちぢこまる 1422 e
チチッ 779 k
父と母 409 h
父と娘 541 i
地中海ミバエ 391 b
縮れ毛 923 g
乳をしぼる 799 d
乳を吸う 1600 k
乳を飲ませる 636 b
地平線 1671 h
地方の勢力家 1709 a
ちまき 2221 d
血まめ 1908 i
血道をあげる 239 g
緻密 1805 f 2129 h
チャージする 247 f g
チャーシュー 182 h
チャージング 247 b
チャーター機 2241 k
チャーターする 2242 g
チャーター便 62 j
チャーミング 1381 a
チャーリー 187 b
チャールズ 187 c
チャイナタウン 731 k l 1653 d
チャイナドレス 1342 b 1653 h
チャイルドシート 11 e
着手 1640 l 2096 h
着手する 1508 a
着色する 1509 a
着信メロディー 165 j
着席 912 g

着地 2107 f 2204 j
着任する 366 l 1445 i
着服する 1388 b 1717 h
着陸 842 k
チャコ 730 f
茶しぶ 1891 a
チャチャチャ 1357 k
ちゃちゃを入れる 1314 j
ちゃっかり屋 645 h
チャット 1071 j
チャップリン 2203 j
茶毒蛾 185 m
茶番 1231 k
チャラチャラ 223 k 356 m 411 f 780 d
チャリティオークション 1993 g
チャリティ音楽会 1992 k
チャリティショー 1993 c
チャリン 965 b 1011 b 1373 i
チャルメラ 1636 e
茶をいれる 185 c 1336 h
チャンス 1549 a
チャンスを逃す 500 m
ちゃんちゃらおかしい 679 e 1857 h
チャンネル 1689 n
チャンピオン 1423 j
チャンピオンベルト 879 m
注意事項 1892 j
注意を与える 1666 d
注意を引く 2009 k
チューインガム 973 a
中央 2167 c
中央揃え 914 j
仲介する 996 i
宙吊り 482 g
中間 821 f
中間層 2163 b
中級品 2163 g
中距離ミサイル 2163 f
中ぐらい 2101 a
中継ステーション 2165 i
中継放送 2192 a
中古 2167 k
中国語 2167 k
中国式ハム 775 h
中国将棋 1839 m
中国産 2165 b
中国伝統音楽 653 h
中国風 2167 c
中国服のボタン 90 b 576 a
中国結び 1277 l 2164 c
中国料理 1914 j
仲裁する 871 i 1604 d
中止する 1446 a
駐車液 2127 c
駐車スペース 214 l
駐車場 1687 f
注射針 1955 g 2127 h
注射を打つ 324 d
中傷する 1773 m 2171 f
昼食 1501 d
中心 2167 c
虫垂炎 1005 j
中枢 1579 c

中性子 2168 e
忠節を尽くす 1856 g
中退 284 m 1092 m
中隊本部 1052 b
チューチュー 2205 d
中等 2166 k
中毒 2011 f
中毒症状 2011 i
駐屯する 1718 h i 2096 e
チューナー 780 l 1902 e
中二階 16 j
チューニング 1679 l
チューバ 329 j 336 l 679 g
中盤 2166 c
中ヒール 54 a
チューブ 1041 c 1235 k 1641 e
中風 1647 k
中腹 1948 d
中ぶらりん 55 k
チューブレスタイヤ 634 f
注目を引く 1434 i
昼夜を問わず 695 g
チューリップ 2056 j
忠を尽くす 2169 a
チュッチュッ 787 l
疔 1362 e
蝶 410 k
寵愛をうける 1539 h
弔慰金 35 c
調印 1362 e i
超薄型カラーテレビ 209 g
懲役 1707 i 1877 e
超音速ジェット機 209 i
聴覚を失う 1539 i
超過する 655 d 2050 h
腸カタル 201 b
長期計画 643 h 2066 g
長距離競走 199 d
長距離バス 200 k
長距離ミサイル 2066 l
帳消し 602 k 1965 b 1969 h
聴講する 1686 h
長江デルタ地帯 199 a
調査見積り 943 g
丁子 412 g
弔詞 1736 h
長じている 200 l
調子に乗る 233 j
調子はずれ 2039 m
長者番付一位 548 j
聴衆 1686 k
鳥獣 1389 g
徴収する 2132 m
聴衆は 1686 k
長寿者 1574 c
(ラジオを)聴取する 1567 c
長寿を祝う 46 j
長吁 266 l 2027 f
頂上 414 c 791 c
朝食 1501 c
帳尻を合わせる 1320 j
調子を合わせる 1361 k

調子をつけて読む 2006 h
潮汐エネルギー 211 f
朝鮮朝顔 36 d
朝鮮人参 570 m 1439 d
鳥葬 1673 k
調達する 52 l 253 n 2132 k
長蛇の列 1437 i
超短床 571 e
腸チフス 1502 f
長調 327 a
蝶 719 a
蝶番 685 k 771 l
腸詰め 1832 g
超低空飛行 1121 f
調停する 1678 l
ちょうど 564 e 839 c 1319 a 1357 k 2136 j m
ちょうどその時 2123 h
ちょうどよい 564 a 2137 l
ちょうどよく 1357 l 1564 k
町内の衆 1018 m
蝶ネクタイ 866 h 1087 i
超能力 1662 b
挑発する 1070 k 1678 l 1680 k
重複する 248 m
徴兵 2132 c
帳簿 159 h 1047 g
帳簿が合わない 141 l
帳簿につける 376 l 1131 i
帳簿をしめる 1103 h
調味料 2237 m
帳面づら 2112 b
鳥目 784 c
弔問客 1864 f
弔問する 1482 e
跳躍する 1649 b
長幼の序 82 g 1272 i
聴力 299 g
潮力発電 211 b
鳥瞰 1249 b 2128 b
調和社会 683 g
調和する 1678 l 1860 c 2074 k
チョーク 516 i
直情径行 2148 k
直進する 2147 j
直属上司 1509 e
直売 2149 e
直方体 1615 k
直喩 1197 k
チョコレート 1380 b
著作権 52 e
貯水池 1653 b
貯蓄 1896 m
ちょっかい 1071 k
直角定規 916 n
チョッキ 79 h
直球 1320 m
直系 2139 j
ちょっと 1978 i
ちょっと一杯やる 1854 g
ちょっと試す 1559 h
ちょっと止まる 450 m
ちょっとぬけている

1492 i
ちょっとの間 1492 l
1976 e 2193 c
ちょっと待って 1383 c
ちょっとやってみる
　687 g
チョッパー 1382 m
ちょっぴり 1513 e
1967 m 1974 l
チョモランマ峰 526 a
ちょろちょろする 44 h
散らし 270 b
ちらっと 1970 j
ちらっと見る 1312 j

散らばる 744 c 1468 c
ちり 218 h
チリダニ 218 c
散り散りばらばら 1334 g
　1614 l 1783 m
チリトマトソース 998 m
ちりにまみれる 218 l
ちりめん 2176 c
塵も積もれば山となる
　788 j m
治療 1070 c 2158 l
ちりれんげ 241 i 588 k
　1652 g
チリン 1101 e

チリンチリン 411 m
　412 d
チン 660 e
賃貸 1081 h
沈下する 1810 j
チンパ 1895 l
賃金 590 c 591 b
賃金カット 591 c
賃金労働者 619 d
チンゲンサイ 1391 k
陳情する 1625 f
賃貸借契約 2224 l
沈滞 1301 f 2056 g
賃貸料 2224 k

珍談 1418 k
珍重する 1794 h
チンチラ 754 k 1449 i
ちんちん 783 k 1848 h
沈澱 2045 h
チンパンジー 695 e
　1877 l
珍品 1794 h
陳腐 541 g 1628 c
鎮無する 1632 l
ちんぽ 783 k
珍味 1496 n
沈黙 900 h 1368 f
陳列する 1329 c

つ

ツアー 1489 a
対 547 g
ツイード 297 l
追加注文 2094 h
椎間板ヘルニア 2198 n
追求する 2199 f
追求する 2200 k
対句 1049 c
追試験 135 f
ツイスト 1256 f
ついたち 262 j
2112 k
ついで 805 j
ついてない 764 i
ついでに 912 c 1601 f
　1631 h
ついでの時 107 j
追悼録 1449 m
追突する 2200 h
ついに 2169 g 2170 k
対になったもの 444 h
ついばむ 1364 f 2204 l
費やす 724 f m 725 j
墜落する 2075 a
ツー 2082 b
通 1689 a
痛飲する 666 c 1698 l
ツーウェイスイッチ
　1593 a
通貨 94 c
通学する 2222 b
通過する 655 a
通関手続 70 c
通暁する 311 h 1689 k
　1855 e
通行禁止 888 d
通行する 1880 m
通行人 1880 f
通称 1624 a
通じる 311 g 1691 h
通信教育 1692 c
通信ネットワーク 1692 g
通信販売 667 e c
通俗的 2246 f
通帳 1322 b
通帳記帳 305 c
通販 2031 a
ツーピース 1066 a
通訳 1069 c
通用しない 1879 m
通用門 851 c
ツール 590 h
ツールバー 590 h

通話可能エリア 547 k
ツェツェバエ 1517 l
杖をつく 2112 h
使い勝手 296 j
使い切れない 2026 a
使い捨て 1282 c
使い捨てカメラ 1967 c
使い尽くす 554 h
使い残し 2047 d
使い走り 625 h 1850 i
使い放題 1467 g
使えない 1554 h
使える 1554 f
捕まえられる 2189 k
捕まえる 136 c 2203 f
　2229 a
つかみ合う 904 c
つかむ 904 b 1657 e
疲れ果てる 478 a 1250 c
　1300 k 1611 d
疲れをとる 870 d
月 38 b 2054 b 2069 h
次 1813 k
付き合い 2019 c
付き合う 317 j
つき当たり 884 i
つき当たる 789 a
つき合わせる 445 g
　689 h 1528 m
接ぎ木 819 l
月ぎめ 63 j
つぎ込む 1702 c
突き刺す 182 l 283 l
　2096 h
つき従う 293 k 1631 a
月々 2069 b
次々と 1830 f 1966 a
　1969 c
つきとめる 2199 l
月並み 1624 c
次につづく 346 l
月にむらくも花に風
　677 f
月の兎 2054 h
次の世代 1815 m
月の仙人 1780 m
次の次 1814 c
月の半ば 2070 b
月の輪熊 605 i 695 f
継ぎはぎだらけ 41 f
　135 d 1358 j
月初め 2070 m

継ぎ張り 1724 l
月日 639 i 1549 k
　1632 m 1770 m
付き人 586 g
つきまとう 194 d 716 d
月見 1504 g
継ぎ目 1775 h
接ぎ目隠し 133 d
付き物ページ 548 l
突き破る 1697 b
突き指 284 a
月ロケット 1651 k
継ぎをあてる 313 h
つく 363 b 1294 g
　2115 h
突く 265 j
憑く 366 e
つぐ 366 e
次ぐ 291 a
継ぐ 1617 g
机にかじりつく 533 d
　964 m
ツクシ 1766 a
尽くす 869 c
ツクツクボウシ 668 k
ツグミ 49 f 422 f
造り 580 c
作り事 1893 g 2090 h
繕う 134 m
作り笑い 557 k 1376 l
つけ 551 j 1362 h
つけあがる 2242 l
告げ口する 216 i 575 j
つけ込む 222 e 231 n
つけにする 624 a
つけまつげ 868 l
漬け物 843 f 1822 h
漬け物をつける 1921 m
浸ける 1285 l
都合が良い 107 h 564 a
都合にかこつける 1719 j
都合のよい 1990 l
都合の良いように 106 g
　293 d
つじつまが合う 445 e
伝え知らせる 1689 d
土 755 b
土一升金一升の土地
　305 d
土くれ 953 h 1709 j k
土と砂 1239 m
土踏まず 855 b

土をかける 2023 m
津々浦々 1149 h 1782 g
つっかい棒 224 j 1377 h
　1483 h 2143 a
つっかいをする 413 b
つっかけ 1639 h
つつく 1628 f 1364 f
　1697 b 2204 l
続く 860 g 1815 g
つっけんどん 1483 l
ツツジ 437 b
謹んで 1625 g
つっぱしる 240 g
つつましく 10 b
包み隠す 2010 h 2120 k
包み込む 1228 b
包む 654 d
つもたせ 1166 i
つづれ織り 963 h
つて 1113 l 1170 g
てを求める 2116 m
努める 1183 h
つながり 1057 m
つなぎ合わせる 1312 k
　1313 f
つなぐ 860 g
綱引き 27 e
津波 664 f
綱渡り 167 c 2222 f
　2223 b
つねる 1252 g
唾 880 d 973 b 1724 c
椿 1494 g
翼 245 b 1997 g
つばぜり合い 91 k
燕 813 m 1899 f 1937 m
燕の巣 1937 l
唾を吐く 302 g 1710 m
　1711 d
つぶし餡 1488 l
つぶの良いぶどう 2063 a
つぶやく 779 l 1225 e
　1259 b
つぶれる 363 h
つべこべ言う 215 l
ツベルクリン 867 k
　909 g
つぼ 566 h
蕾 63 g
蕾をつける 860 k 1825 l
妻 1233 a 1336 a
妻方の親類 1235 b
爪先 854 a

爪先立つ 398 e 1370 m 1382 g
つましい 825 m
つまずく 409 i 928 h
詰まっている 1612 l
妻と娘 1336 m
妻の兄 1235 j
妻の実家 2071 f
つま 30 m 89 n 1257 f
つまみ 1181 j
つまみ食い 396 l 1699 d
つまむ 306 m 1243 d 1249 l 1250 j 2188 g
爪楊枝 1917 b
つまらない 1159 i 1303 a
つまらないごたごた 784 m
つまり 96 f
つまさき 2157 k
妻を寝盗られた男 1023 l
妻をめとる 1417 a
妻を離縁する 1888 f
罪 2232 e
積み替え 2192 k
積み重ねる 1132 a
罪がない 1775 m
積み木 788 g
積み出しする 1350 b

積立貯金 1082 l
積み立てる 787 h
摘み採る 164 a
積荷 2083 l
積荷明細書 272 j
罪滅ぼし 1582 f
罪を裁く 2056 k
罪を転嫁する 1754 i
紬 1181 j
つむじ 1900 m
つむじ風 218 b 532 f 1902 k
つむじをまげる 474 h
爪 2116 h
爪跡 2116 k
詰め合わせ 1546 j
詰め込み教育 1676 i
詰め込み式 1533 h 1904 g
詰め所 48 b
爪でかく 981 f
爪に火をともす 233 h
爪の手入れ 2154 i
詰める 1675 h
爪をたてる 1356 c
通夜 1572 b
つや消し 1775 c
つや出し 1507 b

逓減の法則 836 g
デイコ 291 n
抵抗する 949 c 2113 l
抵抗力 1242 h
定刻 2137 k
体裁が悪い 637 c 1226 a 1227 d
体裁ぶる 8 c 2197 d
停止する 1492 b 1796 i
停車場 2106 f
停車する 1687 f
定住する 721 c
低周波 381 g
貞淑 2125 e
定食 518 l 1660 m
定数以上 458 f
ディスカウント 1503 h
ディスクロージャー 1874 l
ディスコ 383 i j
ディズニーランド 383 i
ディスプレイ 1322 j 1823 l
訂正広告 587 f
帝政ロシア 1489 b
貞節 2125 i
停戦 1687 f
逓増の法則 836 k
低速走行車線 1149 g
定礎式 75 j
停滞前線 526 j 900 n
丁重 598 m
ティッシュペーパー 1181 j 2155 i
抵当 387 h 2238 c
程度が低い 190 c
程度を上げる 1665 b
ディバイダー 514 f

艶っぽい 1935 i
つやつや 1465 m 2032 e
梅雨 1163 g
梅雨入り 259 e
梅雨どき 750 l
露払い 1137 c
強い 899 a 1300 d
強いところを見せる 428 n
強がる 233 k 1588 e
強火 1786 d
強める 2095 b
つらい 998 g 1226 j m
辛く当たる 1227 l 1232 c
貫く 634 h
面の皮 2022 h
面の皮が厚い 713 h 1160 g 1300 d 1676 e
つらら 119 c 1085 l
つり 1849 c
釣り合う 91 k 386 m 1065 e 1830 b
釣り合わない 1289 h
釣糸 2048 i
釣餌 466 j
釣竿 2049 d
吊り下げる 1803 l
釣銭 2116 g 2117 g

停泊する 1687 h
剃髪する 1130 a
ディベート 108 k
堤防 1653 j 2068 h
底本 2064 c
ティラピア 507 g
低利付貸け 381 c
出入り口 1168 l
出留所 1492 h 2152 k
手入れ 31 l
ディレクター 362 h
ディレクトリー 1213 h
低劣 75 i
DINKS 411 k
ティンパニー 418 e 615 f
手薄 347 i 348 f
手打麺 561 l 1382 k
デージー 263 j
データ 162 f 1586 j
データベース 1586 m 1874 f
データを保存する 304 c
デート 1831 j 2068 g
テープ 1342 g 847 e
テープカット 165 k
テーブル掛け 1641 j
テープレコーダー 287 f
テープを切る 2198 h
テーマ 1667 g 2183 a
テーマパーク 2183 i
デーモン 383 g
手織り 1708 e
手がかり 1162 j 1200 h 1827 l
手書き草稿 1569 f
手加減する 2028 h
手かせ足かせ 1074 g

釣バカ 407 f
吊橋 504 k 1061 g 1685 c 1900 f
釣針 603 c
吊輪 406 d
ツル 692 a
つる 1663 j
蔓がのびる 1269 j
つるしあげられる 6 j
つるす 1900 f
ツルツ 284 g 1735 b
つるつる 639 c 732 b 1794 m 2032 f
つるつる滑る 1089 k
つるつるはげ 1705 d
つるつる光る 1089 k
鶴の一声 1974 d
鶴嘴 928 h 1683 k
ツルムラサキ 1130 m
つるり 284 g 2207 h
連れ 56 c
連れあい 1408 l
連れ子 805 b
つれない 1685 g
つわり 665 i 1801 c 2075 n
ツンドラ 425 l 1642 f
つんのめる 604 m

出稼ぎ嬢 316 f
出稼ぎ族 2226 d
出稼ぎブーム 1190 a
出稼ぎ労働者 1190 n
手形 1311 p
手堅い 1016 h
手形持参人 2147 g
手形振出 259 k
手形割引 1311 f 2152 k
デカダン 1715 c
てかてか 2032 j
手が回らない 618 j
手紙 647 d 667 b 2097 h
デカメートル 1545 h
出がらし 185 c
手柄を立てる 592 d
敵 2092 k
的確性 2127 a
適当 790 l
溺死する 1921 g
適している 1986 c
摘出する 2100 f
テキスト 1761 b
適する 1564 f 1985 k
手傷を受ける 344 b
適切である 2058 j
敵対的TOB 384 c
出来高 226 f
出来高払 800 i 1073 h
出来高労働 800 h
出来ちゃった婚 529 f
的中 789 f 1925 c
適当である 685 b 1830 b
敵に当たる 2015 f
敵のスパイ 384 b 508 h 1651 a
敵の手に落ちる 384 b
てきぱき 982 f 1049 k 1593 m

てきび〜てんて

手厳しい 1698 f
できもの 274 i
できものの跡 26 i
できるだけ 882 b
敵を作る 1585 k
敵を防ぐ 2058 j
手ぐすね引く 2110 m
手首 576 n 1570 d 1739 d
出くわす 560 c 1295 e
てこ 1359 e 1382 k
てこ入れする 224 h 1581 a
てこずる 1502 l
でこぼこ 603 j 944 j 965 c 1704 k
でこぼこ道 569 k
てごめにする 821 a
手ごろ 959 a
テコンドー 1643 i
デザイン 985 k 1518 j 1706 f
出盛り 1291 h
出さかり 1743 f
出先機関 1275 j
手提げ籠 1665 j
手提げカバン 1570 l 1665 e
弟子入り 1460 j
手仕事 1536 f
手下 2116 k
デジタルカメラ 1587 a
デジタル制御 1586 k
手品 1203 c 1803 i
デシベル 493 b 511 l
でしゃばる 27 g
出しゃばる 257 n 523 c
手錠 1569 d
デシリットル 582 h
弟子をとる 345 l
手数がかかる 1560 j
手数料 2027 b
手数を省く 1536 f
デスクトップ 2202 e
デスクトップパソコン 1642 k
テスター 1559 m
テストステロン 573 g 790 h 1695 m
テストパイロット 1559 a
手すり 532 d
手助け 322 l
でたらめ 645 b 746 j 768 h 1199 g 1807 l
でたらめなことをする 1743 b
でたらめに書く 1707 n
でたらめを言う 717 c i 1468 a
でたらめをする 573 j 717 m 1743 e
手違い 1966 l
鉄インゴット 1683 h
鉄かぶと 565 g
手づかみ 1784 n
鉄筋コンクリート 565 e 614 g
鉄串 1361 k
テックス 1819 f
手付け 416 f

デッサン 1626 a
鉄条網 1741 d
テッセン 1685 g
でっち上げ 1206 j 2232 a
でっち上げる 101 k 1894 l 2001 g
徹底している 216 e 255 b 696 h 1525 b
徹底的 1296 e
鉄道会社 1112 a
でっぱり 616 a
鉄板 1683 k
鉄菱 795 m
鉄瓶 1684 c
てっぺん 413 l
鉄棒 348 l 567 l
鉄砲水 1495 c
手づくり 839 l 903 g
徹夜 1691 h
徹夜する 19 m 200 i 941 k 1572 h
手蔓 1113 l 1170 g 1191 f
鉄腕アトム 99 e
手で覆う 1786 l
テナーサックス 1469 c
手長蝦 38 h 2117 m
手長猿 197 i
手なづける 2158 i
手に汗を握る 1250 m 2229 b
手に余る 2096 d
デニール 343 g 353 i
手に入れる 366 l 1260 c
テニス 1741 c
手につばする 1724 d
手に取る 1215 k 2100 c
デニム 1013 l
手荷物 1880 l
テヌート 1927 h
手抜き工事 430 c
手の内 765 i
手の打ちようがない 1779 l
テノール 572 i 1223 b
手の下しようがない 1774 f
手の甲 1568 l
手の込んだ 769 c 1380 l 937 b
掌 1568 j 1571 f 2111 m
手の指 1571 i 2153 e
デパート 40 n 402 g
手配する 156 i
デバイダー 736 f
手はず 1708 e
手旗信号 1342 g
デバッグ 904 h
手離す 260 j
手放せない 419 i
出鼻を挫く 1005 h
出刃包丁 2128 d
手早い 1133 f
手控える 1514 e
手引き 1235 e 1460 k 2155 c
デビットカード 874 i
手広く 502 a

デフォルト 146 j
手袋 1570 k
でぶでぶ太る 507 k
手ぶら 555 k 966 d 967 k
デフレーション 1690 d
テフロン 922 b 1661 e
テフロン加工 153 j
デポジット 1915 b
テポドン 334 d
デボン紀 1239 j
デマ 1950 e
出前 1621 b d
手前みそ 619 i
出まかせ 222 k 1602 b 1874 b
出まかせを言う 717 l 1284 m 1743 l
手間賃 1569 g
手まね 1561 l 1570 h 2052 l
手招き 44 c 2114 b
手まめ 1570 e
手間をかける 1721 m
デマをとばす 102 d 500 g 1481 e 2090 m
デマを流す 134 d
手向かう 741 l
出目金 1099 k
デモクラシー 373 i
デモ行進 1557 m 2035 j
デモ隊 2035 k
手元不如意 868 l 882 m
デモをする 1745 m
デュアルシステム 1591 n
デュエット 250 l
テラ 1644 c
テラコッタ 244 l
てら銭 252 m
テラス 2032 d
テラバイト 1645 c
デリートキー 1497 k
照りつける 1493 f 2090 h
出る 1619 l
てるてる坊主 1485 e
照れ隠し 870 m
照れくさそうに 310 m 1499 b
テレパシー 1867 h
テレビ 271 c
テレビ視聴者 1575 k
テレビショッピング 401 k
テレビ電話 958 n
テレビ放映 129 n
テレビを見る 1566 b
テレフォン 373 h
テレワーク 813 c
手練手管 728 l 729 h
テロ 969 h
テロ対策 1272 f
テロ取り締まり 318 l
手渡す 1541 h
手を誤る 1541 n
手を変え品を変え 105 e 2234 i
手を貸す 252 k 310 b
手を下す 1814 e
手をこまねく 207 m

手を借す 57 k
手をすべらす 1540 h 1721 m
手を出す 424 a 1966 m
手をつける 423 c 1461 l 1509 b
手をつなぐ 996 n 1363 l
手を抜く 829 h
手を伸ばす 607 c
手を放す 1467 f
手を引く 1074 h 1635 k 1718 l 1813 f
手を振り上げる 2130 m
手を振る 755 h 1939 g
手を持ちかえる 364 j
手をもむ 306 h
手を焼く 796 h 998 c 2096 h
手をゆるめる 1619 a k
天 173 j
貂 405 k
天下 1614 b
点火する 1428 l
転嫁する 343 k 2192 h
点火プラグ 1469 c
天下を取る 837 l
転換点 2193 l
転校 2192 f
電気釜 399 l
電気刺刀 1668 m
電気コード 729 l
電気スイッチ 400 l
電気スタンド 1641 k
転記する 659 d
電機掃除機 1793 h
電気メーター 111 g
電気メス 399 k
転居する 1801 l
転勤手当 510 e
テングサ 1547 d
デング熱 377 i
天険 1672 d
電源を入れる 1350 k
電源を切る 627 d
添削する 1497 l
天子 751 f
点字 1151 m
電子ゲーム 401 g
電子書籍 1278 z
電磁調理器 399 j
電子ビーム 1584 l
展示ブース 2104 m
電子マネー 777 h
電子メール 1983 c
天寿 678 j 1671 m
伝授する 1830 f
天井灯 1793 l
転職する 1681 c
伝書鳩 578 m 1873 l
電信柱 557 l
天性 122 b
点線 1894 f
転送 271 k
伝送 271 k
天体 1876 r
伝達する 2192 n
デンタルフロス 1917 z
天地のはて 1673 h
天地無用 144 h
点滴注射 315 e 407 k

てんてこまい 1150m 1712k
でんでん太鼓 128c 1659h
テント 2112k
テントウムシ 1310g
テントウムシダマシ 470l
天に恥じず 990l

天に任す 953d
天然 1672m
天然痘 431h
天の神 747j
転売 2168d 2193h
天罰 1672l
電波時計 2174i
天火 701e
天秤 1672c

天秤棒 103k
添加 542m 1088j
田楽 1455b 1618l
転覆する 1819d
田夫野人 1624m
天変地異 2080h
テンポ 157h 1625h
展望台 1074n
電報で祝賀する 400a

テンポが合う 685i
天幕 2112k
天窓 1670h
天命を知る 2145k
天命を楽しむ 1026m
電話交換手 862f
電話する 127m
電話を切る 623h
点を奪う 1375j

と

ドアアイ 1169i
ドアスコープ 989g
ドアノッカー 1576e
ドアロック 1170h
樋 1597f 1670l
問い合わせる 1072b 1910i
…というのは 1637e
…というほどではない 154l
砥石 387m
問いただす 2160h
トイレ 179l
トイレットペーパー 1571h 1755f
どうあっても 1304f
答案の採点 1321b
答案用紙 312l 1559e
党委員会 359d
どういたしまして 145k 356f 1218h
同一世代 1967m
倒壊のおそれ 1745i
銅貨占い 134h
同級 1316l
導火線 1873m
塔形クレーン 1639g
道家の学問 750m
どうかよろしく 628h
トウガラシ 849c 998k
冬瓜 422c 619i
童顔 1725m
冬季オリンピック 422f
冬季スポーツ 423a
登記する 2186e
冬季トレーニング 422m
道教 1899d
道教寺院 634c
同業者 1693g 1694c
同郷人 1022f
道具 812f 813k
峠 1086m
洞穴の住居 425e
道化役者 1845m
桃源郷 1659g
投稿 855f 1703m
投稿 1001d
投獄する 2056k
当今の時勢 1550e
当座 771g
当座預け 2084m
当座貸し付け 771g
盗作者 1761k 1762k
盗作する 207g
投資コンサルタント 614b
同時代 123e

どうして 2093e 2094k
どうして…か 1345f
どうしても 1334i 1777c
謄写版印刷 2033j
謄写版原紙 1000b
踏襲する 1800c
登場 1361m
搭乗ゲート 377i
どうしようもない 480l
投資リスク 1703f
投身 1681m
投身する 1681j
どうせ 489j
同棲 1313e
同棲中 1313e
同姓同名 249g
当世風 1549m
当節 1825f
当然 2013a
当然の報い 2232k
当選番号 2171d
どうぞ 1403d
同窓会 1694b
同窓生 1694b
逃走する 1658m
同窓生 1535f
同族 1694l
どうぞごゆっくり 762d 1149h
道祖神 2227m
統would 1697d
どうだ 696j
道台 376d
胴体 563g 1412d
どうという 1602l
到達する 311g 790c
当地 289c
冬虫夏草 422l
当直 2150c
胴突き 1770e
童貞 749i 1696a i
どうですか 2093m
どうでもよい 1148a 1778g
同点 1571h
とうとう 641m
ドウダン 308m 1101c 2045m
堂々たる風采 1984e
堂々とする 1317d
堂々巡り 380l 427d
党と大衆 359a
問うに落ちず語るに落ちる 139l
どうにかこうにか 1183f
どうにもならない 937j
同年齢 1693c
銅のさび 1695j

頭髪の乱れ 1293h
頭髪を刈る 1714l
トウバンジャン 429f
盗品 2085h
盗品をうる 1768k
(器物の)頭部 1157l 1699e
同封する 542k 1233i 1631b
頭部損傷 1109g
東北東 1304e
動脈瘤 1907a
同窓国 1172f
頭目 989d
どうもどうも 1014d
トウモロコシ 60h 2054m
灯油 1164g
童謡 463c
盗用する 1752b
動揺する 1950m
道楽 1565b
道楽息子 726m 1733g
道理がない 1776b
倒立 367c
道理で 561h 625m
道理もへったくれもない 150m
同僚 1692c 1694c
登録する 1460f
当惑する 1176l
十重二十重 181e 1041a
遠い親戚 2066j
TOEIC 1720a
トークショー 1721f
トーク番組 1648b
遠ざかる 1532a
通し切符 1058e 1691d
通し番号 102c 1092e 1896e
通す 268k 655c
トースター 952l
トースト 1184j 1711l
トータルコーディネイト 2227c
トーチカ 69h
遠出 2066j 2067c
ドード— 371m
ドーナツ 2097m
トーナメント 1658c 1901d
ドーピング検査 505j 1875d 1955c
TOEFL 951j 1719h
遠ぼえ 676f
遠回しに言う 427d 625e 1432k

遠回り 1432a
ドーム 600b 1406g
ドーム球場 333b 918k
…と思う 926e 1769k 1991c
トーン 2005j
ドーン 701f
ドーンドーン 701b 1102m
トカゲ 1547b 1796j 1998h
とかす 1580i
とがった 1532m
とがめだてする 800c
とがめる 243c 2067k 2091m
ドカン 701l 1102m
土管 1725h
…と考える 359d 1445k
…と感じる 926e
トキ 743e 2177n
時あたかも 1358b
時たま 833a 1267c
ドキッ 550d 576h
ドキドキ 88e 1681e 1706m
時には 2040f
時の人 1871k
ドキュメンタリー 802c
ドキュメント 1762d
度胸がある 352d
読経する 1247b
とぎれとぎれ 442b 1795h
常盤木 1614k
ドキン 576f
ドキンドキン 1329b
得 1306k
研ぐ 1201k
得意 84m 2190d 2214b
徳育 374d
得意とする 1217g 1637c
得意なさま 372e
得意になる 1605h 2212f
得意満面 373g
独演会 583f
毒ガス 432i 1543l
特技 927m
独裁 791l 2191i
毒殺する 1955m
篤実である 448l
得失点差 900g
特殊状態 1996h
特殊部隊 1662f
読書人 1578c

読書人の家柄 1395 g
読書メモ 2097 j
毒舌 1668 k
独占インタビュー 2190 f
独占価格 1102 a
独占経営 433 d
独占資本 1102 m
特捜班 2189 d
特だね 433 e 1174 k 1871 i
ドクダミ 797 d
独断専行 1501 k
独断的 1785 l
得である 2105 a
特定エリア放送 418 j
特定項目 2191 b
得点数 511 d
得点をあげる 43 i
特に 2029 c
特別扱い 1662 h
特別公演 2190 c
特別車 2190 c
特別欄 2190 b
匿名 2010 n
匿名の手紙 575 i 695 e
毒矢 1955 c
独立採算制 433 l
得をする 1306 g
とげ 291 g
どけ 1430 l
時計 2169 d
時計台 1640 a 2169 l
時計回り 1602 a
どけち 1683 m
溶ける 1452 h
ドゴール 346 i
ドコサヘキサエン酸 2146 g
床ずれ 1462 f
トコトコ 382 a
とことん 1603 g 1977 b 2242 k
常春 1614 k
どこ吹く風 466 e
トコブシ 905 g
どこもかしこも 49 d 1613 i
どこもここも 1147 g
床屋談義 864 b
所かまわず 1631 k
所変われば 41 k
ところで 2126 j
床を離れる 1811 a
とさか 632 c 1454 a
トサカノリ 784 j
どさくさ紛れ 232 f
ドサッ 701 d 1329 k
屠殺する 2080 k
どさ回り劇団 178 a
登山 377 e
年が若い 548 c
都市管理 228 e
都市建設 228 e
都市公共事業 1557 b
都市戸籍 228 e
都市システム 229 a
どしどし 881 l 882 b 2152 j
都市ネットワーク 229 a
都市の外殻 1557 b

年の暮れ 1243 l
年の瀬 1244 f 1544 d
都市バス 228 m
年回り 1245 h
土砂崩れ 1639 f
土砂降り 1310 h
ドジョウ 1239 l 1408 k
図書券 1039 k
図書番号 942 j
閉じる 683 j
年をとる 1244 f 1508 g
どじをふむ 179 d 2079 f
ドシン 423 e 701 d
トス 1719 i
ドスン 449 l 1329 k
土石流 1239 a
土台 585 d
…と称えられる 2059 k
戸棚 264 a
ドタバタ喜劇 1434 k
トタン 1684 e
土地 1708 l
屠畜場 1707 d l
土地転がし 364 f
土地測量 1396 f
土地なまり 1710 j
トチノキ 1335 j
土地の人 1829 j
土地のボス 1709 c
土地のやくざ 1709 c
土地売買契約書 493 d
土着の人 1709 d
土着の方式 1708 h 1709 d
途中 2165 k
…とちょっと 623 d
どちらにも良い顔をする 1066 l
どちらも美しい 123 n
特許 2190 c
嫁ぐ 1315 l
ドック 272 l
ドッグトレーナー 1911 k
とっくに 1023 j 2087 h 2088 i
取っ組み合い 1256 i 1328 k
取っ組み合う 132 i 1256 k
トックリバチ 654 m 1128 i
どっこいしょ 660 b
特効薬 1084 j
突進する 245 d
突然 1705 m
突然起こる 105 e 2177 h
突然死 298 j
どっちつかず 153 c 872 b 1505 e
とっちめる 839 g
取っ手 30 m 1257 j
とっておく 1809 k
取って代わる 1415 k
ドット 396 l
どっと叫ぶ 457 b
ドット 371 m 1706 d
どっと流れる 1400 h
どっと笑う 700 j

突破口 1424 e
突破する 990 i
突発する 298 l
トップ 48 j 59 f 1964 i 2130 a
トップ会談 526 d 569 j
トップギア 622 j 242 l
トップクラス 394 a 414 h
トップシード 1700 f
トップニュース 1701 e
トップページ 1573 m
ドップラー効果 452 k 1856 f
トップランナー 1818 i
トップを占める 1193 h
凸レンズ 1705 z
とてつもない 1691 d
とても 1688 f 1794 d
とても…はできない 2093 e
とてもよい 374 i
トド 663 n
届く 2115 g
滞りなく運ぶ 1687 h
滞る 788 c 1253 d
整う 80 g 919 e
整っている 1340 c
留まる所がない 1780 c
トナカイ 1911 j
土鍋 649 g 1491 e
隣り合わせる 1301 j
隣近所 863 m 1615 k 2235 h
となりつける 243 b
どなる 691 m 855 j 1430 k
…となると 2157 b
ドナルドダック 1653 d
土嚢 1489 e
殿方 1956 l
殿の方 1956 l
殿様蛙 1392 f 1674 e
殿様バッタ 504 f 748 m
どのみち 903 m 2218 j
どのようであるか 1456 j
どのような 1526 f
…とはいえ 1630 g
…とは限らない 1756 e
賭博打ち 436 b
とばす 1680 l
とばっちり 235 a
土鳩 812 b
とばり 1751 c e
鳶 2059 h
飛び板 1681 b
飛魚 505 b
飛びかかる 299 l
鳶が鷹を産む 1022 h
飛び級 338 a 1680 m
とびきり 258 e
とびきり熱い 649 b
とびきり上等である 414 f
飛び越える 1680 j 2050 k
飛び込む 1328 h
飛び出しナイフ 1648 g

飛び散る 88 b
トピックス 2128 g
とび抜けている 2203 i
トビネズミ 1681 f
跳び箱 1319 k
飛びはねる 300 c
扉 1499 a
どぶ 1595 c
飛ぶ鳥も落とす権勢 2161 m
溝鼠 603 m 691 d
飛ぶように走る 503 f 1663 c
土塀 1239 l
途方もない 1176 c
とぼける 1588 h 1634 k 2196 f
とぼそ 721 j
戸ぼそ 1413 f
トポロジー 1723 k
ドボン 1329 g j
トマト 481 n 1791 e
トマトケチャップ 1791 g
トマトジュース 481 a
トマトピューレ 481 a
トマトペースト 481 a
泊まる 2185 b
富 162 c
ドミノ 452 f
ドミノ効果 452 f
ドメイン 2056 m
とめ木 1444 z
とめどなく 151 n
留めひも 1280 i
止める 626 i 1492 b
…とも 1052 j
ともす 1428 k
共に過ごす 600 m
共働き 1593 b 2151 k
供をする 1286 b
どめきめ 1011 b 1535 k
虎 720 j
ドラ 1836 d
どら 1127 a
トライアスロン 1478 l 1684 i
トライアングル 1474 g
ドライクリーニング 557 f
ドライバー 1127 k 2199 h
ドライブ 252 f 426 l 1411 j
ドライフルーツ 653 j
トラウマ 895 c
捕らえ所がない 1775 b
ドラえもん 781 i
捕らえる 913 j 1215 l 1930 k
トラクター 1720 c
ドラクマ 373 h
ドラゴンレース 901 k
トラスト 1719 c
ドラセナ 1101 f
トラック 368 m 934 f 1284 f
トラック競技 1470 a
ドラッグする 1720 j
トラックボール 644 a
トラック輸送 339 e

虎猫　727 h
虎の尾を踏む　1117 e
トラフグ　704 e
トラフズク　198 k
トラブルメーカー　1432 m
トラベラーズチェック　1116 l
トラベリング　345 f　2221 h
トラホーム　1490 a
ドラム缶　1354 c　1697 k　2033 c
どら息子　1733 d
とらわれない　152 i
トランク　173 f　1300 k
トランクス　979 c
トランシーバー　1566 j　1778 k
トランジスタ　896 e　1474 c
トランジット　891 k
トランジットビザ　657 a
トランプ　1328 e　1783 m
トランペット　1847 h
トランポリン　89 b
とりあう　167 d
取扱注意　1398 a
取り扱う　890 j　891 m
取り合わせる　1289 j
取り合う　310 c j　891 k
ドリアン　1095 c
取り入る　25 m　2228 m
鳥インフルエンザ　886 l　1389 h
鳥打帽　1157 a
取り柄　1967 i
取り柄がない　150 k　1978 b
トリオ　250 i
取り返しがつかない　145 c
取り返す　454 j
取り換える　364 k
取り替える　1716 g
鳥籠　485 i　1098 h　1102 a
取り囲む　742 j

とり舵　455 g
トリカブト　543 j　1771 l
取り決め　417 i
取り戻し　1666 g
取り消す　407 g　1842 h　2186 l
トリケラトプス　1474 b
とりこにする　1109 j
取り壊す　19 m
取り締まる　1809 g
取り調べる　2125 j
取り立てる　1638 f
取次販売　891 m
取り次ぐ　2191 k
トリック　165 i　644 k
トリックシーン　1661 i
トリックプレー　816 k
取り繕う　2120 h
とりで　2101 a
とりとめない　155 c
鳥なき里の蝙蝠　1496 c
鶏肉　1616 g
鶏の唐揚げ　2097 i
取りのける　190 i　217 c
鶏のささみ　1330 c
鳥の巣　1248 f
鶏のモツ　785 k
取り外す　1346 f
取り先　962 k
ドリブル　345 f　1278 k　2076 h
取り巻き連　72 a
取り巻く　600 g
取りまとめる　761 e
鳥もち竿　1245 j
取り戻す　1666 g
鳥やけもの　1576 c
取りやめる　2236 h
度量　1352 m
度量が広い　937 e
努力する　1044 e
トリル　196 h
ドリル　2229 e
とりわけ　580 l　2029 a

捕る　341 h
トルコ石　1118 m
トルコブルー　1118 c
トルストイ　1719 g
取るに足らない　1339 n　2142 h
トルネード　1110 g
ドルフィンキック　664 m
奴隷根性　1260 l
トレーシングペーパー　1187 i　1704 c
トレース　586 j　1558 c
トレーニングシャツ　1410 f
トレーニングパンツ　1410 k
トレーラー　622 l　1720 i
トレーラーハウス　497 f　770 f
どれくらい　451 e　452 j　453 c
ドレッジャー　1793 m
ドレッシング　1679 m
ドレミ　452 a
どれもこれも　582 h
トレモロ　2131 h
トレンディードラマ　431 g
トロイカ　1474 i
徒労に終わる　1742 m
トーチ　666 m　1653 n
トロール船　1720 i
泥臭さ　1710 f
泥団子　1239 l
トロツキー　1719 c
トロッコ　427 b　609 l　987 m　1641 i
ドロップ　1595 g　1654 c
どろどろになる　1008 j
とろとろに煮る　1794 j
泥縄式　1507 g
泥人形　1239 l
ドロノキ　1070 l
泥はね　1238 l　1239 b
とろ火　1762 b　1804 b
とろ火で煮こむ　1746 j
泥棒　1699 a　2092 i

泥棒根性野郎　2093 d
泥棒に入られる　1232 j
泥棒をする　2243 d
泥水　1239 c
トロリーバス　644 k　1775 d
どろりとした　254 f
トロンボーン　198 e　995 e　1804 j
トン　423 e　448 f　1652 f
ドン　48 j　328 i　2220 b
鈍　1883 k
豚カツ　2098 d　2179 d
どんぐり　1051 i　1735 m　1840 c
ドンコ　1653 l
どんす　1149 f
どんす　441 h
豚足　2179 g
ドンチャン　1373 i
どんちゃんがんちゃん　803 d
鈍行列車　1149 f
とんちんかん　1256 h
とんちんかんな返答　312 j
トンツー　382 n
どんづまり　927 f　1405 k
とんでもない　1345 g　1602 j
トンテンカン　1292 c
トントン　58 h　356 m　1102 e　1280 l　1692 i
ドンドン　1292 h　1652 h　1692 l
とんとん拍子　157 c
どんな　2093 j　2094 h
トンネル　1633 f
トンパ文字　420 c
どんぶり　1735 w
丼物　553 e
ドンペリニョン　1832 c
トンボ　1010 b　1396 l
とんぼ返り　966 e
とんぼを切る　586 e　881 b

な

なあんだ　9 g　677 e
ない　1179 b
内外　1510 b
内向的　1234 e
内視鏡　1234 b
乃至は　1179 b
内情　386 c
内緒事　2004 g
内緒の　1663 l
内緒話　1377 f　1606 f
内心　615 i
内心に恥じる　991 b
内線　512 m
内蔵　1236 i
内臓　2085 h
ナイター　1961 k
泣いたりわめいたり　1052 h
ナイチンゲール　578 e　1963 c

内通者　1827 i
ナイトクラブ　1963 f
ナイフ　1846 h
内服液　971 k
内部組織　781 g
ナイフとフォーク　182 b　361 l
内部の犯行　1233 b
内野　1663 l
ナイロン　922 f　1238 c
なう　852 h
苗　1938 b　2080 k
苗木　2080 g
苗床　2150 c
なお一層　660 f
なおかつ　123 b
等関係にする　604 e
治す　1983 c
なか　2165 j
長雨　2004 h　2052 m

長い間　21 c　906 h　1360 c
長生き　2095 e
永い歳月　1358 g　1360 d
長い時間　2037 h
長い日照り　906 e
中押し勝ち　2166 d
仲買商　891 k
仲が良い　683 h　1433 i　1953 e
仲が悪い　140 h　151 l
名が聞こえる　240 b
長靴　377 a　1903 l
長靴下　572 h　1955 l
なかご　1239 j
長さ　198 g
流し　1800 i j
流し台　271 e　1310 e
長須鯨　200 h
仲違いする　142 l　490 i

1260 h　1610 f　1532 b
仲直りする　1924 k
なかなか　1398 m
中に立つ　295 h
中庭　2067 f k　2068 a
仲間　776 f
仲間に入る　1460 h
仲間はずれ　1730 k
仲間割れ　1768 a
仲間を組む　309 j
中身　1429 m
ながめる　628 e
長持　1656 g
長持ちする　881 i　891 k
長屋の花見　1405 l
なかれ　1787 j
流れ作業　271 a　1092 k
流れに逆らう　1242 f
流れに従う　1602 g
流れ星　1876 c

ながれ〜にーず

流れを下る 1814 j
中をとる 2122 f
なぎさ 661 e
泣き騒ぐ 251 f
泣きじゃくる 251 f 252 d 314 a
泣き面に蜂 313 j 778 d 1325 m 1405 e
泣き所 109 b 1698 j
なぎなた 1933 k
泣き寝入り 667 i
泣きべそ 674 k
泣きまねする 556 a
泣き虫 1127 e 2004 d
泣く 674 k 976 g 1667 l
鳴く 855 k 1197 l 1667 l
なくす 419 l 503 c 1539 k 1987 b
無くてはならない 95 f
亡くなる 642 d 657 i 884 i k 1417 l
泣くに泣けず 976 a 1667 a
殴り合う 1267 d 2133 l
殴る 2224 b
投げ売り 336 k
投げキッス 505 c
投げこむ 1589 e
投げ捨てる 1282 e 1354 g 1446 m
投げつける 2189 e
投げる 1282 e 1446 j 2161 k
仲よし 1163 g 2070 i 2243 a
和やか 205 g
名残惜しい 148 m 579 b 1982 e
情け容赦ない 1098 l
情けをかける 765 c
名指しする 2154 b
ナシ 1037 m
梨のつぶて 1546 h
なじまない 685 m
なじみのない客 1532 c 1729 i
ナショナリズム 1191 m
なじる 2161 c
ナス 1383 e f 2210 l
ナスダック 467 m 1220 c 1715 a 2192 h
なすり合いをする 216 e
なすりつける 819 j
なぜ 2093 f
なぜならば 2002 m
謎かけ言葉 1858 h
謎謎 1167 f
謎謎の答 1177 b
謎謎を当てる 160 h
謎謎を解く 1167 f
なぞらえる 92 b 313 a
なぞる 1187 d
謎をかける 1918 h

鉈 191 c 944 f 1298 c
菜種油 168 i
なだめる 871 i 984 g 1423 k 1759 j
なだれ 1905 k
ナチス 1219 l
ナチズム 1219 f
懐かしい 1837 d
懐かしむ 1836 d 2199 g
夏ござ 1063 c
夏時間制 1816 l
ナット 1127 e 2004 d
納得する 537 c 1837 g
納得できない 1836 i
夏の真盛り 328 a
夏ばて 978 f
夏負け 1759 j
ナツメ 2088 m
ナツメキシ 1454 i
ナツメヤシ 665 b 2105 k
ナツメロ 1549 f
夏やせ 978 f
なで肩 1090 g
なでさする 1201 h
ナデシコ 1414 m
なでつける 1192 m
なでる 540 c 1121 d
…など 1526 d
NATO 76 i
ナナカマド 728 n
名なしの権兵衛 1163 f 1322 m
名無しの権兵衛 1772 m
ナナフシ 2180 k
斜めになる 1727 a
何かというと 423 g
何が何だか 1172 h
何かにつけて 1968 l
何とぞ 1360 e
なになに 1209 g
何もせずに待つ 2239 k
何もわからない 1471 l 1978 b
ナノテクノロジー 675 a 1219 l
名乗る 1691 a
ナパーム爆弾 1354 b
名ばかり 623 h
ナビゲーション 362 m 1090 m
ナビゲーター 1087 e
ナプキン 169 j
ナフサ 1451 c
ナフタ 1547 f
ナフタリン 1222 a
鍋がたぎる 937 c
鍋墨 650 h
鍋の手 650 b
ナポレオン 1216 m
名前 1194 b
名前を書く 1156 m
名前をつける 1416 i
なまかじり 54 c 467 j 531 k
生乾き 1339 b

生臭い 1484 b 1498 d 1877 a
なまぐさ物 337 n 766 a
なまくら 1000 h
なまけている 1864 c
怠け者 1007 l 1008 d
ナマコ 663 l 1524 h
生コン 1585 b
生米 1531 b
鯰 1245 f
生中継 1825 l
生々しい 771 m
生煮え 55 h 811 c
生ぬるい 1772 a
生ビール 1820 g 2096 m
生放送 129 a 2147 l
なまめかしい笑い 1167 l
生野菜 1531 a
生酵 54 e
なまり 457 d 2005 a
並み足 1149 e
波がしら 1011 h l
波風 520 k
並木 1175 j
並木道 1079 c
涙 1030 l 1668 m 1932 k
涙のしずく 1030 j
涙の粒 724 i
涙をこぼす 1355 f
涙を流す 278 m 1468 e
涙を拭う 1648 k
波に呑まれる 160 f
波にゆれる 1947 j
並の人 239 i
並はずれている 1996 j
なむあみだぶつ 1215 j
ナメクジ 993 m 1927 k
なめし皮 1582 g 1842 a
なめる 1453 j 1842 a
滑らかである 1091 l
悩む 1676 b
悩み相談ホットライン 1794 g 2146 h
ならし広げる 1647 b
ならす 216 g
並び屋 679 j
成り上がり者 1870 j
成金 73 e f
なります 767 m
鳴り響く 1496 l 1835 l
鳴り物入り 883 c
なり行きまかせ 1826 a
なりゆきを見る 523 c 629 f
なりわい 1748 m 1970 b
鳴りをひそめる 1738 k
鳴る 1197 l
ナルコユリ 750 h
なるほど 1226 i 1769 b 2064 c

なれ合う 5 m
ナレーション 736 i
慣れっこ 635 d 1799 l
なれのはて 1810 g
慣れる 221 h 1799 b
ナローバンド 2101 k
縄 1535 m
苗代 1938 b
縄とび 1681 b f
縄梯子 1536 h 1900 g
縄張り根性 2217 h
縄をなう 306 d 321 h 1246 c
名を上げる 27 m
名をつける 1348 f
ナン 1228 f
難関を突破する 276 f
南京錠 624 h 1636 l
南京袋 1133 c
南京虫 255 d
難癖をつける 405 b 1094 d 2226 f
軟膏 1954 m
軟弱 1266 b
ナンセンス 354 d
何千何万 798 b 2135 k
なんだ 677 m
何だかんだ 1714 j
難聴 1466 l
何で 1322 j
何でもない 1160 l
何でも屋 1738 e
何て奴だ 1526 d
ナンテン 1225 d
何と 914 c
何ということなしに 2042 f
何とかして 1837 m
何とかしのぐ 224 f
何とかする 1518 h
難度トップ 1226 l
何と…なこと 452 c
何とまあ 607 g 1132 g
何とも 625 l
何度も何度も 798 b
何にもならない 1161 b
何年も 798 b
何の因果で 1521 j
何のおかまいもしませんで 345 i
何の問題もない 1160 m
何の理由もない 2066 b
ナンバーツー 467 k
ナンバーディスプレイ 1000 m
ナンバープレート 679 m
ナンバーワン 328 i 393 g 1573 c
ナンパする 996 a 1285 k
ナンバリングマシン 679 m
南方式 1225 a
何らかの 1969 e

に

似合いである 310 g
似合いのカップル 932 h

似合いの夫婦 49 f
似合う 49 e 1289 g

荷揚げする 1347 h
似合わぬ 114 m

ニーズ 1895 b
ニーズに合う 1564 c

にーち～ぬかる

- ニーチェ 1238 k
- ニート 1519 m
- ニイニイゼミ 609 m 765 i
- 煮えきらない 1751 k 1772 a
- におい 1350 m 1353 i 1833 e 1891 l
- においがする 1764 m
- におう 1832 l
- 2階建てバス 1591 j
- ニガウリ 619 i 977 j
- ニカメイガ 468 c
- ニカメイチュウ 370 m
- 似通っている 1830 m
- ニガヨモギ 976 l
- にがり 1109 e
- 苦汁 1929 b
- にかわ 846 m
- …に関して 628 h
- 二期作 1067 a 1591 m
- 握って丸める 1712 c
- にきび 1286 c 1390 j
- 二級品 290 e
- 握り飯 1712 i
- 握る 28 c 175 h
- 肉 1455 k
- 肉感的 1432 i
- 肉食 766 a
- 肉食を禁じる 873 i
- 肉親 614 k 1386 j k
- ニクズク 1454 i
- 煮くずれ 1008 j
- 肉体 1412 d
- 肉体労働 1044 l
- 肉体労働者 1044 l 2197 m
- 肉だんご 1455 h
- 肉づき 1454 a
- 肉づきがよったり 1281 l
- 憎々しげ 459 g
- 肉の脂身 32 j
- 肉の塩漬け 1921 a
- ニクバエ 1134 l
- 憎まれ口 256 k
- 肉まん 63 d
- 憎み恨む 2094 l
- 憎む 696 m 1790 a
- ニクロム 584 g
- ニクロム線 1251 f 1827 j
- 逃げ隠れる 1658 h
- 逃げ口上 1714 g
- 逃げ水 1177 h
- 逃げ道 711 f
- 逃げる 1283 j 1999 b
- 逃げるが勝ち 1090 l
- 2個 1051 m
- 和毛 303 c
- 煮こごり 425 d h
- 煮凝り 417 c
- ニコチン 1238 i 1922 j
- ニコチン中毒 252 d 2011 e
- にこにこ 1798 f

- 煮込む 1171 i
- にこりとする 1932 e
- 濁る 766 g
- …に…される 81 f
- 二酸化炭素 471 m
- 2,3人ずつ 1477 c
- ニシ 1127 k
- 虹 1240 j
- 錦蛇 884 g 1152 a
- 二次元 471 c
- にじむ 1114 b 2002 f
- 二者そろって 1592 g
- 二重あご 1592 l
- 二重帳簿 730 c 1065 a
- 二重の喜び 1802 i
- 二重否定 530 d
- 二重丸 249 j
- 二重螺旋 1592 l
- 荷印 2076 h
- ニシン 507 e 720 f
- 二心を持たない 140 m
- ニス 1338 d
- …に産業 1338 c
- 偽 816 c 1752 j
- ニセアカシア 738 l
- 偽チケット 1727 c
- 偽の書画 1937 i
- 偽の卒業証書 1141 c
- 偽の墓 1988 l
- 偽ブランド 816 g 1040 l 1157 a 1752 g
- 偽ブランド品 1274 g
- 偽ブランド品メーカー 499 b
- 偽物 816 b
- 偽物にご用心 883 c
- 偽物に注意 1094 h
- 偽物を売る 492 a
- 偽物を作る 2237 f
- 似せる 2237 f
- 似たりよったり 1360 g
- 2段式ベッド 1591 j
- 日常 1317 c 1319 f
- 日常業務 1561 g
- 日常生活 914 k
- 日日 198 b
- 日用器具 1546 l
- 日用雑貨 1845 c
- 日用品 1546 l 1851 e
- ニッカーボッカー 376 k
- 日給 1447 m
- 日勤 1447 b
- 日勤する 32 e
- ニックネーム 284 d 1729 e
- ニッケイ 647 a 1454 a
- ニッケルカドミウム電池 581 k
- ニッケル貨幣 1251 e
- 日照権 1943 k
- 日照不足 622 h
- ニッチ産業 1221 c
- にっちもさっちもいかない 141 d 886 j 1505 k
- ニット製品 2127 m
- 煮つめる 18 k

- 似ている 1839 g
- 似ているようで似ていない 1617 l
- …にとっては 444 k 447 g
- 二度寝する 758 e
- …に富む 549 e
- ニトログリセリン 559 h 1842 m
- 担い手 2083 h
- 担う 351 k 822 h 948 a
- 2人前 1591 b
- 二の足を踏む 2186 h
- 二の腕 328 i
- 二の刀 1769 d
- 二の句 468 e
- 2倍になる 807 l
- 二番煎じ 468 i 470 h
- 二番目の 290 h
- 日本円 2060 i
- 日本語 1448 b
- 日本鹿 1114 e
- 日本刀 1769 d
- 日本脳炎 1988 l
- 日本ブーム 1448 b
- 二枚貝 582 d
- 二枚舌 1972 g
- 2枚1組 1976 j
- 荷物をおろす 1863 c
- ニャー 1175 l 1187 e
- Ｎ Ｅ Ａ Ｔ Ｏ 420 e
- ニュアンス 562 a 667 g 1486 c
- 入院 2185 m
- 乳液 727 g
- 入学する 1511 e
- ニューカッスル病 785 c
- 入居 1461 n
- 入札 1470 g
- 入札審査 1993 l
- 入札する 109 f 2019 c
- 入札保証金 1915 k
- 乳歯 1221 l 1458 h
- 入場券 1170 l 2070 e
- 入場無料 1183 j
- 入場を禁ずる 1183 h
- 入神の技 1526 g
- ニュースソース 2065 h
- ニュース速報 982 l
- ニュース種 729 c
- ニュース特集 1871 g
- 乳製品 1221 i
- ニュータウン 1870 g
- 入道雲 788 f
- ニュートラル 965 m 2100 g
- ニュートリノ 2167 j
- ニュートロン 2168 f
- ニュートン 1254 i
- ニューファッション 1870 h 1871 a
- 入門する 46 b 1460 j
- ニ用 2026 b
- ニューヨーカー 1257 b
- 入浴 239 l
- 入浴する 2055 k
- 入浴療法 2055 k

- ニューリッチ 1870 g
- 如意棒 877 i
- 尿素 1249 j
- 鏡鉞 263 a
- 女色におぼれる 1646 e
- …により 2002 k
- …によれば 1236 c
- ニラ 907 a
- にらみつける 484 b
- 煮る 18 n 1292 b 2184 i
- ニワウルシ 785 a
- にわか雨 795 l 2130 h
- にわかに 2098 n 2177 h
- 庭つき一戸建て 434 c
- ニワトコ 861 l
- 鶏小屋 1768 a
- 鶏の砂嚢 785 a
- 鶏の伝染病 785 c
- 鶏のとさか 784 h
- 鶏のヒナ 2209 j
- 2割 471 a
- 荷を担ぐ 353 i
- 人気 1309 g
- 人気がある 740 c 1880 l
- 人気サイト 979 f
- 人気商品 1433 k
- 人気スター 918 d
- 人形 1439 l 1725 m
- 人形芝居 1212 b
- 人形の家 990 e 1734 l
- 人間関係 1437 c
- 人間国宝 2164 k
- 人間性 1441 f
- 人間のくず 1441 m 2097 k
- 人間のできた人 667 k
- 人間味 1440 c
- 人間らしい話 1436 k
- 人間らしさ 1441 d
- 人情 1455 b
- 人情に訴える 1409 f
- 人情のつね 203 f
- 人情をわきまえない 423 i
- 妊娠 738 g 1523 i
- 人参 134 k 717 k 1126 f
- 妊娠している 2042 m
- 妊娠する 1446 f 1575 k 2173 e
- ニンジンボク 893 f
- 人相見 629 f
- 人相をみる 1839 b
- 忍耐力 230 m
- 認知症 1020 a
- 認知障害 1445 f
- ニンニク 1629 i
- 任に堪えない 960 d 1538 h
- 任に堪える 944 a
- 妊婦 327 h 2075 m
- 人夫を徴発する 2188 e
- …人前 518 z
- 任務 1445 i

ぬ

- 縫いつける 416 a
- 縫い目 2127 d

- ヌード写真 1862 f
- ヌードショー 1128 e

- ヌートリア 662 m
- ぬか 1101 j

- ぬか喜び 1807 i
- ぬかるみ 1008 e

ぬきが～のこり

1239 e g	抜けきる 44 e	盗む 1384 c 1657 e	ぬるい 1760 d
抜き書き 1764 b	抜け作 1704 b	1698 j	ぬるま湯 1594 i 1761 b
抜き取る 674 h	抜け出す 1720 m 2141 b	布 156 j	濡れ衣 693 a 1413 d
ぬきんでた人 820 k	抜け道 16 f	布を織る 2145 a	濡れ衣を着せる 2080 m
ぬきんでる 208 h	主 248 f	ぬらす 1458 g	濡れ衣をすすぐ 1800 k
脱ぐ 1718 g 1720 l	主が替わる 1998 g	塗りこむ 1707 g	濡れ鼠 1131 m
ぬぐいとる 1203 j	盗み聞き 1699 m	塗りつける 1203 h	濡れる 1079 e 2102 k
拭う 1648 b	盗み食い 1698 m	1204 d	
抜けがら 1716 d	盗み見 1699 b	塗る 1241 c 2031 l	

ね

値上がり 2110 i	猫に小判 709 c 2179 j	根っからの悪党 1641 i	ネフローゼ 1529 b
値上がり幅 2110 h	猫のえさ 1152 k	熱気あふれる 1434 i	寝坊する 1600 a
ネアンデルタール人 1238 i	猫も杓子も 303 f	熱気球 505 f	寝ぼける 55 j 2131 l
寝椅子 1656 g	ネコヤナギ 1806 b	ネックレス 1060 l	根掘り葉掘り 2199 e
値打ちがある 2150 c	寝こむ 1656 d	熱つけない 153 m	寝巻き 1600 h
ねえ 461 i	猫をかぶる 816 h 1010 c	熱しやすく冷めやすい 1782 g	寝耳に水 1392 c 1783 j
ねえさん 870 a	値下げ 1903 i	熱情あふれる 1434 c	眠い 992 f 1060 a
ネーブル 1340 f	値下げする 103 f 827 j	捏造する 1780 d	眠気 992 b
ネームプレート 1886 e	ねじ 1127 a	熱中する 1435 c	ネムノキ 684 f
ネール 1238 a	ねじ切る 1256 f 1517 m	熱伝導率 1433 l	眠りが浅い 893 m
寝起きが悪い 1003 l	ねじ釘 412 m 1127 a	ネットオークション 2083 g	眠りからさめる 1600 g 1882 h
ネオナチ 639 c 1871 a	寝しな 1080 a	ネット空間 1741 i	寝物語 2129 m
ネオンサイン 1240 l	ねじ伏せる 1257 g	ネットサーフィン 246 l 1741 f	狙いを定める 1187 l
ネオン灯 1221 d	ねじ曲げる 1257 c	ネットショッピング 1741 g	根をおろす 2096 h
願いどおり 1457 c	ねじ回し 553 b 1127 k		根を絶つ 1725 b
願う 1280 g 2068 d	寝小便 1249 a 1987 c	ネットタッチ 160 e	念入りに 896 d
寝返りうつ 483 d 547 h 1970 e 2104 g	ねじり 1257 g	ネット中毒 1741 k	年画 1244 i
	ねじる 47 d 1253 f 1256 c	ネット犯罪 1741 l	年賀状 934 b
値が下がる 409 h		ネットビジネス 1741 b	年がら年中 1781 l
ネガフィルム 544 a	ねじを締める 1253 g	ネットユーザー 1741 l 2026 a	年間パス 1244 m
葱のみじん切り 293 b	ねじを巻く 1510 f j		年期があける 1147 f
葱坊主 293 b	寝すごす 1600 j	ネットワーク 157 b 1129 h	年貢 1675 a
ねぎらう 952 f 1013 f 1759 k	鼠 1021 j 1584 f		年月を重ねる 1029 j
	鼠捕り 1584 f	熱波 1434 d	年功序列 1124 n
ネキリムシ 389 j	鼠取り器 680 k	熱望する 1931 g	ねんごろ 228 f
値切る 741 c 1488 g	ねたみ 705 n	熱を上げる 1460 l	ねんごろである 964 b 1386 i 2005 m
ネクストバッターズサークル 290 m	ねたみ病 706 b	熱を取る 1394 b	
	ねたむ 796 a 802 h k	寝床 1333 f	年数 1244 r
ねぐら 210 b	ねだる 1522 j 1659 j 1895 c	子の刻 1473 i	燃費 2032 g
ネグリジェ 1600 h		ねばつく 1245 i	年末 366 j
ネグロイド 1238 m	値段が上がる 2110 g	ねばねばする 1245 i	年末決算 1244 b 1245 a
猫 1152 c	値段をかけあう 818 g	粘りつく 1245 k	年齢 1244 l 1632 l
猫かぶり 817 g	値段をふっかける 1953 g	粘り強さ 1443 g	年齢と世代 1243 h
ネコザメ 720 m	熱意 1433 h	値引きする 827 j	念を押す 301 m
ネコジャラシ 605 g	熱意がない 55 l	寝袋 1600 l	
猫背 1125 f	熱エネルギー 1434 m	値踏みする 2237 g	
根こそぎ 1800 a	熱が下がる 1717 c		
寝言 1175 c	ネッカチーフ 1087 j		
寝言を言う 1604 d	根っから 1920 h		

の

ノアザミ 330 g	2056 j	農民 1476 i	軒 1773 j 1925 b
ノアの箱舟 1265 k	農作物 2195 d	能率 258 a	軒下 1925 h
ノイズ 1534 j 2090 f	農作をする 2172 a	能力 1044 h	軒どい 1925 f
ノイローゼ 524 i	納税証明書 1600 b	農暦 1258 i	のく 455 a
農家 1098 d 1258 f 2195 c	ノウゼンカズラ 1085 i	ノーアイロンワイシャツ 1183 a	ノクターン 1962 g
	…のうちに 222 i		のけものにする 39 g 1273 a
脳下垂体前葉ホルモン 279 h	能なし 177 a	ノーカット本 2225 h	
	納入 1507 f	ノーコメント 528 b 1776 j	のける 122 f 123 j
農閑期 1258 i	農繁期 1258 j		退ける 1265 a
納棺する 1060 i	脳貧血 298 g	ノード 864 l	鋸 921 c k
農業資材 1925 c	農夫 669 c	ノート型パソコン 93 a 400 m	ノコギリザメ 921 j
農業用水路 1258 f	納付期日 855 f		鋸の目立て 307 f
濃厚飼料 895 k	納付済み 1220 a	ノーベル賞 1265 h	ノグマ 702 g
脳梗塞 1229 d	納付する 855 c	ノーベル賞受賞 841 l	残り 1341 c 1814 b
濃厚である 1259 e	脳みそ 1229 h 1230 i	野飼い 502 d	残り物 649 l

残る 1539 e
のさばる 233 l 699 j 1844 c
のし 179 n
(こねた小麦粉を)伸す 561 l
ノスタルジア 738 n 1829 b
ノスリ 986 j
ノズル 1290 k 1291 k
覗き見 2108 k
望みがある 2038 h 2039 d
望む 1280 a
望むなかれ 1778 a
のたうち回る 482 i
…のために 1756 f 2030 h
ノッカー 741 g
ノット 864 j
のっぽ 54 i 201 d 569 m 1513 m 1576 c
喉 1101 c 1483 j 1921 c
喉飴 1465 d
喉がかれく 959 l
喉がつまる 588 m 1956 j
喉ちんこ 1851 g

喉につかえる 1956 f
喉につまる 588 a
喉ぼとけ 708 d g
喉もと過ぎれば熱さを忘れる 677 k
喉を潤す 2013 f
罵られる 6 d
罵り 2085 d
罵る 923 g 1139 b
延ばす 1713 h 2077 d
…の番 550 m
のびのび 476 m 1166 e
伸び幅 2095 j
伸びやか 935 k
野びる 1120 l
ノブ 1168 i
のべ 290 k
述べたてる 1625 a
延べ人数 1435 m
延払い 1927 a
述べる 369 l 1896 d
のぼせあがる 1743 i
のぼせる 1507 k 2077 m
ノボタン 877 l
のぼり 894 c
上り列車 1511 b
登る 1085 l

飲まず食わず 1793 j
蚤 1682 c 2088 f
鑿 2084 f 2087 g
飲み込みがいい 1790 l
飲み込む 1717 f 1935 k
飲み代 763 g
飲み助 842 k
のみならず 30 k
飲み身分 1437 m
飲みに出る 554 m
飲みもの 908 b
飲む 2010 m
のめって転ぶ 1328 b
野焼き 1071 k
…のようである 1560 f 1617 k
野良 1674 l
野良犬 1091 j
野良仕事 387 b
野良に出る 1811 f
野良猫 1959 k
ノリ 2209 i
乗り遅れる 1789 i
乗り換え駅 2168 d
乗り換える 363 l 744 i

乗りかかった舟 1966 i
乗りこむ 309 e
乗り継ぐ 2192 f
糊で貼る 718 g
乗り逃げ 1658 n
乗る 222 f 231 m 309 f 2239 j
ノルディック複合スキー 77 f
ノルマ 417 e 458 a 591 l
のれん 1056 b
呪う 2176 m
ノロウイルス 1265 l
のろし 526 h 1633 h
烽火 1922 j
のろのろ歩く 1265 e
のろのろ進む 134 a
のろま 1455 e
ノンアルコール 1464 k 1774 c
飲んだくれ 907 n 2231 h
ノンフィクション 70 b
ノンブル 1961 a
ノンフロン冷蔵庫 1775 j
ノンレム睡眠 1149 e 2139 b

は

刃 1443 b d
葉 1960 j
歯 1916 c
バー 26 l 698 g 907 f
(ゴルフの)パー 110 l
(じゃんけんの)パー 155 d
パーキングする 130 f
パーキングメーター 1175 l 1687 f
パーキンソン病 2130 l
ハーケン 1928 f
バーゲン 330 l 1271 m 1662 b
バーコード 1503 a 1678 e k
バーコードスキャナー 2071 b
パーコレーター 1529 l
バージョン 52 e
バージョンアップ 1530 a
バース 130 h
パーセンテージ 1118 e
パーセント 40 e
バーター取り引き 744 d
バーター貿易 1998 k
バーター方式 1990 l
バーチャル 1893 e
パーツ 158 i 781 k 1083 h
パーティー 1850 g
パーティー 1275 k
バーテン(ダー) 26 b 1679 e
(トランプの)ハート 705 j
ハードウエア 617 i 800 i 2021 g
ハードカバー 2021 c
ハードコピー 2021 h

パートタイマー 800 c 1851 l
ハードディスク 2020 g
パートナー 1271 d 1787 b
パートナーシップ 776 f
パートナーシップ企業 684 i
ハードランディング 2022 l
ハードル競争 980 i
バーナリゼーション 280 g
ハーハー 697 k 1888 h 1892 h
ハーバード大学 659 l
ハーブ 1586 g
ハーフコート 440 g
ハーフタイム 2163 e
ハーフマラソン 53 e
バーベル 567 d 917 m 1082 d
バーボンウイスキー 125 m
パーマをかける 1656 k
パームトップ型パソコン 2111 i
ハーモニカ 972 i
ハーモニカ演奏 277 h
羽蟻 504 e
パールバック 1470 d
バーン 1292 h
バーン 1316 e
はい 3 g 5 c
杯 908 b 2103 j 2169 c
パイ 1272 d 1275 h
牌 1274 i
バイアグラ 1737 m
バイアスカット 1860 k
バイアステープ 1928 f

バイアスロン 1520 d 1825 c
背泳 1944 g
ハイエナ 1077 f
ハイオクタンガソリン 808 k
バイオテクノロジー 1533 j
パイオニア 1723 j 1817 g
バイオ農業 37 m 1533 f
バイオプシー 772 e
バイオリン 1666 e 1852 c
バイオリンを弾く 993 l
バイオレンス映画 73 k
バイオレンスゲーム 73 k
倍加する 823 g
肺活量 385 l
ハイカラ 1942 d
排気ガス 1350 k 1753 e
排気孔 1352 d
廃棄処分 69 l
廃棄する 1842 h
廃棄物 628 m
ばい菌 932 m
ハイキング 846 k
バイキング 2216 k
拝金主義 1556 l 1837 l
配偶者 1088 f
バイクタクシー 1201 k
拝啓 902 l
拝見する 2103 j
灰皿 1922 c h
敗残兵 990 l
肺ジストマ 509 f
バイシャ 509 j
ハイジャック 866 b e

買収する 1567 b
売春する 1144 i 1992 l
賠償する 1288 c
賠償責任保険 2092 m
排水管 667 i
排水溝 1595 c
這いずる 1458 a
敗走する 990 m
倍増する 807 f 2094 l
媒体 872 h 2083 h
配達する 805 l
ハイタッチ 783 d
配達 580 c
蝿帳 1490 i 1491 a
入ってくる金 1002 k
ハイティーン 53 g
ハイテク 569 a 955 a
ハイテク産業 955 i
売店 1503 e
バイト 2211 g
ハイドロサルファイト 68 f 290 f
パイナップル 527 k
バイナリー 468 m
ハイネック 570 f
はい登る 1276 k
ハイパーテキスト 209 m
ハイパーリンク 208 l
バイバイ 46 c
バイパス 310 k 2143 c
ハイヒール 569 a 586 f
ハイビジョンテレビ 571 k
ハイビスカス 2177 a
パイプ 1834 b 1921 m
ハイファイ 69 a 568 k

968 f

パイプオルガン 633 k	はき心地 1578 j	励ます 616 h 1048 a	柱時計 624 c
廃物 1812 k	歯ぎしり 1202 d	励む 2026 h	はしり 1819 l
パイプライン 633 h 1581 m	歯ぎしりする 1251 i 1383 l 1952 c	化け物 895 e 化け物が出る 1231 i	走り高跳び 1681 h ハシリドッコ 421 c
ハイブリッド車 768 e	吐き出す 302 e 934 k	禿山 1696 d	走り幅跳び 1682 k
バイブル 1537 k	バキっ 933 f	化ける 734 h	走り回る 83 a
バイブレーター 2130 k	はぎとる 129 b 1302 h 1610 f	ハゲワシ 1787 b 馬券 436 i	走る 82 l 1283 h 恥じる 72 b 171 i 990 k
敗北主義 1658 m	はきはきしている 88 l	罵言 460 f	1888 j
敗北する 1539 g	1050 h	派遣する 315 h 1275 j	バジル 1125 m
敗北を認める 1444 k	はきはきしない 341 a	2154 d	恥をかかせる 668 d
ハイマツ 534 a	1243 k	箱 1808 c	677 j
俳優 1934 b	波及(する) 1363 l	箱入り娘 1847 j	恥をかく 419 c e k
入りきれない 1451 b	バキューム力ー 519 c	箱ぞり 117 h	恥をさらす 1825 n
配慮 627 d	歯切れがいい 1980 b	歯ごたえ 880 h	恥を知る 2038 b 2145 h
バイリンガル 1593 g	箔 1798 c	歯ごたえがある 2041 j	恥をすすぐ 242 f
入る 885 f	バク 64 f	運び屋 1189 i	箸をつける 1812 g
パイロット 505 i 818 f 1087 e	バク 1206 f バグ 255 d	運ぶ 49 g ハコベ 486 b	馬身 1138 a 蓮 532 b 689 a 1055 d
ペイント 1315 m	パグ 660 e	葩類 1832 k	バス 78 k 325 b 1223 a
はう 1269 i	幕営する 2096 h	ハザードマップ 98 d	2220 c
ハウス物 426 c 1653 b	歯茎 275 b 1916 e	端境 1391 j	パス 271 e 1112 f
ハウス野菜 1264 e	はぐくむ 137 a	刃先 1151 h	1268 c
パウダーシュガー 1654 m	爆死(する) 2099 e	パサパサ 555 d	端数 1083 h 1753 i
蝿 2017 m	白紙答案 843 h	はさまる 1357 j	1849 c
蝿たたき 174 a 2017 b	拍手 616 e	鋏 826 k 852 i	バズーカ砲 488 e 496 k
ハエトリグサ 136 l	白昼 36 i	挟み撃ちする 810 j	バスン 632 k
はえなわ釣具 273 i	薄情男 544 f	1041 f 1368 e	恥ずかしい 142 j 1226 m
生える 2109 h	白状する 602 a 2114 l	鋏で切る 852 g	1888 m 2038 f
蝿をたたく 1328 j	白色 516 g 1626 c	鋏裁ち 1681 h 2221 l	恥ずかしがり 665 j
パオ 2102 c	白色人種 39 h	鋏と物差 361 m	667 j 1485 f
バオバブ 709 c	ハクション 3 a	ハサミムシ 1415 c	辱め罵る 1459 b
はおる 1297 f j	歯くそ 1916 i	挟む 810 j 823 h 1357 b	辱める 242 f 954 c
墓 516 c	剥奪する 242 m	歯ざわりが悪い 475 f	辱めを受ける 1173 e
ばか 179 d 340 m 768 l 1492 g 1638 f 2049 g	爆弾 2099 b 爆竹 74 c 622 d	箸 983 l 恥 1459 l	ハスキーボイス 1918 j バスケット通貨 1972 c
歯が浮く 1454 g 1916 h	爆竹を鳴らす 1198 a	はしか 1134 g 2129 j	バスケットボール 1007 a
はがき 1197 c	1428 m	はがき 2009 m	はずす 870 m 2100 c
ばか正直 2050 m	白鳥 457 f 1670 b	はしかにかかる 261 f	バスする 270 c 656 h
はがす 863 d	ばくつく 26 n	はしけ 131 b 1497 e	バスタブ 2055 k
場数を踏む 276 j	バクテリア 1747 b	はしご 1664 e	バスタブ 2055 i 2088 h
歯形 1917 i	バクテリオファージ	はしごをかける 310 c	バスチーユ監獄 25 m
馬鹿力 905 k 1145 a 1174 h 1255 h	1565 f 白樺 339 c	恥知らず 1159 n 1424 l 1548 m	パステル 999 d 蓮の実 1055 h
馬鹿力を出す 1612 c	白熱化する 1433 k	はした 1083 j 1876 h	恥ずぽ行い 957 c
ばかである 718 j 1492 d	バグパイプ 520 i	はしたがつく 623 d	パスポート 723 f 1974 l
はかどらない 2162 j	ばくばくする 1952 g	箸立て 983 m	パスポール 1105 j
ばかな目にあう 364 d	爆破 2099 e	はしたない 1397 f	はずれる 1036 j
ばかにされる 1587 k	爆発しやすい 1998 h	はしたない数 2136 c	バスローブ 2055 l
ばかにする 1312 b 1338 b 1786 h	ハクビシン 654 a 4951 d 薄氷を踏む 1117 c	はしっこい 624 n 恥じて赤面する 702 b	パスワード 970 j ハゼ 1807 c
歯が抜けかわる 745 g	爆風 1352 l	橋のたもと 1379 i	馳せ集まる 560 d
歯が抜ける 409 c	白兵戦 37 l	始まり 940 c	派生する 1308 b
墓場 516 c	白木蓮 2054 i	始まる 1346 c 1348 e	パセリ 1926 l 1942 d
歯が生える 1916 m	爆薬 2099 f	初め 1348 e j	パソコン 582 m
パカパカ 128 b 371 m	ハクレン 1055 j	初めから 1699 j	パソコン音痴 781 f
墓参り 516 c 1485 d	バグを取る 904 h 1272 b	始める 940 b 1348 j	旗 481 f 894 c 1342 g
馬鹿野郎 86 l 767 a j 2204 f	はげ 1705 e はげ頭 1705 a b m	恥も外聞もない 1158 l 1160 g	バター 752 a 1221 m パター 1714 f
墓守り 943 e	ハゲイトウ 1825 d	パシャ 28 n 1329 h	バターミルク 1025 g
馬鹿野郎 605 l 1132 l	1937 h	パジャマ 1600 h	肌が合わない 1302 c
はからずも 1521 m	激しい 1746 e	播種後の土踏み 167 c	裸一貫 1707 h
ばかり 170 c	激しい欲望 2055 m	馬術 1344 e	裸になる 244 b
量り売り 1481 c	バケツ 1364 d 1598 n	馬術競技 1344 e	裸麦 956 g 1128 c
量り売り茶 1480 e	1666 l	波状攻撃 1301 b	1391 h
量る 394 l	パケット 515 e 1874 e	場所をふさぐ 2104 k	はたき 353 a
ばか笑い 1856 l	パケットロス 409 c	走らせる 239 m	肌着 222 l 670 g 883 g
ばかを言え 1417 h	売れる 1696 b		1682 l
吐き気がする 458 d 2237 e	化けの皮をはぐ 736 c		はたく 251 c 1271 b 1328 j

バタくさい 1942 a e	2126 g	初物を食べる 202 c	花の茎 588 d
畑 1331 j 1674m 2061 d	はっきりさせる 574 g	1869 h	花の手入れ 1889 k
疥 523 a	はっきりしている 265 b	初雪 201 g	花の綿毛 729 d
畑のうね 1102 k 1674 i	1195 d 1353 g	はつらつ 1293 a	はなはだ 1793 k
はだける 1074 f	はっきりしない 718 l	派手 639 e 728 h 1516 e	はなはだ重い 1359 i
旗ざお 557 l	1161 f 1200 c 2011 d	パテ 1241 e 2032 k	甚だしい 1954 e 2172 c
はだし 243 i 638 a	バッキンガム宮殿 35 d	歯でかみ割る 963 i	鼻パック 90 l
旗印 1342 l	パッキング 1676 c	果てしない 1148 l	花火 728 c 1936 l
バタ 1268 k	バックアップ 80 m	1160 d 1774 f	鼻ピアス 90 k
バタッ 550 g	バックアップファイル	パテント 2190 c	花火を上げる 501 l
肌ぬぎ 243 a	80 m	鳩 578 l 904 b	1428 m
肌のきめ 1042 j	バックオーライ 366 g	パトカー 1910 c	鼻ぺちゃ 1639 f
バタバタ 1329 d	バックギア 367 a	パドゥゥ 447 a	花見 1504 m
1664 f l 1845 j	バックグラウンド 84 f	鳩に豆鉄砲 1213 a	鼻眼鏡 810 g
パタパタ 24 l 714 k b	バックさせる 366 m	鳩派 578 m	鼻もちならない 65 a
997 k 1328 h	バックスキン 798 i	バドミントン 2052 a	255 m 1527 j
バタバタする 1807 e	バックスペースキー	バトロン 182 f 610 f	鼻持ちならない 474 l
バタフライ 410 k 2024 b	1716 c	ハトロン紙 1255 i	華やぐ 1533 h
はためく 716 b 1308 l	バックする 757 k	バトン 861 i	歯ならび 242 j
1309 f	バックネット 358 b	花 725 h	離れられない 1036 i
働き蟻 591 g 1991 k	バックハンド 488 m	バナー広告 640 g	花輪 729 a 728 a
働き蜂 589 m	バックミラー 367 l	ハナアブ 727 i	花を植える 2172 c
ハタリス 751 h	487 f 711 k	鼻息が荒い 27 m 1351 a	花を育てる 1944 l
肌を表す 1113 m	パック旅行 61 h	1353 c	鼻をかむ 90 l 1882 c
破産 2107 d	バックル 1299 c	鼻息をうかがう 90 a	鼻をつく 1328 i l
バタン 639 b 1268 j	八卦 1630 b	1944 m	1908 g
1292 a	パッケージソフト 1661 c	花入り茶 725 j	はにかみ屋 64 h 1059 b
パタン 26 m	八卦を見る 622 g 2101 g	花が咲き始める 262 l	1184 l
ハタンキョウ 104 g	初恋の人 705 m	花がしおれる 1589 f	はにかむ 849 a 1186 a
鉢 1291 l	発酵する 472 k 475 i	花がつまる 1767 e	1888 h 1889 a
ばち 128 c	発光ダイオード 473 l	鼻がよく利く 2222 l	パニック映画 2080 f
罰当たりな 928 i 1251 k	初試験飛行 1559 a	花が真っ盛りだ 1261 g	パニック障害 893 b
2090 h	抜糸する 190 k	花木の盛んなさま 1739 f	歯に粘りつく 2102 j
鉢植えの花 1291 b	ハッショウマメ 1038 c	鼻薬をかがせる 576 c	歯にはさまる 1469 f
ばちがあたる 2121 h	×印 182 c	鼻く 90 j	バニラエッセンス 1833 k
罰があたる 2086 m	発疹チフス 49 m	話が軽薄 2033 e	羽 245 l
バチカン 492 e	抜粋 865 g	話が脱線する 274 a	バネ 1648 g
はちきれそうな 616 g	抜粋報告 2100 h	話がまとまらない 1647 l	跳ね上がる 299 h
はちきれる 224 e	発生しやすい 1998 j	話が横道にそれる 737 i	跳ね上げる 600 e
八字ひげ 127 f 1329 d	バッタ 748 k l	話がわかる 1195 k	羽根飾り 1664 e
バチッ 1298 l	バッター 783 c	話し声 2053 e m	バネ仕掛錠 1648 j
ハチドリ 526 k	初体験 1327 d	話し上手 763 f	はねつける 243 e
蜂の巣 956 f 1767 h	ばったり 1232 f	話し出す 1711 e	はねのける 24 h 127 l
蜂の巣をつつく 1697 g	ばったり 2015 j	話し中 2105 d	はね橋 770 h 1586 h
バチバチ 96 d 284 g	ばったり出会う 2198 c	話し尽くす 1399 g	はねる 833 g 1481 f
620 d 1298 m	ばったりをきかす 994 e	話しことがある 615 d	1482 b
ぱちぱちする 1329 d	1899 i	話にならない 138 m	羽を広げる 2104 d
鉢巻き 1700 h	ハッチ 174 g	話の勢い 1647 m	ハハ 681 l
鉢巻きをする 611 m	バッチ処理 226 b	話の糸口 737 k	幅 1185 f
蜂蜜 1180 d	ぱっちり 1598 d	話のくずかご 1552 j	パパイア 481 m
バチャ 1268 g	パッチワーク 157 a	話の腰を折る 189 g	母親 1248 m
バチャバチャ 26 c	バッテリー 1897 b	1956 h	幅がきかない 234 a
パチャンパチャン 411 g	発展する 937 j	話の筋 1197 d	はばかる 618 n
爬虫類 1269 j	罰点をつける 314 c	話の種 737 i	羽ばたき 132 m
8割 21 g	×点をつける 735 l	話のまくら 403 g	羽ばたきする 245 l
パチンコをする 355 g	バット 60 g	話のわかる人 1195 m	派閥 1275 h
パッ 730 b 1268 j	バット 1410 c	ハナショウブ 1136 h	派閥意識 1275 h
1329 l	パット 509 n	話をやめる 927 e 2186 b	派閥闘争 2217 i
発音 926 g 973 f	ぱっとしない 1462 k	放す 1467 f	派閥を作る 996 l
ハッカ 134 e	ハットトリック 1157 l	話す 1711 e	ハバネラ 659 k
ハッカー 276 m 694 k	初乗り料金 1346 c	話せば長い 1604 l	ハハハ 779 d 1856 l
発火する 2222 l	発破 1286 c	鼻血が出る 1264 d	母一人子一人 610 m
ハッカチョウ 1414 e	ハッハッ 659 i m	花つくり 728 c	パパラッチ 606 e
薄荷糖 134 f	発病 2157 j	鼻づまり 1228 i 1767 f	はびこる 247 f 2207 l
ハツカネズミ 1584 g	発表する 1713 i	バナナ 850 m 1833 i	ハブ 797 c
1797 j	バッファー 743 g	鼻につんとくる 1377 c	パフ 509 n
ばつが悪い 559 f	発奮する 518 e	鼻の穴 90 j	パフォーマンス 2238 c
はつかに 6 n	発泡スチロール 67 k	花の枝折るべからず	省く 1182 i 1536 f j
はっか 869 h 2109 h	発砲する 937 d	301 g	ハブ空港 1579 d
	初放送 1572 c		羽二重 499 b

バプテスト教会　888 c
歯ブラシ　1587 g　1917 e
パブリックスクール　597 k
はべる　56 m
ハボタン　725 b
葉巻　809 g　1906 e
ハマグリ　582 d　1762 f　2062 m
ハマダラカ　1265 e
ハマナス　291 f　704 d　1161 h
浜の真砂　697 l
ハミ瓜　659 f
はみ出す　256 l
バミューダ諸島　41 g
バミューダトライアングル　1203 a
ハム　1960 f
ハムスター　173 f
ハモ　663 h
早いうちに　790 m
早起き　2088 a
早押しクイズ　1375 h
早口ことば　1432 h
林　1585 e
林や草むら　1078 k
早番　2087 c
隼　720 f　1634 k　2035 e
早耳　465 j　1601 a
はやる心　1868 h
バラ　1375 l
バラード　1896 g
払込金　855 e
腹いっぱい　66 b　1968 m
はらう　1328 m
ばら売り　190 c　1481 k
ばら売り券　1481 c
バラエティー　2218 f
腹が立つ　437 a
腹が張る　2112 b
腹がへる　437 k
腹くだし　547 d　996 l　1862 b
パラグライダー　1480 k
腹黒い　605 c
パラサイトシングル　806 j
パラシュート　842 k
ばらす　74 d　428 d
バラスト　385 k　1913 k　1914 h
パラソル　1943 f
パラダイス　1672 k
パラダイスフィッシュ　429 k
パラダイムシフト　395 k
腹立たしい　958 g
腹立しさ　460 c
パラチオン　1973 b
パラフプス　548 f
バラック　1292 c
バラック住宅　829 b
ばら積み　1481 k
ばらで売る　190 d
ばら肉　1030 d
腹にすえかねる　544 a
腹のさぐり合い　429 l
腹の虫　193 e
腹ばい　1268 d　1769 h

腹ばいになる　540 k　1268 f
はらばら　1627 m　1628 a
ばらばら　2143 l
パラパラ　1298 k　1316 f　1492 l　1796 f　1797 a
バラバラ死体　1633 j
パラフィン　999 b　1547 k
パラフィン紙　1000 b　1547 l
パラフィンワックス　2032 c
パラボラアンテナ　327 m
はらむ　2075 c
バラモン　1324 h
パラリンピック　170 c　1502 k
パラレルコンピューター　123 g
はらわた　201 l
腹を痛めた　798 k
腹をかかえて笑う　437 c
腹をこわす　1230 n
腹を立てる　481 m　1533 e　1645 g
バランス　931 j
バランスシート　1318 c　2017 h　2206 g
バリア　1037 k
張り合う　113 m　315 c　858 e
バリアフリー　1780 a
ハリウッド　677 j
バリウム検査　78 c
ハリエンジュ　291 b
針金　1069 m
張り紙　2114 f
バリカン　826 c　1042 e　1715 k
張り切る　1347 b
バリケード　1495 e
バリケードを築く　1113 j
ハリケーン　920 g
張り子の虎　2155 j
張り込む　156 k
針さし　2127 l
ハリスツイード　663 e
はりつける　2102 g　j
パリッとした身なり　1792 l
はりと桁　1063 n
バリトン　1223 c　2168 g
針に糸を通す　1443 h
ハリネズミ　292 b　1758 k
針の先　2127 c
ばりばり　849 h
パリパリに乾いた　555 k
張りぼての面　336 m
はるかかなた　1495 i
はるかに遠い　1950 k
バルコニー　1104 b　1943 h
はるさめ　555 j
はるさめスープ　516 g
ハルゼミ　2052 k
春たけなわ　281 k
ハルタデ　1136 f
春になる　936 d

春の景色　281 j
春の種まき　280 g
春の眠たさ　280 m
春の農繁期　281 h
春の野良仕事　280 h
はるばる　1359 e
バルビタール　24 j
バルブ　478 g
パルプ　839 m　1211 i
腫れ　2170 b
腫れあがる　2170 c e
バレエ　26 i
ハレーション　639 k
ハレー彗星　25 h
パレードをする　2035 j
バレーボール　1273 e
腫れがひく　1842 e
パレスチナ解放機構　25 m
パレット　1679 a
晴れのち曇り　1402 i　2193 g
はれぼったい目　1454 i
腫れもの　859 m　1259 d
ばれる　96 h　1106 m
バレンタインデー　1401 b
波浪発電　126 a
ハロー　659 j
ハロー効果　2077 g
ハロゲン　1109 e
ハロック　25 h
パワーショベル　928 l
歯をくいしばる　1952 a i
歯をむき出す　2207 a
判　168 i
版　86 c
パン　1292 a
パン　1184 g　1268 k　1280 l　1298 l
ハンガー　1980 l　1981 i
バンカー　1489 e　2112 m
ハンガーストライキ　927 m
繁華街　1231 f j
半加工品　1153 f
ハンカチ　924 h　1270 c　1569 m
ハンカチ落とし　419 i
半可通　531 h
万感胸にせまる　40 h
反感をもつ　1934 l
版木　1038 g
反逆者　2092 k
半旗を掲げる　623 m
パンク　978 d
パンク　87 c　115 j　1292 k
パンクする　74 j
番組　865 h
ハングライダー　505 a　1480 n
半径　487 l
判決を下す　1129 j　1279 g
判決を宣する　1898 e
半券　1311 a
番犬　943 f　1423 l
反抗　949 d
飯ごう炊さん　1958 d

万国博覧会　132 j
犯罪　2232 g
犯罪行為　2232 c　2236 b
万歳三唱　1473 l
犯罪事件　2232 i
犯罪の証拠　2232 e
繁殖　486 f　1452 e
ハンサム　2014 l
パンジー　1477 e
バンジージャンプ　89 d
反射鏡　757 i
反射光　1902 d
半熟卵　1653 i
晩春　1215 h
半鐘　775 m
繁殖する　2207 g
半信半疑　839 k
ハンスト　927 l
パンスト　979 i
半ズボン　440 b
反省　1882 g
半製品　747 e
半切　163 f
ハンセン病　1133 h
伴走車　629 c
反則退場　478 d
反則を犯す　1749 f
半袖　441 h
はんだ　671 k m　1000 g
パンダ　338 l　1152 n　1887 e
反対意見　1996 k
万代まで　2208 l
パンタグラフ　399 g
ハンダごて　1797 b
はんだ付け　1797 l　1847 g
パン種　1185 g
反ダンピング税　488 i
パンチェンラマ　84 l
パンチテープリーダー　2155 e
番地札　1170 k
ハンチング　1157 a
パンチングボール　406 l
パンティーストッキング　1053 b
ハンディキャップ　171 g　183 c
反テロ　487 l
バント　267 f
バンド　111 m　1730 k
反動力　712 i
バントエンドラン　1284 i
ハンドギア　1569 a
ハンドクリーム　1465 g
ハンドバッグ　1568 k　1665 g
ハンドブック　1568 e
ハンドブレーキ　1571 f　2097 h
ハンドブレーキをかける　1250 a
パントマイム　1918 f
バンドマン　2070 h
パンドラ　1276 c
ハンドル　121 c　212 l　494 c　1950 a
バンドソフト　991 k
ハンドルネーム　1741 d

半煮え　1531 g
犯人　1885 b
半値にする　2121 c
晩年　1790 i
万能　1421 h
万能薬　1739 h
ハンノキ　244 d
飯場　590 b
バンパー　68 f　213 i
ハンバーガー　669 d

ハンバーグ　1255 m
販売する　1843 f
販売促進　298 g
万博　132 j
反駁できない　131 c
バンバン　1292 b
パンパン　24 l　58 h
　1298 k　1316 g
パンフレット　179 i

　1845 f
半分　1965 d
半分ずつ　54 b　444 m
半分残る　1539 b
ハンマー　279 j　1683 e
　1684 j
ハンマー投げ　1061 c
　2162 b
反目する　429 f
繁茂する　1487 k

煩悶する　547 a
万やむを得ず　1737 c
凡例　1051 d
販路　1843 d
判を押す　2011 j
番をする　943 b
判をつく　554 d

ひ

ピアス　465 i
火遊び　1734 f
日当たり　210 b
ピアノブーム　692 m
ピアノを弾く　1648 e
BSE　524 n
ひいおじいさん　2094 m
ビーカー　1512 j
B型肝炎　1988 g
B型脳炎　1988 i
ひいきする　1837 b
ひいきにする　618 i
　1294 b　2118 i
ピーク　395 e j
BGM　79 g
BCC　1179 j
BCG　934 i
BCGワクチン　800 f
　1997 n
ビーズ手芸　975 h
ビー玉　1093 k
ビー玉遊び　1648 b
ピータン　1299 f　1618 i
ビーチバレー　1490 i
PTA　814 d
PDA　583 a
ひいては　1220 h　1991 l
ビート　398 b
ヒートアイランド現象
　1433 l
ビートルズ　1297 h
ビーナス　1751 n
ピーナッツ　728 k
ピーナッツバター　728 k
ビーバー　688 j
ひいひい　965 k
ビーフカツ　2097 m
ビーフシチュー　703 f
ビーフステーキ　1272 c
ピーマン　998 k　1557 f
ビーム　638 l
ピーラー　1840 m
ヒイラギ　2170 m
ビール　1301 j
ビールス　1117 l
ヒーロー　233 m
悲運　866 h
ピオネール　444 k　1817 g
ビオラ　2167 e
被害者　1561 j
被害者家族　978 b
控えの選手　1669 l
控え目　883 g
日帰り旅行　1975 d
非科学的　144 f
ひからし　653 l
火が消える　1189 m

非核　1775 f
比較する　1241 e
火加減　773 j　775 f
日傘　1480 j　1943 f
干潟　664 k
日が経つ　1447 j
ぴかぴか　159 m　1068 d
　2032 j
ひからびる　975 j
干からびる　555 d　556 a
光　1301 g
光コンピューター　633 b
光ディスクドライブ
　638 c
光ファイバー　637 i
　1819 j
光ファイバーケーブル
　1691 l
光メモリー　637 f
光る　1906 j
引かれ者の小唄　618 a
彼岸の中日　280 l
ヒガンバナ　1547 l
引き開ける　995 a
引き上げる　215 j
引き当てる　386 k
率いる　1590 j
引き受ける　229 k　1715 g
ひき臼　1208 d
引き起こす　602 m　1230 b
　1432 d　2009 m　2089 j
　2114 j
引き換え証書　1665 j
引き返す　1718 i　1742 i
　2121 b
ヒキガエル　194 j　264 g
　1003 h
引き金　1372 e
ひきこもる　2122 c
ひき殺す　1610 k　1919 h
引き下がる　557 n
引き裂く　1610 a b c
引き下げる　1811 e
引き算　827 g
引き潮　1716 a
ひきずる　1720 e
引き出す　1666 n
引き立て　1643 g
引き立て合う　1930 a
引き立て役　1287 c
引き立てる　58 c　1643 a
　1665 d
引き継ぎ　846 h
引き継ぐ　1830 c
ひきつけ　524 l
引き続き　1972 j
曳き綱　1371 d
引きつる　251 n　913 d

　1119 i
引き手　996 A
ビキニ　91 m　1472 b
ひき肉　852 b　1454 h
ビキニパンティ　1474 c
引伸ばし　500 h
引き延ばす　1361 d
　1720 l j
卑怯　1233 a
引きよせる　1007 g
引き分け勝負　683 h
引き分けにもちこむ
　1409 k
引き分ける　320 e
　682 d n　1664 f
引く　47 m　827 d　993 j
低くする　380 j
ピクセル　1840 b
ぴくつく　472 j　1759 e
びくともしない　1764 a
ピクトリア　1751 i
ピクニック　846 k
　1640 c e
ピクニックをする　1960 b
ぴくぴくする　266 e
　748 c　896 i　1649 e
　1666 d
ヒグマ　1301 g　2218 m
ピクルス　1628 d m
日暮れ　1671 b
ひげ　1892 k
ピケ　904 f
卑下する　2212 h
秘訣　1169 b
ひげと頭髪　1892 e
ひげ根　103 g　585 l
　1892 k
ひげぼうぼう　718 a
ひけらかす　233 f　980 c
　1143 m　1823 n　1902 a
　2189 g
ひげを剃る　621 d
ひげをたてる　1094 j
卑見　633 b
ピコ　1747 k
火格子　1108 e
非公式　1677 i
非公式サイト　506 n
尾行者　1753 l
ひこばえ　188 k　371 g
　1251 c
庇護を受ける　1719 d
ひざ　1798 d f
ピザ　1362 c
ビザ　91 m
被災家族　1227 b

ひざ小僧　1798 e
ひさし　525 j
久しく　1895 c
ひざまずく　647 k
ビザンチン　47 e
ヒシ　1086 d
ひじ　577 d　625 g
　2176 g
秘事　2010 i
菱形　1861 a
ヒジキ　1114 m　1940 n
ヒシクイ　706 h
ビジターチーム　962 g
びしっときめる　57 l
秘して表さない　1179 h
ビジネスウエア　2151 e
ビジネス界　1503 e
ビジネスクラス　597 f
　1503 e
ビジネスチャンス　1503 e
ビジネスパートナー
　686 k
ビジネスムード　1503 a
菱の実　1086 a
ひしめき合う　299 j
ビシャ　608 j
ビシャ　608 j　1298 l
ひしゃく　1310 l　1513 l
　1514 c　1665 i　1952 l
批準する　2201 m
微小　2017 c
非常階段　1644 f
非常口　1644 f
非常な苦難　1598 f
非常な人気　1738 g
非常に　676 m
非常に驚く　2131 d
非常に困る　1954 f
非常に手薄　1343 f
非常によい人　374 k
非常に喜ぶ　1544 l
非常の出来事　105 g
非常ベル　898 f
びしょぬれ　1079 j
　1543 h l　1544 b　1921 f
びしょびしょ　211 a
美辞麗句　731 j
ピジンイングリッシュ
　1941 f
美人コンテスト　1902 a
美人の形容　1791 l
ひすい　509 j
ピスケット　122 d　554 c
ピスタチオ　941 e
ビスタビジョン　1525 d
ヒスタミン　2227 m
ヒステリー　1858 k

2001 h
ピストル　1372 h　1570 c
ピストン　604 l　771 k
非正規　1006 a
ひそかな片思い　16 i
ひそかに　1699 m
ひそかに思う　1384 j l
ひそかにたくらむ　1629 d
　1897 d
ひそかに泣く　1355 f
ひそかに持ち込む　810 g
卑俗化する　2023 c
ひそひそ　787 n　1337 d e
　1381 e
ひそひそ話をする　384 f
ひそひそ話す　608 k
　779 l
ひだ　2123 g　2176 i
ひたい　458 l
額　1365 j
びた一文　89 g　514 b
媚態を示す　1828 k
ひた隠し　1786 l
ピタゴラスの定理　417 e
　602 e
浸す　887 n　2217 f
火種　774 h
ビタミン　1752 g
ビタミンE　1534 j
　1752 e
ビタミンB₂　689 k
左側通行　2234 m
左利き　2235 e
左手がきく　2235 k
左回り　489 l
左向け左　2191 j
美談　811 c
ピチピチ　96 d　1532 k
ピチャピチャ　608 k
　779 k　1259 b
ひっかかる　1357 j
ひっかき回す　483 c
　573 j　853 g
ひっかく　1228 a　2188 f
筆禍事件　1764 h
筆記具　92 m
筆記体　117 l　178 b h
筆記帳　159 h
ひっきりなし　138 c
　150 m
ピッキング　1090 j
ピックアップ　1552 a
ビッグバン　276 j
ビッグファイブ　337 c
BIG5コード　1781 a
ひっくり返す　385 l
　1260 e　1714 d
ひっくり返る　363 j
　586 f　2080 k　2119 j
びっくり仰天　892 e
　1540 b　1815 m
びっくりさせる　1815 m
　2131 d
びっくりする　1492 k
　1972 k
ひっくるめて言えば
　554 j
ひっくるめる　315 f
　641 i
ピッケル　118 b

引っ越し会社　49 l
引っ越しする　1265 d
　1986 d
引っ越す　49 l　50 i
　1361 d
ひっこむがつかない
　1642 d
ひっこめる　1635 g
ひっこめる　1635 g
ピッコロ　383 k　440 h
筆算　1629 l
羊飼い　1940 c
びっしょりぬれる　1079 l
びっしり　1180 b
ひっそり　900 i　1377 f
　1625 k
ひっそりしている　219 d
　1033 j　1381 b
ぴったり合う　1456 a
ぴったりする　1926 b
ピッチ　157 m
ピッチカート奏法　128 c
ヒッチハイク　358 i
ぴっちり　654 j
匹敵する　413 d　1964 l
ビット　92 f
ビッド　258 c
ヒットエラー　1789 h
ヒットエンドラン　1284 l
ひっぱがす　1819 c
ひっぱたく　625 e
引っぱりあげる　1664 m
引っぱり出す　904 c
引っ張り強さ　949 j
引っぱる　216 a　375 h
　993 j　994 m
ヒッピー　1798 i
ヒップ　1718 e
ヒップホップ音楽　1798 h
必要経費　1953 m
必要な金品　1895 e
必要に応じて　1826 h
火であぶる　701 a　2161 k
ビデオ映画　1846 a
ビデオカメラ　1521 k
ビデオカメラ撮影　1521 l
ビデオテープ　1839 k
　2018 g
ビデオテープレコーダー
　287 f
ビデオデッキ　502 i
日照り　556 b
一足おくれて　710 i
ひと味違う　481 g
人あしらいがうまい
　2243 e
ひどい　153 i　215 a
　998 c　1048 j　1885 f
ひと息つく　1619 f
一息つく　1578 h
ひと息に　1971 e　1972 h
ひどい日照り　948 l
ひどい目　1942 k
ひどい目にあう　236 g
ひどい目にあわせる
　2224 c
ひどいやつ　551 g
非党員　36 f
一重まぶた　350 g
ひと押し　1979 m
ひとかかえ　71 d　1965 h

一株　956 d
人がよい　286 j
人柄　1315 e
人柄が卑しい　380 c
ひときわ　518 e
ひどく　696 g　2205 a
人食いザメ　1565 g
ひどく恨む　696 m
ひどく苦しい　172 j
ひどく失敗する　1794 m
ひどく憎む　1698 g
ひどく辱める　1459 c
他人事　1638 k
ひと言しかりつける
　302 f
一言にまとめれば　642 a
ヒトコブラクダ　348 j
　433 k
ひところ　2130 i
人差し指　469 e
人さらい　59 c
ひとしきり　1698 g
人質　1310 h
人好きがする　2039 h
一筋縄　1023 d　1432 g
一そろい　2136 k
人だかり　1439 a
人づきあい　1441 d
人づきあいが広い　640 l
ひとづかい　1972 k
一つにつながる　1052 g
一つしかり　583 a　1796 h
　1969 b　2181 a
ひとつふたつ　1968 g
一粒種　1187 g
ひとつまみ　306 a　1978 a
　2236 j
ひとつもない　1969 d
人でなし　1010 a　1159 b
　2179 m
人となり　1748 j
一夏中　1963 m
人波　1437 i
人並み以上　657 m
人に馴れている　1911 l
人と眠りする　857 j
人のしわざ　1440 a
人の褌で相撲をとる
　1344 m
一ふさのぶどう　1330 e
ひとふりの雨　201 g
一風呂浴びる　2088 h
ひとふんばりする　30 b
人前に出せない　830 k
一回り　1973 j
人見知り　86 i
人見知りする　1184 l
　1270 l　1444 i
ひとみを凝らす　1252 d
ひと目で　1979 b
一目ぼれ　1971 a
人目をくらます　1930 l
人目を引く　2114 i
灯ともしごろ　1506 h
日取り　1448 g　1449 c
1人当たり　1437 m
一人芝居　433 f

一人占めする　434 m
　2189 l
一人ずつ　5 g
一人相撲をとる　206 b
一人っ子　348 m　434 i
　1844 n　1848 b　1852 a
1人1個限り　1827 b
一人ひとり　1969 b
独りぼっち　610 l　637 b
一人息子　434 i
一人娘　434 i
人笑いする　1964 d
人をあてにする　1409 m
人を換える　1998 a
人を…させる　1089 m
人を減らす　163 j
ひな　263 h
雛形　985 h
雛型　1977 h
雛形見本　1946 f
ヒナゲシ　2050 m
ひなた　1644 i
ひなたぼっこ　544 g
　1493 l
避難階段　1644 h
非難する　1370 c
火にあたる　819 h
日にあてて乾かす　1069 l
ビニール　1988 m
ビニールシート　1627 l
ビニール線　1827 k
ビニールハウス　334 l
　593 e　600 l　1264 k
ビニール袋　1627 l
皮肉を言う　1605 k
日に三度食事をする
　450 b
日に干す　1069 a
ビニル　921 l
ビニロン　922 g
避妊(する)　98 k
ひねくりまわす　1243 g
ひねくれ根性　625 n
　1254 e　2235 d
ひねくれている　116 b
　625 b　1257 e　1303 d
ひねくれもの　62 c
ひねくれる　1257 h
微熱　381 k
ひねり飛び込み　488 l
ひねる　1015 l
ピノキオの冒険　1212 a
火の気　1922 h
火の粉　88 g
火のし　1024 f　2077 m
火のないところに煙は立た
ない　1775 f
日の目　1672 j
火の用心　776 a
火ばさみ　773 c
火鉢　774 m　1650 c
ヒバリ　2073 h
非番　1858 f　1888 b
批判する　2000 d
ひび　303 h　931 f　1076 c
ヒヒーン　755 k
響き　1836 m
響きが良い　303 b
批評　1441 g
皮膚　1299 i

日歩 1447 f 1448 b	ヒューヒュー 284 i	ピヨピヨ 1888 e	広く求める 2132 k
皮膚感覚 531 f	714 g 716 e 1610 i	ひよめき 1873 k	広げる 938 l 992 d
火ぶくれ 74 c 1285 l	ビュービュー 714 b f	日和見 1344 b	2104 z
皮膚の色 531 h	1622 f	日和見主義者 522 h	広間 336 j 1655 h
(細菌)ビブリオ 719 c	ピュービュー 716 e	1375 i	ピロリ菌 2029 a
疲弊する 1588 m	ピューマ 1166 l	ひょろりと細い 1089 l	卑猥な言葉 1092 c
ピペット 1793 h	ヒューマニズム 1440 d	ひ弱い 1805 k	卑猥な話 766 c
美貌 1049 b	ビューラー 868 m	ピョンピョン 1073 j	火を移す 445 k
日干し 1493 i	ビューン 284 i	1681 d	火をおこす 1416 c
暇 1398 j 1820 h	ヒュッ 284 i 1609 c	平泳ぎ 540 m 1724 h	1531 h
暇ができる 372 g	1622 e	2024 g	火を落とす 1687 l
ひ孫 2094 l	ピュリッツァー賞 1332 k	ひらき 183 f	火を消す 1796 j
日増しに 1448 g	費用 2026 f g l	開く 2108 l	火を焚きつける 1102 c
ひまし油 97 a	ヒョウ 72 h l 878 f	平たい 103 h	火をたく 1532 h
暇どる 352 f	廟 1189 a 1617 e	平たくのす 561 k	火をつける 396 g
ヒマラヤ 1802 a	氷解する 1841 k	ヒラタケ 179 c 1317 l	品がある 2039 e
ヒマラヤスギ 1832 c	氷河期 117 g	平積みする 1317 g	品がよい 1056 e
ヒマラヤナキウサギ	病気 1370 h	ひらひら 714 k 917 j m	賓客のもてなし 116 k
754 l	病気がち 125 d	ひらひらする 1309 g	ピンク 516 g 517 g
ヒマワリ 989 h 1838 a	病気が治る 1422 m	ピラフ 2188 d	ピンク映画 751 b
ヒマワリの種 989 i	病気がぶり返す 547 i	ヒラマサ 1542 b	品質 2160 m
暇を出される 923 h	病気で寝つく 1769 i	ピラミッド 880 b	品質本位 2160 m
暇を見つける 2189 a	病気にかこつける 1719 h	ヒラメ 91 i 1321 h	ぴんしゃん 51 i
肥満を解消する 1841 c	病気になる 123 l 1230 f	1917 a	便乗する 309 g 1601 e
美味 2206 i	1531 m 1656 f	ひらめき 1084 d	ピンストライプ 1805 b
秘密 1179 c	病気の問屋 124 c	平field 1317 g	貧すれば鈍する 1314 i
秘密のランク 1179 i	病気を口実にする 223 c	ビラを張る 110 h	ピンセット 1250 j
秘密を漏らす 1704 c	病気を払う 1413 b	びらん性毒ガス 1177 g	1368 i
ひむろ 859 c	ひょうきん 586 j 732 n	びり 367 i 404 k	便箋 820 g
日めくり 1448 a	表具師 113 j	ピリオド 318 d 919 l	貧相 64 e
ヒメユリ 1494 i	表現する 1187 b	ピリ辛加減 998 g	びん 465 g 2111 b
寵免する 579 k	評語 1296 j	ピリッ 267 j	びんたをはる 315 b
ひも 1535 m	表札 1170 k	ピリッ 998 d	324 b 620 n
ひもじい思い 6 b	拍子 398 b	ひりひりする 998 i	ピンチ 1824 a
ひもスイッチ 997 b	表紙 1170 c	1487 l	ピンチヒッター 342 h
ひもとく 187 d 483 f	表示価格 109 h	ビリヤード 321 g 1642 i	瓶詰め 636 b 1323 c
ひもを結ぶ 803 h	標識 1753 d	肥料になる草 2157 l	2196 a
冷や汗 1893 k	表示灯 413 l	ヒル 1139 k 1599 e	びんとした 51 g
ひやかす 1347 e 1679 f	表紙の裏 524 l 525 l	2157 l	びんとする 1320 k
1797 b	病弱 451 m	昼 1446 j	びんと立てる 925 g
百獣の王 1576 f	描写する 1201 b 1878 a	ビル 332 l	びんとのばす 1688 c
百姓 1022 f	病症 2141 f	ビル屋上の緑化 497 c	びんと伸ばす 1578 l
百そこそこ 40 n	病状が重い 220 e	翻る 1309 e	びんと張る 224 l 882 b
ビャクダン 1649 a	表彰旗 884 e	昼ごろ 1838 e	びんとまっすぐ 1089 l
飛躍的に 1705 j	表情を変える 1058 c	ビルディング 1492 m	ピントを合わせる 445 f
100点 40 c	表する 2157 g	昼寝 1504 e 1600 e	1679 c
110番 508 j	美容整形 2135 m	1785 d	瓶のラベル 1323 b
百日咳 1109 f	剽窃する 207 m	昼寝する 857 k 1785 h	ピンはね 317 c 1701 j
百ばかり 40 c	ひょうそ 110 c	1858 j	ピンはねする 24 j 251 k
百分率 513 a	癘癩 815 e	昼間の勤務 1447 m	621 k 1336 b
100メートル競走 41 g	表装 2125 l	ひるむ 266 e 490 f	びんぴんしている 739 k
1964 b	病巣 125 h 2132 g	昼飯 1785 d	貧 1404 f
日焼けする 1493 i	標題 1667 d	昼休み 1504 c 1785 i	貧乏学者 668 f
日焼け止めクリーム	ヒョウタン 718 l	ビル緑化 279 a	貧乏ゆすり 1320 k
496 b	ひょうたんなまず 1775 b	ヒレ 1163 j	貧乏神 1405 e 1483 h
冷やしうどん 658 i	標的 30 d	ひれ 1344 j	貧乏くさい 1628 f
ヒヤシンス 523 k	平等な権利 1319 c	卑劣 75 b	貧乏くじ 79 k
冷やす 2131 l	評判 1535 d	卑劣な行為 1770 c	貧乏性 1314 d 1405 c
日雇い仕事 1447 m	評判がいい 740 c	卑劣なやりかた 1003 m	貧乏書生 1404 m
冷や飯を食わされる	表面だけの尊敬 1893 j	ヒレ肉 1041 e	貧乏世帯 1848 m
2240 m	ビヨウヤナギ 879 l	ひれ伏す 46 d	貧乏たらしい 1848 m
比喩 91 i	秒読み 435 b 1584 d	広い 639 f	貧乏人 1405 e
ヒュー 238 i	費用をとる 1637 k	拾い集める 825 a	貧乏暇なし 1405 b
ビュー 1329 l	日除け棚 1672 b	拾い読みする 1090 l	貧乏ゆすり 1951 l
ビューアー 2071 b	ひよこ 1848 g	ヒロイン 1263 i m	ピンホールカメラ 2127 l
ヒューズ 68 h 1451 n	ひよこ豆 167 i 784 e	疲労する 1301 b	ピンポン 1316 f g
1608 k	ひょっとしたら 776 k	ピロード 826 i 1449 d	貧民街 1105 h
ヒューズボックス 2097 e	ひょっとして 660 n	広く募る 2132 k	ひんやり 2013 j
ヒューッ 715 a	ひょっとすると 1958 b		ピンヨー 120 n
ヒューッ 714 m 1705 l	ヒヨドリ 75 d 1051 c		敏腕家 771 a

髪をなでる 1116 c

ふ

ファーストクラス 597 f 1700 j
ファーストフード 981 k
ファーストレディー 393 g
ファームウエア 617 i
歩合 227 m
ファイトマネー 256 j
ファイバー 1819 i
ファイル 810 l 1762 k
ファイル作成 834 j
ファインセラミックス 895 c 896 c
ファインダー 1416 f
ファウスト 535 l
ファウル 2072 b
ファウルチップ 159 h
ファウルボール 872 n
ファウルライン 101 k
ファゴット 329 l 632 k
ファジー 1200 e
ファジー理論 1200 e
ファシスト 480 d
ファシズム 480 e
ファスナー 995 l 996 d 1636 a
分厚い 713 d
ファックス 271 c 1778 l
ファッション 480 d
ファッション雑誌 1550 l
ファッションショー 1550 d 1890 h
ファッションモデル 1550 d
ファッションモデル 537 d
ファラオ 479 c
ファン 476 f
ファントム戦闘爆撃機 645 a
不案内 146 l 1205 m
ファンになる 1460 l
ファンヒーター 1264 k
ブイ 534 j 535 j
VIP 646 l 1954 j
フィート 242 b
フィールド競技 1470 a 1674 k
フィールドワーク 1674 m 1959 h
不意打ち 1171 m 1800 a
VHF 571 f
フィギュア 1438 m
フィギュアスケート 119 f 729 k
フィクション 1893 j
VCD 2018 i
V字谷 9 a
吹聴する 278 h
フィットネスクラブ 835 c
フィナーレ 2170 e
フィナンシャルクライシス 163 g
ふいになる 1130 l
Vネック 785 d 820 f

1086 d 2062 h
フィヨルド 505 k 1808 l
フィラメント 376 d
フィラリア 1608 m 1907 k
フィルターつきタバコ 345 f 657 k 1834 b
フィルム 847 m 1306 m 1463 h
フィン 854 f
フィンガーボール 1800 c
フィンスイミング 1331 h
プー 1772 d 1894 i
ブーイング 691 a 1894 l
ブーイングが起こる 1894 k
風雨にかかわらず実施 1780 g
フーガ 549 j
風変わり 1037 f
封切り 1573 b 1701 b
封切り上映 1573 m
風紀を正す 520 f
ブーゲンビリア 905 c
フーコー振り子 549 c
風采 164 b 1984 h 2051 c
プーシキン 1332 h
風習に染まる 1909 a
ブースターロケット 2185 k
風説 1535 e 1556 h
風船ガム 1285 l
風俗習慣 1624 g
風俗嬢 739 l
風袋 62 g 1300 h
風袋込み重量 1154 j
ブーツ 1696 i 1903 l
プーツ 1329 l
ふうっと 1894 g
フード 522 c
プート 2008 e
フード付き上着 1157 h
封筒 1873 j
風土病 388 l
風評 1764 k
夫婦 1066 e
フウフウ 714 c
ブーブー 431 k
プープー 431 k
ぶうぶう言う 1120 h
夫婦仲がいい 1400 f
夫婦の縁 2002 m
夫婦二人 1066 f
夫婦むつまじい 206 f
ブーム 1433 d 1902 l
ブームになる 212 b
ブームになる 212 a
ブーメラン 503 f
フーリガン 1092 c
風力発電 521 b
風力風速等級 521 a
プール 2024 h
封を切る 190 l
封をする 525 h 824 j
フーン 1238 f

ブーン 1767 e
不運とあきらめる 1444 g
フェアプレー 510 g
フェイント 406 e
フェイント攻撃 1940 l
フェイントプレー 816 k
フェードアウト 354 g
フェードイン 354 a
フェーン現象 516 k
フェザー級 1397 k
フェティシズム 1060 f
フェミニスト 1263 d
フェリー 43 h 438 h j 1123 c
フェルト 2102 b
フェルト帽 2102 a
フェルトを作る 561 m
フェロモン 510 l
フェンシング 429 d 783 c
フェンス 2099 d
フォアハンド 2138 c 2139 g
フォアボール 739 a 1614 j
（干草を扱う）フォーク 177 c
フォークダンス 797 c
フォースアウト 525 c
フォーマット化 580 k
フォーム 580 k
フォーメーション 2130 g 2135 h
フォグランプ 1789 l
フォックストロット 719 f
フォルダ 1762 e
フォワード 526 j 1365 m
フォント 2211 h
フォントセット 2211 h
フカ 1491 e
深い恨み 1907 a e
不快指数 150 b
部外者 916 a 1281 e
深くたちこめる 1663 m
深くて詳しい 1525 i
深く根付く 713 h
深く広い 2060 m
深さ 1525 i
孵化したばかりの蚕 171 g
ふかす 2134 j
不格好 151 c 283 e
ふかのひれ 1491 f 2047 h
ふかのひれ料理 245 c
ふかふかする 519 c
俯瞰する 1248 f
フキ 526 e
武器 361 l 1861 a 1863 j 2020 i
ブギウギ 156 g
吹き替え映画 1995 e g
吹き替える 1995 g
不機嫌になる 2193 m
吹きこぼれる 1330 g

吹きすさぶ 674 i
不吉 151 a 1835 m
不吉の気 1493 e
吹き流し 1309 c
普及する 107 m
普及版 1191 m
普及品 380 h
不況 1844 f
不器用 86 l 87 e
武侠映画 1785 i
不行跡 1076 l
付近 1077 a
布巾 159 i 1132 d
拭く 942 a
フグ 688 i 1718 m
福運 538 f
複合企業 981 b
副次的 290 l
復讐 545 c
復習する 1760 h 1761 j
フクジュソウ 179 e
副審 547 j
複製レコード 2208 f
伏線 17 m
複線 1591 k
伏線を張る 534 e 1140 g
福の神 538 e 2119 m
服の袖 1891 l
福引きをひく 1200 c
ぶくぶく 308 m 1227 l
福々しい 549 c
ぶくぶくに肥える 239 c
副（サブ）プログラム 2208 f
ふくべ 718 l 724 d 1310 h
含み損 2010 j
含む 666 d
覆面（する） 1173 k
ふくよか 519 d
ふくらはぎ 508 h 899 c 1715 l 1852 k
複利 649 a
副流煙 470 h
ブクリョウ 534 h
ぶくりょう餅 534 l
ふくれっ面 88 m 925 j
膨れる 615 h 2112 j
ふくろ 1227 l
フクロウ 238 a 1843 b 1888 f 1962 a
袋小路 1611 h 1612 k
フクロタケ 177 a 609 l
袋だたき 1267 d
ふけ 1701 h
武芸 1423 c
不景気 1033 k
不潔 1770 k 1772 m
老け役 130 e
老ける 831 d
耽る 1176 c
符号 1178 c
不公平 1304 l
無骨 296 j
ブザー 526 c
ふさいでいる 219 k

負債の山 2101 k
ふさがる 95 h
ふさぐ 113 f 358 f 1098 d 1675 h 1587 h 1588 g 1808 f
無作法 1467 m
ぶざま 2080 a
ふさわしい 1682 c
ふし 1415 g
フジ 1663 g
節穴 1488 l
ブジー 1651 e
不思議 1085 g 1343 f
不思議がる 893 c
ふしくれだった手 576 e
ふしだら 1011 b
ふしだらな行い 1120 h
ふしだらな風儀 1715 c
ぶしつけ 1167 l 1400 f
ぶしつけながら 268 b
父子の誓い 555 g h
不治の病 928 g 1613 l
フジバカマ 1004 f 1288 l
節回し 206 m 1373 m
ブシュ 1328 l
武術 29 a 803 l 1864 m
侮辱する 1773 c
負傷する 2157 d
不振 1032 b
布団 580 c
婦人 544 d
婦人服 1264 a
婦人用自転車 991 f
ぶすっとした顔 88 l
布施 1703 c
不正購入する 1660 k
不正請求書 696 d
不正な金 694 c
不正なことと正しいこと 2147 g
防ぎ止める 386 g
防ぐ 2058 i
伏せる 974 k 1330 b
付箋 535 c 543 c 1311 h
武装解除する 1863 b
武装蜂起する 1348 e 1349 g
不足 969 f
不測の事態 1989 f m
不足分 1424 g
不足を補う 2094 f
ふぞろい 181 h 2074 k
ふた 1157 b
ブタ 2179 l
舞台 309 d 1803 d
舞台裏 712 b
二重まぶた 1593 c
付託する 1754 e
2桁以上の数 453 l
2桁の数 1067 l
双子 1591 g 1592 d
二心 471 h 1067 f 1996 m
二つ 1051 m
二つとない 1774 e
二つ返事 1146 i
二つ三つ 1475 e 1477 c
札止め 1143 k

豚肉 1453 m
豚肉の半身 55 c
豚の足 2179 l
豚のしっぽ 2179 l
豚の腎臓 1948 m
豚のもも肉 2176 j
二股膏薬 702 c
二股をかける 854 c 1065 b 1588 j
ふたをする 553 j m
ふたをとる 1819 a e
ふだん 1319 h
ふち 100 k 101 a
（眼鏡の）縁 902 e
ぶち 49 b 725 b
ぶち毛 2078 k
ぶち壊す 2135 d
ふちどり 648 j
縁どり 725 d
縁どりする 1834 c
ぶちの犬 726 c
ぶちの猫 727 h
ぶちのめす 432 b
プチブル 860 d 1852 k 1854 h
ぶちまける 1230 a
不注意 1580 m
普通 1317 d 1318 m 2163 d
普通車 1799 b
普通寝台 2022 b
普通席入場券 1481 c
普通配当 2137 d
普通列車 1332 i
物価が上下する 1788 g
物価がはねあがる 1663 h
物価急騰 1788 g
物価上昇 1939 f
物価スライド預金 69 c
復活する 545 a
ぶつかって倒す 1656 e
二日酔い 1627 e l
ぶつかる 247 a 956 e 1294 l 2079 b 2198 i
仏教典 78 m
仏教と道教 1565 d
ぶっきらぼう 556 m 929 i 1534 g 2043 l
物議をかもす 1433 e
フック 604 a
ブックエンド 1577 i
ブックカバー 1298 k
ブックセンター 1577 f
フックの法則 717 c
ブックバー 1577 b
ブックフェア 1578 k
ブックマーク 1578 b
ふっくら 1463 k
ふっくらとしている 1455 g
福建語 1192 d
福建料理 1192 g
物質の需給バランス 1788 h
物質不滅の原理 1788 d
プッシュカン 530 k
プッシュホン 14 d
物色する 1788 n
フッ素樹脂 922 b
仏壇 530 j 944 e

仏頂面 219 h 620 a 1033 b
沸騰している湯 1594 h
沸騰する 2184 k
フットブレーキ 2097 b
フットライト 854 f
フットワーク 157 i
ぶつぞう 787 n
ぶつぶつ 362 j 431 h 608 k 1225 e 2144 h
物々交換 1990 f 1998 g k
仏法 65 f
ブッポウソウ 529 g
仏門 193 a 1487 c
プツン 24 k
プディング 155 l
筆置き 93 d
筆使い 93 e
筆で生計をたてる 588 c
筆に任せる 1873 d
ふてぶてしく構える 1467 b
筆をおろす 1129 l
ふと 153 g
フトイ 632 h
埠頭 1139 g
ブドウ 1330 d 1658 d
不動産市場 1104 b
不動産借用証書 1081 j
不動産登記簿謄本 702 k
ぶどう糖 1330 f
不道徳 1124 f
不当に高い 1893 i
懐具合が寂しい 1570 h
懐具合が悪い 386 e
懐手をする 267 l 1697 j
懐に隠す 267 k
太さ 297 g
太っちょ 1282 c
太って丈夫 449 e
太っ腹 334 h
布団 1378 k
布団にくるまる 2023 d
布団のえり 81 k
フナ 543 l 807 h
ブナ 1495 e
フナクイムシ 272 c 2087 l
船着き場 20 m
船積み 541 l
船乗り 1598 i
フナムシ 663 g
船餅り 2077 f
不なり年 1850 c
腑に落ちない 1988 e
不人気 1033 n 1034 j
不妊症 153 c
赴任する 1445 i
船のマスト 272 j
舟をこぐ 1950 f
フノリ 1174 h
不発弾 255 l 1756 e 1918 h
部品 1356 f
部品類 1082 k 1083 l
フフ 3 l
フフーン 1238 f

フフフ 234 i
部分日食 1448 l
不平たらたら 1012 l
父母 469 e
訃報 1611 h
不法占拠する 1388 d 2105 h
不法占有する 31 b
不法渡航者 1439 b
不本意ながら従う 540 e
不満 2000 c
踏み板 854 f
踏み切り 369 j
踏み込む 188 g
踏み台 1681 a
踏み出す 917 i 1640 b
踏みつける 268 g 2086 n
踏みにじる 2087 b
踏みはずす 285 b
踏む 833 k
ふもと 1495 i
ふやかす 1285 l
ふやける 1348 k
ブユ 35 l
不愉快 572 m
冬ごもり 2122 b
冬になる 936 l
冬休み 668 g
ブヨ 1464 g
富裕 532 e 1451 g
舞踊劇 1787 e
扶養する 1501 e
ぷよぷよ 1227 j l
ブラーク 1916 g
フライ 2097 g
無頼 649 m
フライ返し 196 b 649 j 1513 l 1683 b
フライス盤 1801 b
ブライダル市場 766 i
ブライダルマーケット 1870 a
ブライド 2217 a
フライトアテンダント 782 a
フライドポテト 1583 e 2098 a
フライトレコーダー 695 a
プライバシー 1606 l 1607 e
プライバシー暴露 1871 e
フライパン 824 f 1317 l m
プライベートな問題 583 a
フライボール 1663 l
フライング 490 i 1376 f j
フライングレシーブ 910 f
ブラインド 42 j 275 l
ブラインドテスト 1151 k
ブラウ 1038 h
ブラウザ 1090 n
ブラウス 322 f 1497 i
ブラウン管 1824 a 2003 f
プラグ 184 h
プラグアンドプレイ

ぶらさ〜ぶんが

793 d
ぶら下げる 1900 i
ぶら提げる 1664 l
ブラシ 1587 f
プラシーボ 12 f 817 h
ブラジャー 1221 a
　1459 i 1763 d
フラスコ 1512 k
プラスチック 1627 h
プラスチックコーティング
　カード 1627 f
ブラスバンド 1695 l
プラズマカラーＴＶ
　379 c
プラタナス 1900 a
フラダンス 178 h 714 l
ぶらつく 319 l 640 i
　1098 g 1820 e i
ブラックジョーク 694 g
ブラックボックス
　695 a b
ブラックリスト 694 k
フラッシュ 1498 m
フラッシュバック 368 b
フラッシュバックする
　758 g 1498 m
フラッシュメモリー
　1498 i
フラット 842 g
プラットホーム 2070 e
　2107 e
プラトン対話篇 2053 e
フラフープ 714 k
ふらふら 1279 c 1973 d
ブラブラ 156 f
ぶらぶら 2194 g
ぶらぶら歩く 1090 b
ふらふら動く 1950 i
ぶらぶら見物する 640 h
ふらぶらする 317 h
　1893 i
ぶらぶらする 274 n
ぶらぶら揺れる 2028 j
ブラボー 156 m
フラミンゴ 1936 k
プラム 1040 i
ぶらりと下がる 431 m
ぶらんこ 1358 f 1407 i
ブランコに乗る 320 l
フランジ 101 b
腐乱する 1177 f
フランチャイズ店 2190 e
ブランデー 35 b
ブランド 1193 k 1502 m
プラント 227 l
ブランド効果 1856 f
ブランド品 1194 c
プランナー 180 m
フランネル 479 a 1449 d
ブランブラン 156 f
ブリ 1023 f 1542 b
フリーキック 1446 c
　2182 b
フリージア 1834 a
フリース 2189 g
フリーズ 359 g 1611 m
フリーズドライ食品
　1032 h
フリーズドライ野菜
　1914 l

フリースロー 478 g
　1446 c
フリーソフト 1183 d
フリーター 316 g 2216 f
プリーツスカート 42 n
　2123 g
ブリーフケース 1298 c
　1568 k
フリーメール 1183 d
フリーライター 2216 f
フリーランサー 2216 f
プリオン 1332 k
振替休日 135 c
振替小切手 2193 k
振り返る 756 a
振り替える 735 i
振りかける 847 m
振り子 43 a 2169 d
振り込まれる 366 c
振込依頼書 761 a
フリスビー 503 b
プリズム 1031 k 1475 b
　323 j 453 l 475 d
ブリッジ 312 l 1379 g
ぷりぷり怒る 245 k
　1047 c 1351 k
プリペイドカード 247 f
振り回す 1363 d
不良貸し付け 747 c
不良株 807 d
不良粉ミルク 1076 b
不良債権 739 f 2162 k
不良少年 460 e
不良青少年 1 d
不良仲間 719 j
不良品 554 f
武力で取り除く 855 j
不慮の災害 505 d 700 j
ブリリアントブルー
　718 g
ふりをしてだます 2238 c
ふりをする 816 g 1561 m
　1940 j m 2195 m
不倫 604 c 1327 l
プリン 155 l
プリンター 323 l 1986 g
プリンティング 1494 a
プリント地 725 g
プリントする 323 k
不倫の男女 1313 e
振る 428 j
篩 1493 j
奮い起こす 745 n
古いしきたり 1660 c
古い紹興酒 221 n
ふるいにかける 1125 k
古いやり方 1015 f
ふるい分ける 1493 b l
ブルーカラー 1006 m
フルーツゼリー 653 h
フルーツパイ 654 h
フルート 198 e 383 k
ブルーベレー 1006 l
ブルーマーク 1006 a
フルーレ 726 k 783 i
震え上がる 2131 e
震える 453 l 472 f
　2105 l
古傷をあばく 1016 k
古くさい 221 d 612 c
　1015 k 1020 a

フルコースディナー
　1421 m
ふるさと 1018 e
ブルジョア 155 l
ブルジョアジー 860 d
フル生産 1146 i
フルセット 1421 m
ブルセラ菌 156 g
ブルセラ病 126 a
ブル相場 1255 j
ブルゾン 810 m
フルタイム 1421 b
フルタイム労働力 1421 m
フルタブ 1301 i
ブルドーザー 195 m
　1714 l
プルトップ缶 1998 l
プルトニウム 155 c
フルネーム 1421 m
ぶるぶる 1421 m
ぶるぶる震える 196 f
古ぼけている 170 c
古本 909 c
古めかしい 612 c
古物 221 e
フレアスカート 997 c
　1860 m
プレイガイド 1057 b
プレイルーム 1734 e
フレー 809 n
プレーオフ 1926 c
ブレーカーが落ちる
　1682 d
ブレーキ 1123 l 2097 a
ブレーキをかける 1488 h
　1567 l 2160 d
ブレークダンス 1298 c
ブレースキック 418 h
ブレーボール 939 k
フレーム 988 c
フレームレート 2125 l
ブレーンストーミング
　1701 m
ブレスレット 1568 k
プレゼンテーション
　231 j 1934 i
プレゼント 2095 l
フレックスタイム 1649 g
プレハブ住宅 829 b
プレミア価格 1381 l
プレミアム 1999 e
触れる 1199 j
フレンチカンカン 947 k
ブレンドする 602 d
フロア 239 d 1104 g
フロアーマネージャー
　1086 g
フロアスタンド 1130 i
フロア 1454 d
ブローカー 364 n 365 f
　656 g 1917 k 2165 m
風呂桶 2055 h 2088 h
ブローチ 1886 b
フローチャート 1091 a
ブロードウェー 41 j
フロート制 535 c
ブロードバンド 983 m

ブローニング(拳銃)
　130 h
フローリング 1551 l
プロギャンブラー 436 b
ブログ 132 i 1741 b
プログラマー 231 i
プログラミング 231 i
プログラミング言語
　101 m
プログラム 231 i
(芝居の)プログラム
　1803 h
プロジェクトチーム
　1838 b
プロジェクトマネージャー
　1838 b
プロセス 231 h
プロセッサー 265 a
ブロック 525 h 1005 h
ブロック経済 797 c
　983 k
フロックコート 332 j
ブロックショット 553 h
ブロッケンの妖怪 529 h
ブロッコリー 889 c
　1791 j
プロット 618 h 1401 h
フロッピーディスク
　1463 g
プロテイン 355 f
プロテクター 722 k
　723 c f
プロテスタント 786 f
プロテスタント教会
　538 f
プロデュース(する)
　920 b
プロパティー 1583 m
プロパンガス 1164 b
プロフィール 179 m
プロペラ 1128 k 1714 l
プロペラ飛行機 841 i
プロポーショナルフォント
　931 j
ブロマイド 1877 f
風呂屋 1653 k 1801 a
　2088 h
プロレタリア 1332 m m
プロレタリアート 590 f
　860 c 1774 j
プロローグ 1896 f
フロンガス 533 k 1119 k
ブロンズ 1392 e
フロント 2219 m
フロントエンド 1365 j
フロントガラス 358 k
　520 h
ブロンドの髪 877 g
フロントマネージャー
　336 e 1366 j
フロンプター 1665 i
不渡り小切手 967 g
不渡り手形 918 l 1311 g
フン 690 k 700 e
ふん 1286 c
文 919 m
雰囲気 515 e 1351 f
文化遺産 1763 b
憤慨する 1917 g
文学界 1762 k

分割して占領する 579 e
分割払い 513 n
分岐点 189 h
文芸学術欄 548 d
文語 1763 i
文庫本 971 f
フンコロガシ 1011 g 1555 a
文士ゴロ 1763 c
紛失届 624 e 1539 j
ふんばる 991 k

文書 1762 d
文章 289 i
文章中のここかしこ 2211 l
文章の味わい 289 a
文章の構想 1763 j
文章の筋 1762 j
分譲マンション 1104 a
文章を書く 1862 g 2187 e
文章を作る 2243 l

粉飾利益 1894 j
文成分 919 a
分析する 1327 k
文旦 916 a
ブンチョウ 682 m
文鎮 241 a
糞壺 1155 j
分銅 279 i 1723 e
分度器 1064 i
ふんどし 426 j
文と武 1065 d

文の拙劣さ 1115 g
プンプン 1767 e
ぷんぷん 1884 m
プンプン怒る 1352 b
分焼台 195 c
粉末 1203 j 1204 b
文脈 1162 j
ふんわり 1463 c 1581 a
分を知る 2214 k
糞をする 1555 m

へ

ヘアースプレー 1290 i
ヘアートニック 1532 a
ペアウォッチ 1401 g
ヘアクリーム 1465 c
ペアシート 1401 b 2191 a
ヘアスタイル 480 j
ヘアダイ 480 a
ヘアドライヤー 277 f
ヘアトリートメントする 916 d
ペアになる 1289 m 2202 h
ヘアネット 1741 d i m
ヘアピン 346 g 1357 d k 1700 m
ベアリング 2175 k
ペアルック 1401 k
ヘイ 660 a
平安無事 1645 a
平易 1369 j
平穏 1318 m 1319 k 1841 j
平穏無事 677 a
平価切り上げ 2095 l
平価切下げ 103 g
兵器 120 c 929 j
兵器庫 120 i
平気の平左 153 f
兵家万能論 1751 m
閉業する 626 i
平均させる 2074 c
平均する 996 g
平均余命 1318 b
ヘイケガニ 646 e
併合する 823 i
平行棒 567 l
閉鎖される 626 b
併load 1592 c
兵士の略奪行為 120 h
並feng 1320 n
平素の生活状態 1347 f
平定する 1319 h
米ドル 880 g 1166 l 2060 i
平年 203 b
米飯 491 b
兵備をととのえる 1944 k
平々凡々 1111 h
平方 467 j 830 c
平方キロメートル 493 d
兵法書 120 e
平方センチメートル 493 k
平凡 1316 g 1317 i

1320 e 1795 j 2023 a
平民 1061 j
平明 1370 f
平面図 1560 f
平和共存 600 k
平和五原則 1784 i
ペイントマーカー 1136 h
へえ 480 a 1763 g 1266 j
ベークライト 515 j
ベーコン 1822 l 2179 f
ページ 1961 a
ページ数 1306 c
ベース 1029 e f
ベースアップ凍結 425 c
ベースキャンプ 325 f
ペースメーカー 1346 b
ベースライン 386 f 439 m
ベーダ 509 k
ペーパー 115 d
ペーパーカンパニー 1298 k
ペーパークラフト 2155 f
ペーパークリップ 2127 j
ペーパータオル 160 d 1185 b
ペーパードライバー 84 a
ペーパーナイフ 163 m
ペーパーフラワー 2155 h
ペーパーメディア 2155 k
ベール 427 e 1181 k
ベールをはがす 554 e
ベーロン 1099 j
ペーロン 901 h
幕 1181 h
ペキニーズ 892 e
ペキン原人 2063 i m
北京語 892 m
北京ダック 77 i 952 b
ヘクタール 596 m
ヘクトパスカル 41 m
ペクトル 1554 m
ヘゲモニー 31 k
へこたれない 537 f
ベゴニア 524 g 664 j 1407 a 1942 f
ペコペコ 1732 n
へこむ 18 h
へこむ 1815 a
へさき 272 g i
へし折る 925 g
ペシミズム 1934 k
ぺしゃんこにする 1913 e
ペスト 1584 b 1997 l
ベストセラー 206 a
ベストテン 1545 e

ベスト100 41 m
ペセタ 92 a
へそ 437 b 1340 e
べそ 54 i
ペソ 92 e
へそくり 1606 e 1663 l 1848 j
へその緒 1340 f
へそ曲がり 550 h 1257 g
へそをかく 976 h
へた 394 m
(…から)隔たる 919 f
隔てる 580 h
べたべたする 320 a
へたへたとなる 614 m
ペダル 378 h 854 f j 1640 a
ペチカ 1108 b
ペチコート 222 e
ヘチマ 619 i 1608 c
ぺちゃくちゃ 184 c 779 k 1337 e 2144 i
ぺちゃんこになる 2079 h
ペチュ一ン 37 d
ペグレート 416 a
鼈甲 343 i
別荘 115 h
ヘッダー 110 c
へっちゃら 1420 c
ペッチン 1319 d
ヘット 1256 m
ペット 250 h
ヘッドスライディング 2048 m
ベッドに入る 1505 n
ヘッドハンティング 1076 m 1725 b
ヘッドハンティングする 16 m
ヘッドライト 327 j 1365 g h
ペットロボット 402 l
べつに(…しない) 366 h
別 1088 g
別腹 114 d
別表 1088 i
別便 1088 f
へっへっと笑う 696 i
別名 2043 l
へつらい笑い 1254 f
へつらう 196 c 456 f 1271 k 1294 e 1416 i
ペディキュア(する) 1890 j
ヘディング 414 g

ヘディングシュート 246 a 414 g
べでもない 605 m
ベテラン 1021 f
ペテン 359 e 644 k 915 b
ペテンにかける 965 g 1172 e 1518 l 2238 c
へどが出る 2237 l
ベト病 1593 l
こどもどす 86 m 1717 m
ヘドロ 1773 e 2045 h l
へなちょこ軍勢 1806 g
ペナルティー 2182 a
ペナルティーエリア 889 b
ペナルティーキック 397 f 478 c
ペナルティーストローク 397 f
ペニシリン 1163 j 1391 i 1626 c
ペニス 2003 g
ベニヤ板 847 g 1313 a 1473 i
ベニヤ合板 182 a
へばりつく 550 b
蛇 197 l 1517 c
ヘビースモーカー 645 e 1922 f
ベビーブーム 1534 j
蛇とさそり 1518 b
蛇の舌 1873 m
ヘブラ 1793 l
へぼ学者 541 d
へぼ将棋 255 m 1178 m
ヘモグロビン 1462 m 1907 f
部屋 1773 d k
部屋を借りる 936 f
ベラ 665 e 1102 c
ヘラジカ 665 l
へらズロをたたく 1588 h 2230 b
ベラドンナ 395 a
ぺらぺら 1514 a
ペラペラ 780 b
ぺらぺらしゃべる 410 e
ベランダ 1943 h
ベリーロール 540 l 1681 h
ヘリウム 665 m
へり飾り 101 f
ペリカン 718 f 1383 d

へりくだ～ほーむ

へりくだった言葉 1463 i 1664 l
屁理屈 1612 j 1727 j
ヘリコプター 504 j 2149 h
ベル 214 d 1082 c 1836 d
ベルガモット油 530 b 1833 d
ベルカント 1942 h
ベルサイユ 484 m
ペルシャ猫 126 k
ペルシャ湾 662 i
ヘルツ 691 h
ベルト 344 g 1299 b
ヘルニア 1499 d e
ヘルパー 1287 f
ヘルプ 58 g
ベルベス 1286 b
ベルベット 1608 i
ベルボトム 997 j
ヘルメット 989 a
ベルモット 976 a 1757 m
ベレー帽 78 i

ペレストロイカ 1871 c
ヘロイン 663 f 703 e
ペロペロキャンディー 60 g
へをひる 1303 a
弁 1597 i
ペン画 565 j
変革する 1326 h
勉学する 434 j
ペン型録音器 1111 i
ペンキ 1338 d 1339 a 2033 b
便宜的 294 m 1419 j
ペンキ塗りたて 182 g
返却する 474 a
勉強嫌い 1934 l
辺境の地 1469 l
ペンキを塗る 2033 j
ペンギン 1349 e
偏屈 626 f
ペンクラブ 93 m
変形 1878 a
偏見 1305 b
変光サングラス 105 k

弁護側 108 i
弁護士 108 j 1117 c
弁護人 108 j
ペンシミズム 592 d
編集する 797 m
便所 179 l 1970 m
弁償する 1287 d
弁証法的論理 108 c
偏食する 1677 m
ベンジン 1451 c
ペンス 106 h 107 c
弁舌さわやか 971 a
変装する 551 i 816 f 1378 c
ペンタゴン 1783 c
ペンタブレット 763 n
ペンチ 960 m
ベンチウォーマー 50 i
変ちくりん 626 e
ベンチャー企業 2082 a
ベンチャーキャピタル 276 l
変調する 552 b 2192 m

便通がある 1689 f
便通がよい 205 l
へんてこ 1114 n
弁当 107 a 686 e
変動金利 535 m
弁当箱 169 i 1552 l
ペントハウス 414 m
ペンネーム 93 e
返納し解消する 855 k
便秘する 557 e
辺鄙な土地 1305 b
返品 1716 j
返品取り替え保証 62 d
返品保証 68 k
ペンフレンド 94 c 1875 e
扁平足 1320 a
ベンベン 378 a
ペンホルダーグリップ 2149 e
弁明する 1327 h
変面 1305 c
便利屋 58 k
弁論大会 1934 n

ほ

ボア 1152 a
ホイ 660 a
ボイコット 74 i 1057 g
ボイスメール 2053 m
ボイズンピル 433 b
ホイッスル 1516 k
ボイラー 1354 g
ボイラー係 1108 g 1608 a
ボイラー室 650 b
ボイルの法則 126 d
拇印 2155 d
ポインセチア 1877 m 1974 k
ポインター 2155 h
ポイント 47 c 628 c
ポイントカード 787 l
ポイントをつく 366 k
拇印を押す 13 l
ほう 3 d 682 c 778 m
方 1196 e
棒 649 m
棒暗記(する) 800 m
包囲を突破する 1750 b
暴飲暴食 1010 f
貿易赤字 1241 k
貿易港 1691 l
貿易風 1873 j
忘恩 543 g
防音スタジオ 581 d
忘恩の徒 2166 k
崩壊する 1639 i 1645 j
望外の喜び 658 b
棒型蛍光灯 633 m
奉加帳 351 a
砲艦 1286 h
砲丸投げ 1364 b 2162 c
防寒帽 522 c
ほうき 2176 n
ほうきぼし 764 b
棒給 1872 c
豊胸 1102 a
望郷の念 1710 a

棒グラフ 1678 k
砲撃 1286 g
方言 1709 b
冒険記 1045 m
方向 1837 k
膀胱 1630 d
方向を示す矢印 2154 g
方向を見失う 2194 e
防護マスク 496 d 1185 d
亡妻 1365 l
豊作 519 j m
胞子 1917 m
法式 580 k
帽子のつば 1925 e 1927 m
放射エネルギー 538 k
放射性同位元素 538 l
放射線 1520 k
法術 370 l
方術師 494 g
芳尊 283 c
防除する 1835 m
房事を行う 497 c
帽子をとる 2100 l
防塵マスク 495 k
防水シート 1499 g
防水ズボン 2052 m
防水布 2052 h
放水路 1814 k
坊主刈り 1699 f
ホウセンカ 528 d 2154 i
放送 129 k m
放送する 129 g 639 j
暴走族 111 j
棒鱈 191 k 1906 i
防弾チョッキ 495 l
放置する 499 j
包丁さばき 361 c
膨張する 1293 e 2112 j
放っておく 577 e
放っておけ 114 i 1418 a
ぼうっとする 2072 l n

暴投 1958 d
放蕩息子 1012 a
放蕩者 45 a
防毒マスク 495 m
棒に振る 1620 m
放任主義教育 502 k
放任する 984 g
奉納する 254 l
防波堤 1011 k
防犯ベル 1057 m
放屁 598 h
棒引き 1842 h
豊富 1431 g 1887 a
亡父 1817 a
ボウフウ 496 a
ボウラ 586 g 864 m
方法 202 a
ホウボウ 498 n
ほうぼう 700 n 1293 e h
ぼうぼうに生い茂る 699 l
方々に起こる 1615 n
方法を決める 735 k
放牧する 502 d 1214 h j
葬る 2086 g
亡命 1092 h
亡命者 98 c
訪問する 1379 k 2116 m 2222 c
訪問販売 377 d
暴落する 73 c 172 g 920 j 1054 k
法力 369 e
放り切れ 1074 f 1312 f
法律案 478 m
暴力団一掃 360 h 1484 l
暴力団がらみ 1520 g
ボウリング 67 k
亡霊 645 d 646 a 2003 e
ホウレン草 127 j 1032 b
放浪(する) 1092 h
琺瑯 480 m

琺瑯製の器 1941 h
琺瑯引き 286 g 1653 d
琺瑯引きのコップ 286 i
法を執行する 2147 c
法をまげる 1742 j
ほえる 709 k 855 k 1857 d
ポー 1208 a
ポー 1772 a
ボーイスカウト 1696 b
ボーイング 126 e
ボーキサイト 1115 l
ホーク 1365 b
ポーク 496 i 1703 k
ポークソテー 2179 d
ポークチョップ 2179 d
ホオジロ 1162 g 1781 k
ホース 1463 e 1517 g
ホオズキ 1628 f
ポーズキー 2084 d
頬ずり 1386 b 1682 h
ポーター 75 i
ポーダーライン 514 j
ポータブル 107 f 1570 l
ポータブルＤＶＤプレーヤ 1631 k
ポーチ 1568 k
頬杖をつく 1719 j 2143 h
ほっとする 340 m
ポート 439 g
ボート競技 1470 n
ボードセーリング 481 c
ポートレート 1440 i
ポートワイン 704 a
ボーナス 474 m
頬紅 1052 a
頬袋 814 g
頬紅 1469 k
ホームゲーム 2182 c
ホームシック 738 a 1609 a 1837 a
ホームスチール 84 g

368 c
ホームドクター 1607 d
ホームドラマ 1563 c
ホームページ 941 k
　1573m 1741 k 2183 j
ホームラン 84 j 1029 e
ホームレス 1091 j
ホームレス収容センター
　910 l
ホームレス生活 1113 l
ボーリング 1651 l
　1655 c
ボーリングマシーン
　1655 d
ホール 331 k 336 e j
　425 g
ホールインワン 1969 a
　1971 d
ボールカット 1375 i
ボール紙 2022 k
ボールチャージ 525 b
ホールディング 241 c
ホールディングカンパニー
　240 k
ボールベアリング 649 f
　2175 l
ボールペン 2063 f
ボールを奪われる 419 i
ホーン 493 b
ホーン 1767 e
保温加工下着 68 c
ほかでもない 150 e
ほかほか 1434 k 1942 e
ほかほかする 1760 c
ぽかんとする 340
　1034 m 1035 a m
ポキッ 933 e
ボキ 550 a d h
補給金 880 h
補強工事 808 d
ボクサー 1423 e
ボクサーパンツ 1318 k
墨汁 1207 j
ボクシング 1423 e
ボクシングファン 1423 f
ほくそえむ
ほくそ笑む 1384 m
火口 774 f
牧畜 1214 m
牧畜民 1214 k
牧童 1255 g
ポクポク 1723 l
ほくろ額 1801 e
撲滅する 1328 m
牧羊犬 1010 i
ほくろ 1790 l 2158 m
ボケ 291 e 1682 c
法華経 1055 k
補〻 80 f 710 a
ポケット 426 c 971 f
　1980 l
ポケット字典 1891 k
ポケベル 1909 a
保険加入 994 f
保険の種類 1824 g
保険をかける 1702 j
保護観察 870 k
反古紙 510 l
ほごにする 511 k
ボコボコ 1268 l

ほこり 218 h 754 h
ホコリタケ 1134 i
誇りとする 849 e
ほころびる 940 k 941 k
　2107 c
ほころぶ 935 a
補佐官 229 l
ぼさっと 1145 e
ぼさぼさ 1293 f
星 1876 h
墓誌 1214 i
干飯 1411 n
ほしいまま 2217 b
ほしいままにする 29 h
　1501 k
干しうどん 623 f
星占い 1876 g
ポシェット 689 b
干しだく 1806 h
干し柿 122 b 1557 e
欲しがる 1931 h 1933 b
母子感染 279 a
欲しくてたまらない
　1433 c
ほじくる 127 m 970 h
　1663 m
保湿クリーム 496 m
ポジトロン 2137 n
干し棗 850 j
干し肉 521 b 539 h
ポジフィルム 2138 i
干しぶどう 554 k
星目 39 j
補習する 135 f 539 b
保守反動派 1734 l
保証人 351 n
保証人をたてる 919 e
　1046 d 1415 f
補助貨幣 539 a
補助席 543 f
干す 1493 g
ボス 58 e 133 d 328 i
　1702 e
ポスター 1898 a 2114 f
ホステス 14 l 1287 a j
ホスト 420 a
ポスト 1424 j
ホスト国 420 b
ホストコンピュータ
　2182 j
ポストモダン 709 i
ポストをあける 1663 g
ホスピス 1080 j
母性愛 1209 c
保線作業員 1945 m
ほぞ 1634 n
ほぞ穴 1155 i
舗装する 1329 k
細表 362 c
ほそとほぞ穴 1155 i
細長い 1677 k
保存書類 360 j
保存する 641 k
ぼた 558 j 1164 d
ポタージュ 1259 k
ボダイジュ 441 k 1331 l
ほださせる 9 j
ホタテガイ 1499 e
ポタポタ 382 e n 730 l

1298 b
ポタラ宮 155 h
ホタル 2016 k m
ボタン 974 b
ボタン(植物) 1210 m
ボタン 1257 d
ボタン穴 975 i 1257 b
ボタン穴をかがる 1636 e
ボタンが取れる 409 a
ボタンをかける 974 i
墓地 516 d
歩調 158 l
ほっかほか 648 m
勃起 130 l
ホッキョクギツネ 77 e
ホッキョクグマ 77 f
ホッケー 1412 l
没収する 641 a
発足する 1508 a
ぼっくり 1187 l 1805 h
ぼったくる 1378 l
　2080 i
掘っ立て小屋 1292 i
　1768 d
ほったらかす 1589 l
発端 2009 m
ホッチキス 2196 e
坊ちゃん 335 i 577 g
　1515 d g
没頭する 1140 m
ほっとする 982 i 1639 e
ホットドッグ 1433 d
ホットニュース 126 h
ホットライン 1434 l
没になる 97 i 1371 a
ホップ 715 f 1301 j
ポップアート 126 h
ポップカルチャー 1332 g
ポップコーン 74 i 212 j
　2054 n
ぽつりぽつり 1035 c
ほつれる 1297 l
ホテイアオイ 528 e
ボディーソープ 2055 l
ボディーチェック 207 l
ボディービル 835 n
ボディーペインティング
　1667 m
ボディガード 66 k 722 l
　898 h
ポテトチップ 302 l
　1709 a 2098 b
ホテル 491 g
ほてる 1512 h
ポテンシャル 1369 d h
ポテンシャルエネルギー
　1562 f
歩道 1441 b
歩道橋 656 k
補導する 539 b
ほどく 318 d 870 m
ホトトギス 437 b 1666 j
　2216 m
ほどなく 139 l 144 i
ほどよい 2163 g
ボトルネック 2233 h
ボトン 1329 j
ほとんど 779 m
ポニーテール 1138 m
母乳 1221 a

骨惜しみ 1389 f 1812 l
骨折り 2038 h
骨折り損 1893 j
骨折り損のくたびれ儲け
　510 k 1707 d
骨が折れる 234 d
骨が刺さる 588 l
骨組み 614 c 821 l
骨と皮ばかり 615 e
骨ばっている 1878 j
骨身にこたえる 216 e
骨身にしみる 1460 f
骨身を惜しまない 1143 f
骨身を惜しむ 1795 m
炎 774 j 775 f
ほの暗い 765 a c
ほのめかす 17 e 1520 a
　2000 l 2011 d 2018 m
ホノルル 1649 b
ホバークラフト 1351 b
帆柱 1750 i k
ホバリング 968 g 1900 g
ポピー 727 e
ボビン 1696 l
ボブスレー 1906 m
ポプラ 2228 i
ボヘミアン 126 b
ホホ 234 l 681 l
ほほう 682 h 696 i
　769 d
ほぼ…くらい 339 c
ほめ殺し 1294 i
ほめそやす 278 k 1504 i
ほめたえる 578 g
　2092 l
ポメラニアン 132 k
ほめる 223 e 979 k
　2084 i
ホモ 712 e
ホモサピエンス 1871 i
　2159 d
ホヤ 663 c
ホヤホヤ 1434 l
保有する 2023 e
ボラ 2207 i
ホラー映画 969 g
法螺貝 479 f 663 e
　1127 k
ほら吹き 762 a
ポラリス型ミサイル 77 f
ぼられる 2103 f
ほらを吹く 277 i 979 g
　1281 i
ボランティア 1519 l
　1828 i 1993 a 2158 k
ボランティアガイド
　1960 d
オリーブ 1796 l
ポリウレタン 921 a
ポリエステル 922 i
ポリ塩化ビニル 921 l
ポリオ 463 c 799 c
掘り起こす 1725 c
　1732 k
ポリグラフ 180 h
掘り下げる 2228 i
ポリバル 1727
ポリフェノール 453 f
ポリ袋 343 c
ポリプロピレン 921 b

ポリマー 921m	ホルムアルデヒド 921 i 922 g	ボロンボロン 965 b	本人 2138m
捕虜 534 d	ホルモン 790 g	ホワイトカラー 35 l	本音 1657 f 1867 c
掘る 1283 c	ホルン 2062 c	ホワイトハウス 34 f	ボンネット 473 f
ボルガ川 533 f	ボレー 869 c 1005 a	穂を出す 1633 k	本音を吐く 1105 a
ボルシェビキ 155m	ボレーキック 367 n	盆 1277 c	本のカバー 1577 g
ボルシチ 702m	ほれこむ 946 h 1831 k	本館 2183 c	本場 369 a 388 e 2140 h
ホルスタイン 692 b	ぼろ 1326 a e	ポンカン 1294 k	ポンプ 88 b e 787 a
ボルト 533 c 1127 g 1943 b 2004 d	ポロ 1137 c	ぼんくら 765m	本分 1185 l
ポルノ 749 g h	ぼろい商売 1381 c	香港資本 567 k	ボンボン 1654 c
ポルノ一掃 1484m	ぼろが出る 1619 l	香港スタイル 567 i	ぽんぽん 577 g
ポルノ映画 280 c 337 g 1486 k	ぼろ苦い 977 a	香港とマカオ 567 e	ポンポン 1280 l
ポルノ商品 492 n 749 k 2007 l	滅ぼす 821 d	本採用 2194 a	本末 2182 g
ポルノ女優 1722 l	ほろほろ 382 l	本社 2219 b	本結び 1612 g
ポルノ製品の売人 749 i	ほろほろ 1298 c 1329 g	本籍 797 g 2227 i	本も子もない 785 i
ポルノディスク 748 f	ポロホロチョウ 2178 j	本題 2139 i	本物 2126 h
ポルノフィルム 751 g	ボロボロに破れる 1326 e	ホンダワラ 662 l 1138 a	翻訳 1995 a
ポルノ文学 751 b	ぼろ儲ける 207 c b 1941 e	ポンド 60 b e 876 a	ぼんやり 1982 a
ホルマリン 538 c 815 a 1422 d	ほろ酔い 2231 c e	本当に 1551 b 1754 a	ぼんやりする 260 c 1176 h
	ぼろを出す 1106 g	盆と正月 1592 l	凡庸 1624 g
	ボロンボロン 378 a	ほんとにもう 1957 l 2126 l	

ま

まあ 1266 j	迷子になる 2223 i	間が抜ける 283 e	マクロコントロール 707 l
まあいいじゃないか 371 c	埋蔵鉱石 987 l	まかぬ種は生えぬ 795 l	マクワウリ 619 h 1675 k
マーカービーコン 2153 l	埋蔵層 266 d	まかふしぎ 1899 c	敗け戦 45 i
マーガリン 1441 j	まいった 536m	マガモ 1119 h 1915 m	負けず嫌い 141 c f 680 b 1954 h
マーキュロクロム 600 b	毎度 1164m	曲がり角 1732 b f	負けたふり 2098 h
マーク 109 g 756 j	毎年 1244 l	曲がりくねった道 625 c 2142 f	まげて 1413 k
マークシート 536 f	まいない 764 l	曲がりくねる 1754 b	まげてご来訪いただく 1742 l
マーケット 1503 a 1556 k	マイナス 543 b	曲がる 625 h 1732 f 2045 l	(事実を)曲げない 150 f
マーケティング戦略 2016 e	マイナス金利 367 i	マカロニ 1691 k	負ける 37 g 313 d 321 k 1470m 1581 g
マージャン 1133m 1889m 2187 i	マイナス成長 1841 j	間が悪い 149 c f	曲げる 600 c 1413 g
マージン 2027 b	マイナス符号 543 h	巻き網漁船 1750 b	負けを認めない 141 l
まあまあ 1137 g	マイナス面 2003 a	巻き込まれる 923 j	孫 1634 a
まあ待て 1383 g	マイノリティー 1428 c	巻き込む 994 a	真心 228 j 347 g 509 b 2127 a
マーマレード 916 c	マイホーム 1606 e	マキシマム 2231 k	馬子にも衣装 1472 m
マーモット 671 k	マイホーム主義 813 g	巻き尺 241 n	マコモ 611 e
マイカー 1354 c 1606 b	マイホーム族 2037 g	巻き添えにする 543 l 994 a 1363 f	マザーコンプレックス 1060 c
マイカー族 935 k 2022 k 2036 j	埋没する 1717 m 1923 h	巻き添えを食う 345 b 623 a	マザーボード 2181 m
マイカーローン 213 e	マイル 1141 k 2014m	まき散らす 1282 d 1468 a b	まさか 1205 i 1226 k 1629 l
マイク 271 i 1142 a 1748 m	マイレージカード 1040 l	巻きつく 1431 k	まさかり 539 d
マイクロエレクトロニクス 1747 l	マウス 733 a 1584 m	巻きひげ 924 a 1663 g	まさぐる 1250 f
マイクロキュリー 1747 k	マウンテンバイク 1494 l	巻き戻す 364 g	正にそのとおり 2139 e
マイクロコンピューター 1748 b	前足 1366 l	まぎれもない 153m 228 g 1357 j	まざまざ 1982 a
マイクロサージェリー 1823m	前売り 2057 l	(水などを)まく 1468 c	勝る 1374 d
マイクロ波 1747 d	前売り券 2057 m	(種を)まく 2171 m	マジシャン 106 h 1203 d
マイクロバス 1184 j 1849 g	前書き 363 h	巻く 654 d	マジック 743 n
マイクロフィルム 847 a 1636 h 1747 j	前かけ 1427 g	幕間 1214 m	マジックハンド 782 j
マイクロプログラム 1747 g	前借りする 2143 i	マグカップ 1136 g	マジックミラー 659 m
マイクロプロセッサー 1747 g	前髪 458 l	まぐさ 177 h	ましである 1373 f
マイクロマイクロキュリー 1747 k	前歯 935 j	間口 1170 g	まじない 105 m
マイクロメーター 1358 e	前渡し金 1817m	間口の広さ 1185 f	まじないの言葉 536 k
迷子 1540 j	間男 1958 i	マグニチュード 391 k	真面目 598 i 1021 i 1445 e 1965m
	マカイロドウス 834 l	マグマ 1928 d	真面目で温厚 2168 g
	魔が差す 645 j	枕 2129 e l	真面目な話 2168 i
	任せる 1445 f	枕カバー 2129 m	マシュマロ 1182 m 1653 h
	賄い 776 j	枕木 644 c	真正面 1298 e
	賄い付き 633 j	枕元 1279 l	真っ向から 1453 f
		まくりあげる 1070 c	混じり合う 1453 f
		マグロ 878 l	
		マクロ経済 2164 g	

混じり気がない 282 b 1550 l	真っ赤 1488 c 1690 b	マトン 1940 b	まもなく 793 i
まずいことに 147 f	松かさ 1618 g 1619 g	マナー 1039 g	守る 1751 k 1755 b
マスカラ 868 g	真っ赤なうそ 1148 j 1670 j	マナーモード 2130 b	麻薬 432 h
マスク 973 h 1186 k	末期がん 1736 a m	まな板 2128 c	麻薬捜査犬 789 i
マスゲーム 1712 h	真っ暗 2043 e	まな板の鯉 1440 b	麻薬中毒 433 d
マスコミ 340 h 1871 h 1898 a 2051 c	マナガツオ 197 b 2006 c	麻薬密売人 432 k
マスコミュニケーション論 270 l	真っ黒 693 d 1338 k 1771 d	まなざし 1213 c 1931 e 1933 m	麻薬を吸う 1793 j
		繭 825 k
貧しい 1394 m	まつ毛 868 l 1931m	まなじり 851 d 2217 i	眉 1162 c
貧しい家庭の生まれ 977 d	まつ毛パーマ 868m	マナヅル 621 a	眉つばもの 1899 i
	マッサージクリーム 14 b	マニア 476 f 721 i 1176 e	眉をひそめる 300 i 2176 h
貧しい生活 1795 e	真っ盛り 1743 e		迷いからさめる 1882 i
マスターする 1904 a 2111 l	抹殺する 1965 c	間に合う 445 c 1000 l	迷い犬 1540 j
	まっしぐら 86 d 1970 f	間に合わせ 717 j 724 l	真夜中 1473 i
マスターテープ 2064 k 2182 i	マッシュポテト 1709 a	間に合わせる 839 d 911 m	マヨネーズ 355 j
マスタードガス 872 k	真っ正直 588 m	間に合わない 143 g 148 h 1775 l	迷わせる 1176 l
まずは 1419 e	抹消する 1203 i		マラソン 1136 l 1470 j
マスプロ 226 b	真っ白 34 e 866 n 1905 j	真に受ける 1445 e	マラリア 795 c 1265 d
ますます 82 f 1998 m 2056 i 2071 h		マニキュア 975 b 1429 e 1890 j 2154 j	まりつき 1300 b
	まっすぐ 1980 g 2147 c 2148 m		マリファナ 333 f
まずまず 660 g k		マニ教 1201 c	マリンブルー 662 k
マス目 580 b	まっすぐ立つ 1688 f	マニファクチュア 589 b	丸 1418 c 1419 e
マスメディア 270 l 942 g 1163 f h	待った 760 m	マニュアル車 1569 a	丸暗記 1611 m
	全く 585 j	免れない 66 l 1182 k 1757 l	まる一日 2135 l 2136 h
混ぜ合わせる 853 g	全く気にしない 872 h		丸えり 2062 h
混ぜ返す 314 f	全くたいへんだ 957 j	間もない 1182 i 1658 b	丸鶏 1712 c
混ぜ物 192 l 811 i	全く同感だ 1524 c	間抜け 87 b 179 d 340m	丸抱え 63 e
混ぜる 192 h j	マツタケ 933 a 1202 h 1912 k	マネーサプライ 777 i	丸刈り頭 1126 i
マゾ 81 g 1575 a		マネージャー 1135 a	丸くおさめる 323 f 1409 j
まだ 660 b c	末端 785 m 1753 h	マネーロンダリング 1800 e	
マダイ 405 j 703 e 808 f 2126 h	末端幹部 563 j		マルクス 1136 h
	マッチ 1135 i	招きに応じる 2019 j	丸首シャツ 2062 h
股上 2148 d	マッチポイント 1470 e	まねて書く 1200m	丸ごと 225 h
またぐ 1308 a 1344 d	マッチをする 159 f 772 f	まねる 1200 b g 1241 e	マルコポーロ 1136 f
またタスク 980 e		目のあたり 1213 i 1931 j	丸太ん棒 1211 d
まだ…しない 294 k 1756 b 1757 c	全うする 884 k 1420 d		マルチ商法 451 b
	全うでない 1859 j	瞬きする 1498 k 2098 k l	マルチタスク 452 m
またたく 1196 j	マット運動 403 l		マルチタレント 452 g 545 m 1066 d
マタタビ 1212 n	松葉 1619 h	瞬く 1329 d	
マタニティードレス 2075 m	マッハ 1135 i	マハトマガンジー 1537 h	マルチプログラミング 451 g
	真っ裸 1113 m	まばゆい 172 e 1902 m	マルチメディアパソコン 452 d
マタニティビジネス 327 h	マツバボタン 56 h 330 f 1135 a	まばゆい美しい 172 f	
		まばら 1580 k 1794 h 1795 h	マルチン・ルター 1112 k
またの名 2043 c	真っ昼間 325 g 336 h 1392 b		まるで 829 d 1457 g
まだまだ 1629 h		間引く 1242 c	丸天井 1406 g h
まだまだ 2088 l	マツムシ 878 b	マフ 1569 g	丸投げ 2191 m
またもや 2043 c	松やに 1619 c 2146 e	まぶし 299 g	丸のまま 716 k
まだら牛 728 b	マツヨイグサ 1135 b	まぶしい 292 d 753 h 1956 c	丸のみ 1717 d f
股割れズボン 769 k	まつわりつく 57 c 855 g 904 g 1278 g		丸はだか 894 c
間違い 307 f		まぶしい光 1902 d	丸ひと月 2136 l
間違いがおこる 1561 a	…まで 1749 f	まぶた 1931 j 1932 e	丸ぽちゃの顔 1058 a
間違いがない 1774 m	マティーニ 1135 j	真冬 668 e	丸々 2225 h
間違いっこない 146 c	マテオリッチ 1049 l	魔法瓶 68 m 719 h 1264 j 1434 f	丸々とした 2062 b j m
間違いやすい 1998 i	マテガイ 223 i 1135 f		マルメロ 1761 h
間違える 1253 g	…までかかる 375 c	マホガニー 1658 k	丸をつける 320 h
待ちきれない 378 b c	マテバシイ 954 k	マホメット 1137 k	まれ 1515 c
待ちこがれる 24 b	まとう 1297 f	ままごと 656 e	マレーグマ 1136 k
町中いたるところ 864 i	的が外れる 1515 a	ままちち 710 g	真綿 1608 k
待ち順番を買う 1141 i	窓ガラス 126 i	ままはは 711 e	真綿で首を絞める 1462m
マチネー 1447 h	窓口一括サービス 1973 c	まま 30 i 1957 h	回りくどく言う 1432 i
街のうわさ 1846 j	窓付き封筒 936 c	真向かい 446 j	回り道 593 a 1432 e m 1732 j
待ち望む 1349 i	的に当たる 391 f	むしろ 1517 d	
まち針 87 k 673 a 2127 j	まとはずれ 1798 h	まめ 1285 k	回れ右 1837 g
	まとめて報告する 761 b	豆炭 1164 b	間を持たせる 994 k
待ち伏せる 319 n	まともである 2138 d	まめでみえる 1389 n	溝1歳 2175 e
待ちぼうけ 378 j	マトリックス 786 f 917 b	豆爆竹 103 h	満開 1538 e l
まちまち 140 g 378 i	窓枠 1655 m	まめまめしい 1389 g	漫画本 1053 e
	的を射ている 2171 h	豆もやし 1917 m	マングース 1174 k
	的を射る 1326 a	豆類 1579 m	

まんぐ〜みつぼ

マングローブ　291 e
　705 g
満月　1744 g
マンゴー　1150 m
漫才　1839 d
まんじ　1739 l
卍字形　1739 c
マンション　597 e
マンション入居者　1960 h
満足する　1147 b 1385 g
満潮　2110 g
マンツーマン　1436 f
　1968 d

満点　1146 b
マント　427 i
マントー　1145 f
マンドリル　1496 m
　1843 a
マンドリン　1148 g
真ん中　357 m 2137 m
　2139 l 2165 j
万に一つの失敗もない
　1739 b
マンネンタケ　1085 j
　1465 i
万年筆　2214 i

満年齢　1552 f 2175 e
　2225 c
マンハッタン　1148 d
マンパワー　1437 h
万引き　368 h
万病　40 f
まんべんなく混ぜる
　853 k
マンボ　1148 a
マンボウ　482 l 555 j
マンホール　886 f 1437 a
　2013 l
マンホールのふた　896 l

幔幕　1751 d
マンマシンインターフェイス　1437 a
マンマシンシステム
　1437 a
まん丸い　382 g 1712 i
満面に　624 l
マンモス　1138 k 1174 l
マンモスカー　208 k
万力　1018 k 1368 h
　1642 i
満60歳　1319 c

み

箕　134 j
見飽きる　1934 e
見上げたもの　679 h
ミーティング　1295 h
ミイラ　1211 l
身内　1663 l
見栄　224 a 255 h 1170 k
見え隠れする　1550 m
見栄っぱり　1893 a
見得を切る　1069 c
見栄を張る　44 b 819 k
　1141 g 1893 f 2197 b
　2243 a
見送り　1621 m
見送る　1620 l
見送るには及びません
　1094 a
見落とす　715 k
見覚えがある　1186 m
　1933 h
身重　1592 c
未開　1173 j
未解決　1757 d
見返し　222 g 524 l
　525 i
磨き砂　1418 c
見かけ倒し　731 c 1240 k
　2007 b 2166 c
味方か敵か　462 c
三日月　2070 k
三日月形の眉　1769 j
身勝手　290 b 821 e
身柄を請け出す　1141 m
身軽な格好　441 a
身代わり　403 b
ミカン　916 m
ミカンジュース　916 c
みかんの筋　1129 h
ミカンのふくろ　1429 l
右お願いまで　1661 b
右クリック　2043 l
右ご通知まで　1661 m
ミキサー　853 k
右にならえ　1273 f
　1838 g
右…まで　1661 i
右回り　1550 a
右むけ右　1838 h
みぎわ　1331 h
ミグ式戦闘機　1178 l
見くびる　380 i 945 l
　1397 h 1849 c
見苦しい　954 b

ミクロ経済　2164 g
ミクロ的　1747 k
ミクロン　715 l
三毛猫　727 h
眉間　2012 e
みこ　1273 g
身ごしらえ　2077 m
　2196 b
見ごたえがある　1222 j
見込み　29 h 86 j 226 j
　2057 a
見込み違い　608 l
見込む　945 e
身ごもる　738 g 1524 b
未婚の娘　329 a
ミサ　1176 j
ミサイル　355 b 362 j
　1161 m
岬　662 a
見下げる　1188 b
ミサキ　461 h 913 i
みささぎ　1085 m
ミシッ　550 h
見知っている　1444 k
未熟　1236 g
未熟な者　1533 m
見知らぬ国　1532 h
見知らぬ人　1730 l
ミシン　527 m 1443 h
ミジンコ　2047 f
ミス　1180 g
水あか　1891 a
水あめ　1654 a 1794 c
　1985 f
ミスインターナショナル
　651 h
水売り人　1677 l
水掛け論　216 d
自ら任ずる　2213 l
自ら恥じる　2214 e
自ら誇る　2213 l
ミズキ　1003 a
水飢饉　1596 h
ミズギセル　1599 f
ミスキャンパス　1856 c
水切り　1597 k
水切りをする　321 a
水際　1331 h
水際立つ　2042 a
水ぐすり　1955 m
水くみ人夫　1677 i
ミズクラゲ　665 a
ミスコンテスト　1427 c
　1902 a

水さえも飲めない　1052 k
水先案内　2008 i j
水しぶき　1595 l
ミスジャッジ　308 a
　1279 h 1790 a
ミスシュート　1520 l
ミズスマシ　242 k 1597 i
ミスする　259 k
ミスター　1180 m
水炊きする　39 j
水玉　2178 d
水たから　788 e 964 l
　1596 n 1598 c 2217 h
水っぽい酒　133 d
水鉄砲　1597 l
見捨てない　147 e
ミステリー映画　1900 a
水で割る　192 m
水につかる　1921 d e
水に強い　1222 m
水にひたしておく　218 g
水の都　1594 l
水はけ　233 n
ミズバショウ　629 l
水は深く流れは速い
　1098 b
水浸し　707 k 1148 k
水浸しになる　1920 m
水ぶくれ　1285 k
水ぼうそう　431 g
ミス香港　567 g
水増しする　1595 m
水増し肉　2186 k
水回り　264 l
みずから　1316 e 1533 j
　1931 e j 1932 f
みずから失う　1921 l
みずみずしい　1596 l
　1820 m
ミスユニバース　1558 c
ミスユニバースコンテスト
　742 l
魅する　615 b
ミスワールド　1848 g
水をかける　848 g
水をくむ　321 m 723 l
　1594 l
水をさす　1323 m
水をまく　1323 e 1324 c
　1468 l
店　1333 k
店構えの　1333 j
見せしめにする　1558 b

ミセス　1180 j
見せ場　1380 d 1381 f
見せびらかす　980 c
　1143 b 1902 a 2096 l
味噌　843 c
溝　603 f 1414 g
みそ炒め　843 f
未曾有　276 k
みぞおち　1768 b 1866 i
　1886 e
ミソサザイ　850 f 1071 k
みそ汁　843 k
みそれ　1843 m 1906 h
　2014 l 2052 l
見出し　285 a
見立て　1144 h
見たところ　946 a
みたまや　286 a
みだら　1755 k
みだらな言葉　1484 j
乱れている　1120 a
乱れる　1765 k
(世渡りの)道　1113 l
道案内する　2009 l
見違える　1444 h
満ち欠け　2062 m
道しるべ　1112 j
道すがら　1601 l
満ち足りた生活　549 m
道連れになる　309 i
　1693 c
道端　1279 l
導き出す　1713 l
密会する　2028 k
三日にあげず　1477 k
三日坊主　1472 n 1477 j
　1872 b
ミッキーマウス　1178 i
ミックスジャム　1546 j
密告する　575 j
三つ子の魂百まで　1477 h
密出国者　1439 k
ミッションスクール
　858 e
密接　1180 e
密である　1179 b
ミット　515 b 1054 k
ミッドフィルダー　2163 g
みっともない　668 c
　1668 k
ミツバ　1479 k 1916 c
ミツバチ　526 a 1180 c
密貿易　2223 j

見つめる 1252m
見積る 395c 690e
密輸する 1699d
密輸送 1607b
密輸品 1105i 1596c 1606i
密輸品を買う 1141b
密猟する 1699h
溝れ切欠くる世のならい 988f
蜜を作る 1248c
見てくれがよい 2166e
見てくれのよい物 726j
見て見ないふりをする 2134f
見て見ぬふり 96a
見通す 946m
見どころ 946n 1380d
ミトコンドリア 1827e
緑したたる 302c
緑なす山 173k
見とれる 1461h
ミトン 1054i 1569k 1570k
みなぎる 1663m
身投げ 1702g
皆殺しにする 1821e
皆さん 583j
見なす 947k 1213l
水俣病 1225i
南アジア 1225i
南側 1224i
南向き 1838f
見習工 1905c
見習う 1856n
身なり 1981c 2196b
見慣れない 1205m
見慣れる 1581l 1601i
ミニ 1177e
身に帯びる 344g
ミニカー 214j

醜い 1105d
みにくいアヒルの子 255g
ミニスカート 440m 1177e
ミニチュア 1852l
身に着ける 1297g j
ミニトマト 1537c
ミニマム 2231i
見抜く 268m 1703k
峰 1086m 1495c
ミネラルウォーター 987c
みの 1635a
身のこなし 2206a
身のふりかたをつける 12e
身の程 305f
身の程知らず 231i 626j
身の回りの世話 292h
ミノムシ 866m
見ばえがする 1349e
見ばえがよくない 149i
未払い 1756l 1757b 1813e
見張り台 1074n
見張りをする 1744l
(目を)見張る 2134c
身振り 2206a
身振り手振り 91l
身震い 668h 669b 1034i 1033e 1493n
未亡人 621h
見本 1853k 1946m
見本原稿 1946l
見本帳 159h
見舞う 1651d 1882g
みまかる 617g 642d

見回す 619e
耳打ち 466g
耳打ちする 465j 1952f
耳が痛い 2096g
耳搔き 1725a
耳が聞こえない 1101k
耳学問 971j
耳飾り 465i
耳が遠い 2173h
耳くそ 465e
耳障りな 2173i
ミミズ 1407c 1412e 1501f 1710a
ミミズク 238b 1152m 1962d
みみず腫れ 103g 1862i
耳掃除 1657c
耳たぶ 282f 465h
耳だれ 467n
みみっちい 1314e
ミミナグサ 923a
耳鳴り 466b 1071g
耳に痛い 1241h
耳に快い 1395k 2071j
耳の保養 465d
耳をそばだてる 2143k
耳をそろえる 1457d
耳をほじる 1725a
見向きもしない 139a
みめ 1162a
ミモザ 667d
身持ち 175h
身元保証人 1659b
脈拍 1796d
脈を打つ 29m
脈をみる 2129f
ミヤコドリ 1048i
宮仕えの 631d
みやびやか 1918k
ミュージカル 578b 2005f

ミューズ 1199i
ミョウガ 1429i
明攀 484h 1195f
妙齢の少女 1453k
未来図 2066f
ミリオンレコード 876j
ミリメートル 675j
魅力 989c
ミリリットル 675l
見る 1379j 1460n 1461i
ミルクセーキ 1221k
見るに忍びない 1213j
見ればすぐわかる 1964f
見分ける 1444b
見渡す限り 791i
身を入れる 1811h
身を躍らせる 2220m
身を投ずる 454l
身を固める 1733i
身をかわす 98j 1498f
身をささげる 1895e
身を処する 2243f
身をつける 623a
身をのり出す 1651e
身を任せる 1754j
身をもって 1384j
身をもって試す 1667j
身を寄せる 1336m
民意 1i
民間芸能 1415l
民間舞踊 1190d 1191l
ミンク 1595g
民衆 1428g
民族舞踊 1191f
民族舞踊 1709h
みんな 330a 884l
民謡 1266m

む

無意識 1779e
無一物 1978d
ムース 1201g
ムード 1400l
ムーンウォーク 1644a
向かい 445g 446j
向かい合う 446i
向かい風 414b
迎え入れる 861l
迎え撃つ 2015h 2016j
迎え酒 250c
迎える 860j 2015i
無学 1886h
ムカゴ 1083l
昔なじみ 1022f
昔のこと 227g
昔のつけ 1023l
昔のままの見方 1023h
昔話 611l
昔々 612f
むかつく 437c
むかっとする 436d 1268k
ムカデ 1781i
むかむかする 113m

ムギ 1142a
むきえび 1806k
むき出し 636i
無期懲役 1777e
麦畑 1142d k
無気力 1215j
麦わら 860d 1142l 1429j
ムギワラトンボ 837h
麦わら帽子 177b
向きをかえる 758g
向きを変える 1257h
麦を刈る 1499l
ムク 64f
無垢 1775l
むく犬 1151f
無口 1211m 2115c
ムクドリ 754b 1063h
ムクノキ 175g
むくむ 1599g 2170b
ムグラ 1117f
無限地獄 1e
無限大 1778k
むごい 170d 171m 998h 1866h 1925j
婿入りする 1462a

無公害車 1118g
無効票 511b
むこうみず 142g 2198j
無戸籍者 694e
婿どの 1821j
婿をとる 2114e h
ムササビ 1780k
貪り食う 354i 1006e
貪る 1006e
むずかる 32c 1931e
むざむざ損をする 1918z
無地 1626a
蒸し暑い 1168h 1543m
蒸し返す 249c
虫が納まる 871h
虫が食う 1553h 2187d
無資格旅行ガイド 1959h
虫がつく 2113h
ムシカリ 1010b
虫がわく 1531b
虫食い 248h
虫けら 1104j
無視する 1777i
蒸しせいろ 1669c
無実の罪 1413h
無実の罪を受ける 1173g

1575d
無実の罪を着せる 1773m 2060i
蒸し直す 759d 1098j
虫歯 242a 1417k 2187c
虫眼鏡 500j
無邪気 1673c 1696a
むしゃくしゃする 113l 1768c e l
無重力 1541l
むしり取る 1822j
蒸し料理 1396j
むしろ 1253d 1254a 1497g 1753a 1799a
むしろその方がいい 1253i
無人売り場 1777l
蒸す 2134l
難しい 1226k
息子 464a
息子の妻 1800d
結ぶ 1491m
結びの科白 1566d
結び目 866g
結び目を作る 318b

むすぶ～めはな

1590 g
結ぶ 866 f
娘 609 l 642 h 1913 c
娘さん 1850 c
娘っ子 750 k
夢精(する) 1175 h
むせび泣く 1963 e
むせぶ 588 l
むせる 236 m 1372 f 1377 c
無線電信 1778 k
むだ 1160 e 2200 i
むだ足を踏む 36 g 1328 g
むだ口 34 k 1848 a
むだ遣いする 656 d 1177 j
むだな金 2060 f
むだにする 2087 e
むだに費やす 966 h
むだ話 510 j
むだ話をする 1807 a

むだ骨を折る 32 k 1807 h
むだ飯 1820 d
むだを省く 217 j
無断欠勤 987 e
無知 1174 n
無恥 1774 k
無知蒙昧 1173 j
むちゃくちゃに攻撃する 60 f
むちゃを言う 1035 i
夢中になる 2116 e 2184 d
鞭をあてる 1938 h
無賃乗車 1658 n
ムツゴロウ 336 d 533 l 1649 c
ムッソリーニ 1207 l
むっとする 544 a 1168 b 1171 f
むつまじい 683 a b 1215 a

霧笛 1789 b
むなしい 966 a
むなしくつかみどころのない 966 d
無にする 610 a
むにゃむにゃ言う 965 k
胸 1886 b
胸がときめく 1868 f
胸肉 1330 c
胸やけ 299 e 1513 b 1629 e
胸やけする 2238 d
胸をうつ 783 e
胸をはだける 205 k
胸を張る 1688 m
無能 2171 g
無配当 141 h
無病息災 1394 d
謀反を起こす 2089 m
無味乾燥 555 h l
無名 1776 f

無免許 1780 a
むやみに 1120 c
夢遊病 1963 d
無用の者 1820 m
むらがない 2074 j
群ански取り囲む 299 l
群がる 1427 f
ムラサキダイコン 703 n
村はずれ 303 c
無理強いする 1376 k
無理にがんばる 2097 g
無理に迫る 2020 c
無理に人になすりつける 2021 i
無理にやる 2020 m
無理やり 2020 i
無理やりやらせる 240 h
無料 1183 c
無料入場券 1183 j
むろん 2214 k

め

目新しい 1933 e
姪 294 k 1534 h 1730 b 2150 l 2151 c
銘菓 1804 g
名義上 2013 h
迷宮 1783 l
明細書 1393 j
迷彩服 1752 f
名刺 1193 l
名司会者 1194 h
名称 1194 g
名状しがたい 1206 a
名所旧跡 1194 e
名人 1537 f
名声 1535 i
名声が失われる 1192 i
名声を馳せる 1939 b
名探偵 1527 f
命中する 2171 k
冥界 388 f 751 k
命日 806 f 1611 m
明白 1823 h
冥福を祈る 1198 i
名簿 1193 k
めいめい 584 c
命名する 417 g
名目 1192 n 2013 h
名目上 1194 b
名目だけ 414 c
名門 1559 d
名誉回復 1317 e
命令コード 2154 m
命令(する) 1199 a
迷惑電話 400 c
迷惑メール 993 i 1874 i
迷惑をかける 1363 d 1831 d
メインエンジン 2182 j
メインキャスター 2182 c
メインスイッチ 2219 d
メインディッシュ 326 g
メインボード 2181 m
メインメーター 2218 l
メインメモリー 2182 h
目上によく仕える 1855 a

目上の者 2110 a m
メエー 1189m
メーカー 204 e h
メーキャップ 313 f
メーター 1040 l
メーデー 1784 c
メートル 1178 a
メートル法 651 d
メール 1167 i
メールアドレス 2031 c
メールする 1167 j
メールソフト 2031 c
メールボックス 402 d
目が落ちくぼむ 970 i 1103 l
目顔で知らせる 1260 a
目がかすむ 765 c 1931 g
目が利かない 149 i
目が利く 1931 c 1932 l 2110 c
目がくらむ 454 k 473 h 1902 d 2073 b
妾 1849 k
妾を囲う 174 d
眼が肥える 568 g
メカジキ 834 m 837 f
目がしら 338 h
目がすわる 477 b
目方 876 i
目方不足 1514 a
目方を量る 224 e
目がつんでいる 2209 m
芽が出る 261 c
メガトン 42 l
メカニズム 781 f
メガネザル 1932 c
メガネをかける 346 g
メガバイト 2119 j
メガヘルツ 2119 j
メガホン 271 i
目がぼんやりする 1173 i
目から火が出る 1156 j
目利き 1548 b
メキシコドル 1207 c
めくれる 1008 j

目薬をさす 382 k
めいせる 392 b
恵み 292 k
恵みの雨 2052 g
巡りあう 1830 a
めくる 481 l 863 d 1819 e
目ざとい 1931 i n 1932 j
目ざましい 893 e
目覚まし時計 1232 b
めざめ悟る 1790 h
メシア 1176 l
召し上がる 2025 k
飯すくい 492 b
召使い 1330 h 1562 i
飯の種 1981 k
めしべ 1464 e
目じり 1853 h
メジロ 1891 k
飯を炊く 278 a
メス 1570 l
雌馬 963 h 1134 a
メスシリンダー 1064 m
雌ねじ 1127 e l
メスフラスコ 1064 j
珍しい 1825 a
珍しい話 1343 l
雌ロバ 177 l
メゾ経済 2164 g
メゾジスト 1755 c
メゾジスト教会 1166 g
メゾソプラノ 1263 m 2168 g
メゾン 546 d 2072 c
メソポタミア 1166 c
めそめそする 674 k
メダカ 839 f 1391 m
目出し帽 709 i 1135 j
メタセコイア 1598 d
目立つ 1156 h 1824 c
雌 2178 c
目玉商品 943 i

目玉焼き 689 c 824 a
メタボリドホス 815 a
メダルを取る 1216 m
メタン 815 c
メタンガス 2117 l
めちゃくちゃ 1121 h 1976 j
めちゃくちゃに乱れる 1334 i
めちゃめちゃである 2086 k
メチルアルコール 815 c
メッカ 1142 j
めっき 438 k
目つきの悪さ 2093 j
メッシュ 1680 c
メッセージ 1666 j
めったに 1226 f
めったにない 669 l 1515 c 1794 m
めったにないチャンス 1545 l
滅亡する 1676 c
メディア 1163 f
めでたい 1835 m
めでたい兆し 1465 e
(水泳の)メドレー 768 c
メドレーで歌う 1056 h
メドレーリレー 1996 k
メトロノーム 1271 j
メニエール病 1166 c
目にかなう 447 e
目にものを見せる 1929 h
メニュー 167 k 1553 b 1901 g
メニューバー 167 k
メヌエット 1845 c
めのう 1138 l
目の上のたんこぶ 1455 e
目のかたき 1933 h
目の保養 66 a 1931 b
目の見えぬ人 1807 m
芽ばえる 1172 k
目鼻がつく 2038 h

目張りをする 1098 d	メロディー 407 i 1373m 1415 g 1901 d	1533 f	めんどり 288 a 783 j 1209 h
メビウスの帯 1142 c	メロン 619 i 1180 g 1675 k	免職にする 935 n	綿ネル 1449 e
目減り 681 i	目をごまかす 2113 a	免除特権 779 i	メンバー 227 l
めまいがする 477 i 765m 1702 c	目をこらす 417 b 418 b	メンズ 1223 f	綿帆布 1804 d
めめしさ 1248 h	目をしばたたく 799 a	面する 210 d 1079 c	綿ブロード 1182 a 1319 d
女々しさ 1263 c	芽を出す 1172m 1711 l	メンタルトレーニング 1867 a	綿棒 1182 l
メモ書き 2211 d	目をつぐる 2243 b	綿縮 2176 b	麺棒 561 l
目もくれない 255 j	目をつける 946 h	メンツにこだわる 840 j	面目 1059 l
メモ帳 801m	目を閉じる 690 e	メンテナンス 68 k 1751 k	面目がない 1058 c 1639 j
目盛り 961 i	目をぱちぱちする 2098 k	メンテナンスをする 1945 e	面目を失う 1502 k
メモリー 304 e 1233m	芽を吹く 1172 a	メンデルスゾーン 1175 c	面目を重んずる 1954 a
メモリーカード 801 d	目を細くする 1175m	メンデルの法則 1175 c	面目をつぶす 256m
メモを残す 1094 l	目を見張る 990 b 2108 e	面倒がる 1823 a	面目を施す 1106 i 2110 j 2133 j
目やに 1931 i	目をむく 1930m	面倒くさい 1125 h 1133 f	メンマ 1634 i
メラトニン 1717 b	面 816 i 1196 e	面倒を起こす 319 k 1104 b	綿メリヤス 1182 l
メラニン 695 c	面会謝絶 358 l	面倒をかける 1674 f	麺類 1184 g
メラミン 1180 e	面会を求める 830 a 1403 k	面倒を見る 943 g 994m	
メラミン樹脂 1475 k	メンシェビキ 1175 i	メントール 134 f 1175m	
めりこむ 2239m	面識がない 1186 j		
メリヤスシャツ 1449 k			
メリヤス製品 2127m			
メル友 402 k 1875 e			

も

喪 1482 e	モールス信号 400 i	もたせかける 952 i	基づいて 85 i
モイスチャークリーム 68 g 1465 f	モールス符号 1205 h	もたらす 2089 j	元手 85 a 1015 k 1209 c 1906 l
もう一度言う 2081 k	もがき脱け出す 2141 l	もたれる 1322 h	元値をする 1517 a
儲かる 2195 b	もがく 2133 l	モダン 1201 j 1549 n	元値 83 k 818 a
儲けが大きい 1001 h	モカコーヒー 1201 l	モダンアンティーク 1826 f	元値を割る 988m
儲ける 1531 h 1706 c 2017 f 2195 b	もぎとる 31m	持ち味 85 d	元の鞘に収まる 250 f
蒙古斑 1391 l	もぐ 2100 c	用いどころ 2026 d	元々 82 e 2064 b
申し送る 844 k	もぐさ 7 l 1983 e	持ち帰り 1730 b	もとる 2036 n
申込金 623 b	モクセイ 647 a 877 a 1212 d	持ち帰る 363 l	モニター 823 l 1823 l
申し立てる 231 f 1522m	目的語 116 a	持ちこたえる 2143 c	モニタープログラム 824 g
申し分がない 1166 a 1733 k	黙禱 1207 h	もち米 1266 d	喪に服す 2037 i 2041 k
申し訳ありません 1586m 1748 j	目標達成率 311 k	餅は餅屋 581 b	物忌みする 2099 h
申し訳が立つ 445 i	木目 1042 j 1764 k	モチベーションリサーチ 424 c	ものうい 1008 h
申し訳なく思う 72 e	黙々と 149 b 1168 j		物売りの夜歩き 1947 h
もう少しで 190 b 2133 g	モグラ 1934 a	持つ 1215 k	物音 1535 e 1835m
孟宗竹 1154 b	もぐり 692 i 1224 i 1958m	もっけの幸い 230 d	物覚え 801 b 1230 g
盲導犬 363 d		もったいぶる 1216 j 1966 g 2196 d 2243 b	物が言えない 867 i
毛布 1650 e	潜り込む 2096 d 2228m	(…を)もって 1991 d	物語 618 g
もうやめとこう 1629 l	モクレン 1211 c 1873 b	最も愛する 2156 j	モノカルチュア 350 h
朦朧詩 1173 j	目録 1040 d	もっとも 625 j 2067m	物がわかる 763 b 939 i
燃えかす 885 d	模型 1641 i	モップ 1720 g	ものぐさ 2023 f
燃えかすになる 754 d	猛者 1174 e	もつれ乱れる 1333m	モノクル 349 h
燃え殻 850 k	モザイク 1137 g 1138m 1681 e	もつれる 852 i 904 h 1256 l	モノクロ映画 692 a c
燃え残り 885 d	もし 1456 i 1465 l 1466 h j	もてあます 175 e 1249 k 1259 h 1588m	物乞い 553 d
燃えやすい 1998m	もしそうでなかったら 147 n	持て余す 32 c 234 f	物乞いする 1345 j 1659 l
モー 1208 a	もしそうでなければ 1953 h	もてなす 346 i	物心がつく 801 a
モーゼ 1201 i	もし…でなければ 263 g	もてはやされる 1832m	物腰 917 k
モーゼル銃 131 g 1372 k	文字のなぞかけ 2211 i	モデム 1679 l	ものさし 242 a
モーター 1135 b 1201 h	文字化け 1121 c	もてる 237 h	物寂しい 1072 b 1394 b 1843 m 1844 f
モーターショー 215 e	文字盤 2211 c	モデル 1193 j 1200 k	物知り 42 h 1689 a 1738 i 2145 d
モーターボート 1354 m 1689 b	もしもし 1727 m	モデル化 1200 j	ものすごい 503 d 1336 f
モーツァルト 1206 k	もしも…なら 1954 m	モデルケース 1559m	物足りない 658 k
モーテル 1354 a	模写する 1187 c 1201 b	モデル住宅 1946 h	物ともしない 151 c
モーニング 202m 220 h 1039 b	模写品 1201 b	モデル団地 1851 j	物にする 573m 1765 h 2189 d
モーニングコール 857 f	モジュール 1200 e	モデルチェンジ 744 j 745 f 2193 c 552 l	物の言い方 1924 d
モーパッサン 1205 d	喪章 694 i	モデルルーム 1946 l	物の数でない 1630 k 1643 e
モーメントアーム 916m	文字を知らない 149m n	元が取れない 988 f	
	モズ 129 j 916 l	もどす 472 l	
	もだえ苦しむ 20 d	元スイッチ 2219 c	

物の数に入らない 414 k
物の芯 1641 c
物の道理 2208 e
物のわかった 840 h
物干し竿 1493 n
物干し台 1493 k
モノマー 350 g
物まねショー 1200 b
物珍しい 1343 g
物もらい 1142 c 1345 b
　1931 k 1953 d 2127 k
モノレール 349 g 644 k
物わかりが悪い 1159 k
物笑いになる 1432 l
　1826 j
物を言う 2237 l
モバイル通信 1879 k
　1986 g
模範 2090 m
喪服 1855 m
喪服を着る 1297 d
モブログ 1986 g

モヘア 199 k 1135 h
　1449 d
モミ 1034 c
もみ洗い 1453 d
籾すり 1101 i
揉む 1201 h 1453 l m
揉め事 1121 b 1561 f
木綿糸 1182 c
木綿豆腐 1017 e
桃 1658 f
股 1715 i
桃の砂糖漬け 1658 h
もや 1140 b
もやしっ子 430 e
もやしの油炒め 299 a
燃やす 1428 j
模様のある紙 730 h
もらい子 71 c
もらい子をする 71 k
　1088 a
漏らす 2222 e

モラトリアム 202 e
　1926 h
もり 111 h
盛り上がり 1433 g
盛り立てる 8 a
盛る 229 h
漏る 2223 l
モルタル 1473 i 1491 g
モルト 1142 i
モルヒネ 507 j 703 e
　1138 j
モルモット 1673 i
　1718 b
モルモン教 1201 d
漏れを防ぐ 435 l
もろい 302 c 848 i
　1618 j
もろくなる 302 j
もろく弱い 1466 d
もろもろの 2178 h
紋切り型 631 a
紋切り型のあいさつ

　269 l
紋切り型の儀礼 1894 b
文句 468 e
文句をつける 49 m
モンシロチョウ 167 a
モンスーン 804 g
門前払い 96 c
モンタージュ 1173 b
問題にしない 143 i
問題にする 2082 e
問題のありか 2132 h
問題をひき起こす 1231 j
悶着 1563 h
モンテ・クリスト伯
　340 h
もんどり打つ 1589 k
　2080 a
モンロー主義 1170 h
門を閉ざす 1930 g
門を閉じる 1508 c

や

矢 836 l
やあ 1266 i
やいのやいの 89 a
八重 1360 h
八重咲きボタン 892 i
八百長審判 694 k
八百長判定 1727 b
八百万の神 23 a 390 d
夜会服 1736 k
やかましい 211 a
　1844 c m 1899 a c f
やかん 407 m 1595 j
　1695 j
夜間外出禁止 1842 g
夜間パトロール 1911 c
焼き甘栗 1653 l
焼きいも 952 h
焼きギョーザ 650 f
焼き付け 1494 a
焼き増し 809 h
焼き明礬 484 h 557 f
やきもきする 1513 b
焼き餅 298 j
焼き餅を焼く 1243 h
　1323 g 1931 f 2238 d
野球 60 c
焼きを入れる 301 l
冶金 1958 h i
冶金工場 1958 i
ヤク 1038 m
厄 627 g 1493 b
焼く 1512 e f 1746 l
役者 1803 m
役所仕事 631 e
薬石効なし 1741 n
約束 2068 g
約束する 1924 h
約束手形 1337 f
約束する 1457 c
約束を違える 1594 d
約束を破る 1541 b g
役立たず 511 h 1890 d
役立つ 373 f
厄年 944 h
ヤク仲間 517 i

役に立たない 1363 k
役に立つ 802 m 1349 c
　2153 e 2168 h
役人風 630 a l n
役人口調 630 l
役人勤めをする 630 f
役人になる 631 c
役人のモラル 630 l
ヤクの毛 1255 k
役場 596 n
厄払い 1621 d
疫病神 1483 h 1761 k
　1960 g
役不足 1413 k
約分 2068 e
訳文 1995 b
薬味入れ 636 m
役目 2151 i
薬用石鹸 1955 f
ヤグルマソウ 645 i
夜警 187 m
やけ酒 1768 j
やけ酒をあおる 682 e
焼け死ぬ 1610 j
焼けつく 2161 b
やけど 774 h 1512 l
やけどする 1656 a i
　2203 m
妬ける 1628 l
薬研 1246 m
ヤゴ 1594 i
屋号 679 b 2211 e
夜行列車 1961 l
ヤコブ病 961 a
野菜 1390 f 1581 e
野菜スープ 167 b 168 d
野菜畑 1344 m
(女性が)優しい 1760 l
優しくいたわる 1760 l
ヤシ 1956 i
やじ馬 946 f
野手 1571 e
夜食 1962 m
やじる 708 l
安い 833 l 1056 c

1306 j
安売り 1589 k
ヤスデ 1136 l
休み 819 e 1888 h
休め 1515 h 1796 m
安物 833 a
安物買いの銭失い 1306 j
　1646 d 1706 f 2105 e
安らか 1251 i
安らぎ 409 k
やせこける 557 e 615 e
やせ地 797 i
やせっぽち 1576 k
やせている 1395 d
やせる 409 k
(家畜などが)やせる
　409 c 1716 k
野草 176 k
屋台 777 l 1646 i
やたらに騒ぐ 2120 c
やたらにじゃまする
　698 l
八つ当たりする 1361 b
　1467 e 1488 f 1986 m
厄介 796 g
厄介な事 1104 b
厄介者 1954 g
ヤツガシラ 347 b
やっきになる 336 h
薬莢 1955 a
八つ切り 22 j
ヤッケ 377 e
八つ手 22 i
やっと 881 g 2123 f
　2219 l
やっとこ 334 j 810 l
　1368 h 1570 b
やっとこさ 24 i
やっとのことで 18 m
ヤッピー 1918 j
ヤツメウナギ 1335 c
やつれる 1379 c
ヤドカリ 806 c
やどり木 720 a 806 h
　1482 j

宿六 2111 f
雇われ人根性 619 d
やな 443 l
柳 1095 h 1939 d
柳の枝 1096 d
柳の綿毛 1897 k
柳わた 1096 g 1939 b
やに 847 a
野に下る 1814 b
夜尿症 1987 c
屋根 1773 g
矢羽根 1082 k
やはり 660 e 2218 l
野卑 1042 e
やぶ医 1783 j
ヤブカ 72 j
やぶにらみ 1861 b
やぶれかぶれ 1689 d
破れ目 529 h 973 k
やぼったい 1710 i
ヤマアラシ 676 c
ヤマイヌ 191 l
病持ち 1938 c
山奥 1494 b
ヤマカガシ 244 a
山火事 1495 f
やまくらげ 602 d
山坂 1495 j
やましい 988 j 1234 c k
　1371 m 2037 b
やましい念 473 j
やましいこと 1167 a
山出し 1385 m
山津波 707 f 1495 c
山積みする 225 a
山なみ 295 a
ヤマネコ 72 k 1959 j
ヤマノイモ 1496 d
山彦 758 i 759 i
ヤママユ 171 e
山分けする 443 h
やまをかける 160 l
闇打ち 1033 d
闇商売 694 l
やみつき 490 k 1511 i

闇の商品　693 g
闇ブローカー　751 d
ヤミ屋　364 l
闇レート　694 m
やむ　1688 f
病む　71 f
飲茶の風習　186 m
やむなく　2152 g
やむを得ない　140 e　1324 n
やめなさい　114 k
止める　30 c　324 i
夜盲症　1962 c
ヤモリ　1790 e
やや　1513 b
ややこしい　1478 e
やらずの雨　1094 l　1435 c
やりがい　574 i
やり方　2237 a
やりきれない　234 h　608 c　1226 l

やりくりがつかない　2175 b
やりくりする　873 j　2143 m
やり手　563 a
やりて婆　69 l　1367 k
槍投げ　110 a　2161 l
やりにくい　1225 k
やる気　563 a
やる気満々　775 i
やる気を失う　1862 h

やるせなさ　1820 c
やれやれ　1266 i
柔らかい　1236 f　1463 g
柔らかくてもろい　1623 l
矢をつがえる　309 l
ヤンキー　728 g　1024 k　1165 f　1938 m
やんちゃ坊主　1852 b
やんわり　1570 e

ゆ

唯一無二　1971 j
遺言　1987 l
遺言状　1987 l
唯心論　1751 a
結納の金品　165 j
結納を送る　500 c
結う　312 e
優　815 f
ＵＲＬ　1741 l
憂鬱　2004 i
憂鬱な気持ち　1865 k
ＵＳＢメモリ　2027 a
ＵＨＦ　571 e
優雅　1610 i
誘拐　59 b
融解　1451 j
有害　665 e
有害食品　432 m　702 f
誘拐する　625 l
ユウガオ　104 d　724 d
夕　1790 h
ユーカリ　12 i
夕刊　1736 c　1814 l
勇気　2042 g
有機食品　2037 f
有機水銀中毒　815 j
遊休資金　788 c
ユークリッド　1266 h
夕暮れ　1644 k
有権者　1902 a
ユーゴー　76 f　2052 i
ユーザー　1554 e　2026 i
有酸素運動　2041 i
有識者　1548 m
融資する　473 i
有刺鉄線　795 m
優秀な人材　1345 l
優秀な者　2091 j
優勝カップ　841 m
優勝旗　883 m
優勝者　635 c
優勝する　454 h　623 k　2100 j
優勝牌　883 m
優勝を競う　2132 i
夕食　1501 d
有人宇宙船　2051 g　2083 m
有人宇宙ロケット　2051 g
優勢　1506 e　2105 f j
優先株　703 a　2027 h
融通がきかない　840 b　913 k　1611 f　2020 l
融通する　1265 b　1691 i　2175 b

融通をきかす　106 d
ユーティリティーソフト　1551 m
融点　1451 m
誘導　2160 b
優等生　568 b
誘導電流　563 d
ユートピア　1772 c
有能　1373 l
夕日　1790 i
ＵＰＩ通信社　686 g
郵便受け　1874 h
郵便配達員　1621 j　1702 b　2030 m
郵便物　667 d　1874 a　2031 c
郵便物を出す　805 i
郵便ポスト　1696 f　1874 b　2031 g
ＵＦＯ　146 h
裕福な家　548 h
夕べの集い　1736 g
有名　259 b　2145 j
有名歌手　578 j
有名人　334 k　1194 b　1765 c
有名ダンサー　1787 k
有名な古跡　1193 f
有名な事件　1193 b
有名な役者　1193 f
有名な料理　1193 c
有名ブランド品　1274 g
ユーモア　2029 c
ユーモラスな趣　1860 e
釉薬　2044 k
夕焼け　1737 e　1809 b
悠々自適　1394 d　1842 i
猶予する　1450 e l
ユーラシア大陸　332 j　1266 k
優良株　807 d
有料サービス　2036 i
有料道路　1566 j
優良品種　2027 m
有力な側近　2234 k
幽霊　645 d
幽霊が出る　257 i
幽霊と妖怪　645 n
ユーロ　2060 i
宥和政策　1632 l
愉快　941 c
床置き型　1130 j
床用ワックス　387 f
湯が沸く　935 e

ゆがんだ考え　1727 i
ゆがんでいる　1385 h　1727 d　1742 g
雪男　1906 a
雪掻き　196 a
雪合戦　322 j
雪そり　1378 h
雪だるま　1378 k
雪だるま式　649 d　1254 e
ユキノシタ　720 c
雪吹きだまり　1906 a
ユキワリソウ　69 g
行方　1781 d　2204 h
行方不明　1418 d　2223 i
行方をくらます　1369 e
湯気　1434 e
揺さぶる　1819 c　1950 l
湯ざまし　1033 h　1063 h　1594 f
湯冷まし　35 i　1062 m
輸出　258 l
輸出先行　1817 c
輸出超過　1158 d　1459 j
輸出入禁止　889 h
ユズ　233 c　1832 h　2044 j
ゆすり取る　1378 e
ユズリハ　845 e
譲り渡す　1575 l
ゆする　456 k　1026 f　1948 a
譲る　1430 m　1713 c
輸送する　2083 j
ユダ　2029 g
豊か　2006 a　2062 h
豊かな実り　519 k
ユダヤ教　2029 h
油断する　1540 h
湯たんぽ　1652 l
湯茶　186 l
癒着する　2102 h
ゆっくりかきまわす　602 l
ゆったりする　284 e　294 g　984 l　1618 e　2055 k
ゆでギョーザ　128 h　1596 f
ゆでこぼす　209 h
ゆで汁　2065 b
ゆで卵　784 d　2184 f
ゆでる　21 g
ゆとり　2194 h
ゆとりがある　983 j
ゆとりがない　1000 i

ユニーク　115 l
ユニコード　350 l
ユニット　782 h
ユニット家具　1660 a
ユニット式プレハブ建物　686 i
ユニバーシアード　1844 l
輸入　885 l
輸入税　1460 e
輸入石油　1942 h
輸入超過　1158 d　1459 j
ユニラテラリズム　348 d
ＵＮＥＳＣＯ　1057 i
ユネスコ　858 f　1057 i
湯飲み茶碗　2169 c
ゆび　430 a
指折り数える　1413 k
指きりげんまん　995 d
指さす　2154 e
指サック　2154 l
指人形　1569 m
指貫き　387 j　415 j
湯船　2055 k　2088 i
ユマニテ　1436 c
弓を引きしぼる　593 k
夢　1043 g　1175 m
夢うつつ　53 f
夢をみなされる　1175 h
夢判断　2101 b
夢まぼろし　743 m
ゆらゆら　753 h　1249 h
ゆらゆらする　2028 j
ゆらりゆらり　1309 l
ユリ　40 j
（液体を）揺り動かす　640 l
ゆりかご　1950 l
ユリカモメ　706 b
揺り醒ます　1951 m
ゆるい　1618 h
ゆるがせにする　715 e
許しを請う　1404 a　1659 f
許しを願う　1659 f
許す　351 d　1431 l m　1875 n　2064 l
ゆるむ　239 j　770 b　1480 a　1618 b d
ゆるめる　1578 f
ゆるゆる　743 j
揺れ動く　395 n　1950 a g
揺れる　360 g　753 h　1950 g
ゆわえつける　28 f

よ

夜明け 1671 c
よい 1985 k
よい香り 1757 i
良いか悪いか 957 l
よい感じを与える 1986 b
良い子 624 k
よいしょ 660 b 673 g 965 k
宵っ張り 1962 j 1963 b
よい点 676 k
よいとまけ 316 k
よいとまけの歌 672 a
酔いどれる 1008 n
よい方法 1061 c 1188 f
酔いをさます 1882 k
（かけ声）よう 1266 i
酔う 2231 e
陽イオン 2138 j
用意する 2212 l
容易なこと 1998 c
容易ならぬ 1525 i
洋画 1792 d
妖怪 895 e 1948 c
要害の地 1824 e
妖怪変化 1255 a
洋菓子 1791 e
ようかん 1940 c
溶岩流 1928 e
陽気 740 b
容疑者 1988 d
要求(する) 1824 m
要求価格 1637 m
養魚池 2047 f
ようし 677 m
要旨 2153 l
容姿 2205 m
陽子（プロトン） 2161 g
養子 805 d
幼児 2044 h
用事 1561 m
様式 1559 e
養子と養女 805 e
（…を）要しない 137 k
養生する 839 l
幼少のころ 1851 m
洋食 1791 i
用心する 802 e 1094 g 2186 l
用心棒 321 k
用心棒を雇う 619 a
羊水 64 c
用水路 667 j 1414 h
ヨウスコウワニ 1723 l
様子をみる 1744 d
養成する 1585 g
溶接 671 i
様相 1185 i
幼稚園 2044 j
幼虫 661 b
陽電子 2137 n
陽動攻撃 1940 l
杳として消息がない 1188 h
妖婦 1948 c
洋風 1710 g 1792 k
用便をする 870 i

要望 1403 e
容貌 1158 j 1185 k
養蜂場 526 c
幼名 1459 h
用務員 591 j 1389 l l
要領 1169 b h
陽暦 1943 a
養老院 902 h
ヨーイ 583 f
よーいドン 2057 f
ヨーグルト 1628 l
ヨード欠乏症 396 j
ヨードチンキ 396 h 413 j
ヨーヨー 521 h 2028 d
ヨーロッパ 1266 e j
ヨガ 2050 a
よからぬ道 1859 c
よかろう 31 i
良き友 2035 m
良き日 1061 b
預金 266 f
預金客 266 f
預金者 266 i 721 e
預金者 304 e
預金と貸出し 304 h
預金と貸付け 304 c
預金引き出し 1665 l
預金をおろす 304 a
翌朝 291 b
よく効く 414 i
よく知っている 1582 m
よくしゃべる 1014 n
よく…する 101
抑制価格 1827 a
浴槽 2055 j
よくない考え 1727 l
よくなる 1837 i
よく煮えた 1581 l
翌年 2192 m
欲望 2055 f
よくもまあ 988 j
よくよく考える 268 d
よくよく見る 439 a
よくわかる 1823 e 1855 g
余計 2200 i
余計なおせっかい 1514 c
余計なこと 453 e 837 k
余計なことに口を出す 453 f
余計な心配 175 j
余計な文句 1452 b
予言 223 f
横穴 976 c
横穴式住居 1949 l
横糸 1753 c
横顔 179 f
予告編 1307 i
（活字の）横組み 699 f
横町 273 j 1838 e 1848 e
横づけにする 623 m
横取りする 2100 a
横になる 1656 d
横に寝る 1769 g

よこね 699 l
ヨコバイ 371 a 534 m
(蟹が)横ばいする 699 k
横やりを入れる 698 j
汚れ 218 m 1772 k m 2085 a
汚れる 147 g 2101 j
ヨシ 1107 e
よしあし 677 b 1563 g
よしてくれ 1417 g
よしとする 1630 g
よじ登る 1269 j 1276 d j
よしみ 845 d 1400 m 1999 m 2036 f
余剰食糧 200 l
余剰人員 536 g 549 e
よしんば 912 d 1217 k
寄席 1577 f
寄せ集め 2078 d
寄せ集める 300 e
寄せ鍋 1974 b
予選 2057 h
予選競技 790 g
予想外 2000 f
予想しがたい 1225 l
予想通り 139 d
装い 2195 k
装う 2195 l
予測平均寿命 2057 f
よその土地 1728 g
よそもの 1729 k
よそよそしい 1728 f
与太者 637 e
よだれ 659 b 973 b 1822 e
よだれかけ 1750 e
よだれをたらす 1656 b
予断 2057 e
余談はさておき 1924 j
余地 710 c
四つ折り 1615 e
四つ手網 47 i
よってもって 874 j
ヨット競技 1470 a
酔っぱらい 2231 i
4つんばい 333 j 1137 h
予定 2057 i
ヨトウムシ 1245 i
夜どおし 227 b
夜通し 1692 b
よどみ 1612 j
よどむ 1259 a
よなべ 1962 f 1963 g
世のしがらみ 1741 d
世の中 1558 j
夜番をする 1815 j
予備役 710 a
呼び起こす 408 c
呼び方 223 h
呼びすてにする 2148 a
呼びつける 270 h

呼ぶ 569 d 745 i 855 k 2113 c g
夜ふかしする 19 l 1961 g l
読みあさる 66 f
読み調べる 187 n
読み出し 434 m
読み取り 781 a
読みまちがえ 1247 j
嫁 1800 d
嫁入りする 259 f
嫁入り道具 820 a 1288 a
嫁さん 1800 e
ヨモギ 7 e 674 c 1104 c
よもやま話をする 1071 i 1648 f 1671 k
予約(する) 2057 h
予約診療 2069 a
余裕がある 294 b
より糸 613 c
寄りかかり 953 f j
寄りかかる 532 f 952 k 1321 j 1992 e h
より食いする 2101 a
寄り添う 1746 e
寄り付き 939 k
よりどころ 1982 f
よりどころとする 1981 b 1982 j
よりをかける 1246 j
夜 1737 l 1811 k
縒る 1252 g
夜じゅう 2136 g
夜の部 1961 k
よるべがない 610 k
よれよれになる 319 e
喜ばしい 959 h 2071 k
喜び祝う 2187 g
喜びにわきかえる 740 h
よろしい 226 g
よろしく 344 h
よろしくと伝える 2157 g
よろめく 1076 e
よろよろ 1973 d
よろよろする 196 h
世論 2051 c
世論にてたえる 1535 c
世論を動かす 424 l
弱音 477 d
弱火 440 j
弱火で煮る 450 e
弱含み 1301 c 1466 k
弱み 1903 j
弱味につけ入る 2228 b
弱みをつかむ 904 d
弱みをにぎる 1845 l
弱虫 1462 l 1618 c
弱める 827 a
弱り目に祟り目 778 c
世を挙げて 917 e
400メートルハードル 381 b
四本足 1616 g

ら

ラード 766 f 2146 i 2179 j
ライオン 1542 i
ライオンズクラブ 651 h
ライギョ 1040 h
来世 1810 g
ライター 317 l
ライチ 1045 h j
ライチョウ 1618 k
雷電 1298 b
(活字の)ライト 38 f
ライト級 1397 j
ライブ 2126 e
ライフジャケット 910 g
ライブ中継 1551 i
ライブパフォーマンス 1825 i
ライフライン 652 g
ライブラリー 978 d
ライフル銃 1001 c
ライフワーク 96 j
ライムギ 694 g
ライラック 412 h
ラインズマン 100 e 1910 f
ラインダンス 337 g
ラインプリンター 673 i
ラウドスピーカー 992 j 997 l
ラウンジ 336 e
ラウンド 757 a 915 l
楽園 1659 g 1672 g
落雁 568 c
楽観的 938 a
落後する 409 e

落札 416 j
落札価格 1271 j
楽だ 1398 j
落第する 842 a
落丁 409 c 1425 f
楽天地 1026 h
落髪 1156 d
ラグビー 562 b
落涙する 408 m
ラケット 1410 b
ラケットを振る 755 l
ラジウム 1029 i
ラジウム療法 1029 j
ラジオ 271 b 1567 j
ラジオ講座 841 i
ラジオとテレビ 640 b
ラジオ放送局 401 c
ラジカセ 686 g 1567 a
…らしい 2041 c
羅針儀 2153 a
羅針盤 1225 a
ラストシーン 204 g 2231 m
ラストスパート 245 l
螺旋階段 1278 k
螺旋ねじ 1769 a
拉致 59 b
ラッカー 127 b 1068 j 1339 a
落下傘兵 1480 k
落花生 1130 g
ラッキーナンバー 792 h 1884 k

ら

ラッキョウ 772 k 859 i 998 d 1865 b
ラッコ 664 g 1640 a
ラッシュアワー 395 j 1510 f 2023 c
ラッシュ時を避ける 308 f
ラッパ 997 j
ラッパ手 1607 j
ラッパズボン 997 j
ラップ 68 a 1603 b
ラップで包む 319 f
ラップトップパソコン 1798 e
ラディッシュ 1126 f 1849 i
ラテックス 847 b
ラテン 994 h
ラド 994 g
ラニーニャ 996 c
ラバ 994 g
ラバーラケット 1840 m
ラビ 994 g
ラブコールを送る 1043 j
ラフスケッチ 178 i
ラプソディー 986 d
ラフティング 1308 d
ラブラドールレトリバー 994 g
ラブレター 1401 f 1577 a
ラベル 109 f
ラベンダー 1909 b
ラマ 1129 d
ラ・マルセイエーズ

1137 h
ラミネートチューブ 545 m
ラム酒 1004 k 1011 i
ラリー 995 h
ラルゴ 639 j
ラワン 1095 i
蘭 1004 k
卵黄 355 i
LANカード 1741 j
乱獲する 1009 a
ランキング表 1272 k
ランクされる 1758 h
ランク分け 512 m
ランクを決める 417 l
乱視 1480 i
卵子 1120 g
乱層雲 2052 h
ランチョン 1004 j
乱丁 368 e
ランドマーク 228 a
ランナー 1284 a
ランニングコスト 891 l 2016 m 2076 l
ランニングシャツ 79 h 670 l
ランニングシューズ 1285 g
ランニングシュート 1471 j
卵白 355 d
乱筆乱文 1873 d
ランプウェー 2078 a
ランマー 672 c

り

リアス式海岸 1041 l
リアルタイム 1551 b
リーグ戦 1057 i 1911 g h
リーグ方式 350 g
リース 261 j
リースする 2224 k
リーダー 322 c 345 l 1701 h 1702 a 2111 d 1363 m
リーダーシップ 1086 f
リード 753 c d 1517 e 2005 g
リウマチ 522 h 1031 b
リウマチ性関節炎 668 i
利益 2017 b
利益還元謝恩セール 1430 m
利益配当 512 j
リエゾン 1052 j
理解する 1855 e
理解力 1790 h
リキュール 1675 e
陸揚げする 1346 m
利食い 1376 e
リクエストする 396 k
陸上運送 2075 d
陸上競技 1470 j 1674 f 2075 j

陸続と 1117 a
理屈が通らない 988 f
リグベーダ 1038 d
リクライニングソファー 2192 j
陸路を行く 1347 b
リケッチア 1046 l
利口 293 i 624 h 1081 c
利口になる 1904 l
利口ぶる 1143 a
リコール 2117 c
利己的 1606 k
離婚 1721 b 1996 g
リサーチエンジン 2009 m
リサイクルウォーター 2167 c
リサイクル産業 900 h
リサイクル資源 2081 j
リサイクルショップ 909 e
罹災状況 2080 g
利子 1796 d 2208 l
利潤 1050 b 2017 h
利潤追求 2200 k
利潤を求める 2200 a
リス 1619 l
リスクを冒す 1156 e
リストラ 249 b
リストラされる 566 k

リストラする 163 m 1821 g
リストを作る 938 f
リズム 398 b 865 k 1117 l
リセット 546 h
リゾート地 438 b 1116 l
リゾートホテル 438 b
利息 1050 a 1348 m 1796 d e 2208 l
利息を支払う 1275 g
利息をつける 1881 g
リターンマッチ 757 k
立案する 1241 g
利付き債 543 c
陸橋 671 i 980 m
立体 1047 l
リットル 1530 b
立派な男 669 c
立派な人物 335 m
立派な姿 2205 l
リップクリーム 282 b 496 m 973 k 1465 c
リップグロス 282 g
リップサービス 112 k
リップライナー 282 g
立方体 1614 k
利敵罪 2206 i
利点 1998 m

リトマス試験紙 1547 j 2155 m
リニアモーター 1828 j
リニアモーターカー 287 i 1900 g
理にかなう 2082 h
リニューアル 249 i
離乳する 443 b
リノール酸 1920 m
リノリウム 1133 m
リハーサル 447 b 1273 f j m 1559 k
リバーシブル 1592 j
リパーゼ 1985 a 2146 f
リバーブアンプ 768 g
リバイバル上映 759 j
利発 781 d
リバノール 1049 l
リハビリ 545 e
リピーター 2165 i
リピート客 759 f
リビドー 1040 j
リブート 249 i
リフォーム 552 h 1889 c
理不尽 1401 i
リフレイン 547 n
リフレクソロジー 1800 a
リベート 676 k 757 m 1638 g

リベートを受け取る 235 j	リュウゼツラン 1100 a	良性腫瘍 1062 b	リレー 861 i 1470 j
リベット 1156 b	留置所 943 a	両手ですくう 915 b	輪禍 213 h
リベットを打つ 1156 a	留置する 628 h	両手に花 2235 e	隣家 1077 a
リポーター 164 j	流暢 1091 l	両手を腰にあてる 182 j	リンカーン 1078 l
リボルバー 2235 c	理由なく 1775m	良馬 1617 b	輪郭を描く 602 i
リボン 441 i 1309 c 2145 b	留年する 248 h 842 c	両方 1067m	臨機応変 1237 j 1419 i
リボン競技 344 c	流派 1275 c	両面テープ 1592 j	リング 926 i
リムジンバス 780 h	留保資金 385 f	良薬は口に苦し 1062 d	リングサイド 1418 e
リモートアクセス 2066 l	リュックサック 78 k 79 l	料理 169 j	リングする 446 a
リモートコントロール 175 j 1950 h	両足がすくむ 1732 k	料理人 264 j 2089 h	リングロープ 1750 k
	両足をそろえる 123 h	料理を出す 1505 f	リンゲル液 545 g
リモートセンサー 1950 g	両替する 448 l 744 e i	料理を注文する 1953 l	リンゴ 1321 b
略取誘拐 1122 g	料金表 818 f	料理を取り分ける 512 d	臨時工 1480 h
略図 178 e	料金不足 1371 f	涼をとる 232 i	臨時の仕事 1480 h
理由 202 a 2066 d e	料金メーター 1566 j	旅客機 962 k	臨時放送 183 n
リュウガン 647 i 1101 g	了見 914 j	緑豆はるさめ 517 d	臨時雇い 1083 e
流血事件 410 e	猟犬 1076 g 1423 l	緑豆もやし 1118 j	臨書 1080 b
流行遅れ 658 f	了見が狭い 1808 a	旅行カバン 1879 n	臨床研修 1984 a
流行色 1381 c	領収書 472m 475 g	旅行者 1880 j	リンス 722 k 1465 g
流行のスタイル 1550 k	領収証 1566 g	旅装 1081 k	隣接する 1830 l
流行病 1997 k	良書 1500 c	リラクゼーションバー 1865 j	リンドウ 1099 j
流行を追う 561 d 2199 c	糧食を貯蔵する 1718 l		リンパ液 1079 g
流産防止薬 11m	良心 1192 h	リラックスする 502 d 1398 e 1399 b 1619 f	リンパ腺 1079 g
リュージュ 1906m	良心に従う 1322 l	リリーフ投手 861 j	鱗粉 1078 c
	良心に問う 1766 i	離陸する 1346 j	リンリン 411m 1101 e

る

累計点数 787 k	ルーテル教会 1112 k	1694 i	ルポルタージュ 69 j 70 b
類推する 1989 i	ルート 1113 f 1414 h	ルーレット 1124 a	ルミナール 86 g
類する 1031 b	ルートディレクトリ 585 g	ルクス 1026 a	ルミネセンス 473 f
類は友を呼ぶ 807 i	ルービックキューブ 1202m	留守番 943 h	ルミネッセンス 1032 k
ルーゲーリック病 2075m	ルーブル 1107 i	ルソー 1107 l	流浪する 130 c
ルーズヴェルト 1126 i	ルーブル宮殿 1107 j	ルックイースト 421 d	ルンバ 1122 d
ルーズリーフ 159 k 771 k 1961m	ルーペ 500 j	るつぼ 559 a	
ルータ 1113 i	ルームメイト 1563 f	ルバシカ 457 g	
ルーチン 1051 b		ルビー 564 i 702 j	
		ルピー 1107 i	

れ

零 1082 h	レーサー 214 e	レゲエ 1028 a	1068 e
レイアウト 673 e	レーザー 789 j 1029 j	レコード 206 l 577 n 1304 c	レディーメード 227 j 1825 k
霊安室 1644 e	レーザー光線 789 l	レコードプレーヤー 399 b	レトルト食品 1463 f 2134 h
レイオフ 346 a	レーザーディスク 1029 j		
レイオフされる 1811 f	レーザープリンター 789 k	レジ 1566 i 1567 k	レトルトパック 1462 f
レイオフする 566 k		レシート 472m 475 g	レトロブーム 212 e
礼儀上のきまり文句 962 j	レースクイーン 214 i 1470 c	レシーバー 862 j	レバー 558 e
霊柩車 117 d	レーダー 1028 g	レジスター 805 l 1566 j	レバーブレーキ 567 b
冷遇する 117m	レーニン 1075 a	レシチン 1120 j	レバレッジ効果 567 c
冷酷 961 g	レーヨン 1441 j	レシピ 1553 b	レフェリー 163 i 278 f
霊魂 1325 k	レール 644m 1684 b	レジャー産業 1888 k	レフェリーミス 1105 a
レイシ 1045 h j	(ボウリングの)レーン 1410 f	レジャーブーム 522 j	レプリカ 499 f 546 k 1811 c
レイシズム 2171 d		レスキュー車 910 k	
冷湿布 1034 a	レオタード 835 a 883 g 1054 k	レスリング 1589m 1942 j	レベル 181 h
冷静 2131 c		レセプション 2113 c	レベルアップ 1509m
零点 237 k 1082m 1915 l	レガート 1055 a	レターラック 183 e	レポーター 1692 c
	歴史書 1392 l	レタス 1431 i 1531 a 1767 k	レ・ミゼラブル 76 d
例年 1045 f	レギュラーガソリン 1332 e		レミング 1116 i
零敗 637 h		レッカー車 910 i 1396 k	レム 1028 j
礼拝堂 858 k	レギュラー番組 617 f	レッグガード 722 k	レム睡眠 981 i
レイプする 1373 l	レギンス 883 i	レッサーパンダ 1849 n	レモン 1252m
冷房バス 1032 i	レグホーン 1001 e	列車を連結する 622m	レモンイエロー 1252m
礼砲を放つ 1198 a	レクイエム 10 g	レッテル 1157 f	恋愛詩 599 g 1401 d
霊薬 1816 k	レクリエーション 2050 h	レッテルをはがす 2100m	恋愛する 1648 m
レイヨウ 1082 j	レクリエーション係 563 k	劣等生 190 e	煉瓦 2191 a
零落する 1122 j		レッドカード 704 i	連休 338 l
レインコート 2052 h			レンギョウ 1053 j

レンゲソウ 2210 f
連結器 622 m
連合(する) 1057 f
レンコン 1268 a
連載する 1897 c
レンジフード 252 g

レンジャク 1053 k
恋情を抱く 280 e
レンズ 639 f 901 n 902 g h 1704 f
連続する 2065 j
連続優勝 193 i

レンタカー 1081 h 2224 l
レンダリング 1903 b
レンタル 261 i 2224 l
レンタルする 258 c
練炭 1650 a

レンチ 47 g
レントゲン 1122 g
レントゲン検査 1704 a
連発 2193 c
連発銃 1372 j
恋々とする 1982 d

ろ

ロイター通信社 1112 f 1113 b
ロイヤルゼリー 526 i l m 1740 g
聾唖者 1101 m
労役 1997 h
老眼 1560 g
老眼鏡 727 f 1018 l
老後 1019 i
牢獄 2056 j
労災 590 h
聾者 1101 l
老人 2210 a
老人がらみ 1520 h
老人だけの家庭 965 j
老人ホーム 902 h
老人ぼけ 1020 a
老衰 1015 j 1715 d
ろうそく 1000 c 2181 c e
ろうそく立て 999 j 1361 k
漏電(する) 398 g
労働組合 590 c
労働者側 1014 g
労働者不足 590 c
労働者募集 589 g
労働手段 1013 g
労働争議 520 b 1013 j
ろう人形 999 m
浪人する 545 d
老年 1632 i
老婆 1324 e
ロウバイ 999 j

浪費する 1664 g 2120 c
ロウ封の丸薬 999 m
労力出資株 1436 i
老練 1765 g
ローカルエリアネットワーク 916 b
ローカルカラー 1829 c
ローカルディスク 84 g
ローギヤ 1979 j
ロース 1255 d
ローストダック 952 a
ローストビーフ 952 l
ロータリー 741 l 2167 d
ロータリークラブ 532 m
ロードローラー 1914 c
ローヒール 1317 k
ロープ 1535 m 1637 f
ロープウエー 819 f 1007 d 1637 l
ローマカトリック 786 f
ローマ正教会 994 h
ローマ法王 480 c 858 d
ローミング 1149 a
ローム 1108 i
ローラー 649 h 1207 c 1246 k
ローラースケート 649 f 671 a 732 l 1090 a 1615 a
ロールケーキ 355 k
ロールプレイングゲーム 926 m
ローン 343 m
ローンテニス 177 j

ワイヤレス 1777 g
ワイヤレスマイク 737 j
ワイヤロープ 1536 k
ワイルドピッチ 73 g
賄賂 764 m 1215 l 1654 a
賄賂を受ける 1574 f
賄賂を取る 1219 l
賄賂を求める 1637 l
わいわい 509 m 1724 a
ワインオープナー 908 j
和音着メロ付携帯電話 683 f
若い女 1248 d
若い頃 903 m
若い女性 609 l
和解する 1770 a
若い世代 1967 a
若い燕 469 e
若い人妻 544 n
若枝と若葉 1453 k
若く見える 1515 e
若白髪 1515 e
若旦那 679 d 750 k

ワイヤレス 1777 g
ワイヤレスマイク 737 j
ワイヤロープ 1536 k

ロケット 773 d 1161 m
ロゴ入りTシャツ 1762 k
ココ 1125 l
ロゴマーク 756 g 2106 g
路地 1838 d 1853 f
ロシアンルーレット 457 h
ロジスティックス 1788 j
ロジック 1126 a
炉心 444 h
ロジン 1619 c
ロスタイム 136 b
ロッカー 304 c
ロッククライミング 1276 i
ロックする 1636 m
ロックフェラー財団 163 c
ロックンロール 1950 b i
ロット 1296 d
ロット番号 1296 j

わ

輪 1419 e
ワー 1267 g 1724 m
ワーカホリック 591 h
ワークステーション 592 k
ワーストランキング 1076 k
ワープロ 1764 g
ワープロソフト 2211 b
ワーム 1458 b
ワールドカップ 1558 f
ワールドワイドウェブ 742 d
ワーワー 1724 b
YMCA 786 f 1391 m
ワイシャツ 222 c 1497 i
猥褻 2007 l
YWCA 786 f
ワイドスクリーン 984 d 1420 l
ワイドディスプレー 984 j
ワイパー 159 j 621 i 1587 l 2052 i

露店 275 l 1647 h 1852 b
露店商 1646 l
露天積み 1113 h
露天掘り 164 b
露店を開く 1059 k
ロトくじ 1027 a
ロバ 1114 m
ロバの子 913 k
ロビー 331 k 336 e j
ロビング 1680 k
ロビンソンクルーソー 1110 c
ロブスター 1101 b
ロボット 781 i 1684 m
ロボットアーム 782 g
ロマンス 1126 a
ロマンチック 1126 c
路面 369 c
櫓をこぐ 1951 a
艪をこぐ 1110 k
論外 748 h
ロングシュート 2066 m
ロングセラー 200 c
ロングパス 197 m
ロングブーツ 572 g
ロングヘア 1297 k
ロンド 759 g 1124 e
論難する 1766 a
論理学 1126 c
論理矛盾 80 d

若旦那 1515 d g
分かち書き 514 f
若妻 1515 h
若年寄 1849 l
若鳥 1705 m
若夫婦 1849 g
わがまま 21 e 1446 a 2215 j 2217 c
わがまま勝手 467 m 1467 m
わがまま気まま 2108 b
わがまま息子 849 k
ワカメ 661 i 1236 j 1427 j
若者 1244 n 1245 a 1848 f
わからずや 1734 j
わかりきった 1195 k 1393 h
わかりにくい言葉 1945 g
わかりやすい 1855 g
わかる 2040 n 2145 a
分かれ 871 j
別れのキス 1765 i

分かれ道 189 d 1340 j
別れを告げる 369 g
若々しい 711 h
和気あいあい 1026 j
わきあがる 1819 e
わきが 719 f 1963 m
わき立つ 1899 d
脇にかかえる 810 j
脇に寄る 953 c
わきの下 549 m 1768 b 1963 c
脇へやる 935 i
脇へ寄る 1430 b
脇道 369 j 1860 j
脇目をふらない 1213 l
脇役 1289 k
脇を向く 179 n
枠 819 e 987 m
沸く 648 h
惑星 1876 c 1881 l
ワクチン 932 b 1187 g 1533 l 1997 m
わくわくする 97 h
わぎ 292 m

わけの〜をしめ

わけのない 1776 l
分け前 518 k 2175 h
分け前を争う 514 m
分け前を配る 443 k
わけもなく 1774 k
分ける 22 b 935 h
和合する 1357 l
技 803 j 2114 m
わざと 304 l
わざとじらす 1217 n
わざとらしい 2243 f
ワサビ 998 i 1496 g
災い転嫁する 1986 i
災いにあう 1938 h
災いのもと 585 e
災いを引き起こす 1748 e
わざわざ 1661 h 1662 c
ワシ 405 l 913 a
わし鼻 602 l
輪中 1750 h
わずか 53 c 161 f 1122 k 1513 f 1747 k
わずかな過失 1847 c
わずかな時間 1971 a
わずかな俸禄 1781 m
わずかに 881 d h
わずかに違う 190 a
煩わしい 1027 m 1133 f
煩わす 2038 j
忘れっぽい 1216 d 1744 a
ワスレナグサ 1898 l
忘れ物 1540 l
忘れる 1743 j
わせ 1437 g
ワセリン 484 d
ワタ 1181 i
綿 1182 c
話題 1647 j

綿入れ 1182 e
話題を変える 409 e
わた菓子 1653 h
わだかまり 576 b 581 f 1215 c
わたくし 391 k
私する 1717 h
綿毛 1450 c 1452 f
私 1437 g
渡し板 1681 a
わたしの顔に免じて 518 a
渡し場 438 j
わだち 2122 i
わだちの水たまり 213 b
渡り合う 845 g
渡り鳥 714 d
渡り廊下 2222 c
渡る 438 e 655 c
渡れない川はない 1161 l
話中音 1150 f
ワッセルマン反応 477 m
ワット 1725 d 1726 j
ワット時 1726 m
罠 1419 b
輪投げ 1660 h
わななく 2107 i
わなにはまる 2238 i
わななわな 1628 a
ワニ 461 j
わびる 1288 c
わびを言う 1288 f 1864 i
わびを入れる 575 l 1288 i
わめきたてる 211 e 857 d 1231 f
わめく 1230 n 1429 f

1430 k 1855 i 2096 h
藁 559 k
笑いがとまらない 1856 i
笑いこける 684 g
ワライタケ 1857 a
笑いものになる 261 j
笑いをかみ殺す 1443 d
笑う 1026 l
鞋 1861 f
藁苞 176 m
ワラビ 928 g 1423 d
わらべ歌 463 c
笑われる 1430 g 1856 i
割合 959 c 1830 k
割り当てる 511 c 1275 d 1647 d
割り印 284 e 1344 h
割り印を押す 1915 n
割り勘 931 h
割り勘にする 235 m
割り込み 2163 k
割り込む 591 h 808 l
割り算 263 e
割り箸 1967 g
割引きする 324 b 2121 e
割り戻し 757 m
わる 444 g
悪い 341 d
悪い兆し 2119 i
悪いくせ 605 m
悪いこと 1657 m
悪いしきたり 1105 e
悪い習慣 1799 f
悪い知らせ 459 g 461 d
悪い人相 1885 d
悪い評判 460 g
悪い道に入る 1814 k

悪い見本 695 k
悪がき 739 d
悪く思う 114 l 625 k 626 l 830 h 1888 b
悪口 460 a 739 k
悪くとる 308 g
悪くもない 1756 l
悪さをする 1554 g
悪だくみ 113 k 550 j 645 h 646 h
悪知恵 398 d
ワルツ 731 d 1149 k 2063 d
悪ふざけ 460 d 1803 n
悪酔い 1502 j 2231 f
我勝ちに 2132 j
我先に 1375 b
我知らず 1865 n
割れ鍋にとじ蓋 1326 m
割れ目 769 j 1075 j m 1076 b
ワレモコウ 391 f
我を忘れる 1539 d
腕章 1891 c k
WAN情報 640 e
ワンタン 767 l
腕白 1298 h 1679 k
腕白小僧 1735 c
ワンピース 1054 c 1427 g
ワンマン 1739 a
ワンマンカー 1777 l
ワンマンショー 583 f
ワンルームマンション 433 g
ワンワン 1739 j

を

…をしないで下さい 1403 k
…を示す 1990 l

付　　　録

1　漢語拼音字母，トーマス・ウェード式ローマ字，注音字母対照表………1
2　部首名称一覧表………3
3　省・自治区・直轄市・特別行政区及びその別称………4
4　少数民族名一覧表………5
5　重要記念日，二十四節気・旧暦主要節句一覧表………6
6　中国歴史略表………7
7　親族関係名称と関係図………8
8　北京伝統的住宅の配置図解………14
9　中国政治機構一覧表………15
10　国名・首都名一覧表………17
11　度量衡の単位名称………21
12　化学元素表………22
13　中国略図………23

部首の表………表紙見返し
漢語拼音字母，トーマス・ウェード式ローマ字，注音字母対照表……裏表紙見返し

1 漢語拼音字母，トーマス・ウェード式ローマ字，

漢語拼音字母	ウェード式ローマ字	注音字母	頁
a	a	ㄚ	1
ai	ai	ㄞ	4
an	an	ㄢ	9
ang	ang	ㄤ	17
ao	ao	ㄠ	18
ba	pa	ㄅㄚ	21
bai	pai	ㄅㄞ	31
ban	pan	ㄅㄢ	47
bang	pang	ㄅㄤ	57
bao	pao	ㄅㄠ	60
bei	pei	ㄅㄟ	74
ben	pen	ㄅㄣ	82
beng	peng	ㄅㄥ	87
bi	pi	ㄅㄧ	89
bian	pien	ㄅㄧㄢ	100
biao	piao	ㄅㄧㄠ	109
bie	pieh	ㄅㄧㄝ	113
bin	pin	ㄅㄧㄣ	116
bing	ping	ㄅㄧㄥ	117
bo	po	ㄅㄛ	125
bu	pu	ㄅㄨ	134
ca	ts'a	ㄘㄚ	159
cai	ts'ai	ㄘㄞ	160
can	ts'an	ㄘㄢ	168
cang	ts'ang	ㄘㄤ	172
cao	ts'ao	ㄘㄠ	175
ce	ts'e	ㄘㄜ	179
cei	ts'ei		181
cen	ts'en	ㄘㄣ	181
ceng	ts'eng	ㄘㄥ	181
cha	ch'a	ㄔㄚ	182
chai	ch'ai	ㄔㄞ	190
chan	ch'an	ㄔㄢ	192
chang	ch'ang	ㄔㄤ	196
chao	ch'ao	ㄔㄠ	207
che	ch'e	ㄔㄜ	212
chen	ch'en	ㄔㄣ	217
cheng	ch'eng	ㄔㄥ	223
chi	ch'ih	ㄔ	233
chong	ch'ung	ㄔㄨㄥ	245
chou	ch'ou	ㄔㄡ	251
chu	ch'u	ㄔㄨ	256
chua	ch'ua	ㄔㄨㄚ	267
chuai	ch'uai	ㄔㄨㄞ	267
chuan	ch'uan	ㄔㄨㄢ	268
chuang	ch'uang	ㄔㄨㄤ	274
chui	ch'ui	ㄔㄨㄟ	277
chun	ch'un	ㄔㄨㄣ	280
chuo	ch'o	ㄔㄨㄛ	283
ci	tz'ŭ	ㄘ	284
cong	ts'ung	ㄘㄨㄥ	292
cou	ts'ou	ㄘㄡ	295
cu	ts'u	ㄘㄨ	296
cuan	ts'uan	ㄘㄨㄢ	299
cui	ts'ui	ㄘㄨㄟ	300
cun	ts'un	ㄘㄨㄣ	303
cuo	ts'o	ㄘㄨㄛ	306
da	ta	ㄉㄚ	308
dai	tai	ㄉㄞ	340
dan	tan	ㄉㄢ	347
dang	tang	ㄉㄤ	356
dao	tao	ㄉㄠ	361
de	te	ㄉㄜ	371
dei	tei	ㄉㄟ	375
den	ten	ㄉㄣ	375
deng	teng	ㄉㄥ	375
di	ti	ㄉㄧ	380
dia	tia	ㄉㄧㄚ	394
dian	tian	ㄉㄧㄢ	394
diao	tiao	ㄉㄧㄠ	404
die	tieh	ㄉㄧㄝ	409
ding	ting	ㄉㄧㄥ	411
diu	tiu	ㄉㄧㄡ	419
dong	tung	ㄉㄨㄥ	419
dou	tou	ㄉㄡ	426
du	tu	ㄉㄨ	431
duan	tuan	ㄉㄨㄢ	438
dui	tui	ㄉㄨㄟ	443
dun	tun	ㄉㄨㄣ	448
duo	to	ㄉㄨㄛ	450
e	e	ㄜ	456
ei	ei	ㄟ	461
en	en	ㄣ	462
eng	eng	ㄥ	462
er	erh	ㄦ	462
fa	fa	ㄈㄚ	471
fan	fan	ㄈㄢ	480
fang	fang	ㄈㄤ	492
fei	fei	ㄈㄟ	503
fen	fen	ㄈㄣ	511
feng	feng	ㄈㄥ	519
fiao	fiao	ㄈㄧㄠ	529
fo	fo	ㄈㄛ	529
fou	fou	ㄈㄡ	530
fu	fu	ㄈㄨ	530
ga	ka	ㄍㄚ	549
gai	kai	ㄍㄞ	554
gan	kan	ㄍㄢ	554
gang	kang	ㄍㄤ	563
gao	kao	ㄍㄠ	567
ge	ko	ㄍㄜ	576
gei	kei	ㄍㄟ	584
gen	ken	ㄍㄣ	584
geng	keng	ㄍㄥ	587
gong	kung	ㄍㄨㄥ	589
gou	kou	ㄍㄡ	602
gu	ku	ㄍㄨ	608
gua	kua	ㄍㄨㄚ	619
guai	kuai	ㄍㄨㄞ	624
guan	kuan	ㄍㄨㄢ	626
guang	kuang	ㄍㄨㄤ	636
gui	kui	ㄍㄨㄟ	640
gun	kun	ㄍㄨㄣ	648
guo	kuo	ㄍㄨㄛ	649
ha	ha	ㄏㄚ	659
hai	hai	ㄏㄞ	660
han	han	ㄏㄢ	665
hang	hang	ㄏㄤ	672
hao	hao	ㄏㄠ	674
he	ho	ㄏㄜ	681
hei	hei	ㄏㄟ	692
hen	hen	ㄏㄣ	696
heng	heng	ㄏㄥ	697
hm	hm	ㄏㄇ	700
hng	hng	ㄏㄫ	700
hong	hung	ㄏㄨㄥ	700
hou	hou	ㄏㄡ	708
hu	hu	ㄏㄨ	714
hua	hua	ㄏㄨㄚ	724
huai	huai	ㄏㄨㄞ	738
huan	huan	ㄏㄨㄢ	739
huang	huang	ㄏㄨㄤ	746
hui	hui	ㄏㄨㄟ	754
hun	hun	ㄏㄨㄣ	765
huo	huo	ㄏㄨㄛ	768
ji	chi	ㄐㄧ	779
jia	chia	ㄐㄧㄚ	807
jian	chien	ㄐㄧㄢ	820
jiang	chiang	ㄐㄧㄤ	837
jiao	chiao	ㄐㄧㄠ	843
jie	chieh	ㄐㄧㄝ	857
jin	chin	ㄐㄧㄣ	875
jing	ching	ㄐㄧㄥ	889
jiong	chiung	ㄐㄩㄥ	903
jiu	chiu	ㄐㄧㄡ	903
ju	chu	ㄐㄩ	913
juan	chuan	ㄐㄩㄢ	922
jue	chueh	ㄐㄩㄝ	925
jun	chun	ㄐㄩㄣ	929
ka	k'a	ㄎㄚ	933
kai	k'ai	ㄎㄞ	934
kan	k'an	ㄎㄢ	942
kang	k'ang	ㄎㄤ	947
kao	k'ao	ㄎㄠ	950
ke	k'e	ㄎㄜ	953
kei	k'ei	ㄎㄟ	963
ken	k'en	ㄎㄣ	963
keng	k'eng	ㄎㄥ	964
kong	k'ung	ㄎㄨㄥ	965
kou	k'ou	ㄎㄡ	970
ku	k'u	ㄎㄨ	975
kua	k'ua	ㄎㄨㄚ	979
kuai	k'uai	ㄎㄨㄞ	981
kuan	k'uan	ㄎㄨㄢ	983
kuang	k'uang	ㄎㄨㄤ	985
kui	k'ui	ㄎㄨㄟ	988
kun	k'un	ㄎㄨㄣ	991
kuo	k'uo	ㄎㄨㄛ	992
la	la	ㄌㄚ	993
lai	lai	ㄌㄞ	1000
lan	lan	ㄌㄢ	1004
lang	lang	ㄌㄤ	1009
lao	lao	ㄌㄠ	1012
le	le	ㄌㄜ	1025
lei	lei	ㄌㄟ	1027
leng	leng	ㄌㄥ	1031
li	li	ㄌㄧ	1035
lia	lia	ㄌㄧㄚ	1051
lian	lien	ㄌㄧㄢ	1052
liang	liang	ㄌㄧㄤ	1061
liao	liao	ㄌㄧㄠ	1070
lie	lieh	ㄌㄧㄝ	1074
lin	lin	ㄌㄧㄣ	1077
ling	ling	ㄌㄧㄥ	1081
liu	liu	ㄌㄧㄡ	1089
lo	lo	ㄌㄛ	1099
long	lung	ㄌㄨㄥ	1099
lou	lou	ㄌㄡ	1103
lu	lu	ㄌㄨ	1107
lu	lu	ㄌㄩ	1114
luan	luan	ㄌㄨㄢ	1119
lue	lueh	ㄌㄩㄝ	1121
lun	lun	ㄌㄨㄣ	1122
luo	luo	ㄌㄨㄛ	1125
m	m	ㄇ	1132
ma	ma	ㄇㄚ	1132
mai	mai	ㄇㄞ	1140
man	man	ㄇㄢ	1145
mang	mang	ㄇㄤ	1150
mao	mao	ㄇㄠ	1152
me	me	ㄇㄜ	1158
mei	mei	ㄇㄟ	1158
men	men	ㄇㄣ	1168
meng	meng	ㄇㄥ	1172
mi	mi	ㄇㄧ	1175
mian	mien	ㄇㄧㄢ	1181
miao	miao	ㄇㄧㄠ	1185
mie	mieh	ㄇㄧㄝ	1189
min	min	ㄇㄧㄣ	1190

注音字母对照表

ming	ming	ㄇㄧㄥ	1192	qian	ch'ien	ㄑㄧㄢ	1358	shuo	shuo	ㄕㄨㄛ	1602	yan	yen	ㄧㄢ	1920
miu	miu	ㄇㄧㄡ	1199	qiang	ch'iang	ㄑㄧㄤ	1372	si	ssǔ	ㄙ	1606	yang	yang	ㄧㄤ	1938
mo	mo	ㄇㄛ	1199	qiao	ch'iao	ㄑㄧㄠ	1377	song	sung	ㄙㄨㄥ	1618	yao	yao	ㄧㄠ	1947
mou	mou	ㄇㄡ	1208	qie	ch'ieh	ㄑㄧㄝ	1382	sou	sou	ㄙㄡ	1622	ye	yeh	ㄧㄝ	1956
mu	mu	ㄇㄨ	1209	qin	ch'in	ㄑㄧㄣ	1385	su	su	ㄙㄨ	1623	yi	i	ㄧ	1963
n	n		1215	qing	ch'ing	ㄑㄧㄥ	1390	suan	suan	ㄙㄨㄢ	1628	yin	yin	ㄧㄣ	2001
na	na	ㄋㄚ	1215	qiong	ch'iung	ㄑㄩㄥ	1404	sui	sui	ㄙㄨㄟ	1630	ying	ying	ㄧㄥ	2013
nai	nai	ㄋㄞ	1220	qiu	ch'iu	ㄑㄧㄡ	1406	sun	sun	ㄙㄨㄣ	1634	yo	yo	ㄧㄛ	2022
nan	nan	ㄋㄢ	1222	qu	ch'ü	ㄑㄩ	1411	suo	so	ㄙㄨㄛ	1635	yong	yung	ㄩㄥ	2022
nang	nang	ㄋㄤ	1227	quan	ch'üan	ㄑㄩㄢ	1418	ta	t'a	ㄊㄚ	1638	you	yu	ㄧㄡ	2027
nao	nao	ㄋㄠ	1228	que	ch'üeh	ㄑㄩㄝ	1424	tai	t'ai	ㄊㄞ	1641	yu	yu	ㄩ	2045
ne	ne	ㄋㄜ	1232	qun	ch'ün	ㄑㄩㄣ	1427	tan	t'an	ㄊㄢ	1645	yuan	yuan	ㄩㄢ	2059
nei	nei	ㄋㄟ	1232	ran	jan	ㄖㄢ	1428	tang	t'ang	ㄊㄤ	1652	yue	yueh	ㄩㄝ	2068
nen	nen	ㄋㄣ	1236	rang	jang	ㄖㄤ	1431	tao	t'ao	ㄊㄠ	1656	yun	yun	ㄩㄣ	2072
neng	neng	ㄋㄥ	1237	rao	jao	ㄖㄠ	1431	te	t'e	ㄊㄜ	1661	za	tsa	ㄗㄚ	2077
ng	ng	ㄫ	1238	re	je	ㄖㄜ	1432	tei	t'ei	ㄊㄟ	1662	zai	tsai	ㄗㄞ	2080
ni	ni	ㄋㄧ	1238	ren	jen	ㄖㄣ	1435	teng	t'eng	ㄊㄥ	1662	zan	tsan	ㄗㄢ	2083
nian	nien	ㄋㄧㄢ	1243	reng	jeng	ㄖㄥ	1446	ti	t'i	ㄊㄧ	1664	zang	tsang	ㄗㄤ	2085
niang	niang	ㄋㄧㄤ	1248	ri	jih	ㄖ	1446	tian	t'ien	ㄊㄧㄢ	1669	zao	tsao	ㄗㄠ	2086
niao	niao	ㄋㄧㄠ	1248	rong	jung	ㄖㄨㄥ	1449	tiao	t'iao	ㄊㄧㄠ	1676	ze	tse	ㄗㄜ	2090
nie	nieh	ㄋㄧㄝ	1249	rou	jou	ㄖㄡ	1452	tie	t'ieh	ㄊㄧㄝ	1682	zei	tsei	ㄗㄟ	2092
nin	nin	ㄋㄧㄣ	1251	ru	ju	ㄖㄨ	1452	ting	t'ing	ㄊㄧㄥ	1685	zen	tsen	ㄗㄣ	2093
ning	ning	ㄋㄧㄥ	1251	rua	jua	ㄖㄨㄚ	1462	tong	t'ung	ㄊㄨㄥ	1689	zeng	tseng	ㄗㄥ	2094
niu	niu	ㄋㄧㄡ	1254	ruan	juan	ㄖㄨㄢ	1462	tou	t'ou	ㄊㄡ	1698	zha	cha	ㄓㄚ	2096
nong	nung	ㄋㄨㄥ	1257	rui	jui	ㄖㄨㄟ	1464	tu	t'u	ㄊㄨ	1704	zhai	chai	ㄓㄞ	2099
nou	nou	ㄋㄡ	1260	run	jun	ㄖㄨㄣ	1464	tuan	t'uan	ㄊㄨㄢ	1713	zhan	chan	ㄓㄢ	2101
nu	nu	ㄋㄨ	1260	ruo	juo	ㄖㄨㄛ	1465	tui	t'ui	ㄊㄨㄟ	1713	zhang	chang	ㄓㄤ	2107
nü	nü	ㄋㄩ	1262	sa	sa	ㄙㄚ	1467	tun	t'un	ㄊㄨㄣ	1717	zhao	chao	ㄓㄠ	2113
nuan	nuan	ㄋㄨㄢ	1264	sai	sai	ㄙㄞ	1469	tuo	t'o	ㄊㄨㄛ	1718	zhe	che	ㄓㄜ	2119
nue	nueh	ㄋㄩㄝ	1265	san	san	ㄙㄢ	1470	wa	wa	ㄨㄚ	1724	zhei	chei	ㄓㄟ	2125
nun	nun	ㄋㄨㄣ	1265	sang	sang	ㄙㄤ	1482	wai	wai	ㄨㄞ	1726	zhen	chen	ㄓㄣ	2125
nuo	no	ㄋㄨㄛ	1265	sao	sao	ㄙㄠ	1484	wan	wan	ㄨㄢ	1732	zheng	cheng	ㄓㄥ	2131
o	o	ㄛ	1266	se	se	ㄙㄜ	1485	wang	wang	ㄨㄤ	1739	zhi	chih	ㄓ	2141
ou	ou	ㄡ	1266	sen	sen	ㄙㄣ	1487	wei	wei	ㄨㄟ	1745	zhong	chung	ㄓㄨㄥ	2163
pa	p'a	ㄆㄚ	1268	seng	seng	ㄙㄥ	1487	wen	wen	ㄨㄣ	1759	zhou	chou	ㄓㄡ	2174
pai	p'ai	ㄆㄞ	1270	sha	sha	ㄕㄚ	1487	weng	weng	ㄨㄥ	1767	zhu	chu	ㄓㄨ	2177
pan	p'an	ㄆㄢ	1276	shai	shai	ㄕㄞ	1493	wo	wo	ㄨㄛ	1767	zhua	chua	ㄓㄨㄚ	2188
pang	p'ang	ㄆㄤ	1280	shan	shan	ㄕㄢ	1494	wu	wu	ㄨ	1770	zhuai	chuai	ㄓㄨㄞ	2189
pao	p'ao	ㄆㄠ	1282	shang	shang	ㄕㄤ	1501	xi	hsi	ㄒㄧ	1790	zhuan	chuan	ㄓㄨㄢ	2189
pei	p'ei	ㄆㄟ	1286	shao	shao	ㄕㄠ	1512	xia	hsia	ㄒㄧㄚ	1806	zhuang	chuang	ㄓㄨㄤ	2195
pen	p'en	ㄆㄣ	1290	she	she	ㄕㄜ	1516	xian	hsien	ㄒㄧㄢ	1816	zhui	chui	ㄓㄨㄟ	2198
peng	p'eng	ㄆㄥ	1291	shei	shei	ㄕㄟ	1521	xiang	hsiang	ㄒㄧㄤ	1829	zhun	chun	ㄓㄨㄣ	2201
pi	p'i	ㄆㄧ	1295	shen	shen	ㄕㄣ	1521	xiao	hsiao	ㄒㄧㄠ	1840	zhuo	chuo	ㄓㄨㄛ	2202
pian	p'ien	ㄆㄧㄢ	1304	sheng	sheng	ㄕㄥ	1530	xie	hsieh	ㄒㄧㄝ	1857	zi	tzǔ	ㄗ	2205
piao	p'iao	ㄆㄧㄠ	1308	shi	shih	ㄕ	1539	xin	hsin	ㄒㄧㄣ	1865	zong	tsung	ㄗㄨㄥ	2217
pie	p'ieh	ㄆㄧㄝ	1311	shou	shou	ㄕㄡ	1565	xing	hsing	ㄒㄧㄥ	1875	zou	tsou	ㄗㄡ	2221
pin	p'in	ㄆㄧㄣ	1312	shu	shu	ㄕㄨ	1572	xiong	hsiung	ㄒㄩㄥ	1885	zu	tsu	ㄗㄨ	2224
ping	p'ing	ㄆㄧㄥ	1316	shua	shua	ㄕㄨㄚ	1587	xiu	hsiu	ㄒㄧㄡ	1887	zuan	tsuan	ㄗㄨㄢ	2228
po	p'o	ㄆㄛ	1323	shuai	shuai	ㄕㄨㄞ	1588	xu	hsü	ㄒㄩ	1892	zui	tsui	ㄗㄨㄟ	2229
pou	p'ou	ㄆㄡ	1327	shuan	shuan	ㄕㄨㄢ	1590	xuan	hsuan	ㄒㄩㄢ	1898	zun	tsun	ㄗㄨㄣ	2232
pu	p'u	ㄆㄨ	1328	shuang	shuang	ㄕㄨㄤ	1592	xue	hsueh	ㄒㄩㄝ	1903	zuo	tso	ㄗㄨㄛ	2233
qi	ch'i	ㄑㄧ	1333	shui	shui	ㄕㄨㄟ	1594	xun	hsun	ㄒㄩㄣ	1908				
qia	ch'ia	ㄑㄧㄚ	1356	shun	shun	ㄕㄨㄣ	1600	ya	ya	ㄧㄚ	1912				

2　部首名称一覧表

1．この表は用いられることの多い部首の呼び名を示した。
2．ふつう単字として用いることのない部首は、一般にその部首に属する字の代表的なものによって表す。たとえば 虍は虎または虎字头、疒は病または病字旁のようにいう。
3．単字として用いる部首、たとえば山、门などは、そのまま山字旁、门字匡のようにいう。
4．部首をいう時は、ふつう儿化する。

一画	、	点
	㇏	捺
	一	横
	㇀	提, 剔, 挑, 趯
	丨	竖, 直
	丿	撇
	𠃍	折, 横折
	㇆	横钩
	亅	钩, 竖钩
	乚	外擘, 竖弯钩
二画	丷	倒八, 羊角, 两点, 兰字头
	亠	盖顶, 点横头, 六字头, 交字头, 京字头, 文字头, 一点一横
	冫	两点水
	⺀	两点
	冖	秃宝盖, 平宝盖
	訁	言字旁
	二	两横
	厂	偏厂, 偏厦, 秃偏厂, 厂字旁
	匚	三匡(栏), 立匡, 左匡栏, 半匡栏, 三堵墙, 区字匡, 匠字匡
	冂	同字匡, 上匡栏
	刂	立刀(旁), 侧刀(旁)
	八	八字(头)
	人	卧人(头), 人字头
	⺈	每字头
	ナ	左字头
	亻	单立人, 单人旁
	⺈	撇刀头, 危字头, 鱼字头
	厂	反字头
	勹	包字头, 包字匡
	几	风匡栏, 凤字头

	龴	矛头, 矛字头, 倒三角
	又	又字旁, 又字底
	廴	建之旁, 走廷及之, 小走之, 硬走之, 挺之, 延边, 建字旁
	厶	三角头, 私字(头)
	卩	耳刀, 单耳刀, 单耳旁, 单耳朵, 小耳朵, 硬耳朵
	巳	脚刀, 弯耳刀, 弯耳朵
	阝	耳刀, 双耳刀, 双耳旁, 双耳朵
	(右)	右耳刀, 右耳朵, 右耳旁, 大耳朵, 正耳刀
	(左)	左耳刀, 左耳旁, 左耳朵, 左大耳
	凵	倒三角, 下匡栏, 凶字匡
三画	氵	三点水
	忄	竖心旁
	宀	宝盖(头), 宝头
	广	点雁, 广字旁
	辶	软走之, 走之(旁), 走之底
	扌	堤土(旁), 挑土, 剔土旁, 剔土
	土	土堆, 土字旁
	艹	草字头, 草头
	尢	尤字旁, 尤字身
	廾	弄字底
	扌	提手(旁), 挑手旁, 剔手(旁)
	丬	将字旁, 状字旁
	口	小口, 口字旁, 口字底

	囗	方匡, 四匡栏, 大口(匡), 四堵墙, 国字框
	彳	双立人, 双人(旁)
	彡	三撇, 横三撇
	夂	折文, 冬字头, 出头久, 没脚冬
	犭	反犬(旁), 犬犺
	饣	食字旁
	彐	寻字头, 倒山
	彑	录字头
	纟	绞丝(旁), 乱绞丝, 纽丝旁, 丝纽
	幺	幼字旁
	巛	三拐, 曲川
	子	子字旁
四画	灬	四点(火), 四点底, 火点, 连火
	火	火字旁
	小	竖心底
	心	卧心, 心字底
	礻	示补, 礼示, 示字旁, 示礼旁
	王	斜王旁, 斜玉旁, 王字旁
	耂	青字头
	耂	半老头, 老字头
	木	木字旁
	攴	缺支
	爫	爪字头, 采字头
	牛	牛字旁
	牜	提牛, 剔牛, 牛字旁
	攵	反文(旁), 斜文旁
	月	肉月(旁), 肉月底, 月字旁
五画	宀	学字头
	穴	穴宝盖, 穴字头

	疒	病匡盖, 病厂, 病字头, 病扇旁, 病(字)旁, 病翅, 病侧
	衤	衣旁, 衣补(旁)
	衤	衣字旁, 布衣旁
	耂	春字头, 半春头
	艹	荣字头, 劳字头
	⺌	常字头
	罒	横目头, 扁四头, 四字头, 睡目头
	皿	皿墩(底), 皿推, 坐墩, 皿字底
	钅	斜金旁, 金字旁
	禾	禾木旁
	癶	登字头, 发字头
	氺	泽边
六画	羊	羊头, 没尾羊
	𦍌	撇尾羊, 斜羊头, 羊字旁
	䒑	卷字头
	米	米字旁
	赤	变字头
	戈	栽字头
	覀	要字头, 西字头
	虍	虎字头
	⺮	竹立头, 竹字头
	糸	丝字(底)
七画	𧾷	足字旁
以上	采	番字头
	豸	豹字旁, 豺字旁, 豸字旁
	車	朝字旁, 十早字头
	隹	锥边, 佳字旁
	髟	发字头, 髦字头
	鬥	斗门

3

3　省・自治区・直轄市・特別行政区及びその別称

省

名称	別称	省都	名称	別称	省都
河北省	冀	石家庄	湖北省	鄂	武汉
山西省	晋	太原	湖南省	湘	长沙
辽宁省	辽	沈阳	广东省	粤	广州
吉林省	吉	长春	海南省	琼	海口
黑龙江省	黑	哈尔滨	四川省	川・蜀	成都
江苏省	苏	南京	贵州省	黔・贵	贵阳
浙江省	浙	杭州	云南省	颠・云	昆明
安徽省	皖	合肥	陕西省	陕・秦	西安
福建省	闽	福州	甘肃省	甘・陇	兰州
江西省	赣	南昌	青海省	青	西宁
山东省	鲁	济南	台湾省	台	台北
河南省	豫	郑州			

自治区

名称	別称	中心都市
内蒙古自治区	蒙	呼和浩特
广西壮族自治区	桂	南宁
西藏自治区	藏	拉萨
宁夏回族自治区	宁	银川
新疆维吾尔自治区	新	乌鲁木齐

直轄市

名称	別称
北京市	京
重庆市	渝
上海市	沪・申
天津市	津

特別行政区

名称	別称
香港特别行政区	港
澳门特别行政区	澳

4 少数民族名一覧表

民族名称(中)	名称(日)	主要居住地域
阿昌族	アチャン族	云南
白族	ペー族	云南・贵州・湖南等
保安族	ボウナン族	甘肃
布依族	プイ族	贵州
布朗族	プーラン族	云南
朝鲜族	朝鲜族	吉林・黑龙江・辽宁等
达斡尔族	ダフール族	内蒙古・黑龙江・新疆等
傣族	タイ族	云南
德昂族	ドアン族	云南
东乡族	トンシャン族	甘肃・新疆
侗族	トン族	贵州・湖南・广西等
独龙族	トールン族	云南
俄罗斯族	オロス族	新疆・黑龙江
鄂温克族	エヴェンキ族	内蒙古・黑龙江
鄂伦春族	オロチョン族	内蒙古・黑龙江
高山族	高山族	台湾・福建
仡佬族	コーラオ族	贵州・广西
哈尼族	ハニ族	云南
哈萨克族	カザフ族	新疆・甘肃・青海
赫哲族	ホジェン族	黑龙江
回族	回族	宁夏・甘肃・河南・新疆・青海・云南・河北・山东・安徽・辽宁・北京・内蒙古・天津・黑龙江・陕西・吉林・江苏・贵州等
基诺族	チノー族	云南
京族	キン族	广西
景颇族	チンポー族	云南
柯尔克孜族	キルギス族	新疆・黑龙江
拉祜族	ラフ族	云南
黎族	リー族	海南
傈僳族	リス族	云南・四川等
珞巴族	ロッパ族	西藏
满族	満族	辽宁・黑龙江・吉林・河北・内蒙古・北京等
毛南族	マオナン族	广西
门巴族	メンパ族	西藏
蒙古族	モンゴル族	内蒙古・辽宁・新疆・黑龙江・吉林・青海・甘肃・河北・河南
苗族	ミャオ族	贵州・云南・湖南・重庆・广西・四川・海南・湖北等
仫佬族	ムーラオ族	广西
纳西族	ナシ族	云南・四川
怒族	ヌー族	云南
普米族	プミ族	云南
羌族	チャン族	四川
撒拉族	サラ族	青海・甘肃等
畲族	シェー族	福建・浙江・江西・广东等
水族	スイ族	贵州・广西
塔吉克族	タジク族	新疆
塔塔尔族	タタール族	新疆
土家族	トゥチャ族	湖北・湖南・重庆等
土族	トウ族	青海・甘肃
佤族	ワ族	云南
维吾尔族	ウイグル族	新疆
乌孜别克族	ウズベク族	新疆
锡伯族	シボ族	辽宁・新疆・吉林・黑龙江等
瑶族	ヤオ族	广西・湖南・云南・广东・贵州等
彝族	イ族	云南・四川・贵州・广西等
裕固族	ユーグ族	甘肃
藏族	チベット族	西藏・四川・青海・甘肃・云南等
壮族	チワン族	广西・云南・广东・贵州・湖南等

5 重要記念日, 二十四節気・旧暦主要節句一覧表

月　　日	重　要　記　念　日	二十四節気	旧暦主要節日	旧暦月日
1月1日	元旦			
1月6日前後		小　寒		
1月20, 21日		大　寒	祭灶(小年夜)	十二月二十三
1月21日			除夕(大年夜)	十二月三十
2月4日前後		立　春	春节	正月　元旦 　　　初二 　　　初三
2月19日前後		雨　水	元宵(上元)	正月十五
3月6日前後		惊　蛰	龙抬头	二月二日
3月8日	国际劳动妇女节			
3月12日	植树节			
3月21日前後		春　分		
4月5日前後		清　明	清明(踏青)	三月五日前後
4月20日前後		谷　雨		
5月1日	五一国际劳动节			
5月4日	青年节			
5月6日前後		立　夏		
5月21日前後		小　满		
6月1日	六一国际儿童节			
6月6日前後		芒　种		
6月21, 22日		夏　至		
7月1日	中国共产党成立纪念日		端午(重五)	五月初五
7月7日前後		小　暑		
7月23日前後		大　暑		
8月1日	中国人民解放军建军节			
8月8日前後		立　秋		
8月23日前後		处　暑	七夕(乞巧)	七月初七
9月8日前後		白　露	中元(盂兰盆会)	七月十五
9月10日	教师节			
9月23日前後		秋　分		
10月1日	国庆节		中秋(团圆)	八月十五
10月8, 9日		寒　露		
10月10日			重阳(重九)	九月初九
10月23, 24日		霜　降		
11月7, 8日		立　冬		
11月12日			送寒衣	十月初一
11月22, 23日		小　雪		
12月7日前後		大　雪		
12月22日前後		冬　至		
			腊八	十二月初八

6 中国歴史略表

名称	年代
夏	約前21〜約前16世紀
商	約前16〜約前11世紀
周	約前11世紀〜前256
西周	約前11世紀〜前771
東周	前770〜前256
秦	前221〜前206
汉	前206〜220
西汉	前206〜25
东汉	25〜220
三国	220〜280
魏	220〜265
蜀汉	221〜263
吴	222〜280
晋	265〜420
西晋	265〜317
东晋	317〜420
南北朝	420〜589
（南朝）	
宋	420〜479
齐	479〜502
梁	502〜557
陈	557〜589

名称	年代
（北朝）	
北魏	386〜534
东魏	534〜550
北齐	550〜577
西魏	535〜556
北周	557〜581
隋	581〜618
唐	618〜907
五代	907〜960
后梁	907〜923
后唐	923〜936
后晋	936〜947
后汉	947〜950
后周	951〜960
宋	960〜1279
北宋	960〜1127
南宋	1127〜1279
辽	907〜1125
金	1115〜1234
元	1206〜1368
明	1368〜1644
清	1616〜1911
中华民国	1912〜1949
中华人民共和国	1949

7　親族関係名称と関係図

1. 本表では══で配偶関係を，縦または横の直線で血のつながりを示してある。また，**右に**年長者を**左に**年少者を配してある。年長者・年少者それぞれの中で，**右に**男子を**左に**女子を配してある。たとえば，

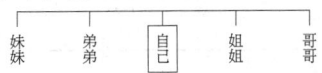

```
       ┌────┬────┬────┬────┬────┐
      妹妹  弟弟  自己  姐姐  哥哥
```

ただし，〔姑母〕，〔舅父〕，〔姨母〕については，年齢が称呼に関係しないので，男女の別だけを考慮して，〔舅父〕は右に〔姑母〕，〔姨母〕は左に掲げてある。

2. ×を付してある称呼は，主として儀礼その他古来の礼俗に関する典籍に根拠を有する**文語的記述称**であり，親族としての関係を記述する場合に用いられるもので，これを**関係称**と呼ぶ。

3. △を付してある称呼は，被称者のことについて説明したり言及したりするときに用いられる呼称である。つねに被称者本人に対してでなく他人に向かって用いられるので**対他称**と呼ぶ。

4. ○を付してある称呼は，**口頭語**で被称者本人に対する呼びかけに用いられる称呼で，これを**対称**と呼ぶ。

5. ×△を付してある称呼は，**関係称であるとともに対他称**としても用いられるもので，この種の称呼は非常に多く認められる。

6. △○を付してある称呼は，**対他称であるとともに対称**としても用いられるものである。

7. 自己の配偶者・弟妹・従弟妹の世代およびそれらの者の配偶者ならびにそれ以下の世代の者については，対他称・対称ともに表に掲げた称呼のほかに，その名を呼ぶこともできる。たとえば，妻のことを言うときその名で"秀英"と言ったり，いとこの子を呼ぶときにその名で"志明"と呼んだりする。

　特に，表中×と△だけあって○を欠くものの対称としては，その名を呼ぶのが原則である。

8. 兄弟姉妹の順序を称呼の上に表すには，男女別々に，〔大……〕〔二……〕〔三……〕……を称呼の前に加えて，

〔大　哥〕〔二　哥〕，(3男である自分)，〔四　弟〕〔五　弟〕
〔大　姐〕〔二　姐〕，(3女である自分)，〔四　妹〕〔五　妹〕
〔大　爺〕〔二大爺〕，(自　分　の　父)，〔四　叔〕〔五　叔〕
〔大爺爺〕〔二爺爺〕，(自　分　の　祖　父)，〔四爺爺〕〔五爺爺〕

のように呼びわける。すなわち，〔哥哥〕，〔姐姐〕のように同じ音節の重畳形の称呼には，その重畳形を解いて〔大……〕，〔二……〕，〔三……〕……を加えて，大哥〕〔二哥〕〔三哥〕……；〔大姐〕〔二姐〕〔三姐〕……のように呼ぶのである。ただし，〔爺爺〕，〔奶奶〕，〔姥姥〕，〔公公〕，〔婆婆〕は〔大……〕，〔二……〕，〔三……〕……を加えるときでも重畳形のまま〔大爺爺〕，〔二爺爺〕，〔三爺爺〕……のように呼ぶ。

9. 地方によりまた家庭によって，大家族制の遺風をなお保っている家庭では，〔親兄弟〕と〔親姐妹〕と伯叔父の子女を分けへだてせず，すなわち，〔堂兄弟〕，〔堂姐妹〕を含めた兄弟姉妹全部の中で最年長の者から，たとえば，〔大哥〕，〔二哥〕，〔三哥〕，〔四哥〕，(自分)，〔六弟〕，〔七弟〕……のように呼ぶならわしがあり，これを〔大排行〕という。

　これに対して，ふつうの〔小排行〕の呼びかたで，伯叔父の子女の順序を表すには，たとえば，〔大爺家的二哥〕〔大房的二哥〕（一番上の伯父の家の自分より年長の次男），〔四房家的大弟〕〔四房的大弟〕（四番目のおじの家の自分より年下の長男）のように呼ぶ。

10. 〔表兄弟〕，〔表姐妹〕の順序を表すには，たとえば，〔二姑媽家的二表哥〕（二番目の姑母の家の自分より年長の次男），〔三姨家的大表弟〕（三番目の姨母の家の自分より年下の長男）のように呼ぶ。

11. 妻が〔夫家〕で用いる称呼の中には，夫または子がその家庭内で用いる称呼に従うものが多いことに注意を要する。たとえば，夫の弟を〔弟弟〕と呼んだり，夫の祖父を〔爺爺〕と呼んだり，夫の姉妹を〔姑姑〕と呼んだりするのは夫や子の用いる称呼に従ったものである。

　逆に，夫が〔岳家〕で用いる称呼は，妻が用いる称呼に従う場合が多い。たとえば，妻の父を〔爸爸〕と呼んだり，妻の兄を〔哥哥〕と呼んだりする。

　表中，同一の称呼が異なった関係を表すものとして重複して掲げられているのが散見するのはこの間の事情に基づくものである。

12. 一部の称呼は，親族関係の全くない人に対しても，そのままの形で，もしくは若干異なった形で，親近感を表すために用いられることがある。

　たとえば，親の友人や友人の親を〔伯伯〕〔老伯〕や〔伯母〕と呼んだり，自分の伯父・伯母と同年配の人を〔老大爺〕，〔老大娘〕と呼んだり，解放軍の兵士のことを〔解放軍叔叔〕と呼んだり，よその子を〔小弟弟〕，〔小妹妹〕と呼んだりする。

親族関係図

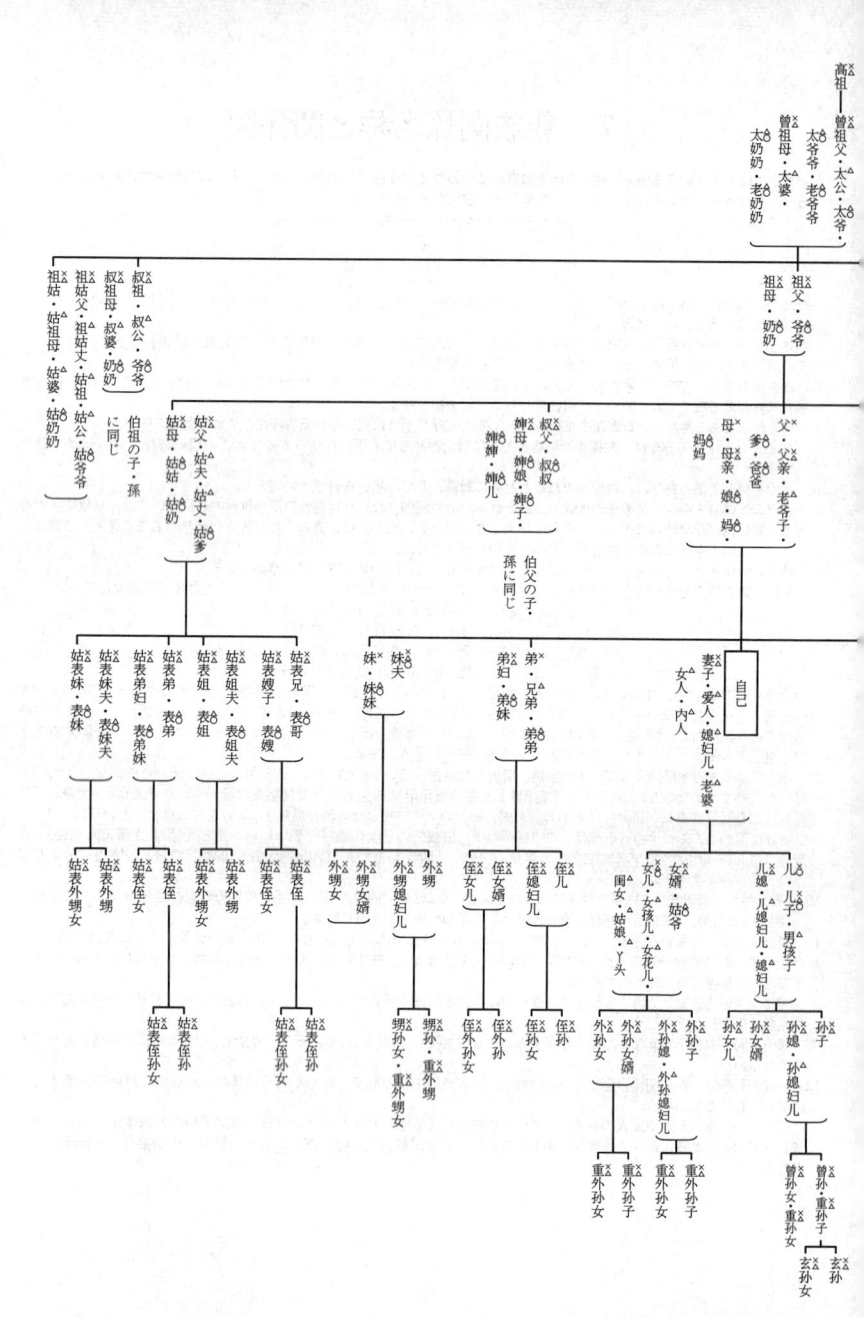

- 高祖―曾祖父・太公・太爺
  - 曾祖母・太爺爺・太奶奶・老爺爺・老奶奶
    - 祖姑・姑祖母・姑婆・姑奶奶
    - 祖姑父・祖姑丈・姑祖・姑公・姑爺爺
    - 叔祖・叔公・爺爺
    - 叔祖母・叔婆・奶奶
    - 祖母・奶奶
    - 祖父・爺爺
      - 姑母・姑姑・姑奶
      - 姑父・姑夫・姑丈・姑爹
      - 叔父・叔叔
      - 婶母・婶娘・婶子
      - 婶婶・婶儿
      - 母・母親・娘・媽媽
      - 父・父親・老爺子・爹・爸爸
      （伯父の子・孫に同じ）
        - 姑表妹・表妹
        - 姑表妹夫・表妹夫
        - 姑表弟妇・表弟妹
        - 姑表弟・表弟
        - 姑表姐・表姐
        - 姑表姐夫・表姐夫
        - 姑表嫂子・表嫂
        - 姑表兄・表哥
        - 妹・妹妹
        - 妹夫
        - 弟・兄弟・弟弟
        - 弟妇・弟妹
        - 妻子・愛人・媳妇儿・老婆・女人・内人
        - 自己
          - 姑表外甥女
          - 姑表外甥
          - 姑表侄女
          - 姑表侄
          - 姑表外甥女
          - 姑表外甥
          - 姑表侄女
          - 姑表侄
          - 外甥女
          - 外甥女婿
          - 外甥媳妇儿
          - 外甥
          - 侄女
          - 侄女婿
          - 侄媳妇儿
          - 侄儿
          - 女婿・姑爺
          - 女儿・女孩儿・女花儿
          - 閨女・姑娘・丫夫
          - 儿媳・儿媳妇儿・媳妇儿
          - 儿・儿子・男孩子
            - 姑表侄孫女
            - 姑表侄孫
            - 姑表侄孫女
            - 姑表侄孫
            - 甥孫女・重外甥女
            - 甥孫・重外甥
            - 侄外孫女
            - 侄外孫
            - 侄孫女
            - 侄孫
            - 外孫女婿
            - 外孫女
            - 外孫媳・外孫媳妇儿
            - 外孫子
            - 孫女儿
            - 孫女婿
            - 孫媳・孫媳妇儿
            - 孫子
              - 重外孫女
              - 重外孫子
              - 重外孫女
              - 重外孫子
              - 曾孫女・重孫女
              - 曾孫・重孫
                - 玄孫女
                - 玄孫

| 本　家 | "堂房"ともいう．自己の生家で，構成員はすべて"同姓"であり，"本家"以外の親族すなわち"亲戚"はすべて"外姓"である． |

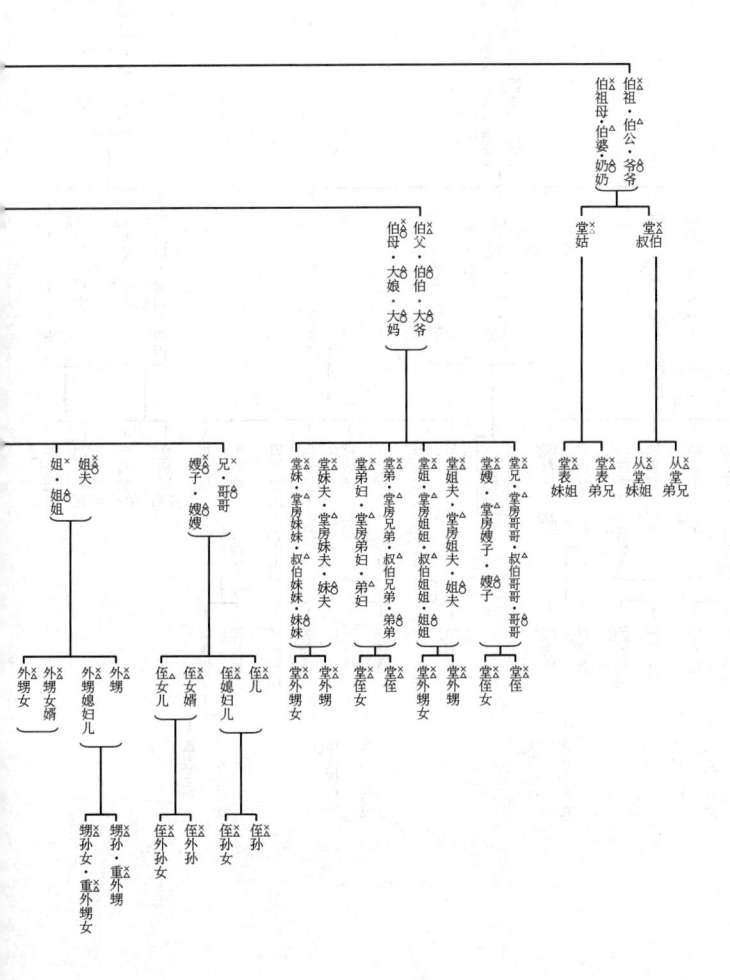

伯祖父・伯公・爷爷
伯祖母・伯婆・奶奶

堂姑×
堂叔伯△

伯父・伯伯・大爷△
伯母・大娘・大妈×

堂表妹姐×
堂表弟兄△
从堂妹姐×
从堂弟兄△

姐・姐姐×
姐夫×

兄・哥哥△
嫂子・嫂嫂×

堂兄・堂房哥哥・叔伯哥哥△
堂嫂・堂房嫂子×
堂姐・堂房姐姐・叔伯姐姐×
堂姐夫・姐夫△
堂妹夫・堂房妹夫・妹夫△
堂妹・堂房妹妹・叔伯妹妹×
堂弟・堂房弟弟・叔伯弟弟△
堂弟妇・堂房弟妇×

外甥女×
外甥女婿×
外甥媳妇儿×
外甥△

侄女儿×
侄女婿×
侄媳妇儿×
侄儿△

堂侄女×
堂外甥女×
堂外甥△
堂侄△

甥孙女・重外甥女×
甥孙・重外甥△
侄外孙女×
侄外孙△
侄孙女×
侄孙△

外祖家

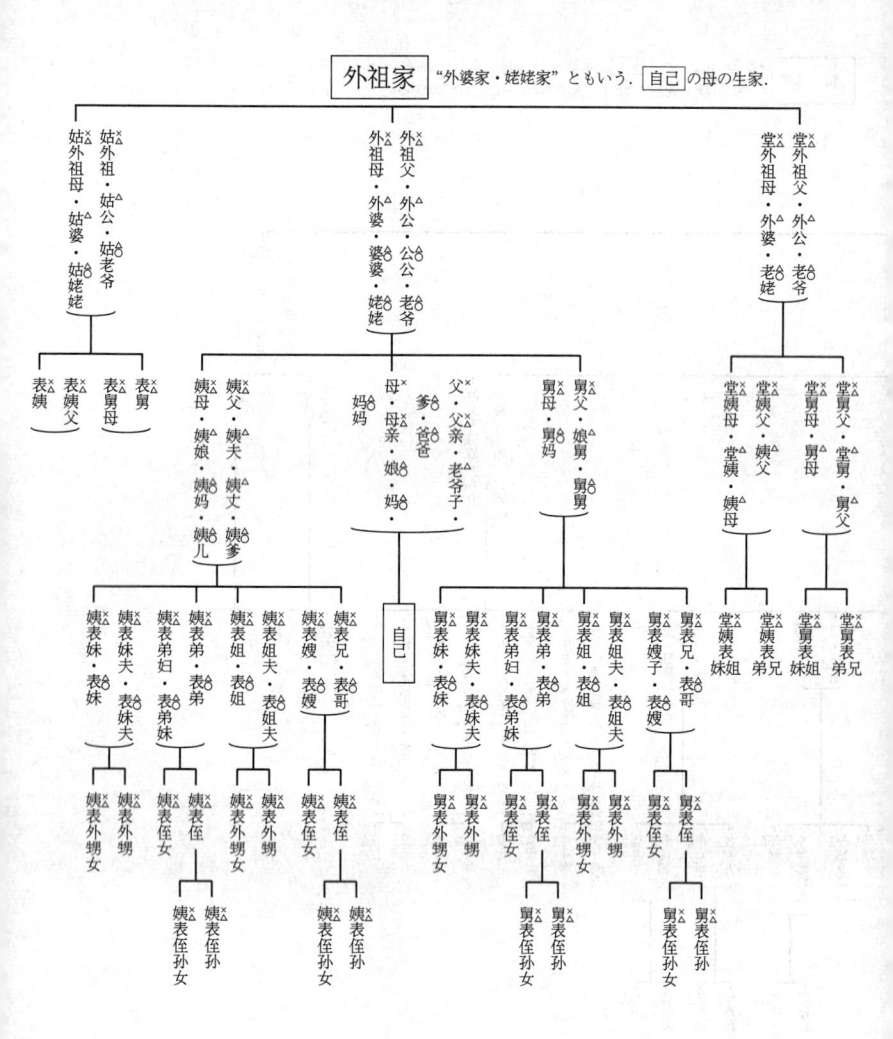

"外婆家・姥姥家" ともいう. 自己 の母の生家.

外祖父母の系統

- **姑外祖父・姑公・姑姥爷** / **姑外祖母・姑婆・姑姥姥**
  - 表舅 / 表舅母
  - 表姨父 / 表姨

- **外祖父・外公・公公・老爷・姥爷** / **外祖母・外婆・婆婆・姥姥**
  - **姨父・姨夫・姨丈・姨爹** / **姨母・姨娘・姨妈・姨儿**
    - 姨表兄・表哥 / 姨表嫂
    - 姨表姐 / 姨表姐夫・表姐夫
    - 姨表弟 / 姨表弟妇・表弟妹
    - 姨表妹・表妹 / 姨表妹夫・表妹夫
      - 姨表侄 / 姨表侄女
        - 姨表侄孙 / 姨表侄孙女
      - 姨表外甥 / 姨表外甥女
  - **父・父亲・老爷子・爹・爸爸** / **母・母亲・娘・妈・妈妈**
    - 自己
  - **舅父・娘舅・舅舅** / **舅母・舅妈**
    - 舅表兄・表哥 / 舅表嫂子・表嫂
    - 舅表姐 / 舅表姐夫
    - 舅表弟 / 舅表弟妇・表弟妹
    - 舅表妹・表妹 / 舅表妹夫
      - 舅表侄 / 舅表侄女
        - 舅表侄孙 / 舅表侄孙女
      - 舅表外甥 / 舅表外甥女

- **堂外祖父・外公・老爷** / **堂外祖母・外婆・老姥**
  - 堂姨父・姨父 / 堂姨母・姨母
    - 堂姨表兄 / 堂姨表姐 / 堂姨表弟兄 / 堂姨表妹姐
  - 堂舅父・舅父 / 堂舅母・舅母
    - 堂舅表兄 / 堂舅表弟兄

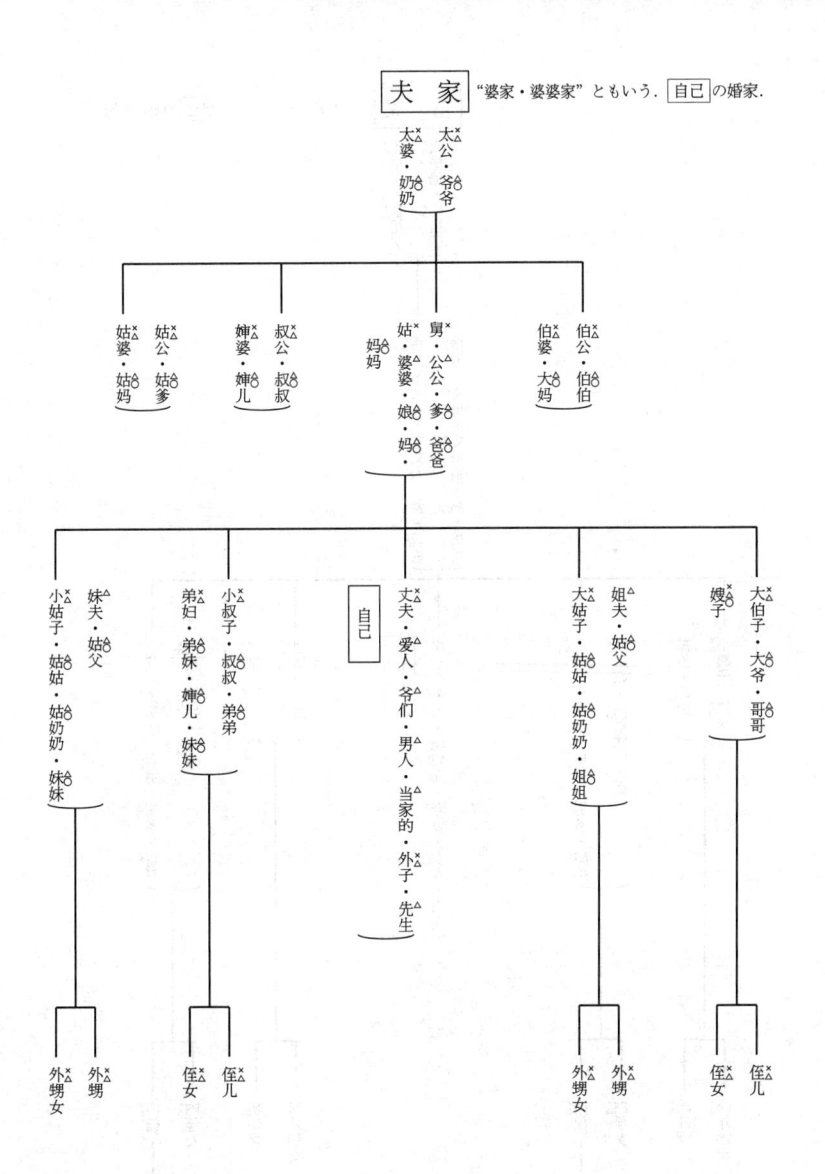

夫　家 "婆家・婆婆家"ともいう. 自己 の婚家.

- 太公・爷爷 / 太婆・奶奶
  - 姑婆・姑妈
  - 姑公・姑爹
  - 婶婆・婶儿
  - 叔公・叔叔
  - 姑・婆婆・娘・妈妈 / 舅・公公・爹・爸爸
  - 伯婆・大妈
  - 伯公・伯伯
- （子世代）
  - 小姑子・姑姑・姑奶奶・妹妹 / 妹夫・姑父
  - 小叔子・叔叔・婶儿・妹妹 / 弟妇・弟妹
  - 自己
  - 丈夫・爱人・爷们・男人・当家的・外子・先生
  - 大姑子・姑姑・姑奶奶・姐姐 / 姐夫・姑父
  - 嫂子 / 大伯子・大爷・哥哥
- （孫世代）
  - 外甥女 / 外甥
  - 侄女 / 侄儿
  - 外甥女 / 外甥
  - 侄女 / 侄儿

12

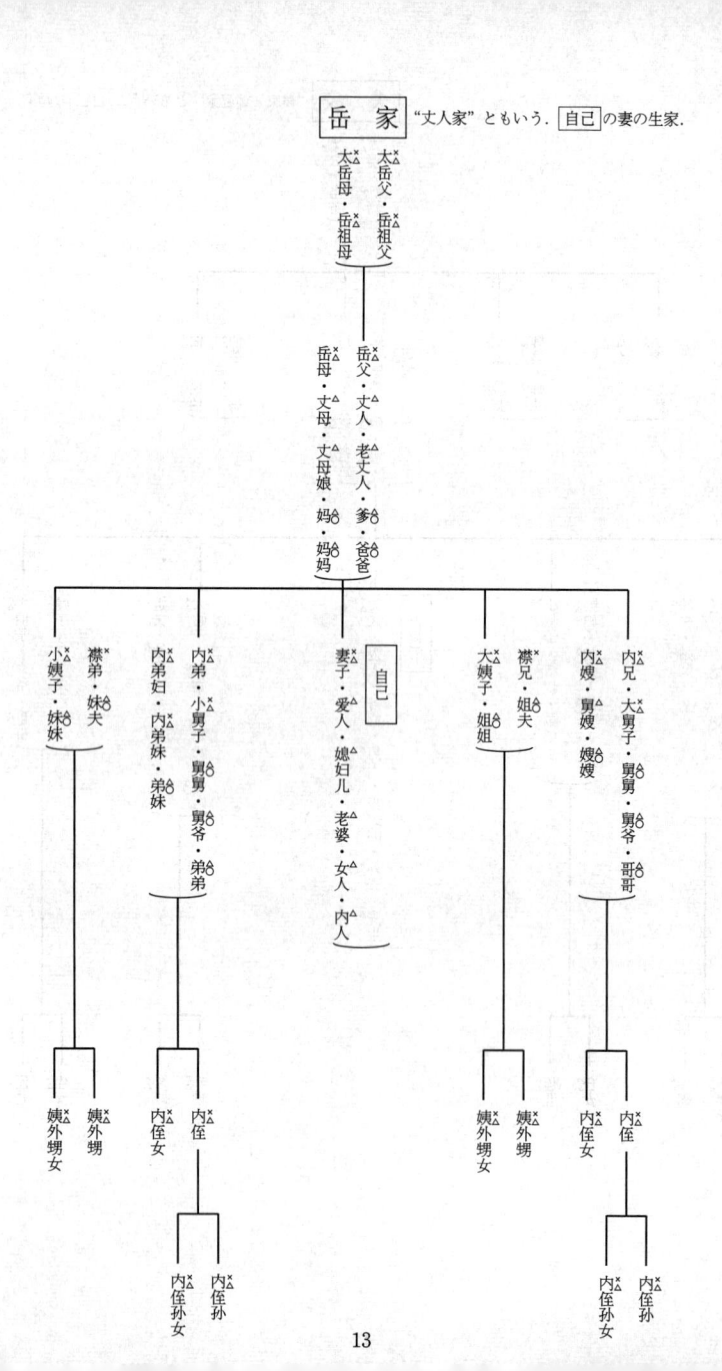

岳家 "丈人家"ともいう. 自己 の妻の生家.

- 太岳父・岳祖父
- 太岳母・岳祖母

- 岳父・丈人・老丈人・爹・爸爸
- 岳母・丈母・丈母娘・妈・妈妈

- 内兄・大舅子・舅男・舅爷・哥哥
- 内嫂・舅嫂・嫂嫂
- 襟兄・姐夫
- 大姨子・姐姐
- 妻子・爱人・媳妇儿・老婆・女人・内人
- 自己
- 内弟・小舅子・舅男・舅爷・弟弟
- 内弟妇・内弟妹・弟妹
- 襟弟・妹夫
- 小姨子・妹妹

- 内侄
- 内侄女
- 姨外甥
- 姨外甥女
- 内侄
- 内侄女
- 姨外甥
- 姨外甥女

- 内侄孙
- 内侄孙女
- 内侄孙
- 内侄孙女

8　北京伝統的住宅の配置図解

〔影壁〕は門を入ったところあるいは出たところの正面に内部が見えないように装飾的に設けられる。
〔垂花門〕は棟門型の中門で、屋根の四方の軒下に垂れさがった吊り束(ﾂ)に彫刻や彩色が施されたもの。
〔内房〕は主人夫婦の部屋および娘の部屋として用いられることが多い。
〔西厢房〕は〔正房〕に次ぐ重要なところで、主人の部屋あるいは応接間あるいは長男・次男などの部屋として用いられる。
〔耳房〕は物置あるいは内便所・浴室などに用いられる。〔耳房〕には小院へ出る入口があるのが普通であるが、その入口は通常使用されず閉じたままである。
〔后罩房〕がない場合は、〔东厢房〕を〔厨房〕と〔饭厅〕にあてることが多い。

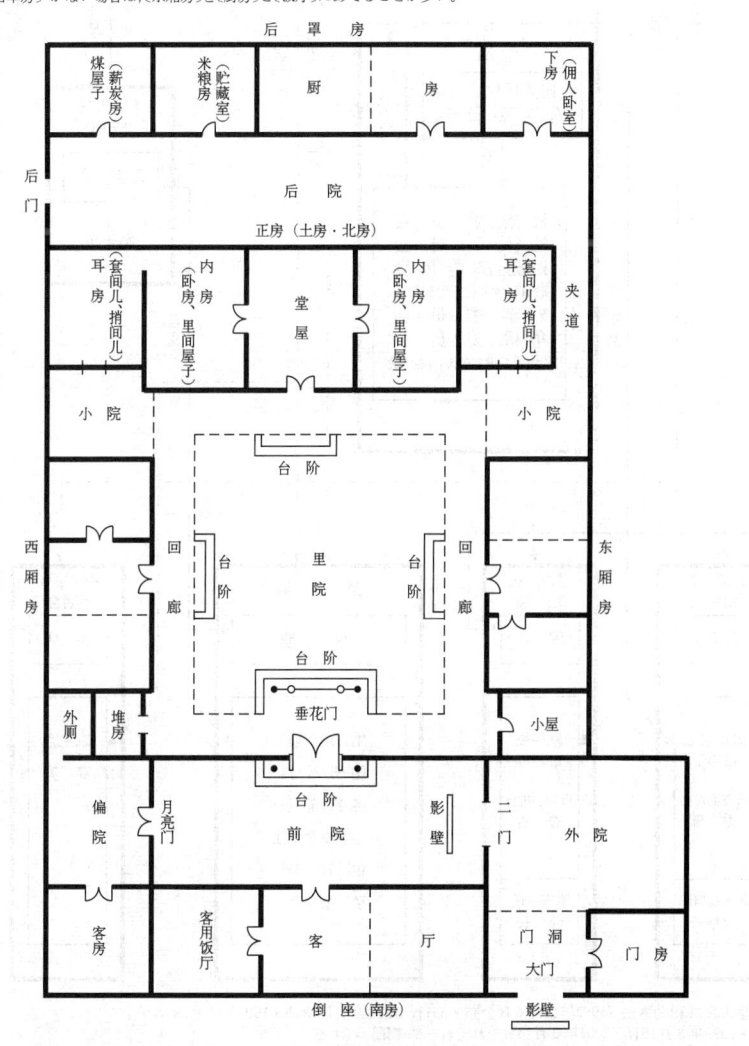

煤屋子(薪炭房)	米粮房(貯藏室)	厨　　房		下房(佣人卧室)

后罩房

后門

后　院

正房（土房・北房）

| 耳房(套間儿、捎間儿) | 内房(卧房、里間屋子) | 堂　屋 | 内房(卧房、里間屋子) | 耳房(套間儿、捎間儿) |

夹道

小　院　　　　　　　　　小　院

西厢房　　　回廊　　台阶　　里　院　　台阶　　回廊　　　东厢房

台　阶

垂花門

外厠　堆房　　　　　　　　　　　　　　　　　　　　小屋

偏院　月亮門　　前　院　　影壁　二門　　外　院

| 客房 | 客用饭厅 | 客　　厅 | 門洞大門 | 門房 |

倒　座（南房）　　影壁

9　中国政治機構一覧表

中国最高国家機関関係図表

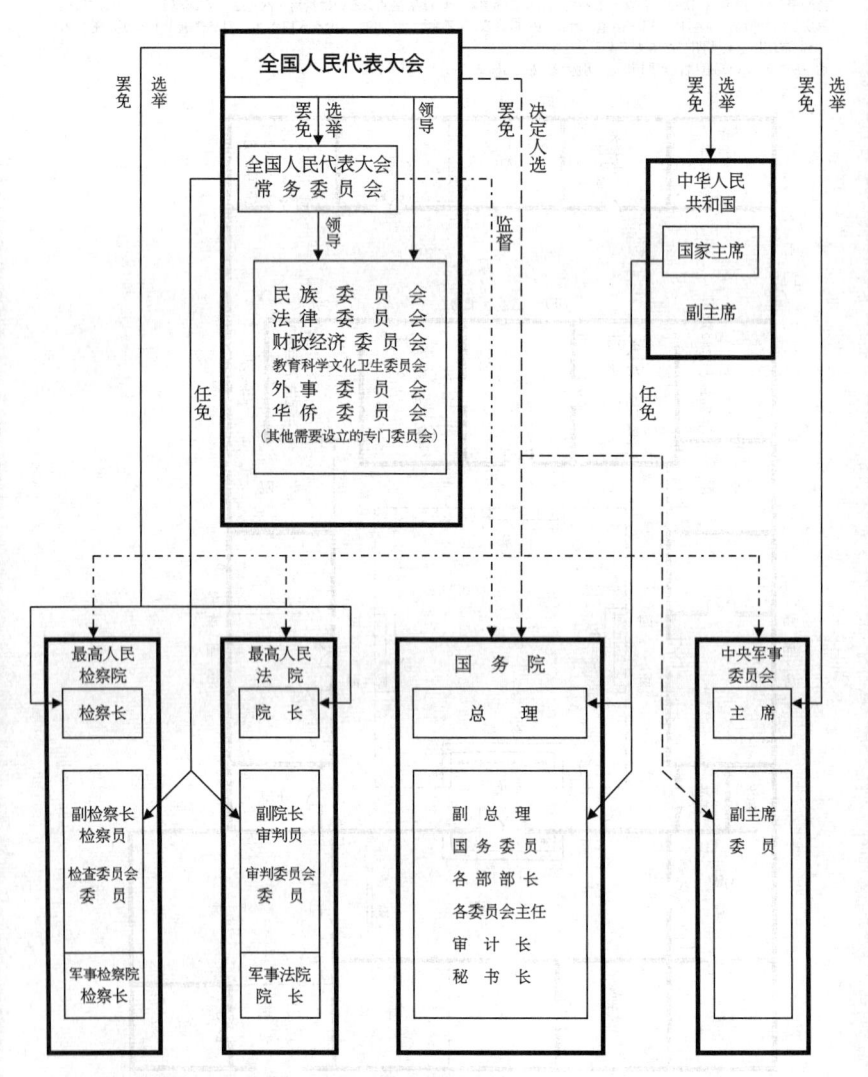

```
                    ┌─────────────────────┐
          罢免│选举  │  全国人民代表大会  │  罢免│选举        罢免│选举
                    └─────────────────────┘
                   罢免│选举  │领导      │决定人选
                    ┌──────────┐
                    │全国人民代表大会│
                    │  常务委员会   │
                    └──────────┘                        ┌──────────┐
                         │领导    │监督                  │ 中华人民  │
                    ┌──────────┐                        │  共和国   │
                    │民族委员会 │                        │ 国家主席  │
                    │法律委员会 │                        │          │
                    │财政经济委员会│                      │ 副主席   │
                    │教育科学文化卫生委员会│               └──────────┘
                    │外事委员会 │
                    │华侨委员会 │
                    │(其他需要设立的专门委员会)│
                    └──────────┘
     任免                              任免

┌────────┐ ┌────────┐ ┌────────┐ ┌────────┐
│最高人民 │ │最高人民 │ │ 国务院  │ │中央军事 │
│ 检察院  │ │  法院   │ │        │ │ 委员会  │
│ 检察长  │ │ 院 长   │ │ 总 理   │ │ 主 席   │
└────────┘ └────────┘ └────────┘ └────────┘
│副检察长 │ │副院长  │ │副 总 理 │ │副主席   │
│检察员   │ │审判员  │ │国务委员 │ │委  员   │
│检查委员会│ │审判委员会│ │各部部长 │ │        │
│委  员   │ │委  员  │ │各委员会主任│
│军事检察院│ │军事法院│ │审 计 长 │
│检察长   │ │院  长  │ │秘 书 长 │
```

中華人民共和国憲法（1982年12月 4 日公布・施行，1988年 4 月12日・1993年 3 月29日・1999年 3 月15日・2004年 3 月14日それぞれ一部修正）による．

中国行政系統関係図表

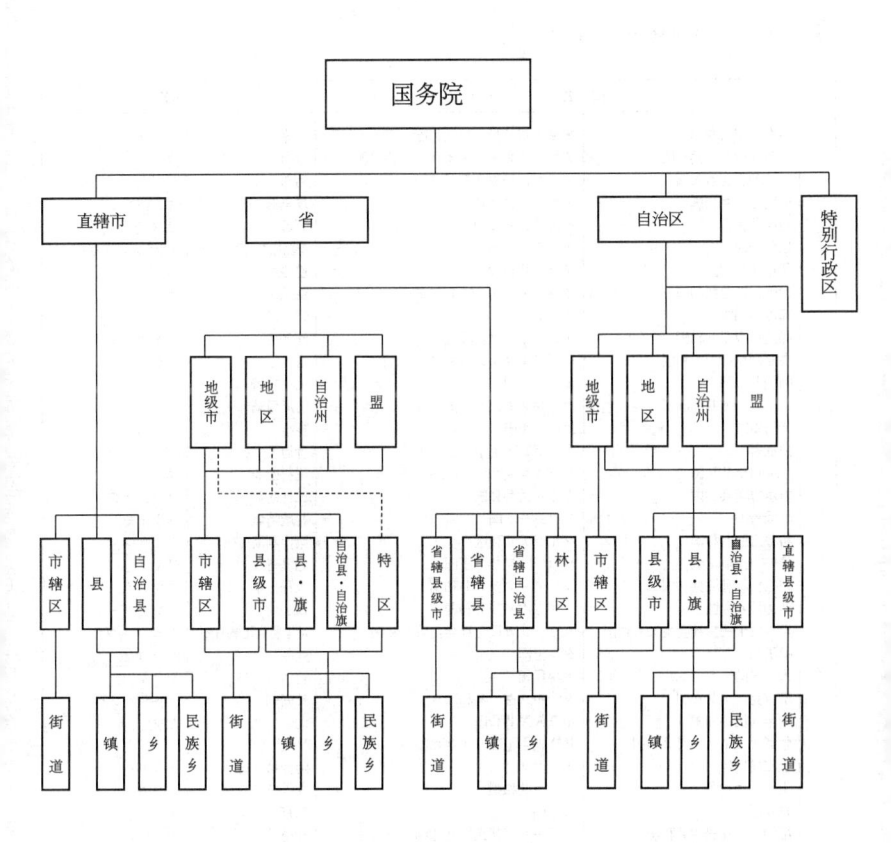

```
                                    国务院
         ┌──────────┬──────────────┴──────────────┬──────────┐
       直辖市        省                          自治区     特别行政区
                ┌────┬────┬────┐             ┌────┬────┬────┬────┐
              地级市 地区 自治州 盟           地级市 地区 自治州 盟
```

（下位：市辖区／县／自治县／市辖区／县级市／县・旗／自治县・自治旗／特区／省辖县级市／省辖县／省辖自治县／林区／市辖区／县级市／县・旗／自治县・自治旗／直辖县级市）

末端：街道／镇／乡／民族乡

全国行政区画統計表

省级		地级		县级		乡级	
合计	行政单位	合计	行政单位	合计	行政单位	合计	行政单位
34	4 直辖市 23 省 5 自治区 2 特别行政区	333	283 地级市 17 地区 30 自治州 3 盟	2859	856 市辖区 368 县级市 1463 县 117 自治县 49 旗 3 自治旗 2 特区 1 林区	40828	3 区公所 19234 镇 13872 乡 98 苏木 1096 民族乡 1 民族苏木 6524 街道

2008年12月31日現在．民生部編『中华人民共和国行政区划简册2009』による．

10　国名・首都名一覧表

配列は地域別、日本語国名のアイウエオ順．

	国　名		首都名	
アジア	阿塞拜疆共和国	アゼルバイジャン共和国	巴庫	バクー
	阿富汗伊斯兰共和国	アフガニスタン・イスラム共和国	喀布尔	カブール
	阿拉伯联合酋长国	アラブ首長国連邦	阿布扎比	アブダビ
	亚美尼亚共和国	アルメニア共和国	埃里温	エレバン
	也门共和国	イエメン共和国	萨那	サヌア
	以色列国	イスラエル国	耶路撒冷(特拉维夫)	エルサレム(テルアビブ)
	伊拉克共和国	イラク共和国	巴格达	バグダッド
	伊朗伊斯兰共和国	イラン・イスラム共和国	德黑兰	テヘラン
	印度共和国	インド	新德里	ニューデリー
	印度尼西亚共和国	インドネシア共和国	雅加达	ジャカルタ
	乌兹别克斯坦共和国	ウズベキスタン共和国	塔什干	タシケント
	阿曼苏丹国	オマーン国	马斯喀特	マスカット
	哈萨克斯坦共和国	カザフスタン共和国	阿斯塔纳	アスタナ
	卡塔尔国	カタール国	多哈	ドーハ
	柬埔寨王国	カンボジア王国	金边	プノンペン
	塞浦路斯共和国	キプロス共和国	尼科西亚	ニコシア
	吉尔吉斯共和国	キルギス共和国	比什凯克	ビシュケク
	科威特国	クウェート国	科威特城	クウェート
	格鲁吉亚共和国	グルジア共和国	第比利斯	トビリシ
	沙特阿拉伯王国	サウジアラビア王国	利雅得	リヤド
	阿拉伯叙利亚共和国	シリア・アラブ共和国	大马士革	ダマスカス
	新加坡共和国	シンガポール共和国	新加坡	シンガポール
	斯里兰卡民主社会主义共和国	スリランカ民主社会主義共和国	斯里贾亚瓦德纳普拉科特	スリ・ジャヤワルダナプラ・コッテ
	泰王国	タイ王国	曼谷	バンコク
	大韩民国	大韓民国	首尔	ソウル
	塔吉克斯坦共和国	タジキスタン共和国	杜尚别	ドゥシャンベ
	中华人民共和国	中華人民共和国	北京	北京
	朝鲜民主主义人民共和国	朝鮮民主主義人民共和国	平壤	ピョンヤン
	土库曼斯坦	トルクメニスタン	阿什哈巴德	アシガバット
	土耳其共和国	トルコ共和国	安卡拉	アンカラ
	日本国	日本国	东京	東京
	尼泊尔联邦民主共和国	ネパール連邦民主共和国	加德满都	カトマンズ
	巴林王国	バーレーン王国	麦纳麦	マナーマ市
	巴基斯坦伊斯兰共和国	パキスタン・イスラム共和国	伊斯兰堡	イスラマバード
	巴勒斯坦国	パレスチナ暫定自治政府	耶路撒冷	エルサレム
	孟加拉人民共和国	バングラデシュ人民共和国	达卡	ダッカ
	东帝汶民主共和国	東ティモール民主共和国	帝力	ディリ
	菲律宾共和国	フィリピン共和国	大马尼拉市	メトロ・マニラ
	不丹王国	ブータン王国	廷布	ティンプー
	文莱达鲁萨兰国	ブルネイ・ダルサラーム国	斯里巴加湾市	バンダルスリブガワン
	越南社会主义共和国	ベトナム社会主義共和国	河内	ハノイ
	马来西亚	マレーシア	吉隆坡	クアラルンプール
	缅甸联邦	ミャンマー連邦	内比都	ネーピードー
	马尔代夫共和国	モルディブ共和国	马累	マレ
	蒙古国	モンゴル国	乌兰巴托	ウランバートル
	约旦哈希姆王国	ヨルダン・ハシミテ王国	安曼	アンマン
	老挝人民民主共和国	ラオス人民民主共和国	万象	ビエンチャン

	国　名		首都名	
アジア	黎巴嫩共和国	レバノン共和国	贝鲁特	ベイルート
太洋州	澳大利亚联邦	オーストラリア連邦	堪培拉	キャンベラ
	基里巴斯共和国	キリバス共和国	塔拉瓦	タラワ
	萨摩亚独立国	サモア独立国	阿皮亚	アピア
	所罗门群岛	ソロモン諸島	霍尼亚拉	ホニアラ
	图瓦卢	ツバル	富纳富提	フナフティ
	汤加王国	トンガ王国	努库阿洛法	ヌクアロファ
	瑙鲁共和国	ナウル共和国	亚伦	ヤレン
	新西兰	ニュージーランド	惠灵顿	ウェリントン
	瓦努阿图共和国	バヌアツ共和国	维拉港	ポートビラ
	巴布亚新几内亚独立国	パプアニューギニア独立国	莫尔斯比港	ポートモレスビー
	帕劳共和国	パラオ共和国	梅莱凯奥克	マルキョク州
	斐济群岛共和国	フィジー諸島共和国	苏瓦	スバ
	马绍尔群岛共和国	マーシャル諸島共和国	马朱罗	マジュロ
	密克罗尼西亚联邦	ミクロネシア連邦	帕利基尔	パリキール
北アメリカ	美利坚合众国	アメリカ合衆国	华盛顿哥伦比亚特区	ワシントンD.C.
	安提瓜和巴布达	アンティグア・バーブーダ	圣约翰	セントジョンズ
	萨尔瓦多共和国	エルサルバドル共和国	圣萨尔瓦多	サンサルバドル
	加拿大	カナダ	渥太华	オタワ
	古巴共和国	キューバ共和国	哈瓦那	ハバナ
	危地马拉共和国	グアテマラ共和国	危地马拉市	グアテマラ・シティ
	格林纳达	グレナダ	圣乔治	セントジョージズ
	哥斯达黎加共和国	コスタリカ共和国	圣何塞	サンホセ
	牙买加	ジャマイカ	金斯敦	キングストン
	圣文森特和格林纳丁斯	セントビンセント・グレナディーン諸島	金斯敦	キングスタウン
	圣基茨和尼维斯联邦	セントクリストファー・ネーヴィス	巴斯特尔	バセテール
	圣卢西亚	セントルシア	卡斯特里	カストリーズ
	多米尼克国	ドミニカ国	罗索	ロゾー
	多米尼克共和国	ドミニカ共和国	圣多明哥	サント・ドミンゴ
	特立尼达和多巴哥共和国	トリニダード・トバゴ共和国	西班牙港	ポート・オブ・スペイン
	尼加拉瓜共和国	ニカラグア共和国	马那瓜	マナグア
	海地共和国	ハイチ共和国	太子港	ポルトープランス
	巴拿马共和国	パナマ共和国	巴拿马城	パナマ市
	巴哈马国	バハマ国	拿骚	ナッソー
	巴巴多斯	バルバドス	布里奇顿	ブリッジタウン
	伯利兹	ベリーズ	贝尔莫潘	ベルモパン
	洪都拉斯共和国	ホンジュラス共和国	特古西加尔巴	テグシガルパ
	墨西哥合众国	メキシコ合衆国	墨西哥城	メキシコ・シティ
南アメリカ	阿根廷共和国	アルゼンチン共和国	布宜诺斯艾利斯	ブエノスアイレス
	乌拉圭东岸共和国	ウルグアイ東方共和国	蒙得维的亚	モンテビデオ
	厄瓜多尔共和国	エクアドル共和国	基多	キト
	圭亚那合作共和国	ガイアナ共和国	乔治敦	ジョージタウン
	哥伦比亚共和国	コロンビア共和国	波哥大	ボゴタ
	苏里南共和国	スリナム共和国	帕拉马里博	パラマリボ
	智利共和国	チリ共和国	圣地亚哥	サンティアゴ
	巴拉圭共和国	パラグアイ共和国	亚松森	アスンシオン
	巴西联邦共和国	ブラジル連邦共和国	巴西利亚	ブラジリア
	委内瑞拉玻利瓦尔共和国	ベネズエラ・ボリバル共和国	加拉加斯	カラカス

	国 名		首都名	
南アメリカ	秘鲁共和国	ペルー共和国	利马	リマ
	玻利维亚共和国	ボリビア共和国	拉巴斯(苏克雷)	ラパス(スクレ)
欧州（NIS諸国を含む）	冰岛共和国	アイスランド共和国	雷克雅未克	レイキャビク
	爱尔兰	アイルランド	都柏林	ダブリン
	阿尔巴尼亚共和国	アルバニア共和国	地拉那	ティラナ
	安道尔公国	アンドラ公国	安道尔城	アンドララベリャ
	意大利共和国	イタリア共和国	罗马	ローマ
	乌克兰	ウクライナ	基辅	キエフ
	大不列颠及北爱尔兰联合王国	英国(グレートブリテン・北アイルランド連合王国)	伦敦	ロンドン
	爱沙尼亚共和国	エストニア共和国	塔林	タリン
	奥地利共和国	オーストリア共和国	维也纳	ウィーン
	荷兰王国	オランダ王国	阿姆斯特丹	アムステルダム
	希腊共和国	ギリシャ共和国	雅典	アテネ
	克罗地亚共和国	クロアチア共和国	萨格勒布	ザグレブ
	科索沃共和国	コソボ共和国	普里什蒂纳	プリシュティナ
	圣马力诺共和国	サンマリノ共和国	圣马力诺	サンマリノ
	瑞士联邦	スイス連邦	伯尔尼	ベルン
	瑞典王国	スウェーデン王国	斯德哥尔摩	ストックホルム
	西班牙王国	スペイン王国	马德里	マドリード
	斯洛伐克共和国	スロバキア共和国	布拉迪斯拉发	ブラチスラバ
	斯洛文尼亚共和国	スロベニア共和国	卢布尔雅那	リュブリャナ
	塞尔维亚共和国	セルビア共和国	贝尔格莱德	ベオグラード
	捷克共和国	チェコ共和国	布拉格	プラハ
	丹麦王国	デンマーク王国	哥本哈根	コペンハーゲン
	德意志联邦共和国	ドイツ連邦共和国	柏林	ベルリン
	挪威王国	ノルウェー王国	奥斯陆	オスロ
	梵蒂冈城国	バチカン市国	梵蒂冈城	バチカン
	匈牙利共和国	ハンガリー共和国	布达佩斯	ブダペスト
	芬兰共和国	フィンランド共和国	赫尔辛基	ヘルシンキ
	法兰西共和国	フランス共和国	巴黎	パリ
	保加利亚	ブルガリア共和国	索非亚	ソフィア
	白俄罗斯共和国	ベラルーシ共和国	明斯克	ミンスク
	比利时王国	ベルギー王国	布鲁塞尔	ブリュッセル
	波兰共和国	ポーランド共和国	华沙	ワルシャワ
	波斯尼亚和黑塞哥维那	ボスニア・ヘルツェゴビナ	萨拉热窝	サラエボ
	葡萄牙共和国	ポルトガル共和国	里斯本	リスボン市
	马其顿共和国	マケドニア旧ユーゴスラビア共和国	斯科普里	スコピエ
	马耳他共和国	マルタ共和国	瓦莱塔	バレッタ
	摩纳哥公国	モナコ公国	摩纳哥	モナコ
	摩尔多瓦共和国	モルドバ共和国	基希讷乌	キシニョフ
	黑山共和国	モンテネグロ共和国	波德戈里察	ポドゴリツァ
	拉脱维亚共和国	ラトビア共和国	里加	リガ
	立陶宛共和国	リトアニア共和国	维尔纽斯	ビリニュス
	列支敦士登公国	リヒテンシュタイン公国	瓦杜兹	ファドーツ
	罗马尼亚	ルーマニア	布加勒斯特	ブカレスト
	卢森堡大公国	ルクセンブルク大公国	卢森堡	ルクセンブルク
	俄罗斯联邦	ロシア連邦	莫斯科	モスクワ
アフリカ	阿尔及利亚民主人民共和国	アルジェリア民主人民共和国	阿尔及尔	アルジェ
	安哥拉共和国	アンゴラ共和国	罗安达	ルアンダ

	国　名		首都名	
アフリカ	乌干达共和国	ウガンダ共和国	坎帕拉	カンパラ
	阿拉伯埃及共和国	エジプト・アラブ共和国	开罗	カイロ
	埃塞俄比亚联邦民主共和国	エチオピア連邦民主共和国	亚的斯亚贝巴	アディスアベバ
	厄立特里亚国	エリトリア国	阿斯马拉	アスマラ
	加纳共和国	ガーナ共和国	阿克拉	アクラ
	佛得角共和国	カーボヴェルデ共和国	普拉亚	プライア
	加蓬共和国	ガボン共和国	利伯维尔	リーブルビル
	喀麦隆共和国	カメルーン共和国	雅温得	ヤウンデ
	冈比亚共和国	ガンビア共和国	班珠尔	バンジュール
	几内亚共和国	ギニア共和国	科纳克里	コナクリ
	几内亚比绍共和国	ギニアビサウ共和国	比绍	ビサウ
	肯尼亚共和国	ケニア共和国	内罗毕	ナイロビ
	科特迪瓦共和国	コートジボワール共和国	亚穆苏克罗	ヤムスクロ
	科摩罗联盟	コモロ連合	莫罗尼	モロニ
	刚果共和国	コンゴ共和国	布拉柴维尔	ブラザビル
	刚果民主共和国	コンゴ民主共和国	金沙萨	キンシャサ
	圣多美和普林西比民主共和国	サントメ・プリンシペ民主共和国	圣多美	サントメ
	赞比亚共和国	ザンビア共和国	卢萨卡	ルサカ
	塞拉利昂共和国	シエラレオネ共和国	弗里敦	フリータウン
	吉布提共和国	ジブチ共和国	吉布提市	ジブチ
	津巴布韦共和国	ジンバブエ共和国	哈拉雷	ハラレ
	苏丹共和国	スーダン共和国	喀士穆	ハルツーム
	斯威士兰王国	スワジランド王国	姆巴巴内	ムババーネ
	塞舌尔共和国	セーシェル共和国	维多利亚	ビクトリア
	赤道几内亚共和国	赤道ギニア共和国	马拉博	マラボ
	塞内加尔共和国	セネガル共和国	达喀尔	ダカール
	索马里联邦共和国	ソマリア民主共和国	摩加迪沙	モガディシュ
	坦桑尼亚联合共和国	タンザニア連合共和国	多多马(达累斯萨拉姆)	ドドマ(ダルエスサラーム)
	乍得共和国	チャド共和国	恩贾梅纳	ンジャメナ
	中非共和国	中央アフリカ共和国	班吉	バンギ
	突尼斯共和国	チュニジア共和国	突尼斯	チュニス
	多哥共和国	トーゴ共和国	洛美	ロメ
	尼日利亚联邦共和国	ナイジェリア連邦共和国	阿布贾	アブジャ
	纳米比亚共和国	ナミビア共和国	温得和克	ウィントフック
	尼日尔共和国	ニジェール共和国	尼亚美	ニアメ
	布基纳法索	ブルキナファソ	瓦加杜古	ワガドゥグー
	布隆迪共和国	ブルンジ共和国	布琼布拉	ブジュンブラ
	贝宁共和国	ベナン共和国	波多诺伏	ポルトノボ
	博茨瓦纳共和国	ボツワナ共和国	哈博罗内	ハボローネ
	马达加斯加共和国	マダガスカル共和国	塔那那利佛	アンタナナリボ
	马拉维共和国	マラウイ共和国	利隆圭	リロングウェ
	马里共和国	マリ共和国	巴马科	バマコ
	南非共和国	南アフリカ共和国	比勒陀利亚	プレトリア
	莫桑比克共和国	モザンビーク共和国	马普托	マプト
	毛里求斯共和国	モーリシャス共和国	路易港	ポートルイス
	毛里塔尼亚伊斯兰共和国	モーリタニア・イスラム共和国	努瓦克肖特	ヌアクショット
	摩洛哥王国	モロッコ王国	拉巴特	ラバト
	大阿拉伯利比亚人民社会主义民众国	大リビア・アラブ社会主義人民ジャマーヒリーヤ国	的黎波里	トリポリ
	利比里亚共和国	リベリア共和国	蒙罗维亚	モンロビア
	卢旺达共和国	ルワンダ共和国	基加利	キガリ
	莱索托王国	レソト王国	马塞卢	マセル

11 度量衡の単位名称

	公　　制	市（用）制	旧営造庫平制	英制（码磅制）	日本の尺貫法
长度	1 公里(km) **1 米（m）** 0.5 公里 0.333 米 0.576 公里 0.32 米 1.609 公里 0.305 米 3.927 公里 0.303 米	2 市里 3 市尺 1 市里 0.915 市尺 1.152 市里 0.96 市尺 3.219 市里 0.915 市尺 7.855 市里 0.909 市尺	1.736 营造里 3.125 营造尺 0.868 营造里 1.042 营造尺 1 营造里 **1 营造尺** 2.794 营造里 0.953 营造尺 6.819 营造里 0.947 营造尺	0.621 英里 3.281 英尺 0.311 英里 1.094 英尺 0.358 英里 1.050 英尺 1 英里 **1 英尺** 2.440 英里 0.994 英尺	0.254 里 3.3 尺 0.127 里 1.1 尺 0.147 里 1.056 尺 0.410 里 1.006 尺 1 里 **1 尺**
地积	1 公顷(ha) **1 公亩（a）** 6.667 公顷 6.667 公亩 6.144 公亩 40.468 公亩 0.992 公顷 0.992 公亩	15 市亩 0.15 市亩 1 市顷 **1 市亩** 0.922 市亩 6.072 市亩 0.149 市顷 0.149 市亩	16.28 营造顷 0.163 营造亩 1.085 营造顷 1.085 营造亩 1 营造亩 6.587 营造亩 0.162 营造顷 0.162 营造亩	2.471 英亩 0.025 英亩 16.474 英亩 0.165 英亩 0.152 英亩 1 英亩 2.451 英亩 0.025 英亩	1.008 町步 1.008 畝 6.720 町步 6.722 畝 6.195 畝 40.806 畝 1 町步 **1 畝**
容量	1 升(ℓ) 1 升(ℓ) 1.036 升 4.546 升 1.804 升	1 市升 **1 市升** 1.036 市升 4.546 市升 1.804 市升	0.966 营造升 0.966 营造升 **1 营造升** 4.390 营造升 1.742 营造升	0.220 加仑 0.220 加仑 0.228 加仑 **1 加仑** 0.397 加仑	0.554 升 0.554 升 0.574 升 2.520 升 **1 升**
重量	**1 公斤(kg)** 0.5 公斤 0.597 公斤 0.454 公斤 3.75 公斤	2 市斤 **1 市斤(10市两)** 1.194 市斤 0.907 市斤 7.5 市斤	1.673 库平斤 0.838 库平斤 **1 库平斤(16两)** 0.760 库平斤 6.284 库平斤	2.205 英磅 1.102 英磅 1.316 英磅 **1 英磅** 8.267 英磅	0.267 貫 0.134 貫 0.159 貫 0.121 貫 **1 貫**

12 化学元素表

番号	名称（かっこ内は旧称）	記号	名称	番号	名称（かっこ内は旧称）	記号	名称
1	氢 qīng	H	水素	56	钡 bèi	Ba	バリウム
2	氦 hài	He	ヘリウム	57	镧 lán	La	ランタン
3	锂 lǐ	Li	リチウム	58	铈 shì	Ce	セリウム
4	铍 pí (鉌 bó)	Be	ベリリウム	59	镨 pǔ	Pr	プラセオジム
5	硼 péng (硴 bù)	B	ホウ素	60	钕 nǔ	Nd	ネオジム
6	碳 tàn	C	炭素	61	钷 pǒ (钷 yǐ)	Pm	プロメチウム
7	氮 dàn (氮 dàn)	N	窒素	62	钐 shān (钐 shā)	Sm	サマリウム
8	氧 yǎng	O	酸素	63	铕 yǒu	Eu	ユーロピウム
9	氟 fú	F	フッ素	64	钆 gá	Gd	ガドリニウム
10	氖 nǎi	Ne	ネオン	65	铽 tè	Tb	テルビウム
11	钠 nà	Na	ナトリウム	66	镝 dī	Dy	ジスプロシウム
12	镁 měi	Mg	マグネシウム	67	钬 huǒ	Ho	ホルミウム
13	铝 lǚ	Al	アルミニウム	68	铒 ěr	Er	エルビウム
14	硅 guī (矽 xī)	Si	ケイ素	69	铥 diū	Tm	ツリウム
15	磷 lín	P	燐	70	镱 yì	Yb	イッテルビウム
16	硫 liú	S	イオウ	71	镥 lǔ (镏 liú)	Lu	ルテチウム
17	氯 lù	Cl	塩素	72	铪 hā	Hf	ハフニウム
18	氩 yà	Ar	アルゴン	73	钽 tǎn	Ta	タンタル
19	钾 jiǎ	K	カリウム	74	钨 wū	W	タングステン
20	钙 gài	Ca	カルシウム	75	铼 lái	Re	レニウム
21	钪 kàng (钪 sī)	Sc	スカンジウム	76	锇 é (鋨 mǐ)	Os	オスミウム
22	钛 tài	Ti	チタン	77	铱 yì	Ir	イリジウム
23	钒 fán	V	バナジウム	78	铂 bó	Pt	白金
24	铬 gè	Cr	クロム	79	金 jīn	Au	金
25	锰 měng	Mn	マンガン	80	汞 gǒng	Hg	水銀
26	铁 tiě	Fe	鉄	81	铊 tā	Tl	タリウム
27	钴 gǔ	Co	コバルト	82	铅 qiān	Pb	鉛
28	镍 niè	Ni	ニッケル	83	铋 bì	Bi	ビスマス
29	铜 tóng	Cu	銅	84	钋 pō	Po	ポロニウム
30	锌 xīn	Zn	亜鉛	85	砹 ài (砹 lā)	At	アスタチン
31	镓 jiā	Ga	ガリウム	86	氡 dōng	Rn	ラドン
32	锗 zhě (鉬 rì)	Ge	ゲルマニウム	87	钫 fāng	Fr	フランシウム
33	砷 shēn (砒 pī)	As	ヒ素	88	镭 léi (銩 guāng)	Ra	ラジウム
34	硒 xī	Se	セレン	89	锕 ā	Ac	アクチニウム
35	溴 xiù	Br	臭素	90	钍 tǔ	Th	トリウム
36	氪 kè	Kr	クリプトン	91	镤 pú	Pa	プロトアクチニウム
37	铷 rú	Rb	ルビジウム	92	铀 yóu	U	ウラン
38	锶 sī (鎴 xí)	Sr	ストロンチウム	93	镎 ná	Np	ネプツニウム
39	钇 yǐ	Y	イットリウム	94	钚 bù	Pu	プルトニウム
40	锆 gào	Zr	ジルコニウム	95	镅 méi	Am	アメリシウム
41	铌 ní (鈳 kē)	Nb	ニオブ	96	锔 jú	Cm	キュリウム
42	钼 mù	Mo	モリブデン	97	锫 péi	Bk	バークリウム
43	锝 dé (鎝 mǎ)	Tc	テクネチウム	98	锎 kāi	Cf	カリホルニウム
44	钌 liǎo	Ru	ルテニウム	99	锿 āi (鎄 yá)	Es	アインシュタイニウム
45	铑 lǎo	Rh	ロジウム	100	镄 fèi (鈚 zhèng)	Fm	フェルミウム
46	钯 bǎ	Pd	パラジウム	101	钔 mén	Md	メンデレビウム
47	银 yín	Ag	銀	102	锘 nuò	No	ノーベリウム
48	镉 gé	Cd	カドミウム	103	铹 láo	Lr	ローレンシウム
49	铟 yīn	In	インジウム	104	铲 lú	Rf	ラザホージウム
50	锡 xī	Sn	スズ	105	𨧀 dù	Db	ドブニウム
51	锑 tī	Sb	アンチモン	106	𨭎 xǐ	Sg	シーボーギウム
52	碲 dì	Te	テルル	107	铍 bō	Bh	ボーリウム
53	碘 diǎn	I	ヨウ素	108	𨭆 hēi	Hs	ハッシウム
54	氙 xiān (氝 xī)	Xe	キセノン	109	鿏 mài	Mt	マイトネリウム
55	铯 sè	Cs	セシウム	110	𫟼 dá	Ds	ダルムスタチウム

中国略图

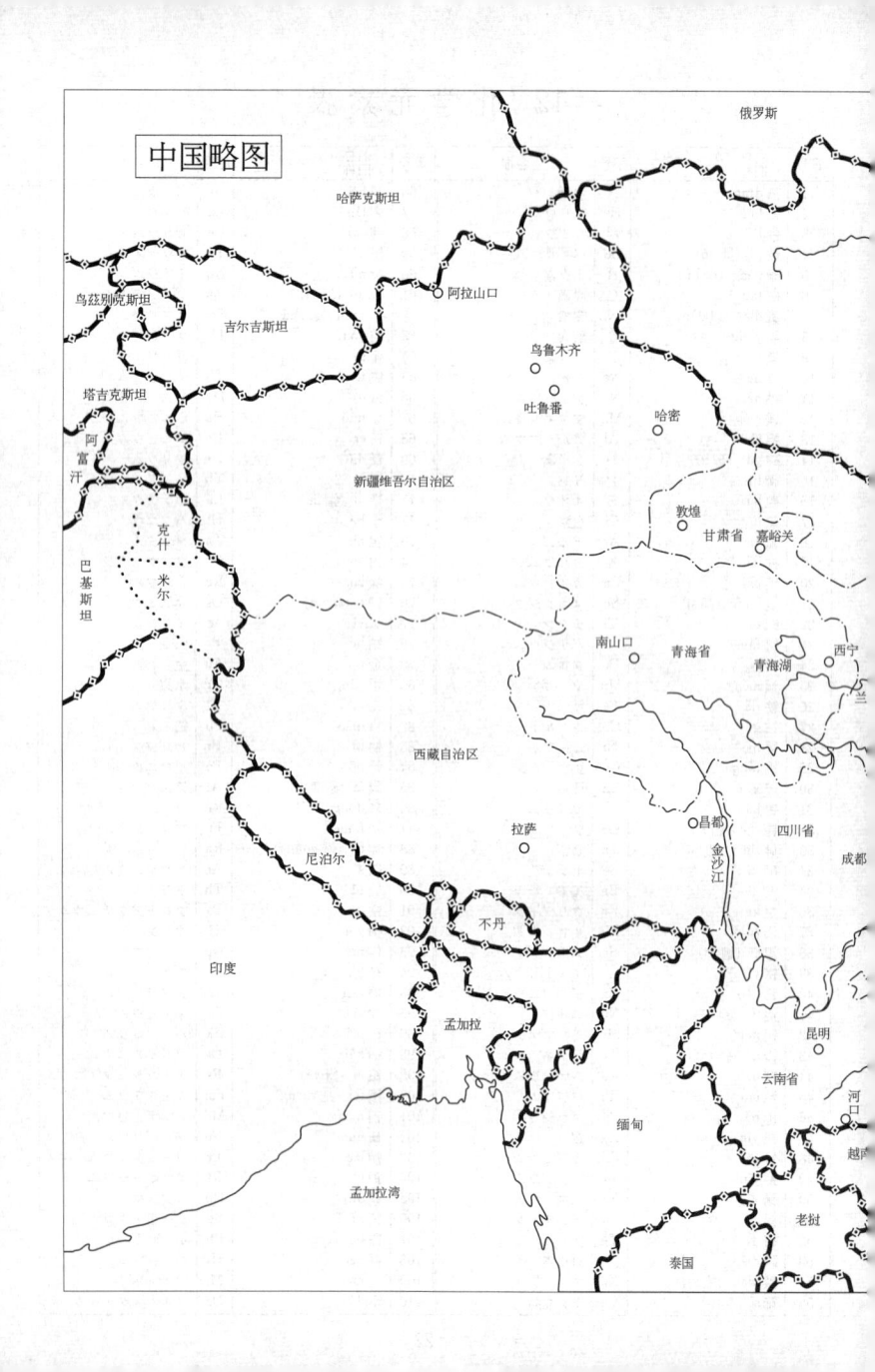

俄罗斯
哈萨克斯坦
阿拉山口
乌兹别克斯坦
吉尔吉斯斯坦
乌鲁木齐
吐鲁番
哈密
塔吉克斯坦
阿富汗
新疆维吾尔自治区
敦煌
甘肃省
嘉峪关
巴基斯坦
克什米尔
南山口
青海省
青海湖
西宁
西藏自治区
拉萨
昌都
四川省
金沙江
成都
尼泊尔
不丹
印度
孟加拉
昆明
云南省
河内
越南
缅甸
孟加拉湾
老挝
泰国

乌苏里江
黑龙江
黑龙江省
满州里
齐齐哈尔
松花江
哈尔滨
兴凯湖
牡丹江
蒙古
长春
二连浩特
内蒙古自治区
吉林省
辽河
沈阳
呼和浩特
张家口
辽宁省
日本海
北京
丹东
朝鲜
河北省
山海关
天津
大连
银川
太原
石家庄
渤海
宁夏
日本
韩国
山西省
陕西省
黄河
济南
山东省
青岛
黄海
连云港
西安
郑州
徐州
河南省
江苏省
安徽省
湖北省
合肥
南京
上海
东海
武汉
长江
抗州
洞庭湖
鄱阳湖
浙江省
南昌
长沙
贵州省
湖南省
福建省
江西省
福州
台北
桂林
广西壮族自治区
广东省
厦门
台湾省
广州
南宁
粤江（珠江）
香港
澳门
南海
海口
海南省
菲律宾

中日大辞典　第三版

©愛知大学中日大辞典編纂所，2010　　NDC823/127, 2243, 102p/19㎝

1968年2月1日　　初版発行
1986年4月15日　　増訂版発行
1987年2月1日　　増訂第二版発行
2010年3月1日　　第三版発行

編者・発行者　　愛知大学 中日大辞典編纂所
　　　　　　　　〒470-0296　愛知県みよし市黒笹町清水370
　　　　　　　　電話 (0561)36-5430
　　　　　　　　FAX (0561)36-5399
　　　　　　　　ホームページ　http://leo.aichi-u.ac.jp/~jiten/

発売所　　　　　株式会社　大修館書店
　　　　　　　　〒101-8466　東京都千代田区神田錦町3-24
　　　　　　　　電話 (03)3295-6231 販売部
　　　　　　　　　　 (03)3294-2352 編集部
　　　　　　　　振替 00190-7-40504
　　　　　　　　〔出版情報〕http://www.taishukan.co.jp

印刷・製本　　　凸版印刷株式会社

ISBN978-4-469-01281-1　　函装丁／山崎登　　Printed in Japan
®本書の全部または一部を無断で複写複製（コピー）することは、著作権法上での例外を除き禁じられています。　　★

漢語拼音字母，トーマス・ウェー

漢語拼音字母	ウェード式ローマ字	注音字母	頁
a	a	ㄚ	1
ai	ai	ㄞ	4
an	an	ㄢ	9
ang	ang	ㄤ	17
ao	ao	ㄠ	18
ba	pa	ㄅㄚ	21
bai	pai	ㄅㄞ	31
ban	pan	ㄅㄢ	47
bang	pang	ㄅㄤ	57
bao	pao	ㄅㄠ	60
bei	pei	ㄅㄟ	74
ben	pen	ㄅㄣ	82
beng	peng	ㄅㄥ	87
bi	pi	ㄅㄧ	89
bian	pien	ㄅㄧㄢ	100
biao	piao	ㄅㄧㄠ	109
bie	pieh	ㄅㄧㄝ	113
bin	pin	ㄅㄧㄣ	116
bing	ping	ㄅㄧㄥ	117
bo	po	ㄅㄛ	125
bu	pu	ㄅㄨ	134
ca	ts'a	ㄘㄚ	159
cai	ts'ai	ㄘㄞ	160
can	ts'an	ㄘㄢ	168
cang	ts'ang	ㄘㄤ	172
cao	ts'ao	ㄘㄠ	175
ce	ts'e	ㄘㄜ	179
cei	ts'ei	ㄘㄟ	181
cen	ts'en	ㄘㄣ	181
ceng	ts'eng	ㄘㄥ	181
cha	ch'a	ㄔㄚ	182
chai	ch'ai	ㄔㄞ	190
chan	ch'an	ㄔㄢ	192
chang	ch'ang	ㄔㄤ	196
chao	ch'ao	ㄔㄠ	207
che	ch'e	ㄔㄜ	212
chen	ch'en	ㄔㄣ	217
cheng	ch'eng	ㄔㄥ	223
chi	ch'ih	ㄔ	233
chong	ch'ung	ㄔㄨㄥ	245
chou	ch'ou	ㄔㄡ	251
chu	ch'u	ㄔㄨ	256
chua	ch'ua	ㄔㄨㄚ	267
chuai	ch'uai	ㄔㄨㄞ	267
chuan	ch'uan	ㄔㄨㄢ	268
chuang	ch'uang	ㄔㄨㄤ	274
chui	ch'ui	ㄔㄨㄟ	277
chun	ch'un	ㄔㄨㄣ	280
chuo	ch'uo	ㄔㄨㄛ	283
ci	tzˇu	ㄘ	284
cong	ts'ung	ㄘㄨㄥ	292
cou	ts'ou	ㄘㄡ	295
cu	ts'u	ㄘㄨ	296
cuan	ts'uan	ㄘㄨㄢ	299
cui	ts'ui	ㄘㄨㄟ	300
cun	ts'un	ㄘㄨㄣ	303
cuo	ts'o	ㄘㄨㄛ	306
da	ta	ㄉㄚ	308
dai	tai	ㄉㄞ	340
dan	tan	ㄉㄢ	347
dang	tang	ㄉㄤ	356
dao	tao	ㄉㄠ	361
de	te	ㄉㄜ	371
dei	tei	ㄉㄟ	375
den	ten	ㄉㄣ	375
deng	teng	ㄉㄥ	375
di	ti	ㄉㄧ	380
dia	tia	ㄉㄧㄚ	394
dian	tian	ㄉㄧㄢ	394
diao	tiao	ㄉㄧㄠ	404
die	tieh	ㄉㄧㄝ	409
ding	ting	ㄉㄧㄥ	411
diu	tiu	ㄉㄧㄡ	419
dong	tung	ㄉㄨㄥ	419
dou	tou	ㄉㄡ	426
du	tu	ㄉㄨ	431
duan	tuan	ㄉㄨㄢ	438
dui	tui	ㄉㄨㄟ	443
dun	tun	ㄉㄨㄣ	448
duo	to	ㄉㄨㄛ	450
e	e	ㄜ	461
e	e	ㄝ	461
ei	ei	ㄟ	461
en	en	ㄣ	462
eng	eng	ㄥ	462
er	erh	ㄦ	462
fa	fa	ㄈㄚ	471
fan	fan	ㄈㄢ	492
fang	fang	ㄈㄤ	492
fei	fei	ㄈㄟ	503
fen	fen	ㄈㄣ	511
feng	feng	ㄈㄥ	519
fiao	fiao	ㄈㄧㄠ	529
fo	fo	ㄈㄛ	529
fou	fou	ㄈㄡ	530
fu	fu	ㄈㄨ	530
ga	ka	ㄍㄚ	549
gai	kai	ㄍㄞ	550
gan	kan	ㄍㄢ	554
gang	kang	ㄍㄤ	563
gao	kao	ㄍㄠ	567
ge	ke	ㄍㄜ	576
gei	kei	ㄍㄟ	584
gen	ken	ㄍㄣ	584
geng	keng	ㄍㄥ	587
gong	kung	ㄍㄨㄥ	589
gou	kou	ㄍㄡ	602
gu	ku	ㄍㄨ	608
gua	kua	ㄍㄨㄚ	619
guai	kuai	ㄍㄨㄞ	624
guan	kuan	ㄍㄨㄢ	626
guang	kuang	ㄍㄨㄤ	636
gui	kui	ㄍㄨㄟ	640
gun	kun	ㄍㄨㄣ	648
guo	kuo	ㄍㄨㄛ	649
ha	ha	ㄏㄚ	659
hai	hai	ㄏㄞ	660
han	han	ㄏㄢ	665
hang	hang	ㄏㄤ	672
hao	hao	ㄏㄠ	674
he	he	ㄏㄜ	681
hei	hei	ㄏㄟ	692
hen	hen	ㄏㄣ	696
heng	heng	ㄏㄥ	697
hm	hm	ㄏㄇ	700
hng	hng	ㄏㄫ	700
hong	hung	ㄏㄨㄥ	700
hou	hou	ㄏㄡ	708
hu	hu	ㄏㄨ	714
hua	hua	ㄏㄨㄚ	738
huai	huai	ㄏㄨㄞ	738
huan	huan	ㄏㄨㄢ	739
huang	huang	ㄏㄨㄤ	746
hui	hui	ㄏㄨㄟ	754
hun	hun	ㄏㄨㄣ	765
huo	huo	ㄏㄨㄛ	768
ji	chi	ㄐㄧ	779
jia	chia	ㄐㄧㄚ	807
jian	chien	ㄐㄧㄢ	820
jiang	chiang	ㄐㄧㄤ	837
jiao	chiao	ㄐㄧㄠ	843
jie	chieh	ㄐㄧㄝ	859
jin	chin	ㄐㄧㄣ	875
jing	ching	ㄐㄧㄥ	889
jiong	chiung	ㄐㄧㄨㄥ	903
jiu	chiu	ㄐㄧㄡ	903
ju	chu	ㄐㄩ	913
juan	chuan	ㄐㄩㄢ	922
jue	chueh	ㄐㄩㄝ	925
jun	chun	ㄐㄩㄣ	929
ka	k'a	ㄎㄚ	933
kai	k'ai	ㄎㄞ	934
kan	k'an	ㄎㄢ	942
kang	k'ang	ㄎㄤ	947
kao	k'ao	ㄎㄠ	950
ke	k'e	ㄎㄜ	953
kei	k'ei	ㄎㄟ	963
ken	k'en	ㄎㄣ	963
keng	k'eng	ㄎㄥ	964
kong	k'ung	ㄎㄨㄥ	965
kou	k'ou	ㄎㄡ	970
ku	k'u	ㄎㄨ	975
kua	k'ua	ㄎㄨㄚ	979
kuai	k'uai	ㄎㄨㄞ	981
kuan	k'uan	ㄎㄨㄢ	983
kuang	k'uang	ㄎㄨㄤ	985
kui	k'ui	ㄎㄨㄟ	988
kun	k'un	ㄎㄨㄣ	991
kuo	k'uo	ㄎㄨㄛ	992
la	la	ㄌㄚ	993
lai	lai	ㄌㄞ	1000
lan	lan	ㄌㄢ	1004
lang	lang	ㄌㄤ	1009
lao	lao	ㄌㄠ	1012
le	le	ㄌㄜ	1025
lei	lei	ㄌㄟ	1027
leng	leng	ㄌㄥ	1031
li	li	ㄌㄧ	1035
lia	lia	ㄌㄧㄚ	1051
lian	lien	ㄌㄧㄢ	1052
liang	liang	ㄌㄧㄤ	1061
liao	liao	ㄌㄧㄠ	1066
lie	lieh	ㄌㄧㄝ	1074
lin	lin	ㄌㄧㄣ	1077
ling	ling	ㄌㄧㄥ	1081
liu	liu	ㄌㄧㄡ	1089
lo	lo	ㄌㄛ	1099
long	lung	ㄌㄨㄥ	1099
lou	lou	ㄌㄡ	1103
lu	lu	ㄌㄨ	1114
lu	lu	ㄌㄩ	1114
luan	luan	ㄌㄨㄢ	1119
lue	lueh	ㄌㄩㄝ	1121
lun	lun	ㄌㄨㄣ	1124
luo	luo	ㄌㄨㄛ	1125
m	m	ㄇ	1132
ma	ma	ㄇㄚ	1132
mai	mai	ㄇㄞ	1145
man	man	ㄇㄢ	1145
mang	mang	ㄇㄤ	1150
mao	mao	ㄇㄠ	1152
me	me	ㄇㄜ	1158
mei	mei	ㄇㄟ	1158
men	men	ㄇㄣ	1168
meng	meng	ㄇㄥ	1172
mi	mi	ㄇㄧ	1175
mian	mien	ㄇㄧㄢ	1187
miao	miao	ㄇㄧㄠ	1187
mie	mieh	ㄇㄧㄝ	1189
min	min	ㄇㄧㄣ	1190